U0620748

紡織印染部

印染工藝工具分部

題解

許慎《説文》二篇上《水部》 染 㠯繒染爲色。段玉裁注：此據《周禮·染人》言也。染人掌染絲帛。繒者，帛也，不言絲者，舉帛以該絲也。夏纁玄，秋染夏。从水，杂聲。段玉裁注：此當云从水木，从九。裴光遠曰：从木，木者，所以染，梔茜之屬也。从九，九者，染之數也。按裴説近是。《禮》：一入爲縓，再入爲赬，三入爲纁，朱則四入，五入爲緅，玄則六入，七入爲緇。字从九者，數之所究，言移易本質，必深入之也。

許慎《説文》七篇下《巾部》 巟 設色之工治絲練者。段玉裁注：《攷工記》：設色之工巟氏，掌湅絲、湅帛。此云治絲，謂湅絲，云治練，謂湅帛也。《糸部》曰：練，湅繒也。此謂帛爲練者，渾言之也。湅見《水部》。从巾，巟聲。

顧野王《玉篇》卷一九《水部》 染 如琰切，染色。又如豔切。

湅 力見切，煮絲絹熟也。

顧野王《玉篇》卷二一《火部》 尉 花貴切，申帛也。熨 同上。

顧野王《玉篇》卷二二《石部》原本 硟 思煎切，以石研繒也。

原本 思煎切。《説文》：「以石研繒。」

顧野王《玉篇》卷二七《糸部》原本 繰 原本 子老反。【略】或曰：染繒也。

練 力見切，煑漚也。

原本 力見反。《周禮·染人》「掌春暴練」，鄭玄曰：暴練，練其索而暴之也。《説文》：「練繒也。」煑漚絲爲湅，字在《水部》，治金之練爲鍊，字在《金部》，簡擇之練爲揀，字在《手部》。

顧野王《玉篇》卷二七《糸部》後增字 纈 胡結切，綵纈也。

玄應《一切經音義》卷一〇《般若燈論第一卷》 纈目賢結反，謂以絲縛繒染之，解絲成文曰纈也。

玄應《一切經音義》卷二三《攝大乘論第二卷》 衆纈賢頡反。案，纈以絲縛繒染之，解絲成文曰纈。今謂西國有淡澀汁點之成纈，如此方蠟點纈也。

陸佃撰、牛衷增輯《增修埤雅廣要》卷三二 天水碧 李後主宫人競服碧衣，取靛花，盛天雨澄水染之，號天水碧。《乘典記》

丁度《集韻》卷二《咍韻》 纔 增色一入。

丁度《集韻》卷三《唐韻》 㡃、𢁾、𢁒《周禮》：㡃氏掌湅絲帛。或省，亦从亡。

丁度《集韻》卷四《尤韻》 緅 色也。《周禮》：染羽「五入爲緅」。

丁度《集韻》卷五《語韻》 擩《説文》：「染也。《周禮》六曰擩祭。」

丁度《集韻》卷五《準韻》 揗 申布也。

丁度《集韻》卷五《旱韻》 矸 硟繒也。

丁度《集韻》卷六《獮韻》 揗 舒布也。

丁度《集韻》卷六《琰韻》 染《説文》以繒染爲色。

丁度《集韻》卷七《末韻》 靺 茅蒐染韋。

丁度《集韻》卷七《焮韻》 緯 染間色。

丁度《集韻》卷八《霰韻》 靛 以藍染也。

纁絳三入曰纁。

丁度《集韻》卷八《綫韻》 縓 取絹切。《説文》：「帛赤黄色。一染謂之縓，再染謂之䞓，三染謂之纁。」

硟 尺戰切。《説文》：以石(开)〔衦〕繒也。

丁度《集韻》卷八《豔韻》 染 而豔切，漬色也。

丁度《集韻》卷九《迄韻》 熨灪 持火展繒也。一曰大斗。或从鬱。

司馬光《類篇》卷一四《青部》 靛 堂練切，以藍染也。

司馬光《類篇》卷一五《韋部》 靺 居氣切，茅蒐染韋，一入曰靺。

司馬光《類篇》卷二一《巾部》 㡃、𢁾、𢃇 謨郎切，《周禮·㡃氏》：「掌湅絲帛。」或省，亦从芒。又並呼光切，《説文》：「設色之工治絲練者，一曰巟隔。」

司馬光《類篇》卷二七《石部》 矸 苦旱切，硟繒也。

硟 相然切，擣繒石。又尺戰切，以石扞繒也。

司馬光《類篇》卷二九《火部》 熨灪 紆勿切，持火展繒也。一曰火斗。或从鬱。

司馬光《類篇》卷二九《黑部》 黱 作代切，染也。

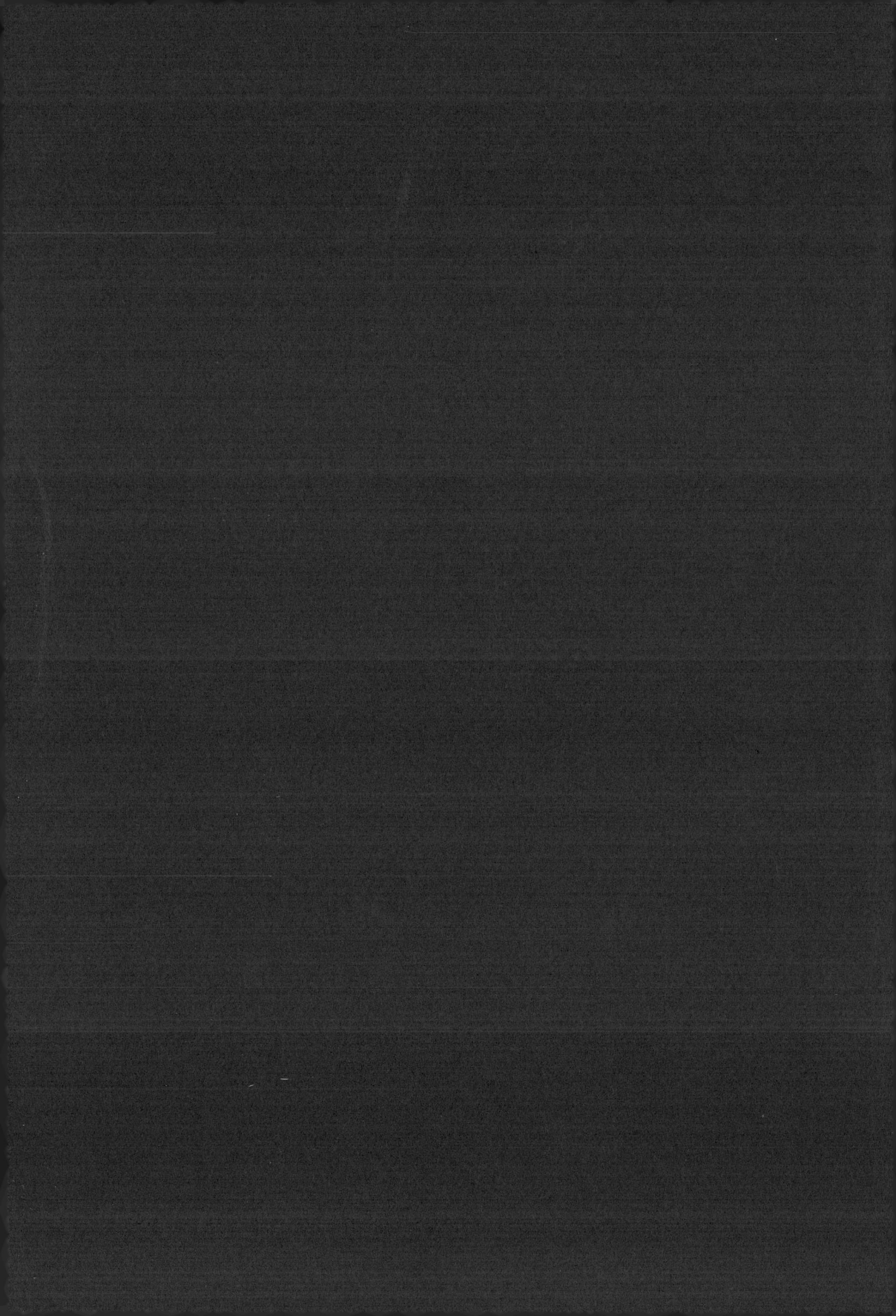

司馬光《類篇》卷三二《水部》 灠魯敢切，【略】一曰染也。

染而琰切。《説文》：「繒染爲色。」【略】又而豔切，漬色也。

司馬光《類篇》卷三七《糸部》 緷王問切，染間色。

纈奚結切，繫也，謂繫繒染爲文也。

司馬光《資治通鑑》卷二三三《唐德宗貞元三年》 胡三省注：纈，户結翻。撮綵以綫結之而後染色，既染則解其結，凡結處皆元色，餘則入染色矣，其色斑斕，謂之纈。

戴侗《六書故》卷一八《動物二》 韎 莫佩切。《詩》云：「韎韐有奭，以作六師」。《説文》曰：「茅蒐染韋也。一入爲韎。」鄭氏曰：韎韐，緼韍也，染以茅蒐，齊人謂蒨爲韎。又曰：緼，赤黄色，所謂韎也。按，鄭氏蓋誤以《冠禮》爵弁服爲士服，故以韎爲緼，爲赤黄色。韎韐以作六師，非士也。《春秋傳》亦曰「有韎韋之跗注，君子也」。稱君子，非謂士也。古者自冕至端，貴(者)[賤]通服之，而兵事服韋弁，韎韐，韋弁之服也。《士冠禮》攝盛，故三加而韎韐，猶《昏禮》之乘墨車也。染以茅蒐，即赤韍矣，不得有黄色。

戴侗《六書故》卷三〇《工事六》 緅 緅鳩切。《考工記》曰：「三入爲纁，五入爲緅，七入爲緇。」《説文・新附》：「緅，青黑色。」康成曰：纁三入而成，再染以黑爲緅。今禮俗文作爵，言如爵頭色也。又再染以黑，乃成緇矣。

緇 側持切，説具緅下。《説文》曰：「(帛)黑色也。」或作紂。

纔 徂來切。《説文》曰：「雀頭色。一曰，微黑如紺，纔，淺也。讀若讒。」按：纔，一入，色之淺也。故引之則甫爾爲纔。

纈 户結切，染繒成文采也。

戴侗《六書故》卷三一《工事七》 㡛 呼廣切。《考工記》曰：「設色之工，畫、繢、鍾、匡、㡛。」鄭司農讀爲芒。芒，禹迹之芒。「㡛氏湅絲。」《説文》曰：「設色之工治絲湅者。」

張自烈《正字通》卷三《巾部》 㡛呼光切，音荒，治絲帛而熟也。《考工記・㡛氏》湅絲帛。【略】《説文》：「㡛，設色之工，治絲練者。一曰㡛隔。」按㡛隔，即今帷，所以蔽内外，故曰隔。舊註汎訓巾幂，泥。又《正韻・十七陽》㡛註引《考工・㡛氏》，陸德明音茫，㡛音荒。註舊云治絲，誤。《廣韻》謂巾幂之類，可蒙覆者，此義是也。治練絲乃㡛字，不知㡛有茫、荒二音，兼湅絲、帷覆二義。《考工》古本作㡛，㡛爲後人所增也，《説文》不誤。必分爲二，尤泥。篆作㡛。

張自烈《正字通》卷五《木部》 染而弇切，音井，以繒染色。《周禮・染人》「掌染帛」。秦爲平準令，隋有司染署，唐有染坊使，宋太平興國五年分置東西染院使。又習俗積漸曰染，如染者易其故質也。《書・胤征》：「舊染汙俗，咸與維新。」又墨子見染絲者歎曰：染乎蒼而蒼，染乎黄而黄。晉虞溥訓諸生曰：學之染人甚于丹青，丹青吾見其久而渝，未見久學而渝者也。工人之染，先修其質，後事其色。質修色積，染工畢矣。學亦有質，孝弟忠信是也。又左思《魏都賦》：「菲言厚行，陶化染學。」又驅染，《梁・庾肩吾傳》：比見文體儒鈍，競學浮疎。徒以煙墨不言，受其驅染。又豔韻，扐奈聲。白居易《早春詩》：「梅房小白裹，柳彩輕黄染。順氣艸熏熏，適情鷗泛泛。」从水，从木，所以取色。一説，瀐漬著色之名。从九沐，二體會意。俗作染，从丸，非。《説文》染載《水部》，舊本附《木部》，泥。

張自烈《正字通》卷八《糸部》 綟力地切，音例。《説文》：「綟，帛戾艸染色也。」唐玄宗命妃嬪以下，宫中育蠶，以知女功。開元十五年夏至，賜貴近絲人一綟。

張自烈《正字通》卷九《衣部》 衦古汗切，音幹。《説文》：「摩展衣。」《長箋》曰：俗讀上聲，以輥卷帛，取光之名，借輥轉通稱。按《箋》説非。

褪他田切，吞，去聲。【略】又唐世染色曰退紅。唐詩「香炷小熏籠，韶州新退紅」。與褪同，謂淺紅也。

張自烈《正字通》卷二《韋部》 韎莫佩切，音妹。《説文》：「茅蒐染韋也，一入曰韎」。《詩・小雅》「韎韐有奭」，傳曰：韐，韠也。合韋爲之，兵事之服也。奭，赤貌。茅蒐，即今蒨草也。舊註韎與佅同，東夷之樂。《周禮・韎師》主敎東夷之樂者。又云，此字與佅同者，宜从末，中画短。莫佩切者，宜从未，中画長。肰諸書混而一之，惟《字學集要》云：韎與韎不同，則画宜有别。按《正韻・入聲三》《曷末部》不收。佅，宏聲。韎，音妹。又佅音邁，東夷樂名。《禮記》作昧，《周禮》作韎。又《周禮・春官・韎師》註：鄭玄讀如韎韐之韎。疏云：韎爲赤色，東夷樂名。韎者，取色赤，東方之意。據諸説，佅韎皆从未聲，非韎从末中画短，與韎中画長分爲二。《六書》有韎無韎，舊本惑于《集要》曲説，強爲離異，非也。又《詩》「韎韐」註：鄭氏曰韎韐，緼韍也。緼，赤黄色，所謂韎也。戴侗曰：鄭誤以冠禮爵弁服爲士服，故以韎爲緼，爲赤黄色。韎韐天子服之，以作六師，非士也。古者自冕至端，貴者通服之，而兵事服韋弁。韎韐，蓋韋弁之服也。《士冠禮》三加而韎韐，猶《昏禮》之乘墨車也。染以茅蒐，即赤韍矣。不得有黄色。

金武祥《粟香隨筆・四筆》卷三 染裴光遠曰：从木，从九。木者所以染梔茜之屬也，九者染之數也。段茂堂以爲裴説近是，从九不从丸。

綜述

《書・禹貢》 荊州，厥篚玄纁。

孔安國傳：此州染玄纁色善，故貢之。孔穎達正義：《釋器》云：三染謂之纁。李巡云：三染其色，已成爲絳。纁、絳，一名也。《考工記》云：三入爲纁，五入爲緅，七入爲緇。鄭云：纁者三入而成，又再染以黑則爲緅，又再染以黑則爲緇。玄色在緅緇之間，其六入者，是染玄纁之法也。此州染玄纁色善，故令貢之。

《周禮·天官·染人》 染人掌染絲帛。凡染，春暴練，夏纁玄，秋染夏，冬獻功。鄭玄注：暴練，練其素而暴之。故書纁作䵱。鄭司農云：「䵱讀當爲纁，纁謂絳也。夏，大也，秋乃大染。」玄謂纁玄者，謂始可以染此色者。玄纁者，天地之色，以爲祭服。石染當及盛暑熱潤始湛研之，三月而後可用。《考工記》鍾氏則染纁術也。染玄則史傳闕矣。染夏者，染五色，謂之夏者，其色以夏狄爲飾。《禹貢》曰「羽畎夏狄」，是其總名。其類有六：曰翬，曰摇，曰䲨，曰甾，曰希，曰蹲。其毛羽五色皆備成章，染者擬以爲深淺之度，是以放而取名焉。【疏】孫詒讓正義：「掌染絲帛」者，未織者爲絲，已織者爲帛。凡王后及公卿大夫之衣服，並染絲而織之。元士以下則服染繒，《玉藻》云「士不衣織」是也。内命婦女御以下，外命婦士妻以下並同。此官掌染絲帛，則亦染枲布，經不言者，亦文不具也。云「春暴練」者，《説文·日部》云：「㬥，晞也。」从日出収米，與《本部》暴字别，隸變二文並作暴，誤。經例暴字從古文作䴉，而晞暴字此及《㡛氏》並作暴，亦傳寫沿誤也。以下四時染事，並關絲帛二者言之。賈疏云：「以春陽時，陽氣燥達，故暴曬其練。」案：賈説非也。此借練爲湅，謂以絲帛暴之湅之，以俟染也。暴布帛宜於春，故《月令·仲夏》云「無暴布」矣。云「夏纁玄」者，賈疏云：「夏暑熱潤之時，以朱湛丹秫，易可和釋，故夏染纁玄而爲祭服。」案：賈據《鍾氏》染纁法也。染玄者，當以涅，不唯用朱，疏説亦未析。云「秋染夏」者，秋時石染草染無不宜，可博染衆色也。云「冬獻功」者，染事既成，入之典婦功及典絲，賈謂獻之於王，失之。注云「暴練，練其素而暴之」者，《説文·糸部》云：「練，湅繒也。」《素部》云：「素，白緻繒也。」《水部》云：「湅，灡也。」《雜記》注云：「素，生帛也。」《釋名·釋采帛》云：「練，爛也，煮使委爛也。素，朴素也，已織則供用，不復加功飾也。又物不加飾皆自爲素，此色然也。」段玉裁云：「此練當作湅。湅其素，素者質也，即《㡛氏》云湅絲湅帛也。已湅之帛曰練。㡛氏如法湅之暴之，而後絲帛之質精，而後染人可加染。」案：段説是也。此練即湅之借字，凡灡治絲帛通謂之湅，已湅之絲帛亦通謂之練。《説文》訓練爲湅，繒，已湅之帛也。《淮南子·説林訓》云：「墨子見練絲而泣之，爲其可以黄可以墨。」高注云：「練，白也。」此已湅之絲也。注「練其素」，統湅治素絲素帛二者而言，故下云玄纁以爲祭服。賈疏謂素即絹，先練乃暴之，若然，服則先染絲乃織之，不得爲練，非也。暴湅絲帛法，並詳《㡛氏職》。云「故書纁作䵱，鄭司農云䵱讀當爲纁」者，段玉裁云：「此以䵱不見於他經傳而易其字也。宛聲熏聲略相似。《説文·黑部》有䵱字，云『黑有文也。从黑冤聲，讀若飴䝈之䝈』。按䵱即䵱字，故書假借爲纁字也。」王引之云：「䵱，《説文》作䵱，《玉篇》䵱或作黦。《廣韻》：『黦，黄黑色也。』黦與纁同。又通作苑，《淮南·時則篇》『天子衣苑黄』，高誘注曰：『苑讀䝈飴之䝈。』則古人衣色亦有用䵱黄者。《急就》曰『鬱金半見緗白䋦』，顔師古注曰：『鬱金，染黄也。』鬱與䵱聲義正同。夏䵱玄者，《豳風·七月》所謂載玄載黄也。似不必改爲纁字。」案：王説亦通。許君《自敘》述所偁《禮》、《周官》皆古文，而《説文》有䵱無䵱，疑許所見故書又作䵱矣。《春秋緐露·五行順逆篇》云：「心腹宛黄。」宛亦䵱之借字。云「纁謂絳也」者，《説文·糸部》云：「纁，淺絳也。絳，大赤也。」《廣雅·釋器》云：「纁謂之絳。」賈疏云：「絳即《爾雅》及《鍾氏》所云三入爲纁者是也。」詒讓案：依《説文》義，纁雖絳之類，而色淺於絳，故《士冠禮》「纁裳」注亦云「淺絳裳」。此不言淺者，散文纁得通稱絳也。亦詳《鍾氏》疏。云「夏，大也」者，《爾雅·釋詁》文，《鍾師》注亦同。云「秋乃大染」者，大染謂通染衆色。此先鄭肊説，故後鄭不從。云「玄謂纁玄者，謂始可以染此色者」者，謂夏時染事始起，惟可染此二者，不可染餘色也。云「玄纁者，天地之色，以爲祭服」者，《周髀算經》云：「天青黑，地黄赤。」青黑即玄色，黄赤即纁色也。賈疏云：「案《易九事章》云：『黄帝、堯、舜垂衣裳，蓋取諸乾坤。』乾坤即天地之色。但天玄地黄，而玄纁者，土無正位，託位南方火，火色赤，與黄共爲纁也。凡六冕之服皆玄上纁下，故云以爲祭服，即《祭義》云玄黄之者也。」《王制》孔疏引鄭《易繫辭》注云：「土託位南方，南方色赤，黄而兼赤，故爲纁也。」案：賈即本鄭《易注》義。云「石染當及盛暑熱潤始湛研之，三月而後可用」者，後，舊本作「后」，今據注疏本正。凡染，用草木者謂之草染，祭服所不用。祭服纁玄染必以石，謂之石染。纁者黄赤，其染以朱。《説文·丹部》云：「丹，巴、越之赤石也。」丹即《鍾氏》所謂朱也。玄者鄭謂赤黑，《周髀》云：「青黑其染以涅。」《淮南子·俶真訓》云：「今以涅染緇則黑於涅。」高注云：「涅，礬石也。」是也。石質堅肕，故必湛研之而後可用。知湛研必三月者，亦約《鍾氏》文。依鄭説，蓋孟夏取丹涅之石湛研之，至季夏始可染纁玄也。《詩·豳風·七月》云：「八月載績，載玄載黄。我朱孔陽，爲公子裳。」毛傳云：「朱，深纁也。」《大戴禮記·夏小正》云：「八月玄校。」彼二經又以染玄纁爲在八月者，染纁玄雖始於夏，至秋亦尚可染。此經云「秋染夏」，夏爲五色，則亦兼有纁玄。《豳詩》、《夏正》與此文雖異，義不乖也。又《月令》云：「季夏，命婦官染采，黼黻文章必以法，故無或差貸，黑黄倉赤，黄不質良，毋敢詐僞，以給郊廟祭祀之服，以爲旗章，以别貴賤等級之度。」鄭注云：「婦官，染人也。采，五色。」據彼文季夏即染五色，此夏唯染纁玄，至秋乃染夏者，《月令》孔疏謂彼是秦法。竊謂染練有時，不應周秦法異。疑《月令》或因夏染纁玄，而類及諸色。且染夏雖在秋，而命婦官則不妨先時敕戒，《月令》之文與此經似亦無牾。《齊民要術》引崔寔《四民月令》云：「六月，命女工織縑練，可燒灰染青紺雜色。八月，涼風戒寒，趣練縑帛，染綵色。」明染事盛於夏秋之交，亦與經義合也。云「《考工記》鍾氏則染纁術也」者，明染絲帛與染羽術同。《鍾氏》云：「染羽，以朱湛丹秫，三月而熾之，淳而漬之，三入爲纁。」是也。云「染玄則史傳闕矣」者，《鍾氏》又云：「五入爲緅，七入爲緇。」注云：「凡玄色者，在緅緇之閒，其六入者與？」是染玄亦以朱爲質，而入黑汁，但其術經記無文，故云闕也。云「染夏者，染五色，謂之夏者，其色以夏狄爲飾」者，此據《禹貢》夏狄之文，破先鄭夏大之訓。染五色或用草木，不必用石染，故以秋也。云「染者擬以爲深淺之度，是以放而取名焉」者，《御覽·服章部》引董巴《漢輿服志》云：「上古衣毛而冒皮，後世聖人易之以絲麻，觀翬翟之文，榮華之色，乃染帛以效之，始作五采，成以爲服，亦染五色放翬翟取名之義。」掌凡染事。

《周禮·地官·掌染》 掌染草掌以春秋斂染草之物。 鄭玄注：染草，茅蒐、橐蘆、豕首、紫茢之屬。【疏】孫詒讓正義。「掌以春秋斂染草之物」者，染草種類不一，或以春，或以秋，各隨其時斂之也。王安石云：「掌染草至掌蜃所徵，亦必當邦賦之政令，而不言者，則以《角人》、《羽人》、《掌葛》見之。」注云「染草，茅蒐、橐蘆、豕首、紫茢之屬」者，首，舊本誤「目」，今據宋本正。《敘官》注云：「染草，藍蒨、象斗之屬。」此別言茅蒐等者，染草衆多，故鄭錯互舉之。茅蒐即蒨，詳《敘官》疏。橐蘆者，《說文·木部》云：「櫨，一曰宅櫨木，出弘農山也。」《文選南都賦》李注引郭璞注《上林賦》云：「櫨，橐盧。」《玉篇·木部》又作「杔櫨」。橐、宅、杔，蘆、盧、櫨，聲並相近，皆即一物。橐蘆蓋木類，其葉可染，故通謂之染草。《敘官》注之「象斗」，亦木也。劉向《列仙傳》云：「陸通食橐盧木實。」是爲木類之證。《史記·司馬相如傳》《索隱》云：「櫨，今黃櫨木也。」《證類本草》引陳藏器《日華子》云：「黃櫨堪染黃，生商洛山谷，葉圓木黃。」疑即是木矣。豕首者，賈疏云：「《爾雅》云：『茢薽豕首。』郭注云：『《本草》曰「彘蘆，一名蟾蠩蘭」。今江東呼豨首，可以熓蠶蛹。』郭氏雖有此注，不言可染何色，未審鄭之所據也。」詒讓案：《神農本草經》云：「天名精，一名蝦蟇藍，一名豕首。」鍾裒謂豕首即染藍之草是也。紫茢者，《爾雅》云：「藐，茈草。」郭注云：「可以染紫，一名茈莀。」《廣雅·釋草》云：「茈莀，茈草也。」《神農本草經》云：「紫草，一名紫丹，一名紫芺。」陶注云：「今染紫者。」案：紫、茈，茢、莀，並音近字通。《說文·草部》別說染騂黃之草，單名莀，與茈莀異物。《續漢書·輿服志》劉注引徐廣云：「綟，草名也。以染似綠，又似紫。」此合茈莀與莀爲一，誤。 以權量受之，以待時而頒之。 鄭玄注：權量，以知輕重多少。時，染夏之時。【疏】孫詒讓正義：「以待時而頒之」者，莊有可云：「頒之於染人也。」注云「權量以知輕重多少」者，染草又不計長短，故不用度也。云「時，染夏之時」者，據《染人》云：「夏纁玄，秋染夏。」夏爲五色，以草染，故知以其染之時頒之。不言染纁玄之時者，彼注謂纁玄以石染，不用草染故也。

《周禮·冬官·鍾氏》 鍾氏染羽，以朱湛丹秫三月，而熾之。 鄭玄注：「湛，漬也。丹秫，赤粟。」玄謂湛讀如「漸車帷裳」之漸。熾，炊也。羽所以飾旌旗及王后之車。【疏】孫詒讓正義。「鍾氏染羽」者，名義未詳。《職金》說受丹青之征有數量，《掌染草》斂染草亦云以權量受之。若然，此工受染石染草，或以鍾鬴計與？此工掌染羽，與染人染布帛絲枲，職互相備，凡石染法略同也。云「以朱湛丹秫三月，而熾之」者，賈疏云：「《染人》云『春暴練，夏纁玄』，注云：『石染，當及盛暑熱潤，始湛研之，三月而後可用。』若然，熾之當及盛暑熱潤，則初以朱湛丹秫，春日豫湛，至六月之時即染之矣。」案：賈意蓋謂季春湛石，歷三月至季夏，乃染。凡染羽，蓋皆用石染。《說文·木部》云：「朱，赤心木。」段借爲赤石之名，即《職金》之丹。故《呂氏春秋·誠廉篇》云：「丹可磨也，而不可奪赤。」《論衡·率性篇》云：「染之丹則赤。」《鄉射記》注云：「丹淺於赤。」賈彼疏謂朱與赤同，丹亦淺於朱。蓋丹朱淺深雖異，而其染石用丹沙則同。以朱湛丹秫，此專據染赤法。若四入以後，將染黑，則以涅不以朱，其湛熾淳漬法同爾。染法，互詳《染人》疏。注鄭司農云「湛，漬也」者，《月令》「湛熾必潔」，注同。謂合染羽之色，先以朱及丹秫漬而烝之也。《一切經音義》引《通俗文》云：「水浸曰漬。」云「丹秫，赤粟」者，《說文·禾部》云：「秫，稷之黏者。」程瑤田云：「稷，大名也。黏者爲秫。北方謂之高粱，或謂之紅粱，通謂之秫。秫其黏者，黃白二種；不黏者，赤白二種。民俗多種赤者，故得專紅粱之名也。」案：赤秫疑亦有黏不黏兩種，程偶未見耳。此染羽當用黏者。《爾雅》、《釋文》云：「江東人皆呼稻米爲秫米。」《古今注》云：「稻之黏者爲秫。」此以秫爲黏稻，蓋漢晉以後方語之變易，周秦時所未有也。云「玄謂湛讀如漸車帷裳之漸」者，依注例，「讀如」當作「讀爲」，明湛改讀爲漸，而後得訓漬也。漸車帷裳，《衛風·氓篇》文。毛傳云：「漸，漬也。」與先鄭義同。段玉裁云：「湛者，今之沈溺字，於義無施，故易爲漸漬之漸。」云「熾，炊也」者，《月令》注同。熾即饎之借字。《月令》「湛熾」，《呂氏春秋·仲冬紀》作「饎」，高注亦云：「饎，炊也，饎讀熾火之熾。」云「羽所以飾旌旗及王后之車」者，賈疏云：「《司常》云：『全羽爲旞，析羽爲旌。』自餘旌旗竿首亦有羽旄，《巾車》有重翟、厭翟、翟車之等，皆用羽是也。案《夏采》注云：『夏采，夏翟羽色。《禹貢》徐州貢夏翟之羽，有虞氏以爲緌。後世或無，故染鳥羽，象而用之，謂之夏采。』此是鍾氏所染者也。」淳而漬之。 鄭玄注：淳，沃也。以炊下湯沃其熾，烝之以漬羽。漬猶染也。【疏】孫詒讓正義：注云「淳，沃也」者，《廣雅·釋詁》云：「漳、沃，漬也。」《說文·水部》云：「漳，淥也。」淳即漳之隸省。淳、沃並以水澆淥物之稱，故鄭此注及《士虞禮》、《內則》注並訓淳爲沃。云「以炊下湯沃其熾，烝之以漬羽」者，賈疏云：「上熾之，謂以朱湛丹秫，三月末乃熾之，即以炊下湯淋所炊丹秫，取其汁以染鳥羽，而又漸漬之也。」案：賈說非也。鄭意蓋謂炊者，以箄隔水炊之，水氣上烝而下於湯，炊畢，遂以所炊之湯，復沃所炊之朱秫，并烝之使濃厚，乃可染也。經止言淳沃，不言更烝，注知更烝者，蓋據漢時染羽法如是。云「漬猶染也」者，亦謂浸而染之。段玉裁云：「與上文注漸漬不同訓，賈疏誤。」三入爲纁，五入爲緅，七入爲緇。 孫詒讓正義：染纁者，三入而成。又再染以黑，則爲緅。緅，今禮俗文作爵，言如爵頭色也。又復再染以黑，乃成緇矣。鄭司農說以《論語》曰「君子不以紺緅飾」，又曰「緇衣羔裘」。《爾雅》曰：「一染謂之縓，再染謂之竀，三染謂之纁。」《詩》云：「緇衣之宜兮。」玄謂此同色耳。染布帛者，染人掌之。凡玄色者，在緅緇之閒，其六入者與？【疏】孫詒讓正義：「三入爲纁」者，此明染色淺深之異名。入，謂入染汁而染之，故《爾雅》云三染也。朱染四，黑染三，各有其名。而此止著纁、緅、緇三色者，疑染羽止有此三色，縓、赬諸色並爲染繒帛及他器服設，故文不具與？注云「染纁者，三入而成」者，《說文·糸部》云：「纁，淺絳也。」《士冠禮》注義同。《王制》孔疏引鄭《易注》云：「黃而兼赤爲纁。」案：《說文》絳爲大赤，纁雖三入，深於縓、赬，而色尚兼黃，則淺於絳也。纁亦謂之彤，故《書·顧命》「彤裳」，爲孔傳云：「彤，纁也。」絳纁散文亦通，故《染人》注云：「纁謂絳也。」云「又再染以黑則爲緅」者，黑謂涅也。染朱以四入而止，不能更深，故五入之後即染以黑也。云「緅，今《禮》俗文作爵，言如爵頭色也」者，《士冠禮》注云：「爵弁者，其色赤而微黑如爵頭然，或謂之緅。」爵字又作雀，《巾車》「漆車雀飾」，注云：「雀，黑多赤少之色韋也。」案：《巾車》注疑當作「赤多黑少」，詳彼疏。段玉裁云：「此注謂爵爲今之俗文，然則古文皆當作緅矣。《說文》不取緅字，取纔字，云：『帛雀頭色，一曰微黑色，如紺。纔，淺也。讀若讒。』蓋漢時《禮》今文作爵，亦作纔，許與鄭所取不同也。鄭不取纔，故今《禮》無纔字。纔與緅、爵皆雙聲。」云「又復再染以黑，乃成緇矣」者，《說文·糸部》云：「緇，帛黑色也。」《釋名·釋采帛》云：「緇，滓也，泥之黑者曰滓，此色然也。」賈疏云：「若更以此緅入黑汁，則爲玄。更以此玄入黑汁，則名七入，爲緇矣。但緇與玄相類，故禮家每以緇布衣爲玄端也。」云「鄭司農説以《論語》曰，君子不以紺緅飾」者，《鄉黨篇》文。皇疏及《玉燭寶典》引鄭注云：「紺、緅，玄之類也。玄纁所以爲祭服等其類也。紺緅，石染，不可爲衣飾，飾謂純緣也。」案：依鄭義，蓋紺緅色近祭服之玄，故不敢褻用，非謂君子所不服。《莊子·讓王篇》云：「子貢中紺而表素。」《墨子·節用中篇》云：「古者聖王制爲衣服之法，曰冬服紺緅之衣，輕且暖。」皆以紺緅爲法服之證。先鄭引之者，證此五入爲緅，義當與後鄭同。何氏《集解》引孔安國云：「一入曰緅。紺者，齊服盛色。緅者，三年練，以緅飾衣。」案：孔以緅爲一入，與此經異者，江永、錢大昕、錢(玷)[坫]並謂孔誤以緅爲縓，蓋據《爾雅》縓一染及《檀弓》「練中衣縓緣」爲説，緅本無是義，其説紺爲齊服，則又誤以紺爲玄，是也。《續漢書·輿服志》云：「宗廟諸祀皆服袀玄。」《獨斷》則云：「袀，紺繒。」蓋漢時紺玄不別，故孔有此説，皇疏亦庨其誤矣。賈疏云：「《淮南子》云：『以涅染紺，則黑於涅。』涅即黑色也。纁若入赤汁，則爲朱；若不入赤而入黑汁，則爲紺矣。若更以此紺入黑，則爲緅。則此五入爲緅是也。」案：依賈説，則紺爲四入，微淺於緅也。賈引《淮南子》，見《俶真訓》，今本紺作「緇」，賈《士冠禮》疏兩引並作「紺」，疑唐本文異。涅爲染黑之石，故鄭《論語注》云「石染」。俗本皇疏作「木染」者，乃傳寫之誤，今據《寶典》校正。古止有石染、草染，無木染，詳《地官·敘官》疏。金鶚云：「疏纁入黑汁爲紺，是紺赤黑閒色也。而《說文》云：『緅，帛深青揚赤色也。』《釋名》：『紺，含也，青而含赤色也。』與賈不同。案《禮器》注：『秦時或以青爲黑，民言從之，今語猶存也。』漢人所謂青者，即黑也。」引又曰「緇衣羔裘」者，亦《鄉黨》文，證緇爲深黑色也。引《爾雅》曰「一染謂之縓，再染謂之竀，三染謂之纁」者，《釋器》文。《釋文》云：「竀，本又作赬，亦作䞓。」案：郭本《爾雅》作「赬」。據《說文》，則䞓爲正字，赬爲或體，竀又䞓之借字。《夏采》、《小祝》、《司常》注並有「赬」字，鄭本疑當與郭同。《左》哀十七年傳「如魚竀尾」，杜注云：「竀，赤色。」《釋器》郭注云：「縓，今之紅也。赬，淺赤。纁，絳也。」此經無一入再入之文，故鄭引以補其義。賈疏云：「凡染纁玄之法，取《爾雅》及此相兼乃具。按《爾雅》，一染謂之縓，再染謂之竀，三染謂之纁。三入謂之纁，即與此同。此三者皆以丹秫染之。此經及《爾雅》不言四，及六入，按《士冠》有『朱紘』之文，鄭云：『朱則四入與？』是更以纁入赤汁，則爲朱。以無正文，約四入爲朱，故云『與』以疑之。」黄以周云：「《說文》云：『絑，純赤也。縓，淺絳也。絳，大赤也。』縓爲淺絳，則絳深於縓矣。絳即赤也。《乾鑿度》云『天子朱芾，諸侯赤芾』，《詩·斯干》箋謂芾者，『天子純朱，諸侯黄朱』，則赤者黄朱也。黄朱非純赤，純赤則爲朱矣。許意如此，但分絑、縓、絳爲三色，義與鄭異。鄭意赤爲黄朱，即所謂纁也。《士冠禮》注云：『纁裳，淺絳裳也。』對朱爲深絳言之。」詒讓案：《說文》「絑」即今之朱字。以許、鄭説參互攷之，蓋朱與絳爲一色，赤與纁爲一色。朱絳色最深、最純，赤纁較淺而不甚純，故赤爲朱而兼黄。《詩·小雅》孔疏引鄭《易注》，謂朱深於赤，而纁又爲淺絳。《詩·豳風·七月》毛傳亦云：「朱，深纁也。」再淺則爲赬，爲縓。縓色赤而兼黄白。《既夕》注云：「縓，今紅也。」《說文·糸部》訓縓爲帛赤黄色，紅爲帛赤白色。蓋赤淺則近於黄，更淺則又近於白矣。通言之，則自朱以下通謂之絳，故《士冠禮》注以縓赬纁通爲染絳也。又案：此經及《爾雅》所云染絳，皆石染之法。其草染則以茅蒐，深淺之度，此經無文。攷《說文·韋部》云：「韎，茅蒐染韋也，一入曰韎。」是韎爲草染絳之最淺者，與石染之縓正同。其最深者則爲綪，《說文·糸部》云：「綪，赤繒也。」《左》定四年傳「綪茷」，杜注云：「綪，大赤，取染草名也。」綪蓋與石染之絳同，則當爲四入。其二入、三入，名無可攷。經有縓、緹，意或是與？引《詩》云「緇衣之宜兮」者，《鄭風·緇衣》文。毛傳云：「緇，黑色。」云「玄謂此同色耳」者，謂染羽與染布帛色同也。云「染布帛者，染人掌之」者，賈疏云：「染布帛者，在天官染人。此鍾氏惟染鳥羽而已，要用朱與秫則同。彼染祭服有玄纁，與此不異故也。」云「凡玄色者在緅緇之閒，其六入者與」者，六入之色，此經及《爾雅》並無文，故鄭又補其義。《士冠禮》注義亦同。《毛詩·豳風·七月》傳云：「玄，黑而有赤也。」《說文·玄部》云：「黑而有赤色者爲玄。」賈疏云：「若更以此緅入黑汁，即爲玄，則六入爲玄。但無正文，故此注與《士冠禮》注皆云『玄則六入與』。」詒讓案，玄與緇同色，而深淺微別。其染法亦以赤爲質，故毛、許、鄭三君並以爲赤而兼黑。玄於五行屬水。《史記·封禪書》，張蒼以爲漢水德，年始冬十月，色外黑内赤，與德相應。是正玄以赤爲質，而加染以黑之塙證。張蒼與毛公時代相接，其言可互證也。

《周禮·冬官·㡛氏》　㡛氏湅絲，以涚水漚其絲七日，去地尺暴之。鄭玄注：故書涚作湄。鄭司農云：「湄水，温水也。」玄謂涚水，以灰所泲水也。漚，漸也。楚人曰漚，齊人曰涹。【疏】孫詒讓正義。「㡛氏湅絲」者，亦以事名工也。此記絲灰湅之法。《説文·水部》云：「湅，瀾也。」案：凡治絲治帛，通謂之湅。《染人》云「春暴練」者，借練爲湅也。《華嚴經音義》引《珠叢》云：「煮絲令熟曰練。」練亦湅借字。云「以涚水漚其絲七日」者，《釋文》出漚絲二字，則陸所見本無「其」字，《郊特牲》注引同。戴震云：「凡湅絲、湅帛，灰湅水湅各七日。」注云「故書涚作湄，鄭司農云湄水，温水也」者，段玉裁云：「湄當作『渜』。《釋文》曰『湄，一音奴短反』可證也。《士喪禮》『渜濯棄於坎』，古文渜作『湪』，湪涚同字，猶褖税同字，司農據作湪之本。《說文》據作涚之本，《水部》曰『涚，財温水也，从水兑聲』，引《周禮》『以涚漚其絲』。鄭君則从涚而義異。」阮元云：「《說文》引《周禮》無水字，司農與

《說文》義同。疏又云『諸家及先鄭皆以涚水爲温水』，是賈、馬諸氏義亦與許、鄭同也。」詒讓案：《說文》引此經蓋挩水字。湄，段謂當作「湙」，近是。《說文·水部》云：「湙，湯也。」云「玄謂涚水以灰所泲水也」者，灰即欄灰也。後鄭以此方言灰湅，則不徒用温水，故易先鄭說也。涚訓泲，《司尊彝》「涚酌」注義同。《郊特牲》「明水涚齊」，注云：「涚猶清也，泲之使清。」亦引此經爲釋，然則此涚亦謂泲清之水也。湅絲必以灰和水，又恐其濁而失其色，故必泲而清之，而後可漚。古凡治絲麻布帛，必以灰。故《喪服》有澡麻經，《襍記》說緦布加灰爲錫，《深衣》注亦謂用布鍛濯灰治，《鹽鐵論·實貢篇》云「浣布以灰」，皆以灰治麻布之事。治絲帛用灰，與彼同。但絲之灰湅，蓋唯用欄灰漚之，不淫以蜃，與帛灰湅小異也。云「漚，漸也」者，《廣雅·釋詁》云：「漚，漸漬也。」《說文·水部》云：「漚，久漬也。」此湅絲以水漬之七日，故曰漚。云「楚人曰漚，齊人曰涹」者，蓋漢時方言。引之者，廣異語也。

晝暴諸日，夜宿諸井，七日七夜，是謂水湅。 鄭玄注：宿諸井，縣井中。【疏】孫詒讓正義：「是謂水湅」者，記絲水湅之法。注云「宿諸井，縣井中」者，縣而漸之於水，經宿也。井有韓，搆木爲之，可縣絲帛。

湅帛，以欄爲灰，渥淳其帛，實諸澤器，淫之以蜃。 鄭玄注：渥讀如繒人渥菅之渥。以欄木之灰，漸釋其帛也。杜子春云：「淫當爲涅，書亦或爲湛。」鄭司農云：「澤器，謂滑澤之器。蜃謂炭也。《士冠禮》曰：『素積白屨，以魁柎之。』說曰『魁，蛤也』。《周官》亦有白盛之蜃。蜃，蛤也。」玄謂淫，薄粉之，令帛白。蛤，今海旁有焉。【疏】孫詒讓正義：「湅帛」者，以下記帛灰湅之法也。云「以欄爲灰，渥淳其帛，實諸澤器，淫之以蜃」者，淳與《鍾氏》「淳而漬之」之淳同。戴震云：「渥淳者，以欄木之灰，取灂厚沃之也。凡湅帛，朝沃欄灂，夕塗蜃灰。」 注云「渥讀如繒人渥菅之渥」者，《左》哀八年傳云：「初，武城人或有因於吳境田焉，拘鄫人之漚菅者，曰：『何故使我水滋？』」段玉裁云：「云讀如者，音義同也。今《左傳》作『鄫人漚菅』。鄭君所據作『渥』。渥之言厚也，久也。以欄灰和水，久日濃，沃其帛。」詒讓案：繒，今《左傳》作「鄫」。鄫正字，繒借字。鄭所見本作「繒」。《毛詩·邶風·簡兮》傳云：「渥，厚漬也。」《陳風·東門之池》「可以漚菅」，傳云：「漚，柔也。」此湅絲言漚，湅帛言渥，文異義同。云「以欄木之灰漸釋其帛也」者，鄭釋渥爲漸，與漚同。欄即楝字。《說文·木部》云：「楝，木也。」《玉篇·木部》云：「楝，木名，子可以浣衣。」《證類本艸》楝實引《圖經》云：「木高丈餘，葉密如槐，三四月開花，紅紫色，芬香滿庭閒，實如彈丸，生青熟黃。」段玉裁云：「漸釋者，猶今俗云浸透也。」案：段說是也。鄭意淳亦訓沃，而渥又爲厚沃，經兼言之，明欲帛之漸浸柔潤，如解釋然。杜子春云「淫當爲涅，書亦或爲湛」者，王引之云：「涅與淫形聲俱不相近，涅即湛之譌也。湛淫古字通，故子春讀淫爲湛。《爾雅》曰：『久雨謂之淫。』《論衡·明雩篇》曰：『久雨爲湛。』湛即淫字也。下云『書亦或爲湛』，《大宗伯》『五祀』，鄭司農云：『禩當爲祀，書亦或作祀』；《肆師》『爲位』，杜子春云：『涖當爲位，書亦或爲位。』《樂師》『趨以《采齊》』，鄭司農云：『跢當爲趨，書亦或爲趨。』是凡言『書亦或爲某』者，皆承上之辭。湛涅隸書形相似，故湛譌涅耳。《釋文》有湛無涅，以是明之。」案：王說是也。淫帛以蜃，欲其白。涅以染緇，於義無取，足知其非。鄭司農云「澤器，謂滑澤之器」者，《說文·水部》云：「澤，光潤也。」器之潤澤者必滑，故即謂之澤器。必用滑澤之器，取其難乾也。云「蜃謂炭也」者，炭，明注疏本作「灰」。案：蜃炭，見《赤犮氏》，炭擣之即爲灰。《掌蜃》「共白盛之蜃」，注云：「今東萊用蛤謂之叉灰云。」此蜃亦即蛤灰也。引《士冠禮》曰「素積白屨，以魁柎之」者，《釋文》云：「魁又作魹。」案：魹即魁之譌體，鄭引之者，證此蜃灰即《士冠禮》之魁也。鄭彼注云：「柎，注也。」云「說曰，魁，蛤也」者，蓋禮家舊說。鄭《士冠禮》注云：「魁，蜃蛤。」案：魁蛤二字連讀。魁蛤者，蛤之一種。《說文·虫部》說盒有三，云「魁盒，一名復絫，老服翼所化也。」《爾雅·釋魚》云「魁陸」，郭注云：「《本草》云：『魁狀如海蛤，圓而厚，外有理縱橫。』即今之蚶也。」攷《本草經》云：「海蛤，一名魁蛤，生東海。」又云：「魁蛤一名魁陸，一名活東，生東海，正圓，兩頭空，表有文。」兩文錯出，未知孰是。據《釋魚》郭注及陸音引《說文》，則魁蛤與海蛤墒是二種。又《本艸》陶注云：「魁蛤形如紡缸，小狹長，外有縱橫文理。」又引蜀本《圖經》云：「形圓長，似大腹檳榔，兩頭有乳。」則又與蚶異。周時所用蜃灰，不知是何蛤也。云「《周官》亦有白盛之蜃」者，見《掌蜃》及《匠人》。云「蜃，蛤也」者，《鼈人》注云：「蜃，大蛤。」案：蜃蛤二字亦連讀，即所謂大蛤也。大蛤正名爲蜃，通言之則曰蜃蛤，與《說文》三種蛤異物。先鄭意，蓋以《禮經》之魁爲魁蛤，此經之蜃爲蜃蛤，二者同類而小異，故分別釋之。後鄭則以魁亦即蜃蛤，湅帛之蜃灰，即柎屨之魁灰，與先鄭微異。任大椿云：「魁亦訓大，《本艸》『魁蛤』，《爾雅》『魁陸』，皆以魁爲大也。蓋蛤粉本白，魁蛤則蜃之尤大者，爲尤白也。」云「玄謂淫薄粉，令帛白」者，鄭讀淫如字，不從子春破爲湛也。《說文·水部》云：「淫，浸淫隨理也。」淫之以蜃，亦謂以蜃粉浸淫附著之，與《匠人》「善防者水淫之」義同。段玉裁云：「鄭君從淫訓薄粉之，然則淫之言糝也。」任大椿云：「蓋蜃粉與欄灰及水參相和，則浸淫漸漬而善入，粉必薄乃善入也。云淫者，浸潤之，使易徹也。」云「蛤，今海旁有焉」者，《說文·虫部》云：「蜃屬有三，皆生于海。」

清其灰而盝之，而揮之， 鄭玄注：清，澄也。於灰澄而出盝晞之，晞而揮去其蜃。【疏】孫詒讓正義：「清其灰而盝之，而揮之」者，此灰兼欄灰、蜃灰，二者皆清之。戴震云：「每日之朝，置水於澤器中，以澂蜃灰，乃取帛出，盝之揮之。」 注云「清，澄也」者，《說文·水部》云：「清，朖也，澂水之貌。」又云：「澂，清也。」澂澄字同。蓋以水澄去其灰之麤滓，其細灰仍著帛不去，故後復振之也。云「於灰澄而出盝晞之」者，《爾雅·釋詁》云：「盝，涸竭也。」正字當作「淥」。《說文·水部》云：「漉，浚也，重文淥，漉或从彔，字亦作盝。」《方言》云：「盝，涸也。」盝即盝之省。《說文·日部》云：「晞，乾也。」謂竢灰清時，出布，去其水而暴乾之。云「晞而揮去其蜃」者，《戰國策·齊策》高注云：「揮，振也。」謂因其乾，更振去其蜃也。

而沃之，而盝之，而塗之，而宿之。 鄭玄注：更渥淳之。【疏】孫詒讓正義：「而沃之，而盝之」者，沃，渓之隸省。《說文·水部》云：「渓，溉灌也。」謂更以灰水澆沃，又漉乾之。戴震云：「更沃欄灂。」云「而塗之，而宿之」者，戴震云：「每日之夕，盝欄灂，塗蜃灰，經宿。」

注云「更渥淳之」者，明沃與淳義同。《鍾氏》注云：「淳，沃也。」明日，沃而盝之。鄭玄注：朝更沃，至夕盝之。又更沃，至旦盝之。亦七日如漚絲也。【疏】孫詒讓正義：「明日沃，而盝之」者，戴震云：「明日者，承宿之爲言也。沃前則清其灰而盝之，揮之，沃後則盝之，塗之，宿之。詳略互見。」注云「朝更沃，至夕盝之，又更沃，至旦盝之」者，明沃盝相繼，無間朝夕也。云「亦七日，如漚絲也」者，明湅絲湅帛日數等也。晝暴諸日，夜宿諸井，七日七夜，是謂水湅。【疏】孫詒讓正義：「是謂水湅」者，賈疏云：「湅帛湅絲皆有二法，上文爲灰湅法，此文是水湅法也。」

《儀禮·既夕禮》 縓綼緆。鄭玄注：一染謂之縓，今紅也。賈公彥疏：釋曰：云「一染謂之縓」者，《爾雅》文。謂一入赤汁染之，即漢時紅，故舉以爲況也。緇純。七入爲緇。緇，黑也。

《禮記·月令》 〔季夏之月〕是月也，命婦官染采，黼、黻、文、章必以法故，無或差貸，黑、黄、倉、赤莫不質良，無敢詐僞，以給郊廟祭祀之服，以爲旗章，以別貴賤等給之度。孫希旦集解：《釋文》：貸音二，又他得反。別，彼列反。《吕氏春秋》「貸」作「忒」，「倉」作「蒼」，「無」作「勿」，「詐僞」作「僞詐」，「等給」作「等級」。

鄭氏曰：婦官，染人也。孔氏曰：婦官，掌婦功之官，謂染人也。此月暑濕，染帛爲宜。愚謂染人亦男子爲之，曰「婦官」者，以其與婦功相成也。黼、黻、文、章，謂染其絲而用之以繡者也。《考工記》曰：「青與赤謂之文，赤與白謂之章，白與黑謂之黼，黑與青謂之黻，五采備謂之繡。」必以法故者，若三入爲纁，五入爲緅，七入爲緇之類，當用舊法故事，不得參差變貸也。黑、黄、倉、赤，染其絲以織帛，或已成帛而染之者也。質，實也。良，善也。莫不質良，若用茅蒐染絳，用藍染青之類，必用質實良善之物，不得淆雜爲詐僞也。上言「法故」，下言「質良」，亦互相備也。給當作「級」，祭服旗章，貴賤皆有等級。

《爾雅·釋器》 一染謂之縓。郭璞注：今之紅也。再染謂之赬。郭璞注：淺赤。三染謂之纁。郭璞注：纁，絳也。青謂之蔥。郭璞注：淺青。黑謂之黝。郭璞注：黝黑貌。《周禮》曰：陰祀用黝牲。斧謂之黼。郭璞注：黼文畫斧形，因名云。

郝懿行義疏：縓者，《説文》云：帛赤黄色。一染謂之縓。《士冠禮》鄭玄注：凡染絳，一入謂之縓，再入謂之赬，三入謂之纁。《既夕記》鄭玄注：一染謂之縓，今紅也。《喪服記》鄭玄注：縓，淺絳也。按《説文》絳，大赤也。紅帛赤白色。然則縓色在白、赤、黄之閒，縓與緼同，故《玉藻》鄭玄注：緼，赤黄之閒色，所謂韎也。《詩》「瞻彼洛矣」，毛亨《傳》：韐韎者，茅蒐染韋也。一入曰韎韐，據孔穎達正義定本有「入」字。是縓以茜草染之，故經典縓字，《釋文》竝七絹反，意蓋爲此。但縓从原聲，則音七絹非矣。

赬者，《説文》作經，云：赤色也。經或作赬。《考工記·鍾氏》鄭玄注引《爾雅》作「再染謂之竀」。《左氏》哀十七年傳「如魚竀尾」，竀蓋赬之別體耳。

纁者，《説文》云：淺絳也。按淺字誤。鄭玄注：以縓爲淺絳，以一染色猶淺，至纁三染色成，故《鍾氏》云：三入爲纁，五入爲緅，是纁已成大赤，若再染則爲黑矣。故《禹貢》孔穎達正義引李巡云：三染，其色已成爲絳。纁、絳一名也。然則纁即爲絳可知，許君誤矣。

蔥者，繱之段借也。《説文》繱，帛青色。《玉篇》云：青白色也。經典省作蔥。《詩》「有瑲蔥珩」，毛亨《傳》：蔥，蒼也。《玉藻》云：三命赤韍蔥衡。鄭玄注：青謂之蔥。《荀子·性惡篇》云：「桓公之蔥。」楊倞注：蔥，青色也。

黝者，《説文》云：微青黑色。按《鍾氏》云：三入爲纁，五入爲緅，七入爲緇，是從赤入黑法。此云青謂之蔥，黑謂之黝，是從青入黑法。故《説文》以爲微青黑色也。《玉藻》孔穎達正義引孫炎曰：黝，青黑。蔥則青之異色，與《説文》合。《周禮》序官《掌染草》注：染草，藍、蒨、象斗之屬。賈公彥疏：藍以染青，〔蒨以染赤〕，象斗染黑。是矣。黝，古通借作幽。《玉藻》云：一命緼韍幽衡，再命赤韍幽衡。鄭玄注：幽讀爲黝，黑謂之黝。《周禮》牧人守祧，鄭衆注竝云：幽讀爲黝，黝黑也。今本皆幽、黝誤倒。按：《詩》「其葉有幽」，毛亨《傳》：幽，黑色也。是幽即黝矣。

黼者，《説文》云：白黑相次。《考工記》畫繢之事云：白與黑謂之黼。《書·益稷》孔穎達正義引孫炎曰：黼文如斧形。又申之云：蓋半白半黑，似斧，刃白而身黑，是其義也。按《覲禮》云天子設斧依，《書·顧命》作黼扆。是黼即斧也。斧、黼以聲爲義。

《管子·輕重丁》 萊人善染，練茈之於萊純錙，緺綬之於萊亦純錙也。

《墨子·所染》 子墨子言見染絲者而歎，曰：「染於蒼則蒼，孫詒讓閒詁：《廣雅·釋器》云：「蒼，青也。」染於黄則黄，孫詒讓閒詁：《韓詩外傳》云：「藍有青，而絲假之，青於藍；地有黄，而絲假之，黄於地。」《淮南子·説林訓》云：「墨子見練絲而泣之，爲其可以黄，可以黑。」所入者變，其色亦變，五入必，孫詒讓閒詁：《考工記·鍾氏》「染羽，三入爲纁，五入爲緅，七入爲緇」，鄭玄注云：「玄，其六入者與？」《爾雅·釋器》

云：「一染謂之縓，再染謂之赬，三染謂之纁。」必，讀爲畢。《左》隱元年傳「同軌畢至」，《白虎通義・崩薨篇》引「畢」作「必」，是其證。言五入畢，而爲五色也。高誘云：「一入一色。」畢沅云：「一本無『必』字。」而已則爲五色矣！孫詒讓閒詁：畢沅云：「《呂氏春秋》無『則』字，《後漢書》注，引作『五入之則爲五色』，《太平御覽》引作『五入則爲五色』。」故染不可不慎也！」

《呂氏春秋》卷二《仲春紀二・當染》 墨子見染素絲者而歎曰：染於蒼則蒼，染於黄則黄，所以入者變，其色亦變，五入而以爲五色矣，高誘注：一入一色。故染不可不慎也。

《呂氏春秋》卷五《仲夏》 〔仲夏之月〕，令民無刈藍以染。高誘注：爲藍青未成也。

《呂氏春秋》卷六《季夏》 〔季夏之月〕，是月也，命婦官染采，黼黻文章，必以法故，無或差忒，黑黄蒼赤，莫不質良。高誘注：婦人善别五色，故命其官使染采也。白與黑謂之黼，黑與青謂之黻，青與赤謂之文，赤與白謂之章。修其法章，不有差忒，故黑黄蒼赤之色皆美善。畢沅按：《月令》忒作貸，舊校云差一作遷，注：修其法章，疑是法制。勿敢僞詐，以給郊廟祭祀之服，以爲旗章，以别貴賤等級之度。

《史記》卷二《夏本紀》 荆及衡陽維荆州：【略】其篚玄纁璣組。裴駰集解：孔安國曰：「此州染玄纁色善，故貢之。」

劉安《淮南子》卷一六《説山》 染者先青而後黑則可，先黑而後青則不可。

王充《論衡》卷二《率性篇》 傳言：「譬猶練絲，染之藍則青，染之丹則赤。」【略】藍丹之染練絲，使之爲青赤也。青赤一成，真色無異。【略】蓬生麻間，不扶自直；白紗入緇，不練自黑。彼蓬之性不直，紗之質不黑，麻扶緇染，使之直黑。夫人之性猶蓬紗也，在所漸染而善惡變矣。

王充《論衡》卷一二《量知篇》 染練布帛，名之曰采，貴吉之服也。無染練之治，名縠（瀫）麤，縠（瀫）麤不吉，喪人服之。人無道學，仕宦朝庭，其不能招致也，「致」疑誤。猶喪人服麤，不能招吉也。

崔寔《四民月令・六月》 是月六日可種葵。中伏後，可種冬葵；可種蕪菁、冬藍、小蒜，别大蔥。可燒灰，染青、紺諸雜色。

賈思勰注：冬藍：冬藍，木藍也；八月用染也。

杜臺卿注：紺：古暗反。今案《論語・鄉黨》曰：「君子不以紺緅飾，紅紫不以爲褻服。」鄭玄注云：「紺、緅，紫者玄類，紅者纁類。紺，緅石染；紅，紫艸染。」《説文》曰：「紺，帛染青而揚赤色；从糸、甘聲。」

崔寔《四民月令・八月》 暑小退，命幼童入小學，如正月焉。涼風戒寒，趣練縑帛，染采色。擘綿，治絮，制新，浣故。及韋履賤好，豫買，以備隆冬栗烈之寒。

佚名《三輔黄圖》卷三 暴室，主掖庭織作染練之署。謂之暴室，取暴曬爲名耳。有嗇夫官屬。

《太平御覽》卷八一四《布帛部一・染》 《博物志》曰：蕪蘇子染法，蕪蘇子一升可染一疋，直以水浸之耳。

賈思勰《齊民要術・雜説第三〇》 六月：命女工織縑練。絹及紗縠之屬。可燒灰染青、紺雜色。

八月：「涼風戒寒，趣練縑帛，染綵色。」河東染御黄法：碓擣地黄根，令熟，灰汁和之。攪令匀，搦取汁，别器盛。更擣滓使極熟，又以灰汁和之，如薄粥。瀉入不渝釜中，煮生絹。數迴轉使匀，舉看有盛水袋子，便是絹熟。抒出，著盆中，尋繹舒張。少時捩出，淨搌去滓，曬極乾。以别絹濾白淳汁，和熱抒出，更就盆染之，急舒展，令均。汁冷捩出，曝乾，則成矣。（治釜不渝法在醲酪條中。）三率三升地黄，染得一匹御黄。地黄多則好。柞柴、桑薪、蒿灰等物，皆得用之。

原題唐玄宗《唐六典》卷二〇《太府寺》 平準署：令二人，從七品下；李林甫等注：《周禮》有質人中士、下士，主平定物價也。漢大司農屬官有平準令、丞。韋昭《辨釋名》云：「平準，主平物價，使相依準。」《史記》云：「桑弘羊領大農令，以諸官各自市相争，以故物多騰躍，乃請置大農部丞數十人，分部主郡國；置平準於京師，受天下委輸，盡籠天下之貨物，貴則賣之，賤則買之，如此則富商大賈無所牟大利矣。所以置平準焉。」故趙廣漢廉潔下士，州舉茂才，爲平準令。後漢大司農屬官有平準令、丞各一人，令六百石，丞三百石，掌知物價及主練染，作采色。至和帝改平準爲中準，以宦者爲令，丞，列于內署。自是，諸署令悉用宦人。魏氏闕文。晉少府屬官有平準令、丞。宋順帝諱「準」，改曰染署。齊少府有平準令、丞。梁、陳有平水令、丞。後魏闕文。北齊司農寺統平準令、丞。後周有平準中士、下士。隋司農屬官有平準署令、丞。煬帝三年，改平準署隸太府寺。皇朝因之。丞四人，從八品下；監事六人，從九品下。 平準令掌供官市易之事；丞爲之貳。凡百司不任用之物，則以時出貨；其没官物者，亦如之。

馮贄《雲仙雜記》卷七《霜露能染紅紫》 鵶管山霜可染紫，白（庶）〔鹿〕潭露能染紅，爲天下冠。恨人無知者。常奉真《湘潭記》。

樂史《太平寰宇記》卷八三《劍南東道二・綿州》 土産：緋紅。《遊蜀記》云：「左綿緋紅，三川所尚。綿州左綿郡有水所染緋紅，於此水濯後益鮮，古人之所重。」

宋敏求《春明退朝録》中 凡官告之制：后妃，銷金雲龍羅紙十七張，銷金褾袋，寶裝軸，紅絲網，金帉栝；公主，銷金大鳳羅紙十七張，銷金褾袋，瑇瑁軸，紅絲網，塗金銀帉栝；按皇后，當降制誕告，不裝告身而用冊。本朝諸后皆止用告。景祐元年，立后，始用冊。治平、熙寧皆循之。親王、宰相、使相，背五色金花綾紙十七張，暈錦褾袋，犀軸，色帶，紫絲網，銀帉栝；樞密使、三師、三公、前宰相至僕射、東宮三師、嗣王、郡王、節度使，白背五色金花綾紙十七張，暈錦褾袋，犀軸，色帶；【略】凡修儀、婉容、才人、貴人、美人，銷金小鳳羅紙七張，銷金褾袋，瑇瑁軸，紅絲網，塗金銀帉栝；司言、司正、尚衣、尚食、典寶常使，金花羅紙七張，法錦褾袋；内降夫人、郡君，團窠羅紙七張，暈錦褾袋；宗室婦常使，金花羅紙七張，法錦褾袋；宗室女，素羅紙七張，法錦褾袋；國夫人，銷金團窠五色羅紙七張，暈錦褾袋；郡夫人、常使，金花羅紙七張，見任兩府母、妻使團窠。法錦褾袋；以上至司言、司正等，皆用瑇瑁紫絲網、帉栝。郡君、縣太君、遥郡刺史、正郎以上妻並銷金，常使羅紙七張；餘命婦並素羅紙七張。

《事物紀原》卷六《東西使班部・染院》 《周官》有染人，掌染帛，秦爲平準令，隋有司染署，唐又有染坊。《宋朝會要》曰：唐有染坊使，太平興國三年，分置東西染院，使名亦改也。

《事物紀原》卷七《庫務職局部・二染院》 唐有染署，職在少府，後爲染坊。《宋朝會要》曰：舊染坊，太平興國二年分爲東西二染院。咸平六年，有司上言西染院水宜於染練，乃併之。

《事物紀原》卷一〇《布帛雜事部・五采》 董巴《輿服志》曰：上古衣毛而冒皮，後聖易之以絲，觀翬翟之文，榮華之色，乃染帛效之，始作五采，成以作服。《易》以黄帝、堯、舜垂衣裳，取諸《乾》《坤》。《乾》《坤》有文，則五采與衣服同興矣。

《事物紀原》卷一〇《布帛雜事部・纈》 《事始》曰：夾纈，微子造。《二儀實録》曰：秦、漢間有之，不知何人造。陳、梁間貴賤通服之。《潘氏紀聞譚》曰：唐代宗寶應二年，吴皇后將合祔肅宗陵，啓舊堂，衣服繒綵如撮，染成花鳥之狀。玄宗柳婕妤妹適趙氏，性巧，因使工鏤板爲雜花，打爲夾纈，初獻皇后一匹。代宗賞之，勅宮中依樣製造。當時甚祕，後漸出，偏天下。此似始爲夾纈之制也。

魏泰《東軒筆録》卷四 邇來市民染帛，以油漬紫色，謂之油紫。

王栐《燕翼詒謀録》卷二 咸平、景德以後，粉飾太平，服用寖侈，不惟士大夫家崇尚不已，市井閭里以華靡相勝，議者病之。大中祥符元年二月，詔：「金箔、金銀線、貼金銷金間金蹙金線，裝貼什器土木玩之物，並行禁斷。非命婦不得以金爲首飾。許人糾告，並以違制論。寺觀飾塑像者，齎金銀並工價，就文思院換易。」四年六月，又詔：「宫院、苑囿等，止用丹白裝飾，不得用五綵。皇親士庶之家，亦不得用春幡勝。除宣賜外，許用綾絹，不得用羅，諸般花用通草，不得用縑帛。」八年三月庚子，又詔：自中宫以下，衣服並不得以金爲飾，應銷金、貼金、縷金、間金、戧金、圈金、解金、剔金、撚金、陷金、明金、泥金、榜金、背金、影金、闌金、盤金、織金金線，皆不許造。然上之所好，終不可得而絶也。仁宗繼統，以儉樸躬行，於慶曆二年五月戊辰，申嚴其禁，上自宫掖，悉皆屏絶，臣庶之家，犯者必置於法。然議者猶有憾，以爲有未至焉。自是而後，此意泯矣。

王栐《燕翼詒謀録》卷五 仁宗時，有染工自南方來，以山礬葉燒灰，染紫以爲黝，獻之宦者洎諸王，無不愛之，乃用爲朝袍。乍見者皆駭觀，士大夫雖慕之，不敢爲也。而婦女有以爲衫褑者，言者亟論之，以爲奇衺之服，寖不可長。至和七年十月己丑，詔嚴爲之禁，犯者罪之。中興以後，駐蹕南方，貴賤皆衣黝紫，反以赤紫爲御愛紫，亦無敢以爲衫袍者，獨婦人以爲衫褑爾。服紫始末，已見前卷。

《宋大詔令集》卷一九九《禁銷金詔》 大中祥符八年五月壬午

惟彼兼金，是名至寶。邦家所尚，本以備乎威儀；民俗相因，由是成于奢僭。銷鎔浸廣，耗蠹實多。向者繼下制書，禁兹侈服，申嚴未一，抵冒尚繁。今將表正蒼黔，共還樸素，冀羣情之率俾，在眇質之躬行，自非大禮之采章，並命攸司而簡省。上從中禁，下暨庶邦，靡限等差，同其條約。必行之令，在率士以咸周；可復之言，示至公而斯在。其乘輿法物，除大禮各有舊制外，内庭自中宫以下，並不依銷金、貼金、鏤金、間金、戧金、圈金、解金、剔金、陷金、明金、泥金、楞金、背金、影金、欄金、盤金、織撚、金線等，但係裝著衣服，並不得以金爲飾。其外庭臣庶之家，悉皆禁斷。三京諸路臣民舊有者，限一月許回易爲尊像前供養物。應寺觀自今裝功得所用金箔，須具殿位尊像顯合增修刱造數，經官司陳狀勘會詣實聞奏，方得給公憑，詣三司收買。其明金裝假果花版樂身之類，應用金爲裝彩物，降詔前已有者，更不毀壞，自餘悉皆禁止。如敢有違，本犯人及工匠干連人並當重斷。皇族諸親大臣等，固宜奉詔，率乃輿民，苟或有踰，必行嚴憲。仍令御史臺、皇城左右街司常切覺察，如不切糾舉，致別處彰露，並寘其罪。其論告人，賞錢百貫，以犯事人家財充，不足者以係省錢支給，仍令諸路轉運司遍牒管內，揭榜告示。

《宋大詔令集》卷一九九《禁鏤金詔》 景祐二年五月庚寅

弊品之興，金鎰爲重，制財藝貢，邦用賴焉。洪惟先朝，深鑒治本，特嚴淦鑠之禁，以杜奢僭之萌，而宵人末工，放利矜巧。如聞比日，潛冒禁防，縻壞至珍，崇華首服，浸相貿鬻，陰長奇衺，官司因循，曾未呵糾。宜申布於前令，俾大革其非心。尚或弗悛，罔有攸赦，敦風遠罪，當稱朕懷。應市肆造作縷金爲婦人首飾等物，並嚴行禁絶。

《宋大詔令集》卷一九九《禁銷金詔》 慶曆二年五月戊寅

朕欽遵聖猷，精求政治，務菲躬而圖儉，庶率己以先民。眷乃良金，時爲上幣，何兹流俗，未穆醇風，侈麗相夸，蠹弊滋廣，銷爇珍寶，變尚服裝。効增魚龍之文，頗奸輿輦之制。浸踰法度，遂益僭差。頃在先朝，累班深詔，爰重禁防之格，仍開購告之塗。肆朕纘承，亦常申飭。如聞近歲，違冒猶多，俾條舉於舊章，冀楙成於淳化，必毆衆正，宜自近初。上從宫掖之嚴，下暨臣民之五，均行屏絶，用一等倫，無習匪彝，輕陷明憲。其乘輿法物，除大禮各有舊制，依前行用，内廷自中宫已下，並不依銷金、貼金、鏤金、間金、蹙金、解金、剔金、明金、泥金、楞金、欄金、盤金、織撚金線等，但係裝著衣服，並不得以金爲飾，其外廷臣庶之家，不以有司有封邑並皆禁斷。宜令宰司，申明前後條貫指揮。

袁文《甕牖閒評》卷七 今人染，弗肯紅名玉色，非也，當名肉紅耳。吴曾《能改齋漫録》記芍藥名云沔池紅，註云：千葉肉紅。又赤苗旋心，亦註云：千葉深肉紅。于此可見。

周去非《嶺外代答》卷六《服用門・猺斑布》 猺人以藍染布爲斑，其紋極細。其法，以木板二片，鏤成細花，用以夾布，而鎔蠟灌于鏤中，而後乃釋板取布，投諸藍中，布既受藍，則煮布以去其蠟，故能受成極細斑花，炳然可觀。故夫染斑之法，莫猺人若也。

江少虞《宋朝事實類苑》卷第六《風俗雜誌・辰砂》 辰州朱砂，嘉者出蠻峒錦州界猪獠峒老鴉井，其井深廣十丈，高亦如之。欲取砂，必聚薪于井，俟滿，火燎之，石壁迸裂，入火者既化爲煙氣矣，其偶存在壁者，方得之，乃青色頑石。有砂處，即有小龕，龕中生白石床如玉，床上乃生丹砂，小者如箭鏃，大者如芙蓉，光如磬玉可鑑，研之如猩血。砂泊床大者重七八斤，價十萬，小者五六萬。晃州亦有赤色，如箭鏃，帶石者得自土中，非此之比也。

《宋會要輯稿・職官二九》 西内染院 在金城坊。舊曰染坊，太平興國三年分爲東西二染院，咸平六年有司上言，西院水宜於染練，遂併之。掌染綵帛、條線、繩革、紙藤之屬，以京朝官諸司使副内侍一人監，別以三班一人監門，領匠六百十三人。

西染色院 在金城坊，掌受染色之物，以給染院之用。太平興國二年置東染色庫，三年又置西染色庫，咸平二年省東庫。以京朝官及三班二人監，兵士十七人。大宋淳化元年七月詔：染院染帛，除内中取索仍舊以紅花染外，自餘並給蘇木。真宗咸平二年正月詔：每年染院端午冬衣，十月一日承天節春衣五料，自今三司自二月一日後，預將五料數目支付，依次出染，至八月終管足。四年七月詔：染院染物，須依元定料例染褫下得增減物料，如偷兑抵換，提獲及陳告得知，贓驗明白者，杖配外州。大中祥符八年三月詔：都大提舉諸司庫務司取元併染院文字看詳，及親相視，見今染院及三司乞移入舊東染院利害，件析以聞。當司相度東院舍屋數少，地位窄狹，柴蒿場并工匠營房相去遥遠，懼不便，近欲只就西院開水池所五所，置斗門，放水充洗濯物帛，過使即開斗門，夜間下棧鏁閉。本院内，金水河兩岸，即剏置短墻遮護，不許放入濁污河水。遂勒本院相度。據專典軍員兵匠衆狀稱，若開小池置斗門放水，洗澤疋段，遇水渾濁，退入護龍河，旋放清水，常程染練，日一兩度换水，大段染練，日須至三度换水，約使金水河五十分中一二分，久遠委不悮事，亦無礬水顔色相犯。欋水河一道，長二十二步，深四尺，濶三尺。洗澤疋段池五所，各長二丈五尺，闊六尺，深五尺，放水深一尺五寸，退水渠一道，長五十二步，深七尺，濶四尺，内二十二步捲傘，今相度只稍闊二尺。護河墻百二十六堵，各五尺。東院地位窄狹，河水細小，西院去請柴蒿場務，遠者五里已下，日般三五轉，人匠不破功。東院則近無柴蒿場，去城西諸場務請柴蒿，約十二里至十四里有零，日般一轉。西院工匠至本院約一里，已采東院營往，廻約二十八里，每日守門去，辰時方到，申時放作，酉時到營，如是放晚。趨門不及，無處安泊。又據壕塞計料到開握欋水河、洗澤池、退水渠，并護河墻擗掠舊金水河，約使千七百九十八工，諸作約使條磚九萬一十二百口，方塼四千口，斗門一十一座，約使金口石柱子二十二條，各長五尺，徑一尺二寸，座子石二十二段，各自方一尺五寸，厚五寸，厭柱石二十二段，各長二尺，闊一尺二寸，厚五寸，約使栢連長三十五條，栢木二條，泥飾護河小墻，使麥麲六十三束，已上除諸作約計到功料共三千七百四十五工。並從之。

《宋會要輯稿·刑法二·禁約》 政和三年九月二十七日詔：後苑作製造御前生活所纈樣，打造纈帛，蓋自元豐初置，以爲行軍之號，又爲衛士之衣，以辨其姦詐，遂禁止民間打造。日來多是使臣之家，顧工開板，公然打造，更無法禁。仰開封府候指揮到除降樣制，并自來民間打造二紅相纈外，並行禁止，其外路亦不許打造。客旅興販入京違者，以違御筆論，許人告，賞錢三千貫文。所有纈板，許人陳首赴府送納焚毁。仍令出牓委四廂使臣告示後，限五日，有犯依此施行。

〔紹興〕二十七年八月，上諭輔臣曰：昨日因看韓琦家傳，論戚里多用銷金衣服，嚴行禁止。朕聞近來行在銷金頗多，若日銷不已，可惜廢於無用。朕觀《春秋》正義，謂質則用物貴，淫則侈物貴，蓋淫侈不可不革。越二日，復有旨：古者商旅于市，以視時所貴尚而爲低昂，故淫則侈物貴也。訪聞此來，民間銷金服飾甚盛，可檢舉舊制，嚴行禁絶。都省勘會民間以銷金爲服飾，紹興勅內雖有立定斷罪，其小兒婦人，自合一體禁止。詔申明行下，如有違犯之人，並依勅條斷罪。仍令尚書省出榜曉諭。後五年十一月二十四日，上復謂輔臣曰：銷金翠羽，爲婦人服飾之類，不惟糜損貨寶，殘殺物命，而侈靡之習，實關風化，朕甚矜之。已戒宮中內人不得用此等服飾，及下令不得放入宮門，無一人犯者，尚恐士民之家，未能盡革，可申嚴止之。仍下廣南、福建，禁採捕者。十二月七日，諸王宮大小學教授錢觀復乞檢會祥符、天聖、景祐以來勅條，申嚴約束。詔今後銷金爲服，增賞錢三百貫。其採捕翡翠及販賣并爲服飾，並依銷金爲服罪賞。其以金打箔，并以金箔粧飾神佛像、圖畫、供具之類，及工匠並徒三年，賞錢三百貫。鄰里不覺察，杖一百，賞錢一百貫，許人告。其見存神佛像、圖畫、供具，諸軍撚金錦戰袍，並許存留，所有翠羽銷金服飾，限三日毁棄。九年五月十七日，申嚴金翠。十年五月四日詔：其犯金翠人并當職官，除依條坐罪外，更取旨重作行遣。二十六年九月二日，沈該等奏：安南人使欲買撚金線段，此服華侈，非所以示四方。上曰：華侈之服，如銷金之類，不可不禁。近時金絶少，緣小人貪利，銷而爲泥，不復可用，甚可惜。蓋天下産金處極難得，計其所生，不足以供銷毁之費。朝廷屢降指揮，而奢侈成風，終未能禁絶，須申嚴行下。該等曰：謹奉聖訓，便當嚴立法禁。二十七年三月二十一日，內降詔曰：朕惟崇尚儉素，實帝王之先務，祖宗之盛德。比年以來，中外服飾，過爲侈靡，雖累行禁止，終未盡革。朕躬行敦朴，以先天下。近外國所貢翠羽六百餘隻，可令焚之通衢，以示百姓。行法當自近始。自今後宮中首飾衣服，並不許鋪翠銷金。仰幹辦內東門司當切覺察，如違以違制論。次日復詔：自今後宮中如有違犯之人，令會通門捉獲，先於犯人名下，追取賞錢一千貫充賞，如不及數，令內東門司官錢內貼支。將犯人取旨其元經手轉入院子儀鸞等，從徒三年罪。於是有司條具，乞自今降指揮，應士庶貴戚之家，限三日毁棄，如違並徒二年，賞錢三百貫。今後不得採捕翡翠，并造作鋪翠銷金爲首飾衣服，及造貼金、縷金、間金、圈金、剔金、陷金、解金、明金、泥金、楞金、背金、影金、盤金、織金、線金、鋪蒙金、描金、撚金線、真金紙，應以金泥爲粧飾之類。若令人製造，及爲人造作，并買賣及服用之人，並徒二年，賞錢三百貫，許諸色人告。婦人并夫同坐，無夫者坐家長，命官婦申奏取旨。仍并下諸路、州、軍，嚴行禁止，每季檢舉，巡捕官當職官常切覺察，如違，仰監司按劾。從之。【略】

〔淳熙〕八年正月二十八日，臣僚言，京師風俗之樞機，禮教人心之防範。陛下崇尚朴素，躬履儉約，固嘗特降御筆，首嚴銷金鋪翠之禁。曾未數月，冒犯如故。臣以爲行法固自近始，而尤當禁絶其源。竊見京城內外，有專以打造金箔及鋪翠銷金爲業者，不下數百家。列之市肆，藏之篋盝，通販往來者，往往至數千人。若於其源而盡絶之，販造者既無所容，則服用者不期革而自革矣。乞行下臨安府，檢坐見行條法，申嚴牓示，其打造金箔及銷金鋪翠工匠等人，仰日下改業，將應干作具，經官首納。如限外不首，仍前製造販賣，並許人告，犯人從杖罪科斷，枷項號令，監賞候犯人替外路州軍，專委轉運司嚴切禁戢，准此施行。從之。

《奩史》卷八七《綺羅門》 魚子纈，水波紗，言婦女衣服之美。段成式詩「醉袂幾侵魚子纈」。《海録碎事》。

金陵宮人揉薔薇水染生帛，一夕忘收，爲濃露所漬，色倍鮮翠。《楊文公談苑》。

《元史》卷八九《百官志五》 染局，秩正八品。大使一員，副使一員。至元七年置。

《元史》卷九四《食貨志二》 朱砂、水銀在北京者，至元十一年，命蒙古都喜以恤品人户於吉思迷之地採煉。在湖廣者，沅州五寨蕭雷發等每年包納朱砂一千五百兩，羅管賽包納水銀二千二百四十兩。潭州安化縣每年辦朱砂八十兩、水銀五十兩。碧甸子在和林者，至元十年，命烏馬兒採之。在會川者，二十一年，輸一千餘塊。此朱砂、水銀、碧甸子課之興革可考者然也。

《元史》卷一二三《直脱兒傳》（太宗）四年，收河南、關西諸路，得民户四萬餘，以屬莊聖皇太后爲脂粉絲線顔色户。八年，建織染七局于涿州。明年，改涿州路，以直脱兒爲達魯花赤。

官修《元典章・工部》卷一《造作一・雜造》 禁治諸色銷金 至元二十二年三月，行省准中書省咨十二月初一日奏，前者金衣服根底交俺商量者麽道。聖旨有來，俺商量來，係官局裏大王每底公主駙馬每底局分，物料要了，他每交織的明白有。除這的外，但是賣的，不揀誰的有呵，金段子不交織，不交拍金，銷金的根底也交罷了。器盒上不交鍍金，這的外，根底裏交罷了呵。二十二年裏金衣服也不落後也者，見有的金段子根底休交賣。麽道奏呵，奉聖旨，這裏的怯薛歹每根底，怎生商量來？回奏：怯薛歹每、又千户每、百户每底已外，回回、漢兒每根底不交穿。麽道來。如今見他的金衣服有也者，起根兒織的根底交罷了呵，不交賣呵，二十二年裏穿破了者。麽道奏呵，奉聖旨，那般者。又奏：樂人每，娼妓每，賣酒底每等，這底每底有金的根底每，交斷了。這裏承應底每金的也有，金的根底斷了，他每的顔色着顔色對附了，交承應呵，怎生？麽道奏呵，奉聖旨，那般者，欽此。都省今逐一開坐于後，咨請行下合屬，多出榜文，欽依施行，但有違犯之人，許諸人告捉到官，取問得實，犯人依例斷罪。其所獲物件，給付告捉人充賞，如應捕人知而不捕，或捕獲受財脱放，與犯人一體斷罪施行。

係官、諸王、公主、駙馬局分，於官關支草金物料，依舊織造者，不在禁斷之限。其餘諸色人等，不得織造有金段疋貨賣。

開張鋪席人等，不得買賣有金段疋、銷金綾羅段金紗等物，及諸人不得拍金、銷金、裁撚金線。

佛像、佛經許用金外，其餘諸人並不得於造到一切物件上費用下項金課粧飾：

鍍金　呀金　扱金　泥金　鏤金　撚金　搶金　圈金　貼金　裹金　嵌金

諸倡優賣酒座肆人等，不得穿着有金頭面釵釧等物。【略】

禁斷金箔等物斷例 至大四年：中書省咨：三月十八日欽奉詔書内一欵，去奢從儉，阜財之源。今後除係官局院外，民間製造銷金、織金及打造金箔，並行禁止，違者嚴行斷罪，其物没官，欽此。除欽遵外，切恐有不畏公法之人，貪利暗行製造，冒觸刑憲，奉都堂鈞旨，今後敢有違犯，許諸人首捉到官，賞至元鈔一定，於犯人名下追給。正犯人斷決六十七下，兩隣知而不首，決四十七下，其物没官。送刑部就便出榜，依上施行去後。今後刑部呈除大都南北兩城并直隸省部路府州縣依上出榜禁止外，據各處行省所轄去處，宜從都省移咨各省，一體出榜禁治，相應具呈照詳。都省准呈，依上施行。

孔齊《静齋至正直記・松江花布》 近時松江能染青花布，宛如一軸院畫，或蘆雁花艸尤妙，此出于海外倭國，而吴人巧而效之，以木棉布染，蓋印也青，久浣亦不脱，嘗爲靠裀之類。

《永樂大典》卷一九七八一《局諸局沿革四》 織染局《元史・百官志》：太宗九年，張天翼奉世祖聖旨，以招收析居放浪還俗僧道户計置織染提舉司，秩四品。令張天翼爲宣差提舉，管領習學織造段匹。是年至河西，奉唐妃懿旨，於真定、保定二路漏籍户内撥到八十二户種藝，丁未年撥供人匠糧食，至元二十三年罷提舉司，改爲織染局。秩從七品，置大使一員，副使一員。今定置大使一員，副使一員。大都織染局，從九品，大使一員。管人匠六千有三户。大寧路織染局，大使一員，副使一員，照略案牘一員。懷慶路織染局，大使一員，副使一員，照略案牘一員。《四明續志》：織染局在西北隅儒學西，元係宋貢院基。至元二十七年起蓋局院，泰定二年，鄞縣尹阮申之提調，改造土庫三間，庫前軒屋三間，門樓三間，廳屋三間，并前軒廳後屋一間，染坊屋四間，吏舍三間，絡絲堂一十四間，機坊二十五間。又有打線場屋四十一間，土祠一間，在帥府後北首。《大德毗陵志》：織染局在郡治子城内，州橋之南五十步，即舊州倉故基。《彬江志》：織染局，院長二員，受行省劄付。攢司一員，於人匠户内點差，堂長提控人等，於匠户内差。《應天府志》：織染局在正北隅。初以常照菴基作信實局，後以爲織染局。今移印引局，在淳化街。《延年府志》：織染局在書錦坊東，洪武七年開設。置官二員，大使一員，副使一員。歲織絹二千匹。《温州府志》：温州府織染局在東北隅。官二員。置立機張，每歲造絹匹起解。官二員，大使正九品，月俸米五石。副使從九品，月俸米四石一斗六升六合六勺。司吏一名。又織染段匹，雜造軍器，舊未嘗有局也，歸附後剏置，各有司存，使咸精其能焉。織染局在東南隅德政坊中，歸附後剏置，因舊永嘉縣治爲之。設局官二員。初局使係省差，副使匠户内差，繼而局使、副使並受勑牒，專管本局人匠，排日織造段匹，每季依例解發，違則有罰。詳見額造段匹下。本局設典史，司吏，並於局内選差。《嘉禾志》：織染局宋無，元朝在府治西，今府公廨基是也。設官與雜造局同。張士誠竊據，並不設官，自内附皇朝，移置於府治東閲武坊内。設大使、副使各一員。《吴興續志》：織染局《舊志》所無，元置局二，生帛局在子城内，府治東；織染局在子城内，府治之北。元末皆廢。皇朝以其址爲府官公廨，洪武二年建織染局，以廣化寺東帝師殿改爲之。歲造常爲段匹。《新安志》：元織染局在西北隅，舊酒務基，打線場在西南關練溪東岸。先於至元二十一年分，撥到寧國路織染局生帛機五十張，簽撥人匠八百六十二户。自本年正月爲始立局，歲造生帛三色，凡一千六伯一段。

劉基《多能鄙事》卷四《服飾類・洗練法》

洗毛衣及氊法

猪蹄爪煎湯，乘熱洗之，污穢即去。

洗竹布法

竹布不可揉，揉則隨手破折，須摺叠起，以隔宿米泔浸半日，却用温水淋，以手按乾曬，則垢膩皆自去。

洗蕉葛布法

清水柔梅葉洗，其衣不脆，或以梅葉泡湯洗之，亦可。

洗糨鐵驪布法

松子肉研細，糨之不脆。

又法，用茶末少許，入糊糨之，或煎濃茶，入香油一滴糨亦佳。

洗羅絹法

凡羅絹衣，稍有垢，便摺置桶中，温泡皂筴湯洗之，頓翻轉，且浸且拍，垢膩出盡，却過别噐，以温湯浸之，又拍，勿展開，徑搭竹竿上，候水滴絶，乃展開穿眼，不漿不熨，候乾摺藏。

洗綵色法

凡洗綵色垢衣，先用牛膠水浸半日了，温湯洗之。

洗白衣法

白菖蒲用銅竹刀薄切，暴乾作末。先於盆内用水攪了，將衣襬之，垢膩自脱，皂角不如。

又法，莙莧菜莖燒灰淋汁洗。

又法，煑芋汁洗，皆佳。

洗皂衣法

濃煎梔子湯洗之。

練絹法

凡用飌柔柴灰，或豆稭喬麥稈灰，或竈中硬柴白炭灰，煑熟了然后用猪胰。練帛之法，須俟灰大滚下帛，候沸，不住手提轉。勿過熟，過熟則爛。勿夾生，夾生則脆。驗生熟，以所煑絹就手扭些，隨手散，即未熟，再煑，候扭住不散爲度。

用胰法

猪胰一具，同灰搗成餅，陰乾。用時量帛多少，剪用稻草一條，折作四指長條，搓湯浸帛。如無胰，只用瓜蔞，去皮取穰，剁碎入湯化開，浸帛尤好。瓜蔞即栝樓，俗呼杜瓜。

糨木綿布法

銀杏研入粉糨之，即不吸損綿絹。

洗黄草布法

肥皂水洗，取清灰汁浸，壓之勿揉。

洗黄埿污衣法

生薑汁挼了，以水擺去之。

洗油污衣法

滑石、天花粉，不拘多少，爲末，將污處以烘熱，以末糝振去之。未盡再烘再糝，甚者不過五度。

又法，連葱白一握，入銚煎，繃定污處，用湯注之，勿揉，只以口含新水少許，著入口，微引水注污處，以手摩洗即去。

又法，白墡埿、黑牽牛等分，滑石減半，爲末。鋪草紙一層，粉藥於上，將污處鋪藥上，又糝末，鋪紙二重，以熨斗慢火熨之，小刻，彈去末。

又法，以滑石、白石脂、軟石膏爲末，火炒和匀，用紙隔污處，糝藥在上，又紙隔熨之。

又法，以蚌粉厚糁污處，以熱熨斗坐糝處，即去。

又法，用醋洗之。

洗桐油污衣法

沸煎清净，寫在水中三遍，口中亦念洗去，甚妙。

洗油污書畫法

海漂蛸、滑石各二錢，龍骨一錢半，白堊一錢，共爲細末，用紙，如污衣法熨之。大凡污多時已乾者，仍以油漬，迹大不妨。否則以水浸一宿，絞乾用藥亦可。

洗漆污衣法

杏仁、川椒等分，爛研，揩污處，净洗之。

洗墨污衣法

杏仁去皮、尖茶子等分，爲細末糁上，温湯擺之。

洗字則壓去油，羅極細，糁字熨之。

又法，墨牽牛生爲末洗之。

又法，嚼棗肉洗之。

又法，生杏仁細嚼，擦污處，漬透，熱湯一洗，盡去無迹。洗油亦可。

又法，以新採天南星，就絹上磨墨，染即换，頻揩自去。

又法，先用猪胰温水潤污處，次以夜明沙擦洗之即去。

又法，以白梅槌洗之。

又法，以醬洗之。

又法，用亂髮揩洗之。洗字亦可。

又法，以口含清水，自筋頭溜下污處，逐旋揉洗之。

又法，用乾飯擦以水洗之。

又洗油法　骨灰爲末，糁上，以紙隔温熨斗熨之，勿熱，熱則成紅色。

洗蟹黄污衣法　用蟹中腮揩之，則去。

洗墨衣法　用大蒜揩，如南星去墨法。

洗血污衣法　用冷水洗即去，灰湯亦可。

洗青黛污衣法　嚼杏仁洗之。

洗牛油污衣法　嚼粟米洗之。

洗瘡汁污衣法　牛皮膠洗之。

濕洗墨油方

皂角一枚，去皮弦，乾棗五箇，渭石半兩，豆豉一兩，爲細末，杏仁合和，遇有油墨污水蘸濕用。

出油藥方

龍骨、海漂蛸、滑石、定粉各一兩，風化石灰四兩，爲細末。冬月熱磚上焞，夏月日炙。

洗苧布法

梅葉搗取汁，以水和，浸布，後用清水漂之，帶水鋪净地曬乾。未白，再浸再晒。

造回回撒蓬法

□□草與北酥和，取杭州西湖底青泥，下紅□□□。洗時先用透□□□□。撒上藥，即按動。洗不可□則爛衣。洗衣，茶花子，湖州有之，用同前法。

洗蠅矢污衣冠法

□□草捲成束，堅定擦之，即去。【略】

洗油絹衣法　生藕擦洗之。

洗油靴法　用梨心擦洗之。

洗油帽法　以芥末打成膏，糊上候乾，以冷水淋洗之。

劉基《多能鄙事》卷四《服飾類·染色法》

染小紅

以練帛十兩爲率，蘇木四兩，黄丹一兩，槐花二兩，明礬一兩。先將槐花炒，令香碾碎，以净水二升煎一升之上，濾去滓，下白礬末些少攪匀，下入沸湯一椀化開，下黄絹帛浸半時許。先將蘇木用水兩碗熬至一碗之上，濾去滓，將汁頓起，留頭汁。再入水一碗半，煎至八分一碗，濾去滓，再與頭汁相和，别頓起。將滓再入水二碗煎至一碗，濾去滓，與第二汁相合。下黄丹在二汁内攪匀，下入礬了，黄絹提轉，令匀浸片時，扭起，將頭汁温熱，下染出絹帛，急手提轉，浸半時許，可提轉六七次，扭起晾於風頭，令乾，勿令日晒，其色鮮明甚妙。

又法，只以槐花、蘇木同煎，亦佳。

染棗褐

以帛十兩爲率，用蘇木、明礬，分兩與前同，熬染皆同，至下了頭汁時，扭起，將汁煨熱，下緑礬，勿多，當旋旋看色深淺，添加太多則黑，少則紅，合中乃佳。

染椒褐

以同前爲率，用蘇木四兩剉研碎，皂斗一兩碾碎，白礬亦二兩，緑礬半兩，煎染之法皆與小紅同。其緑礬亦看顔色深淺，旋用緑礬，别用冷水化開，將染出絹帛扭乾抖開，入緑礬水内看色加之。

染明茶褐

同前爲率，用黄栌木五兩剉研碎，白礬三兩研細，將黄栌依前蘇木法作三次前熬，亦將帛先礬了，然後下於顔色汁内染之。淋了時，將顔色汁煨熱，下緑礬末汁内攪匀。下帛，常要提轉不歇，恐色不匀，其緑礬亦看色深淺旋加。

染暗茶褐

亦同前爲率，以黄栌木三兩剉碾碎，白礬二兩爲末，皂斗二兩研細，依前法煎，顔色用白礬，緑礬皆同。

染艾褐

以前爲率，用荆葉一兩，白礬、皂斗各一兩。皂、礬少許，將荆葉少許，煎濃汁。先用白礬浸半時許，扭乾，搓揉令匀，下顔色汁内，皂、礬看色深淺用之。

染荆褐

亦同前率，以荆葉五兩，白礬三兩，皂、礬少許，先將荆葉煎濃汁，礬了，絹帛扭乾，下汁内，皂、礬看深淺旋用之。

用皂礬法

先將凡以冷水化開，别作一盆，將所染帛扭乾抖開，入其水内，提轉令匀，扭些看色深淺，如淺，入顔色汁内提轉，染一時許，再扭看，如好，便扭出。淺則再化些皂。凡入盆，下帛其中，好即扭出之。凡用皂、礬可作三次下，切不可作一次下了。

染塼褐

用江茶染鐵漿軋之。

染青皂法

五棓子、緑礬、百藥煎，秦皮各二文爲末，湯浸染。

染白蒙絲布法

用蠣灰，蛤蜊殼灰和紗條紡成者，蒸熟，密機織之。

染鐵驪布法

火麻紗用桑皮、荷葉同煑用，略紡，乃壯韌。

染皂巾紗法

生紗以皂斗子鐵銚内同煑褐色，眼乾，勿見日。次用黑豆、酸石榴皮煑黑，眼乾。

洗染舊皂皮色法

泥礬、百藥，煎薹水調刷，晒乾。以亂髮蘸薹水，入麻油擦之，婦人油髮尤佳。

收藏法

翠花葉用川椒雜合中收。

又法，用茱萸雜收不蛀，晒時皆不晒面。

蘇伯衡《蘇平仲文集》卷三《染説》 凡染，象天、象地、象東方、象南方、象西方、象北方、象草木、象翟、象雀以爲色，取蜃、取梔、取藍、取茅蒐、取槖盧、取豕首、取象斗、取丹秫、取涚水、取欄之灰以爲材。熾之、漚之、暴之、宿之，淫之、沃之、塗之、揮之、漬之以爲法。一入，再入，三入，五入，七入以爲候。天下染工一也。於此有布帛焉，衆染工染之，其材之分齊同，其法之節制同，其候之多寡同，其色之淺深、明暗、枯澤、美惡則不同。其深而明澤而美者，必其工之善者也；其淺而暗枯而惡者，必其工之不善者也。蓋天下之技，莫不有妙焉。染之妙得之心，而後色之妙應於手。染至於妙則色不可勝用矣，夫安得不使人接於目而愛玩之乎，此惟善工能之，非不善工可能也。夫工於染者之所染，與不工於染者之所染，其色固有間矣。然雖工者，所染之布帛，與天地四方草木翟雀，其色則又有間矣。無他，天地四方、草木翟雀之色，二氣之精華，天之所生也，天下之至色也；布帛之色假乎物采，人之所爲也，非天下之至色也。學士大夫之於文亦然。經之以杼軸，緯之以情思，發之以議論，鼓之以氣勢，和之以節奏，人人之所同也，出于口而書于紙，而巧拙見焉。巧者有見於中，而能使了然於口與手，猶善工之工於染也；拙者中雖有見而詞則不能達，猶不善工之不工於染也。

楊慎《升菴集》卷六九《纈衣》 《説文》：「纈，結也，繫綵繪爲文也。」杜牧之詩：「花塢團宫纈。」元微之詩：「内蕋繁於纈。」李長吉詩：「醉纈抛紅網。」韓退之詩：「碎纈紅滿杏。」王建詩：「纈衣簾裏動香塵。」魚玄機《海棠溪》詩云：「春教風景駐仙霞，水面魚身揔帶花。人世不思靈卉異，競將紅纈染輕紗。」薛濤詩：「夾纈籠裙繡地衣。」東坡詩：「醉面何因散纈文。」前元時，染工有夾纈之名，别有檀纈、蜀纈、漿水纈、三套纈、緑絲班纈諸名，問之今時機坊亦不知也。

周祈《名義考》卷二《玄纁》 《考工記》：「三入爲纁，五入爲緅，七入爲緇。」《爾雅》：「一染謂之縓，再染謂之竀，三染謂之纁。」賈疏云：凡染，玄纁之法，取《爾雅》、《考工記》相兼乃具，然四入、六入無文，縓、竀、纁三色，皆染以丹秫。鄭云：更以纁入赤汁則爲朱。《淮南子》曰：纁不入赤而入黑汁則爲紺，更入黑則爲緅。朱與紺皆四入也。《周禮・染人》六入爲玄，以緅更入黑汁也，更以此玄入黑汁則名七入爲緇矣。緇與玄相似，故禮家每以緇布衣爲玄端也。更取《周禮・染人》及鄭氏、《淮南子》諸説始備。赤汁以朱湛丹秫，丹秫，赤粟也。黑汁以涅，涅，黑土在水中者也。由朱以前則皆赤汁，由紺以後則皆黑汁。緅，《禮》俗文作爵，言如爵頭色，赤多黑少也。《廣韻》繒色，一入爲纔。纔即縓也。竀音稱。

曹學佺《蜀中廣記》卷六八《方物記第一〇》 段氏《遊蜀記》云：左綿緋紅，三川所尚。此郡有水，所染緋紅，濯後益鮮。高似孫《緯略》云：少卿章岵常官於蜀，持吳羅朔綾至官，與川帛同染紅。後還京師，經梅潤，吳朔之帛，色皆渝變，惟蜀者如舊。後詢蜀人，乃知蜀之蓄蠶與他邦異。當其眠將起時，以桑灰煨之，故宜色。然世之重川紅，多以染之良，蓋不知由蠶所致也。又云：放翁常問余，比在成都市，時見綵帛鋪牓曰：翠色真紅。殊不曉所謂紅而曰翠，何也。余曰：嵇康《琴賦》曰：新衣翠粲，纓徽流芳。班婕妤《自悼賦》曰：紛翠粲兮紈素聲。東坡《牡丹》詩：一朵(妖)〔鮮〕紅翠欲流。皆有是稱。放翁擊節大喜。《老學菴筆記》云：予一日遊成都，過木行街，有大署市肆曰：郭家鮮翠紅紫鋪。問諸土人，乃知蜀語鮮翠猶言鮮明也。東坡詩「一朵鮮紅翠欲流」，蓋用鄉語。

黄山谷《勸石洞道真師染袈裟頌》：丈夫出家當披壞色衣，蜀僧袈裟多似苾蒭尼。輕羅綃縠染成春柳絲，撩蜂引蝶唯欠遠山眉。

薛濤詩：夾纈籠裙繡地衣。東坡詩：醉面何因散纈文。按：《説文》：纈，結也，繫彩繒爲文也。又薛洪度《海棠溪》詩云：春教風景駐仙霞，水面魚身總帶花。人世不思靈卉異，競將紅纈染輕紗。舊染工有夾纈、檀纈、蜀纈、漿水纈、三套纈，緑絲斑纈諸名，問之機坊不知也。出《丹鉛録》。

新鐫《古今事物原始全書》卷一四《服御・纈》 《實録》曰：秦漢以來皆有，不知何人造始，梁、陳間貴賤通服之。唐玄宗時，柳婕妤適趙氏，性巧，使雕工鏤板爲雜花，打爲夾襭，初獻皇后一疋，代宗賞之。初，官人依樣製造甚秘，漸出徧天下矣。夾纈之制，疑自此始。

方以智《通雅》卷三七《綵色》 黲紫，淺紫也。北紫，今之正紫也。油紫，今之藕合也。重紫，今之青蓮色也。真紫，則累赤而殷者 宋景、趙彦衛曰：仁宗晚季，京師染紫，變其色而加重，先染作青，徐以紫艸加染，謂之油紫，後人指爲英宗紹統之讖。自後以重色爲紫，與朱不相類，何謂奪。淳熙中，北方染紫極鮮明，中國亦效之，目爲北紫，蓋不先青，而改緋爲脚，用紫艸少，誠可奪朱。按《周禮義疏》以朱湛丹秫，三月朱乃熾之，即以炊下湯淋所炊丹秫，取其汁。《考工記》：「三入爲纁，五入爲緅，七入爲緇。」又《爾雅》：「一染謂之縓，再染謂之赬，三染謂之纁。」《士冠》有朱紘之文。鄭云：朱則四入。是更以纁入赤汁則爲朱。《論語》紺緅者，纁入赤汁則爲朱，不入赤而入黑汁則爲紺，更以此紺入黑則爲緅色，若更以緅入黑汁則爲玄，是六入爲玄也。更以此玄入黑汁，則七入爲緇矣。則知古之朱赤汁染之，紫與朱實相近，今之淺紫是矣。其紫近絳，謂之北紫，緅是今之醬色也。《石林燕語》曰：太平興國中，李文正公昉舉故事，禁品官緑袍，舉子白紵，下不得衣紫。蓋宋以緋紫爲章服，故重之，故其色亦屢新也。武則天施黲紫帳，即淺紫。油紫，今之深藕合也。重紫則近今之青蓮色。皆以月白或藍爲初染地而加以紅花成之。今又有真紫色，則久久加大紅，其色自紫，惡其奪朱者，正謂淺紫色艷耳。

總曰朱，以賜曰緋，以艷曰紅，正紅曰赤，大赤曰絳，言深紅之光曰焱，翹紅曰縉，雀頭曰纔，丹黄曰緹。縓赬纁緅緇，次第之色。今有水紅、銀紅、桃紅，古但謂之紅，荔枝、沉香，則緒緅之類也 合古今之稱，推之以大赤曰絳，丹黄曰緹。他禮切，又平聲。「韎韋之跗」注：今時伍伯緹衣，古兵服之遺色，韎是蒨染赤色也。縉即刃切亦赤，《説文》引《禮》有縉緣。按《禮》止有縓緣二音相近，或即一字，未可知也。紺古暗切。深青揚赤色。小顔縉，淺赤色也，紅色赤而白，此則謂今之水紅耳。緒亦赤繒，《儀禮》不緒則讀爲綅。緋甫微切。亦赤也，今以茜加蘇木曰翹紅，毋乃縉乎。焱，紅色之尤深。許氏曰：絲勞，染而又染爲勞也。如今西洋布可以受三四十金之紅，又如紡絹綾緞皆先染絲而後織者類或是耳。纔，雀頭也，微黑如紺，纔，淺也，故引用爲纔與才、裁通。臙支見艸類。

月白曰縹，淺黄曰緗，蒼艾曰綦，緑艾曰綟，緑曰繱綟，黄白之間曰半見，白光曰勬，黄絹曰鮮支，黝黑曰皁，石輾之曰硟。縹，青白色。緗，淺黄色。《東漢・輿服志》：列侯以上得用錦繒采十二色，賈人縹緗而已，以其色輕也。縹是今之月白色。魏明常被之綟，蒼艾色，其艸名莨，可染留黄，或曰莨即藐，茈艸也。綟綬與戾通。綦一作緷，艾蒼色，《書》曰「四人綦弁」，《詩》曰「綦巾」，《記》孔子佩象環五寸而綦組綬，又《詩》「其弁伊騏」，當與綦通。《急就》有鬱金、半見、緗、白勬、縹、綟、緑、紈、皁、紫硟、烝栗、絹、紺、縉、紅、焱。鬱金，染黄也。半見，言黄白之間。烝栗亦微黄色也。勬，白勬之精光勬然也。紈即素之輕細者，《説文》有艸、草二字，草，斗櫟實也，後人以草爲艸木之艸，別作皁，或从皂，黑黝也，借爲皁隸之皁。作早切。烝栗，黄色若烝孰之栗。絹，生曰繒，似縑而疏者，《周禮・内司服》鄭玄注：素紗者，今之白縛。縛即絹字。縛又爲束名，百羽爲搏，十搏爲縳。縳爲衣裏，如今杭緒素紗則直是紗也，一名鮮支。《廣雅》曰：鮮支，絹也。《子虛賦》注：縞鮮支，今所謂素。硟，以石輾繒，色光澤也。小顔音鮮，《説文》尺戰切，石扞繒也，正與輾近。 蓋纔即蔥色，《説文》「纔，淺青乃染帛以効之，始作五采，成以爲服。《易》以黄帝堯舜垂衣裳，取諸《乾》《坤》。《乾》《坤》有文，則五采與衣服同興矣。

邁柱等《九卿議定物料價值》卷四《染價》 染價無舊例

染緑綢，長叁丈貳尺，寬壹尺陸寸，每疋今核定銀壹錢柒釐肆毫陸絲。

染玉色、月白、明黄、金黄，每疋今核定銀壹錢柒釐肆毫陸絲。

染官緑，每疋今核定銀壹錢壹分玖釐肆毫。

染香色，每疋今核定銀壹錢壹分叁釐肆毫叁絲。

染紫紅、桃紅，每疋今核定銀貳錢捌分玖釐伍毫。

染大紅，每疋今核定銀叁錢伍分捌釐貳毫。

染青色，每丈今核定銀肆分。

染練大紅絹，每丈今核定銀壹錢陸分。

染黄白鹿紙，每張今核定銀柒釐柒毫。

染造伍色棉料呈文紙，每張今核定銀壹釐壹毫。

染造紅繩，每百觔今核定銀陸錢捌分壹釐叁毫。

户部例

染黄色高麗紙，每張係貳號照舊例，今核定銀叁釐。

《古今圖書集成·職方典》卷八一三《太平府部·風俗考》 通志、府志合載本府

〔當塗〕其鄉農民多於田工之暇，取白小螺蜆以當園蔬，或學爲酤釀，鍛銅範鉛錫，巧作糖食，染緛素，洒削農器，參伍等輩，挾操作之手而走他方。【略】繁昌僻處萬山，大江繞其西北。【略】細民平居織篋器，霜後湅緑布爲業。

李斗《揚州畫舫録》卷一 江南染房，盛于蘇州，揚州染色，以小東門街戴家爲最。如紅有淮安紅，本蘇州赤草所染，淮安湖嘴布肆專鬻此種，故得名。桃紅、銀紅、靠紅、粉紅、肉紅，即韶州退紅之屬。紫有大紫、玫瑰紫、茄花紫，即古之油紫、北紫之屬。白有漂白、月白。黄有嫩黄，如桑初生。杏黄、江黄即丹黄，亦曰緹，爲古兵服。蛾黄如蠶欲老。青有紅青，爲青赤色，一曰鴉青。金青，古皂隸色。元青，元在緅緇之間，合青則爲䵝䵳。蝦青青白色，沔陽青以地名，如淮安紅之類。佛頭青即深青，太師青即宋染色小缸青，以其店之缸名也。緑有官緑、油緑、葡萄緑、蘋婆緑、葱根緑、鸚哥緑。藍有潮藍，以潮州得名，睢藍以睢寧染得名。翠藍，昔人謂翠非色，或云即雀頭。三藍，《通志》云：藍有三種：蓼

色」。今曰翠藍、柳藍，《詩》言蔥珩，言其色也。《急就》春艸雞翹鳧翁濯。顔曰：今染家言鴨頭緑，翠毛碧，《後志》雲罕編羽繫幢民，謂雞翹。非也。義山雞翹，正用屬車編羽，染色之雞翹，則爲艸名，亦以如雞尾翹起耳。濯絳合墨赭之色也，今曰紫糖，正古之淡也《説文》淡即浾字，一作泟，爲赬之重文。赬即頳也。浾，赬棠棗之汁。孫愐收糖字，如今人稱紫糖色，正指浾棠色也。畫家以赭石和淡黑染山石曰濯絳，又曰淺絳。郭若虚曰：設色輕拂丹青曰吴裝。

唐世染色曰退紅。唐詩「香注小薰籠，韶州新退紅」，與褪同，謂淺紅也。半新半舊曰褪，《説文》「褪，卸衣也」，音退。

方以智《物理小識》卷六《衣服類》 紅物 紅易漬敗，又畏風日，惟毛染者及加猩血者不畏。《名苑》曰：麈尾拂氊不蠹，置茜帛中，紅色不黯。麈，駞鹿也。

染紅 河水浸紅花，次日囊盛，洗去黄水，又温洗之，又以豆萁灰淋水洗之，乃泡烏梅湯點槌烏梅與乾紅花等分。帛，藉黄檗而染紅，或炒槐花入蘇木，藉白下號喬紅。蘭羢洋布可受斤金之緋紅，入夜發光。福建胭脂，亦重受紅花者。肇慶山崦小花，叢生含苞，可作胭脂。葉似藍，花似蓼。鄭虔曰：山榴花作胭脂，茜草染紫。又有樹茜終葵子汁如胭脂，江北曰架菜子。後退色。紫鉚、血竭爲胡胭脂，鉚出蟻壞，血竭其樹脂也。中通曰：凡紅色花，皆可取汁作胭脂，但有深淺，如鳳仙染甲之類。杭州夜色紅用重受胭脂，碧用碧蟬藍。胭脂以硃砂、大青皆重，不可作夜色，蘇木蠹亦可作紫鉚。朱虬菴曰：廣西太平府，有紅草可染紅。

襍染 黄槐青靛，緑則合之，紫則青紅，合淺色則視輕重加減之，若椒褐茶褐，荆茄色，有兼櫨黄者，墨水者。皂礬、五倍子，易毁布帛，今不用矣。梔子染黄，久而色脱，不如槐花。或用櫨蘗、紅莧菜煮生麻布，則色白如苧。荷葉煮布爲褐色，布作荷香。櫸柳皮可染黑，不獨布也，沙尾髪帽黄者、白者，以櫸葉同煮即黑。一作柜。凡柃楓樺烏桕檗楊桐皆可染，染必加礬，不則入汙泥而黑矣。入泥者，其布易壞，染布而乾之，再入泥則不壞布。茜紅以烏梅湯，退紅以石灰水，退後茜不失銖兩。虚舟曰：鴿糞煮黄絹色變白，或以雞糞煮白之。藴糧藤似山藥，結實如小瓜，以之染葛，作汗衫則不近膚而爽，《本草》赭魁、鵝抱之類乎。今或以椑漆染麻衫，最爽汗。

《事物攷》卷三《國用》 五采 《後漢志》曰：後聖觀翬翟之文，榮華之色，

藍染緑，大藍淺碧，槐藍染青，謂之三藍。黄黑色則曰茶褐，古父老褐衣，今誤作茶葉。深黄赤色曰駝茸，深青紫色曰古銅，紫黑色曰火薫，白緑色曰餘白，淺紅白色曰出爐銀，淺黄白色曰密合，深紫緑色曰藕合。紅多黑少曰紅綜，黑多紅少曰黑綜，二者皆紫類。紫緑色曰枯灰，淺者曰硃墨。外此如茄花，蘭花，栗色，絨色，其類不一。元滋素液，赤草紅花，合成師昧，經緯艷異，凡此美名，皆吾鄉物産也。

褚華《木棉譜》 染工有藍坊，染天青、淡青、月下白，紅坊染大紅、露桃紅，漂坊染黄糙爲白，雜色坊染黄、緑、黑、紫、古銅、水墨、血牙、駝絨、蝦青、佛面金等。其以灰粉滲膠礬，塗作花樣，隨意染何色而後刮去灰粉，則白章爛然，名刮印花。或以木版刻作花卉、人物、禽獸，以布蒙板而砑之，用五色刷其砑處，華采如繪，名刷印花。

有踹布坊，下置磨光石版爲承，取五色布捲木軸上，上壓大石如凹字形者，重可千斤。一人足踏其兩端，往來施轉運之，則布質緊薄而有光。此西北風曰高燥之地，欲其勿著沙土，非邑人所貴也。

官修《清工部續增則例》卷三四《製造庫》 染價

本色西生絹加染：

大紅色每丈銀壹錢陸分，桃紅色每丈銀壹錢，緑色每丈銀叁分，紫色每丈銀貳分柒釐伍毫，玉色每丈銀叁分伍釐，藍色每丈銀肆分伍釐捌毫，石青色每丈銀柒分，元青色每丈銀肆分柒釐伍毫，明黄色每丈銀肆分叁釐捌毫，秋香色每丈銀肆分叁釐捌毫，金黄色每丈銀肆分，練白每丈銀柒釐伍毫。

本色紬綾加染：

大紅色每丈銀壹錢貳分捌釐，桃紅色每丈銀捌分，緑色每丈銀貳分肆釐，紫色每丈銀貳分貳釐，藍色每丈銀叁分伍釐，石青色每丈銀伍分陸釐貳毫伍忽，元青色每丈銀叁分捌釐，玉色每丈銀貳分捌釐，明黄色每丈銀叁分伍釐肆毫，秋香色每丈銀叁分伍釐肆毫，金黄色每丈銀叁分叁釐肆毫。

本色三線布加染：

紅色每丈銀肆分陸釐捌毫柒絲伍忽，緑色每丈銀貳分肆釐，紫色每丈銀貳分捌釐貳毫，翠藍色每丈銀貳分壹釐叁毫，藍色每丈銀肆分貳釐柒毫，元青色每丈銀伍分伍釐，明黄色每丈銀肆分貳釐柒毫，金黄色每丈銀貳分捌釐貳毫，秋香色每丈銀肆分貳釐柒毫，紫花色每丈銀肆分貳釐柒毫。

本色油墩三梭布加染：

紅色每丈銀肆分，緑色每丈銀壹分陸釐伍毫，紫色每丈銀壹分玖釐，翠藍色每丈銀壹分肆釐柒毫，藍色每丈銀貳分玖釐肆毫，元青色每丈銀叁分捌釐，明黄色每丈銀貳分玖釐肆毫，金黄色每丈銀壹分玖釐，秋香色每丈銀貳分玖釐肆毫，紫花色每丈銀貳分玖釐肆毫。

本色河南布加染，各色照油墩三梭布加染，例加倍核給。

藍綾加染：

石青色每丈銀貳分捌釐壹毫。

紅布加染：

深紅色每丈銀壹分貳釐。

于敏中等《日下舊聞考》卷三九《皇城》 原織染局於朝陽門外種藍，打造靛青，煉染大紅紵絲紗羅經緯，合用礦子石灰，於馬鞍山廠燒造。《水部備考》：原在宫室門，今移改。

增内織染局掌印太監一員，管理僉書、掌司監工無定員，掌染造御用及宫内應用緞疋。城西藍靛廠爲此局外署。《明史·職官志》。

原内官監巾帽局掌造内府冠帽，設大使一人，副使二人。針工局掌造内府衣服，設大使一人，副使一人。織染局掌織染緞疋，設大使一人，副使一人。顔料局掌燒造銀硃等項顔料，設大使一人。《春明夢餘録》。

陳作霖《鳳麓小志》卷三《記機業第七》 〔金陵〕染坊則在柳葉街船板巷，左近蓋秦淮西流水，以之漂絲，其色黝而明，尤於玄緞爲宜，猶之鎮江大紅，常州果緑，蘇州玉色，西湖杭色，皆遷地弗能爲良也。李春泉封君云：向例染坊漂絲，水涸時在城外，恐城内渟水多穢也。水漲時在城内，以西流水急，污濁可隨退潮出關也。今城外掃帚巷漂絲馬頭，已爲江北灰糞堆所佔，染工利於就近，無冬無夏，皆於新橋上浮橋一帶漂絲，致水流垢膩幾不可食，是宜復舊制者也。

閻鎮珩《六典通考》卷三二《宫政考·染采》 明兩京織染，内外皆置局。内局以應上供，外局以備公用。南京有神帛堂，供應機房。蘇、杭等府亦各有織染局，歲造有定數。洪武時，置四川、山西諸行省、浙江紹興織染局。又置藍靛所於儀真、六合，種青藍以供染事。未幾，悉罷。又罷天下有司歲織緞疋。有賞賚給以絹帛，於後湖置局織造。永樂中，復設歙縣織染局。令陝西織造駝毼。正統時，置泉州織造局。天順四年，遣中官往蘇、松、杭、嘉、湖五府，於常額外，增造綵緞七千疋。工部侍郎翁世資請減之，下錦衣獄，謫衡州知府。增造坐派於此始。孝宗初立，停免蘇、杭、嘉、湖、應天織造。其後復設。乃給中官鹽引鬻於淮以供費。正德元年，尚衣監言：內庫所貯諸色紵絲、紗、羅、織金、閃色蟒龍、斗牛、飛魚、麒麟、獅子，通袖膝襴，並胸背斗牛、飛仙、天鹿，俱天順間所織，欽賞已盡，乞令應天、蘇、杭諸府依式織造。帝可之，乃造萬七千餘匹。蓋成、弘時頒賜甚謹，自劉瑾用事，倖璫陳乞漸廣，有未束髮而僭冒章服者。濫賞日增，中官乞鹽引關鈔無已，監督織造，威劫官吏，至世宗時，其禍未訖。即位未幾，即令中官監織於南京、蘇、杭、陝西。穆宗登極，詔撤中官，已而復遣。萬曆七年，蘇松水災，給事中顧九思等請取回織造內臣。帝不聽。大學士張居正力陳年饑民疲，不堪催督，乃許之。未幾，復遣中官。居正卒，添織漸多，蘇、杭、松、嘉、湖五府，歲造之外，又令浙江、福建、常、鎮、徽、寧、揚、廣德諸府州分造，增萬餘匹。陝西織造羊絨七萬四千有奇，南直浙江紵絲、紗、羅、綾、紬、絹、帛，山西潞紬，皆視舊制加丈尺。二三年間，費至百萬，取給戶工二部，搜括庫藏，扣留軍國之需。部臣、科臣屢爭，皆不聽。末年復令稅監兼司，姦弊日滋矣。明初設南北織染局，南京供應機房，各省直歲造供用，蘇、杭織造間行間止。自萬曆中，頻數派造，歲至十五萬疋。相沿日久，遂以爲常。陝西織造絨袍，弘、正間偶行，嘉、隆時復遣，亦遂沿爲常例。

染人一職，秦以後或曰平準，或曰司水。至隋煬帝始合織染爲一署，以令丞兼掌之。唐宋相因不改。自明迄今，上方服用，多取給於吴越。天地之氣，由北而南，而物産之盛衰應之。非獨人功專巧，妙契天成，抑其水土之所變化，精華之所凝結，窮美極妍，絶出他方之上，《考工記》所謂遷地弗能爲良者是也。《舜典》述古人之象十二，未嘗有天地之色。至周人作記，始有土象方天時變之説。由今日觀之，東南黼黻文章之盛，遠過於西北，豈非象方而時變者乎？

孫詒讓《籀膏述林》卷二《石染草染鄭義述》

古《禮經》冠服以色辨等，淺深正閒衰次秩然，而同色又以石染、草染爲尊卑隆殺之别。鄭君《周禮》、《論語》注所論甚詳，此亦治禨服者所宜辨也。《周禮・染人》掌染絲帛，凡染，夏纁玄，秋染夏。《鍾氏》染羽，以朱湛丹秫，三月而熾之，三入爲纁，五入爲緅，七入爲緇。《爾雅・釋器》云：一染謂之縓，再染謂之赬，三染謂之纁。又鄭玄注《鍾氏》以玄爲六入，此皆石染也。鄭注《染人》云：玄纁者，天地之色，以爲祭服。石染當及盛暑熱潤，始湛研之，三月而後可用。此明石染之色尊，故祭服必用之也。又注《論語・鄉黨》云：紺緅，石染。此明紺緅與祭服玄纁色相近，同爲石染，亦尊之不可褻用也。石染者，研石湛熾之，以染黃赤之屬，用丹青之屬用青，故《周禮・職金》所掌有丹青。鄭玄注云：青，空青也。《說文》云：丹，巴越之赤石也。丹即丹沙，與空青同爲染石。染黑則用涅。《淮南子・俶真訓》云「以涅染緇，則黑於涅」高誘注云：涅，樊石也。《染人》賈公彦疏引《淮南書》緇作紺，蓋所據本異。《書・梓材》云丹雘。《釋文》引馬融云：雘，善丹也。《山海經》又有青雘、白雘、黑雘，蓋皆染石之屬也。其用草木葉實以染者，則謂之草染，故《論語》鄭注云：紅，紫草染。《周禮・掌染草》云：掌以春秋斂染草之物，以權量受之，以待時而頒之。注云：染草，茅蒐、橐蘆、豕首、紫茢之屬。而《地官・敘官》注又云：染草，藍、蒨、象斗之屬。此竝草染之所用也。以染色言之，茅蒐所以染蒨，《說文》韎，茅蒐染韋也。一入曰韎。茜，茅蒐也。茅蒐、茹蘆，可以染絳。《爾雅・釋草》：茹蘆，茅蒐。郭璞注云：今之蒨也，可以染絳。《士冠禮》(記)〔注〕云：今齊人名蒨爲韎。《國語・晉語》韋昭注云，茅蒐，今絳草也，急疾呼茅蒐成韎也。橐蘆所以染黃，《大觀本草》陳藏器云：黃櫨堪染黃，蓋即是木。豕首與藍所以染青藍。《說文》：藍，染青草也。《月令》：仲夏毋艾藍以染。《爾雅・釋草》云：茢薽，豕首。郭璞注云：本草曰彘盧，一名蟾蠩蘭，今江東呼豨首。《本草經》云：天名精，一名蝦蟇藍，一名豕首。案豕首，蓋藍之別種。紫茢所以染紫，紫茢，即茈莀之借字。《爾雅・釋草》：藐，茈草。郭璞注云：可以染紫，一名茈莀。《本草經》云：紫草，陶弘景注云，令染紫者，蓋即紫茢也。又別有莀草，可以染流黃，又可以染綠。《說文》云：莀，艸也。可以染流黃。《續漢・輿服志》劉昭注引徐廣云：莀，草名也。以染似綠，又云似紫。又通作盭。《漢書・百官公卿表》盭綬注，晉灼云：盭，草名也。出琅邪平昌縣，似艾可染綠，因以爲綬名。《急就篇》顔師古注云：綟，蒼艾色也。東海有草，其名曰莀，以染此色，因名綟云。案：此莀竝與茈茢似小異。象斗所以染皁，《說文》草斗，櫟實也，一曰象斗子。陸璣《毛詩草木疏》云：徐州人謂櫟爲杼，其子爲皁，或言皁斗，其殼爲汁，可以染皁，或言橡斗。賈疏云：象斗染黑。是皆所謂草染也。《釋草》郭璞注及《本草》所說，草木可染者甚多，不可枚舉，今姑就鄭玄說，約略攷之。然則縓也，赬也，纁也，絳也，朱也，赤也，緅也，紺也，青也，玄也，緇也，此諸色之等皆石染也。韎也，蒨也，紫也，皁也，藍也，此諸色之等皆草染也。石染之色尊，以爲祭服。如五冕用玄，爵弁用緅，其服皆用玄纁，玄冠服用玄及緇，皆用石染，唯韋弁服用韎。韋爲弁，且以爲衣裳，獨爲草染，故爲戎服，不用以祭祀。其他褻服及純緣之屬，則多用草染，其等差至嚴，不容掍也。是故《論語》云：君子不以紺緅飾紅紫，不以爲褻服。鄭玄注云：紺緅，紫玄之類也，紅纁之類也，玄纁所以爲祭服，等其類也。紺緅石染，不可爲衣飾，紅紫草染，不可爲褻服而已，此分別石染、草染甚明。蓋以紺緅本用石染，可用爲祭服，與玄相類，故不可輕用爲衣飾純緣之等，若紅紫則本用草染，其色既卑，以其近於石染之纁，不用爲私褻之服，明可用爲衣飾。若然，紺緅既不可用爲衣飾，則褻服之不可用，更不必論矣。鄭君之恉大較如是。自今本皇侃《論語義疏》引鄭玄注譌紺緅石染與木染，於是石染、草染之外又增一木染。不知紺用涅染，唐本《淮南書》有明文。緅又爲《鍾氏》石染之五入，其不得爲木染，皆彰灼無疑。凡用木葉實以染，古通謂之草染，故《周禮·掌染草》止云斂染草，不云木，明草可晐木也。鄭釋《染草》所説，橐蘆、象斗，皆出於木，而與茅蒐諸草物錯舉，是鄭亦謂染草内兼有木也。若然，周經漢注，皆不分草木，皇疏爲傳寫之誤無疑。唯杜臺卿《玉燭寶典》引《論語》注正作紺緅石染，可據以校正，而乾嘉經儒治鄭學者，皆未見《寶典》，不悟皇疏文有譌互，遂以天木與草染穿穴辯論，全失鄭恉，而《論語》之義亦因而不明，此不可不辯也。

官修《清會典》卷九〇《内務府·廣儲司》 凡匠作之等七，【略】曰染作。染洗紬、綾、緞、布、緑絨、棉綫、氆氌、嗶嘰、羊羔鹿等皮，氈韂、牽籠、絨繩、馬尾、羊角鐙片，及湅絹彈棉等事。設無品級司匠一人，拜唐阿領催五人，染匠三十人，彈棉匠二十人。

衛杰《蠶桑萃編》卷六《染政》 染始類

原染

昔黄帝堯舜，垂衣裳而天下治。《虞書》：「以五采彰施於五色，作服。」《夏書》：「羽畎夏翟」，徐州貢之。《周禮·鍾氏》：染羽而黼黻文明大備。

染人

《周禮·天官·染人》：「掌染絲帛。凡染，春暴練，夏纁玄，秋染夏，冬獻功。掌凡染事。」注：染人下士二人，府二人，史二人，徒二十人。染人主嬪婦染練之事，屬典婦功，其他染事，屬冬官。染而後織，爲染絲，織而後染，爲染帛。暴練，暴其素而練之也。纁，絳色。玄纁，夏暑而後可以染此色。夏，夏翟，其羽五色，秋涼而後可以染此色。獻功，玄纁與夏，至冬皆成功也。凡染事則不特絲帛而已。

掌染草

《地官·掌染草》：「掌以春秋斂染草之物，以權量受之，以待時而頒之。」注：掌染下士二人，府一人，史二人，徒八人。染草，染色之草。掌染草，主斂其草者，時謂染夏之時。鄭康成註：染草，藍蒨象斗之屬。俗云：藍以染青，蒨以染赤，象斗染黑。

典絲

《典絲》：「掌絲入而辨其物，以其賈揭之。掌其藏與其出，以待興功之時，頒絲於外内工，皆以物授之。凡上之賜予，亦如之。及獻功，則受良功而藏之，辨其物而書其數，以待有司之政令，上之賜予。」注：典絲下士二人，府二人，史二人，賈四人，徒十有二人。典絲主婦功，治絲事者，后宮所蠶之絲，自爲祭祀之用，此絲當是他州所貢者。待其時，若温暖宜縑帛，清涼宜文繡也。外内工，謂外嬪婦與内女御。以物授之，如縑帛則授以素絲，文繡則授以采絲也。亦如之者，謂亦如其物以授其絲也。良者藏之，將以共王與后之用。苦者書其數，所以待政令與賜予也。「凡祭祀共黼畫組就之物，喪紀共絲纊組文之物。凡飾邦器者，受文織絲組焉。歲終則各以其物會之。」注：白與黑色爲黼，雜飾五色爲畫。就者，采色一成。物者，絲之物色也。黼畫以爲衣服，組就以爲冕旒，絲纊絲絮以俟絶氣，組衣青赤色所以繫屨也。邦器，如茵席旌旗之屬。文織，以文爲織。絲組，以絲爲組會者，各以所飾之物别爲計也。

豳風七月

「八月載績，載玄載黄，我朱孔陽，爲公子裳」。註：祭服玄衣纁裳。蓋養蠶爲衣之始，故先言之，作裳爲衣之終，故後言之，而色之辨，則絲以染。

染羽

鍾氏染羽，《考工記》之鍾聚也。染羽之工，名以鍾氏，取其色之聚也。註：羽之爲物雖微，而旌旗車服之用衆而不可廢，此先王所有染羽之法。

歷代染制

《後漢書·百官志》：平準令一人，六百石。本註曰：主練染作采色。丞一人。註：《漢官》曰：員吏百九十人。《隋書·百官志》：大府寺統司染署。《宋史·職官志》：少府監染院，掌染絲枲幣帛。《明會典·顔料志》：洪武二十六年，定凡合用顔料，專設顔料局，掌管淘洗青緑。將見在甲字庫石礦，按月計料支出，淘洗分作等第進納。若燒造銀硃用水銀，黄丹用黑鉛，俱一體按月支料。燒煉完備，逐月差匠進赴甲字庫收貯。如果各色物料缺少，定奪奏聞，行移出産去處採取，或給價收買。鈔法，紫粉所用數多，止用蛤粉蘇木染造，時常預爲行下本局，多爲備辦用度。如缺蛤粉，一體收買。黑鉛一斤，燒造黄丹一斤五錢三分三釐。水銀一斤，燒造銀硃一十四兩八分，二硃三兩五錢二分。次青碌石礦一斤，淘造浄青碌一十一兩四錢三分。暗色碌石礦一斤，淘造浄石碌一十兩八錢七分六釐。蛤粉一斤，染造紫粉一斤一兩六錢。硇砂一斤，燒造硇砂碌一十五兩五錢。洪武年間聖旨：如今營造合用顔料，但是出産去處，便著有司，借倩人夫採取來用。若不係出産去處，著百姓怎麽辦那，當該官吏又不明白具奏，只指著朝廷名色，以一科百，以十科千，百般苦害百姓，似這等無理害民官吏，拿來都全家廢了不饒。若那地面本出産，卻奏説無，以後著人採取得有時，那官吏也不饒。雖是出産去處，也須量著人的氣力採辦，似這等百姓，也不艱難生受，官民兩便。若有司家因而生事，擾害他的，拿來全家廢了不饒。永樂二十二年聖旨：古者土賦隨地所産，不强其所無。比年如丹漆石青之類，所司更不究産物之地，一概下郡縣徵之，逼迫小民鳩斂金幣詣京師，博易輸納，而商販之徒，乘時射利，物價騰湧數十倍，加不肖官吏，夤緣爲奸，計其所費，朝廷得其千百之什一，其餘悉肥下人，今宜切戒此弊。凡合用之物，必於出産之地，計直市之，若仍蹈故習，一概科派以毒民者，必誅不宥。成化二年，令内官監促辦累年未納物料，急用者以官銀收買，不急者侵止。凡修建顔料舊例，内外宫殿公廨房屋，該用青碌顔料，俱先行内府甲字等庫關支，不足，方派各司府。嘉靖三十六年，以大工題行雲南採解買辦，凡寶色尚寶司每年該銀硃九十斤，行内庫關支。正德十二年，加硃三十斤，派行四川收買涪州水花銀硃一百二十斤解部，轉發器皿廠淘洗送用。嘉靖三十六年，題準以後動支節慎庫料銀照數召買，淘洗送用，每歲該銀六十三兩六錢。凡各衙門年例印色，工部題行順天府宛、大二縣買辦，宗人府紫粉一十二斤，銀硃二斤四兩，左軍都督府紫粉二十四斤，右軍都督府紫粉一十八斤，中軍都督府紫粉二十四斤，前軍都督府紫粉一十八斤，後軍都督府紫粉三十六斤，白芨一十斤十四兩五錢，吏部紫粉一十二斤，銀硃三斤，白芨二斤，户部紫粉二十四斤，二硃三斤，白芨六斤，禮部紫粉一十八斤，兵部紫粉一十二斤，銀硃三斤，白芨二斤，刑部紫粉一十斤，銀硃四斤，白芨二斤，工部紫粉一十八斤，二硃二斤，白芨四斤，都察院紫粉二十斤，銀硃四兩，白芨一斤，通政司紫粉二十四斤，大理寺紫粉一十斤，銀硃二斤，白芨一斤，吏科二硃一斤一兩三錢三分三釐，户科二硃一斤十兩，禮科二硃一斤十兩，兵科二硃二斤三兩，刑科二硃二斤，工科二硃一斤八兩。設水部染局於朝陽門外，種藍打造靛青，煉染大紅，紵絲紗羅經緯合用礦子石灰，於馬鞍山廠燒造。

宋子曰：霄漢之間，雲霞異色，閻浮之内，花葉殊形。天垂象而聖人則之，以五采彰施於五色，有虞氏豈無所用其心哉。飛禽衆而鳳則丹，走獸盈而麟則碧。夫林林青衣望闕而拜黄朱也，其義亦猶是矣。老子曰：甘受和，白受采。世間絲麻裘褐，皆具素質，而使殊顔異色，得以尚焉，謂造物不勞心者，吾不信也。

《蘇州府志》：染作，《大清會典》：内務府織染局，即中掌。内用衣服繪繡之事，凡織染所用金線絲料等項，俱從户工二部取用，年終核算出入錢糧，造册二本，送户部銷算。大通橋漷縣西頂沙窩場，種靛壯丁一百名，各給地四晌，每丁每年徵靛一百斤。凡額設員役，烏林大六名，撥什庫六名，匠役八百二十五名。

染湅類

湅涚

湅絲，王昭禹曰：治絲帛而熟之，謂之㡃。絲帛熟，然後可設飾爲用。以涚水漚絲七日，去地尺暴之。鄭鍔曰：湅絲之法，以涚水漚之，漚如漚麻之漚，蓋浸漬之也。以水泲灰，謂之涚。用涚水以漚其絲，所以取潔浄也，唯潔浄始能受色。既漚七日，取而暴之日中，去地一尺，不欲其高，恐陽氣燥之，則色失於燥而不鮮明。近來湖中川中，多濯帛於河干，借河水以洗滌，即㡃氏湅絲之法也。

湅暴

晝暴諸日，夜宿諸井，七日七夜，是謂水湅。王昭禹曰：晝暴諸日，以陽氣温之也，夜宿諸井，以陰氣寒之也。謂水湅則非渥淳之使熟也，以陰陽之氣使之熟而已。

湅帛

湅帛，以欄爲灰，渥淳其帛，實諸澤器，淫之以蜃。易氏曰：絲弱於帛，帛壯於絲，湅絲不過涚水而漚之，湅帛則以欄爲灰，煮而熟之，以至淫之蜃之，又至於途之宿之，其法爲特詳。趙氏曰：燒欄木爲灰，渥淳以灰，煮熟不可遽至乾熇，故實諸潤澤之器。蜃，白蛤也，以蛤爲粉，浸滛器中，欲令帛白。王昭禹曰：灰既澄而清，則蚤而出之，而揮去其所惹之蜃灰。

暴有三等

暴工在漚湅之後，其要有三：上暴法，以二人牽綢兩頭，中一人執之，用手輕摇，如春風扇和，待其乾後，色最鮮明。若中暴法，則人力少用，乘天氣晴明，暴於郊外河干曠地，色亦鮮妍。至懸之杆上，風吹日曬，非病燥，即病暗，市中多用之，取其簡易。

春染

春日天氣晴和，染法暴練爲佳。按史記，凡染事，所以設色於布帛絲縷，以供帷幕幄帟袵席衣服之用，故春云暴練，取其白而受采。夏氏曰：春陽氣燥，故暴染之。

夏染

夏日天氣暑熱，染色纁玄爲佳。鄭康成曰：纁玄者，謂始可染此色。當及盛暑熱潤，始湛研之，三月而後可用。其云纁者，黄而兼赤色。玄者，赤而兼黑色。鄭鍔曰：纁黄而赤，法陽，夏則陽用事，位在南方，染纁宜矣。

秋染

秋宜染夏，凡染五色謂之夏。按夏者，其色以夏翟爲飾。《禹貢》：「羽畎夏翟」，是其總名，其類有六：曰翬、曰摇、曰𩿧、曰甾、曰希、曰蹲。其毛羽五色皆備成章，染者以爲淺深之度，是倣而取名。又秋氣收而不散，五采此時亦皆受染。

冬染

冬令風涼氣冷，染色多晦暗，故曰獻功。取纁玄夏采，至冬成而獻之，近坊間冬令染絲帛者少。

湖州染式

湖色甲於各省，其染時乘春水方生，水清而色澤。

錦江染式

漚法須用清水，水清則色鮮。暴時不可過高，過高則質燥。近來成都機房，多於錦江河濯帛，而暴之於地上，故蜀錦最佳。

色澤類

禁僞染

染色貴取其正，而僞色乃少。《禮記·月令》季夏「令婦官染采，黼黻文章必以法，故無或差貸。黑黄蒼赤，莫不質良」，註：質，正也。良，善也。所用染者，真采正善，而禁其差貸也。

戒艾藍

染之取藍，當得其時。《禮·月令》仲夏之月，「令民毋艾藍以染」。註：毋艾藍，爲恐傷長氣也。按，仲夏藍始可别。凡藍初叢生，至此可分移栽，其色最青。青爲赤之母，故刈之傷時氣。

明訣法

法有先染後織者，染絲難於染帛，上也。有先織後染者，染帛易於染線，次也。有湅半生半熟，染後織先是也。染無他法，總在湅暴到，質料佳，氣澤明，工藝巧。吴綾蜀錦，鮮豔奪目，價重一時以此。

辨水色

各省染工，各有所長，雖曰人工之巧，亦緣水氣之佳。天青、元青，江寧爲上。天藍、寶藍、二藍、葱藍，蘇州爲上。朱紅、醬紫，鎮江爲上。湖色淡青、玉色雪青、大緑，浙之杭州爲上。淺紅、大紅、穀黄、鵝黄、古銅，川之錦江爲上。是皆水色之美者。近直隸南關水源，爲一畝泉乙泉申泉，水清味甘，染工出色甚好，是水可擬江、浙、成都，再加工夫純熟，自可色色鮮明，極成上品。

巧技能

染之妙，得於心；色之妙，奪於目。工一也，有一入、再入、三入、五入、七入之候；法一也，有熾之、漚之、暴之、宿之、湆之、沃之、塗之、漬之之次；材一也，有象草木、象翟、象雀、取蛋、取梔、取藍、取茅蒐、取豕首、取象斗、取丹秫、取涚水、取欄之灰之辨；色一也，有象天、象地、象春、象夏、象秋、象〔冬〕之宜。其不善者，淺而暗，枯而劣；其善者，則深而明，澤而美。是在覓江浙之巧工而教之，各得其法。

衛杰《蠶桑萃編》卷一二《圖譜》二

染色

虞廷作會辨章施，少女工夫絢色絲。更向湅坊成五采，晴簷高颺等旌旗。

織絲有生熟之分，如湖縐、大綢、裹綢，可織成再染，至貢緞、寧綢、摹本，須先將絲染出，用作經緯。

劉錦藻《清續文獻通考》卷三八四《實業七》〔宣統元年，東三省總督徐世昌〕奏，奉天爲八旗根本之地，滿漢雜處，畛域不分，惟旗人世蒙豢養，素之恒業，實較艱困。今欲爲八旗籌生計，應以實業教育爲重，爰飭旗務司剏辦八旗工藝廠，招集旗籍藝徒，設額五百名，分設木工、鐵工、陶工、藤工、漆工、染工、縫工、毛工、紙工等科，附設講堂，授以普通教育，聘募工師分科傳習，尤注重建築一門。

《蘇州府爲核定踹匠工價嚴禁恃强生事碑》康熙九年(1670) 江南蘇州府正堂郭，爲□□倡亂等事。奉總理糧儲巡撫江寧等處地方都察院右副都御史加一級(中缺十二字)，衆肆橫緣由。奉批：仰蘇州府確查實情報。奉此。隨該本府行縣拘捉竇桂甫等一干人犯，(中缺十二字)所用踹布之人，俱從江寧屬縣，遠來雇工者甚多。苟有一人跳梁煽惑，則衆心摇動，誠不容不(中缺十二字)一分一釐。今歲六月間，□有竇桂甫倡言年荒米貴，傳單約會衆匠停踹，索添工銀。布商程、高、張(中缺十二字)開，相率呈縣。而地方陳全等，見此輩停工洶洶，恐成亂萌，亦具呈該縣，申報憲臺。蒙批確查間，衆匠隨已帖息，似可不加深究。但竇桂甫□□□□□□敢於鼓衆添價，因王明浩不肯附會，輒罰令唱戲酬神，以致餘人皆停工觀望。凶橫如此，實繫罪(中缺十一字)也。至於徐勝之與店主程美小等相争，亦挾竇桂甫之勢，勒美唱戲講和，乘機恣肆，斷不可長。竇桂甫(中缺七字)棍，從寬決杖，驅逐出境。陳文之、吴□先已懼罪，逃歸原籍，姑免提究，不許復來地方作耗。徐勝之(中缺十字)頭，姑免擬罪。再審吴震所告詐贜，□□金勝、程美所告，即係唱戲祭神之費，均難究追。惟是踹布工匠，(中缺九字)工人，應聽作頭稽查，作頭應聽商家約束。倘有來歷不明及恃强生事者，即嚴行擯斥。其踹布工價，照舊例每匹紋銀一分一釐，(中缺十四字)勒石遵守，則憲禁永垂，商匠皆相安戴德矣。等因。具招申詳本院。奉批：仰府嚴飭。奉此。除將本犯轉行該縣發落驅逐外，合行勒石永遵。爲此飭諭徽商布店、踹布工匠人等知悉：嗣後一切踹工人等，應聽作頭稽查，作頭應聽商家約束。倘有來歷不明之徒，及恃强生事者，即行擯斥。至於踹布工價，照舊例每匹紋銀一分一釐，兩不相虧。店家無容短少，工匠不許多勒。俱毋故違，一體永遵。須至碑者。

康熙九年十月　日。

《蘇州府爲永禁踹匠齊行增價碑》康熙三十二年(1693)　江南蘇州府正堂加六級盧，爲倡亂勢危事。康熙三十一年八月二十九日，奉總督江南、江西部院傅批，據吴縣詳，據布商朱日茂等呈控，羅貴等一班流棍，冒名踹匠，肆行科斂，糾衆打詐緣由。奉批：踹匠(中缺十三字)安日久，何物甘貴、羅貴等，輒敢煽惑齊行增價，以致聚衆毆搶，復毁官示，種種凶横，殊干法紀。仰蘇州府查照有名人犯，(中缺十三字)人等，不得紛提滋擾可也。此繳。等因。又奉江蘇布政司張批，據吴縣申詳前事。奉批，仰蘇州府嚴查究根。繳。等因。又奉升任按察司高批，據吴縣申詳前事。奉批：(中缺十字)借稱加誘煽惑各坊之流棍到案究審，招擬解報，以憑轉詳，盡法懲處。繳。各等因到府。奉經嚴行長、吴二縣會勘去後，續據招擬前來，□□□□蘇郡布商收買布匹染踹，其踹布工價，奉前撫憲馬斷定，每匹紋銀一分一釐，刊石皇華亭，毋庸增減，相安已久。有羅貴、張爾惠等，冒名踹匠，聚衆齊行，威脅罷市，科斂炙詐。布商朱日茂等控縣通申匯批府審，兩經縣訊。據詳：踹匠皆係膂力凶悍之輩，俱非有家土著之民。散漫無稽，盜逃叵測。且異方雜處，姦宄易生。故擇有身家之人，踹坊領布轉給，則踹匠之來歷，貨物之失錯，悉與布商無預，責有攸歸。又緣踹匠孑身赤漢，一無携帶，保頭租賃房屋，備買□□賃石租銀三錢六分，是亦有本。詎羅貴、張爾惠、陳文之等，並在逃甘貴等，糾衆科斂，倡議加價，肆凶打詐，歷審情真。且羅貴、陳文之等吊閱案卷，第經犯事□盡□□□，結黨横行，斂財惑衆，毁□禁示，假工冒告，詎非惡棍而何？將爲首之羅貴、張爾惠，捏告之王華、劉茂擬杖，再請枷責。其爲從之李承先、陳文之等，予不□重杖，遞回原籍各緣由，具招轉詳本部堂院。奉批：踹匠工價每匹一分一釐，既有前任撫院馬刊石炳據，羅貴等復敢冒名踹匠，科斂炙詐，煽惑齊行，增價若干，貽害□□□□嚴等供質□□寬貸。但各犯既經撫院批審枷責，仰即遵照發落，遞發原籍。仍將本部院前後批示情節，勒石永禁，以戢刁悍。至脱逃甘貴等，緝獲另結。□取遵依碑摹。繳。等因到府。奉此，爲照此案先經總捕廳詳奉江撫都院宋批開，羅貴等聚衆行凶，肆凶科斂，仰將爲首之羅貴、張爾惠及捏詞之王華、劉茂俱枷示一个月，滿日各重責三十板。餘犯照擬折責，押回原籍，□□□犯照擬另結，等因在案。今奉督院前批，隨行吴縣嚴提各犯，照擬枷責，遞發原籍去後，續據該縣申稱：羅貴、張爾惠、陳文之等不遵發落，俱各潛逃。止將王□□□鳴二犯折責，遞解原籍收管安插，等情到府。又經嚴行該縣，務獲羅貴等在案，合行勒石遵守。爲此，示仰商民、坊户、踹匠人等知悉：嗣後踹布工價，務遵憲□每匹一分一釐。踹石坊户，每月得賃石租銀三錢六分，永遵成例，毋容增減。至於踹匠如有拐竊盜逃，爲非作歹，責成保頭，與字號、染坊店主無涉。倘案内□□□、羅貴、張爾惠、王華、陳文之、孟啓之、潘二、甘貴、李承先、楊勝林、劉茂、李貴成、戴萬里、潘三、夏茂、楊焜、蔡和之等，仍遁來蘇，復行擾害，許諸色人等首報，□□嚴拿發落，立時押回原籍，不許潛留。如有知情窩頓，一體治罪。其外别有不法棍徒，效尤作奸，亦即指名呈報，立拿解憲，大法懲處施行，斷不輕宥。各宜恪遵，慎勿泄視。須至碑者。

康熙三十二年十二月　日。(以上原碑現均在蘇州閶門外廣濟橋堍)

《常熟縣染户具控三弊碑》康熙三十三年（1694）

監督蘇松船政江南蘇州府海防加二級李，爲小民積困已深，棍蠹之影射復起，叩憲立石杜害事。康熙三十一年十一月十四日，奉總理糧儲提督軍務巡撫江寧等處地方都察院右副都御史加三級宋批，據常熟縣在城小民張瑞、陸鳴、王蕃、彭錫、周仁、王臣、趙秀、陳功、施祥、蔣福、蔣臣、包榮等呈詞前事，内稱：瑞等巽懦，附居常熟，開張染鋪，雇倩一二染手，必系土著始留。總計城鄉鋪户染手，不抵蘇、松一大店。承值當官，最爲繁苦。查行鋪當官名色，自奉旨禁革後，俱着現銀平買。獨常邑衙門踵舊例，取去發銀，小民難於俟候，多飽吏胥，血本銷沉。夫遲延短少，乃市井無賴陋習，官居民上，正宜以移風易俗爲先，反相與沿習成風，致滋小民嗟怨，此一弊也。又有借布一項，受累更酷。夫常邑染鋪，不過鄉民零星布匹，何堪借用？本縣則每逢公事，有天幔圍幔、纏柱牌坊、扯轎名色，僉票借用，幾百幾十，不能如數，講炙不休。官票雖云用過即還，而一經用過，或工房典絶，或短少破碎，有賠墊、守候、廢業之苦，此二弊也。猶可駭者，本年九月，有同行積棍謝卿，見督憲頒行磨坊憲蠹構縱等事，保頭索詐案内，有每名量酬保銀五分，一應雇工、小民，一律遵行等語，以爲可以影射染鋪，於是串通經承李鳴謙，揑詳到府。連出五票，差義民傳集□等匯議，嗣後不許私自雇人，添設保頭，立石遵行，永圖婪詐。瑞等伏讀督憲批詳，有土著熟識，聽其自相保領，又不許借名把持勒索，又無立石染鋪字樣，是以衆論嘩然。九月十六日，將遵禁吁明等事，公呈本縣，訴明向無此弊，求杜擾害。縣批：事出上憲議詳，雖無此弊，亦宜遵立碑摹。夫止有立碑以革弊，從無立碑以增弊。雖出上憲議詳，亦指磨坊之外，有此索詐陋規者，一例革除，豈向無此規者，反因此案一概添設此例乎？借端生事，悖憲害民，此三弊也。

恭逢仁憲，下車頒示，首禁庸令奸胥，毋許擅派鋪户承值，仍許受害人民指實赴控。爲此瀝血騈叩，伏乞憲天大老爺準賜敕批司道府正，行縣立石永禁。除積弊以舒民困，禁影射以杜棍謀。道澤甘棠，頂祝無既。有此上呈等情，奉批：仰蘇防官查報。等因。奉經提到原被張瑞、謝卿等，審録各供，該卑職看得，常邑染坊張瑞等公呈謝卿等案，奉憲發審，詞列三弊，遵檄該縣提訊。卑職因準府關送者，辦事澄江，據解一干被證前來，雖被訴之工房與君良，以解銀赴淮未到，而嚴寒隔境，恐羈民業。當經按詞究問，染物發銀遲延短少一弊，固屬陋習病民；而保頭勒索磨坊傭工一弊，因蒙督憲據蘇府詳復，嚴批飭禁，載奉憲臺鈞示勒石，本出憲仁，乃胥徒李鳴謙等奉行多事，磨坊蔓及染坊，袪弊因而舞弊。此兩端應禁，應擬統俟另招請奪外，惟借布一項，據張瑞等供，康熙二十三年工房馬君良諭單，湊布三十四匹，用□幃幔。而此後遇有慶賀篷廠，即成故事，或納月例，布仍發還，否則被其典當，以致受累等語。雖遠年赦前之事，止應請禁，但稱彼此相延，且有月例勒索，縱是非未辨，而弊之所在，究擬難寬。不敢草率復憲，以干嚴詰，當將各原被人證摘發安業，止酌留原告三名，俟飛提馬君良到日質明，一并定擬招報。恐違憲限，所有録過供詞，合先呈明等情，於本年十二月十一日詳，奉本都院批開：仰速提審明確詳奪。繳。等因。奉此，該卑職提到馬君良等復審。看到虞邑染户張瑞等具控三弊，前已訊詳憲鑒。只以縣胥馬君良未到，致稽勘擬。茲經復鞫，如發染布匹不給工價，或被買辦侵吞，因無官票，更多私弊，此款無可對簿。夫爲民上者，不博緇衣之好，而來絲染之譏，斂怨細民，恐無其事。或官非無價，役敢滋姦，惟請鈞示嚴禁，凡官司染物，一準民價，先行給與，不許擅言官物，違者重治，則後弊盡絶矣。又指天篷等項，勒布炙詐一款，據張瑞等供，康熙二十三年馬君良湊布三十四匹，爲拜牌帷幔之用。各户湊令謝卿轉交，此後□勒承值，科索月例，□□謝卿則止十一匹，乃署篆段通判勒□□號。君良堅供，布幔見供需用，并無索詐之事。再詰瑞等，亦□以前禁爲辭。此派值則有之，月例則未也。匿公捐而滋擾累，君良之咎奚辭？至於派布，本屬科斂，姑以署令久□，事在赦前，免議，惟冀憲恩永禁承值可耳。又三款向因磨坊傭工爲牙保勒索，公鳴督憲，批府議禁。續奉憲臺鈞令，通用勒石。膏澤之下，纖鱗皆蘇矣。卑職當官恐受累之傭，不止一行，是以行縣通查并禁，不過匯鐫一石耳。乃縣胥李鳴謙朦差義民蔣日暉，遍唤城鄉染坊，斂費立碑，欲圖蠶食，重以謝卿之左袒，遂激衆怨而成訟。革弊舞弊，寧知有憲法哉！嚴訊之下，謙既俛首，念未婪私，姑予重杖革役。仍請行縣，將染坊傭人有親識者，聽其自相保引；無親識而願投保人者，一遵憲令，與磨坊匯入碑摹，責令該縣監禁，不許重煩民力。謝卿本係同業，乃□秦人視越。批查縣卷，卿有各户頑梗，不輸工價之稟，其爲行霸可知，應與骫法派擾之馬君良，並冀憲臺批責，以儆姦刁。蔣日暉承票，本無可議，餘俱省釋。該縣任役滋弊，不行嚴察，統請飭行，伏候鈞裁。等因。具招於三十二年三月十二日，詳奉本都院批開：李鳴謙借端擾害，本應重究，姑念尚未婪贓，從寬依擬折責。謝卿構同生事，馬君良擅派承值，各重責二十板以儆。發染、承值二款，仰廳嚴行示禁，並不時稽查，如敢仍前滋擾，即便嚴拿解究。該縣任役作姦，一並嚴飭記過。李鳴謙、馬君良俱即革役，餘如詳行。繳。等因。奉此，該卑職遵批，提犯發落革役，嚴飭該縣記過，及出示嚴禁。發染、承值二款，並卑職不時稽查，取有各遵依呈復在案。今據原呈陸鳴、王蓍、王岳、蔣福、王巨、許雲、周仁、彭錫、蔣臣、張集、孔盛、陸嵩、彭錦、陸瞻等，將憲仁已沾百姓，蠹姦巧肆抗侵，叩恩電詳勒石，並禁永杜民害事。詞稱：鳴等俱係在縣染店小民，覓蠅糊口。只因前年遭工蠹借承值當官，取用青布，以滋詐害。復有兵蠹，借□□傭，波凶蔓害，極於康熙二十一年十月間，將小民之積困已深等事，控準撫憲、送案行查。俱蒙□□詳憲，將兩蠹責革，並行案示禁，不時稽查。雖奉撫憲隆恩，實皆憲明□□□憲仁軫恤，俾鳴等得安微業，舉沐洪休，頂祝何既。將謂蠹害悉除，憲禁永遵。何期未周一載，此技復萌。借用青布雖□，而禮房另有□□絲紬之派。磨坊波害雖除，而蠹復乘道憲檄，着蘇、松字號業户，稽查踹坊工匠，即株求於本邑僻壤染坊小鋪，每月取結滋擾。切思紬布總屬民間付染，而紬價紅色，二十倍於青布。一經借用，必累復染，甚至侵匿不還，究賠無底。舍輕而派重，爲害愈甚於前矣。至踹坊一業，俱在蘇、松衝要之所。其踹匠雜沓，每一字號，何啻千百，總計何止累萬，所以稽查特嚴。若下邑些□微鋪，每家一二工匠，已蒙着□規□□相□引，何庸每月具結。今一概以踹坊之例並查，是此禁而彼株，爲擾不□□昔乎？蠹意易其名則不違憲禁，更一坊又可糾纏，逞陽奉陰違之技，恣必侵必啖之謀。鳴等小民，終無寧宇。揆厥所由，皆因給示而未經勒碑，蠹未儆心惕目，遂得巧肆其姦。前案原奉撫院送憲行牌，不時稽查，法必憲肅。爲此鳴等公同具案，伏□□俯電小民苦情，準賜申詳撫道兩憲，並禁結綵紅紬之派及踹坊之擾。鳴等自願□資，將前禁革之項，勒諸碑石，永杜擾害，永彰憲□。等情前來。據此，該卑職查係原奉憲撫□飭職查訊批禁之案，故即據詞批行常熟縣查明，□□□□。□據該縣詳稱：查得鋪户當官一項，節奏(中缺)行嚴禁。前縣雖經奉行出示通曉，而染鋪未經請勒碑石，以垂永久，不無日漸懈□□復□。今卑職莅任方始，正在察訪弊端，欲(中缺十一字)請勒禁結綵紅紬之派，稽查踹坊之(中缺十一字)查禁應不悞。其所請勒石，卑職未(中缺十字)。等情前來。據此，該卑職查得發染與承值(中缺)憲臺、撫憲批行飭禁(中缺九字)籍查□□之擾，亦屬病民，未盡革除，致原(中缺十字)請，自願捐資勒石等情。茲據該縣復稱，未經請勒碑石，不無日漸懈弛，詳復前來。卑職緣前奉憲批，有仰職嚴行示禁，并不時□□□令，用敢據情詳請憲臺批示遵行，卑職未敢擅便，理□□詳。爲此，今將前由另備書册具呈，伏乞照詳施行。

一詳江撫都院加二級宋批：該縣染坊承值，前經嚴行飭禁，何復有紅紬之□，□踹坊取結恣擾，本應嚴提究□，姑□縣莅任方新，仰廳飭令勒石永禁，□□□擾滋累。如再陽奉陰違，立拿解究。仍取碑摹，遵依具報。繳。

一詳奉蘇松糧守道加五級史批：當官名色，久奉禁革。縣吏借端派擾，殊干法紀，請勒碑石，候撫院批示，録報定奪。繳。康熙三十三年三月　日。

蘇州府海防同知李繼勛、常熟縣知縣陶濶、縣丞孟遠、主簿周士龍同立石。典史缺。

(原碑現在常熟市，由常熟市文管會保管)

《蘇州府約束踹匠碑》康熙四十年(1701)　江南蘇州府正堂加三級石，爲公叩憲恩，給示勒石，以絶禍萌，永除大害事。奉總督江南、江西等處地方軍務兼理糧餉操江兵部右侍郎兼都察院右副都御史阿批，本府詳據長、吴二縣，□□約束踹匠，禁止流棍煽惑等由，奉批：均如議行，仍勒石永遵，飭令營弁、捕官不得借端需索取咎，并候撫院批示。繳。又奉總理糧儲提督軍務巡撫江寧等處地方都察院右副都御史加三級宋批，同前詳。奉批：流棍煽惑踹匠，聚衆肆横，仍爲地方大害，□□各款，俱屬消患弭亂辦法，仰速飭□力舉行□，候繳行蘇州營遴選員弁，協同該二縣捕官，督率約束，取具遵依碑拓送查，并候督部院批示。繳。等因到府。奉此，案照先於本年四月初八日，奉江撫都院宋批，據布商程同言、吴永亨、程廣泰、鄭元貞等呈詞前事内稱：切蘇郡出産布貨，所用踹匠，盈萬成千，俱責包頭鈐束。工價有例，食用有條，原自相安。其間爲禍，並非真正踹匠。□□□辦□□流棍從中漁利，釀害非輕。幸荷憲天大老爺天威震攝，懲創以來，數年寧謐，遠近商民，共沐恩波不淺。不意去年四月，流棍之禍復起。先有劉如珍等斂錢演戲開釁，□□宗客路□□由包頭扣克□錢□□。流棍之令一出，千百踹匠景從。成群結隊，抄打竟無虚日。以致包頭畏避，各坊束手，莫敢有動工開踹者。變亂之勢，比諸昔年尤甚。商民受害，將及一載。自前□□由府出示禁□，衆匠安業。猶恐禍根未除，□□□測，非借天語申飭，何以振遏群凶。爲此連名公吁，伏乞憲天大老爺俯頒金示，明彰曉諭，申敕蘇府轉行兩縣，勒石永禁，庶跳梁不復肆横，萬千商民，共戴無涯之慶。等情。奉批：仰蘇州府查議報。等因到府。奉此，遵經轉行長、吴二縣會議去後，續據該兩縣詳，據原呈程同言等條陳各款，議復到縣，轉詳到府。該本府看得，踹匠窮民也，非流棍引誘，無以肆其姦。流棍亡命也，非窮民□□無以行其術。自昔爲然，於今爲烈。蓋匠之數萬人，姦良不一，好惡易投。棍等從而籠絡之，誘導之，東挑西撥，借景生端。或曰某日齊行，每匠應出錢五文、十文不等；或曰某匠無業，□許□每匠應出銀二分、三分不等。而衆匠無一不出。□□□□，積少成多，已盈千萬。財誠易斂，衆更可憑。此利在人，而害在匠，路人知之。奈何蚩蚩者流，割肉餵虎，若不自知。此所以釁日益生，禍日益重也。自前□□□敗□興戎，而今之胠篋（中缺六字）踹匠□□□三跳之居停主訟。而今之殺命抵命者，無一非踹匠。此利害兩途，較若指掌。彼爲匠者，何不翻然改悔，留此安身立命之生業乎！茲據長、吴二縣會議前來，□府覆加查覈，如請嚴窩隱之禁，以絶流棍□□□□，拔本塞源，端在乎此。嗣後如有容隱流棍在家事發者，窩頓之家與犯人同罪。則人皆知儆，而無比匪作姦之患矣。如請將包頭編甲，責其互相稽察，□於其内擇一□干老成者，充任坊長，令其管轄，□家□□，盤查來歷。一家有事，九家連坐，則彼此俱有責成。再設循環簿，着令登填何處籍貫，何人保引，何日進坊，何日出坊，分例舊管、新收、開除三項，每逢朔望，必與坊長倒换。則來踪去迹自明，而姦宄之徒，無處隱藏矣。如請委文武弁員專董一法，仿之松府，係城守營與典史互相稽查，行之頗着成效。蓋踹匠伙而强，包頭寡而弱。若盡責包頭，勢難彈壓。應照踹匠爲長、吴二縣所管，查照地方疆界，督率包頭約束，□一踹匠條教，乘間察其行藏。仍委城守營爲總巡，不許踹匠夜行，不許包頭侵克。所委文武弁員，亦不得借巡需索，以啓小人口實。一有姦徒事犯，輕則移解有司，重則申報各憲。如此行之不擾，則踹匠知所遵循，而地方亦得寧謐矣。如請禁寺院容留之法，向來流棍煽惑，多在西山廟、半塘寺、西園禪院、菩提場、鄉山廟等處，爲聚衆倡亂之場，嗣後嚴飭各住持僧道，如有踹匠恃强聚集，許即指名密報，以憑拿究。如敢仍前縱容，住持僧道，一并治罪。則姦宄不致聚結爲非，而踹匠亦得安心樂業矣。總之，踹匠原爲謀生而來，非因走死而□。惟是流棍之綫索必靈，則踹匠□□□至將生失業，爲禍無窮。今日之痛除流棍者，非徒爲地方靖姦萌，實爲踹匠驅蟊賊也。可否允如所議，伏候憲臺批示，以便轉飭遵行。等因。詳奉前批，除行長、吴二縣遵照，并令州府敕禁外，合行勒石□□。爲此示仰各商民並包頭、踹匠、地方人等知悉：嗣後在蘇踹匠，俱聽兩縣典史協同城守營，委員督率包頭約束。平日申明條教所開，察其行藏，不許夜行生事、酗酒賭博及聚衆倡擾、停踹歇工行詐。一有過犯，該委官即時嚴拿究問，輕則移解有司，重則解憲重懲。工價伙食，悉照舊議，不許包頭多克。如有窩留流棍，仍前煽惑踹匠，聚衆停工科斂者，事發之日，地方鄰户與窩頭各家，一體同罪。□□包頭永遵編甲之□，□立循環，將踹匠登填籍貫、保引、進坊、出坊，每逢朔望，交與坊長具結倒换。務必互相稽察，盤查來歷。如有妄收匪類，貽禍地方，一家有事，九家連坐。該委官亦不得借需索，致干咎戾。各宜凛遵。須至碑者。

康熙四十年十月　日。

《長吴二縣禁立踹匠會館碑》康熙五十四年（1715）

江南蘇州府長、吴二縣爲欽奉上諭事。康熙五十四年九月十一日，奉署本府正堂事總捕貼堂加五級張信牌開，奉江蘇按察司祖憲牌開，奉欽差部堂張憲牌，仰司即將各事件批照議完結緣由，轉行該府并所屬遵照，仍將各案發落完結之處，具報查考。內開蘇州府呈詳一件，巨窩隱害等事。長洲□□范暨□□□府，布商程同言控王德等一案，批照議。等因到司。奉此，合亟轉飭，仰府查照該府原議，即將邢春林、王德、張先進、杜雲升、陳晉侯、杭文生等照杖折責發落，張先進等驅逐遞回原籍。立碑永禁，取遵依碑摹送司存查。等因行府，備行到縣。奉此，案照先奉前任江撫都院張批，據范正卿呈，爲巨窩隱害事。又奉本都院批，據布商程同言等呈，爲流棍窩害事。各詞到府。該前任本府正堂孟，查看得范正卿告邢春林佔據不遂，又挽林裕長强行回贖，倡作會館等情。又布商程同言等告王德等煽惑踹匠，加價斂銀，欲助普濟院育嬰堂，結黨創立會館等情。行據長、吴二縣會訊前來，府復核，邢春林占范正卿之地，先發應縣勘明斷還正卿在案。乃邢春林□圖未息，逐挽林裕長强行回贖。但久經絶賣之産，不能遽贖，倡言欲作踹匠會館，思欲借衆强佔。其王德、張先進、杜雲升、陳晉侯等，皆一班流棍。前來蠱惑衆匠，以增添工價爲由，包攬告狀，肆行科斂，以爲□□之本。前議工價，每匹一分一釐三毫，案經確定，無可生發。復要各商增價，以助普濟院育嬰堂之用，此豈目不識丁之踹匠所爲？總皆流棍王德等數人，從中簸弄，希圖射利，病商病民，□□□克。今欲倡踹匠會館，暗害□□占地，又可科斂錢財。倘會館一成，則無籍之徒，結黨群來，害將叵測。程同言等請禁止控府。據兩縣會審，范正卿之地因照前斷歸結，其王德等皆唆訟不法之徒，本應□□□□□□之姦謀已息，而創立會館之惡計未成，姑□寬免。等因，申詳本部院。奉批：邢春林等創立踹匠會館，謀害商民，不法已極，仰再嚴查，妥議報奪。繳。等因。奉此，□該前府正堂奉本部院批：邢春林等創立踹匠會館，唱戲有據，斂銀有憑，何得竟置不究？仰再擬議詳奪。繳。等因，到府。該署府事正堂張，迭奉憲批，將邢春林、王德、張先進、杜雲升、陳晉侯、杭文生等各擬重杖。其踹匠工價，仍照前督院撫各憲碑摹定例。而張先進等亦皆冒匠煽惑之徒，並請驅逐，立碑永禁。等因，申詳欽差部堂請示。奉此，照議行司，仰府備行到縣。奉此，除經行提各犯照擬發落，驅逐遞回原籍外，合行勒石永禁。爲此示仰踹匠、包頭人等知悉：嗣後踹布工價，仍照前憲立碑定例給發，不得短少。工匠等亦不得違例多索，紊亂成規。如有前項流棍，仍前冒名染踹等匠，借端興訟，希圖煽惑科斂，許即指名呈控，以憑嚴拿，照憲按以流棍治罪。爾等踹坊、包頭，務須遵照前督院撫各憲頒定條約，永遵保甲之法，不許招留匪類，通同作姦爲害。如有事發，定行一並坐罪，決不姑貸。須至碑者。

《長州吴縣踹匠條約碑》康熙五十九年（1720） 江南蘇州府長洲縣、吴縣正堂加三級程盛龍、王□□，爲再飭嚴查等事。奉本府正堂加十級紀録十二次梁信牌内開，奉按察司李憲牌開，奉總督部院梁批，兩司會詳，踹坊各匠議造四柱清册，擇立殷實坊長稽查，並令典史汛弁多撥兵校巡察，如有酗酒姦盜等事，指名報官嚴究。或有自縊投河等情，報官驗埋，不許拖累。至踹布工價米食貴賤，各商店貼給包頭、踹匠，前府陳守議定給發，請批勒石各緣由。蒙批：循環簿仰飭按季送縣查覈倒换，不得歸於典史汛弁。餘如詳行，仍候撫院批示。繳。又奉江蘇都院吴批開：如詳行，仍嚴飭實力巡查約束，毋許生事，需索滋擾。至踹匠如有事犯，經坊總舉報，該員弁應立時轉報印官查審，不得違例妄行，致干察究。將遵行過緣由，并碑摹送查，并候督部院批示録報。繳。等因到司。行府抄看，仰縣奉此。案照先據各踹坊包頭業主邢慶生、吴義生、王文卿、吴元凱、陳公茂、尤禹生等節詞内稱：蘇城内外踹匠，不下萬餘，均非土著，悉以外來，姦良莫辨。奉憲設立管坊訊役，晝夜巡查。凡有踹匠游蕩邪僻，把總確查，立行驅逐。經今日久法弛，姦匠得以逞志。其中姦宄竊發，竊布逃遁，害累包頭。更有爲賊，爲盜，已經出坊，盡皆□窩，飯歇賭場，一經敗露，彼等毫不拉扳。其踹作包頭，原爲風馬，盡有遭其扳害，傾家蕩産，異冤莫伸。兼有一班流棍，寄迹寺院，隱現踹坊。或稱同鄉，或認親戚，煽惑衆匠，齊行增價，代告扣克，科斂訟費，再索酬金。流棍貪婪，作俑倡亂不絶。荷蒙前府陳議定工價，每匹一分一釐三毫，銀色九七，頒給法馬三百枚。其米價貴至一兩五錢，每踹布千匹，加銀二錢四分。米價一兩二錢則止。商店給發工價，每兩外加五釐，名曰捐助，委□典史、把總稽察。詳奉各憲批允，未經勒石，日久法弛。是以身等正月開呈府批案，通詳督院，批開：踹匠爲匪事發，扳害包頭，必如何立法，永杜爲匪妄扳之弊，仰江蘇按察司酌議妥協詳奪。等因。仰見上憲保護身等身命。現蒙查案，會議具詳，謹遵前府憲遺意，開列數條，悉陳稽察之法。身等同爲包頭，約有三百餘户，或有兩作，或有三坊，不能分身稽察。每作用管帳一人，專責稽查，名曰坊長。凡有踹匠投坊傭趁，必須坊長認識來歷，方許容留。然坊長之責，必自包頭，即將包頭立於居民之外，每十二家編爲一甲，每月輪值甲長，每歲周而復始，各給循環印簿，開明某月甲長某人，查填踹匠姓名，仍於衆包頭中，擇一老誠練達者，舉充坊總，頒給團牌，管押各甲。踹匠五人連環互保，取結册報。一人犯事，四人同罪。日則做工，夜則關閉在坊。如有拐布盗逃、賭博行姦斗毆、聚衆插盟、停工科斂、閧鬫花鼓、糾衆不法者，坊長報明包頭，會同甲長，填簿交坊總，申明拿究。如有徇隱發覺，互結保人，本坊坊長一體同罪。簿列管收除，在四柱開填。每月朔日，甲長匯交坊總稽查，循環倒换。倘甲内擅留匪類，坊總協同甲長，立刻驅逐。仍將窩頓之坊長，按以窩盗之例，通同徇庇，一體治罪。查簿内無名，即係流棍。如此則來歷彰明，姦良易辨。至於工價，悉照前府定斷。伏乞會詳勒石。等情到縣。隨經詳奉本府正堂加十級紀録十二次梁，轉詳江南江蘇等處承宣布政使司布政使加四級紀録十三次楊、江南江蘇等處提刑按察□□□□□□級在任□制李會詳督撫二院在案。今奉前批，合行勒石永遵。爲此示仰踹匠、包頭、坊總、甲長、坊長人等知悉，務照後開條約，各宜凛遵毋違。須知碑者。

計開詳奉憲準條約：

一、楓汛把總各坊巡察，如有流棍窩頓各圖，煽惑踹匠，搆訟生端，及開賭招匠，立拿解究，驅回原籍。鄰坊鄰右容隱不報，事發并究。

一、踹匠初次進坊，俱係坊長認識容留。如有姦宄犯法，豈得舍坊長而反累包頭。嗣後每坊坊長，晝夜巡查踹匠，不許一匠出作。倘匠持强不遵，報明包頭、坊總，報官究處。如有容情不報，罪在坊長，不得波累包頭。

一、踹匠進作，必須四匠互保，填明册籍。其有來去，務必細注，以便稽查。

一、流棍冒名踹匠，潛頓踹坊，皆因有等未入册籍之包頭，任情容隱，流毒貽害。嗣後如有仍蹈前轍，包頭公鳴拿究。

一、各坊包頭，務照輪月承值，編定甲次，按月稽查，互相覺察。

一、把總調撥值坊巡役，分地巡察，晝夜無忽。如有姦匠拐布盜逃、賭博行姦斗毆、聚衆插盟、停工科斂、閑閧花鼓、糾衆不法，把總即行拿解，按律治罪。各巡役亦不得借端生事滋擾，致干察究。

一、不法踹匠，不務本業，游蕩爲匪，酗酒賭博，謀爲不法，或經坊總、包頭察出，情虛畏罪，或有投河自刎自縊，報官驗明，即着本匠保人、親屬領歸鄉里，不得妄累無干。

一、設立循環印簿，填明各匠進坊出坊日期。嗣後如已出坊，簿內填註明白。如出坊後在外爲匪，事發供□包頭寄頓贓物等項，不許捕役拘擾炙詐。

一、工價奉各憲定例，每匹一分一釐三毫。米價一兩五錢，每千匹加銀二錢四分。米止一兩二錢則止。商店每兩捐銀五釐，永爲定例。

（以上原碑現均在蘇州閶門外廣濟橋堍）

《蘇州府永禁虎丘開設染坊污染河道碑》乾隆二年（1737）

江南蘇州府

元和　張

吴　陳

長洲縣正堂沈，特調江南蘇州府正堂加□級紀録□次黄（中缺）等下，則清□□匝，高僧桂錫□供皆題再建聖祖仁皇帝行宮，萬年御書龍案，必當肅敬肅□。蓦有狡獪，於皎□□□□缸（中缺九字）染作□□過（中缺七字）蕩□布（中缺十五字）漸致糾纏河濱，流害匪淺，園山四□，□雨灌溉，定傷苗□。□□□姓之饔餐等（中缺七字）且自公堤釁，□□□□在生（中缺十五字）係民生物命。緣塘花市，紅紫芬菲，□□相承，滋生時□□虎丘□勝概，蕩（中缺六字）橋年代□之於水前（中缺六字）茲（中缺八字）概且毒□腸胃。更有甚焉，傍山一帶，到處茶棚，較資（中缺二十五字）味，不堪飲啜，（中缺十六字）嗟嗟！亘千百餘年選佛名勝之場，一旦漸成湮（中缺七字）蒙（中缺）介（中缺七字）蒙準（中缺）作□飛不寒心。雍正二年，曾有異籍冀創漂（中缺十四字）奉批：虎丘（中缺二十二字）故敢□□□□，伏乞俯電輿情，即賜飭縣查案。□詳（中缺）司□□□□作仰長、元、吴三縣嚴行查禁，□議詳報，曾（中缺）違（中缺）□賚新□鄉農。緣虎丘田雖低瘠，幸賴河水清肥。恩□□□□事（中缺六字）顔料（中缺十三字）減（中缺），國課將何完辦？且閶門一帶，沿塘河不盡□開張，何□□等□□□禁□豐□業（中缺十二字）開在□□□一轉（中缺十三字）前業蒙示禁，有案可稽。今身等□屬仁治鄉農，行將失業，萬□啼饑，疾痛□□。又爲（中缺十二字）通詳（中缺七字）等情。（中缺七字）各户□□前道唯等呈爲新創染坊，公吁憲禁事。內稱：□惟虎丘爲天下名山，吴（中缺十四字）潮□□□山明（中缺六字）第一大觀。前聖祖皇帝六次南巡，必由□□□萬壽行宮，御書龍匾，遍供於中。□□□本（中缺六字）因□情□□□□處（中缺七字）必致碱□□祠□散布，滿河青紅黑紫，□□溢洋（中缺六字），各圖居民無不抱憤興嗟，家喻户曉。環叩憲（中缺十字）行宮左右，莫敢坐觀。爲此聯名公叩，恩賜給□□永禁，毋□故智復萌，（中缺十字）下縣。奉此。案查本年八月初一（中缺十八字）虎丘系元邑地方，當經元和縣出示禁止，並取許□□□禁□，故染店（中缺十字）長洲縣沈會看得虎丘河道，（中缺十八字）

元和　張

吴　陳

賴。雍正二年，因有射利之徒，妄希開設染坊，業經前任長邑薛，據□□□等（中缺八字）茲復有□煽故□虎丘山前，開作（中缺十五字）縣出示嚴禁，并飭將置備染作器物，遷移他處開張，取具遵依在案。茲□□□議查□□小民□□□□河流□飲是（中缺六字）灌溉原（中缺十一字）年□□業經示禁飭遵。誠恐日久事遠，保無復蹈前轍，滋生事端。應否將虎丘山前（中缺十一字）理合□□□憲□賜（中缺六字）本府正堂黄批開：仰即如詳勒石永禁，取具碑摹報查。繳。等因。奉此合行（中缺十四字）差役號（中缺十七字）如敢故違，定行提究。凛之慎之！須至碑者。

（原碑現在蘇州虎丘山門口）

《元長吴三縣永禁踹匠借端齊行碑》乾隆四年（1739）

江蘇蘇州府長洲縣正

元和

吴

張

黄

堂衛，爲違示扣克等事。乾隆四年二月十四日奉前署本府正堂李憲牌開，奉前署布政司孔憲牌內開，乾隆四年正月十五日奉總督部堂那批，本署司□詳，蘇郡踹匠王言亨等妄控店商趙信義等不遵舊例，扣克工價一案。奉批：蘇（中缺）司約束，防微杜漸，以靖地方。良匠各安本業，食力糊口，俱係愚民，易爲姦棍煽誘，借端齊行，斂錢滋事。此風（中缺）責發落，其殷裕公狡稱粘闔告狀，且同案之魏秀臣斂錢肥己，已據王鳳之首明供指確鑿，未便輕縱。仰再(中缺)。繳。等因到司，行府轉縣。計粘抄司看內開：查得蘇郡退業踹匠王言亨等，呈控店商趙信義等不遵舊例，扣克(中缺)憲批司查案詳報，不必轉發拘訊。等因。經張升司查案，並將蘇、松二府會詳，殷裕公等請照松郡之例，一體(中缺)憲以殷裕公等請加於前，王言亨等越控於後，前有借端齊行，煽惑斂錢情弊，批令飭查王言亨等是否經(中缺)因。隨經轉行查議。今據蘇州府詳稱：緣蘇郡踹價，歷奉勒石定議，每布一匹，工價一分一釐三毫。如米價昂(中缺)銀二錢四分，米價至一兩二錢則止。久遵在案。乃有已經退業並不踹布之王言亨，復於乾隆二年復。只因乾隆二年四月內，先有另案踹匠殷裕公等，以米價昂貴，於姚署司任十月內(中缺)身故之蔡文明，王斌森等，即具前詞，越控督憲，致奉批查，已蒙議內，懇(中缺)一石即加二錢四分。詳奉批查轉飭，經前府黄守行據長、元、和三縣查復核詳，經升司飭取商店復詞，並查(中缺)七等月米價，應否補給，飭再議復。行據經歷將案內之毛祥生同另案遞回之張貴生獲解批訊。除毛祥生(中缺)陸守備移稱，有隨同殷裕公具呈之王鳳之告稱：魏秀臣因告争索得衆匠銀兩，該守備會同經歷訊系務(中缺)各安踹業等情。查王言亨等與殷裕公等系屬兩案。但伊等久居局外，乃敢煽控生波，明系希圖控準索。已故之蔡文明、王斌森不議外，所有王言亨、毛祥生二犯，應如該縣等所議，枷責遞回各原籍嚴行管束，毋(中缺)。米價稍昂，艱苦起見，並無齊行煽惑斂錢生事等□，應請各予從寬，使安踹業。至奉議米價，據稱若以中米不符，且中米(中缺)之內，又有籼米、土米之等差，價值亦有此高彼賤之分別。若不議明，似未足以杜商匠争端。(中缺)請定土米中名上色者。恪守□□□□。查上米之上色者，即黄米、白米是也，其價素貴於籼。今該商等(中缺)既係兩五錢，即每布千匹，加貼銀二錢四分。既符向例，又於衆匠中暗寓加增，使沾實惠，似屬允恰，仍請勒石。(中缺)之下色者，嗣後商等不得以此□□，致起争端。至上年米價，雖據該縣等查明，僅有六、七月間貴至一兩二錢，(中缺)於上年冬里，俱就加足等。詔應□該商等所供，於去年歲冬季加增，庶可以服衆之心。所有該縣等議稱(中缺)奉本署司復核無異，似合據呈口詳，伏候憲臺鑒奪批示，以便轉飭，並照□□詳明撫憲勒石永遵。等因。奉此，除□□遵守外，合亟勒石永遵，須至碑者。爲此諭長、元、吴三縣布商、踹坊、坊長、總甲(中缺)扣克，許承踹包頭及本作被□□匠，親賚付布支銀經折，指控詳究。倘有局外流棍，冒匠公呈，煽斂包訟(中缺)，各憲究擬，斷不寬恕。各宜凜遵，須至碑者。

（原碑現在蘇州閶門外廣濟橋堍）

《常熟昭文二縣禁革染鋪當官碑》乾隆三十一年(1766)　常熟、昭文縣爲公叩憲飭事。乾隆三十年五月□□□、姚萬興、陸巨源等呈請勒禁染布當官一案，經本縣備查原卷，每逢公事，即稱天幔圍幔、纏柱牌坊、扯轎名色，僉票借布，並派結綵紅綢，係於康熙三十一年間據張瑞等以杜民之積困已深等事，具呈前撫憲宋，奉批：海防□□□旋□□□年詳請立碑永禁有案。今應會詳，請再立碑永禁。據閣撫部院莊批：(中缺)，仰蘇州布政司查明飭遵具報，碑摹並發仍繳。又奉布政司蘇批開：(中缺)繳查妥議詳奪，候撫憲批示。繳。碑摹(中缺)等因。又奉蘇撫部院明(中缺)碑式碑摹□□。等因到道，轉府行縣。奉此，爲染鋪當官，久奉禁革。今因日久弊生，呈請(中缺)遵憲(中缺)請飭辦。嗣後一應地方公務，總不許□言天幔圍幔、纏柱牌坊、扯轎結綵(中缺)各染鋪(中缺)勒索(中缺)，以安民業。如有胥役地保違禁派值，許該鋪户指名具稟。(中缺)如有陽奉陰違，(中缺六字)者。

乾隆三十一年五月　　日示。

常熟
昭文 縣知縣。

（原碑立常熟縣道前，此據蘇州博物館藏拓片）

《蘇州府議定踹匠工價碑》乾隆四十四年(1779)　特調江南蘇州府正堂加三級紀録十五次(中缺)、署江南蘇州府督糧水利駐紮楓鎮□府加五級紀録五次(中缺)，格外施恩等事。查接受卷蘇郡踹匠李宏林等請增工價，(中缺九字)五□□□□，欽命江南蘇州等處承宣布政使司布政使軍功加二級紀録(中缺)升任兵部侍郎兼都察院右副都御史總理糧儲提督軍務□□撫□□□等處地方(中缺)詳酌定每布一匹，給發工價連薪菜米加等，總計銀一分三釐。□□□□將从前所議米價，□□□□加名色，概行永遠删除。似於曲加體恤之中，仍有限制，亦較(中缺十五字)五十文。坊主開設作坊，一切動用傢伙，均須置辦，每兩和錢□□□文(中缺七字)論□□□□長落，概不許再行滋事。倘敢恃衆瀆請，即照棍徒生事□□□□重(中缺十一字)緣申，奉批：如詳，轉飭遵照。嗣後踹匠人等如敢恃衆告争滋事，(中缺)碑摹遵依送查等因。又奉太子太傅內大臣文華殿大學士兼禮部尚書議政大臣酌管兩縣(中缺十一字)仰即如詳轉飭勒石，永遠遵守，取具碑摹送查。等因。經前署分(中缺十二字)年十一月，奉布政使司增可行□□□任巡撫部院陸批準□□□□等呈□□□□情。奉批：查三十七年該□詳，案踹匠工價，每匹一分三釐，□□增爲(中缺十一字)加按時遞加名色，概行永遠删除。□□□無論米價長落，(中缺十字)院□飭□□在案。是前議三層加增米價，已囑全行删除。今踹匠□體任(中缺八字)昂□行□□是□三十七年詳定之案，尚未勒石曉諭。憲蘇州布政司即□□□□□借端滋擾□□□□飭府迅查孔體任等因何林案混控，究明□復，出示禁止。(中缺九字)因行□□□□行勒石。爲此示仰合郡布鋪、坊匠人等知悉：遵照乾隆(中缺九字)憲吴議詳，踹□□□價，每布一匹，連薪菜米加□□工銀(中缺十七字)遞加，□□□删除。此□無論菜薪米錢價長落，概不許□□□□。倘(中缺十四字)，從重治罪。該商等給發坊主伙食銀兩，應照陳平九(中缺十八字)銀一兩給錢八百二十文。無論錢價長落，概不許再(中缺十六字)永遠遵守。須至碑者。

乾隆四十四年十月　日。

長、元、吴三縣布商等公立

(原碑現在蘇州閶門外廣濟橋堍)

《元長吴三縣會議踹布工價給發銀兩碑》乾隆六十年(1795)　江南蘇州府元和長洲吴縣正堂加十級紀録十次賈，爲已沐博濟等事。乾隆六十年六月二十三日，奉江南蘇州府正堂加十級紀録十次李憲行内開，乾隆六十年六月十八日，奉江南蘇州等處承宣布政使司布政使加十級紀録十次錢憲行内開，乾隆六十年□月□□日，奉護理江蘇巡撫部院□憲行内開，據踹匠蔡士謹呈稱：身籍丹陽附治，踹匠生理，聚同(中缺十一字)正儀□□禀請增錢串，不料衆匠無知，停工觀望，以致縣主拘拿倡訟之人，各分脅從，詳訖□□□□□落。而工價錢串，荷大憲洪恩，論定章程。嗣後坊户給匠工價，即照所發陳平九八兑九六色銀，□□□除□□以□□□□□之用，餘□□□分給匠，聽其自行换錢，毋庸坊户代爲經理。即使錢價或有長落，踹匠亦無□□上諭(中缺十字)舊恩，既經磨練，若不沐恩，將發銀章程勒碑遵守。誠恐坊户賢愚不一，日久又有發錢之事，即□□發錢，□或有輕平短色之弊，爲故頂恩□策，伏乞恩全始終，飭勒發銀新碑，劃一永遵，萬民頂祝。上呈等情，到本護院。據此，查蘇郡踹布工價給發銀兩，前經藩、臬兩司分詳，即經批飭如詳飭遵在案。今據前情，合就轉行，仰司即便會同臬司查照詳定章程，轉飭勒石遵守，仍取碑摹送查。等因。由司行府，轉行下縣。奉此，查蘇郡六坊踹布工價，業經本三縣會議，嗣後各布號概以陳平九八兑九六色銀發坊，坊户每兩給九錢五分，餘銀五分，留爲添備傢伙之用。各商不得輕平短色，踹匠亦不得再有停工觀望，倡衆滋訟之事，詳奉各憲批準□業。今奉前因，合就勒石飭遵。爲此碑仰各布號、坊户及踹匠、地坊、小甲人等知悉：嗣後各布號給發踹布工價，遵照新定章程，統以陳平九八兑九六色銀給坊。該坊户即以布號所發之銀，亦以陳平九八兑九六色，每兩給匠九錢五分，聽其自行换錢。餘銀五分留坊，以爲添備傢伙之用。布號、坊户不得再以錢文放給，其所發銀兩，亦不得輕平短色。各踹匠如再滋生事端，定行從嚴究辦，斷不稍貸。其各凛遵毋違。須至碑者。

乾隆六十年十一月　日示。

(原碑現在蘇州閶門外廣濟橋堍)

《吴縣永禁踹坊壟斷把持碑》道光十二年(1832)　署江南蘇州府吴縣正堂加十級紀録十次藍，爲給示勒石永禁事。據布鋪程三茂、元記、正記、陶乾泰、朱慶長、大記、信記、朱信孚、查人和、朱乾元、汪益美、周萬升、張義隆、謝長興、坤記、昌記、楊泰順、大順、公記、姜同和、朱元孚、程仁茂、汪文元、張元升、程駿記、顧乾利、朱肇祥、成大順等禀稱：前控坊棍王協昌、陶善、繆萬和、程阿三等，私議隨牌霸折，借端勒借累業一案。荷蒙訊明定斷，詳奉府憲轉詳撫、臬二憲沐批，永禁坊户私議隨牌名目，布匹應聽布號自行擇坊發踹。至遇灾借貸，本係通情。如有借欠未清，各鋪號概不準再行借給等諭，曉示在案。王等尚敢復行翻瀆上轅，批寬免究，始據王等具有切結。但查伊等固非安分之徒，即此外坊户，亦良莠不齊，若再故智復萌，布業仍遭其害，環叩給示勒石永禁，俾闔郡踹坊咸知儆畏。等情到縣。據此，合準給示勒石永禁。爲此示仰六坊坊户人等知悉：嗣後爾等領踹布匹，毋許再立隨牌名目，硬行霸折，應聽鋪號自行擇坊發踹，不得壟斷把持。至偶遇歉歲，如有前欠未清，不得再向各鋪勸借錢米。如敢故違，一經該布鋪指告，立即嚴提通詳究辦，決不姑寬。各宜凛遵毋違。特示遵。

道光十二年十二月十八日示。

發新安會館豎立。

(原碑立於蘇州閶門外新安會館，此據蘇州博物館藏拓片)

《蘇州府爲照章聽布號擇坊發踹給示遵守碑》道光十四年（1834） 江南蘇州府正堂加三級軍功隨帶加二級紀録十二次汪，爲□□□□守以安商坊而杜紊訟事。奉□□批本府詳，布商程三茂等上控坊户王協昌等，私議隨牌霸折勒借一案，訊議緣由，奉批：查踹布一業，叠據商匠互控，各執一詞。而酌理準情，總以聽號擇坊，乃爲正辦。該府所□□□允如詳，飭令將隨牌領踹名目，永行禁革，由府出示，勒碑遵守。仍擬其牌式，先行送候察核飭遵，毋任把持滋事。此繳。等因。又奉按察司裕批：如詳飭遵，并由府另頒示式，勒碑遵守。仍候撫憲批示。繳。等因各到府。奉此，查蘇城各號發踹布匹，向聽布號擇坊發踹。嘉慶二十五年，坊户私議隨牌領踹，經前督糧廳訊斷禁革。嗣於道光十二年復借米貴勒借，控經前呈縣藍令訊斷，仍聽布號擇坊發踹，不準把持。前欠未清，不準再借，詳府轉詳撫、臬憲批允出示遵守。十三年七月，前府訪聞匪匠煽惑停工，即飭委員彈壓，移廳查覆。坊户又以發布不公，禀廳議請隨牌，詳府核轉，批準給示坊長總呈，請飭取布商遵結。布號程三茂等不甘上控，批府查議，提集人卷核明查訊，商坊各具遵結。詳奉批飭出示勒碑遵守。查坊户領踹布匹，先由同業互保，寫立承攬交號，然後立折領踹。其所立經折，不過登記布數，稽查坊號，并非一經立折，即應認定隨牌，不準另换也。且百工藝業，首禁把持。隨牌名目，本屬私議。雖名爲杜布號營私勾串之弊，正所以啓坊户把持勒借之端。一經准行，勢必挾制布號，不能改發。該坊任意勒索，有借無還。借得銀兩，坊户分肥克扣，匠工轉無實濟，而布業累何底止，訟蔓迨無已日。且查坊户向號攬踹布匹，是猶佃户向業攬種田畝。佃户拖欠租籽，尚得退佃。號召坊匠踹不光明，豈竟不能更换，任其把持壟斷，殊非平允。欲期商匠相安，故特給示遵守。爲此示仰布商、坊户人等知悉：自示之後，務各遵照規定章程，聽號擇坊發踹。擇其踹踏光明，又無勒借情弊，即行照舊交踹，不得無端更换，致力作平民，失其生計。設有領布積壓，不能克期交號及灰黯不能行銷，準號另擇發踹，不準借折把持。其十二年分所斷各折，商坊訐訟有案，不準復還，以杜争競。惟遇灾歉借一節，坊户果無前欠勒借情事，該號仍當照舊通融，以示體恤，仍於工價内扣還歸款，不致懸宕。如有前借未清，不得再行借給。則坊户無從把持，布號不致累業，踹匠不致失生，實屬三面皆平，彼此各安生業，毋許再行滋訟。倘敢故違，定提究辦。其各凛遵。特示遵。

道光十四年十二月三十日示。

新安會館豎立。

（原碑立於蘇州閶門外新安會館，此據蘇州博物館藏拓片）

《蘇州府爲咈布染坊業建立公所議定章程辦理善舉給示曉諭碑》同治九年（1870） 欽加鹽運使銜盡先題補道江南蘇州府正堂李，爲給示曉諭事。據特用分府兼管理通判事特授蓋平縣徐員禀稱：職原籍浙江紹興府山陰縣，向在蘇開設咈布染坊。現有染司顧永和等在坊就業，難免失業之時，離家數百里之遥，異地流離，不勝困苦。況有疾病死亡，無從依託，慘更難言。是以邀及各坊諸司，在於元邑九都五圖蓮花兜地段，議建公所，更將咈布染酒錢内，每匹提取二文，交公所暫爲收存。自立之後，倘有失業諸司，報明姓氏，竟向公所内寄寓。或有年老病故等情，絶無親友依賴者，查明之後，買棺成殮，安送歸鄉。俾生者自有容身之地，死者得免暴露之悲，則雖集腋成裘，實屬誼同桑梓也。然事圖久遠，誠恐改易前章，禀乞示諭勒石，以垂永遠。等情到府。據此，除批示外，合行給示曉諭。爲此示仰各該地保及咈布染坊同業人等知悉：所有職員□開設咈布染坊，邀集各坊在於元邑蓮花兜建立公所，議於咈布染酒錢内，每匹提出二文，交存公所，以作經費，辦理前項同業善舉。務各遵照，妥爲經理，以垂永久。如有地匪棍徒阻撓滋擾，許即指禀拿究。地保徇縱，並懲不貸。各宜凛遵毋違。特遵。

粘附章程：

謹啓：五行洋藍咈布染坊一業，向有成規：

一、議原布對開。

一、議洋標對開。

一、議斜紋三開。

一、議粗布三開。

一、議每匹酒資四十二文。

一、議改色陳修藍底，每匹酒資二十一文。

一、議管缸司長，每月工俸錢三千文。

一、議藍頭司長，每月工俸錢二千六百文。

一、議洋頭司長，每月工俸錢二千六百文。

一、議石頭司長，每月工俸錢二千二百文。

一、議幫司長，每月工俸錢一千八百文。

一、議衆司工俸，準加不準減。

一、議徒弟一年，每月錢五百文，三年準工俸全工，領照行單一紙爲憑。

一、議徒弟五年準滿，六年準留，不準私留。

一、議每月準三十天，每日貼小菜錢二十文。

一、議衆司公議，司長到紹至家，不準分取酒資。

一、議徒弟不準捐入亂規。

一、議倘徒弟捐入亂規者，罰洋一百元，捐入公所。

一、議如有外坊染司，不準存留在坊混做。

一、議吾同行匯議勒石恪守遵規，不得紊亂。勒石刻碑之後，凡司長衆友等並力同心，永遠長生。

一、議同行匯議各項規條，不準亂規。

特此勒刻石碑，在浙紹長生公所内布知。

浙紹咈布染司同業公啓。

同治九年四月二十八日示。

發浙紹公所勒石竪立。

《蘇州府爲踹價遵照定章不準把持克減給示永遵碑》同治十一年（1872）

欽加鹽運使銜盡先題補道江南蘇州府正堂李，爲給示永遵事。案據布業慶昌豐等，以踹坊坊户硬行挜折領踹，把持坊務，增添踹價，停領踹布挾制等情，粘呈碑摹，禀求示禁。並據踹坊坊户吴友昌等，亦以慶昌豐店伙硬欲減價，咬串寶生店伙扣索陋規，反誣增價等情具禀。當查所禀情詞，各有弊端。札飭長、元、吴三縣查傳布業坊户會議章程，由縣核明平允，詳候酌定，給示遵守。嗣據職員嚴錦、潘承智以兩造均係素識，邀集公議。凡各布號已經坊户立折，仍照常領踹。設有坊户短交布匹，及踹踏未能光明情事，聽號另擇發踹。至新開布號，亦由號擇坊發踹，坊户不得挜折把持。所有踹價，從前憲案勒碑定章，每匹元銀一分四釐，九八兑九六色，大小加頭在外，不折不扣，立折登記，統歸三節結算。并查舊章，十分之二給發現錢，每匹錢十九文，坊户絲毫不沾。今議暫照舊章現錢之例，外加每匹三文五毫，以作坊户房金石租各項開銷之用。兩造允洽，各無異言，取結呈求給示勒碑等情，來府具呈。又經飭縣確查詳復各在案。兹據該三縣查得嚴錦等所禀各層，尚屬公允。此次議定之後，坊户不準把持，布鋪亦不得克減，似可俯如所請，給示永遵，會銜詳請核示。等情到府。據此，查現議踹價各層，兩造既均允洽，復經長、元、吴三縣查議，尚屬公允，自應給示遵守，俾安生業，而杜訟端。合行給示永遵。爲此示仰布業、坊户人等知悉：自示之後，務各遵照規定章程，安分營生，不準再有把持克減，致肇訟端，有干提究。其各凛遵毋違。特示遵。

同治十一年十月初九日示。

發閶門外接官亭立石。

（原碑立於蘇州閶門外，此據蘇州博物館藏拓片）

《吴縣爲印花染匠把持行市給示諭禁碑》光緒三十三年（1907）

賞戴花翎補用府即補直隸州調補蘇州府吴縣正堂卓異加二級金，爲給示諭禁事。據商會布業代表職員陳福來，同業瑞記、協記、震記、乾大暨合郡布號四十四家禀稱：竊被印花染匠行頭許浩然即阿妙、王悉章即阿章、張三八、胡桂濤等，擾累商務，把持坊業，扣住瑞記夏布一案，業蒙飭提許浩然記押在案，商等均皆感戴莫銘。惟思同業如瑞記之受其勒索者，實已不可勝計，時用停領、停交之法，把持商貨。刻復冒稱坊主，反誣瑞記倡減染價，苛給司酒等謊。乃因勒找不應給之三千餘文酒資，而竟將瑞記三百餘元之夏布扣住作抵。更又停領染布，把持坊業。且印花一項，向日銷路甚旺。自被行頭逐年把持勒索以來，致已減少七成，商業之受其影響，已非淺鮮。即仁義公所亦係漏秉玉所私行建立，故有衆義堂等名目，借以糾聚人衆，托辦善舉爲名，借以斂錢分肥。故許、王、張、胡等每人一月坐肥至十五元之數，豈得爲善舉乎？况染坊一業，向有培德堂爲該業公所，經辦一切善舉，均皆完備，亦無須行頭另立，一業而有兩公所，實係罕見。瑞記當被扣貨時，商等亦緣事關同業，豈忍坐視，未禀之前，與坊主魯子敬、王焕章等迭次往理。詎伊等置若無聞，恃蠻之法，已成習慣。現復由商會派委職理處。職再重行勸導，王等亦已自知理屈，願將扣貨夏布交還瑞記，並允自後概不停領、停交，挾制把持染布，勒索酒資，及洋價允照錢業公所市面作准，亦不再行勒短。尺六尺八闊之夏布，仍照舊章結算。以上三項，現雖聽理允定，切恐日後故態復萌，仍有前項停領、停交、勒索情事，實屬後患可慮，環求給示諭禁。等情到縣。據此，除批示外，合行給示諭禁。爲此示仰布業及印花坊主、染匠人等知悉：爾等須知，把持行市，攸干例禁。自示之後，凡有布號發染印花布匹，務須隨時染就交貨。應給酒資，仍照舊章結算。銀洋查照錢業公所市面作價，不準再有停領、停交、挾制把持、勒加酒資、抑短洋價情事。如敢故違，許即指名禀縣，以憑提究，決不寬貸。其各凛遵毋違。特示。

光緒三十三年八月初九日示。

（原碑立於蘇州中街路尚始公所，此據蘇州博物館藏拓片）

紀事

《新唐書》卷八《敬宗紀》 〔長慶四年〕四月丙申，擊鞠于清思殿。染坊匠張韶反，幸左神策軍，韶伏誅。丁酉，還宫。

薛用弱《集異記·李清》 李清，北海人也，代傳染業。【略】家富於財，素爲州里之豪甿。《廣記》卷三十六。

《唐摭言》卷一二《設奇沽譽》 王璘舉日試萬言科，崔詹事觀察湖南，因遺之夾纈數匹。璘翌日以中單襜褕衣之以詣，崔公接之大驚矣。

《白孔六帖》卷八四 柳汁染衣李固言未第前，行古柳下，聞有彈指聲，固問之，曰：「吾柳神九烈君，已用汁染子衣矣，科第無疑，果得藍袍，當以棗餻祀我。」固言許之，未久登第。出《三峯集》。

《奩史》卷八七《綺羅門》 杜牧在湖州，見一女奇，遂贈羅纈一篋爲質。後十四載刺湖州，此女適人已三載，有子二人矣。因贈詩云：「自是尋春去較遲，不須惆悵怨芳時。狂風落盡深紅色，緑葉成陰子滿枝。」《漢唐秘史》。

《宋史》卷二七六《劉蟠傳》 乾德五年，召拜監察御史，典染院事。【略】蟠性清介寡合，能攻苦食淡，專事苛刻，好設奇詐，以售知人主。典染作日，太祖多臨視之，蟠偵車駕至，輒衣短後衣，芒屩持梃以督役，頭蓬不治，遽出迎謁。太祖以爲勤事，賜錢二十萬。

張齊賢《洛陽搢紳舊聞記》卷四《洛陽染工見冤鬼》 開寶初，洛陽賢相坊，染工人姓李，能打裝花纈，衆謂之李裝花。

龐元英《文昌雜録》卷四 淳化中，有司言：油衣帟幕損弊者萬數，欲毀棄。詔令煮而浣之，命尚方染以雜色，刺爲旗幟焉。

洪邁《夷堅志·乙志·董染工》 鄉里洪源董氏子，家本染工，獨好羅取飛禽，得而破其腦，串以竹，歸則焚稻稈叢茆，焫葉本作「燎」。其毛羽凈盡，乃持貨之，平生所殺不可計。

洪邁《夷堅志·乙志·諸般染鋪》 王錫文在京師，見一人推小車，車上有甕，其外爲花門，立小牓曰「諸般染鋪」，架上掛雜色繒十數條。人窺其甕，但貯濁汁斗許。或授以尺絹，曰：「欲染青。」受而投之，少頃取出，則成青絹矣。又以尺紗欲染茜，亦投於中，及取出，成茜紗矣。他或黄、或赤、或黑、或白，以丹爲碧，以紫爲絳，從所求索，應之如響，而斗水未嘗竭。視所染色，皆明潔精好，如練肆經日所爲者，竟無人能測其何術。

洪邁《夷堅志·丙志·牛媪夢》 樂平縣杭橋市染工程氏，夢老媪來曰：「負君家錢若干，除已償還外猶欠若干，幸餘一屋可以充數，今别君去矣。」再拜而辭。既寤，聞一牝牛死於空屋中，剥貨得錢，如夢告之數。

洪邁《夷堅志·毛家巷鬼》 淳熙中，染坊余四與吴廿二者，鋪肆相望，而余之力薄，遣一子投募染工役作，中夜始息。

蔡絛《鐵圍山叢談》卷三 昔江南李重光，染帛多爲天水碧。天水，國姓也。當是時，藝祖方受命，言天水碧者，世謂逼迫之兆。未幾，王師果下建鄴。及政和之末復爲天水碧，時争襲慕江南風流，然吾心獨甚惡之。未幾，金人寒盟，吴本「寒」作「敗」。豈亦逼迫之兆乎？

熊克《中興小紀》卷三一《高宗紹興十三年》 〔紹興十三年三月〕三月庚戌兵部侍郎程瑀言：「將來郊祀用國初大駕儀仗，總一萬一千二百餘人，除已有黄麾半仗及玉輅法物儀仗外，見闕金象木革四輅，望下所屬製造。」詔以纈代繡，仍差兵部郎官錢時敏、軍器監劉才邵、主簿宋晛，同檢視之。

《明史》卷一四〇《王觀傳》《羅性傳》 楊卓，字自立，泰和人。【略】洪武初舉於鄉，授德安同知。【略】秩滿赴京，坐用棗木染軍衣，謫戍西安。

余繼登《典故紀聞》卷七 成祖聞温州府民歲輸白礬赴京者，阻隔山路，負運艱難，因問工部臣：「礬欲何用？」對曰：「以染色布。」曰：「特染布耳，而勞民於數千里之外，可罷其歲徵，自今製布衣不必染色。」

《奩史》卷八七《綺羅門》 慶一娘回定之儀，有開合鎖金纈一匹，藉用紅玉文虎紗。《長安客話》。

龔煒《巢林筆談》卷五《吴俗奢靡日甚》 吴俗奢靡爲天下最，日甚一日而不知反，安望家給人足乎？予少時，見士人僅穿裘，今則里巷婦孺皆裘矣；大紅線頂十得一二，今則十八九矣；家無擔石之儲，恥穿布素矣，團龍立龍之飾，泥金剪金之衣，編户僭之矣。

藝文

《全梁文》卷三四江淹《空青賦》　夫赤瓊以炤燎爲光，碧石以蔞蕤爲色。咸見珍於東國，竝被貴於西極。況空青之麗寶，亦挺山海之不測。其所處則峻巘層石，匾穴龍壁。素岸成雲，頳砂如礩。外隱青苔丹草，内伏玉枝瑪瑙。銅鉛合生，砉礭堅英。自非索崄覓危，乘鼍履螭，倦春厭秋，斲異鐫奇，能得厠於軒宇，接君子之光儀。於是寫雲圖氣，學靈狀仙。竇波麗水，華峯豔山。陽谷之樹，崦嵫之泉，西海之草，炎州之烟，銀臺之烏，穆王之馬，都廣之國，番禺之野，皆咫尺八極，鏡見四荒。雲烟始出，日月既張。若夫邃古之世，汗漫窈微。惟此青墨，所以造之。至乃翠燦軒室，葱鬱臺殿。雜蛟龍之文章，發麟鹿之炳絢。騁神形於鍾簴，舒怪物與雷電。亦有曲帳畫屏，素女綵扇。錦色窈鬱，綺質蔓衍。點拂濃薄，如隱如見。山水萬象，丹青四變。咸百鎰之可珍，亦千金而不賤。雖楚之夏姬，越之西施，趙妃燕后，秦娥吳娃。溺愛靡意，魂飛〔心〕離。候青翳爲藻飾，方艷紅華與素儀。冠衆寶而獨立，信求之而無虧。《本集》、《藝文類聚》八十一。

《全唐詩》卷三八二張籍《春江曲》　春江無雲潮水平，蒲心出水鳧雛鳴。長干夫壻愛遠行，自染春衣縫已成。

李賀《李賀詩集·咏懷二首》之二　頭上無幅巾，苦蘗已染衣。

《全唐詩》卷五八四段成式《嘲飛卿七首》之二　醉袂幾侵魚子纈，飄纓長罥鳳凰釵。知君欲作閑情賦，應願將身作錦鞋。

《全唐詩》卷五八四段成式《戲高侍御七首》之五　別起青樓作幾層，斜陽幔卷鹿盧繩。厭裁魚子深紅纈，泥覓蜻蜓淺碧綾。

《全唐詩》卷八〇三薛濤《海棠溪》　春教風景駐仙霞，水面魚身總帶花。人世不思靈卉異，競將紅纈染輕沙。

《全唐詩》卷八〇三薛濤《春郊遊眺寄孫處士二首》之二　今朝縱目玩芳菲，夾纈籠裙繡地衣。滿袖滿頭兼手把，教人識是看花歸。

《全唐五代詞》卷七《敦煌詞·水古(鼓)子》其八　掖庭能織御衣人，幅尺襟襴盡可身。鬬染□□顔色好，水波紋裏隱龍鱗。

張先《張子野詞》卷二《更漏子·流杯堂席上作》　相君家，賓宴集，秋葉曉霜紅濕。簾額動，水紋浮，纈花相對一作逐流。一作綵花和水流。

賀鑄《東山詞》卷二《菩薩蠻》之六　粉香映葉花羞日，窗間宛轉蜂尋蜜。歡罷捲簾時，玉纖勻面脂。　舞裙金斗熨，絳襭鴛鴦密。翠帶一雙垂，索人題豔詩。

陸游《劍南詩稿》卷一〇《懷成都十韻》　放翁五十猶豪縱，錦城一覺繁華夢。竹葉春醪碧玉壺，桃花駿馬青絲鞚。鬬雞南市各分朋，射雉西郊常命中。壯士臂立緑絛鷹，佳人袍畫金泥鳳。

張雨《句曲外史集補遺》卷上《古詩十首》其三　墨子歎染絲，所歎一何長。染於蒼則蒼，染於黄則黄。奚獨染絲然，染國在所當。有染如伊皋，禹湯稱聖王。殷紂染惡來，既染國亦亡。染士如孔明，死久道彌光。

池上餐華生《詩笑》卷上《謎集》　身居色界中，不染色界塵。一朝解纏縛，見姓自分明。

愛新覺羅·玄燁《康熙文集》卷四五《染色》　凝膏比潔絡新絲，傳得仙方色陸離。一代文明資賁飾，須教五采備彰施。

袁枚《小倉山房詩集》卷二《章綬》　天子臨門酒未消，西清酣寢月輪高。醒來陸覺春寒薄，身上韋妃蜀纈袍。

愛新覺羅·胤禛《雍正文集》卷二七《染色》　深淺練縹纁，蒼黄運巧智。把絲曬柴荆，臨風舍綺思。煥然五色紛，爛若雲霞熾。好語付機工，金梭織錦字。

愛新覺羅·弘曆《乾隆文集》卷二五《染色》　經緯功成尚染絲，晴光萬縷燦離離。天工奪處關人巧，棚上還看五色施。

愛新覺羅·弘曆《乾隆詩集》卷五〇《方觀承進棉花圖十六事·練染》　五色無論精與粗，茅簷卒歲此殷需。布棉題句厪民瘼，敬纘神堯耕織圖。

愛新覺羅·顒琰《御制詩二集》卷四五《染色》　絲成皆潔白，染練煥縑緗。璀璨萬條理，陸離五彩彰。雲霞昭賁飾，黼黻佐文章。朱緑元黄備，含輝咸質良。

愛新覺羅·顒琰《御制詩二集》卷四五《練染》　染成五色合精粗，耕織功兼比户需。敦俗勸民繼先志，載賡天藻續題圖。

染料分部

題解

《書·禹貢》荆州　厥貢【略】丹。孔安國傳：丹，朱類。孔穎達正義：丹者，丹砂，故云朱類。王肅云：丹可以爲采。

《詩·鄭風·東門之墠》東門之墠，茹藘在坂。毛亨傳：茹藘，茅蒐也。孔穎達正義：茹藘，茅蒐。《釋草》文。李巡曰：茅蒐，一名茜，可以染絳。陸璣疏云：一名地血，齊人謂之茜，徐州人謂之牛蔓，然則今之蒨草是也。

《詩·小雅·采绿》終朝采绿，不盈一匊。鄭玄箋：绿，王芻也。終朝采藍，不盈一襜。鄭玄箋：藍，染草也。孔穎達正義：以藍可以染青，故《淮南子》云：青出於藍。《月令》：仲夏無刈藍，是可以染之草。

《爾雅·釋草》蒤，虎杖。郭璞注：似紅草而麤大，有細刺，可以染赤。郝懿行義疏：蒤，即紅草之大者。《本草》陶注：田野甚多，狀如大馬蓼，莖斑而葉圓。《齊民要術》六作杬子法：如無杬皮，用虎杖根，即此。

茹藘，茅蒐。郭璞注：今之蒨也。可以染絳。郝懿行義疏：《說文》茅蒐，茹藘，人血所生，可以染絳。又云：茜，茅蒐也。茜與蒨同。《中山經》云：釐山其陰，多蒐。郭璞注：茅蒐，今之蒨草也。《詩》東門之墠，《正義》引陸璣疏云：一名地血，齊人謂之茜，徐州人謂之牛蔓。《蜀本草圖經》云：染緋草也。葉似棗葉，頭鋭下闊，莖葉俱澀，四五葉對生節間，蔓延草木上，根紫赤色。按：葉甚光澤，今田家名驢饊子，驢喜啖之也。茅蒐所染謂之韎韐。而韎即茅蒐之合聲。《詩》瞻彼洛矣，毛亨《傳》云：韎韐者，茅蒐，染草也。胡培翬曰：草字疑韋之誤。鄭玄箋：韎韐者，茅蒐染也。茅蒐，韎韐聲也。孔穎達正義引鄭玄駁《五經異義》云：韎，草名。齊魯之閒言茅蒐，聲如韎韐，陳留人謂之蒨。《晉語》云：韎韋之跗注。韋昭注：茅蒐，今絳草也。急疾呼茅蒐成韎也。胡培翬曰：鄭玄箋茅蒐，韎韐聲也，謂茅蒐聲近韎也。聲上韐字，衍文。《左傳》孔穎達正義及《國語》韋昭注引鄭司農皆云韎聲，無韐字。余按，韎爲茅蒐之合聲，茅蒐聲轉即韎韐，非衍也。古讀蒐，从鬼得聲。陸氏德明《釋文》：蒐，色留反。非矣，李、孫義與郭同。

藐，茈草。郭璞注：可以染紫，一名茈莀，《廣雅》云。郝懿行義疏：《說文》：藐，茈草也。茈，茈艸也。又云：莀，艸也。可以染留黃。《西山經》云：勞山多茈草。郭璞注：一名茈莀。中染紫也。《廣雅》云：茈莀，茈草也。鄭注《掌染草》云：染草，紫莂之屬。紫莂即茈莀，竝聲借字也。莀通作綟，又通作盭。莀兼紫緑二色，上云「菉，王芻」即緑莀也。此云「藐，茈草」即紫莀也。劉昭《續漢輿服志》注引徐廣云：綟，草名也。以染似緑，又云似紫。《史記·司馬相如傳》云：攢莀莎。徐廣注：草可染紫是也。按今紫草有二種，人所種者，苗葉肥大，以之染色不及野生者，細小尤良也。《本草》云：紫草一名紫丹，一名紫芙。芙、藐，聲近也。唐本注云：苗似蘭香，莖赤節青，華紫白色，而實白。

欔，烏階。郭璞注：即烏杷也。子連相著，狀如杷齒，可以染皁。邢昺疏：今俗謂之狼杷。陳藏器《本草》云：狼杷草，生道旁。秋，穗子竝染皁。按《釋名》云：齊魯閒謂四齒杷爲欋，以證郭璞注所説子連著如杷齒。則《爾雅》欔當作欋，今作欔，居縛反，恐字形之誤耳。

葴，馬藍。郭璞注：今大葉冬藍也。郝懿行義疏：《說文》：藍，染青艸也。葴，馬藍也。《子虛賦》云：高燥則生葴菥苞荔。張揖注用《爾雅》。藍有數種，今所見者，多是小藍，葉如槐。又有蓼藍，葉如蓼，華實亦皆似蓼。影宋圖所繪正如此。而説者謂馬藍，葉如苦藚，乃是大葉冬藍，以未審知不能定也。

《爾雅·釋木》栩，杼。郭璞注：柞樹。郝懿行義疏：《說文》：柔，栩也。栩，柔也。其實皁，一曰樣。即橡字。宋《嘉祐本草》引孫炎云：栩，一名杼。《詩》：集于苞栩。陸璣疏云：今柞櫟也。徐州人謂櫟爲杼，或謂之爲栩。其子爲皁，或言皁斗，其殼爲汁，可以染皁。今京洛及河内多言杼汁，謂櫟爲杼，五方通語也。杼或作芧。《莊子·齊物論》云：狙公賦芧。司馬彪注：芧，橡子也。橡通作象。鄭玄注《掌染草》云：藍蒨，象斗之屬，又謂之皁物。鄭衆注：《大司徒》云：皁物，柞栗之屬。是也。今柞樹花葉俱似栗，四五月開花，黄色，實圓鋭，磨粉及烝食可禦饑年。嫩葉可代茗飲。其木褭理，故匠石以爲不材之木，而作薪炭，則它木皆不及也。杼，又名采。《史記·李斯傳》云：采椽不斲。徐廣注：采一名櫟。《漢書·司馬相如傳》應劭注：櫟，采木也。高誘《淮南·本經篇》注：杼，采實也。采杼雙聲，栩杼疊韻。

櫟，其實梂。郭璞注：有梂彙自裹。郝懿行義疏：櫟，即柞也。與栩杼皆一物。《說文》：梂，櫟實。樣，音橡，栩實。草，同皁。草斗，櫟實也。一曰象斗子。《詩》：山有苞櫟，陸璣疏云：秦人謂柞櫟爲櫟，河内人謂木蓼爲櫟，椒榝之屬也。其子房生爲梂。木蓼子亦房生，故説者或曰柞櫟，或曰木蓼。璣以爲此秦詩也，宜從其方土之言柞櫟是也。按《水經·河水》注引周處《風土記》云：舜所耕田於山下多柞樹。吳越之閒名柞爲歷。歷與櫟同。是柞櫟之名，不獨秦人語然也。《淮南·時則篇》云：十二月，其樹櫟。高誘注：櫟可以爲車轂木，不出火，惟櫟爲然，以應除氣也。高注非是。今種櫟正以十二月，蓋應生氣非除氣也。今東齊人通謂櫟爲柞，或曰樸樕，亦曰槲櫟，皆苞櫟之聲相轉耳。《釋文》引舍人云：櫟實名梂也。孫云櫟實橡也，有梂彙自裹。郭同。今按：梂之爲言，猶裘溲也。《釋名·釋牀帳》云：裘溲猶婁（寠同），數毛相離之言也。櫟實外有裹彙形如彙，毛狀類毬子。下云椒榝醜莍，莍椂聲義亦同。

《史記》卷二《夏本紀》 荆及衡陽維荆州：【略】貢羽、旄、齒、革，金三品，杶、榦、栝、柏，礪、砥、砮、丹。裴駰集解：孔安國曰：「丹，朱類也。」

《漢書》卷二八上《地理志上》 荆及衡陽惟荆州。【略】貢丹。顔師古注：「丹，赤石也，所謂丹沙者也。」

許慎《説文》一篇下《艸部》 藍，染青艸也。段玉裁注：《小雅》傳曰：藍，染艸也。从艸，監聲。

藎，艸也。段玉裁注：蘇恭、掌禹錫皆云俗名菉蓐艸。《爾雅》所謂王芻。《詩·淇澳》之菉也。按《説文》有藎，又别有菉，則許意藎非菉矣。从艸，盡聲。

莀，艸也，可目染留黄。段玉裁注：《糸部》綟下曰：帛，莀艸染色也。留黄，辭賦家多作流黄。皇侃《禮記義疏》作騮黄。土剋水，故中央騮黄，色黄黑也。漢諸侯王盭綬。晉灼曰：盭，艸名，出琅邪平昌縣。似艾，可染黄，因以爲綬名。玉裁按：盭，同音段借字也。漢制盭綬在紫綬之上，其色黄而近緑，故徐廣云似緑。或云似紫綬，名緺綬者，非也。緺，紫青色，與綟不同。从艸，戾聲。

葴，馬藍也。段玉裁注：見《釋艸》郭云：今大葉冬藍也。《釋艸》又云：葴，寒漿。郭云：今酸漿艸，江東呼曰苦葴。《子虚賦》「葴析苞荔」，張揖釋以馬藍。郭璞云：葴酸漿，江東名烏葴。从艸，咸聲。

茈，茈艸也。段玉裁注：三字句，茈字僅得免删，可以證葴下必云葴艸也，藟下必云藟艸也，皆淺人删之。《周禮》注云：染艸，茅蒐、橐盧、豕首、紫茢之屬。按紫茢即紫莀也，紫莀即茈艸也。《廣雅》云：茈莀，茈艸也。古列戾同音，茈紫同音。《本艸經》云：紫艸一名紫丹，一名紫芙。陶隱居云：即是今染紫者。《説文》云：莀艸可以染留黄。謂之紫莀者，以染紫之莀别於染騮黄之莀也。《西山經》曰：勞山多茈艸。司馬彪注《上林賦》曰：茈薑，紫色之薑。郭注《南山經》曰：茈蠃，紫色蠃。故知古紫茈通用。从艸，此聲。

藐，茈艸也。段玉裁注：見《釋艸》。从艸，貇聲。

蒐，茅蒐，茹藘，段玉裁注：藘音閭，鉉本作蘆。《鄭風》：「茹藘在阪。」《釋艸》、毛傳皆云：茹藘，茅蒐也。陸璣云：茹藘，茅蒐，蒨也，一名地血，齊人謂之茜，徐州人謂之牛蔓。今圃人或作畦種蒔，故《貨殖傳》云：卮茜千石，亦比千乘之家。按《本艸經》有茜根，《蜀本圖經》、蘇頌《圖經》言其狀甚悉。徐廣注《史記》云：茜一名紅藍，其花染繒赤黄。此即今之紅花。張騫得諸西域者，非茜也。陳藏器云：茜與蘘荷皆《周禮》攻蠱嘉艸之最。人血所生，可目染絳。段玉裁注：云人血所生者，釋此字所以从鬼也。从艸鬼。

茜，茅蒐也。从艸，西聲。段玉裁注：蒨即茜字也。

薽，豕首也。段玉裁注：《釋艸》曰：茢薽，豕首。許無茢字者，攷《太平御覽》引《爾雅》黄土瓜，孫炎曰：一名列也。按叔然以茢上屬，許君讀蓋與孫同。鄭注《周禮》豕首爲染艸之屬。《吕氏春秋》曰：豨首生而麥無葉。《本艸經》曰：天名精一名豕首。从艸，甄聲。

菉，王芻也。段玉裁注：見《釋艸》毛傳。从艸，録聲。《詩曰》：「菉竹猗猗。」段玉裁注：今《毛詩》作緑。《大學》引作菉。《小雅》「終朝采緑」，王逸引作菉。

草，草斗，櫟實也。一曰象斗。段玉裁注：《木部》：栩，柔也，其皁一曰樣。又曰：柔，栩也。又曰：樣，栩實也。按此言櫟者，即栩也。陸璣云：栩今柞櫟也。徐州人謂櫟爲杼，或謂之栩，其子爲皁，或言皁斗，其殻爲汁，可以染皁。今京洛及河内多言杼汁。或云橡斗。按草斗之字俗作皁、作皂，於六書不可通。象斗字當從《木部》作樣，俗作橡。从艸，早聲。

許慎《説文》五篇下《丹部》 丹，巴越之赤石也。段玉裁注：巴郡、南越皆出丹沙。《蜀都賦》「丹沙赩熾出其坂」，謂巴也。《吴都賦》「赬丹明璣」，謂越也。丹者，石之精，故凡藥物之精者曰丹。象采丹井。段玉裁注：謂冂也，采丹之井，《史記》所謂丹穴也。蜀、吴二都賦注皆云：出山中，有穴。丶象丹形。凡丹之屬皆从丹。

雘，善丹也。段玉裁注：按《南山經》曰：雞山其下多丹雘。侖者之山，其下多青雘。然則凡采色之善者皆偁雘，蓋本善丹之名移而他施耳，亦猶白丹、青丹、黑丹皆曰丹也。从丹，蒦聲。讀與霍同。段玉裁注：各本作讀若隺，今依《尚書音義》正。《周書》曰：惟其敷丹雘。段玉裁注：《杍材》文。敷，孔穎達正義本作斁，衛包改作塗，俗字也。

張揖《廣雅》卷一〇上《釋草》 地血、茹藘，蒨也。

藘，各本譌作蘆，今訂正。《爾雅》「茹藘，茅蒐」，郭璞注云：今之蒨也，可以染絳。《説文》云「茅蒐，茹藘，人血所生，可以染絳」。又云「茜，茅蒐也」。茜，與蒨同。《鄭風·東門之墠篇》「茹藘在阪」，孔穎達正義引劉焯義疏云：一名地血，齊人謂之茜，徐州人謂之牛蔓。《中山經》云「釐山，其陰多蒐」，郭璞注云：茅蒐，今之蒨草也。《史記·貨殖傳》云「千畝卮茜」，徐廣云：茜，一名紅藍，其花染繒赤黄也。《御覽》引《范子計然》云：蒨根出北地，赤色者善。《蜀本草圖經》云：「染緋草也，葉似棗葉，頭鋭下闊，莖葉俱澀，四五葉對生節間，蔓延草木上，根紫赤色。」《周官·掌染草》鄭玄注云：染草，藍蒨象斗之屬，古衣服旌旗多用其色者。《鄭風·出其東門篇》「縞衣茹藘」，毛亨傳云：茹藘，茅蒐之染女服也。鄭玄箋云：茅蒐，染巾也。《小雅·瞻彼洛矣篇》「韎韐有奭」，毛亨傳云：韎韐者，茅蒐染草也。一曰韎韐，所以代韠也。鄭玄箋云：「韎韐，茅蒐染也。」茅蒐韎韐，聲也。韎韐，祭服之韠，合韋爲之。孔穎達正義引鄭玄《駁五經異義》云：「韎，草名，齊魯之閒言茅蒐聲如韎韐，陳留人謂之蒨。」《士冠禮》「韎韐」鄭玄注云：士染以茅蒐，因以名焉。今齊人名蒨爲韎韐。《晉語》「韎韋之跗注」，韋昭注云：「茅蒐，今絳草也，急疾呼茅蒐成韎也。」《説文》云：「綪，赤繒也，以茜染，故謂之綪。」定四年《左傳》「綪旆旃旌」，杜預注云：「綪旆，太赤，取染草名也。」《述異記》云「洛陽有卮茜園」，《漢官儀》云「染園出卮茜，供染御服」，是其處也。

茈莀，茈草也。茈，與紫同。《説文》云：「莀，艸也，可以染留黃。」其染緑者謂之緑莀，染紫者謂之紫莀。前《釋器》云：「緑綟、紫綟，綵也。」《續漢書・輿服志》劉昭注引徐廣云：「綟，草名也。以染似緑，又云似紫。」則染草之莀，本有緑紫二色。莀，與盭通。《漢書・百官公卿表》「金璽盭綬」，晉灼注云：「盭，草名，出琅邪平昌縣。似艾，可染緑，因以爲綬名。」此緑莀也。《史記・司馬相如傳》「攢戾莎」，徐廣注云：「草可染紫。」此紫莀也。莀，通作莂。《周官・掌染草》鄭玄注云：「染草，茅蒐、橐蘆、豕首、紫莂之屬。」賈公彦疏云：「紫莂，即紫莀也。」《爾雅》云「藐，茈草」，郭璞注云：「可以染紫，一名茈莀。見《廣雅》。」《西山經》云：「勞山多茈草。」《神農本草》云：「紫草，一名紫丹，一名紫芙，生碭山山谷。」陶弘景注引《博物志》云：「平氏山陽紫草特好，魏國以染，色殊黑。」《齊民要術》引《廣志》云：「隴西紫草，紫之上者。」皆其出處也。《御覽》引《吳普本草》云：「紫草節赤，二月花。」《唐本草》注云：「紫草苗似蘭香，莖赤節青，花紫白色而實白。」皆其形狀也。

顧野王《玉篇》卷一三《艸部》 藍，力甘切，染草。

茈，積豕切，草可染。又音疵。

茜，此見切。《説文》曰「茅蒐，可以染緋」。 蒨同上。

藐，亡角切，茈草。

葝，居政、其聲二切，鼠尾，可以染皁。

蘆，旅居切，茹蘆，茅蒐。

蒤，達胡切，蒤，虎杖，似紅草，可以染赤。

顧野王《玉篇》卷二一《丹部》 雘，於縛切。《山海經》云：雞山，其下多丹雘。《説文》云：「美丹也。」

顧野王《玉篇》卷二二《石部》原本 礦，人丈切，惡雌黃。

原本 人丈反。《埤倉》：礦，惡雌黃也。

砮，又瓦切，好雌黃也。

顧野王《玉篇》卷二六《韋部》 韎，莫慨、莫拜二切，茅蒐，染草也。

顧野王《玉篇》卷二七《糸部》原本 綪，千見切，染草名。

原本 且見反。《左氏傳》「綪茷旃旌」，杜預曰：綪茷，大赤也，取染草名也。

丁度《集韻》卷一《魚韻》 蒘蒘蘆，艸名，蒨也，可以染絳。通作茹。

蘆茹蘆，蒨艸。

丁度《集韻》卷二《虞韻》 朱一曰，丹也。

硃丹砂。

丁度《集韻》卷二《齊韻》 磾黑石，可染繒。出琅琊。

丁度《集韻》卷二《寒韻》 丹、甘、彤《説文》：「巴越之赤石也。」古作甘、彤。

丁度《集韻》卷二《真韻》 渿棠棗，木汁可以染。

丁度《集韻》卷五《語韻》 檽尼主切，木名，可染。

丁度《集韻》卷五《姥韻》 杼木名，可染。

丁度《集韻》卷七《霽韻》 莀《説文》：「艸也，可以染留黃。」

丁度《集韻》卷七《隊韻》 茅茅蒐，蒨艸。

丁度《集韻》卷八《霰韻》 茜、蒨艸名。《説文》：茅蒐也。或作蒨，通作蒨、芊。

丁度《集韻》卷九《屑韻》 綟【略】一曰，帛莀艸染色也。

莀紫草。

丁度《集韻》卷九《薛韻》 荎艸名，可染。

纈奚結切，繫也，謂繫繒染色爲文也。

丁度《集韻》卷一〇《藥韻》 雘砮雘，丹也。

雘鬱縛切，善丹也。

司馬光《類篇》卷一《艸部》 蘆淩如切，茹蘆，蒨草。

荎測劣切，艸可以染。

司馬光《類篇》卷二《艸部》 蒘人余切，蒘蘆，艸名，蒨也，可以染絳。

司馬光《類篇》卷三《艸部》 藐眉教切，草名，可染紫。又墨角切。

司馬光《類篇》卷一四《丹部》 丹，巴越之赤石也。象采丹井，●象丹形，凡丹之類皆从丹，古作甘彤。多寒切。

雘屋郭切，《説文》善丹也。引《周書》惟其敷丹雘。又鬱縛切，又胡故切。

司馬光《類篇》卷二七《石部》 硃鍾輪切，丹砂。

磾都黎切，黑石，可染繒，出琅邪。

朱輔《溪蠻叢笑・雅銜草》 紫草，《爾雅》謂之藐，《廣雅》謂之茈莀。《本草》云：生楚地。三月采根陰乾，猺人以社前者名爲雅銜草。

戴侗《六書故》卷二四《植物四》 蓼，盧鳥切，辛菜也。其類不一，多節者味辛，古人以和羹，今人以爲麴。宜染青者，謂之蓼藍，俗謂之蓼青。不中用者，俗謂狗青。生水旁者，曰水蓼。皆紅華。

藍，盧銜切，又盧含切，染青草也。槐藍叢生，葉如槐，宜爲澱。蓼藍子葉皆如蓼而差大，華紅白，宜染青緑。大葉如蟹匡者，俗謂之蟹殼澱。又有大藍，眂蓼藍爲大而色不棣，宜染碧。《說文》藍兩出，一染青草，一瓜菹。按，瓜菹，藍也。又有漤文。

藎，夕晉切。《本草》：藎草，葉似竹而細薄，莖圜小，生平澤溪澗之側，荆襄人煮以染黄，俗名菉蓐，《爾雅》所謂「菉，王芻」者也。郭氏曰：今呼鴟脚莎。

茜，倉甸切，蔓草，葉似棗而鋭，對生節間，根紫色，可染絳。通亦作𦂳。鄭康成曰：齊人謂蒨爲韎，甌人謂鰓口束，蔓有束也。

藘，力居切。《詩》云「茹藘在阪」，又曰「縞衣茹藘」。《爾雅》曰：「茹藘，茅蒐。」陸璣曰：一名地血，齊人謂茜，徐州謂牛蔓。按《詩》言縞衣，似非絳。

張自烈《正字通》卷七《白部》 皁櫟實曰皁物，今謂柞實爲皁斗。柞即橡也，其房可染黑，因謂黑色爲皁。俗讀若竈，義同。【略】《說文》：草，音自保切，爲橡斗子。徐鉉曰：今俗以草爲艸木之艸，別作皁爲黑色之皁，或从白从十，或从白从七，皆無意義，無以下筆。《正譌》篆作[glyph]，[glyph]古皁字，音義與《說文》同。據《說文正譌》艸爲艸木之艸，草爲橡斗之皁，不當別出皁字，肰亦不必泥从皁可也。

皂俗皁字，舊註皂同皁，非。

張自烈《正字通》卷八《糸部》 綪側生切，音争。【略】《說文》：「綪，赤繒，以茜染，故謂之綪。」非。綪，即茜草也。舊註沿《正韻》綪與茜同，引《左傳》「綪茷」，即今紅旗，取染赤之草爲名。未詳綪茷蓋以赤繒爲之，非取草名立旗名也。並非。

緑力竹切，音六。【略】又草名。《詩·小雅》「終朝采緑」，《詩》[箋]：緑，王芻也，《爾雅》作菉。

張自烈《正字通》卷九《艸部》 茜倉殿切，音倩，蔓艸，葉似棗而鋭，四五葉對生節間，根紫色，可染絳，一名地血，一名血見愁，一名過山龍，一名牛蔓。《詩·鄭風》「茹藘杜阪」，註：茅蒐也。一名茜，通作蒨。鄭康成曰：齊人謂蒨爲韎，甌人謂鰓口束，蔓有束也。《通雅》曰：《貨殖傳》：千畝巵茜，比千乘之家。徐廣曰：巵，今鮮支。茜，一名紅藍。乃知今之紅花，古亦稱茜。今又有烏紅，用蘇木染成者，洋貨以紫鉚染成者，曰胡胭脂，俗呼紫梗。洋貨有紫梗錦。紫鉚出真臘國樹汁，近刻《雜俎》作紫鉟，誤。

莂以薛切，音列。【略】又紫莀，即紫莂，染艸也。

藍離寒切，覽平聲，染草。《禮·月令》「仲夏令民毋艾藍以染」，註：藍色青，青者赤之母，刈之傷時氣。鄭樵《通志》曰：藍有三種：蓼藍染緑，大藍如芥染碧，槐藍如槐染青，三藍皆可爲澱。李時珍曰：藍凡五種，各有主治，惟藍實專取蓼藍者。蓼藍葉如蓼，五六月開花，成穗細小，淺紅色，子亦如蓼，歲可三刈。松藍葉如白菘。馬藍葉如苦蕒，即郭璞所謂大葉冬藍，俗所謂板藍。二藍花子並如蓼藍。吴藍長莖如蒿，花白，吴人種之。木藍長莖如決明，高者三四尺，分枝布葉，葉如槐。七月開淡紅花，結角，長寸許，纍纍如小豆角，子亦如馬蹄，決明微小，與諸藍不同，其作澱則一也。別有甘藍，亦大葉、冬藍之類。胡洽居士云：河東、隴西羌胡多種食之，漢地罕有，葉長大而厚，煮食甚香，經冬不死。花黄，生角結子，功與藍相近。蘇恭以馬藍爲木藍，蘇頌以菘藍爲馬藍，寇宗奭以藍實爲大葉藍之實，並非。又《通雅》曰：紅藍即紅花，北方有焉支山，山多紅藍，北人采其花，染緋，取英鮮者爲燕脂，故單于妻號曰閼氏，音焉支。紅藍夏作花，花下作梂，彙多刺，花蕊出梂上，圃人承露采之，至冬梂中結實，白顆如小豆花，暴乾以染真紅及作燕脂。一名黄藍，《博物志》云張騫得種于西域也。又杜甫《冬到金華山觀詩》：「涪右衆山內，金華紫崔嵬。上有蔚藍天，華光抱瓊臺。」註：釋書《度人經》：鬱藍玉明天即蔚藍。陸放翁云：蔚藍乃隱語天名，非可以義理解也。【略】 本作藍。《說文》：「染青艸也。」義未詳。

藎七性切，音盡，藎草，可以染。

藐彌沼切，音眇，茈草，可染紫。

張自烈《正字通》卷一一《青部》 靛蕩見切，音電，藍艸青汁，染繒帛也，有青藍二色。

雘舊註湖故切，音護，青屬。又青雘，山名。按《說文》：「雘，善丹也。从丹，蒦聲。」《周書》、《山海經》皆作雘。雘有去入二音，《正韻》收入《藥韻》，烏郭切。郭璞《山經》註：黝屬音瓠。《山海經》：衡山出丹雘。鄭玄曰：青丘之山，多青雘。舊註山名青雘，尤非。

張自烈《正字通》卷一一《黑部》 黝與澱通。【略】又《增韻》：藍澱也。今以藍汁染繒謂之黝，別作靛。

厲荃《事物異名録》卷二五《珍寶部》

雲母

磷石 《抱朴子》：雲母晶晶純白者，名磷石。

地涿 《雜記》：雲母有純黑斑文如鐵者，名雲膽，雜黑而强肥者，名地涿。

陽起石 《雲笈七籤》，雲母赤色厚重名陽起石，是五雲之根。

空青附石青

青要女 《酉陽雜俎》：藥草異號青要女，空青。

楊梅青 《本草綱目》別録曰：空青生山谷有銅處，銅精薰則生空青。頌曰：狀若楊梅，故名楊梅青。其腹中空。

青油羽 石藥《爾雅》：空青一名青油羽。

扁青 《本草綱目》：扁青，一名大青，扁以形名，今之石青是矣。

丹砂

丹研 《荀子》楊倞註：丹研，丹砂也。

明窻塵 許彦周《詩話》：李太白作《草創大還詩》：「髣髴明窻塵，死灰同至寂」。初不曉此語，後得李氏鍊丹法，至明窻塵，丹砂妙藥也。

朱兒 《雲笈七籤》第一：絳陵朱兒。註：是丹砂巴越者。

丹礫 郭璞《江賦》：其下則金礦丹礫。按，丹礫，即丹砂也。

厲荃《事物異名録》卷三一《百草部》

菉

王芻 鴟脚莎 《爾雅》「菉，王芻」，郭璞註：菉蓐也，今呼鴟脚莎。

藎草 黄草 莀草 盭草 菉蓐草 《本草綱目》：藎草，緑色可染黄，故曰黄草。《説文》云：「莀草，可以染黄。」《漢書》晉灼註云：盭草似艾可染。皆謂此草也。《爾雅》「菉，王芻」，孫炎註云：即菉蓐草也。《詩》云「菉竹猗猗」是也。

綜述

《逸周書》卷七《王會解》 卜人以丹沙。孔晁注：卜人，西南之蠻，丹沙所出。【略】

正西崑崙、狗國、鬼親、枳已、闟耳、貫胸、雕題、離丘、漆齒，九者西戎之别名也。闟耳、貫胸、雕題、漆齒等，亦因其事以名之也。請令以丹、青、白旄、紕罽、江歷、龍角、神龜爲獻。

《逸周書》卷八《職方解》 正南曰荆州，其山鎮曰衡山，其澤藪曰雲夢，其川江漢，其浸潁湛，其利丹、銀、齒、革。

《荀子·王制篇》 南海則有羽翮、齒革、曾青、丹干焉，然而中國得而財之。楊倞注：曾青，銅之精，可績畫及化黄金者，出蜀山、越嶲。丹干，丹砂也，蓋一名丹干。干，讀爲矸，胡旦反。或曰：丹，丹砂也。「干」，當爲「玕」。《尚書·禹貢》「雍州，球、琳、琅玕」，孔安國云：「石而似玉者。」《爾雅》亦云：「西北方之美者，有球、琳、琅玕焉。」皆出西方，此云南方者，蓋南方亦有也。王念孫曰：楊前説以丹干爲丹砂，未知是否。後説以干爲琅玕，非也，琅玕不得但謂之玕。《正論篇》云「加之以丹矸，重之以曾青，犀象以爲樹，琅玕、龍茲、華覲以爲實」，「丹矸」即「丹干」也。既言「丹矸」，又言「琅玕」，則「丹干」之干非琅玕明矣。

《山海經》卷一《南山經》 又東三百里，曰青丘之山，其陽多玉，其陰多青頀。【略】

南次二經之首曰柜山，西臨流黄，北望諸毗，東望長舌，英水出焉。西南流注於赤水，其中多白玉，多丹粟。【略】

又東五百里，曰成山，四方而三壇，其上多金玉，其下多青頀。【略】

又東五百里，曰雞山，其上多金，其下多丹頀。【略】

又東三百七十里，曰侖者之山，其上多金玉，其下多青頀。

《山海經》卷二《西山經》 又西百七十里，曰南山，上多丹粟。【略】

西南三百八十里，曰皋塗之山，薔水出焉，西流注于諸資之水；塗水出焉，南流注于集獲之水。其陽多丹粟，其陰多銀、黄金，其上多桂木。【略】

又西二百五十里，曰騩山，是錞于西海，無草木，多玉。淒水出焉，西流注于海，其中多采石、黄金，多丹粟。【略】

又西北五十里高山，其上多銀，其下多青碧、雄黄，其木多椶，其草多竹。涇水出焉，而東流注于渭，其中多磬石、青碧。

西南三百里，曰女牀之山，其陽多赤銅，其陰多石涅，其獸多虎豹犀兕。【略】

西南二百里，曰鳥危之山，其陽多磬石，其陰多檀楮，其中多女牀。鳥危之水出焉，西流注于赤水，其中多丹粟。【略】

又西五百里，曰皇人之山，其上多金玉，其下多青雄黄。皇水出焉，西流注于赤水，其中多丹粟。【略】

西北三百里，曰長沙之山。泚水出焉，北流注于泑水，無草木，多青雄黄。【略】

又西三百二十里，曰槐江之山。丘時之水出焉，而北流注于泑水。其中多蠃母，其上多青雄黄，多藏琅玕、黄金、玉，其陽多丹粟，其陰多采黄金銀。【略】

又西四百八十里，曰軒轅之丘，無草木。洵水出焉，南流注于黑水，其中多丹粟，多青雄黄。【略】

又西三百五十里，曰天山，多金玉，有青雄黄。英水出焉，而西南流注于湯谷。【略】

又西二百九十里，曰泑山，神蓐收居之。其上多嬰短之玉，其陽多瑾瑜之玉，其陰多青雄黄。【略】

北五十里，曰勞山，多茈草。【略】

又西三百里，曰中曲之山，其陽多玉，其陰多雄黄、白玉及金。

《山海經》卷三《北山經》　又北四百里，曰譙明之山，譙水出焉，西流注于河。【略】是山也，無草木，多青雄黄。【略】

又北二百里，曰丹熏之山，其上多樗柏，其草多韭䪥，多丹雘。【略】

又北三百二十里，曰敦薨之山，其上多椶柟，其下多茈草。【略】

又東北七十里，曰咸山，其上有玉，其下多銅，是多松柏，草多茈草。【略】

《山海經》卷五《中山經》　又西百二十里，曰葌山，葌水出焉，而北流注于伊水，其上多金玉，其下多青雄黄。【略】

又西二百里，曰白邊之山，其上多金玉，其下多青雄黄。【略】

又西九十里，曰陽華之山，其陽多金玉，其陰多青雄黄。【略】

又東南一百三十里，曰龜山，其木多穀柞椆椐，其上多黄金，其下多青、雄黄，多扶竹。【略】

又東一百五十里，曰夫夫之山，其上多黄金，其下多青、雄黄。【略】

荆山之首，曰景山，其上多金玉，其木多杼檀，雎水出焉，東南流注于江，其中多丹粟，多文魚。【略】

又東北百五十里，曰驕山，其上多玉，其下多青雘，其木多松柏，多桃枝鉤端。【略】

又東北二百里，曰宜諸之山，其上多金玉，其下多青雘。【略】

又東百五十里，曰岐山，其陽多赤金，其陰多白珉，其上多金玉，其下多青雘，其木多樗。【略】

又東北一百里，曰美山，其獸多兕牛，多閭麈，多豕鹿，其上多金，其下多青雘。【略】

又東南七十里，曰石山，其上多金，其下多青雘，多寓木。【略】

又東五十里，曰師每之山，其陽多砥礪，其陰多青雘，其木多柏，多檀，多柘，其草多竹。【略】

岷山之首，曰女几之山，其上多石涅，其木多杻橿，其草多菊茉。洛水出焉，東注于江，其中多雄黄，其獸多虎豹。【略】

又東北三百里，曰隅陽之山，其上多金玉，其下多青雘。其木多梓桑，其草多茈。徐之水出焉，東流注于江，其中多丹粟。【略】

又東一百五十里，曰風雨之山，其上多白金，其下多石涅，其木多棷樿，多楊。【略】

又西二十里，曰又原之山，其陽多青雘，其陰多鐵，其鳥多鸛鵒。【略】

又東六十里，曰瑶碧之山，其木多梓柟，其陰多青雘，其陽多白金。【略】

又西北一百里，曰堇理之山，其上多松柏，多美梓，其陰多丹雘，多金，其獸多豹虎。【略】

又東南三十五里，曰即谷之山，多美玉，多玄豹，多閭麈，多麢㚟。其陽多珉，其陰多青雘。【略】

又東四十里，曰嬰山，其下多青雘，其上多金玉。【略】

又東三十里，曰鯢山，鯢水出于其上，潛于其下，其中多美堊。其上多金，其下多青雘。【略】

又東四十五里，曰衡山，其上多青雘，多桑，其鳥多鸜鵒。【略】

又東一百五十里，曰夫夫之山，其上多黄金，其下多青雄黄，其木多桑楮，其草多竹、雞鼓。【略】

《山海經》卷一〇《大荒南經》　大荒之中，有不姜之山，黑水窮焉。又有賈山，汔水出焉。又有言山。又有登備之山。有恝恝之山。又有蒲山，澧水出焉。又有隗山，其西有丹，其東有玉。【略】

《山海經》卷一一《大荒西經》　西有王母之山、壑山、海山。有沃之國，沃民是處。沃之野，鳳鳥之卵是食，甘露是飲。凡其所欲，其味盡存。爰有甘華、甘柤、白柳、視肉、三騅、璇瑰、瑶碧、白木、琅玕、白丹、青丹，多銀鐵。鸞鳳自歌，鳳鳥自舞，爰有百獸，相羣是處，是謂沃之野。【略】

《史記》卷一二九《貨殖列傳》　江南出柟、梓、薑、桂、金、錫、連、丹沙、犀、瑇瑁、珠璣、齒革。【略】

巴蜀亦沃野，地饒卮、薑、丹沙、石、銅、鐵、竹、木之器。【略】

今有無秩禄之奉，爵邑之入，而樂與之比者，命曰「素封」。封者食租稅，歲率户二百。千户之君則二十萬，朝覲聘享出其中。【略】若千畝卮茜，裴駰集解：徐廣曰：「卮音支，鮮支也。茜音倩，一名紅藍，其花染繒赤黄也。」司馬貞索隱：卮音支，鮮支也。茜音倩，一名紅藍花，染繒赤黄也。千畦薑韭：此其人皆與千户侯等。【略】

凡編户之民，【略】筋角丹砂千斤，【略】此亦比千乘之家。

《漢書》卷九一《貨殖傳》　名國萬家之城，帶郭千畝畝鍾之田，若千畝卮茜，顔師古注：〔孟康〕曰：「茜草、巵子可用染也。」師古曰：「茜音千見反。」千畦薑韭，此其人皆與千户侯等。【略】巵茜千石，【略】丹沙千斤，【略】亦比千乘之家。

崔寔《四民月令·二月》 自是月盡三月，可掩樹枝。可種地黄，及采桃花、茜。本注：茜，染絳艸也，音倩。

張華《博物志·佚文》 比陽有陽山，出紫草。《郡國志》南陽郡注。案《太平御覽》九百九十六引作「平氏陽山，紫草特好，其他者色淺」。

崔豹《古今注》卷下《草木》 蘇枋木，出扶南、林邑。外國取細破煑之以染色。

燕支，葉似薊，花似蒲公，出西方，土人以染，名爲燕支。中國人謂之紅藍，以染粉爲面色，謂爲燕支粉。今人以重絳爲燕支花所染也。燕支花，非燕支所染，自爲紅藍爾。舊謂赤白之間爲紅，即今所謂紅藍也。

常璩《華陽國志》卷一《巴志》 丹興縣，山出名丹。

《魏書》卷一〇二《西域傳·波斯》 出朱砂、雌黄。

酈道元《水經注》卷一《北河》 東南流逕姑墨國西治，南至于闐，馬行十五日，土出銅及雌黄。

賈思勰《齊民要術·種棠第四七》 八月初，天晴時，摘葉薄布，晒令乾，可以染絳。

《隋書》卷八三《西域傳·龜兹》 土多稻、粟、菽、麥，饒銅、鐵、鉛、麖皮、氍㲣、鐃沙、鹽緑、雌黄、胡粉、安息香、良馬、封牛。

《隋書》卷八三《西域傳·疏勒》 疏勒國，都白山南百餘里，漢時舊國也。【略】土多稻、粟、麻、麥、銅、鐵、錦、雌黄，每歲常供送於突厥。

《隋書》卷八三《西域傳·鏺汗》 鏺汗國，都葱嶺之西五百餘里，古渠搜國也。【略】俗多朱砂、金鐵。

《舊唐書》卷一九八《西戎傳·吐谷渾》 吐谷渾，出良馬、犛牛、銅、鐵、朱砂之類。

《新唐書》卷三七《地理志一·靈州》 土貢：紅藍。

《新唐書》卷三八《地理志二·青州》 土貢：紅藍、紫草。

《新唐書》卷三九《地理志三·魏州》 土貢：紫草。

《新唐書》卷三九《地理志三·相州》 土貢：胡粉。

《新唐書》卷三九《地理志三·衛州》 土貢：胡粉。

《新唐書》卷三九《地理志三·澶州》 土貢：胡粉。

《新唐書》卷四〇《地理志四·澧州》 土貢：光粉。

《新唐書》卷四〇《地理志四·興元府》 土貢：紅藍。

《新唐書》卷四〇《地理志四·興州》 土貢：丹沙。

《新唐書》卷四一《地理志五·揚州》 土貢：空青。

《新唐書》卷四一《地理志五·江南道》 厥貢：丹沙。

《新唐書》卷四一《地理志五·越州》 土貢：丹沙。

《新唐書》卷四一《地理志五·宣州》 土貢：碌青。

《新唐書》卷四一《地理志五·黔州》 土貢：光明丹沙。

《新唐書》卷四一《地理志五·辰州》 土貢：光明丹沙。

《新唐書》卷四一《地理志五·錦州》 土貢：光明丹沙。

《新唐書》卷四一《地理志五·溪州》 土貢：丹沙。

《新唐書》卷四一《地理志五·溱州》 土貢：丹沙。

《新唐書》卷四二《地理志六·蜀州》 土貢：紅藍。

《新唐書》卷四二《地理志六·漢州》 土貢：紅藍。

《新唐書》卷四三《地理志七上·宜州》 丹沙。

《新唐書》卷四三《地理志七上·連州》 土貢：丹沙。

《新唐書》卷四三《地理志七上·容州》 土貢：丹沙。

《新唐書》卷四三《地理志七上·福禄州》 土貢：紫鉚。

《新唐書》卷四三《地理志七上·龐州》 土貢：紫鉚。

《新唐書》卷二二一上《西域傳上·吐谷渾》 地多寒，宜麥、菽、粟、蕪菁，出小馬、犛牛、銅、鐵、丹砂。

原題唐玄宗《唐六典》卷三《尚書户部》 郎中、員外郎掌領天下州縣户口之事，凡天下十道，任土所出而爲貢賦之差。李林甫等注：其物産，經不盡載，並具下注。【略】

四曰河北道【略】。李林甫等注：相州胡粉。【略】

五曰山南道【略】。李林甫等注：梁州紅花。【略】

八曰江南道。【略】厥貢朱砂。李林甫等注：辰、錦二州光明砂，溪、錦二州朱砂。【略】

十曰山領南道【略】。李林甫等注：容州朱砂。

杜甫《杜工部集》卷一二《送段功曹歸廣州》 交趾丹砂重。

《通典》卷六《食貨六》 鄴郡貢胡粉百團。今相州。

廣陵郡貢空青三兩。今揚州。

漢中郡貢紅花百斤。今梁州。

會稽郡貢朱砂十兩。今越州。

盧溪郡貢光明砂四斤。今辰州。

靈溪郡貢朱砂十斤。今溪州。

盧陽郡貢光明砂一斤。今錦州。

普寧郡貢朱砂二十斤。今容州。

《通典》卷一八七《邊防三》 黑僰濮，在永昌西南，山居耐勤苦。【略】又諸濮之域皆出楛矢。《爾雅》曰：「南至於濮鉛。」《周書·王會》「卜人丹砂」，注云：「卜人，西南之蠻，丹砂所出。」今按：卜人蓋濮人也。按：諸濮與哀牢地相接，故附之。

《通典》卷一八八《邊防四》 〔丹丹國〕土出金銀、白檀、蘇方木、檳榔。

〔女國〕出鍮石、朱砂、麝香、犛里之反牛、駿馬、蜀馬。尤多鹽，常將鹽向天竺興販，其利數倍。

李吉甫《元和郡縣圖志》卷四《關內道四》 靈州 開元貢：紅花。

李吉甫《元和郡縣圖志》卷一六《河北道一》 相州 開元貢：胡粉。

李吉甫《元和郡縣圖志》卷二一《山南道二》 房州 元和貢：茜草。

李吉甫《元和郡縣圖志》卷二二《山南道三》 興元府 開元貢：紅花。

興州開元貢：硃砂。

李吉甫《元和郡縣圖志》卷三〇《江南道六》 思州 開元貢：朱砂。

辰州 開元貢：光明砂四斤。元和貢：光明砂。

錦州 開元貢：光明砂。

溪州 開元貢：朱砂。元和貢：朱砂一十斤。

李吉甫《元和郡縣圖志》卷三三《劍南道下》 梓州 元和貢：空青、曾青。

張彥遠《歷代名畫記》卷二 武陵水井之丹，磨嵳之沙，越巂之空青，蔚之曾青，武昌之扁青，上品石緑。蜀郡之鉛華，黄丹也。出《本草》。始興之解錫，胡粉。研鍊、澄汰、深淺、輕重、精麄，林邑昆崙之黄，雌黄也。忌胡粉同用。南海之蟻鉚，紫鉚也。造粉、燕脂，《吳録》謂之赤膠也。雲中之鹿膠，吳中之鰾膠，東阿之牛膠，采章之用也。漆姑汁，鍊煎並爲重采，鬱而用之。古畫皆用漆姑汁。若鍊煎，謂之鬱色，於緑色上重用之。

蘇鶚《蘇氏演義》卷下 蘇枋木出扶南林邑，外國取細破煮之以染色。

馬縞《中華古今注》卷中 燕脂 蓋起自紂。以紅藍花汁，凝作燕脂，以燕國所生，故曰燕脂。塗之，作桃紅粧。

張泌《粧樓記·鬱金》 鬱金，芳草也。染婦人衣最鮮明，然不柰日炙，染成衣則微有鬱金之氣。

司馬光《資治通鑑》卷二八三《後晉高祖天福七年》 楚王〔馬〕希範作天策府，極棟宇之盛，戶牖欄檻皆飾以金玉，塗壁用丹砂數十萬斤。胡三省注：丹砂出辰、溆、錦等州及諸溪峒，皆楚之境內也。《本草圖經》曰：丹砂生深山石崖間，土人穴地數十尺，始見其苗，乃白石也，謂之丹砂床。砂生石上，其塊大者如雞子，小者如石榴顆，狀若芙蓉頭、箭鏃連床者，紫黯若鐵色，而光明瑩澈，碎之，嶄巖作牆壁，又似雲母片可析者，無石彌佳。過此則淘土石中得之。

《奩史》卷八七《綺羅門》 李後主內人染碧，夕露中庭爲露所染，其色特好，名天水碧。《五朝故事》、《乘異記》：後主宮人競服碧衣，取靛花盛天雨澄水染之，號天水碧。

《宋史》卷八五《地理志一》 襲慶府 貢雲母。

金州 貢黄檗。

《宋史》卷八六《地理志二》 大名府 貢紫草。

相州 貢胡粉。

代州 貢青、碌。

《宋史》卷八八《地理志四》 江州 貢雲母。

辰州 貢朱砂。

沅州 貢朱砂。

《宋史》卷八九《地理志五》 潼川府 貢曾青、空青。

興元府 貢紅花。

紹慶府 貢朱砂。

《宋史》卷九〇《地理志六》 容州 貢珠砂。

樂史《太平寰宇記》卷一《河南道一·開封府》 土產：紅花。

樂史《太平寰宇記》卷一六《河南道一六·泗州》 臨淮縣雲母山，出雲母石。

樂史《太平寰宇記》卷三二《關西道八・涇州》 土產：紅花。

樂史《太平寰宇記》卷三六《關西道一二・靈州》 土產：紅花。

樂史《太平寰宇記》卷四三《河東道四・晉州》 土產：紫草。

樂史《太平寰宇記》卷四四《河東道五・澤州》 土產：紫草。

樂史《太平寰宇記》卷四五《河東道六・潞州》 土產：紫草。

樂史《太平寰宇記》卷四九《河東道一〇・代州》 賦：青碌。

樂史《太平寰宇記》卷五五《河北道四・相州》 土產：胡粉。貢。

樂史《太平寰宇記》卷五七《河北道六・澶州》 土產：胡粉。貢。

樂史《太平寰宇記》卷六七《河北道一六・易州》 土產：紫草。

樂史《太平寰宇記》卷六八《河北道一七・威虜軍》 土產：同易州。

樂史《太平寰宇記》卷七四《劍南西道三・嘉州》 土產：紅花。古貢。

樂史《太平寰宇記》卷七五《劍南西道四・邛州》 土產：紅花。

樂史《太平寰宇記》卷七五《劍南西道四・蜀州》 土產：紫草，紅花。

樂史《太平寰宇記》卷八二《劍南東道一・梓州》 土產：空青，曾青，石緑，紅花。銅山縣賴應山，出銅及空青。

樂史《太平寰宇記》卷八八《劍南東道七・瀘州》 土產：石青，石緑。

樂史《太平寰宇記》卷一〇二《江南東道一四・泉州》 土產：紅花。

樂史《太平寰宇記》卷一〇二《江南東道一四・興化軍》 土產：同泉州。

樂史《太平寰宇記》卷一〇四《江南西道二・歙州》 黟縣墨嶺山旁竇出石墨可書。在縣南一十六里，其嶺上出石墨，土人採之以書。又有石墨井，云是昔人採墨之所，今爲懸水所淙，其井轉深。

樂史《太平寰宇記》卷一〇五《江南西道三・池州》 建德縣雲母山，在縣北五十里。山上有石泉，深十餘丈，中有雲母可餌。銅陵縣梅根山，《太康地志》云：「梅根山鐵冶出空青，其色特妙于廣州。」

樂史《太平寰宇記》卷一〇七《江南西道五・信州》 土產：青碌、空青。

樂史《太平寰宇記》卷一〇九《江南西道七・吉州》 土產：紫草。安福縣長嶺山，在縣南，山有石墨。

樂史《太平寰宇記》卷一一一《江南道九・江州》 土產：雲母。

樂史《太平寰宇記》卷一一一《江南道九・南康軍》 土產：雲母。

樂史《太平寰宇記》卷一一四《江南西道一二・潭州》 土產：雲母。《抱朴子》云：「長沙雲母，服之不朽。」長沙縣雲母山，在縣西北九十里。山出雲母。《列仙傳》云：「長沙、雲母，服之長生。」

樂史《太平寰宇記》卷一一五《江南西道一三・衡州》 土產：朱砂。

樂史《太平寰宇記》卷一一五《江南西道一三・邵州》 土產：朱砂。

樂史《太平寰宇記》卷一一六《江南西道一四・道州》 土產：朱砂。

樂史《太平寰宇記》卷一一六《江南西道一四・永州》 土產：朱砂。

樂史《太平寰宇記》卷一一七《江南西道一五・郴州》 土產：朱砂。青茆，可以染青，尤勝於藍。

樂史《太平寰宇記》卷一一七《江南西道一五・連州》 土產：朱砂。

樂史《太平寰宇記》卷一一八《江南西道一六・澧州》 土產：光明沙。

樂史《太平寰宇記》卷一二〇《江西西道一八・黔州》 土產：朱砂，《藥書》謂「辰，錦丹砂」。

樂史《太平寰宇記》卷一二一《江南西道一九・夷州》 土產：硃砂。

樂史《太平寰宇記》卷一二一《江南西道一九・費州》 土產：貢：朱砂。

樂史《太平寰宇記》卷一二二《江南西道二〇・思州》 土產：朱砂。元貢。

樂史《太平寰宇記》卷一二二《江南西道二〇・沅州》 土產：朱砂。沅溪縣砂窟，朱砂井小，不及辰溪者。

樂史《太平寰宇記》卷一二二《江南西道二〇・業州》 土產：與沅州同。

樂史《太平寰宇記》卷一二七《淮南道五・光州》 土產：茜草。

樂史《太平寰宇記》卷一二八《淮南道六・濠州》 土產：雲母。

樂史《太平寰宇記》卷一二九《淮南道七・壽州》 土產：茜草。

樂史《太平寰宇記》卷一三三《山南西道一・興元府》 土產：唐貢：紅花。今貢：紅花。

樂史《太平寰宇記》卷一三三《山南西道一・西縣》 土產：與興元府同。

樂史《太平寰宇記》卷一三四《山南西道二・文州》 土產：紅花，雄黃。

樂史《太平寰宇記》卷一三五《山南西道三・興州》 土產：丹砂。貢。

樂史《太平寰宇記》卷一四一《山南西道九・商州》 土產：朱砂，今貢一斤。

石青，黃蘗。

樂史《太平寰宇記》卷一四三《山南東道二・房州》 土産：黃蘗皮。

樂史《太平寰宇記》卷一四七《山南東道六・雲安軍》 土産：同夔州。

樂史《太平寰宇記》卷一四八《山南東道七・夔州》 土産：黃蘗。

樂史《太平寰宇記》卷一五三《隴右道四・沙州》 燉煌縣三危山，【略】又按段國《沙州記》云：「山有鳥鼠同穴者，鳥如家雀而小白，鼠小黃而無尾。凡同穴之地皆肥沃，壤盡軟熟如八耕，多生黃花紫草。」

樂史《太平寰宇記》卷一五三《隴右道四・伊州》 伊吾縣天山，【略】《山海經》云：「天山多金玉，有青雄黃。」

樂史《太平寰宇記》卷一五七《嶺南道一・廣州》 南海縣雲母山，在增城縣東七十里。山出雲母。《續南越志》云：「唐天后朝，增城縣有何氏女，服雲母粉，得道于羅浮山，因所出名之。」

樂史《太平寰宇記》卷一五八《嶺南道二・春州》 陽春縣石墨。《郡國志》云：「元嘉中開郡塹，得石墨數斛，可以書。」

樂史《太平寰宇記》卷一六二《嶺南道六・桂州》 土産：朱砂。

樂史《太平寰宇記》卷一六三《嶺南道七・昭州》 龍平縣白土坑。《嶺表録》云：「白土坑，在富州城北隅。其土白膩，郡人取以爲貨，終古不竭。今五嶺婦女率皆用之爲粉，又名鉛粉。」

樂史《太平寰宇記》卷一六四《嶺南道八・梧州》 丹城縣，西南有銅山，有銅湖，有硃砂、銅、銀也。

樂史《太平寰宇記》卷一六七《嶺南道一一・容州》 土産：硃砂。

樂史《太平寰宇記》卷一六八《嶺南道一二・宜州》 土産：朱砂。

樂史《太平寰宇記》卷一六九《嶺南道一三・儋州》 土産：蘇木。出黎洞。

樂史《太平寰宇記》卷一六九《嶺南道一三・瓊州》 土産：蘇木。

樂史《太平寰宇記》卷一七一《嶺南道一五・福禄州》 土産：紫鉚，騏驎竭。驎，音鱗。已上俱貢。

樂史《太平寰宇記》卷一七七《南蠻三・盤瓠》 四至：按其地長沙西南黔中五溪之地，皆爲其有。

土俗：其民皆射生而食用，輸【略】朱砂。

樂史《太平寰宇記》卷一七九《南蠻四・黑僰濮》 《周書・王會篇》：「卜人丹砂。」注云：「卜人，西南之蠻，丹砂所出。」今按卜人蓋濮人也。按諸濮與哀牢地相接，故附之。

樂史《太平寰宇記》卷一八一《西戎二・龜茲》 土俗物産：鹽緑、雌黃、胡粉。

樂史《太平寰宇記》卷一八一《西戎二・疏勒》 土俗物産：雌黃。

樂史《太平寰宇記》卷一八六《西戎七・女國》 土俗物産：出朱砂。

蘇軾《蘇軾詩集》卷二〇《觀張師正所蓄辰砂》 查慎行註：《玉壺清話》：丙午，訪辰帥張不疑，師正時方五十。熙寧丁巳，不疑帥鼎。著《括異志》、《倦遊録》。《事實類苑》云：師正，英宗朝爲荆州鈐轄。楊文公《談苑》：張師正本進士，換武爲遥郡防禦使，亦能詩。范成大《桂海志》：宜州出砂處，與湖北犬牙，山相連，北爲辰砂，南爲宜砂。《事實類苑》：辰州原砂，佳者，出蠻峒錦州界老鴉井。其井廣深十丈。欲取，必先聚薪於井，令滿。以火燎之，石壁迸裂，入火者，既化爲烟，其偶存石壁者，方得之。王文誥案：公《與王定國書》云：「近有人惠丹砂少許，光彩甚奇，其人數以養火，觀其變化，聊以悟神遣日。」當即師正所蓄辰砂也。

將軍結髮戰蠻溪，王十朋註：《前漢・李廣傳》：結髮與匈奴大小七十餘戰。據《本草》：丹砂，生符陵。符陵，涪州也。又出武陵西川蠻夷中。今出辰州、錦州。先生戰蠻夷之語，則指言辰州也。篋有殊珍勝象犀。漫説玉牀收箭鏃施元之註：《圖經》：辰州出丹砂，其苗乃白石耳，土人謂之砂牀。箭鏃連牀者，色若鐵而瑩澈。查慎行註：《事實類苑》云：頑石有砂處，即有小龕，中坐白石牀，如玉，牀上乃生丹砂，小者如箭鏃，大者如芙蓉。何曾金鼎識刀圭。近聞猛士收丹穴，王十朋註：《史記・貨殖傳》：巴蜀寡婦清，其先得丹穴，而擅其利數世。查慎行註：《宋史・神宗本紀》：熙寧九年，章惇招降五溪蠻，遂城下溪州。欲助君王鑄裹蹄。多少空巖人不見，自隨初日吐虹蜺。王十朋註：程縯曰：日流於天，其氣之在地者，結爲丹砂。《大洞煉真寶經》云：上品光明沙者，受太陽，洞通澄明，正真之精氣，降結紅光，耀如日色。中品白馬牙沙者，受太陽，平和柔順，氣結白光，燦燦如雲母色。下品紫靈沙者，受太陽山澤之靈，結紅紫色。

蘇軾《蘇軾文集》卷七三《符陵丹砂》 爾朱道士晚客於眉山，故蜀人多記其事。自言：「受記於師，云：『汝後遇白石浮，當飛仙去。』」爾朱雖以此語人，亦莫識所謂。後去眉山，乃客於涪州，愛其産丹砂，雖瑣碎，而皆矢鏃狀，瑩徹不雜土石。遂止。鍊丹數年，竟於涪之白石縣仙去。乃知師所言不謬。吾聞長老道其事甚多，然不記其名字，可恨也。《本草》言：「丹砂出符陵。」而陶隱居云：「符陵是涪州。今無復採者。」吾聞熟於涪者云：「採藥者時復得之，但時方貴辰、錦砂，故此不甚採爾。」讀《本草》，偶記之。

王存《元豐九域志》卷一《四京・北京・大名府》 土貢紫草五十斤。

王存《元豐九域志》卷一《京東路・兗州》 土貢雲母十斤。

王存《元豐九域志》卷一《京西路・金州》 土貢黃蘗五斤。

王存《元豐九域志》卷二《河北路・澶州》 土貢胡粉一十斤。

王存《元豐九域志》卷二《河北路・相州》 土貢胡粉一十斤。

王存《元豐九域志》卷四《河東路・代州》 土貢青、緑各一十斤。

王存《元豐九域志》卷六《江南路・江州》 土貢雲母十斤。

王存《元豐九域志》卷六《荆湖路・辰州》 土貢光明砂十五兩。

王存《元豐九域志》卷六《荆湖路・沅州》 土貢朱砂二十兩。

王存《元豐九域志》卷七《梓州路・梓州》 土貢曾青、空青各一十兩。

王存《元豐九域志》卷八《利州路・興元府》 土貢紅花五十斤。

王存《元豐九域志》卷八《夔州路・黔州》 土貢朱砂一十兩。

王存《元豐九域志》卷九《廣南路・容州》 土貢朱砂二十兩。

陸游《劍南詩稿》卷一〇《涪州》 古壘西偏曉繫舟，倚欄搔首思悠悠。欲營丹竈竟無地，地產丹砂。不見荔枝空遠遊。

范成大《桂海虞衡志・志金石》 丹砂 《本草》以辰砂爲上，宜砂次之。今宜山人言出砂處與湖北犬牙，山北爲辰砂，南爲宜砂。地脈不殊，無甚分別。宜砂老者白色，有牆壁如鏡，生白石牀上，可入鍊，勢敵辰砂。《本草、圖經》乃云：宜砂出土石間，非白石牀所生，即是未識宜砂也。別有一種色紅質嫩者，名土坑砂，乃是出土石間者，不甚耐火。邕州亦有，砂大者數十百兩作塊，里閭少牆壁，嚼之紫黯，黯一本作黛。不堪入藥。彼人惟以燒取水銀。《圖經》又云：融州亦有砂。今融州原無砂，邕、融聲相近，蓋誤云。

鉛粉 桂林所作最有名，謂之桂粉。以黑鉛著糟瓮罨化之。

周去非《嶺外代答》卷七《金石門・丹砂水銀》 昔葛稚川爲丹砂求爲勾漏令，以爲仙藥在是故也。勾漏，今容州，則知廣西丹砂，非他地可比。《本草》金石部以湖北辰州所產爲佳，雖今世亦貴之。今辰砂乃出沅州，其色與廣西宜州所產相類，色鮮紅而微紫，與邕砂之深紫微黑者大異，功效亦相懸絶。蓋宜山即辰山之陽故也。雖然，宜、辰丹砂雖良，要非仙藥，葛稚川不求此也。嘗聞邕州右江溪峒歸德州大秀墟，有金纏砂，大如箭鏃，而上有金線縷文，乃真仙藥。得其道者，可用以變化形質，試取以煉水銀，乃見其異。蓋邕州燒水銀，當砂十二三斤，可燒成十斤。其良者，十斤真得十斤。惟金纏砂，八斤可得十斤，不知此砂一經火力，形質乃重何哉？是砂也，取毫末而齒之，色如鮮血，誠非辰、宜可及。邕州溪峒砂發之年，中夜望之，隱然火光滿山。嗟夫，稚川知之矣！

周去非《嶺外代答》卷七《金石門・銀朱》 桂人燒水銀爲銀朱，以鐵爲上下釜，下釜如盤盂，中置水銀；上釜如蓋，頂施竅管，其管上屈曲垂於外。二釜函蓋相得，固濟既密，則別以水浸曲管之口。又火灼下釜之底，水銀得火則飛，遇水則止。火熯體乾，白變而丹矣。其上曰頭朱，次曰次朱，次者不免雜以黃丹也。

周去非《嶺外代答》卷七《金石門・銅緑》 緑，所在有之。湖南之衡、永，廣東之韶，廣西之邕皆有之，蓋銅之苗裔也。有融結於山巖，翠緑可愛玩，質如石者，名石緑，色鮮美，淘取英華，以供畫繪，其次可飾棟宇。又一種脆爛如碎土者，名泥緑，人不甚用。

周去非《嶺外代答》卷七《金石門・鉛粉》 西融州有鉛坑，鉛質極美，桂人用以制粉，澄之以桂水之清，故桂粉聲聞天下。桂粉舊皆僧房罨造，僧無不富，邪僻之行多矣。厥後經略司專其利，歲得息錢二萬緡，以資經費。羣僧乃往衡嶽造粉，而以下價售之，亦名桂粉。雖其色不若桂，然桂以故發賣少遲。

高似孫《剡録》卷一〇《草木禽魚詁下》 朱砂 崖谷間亦有之，人不知采耳。李白《剡中詩》：「無以墨綬苦，來求丹砂要。」《寰宇志》曰：「會稽歲貢丹砂。」

雲母石 剡山地接壁嶺，道間所生，石色晶熒。葛洪《丹經》：「用雲子者，雲母也。」白居易詩：「朝餐雲母散，夜吸沆瀣精。」張籍詩：「煉成雲母休煩爨，占得雷公當吏兵。」皮日休詩：「深夜數甌唯柏葉，清晨一器是雲華。」注曰：「雲華，雲母別名。」

張世南《游宦紀聞》卷二 雄黃、雌黃出階州。雄黃好者如鷄冠，色透明可愛。雌黃佳者成葉子，如金色。入乳鉢內研，頃刻成粉，色極鮮麗。與韶粉相忌，繪事不可用二物，稍相親，則色淪胥而黑。向在蜀，曾令畫工用之。卷藏數月，已而展翫，其色果然，工亦不曉。

趙與時《賓退録》卷一〇 《禹貢》以來，歷代史志及地理之書，但載土貢之目，而不書其數。惟《元豐九域志》爲詳。嘗最一歲所貢，凡爲【略】青一十斤，代。

碌一十斤，代。朱砂四斤一兩，沅、容各二十兩，辰一十五兩，黔一十兩。【略】空青一十兩，梓。曾青一十兩，梓。【略】紫草五十斤，大名。【略】紅花五十斤，興元。【略】胡粉二十斤，澶一十斤，相一十斤。

祝穆《方輿勝覽》卷三〇《湖北路·辰州》　土產：辰砂不出於辰，辰砂，本出麻陽縣，唐以麻陽縣及開山洞爲錦州，今隸沅州，不屬辰也。其地產丹砂，而砂井之名有九，皆在獠窟穴之中，而錦之舊城猶在焉。遇歲寒，獠以薪竹燔火爆石以取之，時出與土人貿易，不知者以辰砂爲辰所出也。山川光明山。在沅陵縣，一名龍門山。有砂井，土人採取，入井把火行二里，燒石取之。

朱輔《溪蠻叢笑·辰砂》　辰錦砂最良，麻陽即古錦州，舊隸辰郡。砂自折二，至折十，皆顆塊。佳者爲箭鏃，結不實者爲肺砂，碎則有趓趓，末則有藥砂。砂出萬山之崖爲最，犵狫以火攻取。

馬端臨《文獻通考》卷三一六《輿地二》　相州【略】貢胡粉。

馬端臨《文獻通考》卷三一七《輿地三》　魏州【略】貢紫草。

馬端臨《文獻通考》卷三一八《輿地四》　福州【略】貢紅花。

馬端臨《文獻通考》卷三一九《輿地五》　鼎州【略】貢紵布、練布。

馬端臨《文獻通考》卷三二一《輿地七》　興元府【略】貢燕脂、紅花。

潼川府【略】貢曾青、空青。

辰州【略】貢光明朱砂。

沅州【略】貢水銀、朱砂。

黔州【略】貢朱砂、蠟。

澧州【略】貢綾、竹簟。

馬端臨《文獻通考》卷三二二《輿地八》　靈州【略】貢紅藍。

馬端臨《文獻通考》卷三二三《輿地九》　容州【略】貢銀、朱砂。

驩州【略】貢金、金泊、黃屑、象牙、犀角、沈香、斑竹。

峰州【略】貢銀、藤器、白蠟、蚺蛇膽、荳蔻。

陸州【略】貢銀、玳瑁、鼊皮、翠羽、甲香。

《元史》卷九四《食貨志二》　產朱砂、水銀之所，在遼陽省曰北京，湖廣省曰沅、潭，四川省曰思州。

司農司《農桑輯要·藥草》　種紫草

《齊民要術》：宜黃白輭良之地，青沙地亦善；開荒黍穄下大佳。性不耐水，必須高田。

秋耕地，至春又轉耕之。三月種之：耬耩地，逐壠手下子，良田一畝，用子二升半，薄田用子三升。下訖勞之。鋤如穀法，潔淨爲佳，其壠底草則拔之。壠底用鋤，則傷紫草。

九月中子熟，刈之。候稃芳蒲反。燥載聚，打取子。濕載，子則浥鬱。即深細耕。不細不深，則失草矣。尋壟以杷耬取，整理：收草宜併手力，速竟爲良，遭雨則損草也。一扼隨以茅結之，劈葛彌善。四扼爲一頭，當日則斬齊，顛倒十重許爲長行，置堅平之地，以板石鎮之令褊。濕鎮直而長，燥鎮則碎折，不鎮賣難售也。兩三宿，豎頭著日中曝之，令浥浥然，不曬則鬱黑，太燥則碎折。五十頭作一洪，洪，十字，大頭向外，以葛纏絡。著敞屋下陰涼處棚棧上。其棚下勿使驢馬糞及人溺，又忌烟，皆令草失色。其利勝藍。

若欲久停者，入五月，內著屋中，閉户塞向，密泥，勿使風入漏氣。過立秋，然後開出，草色不異。若經夏在棚棧上，草便變黑，不復任用。

《務本新書》：種訖，拖瓶欐之，或以輕鈍碾過。秋深子熟，傍去其土，連根取出，就地鋪稕。頗乾，輕振其土，茅葉束，切去虛梢。

紅花

《齊民要術》：花地欲得良熟。二月末三月初種也。

種法：欲雨後速下。或漫散種，或耬下，一如種麻法。亦有鋤掊而掩種者，子科大而易料理。

花出，日日乘涼摘取。不摘則乾。摘必須盡。留餘即合。

五月子熟，拔，曝令乾，打取之。子亦不用鬱浥。

五月種晚花。春初即留子，入五月便種，若待新花熟後取子，則又晚也。七月中摘，深色鮮明，耐久不黦，紆物反，色壞也。勝春種者。

收子與麻子同價，既任車脂，亦堪爲燭。

一頃花，日須百人摘，以一家手力，十不充一。但駕車地頭，每旦當有小兒僮女，十百爲羣，自來分摘；正須平量，中半分取。是以單夫隻婦，亦得多種。

曬紅花法：摘取，即碓擣使熟，以水淘，布袋絞去黃汁；更擣，以粟飯漿清而酸者淘之，又以布袋絞去汁，即收取染紅勿棄也。絞訖，著甕器中，以布蓋上，雞鳴更擣令均，於席上攤而曝乾。勝作餅。花作餅者，不得乾，令花浥鬱也。

藍

《齊民要術》：藍地欲良。三徧細耕。三月中浸子令芽生，乃畦種之。治畦下水，一同葵法。藍三葉澆之。晨夜再澆。薅治令净。

五月中新雨後，即接濕耬耩，拔栽之。三莖作一科，相去八寸。栽時宜併功急手，無令地燥也。白背即急鋤。栽時既濕，白背不急鋤則堅確也。五徧爲良。

七月中，作藍澱。

崔寔曰：榆莢落時，可種藍。五月，可別藍。六月，可種冬藍。冬藍，大藍也。

梔子

【新添】十月選成熟梔子，取子淘净，曬乾。至來春三月，選沙白地斸畦，區深一尺，全去舊土，却收地上濕潤浮土，篩細，填滿區。下種稠密，如種茄法。細土薄糁。上搭箔棚遮日，高可一尺。旱時，一二日用水於棚上頻頻澆灑，不令土脉堅垎。四十餘日，芽方出土。薅治，澆溉。至冬月，厚用蒿草藏護。

次年三月移開，相去一寸一科。鋤治、澆溉宜頻。冬月，用土深擁根株，其枝梢用草包護。

至次年三四月又移，一步半一科，栽成行列。須園内穿井，頻澆，頻鋤。每歲冬，須北面厚夾籬障，以蔽風寒。

第四年，開花結實。十月收摘，甑内微蒸過，曬乾用。

王禎《農書・百穀譜集之十・紫草》 紫草，《爾雅》謂之「藐」，《廣雅》謂之「茈莀」，苗似蘭香，節青。【略】

王禎《農書・百穀譜集之十・紅花》 紅花一名「黄藍」，葉頗似藍，故有「藍」名。生於西域，張騫所得，今處處有之。【略】以染真紅及作臙脂，其利殊博也。

王禎《農書・百穀譜集之十・藍》 藍，染草也。《爾雅》云「葴，馬藍」。藍有數種。有「木藍」。有「松藍」，可以爲澱者。有「蓼藍」，但可染碧，不堪作澱。藍一本而有數色，刮竹青，緑雲碧，青藍黄，豈非「青出於藍而青於藍」者乎？【略】藍非獨可染青，絞其汁飲之，最能解蟲豸諸藥等毒，不可闕也。

王禎《農書・農器圖譜集之一八・織紝門》 砧杵，擣練具也。《東宫舊事》曰：太子納妃，有石砧一枚，又擣亦作「搗」。衣杵十。《荊州記》曰：秭歸縣有屈原宅，女嬃廟，擣衣石猶存。蓋古之女子對立各執一杵，上下擣練於砧，其丁東之聲，互相應答。今易作臥杵，對坐搗之，又便且速，易成帛也。

砧杵

魏璀賦云：細腰杵兮木一枝，女郎砧兮石五彩，聞後響而已續，聽前聲而猶在。夜如何其，秋兮已半。於是拽魯縞，攘皓腕，始于摇揚，終於淩亂。四振五振，驚飛鴈之兩行；六舉七舉，遏彩雲而一斷。隱高閣而如動，度遥城而如散。夜有露兮秋月風，杵有聲兮衣可縫，佳人聽兮意何窮。步逍遥於凉景，暢容與於晴空。黄金釵兮碧雲髮，白素巾兮青女月，佳人聽兮良未歇。擘長虹而乍開，凌倒景而將越。是時也，餘響未畢，微影方流。透迤洞房，半入宵夢；窈窕閒館，方增客愁。李都尉以胡笳動泣，向子期以鄰笛增憂。古人獨感於聽，今者況兼乎秋。願君無按龍泉色，誰道明珠不可投。

《大元混一方輿勝覽》卷下《辰州路》 風土 出辰砂。此辰所强。

《明史》卷三二五《外國傳六・柔佛》 所産有犀、象、玳瑁、片腦、没藥、血竭、錫、蠟、嘉文簟、木棉花、檳榔、海菜、窩燕、西國米、蓋吉柿之屬。

徐光啓《農政全書》卷二八《樹藝・蔬部》 蔠葵 即紫草子。《爾雅》曰：蔠葵，繁露也。其葉最能承露，其子垂垂如綴露，故名。又一名藤菜，一名天葵，一名御菜，一名燕脂菜，一名落葵。落字疑蔠字相傳之訛。

陶弘景曰：落葵，人家多種之，葉可飪鮓食，甚滑。

李時珍曰：落葵，三月種之，嫩苗可食。五月蔓延，其葉肥厚軟滑，可作蔬，和肉食。子紫黑色，揉取汁，可染布物，謂之胡燕脂，但久則色易變。

徐光啓《農政全書》卷三八《種植・木部》 冬青陳藏器曰：冬青木，肌白有文，作象齒笏。其葉，堪染緋。李時珍曰：凍青，亦女貞别種也。山中時有之。但以葉微團，而子赤者，爲凍青；葉長而子黑者，爲女貞。玄扈先生曰：女貞，吴下稱冬青，産蠟處皆稱蠟樹。此冬青，吳下稱水冬青，或稱細葉冬青。

徐光啓《農政全書》卷三八《種植・木部》 梔子 司馬相如賦曰：「鮮支黄礫。」注曰：即支子。佛書稱薝蔔；又名林蘭，又名越桃，又名禪友。有兩三種，小異，以七稜者爲佳。三四月開花，夏秋結實，經霜乃收。蜀中有紅梔子，花紅色，染物則赭紅色。

《齊民要術》曰：十月選成熟梔子，取子淘淨，曬乾。至來春三月，選沙白地劚畦。區深一尺，全去舊土，却收地上濕潤浮土，篩細，填滿畦區，下種稠密如種茄法。細土薄糁，上搭箔棚遮日，高可一尺。旱時一二日用水於棚上頻頻澆灑，不令土脈堅垎。四十餘日，芽方出土，薅治澆溉。至冬月，厚用蒿草藏護。次年三月移開，相去一寸一科，鋤治澆溉宜頻。冬月，用土深擁根株，其枝梢用草苞護。至次年三四月又移，一步半一科，栽成行列，須園內穿井頻澆。冬月用土深擁，須北面莢籬，障以蔽風寒。第四年開花結實，十月收摘，甑內微蒸過，曬乾用。梅雨時，以沃壤一團，插嫩枝其中，置鬆畦內，常灌糞水，候生根移種亦可。

徐光啓《農政全書》卷四〇《種植・雜種下》 紅花 《博物志》曰：張騫得種於西域。一名紅藍，一名黄藍，以其花似藍也。今處處有之，色紅黄，葉緑有刺，夏開花，花下有梂，花出梂上，梂中結實，大如小荳。

《齊民要術》曰：花地欲得良熟。二三月間侯雨後速下，或漫散種，或耬下，一如種麻法。亦有鋤掊而掩種者，子科大而易料理。花出，欲日日乘涼摘取，不摘則乾。摘必須盡。餘留即合。五月子熟，拔曝令乾，打取之。子亦不用鬱浥。五月種晚花，春初即留子，入五月便種。若待新花熟後取子，則太晚矣。七月中摘，深色鮮明，耐久不黦，勝春種者。負郭良田，種頃者歲收絹三百疋。一頃收子二百斛，與麻子同價；既任車脂，亦堪爲燭，即是直頭成米。二百石米，已當穀田；三百疋絹，端然在外。一頃收花日，須百人摘；以一家手力，十不充一。但駕車地頭，每旦當有小兒僮女，百十餘羣，自來分摘，正須平量，中半分取。是以單夫隻妻亦得多種。

《便民圖纂》曰：八月中鋤成行壠，春穴下種，或灰或雞糞蓋之。澆灌不宜濃糞。次年花開，侵晨採摘。微搗去黄汁，用青蒿蓋一宿，捻成薄餅，晒乾收用。勿近濕牆壁去處。

《齊民要術》曰：殺花法：摘取即碓擣使熟，以水淘，布袋絞去黄汁。更擣，以粟飯漿清而醋者淘之，又以布袋絞汁，即收取染紅，勿棄也。絞訖，著甕器中，以布蓋上。雞鳴更擣令均，於席上攤而曝乾，勝作餅。作餅者，不得乾，令花浥鬱也。

又曰：作胭脂法：預燒落藜藜藋及蒿作灰，無者，即草灰亦得。以湯淋取清汁，初汁純厚太釅，即教花不中用，惟可洗衣。取第三度湯者，以用揉花和，使好色也。揉花。十許遍，勢盡乃止。布袋絞取純汁，著甕椀中。取醋石榴兩三個，劈取子擣破，少著粟飯漿水極酸者和之；布絞取瀋，以和花汁。若無石榴者，以好醋和飯漿亦得。若復無醋者，清飯漿極酸者，亦得空用之。下白米粉大如酸棗，粉多則白。以淨竹箸不膩者，良久痛攪，蓋冒。至夜，瀉去上清汁，至淳處止；傾著帛練角袋子中懸之。明日乾浥浥時，捻作小瓣，如半麻子，陰乾之，則成矣。

藍 《爾雅》曰：「葴，馬藍。」郭璞注曰：今大葉冬藍也。李時珍曰：藍凡有五種：蓼藍，葉如蓼，五六月開花成穗，淺紅色，子亦如蓼。歲可三刈。菘藍，葉如白菘。馬藍，葉如苦蕒。吳藍，長莖如蒿而花白。木藍，長莖如決明，葉似槐，七月開花，淡紅色。別有一種甘藍，可食。

《齊民要術》曰：藍，地欲得良，三徧細耕。三月中浸子令芽生，乃畦種之。治畦下水，一同葵法。藍三葉澆之，晨夜再澆之。薅治令淨。五月中新雨後，即接濕耬耩，拔栽。《夏小正》曰：「五月，浴灌藍蓼。」三莖作一科，相去八寸。栽時宜併工急手，無令地燥也。白背，即急鉏，栽時既濕，白背不急鋤，堅確也。五徧爲良。七月中作坑，令受百許束，作麥稈泥泥之，令深五寸，以苫蔽四壁。刈藍倒豎於坑中；下水，以木石鎮壓，令没。熱時一宿，冷時再宿，漉去荄；內汁於甕中。率十石甕，著石灰一斗五升，急抨普彭反。之一食頃止，澄清，瀉去水。別作小坑，貯藍澱著坑中；候如强粥，還出甕中盛之，藍澱成矣。種藍十畝，敵穀田一頃；能自染青者，其利又倍矣。

崔寔曰：榆莢落時可種藍，五月可刈藍，六月種冬藍。冬藍，木藍也。

《農桑通訣》曰：木藍、松藍，可以爲澱者。蓼藍，但可染碧，不堪作澱。藍一本而有數色：刮行、青緑、雲碧、青藍、黄；豈有「青出于藍，而青于藍」者乎？藍非獨可染青，絞其汁飲之，最能解蟲豸諸藥等毒，不可闕也。

《便民圖纂》曰：正月中，以布袋盛子浸之。芽出撒地上，用糞灰覆蓋。待放葉，澆水糞。長二寸許，分栽成行，仍用水糞澆活。至五六月，烈日內將糞水潑葉上，約五六次，候葉厚方割。離土二寸許。將梗葉浸水缸內晝夜濾淨。每缸內，用礦灰：色清者，灰八兩；濃者，九兩。以木杋打轉，澄清去水，是謂頭靛。其在地舊根旁須去草浄，澆灌一如前法。待葉盛，亦如前法收割浸打，謂之二靛。又俟長，亦如前澆灌，斫則齊根，浸打法亦同前，謂之三靛。其濾出柤，壅田亦可。

紫草　《爾雅》曰：「藐，茈草。」郭璞注曰：一名紫莀。《廣志》曰：隴西紫草，紫之上者。《本草經》曰：一名紫丹。《博物志》曰：平氏山之陽，紫草特好也。

《務本新書》曰：種訖，拖瓶欏之，或以輕鈍碾過。秋深子熟，旁去其土，連根取出，就地鋪曬。頗乾，輕振其土，以茅稾束，切去虛梢。以之染紫，其色殊美。

芥藍王禎《農桑通訣》曰：芥之嫩者爲芥藍，極脆。東坡詩云：「芥藍如菌蕈，脆美牙頰響。」玄扈先生曰：芥藍，芥屬也，葉色如藍，故南人謂之芥藍，仍可擘取食，故北人謂之擘藍。其葉大于菘，根大於芥，薹苗大于白芥，子大于蔓菁。花淡黄色。其苗葉根心，俱任爲蔬，子可壓油。亦四時可種，四時可食，大略如蔓菁也。但食根之菜，如芥、蘆菔、蔓菁之屬，魁皆在土中；此則魁在土上，爲異耳。收根者，須四五月種，少長，擘食其葉，漸擘，魁漸大，八九月，并根葉取之。葉作菹，或作乾菜；根剥去皮，或煮食，或糟藏醬豉。留根，至明春復發，苗可採食。三月花，四月實。子每畝收可三四石。

玄扈先生曰：種芥藍，宜耕熟地，厚壅之。土强者，多用草灰和之。耕熟後，或漫散子，取次耘之；或種，苗長數寸，移植之；或就平地種，或作垺；大略與種蔓菁同法。但須疎行，則魁大子多，每本令相去一尺餘。

又曰：凡菜種多冬榮夏枯，獨芥藍乾枯收子之後，根復生蘖，經數年不壞。蓋一種之後，無論子粒傳生，即原本亦供數年採拾。冬月，悉取葉，空留根，來年亦生。或并劚去大根，稍存入土細根，來年亦生。

又曰：芥藍莖葉，用芝麻油煮，如常煮菜法食之，并飲其汁，能散積痰。其葉及子，亦能消食積，解麵毒。

又曰：菜名藍者，不止因葉色似藍，北人直用作澱，可染紬帛，勝于福青。

徐光啟《農政全書》卷四六《荒政・救荒本草一》　大藍　生河内平澤，今處處有之，人家園圃中多種。苗高尺餘。葉類白菜葉，微厚而狹窄尖艄，淡粉青色。莖叉梢間，開黄花。小莢，其子黑色。《本草》謂菘藍，可以爲靛染青。以其葉似菘菜，故名菘藍，又名馬藍，《爾雅》所謂葴馬藍是也。味苦，性寒，無毒。

大藍　紅花菜

紅花菜　本草名紅藍花，一名黄藍。出梁、漢及西域，滄、魏亦種之，今處處有之。高二尺許。莖葉有刺，似刺薊葉而潤澤，窊面。梢結梂彙，亦多刺。開紅花，蕊出梂上。圃人採之，採已復出，至盡而罷。梂中結實，白顆如小荳大。其花暴乾，以染真紅，及作胭脂。花味辛，性温，無毒。葉味甘。

丹砂

王圻《三才圖會・珍寶》卷一　丹砂出辰州、宜州、階州，而辰州者最勝，謂之辰砂。生深山石崖間，土人採之，穴地數十尺，始見其苗，乃白石耳，謂之朱砂、牀砂。生石上，其塊大者如雞子，小者如石榴子，狀若芙蓉，頭箭鏃連牀者紫黯若鐵色而光明瑩澈，碎之，嶄巖作牆壁，又似雲母片，可析者真辰砂也。無石者彌佳，過此皆淘土石中得之，非生於石牀者。陶隱居注謂出武陵西川諸蠻中。今辰州乃武陵故地，雖號辰砂，而州境所出殊少，往往在蠻界中溪叙錦川得之，殆不曉武陵之西川耳。宜砂絶有大塊者，碎之亦作牆壁，但罕有類物狀而色亦深赤，爲不及辰砂，蓋出土石間，非白石牀所生也。然階州階砂又次，多不堪入藥，惟可畫色耳。凡砂之絶好者，爲光明砂，其次謂之顆塊，其次謂之鹿蔌，其下謂之末砂。

空青生益州山谷，及越嶲山有銅處，銅精薰則生空青，今信州亦時有之。其腹中空，破之有漿者絶難得，亦有次者如鷄子，小者如豆子，採亦無時。

空青

曾青

曾青所出與此同山，形體頗相似，而色理亦無異，但其形纍纍如連珠相綴，今極難得。

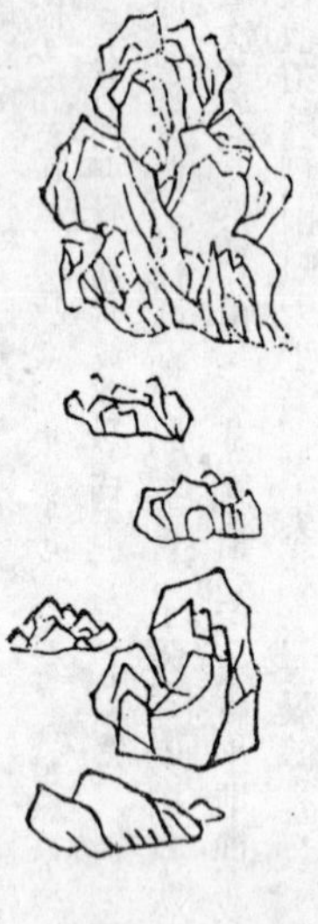

石綠

綠青，今謂之石綠，生益州山谷，及越嶲山有銅處。其色青白，即畫工綠色者。極有大塊，其中青白花文可愛。信州人用琢爲腰帶環，及婦人服飾。其入藥者，當用顆塊如乳香不挾石者佳。

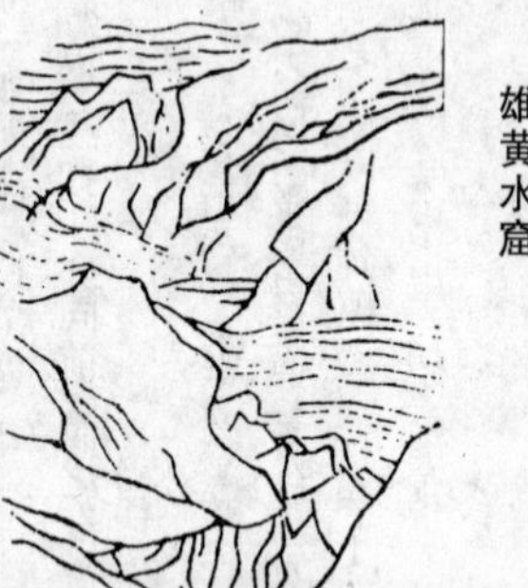

雄黃

雄黃水窟

雄黃生武都山谷，燉煌山之陽，今階州山中有之。形塊如丹砂，明澈不挾石，其色如鷄冠者爲真。有青黑色而堅者名熏音訓黃，有形色似真而氣臭者名臭黃，並不入服食藥，只可療瘡疥耳。其臭以醋洗之便可斷。氣足以亂真，用之尤宜細辨。

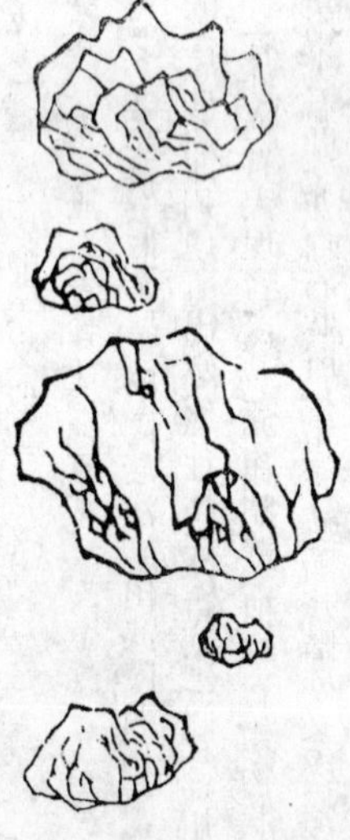

雌黃

雌黃生武都山谷，與雄黃同山。其陰山有金，金精熏則生雄黃。今出階州，以其色如金，又似雲母，甲錯可析者爲佳，其夾石及黑如鐵色者不可用。或云一塊重四兩者，析之可得千重，此尤奇好也。採無時。

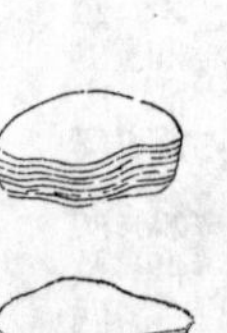

雲母

江州雲母

雲母生泰山山谷，齊盧山及琅邪北定山石間。今兖州雲夢山及江州、濠州、杭越間亦有之。生土石間，作片成層可析，明滑光白者爲上。江南生者多青黑色，不堪入藥。二月採其片，絶有大而瑩潔者。今人或以飾燈籠，亦古屏扇之遺事也。

礬石生河西山谷及隴西武都石門，今白礬則晉州、慈州、無爲軍，綠礬則隰州温泉縣、池州銅陵縣，並煎礬處出焉。初生皆石也，採得碎之煎鍊乃成。礬凡有五種，其色各異，謂白礬、綠礬、黄礬、黑礬、絳礬也。白礬則入藥及染人所用者，綠礬亦入咽喉口齒藥及染色，黄礬丹竈家所須時亦入藥，黑礬惟出西戎，亦謂之皂礬，染鬚鬢藥或用之，絳礬本來綠色，亦謂之石膽，燒之赤色，故有絳名，今亦稀見。

礜石

紅藍

王祈《三才圖會·草木》卷三　紅藍

紅藍花，即紅花也。生梁、漢及西域，今處處有之。人家場圃所種，冬而布子，至春生苗，夏乃有花，下作梂彙多刺，花蘂出梂上。圃人承露採之，採已復出，至盡而罷。梂中結實，白顆如小荳大。其花暴乾，以染真紅及作臙脂，主産後血病爲勝，其實亦同。葉頗似藍，故有藍名。又名黄藍。《博物志》云：張騫所得也。味辛温無毒，治女子中風血熱煩渴，又治喉痺壅塞不通。

鬱金

鬱金

鬱金生蜀地及西戎，胡人謂之馬迷，廣南、江西州郡亦有之，然不及蜀中者佳。四月初生，苗似薑黄，花白質紅，未秋出莖，心無實，根黄赤，取四畔子根去皮火乾之，古方稀用，今小兒方及馬醫多用之。味辛苦寒無毒，主血積下氣，生肌止血，破惡血血淋尿血金瘡。

王祈《三才圖會·草木》卷八　鼠李

鼠李，即烏巢子也。生田野，今蜀川多有之。枝葉如李子，實若五味子，色䃜黑，其汁紫色。主寒熱瘰癧瘡。其皮味苦，微寒無毒，主除身皮熱毒。

王祈《三才圖會·草木》卷九　蘗木

蘗木，黄蘗也。生漢中山谷及永、昌，今處處有之，以蜀中者爲佳。木高數丈，葉類茱萸及椿，葉經冬不凋，皮外白裏深黄色，根如松下茯苓作結塊。五月

鼠李

蘗木

六月採皮去皺，麄暴乾用。味苦寒無毒，主五臟腸胃中結熱、黄疸腸痔，止洩痢，女子漏下赤白，陰傷蝕瘡，療驚氣在皮間，肌膚熱赤起，目熱赤痛，口瘡，根一名檀桓，主心腹百病，安魂魄不饑渴。

雷禮等《皇明大政記》卷八《成祖文皇帝》　永樂十四年，交趾上供蘇木一千五百斤。【略】

永樂二十一年，交趾上供蘇木五十斤。

曹學佺《蜀中廣記》卷六四《方物記第六》　《史記》：巴蜀寡婦清之先，得丹穴，擅其利數世，家亦不貲。《華陽國志》：涪陵，巴之南鄙，出丹漆。又云：丹興縣，出名丹。《蜀都賦》：丹砂赩熾，出其坂。註：丹興、漢葭二縣並出。《本草》：丹砂，生符陵山谷，光色如雲母。陶隱居云：符陵，是涪州。《志林》云：爾朱道士晚客於眉山，自言受記於師云：汝後遇白石浮，當飛仙去。爾朱雖以此語人，自亦莫識所謂。後客涪州，愛其地産丹砂，雖瑣細而皆矢鏃狀，瑩徹不雜土石，遂止。鍊丹數年，竟於涪州白石仙去。長老道其事甚多，然不記名字，可恨。《通考》云：唐黔州黔中郡貢朱砂十斤。《寰宇記》：黔州出水銀。《本草》言水銀生涪陵平土，而出於丹砂也。

《華陽國志》：梓潼郡涪縣有陽泉出石丹

《范子計然》曰：空青出於巴郡。《本草》：空青生益州山谷，久服輕身，能化銅鉛作金。又云：蜀名山縣有銅處，曾青出其陽，青者銅之精也。又云：空

青生越巂山有銅處，銅精熏則生，空青其腹中空。梁江淹《空青賦》曰：夫赤瓊以照，燎爲光碧。石以葳蕤爲色，咸見珍於東國，並被貴於西極。況空青之麗寶，挺山海之不測。於是寫雲圖氣，學靈狀仙。寶波麗水，華峯豔山。暘谷之樹，崦嵫之泉，西海之草，炎州之煙。曲帳畫屏，素女綵扇，錦色雰鬱，綺質蔓延。點拂濃薄，如隱如見。山水萬象，丹青四變。咸百鎰而可珍，亦千金而不賤。故淹作《扇上彩畫賦》，有空青出嶲眉之岨，雌黄出嶓冢之陰。

《華陽國志》：越巂會無縣，山色青碧，《蜀都賦》所稱碧砮出此。

《本草》：扁青生朱提，繪畫家用之，青翠不渝。《珙縣志》：落幹里麻窖中出青，大如筯。初掘其色淡，乘風始變青，所謂土青也。《寰宇記》：空青出銅山縣賴應山。又云：梓州貢空青。曾青，石碌也。

宋應星《天工開物》卷上《彰施第三卷》　宋子曰：霄漢之間，雲霞異色，閻浮之內，花葉殊形，天垂象而聖人則之，以五采彰施于五色，有虞氏豈無所用其心哉？飛禽衆而鳳則丹，走獸盈而麟則碧。夫林林青衣，望闕而拜黄朱也，其義亦猶是矣。老子曰：甘受和，白受采。世間絲、麻、裘、褐皆具素質，而使殊顔異色得以尚焉。謂造物不勞心者，吾不信也。

諸色質料

大紅色其質紅花餅一味，用烏梅水煎出。又用鹼水澄數次，或稻藁灰代鹼，功用亦同。澄得多次，色則鮮甚。染房討便宜者，先染蘆木打脚。凡紅花最忌沉、麝，袍服與衣香共收，旬月之間其色即毁。凡紅花染帛之後，若欲退轉，但浸濕所染帛，以鹼水、稻灰水滴上數十點，其紅一毫收轉，仍還原質。所收之水藏于緑豆粉內，放出染紅，半滴不耗。染家以爲秘訣，不以告人。　蓮紅、桃紅色、銀紅、水紅色以上質亦紅花餅一味，淺深分兩加減而成。是四色皆非黄繭絲所可爲，必用白絲方現。　木紅色用蘇木煎水，入明礬、棓子。　紫色蘇木爲地，青礬尚之。　赭黄色制未詳。　鵝黄色黄蘗煎水染，靛水蓋上。　金黄色蘆木煎水染，復用麻藁灰淋，鹼水漂。　茶褐色蓮子殼煎水染，復用青礬水蓋。　大紅官緑色槐花煎水染，藍澱蓋，淺深皆用明礬。　豆緑色黄蘗水染，靛水蓋。今用小葉莧藍煎水蓋者，名草豆緑，色甚鮮。　油緑色槐花薄染，青礬蓋。　天青色入靛缸淺染，蘇木水蓋。　蒲萄青色入靛缸深染，蘇木水深蓋。　蛋青色黄蘗水染，然後入靛缸。　翠藍、天藍二色俱靛水分深淺。　玄色靛水染深青，蘆木、楊梅皮等分煎水蓋。又一法，將藍芽葉水浸，然後下青礬、棓子同浸，令布帛易朽。　月白、草白二色俱靛水微染，今法用莧藍煎水，半生半熟染。　象牙色蘆木煎水薄染，或用黄土。　藕褐色蘇木水薄染，入蓮子殼，青礬水薄蓋。　附：染包頭青色。此黑不出藍靛，用栗殼或蓮子殼煎煮一日，漉起，然後入鐵砂、皂礬鍋內，再煮一宵即成深黑色。　附：染毛青布色法。布青初尚蕪湖，千百年矣。以其漿碾成青光，邊方外國皆貴重之。人情久則生厭。毛青乃出近代，其法取淞江美布染成深青，不復漿碾，吹乾，用膠水參豆漿水一過。先蓄好靛，名曰標碉，入內薄染即起，紅焰之色隱然。此布一時重用。

藍澱

凡藍五種，皆可爲澱。茶藍即菘藍，插根活；蓼藍、馬藍、吴藍等皆撒子生。近又出蓼藍小葉者，俗名莧藍，種更佳。凡種茶藍法，冬月割獲，將葉片片削下，入窖造澱。其身斬去上下，近根留數寸，薰乾，埋藏土內。春月燒净山土使極肥鬆，然後用錐鋤，其鋤勾末向身長八寸許。刺土打斜眼，插入于內，自然活根生葉。其餘藍皆收子撒種畦圃中。暮春生苗，六月採實，七月刈身造澱。凡造澱，葉與莖多者入窖，少者入桶與缸。水浸七日，其汁自來。每水漿壹石下石灰五升，攪衝數十下，澱信即結。水性定時，澱澄于底。近來出産，閩人種山皆茶藍，其數倍于諸藍。山中結箬簍，輸入舟航。其掠出浮沫晒乾者曰靛花。凡靛入缸必用稻灰水先和，每日手執竹棍攪動，不可計數。其最佳者曰標碉。

紅花

紅花場圃，撒子種，二月初下種。若太早種者，苗高尺許即生蟲如黑蟻，食根立斃。凡種地肥者，苗高二三尺。每路打撅，縛繩橫闌，以備狂風拗折。若瘦地尺五以下者，不必爲之。紅花入夏即放綻，花下作梂彙多刺，花出梂上。採花者必侵晨帶露摘取。若日高露旰，其花即已結閉成實，不可採矣。其朝陰雨無露，放花較少，旰摘無(防)〔妨〕，以無日色故也。紅花逐日放綻，經月乃盡。入藥用者不必製餅。若入染家用者，必以法成餅然後用，則黄汁浄盡而真紅乃現也。其子煎壓出油，或以銀箔貼扇面，用此油一刷，火上照乾，立成金色。

造紅花餅法

帶露摘紅花，搗熟以水淘，布袋絞去黄汁。又搗以酸粟或米泔清。又淘，又絞袋去汁，以青蒿覆一宿，捏成薄餅，陰乾收貯。染家得法，我朱孔(揚)〔陽〕，所謂猩紅也。染紙吉禮用，亦必用製餅，不然全無色。

附：燕脂

燕脂古造法以紫鉚染綿者爲上，紅花汁及山榴花汁者次之。近濟寧路但取染殘紅花滓爲之，值甚賤。其滓乾者名曰紫粉，丹青家或收用，染家則糟粕棄也。

槐花

凡槐樹十餘年後方生花實。花初試未開者曰槐蕋，緑衣所需，猶紅花之成紅也。取者張度與稠其下而承之。以水煑一沸，漉乾捏成餅，入染家用。既放之，花色漸入黄，收用者以石灰少許晒拌而藏之。

宋應星《天工開物》卷中《燔石第十一卷》

礬石　白礬

凡礬燔石而成。白礬一種，亦所在有之。最盛者山西晉、南直無爲等州，值價低賤，與寒水石相仿。然煎水極沸，投礬化之，以之染物，則固結膚膜之間，外水永不入，故製糖餞與染畫紙、紅紙者需之。其末乾撒，又能治浸淫惡水，故濕創家亦急需之也。凡白礬，堀土取磊塊石，層疊煤炭餅鍛煉，如燒石灰様。火候已足，冷定入水。煎水極沸時，盤中有濺溢如物飛出，俗名蝴蝶礬者，則礬成矣。煎濃之後，入水缸内澄，其上隆結曰弔礬，潔白異常。其沉下者，曰缸礬。輕虚如棉絮者，曰柳絮礬。燒汁至盡，白如雪者，謂之巴石。方藥家煆過用者，曰枯礬云。

青礬　紅礬　黄礬　膽礬

凡皂、紅、黄礬，皆出一種而成，變化其質。取煤炭外礦石俗名銅炭。子，每五百斤入炉，炉内用煤炭餅自來風不用鼓鞴者。千餘斤，周圍包果此石。炉外砌築土墻圈圍，炉顛空一圓孔如茶碗口大，透炎直上，孔傍以礬滓厚罨。此滓不知起自何世，欲作新炉者，非舊滓罨蓋則不成。然後從底發火，此火度經十日方熄。其孔眼時有金色光直上。取硫，詳後款。煆經十日後，冷定取出。半酥雜碎者另揀出，名曰時礬，爲煎礬紅用。其中精粹如礦灰形者，取入缸中浸三個時，漉入釜中煎煉。每水十石煎至一石，火候方足。煎乾之後，上結者皆佳好皂礬，下者爲礬滓。後爐用此蓋。此皂礬染家必需用。中國煎者亦惟五六所。原石五百斤成皂礬二百斤，其大端也。其揀出時礬，俗又名雞屎礬。每斤入黄土四兩，入罐熬煉，則成礬紅，圬墁及油漆家用之。其黄礬所出又奇甚，乃即煉皂礬爐側土墻，春夏經受火石精氣，至霜降、立冬之交，冷静之時，其墻上自然爆出此種，如淮北磚墻生焰硝様，刮取下來，名曰黄礬，染家用之。金色淡者塗炙，立成紫赤也。其黄礬自外國來，打破，中有金絲者，名曰波斯礬，別是一種。又山、陝燒取硫黄山上，其滓棄地，二三年從雨水浸淋，精液流入溝麓之中，自然結成皂礬。取而貨用，不假煎煉。其中色佳者，人取以混石膽云。石膽一名膽礬者，亦出晉、隰等州，乃山石穴中自結成者，故緑色帶寶光。燒鐵器淬于膽礬水中，即成銅色也。《本草》載礬雖五種，並未分別原委。其崑崙礬狀如黑泥，鐵礬狀如赤石脂者，皆西域産也。

宋應星《天工開物》下卷《五金第十四卷》

鉛

凡産鉛山穴，繫于銅、錫。其質有三種，一出銀礦中，包孕白銀。初煉和銀成團，再煉脱銀沉底，曰銀礦鉛，此鉛雲南爲盛。一出銅礦中，入洪爐煉化，鉛先出，銅後隨，曰銅山鉛，此鉛貴州爲盛。一出單生鉛穴，取者穴山石，挾油燈尋脉，曲折如採銀鉚，取出淘洗煎鍊，名曰草節鉛，此鉛蜀中嘉、利等州爲盛。其餘雅州出鈎脚鉛，形如皂莢子，又如蝌斗子，生山澗沙中。廣信郡上饒、饒郡樂平出襍銅鉛，劒州出陰平鉛，難以枚舉。凡銀鉚中鉛，煉鉛成底，鍊底復成鉛。草節鉛單入洪爐煎煉，爐傍通管注入長條土槽内，俗名扁擔鉛，亦曰出山鉛，所以別于凡銀爐内頻經煎煉者。凡鉛物值雖賤，變化殊奇，白粉、黄丹，皆其顯像。操銀底于精純，勾錫成其柔軟，皆鉛力也。

附胡粉

凡造胡粉，每鉛百斤，鎔化，削成薄片，卷作筒，安木甑内。甑下甑中各安醋一瓶，外以鹽泥固濟，紙糊甑縫。安火四兩，養之七日。期足啓開，鉛片皆生霜粉，掃入水缸内。未生霜者，入甑依舊再養七日，再掃，以質盡爲度，其不盡者留作黄丹料。每掃下霜一斤，入豆粉二兩、蛤粉四兩，缸内攪匀，澄去清水，用細灰按成溝，紙隔數層，置粉于上。將乾，截成瓦定形，或如磊塊，待乾收貨。此物古因辰、韶諸郡專造，故曰韶粉，俗誤朝粉。今則各省直饒爲之矣。其質入丹青，則白不減。查婦人頰，能使本色轉青。胡粉投入炭爐中，仍還鎔化爲鉛，所謂色盡歸皂者。

附黄丹

凡炒鉛丹，用鉛一斤，土硫黄十兩，硝石一兩。鎔鉛成汁，下醋點之。滚沸時下硫一塊，少頃入硝少許，沸定再點醋，依前漸下硝、黄，待爲末，則成丹矣。其胡粉殘剩者，用硝石、礬石炒成丹，不復用錯也。欲丹還鉛，用蔥白汁拌黄丹慢炒，金汁出時，傾出即還鉛矣。

宋應星《天工開物》卷下《丹青第十六卷》

朱

凡朱砂、水銀、銀朱，原同一物，所以異名者，由精粗老嫩而分也。上好朱砂出辰、錦今名麻陽與西川者，中即孕澒，然不以升煉。蓋光明、箭鏃、鏡面等砂，其價重于水銀三倍，故擇出爲朱砂貨鬻。若以升水，反降賤值。唯粗次朱砂方以升煉水銀，而水銀又升銀朱也。凡朱砂上品者，穴土十餘丈乃得之。始見其苗，磊然白石，謂之朱砂牀。近牀之砂，有如雞子大者。其次砂不入藥，衹爲研供畫用與升煉水銀者。其苗不必白石，其深數丈即得。外牀或雜青黄石，或間沙土，土中孕滿，則其外沙石多自折裂。此種砂貴州思、印、銅仁等地最繁，而商州、秦州出亦廣也。凡次砂取來，其通坑色帶白嫩者，則不以研朱，盡以升澒。若砂質即嫩而爍視欲丹者，則取來時，入巨鐵碾槽中，軋碎如微塵，然後入缸，注清水澄浸。過三日夜，跌取其上浮者，傾入别缸，名曰二朱。其下沉結者，晒乾即名頭朱也。凡升水銀，或用嫩白次砂，或用缸中跌出浮面二朱，水和搓成大盤條，每三十斤入一釜内升澒，其下炭質亦用三十斤。凡升澒，上蓋一釜，釜當中留一小孔，釜傍鹽泥緊固。釜上用鐵打成一曲弓溜管，其管用麻繩密纏通稍，仍用鹽泥塗固。煅水之時，曲溜一頭插入釜中通氣，插處一絲固密。一頭以中罐注水兩瓶，插曲溜尾于内，釜中之氣達于罐中之水而止。共煅五个時辰，其中砂末盡化成澒，布于滿釜。冷定一日，取出掃下。此最妙玄，化全部天機也。《本草》胡亂註：『鑿地一孔，放盌一个盛水』。凡將水銀再升朱用，故名曰銀朱。其法或用磬口泥罐，或用上下釜。每水銀一斤，入石亭脂即硫黄製造者。二斤，同研不見星，炒作青砂頭，裝于罐内，上用鐵盞蓋定，盞上壓一鐵尺。鐵線兜底綑縛，鹽泥固濟口縫，下用三釘插地鼎足盛罐。打火三炷香久，頻以廢筆蘸水擦盞，則銀自成粉，貼于罐上，其貼口者朱更鮮華。冷定揭出，刮掃取用。其石亭脂沉下罐底，可取再用也。每用水銀一斤，得朱十四兩，次朱三兩五錢，出數藉硫質而生。凡升朱與研朱，功用亦相彷。若皇家、貴家畫彩，則即同辰、錦丹砂研成者，不用此朱也。凡朱、文房膠成條塊，石硯則顯，若磨于錫硯之上，則立成皂汁。即漆上以鮮物彩，唯入桐油調則顯，入漆亦晦也。凡水銀與朱更無他出，其澒海、草澒之説無端狂妄，耳食者信之。若水銀已升朱，則不可復還爲澒，所謂造化之巧已盡也。

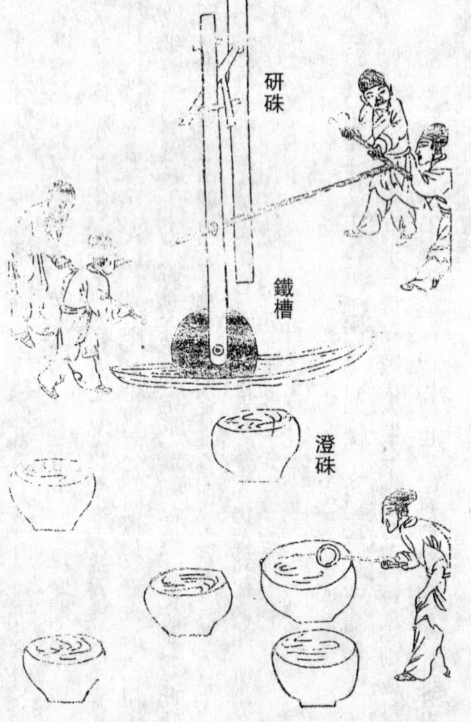

附

胡粉至白色，詳《五金卷》。

黄丹紅黄色，詳《五金卷》。

澱花至藍色，詳《彰施卷》。

紫粉縹紅色，貴重者用胡粉、銀朱對和，粗者用染家紅花滓汁爲之。

大青至青色，詳《珠玉卷》。

銅緑至緑色，黄銅打成板片，醋塗其上，果藏糠内，微藉煖火氣，逐日刮取。石緑詳《珠玉卷》。

代赭石殷紅色，處處山中有之，以代郡者爲最佳。

石黄中黄色，外紫色，石皮内黄，一名石中黄子。

官修《明會典》卷一七九《刑部二一・計贓時估》　蘇木一斤三貫，銀硃一斤一十貫。

礬一斤五百文。

硃砂一兩四貫。

硫黄一斤一貫。

謝肇淛《滇略》卷三《産略》　常璩《南中志》云：「永昌有貊獸，能食鐵。有猩猩，能人言，其血可以染朱罽。」

《新鐫古今事物原始全書》卷七《貨幣》 雲母出土石間，作片成層，可析開之，明滑光白爲上，江南生者多青黑色。葛洪《抱朴子》云：雲母有五種，五色並具。多青者名雲英，多赤者名雲珠，多白者名雲液，多黑者名雲母，有青黄二色者名雲石。

雄黄　生成都山谷，與雌黄同山，而生其陰。山有金，金精薰則生雌黄，其色如金，而以雲母甲錯雜，此畫家所重。

空青　空青狀如楊梅，一名楊梅青。腹中空破而有漿者最難得，亦有如鷄子大者。其曾青與空青相同而理色亦無異，但其形青圓如鉄珠，色白而腹不空耳。

丹砂　辰州出者佳，故又名辰砂。生深山石崖間，土人穴地數十尺，始見其苗，乃曰石耳，謂之朱砂床。砂生石上，其塊大如鷄子，小者如石榴子。《周禮》以丹砂、石膽、雄黄、礬石、磁石爲五毒。愚按：金石之類頗繁，《本草》載之詳矣，奚容余之喋喋也。姑采其日常所見聞者，以備分門集類云爾，今聊書其名色焉。夫金之美者曰鏐，玉未經琢曰璞，魯之寶玉曰璠璵。玉之瑞者曰璧，玉之美曰琳，曰球，曰瑜，曰琛，曰琮。玉之色赤者曰珪，半珪曰璋。《周禮》以赤璋禮南方，以白琥禮西方。石之似玉曰玖，曰珉，曰瓔。其石類曰滑石，曰石膽，曰石緑，曰石膏，曰磁石，曰凝水，曰陽起，曰礬石，曰代赭，曰金星，曰花乳，曰茅山石，曰紫班石，曰密陀僧，曰石硫黄。

方以智《通雅》卷四一《植物艸》 燕支今作胭脂，古通焉支、閼氏、燕脂，字書因作臙赦、䏌脂。《雲麓漫抄》曰：清微子服飾。《變古録》云：燕脂紂製以紅藍賜宫人，號桃花粉。崔豹云：燕支葉似薊花，似蒲，出西方，土人以染名燕支。中國亦有紅藍。《西河舊事》云：失我焉支山，使我婦女無顔色。北方有焉支山，山多紅藍，北人采其花染緋，取其英鮮者作燕脂，故單于妻號曰閼氏，音焉支，字書遂作臙赦。《元志》有鷹房臙脂人户總管。習鑿齒《與燕王書》作烟支，泰之引作煙脂，升菴引王子可詩作䏌脂，周紫芝《竹坡詩話》不曉白樂天何以用燕支二字，疎矣。舊言染紅者三物，茜，千去聲。蔓艸，葉似棗而鋭，對生節間，根紫色可染絳，通作蒨。鄭玄曰：齊人謂蒨爲茜爲韎，甌人謂鰯曰刺，《詩》「茹藘在阪」，又曰「縞衣茹藘」，《爾雅》曰「茹藘，茅蒐」。陸璣曰：一名地血。齊人謂茜。徐謂牛蔓。紅藍花者，夏花，花下作毬彙多刺，花蕊出毬上，圃人承露采之，至冬毬中結實，白顆如小荳，其花暴乾以染真紅及作胭脂。一名黄藍，《博物志》云張騫所得也。今洋船多販紅花至廣，則知《博物志》之言驗矣。《疑耀》引唐睿宗代國長公主作烟支，棄子于堦，後乃叢生，是則非艸，此曲説也。紫草者，所謂紫丹、紫芺，哀老切。《圖經》引《爾雅》藐，音莫。《廣雅》謂之茈葳，苗似蘭，莖赤節青，二月花紫白色，妄引紅花爲茹藘，則誤矣。智又恠《本艸》於紫草，既引《爾雅》之藐，而柴胡又引「藐，茈艸」，唐本注云：茈是古柴字，竟作茈胡，又證以相如之茈薑，且云此根亦紫色，不亦誣乎。又有茈蘺，晉傅咸勎令史新立茈籬，此當讀爲柴籬，此茈、柴通借證也。智按《貨殖傳》千畝巵茜，徐廣曰：巵，今鮮支也。茜，一名紅藍。乃知今之紅花，古亦稱茜。而今又有烏紅，用蕪木染成者。洋貨以紫鉚染成者，曰胡胭脂，俗呼紫梗，洋貨有紫梗錦。紫鉚，出真臘國，樹汁。近刻《雜俎》作紫銉，誤矣。是染紅者凡五物。

方以智《通雅》卷四二《植物》 似竹之小草有十。一種曰緑，即《説文》之莀。《漢書》盭綬，晉灼注云：盭草，出琅琊，似艾可染是也。北人呼緑爲莀。古者貢草入染，人故謂之王芻，而進忠者謂之藎，故又名藎草。【略】一種曰鴨跖草，即藍胭脂草也，杭州以綿染其花作胭脂爲夜色。

方以智《通雅》卷四八《金石》 丹粟、丹干，皆丹砂也　《王會》卜人以丹砂，補注曰：卜即濮。《爾雅》：南至濮鉛。永昌郡傳多夷濮。《禹貢》：荆州貢丹。《職方氏》：「荆州其利丹銀。」《山海經》櫃山多丹粟，郭璞注：細丹砂如粟。《荀子》：南海有丹干。《本草》：丹砂生符陵山谷，今出辰、宜、階州，而辰最勝。多出錦州界諸獠峒。錦州即今麻陽。范至能言：宜山出砂，與湖北犬牙，山北爲辰砂，南爲宜砂。宜山乃今之慶遠府，去湖北辰州遠甚，其今之靖州黎平，皆宋之辰州邪。又言宜砂，老者白色，有墻壁如鏡，生白石牀上，紅質嫩者，多上坑砂。邕州亦有砂。《圖經》云：融州有砂。今無，當是邕誤耳。色鮮明成長紋者曰芙蓉砂，曰箭頭砂，不實曰肺砂，碎則有趢趗砂。有砂牀，犵狫以火攻取。亦有外國來者。生則可服，炒則有毒殺人，然升煉丹砂服食者何邪，辟邪，定心神，去穢惡。日以砂牀盂水視之，最能養神。段成式曰：紅沫煉丹砂爲黄金，碎以染筆，入石中削去愈明，然不言紅沫何物。智按，𪓟溺研丹砂作字入石。

顧炎武《肇域志・湖廣・寶慶府》 郡邑産硃砂、雄黄。産靛，可用以染。

顧炎武《肇域志・貴州》 貴州土産則水銀、辰砂、雄黄。人工所成，則緝皮爲器，飾以丹朱，大者箱櫃，小者筐匣，足令蘇、杭却步。雄黄一顆重十餘兩者佩之宜男，土官中以爲盤爲屏以鎮宅舍者。砂生有底如白玉臺，名砂牀，箭頭爲上，墻壁次之。雖曰辰砂，實生貴竹。

顧祖禹《讀史方輿紀要》卷八一《湖廣七》〔零陵縣〕馳道。府東八十里，闊五丈餘，類今之河道。《史記》：「秦始皇命天下修馳道，以備遊幸。」此其舊迹也。又府東八十里有朱砂坑，爲歷代採砂之處。今絶。

顧祖禹《讀史方輿紀要》卷八一《湖廣七》〔沅陵縣〕七盤嶺，府東南四十里。**【略】**又西二里曰龍爪崖。志云：縣西五里有光明山，一名龍門，有丹砂井，夜半光明燭天，山下即龍爪崖也。

顧祖禹《讀史方輿紀要》卷八一《湖廣七》〔鎮溪軍民千户〕所東南二十五里，巍然爲羣山表，鎮溪水出焉。《名勝志》：「所東北有浮舟山，山形横亘如舟，下有巖洞，水流成溪。」思麻山，在所南六十里。兩山夾立相向，水流爲思麻溪。又巖碌山，在所南二百里，産石碌。

顧祖禹《讀史方輿紀要》卷八一《湖廣七》〔麻陽縣〕齊天山，縣東南五十里。又羅甕山，在縣西北八十里。山石紆迴，層疊突起如甕。舊産硃砂，今絶。

顧祖禹《讀史方輿紀要》卷八五《江西三》〔鉛山縣〕鉛山，在縣西南七里。舊名桂陽山，又名楊梅山。唐時山出鉛，百姓開採，十而税一。建中元年封禁，貞元元年復開，隸饒州永平監，尋又廢。山亦出銅及青碌。南唐昇元二年置鉛場，保大中改立鉛山縣，皆以山名也。

顧祖禹《讀史方輿紀要》卷一二二《貴州三》〔婺川縣〕多羅山，在縣西四里。其相接者有馬鞍石巖，又西一里有山羊巖，皆高勝。又木悠峰，在縣西四里。上有水月宫，産硃砂。

巖前山，縣東北二十里。山産硃砂。又東北三十里有長錢山，亦産硃砂，地名板場。志云：縣有板場坑水銀場，税課局蓋置於此，成化五年廢。又泥塘山，在縣南五十里，亦産硃砂。

《古今圖書集成·職方典》卷二七九《登州府部·物産考》 府志

色屬

大靛　小藍　槐花　紅花

鍾褏《菣厓考古録》卷二《染草》《周禮·掌染草》序官鄭玄注：染草，藍、蒨，象斗之屬。賈公彦疏謂：藍以染青，蒨以染赤，象斗染黑。其職注：染草，茅蒐、橐蘆、豕首、紫茢之屬。疏據《爾雅》釋之，謂茹藘、茅蒐，即蒨。藐，茈草。郭璞注：可以染紫，一名茈莨。即此紫茢，惟橐蘆無文。豕首，郭注雖詳，不言可染何色。其二注不同者，染草既多，言不可盡，故互見略言耳。（裏）〔褏〕按：蒨，一作茜。陸璣《詩疏》一名地血，齊人謂之茜，徐州人謂之牛蔓。蓋即《史記·貨殖傳》「千畝巵茜」之茜，故彼注亦云：其染繒，赤黄色也。此外，染赤者尚有蒤。《爾雅》「蒤、虎杖」注：似紅草而麤大，有細刺，可以染赤。豕首，即染藍之草。《爾雅》「茢薽、豕首」注：《本草》曰：彘顱，一名蟾蜍蘭，今江東呼豨首，可以熠蠶蛹。邢昺疏云：一名天名精，一名麥句薑，一名蝦蟇藍，一名天門精。《别録》：一名天蔓菁，南人名爲地菘，味甘辛，故有薑稱，狀如藍，故名蝦蟇藍，香似蘭，故名蟾蜍蘭。《詩》：「終朝采藍。」《月令》仲夏「（母）〔毋〕艾藍以染」。又是名藍而可以染青者，故《荀子》云：青出于藍而勝于藍。《爾雅》「葴、馬藍」注：今大葉冬藍。邢氏謂今爲澱者是也。《通志》又謂藍有三種：蓼藍染緑，大藍如芥染碧，槐藍如槐染青。皆可作澱色成勝母。象斗，《周禮》、《釋文》本作橡。《説文》一名樣。又草字注：草斗，櫟實也。一曰，象斗子。从艸，早聲。徐鉉曰：今俗以此作艸木之艸，别作皁字，爲黑色之皁。陸璣《詩疏》栩，今柞櫟也。徐州人謂櫟爲杼，或謂之爲栩。其子爲皁，或言皁斗，其殼爲汁，可以染草。《大司徒》山林宜皁物注：柞栗之屬是也。栗不能染皁，而其皮同爲皁斗之類，故與柞同物，其實惟柞可染皁也。外此有可以染皁者，《爾雅》「欆、烏階」注：即烏杷也，子連相著，狀如耙齒，可以染皁。又《爾雅》「葝、鼠尾」注：可以染皁。《本草》有白華者，有赤華者，又一名陵翹。陶注云：田野甚多，人采作滋，染皁是也。陸璣《詩疏》：苕，一名鼠尾，生下濕水中，七八月華紫，似今紫草華，可染皁，煮以沐髮即黑。正與相類。《爾雅》「苕，一名陵苕」。又與陵翹音近，然則葝、苕殆水陸之異名耳。橐蘆，疑即葖蘆，橐葖音之轉，故説經者小異也。《爾雅》「葖、蘆萉」注：謂萉，宜爲菔蘆，菔蕪，菁屬，紫花大根，俗呼雹葖。然則葖亦染紫之草矣。

黄本驥《湖南方物志》卷一《總紀》

荆州：其利丹銀；其畜宜鳥獸；其谷宜稻。《周禮·職方氏》**【略】**

荆州：其利丹銀齒革，谷宜稻。楚地民食魚稻，果蓏蠃蛤，食物常足。《漢書·地理志》

辰州、沅州二府，每年額解朱砂二十斤十五兩九厘。寶慶、辰州二府，每年額解黄蠟三千八百三十七斤八兩，白蠟六千三百斤。《省志》

黄本驥《湖南方物志》卷二《長沙府》瀏陽縣東四十里七寶山，舊出鉛、鐵、

硼砂、青礬、膽礬、土黄、針石，因名。(《省志》)

湘鄉、安化二縣産硫磺。(同上)

安化縣每年采辦朱砂八十兩、水銀五十兩。(《元史·食貨志》)安化縣産朱砂、水銀。(《明統志》)朱砂，長沙、善化、湘潭皆出。(《省志》)

黄本驥《湖南方物志》卷四《永州府》 零陵城東八十里有朱砂坑，歷代采礦之迹具存。故老云：有人掘得大砂一塊，如數石瓮，自是砂遂隱。(《明統志》)

黄本驥《湖南方物志》卷四《寶慶府》 武岡州竹子口出丹砂。永樂中嘗開淘，後以所出微少，罷之。(《明統志》)

黄本驥《湖南方物志》卷五《常德府》 丹砂，出武陵四川諸蠻夷中，須光明瑩徹爲佳。如雲母片者，謂之雲母砂，如樗蒱子、紫石英形者，謂之馬齒砂；如大小荳及大塊圓滑者，謂之荳砂；細末碎者，謂之末砂。(陶弘景説)

武陵丹砂井，在府治北。昔廖平以丹砂三十斛置所居井中，飲以延齡。《抱樸子》曰：余祖鴻臚爲臨沅令，有民家世壽考或百歲，或八九十，後徙去，他人居其故宅，復奕世壽考。由是疑其宅井水殊甚。誠掘之，得所埋丹砂數十斛，去井數尺，皆丹砂汁，是以飲其水而得壽。(《武陵廖氏譜》)

桃源出石緑。(《明統志》)

黄本驥《湖南方物志》卷六《辰州府》 辰、錦二州，皆貢光明砂。(《唐書·地理志》)辰州開元貢光明砂四斤，元和貢光明砂、藥砂。(《元和志》)盧溪郡貢光明砂十斤。(《通典》)辰州土貢光明砂十五斤。(《九域志》)辰州貢朱砂。(《宋史·地理志》)丹砂，出辰州、宜州、階州，而辰砂爲最。生深山石崖間，土人採之，穴地數十丈始見。其苗乃白石，謂之「朱砂」，牀生石上。其大塊者如鷄子，小者如石榴子，狀若芙蓉頭、箭鏃。連牀者，紫黯若鐵色，而光明瑩徹，碎之嶄岩作墻壁。又似雲母片可析者，真辰砂也，無石者彌佳。過此皆淘土石中得之，非生於石牀者。(《圖經本草》)丹砂上品，生於辰、錦二州石穴中白石牀之上。十二枚爲一座，色如未開蓮花，光明耀目。亦有九枚爲一座，七枚、五枚者次之。每座中有大者爲主，四圍小者爲臣，朝護四面，雜砂一二。鬥抱之中，有芙蓉頭成顆者，又有如馬牙光明者，爲上品；白光若雲母者，爲中品。又有紫靈砂，圓長似笋而紅紫，爲上品；石稜角生青光，爲下品。(《丹砂要訣》)《本草·金石部》以湖南辰州所産者爲佳，雖今世亦貴之。今辰砂乃出沅州，其色與廣西宜州所産相類。(《嶺外代答》)沅陵出丹砂，砂品甚多，以出老鴉井者爲上。其大如栗，有「芙蓉」「箭鏃」，光色明徹者，又爲鴉井之最。(《明統志》)辰州之南江，乃古錦州地，産朱砂、水銀、金布、黄蠟。(《東軒筆録》)府屬每年額解朱砂：沅陵縣三斤八兩，盧溪縣一斤，辰溪、溆浦二縣各一斤五兩七錢。(《省志》)宋蘇軾《觀張師正所蓄辰砂》詩：將軍結髮戰蠻溪，篋有(珠)〔殊〕珍勝象犀。漫説玉牀分箭鏃，何曾金鼎識刀圭。近聞猛士收丹穴，欲助君王鑄褭蹄。多少空岩人不見，自隨初日吐虹霓。

鉛粉，金陵、杭州、韶州、辰州皆造之。而辰粉尤真，其色帶青。彼人言造法：每鉛百斤，熔化，削成薄片，卷作筒，安木甑內。甑下、甑中，各安醋一瓶。外以鹽泥固，濟紙封甑縫。風爐安火四兩。養一七，便掃入水缸內，依舊封養。次次如此，鉛盡爲度。不盡者，留炒作黄丹。每粉一斤，入豆粉二兩，蛤粉四兩，水內攪勻。澄去清水，用細灰按成溝。紙隔數層，置粉於上。將乾，截成瓦定形，待乾收起。(《本草集解》)

沅陵、辰溪出石青。沅陵、辰溪、盧溪出石緑。(《明統志》)

黄本驥《湖南方物志》卷六《永順府》 溪州土貢丹砂。(《唐書·地理志》)溪州元和貢丹砂十斤。(《元和志》)溪砂，生溪州砂石之中，土石相雜，不可服餌。(《本草集解》)

永順府屬出墨石，純(墨)〔黑〕如墨，制爲印章、界尺，可充文房之用。(《三長物齋長説》)

黄本驥《湖南方物志》卷六《沅州府》 叙州土貢光明砂。麻陽縣有丹穴。(《唐書·地理志》)錦州開元貢光明砂。(《元和志》)盧陽郡貢光明砂一斤。(《通典》)沅州土貢朱砂二十兩。(《九域志》)産朱砂之所，曰沅州。(《元史·食貨志》)光明砂，以五溪山峒中産者，得正直之氣爲上，麻陽諸山與五溪相接者次之。(《庚辛玉册》)

丹砂，今人謂之「朱砂」。辰州砂，多出蠻峒。錦州界狤獠峒老鴉井，其深廣數十丈。先聚薪於井焚之，其青石壁迸裂處，即有小龕。龕中自有白石牀。其石如玉，牀上乃生砂。小者如箭鏃，大者重七、八兩至十兩。(《本草衍義》)丹砂，上品生辰、錦二州石穴中。色紫不染紙者，爲舊坑砂，最佳。色鮮染紙者，爲新坑砂，次之。生於衡、邵者，雖是紫砂，得之石中，不堪服餌，爲下品。(《本草集解》)丹砂以辰、錦砂最良。麻陽，即古錦州，舊隸辰郡。砂自折二至折十皆顆塊。佳者爲「箭鏃」，結不實者爲「肺砂」，碎則有「趖趄」，末則有「藥砂」。砂出萬山之崖爲最，犵狫以火攻取。又石之不碎而砂附著其上者，名「砂牀」。(《溪蠻叢笑》。案：《溪蠻叢笑》，宋朱輔通判沅州時作，所載方物，沅産居多。)辰砂，本出麻陽縣及開山洞，今隸沅州。

其地産丹砂，而砂井之名有九，皆在猺獠窟穴之中。遇水寒，獠以薪火爆而取之，時出與土人貿易。（《方輿勝覽》）府屬每年額解朱砂：芷江縣十斤三兩一錢八分二厘，黔陽縣一斤六兩，麻陽縣十一兩六錢。（《省志》）

麻陽出石青、石緑。（《明統志》）

黄本驥《湖南方物志》卷七《澧州》 澧州土貢光粉。（《唐書·地理志》）案：光粉即鉛粉也，婦人用以附面者。

王培荀《聽雨樓隨筆》卷五 丹陽陸炳，字赤南，號藜軒。乾隆間遊蜀，著有《劍南草》，多記風土。其《紅花行》云：簡陽四月採紅花，簡州城門動塞車。買花盡是蘇杭客，姑蘇餘杭道路賒。爭發紅花趁頭水，日行千里自天涯。內江關稅暫停阻，半月爲限悉抵家。抵家之時方仲夏，顏色鮮新染輕紗。輕紗染出隨刀尺，衫配羅襦巧樣誇。千門萬户絢光采，虎丘西湖日初斜。照見山水襯佳麗，樓臺無處不雲霞。物貴鮮新時須早，顏色何能恃常好。不見年年採花人，嫁衣未染愁容老。

王培荀《聽雨樓隨筆》卷六 蜀地紅花販入四方者，較他省爲佳，內江縣産尤多，栽花滿縣，欒融融也，與三農播穀同。「那用燕脂山下去，夕陽村外遍山紅。女伴攜來每兩三，此間風物似江南。誰言婦女無顏色，採得紅花勝採藍。」

世傳空青以爲至寶，能使瞽目復明，今越嶲多有之，而佳者難得。居人鑿石石中，有子狀如鷄卵，而小似蛹又差大，摇之似有水，清爲上，濁爲下，多未變成，或絶無，或僅得其半，皆未成者，破而視之，水見風即乾，其成與否未易驗，秤其重輕，非多試無可據。藥肆所鬻，難定美惡，土人持以贈客，佳者十不得一。吾鄉石工鑿石多年，或有遇者，二人得之，聞可治目，本無恙也，思洗之明，必逾常，既而疼甚，竟至雙瞽。蓋目被脂膜而目睛未損，水能去膜翳，故復明，如無翳而試之，鮮不傷矣。古詩云：「服食求神仙，多爲藥所誤。」殆此類歟。

嵇璜等《清文獻通考》卷三八《土貢考》 江西省額解，五棓子二百九十七斤三兩三錢五分零，紫草一百六十二斤七兩六錢。

嵇璜等《清文獻通考》卷四〇《國用考二》 〔内府〕茶庫，掌茶、人參、香、紙、顏料、絨線、紅纓之屬。

〔户部〕顏料庫，各省所輸銅、鐵、鉛、錫、硃砂、黄丹、沉香、降香、黄茶、白蠟、黄蠟、桐油，并花梨、紫榆等木，咸入焉。

吴其濬《植物名實圖考·隰草》卷一四 **《鼠尾草》** 鼠尾草，《别録》下品。《爾雅》「葝，鼠尾」，注：可以染皁草也。《救荒本草》謂之鼠菊，葉可煠，食細核，所繪形狀與馬鞭草相仿彿。

吴其濬《植物名實圖考·蔓草》卷二二 **《茜草》** 茜草，《本經》上品。《爾雅》「茹藘、茅蒐」。郭璞注：今之蒨也，俗呼爲血見愁，亦曰風車草。《説文》以爲人血所化。《救荒本草》：土茜，苗葉可煠食，子紅熟可食，湖南謂之鋸子草。又一種葉圓稍大，謂之金線草，南安謂之紅絲線，二種通用。今甘肅用以染象牙色極鮮，謂之茜牙。陶隱居謂東方有而少，不如西方多，蓋謂此。

雩婁農曰：《地官·掌染草》：「以春秋斂染草之物，以權量受之，以待時而頒之。」鄭玄注：染草，茅蒐、橐蘆、豕首、紫茢之屬。此以見古聖人於一草一木，無不經營擘畫，以盡其材，而别服色，明等威，禁奇衺，於五色所尚尤斷斷不使間之奪正焉。《述異記》云：洛陽有支茜園。《漢官儀》：染園出支茜，供染御服。是其處漢制去古未遠。至《貨殖傳》千畝支茜，其人與千户侯等。則世風漸侈，服制無等，而民有擅其利者矣。近世色益華，而染物亦屢變。《范子計然》云：蒨根出北地，赤色者善。陸元恪云：齊人謂之茜，徐州人謂之牛蔓。今河南北皆不種茜，多以紅藍爲業，惟陝、甘以染牙物著稱，李時珍遂據陶隱居「東間諸處乃有而少，不如西多」之語，謂茜字從西以此，此亦王氏之字説矣。茜之色不如紅藍，故朱色至紅藍而極。《爾雅翼》云：今人染蒨者，乃假蘇方木，非古所用，近嶺南者皆仰蕃舶蘇方木以供染，然一入再入，即以紅藍染之，色乃殷紅，若蘇方木，紫黯無華，不能敵茜色也。又《西域記》：康巴拉撒之南，春結一帶産蕨菜、茜菜。則茜盛於西方，且以作茹，不僅供染而已。

吴其濬《植物名實圖考·芳草》卷二五《薑黄》 薑黄，《唐本草》始著録，今江西南城縣裹龜都種之成田，以販他處染黄。其形狀全似美人蕉，而根如薑色，極黃，氣亦微辛。《圖經》所云，葉有斜紋如紅蕉葉，而小根類生薑圓而有節，極確。乃又引《拾遺》老薑之説，殊爲龐雜。陳藏器謂性大熱，蓋因老薑致誤。今薑黃染餻，食多則腹痛，豈非寒苦之證，近時亦不入藥用。

雩婁農曰：《閩書》：薑黃出邵武仙亭山，建昌與閩接故宜。建昌之民曰始業薑黃者贏十倍。今滯而不售，不究所以。考唐時色重黃，詩人之詠曰「杏黃」曰「鬱金」，誠艷之也。《唐本草》薑黃作之方法與鬱金同，則以鬱金、薑黃染者，其勝於支與槐也遠矣。夫尚黃者，非唯正色，亦與金爲近耳。昔時泥金鏤，金唯掖庭用之，宋嚴銷金之禁，罰至重。元以降，金箔、金絲，煩費無等，凡繪畫、撚織之屬，無物不具。其始以來自蕃舶，不之禁也，日新月異，其耗中國之金也有紀極乎。然則，中央之色，不爲世俗所艷，非金飾之奪之也而何。

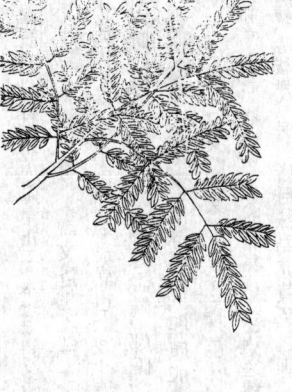

吳其濬《植物名實圖考·木類》卷三三《梔子》 梔子，《本經》中品。即山梔子，以染黃者，以七稜至九稜者爲佳。

吳其濬《植物名實圖考·木類》卷三五《蘇方木》 蘇方木，《唐本草》始著録，廣西亦有之，染絳，用極廣，亦爲行血要藥。

吳其濬《植物名實圖考·木類》卷三七《黃蘆木》 黃蘆木，生山西五臺山。木皮灰褐色，肌理皆黃，多刺三角如蒺藜，四五葉附枝攢生，長柄，有細齒，俗以染黃，訛曰黃姑。按《説文》杍字下云：「杍，木也，出橐山。」段氏注引《廣韻》黃杍木，可染黃，疑爲《周禮》注之橐盧。又櫨字下云：「一曰宅櫨木，出宏農山。」段氏注亦疑爲橐盧。考杍櫨二篆，《説文》分厠，異物無疑。《嘉祐本草》有黃櫨，云生商洛，《救荒本草》圖圓葉如杏，與此木迥別，而商洛接近宏農，則《説文》宅櫨木，其即《救荒本草》之黃櫨矣，此木亦染黃。西音姑杍蘆，驟聽無別。《癸辛雜志》謂長城傍得古木，謂名黃蘆，蓋昔築城以爲幹者，字正作蘆。五臺在長城內，木名黃蘆，其來舊矣。蘆爲葦草，不可通木，盧上加艸，俗書之誤，此木殆即橐盧，而《説文》所説杍木歟。又《圖經》謂有一種刺蘗，多刺可染，不入藥用，或即此木，蓋不知其名，姑以色黃而名曰蘗。

吳其濬《植物名實圖考·木類》卷三七《欒華》 欒華，《本經》下品。《救荒本草》：木欒生密縣山谷中，樹高丈餘，葉似楝葉，而寬大稍薄。開淡黃花，結薄殼，中有子如豌豆，烏黑色，人多摘取作數珠。葉味淡甜，採嫩芽煠熟，換水浸淘淨，油鹽調食。按山西亦多有之，俗訛作木蘭。《通志》：木蘭叢生谷岸，葉可染皁。晉人名黑葉子，春初採芽作茹，名木蘭芽。又《長治縣志》：梀，即木蘭。考《集韻》梀，木名，可爲笏。此木皮赭質白，自可作笏，而黑葉子則染肆用之，如皁斗。《説文》「欒木似欄」，段氏注：欄今之楝字。欒之似楝，其説古矣。西音爲蘭，亦古韵也。

張聽咸《經史質疑録》第一册《釋韎韐》 釋韎韐曰：茹藘，茅蒐蒨也。茹藘見《詩·鄭風·東門之墠》。茅蒐見《爾雅·釋草》。《詩》毛傳本《釋草》文。蒨見《禮·雜記》及定四年《左傳》。鄭《雜記》注：昌輔讀如蒨旆之蒨。蒨，染赤色者也。杜《左傳》注昌綪茷之綪，取染草名。蒨染繒，故綪从糸，蒨飾車，故輔从車，實皆蒨字。《説文》綪字注：「綪，赤繒也，昌茜染故謂之綪。」茜字注：「茅蒐也。」蒐字注：用《釋草》毛傳是矣。《釋草》郭注云：今之蒨也，可以染絳。叔重曰：人血所生。陸璣曰：茅蒐，一名地血。《周禮·地官·掌染草》及《序官》注，茅蒐與蒨互見。

茅蒐可以染韋，謂之韎。

《説文》「韎，茅蒐染韋也」，本《毛詩·瞻洛》傳。今本《詩》傳韋誤爲草。賈侍中《國語》注：一染曰韎。《説文》韎字注「一入曰韎」與《爾雅》「一染謂之縓」同色，但染韋則曰韎，染帛則曰縓爲異也。成十六年《左傳》正義引《爾雅》㠯爲一入赤爲淺赤色。韋曜《國語》注㠯一入爲縓證韎，鄭氏《玉藻》緼韍注緼爲赤黄之間色，所謂韎也。《説文》縓字注縓爲帛赤黄色，與康成緼韍注正合，鄭志㠯淺赤韋釋韎韋亦與縓字注合矣。又《説文》韐字注「其色韎，賤不得與裳同。司農曰：裳，纁色」。胡竹邨孝廉云：許君以一染之韎爲淺于三染之纁，故云其色異，若㠯韎爲即赤色，則《玉藻》之緼韍、赤韍無分矣。皆㠯韎爲赤黄色之訓。鄭氏《聘禮》韋弁注：其服蓋韎布以爲衣。又《司服》注：今時伍伯緹衣，古兵服之遺色。《説文》解緹爲「丹黄色」，可㠯證與緼、與縓、與緹爲一色矣。《玉篇》茜字注引《説文》茅蒐可以染緋，新附字以緋爲赤色。杜氏韎韋注，賈氏韎布衣疏，并㠯韎爲赤色，本鄭《雜記》注蒨染赤色，郭氏《爾雅》注以縓爲紅色，亦本鄭氏《儀禮·既夕》注，皆得通也。

謂之韎者何，齊人呼茅蒐成韎聲也。

鄭駁異義曰：韎，草名，齊魯之間言韎聲如茅蒐。今俗本正義多緣經文，妄加韐字。字當作韎，陳留人謂之蒨。李巡曰：茅蒐一名蒨。《説文》無蒨字，同茜。《衆經音義》及《廣韻》亦作蒨。鄭注《士冠禮》云：今齊人名蒨爲韎。㠯蒨與茅蒐爲一物，本無異義，故《瞻洛》箋則云茅蒐，韎聲矣，齊人呼茅蒐成韎。《詩·東門之墠》《釋文》茅又音妹，茅、韎蓋雙聲。猶徐州人呼茅蒐成蔓，陸璣《詩疏》：茅蒐，徐州人謂之牛蔓。陳留人呼茅蒐成蒨也。《詩》疏云：齊人謂之茜者。中有脱誤。鄭氏箋注皆連韐爲文者，以經義本主韐制，故不省韐字。《詩·瞻洛》箋、《儀禮·士冠禮》注皆同。戴侗《六書故》㠯《儀禮》注韐屬下讀，不審《詩》箋云茅蒐，韎韐聲，正連讀爲文矣。非并韐於韎，始成茅蒐聲之轉也。觀鄭駁異義甚審。《禮·玉藻》正義乃引齊人謂茅蒐爲韎韐聲，失鄭義矣。且鄭於韐字俱胥合韋之訓，是本不㠯韐爲茅蒐甚明。《左傳·成十六年》正義引《瞻洛》箋，正作韎茅蒐染也。茅蒐，今本皆脱二字。韎聲也，此可證鄭箋本不㠯韐字爲聲矣。韋昭本鄭氏茅韎聲之訓㠯注《國語》，亦云茅蒐，今絳草也，急疾呼茅蒐成韎，不取韐聲，是亦爲明徵矣。《周禮·韎師》注，後鄭讀韎如韎韐之韎，破先鄭讀如味，杜子春讀从菋，蓋取韎韐爲聲，非取韎爲色也。賈疏謂鄭取韎爲赤色，而援《禮記·檀弓》周人「大事斂用日出」，鄭云日出時亦赤爲證，殊失鄭義矣。

染韋爲蔽膝謂之韐，謂之韐者何，韐之言合也。

《士冠禮》鄭注士緼韍而幽衡合韋爲之，染㠯茅蒐，因㠯名焉。《士喪禮》注一命緼韍。又注韐帶云：不言韎緇者省文。疏云：言韐者韋旁著合，謂合韋爲之，故名韐。韎爲染韋，故字從韋，末聲。義由聲出。韐爲合韋故字，從韋旁合。義出形具。《詩·瞻洛》箋亦云：韎韐合韋爲之。《士喪禮》注古文韐爲合，是也。

郭柏蒼《閩産録異》卷一《木屬·黄櫨》 黄櫨，葉圓，本黄，可染黄，産建屬、邵屬。

郭柏蒼《閩産録異》卷一《木屬·白銀樹》 白銀樹，皮可染皂，亦可制香，産同。

郭柏蒼《閩産録異》卷一《木屬·欒》 欒，其木與石榴無異。子赤色，皮黄，其枝可染黄。

載齡等《清户部則例》卷六一《關税·雜課下》

硃砂雄黄課

一、雲南永平縣西里三道溝硃砂廠，每採硃砂一百觔，抽課十觔，照時價變賣。

一、貴州南籠府坡坳、板堦二廠，硃砂、雄黄每百觔抽課二十觔，照時價變賣。

陀僧課

一、廣西恭城縣山斗岡猪頭嶺，大有朋山礦砂，煉出陀僧，每百觔抽課二十觔，撒散三觔。

載齡等《清户部則例》卷六二《税則·崇文門》

雜販税則

顔料硃砂，每百斤税一兩六錢。銀硃，每百斤税一兩二錢。蘇木、銅青、銅緑、大緑，每百斤各税四錢二釐。支條緑，每百斤税三錢九分。橡椀青錠，每千斤各税三錢。火烟，每百斤税二錢二分二釐。石黄，每百斤税一錢八分。大青，每十斤税一錢六分二釐。中青，每十斤税一錢二分。油胭脂每四兩，槐子每百斤，藍靛每千斤，綿胭脂每千片，各税一錢二釐。下青，每十斤税九分。紅花、上等墨每十斤，紅麯、松烟、乾靛每百斤，各税六分。藍棉，每千斤税五分一釐。中等墨，每十斤税四分二釐。靛花，每十斤税三分。蓖子每担，下等墨每十斤，各税二分四釐。藤黄，每斤税一分八釐。紅土每百斤，薑黄每十斤，各税一分二釐。茜草、黄丹、乾粉、定粉，每十斤各税六釐。

載齡等《清户部則例》卷六五《税則·山海關》

雜貨税則

顔料紅花，每百斤税六錢六釐二毫五絲。　白皂礬，每千斤税四錢二分二釐八毫三絲。　蘇木，每百斤税四錢二分七毫五絲。　油胭脂，每斤税四錢一分。　銅緑、銅青、大緑每百斤税四錢八釐二毫五絲。　石黄，每百斤税一錢八分六釐二毫五絲。　大青，每十斤税一錢六分二釐六毫二絲。　銀硃，每十斤税一錢二分七釐五毫。　槐子，每百斤税一錢二分六釐二毫五絲。　硃砂，每十斤税一錢九釐五毫。　綿胭脂，每千斤税一錢五釐。　黄丹乾粉，每百斤税六分六釐二毫五絲。　乾靛，每百斤税六分二釐八絲。　上墨，每十斤税六分二釐。　松烟，每百斤税六分一釐二毫五絲。　中墨，每十斤税四分四釐。　靛花，每十斤税三分二毫。　籐黄，每斤税一分八釐六絲。　紅土，每百斤税一分三釐二毫五絲。　薑黄，每十斤税一分二釐六毫二絲。

載齡等《清户部則例》卷六六《税則・張家口》

雜貨税則

顔料　各色顔料每十斤税二分。　靛花，每馱税六分。　槐子，每百斤税三分。　胭脂，每把計二十張，税一分。　銀硃，每匣計一斤，茜草每十斤，各税五釐。　黄丹，每斤税一釐。

載齡等《清户部則例》卷六七《税則・殺虎口》

雜貨税則

顔料石青，每斤税一錢。　靛花，每馱税六分。　銀硃每斤，槐子每馱，各税五分。又銀硃，每匣税一分。　洋青，每斤税三分。　胭脂每百張，茜草每十斤，各税一分。　黄丹、大緑，每斤各税五釐。　蘇木，每斤税三釐。

載齡等《清户部則例》卷六七《税則・歸化城》

雜貨税則

顔料石青，每斤税一錢。　靛花，每馱税六分。　銀硃每斤，槐子每馱，各税五分。又銀硃每匣税一分。　洋青每斤税三分。　胭脂每百張，茜草每十斤，各税一分。　黄丹、大緑，每斤各税五釐。　蘇木，每斤税三釐。

載齡等《清户部則例》卷六八《税則・坐糧廳》

雜貨税則

顔料上樣墨，每百斤落地税四錢，起京税一錢五分。　銀硃、中樣墨，每百斤落地各税三錢二分，起京各税一錢二分。　下樣墨，每百斤落地税二錢四分，起京税九分。　二號銀硃，每百斤落地税一錢六分，起京税六分。　籐黄，每百斤落地税一錢二分八釐，起京税四分八釐。　紅花每百斤，臙脂每具，落地各税一錢二分，起京各税四分五釐。　杭粉，每百斤落地税六分，起京税二分二釐五毫。　靛花，每百斤落地税五分六釐，起京税二分一釐。　紅麯、蘇木、梧子、染色黄蘗，每百斤落地各税四分八釐，起京各税一分八釐。　官粉，每百斤落地税四分四釐，起京税一分六釐五毫。　黄丹、銅緑、定粉，每百斤落地各税四分，起京各税一分五釐。　銀硃每十匣，石黄每百斤，落地各税三分二釐，起京各税一分二釐。　土粉、烟子、薑黄每百斤，靛青每簍三百斤，油臙脂每斤，落地各税二分四釐，起京各税九釐。　靛子，每石落地税二分，起京税七釐五毫。　紫土，每百斤落地税一分六釐，起京税六釐。　京粉，每百斤落地税一分四毫，起京税三釐九毫。　土砂，每百斤落地税五釐六毫，起京税二釐一毫。　紅土，每百斤落地税四釐，起京税一釐五毫。　臙脂，每斤落地税一釐六毫，起京税六毫。

載齡等《清户部則例》卷六九《税則・天津關》

雜貨税則

顔料籐黄，每百斤税三兩。　胭脂，每斤税六錢八分。　大緑、銅緑、銅青每百斤，黑礬、白礬每千斤，各税六錢七分。　蘇木每百斤，麻柳皮、象椀、砂緑、皮黄、緑棍、青靛、青靛毬每千斤，各税五錢。　硃砂，每十斤税四錢。　水靛，每千斤税三錢三分。　大青，每十斤税二錢七分。　銀硃、中青每十斤，白乾土、紅乾土、土砂、土粉每千斤，石黄、赭石、彩黄每百斤，各税二錢。　槐子每百斤，胭脂餅、藍靛每千斤，各税一錢七分。　下青，每十斤税一錢五分。　茜草、大粉、黄丹、黑胭脂、梔子、官粉、紫草、烏梧子、紅麯每百斤，五花土每千斤，各税一錢。　中墨，每十斤税七分。　靛花，每十斤税五分。　下墨每十斤，蘸子石每石，各税四分。　薑黄每十斤税二分。　紅花、香墨，每斤各税一分。

載齡等《清户部則例》卷七〇《税則・臨清關》

雜貨税則

顔料蘇木，每百斤税九分五釐。　大青每斤，上墨每十斤，各税六分三釐，二青減半。　黄丹，每百斤税五分一釐。　南青靛、茜草每百斤，中墨每十斤，各税四分八釐。　油胭脂每斤，大緑、紫粉每十斤，紅葯子、五梧子、北青靛每百斤，各税三分二釐。　烏梅，每百斤税二分九釐。　枝條緑每十斤，松烟每百斤，各税二分五釐。　綿胭脂每十斤，紫土每百斤，各税二分二釐。　銅緑、石黄，每十斤各税一分九釐。　下墨、三緑、官粉、紅花每十斤，槐子、蘸子、橡殼、梔子每百斤，各税一分六釐。　靛花每十斤，紅土、柳緑皮、黑土每百斤，各税一分三釐。　螺青、銀硃每斤，土粉、皂礬、藍靛子每百斤，各税一分。　土砂、甘子土，每百斤各税六釐。　白土，每百斤税三釐。

載齡等《清户部則例》卷七一《税則・淮安關》

淮安正關雜貨税則

顔料靛花、胭脂、銀硃、薑黄、銅緑、杭粉、黄丹、䑋黄，每擔各税二錢七分。　蘇木，每擔税二錢。　槐花、土粉、紅麯，每擔各税八分。　紅花，每擔税七分。　紅土、水靛，每擔各税六分。　皂礬，每擔税五分。　紫土、血料，每擔各税三分。

宿遷關雜貨税則

顔料銀硃，每擔税八錢。　銅緑，每擔税六錢。　蘇木，每擔税二錢。　紅麯，每擔税一錢二分。　靛花，每擔税八分。　紅花，每擔税七分。　黄丹、鉛粉，每擔各税六分。　烏棓、土粉，每擔各税四分。　槐花，每擔税三分。　土靛、紅土、松烟，每擔各税一分。

徐州關雜貨税則

顔料銅緑、靛花、紅麯、紅花、紫粉、杭粉，每擔各税一錢。　黄丹、蘇木，每擔各税八分。　松烟，每簍税五分。　硃砂，每斤税四分。　銀硃每斤，紅土每擔，各税二分。　白土，每擔税一分五釐。　靛，每擔税一分四釐。　佛金，每箱税一分。　胭脂，每斤税八釐。

廟灣口雜貨税則

顔料銅緑、石緑、漆緑，每百斤各税一兩二錢。　銀硃，每百斤税一兩。　上墨，每百斤税八錢。　膽黄，每百斤税六錢。　中墨，每百斤税四錢。　黄丹、靛花、杭粉，每百斤各税二錢四分。　石磺，每百斤税三錢。　上蘇木，每百斤税二錢。　中蘇木，每百斤税一錢五分。　下蘇木，每百斤税一錢。　槐花，每百斤税五分。　紅麯，每百斤税四分。　水靛，每百斤税三分。　輕煤，每簍税二分。　重煤每百斤，胭脂每百張，各税一分五釐。　土粉，紅土，每百斤各税一分。

載齡等《清户部則例》卷七二《税則・揚州關》

雜貨税則

顔料紅花每馱，蘇木、香芃每擔，各税五錢。　銀硃每箱，胭脂每包，黑墨每箱，各税一錢。　槐花每包，血料每簍，各税五分。　烏梅每簍，杭粉每箱，各税三分。

載齡等《清户部則例》卷七三《税則・江海關》

雜貨税則

顔料碗青，每百斤税一兩六錢。　銅緑，石緑、漆緑，每百斤各税一兩二錢。　銀硃每百斤，上石青每十斤，各税一兩。　上徽墨，每百斤税八錢。　中石青，每十斤税七錢。　藤黄，每百斤税六錢。　中徽墨，每百斤税四錢。　石黄，每百斤税三錢。　黄丹、靛花、飛丹、鉛粉，每百斤各税二錢四分。　上蘇木，每百斤税二錢。　中蘇木，每百斤税一錢五分。　下蘇木，每百斤税一錢。　硃砂每斤，紅麯每百斤，各税四分。　水靛，每百斤税三分。　輕煤，每簍税二分。　重煤每百斤，胭脂每百張，各税一分五釐。

載齡等《清户部則例》卷七四《税則・滸墅關》

雜貨小販税則

顔料雜販，每一百四十斤作一擔，每擔税一錢二分。　胭脂、蘇木各一百四十斤作一擔，靛籃大者每三籃，小者每四籃各作一擔，粉箱每大箱作一擔，每擔各税一錢二分。　靛桶每桶八折，粉箱小者七折，折净每擔税同。　凡以籃折合擔數約重一百六十斤，以箱折合擔數約重一百三十斤。　槐花每一百六十斤作一擔，每擔税一錢一分。　槐花子每一百六十斤作一擔，每擔税七分。　水靛簽算每擔税同。　五棓子每大包作一擔半，每小包作一擔，每擔税六分。　凡以包折合擔數約重二百斤。

載齡等《清户部則例》卷七五《税則・西新關》

都税司雜貨税則

顔料石緑、石黄、藤黄、黄丹、紅麯每百斤，硃砂每十斤，各税六分八釐四毫。　土硃，每百斤税四分五釐六毫。　土靛每擔，銀硃每十斤，胭脂每百帖，各税二分二釐八毫。　蘇木、靛花、紅花每十斤，黑墨水、靛紅、土皂礬、土砂、白蟮泥每百斤，各税一分一釐四毫。　血料，每擔税六釐八毫四絲。

龍江江東二司雜貨税則

顔料石青，每百斤税二兩。　銀硃，每百斤税一兩。　銅青，每百斤税四錢。　硃砂，每十斤税二錢。　靛花、紅花，每百斤各税一錢八分。　杭粉，每百斤税一錢。　石黄、石緑、黄丹、藤黄、蘇木、紅麯、茜草，每百斤各税六分。　土硃紅、土瀝清、青靛，每百斤各税四分。　蘇木水，每百斤税三分。　木煤土、乾靛、藍子、槐花、薑黄每百斤，胭脂每百帖，各税二分。　水靛，皂礬，每百斤各税一分。　血料，每擔税六釐。

朝陽、聚寶二司雜貨税則

顔料木煤、槐花每擔，胭脂每十帖，各税二分三釐。　上靛，每擔税二分。　血料，每擔税六釐九毫。

載齡等《清户部則例》卷七六《税則・鳳陽關》

鳳陽大關水販雜貨税則光州商貨税則附

顔料紅花每六十斤，靛每一百二十斤，靛子每二百五十斤，大橡壳每五包，小橡壳每七包，各税四分。　光州商販蘇木，每捆六十斤至七十斤，税二分五釐。

鳳陽大關旱販雜貨税則

顔料石青、硃砂，每百斤各税一兩三錢六分。　銀硃，每百斤税四錢八分。　紅花，每百斤税一錢六分。　銅青、銅緑，每百斤各税一錢五分。　紫粉，每百斤税一錢七釐二毫。　石黄、靛花、蘇木，每百斤各税一錢。　胭脂，每千片税八分。　黄丹、藤黄、漆緑、飛丹，每百斤各税六分五釐。　乾靛、茜草，每百斤各税四分。　上靛，每百斤税二分四釐。　薑黄、水靛、靛子、醮子緑，每百斤各税二分。　紅土，每百斤税一分六釐八毫。　槐花，每百斤税一分六釐。　片紅，每百斤税一分五釐。　松烟，每百斤税一分二釐。　瀝青，每百斤税八釐。

臨淮口旱販雜貨税則

顔料石青、硃砂，每百斤各税一兩三錢六分。　銀硃，每百斤税一兩。　紅花，每百斤税二錢。　紫粉，每百斤税一錢七釐二毫。　黄丹、藤黄，每百斤各税一錢三釐。　石黄、銅青、銅緑，每百斤各税一錢。　蘇木，每百斤税八分。　茜草、乾靛，每百斤各税四分。　水靛、薑黄每百斤，胭脂每千片，各税二分。　紅土，每百斤税一分六釐八毫。　槐花，每百斤税一分六釐。　松烟，每百斤税一分二釐。　瀝青，每百斤税八釐。

長淮口水販雜貨税則

一顔料紅花每包，亳州載來者税四分。　橡殼每百斤，亳州載來者税八釐。

盱眙口旱販雜貨税則㵐溪口同

顔料硃砂，每百斤税一兩三錢六分。　石青、銀硃，每百斤各税四錢六分。　紅花，每百斤税二錢。　紫粉，每百斤税一錢七釐二毫。　鉛粉，每百斤税一錢三分六釐。　石黄、銅青、銅緑、蘇木每百斤，乾胭脂每十斤，各税一錢。　黄丹、藤黄，每百斤各税六分五釐。　茜草，每百斤税四分。　靛花，每百斤税三分二釐。　染色梔子、水靛每百斤，胭脂每千片，各税二分。　松烟，每百斤税一分二釐。　槐花，每百斤税一分。　土粉、土紅、瀝青，每百斤各税八釐。

亳州口旱販雜貨税則

顔料石青、硃砂，每百斤各税一兩三錢六分。　銀硃，每百斤税四錢六分。　紅花，每百斤税一錢八分八釐。　鉛粉，每百斤税一錢三分六釐。　銅緑，每百斤税一錢三分。　銅青，每百斤税一錢二分。　紫粉，每百斤税一錢七釐。　石黄，每百斤税一錢。　蘇木，每百斤税七分八釐。　黄丹、藤黄，每百斤各税六分五釐。　茜草，每百斤税四分。　靛花，每百斤税三分二釐。　靛子、緑子、緑水每百斤，胭脂每千片，各税二分。　靛，每百斤税一分八釐。　南紅土，每百斤税一分五釐。　松烟，每擔税一分二釐。　土粉、瀝青、橡殼，每百斤各税八釐。　西紅土，每百斤税五釐。　槐子，每百斤税二釐六毫。

載齡等《清户部則例》卷七七《税則・蕪湖關》

雜貨税則

顔料石青，每十斤税一兩。　銀硃，每擔税六錢。　砂緑、石緑、藤黄，每擔各税五錢。　紅花、靛花、石黄、黄丹、銅緑、倭脆、杭粉，每擔各税二錢。　茜草、土硃，每擔各税一錢。　土它粉，每擔税六分。　紅麯、青靛每擔，洋青每斤，各税五分。　土靛，每擔税四分。　紅土、白土，每擔各税三分。　木煤、皂礬每擔，胭脂每千片，各税二分。

載齡等《清户部則例》卷八三《税則・浙海關》

乍浦口雜貨税則

顔料出口漆緑，每百斤作八十斤，税六錢四分。　出口銀硃，每大件連包作四十斤，税五錢二分，每中件連包作三十五斤，税四錢五分五釐，每小件連包作三十斤，税三錢九分。　出口紅花、石黄，各每百斤作八十斤，各税二錢四分。　進口蘇木，每百斤作八十斤，税一錢。　進口土紅木，每百斤作八十斤，税八分。　進口乾靛青，每大件連簍重二百四十斤者，作一百四十斤，税五分一釐八毫，每小件連簍重九十斤者，作七十斤，税二分五釐九毫。　進口水靛青，每大件連簍重二百四十斤者，作一百四十斤，税三分九釐二毫，每小件連簍重九十斤者，作七十斤，税一分九釐六毫。　出口明礬、皂礬、白礬、緑礬，各每百斤作八十斤，各税一分六釐。　出口土紅，每百斤作八十斤，税一分二釐八毫。　出口土粉，每百斤作八十斤，税八釐。

温州口瑞安口平陽口雜貨税則

顔料出口紅花，每百斤往本省者，作八十斤，税二錢四分，往閩省者，作六十斤，税一錢八分。　出口乾靛青，除簍每百斤作八十斤，税二分九釐六毫。

載齡等《清户部則例》卷八五《税則・夔關》

雜貨税則

顔料硃砂，每斤税六分。　洋青，每斤税三分。　香墨，每斤税九釐。　銅緑、砂緑，每斤各税七釐五毫。　紅花，每斤税四釐五毫。　蘇木、茜草、黄丹，每斤各税三釐。　紅麯、靛花、石黄、藤黄，每斤各税一釐五毫。　槐子、青炎墨、薑黄，每斤各税九毫。　鉛粉每匣，靛每斤，各税六毫。　皂礬，每斤税四毫五絲。　心紅，每匣税三毫六絲。　紅土、黑烟子，每斤各税三毫。

載齡等《清户部則例》卷八六《税則・打箭爐》

雜貨税則

顔料藏紅花，每斤税二錢四分。　硃砂，每斤税四分五釐。　石青、銀硃，每斤各税三分。　官碌，每觔税一分五釐。　黄丹，每斤税九釐。　茜草，每斤税二釐一毫。　像金，每百張税一釐八毫。　青靛，每斤税一釐五毫。　土紅，每斤税九毫。

載齡等《清户部則例》卷八七《税則・粤海關》

雜貨税則

顔料硃砂，每百斤税二兩四錢。　盌青，每百斤税一兩六錢。　膝黄，每百斤税一兩五錢。　洋紅每斤，各色洋顔料、磠砂、銀硃每百斤，各税一兩二錢。　石緑，每百斤税八錢。　土硃，每百斤税六錢。　徽墨、靛花，每百斤各税三錢。　銅緑、黄丹、好低蘇木，每百斤各税二錢。　土墨、土粉、烏烟每百斤，泥金末每二斤，各税一錢。　大青，每斤税六分三釐。　猩猩紅，每斤税五分。　二青，每斤税三分一釐。　染靛，每百斤税三分。

雜貨免徵則沿海貿易，小船照數免税。興販大洋者，仍照則徵收。

一顔料紅土、石粉、紫粉，每百斤各税一錢。　油胭脂，每斤税三分一釐。　棉胭脂，每十斤税二分二釐。

太平遇仙兩關橋下水雜貨税則

顔料銀硃、硃砂、大青，每百斤各税一兩四錢四分四釐。　石緑，每百斤税一兩八分四釐。　石青、石黄、銅青、銅緑，每百斤各税二錢五分六釐。　徽墨、胭脂，每百斤各税二錢二分六釐。　水粉，每百斤税一錢八分四釐。　槐花、礬紅、茜草，每百斤各税七分六釐。　泥粉、青靛，每百斤各税四分。　青礬，每百斤税九釐四毫。

載齡等《清户部則例》卷八八《税則・太平關》

太平遇仙兩關橋上水雜貨税則

顔料銀硃、硃砂、大青，每百斤各税一兩四錢四分六釐。　蘇木角、天竹黄，每百斤各税一兩一錢一分六釐。　藤黄，每百斤税三錢三分八釐四毫。　水粉，每百斤税一錢八分六釐。　紅花，每百斤税一錢八分三釐六毫。　黄丹、靛花，每百斤各税一錢五分。　蘇木，每百斤税一錢，遇仙橋税二錢五分。　槐花、礬紅、墨烟，每百斤各税七分八釐。　青靛、泥粉、扇粉，每百斤各税四分二釐。

洽光廠上水雜貨税則

顔料脂水粉，每百斤税一錢五分。　土粉，每百斤税九分。　紅花，每百斤税八分。墨每櫃，石黄每百斤，各税六分。　蘇木，每十斤税二分五釐。

洽光廠下水雜貨税則

顔料硃砂，每百斤税三錢五分。　黄紅丹、土硃每百斤，墨每櫃，各税六分。　青靛、槐花，每百斤各税三分。　銀硃，每斤税一分二釐。

洽光廠續定雜貨税則

顔料洋青，每百斤税一兩四錢四分六釐。　石緑，每百斤税一兩八分四釐。　石青，每百斤税二錢五分六釐。　香粉、紅木，每百斤各税一分。

載齡等《清户部則例》卷八九《税則・潯南廠》

雜貨税則

顔料　顔料，每大簣寧税一錢六分，潯税一錢五分，每小簣寧税一錢，潯税九分。　黄丹，每百斤潯税一兩二錢。　紅花，每百斤潯税一兩，寧税同。　砂緑，每百斤潯税三錢，寧税同。　銀硃，每十斤潯税一錢七分。　墨，每百斤寧税一錢六分，潯税一錢五分，每簣寧税一錢三分，潯税一錢二分。　番蘇，每百斤寧税一錢六分，潯税一錢五分。　石黄，每百斤寧税一錢五分，潯税一錢四分。　土蘇木，每百斤潯税一錢，寧税二分。　靛青、銅緑，每百斤寧税各七分，潯税各六分。　紅麯米，每石税五分，南北同。　水粉每十斤，昇硃、土粉每百斤，寧税各四分四釐，潯税各四分。　水靛，每百斤寧税三分五釐，潯税三分。　黑烟，每百斤寧税二分二釐，潯税二分。　胭脂，每百塊税一分，南北同。

載齡等《清户部則例》卷九〇《税則・梧州廠》

雜貨税則

顔料番蘇木，每百斤税二錢四分。　土蘇木，每百斤税一錢九分二釐。　銀硃，每十斤税一錢八分七釐。　石黄、泥硃，每百斤各税一錢五分六釐。　昇硃、土粉，每百斤各税一錢五分六釐，每大包税六分二釐四毫，每小包税四分六釐八毫。　水粉，每簣税一錢五分六釐，每斤税六釐二毫四絲。　青靛，每百斤税九分六釐。　鉛粉、胭脂，每十斤各税六分二釐四毫。　槐花，每百斤税四分六釐八毫，每石税二分三釐四毫。　土墨，每大包税四分，每小包税三分。　銅緑、砂緑，每十斤各税三分八釐四毫。　墨烟，每大笠税三分一釐二毫，每小笠税一分五釐六毫。　五色礬硃、黄丹，每十斤各税一分二釐五毫。　標硃，每斤税九釐三毫五絲。　墨，每斤税五釐。

衛杰《蠶桑萃編》卷六《染政》

料物類

藍靛

藍，《周禮》註：染草，藍蒨象斗之屬。《本草》註：藍凡五種，各有主治。《通治》云：藍三種，蓼藍染緑，大藍如芥淺碧，槐藍如槐染青，三藍皆可作澱，色成勝母，故曰「青出於藍而青於藍」。藍靛，《本草綱目》：藍質浮水面者，爲靛花。

藍澱

凡藍五種，皆可爲澱。茶藍即松藍，插根生活，蓼藍、馬藍、吴藍，皆撒子而生。近又出蓼藍小葉者，俗名莧藍，種更佳。凡種茶藍法，冬月割穫，將葉片片削下，入窖造澱。其身斬去上下，近根留數寸，薰乾埋藏土内，春月燒淨山土，使極肥鬆，然後用錐鋤其鋤，鈎末向身，長八尺許。刺土打斜眼，插入於内，自然活根生葉。其餘之藍，皆收子撒種畦圃中，暮春生苗，六月採實，七月刈身造澱。凡造澱，葉與莖多者入窖，少者入桶與缸。水浸七日，其汁自來。每水漿一石，下石灰五升，攪衝數十下，澱信即結，水性定時，澱沈於底。近來生産，閩人種山皆茶藍，其數倍於諸藍。山中結箬簍，輸入舟航，其掠出浮沫曬乾者曰靛花。凡靛入缸，必用稻灰水先和，每日手執竹棍攪動，不可計數，其最佳者曰標碙。

紅花

紅花，場圃撒子種。二月初下種，若太早種者，苗高尺許，即生蟲如黑蟻，食根立斃。凡種地肥者，苗高二三尺，每路打橛縛繩横欄，以備狂風拗折，若瘦地尺五以下者，不必爲之。紅花入夏即放，綻花作梂彙多刺，花出梂上。採花者必侵晨帶露摘取，若日高露旰，其花即已結閉成實，不可採矣。其朝陰雨無露，放花較少，吁摘無妨，以無日色故也。紅花逐日放綻，經月乃盡，入藥用者，不必製餅。若以染家用者，必以法成餅然後用，則黃汁淨盡，而真紅乃現也。其子煎壓出油，或以銀箔貼扇面，此油一刷，火上照乾，立成金色。

造紅花餅法

帶露摘紅花搗熟，以水淘，布袋絞去黃汁，又搗以酸粟或米泔清，又淘，又絞袋去汁，以青蒿覆一宿，捏成薄餅，陰乾收貯。染家得法，我朱孔陽，所謂猩紅也。

附燕脂

燕脂，古造法以紫餅染綿者爲上，紅花汁及山榴花汁者次之。近濟寧路但取染殘紅花滓爲之，值甚賤。其滓乾者，名曰紫粉，丹青家或收用，染家則糟粕棄也。

淮靛直靛

江淮所産甚佳，色勝他省。近時直民亦善種靛。夾取河淀中淤泥，壅作畦田，撒子而生，若不水潦，可刈三次，頭杈足本，二三杈皆餘利也。染色可同淮靛，其利則倍之。

青棡椀

青棡椀，《篇海》云：高木也。《唐史》云：開寶五年，資州獻梅青棡二木，合成連理。四川山多産此木，其樹結實，類板栗，其椀煎熬水，染青不落色。

四季青

四川染青色，有用四季青。似槐葉，枝高數尺，採葉煎水染青，直隸人呼烏拉葉，又名葉子青。

橡樹

橡，《博雅》云：柔也。蒂有斗，可染皁。《周禮・掌染》注謂之橡斗，實可食。《晉書・庾袞傳》：與邑人入山拾橡。

茜草

茜草，通作蒨。《說文》云：「茅蒐也。」《本草》云：一名地血，一名風車草，一名過山龍，今染絳色。《史記・貨殖傳》千畝卮茜，言其花染繒赤黃也。《漢官儀》：染園出芝，供染御服。

杞廬主人《時務通考》卷一七《商務六》 土水靛 光緒元年，出口貨一千七百三十六石七十三斤，價五千五百二十七兩。二年，出口貨四千三百十五石六十一斤，價一萬六千三十七兩。三年，出口貨七百二十九石十九斤，價七千一百八十二兩。四年，出口貨一千四十七石七十三斤，價九千七百六兩。五年，出口貨四千二百五十四石二十四斤，價一萬四千四百十六兩。六年，出口貨二千八百四十六石六十三斤，價一萬三千七百六十八兩。七年，出口貨一千七百六十三石六十八斤，價七千一百六十八兩。八年，出口貨二千八百七十二石六十二斤，價七千三百八十二兩。九年，出口貨二千八百四十五石一斤，價五千九百四十三兩。十年，出口貨六千一百七石四十三斤，價一萬五千四百四十三兩。十一年，出口貨一千三百一石四十四斤，價六千九百三十九兩。十二年，出口貨五千三百七十六石五十七斤，價一萬二千十兩。

顔料 光緒元年，出口貨一千一百十八石三斤，價二萬六百九兩。二年，出口貨一千八十二石五十斤，價一萬五千三百四十一兩。三年，出口貨一千四百九十二石十四斤，價一萬七千三百八十三兩。四年，出口貨一千二百八十九石三斤，價一萬六千八百十七兩。五年，出口貨二千三百八十九石七十六斤，價一萬六千五百十兩。六年，出口貨六百七十六石七斤，價三千一百九十六兩。七年，出口貨二十石四千十斤，價一百八十三兩。八年，出口貨一百九十八石七十七斤，價八百七十三兩。九年，出口貨一百八十六石八十七斤，價九百八十八兩。十年，出口貨一百五十二石六十四斤，價九百三兩。十一年，出口貨一百五十八石六十三斤，價二千二百兩。十二年，出口貨二百二十四石六十四斤，價一千七百六十四兩。

杞廬主人《時務通考》卷一七《商務七》 靛 光緒元年，進口貨四萬四百四十六石五十八兩，價十六萬一千一百五十八兩。二年，進口貨二萬五千七百十九石十九斤，價十萬三千一百八十八兩。三年，進口貨三萬六千八百九十六石二十八斤，價十三萬八千二百八兩。四年，進口貨四千四百九石八十二斤，價一萬七千五百九十四兩。五年，進口貨三千一百四十九石六十九斤，價一萬四千二十兩。六年，進口貨一千九百六石三十九斤，價八千一百四十七兩。七年，進口貨四千九十四石九十四斤，價一萬五千二百七十一兩。八年，進口貨七千三十六石四十七斤，價二萬八千四百三十一兩。九年，進口貨三千八百三十四石十四斤，價一萬四千八百六十六兩。十年，進口貨一千三百四十九石八斤，價六千七百五十四兩。十一年，進口貨四千八十六石三十六斤，價一萬九千三百二十二兩。十二年，進口貨九千一百十九石二十四斤，價四萬四千六百一兩。十三年，進口貨一千五百六十八石三十三斤，價六千三百六十兩。

顏料　光緒十三年，進口貨一萬二百石六十八斤，價四萬二千一百八十一兩。

染料　光緒十三年，進口貨價八十三萬九千五百三十四兩。

杞廬主人《時務通考》卷二四《化學七》　植物顏料　草木之花葉果實，各種顏色俱有之，惟其顏色之料，能耐久者甚少。植物死後，大半自滅。此因生時其力能耐光與養氣與濕氣各種變化之性，既死之後，即無此力，有數種植物生時已不能耐，如月季花之類是也。如欲得其真顏色，必置在稍暗之處。

紅色料　紅藍花即紅花，其瓣内有一種紅色之染料，名卡耳太米尼，即炭輕養。其色見光易退，其性爲酸類，浸於鹽類水内即清化，添以酸質即結成，故從花内分出其料，即藉此性。巴拉西勒木，可作紅色水爲寫字之用，其顏色之質，似乎陸茄木。土耳其紅，即茜草根，取得其根，生時本無紅色，只有一種黄料，名羅被安，即炭輕養，此黄料變化而成紅色，俗名地血。取此紅料有數法，將根浸於水内久久，則其含淡氣之質化分，而羅被安變成數種新質。一種爲紅色顆粒，名爲阿里司里尼，即炭輕養三輕養。一種不成顆粒之糖，其阿里司里尼，可用水或醇消化，令成片形顆粒，其光如金。力低暮司，即石蕊，與阿耳扣勒與紫粉，俱爲美觀之顏料，俱從苔内取得。阿耳扣勒與紫粉之顏料，俱藉所含之哇耳西以尼質，即炭輕淡養。苔類内無此現成之質，須用製合之工。哇耳西尼之淨者，爲無色之質，遇淡輕與空氣，則變爲美觀之紅顏料，名哇耳西以尼。哇耳西以尼本不能成顆粒，水内難消化，醇與鹼類内易消化，變成美觀之紫色水，遇酸質而變紅，結成片質，即哇耳西以尼。變成阿耳扣勒與紫粉，將苔磨粉與尿相和，令成淡輕質，又與鈣養相和，令遇空氣數十日則鈣化分以里脱里等酸，而成哇耳西尼。此質遇淡輕，與空氣之養氣則變哇耳西以尼。

綠色料　植物綠色之料，名尅羅路非勒，尅羅路即綠色之意，非勒即葉之意。爲松香類之質，含炭輕淡養，未能得其淨質，而考知其分劑，因不能成顆粒，又不能蒸取也。

藍色料　花之藍色料，名爲衰阿尼尼，如遇酸質，必變爲紅色，稍添以鹼類，仍復爲藍色。凡有中立性汁之花，其色藍，有酸性汁之花，其色紅，如葡萄或紅酒，其色料與衰阿尼尼略同。嘗從花内取出二種染料，名爲散的尼，與散的以尼。其散的以尼，能在水内消化，綠葉和以醇而沸之，即得藍色之料，熬乾之即尅羅路非勒之定質，將此在醇内消化，而與醇内消化之鉀養相和，加熱令沸，再添以鹽强水，即結黄色之質，名爲非勒哇尅散的尼。又有一藍色之質，名非勒衰阿尼尼，消化於水内，此質之内含淡氣，二質俱能在水内消化。樹葉至秋變爲紅色與黄色，必因非勒衰阿尼尼散去之故，如將綠葉遇綠色，亦有此種變化。靛即炭輕淡養，爲數種藍草所作，印度國、中國、美國，俱産此物，將藍草浸於冷水内，令發酵，俟水面生藍色之泡，添以鈣養少許而掉撥若干時，靛即凝結沈下，用布濾之，壓成餅形，此法之理，尚未能明悉，其草内不但無藍色之料，並無靛之料，惟在發酵之時變成。近人考此靛草，疑含一種材料，名引的甘，即炭輕淡養，此質與靛藍色之相關，同於羅被安與阿里司里尼之相關，能在水内消化，用酸相和而加熱，則分爲靛藍與靛紅，並一種不能成顆粒之糖。分出其靛紅之法，將靛與醇相和令沸，則靛藍不肯在醇内消化而沈下，靛紅則消化於醇内。其靛藍亦不能在尋常之流質消化，如欲作染料，必先變爲靛白，能在鹼水消化也。鐵養硫養二分，和以水二百分，盛於有塞之瓶内，再添熟石灰三分，靛粉一分，摇動甚久，其靛不見停而凝結，則得黄色之流質，遇空氣而面上立變藍色。如將此水添以鹽强水，而不遇空氣則有靛白結成，即炭輕淡養。其製法之理，因靛藍即炭輕淡養，添以水内所出之輕氣一質點，而所放之養氣，與鐵養相合，鈣養之半，與硫養相合，又一半令其靛白消化，此質能在鹼類水消化也。此法所得之靛白，能染麻布與棉布得藍色。將靛白消化於水，而以布浸入，漬透之後，挂起令遇空氣，則空氣内之養氣，收其輕氣一質點，而成靛藍，即在布質内凝結也。或用别種材料，代鐵養硫養，如腐爛之植物質，能令靛藍在鹼水内變爲靛白，即將靛與茜草，與鉀養炭養，與鈣養相和，令發酵，則發酵之時，所放之輕氣，令其靛藍變爲靛白，鈣養則收得鉀養炭養之炭養，而放出鉀養，能消化其靛白。靛藍加熱，即發紫色之霧，凝結則成顆粒，其光色如紅銅，而爲純靛藍，即炭輕淡養。多取之法，將靛與葡萄糖與鈉養、與淡醇相和，存久令消化，則得靛白水，遇空氣即結純靛藍之顆粒。

黄色料　番紅花，即撒法，即爲黄色之料。其花藍色，其鬚黄色。將其鬚曬乾壓成餅，香甚馥郁，浸於水内或醇内，能消化其黄料。西印度島有一種草，其子有橙皮黄顏料，名爲阿那土，分出其染汁，名爲比尅西尼，能以鹼類消化之，再添以酸質而再結成。造取乳酥與乾酪，嫌其黄色太淡，再添此料作僞。又有一種黄顏料，從回勒特花之葉取得，將乾葉浸於水内，令沸而得之，名爲羅的哇里尼，即炭輕養，乾蒸之取黄色之顆粒，其形如針。有數種木在水内沸之即得染料。如西印度島之木，名甫司的格，能成黄顆粒之料，名摩里歎尼酸，即炭輕養。陸茄木在刊佩止地所産，内有一種黄顔料，名爲喜瑪托客西里尼，能得其顆粒如針，其質爲炭輕養二輕養，遇鹼類與養氣變爲紅顔料，名喜瑪替尼，即炭輕養。如將陸茄木與鉀養鉻養相合，即成黑色之水，有人以此當墨水之用，惟色易退。托末里客即薑黄爲一種瓜類草之根，其顔料名可苦米尼，水内略不能消化，醇内能消化，其色遇鹼即變稷色、黄色之染料，爲回勒特花，或苦耳西特倫，或甫司的格，或阿那土，或阿尼里尼黄，或鉛養鉻養，其首四種，用含鋁類之濇質，其鉛養鉻養先將物浸於鉛養醋酸，或鉛養淡養水内，後浸於鉀養鉻養水内。

白色料　各苔類和以鈣養水消化，數小時濾取其水，而以鹽强水減其鹼性，令有中立性，即成白色膠形之質，遇熱醇而消化，待冷結成顆粒。其顆粒之原質，依所用何種苔類而異，其要酸質，爲以里脱里酸，即炭輕養。又以分尼酸，即輕養炭輕養。又里卡奴里酸，即炭輕養。此各種酸質，與醇相□令沸，即成各種雜以脱質。

杞廬主人《時務通考》卷二四《化學八》　衰　此物爲淡氣一分劑，與炭質二分劑化合，性與原質略同，與别種原質化合亦略同於原質之性，西名衰安掜真，其意爲藍母，因以合藍色顔料，名普魯士藍。前五十六年，該路撒初知此物，雖爲雜質，而性同原質，後又攷得數種别物亦然，但炭與淡，無法使之徑自化合，祗可於雜質内取之試法，用汞衰研爲細粉曬乾盛於玻璃瓶内加熱，衰乃離汞而散出，透過水銀收之。

洋藍又名普魯士藍　鉀衰鐵水與鐵養水相合，結深藍色之物，沈水下，濾出洗浄而乾之，即是洋藍，名普魯士藍者，初爲普魯士國所剏製也。用染各物，青翠可觀。白衣微變黄色，可先洗浄，稍用此物和水漬之，曬乾即蓋其黄色，而仍爲白色矣。染呢爲藍色，先浸於鐵養水，再浸於鉀衰鐵水，二物在呢内相遇，無微不到，自成藍色。

鉀衰鐵　取法，用鐵鍋盛動物之質，如角皮乾血等五分，又鉀養炭養與鐵屑各二分，加大熱熇之，則動物質内之淡氣與炭質散出而化合成衰，隨與鉀及鐵化合，用水浸之久久，則成鉀衰鐵。濾取其水而煮乾之，賸下者爲黄色片粒。稍不純亦可用，可試數種含鐵之質，因能與鐵化合，成普魯士藍也。又與别種金類亦能化合，成易見之質，作水用鉀衰鐵一分，以清水十五分至二十分消化。

鉀衰鐵　取法，將鉀衰鐵水，使緑氣過之，則與鉀化合成鉀緑，消化於水。另有鉀衰鐵結爲紅色之晶粒，比鉀衰鐵所含之衰更多，加以鐵養水，亦結深藍色之質沈下，若加以鐵養水，則無所結，所以化學家用此辨鐵養與鐵養。常雜鉀衰鐵辨法加鐵緑水，而變藍色，爲雜鉀衰鐵，其用試含鐵之質所結者，亦爲藍色，形與前同，而性不同，作水用質一分，以清水十分，至十五分消化。

鉀衰　鉀衰鐵八分，鉀養炭養三分，炭一分，同置鐵鍋，加熱至紅，即成鉀衰。此物純者如白磁，易消化於水，人食之爲最酷之毒藥，製造此物之人，手常生大瘡。消化於水，而以金類與養氣化合之質浸入，大半能消化，所以常用爲鍍金鍍銀之料，洋布上所寫之字，任洗不退，將此水洗之，即能浄盡，因其墨而銀養，遇鉀衰水而消化也。

吹大試物常用之，其質白色，水中全能消化爲佳，或用作水。

白礬　白礬之質，爲鋁養三硫養，與鉀養硫養并水二十四分劑化合而成。加熱則漲而水化散，即成松鬆之白粉。其體大於原體數倍，是爲枯礬。地内有産者，西國則用法製造。將生泥澆以硫强水使化分而收其鋁養則得鋁養三硫養，或將含鋁養與鐵硫之泥，或嫩石，使露於空氣中，或稍加熱，則鐵硫化分而硫與空氣内之養氣化合成硫養，而硫養又與泥内之鋁養化合成鋁養三硫養，再將此泥浸於水中，洗而澄之。取其水盛於大桶之内，準其數添以鉀養硫養，待數日漸成白礬之粒結於桶之内面。將桶板卸開，取出打碎，收藏别器。其味濇而微甜，微酸，其晶粒爲方橄欖形。白礬此物，内函鉀硫養加鋏硫養加輕養，若經火煅，則發沸而水漸散，乃比原物發大數倍，而成枯礬，即不函水之白礬散也。白礬本産於山，西國通用者，由製煉而成。取法以函鉀之泥加磺養而成。一用西國作筆之石，内函鉀者。及地産之磺鐵相和，露放令天氣入，或助以微熱，則磺合天氣之養而成磺養，復食石之鉀而成鉀磺養。將此物燒煆濾臨，如製鹻沙法，則鉀磺養鎔於水内。以此水貯大桶中，加以鋏磺養，俟數旬之久，水即漸積而結白礬，乃將桶拆去，竟成礬山焉。白礬味甜而濇，珠成八面體，而面面之大小如一，此物表著物之原質不同，而化合成物，竟乃相同者，蓋製白礬，用錪磺養，則成錪養白礬，或用輕淡，則成輕淡白礬，而二者所成之珠，恰肖乎上形，性亦復相同。或竟不用鉀養，别用鐵養鉻養或錳養以代鉀養，而所製成之白礬，則形性亦復相同也。以上各等白礬形式同，而化合之款俱同，所凝之珠，亦復相肖。凡製白礬，用鉀磺養加錪磺養、鋏磺養或輕淡磺養，或竟不用鉀質，止以鐵磺養或鉻磺養合鋏磺養，似此搭配，則製亦甚易。錪養白礬、鋏養白礬、輕淡白礬，三種色皆白。鉻養白礬色深紅，鐵養白礬色淺紅，染布，染紙、印花布，及硝皮工匠莫不需之。植物花卉有等亦與釩養牽合，如植物之花草汁，用白礬即能揞其色，可驗與色有牽合力也。染布先浸以礬水然後投於染水，則色與布中之礬相食，可經久不脱，即俗所謂礬實是也。他而錫養、鐵養、鉻養，皆可代礬入染料，令色經久。

生泥　各種生泥之質，鋁養、矽養爲多，另有石質所碎者，即鉀養、矽養、鈣養、鎂養、鐵養等，視生泥内所含何質，即爲何種，可適何者之用。若無鐵養及鈣養、炭養，作大磚並鎔金類之罐最佳，但此種不多見。若多含鐵養者，可用爲油顔料。間有一種生泥與油之粘力甚大，所以綢布有油迹，用水調爲漿，敷於污處，能將油污收去。

阿尼里尼藍料　將羅殺阿尼里尼之鹽類質，即有醋酸者，加阿尼里尼至有餘，令沸，則羅殺阿尼里尼變爲三非尼里格羅殺阿尼里尼，即炭輕三（炭輕）淡，此質約有非内里即炭輕三分劑，代輕氣三分劑，其散出之輕氣三分劑，變爲淡輕阿尼里尼藍，爲三非尼里格羅殺阿尼里尼輕緑，其色爲樱水不能消化，醇能消化，得豔藍色。如將淡輕養醇消化之，再添以水，即有白質結成，即三非尼里格羅殺阿尼里尼二輕養，將此質洗之乾之，即帶藍色。

阿尼里尼紅色之料　阿尼里尼與炭緑，或錫緑，或鐵緑，或銅緑，或汞養淡養，或汞緑，或含水鉀養化合，俱能成紅色之料。因此各種材料，俱能令別物與其養氣或緑氣化合也。

阿尼里尼別種顔色之料　阿尼里尼茄花色，亦爲同法所作。又有用阿尼里尼作別種顔色，如輕緑與鉀養緑養相和，加入阿尼里尼之内，得緑色之料。又有變法，能用同料得黑色之料。又可將瑪真塔加以阿勒弟海特，作別種緑色之料。

弟阿蘇阿米多偏蘇里　阿尼里尼消化於醇，加以淡養，則棄去輕氣三分劑，而得淡氣一分劑代之，即有結成黄色之料，名爲弟阿蘇阿米多偏蘇里。

鉀養加玻力酸　蒸黑油在三百與四百度之間，所得之重油，分出其加波力酸，先添極濃鉀養水之熱者，再添含水鉀養，相和摇動，則有白色之顆粒結成，與其流質分離，添水少許，即得鉀養加波力酸。上面所浮之油可取出，而用輕緑水化分其餘質，則其加波力酸分離，而浮在面上如油，取此油而添鈣緑少許，收去其水，再用甑蒸之，所得之流質，加冷則結成長而無色之顆粒，其顆粒置於掌中，得熱九十三度，足令鎔化。

加貝所的酸　加貝所的酸之質，將加波力酸，加以濃硝强水，待冷，其水變爲明黄色之顆粒，即加貝所的酸，又名比客里酸，又名三淡養非尼酸，又名淡養非尼西酸，因此質從非尼酸所造成也。用三淡養代輕養，即同於用偏蘇里，令淡養代輕氣，而成偏蘇里淡養。依此理則比客里酸之質，爲輕養炭輕三（淡養）養。其一分劑之水，能以一個本質代之，成新質，如添鉀養水結成比客里酸鉀養。其色黄，即鉀養炭輕三（淡養）養。因此化學家用比客里酸，爲試驗鉀養之法，加貝所的酸不易在水内消化，而易在醇内消化，其消化所得之流質，能令皮膚並別種生物質變爲黄色，所以染絲之鋪，俱用此料。其味又極苦，造苦酒之肆，常以僞充霍布花之用。

杞廬主人《時務通考》卷二四《化學九》　鐵養硫養即青礬，取法，濃硫强水一分半，水四分相和，以鐵絲一分浸入，加熱消化，待冷而結。然欲多取，必用廉省之法，可將白色鐵硫色若不白，必加熱，化散其硫之幾分，方能自收養氣。久遇空氣與水，則多收養氣而成鐵養硫養，即以消化於水，加熱煎熬，結成晶粒，粒内含水七分劑，其質透明，其色藍緑，倍重之冷水盡能消化，加熱使沸，水變樱色而濁，則爲不净。其性與數種澀味之植物顔料，如樹皮五倍子等，相遇則成黑色，着物不退，故用爲染料，或爲墨水，亦名皁礬。遇燥空氣，則收其養氣，而外皮變爲鐵養三硫養，與鐵養硫養，色樱白。宜備定質，因其水易收空氣中之養氣也，用試別質含淡養並輕衰者。

論鐵磺養加輕養即青礬。　磺養酸加水化鐵則成此物，尋常作者，乃以鐵磺石研碎，濕而露放，則磺食天氣中之養氣，而成磺養酸。磺養酸食鐵，合天氣所成之養鐵，則成青礬。採是礬浸濾傾煎，如製鹼沙法，則成净礬。此鹽色藍緑而豔，以之露放無潮天氣中，則鹽内之水氣外散，而結紅衣一層，蓋之面上。此鹽用以染布及染各種鞹皮，或製墨水。法先以樹酸此等樹汁入口，能令舌縮而味澀者，是即内函炭透酸是也。染布或各皮鞹晾乾，再蘸青礬水，可立成黑色。或以該等樹皮浸泡取汁，與礬相和而成墨水。

杞廬主人《時務通考》卷二四《化學一三》　論漂白各法　漂白爲日用之事，而全藉緑氣。未得緑氣之前，漂白者止用肥皂及鹻類之物，與布同置鍋内，煮之多時，取出鋪於青草之上，使受日光與空氣，再煮再曬，至二百餘日之久而成。前二三百年，荷蘭人業此最精，而歐羅巴各處所織之麻布欲漂白者，幾盡運至荷蘭焉。但此法費工費時甚多，占地甚大，致十萬畝不耕牧，且必鋪於曠野，難免偷竊。稽英國古律，有竊此者罪甚重，概可見矣。凡漂白之受日光，及空氣溼氣，理與用綠氣同，即空氣內之養氣，或溼氣內之養氣，與色之輕氣化合成水，而物即變白，所以露水濃多，漂白更速也。空氣內之臭養氣，亦有漂白之力，至日光變白，其理更屬顯明。物在黑暗之處歷久不變，置諸明處而漸白，紅黃之色，不耐日曬，可見日光亦有漂白之力。荷蘭人舊法，將布浸於發酸之牛乳，前一百年又用極淡硫强水代之，能省工三月，而省費亦多。前八十五年，法國人試驗綠氣之性，察知能滅生物之色，思用以漂白，後遇英國刱造汽機之瓦特，談論此事，瓦特回國，深究其理，遂得新法，後其法徧傳各國焉。初用綠氣漂白之法，將冷水收綠氣，以棉麻等布浸此水內加熱，則綠氣散出，而污色盡滅。但此法有二病：一、所發之綠氣甚多，且人不能當受。二、布亦稍毀而不固，且漂時雖白，不久變黃。故又思一法，試以所漂之布，用鹻水煮之，而知鹻水與綠氣之愛力，較大於水與綠氣之愛力，故能攝綠氣不散。前七十二年，有人由此以刱漂粉，但彼時尚未知綠氣爲原質，故於此理不能得其肯綮也。漂布之人，用漂粉之多少，即以準變白之遲速，欲其漸漸白可，欲其立時白亦可。又有將漂粉用多水和之甚淡，至無漂白之力，再添一物，又能漂白。如染一種花布之法，可證此理。先將布通體染紅，再將樹膠與淡酸水調和，而以印板刷印於布上，曬乾之時，不見有花，後將此布浸於漂粉水內，則所印之處變白，無印之處仍紅，得此綠氣漂白之法，益處甚大。一百年前，需四月至八月之久，今則數小時而成。其一，以通心銅轆，納炭炙紅，將布經銅轆燒熨，其銅轆須炙極紅，而運轉又須極快，使布受熨，隨之并快，庶布弗受傷。布須受熨者，欲令殺去新布浮絨也。其二，用四眼木夾輪，輪內注水而遶布於中，以機駛輪，而輪內之水，隨摇動以洗中藏之布焉。其三，用鹻水煎沸，將布淋漂，以去布內之膠油。法用大甑，蓋以通心木池，池有木通心柱，柱四週遶布，使上沸鹻水，由木心而四射，射訖復由木池底竅，滲返於甑，俟鹻水復沸，則復上木通心柱而四射，如此週而復始，淋至七點鐘之久，細視其布，比未淋鹻時尤黑。其四，將經淋鹻之布，復置木夾輪中摇洗，洗至鹻盡。其五，用鈣綠養和水浸布六點鐘之久，此際布尚未漂白，然布之通身，均爲鈣綠養所食，當設法使鈣養與綠氣相離。其六，用淡磺强水浸灰布四點鐘之久，使磺强與灰牽合而成鈣磺養，餘綠氣即漂布至白。倘欲漂布極白，必須依法層次，從新再製，但每次不必復歷數點鐘之久耳。凡以此等法漂布，每作需十二時至二十四時不等，製布每次，均係帶濕不得晒，其綠氣灰每擔，西國約值銀三四元，而磺强水價亦極賤者也。濃磺養，西國每觔約值銀錢一二之間。

論漂白各料　綠氣透過淡鹻類水，或熟石灰內，即風化者。則爲所收，而成漂白之料，名爲鈣養綠、鈉養綠、鉀養綠。一切滅臭之水，亦用此法製造，惟鈣養綠又名漂白粉。英國製之甚多，以石或鉛，作一大房，房內周圍，有棲板數層，板上鋪滿熟石灰，四面密而不洩，放綠氣入內，石灰漸漸收之，待其飽足，取出密封於桶內，即爲漂白粉。色甚白，質甚滑嫩，水內稍能消化。其臭一如綠氣，若遇空氣極易化分，發出綠氣而收空氣內之炭氣。常用之漂白粉，一百分內，三十分爲綠氣，綠氣愈多愈佳。試其多寡，以青靛水內有青靛若干，須添若干漂粉，能滅其色，可爲準則矣。所有滅臭之物，即鈉養綠，或鋅養綠，消化於水即是。

論漂布雜質　漂布之雜質，以綠氣入蛤利水，或石灰水，使此綠氣與灰水等相合，結成是物。然是物即有數種，綠加錳養，綠加鋏養，綠加鉐養，均是。或云綠養加錳養，綠養加鋏養，綠養加鉐養，乃綠氣與養先合成綠養酸，然後與各質再合成雜質云。數種中以綠加鉐養爲最適用之物，凡漂布麻紙物及解穢毒等，莫不藉之。取法以鉛或石，作密室，架承石灰，分層疊置，各隙杜嚴，然後以綠氣入之，即可製成是藥。是物露放，變壞極易，蓋綠氣與鉐養相合，本非牢固，天氣中之炭養，因而入之，則綠氣立即散出，綠氣蜿走，其餘爲鉐炭養也。綠鉐養每百分綠氣約得三十一焉。

官修《清會典》卷九〇《內務府・廣儲司》

廣儲司掌庫藏之政令，設六庫以儲上用。【略】

凡盛京棉莊、靛莊、鹽莊，各輸賦以其額。盛京鑲黃旗棉花莊頭十五名，共額交棉花四千斤外，折交棉花四千八百九十斤，計銀二百八十三兩。靛莊頭三名，共額交靛六百五十斤外，折交靛七千七百八十八斤二兩九錢，計銀七十三兩九錢八分七釐。【略】正黃旗棉花莊頭十五名，共額交棉花四千斤外，折交棉花四千四百斤，計銀二百五十五兩二錢。靛莊頭四名，共額交靛六百五十斤外，折交靛四千四百十一斤十三兩，計銀四十一兩九錢三分四釐。【略】正白旗棉花莊頭十五名，共額交棉花四千斤外，折交棉花四千六百十斤，計銀二百六十七兩三錢八分。靛莊頭四名，共額交靛六百十五斤外，折交靛八千九百五十斤，計銀八十五兩二分五釐。【略】每年由盛京廣儲司司庫徵收，諮報到司覈銷。

官修《清會典事例》卷一一九〇《內務府・庫藏》　驗收　【略】雍正元年奏准，三旗銀莊所屬壯丁，歲輸水靛六千二百斤，茶庫驗收，去子粗棉花三千一百斤，緞庫驗收，均以收數移覆該處。

又奏准，會計司所屬關内糧莊，每丁歲輸紅花八兩，茶庫驗收，移覆該司。

官修《清會典事例》卷一一九五《内務府・園囿》 靛户 西頂藍靛廠四十名，大通橋十名。灤縣三十名，沙窩場二十名。每名各給官地四晌，六畝爲一晌。歲共徵乾靛三千五百斤，水靛六千五百斤。

雍正十年，官用西頂靛户地七畝七分，減納水靛三十五斤。

又奏准，歲徵水靛六千四百六十五斤，每斤改徵銀二分三釐，交納廣儲司銀庫。各處靛户，本局召募民人頂補，各給印信照票一張，如有革退事故，將官地並印票撤回，另行召募頂補。

乾隆十六年議准，歲徵乾靛三千五百斤，每斤折徵銀四分六釐，並水靛歲共徵銀三百九兩六錢九分五釐，交納廣儲司銀庫。本局需靛，向廣儲司領銀，按市價自行辦買應用。【略】

支領官物 【略】染絲應用顔料，及茜草、紅花、烏梅、槐子、黄蠟、白蠟等項，咨户部領用，木柴咨工部領用。

官修《清會典事例》卷一二五〇《内務府・武備》 順治初年又定，山海關外莊頭，每名歲交茜草五十斤，由會計司移送。

乾隆四年奏准，山海關外莊頭額交茜草，每斤折銀七分，交廣儲司庫收存。應用茜草，由院委官於廣儲司領銀採買，用過銀數，年終題銷。

劉錦藻《清續文獻通考》卷六四《國用二》 嘉慶四年，又議准沈香、降香、速香、銀硃、天青、二青、擡連紙、毛頭紙、呈文紙、紫草庫貯，均足敷用，於嘉慶五年爲始，停其解交。

劉錦藻《清續文獻通考》卷三七九《實業二》傅春宫《江西農務紀略》 三十年，餘干縣俞令省三稱：下鄉洲渚甚多，若能廣種烏柏、藍靛，數年後可取子榨油，採苗成色，其利甚厚。【略】

彭澤縣各鄉專種靛青，每年約出二萬桶。

劉錦藻《清續文獻通考》卷三八六《實業九》吴承洛《調查各業志略》節録

染料業 有植物、動物、礦物、人造之分。我國舊有染料多爲植物，兹依色别分述如下：一藍。約有四種，馬藍産中部、西部諸省，木藍産南部諸省，菘藍産揚子江流域及東三省，蓼藍産黄河流域湖北、江西及松花江流域，以木藍分佈爲最廣。此種植物之葉，製成染料，稱爲藍靛，乃染料中之最重要者。惟自人造靛輸入以來，本國靛幾無銷路，而各地之産量亦減。二紅。紅花産地以四川中部，湖北宜昌，安徽西北部爲著名。紫菀産北方諸省，蘇枋木國内略有出産，多從南洋輸入，茜草北部、中部産最多。三紫。以紫草爲主，多産於北部、中部諸省。四黄。薑黄爲鬱金之根，四川岷江流域之下游及西藏爲主要産地，廣東、福建之出産亦頗重要。槐樹産地頗廣，其花蕾爲槐米、槐花，可爲黄色染料。梔子全國皆産，果實亦爲黄色染料。五緑。多爲某兩種鼠李科植物之皮製成，名曰緑膏。舊産浙江，自人造染料輸入，此項已無銷路。六黑。有五倍子、橡實、胡桃皮、赤楊、蠟樹葉、松煙、菱角、雞頭、殼石、榴皮等，以五倍子爲最要，此物爲五倍子蟲刺鹽膚木枝葉所成之蟲瘤，産地爲四川、貴州、湖北、湖南、廣西、東三省，以四川爲最著名。其他諸黑色染料植物，國内分佈甚廣。七褐。以薯莨爲重要，産雲南、廣西，在廣東有取生柿汁塗於布面以染褐色者。

藍靛之分析 藍靛用途最廣，自人造靛輸入，大受打擊，歐戰中，外貨減少，國産稍旺，今又不振。北京工業試驗所曾集各省之藍靛分析之，以直隸永年、河南武安、江蘇嘉定、福建開源公司爲上品。靛精佳者，直隸大名、沙河，山東濮縣，河南盧氏，山西安邑、曲沃、襄陵、平陵、新絳，江蘇嘉定。靛質佳者，浙江永嘉，湖北施南，山西垣曲，若江西樂安、宜春，水分多，靛精少。直隸任縣，河南内鄉，廣東乳源、化縣，均屬中品。

染料之輸出輸入 染料以藍靛爲大宗，故輸出亦爲重要。光緒二十四年，汕頭出口九萬三千擔，北海自光緒十年至二十五年由一萬五千擔增至八萬五千餘擔，然未閲數年，輸出大減。德國人造靛輸入，始於光緒二十八年，三六二五擔，值海關銀一三一二三四兩，三年後，增加十倍，未幾，竟達三一四二六八擔，值銀九六二八六七〇兩，歐戰中雖大減，戰後復增。近年輸入爲四二一二一四擔，值銀二一五八五一六〇兩。此僅就人造靛一種而言，他如亞尼林染料，最近輸入值銀亦在一千萬兩以上，故近年通常總在銀三千萬兩以上。各種外貨輸入，實居第一，我國染料，爲農人副業，眼光短淺，有利可圖則植之，無所獲即改植他物，欲其注意改良，或推銷方面，殆不可能。

徐珂《清稗類鈔・農商類・商品》 硃砂産湖南、廣西、貴州、四川。

徐珂《清稗類鈔・植物類・青海植物》 青海森林不多，而松、柏、樺、榆、楊、椿、橡與蘇木皆全，大者可合圍，槎枿枝條，亦樵蘇之所賴。柏子爲食料，橡實、蘇木爲染料。然巨材雖美，萬牛不能運，無巨流可放，不能供内地資取也。百草多者如大黄，深谷中遍有之。紅花，以紫色爲最上，浸一枝於杯水，有紅絲一縷下注，瞬息水作淡紅色，此爲野種。或移植圃中，翌年即變爲紅色矣。花纖碎，不可辨，小鳥常啄食之，求之頗難。

徐珂《清稗類鈔·植物類·西藏植物》 西藏植物，藥品爲多，而紅花、青果、蔻仁、棗等，則尤著名。他如干布産麝香，巴塘産牛膝、兒茶，巴塘、江卡産紫草、蘆菔，巴塘、德榮産花椒，巴塘、河口産桑皮，裏塘産羌活，乍了産雪蓮花、雪猴子，德格、乍了産人參果、茜草，巴塘、乍了産木瓜，裏塘、甘孜産大黄，登科産雄黄，裏塘、德格産冬蟲夏草，巴塘、鹽井産杏仁、桃仁，德格、稻城産貝母，桑昂、雜瑜産黄連，裏塘、火竹卡産老鸛草。

徐珂《清稗類鈔·植物類·茜》 茜，亦作蒨，蔓生，莖方，中空，葉長卵形，葉柄與蔓皆有刺。夏月開小白花，實黑色。根赭黄，可染絳，並供藥用。

徐珂《清稗類鈔·植物類·番紅花》 番紅花爲多年生草，高四五寸，地下有球莖，葉細長叢生，有並行脈，初冬開淡紫花，花蓋六片，甚香。採花柱曝乾，香尤烈，製丁幾之類，用以著色，亦爲健胃、通經之藥。

徐珂《清稗類鈔·植物類·紅花》 紅花爲越年生草，園圃栽植之，莖高四五尺，葉狀如箭鏃，邊有鋸齒。夏日開花，紅黄色，花冠爲管狀，列爲頭狀花序。其花以製胭脂及紅色顔料，亦名紅藍花。

徐珂《清稗類鈔·植物類·鼠尾草》 鼠尾草爲多年生草，《爾雅》謂之葝，高二三尺，莖方，葉爲掌狀複葉，對生，花淡紫色，成脣形，花序爲總狀。舊説，花及莖、葉俱可染皂。

徐珂《清稗類鈔·植物類·薯莨》 薯莨，蔓草也，産閩、廣諸山，葉尖長，節節有小刺。根圓如芋，大小不一，有鬚叢生，皮紫黑色，肉紅黄色，煑汁以染紗絹之屬，爲暑月之衣，謂之薯莨綢，亦曰拷綢。粤人並以之染罛罾，因其使苧麻爽勁而利水，又耐鹹潮，不易腐也。

徐珂《清稗類鈔·植物類·藍》 藍爲一年生草，葉如蓼，故亦名蓼藍。莖高二尺餘，秋冬之交抽長梗，開小紅花成穗。其葉可製染料，即靛青也。靛青向推佛山、澳門，次爲樂平及潮陽之水靛，再次爲富陽山靛、黄渡水靛。後以德之靛油運華，以上産地均改種雜糧、蔬菜矣。

徐珂《清稗類鈔·植物類·山藍》 山藍爲常緑多年生草，自生於陰地，莖高一二尺，葉橢圓形，有長柄。初夏開花，成穗狀，色黄緑，雌雄異株。取莖、葉絞汁，可爲染料，惟藍質頗少，不能成靛。

徐珂《清稗類鈔·植物類·菘藍》 菘藍爲二年生草，隨處有之，高二三尺，下部之葉狀如倒卵，有葉柄，上部之葉如箭鏃，無柄。夏月開花，四瓣色黄，列爲總狀花序。實扁平。莖、葉可製藍，爲染料。

徐珂《清稗類鈔·植物類·黄檗》 黄檗，亦作黄蘗，爲落葉喬木，榦高三四丈，葉爲奇數羽狀複葉。夏月開細黄花，雌雄異株。實色黑，大如黄荳。榦之内皮色黄，與實並入藥，亦作染料。俗稱黄柏，省寫之譌也。

徐珂《清稗類鈔·植物類·赤楊》 赤楊爲落葉喬木，生於山中，葉橢圓而長，花似栗，褐色，實似松。材爲薪炭，果實、樹皮皆可爲染料。

徐珂《清稗類鈔·植物類·梔》 梔，本作巵，爲常緑灌木，亦名山梔。高丈餘，葉橢圓而厚，夏開白花，實橢圓，色黄，有縱稜五六，可入藥，並爲黄色染料。

徐珂《清稗類鈔·鑛物類·硃砂》 硃砂，一作朱砂，亦稱硫化汞，爲水銀、硫黄之天然化合物，舊稱丹砂。以出湖南之辰州者爲最良，故又名辰砂。大者成塊，小者爲六角形之結晶。狀如箭鏃者，俗謂之箭頭砂，頗珍貴，色鮮紅，或微含鉛灰色。若以水銀與硫黄花相和，納入輕養化鉀之水溶液中，亦可製成。

穆彰阿等《清一統志》卷三七《直隸·大名府三》 土産 紫草《唐書·地理志》：魏州土貢。胡粉《唐書·地理志》：澶州土貢胡粉。《宋史·地理志》：開德府貢南粉。

穆彰阿等《清一統志》卷七六《江蘇·江寧府四》 土産 靛出江浦縣。

穆彰阿等《清一統志》卷九五《江蘇·淮安府三》 土産 靛《府志》：靛種最青，河南種靛，其種多産於淮。

穆彰阿等《清一統志》卷一二七《安徽·寧國府三》 土産 碌青《唐志》：土貢。

穆彰阿等《清一統志》卷一二一《安徽·太平府二》 土産 石緑《寰宇記》：繁昌縣出石緑。

穆彰阿等《清一統志》卷一二七《安徽·鳳陽府三》 土産 雲母《唐書志》：濠州貢。《寰宇記》：雲母出鍾離縣雲母山。茜草《寰宇記》：壽州土産。

穆彰阿等《清一統志》卷一二九《安徽·潁州府二》 土産 紅花、藍靛。

穆彰阿等《清一統志》卷一四三《山西·潞安府二》 土産《寰宇記》：潞州土産紫草。

穆彰阿等《清一統志》卷一四五《山西·澤州府》 土産 紫草府境皆出。《寰宇記》：澤州産。

穆彰阿等《清一統志》卷一五六《山西·絳州直隸州二》 土産 靛出絳州

者良。

穆彰阿等《清一統志》卷一六四《山東・濟南府三》 土產 石《唐書・地理志》：齊州土貢雲母石。

穆彰阿等《清一統志》卷一六七《山東・兗州府三》 土產 按《舊志》載《唐書・地理志》：兗州土貢雲母。《宋史・地理志》：襲慶府貢雲母。今未聞。

穆彰阿等《清一統志》卷一七二《山東・青州府三》 土產 《唐書・地理志》：青州貢紅藍、紫草，今未聞。

穆彰阿等《清一統志》卷一九〇《河南・開封府五》 土產 藍諸縣皆有。 紅花鄢陵出。

穆彰阿等《清一統志》卷一九二《河南・陳州府》 土產 藍《府志》：有三種，蓼藍染緑，大藍染碧，槐藍染青，俗名靛。

穆彰阿等《清一統志》卷一九八《河南・彰德府三》 土產 胡粉《唐書・地理志》：相州土貢胡粉。

穆彰阿等《清一統志》卷二一四《河南・南陽府五》 土產 靛境内皆出。 石青南陽縣鐵朵山出，一名石緑，一名青緑。

穆彰阿等《清一統志》卷二三二《陝西・西安府六》 土產 紅花《盩厔縣志》：邑產以紅花爲第一。

穆彰阿等《清一統志》卷二三六《陝西・鳳翔府二》 土產 石墨出河陽縣石墨洞。

穆彰阿等《清一統志》卷二三六《陝西・漢中府二》 土產 紅花《唐書・地理志》：興元貢紅藍、燕脂。按《舊志》又《唐書・地理志》興州貢硃砂。謹附記。

穆彰阿等《清一統志》卷二四五《陝西・同州府三》 土產 紫草郃陽縣出。

穆彰阿等《清一統志》卷二四六《陝西・商州直隸州》 土產 麻布《寰宇記》：商州土產。 石青《明統志》：雒南縣出，有洞。 硃砂《寰宇記》：商州貢。

穆彰阿等《清一統志》卷二六五《甘肅・寧夏府二》 土產 《元和志》：靈州貢紅花。《新唐書・地理志》：靈州上貢紅藍代赭、野猪黃。

穆彰阿等《清一統志》卷二七三《甘肅・涇州直隸州二》 土產 《寰宇記》：涇州產紅花。

穆彰阿等《清一統志》卷二七七《甘肅・階州直隸州二》 土產 雄黃《元和志》：武州出上品雄黃，色如雞冠。《明統志》：階州出雄黃。

穆彰阿等《清一統志》卷三一五《江西・廣信府二》 土產 青碌《寰宇記》：鉛山縣出。

穆彰阿等《清一統志》卷三一七《江西・南康府二》 土產 按《舊志》載《寰宇記》：南康軍土產雲母。今無。

穆彰阿等《清一統志》卷三一九《江西・九江府》 土產 碌《唐書・地理志》：江州土貢碌。按《省志》今德化產無名土，可入漆而無碌。 雲母《寰宇記》：江州土產。《省志》：德化縣出。

穆彰阿等《清一統志》卷三二五《江西・瑞州府》 土產 按《舊志》載《明統志》：上高縣產石青、石碌、黃丹。今俱無，謹附記。

穆彰阿等《清一統志》卷三四五《湖北・荆州府二》 土產 金 青緑石《府志》：出松滋縣鳳凰山。 梔子《唐書・地理志》：江陵府土貢。

穆彰阿等《清一統志》卷三五七《湖南・長沙府四》 土產 硃砂《明統志》：安化縣出。

穆彰阿等《清一統志》卷三七一《湖南・永州府二》 土產 青碌祁陽出。

穆彰阿等《清一統志》卷三七二《湖南・永順府》 土產 茜草即紫草，永順縣出。

穆彰阿等《清一統志》卷三七六《湖南・靖州直隸州》 土產 靛俱綏寧縣出。

穆彰阿等《清一統志》卷三七八《湖南・郴州直隸州二》 土產 茜草宜章縣出。

穆彰阿等《清一統志》卷三八九《四川・重慶府三》 土產 丹砂《唐書・地理志》：溱州貢。

穆彰阿等《清一統志》卷四〇七《四川・潼川府》 土產 空青《元和志》：梓州貢空青、曾青。《寰宇記》：梓州產石緑。

穆彰阿等《清一統志》卷四一二《四川・瀘州直隸州》 土產 石青 石緑《明統志》：皆州土產。

穆彰阿等《清一統志》卷四一四《四川・綿州直隸州》 土產 緋紅《寰宇記》：綿州土產。《游蜀記》：左綿緋紅，三川所尚。

穆彰阿等《清一統志》卷四一七《四川・酉陽直隸州》 土產 丹砂《華陽國志》：涪陵丹興縣出。《唐書・地理志》：黔州貢光明丹砂。《寰宇記》：黔州產朱砂。

穆彰阿等《清一統志》卷四五四《廣東・南雄直隸州》 土產 石墨《明統志》：出始興縣南五里小溪中，長短巨細似墨。楊慎《丹鉛録》：始興縣小溪中產石墨，婦女取以畫眉，名畫眉石。

穆彰阿等《清一統志》卷四五五《廣東・連州直隸州》 土產 丹砂《唐書・地理志》：連州土貢。

穆彰阿等《清一統志》卷四六二《廣西・桂林府二》 土産 朱砂《寰宇記》：桂州土貢。

穆彰阿等《清一統志》卷四六四《廣西・慶遠府》 土産 丹砂《唐書・地理志》：宜州有丹砂。《寰宇記》：宜山有富安砂監。又撫水州有固屑場，出硃。

穆彰阿等《清一統志》卷四六五《廣西・思恩府》 土産 靛。

穆彰阿等《清一統志》卷四六六《廣西・泗城府》 土産 雄黄。

穆彰阿等《清一統志》卷四六八《廣西・平樂府二》 土産 鉛粉《寰宇記》：出富州城北白土坑。

穆彰阿等《清一統志》卷四七一《廣西・南寧府》 苗蠻 廣源蠻在邕州鬱江之源，地産丹砂。西原蠻在廣容之南，邕桂之西，依阻峒穴，綿地數千里，有甯氏相承爲豪，又有黄氏居黄橙峒，其屬也。地産丹砂。

穆彰阿等《清一統志》卷四七七《雲南・雲南府》 土産 鉛粉、黄丹俱昆明縣出。

穆彰阿等《清一統志》卷四七九《雲南・臨安府》 土産 石青出阿迷、寧州、習峩、新平。

穆彰阿等《清一統志》卷五〇〇《貴州・貴陽府》 土産 硃砂開州山中出，採之甚難。《漢書・地理志》：牂牁郡談指出丹。

穆彰阿等《清一統志》卷五〇二《貴州・都匀府》 土産 雄黄出府城西北。

穆彰阿等《清一統志》卷五〇四《貴州・思南府》 土産 硃砂《元和志》：州貢。

穆彰阿等《清一統志》卷五〇五《貴州・石阡府》 土産 硃砂《寰宇記》：夷州出。

穆彰阿等《清一統志》卷五〇六《貴州・思州府》 土産 硃砂《明統志》：施溪長官司出，有硃砂坑。

穆彰阿等《清一統志》卷五〇七《貴州府・銅仁府》 土産 硃砂《明皇輿考》：省溪司及大萬山出。

穆彰阿等《清一統志》卷五〇九《貴州・大定府》 土産 硃砂黔西州出。

穆彰阿等《清一統志》卷五一〇《貴州・興義府》 土産 雄黄府境出。《明統志》：泗城州出。

穆彰阿等《清一統志》卷五一一《貴州・遵義府》 土産 硃砂《寰宇記》：夷州貢。 雄黄廢夜郎縣出。 靛《明統志》：司産。

穆彰阿等《清一統志》卷五一二《貴州・平越直隸州》 土産 黄蘗州境村落中出。

穆彰阿等《清一統志》卷五一四《貴州・普安直隸廳》 土産 硃砂廳境出。《通志》：硃砂出普安州，州境有灉水橋廠。

李侃、胡謐〔成化〕《山西通志》卷六《物産》 色屬 石碌，繁峙、絳縣、廢平地縣俱出。片碌，崞縣有廠。礬紅、羅粉，以上俱太原縣出。上粉，汾西縣三雲村出。丹粉，陽城縣有窰。藍，今霍州尤美。紅花，以上太原、平陽、汾、潞、澤俱出。紫草，潞州出。

覺羅石麟、儲大文等〔雍正〕《山西通志》卷四七《物産》 平陽府

丹砂 翼城《舊志》：丹山樵者雨後往往獲丹砂，故以名山，今無。

大同府

靛 《元史》大同置織染局，大使一員，副使一員，照略案牘一員。天成亦有織染局。

汾陽府

石緑 金時充貢，今官山西乃石緑山也。

代州

熟青 熟緑 唐常貢，雁門貢熟青二十兩，熟緑二十兩。

解州

紅花 諸縣胥産。

高汝行〔嘉靖〕《太原縣志》卷一《物産》 色屬 礬紅、羅粉、藍靛、紅花，以上俱晋祠出。黄蘆、茜草。

陸釴等〔嘉靖〕《山東通志》卷八《物産》 兖州府 雲母石出兖州。味甘平，無毒。《圖經》云：生土石間，作片成層可析，明滑光白者爲上。一名雲華，五色具。 紫草出單縣。味苦寒，無毒。《圖經》云：苗似蘭香，莖赤節青，二月有花，紫白色。秋實，三月採根陰乾。

青州府 紅花六府皆有之。青、萊爲多。春種夏採，用之染絲枲。方書亦收之，以破血結之疾。

黄丹出益都顔神鎮，即鉛丹也。味辛微寒，一名鉛華。陶隱居云：即今熬鉛所作黄丹也。

成貫等〔道光〕《濟南府志》卷一三《物産》 藍有數種，皆可作靛，以之染青藍，其用甚廣。紅花謂之紅藍，本土雖有種者，不能多，染家所用，皆資商販。有黄楝楂染黑，俗謂之郎榜枝。有琉璃枝染緑，有槐蕾染黄，其他則來自遠方，本土無多産也。

李文藻等〔乾隆〕《歷城縣志》卷五《地域考三・方産》 卉之屬甚多，其適用

者有藍，藍有大藍、小藍、槐藍三種。以石灰和之成質曰靛，可染青藍。上浮者爲靛花，清潔者爲黛。有紅花，可染絳。有紫草，可染紫。有琉璃枝，染緑所需，四方取資，有税。有茜草，即茹蘆，亦可染絳。

熊元、馬文煒〔萬曆〕《安丘縣志》卷一〇《方産考》　有藍澱，有紅花。紅花，絳草也。一名燕支，本出西域。故曰：失我燕支山，使我婦女無顔色。

包大燁等〔萬曆〕《兖州府志》卷二五《物産》　梔子花一名薝蔔花，葉厚深緑如兔耳。凡草木之花皆五出，惟此花六出，色白，中心黄，春末抽蕤，夏初結花，又名林蘭，實可染黄。

櫟《詩》：「〔隰〕〔山〕有苞櫟。」又曰：「苞栩」。《爾雅》曰：杼又曰〔相〕〔栩〕，其實梂，所謂橡子，可作染者。

楮一名穀，葉刻缺而澁，有毛刺，實可練絲絹，皮可作紙，又爲面藥。

紅花一名黄藍。張騫使西域得其種植之，其花作染，艶麗鮮紅，色中之魁也。

藍染草也，葉如水蓼，汁可作靛，染青以之。

靛青夏月取藍葉打之。出曹、沂等州縣。

徐宗幹、盧朝安〔咸丰〕《濟寧直隸州志》卷三之三《食貨志三・物産》　草之貨之類　藍靛。

〔光緒〕《肅州新志・物産・草類》　藍　可爲靛染布，種者甚少。

茜　種者甚多，莖高一二尺，開紅花，取其花晒乾，或紫色，用以染布。

類《明志》七。【略】《舊志》增十九。【略】藍茜一作茜竹。

虞懷忠、郭棐等〔萬曆〕《四川總志》卷五《成都府・土産》　藍靛雙流、温江俱出。

虞懷忠、郭棐等〔萬曆〕《四川總志》卷一七《播州宣慰司・土産》　丹砂廢播州出。

楊應璣、譚永泰、劉青雲《石砫廳鄉土志》

第十章　植物製造産

第七節　藍

藍，染色草也。色染九次乃佳，故曰染，一名澱，一名靛。苗種稻田中，葉深緑類橙，莖高尺餘，八九月采葉製澱，自下及工三次乃畢，卒斬其根，留以備種。外有蓼藍、枝藍、芥藍、槐藍之别，廳無其種。

第八節　紅藍

紅藍，一名黄藍，以其葉似藍也，種由張騫得自西域。四五月開花，紅色，花下作球多刺須，浸晨勤摘去，其黄汁捻成薄餅，曝乾收用。花可染繒，子可笮油。

林庭棉、周廣〔嘉靖〕《江西通志》卷一四《九江府・土産》　雲母、紅花。

林庭棉、周廣〔嘉靖〕《江西通志》卷二二《臨江府・土産》　石青、石碌。

林庭棉、周廣〔嘉靖〕《江西通志》卷三〇《瑞州府・土産》　石青、石碌、黄丹。俱上高縣出，久無。

林庭棉、周廣〔嘉靖〕《江西通志》卷二四《吉安府・土産》　紫草龍泉縣東南四十五里許婆峯出。

張士鎬、江汝璧等〔嘉靖〕《廣信府志》卷六《食貨志・土産》　食用之屬

藍靛，近自汀得種，然終不似汀之宜染也。

馮曾〔嘉靖〕《九江府志》卷四《物産》　紅花，五邑俱種。藍靛，有木藍、蓼藍二種。

秦鏞〔崇禎〕《清江縣志》卷三《户産・土産》　靛花亦係蒔穫，夏種秋收，其色可染，謂之靛青。其售頗廣，與綿花同，時並爲民所居利。

山礬本出自袁州，土人往彼處市銅炭，用火燒煅成礬，有青紅二種，紅者價貴，吴人市之以爲染料。今鎮有礬廠，惟此地之水可以煎礬。按弘治、嘉靖《郡志》載土産有石青、石緑諸種，今皆無有，疑即山礬之類也。

余文龍、謝詔等〔天啓〕《贛州府志》卷三《輿地志三》　城南人種藍作澱，西北大賈歲一至，汎舟而下，州人頗食其利。

余文龍、謝詔等〔天啓〕《贛州府志》卷七八《食貨志・田賦》　本府　萬曆四十一年，青靛四十三觔九兩九錢二分。

贛縣　萬曆四十一年，青靛四十三觔九兩九錢二分。

胡宗纘〔正德〕《安慶府志》卷一四《食貨志》　産　太湖有丹砂。光彩焕發，望之如赤霞，每雷雨晦冥，龍現其上，然石壁峻削，人力不可致。

聞人詮、陳沂〔嘉靖〕《南畿志》卷四〇《安慶府》　其物産丹砂。

高鶴〔嘉靖〕《定遠縣志》卷一《土産》　藍。大小二種，俱可染青。

張寧、陸君弼〔萬曆〕《江都縣志・食貨志》　貢課　藍靛二千五百斤。

孫仁、朱昱〔成化〕《重修毗陵志》卷八《食貨・土産》　花之屬

梔子　一作支子。《上林賦》云：鮮支。黄礫注：鮮支支子也。謝靈運賦云「林蘭近雪而揚絳」注：林蘭亦支子也。佛書呼爲薝蔔。故東坡有云「六花薝蔔林間佛」之句。

沈明臣、陳大科等〔萬曆〕《通州志》卷四《貢賦》　貢賦之目五：曰歲進，曰歲造，曰歲辦，曰歲派，曰額徵歲進。

歲辦藍靛三千五百斤，歲審價銀七十六兩二錢五分，今添水脚銀一兩五錢

二分五厘。

海門歲辦【略】藍靛一千斤。

沈明臣、陳大科等〔萬曆〕《通州志》卷四《物産》 靛

唐錦〔正德〕《大名府志》卷三《田賦志・物産》 藥類 紫草。

雜植 紅花，藍。

董張〔嘉靖〕《内黃縣志》卷二《物産》 藥類 紫草。

雜植 紅花、藍。

郜相、樊深〔嘉靖〕《河間府志》卷七《物産》 紅花，花細而雜。槐花。

戴銑〔弘治〕《易州志》卷二《土産》 貨類 靛、紅花。

張良知〔嘉靖〕《許州志》卷三《田賦志・土産》 貨類 青靛、紅花。

劉訒〔嘉靖〕《鄢陵縣志》卷三《土産》 紅花，成化以前種者多。《一統志》云：鄢陵尤盛。邑人程鵬倅贛州時，張東海汝弼守南安，贈之詩曰：「鄢陵紅花紅且香，摘來堪染舜衣裳。上方有路無人獻，却向章江洗夕陽。」詩固不爲詠物，而物以詩亦重矣。

潘庭楠〔嘉靖〕《鄧州志》卷一〇《賦役志・物産》 貨有藍靛，有紅花。

嵇曾筠、沈翼機等〔雍正〕《浙江通志》卷一〇一《物産一》 杭州府

金箔 萬曆《錢塘縣志》：金箔，銷金之尤者，今民間首飾器用多用塗畫，歲糜不貲，宋時曾禁轉鬻。

錫箔 《虎林雜記》：錫箔獨杭産，城内造者不下萬家。

鉛粉 嘉靖《浙江通志》：出杭州。

銀硃 嘉靖《浙江通志》：出杭州。

嵇曾筠、沈翼機等〔雍正〕《浙江通志》卷一〇五《物産五》 台州府

朱砂 《台州府志》：樓旗山惠衆寺西，砂狀如鐵，研之可爲砂。

謝鐸〔弘治〕《赤城新志》卷五《版籍・雜賦》

國朝

洪武歲辦額數

顏料

荒絲七百三斤一十二兩。

黃丹四十斤一十兩六錢三分二厘六毫。

青靛九百四十七斤八兩七錢七分。

黃梔一十斤五兩二錢六分九厘。

槐花四十二斤七兩八錢。

弘治歲辦額數

合用顏料

荒絲七百三十七斤八兩。

靛青一千七斤十二兩三錢五分。

緋丹三十四斤六兩八錢四分。

明礬六十五斤十四兩三錢。

槐花米四十二斤。

曾才漢、葉良佩〔嘉靖〕《太平志》卷三《食貨志・物産》 貨之類

藍靛，有三種：曰木藍，曰松藍，曰蓼藍。近自汀得種，然終不似汀之宜染。紅花，可用染絳。槐花。可用染黃緑。

王懋德、陸鳳儀〔萬曆〕《金華府志》卷七《貢賦》 額辦 顏料槐花八百斤、梔子五百斤、烏梅二十斤，共銀一百一十六兩七錢四分九厘九毫。

金華縣

額辦 顏料銀一十九兩六分六厘二毫。

蘭谿縣

額辦 顏料銀二十三兩一錢八分六厘。

東陽縣

額辦 顏料銀一十九兩一錢八分六厘。

義烏縣

額辦 顏料銀一十四兩三錢六分三厘。

永康縣

額辦 顏料銀一十二兩三厘。

武義縣

額辦 顏料銀九兩六錢四分。

浦江縣

額辦 顏料銀一十兩四錢六分四厘。

湯溪縣

額辦 顏料銀八兩八錢二分一厘七毫。

毛鳳詔〔嘉靖〕《浦江志略》卷五《貢賦》 大明永樂中歲進歲辦之征 顔料

槐花一百一十斤，梔子七十斤，烏梅三百斤。槐花、梔子、烏梅等料價銀一十兩四錢七分三厘六毫四忽八微。

田琯〔萬曆〕《新昌縣志》卷六《物産》 貨之屬 靛青。

張宗敬〔嘉靖〕《温州府志》卷三《貢賦》 歲派甲字庫梔子六百六十八斤，五倍子二千三百斤，二硃二千斤。

佚名〔永樂〕《樂清縣志》卷三《土産》 貨之品 藍靛。

程嗣功、駱文盛〔嘉靖〕《武康縣志》卷四《物産》 貨之屬曰靛。

沈庠、趙瓚等〔弘治〕《貴州圖經新志》卷四《思南府・土産》 丹砂。

沈庠、趙瓚等〔弘治〕《貴州圖經新志》卷六《石阡府・土産》 紫草。

沈庠、趙瓚等〔弘治〕《貴州圖經新志》卷七《黎平府・土産》 硃砂。省溪、大萬二司出。

沈庠、趙瓚等〔弘治〕《貴州圖經新志》卷九《永寧州・土産》 雄黄。慕役司出。

卷一四《普定衛・土産》 藍靛、紅花。

卷一五《安南衛・土産》 雄黄。

卷一七《永寧衛・土産》 梔子。

鄭珍、莫友芝〔道光〕《遵義府志》卷一七《物産》 丹砂 《新唐志》：溱州貢丹砂。《明統志》：丹砂，廢溱州出。《蜀都賦》：丹砂艶熾出其坂。《仁懷志》：采砂甚難，田雯曰：追一線之蚓蛇，探重淵之幽閟。壍高支以造天，脂親齎以覓地。悵曉夕之莫知，置死生於非意。

雄黄 《明統志》：雄黄，廢夜郎縣出。

靛 《明統志》：靛，府縣俱有。《通志》同。周霖《種靛説》：一畝之田，獲穀一石者，以靛當之，當二倍以償，其不悉種者，費人工也。《陳志》：州縣貨産。

五倍子 《蜀語》：文蛤即五倍子，生於拂煙樹中，有小細蟲□□飛而齧人甚癢，名蟆子。又黄連樹葉上，似五倍小而花亦有此蟲。凡采五倍子，宜六月末，蟲未飛出時，取蒸蟲死，方灑而可用，如遲，蟲已出，無味不中用矣。《田居蠶室録》：其樹，土人名夫煙樹，葉大似楓丹者爲泡夫煙，細似椿葉而短者爲鐵夫煙。鐵夫煙葉大者爲雄，小者爲雌，雄者不結子。泡夫煙子結葉蒂上，鐵夫煙子結葉背，結蒂者形似佛手柑，結葉者似桃色間紫緑。三月發葉，子即生，六月摘取，用沸水微煮，其中蟲盡死，以供染用。其未摘盡者，明年自破，蟲飛出，一蟲一子一枚，蓋數百蟲也。種蟲者摘其最老之子，懸風處，俟葉發時，挂之樹，一株歲可多得至二斤。其蟲不生他樹，此樹雖高二三尺，歲亦必結數子，樹開白花，成簇結穗，如蜀穄皮及葉，亦可染黑。

漿梨木 《戊己編》：樹高丈許，叢生，白皮黄裏，枝節刺長一二寸，結子，夏青冬黑，染家染緑布用之。按俗多呼爲緑條。

徐學謨〔萬曆〕《湖廣總志》卷一二《方産》

唐 辰州盧溪郡 光明丹砂。

宋 辰州 光明丹砂。

沅州 光明丹砂。

武昌府 藍。其種有三曰蓼藍、曰圓葉、曰木藍，可造□。

承天府 石青、石緑。俱出荆門州。

德安府 石青。

荆州府 青緑石。出松滋鳳凰山。

岳州府 石青、石緑。俱慈利出。

襄陽府 青石、緑石。南漳出。

徐學謨〔萬曆〕《湖廣總志》卷一二《方産》

長沙府 朱砂。

寶慶府 丹砂。武岡竹子口出，永樂中嘗開淘，後漸少，罷之。

永州府 石緑。祁陽縣出。

常德府 石碌。

辰州府 丹砂、《圖經》云：生深山石崖間，土人掘地數十丈始見。其苗大者如鷄子，小者如石榴。子狀若芙蓉。箭鏃入藥有幾用，歲時進貢。石青、沅陵、麻陽俱出。石緑、辰溪、溆浦、麻陽、沅陵四處俱出。

永順 丹砂。

保靖 丹砂。

徐學謨〔萬曆〕《湖廣總志》卷二一《貢賦》

湖廣總論

額辦 硃砂一十一斤一十一兩六錢。坐派辰州府。户部硃砂三十斤。坐派沅州四項，原係本色，徑解本部交納。

派辦 每年聽户禮等部勘合坐派【略】伍棓子、紫草。

徐學謨〔萬曆〕《湖廣總志》卷二五《貢賦五》

辰州府

額辦 丁糧除本色硃砂并猺丁、紫草外，實派銀三千二百二兩一分一釐二毫四絲七忽五微。【略】本色硃砂五斤四錢。又户部硃砂三十斤。沅陵縣九十斤一十三兩二錢，共銀一十三兩六錢二分二釐七毫五絲。硃砂二斤八兩。南京三十八斤一十四兩八錢，銀五兩八錢三分八釐七毫五絲。硃砂一斤。沅州北京五十三斤五兩三錢，銀七兩九錢九分九釐六毫八絲，七忽五微。硃砂三斤一十二兩。南京二十二斤一十三兩七錢，銀三兩四錢二分八釐四毫三絲七忽五微。黔陽縣北京六十六斤一十兩一錢，銀九兩九錢九分四釐六毫八絲七忽五微。硃砂一斤六兩。南京二十八斤八兩九錢，銀四兩二錢八分三釐四毫三絲七忽五微。硃砂十兩。麻陽縣北京二十斤一十四兩六錢，銀三兩一錢三分六釐八毫七絲五忽。硃砂一十一兩六錢。南京八斤一十五兩四錢，銀一兩三錢四分四釐三毫七絲五忽。硃砂四兩四錢。辰溪縣北京五斤八兩九錢，銀八錢三分三釐四毫三絲七忽五微。硃砂五兩四錢。南京二斤六兩一錢，銀三錢五分七釐一毫八絲七忽五微。硃砂二兩六錢。盧溪縣北京八斤七兩八錢，銀一兩二錢七分三釐一毫八絲七忽五微。硃砂一十兩六錢。南京三斤一十兩二錢，銀五錢四分五釐六毫二絲五忽。硃砂五兩四錢。漵浦縣北京五十三斤，銀八兩一分八毫四絲三忽七微五塵。硃砂二斤六兩。南京二十二斤一十四兩二錢一分，銀三兩四錢三分三釐二毫一絲八忽七微五塵。硃砂一十兩。

【略】猺丁紫草八十斤一十二兩。坐派漵浦縣明開折銀一十二兩一錢一分五釐，扛解銀二兩。

王承禧〔光緒〕《應城志》卷一《輿地·物產》 有烏桕，俗名木梓，一名鵶舅，葉可染。

鍾崇文〔隆慶〕《岳州府志》卷二《食貨考》 巴陵縣 石墨《風土記》：五雲山下港中出，磨之，含嚥可愈喉膈壅熱。

華容縣 雲母石《風土記》：方基山出雲母，土人採之。先候雲所出處，在其下掘之，無不大獲。有長五尺者，可以爲屏風。當揺時有聲，即粗惡也。又云：自墨山西北，至石門山二十里，盡生雲母，墻階道路，熒煌如列宿。赭石出圜山，似鐵，可研而書。

陳洪謨〔嘉靖〕《常德府志》卷八《食貨志·物產》 貨之屬 有澱，藍草長二三尺，漬爲澱可染，然不及閩產。間有石碌。《舊志》：桃源出，今罕見。

戴璟、張岳〔嘉靖〕《廣東通志》卷三《土產》 雜植屬 藍，一名靛。紅花、茜草。以上三種，充染造用。

郭棐〔萬曆〕《廣東通志》卷五三《廉州府·土產》 貨有靛，有蘇木。

郭棐〔萬曆〕《廣東通志》卷五九《瓊州府·土產》 貨有蘇木、有紅花。

吴灊修、傅汝舟〔嘉靖〕《欽州志》卷二《物產》 藍可取靛用以染，有二種。閩人大葉曰藍，小葉曰菁。花子收其花，晒乾，若欲染，將花洗至六七次始得紅汁，染衣鮮紅。

郝玉麟、謝承道等《福建通志》卷一〇《物產》 藍澱葉大叢生，莖短有節，折其莖，以土壅之輒生。蔡襄《江南月録》云：採以器盛水，浸除滓梗，攪之以灰即成。諸縣皆有，閩候官、長樂尤多。一種葉如蓼而圓者曰蓼藍。一種小葉者曰槐藍。紅花《本草》名紅藍花，用以染絳。子亦可壓油。紫草《爾雅》藐茈注云：可以染紫，一名茈莨。八月末種，二月採根，用密籠藏之，見海風則爛黑。上二種諸縣皆有。

黄仲昭〔弘治〕《八閩通志》卷二五《食貨·物產》

建寧府

貨之屬 藍澱，八縣俱出。紅花。

黄仲昭〔弘治〕《八閩通志》卷二六《食貨·物產》

泉州府

貨之屬 藍澱、紅花。出同安、惠安二縣。

漳州府

貨之屬 紅花、紫草。

汀州府

貨之屬 藍澱。

興化府

貨之屬 青澱、紅花。

福寧府

貨之屬 藍澱、紅花、紫草。

夏良勝等〔正德〕《建昌府志》卷三《物產》 食用之屬 藍靛。近自汀得種種之，然終不似汀之宜染也。

夏玉麟〔嘉靖〕《建寧府志》卷一三《物產》 貨 藍澱建安甌寧産。

紀事

《史記》卷一二九《貨殖列傳》 巴(蜀)寡婦清，其先得丹穴，而擅其利數世，家亦不訾。清，寡婦也，能守其業，用財自衛，不見侵犯。秦皇帝以爲貞婦而客之，爲築女懷清臺。

《新唐書》卷二二二上《南蠻傳上・南詔上》　異牟尋立，悉衆二十萬入寇，與吐蕃并力。【略】

然吐蕃責賦重數，悉奪其險立營候，歲索兵助防，異牟尋稍苦之。【略】稍謀内附，然未敢發。亦會節度使韋皋撫諸蠻有威惠，諸蠻頗得異牟尋語，白于皋，時貞元四年也。皋乃遣諜者遺書，吐蕃疑之，因責大臣子爲質，異牟尋愈怨。後五年，乃決策遣使者三人異道同趣成都，遺皋帛書曰：【略】且贈皋黄金、丹砂。皋護送使者京師，使者奏異牟尋請歸天子，爲唐藩輔。獻金，示順革；丹，赤心也。德宗嘉之，賜以詔書，命皋遣諜往覘。

孫光憲《北夢瑣言》卷一〇　唐韓文公愈之甥，有種花之異，聞於小説。杜給事孺休典湖州，有染户家池生青蓮花，刺史收蓮子，歸京種於池沼，或變爲紅蓮。因異，驛致原本脱十七字，據商本校增。書問。染工曰：「我家有三世治靛瓮，常以蓮子浸於瓮底，俟經歲年，然後種之，若以所種青蓮花原本脱「花」字，據《廣記》四百九校增。子爲種，即爲紅矣。蓋還本質，又何足怪？」乃以所浸蓮子寄奉之。道士田匡圖親看此花，爲愚話之。愚見今一作「人」。以雞糞和土培芍藥花叢，其淡紅者悉成深紅，染者原本作「之」，據商本校改。所言，益信矣哉。

《舊五代史》卷一三三《世襲傳・馬希範》　《五代史補》：馬希範，武穆之嫡子，性奢侈，【略】大興土木，以建興府庭，其最爲壯麗者即有九龍、金華等殿。殿之成也，用丹砂塗其壁，凡用數十萬斤石，每僚吏謁見，將升殿，但覺丹砂之氣，藹然襲人，其費用也皆此類。初，教令既下，主者以丹砂非卒致之物，相顧憂色。居無何，東境山崩，湧出丹砂，委積如丘陵，於是收而用之。

蘇轍《欒城集》卷四〇《論張頡劄子》　〔廣南轉運張〕頡處事乖剌，致寇覆軍，與沈起、劉彝同罪，理合誅竄。所以累次常獲寬宥，蓋其家素富，本以行賂得進。鄉近辰、錦，多蓄奇砂，嘗以獻遺前宰相王珪。珪每出示親客，云此砂張頡所獻，以此曲爲蓋芘。

施德操《北牕炙輠録》卷上　陶四翁開染肆，嘗有紫草來，四翁乃出四百萬錢市之。數日，有駔者至，視之曰：「此僞草也。」四翁曰：「何？」駔者曰：「此蒸壞草也，澤皆盡矣。今色外鬬實僞物也，不可用。」四翁試之，信然。駔者曰：「毋憂，某當爲翁遍諸小染家分之。」四翁曰：「諾。」明日，駔者至通事之人曰：「駔至，翁盡取四伯萬錢草對其人，一爇而盡。」曰：「寧我悮，豈可悮他人耶。」時陶氏貲尚薄，其後富盛累世，子孫登第者亦數人。

《宋會要輯稿・食貨三八・和市》　元豐五年八月十四日，安州言内供奉謝禋奉旨買紅花萬斤，今又繼買五萬斤，而一州所産，歲止貳萬斤耳，恐不足數。詔亟寢之。

《宋會要輯稿》刑法二《禁約》　〔紹興三十年〕十一月二十一日，知黎州馮時行言：本州係極邊，與吐蕃南蠻接境，全仰百姓土丁防托，而官吏求索紅染木、琵琶槽、交精椅、瘤影、洗鑼、吐孟、土酥、蕃葡萄、川椒、紅花、虎豹皮、百色騷擾，是致土丁逃亡，不能自存，乞行禁止。詔下本路轉運司覺察，如違，即行按治，仍出牓曉諭。

《宋會要輯稿・蕃夷七・歷代朝貢》　〔開寶八年〕八月十九日，西南蕃三十九部順化王子若廢等，以名馬、丹砂、來貢。【略】

〔太平興國二年八月五日〕陳洪進來朝，對於崇德殿，進朝見銀萬銀，【略】又進賀登極香萬斤，麒麟竭二百斤。【略】十月十七日，錢俶進蘇木三萬斤。【略】

〔三年四月二日，錢俶〕進蘇木萬斤。【略】

〔天禧〕二年《山堂考索》：是年正月，三佛齊貢血竭一百五十八斤。【略】八月十九日，黎州山後兩林百蠻都王李阿善遣將軍卑熱等來，貢【略】。《南蠻序略》：天禧二年，富州刺史向通漢率所部來朝，貢名馬、丹砂。【略】

〔天聖四年〕九月十五日，宜州蠻龍光來，貢朱砂。【略】

〔慶曆五年〕十一月十七日，宜州西南蕃龍光捷以下遣使奉表，貢朱砂。

【略】

〔治平〕四年七月八日，神宗即位未改元。西南蕃王石自品遣使石光陳奉表，貢朱砂。【略】十二月十二日，西南蕃奉華將軍知静蠻軍蕃落使守天聖大王龍異間來，貢朱砂。【略】

熙寧元年正月二十一日，西南蕃静變軍節度使守蕃王方異現等來，貢朱砂。

【略】

三年六月十七日，西南蕃捍蠻軍節度使守蕃王張漢興等奉表賀，貢朱砂。

〔紹興二十六年〕十二月二十五日三佛齊國進奉【略】血竭一百五十八斤。

《明史》卷三二四《外國傳五・占城》（洪武）六年，貢使言：「海寇張汝厚、林福等自稱元帥，剽劫海上。國主擊破之，賊魁溺死，獲其舟二十艘、蘇木七萬斤，謹奉獻。」帝嘉之，命給賜加等。

《明史》卷三二四《外國傳五・暹羅》（洪武）七年，使臣沙里拔來貢。言去年舟次烏猪洋，遭風壞舟，飄至海南，賴官司救護，尚存飄餘兜羅綿、降香、蘇木諸物進獻，廣東省臣以聞。帝怪其無表，既言舟覆，而方物乃有存者，疑其爲番商，命却之。【略】

洪武二十年貢胡椒一萬斤、蘇木一萬斤。帝遣官厚報之。時温州民有市其沉香諸物者，所司坐以通番，當棄市。帝曰：「温州乃暹羅必經之地，因其往來而市之，非通番也。」乃獲宥。二十一年貢象三十、番奴六十。二十二年，世子昭禄羣膺遣使來貢。二十三年貢蘇木、胡椒、降香十七萬斤。

《明史》卷三二五《外國傳・蘇門達剌》貢物有寶石、瑪瑙、水晶、石青、回回青、善馬、犀牛、龍涎香、沉香、速香、木香、丁香、降真香、刀、弓、錫、鎖服、胡椒、蘇木、硫黄之屬。

《明史》卷三二五《外國傳・覽邦》厥貢，孔雀、馬、檀香、降香、胡椒、蘇木。

《明史》卷三二五《外國傳六・彭亨》所貢有象牙、片腦、乳香、速香、檀香、胡椒、蘇木之屬。

談遷《國榷》卷一七《成祖永樂二十一年》（是歲交趾上供）蘇木五千斤。

傅維鱗《明書》卷八三《食貨志三》洪武十五年，工部以營造需青緑，請令民採辦。上曰：「姑隨所有用之，勿勞民也。」部臣以所貯不足用，令民採辦，而給以價。上曰：「上但知給價，有司急於取辦，未免過嚴督責，吏卒貪緣肆貪，所得之值，不償所費，豈可重困吾民。」【略】（永樂）九年，温州貢礬，乞附載海舟。上曰：「欲何用？」工部對曰：「染布。」上曰：「以染布而勞民於數千里之外，其免之。布勿染而制衣可也。」【略】宣宗即位，三月，禮部奏有言中條山產膽礬，令有司採進。上曰：「古之人惟欲民富，凡山澤之利，皆弛其禁，若礬可利民，聽其自採勿禁。」四月，免陝西漢中運茶及採紅花茜草之類。

程哲《蓉槎蠡説》卷七（正德）十四年抄没朱寧金七十扛，計十萬五千兩，銀二千四百九十扛，計四百九十八萬兩。碎金銀及首飾五百二十箱，珍珠二櫃，金銀臺盞四百二十副，蘇木七十扛，胡椒三千五百石，段疋三千六百扛，餘物不可勝計。

張廷玉等《續文獻通考》卷二九《土貢二》明太祖洪武二年，是年，占城貢象、虎方物。

自後或比歲貢，或間歲，或一歲再貢。六年以所獲海寇蘇木七萬斤奉獻，帝嘉之。【略】

四年十月，日本遣使奉表稱臣，貢馬及方物。【略】

宣德初，申定要約人毋過三百，舟毋過三艘，而倭人貪利，貢物外所攜硫黄、蘇木、刀、扇、漆器之類增十倍，大獲利。【略】

暹羅遣使來貢。【略】二十年，貢胡椒一萬斤，蘇木一萬斤。【略】二十三年，貢蘇木、胡椒、降香十七萬斤。【略】

（洪武）九年，覽邦遣使來貢。

自後永樂、宣德中，嘗附鄰國朝貢。厥貢：孔雀、馬、檀香、降香、胡椒、蘇木。

（洪武十一年）彭亨遣使齎金葉表，貢番奴六人及方物。

至永樂九年、十二年復入貢，十四年與古里、爪哇諸國偕貢，所貢象牙、片腦、乳香、速香、檀香、胡椒、蘇木。【略】

永樂二十三年十二月，詔罷天下歲織文綺。

先是，置四川、山西諸行省，浙江紹興織染局。又置藍靛所於儀真、六合。種青藍以供染事。未幾，悉罷。至是復有是詔。

《明會典》曰：織造所用物料，除蘇木、明礬官庫足用，蠶絲、紅花、藍靛於所產處税糧内折收。湖州府蠶絲六萬斤。山東、河南紅花共萬五千斤。應天、鎮江、揚州、淮安、太平五府藍靛各二萬斤。槐花、梔子、烏梅於所產令民採取，按歲進納。衢州、金華、嚴州、徽州、寧國、廣德五府州槐花共五千斤，烏梅共八千四百斤，梔子共二千四百斤。【略】

（世宗嘉靖）元年三月，中都鎮守内官貢新茶。

初，詔罷天下額外貢獻，至是内官張陽復貢新茶，禮部請遵詔禁不許。給事中張翀以詔墨未乾，旋即反汗，人將窺測朝廷，玩侮政令，且陽名貢茶，實雜致他物，四方效尤，何所底極，願守前詔，無墮姦謀。又寧夏歲貢紅花，大爲軍民害，内外鎮守官莅任，率貢馬謝恩，皆請罷。帝雖是其言，不能從。

張翀疏略又言：查《會典》内府織造所用紅花，於所產處税糧内折收，如山東、河南二處，俱有定數，而寧夏鎮總所貢紅花，不繫令甲。寧夏孤懸河外，雖有平衍田疇，類多鹻鹵寒冷地，而所入之花，播種採擇，歲無豐凶，例取登足，出錢賠補，操切嚴峻，計其所耗者，百倍於貢矣。至鎮總等到任未幾，輒行獻馬，名爲謝恩，其流弊至中官旁午道路，依憑别旨，以發府庫之財，假託供奉，以糜縣官之物，此陛下所深知，而痛心疾首者。方今物力凋耗，軍民困苦，先年實徵錢糧，歲辦織造等項，皆已量免，凡不係有司額賞者，乞不許貢獻，以擾軍民，庶不失詔旨之初意，而邦本安固不摇矣。

劉錦藻《清朝續文獻通考》卷六《田賦六・八旗田制》〔嘉慶十七年准題〕靛莊頭十一名，共交本色靛一千九百五十斤，折色靛銀二百兩九錢四分六釐。

色譜分部

題解

《詩・豳風・七月》八月載績，載玄載黄，我朱孔陽，爲公子裳。毛亨傳：玄，黑而有赤也。朱，深纁也。孔穎達正義：玄，黑而有赤，謂色有赤黑雜者。

《大戴禮記・夏小正》剥瓜。畜瓜之時也。玄校。玄也者，黑也。校也者，若緑色然。婦人未嫁者衣之。王聘珍解詁：《説文》云：「黑而有赤色者爲玄。」校讀曰絞。鄭注《雜記》云：「采青黄之間曰絞。」傳云「絞也者若緑色然」者，《説文》云：「緑，帛青黄色也。」玄絞之爲色，五采皆備。

史游《急就篇》卷二 鬱金、半見、緗白勬。鬱，於物反，勬，或作爚，弋若反。《説文》以灼反。

顔師古注：自此已下皆言染繒之色也。鬱金，染黄也。緗，淺黄也。半見，言在黄白之間，其色半出不全成也。白勬，謂白素之精者，其光勬勬然也。黄氏曰：勬，音籥，白縞也。

縹、綟、緑、紈皁、紫、硟。縹，敷沼反。綟，音戾。紈，音丸。硟，音鮮。

顔師古注：縹，青白色也。綟，蒼艾色也，東海有艸其名曰莀，以染此色，因名綟云。緑，青黄色也。紈即素之輕細者。皁，黑色。紫，青赤也。硟，以石輾繒，色尤光澤也。輾，女展反。黄氏曰：扜，繒石也。

烝栗、絹、紺、縉、紅、繎。絹，吉掾反。紺，古暗反。縉，子燼反。繎，而延反，音然。

顔師古注：烝栗，黄色，若烝熟之栗也。絹，生白繒似綀而疏者也，一名鮮支。紺，青而赤色也。縉，淺赤色也。紅，色赤而白也。繎者，紅色之尤深，言若火之然也。黄氏曰：絲勞貌。

青。

顔師古注：青，青色也。

綘、緹。緹，音題，又音躰。

顔師古注：綘，赤色也，古謂之纁。音熏，許云反。緹，黄赤色也。黄氏曰：緹，纁也，古兵服之遺色。

許慎《説文》一篇下《艸部》 蒼，艸色也。段玉裁注：引伸爲凡青黑色之偁。从艸，倉聲。

許慎《説文》五篇下《青部》 青，東方色也。段玉裁注：《考工記》曰：「東方謂之青。」木生火，从生丹。段玉裁注：丹，赤石也。赤，南方之色也。倉經切，十一部。丹青之信言必然。段玉裁注：俗言信若丹青，謂其相生之理有必然也，援此以説从生丹之意。凡青之屬皆从青。

静，宷也。段玉裁注：《上林賦》「靚糚」，張揖注曰：謂粉白黛黑也。按靚者，静字之假借。采色詳宷，得其宜謂之静。《考工記》言畫繢之事是也。分佈五色，疏密有章，則雖絢爛之極，而無淟涊不鮮，是曰静。人心宷度得宜，一言一事必求理義之必然，則雖繁勞之極而無紛亂，亦曰静。引伸假借之義也。安静本字當从立部之竫。从青，争聲。

許慎《説文》七篇下《白部》 白，西方色也。侌用事，物色白。从入合二。二，段玉裁注：出者陽也，入者陰也，故从入。二，侌數。凡白之屬皆从白。

許慎《説文》一〇《黑部》 黑，北方色也。段玉裁注：四字各本無。依青赤白三部下云東方色，南方色，西方色，黄下亦云地之色，則當有此四字明矣，今補。火所熏之色也。段玉裁注：熏者，火煙上出也。此語爲从炎起本。从炎，上出囧。段玉裁注：會意，囧古文囱字，在屋曰囱。大徐本此下增囧古窻字。許本無之。凡黑之屬皆从黑。

黸，齊謂黑爲黸。段玉裁注：經傳或借盧爲之，或借旅爲之，皆同音段借也。旅弓旅矢，見《尚書》、《左傳》，俗字改爲玈。从黑，盧聲。

𪒠，沃黑色也。段玉裁注：洪引申之義爲肥美。沃黑者，光潤之黑也。《女部》曰：嬒，女黑色也。按沃黑《玉篇》、《廣韵》皆作淺黑，疑沃字誤，淺字長。从黑，會聲。

黯，深黑也。段玉裁注：《别賦》「黯然銷魂」，其引申之義。从黑，音聲。

黶，中黑也。段玉裁注：謂黑在中也。《大學》注：厭讀爲黶。黶者，閉藏貌也，其引申之義也。从黑，厭聲。

𪐫，白而有黑也。从黑，旦聲。

黬，雖皙而黑也。段玉裁注：皙者，人色白也。則黬專謂人面。从黑，箴聲。

䵘，赤黑也。从黑，昜聲，讀若煬。

黲，淺青黑色也。段玉裁注：淺青之黑也。《通俗文》曰：暗色曰黲。《玉篇》曰：今謂物將敗時顔色黲也。从黑，參聲。

黤，青黑色也。段玉裁注：謂青色之黑也。从黑，奄聲。

黝，微青黑色也。段玉裁注：謂微青之黑也，微輕於淺矣。黝古多段幽爲之。《小雅》「隰桑有阿，其葉有幽」，傳曰：幽，黑色也。《周禮·牧人》「陰祀用幽牲」，先鄭云：幽讀爲黝，黑也。守祧，其祧，則守祧幽堊之。先鄭亦云：幽讀爲黝。黝，黑也。今本皆轉寫，幽黝誤譌矣。《玉藻》「一命緼韍幽衡，再命赤韍幽衡」，鄭云：幽讀爲黝，黑謂之黝。从黑，幼聲。《爾雅》曰：「地謂之黝。」段玉裁注：《釋宫》文。又《釋器》曰：「黑謂之黝。」孫炎注云：黝，青黑。

黚，黄濁黑也。段玉裁注：謂黄濁之黑也。《廣雅》云：黚，黑也。黇，黄也。蓋二字音義同，偏旁異耳。《檀弓》有黚字。《廣韵》曰：魯公子名，亦黄色也。然則黚字亦同。从黑，屯聲。

點，小黑也。段玉裁注：今俗所謂點涴是也，或作玷。从黑，占聲。

黚，淺黄黑也。段玉裁注：淺黄之黑與黄濁之黑相對成文。《地理志》犍爲郡黚水作此字。許《水部》作黔水。音同故也。从黑，甘聲。讀若染繒中束緅黚。段玉裁注：此句有譌字，未聞。

黔，黄黑也。段玉裁注：謂黄色之黑。《玉篇》曰：記林切，黄色如金也。《廣韵》居吟切，淺黄色也。从黑，金聲。

黗，黑有文也。从黑，冤聲，讀若飴盌字。

黴，黄黑而白也。段玉裁注：謂黄黑而發白色也。从黑，算聲。一曰短黑。段玉裁注：別一義。讀若𠂤芥爲齏名曰芥荃也。

黰，黑皴也。段玉裁注：《皮部》無皴字，見於此。《戰國策》：墨子百舍重繭，往見公輸般。《淮南書》：申包胥累繭重胝，七日七夜至於秦庭。皆借繭爲黰也。从黑，幵聲。

黠，堅黑也。段玉裁注：黑之堅者也。《石部》曰：「硈，石堅也。」亦吉聲也。引申爲奸巧之偁。《貨殖列傳》云：桀黠奴。謂其性堅而善藏也。《方言》曰：慧，自關而東趙魏之閒謂之黠，或謂之鬼。从黑，吉聲。

黔，黎也。段玉裁注：黎，履黏也。與驪黧字同音，故借爲黑義。耇下曰：老人面凍黎若垢，謂凍黑也。俗作黧，小徐本作黧，乃用俗字改許也。从黑，今聲。秦謂民爲黔首，謂黑色。段玉裁注：《秦始皇本紀》：二十六年，更名民曰黔首。應劭曰：黔亦黎黑也。《祭義》「明命鬼神，以爲黔首則」，正義云：此孔子言，非當秦世，録記之人在後變改之耳。按《本紀》泰山刻石，親巡遠黎。刻碣石門，黎庶無繇。尚沿周語也。琅邪臺刻石三言黔首，之罘刻石、會稽刻石各言黔首者一，皆用秦制也。周謂之黎民。段玉裁注：《大雅·雲漢》、《禮記·大學》黎民皆訓衆民。《釋詁》曰：黎，衆也。《詩·桑柔》傳曰：黎，齊也。宋人或以黑色訓黎民，殊誤。許言此者，證秦以前無黔首之偁耳，非謂黎黔同義。《易》曰：「爲黔喙。」段玉裁注：《説卦》傳文，謂艮也。按黔鄭作黚，喙，晁以道、吕東萊所據《釋文》作彖。蓋喙之轉寫異體，或古段彖爲喙之故與。

黴，中久雨青黑也。段玉裁注：《楚辭·九歌》：「顔黴黎以沮敗。」《淮南·説山訓》曰：晉文公棄荏席，後黴黑。从黑，微省聲。段玉裁注：《集韵》或作黴，蓋古體。

黛，黛姗，逗。下色也。段玉裁注：也當依《玉篇》作貌。黛姗疊韵字。从黑，般聲。

儵，青黑繒發白色也。从黑，攸聲。

許慎《説文》一三篇上《糸部》 絹，繒如麥稍色。段玉裁注：色字今補，色譌也，而俗刪之耳。自絹至綟廿三篆皆言繒帛之色，而此色字先之。《聲類》涵縛絹爲一字，由不考其義之殊也。稍者，麥莖也，繒色如麥莖青色也。《射雉賦》曰：「麥漸漸以擢芒。」又曰：闕閏藹葉，四月時也，繒色似之曰絹。漢人段爲繯字。从糸，肙聲。

緑，帛青黄色也。段玉裁注：《緑衣》毛傳曰：緑，閒色。《玉藻》正義曰：五方閒色，緑、紅、碧、紫、駵黄是也。木青尅土黄，東方閒色爲緑，緑色青黄也。火赤尅金白，南方閒色爲紅，紅色赤白也。金白尅木青，西方閒色碧，碧色白青也。水黑尅火赤，北方閒色紫，紫色黑赤也。土黄尅水黑，中央閒色駵黄，駵黄色黄黑也。从糸，录聲。

縹，帛白青色也。段玉裁注：白青各本作青白，今正，此金尅木之色，所尅當在下也。縹，《禮記》正義謂之碧。《釋名》曰：縹猶漂。漂，淺青色也，有碧縹，有天縹，有骨縹，各以其色所象言之也。从糸，㶾聲。

⿰糸育，帛青經縹緯，段玉裁注：經者從絲，緯者衡絲。一曰育陽染也。段玉裁注：育陽，漢南郡屬縣，縣在育水北，故曰育陽。育與⿰糸育疊韵。育水，《水部》作淯水。从糸，育聲。

絑，純赤也。段玉裁注：純同醇，厚也。赤，南方色也。按《市》下云：天子朱市，諸侯赤市。然則朱與赤深淺不同。《豳風》「我朱孔陽」，傳曰：朱，深纁也。陽，明也。許云：纁者淺絳，絳者大赤。蓋純赤，大赤其異者微矣。鄭注《禮經》曰：凡染絳，一入謂之縓，再入謂之赬，三入謂之纁。朱則四入與，是朱爲深纁之説也。凡經傳言朱皆當作絑，朱其段借字也。朱者，赤心木也。《虞書》「丹朱」如此。段玉裁注：丹朱見《咎繇謨》，許所據壁中古文作丹絑，蓋六經之絑僅見此處，朱行而絑廢矣。从糸，朱聲。

纁，淺絳也。段玉裁注：《考工記》：「鍾氏三入爲纁。」《爾雅》：一染謂之縓，再染謂之頳，三染謂之纁。鄭注《禮》曰：纁裳，淺絳裳也。从糸，熏聲。

絀，絳也。段玉裁注：此絀之本義，而廢不行矣。《韵會》絳作縫，非也，古多段絀爲黜。从糸，出聲。

絳，大赤也。段玉裁注：大赤者，今俗所謂大紅也。上文純赤者，今俗所謂朱紅也。朱紅淡，大紅濃。大紅如日出之色，朱紅如日中之色。日中貴於日出，故天子朱市，諸侯赤市。赤即絳也。从糸，夅聲。

綰，惡絳也。段玉裁注：惡下各本衍也，今删。此如紫下云惡米也，緊下云惡絮也，謂絳色之惡者也。从糸，官聲。

縉，帛赤色也。段玉裁注：《南都賦》引臣瓚云：赤白色。《玉篇》亦云帛赤白，皆誤，赤白則爲下文之紅矣。从糸，晉聲。

綪，赤繒也。段玉裁注：《定四年·左傳》分康叔以綪茷。茷即旆也。杜曰：綪，大赤，取染草名也。《襍記》注作蒨旆，蒨即茜也。吕茜染，故謂之綪。段玉裁注：茜者，茅蒐也。《韋部》又曰：茅蒐染韋，一入曰韎。然則必數入而後謂之綪，今不得其詳矣。茜與綪合韵而同音，故茜染謂之綪也。从糸，青聲。

緹，帛丹黄色也。段玉裁注：謂丹而黄也。下文云：縓，帛赤黄色。丹與赤不同者，丹者如丹沙，與赤異，其分甚微，故鄭注《草人》曰：赤緹，縓色也。《酒正》五齊，四曰緹齊，注曰：緹者，成而紅赤，若今下酒矣。按紅赤者，赤而白，緹齊不純赤，故謂之紅赤。緹齊俗作醍，見《禮運》。从糸，是聲。緹或作衹。【略】

縓，帛赤黄色也。【略】赤黄者，赤而黄也。《禮·喪服》注曰：縓，淺絳也，練冠而麻衣縓緣，三年練之受飾也。《檀弓》注曰：縓，纁之類。一染謂之縓，再染謂之頳，三染謂之纁。【略】三句《爾雅·釋器》文。《考工記》衹言三入，不言一入再入，《爾雅》可補記文所未備。《記》云：鍾氏染羽，以朱湛丹秫，三月而熾之，淳而漬之，三入爲纁。鄭注：記與《爾雅》同色耳。染布帛者，染人掌之。依鄭則染人染布帛與鍾氏染羽，同用朱漸丹秫也。古以茜染者謂之韎，謂之緹，以朱及丹秫染者謂之縓，頳，纁。頳者，赤色也。纁者，淺絳也。《玉藻》之「温韍」即韎軩也。温即縓之段借字也，韎亦謂之縓。从糸，原聲。

紫，帛青赤色也。段玉裁注：青當作黑。潁容《春秋釋例》曰：火畏於水，以赤入於黑，故北方閒色紫也。《論語》皇疏、《玉藻》正義略同。此作青者，蓋如《禮器》注所云秦二世時語，民言從之，至漢末猶存與。許説必無誤，轉寫亂之耳。从糸，此聲。

紅，帛赤白色也。段玉裁注：《春秋釋例》曰：金畏於火，以白入於赤，故南方閒色紅也。《論語》曰：紅紫不以爲褻服。按此今人所謂粉紅、桃紅也。从糸，工聲。

繱，帛青色也。段玉裁注：《爾雅》：「青謂之蔥。」蔥即繱也，謂其色蔥。蔥淺青也，深青則爲藍矣。《市部》曰大夫赤市蔥衡，用《玉藻》文也。潘岳《耤田賦》段玉裁注：「繱犗服於縹軛。」《廣雅》：緆一名繱。作繱者誤。从糸，蔥聲。

紺，帛深青而揚赤色也。段玉裁注：而字依《文選》注補，揚當作陽，猶言表也。《釋名》曰：紺，含也，青而含赤色也。按此今之天青，亦謂之紅青。許言陽，劉言含，其意一也。以纁入深青，而赤見於表是爲紺。賈氏《考工》疏云：纁入赤汁則爲朱，不入赤汁而入黑汁則爲紺。賈説非也，入深青乃爲紺，入黑乃爲緅矣。从糸，甘聲。

綥，帛蒼艾色也。段玉裁注：蒼者，艸色也。艾者，仌臺也。蒼艾色，謂蒼然如艾色是爲綥。毛傳曰：綦巾，蒼艾色。許所本也。鄭箋則云：綦，綦文也。綦文者，文錯畫也，象交文，今作紋是也。不純綦而紋路蒼畫爲十字相交，是爲綦文。《曹風》「其弁伊騏」，傳曰：騏，騏文也。《秦風》傳曰：騏，綦文也。《魯頌》傳：蒼騏曰騏。《顧命》「騏弁」，鄭注曰：青黑曰騏。《玉藻》「綦組綬」，注曰：綦文襍色也。皆謂蒼文也。从糸，畀聲。《詩》曰：「縞衣綥巾。」未嫁女所服。段玉裁注：《鄭風·出其東門》文。傳曰：縞衣，白色男服也。綦巾，蒼艾色女服也。箋云：縞衣綦巾所爲作者之妻服也。鄭與毛異，許用毛説，而以未嫁二字申毛意。

繰，帛如紺色。段玉裁注：如紺色者，如紺而別於紺也。《廣雅》系諸青類，蓋比紺色之青更深矣。《禮記》用爲澡治字，他書用爲繅絲字。或曰深繒。段玉裁注：深繒疑有譌舛，繒不得言深也。从糸，喿聲，讀若喿。

緇，帛黑色也。段玉裁注：黑者，北方色也，火所熏之色也。《考工記》「三入爲纁，五入爲緅，七入爲緇」，鄭注曰：玄色者，在緅緇之間，其六入者與。从糸，甾聲。

纔，帛雀頭色也。段玉裁注：今經典緅字許無，纔即緅字也。《考工記》「三入爲纁，五入爲緅，七入爲緇」，注：染纁者三入而成，又再染以黑則爲緅。緅，今《禮》俗文作爵，言如爵頭色也。又復再染以黑，乃成緇矣。《士冠禮》「爵弁服」注：爵弁者，冕之次，其色赤而微黑，如爵頭然，或謂之緅。依鄭則爵、緅、纔三字一也。三字雙聲，《巾車》「雀飾」注曰：雀，黑多赤少之色。玉裁按，今目驗雀頭色赤而微黑。一曰微黑色如紺。句。纔，逗。淺也。段玉裁注：前一説謂黑多，後一説謂微黑，不同。鄭注《考工》《巾車》謂黑多，注《士冠禮》謂微黑，亦不同也。其實雀頭微黑而已，纔淺亦於雙聲求之，猶竊之訓淺也。江沅曰：今用爲才字，乃淺義引伸。讀若讒。从糸，毚聲。

緂，帛騅色也。段玉裁注：騅者，蒼白色也，詳《馬部》。《釋言》曰：菼，騅也。《王風》毛傳曰：菼，騅也，蘆之初生者也。《艸部》曰：菿者，萑之初生，一曰騅帛色如菿，故謂之騅色，謂之緂也，取其與菿同音也。从糸，剡聲。《詩》曰：「毳衣如緂。」段玉裁注：《王風·大車》文。按此十字當作从糸、菿省。《詩》曰「毳衣如菿」，說會意之指，復證之以

《詩》如「麗豐」引《易》之例，若如今本則色固綟矣，何云如綟，且偁《詩》毛氏，毛固作莀，何云偁毛。

綟，帛莀艸染色也。段玉裁注：莀各本譌戾，《韵會》譌艾，今正。《艸部》莀艸可以染留黄，染成是爲綟。綟與莀曡韵，與留雙聲。留黄或作駵黄，或作流黄，皇侃作緇黄，蓋即鶖黄之色，其色黎黑而黄也。《漢百官公卿表》：諸侯王金璽盭綬。如淳曰：盭音戾，緑盭也，以緑爲質。晉灼曰：盭，艸名也，似艾可染緑，因以爲綬名。按緑近黄，緑爲質而染黑，故曰駵黄，中央之閒色。何承天《纂文》云：綟，紫色。非也。漢制，緑綟綬在紫綬之上，紫綬一名緺綬，其色青紫。从糸，戾聲。段玉裁注：按戾聲當作莀省，會意包形聲也。

繻，繒采色也。段玉裁注：此本義也。《左傳》「紀裂繻」，大夫以裂繻爲名，此繻乃𢄼之段借。《巾部》曰「𢄼，繒耑列也」是也。《終軍傳》：關吏與軍繻。蘇林曰：繻，帛邊也。舊關出入皆以傳，傳因裂繻頭合以爲符信也。即左氏裂繻字，正當作𢄼，是以二傳作𢄼。从糸，需聲。讀若繻有衣。段玉裁注：《周易·既濟·六四》文。蓋有譌奪，證之以絜纂下所偁，則繻當作需，衣下奪絮字。

許慎《説文》十三篇下《黄部》 黄，地之色也。段玉裁注：玄者，幽遠也，則爲天之色可知。《易》曰：「天玄黄者，天地之襍也。」天玄而地黄。从田，段玉裁注：土色黄，故从田。炗聲。炗，古文光。段玉裁注：見《火部》。凡黄之屬皆从黄。

䵋，赤黄色也。段玉裁注：赤黄者，赤色敝而黄也。色字依《類篇》補。从黄，夾聲。

䵎，黑黄色也。段玉裁注：黑黄各本作黄黑，疑當作黑黄，黑色之敝而黄也。《詩》「我馬玄黄」，傳曰：玄馬病則黄。正此意。若黄黑則土剋水之色，謂之驪黄。从黄，耑聲。

䵍，青黄色也。段玉裁注：青色敝而黄也。从黄，有聲。

黇，白黄色也。段玉裁注：白色之敝而黄也。从黄，占聲。

黊，鮮明黄色也。段玉裁注：依篇韵補色字，上文皆非正黄色，惟此爲鮮明正黄耳。《艸部》蘳以爲聲。从黄，圭聲。

劉熙《釋名》卷四《釋采帛》 青，生也，象物生時色也。葉德炯曰：《考工記》：繢畫之事，東方謂之青。《素問·玉機真藏論》：東方木也，萬物之所以始生也。

赤，赫也，太陽之色也。葉德炯曰：《易·説卦》：離爲火，爲日。《説文》：赤南方色也。赫，火赤貌。日，實也，太陽之精。火，燬也，南方之行。先謙曰：吴校太陽上補赫赫二字。

黄，晃也，猶晃晃象日光色也。葉德炯曰：《廣雅·釋訓》：晃晃，光也。案《説文》無晃字，本作煌。《御覽·天部三》引《易》傳云：日煌煌似黄。

白，啟也，如冰啟時色也。王啟原曰：《爾雅》馬前足皆白啟以色名之，是有白義。《説文》啟訓開，啟訓教，經典無别，引申之，二字義通，山濤之啟事即白事也。漢晉人書牘首尾云某白，猶後人之言某啟也。先謙曰：冰啟，《禮·月令》所謂開冰薦廟也。白、啟聲不近，俟攷。

黑，晦也，如晦冥時色也。葉德炯曰：《説文》：黑，火所熏之色也。《公羊·成十六年》傳：晦者何，冥也。《莊子·逍遥遊》、《釋文》引東方朔《十(州)〔洲〕記》水黑色謂之冥。先謙曰：黑則未有不晦者，本書《釋水》：海晦也，其色黑而晦也。

絳，工也，染之難得色，以得色爲工也。畢沅曰：鄭注《儀禮·士冠禮》云：纁裳，淺絳裳。凡染絳，一入謂之縓，再入謂之赬，三入謂之纁，朱則四入與。三入猶爲淺絳，故曰染之難得色。《説文》：「絳，大赤也。」「絑，純赤也。」此篇不别出朱文，蓋朱即絳也。

紫，疵也，非正色，五色之疵瑕以惑人者也。畢沅曰：《論語·陽貨篇》云：子曰：「惡紫之奪朱也。」葉德炯曰：《説文》：「紫，(白)〔帛〕青赤色。」《漢書·王莽傳》注引應劭曰：紫，閒色。

紅，絳也，白色之似絳者也。畢沅曰：《説文》：「紅，帛赤白色。从糸，工聲。」工夅聲相近，故前文云絳，工也，此云紅，絳也。吴翊寅曰：紅，絳也。吴校作「紅，亦工也」。案紅从工聲，依本書例，當以聲近字爲訓。絳既訓工，故云紅亦工也。

緗，桑也，如桑葉初生之色也。畢沅曰：《御覽》引曰緗，桑花初生色也。《説文》無緗字，意古者假借湘字爲之。孫詒讓曰：《周禮·内司服》有鞠衣。鄭注：鞠衣，黄桑服也，色如鞠塵，象桑葉始生者。《急就篇》：鬱金半見緗白勬。顔注：緗，淺黄也。

緑，瀏也，荆泉之水於上視之瀏然，緑色此似之也。畢沅曰：荆泉之水，蓋即滄浪之水也。滄浪亦以其色名之。王啟原曰：荆泉當是荆淵，唐人避諱改，非本文，當謂今湖南之水。漢時荆州刺史治武陵索縣。瀏然，緑色，唯湘中水足以當之。長沙郡之瀏水，亦以邑名之。滄浪水，《孺子歌》清濁並言，非全清者。

縹，猶漂也。畢沅曰：今本脱「漂也」二字，據《一切經音義》引增。漂漂，淺青色也。畢沅曰：《説文》：「縹，帛青白色也。」先謙曰：《爾雅》「翠微」，邢疏：山氣青縹色，故曰翠微也。有碧縹、有天縹、有骨縹，各以其色所象言之也。先謙曰：《説文》：碧，石之青美者。《漢書·司馬相如傳》注：謂石之青白色者也。天縹若今俗言天青色，骨縹則青黄色矣，《隋·禮儀志》所謂黄縹也。

緇，滓也，泥之黑者曰滓，此色然也。畢沅曰：《説文》：「緇，帛黑色也。」

皁，畢沅曰：《説文》作草。草，斗櫟實也。一曰象斗。从艸，早聲。後來相承以草爲艸字，遂别造白下十，或白下七之字，以爲草字。早也，日未出時，早起視物皆黑，此色如之也。

蒸栗，染紺使黄色如蒸栗然也。王先慎曰：《急就篇》：蒸栗絹紺縉紅燃。注：蒸栗，黄色，若蒸熟之粟也。

紺，含也，青而含赤色也。畢沅曰：《一切經音義》引青上有謂字。《説文》：「紺，帛深青揚赤色。」

《奩史》卷八七《綺羅門》 禮，女始行，服纁。纁，絳也。蔡邕《女誡》。

張揖《廣雅》卷七下《釋器》 春草、鷄翹、蒸綀、鬱金、魄韓、麴塵、緑綟、紫綟、無縹、綦綺、留黄，綵也。《説文》：「翹，尾長毛也。」《急就篇》：「春草鷄翹鳧翁濯。」顔師古注云：春草，象其初生纖麗之狀也。鷄翹，鷄尾之曲垂者，言織刺爲春草鷄翹之形。一曰，謂染彩而色似之。蒸綀，本作烝栗。《急就篇》：「烝栗絹紺縉紅燃。」《釋名》云：「蒸栗，染紺使黄色如蒸栗然也。」魏文帝《與鍾大理書》云：「竊見玉書稱美玉，赤擬雞冠，黄侔蒸栗。」鬱，通作欝。《急就篇》「欝金半見緗白勬」，顔師古注云：鬱金，染黄也。《太平御覽》引《南艸異物志》云：「欝金，色正黄。」魄，各本譌作愧，今訂正。麴塵，亦染黄也。《周官·内司服》「鞠衣」，鄭玄注云：鞠衣，黄桑服也，色如鞠塵。鞠，與麴通。《説文》：「綟，帛莀艸染色。」《續漢書·輿服志》劉昭注引徐廣云：綟，草名也，以染似緑。又云：似紫。蓋莀草本有緑紫二色，故所染之帛各如其草之色也。綟，通作盭。《漢書·百官表》「諸侯王，金璽盭綬」，晉灼注云：盭，草名也，出琅邪平昌縣，似艾，可染緑，因以爲綬名。《急就篇》「縹綟緑紈早紫硟」，顔師古注云：綟，蒼艾色也。東海有草，其名曰莀，以染此色，因名綟云。此皆謂緑綟也。《爾雅》「藐，茈草」，郭璞注云：可以染紫，一名茈戾。《廣雅·釋草》云：茈戾，茈草也。《周官·掌染草》鄭玄注云：染草，茅蒐、槖蘆、豕首、紫茢之屬。劉昌宗讀茢爲戾。《續漢書·輿服志》注引何承天云：綟，紫色綬。此皆謂紫綟也。莀，與戾、茢通。茈，與紫通。《説文》：「莀，艸也，可㠯染留黄。」然則莀草所染，又不止緑紫二色矣。綦綺，蓋謂織綺文如綦也。《説文》：「綺，文繒也。」《釋名》云：「綺，敧也，其文敧邪，不順經緯之縱横也，有棊文、方文如棊也」。棊與綦通。留黄之色，染與織皆有焉。《説文》：「莫艸可㠯染留黄。」此謂染綵也。《古樂府·相逢行》：「大婦織綺羅，中婦織流黄。」此謂織綵也。《玉藻》孔穎達正義引皇侃疏云：駵黄之色黄黑。留、駵、流，並通。

張揖《廣雅》卷八上《釋器》 縓謂之紅。《説文》：「紅，帛赤白色也。」《論語·鄉黨篇》「紅紫不以爲褻服」，皇侃疏引鄭玄注云：「紅，纁之類也。」又引穎子嚴云：南方火，火色赤，火尅金，金色白，以赤加白，故爲紅，紅爲南方閒色。《釋名》云：「紅，絳也，白色之似絳者也。」絳與紅聲義並相近，故《漢書·外戚恩澤表》「絳侯」作「紅侯」。《爾雅》記染赤之法云：「一染謂之縓。」《説文》：「縓，帛赤黄色也。」《喪服記》「麻衣縓緣」，鄭玄注云：縓，淺絳也。《士喪禮記》「縓綼緆」，鄭玄注云：縓，今之紅也。《檀弓》「練衣黄裏縓緣」，鄭玄注云：縓，纁之類。《檀弓》又云：「周人尚赤，戎事乘騵。」騵與縓聲義亦相近。

纁謂之絳。

緇謂之皁。並見下文。

碧、縹、紺、繰、綠、緅、總、蒼，青也。《説文》：「青，東方色也。」青之言清也。故《釋名》云：「清，青也，去濁遠穢色如青也。」《説文》：「碧，石之青美者。」《西山經》云：「商山，其下多青碧。」皇侃《鄉黨》疏引穎子嚴云：西方金，金色白，金尅木，木色青，以白加青，故爲碧，碧爲西方閒色。《説文》：「縹，帛青白色也。」《釋名》云：「縹，猶漂，漂，淺青色也。有碧縹，有天縹，有骨縹，各以其色所象名之也。」《易稽覽圖》云：「白青之色如縹。」王褒《九懷》云：「翠縹兮爲裳。」縹色在青白之閒，故白亦謂之縹。《釋名》云「土白曰漂」，王逸《九思》云「鬢髮薴顇兮鬢顠白」，皆是也。《説文》：「紺，帛深青而揚赤色也。」《論語》「君子不以紺緅飾」，皇侃疏引鄭玄注云：紺緅，(元)〔玄〕之類也。《墨子·節用篇》云「冬服紺緅之衣」，下文云「黚，黑也」。黚與紺義相近。《説文》：「繰，帛如紺色也。」又云：「緑，帛青黄色也。」緑，與綠同。《釋名》云：「緑，瀏也，荆泉之水，於上視之，瀏然緑色，此似之也。」皇侃疏引穎子嚴云：東方木，木色青，木尅土，土色黄，以青加黄，故爲緑，緑爲東方閒色。《論語》、《釋文》引《字林》云：「緅，青色也。」紺緅皆深青色，而緅又深於紺。《考工記·鍾氏》「染羽，三入爲纁，五入爲緅，七入爲緇」，鄭玄注云：緅，今《禮》俗文作爵，言如爵頭色也。凡(元)〔玄〕色者，在緅緇之閒，其六入者與。疏云：《淮南子》曰「以涅染紺，則黑於涅」，涅，即黑色也，纁入黑汁則爲紺，更以紺入黑汁則爲緅。紺緅相類，故連文云君子不以紺緅飾也。更以緅入黑汁則爲(元)〔玄〕，更以(元)〔玄〕入黑汁則爲緇。緇(元)〔玄〕相類，故禮家每以緇布衣爲(元)〔玄〕端也。《士冠禮》注云，爵弁色赤而微黑，如爵頭然，或謂之緅。《論語》孔安國傳云：一入曰緅，三年練，以緅飾衣，爲其似衣喪服，故不以爲飾也。案此説蓋誤以緅爲縓，故皇侃駁之云：孔意言緅是淺絳色也，禮家三年練，以縓爲深衣領緣，不云用緅，且《考工記》「五入爲緅」，則緅非復淺絳明矣。《説文》：「繱，帛青白色也。」繱與總同，亦通作蔥。《爾雅》「青謂之蔥」，郭璞注云：淺青也。《小雅·采芑篇》「有瑲蔥珩」，毛亨傳云：蔥，蒼也。《玉藻》云：「三命亦韍蔥衡」。衡，與珩同。《説文》：「驄，馬青白雜毛也。」義亦與蔥同。《説文》：「蒼，草色也。」經傳或通作倉。

丹、彤、朱、赩、纁、絳、䞓、烊、赫、緹、㶣、赭，赤也。《説文》：「赤，南方色也。」《釋名》云「赤，赫也，太陽之色也。」《説文》：「丹，巴越之赤石也。」又云：「彤，丹飾也。」凡經言彤弓、彤矢、彤管、彤几、彤裳之屬，皆是也。彤之言融也，赤色著明之貌。《大雅·既醉篇》云「昭明有融」是也。《説文》：「絑，赤色也。」《管子·地員篇》：「其種大苗細苗絑莖黑秀箭長。」義亦與彤同。《豳風·七月》毛亨傳云：朱，深纁也。《説文》作絑，云「純赤也」。《士冠禮》鄭玄注云：凡染絳，一入謂之縓，再入謂之䞓，三入謂之纁，朱則四入與。《衆經音義》卷十九引《字林》云「赩，赤貌也。」《楚辭·大招》「逴龍赩只」，王逸注云：赩，赤色也。王延壽《魯靈光殿賦》云：「丹柱歙赩而電烻。」《小雅·采芑篇》「路車有奭」，毛亨傳云：「奭，赤也。」奭，與赩同，故《瞻彼洛矣篇》「韎韐有奭」，《白虎通義》引作赩。

《方言》「黮，色也」，郭璞注云：黮然，赤黑貌也。《玉篇》艴、黮，並音許力切，義亦相近也。《説文》：「纁，淺絳也。」《考工記·鍾氏》：「染羽，三入爲纁。」《爾雅》「一染謂之縓，再染謂之赬，三染謂之纁」，李巡注云：「三染，其色已成爲絳。」纁、絳，一名也。鄭衆注《周官·染人》亦云：纁，絳也。《説文》：「絳，大赤也。」絳與紅，聲義相近，説見上文。《説文》「赬，赤色也」，引《周南·汝墳篇》「魴魚赬尾」。或作頳、䞓、浾、泟，今《詩》作頳。毛亨傳云：頳，赤也。《爾雅》郭璞注云：淺赤也。《士喪禮》作䞓。哀十七年《左傳》作竀，並字異而義同。《爾雅》「檉，河柳」，郭璞注云：今河旁赤莖小楊。陸璣云：「河柳皮正赤如絳。」䞓、檉，並音丑貞反，其義同也。烊與騂、垟同義，騂今作騂。《檀弓》云：「周人尚赤，牲用騂。」《魯頌·駉篇》「有騂有騏」，毛亨傳云：赤黃曰騂。《説文》「垟，赤剛土也」，今亦作騂。《周官·草人》「騂剛用牛」，杜子春注云：騂剛，謂地色赤而土剛强也。《説文》：「赫，火赤貌，從二赤。」《邶風·簡兮篇》「赫如渥赭」，毛亨傳云：赫，赤貌。《説文》：「緹，帛丹黃色也。」或作衹。《周官·草人》「赤緹用牛」，鄭玄注云：赤緹，縓色也。《酒正》「五齊，四曰緹齊」，鄭玄注云：「緹者，成而紅赤，如今下酒矣。」烒，亦赫也，故《方言》云「烒，赫也」。《説文》：「赭，赤土也。」赭之言明著也。《邶風》「赫如渥赭」，鄭玄箋以赭爲丹。《管子·地數篇》云：「上有赭者，下有鐵」。

䵬、黈、黟、䵗、䵉、黇、黅、黗、䵮、䵳，黃也。

《説文》：「黃，地之色也」。《釋名》云：「黃，晃也，猶晃晃，象日光色也。」莊二十三年《穀梁傳》「禮，天子諸侯黝堊，大夫倉，士黈」，范甯注云：黈，黃色也。《淮南子·主術訓》：「黈纊塞耳，所以掩聰。」《漢書·東方朔傳》作「黈纊充耳，所以塞聰」。薛綜注《東京賦》云：黈纊，言以黃緜大如丸，縣冠兩邊當耳，不欲妄聞不急之言也。如淳《東方朔傳》注云：「黈，音土苟反。」黈與䵬同。《説文》：「黈，鮮明黃也。」又云：「蘳，黃華也。」蘳與黈同義。《説文》：「䵉，黃黑色也。」又云：「黇，白黃色也」。謂黃色之薄者也，黇之言沾也。卷二云沾，薄也。《説文》：「黅，黃黑也。」《玉篇》「黅，黃黑如金也」，「黅，黃色也」，音並與金同。《素問·五常政大論》云：「敦阜之紀，其色黅(元)〔玄〕蒼。」《説文》：「頷，面黃也。」頷與黅，聲近而義同。《説文》：「黗，黃濁黲也。」黗與黗同。黗，亦䵉也，方俗語有輕重耳。《玉篇》「䵮音充，又音統，黃色也」，引《大戴禮·子張問人官篇》：「䵮纊塞耳，掩聰也」。今本䵮作統。盧辯注云：統，黃色也。《東京賦》注引《大戴禮》作黈。黈與䵮，古同聲，故黈或作䵮。曹憲云：䵮，亦有本作䵬。《玉篇》：「䵬，口浪切，亦黃色也。」《説文》：「䵳，青黃色也。」䵳色在青黃之間，故青黑亦謂之䵳。《漢書·薛宣傳》「遇人不以義而見疻者，與痏人之罪鈞」，應劭注云：以杖手毆擊人，剥其皮膚，腫起青黑而無創瘢者，律謂之疻痏。陸璣《毛詩草木蟲魚鳥獸疏》云：「鮪魚似鱣而色青黑。」䵳、鮪、痏，並音子鄙反，義相近也。

皔、皛、皙、皢、皭、皠、皚、的、皏、皜、皤、皎、翯、潔，白也。

《説文》：「白，西方色也。」皔，《玉篇》：「音旱，皔皔，白也」。曹憲音汗。白之言明白也。《賁·六四》：「白馬翰如」。《檀弓》云：「殷人尚白，戎事乘翰。」翰與皔通。皛之言皎皎也。《説文》：「皛，顯也。」《文選·潘岳〈關中詩〉》李善注引《倉頡篇》云：皛，明也。又陶潛《赴假還江陵夜行塗口詩》李善注引《通俗文》云：「通白曰皛。」《説文》：「皙，人色白也。」《鄘風·君子偕老篇》「揚且之皙也」，毛亨傳云：「皙，白皙也。」鄭公孫黑字子皙，楚公子黑肱字子皙，孔子弟子狄黑字皙，曾點字皙，皆取相反之意也。《小雅·瓠葉》鄭玄箋云：「斯，白也。」斯與皙，聲近而義同。皙，音析，字從白，析聲，與晳字異。晳，音哲，又音制，字從日，折聲。舊本皙譌作晳。曹憲音制，失之。皢之言曉也。《説文》：「皢，日之白也。」《廣韻》引《埤倉》云：「皭，白色也。」《史記·屈原傳》云：「皭然泥而不滓者也。」重言之則曰皭皭，義見《釋訓》。皠，與下翯字同。翯之言皜皜也。《説文》：「皠，鳥之白也。」又云：「翯，鳥白肥澤貌」。《史記·司馬相如傳·上林賦》「翯乎滈滈」，司馬貞索隱引郭璞注云：水白光貌。又《大人賦》「吾乃今目睹西王母皬然白首」，《漢書》作「翯然」，並字異而義同。重言之則曰皠皠，義見《釋訓》。《説文》：「皠，白牛也。」義亦與皠同。《説文》：「皚，霜雪之白也。」枚乘《七發》云：「白刃皚皚。」又云：「浩浩溰溰，如素車白馬帷蓋之張。」劉歆《遂初賦》云：「漂積雪之皚皚兮。」並字異而義同。的之言灼灼也。《説文》：「旳，明也。」引《説卦傳》爲「旳顙」。今本作的。《爾雅·釋畜》「的顙，白顛」，舍人注云：的，白也。顙，額也。額有白毛，今之戴星馬也。《爾雅·釋鳥》「鶾雉、鵫雉」，郭璞注云：「今白鵫也，江東呼白鶾，亦名白雉。」鶾與翰，鵫與的，古並同聲。《覲禮》「匹馬，卓上，九馬隨之」，鄭玄注云：「卓猶的也，以素的一馬以爲上。」是其證也。《玉篇》：「皏皜，白也，又淺薄色也。」《素問·風論》「肺風之狀，色皏然白」，王冰注云：皏，薄白色也。《楚辭·遠遊》「玉色頩以脕顔兮」，王逸注云：「面目光澤以鮮好也。」頩與皏，聲義相近。《説文》：「皤，老人白也，或作顠。」引《賁·六四》「賁如皤如」。《爾雅》云：「蘩，皤蒿。」《豳風·七月》毛亨傳云：「蘩，白蒿也。」白鼠謂之䶉，義亦與皤同。皎，或作皦。《説文》：「皎，月之白也。」引《陳風》「月出皎兮」。又云：「皦，玉石之白也。」《王風·大車篇》「有如皦日」，毛亨傳云：皦，白也。《釋文》：「皦，本又作皎。」潔，經傳通作絜。

黝、黦、黯、黶、默、䵗、黓、皁、䵏、涅、(元)〔玄〕、黱、緇、墨、黸、黮、蕉、黎、黔、黰、黴、䵓、黚、䵎、黳、黗、黲、黟，黑也。

《説文》：「黑，火所熏之色也。」《釋名》云：「黑，晦也，如晦冥時色也。」《爾雅》：「黑謂之黝。」《説文》：「黝，微青黑色也。」黝之言幽也，幽與黝，古同聲而通用。《周官·牧人》「陰祀用黝牲」，鄭衆注云：黝，讀爲幽，幽，黑也。《小雅·隰桑篇》「其葉有幽」，毛亨傳云：幽，黑色也。《玉藻》「一命緼韍幽衡」，鄭玄注云：幽，讀爲黝。又《周官·守祧》「其祧，則守祧黝堊之」，鄭衆注云：黝讀爲幽，幽黑也。堊，白也。引《爾雅》「地謂之黝，墻謂之堊」。黦，《説文》作「黦」，云：「黑有文也，讀若飴眢字。」《廣韻》：「黦音於勿、於月二切，黃黑色也。」《周官·染人》「夏纁(元)〔玄〕」，故書纁作䵷。《淮南子·時則訓》「天子衣苑黃」，高誘注云：苑讀飴之眢。《春秋繁露·五行順逆篇》云：「民病心腹宛黃。」並字異而義同。《説文》：「眢，豆飴也。」《方言》郭璞注云：以豆屑雜餳也。《説文》、《淮南子》注並讀黦爲眢，蓋以其色如眢飴，故讀從之矣。《廣韻》：「黝，又音謁，色壞也。」義亦與黗同。徐鍇《繫傳》云：「黗，謂物經溽暑而變斑色也。」黯之言闇也。《說文》：「黯，淡黑也。」《史記·孔子世家》云：「黯然而黑。」春秋晉蔡黯字墨，是其義也。《說文》：「黶，中黑也。」《玉篇》云：「黑子也。」《漢書·高祖紀》「左股有七十二黑子」，顏師古注云：「今中國通呼爲黶子。」《五行志》顏師古注云：「⿰黑厭山桑之有點文者也。」義亦與黶同。默，亦墨字也。《韓詩外傳》云：「默然而黑。」《說文》：「⿱艹黑，黑皴也。」⿱艹黑各本譌作⿱夰黑，今訂正。《爾雅》：「大歲在壬曰(元)〔玄〕黓。」是黓爲黑也，字通作弋。《漢書·文帝紀》「身衣弋綈」，如淳注云：「弋，早也。」《張安世傳》云：「安世尊爲公侯，身衣弋綈。」《周官·大司徒》「其植物宜早物」，鄭衆注云：「早物，柞栗之屬，今世閒謂柞實爲早斗。陸璣《毛詩疏》云：「早斗殼爲汁，可以染早。」《說文》作「草」，俗作「皁」。黳，字或作黳。《說文》：「黳，黑羊也。」《廣韻》引《字林》云：「黳，黑色也。」《史記·天官書》云：「黳然黑色甚明。」成二年《左傳》「左輪朱殷」，杜預注云：「朱，血色，血色久則殷，今人謂赤黑爲殷色。」殷、黳，並音於閒反，義相近也。《說文》：「涅，黑土在水中也。」《論語·陽貨篇》「不曰白乎，涅而不緇」，孔安國傳云：「涅可以染早。」字通作泥。《史記·屈原傳》「皭然泥而不滓者也」，司馬貞索隱：泥，音涅，滓，音緇。《洪範》孔穎達正義引《荀子》：「白沙在涅，與之俱黑。」《大戴禮·曾子制言篇》涅作泥。《淮南子·說山訓》「譬猶以涅拭素也」，高誘注云：涅，黑也。《說文》：「儵，青黑繒發白色也。」《爾雅》云：「虪，黑虎。」義與儵同。《說文》：「緇，帛黑色也。」《釋名》云：「緇，滓也，泥之黑者曰滓。」此色然也。《考工記·鍾氏》：「染羽，三入爲纁，五入爲緅，七入爲緇。」《檀弓》：「爵弁経紂衣。」紂，與緇同。《說文》：「齊謂黑爲黸。」字通作盧。黑土謂之壚，黑犬謂之盧，目童子謂之盧，黑弓謂之玈弓，黑矢謂之玈矢，黑水謂之瀘水，黑橘謂之盧橘，義並同也。《說文》：「黮，桑葚之黑也。」《玉篇》：「敕感、都甚二切。」《廣韻》：「又徒感切。」《文選·魏都賦》李善注引《聲類》云：「黮，淡黑色也。」《淮南子·主術訓》云：「問瞽師曰：黑何若。曰：黮然。」或謂之黷黮。《衆經音義》卷十七引《倉頡篇》云：「黷黮，淡黑不明也。」《楚辭·九辯》云：「彼日月之照明兮，尚黯黮而有瑕。」《說文》：「黕，滓垢也。」《九辯》云：「或黕點而污之。」義與黮同。桑實謂之葚，亦以其黑色名之，故《魯頌》桑葚字通作黮也。《列子·黃帝篇》云：「焦然肌色皯黴。」《逸周書·王會篇》「用闒木」，孔晁注云：「闒木生水中，色黑而光，其堅若鐵。」義並與蕉同。《楚辭》云：「顏色憔悴。」憔與蕉，義亦相近也。《衆經音義》卷六引《字林》云：「黧，黑黃也。」古通作黎，又作犂。《史記·李斯傳》「面目黎黑」，《秦策》作犂，《韓非子·外儲說》作黧。《說文》：「耇，老人面凍黎若垢也。」又云：「雞黃，一曰楚雀，其色黎黑而黃。」義並同也。《墨子·貴義篇》云：「黔者，黑也。」襄十七年《左傳》云：「澤門之晳，寔興我役。邑中之黔，寔慰我心。」《說文》：「黔，黎也，秦謂民爲黔首，謂黑色也，周謂之黎民。」案《小雅·天保篇》「羣黎百姓」，毛亨傳云：「黎，衆也。」則黎民猶言衆民，不與黔首同義，餘見卷四「黔首，民也」下。《說文》：「黚，黃黑也。」義亦與黔同。《玉篇》：「黴，面黑子也。」《名醫別録》云：「麝香去面黴。」《說文》：「黴，物中久雨青黑也。」《淮南子·脩務訓》云：「堯瘦臞，舜黴黑。」《楚辭·九歎》云：「顏黴黧以沮敗兮。」穉之言墨也。《玉篇》「音亡載切」。字亦作黴。《列子·黃帝篇》：「肌色皯黴。」《釋文》黴，《埤倉》作穉，謂禾傷雨而生黑斑也。今人猶謂物傷濕生斑爲穉，聲如梅。《莊子·知北遊篇》：「媒媒晦晦。」《釋文》「媒音妹」，李云：「媒媒，晦貌。」義與穉亦相近。《說文》：「黷，沃黑色也。」又云：「黵，女黑色也。」引《曹風·候人篇》「黵兮蔚兮」。黵，與黷同義，今本黵作薈，毛亨傳云：「薈蔚，雲興貌。」義亦相近也。《書大傳》云：「山龍，青也。華蟲，黃也。作繢，黑也。宗彝，白也。璪火，赤也。」繢與黷亦聲近義同。《說文》：「黚，淺黃黑也。讀若染繒中束緅紺。」是讀與《論語》「紺緅」同。故鄭玄注以紺緅爲(元)〔玄〕類。《玉篇》「黚音巨炎、巨今二切」，則讀與黔同。黔亦黑也。《鄘風·君子偕老篇》「鬒髮如雲」，毛亨傳云：鬒，黑髮也。昭二十八年《左傳》云：「昔有仍氏生女，鬒黑而甚美，名曰(元)〔玄〕妻。」《說文》：「袗(元)〔玄〕服也。」《士冠禮》云：「兄弟畢袗(元)〔玄〕。」《月令》「乘(元)〔玄〕路」，鄭玄注云：今《月令》曰「乘軫路」，義並與縝同。《說文》：「黰，小黑子也。」黶、黷、黰，一聲之轉。《說文》又云：「黳，赤黑色繒也。」《周官·巾車》「安車雕面鷖總」，鄭衆注云：「鷖，讀爲鳧鷖之鷖。鷖總者，青黑色，以繒爲之。」賈公彥疏云：鷖者，取鳧鷖之色青黑爲義。《玉篇》：「瑿，黑石也。」字或作堅，《唐本草》云：「堅，狀似(元)〔玄〕玉而輕，出西戎。」義並與黳同。《說文》：「黗，黃濁黷也。」《廣韻》云：「黃黑色也。」黗與純，聲義相近。《周官·媒氏》「凡嫁子娶妻入幣，純帛無過五兩」，鄭玄注云：純，實緇字也。古緇以才爲聲，納幣用緇，婦人陰也。《玉藻》「大夫佩水蒼玉而純組綬」，鄭玄注云：純，當爲緇，古文緇字或作糸旁才。《祭統》「王后蠶於北郊以共純服」，鄭玄注以純爲緇色。《釋文》：「純，側其反。」《士冠禮》「爵弁服，纁裳，純衣，緇帶，韎韐」，鄭玄注云：純衣，絲衣也。餘衣皆用布，唯冕與爵弁服用絲耳。《士昏禮》「純衣纁衻」，鄭玄亦以爲絲衣。案《三禮》皆謂黑色爲純，則純字自有黑義，無煩改讀爲緇，亦未必皆爲紂字之譌也。古爵弁服固以絲爲之，然《士冠禮》之純衣，與纁裳連文，則義主於色而不主於絲。《士昏禮》之「純衣纁衻」，亦猶是也。若訓純爲絲，則於文不類矣。《說文》：「黲，淺青黑色也。」《玉篇》云：「今謂物將敗時顏色黲黲也。」王粲《登樓賦》云：「天慘慘而無色。」慘，與黲通。《說文》：「黟，黑木也，丹陽有黟縣。」《玉篇》：「黖，於既切，淡黑也。」《集韻》引《廣雅》「黖，黑也」，今本脫黖字。

《太平御覽》卷八一四《布帛部一·染》 《環濟要略》曰：正色有五，謂青、赤、黃、白、黑也。閒色五，謂紺、紅、縹、紫、流黃也。

顧野王《玉篇》卷二《黃部》 黃 胡光切，中央色也。

⿰黃夾 喜兼切，赤黃色。

⿰黃耑 他官切，黃黑色。或作⿰黃耑。

⿰黃有 胡悔、于鄙二切，黃色也。

⿰黃充 齒隆切，黃色。《大戴禮》：⿰黃充纊塞耳，掩聽也。又音統。

黊 胡卦、户圭二切，鮮明黃色。

䵚　吐丸、吐門二切，黄色。

䵘　他口切，黄色。或作䊾。　黈　同上。

黇　他兼切，黄色也。

黰　齒善切，黄色也。

黅　居吟切，黄色也。

䵦　口浪切，黄色也。

䵣　音證，黄色。

䵥　音霑，黄色。

䵩　力遁切，黄色。

䵤　直占切，黄色。

顧野王《玉篇》卷四《色部》　色　師力切。《書》云「施于五色」，此謂采色也。《禮記》云「色容顛顛」，「色容厲肅」，此謂人面顔色也。

艴　普經、普泠二切。《説文》云：「縹色也。」《楚辭》曰：「玉色艴以脕顔兮。」

艶　千定切，艶䒜，青黑色也。

䒜　亡定切，艶䒜。

艳　許力切，大赤色。

顧野王《玉篇》卷一三《艸部》　蔥　且公切，又淺青色。　荵　同上俗。

顧野王《玉篇》卷二〇《白部》　白　步陌切，西方色也。

皁　才老切，色黑也。　皂　同上。

皫　孚沼切，白色。

皅　傍伯切，白色。又古了切。

皫　毗照切，白色。

顧野王《玉篇》卷二《玄部》　玄　胡淵切，幽遠也，妙也。又黑色。　𢆯　古文。

玆　子貍切，濁也，黑也。或作黰、滋。

玈　來乎切，黑也。或作黸。

顧野王《玉篇》卷二一《火部》　燣　力感切，黄色也。

顧野王《玉篇》卷二一《丹部》　彤　徒冬切，丹飾也，赤色。　蚒　同上。

顧野王《玉篇》卷二一《黑部》　黑　訶得切。韓康伯云：北方陰色。《説文》云：「火所熏之色也。」

黸　力胡切，齊人謂黑曰黸也。

䵼　多達切，白而黑也。

黮　之林切。《説文》曰：「雖皙而黑也。」

黲　千敢切，淺青黑色也。今謂物將敗時顔色黲黲也。

䵷　式羊切，赤黑色。

黤　烏敢、烏檻二切，青黑色也。

黗　他孫切，黄濁色。

黝　於糾切，玄也，黑也，微青色也。

黚　巨炎切，淺黄色，又黑也。又巨今切。

黭　又刮切，黄黑而白也。

黅　記林切，黄黑如金也。

黫　於勿、於月二切，黑有文也。　黦　同上。

黔　巨炎切，黑色也。

黠　閑入切，黑也。

黷　徒卜切，黑也。

黱　徒載切，畫眉黑也，深青也。　黛　同上。

黭　於甘、於敢二切，深黑色也。

黯　許極切，赤黑色也。

黓　於既切，深黑也。

黳　丁來切，黮黳，大黑也。

黸　力該切，黮黳，大黑也。

黖　余力切，黑也。

黹　子辭切，黑也。

黎　力兮切，黑也。亦作黎。

黝　亡入切，黑也。

黫　於顔、於仁二切，黑也。亦作䵎。

黔　巨今切，黄色也。

黷　女容切，黑黷也。

黰　之刃切，黑也。

黬 居奄切，黑也。

䵟 各旱切，黑也。

黯 烏減切，深黑也。

䵭 之夜切，黑也。

𪐴 常與切，黑也。

黖 火衮切，黑也。

黤 於央切，淺黑也。

䵗 普木切，色黑也。 𪐗 同上。

䵷 莫北切，黑也。

黢 七成切，黑也。

䵥 吕位切，墨色。

䵮 七活切，黑也。

䵊 初入切，黑也。

䵓 力活切，黑也。

顧野王《玉篇》卷二一《赤部》 赤 齒亦切，南方色也，朱色也。

赨 徒冬、與弓二切，赤色。 赩 同上。

赮 下加切，東方赤色也。亦作霞。

赬 丑貞切，赤色也。

䞓 古旦切，赤色也。

赫 呼域切，絳似雀頭色。

赦 許狄切，赤也。

顧野王《玉篇》卷二一《丹部》 丹 多安切，朱色。 甘彤 並古文。

顧野王《玉篇》卷二一《青部》 青 千丁切，東方色也。四時春爲青陽。

顧野王《玉篇》卷二六《韋部》 韞 於昆切，赤黄之間色也。

䪐 呼故切，青屬。

顧野王《玉篇》卷二七《系部》原本 繰 【略】又子老切，帛如紺色也。 綼 古文。

原本 子老反。《説文》：「帛如紺色也。」《廣雅》：繰，青也。字書或爲□字，在□部，五采之繰爲繅字。

縞 古到、古倒二切，練也，白色也。

原本 古到、古倒二反。《毛詩》「縞衣綦巾」，傳曰：縞，白色也。《説文》：「縞，鮮支也。」《廣雅》「阿縞，練也。」

緑 力足切，帛青黄色也。

原本 力足反。《楚辭》「緑葉兮素榮」，王逸曰：緑，青也。《説文》：「帛青黄色也。」古文爲䋣字，在帛部。

縹 匹妙切，青白色。

原本 匹繞反。《楚辭》「翠縹兮爲裳」，王逸曰：衣服耀青葱也。又曰「顧列孛兮縹之」，王逸曰：「視彗光瞥之也。」《説文》：「帛青白色也。」末細之縹爲蔈字，在艸部。

絑 之俞切，純赤也。

原本 之瑜反。《尚書大傳》：大琴練弦達越，大瑟絑弦達越。鄭玄曰：朱赤文也。《説文》：「純赤繒也」。《虞書》「丹朱」字如此。

纁 許軍切，淺絳也。

原本 虚軍反。《爾雅》「三染謂之纁」，郭璞曰：纁，絳也。《考工記》：「染三入爲纁。」《説文》：「淺絳也」。

絀 式出切，絳也。

原本 式出反。

絳 古巷切，赤色也。

原本 古贛反。《説文》：「大赤繒也。」

綰 烏版切。【略】

原本 烏睆反。【略】《説文》：「惡色絳也。」

縉 子燼切，帛赤白。

原本 子燼反。《説文》：「帛赤色也。」

緹 他禮切，帛赤色也。

原本 他禮反。《周禮》「赤緹用羊」，鄭玄曰：縓色也。《説文》：「帛赤黄色也。」

縓 七絹切，紅也，赤黄色。

原本 雎絹反。《爾雅》「一染謂之縓」，郭璞曰：今之紅也。鄭玄注《儀禮》云：縓，淺絳也。《説文》：「帛赤黄色也。」

紫 子爾切，色也。

原本　子爾反。《論語》：「惡紫之奪朱。」《説文》：「帛青赤色也」。

紅　胡公切，色也。

原本　胡工反。《論語》：「紅紫不以爲褻服。」《説文》：「帛赤白色也。」《廣雅》：縓謂之紅。《漢書》「女紅之物」，如淳曰：紅亦工也。陳粟爲紅字，在米部。

繱　千公切，青白色也。

原本　且公反。《説文》：「帛青白色也。」今或爲蔥字，在艸部。

紺　古憾切，深青也。

原本　古憾反。《論語》：「君子不以紺緅飾。」《説文》：「帛深青而揚赤色也。」

緇　側其切，黑色也。　紂　同上。

原本　側饑反。《毛詩》「緇衣之宜兮」，毛亨傳曰：緇，黑色也。《考工記》：「染羽士入爲緇。」紂《周禮》「入禮幣純帛」，鄭玄曰：純實緇字也。古作紂，以才爲聲。

緂　他敢切，騅色。今作菼、䊲。

原本　他敢反。《説文》：「帛騅色也。」《詩》曰「毳衣如緂」是也。《韓詩》爲䊲字，在帛部，今注爲菼字，在艸部。

纔　初銜、仕緘二切，雀頭色也，微黑色也。又疾來切。

原本　使監、仕緘二反。【略】一曰，微黑色也。一曰，如紺也。一曰，淺也。

綟　力計切，緑也。或作莀，草名。

原本　力計反。《漢書》「金璽綟綬」，如淳曰：緑色也，綬以緑爲質也。晉灼曰：草名也，出琅邪平昌縣，似艾，可染緑也。《説文》：「帛莀染也。」《聲類》：此亦莀字也。在艸部。

綵　七改切，五綵備。

原本　且宰反。《尚書》：「以五綵彰施于五色。」野王案：《倉頡篇》：繒色也。《周禮》「王執大圭繅藉五綵以朝日」，鄭玄曰：有采文也。《考工記》「畫繢之事五綵備謂之繡」是也。《廣雅》：春草、雞翹、蒸栗、鬱金、瑰瑋、麴塵、綟、無緣、綦綺、留黄，綵也。

緅　仄尤切，青赤色。

原本　側鳩反。《論語》「君子不以紺緅飾」，孔安國曰：一入曰緅。三年小祥，以緅飾衣也。《考工記》「染羽五入爲緅」，鄭玄曰：染纁者三入而成文也。又再入以爲緅。緅，今《禮》俗文作爵，言如爵頭色也。《廣雅》：緅，青也。《聲類》：間色也。《字書》：青赤色也。

紏　他口切，亦作黈字。

原本　他口反。《字書》：亦黈字也。黈，黄色也，在黄部。

綀　山羊反。《埤倉》：綀，淺黄色也。

縹　力一切，蒸縹，綵也。

原本　力質反。《廣雅》：蒸縹，綵也。

緗　思良切，桑初生色。

原本　所梁反。《續漢書》：賈人嫁娶衣緗縹而已。【略】《釋名》：緗，桑初生之色也。

纙　大到切，緑也。

原本　徒到反。《倉頡篇》：不青不黄也。《聲類》：緑色也。

絞　乎交切，緑色也，嫁者衣也。

原本　胡交反。《禮記》「靡衮絞以褐之」，鄭玄曰：倉黄之色也。野王案：又曰「大夫不揺絞」是也。《大戴禮·夏小正》：八月玄絞。玄者黑也，絞者若緑色然，婦人未嫁者衣也。

顧野王《玉篇》卷二七《素部》原本　素　先故切，白也。【略】縈　同上，出《説文》。縈　同上。

原本　蘇故反。《毛詩》「素絲五紽」，毛亨傳曰：素，白也。《考工記》「凡畫繢之事，後素功」，鄭玄曰：素，白采也。《方言》：素，廣也。又曰：素，本也。郭璞曰：五色之本也。【略】

顧野王《玉篇》卷二七《黹部》原本　黻　方物切，黑與青相次文。

原本　甫物反。《考工記》：「畫繢之事，黑與青謂之黻。」野王案：《尚書》「黼黻絺繡」是也。杜預注《左氏傳》：兩已相戾也。《爾雅》：「黻，章也。」

黼　方宇切，白與黑相次文。

原本　弗禹反。《考工記》：「畫繢之事，白與黑謂之黼。」《爾雅》：「黼，章也」。又曰「斧謂之黼」，郭璞曰：黼文畫爲斧形也。野王案：《毛詩》「玄衮及黼」是也。《禮記》「君黼裘以誓獮」，鄭玄曰：以黑與狐白襍爲黼文也。

玄應《一切經音義》卷八《月光童子經》　緹幔他禮反。《説文》云：「帛赤黄色也。」赤、緹，縓，色也。縓，音詮也。

玄應《一切經音義》卷一四《四分律第四〇卷》 紺色古憾反。《說文》：「帛深青而揚赤色也」。《釋名》云：紺，含也，謂青而含赤色也。

丁度《集韻》卷一《東韻》 䞥 素白也。

丁度《集韻》卷一《冬韻》 赨、䞚 《說文》「赤色也」。或从冬。

黲 黑也。

丁度《集韻》卷一《江韻》 龍 黑白雜色也。《周禮》「龍勒」。戚袞讀。

丁度《集韻》卷一《支韻》 縉 帛赤色。

黐、𪐴赤黑色。或从來。

驪《說文》：「黑深黑色。」

丁度《集韻》卷一《脂韻》 黧黑而黃。

丁度《集韻》卷一《之韻》 緇、紂、純《說文》：「帛黑〔色〕也。」《周禮》：「七入爲緇。」或作紂、純。

黲 深黑也。

黳 黑也。

綥、綦、帺、綨《說文》：「帛蒼文色。」引《詩》「縞衣綥巾」。未嫁女所服。一曰，不借綥。

丁度《集韻》卷一《微韻》 緋絳色。

丁度《集韻》卷二《虞韻》 緅青赤色。

絑《說文》：「純赤也。」引《虞書》「丹朱如此」。

絑繒純赤。

丁度《集韻》卷二《齊韻》 緹赤色。

黧、𪒠黑黃也，或作𪒠。

黳【略】一曰，黑也。

丁度《集韻》卷二《佳韻》 黳黳黳，淺黑。

丁度《集韻》卷二《皆韻》 黖深黑色。

丁度《集韻》卷二《灰韻》 繢采色鮮。

丁度《集韻》卷二《咍韻》 黱黙黱，大黑。

黙黙黱，大黑。

丁度《集韻》卷二《文韻》 纁、纁、䊶、纁《說文》「淺絳也」。或从薰，从衣，亦作䊶。

丁度《集韻》卷二《魂韻》 緼赤黃間色。

黚黑也。

䵣、黇黃色，或从屯。

黇黃色。

丁度《集韻》卷二《痕韻》 䵣黃色。

丁度《集韻》卷二《寒韻》 纏【略】一曰，紫色。

丁度《集韻》卷二《桓韻》 黇《說文》：「黃黑色也。」

䵣、䐵黃色。或作䐵。

丁度《集韻》卷二《山韻》 斒、攽、斑逋閑切，斒斕，色不純也。或从并，亦作斑。

斕、㸚離閑切，斒斕，色不純。或从粦。

黰、黫、黰於閑切，黑也。或作黫、黰。

殷赤黑色。《春秋傳》：「左輪朱殷。」

丁度《集韻》卷三《先韻》 黇、䵡黃色。或从戔。

黇黃白色。

玆黑也。

丁度《集韻》卷三《仙韻》 鶤淺色。《周禮》：「鶤繫鵠纓。」

縓【略】一曰，紅色。

縓絳色。

丁度《集韻》卷三《爻韻》 絞、䊭蒼黃色。或从爻。

丁度《集韻》卷三《麻韻》 赮赤色。

丁度《集韻》卷三《陽韻》 緗淺黃色。

緗淺黃色。

丁度《集韻》卷三《唐韻》 赯赤色。

縹、纕緗，縹淺黃色。或从襄。

黆黃也。

丁度《集韻》卷四《青韻》 綪淺碧色。

驢、䨦、黔白色。或从霝、从零、从令。

丁度《集韻》卷四《尤韻》 髹、髤、髤【略】一曰，赤多黑少之色。或从休，亦省。

丁度《集韻》卷四《幽韻》 黝黑色。

丁度《集韻》卷四《侵韻》 黔黑色。《春秋傳》：「邑中之黔。」

黚、黬、黬淺黃黑色。或从禽，从咸。

䘏赤色。

丁度《集韻》卷四《鹽韻》 黇黄色。

䵟、䵫黄色。或从炎。

黔《説文》:「黎也。秦謂民爲黔首,謂黑色也。周謂之黎民。」引《易》「爲黔喙」。

黚《説文》:「淺黄黑也。」

䵦黄色。

丁度《集韻》卷四《沾韻》 黇《説文》:「白黄色也。」

丁度《集韻》卷四《嚴韻》 黔其嚴切,黄黑色。《易》:艮爲黔喙。

丁度《集韻》卷四《咸韻》 黯深黑色。

䵘黑色。

丁度《集韻》卷五《董韻》 䋥赤色。

翁翁翁,葱白色。

丁度《集韻》卷五《旨韻》 䵍黄色。

緇黑色。

丁度《集韻》卷五《止韻》 緹赤色。

丁度《集韻》卷五《尾韻》 㹠赤色。

丁度《集韻》卷五《薺韻》 皉白也。

丁度《集韻》卷五《賄韻》 皠白也。

丁度《集韻》卷五《軫韻》 黰黑謂之黰。

丁度《集韻》卷五《混韻》 黗黑也。

緼赤黄色。《禮》:「士緼韍。」

丁度《集韻》卷五《緩韻》 䞓赤色。

丁度《集韻》卷六《銑韻》 䵮黑色也。

丁度《集韻》卷六《筱韻》 皛白也。

丁度《集韻》卷六《皓韻》 繰【略】一曰,紺色。

皁在早切,黑色。

纙色在青黄間曰纙。

丁度《集韻》卷六《蕩韻》 皩、曭白色。或从黨。

丁度《集韻》卷六《厚韻》 黈黄色。通作䵚。

丁度《集韻》卷六《寑韻》 黮【略】一曰,深黑。

䵱黑色。

丁度《集韻》卷六《琰韻》 黶、黔黑也。或作黔。

丁度《集韻》卷七《宋韻》 䵢《博雅》:黄也。

丁度《集韻》卷七《絳韻》 絳、紅古巷切。《説文》:「大赤也。」或从工。

丁度《集韻》卷七《至韻》 黖黑色。

緇黑色。

丁度《集韻》卷七《未韻》 黖深黑也。

丁度《集韻》卷七《遇韻》 緅遵遇切,青赤色。

丁度《集韻》卷七《御韻》 緅青赤色。

丁度《集韻》卷七《莫韻》 毦色深黑。

丁度《集韻》卷七《霽韻》 黳青黑色。《周禮》「雕面黳總」,劉昌宗讀。

丁度《集韻》卷七《泰韻》 綷《説文》:五采繒色也。或作䋴。

丁度《集韻》卷七《太韻》 黵《説文》:「沃黑色。」

丁度《集韻》卷七《卦韻》 黊《博雅》:黄也。

丁度《集韻》卷七《隊韻》 䵽、黱黰黱,黑也。或从隊。

䵒淺黑也。

䵍、䵎黄色。或从或。

丁度《集韻》卷七《代韻》 黛黛黱,黑色。

穲莫代切。【略】黑也。

皚白色。

丁度《集韻》卷七《震韻》 黰黑也。

丁度《集韻》卷七《圂韻》 䵪純黑色。

丁度《集韻》卷七《翰韻》 䞓大赤也。

丁度《集韻》卷七《换韻》 䞓《説文》:「赤色也。」

綰絳淺色。

縓帛赤黄色。

丁度《集韻》卷七《諫韻》 㬇丑諫切,【略】一曰,小赤。

㬇【略】小赤。

丁度《集韻》卷八《霰韻》 皏白色。

丁度《集韻》卷八《綫韻》 縓取絹切。《説文》:「帛赤黄色。」

丁度《集韻》卷八《笑韻》 皭白色。

黝黑也。一曰，用黑塗地。

皫白色。

丁度《集韻》卷八《效韻》 絞繒黑黃色。

丁度《集韻》卷八《号韻》 繰色青黃謂之繰。

黪黃色。

丁度《集韻》卷八《禡韻》 黠黑色。

丁度《集韻》卷八《宕韻》 纁色淺黃也。

丁度《集韻》卷八《徑韻》 靘千定切，靘靘，青黑色。

丁度《集韻》卷八《屋韻》 黮、黕色暗。一曰，淺黑色。或从卜。

丁度《集韻》卷九《燭韻》 碌石青色。

丁度《集韻》卷九《產韻》 儵【略】一曰，黑也。

丁度《集韻》卷九《覺韻》 皠白也。

丁度《集韻》卷九《術韻》 黢黑也。

丁度《集韻》卷九《迄韻》 黦、黳玄黃也。或从冤，亦書作𪑾。

丁度《集韻》卷九《曷韻》 皡《博雅》：白也。

丁度《集韻》卷九《末韻》 昧皏昧，淺白。

黴黑色。

皚皚艴，色淺。

皏皏昧，淺白色。

黷黑也。

黔黑也。

丁度《集韻》卷九《黠韻》 黜黑也。

丁度《集韻》卷九《牽韻》 黖黑也。

黶𪑇刮切。《說文》：黃黑而白也。一曰，短黑。

丁度《集韻》卷一〇《藥韻》 皭疾雀切，白色。

丁度《集韻》卷一〇《鐸韻》 皪、皪白色。或从各。

皬、皠白也。《史記》：皬然白首。或从隺。

丁度《集韻》卷一〇《陌韻》 皕白色。

白、皀、皕薄陌切。《說文》：「西方色也。陰(田)〔用〕事，物色白。从入合二。二陰數。」古作皀，或作皕。

艳赤色。

丁度《集韻》卷一〇《昔韻》 皙白也。

丁度《集韻》卷一〇《錫韻》 緑綠色。

丁度《集韻》卷一〇《職韻》 黓黑也。

黳青黑色曰黳。

韎赭色。

丁度《集韻》卷一〇 黠黑也。

司馬光《類篇》卷一四《丹部》 䑋他官切，黃色。

青，東方色也。木生火，(从)〔从〕生丹。丹青之信言必然，凡青之類皆从青。

司馬光《類篇》卷二一《巾部》 帹祖外切，采繒色。又祖對切，會五采繒色。

綠龍王切，帛青黃色也。

司馬光《類篇》卷二三《衣部》 褌許云切，淺絳也。

司馬光《類篇》卷二九《黑部》 黐、黎鄰知切，赤黑色。或从來。黎，又郎才切，黎黳，大黑。又洛代切。

黲津之切，深黑色。

黰許云切，淺絳也。

黬相干切，黰黬，色下。

黫蒲官切，《說文》：黫姍，下色。

黝於虯切，黑色。又於九切，又於糾切。《說文》：微青黑色。

黚渠金切，黑色。【略】又其嚴切，黃黑色。

黔、黕、黬渠金切，淺黃黑。亦从禽从箴。

黯於咸切，深黑色。小黑也。

黬居咸切，雖皙而黑。又魚咸切，黑色。又鄔感切，釜底黑也。又於琰切，中黑也。

黚居咸切，《說文》：黃黑也。

黟多殄切，黑色。

黮陟甚切,【略】一曰深黑。【略】又徒感切,又時染切,黑甚也。

黤鄔感切,深黑色。

黲七感切,《説文》:淺青黑也。

黭力遂切,黑色。

黗都故切,色深黑。

䵒莫具切,深黑色。又莫佩切,淺黑也。

黱、黛直稔切,黑色。

黫古困切,純黑色。

黓弋亮切,《説文》:「赤黑也。」一曰淺清。

黦澄應切,雲色。

䵋、黚普木切,色暗,一曰淺黑色。或从卜。

儵式竹切,《説文》:「青黑繒發白色。」一曰黑色。

䵢、黦紆勿切,玄黃也。

黬呼括切,黑色。

黵蒭刮切,《説文》:「黃黑而白也。」一曰短黑。又側劣切,黑色,體瘁謂之黵。

黰七迹切,黰黰,色敗黑。

黰、黰莫狄切,黰黰,色敗黑。

司馬光《類篇》卷三七《糸部》 緇、紂莊持切,《説文》:「帛黑(色)也。」《周禮》:「七入爲緇」。或作紂。緇又側几切,又側吏切,黑色。

緋匪微切,絳色。

緹天黎切,赤色。

縕烏昆切,赤黃間色。

纁、𫄸許云切,《説文》:「淺絳也。」或从熏。纁,又吁運切,絳三入曰纁。

緗思將切,淺黃色。又師莊切。

纕蘇郎切,緗纕,淺黃。或从襄。

練蘇郎切。緗練,淺黃也。又四浪切。

縝丑成切,赤色也。經或作縝。

緅甾尤切,色也。《周禮》染羽「五入爲緅」。又將侯切,帛青赤色。又遵須切,又遵遇切,又仄遇切。

纔鋤咸切,《説文》:「帛雀頭色。」一曰微黑色,如紺纔淺也。又墻來切,繒色一入。又師銜切,帛青色。又初銜切,帛紺色。

纏湯旱切,紫色。

綰鄔版切,《説文》:「惡(也一曰)絳也。」又古玩切,絳淺色。

絞居效切,繒墨黃色。又何交切,蒼黃色。

繉居號切,色青黃謂之繉。

繗女禁切,青色。陶隱居説:藍染繗碧所用。

紺古暗切,《説文》:「帛深青揚赤色。」

《海録碎事》卷五《女工門采色附》 正色間色案:五方正色,青、赤、白、黑、黃。五方間色者,緑爲青之間,紅爲赤之間,碧爲白之間,紫爲黑之間,流黃爲黃之間。故不用紅紫,言是間色也。所以爲間者,穎子嚴云:東方木,木色青。木尅土,土色黃,以青加黃,故爲緑,緑爲東方之間色也;又南方火,火色赤,以赤加白爲紅,紅爲南方之間色;又西方金,金色白,以青加白爲碧,碧爲西方之間色;又北方水,水色黑,以黑加赤爲紫,紫爲北方之間色;又中央土,土色黃,以黃加黑爲流黃,流黃爲中央之間色。又一法云:木尅土,戊以妹己嫁甲,是黃入於青,故爲緑;火尅金,庚以妹辛嫁於丙,是白入於赤,爲紅;金尅木,甲以妹乙嫁於庚,是青入於白,爲碧;水尅火,丙以妹丁嫁於壬,是赤入於黑,爲紫;土尅水,壬以妹癸嫁於戊,是黑入黃,爲流黃也。《論語》疏。

竊黃 淺黃色也

竊藍 淺藍色也。

《奩史》卷八七《綺羅門》 今入染,弗肯紅名玉色,非也,當名肉色耳。唐詩「粉光深紫膩,肉色退紅嬌」,退紅即今之粉紅也,宜婦女服。《甕牖閒評》。

戴侗《六書故》卷三〇《工事六》 紅 户工切,朱之類也。《漢書》:錦繡纂組,害女紅者也。又以此爲女功之功。

紫 奬此切。《説文》:「帛青赤色。」《語》曰:「紅紫不以爲褻服。」《説文》曰:紅紫間色,不正,不以爲褻服,則上服可知。又曰:「惡紫恐其亂朱也。」聞之仁宗時,有紫帊,爲油所漬,其色竊玄,因命染人放而爲之,謂之油柴,今四品以上朝服用此。其染之以紫草,色近玄,昔之紫近絳,謂之北紫。亂朱者,北紫也。紅紫色之艷者,故不以爲褻服,而已紅非間色也。

絳 古巷切。《説文》曰:「大赤也。」按,今人以茜草染帛謂之茜紅,蓋絳也。《説文》:「綪,赤繒也,以茜染,故謂之綪。」

縓 七絹切。《説文》曰:「赤黃色也。」《爾雅》:「一染謂之縓,再染謂之赬,三染謂之纁。」《喪禮》:「裳縓綼緆」。康成曰:一染謂之縓,今紅也。陸氏曰:淺赤黑色。《喪服》:「公子爲其母麻衣縓緣,爲其妻縓冠。」

緹　他禮切。《説文》曰：「丹黄色。」或作衹。《周禮》曰：「赤緹用羊。」康成曰：縓色。　漢有緹騎。

縉　即刃切。《説文》曰：「帛赤色也。」《春秋傳》有縉雲氏。《説文》引《禮》有縉、緣。按，《禮》止有縓、緣。縓、縉聲相近，豈即一字與。

緋　甫微切，今人以絳爲緋。《説文・新附》：「帛赤色也。」

緑　力玉切。《説文》曰：「青黄色也」。

紺　古暗切。《説文》曰：「深青揚赤色。」

縹　鋪沼切，又平聲。《説文》曰：「帛青白色也。」劉熙曰：淺青色。

綦　渠之切。又作綥。《説文》曰：「艾蒼色。從糸，畀聲。」引《詩》「縞衣綥巾」。未嫁女所服。一曰，不借。或作綦。《書》曰：「四人綦弁。」孔氏曰：文鹿子皮。《詩》云：「縞衣綦巾。」毛氏曰：艾蒼色。鄭氏曰：綦，艾也。《記》曰：「玄冠綦組纓，士之齊冠也。」陸氏曰：褀色也。又曰：「世子佩瑜玉而綦組綬，孔子佩象環五寸而綦組綬。」康成曰：文褀色也。《詩》云：「其弁伊騏。」毛氏曰：騏，騏文也。鄭氏曰：騏當作綦。按，綦、騏實通用。毛氏曰：蒼褀，曰騏。《説文》曰：「騏，(馬)青驪文如博綦也。」蒼褀，騏文艾蒼色，子鹿皮，大略皆蒼色也。褀文博綦之説，恐不然。

緗　息良切。《説文・新附》：「帛淺黄色也」。劉熙曰：如嫨葉色。

楊慎《升菴集》卷六六《正色間色》　五行之理，有相生者，有相尅者，相生爲正色，相尅爲間色。正色，青、赤、黄、白、黑也，間色，緑、紅、碧、紫、流黄也。木色青，故青者東方也。木生火，其色赤，故赤者南方也。火生土，其色黄，故黄者中央也。土生金，其色白，故白者西方也。金生水，其色黑，故黑者北方也。此五行之正色也。甲己合而爲緑，則緑者青黄之雜，以木尅土故也。乙庚合而爲碧，則碧者青白之雜，以金尅木故也。丁壬合而爲紫，則紫者赤黑之雜，以水尅土故也。此五行之間色也。流黄，一作騮黄。

楊慎《升菴集》卷六六《間色名》　青、赤、黄、白、黑，五方正色也，碧、紫、紅、緑、流黄，五方之間色也。青別爲蒼，赤別爲朱，析朱爲非，非今作緋，黄別爲黈，白別爲縞，黑別爲玄，此正色之別名也。近黑曰弋，今作黓。似緑色曰校女，嫁者服之。縠，日出色也，柳，日入色也。蔥，暝色也。檀，婦人注面赭色也。雎，草色也。間色之中，又有間色，若天縹、褪紅、淺絳、女貞黄、天水碧之類，不可殫述。《南史・輿服志》有鷩、鳪、鶉、翗四色。鶉音覃，白色也，餘未詳。《左傳》注：袀，皂色也。

張自烈《正字通》卷五《木部》　柘之夜切，音蔗。柘喜叢生，幹疎直，葉圓，有尖，結實如椒，名隹子。隹音錐。木染黄赤色謂之柘黄。

張自烈《正字通》卷八《糸部》　紅湖同切，音洪。《説文》：「帛赤白色。」《增韻》：淺赤色。《釋名》：紅，絳也，色似絳者也。《真臘風土記》：國主跣足，足下及手掌皆紅藥染色，出則手持劍。百姓間，惟婦女染手足掌，男子不敢也。【略】又唐世染色曰退紅。唐詩：「香炷小熏籠，韶州新退紅。」退與褪同，謂淺紅也。

紫祖此切，音子，黑赤閒色。【略】《魯論》：「紅紫不以爲褻服。」《六書故》曰：紅紫色之豔者，故不爲褻服，非間色也。又「惡紫之奪朱也」。或曰：古之朱赤汁染之，紫與朱實相類，今之淺紫是也。其紫近稱謂之北紫，以月白或藍爲初染地，加以紅花成之。惡奪朱者，謂淺紫色艷也。《六書故》曰：宋仁宗時，有紫帕爲油所漬，其色竊玄，因命染人放而爲之，謂之油紫。今四品以上朝服用此，其染之以紫艸，色近玄。昔之紫近絳，亂朱者北紫也。

絑同朱。《説文》：「絑，純赤也。」加糸旁贅，舊註分爲二，非。《正韻》袾註引《荀子》：天子袾裷衣冕。朱譌作袾，非。

絳居櫟切，音降。《説文》：「大赤也。」《釋名》：絳工也，染之難得色，以得色爲工也。又曰：紅絳也，色之似絳者。

緑力竹切，音六。《説文》：「帛青黄間色。」

綦渠宜切，音奇。《説文》：「艾蒼色。」《詩・鄭風》「縞衣綦巾」，註：女服之貧陋者。《書・顧命》「四人綦弁，執戈上刃夾兩階所」，註：孔氏曰：以文鹿子皮爲之。一説，弁士服。上文「二人雀弁」，雀，赤色，弁則綦，當是蒼艾色。孔氏説非。

緂舊註吐覽切，貪上聲，帛青黄色。又衣采色。按《説文》：「緂，白鮮衣貌。」謂衣采色鮮也。「緑，帛青黄色也」。與緂青義別，今衣采色與《説文》緂訓同。移《説文》訓緑者附緂註，誤，互見後緅註。《舉要》譌作緂，誤以緂同緂。

緅側鉤切，音鄒。《説文》：「帛青赤色也」。《爾雅》：「一染爲縓，再染爲赬，三染爲纁，又再染則爲緅。」或曰：《論語》紺緅者，纁入赤汁爲朱，不入赤汁而入黑汁則爲紺，夏以此紺入黑則爲緅，若夏以緅入黑汁則爲玄，是六入爲玄也，夏以此玄入黑汁則七入爲緇。

緇莊詩切，音菑。《説文》：「帛黑色也。」《考工記》：「染羽三入爲纁，五入爲緅，七入爲緇。」別作紂，譌作純。【略】本作緇，篆作緇，舊本省作緇，附八畫，沿《正韻》引《説文》譌爲黑紺色，丛非。

緋芳威切，音非。《説文》：「帛赤色也。」

緗息匡切，音襄。《説文》：「帛淺黄色也。」《增韻》：桑初生色。

緹掭泥切，音題。《説文》：「帛丹黄色。」《周禮》註：緹衣，古兵服之遺。《漢官儀》：執金吾緹騎二百人。又《齊韻》，音體，酒成而有紅赤色曰緹。《周禮・天官・酒正》：「四曰緹齊。」

緺古阿切，音戈。《説文》：「綬紫青色。」褚先生《滑稽傳》：東郭先生佩青緺。又麻韻，音瓜，義同。

緼烏倫切，音氳。【略】又真韻，音温，赤黄間色也。

縉子信切，音進。《説文》：「帛赤色。」《廣韻》：淺絳色。一曰赤多白少爲縉。

繰舊註音栗，蒸繰綵也。按《急就章》「烝栗絹絳縉紅燃」，顔師古注：若烝熟之栗微黄色。舊本改作繰，汎訓綵，丛非。

縓伊勸切，音怨。《説文》：「赤黄色。」陸氏曰：淺黄色。《爾雅》：「一染謂之縓。」

緂徙覽切，音毯。《説文》：「帛騅色也。」徐曰：此帛色名。染之如生菼色，今人所染麥緑也。《廣韻》：青黄色。《正譌》借爲毛席，織五采如縚爲之。別作毯、緂，丛非。

縹匹沼切，飄上聲，繒月白色。《説文》：「帛青白色。」劉熙曰：淺青色。丛非。《東漢·輿服志》：列侯以上得用錦繒采十二色，賈人縹緗而已，以其色輕也。

繎如延切，音肰，紅色之尤淺者，見史游《急就章》。《説文》：「繎，絲勞也。」染而又染爲勞也，舊註繎絲難理，非。《正韻·十一先》肰部不收繎。《韻牋》逸字補猒，闕繎。

纕舊註蘇郎切，音喪，色淺黄。按《説文》：「緗，淺黄色。」劉熙曰：如嫖桑色。本註義同緗，改作纕，非。六書無纕。

繰則絞切，音早。《説文》：「帛如紺色。」

緷禹愠切音運，淡間色。

縹俗縹字。《説文》本作縹，帛青白色。舊註青黄色。非。

縚譌字，舊註音道，緑色。又音翟，義同。丛非。

纁許君切，音熏。《説文》：「淺絳色。」又赤色。《禮器》：「士玄衣纁裳。」《考工記》：「三入爲纁。」《爾雅》：「三染謂之纁。」

纔猜來切，音才。《説文》：「帛雀頭色，一曰微黑色，如紺纔淺也。」《六書故》：纔，一入色之淺也。

張自烈《正字通》卷一一《革部》 鞠居六切，音菊。【略】《周禮·〔内〕司服》：王后之服，四曰鞠衣。鄭玄註：色黄如菊色也。

張自烈《正字通》卷一一《黑部》 黰俗字，舊註音戚，黰黰，色敗黑誤。

黐鄰其切，音离，赤黑色。

黬俗字，舊註音黔，黑色。非。

黮俗字，舊註音邁，黮黵，黑色，非。

黲同黛、滂，原黛楷作黲，舊註音檢，黑也。分爲二，非。

黔俗黔字，別作黚。【略】舊註音禽，黄黑色，義同黔，分爲二，非。

黵烏怪切，歪去聲。《説文》：「沃黑色。」互見前黲註。

黬初洽切，音插。《説文》：「黄黑而白也。」

黬舊註音兼，雖皙而黑，與《説文》黬訓同。一説，黑白不容丛太。皙，白也，黑之反也。黬从黑，非白義，既云皙，又云黑，矛盾。又《説文》有黬無黬，舊本黬黬兩存，音訓各別，分爲二，非。

方以智《通雅》卷三七《綵色》 緑沈，淡緑也 《説文》：青黄爲緑。今以藤黄合靛青即爲苦緑。周竹坡以子美緑沈槍爲臥於苔爲緑所沈，大謬。王勉夫引梁武食緑沈瓜，聞任昉卒，劉邵賦緑沈黄閈。吴曾曰：《六典》鼓吹工人服緑沈。《古樂府》：「緑沈明月弦。」唐太宗羽騎緑沈弓，宋元嘉廣州作緑沈屏風，石虎作緑沈色扇。王右軍《筆經》人以緑沈漆筆管見遺。其爲色明矣。趙德麟《侯鯖録》引陸龜蒙詩以緑沈爲竹，所見亦未廣也，升菴見此耳。緑沈言其色淡沈，正今之苦緑色，其以黄加玄者，曰油緑、黑緑。

凡言竊，言盜，皆借色淺色閒色也。鳥九扈有竊脂、竊藍等色，《爾雅》虎竊毛謂淺色也，扈之竊脂言其色如靠肉也。竊藍，淺藍也。八駿有盜驪，盜亦竊意，謂淺驪也。古人善巧煉字，大率如此。《環濟要略》曰：正色五，青、赤、黄、白、黑也。閒色五，紺、紅、縹、紫、流黄也。升菴曰：似緑者曰校蒽，瞑色也，檀面色也，雖草色也。

西湖散人《新鐫雅俗通用珠璣藪》卷七《顔色》

赤南方朱色。 赬赤色。 赭赤色。 彤赤色。 丹朱色。 縓一染紅赤黄色，又絳色。 纁淺絳色，三染謂之纁。 緇緇，黑紺色也，今人謂黑爲緇。《考工記》云：「一染謂之(絲)〔縓〕，再染爲赬，三入爲纁，七入爲緇」。 烏黑色。 蒼

絳紅大赤色。 大紅 緋紅絳紅。 茜紅茜草根可染紅。 桃紅 木紅 水紅 銀紅 莞紅 肉紅 官緑 梅緑 油緑 柳緑 黑緑 沙緑 毛緑 鴨緑 橘緑 荳緑 大緑 毛青 天青 石青 豆青 鴉青 粉青 藍青 皂青 玉色藍色。 藕色 玄色 閃色 醬色 月白 葱白 縞素白色。 淺絳 紺青深青赤色，謂青而含赤色也。 翠藍 金黄 鵞黄 蜜褐 茶褐 斑駁雜色也。 黛黑 鷄冠紫 出爐銀 蝌殼青 草裏葱 鸚哥緑 瓜皮緑 魚肚白白如魚肚。 螺螄青 竹根青 茄花色 沉香色 象牙色 鷹背色 栗殼色

陳鱣《簡莊疏記》卷三《詩》 「毳衣如璊」，傳：璊，赬也。按《釋器》云：「再

染謂之赬。」郭注：淺赤。《説文》云：「璊，㠯毳爲𦋺，色如虋，故謂之璊。虋，禾之赤苗也。《詩》曰『毳衣如璊』。」其解璊字云：「璊，玉䞓色。从玉，㒼聲。禾之赤苗謂之虋。玉色如之。」蓋玉與帛俱有如赤苗之虋，故一名璊，一名𦋺。毛傳以毳衣比玉，許君則以毳衣比帛也。

劉堅《修潔齋閑筆》卷一《流黄》 古歌云：「大婦織綺羅，中婦織流黄。」蓋正色有五，青、黄、赤、白、黑是也，間色有五，紺、紅、縹、紫、流黄是也。今俗名火裹烟，即紺，銀紅即紅，月下白即縹，紫不待言，四者之外，惟缺緑耳。緑者，黄與青相間之色，故曰流黄，亦作留黄。

周壽昌《思益堂日札》卷六《魚肚白》 魚肚白，染色名，吴楚市語皆有之，若古稱天水碧、雨過天青也。

綜述

來集之《倘湖樵書》二編卷一〇《黄爲正色》 黄者，土之正色，故五色以黄爲最貴焉。《周禮・保章氏》「以五雲之(色)〔物〕辨吉凶，水旱〔降〕豐荒之祲象」，鄭司農註：「以二至二分觀雲色，青爲蟲，白爲喪，赤爲兵荒，黑爲水，黄爲豐。」是則雲色惟黄爲上矣。

楊升庵云：「海船候氣，見黄氣，知有人烟國土，見白氣，知有山峯巖壑，見黑氣，則水也。」則地氣亦惟黄爲上矣。

《湧幢小品》云：「近日徽州有盗墓之賊，以皮爲帳，鑚土入墓，骨黄者吉，即易骸而瘞，白者凶，黑大凶。」則瘞骨亦惟黄爲上矣。

又云：「蔡黄卷，晉江人，字于省，生時胞衣色黄，故父命名黄圈，後學使改曰黄卷。精易學，嘉靖中以貢授睢州訓導，轉汝陽教諭，仕終唐府教授。德行甚高，睢、汝兩地並祀之學宫。」則胎衣亦以黄爲上矣。

《吕氏春秋》云：「尹鐸曰：臣嘗聞相人于師，敦顔而土色忍醜。」註云：敦，厚也。土色，黄色也。土爲四時五行之主，多所載受，故能忍辱醜也。

《珍珠船》云：「屋柱木無故生芝者，白爲喪，赤爲血，黑爲賊，黄爲善。其形如人面者亡財，如牛馬者遠役，如龜蛇者田蠶耗。」五色中，惟黄爲善也。

《宋志》：「月若變色，青爲饑，赤爲旱，黑爲水，黄爲喜，爲德，皆以其宿分占之。」是五色中，亦惟黄爲喜爲德也。

《仇池筆記》云：「勃遜之，洛人，善接花，歲出新枝，菊品尤多。遜之曰：菊當以黄爲正，餘可鄙也。」

宋《古今攷》注《黄帝素問》：「凡病人，色黄爲有穀氣，無不愈者，青白赤黑皆爲殃。」占星色亦然，故以黄氣爲喜色。

《册府元龜》王摛，東海人，以博學見知，歷尚書左丞，竟陵王校試諸學士，惟摛問無不對焉。永明中，天忽黄色照地，衆莫能解。摛云：是榮光。世祖大悦。

錢大昕《潛研堂文集》卷九《答問六》 問：「君子不以紺緅飾」，孔安國云：「一入曰緅。三年練，以緅飾衣，爲其似衣喪服，故不以爲飾衣。」邢昺以緅爲淺絳色。據《周禮》「五入爲緅」，則緅非淺絳。且練衣不以緅飾緣，何故？

曰：孔氏經文當是「縓」字，《爾雅》云「一染謂之縓」，即孔所云「一入」也。《檀弓》云：「練，練衣，黄裏，縓緣。」鄭玄注云：「小祥，練冠練中衣，以黄爲内，縓爲飾。」即孔所云「三年練以緅飾衣」者也。然則孔本經注皆當作「縓」，不作「緅」矣。《攷工記・鍾氏》：「三入爲纁，五入爲緅。」鄭玄注謂：「染纁者三入而成，又再染以黑，則爲緅。緅，今《禮》俗文作爵，言如爵頭色也。」先鄭司農以《論語》「君子不以紺緅飾」證「五入爲緅」之文，則先鄭所受《論語》本作「緅」，與孔本異也。《士冠禮》「爵弁服」，鄭玄注：「爵弁，色赤而微黑，如爵頭然，或謂之緅。」許氏《説文》無「緅」字而有「纔」字，云「帛雀頭色」，又云「微黑，色如紺。纔，淺也。」古人「纔」與「才」通。「才」亦讀爲「哉」，與「爵」聲近，則「緅」、「纔」、「爵」三者同物。徐鉉校《説文》附入「緅」字，不知「纔」即「緅」也。「纔滑」雙聲字，詞賦家往往用之。賈公彦云：「三入之纁入赤汁則爲朱，若不入赤而入黑汁則爲紺。更以此紺入黑則爲緅。紺緅相類之物，故連文云『君子不以紺緅飾』也。」今文《論語》作「緅」，古文作「縓」。微黑爲緅，淺絳爲縓，不能混而一之，明矣。自何平叔《集解》采孔氏説而經文仍從「緅」字，又改注文之「縓」亦爲「緅」，而二文相亂。邢氏知孔讀「緅」爲「縓」，又云「一入曰緅，未知出何書」，此知二五而不知十也。

桂馥《札樸》卷三《青黑》 或問：青黑異色，今呼黑布爲青布，何故？答之曰：《禮器》「或素或青，夏造殷因」，鄭玄注：變白黑言素青者，秦二世時，趙高欲作亂，或以青爲黑，黑爲黄，民言從之，至今語猶存也。馥案：《禹貢》「厥土青黎」，王肅云：青，黑色。

徐鼒《讀書雜釋》卷七《三禮・衣朱衣》 衣朱衣，《吕覽》作「衣赤衣」。仲夏、季夏亦作「衣朱衣」。按孔穎達疏路與服，言朱駟與旂及玉，言赤者，色淺曰赤，色深曰朱。路與衣服，人功所爲，染必色深，故云朱。玉與駟馬，自然之性，皆不可色深，故云赤。旂旂，雖人功所爲，然染之不須色深，故亦云赤。按《詩》傳天子純朱，諸侯黄朱。又鄭玄注《儀禮》云「朱則四入與」，是朱深於赤也。高誘注皆「赤，順火也」，不更立義。鼒按《説文》云「赤，南方色也。从大从火」。朱，赤色木，松柏屬。《白虎通義·封禪》云「朱草，赤草也，可以染絳，别尊卑也」。《廣雅·釋器》云「朱，赤也」。是朱赤無别也。又鄭玄注《易》「困于赤紱」云「朱深曰赤」，是赤深於朱也。《山海經·中山經》「有鳥焉，名曰鴢，（直）〔青〕身而朱目」，郭璞注云：「朱，淺赤也。」是朱淺於赤也。而孔穎達云「色淡曰赤，色深曰朱」者，既據《儀禮》注「染絳一入謂之縓，再入謂之赬，三入謂之纁，朱則四入」之説，且以青蒼元黑之例推之，知其當然也。

俞樾《茶香室叢鈔四鈔》卷二四《流黄》　宋程大昌《演繁露》云《環濟要略》曰：正色五，謂青、赤、黄、白、黑也，閒色五，謂紺、紅、縹、紫、流黄。原注云《御覽》八百十四。流黄不知何物，古時云「中婦織流黄」。則流黄者，織絲之色也，恐是黄繭之絲。按閒色有五，詳見《禮·玉藻》疏所引皇氏説，謂緑、紅、碧、紫、駵黄，且説其義云：緑色青黄，是東方閒；紅色赤白，是南方閒；碧色青白，是西方閒；紫色赤黑，是北方閒；駵黄色黄黑，是中央閒。《要略》之文，與此不同，以序推之，《要略》以紺爲緑，以縹爲碧，揆之古義，《説文》以縹爲青白色，則縹即碧也，以紺爲深青揚赤色，似非即緑也。至流黄，當即駵黄，聲近而字通耳。凡言流黄者，皆可以駵黄説之，程氏以爲織黄繭之絲，非是。

蔣超伯《南漘楛語》卷二《褐》　褐亦畫中一色，《輟耕録》載王思善采繪法，有艾褐、茶褐、檀褐、鷹背褐、珠子褐、藕絲褐、麝香褐、葱白褐、棠梨褐、鼠毛褐、蒲桃褐、丁香褐等色。方岳詩「野服染成駝樣褐，山花開到雁來紅」。褐字正與紅字對耳。

譚嗣同《學篇五九》　世皆呼黑爲青，莫究所昉。鄭君註或素或青，謂黑之爲青，始自趙高。此未必然。《玉藻》「狐青裘」，案狐無青色，其褐衣用玄，古制褐衣之色，咸視其裘，則青狐即玄狐；玄，黑也。黑之爲青舊矣。後此若《淮南子·齊俗訓》，夏后氏其服尚青，亦指黑爲青。

衛杰《蠶桑萃編》卷六《染政》

諸色質料

大紅色，其質用紅花餅一味，用烏梅水煎出，又用鹼水澄數次，或以稻藁灰代鹼，功用亦同。澄得多次，色則鮮甚，染房討便宜者先染蘆木打脚。凡紅花最忌沈麝，袍服與衣香共收，旬月之間，其色即毁。凡紅花染帛之後，若欲退轉，但浸溼所染帛，以鹼水、稻灰水滴上數十點，其紅一毫收轉，仍還原質，所收之水，藏於緑荳粉内，放出染紅，半滴不耗。染家以爲祕訣，不以告人。

蓮紅桃紅色，銀紅水紅色，以上質用紅花餅一味，淺與深以分兩加減而成是四色，必用白絲方現，若黄絲則不現。

赭黄色，制未詳。

紫色，蘇木爲地，以青礬尚之。

木紅色，用蘇木煎水，入明礬、棓子二物。

鵝黄色，用黄蘗煎水染，以靛水蓋上。

金黄色，用蘆木煎水染，復用麻藁灰淋鹼水漂之。

茶褐色，用蓮子殼煎水染，復用青礬水蓋。

大紅官緑色，用槐花煎水染，以藍靛蓋，淺深皆用明礬。

豆緑色，用黄蘗水染，以靛水蓋。今用小葉莧藍煎水蓋者，名草豆緑，色甚鮮。

油緑色，用槐花薄染，以青礬蓋。

天青色，入靛碙淺染，以蘇木水蓋。

葡萄青色，入靛碙深染，以蘇木水深蓋。

蛋青色，用黄蘗水染，然後入靛碙。

翠藍色、天藍色，均用靛水分深淺染。

玄色，用靛水染深青，以蘆木、楊梅皮等分煎水蓋。又一法，將藍芽葉水浸，然後下青礬、棓子同浸，令布帛易污。

月白、草白二色，俱用靛水微染。今法用莧藍煎水，半生半熟染之。

象牙色，用蘆木煎水薄染，或用黄土。

藕褐色，用蘇木水薄染，入蓮子殼、青礬水薄蓋。

附染包頭青色。此黑不出藍靛，用栗殼或蓮子殼煎煮一日，漉起，然後入鐵砂皁礬鍋内，再煮一宵，即成深黑色。

附染毛青布色法。布青初尚蕪湖千百年矣，以其漿碾成青光，邊方外國皆貴重之。人情久則生厭，毛青乃出近代，其法取淞江矣。布染成深青，不復漿碾，吹乾用膠水參豆漿水一過，先蓄好靛，名標碙，入内薄染，即起紅焰色，一時重用。

色澤類

釋綵帛

青生也，象物生時色也。赤赫也，大陽之色也。黄晃也，猶晃晃象日光色也。白啟也，猶冰啟時色也。黑晦也，如晦冥時色也。絳工也，染之難得，色以絳爲工也。紫疵也，五色之疵瑕以惑人者也。紅絳也，白色之似絳者也。緗桑也，如桑葉初生之色也。緑瀏也，荆泉之水於上視之，瀏然緑色，此似之也。縹猶漂，漂淺青色也，有碧縹，有天縹，有骨縹，各以其色所象言之也。緇滓也，泥之黑者曰滓，此色也。皁早也，日未出時，早起視物皆黑，此色如之也。蒸栗染紺使黄，色如蒸栗然也。紺含也，青而含赤色也。

辨正雜

玄以象天，黄以象地，青以象東，白以象西，赤以象南，黑以象北。又如纁之赤黄，如緅之赤青，如縓之赤黑，如朱之象正陽，如緇之象正陰，如紫如緑之爲間色，《詩》所謂「赤芾」、「玄衮」、「朱英緑縢」之類，詳哉言之。

釋淺深

一染謂之縓，再染謂之赬，三染謂之纁，青謂之葱，黑謂之黝。注：縓今紅也，赬染赤也，纁絳也，葱淺青也，黝黑貌。《小雅》「靺韐有奭」，即一入也。又《國風》「魴魚赬尾」，即赤也，再染類之。織之以爲席者鼠莞也，染之成色者鼠尾也。注：鼠尾勁也，一名陵翹，可染皁色。三入爲纁，五入爲緅，七入爲緇。注：纁赤而黄之色也。又纁四染入黑汁爲紺。紺入黑則爲緅，緅爵頭之色，赤多黑少，與紺相類。孔子云「君子不以紺緅飾」。自緅而入則爲玄，玄即六入之色。自玄入黑汁則爲緇矣，故七入爲緇。《鄭風》云「緇衣之宜」。

分上下

玄黄乃正氣。《豳風》「載玄載黄」，註：玄黑而赤。朱深纁也。縞綦色雜。《鄭風》「縞衣綦巾」。縞白也，爲男服。綦巾蒼艾色，爲女服。《廣雅》云：縞，細繒。《顧命》「四人綦弁」，註：青黑白。《説文》「綦，蒼艾（之）色」，謂青而微白，類艾草之色然。菼青璊赤。《王風》「毳衣如菼」、「毳衣如璊」。菼，鵻也，其色似鵻。郭璞註：菼草色如鵻，在青白之間。璊，赬也，即淺赤。《説文》：「璊，玉赤色。」故以璊爲赬。

服裝總部

《服裝總部》提要

我國古代服裝品種繁富，型制款式、紋飾圖案林林總總，飽含豐富文化内涵，不僅從一個側面展示了我國社會生産物質文明的進程，還反映了我國多元整體的人文精神，爲傳統精神文明譜寫了絢麗篇章。

服裝包括冠帽、衣裳、鞋襪，本是禦寒保暖、保障人的生存和健康之必需，而在中國古代，這一功能雖仍重要，但其作爲社會地位和身份的象徵則被日益强化。不同社會地位和身份者穿戴各異（包括服裝之用料、樣式以及紋飾等），歷代《輿服志》記述特詳，規定具體，不準僭越，否則入罪。服裝總部所録文獻資料也大多在此方面。服裝總部盡一切可能收録歷史時期各代王朝有關服裝的史料，進行分類整理，以便查閱使用。

本總部下設經目有四：《衣冠鞋襪綜合部》，録文獻資料所述涉及冠帽巾幘、衣裳、鞋襪而不便分割者；《冠帽巾幘部》，録文獻資料僅述此類事物者；《衣裳部》，録文獻資料僅述上衣下裳者；《鞋襪部》，録文獻資料僅述鞋襪者。

目録

衣冠鞋襪綜合部

題解

《禮記·曲禮上》 獻甲者執冑。鄭玄注：甲，鎧也。冑，兜鍪也。孔穎達正義：甲，鎧也。謂鎧爲甲者，言如龜鼈之有甲也。冑，兜鍪也。

《大戴禮記·武王踐阼第五九》 三日，王端冕，師尚父亦端冕，奉書而入，負屏而立。孔疏云：「端冕者，謂袞冕也。其衣正幅與玄端同，故云端冕，故皇氏云：『武王端冕，謂袞冕也。《樂記》魏文侯端冕，謂玄冕也。』」

《史記》卷二三《禮書》 皮弁布裳 裴駰集解 《周禮》曰：「王視朝則皮弁之服。」鄭玄曰：「皮弁之服，十五升白布衣，積素爲裳也。」 張守節正義 以鹿子皮爲弁也。按：襞積素布而爲裳也。

樂史《太平寰宇記》卷一六九《嶺南道一三·萬安州》 風俗：女人以五色布爲帽，以斑布爲裙，似袋也，號曰「都籠」。以斑布爲衫，方五尺，當中心開孔，但容頭入，名曰「思便」。

綜述

《儀禮·士冠禮》 主人玄冠朝服。緇帶，素韠，即位于門東西面。鄭玄注：主人，將冠者之父兄也。玄冠，委貌也。朝服者，十五升布衣而素裳也。衣不言色者，衣與冠同也。筮必朝服者，尊蓍龜之道。緇帶，黑繒帶。士帶博二寸，再繚四寸，屈垂三尺。素韠，白韋韠，長三尺，上廣一尺，下廣二尺，其頸五寸，肩革帶博二寸。天子與其臣，玄冕以視朔，皮弁以日視朝。諸侯與其臣，皮弁以視朔，朝服以日視朝。凡染黑，五入爲緅，七入爲緇，玄則六入與。賈公彦疏：【略】注「主人」至「入與」釋曰：經直云主人當是父兄加冠之禮。知兼有兄者，《論語》云出則事公卿，入則事父兄。父兄者一家之統，父不在則兄爲主可知，故兼其兄也。又案，下文若孤子，則父兄戒宿。冠之日，主人紒而迎賓。則無親父親兄，故彼注云：父、兄，諸父、諸兄。則知此主人迎賓是親父、親兄也。云「玄冠委貌」者，此云玄冠，下記云委貌，彼云委貌，見其安正容體；此云玄冠，見其色；實一物也。云「朝服者，十五升布衣」者，《雜記》云「朝服十五升」，布也。云「素裳」者，雖經不言裳，裳與韠同色，云素韠者，故知裳亦積白素絹爲之也。云「衣不言色者，衣與冠同也」者，禮之通例，衣與冠同色，故《郊特牲》云「黄衣黄冠」是也。裳與韠同色，故下爵弁服，纁裳、韎韐，韎韐即纁之類是也。經直云朝服不言色，與冠同可知也。若然，鄭不言裳與韠同色者，舉衣與冠同，裳與韠同，亦明知故不言也。其衣冠色異，經即别言之。是以下云爵弁服純衣是也。【略】

爵弁，服纁裳，純衣，緇帶，韎韐。鄭玄注：此與君祭之服。《雜記》曰：「士弁而祭於公。」爵弁者，冕之次，其色赤而微黑，如爵頭然，或謂之緅。其布三十升。纁裳，淺絳裳。凡染絳，一入謂之縓，再入謂之赬，三入謂之纁，朱則四入與。純衣，絲衣也。餘衣皆用布，唯冕與爵弁服用絲耳。先裳後衣者，欲令下近緇，明衣與帶同色。韎韐，緼韍也。士緼韍而幽衡，合韋爲之。士染以茅蒐，因以名焉。今齊人名蒨爲韎韐。韍之制似韠。冠弁者不與衣陳而言於上，以冠名服耳。今文纁皆作熏。賈公彦疏：「爵弁」至「韎韐」。釋曰：此所陳從北而南，故先陳爵服。注「此與」至「作熏」。釋曰：士禮玄冠，自祭以爵弁服助君祭，故云「與君祭之服也」。云「爵弁者，冕之次」者，凡冕以木爲體，長尺六寸，廣八寸，績麻三十升布，上以玄，下以纁，前後有旒。其爵弁制大同，唯無旒，又爲爵色爲異。又名冕者，俛也，低前一寸二分，故得冕稱。其爵弁則前後平，故不得冕名。以其尊卑次於冕，故云「爵弁，冕之次」也。云「其色赤而微黑，如爵頭然，或謂之緅」者，七入爲緇，若以纁入黑則爲紺，以紺入黑則爲緅，是三入赤，再入黑，故云「其色赤而微黑」也。云「如爵頭然」者，以目驗爵頭，赤多黑少，故以爵頭爲喻也。以紺再入黑汁，與爵同，故取《鍾氏》緅色解之。故鄭注《鍾氏》云：「今《禮》俗文作爵，言如爵頭色也。」玄此言赤者，對文爲赤。若將緅比纁，則又黑多矣。故《淮南子》云：「以涅染紺則黑於涅。」混更一入黑爲緅乎。故《巾直》云：「雀飾」，鄭注云「雀，黑多赤少之色」是也。云「其布三十升」者，取冠倍之義，是以《喪服》衰三升、冠六升、朝服十五升，故冕三十升也。云「纁裳，淺絳裳」者，絳則一染至三染，同云淺絳。《詩》云「我朱孔陽」。毛傳云：「朱，深纁也。」故從一染至三染皆謂之淺絳也。云「朱則四入與」者，《爾雅》及《鍾氏》皆無四入之文。經有朱色，故鄭約之，若以纁入黑則爲紺，若以纁入赤則爲朱，無正文，故云「與」以疑之也。然上注以解玄緇，故引《鍾氏》染黑法，此注解纁，故引《爾雅》染赤法也。云「純衣，絲衣也」者，案鄭解純字或爲絲，或爲色，兩解不同者，皆望經爲注。若色理明者，以絲解之；若絲理明者，以色解之。此經玄衣與纁裳相對，上玄下纁，色理自明，絲理不明，則以絲解之。《昏禮》「女次純衣」，注云「絲衣」，以下文有「女從者畢袗玄」，色理自明，則亦絲理不明，故亦以絲理解之。【略】云「餘衣皆用布」者，此據朝服、皮弁服、玄端服及深衣、長衣之等，皆以布爲之，是以《雜記》云「朝服十五升布」。玄端亦服之類，則皮弁亦是天子朝服。深衣或名麻衣，故知用布也。云「唯冕與爵弁服用絲耳」者，《祭統》云：「王后蠶於北郊，以供純服。」爵弁服是冕服之次，故知亦用絲也。云「先裳後衣者，欲令下近緇，明衣與帶同色」者，衣在上，宜與冠相近，應先言衣。今退衣在裳下者，若衣與冠同色者，先言衣，後言裳。今爵弁與衣異，故退純衣於下，使與帶同色也。云「韎韐，緼韍也」者，此經云韎韐，二者一物，故鄭合爲一物解之也。云「士緼韍而幽衡」者,《玉藻》文。言幽衡者,同繫於革帶,故連引之也。云「合韋爲之」者,鄭即因解名緼韍之字,言韐有韋旁著合,謂合韋爲之。故名韐也。云「士染以茅蒐因以名焉」者,案《爾雅》云:「茹藘,茅蒐。」孫氏注:「一名蒨,可以染絳。」若然,則一草有此三名矣。但周公時名蒨草爲韎草,以此韎染韋合之爲韐,因名韍爲韎韐也。云「韍之制似韠」者,案上注已釋韠制,其韍之制亦如之,但有飾無飾爲異耳。祭服謂之韍,其他服謂之韠。【略】一名韎韐,一名緼韍而已。是韍有與緼異,以制同飾異。故鄭云「韍之制似韠」也。但染韋爲韍之體,天子與其臣及諸侯與其臣有異。《詩》云「朱芾斯黄」,鄭云:「天子純朱,諸侯黄朱。」詩又云「赤芾在股」,是諸侯用黄朱。【略】云「冠弁不與衣陳而言於上,以冠名服耳」者,案此文上下陳服,則於房緇布冠及皮弁,在堂下是冠弁,不與服同陳。今以弁在服上并言之者,以冠弁表明其服耳,不謂同陳之也。云「今文纁皆作熏」者,纁是色,當從絲旁爲之,故疊今文不從熏,從經文古纁也。皮弁,服素積,緇帶,素韠。鄭玄注:此與君視朔之服也。皮弁者,以白鹿皮爲冠,象上古也。積猶辟也,以素爲裳,辟蹙其要中。皮弁之衣用布亦十五升,其色象焉。賈公彦疏:「皮弁」至「素韠」。釋曰:此皮弁服卑於爵弁,故陳之次在爵弁之南。上爵弁服,下玄端服皆言衣,此獨不言衣者,以其上爵弁服與爵弁異,故言衣,下玄端服但冠時用緇布冠,不用玄冠,既不言冠,故言衣也。今此皮弁之服用白布,衣與冠同色,故不言衣也。注「此與」至「象焉」。釋曰:案《玉藻》云:「諸侯皮弁,聽朔於大廟。」又案《鄉黨》説孔子之服云「素衣,麑裘」。鄭云「視朔之服」。視朔之時,君臣同服也。云「皮弁者,以白鹿皮爲冠,象上古也」者,謂三皇時冒覆頭,句頷繞項,至黄帝則有冕,故《世本》云「黄帝作旒冕」。《禮運》云「先王未有宫室」,又云「食草木之實,鳥獸之肉」,「未有麻絲,衣其羽皮」。鄭云:「此上古之時」,則此象上古謂象三皇時。以五帝爲大古,以三皇爲上古也。若然,黄帝雖有絲麻布帛,皮弁至三王不變,是以下記云「三王共皮弁」。鄭注云:「質不變。」鄭注《郊特牲》云「所不易於先代」。故《孝經緯》云「百王同之改易」也。案《禮圖》仍以白鹿皮爲冠,故云「又白鹿皮爲冠,象上古也」。云「積,猶辟也,以素爲裳,辟蹙其要中」者,經典云素者有三義:若以衣裳言素者,謂白繒也,即此文之等是也;畫繢言素者,謂白色,即《論語》云「繢事後素」之等是也;器物無飾亦曰素,則《檀弓》云「奠以素器」之等是也。是以鄭云「以素爲裳辟蹙其要中」也。知「皮弁之衣亦用十五升布」者,《雜記》云「朝服十五升」,此皮弁亦天子之朝服,故亦十五升布也。然《喪服》注云祭服、朝服,辟積無數。則祭服、皮弁,皆辟積無數。餘不云者,舉皮弁可知,不並言也。唯喪服裳幅三袧有數耳。云「其色象焉」者,謂象皮弁之色用白布也。以此言之,《論語》注云素用繒者,彼上服裼衣用素也。玄端,玄裳、黄裳、雜裳,可也。緇帶爵韠。鄭玄注:此莫夕於朝之服。玄端即朝服之衣,易其裳耳。上士玄裳,中士黄裳,下士雜裳。雜裳者,前玄後黄。《易》曰:「夫玄黄者,天地之雜色,天玄而地黄。」士皆爵韋爲韠,其爵同。不以玄冠名服者,是爲緇布冠陳之。《玉藻》曰:「韠,君朱,大夫素,士爵韋。」賈公彦疏:「玄端」至「爵韠」。釋曰:此玄端服,服之下,故後陳於皮弁之南。陳三等裳者,凡諸侯之下皆有二十七士,公侯伯之士一命,子男之士不命。不同一命、不命皆分爲三等,故服分爲三等之裳以當之。上下經三等之服同用緇帶者,以其士唯有一幅禪之帶,故三服共用之。大帶,所以束衣。革帶,所以佩韠及珮玉之等。不言革者,舉韠有革帶可知,故略不言耳。三裳之下云「可也」者,欲見三等之士各有所當。當者即服之,故言可以許之也。注「此莫」至「爵韋」。釋曰:云「此莫夕於朝之服」者,當是莫夕於君之朝服也。案《玉藻》云:「君朝服以日視朝于内朝。」「夕深衣,祭牢肉。」是君朝服,朝服、夕服,深衣矣。下又云「朝玄端,夕深衣」。朝時不服,與君不同,故鄭注云謂大夫士也。則彼朝玄端,夕深衣,是大夫、士家私朝也。若然,大夫、士既服玄端,深衣以聽私朝矣。此服注云「莫夕於朝之服」,是士向莫之時夕君之服。必以莫爲夕者,朝禮備,夕禮簡,故以夕言之也。若卿大夫莫夕於君,當亦朝服矣。案《春秋左氏傳·成十二年》晉郤至謂子反曰:「百官承事,朝而不夕。」此云莫夕者,無事則無夕法,若夕有事,須見君則夕。故《昭十二年》子革云夕,《哀十四年》子我亦云夕者,皆是有事見君,非常朝夕之事也。云「玄端即朝服之衣,易其裳耳」者,上云「玄冠朝服,緇帶,素韠」,此玄端亦緇帶。彼云朝服,即此玄端也。但朝服亦得名端,故《論語》云「端章甫」。鄭云:端,諸侯視朝之服耳。皆以十五升布爲緇色,正幅爲之同名也。云「易其裳耳」者,彼朝服素韠,韠同裳色,則裳亦素。此既易其裳,以三等裳同爵韠,則亦易之矣。不言者,朝服言素韠,不言裳,故須言易。彼言素韠,此云爵韠,於文自明,故不須言易也。云「上士玄裳,中士黄裳,下士雜裳」者,此無正文,直以諸侯之士皆有三等之裳,故還以三等之士記之。但玄是天色,黄是地色,天尊而地卑,故上士服玄,中士服黄,下士當雜裳。雜裳者,還用此玄黄,但前陽後陰,故知「前玄後黄」也。云「《易》曰」者,是《文言》文,引之者,證此裳等是天地二色爲之。云「士皆爵韋爲韠,其爵同」者,三裳同云爵韠,故知三等之士同用爵韋爲韠也。其爵韋者,所引《玉藻》文是也。云「不以玄冠名服者,是爲緇布冠陳之」者,今不以玄冠表此服者,此爲冠時緇布冠陳之冠,既不用玄冠,故不言也。云「《玉藻》」者,案彼注云:「此玄端服之韠也」。云「韠」者,與下君、大夫、士爲總目。韋者,又總三者用韋爲之,言「君朱、大夫素,士爵」者,韠之韋色也。云「君朱」者,見五等諸侯,則天子亦朱矣。韠同裳色,則天子、諸侯朱裳。士言爵,則此經爵,韠亦一也。以其裳有三等,爵亦雜色,故同爵韠。若然,大夫素裳則與朝服不異者,禮窮則同也。緇布冠缺項,青組纓屬于缺。緇纚廣終幅,長六尺。皮弁笄,爵弁笄,緇組紘纁邊,同篋。鄭玄注:缺讀如「有頍者弁」之頍。緇布冠無笄者,著頍,圍髮際,結項中,間爲四綴,以固冠也,項中有緬,亦由固頍爲之耳。今未冠笄者著卷幘,頍象之所生也。滕、薛名簂爲頍。屬猶著。纚,今之幘染也,終,充也。纚一幅,長六尺,足以韜髮而結之矣。笄,今之簪。有笄者,屈組爲紘,垂爲飾。無笄者,纓而結其條。纁邊,組側赤也。同篋,謂此上凡六物。隋方曰篋。【略】爵弁、皮弁、緇布冠,各一匴。鄭玄注:爵弁者,制如冕,黑色但無繅耳。《周禮》「王之皮弁,會五采玉璂,象邸,玉笄。諸侯及孤卿大夫之冕、皮弁,各以其等爲之」。則士之皮弁,又無玉象邸飾。緇布冠,今小吏冠其遺象也。匴，竹器名，今之冠箱也。賈公彦疏：釋曰：云「爵弁者，制如冕而黑色，但無繅耳」者，已於上解訖，今復言之者。上文直舉冠以表服。其冠實不陳，故略言其冠。至此專爲冠言之，是以注并引皮弁以下之事。案《弁師》言冕有五采繅玉，皮弁有五采玉璂，象邸，玉笄，下云諸侯及孤卿大夫之冕、韋弁、皮弁、弁經，各以其等爲之。鄭注云：「各以其等，繅斿玉璂如其命數也。」但上文已言上公之法，故此諸侯唯據侯伯子男，是以鄭云「冕則侯伯繅七就，用玉九十八；子男繅五就，用玉五十，繅玉皆三采。孤繅四就，用玉三十二，三命之卿繅三就，用玉十八，再命之大夫繅再就，用玉八，藻玉皆朱緑。韋弁、皮弁則侯伯璂飾七，子男璂飾五，玉亦三采。孤則璂飾四，三命之卿璂飾三，再命之大夫璂飾二。玉亦二采。弁經之弁，其辟積如冕繅之就然。庶人吊者素委貌。一命之大夫冕而無斿，士變冕爲爵弁。其韋弁、皮弁之會無結飾，弁經之弁不辟積」。彼經文具言之，今此注略引以證士皮弁無玉，以象爲飾之意，不取於韋弁、弁經及依命數之事，故不具引之。云「緇布冠，今小吏冠其遺象也」者，但緇布冠，士爲初加之冠，冠訖則弊之不用，庶人則常著之。故《詩》云「臺笠緇撮」，是庶人以布冠常服者。以漢之小吏亦常服之，故舉爲況。云「匴，竹器名，今之冠箱也」者，此亦舉漢法爲況。將冠者，采衣紒，在房中南面。鄭玄注：采衣，未冠者所服。【略】

屨，夏用葛。玄端黑屨，青絇繶純，純博寸。鄭玄注：屨者順裳色，玄端黑屨，以玄裳爲正也。絇之言拘也，以爲行戒，狀如刀衣鼻，在屨頭。繶，縫中紃也。純，緣也。三者皆青。博，廣也。賈公彦疏：「屨夏」至「博寸」。注「屨者」至「廣也」。釋曰：自此至「繐屨」，論三服之屨。不於上與服同陳者，一則屨用皮葛，冬夏不同，二則屨在下，不宜與服同列，故退在於此。此言夏用葛，下云冬皮，則春宜從夏，秋宜從冬，故舉冬夏寒暑極時而言。《詩》魏地以葛屨履霜，刺褊也。云「屨者順裳色」者，禮之通例。衣與冠同，屨與裳同，故云「順裳色」也。云「玄端黑屨，以玄裳爲正也」者，以其玄端有玄裳、黄裳、雜裳，經唯云玄端黑屨，與玄裳同色，不取黄裳、雜裳，故云「以玄裳爲正也」。云「絇之言拘也，以爲行戒」者，以拘者自拘持之言，故云「以爲行戒」也。云「狀如刀衣鼻，在屨頭」者，此以漢法言之。今之屨頭見有下鼻，似刀衣鼻，故以爲況也。云「繶，縫中紃也」者，謂牙底相接之縫中有絛紃也。云「純，緣也」者，謂繞口緣邊也。云「皆青」者，以經三者同云青也。云「博，廣也」者，謂純所施廣一寸也。素積白屨，以魁柎之，緇絇繶純，純博寸。鄭玄注：魁，蜃蛤。柎，注者。賈公彦疏：「素積」至「博寸」。注「魁蜃蛤柎注者」。釋曰：以魁蛤灰柎之者，取其白耳。云「魁，蜃蛤」者，魁即蜃蛤，一物，是以《周禮·地官·掌蜃》掌「共白盛之蜃」。鄭司農云謂蜃炭，引此士冠白屨以魁柎之。玄謂「今東萊用蛤，謂之叉灰云」是也。云「柎，注者」，以蛤灰塗注於上，使色白也。爵弁纁屨，黑絇繶純，純博寸。鄭玄注：爵弁屨以黑爲飾，爵弁尊，其屨飾以繢次。賈公彦疏：「爵弁」至「博寸」。注「爵弁」至「繢次」。釋曰：案此三服見屨不同，何者。玄端以衣見屨，以玄端有黄裳之等，裳不得舉裳見屨，故舉玄端見屨也。皮弁以素積見屨，屨裳同色，是其正也。爵弁既不舉裳，又不舉衣，而以爵弁見屨者，上陳服已言纁裳，裳色自顯，以與六冕同玄衣纁裳，與冕服之嫌，故不以衣裳而以首服見屨也。云「爵弁屨以黑爲飾，爵弁尊，其屨飾以繢次」者，案《冬官》畫繢之事云：「青與白相次，赤與黑相次，玄與黄相次。」鄭云：「此言畫繢六色所象，及布采之第次，繢以爲衣。」又云：「青與赤謂之文，赤與白謂之章，白與黑謂之黼，黑與青謂之黻。」鄭云：「此言刺繡采所用，繡以爲裳。」此是對方爲繢次，比方爲繡次。案鄭注《屨人》云：「複下曰舃，禪下曰屨。」又注云：「凡舃之飾，如繢之次；凡屨之飾，如繡之次也」者，即上黑屨以青爲絇繶純，白屨以黑爲絇繶純，則白與黑，黑與青爲繡次之事也。今次爵弁纁屨，纁，南方之色赤。不以西方白爲絇繶純，而以北方黑爲絇繶純者，取對方繢次爲飾。舉舃者，尊爵弁是祭服，故飾與舃同也。冬，皮屨可也。賈公彦疏：「冬皮屨可也」。釋曰：冬時寒，許用皮，故云「可也」。不屨繐屨。鄭玄注：繐屨，喪屨也。縷不灰治曰繐。賈公彦疏：「不屨繐屨」。注「繐屨」至「曰繐」。釋曰：案《喪服》記云：「繐衰四升有半」繐衰既是喪服，明繐屨亦是喪屨，故鄭云「喪屨」也。云「縷不灰治曰繐」者，斬衰冠六升，傳云「鍛而勿灰」，則四升半，不灰治可知。言此者，欲見大功未可以冠子，恐人以冠子，故於屨末因禁之也。記。冠義。賈公彦疏：「記冠義」。釋曰：凡言「記」者，皆是記經不備，兼記經外遠古之言。【略】始冠，緇布之冠也。大古冠布，齊則緇之。其緌也，孔子曰：「吾未之聞也，冠而敝之，可也。」鄭玄注：大古，唐虞以上。緌，纓飾。未之聞，大古質，蓋亦無飾。重古，始冠冠其齊冠。白布冠，今之喪冠是也。賈公彦疏「始冠」至「可也」。注「大古」至「是也」。釋曰：此經直言加緇布冠，不言有緌無緌，又不言加冠之後此緇布冠更著以不，故言不緌不更著之事也。云「大古冠布」者，謂著白布冠也。云「齊則緇之」者，將祭而齊則爲緇者，以鬼神尚幽暗也。云「其緌也，孔子曰：吾未之聞也」者，孔子時有緌者，故非時人緌之，諸侯則得著緌，故《玉藻》云：「緇布冠繢緌，諸侯之冠也。」鄭云「尊者飾也」。士冠不得緌也。云「冠而敝之可也」者，據士以上冠時用之冠訖則敝之不復著也。若庶人猶著之，故《詩》云「彼都人士，臺笠緇撮」。是用緇布冠籠其髮，是庶人常服之矣。云「大古，唐、虞以上」者，此記與《郊特牲》皆陳三代之冠，云牟追、章甫、委貌之等，鄭注《郊特牲》云：「三代改制，齊冠不復用也。以白布冠質，以爲喪冠也。」三代既有此，明大古是唐、虞已上可知。云「未之聞，大古質，蓋亦無飾」者，此經據孔子時非其著緌，未知大古有緌以不，故鄭云大古質，無飾也。云「重古，始冠冠其齊冠」者，以經云始冠緇布之冠，即云大古冠布則齊冠一也，故鄭云冠其齊冠也。云「白布冠者今之喪冠是也」者，以其大古時，吉凶同服白布冠，未有喪冠。三代有牟追之等，則以白布冠爲喪冠。若然，喪服起自夏禹以下也。【略】委貌，周道也。章甫，殷道也。毋追，夏后氏之道也。鄭玄注：委，猶安也。言所以安正容貌。章，明也。殷質，言以表明丈夫也。甫，或爲父，今文爲斧。毋，發聲也。追，猶堆也。夏后氏質，以其形名之。三冠皆所服以行道也，其制之異同未之聞。賈公彦疏：「委貌」至「道也」。釋曰：記人歷陳此三代冠者，上緇布冠也。諸侯已下，始加之冠，此委貌之等。記人以經有緇布冠、皮弁、爵弁、玄冠，故還記緇布冠以下四種之冠，以解經之四者，此委貌即解經「易服，服玄冠」是也。注「委猶」至「之聞」。釋曰：云「今文爲斧」者，義無取，故疊之不從也。云「毋，發聲也」者，若在上謂之發聲，在下謂之助句，義無取，則是發聲也。云「三冠皆所常服以行道」者，以釋經三代皆言道，是諸侯朝服之冠，在朝以行道德者也。云「其制之異同未之聞」者，委貌、玄冠，於禮圖有制，但章甫、毋追相與，異同未聞也。周弁，殷冔，夏收。鄭玄注：弁名出於槃。槃，大也，言所以自光大也。冔名出於幠。幠，覆也，言所以自覆飾也。收，言所以收斂髮也。其制之異亦未聞。賈公彦疏：注「弁名」至「未聞」。釋曰：又歷陳此三者，欲見三代加冠皆有弁。云「周弁」者，弁是古冠之大號，非直含六冕，亦兼爵弁於其中。見士之三加之冠者爵弁者，故云弁，弁者冠名也。云「弁名出於槃。槃，大也」者，無正文，鄭以意解之。《論語》云「服周之冕」，以五色繅服有文飾，則知有德，故云「言所以自光大也」。云「冔名出於幠。幠，覆也，言所以自覆飾也。收，言所以收斂髮也」者，皆以意解之也。云「制之異亦未聞」者，案《漢禮器制度》弁冕《周禮・弁師》相參。周之冕以木爲體，廣八寸，長尺六寸，績麻三十升布爲之，上以玄，下以纁，前後有旒，尊卑各有差等。天子玉笄朱紘，其制可聞。云未聞者，但夏、殷之禮亡，其制與周異，亦加上未聞也。三王共皮弁素積。鄭玄注：質不變。賈公彦疏：注「質不變」。釋曰：此亦三代自天子下至士皆是再加，當在周弁三加之上，退之在下者，欲見此是三代之冠，百王同之，無別代之稱也。故《郊特性》云「三王共皮弁」。注云：「所不易於先代。」故《孝經》亦云百王同之，不改易也。若然，百王同之，言三王共者，以損益之極，極於三王。又上三冠亦據三代，故云「三王共皮弁」。其實先代後代皆不易，是以鄭云質不變也。

《儀禮・聘禮》

勞上介亦如之。君使卿韋弁，歸饔餼五牢。鄭玄注：變皮弁，服韋弁，敬也。韋弁，韎韋之弁，兵服也。而服之者，皮韋同類，取相近耳。其服蓋韎布以爲衣，而素裳。牲，殺曰饔，生曰餼。今文歸或爲饋。賈公彦疏：「君使」至「五牢」。注「變皮」至「爲饋」。釋曰：自此盡「無儐」，論主君使卿歸饔餼於賓介之事。云「變皮弁，服韋弁，敬也」者，案《周禮・春官・司服》王之吉服有九，祭服之下先云兵事韋弁服，後云視朝皮弁服，則韋弁尊於皮弁。今行聘享之事等皆皮弁，至歸饔餼則韋弁，故云「敬也」。云「韋弁，韎韋之弁，兵服也」者，鄭知弁用韎韋者，案《司服》注，鄭引《春秋傳》曰：「晉郤至衣韎韋之跗。」注又云：「今時五伯緹衣，古兵服之遺色。」故知用韎韋也。韎即赤色，以赤韋爲弁也。云「兵服」者，《司服》云「凡兵事韋弁服」，故云「兵服也」。云「服之者，皮韋同類，取相近耳」者，有毛則曰皮，去毛熟治則曰韋，本是一物，有毛無毛爲異，故云「取相近耳」。云「其服蓋韎布以爲衣，而素裳」者，此無正文，但正服則鄭注《司服》云「韋弁，以韎韋爲弁，又以爲衣裳」。又「晉郤至衣韎韋之跗」注，《鄭志》解此跗注，以跗爲幅，以注爲屬，謂制韋如布帛之幅，而連屬爲衣及裳。今此鄭云以韎布爲衣而素裳，全與兵服異者，鄭以意量之。此爲賓館於大夫士之廟，既爲入廟之服，不可純如兵服，故爲韎布爲衣而素裳。《鄭志》兵服以其與皮弁同白舄，故以素裳解之。此言素裳，又與《鄭志》同。若然，唯變其衣耳，以無正文，故云「蓋」以疑之也。云「殺曰饔，生曰餼」者，《周禮》有内饔、外饔，皆掌割亨之事。《詩》云「有母之尸饔」，故知殺曰饔，生曰餼者，以其對饔是腥飪，故知餼是生，故下云「餼二牢」，皆活陳之也。

《儀禮・喪服》

喪服。斬衰裳，苴絰、杖、絞帶，冠繩纓，菅屨者。鄭玄注：者者，明爲下出也。凡服，上曰衰，下曰裳。麻在首、在要，皆曰絰。絰之言實也，明孝子有忠實之心，故爲制此服焉。首絰象緇布冠之缺項，要絰象大帶，又有絞帶，象革帶。齊衰以下用布。賈公彦疏：「喪服」至「屨者」。釋曰：題此二字於上者，與此一篇爲總目。言「斬衰裳」者，謂斬三升布以爲衰裳。不言裁割而言「斬」者，取痛甚之意。知者，案《三年問》云：「創鉅者，其日久，痛甚者，其愈遲。」《雜記》「縣子云：三年之喪如斬，期之喪如剡。」謂哀有深淺，是斬者痛深之義，故云斬也。若然，斬衰先言斬，下疏衰後言齊者，以斬衰先斬布，後作之，故先言斬。疏衰，先作之，後齊之，故後云齊。斬齊既有先後，是以作文有異也。云「其絰、杖、絞帶」者，以一苴目此三事，謂苴麻爲首絰、要絰，又以苴竹爲杖，又以苴麻爲絞帶。知此三物皆同苴者，以其冠繩纓不得用苴，明此三者皆用苴。又《喪服小記》云「苴杖，竹也」，記人解此杖是苴竹也。又絞帶與要絰，象大帶與革帶，二者同在要。要絰既苴，明絞帶與要絰同用苴可知。又《喪服四制》云「苴衰不補」，則衰裳亦同苴矣。云「冠繩纓」者，以六升布爲冠，又屈一條繩爲武，垂下爲纓。冠在首，退在帶下者，以其衰用布三升，冠六升。冠既加飾，故退在帶下。又齊衰冠纓用布，則知此繩纓不用苴麻，用枲麻，故退冠在下，更見斬義也。云「菅屨」者，謂以菅草爲屨，《詩》云「白華菅兮，白茅束兮」。鄭云：「白華已漚名之爲菅，濡韌中用。」則此菅亦是已漚者也。已下諸章並見年月，唯此斬章不言三年者，以其喪之痛極，莫甚於斬，故不言年月，表創鉅而已。是以衰設人功之疏，絰又言麻之形體，至於齊衰已下，非直見人功之疏，又見絰去麻之狀貌。舉齊衰云三年，明上斬衰三年可知。然此一經爲次若此者，以先喪而後服，故服在喪下。又先斬，後乃爲衰裳，故斬文在衰裳之上。絰、杖、絞帶俱蒙於苴，故苴又在前。絰中絰有二事，仍以首絰爲主，故絰文在上。杖者各齊其心，故在絞帶之前。冠纓雖加於首，以其不蒙於苴，故退文在下。屨乃服中之賤，最後爲宜，聖人作文倫次然。注「者者」至「用布」。釋曰：云「者者，明爲下出也」者，周公設經，上陳其服，下列其人。此經所陳服者，明爲下人所出，故服下出者，明臣子爲君父等所出也。案下諸章皆言「者」，鄭止一解，餘皆不釋，義皆如此也。云「凡服，上曰衰，下曰裳」者，言「凡」者，鄭欲兼解五服。案下記云：衰廣四寸，長六寸。綴之於心，總號爲衰。非正當心而已，故諸言衰皆與裳相對。至於吊服三者，亦謂之爲衰也。云「麻在首、在要，皆曰絰」，知一絰而兼二者，以子夏《傳》要、首二絰俱解，《禮記》諸文亦首、要並陳，故《士喪禮》云「要絰小焉」，故知一絰而兼二文也。云「絰之言實也，明孝子有忠實之心，故爲制此服焉」。《檀弓》云「絰也者，實也」，明孝子有忠實之心，故爲制此服焉。案《問喪》云「斬衰貌若苴，齊衰貌若枲」之等，皆是心内苴惡，貌亦苴惡，服亦苴惡，是服以象貌，貌以象心，是孝子有忠實之心。若服苴而貌美，心不苴惡者，是中外不相稱，無忠實之心者也。云「首絰象緇布冠之缺項」者，案《士冠禮》：緇布冠，「青組纓，屬於缺」。鄭注云：「缺讀如『有頍者弁』之頍，緇布冠之無笄者，著頍圍髮際，結項中隅爲四綴，以固冠也」。此所象無正文，但喪服法吉服而爲之，吉時有二帶，凶時有二絰，以要絰象大帶，明首絰象頍項可知。以彼頍項爲吉時，緇布冠無笄，故用頍項以固之。今喪之首絰與冠繩纓，别材而不相綴，今言象之者，直取絰法象頍項而爲之。至於喪冠，亦無笄，直用六升布爲冠，一條繩爲纓，與此全異也。云「要絰象大帶」者，案《玉藻》云：「大夫以下大帶用素，天子朱裏，終裨以玄黄，士則練帶，裨下末三赤，用緇，是大帶之制。今此要絰，下傳名爲帶，明象吉時大帶也。云「又有絞帶，象革帶」者，案《玉藻》韠之形制，云「肩革帶博二寸」，吉備二帶，大帶申束衣，革帶以佩玉佩，及事佩之等。今於要絰之外，别有絞帶，明絞帶象革帶可知。案《士喪禮》云：「苴絰大鬲，要絰小焉。」又云：「婦人之帶牡麻，結本。」注云：「婦人亦有首絰，但言帶者，記其異。此齊衰婦人，斬衰婦人亦有苴絰。」以此而言，則婦人吉時，雖云女鞶絲，以絲爲帶，而無頍項。今於喪禮哀痛甚，亦有二絰與絞帶，以備喪禮。故此經具陳於上，男女俱言於下，明男女共有此服也。云「齊衰已下用布」者，即下《齊衰章》云「削杖布帶」是也。若然，案此經，凶服皆依舊名，唯衰與絰特製别名者，案《禮記·檀弓》云「有以故興物者」，鄭云：「衰絰之制。」以絰表孝子忠實之心，衰明孝子有哀摧之義，故制此二者而異名，見其哀痛之甚故也。

傳曰：斬者何？不緝也。苴絰者，麻之有蕡者也。苴絰大搹，左本在下，去五分一以爲帶。齊衰之絰，斬衰之帶也，去五分一以爲帶。大功之絰，齊衰之帶也，去五分一以爲帶。小功之絰，大功之帶也，去五分一以爲帶。緦麻之絰，小功之帶也，去五分一以爲帶。苴杖，竹也。削杖，桐也。杖各齊其心，皆下本。杖者何？爵也。無爵而杖者何？擔主也。非主而杖者何？輔病也。童子何以不杖？不能病也。婦人何以不杖？亦不能病也。絞帶者，繩帶也。冠繩纓，條屬，右縫，冠六升，外畢，鍛而勿灰。衰三升，菅屨者，菅菲也，外納。居倚廬，寢苫枕塊，哭晝夜無時。歠粥，朝一溢米，夕一溢米，寢不説絰帶。既虞，翦屏柱楣，寢有席，食疏食水飲。朝一哭，夕一哭而已。既練，舍外寢，始食菜果，飯素食，哭無時。

《儀禮·喪服》疏衰裳齊牡麻絰，冠布纓，削杖，布帶，疏屨三年者。鄭玄注：疏猶麤也。賈公彦疏：「疏衰」至「年者」。注「疏猶麤也」。釋曰：此《齊衰三年章》以輕於斬，故次斬後。疏猶麤也，麤衰者，案上《斬衰章》中爲君三升半麤衰，鄭注《雜記》云微細焉，則屬於麤，則三升正服不得麤名，三升半成布三升微細則得麤稱。麤衰爲在三升斬內，以斬爲正，故没義服之麤。至此四升，始見麤也。若然，爲父哀極，直見深痛之斬，不没人功之麤。至於義服斬衰之等，乃見麤稱，至於大功、小功，更見人功之顯，緦麻極輕，又表細密之事，皆爲哀有深淺，故作文不同也。斬衰先言斬者，一則見先斬其布，乃作衰裳；二則見爲父極哀，先表斬之深重。此齊衰稍輕，直見造衣之法，衰裳既就，乃始緝之，是以斬衰，斬在上，齊衰，齊在下。「牡麻絰」者，斬衰絰不言麻，此齊衰絰見麻者，彼有杖，杖亦苴，故不得言麻。此絰文孤不兼杖，故得言麻也。云「冠布纓」者，案斬衰冠繩纓，退在絞帶下，使不蒙苴齊，冠布纓，無此義，故進之使與絰同處。此布纓亦如上繩纓，以一條爲武，垂下爲纓也。云「削杖布帶」者，並不取蒙苴之義，故在常處。但杖實是桐，不言桐者，以斬衰杖不言竹，使蒙苴故闕竹字，此既不取蒙苴，亦不言桐者，欲見母比父削殺之義，故亦没桐文也。「布帶」者，亦象革帶，以七升布爲之，此即下章帶緣各視其冠是也。齊斬不言布，此纓帶言布者，以對斬衰纓帶用繩，故此須言用布之事也。「疏屨」者，疏取用草之義，即《爾雅》云「疏不熟」之疏。若然，注云「疏猶麤」者，直釋經疏衰而已，不釋疏屨之疏。若然，《斬衰章》言「菅屨」，見草體者，以其重，故見草體，舉其惡貌。此言疏以其稍輕，故舉草之摠稱。自此以下，各舉差降之宜，故《不杖章》言「麻屨」，《齊衰三月》與《大功》同「繩屨」，《小功》緦麻輕又没其屨號。言「三年」者，以其爲母稍輕，故表其年月。若然，父在爲厭降至期，今既父卒，直申三年之衰，猶不申斬者，以天無二日，家無二尊也。是以父雖卒後，仍以餘尊所厭，直申三年，不得申斬也。云「者」者，亦如《斬衰章》文，明者爲下出也。

傳曰：齊者何？緝也。牡麻者，枲麻也。牡麻絰，右本在上。冠者沽功也。鄭玄注：疏屨者，藨蒯之菲也。沽猶麤也。冠尊，加其麤。麤功，大功也。齊衰不書受月者，亦天子諸侯卿大夫士虞卒哭異數。賈公彦疏：「傳曰」至「菲也」。注「沽猶」至「異數」。釋曰：緝則今人謂之爲緶也。上章傳先云「斬者何？不緝也」，此章言齊對斬，故亦先言「齊者何？緝也」。云「牡麻者，枲麻也」者，此枲對上章苴，苴是惡色，則枲是好色。故《閒傳》云「斬衰貌若苴，齊衰貌若枲」也。云「牡麻絰右本在上」者，上章爲父，左本在下者，陽統於內，則此爲母，陰統於外，故「右本在上」也。云「疏屨者，藨蒯之菲也」者，藨是草名。案《玉藻》云「屨蒯席」，則蒯亦草類。云「冠尊，加其麤，麤功，大功也」者，此鄭雖據齊衰三年而言，冠尊加服皆同，是以衰裳升數恒少，冠之升數恒多。冠在首尊，既冠從首尊，故加飾而升數恒多也。斬冠六升，不言功者，六升雖是齊之末，未得沽稱，故不見人功。此三年齊冠七升，初入大功之境，故言沽功，始見人功。沽，麤之義，故云麤功，見人功麤大不精者也。云「齊衰不書受月者，亦天子諸侯卿大夫士虞卒哭異數」者，其義説與《斬章》同，故云「亦」也。

《儀禮·喪服》大功布，衰裳，牡麻絰，無受者。鄭玄注：「大功布」者，其鍛治之功麤沽之。賈公彦疏：「大功」至「受者」。釋曰：章次此者，以其本服齊衰斬，爲殤死，降在大功，故在正大功之上，義齊衰之下也。不云月數者，下文有纓絰、無纓絰，須言七月、九月，彼已見月，故於此略之。且此經與前不同，前《期章》具文，於前《杖章》下，《不杖章》直言其異者，此殤《大功章》首爲文略，於正具文者，欲見殤不成人故，故前略後具，亦見相參取義。云「無受」者，以傳云殤文不縟，不以輕服受之。注「大功」至「沽之」。釋曰：云「大功布者，其鍛治之功麤沽之」者，斬麤皆不言布與功，以其哀痛極，未可言布體與人功，至此輕，可以見之。言大功者，《斬衰章》傳云冠六升不加灰，則此七升言鍛治，可以加灰矣，但麤沽而已。若然，言大功者，用功麤大，故沽䟽，其言小者，對大功是用功細小。

布帶，三月，受以小功衰，即葛九月者。鄭玄注：受猶承也。【略】大功布衰裳，牡麻絰纓

傳曰：大功布九升，小功布十一升。此受之下也，以發傳者，明受盡於此也。又受麻絰以葛絰。《閒傳》曰：「大功之葛，與小功之麻同。」凡天子諸侯卿大夫既虞，士卒哭而受服。正言「三月」者，天子諸侯無大功，主於大夫士也。此雖有君爲姑姊妹女子子嫁於國君者，非主喪也古文依此禮也。賈公彦疏：「大功」至「月者」。注「受猶承也」。釋曰：此成人《大功章》，輕於前《殤章》，既略，於此具言。「傳曰」至「十一升」。注「此受之」至「禮也」。釋曰：云「大功布九升，小功布十一升」者，此章有降、有正、有義。降則衰七升，冠十升，正則衰八升，冠亦十升；義則衰九升，冠十一升。十升者，降小功。十一升者，正小功。傳以受服不言降大功與正大功，直云義大功之受者，鄭云此受之下，正據受之下發傳者，明受盡於此。義服大功，以其小功至葬，唯有變麻服葛，因故衰無受服之法，故傳據義大功而言也。云「又受麻絰以葛絰」者，言受，衰麻俱受，而傳唯發衰，不言受麻以葛，故鄭解之云「又受麻〔絰〕以葛絰」。引《閒傳》者，證絰大功既葬，其麻絰受以小功葛者，以其大功既葬，變麻爲葛，五分去一，大小與小功初死同。即《閒傳》云「大功之葛，小功之麻同」，一也，故引之爲證耳。云「凡天子諸侯卿大夫既虞，士卒哭而受服」者，以於《斬章》釋訖，言此者，欲見天子七月而葬，諸侯五月而葬，虞而受服。若然，經正三月者，以其天子諸侯絶旁朞，無此大功喪，以此而言，經言三月者，主於大夫士三月葬者。若然，大夫除死月數，亦得爲三月也。云「此雖有君爲姑姊妹女子子嫁於國君者，非内喪也」者，彼國自以五月葬後服，此諸侯爲之，自以三月受服，同於大夫士，故云「主於大夫士也」。

《儀禮·喪服》繐衰裳，牡麻絰，既葬除之者。賈公彦疏：釋曰：此繐衰是諸侯之臣爲天子，在大功下，小功上者，以其天子七月葬，既葬除，故在大功九月下，小功五月上。又縷雖如小功升數，又少，故在小功上也。此不言帶屨者，以其傳云「小功之繐也」，則帶屨亦同小功可知。

傳曰：繐衰者何，以小功之繐也。鄭玄注：治其縷如小功，而成布四升半。細其縷者，以恩輕也。升數少者，以服至也。凡布細而疏者謂之繐，今南陽有鄧繐。賈公彦疏：注「治其」至「鄧繐」。釋曰：傳問者，正問縷之麤細，不問升數多少，故荅云「小功之繐也」。若然，小功繐知據縷麤細，非升數者，下記人記出外數，而「繐衰四升有半」，鄭彼注云：「服在小功之上者，欲著其縷之精麤也。」故云注亦云「治其縷如小功而成布四升半也」。云「細其縷者以恩輕也」者，以其諸侯大夫是諸侯，臣於天子爲陪臣，唯有聘問接見天子，天子禮之而已，故服此服，是恩輕也。云「升數少者以服至尊也」者，諸侯爲天子服至尊，義服斬，縷加三升半，陪臣降君，改服至尊加一升，四升半也。云「凡布細而疏者謂之繐」者，此喪服謂之繐，出繐而疏，若非喪服，細而疏亦謂之繐，故云「凡」以總之。云「今南陽有鄧繐」者，謂漢時南陽郡鄧氏造布有名繐，言此者，證凡布細而疏，即是繐之義。【略】

小功布衰裳。澡麻帶絰五月者。鄭玄注：澡者，治去莩垢，不絶其本也。《小記》曰：「下殤小功，帶澡麻，不絶其本，屈而反以報之。」賈公彦疏：「小功」至「月者」。釋曰：此《殤小功章》在此者，本齊衰大功之親，爲殤降在小功，故在成人小功之上也。但言小功者，對大功是用功麤大，則小功是用功細小精密者也。自上以來，皆帶在絰下，今此帶在絰上者，以大功已上，絰、帶有本，小功以下，斷本。此殤小功中，有下殤，小功帶不絶本，與大功同，故進帶於絰上，倒文以見重，故與常例不同也。且上文多直見一經包二，此別言帶者，亦欲見帶不絶本，與絰不同，故兩見之也。又殤大功直言無受，不言月數，此直言月，不言無受者，聖人作經，欲互見爲義。大功言無受，此亦無受，此言五月，彼則九月、七月可知。又且下章言「即葛」，此章不言「即葛」，亦是兼見，無受之義也。又不言布帶與冠，文略也。不言屨者，當與下章同吉屨無絇也。注「澡者」至「報之」。釋曰：云「澡者，治去莩垢」者，謂以枲麻，又治去莩垢，使之滑凈，以其入輕竟故也。引《小記》者，欲見下殤小功中有本，是齊衰之喪，故特言下殤。若大功下殤，則入緦麻，是以特據下殤。云「屈而反以報之」者，謂先以一股麻不絶本者爲一條，展之爲繩。報，合也。以一頭屈而反，鄉上合之，乃絞垂必屈而反以合者，見其重故也。引之者，證此帶亦不絶本，屈而反以報之也。若然，此章亦有大功長殤，在小功者，未知帶得與斬衰下殤小功同，不絶本不。案《服問》云「小功無變也」，又云「麻之有本者，變三年之葛」，彼云小功無變，據成人小功無變，三年之葛有本，得變之，則知大功殤長中在小功者，輕帶無本也。以此而言，經注專據齊斬下殤小功重者而言，其中無有大功之殤在小功帶麻絶本者，似若《斬衰章》兼有義服，傳直言衰三升，冠六升，不言義服衰三升半者也。若然，姑姊妹出適降在小功者，以其成人非所哀痛，帶與大功之殤同，亦無本也。

《儀禮·喪服》撰小功布衰裳，牡麻絰即葛五月者。鄭玄注：即，就也。小功輕，三月變麻，因故衰以就葛絰帶，而五月也。《閒傳》曰：「小功之葛與緦之麻同。」舊説小功以下，吉屨無絇也。賈公彦疏：注「即就」至「絇也」。釋曰：此是《小功成人章》，輕於殤小功，故次之。此章有三等：正、降、義。其衰裳之制，澡絰等與前同，故略也。云「即葛五月者」，以此成人文縟，故有變麻從葛，故云「即葛」。但以日月爲足，故不變衰也，不列冠屨，承上大功文略，小功又輕，故亦不言也。言日月者，成人文縟，故具言也。云「即就也」者，謂去麻就葛也。引《閒傳》，欲見小功有變麻服葛法，既葬，大小同，故變同之也。引舊説云「小功以下，吉屨無絇也」者，以小功輕，非直喪服不見屨，諸經亦不見其屨，以輕略之，是以引舊説爲證絇者。案《周禮·屨人》職屨舄皆有絇、繶、純。純者，於屨口緣。繶者，牙底接處縫中有絛。絇者，屨鼻頭有飾，爲行戒，吉時有行戒，故有絇。喪中無行戒，故無絇。以其小功輕，故從吉屨爲其大飾，故無絇也。【略】

緦麻三月者。鄭玄注：緦麻，布衰裳而麻絰帶也。不言衰絰，略輕服，省文。賈公彦疏：注「緦麻」至「省文」。釋曰：此章五服之内，輕之極者，故以緦如絲者爲衰裳。又以澡治莩垢之麻爲絰帶，故曰「緦麻」也。「三月」者，凡喪服變除，皆法天道，故此服之輕者，法三月，

一時天氣變，可以除之，故「三月」也。云「緦麻布衰裳」者，緦則絲也，但古之緦麻字通用，故作緦字。直云「而麻絰帶」也，案上《殤小功章》云「澡麻絰帶」，況緦服輕，明亦澡麻可知。云「不言衰絰，略輕服，省文」者，據上殤小功言絰帶，故成人小功與此緦麻有絰帶可知，故云「略輕服，省文」也。

傳曰：緦者十五升抽其半，有事其縷，無事其布曰緦。鄭玄注：謂之緦者，治其縷細如絲也。或曰有絲，朝服用布，何衰用絲乎。抽猶去也。《雜記》曰：「緦冠繰纓。」賈公彦疏：注「謂之」至「繰纓」。釋曰：云「緦者十五升抽其半」者，以八十縷爲升，十五升千二百縷，抽其半六百縷，縷麤細如朝服，數則半之，可謂緦而疏，服最輕故也。云「有事其縷，無事其布曰緦」者，案下記云「大夫吊於命婦錫衰，傳曰：錫者十五升抽其半，無事其縷，有事其布曰錫」。鄭注云「謂之錫者，治其布使之滑易也。不錫者，不治其縷，哀在内也。緦者，不治其布，哀在外」。若然，則二衰皆同升數，但錫衰重，故治布不治縷，哀在内故也。此緦麻衰，治縷不治布，哀在外故也。云「謂之緦者，治其縷細如絲也」者，以其麤細與朝服十五升同，故細如絲也。云「或曰有絲」者，有人解有用絲爲之，故云緦。又曰「朝服用布，何衰用絲乎」者，此鄭以義破，或解朝服，謂諸侯朝服緇布衣，及天子朝服皮弁服白布衣，皆用布，至於喪衰，何得反絲乎，故不可也。引《雜記》「緦冠繰纓」者，以其斬衰纓，纓重於冠，齊衰已下纓，纓與冠等。上傳曰：「齊衰大功，冠其受也。緦麻小功，冠其衰也。」則此云緦冠者，冠與衰同用緦布，但繰纓者，以灰繰治布爲纓，與冠別，以其冠與衰皆不治布縷，則繰治以其輕，故持異於上也。

《儀禮·喪服》 大夫吊於命婦，錫衰。命婦吊於大夫，亦錫衰。

傳曰：錫者何也，麻之有錫者也。錫者十五升。抽其半，無事其縷，有事其布曰錫。鄭玄注：謂之錫者，治其布使之滑易也。不錫者，不治其縷，哀在内也。緦者不治其布，哀在外。君及卿大夫吊士，雖當事，皮〔弁〕錫衰而已。士之相吊，則如朋友服矣，疑衰素裳，凡婦人相吊，吉笄無首，素總。賈公彦疏：注「謂之」至「素總」。釋曰：問者先問其名，荅云「麻之有錫者」也，荅以名「錫」之意。但言麻者，以麻表布之縷也。又云「錫者十五升抽其半」者，以其縷之多少與緦同。云「無事其縷，有事其布」者，事猶治也，謂不治其縷，治其布，以哀在内故也。緦則治縷，不治布，哀在外，以其王爲三公六卿，重於畿外諸侯故也。鄭云謂之錫者治其布使之滑易，以治解事，以滑易解錫，謂使錫錫然滑易也。云「君及卿大夫吊士，雖當事，皮弁錫衰而已」者，是士輕，無服弁絰之禮，有事無事皆皮弁衰而已，見其不足之意也。若然，《文王世子》注「諸侯爲異姓之士疑衰，同姓之士緦衰」。今言士與大夫又同錫衰者，此言與《士喪禮》注同，亦是君於此士有師友之恩者也。云「士之相吊，則如朋友服矣」者，朋友麻，是朋友服也。上注士吊服用疑衰素裳，罯首服麻吊，亦朋友服也。云「凡婦人相吊，吉笄無首，素總」者，上文命婦吊於大夫錫衰，未解首服，至此乃解之者，婦人吊之首服無文，故特傳釋錫衰後，下近「婦人吉笄無首布總」乃解之，必知用吉笄無首素總者，下文女子子爲父母卒哭，折吉笄之首，布總，此吊服用吉笄無首，素總，又男子冠，婦人笄相對，婦人喪服，又笄總相對，上注男子吊用素冠，故知婦人吊亦吉笄無首，素總也。

《禮記·內則》 子事父母，鷄初鳴，咸盥漱，櫛、縰、笄、總，拂髦，冠、緌、纓、端、韠、紳，搢笏，左右佩用。左佩紛帨、刀、礪、小觿、金燧，右佩玦、捍、管、遰、大觿、木燧，偪，屨著綦。

孫希旦集解：鄭氏曰：咸，皆也。縰，韜髮者也。總，束髮也，垂後爲飾。拂髦，振去塵著之。髦用髮爲之，象幼時鬌，其制未聞也。緌，纓之飾也。端，玄端，士服也。庶人深衣。紳，大帶，所以自紳約也。搢猶扱也，扱笏於紳。笏，所以記事也。佩用，自佩也。必佩者，備尊者使令也。紛帨，拭物之佩巾，今齊人有言紛者。刀，礪，小刀及礪礱也。小觿，解小結也。觿貌如錐，以象骨爲之。金燧，可取火於日。捍，謂拾也，言可以捍弦也。管，筆彄也。遰，刀鞞也。木燧，鑽火也。偪，行縢。綦，屨繫也。孔氏曰：此「子」謂男子，以經云「端、韠、紳、搢笏」故也。盥，謂洗手；漱，謂漱口。此據年稍長者，若孺子則晏起，而不能鷄初鳴也。縰，韜髮者也。《士冠禮》云「縰纚長六尺」，鄭云：「纚一幅長六尺，足以韜髮而結之矣。」盧云：「所以裹髻承冠，以全幅叠而用之。」盧説爲優。笄者，著縰既畢，以笄插之。熊氏云：「此謂安髻之笄，以縰韜髮作髻，既訖，横施此笄於髻中以固髻也。故《士喪禮》云『笄用桑，長四寸，纋中』，是也。纋中，謂殺其中使細。非固冠之笄，故文在『冠』上。」總者，裂練繒爲之，束髮之本，垂餘於髻後，以爲飾也。此經所陳，皆依事先後：櫛訖加縰，縰訖加笄，笄訖加總，然後加髦著冠，冠畢然後服玄端，著韠，又加大帶也。「刀、礪」與「小觿」連文，故知刀爲小刀。玦當作「決」，以象骨爲之，著於右手大指，所以鉤弦闓體。拾，以皮爲之，著於左臂以遂弦，故亦名遂。（自「玦當作決」以下至此，見朱子《儀禮經傳通解》所採孔疏，今本《禮記》註疏及衛氏《集説》皆無之。）刀鞞之刀，大於左厢刀也。晴則以金燧取火於日，陰則以木燧鑽火。左旁用力不便，故佩小物；右厢用力爲便，故佩大物。皇氏云：「屨頭施繫，以爲行戒。」或云：屨上施繫，以結於足也。陳氏祥道曰：《詩》曰「赤芾在股，邪偪在下」，蓋以幅帛邪纏於足，故謂之邪偪，所以自偪束也，故謂之偪。男子事父母有偪，《詩》諸侯朝天子有偪，則凡行皆有偪。特婦人不用，故婦事舅姑無偪。朱子曰：屨繫，或説爲是，爲行戒者約也。愚謂子事父母，謂男子已冠者也。下文言「男女未冠笄者」，而不顯女子已笄者之禮，蓋女子笄則適人，故略之。其或在室者，則其禮與子婦同也。婦人吉總尺有二寸，則男子之總亦然。刀皆有鞞，左言「刀」，右言「遰」，互見之爾。觿，錐也。字或作「鑴」，是有以金爲之者。小觿以解小結，大觿以解大結。「大觿」與「木燧」相連，蓋鑽燧亦用之也。金燧，以金爲之，《考工記》「金錫半謂之鑒燧之齊」，是也。《司烜氏》「掌以夫遂取明火于日，以鑒取明水于月」，鄭云：「夫遂，陽遂也。」成伯璵謂「冬至日子時鑄銅爲鑒，謂之陽遂；夏至日午時鑄銅爲鑑，謂之陰鑒」。是金遂亦鑒類，其狀相似，欲取火則向日照之，以引取其火也。木燧，以木爲之，春用榆柳，夏用棗杏，夏季用桑柘，秋用柞楢，冬用槐檀，用鑴鑽之以出火，《論語》云「鑽燧改火」是也。火出於日者屬陽，故金燧佩於左；火出於木者屬陰，故木燧佩於右。左所佩凡五物，奇數，陽也。右所佩凡六物，偶數，陰也。孔疏謂「玄冠有纓約，有纓者無笄」，蓋以《士冠禮》皮弁、爵弁有笄，而於冠不言笄耳。然《士冠禮》初加之冠乃大古之緇布冠，其制質略，不獨無笄，且無武矣，未可據此以決玄冠之制也。冕、弁有紘又有笄，冠有纓，何必無笄乎？《國語》范武子以杖擊文子，「折委笄」，註謂「委貌之笄」，則冠之有笄見於此矣。男子有二笄：一爲固髮之笄，一爲固冠之笄。此言「笄」在「冠」上，則爲固髮之笄，而非固冠之笄也。

婦事舅姑，如事父母：鷄初鳴，咸盥、漱，櫛、縰、笄、總，衣紳。左佩紛帨、刀、礪、小觿、金燧，右佩箴、管、線、纊，施縏袠，大觿、木燧，衿纓，綦屨。孫希旦集解：《釋文》：如父母，一本作「如事父母」。衣如字，又於既反。箴，之林反。線，本又作「綫」，息賤反。纊音曠。縏，字又作「槃」，同步干反。袠，陳乙反，又作「帙」。衿，本又作「紟」，其鴆反。嬰，又作「纓」。

鄭氏曰：笄，今簪也。衣紳，衣而著紳。縏，小囊也。縏袠言「施」，明爲箴、管、線、纊有之。衿猶結也。婦人有纓，示繫屬也。孔氏曰：婦人之笄，《喪服》所謂「女子吉笄尺二寸」者也。但婦人之笄異於上男子笄、縰乃皮弁、爵弁之笄，故鄭以簪解之也。衣，謂玄綃衣。熊氏云：「袠，刺也。」以針刺袠而爲縏囊，故云「縏袠」也。餘物皆不言「施」，獨於「箴、管、線、纊」之下而言「施縏袠」，明爲四物而施矣。鄭註《士昏禮》云：「婦人十五許嫁，笄而禮之，因著纓，明有繫。蓋以五采爲之，其制未聞。」未笄無纓。下「男女未冠笄者」亦云「衿纓」，彼用以佩容臭，與此既笄之纓別也。朱子曰：婦人不冠，所謂「吉笄」，即爲固髻之用，亦名爲簪，而非如二弁之笄矣。愚謂男子有二笄：一以固髮，一以固冠。婦人惟有尺二寸之笄以固髮，而因以爲飾，與男子之冠相當，所謂「男子冠而婦人笄」也。而孔氏乃以當皮弁、爵弁之笄，故朱子非之。《特牲禮》「主人服玄端，主婦笄纚綃衣」，是婦人之笄纚綃衣與男子之玄端相當。士大夫以玄端爲常服，則其妻以笄纚綃衣爲常服也。婦人左佩五物，悉與男子同；右佩六物，管、大觿、木燧與男子同，餘三物則異。蓋玦、捍用於射，刀之大者用以割斷，皆非婦人之所當佩，而咸及線、纊則女工之所有事也。陳用之據《士昏禮》壻脱婦纓，謂「事舅姑之纓乃佩容臭之纓，非許嫁之纓」。然香纓惟男女未冠笄者有之，上男子已冠者無此，則婦人可知。《昏禮》「脱纓」，蓋昏夕暫脱之耳，非一脱不復著也。

《禮記·玉藻》 天子玉藻，十有二旒，前後邃延，龍卷以祭。孫希旦集解：《釋文》：藻，本又作「璪」，音早。旒，力求反。邃，雖醉反。延如字，徐餘戰反，《字林》作「綖」，弋善反。卷音衮，古本反。

鄭氏曰：雜采曰藻。天子以五采藻爲旒，旒十有二。前後邃延者，言皆出冕前後而垂也，天子齊肩，延冕上覆也，玄表纁裏。龍卷，畫龍於衣。孔氏曰：藻，謂雜采之絲繩以貫於玉，以玉飾藻，故曰「玉藻」也。十有二旒者，前後各十有二旒。龍卷，言畫此龍形卷曲於衣。天子之旒十有二就，每一就貫以玉，就間相去一寸，則旒長尺二寸，故垂而齊肩。諸侯以下，各有差降，則九玉者九寸，七玉者七寸，以下各依旒數，垂而長短爲差。旒垂五采玉，依飾射侯之次，從上而下，初以朱，次白，次蒼，次黄，次玄。五采玉既貫徧，周而復始。其三采者，先朱，次白，次蒼。二采者，先朱，後緑。又《王制》疏曰：凡冕之制，皆玄上纁下，以木版爲中，以三十升玄布衣之於上，謂之延。以朱爲裏，但不知用布繒耳。當以繒爲之，以其前後旒用絲故也。按《漢禮器制度》，廣八寸，長尺六寸也。又董巴《輿服志》云：「廣七寸，長尺二寸。」皇氏謂「此爲諸侯冕」。應劭《漢官儀》廣七寸，長八寸，皇氏以爲卿大夫冕。若如皇氏言，豈董巴專記諸侯，應劭專記卿大夫？蓋冕隨代變異，大小不同，今依《漢禮器制度》爲定。愚謂《司服》王冕有六，而大裘之冕爲最尊，祭天之所服也。凡冕之旒數，與衣之章數相配，大裘襲十二章之衣，其冕亦十二旒，則天數也。衮冕九章則九旒，鷩冕七章則七旒，毳冕五章則五旒，絺冕三章則三旒，玄冕一章宜一旒，而一旒不可以爲飾，進而與絺冕同，此《弁師》所以止言「五冕」也。王祭天之冕，其旒前後各十有二，每旒之上，以五采玉爲飾，又以五采絲爲繩，以繫玉，謂之藻。其玉之數與藻之就數，亦皆十二，故曰「天子玉藻，十有二旒」。《聘禮記》：「繅六等，朱、白、蒼。」圭藻之色，以五行相尅爲次，冕藻亦然。五采則次以黄，又次以玄也。五色玉之次，亦當與藻同。王之冕自衮服以下，其旒數雖有差降，而每旒皆五采玉十二，皆五采藻十二就，則與十二旒之冕同。《弁師》云「王之五冕，皆玄冕，朱裏，延、紐，五采繅十有二就，皆五采玉十有二」是也。自公以下，其冕之旒數皆視服章爲差降，然《弁師》「諸侯之繅斿皆九就，瑉玉三采」，則五等諸侯之冕，旒數雖異，而其玉皆三采，繅皆九就也。以此差之，則孤、卿二采而七就，大夫一采而五就，就間皆相去一寸也。孔疏謂「旒之長短依旒數爲差」，則三旒者止三寸，似太短矣。又二采者當以朱、白，一采者當以朱，孔氏據《周禮·典瑞》註，謂「二采用朱、緑」，亦非是。延者，冕之上覆。冕用三十升布，則延之表裏亦皆以三十升布爲之。前後邃延者，延在冕上，其前後皆長出於冕而深邃，邃指延言，不指旒言也。龍卷以祭，謂首服十二旒之冕，又身服龍卷之衣而祭天也。

玄端而朝日於東門之外，聽朔於南門之外，閏月則闔門左扉，立于其中。《釋文》：端音冕，出註，下「諸侯玄端」同。朝，直遥反，篇内皆同。闔，胡獵反。左扉，音非，一本作「則闔門左扉」。按篇内「朝」「玄端」當如字。鄭氏曰：端當作「冕」，字之誤也。玄冕，玄衣而冕也。朝日，春分之禮也。東門、南門，皆謂國門也。明堂在國之陽，每月就其堂而聽朔焉。閏月，非常月也，聽其朔於明堂門中，還處路寢門，終月。孔氏曰：凡衣服，皮弁尊，次以諸侯之朝服，次以玄端。下文「諸侯皮弁聽朔」，「朝服視朝」，今天子皮弁視朝，若玄端聽朔，與諸侯不類。且聽朔大，視朝小，故知端當作「冕」，謂玄冕也。愚謂玄冕者，五冕之服皆玄也。蓋玄冕有指一章之冕言者，《司服》「祭羣小祀前玄冕」，又「卿大夫之服，自玄冕而下」是也。有通指五冕言者，《弁師》「王之五冕皆玄冕」，《郊特牲》「玄冕齋戒」，疏謂「五冕通玄」是也。朝日、聽朔，其服不同。《記》不具言，故但以玄冕該之。《司服》：「王祀四望、山川則毳冕，祭社稷、五祀則絺冕。」日者，天神之尊，在西望、山川之上，《國語》「大采朝日」，「少采夕月」，孔晁以大采爲袞冕是也。少采降於大采，蓋鷩冕與？一章之玄冕，爲冕服之下，若朝日用一章之玄冕，則少采又爲何服乎？諸侯聽朔以皮弁，則天子聽朔不當以一章之玄冕矣。閏月則闔門左扉，立於其中，謂聽朔時也。每月聽朔於明堂之十二室，閏月非常月，於十二室無所當，故闔明堂應門之左扉，而立於其中以聽朔也。還則居路寢門終月，《大史》「閏月，詔王居門終月」是也。【略】

皮弁以日視朝，遂以食，日中而餕，奏而食。日少牢，朔月大牢。五飲：上水、漿、酒、醴、酏。卒食，玄端而居。孫希旦集解：《釋文》：酏，以支反。

鄭氏曰：餕，食朝之餘也。奏，奏樂也。上水，水爲上，其餘次之。天子服玄端燕居。孔氏曰：皮弁視朝，遂以朝食，所以敬養身體。餕尚奏樂，即朝食奏樂可知也。月朔禮大，故用大牢。方氏慤曰：王食必以樂侑，所以和其心志，而助氣體之養也。愚謂天子視朝以皮弁服，以白鹿皮爲弁，而以素繒爲衣裳也。舊説謂「皮弁服之衣用十升白布爲之」，非也。衣之差，繒尊於布，玄尊於白，惟深衣、麻衣之屬用白布，玄端及朝服已緇之矣，皮弁尊於朝服，豈反用白布乎？日少牢，朔大牢，重朔以敬始，而殺常日，以爲豐儉之節也。《膳夫》：「王日一舉，鼎十有二物，皆有俎。」蓋每日之少牢，朔月之大牢，皆舉也。鼎十有二物，以舉之尤盛者言之，則專指朔食也。日出而朝食，逮日而夕食，此每日之正食也。餕非正食，在朝食、夕食之間，特餕朝食之餘而已。上水者，以水爲上，貴其自然之性也。《周禮》「六飲」有「涼、醫」而無「酒」，此「五飲」有「酒」而無「涼、醫」，記者所聞異也。卒食，謂既餕之後也。居，燕居也。天子朝皮弁，夕玄端。【略】

年不順成，則天子素服，乘素車，食無樂。

孫希旦集解：氣不順則水旱至，物不成則饑饉生。素服，冠衣皆以素繒爲之也。素車，車不漆者。《周禮・巾車》「王之喪車五乘」，次爲「素車，棼蔽，犬榠，素飾」，是也。《司服》：「大札、大荒、大烖，素服。」《大司樂》：「大札、大凶、大烖，令弛縣。」此皆自貶損，以責己而憂民也。孔氏曰：若其臣下，則不恒素服，唯助君禱請之時乃素耳。故《司服》云「士服玄端、素端」，註云：「素端者，爲札、荒有所禱請也。」

諸侯玄端以祭，裨冕以朝，皮弁以聽朔於大廟，朝服以日視朝於內朝。《釋文》：裨，婢支反。大音泰。鄭氏曰：祭先君也。端亦當爲「冕」，字之誤也。孔氏曰：玄端賤於皮弁，下文「皮弁聽朔」，不應玄端以祭，故知亦當爲「玄冕」。愚謂玄冕，亦謂五冕通玄也。《祭統》曰：「君袞冕立于阼，夫人副褘立于東房。」《祭義》獻繭之禮，「夫人副褘受之」。此上公之禮也。然則五等諸侯皆以上服祭其宗廟，公袞冕，侯伯鷩冕，子男毳冕，《記》亦不具言，言「玄冕」以該之。孤、卿、大夫自祭之服，皆降於助祭，而諸侯乃以上服祭者，北面之臣，近君而屈，南面之君，遠王而伸也。裨猶副也，益也。服冕者各以其上服之次爲裨冕，公服袞，自鷩以下爲裨冕；侯伯服鷩冕，自毳以下爲裨冕；子男服毳冕，自絺冕以下爲裨冕也。裨冕以朝者，入天子之國，宜自降下，故不敢服上服而服其次。《覲禮》「侯氏裨冕」，「乘墨車」，裨冕亦乘墨之義也。聽朔者，天子頒來歲十二月之朔於諸侯，諸侯受而藏之祖廟，每至月朔，以特羊告廟，受而聽之，謂之朝廟。天子聽朔於明堂，明受之天與祖也。諸侯聽朔於大廟，明受之王與祖也。朝服，玄端而緇衣、素裳也。《士冠禮》：「主人玄冠朝服，緇帶素韠。」凡裳與韠同色，故知朝服素裳。凡言「朝服」者，皆此服也。內朝，路寢門外之正朝也。皮弁聽朔，朝服視朝，皆降於天子也。孔氏曰：每月以朔告神，謂之告朔，《論語》云「告朔之餼羊」是也。於時聽此月朔之事，謂之聽朔，此《玉藻》文是也。聽朔又謂之視朔，文十六年「公四不視朔」是也。告朔又謂之告月，文六年「閏月不告月」是也。行此禮，天子於明堂，諸侯於大祖廟，訖，然後祭於諸廟，謂之朝享，《司尊彝》云「朝享」是也。按天子告朔於明堂，無祭於祖廟之禮。《司尊彝》言「朝享」，謂大祫之祭也。又謂之朝廟，文六年云「猶朝于廟」是也。又謂之朝正，襄二十九年「釋不朝正于廟」是也。又謂之月祭，《祭法》云「皆月祭之」是也。盧氏辯曰：臣及命婦祭於君，皆盡其服，自祭於家降一等，陰爵不敢申也。君與夫人皆申其服，《祭統》曰「君袞冕立于阼，夫人副褘立于東房」是也。鄭氏頓貶公侯，使一同玄冕以祭於己，非其差也。且諸侯專國，禮樂車旗，王命有之，何獨抑其服乎？《大戴禮》註。愚謂鄭氏之説，可以決其必不然者三：一則南面之君，與北面之臣近君而屈者不同；二則袞冕、副褘，《祭統》有明文，不應其餘諸侯獨異；三則卿大夫自祭雖不申上服，然大夫朝服，士玄端，而《雜記》所言，則又有服爵弁者。其爲差等如此。若五等諸侯不辨命數，並服玄冕自祭，是反貶於其臣。以是知玄冕以祭，必非一章之玄冕也。孔氏曰：天子諸侯皆三朝：《大僕》云「掌燕朝之服位」，註云「燕朝，朝於路寢之庭」，是一也。《司士》云「正朝儀之位」，註云「此王日視朝事於路門外」，是二也。《朝士》云「掌外朝之法」，註云「外朝在庫門之外，臯門之内」，是三也。諸侯三朝者，《文王世子》云「公族朝於内朝」。路寢朝，是一也。《世子》又云「其在外朝，司士爲之」，與此「視朝於内朝」，皆謂路寢門外朝，是二也。此云「内朝」，對中門外朝爲內；《文王世子》云「外朝」，對路寢庭爲外也。此據路寢門外而稱「內朝」，則知中門之外別更有朝，是諸侯中門外、大門內又有外朝，是三朝也。諸侯三門：尋常諸侯，中門爲應門，外有臯門，若魯則庫、雉、路也。愚謂天子諸侯皆有三朝：一爲燕朝，一爲治朝，一爲外朝。此言「視朝於內朝」，即治朝也。燕朝在路寢庭，故《燕禮》「公立于阼階下」。治朝在路門外，故《司士》「正朝儀之位」：「王族故士、虎士在路門之右」，「大僕、大右、大僕從者在路門之左」。若外朝，則在大門之外。《聘禮》「賓至于朝」，「公迎賓于大門內，賓入門」。又《聘禮》「歸饔餼」，「明日，賓拜于朝」，鄭註云：「拜謝主君之惠於大門外。」賈疏云：「直言『賓拜於朝』，無『入門』之文，故知在大門外。」又《聘禮》賓死，「介復命，柩止于門外」，鄭云：「門外，大門外也。必以柩造朝者，達其忠心。」是諸侯外朝在大門外明矣。天子外朝所在，雖無明文可見，然《周禮・朝士》：「掌建外朝之法：左九棘，孤、卿、大夫位焉，羣士在其後；右九棘，公、侯、伯、子、男位焉，羣吏在其後；面三槐，三公位焉，州長、衆庶在其後。」若朝位在門內，則當取節於門，今乃以槐、棘表位，亦必因朝位在門外，無可取節，故樹槐、棘以表臣民之位也。蓋外朝乃大詢衆庶之所，其人衆多而龐雜，故在大門之外，而且掌之以刑官之屬，以致其嚴肅之意。此疏謂「諸侯外朝在中門外、大門內」，鄭氏《朝士》註謂「外朝在庫門外、皐門內」，皆恐非是。又諸侯有庫門、雉門，無應門、皐門，説見《明堂位》。

朝，辨色始入。君日出而視之，退適路寢聽政，使人視大夫，大夫退，然後適小寢釋服。

朝，謂臣朝君也。辨色，昧爽之後也。臣入常先，君出恒後，尊卑之體然也。小寢，燕寢也。諸侯正寢一，燕寢三。君既退適路寢，卿大夫亦治事於治朝之左右，或事有當入謀於君者，若孔子攝齊升堂是也。故君未可即退，俟大夫治事畢退朝，然後退適小寢釋服也。此雖言諸侯禮，其實天子亦然。

鄭氏曰：釋服，服玄端。

《論語·子罕》 子曰：「麻冕，禮也；今也純，儉，吾從衆。」孔安國曰：「冕，緇布冠也。古者績麻三十升布以爲之。純，絲也。絲易成，故從儉。」劉寶楠《正義》曰：「麻」者，枲麻，績其皮以爲布。而冕用之，故曰「麻冕」。《白虎通·紼冕篇》：「麻冕者何？周宗廟之冠也。《禮》曰『周冕而祭』，又曰『殷冔夏收而祭』，此三代宗廟之冠也。」冕所以用麻爲之者，女工之始，示不忘本也。《左》桓二年孔穎達：「《論語》『麻冕』，蓋以木爲幹，而用布衣之，上玄下朱，取天地之色。」又云：「冕以木爲幹，以玄布衣其上，謂之綖。」此冕用麻之制也。鄭玄此注云：「績麻三十升以爲冕。」「純」當爲「緇」，黑繒也。三十升者，鄭玄注《喪服》云：「八十縷爲升。」「升」字當爲「登」，登，成也。今之禮皆以登爲升，俗誤已行久矣。然則此云「三十升」，亦是依俗爲文。一升八十縷，三十升是二千四百縷，鄭依漢制，推古布幅廣二尺二寸，以二尺二寸布廣之度，容二千四百縷，是細密難成，故不如用緇帛之儉也。蔡邕《獨斷》謂「用三十六升布」，則太密，非所容矣。《釋文》：「純，順倫反，絲也。鄭玄作側基反。」側其之音爲「緇」，其實鄭依古字作「紂」，「紂」篆與「純」相似，故致誤。《禮·玉藻》「純組綬」，鄭玄注：「純當爲緇，古文緇字，或作系旁才。」《周官·媒氏》「純帛」，鄭玄注：「純實緇字也，古緇以才爲聲。」此鄭破「純」爲「緇」之例。

子見齊衰者，冕衣裳者與瞽者，見之，雖少，必作；過之，必趨。包曰咸：「冕者，冠也，大夫之服。瞽，盲也。作，起也。趨，疾行也。此夫子哀有喪，尊在位，恤不成人。」劉寶楠正義曰：「見」謂目所接遇，非以禮往來也。前言「見」，後復言「見之」者，稱「見之」與「過之」，文相儷也。《説文》：「齌，緶也。從衣，齊聲。」《廣雅·釋詁》：「襀，緶也。」「襀」、「齌」同，古字本作「齊」。《釋名·釋喪制》云：「齊，齊也。」言緝其衣裳之邊際而整齊之也是也。《喪服記》：「衰長六寸，博四寸。」《説文》：「縗，喪服衣，長六寸，博四寸，直心。從糸，衰聲。」是「衰」即「縗」省。《論語釋文》：「衰，七雷反。」其字或從糸作「縗」，與《説文》合。賈公彦《喪服記》疏：「衰綴於衣，衣統名爲衰。」《通典引》雷次宗説：「衰者，當心六寸布也，在衣則衣爲衰，在裳則裳爲衰。男子離其衣裳，故衰獨在衣上；婦人同爲一服，故上下共稱也。」《喪服記》：「凡衰外削幅，裳內削幅。」言「凡」者，明五服皆有衰也。外削服者，言縫之邊幅向外也。內削幅者，言縫之邊幅向內也。據禮，齊衰有三年、杖期、不杖期、三月之異，所謂「四齊」也。江氏永《鄉黨圖考》：「案五服一斬四齊，第言『見齊衰』者，舉齊以兼斬也。」由江説推之，則此文「齊衰」亦當兼斬言。《喪服傳》：「斬者何？不緝也；齊者何？緝也。」斬衰服重，齊衰服輕，《論語》是舉輕以該重矣。《釋文》：「冕音免。鄭本作弁，云『魯讀弁爲絻，今從古』。」陳氏鱣《古訓》：「《説文》：『兗，冕也。從皃，象形。弁或皃字。冕，大夫以上服也。從冃，免聲。絻，或從糸。』蓋古論作兗，《魯論》作冕，字本相似也。」案：《周官·司服》：「卿大夫之服，自玄冕而下如孤之服。士之服，自皮弁而下如大夫之服。」此上下通制，故侯國同之。冕、弁各異，《説文》以「冕」訓「兗」者，散文或通稱也。鄭玄依《古論》作「弁」者，「冕」、「弁」義雖兩通，但言「弁」可以該「冕」，言「冕」不可以該「弁」，猶之「齊衰」，言「齊」可該斬，若言斬則不得該齊也。《白虎通·紼冕篇》：「弁之爲言攀也，所以攀持其髮也。」鄭玄注《士冠禮》云：「弁名出於槃。槃，大也，言所以自光大也。」任氏大椿《弁服釋例》：「《士冠禮》賈公彦疏：『冕者，俛也。低前一寸二分，故得冕稱。其爵弁則前後平，故不得冕名。』」案：爵弁既以弁名，則其狀當似弁，不特弁下無旒，及前後延平，異於冕也。考《釋名》：「弁如兩手相合抃時也。以爵韋爲之，謂之爵弁；以鹿皮爲之，謂之皮弁；以韎韋爲之，謂之韋弁也。」然則此三弁，皆作合手狀矣。其延下當上鋭下圜。案：《雜記》：「大夫冕而祭於公，士弁而祭於公。」又《禮運》：「冕弁兵革藏於私家，非禮也。」是冕弁皆藏公所，大夫士行禮時，於公所取服之。故《孟子》以夫子去魯，不税冕而行爲微罪，明助祭後，當税冕仍藏公所也。《曾子問》：「尸弁冕而出，卿大夫士皆下之，尸必式。」「出」謂出廟門，非謂出大門在道上也。若然，夫子得見冕衣裳者，意即在公時所見。其過之，謂行出其前也。閻氏若璩《釋地三續》、汪氏中《經義知新記》並謂「夫子見冕衣裳，是見其人當服此者，不必真見其服」，非也。錢氏大昕《潛研堂文集》亦疑冕是祭服，非夫子燕居所見，遂據《魯論》作「絻」，以「冕」即「絻」之譌，「絻」與「免」同。《士喪禮》：「衆主人免于房。」《喪服記》：「朋友皆在他邦，袒免。」先儒以爲免象冠，一寸，用麻布爲之。齊衰，服之重者；絻，服之輕者。舉其至重與至輕者，而五服統之《古論》作「弁」，疑即《司服》所云「吊事之弁經服」，鄭玄彼注云：「弁經者，如爵弁而素，加環經也。」此以「冕」爲「絻」譌。絻與齊衰，同爲喪服，亦是彊别爲義，不必與經旨相應也。裳者，在下之服。《毛詩·七月》毛亨傳：「上曰衣，下曰裳。」《説文》：「常，下裠也。裳，常或從衣。」於禮玄冕爵弁服皆紂衣纁裳，皮弁服素衣素裳，韋弁服則衣韎韋，裳或朱或素也。「少」，謂年少也。《史記·孔子世家》：「見齊衰、瞽者，雖童子必變。」以童子爲少者，此安國故也。禮，四十始仕，此童子得服冕或弁者，春秋時，世卿持位，不嫌有年少已貴仕也。皇本「少」下有「者」字，《宋石經》「趨」作「趍」。注「冕者」至「行也」。劉寶楠《正義》曰：《説文》云：「冕，大夫以上冠也。」《司服》云：「公之服，自衮冕而下如王之服；侯伯之服，自鷩冕而下如公之服；子男之服，自毳冕而下如侯伯之服；孤之服，自希冕而下如子男之服；卿大夫之服，自玄冕而下如孤之服。」是大夫有玄冕。玄者，衣無文，裳刺繡而已。

《論語·鄉黨》 疾，君視之，東首，加朝服，拖紳。【注】包咸曰：「夫子疾，處南牖之下，東首。加其朝服，拖紳。紳，大帶。不敢不衣朝服見君。」【略】《既夕記》云：「徹褻衣，加新衣。」鄭玄注云：「故衣垢汙，爲來人穢惡之。」賈公彦疏云：「徹褻衣，謂故玄端。加新衣者，謂更加新朝服。《喪大記》亦云：『徹褻衣，加新衣。』鄭玄注云：『徹褻衣，則所加者新朝服矣。』必知褻衣是玄端，新衣是朝服者，據《司服》士之齊戒服玄端，則疾者與養疾者皆齊，明服玄端矣。」案：以賈公彦疏語推之，人平時服深衣，疾時齊服玄端，人來視疾亦然。君來視疾，易以朝服；君去，仍服玄端。及臨死徹去玄端服，加以朝服，則二《禮》所云「新衣」也。

《論語・先進》 子路、曾皙、冉有、公西華侍坐。子曰：「以吾一日長乎爾，毋吾以也。居則曰：『不吾之也。』如或知爾，則何以哉？」【略】「赤！爾何如？」對曰：「非曰能之，願學焉。宗廟之事，如會同，端章甫，願爲小相焉。」【注】鄭玄曰：「我非自言能，願學爲之。宗廟之事，謂祭祀也。諸侯時見曰會，殷頫曰同。端，玄端也。衣玄端，冠章甫，諸侯日視朝之服。小相，謂相君之禮。」劉寶楠正義曰：「宗廟之事」，鄭玄注指祭祀。胡氏紹勳《拾義》云：「宗廟之事，祭祀在其中，獨此經不得指祭祀，宜主朝聘而言。下言『如會同』者，會同不在廟而在壇，舉『宗廟』不言『朝聘』，舉『會同』不言『壇坫』，皆互文見義。如『不見宗廟之美，百官之富』，言『宗廟』可該禮器，言『百官』可該朝廷也。」案：胡説是也。大夫士助祭，無用端服者，則宗廟爲朝聘可知。「如會同」者，如，猶與也。金氏鶚《禮説》：「案會同之禮，非必諸侯會同於天子也。《左》襄四年《傳》云：『《文王》，兩君相見之樂也。』杜預注以『諸侯會同』解『兩君相見』。孔穎達疏云：『朝而設享，是亦二君聚會，故以會同言之。』《爾雅・釋詁》云：『會，合也。』又云：『會，對也。』《説文》云：『同，合會也。合，合口也。』是『會同』二字本義，原止二人相合。《曲禮》云：『諸侯相見于郤地曰會。』《春秋》所書『公會某君于某』，皆兩君相見也。相見于郤地，可謂之會，則相見於宗廟之中，亦可謂之會矣。此會同之小者也。至於十餘君聚會，不于廟而于壇，則會同之大者也。《左》定四年《經》云：『公會劉子、晉侯、宋公、蔡侯、衛侯、陳子、鄭伯、許男、曹伯、莒子、邾子、頓子、胡子、滕子、薛伯、杞伯、小邾子、齊國夏于召陵。五月，公及諸侯盟于皋鼬。』《傳》云：『衛子行敬子言於靈公曰：「會同難，嘖有煩言，莫之治也。其使祝佗從。」』此十餘君聚會稱會同之證。十餘國聚會，所謂『嘖有煩言』者，必貴有言語之才以爲相，若兩君相見，則長於禮樂者可爲相也。公西華志於禮樂，則其所謂『會同』者，必指兩君相見言之。」又云：「兩君相見，自在宗廟之中。爲諸侯之事，故曰『宗廟會同，非諸侯而何』？自注宗廟之事不一，而會同其一事也，故曰『宗廟之事，如會同』。如字乃指點詞，非更端詞。」案：金説是也。《左》僖八年《傳》云：「不赴於同。」《春秋繁露・竹林篇》：「會同之事，大者主小。」又云：「齊頃公即位九年，未嘗肯一與會同之事。」《王道篇》：「諸侯會同，賢爲主，賢賢也。」據此諸文，明列國會盟稱會同也。惟「如」字作指點詞，與王氏訓「與」者義異。愚以下文言「宗廟會同」，明宗廟有專指之事。則「如」訓爲「與」，王義自優，而宗廟之事，必如胡氏以爲朝聘，乃合經旨。「端章甫」者，鄭君注爲《諸侯視朝之服》，然此是相者所服，於諸侯無涉。《説文》云：「禔，衣正幅。從衣，耑聲。」段氏玉裁注：「凡衣及裳，不邪殺之幅曰禔。」《左傳》：「端委。」杜預注：「禮衣端正無殺，故曰端。」今案：「禔」是正幅之名，故《説文・巾部》「幝」下曰「正耑裂」。今經傳皆作「端」，自是同音段借。凡朝祭之服，皆用正幅，通得端名，故《樂記》言「魏文侯端冕而聽古樂」，是祭服名端也。《左傳》言「太伯端委以治周禮」，是朝服名端也。胡氏紹勳《拾義》：「古時布廣二尺二寸。端用正幅，衣形正方，自衮鷩至玄端服不同，而其爲端則同，何論朝服也？《周禮・司服》：『士之服，自皮弁而不如大夫之服。其齊服，有玄端素端。』康成注云：『端者，取其正也。士之衣袂，皆二尺二寸而屬幅，是廣袤等也。其袪尺二寸，大夫已上侈之。侈之者，蓋半而益一。半而益一，則其袂三尺三寸，袪尺八寸。』賈氏公彦疏云：『其袪尺二寸，據《玉藻》「深衣之袪尺二寸」而言也。』陳氏《禮書》云謂之端，則衣袂與袪廣袤等矣，無大夫士之辨也。果士之袪殺於袂尺，非端也。大夫之袂，侈以半而益一，亦非端也。」夏氏炘《學禮管釋》又謂「男子五冕服、五衮服皆端，惟吊服弁經侈袂，婦人服侈袂」，亦以鄭氏爲誤。案大夫以上侈袂，鄭君此説，必非無據。侈袂謂侈於士之袂一尺一寸也。蓋士之袂，以布一幅爲之。大夫以上之袂，加半幅布，故曰「半而益一」。然袂雖侈，仍用正幅，何妨得有端名？陳、夏二君之疑，殊所未曉。《釋名・釋衣服》云：「玄端，其袖下正直端方，與要接也。」此亦舉玄端以例其餘耳。朝服是緇衣素裳，玄端則玄衣，而裳無定色。緇、玄色近，緇是七入之黑，玄是六入之黑，故《禮》或稱朝服爲玄端，而冠亦同用玄色，謂之玄冠。其不同者，惟裳與韠諸飾。《士冠禮》：「玄端，玄裳、黄裳、雜裳可也，緇帶爵韠。」鄭玄注云：「玄端，即朝服之衣，易其裳耳。上士玄裳，中士黄裳，下士雜裳，前玄後黄。」胡氏培翬《正義》：「玄裳、黄裳、雜裳三等裳，以配玄端，乃士服。《特牲饋食記》云：『玄端，玄裳、黄裳、雜裳可也，皆爵韠。』與此同。」又云：「若大夫以上則有異，大夫玄端用素裳，天子、諸侯用朱裳也。」金氏榜《禮箋》解《士冠禮》云：「『玄端三裳，主論列其服，非差次所服之人。『可也』云者，謂唯其所服服之，不定之辭也。上經『爵弁服纁裳，皮弁服素積』，皆上下通服，則玄端、玄裳、黄裳、雜裳明不專爲士設。經《記》説玄端服，唯見此三裳，然則服玄端者，無異裳，蓋可知也。《玉藻》：『韠，君朱，大夫素，士爵韋。』乃言玄端之韠色不同，猶冕弁服之有韍韐、赤韍，與裳無涉。」其説雖與鄭異，而於經旨實合。蓋韠固從裳色，然亦取其相近。如朱色淺黑，則近於玄，淺赤則近於黄，素色淺白，赤近於黄。凡色之相近，皆可配以爲用，不必裳、韠同用一色也。《荀子・哀公篇》：「端衣、玄裳，絻而乘路者，志不在於食葷。」云「絻而乘路」，則爲天子冕服，蓋冕服亦通名端。當用纁裳，而云「玄裳」，纁、玄色近，玄即纁也。天子冕服有玄裳，則玄裳非但爲上士所服矣。朝聘會同擯相之服，經無明文，舊説謂「君臣同服」。《聘禮》賓主既同用皮弁，則擯介亦當用皮弁，而朝與會同皆爲皮弁可知。此於經無徵，直以意爲之説。案：《士冠禮》：「主人玄端爵韠，擯者玄端，賓如主人服，贊者玄端從之。」賈公彦疏云：「擯者不言『如主人服』，別言『玄端』，則與主人不同可知。」然則主人玄端爲士之正服，擯者玄端爲朝服。合之《論語》此文，有朝聘會同，則凡士之爲擯者，自助祭外，皆用朝服，而非皮弁可知。然朝服當云「委貌」，今云「章甫」者，以章甫與委貌同爲玄冠也。《郊特性》、《士冠記》並云：「委貌，周道也；章甫，殷道也；毋追，夏后氏之道也。」鄭玄注《士冠記》云：「委猶安也，言所以安正容貌。章，明也。殷質，言以表明大夫也。甫或爲父。毋，發聲也。追，猶堆也。夏后氏質，以其形明之。三冠皆所服以行道也，其制之異同未之聞。」《白虎通·紼冕》云：「所以謂之委貌何？周統十一月爲正，萬物始萌小，故爲冠飾最小，故曰委貌。委貌者，言委曲有貌也。殷統十二月爲正，其飾微大，故曰章甫。章甫者，尚未與極其本相當也。夏統十三月爲正，其飾最大，故曰毋追。毋追者，言其追大也。」案：此則三代冠制稍有大小之差，班言其形，鄭君兼釋其義，互相備耳。周用六代禮樂，當時本有章甫，爲大夫士之冠，故夫子冠章甫之冠。魯人誦孔子，亦云「衮衣章甫」，及此子華，又言「端章甫」，皆當時禮冠用章甫之證。若當時未有此制，而夫子與子華乃舍周之委貌，而服殷冠，是畔民也。乃解者疑其與《禮》不合，又以子華爲謙。夫子華能爲大相，而謙言「小相」可也。未有舉其禮服，而亦謙不敢用，且未聞以前代之制，而用爲謙言，此亦理之未可達矣。「小相」者，言諸侯有宗廟會同之事，已爲小相，佐助君也。上篇夫子曰：「赤也，束帶立於朝，可使與賓客言也。」與賓客言，是大相之事，則赤言「小相」爲謙可知。《大戴禮·衛將軍文子篇》：「子貢曰：『志通而好禮，擯相兩君之事，篤雅其有禮節也，是公西赤之行也。孔子曰：「禮儀三百，可勉能也，威儀三千，則難也。」公西赤問曰：「何謂也？」孔子曰：「貌以擯禮，禮以擯辭，是之謂也。」孔子之語人也曰：「當賓客之事則通矣。」謂門人曰：「二三子欲學賓客之禮者，於赤也。」』」觀此，則子華爲相，是自道其實。然舊時解此節，以宗廟爲天子之宗廟，會同爲諸侯見天子之禮，端章甫爲諸侯之服。夫赤自思爲諸侯，其妄已甚，而會同之禮，諸侯當服裨冕，不聞用玄端章甫，宜閻氏若璩《四書釋地又續》、凌氏廷堪《禮經釋例》皆斥其謬也。【略】

《大戴禮記·四代》 天子盛服朝日于東堂，以教敬示威于天下也。盛服朝日者，《魯語》曰：「天子大采朝日。」《玉藻》曰：「玄端而朝日于東門之外。」鄭注云：「『端』當爲『冕』，字之誤也。朝日，春分之時也。」聘珍謂：東堂，壇上之堂也。鄭注《司儀》云「天子春帥諸侯拜日于東郊」，則爲壇于國東。又云「壇十有二尋，方九十六尺」，則堂上二丈四尺。教敬示威者，賈氏《司儀》疏云：「天子親自拜日禮月之等，是尊尊之法，教諸侯以下尊敬在上者也。」《爾雅》曰：「威，則也。」

《大戴禮記·諸侯遷廟》 徙之日，君玄服，從者皆玄服。玄服，謂玄冕服也。《玉藻》曰：「諸侯玄端以祭。」鄭注云：「祭先君也。『端』亦當爲『冕』，字之誤也。」從者皆玄服者，《雜記》曰：「大夫冕而祭於公。」《周禮》曰：「卿大夫之服，自玄冕而下。」聘珍謂：諸家舊說並云「練而遷廟」，與此節經文大相剌謬矣。《喪服小記》曰：「練，筮日、筮尸、視濯，皆要絰、杖、繩屨。」《檀弓》曰：「練，練衣黃裏，縓緣，葛要絰，繩屨無絇，角瑱，鹿裘衡長袪，袪，裼之可也。」《閒傳》曰：「期而小祥，練冠，縓緣，要絰不除。」《喪服》曰：「布總箭笄髽，衰三年。」據此諸經明文，並無練而冕服之禮。若如舊説練而遷廟，遷廟而冕服，且與羣經悖矣。

《大戴禮記·諸侯釁廟》 成廟，釁之以羊。盧注云：「廟新成而釁者，尊而神之也。」聘珍謂：釁者，殺性以血塗之也。以羊者，《羊人職》曰：「凡釁積，共其羊牲。」君玄服立於寢門內，南向。祝、宗人、宰夫、雍人皆玄服。君玄服，謂玄冕服。鄭注《玉藻》云：「玄衣而冕，冕服之下。」又云：「玄冕，諸侯祭宗廟之服。」釁廟爲有事於宗廟，故服祭服以命之。《雜記》曰「釁廟畢，反命於寢」，君朝服者，謂命事之後，仍服朝服矣。《雜記》文與此經互相備，非謂命事亦朝服也。寢門，路門也。祝、宗人，接神之官。宰夫，以式法掌祭祀之戒具。雍人，食官也。皆玄服者，玄衣纁裳也。《雜記》曰：「祝、宗人、宰夫、雍人，皆爵弁純衣。」孔疏云：「爵弁者，士服也。純衣謂絲衣，則玄衣纁裳也。」鄭注《司服》云：「凡冕服，皆玄衣纁裳。」

《大戴禮記·朝事》 諸侯相朝之禮，各執其圭瑞，服其服，乘其輅，建其旌旂，施其樊纓，從其貳車，委積之以其牢禮之數，所以別義也。執其圭瑞者，《典瑞職》曰：「公執桓圭，侯執信圭，伯執躬圭，子執穀璧，男執蒲璧，以朝覲宗遇會同於王，諸侯相見亦如之。」服其服者，皮弁服也。《曾子問篇》曰：「諸侯相見朝服而出視朝。」孔疏云：「熊氏云：『此朝服謂皮弁服，以天子用以視朝，故謂之朝服。』《論語》曰：『吉月必朝服而朝。』注云：『朝服，皮弁服也。』必知朝服皮弁服者，《聘禮》諸侯相聘皮弁服，明相朝亦皮弁服，此義爲勝也。」少曰委，多曰積。凡諸侯之禮，上公五積，侯伯四積，子男三積。牢禮之數，《周禮·掌客》備焉。

《大戴禮記·公冠》 公冠自爲主，迎賓，揖升自阼，立于席。《士冠禮》，將冠者之父爲主人，迎賓出門左，西面再拜。至于廟門，揖入，立于序端，西面。此經云立于席者，盧注云：「入堂深，異於士。」既醴，降自阼。《士冠禮》，賓醴冠者，冠者奠觶于薦東，降筵，北面坐取脯，降自西階。此經云降自阼者，盧注云：「君尊，故其降也不使就賓階也。」其餘自爲主者，其降也自西階以異，其餘皆與公同也。下經云：「太子與庶子，其冠皆自爲主。」盧注云：「自西階以異，不敢終於正。其餘與公同者，謂迎賓、升阼之等。」公玄端與皮弁皆韠，朝服素韠。盧注云：「玄端，緇布冠及玄冠之服也。《玉藻》曰：『始冠緇布之冠，自諸侯達，冠而敝之可也。』二服皆韠也。古者田狩而食其肉，衣其皮，先以兩皮如韠以蔽其前後。及後世，聖人易之以布帛，猶存其蔽前，示不忘古。尊祭服，異其名曰韍。其制，上廣一尺，下廣二尺，長三尺，其頸五寸，肩革帶博二寸。玄端，諸侯之服。皮弁，天子之朝服。韠從裳色，皆素也。」聘珍謂：玄端，諸侯視朝之服。皮弁，諸侯視朔之服。經言朝服，即玄端也。鄭注《論語》云：「衣玄端，冠章甫，諸侯日視朝之服。」注《周禮·司服》云：「冠弁，委貌。其服緇布衣，亦積素以爲裳，諸侯以爲視朝之服。」賈疏云：「委貌若以色言，則曰玄冠也。」鄭注《王制》云：「玄衣素裳，其冠則牟追、章甫、委貌也。諸侯以天子之燕服爲朝服。」《玉藻》曰：「天子玄端而居也。」《士冠禮》曰：「皮弁服，素積，緇帶，素韠。」鄭注云：「皮弁，與君視朔之服也。皮弁者，以白鹿皮爲冠，象上古也。以素爲裳，辟積其要中。皮弁之衣用布十五升。」經云朝服素韠者，《論語疏》云：「玄端者，其衣正幅，染之玄色，故曰玄端。若以素爲裳，即是朝服。若上士，以玄爲裳，中士以黄爲裳，下士以雜色爲裳，天子諸侯以朱爲裳，則皆謂之玄端，不得名爲朝服也。」公冠四加玄冕。緇布冠、皮弁、爵弁，士冠禮之三加也。孔氏《冠義》疏云：「士禮故三加也。若諸侯之禮，其加則四加，而有玄冕也。故《大戴禮》『公冠四加』也。諸侯尚四加，則天子亦當五加衮冕也。」饗之以三獻之禮，無介，無樂，皆玄端。饗，饗賓也。介，賓之輔。《士冠禮》，醴賓以一獻之禮，贊冠者爲介。盧注云：「無介者，於饗而贊冠者退爲衆賓者，君禮於臣本無介也。無樂，亦饗時也。冠禮一舉樂可也。《春秋左氏傳》曰『以金石之樂節之』，謂冠之時爲節也。皆玄端，君臣同服也。」其醻幣朱錦采，四馬，其慶也同。鄭注《士冠禮》云：「飲賓客而從之以財貨曰酬。」幣朱錦采，謂朱色之帛，采色之錦。《説文》云：「錦，襄邑織文。」《士冠禮》「主人酬賓束帛儷皮」，賈疏云：「《大戴禮》云『禮幣采飾而四馬』，是大夫禮與士異也。」慶，賞也，謂慶賓。同者，同以幣朱錦采四馬也。天子擬焉。擬，比也。言天子冠禮比諸侯，故下經成王冠，不言其禮也。

太子與庶子，其冠皆自爲主，其禮與士同，其饗賓也皆同。此言天子之太子、庶子也。盧注云：「《士冠禮記》曰：『天子之元子，猶士也。天下無生而貴者也。』」

《大戴禮記·本命》 故以四舉，有恩，有義，有節，有權。《喪服四制》曰：「喪有四制，變而從宜，取之四時也。有恩，有理，有節，有權，取之人情也。恩者，仁也。理者，義也。節者，禮也。權者，知也。仁義禮知，人道具矣。」恩厚者其服重，故爲父斬衰三年，以恩制者。鄭云：「服莫重斬衰也。」賈氏《儀禮疏》云：「斬衰裳者，謂斬三升布以爲衰裳。不言裁割而言斬者，取痛甚之意。」門内之治恩掩義，門外之治義斷恩，資於事父以事君而敬同，貴貴尊尊，義之大者也，故爲君亦服斬衰三年，以義制者也。鄭云：「資猶操也。貴貴，謂爲大夫君也。尊尊，謂爲天子諸侯也。」三日而食，三月而沐，朞而練，毁不滅性，不以死傷生，喪不過三年，苴衰不補，墳墓不坯，同於丘陵，除之日鼓素琴，示民有終也，以節制者也。盧注云：「食，食粥也。沐，將虞時。苴衰不補，異於吉，無飾也。鼓素琴，漸有終，因省哀。」鄭云：「補、培，猶治也。鼓素琴，始存樂也。三年不爲樂，樂必崩。」聘珍謂：練，小祥也。小祥而著練冠，練中衣，故曰練也。苴，麻之有蕡者也，所以爲首絰、要絰、絞帶者。凡喪服，上曰衰，下曰裳。又衰廣四寸，長六寸，綴之於心，亦曰衰。除之日，祥日也。《雜記》曰：「祥，主人之除也。」「坯」讀曰「培」，益也。孔氏《喪服四制》疏云：「墳墓不培者，培，益也，一成丘陵之後，不培益其土。」資於事父以事母而愛同，天無二日，國無二君，家無二尊，以治之也。父在爲母齊衰朞，見無二尊也。百官備，百制具，不言而事行者，扶而起；言而後事行者，扶而起；身自執事而後事行者，面詬而已。凡此，以權制者也。下「扶」字當爲「杖」。「詬」當爲「垢」。鄭云：「扶而起，謂天子、諸侯。杖而起，謂大夫、士。面垢而已，謂庶民也。」始死三日不怠，三月不解，朞悲號，三年憂，恩之殺也。聖人因殺以制節也。鄭云：「不怠，哭不絶聲也。不解，不解衣而居，不倦怠也。」盧注云：「不解者，不脱絰帶也。因殺制節，謂爲卒哭祥禫之變。」

《管子·立政》 度爵而制服，量禄而用財。飲食有量，衣服有制，宫室有度，六畜人徒有數，舟車陳器有禁。脩生則有軒冕、服位、穀禄、田宅之分，死則有棺槨、絞衾、壙壟之度。雖有賢身貴體，毋其爵不敢服其服；雖有富家多資，毋其禄不敢用其財。天子服文有章，而夫人不敢以燕以饗廟。將軍大夫以朝，官吏以命，士止于帶緣。散民不敢服雜采，百工商賈不得服長鬈求圓反。貂，刑餘戮民不敢服絻，一本作絲。不敢畜連乘車。

《墨子·七患》 君朝之衣不革制。孫詒讓閒詁：君朝之衣，天子皮弁服，諸侯則冠弁服也。《周禮·司服》云：「眡朝則皮弁服」，鄭玄注云：「視朝，視内外朝之事。皮弁之服，十五升白布衣，積素以爲裳」，又「凡甸冠弁服」，鄭玄注云：「冠弁委貌，其服緇布衣，亦積素以爲裳，諸侯以爲視朝之服」，是也。《周書·大匡篇》云：「大荒祭服漱不制。」朝服輕於祭服，不制明矣。蘇時學云：「革，改也。」

《荀子·富國》 故天子袾裷衣冕，楊倞注：「袾」，古「朱」字。裷與衮同。畫龍於衣，謂之衮。朱衮，以朱爲質也。衣冕，猶服冕也。諸侯玄裷衣冕，楊倞注：謂上公也。大夫裨冕，楊倞注：衣裨衣而服冕，謂祭服也。《周禮》「公之服，自衮冕而下，如王之服」也。天子六服，大裘爲上，其餘爲裨。裨之言卑也。以事尊卑服之，諸侯以下亦服焉，鷩冕、絺冕皆是也。士皮弁服。楊倞注：皮弁，謂以白鹿皮爲冠，象上古也。素積爲裳，用十五升布爲之。積，猶辟也。辟蹙其腰中，故謂之素積也。

《荀子·正論》 世俗之爲説者曰：「治古無肉刑而有象刑：楊倞注：治古，古之治世也。肉刑，墨、劓、剕、宫也。象刑，異章服，恥辱其形象，故謂之象刑也。《書》曰「皋陶方施，象刑惟明」，孔安國云：「象，法也。」案《書》之象刑，亦非謂形象也。墨黥；世俗以爲古之重罪，以墨涅其面而已，更無劓、刖之刑也。或曰：「墨黥」當爲「墨幪」，但以墨巾幪其頭而已。盧文弨曰：注「幪」，俗本作「幪」，今從《説文》、《玉篇》改正，下同。慅嬰；當爲「澡嬰」，謂澡濯其布爲纓，鄭玄云：「凶冠之飾，令罪人服之」。《禮記》曰「緦冠澡纓」，鄭玄云：「有事其布以爲纓也。」澡，或讀爲草，《慎子》作「草纓」也。共，艾畢；楊倞注：共，未詳，或衍字耳。艾，蒼白色。畢與韠同，紱也，所以蔽前，君以朱，大夫素，士爵韋。令罪人服之，故以蒼白色爲韠也。盧文弨曰：注「紱」，當作「韍」。菲，對屨；楊倞注：菲，草屨也。「對」，當爲「紂」，傳寫誤耳。紂，枲也，《慎子》作「紂」。言罪人或非或枲爲屨，故曰「菲紂屨」。紂，方孔反。「對」或爲「蒯」。《禮》有「疏屨」，傳曰：「藨蒯之菲也。」殺，赭衣而不純。楊倞注：以赤土染衣，故曰「赭衣」。純，緣也。殺之，所以異於常人之服也。純音準。殺，所介反。《慎子》曰：「有虞氏之誅，以畫跪當黥，以草纓當劓，以履紨當刖，以艾畢當宮。此有虞之誅也。」又《尚書大傳》曰：「唐、虞之象刑，上刑赭衣不純，中刑雜屨，下刑墨幪。」幪，巾也。劉台拱曰：「共」當作「宮」，「菲」當作「剕」，殺當如字讀。言犯墨黥之罪者以草纓代之，宮罪以艾畢代之，剕罪以紨屨代之，殺罪以赭衣不純代之。注引《尚書大傳》及《慎子》之言，正可參證。郝懿行曰：此皆謂古有象刑也。墨，一名黥。此「墨黥」，謂以墨畫代黥，不加刻涅，《慎子》所謂「畫跪當黥」也。（按，今本作「幪巾當墨」。）「慅嬰」，《慎子》作「草纓」，「草」與「慅」，蓋音同假借字耳。《詩》之「勞人草草」，即「慅慅」矣。共，艾畢者，「共」當爲「宮」，亦假借字。《慎子》謂「以艾畢當宮」是也。（今本「畢」作「鞸」。）艾，讀當與刈同，蓋斬艾其鞸以代宮刑也。「對屨」，《慎子》作「履紨」。（今作「菲履」，蓋誤。紨，枲履也。「對」，當爲「紨」。「菲」，當爲「剕」。）殺，赭衣而不純，純，緣也，殺，殺罪也。今《慎子》作「布衣無領當大辟」，「布衣」即「赭衣」，「無領」即「不緣」也，去其衣領以代死刑。《慎子》以爲有虞氏之誅，《尚書大傳》以爲唐、虞之象刑，並與此義合。王念孫曰：「墨黥」二字，語意未完，當有脫文，以《慎子》言「畫跪當黥」，《書大傳》言「下刑墨幪」知之。「慅嬰」上，蓋脫「劓」字，以《慎子》言「草纓當劓」知之。治古如是。」

《荀子·禮論》 卑絻、黼黻、文織，資麤、衰絰、菲繐、菅屨，是吉凶憂愉之情發於衣服者也。楊倞注：卑絻，與裨冕同，衣裨衣而服冕也。裨之言卑也。天子六服，大裘爲上，其餘爲卑，以事尊卑服之，諸侯以下皆服焉。文織，染絲織爲文章也。資與齋同，即齊衰也。麤，麤布也。今麤布亦謂之資。菲，草衣，蓋如蓑然，或當時喪者有服此也。繐，繐衰也。鄭玄云：「繐衰，小功之縷，四升半之衰也。凡布細而疏者謂之繐，今南陽有鄧繐布。」菅，茅也。《春秋傳》曰「晏子杖菅屨」也。盧文弨曰：注「鄧繐布」，今《儀禮》無「布」字。王念孫曰：案《富國篇》曰：「天子袾裷衣冕，諸侯玄裷衣冕，大夫裨冕，士皮弁。」《大略篇》曰：「天子山冕，諸侯玄冠，大夫裨冕，士韋弁。」其制上下不同，此不當獨舉「裨冕」言之。楊以卑絻爲裨冕，未是也。「卑絻」，疑當爲「弁絻」，「弁」，即今「弁」字。「弁絻、黼黻、文織」，皆二字平列，且「弁絻」二字兼上下而言。此篇曰：「弁絻、黼黻、文織。」《君道篇》曰：「冠弁、衣裳、黼黻、文章。」《曾子問》曰：「天子賜諸侯大夫冕弁服。」《禮運》曰：「冕弁兵革。」昭元年《左傳》曰：「吾與子弁冕端委。」九年《傳》曰：「猶衣服之有冠冕。」宣元年《公羊傳》曰：「已練可以弁冕。」僖八年《穀梁傳》曰：「弁冕雖舊，必加於音。」或言「弁冕」，或言「冕弁」，或言「冠冕」，或言「冠弁」，皆二字平列，且兼上下而言，故知「卑絻」爲「弁絻」之誤。《說文》：「覍，冕也。」籀文作「弁」，或作「弁」。今經傳皆作「弁」，而「覍」「弁」「弁」三字遂廢。此「弁」字若不誤爲「卑」，則後人亦必改爲「弁」矣。

《荀子·大略》 天子山冕，諸侯玄冠，大夫裨冕，士韋弁，禮也。楊倞注：山冕，謂畫山於衣而服冕，即袞也。蓋取其龍則謂之袞冕，取其山則謂之山冕。鄭玄注《周禮·司服》云：「古冕服十二章。」「衣五章：初一曰龍，次二曰山，次三曰華蟲，次四曰火，次五曰宗彝，皆畫。裳四章：次六曰藻，次七曰粉米，次八曰黼，次九曰黻，皆繡。」鄭玄注《覲禮》云：「裨之言卑也。天子六服，大裘爲上，其餘爲裨，以事尊卑服之。諸侯亦服焉。」「上公袞無升龍，侯伯鷩，子男毳，孤絺，卿大夫玄。」鄭玄云「大夫裨冕」，蓋亦言裨冕止於大夫，士已下不得服也。韋弁，謂以爵韋爲韠而載弁也。《玉藻》曰「韠，君朱，大夫素，士爵韋」也。

《荀子·哀公》 魯哀公問於孔子曰：「吾欲論吾國之士，與之治國，敢問何如取之邪？」孔子對曰：「生今之世，志古之道，居今之俗，服古之服，楊倞注：志，記識也。服古之服，猶若夫子服逢掖之衣，章甫之冠也。舍此而爲非者，不亦鮮乎！」楊倞注：舍，去。此謂古也。哀公曰：「然則夫章甫、絇屨、紳而搢笏者，此賢乎？」楊倞注：章甫，殷冠。王肅云：「絇，謂屨頭有拘飾也。」鄭康成云：「絇之言拘也。以爲行戒，狀如刀衣鼻，在屨頭。」紳，大帶也。搢笏於紳者也。孔子對曰：「不必然。夫端衣、玄裳、絻而乘路者，志不在於食葷；楊倞注：端衣、玄裳，即朝玄端也。絻與冕同。鄭玄云：『端者，取其正也。』士之衣袂，皆二尺二寸而廣幅，是廣袤等也。其袪尺二寸，大夫以上侈之。侈之者，蓋半而益一焉，則袂三尺三寸，袪尺八寸。路，王者之車，亦車之通名。舍人注《爾雅》云：『輅，車之大者。』葷，蔥、薤之屬也。先謙案：端衣、玄裳、絻而乘路，所以祭也，故志不在於食葷。此下文『黼衣、黻裳者不茹葷，資衰、苴杖者不聽樂』，二喻正同。斬衰、菅屨，杖而啜粥者，志不在於酒肉。楊倞注：《儀禮·喪服》曰：『斬者何？不緝也。』衰長六尺，博四寸，三升布爲之。鄭玄注《喪服》云：『上曰衰，下曰裳。』當心前有衰，後有負板，左右有辟領。孝子哀慼，無不在也。菅，菲也。此言服被於外，亦所以制其心也。生今之世，志古之道，居今之俗，服古之服，舍此而爲非者，雖有，不亦鮮乎！」哀公曰：「善！」

魯哀公問於孔子曰：「紳、委、章甫，有益於仁乎？」楊倞注：紳，大帶也。委，委貌，周之冠也。章甫，殷冠也。鄭玄注《儀禮》云：「委，安也。所以安正容貌。章，表明也。殷質，言所以表明丈夫也。」孔子蹴然曰：「君號然也！資衰、苴杖者不聽樂，非耳不能聞也，服使然也。楊倞注：資與齊同。苴杖，竹也。苴，謂蒼白色自死之竹也。黼衣、黻裳者不茹葷，非口不能味也，服使然也。楊倞注：黼衣、黻裳，祭服也。白與黑爲黼，黑與青爲黻。禮，祭致齊，不茹葷。非不能味，謂非不能知味也。鄭玄注《周禮·司服》云：『玄冕者，衣無文，裳刺黻而已。』且丘聞之：好肆不守折，長者不爲市。竊其有益與其無益，君其知之矣。」

《戰國策》卷一九《趙策二·武靈王平晝閒居》 武靈王平晝閒居，肥義侍坐，曰：「王慮世事之變，權甲兵之用，念簡、襄之迹，計胡、狄之利乎？」王曰：

「嗣立不忘先德，君之道也；錯質務明主之長，臣之論也。是以賢君靜而有道民便事之教，動有明古先世之功。爲人臣者，窮有弟長辭讓之節，通有補民益主之業。此兩者，君臣之分也。今吾欲繼襄主之業，啓胡、翟之鄉，而卒世不見也。敵弱者，用力少而功多，可以無盡百姓之勞，而享往古之勳。夫有高世之功者，必負遺俗之累；有獨知之慮者，必被庶人之恐。今吾將胡服騎射以教百姓，而世必議寡人矣。」

鮑本補曰：《正義》云，胡服，今時服，廢除裘裳也。

肥義曰：「臣聞之，疑事無功，疑行無名。今王即定負遺俗之慮，殆毋顧天下之議矣。夫論至德者，不和於俗；成大功者，不謀於衆。昔舜舞有苗，而禹袒入裸國，非以養欲而樂志也，欲以論德而要功也。愚者闇於成事，智者見於未萌，王其遂行之。」王曰：「寡人非疑胡服也，吾恐天下笑之。狂夫之樂，知者哀焉；愚者之笑，賢者戚焉。世有順我者，則胡服之功未可知也。雖敺世以笑我，胡地中山吾必有之。」

王遂胡服。使王孫緤告公子成曰：「寡人胡服，且將以朝，亦欲叔之服之也。家聽於親，國聽於君，古今之公行也；子不反親，臣不逆主，先王之通誼也。今寡人作教易服，而叔不服，吾恐天下議之也。夫制國有常，而利民爲本；從政有經，而令行爲上。故明德在於論賤，行政在於信貴。今胡服之意，非以養欲而樂志也。事有所出，功有所止。事成功立，然後德且見也。今寡人恐叔逆從政之經，以輔公叔之議。且寡人聞之，事利國者行無邪，因貴戚者名不累。故寡人願募公叔之義，以成胡服之功。使緤謁之叔，請服焉。」

公子成再拜曰：「臣固聞王之胡服也，不佞寢疾，不能趨走，是以不先進。王今命之，臣固敢竭其愚忠。臣聞之，中國者，聰明叡知之所居也，萬物財用之所聚也，賢聖之所教也，仁義之所施也，詩書禮樂之所用也，異敏技藝之所試也，遠方之所觀赴也，蠻夷之所義行也。今王釋此，而襲遠方之服，變古之教，易古之道，逆人之心，畔學者，離中國，臣願大王圖之。」

使者報王。王曰：「吾固聞叔之病也。」即之公叔成家，自請之曰：「夫服者，所以便用也；禮者，所以便事也。是以聖人觀其鄉而順宜，因其事而制禮，所以利其民而厚其國也。被髮文身，錯臂左衽，甌越之民也。黑齒雕題，鯷冠秫縫，大吴之國也。禮服不同，其便一也。是以鄉異而用變，事異而禮易。是故聖人苟可以利其民，不一其用；果可以便其事，不同其禮。儒者一師而禮異，中國同俗而教離，又況山谷之便乎？故去就之變，知者不能一；遠近之服，賢聖不能同。窮鄉多異，曲學多辨，不知而不疑，異於己而不非者，公於求善也。今卿之所言者，俗也。吾之所言者，所以制俗也。今吾國東有河、薄洛之水，與齊、中山同之，而無舟檝之用。自常山以至代、上黨，東有燕、東胡之境，西有樓煩、秦、韓之邊，而無騎射之備。故寡人且聚舟檝之用，求水居之民，以守河、薄洛之水；變服騎射，以備其參胡、樓煩、秦、韓之邊。且昔者簡主不塞晉陽，以及上黨，而襄王兼戎取代，以攘諸胡，此愚知之所明也。先時中山負齊之强兵，侵掠吾地，係累吾民，引水圍鄗，非社稷之神靈，即鄗幾不守。先王忿之，其怨未能報也。今騎射之服，近可以備上黨之形，遠可以報中山之怨。而叔也順中國之俗以逆簡、襄之意，惡變服之名，而忘國事之恥，非寡人所望於子！」

《史記》卷四三《趙世家》 武靈王十九年春正月，大朝信宫。召肥義與議天下，五日而畢。王北略中山之地，至於房子，遂之代，北至無窮，西至河，登黃華之上。召樓緩謀曰：「我先王因世之變，以長南藩之地，屬阻漳、滏之險，立長城，又取藺、郭狼，敗林人於荏，而功未遂。今中山在我腹心，北有燕，東有胡，西有林胡、樓煩、秦、韓之邊，而無彊兵之救，是亡社稷，柰何？夫有高世之名，必有遺俗之累。吾欲胡服。」樓緩曰：「善。」羣臣皆不欲。

於是肥義侍，王曰：「簡、襄主之烈，計胡、翟之利。爲人臣者，寵有孝弟長幼順明之節，通有補民益主之業，此兩者臣之分也。今吾欲繼襄主之跡，開於胡、翟之鄉，而卒世不見也。爲敵弱，用力少而功多，可以毋盡百姓之勞，而序往古之勳。夫有高世之功者，負遺俗之累；有獨智之慮者，任驁民之怨。今吾將胡服騎射以教百姓，而世必議寡人，柰何？」肥義曰：「臣聞疑事無功，疑行無名。王既定負遺俗之慮，殆無顧天下之議矣。夫論至德者不和於俗，成大功者不謀於衆。昔者舜舞有苗，禹袒裸國，非以養欲而樂志也，務以論德而約功也。愚者闇成事，智者覩未形，則王何疑焉。」王曰：「吾不疑胡服也，吾恐天下笑我也。狂夫之樂，智者哀焉；愚者所笑，賢者察焉。世有順我者，胡服之功未可知也。雖驅世以笑我，胡地中山吾必有之。」於是遂胡服矣。

使王緤告公子成曰：「寡人胡服，將以朝也，亦欲叔服之。家聽於親而國聽於君，古今之公行也。子不反親，臣不逆君，兄弟之通義也。今寡人作教易服而叔不服，吾恐天下議之也。制國有常，利民爲本；從政有經，令行爲上。明德先論於賤，而行政先信於貴。今胡服之意，非以養欲而樂志也；事有所止而功有所出，事成功立，然後善也。今寡人恐叔之逆從政之經，以輔叔之議。且寡人聞之，事利國者行無邪，因貴戚者名不累，故願慕公叔之義，以成胡服之功。使緤謁之叔，請服焉。」公子成再拜稽首曰：「臣固聞王之胡服也。臣不佞，寢疾，未能趨走以滋進也。王命之，臣敢對，因竭其愚忠。曰：臣聞中國者，蓋聰明徇智之所居也，萬物財用之所聚也，賢聖之所教也，仁義之所施也，《詩》《書》禮樂之所用也，異敏技能之所試也，遠方之所觀赴也，蠻夷之所義行也。今王舍此而襲遠方之服，變古之教，易古之道，逆人之心，而佛學者，離中國，故臣願王圖之也。」使者以報。王曰：「吾固聞叔之疾也，我將自往請之。」

王遂往之公子成家，因自請之，曰：「夫服者，所以便用也；禮者，所以便事也。聖人觀鄉而順宜，因事而制禮，所以利其民而厚其國也。夫翦髮文身，錯臂左衽，甌越之民也。黑齒雕題，卻冠秫絀，大吳之國也。故禮服莫同，其便一也。鄉異而用變，事異而禮易。是以聖人果可以利其國，不一其用；果可以便其事，不同其禮。儒者一師而俗異，中國同禮而教離，況於山谷之便乎？故去就之變，智者不能一；遠近之服，賢聖不能同。窮鄉多異，曲學多辯。不知而不疑，異於己而不非者，公焉而衆求盡善也。今叔之所言者俗也，吾所言者所以制俗也。吾國東有河、薄洛之水，與齊、中山同之，無舟楫之用。自常山以至代、上黨，東有燕、東胡之境，而西有樓煩、秦、韓之邊，今無騎射之備。故寡人無舟楫之用，夾水居之民，將何以守河、薄洛之水；變服騎射，以備燕、三胡、秦、韓之邊。且昔者簡主不塞晉陽以及上黨，而襄主並戎取代以攘諸胡，此愚智所明也。先時中山負齊之彊兵，侵暴吾地，係累吾民，引水圍鄗，微社稷之神靈，則鄗幾於不守也。先王醜之，而怨未能報也。今騎射之備，近可以便上黨之形，而遠可以報中山之怨。而叔順中國之俗以逆簡、襄之意，惡變服之名以忘鄗事之醜，非寡人之所望也。」公子成再拜稽首曰：「臣愚，不達於王之義，敢道世俗之聞，臣之罪也。今王將繼簡、襄之意以順先王之志，臣敢不聽命乎！」再拜稽首。乃賜胡服。明日，服而朝。於是始出胡服令也。

趙文、趙造、周袑、趙俊皆諫止王毋胡服，如故法便。王曰：「先王不同俗，何古之法？帝王不相襲，何禮之循？虙戲、神農教而不誅，黃帝、堯、舜誅而不怒。及至三王，隨時制法，因事制禮。法度制令各順其宜，衣服器械各便其用。故禮也不必一道，而便國不必古。聖人之興也不相襲而王，夏、殷之衰也不易禮而滅。然則反古未可非，而循禮未足多也。且服奇者志淫，則是鄒、魯無奇行也；俗辟者民易，則是吳、越無秀士也。且聖人利身謂之服，便事謂之禮。夫進退之節，衣服之制者，所以齊常民也，非所以論賢者也。故齊民與俗流，賢者與變俱。故諺曰『以書御者不盡馬之情，以古制今者不達事之變』。循法之功，不足以高世；法古之學，不足以制今。子不及也。」遂胡服招騎射。

司馬光《稽古録》卷一《有熊氏》　黃帝以民生有欲，衣食雖備，苟無禮義，則强陵弱、衆暴寡、智欺愚、勇苦怯。於是始制軒冕，垂衣裳，貴有常尊，賤有等威。使上下有序，各安其分，而天下大治。

《後漢書》卷二《明帝紀》　〔永平〕二年春正月辛未，宗祀光武皇帝於明堂，帝及公卿列侯始服冠冕、衣裳、玉佩、絇屨以行事。李賢注：《漢官儀》曰：「天子冠通天，諸侯王冠遠遊，三公、諸侯冠進賢三梁，卿、大夫、尚書、二千古、博士冠兩梁，(二)千石已下至小吏冠一梁。天子、公、卿、特進、諸侯祀天地明堂，皆冠平冕，天子十二旒，三公、九卿、諸侯七，其纓各如其綬色，玄衣纁裳。《周禮》曰：「王祀昊天上帝則服大裘而冕，祀五帝亦如之。」《三禮圖》曰：「冕以三十升布漆而爲之，廣八寸，長尺六寸，前圓後方，前下後高，有俛伏之形，故謂之冕。欲人之位彌高而志彌下，故以名焉。」董巴《輿服志》曰：「顯宗初服冕衣裳以祀天地。衣裳以玄上纁下，乘輿備文日月星辰十二章，三公、諸侯用山龍九章，卿已下用華蟲七章，皆五色采。乘輿刺繡，公卿已下皆織成。陳留襄邑獻之。」徐廣《車服注》曰：「漢明帝案古禮備其服章，天子郊廟衣皁上絳下，前三幅，後四幅，衣畫而裳繡。」《禮記》曰：「古之君子必佩玉，君子於玉比德焉。天子佩白玉，公侯佩山玄玉，大夫佩水蒼玉，世子佩瑜玉。」《周禮》屨人「掌王赤舄青絇」。鄭玄注云：「赤舄，爲上冕服之舄也。絇屨，鼻頭以青綵飾之。」絇音劬。《三禮圖》曰：「屨複下曰舄，其色各隨裳色。」禮畢，登靈臺。

《後漢書》卷七九下《儒林傳論》　論曰：自光武中年以後，干戈稍戢，專事經學，自是其風世篤焉。其服儒衣，稱先王，李賢等注：儒服爲章甫之冠，縫掖之衣也。遊庠序，聚橫塾者，蓋布之於邦域矣。

《後漢書志》第三十《輿服下》　冕冠　長冠　委貌冠　皮弁冠　爵弁冠　通天冠　遠遊冠　高山冠　進賢冠　法冠　武冠　建華冠　方山冠　巧士冠　却非冠　却敵冠　樊噲冠　術氏冠　鶡冠【略】　后夫人服

上古穴居而野處，衣毛而冒皮，未有制度。後世聖人易之以絲麻，觀翬翟之文，榮華之色，乃染帛以效之，始作五采，成以爲服。見鳥獸有冠角頓胡之制，遂作冠冕纓蕤，以爲首飾。凡十二章。故《易》曰：「庖犧氏之王天下也，仰觀象於天，俯觀法於地，觀鳥獸之文，與地之宜，近取諸身，遠取諸物，於是始作八卦，以通神明之德，以類萬物之情。」黃帝堯舜垂衣裳而天下治，蓋取諸乾巛。乾巛有文，故上衣玄，下裳黄。日月星辰，山龍華蟲，作繢宗彝，藻火粉米，黼黻絺繡，以五采章施于五色作服。天子備章，公自山以下，侯伯自華蟲以下，子男自藻火以下，卿大夫自粉米以下。至周而變之，以三辰爲旂旗。王祭上帝，則大裘而冕；公侯卿大夫之服用九章以下。秦以戰國即天子位，滅去禮學，郊祀之服皆以袀玄。漢承秦故。至世祖踐祚，都于土中，始修三雍，正兆七郊。顯宗遂就大業，初服旒冕，衣裳文章，赤舄絇屨，以祠天地，養三老五更於三雍，于時致治平矣。

天子、三公、九卿、特進侯、侍祠侯，祀天地明堂，皆冠旒冕，衣裳玄上纁下。乘輿備文，日月星辰十二章，三公、諸侯用山龍九章，九卿以下用華蟲七章，皆備五采，大佩，赤舄絇履，以承大祭。百官執事者，冠長冠，皆祗服。五嶽、四瀆、山川，宗廟，社稷諸沾秩祠，皆袀玄長冠，五郊各如方色云。百官不執事，各服常冠袀玄以從。

冕冠，垂旒，前後邃延，玉藻。孝明皇帝永平二年，初詔有司采《周官》、《禮記》、《尚書·皋陶篇》，乘輿服從歐陽氏説，公卿以下從大小夏侯氏説。冕皆廣七寸，長尺二寸，前圓後方，朱緑裏，玄上，前垂四寸，後垂三寸，係白玉珠爲十二旒，以其綬采色爲組纓。三公諸侯七旒，青玉爲珠；卿大夫五旒，黑玉爲珠。皆有前無後，各以其綬采色爲組纓，旁垂黈纊。郊天地，宗祀，明堂，則冠之。衣裳玉佩備章采，乘輿刺(史)〔繡〕，公侯九卿以下皆織成，陳留襄邑獻之云。

長冠，一曰齋冠，高七寸，廣三寸，促漆纚爲之，制如板，以竹爲裏。初，高祖微時，以竹皮爲之，謂之劉氏冠，楚冠制也。民謂之鵲尾冠，非也。祀宗廟諸祀則冠之。皆服袀玄，《吴都賦》〔注〕曰：「袀，皁服也。」絳緣領袖爲中衣，絳絝袜，示其赤心奉神也。五郊，衣幘絝袜各如其色。此冠高祖所造，故以爲祭服，尊敬之至也。

委貌冠、皮弁冠同制，長七寸，高四寸，制如覆杯，前高廣，後卑鋭，所謂夏之(母)〔毋〕追，殷之章甫者也。委貌以皁絹爲之，皮弁以鹿皮爲之。行大射禮於辟雍，公卿諸侯大夫行禮者，冠委貌，衣玄端素裳。鄭衆《周禮》傳曰：「衣有襦裳者爲端。」鄭玄曰：「謂之端，取其正也。正者，士之衣，袂皆二尺二寸而屬幅，是廣袤等也。其袪尺二寸。大夫以上侈之。侈之者，蓋半而益一焉。半而益一，則其袂三尺三寸，袪尺八寸。」執事者冠皮弁，衣緇麻衣，皁領袖，下素裳，所謂皮弁素積者也。皮弁，質也。石渠論玄冠朝服。戴聖曰：「玄冠，委貌也。朝服布上素下，緇帛帶，素韋韠。」《白虎通》曰：「三王共皮弁素積。素積者，積素以爲裳也，言要中辟積也。」

爵弁，一名冕。廣八寸，長尺二寸，如爵形，前小後大，繒其上似爵頭色，有收持笄，所謂夏收殷冔者也。《獨斷》曰：「殷黑而微白，前大而後小；夏純黑，亦前小而後大，皆以三十六升漆布爲之。」《詩》云：「常服黼冔。」《書》曰：「王與大夫盡弁。」上古皆以布，中古以絲。孔子曰：「麻冕，禮也，今也純，儉。」祠天地五郊明堂，《雲翹舞》樂人服之。《禮》曰：「朱干玉鍼，冕而舞《大夏》。」此之謂也。

通天冠，高九寸，正豎，頂少邪却，乃直下爲鐵卷梁，前有山，展筩爲述，乘輿所常服。服衣，深衣制，有袍，隨五時色。袍者，或曰周公抱成王宴居，故施袍。《禮記》「孔子衣逢掖之衣」。縫掖其袖，合而縫大之，近今袍者也。今下至賤更小史，皆通制袍，單衣，皁緣領袖中衣，爲朝服云。

遠遊冠，制如通天，有展筩横之於前，無山述，諸王所服也。

高山冠，一曰側注。制如通天，〔頂〕不邪却，直豎，無山述展筩，《獨斷》曰：「鐵爲卷梁，高九寸。」《漢書音義》曰：「其體側立而曲注。」中外官、謁者、僕射所服。太傅胡廣説曰：「高山冠，蓋齊王冠也。秦滅齊，以其君冠賜近臣謁者服之。」《史記》酈生初見高祖，儒衣而冠側注。《漢舊儀》曰：「乘輿冠高山冠，飛月之纓，幘耳赤，丹紈裏衣，帶七尺斬蛇劍，履虎尾絇履。」案此則亦通天子。

進賢冠，古緇布冠也，文儒者之服也。前高七寸，後高三寸，長八寸。公侯三梁，胡廣曰：「車駕巡狩幸其國者，侯衣玄端之衣，冠九旒之冕，其盛法服以就位也。今列侯自不奉朝請侍祠祭者，不得服此，皆常三梁冠，皁單衣，其歸國流黄衣皁云。」《晉公卿禮秩》曰：「太傅，司空，司徒著進賢三梁冠，黑介幘。」中二千石以下至博士兩梁，自博士以下至小史私學弟子，皆一梁。宗室劉氏亦兩梁冠，示加服也。

法冠，一曰柱後。《獨斷》曰：「柱後惠文。」高五寸，以纚爲展筩，《前書》注曰：「纚，今之緇。」《通俗文》：「幘裏曰纚。」鐵柱卷，荀綽《晉百官表注》曰：「鐵柱，言其厲直不曲橈。」執法者服之，侍御史、廷尉正監平也。或謂之獬豸冠。獬豸神羊，能別曲直，楚王嘗獲之，故以爲冠。《異物志》曰：「東北荒中有獸名獬豸，一角，性忠，見人鬬，則觸不直者，聞人論，則咋不正者。楚執法者所服也。今冠兩角，非象也。」臣昭曰：或謂獬豸迺非定名，在兩角未足斷正，安不存其豎飾，令兩爲冠乎？胡廣説曰：「《春秋左氏傳》有南冠而縶者，則楚冠也。秦滅楚，以其君服賜執法近臣御史服之。」

武冠，一云古緇布冠之象也。或曰繁冠。一曰武弁大冠，諸武官冠之。《晉公卿禮秩》曰：「大司馬、將軍、尉、驃騎、車騎、衛軍、諸大將軍開府從公者，著武冠，平上幘。」侍中、中常侍加黄金璫，附蟬爲文，貂尾爲飾，謂之「趙惠文冠」。又名鵔鸃冠。胡廣說曰：「趙武靈王效胡服，以金璫飾首，前插貂尾，爲貴職。秦滅趙，以其君冠賜近臣。」應劭《漢官》曰：「說者以金取堅剛，百鍊不耗。蟬居高飲絜，口在掖下。貂内勁捍而外溫潤。」此因物生義也。徐廣曰：「趙武靈王胡服有此，秦即趙而用之。」說者蟬取其清高，飲露而不食，貂紫蔚(采)〔柔〕潤，而毛采不彰灼，故於義亦取。胡廣又曰：「意謂北方寒涼，本以貂皮暖額，附施於冠，因遂變成首飾。」建武時，匈奴内屬，世祖賜南單于衣服，以中常侍惠文冠，中黄門童子佩刀云。

建華冠，以鐵爲柱卷，貫大銅珠九枚，制似縷鹿。記曰：「知天者冠述，知地者履絇。」《春秋左傳》曰：「鄭子臧好鷸冠。」前圓，以爲此則是也。天地、五郊、明堂，《育命舞》樂人服之。

方山冠，似進賢，以五采縠爲之。祠宗廟，《大予》、《八佾》、《四時》、《五行》樂人服之，冠衣各如其行方之色而舞焉。

巧士冠，〔前〕高七寸，要後相通，直豎。不常服，唯郊天，黄門從官四人冠之，在鹵簿中，次乘輿車前，以備宦者四星云。

却非冠，制以長冠，下促。宫殿門吏僕射冠之。負赤幡，青翅燕尾，諸僕射幡皆如之。

却敵冠，前高四寸，通長四寸，後高三寸，制似進賢，衛士服之。

樊噲冠，漢將樊噲造次所冠，以入項羽軍。廣九寸，高七寸，前後出各四寸，制似冕。司馬殿門大難衛士服之。或曰，樊噲常持鐵楯，聞項羽有意殺漢王，噲裂裳以裹楯，冠之入軍門，立漢王旁，視項羽。

術氏冠，前圓，吴制，差池邐迆四重。趙武靈王好服之。今不施用，官有其圖注。

諸冠皆有纓蕤，執事及武吏皆縮纓，垂五寸。

武冠，俗謂之大冠，環纓無蕤，以青系爲緄，加雙鶡尾，豎左右，爲鶡冠云。五官、左右虎賁、羽林、五中郎將、羽林左右監皆冠鶡冠，紗縠單衣。虎賁將虎文絝，白虎文劍佩刀。虎賁武騎皆鶡冠，虎文單衣。襄邑歲獻織成虎文云。鶡者，勇雉也，其鬬對一死乃止，故趙武靈王以表武士，秦施之焉。

安帝立皇太子，太子謁高祖廟、世祖廟，門大夫從，冠兩梁進賢；洗馬冠高山。罷廟，侍御史任方奏請非乘從時，皆冠一梁，不宜以爲常服。事下有司。尚書陳忠奏：「門大夫職如諫大夫，洗馬職如謁者，故皆服其服，先帝之舊也。方言可寢。」奏可。謁者，古者一名洗馬。【略】

太皇太后、皇太后入廟服，紺上皁下，蠶，青上縹下，皆深衣制，徐廣曰：「即單衣。」隱領袖緣以絛。翦氂蔮，簪珥。珥，耳璫垂珠也。簪以瑇瑁爲擿，長一尺，端爲華勝，上爲鳳皇爵，以翡翠爲毛羽，下有白珠，垂黄金鑷。左右一横簪之，以安蔮結。諸簪珥皆同制，其擿有等級焉。

皇后謁廟服，紺上皁下，蠶，青上縹下，皆深衣制，隱領袖緣以絛。假結，步摇，簪珥。步摇以黄金爲山題，貫白珠爲桂枝相繆，一爵九華，熊、虎、赤羆、天鹿、辟邪、南山豐大特六獸，《詩》所謂「副笄六珈」者。諸爵獸皆以翡翠爲毛羽。金題，白珠璫繞，以翡翠爲華云。

貴人助蠶服，純縹上下，深衣制。大手結，墨瑇瑁，又加簪珥。長公主見會衣服，加步摇，公主大手結，皆有簪珥，衣服同制。自公主封君以上皆帶綬，以采組爲緄帶，各如其綬色。黄金辟邪，首爲帶鐍，飾以白珠。

公、卿、列侯、中二千石、二千石夫人，紺繒蔮，黄金龍首銜白珠，魚須擿，長一尺，爲簪珥。入廟佐祭者皁絹上下，助蠶者縹絹上下，皆深衣制，緣。自二千石夫人以上至皇后，皆以蠶衣爲朝服。

公主、貴人、妃以上，嫁娶得服錦綺羅縠繒，采十二色，重緣袍。特進、列侯以上錦繒，采十二色。六百石以上重練，采九色，禁丹紫紺。三百石以上五色采，青絳黄紅緑。二百石以上四采，青黄紅緑。賈人，緗縹而已。

公、列侯以下皆單緣襈，制文繡爲祭服。自皇后以下，皆不得服諸古麗圭襂閨緣加上之服。建武、永平禁絶之，建初、永元又復中重，於是世莫能有制其裁者，乃遂絶矣。

凡冠衣諸服，旒冕、長冠、委貌、皮弁、爵弁、建華、方山、巧士，衣裳文繡，赤舄，服絇履，大佩，皆爲祭服，其餘悉爲常用朝服。唯長冠，諸王國謁者以爲常朝服云。宗廟以下，祠祀皆冠長冠，皁繒袍單衣，絳緣領袖中衣，絳絝袜，五郊各從其色焉。

劉安《淮南子》卷一六《說山訓》 魯人身善制冠，妻善織履，往徙於越而大困窮。文典謹按：《北堂書鈔》百三十六引，作「魯人身善制冠，妾善織履，往從於越而大困」。以其所脩而遊不用之鄉。

劉安《淮南子》卷一八《人間訓》 今人待冠而飾首，待履而行地。冠履之於人也，寒不能煖，煖，溫。風不能障，暴不能蔽也，然而冠冠履履者，其所自託者然也。

班固《白虎通》卷五《三軍》 王者征伐，所以必皮弁素幘何？伐者凶事，素服示有悽愴也。伐者質，故衣古服。《禮》曰：「三王共皮弁素幘。」服亦皮弁素幘。又招虞人亦皮弁，知伐亦皮弁。《詩》孔穎達疏引《孝經援神契》曰：「皮弁素幘，軍旅也。」《禮》作「素積」。鄭玄《禮》注：「積猶辟也。以素爲裳，辟蹙其要中。」則不宜作「巾幘」之「幘」。案天子、諸侯、大夫、士，行軍皆以韋弁服。《周禮·司服》云「凡兵事，韋弁服」，鄭玄注：「韋弁，以韎韋爲弁，又以爲衣裳。」《春秋傳》曰「晉郤至衣韎韋之跗注」是也。今時伍伯緹衣，古兵服之遺色。」鄭氏此注，以裳亦用韋。《詩》孔穎達疏引鄭玄據《雜問志》，則讀《左傳》之「跗注」爲幅屬，謂韎韋幅如布帛之幅，而連屬以爲衣而素裳。考裳與屨同色。鄭玄氏《禮》注謂韋弁服用白舄，青絇，繶純，則宜素裳也明矣。韎是蒨染之色。《毛詩·瞻彼洛矣》毛亨傳云：「一入曰韎。」是則韎近赤黄之間，故用黄狐裘裼以黄衣。《左氏》襄四年傳曰：「臧之狐裘，敗我於狐駘。」定九年傳「晳幘而衣貍製」是也。又《詩·瞻彼洛矣》云「韎韐有奭，以作六師」，鄭玄箋：「此諸侯世子除三年之喪，服士服見天子，天子以其賢，任爲軍將，使代卿士將六軍而出。」是以《士冠禮》三冠彌加，有皮弁而無韋布，亦以韋弁服以征伐，兵凶事故也。若皮弁，則天子服以視朝。《詩·頍弁》鄭玄箋「天子之朝皮弁」，是也。諸侯服以視朔。《論語·鄉黨篇》：「素衣麑裘。」《詩》孔穎達疏引鄭玄注云「諸侯視朔之服」，是也。王朝之大夫，亦用皮弁以朝，以在朝君臣同服也。諸侯之大夫，亦從君視朔，無服，以行兵之事，未知此與《孝紅緯》所説何本也？考《左傳》稱「晳幘而貍製」，杜預注：「晳，白也。幘，齒上下相值。」則春秋之世，行軍者或用白冠，色如皮弁與？「三王共皮弁素積」，語出《士冠記》，鄭玄注：「質不變。」此謂三代自天子至士，皆用以再加，對爵弁玄端二服，三代不同也。「服亦皮弁素幘」，盧文弨云：「服上疑有『諸侯視朔』四字。」案此必指兵事，引以證征伐必皮弁素幘也。《孟子·萬章》云：「敢問招虞人何以？曰：『以皮冠。』」昭二十年《左傳》：「皮冠招虞人。」薛綜氏《禮圖》以皮冠即皮弁，説者因以皮弁爲出獵之冠。案天子田以冠弁，諸侯田以韋弁，惟諸侯射於竟，其服或用皮弁服。故襄十四年《傳》：「衛獻公射鴻於囿，孫、甯二子從之，不釋皮冠而與之言，二子怒。」孔穎達疏謂「敬大臣宜去皮冠」。又昭十二年《左傳》：「楚靈狩于州來，去皮冠而與子革言。」然則皮冠是加於田獵冠之上者，若果皮弁，則孫、甯何爲怒獻公乎？此以皮冠即皮弁，亦與《禮經》不合。

班固《白虎通》卷七《蓍龜》 皮弁素積，求之于質也。《禮》曰：「皮弁素積，筮于廟門之外。」《士冠禮》「主人玄冠朝服，緇帶素韠」，鄭玄注：「玄冠，委貌也。朝服者，十五升布衣而素裳也。」「筮必朝服者，尊蓍龜之道也。」又云：「有司如主人服。」又《雜記》：「大夫卜宅與葬日，占者皮弁。」又云「如筮，占者朝服」，鄭玄注：「筮者，筮宅也。謂下大夫若士也。」則上文之卜宅與葬日，謂上大夫矣。其大夫家祭筮日，則服朝服，以朝服祭服爲祭，而筮，故服祭服。故《少牢饋食禮》：「筮旬有一日，筮于廟門之外，主人朝服西面于門東，史朝服。」「東面受命于主人」。則祭者、筮者皆朝服也。《喪服小記》「大祥吉服而筮尸」，則筮日亦服吉服可知。吉服，朝服也。其士祭筮日筮尸則玄端。《特牲禮》：「及筮日，主人冠玄端，子姪兄弟如主人服，有司羣執事如兄弟服。」又士喪，涖卜則玄端。《士喪禮》「族長涖卜及宗人吉服」，鄭玄注：「吉服，服玄端也。」然則卜筮有皮弁朝服玄端之異，此統云皮弁，未知何人之禮。又所稱《禮》曰，今三《禮》皆無此文，而《少牢饋食》賈公彦疏引《孝經》唐玄宗注亦云：「卜筮冠皮弁素積，百王同之不改易。」則似指天子禮矣。故《瞻卬》毛亨傳：「及大昕之朝，君皮弁素積，卜三宫之夫人世婦之吉者。」知卜用皮弁矣。若祭事之卜，則卜者宜皮弁，君子服冕。《祭義》「易抱龜南面，天子衮冕北面」，是也。亦以爲祭而卜，故服祭服也。

班固《白虎通》卷九《五刑》 五帝畫象者，其衣服象五刑也。犯墨者蒙巾，犯劓者以赭著其衣，犯髕者以墨蒙其髕處而畫之，犯宫者履雜扉，犯大辟者布衣無領。此節舊脱，盧文弨據《初學記》、《後漢書》注諸書補，此今文《書》説也。《書鈔》引《書大傳》云：「唐虞象刑，犯墨者蒙皂巾，犯劓者赭其衣，犯髕者以墨蒙其髕處而畫之，犯大辟者布衣無領。」《白帖》引《書傳》又云：「唐虞之象刑，上刑赭衣不純，中刑雜屨，下刑墨幪，以居州里而人恥。」是也。《周禮》賈公彦疏引《孝經緯》云：「上罪墨蒙，赭衣雜屨，中罪赭衣雜屨，下罪雜屨而已。」其説畫象所用微異。《御覽》引《慎子》云：「有虞氏之誅，以幪巾當墨，以草纓當劓，以菲屨當刖，以艾韠當宫，布衣無領當大辟。」鄭玄注《周禮·司圜》云：「弗使冠飾者，著墨幪，若古之象刑歟！」知鄭氏亦信象刑之説也。

班固《白虎通》卷一一《喪服》 禮，妻爲父母服，夫亦當服。《禮大傳》云「六曰從服」，鄭玄注：「若夫爲妻之父母。」《喪服·緦麻章妻之父母傳》：「何以緦？從服也。」《齊衰期章》：「女子適人者爲其父母，妻爲其父母期，夫從服緦。」以外親之服不過緦麻，亦從重而輕者也。《小記》云「世子不降妻之父母」，鄭玄注：「世子，天子諸侯之嫡子。」然則庶子則不爲妻之父母服。故《服問》云「有從有服而無服，公子爲其妻之父母」，鄭玄注：「凡公子厭於君，降其私親，女君之子不降也。」是也。大夫之庶子，蓋大夫在則不爲妻之父母服，大夫卒，則恩得伸如邦人也。引此以明上「君與夫人俱往」之義也。然則諸侯雖絶緦，其妻之父母與己尊同者亦不絶與？

班固《白虎通》卷一一《崩薨》 玄冠不以吊者，不以吉服臨人凶，示助哀也。《論語》曰：「羔裘玄冠不以吊。」《論語·鄉黨》文。《集解》引孔安國注：「喪主素，吉主玄，吉凶異服。」《禮記·檀弓》「奠以素器，以生者有哀素之心也」，鄭玄注：「哀素，言哀痛無飾。」玄冠，吉服，故不以臨凶事也。」案玄冠不以吊，據大斂後言也。《喪大記》「君大夫士小斂」之節，云「吊者襲裘加武」，鄭玄注：「始死，事者朝服裼裘，如吉時也。」《御覽》引賀循《喪服要記》云：「始死吊，朝服，玄端之服也。皮弁絰，素弁而加環絰也。始死而往朝服者，主人未變，賓未可以變也。小斂則改襲而加武與帶絰矣。」故《檀弓》「主人既小斂，袒括髮，子游趨而出，襲裘帶絰而入」，即襲朝服之裘而加絰于玄冠也。孔穎達疏謂「主人既變之後，雖著朝服而加武與絰，又掩其上服。若是朋友，又加帶也。大斂以後，則弁絰」。《雜記》「大夫之哭大夫弁絰，大夫與殯亦弁絰」，孔穎達疏：「此謂未成服之前。」是也。或皮弁。《士喪禮》「君若有賜焉，則視斂」，鄭玄注：「斂，大斂，君視大斂，皮弁服襲裘。」是也。其服則皆皮弁服也。若成服以後則衰麻。《喪服》記「朋友麻」鄭玄注：「諸侯及卿大夫，亦以錫衰爲吊服，當事則弁絰，否則皮弁，辟天子也。其士，以緦衰爲喪服，其吊服則疑衰也。其弁絰皮弁之時，則如卿大夫。」是也。若然，《檀弓》言「始死羔裘玄冠，易之而已」者，彼自指主人之服，故鄭玄注云：「養疾者朝服。」蓋士養疾朝服，親始死，則易去朝服，著深衣，故云「易之而已」也。故《要記》又云：「大夫吊於大夫，始死而往，朝服裼裘，如吉時也。當斂之時而至，則弁絰，服皮弁之服以襲裘也。主人成服而往，則皮弁絰而加錫衰也。」大夫與士有朋友之恩，乃得弁絰耳。

王符《潛夫論》卷三《浮侈第一二》 古者必有命民，然後乃得衣繒綵而乘車馬。今者既不能盡復古，細民誠可不須，乃踰於古。昔孝文，衣必細緻，履必麞麂，組必文采，飾襪必綸此，挍飾車馬，多畜奴婢。諸能若此者，既不生穀，又坐爲蠹賊也。

《西漢會要》卷二四《輿服下》

天子冠服

元帝初元五年，罷齊三服官。《本紀》。李斐曰：「齊國舊有三服官。春獻冠幘縰爲首服，紈素爲冬服，輕綃爲夏服。」徐天麟按：《禹貢傳》，禹奏故時齊三服官，輸物不過十笥，方今齊三服官，作工各數千人，一歲費數鉅萬。天子納其言，罷齊三服官。

百官冠服雜録附

雜録

董偃緑幘傅韝。《東方朔傳》。應劭曰：「宰人服也。」韋昭曰：「韝，形如射韝，以縛左右手，於事便也。」師古曰：「緑幘，賤人之服也。傅，著也。即今之臂韝也。」

臣庶衣服

漢初定，與民無禁。《敘傳》。師古曰：「國家不設車旗衣服之禁。」

高祖八年，賈人毋得衣錦繡綺縠絺紵罽。《本紀》。

文帝時，賈誼上疏言：「今民賣僮者，爲之繡衣絲履偏諸緣，内之閑中，是古天子后服，所以廟而不宴者也，而庶人得以衣婢妾。白縠之表，薄紈之裏，緁以偏諸，美者黼繡，是古天子之服，今富人大賈嘉會召客者以被墻。庶人屋壁得爲帝服，倡優下賤得爲后飾，帝之身自衣皁綈，而富民墻屋被文繡，天子之后以緣其領，庶人孽妾緣其履：此臣所謂舛也。」《本傳》。

成帝永始四年，詔公卿列侯多蓄奴婢，被服綺縠，車服過制，申敕有司，以漸

禁之。青緑民所常服，且勿止。《本紀》。

《東漢會要》卷一〇《輿服下》

總敘冠服

秦以戰國即天子位，滅去禮樂，郊祀之服皆以袀玄。漢承秦故。至世祖踐祚，都于土中，始修三雍，正兆七郊。顯宗遂就大業，初服旒冕，衣裳文章，赤舃絇屨，以祀天地，養三老、五更於三雍，于時致治平矣。

天子、三公、九卿、特進侯、侍祠侯，祀天地明堂，皆冠旒冕，衣裳玄上纁下。乘輿備文，日月星辰十二章，三公、諸侯用山龍九章，九卿以下用華蟲七章，皆備五彩，大佩，赤舃絇履，以承大祭。百官執事者，冠長冠，皆祗服。五嶽、四瀆、山川、宗廟、社稷諸沾秩祠，皆袀玄長冠，五郊各如方色云。百官不執事，各服常冠袀玄以從。《志》。

袁宏曰：「自三代服章，皆有典禮。周衰而其制漸微，至戰國時，各爲靡麗之服。秦有天下而收用之，上以供至尊，下以賜百官，而先王服章于是殘毀矣。漢初，文學既缺，時亦草創，輿服旗幟，一承秦制，故雖少改，所用尚多。至是天子依《周官》、《禮記》制度，冠冕衣裳，佩玉乘輿，擬古式者矣。」《袁紀》。

冕冠

冕冠，垂旒，前後邃延，玉藻。孝明皇帝永平二年，初詔有司采《周官》、《禮記》、《尚書・臯陶篇》，乘輿服從歐陽氏之説，公卿以下從大小夏侯氏之説。冕皆廣七寸，長尺二寸，前圓後方，朱緑裏，玄上，前垂四寸，後垂三寸，係白玉珠爲十二旒，以其綬采色爲組纓。三公諸侯七旒，青玉爲珠；卿大夫五旒，黑玉爲珠。皆有前無後，各以其綬采色爲組纓，旁垂黈纊。郊天地，宗祀，明堂，則冠之。衣裳玉珮備章采，乘輿刺繡，公侯九卿以下皆織成，陳留襄邑獻之云云。

長冠

長冠，一曰齋冠，高七寸，廣三寸，促漆纚爲之，制如板，以竹爲裏。初，高祖微時，以竹皮爲之，謂之劉氏冠，楚冠制也。民謂之鵲尾冠，非也。祀宗廟諸祀則冠之。皆服袀玄，絳緣領袖爲中衣，絳絝絑，示其赤心奉神也。五郊，衣幘絝絑各如其色。此冠高祖所造，故以爲祭服，尊敬之至也。

委貌冠　皮弁冠

委貌冠、皮弁冠同制，長七寸，高四寸，制如覆杯，前高廣，後卑鋭，所謂夏之

毋追，殷之章甫者也。委貌以皁絹爲之，皮弁以鹿皮爲之。行大射禮于辟雍，公卿、諸侯、大夫行禮者，冠委貌，衣玄端素裳。執事者冠皮弁，衣緇麻衣，皁領袖，下素裳，所謂皮弁素積者也。

爵弁冠

爵弁，一名冕，廣八寸，長尺二寸，如爵形，前小後大，繒其上似爵頭色，有收持笄，所謂夏收殷冔者也。祠天地、五郊、明堂，《雲翹舞》樂人服之。《禮》曰：「朱干玉鍼，冕而舞《大夏》。」此之謂也。

通天冠

通天冠，高九寸，正豎，頂少邪卻，乃直下爲鐵卷梁，前有山，展筩爲述，乘輿所常服。服衣，深衣制，有袍，隨時五色。袍者，或曰周公抱成王宴居，故施袍。《禮記》「孔子衣縫掖之衣」。縫掖其袖，合而縫大之，近今袍者也。今下至賤更小史，皆通制袍，單衣，皁緣領袖中衣，爲朝服云。

遠遊冠

遠遊冠，制如通天，有展筩橫之于前，無山述，諸王所服也。

高山冠

高山冠，一曰側注，制如通天，頂不邪卻，直豎，無山述展筩，中外官、謁者、僕射所服。太傅胡廣説曰：「高山冠，蓋齊王冠也。秦滅齊，以其君冠賜近臣謁者服之。」

進賢冠

進賢冠，古緇布冠也，文儒者之服也。前高七寸，後高三寸，長八寸。公侯三梁，自二千石以下至博士兩梁，自博士以下至小史私學弟子，皆一梁。宗室劉氏亦兩梁冠，示加服也。

法冠

法冠，一曰柱後，高五寸，以纚爲展筩，鐵柱卷，執法者服之，侍御史、廷尉正監平也。或謂之獬廌冠。獬廌神羊，能别曲直，楚王嘗獲之，故以爲冠。胡廣説曰：「《春秋左氏傳》有南冠而縶者，則楚冠也。秦滅楚，以其君服賜執法近臣御史服之。」

武冠

武冠，一曰武弁大冠，諸武官冠之。侍中、中常侍加黄金璫，附蟬爲文，貂尾爲飾，謂之「趙惠文冠」。胡廣説曰：「趙武靈王效胡服，以金璫飾首，前插貂尾，爲貴職。秦滅趙，以其君冠賜近臣。」建武時，匈奴内屬，世祖賜南單于衣服，以中常侍惠文冠，中黄門童子佩刀云。

建華冠

建華冠，以鐵爲柱卷，貫大銅珠九枚，制似縷鹿。記曰：「知天者冠述，知地者履約。」《春秋左傳》曰：「鄭子臧好鷸冠。」前圓，以爲此則是也。天地、五郊、明堂，《育命舞》樂人服之。

方山冠

方山冠，似進賢，以五采縠爲之。祠宗廟，《大予》、《八佾》、《四時》、《五行》樂人服之，冠衣各如其行方之色而舞焉。

巧士冠

巧士冠，前高七寸，要後相通，直豎。不常服，唯郊天，黄門從官四人冠之，在鹵簿中，次乘輿車前，以備宦者四星云。

卻非冠

卻非冠，制似長冠，下促。宫殿門吏僕射冠之。負赤幡，青翅燕尾，諸僕射幡皆如之。

卻敵冠

卻敵冠，前高四寸，通長四寸，後高三寸，制似進賢，衛士服之。

樊噲冠

樊噲冠，漢將樊噲造次所冠，以入項羽軍。廣九寸，高七寸，前後出各四寸，制似冕。司馬殿門大難衛士服之。或曰：樊噲常持鐵楯，聞項羽有意殺漢王，噲裂裳以裹楯，冠之入軍門，立漢王旁，視項羽。

術氏冠

術氏冠，前圓，吴制，差池邐迆四重。趙武靈王好服之。今不施用。

鶡冠纓蕤

諸冠皆有纓蕤，執事及武吏皆縮纓，垂五寸。武冠，俗謂之大冠，環纓兂蕤，以青系爲緄，加雙鶡尾，豎左右，爲鶡冠云。五官、左右虎賁、羽林、五中郎將、羽林左右監皆冠鶡冠，紗縠單衣。虎賁將虎文絝，白虎文劍佩刀。虎賁武騎皆鶡冠，虎文單衣。襄邑歲獻織成虎文云。鶡者，勇雉也，其鬭對一死乃止，故趙武靈王以表武士，秦施之焉。

《經濟類編》卷九八《物類》 衣服漢賈誼《服疑篇》衣服疑者，是謂争先，厚澤疑者，是謂爭賞，權力疑者，是謂爭彊，等級無限，是謂爭尊。彼人者，近則冀幸，疑則比爭，是以等級分明，則下不得疑，權力絕尤，則臣無（冀）〔異〕志，故天子之於其下也，加五等已往則爲臣例，臣之於下也加五等以往則以爲僕，僕則亦臣禮也，然稱僕不敢稱臣者，尊天子避嫌疑也。制服之道，取至適至和，以子民至美至神進之，帝奇服文章以等上下，而差貴賤。是以高下異則名號異則，權力異則事勢異則，旗章異則符瑞異則，禮寵異則秩祿異則，冠履異則衣帶異則，環佩異則車馬異則，妻妾異則澤厚異則，宮室異則牀席異則，器皿異則飲食異則，祭祀異則死喪異則，故高則此品用高，下則此品用下。加人者，品此臨之，卑人者，品此承之，遷則品此者進，絀則品此者損。貴用豐，賤用謙，貴賤有級，服位有等，等級既設，各處其檢，人循其度，擅退則讓，上僭則誅，建法以習之，設官以牧之，是以天下見其服而知貴賤，望其章而知其勢，使人定其心，各著其目，故衆多而天下不眩，傳遠而天下識衹，卑尊已著，上下已分，則人倫法矣。於是主之與臣，若日之與星，以臣不可以疑主，賤不可以冒貴，下不凌等則上位尊，臣不踰級則主位安，謹守倫紀，則亂無由生。

劉向《修文篇》知天道者冠鉥，知地道者履蹻，能治煩決亂者佩觽，能射御者佩韘，能正三軍者搢笏。衣必荷規而承矩，負繩而準下，故君子衣服中而容貌得，接其服而象其德，故望玉貌而行，能有所定矣。《詩》曰「芄蘭之枝，童子佩觽」。說行能者也。天子以鬯爲贄。鬯者，百草之本也。上暢於天，下暢於地，無所不暢，故天子以鬯爲贄。諸侯以圭爲贄。圭者，玉也。薄而不撓，廉而不劌，有瑕於中，必見於外，故諸侯以玉爲贄。卿以羔爲贄。羔者，羊也。羊羣而不黨，故卿以爲贄。大夫以鴈爲贄。鴈者，行列有長幼之禮，故大夫以爲贄。士以雉爲贄。雉者，不可指食籠狎而服之，故士以雉爲贄。庶人以鶩爲贄。鶩者，鶩鶩也，鶩鶩無他心，故庶人以鶩爲贄。贄者，所以質也。

《三國會要》卷九《禮三・正朔服色》　魏文帝雖受禪於漢，而以夏數爲得天，故黃初元年詔曰：「孔子稱『行夏之時，乘殷之輅，服周之冕，樂則《韶舞》』，此聖人集羣代之美事，爲後王制法也。《傳》曰『夏數爲得天』。朕承唐、虞之美，至於正朔，當依虞、夏故事。若殊徽號，異器械，制禮樂，易服色，用牲幣，自當隨土德之數。每四時之季月，服黃十八日，臘以丑，牲用白，其飾節旄自當赤，但節幡黃耳。其餘郊祀天地、朝會四時之服，宜如漢制。宗廟所服，一如《周禮》。」尚書令桓階等奏：「據三正周復之義，國家承漢氏人正之後，當受之以地正，犧牲宜用白，今從漢十三月正，則犧牲不得獨改。今新建皇統，宜稽古典先代，以從天命，而告朔犧牲，壹皆不改，非所以明革命之義也。」詔曰：「服色如所奏。《文紀》注引《魏書》云：『服色尚黃。』其餘宜如虞承唐，但臘日用丑耳。此亦聖人之制也。」《宋書・禮志》

文帝時議改正朔。辛毗以魏氏遵舜、禹之統，應天順民；至於湯、武，以戰伐定天下，乃改正朔。孔子曰「行夏之時」，《左氏傳》曰「夏數爲得天正」，何必期於相反。帝善而從之。《辛毗傳》

初，文皇帝即位，以受禪於漢，因循漢正朔弗改。帝在東宮著論，以爲五帝三王，雖同氣共祖，禮不相襲，正朔自宜改變，以明受命之運。及即位，優游者久之。史官復著言宜改，乃詔三公、特進、九卿、中郎將、大夫、博士、議郎、千石、六百石博議，議者或不同。帝據古典，甲子詔曰：「夫太極運三辰五星於上，元氣轉三統五行於下，登降周旋，終則又始。故仲尼作《春秋》，於三微之月，每月稱王，以明三正迭相爲首。今推三統之次，魏得地統，當以建丑之月爲正月。考之羣藝，厥義章矣。其改青龍五年三月爲景初元年四月。」《明帝紀》注引《魏書》

明帝即位，便有改正朔之意，朝議多異同，故持疑不決。久乃下詔曰：「黃初以來，諸儒共論正朔，或以改之爲宜，或以不改爲是，意取駮異，於今未決。朕在東宮時聞之，意常以爲夫子作《春秋》，通三統，爲後王法。正朔各從色，不同因襲。自五帝三王以下，或父子相繼，同體異德；或納大麓，受終文祖；或尋干戈，從天行誅。雖遭遇異時，步驟不同，然未有不改正朔，用服色，表明文物，以章受命之符也。由此言之，何必以不改爲是邪？」於是公卿以下博議。《明紀》注引《魏書》曰：「帝在東宮著論，以爲五帝三王，雖同氣共祖，禮不相襲。正朔自宜改變，以明受命之運。及即位，優游者久之。史官復著言宜改，乃詔三公、特進、九卿、中郎將、大夫、博士、議郎、千石、六百石博議。」侍中高堂隆議曰：「按自古有文章以來，帝王之興，受禪之與干戈，皆改正朔，所以明天道，定民心也。《易》曰：『革，元亨利貞。』『有孚改命吉。』『湯武革命，應乎天，從乎人。』其義曰：水火更用事，猶王者必改正朔，易服色也。《易・通卦驗》曰：『王者必改正朔，易服色，以應天地三氣三色。』《書》曰：『若稽古帝舜曰重華，建皇授政改朔。』初，『高陽氏以十一月爲正，薦玉以赤繒；高辛氏以十三月爲正，薦玉以白繒。』《尚書傳》曰：『舜定鐘石，論人聲，乃及鳥獸，咸變於前。故更四時，改堯正。』《詩》曰：『一之日觱發，二之日栗烈，三之日于耜。』《傳》曰：『一之日，周正月，二之日，殷正月，三之日，夏正月。《詩推度災》曰：『如有繼周而王者，雖百世可知。以前檢後，文質相因，法度相改。三而復者，正色也，二而復者，文質也。』以前檢後，謂軒轅、高辛、夏后氏、漢皆以十三月爲正，少昊、有唐、有殷皆以十二月爲正，高陽、有虞、有周皆以十一月爲正。後雖百世，皆以前代三而復也。《禮大傳》曰：『聖人南面而治天下，必正度量，考文章，改正朔，易服色，殊徽號。』《樂稽曜嘉》曰：『禹將受位，天意大變，迅風雷雨，以明將去虞而適夏也。是以舜禹雖繼平受禪，猶制禮樂，改正朔，以應天從民。夏以十三月爲正，法物之始，其色尚黑；殷以十二月爲正，法物之牙，其色尚白；周以十一月爲正，法物之萌，其色尚赤。能察其類，能正其本，則嶽瀆致雲雨，四時和，五稼成，麟凰翔集。』《春秋》：『十七年夏六月甲子朔，日有蝕之。』《傳》曰：『當夏四月，是謂孟夏。』《春秋元命苞》曰：『王者受命，昭然明於天地之理，故必移居處，更稱號，改正朔，易服色，以明天命聖人之寶，質文再而改，窮則相承，周則復始，正朔改則天命顯。』凡典籍所記，不盡於此，略舉大較，亦足以明也。』太尉司馬懿、尚書僕射衛臻、尚書薛悌、中書監劉放、中書侍郎刁幹、博士秦静、趙怡、中侯中詔季岐以爲宜改，侍中繆襲、散騎常侍王肅、尚書郎魏衡、太子舍人黄史嗣以爲不宜改。《通典》。《宋書·禮志》。

青龍五年，山茌縣言黄龍見。帝乃詔三公曰：「昔在庖犧，繼天而王，始據木德，爲羣代首。自茲以降，服物氏號，開元著統者，既膺受命歷數之期，握皇靈遷興之運，承天改物，序其綱紀。雖炎、黄、少昊、顓頊、高辛、唐、虞、夏后，世系相襲，同氣共祖，猶豫昭顯所受之運，著明天人去就之符，無不革易制度，更定禮樂，延羣后，班瑞信，使之焕炳，可述於後也。至於正朔之事，當明示變改，以彰異代，曷疑其不然哉？文皇帝踐阼之初，庶事草創，遂襲漢正，不革其統。朕在東宫，及臻在位，每覽書籍之林，總公卿之議。夫言三統相變者，有明文；云虞、夏相因者，無其言也。《曆志》曰：『天統之正在子，物萌而赤；地統之正在丑，物化而白；人統之正在寅，物成而黑。』但含生氣，以微成著，故太極運三辰五星於上，元氣轉三統五行於下，登降周旋，終則又始，言天地與人所以相通也。仲尼以大聖之才，祖述堯、舜，範章文、武，制作《春秋》，論究人事，以貫百王之則。故於三微之月，每月稱王，以明三正迭相爲首。夫祖述堯、舜，以論三正，則其明義，豈使近在殷、周而已乎？朕以眇身，繼承洪緒，既不能紹上聖之遺風，揚先帝之休德，又使王教之弛者不張，帝典之闕者未補，亹亹之德不著，亦惡可已乎？今推三統之次，魏得地統，當以建丑之月爲正，考之羣藝，厥義彰矣。改青龍五年春三月爲景初元年孟夏四月，服色尚黄，犧牲用白，戎事乘黑首之白馬，建大赤之旂，朝會建大白之旗。春夏秋冬孟仲季月，雖與正歲不同，至於郊祀、迎氣、礿、祠、蒸、嘗，巡狩、蒐田，分至啓閉，班宣時令，中氣早晚，敬授民事，諸若此者，皆以正歲斗建爲節。此曆數之序，乃上與先聖合符同契，重規疊矩者也。今遵其義，庶可以顯祖考大造之基，崇有魏維新之命。於戲！王公羣后，百辟卿士，靖康厥職，帥意無怠，以永天休。司徒露佈，咸使聞知，稱朕意焉。」《宋書·禮志》。

景初三年十二月，詔曰：「烈祖明皇帝以正月棄背天下，臣子永維忌日之哀，其後用夏正，雖違先帝通三統之義，斯亦禮制所由變改也。又夏正於數爲得天正，其以建寅之月爲正始元年正月，以建丑月爲後十二月。」《齊王芳紀》。

齊王即位，是年十二月，尚書盧毓奏：「烈祖明皇帝建丑之月棄離萬國，禮，忌日不樂，甲乙之謂也。烈祖明皇帝建丑之月棄天下，臣妾之情於此正月有甚甲乙。今若以建丑正朝四方，會羣臣，設盛樂，不合於禮。」博士樂祥議：「正日旦受朝貢，羣臣奉贄，後五日乃大宴會作樂。」太尉屬朱誕議：「今因宜改之際，還修舊則，元首建寅，於制爲便。」大將軍屬劉肇議：「宜過正一日乃朝賀大會，明令天下，知崩亡之日不朝也。」詔曰：「省奏事，五内斷絶，奈何奈何？烈祖明皇帝以正日棄天下，每與皇太后念此日至，心有剥裂，不可以此日朝羣辟受慶賀也，月二日會又非故也，聽當還夏正月。雖違先帝通三統之義，斯亦子孫哀慘永懷。又夏正朔得天數者，其以建寅之月爲歲首。」《宋書·禮志》。

《三國會要》卷一〇《禮四·喪制》 魏禮官議奔喪禮：有除喪而後歸者，皆聽哭於陵；又服除始哭陵，可服深衣白帢。《通典》。後不悉注。

曹植誄曰：「顧衰絰以輕舉兮，迫關防之我嬰。」是宗藩不得奔喪也。

國有大喪，羣臣凶服，以白爲綬囊，以布爲劍衣。《晉志》云：魏故事。

太常韓暨奏：天子降周，爲外祖母無服。尚書奏：可臨畢御還寢，明日反吉便膳。趙咨奏：哭敬侯夫人，張帷幕端門外之左，羣臣位如朝皇帝，黑介幘，進賢冠，阜服，十五舉聲則罷。博士樂詳議，《周禮》：王吊，弁絰錫衰。詔依《周禮》。

王公之喪，哭於東堂。《魏書》。大司馬曹真薨，幸城東，張帳哭之。大將軍夏侯惇薨，素服幸城東門發哀。鍾繇卒，帝素服臨吊。陳羣母卒，詔：司空今遭母憂，當遣使吊祭。王肅議：臣有父母之喪，訃，君吊之，吊諸臣之母當從夫爵。蔣濟奏：前會鎮軍朱鑠喪，卿以下皆去冠，以布巾帕額。使者侍中散騎，則不違禮意。博士杜布議，以爲亦宜去玄冠，代以布巾。詔從之。

《三國會要》卷一二《禮六・輿服》　後漢明帝採《周官》、《禮記》、《尚書》及諸儒説，備衮冕之服，天子冕服從歐陽氏説，公卿以下從夏侯氏説。自秦變古制，郊祭之服皆以袀玄。漢承秦故，二百餘年未有所制。《通典》云：「光武郊祀始用冕服。」按《續漢志》其説蓋非。蜀用漢制，冕服當同。　祀天地明堂皆冠旒冕，衣裳皆玄上纁下，五冕皆具五采。魏明帝以公卿衮衣黼黻之飾疑於至尊，多所減損，始制天子服刺繡文，公卿用織成文。《通志》。按《續漢志》：孝明帝制冕服乘輿刺繡文，公卿以下織成文。據《晉志》云魏明帝，未詳孰是。

《宋志》：自魏以來，宗廟行禮之外，不欲令臣下服衮冕，故位公者每加侍官。

梁博士陸瑋等言：王祀昊天，服大裘，明諸臣禮不得同，自魏以來皆用衮服。

漢制：一歲五郊，天子與執事者所服各如方色，百官不執事者服常服絳衣以從。魏秘書監秦静曰：「漢氏承秦，改六冕之制，但玄冠絳衣而已。」魏以來名爲五時朝服，又有四時朝服，又有朝服。自皇太子以下隨官受給，百官雖給五時朝服，據令止修四時朝服，闕秋服。三年一易。《晉志》。

《三國會要》卷一三《樂一・樂舞》　太和初，詔樂官如故爲太樂。有司奏：武皇帝爲太祖樂，用《武始》之舞；文皇帝爲高祖樂，用《咸熙》之舞；帝爲烈祖，謹制樂舞名《章斌》之舞。三舞總名《大鈞》之樂。今有事於天地宗廟，宜並以爲薦享，及臨朝大享，亦宜舞之。祀圜丘以下，《武始》舞者平冕，黑介幘，玄衣裳，白領袖，絳領袖中衣，絳合幅袴，絳袜，黑韋鞮；《咸熙》舞者冠委貌，其餘服如前；《章斌舞》者與《武始》、《咸熙舞》者同服。奏於朝廷，則《武始舞》者武冠，赤介幘，生絳服單衣，絳領袖，皁領袖中衣，虎文畫合幅袴，白布袜，黑韋鞮；《咸熙舞》者進賢冠，黑介幘，生黄袍單衣，白合幅袴，其餘服如前。奏可。史臣案：《武始》、《咸熙》二舞冠制不同，而云《章斌》與之同服，不知服何冠也。《晉書》：皆舞羽籥。

《三國會要》卷一四《樂二・舞服》　魏尚書奏：「祀圜丘以下，《武始舞》者，平冕，黑介幘，玄衣裳，白領袖，絳領袖中衣，絳合幅袴，絳袜，黑韋鞮。《咸熙舞》者，冠委貌，其餘服如前。《章斌舞》者，與《武始》、《咸熙》舞者同服。奏於朝庭，則《武始舞》者，武冠，赤介幘，生絳袍單衣，絳領袖，皁領袖中衣，虎文畫合幅袴，白布袜，黑韋鞮。《咸熙舞》者，進賢冠，黑介幘，生黄袍單衣，白合幅袴，其餘服如前。」奏可。史臣案《武始》、《咸熙》二舞，冠制不同，而云《章斌》與《武始》、《咸熙》同服，不知服何冠也。《宋樂志》。

《三國會要》卷一五《職官四・公卿庶職》　司空：魏武建國，置御史大夫，黄初元年，改爲司空。【略】

《通考》：魏司空冠綬及郊廟之服，與太尉同。按晉太尉進賢三梁冠，黑介幘，絳朝服，金章紫綬，佩山玄玉。若郊廟，冕服七旒，玄衣纁裳，七章。魏當同之。〔楊〕【略】

三公朝，賜青綾文綺綸袴褶一方。《御覽》引《魏百官名》。

太常卿一人。第三品。《續漢志》：中二千石，掌禮儀祭祀。　魏國初置奉常，黄初元年改太常，銀章青綬，進賢兩梁冠，絳朝服，佩水蒼玉。《通典》。丞一人，第七品，比千石。其署曹掾史，隨事爲員，諸卿皆然。　主簿一人。第八品。

大司農卿一人。第三品。掌錢穀金帛，郡國計簿，邊郡調度。魏國初置大農，黄初元年改大司農。蜀、吴同。　丞一人，銅印黄綬，進賢一梁冠，介幘皁衣。部丞一人，主祭藏。《通典》：魏因漢置，並第七品。

尚書令，第三品。魏建國置，冠進賢兩梁，納言幘，五時朝服，佩水蒼玉，銅印墨綬，受拜則策命之，以在端右故也。掌知選舉，總典綱紀，所居曰尚書臺，出征則以行臺從。漢猶隸少府，魏時政歸臺閣，則不復隸矣。《通典》、《初學記》。蜀、吴有之。

《晉書》卷二四《職官志》　太宰、太傅、太保、司徒、司空、左右光禄大夫、光禄大夫，開府位從公者爲文官公，冠進賢三梁，黑介幘。

大司馬、大將軍、太尉、驃騎、車騎、衛將軍、諸大將軍，開府位從公者爲武官公，皆著武冠，平上黑幘。

文武官公，皆假金章紫綬，著五時服。其相國、丞相，皆衮冕，緑盭綬，所以殊於常公也。【略】

自祭酒已下，令史已上，皆皁零辟朝服。太尉雖不加兵者，吏屬皆絳服。

【略】

諸公及開府位從公加兵者，增置司馬一人，秩千石；從事中郎二人，秩比千石；主簿、記室督各一人；舍人四人；兵鎧、士曹、營軍、刺姦、帳下都督、外都

督，令史各一人。主簿已下，令史已上，皆絳服。【略】

特進，漢官也。二漢及魏晉以加官從本官車服，無吏卒。太僕羊琇遜位，拜特進，加散騎常侍，無餘官，故給吏卒車服。其餘加特進者，唯食其禄賜，位其班位而已，不別給特進吏卒車服，後定令。特進品秩第二，位次諸公，在開府驃騎上，冠進賢兩梁，黑介幘，五時朝服，佩水蒼玉，無章綬。【略】

左右光禄大夫，假金章紫綬。光禄大夫加金章紫綬者，品秩第二，禄賜、班位、冠幘、車服、佩玉，置吏卒羽林及卒，諸所賜給皆與特進同。其以爲加官者，唯假章綬，禄賜班位而已，不別給車服吏卒也。【略】

光禄大夫與卿同秩中二千石，著進賢兩梁冠，黑介幘，五時朝服，佩水蒼玉。三品將軍秩中二千石者，著武冠，平上黑幘，五時朝服，佩水蒼玉。【略】

尚書令，秩千石，假銅印墨綬，冠進賢兩梁冠，納言幘，五時朝服，佩水蒼玉。【略】

太子太傅、少傅，皆古官也。【略】二傅進賢兩梁冠，黑介幘，五時朝服，佩水蒼玉。

《晉書》卷二五《輿服志》 史臣曰：昔者乘雲效駕，卷領垂衣，則黄帝皂衣纁裳，放勳彤車白馬，葉三微之序，舍寅丑之建，玄戈玉刃，作會相暉。若乃參旗分景，帝車含曜，又所以營衛南宫，增華北極。《月令》季夏之月，「命婦官染綵」，赬丹班次，各有品章矣。高旗有日月之象，式視有威儀之選，衣兼韠珮，衡載鳴和，是以閑邪屏棄，不可入也。若乃正名百物，補緝四維，疏懷山之水，静傾天之害，功尤彰者飾彌焕，德愈盛者服彌尊，莫不質良，用成其美。《書》曰：「明試以功，車服以庸。」【略】於後王氏擅朝，武車常軔，赤眉之亂，文物無遺。建武十三年，吴漢平蜀，始送葆車輿輦，充庭之飾，漸以周備。明帝採《周官》、《禮記》，更服袞章，天子冠通天而佩玉璽。魏明以黼黻之美，有疑於僭，於是隨章償略，而損者半焉。高堂隆奏曰：「改正朔，殊徽號者，帝王所以神明其政，變民耳目也。」帝從其議，改青龍五年爲景初元年，服色尚黄，從地正也。世祖武皇帝接天人之貺，開典午之基，受終之禮，皆如唐虞故事。晉氏金行，而服色尚赤，豈有司失其傳歟！【略】

《周禮》，弁師掌六冕，司服掌六服。自后王之制爰及庶人，各有等差。及秦變古制，郊祭之服皆以袀玄，舊法掃地盡矣。漢承秦弊，西京二百餘年猶未能有所制立。及中興後，明帝乃始採《周官》、《禮記》、《尚書》及諸儒記説，還備袞冕之服。天子車乘冠服從歐陽氏説，公卿以下從大小夏侯氏説，始制天子、三公、九卿、特進之服，侍祠天地明堂，皆冠旒冕，兼五冕之制，一服而已。天子備十二章，三公諸侯用山龍九章，九卿以下用華蟲七章，皆具五采。魏明帝以公卿袞衣黼黻之飾，疑於至尊，多所減損，始制天子服刺繡文，公卿服織成文。及晉受命，遵而無改。天子郊祀天地明堂宗廟，元會臨軒，黑介幘，通天冠，平冕。冕，皂表，朱緑裏，廣七寸，長二尺二寸，加於通天冠上，前圓後方，垂白玉珠，十有二旒，以朱組爲纓，無緌。佩白玉，垂珠黄大旒，綬黄赤縹紺四采。衣皂上，絳下，前三幅，後四幅，衣畫而裳繡，爲日、月、星辰、山、龍、華蟲、藻、火、粉米、黼、黻之象，凡十二章。素帶廣四寸，朱裏，以朱緑裨飾其側。中衣以絳緣其領袖。赤皮爲韍，絳袴襪，赤舄。未加元服者，空頂介幘。其釋奠先聖，則皂紗袍，絳緣中衣，絳袴襪，黑舄。其臨軒，亦袞冕也。其朝服，通天冠高九寸，金博山顔，黑介幘，絳紗袍，皂緣中衣。其拜陵，黑介幘，單衣。其雜服，有青赤黄白緗黑色，介幘，五色紗袍，五梁進賢冠，遠遊冠，平上幘武冠。其素服，白帢單衣。後漢以來，天子之冕，前後旒用真白玉珠。魏明帝好婦人之飾，改以珊瑚珠。晉初仍舊不改。及過江，服章多闕，而冕飾以翡翠珊瑚雜珠。侍中顧和奏：「舊禮，冕十二旒，用白玉珠。今美玉難得，不能備，可用白璇珠。」從之。【略】

漢制，一歲五郊，天子與執事者所服各如方色，百官不執事者服常服絳衣以從。魏祕書監秦静曰：「漢氏承秦，改六冕之制，但玄冠絳衣而已。」魏已來名爲五時朝服，又有四時朝服，又有朝服。自皇太子以下隨官受給。百官雖服五時朝服，據今止給四時朝服，闕秋服。三年一易。【略】

皇太子金璽龜鈕，朱黄綬，四采：赤、黄、縹、紺。給五時朝服，遠遊冠，介幘，翠緌。佩瑜玉，垂組。朱衣絳紗襮，皂緣白紗，其中衣白曲領。帶劍，火珠素首。革帶，玉鉤燮，獸頭鞶囊。其大小會祠宗廟朔望五日還朝皆朝服，常還上宫則朱服，預上宫正會則於殿下脱劍舄。又有三梁進賢冠。其侍祀則平冕九旒，袞衣九章，白紗絳緣中單，絳繒韠，采畫織成袞帶，金辟邪首，紫緑二色帶，采畫廣領，曲領各一，赤舄絳襪。若講，則著介幘單衣；釋奠，則遠遊冠，玄朝服，絳緣中單，絳袴襪，玄舄。若未加元服，則中舍人執冕從，介幘單衣玄服。

諸王金璽龜鈕，纁朱綬，四采：朱、黄、縹、紺。五時朝服，遠遊冠介幘，亦有三梁進賢冠。朱衣絳紗襮皂緣，中衣表素。革帶，黑舄，佩山玄玉，垂組，大帶。若加餘官，則服其加官之服也。

皇后謁廟，其服皁上皁下，親蠶則青上縹下，皆深衣制，隱領，袖緣以絛。首飾則假髻，步摇，俗謂之珠松是也，簪珥。步摇以黄金爲山題，貫白珠爲支相繆，八爵九華，熊、獸、赤羆、天鹿、辟邪、南山豐大特六獸，諸爵獸皆以翡翠爲毛羽，金題白珠璫，繞以翡翠爲華。元康六年，詔曰：「魏以來皇后蠶服皆以文繡，非古義也。今宜純服青，以爲永制。」

貴人、夫人、貴嬪，是爲三夫人，皆金章紫綬，章文曰貴人、夫人、貴嬪之章。佩于寘玉。淑妃、淑媛、淑儀、修華、修容、修儀、婕妤、容華、充華，是爲九嬪，銀印青綬，佩采瓄玉。貴人、貴嬪、夫人助蠶，服純縹爲上與下，皆深衣制。太平髻，七鏌蔽髻，黑玳瑁，又加簪珥。九嬪及公主、夫人五鏌，世婦三鏌。助蠶之義，自古而然矣。

皇太子妃金璽龜鈕，纁朱綬，佩瑜玉。

諸王太妃、妃、諸長公主、公主、封君金印紫綬，佩山玄玉。長公主、公主見會，太平髻，七鏌蔽髻。其長公主得有步摇，皆有簪珥，衣服同制。

自公主、封君以上皆帶綬，以綵組爲緄帶，各如其綬色，金辟邪首爲帶玦。

郡公侯縣公侯太夫人、夫人銀印青綬，佩水蒼玉，其特加乃金紫。公特進侯卿校世婦，中二千石二千石夫人紺繒幗，黄金龍首銜白珠，魚須擿長一尺爲簪珥。入廟佐祭者皁絹上下，助蠶者縹絹上下，皆深衣制緣。

自二千石夫人以上至皇后，皆以蠶衣爲朝服。

張華《博物志·服飾考》 古者男子皆絲衣，有故乃素服。又有冠無幘，故雖凶事，皆著冠也。

崔豹《古今注》卷上《輿服》 伍伯，一伍之伯也。五人曰伍，五長爲伯，故稱伍伯。一曰：户伯。漢制，兵吏五人一户竈置一伯，故户伯亦曰火伯，以爲一竈之主也。漢諸公行則户伯率其伍以導引也。古兵士服韋弁，今户伯服赤幘、縓衣、素韎，弁之遺法也。

《宋書》卷一八《禮志五》 上古寢處皮毛，未有制度。後代聖人見鳥獸毛羽及其文章與草木華采之色，因染絲綵以作衣裳，爲玄黄之服，以法乾坤上下之儀；觀鳥獸冠胡之形，制冠冕纓蕤之飾。虞氏作繢，采章彌文，夏后崇約，猶美黻冕。咎繇陳《謨》，則稱五服五章。皆後王所不得異也。周監二代，典制詳密，故弁師掌六冕，司服掌六服，設擬等差，各有其序。《禮記·冠義》曰：「冠者禮之始，嘉事之重者也。」太古布冠，齊則緇之。夏曰毋追，殷曰章甫，周曰委貌，此皆三代常所□□周之祭冕，繅采備飾，故夫子曰「服周之冕」，以盡美稱之。至秦以戰國即天子位，滅去古制，郊祭之服，皆以袀玄。至漢明帝始採《周官》、《禮記》、《尚書》諸儒説，還備衮冕之服。魏明帝以公卿衮衣黼黻之文，擬於至尊，復損略之。晉以來無改更也。天子禮郊廟，則黑介幘，平冕，今所謂平天冠也。皁表朱緑裏，廣七寸，長尺二寸，垂珠十二旒。以朱組爲纓，衣皁上絳下，前三幅，後四幅，衣畫而裳繡，爲日、月、星辰、山、龍、華、蟲、藻、火、粉米、黼、黻之象，凡十二章也。素帶廣四寸，朱裏，以朱緣裨飾其側。中衣以絳緣其領袖。赤皮蔽膝。蔽膝，古之韍也。絳袴，絳襪，赤舄。未加元服者，空頂介幘。其釋奠先聖，則皁紗裙，絳緣中衣，絳袴襪，黑舄。其臨軒亦衮冕也。其朝服，通天冠，高九寸，金博山顔，黑介幘，絳紗裙，皁緣中衣。其拜陵，黑介幘，菨單衣。其雜服，有青赤黄白緗黑色介幘，五色紗裙，五梁進賢冠，遠遊冠，平上幘，武冠。其素服，白帢單衣。《漢儀》，立秋日獵服緗幘。晉哀帝初，博士曹弘之等議：「立秋御讀令，不應緗幘。求改用素。」詔從之。宋文帝元嘉六年，奉朝請徐道娱表：「不應素幘。」詔門下詳議，帝執宜如舊。遂不改。

進賢冠，前高七寸，後高三寸，長八寸，梁數隨貴賤，古之緇布冠也。文儒者之所服。上公、卿助祭於郊廟，皆平冕，王公八旒，卿七旒，以組爲纓，色如其綬。王公衣山龍以下，九章也，卿衣華蟲以下，七章也。行鄉射禮，則公卿委貌冠，以皁絹爲之，形如覆杯，與皮弁同制。長七寸，高四寸。衣黑而裳素。其中衣以皁緣領袖。其執事之人皮弁，以鹿皮爲之。

武冠，昔惠文冠，本趙服也，一名大冠。凡侍臣則加貂蟬。應劭《漢官》曰：「説者以金取堅剛，百鍊不耗；蟬居高食潔，口在腋下；貂内勁悍而外温潤。」此因物生義，非其實也。其實趙武靈王變胡，而秦滅趙，以其君冠賜侍臣，故秦、漢以來，侍臣有貂蟬也。徐廣《車服注》稱其意曰：「北土寒涼，本以貂皮暖額，附施於冠，因遂變成首飾乎？」侍中左貂，常侍右貂。

法冠，本楚服也。一名柱後，一名獬豸。説者云：「獬豸獸知曲直，以角觸不正者也。」秦滅楚，以其君冠賜法官。

謁者高山冠，本齊服也。一名側注冠。秦滅齊，以其君冠賜謁者。魏明帝以其形似通天、遠遊，乃毁變之。

樊噲冠，廣九寸，制似平冕，殿門衛士服之。漢將樊噲常持鐵盾。鴻門之會，項羽欲害漢王，乃裂裳以苞盾，戴入見羽。漢承秦制，冠有十三種，魏、晉以來，不盡施用。今志其施用者也。

幘者，古賤人不冠者之服也。漢元帝額有壯髮，始引幘服之。王莽頂禿，又加其屋也。《漢注》曰：「冠進賢者宜長耳，今介幘也。冠惠文者宜短耳，今平上幘也。知時各隨所宜，後遂因冠爲別。」介幘服文吏，平上服武官也。童子幘無屋者，示未成人也。又有納言幘，後收，又一重，方三寸。又有赤幘，騎吏、武吏、乘輿鼓吹所服。救日蝕，文武官皆免冠，著赤幘，對朝服，示威武也。宋乘輿鼓吹，黑幘武冠。

漢制，祀事五郊，天子與執事所服各如方色；百官不執事者，自服常服以從。常服，絳衣也。

魏祕書監秦静曰：「漢氏承秦，改六冕之制，但玄冠絳衣而已。」晉名曰五時朝服，有四時朝服，又有朝服。

凡兵事，總謂之戎。《尚書》云：「一戎衣而天下定。」《周禮》：「革路以即戎。」又曰：「兵事韋弁服。」以靺韋爲弁，又以爲衣裳。《春秋左傳》：「戎服將事。」又云：「晉郤至衣靺韋之跗。」注，先儒云：「靺，絳色。」今時伍伯衣。說者云，五霸兵戰，猶有綬紱，冠纓、漫胡，則戎服非袴褶之制，未詳所起。近代車駕親戎中外戒嚴之服，無定色，冠黑帽，綴紫褾。褾以繒爲之，長四寸，廣一寸。腰有絡帶，以代鞶革。中官紫褾，外官絳褾。又有纂嚴戎服，而不綴褾。行留文武悉同。其畋獵巡幸，則唯從官戎服，帶鞶革；文官不下纓，武官脱冠。宋文帝元嘉中，巡幸蒐狩皆如之；救宫廟水火，亦如之。

漢制，太后入廟祭神服，紺上皁下，親蠶，青上縹下，皆深衣。深衣，即單衣也。首飾剪氂幗。

漢制，皇后謁廟服，紺上皁下。親蠶，青上縹下。首飾，假髻，步摇，八雀，九華，加以翡翠。晉《先蠶儀注》，皇后十二鎮，步摇，大手髻，衣純青之衣，帶綬佩。今皇后謁廟服袿襹大衣，謂之禕衣。公主三夫人大手髻，七鎮，蔽髻。九嬪及公夫人五鎮。世婦三鎮。公主會見，大手髻。其長公主得有步摇。公主封君以上皆帶綬，以采組爲緄帶，各如其綬色。公特進列侯夫人、卿校世婦、二千石命婦年長者，紺繒幗。佐祭則皁絹上下。助蠶則青絹上下。自皇后至二千石命婦皆以蠶衣爲朝服。

劉向曰：「古者天子至于士，王后至于命婦，必佩玉，尊卑各有其制。」《禮記》曰：「天子佩白玉而玄組綬，公侯山玄玉而朱組綬，卿大夫水蒼玉而緇組綬，士佩瓀玟而緼組綬。」緼，赤黄色。綬者，所貫佩相承受也。上下施韍如蔽膝，貴賤亦各有殊。五霸之後，戰兵不息，佩非兵器，韍非戰儀，於是解去佩韍，留其繫襚而已。秦乃以采組連結於襚，轉相結受，謂之綬。漢承用之。至明帝始復製佩，而漢末又亡絶。魏侍中王粲識其形，乃復造焉。今之佩，粲所制也。皇后至命婦所佩，古制不存，今與外同制，秦組綬，仍又施之。

漢制，自天子至于百官，無不佩刀。司馬彪志具有其制。漢高祖爲泗水亭長，拔劍斬白蛇。雋不疑云：「劍者，君子武備。」張衡《東京賦》「紆黄組，腰干將。」然則自人君至士人，又帶劍也。自晉代以來，始以木劍代刃劍。

乘輿六璽，秦制也。《漢舊儀》曰：「皇帝行璽，皇帝之璽，皇帝信璽，天子行璽，天子之璽，天子信璽。」此則漢遵秦也。初高祖入關，得秦始皇藍田玉璽，螭虎紐，文曰「受天之命，皇帝壽昌」。高祖佩之，後代名曰傳國璽。與斬白蛇劍俱爲乘輿所寶。傳國璽，魏、晉至今不廢。斬白蛇劍，晉惠帝武庫火燒之，今亡。晉懷帝没胡，傳國璽没於劉聰，後又屬石勒。及石勒弟石虎死，胡亂，晉穆帝代乃還天府。虞喜《志林》曰：「傳國璽，自在六璽之外，天子凡七璽也。」《漢注》曰：「璽，印也。自秦以前，臣下皆以金玉爲印，龍虎紐，唯所好。秦以來，以璽爲稱，又獨以玉，臣下莫得用。」漢制，皇帝黄赤綬，四采，黄、赤、縹、紺。皇后金璽，綬亦如之。於禮，士綬之色如此，後代變古也。吴無刻玉工，以金爲璽。孫晧造金璽六枚是也。又有麟鳳龜龍璽，馳馬鴨頭雜印，今代則闕也。

皇太子，金璽，龜紐，纁朱綬，四采，赤、黄、縹、紺。給五時朝服，遠遊冠，亦有三梁進賢冠。佩瑜玉。

諸王，金璽，龜紐，纁朱綬，四采，赤、黄、縹、紺。給五時朝服，遠遊冠，亦有三梁進賢冠。佩山玄玉。

郡公，金章，玄朱綬。給五時朝服，進賢三梁冠，佩山玄玉。太宰、太傅、太保、丞相、司徒、司空，金章，紫綬。給五時朝服，進賢三梁冠。佩山玄玉。相國則緑綟綬，三采，緑、紫、紺。綟，草名也，其色緑。大司馬、大將軍、太尉、凡將軍位從公者，金章，紫綬。給五時朝服，武冠。佩山玄玉。郡侯，金章，青朱綬。給五時朝服，進賢三梁冠。佩水蒼玉。

驃騎、車騎將軍、凡諸將軍加大者，征、鎮、安、平、中軍、鎮軍、撫軍、前、左、右、後將軍，征虜、冠軍、輔國、龍驤將軍，金章，紫綬。給五時朝服，武冠。佩水蒼玉。

貴嬪、夫人、貴人，金章，文曰貴嬪、夫人、貴人之章。紫綬。佩于闐玉。

淑妃、淑媛、淑儀、修華、修容、修儀、婕妤、容華、充華，銀印，文曰淑妃、淑媛、淑儀、修華、修容、修儀、婕妤、容華、充華之印。青綬。佩五采瓊玉。

皇太子妃，金璽，龜紐，纁朱綬。佩瑜玉。

諸王太妃、妃、諸長公主、公主、封君，金印，紫綬。佩山玄玉。

諸王世子，金印，紫綬。五時朝服，進賢兩梁冠。佩山玄玉。

郡公侯太夫人、夫人，銀印，青綬。佩水蒼玉。

郡公侯世子，銀印，青綬。給五時朝服，進賢兩梁冠。佩水蒼玉。

侍中、散騎常侍及中常侍，給五時朝服，武冠。貂蟬，侍中左，常侍右。皆佩水蒼玉。

尚書令、僕射，銅印，墨綬。給五時朝服，納言幘，進賢兩梁冠。佩水蒼玉。

尚書，給五時朝服，納言幘，進賢兩梁冠。佩水蒼玉。

中書監令、祕書監，銅印，墨綎綬。給五時朝服，進賢兩梁冠。佩水蒼玉。

光禄大夫，卿、尹、太子保、傅、大長秋、太子詹事，銀章，青綬。給五時朝服，進賢兩梁冠。佩水蒼玉。

衛尉，則武冠。衛尉，江左不置。宋孝武孝建初始置，不檢晉服制，止以九卿皆文冠及進賢兩梁冠，非舊也。

司隸校尉，武尉、左右衛、中堅、中壘、驍騎、遊擊、前軍、左軍、右軍、後軍、寧朔、建威、振威、奮威、揚威、廣威、建武、振武、奮武、揚武、廣武、左右積弩、强弩諸將軍、監軍，銀章，青綬。給五時朝服，武冠。佩水蒼玉。

領軍、護軍、城門五營校尉、東南西北中郎將，銀印，青綬。給五時朝服，武冠。佩水蒼玉。

縣、鄉、亭侯，金印，紫綬。朝服，進賢三梁冠。

鷹揚、折衝、輕車、揚烈、威遠、寧遠、虎威、材官、伏波、淩江諸將軍，銀章，青綬。給五時朝服，武冠。

奮武護軍、安夷撫軍、護軍、軍州郡國都尉、奉車、駙馬、騎都尉、諸護軍將兵助郡都尉、水衡、典虞、牧官、典牧都尉、度支中郎將、校尉、都尉、司鹽都尉、材官校尉、王國中尉、宜禾伊吾都尉、監淮南津都尉，銀印，青綬。五時朝服，武冠。

州刺史，銅印，墨綬。給絳朝服，進賢兩梁冠。

御史中丞、都水使者，銅印，墨綬。給五時朝服，進賢兩梁冠。佩水蒼玉。

謁者僕射，銅印，墨綬。給四時朝服，高山冠。佩水蒼玉。

諸軍司馬，銀章，青綬。朝服，武冠。

給事中、黄門侍郎、散騎侍郎、太子中庶子、庶子，給五時朝服，武冠。

中書侍郎，給五時朝服，進賢一梁冠。

冗從僕射、太子衛率，銅印，黑綬。給五時朝服，武冠。

虎賁中郎將、羽林監，銅印，墨綬。給四時朝服，武冠。其在陛列及備鹵簿，鶡尾，絳紗縠單衣。鶡鳥似雞，出上黨。爲鳥强猛，鬭不死不止。復著鶡尾。

北軍中候、殿中監，銅印，墨綬。給四時朝服，武冠。

護匈奴中郎將、護羌夷戎蠻越烏丸西域戊己校尉，銅印，青綬。朝服，武冠。

郡國太守、相、内史，銀章，青綬。朝服，進賢兩梁冠。江左止單衣幘。其加中二千石者，依卿、尹。

牙門將，銀章，青綬。朝服，武冠。

騎都督，守，銀印，青綬。朝服，武冠。

尚書左右丞、祕書丞，銅印，黄綬。朝服，進賢一梁冠。

尚書祕書郎、太子中舍人、洗馬、舍人，朝服，進賢一梁冠。

黄沙治書侍御史，銀印，墨綬。朝服，法冠。

侍御史，朝服，法冠。

關内、關中名號侯，金印，紫綬。朝服，進賢兩梁冠。

諸博士，給皁朝服，進賢兩梁冠。佩水蒼玉。

公府長史、諸卿尹丞、諸縣署令秩千石者，銅印，墨綬。朝服，進賢兩梁冠。

江左公府長史無朝服，縣令止單衣幘。宋後廢帝元徽四年，司徒右長史王儉議公府長史應服朝服。曰：「《春秋國語》云：『貌者情之華，服者心之文。』巖廊盛禮，衣冠爲大。是故軍國異容，内外殊序。而自頃承用，每有乖違。府職掌人，教四方是則。臣居毗佐，志在當官，永言先典，載懷夕惕。按晉令，公府長史，官品第六，銅印，墨綬，朝服，進賢一梁冠。掾、屬，官品第七，朝服，進賢一梁冠。晉官表注，亦與《令》同。而今長史、掾、屬，但著朱服而已，此則公違明文，積習成謬。謂宜依舊制，長史兩梁冠，掾、屬一梁冠，並同備朝服。中單韋舄，率由舊章。若所上蒙允，并請班司徒二府及諸儀同三府，通爲永準。又尋舊事，司徒公府領步兵者職僚悉同降朝不領兵者。主簿祭酒，中單韋舄並備，令史以下，唯著玄衣。今府既開公，謹遵此制。其或有署臺位者，玄服爲疑。按《令》稱諸有兼官，皆從重官之例。尋内官爲重，其署臺位者，悉宜著位之服，不在玄服之例。若署諸卿寺位兼府職者，雖三品，而卿寺爲卑，則宜依公府玄衣之制。服章事重，禮儀所先，請臺詳服。」儀曹郎中沈俣之議曰：「制珪象德，損替因時；裁服象功，施用隨代。車旗變於商、周，冠佩革於秦、漢，豈必殊代襲容，改尚沿物哉。夫邊貂假幸侍之首，賤幘登尊極之顔，一適時用，便隆後制。況朱裳以朝，緬傾百祀，韋舄不加，浩然惟舊。服爲定章，事成永則。其儉之所秉，會非古訓。青素相因，代有損益，何事棄盛宋之興法，追往晉之頹典。變改空煩，謂不宜革。」儉又上議曰：「自頃服章多闕，有違前準，近議依令文，被報不宜改革，又稱左丞劉議『按令文，凡有朝服，今多闕亡。然則文存服損，非唯鉉佐，用捨既久，即爲舊章』。如下旨。伏尋皇宋受終，每因晉舊制，律令條章，同規在昔。若事有宜，必合懲改，則當上關詔書，下由朝議，縣諸日月，垂則後昆。豈得因外府之乖謬以爲盛宋之興典，用晉氏之律令，而謂其儀爲頹法哉。順違從失，非所望於高議；申明舊典，何改革之可論。又左丞引令史之闕服，以爲鉉佐之明比。夫名位不同，禮數異等，令史從省，或有權宜；達官簡略，爲失彌重。又主簿、祭酒，備服於王庭，長史、掾、屬，朱衣以就列。於是倫比，自成矛盾。此而可忍，孰不可安。將引令以遵舊，臺據失以爲例，研詳符旨，良所未譬。當官而行，何强之有，制令昭然，守以無貳。」俣之又議：「雲火從物，沿損異儀，帝樂五殊，王禮三變，豈獨大宋造命，必咸仍於晉舊哉！夫宗社疑文，庭廟典，或上降制書，下協朝議，何乃鉉府佐屬裳黻，稍改白虎之詔，斷宣室之疇咨乎。又許令史之從省，咎達官之簡略。律苟可遵，固無辨於貴賤；規若必等，亦何關於權宜。一用一舍，彌增其滯。且佐非韋舄之職，吏本朝服之官，凡在班列，罔不如一，此蓋前令違而遂改，今制允而長用也。爵異服殊，寧會矛盾之譬；討論疑制，焉取强弱之辨。府執既革之餘文，臺據永行之成典，良有期於無固，非所望於行迷。」參詳並同儉，議遂寢。

諸軍長史、諸卿尹丞、獄丞、太子保傅詹事丞、郡國太守相内史、丞、長史、諸縣署令長相、關谷長、王公侯諸署令、長、司理、治書、公主家僕，銅印，墨綬。朝服，進賢一梁冠。江左太子保傅卿尹詹事丞，卑朝服。郡丞、縣令長，止單衣幘。

公車司馬、太史、太醫、太官、御府、内省令、太子諸署令、僕、門大夫、陵令，銅印，墨綬。朝服，進賢一梁冠。

太子率更、家令、僕，銅印，墨綬。給五時朝服，進賢兩梁冠。

黄門諸署令、僕、長，銅印，墨綬。四時朝服，進賢一梁冠。

黄門宂從僕射監、太子寺人監，銅印，墨綬。給四時朝服，武冠。

公府司馬、諸軍城門五營校尉司馬、護匈奴中郎將護羌戎夷蠻越烏丸戊己校尉長史、司馬，銅印，墨綬。朝服，武冠。江左公府司馬無朝服，餘止單衣幘。

廷尉正、監、平，銅印，墨綬。給阜零辟朝服，法冠。

王郡公侯郎中令、大農，銅印，青綬。朝服，進賢兩梁冠。

北軍中候丞，銅印，黄綬。朝服，進賢一梁冠。

太子常從虎賁督、千人督、校督、司馬虎賁督，銅印，墨綬。朝服，武冠。

殿中將軍，銀章，青綬。四時朝服，武冠。宋末不復給章綬。

水衡、典虞、牧官、典牧、材官、州郡國都尉、司馬，銅印，墨綬。朝服，武冠。

諸謁者，朝服，高山冠。

門下中書通事舍人令史、門下主事令史，給四時朝服，武冠。

尚書典事、都水使者參事、散騎集書中書尚書令史、門下散騎中書尚書令史、録尚書中書監令僕省事史、祕書著作治書、主書、主璽、主譜令史、蘭臺殿中蘭臺謁者都水使者令史、書令史，朝服，進賢一梁冠。江左凡令史無朝服。

節騎郎，朝服，武冠。其在陛列及備鹵簿，著鶡尾，絳紗縠單衣。

殿中中郎將校尉、都尉、黄門中郎將校尉、殿中太醫校尉、都尉，銀印，青綬。四時朝服，武冠。

關外侯，銀印，青綬。朝服，進賢兩梁冠。

左右都候、閶闔司馬、城門候，銅印，墨綬。朝服，武冠。

王郡公侯中尉，銅印，墨綬。朝服，武冠。

部曲督護、司馬史、部曲將，銅印。朝服，武冠。司馬史，假墨綬。

太中中散諫議大夫、議郎、郎中、舍人，朝服，進賢一梁冠。秩千石者，兩梁。

城門令史，朝服，武冠。江左凡令史無朝服。

諸門僕射佐史、東宮門吏，阜零辟朝服。僕射東宮門吏，卻非冠。佐史，進賢冠。

宫内游徼、亭長，阜零辟朝服，武冠。

太醫校尉、都尉、總章協律中郎將校尉、都尉，銀印，青綬。朝服，武冠。

小黄門，給四時朝服，武冠。

黄門謁者，給四時朝服，進賢一梁冠。朝賀通謁時，著高山冠。

黄門諸署史，給四時朝服，武冠。

中黄門黄門諸署從官寺人，給四時科單衣，武冠。

殿中司馬，及守陵者，殿中太醫司馬，銅印，墨綬。給四時朝服，武冠。

太醫司馬，銅印。朝服，武冠。

總章監鼓吹監司律司馬，銅印，墨綬。朝服。鼓吹監總章協律司馬，武冠。

諸縣署丞，太子諸署丞，王公侯諸署及公主家丞，銅印，黄綬。朝服，進賢一

總章監司律司馬，進賢一梁冠。

梁冠。

太醫丞，銅印。朝服，進賢一梁冠。

黄門諸署丞，銅印，黄綬。給四時朝服，進賢一梁冠。

黄門稱長、園監，銅印，黄綬。給四時朝服，武冠。

諸縣尉，關谷塞護道尉，銅印，黄綬。朝服，武冠。江左止單衣幘。

洛陽鄉有秩，銅印，青綬。朝服，進賢一梁冠。

宣威將軍以下至裨將軍，銅印。朝服，武冠。其以此官爲刺史、郡守、若萬人司馬虎賁督以上，及司馬史者，皆假青綬。

平虜武猛中郎將、校尉、都尉，銀印。朝服，武冠。其以此官爲千人司馬虎賁督以上，及司馬史者，皆假青綬。

別部司馬，軍假司馬，銀印。朝服，武冠。

圖像都匠行水中郎將，校尉，都尉，銀印，青綬。朝服，武冠。若非以工伎巧能特加此官者，不加綬。羽林郎、羽林長郎，佩武猛都尉以上印者，假青綬。別部司馬以下，假墨綬。朝服，武冠。其長郎壯士，武弁冠。在陛列及鹵簿，服絳縠單衣。

陛下甲僕射主事吏將騎，廷上五牛旗假使虎賁，在陛列及備鹵簿，服錦文衣，武冠，鶡尾。陛長，假銅印，墨綬。旄頭。

羽林在陛列及備鹵簿，服絳科單衣，上著韋畫要襦。假旄頭。

舉輦跡禽前驅由基强弩司馬，守陵虎賁，佩武猛都尉以上印者，假青綬。別部司馬以下，假墨綬。守陵虎賁，給絳科單衣，武冠。

殿中宂從虎賁，殿中虎賁，及守陵者持鈒戟宂從虎賁，佩武猛都尉以下印者，假青綬。別部司馬以下，假墨綬。絳科單衣，武冠。

持椎斧武騎虎賁、五騎傳詔虎賁、殿中羽林及守陵者太官尚食虎賁，稱飯宰人，諸宫尚食虎賁，佩武猛都尉以上印者，假青綬。別部司馬以下，假墨綬。給絳褠，武冠。其在陛列及備鹵簿五騎虎賁，服錦文衣，鶡尾。宰人服離支衣。

黄門鼓吹、及釘官僕射、黄門鼓吹史主事、諸官鼓吹、尚書廊下都坐門下守閤、殿中威儀騶、虎賁常直殿黄雲龍門者，門下左右部虎賁羽林騶、給傳事者諸導騶門下中書守閤，給絳褠，武冠。南書門下虎賁羽林騶，蘭臺五曹節藏射廊下守閤，威儀，發符騶，都水使者黄沙廊下守閤，謁者，録事，威儀騶，河隄謁者騶，諸官謁者騶，絳褠，武冠。給其衣服，自如故事。大誰士皁科單衣，樊噲冠。衛士墨布褠，却敵冠。凡此前衆職，江左多不備，又多闕朝服。

諸應給朝服佩玉，而不在京都者給朝服，非護烏丸羌夷戎蠻諸校尉以上及刺史、西域戊己校尉，皆不給佩玉。其來朝會，權時假給，會罷輸還。凡應朝服者，而官不給，聽自具之。諸假印綬而官不給鞶囊者，得自具作。其但假印不假綬者，不得佩綬。

鞶，古制也。漢代著鞶囊者，側在腰間。或謂之傍囊，或謂之綬囊。然則以此囊盛綬也。或盛或散，各有其時乎。

朝服一具，冠幘各一，絳緋袍，皁緣中單衣領袖各一領，革帶袷袴各一，舄、袜各一量，簪導飾自副。四時朝服者，加絳絹黄緋青緋皁緋袍單衣各一領；五時朝服者，加給白絹袍單衣一領。

諸受朝服，單衣七丈二尺，科單衣及褠五丈二尺，中衣絹五丈，緣皁一丈八尺，領袖練一匹一尺，絹七尺五寸。給袴練一丈四尺，縑二丈。袜布三尺。單衣及褠袷帶，縑各一段，長七尺。江左止給絹各有差。宋元嘉末，斷不復給，至今。

山鹿、貀、柱貀、白貀、施毛狐白領，黄豹、斑白鼲子、渠搜裘、步摇、八鏌、蔽結、多服蟬、明中、櫂白，又諸織成衣帽、錦帳、純金銀器、雲母從廣一寸以上物者，皆爲禁物。

諸在官品令第二品以上，其非禁物，皆得服之。第三品以下，加不得服三鏌以上、蔽結、爵叉、假真珠翡翠校飾纓佩、雜采衣、杯文綺、齊繡黼、鏾離、袿袍。第六品以下，加不得服金鏌、綾、錦、錦繡、七緣綺、貂豽裘、金叉鐶鉺，及以金校飾器物、張絳帳。第八品以下，加不得服羅、紈、綺、縠，雜色真文。騎士卒百工人，加不得服大絳紫襈、假結、真珠璫珥、犀、瑇瑁、越疊，以銀飾器物、張帳、乘犢車，履色無過緑、青、白。奴婢衣食客，加不得服白幘、蒨、絳、金黄銀叉、鐶、鈴、

鑷、鉺，履色無過純青。諸去官及薨卒不禄物故，家人所服，皆得從故官之例。諸王皆不得私作禁物，及𨷂碧校鞍，珠玉金銀錯刻鏤雕飾無用之物。【略】

魏文帝黄初三年，詔賜漢太尉楊彪几杖，待以客禮。延請之日，使挾杖入朝。又令著鹿皮冠。彪辭讓，不聽。乃使服布單衣皮弁以見。《傅玄子》曰：「漢末王公名士，多委王服，以幅巾爲雅。是以袁紹、崔鈞之徒，雖爲將帥，皆著縑巾。」

魏武以天下凶荒，資財乏匱，擬古皮弁，裁縑帛以爲帢，合乎簡易隨時之義，以色别其貴賤。本施軍飾，非爲國容也。徐爰曰：「俗説帢本未有歧，荀文若巾之，行觸樹枝成歧，謂之爲善，因而弗改。」通以爲慶吊服。巾以葛爲之，形如帢，而横著之，古尊卑共服也。故漢末妖賊以黄爲巾，時謂之「黄巾賊」。今國子太學生冠之，服單衣以爲朝服，執一卷經以代手板。居士野人，皆服巾焉。

徐爰曰：「帽名猶冠也。義取於蒙覆其首。其本纚也。古者有冠無幘，冠下有纚，以繒爲之。後世施幘於冠，因裁纚爲帽。自乘輿宴居，下至庶人無爵者，皆服之。」史臣案晉成帝咸和九年制，聽尚書八座丞郎、門下三省侍郎乘車白帢低幘出入掖門。又二宫直官著烏紗帢。然則士人宴居，皆著帢矣。而江左時野人已著帽，士人亦往往而然，但其頂圓耳。後乃高其屋云。

古者人君有朝服，有祭服，有晏服，有吊服。吊服皮弁疑衰，今以單衣黑幘爲宴會服，拜陵亦如之。以單衣白帢爲吊服，修敬尊秩亦服之也。單衣，古之深衣也。今單衣裁製與深衣同，唯絹帶爲異。深衣絹帽以居喪。單衣素帢以施吉。

晉武帝泰始三年，詔太宰安平王孚服侍中之服，賜大司馬義陽王望袞冕之服。四年，又詔趙、樂安、燕王服散騎常侍之服。十年，賜彭城王袞冕之服。僞楚桓玄將篡，亦加安帝母弟太宰琅邪王袞冕服。

宋興以來，王公貴臣加侍中、散騎常侍，乃得服貂璫也。

宋孝武孝建元年，丞相南郡王義宣，二年，雍州刺史武昌王渾，又有異圖。世祖嫌侯王强盛，欲加減削。其年十月己未，大司馬江夏王義恭、驃騎大將軍竟陵王誕表改革諸王車服制度，凡九條，表在《義恭傳》。上因諷有司更增廣條目。奏曰：「車服以庸，《虞書》茂典，名器慎假，《春秋》明誡。是以尚方所制，禁嚴漢律，諸侯竊服，雖親必罪。自頃以來，下僭彌盛。器服裝飾，樂舞音容，通於王公，達于衆庶。上下無辨，民志靡一。今表之所陳，實允禮度。九條之格，猶有未盡，謹共附益，凡二十四條。聽事不得南向坐，施帳并榻。蕃國官正冬不得跣登國殿，及夾侍國師傳令及油戟。公主王妃傳令，不得朱服。輿不得重杠。鄣扇不得雉尾。劍不得鹿盧形。槊眊不得孔雀白鷺。夾轂隊不得絳襖。平乘誕馬不得過二匹。胡伎不得綵衣。舞伎正冬著袿衣，不得莊面蔽花。正冬會不得鐸舞、杯柈舞。長蹻伎、透舒、丸劍、博山伎、緣大橦伎、升五案伎，自非正冬會奏舞曲，不得舞。諸妃主不得著袞帶。信幡，非臺省官悉用絳。郡縣内史相及封内官長，於其封君，既非在三，罷官則不復追敬，不合稱臣，正宜上下官敬而已。諸鎮常行，車前後不得過六隊，白直夾轂，不在其限。刀不得過銀銅爲裝。諸王女封縣主，諸王子孫襲封王王之妃及封侯者夫人行，並不得鹵簿。諸王子繼體爲王者，婚葬吉凶，悉依諸國公侯之禮，不得同皇弟皇子。車輿不得油幢，軺車不在其限。平乘舫皆平兩頭作露平形，不得擬像龍舟，悉不得朱油。帳鋒不得作五花及豎笋形。若先有器物者，悉輸送臺藏。書到後二十日期，若有竊玩犯禁者，及統司無舉糾，並臨時議罪。」詔可。【略】

大明四年正月戊辰，尚書左丞荀萬秋奏：「《籍田儀注》，『皇帝冠通天冠，朱紘，青介幘，衣青紗袍。侍中陪乘，奉車郎秉轡。』案《漢輿服志》曰：『通天冠，乘輿常服也。』若斯豈可以常服降千畝邪？《禮記》曰：『昔者天子爲籍千畝，冕而朱紘，躬秉耒耜。』鄭玄注《周官·司服》曰：『六服同冕』，尊故也。時服雖變，冕制不改。又潘岳《籍田賦》云：『常伯陪乘，太僕秉轡。』推此，輿駕籍田，宜冠冕，璪十二旒，朱紘，黑介幘，衣青紗袍。常伯陪乘，太僕秉轡。宜改儀注，一遵二禮以爲定儀。」詔可。

大明四年正月己卯，有司奏：「南郊親奉儀注，皇帝初著平天冠，火龍黼黻之服。還，變通天冠，絳紗袍。廟祠親奉，舊儀，皇帝初服與郊不異，而還變著黑介幘，單衣即事，乖體。謂宜同郊還，亦變著通天冠，絳紗袍。又舊儀乘金根車。今五路既備，依禮玉路以祀，亦宜改金根車爲玉路。」詔可。

大明六年八月壬戌，有司奏：「《漢儀注》『大駕鹵簿，公卿奉引，大將軍參乘，太僕卿御。法駕，侍中參乘，奉車郎御』。晉氏江左，大駕未立，故郊祀用法駕，宗廟以小駕。至於儀服，二駕不異。拜陵，御服單衣幘，百官陪從，朱衣而已，亦謂之小駕，名實乖舛。考尋前記，大駕上陵，北郊。周禮宗廟於昊天有降，宜以大駕郊祀，法駕祠廟，小駕上陵，如爲從序。今改祠廟爲法駕鹵簿，其軍幢多少，臨時配之。至尊乘玉路，以金路象路革路木路小輦輪御軺衣書等車爲副。

其餘並如常儀。」詔可。

大明七年二月甲寅，輿駕巡南豫、兗二州，冕服，御玉路，辭二廟。改服通天冠，御木路，建大麾，備春蒐之典。【略】

泰始四年八月甲寅，詔曰：「車服之飾，象數是遵。故盛皇留範，列聖垂制。朕近改定五路，酌古代今，修成六服，沿時變禮。所施之事，各有條敍。便可付外，載之典章。朕以大冕純玉繅，玄衣黃裳，乘玉輅，郊祀天，宗祀明堂。又以法冕五綵繅，玄衣絳裳，乘金路，祀太廟，元正大會諸侯。又以飾冠冕四綵繅，紫衣紅裳，乘象輅，小會宴饗，餞送諸侯，臨軒會王公。又以繡冕三綵繅，朱衣裳，乘革路，征伐不賓，講武校獵。又以紘冕二綵繅，青衣裳，乘木輅，耕稼，饗國子。又以通天冠，朱紗袍，爲聽政之服。」

泰始六年正月戊辰，有司奏：「被敕皇太子正冬朝賀，合著袞冕九章衣不？」儀曹郎丘仲起議：「案《周禮》，公自袞冕以下。鄭注：『袞冕以至卿大夫之玄冕，皆其朝聘天子之服也。』伏尋古之上公，尚得服袞以朝。皇太子以儲副之尊，率土瞻仰。愚謂宜式遵盛典，服袞冕九旒以朝賀。」兼左丞陸澄議：「服冕以朝，實著經典。秦除六冕之制，至漢明帝始與諸儒還備古章。自魏、晉以來，宗廟行禮之外，不欲令臣下服袞冕，故位公者，每加侍官。今皇太子承乾作副，禮絕羣后，宜遵聖王之盛典，革近代之陋制。臣等參議，依禮，皇太子元正朝賀，應服袞冕九章衣。以仲起議爲允。撰載儀注。」詔可。

後廢帝即位，尊所生陳貴妃爲皇太妃，輿服一如晉孝武太妃故事。唯省五牛旗及赤旂。

《宋書》卷三〇《五行志一》 魏明帝著繡帽，被縹紈半袖，嘗以見直臣楊阜。阜諫曰：「此於禮何法服邪？」帝默然。近服妖也。縹，非禮之色，褻服不貳。今之人主，親御非法之章，所謂自作孽不可禳也。帝既不享永年，身没而禄去王室，後嗣不終，遂亡天下。【略】

晉末皆冠小冠，而衣裳博大，風流相倣，輿臺成俗。識者曰：「此禪代之象也。」永初以後，冠還大云。

《南齊書》卷二《高帝紀下》 即位後，身不御精細之物，敕中書舍人桓景真曰：「主衣中似有玉介導，此制始自大明末，後泰始尤增其麗。留此置主衣，政是興長疾源，可即時打碎。凡復有可異物，皆宜隨例也。」後宫器物欄檻以銅爲飾者，皆改用鐵，内殿施黄紗帳，宫人著紫皮履，華蓋除金花爪，用鐵迴釘。每曰：「使我治天下十年，當使黄金與土同價。」欲以身率天下，移變風俗。

《南齊書》卷九《禮志上》 〔淳于睿論二分之朝〕「江左草創，舊章多闕，宋氏因循，未能反古。竊惟皇齊應天御極，典教惟新，謂宜使盛典行之盛代，以春分朝於殿庭之西，東向而拜日，秋分於殿庭之東，西向而拜月，此即所謂必放日月以端其位之義也。使四方觀化者，莫不欣而頌美。〔服無〕旒藻之飾，蓋本天之至質也，朝日不得同昊天至質之禮，故玄冕三旒也。近代祀天，著袞十二旒，極文章之〔義〕〔美〕，則是古今禮之變也。禮天朝日，既服宜有異，頃世天子小朝會，著絳紗袍、通天金博山冠，斯即今朝之服次袞冕者也，竊謂宜依此拜日月，甚得差降之宜也。佟之任非禮局，輕奏大典，寔爲侵官，伏追慙震。」從之。

《南齊書》卷一一《樂志》 《宣烈舞》執干戚。郊廟奏，平冕，黑介幘，玄衣裳，白領袖，絳領袖中衣，絳合幅袴，絳韈。朝廷，則武冠，赤幘，生絳袍單衣，絹領袖，皁領袖中衣，虎文畫合幅袴，白布彩，皆黑韋鞮。【略】

《凱容舞》，執羽籥。郊廟，冠委貌，服如前。朝廷，進賢冠，黑介幘，生黄袍單衣，白合幅袴，餘如前。

《南齊書》卷一七《輿服志》 《虞書》曰：「予欲觀古人之象，日、月、星辰、山、龍、華蟲作繢，宗彝、藻、火、粉米、黼、黻絺繡，以五采章施于五色。」天子服備日、月以下，公山、龍以下，侯伯華蟲以下，子男藻、火以下，卿大夫粉米以下。天子六冕，王后六服，著在《周官》。公侯以下，咸有名則，佩玉組綬，並具禮文，後代沿革，見《漢志》、《晉服制令》，其冠十三品，見蔡邕《獨斷》，並不復具詳。宋明帝泰始四年，更制五輅，議脩五冕，朝會饗獵，各有所服，事見《宋注》。舊相承三公以下冕七旒，青玉珠，卿大夫以下五旒，黑玉珠。永明六年，太常丞何諲之議，案《周禮》命數，改三公八旒，卿六旒。尚書令王儉議，依漢三公服，山、龍九章，卿華蟲七章。從之。

平冕黑介幘，今謂平天冠。皁表朱緣裏，廣七尺，長尺二寸，垂珠十二旒，以朱組爲纓，如其綬色。衣皁上絳下，裳前三幅，後四幅。衣畫而裳繡，爲日、月、星辰、山、龍、華蟲、藻、火、粉米、黼、黻十二章。素帶廣四寸，朱裏，以朱緑裨飾其側，要中以朱，垂以緑，垂三尺。中衣，以絳緣其領袖，赤皮韍，絳袴襪，赤舃，郊廟臨朝所服也。漢世冕用白玉珠爲旒。魏明帝好婦人飾，改以珊瑚珠。晉初仍舊，後乃改。江左以美玉難得，遂用蚌珠，世謂之白琁珠。

袞衣，漢世出陳留襄邑所織。宋末用繡及織成，建武中，明帝以織成重，乃采畫爲之，加飾金銀薄，世亦謂爲天衣。

史臣曰：黼黻之設，經緯爲用，故五色六章十二衣還相爲質也。歷代龍衮，織以成文，今體不勝衣，變易舊法，豈致美黻冕之謂乎！

通天冠，黑介幘，金博山顔，絳紗袍，皁緣中衣，乘輿常朝所服。舊用駮犀簪導，東昏改用玉。其朝服，臣下皆同。

黑介幘，單衣，無定色，乘輿拜陵所服。其白帢單衣，謂之素服，以舉哀臨喪。

遠游冠，太子諸王所冠。太子朱纓，翠羽綫珠節。諸王玄纓，公侯皆同。

平冕，各以組爲纓，王公八旒，衣山、龍九章，卿七旒，衣華蟲七章，並助祭所服。皆畫皂絳繒爲之。

進賢冠，諸開國公、侯、鄉、亭侯，卿，大夫，尚書，關内侯，二千石，博士，中書郎，丞、郎，祕書監、丞、郎，太子中舍人、洗馬、舍人，諸府長史，卿，尹、丞，下至六百石令長小吏，以三梁、二梁、一梁爲差，事見《晉令》。

武冠，侍臣加貂蟬，餘軍校武職、黄門、散騎，太子中庶子、二率，朝散、都尉，皆冠之。唯武騎虎賁服文衣，插雉尾於武冠上。

史臣曰：應劭《漢官》釋附蟬，及司馬彪志並不見侍中與常侍有異，唯言左右珥貂而已。案項氏説云「漢侍中蟬，刻爲蟬像，常侍但爲璫而不蟬」，未詳何代所改也。

法冠，廷尉等諸執法者冠之。

高山冠，謁者冠之。

樊噲冠，殿門衛士冠之。

黑介幘冠，文冠；平幘冠，武冠。尚書令、僕射、尚書納言幘，後飾爲異。

童子空頂幘，施假髻，貴賤同服。

救日蝕，文武官皆免冠，著赤介幘對朝服。赤幘，示威武也。

袴褶，車駕親戎、中外纂嚴所服。黑冠，帽綴紫褾，以絡帶代鞶帶。中官紫褾，外官絳褾。其纂嚴戎服不綴褾，行留悉同。校獵巡幸，從官戎服革帶鞶帶，文官不纓，武官脱冠。

袿襹大衣，謂之褘衣，皇后謁廟所服。公主會見大首髻，其燕服則施嚴雜寶爲佩瑞。袿襹用繡爲衣，裳加五色，鏁金銀校飾。【略】

太官宰人服離支衣，後定。

贊曰：文物煌煌，儀品穆穆。分别禮數，莫過輿服。

《陳書》卷二《高祖下》 永定三年五月景辰朔，日有食之，有司奏：舊儀，御前殿，服朱紗袍、通天冠。詔曰：「此乃前代承用，意有未同。合朔仰助太陽，宜備衮冕之服。自今已去，永可爲准。」

《南朝宋會要·吉禮·親行禮》 武帝親南郊一。永初二年正月辛酉。

親郊

南郊，皇帝散齋七日，致齋三日。官掌清者亦如之。致齋之朝，御太極殿幄坐。著絳紗袍，黑介幘，通天金博山冠。【略】車駕出，百官應齋及從駕填街先置者，各隨申攝從事。上水一刻，御服龍衮，平天冠，升金根車，到壇東門外。博士、太常引入到黑攢。太祝令跪執匏陶，酒以灌地。皇帝再拜，興。羣臣皆再拜伏。【略】

〔大明〕四年正月己卯，有司奏：「南郊親奉儀注，皇帝初著平天冠，火龍黼黻之服。還，變通天冠，絳紗袍。廟祠親奉，舊儀，皇帝初服與郊不異，而還變著黑介幘，單衣即事，乖體。謂宜同郊還，亦變著通天冠，絳紗袍。又舊儀乘金根車。今五路既備，依《禮》玉路以祀，亦宜改金根車爲玉路。」詔可。《禮志》五。

【略】

殷祠，皇帝散齋七日，致齋三日。百官清者亦如之。致齋之日，御太極殿幄坐，著絳紗袍，黑介幘，通天金博山冠。祠之日，車駕出，百官應齋從駕留守填街先置者，各依宣攝從事。上水一刻，皇帝著平冕龍衮之服，升金根車，到廟北門訖。治禮、謁者各引太樂、太常、光禄勳、三公等皆入在位。皇帝降車入廟，脱舄，盥及洗爵，訖，升殿。初獻，奠爵，樂奏。太祝令跪讀祝文，訖，進奠神座前。皇帝還本位。博士引太尉亞獻，訖，謁者又引光禄勳終獻。凡禘祫大祭，則神主悉出廟堂，爲昭穆以安坐，不復停室也。《禮志》一。

《南朝宋會要·吉禮·籍田祠先農》 〔文帝元嘉二十年〕孟春之月，擇上辛後吉亥日，御乘耕根三蓋車，駕蒼駟，青旂，著通天冠，青幘，朝服青衮，帶佩蒼玉。藩王以下至六百石皆衣青。唯三臺武衛不耕，不改服章。《禮志》一【略】

孝武大明四年正月戊辰，尚書左丞荀萬秋奏：「《籍田儀注》，『皇帝冠通天冠，朱紘，青介幘，衣青紗袍。侍中陪乘，奉車郎秉轡。』案《漢輿服志》曰：『通天冠，乘輿常服也。』若斯豈可以常服降千畝邪？《禮記》曰：『昔者天子爲籍千畝，冕而朱紘，躬秉耒耜。』鄭玄注《周官》司服『異服同冕』，尊故也。時服雖變，冕制不改。又潘岳《籍田賦》云：『常伯陪乘，太僕秉轡。』推此，輿駕籍田，宜冠冕，璪十二旒，朱紘，黑介幘，衣青紗袍。常伯陪乘，太僕秉轡。宜改儀注，一遵二《禮》以爲定儀。」詔可。乙亥，車駕躬耕籍田。《本紀》、《禮志》五。

《南朝宋會要·凶禮·謁陵》 天子拜陵，黑介幘，菱單衣。《禮志》五。

《南朝宋會要·軍禮·講武》 百官非校獵之官，著朱服，集列廣莫門外。【略】上水五刻，皇帝出。著黑介幘單衣，乘輦。皇帝降輦登御坐，侍臣升殿。直衛鈒戟虎賁，旄頭文衣，鶡尾，以次列階。正直侍中奏：「解嚴。」先置從駕百官還便坐幔省。帝若躬親射禽，變御戎服，内外從官以及虎賁悉變服，如校獵儀。鞁戟抽鞘，以備武衛。【略】事畢。大司馬鳴鼓解圍復屯，殿中郎率其屬收禽，以實獲車，充庖廚。列言統曹正廚，置尊酒俎肉于中逵，以犒饗校獵衆軍。至晡，正直侍中量宜奏嚴，從官還著朱服，鞁戟復鞘。再嚴，先置官先還。三嚴後二刻，正直侍中奏：「外辦。」皇帝著黑介幘單衣。正次直侍中、散騎常侍、給事黄門侍郎，軍校進夾御坐。正直侍中跪奏：「還宫。」【略】《本紀》、《禮志》一。

〔大明〕七年二月甲寅，輿駕巡南豫、兖二州，冕服，御玉路，辭二廟。改服通天冠，御木路，建大麾，備春蒐之典。《禮志》五。

《南朝宋會要·嘉禮·臨軒》 皇帝服衮冕之服，升太極殿，臨軒南面。

《南朝宋會要·嘉禮·朝朔望》 武帝諸子旦問起居，入閤脱公服，止着裙帽。《本紀》。下同。

《南朝宋會要·嘉禮·諸相見儀·家人禮》 武帝諸子旦問起居，入閤脱公服，止著裙帽，如家人之禮。本《紀》。【略】

元嘉世，諸王入齋閤，得白服帬帽見人主。《南齊書·豫章王傳》。

《南朝宋會要·輿服·冠服》

天子冠服

天子禮郊廟，則黑介幘，平冕，今所謂平天冠也。皁表朱緑裏，廣七寸，長尺二寸，垂珠十二旒。以朱組爲纓，衣皁上絳下，前三幅，後四幅，衣畫而裳繡，爲日、月、星辰、山、龍、華、蟲、藻、火、粉米、黼、黻之象，凡十二章也。素帶廣四寸，朱裏，以朱緣裨飾其側。中衣以絳緣其領袖。赤皮蔽膝。蔽膝，古之韍也。絳袴，絳襪，赤舄。未加元服者，空頂介幘。其釋奠先聖，則皁紗裙，絳緣中衣，絳袴襪，黑舄。其臨軒亦衮冕也。其朝服，通天冠，高九寸，金博山顔，黑介幘，絳紗裙，皁緣中衣。其拜陵，黑介幘，菱單衣。其雜服，有青赤黄白緗黑色介幘，五色紗裙，五梁進賢冠，遠遊冠，平上幘，武冠。其素服，白帢單衣。《禮志》五。

壽寂之等殞廢帝於後堂。建安王休仁便稱臣奉迎明帝升西堂，登御坐，召見諸大臣。于時事起倉卒，上失履，跣至西堂，猶著烏帽。坐定，休仁呼主衣以白帽代之。《明紀》。

南郊，致齋之朝，御著絳紗袍，黑介幘，通天金博山冠。郊之日，御服龍衮，平天冠。《禮志》一。

南郊親奉儀注，皇帝初著平天冠，火龍黼黻之服。還，變通天冠，絳紗袍。廟祠親奉，舊儀，皇帝初服與郊不異，而還變著黑介幘，單衣即事，乖體。謂宜同郊還，亦變著通天冠，絳紗袍。《禮志》五。

殷祠，致齋之日，御著絳紗袍，黑介幘，通天金博山冠。祠之日，著平冕龍衮之服。《禮志》一。

耕籍，御著通天冠，青幘，朝服青衮，帶佩蒼玉。《禮志》一。

《籍田儀注》：「皇帝冠通天冠，朱紘，青介幘，衣青紗袍。」大明四年，荀萬秋奏，宜冠冕，璪十二旒，朱紘，黑介幘，衣青紗袍。《禮志》五。

校獵，皇帝著黑介幘單衣。若躬親射禽，變御戎服。三嚴後二刻，仍著黑介幘單衣。《禮志》一。

大明七年二月甲寅，輿駕巡南豫、兖二州，冕服，御玉路，辭二廟。改服通天冠。《禮志》五。

文帝元嘉六年，奉朝請徐道娛表：御讀令「不應素幘」。詔門下詳議，帝執宜如舊。緗幘遂不改。《禮志》五。

泰始四年八月甲寅，詔曰：「朕以大冕純玉繅，玄衣黄裳，乘玉輅，郊祀天，宗祀明堂。又以法冕五綵繅，玄衣絳裳，乘金輅，祀太廟。又以飾冠冕四綵繅，紫衣紅裳，乘象輅，小會宴饗，餞送諸侯，臨軒會王公。又以繡冕三綵繅，朱衣裳，乘革輅，征伐不賓，講武校獵。又以紘冕二綵繅，青衣裳，乘木輅，耕稼，饗國子。又以通天冠，朱紗袍，爲聽政之服。」《禮志》五。

皇太子冠服

泰始六年，皇太子出東宫。又制太子元正朝賀，服衮冕九章衣。《後廢帝紀》。

六年正月戊辰，有司奏：「被敕皇太子正冬朝賀，合著衮冕九章衣不？」儀曹郎丘仲起議：「案《周禮》，公自衮冕以下。鄭注：『衮冕以至卿大夫之玄冕，皆其朝聘天子之服也。』伏尋古之上公，尚得服衮以朝。皇太子以儲副之尊，率土瞻仰。愚謂宜式遵盛典，服衮冕九旒以朝賀。」兼左丞陸澄議：「服冕以朝，實著經典。秦除六冕之制，至漢明帝始與諸儒還備古章。自魏、晉以來，宗廟行禮之外，不欲令臣下服衮冕，故位公者，每加侍官。今皇太子承乾作副，禮絶羣后，宜遵聖王之盛典，革近代之陋制。臣等參議，依禮，皇太子元正朝賀，應服衮冕九章衣。以仲起議爲允。撰載儀注。」詔可。《禮志》五。

皇太子，給五時朝服，遠遊冠，亦有三梁進賢冠。佩瑜玉。《禮志》五。

王公百官冠服

耕籍，藩王以下至六百石皆衣青。唯三臺武衛不耕，不改服章。《禮志》一。下同。

校獵之官著袴褶。有帶武冠者。脱冠者上纓。

百官非校獵之官著朱衣。皇帝若親射禽，變御戎服，内外從官以及虎賁悉變服，如校獵儀。奏嚴，從官還著朱衣。

宫臣見至尊，皆著朱衣。《禮志》二。

武冠，侍臣則加貂蟬。侍中左貂，常侍右貂。《禮志》五。下同。

法冠。

謁者高山冠。

樊噲冠。

乘輿鼓吹，黑幘武冠。

畋獵巡幸，唯從官戎服，帶鞶革；文官不下纓，武官脱冠。文帝元嘉中，巡幸蒐狩皆如之；救宫廟水火，亦如之。

南譙王司空長史、南郡太守張暢出射堂簡人，著黄韋袴褶。《本傳》。

内外戒嚴，普著袴褶。《巴陵王休若傳》。

劉湛被收之夕，上開門召殿中將軍沈慶之，慶之戎服履韎縛袴入，上見而驚曰：「卿何意乃爾急裝？」慶之曰：「夜半喚隊主，不容緩服。」《沈慶之傳》。

舊制車駕出行，衛尉丞直門，常戎服。孝武時，沈伯玉遷衛尉丞，上特聽直門服玄衣。《自序》。

諸王，給五時朝服，遠遊冠，亦有三梁進賢冠。佩山玄玉。《禮志》五。下同。

郡公，給五時朝服，進賢三梁冠。佩山玄玉。太宰、太傅、太保，丞相，司徒、司空，給五時朝服，進賢三梁冠。佩山玄玉。相國、大司馬、大將軍、太尉，凡將軍位從公者，給五時朝服，武冠。佩山玄玉。郡侯，給五時朝服，進賢三梁冠。佩水蒼玉。驃騎、車騎衛將軍，凡諸將軍加大者，征、鎮、安、平，中軍、鎮軍、撫軍，前、左、右、後將軍，征虜、冠軍、輔國、龍驤將軍，給五時朝服，武冠。佩水蒼玉。【略】

諸王世子，五時朝服，進賢兩梁冠。佩山玄玉。

郡公侯世子，給五時朝服，進賢兩梁冠。佩水蒼玉。

侍中、散騎常侍及中常侍，給五時朝服，武冠。貂蟬，侍中左，常侍右。皆佩水蒼玉。

尚書令、僕射、尚書，給五時朝服，納言幘，進賢兩梁冠。佩水蒼玉。

中書監令、秘書監、光禄大夫、卿、尹、太子保、傅、大長秋、太子詹事，給五時朝服，進賢兩梁冠。佩水蒼玉。

衛尉，則武冠。衛尉，江左不置。孝武孝建初始置，不檢晉服制，止以九卿皆文冠及進賢兩梁冠，非舊也。

司隸校尉、武尉、左右衛、中堅、中壘、驍騎、遊擊、前軍、左軍、右軍、後軍、寧朔、建威、振威、奮威、揚威、廣威、建武、振武、奮武、揚武、廣武、左右積弩、强弩諸將軍、監軍、領軍、護軍、城門五營校尉、東南西北中郎將，給五時朝服，武冠。佩水蒼玉。

縣、鄉、亭侯，朝服，進賢三梁冠。

鷹揚、折衝、輕車、揚烈、威遠、寧遠、虎威、材官、伏波、淩江諸將軍，奮武護軍、安夷撫軍、護軍、軍州郡國都尉，奉車、駙馬、騎都尉，諸護軍將兵助郡都尉、水衡、典虞、牧官、典牧都尉、度支中郎將、校尉、都尉、司鹽都尉、材官校尉、王國中尉，宜禾尹吾都尉，監淮南津都尉，五時朝服，武冠。

州刺史，給絳朝服，進賢兩梁冠。

御史中丞、都水使者，給五時朝服，進賢兩梁冠。佩水蒼玉。

謁者僕射，給四時朝服，高山冠。佩水蒼玉。

諸軍司馬，朝服，武冠。

給事中、黄門侍郎、散騎侍郎、太子中庶子、庶子，給五時朝服，武冠。

中書侍郎，給五時朝服，進賢一梁冠。

宂從僕射、太子衛率，給五時朝服，武冠。

虎賁中郎將、羽林監，給四時朝服，武冠。其在陛列及備鹵簿，鶡尾，絳紗縠單衣。

北軍中侯、殿中監，給四時朝服，武冠。

護匈奴中郎將、護羌夷戎蠻越烏丸西域戊己校尉，朝服，武冠。

郡國太守、相、內史，朝服，進賢兩梁冠。江左止單衣幘。其加中二千石者，依卿、尹。

牙門將、騎都督、守，朝服，武冠。

尚書左右丞、秘書丞、尚書秘書郎、太子中舍人、洗馬、舍人，朝服，進賢一梁冠。

黄沙治書侍御史、侍御史，朝服，法冠。

關內、關中名號侯，朝服，進賢兩梁冠。

諸博士，給皁朝服，進賢兩梁冠。佩水蒼玉。

公府長史、諸卿尹丞、諸縣署令秩千石者，朝服，進賢兩梁冠。江左公府長史無朝服，縣令止單衣幘。後廢帝元徽四年，司徒右長史王儉議公府長史應服朝服。曰：「《春秋國語》云：『貌者情之華，服者心之文。』巖廊盛禮，衣冠爲大。是故軍國異容，內外殊序。而自頃承用，每有乖違。府職掌人，教四方是則。臣居毗佐志在當官，永言先典，載懷夕惕。按晉令，公府長史，官品第六，銅印，墨綬，朝服，進賢兩梁冠。掾、屬，官品第七，朝服，進賢一梁冠。《晉官表注》亦與《令》同。而今長史、掾、屬，但著朱服而已，此則公違明文，積習成謬。謂宜依舊制，長史兩梁冠，掾、屬一梁冠，並同備朝服。中單韋舄，率由舊章。若所上蒙允，并請班司徒二府及諸儀同三府，通爲永準。又尋舊事，司徒公府領步兵者職僚悉同降朝不領兵者。主簿祭酒，中單韋舄並備，令史以下，唯著玄衣。今府既開公，謹遵此制。其或有署臺位者，玄服爲疑。按《令》稱諸有兼官，皆從重官之例。尋內官爲重，其署臺位者，悉宜著位之服，不在玄服之例。若署諸卿寺位兼府職者，雖三品，而卿寺爲卑，則宜依公府玄衣之制。服章事重，禮儀所先，請臺詳服。」儀曹郎中沈俣之議曰：「制珪象德，損替因時；裁服象功，施用隨代。車旗變於商、周，冠佩革於秦、漢，豈必殊代襲容，改尚沿物哉。夫邊貂假幸侍之首，賤幘登尊極之顔，一適時用，便隆後制。況朱裳以朝，緬傾百祀，韋舄不加，浩然惟舊。服爲定章，事成永則。其儉之所秉，會非古訓。青素相因，代有損益，何事棄盛宋之興法，追往晉之頹典。變改空煩，謂不宜革。」儉又上議曰：「自頃服章多闕，有違前準，近議依令文，被報不宜改革，又稱左丞劉議，『按令文，凡有朝服，今多闕亡。然則文存服損，非唯鉉佐，用捨既久，即爲舊章。』如下旨。伏尋皇宋受終，每因晉舊制，律令條章，同規在昔。若事有宜，必合懲改，則當上關詔書，下由朝議，縣諸日月，垂則後昆。豈得因外府之乖謬，以爲盛宋之興典，用晉氏之律令，而謂其儀爲頽法哉。順違從失，非所望於高議；申明舊典，何改革之可論。又左丞引令史之闕服，以爲鉉佐之明比。夫名位不同，禮數異等，令史從省，或有權宜；達官簡略，爲失彌重。又主簿、祭酒，備服於王庭，長史、掾、屬，朱衣以就列。於是倫比，自成矛盾。此而可忍，孰不可安。將引令以遵舊，臺據失以爲例，研詳符旨，良所未譬。當官而行，何强之有，制令昭然，守以無貳。」俣之又議：「雲火從物，沿損異儀，帝樂五殊，王禮三變，豈獨大宋造命，必咸仍於晉舊哉！夫宗社疑文，庭廟闕典，或上降制書，下協朝議，何乃鉉府佐屬裳黻，稍改白虎之詔，斷宣室之疇咨乎。又許令史之從省，咎達官之簡略。律苟可遵，固無辨於貴賤；規若必等，亦何關於權宜。一用一舍，彌增其滯。且佐非韋舄之職，吏本朝服之官，凡在班列，罔不如一，此蓋前令違而遂改，今制允而長用也。爵異服殊，寧會矛盾之譬；討論疑制，焉取强弱之辨。府執既革之餘文，臺據永行之成典，良有期於無固，非所望於行迷。」參詳並同儉，議遂寢。

諸軍長史、諸卿尹丞、獄丞、太子保傅詹事丞、郡國太守相內史丞、長史、諸縣署令長相、關谷長、王公侯諸署令、長、司理治書、公主家僕，朝服，進賢一梁冠。

公車司馬、太史、太醫、太官、御府、內省令、太子諸署令、僕、門大夫、陵令，朝服，進賢一梁冠。太子率更、家令、僕，給五時朝服，進賢兩梁冠。

黄門諸署令、僕、長，四時朝服，進賢一梁冠。

黄門宂從僕射監、太子等人監，給四時朝服，武冠。

公府司馬、諸軍城門五營校尉司馬、護匈奴中郎將護羌戎夷蠻越烏丸戊己校尉長史、司馬，朝服，武冠。

廷尉正、監、平，給皁零辟朝服，法冠。

王郡公侯郎中令、大農，朝服，進賢兩梁冠。

北軍中侯丞，朝服，進賢一梁冠。

太子常從虎賁督、千人督、校督、司馬虎賁督，朝服，武冠。

殿中將軍，四時朝服，武冠。

水衡、典虞、牧官、典牧、材官、州郡國都尉、司馬，朝服，武冠。

諸謁者，朝服，高山冠。

門下中書通事舍人令史、門下主事令史，給四時朝服，武冠。

尚書典事、都水使者參事、散騎集書中書尚書令史、門下散騎中書尚書令史、録尚書中書監令僕省事史、秘書著作治書、主書、主圖、主譜令史、蘭臺殿中蘭臺謁者都水使者令史、書令史，朝服，進賢一梁冠。

節騎郎，朝服，武冠。其在陛列及備鹵簿，著鶡尾，絳紗縠單衣。

殿中中郎將校尉、都尉、黄門中郎將校尉、殿中太醫校尉、都尉，四時朝服，武冠。

關外侯，朝服，進賢兩梁冠。

左右都侯、閶闔司馬、城門候、王郡公侯中尉，朝服，武冠。

部曲督護、司馬史、部曲將，朝服，武冠。

太中中散諫議大夫、議郎、郎中、舍人，朝服，進賢一梁冠。秩千石者，兩梁。

城門令史，朝服，武冠。

諸門僕射佐史、東宫門吏，皁零辟朝服。僕射東宫門吏，卻非冠。佐史，進賢冠。

宫内游徼、亭長，皁零辟朝服，武冠。

太醫校尉，都尉，總章協律中郎將校尉、都尉，朝服，武冠。

小黄門，給四時朝服，武冠。

黄門謁者，給四時朝服，進賢一梁冠。朝賀通謁時，著高山冠。

黄門諸署史，給四時朝服，武冠。

中黄門黄門諸署從官寺人，給四時科單衣，武冠。

殿中司馬、及守陵者、殿中太醫司馬，給四時朝服，武冠。

太醫司馬，朝服，武冠。

總章監鼓吹監司律司馬，朝服。鼓吹監總章協律司馬，武冠。總章監司律司馬，進賢一梁冠。

諸縣署丞、太子諸署丞、王公侯諸署及公主家丞、太醫丞，朝服，進賢一梁冠。

黄門諸署丞，給四時朝服，進賢一梁冠。

黄門稱長、園監，給四時朝服，武冠。

諸縣尉、關谷塞護道尉，朝服，武冠。

洛陽卿有秩，朝服，進賢一梁冠。

宣威將軍以下至裨將軍、平虜武猛中郎將、校尉、都尉、別部司馬、軍假司馬、圖像都匠行水中郎將、校尉、都尉、羽林長郎，佩武猛都尉以上印者，別部司馬以下，朝服，武冠。其長郎壯士，武弁冠。在陛列及鹵簿，服絳縠單衣。

陛下甲僕射主事吏將騎，廷上五牛旗假使虎賁，在陛列及備鹵簿，服錦文衣，武冠，鶡尾。陛長，旄頭。

羽林在陛列及備鹵簿，服絳科單衣，上著韋畫要襦。假旄頭。

舉輦跡禽前驅由基强弩司馬、守陵虎賁，佩武猛都尉以上印者，別部司馬以下，守陵虎賁，給絳科單衣，武冠。

殿中冗從虎賁、殿中虎賁、及守陵者持鈒戟冗從虎賁，佩武猛都尉以下印者，別部司馬以下，給絳科單衣，武冠。

持椎斧武騎虎賁、五騎傳詔虎賁、殿中羽林及守陵者太官尚食虎賁、稱飯宰人、諸宫尚食虎賁，佩武猛都尉以上印者，別部司馬以下，給絳褠，武冠。其在陛列及備鹵簿，五騎虎賁，服錦文衣，鶡尾。宰人服離支衣。

黄門鼓吹、及釘官僕射、黄門鼓吹史主事、諸官鼓吹、尚書廊下都坐門下守閤、殿中威儀騶、虎賁常直殿黄雲龍門者、門下左右部虎賁羽林騶、給傳事者諸導騶、門下中書守閤，給絳褠，武冠。南書門下虎賁羽林騶、蘭臺五曹節藏射廊下守閤、威儀、發符騶、都水使者黄沙廊下守閤、謁者、録事、威儀騶、河隄謁者騶、諸官謁者騶，絳褠，武冠。給其衣服，自如故事。大誰士皁科單衣，樊噲冠。衛士墨布褠，却敵冠。凡此前衆職，江左多不備，又多闕朝服。

諸應給朝服佩玉，而不在京都者給朝服，非護烏丸羌夷戎蠻諸校尉以上及刺史、西域戊己校尉，皆不給佩玉。其來朝會，權時假給，會罷輸還。凡應朝服者，而官不給，聽自具之。

尊卑共服

武帝諸子旦問起居，入閤脱公服，止著裙帽。《本紀》。

皇后至二千石命婦服

皇后謁廟服袿襹大衣，謂之褘衣。公主三夫人大手髻，七鏌，蔽髻。九嬪及公夫人五鏌。世婦三鏌。公主會見，大手髻。其長公主得有步摇。公主封君以上皆帶綬，以采組爲緄帶，各如其綬色。公特進列侯夫人、卿校世婦、二千石命婦年長者，紺繒幗。佐祭則皁絹上下。助蠶則青絹上下。自皇后至二千石命婦，皆以蠶衣爲朝服。《禮志》五。下同。

貴嬪、夫人、貴人，佩于闐玉。

淑妃、淑媛、淑儀、修華、修容、修儀、婕妤、容華、充華，佩五采瓊玉。

皇太子妃，佩瑜玉。

諸王太妃、妃、諸長公主、公主、封君，佩山玄玉。

《南朝宋會要·輿服·車服禁制》 孝武即位，中軍參軍周朗上書：「凡厥庶民，制度日侈，商販之室，飾等王侯，傭賣之身，製均妃后。凡一袖之大，足斷爲兩，一裙之長，可分爲二，見車馬不辨貴賤，視冠服不知尊卑。尚方今造一物，小民明已睥睨。宮中朝制一衣，庶家晚已裁學。侈麗之原，實先宮闈。又妃主所賜，不限高卑，自今以去，宜爲節目。金魄翠玉，錦繡縠羅，奇色異章，小民既不得服，在上亦不得賜。若工人復造奇伎淫器，則皆焚之，而重其罪。」《本傳》。

宋興以來，王公貴臣加侍中、散騎常侍，乃得服貂璫也。宋孝武孝建元年，丞相南郡王義宣、二年，雍州刺史武昌王渾，又有異圖。孝武嫌侯王强盛，欲加減削。其年十月己未，大司馬江夏王義恭、驃騎大將軍竟陵王誕表改革諸王車服制度，凡九條，表在《義恭傳》。上因諷有司更增廣條目。奏曰：「車服以庸，《虞書》茂典；名器慎假，《春秋》明誡。是以尚方所制，禁嚴漢律，諸侯竊服，雖親必罪。自頃以來，下僭彌盛。器服裝飾，樂舞音容，通於王公，達於衆庶。上下無辨，民志靡一。今表之所陳，實允禮度。九條之格，猶有未盡，謹共附益，凡二十四條。聽事不得南向坐，施帳并帖。蕃國官正冬不得跣登國殿，及夾侍國師傳令及油戟。公主王妃傳令，不得朱服。輿不得重杠。鄣扇不得雉尾。劍不得鹿盧形。槊毦不得孔雀白鷺。夾轂隊不得絳襖。平乘誕馬不得過二匹。胡伎不得綵衣。舞伎正冬著袿衣，不得莊面蔽花。正冬會不得鐸舞、杯柈舞。長蹻伎，趫舒、丸劍、博山伎、緣大橦伎、升五案伎，自非正冬會奏舞曲，不得舞。諸妃主不得著衮帶。信幡，非臺省官悉用絳。郡縣內史相及封內官長，於其封君，既非在三，罷官則不復追敬，不合稱臣，正宜上下官敬而已。諸鎮常行，車前後不得過六隊，白直夾轂，不在其限。刀不得過銀銅爲裝。諸王女封縣主、諸王子孫襲封王、王之妃及封侯者夫人行，並不得鹵簿。諸王子繼體爲王者，婚葬吉凶，悉依諸國公侯之禮，不得同皇弟皇子。車輿不得油幢，軺車不在其限。平乘舫皆平兩頭作露平形，不得擬像龍舟，悉不得朱油。帳鑮不得作五花及豎筍形。若先有器物者，悉輸送臺藏。書到後二十日期，若有竊玩犯禁者，及統司無舉糾，並臨時議罪。」詔可。《禮志》五。

三年四月甲子，初禁人車及酒肆器用銅。《南史·本紀》。

御船

少帝夕游天淵池，即龍舟而寢。《本紀》。

文帝御所乘蒼鷹船。《江夏王義恭傳》。

孝武南巡，晉熙王坐斥皇太后龍舟，免開府。《晉熙王昶傳》。

御雜物

天子坐漆牀，居朱屋。《禮志》五。下同。

殿屋爲圓淵方井，並兼植荷華。

武帝財帛皆在外府，內無私藏。宋臺既建，有司奏東西堂施局脚牀、銀塗釘，上不許，使用直脚牀，釘用鐵。常著連齒木屐。《本紀》。

後廢帝元徽二年五月戊戌，詔「其供奉服御，悉就減撤，雕文靡麗，廢而勿修。凡諸游費，一皆禁斷，外可詳爲科格」。《本紀》。

三年閏月戊戌，詔「御府麗服，一皆減撤，可詳爲其格」。《本紀》。

《南朝齊會要·輿服·服物禁制》 武帝永明元年，廬陵王子卿徙荆州刺史，在鎮，營造服飾，多違制度。上敕曰：「吾前後有敕，非復一兩過道，諸王不得作乖體格服飾，汝何意都不憶吾敕邪？忽作瑇瑁乘具，何意？已成不須壞，可速送下。純銀乘具，乃復可爾，何以作鐙亦是銀？可即壞之。忽用金薄裹箭脚，何意？亦速壞去。凡諸服章，自今不啓吾知復專輒作者，後有所聞，當復得痛杖。」《本傳》。

文惠太子性頗奢麗。織孔雀毛爲裘，光彩金翠，過於雉頭。玩弄羽儀，多所僭擬。太子薨，世祖履行東宮，見太子服翫過制，大怒，敕有司隨事毀除。《本傳》。

《冠服》

五冕相承三公以下冕七旒，青玉珠，卿大夫以下五旒，黑玉珠。永明六年，太常丞何諲之議，案《周禮》命數，改三公八旒，卿六旒。尚書令王儉議，依漢三公服，山、龍九章，卿華蟲七章。從之。《輿服志》。

平冕黑介幘，今謂平天冠。同上。

衮衣，宋末用繡及織成，建武中，明帝以織成重，乃采畫爲之，加飾金銀薄，世亦謂爲天衣。同上。

通天冠，黑介幘，金博山顏，絳紗袍，皁緣中衣，乘輿常朝所服。舊用駮犀簪導，《南史・高紀》高帝主衣中有玉介導，命打破之。東昏改用玉。其朝服，臣下皆同。同上。

黑介幘，單衣，無定色，乘輿拜陵所服。其白帢單衣，謂之素服，以舉哀臨喪。同上。

黄綸帽。《南史・茹法亮傳》徐龍駒著黄綸帽，被貂裘，代帝畫敕。

遠遊冠，太子諸王所冠。太子朱纓，翠羽緌珠節。諸王玄纓，公侯皆同。《輿服志》。

平冕，各以組爲纓，王公八旒，衣山、龍九章，卿七旒，衣華蟲七章，並助祭所服。皆畫皂絳繒爲之。同上。

進賢冠，諸開國公、侯，卿，亭侯，卿，大夫，尚書，關内侯，二千石，博士，中書郎，丞，郎，秘書監，丞，郎，太子中舍人，洗馬，舍人，諸府長史，卿，尹，丞，下至六百石令長小吏，以三梁、二梁、一梁爲差。同上。

武冠，侍臣加貂蟬，餘軍校武職，黄門，散騎，太子中庶子，二率，朝散，都尉，皆冠之。唯武騎虎賁服文衣，插雉尾於武冠上。同上。

法冠，廷尉等諸執法者冠之。同上。

高山冠，謁者冠之。同上。

樊噲冠，殿門衛士冠之。同上。

黑介幘冠，文冠；平幘冠，武冠。尚書令、僕射、尚書納言幘，後飾爲異。同上。

童子空頂幘，施假髻，貴賤同服。同上。

救日蝕，文武官皆免冠，著赤介幘對朝服。赤幘，示威武也。同上。

袴褶，車駕親戎，中外纂嚴所服。黑冠，帽綴紫標，以絡帶代鞶帶。中官紫標，外官絳標。其纂嚴戎服不綴標，行留悉同。校獵巡幸，從官戎服革帶鞶帶，文官不纓，武官脱冠。同上。

永明四年，平北將軍、兖州刺史吕安國，徵爲光禄大夫，加散騎常侍。安國欣有文授，謂其子曰：「汝後勿作袴褶驅使，單衣猶恨不稱，當爲朱衣官也。」《本傳》。

八年，何胤單作祭酒，疑所服。陸澄博古多該，亦不能據，遂以玄服臨試。爾後詳議，乃用朱服。祭酒朱服，自此始也。《南史・胤傳》。

垣崇祖著白紗帽，上城。《本傳》。

袿襹大衣，謂之褘衣，皇后謁廟所服。公主會見大首髻，其燕服則施嚴雜寶爲佩瑞。袿襹用繡爲衣，裳加五色，鏁金銀校飾。《輿服志》。

高帝宫人著紫皮履。《本紀》。

《南朝梁會要・輿服・冠服》鞶佩劍囊

御冠服

梁制，乘輿郊天、祀地、禮明堂、祠宗廟、元會臨軒，則黑介幘，通天冠平冕，俗所謂平天冠者也。其制，玄表，朱緑裏，廣七寸，長尺二寸，加於通天冠上。前垂四寸，後垂三寸，前圓而後方。垂白玉珠，十有二旒，其長齊肩。以組爲纓，各如其綬色，傍垂黈纊，琉珠以玉瑱。其衣，皁上絳下，前三幅，後四幅。衣畫而裳繡。衣則日、月、星辰、山、龍、華蟲、火、宗彝，畫以爲繢。裳則藻、粉、米、黼黻，以爲繡。凡十二章。素帶，廣四寸，朱裏，以朱繡裨飾其側。中衣以絳緣領袖。赤皮爲韠，蓋古之韍也。絳袴袜，赤舄。佩白玉，垂朱黄大綬，黄赤縹紺四采，革帶，帶劍，緄帶以組爲之，如綬色。黄金辟邪首爲帶鐍，而飾以白玉珠。又有通天冠，高九寸，前加金博山、述，黑介幘，絳紗袍，皁緣中衣，黑舄，是爲朝服。元正賀畢，還儲更衣，出所服也。其釋奠先聖，則皁紗袍，絳緣中衣，絳袴袜，黑舄。臨軒亦服衮冕，未加元服，則空頂介幘。拜陵則箋布單衣，介幘。又有五梁進賢冠、遠遊、平上幘武冠。單衣，黑介幘，宴會則服之。《隋書・禮儀志》六。下同。

單衣，白帢，以代古之疑衰、皮弁爲吊服，爲羣臣舉哀臨喪則服之。

天監三年，何佟之議：「公卿以下祭服，裏有中衣，即今之中單也。案後漢《輿服志》明帝永平二年，初詔有司採《周官》、《禮記》、《尚書》，乘輿服，從歐陽説；公卿以下服，從大、小夏侯説。祭服，絳緣領袖爲中衣，絳袴袜，示其赤心奉神。今中衣絳緣，足有所明，無俟於袴。既非聖法，謂不可施。」遂依議除之。

四年，有司言：平天冠等一百五條，自齊以來，隨故而毁，未詳所送。何佟之議：「《禮》『祭服敝則焚之』。」於是並燒除之，其珠玉以付中署。

七年，周捨議：「詔旨以王者衮服，宜畫鳳皇，以示差降。按《禮》『有虞氏皇而祭，深衣而養老』。鄭玄所言，皇則是畫鳳皇羽也。又按《禮》所稱雜服，皆以衣定名，猶如衮冕，則是衮衣而冕。明有虞言皇者，是衣名，非冕，明矣。畫鳳之旨，事實灼然。」制：「可。」又王僧崇云：「今祭服，三公衣身畫獸，其腰及袖，又有青獸，形與獸同，義應是蜼，即宗彝也。兩袖各有禽鳥，形類鸞鳳，似是華蟲。今畫宗彝，即是周禮。但鄭玄云：『蜼，蝺屬，昂鼻長尾。』是獸之輕小者。謂宜不得同獸。尋冕服無鳳，應改爲雉。又裳有圓花，於禮無礙，疑是畫師加葩藟耳。藻米黼黻，並乖古制，今請改正，並去圓花。」帝曰：「古文日月星辰，此以一辰攝三物也。山龍華蟲，又以一山攝三物也。藻火粉米，又以一藻攝三物也。是爲九章。今衮服畫龍，則宜應畫鳳，明矣。孔安國云：『華者，花也。』則爲花非疑，若一向畫雉，差降之文，復將安寄？鄭義是所未允。」又帝曰：「《禮》『王者祀昊天上帝，則大裘而冕，祀五帝亦如之。』又云：『莞席之安，而蒲越稾秸之用。』斯皆至敬無文，貴誠重質。今郊用陶匏，與古不異，而大裘蒲秸，獨不復存，其於質敬，恐有未盡。且一獻爲質，其劍佩之飾及公卿所著冕服，可共詳定。」五經博士陸瑋等並云：「祭天猶存掃地之質，而服章獨取黼黻爲文，於義不可。今南郊神座，皆用莞席，此獨莞類，未盡質素之理。宜以稾秸爲下藉，蒲越爲上席。又《司服》云『王祀昊天，服大裘』，明諸臣禮不得同。自魏以來，皆用衮服，今請依古，更制大裘。」制：「可。」瑋等又尋大裘之制唯鄭玄注《司服》云『大裘，羔裘也』，既無所出，未可爲據。案六冕之服，皆玄上纁下。今宜以玄繒爲之。其制式如裘，其裳以纁，皆無文繡。冕則無旒。詔：「可。」又乘輿宴會，服單衣，黑介幘。舊三日九日小會，初出乘金輅服之。

八年，帝改去還皆乘輦，服白紗帽。

九年，司馬筠等參議：「《禮記·玉藻》云：『諸侯玄冕以祭，裨冕以朝。』《雜記》又云：『大夫冕而祭於公，弁而祭於己。』今之尚書，上異公侯，下非卿士，止有朝衣，本無冕服。但既頂齋祭，不容同在於朝，宜依太常及博士諸齋官例，著皁衣，絳襈，中單，竹葉冠。若不親奉，則不須入廟。」帝從之。

十一年，有事明堂，改服大裘。《許懋傳》。

十一年，尚書參議：「按《禮》跣韈，事由燕坐，履不宜陳尊者之側。今則極敬之所，莫不皆跣。清廟崇嚴，既絶恒禮，凡有履行者，應皆跣韈。」詔：「可。」

中大通元年九月癸巳，幸同泰寺，上釋御服，披法衣。《南史·武紀》。下同。

太清元年三月庚子，幸同泰寺，上釋御服，服法衣。四月丁亥，服衮冕還宮。《南·文武紀》。下同。

皇太子冠服

皇太子，朝服，遠遊冠，金博山，佩瑜玉翠綬，垂組，朱衣，絳紗袍，皁緣白紗中衣，白曲領，帶鹿盧劍，火珠首，素革帶，玉鉤燮，獸頭鞶囊。其大小會，祠廟、朔望，五日還朝，皆朝服，常還上宮則朱服。若釋奠，則遠遊冠，玄朝服，絳緣中單，絳袴袜，玄舄。講，則著介幘。又有三梁進賢冠。其侍祀則平冕九旒，衮衣九章，白紗絳緣中單，絳繒韠，赤舄，絳韈。若加元服，則中舍執冕從。皇太子舊有五時朝服，自天監之後則朱服。在上省則烏帽，永福省則白帽云。《隋書·禮儀志》六。

天監十四年，冠太子於太極殿，舊制，太子著遠遊冠，金蟬翠綾纓；至是，加金博山。《昭明太子傳》。

皇太子朝，請服冕。自宋以下，始定此儀。簡文之爲太子，嫌於上逼，還冠遠遊。《南史·本傳》。

元帝太子方矩，公服中著碧絲布袴，帝見之大怪。《南史·本傳》。

王公百官冠服

諸王，朝服，遠遊冠，介幘，朱衣，絳紗袍，皁緣中衣，素帶，黑舄。佩山玄玉，垂組，大帶，獸頭鞶，腰劍。若加餘官，則服其加官之服。《隋書·禮儀志》六。下同。

開國公，朝服，紗朱衣，進賢三梁冠，佩山玄玉，獸頭鞶，腰劍。

開國侯、伯，朝服，紗朱衣，進賢三梁冠，佩水蒼玉，獸頭鞶，腰劍。

開國子、男，朝服，紗朱衣，進賢三梁冠，佩水蒼玉，獸頭鞶，腰劍。

縣、鄉、亭、關內、關中及名號侯，朝服，進賢二梁冠，獸頭鞶，腰劍。

關外侯，朝服，進賢二梁冠，獸頭鞶，腰劍。

諸王嗣子，朝服，進賢二梁冠，佩山玄玉，獸頭鞶，腰劍。

開國公、侯嗣子，朝服，進賢二梁冠，佩水蒼玉，獸頭鞶，腰劍。

太宰、太傅、太保、司徒、司空，朝服，進賢三梁冠，佩山玄玉，獸頭鞶，腰劍。

大司馬、大將軍、太尉、諸位從公者，朝服，武冠，佩山玄玉，獸頭鞶，腰劍。直將軍則不帶劍。

凡公及位從公、五等諸侯，助祭郊廟，皆平冕九旒，青玉爲珠，有前無後。各以其綬色爲組纓，旁垂黈纊。衣，玄上纁下，畫山龍已下九章，備五采，大佩，赤舄，絇履。録尚書無章綬品秩，悉以餘官總司其任，服則餘官之服，猶執笏紫荷。其在都坐，則東面最上。

尚書令、僕射、尚書，朝服，納言幘，進賢冠，佩水蒼玉，腰劍，紫荷。《劉杳傳》，周捨問杳：「尚書官著紫荷橐，相傳云『挈囊』，竟何所出？」杳答曰：「《張安世傳》曰『持橐簪筆，事孝武皇帝數十年』。韋昭、張晏注並云『橐，囊也』。」執笏。

侍中散騎常侍、通直常侍、員外常侍，朝服，武冠貂蟬，侍中左插，常侍右插。皆腰劍，佩水蒼玉。其員外常侍不給佩。舊至尊朝會登殿，侍中常侍夾御，御下輿，則扶左右。侍中驂乘，則不帶劍。

中書監、令，秘書監，朝服，進賢兩梁冠，佩水蒼玉，腰劍，獸頭鞶。

光禄，太中、中散大夫，太常、光禄、弘訓太僕、太僕、廷尉、宗正、大鴻臚、大司農、少府、大匠諸卿，丹陽尹，太子保、傅，大長秋，太子詹事，獸頭鞶，朝服，進賢冠二梁，佩水蒼玉。卿大夫助祭，則冠平冕五旒，黑玉爲珠，有前無後。各以其綬采爲組纓，旁垂黈纊。衣，玄上纁下，畫華蟲七章，皆佩五采大佩，赤舄，絇履。

驃騎、車騎、衛將軍，中軍、冠軍、輔國將軍，四方中郎將，朝服，武冠，佩水蒼玉。

領、護軍，中領、護軍，五營校尉，朝服，武冠，佩水蒼玉，獸頭鞶。其屯騎，夾御日，假給佩，餘校不給。

弘訓衛尉，衛尉，司隸校尉，左右衛，驍騎、遊擊，前、左、右、後軍將軍，龍驤、寧朔，建威、振威、奮威、揚威、廣威、武威、建武、振武、奮武、揚武、廣武等將軍，積弩、積射、强弩將軍，監軍，朝服，武冠，佩水蒼玉，獸頭鞶。驍、遊已下，並不給佩。驍、遊夾侍日，假給。

國子祭酒，皁朝服，進賢二梁冠，佩水蒼玉。

御史中丞、都水使者，朝服，進賢二梁冠，獸頭鞶，腰劍，佩水蒼玉。

謁者僕射，朝服，高山冠，獸頭鞶，佩水蒼玉，腰劍。

諸軍司，朝服，武冠，獸頭鞶。

給事中，黄門侍郎，散騎通直員外，散騎侍郎，奉朝請，太子中庶子、庶子，武衛將軍，武騎常侍，朝服，武冠，腰劍。

中書侍郎，朝服，進賢一梁冠，腰劍。冗從僕射，太子衛率，獸頭鞶，朝服，武冠。

武賁中郎將，羽林監，朝服，武冠，獸頭鞶，腰劍。其在陛牙及備鹵簿，著䝟尾，絳紗縠單衣。

護匈奴中郎將，護羌、戎、夷、蠻、越、烏丸，西域校尉，朝服，武冠，獸頭鞶。

安夷、撫夷護軍，州郡國都尉，奉車、駙馬、騎都尉，諸護軍，獸頭鞶，朝服，武冠。

州刺史，獸頭鞶，腰劍，朝服，進賢二梁冠。

郡國太守，相，内史，獸頭鞶，單衣，介幘。加中二千石，依卿尹冠服劍佩。

尚書左、右丞，秘書丞，獸爪鞶，朝服，進賢一梁冠。

尚書，秘書著作郎，太子中舍人、洗馬、舍人，朝服，進賢一梁冠，腰劍。

諸王友、文學，朱服，進賢一梁冠。

治書侍御史、侍御史，朝服，腰劍，法冠。

諸博士，給皁朝服，進賢兩梁冠，佩水蒼玉。

太學博士，正限八人，著佩，限外六人不給。

廷尉律博士，無佩。並簪筆。

國子助教，皁朝服，進賢一梁冠，簪筆。

公府長史，獸頭鞶。諸卿尹丞，黄綬，獸爪鞶，簪筆。

諸縣署令，秩千石者，獸爪鞶，朝服，進賢兩梁冠。長史朱服，諸卿尹丞、建康令，玄服。

公府掾屬，主簿，祭酒，朱服，進賢一梁冠。公府令史亦同。

領、護軍長史，朱服，獸頭鞶。諸軍長史，單衣，介幘，獸頭鞶。

諸卿部丞，獄丞，並皁朝服，一梁冠，獸爪鞶，簪筆。

太子保、傅，詹事丞，皁朝服，一梁冠，簪筆，獸爪鞶。

郡國相、内史丞、長史，單衣，介幘。長史，獸頭鞶。其丞，獸爪鞶。

諸縣署令、長、相，單衣，介幘，獸頭鞶，朝服，進賢一梁冠。諸署令，朱衣，武冠。州都大中正、郡中正，單衣，介幘。

太子門大夫，獸頭鞶，陵令、長，獸爪鞶，朝服，進賢一梁冠。令、長朱服，率更、家令、僕，朝服，兩梁冠，獸頭鞶，腰劍。

黄門諸署令、僕、長丞，朱服，進賢一梁冠，黄門冗從僕射監、太子寺人監，朝服，武冠，獸頭鞶。

公府司馬，領、護軍司馬，諸軍司馬，護匈奴中郎將，護羌、戎、夷、蠻、越、烏丸、戊己校尉長史、司馬，獸頭鞶，朝服，武冠。諸軍司馬，單衣，平巾幘。長史，介幘。

公府從事中郎，朱服，進賢一梁冠。諸將軍開府功曹、主簿，單衣，介幘，革帶。廷尉，建康正、監平，皁零辟，朝服，法冠，獸爪鞶。

左、右衛司馬，單衣，帶，平巾幘，獸爪鞶。

諸府參軍，單衣，平巾幘。

諸州别駕、治中、從事、主簿、西曹從事，玄朝服，進賢一梁冠，簪筆。常公事，單衣，介幘，朱衣。

直閤將軍，朱服，武冠，獸頭鞶。

直閤將軍、諸殿主帥，朱服，武冠。正直絳衫，從則裲襠衫。

諸開國郎中令、大農，公、傅中尉，朝服，進賢兩梁冠，中尉武冠，皆獸頭鞶。

諸開國三將軍，朝服，武冠。限外者不給印。

左右常侍、侍郎、典衛中尉司馬，朝服，武冠。典書、典祠、學官令，朝服，進賢一梁冠。餘悉朱服，一梁冠。常侍、侍郎、典書、典祠、學官令，簪筆，腰劍。

太子衛率、率吏、家令丞，皁朝服，進賢一梁冠，獸爪鞶。

太子常從武賁督，朝服，武冠，獸爪鞶。

殿中將軍、員外將軍，朱服，武冠。

州郡國都尉司馬，朱服，武冠，獸頭鞶。

諸謁者，朝服，高山冠。

中書通事舍人門下令史、主書典書令史，門下朝廷局書令史，太子門下通事守舍人，主書典守舍人，二宫齋内職左右職局齋幹已上，朱服，武冠。

殿中内外局監，太子内外監，殿中守舍人，朱服，武冠。

内外監典事書吏，朱服，進賢一梁冠。内監朝廷人領局典事，外監統軍隊諮詳發遣局典事，武冠。外監及典事書吏，悉著朱衣，唯正直及齋監并受使，不在例。其東宫内外監，殿典事書吏，依臺格。五校，三將軍主事，内監主事，外監主事，三校主事，朱服，武冠。

尚書都令史，都水參事，門下書令史，集書、中書、尚書、秘書著作掌書主書主圖主譜典客令史書令史，監、令、僕射省事，蘭臺、殿中蘭臺，謁、都水令史，公府令史書令史，太子導客、次客守舍人及諸省典事，朱衣，進賢一梁冠。

尚書都算、度支算、左户校吏，朱服，進賢一梁冠。

諸縣署丞、太子諸署丞、王公侯諸署及公主家令丞、僕，朱服，進賢一梁冠。

太官、太醫丞，武冠。

諸縣尉，單衣，介幘，獸爪鞶。節騎郎，朱服，武冠。其在陛列及備鹵簿者，旄尾，絳紗縠單衣。御節郎、黄鉞郎，朝服，赤介幘，簪筆。典儀，唱警，唱奏事，持兵、主麾等諸職，公事及備鹵簿，朱服，武冠。

殿中中郎將、校尉、都尉，朱服，武冠，獸頭鞶。

城門候，朱服，武冠，獸頭鞶。

部曲督，司馬吏，部曲將，朱服，武冠。司馬吏，獸爪鞶。

太中、中散、諫議大夫，議郎，中郎，郎中，舍人，朱服，進賢一梁冠。

諸門郎，僕射，佐吏，東宫門吏，其郎朱服，僕射皁零辟，朝服，進賢冠，吏却非冠，佐吏著進賢冠。

總章協律，獸爪鞶，朱服，武冠。

黄門後閤舍人，主書，齋帥，監食，主食，主客，扶侍，鼓吹，朱服，武冠。鼓吹進賢冠，齋帥，獸頭鞶。

殿中司馬，朱服，武冠，獸頭鞶。

總章監，鼓吹監，朱服，武冠。

諸四品將兵都尉，牙門將，崇毅，材官，折難，輕騎，揚烈，威遠，寧遠，宣威，光威，驤威，威烈，威虜，平戎，綏遠，綏狄，綏邊，綏戎，獸威，威武，烈武，毅武，奮武，討寇，討虜，殄難，討難，討夷，厲武，横野，陵江，鷹揚，執訊，蕩寇，蕩虜，蕩難，蕩逆，殄虜，掃虜，掃難，掃逆，掃寇，厲鋒，武奮，武牙，廣野，領兵不滿五十，除板而已，朱服，武冠。

典儀但帥，典儀正帥，朱衣，武冠，獸頭鞶。殿但帥，正帥，獸頭鞶，朱服，武冠。殿帥，羽儀帥，員外帥，朱衣，武冠。

威雄，猛，烈，振，信，勝，略，風，力，光等十威將軍，武猛，略，勝，力，毅，健，烈，威，鋭，勇等十武將軍，並獸頭鞶，武冠，朝服。

猛毅，烈，威，鋭，震，進，智，武，勝，駿等十猛將軍，獸頭鞶，武冠，朝服。

壯武，勇，烈，猛，鋭，威，毅，志，意，力等十壯將軍，驍雄，桀，猛，烈，武，勇，鋭，名，勝，迅等十驍將軍，雄猛，威，明，烈，信，武，勇，毅，壯，健等十雄將軍，並獸頭鞶，武冠，朝服。

忠勇，烈，猛，鋭，壯，毅，捍，信，義，勝等十忠將軍，明智，略，遠，勇，烈，威，勝，進，鋭，毅等十明將軍，光烈，明，英，遠，勝，鋭，命，勇，武，野等十光將軍，飈勇，猛，烈，鋭，奇，决，起，略，勝，出等十飈將軍，並獸頭鞶，武冠，朝服。

龍驤，武視，雲旗，風烈，電威，雷音，馳鋭，進鋭，羽騎，突騎，折衝，冠武，和戎，安壘，起猛，英果，掃虜，掃狄，武鋭，摧鋒，開遠，略遠，貞威，決勝，清野，堅鋭，輕鋭，拔山，雲勇，振旅等三十號將軍，獸頭鞶，朝服，武冠。

超武，鐵騎，樓船，宣猛，樹功，剋狄，平虜，稜威，戎昭，威戎，伏波，雄戟，長劍、衝冠、雕騎、佽飛、勇騎、破敵、尅敵、威虜、前鋒、武毅、開邊、招遠、全威、破陣、蕩寇、殄虜、横野、馳射等三十號將軍，獸頭鞶，朝服，武冠。并左十二件將軍，板則止朱服，武冠而已。

建威、牙門、期門已下諸將軍，並獸頭鞶，朱服，武冠。板則止冠服而已。

千人督、校督司馬、武賁督、牙門將、騎督督、守將兵都尉、太子常從督別部司馬、假司馬，朱服，武冠，獸頭鞶。

武猛中郎將、校尉、都尉，朱服，武冠。其以此官爲千人司馬、道賁督已上及司馬，獸頭鞶。

陛長、甲僕射、主事吏將騎、廷上五牛旗假吏武賁，在陛列及備鹵簿，服錦文衣，武冠，髦尾。陛長者，獸頭鞶。

假旄頭羽林，在陛列及備鹵簿，服絳單衣，上著韋畫腰襦，假旄頭。輿輦、迹禽、前驅、由基强弩司馬，給絳科單衣，武冠。别部司馬已下，並獸頭鞶。

殿中冗從武賁、殿中武賁，持鈒戟冗從武賁，絳科單衣，武冠。

持椎斧武騎武賁、五騎傳詔武賁、殿中羽林、太官尚食武賁、稱飯宰人、諸宫尚食武賁，給絳褠，武冠。

其在陛列及備鹵簿，五騎武賁，服錦文衣，髦尾。宰人服離支衣。領軍捉刃人，烏總帽，袴褶，皮帶。

絓是羽葆旄鼓吹，悉改著進賢冠，外給系旄。鼓吹著武冠。諸官鼓吹，尚書廊下都坐門下使守藏守閤、殿中威儀騶，武賁常直殿門雲龍門者，門下左右部武賁羽林騶，給傳事者諸導騶，門下中書守閤，尚書門下武賁羽林騶，蘭臺五曹節藏僕射廊下守閤、威儀發符騶，都水使者廊下守給騶，謁者威儀騶，諸宫謁者騶，絳褠，武冠，衣服如舊。大誰、天門士，阜科單衣，樊噲冠。衛士，涅布褠，却敵冠。

諸將軍、使持節、都督執節史，朱衣，進賢一梁冠。

廷尉官屬阜衣。《南史・昭明太子傳》

大同五年，詔張纘可尚書僕射。在職議印綬官備朝服，宜並著綬，時並施行。《本傳》。下同。

尚書左丞賀琛，遷員外散騎常侍。尚書南坐無貂，貂自琛始也。

尚書官著紫荷橐。《劉杳傳》

車服禁制

天監十六年三月丙子，敕公家織官紋錦飾，并斷仙人鳥獸之形，以爲褻衣。《南史・本紀》。

《南朝陳會要・輿服・冠服》 陳永定元年，武帝即位，徐陵曰：「所定乘輿御服，皆採梁之舊制。」又以爲「冕旒，後漢用白玉珠，晉過江，服章多闕，遂用珊瑚雜珠，飾以翡翠。」侍中顧和奏「今不能備玉珠，可用白琁。」從之。蕭驕子云：「白琁，蚌珠是也。」帝曰：「形制依此。今天下初定，務從節儉。應用繡、織成者，並可彩畫，金色宜塗，珠玉之飾，任用蚌也。」至天嘉初，悉改易之，定令俱依天監舊事，然亦往往改革。今不同者，皆隨事於注言之；不言者，蓋無所改制云。《隋書・禮儀志》六。下同。

梁太宰、太傅、太保、司徒、司空，朝服，進賢三梁冠，佩山玄玉，獸頭鞶，腰劍。《陳令》加有相國丞相，服制同。

陳尚書令、僕射，獸頭鞶。尚書無鞶，餘並同梁。

陳中書監、令、秘書監，腰劍，獸頭鞶，餘同梁。

《陳令》有特進，進賢二梁冠，朝服，佩水蒼玉，腰劍。《梁令》不載。

陳宫卿改云慈訓，餘皆同梁。又有太舟卿，服章同。

《陳令》：鎮、衛、驃騎、車騎，中軍、中衛、中撫軍、中權，四征、四鎮、四安、四翊，四平將軍、冠軍，四方中郎將，並獸頭鞶，朝服，武冠，佩水蒼玉。自中軍已下諸將軍及冠軍，四方中郎將，並官不給佩。

《陳令》：領、護、中領、護，五營校尉，官不給佩。餘並同梁。

陳宫卿云慈訓，服同諸卿，但武冠。司隸校尉，陳無官服。《陳令》：左、右衛，不給劍。左右驍騎、遊擊、雲騎、遊騎，前、左、右、後軍將軍，左右中郎將，餘服同梁，亦官不給佩。其驍、游、雲騎，夾御日，假給。其積弩、積射、强弩、帶劍。餘服同梁。又有忠武、軍師、武臣、爪牙、龍騎、雲麾、鎮兵、翊師、宣惠、宣毅，智威、仁威、勇威、信威、嚴威，智武、仁武、勇武、信武、嚴武，官不給。輕車、鎮朔、武旅、貞毅、明威、寧遠、安遠、征遠、振遠、宣遠等將軍，並獸頭鞶，朝服，武冠，佩水蒼玉。

陳中丞，二梁冠。餘同梁。其都水，陳、梁改爲太舟卿，服在諸卿中見。

《陳令》：武衛不劍，正直夾御，白布袴褶。

陳衛率，不劍。冗從，腰劍。餘並同梁。

梁護匈奴中郎將，護羌、戎、夷、蠻、越、烏丸、西域校尉，朝服，武冠，獸頭鞶。

《陳令》，無此官。其庶子，鎮蠻，寧蠻，平戎，西戎校尉，平越中郎將，服章同。

陳安遠，鎮蠻護軍，州，郡，國都尉，奉車，駙馬，騎都尉，諸護軍，服章同。無餘文。

梁州刺史，獸頭鞶，腰劍，絳朝服，進賢二梁冠。陳同梁。

梁諸王友，文學，朱服，進賢一梁冠。《陳令》：諸王師服同。

陳又有殿中，蘭臺侍御史，朝服，法冠，腰劍。

梁諸開國三將軍，朝服，武冠。陳制：同梁。

《陳令》：公府司馬，領，護軍司馬，諸軍司馬，鎮安蠻安遠護軍，蠻，戎，越校尉中郎將長史，司馬，其服章與梁官同。

諸四品將兵都尉，牙門將，崇毅，材官，折難，輕騎，揚烈，威遠，寧遠，宣威，光威，驤威，威烈，威虜，平戎，綏遠，綏狄，綏邊，綏戎，獸威，威武，烈武，毅武，奮武，討寇，討虜，殄難，討難，討夷，厲武，横野，陵江，鷹揚，執訊，蕩寇，蕩虜，蕩難，蕩逆，殄虜，掃虜，掃難，掃逆，掃寇，厲鋒，武奮，武牙，廣野，朱服，武冠。

典儀伹帥，典儀正帥，朱衣，武冠。其本資有殿伹，正帥，得帶艾綬，獸頭鞶。

殿伹帥，正帥，獸頭鞶，朱服，武冠。殿帥，羽儀帥，員外帥，朱衣，武冠。

威雄，猛，烈，振，信，勝，略，風，力，光等十威將軍，武猛，略，勝，力，毅，健，烈，威，鋭，勇等十武將軍，並獸頭鞶，武冠，朝服。

猛毅，烈，威，鋭，震，進，智，武，勝，駿等十猛將軍，獸頭鞶，武冠，朝服。

壯武，勇，烈，猛，鋭，威，毅，志，意，力等十壯將軍，驍雄，桀，猛，烈，武，勇，鋭，名，勝，迅等十驍將軍，雄猛，威，明，烈，信，武，勇，毅，壯，健等十雄將軍，並獸頭鞶，武冠，朝服。

忠勇，烈，猛，鋭，壯，毅，捍，信，義，勝等十忠將軍，明智，略，遠，勇，烈，威，勝，進，鋭，毅等十明將軍，光烈，明，英，遠，勝，鋭，命，勇，武，野等十光將軍，飈勇，猛，烈，鋭，奇，決，略，勝，出等十飈將軍，並獸頭鞶，武冠，朝服。

龍驤，武視，雲旗，風烈，電威，雷音，馳鋭，進鋭，羽騎，突騎，折衝，冠武，和戎，安壘，猛，英果，掃虜，掃狄，武鋭，摧鋒，開遠，略遠，貞威，決勝，清野，堅鋭，輕鋭，拔山，雲勇，振旅等三十號將軍，獸頭鞶，朝服，武冠。

超武，鐵騎，樓船，宣猛，樹功，剋狄，平虜，稜威，戎昭，威戎，伏波，雄戟，長劍，衝冠，雕騎，佽飛，勇騎，破敵，剋敵，威虜，前鋒，武毅，開邊，招遠，全威，破陣，蕩寇，殄虜，横野，馳射等三十號將軍，獸頭鞶，朝服，武冠。并左十二件將軍，板則止朱服，武冠而已。

建威，牙門，期門已下諸將軍，並獸頭鞶，朱服，武冠。板則止冠服而已。

千人督，校督司馬，武賁督，牙門將，騎督督，守將兵都尉，太子常從督別部司馬，假司馬，武冠，獸頭鞶。

武猛中郎將，校尉，都尉，朱服，武冠。其以此官爲千人司馬，道賁督已上及司馬，皆獸頭鞶。

陛長，甲僕射，主事吏將騎，廷上五年旗假吏武賁，在陛列及備鹵簿，服錦文衣，武冠，髦尾。陛長者，假獸頭鞶。

假旄頭羽林，在陛列及備鹵簿，服絳單衣，上著韋畫腰襦，假旄頭。輿輦，迹禽，前驅，由基强弩司馬，給絳科單衣，武冠。其本位别部司馬已下者，假獸頭鞶。

殿中冗從武賁，殿中武賁，持鈒戟冗從武賁，絳科單衣，武冠。《陳令》：絳科單衣，其本位職佩武猛，都尉等印，假鞶綬，依前條。

持椎斧武騎武賁，五騎傳詔武賁，殿中羽林，太官尚食武賁，稱飯宰人，諸宫尚食武賁，給絳褠，武冠。其佩武猛，都尉等位印，皆依上條假鞶綬之例。

其在陛列及備鹵簿，五騎武賁，服錦文衣，髦尾。宰人服離支衣。領軍捉刃人，鳥總帽，袴褶，皮帶。

絓是羽葆䍐鼓吹，悉改著進賢冠，外給系䍐，鼓吹著武冠。

諸官鼓吹，尚書廊下都坐門下使守藏守閤，殿中威儀騶，武賁常直殿門雲龍門者，門下左右部武賁羽林騶，給傳事者諸導騶，門下中書守閤，尚書門下武賁羽林騶，蘭臺五曹節藏僕射廊下守閤，威儀發符騶，都水使者廊下守給騶，謁者威儀騶，諸宫謁者騶，絳褠，武冠，衣服如舊。大誰，天門士，皁科單衣，樊噲冠。衛士，涅布褠，却敵冠。

諸將軍，使持節，都督執節史，朱衣，進賢一梁冠。

持節史，單衣，介幘。其纂戎戒嚴時，同使持節。制假節節史，單衣，介幘。

諸王典籤帥，單衣，平巾幘。典簽書吏，袴褶，平巾幘。

諸王書佐，單衣，介幘。

公府書佐，朱衣，進賢冠。

諸王國舍人，司理，謁者，閤下令史，中衛都尉，朱衣，進賢一梁冠。司理假銅印，謁者高山冠，令史已下武冠。

太子太傅五官功曹、主簿，皁朝服，進賢一梁冠。

太子二傅門下主記，録事，功曹書佐，門下書佐，記室帳下督，都督省事，法曹書佐，太傅外都督，皁衣，進賢一梁冠。

太子妃家令，絳朝服，進賢一梁冠。

太子三校，二將，積弩，殿中將軍，衣服皆與上宫官同。

太子正員司馬督，題閤監，三校内主事，主章，扶持，守舍人，衣帶仗局，服飾衣局，珍寶朝廷主衣統，奏事幹，内局内幹，朱衣，武冠。

諸公府御屬及省事，録尚書省事，太子門下及内外監丞，典事，導客，算書吏，次功，典書函，典書，典經，五經典書諸守宫舍人，市買清慎食官督，内直兵吏，宣華，崇賢二門舍人，諸門吏，朱衣，進賢一梁冠。

太子妃傳令，朱衣，武冠，執刀，烏信幡。

太子二傅騎吏，玄衣，赤幘，武冠，常行則袴褶。執儀，齋帥，殿帥，典儀帥，傳令，執刀戟，主蓋扇麾傘，殿上持兵，車郎，扶車，注疏，萌牀，齋閤食司馬，唱導飯，主食，殿前帥，殿前威儀，武賁威儀，散給使，閤將，鼓吹士帥副，武冠，絳褠。案輗，小輿，持車，軺車給使，平巾幘，黄布袴褶，赤罽帶。

太子諸門將，涅布褠，樊噲冠。

太子鹵簿戟吏，赤幘，武冠，絳褠。廉帥，整陣，禁防，平巾幘，白布袴褶。鞉角五音帥，長麾，青布袴褶，岑帽，絳絞帶。都伯，平巾幘，黄布袴褶。

文官曹幹，白紗單衣，介幘。尚書二臺曹幹亦同。

武官問訊，將士給使，平巾幘，白布袴褶。

《隋書》卷一一《禮儀志六》 梁制，乘輿郊天，祀地，禮明堂，祠宗廟，元會臨軒，則黑介幘，通天冠平冕，俗所謂平天冠者也。其制，玄表，朱緑裏，廣七寸，長尺二寸，加於通天冠上。前垂四寸，後垂三寸，前圓而後方。垂白玉珠，十有二旒，其長齊肩。以組爲纓，各如其綬色，傍垂黈纊，琉珠以玉瑱。其衣，皁上絳下，前三幅，後四幅。衣畫而裳繡。衣則日，月，星辰，山，龍，華蟲，火，宗彝，畫以爲繢。裳則藻，粉，米，黼黻，以爲繡。凡十二章。素帶，廣四寸，朱裏，以朱緑裨飾其側。中衣以絳緣領袖。赤皮爲韠，蓋古之韍也。絳袴襪，赤舄。佩白玉，垂朱黄大綬，黄赤縹紺四采，革帶，帶劍，緄事以組爲之，如綬色。黄金辟邪首爲帶鐍，而飾以白玉珠。又有通天冠，高九寸，前加金博山，述，黑介幘，絳紗袍，皁緣中衣，黑舄，是爲朝服。元正賀畢，還儲更衣，出所服也。其釋奠先聖，則皁紗袍，絳緣中衣，絳袴襪，黑舄。臨軒亦服衮冕，未加元服，則空頂介幘。拜陵則箋布單衣，介幘。又有五梁進賢冠，遠遊，平上幘武冠。單衣，黑介幘，宴會則服之。

單衣，白帢，以代古之疑衰，皮弁爲吊服，爲羣臣舉哀臨喪則服之。

天監三年，何佟之議：「公卿以下祭服，裏有中衣，即今之中單也。案後漢《輿服志》明帝永平二年，初詔有司採《周官》、《禮記》、《尚書》，乘輿服，從歐陽説；公卿以下服，從大、小夏侯説。祭服，絳緣領袖爲中衣，絳袴襪，示其赤心奉神。今中衣絳緣，足有所明，無俟於袴。既非聖法，謂不可施。」遂依議除之。

四年，有司言：平天冠等一百五條，自齊以來，隨故而毁，未詳所送。何佟之議：「《禮》『祭服敝則焚之』。」於是並燒除之，其珠玉以付中署。

七年，周捨議：「詔旨以王者衮服，宜畫鳳皇，以示差降。按《禮》：『有虞氏皇而祭，深衣而養老。』鄭玄所言，皇則是畫鳳皇羽也。又按《禮》所稱雜服，皆以衣定名，猶如衮冕，則是衮衣而冕。明有虞言皇者，是衣名，非冕，明矣。畫鳳之旨，事實灼然。」制：「可。」又王僧崇云：「今祭服，三公衣身畫獸，其腰及袖，又有青獸，形與獸同，義應是蜼，即宗彝也。兩袖各有禽鳥，形類鸞鳳，似是華蟲。今畫宗彝，即是周禮。但鄭玄云：『蜼，蝟屬，昂鼻長尾。』是獸之輕小者。謂宜不得同獸。尋冕服無鳳，應改爲雉。又裳有圓花，於禮無礙，疑是畫師加葩蕚耳。藻米黼黻，並乖古制，今請改正，并去圓花。」帝曰：「古文日月星辰，此以一辰攝三物也。山龍華蟲，又以一山攝三物也。藻火粉米，又以一藻攝三物也。是爲九章。今衮服畫龍，則宜應畫鳳，明矣。孔安國云：『華者，花也。』則爲花非疑。若一向畫雉，差降之文，復將安奇？鄭義是所未允。」又帝曰：「《禮》：『王者祀昊天上帝，則大裘而冕，祀五帝亦如之。』又云：『莞席之安，而蒲越稾秸之用。』斯皆至敬無文，貴誠重質。今郊用陶匏，與古不異，而大裘蒲秸，獨不復存，其於質敬，恐有未盡。且一獻爲質，其劍佩之飾及公卿所著冕服，可共詳定。」五經博士陸瑋等並云：「祭天猶存掃地之質，而服章獨取黼黻爲文，於義不可。今南郊神座，皆用莞席，此獨莞類，未盡質素之理。宜以稾秸爲下藉，蒲越爲上席。」又《司服》云『王祀昊天，服大裘』，明諸臣禮不得同。自魏以來，皆用衮服，今請依古，更制大裘。」制：「可。」瑋等又尋大裘之制，唯鄭玄注《司服》云『大裘，羔裘也』，既無所出，未可爲據。案六冕之服，皆玄上纁下。今宜以玄繒爲之。其制式如裘，其裳以纁，皆無文繡。冕則無旒。詔：「可。」

又乘輿宴會，服單衣，黑介幘。舊三日九日小會，初出乘金輅服之。八年，帝改去還皆乘輦，服白紗帽。

九年，司馬筠等參議：「《禮記·玉藻》云：『諸侯玄冕以祭，裨冕以朝。』《雜記》又云：『大夫冕而祭於公，弁而祭於己。』今之尚書，上異公侯，下非卿士，止有朝衣，本無冕服。但既預齋祭，不容同在於朝，宜依太常及博士諸齋官例，著皁衣，絳襈，中單，竹葉冠。若不親奉，則不須入廟。」帝從之。

十一年，尚書參議：「按《禮》跣韤，事由燕坐，屨不宜陳尊者之側。今則極敬之所，莫不皆跣。清廟崇嚴，既絶恒禮，凡有履行者，應皆跣韤。」詔：「可。」

陳永定元年，武帝即位，徐陵曰：「所定乘輿御服，皆採梁之舊制。」又以爲「冕旒，後漢用白玉珠，晉過江，服章多闕，遂用珊瑚雜珠，飾以翡翠」。侍中顧和奏：「今不能備玉珠，可用白琁。」從之。蕭驍子云：「白琁，蚌珠是也。」帝曰：「形制依此。今天下初定，務從節儉。應用繡，織成者，並可彩畫，金色宜塗，珠玉之飾，任用蚌也。」至天嘉初，悉改易之，定令具依天監舊事，然亦往往改革。今不同者，皆隨事於注言之；不言者，蓋無所改制云。

皇太子，金璽龜鈕，朱綬，三百二十首。朝服，遠遊冠，金博山，佩瑜玉，翠綏，垂組，朱衣，絳紗袍，皁緣白紗中衣，白曲領，帶鹿盧劍，火珠首，素革帶，玉鉤燮，獸頭鞶囊。其大小會、祠廟、朔望、五日還朝，皆朝服，常還上宫則朱服。若釋奠，則遠遊冠，玄朝服，絳緣中單，絳袴袜，玄舄。講，則著介幘。又有三梁進賢冠。其侍祀則平冕九旒，袞衣九章，白紗絳緣中單，絳繒韠，赤舄，絳韤。若加元服，則中舍執冕從。皇太子舊有五時朝服，自天監之後則朱服。在上省則烏帽，永福省則白帽云。

諸王，金璽龜鈕，纁朱綬，一百六十首。朝服，遠遊冠，介幘，朱衣，絳紗袍，皁緣中衣，素帶，黑舄。佩山玄玉，垂組，大帶，獸頭鞶，腰劍。若加餘官，則服其加官之服。

開國公，金章龜鈕，玄朱綬，一百四十首。朝服，紗朱衣，進賢三梁冠，佩山玄玉，獸頭鞶，腰劍。

開國侯、伯，金章龜鈕，青朱綬，一百二十首。朝服，紗朱衣，進賢三梁冠，佩水蒼玉，獸頭鞶，腰劍。

開國子、男，金章龜鈕，青綬，一百首。朝服，紗朱衣，進賢三梁冠，佩水蒼玉，獸頭鞶，腰劍。

縣、鄉、亭、關内、關中及名號侯，金印龜鈕，紫綬。朝服，進賢二梁冠，獸頭鞶，腰劍。關内、關中及名號侯則珪鈕。

關外侯，銀印珪鈕，青綬。朝服，進賢二梁冠，獸頭鞶，腰劍。

諸王嗣子，金印珪紐，紫綬，八十首。朝服，進賢二梁冠，佩山玄玉，獸頭鞶，腰劍。

開國公、侯嗣子，銀印珪鈕，青綬，八十首。朝服，進賢二梁冠，佩水蒼玉，獸頭鞶，腰劍。

太宰、太傅、太保、司徒、司空，金章龜鈕，紫綬，八十首。朝服，進賢三梁冠，佩山玄玉，獸頭鞶，腰劍。《陳令》加有相國丞相，服制同。

大司馬、大將軍、太尉、諸位從公者，金章龜鈕，紫綬，八十首。朝服，武冠，佩山玄玉，獸頭鞶，腰劍。直將軍則不帶劍。

凡公及位從公，言以將軍及以左右光禄、開府儀同者，各隨本位號。其文則曰「某位號儀同之章」。五等諸侯，助祭郊廟，皆平冕九旒，青玉爲珠，有前無後。各以其綬色爲組纓，旁垂黈纊。衣，玄上纁下，畫山龍已下九章，備五采，大佩，赤舄，絇屨。録尚書無章綬品秩，悉以餘官總司其任，服則餘官之服，猶執笏紫荷。其在都坐，則東面最上。

尚書令、僕射、尚書，銅印墨綬，朝服，納言幘，進賢冠，佩水蒼玉，尚書則無印綬。腰劍，紫荷執笏。陳尚書令、僕射，金章龜鈕，紫綬，八十首，獸頭鞶。尚書無印綬及鞶。餘並同梁。

侍中散騎常侍、通直常侍、員外常侍，朝服，武冠貂蟬，侍中左插，常侍右插。皆腰劍，佩水蒼玉。其員外常侍不給佩。舊至尊朝會登殿，侍中常侍夾御，御下輿，則扶左右。侍中驂乘，則不帶劍。

中書監、令、秘書監，銅印墨綬，朝服，進賢兩梁冠，佩水蒼玉，腰劍，獸頭鞶。陳制，銀章龜鈕，青綬，八十首，獸頭鞶，腰劍。餘同梁。

左、右光禄大夫，皆與加金章紫綬同。其但加金紫者，謂之金紫光禄，但加銀青者，謂之光禄大夫。《陳令》有特進，進賢二梁冠，朝服，佩水蒼玉，腰劍。《梁令》不載。

光禄、太中、中散大夫，太常、光禄、弘訓太僕、太僕、廷尉、宗正、大鴻臚、大司農、少府、大匠諸卿，丹陽尹，太子保、傅，大長秋，太子詹事，銀章龜鈕，青綬，獸頭鞶，朝服，進賢冠二梁，佩水蒼玉。卿大夫助祭，則冠平冕五旒，黑玉爲珠，有前無後。各以其綬采爲組纓，旁垂黈纊。衣，玄上纁下，畫華蟲七章，皆佩五采大佩，赤舄，絇屨。陳宫卿改云慈訓，餘皆同梁。又有太舟卿，服章同。

驃騎、車騎、衛將軍、中軍、冠軍、輔國將軍、四方中郎將，金章紫綬。中郎將則青綬。朝服，武冠，佩水蒼玉。《陳令》：鎮、衛、驃騎、車騎、中軍、中衛、中撫軍、中權、四征、四鎮、四安、四翊、四平將軍，金章獸鈕。其冠軍、四方中郎將，金章豹鈕，並紫綬，八十首，獸頭鞶，朝服，武冠，佩水蒼玉。自中軍已下諸將軍及冠軍、四方中郎將，並官不給佩。

領、護軍，中領、護軍，五營校尉，銀印青綬，朝服，武冠，佩水蒼玉，獸頭鞶。其屯騎，夾御日，假給佩，餘校不給。《陳令》：領、護，金章龜鈕，紫綬，八十首。中領、護，銀章龜鈕，青綬，八十首。其五營校尉，銀印珪鈕，青綬，八十首。官不給佩。餘並同梁。

弘訓衛尉，衛尉，陳宫卿云慈訓，服同諸卿，但武冠。司隸校尉，陳無官服。左右衛、驍騎、游擊、前、左、右、後軍將軍，龍驤、寧朔、建威、振威、奮威、揚威、廣威、武威、建武、振武、奮武、揚武、廣武等將軍，積弩、積射、强弩將軍，監軍，銀章青綬，朝服，武冠，佩水蒼玉，獸頭鞶。驍、游已下，並不給佩。驍、游夾侍日，假給。《陳令》：左、右衛，銀章龜鈕，不給劍。左右驍騎、遊擊、雲騎、遊騎、前、左、右、後軍將軍，左右中郎將，銀印珪鈕。餘服飾同梁，亦官不給佩。其驍、游、雲騎，夾御日，假給。其積弩、積射、强弩，銅印環鈕，墨綬，帶劍。餘服同梁。又有忠武、軍師、武臣、爪牙、龍騎、雲麾、鎮兵、翊師、宣惠、宣毅、智威、仁威、勇威、信威、嚴威、智武、仁武、勇武、信武、嚴武，金章豹鈕，紫綬，八十首。官不給。輕車、鎮朔、武旅、貞毅、明威、寧遠、安遠、征遠、振遠、宣遠等將軍，金章貔鈕，紫綬，並獸頭鞶，朝服，武冠，佩水蒼玉。

國子祭酒，皁朝服，進賢二梁冠，佩水蒼玉。

御史中丞、都水使者，銀印，墨綬，朝服，進賢二梁冠，獸頭鞶，腰劍，佩水蒼玉。陳中丞，銀章龜鈕，青綬，八十首，二梁冠。餘同梁。其都水，陳、梁改爲太舟卿，服在諸卿中見。

謁者僕射，銅印環鈕，墨綬，八十首。朝服，高山冠，獸頭鞶，佩水蒼玉，腰劍。

諸軍司，銀章龜鈕，青綬，朝服，武冠，獸頭鞶。

給事中、黄門侍郎、散騎通直員外、散騎侍郎、奉朝請、太子中庶子、庶子、武衛將軍、武騎常侍，朝服，武冠，腰劍。《陳令》：庶子已上簪筆。其武衛不劍，正直夾御，白布袴褶。

中書侍郎，朝服，進賢一梁冠，腰劍。冗從僕射、太子衛率，銅印，墨綬，獸頭鞶，朝服，武冠。陳衛率，銀章龜鈕，青綬，不劍。冗從，銅印環鈕，墨綬，腰劍。餘並同梁。

武賁中郎將，羽林監，銅印環鈕，墨綬，朝服，武冠，獸頭鞶，腰劍。其在陛牙及備鹵簿，著鶡尾，絳紗縠單衣。

護匈奴中郎將，護羌、戎、夷、蠻、越、烏丸、西域校尉，銀印珪鈕，青綬，朝服，武冠，獸頭鞶。《陳令》無此官。其庶子，鎮蠻、寧蠻、平戎、西戎校尉，平越中郎將，服章同。

安夷、撫夷護軍，州郡國都尉，奉車、駙馬、騎都尉，諸護軍，銀印珪鈕，青綬，獸頭鞶，朝服，武冠。陳安遠、鎮蠻護軍，州、郡、國都尉，奉車、駙馬、騎都尉，諸護軍，服章同。無餘文。

州刺史，銅印，墨綬，獸頭鞶，腰劍，絳朝服，進賢二梁冠。陳銅章龜鈕，青綬。餘同梁。

郡國太守、相、内史，銀章龜鈕，青綬，獸頭鞶，單衣，介幘。加中二千石，依卿尹冠服劍佩。

尚書左、右丞，祕書丞，銅印環鈕，黄綬，獸爪鞶，朝服，進賢一梁冠。

尚書，祕書著作郎，太子中舍人、洗馬、舍人，朝服，進賢一梁冠，腰劍。

諸王友、文學，朱服，進賢一梁冠。《陳令》：諸王師服同。

治書侍御史、侍御史，朝服，腰劍，法冠。治書侍御史，則有銅印環鈕，墨綬。陳又有殿中、蘭臺侍御史，朝服，法冠，腰劍，簪筆。

諸博士，給皁朝服，進賢兩梁冠，佩水蒼玉。

太學博士，正限八人，著佩，限外六人不給。

廷尉律博士，無佩。並簪筆。

國子助教，皁朝服，進賢一梁冠，簪筆。

公府長史，獸頭鞶。諸卿尹丞，黄綬，獸爪鞶，簪筆。

諸縣署令，秩千石者，獸爪鞶，銅印環鈕，墨綬，朝服，進賢兩梁冠。長史朱服，諸卿尹丞，建康令，玄服。

公府掾屬、主簿、祭酒，朱服，進賢一梁冠。公府令史亦同。

領、護軍長史，朱服，獸頭鞶。諸軍長史，單衣，介幘，獸頭鞶。

諸卿部丞、獄丞，並皁朝服，一梁冠，黄綬，獸爪鞶，簪筆。

太子保、傅、詹事丞，皁朝服，一梁冠，簪筆，獸爪鞶，黄綬。

郡國相、内史丞、長史，單衣，介幘。長史，獸頭鞶。其丞，黄綬，獸爪鞶。

諸縣署令、長、相，單衣，介幘，獸頭鞶，銅印環鈕，墨綬，朝服，進賢一梁冠。

諸署令，朱衣，武冠。州都大中正、郡中正，單衣，介幘。

太子門大夫，獸頭鞶，陵令、長，獸爪鞶，銅印環鈕，墨綬，朝服，進賢一梁冠。令、長朱服，率更、家令、僕，朝服，兩梁冠，獸頭鞶，腰劍。

黃門諸署令、僕、長、丞，朱服，進賢一梁冠，銅印環鈕，墨綬。丞，黃綬。黃門冗從僕射監、太子寺人監，銅印環鈕，墨綬，朝服，武冠，獸頭鞶。

公府司馬，領、護軍司馬，諸軍司馬，護匈奴中郎將，護羌、戎、夷、蠻、越、烏丸、戊己校尉長史、司馬，銅印環鈕，墨綬，獸頭鞶，朝服，武冠。諸軍司馬，單衣，平巾幘。長史，介幘。《陳令》：公府司馬，領、護軍司馬，諸軍司馬，鎮安蠻安遠護軍，蠻、戎、越校尉中郎將長史、司馬，其服章與梁官同。

公府從事中郎，朱服，進賢一梁冠。諸將軍開府功曹、主簿，單衣，介幘，革帶。

廷尉，建康正、監平，銅印環鈕，墨綬，皂零辟，朝服，法冠，獸爪鞶。

左、右衛司馬，銅印環鈕，墨綬，單衣，帶，平巾幘，獸頭鞶。

諸府參軍，單衣，平巾幘。

諸州別駕，治中、從事、主簿、西曹從事，玄朝服，進賢一梁冠，簪筆。常公事，單衣，介幘，朱衣。

直閤將軍，朱服，武冠，銅印珪鈕，青綬，獸頭鞶。

直閤將軍、諸殿主帥，朱服，武冠。正直絳衫，從則裲襠衫。

諸開國郎中令、大農，公、傅中尉，銅印環鈕，青綬，朝服，進賢兩梁冠，中尉武冠，皆獸頭鞶。

諸開國三將軍，銅印環鈕，青綬，朝服，武冠。限外者不給印。陳制：墨綬，餘並同梁。

開國掌書中尉，司馬，陵廟食官，廐牧長，典醫典府丞，銅印。常侍，侍郎，世子，庶子，謁者，中大夫，舍人，不給印。典書、典祠、學官令，典膳丞、長，銅印。限外者不給印。

左右常侍，侍郎，典衛中尉司馬，朝服，武冠。典書，典祠，學官令，朝服，進賢一梁冠。餘悉朱服，一梁冠。常侍、侍郎、典書、典祠、學官令，簪筆，腰劍。

太子衛率、率更、家令丞，銅印環鈕，黃綬，皂朝服，進賢一梁冠，獸爪鞶。

太子常從武賁督，銅印環鈕，墨綬，朝服，武冠，獸爪鞶。

殿中將軍，員外將軍，朱服，武冠。

州郡國都尉司馬，銅印環鈕，墨綬，朱服，武冠，獸頭鞶。

諸謁者，朝服，高山冠。

中書通事舍人門下令史、主書典書令史、門下朝廷局書令史、太子門下通事守舍人，主書典守舍人，二宮齋內職左右職局齋幹已上，朱服，武冠。

殿中內外局監、太子內外監，殿中守舍人，銅印環鈕，朱服，武冠。

內外監典事書吏，朱服，進賢一梁冠。內監朝廷人領局典事、外監統軍隊諮詳發遣局典事，武冠。外監及典事書吏，悉著朱衣，唯正直及齋監并受使，不在例。其東宮內外監、殿典事書吏，依臺格。五校、三將軍主事，內監主事，外監主事，三校主事，朱服，武冠。

尚書都令史，都水參事，門下書令史，集書、中書、尚書、祕書著作掌書主書主圖主譜典客令史書令史，監、令、僕射省事，蘭臺、殿中蘭臺，謁、都水令史，公府令史書令史，太子導客、次客守舍人及諸省典事，朱衣，進賢一梁冠。

尚書都算，度支算，左戶校史，朱服，進賢一梁冠。

諸縣署丞、太子諸署丞、王公侯諸署及公主家令丞、僕，銅印環鈕，黃綬，朱服，進賢一梁冠。太官、太醫丞，武冠。

諸縣尉，銅印環鈕，單衣，介幘，黃綬，獸爪鞶。節騎郎，朱服，武冠。其在陛列及備鹵簿者，氂尾，絳紗縠單衣。御節郎、黃鉞郎，朝服，赤介幘，簪筆。典儀、唱警，唱奏事，持兵、主麾等諸職，公事及備鹵簿，朱服，武冠。

殿中郎將、校尉、都尉，銀印珪鈕，青綬，朱服，武冠，獸頭鞶。

城門候，銅印環鈕，墨綬，朱服，武冠，獸頭鞶。

部曲督，司馬吏，部曲將，銅印環鈕，朱服，武冠。司馬吏，假墨綬，獸爪鞶。

太中、中散，諫議大夫，議郎，中郎，郎中，舍人，朱服，進賢一梁冠。

諸門郎，僕射，佐吏，東宮門吏，其郎朱服，僕射皂零辟，朝服，進賢冠，吏却非冠，佐吏著進賢冠。

總章協律，銅印環鈕，艾綬，獸爪鞶，朱服，武冠。

黃門後閤舍人，主書，齋帥，監食，主食，主客，扶侍，鼓吹，朱服，武冠。鼓吹進賢冠，齋帥墨綬，獸頭鞶。

殿中司馬，銅印環鈕，墨綬，朱服，武冠，獸頭鞶。

總章監，鼓吹監，銅印環鈕，艾綬，朱服，武冠。

諸四品將兵都尉，牙門將，崇毅，材官，折難，輕騎，揚烈，威遠，寧遠，宣威、光威、驤威、威烈、威虜、平戎、綏遠、綏狄、綏邊、綏戎、獸威、威武、烈武、毅武、奮武、討寇、討虜、殄難、討難、討夷、厲武、橫野、陵江、鷹揚、執訊、蕩寇、蕩虜、蕩難、蕩逆、殄虜、掃虜、掃難、掃逆、掃寇、厲鋒、武奮、武牙、廣野，領兵滿五十人，給銀章，不滿五十，除板而已，不給章，朱服，武冠。以此官爲刺史、太守，皆青綬。此條已下，皆陳制，與梁不同。

殿但帥、正帥、艾綬，獸頭鞶，朱服，武冠。其本資有殿但、正帥，得帶艾綬，獸頭鞶。

典儀但帥、典儀正帥，朱衣，武冠。殿帥、羽儀帥、員外帥，朱衣，武冠。

威雄、猛、烈、振、信、勝、略、風、力、光等十威將軍，武猛、略、勝、力、毅、健、烈、威、銳、勇等十武將軍，並銀章熊鈕，青綬，獸頭鞶，武冠，朝服。

猛毅、烈、威、銳、震、進、智、武、勝、駿等十猛將軍，銀章羆鈕，青綬，獸頭鞶，武冠，朝服。

壯武、勇、烈、猛、銳、威、毅、志、意、力等十壯將軍，驍雄、桀、猛、烈、武、勇、銳、名、勝、迅等十驍將軍，雄猛、威、明、烈、信、武、勇、毅、壯、健等十雄將軍，並銀章羔鈕，青綬，獸頭鞶，武冠，朝服。

忠勇、烈、猛、銳、壯、毅、捍、信、義、勝等十忠將軍，明智、略、遠、勇、烈、威、勝、進、銳、毅等十明將軍，光烈、明、英、遠、勝、銳、命、勇、武、野等十光將軍，飈勇、猛、烈、銳、奇、決、起、略、勝、出等十飈將軍，並銀章鹿鈕，青綬，獸頭鞶，武冠，朝服。

龍驤、武視、雲旗、風烈、電威、雷音、馳銳、進銳、羽騎、突騎、折衝、冠武、和戎、安壘、起猛、英果、掃虜、掃狄、武銳、摧鋒、開遠、略遠、貞威、決勝、清野、堅銳、輕銳、拔山、雲勇、振旅等三十號將軍，銀印菟鈕，青綬，獸頭鞶，朝服，武冠。

超武、鐵騎、樓船、宣猛、樹功、剋狄、平虜、稜威、戎昭、威戎、伏波、雄戟、長劍、衝冠、雕騎、佽飛、勇騎、破敵、剋敵、威虜、前鋒、武毅、開邊、招遠、全威、破陣、蕩寇、殄虜、橫野、馳射等三十號將軍，銅印環鈕，墨綬，獸頭鞶，朝服，武冠。并左十二件將軍，除並假給章印綬，板則止朱服、武冠而已。其動還除，亦給章印。

建威、牙門、期門已下諸將軍，並銅印環鈕，墨綬，獸頭鞶，朱服，武冠。板則無印綬，止冠服而已。其在將官，以功次轉進，應署建威已下諸號，不限板除，悉給印綬。若武官署位轉進，登上條九品馳射已上諸戎號，亦不限板除，悉給印綬。

千人督、校督司馬、武賁督、牙門將、騎督督、守將兵都尉、太子常從督別部司馬、假司馬，假銅印環鈕，朱服，武冠，墨綬，獸頭鞶。

武猛中郎將、校尉、都尉，銅印環鈕，朱服，武冠。其以此官爲千人司服、道賁督已上及司馬，皆假墨綬，獸頭鞶。已上陳制，梁所無及不同者。

陛長、甲僕射、主事吏將騎、廷上五牛旗假吏武賁，在陛列及備鹵簿，服錦文衣，武冠，鶡尾。陛長者，假銅印環鈕，墨綬，獸頭鞶。

假旄頭羽林，在陛列及備鹵簿，服絳單衣，上著韋畫腰襦，假旄頭。輿輦、迹禽，前驅，由基彊弩司馬，給絳科單衣，武冠。其本位佩武猛都尉已上印者，假墨綬，別部司馬已下假墨綬，並獸頭鞶。

殿中冗從武賁、殿中武賁，持鈒戟冗從武賁，假青綬，絳科單衣，武冠。《陳令》：絳科單衣，其本位職佩武猛、都尉等印，假鞶綬，依前條。

持椎斧武騎武賁，五騎傳詔武賁，殿中羽林，太官尚食武賁稱飯宰人，諸宮尚食武賁，假墨綬，給絳褠，武冠。其佩武猛、都尉等位印，皆依上條假鞶綬之例。

其在陛列及備鹵簿，五騎武賁，服錦文衣，鶡尾。宰人服離支衣。領軍捉刃人，烏總帽，袴褶，皮帶。

絓是羽葆旄鼓吹，悉改著進賢冠，外給系旄。鼓吹著武冠。諸官鼓吹，尚書廊下都坐門下使守藏守閤，殿中威儀騶，武賁常直殿門雲龍門者，門下左右部武賁羽林騶，給傳事者諸導騶，門下中書守閤，尚書門下武賁羽林騶，蘭臺五曹節藏僕射廊下守閤，威儀發符騶，都水使者廊下守給騶，謁者威儀騶，諸宮謁者騶，絳褠，武冠，衣服如舊。大誰、天門士，阜科單衣，樊噲冠。衛士，湼布褠，却敵冠。

諸將軍，使持節、都督執節史，朱衣，進賢一梁冠。自此條已下皆陳制，梁所無。

持節節史，單衣，介幘。其纂戎戒嚴時，同使持節。制假節節史，單衣，介幘。凡節趺，以石爲之。持節皆刻爲鞶螭形，假節及給鑾吏節，皆刻爲狗頭趺。

諸王典籤帥，單衣，平巾幘。典籤書吏，袴褶，平巾幘。

諸王書佐，單衣，介幘。

公府書佐，朱衣，進賢冠。

諸王國舍人、司理、謁者、閤下令史、中衛都尉，朱衣，進賢一梁冠。司理假銅印，謁者高山冠，令史已下武冠。

太子太傅五官功曹、主簿，皁朝服，進賢一梁冠。

太子二傅門下主記、録事、功曹書佐、門下書佐、記室帳下督、都督省事、法曹書佐、太傅外都督，皁衣，進賢一梁冠。

太子妃家令，絳朝服，進賢一梁冠。

太子三校、二將、積弩、殿中將軍，衣服皆與上宮官同。

太子正員司馬督、題閤監，銅印墨綬。三校内主事、主章、扶侍，守舍人，衣帶仗局、服飾衣局、珍寶朝廷主衣統，奏事幹，内局内幹，朱衣，武冠。

諸公府御屬及省事，録尚書省事，太子門下及内外監丞、典事、導客、算書吏，次功、典書函、典書、典經、五經典書諸守宮舍人，市買清慎食官督，内直兵吏，宣華、崇賢二門舍人，諸門吏，朱衣，進賢一梁冠。

太子妃傳令，朱衣，武冠，執刀，烏信幡。

太子二傳騎吏，玄衣，赤幘，武冠，常行則袴褶。執儀、齋帥、殿帥、典儀帥、傳令、執刀戟、主蓋扇麾傘、殿上持兵、車郎、扶車、注疏、萌牀、齋閤食司馬、唱導飯、主食、殿前帥、殿前威儀、武賁威儀、散給使、閤將、鼓吹士帥副，武冠，絳褠。案輒、小輿、持車、軺車給使，平巾幘，黄布袴褶，赤罽帶。

太子諸門將，涅布褠，樊噲冠。

太子鹵簿戟吏，赤幘，武冠，絳褠。廉帥、整陣、禁防，平巾幘，白布袴褶。靴角五音帥，長麾，青布袴褶，岑帽，絳絞帶。都伯，平巾幘，黄布袴褶。

文官曹幹，白紗單衣，介幘。尚書二臺曹幹亦同。

武官問訊，將士給使，平巾幘，白布袴褶。【略】袴褶，近代服以從戎。今纂嚴，則文武百官咸服之。車駕親戎，則縛袴，不舒散也。中官紫褶，外官絳褶，腰皮帶，以代鞶革。【略】

入殿門，有籠冠者著之，有纓則下之。緣箱行，得提衣。省閤内得著履，烏紗帽。入齋閤及横度殿庭，不得人提衣及捉服飾。入閤則執手板，自摳衣。几席不得入齋正閤。介幘不得上正殿及東、西堂。儀仗傘扇，有幰牽車，不得入臺門。臺官問訊皇太子，亦皆朱服，著襪；謁諸王，單衣幘；庶姓，單衣帢。詣三公，必衣帢。至黄閤，下履，過閤還，著履。【略】

皇后謁廟，服袿襹大衣，蓋嫁服也，謂之禕衣，皁上皁下。親蠶則青上縹下。皆深衣制，隱領袖緣以絛。首飾則假髻，步摇，俗謂之珠松是也。簪珥步摇，以黄金爲山題，貫白珠，爲桂枝相繆。八爵九華，熊、獸、赤羆、天鹿、辟邪、南山豐大特六獸。諸爵獸皆以翡翠爲〔毛羽。金題，白珠璫繞，以翡翠爲〕華。綬佩同乘輿。

貴妃、貴嬪、貴姬，是爲三夫人，金章龜紐，紫綬，八十首。佩于闐玉，獸頭鞶。

淑媛、淑儀、淑容、昭華、昭儀、昭容、修華、修儀、修容，是爲九嬪，金章龜鈕，青綬，八十首。獸頭鞶，佩采瓄玉。

婕妤、容華、充華、承徽、列榮五職，亞九嬪，銀印珪鈕，艾綬，獸頭鞶。

美人、才人、良人三職，散位，銅印環鈕，墨綬，獸頭鞶。

皇太子妃，金璽龜鈕，纁朱綬，一百六十首。佩瑜玉，獸頭鞶。

良娣，銀印珪鈕，佩采瓄玉，青綬，八十首。獸爪鞶。

保林，銀印珪鈕，佩水蒼玉，青綬，八十首。獸爪鞶。

諸王太妃、妃，諸長公主、公主，封君，金印龜鈕，紫綬，八十首。佩山玄玉，獸頭鞶。

開國公、侯太夫人，銀印珪鈕，青綬，八十首。佩水蒼玉，獸頭鞶。

公主、三夫人，大手髻，七鈿蔽髻。九嬪及公夫人，五鈿；世婦，三鈿。其長公主得有步摇。公主、封君已上，皆帶綬。以綵組爲緄帶，各以其綬色。金辟邪，首爲帶玦。

公、特進、列侯、卿、校、中二千石夫人，紺繒幗，黄金龍首銜白珠，魚須擿，長一尺，爲簪珥。入廟佐祭者，皁絹上下，助蠶者，縹絹上下，皆深衣制，緣。自二千石夫人已上至皇后，皆以蠶衣爲朝服。

自晉左遷，中原禮儀多缺。後魏天興六年，詔有司始制冠冕，各依品秩，以示等差，然未能皆得舊制。至太和中，方考故實，正定前謬，更造衣冠，尚不能周洽。及至熙平二年，太傅、清河王懌、黄門侍郎韋廷祥等，奏定五時朝服，準漢故事，五郊衣幘，各如方色焉。及後齊因之。河清中，改易舊物，著令定制云。

乘輿，平冕，黑介幘，垂白珠十二旒，飾以五采玉，以組爲纓，色如其綬，黈纊，玉笄。白玉璽，黄赤綬，五采，黄赤縹緑紺，純黄質，長二丈九尺，五百首，廣一尺二寸。小綬長三尺二寸，與綬同采，而首半之。衮服，皁衣，絳裳，裳前三幅，後四幅，織成爲之，十二章，緣絳中單，織成緄帶，朱紱，佩白玉，帶鹿盧劍，絳袴襪，赤舄。未加元服，則空頂介幘。又有通天金博山冠，則絳紗袍，皁緣中單。其五時服，則五色介幘，進賢五梁冠，五色紗袍。又有遠遊五梁冠，並不通于下。四時祭廟、圓丘、方澤、明堂、五郊、封禪、大雩，出宫行事，正旦受朝及臨軒拜王公，皆服衮冕之服。還宫及齋，則服通天冠。籍田則冠冕，璪十二旒，佩蒼玉，黄綬，青帶，青袜，青舄。拜陵則黑介幘，白紗單衣。釋奠則服通天金博山冠，玄紗袍。春分朝日，則青紗朝服，青舄，秋分夕月，則白紗朝服，緗舄，俱冠五梁進賢冠。合朔，服通天金博山冠，絳紗袍。季秋講武、出征告廟，冠武弁，黄金附蟬，左貂。禡類宜社，武弁，朱衣。纂嚴升殿，服通天金博山冠，絳紗袍。入温、涼室，冠武弁，右貂附蟬，絳紗服。征還飲至，服通天冠。廟中遣上將，則衮冕，還宮則通天金博山冠。賞祖罰社，則武弁，左貂附蟬。元日、冬至大小會，皆通天金博山冠。四時畋、出宮，服通天冠，並赤舄。明堂則五時俱通天冠，各以其色服。東、西堂舉哀，服白帢。【略】

皇太子平冕，黑介幘，垂白珠九旒，飾以三采玉，以組爲纓，色如其綬。金璽，朱綬，四采，赤黄縹紺。綬朱質，長二丈一尺，三百二十首，廣九寸。小綬長三尺二寸，與綬同色，而首半之。衮服，同乘輿而九章，絳紱佩瑜玉，玉具劍、火珠標首，絳袴袜，赤舄。非謁廟則不服。未加元服，則空頂黑介幘，雙童髻，雙玉導。中舍人執遠遊冠以從。其遠遊三梁冠，黑介幘，翠緌纓，絳紗袍，皁緣中單，黑舄。大朝所服，亦服進賢三梁冠，黑介幘，皁朝服，絳緣中單，玄舄。爲宮臣舉哀，白帢，單衣，烏皮履。未加元服，則素服。【略】

諸公卿平冕，黑介幘，青珠爲旒，上公九，三公八，諸卿六，以組爲纓，色如其綬。衣皆玄上纁下。三公山龍八章，隆皇太子一等，九卿藻火六章，唯郊祀天地宗廟服之。

遠遊三梁，諸王所服。其未冠，則空頂黑介幘。開國公、侯、伯、子、男及五等散爵未冠者，通如之。

進賢冠，文官二品已上，並三梁，四品已上，並兩梁，五品已下，流外九品已上，皆一梁。致事者，通著委貌冠。主兵官及侍臣，通著武弁。侍臣加貂璫。御史大理著法冠。諸謁者、太子中導客舍人，著高山冠。宮門僕射、殿門吏、亭長、太子率更寺、宮門督、太子内坊察非吏、諸門吏等，皆著却非冠。羽林、武賁，著鶡。録令已下，尚書以上，著納言幘。又有赤幘，卑賤者所服。救日蝕，文武官皆免冠，著赤介幘，對朝服。賤者平巾，赤幘，示威武，以助於陽也。止雨亦服之。請雨則服緗幘，東耕則服青幘，庖人則服緑幘。【略】

百官朝服公服，皆執手板。尚書録令、僕射、吏部尚書，手板頭復有白筆，以紫皮裹之，名曰笏。朝服綴紫荷，録令、左僕射左荷，右僕射、吏部尚書右荷。七品已上文官朝服，皆簪白筆。正王公侯伯子男、卿尹及武職，並不簪。朝服，冠、幘各一，絳紗單衣，白紗中單，皁領袖，皁襈，革帶，曲領，方心，蔽膝，白筆、舄、袜，兩綬，劍佩，簪導，鉤艓，爲具服。七品已上服也。公服，冠，幘，紗單衣，深衣，革帶，假帶，履袜，鉤艓，謂之從省服。八品已下，流外四品已上服也。流外五品已下，九品已上，皆著褠衣爲公服。

皇后璽，綬，佩同乘輿，假髻，步摇，十二鈿，八雀九華。助祭朝會以褘衣，祠郊禖以褕狄，小宴以闕狄，親蠶以鞠衣，禮見皇帝以展衣，宴居以褖衣。六服俱有蔽膝，織成緄帶。皇太后、皇后璽，並以白玉爲之，方一寸二分，螭獸鈕，文各如其號。璽不行用，有令，則太后以宮名衛尉印，皇后則以長秋印。

内外命婦從五品已上，蔽髻，唯以鈿數花釵多少爲品秩。二品已上金玉飾，三品已下金飾。内命婦、左右昭儀、三夫人視一品，假髻，九鈿，金章，紫綬，服褕翟，雙佩山玄玉。九嬪視三品，五鈿蔽髻，銀章，青綬，服鞠衣，佩水蒼玉。世婦視四品，三鈿，銀印，青綬，服展衣，無佩。八十一御女視五品，一鈿，銅印，墨綬，服褖衣。又有宮人女官服制，第二品七鈿蔽髻，服闕翟；三品五鈿，鞠衣；四品三鈿，展衣；五品一鈿，褖衣；六品褖衣；七品青紗公服。俱大首髻。八品、九品，俱青紗公服，偏髾髻。

皇太子妃璽、綬，佩同皇太子，假髻，步摇，九鈿，服褕翟。從蠶則青紗公服。皇太子妃璽，以黄金，方一寸，龜鈕，文曰「皇太子妃之璽」。若有封書，則用内坊印。

郡長公主、公主、王國太妃、妃，纁朱綬，髻章服佩同内命婦一品。郡長君七鈿蔽髻，玄朱綬，闕翟，章佩與公主同。郡君、縣主，佩水蒼玉，餘與郡長君同。太子良娣視九嬪服。縣主青朱綬，餘與良娣同。女侍中五鈿，假金印，紫綬，服鞠衣，佩水蒼玉。縣君銀章，青朱綬，餘與女侍中同。太子孺人同世婦。太子家人子同御女。鄉主、鄉君，素朱綬，佩水蒼玉，餘與御女同。外命婦章印綬佩，皆如其夫。若夫假章印綬佩，妻則不假。一品、二品，七鈿蔽髻，服闕翟。三品五鈿，服鞠衣。四品三鈿，服展衣。五品一鈿，服褖衣。内外命婦、宮人女官從蠶，則各依品次，還著蔽髻，皆服青紗公服。如外命婦，綬帶鞶囊，皆準其夫公服之例。百官之母詔加太夫人者，朝服公服，各與其命婦服同。

後周設司服之官，掌皇帝十二服。祀昊天上帝，則蒼衣蒼冕；祀東方上帝及朝日，則青衣青冕；祀南方上帝，則朱衣朱冕；蔡皇地祇、祀中央上帝，則黄衣黄冕；祀四方上帝及夕月，則素衣素冕；祀北方上帝，祭神州，社稷，則玄衣玄冕；享先皇、加元服、納后、朝諸侯，則象衣象冕。十有二章，日月星辰山龍華蟲六章在衣，火宗彝藻粉米黼黻六章在裳，凡十二等。享諸先帝、大貞於龜、食三老五更、享諸侯、耕籍，則服衮冕，自龍已下，凡九章十二等。宗彝已下五章在衣，藻、火已下四章在裳，衣重宗彝。祀星辰、祭四望、視朔、大射、饗羣臣、巡犧牲、養國老，則服山冕，八章十二等。衣裳各四章，衣重火與宗彝。羣祀、視朝、臨太學、入道法門、宴諸侯與羣臣及燕射、養庶老、適諸侯家，則服鷩冕，七章十二等。衣三章，裳四章，衣重三章。袞、山、鷩三冕，皆裳重黼黻，俱十有二等。通以升龍爲領褾。冕通十有二旒。巡兵即戎，則服韋弁，謂以韎韋爲弁，又以爲裳衣也。田獵行鄉畿，則服皮弁，謂以鹿子皮爲弁，白布衣而素裳也。皇帝凶服斬衰。父母之喪上下達。其吊服，錫衰以哭三公，緦衰以哭諸侯，皆十五升抽其半。錫者，澣其布，不澣其縷，哀在內。緦者，澣其縷，不澣其布，哀在外也。疑衰以哭大夫，十四升。皆素弁，如爵弁之數。環絰。一服纏絰。凡大疫、大荒、大災則素服縞冠。凡疫病，荒饑，年災水旱也。

諸公之服九：一曰方冕。二曰袞冕，九章，宗彝已上五章在衣，藻已下四章在裳。三曰山冕，八章，衣裳各四章，衣重宗彝，爲九等。四曰鷩冕，七章，衣三章，裳四章，衣重火與宗彝。五曰火冕，六章，衣裳各三章，衣重宗彝及藻，裳重黻。六曰毳冕，五章，衣三章，裳二章，衣重藻粉米，裳重黼黻。山冕已下俱九等，皆以山爲領褾，冕俱九旒。七曰韋弁。八曰皮弁。九曰玄冠。

諸侯服，自方冕而下八，無袞冕。山冕八章，衣裳各四章。鷩冕七章，衣三章，裳四章，衣重宗彝。火冕六章，衣裳各三章，衣重藻，裳重黻。毳冕五章，衣三章，裳二章，衣重粉米，裳重黼黻。鷩冕已下俱八等，皆以華蟲爲領褾。冕俱八旒。

諸伯服，自方冕而下七，又無山冕。鷩冕七章，衣三章，裳四章。火冕六章，衣裳各三章，裳重黻。毳冕五章，衣三章，裳二章，裳重黼黻。火冕已下俱七等，皆以火爲領褾。冕俱七旒。

諸子服，自方冕而下六，又無鷩冕。火冕六章，衣裳各三章。毳冕五章，衣三章，裳二章，裳重黻。毳冕已下俱六等，皆以宗彝爲領褾。冕俱六旒。

諸男服，自方冕而下五，又無火冕。毳冕五章，衣三章，裳二章。以藻爲領褾。冕五旒。

三公之服九：一曰祀冕。二曰火冕，六章，衣裳各三章，衣重宗彝與藻，裳重黻。三曰毳冕，五章，衣三章，裳二章，衣重藻與粉米，裳重黼黻。四曰藻冕，四章，衣裳俱二章，衣重藻與粉米，裳重黼黻。五曰繡冕，三章，衣一章，裳二章，衣重粉米，裳重黼黻。俱九等，皆以宗彝爲領褾。六曰爵弁。七曰韋弁。八曰皮弁。九曰玄冠。

三孤之服，自祀冕而下八，無火冕。毳冕五章，衣三章，裳二章，衣重粉米，裳重黼黻。藻冕四章，衣裳各二章，衣重藻與粉米，裳重黼黻，俱八等，皆以藻爲領褾。繡冕三章，衣一章，裳二章，衣重粉米，裳重黼黻，爲八等。

公卿之服，自祀冕而下七，又無毳冕。藻冕四章，衣裳各二章，衣重粉米，裳重黼黻，爲七等，皆以粉米爲領褾，各七。繡冕三章，衣一章，裳二章，衣重粉米，裳重黼黻，爲七等。

上大夫之服，自祀冕而下六，又無藻冕。繡冕三章，衣一章，裳二章，衣重粉米，裳重黼，爲六等。

中大夫之服，自祀冕而下五，又無皮弁。繡冕三章，衣一章，裳二章，衣重粉米，爲五等。

下大夫之服，自祀冕而下四，又無爵弁。繡冕三章，衣一章，裳二章，衣重粉米，爲四等。

士之服三：一曰祀弁，二曰爵弁，三曰玄冠。玄冠皆玄衣。其裳，上士以玄，中士以黃，下士雜裳，謂前玄後黃也。庶士之服一：玄冠。庶士，庶人在官，府史之屬。其服緇衣裳。

後令文武俱著常服，冠形如魏帢，無簪有纓。其凶服皆無庶人同。其吊服，諸侯於其卿大夫，錫衰；同姓，緦衰；於士，疑衰。其當事則弁絰，否則皮弁。公孤卿大夫之吊服，錫衰弁絰，皮弁亦如之。士之吊服，疑衰素裳，當事弁絰，否則徒弁。

皇后衣十二等。其翟衣六，從皇帝祀郊禖，享先皇，朝皇太后，則服翬衣。素質，五色。祭陰社，朝命婦，則服褕衣。青質，五色。祭羣小祀，受獻繭，則服鷩衣。赤衣。采桑則服鳪衣。黃色。從皇帝見賓客，聽女教，則服鵫衣。白色。食命婦，歸寧，則服翟衣。玄色。俱十有二等，以翬雉爲領褾，各有二。臨婦學及法道門，燕命婦，有時見命婦，則蒼衣。春齋及祭還，則青衣。夏齋及祭還，則朱衣。采桑齋及采桑還，則黃衣。秋齋及祭還，則素衣。冬齋及祭還，則玄衣。自青衣而下，其領褾以相生之色。

諸公夫人九服，其翟衣雉皆九等，俱以褕雉爲領褾，各九。自褕衣已下五，曰褕衣、鷩衣、鳪衣、鵫衣、翟衣，并朱衣、黃衣、素衣、玄衣而九。自朱衣而下，其領褾亦同用相生之色。

諸侯夫人，自鷩而下八。其翟衣雉皆八等，俱以鷩雉爲領褾。無褕衣。

諸伯夫人，自鳪而下七。其翟衣雉皆七等，俱以鳪雉爲領褾。又無鷩衣。

諸子夫人，自鵫而下六。其翟衣俱以鵫雉爲領褾。又無鳪衣。

諸男夫人，自翙而下五。其翟衣雉皆五等，俱以翙雉爲領褾。又無鵫衣。

三妃，三公夫人之服九：一曰鳪衣，二曰鵫衣，三曰翙衣，四曰青衣，五曰朱衣，六曰黄衣，七曰素衣，八曰玄衣，九曰髾衣。似髮。華皆九樹。其雉衣亦皆九等，以鳪雉爲領褾，各九。

三妀，三孤之内子，自鵫衣而下八。雉衣皆八等，以鵫雉爲領褾，各八。

六嬪，六卿之内子，自翙衣而下七。雉衣皆七等，以翙雉爲領褾，各七。

上媛，上大夫之孺人，自青衣而下六。

中媛，中大夫之孺人，自朱衣而下五。

下媛，下大夫之孺人，自黄衣而下四。

御婉士之婦人，自素衣而下三。

中宫六尚，緅衣。其色赤而微玄。

諸命秩之服，曰公服，其餘常服，曰私衣。皇后華皆有十二樹。諸侯之夫人，亦皆以命數爲之節。三妃、三公夫人已下，又各依其命。一命再命者，又俱以三爲節。

皇后及諸侯夫人之服，皆舄履。三妃、三公夫人已下，翟衣則舄，其餘皆屨。舄、履各如其裳之色。

皇后之凶服，斬衰、齊衰，降旁朞已下吊服。爲妃、嬪、三公之夫人、孤卿内子之喪，錫衰。錫者，十五升去其半。無事其縷，有事其布，哀在内也。爲諸侯夫人之喪，緦衰。緦亦十五升去其半。有事其縷，無事其布，哀在外也。爲媛、御婉及大夫孺人、士之婦人之喪，疑衰。十四升，疑於吉。皆吉笄，無首。象笄，去首飾。太陰虧則素服。蕩天下之陰事。諸侯之夫人及三妃與三公之夫人已下凶事，則五衰，自緦已上皆服之。其吊，諸侯夫人於卿之内子、大夫孺人，錫衰。於己之同姓之臣，緦衰。於士之婦人，疑衰。皆吉笄，無首。其三妃已下及媛，三公夫人已下及孺人，其吊服錫衰。御婉及士之婦人，吊服疑衰。疑衰同笄。九族已下皆骨笄。

韠，皇帝三章，龍、火、山；諸侯二章，去龍；卿大夫一章，以山。皆織綵以成之。【略】

保定四年，百官始執笏，常服上焉。宇文護始命袍加下欄。

宣帝即位，受朝於路門，初服通天冠，絳紗袍。羣臣皆服漢、魏衣冠。大象元年，制冕二十四旒，衣服以二十四章爲準。二年下詔，天臺近侍及宿衛之官，皆著五色衣，以錦綺繢繡爲緣，名曰品色衣。有大禮則服冕。内外命婦皆執笏，其拜俛伏方興。

《劉子》卷二《慎獨》 善者，行之總，不可斯須離也，若可離，則非善也。人之須善，猶首之須冠，足之待履。首不加冠，是越類也，足不躡履，是夷民也。今處顯而循善，在隱而爲非，是清旦冠履而昏夜倮跣也。

司馬光《資治通鑑》卷一七五《陳紀九・宣帝太建十三年》 六月，癸未，隋詔郊廟冕服必依《禮經》。胡三省注：隋制：冕服採用東齊之法，乘輿衮冕，垂白珠十有二旒，以組爲纓，色如其綬。黈纊充耳。玉笄。玄衣，纁裳。衣，山龍、華蟲、火、宗、彝五章；裳，藻、粉米、黼、黻四章。衣重宗彝，裳重黼黻，爲十二等。衣，褾領，織成升龍；白紗内單，黼領青褾襈裾。革帶，玉鉤鰈。大帶，素帶，朱裏，紕其外，上以朱，下以緑。韍隨裳色，龍、火、山三章。鹿盧玉具劍，火珠鏢首，白玉雙佩，玄組。雙大綬，六采，玄、黄、青、白、縹、緑，純玄質，長二丈四尺，五百首，廣一尺。小雙綬，長二尺六寸，色同大綬，而首半之，間施三玉環。朱韈，赤舄，舄加金飾。凡綬，先合單紡爲一絲，絲四爲一扶，扶五爲一首，首五成一文。褾，波小翻。襈，雛免翻。鰈，五例翻，又敕列翻。紕，音卑，緣也。鏢，紕招翻；《説文》，刀削末銅也。縹，匹沼翻。紡，甫罔翻。其朝會之服、旗幟、犧牲皆尚赤，隋自以爲得火德，故尚赤色。朝，直遥翻；下同。幟，昌志翻。戎服以黄，常服通用雜色。秋，七月，乙卯，隋主始服黄，百僚畢賀。於是百官常服，同於庶人，皆著黄袍；隋主朝服亦如之，唯以十三環帶爲異。

《隋書》卷三《煬帝紀上》 〔大業二年〕二月丙戌，詔尚書令楊素、吏部尚書牛弘、大將軍宇文愷、内史侍郎虞世基、禮部侍郎許善心制定輿服。始備輦路及五時副車。上常服，皮弁十有二琪，文官弁服，佩玉，五品已上給犢車、通幰，三公親王加油絡，武官平巾幘，袴褶，三品已上給瓝槊。下至胥吏，服色皆有差。非庶人不得戎服。

《隋書》卷一二《禮儀志七》 高祖初即位，將改周制，乃下詔曰：「宣尼制法，云行夏之時，乘殷之輅。弈葉共遵，理無可革。然三代所尚，衆論多端，或以爲所建之時，或以爲所感之瑞，或當其行色，因以從之。今雖夏數得天，歷代通用，漢尚於赤，魏尚於黄，驪馬玄牲，已弗相踵，明不可改，建寅歲首，常服於黑。朕初受天命，赤雀來儀，兼姬周已還，於兹六代。三正迴復，五德相生，總以言之，並宜火色。垂衣已降，損益可知，尚色雖殊，常兼前代。其郊丘廟社，可依衮冕之儀，朝會衣裳，宜盡用赤。昔丹烏木運，姬有大白之旂，黄星土德，曹乘黑首之馬，在祀與戎，其尚恒異。今之戎服，皆可尚黄，在外常所著者，通用雜色。祭祀之服，須合禮經，宜集通儒，更可詳議。」太子庶子、攝太常少卿裴政奏曰：「竊見後周制冕，加爲十二，既與前禮數乃不同，而色應五行，又非典故。謹案三代之冠，其名各别。六等之冕，承用區分，璪玉五采，隨班異飾，都無迎氣變色之文。唯《月令》者，起于秦代，乃有青旂赤玉，白駱黑衣，與四時而色變，全不言於弁冕。五時冕色，《禮》既無文，稽於正典，難以經證。且後魏已來，制度咸闕。天興之歲，草創繕修，所造車服，多參胡制。故魏收論之，稱爲違古，是也。周氏因襲，將爲故事，大象承統，咸取用之，輿輦衣冠，甚多迂怪。今皇隋革命，憲章前代，其魏、周輦輅不合制者，已勑有司盡令除廢，然衣冠禮器，尚且兼行。乃有立夏衮衣，以赤爲質，迎秋平冕，用白成形，既越典章，須革其謬。謹案《續漢書·禮儀志》云『立春之日，京都皆著青衣』，秋夏悉如其色。逮于魏、晉，迎氣五郊，行禮之人，皆同此制。考尋故事，唯幘從衣色。今請冠及冕，色並用玄，唯應著幘者，任依漢、晉。」制曰：「可。」

於是定令，採用東齊之法。乘輿衮冕，垂白珠十有二旒，以組爲纓，色如其綬，黈纊充耳，玉笄。玄衣，纁裳。衣，山、龍、華蟲、火、宗彝五章；裳，藻、粉米、黼、黻四章。衣重宗彝，裳重黼黻，爲十二等。衣褾、領織成升龍，白紗内單，黼領，青褾、襈、裾。革帶，玉鉤艓，大帶，素帶朱裏，紕其外，上以朱，下以緑。韍隨裳色，龍、火、山三章。鹿盧玉具劍，火珠鏢首。白玉雙佩，玄組。雙大綬，六采，玄黄赤白縹緑，純玄質，長二丈四尺，五百首，廣一尺；小雙綬，長二尺六寸，色同大綬，而首半之，間施三玉環。朱韈，赤舄，舄加金飾。祀圓丘、方澤、感帝、明堂、五郊、雩、蜡、封禪、朝日、夕月、宗廟、社稷、籍田、廟遣上將、征還飲至、元服、納后、正月受朝及臨軒拜王公，則服之。通天冠，加金博山，附蟬，十二首，施珠翠，黑介幘，玉簪導。絳紗袍，深衣制，白紗内單，皁領、褾、襈、裾，絳紗蔽膝，白假帶，方心曲領。其革帶、劍、佩、綬、舄，與上同。若未加元服，則雙童髻，空頂黑介幘，雙玉導，加寶飾。朔日受朝、元會及冬會、諸祭還，則服之。武弁，金附蟬，平巾幘，餘服具服。講武、出征、四時蒐狩、大射、禡、類、宜社、賞祖、罰社、纂嚴，則服之。黑介幘，白紗單衣，烏皮履，拜陵則服之。白紗帽，白練裙襦，烏皮履，視朝、聽訟及宴見賓客，皆服之。白帢，白紗單衣，烏皮履，舉哀則服之。

【略】

皇帝臨臣之喪，三品已上，服錫衰；五等諸侯，緦衰；四品已下，疑衰。

皇太子衮冕，垂白珠九旒，青纊充耳，犀笄。玄衣，纁裳。衣，山、龍、華蟲、火、宗彝五章；裳，藻、粉米、黼、黻四章。織成爲之。白紗内單，黼領，青褾、襈、裾。革帶，金鉤艓，大帶，素帶不朱裏，亦紕以朱緑。韍隨裳色，火、山二章。玉具劍，火珠鏢首。瑜玉雙佩，朱組。雙大綬，四采，赤白縹紺，純朱質，長一丈八尺，三百二十首，廣九寸；小雙綬，長二尺六寸，色同大綬，而首半之，間施二玉環。朱韈，赤舄，以金飾。侍從皇帝祭祀及謁廟、元服、納妃，則服之。

遠遊三梁冠，加金附蟬，九首，施珠翠，黑介幘，纓翠緌，犀簪導。絳紗袍，白紗内單，皁領、褾、襈、裾，白假帶，方心曲領，絳紗蔽膝，韈，舄。其革帶、劍、佩、綬與上同。未冠則雙童髻，空頂黑介幘，雙玉導，加寶飾。謁廟、還宫、元日朔日入朝、釋奠，則服之。

遠遊冠，公服，絳紗單衣，革帶，金鉤艓，假帶，方心。紛長六尺四寸，廣二寸四分，色同其綬。金縷鞶囊，韈，履。五日常朝，則服之。

白帢，單衣，烏皮履，爲宫臣舉哀，則服之。

皇太子臨弔三師、三少，則錫衰；宫臣四品已上，緦衰；五品已下，疑衰。

衮冕，青珠九旒，以組爲纓，色如其綬。自此已下，纓皆如之。服九章，同皇太子。王、國公、開國公初受册，執贄，入朝，祭，親迎，則服之。三公助祭者亦服之。

鷩冕，侯八旒，伯七旒。服七章。衣，華蟲、火、宗彝三章；裳，藻、粉、米、黼黻四章。八旒者，重宗彝。侯、伯初受册，執贄，入朝，祭，親迎，則服之。

毳冕，子六旒，男五旒。服五章。衣，宗彝、藻、粉米三章，裳黼、黻二章。六旒者裳重黻。子、男初受册，執贄，入朝，祭，親迎，則服之。

絺冕，三品七旒，四品六旒，五品五旒。服三章。七旒者，衣粉米一章爲三重，裳黼、黻二章各二重。六旒者，減黼一重。五旒，又減黻一重。正三品已下，從五品已上，助祭則服之。

自王公已下服章，皆繡爲之。祭服冕，皆簪導，青纊充耳。玄衣，纁裳，白紗内單，黼領，絺冕已下，内單青領。青褾、襈、裾。革帶，鉤艓，大帶，王、三公及公、侯、伯、子、男，素帶，不朱裏，皆紕其外，上以朱，下以緑。正三品已下，從五品已上，素帶，紕其垂，外以玄，内以黄。紐約皆用青組。朱韍，凡韍皆隨裳色，衮、鷩毳，火、山二章。絺，山一章。劍，佩，綬，韈，赤舄。

爵弁，玄纓無旒，從九品已上，助祭，則服之。其制服簪導，玄衣、纁裳無章，白絹内單，青領、褾、襈、裾，革帶，大帶，練帶紕其垂，内外以緇。紐約用青組。爵韠，韈，赤履。

武弁，平巾幘，諸武職及侍臣通服之。侍臣加金璫附蟬，以貂爲飾，侍左者左珥，右者右珥。

進賢冠，黑介幘，文官服之。從三品已上三梁，從五品已上兩梁，流内九品已上一梁。

遠遊三梁冠，黑介幘，諸王服之。

法冠，一名獬豸冠，鐵爲柱，其上施珠兩枚，爲獬豸角形。法官服之。

高山冠，謁者服之。

却非冠，門者及禁防伺非服之。

黑介幘，平巾黑幘，應服者，並上下通服之。庖人則緑幘。

白帢，白紗單衣，烏皮履，上下通服之。

委貌冠，未冠則雙童髻，空頂黑介幘，皆深衣，青領，烏皮履。國子太學四門生服之。

朝服，亦名具服。冠，幘，簪導，白筆，絳紗單衣，白紗内單，皁領、袖，皁襈，革帶，鉤艓，假帶，曲領方心，絳紗蔽膝，韈，舄，綬，劍，佩。從五品已上，陪祭、朝饗，拜表，凡大事則服之。六品已下，從七品已上，去劍、佩、綬，餘並同。

自餘公事，皆從公服。亦名從省服。冠，幘，簪導，絳紗單衣，革帶，鉤艓，假帶，方心，韈，履，紛，鞶囊。從五品已上服之。

絳褠衣公服，褠衣即單衣之不垂胡也。袖狹，形直如褠内。餘同從省。流外五品已下、九品已上服之。

【略】

年高致仕及以理去官，被召謁見，皆服前官從省服。州郡秀孝，試見之日，皆假進賢一梁冠，絳公服。

隱居道素之士，被召入謁見者，黑介幘，白單衣，革帶，烏皮履。

左右衛、左右武衛、左右武候大將軍、領左右大將軍，並武弁，絳朝服，劍，佩，綬。侍從則平巾幘，紫衫，大口袴褶，金玳瑁裝兩襠甲。唯左右武衛大將軍執赤檉杖。左右衛、左右武衛、左右武候將軍、領左右將軍、左右監門衛將軍、太子左右衛、左右宗衛、左右内等率、左右監門郎將及諸副率，並武弁，絳朝服，劍，佩，綬。侍從則平巾幘，紫衫，大口袴，金裝兩襠甲。唯左右武衛將軍、太子左右宗衛率，執白檀杖。

直閤將軍、直寢、直齋、太子直閤，武弁，絳朝服，劍，佩，綬。侍從則平巾幘，絳衫，大口袴褶，銀裝兩襠甲。

皇后首飾，花十二樹。皇太子妃，公主，王妃，三師、三公及公夫人，一品命婦，並九樹。侯夫人，二品命婦，並八樹。伯夫人，三品命婦，並七樹。子夫人，世婦及皇太子昭訓，四品已上官命婦，並六樹。男夫人，五品命婦，五樹。女御及皇太子良娣，三樹。自皇后已下，小花並如大花之數，並兩博鬢也。

皇后褘衣，深青織成爲之。爲翬翟之形，素質，五色，十二等。青紗内單，黼領，羅縠褾，襈，蔽膝，隨裳色，用翟爲章，三等。大帶，隨衣色，朱裏，紕其外，上以朱錦，下以緑錦。紐約用青組。以青衣，革帶，青韈，舄，舄加金飾。白玉佩，玄組，綬。章采尺寸，與乘輿同。祭及朝會，凡大事則服之。

鞠衣，黄羅爲之。應服者皆同。其蔽膝、大帶及衣、革帶，舄，隨衣色。餘與褘衣同，唯無雉。親蠶則服之。應服者皆以助祭。

青衣，青羅爲之，制與鞠衣同。去花、大帶及佩綬。以禮見皇帝，則服之。

朱衣，緋羅爲之，制如青衣。宴見賓客則服之。

皇太后服與皇后同。皇太后璽，不行用，若封令書，則用宫官之印。【略】

皇太子妃褕翟，青織成爲之。爲摇翟之形，青質，五色，九等。青紗内單，黼領，羅縠褾，襈，蔽膝，隨衣色，以摇翟爲章，三等。大帶，隨衣色，下朱裏，紕其外，上以朱錦，下以緑錦。紐約用青組。以青衣，革帶，青韈，舄，舄加金飾。瑜玉佩，純朱綬。章采尺寸，與皇太子同。助祭朝會，凡大事則服之。亦有鞠衣。【略】

公主，王妃，三師、三公及公侯伯夫人，服褕翟。繡爲之。公主，王妃，三師三公及公夫人爲九等，侯夫人八等，伯夫人七等。助祭朝會，凡大事則服之。亦有鞠衣。

子、男夫人，服闕翟。緋羅爲之。刻赤繒爲翟形，不繡，綴於服上。子夫人六等，男夫人五等。助祭朝會，凡大事則服之。亦有鞠衣。

諸王、公、侯、伯、子、男之母，與妃、夫人同。其郡縣君，各視其夫及子。若郡縣君品高及無夫、子者，準品。

嬪及從三品已上官命婦，青服。制與褕翟同，青羅爲之，唯無雉。助祭朝會，凡大事則服之。亦有鞠衣。

世婦及皇太子昭訓，從五品已上官命婦，服青服。助祭從蠶朝會，凡大事則服之。

女御及皇太子良娣，朱服。制與青服同，去佩綬。助祭從蠶朝會，凡大事則服之。

六尚，朱絲布公服。助祭從蠶朝會，凡大事則服之。

六司、六典及皇太子三司、三典、三掌，青紗公服。助祭從蠶朝會，凡大事則服之。

定令訖。

高祖元正朝會，方御通天服，郊丘宗廟，盡用龍衮衣，大裘毳襦，皆未能備。至平陳，得其器物，衣冠法服，始依禮具。然皆藏御府，弗服用焉。百官常服，同於匹庶，皆著黄袍，出入殿省。高祖朝服亦如之，唯帶加十三環，以爲差異。蓋取於便事。及大業元年，煬帝始詔吏部尚書牛弘、工部尚書宇文愷、兼内史侍郎虞世基、給事郎許善心、儀曹郎袁朗等，憲章古制，創造衣冠，自天子逮于胥皁，服章皆有等差。若先所有者，則因循取用，弘等議定乘輿服，合八等焉。

大裘冕之制，案《周禮》，大裘之冕，無旒。《三禮衣服圖》：「大裘而冕，王祀昊天上帝及五帝之服。」至秦，除六冕，唯留玄冕。漢明帝永平中，方始創制。董巴志云：「漢六冕同制，皆闊七寸，長尺二寸，前圓後方。」於是遂依此爲大裘冕制，青表，朱裏，不施旒纊，不通於下。其大裘之服，案《周官》注「羔裘也」。其制，準《禮圖》以羔正黑者爲之，取同色繒以爲領袖。其裳用纁，而無章飾，絳韍，赤舄。祀圓丘、感帝、封禪、五郊、明堂、雩、蜡，皆服之。

衮冕之制，案《禮玉藻》「十有二旒」。《大戴禮》云：「冕而加旒，以蔽明也，琇纊塞耳，以蔽聰也。」又《禮含文嘉》：「前後邃延，不視邪也，加以黈纊，不聽讒也。」三王之冕，既不通制，故夫子云：「行夏之時，服周之冕。」今以采綖貫珠，爲旒十二。邃延者，出冕前後而下垂之，旒齊於膊，纊齊於耳，組爲纓，玉笄導。其爲服之制，案《釋名》云「衮，卷也」，謂畫龍於上也。是時虞世基奏曰：

後周故事，升日月於旌旗，乃闕三辰，而章無十二。但有山、龍、華蟲作繪，宗彝、藻、火、粉米、黼、黻，乃與三公不異。開皇中，就裏欲生分别，故衣重宗彝，裳重黼黻，合重二物，以就九章，爲十二等。但每一物，上下重行。衮服用九，鷩服用七，今重此三物，乃非典故。且周氏執謙，不敢負於日月，所以綴此三象，唯施太常，天王衮衣，章乃從九。但天子譬日，德在照臨，辰爲帝位，月主正后，負此三物，合德齊明，自古有之，理應無惑。周執謙道，殊未可依，重用宗彝，又乖法服。

今準《尚書》：「予欲觀古人之服，日、月、星辰、山、龍、華蟲作會，宗彝、藻、火、粉米、黼黻絺繡。」具依此，於左右膊上爲日月各一，當後領下而爲星辰，又山、龍九物，各重行十二。又近代故實，依《尚書大傳》：「山龍純青，華蟲純黄，作會；宗彝純黑，藻純白，火純赤。」以此相間，而爲五采。鄭玄議已自非之，云：「五采相錯，非一色也。」今並用織成於繡，五色錯文。準孔安國，衣質以玄，加山、龍、華蟲、火、宗彝等，並織成爲五物；裳質以纁，加藻、粉米、黼、黻之四。衣裳通數，此爲九章，兼上三辰，而備十二也。衣褾、領上各帖升龍，漢、晉以來，率皆如此。既是先王法服，不可乖於夏制，徵而用之，理將爲允。

墨敕曰：「可。」承以單衣。又案董巴《輿服志》宗廟冕服云：「絳領、袖爲内單衣。」又《車服雜記》曰：「天子釋奠、郊祭而單衣，以絳緣。」今用白紗爲内單，黼領，絳褾，青裾及襈。革帶，玉鉤鰈，大帶朱裏，紕其外。紐約用組，上加朱韍。又案《説文》：「韠，韍也。所以蔽前。」《禮記》曰：「有虞氏韍，夏后氏山，殷火，周龍章。」鄭玄曰：「冕之韍也，舜始作之，以尊祭服。禹、湯至周，增以文飾。」《禮記》曰：「君朱韠。」鄭曰：「韠象裳色。」今依《白武通》注，以蔽裳前，上闊一尺，象天數也；下闊二尺，象地數也；長三尺，象三才也；加龍章山火，以備三代之法也。於是制衮冕之服，玄衣，纁裳，合九章爲十二等。白紗内單，黼領，青褾，襈。革帶玉鉤鰈，大帶，韍，鹿盧玉具劍，火珠鏢首，白玉雙佩，玄組，大、小綬。朱韈，赤舄，舄飾以金。宗廟、社稷、籍田、方澤、朝日、夕月、遣將授律、征還飲至、加元服、納后、正冬受朝、臨軒拜爵，皆服之。

通天冠之制，案董巴志：「冠高九寸，形正豎，頂少邪却，後乃直下爲鐵卷梁，前有高山。」故《禮圖》或謂之高山冠也。《晉起居注》，成帝咸和五年，制詔殿内曰：「平天、通天冠，並不能佳，可更修理之。」雖在《禮》無文，故知天子所冠，其來久矣。又徐氏《輿服注》曰：「通天冠，高九寸，黑介幘，金博山。」徐爰亦曰：「博山附蟬，謂之金顔。」今制依此，不通於下，獨天子元會臨軒服之。其服絳紗袍，深衣制，白紗内單，皁領、褾、裾、襈，絳紗蔽膝，白假帶，方心曲領。其劍、佩、綬、舄、革帶，皆與上同。元冬饗會、諸祭還，則服之。四時視朔，則内單、領、襈，各隨其方色。唯秋方色白，以緑代之。

遠遊冠之制，案《漢雜事》曰：「太子諸王服之。」故《淮南子》曰：「楚莊王冠通梁，組纓。」注云：「通梁，遠遊也。」晉令：「皇太子諸王，給遠遊冠。」徐氏《雜注》曰：「天子雜服，遠遊五梁。太子諸王三梁。」董巴志曰：「制如通天，有展筩，横之幘上。」今制依此，天子加金博山，九首，施珠翠，黑介幘，金緣，以承之。翠緌纓，犀簪導。太子親王加金附蟬，宗室王去附蟬，並不通於庶姓。其乘輿遠遊冠服，白紗單衣，承以裙襦，烏皮履。拜山陵則服之。

武弁之制，案徐爰《宋志》，謂籠冠是也。《禮圖》曰：「武士服之。」董巴《輿服志》云：「諸常侍、内常侍，加黄金附蟬，貂尾，謂之惠文冠。」今制，天子金博山，三公已上玉冠枝，四品已上金枝。侍臣加附蟬，毦豐貂，文官七品已上毦白筆，八品已下及武官，皆不毦筆。其乘輿武弁之服，衣、裳、綬如通天之服。講武、出征、四時蒐狩、大射、禡、類、宜社、賞祖、罰社、纂嚴，皆服之。

弁之制，案《五經通義》：「高五寸，前後玉飾。」《詩》云：「瑲弁如星。」董巴曰：「以鹿皮爲之。」《尚書·顧命》：「四人綦弁，執戈。」故知自天子至于執戈，通貴賤矣。《魏臺訪議》曰：「天子以五采玉珠十二飾之。」今參準此，通用烏漆紗而爲之。天子十二琪，皇太子及一品九琪，二品八琪，三品七琪，四品六琪，五品五琪，六品已下無琪。唯文官服之，不通武職。案《禮圖》，有結纓而無笄導。少府少監何稠，請施象牙簪導。詔許之。弁加簪導，自兹始也。乘輿鹿皮弁服，緋大襦，白羅裙，金烏皮履，革帶，小綬長二尺六寸，色同大綬，而首半之，間施三玉環，白玉佩一隻。視朝聽訟則服之。凡弁服，自天子已下，内外九品已上，弁皆以烏爲質，並衣袴褶。五品已上以紫，六品已下以絳。宿衛及在仗内，加兩襠，螣蛇絳褠衣，連裳。典謁贊引，流外冗吏，通服之，以縵。後制鹿皮弁，以賜近臣。

帽，古野人之服也。董巴云：「上古穴居野處，衣毛帽皮。」以此而言，不施衣冠，明矣。案宋、齊之間，天子宴私，著白高帽，士庶以烏，其制不定。或有卷荷，或有下裙，或有紗高屋，或有烏紗長耳。後周之時，咸著突騎帽，如今胡帽，垂裙覆帶，蓋索髮之遺象也。又文帝項有瘤疾，不欲人見，每常著焉。相魏之時，著而謁帝，故後周一代，將爲雅服，小朝公宴，咸許戴之。開皇初，高祖常著烏紗帽，自朝貴已下，至于冗吏，通著入朝。今復制白紗高屋帽，其服，練裙襦，烏皮履。宴接賓客則服之。

白帢，案《傅子》：「魏太祖以天下凶荒，資財乏匱，擬古皮弁，裁縑帛以爲之。」蓋自魏始也。梁令，天子爲朝臣等舉哀則服之。今亦準此。其服，白紗單衣，承以裙襦，烏皮履。舉哀臨喪則服之。

幘，案董巴云：「起於秦人，施於武將，初爲絳袙，以表貴賤焉。至漢孝文時，乃加以高顔。」孝元帝額有壯髮，不欲人見，乃始進幘。又董偃召見，緑幘傅韝。《東觀記》云：「詔賜段熲赤幘大冠一具。」故知自上已下，至于皁隸，及將帥等，皆通服之。今天子畋獵御戎，文官出遊田里，武官自一品已下，至于九品，并流外吏色，皆同烏。厨人以緑，卒及馭人以赤，舉輦人以黄。駕五輅人，逐其車色。承遠遊、進賢者，施以掌導，謂之介幘。承武弁者，施以笄導，謂之平巾。其乘輿黑介幘之服，紫羅褶，南布袴，玉梁帶，紫絲鞋，長靿靴。畋獵豫遊則服之。

皇太子服六等，衮冕九旒，朱組纓，青纊琉耳，犀簪導。紺衣，纁裳，去日月星辰爲九章。白紗内單，黼黻領，青襟、襈、裾。革帶，金鉤鰈，大帶，韍二章，玉具劍。侍從祭祀，及謁廟，加元服，納妃，則服之。據晉咸寧四年故事，衣色用玄，改用紺。舊章用織成，降以繡。玉具劍，故事以火珠鏢首，改以白珠。開皇中，皇太子冕同天子，貫白珠。及仁壽元年，煬帝爲太子，以白珠太逼，表請從青珠。於是太子衮冕，與三公王等，皆青珠九旒。旒短不及髆，降天子二寸。

遠遊冠，金附蟬，加寶飾珠翠，九首，珠纓翠緌，犀簪導。絳紗袍，白紗内單，皁領，褾，襈，裾。白假帶，方心曲領，絳紗蔽膝。韈，舄，革帶，劍，佩，綬同衮冕。未冠則雙童髻，空頂黑介幘，雙玉導，加寶飾珠翠，二首。謁廟還，元日、朔旦入朝，釋奠，則服之。

始後周采用《周禮》，皇太子朝賀，皆衮冕九章服。開皇初，自非助祭，皆冠遠遊冠。至此，牛弘奏云：「皇太子冬正大朝，請服衮冕。」帝問給事郎許善心曰：「太子朝謁，著遠遊冠，有何典故？」對曰：「晉令皇太子給五時朝服、遠遊冠。至宋泰始六年，更議儀注，儀曹郎丘仲起議：『案《周禮》，公自衮冕已下，至卿大夫之玄冕，皆其朝聘之服也。伏尋古之公侯，尚得服衮，以入朝見，況皇太子儲副之尊，謂宜式遵盛典，服衮朝賀。』兼左丞陸澄議：『服冕以朝，實著經典，自秦除六冕之制，後漢始備古章。魏、晉以來，非祀宗廟，不欲令臣下服於衮冕，位爲公者，必加侍官，故太子入朝，因亦不著。但承天作副，禮絶羣后，宜遵前王之令典，革近代之陋制，皇太子朝，請服冕。』自宋以下，始定此儀。至梁簡文之爲太子，嫌於上逼，還冠遠遊，下及於陳，皆依此法。後周之時，亦言服衮入朝。至于開皇，復遵魏、晉故事。臣謂衮冕之服，章玉雖差，一日而觀，頗欲相類。臣子之道，義無上逼。故晉武帝太始三年，詔太宰安平王孚著侍内之服，四年，又賜趙、燕、樂安王等散騎常侍之服。自斯以後，台鼎貴臣，並加貂璫武弁，故皇太子遂著遠遊，謙不逼尊，於理爲允。」帝曰：「善。」竟用開皇舊式。

遠遊三梁冠，從省服，絳紗單衣，革帶，金鉤鰈，假帶，方心，佩一隻，紛長六尺四寸，闊二寸四分，色同於綬。金縷鞶囊，白韈，烏皮履，金飾。五日常朝則服之。

鹿皮弁，九琪，服絳羅襦，白羅裙，革帶，履，韈，佩，紛，如從省服。在宮聽政則服之。

平巾，黑幘，玉冠枝，金花飾，犀簪導，紫羅褶，南布袴，玉梁帶，長靿靴。侍從田狩則服之。

白帢，素單衣，烏皮履。爲宮臣舉哀弔喪則服之。

諸王三公已下，爲服之制，袞冕九章服。三公攝祭及諸王初受册、贄、入朝、助祭、親迎，則服之。綬各依其色。

鷩冕，案《禮圖》：「王祭先公及卿之服。」天子九旒，用玉二百一十六。侯伯服以助祭，七旒，用玉八十。新制依此。服七章。三品及公侯助祭則服之。

毳冕，案《禮圖》：「王祀四望山川之服。」天子七旒，用玉百六十八。子男服以助祭，五旒，用玉五十。新制依此。服五章。四品及伯助祭則服之。

絺冕，案《禮圖》：「王者祭社稷五祀之服。」天子五旒，用玉百二十。孤卿服以助祭，四旒，用玉三十二。新制依此。服三章。五品及子男助祭則服之。

玄冕，案《禮圖》：「王祭羣小祀及視朝服。」天子四旒，用玉三十二。諸侯服以祭其宗廟，三旒，用玉十八。新制依此。服三章。通給庶姓。一品已下，五品已上，自製于家，祭其私廟。三品省衣粉米，加三重；裳黼黻，加二重。四品減黼一重，五品減黻一重。禮自玄冕以上，加旒一等，天子祭祀，節級服之。

開皇以來，天子唯用袞冕，自鷩之下，不施於尊，具依前式。而六等之冕，皆有黈纊，黄緜爲之，其大如橘。自皇太子以下，三犀導，青纓爵弁。案董巴志：「同於爵形，一名冕，有收持笄，所謂夏收、殷冔者也。」祠天地、五郊、明堂，《雲翹》舞人服之。《禮》云：「朱干玉戚，冕而舞《大夏》。」此之謂也。《禮圖》云：「士助君祭服之，色如爵頭，無旒有纊。」新制依此。角爲簪導，衣青，裳纁，並縵，無章。六品已下，皆通服之。

遠遊冠服，王所服也。衣裳内單。如皇太子，佩山玄玉，金章龜鈕。宋孝建故事亦謂之璽，今文曰「印」。又並歸於官府，身不自佩，例以銅易之。大綬四采，小綬同色，施二玉環，玉具劍，烏皮舄，舄加金飾。唯帝子宗室封國王者服之。

進賢冠，案《漢官》云：「平帝元始五年，令公卿列侯冠三梁，二千石兩梁，千石以下一梁。」梁別貴賤，自漢始也。董巴釋曰：「如緇布冠，文儒之服也。」前高七寸而却，後高三寸而立。王莽之時，以幘承之。新制依此。内外文官通服之。三品已上三梁，五品已上兩梁，九品已上一梁，用明尊卑之等也。其朝服，亦名具服。絳紗單衣，白紗内單，玄領，裾，襈，袖，革帶，金鉤鰈，假帶，曲領方心，絳紗蔽膝，白韈，烏皮舄。雙佩，綬，如遠遊之色。自一品已下，五品已上，衣服盡同，而綬依其品。陪祭朝饗拜表，凡大事皆服之。六品、七品，去劍、佩、綬。八品、九品，去白筆、内單，而用履代舄。其五品已上，一品已下，又有公服，亦名從省服。並烏皮履，去曲領、内單，白筆，蔽膝。開皇故事，亦去鞶囊、佩、綬。何稠請去大綬，而偏垂一小綬，綴於獸頭鞶囊，獨一隻佩，正當於後。詔從之。一品已下，五品已上，同。

高山冠，案董巴志云：「一曰側注，謁者僕射之所服也。」胡伯始以爲齊王冠，秦滅齊，以賜謁者。《傅子》曰：「魏明帝以高山冠似通天，乃毀變其形，除去卷筩，令如介幘。幘上加物，以象山峯，行人使者，通皆服之。」新制參用其事，形如進賢，於冠前加三峯，以象魏制。謁者大夫已下服之。梁依其品。

獬豸冠，案《禮圖》曰：「法冠也，一曰柱後惠文。」如淳注《漢官》曰：「惠，蟬也，細如蟬翼。」今御史服之。《禮圖》又曰：「獬豸冠，高五寸，秦制也。法官服之。」董巴志曰：「獬豸，神羊也。」蔡邕云：「如麟，一角。」應劭曰：「古有此獸，主觸不直，故執憲者，爲冠以象之。秦滅楚，以其冠賜御史。」此即是也。開皇中，御史戴却非冠，而無此色。新制又以此而代却非。御史大夫以金，治書侍御史以犀，侍御史已下，用羚羊角，獨御史、司隸服之。【略】

皇后服四等，有褘衣、鞠衣、青服、朱服。

褘衣，深青質，織成領袖，文以翬翟，五采重行，十二等。首飾花十二鈿，小花毦十二樹，并兩博鬢。素紗内單，黼領，羅縠褾、襈，色皆以朱。蔽膝隨裳色，以緅爲緣，用翟三章。大帶隨衣裳，飾以朱緑之錦，青緣。革帶，青韈，舄，舄以金飾。白玉佩，玄組，綬，章采尺寸同於乘輿。祭及朝會，凡大事皆服之。

鞠衣，黄羅爲質，織成領袖，小花十二樹。蔽膝，革帶及舄，隨衣色。餘準褘衣，親蠶服也。

青服，去花、大帶及佩綬，金飾履。禮見天子則服之。

朱服，制如青服。宴見賓客則服之。【略】

皇太后服，同於后服。而貴妃以下，並亦給印。

貴妃、德妃、淑妃，是爲三妃。服褕翟之衣，首飾花九鈿，并二博鬢。金章龜鈕，文從其職。紫綬，一百二十首，長一丈七尺，金縷織成獸頭鞶囊，佩于闐玉。

順儀、順容、順華、修儀、修容、修華、充儀、充容、充華，是爲九嬪。服闕翟之衣，首飾花八鈿，并二博鬢。金章龜鈕，文從其職。紫綬，一百首，長一丈七尺，金縷織成獸頭鞶囊，佩采璸玉。

婕妤，銀縷織成獸頭鞶囊，首飾花七鈿。他如嬪服。

美人、才人，服鞠衣，首飾花六鈿，并二博鬢。銀印珪鈕，文從其職。青綬，八十首，長一丈六尺。綵縷織成獸爪鞶囊，佩水蒼玉。

寶林，服展衣，首飾花五鈿，并二博鬢。銀印環鈕，文如其職。艾綬，八十首，長一丈六尺。鞶囊，佩玉，同於婕妤。

承衣刀人、采女，皆服褖衣，無印綬。參準宋泰始四年及梁、陳故事，增損用之。

皇太子妃，服褕翟之衣，青質，五采織成爲摇翟，以備九章。首飾花九鈿，并二博鬢。金璽龜鈕，文如其職。素紗内單，黼領，羅褾、襈，色皆用朱，蔽膝二章。大帶，同褘衣，青緑革帶，朱韈，青舄，舄加金飾。佩瑜玉，纁朱綬，一百六十首，長二丈，獸頭鞶囊。凡大禮見皆服之。唯侍親桑，則用鞠衣之服，花鈿佩綬，與褕衣同。準宋孝建二年故事而增損之。

良娣，鞠衣之服，銀印珪鈕，文如其職。佩采璸玉，青綬，八十首，長一丈六尺，獸爪鞶囊。餘同世婦。

保林，八子，展衣之服，銅印環鈕，文如其職。佩水蒼玉，艾綬，八十首，長一丈六尺，獸爪鞶囊。自良娣等，準宋大明六年故事而損益之。

諸王太妃、妃、長公主、公主、三公夫人、一品命婦，褕翟之服，繡爲九章。首飾花九鈿，佩山玄玉，獸頭鞶囊。綬同夫色。

公夫人、縣主、二品命婦，亦服褕翟，繡爲八章。首飾八鈿。侍從親桑，同用鞠衣。自此之下，佩皆水蒼玉。

侯、伯夫人、三品命婦，亦服褕翟，繡爲七章。首飾七鈿。

子夫人、四品命婦，服闕翟之衣，刻赤繒爲翟，綴於服上，以爲六章。首飾六鈿。

男夫人、五品命婦，亦服闕翟之衣，刻繒爲翟，綴於服上，以爲五章。首飾五鈿。若當從侍親桑，皆同鞠衣。

議既定，帝幸修文殿覽之，乃令何稠、起部郎閻毗等造樣上呈。二年總了，始班行焉，軒冕之盛，貫古今矣。

三年正月朔旦，大陳文物。時突厥染干朝見，慕之，請襲冠冕。帝不許。明日，率左光禄大夫、褥但特勤阿史那職御，左光禄大夫、特勤阿史那伊順，右光禄大夫、意利發史蜀胡悉等，並拜表，固請衣冠。帝大悦，謂弘等曰：「昔漢制初成，方知天子之貴。今衣冠大備，足致單于解辮，此乃卿等功也。」弘、愷、善心、世基、何稠、閻毗等賜帛各有差，並事出優厚。

是後師旅務殷，車駕多行幸。百官行從，唯服袴褶，而軍旅間不便。至六年後，詔從駕涉遠者，文武官等皆戎衣。貴賤異等，雜用五色。五品已上，通着紫袍，六品已下，兼用緋緑，胥吏以青，庶人以白，屠商以皁，士卒以黄。

司馬光《資治通鑑》卷一七九《隋文帝開皇二十年》 胡三省注：太子衮冕，垂白珠九旒，青纊充耳，犀笄；玄衣，纁裳。衣，山、龍、華蟲、火、宗彝五章；裳，藻、粉、米、黼、黻四章；織成爲之。白紗内單。黼領青褾，襈裾。革帶，金鉤鰈，大帶，素帶，不朱裏，亦紕以朱緑。韍隨裳色，火、山二章。玉具劍，火珠鏢首，瑜玉雙佩，朱組。雙大綬，四采赤、白、縹、紺，純朱質，長一丈八尺，三百二十首，廣九寸；小雙綬長二尺六寸，色同大綬而首半之，間施二玉環。朱韈，赤舄，以金飾。

《舊唐書》卷五《高宗紀下》 〔上元元年八月〕戊戌，敕文武官三品已上服紫，金玉帶；四品深緋，五品淺緋，並金帶；六品深緑，七品淺緑，並銀帶；八品深青，九品淺青，鍮石帶；庶人服黄，銅鐵帶。一品已下文官，並帶手巾、算袋、刀子、礪石，武官欲帶亦聽之。

《舊唐書》卷二九《音樂志二》 高祖登極之後，享宴因隋舊制，用九部之樂，其後分爲立坐二部。今立部伎有《安樂》、《太平樂》、《破陣樂》、《慶善樂》、《大定樂》、《上元樂》、《聖壽樂》、《光聖樂》，凡八部。

《安樂》者，後周武帝平齊所作也。行列方正，象城郭，周世謂之城舞。舞者八十人，刻木爲面，狗喙獸耳，以金飾之，垂線爲髮，畫猰皮帽，舞蹈姿制，猶作羌胡狀。

《太平樂》，亦謂之五方師子舞。師子鷙獸，出於西南夷天竺、師子等國。綴毛爲之，人居其中，像其俛仰馴狎之容。二人持繩秉拂，爲習弄之狀。五師子各立其方色，百四十人歌《太平樂》，舞以足，持繩者服飾作崑崙象。

《破陣樂》，太宗所造也。太宗爲秦王之時，征伐四方，人間歌謡《秦王破陣樂》之曲。及即位，使吕才協音律，李百藥、虞世南、褚亮、魏徵等製歌辭。百二十人披甲持戟，甲以銀飾之。發揚蹈厲，聲韻慷慨，享宴奏之，天子避位，坐宴者皆興。

《慶善樂》，太宗所造也。太宗生於武功之慶善宫，既貴，宴宫中，賦詩，被以管絃。舞者六十四人，衣紫大袖裙襦，漆髻皮履。舞蹈安徐，以象文德洽而天下安樂也。

《大定樂》，出自《破陣樂》。舞者百四十人，被五彩文甲，持槊。歌和云「八紘同軌樂」，以象平遼東而邊隅大定也。

《上元樂》，高宗所造。舞者百八十人，畫雲衣，備五色，以象元氣，故曰「上元」。

《聖壽樂》，高宗武后所作也。舞者百四十人，金銅冠，五色畫衣。舞之行列必成字，十六變而畢。有「聖超千古，道泰百王，皇帝萬年，寶祚彌昌」字。

《光聖樂》，玄宗所造也。舞者八十人，鳥冠，五綵畫衣，兼以《上元》、《聖壽》之容，以歌王跡所興。

自《破陣舞》以下，皆雷大鼓，雜以龜兹之樂，聲振百里，動蕩山谷。《大定樂》加金鉦，惟《慶善舞》獨用西涼樂，最爲閑雅。《破陣》、《上元》、《慶善》三舞，皆易其衣冠，合之鐘磬，以享郊廟。以《破陣》爲武舞，謂之《七德》；《慶善》爲文舞，謂之《九功》。自武后稱制，毁唐太廟，此禮遂有名而亡實。

《安樂》等八舞，聲樂皆立奏之，樂府謂之立部伎，其餘總謂之坐部伎。則天、中宗之代，大增造坐立諸舞，尋以廢寢。

坐部伎有《讌樂》、《長壽樂》、《天授樂》、《鳥歌萬壽樂》、《龍池樂》、《破陣樂》，凡六部。

《讌樂》，張文收所造也。工人緋綾袍，絲布袴。舞二十人，分爲四部：《景雲樂》，舞八人，花錦袍，五色綾袴，雲冠，烏皮靴；《慶善樂》，舞四人，紫綾袍，大袖，絲布袴，假髻；《破陣樂》，舞四人，緋綾袍，錦衿褾，緋綾褲；《承天樂》，舞四人，紫袍，進德冠，並銅帶。樂用玉磬一架，大方響一架，搊箏一，臥箜篌一，小箜篌一，大琵琶一，大五絃琵琶一，小五絃琵琶一，大笙一，小笙一，大篳篥一，小篳篥一，大簫一，小簫一，正銅拔一，和銅拔一，長笛一，短笛一，楷鼓一，連鼓一，鞉鼓一，桴鼓一，工歌二。此樂惟《景雲舞》僅存，餘並亡。

《長壽樂》，武太后長壽年所造也。舞十有二人，畫衣冠。

《天授樂》，武太后天授年所造也。舞四人，畫衣五采，鳳冠。

《鳥歌萬歲樂》，武太后所造也。武太后時，宫中養鳥能人言，又常稱萬歲，爲樂以象之。舞三人，緋大袖，並畫鸜鵒，冠作鳥像。今案嶺南有鳥，似鸜鵒而稍大，乍視之，不相分辨，籠養久，則能言，無不通，南人謂之吉了，亦云料。開元初，廣州獻之，言音雄重如丈夫，委曲識人情，慧於鸚鵡遠矣，疑即此鳥也。《漢書·武帝本紀》書南越獻馴象、能言鳥。注《漢書》者，皆謂鳥爲鸚鵡。若是鸚鵡，不得不舉其名，而謂之能言鳥。鸚鵡秦、隴尤多，亦不足重。所謂能言鳥，即吉了也。北方常言鸜鵒踰嶺乃能言，傳者誤矣。嶺南甚多鸜鵒，能言者非鸜鵒也。

《龍池樂》，玄宗所作也。玄宗龍潛之時，宅在隆慶坊，宅南坊人所居，變爲池，望氣者亦異焉。故中宗季年，汎舟池中。玄宗正位，以坊爲宫，池水逾大，瀰漫數里，爲此樂以歌其祥也。舞十有二人，人冠飾以芙蓉。

《破陣樂》，玄宗所造也。生於立部伎《破陣樂》。舞四人，金甲冑。

自《長壽樂》已下皆用龜兹樂，舞人皆著靴，惟《龍池》備用雅樂，而無鐘磬，舞人躡履。【略】

當江南之時，《巾舞》、《白紵》、《巴渝》等衣服各異。梁以前舞人並二八，梁舞省之，咸用八人而已。令工人平巾幘，緋袴褶。舞四人，碧輕紗衣，裙襦大袖，畫雲鳳之狀，漆鬟髻，飾以金銅雜花，狀如雀釵，錦履。舞容閑婉，曲有姿態。

【略】

自周、隋已來，管絃雜曲將數百曲，多用西涼樂，鼓舞曲多用龜茲樂，其曲度皆時俗所知也。惟彈琴家猶傳楚、漢舊聲，及《清調》、《瑟調》，蔡邕雜弄，非朝廷郊廟所用，故不載。

《西涼樂》者，後魏平沮渠氏所得也。晉、宋末，中原喪亂，張軌據有河西，苻秦通涼州，旋復隔絶。其樂具有鐘磬，蓋涼人所傳中國舊樂，而雜以羌胡之聲也。魏世共隋咸重之。工人平巾幘，緋褶。白舞一人，方舞四人。白舞今闕。方舞四人，假髻，玉支釵，紫絲布褶，白大口袴，五綵接袖，烏皮靴。【略】

《高麗樂》，工人紫羅帽，飾以鳥羽，黃大袖，紫羅帶，大口袴，赤皮靴，五色絛繩。舞者四人，椎髻於後，以絳抹額，飾以金璫。二人黃裙襦，赤黃袴，極長其袖，烏皮靴，雙雙並立而舞。【略】武太后時尚二十五曲，今惟習一曲，衣服亦寖衰敗，失其本風。

《百濟樂》，中宗之代，工人死散。岐王範爲太常卿，復奏置之，是以音伎多闕。舞二人，紫大袖裙襦，章甫冠，皮履。樂之存者，箏、笛、桃皮篳篥、箜篌、歌。

此二國，東夷之樂也。

《扶南樂》，舞二人，朝霞行纏，赤皮靴。隋世全用《天竺樂》，今其存者，有羯鼓、都曇鼓、毛員鼓、簫、笛、篳篥、銅拔、貝。

《天竺樂》，工人皂絲布頭巾，白練襦，紫綾袴，緋帔。舞二人，辮髮，朝霞袈裟，行纏，碧麻鞋。袈裟，今僧衣是也。樂用銅鼓、羯鼓、毛員鼓、都曇鼓、篳篥、橫笛、鳳首箜篌、琵琶、銅拔、貝。毛員鼓、都曇鼓今亡。

《驃國樂》，貞元中，其王來獻本國樂，凡一十二曲，以樂工三十五人來朝。樂曲皆演釋氏經論之辭。

此三國，南蠻之樂。

高昌樂，舞二人，白襖錦袖，赤皮靴，赤皮帶，紅抹額。樂用答臘鼓一，腰鼓一，雞婁鼓一，羯鼓一，簫二，橫笛二，篳篥二，琵琶二，五絃琵琶二，銅角一，箜篌一。箜篌今亡。

《龜茲樂》，工人皂絲布頭巾，緋絲布袍，錦袖，緋布袴。舞者四人，紅抹額，緋襖，白袴帑，烏皮靴。樂用豎箜篌一，琵琶一，五絃琵琶一，笙一，橫笛一，簫一，篳篥一，毛員鼓一，都曇鼓一，答臘鼓一，腰鼓一，羯鼓一，雞婁鼓一，銅拔一，貝一。毛員鼓今亡。

《疏勒樂》，工人皂絲布頭巾，白絲布袴，錦襟褾。舞二人，白襖，錦袖，赤皮靴，赤皮帶。樂用豎箜篌、琵琶、五絃琵琶、橫笛、簫、篳篥、答臘鼓、腰鼓、羯鼓、雞婁鼓。

《康國樂》，工人皂絲布頭巾，緋絲布袍，錦領。舞二人，緋襖，錦領袖，綠綾渾襠袴，赤皮靴，白袴帑。舞急轉如風，俗謂之胡旋。樂用笛二，正鼓一，和鼓一，銅拔一。

《安國樂》，工人皂絲布頭巾，錦褾領，紫袖袴。舞二人，紫襖，白袴帑，赤皮靴。樂用琵琶、五絃琵琶、豎箜篌、簫、橫笛、篳篥、正鼓、和鼓、銅拔、箜篌。五絃琵琶今亡。

此五國，西戎之樂也。

南蠻、北狄國俗，皆隨髮際斷其髮，今舞者咸用繩圍首，反約髮杪，內於繩下。又有新聲河西至者，號胡音聲，與《龜茲樂》、《散樂》俱爲時重，諸樂咸爲之少寢。

《舊唐書》卷四五《輿服志》 〔隋制〕衣裳有常服、公服、朝服、祭服四等之制。

平巾幘，牛角箄簪，紫衫，白袍，靴，起梁帶。五品已上，金玉鈿飾，用犀爲簪。是爲常服，武官盡服之。六品已下，衫以緋。至於大仗陪立，五品已上及親侍加兩襠縢蛇，其勳侍去兩襠。

弁冠，朱衣裳，素革帶，烏皮履，是爲公服。其弁通用烏漆紗爲之，象牙爲簪導。五品已上，亦以鹿胎爲弁，犀爲簪導者。加玉琪之飾，一品九琪，二品八琪，三品七琪，四品六琪。三品兼有紛，鞶囊，佩於革帶之後，上加玉珮一。鞶囊，二品以上金縷，三品以上銀縷，五品以上綵縷，文官尋常入內及在本司常服之。

親王，遠遊三梁冠，金附蟬，犀簪導，白筆。三師三公、太子三師三少、尚書祕書二省、九寺、四監、太子三寺、諸郡縣關市、親王文學、藩王嗣王、公侯，進賢冠。三品以上三梁，五品以上兩梁，犀簪導。九品以上一梁，牛角簪導。門下、內書、殿內三省，諸衛府，長秋監，太子左右庶子、內坊，諸率，宮門內坊，親王府都尉，府鎮防戍九品以上，散官一品已下，武弁幘。侍中、中書令，加貂蟬，珮紫綬。散官者，白筆。御史，司隸二臺，法冠。一名獬豸冠。謁者臺大夫以下，高山冠。並絳紗單衣，白紗內單，皂領，褾、襈、裾，白練裙襦，絳蔽膝，革帶，金飾鉤韘，方心曲領，紳帶，玉鏢金飾劍，亦通用金鏢，山玄玉佩，綬，襪，烏皮舄。是爲朝服。玉佩，纁朱綬，施二玉環。三品以上綠綬，四品、五品青綬。二品以下去玉環，六品以下去劍，珮，綬。八品以下，冠去白筆，衣省內單及曲領，蔽膝，著烏皮履。五品加紛、鞶囊。其綬纁朱者，用四綵，赤、紅、縹、紺紅，朱質，纁文織，長一丈八尺，二百四十首，闊九寸。綠綬用四綵，綠、紫、黃、朱紅，綠質，長一丈八尺，二百四十首，闊九寸。紫綬用四綵，紫、黃、赤、紅，紫質，長一丈六尺，一百八十首，闊八寸。青綬三綵，白、青、紅，青質，長一丈四尺，一百四十首，闊七寸。

玄衣纁裳冕而旒者，是爲祭服，綬、珮、劍各依朝服之數。其章自七品以下，降二爲差，六品以下無章。

文武之官皆執笏，五品以上，用象牙爲之，六品以下，用竹木。是時，內外羣官，文物有序，僕御清道，車服以庸。於是貴賤士庶，較然殊異。越王侗於東都嗣位，下詔停廢。自茲以後，浸以不章，以至於亡。

【略】

唐制，天子衣服，有大裘之冕、衮冕、鷩冕、毳冕、繡冕、玄冕、通天冠、武弁、黑介幘、白紗帽、平巾幘、白帢，凡十二等。

大裘冕，無旒，廣八寸，長一尺六寸，玄表纁裏，已下廣狹准此。金飾，玉簪導，以組爲纓，色如其綬。裘以黑羔皮爲之，玄領、褾、襟緣。朱裳，白紗中單，皁領，青褾、襈、裾。革帶，玉鈎䚢，大帶，素帶朱裏，紕其外，上以朱，下以緑，紐用組也。蔽膝隨裳。鹿盧玉具劍，火珠鏢首。白玉雙珮，玄組雙大綬，六綵，玄、黄、赤、白、縹、緑，純玄質，長二丈四尺，五百首，廣一尺。小雙綬長二尺一寸，色同大綬而首半之，間施三玉環。朱襪，赤舄。祀天神地祇則服之。

衮冕，金飾，垂白珠十二旒，以組爲纓，色如其綬，黈纊充耳，玉簪導。玄衣，纁裳，十二章，八章在衣，日、月、星、龍、山、華蟲、火、宗彝；四章在裳，藻、粉米、黼、黻。衣褾、領爲升龍，織成爲之也。各爲六等，龍、山以下，每章一行，十二。白紗中單，黼領，青褾、襈、裾，黻。繡龍、山、火三章，餘同上。革帶、大帶、劍、珮、綬與上同。舄加金飾。諸祭祀及廟，遣上將、征還、飲至、踐阼、加元服、納后、若元日受朝，則服之。

鷩冕，服七章，三章在衣，華蟲、火、宗彝；四章在裳，藻、粉米、黼、黻。餘同衮冕，有事遠主則服之。

毳冕，服五章，三章在衣，宗彝、藻、粉米；二章在裳，黼、黻也。餘同鷩冕，祭海岳則服之。

繡冕，服三章，一章在衣，粉米；二章在裳，黼、黻。餘同毳冕，祭社稷、帝社則服之。

玄冕服，衣無章，裳刺黼一章。餘同繡冕，蜡祭百神，朝日夕月則服之。

通天冠，加金博山，附蟬十二首，施珠翠，黑介幘，髮纓翠緌，玉若犀簪導。絳紗袍，白紗中單，領，褾，飾以織成。朱襈，裾，白裙，白裙襦，亦裙衫也。絳紗蔽膝，白假帶，方心曲領。其革帶、珮、劍、綬、襪、舄與上同。若未加元服，則雙童髻，空頂黑介幘，雙玉導，加寶飾。諸祭還及冬至朔日受朝、臨軒拜王公、元會、冬會則服之。

武弁，金附蟬，平巾幘，餘同前服。講武、出征、四時蒐狩、大射、禡、類、宜社、賞祖、罰社、纂嚴則服之。

弁服，弁以鹿皮爲也。十有二琪，琪以白玉珠爲之。玉簪導，絳紗衣，素裳，革帶，白玉雙珮，鞶囊，小綬，白襪，烏皮履，朔日受朝則服之。

黑介幘，白紗單衣，白裙襦，革帶，素襪，烏皮履，拜陵則服之。

白紗帽，亦烏紗也。白裙襦，亦裙衫也。白襪烏皮履，視朝聽訟及宴見賓客則服之。

平巾幘，金寶飾。導簪冠文皆以玉，紫褶，亦白褶。白袴，玉具裝，真珠寶鈿帶，乘馬則服之。

白帢，臨大臣喪則服之。

太宗又制翼善冠，朔望視朝，以常服及帛練裙襦通著之。若服袴褶，又與平巾幘通用。著於令。

其常服，赤黄袍衫，折上頭巾，九環帶，六合靴，皆起自魏、周，便於戎事。自貞觀已後，非元日冬至受朝及大祭祀，皆常服而已。

顯慶元年九月，太尉長孫無忌與修禮官等奏曰：

准武德初撰《衣服令》，天子祀天地，服大裘冕，無旒。臣無忌、志寧、敬宗等謹按《郊特牲》云：「周之始郊，日以至。」「被衮以象天，戴冕璪十有二旒，則天數也。」而此二禮，俱說周郊，衮與大裘，事乃有異。按《月令》：「孟冬，天子始裘。」明以禦寒，理非當暑，若啓蟄祈穀，冬至報天，行事服裘，義歸通允。至於季夏迎氣，龍見而雩，炎熾方隆，如何可服？謹尋歷代，唯服衮章，與《郊特牲》義旨相協。按周遷《輿服志》云，漢明帝永平二年，制採《周官》、《禮記》，始制祀天地服，天子備十二章。沈約《宋書志》云：「魏、晉郊天，亦皆服衮。」又王智深《宋紀》曰：「明帝制云，以大冕純玉藻、玄衣、黄裳郊祀天地。」後魏、周、齊，迄于隋氏，勘其禮令，祭服悉同。斯則百王通典，炎涼無妨，復與禮經事無乖舛。今請憲章故實，郊祀天地，皆服衮冕，其大裘請停，仍改禮令。又檢《新禮》，皇帝祭社稷服繡冕，四旒，三章。祭日月服玄冕，三旒，衣無章。謹按令文是四品五品之服，此則三公亞獻，皆服衮衣，孤卿助祭，服毳及鷩，斯乃乘輿章數，同於大夫，君少臣多，殊爲不可。據《周禮》云：「祀昊天上帝則服大裘而冕，五帝亦如之。享先王則衮冕，享先公則鷩冕，祀四望山川則毳冕，祭社稷五祀則絺冕，諸小祀則玄冕。」又云：「公侯伯子男孤卿大夫之服，袞冕以下，皆如王之服。」所以《三禮義宗》，遂有二釋。一云公卿大夫助祭之日，所著之服，降王一等。又云悉與王同。求其折衷，俱未通允。但名位不同，禮亦異數。天子以十二爲節，義在法天，豈有四旒三章，翻爲御服。若諸臣助祭，冕與王同，便是貴賤無分，君臣不別。如其降王一等，則王著玄冕之時，羣臣次服爵弁，既屈天子，又貶公卿。《周禮》此文，久不施用。亦猶祭祀之立尸侑，君親之拜臣子，覆巢設碏蔟之官，去鼃置蟈氏之職，唯施周代，事不通行。是故漢、魏以來，下迄隋代，相承舊事，唯用袞冕。今《新禮》親祭日月，仍服五品之服，臨事施行，極不穩便。請遵歷代故實，諸祭並用袞冕。

制可之。

無忌等又奏曰：「皇帝爲諸臣及五服親舉哀，依禮著素服。今令乃云白帢，禮令乖舛，須歸一塗。且白帢出自近代，事非稽古，雖著令文，不可行用。請改從素服，以會禮文。」制從之。自是鷩冕已下，乘輿更不服之，白帢遂廢，而令文因循，竟不改削。

開元十一年冬，玄宗將有事於南郊，中書令張説又奏稱：「准令，皇帝祭昊天上帝，服大裘之冕，事出《周禮》，取其質也。永徽二年，高宗親享南郊用之。明慶年修禮，改用袞冕，事出《郊特牲》，取其文也。自則天已來用之。若遵古制，則應用大裘，若便於時，則袞冕爲美。」令所司造二冕呈進，上以大裘樸略，冕又無旒，既不可通用於寒暑，乃廢不用之。自是元正朝會依禮令用袞冕及通天冠，大祭祀依《郊特牲》亦用袞冕，自餘諸服，雖在於令文，不復施用。十七年，朝拜五陵，但素服而已。朔望常朝，亦用常服，其翼善冠亦廢。

《武德令》，皇太子衣服，有袞冕、具服遠遊三梁冠、公服遠遊冠、烏紗帽、平巾幘五等。貞觀已後，又加弁服進德冠之制。

袞冕，白珠九旒，以組爲纓，色如其綬，青纊充耳，犀簪導。玄衣，纁裳，九章。五章在衣，龍、山、華蟲、火、宗彝，四章在裳，藻、粉米、黼、黻，織成爲之。白紗中單，黼領，青褾、襈、裾。革帶，金鉤䚢，大帶，素帶朱裏，亦紕以朱緑，皆用組。黻。隨裳色，火、山二章也。玉具劍，金寶飾也。玉鏢首。瑜玉雙珮，朱組雙大綬，四綵，赤、白、縹、紺，純朱質，長一丈八尺，三百二十首，廣九寸。小雙綬長二尺六寸，色同大綬而首半之，施二玉環也。朱襪，赤舄。舄加金飾。侍從皇帝祭祀及謁廟、加元服、納妃則服之。

具服遠遊三梁冠，加金附蟬九首，施珠翠，黑介幘，髮纓翠綏，犀簪導。絳紗袍，白紗中單，皁領、褾、襈、裾，白裙襦，白假帶，方心曲領，絳紗蔽膝。其革帶、劍、珮、綬、襪、舄與上同。後改用白襪、黑舄。未冠則雙童髻，空頂黑介幘，雙玉導，加寶飾。謁廟還宫，元日冬至朔日入朝，釋奠則服之。

公服遠遊冠，簪導以下並同前也。絳紗單衣，白裙襦，革帶，金鉤䚢，假帶，方心，紛，鞶囊，長六尺四寸，廣二寸四分，色同大綬。白襪，烏皮履，五日常服，元日冬至受朝則服之。

烏紗帽，白裙襦，白襪，烏皮履，視事及宴見賓客則服之。

平巾幘，紫褶，白袴，寶鈿起梁帶，乘馬則服之。

弁服，弁以鹿皮爲之。犀簪導，組纓，玉琪九，絳紗衣，素裳，革帶，鞶囊，小綬，雙珮，白襪，烏皮履，朔望及視事則兼服之。

進德冠，九琪，加金飾，其常服及白練裙襦通著之。若服袴褶，則與平巾幘通著。

自永徽已後，唯服袞冕、具服、公服而已。若乘馬袴褶，則著進德冠，自餘並廢。若讌服、常服，紫衫袍與諸王同。

開元二十六年，肅宗升爲皇太子，受册，太常所撰儀注有服絳紗袍之文。太子以爲與皇帝所稱同，上表辭不敢當，請有以易之。玄宗令百官詳議。尚書左丞相裴耀卿、太子太師蕭嵩等奏曰：「謹按《衣服令》，皇太子具服，有遠遊冠，三梁，加金附蟬九首，施珠翠，黑介幘，髮纓綏，犀簪導，絳紗袍，白紗中單，皁領、褾、襈，白裙襦，方心曲領，絳紗蔽膝，革帶，劍，珮，綬等，謁廟還宫、元日冬至朔日入朝、釋奠則服之。其絳紗袍則是冠衣之内一物之數，與裙襦、劍、珮等無別。至於貴賤之差，尊卑之異，則冠爲首飾，名制有殊，并珠旒及裳綵章之數，多少有別，自外不可事事差異。亦有上下通服，名制是同，禮重則具服，禮輕則從省。今以至敬之情，有所未敢，衣服不可減省，稱謂須更變名。望所撰儀注，不以絳紗袍爲稱，但稱爲具服，則尊卑有差，謙光成德。」議奏上，手敕改爲朱明服，下所司行用焉。

《武德令》，侍臣服有袞、鷩、毳、繡、玄冕，及爵弁，遠遊、進賢冠，武弁，獬豸冠，凡十等。

袞冕，垂青珠九旒，以組爲纓，色如其綬，以下旒、纓皆如之也。青纊充耳，簪導。青衣，纁裳，服九章。五章在衣，龍、山、華蟲、火、宗彝，爲五等。四章在裳，藻、粉米、黼、黻。皆絳爲繡，徧衣而已，下皆如之。白紗中單，黼領，繡冕以下，中單青領。青褾、襈、裙。革帶，鉤艓，大帶，三品已上，素帶朱裏，皆紕其外，上以綠。五品帶，紕其垂，外以玄黃。紐皆用青組之。黻。凡黻皆隨裳色。毳冕以上，山、火二章，繡冕山一章，玄冕無章。劍，珮，綬，朱襪，赤舄，第一品服之。

鷩冕，七旒，服七章，三章在衣，華蟲、火、宗彝，四章在裳，藻、粉米、黼、黻也。餘同衮冕，第二品服之。

毳冕，五旒，服五章，三章在衣，宗彝、藻、粉米，二章在裳，黼、黻也。餘同鷩冕，第三品服之。

繡冕，四旒，服三章，一章在衣，粉米，二章在裳，黼、黻。餘並同毳冕，第四品服之。

玄冕，衣無章，裳刺黻一章，餘同繡冕，第五品服之。

爵弁，色同爵，無旒無章。玄纓，簪導，青衣，纁裳，白紗中單，青領，褾、裙，革帶，鉤艓，大帶，練帶，紕其垂，內外以緇，紐約用青組。爵韠，襪，赤履，九品已上服之。

凡冕服，助祭及親迎若私家祭祀皆服之，爵弁亦同。凡冕，制皆以羅爲之，其服以紬。爵弁用紬爲之，其服用繒。【略】

朝服，亦名具服。冠，幘，纓，簪導，絳紗單衣，白紗中單，皁領，褾、裙，白裙襦，亦裙衫也。革帶，鉤艓，假帶，曲領方心，絳紗蔽膝，襪，舄，劍，珮，綬，一品已下，五品以上，陪祭、朝饗、拜表大事則服之。七品已上，去劍、珮、綬，餘並同。

公服，亦名從省服。冠，幘，纓，簪導，絳紗單衣，白裙襦，亦裙衫也。革帶，鉤艓，假帶，方心，襪，履，紛，鞶囊，一品以下，五品以上，謁見東宮及餘公事則服之。其六品以下，去紛、鞶囊，餘並同。【略】

諸文官七品以上朝服者，簪白筆，武官及爵則不簪。諸舄履並烏色，舄重皮底，履單皮底。別注色者，不用此色。

諸勳官及爵任職事官者，散官、散號將軍同職事。正衣本服，自外各從職事服。

諸致仕及以理去官，被召謁見，皆服前官從省服。

平巾幘，簪箄導，冠支，五品以上紫褶，六品以下緋褶，加兩襠縢蛇，並白袴，起梁帶。五品以上，金玉雜鈿。六品以下，金飾隱起。靴，武官及衛官陪立大仗則服之。若文官乘馬，亦通服之，去兩襠縢蛇。諸視品府佐，武弁，平巾幘。國官，進賢一梁冠，黑介幘，簪導。其服各準正品，其流外官，亦依正品流外之例。參朝則服之。若謁見府公，府佐平巾黑幘，國官黑介幘，皆白紗單衣，烏皮履。

諸流外官行署，三品以上黑介幘，絳公服，用緋爲之，制同絳紗單衣。方心，革帶，鉤艓，假帶，襪，烏皮履。九品以上絳褠衣，制同絳公服，袖狹，形直如溝，不垂。去方心，假帶，餘同絳公服。其非行署者，太常寺謁者、卜博士、醫助教、祝史、贊引，鴻臚寺掌儀、諸典書、典學，內侍省內典引，太子門下坊典儀，內坊導客舍人、諸贊者，王公以下舍人，公主謁者等，各準行署，依品服。自外及民任雜掌無官品者，皆平巾幘，緋衫，大口袴，朝集從事則服之。諸典謁，武弁，絳公服。其齋郎，介幘，絳褠衣。自外品子任雜掌者，皆平巾幘，緋衫，大口袴，朝集從事則服之。

黑介幘，簪導，深衣，青褾、領，革帶，烏皮履。未冠則雙童髻，空頂黑介幘，去革帶。國子、太學、四門學生參見則服之。書算學生、州縣學生，則烏紗帽，白裙襦，青領。諸外官拜表受詔皆服。本品無朝服者則服之。其餘公事及初上，並公服。諸州大中正，進賢一梁冠，絳紗公服，若有本品者，依本品參朝服之。諸州縣佐史、鄉正、里正、岳瀆祝史、齋郎，並介幘，絳褠衣。

平巾幘，緋褶，大口袴，紫附褠，尚食局主膳、典膳局典食、太官署食官署掌膳服之。平巾綠幘，青布袴褶，尚食局主膳、典膳局主食、太官署食官署供膳服之。平巾五辮髻，青袴褶，青耳屩，羊車小史服之。總角髻，青袴褶，漏刻生、漏童服之。

龍朔二年九月戊寅，司禮少常伯孫茂道奏稱：「諸臣九章服，君臣冕服，章數雖殊，飾龍名衮，尊卑相亂。望諸臣九章衣以雲及麟代龍，昇山爲上，仍改冕。」當時紛議不定。儀鳳年，太常博士蘇知機又上表，以公卿以下冕服，請別立節文。敕下有司詳議。崇文館學士校書郎楊炯奏議曰：

古者太昊庖犧氏，仰以觀象，俯以察法，造書契而文籍生。次有黃帝軒轅氏，長而敦敏，成而聰明，垂衣裳而天下理。其後數遷五德，君非一姓。體國經野，建邦設都，文質所以再而復，正朔所以三而改。夫改正朔者，謂夏后氏建寅，殷人建丑，周人建子。至於以日繫月，以月繫時，以時繫年，此則三王相襲之道也。夫易服色者，謂夏后氏尚黑，殷人尚白，周人尚赤。至於山、龍、華蟲、宗彝、藻、火、粉米、黼、黻，此又百代可知之道也。謹按《虞書》曰：「予欲觀古人之象，日、月、星辰、山、龍、華蟲作繪，宗彝、藻、火、粉米、黼、黻絺繡。」由此言之，則其所從來者尚矣。

夫日月星辰者，明光照下土也。山者，布散雲雨，象聖王澤沾下人也。

龍者，變化無方，象聖王應機布教也。華蟲者，雉也，身被五采，象聖王體兼文明也。宗彝者，武蜼也，以剛猛制物，象聖王神武定亂也。藻者，逐水上下，象聖王隨代而應也。火者，陶冶烹飪，象聖王至德日新也。米者，人恃以生，象聖王物之所賴也。黼能斷割，象聖王臨事能決也。黻者，兩已相背，象君臣可否相濟也。逮有周氏，乃以日月星辰爲旌旗之飾，又登龍於山，登火於宗彝，於是乎制衮冕以祀先王也。九章者，法於陽數也。以龍爲首章者，衮者卷也，龍德神異，應變潛見，表聖王深沈遠智，卷舒神化也。又制鷩冕以祭先公也，鷩者雉也，有耿介之志，表公有賢才，能守耿介之節也。又制毳冕以祭四望也，四望者，岳瀆之神也。武蜼者，山林所生也，明其象也。制絺冕以祭社稷也，社稷，土穀之神也，粉米由之成也，象其功也。又制玄冕以祭羣小祀也，百神異形，難可偏擬，但取黻之相背異名也。夫以周公之多才也，故化定制禮，功成作樂。夫以孔宣之將聖也，故行夏之時，服周之冕。先王之法服，乃此之自出矣；天下之能事，又於是乎畢矣。

今表狀「請制大明冕十二章，乘輿服之」者。謹按，日月星辰者，已施旌旗矣；龍武山火者，又不踰於古矣。而云麟鳳有四靈之名，玄龜有負圖之應，雲有紀官之號，水有感德之祥，此蓋别表休徵，終是無踰比象。然則皇王受命，天地興符，仰觀則璧合珠連，俯察則銀黄玉紫。盡南宫之粉壁，不足寫其形狀；罄東觀之鉛黄，無以紀其名實。固不可畢陳於法服也。雲也者，從龍之氣也，水也者，藻之自生也，又不假别爲章目也。此蓋不經之甚也。

又「鷩冕八章，三公服之」者。鷩者，太平之瑞也，非三公之德也。鷹鸇者，鷙鳥也，適可以辨祥刑之職也。熊羆者，猛獸也，適可以旌武臣之力也。又稱藻爲水草，無所法象，引張衡賦云「蒂倒茄於藻井，披江葩之狎獵」，謂爲蓮花，取其文采者。夫茄者蓮也，若以蓮花代藻，變古從今，既不知草木之名，亦未達文章之意。此又不經之甚也。

又「毳冕六章，三品服之」者。按此王者祀四望服之名也。今三品乃得同王之毳冕，而三公不得同王之衮名。豈惟顛倒衣裳，抑亦自相矛盾。此又不經之甚也。

又「黼冕四章，五品服之」。考之於古，則無其名；驗之於今，則非章首。此又不經之甚也。

若夫禮惟從俗，則命爲制，令爲詔，乃秦皇之故事，猶可以適於今矣。若乃義取隨時，則出稱警，入稱蹕，乃漢國之舊儀，猶可以行於代矣。亦何取於變周公之軌物，改宣尼之法度者哉！

由是竟寢知機所請。

景龍二年七月，皇太子將親釋奠於國學，有司草儀注，令從臣皆乘馬著衣冠。太子左庶子劉子玄進議曰：

古者自大夫已上皆乘車，而以馬爲騑服。魏、晉已降，迄于隋代，朝士又駕牛車，歷代經史，具有其事，不可一二言也。至如李廣北征，解鞍憩息；馬援南伐，據鞍顧眄。斯則鞍馬之設，行於軍旅，戎服所乘，貴於便習者也。案江左官至尚書郎而輒輕乘馬，則爲御史所彈。又顏延之罷官後，好騎馬出入閭里，當代稱其放誕。此則專車憑軾，可擐朝衣；單馬御鞍，宜從褻服。求之近古，灼然之明驗矣。

自皇家撫運，沿革隨時。至如陵廟巡幸，王公册命，則盛服冠履，乘彼輅車。其士庶有衣冠親迎者，亦時以服箱充馭。在於他事，無復乘車，貴賤所行，通鞍馬而已。臣伏見比者鑾輿出幸，法駕首途，左右侍臣皆以朝服乘馬。夫冠履而出，止可配車而行，今乘車既停，而冠履不易，可謂唯知其一而未知其二。何者？褒衣博帶，革履高冠，本非馬上所施，自是車中之服。必也襪而升鐙，跣以乘鞍，非惟不師古道，亦自取驚今俗，求諸折中，進退無可。且長裙廣袖，襜如翼如，鳴珮紆組，鏘鏘弈弈，馳驟於風塵之内，出入於旌棨之間，儻馬有驚逸，人從顛墜，遂使屬車之右，遺履不收，清道之傍，絓驂相續，固以受嗤行路，有損威儀。

今議者皆云祕閣有《梁武帝南郊圖》，多有衣冠乘馬者，此則近代故事，不得謂無其文。臣案此圖是後人所爲，非當時所撰。且觀當今有古今圖畫者多矣，如張僧繇畫《羣公祖二疎》，而兵士有著芒屩者；閻立本畫《昭君入匈奴》，而婦人有著帷帽者。夫芒屩出於水鄉，非京華所有；帷帽創於隋代，非漢宫所作。議者豈可徵此二畫以爲故實者乎！由斯而言，則《梁武南郊之圖》，義同於此。又傳稱義惟因俗，禮貴緣情。殷輅周冕，規模不一；秦冠漢珮，用舍無恒。況我國家道軼百王，功高萬古，事有不便，資於變通。其乘馬衣冠，竊謂宜從省廢。臣此異議，其來自久，日不暇給，未及摧揚。今屬殿下親從齒胄，將臨國學，凡有衣冠乘馬，皆憚此行，所以輒進狂言，用申鄙見。

皇太子手令付外宣行，仍編入令，以爲恆式。

讌服，蓋古之褻服也，今亦謂之常服。江南則以巾褐裙襦，北朝則雜以戎夷之制。爰至北齊，有長帽短靴，合袴襖子，朱紫玄黄，各任所好。雖謁見君上，出入省寺，若非元正大會，一切通用。高氏諸帝，常服緋袍。隋代帝王貴臣，多服黄文綾袍，烏紗帽，九環帶，烏皮六合靴。百官常服，同於匹庶，皆著黄袍，出入殿省。天子朝服亦如之，惟帶加十三環以爲差異，蓋取於便事。其烏紗帽漸廢，貴賤通服折上巾，其製周武帝建德年所造也。晉公宇文護始命袍加下襴。

及大業元年，煬帝始制詔吏部尚書牛弘、工部尚書宇文愷、兼内史侍郎虞世基、給事郎許善心、儀曹郎袁朗等憲章古則，創造衣冠，自天子逮于胥吏，章服皆有等差。始令五品以上，通服朱紫。是後師旅務殷，車駕多行幸，百官行從，雖服袴褶，而軍間不便。六年，復詔從駕涉遠者，文武官等皆戎衣，貴賤異等，雜用五色。五品已上，通著紫袍，六品已下，兼用緋緑。胥吏以青，庶人以白，屠商以皁，士卒以黄。

武德初，因隋舊制，天子讌服，亦名常服，唯以黄袍及衫，後漸用赤黄，遂禁士庶不得以赤黄爲衣服雜飾。四年八月敕：「三品已上，大科紬綾及羅，其色紫，飾用玉。五品已上，小科紬綾及羅，其色朱，飾用金。六品已上，服絲布，雜小綾，交梭，雙紃，其色黄。六品、七品飾銀。八品、九品鍮石。流外及庶人服紬、絁、布，其色通用黄，飾用銅鐵。」五品已上執象笏。三品已下前挫後直，五品已上前挫後屈。自有唐已來，一例上圓下方，曾不分別。六品已下，執竹木爲笏，上挫下方。其折上巾，烏皮六合靴，貴賤通用。

貞觀四年又制，三品已上服紫，五品已下服緋，六品、七品服緑，八品、九品服以青，帶以鍮石。婦人從夫色。雖有令，仍許通著黄。五年八月敕，七品已上，服龜甲雙巨十花綾，其色緑。九品已上，服絲布及雜小綾，其色青。十一月，賜諸衛將軍紫袍，錦爲褾袖。八年五月，太宗初服翼善冠，貴臣服進德冠。

龍朔二年，司禮少常伯孫茂道奏稱：「舊令六品、七品着緑，八品、九品着青，深青亂紫，非卑品所服。望請改八品、九品着碧，朝參之處，聽兼服黄。」從之。總章元年，始一切不許着黄。上元元年八月又制：「一品已下帶手巾、算袋，仍佩刀子、礪石，武官欲帶者聽之。文武三品已上服紫，金玉帶。四品服深緋，五品服淺緋，並金帶。六品服深緑，七品服淺緑，並銀帶。八品服深青，九品服淺青，並鍮石帶。庶人並銅鐵帶。」

文明元年七月甲寅詔：「旗幟皆從金色，飾之以紫，畫以雜文。八品已下舊服者，並改以碧。京文官五品已上，六品已下，七品清官，每日入朝，常服袴褶。諸州縣長官在公衙，亦准此。」

景雲中又制，令依上元故事，一品已下帶手巾、算袋，其刀子、礪石等許不佩。武官五品已上佩鞊韘七事，七謂佩刀、刀子、礪石、契苾真、噦厥針筒、火石袋等也。至開元初復罷之。

則天天授二年二月，朝集使刺史賜繡袍，各於背上繡成八字銘。長壽三年四月，敕賜岳牧金字銀字銘袍。延載元年五月，則天内出緋紫單羅銘襟背衫，賜文武三品已上。左右監門衛將軍等飾以對師子，左右衛飾以麒麟，左右武威衛飾以對虎，左右豹韜衛飾以豹，左右鷹揚衛飾以鷹，左右玉鈐衛飾以對鶻，左右金吾衛飾以對豸，諸王飾以盤龍及鹿，宰相飾以鳳池，尚書飾以對鴈。【略】

梁制云，袴褶，近代服以從戎，今纘嚴則文武百官咸服之。車駕親戎，則縛袴不舒散也。中官紫褶，外官絳褶，舃用皮。服冠衣朱者，紫衣用赤舃，烏衣用烏舃。唯褶服以靴，靴，胡履也，取便於事，施於戎服。【略】

《武德令》：皇后服有褘衣、鞠衣、鈿釵禮衣三等。

褘衣，首飾花十二樹，并兩博鬢，其衣以深青織成爲之，文爲翬翟之形。素質，五色，十二等。素紗中單，黼領，羅縠褾、襈，褾、襈皆用朱色也。蔽膝，隨裳色，以緅爲領，用翟爲章，三等。大帶，隨衣色，朱裏，紕其外，上以朱錦，下以緑錦，紐約用青組。以青衣，革帶，青襪、舃，舃加金飾。白玉雙珮，玄組雙大綬。章綵尺寸與乘輿同。受册、助祭、朝會諸大事則服之。

鞠衣，黄羅爲之，其蔽膝、大帶及衣革帶、舃隨衣色。餘與褘衣同，唯無雉也。親蠶則服之。

鈿釵禮衣，十二鈿，服通用雜色，制與上同，唯無雉及珮綬，去舃，加履。宴見賓客則服之。

皇太子妃服，首飾花九樹，小花如大花之數，并兩博鬢也。褕翟，青織成爲之，文爲搖翟之形，青質，五色，九等也。素紗中單，黼領，羅縠褾、襈，褾、襈皆用朱也。蔽膝，隨裳色，用緅爲領緣，以搖翟爲章，二等也。大帶，隨衣色，朱裏，紕其外，上以朱錦，下以緑錦，紐用青組。以青衣，革帶，青襪、舃，舃加金飾。瑜玉珮，紅朱雙大綬。章綵尺寸與皇太子同。受册、助祭、朝會諸大事則服之。鞠衣，黄羅爲之，其蔽膝、大帶及衣，革帶隨衣色。餘褕翟同，唯無雉也。從蠶則服之。鈿釵禮衣，九鈿，服通用雜色，制與上同，唯無雉及珮、綬，去舄，加履。宴見賓客則服之。

內外命婦服花釵，施兩博鬢，寶鈿飾也。翟衣青質，羅爲之，繡爲雉，編次於衣及裳，重爲九等而下。第一品花鈿九樹，寶鈿准花數，以下准此也。翟九等。第二品花鈿八樹，翟八等。第三品花鈿七樹，翟七等。第四品花鈿六樹，翟六等。第五品花鈿五樹，翟五等。並素紗中單，黼領，朱褾、襈，亦通用羅縠也。蔽膝，隨裳色，以緅爲領緣，加以文繡，重雉爲章二事，一品已下皆同也。大帶，隨衣色，緋其外，上以朱錦，下以緑錦，紐同青組。青衣，革帶，青襪，舄，珮，綬。內命婦受册、從蠶、朝會則服之；其外命婦嫁及受册、從蠶、大朝會亦準此。鈿釵禮衣，通用雜色，制與上同，唯無雉及珮綬。去舄，加履。第一品九鈿，第二品八鈿，第三品七鈿，第四品六鈿，第五品五鈿。內命婦尋常參見，外命婦朝參辭見及禮會則服之。六尚、寶林、御女、采女、女官等服，禮衣通用雜色，制與上同，惟無首飾。七品已上，有大事服之，尋常供奉則公服。公服去中單、蔽膝、大帶。九品已上，大事及尋常供奉，並公服。東宮準此。女史則半袖裙襦。諸公主、王妃珮綬同，諸王縣主、內命婦準品。外命婦五品已上，皆準夫、子，即非因夫、子別加邑號者，亦準品。婦人宴服，準令各依夫色，上得兼下，下不得僭上。既不在公庭，而風俗奢靡，不依格令，綺羅錦繡，隨所好尚。上自宮掖，下至匹庶，遞相倣效，貴賤無別。

《舊唐書》卷四五《輿服志》 武德來，婦人著履，規制亦重，又有綫靴。開元來，婦人例著綫鞋，取輕妙便於事，侍兒乃著履。臧獲賤伍者皆服襴衫。太常樂尚胡曲，貴人御饌，盡供胡食，士女皆竟衣胡服，故有范陽羯胡之亂，兆於好尚遠矣。

《舊唐書》卷一〇二《劉子玄傳》 〔景雲〕二年，皇太子將親釋奠於國學，有司草儀注，令從臣皆乘馬著衣冠。子玄進議曰：

古者自大夫已上，皆乘車而以馬爲騑服。魏、晉已降，迄乎隋代，朝士又駕牛車。歷代經史，具有其事，不可一二言也。至如李廣北征，解鞍憩息；馬援南伐，據鞍顧盼。斯則鞍馬之設，行於軍旅；戎服所乘，貴於便習者也。按江左官至尚書郎而輒輕乘馬，則爲御史所彈。又顏延之罷官後，好騎馬出入閭里，當代稱其放誕。此則專車憑軾，可擐朝衣；單馬御鞍，宜從褻服。求之近古，灼然之明驗也。

自皇家撫運，沿革隨時。至如陵廟巡謁，王公册命，則盛服冠履，乘彼輅車。其士庶有衣冠親迎者，亦時以服箱充馭。在於他事，無復乘車，貴賤所行，通用鞍馬而已。臣伏見比者鑾輿出幸，法駕首途，左右侍臣，皆以朝服乘馬。夫冠履而出，只可配車而行，今乘車既停，而冠履不易，可謂唯知其一而未知其二也。何者？褒衣博帶，革履高冠，本非馬上所施，自是車中之服。必也韈而升鐙，跣以乘鞍，非唯不師古道，亦自取驚今俗。求諸折中，進退無可。且長裾廣袖，襜如翼如，鳴珮行組，鏘鏘奕奕，馳驟於風塵之內，出入於旌棨之間，倘馬有驚逸，人從顛墜，遂使屬車之右，遺履不收，清道之傍，絓驂相續，固以受嗤行路，有損威儀。

今議者皆云祕閣有《梁武帝南郊圖》，多有危冠乘馬者，此則近代故事，不得謂無其文。臣案此圖是後人所爲，非當時所撰。且觀代間有古今圖畫者多矣，如張僧繇畫《羣公祖二疏》，而兵士有著芒屩者，閻立本畫《明君入匈奴》，而婦人有著帷帽者。夫芒屩出於水鄉，非京華所有；帷帽創於隋代，非漢宮所作。議者豈可徵此二畫，以爲故實者乎？由斯而言，《則梁氏南郊之圖》，義同於此。又傳稱因俗，禮貴緣情。殷輅周冕，規模不一；秦冠漢佩，用捨無常。況我國家道軼百王，功高萬古，事有不便，理資變通，其乘馬衣冠，竊謂宜從省廢。臣懷此異議，其來自久，日不暇給，未及搉揚。今屬殿下親從齒胄，將臨國學，凡有衣冠乘馬，皆憚此行，所以輒進狂言，用申鄙見。

皇太子手令付外宣行，仍編入令，以爲常式。

《新唐書》卷二四《車服志》 凡天子之服十四：

大裘冕者，祀天地之服也。廣八寸，長一尺二寸，以板爲之，黑表，纁裏，無旒，金飾玉簪導，組帶爲纓，色如其綬，黈纊充耳。大裘，繒表，黑羔表爲緣，纁裏，黑領、褾、襟緣，朱裳，白紗中單，皂領，青褾、襈、裾，朱韈，赤舄。鹿盧玉具劍，火珠鏢首，白玉雙佩。黑組大雙綬，黑質，黑、黄、赤、白、縹、緑爲純，以備天地四方之色。廣一尺，長二丈四尺，五百首。紛廣二寸四分，長六尺四寸，色如綬。又有小雙綬，長二尺六寸，色如大綬，而首半之，閒施三玉環。革帶，以白皮爲之，以屬佩、綬、印章。鞶囊，亦曰鞶帶，博三寸半，加金鏤玉鉤艓。大帶，以素爲之，以朱爲裏，在腰及垂皆有裨，上以朱錦，貴正色也，下以緑錦，賤閒色也，博四寸。紐約，貴賤皆用青組，博三寸。黻以繒爲之，隨裳色，上廣一尺，以象天數，下廣二尺，以象地數，長三尺，朱質，畫龍、火、山三章，以象三才，其頸五寸，兩角有肩，廣二寸，以屬革帶。朝服謂之韠，冕服謂之韍。

衮冕者，踐祚、饗廟、征還、遣將、飲至、加元服、納后、元日受朝賀、臨軒册拜王公之服也。廣一尺二寸，長二尺四寸，金飾玉簪導，垂白珠十二旒，朱絲組帶爲纓，色如綬。深青衣纁裳，十二章：日、月、星辰、山、龍、華蟲、火、宗彝八章在衣；藻、粉米、黼、黻四章在裳。衣畫，裳繡，以象天地之色也。自山、龍以下，每章一行爲等，每行十二。衣、褾、領，畫以升龍，白紗中單，黻領，青褾、襈、裾，韍繡龍、山、火三章，舄加金飾。

鷩冕者，有事遠主之服也。八旒，七章：華蟲、火、宗彝三章在衣；藻、粉米、黼、黻四章在裳。

毳冕者，祭海嶽之服也。七旒，五章：宗彝、藻、粉米在衣；黼、黻在裳。

絺冕者，祭社稷饗先農之服也。六旒，三章：絺、粉米在衣；黼、黻在裳。

玄冕者，蜡祭百神，朝日，夕月之服也。五旒，裳刺黼一章。自衮冕以下，其制一也，簪導、劍、佩、綬皆同。

通天冠者，冬至受朝賀，祭還，燕羣臣，養老之服也。二十四梁，附蟬十二首，施珠翠，金博山，黑介幘，組纓翠緌，玉、犀簪導，絳紗袍，朱裏紅羅裳，白紗中單，朱領、褾、襈、裾，白裙、襦，絳紗蔽膝，白羅方心曲領，白韈，黑舄。白假帶，其制垂二條帛，以變祭服之大帶。天子未加元服，以空頂黑介幘，雙童髻，雙玉導，加寶飾。三品以上亦加寶飾，五品以上雙玉導，金飾，六品以下無飾。

緇布冠者，始冠之服也。天子五梁，三品以上三梁，五品以上二梁，九品以上一梁。

武弁者，講武、出征、蒐狩、大射、禡、類、宜社、賞祖、罰社、纂嚴之服也。有金附蟬，平巾幘。

弁服者，朔日受朝之服也。以鹿皮爲之，有攀以持髮，十有二璂，玉簪導，絳紗衣，素裳，白玉雙佩，革帶之後有鞶囊，以盛小雙綬，白韈，烏皮履。

黑介幘者，拜陵之服也。無飾，白紗單衣，白裙、襦，革帶，素韈，烏皮履。

白紗冒者，視朝、聽訟、宴見賓客之服也。以烏紗爲之，白裙、襦，白韈，烏皮履。

平巾幘者，乘馬之服也。金飾，玉簪導，冠支以玉，紫褶，白袴，玉具裝，珠寶鈿帶，有韈。

白帢者，臨喪之服也。白紗單衣，烏皮履。

皇后之服三：

褘衣者，受册、助祭、朝會大事之服也。深青織成爲之，畫翬，赤質，五色，十二等。素紗中單，黼領，朱羅縠褾、襈，蔽膝隨裳色，以緅領爲緣，用翟爲章，三等。青衣，革帶，大帶隨衣色，裨、紐約、佩、綬如天子，青韈，舄加金飾。

鞠衣者，親蠶之服也。黄羅爲之，不畫，蔽膝、大帶、革帶，舄隨衣色，餘同褘衣。

鈿釵襢衣者，燕見賓客之服也。十二鈿，服用雜色而不畫，加雙佩小綬，去舄加履，首飾大小華十二樹，以象衮冕之旒，又有兩博鬢。

皇太子之服六：

衮冕者，從祀、謁廟、加元服、納妃之服也。白珠九旒，紅絲組爲纓，犀簪導，青纊充耳。黑衣纁裳，凡九章：龍、山、華蟲、火、宗彝在衣，藻、粉米、黼、黻在裳。白紗中單，黼領，青褾、襈、裾。革帶金鉤鰈，大帶，瑜玉雙佩。朱組雙大綬，朱質，赤、白、縹、紺爲純，長一丈八尺，廣九寸，三百二十首。黻隨裳色，有火、山二章。白韈，赤舄，朱履，加金塗銀釦飾。鹿盧玉具劍如天子。

遠遊冠者，謁廟、還宮、元日朔日入朝、釋奠之服也。以具服，遠遊冠三梁，加金博山，附蟬九首，施珠翠，黑介幘，髮纓翠緌，犀簪導，絳紗袍，紅裳，白紗中單，黑領、褾、襈、裾，白裙、襦，白假帶，方心曲領，絳紗蔽膝，白韈，黑舄。朔日入朝，通服袴褶。

公服者，五日常朝、元日冬至受朝之服也。遠遊冠，絳紗單衣，白裙、襦，革帶金鉤鰈，假帶，瑜玉隻佩，方心，紛，金縷鞶囊，純長六尺四寸，廣二寸四分，色如大綬。

烏紗冒者，視事及燕見賓客之服也。白裙、襦，烏皮履。

弁服者，朔望視事之服也。鹿皮爲之，犀簪導，組纓九璂，絳紗衣，素裳，革帶，鞶囊，小綬，雙佩。自具服以下，皆白韈，烏皮履。

平巾幘者，乘馬之服也。金飾，犀簪導，紫裙，白袴，起梁珠寶鈿帶，韈。進德冠者，亦乘馬之服也。九璂，加金飾，有袴褶，常服則有白裙、襦。

皇太子妃之服有三：

褕翟者，受册、助祭、朝會大事之服也。青織成，文爲搖翟，青質，五色九等。素紗中單，黼領，朱羅縠褾、襈，蔽膝隨裳色，用緅爲領緣，以翟爲章二等。青衣，革帶、大帶隨衣色，不朱裏，青韈，舄加金飾，佩、綬如皇太子。

鞠衣者，從蠶之服也。以黄羅爲之，制如褕翟，無雉，蔽膝、大帶隨衣色。

鈿釵禮衣者，燕見賓客之服也。九鈿，其服用雜色，制如鞠衣，加雙佩，小綬，去舄加履，首飾花九樹，有兩博鬢。

羣臣之服二十有一：

衮冕者，一品之服也。九旒，青璂爲珠，貫三采玉，以組爲纓，色如其綬。青纊充耳，寶飾角簪導。青衣纁裳，九章：龍、山、華蟲、火、宗彝在衣，藻、粉米、黼、黻在裳，皆絳爲繡遍衣。白紗中單，黼領，青褾、襈、裾。朱韍，赤舄。革帶鉤䚢，大帶，韍隨裳色。金寶玉飾劍鏢首，山玄玉佩。緑綟綬，緑質，緑、紫、黄、赤爲純，長一丈八尺，廣九寸，二百四十首。郊祀太尉攝事亦服之。

鷩冕者，二品之服也。八旒，青衣纁裳，七章：華蟲、火、宗彝在衣；藻、粉米、黼、黻在裳。銀裝劍，佩水蒼玉，紫綬，紫質，紫、黄、赤爲純，長一丈六尺，廣八寸，一百八十首。革帶之後有金鏤鞶囊，金飾劍，水蒼玉佩，朱韍，赤舄。

毳冕者，三品之服也。七旒，寶飾角簪導，五章：宗彝、藻、粉米在衣；黼、黻在裳。韍二章：山、火。紫綬如二品，金銀鏤鞶囊，金飾劍，水蒼玉佩，朱韍，赤舄。

絺冕者，四品之服也。六旒，三章：粉米在衣；黼、黻在裳，中單，青領。韍，山一章。銀鏤鞶囊。自三品以下皆青綬，青質，青、白、紅爲純，長一丈四尺，廣七寸，一百四十首，金飾劍，水蒼玉佩，朱韍，赤舄。

玄冕者，五品之服也。以羅爲之，五旒，衣、韍無章，裳刺黻一章。角簪導，青衣纁裳，其服用紬。大帶及裨，外黑内黄，黑綬紺質，青紺爲純，長一丈二尺，廣六寸，一百二十首。象笏，上圓下方，六品以竹木，上挫下方。金飾劍，水蒼玉佩，朱韍，赤舄。三品以下私祭皆服之。

平冕者，郊廟武舞郎之服也。黑衣絳裳，革帶，烏皮履。

爵弁者，六品以下九品以上從祀之服也。以紬爲之，無旒，黑纓，角簪導，青衣纁裳，白紗中單，青領，褾、襈、裾，革帶鉤䚢，大帶及裨内外皆緇，爵韠，白韈，赤履。五品以上私祭皆服之。

武弁者，武官朝參、殿庭武舞郎、堂下鼓人、鼓吹桉工之服也。有平巾幘，武舞緋絲布大袖，白練裲襠，螣蛇起梁帶，豹文大口袴，烏皮韡。鼓人朱褠衣，革帶，烏皮履。鼓吹桉工加白練裲襠。

弁服者，文官九品公事之服也。以鹿皮爲之，通用烏紗，牙簪導。纓：一品九璂，二品八璂，三品七璂，四品六璂，五品五璂，犀簪導，皆朱衣素裳，革帶，鞶囊，小綬，雙佩，白韈，烏皮履。六品以下去璂及鞶囊、綬、佩。六品、七品緑衣，八品、九品青衣。

進賢冠者，文官朝參、三老五更之服也。黑介幘，青緌。紛長六尺四寸，廣四寸，色如其綬。三品以上三梁，五品以上兩梁，九品以上及國官一梁，六品以下私祭皆服之。侍中、中書令、左右散騎常侍有黄金璫，附蟬，貂尾。侍左者左珥，侍右者右珥。諸州大中正一梁，絳紗公服。殿庭文舞郎，黄紗袍，黑領，襈，白練裲襠，白布大口袴，革帶，烏皮履。

遠遊冠者，親王之服也。黑介幘，三梁，青緌，金鉤䚢大帶，金寶飾劍，玉鏢首，纁朱綬，朱質，赤、黄、縹、紺爲純，長一丈八尺，廣九寸，二百四十首。黄金璫，附蟬，諸王則否。

法冠者，御史大夫、中丞、御史之服也。一名解廌冠。

高山冠者，内侍省内謁者、親王司閤、謁者之服也。

委貌冠者，郊廟文舞郎之服也。有黑絲布大袖，白練領，褾，絳布大口袴，革帶，烏皮履。

却非冠者，亭長、門僕之服也。

平巾幘者，武官、衛官公事之服也。金飾，五品以上兼用玉，大口袴，烏皮韡，白練裙、襦，起梁帶。陪大仗，有裲襠、螣蛇。朝集從事、州縣佐史、岳瀆祝史、外州品子、庶民任掌事者服之，有緋褶、大口袴，紫附褠。文武官騎馬服之，則去裲襠、螣蛇。袴褶之制：五品以上，細綾及羅爲之，六品以下，小綾爲之，三品以上紫，五品以上緋，七品以上緑，九品以上碧。裲襠之制：一當胸，一當背，短袖覆膊。螣蛇之制：以錦爲表，長八尺，中實以綿，象蛇形。起梁帶之制：三品以上，玉梁寶鈿，五品以上，金梁寶鈿，六品以下，金飾隱起而已。

黑介幘者，國官視品、府佐謁府、國子大學四門生俊士參見之服也。簪導，白紗單衣，青襟、褾、領，革帶，烏皮履。未冠者，冠則空頂黑介幘，雙童髻，去革帶。書算律學生、州縣學生朝參，則服烏紗冒，白裙、襦，青領。未冠者童子髻。

介幘者，流外官、行署三品以下、登歌工人之服也。絳公服，以縵緋爲之，制如絳紗單衣，方心曲領，革帶鉤䚢，假帶，韈，烏皮履。九品以上則絳褠衣，制如絳公服而狹，袖形直如溝，不垂，緋褶大口袴，紫附褠，去方心曲領、假帶。登歌工人，朱連裳，革帶，烏皮履。殿庭加白練裲襠。

平巾綠幘者，尚食局主膳，典膳局典食，太官署、食官署供膳，奉觶之服也。青絲布袴褶。羊車小史，五辮髻，紫碧腰襻，青耳屩。漏刻生、漏童，總角髻，皆青絲布袴褶。

具服者，五品以上陪祭、朝饗、拜表、大事之服也，亦曰朝服。冠幘，簪導，絳紗單衣，白紗中單，黑領、袖，黑褾、襈、裾，白裙、襦，革帶金鉤艓，假帶，曲領方心，絳紗蔽膝，白襪，烏皮舃，劍，紛，鞶囊，雙佩，雙綬。六品以下去劍、佩、綬，七品以上以白筆代簪，八品、九品去白筆，白紗中單，以履代舃。

從省服者，五品以上公事、朔望朝謁、見東宮之服也，亦曰公服。冠幘纓，簪導，絳紗單衣，白裙、襦，革帶鉤艓，假帶，方心，襪，履，紛，鞶囊，雙佩，烏皮履。六品以下去紛、鞶囊、雙佩。三品以上有公爵者，嫡子之婚，假絺冕。五品以上子孫，九品以上子，爵弁。庶人婚，假絳公服。

命婦之服六：

翟衣者，內命婦受册、從蠶、朝會，外命婦嫁及受册、從蠶、大朝會之服也。青質，繡翟，編次於衣及裳，重爲九等。青紗中單，黼領，朱縠褾、襈、裾，蔽膝隨裳色，以緅爲領緣，加文繡，重雉爲章二等。大帶隨衣色，以青衣，革帶，青襪，舃，佩，綬，兩博鬢飾以寶鈿。一品翟九等，花釵九樹；二品翟八等，花釵八樹；三品翟七等，花釵七樹；四品翟六等，花釵六樹；五品翟五等，花釵五樹。寶鈿視花樹之數。

鈿釵禮衣者，內命婦常參、外命婦朝參、辭見、禮會之服也。制同翟衣，加雙佩，小綬，去舃，加履。一品九鈿，二品八鈿，三品七鈿，四品六鈿，五品五鈿。

禮衣者，六尚、寶林、御女、采女、女官七品以上大事之服也。通用雜色，制如鈿釵禮衣，唯無首飾、佩、綬。

公服者，常供奉之服也。去中單、蔽膝、大帶，九品以上大事、常供奉亦如之。半袖裙襦者，東宮女史常供奉之服也。公主、王妃佩、綬同諸王。

花釵禮衣者，親王納妃所給之服也。

大袖連裳者，六品以下妻，九品以上女嫁服也。青質，素紗中單，蔽膝、大帶、革帶，襪、履同裳色，花釵，覆笄，兩博鬢，以金銀雜寶飾之。庶人女嫁有花釵，以金銀琉璃塗飾之。連裳，青質，青衣，革帶，襪、履同裳色。

婦人燕服視夫。百官女嫁，廟見攝母服。五品以上媵降妻一等，妾降媵一等，六品以下妾降妻一等。【略】

初，隋文帝聽朝之服，以赭黃文綾袍，烏紗冒，折上巾，六合鞾，與貴臣通服。唯天子之帶有十三環，文官又有平頭小樣巾，百官常服同於庶人。

至唐高祖，以赭黃袍、巾帶爲常服。腰帶者，搢垂頭於下，名曰鉈尾，取順下之義。一品、二品銙以金，六品以上以犀，九品以上以銀，庶人以鐵。既而天子袍衫稍用赤、黃，遂禁臣民服。親王及三品、二王後，服大科綾羅，色用紫，飾以玉。五品以上服小科綾羅，色用朱，飾以金。六品以上服絲布交梭雙紃綾，色用黃。六品、七品服用綠，飾以銀。八品、九品服用青，飾以鍮石。勳官之服，隨其品而加佩刀、礪、紛、帨。流外官、庶人、部曲、奴婢，則服紬絹絁布，色用黃白，飾以鐵、銅。

太宗時，又命七品服龜甲雙巨十花綾，色用綠。九品服絲布雜綾，色用青。是時士人以棠苧襴衫爲上服，貴女功之始也。一命以黃，再命以黑，三命以纁，四命以綠，五命以紫。士服短褐，庶人以白。中書令馬周上議：「《禮》無服衫之文，三代之制有深衣。請加襴、袖、褾、襈，爲士人上服。開骻者名曰缺骻衫，庶人服之。」又請：「裹頭者，左右各三襵，以象三才，重繫前脚，以象二儀。」詔皆從之。太尉長孫無忌又議：「服袍者下加襴，緋、紫、綠皆視其品，庶人以白。」

太宗嘗以幞頭起於後周，便武事者也。方天下偃兵，採古制爲翼善冠，自服之。又製進德冠以賜貴臣，玉璂，制如弁服，以金飾梁，花趺，三品以上加金絡，五品以上附山雲。自是元日、冬至、朔、望視朝，服翼善冠，衣白練裙襦。常服則有袴褶與平巾幘，通用翼善冠。進德冠制如幞頭，皇太子乘馬則服進德冠，九璂，加金飾，犀簪導，亦有綺褶，燕服用紫。其後朔、望視朝，仍用弁服。

顯慶元年，長孫無忌等曰：「武德初，撰《衣服令》，天子祀天地服大裘冕。桉周郊被衮以象天，戴冕藻十有二旒，與大裘異。《月令》：孟冬，天子始裘以禦寒。若啓蟄祈穀，冬至報天，服裘可也。季夏迎氣，龍見而雩，如之何可服？故歷代唯服衮章。漢明帝始采《周官》《禮記》制祀天地之服，天子備十二章，後魏、周、隋皆如之。伏請郊祀天地服衮冕，罷大裘。又新禮，皇帝祭社稷服絺冕，四旒，三章；祭日月服玄冕，三旒，衣無章。按令文，四品、五品之服也。三公亞獻皆服衮，孤卿服毳、鷩，是天子同於大夫，君少臣多，非禮之中。且天子十二爲節以法天，烏有四旒三章之服？若諸臣助祭，冕與王同，是貴賤無分也。若降王一等，則王服玄冕，羣臣服爵弁，既屈天子，又貶公卿。《周禮》此文，久不用矣，猶祭祀之有尸侑，以君親而拜臣子，硩蔟、蟈氏之職，不通行者蓋多，故漢魏承用衮冕。今新禮親祭日月，服五品之服，請循歷代故事，諸祭皆用衮冕。」制曰：「可。」無忌等又曰：「禮，皇帝爲諸臣及五服親舉哀，素服，今服白袷，禮令乖舛。且白袷出近代，不可用。」乃改以素服。自是鷩冕以下，天子不復用，而白袷廢矣。

其後以紫爲三品之服，金玉帶銙十三；緋爲四品之服，金帶銙十一；淺緋爲五品之服，金帶銙十；深緑爲六品之服，淺緑爲七品之服，皆銀帶銙九；深青爲八品之服，淺青爲九品之服，皆鍮石帶銙八；黄爲流外官及庶人之服，銅鐵帶銙七。

武后擅政，多賜羣臣巾子、繡袍，勒以回文之銘，皆無法度，不足紀。至中宗又賜百官英王踣樣巾，其製高而踣，帝在藩時冠也。其後文官以紫黑絁爲巾，賜供奉官及諸司長官，則有羅巾、圓頭巾子，後遂不改。

初，職事官三品以上賜金裝刀、礪石，一品以下則有手巾、算袋、佩刀、礪石。至睿宗時，罷佩刀、礪石，而武官五品以上佩鞊鞢七事，佩刀、刀子、礪石、契苾真、噦厥針筒、火石是也。

時皇太子將釋奠，有司草儀注，從臣皆乘馬著衣冠，左庶子劉子玄議曰：「古大夫乘車，以馬爲騑服，魏、晉朝士駕牛車。如李廣北征，解鞍憩息；馬援南伐，據鞍顧眄。則鞍馬行於軍旅，戎服所便。江左尚書郎乘馬，則御史治之。顔延年罷官，騎馬出入，世稱放誕。近古專車則衣朝服，單馬則衣褻服。皇家巡謁陵廟，册命王公，則盛服冠履，乘路車。士庶有以衣冠親迎者，亦時服箱。其餘貴賤，皆以騎代車。比者，法駕所幸，侍臣朝服乘馬。今既舍車，而冠履不易，何者？褒衣、博帶、革履、高冠，車中之服也。韈而鐙，跣而乘，非唯黷古，亦自取驚蹶。議者以祕閣梁《南郊圖》有衣冠乘馬者，此圖後人所爲也。古今圖畫多矣，如畫羣公祖二疏，而有曳芒屩者；畫昭君入匈奴，而婦人有施帷冒者。夫芒屩出於水鄉，非京華所有；帷冒創於隋代，非漢宫所用。豈可因二畫以爲故實乎？謂乘馬衣冠宜省。」太子從之，編於令。

開元初，將有事南郊，中書令張説請遵古制用大裘，乃命有司製二冕。玄宗以大裘樸略，不可通寒暑，廢而不服。自是元正朝會用衮冕、通天冠，百官朔、望朝參，外官衙日，則佩算袋，餘日則否。玄宗謁五陵，初用素服，朔、望朝顓用常服。弁服、翼善冠皆廢。

唐初，賞朱紫者服於軍中，其後軍將亦賞以假緋紫，有從戎缺胯之服，不在軍者服長袍，或無官而冒衣緑。有詔殿中侍御史糾察。諸衛大將軍、中郎將以下給袍者，皆易其繡文：千牛衛以瑞牛，左右衛以瑞馬，驍衛以虎，武衛以鷹，威衛以豹，領軍衛以白澤，金吾衛以辟邪。行六品者，冠去瑧珠，五品去鞶囊、雙佩，幞頭用羅縠。

婦人服從夫、子，五等以上親及五品以上母、妻，服紫衣，腰襻褾緣用錦繡。九品以上母、妻，服朱衣。流外及庶人不服綾、羅、縠、五色線靴、履。凡襇色衣不過十二破，渾色衣不過六破。

二十五年，御史大夫李適之建議：「冬至、元日大禮，朝參官及六品清官服朱衣，六品以下通服袴褶。」天寶中，御史中丞吉溫建議：「京官朔、望朝參，衣朱袴褶，五品以上有珂傘。」德宗嘗賜節度使時服，以鵰銜綬帶，謂其行列有序，牧人有威儀也。元和十二年，太子少師鄭餘慶言：「百官服朝服者多誤。自今唯職事官五品兼六品以上散官者，則有佩、劍、綬，其餘皆省。」【略】

文宗即位，以四方車服僭奢，下詔準儀制令，品秩勳勞爲等級。職事官服緑、青、碧，勳官諸司則佩刀、礪、紛、帨。諸親朝賀宴會之服：一品、二品服玉及通犀，三品服花犀、班犀。車馬無飾金銀。衣曳地不過二寸，袖不過一尺三寸。婦人裙不過五幅，曳地不過三寸，襦袖不過一尺五寸。袍襖之制：三品以上服綾，以鶻銜瑞草，鴈銜綬帶及雙孔雀；四品、五品服綾，以地黄交枝；六品以下服綾，小窠無文及隔織、獨織。一品導從以七騎，二品、三品以五騎，四品以三騎，五品以二騎，六品以一騎。五品以上及節度使冊拜、婚會，則車有幰。外命婦一品、二品、三品乘金銅飾犢車，檐舁以八人，三品舁以六人，四品、五品乘白銅飾犢車，檐舁以四人，胥吏、商賈之妻老者乘葦輦車，兜籠舁以二人。度支、户部、鹽鐵門官等服細葛布，無紋綾，緑闇銀藍鐵帶，鞍、轡、銜、鐙以鍮石。未有官者，服粗葛布、官絁，緑銅鐵帶，乘蜀馬、鐵鐙。行官服紫粗布、絁，藍鐵帶。中官不衣紗縠綾羅，諸司小兒不服大巾，商賈、庶人、僧、道士不乘馬。婦人衣青碧纈，平頭小花草履，彩帛縵成履，而禁高髻、險妝、去眉、開額及吴越高頭草履。王公之居，不施重栱、藻井。三品堂五間九架，門三間五架；五品堂五間七架，門三間兩架；六品、七品堂三間五架，庶人四架，而門皆一間兩架。常參官施懸魚、對鳳、瓦獸、通栿乳梁。詔下，人多怨者。京兆尹杜悰條易行者爲寬限，而事遂不行。唯淮南觀察使李德裕令管内婦人衣袖四尺者闊一尺五寸，裙曳地四五寸者減三寸。

開成末，定制：宰相、三公、師保、尚書令、僕射、諸司長官及致仕官，疾病許乘檐，如漢、魏載輿、步輿之制，三品以上官及刺史，有疾暫乘，不得舍驛。

原題唐玄宗《唐六典》卷一《三師・三公・尚書都省》 太尉一人，正一品；李林甫等注：【略】《齊職儀》云：「太尉，品第一，金章，紫綬，進賢三梁冠，絳朝服，佩山玄玉。郊廟冕服，七旒，玄衣纁裳，服七章。」【略】

司徒一人，正一品；李林甫等注：【略】歷代品秩章服，皆同太尉。

司空一人，正一品；李林甫等注：【略】品職並同太尉。【略】

尚書令一人，正二品；李林甫等注：【略】晉氏尚書令假銅印、墨綬，冠進賢兩梁，納言幘，五時朝服，佩水蒼玉；受拜則策命之，以在端右故也。及賈充爲尚書令，以目疾表置省事吏四人。自魏至晉、宋、齊，秩皆千石，品並第三。梁加秩中二千石，班第十六。陳加品至第一。後魏、北齊及隋品皆第二，皇朝因之。服鷩冕，八旒，七章，三梁冠。【略】

尚書左丞相一人，右丞相一人，並從二品。李林甫等注：左、右丞相，本左、右僕射也。【略】隋置左、右僕射，從二品，皇朝因之。自漢已來，章服並與令同。【略】

左丞一人，正四品上；右丞一人，正四品下。李林甫等注：【略】魏、晉、宋已來，左、右丞銅印、墨綬，絳朝服，進賢一梁冠。自魏至宋、齊，品皆第六，秩四百石。梁左丞班第九，右丞班第八，並第四品，秩六百石。陳因之。後魏、北齊左丞正四品下，右丞從四品上。隋初，左丞從四品上，右丞從四品下；煬帝左、右丞並正四品。皇朝左丞正四品上，右丞正四品下；服絺冕，六旒，三章，兩梁冠。【略】

左司郎中一人，右司郎中一人，並從五品上；李林甫等注：【略】其服章與諸司郎中並同：玄冕，五旒，衣無章，裳刺黻一章，兩梁冠。左司員外郎一人，右司員外郎一人，並從六品上；李林甫等注：天后永昌元年置。時，顧琮自侍御史除，元懷貞以洛州司户遷。神龍元年省，二年又置。其職務與郎中分掌。其朝服與諸司員外郎並爵弁，玄纓，簪導，青衣，纁裳，一梁冠。【略】

都事六人，從七品上。李林甫等注：都事，本尚書都令史之職。【略】《齊職儀》云：「自魏、晉、宋、齊，正令史、書令史皆有品秩，朱衣，執版，進賢一梁冠。」

原題唐玄宗《唐六典》卷二《尚書吏部》 吏部尚書一人，正三品。李林甫等注：【略】《晉令》：「吏部尚書五時朝服，納言幘，進賢兩梁冠，佩水蒼玉，乘軺車皂輪。」【略】

侍郎二人，正四品上。吏部尚書、侍郎之職，掌天下官吏選授勳封考課之政令，【略】郎中二人，從五品上；【注略】

員外郎二人，從六品上；【注略】主事四人，從八品下。【注略】郎中一人，掌考天下文吏之班、秩、品、命。凡敘階二十九：從一品曰開府儀同三司，【注略】正二品曰特進，李林甫等注：兩漢及魏，晉以爲加官，從本官服，無吏、卒，品第二，位次諸公下，在開府、驃騎上，進賢兩梁冠，黑介幘，五時朝服，無章綬。又《漢朝雜事》云：「諸侯功德優盛，朝廷所敬異，有賜位特進，在三公下，平冕，玄衣，侍祠郊廟。」《宋百官階次》：「江左皆兼官。晉傅咸奏特進品第二，執皮帛，坐侍臣之下。」梁班第十七。北齊特進第二品。隋特進爲正二品，散官。皇朝因之。從二品曰光禄大夫，【注略】正三品曰金紫光禄大夫，李林甫等注：本兩漢光禄大夫也。至魏、晉，有加金章、紫綬者，則謂爲金紫光禄大夫。晉則金紫、銀青、左、右四職並置，假金章、紫綬及加金章、紫綬並秩第二，禄賜、班位、冠幘、車服、佩玉及諸所賜給皆與特進同。自晉已後，皆爲兼官，少有正授。梁金紫光禄大夫爲第十四班，陳爲中二千石，北齊從二品，隋氏因爲散官，煬帝爲正三品，皇朝因之。從三品曰銀青光禄大夫，【注略】正四品上曰正議大夫，【注略】正四品下曰通議大夫，【注略】從四品上曰太中大夫，【注略】從四品下曰中大夫，【注略】正五品上曰中散大夫。李林甫等注：後漢有中散大夫，六百石，無員。魏、晉因之。《齊職儀》：「品第七，絳朝服，進賢一梁冠。」梁班第十，陳秩千石。皇朝爲散官。【略】

原題唐玄宗《唐六典》卷三《尚書户部》 金部郎中、員外郎掌庫藏出納之節，金寶財貨之用，權衡度量之制，皆總其文籍而頒其節制。【略】凡遣使覆囚，則給以時服一具，隨四時而與之。若諸使經二季不還，則給以時服一副，每歲再給而止。李林甫等注：諸□人出使覆囚者，并典各給時服一具，春、夏遣者給春衣，秋、冬去者給冬衣。其出使外蕃及傔人并隨身雜使、雜色人有職掌者，量經一府已上，亦准此。其雜色人邊州差者，不在給限。其尋常出使過二季不還者，當處斟量，并典各給時服一副。去本任五百里内充使者，不在給限。凡時服稱一具者，全給之；一副者，減給之。李林甫等注：一具者，春，秋給袍一，絹汗衫一，頭巾一，白練袴一，絹褌一，鞾一量並氈；夏則以衫代袍，以單袴代袷袴，餘依春，秋；冬則袍加綿一十兩，襖子八兩，袴六兩。一副者，除襖子、汗衫、褌、頭巾、鞾，餘同上。

原題唐玄宗《唐六典》卷四《尚書禮部》 禮部郎中、員外郎掌貳尚書侍郎，舉其儀制而辨其名數。【略】凡服飾尚黄，旗幟尚赤。乘輿之服則有大裘冕、衮冕、鷩冕、毳冕、絺冕、玄冕、通天冠、武弁、弁服、黑介幘、白紗帽、平巾幘、翼善冠之服。李林甫等注：並出於殿中省。皇后之服則有褘衣、鞠衣、鈿釵禮衣之制。李林甫等注：並出於内侍省。皇太子之服則有衮冕、具服遠遊冠、公服遠遊冠、烏紗帽、弁服、平巾幘、進德冠之服。李林甫等注：並出於左春坊。皇太子妃之服則有褕翟、鞠衣、鈿釵禮衣。李林甫等注：並出於右春坊。凡王公、第一品服衮冕，李林甫等注：垂青珠九旒，以組爲纓，色如其綬；青纊充耳；角簪導；青衣，纁裳，服九章，每章一行，重以爲等，每行九；白紗中單，黼領，青褾、襈、裾，革帶，鉤艓，大帶，韍，劍，珮，綬，朱韈，赤舄。二品服鷩冕，李林甫等注：八旒，七章，餘同衮冕。三品服毳服，李林甫等注：七旒，五章，餘同鷩冕。四品服絺冕，李林甫等注：六旒，三章，餘同毳冕。五品服玄冕，李林甫等注：五旒，無章，餘同絺冕。六品至九品服爵弁。李林甫等注：玄纓，簪導，青衣、纁裳，白紗中單，青領，褾、襈、裾，革帶，鉤艓，大帶，爵韠，白韈，赤履之服。凡冕服及爵弁服，助祭、親迎則服之。若私家祭祀，三品已上，及褒聖侯祭孔子，皆服玄冕；五品已上，服爵弁；六品已下，通服進賢冠之服。若職事官三品已上有公爵者，嫡子婚，聽假絺冕；五品已上孫、九品已上子及五等爵婚，皆假以爵弁服；庶人婚，假以絳公服。凡百官朝服，陪祭、朝會，大事則服之；李林甫等注：冠，幘，纓，簪導，絳紗單衣，白紗中單，皂領，褾、襈、裾，白裙、襦，革帶，鉤艓，假帶，曲領，方心，絳紗蔽膝，韈，舄，劍，雙珮，雙綬。六品已下去劍、珮、綬。公服，朔望朝謁見皇太子則服之；李林甫等注：冠，幘，纓，簪導，絳紗單衣，白裙、襦，革帶，鉤艓，假帶，方心，韈，履，紛鞶囊，隻珮。六品已下去紛鞶囊、隻珮。凡綬，親王纁朱綬，一品緑綟綬，二品、三品紫綬，四品青綬，五品黑綬。凡有綬則有紱。弁服，尋常公事則服之。李林甫等注：牙簪導，纓，玉琪，朱衣，素裳，革帶，鞶囊，小綬，隻珮，白韈，烏皮履。一品九琪，二品八琪，三品七琪，四品六琪，五品五琪，六品已下去琪及鞶囊、隻綬。平巾幘之服，武官及衛官尋常公事則服之。李林甫等注：冠及褶依本品色，並大口袴，起梁帶，烏皮韠。若武官陪位大仗，加螣蛇裲襠。袴褶之服，朔望朝會則服之。李林甫等注：五品已上通用紬綾及羅，六品已下用小綾。應著袴褶，並起十月一日，至二月三十日已前。凡百僚冠、笏，李林甫等注：遠遊三梁冠、黑介幘，青綾，皆諸王服之；親王即加金附蟬。若進賢冠，三品已上三梁，五品已上兩梁，九品已上一梁，三師、三公、太子三師·三少、五等爵，尚書省、秘書省、諸寺·監，詹事府，東宮三寺及散官、親王傅·友·文學，並關、津、岳、瀆等流内九品已上服之。武弁、平巾幘，文武官及中書·門下·殿中·内侍省，諸衛及太子諸坊·諸率府，及鎮、戍流内九品已上服之。侍中、中書令、散騎常侍加貂蟬。法冠，一名獬豸，監察御史已上服之。高山冠，内侍省内謁者等服之。卻非冠，亭長、門僕服之。進德冠，五品已上附山雲加琪，如弁服之制。【略】凡常服亦如之。李林甫等注：親王、三品已上、二王後服用紫，飾以玉；五品已上服用朱，飾以金；七品已上服用緑，飾以銀；九品已上服用青，飾以鍮石；流外、庶人服用黄，飾以銅、鐵。凡凶服不入公門。李林甫等注：遭喪被起在朝者，各依本品著淺色絁縵；周已下慘者，朝參起居亦依品色，無金玉之飾。起復者，朝會不預。周喪未練，大功未葬，則亦準比例。凡外命婦之服，若花釵翟衣，外命婦受冊、從蠶、朝會、婚嫁則服之。李林甫等注：第一品，花釵九樹，翟九等；二品，花釵八樹，翟八等；三品，花釵七樹，翟七等；四品，花釵六樹，翟六等；五品，花釵五樹，翟五等。其服並素紗中單，黼領，朱褾、襈，蔽膝，青衣，革帶，青韈，舄，珮，綬。其衣通用羅縠充。鈿釵禮衣，外命婦朝參、辭見及禮會則服之。李林甫等注：一品九鈿，二品八鈿，三品七鈿，四品六鈿，五品五鈿，並通用雜色，制與翟衣同。加隻珮，小綬，去舄加履。凡婚嫁花釵禮衣，六品已下妻及女嫁則服之；李林甫等注：其釵覆笄而已。其兩博鬢任以金、銀、雜寶爲飾。禮衣則大袖連裳，青質；素紗中單，朱褾、襈，蔽膝，大帶；以青衣帶、革履、韈。其次花釵禮衣，庶人女嫁則服之。李林甫等注：釵以金、銀塗，瑠璃等飾。連裳青質，以青衣帶、革履、韈，皆自制也。凡婚嫁之服，若資蔭高者，皆從高。李林甫等注：女初嫁，聽攝母服廟見，已後准常。親王孺人服依本品。五品已上媵，降妻一等；妾，降媵一等。凡婦人常服五等已上諸親女、婦及五品已上母、妻通服者，從多給；服已終則不給。

原題唐玄宗《唐六典》卷六《尚書刑部》 都官郎中、員外郎掌配没隸，簿録俘囚，以給衣糧、藥療，以理訴競、雪免。凡公私良賤必周知之。凡反逆相坐，没其家爲官奴婢。【注略】一免爲番户，再免爲雜户，三免爲良人，皆因赦宥所及則免之。【略】凡配官曹，長輸其作；番户、雜户，則分爲番。【注略】男子入于蔬圃，女子入厨饎，迺甄爲三等之差，以給其衣糧也。四歲已上爲「小」，十一已上爲「中」，二十已上爲「丁」。春衣每歲一給，冬衣二歲一給，其糧則季一給。丁奴春頭巾一，布衫、袴各一，牛皮鞾一量並氈。官婢春給裙、衫各一，絹襌一，鞵二量；冬給襦、複袴各一，牛皮鞾一量並氈。十歲已下男春給布衫一、鞋一量，女給布衫一、布裙一，鞵一量；冬，男女各給布襦一，鞵韈一量。官户長上者准此。

原題唐玄宗《唐六典》卷八《門下省》 侍中二人，正三品。李林甫等注：《漢書·百官表》云：「侍中皆加官，所加或列侯、將軍、卿大夫，無員，多至數十人，得入禁中，諸曹受尚書事，皆秦制。」《漢官》云：「秩比二千石。」董巴《輿服志》：「侍中冠武弁大冠，亦曰惠文冠，加金璫附蟬爲文，貂尾爲飾。侍中服之則左貂，常侍則右貂。金取堅剛，百鍊不耗；蟬取居高飲清；貂取内勁悍，外温潤。本趙武靈王胡服之制，秦滅趙，得其冠，賜侍中焉。」漢制分掌乘輿服物，功高者一人爲僕射。後漢初亦加官，出宣帝命，入備顧問。法駕出，多識者一人參乘，兼負傳國璽，操斬白虵劍；餘皆騎，在乘輿車後。從駕入廟祠，天子上堂壂，以巾奉酒。光武改僕射爲祭酒。蔡質《漢官典職》曰：「侍中在尚書僕射下，尚書上。舊與中官俱止禁中宿直，廬在石渠門外；武帝時，侍中僕射馬何羅挾刃謀逆，由是侍中出禁外。王莽秉政，復止禁中。章帝元和中，侍中郭舉與後宮通，伏誅，由是復出外。」靈帝時，侍中舍有八區，論者因言員有八人，未詳也。《獻帝起居注》云：「初置侍中六人，出入禁中，近侍帷幄，省尚書事。」魏氏侍中置四人，省祭酒，而加官不在數，服秩依漢氏，掌儐贊威儀。大駕出，則次直侍中護駕；正直侍中負璽陪乘，不帶劍；餘皆騎從。御登殿，與散騎常侍對扶，侍中居左，常侍居右，備切問近對，拾遺補闕。《晉令》：「侍中品第三，武冠，絳朝服，佩水蒼玉。」

原題唐玄宗《唐六典》卷一一《殿中省》 尚衣局：奉御二人，從五品上；李林甫等注：《周禮》有司服中士二人，「掌王吉凶衣服，辨其名物與其用事」。戰國有尚衣、尚冠之職。秦、漢少府屬官有御府令、丞，掌供御服。後漢又掌宦者，典官婢作中衣服及補浣之事。魏因之。晉屬光禄勳，東晉省。宋大明中，改尚方曰左、右御府，各置令、丞一人。後廢帝初，省御府，置中署，隸右尚方；其後又置。至齊高祖省，文帝又置。初，宋氏用三品勳位，明帝改用二品，准南臺御史，掌金銀、綵帛，凡諸造作，以供奉，及妃、主、六宮。梁、陳無御府，其職隸在尚方。後魏有掌服郎，從六品上。北齊門下省統主衣局都统，子統各二人。後周有司服上士二人、中士二人。隋門下省有御府局監二人，大業三年分屬殿内省，其後又改爲尚衣局。皇朝因之。龍朔二年改爲奉冕大夫，咸亨元年復舊。直長四人，正七品下；李林甫等注：隋改御府爲尚衣局，始置直長，領主衣。皇朝因之。主衣十六人。李林甫等注：隋置，皇朝因之。

尚衣奉御掌供天子衣服，詳其制度，辨其名數，而供其進御；直長爲之貳。

凡天子之冕服十有三：一曰大裘冕，二曰衮冕，三曰鷩冕，四曰毳冕，五曰絺冕，六曰玄冕，七曰通天冠，八曰武弁，九曰弁服，十曰黑介幘，十一曰白紗帽，十二曰平巾幘，十三曰翼善冠。

大裘冕，無旒，冕廣八寸，長一尺六寸，李林甫等注：玄表纁裏。以下廣狹准此。金飾，玉簪導，以組爲纓，色如其綬，裘以黑羔皮爲之，玄領、褾、襟緣；朱裳，白紗中單，皁領，青褾、襈、裾；革帶，玉鈎觼，大帶，李林甫等注：素帶朱裏，紕其外，上以朱，下以綠，紐約用組。韍；李林甫等注：韍，蔽膝也。凡韍皆隨裳色。鹿盧玉具劍，火珠鏢首；白玉雙佩；玄組雙大綬，六綵：玄、黄、赤、白、縹、綠，純玄質，長二丈四尺，五百首，廣一尺；李林甫等注：小雙綬，長二尺六寸，色同大綬，而首半之，間施三玉環。朱韈，赤舄。祀天神地祇則服之。

衮冕，垂白珠十有二旒，以組爲纓，色如其綬，黈纊充耳，玉簪導；玄衣，纁裳，十二章，李林甫等注：八章在衣，日、月、星辰、龍、山、華蟲、火、宗彝；其四章在裳，藻、粉米、黼、黻；衣褾、領爲升龍，皆織成爲之。龍、山以下，每章一行，重以爲等，每行十二；白紗中單，黼領，青褾、襈、裾；韍，革帶、大帶、劒、玉珮，綬、韈與上同，舄加金飾。享廟、謁廟及廟遣上將、征還、飲至、踐阼、加元服、納后、若元日受朝及臨軒册拜王公則服之。

鷩冕，服七章，李林甫等注：三章在衣：華蟲、火、宗彝；四章在裳：藻、粉米、黼、黻。餘同衮冕。有事遠主則服之。

毳冕，服五章，李林甫等注：三章在衣：宗彝、藻、粉米；二章在裳：黼、黻。餘同鷩冕。祭海、嶽則服之。

絺冕，服三章，李林甫等注：一章在衣：粉米；二章在裳：黼、黻。餘同毳冕。祭社稷、帝社則服之。

玄冕服，李林甫等注：衣無章，裳刺黻一章。餘同絺冕。蜡祭百神、朝日、夕月則服之。

通天冠，加金博山，附蟬十二首，施珠翠，黑介幘，髮纓翠緌，玉若犀簪導；絳紗袍，白紗中單，朱領、襈，白裙襦，亦裙衫。絳紗蔽膝；白假帶；方心曲領；其革帶、劒、珮、綬與上同；白襪，黑舄。若未加元服，則雙童髻，空頂黑介幘，雙玉導，加寶飾。諸祭還及冬至受朝、元會、冬會則服之。

武弁，金附蟬，平巾幘。李林甫等注：餘同前服。講武、出征、四時蒐狩、大射、禡、類、宜社、賞祖、罰社、纂嚴則服之。

弁服，弁以鹿皮爲之。十有二琪，琪以白玉珠爲之。玉簪導，絳紗衣，素裳，革帶，白玉雙珮，鞶囊，小綬，白韈，烏皮履。朔日受朝則服之。

黑介幘，白紗單衣，白裙襦，革帶，素韈，烏皮履。拜陵則服之。

白紗帽，亦烏紗。白裙襦，白韈，烏皮履。視朝聽訟及燕見賓客則服之。

平巾幘，金寶飾。導簪、冠支皆以玉，紫褶，亦白褶。白袴，玉具裝，真珠寶鈿帶，著韡。乘馬則服之。

翼善冠，其常服及白練裙襦通著之；若服袴褶，則與平巾幘通著。李林甫等注：已上並古服，有事及見賓客則服之。自隋文帝制柘黄袍及巾、帶以聽朝，至今遂以爲常。

原题唐玄宗《唐六典》卷一二《内官・宫官・内侍省》 尚服局：尚服二人，正五品。《周禮》：「内司服掌王后六服：褘衣、揄翟、闕翟、鞠衣、展衣、褖衣、素紗。」司馬彪《續漢志》：「皇后謁廟，服紺上，皁下；蠶，青上，縹下；皆深衣制，隱領，袖緣以絛。假結，首飾步摇，簪珥。步摇以黄金爲山題，貫白珠爲桂枝相摎。八爵、九華，熊、虎、赤羆、天鹿、辟邪，南山豐大特六獸。諸爵、獸皆以翡翠爲毛羽。金題，白珠璫繞，以翡翠爲華。綬，佩同乘輿。」魏、晉、宋、齊、梁、陳略同。後魏、北齊皇后璽，綬、佩同乘輿，假髻，步摇，十二鏌，八爵，九華。助祭、朝會以褘衣，郊，禖以褕翟，小宴以闕翟，親蠶以鞠衣，見皇帝以展衣，宴居以褖衣，俱有蔽膝，織成緄帶。後周皇后衣十二等。翟衣六：從祀，郊、禖，享先皇，服翬衣；祭陰社，朝命婦，服褕衣；獻繭，服鷩衣；採桑，服鳪衣；聽女教，服鵫衣；歸寧，服翃衣；以翬雉爲領、褾。臨婦學，燕命婦，蒼衣；春齋，祭還，青衣；夏齋，祭還，朱衣；采桑齋，采桑還，黄衣；秋齋，祭還，素衣；冬齋，祭還，玄衣；其褾，領以相生色，華皆十二樹。隋初，皇后首飾花十二樹。褘衣，青紗内單，黼領，羅縠褾、襈，蔽膝，大帶，以青衣，革帶，青韈，舄，金飾，白玉佩，玄組綬，祭及朝會則服。鞠衣，黄羅爲之，蔽膝、大帶、舄、革帶隨衣色，餘同褘衣，親蠶則服。青衣，青羅爲之，制同鞠衣，去華、大帶、佩、綬，見帝則服。朱衣，緋羅爲之，制如青衣，宴賓則服。煬帝令牛弘等制皇后服四等：褘衣，以翬翟，五綵重行，十二等；首飾花十二鈿，小花毦十二樹，兩博鬢；素紗内單，黼領；羅縠褾，襈，皆以朱；蔽膝隨裳色，以緅爲緣，用翟三章；大帶隨衣色，飾以朱，緑之錦，青緣；革帶，青韈，舄，以金飾；白玉佩，玄組綬，章采、尺寸同乘輿，祭及朝會則服。鞠衣，小花十二樹。青衣、朱服，皆參准宋太始及梁、陳故事增損用之。皇朝因之。【略】

尚服掌供内服用采章之數。凡皇后之衣服，一曰褘衣，二曰鞠衣，三曰禮衣；首飾花十二樹，小花如大花之數，並兩博鬢。褘衣，深青織成爲之，文爲翬雉之形，素質，五色，十二等；素紗中單，黼領；羅縠褾，襈，皆用朱色；蔽膝隨裳色，以緅爲領緣，用翟爲章，三等；大帶隨衣色，朱裏，紕其外，上以朱錦，下以緑錦，紐約用青組；以青衣，革帶，青韈，舄，舄加青飾；白玉雙佩，玄組雙大綬，章采，尺寸與乘輿同。受册、助祭、朝會則服之。鞠衣，黄羅爲之，其蔽膝、大帶及衣革帶、韈，舄隨衣色；餘與褘衣同，唯無翟。親蠶則服之。鈿釵禮衣，十二鈿，服通用雜色，制與上同；雙佩，小綬；去舄，加履。宴見賓客則服之。内命之服：花釵，施兩博鬢，寶鈿飾。翟衣，青質，羅爲之，繡爲翟，編次於衣及裳，重爲九等而下。第一品花釵九樹；寶鈿准花數，下准次；翟九等。第二品花釵八樹，翟八等。第三品花釵七樹，翟七等。第四品花釵六樹，翟六等。第五品花釵五樹，翟五等。並素紗中單，黼領；朱褾，襈，亦通用羅縠；蔽膝隨裳色，以緅爲領緣，加以文繡，重翟爲章二等，一品已下皆同；大帶，紕其外，上以朱錦，下以緑錦，紐約用青組；以青衣，革帶，青韈，舄，佩，綬。内命服受册、從蠶、朝會則服之。鈿釵禮衣，通用雜色，制與上同，加雙佩，小綬，絢履；第一品九鈿，第二品八鈿，第三品七鈿，第四品六鈿，第五品五鈿。内命婦常參見則服之。凡六尚、寶林、御女、采女及女官之服，禮衣通用雜色，制與上同，唯無首飾、佩、綬。七品已上有大事則服之。尋常供奉則公服，去中單、蔽膝、大帶。九品已上，大事及尋常供奉並公服。東宫准此。女史則半袖裙襦。

原題唐玄宗《唐六典》卷一三《御史臺》 侍御史掌糾舉百僚，推鞫獄訟。【略】凡事非大夫、中丞所劾而合彈奏者，則具其事爲狀，大夫、中丞押奏。大事則冠法冠，衣朱衣，纁裳，白紗中單以彈之；小事，常服而已。李林甫等注：法冠一名豸冠，一角，爲獬豸之形，取觸邪之義也。

原題唐玄宗《唐六典》卷一四《太常寺》 太常寺：卿一人，正三品；李林甫等注：【略】晉太常置功曹、主簿、五官等員，品第三，銀章，青綬，進賢兩梁冠，五時朝服，佩水蒼玉。宋太常用尚書，亦轉爲尚書，如選選曹尚書、領、護等。齊因之。梁天監七年，象四時，置十二卿，太常、宗正、司農爲春卿。太常位視金紫光禄大夫，班第十四。陳因梁。後魏太常與光禄勳、衛尉爲三上卿，位從一品下。北齊太常寺掌陵廟，羣祀，儀制，天文，術數，衣冠之屬；太常卿第三品。後周爲大宗伯。隋太常寺卿一人，正三品。皇朝因之。龍朔二年改爲奉常，咸亨元年復舊。光宅元年改爲司禮，神龍元年復故。少卿二人，正四品上。【略】太常卿之職，掌邦國禮樂、郊廟、社稷之事，以八署分而理焉：一曰郊社，二曰太廟，李林甫等注：開元二十四年，勑廢太廟署，令少卿一人知太廟事。三曰諸陵，四曰太樂，五曰鼓吹，六曰太醫，七曰太卜，八曰廩犧，惣其官屬，行其政令；少卿爲之貳。【略】

太樂署：令一人，從七品下；李林甫等注：《周禮》：「大司樂中大夫二人，樂師下大夫四人。大司樂掌成均之法，以樂舞教國子《雲門大卷》、《大咸》、《大韶》、《大夏》、《大濩》、《大武》之舞。樂師掌國學之政，教國子帗舞、羽舞、皇舞、旄舞、干舞、人舞之節。又有「太師下大夫二人，掌六律、六同，以合陰陽之聲。」至秦、漢，奉常屬官有太樂令、丞，又少府屬官有樂府令、丞。後漢太予樂令一人，六百石。魏復爲大樂令、丞。黄初中，以杜夔爲之，使正雅樂。時，散騎侍郎鄧静善詠雅樂，歌師尹胡能習宗祀之曲，舞師馮肅曉知前代諸儛，夔與創定，還協律都尉。至晉元帝，并太樂於鼓吹。宋太常有大樂令、丞。齊因之，品第七，四百石，銅印，墨綬，進賢一梁冠，絳朝服。梁太常屬官有太樂令，班第一，品從九；又别領清商丞。大樂有庫丞，與清商丞並三品蘊位。陳因之。後魏太和十五年，置太樂官，有太樂博士，六品下。北齊太常寺有太樂令、丞。後周有司樂上士、中士。隋太常寺統太樂令、丞二人。皇朝因之。開元二十三年，各減一人。丞一人，從八品下；【略】太樂令掌教樂人調合鍾律，以供邦國之祭祀、饗燕，丞爲之貳。

凡天子宫縣，太子軒縣。

宫縣之樂【略】李林甫等注：宫縣，登歌工人皆介幘，朱連裳，革帶，烏皮履，鼓人及階下工人皆武弁，朱褠衣，革帶，烏皮履。若在殿庭，加白練褡襠，白布韈。鼓吹按工人亦如之也。【略】

凡宫縣、軒縣之作，則奏二舞以爲衆樂之容，一曰文舞，二曰武舞。宫縣之舞八佾，軒縣之舞六佾。文舞之制：左執籥，右執翟，二人執纛以引之。李林甫等注：文舞六十四人，供郊廟，服委貌冠，玄絲布大袖，白練領褾，白紗中單，絳領褾，絳布大口袴，革帶，烏皮履，白布韈。其執纛人衣冠各同也。武舞之制：左執干，右執鋮，二人執旌居前；二人執鼗鼓，二人執鐸，四人持金錞，二人奏之；二人執鐃以次之，二人執相在左，二人執雅在右。李林甫等注：武舞六十四人，供郊廟，服平冕，餘同文舞。若供殿庭，服武弁，平巾幘，金支，緋絲布大袖，緋絲布裲襠，甲金飾白練褡襠，錦騰蛇起梁帶，豹文大口布袴，烏布鞾。其執旌人衣冠各同當色舞人，餘同工人也。【略】

鼓吹署：令一人，從七品下。【注略】丞一人，從八品下。【注略】樂正四人，從九品下。【注略】鼓吹令掌鼓吹施用調習之節，以備鹵簿之儀；丞爲之貳。

凡大駕行幸，鹵簿則分前、後二部以統之。李林甫等注：前部：掆鼓十二，夾金鉦十二；次大鼓一百二十；次長鳴一百二十；次鐃鼓十二，夾歌、簫、笳各二十四；次大横吹一百二十，節鼓二，夾笛、簫、觱篥、笳、桃皮觱篥各二十四；次掆鼓十二，夾金鉦十二；次小鼓一百二十；次中鳴一百二十；次羽葆鼓十二，夾歌、簫、笳各二十四。後部：羽葆鼓十二，夾歌、簫、笳各二十四；次鐃鼓十二，夾歌、簫、笳各二十四；次小横吹一百二十，夾笛、簫、觱篥、笳、桃皮觱篥各二十四。大駕鼓吹並朱漆畫，大鼓、小鼓加金鐲，羽葆鼓、鐃鼓、節鼓皆五綵重蓋，其羽葆鼓仍飾以羽葆。長鳴、中鳴、大小横吹五綵衣幡，緋掌，畫交龍五采脚；大角幡亦如之。大鼓、長鳴、大横吹、節鼓及横吹後笛、簫、觱篥等工人服皆緋地苣文袍、袴及帽，金鉦、掆鼓、小鼓、中鳴、小横吹及横吹後笛、簫、觱篥、笳、桃皮觱篥等工人服並青地苣文袍、袴及帽，羽葆鼓、鐃鼓及歌、簫、笳工人服並武弁，朱褠衣，革帶，大角工人平巾幘，緋衫，白布大口袴。其鼓吹主帥服與大角同，以下主帥服亦准此也。法駕則三分減一，小駕則減大駕之半。皇太后、皇后出，則如小駕之制。凡皇太子鼓吹亦有前、後二部。李林甫等注：前部則掆鼓、金鉦各二；次大鼓三十六；次長鳴三十六；次鐃鼓二，簫、笳各六；次掆鼓、金鉦各二；次小鼓三十六；次中鳴三十六。後部則鐃吹一部：鐃鼓二，夾簫、笳各六；横吹一部：横吹十，節鼓一，夾笛、觱篥、簫、笳各五。大鼓、小鼓無金鐲，羽葆，長鳴、中鳴、大横吹五綵衣幡，緋掌，畫蹲豹五綵脚；餘並同上。親王已下，亦各有差。李林甫等注：親王鼓吹：掆鼓、金鉦各一，次大鼓十八，次長鳴十八，次掆鼓、金鉦各一，次小鼓十、中鳴十。後部，鐃吹一部：鐃鼓一，夾簫、笳各四；次横吹一部：横吹六，節鼓一，夾笛、簫、觱篥、笳各四。第一品鼓吹：掆鼓、金鉦各一，大鼓十六，長鳴十六；鐃吹一部：鐃一，簫、笳各四；横吹一部：横吹六，節鼓一，笛、簫、觱篥、笳各四。二品鼓吹：掆鼓、金鉦各一，大鼓十四；鐃吹一部：鐃一，簫、笳各二，横吹一部：横吹四，笛、簫、觱篥、笳各一。三品鼓吹減二品大鼓之四，横吹之二。四品鼓吹又減大鼓之二，而去其横吹。一品已下、三品已上鼓吹並朱漆；鐃及節鼓、長鳴、大横吹五綵衣幡，緋掌，畫蹲豹五綵脚；大角幡亦如之。其大鼓，長鳴、大笛，横吹、節鼓及横吹後笛、簫、觱篥、笳等工人服緋細帽，赤布袴褶；金鉦、掆鼓工人服青細帽，青布袴褶；鐃鼓、簫、笳工人服武弁，朱褠衣，革帶；大角工人服平巾幘，緋衫，白布大口袴。四品鐃鼓及簫、笳工人衣服同三品，餘鼓皆緑沈；金鉦、掆鼓、大鼓工人服青細帽，青布袴褶。凡鉦、鼓並列于道，左鼓、右鉦。大駕之鉦、鼓皆加八角紫繖，皇太子之鉦、鼓加六角紫繖，王公已降加四角青繖。【略】

太醫署：令二人，從七品下；李林甫等注：周禮有醫師上士、下士。秦少府屬官有大醫令、丞，無員，多至數十人。後漢又有藥丞一人，魏因之。晉氏宗正屬官有大醫令、丞，銅印、墨綬，進賢一梁冠，絳朝服，品第七；過江，省宗正，而太醫以給門下省。【略】

太卜署：令一人，從八品下。【注略】丞二人，正九品下。【略】太卜令掌卜筮之法，以占邦家動用之法，丞爲之貳。【略】李林甫等注：《周禮》男巫冬堂贈，無云無筭。鄭玄云：「贈，送也。歲終，以禮送不祥，其行必由堂始。巫與神通，言東則東，言西則西，可近則近，可遠則遠，無常數。」大儺禮選人年十二已上、十六已下爲侲子，著假面，衣赤布袴褶，二十四人一隊，六人作一行也。方相氏右執戈、左執楯而導之，一人爲方相氏，著假面，黄金四目，蒙熊皮，玄衣，朱裳。唱十二神以逐惡鬼。【略】

廩犧署：令一人，從八品下；李林甫等注：《周禮》牧人下士掌牧六牲，以供祭祀。秦、漢内史，左馮翊屬官有廩犧令、丞、尉，後屬大司農。後漢河南尹屬官有廩犧令、丞，魏、晉因之。宋、齊亦有令、丞。《齊職儀》：「令，品第七，秩四百石，銅印，墨綬，進賢一梁冠，絳朝服。今用三品勳位。」梁太常卿統廩犧令、丞，爲三品勳位。陳因之。後魏，令從五品下。北齊太常寺屬官有廩犧令、丞，隋及皇朝因之。丞一人，正九品上。隋置二人，皇朝因之，開元二十三年減一人。廩犧令掌薦犧牲及粢盛之事；丞爲之貳。凡三祀之牲牢各有名數。

原題唐玄宗《唐六典》卷一六《衛尉・宗正寺》　衛尉寺：卿一人，從三品；李林甫等注：《漢書・百官表》云：「衛尉，秦官也，掌宫門衛屯兵。漢因之。景帝中六年，更名中大夫令；後元年，復爲衛尉。屬官有公車司馬、衛士、旅賁三令、丞；又諸屯衛候司馬二十二官皆屬焉。又有長樂、建章、甘泉衛尉，各掌其宫之職，不常置。」後漢衛尉又有南宫、北宫衛士令、丞，餘同前漢。荀綽《百官表》：衛尉，品第三，銀章，青綬，五時朝服，武冠，佩水蒼玉。」過江省，宋孝建元年復置，齊因之。梁天監七年置十二卿，衛尉與廷尉、大匠爲秋卿，班第十二，位視侍中，兼統武庫令。陳因之。後魏衛尉卿從第一品下，太和二十二年降爲第三品，北齊因之。隋衛尉掌軍器、儀仗、帳幕，以監門衛掌宫門屯兵。煬帝降卿爲從三品，皇朝因之。龍朔二年改爲司衛寺正卿，咸亨中復舊。光宅元年又改爲司衛寺卿，神龍元年復故。少卿二人，從四品上。李林甫等注：後魏太和十五年初置少卿官，第三品上；二十二年，降爲正四品上，北齊因之。隋煬帝降爲從四品，皇朝因之。貞觀中置二人。龍朔、咸亨、光宅、神龍並隨寺改復。衛尉卿之職，掌邦國器械、文物之政令，總武庫、武器、守宫三署之官屬；少卿爲之貳。凡天下兵器入京師者，皆籍其名數而藏之。凡大祭祀、大朝會，則供其羽儀、節鉞、金鼓、帷帟、茵席之屬。其應供宿衛者，每歲二時閲之，其有損弊者，則移于少府監及金吾修之。【略】

武庫令掌藏天下之兵仗器械，辨其名數，以備國用；丞爲之貳。【略】甲之制十有三：一曰明光甲，二曰光要甲，三曰細鱗甲，四曰山文甲，五曰烏鎚甲，六曰白布甲，七曰皁絹甲，八曰布背甲，九曰步兵甲，十曰皮甲，十有一曰木甲，十有二日鎖子甲，十有三日馬甲。李林甫等注：甲，似物之浮甲以自衛也。《史記》曰：「楚人鮫革以爲甲。」《漢書》曰：「魏氏武卒衣三屬之甲。」謂上身一，髀褌一，兜鍪一，凡三屬也。今明光、光要、細鱗、山文、烏鎚、鎖子皆鐵甲也，皮甲以犀兕爲之，其餘皆因所用物名焉。【略】袍之制有五：一曰青袍，二曰緋袍，三曰黄袍，四曰白袍，五曰皁袍。李林甫等注：《説文》曰：「袍，襺也。以絮曰襺，以緼曰袍。」今之袍皆繡畫以武豹、鷹鸇之類，以助兵威也。

原題唐玄宗《唐六典》卷一七《太僕寺》 太僕寺：卿一人，從三品；李林甫等注：【略】晉太僕銀章，青綬，五時朝服，進賢兩梁冠，佩水蒼玉，品第四。【略】少卿二人，從四品上。【注略】

太僕卿之職，掌邦國廐牧、車輿之政令，總乘黄、典廐、典牧、車府四署及諸監、牧之官屬；少卿爲之貳。【略】

乘黄署：令一人，從七品下；李林甫等注：【注略】《齊職儀》云：「乘黄，獸名也，龍翼馬身，黄帝乘之而僊，因以名廐。乘黄令品第七，秩四百石，銅印、墨綬，進賢一梁冠，絳朝服。」【注略】丞一人，從八品下。【注略】乘黄令掌天子車輅，辨其名數與馴馭之法；丞爲之貳。凡乘輿五輅：【略】李林甫等注：五輅，駕士各三十二人，並平巾幘，青衫，大口袴，千牛將軍一人陪乘。【略】五輅皆有副車。【注略】又有指南車、【注略】記里鼓車、【注略】白鷺車、【注略】鸞旗車、【注略】辟惡車、【注略】李林甫等注：崔豹《古今注》云：「秦制也，桃弓、葦矢，所以禳祓不祥。」太卜令一人在車，執弓箭，平巾幘，緋褲襠，大口袴。皮軒車、李林甫等注：《晉志》：「以獸皮爲軒。」左金吾衛隊正一人在車，執弩，服同太卜令。自指南車皆駕四馬，正道，匠一人，駕士一十四人。耕根車、【注略】安車、【注略】四望車、【注略】羊車、李林甫等注：周遷《輿服雜事》曰：「羊車，一名輦車，其上如軺，伏兔箱，漆畫輪軛。小兒衣青布袴褶，紫碧襻青耳屩，五辮髻，數人引之，今代名爲羊車小史。而漢代或以人牽，或以駕果下馬。」《晉志》曰：「武帝乘羊車於後宫，恣意所之，宫女掛竹葉，楊條，候帝之來。」黄鉞車、李林甫等注：崔豹《古今注》云：「黄鉞，三代通用以斷斬，今以黄鉞爲乘輿之飾。武王以黄鉞斬紂，故王者以爲戒。」駕二馬，左武衛隊正一人在車執之，武弁，朱衣，革帶。駕士一十二人。豹尾車，屬車一十有二，李林甫等注：屬車一曰副車，一曰貳車，一曰佐車。【略】宋孝建時，議準旂旒之數，設十二乘。今憲章往古，大駕依秦，法駕依漢，小駕依宋。」帝曰：「大駕宜三十六，法駕宜用十二，小駕除之可也。」皇朝因之，置十二乘，駕牛，駕士各八人。自指南車駕士皆平巾幘，緋衫，大口袴，唯耕根車青衫，羊車服則殊也。大駕則用之。若法駕，則減五副車、白鷺、辟惡、安車、四望車，四分屬車之一，餘同大駕。若小駕，又減象輅、革輅、木輅、指南車、記里鼓車、鸞旗、皮軒、耕根，羊車、屬車、黄鉞、豹尾等車，餘同法駕。

原題唐玄宗《唐六典》卷一八《大理寺・鴻臚寺》 司儀署：令一人，正八品下；【注略】丞一人，正九品下。【注略】司儀令掌凶禮之儀式及供喪葬之具；丞爲之貳。李林甫等注：【略】皇帝臨臣之喪，一品服錫縗，三品已上緦縗，四品已下疑縗。皇太子臨弔三師、三少則錫縗，宫臣四品已上緦縗，五品已下疑縗。凡京官職事三品已上、散官二品已上遭祖父母、父母喪，京官四品及都督、刺史並内外職事若散官以理去官五品已上在京薨、卒，及五品之官死王事者，將葬，皆祭以少牢，司儀率齋郎執俎豆以往；三品已上又贈以束帛，一品加乘馬。既引，又遣使贈於郭門之外，皆以束帛，一品加璧。凡百官以理宏職而薨、卒者，聽斂以本官之服；無官者，介幘、單衣。婦人有官品者，亦以其服斂。【注略】凡設鬲及銘旌、轜車之屬有差。【注略】凡引、披、鐸、翣、挽歌、方相、魌頭、纛、帳之屬亦如之。三品已上四引，四披，六鐸，六翣；挽歌六行三十六人；有挽歌者，鐸依數人數，已下准此。五品已上二引，二披，四鐸，四翣，其執引、披者皆布幘、布深衣；挽歌者白練幘、白褠衣，皆執鐸、披；其方相四目，五品以上用之；魌頭兩目，七品以上用之，並玄衣朱裳，執戈楯載於車。其纛五品已上竿長九尺，六品已下五尺；其下帳五品已上用素繒，六品已下用練，婦人用綵。【略】合弔祭者，應須布深衣。幘、素三梁六柱轝皆官借之；其内外命婦應得鹵簿者亦如之。

原題唐玄宗《唐六典》卷一九《司農寺》 司農卿之職，掌邦國倉儲委積之政令，總上林、太倉、鈎盾、導官四署與諸監之官屬。【略】謹其出納而修其職務；少卿爲之貳。凡京、都百司官吏禄廩，皆仰給焉。【略】

丞六人，從六品上；李林甫等注：秦治粟内史有兩丞，漢因之。武帝改爲大司農，亦兩丞。及桑弘羊爲大司農，置部丞數十人，分部主郡國，將以興利。後漢司農丞一人，比千石；部丞一人，六百石；部丞主帑藏。魏因之，品第七。晉亦品第七，進賢一梁冠，介幘，皁衣，銅印，黄綬。宋、齊、梁、陳司農丞墨綬。

原題唐玄宗《唐六典》卷二一《國子監》 國子監：祭酒一人，從三品；李林甫等注：晉武帝立國子學，置祭酒一人。《晉令》曰：「祭酒博士當爲訓範，總統學中衆事。」傅暢《諸公讚》云：「裴頠爲國子祭酒，奏立國子太學，起講堂，築門闕，刻石寫五經。」《百官志》：「祭酒，皂朝服，介幘，進賢兩梁冠，佩水蒼玉，官品第三。」東晉及宋、齊並同。梁置國子祭酒一人，班第十三，比列曹尚書。陳國子祭酒秩中二千石，品第三。後魏初，第四品上；太和二十二年，增爲從第三品。北齊改爲國子寺，祭酒一人，從三品。後周闕。隋初，國子寺祭酒隸太常，從三品。開皇十三年復置國子學。仁壽元年罷國子，唯置太學。大業三年，改爲國子監，依舊置祭酒一人。皇朝因之。

原題唐玄宗《唐六典》卷二二《少府軍器監》 少府監：監一人，從三品；李林甫等注：【略】《漢官解詁》云：「少府主供養，陂池、禁錢、御服、口實、掖度、中宮。」魏因之。晉置功曹、主簿、五官等員；少府銀章、青綬，五時朝服，進賢兩梁冠，絳朝服，佩水蒼玉。【略】

甲坊署：令一人，正八品下；《周禮·考工記》曰：「函人爲甲：犀甲七屬，兕甲六屬，合甲五屬。凡爲甲，先必爲容，然後制革，權其上旅與其下旅，而重若一。」隋少府有甲鎧署，皇朝改焉。丞一人，正九品下；監作二人，從九品下。【略】

甲坊令、弩坊令各掌其所脩之物，督其繕造，辨其粗良；丞爲之貳。凡財物之出納，庫藏之儲備，必謹而守之。

原題唐玄宗《唐六典》卷二四《諸衛》 左右衛，大將軍各一人，正三品；李林甫等注：【略】秦漢始置衛將軍，後漢及魏並因之，然增其班秩。晉文帝置臺，又置中衛將軍。武帝受命，分爲左、右二衛，各將軍一人，品第四，銀章、青綬，武冠，絳朝服，佩水蒼玉。宋、齊因之。【略】

左、右領軍衛，大將軍各一人，正三品；李林甫等注：漢建安十四年，魏武爲丞相，相府始置中領軍，既拔漢中，還長安，以曹休爲之，主五校、中壘、武衛等營。魏文帝爲魏王，又置領軍，而領軍差勝，中領微劣。晉因之，領軍與中領三將軍並置，領軍品第三，金章、紫綬；中領軍將軍第四品，銀章、青綬，武冠，絳朝服，佩水蒼玉。

原題唐玄宗《唐六典》卷二五《諸衛府》 左、右羽林軍衛，大將軍各一人，正三品；李林甫等注：漢置南、北軍，掌衛京師。南軍，若今諸衛也；北軍，若今左、右羽林也。呂后崩，周勃以北軍兵誅諸呂。至武帝，置羽林，掌送從，以次期門，名曰建章營騎，屬光祿勳，置令、丞以領之。後更名羽林騎，兼象天有羽林星主車騎也；又云「爲國羽翼，如林之盛」。以隴西、漢陽、安定、北地、西河、上郡良家子便弓馬者爲之。取從軍死事之子孫養羽林，官教以五兵，號爲「羽林孤兒」。宣帝令中郎將、騎都尉監羽林，秩比二千石。光武以征伐之任勞苦者及五郡良家子以充之，父死，子代之；又簡五營高手，别爲左、右監，秩比六百石。魏羽林監品第五。晉光祿勳屬官有羽林郎將，羽林左、右監，品第五，銅印、墨綬，武冠，絳朝服；其侍陛殿，著鶡尾冠，紗縠單衣。

原題唐玄宗《唐六典》卷二六《太子三師·三少·詹事府·左右春坊·內官》 太子太師一人，太傅一人，太保一人，並從一品。李林甫等注：【略】東晉明帝在儲宮，置保、傅之位，而無二師。《晉令》：「太子太保品第三，進賢兩梁冠，絳朝服，佩水蒼玉，銀章，青綬。」宋、齊、梁並不置。後魏、北齊置之，正第二品，號「東宮三太」。後周不置。隋氏置之，正第二品，皇朝因之，而加其秩。【略】

太子詹事府：詹事一人，正三品；李林甫等注：【略】《晉令》：「詹事，品第三，銀章、青綬，絳朝服，兩梁冠。局事擬尚書令，位視領、護將軍、中書令。長三令、四率、中庶子、庶子、洗馬、舍人。」其後用人漸重，或以令、僕射領之。宋、齊品秩、儀服略同於晉。【略】少詹事一人，正四品上。【注略】太子詹事之職，統東宮三寺、十率府之政令，舉其綱紀，而修其職務；少詹事爲之貳。凡天子六官之典制，皆視其事而承受焉。

丞二人，正六品上；李林甫等注：【略】《晉令》：「詹事丞一人，品第七，銅印、墨綬，進賢一梁冠，皂朝服，局擬尚書左、右丞。」過江，多用員外郎及博士爲之，遷爲尚書郎。宋、齊品服同晉氏。【略】

太子左春坊：左庶子二人，正四品上；李林甫等注：【注略】晉太子詹事有中庶子、庶子各四人，局擬散騎常侍，品第五，班同三令、四率，次中書侍郎下，絳朝服，武冠，平巾幘。【略】

內直局：內直郎二人，從六品下；【注略】丞二人，正八品下。【注略】內直郎掌符璽、繖扇、几案、衣服之事；丞爲之貳。

凡皇太子之服：

衮冕，垂白珠九旒，以組爲纓，色如其綬；青纊充耳；犀簪導；玄衣、纁裳，九章，每章一行，重以爲等，每行九；李林甫等注：五章在衣：山、龍、華蟲、火、宗彝；四章在裳：藻、粉米、黼、黻。織成爲之。白紗中單，黼領，青褾、襈、裾；革帶，金鈎䚢，大帶；李林甫等注：素帶不朱裏，亦純以朱緑，紐約用組。韍隨裳色，火、山二章。玉具劍，李林甫等注：金寶飾。玉鏢首；瑜玉雙佩；朱組雙大綬，四綵：赤、白、縹、紺，純朱質，長一丈八尺，三百二十首，廣九寸；李林甫等注：小雙綬長二尺六寸，色同大綬，而首半之，間施二玉環。朱韈，赤舄。李林甫等注：加金飾。侍從皇帝祭祀及謁廟、加元服、納妃則服之。

具服遠遊三梁冠，加金附蟬九首，施珠翠；黑介幘，髮纓翠緌，犀簪導；絳紗袍；白紗中單，皂領，褾、襈、裾；白裙襦；白假帶；方心，曲領；絳紗蔽膝；李林甫等注：其革帶、劍、珮、綬與上同。白韈，黑舄；未冠則雙童髻，空頂黑介幘，雙玉導，加寶飾；謁廟還宮，元日、冬至、朔日入朝，釋奠則服之。李林甫等注：其朔、望日入朝通服袴褶，五日常朝亦準此。

公服遠遊冠，李林甫等注：簪導以上並同前。絳紗單衣；白裙襦；革帶，金鈎䚢，假帶；瑜玉隻佩；方心；紛；鞶囊，李林甫等注：長六尺四寸，廣二寸四分，色同大綬。白韈，烏皮履；五日常朝、元日、冬至受朝則服之。

弁服，李林甫等注：弁以鹿皮爲之。犀簪導，組纓，玉瑧九；絳紗衣，素裳；革帶；鞶囊；小綬，隻佩；白韈，烏皮履；朔、望及視事則兼服之。

平巾幘，李林甫等注：金飾。犀簪導；紫褶，白袴；玉梁珠寶鈿帶；著鞾；乘馬則服之。

進德冠，九琪，加金飾，其常服及白練裙襦通著之；若服袴褶，則與平巾幘通著。

原題唐玄宗《唐六典》卷二七《太子家令・率更・僕寺》 太子家令寺：家令一人，從四品上；李林甫等注：【略】

太子率更寺：令一人，從四品上；【注略】丞二人，從七品上；【注略】主簿一人，正九品下。【注略】率更令之職，掌宗族次序，禮樂、刑罰及漏刻之政令。凡皇太子釋奠於先聖先師，講學齒胄，皆總其儀注，而爲之導引。若皇太子備禮出入，則乘軺車，位亞家令焉。

凡張樂，軒縣之制：鎛鐘之簴三，編鐘之簴三，編磬之簴三，凡九簴。每位各建鼓凡三人，柷敔二人；鐘、磬，簴各一人。每編鐘下笙、竽、笛、篪、塤各一人。每編磬下歌二人，琴、瑟、箏、筑各一人。文、武二舞各六佾。其簨、簴皆金三博山，飾以崇牙、流蘇、樹羽。其樂器應漆者，皆朱漆之。鐃鼓、節鼓朱漆畫，加五綵重蓋；大鼓、小鼓及餘鼓吹並朱漆，羽葆鼓飾以羽葆。長鳴、中鳴、大、小横吹五綵衣幡，緋掌，畫蹲豹五綵腳；大角幡亦如之。其大鼓、長鳴、大横吹、節鼓及横吹後笛、簫、篳篥、笳等工人皆服緋地苣文袍、袴及帽。金鉦、掆鼓皆加六角紫繖。小鼓、中鳴等，小横吹及鐃，及横吹後笛、簫、篳篥、笳等工人皆服青地苣文袍、袴及帽。鐃鼓及簫、笳工人服並武弁、朱褠衣、革帶。大角工人平巾幘，緋衫，白布大口袴。

太子僕寺：僕一人，從四品上；李林甫等注：晉家令品第五，銅印，墨綬，進賢兩梁冠，絳朝服，比司農、少府。【略】晉詹事屬官有太子僕，銅印，墨綬，進賢兩梁冠，絳朝服；主輿馬，親族，局擬太僕，宗正。太康八年，進品第五。宋、齊品秩、冠服同家令寺；從駕乘安車，次家令。

原題唐玄宗《唐六典》卷二九《諸王府・公主邑司》 親王府：傅一人從三品；【注略】諮議參軍事一人，正五品上；【注略】友一人，從五品下；李林甫等注：後漢東平憲王爲驃騎將軍，辟杜撫以爲西曹掾，尋以爲師友。魏、晉諸王置友一人，宋、齊因之，品第六，進賢一梁冠，絳朝服。【略】

長史一人，從四品上；李林甫等注：漢相國、丞相有兩長史，秩千石。後漢三公府各有長史員，魏太祖、吳長沙桓王府因之。宋、齊諸王領鎮者有長史，品第六，秩千石，銅印、墨綬，進賢兩梁冠，絳朝服。梁、陳公府並有長史，後魏、北齊亦同。隋親王、嗣王、郡王各有長史，皇朝因之，嗣王、郡王則不置。

元結《次山集》卷七 《與何員外書》永泰中，何昌裕爲戶部員外。

月日，次山白何夫子執事：皮弁時俗廢之久矣，非好古君子，誰能存之，忽蒙見贈，驚喜無喻。次山漫浪者也，苦不愛便事之服，時世之巾。昔年在山野，曾作愚巾凡裘，異於制度。凡裘領縚界縚緣縚帶，其餘皆褐帶，聯後縫中腰，前繫愚巾，頂方帶，方垂方縚，葛爲之，玄絲爲縷，次山自衣帶巾裘，雖不爲時人大惡，亦嘗辱其嗤誚，方欲雜古人衣帶以自免辱，贈及皮弁，與凡裘正相宜。若風霜慘然，出行林野，次山則戴皮弁，衣凡裘，若大暑蒸濕，出見賓客，次山則戴愚巾，衣野服。野服大抵縚褐布葛爲之也，腰擔爲裳，短襟爲衣，裳下及履，衣垂及膝下，不審夫子異時歸休，適在山野，能衣戴此者不乎？若以爲宜，當各造一副送往。元次山白。

杜佑《通典》卷五六《嘉禮一》

天子加元服 周 漢 後漢 魏 東晉 後魏 北齊 大唐

周制，文王年十二而冠，文王十三生伯邑考。《左傳》曰：「冠而生子，禮也。」許慎《五經異義》曰：「《春秋左氏傳》說，歲星爲年紀十二而一周於天，天道備，故人君子十二可以冠。自夏殷天子，皆十二而冠。」成王十五而冠。譙周《五經然否論》云：「古文尚書說，武王崩，成王年十三。推武王以庚辰歲崩，周公以壬午歲出居東，癸未歲反。《禮・公冠》記，周公冠成王，命史作祝辭告，是除喪冠也。周公未反，成王冠弁，開金縢之書，時十六矣。是成王十五，周公冠之而后出也。」許慎《五經異義》云：「武王崩，後管蔡作亂，周公出居東，是歲大風，王與大夫冠弁開金縢之書，成王年十四，是喪冠也者，恐失矣。」按《禮》、《傳》天子之年，近則十二，遠則十五，必冠矣。將冠，筮日、筮賓。《冠義》曰：「古者，聖王重冠，筮日筮賓，所以敬冠事。」既言古者，則不起於周。行之於廟。《冠義》曰：「重冠故行之於廟者，不敢擅重事，所以自卑而尊先祖也。」冠委貌於阼，三加彌尊。《冠義》曰：「冠於阼，以著代也。三加彌尊，加有成也。」《大戴禮・公冠篇》曰「公冠四加」，三同士，後加玄冕。天子亦四加，後加衮冕。祼享樂於廟。所以知冠有享樂者，《春秋左傳》曰：「晉侯問魯大夫季武子襄公年，曰：『君可冠矣。』武子對曰：『君冠必以祼享之禮行之，以金石之樂節之，以先君之祧處之。』周公冠成王，命祝雍頌曰：『近於人，遠於年，遠於佞，近於義，嗇於時，惠於財，祿賢使能。』

說曰：《冠義》云：「冠者，禮之始也。凡人之所以爲人者，禮義也。禮義之始，在於正容體，齊顏色，順辭令，而後禮義備，以正君臣，親父子，和長幼。故冠而後服備，服備而後容體正，顏色齊，辭令順。古者聖王重冠，所以爲國本也。」《五經要義》云：「冠，嘉禮也。冠，首服也。首服既加，而後人道備，故君子重之，以爲禮之始矣。孔子曰：『正其衣冠，尊其瞻視，儼然人望而畏之。』又曰『不莊以莅之，則民不敬』。此人君早冠之義也。王教之本，不可以童子之道理焉。」或云：「《周禮》雖有服冕之數，而無天子冠文。又《儀禮》云公侯冠禮者，王肅、鄭玄皆以爲夏末衰亂，篡弑所由生焉，故作公侯冠禮，則明無天子冠禮之審也。又無大夫冠禮，古者五十而後爵，何大夫冠禮之有。周人五十而有賢才，則試以大夫之事，猶行士禮。故筮日筮賓，冠於阼以著代，醮於客位，三加彌尊，皆士禮也者。」今按：《大戴禮》有《公冠篇》云：「公冠四加，天子亦四加。」又《家語·冠頌》云：「王太子之冠，擬諸侯之冠；天子之元子，亦擬諸侯四加；諸侯之子同於士。」據此，自天子至於諸侯，非無冠禮，但因秦焚書，遂同蕩滅。其周制《士冠禮》，頗備，王者時採行焉。

漢改皇帝冠爲加元服。惠帝加元服，用正月甲子若景子爲吉。昭帝冠辭曰：「陛下擒著先帝之光輝，以承皇天之嘉祐，欽奉仲春之吉辰，普尊大道之郊域，秉率萬福之丕靈，始加昭明之元服，推遠沖孺之幼志，蘊積文武之就德，肅勤高祖之清廟，六合之內，靡不蒙福，承天無極。」

後漢制，正月甲子若景子爲吉日，可加元服，儀從《冠禮》。乘輿初加緇布進賢，次爵弁，次武弁，次通天，冠訖，皆於高廟如禮謁見。《續漢書》云：「加元服，乘輿皆於高祖廟，謁見按世祖廟，始冠緇布冠於宗廟，從古制。」和帝冠以正月甲子，乘金根車，駕六玄虬，至廟成禮，乃迴軫反宮，朝服以饗宴，撞太蔟之庭鐘，咸獻壽焉。黄香頌云：「惟永元之盛代，聖皇德之茂純，躬烝烝之至孝，崇敬順以奉天。以三載之孟春，建寅月之上旬，皇帝時加玄冕，簡甲子之元辰。皇輿幸夫金根，六玄虬之連蜷，建螭龍以爲旂，鳴節路之和鑾。既臻廟以成禮，乃迴軫而反宮，正朝服以享燕，撞太蔟之庭鐘。祚蕃屏與鼎輔，暨夷蠻之君王，咸進爵於金罍，獻萬壽之玉觴。」頌文多，今但録其事耳。蜷音權。順帝以初月景子，加元服於高廟。時兼用曹褒《新禮》，其儀不存。順帝都洛陽，亦立高祖廟矣。獻帝興平元年正月甲子，加元服。司徒淳于嘉爲賓，加賜玄纁駟馬。賜貴人、王、公、卿、司隸校尉、城門五校、侍中、尚書、給事黄門侍郎各一人爲太子舍人。

魏氏天子冠一加。其説曰：「古之士禮，服必三加彌尊，所以喻其志。至於天子諸侯加數無文者，將以踐阼臨人，尊極德成，不復與士以加喻勉爲義。」《禮》冠於廟，自魏不復在廟矣。

東晉諸帝冠儀，一加幘冕。將冠，金石宿設，百僚陪位。又先於殿上鋪大牀，御府令奉冕、幘、簪導、衮服以授侍中常侍，太尉加幘，太保加冕。將加冕，太尉跪讀祝文曰：「令月吉辰，始加元服。皇帝穆穆，思弘衮職。欽若昊天，六合是式。率遵祖考，永永無極。眉壽惟祺，介茲景福。」加冕訖，侍中繫玄紘，脱帝絳紗服，加衮服。冠事畢，太保率羣臣奉觴上壽，王公以下三稱萬歲乃退。孫毓《五禮駁》曰：「魏氏天子一加，三加嫌同諸侯。毓按，《玉藻記》曰：『玄冠朱組纓，天子之冠也。緇布冠繢緌，諸侯之冠也。』其説謂皆始冠，則是有次加之辭。此二冠皆卑服質古，勢不一加，必重加朝祭之服，以崇彌尊。聖人制禮，所以一時歷加衆服者，今始成人，卜擇令日而徧加之，所以重始也。若冠日有不加者，後必不擇吉而服，非重始也。又《禮器》有以少爲貴者，冠不在焉。《記》有彌尊喻志之言，蓋以服從卑始，象德日新，不可先服尊服，轉而即卑。今嫌士禮喻志之文，因從魏氏一加之制，考之《玉藻》，似非古典。今三加者，先冠皮弁，次冠長冠，後冠進賢冠，以爲彌尊，於意又疑。裴頠荅治禮問：『天子禮玄冠者，形之成也。爲君未必成人，故君位雖定，不可孩抱而服冕弁』。摯虞以爲『天子即位之日，即爲成君，冕服以備，不宜有加』。諸侯即位爲成君，位豈不定？諸侯成君，不拘盛典而可以冠，天子成君，獨有火龍黼衣便不可乎？意爲宜冠有加。」

成帝用三元吉日，既加元服，拜於太廟。穆帝、孝武將冠，皆先以幣告廟，訖事，又廟見。臺符問：「修復未畢，吉凶不相干，爲可加元服與不？」太常王彪之議：「禮雖有喪冠，當是應冠之年，服制未終，若須服終，便失應冠之年故也。禮所以冠無定時月，春夏不可，便用秋冬。若今歲內修復未畢，入新年，卜仲春之日，加元服，不失年，不失禮。今便准喪冠，闕饗樂而行事，誠有倚傍。然加衮冕，火龍煥然，以准喪儀，情有不體。若別有事，必速加元服，權諸輕重，不須修復畢者，便當准喪冠耳。」又議：「新年至尊當加元服。今若依成帝故事用三元日者，冠有金石之樂，恐修山陵未畢，於樂便闕。禮，冠自卜日。又云『夏葛屨，冬皮屨』，明無定時，不必三元也。按晉故事及兩漢，皆非三元，當任時事之宜耳。」又議：「近訪得成皇帝加元服儀注，闕無拜廟事。按《禮》，冠皆於廟。《儀禮》云『既畢，賓出，主人送於廟門』。明必在廟。近代以來，不復在廟。成皇帝既加元服，拜太廟以告成，蓋亦猶擬在廟之儀。今既加元服，亦應拜廟。」

後魏正光元年秋，孝明帝年十一，加元服訖，拜太廟，大赦改元。

北齊制，皇帝加元服，以玉帛告圜丘方澤，以幣告廟。擇日臨軒，中嚴，羣官位定，皇帝著空頂介幘以出。太尉盥訖，升，脱空頂幘，以黑介幘奉加。訖，太尉進太保之右，北面讀祝。訖，太保加冕，侍中繫玄紘，脱絳紗袍，加衮服。事畢，太保上壽，羣官三稱萬歲。皇帝入温室，移御座，會而不上壽。後日，文武羣官朝服，上禮酒十二鍾，米十二囊，牛十二頭。又擇日，親拜圜丘方澤，謁廟。

大唐之制，如《開元儀》。

皇太子冠 皇子皇孫附○周 漢 魏 晋 宋 齊 梁 後魏 北齊 隋 大唐

周制，天子元子猶士也，天下無生而貴者也。元子，嗣子也。無生而貴，皆由下升也。明人有賢行著德，乃得貴之。《家語·冠頌》曰：「天子之元子之冠，擬諸侯之冠，四加。」

漢宣帝冠太子以正月。冠諸王，遣使行事。

魏氏冠太子，再加。皇子、王公嗣子，乃三。孫毓以爲一加再加，皆非禮也。冠諸王，因漢遣使行事。

晋惠帝之爲太子，將冠，武帝臨軒，使兼司徒高陽王珪加冠，兼光禄大夫、屯騎校尉華廙贊冠。武、惠冠太子，冠訖，皆即廟見，斯亦擬在廟之儀。泰始六年，南宫王承年十五，依舊應冠。有司議奏：「禮十五成童。國君十五而生子，以明可冠之宜。又漢魏遣使冠諸王，非古典。」於是制儀，王十五而冠，遂革使命。咸寧二年秋閏九月，遣使冠汝南王柬。惠帝以正月景午，冠太子訖，乃廟見。懷帝亦以正月冠皇太子。

宋冠皇太子及藩王以一加。

齊武帝孫南郡王昭業冠，從尚書令王儉議，使太常持節一加冠，大鴻臚爲贊，醮酒之儀，國官陪位，拜賀如常。其日，内外二品清官以上，詣公車門集賀，并詣東宫南門通牋。別日上禮，宫臣亦詣門稱慶，如上臺之儀。既冠之後，剋日謁廟。儉議曰：「皇孫冠事，歷代所無，禮雖有嫡子無嫡孫，然南郡王體自儲暉，實惟國重，元服之典，宜異列藩。依於諸王則輕，同於儲皇則重。按《士冠禮》：『主人玄冠朝服。』鄭玄注云：『主人，冠者之父兄也。』尋其言父及兄，則明祖在，父不爲主也。又《春秋》之義，『不以父命辭王父命』，則皇太子無專用之道。宜使太常持節一加冠。」并撰立《贊冠》、《醮酒》二辭，不依藩國。詔可也。祝辭曰：「皇帝使給事中、太常、武安侯蕭惠本加南郡王冠。筮日戒賓，肇加元服。棄爾幼志，從厥成德。親賢使能，克崇景福。」《醮酒》辭曰：「旨酒既清，嘉薦既盈。兄弟具在，淑慎儀形。永永眉壽，於穆斯寧。」明帝冠太子用正月。

梁武帝天監十三年正月，冠太子於太極殿，修前代之儀。

後魏孝文帝冠皇太子恂於廟。詔曰：「司馬彪《漢志》：漢帝有四加冠，一緇布，二進賢，三武弁，四通天。朕見《家語·冠頌篇》，四加冠，公也。《家語》孔子之言，與正經何異？諸儒忽司馬彪《志》，致使天子之子，而行士冠。朕以爲有賓，諸儒皆以爲無賓。孔氏所云『斐然成章』，其斯之謂矣。」

北齊制，皇太子冠，則太尉以制幣告七廟。擇日臨軒，有司供帳於崇正殿。中嚴，皇太子空頂幘公服出，立東階之南，西面。使者入，立西階之南，東面。受詔訖，入室盥櫛，出，南面。使者進揖，詣冠席，西面坐。光禄卿盥訖，詣太子前跪櫛。使者又盥，奉進賢三梁冠，至太子前，東面祝，脱空頂幘，加冠。太子興，入室更衣，出，又南面就席。光禄卿盥櫛。使者又盥祝，脱三梁冠，再加遠遊冠。太子又入室更衣。設席中楹之西，使者揖就席，南面。光禄卿洗爵酌醴，使者詣席前，北面祝。太子拜，受醴，即席坐，祭之，啐之，奠爵，降階，復本位，西面。三師、三少及在位羣官拜事訖。又擇日會宫臣，又擇日謁廟。

隋制，皇太子將冠，前一日，帝齋於大興殿。太子與賓贊及預從官，齋於正寢。其日質明，有司告廟，各設筵於阼。帝衮冕即御座。賓揖太子進，升筵，西向坐。贊冠者坐櫛，設纚。賓盥訖，初加緇布冠，贊冠進設頍丘癸切纓。賓揖太子適東序，衣玄衣素裳以出。贊者又坐櫛，賓進加遠遊冠。改服訖，賓又受冕。太子適東序，改服以出。賓揖太子南面立，賓受醴，進筵前，北面立祝。之又切。太子拜受觶。賓復位，東面答拜。贊者奉饌於筵前，太子祭奠。禮畢，降筵，進當御，東面拜。納言承詔，詣太子戒訖，太子拜。贊者引太子降自西階。賓少進，字之。贊者引太子進，立於庭，東面。諸親拜訖，贊者拜，太子皆答拜。與賓贊俱復位。納言承詔降，命令有司致禮。賓贊又拜。帝復降阼階下，拜，太子以下皆拜。帝出，更衣還宫。太子從至閤，因入見皇后拜而還。

大唐貞觀五年正月，有司上言：「皇太子將行冠禮，宜用二月爲吉，請追兵以備儀注。」太宗曰：「今東作方興，恐妨農事。」令改用十月。太子少保蕭瑀奏稱：「准陰陽家，用二月爲勝。」上曰：「陰陽拘忌，朕所不行。若動静必依陰陽，不顧禮義，欲求福祐，其可得乎！若所行皆遵正道，自然當與吉會。且吉凶在人，豈假陰陽拘忌？農時甚要，不可暫失。」開元六年，侍中宋璟上表曰：「臣伏以太常狀，准《東宫典記》有上禮之儀。謹按上禮非古，從南齊、後魏方始有此事。而垂拱，神龍，更扇其道，羣臣斂錢獻食，君上厚賜答之，姑息施恩，方便求利。皇太子冠乃盛禮，自然合有錫賚。上臺東宮兩處宴會，非不優厚。其上禮宜停。」其儀具《開元禮》。

諸侯大夫士冠　夏　周　後漢　晉　大唐

《夏小正記》：二月，冠子之時也。

周制，繼世以立諸侯，象賢也。象，法也。爲子孫能法其先祖之賢，故使之繼世。諸侯之子冠，亦用士禮也。冠禮，筮日筮賓，冠於阼，醮於客位，三加彌尊。阼謂主人之北也。嫡子冠於阼，若不醴，則醮用酒。於客位，敬而成之也。户西爲客位。庶子冠於房户外，又因醮焉，不代父也。冠者初加緇布，次加皮弁，次加爵弁，每加益尊，所以益成也。已冠而字之。成人之道也，字所以相尊也。見於母，母拜之。見於兄弟，兄弟拜之。成人而與爲禮。

《左傳》曰：「晉侯問襄公年，大夫季武子對曰：『會於沙隨之歲，寡君以生。』晉侯曰：『十二年矣，是謂一終，一星終也。國君十五而生子，冠而生子，禮也。君可以冠矣，大夫盍爲冠具？』武子對曰：『君冠必以裸享之禮行之，以金石之樂節之，以先君之祧處之。今寡君在行，未可具也。請及兄弟之國而假備焉。』晉侯曰：『諾。』公還，及衛，冠於成公之廟，假鐘磬焉，禮也。」《大戴禮·公冠篇》云「公冠四加」。《家語·冠頌》云「諸侯之子，冠同於士」。

士，男子二十而冠。漢戴聖云：「男子，陽也。陽成於陰。偶數起於二，終二十，謂之小成，而冠。」鄭玄云：「任士職，居士位，故《曲禮》云二十曰弱冠。」孔穎達云：「十九以下爲殤。身有德行，幼爲大夫，則不待二十而冠。」將冠，筮日於廟門。廟，禰廟也。冠必筮日於廟門者，重以成人之禮。不於堂者，嫌蓍之靈由廟神。主人玄冠，朝服，緇帶，素韠，即位于門東，西面。主人，將冠者之父兄也。玄冠，委貌也。朝服者，十五升布衣而素裳也。衣不言色者，衣與冠同也。筮必朝服者，尊蓍龜之道也。緇帶，黑繒帶也。士帶博二寸，再繚四寸，屈垂三尺。素韠，白韋韠也。凡染黑，五入爲緅，六入爲玄，七入爲緇。有司如主人服，即位于西方，東面北上。筮與席、所卦者，具饌于西塾。布席于門中，闑西閾外，西面。筮人執筴，抽上韇，兼執之，進，受命於主人。宰自右少退贊命。筮人許諾，右還，即席坐，西面。卦者在左。卒筮，書卦，執以示主人。主人受視，反之。筮人還，東面，旅占，卒，進告吉。若不吉，則筮遠日如初儀。旬之外日。

主人戒賓，戒，告也。賓，主人之僚友也。將冠子，故就告使來。曰：「某有子，某將加布於其首，願吾子教之。」賓對曰：「某不敏，恐不能共事，以病吾子，敢辭。」病猶辱也。共音恭。主人曰：「某猶願吾子之終教之。」賓對曰：「吾子重有命，某敢不從。」主人再拜，賓答拜。主人退，賓拜送。退，去歸也。

前期三日，筮賓，如求日之儀。賢者恆吉，冠必筮日筮賓者，所以敬冠事，重冠禮者也。乃宿賓。賓如主人服，出門左，西面再拜；主人東面答拜，宿，進也。如主人服，朝服。乃宿曰：「某將加布於某之首，吾子將涖之，敢宿。」賓對曰：「敢不夙興。」主人再拜，賓答拜。主人退，賓拜送。乃宿賓者，親相見，致其辭。宿贊冠者一人，亦如之。贊冠者，佐賓爲冠事者。

冠日夙興，設洗，直於東榮。榮，屋翼也。直音值。陳服於房中西墉下，東領，北上。冠時先用卑服，故北上，便。爵弁服：纁裳，純衣，緇帶，韎韐。此助君祭之服。爵弁，冕之次也，其色赤而微黑，如爵頭然。用布三十升。纁裳，淺絳裳也。純衣，絲衣也。韎音妹。韐音閤。皮弁服：素積，緇帶，素韠。此與君視朔之服也。皮弁者，以白鹿皮爲冠，象上古也。積猶辟也，以素爲裳，辟蹙要中。衣布亦以十五升，其色象焉。玄端：玄裳、黄裳、雜裳可也，緇帶，爵韠。此莫夕於朝之服。玄端即朝服之衣易其裳耳。上士玄裳，中士黄裳，下士雜裳。雜裳者，前玄後黄。士皆爵韋爲韠，其爵同。不以玄冠名服者，爲緇布冠陳之。緇布冠頍項，青組纓屬於頍；緇纚，廣終幅，長六尺；皮弁笄；爵弁笄，緇組紘，纁邊；同篋。緇布冠無笄，著頍，圍髮際，結項中，隅爲四綴以固冠，項中有緬，亦由固頍之爲耳。今未冠笄者，著卷幘，頍象之所生也。屬猶著也。纚今之幘梁。終，充也。纚一幅長六尺，足以韜髮而結之矣。笄，今之簪。有笄者屈組爲紘，垂爲飾；無笄者纓而結其絛。纁邊，組側赤也。同篋謂此上六物。隋方曰篋。隋音他果切。櫛實於簞，簞笥也。蒲筵二，在南。敷陳曰筵，藉之曰席。上重者皆言席，取相承藉之義，在地多言筵也。側鱒一甒醴，在服北。側猶特也，無玄酒也。爵弁、皮弁、緇布冠，各一匴，蘇管切。執以待於西坫南，南面，東上。匴，今時冠箱。執之者，有司也。

主人玄端爵韠，立阼階下，直東序，西向。玄端，士入廟服也。爵韠，謂淺赤色韋爲韠。兄弟畢袗玄，立於洗東，西面北上。兄弟，主人親戚也。畢猶盡。袗，同也。同玄衣、玄裳，緇帶，緇韠。袗音之忍切。儐者玄端，負東塾。門内東堂，負之北面。將冠者采衣紒，在房中，南面。采衣，未冠所服。凡童子緇布衣錦緣，錦紳并紐，錦束髮，皆朱錦也。紒，結髮也。

賓至，主人拜迎於外門之外，揖讓而入。主人升，立於東序端，西面。賓西序，東面。主人賓俱升，立相鄉。贊者盥于洗，西升，立于房中，西面南上。盥于洗西，由賓階升也。立于房中，近其事也。南上，尊于主人之贊者。

主人之贊者，筵於東序，少北，西面。嫡子冠於阼，少北，避主人也。若庶子則冠於户外，南面，遂醮焉。不於客位者，不代父，成而不尊。將冠者出房，南面。贊者奠纚、笄、櫛於筵南端。贊者，賓之贊冠者也。奠，停也。賓揖將冠者即筵坐。贊者坐櫛，設纚。賓降西階一等，執冠者升一等，東面授賓。冠，緇布冠。賓右手執項，左手執前，進容，進容者，行翔而前蹌焉。乃祝曰：「令月吉日，始加元服，棄爾幼志，順爾成德，壽考維祺，介爾景福。」元，首也。祺，祥。介、景，皆大也。坐乃冠，興，復位。贊者卒。卒謂設頍項，結纓。冠者興，賓揖之，適房，服玄端爵韠，出房南面。復出房南面者，一加禮成，觀衆以容體。

賓揖之即筵，降二等，受皮弁，右手執項，左手執前，進，祝曰：「吉日令辰，乃申爾服，敬爾威儀，淑慎爾德，眉壽萬年，永受胡福。」申，重也。胡猶遐遠無窮也。今按詁訓，胡不訓遐，疑胡當爲嘏，嘏訓爲大。或當時傳寫謬誤，鄭玄不加審正，臆斷爲遐耳。加之如初，復位，贊者卒紘。卒紘，謂繫屬也。興，賓揖之，適房，服素積素韠，容，出房南面。容者，再加彌成，其儀益繁。

賓降三等，至地也。受爵弁，進，祝曰：「以歲之正，以月之令，咸加爾服，兄弟具在，以成厥德，黄耇無疆，受天之慶。」正猶善也。加之，服纁裳韎韐，其他如加皮弁之儀。他謂卒紘容出。徹皮弁、冠、櫛、筵，入於房。主人贊者徹之。

筵於户西，南面。筵主人之贊也。贊者洗于房中，側酌醴，加柶，覆之，面葉。賓揖冠者就筵，筵西南面。賓受醴於户東，筵前北面，辭曰：「甘醴惟厚，嘉薦令芳，拜受祭之，以定爾祥，承天之休，壽考不忘。」嘉，善也。嘉薦謂脯醢。芳，香。不忘，長有令名。冠者筵西拜，受觶，賓東面答拜。筵西拜，南面拜也。賓還，答拜於西序之位。東面者，明成人與爲禮，異於答主人。

冠者奠觶於薦東，降筵，北面坐，取脯，降自西階，適東壁，北面見於母。薦東，薦左也。適東壁者，出闈門也。時母在闈門之外。婦人入廟由闈門也。母拜受，子拜送，母又拜。婦人於丈夫，雖其子，猶俠拜之。若冠者母不在，則使人受脯於西階下。不在，謂疾病或歸寧。使人受脯而後歸。

賓降，直西序，東面。主人降，復初位。初位，初至階讓升之位也。冠者立於西階東，南面。賓字之，曰：「禮儀既備，令月吉日，昭告爾字，爰字孔嘉，髦士攸宜，宜之於嘏，永受保之。曰伯某甫。」伯仲叔季，惟其所當。爰，於也。孔，甚也。髦，雋也。攸，所也。於猶爲也。嘏，大也。伯仲叔季，長幼稱也。甫，丈夫之美稱。冠者對。其辭未聞。

賓出，主人送於廟門外。冠者見於兄弟，兄弟再拜，冠者答拜。見贊者西面拜，亦如之。入見姑姊如見母。入，入寢門。不見妹，卑也。

乃醴賓以一獻之禮。一獻者，主人獻賓而已，即燕。無亞獻者獻酢酬，賓與主人各兩爵而禮成。主人酬賓束帛、儷皮。飲賓客而從之以財貨曰酬。束帛，十端。儷皮，兩鹿皮也。贊者皆與，贊冠者爲介。贊者，衆賓也。皆與，亦飲酒。介，賓之輔，以贊爲之，尊之。賓出，主人送於外門外，再拜。歸賓俎。一獻之禮，有薦有俎。使人歸諸賓家。其牲未聞。

冠者易服，服玄冠，玄端，爵韠，奠贄見於君。遂以贄見於鄉大夫，鄉先生。易服不朝服者，非朝事也。贄，雉也。鄉先生，鄉中老人爲卿大夫致仕者。

父殁而冠，則已冠，掃地而祭於禰。盧植曰：「本父當成之，不能成，故已冠而祭之，若成之矣。」已祭而見伯父、叔父，而後饗冠者。盧植曰：「飲賓也。」鄭玄曰：「享禮之。」王肅曰：「兄弟飲冠者身。」

曾子問曰：「將冠子，冠者至，揖讓而入，聞有齊縗大功之喪，如之何？」冠者，賓及贊者。孔子曰：「内喪則廢。外喪則冠而不醴，徹饌而掃，即位而哭，如冠者未至則廢。内喪，同門也。不醴，不醴子也。其廢者，喪成服，因喪冠矣。若將冠子，未及期日，而有齊縗、大功、小功之喪，則因喪服而冠。」廢吉禮而因喪冠，俱成人之服也。及，至也。「除喪不改冠乎？」孔子曰：「天子賜諸侯大夫冕弁服於太廟，歸設奠，服賜服，於斯乎有冠醮，無冠醴。」

議曰：冠者表成人之容，正尊卑之序，而令母兄姑姊與之交拜，豈非混淆長幼，黷亂人倫者乎？所言答拜之文，未必周公之旨。東周衰末，王室已卑，諸侯踰僭，削去典法，重以秦皇蕩滅，十無一存。況復編斷簡蠹，傳寫訛謬，先儒注釋，不加參詳，遂令後學，有所疑誤。又按九拜之儀，肅拜，今揖也。尊屬欣其備禮，念其成人，以揖示敬，在理非爽，便同匹敵，竊謂不然。本制冠禮，正長幼之序。鄭康成注云「忻其成人與爲禮」，若令母兄交拜，豈非崇虚而損其實。

後漢何休《冠儀約制》云：「將冠子者具衣冠。冠者父兄若諸父宗族之尊者一人爲主，主人告所素敬僚友一人爲冠賓。必自告其家，告曰：『某之子某若弟某長矣，將加冠於首，願吾子教之。』賓既許，主人自定吉日。先冠一日，宿告賓曰：『請以明日行事。』賓曰：『敢不從命。』主人灑掃，内外皆肅。執事者於兩楹間，爲冠者設北嚮筵，又設賓東嚮筵，兩筵相接。授冠以篋器設於兩筵。又設罇爵於東方。冠者如常服，待命於房。夙興，賓到，迎延揖讓如常。坐定，執事白：

『請行事。』主人跪告賓曰：『請勞吾子。』賓跪答曰：『敬諾。』賓起，立西序，東面聽命行禮。冠者興，西嚮拜賓，賓答拜訖，命就筵。賓主各還坐，冠者北嚮筵坐，伏。賓跪曰：『吾子之使，請將命。』主人跪答曰：『勞吾子。』賓起，就東嚮筵。執事者執爵，跪向冠者祝曰：『令月吉日，始加元服，棄爾幼志，順爾成德，壽考維祺，介爾景福。』冠者即坐，賓跪加冠訖，冠者執爵酹地，然後啐酒，訖，賓興，復還本坐，主人亦起，乃俱坐。冠者還房，自整飾，出拜父，父爲起，若諸父、羣從父及兄應答拜者，答拜如常。入拜母，母答拜。其餘兄弟姑姊妹，皆相拜如常。主人命冠者出，更設酬爲勸，乃罷。異日有祭事白告祖考者，自如舊祭禮常儀。」

晉王堪《冠禮儀》云：「永平元年惠帝時。正月戊子，冠中外四孫。立於步廣里舍之阼階，設一席於東廂。引冠者以長幼次於席南，東上。賓宗人立於西廂，東面南上。堪立於東軒西，南面西上。陳元服於席上。宗人執儀，以次呼冠者，各應曰『諾』。宗人申誡之曰：『以歲之正，以月之令，兄弟具來，咸加爾服，棄爾幼志，順爾成德，敬慎威儀，惟人之則，壽考維祺，永受景福。』冠者高跪而冠，各自著布。興，再拜，從立於賓，南上。酌四杯酒，各拜醮而飲。事訖，上堂，向御史府君再拜。訖，冠者皆東面坐，如常燕禮時。賓宗人東平王隆叔祚、王循道安、王業建始。此皆古禮也，但以意斟酌，從其簡者耳。」

大唐制，如《開元禮》。

大功小功末冠議　周　晉

周制，「大功之末，可以冠子、嫁子。父小功之末，可以冠子、嫁子，可以娶婦。已雖小功，既卒哭，可以冠，可以娶妻。下殤之小功則不可。」此皆謂可以用吉禮之時。父大功卒哭，而可冠子；已大功卒哭，而可以冠矣。

晉傅純難曰：「按《雜記》本文，已在小功則得冠，在大功不得冠也。鄭氏云『已大功卒哭可以冠』，與本文不同，何邪？又《要記》不見已冠，不知已冠當在何條？」賀循答曰：「《禮》云『大功小功之末，可以冠娶』，道父爲子嫌，但施於子，不施於己。故下言『已雖小功』著己與子亦同也。俱同則大功之末，已可以冠。以理推之，正自應爾，非爲與本文不同。《要記》不見已冠，直是文句脱耳。」

高崧問范汪曰：「按小功之末，可以冠子；已雖小功，卒哭可以冠。而鄭、孫二家注，並云『已大功卒哭可以冠』。求之於禮，無可冠之文。」范汪答曰：「『大功之末，可以冠子』。此於子，已爲無服。又云『父小功可以冠子』，疑與上章，俱有『末』語。特於下言，『已雖小功，卒哭可以冠』，是爲小功卒哭，皆得行冠娶之事也。大夫三月而葬，葬而後虞，虞而後卒哭，是爲父雖小功，子服盡也。大功許冠婚，則小功便無所不可也。」高崧重問范汪曰：「下殤小功則不可，而云小功之末可以冠婚何？」范汪重答曰：「下殤小功，此是周服之下殤，不可以服輕而恩疎也。」

或曰：「因喪而冠，亦禮之明文，何以復於大功小功喪中，每言冠乎？」答曰：「在喪，冠而已，不行冠禮也。於大功小功之末，故可行冠禮。因喪而冠，與備行冠禮殊也。」

或問者曰：「禮：『大功之末，可以冠子、嫁子。父小功之末，可以冠子、嫁子，可以娶婦。已雖小功，既卒哭可以娶妻。』按經大功之末，雖云可以冠子、嫁子，不言已可以冠，而鄭氏注云『已大功卒哭而可以冠』。未解。經又云『大功之末』，而注云『卒哭』，不知此言末，便是卒哭，爲非卒哭邪？」答曰：「《記》云『大功之末可以冠子嫁子』，而注又云『已大功卒哭而可以冠，小功卒哭而可以冠娶妻』者，冠而後娶，今既云冠嫁其子，則於文不得復自著已冠，故注家合而明之。以小功得娶妻，則大功亦可以得冠，冠輕婚重，故大功之末得自冠，小功之末得自娶，以記文不備，故注兼明之。注之有此比。禮，三月既葬，卒哭，於小功則餘有二月，是末也。於大功則正三分之一，便謂之末，意常以疑之。然鄭氏注《喪服經》云：『葬，喪之大事』，既畢，故謂之末邪？」

重問曰：「省及申釋注意，甚爲允也。然僕猶有所未了。《禮》小功卒哭可以娶者，婚禮『娶婦之家三日不舉樂』，明婚雖屬吉，而有嗣親之感；小功餘喪，不重祖考之思，故可以娶也。大功可冠，猶有疑焉。夫吉禮將事，必先筮賓，然後成禮。大功之末可以冠嫁其子者，以已大功之末，於子則小功服已過半，情降既殊，日算浸遠，故子可以行吉事。至於已身，親有功布重制，月數尚近，而便釋親重之服，行輕吉之禮，於此稱情，無乃薄邪？且非《禮》正文，出自注義耳。若有廣比，想能明例以告之。」答曰：「齊縗之喪，則冠婚皆廢。大功則廢婚而行冠，冠吉輕而婚吉重故也。冠吉輕故行之於大功之末，婚吉重故行之於小功之餘。但以大功末云可以冠子，而自著已冠之文不便。賢者以三隅反之，推小功得自娶，則大功得自冠。以身有功服，月數尚近，釋親重之服，行輕吉之事。今正以小功大功之末，俱得行吉禮，故施輕吉於重末，行重吉於輕餘。重服不可以行重吉，故許其輕者；輕服可以通重吉，故因得行之。若大功之冠，則行吉冠之禮而反喪服。若服在齊縗，不得行吉，則因喪而冠，以冠禮貴及，不可踰時。而齊縗之服崇重，則大功之末差輕，輕則行以吉，重則因以凶也。」

杜佑《通典》卷六一《嘉禮六》 君臣服章制度 袍附○黄帝 唐 虞 夏 殷 周 秦 後漢 魏 晉 宋 齊 梁 陳 後周 隋 大唐

上古穴處衣毛，未有制度，後代以麻易之。先知爲上以制其衣，後知爲下復制其裳，衣裳始備。

黄帝、堯、舜垂衣裳，蓋取諸乾坤，故衣玄而裳黄。旁觀翬翟草木之華，乃染五色，始爲文章以表貴賤，而天下理。《虞書》曰：「予欲觀古人之象，日、月、星辰、山、龍、華蟲作繢，宗彝、藻、火、粉米、黼、黻絺繡。」備十二章。玄衣纁裳，上六章在衣，下六章在裳。上畫下繡。

夏殷之代，相襲無變。

周官司服掌王之吉凶衣服。大裘以祀天，大裘，羔裘，祀天示質也。以其祀天，故以大言之。衮冕服享先王，升日月於旌旗。服備九章：一曰龍，二曰山，三曰華蟲，四曰火，五曰宗彝，皆畫以爲繢；六曰藻，七曰粉米，八曰黼，九曰黻，皆絺以爲繡。則衮之衣五章，裳四章，凡九。鷩冕服享先公，鷩，畫鷩翟，謂華蟲也。其衣三章，裳四章，凡七。毳冕服祀四望山川，毳，畫虎蜼，謂宗彝也。其衣三章，裳二章，凡五也。蜼音維癸反。絺冕服祭社稷五祀，絺，刺粉米無畫，其衣一章，裳二章，凡三。玄冕服祭羣小祀。其衣無文，裳刺黻而已。凡冕服，皆玄衣纁裳。凡兵事韋弁服，以韎韋爲弁，又以爲衣裳。《春秋傳》曰，晉郤至衣「韎韋之跗注」是。眂朝則皮弁服，視外内朝之事。其服十五升，白布衣，積素以爲裳。王受諸侯朝覲於廟，則衮冕。凡甸，冠弁服。甸，田獵也。冠弁，委貌。其服緇布衣，亦積素以爲裳。司裘仲秋獻良裘，良，善也。仲秋鳥獸毛毨，因其良時而用之。仲秋所獻善裘者，爲八月誓獮田所用，故獻之。鄭司農云：「良裘王所服。」季秋獻功裘。功裘，人功微麤，謂狐青麛裘之屬也。

公之服，自衮冕而下如王之服；侯伯之服，自鷩冕而下如公之服；子男之服，自毳冕而下如侯伯之服；孤之服，自絺冕而下如子男之服；卿大夫之服，自玄冕而下如孤之服；士之服，自皮弁而下如大夫之服。其齊服有玄端素端。自公之衮冕，至卿大夫之玄冕，皆其朝聘天子及助祭之服。諸侯非二王後，其餘皆玄冕而祭於己。《雜記》曰：「大夫冕而祭於公，弁而祭於己；士弁而祭於公，冠而祭於己。」大夫爵弁自祭家廟，唯孤耳。其餘皆玄冠，與士同。玄冠自祭其廟者，其服朝服玄端。

秦制，水德，服尚袀玄。袀音均。

後漢光武踐祚，始修郊祀。天子冕服，從歐陽氏説。三公、九卿、特進侯、朝侯、侍祠侯，從夏侯氏説。祀天地明堂，皆冠旒冕，衣裳皆玄上纁下，一服而已。明帝永平中，議乘輿備文，日月十二章，刺繡文。《東觀書》曰：「永平二年正月，公卿議春南北郊，東平王蒼議曰：『高皇帝始受命創業，制長冠以入宗廟。光武受命中興，建明堂，立辟雍。陛下以聖明奉遵，以禮服龍衮，祭五帝。禮闕樂崩，久無祭天地冕服之制。按尊事神，絜齋盛服，敬之至也。日月星辰，山龍華藻，天王衮冕十有二旒，以則天數；旂有龍章日月，以備其文。』」三公、諸侯用山龍九章，九卿以下用華蟲七章，皆備五采，大佩，赤舄絇履，以承大祭。百官執事者，冠長冠，皆祗服。五嶽、四瀆、山川、宗廟、社稷諸沾秩祠，皆袀玄服，絳緣領袖爲中衣，絳袴韈，示其赤心奉神也。其五郊迎氣，衣幘袴韈各如方色云。百官不執事者，各服長冠袀玄以從。大射禮於辟雍，公卿諸侯大夫行禮者，冠委貌，衣玄端素裳。鄭玄曰：「端者取其正也。」鄭衆曰：「衣襦裳者爲端。」執事者冠布弁，衣緇麻衣，皁領袖，下素裳。若冠通天冠，服衣深衣制，有袍，隨五時色。梁劉昭曰：「袍者，或曰周公抱成王宴居，故施袍。『孔子衣逢掖之衣。』逢掖其袖，合而逢大之，近今袍者也。今下至賤更小史，皆通制袍，單衣，皁緣領袖中衣，爲朝服云。」

魏氏多因漢法，其所損益之制，無聞。按《後漢志》：「孝明皇帝永平二年，詔從歐陽、夏侯二家所説，制冕服。乘輿刺繡文，公卿以下織成文。」據《晉志》云：「魏明帝以公卿衮冕之飾，擬於至尊，多所減損，始制服刺繡，公卿織成。」未詳孰是。

晉因不改。大祭祀，衣皁上絳下，前三幅，後四幅，衣畫而裳繡，日月星辰凡十二章。素帶廣四寸，朱裏，以朱緣裨飾其側。中衣以絳緣領袖。赤皮爲韍，絳袴韈，赤舄。未加元服則皁紗袍，絳緣中衣，絳袴韈，黑舄。又朝服，通天冠，絳紗袍，皁緣中衣。拜陵則黑介幘，單衣。雜服有青赤黄白黑五色紗袍。其武弁，素服單衣。公卿助祭郊廟，王公山龍以下九章，卿華蟲以下七章。其緇布冠，衣黑而裳素，中衣以皁緣領袖。袴褶之制，未詳所起，近代車駕親戎、中外戒嚴服之。無定色，冠黑帽，綴紫褾，褾以繒爲之，長四寸，廣一寸，腰有絡帶以代鞶革。中官紫褾，外官絳褾。又有纂嚴戎服而不綴褾，行留文武悉同。

宋因之，制平天冕服，不易舊法。更名韍曰蔽膝。其未加元服，釋奠先聖、視朝、拜陵等服，及雜色紗裙、武冠素服，並沿舊不改。王公助祭郊廟，章服降殺亦如之。其冠委貌者，衣黑而裳素，中衣以皁緣領袖。玄冠、韋弁、絳韋戎衣，復依漢法。袴褶因晉不易，腰有絡帶以代鞶革。中官紫褾，外官絳褾。又有纂嚴戎服，而不綴褾，行留文武悉同。其畋獵巡幸，則唯從官戎服，帶鞶革。文帝元嘉中，巡幸、蒐狩、救廟水火皆如之。

明帝泰始四年，詔曰：「車服之飾，象數是遵。故盛皇留範，列聖垂制。朕近改定，今修成六服，沿時變禮，所施之事，各有條敍，便可載之典章。朕以大冕純玉繅，玄衣黄裳，祀天宗明堂。又以法冕，玄衣絳裳，祀太廟，元正大會朝諸侯。又以飾冕，紫衣紅裳，小會宴饗，送諸侯，臨軒會王公。又以繡冕，朱衣裳，征伐，講武，校獵。又以紘冕，青衣裳，耕稼，饗國子。又以通天冠，朱紗袍，爲聽政之服。」

泰始六年正月，有司奏：「被敕皇太子正冬朝賀，合著衮冕九章不？」儀曹郎丘仲起議：「按《周禮》，公自衮冕以下。鄭玄注：『衮冕以至卿大夫之玄冕，皆其朝聘天子之服也。』伏尋古之上公，尚得服之，皇太子以倅副之尊，率土瞻仰，愚謂宜式遵盛典，服衮九章以朝賀。」詔可。

齊因制平天冠服，不易舊法，郊廟臨朝所服也。舊衮服用織成，建武中，明帝以織太重，乃采畫爲之，加金飾銀薄，時亦謂爲天衣。通天冠服，絳紗袍，皁緣中衣，乘輿臨朝所服，臣下皆同。拜陵則黑介幘，服無定色。舉哀臨喪，白帢單衣，亦謂之素服。王公助祭，平冕服，山龍以下九章，卿七章，皆畫皁絳繒爲之。袴褶相因不改。

梁因制平天冠服，衣畫而裳繡，十二章。素帶朱裏，以朱緣裨飾其側。更名赤皮韍爲韠。或云韠之名，其來已久。餘同舊法。又有通天冠服，絳紗袍，皁緣中衣，黑舄，是爲朝服，元正賀畢，還儲更衣，出所服也。其釋奠先聖，則皁紗袍，絳緣中衣，絳袴韈，黑舄。拜陵則箋布單衣。又有白帢單衣，以代古之疑縗。

天監三年，何佟之議：「公卿以下祭服，裏有中衣，即今中單也。後漢從夏侯氏説，祭服絳緣領袖爲中衣，絳袴韈，示其赤心奉神也。今中衣絳緣，足有所明，無俟於袴。既非聖法，謂不可施。」遂依議除之。

七年，周捨議：「按《禮》：『有虞氏皇而祭，深衣而養老。』鄭玄云，皇是畫鳳皇羽也。又按《禮》『如衮冕』，則衮是衣。有虞氏言皇，皇亦是衣，非冕。今衮服宜畫鳳皇，以示差降。」又王僧崇云：「尋冕服無鳳，應改爲翟。又裳有圓花，於禮無礙，是畫飾加葩蘤耳。蘤音於美反。藻米黼黻，並乖古制，今請改正，并去圓花。」帝曰：「古文日月星辰，此以一辰攝三物也。山龍華蟲，又以一山攝三物也。藻火粉米，又以一藻攝三物也。是爲九章。今衮服畫龍，則宜畫鳳。孔安國云『華者，花也』，則爲花非疑。若一向畫翟，差降之文，復將安寄？」帝又曰：「《禮》：『王祀昊天，服大裘而冕。』大裘不存，其於質敬，恐未有盡。」五經博士陸瑋等並云：「王祀昊天服大裘，明諸臣禮不得同。自魏以來，皆用衮服。今請依古，更制大裘。」詔可。瑋等又按：「鄭玄注《司服》云：『大裘，羔裘也』，既無所出，未爲可據。按六冕之服，皆玄上纁下。今宜以繒爲之，其制式如裘，其裳以纁，皆無文繡。」詔可。又制黑幘單衣，宴會服之。

九年，司馬筠等議云：「按《玉藻》：『諸侯玄冕以祭，裨冕以朝。』《雜記》又云：『大夫冕而祭於公，弁而祭於己。』今之尚書，上異公侯，下非卿士，止有朝衣，本無冕服。既從齋祭，不容同於在朝，宜依太常及博士諸齋官例，著皁衣，絳襈，中單，竹葉冠。」

陳因之。永定元年，武帝即位，徐陵白：「乘輿御服，皆採梁制。」帝曰：「今天下初定，務從節儉。應用繡、織成者，並可采畫。」至文帝天嘉初，悉改易之。其皇太子絳紗袍，皁緣白紗中衣，白帶，大小會、祠廟、朔望、五日還朝，皆朝服，常還上宫則朱服。若釋奠，玄朝服，絳緣中單，絳袴韈，玄舄。侍祀，衮衣九章，白紗絳緣中單，絳繒韠，赤舄，絳韈。皇太子舊有五時朝服，自梁天監之後則朱服。諸王朝服，朱衣，絳紗袍，皁緣中衣，素帶，黑舄。若加餘官，則服其加官之服。開國公侯伯子男，並朝服，紗朱衣。若助祭郊廟，皆衮，玄上纁下，山龍以下九章，備五采，大佩，赤舄，絇履。餘文官朝服。武賁中郎將、羽林監，絳紗縠單衣。州刺史絳朝服。直閤將軍、諸殿主帥，朱服，正直絳衫，從則裲襠衫。太子衛率、率更令丞，皁朝服。殿中將軍、員外將軍、州郡都尉司馬、中書通事舍人、太子通事等，並朱服。玄衣，赤幘，袴褶，太子二傅騎吏所服。武冠，絳褠，殿前威儀、武賁威儀、散給使、閤將、鼓吹士帥副、太子鹵簿戟吏所服。

後周設司服之官，掌皇帝十二服。祀昊天上帝，則蒼衣；五方上帝，各隨方色；朝日用青衣；祭皇地祇用黄衣；夕月用素衣；神州、社稷用玄衣；享先皇、加元服、納后、朝諸侯則象衣，十二章。享諸先帝、食三老五更、耕籍等，自龍以下，九章。祀星辰，視朔、大射、饗羣臣等，八章。羣祀、臨太學、入道法門、燕射、養庶老、適諸侯家，七章。其九章以下，衣重；衮、山、鷩，裳重黼黻：俱十有二等。通以升龍爲領褾。巡兵即戎，則韎韋爲衣裳。田獵則皮弁，白布衣而素裳也。

諸公之服九章，服之章數，隨冕而降其一。其八章以下，衣重藻粉米，裳重黼黻，俱九等，皆以山爲領褾。諸侯服八章，而下俱八等，皆以華蟲爲領褾。諸伯服七章，而下俱七等，以火爲領褾。諸子服六章，俱六等，皆以宗彝爲領褾。諸男服五章，皆以藻爲領褾。三公之服有九，章有六，衣重藻與粉米，裳重黼黻。俱爲九等，皆以宗彝爲領褾。三孤之服有八，章有五，衣重藻與粉米，裳重黼黻，爲八等。公卿服有七，章有四，衣重粉米，裳重黼黻，爲七等。皆以粉米爲領褾。大夫之服有六，章有三，衣重粉米，裳重黼黻，爲六等。中大夫之服有五，章有三，衣重粉米，爲五等。下大夫服有四，章有三，衣重粉米，爲四等。士則祀弁、爵弁，玄冠服，皆玄衣；其裳，上士以玄，中士以黄，下士雜裳。謂前玄後黄。庶士玄冠服，其在官府史之屬，服緇衣裳。

隋文帝即位，將改後周制度，乃下詔曰：「宣尼制法，損益可知。朕受天命，赤雀來儀，五德相生，並宜火色。其郊丘廟社，可依衮冕之儀，朝會衣裳，宜盡用赤。昔丹烏木運，姬有大白之旂；黄星土德，曹乘黑首之馬。在祀與戎，其尚恒異。今之戎服，皆可尚黄，在外常所著者，通用雜色。祭祀之服，須合禮經，宜集通儒，更可詳議。」太子庶子、攝太常少卿裴政奏：「後周制冕，並非典故。今採東齊之法。」

乘輿衮冕，玄衣纁裳。衣，山、龍、華蟲、火、宗彝五章；裳，藻、粉米、黼、黻四章。衣重宗彝，裳重黼黻，爲十二等。衣褾領織成升龍，白紗内單，黼領，青褾、襈、裾。革帶，玉鉤鰈；大帶，素帶朱裏，紕其外，上以朱，下以緑。韍隨裳色，山龍火三章。轆轤玉具劍，火珠鏢首。白玉雙佩，玄組。雙大綬，六采，玄黄赤白縹緑，純玄質，長二丈四尺，五百首，廣一尺；小雙綬，長二尺六寸，色同大綬，而首半之，間施三玉環。朱韈，赤舄，舄加金飾。祀圓丘、方澤、感帝、明堂、五郊、雩、禘、封禪、朝日、夕月、宗廟、社稷、籍田、廟遺上將、征還飲至、元服、納后、正月受朝及臨軒拜王公，則服之。通天冠加金博，山附蟬，十二首，施珠翠，黑介幘，玉簪導。絳紗袍，深衣制，白紗内單，皁領、褾、襈、裾，絳紗蔽膝，白假帶，方心曲領。其革帶、劍、佩、綬、舄，與上同。若未加元服，則雙童髻，空頂，黑介幘，雙玉導，加寶飾。朔日、受朝、元會、及冬會諸祭還則服之。武弁，金附蟬，平巾幘。餘服具服。講武出征、四時蒐狩、大射、禡類、宜社、賞祖、罰社、纂嚴則服之。黑介幘，白紗單衣，烏皮履，拜陵則服之。白紗帽，白練裙襦，烏皮履，視朝、聽訟及宴見賓客，皆服之。白帢，白紗單衣，烏皮履，舉哀則服之。

皇太子衮服，玄衣纁裳。衣，山、龍、華蟲、火、宗彝五章；裳，藻、粉米、黼、黻四章。織成爲之。白紗内單，黼領，青褾、襈、裾。革帶，金鉤鰈；大帶，素帶不朱裏，亦紕以朱緑。韍隨裳色，火、山二章。玉具劍，火珠鏢首。瑜玉雙佩，朱組。雙大綬，四綵，赤白縹紺，純朱質，長丈八尺，三百二十首，廣九寸；小雙綬，長二尺六寸，色同大綬，而首半之，間施二玉環。朱韈，赤舄，以金飾。侍從皇帝祭祀及謁廟、加元服、納妃，則服之。遠遊冠服，絳紗袍，白紗内單，皁領、褾、襈、裾，白假帶，方心曲領，絳紗蔽膝，韈，舄。其革帶、劍、佩、綬，與上同。謁廟、還宫，元日朔日入朝，釋奠，則服之。遠遊冠公服，絳紗單衣，革帶，金鉤鰈，假帶，方心。紛長六尺四寸，廣二寸四分，色同其綬。金縷鞶囊，韈，履。五日常朝，則服之。

衮冕服，九章，同皇太子。王、公、開國公初受册，執贄，入朝，祭祀，親迎，則服之。三公助祭者亦服之。鷩冕服，七章。衣，華蟲、火、宗彝三章；裳，藻、粉米、黼、黻四章。侯、伯初受册，執贄，入朝，祭祀，親迎，則服之。毳冕服，五章。衣，宗彝、藻、粉米三章；裳，黼、黻二章。子、男初受册，執贄，入朝，祭祀，親迎，則服之。絺冕服，三章。正三品以下，從五品以上，助祭則服之。自王公以下服章，皆繡爲之。祭服冕，皆簪導，青纊充耳。玄衣纁裳，白紗内單，黼領，絺冕以下，内單青領。青褾、襈、裾。革帶，鉤鰈，大帶，王、三公及公侯伯子男，素帶，不朱裏，皆紕其外，上以朱，下以緑。正三品以下，從五品以上，素帶，紕其垂，外以玄，内以黄。紐約皆用青組。朱韍，凡韍皆隨裳色。衮、鷩、毳，火、山二章；絺，山一章。劍，佩，綬，韈，赤舄。爵弁服，從九品以上，助祭則服之。其制服，玄衣纁裳無章，白絹内單，青領、褾、襈、裾，革帶，大帶，練帶紕其垂，内外以緇。紐約用青組。爵韠，韈，赤履。白帢，白紗單衣，烏皮履，上下通服之。委貌冠，未冠則雙童髻，空頂黑介幘，皆深衣，青領，烏皮履。國子太學四門生服之。朝服，亦名具服。絳紗單衣，白紗内單，皁領，袖，皁襈，革帶，鉤鰈，假帶，曲領方心，絳紗蔽膝，韈，舄，綬，劍，佩。從五品以上，陪祭、朝饗、拜表，凡大事則服之。六品以下，從七品以上，去劍、佩、綬，餘並同。自餘公事，皆從公服。亦名從省服。絳紗單衣，革帶，鉤鰈，假帶，方心，韈，履，紛，鞶囊。從五品以上服之。絳褠衣公服，褠衣即單衣不垂胡者也。袖狹，形直如褠内。餘同從省也。流外五品以下，九品以上服之。

左右衛、左右武衛、左右武候大將軍，領左右大將軍，並武弁，絳朝服，劍，佩，綬；侍從則平巾幘，紫衫，大口袴褶。左右衛、左右武衛、左右武候將軍、領左右將軍、左右監門衛將軍、太子左右衛、左右宗衛、左右内等率、左右監門郎將及諸副率，並武弁，絳朝服，劍，佩，綬；侍從則平巾幘，紫衫，大口袴。直閤將軍、直寢、直齋、太子直閤，武弁，絳朝服，劒，佩，綬；侍從則平巾幘，絳衫，大口袴褶。

大唐制，天子衣服，有大裘、衮冕、鷩冕、毳冕、繡冕、玄冕、通天冠、武弁、黑介幘，白紗帽，平巾幘，白帢，凡十二等。

貞觀四年制，三品以上服紫，四品、五品以上服緋，六品、七品以上緑，八品、九品以上青。婦人從夫之色。仍通服黄。至五年七月敕，七品以上，服龜甲雙巨十花綾，其色緑。九品以上，服絲布及雜小綾，其色青。

顯慶元年，修禮官臣無忌、志寧、敬宗等言：「准武德初撰《衣服令》，乘輿祀天地，服大裘冕，無旒。臣勘前件令，是武德初撰，雖憑《周禮》，理極未安。謹按《郊特牲》云：『周之始郊，日以至』，『被衮以象天，戴冕藻十有二旒，則天數也』。而此二禮，俱説周郊，衮與大裘，事乃有異。按《月令》：『孟冬，天子始裘。』明以禦寒，理非當暑。若啟蟄祈穀，冬至報天，行事服裘，義歸通允。至於季夏迎氣，龍見而雩，炎熾方盛，如何可服？謹尋歷代，唯服衮章，與《郊特牲》義旨相協。周遷《輿服》志云：『漢明帝永平二年，詔採《周官》、《禮記》，始制祀天地服，唯天子備十二章。』沈約《宋書志》云：『魏晉郊天，亦皆服衮。』宋、魏、周、齊、隋禮令，祭服悉同。斯則百王通典，炎涼無妨，復與禮經，事無乖舛。今請憲章故實，郊祭天地，皆服衮冕，其大裘請停，仍改禮令。又檢《新禮》，皇帝祭社稷繡冕，四旒，衣三章。祭日月服玄冕，三旒，衣無章。謹按令文，是四品五品之服，此三公亞獻，皆服衮衣，孤卿助祭，服毳及鷩，斯乃乘輿章數，同於大夫，君少臣多，殊爲不可。據《周禮》云：『祀昊天上帝則服大裘而冕，五帝亦如之。享先王則衮冕，享先公則鷩冕，祀四望山川則毳冕，祭社稷五祀則絺冕，諸小祀則玄冕。』又云：『公侯伯子男孤卿大夫之服，衮冕以下，皆如王之服。』所以《三禮義宗》，遂有二釋。一云公卿大夫助祭之日，所著之服，降王一等。又云悉與王同。求其折衷，俱未通允。但名位不同，禮亦異數。天子以十二爲節，義在法天，豈有四旒三章，翻爲御服？若諸臣助祭，冕與王同，便是貴賤無分，君臣不別。如其降王一等，則王著玄冕之時，羣臣次服爵弁，既屈天子，又貶公卿。《周禮》此文，久不施用。是故漢魏以降，相承舊事，皆服衮冕。今《新禮》親祭日月，乃服五品之服，唯臨事施行，極不穩便。請遵歷代故實，諸祭並用衮冕。」制可之。

無忌等又奏曰：「皇帝爲諸臣及五服親舉哀，依禮著素服。今令乃云白帢，禮令乖舛，須歸一途。且白帢出自近代，事非稽古，雖著令文，不可行用。請改素服，以會禮文。」從之。

龍朔二年九月，孫茂道奏：「准舊令，八品九品著青。深青亂紫，非卑品所服。望請著碧，朝參之處，並依此服，非朝參處，聽兼服黄。」從之。前令九品以上，朝參及視事，聽服黄。以洛陽縣尉柳誕服黄夜行，爲部人所毆，高宗聞之，以章服錯亂，故此詔申明之，朝參行列一切不得著黄。

武太后延載元年五月，內出繡袍，以賜文武三品以上官。其袍文，仍各有炯誡。諸王則飾以盤龍及鹿，宰相飾以鳳池，尚書飾以對鴈，左右衛將軍飾以對麒麟，左右武威衛飾以對武，左右鷹揚衛飾以對鷹，左右千牛衛飾以對牛，左右豹韜衛飾以對豹，左右玉鈐衛飾以對鶻，左右監門衛飾以對獅子，左右金吾衛飾以對豸。又銘其襟背，各爲八字迴文，其詞曰「忠正貞直，崇慶榮職」，「文昌翊政，勳彰慶陟」，「懿沖順彰，義忠慎光」，「廉正躬奉，謙感忠勇」。

神龍二年九月，敕停京六品以下著緋袴褶令，各依本品爲定。

開元四年二月制，軍將在陣，賞借緋紫，本是從戎缺胯之服，一得之後，遂別造長袍，遞相倣傚。又入蕃使，別敕借緋紫者，使迴合停。自今以後，衛內宜專定殿中侍御史糾察。

十一年六月，敕諸衛大將軍、中軍中郎、郎將袍文：千牛衛瑞牛文，左右衛瑞馬文，驍衛大蟲文，武衛鷹文，威衛豹文，領軍衛白澤文，金吾衛辟邪文，監門衛師子文。每正冬陳設，朝日著甲，會日著袍。

二十六年，肅宗爲皇太子，受册，太常所撰儀注，有服絳紗袍之文。太子以爲與皇帝所稱同，上表辭不敢當，請有以易之。上令百官詳議。尚書左丞相裴耀卿、太子太師蕭嵩等奏曰：「謹按《衣服令》，皇太子具服，有遠遊冠，三梁，加金附蟬九首，施珠翠，黑介幘，髮纓綏，犀簪導，絳紗袍，白紗中單，皁領、褾、襈，白裙襦，方心曲領，絳紗蔽膝，革帶，劒，佩，綬等，謁廟還宮，元日冬至朔日入朝，釋奠則服之。其絳紗袍，則是冠衣之内一物之數，與裙襦、劒、佩等無別。至於貴賤之差，尊卑之異，則冠爲首飾，名制有殊，并珠旒及裳采章之數，多少有別，自外不可事事差異。亦有上下通服，名制是同，禮重則具服，禮輕則從省。今以至敬之情，有所不敢，衣服不可減省，謂須更變名。望所撰儀注，不以絳紗袍爲稱，但稱爲具服，則尊卑有差，謙光成德。」議奏上，手敕改爲朱明服，下所司行用焉。

其三品以上服，准武德四年敕大科紬綾及羅，其色紫，飾用玉。五品以上，服小科紬綾及羅，其色朱，飾用金。六品以上，服絲布，雜小綾，交梭及雙紃，其色黃。六品、七品飾銀。八品、九品鍮石。流外庶人服紬、綾、絁、布，其色通用黃白，飾用銅鐵。

貞元七年十一月，令常參官復衣綾袍，金玉帶。至八年十月，賜文武常參官大綾袍。

杜佑《通典》卷六二《嘉禮七》 后妃命婦服章制度 周 漢 魏 晉 宋 齊 陳 北齊 後周 隋 大唐

周制，內司服掌王后之六服：褘衣，揄翟，闕翟，鞠衣，展衣，褖衣。素沙。褘衣，畫翬者。揄翟，畫搖者。闕翟，刻而不畫。此三者皆祭服。從王祭先王則服褘衣，祭先公則服揄翟，祭羣小祀則服闕翟。今世有圭衣者，蓋三翟之遺俗。鞠衣，黃桑服也，色如麴塵，象桑葉始生。《月令》：「三月，薦鞠衣於先帝」，告桑事。展當爲襢。襢衣，以禮見王及賓客之服，其色白。褖衣，御於王之服，亦以燕居，其色黑。六服備於此矣。以下推次其色，則闕翟赤，揄翟青，褘衣玄。此鄭玄據五行相生爲説也。婦人尚專一，德無所兼，連衣裳不異其色。素沙者，今之白縳也。六服皆袍制，以白縳爲裏，使之張顯。今世有沙縠者，名出於此。其翟多少，各依命數。揄音搖。縳音絹。辨內外命婦之服：鞠衣，展衣，褖衣。素沙。內命婦之服：鞠衣，九嬪也；展衣，世婦也；褖衣，女御也。外命婦者，其夫孤也，則服鞠衣；其夫卿大夫也，則服展衣；其夫士也，則服褖衣。三夫人及公之妻，其闕翟以下乎？侯伯之夫人揄翟，子男之夫人亦闕翟，唯二王後褘衣也。

漢制，太皇太后、皇太后、皇后入廟服，紺上皁下；蠶服，青上縹下：皆深衣制，徐廣曰：「即單衣也。」縹音疋繞反。隱領袖緣。貴人助蠶服，純縹上下。長公主見會。自公主封君以上皆帶綬，以采組爲緄帶，各如其綬色；黃金辟邪首爲帶鐍，飾以白珠。公卿列侯、中二千石夫人入廟佐祭者，服皁絹上下；助蠶者，縹絹上下。自二千石夫人以上至皇后，皆以蠶衣爲朝服。公主、貴人、妃以上，嫁娶得服錦綺羅縠繒，采十二色，重緣袍。特進列侯以上錦繒，采十二色。六百石以上重練，采九色，禁丹紫紺。三百石以上五采，青絳黃紅綠。二百石以上四采，青黃紅綠。賈人，緗縹而已。緗，赤黃色。

魏之服制，不依古法，多以文繡。

晉依前漢制，皇后謁廟，服皁上皁下；蠶，青上縹下。隱領袖緣。元康六年，詔以純青服。貴人、夫人、貴嬪，是爲三夫人，皆金章紫綬。九嬪銀印青綬，佩采瓄音獨。玉。助蠶之服，純縹爲上下。皇太子妃，金璽龜鈕，纁朱綬，佩瑜玉。諸王太妃、妃、諸長公主、公主、封君，金印紫綬，佩山玄玉。自公主、封君以上，皆帶綬，以采組爲緄帶，各如其綬色，金辟邪首爲帶玦。郡縣公侯太夫人、夫人，銀印青綬，水蒼玉。公特進列卿代婦、中二千石夫人入廟助祭者，皁絹上下；助蠶者，縹絹上下。自二千石夫人以上至皇后，皆以蠶衣爲朝服。

宋制，太后、皇后入廟，服袿襹大衣，謂之褘衣。公主、封君以上皆帶綬，以采組爲緄帶，各如綬色。公特進列侯夫人、卿校代婦、二千石命婦年長者，入廟佐祭，皁絹上下；助蠶則青絹上下。自皇后至二千石命婦，皆以蠶衣爲朝服。按漢劉向曰：「古者天子至於士，王后至於命婦，必佩玉，尊卑各有其制。」王后至命婦所佩玉，古制不存，今與外同制。

齊因之。袿襹用繡爲衣裳，黃綬。貴嬪、夫人、貴人、王太妃、長公主、封君，皆紫綬。六宮，郡公、侯夫人，青綬。

陳依前制，皇后謁廟，袿襹大衣，皁上皁下，親蠶則青上縹下，隱領袖緣。貴妃、嬪，金章龜鈕，紫綬，佩于闐玉，獸頭鞶。九嬪，金章龜鈕，青綬，獸頭鞶，佩采瓄玉。婕妤以下，銀印珪鈕，艾綬，獸頭鞶。美人等，銅印環鈕，墨綬，獸頭鞶。

皇太子妃，金璽龜鈕，纁朱綬，佩瑜玉。良娣，銀印珪鈕，佩采瓄玉，青綬，獸爪鞶。寶林，佩水蒼玉，餘同。開國公侯太夫人、獸頭鞶，餘同。長公主、公主、封君，金印龜鈕，紫綬，佩山玄玉，獸頭鞶。公主封君以上皆帶綬，以采組爲緄帶，各以其綬色，金辟邪首爲帶玦。自二千石以上至皇后，皆以蠶衣爲朝服。

北齊皇后助祭、朝會以褘衣，祠郊禖以揄翟，小宴以闕翟，親蠶以鞠衣，禮見皇帝以展衣，宴居以褖衣。六服俱有蔽膝，織成緄帶。

內外命婦從三品以上，金章，紫綬，服揄翟，雙佩山玄玉。九嬪視三品，銀章，青綬，鞠衣，佩水蒼玉。世婦視四品，銀印，青綬，展衣。八十一御女視五品，銅印，墨綬，褖衣。

又有宮人女官服：二品闕翟；三品鞠衣；四品展衣；五品、六品褖衣；七品、八品、九品，俱青紗公服。

皇太子妃，璽綬佩同皇太子，服揄翟，從蠶則青紗公服。郡長公主、公主、王國太妃、妃，纁朱綬，章服佩同內命婦一品。郡長君，玄朱綬，闕翟，章佩與公主同。郡君、縣主，佩水蒼玉，餘與郡長君同。太子良娣視九嬪服。縣主青朱綬，餘與良娣同。女侍中，假金印紫綬，服鞠衣，佩水蒼玉。縣君銀章，青朱綬，除與女侍中同。太子孺子同世婦。太子家人子同御女。鄉主、鄉君，素朱綬，佩水蒼玉，餘與御女同。

外命婦皆如其夫；若夫假章印綬佩，妻則不假。一品、二品服闕翟，三品服鞠衣，四品展衣，五品褖衣。

内外命婦、宫人從蠶，則各依品次，皆服青紗公服。其外命婦，綬帶鞶囊，皆准其夫公服之例。百官之母詔加太夫人者，朝服公服，各與其命婦服同。

後周制，皇后之服，十有二等。其翟衣六：從皇帝祀郊禖，享先皇，朝皇太后，則服翬衣；祭陰社，朝命婦，則服褕衣；祭羣小祀，受獻繭，則服鷩衣；採桑則服鳪衣；黄色。音卜。從皇帝見賓客，聽女教，則服鵫衣；白色。音罩。食命婦，歸寧，則服翐衣。玄色。音秩。俱十有二等，以翬翟爲領褾，各十有二。臨婦學及法道門，燕命婦，有時見命婦，則蒼衣；春齊及祭還，則青衣；夏齊及祭還則朱衣；採桑齊及採桑還，則黄衣；秋齊及祭還，則素衣；冬齊及祭還，則玄衣。自青衣而下，其領褾以相生之色。

諸公夫人九服，其翟衣翟皆九等，俱以揄翟爲領褾，各九。自揄衣以下，鷩、鳪、鵫、翐、朱、黄、素、玄等衣九也。自朱衣而下，其領褾亦用相生之色。諸侯夫人，自鷩衣而下八；其翟衣翟皆八等，俱以鷩翟爲領褾；無揄衣。諸伯夫人，自鳪衣而下七；其翟衣翟皆七等，俱以鳪翟爲領褾；又無鷩衣。諸子夫人，自鵫衣而下六；其翟衣翟皆六等，俱以鵫翟爲領褾；又無鳪衣。諸男夫人，自鳺衣而下五；其翟衣翟皆五等，俱以鳺翟爲領褾；又無鵫衣。

三妃、三公夫人之服九：鳪衣，鵫衣，鳺衣，青衣，朱衣，黄衣，素衣，玄衣，綃衣。其翟亦九等，以鳪翟爲領褾，各九。　三㚤、三孤之内子，自鵫衣而下八。翟皆八等，以鵫翟爲領褾，各八。　六嬪、六卿之内子，自鳺衣而下七。翟皆七等，以鳺翟爲領褾，各七。上媛、上大夫之孺人，自青衣而下六。　中媛、中大夫之孺人，自朱衣而下五。　下媛、下大夫之孺人，自黄衣而下四。　御婉、士之婦，自素衣而下三。　中宫六尚，緅子侯反衣。諸命秩之服曰公服，其餘常服曰私衣。

隋制，皇后褘衣、鞠衣、青衣、朱衣四等。　褘衣，深青質，織成領袖，文以翬翟，五采重行，十二等。素沙内單，黼領，羅縠褾、襈，色皆以朱。蔽膝隨裳色，以緅爲緣，用翟三章。大帶隨衣裳，飾以朱緑之錦，青緣。革帶，青襪，舄，舄以金飾。白玉佩，玄組，綬，章采尺寸同於乘輿。祭及朝會大事服之。　鞠衣，黄羅爲質，織成領袖。蔽膝，革帶及舄，隨衣色。餘准褘衣，親蠶服也。　青服，去花，大帶及佩綬，金飾履，禮見天子則服之。　朱服，如青服。　有金璽，盤螭鈕，文曰「皇后之璽」。冬正大朝，則并璜琮，各以笥貯，進於座隅。　皇太后同於后服，而貴人以下並亦給印。

三妃，服揄翟，金章龜鈕，文從其職。紫綬，金縷織成獸頭鞶囊，佩于闐玉。　九嬪，服闕翟，金章龜鈕，文從其職。金縷織成獸頭鞶囊，佩采瓄玉。　婕妤，銀縷織成獸頭鞶囊，他如嬪服。　美人、才人，鞠衣，銀印珪鈕，獸爪鞶囊，佩水蒼玉。餘同。　寶林，服展衣，艾綬。鞶囊、佩玉，同婕妤。　承衣刀人，采女，皆褖衣，無印綬。

皇太子妃，服揄翟衣，九章。金璽龜鈕。素紗内單，黼領，羅褾、襈，色皆用朱，蔽膝二章。大帶，同褘衣，青緑革帶，朱襪，青舄，舄加金飾。佩瑜玉，纁朱綬，獸頭鞶囊。凡大禮見皆服之。唯侍親桑，則用鞠衣，佩綬與揄衣同。　良娣，鞠衣，銀印，青綬，獸爪鞶囊。餘同世婦。　寶林、八子，展衣，銅印，佩水蒼玉，艾綬。

諸侯王太妃、妃，長公主、公主，三公夫人，一品命婦，揄翟，繡爲九章。佩山玄玉，獸頭鞶囊，綬同夫色。　公夫人、縣主、二品命婦，亦揄翟，繡八章。從親桑，同鞠衣。自此以下，佩皆水蒼玉。　侯伯夫人、三品命婦，亦服揄翟，繡爲七章。　子夫人、四品命婦，服闕翟，刻赤繒爲翟，綴衣上，爲六章。　男夫人、五品命婦，闕翟，五章。若從親蠶，皆同鞠衣。

大唐制，武德令，皇后服有褘衣、鞠衣、鈿釵禮衣三等。皇太子妃揄翟鞠衣。自皇后至内外命婦衣服制度，並具《開元禮·序例》。

杜佑《通典》卷一〇八《開元禮纂類三》　君臣冕服冠衣制度

大裘冕，無旒，金飾，玉簪導，以組爲纓，色如其綬。令云：「冕長尺六寸，廣八寸，玄表纁裏。」以下廣狹皆準此。裘以黑羔皮爲之。令云：「玄領、褾、襟緣，朱裳。」後有詔夏月以葛代裘。白紗中單。令云：「皁領，青褾，襈，裾。」革帶，玉鉤鰈，大帶。令云：「素帶朱裏，純其外，上以朱，下以緑，紐約用組。黻，蔽膝也，隨裳色。」鹿盧玉具劍，火珠鏢首。白玉雙珮，玄組雙綬，六采。令云：「玄、黄、赤、白、縹、緑，純玄質，長二丈四尺，五百首，廣一尺。小雙綬長二尺六寸，色同大綬而首半之，閒施三玉環。」朱韈赤舄。祀天神地祇則服之。

衮冕，垂白珠，十有二旒，令云：「以組爲纓，色如其綬。」黈纊充耳，玉簪導。玄衣纁裳，十二章。令云：「八章在衣，日、月、星辰、山、龍、華蟲、火、宗彝；四章在裳，藻、粉米、黼、黻。衣褾領爲升龍，皆織成爲之。龍山以下，每章一行，重以爲等，每行十二也。」白紗中單。令云：「黻領，青褾、襈、裾，黻加龍山火三章。毳冕以上山火二章，繡冕山一章，玄冕無章。」革帶、大帶、劍、玉珮、綬、韈與上同。舃加金飾。享廟、謁廟及朝遣上將、征還、飲至、踐阼、加元服、納后、元日受朝及臨軒册拜王公則服之。

鷩冕，服七章，令云：「三章在衣，華蟲、火、宗彝；四章在裳，藻、粉米、黼、黻。」餘同衮冕，有事遠主則服之。

毳冕，服五章，令云：「三章在衣，宗彝、藻、粉米；二章在裳，黼、黻也。」餘同鷩冕，祭海岳則服之。

繡冕，服三章，令云：「一章在衣，粉米；二章在裳，黼、黻。」餘同毳冕。祭社稷、先農則服之。

玄冕服，令云：「衣無章，裳刺黼一章。」餘同繡冕。䄍祭百神、朝日夕月則服之。

通天冠，加金博山，附蟬十二首，施珠翠，黑介幘，髮纓翠緌，玉若犀簪導。絳紗袍，白紗中單，令云：「朱領、襈、裾。」白裙襦，令云：「亦裙衫也。」絳紗蔽膝，白假帶，方心曲領。其革帶、劍、珮、綬與上同。白韈黑舃。令云：「若未加元服，則雙童髻，空頂黑介幘，雙玉導，加寶飾也。」諸祭還、冬至受朝、元會、冬會則服之。

武弁，金附蟬，平巾幘，餘同前服。講武、出征、四時蒐狩、大射、禡、類、宜社、賞祖、罰社、纂嚴則服之。

弁服，令云：「弁以鹿皮爲之。」十二璂，令云：「璂以白玉珠爲之。」玉簪導，絳紗衣，素裳，革帶，白玉雙佩，鞶囊，小綬，白韈，烏皮履，朔日受朝則服之。

黑介幘，白紗單衣，白裙襦，革帶，素韈，烏皮履，拜陵則服之。

白紗帽，令云：「赤烏紗帽。」白裙襦，白韈，烏皮履，視朝、聽訟及宴見賓客則服之。

平巾幘，金寶飾，導簪冠支皆以玉，紫褶，令云：「赤白褶。」白袴，玉具裝，真珠寶鈿帶，靴，乘馬則服之。

翼善冠，其常服及白練裙襦通著之。若服袴褶，則與平巾幘通著之。

皇太子衮冕，垂白珠九旒，令云：「以組爲纓，色如其綬。」青纊充耳，犀簪導。玄衣纁裳九章，令云：「五章在衣，山、龍、華蟲、火、宗彝；四章在裳，藻、粉米、黼、黻。織成爲之，每章一行，重以爲等，每行九。」白紗中單，令云：「黼領，青褾、襈、裾。」革帶，金鉤觿，大帶。令云：「素帶不朱裏，亦紕以朱緑，紐約用組。黻隨裳色，火山二章。」玉具劍，令云：「金寶飾，玉鏢首。」瑜玉雙珮，朱組雙大綬。令云：「四采，赤白縹紺，純朱質。長丈八尺，三百二十首，廣九寸。小雙綬長二尺六寸，色同大綬而首半之，閒施二玉環。」朱韈赤舃。令云：「舃加金飾。」侍從祭祀及謁廟、加元服、納妃則服之。

具服，遠遊三梁冠，加金附蟬九首，施珠翠，黑介幘，髮纓翠緌，犀簪導。絳紗袍，白紗中單，令云：「皁領，褾、襈、裾。」白裙襦，白假帶，方心曲領，絳紗蔽膝。其革帶、劍、珮、綬與上同。白韈黑舃。未冠則雙童髻，空頂黑介幘，雙玉導，加寶飾。謁廟還宫、元日冬至朔日入朝、釋奠則服之。其朔望日入朝，通服袴褶。五日常朝亦準此。

公服，遠遊冠，簪導以上並同前。絳紗單衣，白裙襦，革帶，瑜玉隻珮，方心，紛，鞶囊，令云：「長六尺四寸，廣二寸四分，色同大綬。」白韈，烏皮履。五日常朝、元日、冬至受朝則服之。

烏紗帽，白裙襦，白韈，烏皮履，視事及宴見賓客則服之。

平巾幘，金飾，犀簪導，紫褶，白袴，玉梁珠寶鈿帶，靴，乘馬服之。

弁服，犀簪導，組纓，玉璂九，絳紗衣，素裳，革鞶囊，小綬，雙珮，白韈，烏皮履，朔日及視事則兼服之。

進德冠，九璂，加金飾，其常服及白練裙襦通著之。若服袴褶，則與平巾幘通著之。

羣官衮冕，垂青珠九旒，以組爲纓，令云：「纓色如綬。」以下旒纓皆如之也。青纊充耳，簪導。令云：「五品以上乃通用犀。」青衣纁裳，服九章。令云：「每章一行，重以爲等，每行九。五章在衣，龍、山、華蟲、火、宗彝。四章在裳，藻、粉米、黼、黻。皆絳爲繡。鷩冕以下亦每章一行，各依旒數。」白紗中單。令云：「中單黼領，朱裏，皆純。中單青領，青褾、襈、裾。」革帶，鉤觿，大帶，令云：「二品以上，素帶，不朱裏，皆純其外，上以朱，下以緑。五品以上，素帶，紕其垂，外以玄，内以黄。紐約皆用青組。黻皆裳色。毳冕以上，火、山二章。繡冕山一章。玄冕無章。」金玉飾劍，令云：「三品以下用玉，不得加珠寶。」山玄玉珮，緑綟綬。親王朱綬。朱韈赤舃。第一品服之。

鷩冕，八旒，服七章，章數已具前數。水蒼玉珮，紫綬，金飾劍，餘同衮冕，第二品服之。

毳冕，七旒，服五章，水蒼玉珮，紫綬，金飾劍，餘同衮冕，第三品服之。

繡冕，六旒，服三章，水蒼玉珮，青綬，金飾劍，餘同衮冕，第四品服之。

玄冕，五旒，衣無章，裳刺黻一章，水玉珮，黑綬，金飾劍，餘同衮冕，第五品服之。

爵弁，色同爵，無旒無章，玄纓，簪導，青衣纁裳，白紗中單，令云「青領、褾、襈、裾」也。革帶，鉤䚢，大帶，令云：「練帶，紕其垂，內外以緇，紐約用青組。」爵韠，白韈，赤履，九品以上服之。凡冕服及爵弁服，助祭及親迎則服之。若私家祭祀，三品以上及褒聖侯祭孔宣父，服玄冕，五品以上服爵弁，六品以下服進賢冠。凡冕制，以羅爲之，其服用紬爲之，其黻用繒也。

遠遊冠，三梁，黑幘，青緌，凡文官，皆青緌。以下準此也。諸王服之。親王即加金附蟬。

進賢冠，三品以上三梁，五品以上兩梁，九品以上一梁。三師、三公、太子三師三少、五等爵、尚書省、祕書省、諸寺監、太子詹事府、三寺及散官，親王傅友、文學，若諸州縣、關津、岳瀆等流內九品以上服之也。

武弁，平巾幘。武官及中書、門下省，殿中省，內侍省，諸衛及太子諸坊諸率府及鎮戍流內九品以上服之。若侍中、中書令、左右散騎常侍，則加貂蟬，侍左者左珥，侍右者右珥。

法冠。一名獬豸冠，一角，爲獬豸之形，御史以上服之。

高山冠。內侍省內謁者監、內謁者服之。

卻非冠。亭長、門僕服之。凡應冠而未冠者，並雙童髻，空頂幘。五品以上雙玉導，金飾。三品以上加寶飾，六品以下無飾。

朝服。亦名具服。冠，幘，纓，簪導，絳紗單衣，白紗中單，白裙襦，赤裙衫，革帶，鉤䚢，假帶，曲領方心，絳紗蔽膝，韈，舄，劍，雙綬。一品以下，五品以上，陪祭、朝饗，拜表大事則服之。六品以下，去劍、珮、綬，餘並同也。

公服。亦名從省服。冠，幘，纓，簪導，絳紗單衣，白裙襦，赤裙衫，革帶，鉤䚢，假帶，方心，韈，履，紛，鞶囊，雙珮。一品以下，五品以上，朔望朝謁，見東宮則服之。其六品以下，去紛、鞶囊、雙珮，餘並同。若致仕官，以理去官，被召謁見，皆服前官從省服。

弁服，以鹿皮爲之，通用烏紗也。牙簪導，五品以上通用犀也。纓，玉璂，朱衣，素裳，革帶，鞶囊，小綬，雙珮，白韈，烏皮履，一品九璂，二品八璂，三品七璂，四品六璂，五品五璂。六品以下，去璂及鞶囊、綬、珮。文官職事九品以上尋常公事服之。泥雨則通著常服。

平巾幘，簪導，五品以上通用犀，六品以下通用角。冠支，令云：「皆金飾，五品以上通用玉。」紫褶，令云：「五品以上緋褶，七品以上綠褶，九品以上碧褶。」並白大口袴，起梁帶，三品以上玉梁寶鈿，五品以上金梁寶鈿，六品以上金飾隱起。烏皮靴，武官及衛官尋常公事則服之。文官乘馬又通服之。武官陪位大杖，如螣蛇裲襠也。

進德冠，五品以上附山雲，璂數準弁，以金飾梁及花趺。三品以上加金絡也。

內外百官文官武官九品以上，十月以後，二月以前，常服，及白練裙襦通著之。五品以上行。六品以下，冠去璂珠。若服袴褶，非陪位大仗，則與平巾幘通著。袴褶，五品以上通用紬綾及羅，六品以下通用小綾也。

凡典謁，武弁，絳公服。學生，黑介幘，青襟服。齋郎，介幘，絳褠服。自外州品子等皆平巾幘，緋衫，大口袴，朝集從事則服之。若外官拜表、受制，皆朝服。

凡職事官三品以上有公爵者，嫡子婚，聽假以四品冕服。若五品以上子孫、九品以上子及五等爵，皆聽爵弁服。若庶人婚，聽假以絳公服。若刻漏生、漏童，服青袴褶總角之服。令云：「諸流外官行署，三品以上介幘，絳公服，方心，革帶，鉤䚢，假帶，韈履。九品以上絳褠衣，制同絳公服，袖狹，形直如溝，不垂，去方心、假帶，餘同絳公服。其非行署者，太常寺謁者，祝史，贊引，鴻臚寺司儀，諸典書，學，內侍省典引，太子右春坊掌儀，內坊導客舍人，諸贊，王公以下舍人，公主謁者等，各準行署，依品服。自外及任雜職掌無官品者，皆平巾幘，緋衫，大口袴，藥童、奉觶年小者，皆總角髻，朝集從事則服之。餘條目，自有制者，不用此例。黑介幘，簪導，深衣，青襟褾領，革帶，韈，履，未冠者雙童髻，空頂黑介幘，去革帶。國子、太學、四門學生、俊士參見則服之。律書算學士、州縣學生，則黑介幘，白裙襦。外官拜表受制皆朝服，本品無朝服者則公服。諸職事官三品以上有公爵者，嫡子謂經命訖者婚，聽假以四品冕服。諸五品以上子孫、九品以上子及五等爵婚，皆聽假以爵弁服。庶人婚，聽假以絳公服。諸州縣倉督、市令，縣録事、佐史、里正，岳瀆祝史、齋郎，並介幘，絳褠衣。平巾幘，緋褶，大口袴，紫褠，尚食局典膳局主食、太官署監膳史，食官署掌膳服之。平巾綠幘，青布袴褶，尚食局主膳、典膳局典食、太官署食官署供膳、良醞署奉觶服之。五辮，青袴褶，青耳屩，羊車小吏服之。總角髻，青袴褶，漏刻生、漏童服之。諸衣冠應入鹵簿異於本制者，從鹵簿。」

皇后王妃內外命婦服及首飾制度

皇后服，首飾花十二樹，小花如大花之數，并兩博鬢也。褘衣，令云「深青織成爲之。文爲翬翟之形，素質，五色，十二等。」素紗中單，令云：「黼領，羅縠褾、襈，皆用朱色。」蔽膝，令云：「隨裳色，以緅爲領緣，皆用翟爲章，三等。」大帶，令云：「隨衣色，朱裏，紕其外，上以朱錦，下以綠錦，紐約用青組。」青衣，革帶，青韈，舄，令云：「舄加金飾。」白玉雙珮，玄組雙大綬，令云：「章采尺寸與乘輿同。」受册、助祭、朝會諸大事則服之。

鞠衣，黃羅爲衣，其蔽膝、大帶及衣革帶舄，並隨衣色。餘與褘衣同，唯無翟。親蠶則服之。

鈿釵禮衣，十二鈿，服通用雜色，制與上同，加雙珮、小綬，去舄加履。宴見賓客則服之。

皇太子妃服，首飾花九樹，小花如大花之數，並兩博鬢也。褕翟，青織成爲之，文褕翟之形，青質，九色，九等。素紗中單，令云：「黼領，羅縠褾、襈，皆同朱色。」蔽膝，隨裳色，用緅爲領緣，以褕翟爲章，二等。大帶，令云：「隨衣色，不朱裏，紕其外，上以朱錦，下以緑錦，紐約用青組。」青衣，革帶，青韈，舄，令云：「舄加金飾。」瑜玉雙珮，純朱雙大綬，章綬尺寸與皇太子同也。受册、助祭、朝會諸大事則服之。

鞠衣，黄羅爲之。其蔽膝、大帶、革帶並隨衣色。餘與褕衣同，唯無翟。從蠶則服之。

鈿釵禮衣，九鈿，服通用雜色，制與上同，加雙珮，小綬，去舄，加履。宴見賓客則服之。

内外命婦服花釵，施兩博鬢，寶鈿飾。一品九樹，二品八樹，三品七樹，四品六樹，五品五樹。寶鈿準花樹。翟衣青質，羅爲之，繡爲翟。褕衣，一品翟九等，二品八等，三品七等，四品六等，五品五等。並素紗中單，令云：「黼領朱褾，襈，亦通用羅縠。」蔽膝，隨裳色，以緅爲領緣，加以文繡，重翟爲章，二等。一品以下同。大帶，以青衣，革帶，青韈，舄，珮，綬，内命婦受册、從蠶、朝會則服之。其外命婦及受册，從蠶、大朝會亦準此。

鈿釵一品九鈿，二品八鈿，三品七鈿，四品六鈿，五品五鈿。禮衣，通用雜色，制與上同，加雙珮，小綬，令云：「去舄，加履。」内命婦尋常見，外命婦朝參辭見及禮會則服之。

六尚、寶林、御女、采女及女官等服，禮衣通用雜色，制與上同，唯無首飾珮綬。七品以上有大事則服之，尋常供奉則公服；公服去中單、蔽膝、大帶也。九品以上大事及尋常供奉並公服。東宫準此。女史則半袖裙襦。

凡公主、王妃珮綬同，諸郡縣主、内命婦各準品服。外命婦各從夫及子；若不同夫及子而加邑號，亦準品。

花釵，覆笄而已，并兩博鬢，任以金銀雜寶飾也。大袖連裳，青質，素紗中單，朱褾、襈也。蔽膝，隨裳色，朱爲緣帶也。大帶，紕其外，上以朱，下以緑，紐約用青組。以青衣，革帶，韈，舄履，同裳色也。六品以下九品以上妻及九品以上女嫁則服之。

花釵，以金銀琉璃等塗飾。連裳，青質，以青衣，革帶，韈，履，同裳色也。庶人女嫁則服之。

凡百官女嫁，聽服母服廟見。本生蔭高者，準兄弟。凡王公以下及婦人服飾等級，上得兼下，下不得僭上。

劉肅《大唐新語》卷一〇 故事：江南天子則白帢帽，公卿則巾褐裙襦。北朝雜以戎狄之製。北齊有長帽、短靴，合袴襖子。朱紫玄黄，各隨其好。天子多服緋袍。隋代帝王貴臣，多服黄紋綾袍、烏紗帽、九環帶、烏皮六合靴。百官常服，同於走庶，皆着黄袍及衫，出入殿省。後烏紗帽漸廢，貴賤通用折上巾以代冠，用靴以代履。折上巾，戎冠也；靴，胡履也；咸便於軍旅。昔袁紹與魏武帝戰於官渡，軍敗，複巾渡河，遞相倣效，因以成俗。初用全幅皁向後幞髮，謂之幞頭。周武帝纔爲四脚，武德以來，始加巾子。至貞觀八年，太宗初服翼善冠，賜貴官進德冠，因謂侍臣曰：「幞頭起自周武帝，蓋取便於軍容。今四海無虞，當息武事。此冠頗采古法，兼更類幞頭，乃宜常服，可取服。」袴褶通用，此冠亦尋廢矣。

樊綽《雲南志》卷八《蠻夷風俗八》 其蠻，丈夫一切披氈。其餘衣服略與漢同，唯頭囊特異耳。南詔以紅綾，其餘向下皆以皂綾絹。其制度取一幅物，近邊撮縫爲角，刻木如樗蒲頭，實角中，總發於腦後爲一髻，即取頭囊都包裹頭髻上結之。羽儀已下及諸動有一切房甄別者，然後得頭囊。若子弟及四軍羅苴已下，則當額絡爲一髻，不得戴囊角；當頂撮髽髻，並披氈皮。俗皆跣足，雖清平官大軍將亦不以爲耻。曹長已下，得係金佉苴。或有等第戰功褒獎得係者，不限常例。

貴緋紫兩色。得紫後有大功則得錦。又有超等殊功者，則得全披波羅皮。其次功則胸前背後得披，而闕其袖。又以次功，則胸前得披，並闕其背。謂之大蟲皮，亦曰波羅皮。謂腰帶曰佉苴。

婦人一切不施粉黛。貴者以綾錦爲裙襦，其上仍披錦方幅爲飾。兩股辮其髮爲髻。髻上及耳，多綴真珠、金貝、瑟瑟、琥珀。貴家僕女亦有裙衫。常披氈及以繒帛韜其髻，亦謂之頭囊。

張彦遠《歷代名畫記》卷二 不知木劍創於晉代，幃帽興於國朝，【略】幅巾傳於漢魏，冪離起自齊隋，幞頭始於周朝，折上巾，軍旅所服，即今幞頭也。用全幅皁向後幞髮，俗謂之幞頭。自武帝建德中裁爲四脚也。巾子創於武德，胡服靴衫，豈可輒施於古象。衣冠組紋，不宜長用於今人。芒屩非塞北所宜，牛車非嶺南所有。詳辯古今之物，商較土風之宜，指事繪形，可驗時代。其或生長南朝，不見北朝人物。習熟塞北，不識江南山川。遊處江東，不知京洛之盛。此則非繪畫之病也。

蘇鶚《蘇氏演義》卷上　伍伯，一伍之伯也。五人曰伍，五長曰伯，故稱伍伯，一曰户伯。漢制：兵吏五人一户一竈置一伯，故云户伯，亦名大伯，以爲一竈之掌也。漢諸公行，則户伯率其伍以導引也。古兵士服韋弁，今户伯服赤幘纁衣素裳韎弁，古之遺法也。

佚名《玉泉子》　文宗命中使宣兩軍中尉及諸司使内官等，不許著紗縠綾羅布。其後駙馬韋處仁冠布夾羅巾以進。上曰：「本慕卿門户清素，故俯從選尚。如此巾服，從他諸戚爲之，卿不須爲也。」

《唐會要》卷三一《輿服上・裘冕》　裘冕

舊制：天子之服，則有大裘冕、衮冕、鷩冕、毳冕、絺冕、玄冕、通天冠、武弁、黑介幘、白紗帽、平巾幘、翼善冠之服。並出於殿中省。皇后之服，則有禕衣、鞠衣、鈿釵禮衣之服。並出於内侍省。太子之服，則有衮冕、具服遠遊冠、公服遠遊冠、烏紗帽、弁服、平巾幘、進德冠之服。並出於左春坊。凡王公，第一品服衮冕，二品服鷩冕，三品服毳冕，四品服絺冕，五品服玄冕，六品至九品服爵弁。

武德四年七月定制：凡衣服之令，天子之服有十二等，大裘冕、衮冕、鷩冕、毳冕、絺冕、玄冕、通天冠、武弁、黑介幘、白紗帽、平巾幘、白帢是也。

顯慶元年九月十九日，修禮官臣無忌、志寧、敬宗等言：「準武德初撰《衣服令》，乘輿祀天地，服大裘冕，無旒。臣勘前件令，是武德初撰，雖憑《周禮》，理極未安。謹按《郊特牲》云：『周之始郊，日南至。』『被衮以象天，戴冕藻十有二旒，則天數也。』而此二禮，俱説周郊，衮與大裘，事乃有異。按《月令》：『孟冬，天子始裘。』明以禦寒，理非當暑，若啓蟄祈穀，冬至報天，行事服裘，義歸通允。至於季夏迎氣，龍見而雩，炎熾方隆，如何服之？謹尋歷代，唯服衮章，與《郊特牲》義旨相協。按周遷《輿服志》云：『漢明帝永平二年，詔採《周官》、《禮記》，始制祀天地服，惟天子備十二章。』沈約《宋書・志》云：『魏、晉郊天，亦皆服衮。』宋、魏、周、齊、隋禮令，祭服悉同。斯則百王通典，炎涼無妨，復與禮經事無乖舛。今請憲章故實，郊祭天地，皆服衮冕，其大裘請停，仍改禮令。又檢《新禮》，皇帝祭社稷，絺冕四旒，衣三章；祭日月，服玄冕三旒，衣無章。謹按令文，是四品五品之服，此三公亞獻，皆服衮衣，孤卿助祭，服毳及鷩，斯乃乘輿章數，同於大夫，君少臣多，殊爲不可。《周禮》云：『祀昊天上帝，則服大裘而冕，祀五帝亦如之。享先王則衮冕，享先公則鷩冕，祀四望山川則毳冕，祭社稷五祀則絺冕，祀諸小祀則玄冕。』又云：『公侯伯子男孤卿大夫之服，衮冕已下，皆如王之服。』所以《三禮義宗》遂有二釋：一云公卿大夫助祭之日，所服之服，降王一等；又云悉與王同。求其折衷，俱未通允。但名位不同，禮亦異數。天子以十二爲節，義在法天，豈有四旒三章，翻爲御服。若諸臣助祭，冕與王同，便是貴賤無分，君臣不别。如其降王一等，則王著玄冕之時，羣臣次服爵弁，既屈天子，又貶公卿。《周禮》此文，久不施用。是故漢、魏以來，下迄隋代，相承舊事，唯用衮冕。今《新禮》親祭日月，仍服五品之服，臨事施行，極不穩便。請遵歷代故實，諸祭並用衮冕。」制可之。無忌等又奏曰：「皇帝爲諸臣及五服親舉哀，依禮著素服，今令乃云白帢，禮令乖舛，須歸一塗。且白帢出自近代，事非稽古，雖著令文，不可行用。請改從素服，以合禮文。」制從之。

儀鳳二年，太常博士蘇知機又上表，以公卿以下冕服，請别立節文。勑下有司詳議。崇文館學士校書郎楊炯議曰：「今表『請制大明冕十二章，乘輿服之』者。謹按，日月星辰，已施於旌旗矣；龍虎火山，又不逾於古矣。而云麟鳳有四靈之名，玄龜有負圖之應，雲有紀官之號，水有感德之祥，此蓋别表休徵，終是無逾比象。然則皇王受命，天地興符，仰觀則璧合珠連，俯察則銀黄玉紫。盡南宫之粉壁，不足寫其形狀；罄東觀之鉛黄，無以紀其名實。固不可畢陳於法服也。雲也者，從龍之氣也；水也者，藻之自生也，又不假别爲章目也。『鷩冕八章，三公服之』，鷩者，太平之瑞也，非三公之德也；鷹鸇者，鷙鳥也，適可以辨祥刑之職也；熊羆者，猛獸也，適可以旌武臣之力也。又稱藻爲水草，無所法象，引張衡賦云：『蔕倒茄於藻井，披紅葩之狎獵。』謂爲蓮花，取其文采者。夫茄，蓮也。若以蓮花代藻，變古從今，既不知木草之名，亦未達文章之意。又『毳冕六章，三品服之』者。按此王者祀四望服之名也。今三品乃得同王之毳冕，而三公不得同王之衮名，豈惟顛倒衣裳，抑亦自相矛盾。又『黼冕四章，五品服之』。考之於古，則無其名，驗之於今，則非章首。此則不經之甚也。夫禮惟從俗，則命爲制，令爲詔，乃秦王之故事，猶可以適於今矣。若乃義取隨時，則出稱警，入稱蹕，乃漢朝之舊儀，猶可以行於代矣。亦何取變周公之軌物，改宣尼之法度者哉！」由是竟寢知機所請。

開元十一年冬，將有事於南郊，中書令張説奏稱：「準令，皇帝祭昊天上帝，服大裘之冕，事出《周禮》，取其質也。永徽二年，高宗享南郊用之。顯慶元年修禮，改用衮冕，事出《郊特牲》，取其文也。自則天已來用之。若遵古制，則應用大裘；若便於時，則袞冕爲美。」令所司造二冕呈進。上以大裘樸略，冕又無旒，既不可通用於寒暑，乃廢而不用之。自是，元正朝會用袞冕及通天冠，大祭祀依《郊特牲》亦用袞冕，自餘諸服，雖著在令文，不復施用。

二十六年，肅宗爲皇太子，受册，太常所撰儀注，有服絳紗衣之文。太子以爲與皇帝所稱同，上表辭不敢當，請有司易之。上令百官詳議。尚書左丞相裴耀卿、太子太師蕭嵩等奏曰：「謹按《衣服令》，皇太子具服，有遠遊冠，三梁，加金附蟬九首，施珠翠；黑介幘，髮纓綏，犀簪導；絳紗衣，白紗中單，皂領，褾、襈；白裙襦，方心曲領，絳紗蔽膝；革帶，劍，佩，綬等。謁廟還宫，元日、冬至、朔日，入朝，釋奠則服之。其絳紗衣，則是冠衣之内一物之數，與裙襦、劍、佩等無別。至於貴賤之差，尊卑之異，則冠爲首飾，名制有殊，並珠旒及裳綵章之數，多少有別，自外不可事事差異。亦有上下通服，名制是同，禮重則具服，禮輕則從省。今以至敬之情，有所不敢，衣服不可減省，稱謂須更變名。望所撰儀注，不以絳紗衣爲稱，但稱爲具服，則尊卑有差，謙光成德。」議奏，上手勅改爲朱明服，下所司行用焉。

章服品第

舊儀有朝服，亦名具服，一品已下五品已上，陪祭、朝享、拜表大事則服之；六品已下，唯無劍、佩、綬。又有公服，亦名從省服，一品已下五品已上，朔望朝謁及見東宫則服之；六品已下，去紛、鞶囊，皆雙綬。又九品已上，朔望朝參者，十月一日已後二月三十日已前，並服袴褶；五品已上，著珂傘。

貞觀四年八月十四日，詔曰：「冠冕制度，以備令文，尋常服飾，未爲差等。」於是三品已上服紫，四品、五品已上服緋，六品、七品以緑，八品、九品以青。婦人從夫之色，仍通服黄。至五年八月十一日，勅七品以上，服龜甲雙巨十花綾，其色緑；九品以上，服絲布及雜小綾，其色青。至龍朔二年九月二十三日，孫茂道奏稱：「準舊令，六品、七品著緑，八品、九品著青。深青亂紫，非卑品所服。望請改六品、七品著緑，八品、九品著碧，朝參之處，聽兼服黄。」從之。

咸亨五年五月十日勅：「如聞在外官人、百姓，有不依令式，遂於袍衫之内，著朱紫青緑等色短衫襖子，或於閭野公然露服，貴賤莫辨，有斁彝倫。自今以後，衣服下上，各依品秩，上得通下，下不得僭上。仍令有司嚴加禁斷。」

上元元年八月二十一日勅：「一品已下文官並帶手巾、算袋、刀子、礪石，其武官欲帶者亦聽之。文武三品已上服紫，金玉帶，十三銙。四品服深緋，金帶，十一銙。五品服淺緋，金帶，十銙。六品服深緑，七品服淺緑，並銀帶，九銙。八品服深青，九品服淺青，並鍮石帶，八銙。庶人服黄銅鐵帶，七銙。」前令九品已上，朝參及視事，聽服黄。以洛陽縣尉柳延服黄夜行，爲部人所毆，上聞之，以章服紊亂，故以此詔申明之。朝參行列，一切不得著黄也。

文明元年七月五日詔：「八品已下，舊服青者，並改爲碧。」

神龍二年九月二十七日勅：「停京官六品已下著緋，袴褶，令各依本品爲定。」

景雲二年四月二十四日制：「令内外官依上元元年勅，文武官咸帶七事。（謂佩刀、刀子、礪石、契苾真、噦厥針筒、火石袋、鞊韘等。）其腰帶，一品至五品並用金，六品至七品並用銀，八品九品並用鍮石。」

開元二年七月二十四日勅：「百官所帶跨巾、算袋等，每朔望朝參日著，外官衙日著，餘日停。」其年七月二十五日勅：「珠玉錦繡，既令禁斷。準式，三品已上飾以玉，四品已上飾以金，五品已上飾以銀者，宜於腰帶及馬鐙、酒杯、杓依式，自外悉斷。」

十九年六月勅：「應諸服袴褶者，五品已上通用紬綾及羅，六品已下小綾，除幞頭外，不得服羅縠及著獨窠繡綾。婦人服飾，各依夫、子。五等以上諸親婦女及五品已上母、妻，通服紫；九品已上母、妻，通服朱。五品已上母、妻，衣腰襻褾，緣用錦繡。流外及庶人，不得著紬綾羅縠、五色線靴履。凡襉色衣不過十二破，渾色衣不過六破。帽子皆大露面，不得有掩蔽。正朝會及大禮陳設事，緣供奉官攝官者，並依攝官服之。」

元和十二年六月九日，太子少師鄭餘慶奏：「内外官服朝服入祭服者，其中五品多有疑誤。約職事官，自今已後，其職事官是五品者，雖帶六品已下散官，即有劍、佩、綬；其六品已下職事官，縱有五品已下散官，並不得服劍、佩、綬。」

龍紀元年十一月，將有事圜丘，上宿齋於武德殿，宰臣百寮，朝服於位。時兩軍中尉楊復恭及兩樞密，皆朝服侍上。太常博士錢珝、李綽等奏曰：「今皇帝赴齋，内臣朝服。竊詳國朝故事及近代禮令，並無内官朝服助祭之文。若須要冠服，請各依所兼正官，隨資品，依令式，服本官之服。」從之。

內外官章服

舊制，凡授都督、刺史，皆未及五品者，並聽著緋、佩魚，離任則停之。若在軍賞緋紫、魚袋者，在軍則服之，不在軍不在服限。若經敍録不合得者，在軍亦停之。

開元三年四月勑：「宰臣自朝廷出鎮，請朝官至侍御史已上者，即許兼受章服，便爲久例。」

其年八月詔：「駙馬都尉，從五品階，自今已後，宜準令式，仍借紫金魚袋。」駙馬都尉借紫，自此始也。

四年二月二十三日詔：「彰施服色，分別貴賤，苟容僭濫，則有乖儀式。如聞内外絶無官者，皆詐著緑，不以爲事。又軍將在陣，賞借緋紫，本是從戎缺胯之服，一得之後，遂別造長袍，遞相倣傚。又入蕃使，別勑借緋紫者，使回合停。自今已後，衙内宜專定殿中侍御史糾察。」天授二年八月二十日，左羽林大將軍、建昌王攸寧賜紫金帶，九月二十六日，除納言，依舊著紫，帶金龜。借紫自此始也。

八年二月二十日勑：「都督刺史品卑者，借緋及魚袋，永爲常式。」

二十五年五月三日勑：「緋紫之服，班命所崇，以賞有功，不可僭濫。如聞諸軍賞借，人數甚多，曾無甄别，是何道理？自今已後，除灼然有戰功外，餘不得輒賞。」

大中元年九月，中書門下奏：「幕府遷授章服，貞元元年之間使府奏職至侍御史，然後許兼省官，至章服皆計考效。近日奏行殿中及戎卒，便請朱紫，數事俱行，其中自緑腰金，皆非典故。今請自侍御史待年月足後，更奏始與省官；至於朱紫，許於本使府有事績尤異者，然後許奏請。惟副使行軍奏職特加，先著緑便許緋，餘不在此限。」

三年五月，中書門下奏：「增秩賜金紫，雖有故事，如觀察使奏刺史善狀，並須指事而言，不得虛爲文飾。其諸道副使判官，如事績尤異，然後許奏論。惟副使行軍，先著緑便許賜緋，其餘不在此限者。諸使奏請，或資品尚淺，即請章服；或賜緋未幾，又請賜紫。準令，入仕，十六考職事官，散官皆至五品，始許著緋。三十考職事官四品，散官三品，然後許衣紫。除臺省清要，牧守常典，自今已後，請約官品爲例。判官上檢校五品者，雖欠階考，量許奏緋。副使行軍俱官至侍御史已上者，縱階考未至，亦許奏緋。如已檢校四品官兼中丞，先賜緋，經三周年已上者，兼許奏紫。其有職事尤異關錢穀者，須指事上言，監察已下，量與減年限，進改殿中已上，然後可許賜章服。公事尋常者，不在奏限。」依奏。

雜録

乾封二年二月，禁工商不得乘馬。

神龍二年九月，《儀制令》：「諸一品已下，食器不得用渾金玉；六品已下，不得用渾銀。」

大和元年五月勑：「衣服車乘器用宫室侈儉之制，近日頗差。宜準《儀制令》，品秩勳勞，仍約今時所宜，撰等級，送中書門下參酌奏聞。」

三年九月勑：「兩軍諸司内官，不得著紗縠綾羅等衣服。」

六年六月勑詳度諸司制度條件等：「《禮部式》，親王及三品已上，若二王後，服色用紫，飾以玉；五品已上，服色用朱，飾以金；七品已上，服色用緑，飾以銀；九品已上，服色用青，飾以鍮石。應服緑及青人，謂經職事官成及食禄者，其用勳官及爵，直司依出身品，仍聽佩刀、礪、紛、帨。流外官及庶人，服色用黄，飾以銅鐵。其諸親朝賀宴會服飾，各依所準品。又請一品二品許服玉及通犀，三品許服花犀、斑犀及玉，又服青碧者許通服緑，餘依《禮部式》。又應三省、御史臺、兩京諸司及諸道在城職掌官等，諸不許用本官本品例，仍並不得服犀玉及車馬不得飾以金銀。又袍襖衫等，曳地不得長二寸已上，衣袖不得廣一尺三寸已上。婦人制裙，不得闊五幅已上，裙條曳地，不得長三寸已上，襦袖等不得廣一尺五寸已上。又《六典》及《禮部式》，諸文武官赴朝，諸府道從職事，一品及開府儀同三司，聽七騎；二品及特進，聽五騎；三品及散官，三騎；四品五品，二騎；六品已下，一騎。其散官及以理去官，五品已上，將從不得過兩騎，若京城外，不在此限。今約品秩，職事官一品職七騎，二品及中書門下三品五騎，三品及中書門下御史臺五品，尚書省四品三騎，四品五品兩騎，鞍通用銀裝，六品一騎，通用鍮石裝。其散官及以理去官者，五品已上，不得過一騎，其若在京城外及勳績顯著、職事繁重者，不在此限。七品已下，非常參官，並不得以馬從，未任者聽乘蜀馬，鞍用烏漆裝。又請一品二品九騎，三品七騎，四品五騎，五品兩騎，六品一騎，其京城内應職事繁重者，不在此限。六品以下，非常參官，不得馬從。其六品已上，非常參官，周親未任者，聽乘馬，餘未任者，聽乘蜀馬、小馬，鞍用烏漆裝。其胥吏雜色人，不在此限。其鞍轡裝飾，據所司條流，得用銀者，四品已下，並得許用垂頭押胯。其用銀及鍮石者，並不得用鬧裝。其軍容隊伍，要資華飾，不在此限。餘並請依所司條流。又制，節度使准《儀制令》，諸軍一品已下五品已上，皆通用幰，六品已下，皆不得用幰，令非册拜及婚會，並不得用幰。

又准《少府式》，公主出降，犢車兩乘，一金銅裝；郡主犢車兩乘，一銅裝；縣主犢車兩乘，一銅裝。又准《鹵簿令》，外命婦一品，厭翟車，從車六乘；二品三品，白銅飾犢車一乘，從車四乘；四品白銅飾犢車一乘，從車兩乘者，今此附前件令式，參酌今時之宜。且婦人本合乘車，近來率用檐子。事已成俗，教在因人。今請外命婦一品二品、中書門下三品母、妻，金銅飾犢車、檐子，舁不得過八人；三品金銅飾犢車、檐子，舁不得過六人；非尚書省、御史臺，即以白銅飾檐子，舁不得過四人；四品五品白銅飾犢車，白銅飾檐子，舁不得過四人；六品以下，畫奚車、檐子，舁不得過四人。胥吏及商賈妻，並不得乘奚車及檐子，其老疾者，聽乘葦輦車及篼籠，舁不得過二人。庶人准此。右伏緣白銅先已禁斷，今請應合用白銅者，通用鍮石。其胥吏及商賈妻、女老病者，聽乘座車及葦輦車。餘並准所司條流處分。」勑旨：「並依奏。」又奏：「婦人高髻險妝，去眉開額，甚乖風俗，頗壞常儀，費用金銀，過爲首飾，並請禁斷。其妝梳釵篦等，伏請勒依貞元中舊制，仍請勑下後，諸司及州府榜示，限一月内改革。又吴越之間，織造高頭草履，亦請切加禁絶。其以彩帛縵成高頭履，及平頭小花草履，既任依舊，餘請准所司條流。」又奏：「准《營繕令》，王公已下，舍屋不得施重栱、藻井。三品已上堂舍，不得過五間九架，廳廈兩頭門屋，不得過五間五架。五品已上堂舍，不得過五間七架，廳廈兩頭門屋，不得過三間兩架，仍通作鳥頭大門，勳官各依本品。六品七品已下堂舍，不得過三間五架，門屋不得過一間兩架。非常參官，不得造軸心舍，及施懸魚、對鳳、瓦獸、通袱乳梁裝飾。其祖父舍宅，門廕子孫，雖廕盡，聽依仍舊居住。其士庶公私第宅，皆不得造樓閣，臨視人家。近者或有不守勑文，因循制造，自今以後，伏請禁斷。又庶人所造堂舍，不得過三間四架，門屋一間兩架，仍不得輒施裝飾。又準律，諸營造舍宅，於令有違者，杖一百。雖會赦令，皆令改正。其物可賣者聽賣。若經赦百日不改去及不賣者，論如律。」又奏：「商人乘馬，前代所禁，近日得以恣其乘騎，雕鞍銀鐙，裝飾煥爛，從以童騎，最爲僭越，請一切禁斷。庶人準此。師僧道士，除綱維及兩街大德，餘並不得乘馬，請依所司條流處分。諸部曲、客女、奴婢，服絁紬絹布，色通用黄白，飾以銅鐵。客女及婢，通服青碧，聽同庶人，兼許夾纈。丈夫許通服黄白，如屬諸軍、諸使、諸司及屬諸道，任依本色目流例。其女人不得服黄紫爲裙，及銀泥罨畫錦繡等。餘請依令式。又制度衣服、車乘、器用、宫室等，其諸軍使職掌官等，並請約文武官例，各委本道本軍本使，以職掌高下，約爲等第，比類聞奏。又應諸色條流，請委御史臺知彈御史、兩巡使、京兆尹、東都留守、河南尹、留臺御史、外州府長吏，準條流月日切加糾察，如違越，没入所犯物，仍量加決責。其常參官具名聞奏。其在城諸軍使，各委本司句當，不及者，委臺司覺察聞奏。」勑旨：「理道所關，制度最切。其喪葬婚嫁，吉凶禮物，雖不在條件之内，亦委所司準令式句當，仍加捉搦。其禁軍仗衞雜飾，及諸道節鎮等使軍裝衣服，即不在此限。餘並依奏。」

其年七月，度支、户部、鹽鐵三司奏：「準今年六月勑，令三司官典及諸色場庫所由等，其孔目、句檢、句覆、支對、句押、權遣，指引進庫官、門官等，請許服細葛布折造，及無紋綾充衫及袍襖，依前通服緑，闇銀藍鐵充腰帶，不得乘毛色大馬，鞍轡踏鐙用鍮石。其驅使官有正官及在城及諸色倉場官等，請許服細葛布折造，及庶人紋綾充衫袍，依前服緑，藍鐵充腰帶，乘小馬，鞍轡銜鐙用鍮石。其驅使官未有正官及與行按令史等，請許麤葛布及官絁等充衫襖，亦請依前通服緑，銅鐵腰帶，乘蜀馬，其鞍用烏漆鐵踏鐙。聽於每司各許三人著緑布衫，其不行按令史並書手，服白，仍並不許乘馬及馬從。通引官許依前麤紫絁及紫布充衫袍，藍鐵腰帶，乘小馬，鞍用烏漆鐵踏鐙。其行官門子等，請許依前服紫麤絁充衫襖，藍鐵腰帶，仍不許乘馬。其騾綱、車綱等，緣常押驢騾於諸州府搬運，及送遠軍衣賜，須應程期，請許依前麤紫絁充襖，藍鐵腰帶，乘驢車，出塞即請許乘麤牡馬。餘並不得違元勑。揀子及諸色小所由，並請服白布衫，及應向外監院職掌所由，請勑下後，約省使條流，遞減一等處分。除此外，餘並準元勑處分。」依奏。

七年八月九日勑：「今年十月服冬裘後，其衣服輿馬，並宜準大和六年六月十七日勑處分。如固違制度，九品已上，量加黜責；其布衣，五年不得選舉。」

開成四年二月，淮南觀察使李德裕奏：「臣管内婦人，衣袖先闊四尺，今令闊一尺五寸；裙先曳地四五寸，今令減五寸。」從之。

五年六月，御史中丞黎植奏：「伏以朝官出使，自合驛馬，不合更乘檐子。自此，請不限高卑，不得輒乘檐子。如病，即任所在陳牒，仍申中書門下及御史臺，其檐夫自出錢雇。節度使有疾，亦許乘檐子，不得便乘卧輦。宰相、三公、師保、尚書令、正省僕射及致仕官疾病者，許乘之。餘官並不在乘限。其檐子任依漢、魏故事，準載步輿步輿之制，不得更務華飾。其三品已上官及刺史赴任，有疾，亦任所在陳牒，許暫乘，病痊日停，不得驛中停止。人夫並須自雇。」又中書門下奏：「臺司所奏條流檐子事，更須商量。其常參官或諸司長史，品秩高者，有疾及筋力綿怯，不能控馭，望許牒臺，暫乘檐子，患損勒停。其出使郎官，中路遇疾，令自雇夫者，若所詣稍遠，計費極多，制下檢身，不合貸借，輕齎則不濟所要，無偏則不可支持，如中路遇疾者，所在飛牒申奏，差替去，以此商量，庶爲折衷。餘請依御史臺所奏。」

《唐會要》卷三二《雅樂上》 麟德二年七月二十四日詔：「國家平定天下，革命創制，紀功旌德，久被樂章。今郊祀四懸，猶用干戚之舞，先朝作樂，韞而未申。其郊廟享宴等所奏宮懸，文舞宜用《功成慶善》之樂，皆著履執拂，依舊服袴褶、童子冠。其武舞宜用《神功破陣》之樂，皆被甲持戟，其執纛之人，亦著金甲。人數並依八佾，仍量加簫、笛、歌鼓等，于懸南列坐，若舞即與宮懸合奏。其宴樂內二色舞者，仍依舊別設。」【略】

儀鳳二年十一月六日，太常少卿韋萬石奏：「據《貞觀禮》，郊享日，文舞奏《豫和》、《順和》等樂，其舞人著委貌冠服，手執籥翟。其武舞奏《凱安》，其舞人著平冕，手執干戚。奉麟德三年十月勅，文舞改用《功成慶善樂》，武舞改用《神功破陣樂》，并改器服。但以《慶善》不可降神，《神功破陣樂》又未入雅樂，雖改用器服，其舞曲依舊，迄今不改。事既不安，恐須別有處分。」詔曰：「舊文舞、武舞既不可廢，並器服總宜依舊。」

《唐會要》卷六一《御史臺中·彈劾》 故事，凡中外百寮之事，應彈劾者，御史言於大夫，大事則方幅奏彈之，小事則署名。乾元二年四月六日勅：「御史臺所欲彈事，不須先進狀，仍服豸冠。所被彈劾，有稱讎嫌者，皆冀遷延，以求苟免。但所舉當罪，則讎亦無嫌。如憲官不舉所職，降資出臺，儻涉阿容，乃重貶責。」舊制，凡事非大夫、中丞所劾，而合彈奏者，則具其事爲狀，大夫、中丞押奏。大事則豸冠、朱衣、纁裳、白紗中單以彈之，小事常服而已。【略】

建中元年三月，監察御史張著冠豸冠，彈京兆尹、兼御史中丞嚴郢於紫宸殿。以郢奉詔浚陵陽渠，匿詔不時行，故使奔蹙，以歸怨於上。上即位初，侍御史朱敖請復舊制，置朱衣、豸冠於內廊，有犯者，御史服以彈。又令御史得專彈劾，不復關白於中丞、大夫。至是，著首行之。乃削郢御史中丞，著特賜魚袋。自是日懸衣冠於宣政之左廊。然著希楊炎之意彈郢，人頗不直之。

《唐會要》卷七二《軍雜録》 廣德二年三月，禁王公百吏家及百姓，著皁衫及壓耳帽子，異諸軍官健也。【略】

建中四年四月，初令京師募兵，以神策使白志貞爲之使，又故節度觀察使武將家，出僮馬，具戎裝從軍。自是京師人心震摇，不保家室。

貞元元年六月詔：「槍甲之屬，不蓄私家。」

《經濟類編》卷九八《物類》 唐長孫無忌《冕服議》 準《衣服令》，乘輿祀天地，服大裘冕，無旒。臣無忌、志寧、敬宗等勘前件令，是武德初撰，雖憑《周禮》，理極未安，謹按《郊特牲》云：「周之始郊，日(南)[以]至。」「披衮以象天，戴冕藻十有二旒，則天(地)數也。」而此二禮，俱説周郊，衮與大裘，事乃有異。按《月令》「孟冬，天子始裘」，明以禦寒，理非當暑，若啓蟄祈穀，冬至報天，行事服裘，義歸通允。至於季夏迎氣，龍見而雩，炎熾方隆，如何可服。謹尋歷代，唯服衮章，與《郊特牲》義旨相協。按周遷《輿服志》云，漢明帝永平二年，詔採《周官》、《禮記》，始制祀天地服，天子備十二章。沈約《宋書志》云：魏、晉郊天，亦皆服衮。又王智深《宋紀》曰：明帝(詔)[制]云，朕以大冕純玉藻、玄衣、黄裳郊祀天地。後魏、周、齊，迄於隋氏，勘其禮令，祭服(悉同)。斯則百王通典，炎涼無妨，復與禮經事無乖(殊)[舛]。今請憲章故實，郊祭天地，皆服衮冕，其大裘請停，仍改禮令。又準(檢)《新禮》，皇帝祭社稷服(絺)[繡]冕，四旒，三章。祭日月服玄冕，三旒，衣無章。謹按(今)[令]文是四品五品之服，此(即)[則]三公亞獻，皆服衮衣，孤卿助祭，服毳及鷩，斯乃乘與章數，同於大夫，君少臣多，殊不可。據《周禮》云：「祀昊天上帝則服大裘而冕，五帝亦如之。享先王則衮冕，享先公則鷩冕，祀四望山川則毳冕，祭社稷五祀則絺冕，諸(祠)[小祀]則玄冕。」又云：「公侯伯子男孤卿大夫之服，衮冕以下皆如王之服。」所以《三禮義宗》遂有二釋。一云公卿大夫助祭之日，所著之服，降王一等。又云悉與王同。求其折衷，俱未通允。但名位不同，禮亦異數。天子以十二爲節，義在法天，豈有四旒三章，翻爲御服。若諸臣助(祭)冕與王同，便是貴賤無分，君臣不別。如其降王一等，則又王著玄冕之時，羣臣(並著)[次服]爵弁，既屈天子，又貶公卿。《周禮》此文，久不施用。亦猶祭祀之立尸侑，君親之拜臣子，覆巢設哲[硩]蔟之官，去鼃置蟈氏之職，雖(曰古禮)[施周代]，事不(可)[通]行。是故漢、魏以來，下迄隋代，相承舊事，(皆服)[唯用]衮冕。今《新禮》親祭日月，乃服五品之衣，臨事施行，實不穩便。請遵歷代故實，諸祭並用衮冕。劉子玄《衣冠乘車議》伏以古者爰自大夫已上皆乘車，而以馬爲騑服。魏、[晉]已降，迄乎隋代，朝士又駕牛車，歷代經史，具有其事，不可一二而言也。至如李廣北征，解鞍憩息，馬援南伐，據鞍顧盼，斯則鞍馬之設，行於軍旅，戎服所乘，貴於便習者也。按江左官至尚書郎而輒輕乘馬，則爲御史所彈。又顔延之罷官後，好騎馬出入閭里，當代稱其放誕。此則專車憑軾，可服朝衣，單馬御鞍，宜從褻服。求之近古，灼然之明驗也。自皇家撫運，沿革隨時，至如陵廟巡謁，王公册命，則盛服冠履，乘彼輅車。其士庶有衣冠親迎者，亦時以服箱充馭。在於他事，無復乘車，貴賤所行，通用鞍馬而已。臣伏見比者鑾輿出幸，法駕首途，左右侍臣皆以朝服乘馬。夫冠履而出，止可配車而行，今乘車既停，而冠履不易，可謂惟知其一而未知其二也。何者，褒衣博帶，革履高冠，本非馬上所施，自是車中之服。必也韈而升鐙，跣以乘鞍，非唯不(施)[師]古道，亦自取驚今俗，求諸折中，進退無準。且長裾廣袖，襜如翼如，鳴珮紆組，鏘鏘奕奕，馳驟於風塵之内，出入於旌棨之間，儻馬有驚逸，人從顛墜，遂使屬車之名，遺履不收，清道之傍，絓驂相續，固以受嗤行路，有損威儀。今議者皆以祕閣有《梁武帝南郊圖》，多有衣冠乘馬者，此則近代故事，不得謂無其文。臣案此圖是後人所爲，非當時所撰。且觀民間有古今圖畫者多矣，如張僧繇畫《羣公祖二疏》，而兵士有著芒屩者，閻立本畫《昭君入匈奴》，而婦人有著帷帽者。夫芒屩出於水鄉，非京華所有，帷帽創於隋代，非漢宫所作。議者豈可徵此二畫以爲故實者乎？由斯而言，則《梁氏南郊之圖》，義同於此。又傳稱政宜因俗，禮貴緣情。殷輅周冕，規模不一，秦冠漢佩，用捨無恒。況我國家道軼百王，功高萬古，事有不便，理資變通。其乘馬衣冠，竊謂宜從省廢。臣懷此異議，其來自久，日不暇給，未及榷揚。今屬殿下親從齒胄，將臨國學，凡有衣冠乘馬，皆憚此行，所以輒進狂言，用申鄙見。

楊炯《公卿已下冕服議》 古者太昊庖犧氏，仰以觀象，俯以察法，造書契而文籍生。次有皇帝軒轅氏，長而敦敏，成而聰明，垂衣裳而天下理。其後數遷五德，君非一姓，體國經野，建邦設都，文質所以再而復，正朔所以三而改。夫改正朔者，謂夏后氏建寅，殷人建丑，周人建子。至於以日繫月，以月繫時，以時繫年，此則三王相襲之道也。夫易服色者，謂夏后氏尚黑，殷人尚白，周人尚赤。至於山、龍、華、蟲、宗彝、藻、火、粉米、黼、黻，此又百代可知之道。謹按《虞書》曰：「予欲觀古人之象，日、月、星辰、山、龍、華蟲作繪，宗彝、藻、火、粉米、黼、黻、絺、繡。」由此言之，則其所從來者尚矣。夫日月星辰者，象聖王光明照下土也。山者，布散雲物，象聖王澤霑下人也。龍者，變化無方，象聖王應時布教也。華蟲者，雉也，雉身被五彩，象聖王體兼文明也。宗彝者，虎蜼也，以剛猛制物，象聖王神武定亂也。藻者，逐水上下，象聖王隨代而應也。火者，陶冶烹飪，象聖王至德日新也。粉米者，人恃以生，象聖王爲物之賴也。黼者能斷割，象聖王臨事能決也。黻者，兩(巳)[己]相背，象君臣可否相濟也。逮周氏，乃以日月星辰爲旌旗之飾，又登龍於山，登火於宗彝，於是乎制衮冕以祀先王也。九章者，法陽數也，以龍爲首章者。衮者，卷也，龍德神異，應時潛見，表聖王深識遠知，卷舒神化也。又制鷩冕以祭先公也。鷩者，雉也，有耿介之志，表公賢才，能守耿介之節也。又制毳冕以祭四望也。四望者，岳瀆之神也。虎蜼者，山林所生，明其象也。制絺冕以祭社稷之神也。粉米由之而成，象其功也。又制玄冕以祭羣小祀也。百神異形，難可遍擬，但取黻之相背，昭異名也。夫以周公之多才也，故治定制禮，功成作樂。夫以孔宣之將聖也，故行夏之時，服周之冕。先王之法服，乃自此而出矣，天下之能事，又於是乎畢矣。今表狀請制大明冕十二章，乘輿服之者。謹按，日月星辰者，已施於旌旗矣。龍武山火者，又不踰於古矣。而云麟鳳有四靈之名，龜有負圖之應，雲有紀官之號，水有盛德之祥，此蓋別表休徵，終是無踰(此)[比]象。然則皇王受命，天地興符，仰觀則璧合珠連，俯察則銀黄玉紫。盡南宫之粉壁，不足寫其形狀，罄東觀之鉛黄，無以紀其名實。固不可畢陳於法服也。雲者，從龍之氣也。水者，藻之自生也。又不假别爲章目也，此蓋不經之甚也。又鸞冕八章，三公服之者也。鸞者，太平之瑞也，非三公之德也。鷹鸇者，鷙鳥也，適可以辨刑曹之職也。熊羆者，猛獸也，適可以旌武臣之功也。又稱藻爲水草，無所法象，引張衡賦云「帶倒茄於藻井，披紅葩之狎獵」，請爲蓮華，取其文彩者。夫茄者，蓮也。藻者，飾也。蓋以蓮飾水也，非謂藻爲蓮。若以蓮代藻，變古從今，既不知草木之名，亦未達文章之意，此又不經之甚也。又毳冕六章，三品服之者。按此王者祀四望服之名也。今三品乃得同王之毳冕，而三公不得同王之衮名，豈惟顛倒衣裳，抑亦自相矛楯，此又不經之甚也。又黼冕四章，五品服之者。考之於古，則無其名，驗之於今，則非章首，此又不經之甚也。若夫禮惟從俗，則命爲制，令爲詔，乃秦皇之故事，猶可以適於今矣。若夫義取隨時，則出稱警，入稱蹕，乃漢國之舊儀，猶可以行於代矣。亦何取於變周公之軌物，改宣尼之法度者哉？

肅宗升爲皇太子，受册，太常所撰儀注有服絳紗袍之文，太子以爲與皇帝所服同，因上表辭不敢當，請有以易之。玄宗令百官詳議。蕭嵩與裴耀卿等議臣等謹按《衣服令》云：皇太子具服有遠遊冠，三梁，加金附蟬九首，施珠翠，黑介幘，髮纓綏，犀簪(一)導，絳紗袍，白紗中單，皂領、褾、襈，白裙襦，方心曲領，絳紗蔽膝。革帶、劍佩、綬等，謁廟還宫，元日冬至朔日入朝，釋奠則服之。其絳紗袍則是衣冠之内一物之數，與裙襦、劍、佩等無别。至於貴賤之差，尊卑之異，則冠爲首飾，名制有殊，并珠琉及衣裳采章之數，多少有别，自外不可事事差異。亦有上下通服，名制是同，禮重則具服，禮輕則從省。今以至敬之情，有所未敢，衣服不可減省，稱謂須更變名。望所撰儀注，不以絳紗袍爲稱，但稱爲具服，則尊卑有差，謙光成德。

《舊五代史》卷四一《唐書·明宗紀七》〔長興元年二月己亥〕有司奏：「皇帝致齋於明堂，按舊服通天冠、絳紗袍，文武五品已上著袴褶，近例秖著朝服。」從之。

馬縞《中華古今注》卷上 部伍兵陣　伍部者，一伍之伯也。五人曰伍，長爲伯，故稱伍伯。一曰户伯。漢制，兵吏五人一户一竈，四直一伯，故云户伯，亦曰大伯，以爲一竈之主也。漢諸王公行，户伯各率其伍以道引也。古兵士服韋弁，今户伯服赤績纁衣常韎，弁之遺法也。

《五代會要》卷六《論樂上》　晉天福五年七月，詳定院奏：

先奉敕：「正冬二節朝會舊儀禮節、樂章、二舞、行列等事宜，差太常卿崔棁、御史中丞竇貞固、刑部侍郎吕琦、禮部侍郎張允與太常寺官一一詳定。」今檢討典經，具述制度。【略】

今議一從令式，排列教習。文舞郎六十四人，分爲八佾，佾八人。【略】舞人冠進賢冠，服黄紗袍，白紗中單，皁領褾，白練褡襠，白布大口袴，革帶，烏皮履，白布襪。武舞郎六十四人，分爲八佾。【略】武舞人服弁，平巾幘，金支緋絲大袖，緋絲布裲襠甲，金飾白練褡襠，錦騰蛇起梁帶，豹文大口布袴，烏皮鞾。工二十，數在舞人之外。武弁朱韝，革帶，烏皮履，白練褡襠，白布韈。

《宋史》卷一五一《輿服志三》　天子之服　皇太子附　后妃之服　命婦附

天子之服，一曰大裘冕，二曰衮冕，三曰通天冠、絳紗袍，四曰履袍，五曰衫袍，六曰窄袍，天子祀享、朝會、親耕及視事、燕居之服也；七曰御閲服，天子之戎服也，中興之後則有之。

大裘之制。神宗元豐四年，詳定郊廟奉祀禮文所言：「《周禮·司裘》『掌爲大裘，以供王祀天之服』；《司服》『王祀昊天上帝，則服大裘而冕，祀五帝亦如之。享先王則衮冕』。而《禮記》云：『郊祭之日，王被衮以象天，戴冕璪十有二旒，則天數也。』王肅據《家語》，以爲臨燔柴，脱衮冕，著大裘。則是《禮記》被衮，與《周禮》大裘，郊祀並用二服，事不相戾，但服之有先後耳。是以《開寶通禮》皇帝服衮冕出赴行宫，祀日，服衮冕至大次；質明，改服大裘而冕出次。蓋衮冕盛服而文之備者，故於郊之前期被之，以至大次。既臨燔柴，則脱衮冕服裘，以明天道至質，故被裘以體之。今儀注，車駕赴青城，服通天冠、絳紗袍。祀之日，乃服鞾袍至大次，服衮冕臨祭，非尚質之義。乞並依《開寶通禮》。」詔詳定所參議。

又言：「臣等詳大裘之制，本以尚質，而後世反以尚文，故冕之飾大爲不經。而禮書所載，上有垂旒加飾，又異『大裘不裼』之説。今參考諸説，大裘冕無旒，廣八寸，長一尺六寸，前圓後方，前低寸二分，玄表朱裏，以繒爲之。玉笄以朱組爲紘，玉瑱以玄紞垂之。爲裘以黑羔皮，領袖以黑繒，纁裳朱紱而無章飾。佩白玉，玄組綬。革帶，博二寸，玉鉤鰈，以佩紱屬之。素帶，朱裏，絳純其外，上朱下緑。白紗中單，皂領，青褾、襈、裾。朱韈，赤舄，黑絇、繶、純。乞下所屬製造。其當暑奉祠之服，乞降梁陸瑋議以黑繒爲裘，及《唐輿服志》以黑羔皮爲緣。」詔重詳定。

光禄寺丞、集賢校理陸佃言：「臣詳冕服有六。《周官·弁師》云『掌王之五冕』，則大裘與衮同冕。故《禮記》云『郊之日，王被衮以象天』。又曰『服之襲也，充，美也』；『禮不盛，服不充，故大裘不裼』。此明王服大裘，以衮衣襲之也。先儒或謂周祀天地皆服大裘，而大裘之冕無旒，非是。蓋古者裘不徒服，其上必有衣，故曰『緇衣羔裘』，『黄衣狐裘』，『素衣麑裘』。如郊祀徒服大裘，則是表裘以見天地。表裘不入公門，而乃欲以見天地，可乎？且先王之服，冬裘夏葛。以適寒暑，未有能易之者也。郊祀天地，有裘無衮，則夏祀赤帝與至日祭地祇，亦將被裘乎？然則王者冬祀昊天上帝，中裘而表衮，明矣。至於夏祀天神地祇，則去裘服衮，以順時序。《周禮》曰『凡四時之祭祀，以宜服之』，明夏不必衣裘也。或曰，祭天尚質，故徒服大裘，被衮則非尚質。臣以爲尚質者，明有所尚而已，不皆用質也。今欲冬至禋祀昊天上帝，服裘被衮，其餘祀天及祀地祇，並請服衮去裘，各以其宜服之。」

於是詳定所言：「裘不可徒服。《禮記》曰『大裘不裼』，則襲可知，所謂大裘之襲者，衮也，與衮同冕。伏請冬祀昊天與黑帝，皆服大裘，被以衮。其餘非冬祀天及夏至祭地，則皆服衮。」

六年，尚書禮部言：「經有大裘而無其制，近世所爲，惟梁、隋、唐爲可考。請緣隋制，以黑羔皮爲裘，黑繒爲領袖及裏，緣，袂廣可運肘，長可蔽膝。按皇侃説，祭服之下有袍繭，袍繭之下有中衣。朝服，裼衣之下有裘，裘之下有中衣。然則今之親郊，中單當在大裘之下，其袂之廣狹，衣之長短，皆當如裘。伏乞改製。」於是神宗始服大裘，而加衮冕焉。

哲宗元祐元年，禮部言：「元豐所造大裘，雖用黑羔皮，乃作短袍樣，襲於衮衣之下，仍與衮服同冕，未合典禮。」下禮部、太常寺共議。上官均、吴安詩、常安民、劉唐老、龔原、姚勔請依元豐新禮，丁隲請循祖宗故事，王愈請倣唐制，朱光庭、周秩請以玄衣襲裘。獨禮部員外郎何洵直在元豐中嘗預詳定，以陸佃所議有可疑者八：

按《周禮·節服氏》「掌祭祀朝覲，衮冕六人，惟王之太常」；「郊祀，裘冕二人」。既云衮冕，又云裘冕，是衮與裘各有冕。乃云裘與衮同冕，當以衮襲之。裘既無冕，又襲於衮，中裘而表衮，何以示裘衮之別哉？古人雖質，不應以裘爲夏服，蓋冬用大裘，當暑則以同色繒爲之。《記》曰：「郊祭之日，王被衮以象天。」若謂裘上被衮，以被爲襲，則《家語》亦有「被裘象天」之文。諸儒或言「臨燔柴，脱衮冕，著大裘」，或云「脱裘服衮」，蓋裘衮無同冕兼服之理。今乃以二服合爲一，可乎？

且大裘，天子吉服之最上，若大圭、大路之比，是裘之在表者。《記》曰：「大裘不裼。」説者曰，無別衣以裼之，蓋他服之裘褻，故表裘不入公門。事天以報本復始，故露質見素，不爲表襮，而冕亦無旒，何必假他衣以藩飾之乎？凡裘上有衣謂之裼，裼上有衣謂之襲，襲者，裘上重二衣也。大裘本不裼，《鄭志》乃云：「裘上有玄衣，與裘同色。」蓋趙商之徒，附會爲説，不與經合。襲之爲義，本出於重沓，非一衣也。

古者齋祭異冠，齋服降祭服一等。祀昊天上帝、五帝，以裘冕祭，則衮冕齋。故鄭氏云：「王齋服衮冕。」是衮冕者，祀天之齋服也。唐《開元》及《開寶禮》始以衮冕爲齋服，衮冕爲祭服，兼與張融「臨燔柴脱衮服裘」之義合。請從唐制，兼改製大裘，以黑繒爲之。

佃復破其説曰：

夫大裘而冕，謂之裘冕，非大裘而冕，謂之衮冕。則裘冕必服衮，衮冕不必服裘。今特言裘冕者，主冬至言之。《周禮·司裘》：「掌爲大裘，以供王祀天之服。」則祀地不服大裘，以夏日至，不可服裘故也。今謂大裘當暑，以同色繒爲之，尤不經見。

兼裼襲，一衣而已，初無重沓之義。被裘而覆之則曰襲，袒而露裘之美則曰裼。所謂「大裘不裼」，則非衮而何？《玉藻》曰：「禮不盛，服不充，故大裘不裼。」則明不裼而襲也，充，美也。鄭氏謂大裘之上有玄衣，雖不知覆裘以衮，然尚知大裘不可徒服，必有玄衣以覆之。《玉藻》有尸襲之義。《周禮》裘冕注云：「裘冕者，從尸服也。」夫尸服大裘而襲，則王服大裘而襲可知。且裘不可以徒服，故被以衮，豈借衮以爲飾哉？

今謂祭天用衮冕爲齋服，裘冕爲祭服，此乃襲先儒之謬誤。後漢顯宗初服日、月、星辰十二章，以祀天地。自魏以來，皆用衮服。則漢、魏祭天，嘗服衮矣。雖無大裘，未能盡合於禮，固未嘗有表裘而祭者也。且裘，内服也，與袍同。袍褻矣，而欲襌以祭天，以明示質，是欲衩衣以見上帝也。洵直復欲爲大裘之裳，纁色而無章飾。夫裘安得有裳哉？請從先帝所志。

其後詔如洵直議，去黑羔皮而以黑繒製焉。

政和議禮局上：大裘，青表纁裏，黑羔皮爲領、褾、襈，朱裳，被以衮服。冬至祀昊天上帝服之，立冬祀黑帝、立冬後祭神州地祇亦如之。中興之後，無有存者。

紹興十三年，禮部侍郎王賞等言：「郊祀大禮，合依《禮經》，皇帝服大裘被衮行禮。據元豐詳定郊廟禮文，何洵直議以黑繒創作大裘如衮，惟領袖用黑羔。乞如洵直議。」詔有司如祖宗舊制，以羔製之。禮部又言：「關西羊羔，係天生黑色。今有司涅白羔爲之，不中禮制，不如權以繒代。又元祐中，有司欲爲大裘，度用百羔。哲宗以爲害物，遂用黑繒。請依太常所言。」從之。遂以衮襲裘，冕亦十二旒焉。

衮冕之制。宋初因五代之舊，天子之服有衮冕，廣一尺二寸，長二尺四寸，前後十二旒，二纊，並貫真珠。又有翠旒十二，碧鳳御之，在珠旒外。冕版以龍鱗錦表，上綴玉爲七星，旁施琥珀缾、犀缾各二十四，周綴金絲網，鈿以真珠、雜寶玉，加紫雲白鶴錦裏。四柱飾以七寶，紅綾裏。金飾玉簪導，紅絲絛組帶。亦謂之平天冠。衮服青色，日、月、星、山、龍、雉、虎蜼七章。紅裙，藻、火、粉米、黼、黻五章。紅蔽膝，升龍二並織成，間以雲朵，飾以金鈒花鈿窠，裝以真珠、琥珀、雜寶玉。紅羅襦裙，繡五章，青褾、襈、裾。六采綬一，小綬三，結玉環三。素大帶朱裏，青羅四神帶二，繡四神盤結。綬帶飾並同袞服。白羅中單，青羅抹帶，紅羅勒帛。鹿盧玉具劍，玉鏢首，鏤白玉雙佩，金飾貫真珠。金龍鳳革帶，紅韈赤舄，金鈒花，四神玉鼻。祭天地宗廟、朝太清宮、饗玉清昭應宮景靈宮、受册尊號、元日受朝、册皇太子則服之。

太祖建隆元年，太常禮院言：「準少府監牒，請具袞龍衣、絳紗袍、通天冠制度令式。袞冕，垂白珠十有二旒，以組爲纓，色如其綬，黈纊充耳，玉簪導。玄衣纁裳，十二章：八章在衣，日、月、星辰、山、龍、華蟲、火、宗彝；四章在裳，藻、粉米、黼、黻。衣褾領如上，爲升龍，皆織就爲之。山、龍以下，每章一行，重以爲等，每行十二。白紗中單，黼領，青褾、襈、裾。蔽膝如龍，山、火三章。革帶，玉鉤觵。大帶，素帶朱裏，紕其外，上朱下緑，紐約用組。鹿盧玉具劍，大珠鏢首，白玉雙佩，玄組。雙大綬六采，玄、黄、赤、白、縹、緑，純玄質，長二丈四尺五寸，首廣一尺。小雙綬長二尺六寸，色同大綬，而首半之，間施三玉環。朱韈赤舄，加金飾。」詔可。

二年，太子詹事尹拙，工部尚書竇儀議：「謹按《周禮》：『弁師掌王之五冕，朱裏延紐，五采繅，十有二就，皆五采玉十有二，玉笄朱紘。諸侯之繅旒九就，瑉玉三采，其餘如王之事，繅斿皆就，玉瑱，玉笄。』疏云：『王不言玉瑱，於此言之者，王與諸侯互相見爲義。是以王言玄冕、朱裏延紐及朱紘，明諸侯亦有之。諸公言玉瑱，明王亦有之。』詳此經、疏之文，則是本有充耳。今請令君臣袞冕以下並畫充耳，以合正文。」從之。

乾德元年閏十二月，少府監楊格、少監王處訥等上新造皇帝冠冕。先是，郊祀冠冕，多飾以珠玉，帝以華而且重，故命改製之。

仁宗景祐二年，又以帝后及羣臣冠服，多沿唐舊而循用之，久則有司寖爲繁文，以失法度。詔入内侍省、御藥院與太常禮院詳典故，造冠冕，蠲減珍華，務從簡約，俾圖以進。續詔通天冠、絳紗袍更不修製。由是改製袞冕。天版元闊一尺二寸，長二尺四寸，今製廣八寸，長一尺六寸。減翠旒並鳳子，前後二十四珠旒並合典制。天板頂上，元織成龍鱗錦爲表，紫雲白鶴錦爲裏，今製青羅爲表，采畫出龍鱗，紅羅爲裏，采畫出紫雲白鶴。所有犀鉼、琥珀鉼各二十四，今減不用。金絲結網子上，舊有金絲結龍八，今減四，亦減絲令細。天板四面花墜子、素墜子依舊，減輕造。冠身并天柱，元織成龍鱗錦，今用青羅，采畫出龍鱗；金輪等七寶，元真玉碾成，今更不用，如補空卻，以雲龍細窠。分旒玉鈞二，今減去之。天河帶、組帶、款慢帶依舊，減輕造。納言，元用玉製，今用青羅，采畫出龍鱗錦。金稜上稜道，依舊用金，即減輕製。黈纊，玉簪。袞服八章，日、月、星辰、山、龍、華蟲、火、宗彝，青羅身，紅羅襈，繡造。所有雲子，相度稀稠補空，更不用細窠，亦不使真珠裝綴。中單，依舊皂白製造。裙用紅羅，繡出藻、粉米、黼、黻，周回花樣仍舊，減稀製之。蔽膝用紅羅，繡升龍二，雲子補空，減稀製之，周回依舊，細窠不用。六采綬依舊，減絲織造。所有玉環亦減輕。帶頭金葉減去，用銷金。四神帶不用。劍、佩、梁、帶、韈、舄並依舊。

嘉祐元年，王洙奏：「天子法服，冕旒形度重大，華飾稍繁，願集禮官參定。」詔禮院詳典禮上聞，而禮院繪圖以進。因敕御藥院更造，其後，冕服稍增侈如故。

英宗治平二年，知太常禮院李育奏曰：

郊廟之祭，本尚純質，袞冕之飾，皆存法象，非事繁侈、重奇玩也。冕則以《周官》爲本，凡十二旒，間以采玉，加以紘、綖、笄、瑱之飾。袞則以《虞書》爲始，凡十二章，首以辰象，别以衣裳繪繡之采。東漢至唐，史官名儒，記述前制，皆無珠翠、犀寶之飾，何則？鷸羽蚌胎，非法服所用；琥珀犀鉼，非至尊所冠；龍錦七星，已列采章之内；紫雲白鶴，近出道家之語，豈被袞戴璪、象天則數之義哉！自大裘之廢，顓用袞冕，古朴稍去，而法度尚存。夫明水大羹，不可以衆味和；《雲門》《咸池》，不可以新聲間；袞冕之服，不宜以珍怪累也。若魏明之用珊瑚，江右之用翡翠，侈靡衰播之餘，豈足爲聖朝道哉！

且太祖建隆元年，少府監所造冕服，及二年，博士聶崇義所進《三禮圖》，嘗詔尹拙、竇儀參校之，皆倣虞、周、漢、唐之舊。至四年冬服之，合祭天地於圜丘，用此制也。太宗亦嘗命少府製於禁中，不聞改作。及真宗封泰山，禮官請服袞冕。帝曰：『前王服羔裘，尚質也。今則無羔裘而有袞冕，可從近制。』是豈有意於繁飾哉。蓋後之有司，紊意妄增，未嘗確議，遂相循而用。故仁宗嘗詔禮官章得象等詳議之，其所減過半，然不經之飾，重者多去，輕者尚存，不能盡如詔書之意。故至和三年，王洙復議去繁飾，禮官畫圖以獻，漸還古禮，而有司所造，復如景祐之前。

又按《開寶通禮》及《衣服令》，冕服皆有定法，悉無寶錦之飾。夫太祖、太宗富有四海，豈乏寶玩，顧不可施之郊廟也。臣竊謂，陛下肇祀天地，躬饗祖禰，服周之冕，觀古之象，願復先王之制，祖宗之法。其衮冕之服，及韠、綬、佩、舄之類，與《通禮》、《衣服令》、《三禮圖》制度不同者，宜悉改正。

詔太常禮院、少府參定，遂合奏曰：

古者冕服之用，郊廟殊制。唐典，天子之服有二等，而大裘尚存。顯慶初，長孫無忌等采《郊特牲》之説，獻議廢大裘。自是郊廟之祭，一用衮冕，然旒章之數，止以十二爲節，亦未聞有餘飾也。國朝冕服，雖倣古制，然增以珍異巧縟，前世所未嘗有。夫國之大事，莫大於祀，而祭服違經，非以肅祀容，尊神明也。臣等以謂宜如育言，參酌《通禮》、《衣服令》、《三禮圖》及景祐三年減定之制，一切改造之。

孔子曰：「麻冕，禮也，今也純儉，吾從衆。」純者，絲也，變麻用絲，蓋已久矣。則冕服之制，宜依舊以羅爲之。冕廣一尺二寸，長二尺二寸，約以景表尺，前圓後方，黝上朱下，以金飾版側，以白玉珠爲旒，貫之以五采絲繩。前後各十二旒，旒各十二珠，相去一寸，長一尺。朱絲組爲纓，黈纊充耳，金飾玉簪導。青衣纁裳，十二章：八章繪之於衣，日、月、星辰、山、龍、華蟲、火、宗彝也；四章繡之於裳，藻、粉米、黼、黻也。錦龍褾，領，織爲升龍。山，龍而下，一章爲一行，重以爲等，行十二。別製大帶，素表朱裏，朱綠終辟。韠紱，舄，大小綬，亦去珠玉、鈿窠、琥珀、玻瓈之飾。其中單、革帶、玉具劍、玉佩、朱韈之制，已中禮令，無復改爲，則法服有稽，祭禮增重。

復詔禮院再詳以聞。而內侍省奏謂：「景祐中已裁定，可因而用也。」從之。

神宗元豐元年，詳定郊廟禮文所言：

凡冕版廣八寸，長尺六寸，與古制相合，更不復議。今取少府監進樣，如以青羅爲表，紅羅爲裏，則非《弁師》所謂「玄冕朱裏」者也。上用金稜天板，四周金絲結網，兩旁用真珠、花素墜之類，皆不應禮。伏請改用朱組爲紘，玉笄、玉瑱，以玄紞垂瑱，以五采玉貫於五色藻爲旒，以青、赤、黃、白、黑五色備爲一玉，每一玉長一寸，前後二十四旒，垂而齊肩，以合孔子所謂純儉之義。

又古者祭服、朝服之裳，皆前三幅，後四幅，前爲陽以象奇，後爲陰以象偶。惟深衣、中禪之屬連衣裳，而裳復不殊前後，然以六幅交解爲十二幅，象十二月。其制作莫不有法，故謂之法服。今少府監衮服，其裳乃以八幅爲之，不殊前後，有違古義。伏請改正祭服之裳，以七幅爲之，殊其前後。以今太常周尺度之，幅廣二尺二寸，每幅兩旁各縫殺一寸，謂之削幅，腰間辟積無數。裳側有純，謂之綼；裳下有純，謂之緆。綼、緆之廣各寸半，表裏合爲三寸。羣臣祭服之裳，倣此。

從之。

政和議禮局更上皇帝冕服之制：冕版廣八寸，長一尺六寸，前高八寸五分，後高九寸五分。青表朱裏，前後各十有二旒，五采藻十有二就，就間相去一寸。青碧錦織成天河帶，長一丈二尺，廣二寸。朱絲組帶爲纓，黈纊充耳，金飾玉簪導，長一尺二寸。衮服，青衣八章，繪日、月、星辰、山、龍、華蟲、火、宗彝；纁裳四章，繡藻、粉米、黼、黻。蔽膝隨裳色，繡升龍二。白羅中單，皂褾、襈，紅羅勒帛，青羅袜帶。緋白羅大帶，革帶，白玉雙佩。大綬六采，赤、黃、黑、白、縹、綠，小綬三色，如大綬，間施玉環三。朱韈，赤舄，緣以黃羅。

中興仍舊制，延，以羅衣木，玄表朱裏，長尺有六寸，前低一寸二分，四旁緣以金，覆於卷武之上，繅以五色絲貫五色玉，前後各十二，凡用二百八十有八。玉笄，充耳用黃綿，紘以朱組，以其一屬於左笄上垂下，又屈而屬於右笄，繫之而垂其餘。衣玄，八章，升龍於山，繪。裳纁，四章，繡。幅前三後四，斷而不屬，兩旁殺縫，腰辟積，綼緆之廣皆如舊。大帶以緋白羅合而紩之，以朱綠飾其側，上朱下綠，其束處以組爲紐約，下垂三尺。通天冠，絳紗袍亦如之。白羅中單，領、褾、襈以黻，服裘則以皂。絳紗袍則衣用白紗，領、褾、襈以朱。綬大小各一，大綬織以六采，青、黃、黑、白、縹、綠，下垂青絲網，上有結，垂玉環三，小綬制如大綬，惟三色。大裘、絳紗袍皆用之。革帶，博二寸，革爲裏，緋羅爲表，飾以玉銙，鈕以玉鉤鰈。通天冠、絳紗袍亦用之。韍從裳色，上有紕，下有純，去上五寸，繪以山、龍、火，上接革帶繫之。佩有衡，有琚瑀，有衝牙，繫於革帶，左右各一。上設衡，衡下垂三帶，貫以蠙珠。次則中有金獸面，兩旁夾以雙璜，又次設琚瑀。下則衝牙居中央，兩旁有玉滴子，行則擊牙而有聲。舄有絇，有純，有繶，有綦，以緋羅爲之，首加金飾。服通天冠、絳紗袍則用黑舄，以烏皮爲之。常服則用白舄，以絲爲之。韈，羅表繒裏，施勒著綦以繫之，赤舄以朱，黑舄以白，白舄同。

通天冠。二十四梁，加金博山，附蟬十二，高廣各一尺。青表朱裏，首施珠翠，黑介幘，組纓翠緌，玉犀簪導。絳紗袍，以織成雲龍紅金條紗爲之，紅裏，皂褾、襈、裾，絳紗裙，蔽膝如袍飾，並皂褾、襈。白紗中單，朱領、褾、襈、裾。白羅方心曲領。白襪，黑舄，佩綬如衮。大祭祀致齋、正旦冬至五月朔大朝會、大册命、親耕籍田皆服之。

仁宗天聖二年，南郊，禮儀使李維言：「通天冠上一字，準敕迴避。」詔改承天冠。中興之制，冠高九寸，服用並同。

乾道九年，又用履袍。袍以絳羅爲之，折上巾，通犀金玉帶。繫履，則曰履袍；服韡，則曰韡袍。履、韡皆用黑革。四孟朝獻景靈宫、郊祀、明堂，詣宫、宿廟、進胙，上壽兩宫及端門肆赦，並服之。大禮畢還宫，乘平輦，服亦如之。若乘大輦，則服通天、絳紗如常儀。

衫袍。唐因隋制，天子常服赤黄、淺黄袍衫，折上巾，九還帶，六合韡。宋因之，有赭黄、淡黄袍衫，玉裝紅束帶，皂文韡，大宴則服之。又有赭黄、淡黄褛袍，紅衫袍，常朝則服之。又有窄袍，便坐視事則服之。皆皂紗折上巾，通犀金玉環帶。窄袍或御烏紗帽。中興仍之。初，高宗踐祚於南都，隆祐太后命内臣上乘輿服御，有小冠。太后曰：「祖宗閒居之所服也，自神宗始易以巾。願即位後，退朝上戴此冠，庶幾如祖宗時氣象。」後殿早講，皇帝服帽子，紅袍，玉束帶，講讀官公服繫鞋。晚講，皇帝服頭巾，背子，講官易便服。此嘉定四年講筵之制也。

御閲服。以金裝甲，乘馬大閲則服之。【略】

皇太子之服。一曰衮冕，二曰遠游冠、朱明衣，三曰常服。衮冕：青羅表、緋羅紅綾裏，塗金銀鈒花飾，犀簪導，紅絲組，前後白珠九旒，二纊貫水晶珠。青羅衣，繡山、龍、雉、火、虎蜼五章；紅羅裳，繡藻、粉米、黼、黻四章。紅羅蔽膝，繡山、火二章。白紗中單，青褾、襈、裾。革帶，塗金銀鉤䚢，瑜玉雙佩。四采織成大綬，結二玉環，金塗銀鈒花飾。青羅襪帶，紅羅勒帛。玉具劍，金塗銀鈒花，玉鏢首。白羅襪，朱履，金塗銀扣。從祀則服之。遠游冠：十八梁，青羅表，金塗銀鈒花飾，犀簪導，紅絲組爲纓，博山，政和加附蟬。朱明服：紅花金條紗衣，紅紗裏，皂褾、襈。紅紗裳，紅紗蔽膝，並紅紗裏。白花羅中單，皂褾、襈，白羅方心曲領。羅襪，黑舄，革帶，劍，佩，綬。餘同衮服。襪帶，勒帛。執桓圭。受册、謁廟、朝會則服之。常服：皂紗折上巾，紫公服，通犀金玉帶。

太宗至道元年，太常禮院言：「南郊，皇太子充亞獻，合著祭祀服。準制度，衮冕以組爲纓，色如其綬，青纊充耳，玄衣纁裳，凡九章，每章一行，重以爲等，皆織爲之。白紗中單，黻領，青褾、襈、裾。革帶，金鉤䚢。大帶，素帶不朱裏，亦紕以朱緑，紐約用組。黻隨裳色，二章。朱組，雙大綬四采，赤白褾襈，純朱質，長一丈八尺，三百二十首，廣九寸。小雙綬，長二尺六寸，色同大綬，而首半之，間施二玉環。朱襪赤舄，舄加金飾，餘同舊制。侍從祭祀及謁廟、加元服、納妃則服之。」詔依上製造。政和議禮局更上皇太子服制，衮冕惟青纊充耳，餘並同國初之制。加元服、從祀、納妃、釋奠文宣王服之。中興並同。

其皇子之服，紹興三十二年十月，禮官言：「皇子鄧、慶、恭三王，遇行事服朝服，則七梁額花冠，貂蟬籠巾，金塗銀立筆，真玉佩，綬，金塗銀革帶，烏皮履。若服祭服，則金塗銀八旒冕，真玉佩，綬，緋羅履襪。」詔文思院製造。

后妃之服。一曰褘衣，二曰朱衣，三曰禮衣，四曰鞠衣。妃之緣用翟爲章，三等。大帶隨衣色，朱裏，紕其外，上以朱錦，下以緑錦，紐約用青組，革帶以青衣之，白玉雙佩，黑組，雙大綬，小綬三，間施玉環三，青韈、舄，舄加金飾。受册、朝謁景靈宫服之。鞠衣，黄羅爲之，蔽膝、大帶、革舄隨衣色，餘同褘衣，唯無翟文，親蠶服之。妃首飾花九株，小花同，并兩博鬢，冠飾以九翬、四鳳。褕翟，青羅繡爲摇翟之形，編次於衣，青質，五色九等。素紗中單，黼領，羅縠褾襈，蔽膝隨裳色，以緅爲領緣，以摇翟爲章，二等。大帶隨衣色，不朱裏，紕其外。餘倣皇后冠服之制，受册服之。

皇太子妃首飾花九株，小花同，并兩博鬢。褕翟，青織爲摇翟之形，青質，五色九等。素紗中單，黼領，羅縠褾襈，皆以朱色。蔽膝隨裳色，以緅爲領緣，以摇翟爲章，二等。大帶隨衣色，不朱裏，紕其外，上以朱錦，下以緑錦，紐約用青組。革帶以青衣之，白玉雙佩，純朱雙大綬，章采尺寸與皇太子同。受册、朝會服之。鞠衣，黄羅爲之，蔽膝、大帶、革帶隨衣色，餘與褕翟同，唯無翟，從蠶服之。

中興，仍舊制。其龍鳳花釵冠，大小花二十四株，應乘輿冠梁之數，博鬢，冠飾同皇太后，皇后服之，紹興九年所定也。花釵冠，小大花十八株，應皇太子冠梁之數，施兩博鬢，去龍鳳，皇太子妃服之，乾道七年所定也。其服，后惟備褘衣、禮衣，妃備褕翟，凡三等。其常服，后妃大袖，生色領，長裙，霞帔，玉墜子；背子、生色領皆用絳羅，蓋與臣下不異。

命婦服。政和議禮局上：花釵冠，皆施兩博鬢，寶鈿飾。翟衣，青羅繡爲翟，編次於衣及裳。第一品，花釵九株，寶鈿準花數，翟九等；第二品，花釵八株，翟八等；第三品，花釵七株，翟七等；第四品，花釵六株，翟六等；第五品，花釵五株，翟五等。並素紗中單，黼領，朱褾，襈，通用羅縠，蔽膝隨裳色，以緅爲領緣，加文繡重雉，爲章二等。二品以下準此。大帶，束帶，青韈，舄，佩，綬。受册、從蠶服之。七年，臣僚言：「今文臣九品，殊以三品之服，至於命婦，已釐八等之號，而服制未有名稱。詔有司視其夫之品秩，而定其服飾。」詔送禮制局定之。其儀闕焉。

《宋史》卷一五二《輿服志四》

諸臣服上

諸臣祭服。唐制，有衮冕九旒，鷩冕八旒，毳冕七旒，絺冕六旒，玄冕五旒。宋初，省八旒、六旒冕。九旒冕：塗金銀花額，犀、玳瑁簪導，青羅衣綉山、龍、雉、火、虎蜼五章，緋羅裳繡藻、粉米、黼、黻四章，緋蔽膝繡山、火二章，白花羅中單，玉裝劍、佩，革帶，暈錦綬，二玉環，緋白羅大帶，緋羅韈，履，親王、中書門下奉祀則服之。其冕無額花者，玄衣纁裳，悉畫，小白綾中單，師子錦綬，二銀環，餘同上，三公奉祀則服之。七旒冕：犀角簪導，衣畫虎蜼、藻、粉米三章，裳畫黼、黻二章，銀裝佩、劍，革帶，餘同九旒冕，九卿奉祀則服之。五旒冕：青羅衣裳，無章，銅裝佩、劍，革帶，餘同七旒冕，四品、五品爲獻官則服之；六品以下無劍、佩、綬；紫檀衣，朱裳，羅爲之，皁大綾綬，銅裝劍、佩，御史、博士服之。平冕無旒，青衣纁裳，無劍、佩、綬，餘同五旒冕，太祝、奉禮服之。

慶曆三年，太常博士余靖言：「《周禮》司服之職，掌王之吉服，大裘而冕無旒，以祀昊天上帝，祀五帝亦如之。衮冕十有二旒，其服十有二章，以享先王。鷩冕八旒，其服七章，以享先公，亦以饗射。毳冕七旒，其服五章，以祀四望、山川。絺冕六旒，其服三章，以祭社稷、五祀。玄冕五旒，其服無章，以祭小祀。此皆天子親行祠事所服，冕服悉因所祀大小神鬼以爲制度。今大祠、中祠所遣獻官並用上公九旒、九章冕服，以爲初獻，其餘公卿亦皆七旒冕服，全無等降；小祠則公服行事，乖戾舊典。宜詳《周禮》因所祭鬼神，以爲獻官冕服之制。」詔下禮官議，奏曰：「聖朝之制，唯皇帝親祠郊廟及朝會大禮服衮冕外，餘冕皆不設。其每歲常祀，遣官行事，攝公則服一品九旒冕，攝卿則服三品七旒冕，自從品制爲服，不以祠之大小爲差。至于小祠獻官，舊以公服行事，則有違典禮。案《衣服令》，五旒冕，衣裳無章，皁綾綬，銅裝劍、佩，四品以下爲獻官則服之。今小祠獻官，既不攝公、卿，則盡屬四品以下，當有祭服。請除公、卿祭服仍舊從本品外，小祠所遣獻官，並依令文祭服行事。若非時告祭，用香幣禮器行事之處，亦皆準此。」詔施行焉。

皇祐四年，同知太常禮院邵必言：「伏見監祭使、監禮各冠五旒冕，衣裳無章，色以紫檀。案《周禮》六冕之制，凡有旒者，衣裳皆有章，惟大裘冕無旒，衣裳無章。一命大夫之冕無旒，衣裳亦無章。今監祭、監禮所服冕五旒，侯伯之冕也，而衣無章，深所不稱；色以紫檀，又無經據。竊詳監祭、監禮既非祠官，則御史、博士爾，而服用五等，蓋非所宜，而且有旒無章。況國家南郊大禮，太常卿止服朝服，前導皇帝，明非祠官也。今後監祭者請冠獬豸，監禮者冠進賢爲稱。」詔不允。

元豐元年，詳定禮文所言：「國家服章，視唐尤爲不備。於令文，祀儀有九旒冕、七旒冕、五旒冕，今既無冕名，而有司仍不制七旒冕，乃有四旒冕，其非禮尤甚。又服之者不以官秩上下，故分獻四品官皆服四旒冕，博士、御史則冕五旒而衣紫檀，太祝、奉禮則服平冕而無佩玉，此因循不講之失也。且古者朝、祭異服，所以别事神與事君之禮。今皇帝冬至及正旦御殿，服通天冠、絳紗袍，則百官皆服朝服，乃禮之稱。至親祠郊、廟，皇帝嚴裘冕以事神，而侍祠之官止以朝服，豈禮之稱哉。至於景靈宫分獻官，皆服朝服，尤爲失禮。伏請親祠郊、廟、景靈宫，除導駕、贊引、扶侍、宿衛之官，其侍祠及分獻者，並服祭服。如所考制度，修製五冕及爵弁服，各正冕弁之名。又國朝祀儀，祭社稷、朝日、夕月、風師、雨師皆服衮冕，其蜡祭、先蠶、五龍亦如之；祭司命、户、竈、門、厲，行皆服鷩冕，壽星、靈星、司中、司寒、中霤、馬祭皆服毳冕，皆非是。今天子六服，自鷩冕而下，既不親祠，廢而不用，則諸臣攝事，自當從王所祭之服。伏請依《周禮》，凡祀四望、山川則以毳冕，祭社稷、五祀則以絺冕，朝夕日月、風師、雨師、司命、司中則以玄冕。若七祀、蜡祭百神、先蠶、五龍、靈星、壽星、司寒、馬祭，蓋皆羣小祀之比，當服玄冕。」從之。

哲宗元祐元年，太常寺言：「舊制，大禮行事，執事官並服祭服，餘服朝服。至元豐七年，吕升卿始有行事及陪祠官並服祭服之議。今欲令行事、執事官並服祭服，其贊引、行事、禮儀使、太常卿、太常博士、閤門使、樞密院官進接圭，殿中監止供奉皇帝，其陪位官止導駕、押宿及主管事務，并他處行事官仍服朝服。」從之。

徽宗大觀元年，議禮局言：「太社、太學獻官祝禮，皆以法服奉祠，至郡邑則用常服，乞降祭服。」詔頒制度於州郡，然未明使製造。後政和間，始詔：州縣冠服，形制詭異，令禮制局造樣頒下轉運司，轉運司製以給州縣焉。

二年，議禮局檢討官俞㮚言：「玄以象道，纁以象事，故凡冕皆玄衣纁裳，今太常寺祭服，則衣色青矣。前三幅以象陽，後四幅以象陰，故裳制不相連屬，今之裳則爲六幅而不殊矣。冕玄表而朱裏，今乃青羅爲覆，以金銀飾之。佩用綬以貫玉，今既有玉佩矣，又有錦綬以銀、銅二環，飾之以玉。宗彝，宗廟之彝也，乃爲虎蜼之狀，而不作虎彝、蜼彝。粉米，散利以養人也，乃分爲二章，而以五色圓花爲藉。其餘不合古者甚多。乞下禮局，博考古制，畫太常寺及古者祭服樣二本以進。至於損益裁成，斷自聖學。」詔令議禮局詳議。

四年，議禮局官宇文粹中議改衣服制度曰：「凡冕皆玄衣纁裳，衣則繪而章數皆奇，裳則繡而章數皆偶，陰陽之義也。今衣用深青，非是。欲乞視冕之等，衣色用玄，裳色用纁，以應典禮。古者蔽前而已，芾存此象，以韋爲之。今蔽膝自一品以下，並以緋羅爲表緣，緋絹爲裏，無復上下廣狹及會、紕、純、紃之制，又有山、火、龍章。案《明堂位》：『有虞氏服韍，夏后氏山，商火，周龍章。』韍者乃韍冕之韍，非赤芾之芾也。且芾在下體，與裳同用，而山、龍、火者，衣之章也。周既績於上衣，不應又績於芾。請改芾制，去山、龍、火章，以破諸儒之惑。又祭服有革帶，今不用皮革，而通裹以緋羅，又以銅爲飾。其綬或錦或皁，環或銀或銅，尤無經據，宜依古制除去。至佩玉、中單、赤舄之制，則全取元豐中詳定官所議行之。」

粹中又上所編《祭服制度》曰：

古者，冕以木版爲中，廣八寸，長尺六寸，後方前圓，後仰前低，染三十升之布，玄表朱裏。後方者不變之體，前圓者無方之用；仰而玄者，升而辨於物，俛而朱者，降而與萬物相見。後世以繒易布，故純儉。今羣臣冕版長一尺二寸，闊六寸二分，非古廣尺之制；以青羅爲覆，以金塗銀棱爲飾，非古玄表朱裏之制，乞下有司改正。古者，冕之名雖有五，而繅就、旒玉則視其命數以爲等差。合綵絲爲繩，用以貫玉，謂之『繅』。以一玉爲一成，結之使不相并，謂之『就』。就間相去一寸，則九玉者九寸，七玉者七寸，各以旒數長短爲差。今羣臣之冕，用藥玉、青珠、五色茸線，非藻玉三采、二采之義；每旒之長各八寸，非旒數長短爲差之義；又獻官冕服，雜以諸侯之制，而一品服衮冕，臣竊以爲非宜。

元豐中，禮官建言，請資政殿大學士以上侍祠服鷩冕，觀察使以上服毳冕，監察御史以上服絺冕，朝官以上服玄冕，選人以上爵弁。詔許之，而不用爵弁。供奉官以下至選人，盡服玄冕無旒。臣竊謂依此參定，乃合禮制。古者，三公一命衮，則三公在朝，其服當鷩冕。蓋出封則遠君而伸，在朝則近君而屈。今之攝事及侍祠皆在朝之臣也，在朝之臣乃與古之出封者同命數，非先王之意。乞下有司制鷩冕八旒、毳冕六旒、絺冕四旒、玄冕三旒，其次二旒，又其次無旒。依元豐詔旨，參酌等降，爲侍祠及攝祭之服，長短之度，采色之別，皆乞依古制施行。

又案《周禮》，諸侯爵有五等，而服則三，所謂「公之服自衮冕而下，侯、伯自鷩冕而下，子、男自毳冕而下」是也。古者，諸侯有君之道，故其服以五、七、九爲節。今之郡守，雖曰猶古之侯、伯，其實皆王臣也。欲乞只用羣臣之服，自鷩冕而下，分爲三等：三都、四輔爲一等，初獻鷩冕八旒；經略、安撫、鈐轄爲一等，初獻毳冕六旒，亞獻並玄冕二旒，終獻無旒；節鎮、防、團、軍事爲一等，初獻絺冕四旒，亞、終獻並玄冕無旒。其衣服之制，則各從其冕之等。

又曰：「今之紘組，仍綴兩繒帶而結於頤，冕旁仍垂青纊而不以瑱，以犀爲簪而不以玉笄、象笄，並非古制，乞下有司改正。」從之。

政和議禮局言：「大觀中，所上羣臣祭服制度，已依所奏修定，乞付有司依圖畫製造。」既又上羣臣祭服之制：正一品，九旒冕，金塗銀棱，有額花，犀簪，青衣畫降龍，朱裳，蔽膝，白羅中單，大帶，革帶，玉佩，錦綬，青絲網玉環，朱襪，履。革帶以金塗銀，玉佩以金塗銀裝，綬以天下樂暈。親祠大禮使、亞獻、終獻、太宰、少宰、左丞，每歲大祠宰臣、親王、執政官、郡王充初獻服之。奏告官並依本品服，已下准此。從一品，九旒冕，無額花，白綾中單，紅錦綬，銀環，金塗銀佩，餘如正一品服。親祠吏部、户部、禮部、兵部、工部尚書，太廟進受幣爵、奉幣爵宗室，每歲大祠捧俎官、大祠中祠初獻官服之。二品，七旒冕，角簪，青衣無降龍，餘如從一品服。親祠吏部侍郎、殿中監、大司樂、光禄卿、讀册官，太廟薦俎、贊進飲福宗室，七祀、配享功臣分獻官，每歲大祀，謂用宫架者，大司樂、大祠中祠亞終獻、大祠禮官、小祠獻官，朔祭太常卿服之。三品，五旒冕，皁綾綬，銅環，金塗銅革帶，佩，餘如二品服。親祠舉册官、大樂令、光禄丞、奉俎饌籩豆簠簋官、分獻官分獻壇壝從祀，太廟奉瓚盤、薦香燈、安奉神主、奉毛血槃、蕭蒿篚、肝胥豆宗室，每歲祭祠大樂令、大中祠分獻官服之。無旒冕，素青衣，朱裳，蔽膝，無佩綬，餘如三品服。奉禮協律郎、郊社令、太祝太官令、親祠撻鼎官、進摶黍官、太廟供亞終獻金斝、供七祀獻官、執爵官服之。五旒冕，紫檀絁衣，餘如三品服，監察御史服之。

州郡祭服：三都初獻，八旒冕；經略、安撫、鈐轄初獻，六旒冕；亞獻並二旒冕，終獻無旒。節鎮、防、團、軍事初獻四旒冕，亞、終獻並無旒冕。

中興之後，省九旒、七旒、五旒冕，定爲四等：一曰鷩冕，八旒；二曰毳冕，六旒；三曰絺冕，四旒；四曰玄冕，無旒。其義以公、卿、大夫、士皆北面爲臣，又近尊者而屈，故其節以八、以六、以四，從陰數也。先是，紹興四年五月，國子監丞王普奏言：

臣嘗攷諸經傳，具得冕服之制。蓋王之三公八命，鷩冕八旒，衣裳七章，其章各八。孤卿六命，毳冕六旒，衣裳五章，其章各六。大夫四命，絺冕四旒，衣裳三章，其章各四。上士三命，玄冕三旒；中士再命，玄冕二旒；下士一命，玄冕無旒；衣皆無章。裳、韍視其命數，自三而下。其繅至笄、衡，紘，紞，瑱，纊，帶，佩，芾，舄，中衣，皆有等差。

近世冕服制度，沿襲失真，多不如古。夫後方而前圓，後昂而前俛，玄表而朱裏，此冕之制也；今則方圓俛仰，幾於無辨，且以青爲表，而飾以金銀矣。其衣皆玄，其裳皆纁，裳前三而後四幅，此衣裳之制也；今則衣色以青，裳色以緋，且以六幅而不殊矣。山以章也，今則以隋。火以圜也，今則以銳。宗彝，宗廟虎蜼之彝也，乃畫虎蜼之狀，而不爲虎蜼彝。粉米，米而粉之者也，乃分爲二章，而以五色圓花爲藉。佩有衡、璜、琚、瑀、衝牙而已，乃加以雙滴，而重設二衡。綬以貫佩玉而已，乃別爲錦綬，而間以雙環。以至帶無紐約，芾無肩頸，舄無絇繶，中衣無連裳。

臣伏讀《國朝會要》郊廟奉祀禮文，祖宗以來，屢嘗講究，第以舊服無有存者。欲乞因茲改作，是正訛繆，一從周制，以合先聖之言。

尋禮部契勘，奏言：

衣服之制，或因時王而爲之損益，事雖變古，要皆一時制作，不無因革。或考之先王而有繆戾者，雖行之已久，不應承誤襲非，憚於改正。案《周官》，自上公服衮，王之三公服鷩，以至士服玄冕，凡五等。唐制自一品服衮冕九旒，至五品服玄冕無旒，亦五等。國家承唐之舊，初有五旒之名，其後去三公衮冕及絺冕，但存七旒鷩冕、五旒毳冕與無旒玄冕，凡三等而已。衮服非三公所服，去之可也，乃併絺冕去之，自尚書服毳冕，以至光禄丞亦服焉，貴賤幾無差等。此皆一時制作，不無因革。

今合增鷩冕爲八旒，增毳冕爲六旒，復置絺冕爲四旒，并及無旒玄冕，共四等，庶幾稍合周制。若冕之方圓低昂至於無辨，則制造之差也。以青爲表，非不用玄也，爲玄而不至者也。以緋爲裳，非不用纁也，爲纁而太過者也。山止而静者也，今象其隋，是得山之勢而不知其性。火圜而神者也，今象其銳，是得火之形而不得其神也。至於宗彝、粉米、佩綬、帶紐、芾屨之屬，皆宜改正施行。

是時，諸臣奏請討論雖詳，然終以承襲之久，未能盡革也。

鷩冕：八旒，每旒八玉，三采，朱、白、蒼，角笄，青纊，以三色紞垂之，紘以紫羅，屬於武。衣以青黑羅，三章，華蟲、火、虎蜼彝；裳以纁表羅裏，繒七幅，繡四章，藻、粉、黼、黻。大帶，中單，佩以珉，貫以藥珠，綬以絳錦、銀環。韍上紕下純，繪二章，山、火。革帶，緋羅表，金塗銀裝。韈、舄並如舊制。宰相、亞終獻，大禮使服之；前期，景靈宫、太廟亞終獻，明堂滌濯、進玉爵酒官亦如之。

毳冕：六玉，三采，衣三章，繪虎蜼彝、藻、粉米；裳二章，繡黼、黻。佩藥珠、衡、璜等，以金塗銅帶，韍繪以山。革帶以金塗銅。餘如鷩冕。六部侍郎以上服之；前期，景靈宫、太廟進爵酒幣官、奉幣官、受爵酒幣官、薦俎官，明堂受玉爵、受玉幣、奉徹籩豆、進飲福酒、徹俎祝脹、贊引、亞終獻，禮儀使、亞終獻爵并盥洗官四員，並如之；前二日奏告初獻，社壇九宫壇分祭初獻、亞獻亦如之。

絺冕：四玉，二采，朱、緑。衣一章，繪粉米；裳二章，繡黼、黻。綬以皁綾，銅環。餘如毳冕。光禄卿、監察御史、讀册官、舉册官、分獻官以上服之；前期，景靈宫、太廟奏奉神主官，明堂太府卿、光禄卿、沃水舉册官、讀册官、押樂太常卿、東朵殿三員、西朵殿二員、東廊二十八員、西廊二十五員、南廊二十七員、螭門祭獻官，前二日奏告亞獻終獻官、監察御史，並如之；社壇九宫壇分祭終獻官、監察御史、兵工部、光禄卿丞亦如之。

玄冕：無旒，無佩綬，衣純黑，無章，裳刺黼而已，韍無刺繡，餘如絺冕。光禄丞、奉禮郎、協律郎、進摶黍官、太社令、良醖令、太官令、奉俎饌等官、供祠執事官内侍以下服之；明堂光禄丞、奉禮郎、良醖令、太祝搏黍官、宫架協律郎、登歌協律郎、奉御官、内侍供祠執事官、武臣奉俎官、軷門祭奉禮郎、太祝令、太官令，社壇九宫壇分祭太社、太祝、太官令、奉禮郎，並如之。

紫檀冕：四旒，服紫檀衣，博士、御史服之。

外州軍祭服：鷩冕，八旒，三都初獻服之；毳冕，六旒，經略、安撫、鈐轄初獻服之；絺冕，四旒，經略、安撫、鈐轄亞獻服之，節鎮、防、團、軍事初獻亦如之；玄冕，無旒，節鎮、防、團、軍事亞終獻服之。

朝服：一曰進賢冠，二曰貂蟬冠，三曰獬豸冠，皆朱衣朱裳。宋初之制，進賢五梁冠：塗金銀花額，犀、玳瑁簪導，立筆。緋羅袍，白花羅中單，緋羅裙，緋羅蔽膝，並皁縹襈，白羅大帶，白羅方心曲領，玉劍、佩，銀革帶，暈錦綬，二玉環，白綾韈，皁皮履。一品、二品侍祠朝會則服之，中書門下則冠加籠巾貂蟬。三梁冠：犀角簪導，無中單，銀劍、佩，師子錦綬，銀環，餘同五梁冠。諸司三品，御史臺四品，兩省五品侍祠朝會則服之。御史大夫、中丞則冠有獬豸角，衣有中單。兩梁冠：犀角簪導，銅劍、佩，練鵲錦綬，銅環，餘同三梁冠。四品、五品侍祠朝會則服之。六品以下無中單，無劍、佩、綬。御史則冠有獬豸角，衣有中單。袴褶紫、緋、緑，各從本服色，白綾中單，白綾袴，白羅方心曲領，本品官導駕，則騎而服之。

袴褶之制，建隆四年，范質與禮官議：「袴褶制度，先儒無説，惟《開元雜禮》有五品以上用細綾及羅，六品以下用小綾之制。注：褶衣，複衣也。又案令文，武弁，金飾平巾幘，簪導，紫褶白袴，玉梁珠寶鈿帶，鞾，騎馬服之。金飾，即附蟬也。詳此，即是二品、三品所配弁之制也。附蟬之數，蓋一品九，二品八，三品七，四品六，五品五。又侍中、中書令、散騎加貂蟬，侍左者左珥，侍右者右珥。又《開元禮》導駕官並朱衣，冠履依本品。朱衣，今朝服也。故令文三品以上紫褶，五品以上緋褶，七品以上緑褶，九品以上碧褶，並白大口袴，起梁帶，烏皮鞾。今請造袴褶如令文之制，其起梁帶形制，檢尋未是，望以革帶代之。」奏可。是歲，造成而未用。乾德六年，郊禋始服，而冠未造，乃取朝服進賢冠、帶、韈、履參用焉。

康定二年，少府監言：「每大禮，法物庫定百官品位給朝服。今兩班内，有官卑品高、官高品卑者，難以裁定，願敕禮院詳其等第。」詔下禮院參酌舊制以聞。奏曰：

準《衣服令》，五梁冠，一品、二品侍祠大朝會則服之，中書門下則加籠巾貂蟬。準《官品令》，一品：尚書令，太師，太傅，太保，太尉，司徒，司空，太子太師，太傅，太保；二品：中書令，侍中，左右僕射，太子少師，少傅、少保，諸州府牧，左右金吾衛上將軍。又準《閤門儀制》，以中書令、侍中、同中書門下平章事爲宰臣，親王、樞密使、留守、節度使、京尹兼中書令、侍中、同中書門下平章事爲使相，樞密使、知樞密院事、參知政事、樞密副使、同知樞密院事、宣徽南北院使、僉書樞密院事並在東宫三司之上。以上品位職事，宜準前法給朝服。宰臣、使相則加籠巾貂蟬，其散官勳爵不繫品位，止從正官爲之服。

三梁冠，諸司三品、御史臺四品、兩省五品侍祠大朝會則服之。御史中丞則冠獬豸。準《官品令》，諸司三品，諸衛上將軍，六軍統軍，諸衛大將軍，神武、龍武大將軍，太常、宗正卿，祕書監，光禄、衛尉、太僕、大理、鴻臚、司農、太府卿，國子祭酒，殿中、少府、將作、司天監，諸衛將軍，神武、龍武將軍，下都督，三京府尹，五大都督府長史，親王傅；御史臺三品、四品，御史大夫、中丞；兩省三品、四品、五品，左右散騎常侍，門下、中書侍郎，諫議大夫，給事中，中書舍人；尚書省三品、四品，六尚書，左右丞，諸行侍郎；東宫三品、四品，賓客，詹事，左右庶子，少詹事，左右諭德。節度使，文明殿學士，資政殿大學士，三司使，翰林學士承旨，翰林學士，資政殿學士，端明殿學士，翰林侍讀，侍講學士，龍圖閣學士，樞密直學士，龍圖、天章閣直學士，次中書侍郎；節度觀察留後，次六尚書、侍郎；知制誥，龍圖、天章閣待制，觀察使，次中書舍人；内客省使，次太府卿；客省使，次將作監；引進使，防禦、團練、三司副使，次左右庶子。以上品位職事，宜準前法給朝服。

兩梁冠，四品、五品侍祠大朝會則服之，六品則去劍、佩、綬，御史則冠獬豸。準《官品令》，諸司四品，太常、宗正少卿，祕書少監，光禄等七寺少卿，國子司業，殿中、少府、將作、司天少監，三京府少尹，太子率更令，家令，僕，諸衛率府率，副率，諸軍衛中郎將，諸王府長史、司馬，大都督府左右司馬，内侍；尚書省五品，左右司諸行郎中；諸司五品，國子博士，經筵博士，太子中允，左右贊善大夫，都水使者，開封祥符、河南洛陽、宋城縣令，太子中舍、洗馬，内常侍，太常、宗正，祕書、殿中丞，著作郎，殿中省五尚奉御，大理正，諸王友，諸軍衛郎將，諸王府諮議參軍，司天五官正，太史令，內給事；諸升朝官六品以下起居郎，起居舍人，侍御史，尚書省諸行員外郎，殿中侍御史，左右司諫，左右正言，監察御史，太常博士，通事舍人。四方館使，次七寺少卿；諸州刺史，次太子僕；謂正任不帶使職者。東西上閤門使，次司天少監；客省、引進、閤門副使，次諸行員外郎。已上品位職事，據令文，但言四品、五品，亦不分班敍上下。今請自尚書省五品以上及諸州刺史已上，準前法給朝服。其諸司五品已上，實有官高品卑及品高官卑者，宜自諸司五品、國子博士至內給事，並依六品以下例去劍、佩、綬，御史則冠獬豸，衣有中單。其諸司使、副使以下至閤門祗候，如有攝事合請朝服者，並同六品。

詔從所請。

元豐二年，詳定朝會儀注所言：

古者制禮上物，不過十二，天之數也。自上而下，降殺以兩。畿外諸侯，遠於尊者而伸，則以九、以七、以五，從陽奇之數；王朝公卿大夫，近於尊者而屈，則以八、以六、以四，從陰偶之數。本朝《衣服令》，通天冠二十四梁，爲乘輿服，以應冕旒前後之數。若人臣之冠，則自五梁而下，與漢、唐少異矣。至於綬，則乘輿及皇太子以織成，諸臣用錦爲之。一品、二品冠五梁，中書門下加籠巾貂蟬。諸司三品三梁，四品、五品二梁，御史臺四品、兩省五品亦三梁，而綬有暈錦、黃獅子、方勝、練鵲四等之殊。六品則去劍、佩、綬。

隋、唐冠服皆以品爲定，蓋其時官與品輕重相準故也。今之令式，尚或用品，雖因襲舊文，然以官言之，頗爲舛謬。概舉一二，則太子中允、贊善大夫與御史中丞同品，太常博士品卑於諸寺丞，太子中舍品高於起居郎，內常侍纔比內殿崇班，而在尚書諸司郎中之上，是品不可用也。若以差遣，則有官卑而任要劇者，有官品高而處之冗散者，有一官而兼領數局者，有徒以官奉朝請者，有分局莅職特出於一時隨事立名者，是差遣又不可用也。以此言之，用品及差遣定冠綬之制，則未爲允當。伏請以官爲定，庶名實相副，輕重有準，仍乞分官爲七等，冠綬亦如之。

貂蟬籠巾七梁冠，天下樂暈錦綬，爲第一等。蟬，舊以玳瑁爲蝴蝶狀，今請改爲黃金附蟬，宰相、親王、使相、三師、三公服之。七梁冠，雜花暈錦綬，爲第二等，樞密使、知樞密院至太子太保服之。六梁冠，方勝宜男錦綬，爲第三等，左右僕射至龍圖、天章、寶文閣直學士服之。五梁冠，翠毛錦綬，爲第四等，左右散騎常侍至殿中、少府、將作監服之。四梁冠，簇四鵰錦綬，爲第五等，客省使至諸行郎中服之。三梁冠，黃獅子錦綬，爲第六等，皇城以下諸司使至諸衛率府率服之。內臣自內常侍以上及入內省內侍省內東西頭供奉官、殿頭，前班、東西頭供奉官、左右侍禁、左右班殿直，京官祕書郎至諸寺、監主簿，既預朝會，亦宜朝服從事。今參酌自內常侍以上，冠服各從本等，寄資者如本官，入內、內侍省內東西頭供奉官、殿頭，三班使臣，陪位京官爲第七等，皆二梁冠，方勝練鵲錦綬。高品以下服色依古者，韠、韍、舄、履並從裳色。

今制，朝服用絳衣，而錦有十九等。其七等綬，謂宜純用紅錦，以文采高下爲差別。惟法官綬用青地荷蓮錦，以別諸臣。《後漢志》：「法冠一曰柱後，執法者服之，侍御史、廷尉正監平也，或謂之獬豸冠。」《南齊志》亦曰：「法冠，廷尉等諸執法者冠之。」今御史臺自中丞而下至監察御史，大理卿、少卿、丞，審刑院、刑部主判官，既正定厥官，真行執法之事，則宜冠法冠，改服青荷蓮錦綬，其梁數與佩準本品。

從之。

其後，又詔冬正朝會，諸軍所服衣冠，廂都軍都指揮使、都虞候，領團練使、刺史服第五等，軍都指揮使、都虞候服第六等，指揮使、副指揮使服第七等，並班於庭。副都頭以上常服，班殿門外。其朝會，執事高品以下，並服介幘，絳服，大帶，革帶，韈，履，方心曲領。

政和議禮局更上羣臣朝服之制：七梁冠，金塗銀稜，貂蟬籠巾，犀簪導，銀立筆，朱衣裳，白羅中單，並皁褾、襈，蔽膝隨裳色，方心曲領，緋白羅大帶，金塗銀革帶，金塗銀裝玉佩，天下樂暈錦綬，青絲網間施三玉環，白韈，黑履；三公，左輔，右弼，三少，太宰，少宰，親王，開府儀同三司服之。七梁冠，無貂蟬籠巾，銀裝玉佩，雜花暈錦綬，餘同三公以下服；執政官，東宮三師服之。六梁冠，白紗中單，銀革帶，佩，方勝宜男錦綬，銀環，餘同七梁冠服；大學士，學士，直學士，東宮三少，御史大夫，中丞，六曹尚書，侍郎，殿中監，大司成，散騎常侍，特進，金紫，銀青光祿大夫，光祿大夫，太尉，節度使，左右金吾衛，左右衛上將軍服之。五梁冠，翠毛錦綬，餘同六梁冠服；太子賓客，詹事，給事中，中書舍人，諫議大夫，待制，九寺卿，大司樂，祕書監，殿中少監，國子祭酒，宣奉、正奉、通奉、通議、太中、中大夫，中奉，中散大夫，上將軍，節度觀察留後，觀察使，通侍大夫，樞密都承旨服之。四梁冠，簇四盤鵰錦綬，餘同五梁冠服；九寺少卿，大晟典樂，祕書少監，國子、辟廱司業，少府、將作、軍器監，都水使者，起居舍人，侍御史，太子左右庶子，少詹事，諭德，尚書左右司郎中、員外，六曹諸司郎中，朝議、奉直、朝請、朝散、朝奉大夫，防禦、團練使，刺史，大將軍，正侍、中侍、中亮、中衛、拱衛、左武、右武大夫，駙馬都尉，帶遥郡武功大夫以下，樞密副都承旨服之。三梁冠，金塗銅革帶，佩，黄獅子錦綬，鍮石環，餘同四梁冠服；殿中侍御史，監察御史，司諫，正言，尚書六曹員外郎，外符寶郎，少府、將作、軍器少監，太子侍讀、侍講，中書舍人，親王府翊善、侍讀、侍講，九寺、祕書、殿中監，辟廱丞，大晟樂令，兩赤縣令，大理正、司直、評事，著作郎，祕書郎，著作佐郎，太常、宗學、國子、辟廱博士，太史局令、正、丞，五官正，朝請、朝散、朝奉、承議、奉議、通直郎，中亮、中衛、拱衛、左武、右武郎，諸衛將軍，衛率府率，武功、武德、武顯、武節、武略、武經、武義、武翼大夫郎，醫職翰林醫正以上，内符寶郎，閤門通事舍人，敦武郎，修武郎服之。二梁冠，角簪，方勝練鵲錦綬，餘同三梁冠服；在京職事官，閤門祇候，看班祇候，率府副率，升輦輅立侍内臣服之。御史大夫、中丞，刑部尚書，侍郎，大理卿、少卿，侍御史，刑部郎中，大理寺正、丞，司直，評事並冠獬豸冠，服青荷蓮綬。詔悉頒行。六年，詔導駕官朝服結佩。七年，詔夏祭百官朝、祭服用紗。

中興，仍舊制。行事、執事官則服祭服，導引、陪祠官則服朝服，從紹興三年太常寺請也。祠畢駕回，若服通天、絳紗袍，乘大輦，則百官從駕服朝服，或服履袍；乘平輦，則百官從駕服常服，自隆興二年洪适請始也。

進賢冠以漆布爲之，上縷紙爲額花，金塗銀銅飾，後有納言。以梁數爲差，凡七等，以羅爲纓結之：第一等七梁，加貂蟬籠巾、貂鼠尾、立筆；第二等無貂蟬籠巾；第三等六梁，第四等五梁，第五等四梁，第六等三梁，第七等二梁，並如舊制，服同。貂蟬冠一名籠巾，織藤漆之，形正方，如平巾幘。飾以銀，前有銀花，上綴玳瑁蟬，左右爲三小蟬，銜玉鼻，左插貂尾。三公、親王侍祠大朝會，則加于進賢冠而服之。獬豸冠即進賢冠，其梁上刻木爲獬豸角，碧粉塗之，梁數從本品。立筆，古人臣簪筆之遺象。其制削竹爲幹，裹以緋羅，以黄絲爲毫，拓以銀縷葉，插於冠後。舊令，文官七品以上服朝服者，簪白筆，武官則否，今文武皆簪焉。

《宋史》卷一五三《輿服志五》

諸臣服下　士庶人服

公服。凡朝服謂之具服，公服從省，今謂之常服。宋因唐制，三品以上服紫，五品以上服朱，七品以上服緑，九品以上服青。其制，曲領大袖，下施横襴，束以革帶，幞頭，烏皮鞾。自王公至一命之士，通服之。

太宗太平興國二年，詔朝官出知節鎮及轉運使、副，衣緋、緑者並借紫。知防禦、團練、刺史州，衣緑者借緋，衣緋者借紫；其爲通判、知軍監，止借緋。其後，江淮發運使同轉運，提點刑獄同知刺史州。雍熙初，郊祀慶成，始許升朝官服緋、緑二十年者，敍賜緋、紫。

真宗登極，京朝官亦聽敍，及東封、西祀赦書，京朝官並以十五年爲限。後每帝登極，亦如例。景德三年，詔内諸司使以下出入内庭，不得服皂衣，違者論其罪；内職亦許服窄袍。

仁宗景祐元年，詔軍使曾任通判者借緋，曾任知州者借紫。慶曆元年，龍圖閣直學士任布言：「欲望自今贈官至正郎者，其畫像許服緋，至卿監許服紫。」從之。嘉祐三年，詔三品轉運使朝辭上殿日，與賜章服；諸路轉運使候及十年，即與賜章服。

神宗熙寧元年，中書門下奏：「六品以上犯贓濫或私罪徒重者，不得因本品改章服。」從之。元豐元年，去青不用，階官至四品服紫，至六品服緋，皆象笏、佩魚，九品以上則服緑，笏以木。武臣、内侍皆服紫，不佩魚。假版官及伎術若公人之入品者，並聽服緑。官應品而服色未易，與品未及而已易者，或以年格，或以特恩。五年，詔六曹尚書依翰林學士例，六曹侍郎、給事中依直學士例，朝謝日不以行、守、試並賜服佩魚；罷職除他官日，不帶行。

徽宗重和元年，詔禮制局自冠服討論以聞，其見服鞾，先改用履。禮制局奏：「履有絇、繶、純、綦，古者舄履各隨裳之色，有赤舄、白舄、黑舄。今履欲用黑革爲之，其絇、繶、純、綦並隨服色用之，以倣古隨裳色之意。」詔以明年正旦改用。禮制局又言：「履隨其服色。武臣服色一等，當議差別。」詔文武官大夫以上具四飾，朝請郎、武功郎以下去繶，並稱履；從義郎、宣教郎以下至將校、伎術官去繶、純，並稱履。當時議者以鞾不當用之中國，實廢釋氏之漸云。

中興，仍元豐之制，四品以上紫，六品以上緋，九品以上緑。服緋、紫者必佩魚，謂之章服。非官至本品，不以假人。若官卑而職高，則特許者有三：自庶官遷六部侍郎，自庶官爲待制，或出奉使者是也。又有以年勞而賜者，有品未及而借者。升朝官服緑，大夫以上服緋，莅事至今日以前及二十年歷任無過者，許磨勘改授章服，此賜者也。或爲通判者，許借緋；爲知州、監司者，許借紫；任滿還朝，仍服本品，此借者也。又有出於恩賜者焉。紹興十二年九月，以皇太后回鑾，詔承務郎以上服緋、緑，莅事至今日以前十七年者，並改轉服色。

三十二年六月，孝宗即位，詔承務郎以上服緋、緑及十五年者，並許改轉服色。然計年之法，亦不輕許。無出身人自年二十出官服緑日起理，服緋人亦自年二十服緋日起理，有出身人自賜出身日起理；内並除豁丁憂年、月、日不理外，歷任無過者方許焉。先是，殿中侍御史張震奏：「今日之弊，在於人有僥倖。能革其俗，然後天下可治。且改轉服色，常赦自升朝官以上服緑，大夫以上服緋，莅事及二十年，方得改賜。今赦日承務郎以上服緋、緑及十五年，便與改轉。比之常赦，不惟年限已減，而又官品相絶，蓋已爲異恩矣。今竊聞省、部欲自補官日便理歲月，即是嬰孩授命，年纔十五者今遂服緋；而貴近之子，或初年賜緋，年纔及冠者今遂賜紫。朱、紫紛紛，不亦濫乎？况靖康、建炎恩赦，亦不曾以補官日爲始。若始於出官之日，頗爲折衷，蓋比之莅事所減已多，而比之初補粗爲有節。」帝從其言，故有是命。

又有出於特賜者，旌直臣則賜之，勸循吏則賜之，廣孝治則賜之，優老臣則賜之，此皆非常制焉。內品未至而賜服及借者，並於銜內帶賜及借。【略】

時服。宋初因五代舊制，每歲諸臣皆賜時服，然止賜將相、學士、禁軍大校。建隆三年，太祖謂侍臣曰：「百官不賜，甚無謂也。」乃偏賜之。歲遇端午、十月一日，文武羣臣將校皆給焉。是歲十月，近臣、軍校增給錦襖袍，中書門下、樞密、宣徽院、節度使及侍衛步軍都虞候以上，皇親大將軍以上，天下樂暈錦；三司使、學士、中丞、内客省使、駙馬、留後、觀察使，皇親將軍、諸司使、厢主以上，簇四盤鵰細錦；三司副使、宫觀判官，黄師子大錦；防禦團練使、刺史、皇親諸司副使，翠毛細錦；權中丞、知開封府、銀臺司、審刑院及待制以上，知檢院鼓院，同三司副使、六統軍、金吾大將軍，紅錦。諸班及諸軍將校，亦賜窄錦袍。有翠毛、宜男、雲鴈細錦，師子、練鵲、寶照大錦，寶照中錦，凡七等。

應給錦袍者，皆五事：公服、錦寬袍、綾汗衫、袴、勒帛，丞郎、給舍、大卿監以上不給錦袍者，加以黄綾繡抱肚。大將軍、少卿監、郎中以上，樞密諸房副承旨以上，諸司使，皇親承制、崇班，皆四事；無錦袍。將軍至副率、知雜御史至大理正、入内都知、内侍都知、皇親殿直以上，皆三事；無袴。通事舍人、承制、崇班、入内押班、内侍副都知押班、内常侍、六尚奉御以下，京官充館閣、宗正寺、刑法官者，皆二事；無勒帛，内職汗衫以綾，文臣以絹。閤門祗候、内供奉官至殿直，京官編修、校勘，止給公服。端午，亦給。應給錦袍者，汗衫以黄縠，别加繡抱肚、小扇。誕聖節所給，如時服。京師禁厢軍校、衛士、内諸司胥史、工巧人，並給服有差。

朝官、京官、内職出爲外任通判、監押、巡檢以上者，大藩府監務者，亦或給之。每歲十月時服，開寶中，皆賜窄錦袍。太平興國以後，文官知制誥、武官上將軍、内職諸司使以上，皆賜錦。藩鎮觀察使以上，天下樂暈錦；尚書及步軍都虞候以上及知益州、并州，次暈錦，皆五事。學士、丞郎，簇四盤鵰錦；刺史以上及知廣州，翠毛錦，皆三件。待制以上、横班諸司使，翠毛錦；知代州，御仙花錦；諸司使領郡，宜男錦；諸司使，雲鴈錦。駙馬，錦如丞郎，增至四事。益州鈐轄，錦從本官，增綾袴。朝官供奉官以上，皆賜紫地皂花欹正。京官殿直以下，皆賜紫大綾。在外禁軍將校，亦賜窄錦袍，次賜紫綾色絹。景德元年，始詔河北、河東、陝西三路轉運使、副，並給方勝練鵲錦。校獵從官兼賜紫羅錦、旋襴、暖鞾。

雍熙四年，令節度使給皂地金線盤雲鳳鹿胎旋襴，侍衛步軍都虞候以上給皂地金線盤花鴛鴦。

親王、宰相、使相生日，並賜衣五事，錦綵百匹，金花銀器百兩，馬二匹，金塗銀鞍勒一。宰相、樞密使、參知政事、樞密副使、宣徽使初拜，加恩中謝日，並賜衣五事，金帶一，舊荔支帶，淳化後，宰相、參知政事、文臣任樞密副使，改賜方團胯毬路金帶，加以金魚。塗金銀鞍勒馬一。三司使、學士、御史中丞初拜中謝日，賜衣五事，荔支金帶一，塗金銀鞍勒馬一。文明學士以下，初賜金裝犀帶，後改賜金帶。中書舍人，賜襲衣、犀帶。宰相以下對御撎賜；樞密直學士、中書舍人謝訖，中使押賜，再入謝于别殿。中書舍人或告謝日已改賜章服，則罷中使押賜。

郊禋禮畢，親王、宰相至龍圖閣直學士、禁軍將校，各賜襲衣、金帶，親王、中書門下、樞密、宣徽、三司使、四廂都指揮使以上，加鞍勒馬一。其後宫觀副使、天書扶侍使，並同學士。同中謝日。雍熙元年，兩省五品以上，御史臺、尚書省四品以上，各賜襲衣、犀帶、魚袋。其爲五使，則皆賜金帶，仍各加器幣。文武行事官，各賜金帛。牧伯在外者，遇大禮，不賜。大中祥符元年，詔節度、觀察、防禦、團練使、刺史，因東封爲諸州部署鈐轄者，並特賜焉。

使相、節度使自鎮來朝入見日，賜衣五事，金帶，鞍馬；朝辭日，賜窄衣六事，金束帶，鞍勒馬一，散馬二；節度使減散馬。爲都部署者，別賜帶甲鞍勒馬一。觀察使爲都部署、副都部署赴本任，知州，賜窄衣三事，金束帶，鞍勒馬。防禦團練使、刺史爲部署、鈐轄，賜窄衣三事，金束帶；赴本任，賜窄衣三事，塗金銀腰帶；爲知州、都監，賜窄衣三事，絹三十匹。諸司爲鈐轄者，賜窄衣、金束帶。文武官内職出爲知州軍、通判、發運、轉運使副、提點刑獄、都監、巡檢、砦主、軍使及任使繁要者，僕射賜窄衣三事，絹五十匹；尚書、丞郎、學士、諫舍、待制、大卿監及統軍、上將軍、諸司使，減絹二十匹；少卿監至五官正、大將軍至副率、諸司副使，減絹一十匹；中郎將、京官内殿承制至借職、内常侍，減衣二事，又減絹一十匹。窄衣，起二月給紫羅衫；起十月給紫敧正綿襖。給公服者，單夾亦然。諸道衙内指揮使、都虞候入貢辭日，賜紫羅窄衫，金塗銀帶。

士庶人車服之制。太宗太平興國七年，詔曰：「士庶之間，車服之制，至于喪葬，各有等差。近年以來，頗成踰僭。宜令翰林學士承旨李昉詳定以聞。」昉奏：「今後富商大賈乘馬，漆素鞍者勿禁。近年品官緑袍及舉子白襴下皆服紫色，亦請禁之。其私第便服，許紫皂衣、白袍。舊制，庶人服白，今請流外官及貢舉人、庶人通許肥皂。工商、庶人家乘檐子，或用四人、八人，請禁斷，聽乘車；兜子，舁不得過二人。」並從之。端拱二年，詔縣鎮場務諸色公人并庶人、商賈、伎術，不係官伶人，只許肥皂、白衣，鐵、角帶，不得服紫。文武升朝官及諸司副使、禁軍指揮使、廂軍都虞候之家子弟，不拘此限。幞頭巾子，自今高不過二寸五分。婦人假髻並宜禁斷，仍不得作高髻及高冠。其銷金、泥金、真珠裝綴衣服，除命婦許服外，餘人並禁。至道元年，復許庶人服紫。

真宗咸平四年，禁民間造銀鞍瓦、金線、盤蹙金線。大中祥符元年，三司言：「竊惟山澤之寶，所得至難，儻縱銷釋，實爲虚費。今約天下所用，歲不下十萬兩，俾上幣棄於下民。自今金銀箔線，貼金、銷金、泥金、蹙金線裝貼什器土木玩用之物，並請禁斷，非命婦不得以爲首飾。冶工所用器，悉送官。諸州寺觀有以金箔飾尊像者，據申三司，聽自齎金銀工價，就文思院換給。」從之。二年，詔中禁鎔金以飾器服。又太常博士知温州李邈言：「兩浙僧求丐金銀、珠玉，錯末和泥以爲塔像，有高袤丈者。毁碎珠寶，寖以成俗，望嚴行禁絶，違者重論。」從之。

七年，禁民間服銷金及鈸遮那纈。八年，詔：「内庭自中宫以下，並不得銷金、貼金、間金、戭金、圈金、解金、剔金、陷金、明金、泥金、楞金、背影金、盤金、織金、金線撚絲，裝著衣服，並不得以金爲飾。其外庭臣庶家，悉皆禁斷。臣民舊有者，限一月許迴易。爲真像前供養物，應寺觀裝功德用金箔，須具殿位真像顯合增修創造數，經官司陳狀勘會，詣實聞奏，方給公憑，詣三司收買。其明金裝假果、花板、樂身之類，應金爲裝彩物，降詔前已有者，更不毁壞，自餘悉禁。違者，犯人及工匠皆坐。」是年，又禁民間服皂班纈衣。

仁宗天聖三年，詔：「在京士庶不得衣黑褐地白花衣服并藍、黄、紫地撮暈花樣，婦女不得將白色、褐色毛段并淡褐色匹帛製造衣服，令開封府限十日斷絶；婦女出入乘騎，在路披毛褐以禦風塵者，不在禁限。」七年，詔士庶、僧道無得以朱漆飾牀榻。九年，禁京城造朱紅器皿。

景祐元年，詔禁錦背、繡背、遍地密花透背采段，其稀花團窠、斜窠雜花不相連者非。二年，詔：市肆造作縷金爲婦人首飾等物者禁。三年，「臣庶之家，毋得采捕鹿胎製造冠子。又屋宇非邸店、樓閣臨街市之處，毋得爲四鋪作鬧鬭八；非品官毋得起門屋；非宫室、寺觀毋得彩繪棟宇及朱黝漆梁柱窗牖、雕鏤柱礎。凡器用毋得表裏朱漆、金漆，下毋得襯朱。非三品以上官及宗室、戚里之家，毋得用金稜器，其用銀者毋得塗金。玳瑁酒食器，非宫禁毋得用。純金器若經賜者，聽用之。凡命婦許以金爲首飾，及爲小兒鈴鋜、釵篸、釧纏、珥環之屬；仍毋得爲牙魚、飛魚、奇巧飛動若龍形者。非命婦之家，毋得以真珠裝綴首飾、衣服，及項珠、纓絡、耳墜、頭帤、抹子之類。凡帳幔、繳壁、承塵、柱衣、額道、項帕、覆旌、牀裙，毋得用純錦徧繡。宗室戚里茶檐、食合，毋得以緋紅蓋覆。豪貴之族所乘坐車，毋得用朱漆及五彩裝繪，若用黝而間以五彩者聽。民間毋得乘檐子，及以銀骨朵、水罐引喝隨行。」

慶曆八年，詔禁士庶倣契丹服及乘騎鞍轡、婦人衣銅緑兔褐之類。皇祐元年，詔婦人冠高毋得踰四寸，廣毋得踰尺，梳長毋得踰四寸，仍禁以角爲之。先是，宫中尚白角冠梳，人争倣之，至謂之内樣。冠名曰垂肩等，至有長三尺者；梳長亦踰尺。議者以爲服妖，遂禁止之。七年，初，皇親與内臣所衣紫，皆再入爲黝色。後士庶寖相效，言者以爲奇衺之服，於是禁天下衣黑紫服者。

神宗熙寧九年，禁朝服紫色近黑者；民庶止令乘犢車，聽以黑飾，間五彩爲飾，不許呵引及前列儀物。哲宗紹聖二年，侍御史翟思言：「京城士人與豪右大姓，出入率以轎自載，四人舁之，甚者飾以棕蓋，徹去簾蔽，翼其左右，旁午於通衢，甚爲僭擬，乞行止絶。」從之。

徽宗大觀元年，郭天信乞中外並罷翡翠裝飾，帝曰：「先王之政，仁及草木禽獸，今取其羽毛，用於不急，傷生害性，非先王惠養萬物之意。宜令有司立法禁之。」政和二年，詔後苑造纈帛。蓋自元豐初，置爲行軍之號，又爲衞士之衣，以辨姦詐，遂禁止民間打造。令開封府申嚴其禁，客旅不許興販纈板。

七年，臣僚上言：「輦轂之下，奔競侈靡，有未革者。居室服用以壯麗相誇，珠璣金玉以奇巧相勝，不獨貴近，比比紛紛，日益滋甚。臣嘗考之，申令法禁雖具，其罰尚輕，有司玩習，以至於此。如民庶之家不得乘轎，今京城内暖轎，非命官至富民、娼優、下賤，遂以爲常。竊見近日有赴内禁乘以至皇城門者，奉祀乘至宫廟者，坦然無所畏避。臣妄以爲僭禮犯分，禁亦不可以緩。」於是詔，非品官不得乘暖轎。先是，權發遣提舉淮南東路學事丁瓘言：「衣服之制，尤不可緩。今閭閻之卑，倡優之賤，男子服帶犀玉，婦人塗飾金珠，尚多僭侈，未合古制。臣恐禮官所議，止正大典，未遑及此。伏願明詔有司，嚴立法度，酌古便今，以義起禮。俾閭閻之卑，不得與尊者同榮；倡優之賤，不得與貴者並麗。此法一正，名分自明，革澆偷以歸忠厚，豈曰小補之哉。」是歲，又詔敢爲契丹服若氈笠、釣墪之類者，以違御筆論。釣墪，今亦謂之韈袴，婦人之服也。

中興，士大夫之服，大抵因東都之舊，而其後稍變焉。一曰深衣，二曰紫衫，三曰涼衫，四曰帽衫，五曰襴衫。淳熙中，朱熹又定祭祀、冠婚之服，特頒行之。凡士大夫家祭祀、冠婚，則具盛服。有官者幞頭、帶、鞾、笏，進士則幞頭、襴衫、帶，處士則幞頭、皁衫、帶，無官者通用帽子、衫、帶；又不能具，則或深衣，或涼衫。有官者亦通用帽子以下，但不爲盛服。婦人則假髻、大衣、長裙。女子在室者冠子、背子。衆妾則假紒、背子。

冠禮，三加冠服，初加，緇布冠、深衣、大帶、納履；再加，帽子、皁衫、革帶、繫鞋；三加，幞頭、公服、革帶、納鞾。其品官嫡庶子初加，折上巾、公服；再加，二梁冠、朝服；三加，平冕服，若以巾帽、折上巾爲三加者，聽之。深衣用白細布，度用指尺，衣全四幅，其長過脅，下屬於裳。裳交解十二幅，上屬於衣，其長及踝。圓袂方領，曲裾黑緣。大帶、緇冠、幅巾、黑履。士大夫家冠昏、祭祀、宴居、交際服之。

紫衫。本軍校服。中興，士大夫服之，以便戎事。紹興九年，詔公卿、長吏服用冠帶，然迄不行。二十六年，再申嚴禁，毋得以戎服臨民，自是紫衫遂廢。士大夫皆服涼衫，以爲便服矣。

涼衫。其制如紫衫，亦曰白衫。乾道初，禮部侍郎王曮奏：「竊見近日士大夫皆服涼衫，甚非美觀，而以交際、居官、臨民，純素可憎，有似凶服。陛下方奉兩宫，所宜革之。且紫衫之設以從戎，故爲之禁，而人情趨簡便，靡而至此。文武並用，本不偏廢，朝章之外，宜有便衣，仍存紫衫，未害大體。」於是禁服白衫，除乘馬道塗許服外，餘不得服。若便服，許用紫衫。自後，涼衫衹用爲凶服矣。

帽衫。帽以烏紗，衫以皁羅爲之，角帶，繫鞋。東都時，士大夫交際常服之。南渡後，一變爲紫衫，再變爲涼衫，自是服帽衫少矣。惟士大夫家冠昏、祭祀猶服焉。若國子生，常服之。

襴衫。以白細布爲之，圓領大袖，下施横襴爲裳，腰間有辟積。進士及國子生、州縣生服之。

紹興五年，高宗謂輔臣曰：「金翠爲婦人服飾，不惟靡貨害物，而侈靡之習，實關風化。已戒中外，及下令不許入宫門，今無一人犯者。尚恐士民之家未能盡革，宜申嚴禁，仍定銷金及採捕金翠罪賞格。」淳熙二年，孝宗宣示中宫禕衣曰：「珠玉就用禁中舊物，所費不及五萬，革弊當自宫禁始。」因問風俗，龔茂良奏：「由貴近之家，放傚宫禁，以致流傳民間。粥簪珥者，必言内様。彼若知上崇尚淳朴，必觀感而化矣。臣又聞中宫服澣濯之衣，數年不易。請宣示中外，仍敕有司嚴戢奢僭。」寧宗嘉泰初，以風俗侈靡，詔官民營建室屋，一遵制度，務從簡樸。又以宫中金翠，燔之通衢，貴近之家，犯者必罰。

《宋史》卷二六九《陶穀傳》 乾德二年，判吏部銓兼知貢舉。再爲南郊禮儀使，法物制度，多穀所定。時范質爲大禮使，以鹵簿清游隊有甲騎具裝，莫知其制度，以問於穀。穀曰：「梁貞明丁丑歲，河南尹張全義獻人甲三百副、馬具裝二百副。其人甲以布爲裏，黄絁表之，青緑畫爲甲文，紅錦緑青絁爲下帬，絳韋爲絡，金銅玦，長短至膝。前膺爲人面二目，背連膺纏以紅錦騰蛇。馬具裝蓋尋常馬甲，但加珂拂於前膺及後鞦爾。莊宗入洛，悉焚燬。」質命有司如穀說，造以給用。

《金史》卷四三《輿服中》

天子袞冕　視朝之服　皇后冠服　皇太子冠服
宗室外戚及一品命婦服用　臣下朝服　祭服　公服

昔者聖人制爲玄黄黼黻之服，以象天地之德，以章貴賤之儀，夏、商損益，至周大備，不可以有加矣。自秦滅棄禮法，先王之制靡敝不存，漢初猶服袀玄以從大祀，歷代雖漸復古，終亦不純而已。金制皇帝服通天、絳紗、袞冕、偪舄，即前代之遺制也。其臣有貂蟬法服，即所謂朝服者。章宗時，禮官請參酌漢、唐，更製祭服，青衣朱裳，去貂蟬竪筆，以別於朝服。惟公朝則又有紫、緋、緑三等之服，與夫窄紫、展皂等事，悉著于篇云。

天眷三年，有司以車駕將幸燕京，合用通天冠、絳紗袍，據見闕名件，依式成造。禮服，袍，裳，方心曲領，中單，蔽膝，革帶，大帶，玉具劍，綬，佩，舄，韈。乘輿服，大綬六采，黑、黄、赤、白、縹、緑，小綬三色，同大綬，間施三玉環，大綬五百首，小綬半之。白玉雙佩，革帶，玉鉤䚢。

冕制。天板長一尺六寸，廣八寸，前高八寸五分，後高九寸五分，身圍一尺八寸三分，并納言，並用青羅爲表，紅羅爲裏，週迴用金稜。天板下有四柱，四面珍珠網結子，花素墜子，前後珠旒共二十四，旒各長一尺二寸。青碧線織造天河帶一，長一丈二尺，闊二寸，兩頭各有真珠金碧旒三節，玉滴子節花。紅線組帶二，上有真珠金翠旒，玉滴子節花，下有金鐸子二。梅紅線款幔帶一。黈纊二，真珠垂繫，上用金萼子二。簪窠，款幔，組帶鈿窠，各二，内組帶鈿窠四並玉鏤塵碾造。玉簪一，頂方二寸，導長一尺二寸，簪頂刻鏤塵雲龍。

袞，用青羅夾製，五綵間金繪畫，正面日一、月一、昇龍四、山十二，上下襟華蟲、火各六對，虎、蜼各六對，背面星一、昇龍四、山十二，華蟲、火各十二對，虎、蜼各六對。中單一，白羅單製，羅領、褾、襈。裳一，帶、褾、襈，紅羅八幅夾製，繡藻三十二、粉十六、米十六、黼三十二、黻三十二。蔽膝一，帶、褾、襈，並紅羅夾製，繡昇龍二。綬一副：大綬以赤黄黑白緑縹六綵織，紅羅托裏，小綬三色，同大綬，銷金黄羅綬頭，上間施三玉環，皆刻雲龍，大綬五百首，小綬半之。緋白大帶一，銷金黄羅帶頭，鈿窠二十四。紅羅勒帛一，青羅抹帶一。玉佩二，白玉上中下璜各一，半月各二，皆刻雲龍，玉滴子各二，皆以真珠穿製。金篦鉤，獸面，水葉，環，釘。涼帶一，紅羅裏，縷金，上有玉鵝七，鉈尾束各一，金攀龍口，以玳瑁板襯釘脚。舄，重底，紅羅面，白綾托裏，如意頭，銷金黄羅緣口，玉鼻仁飾以珠。韈用緋羅加綿。

凡大祭祀，加尊號，受册寶，則服袞冕。行幸、齋戒出宫或御正殿，則通天冠、絳紗袍。【略】

視朝之服。初，太宗即位，始服赭黄，自後視百官朝御袍帶。章宗即位，以世宗之喪，有司請御純吉，不從，乃服淡黄袍、烏犀帶。常朝則服小帽、紅襴、偏帶或束帶。

皇后冠服。花株冠，用盛子一，青羅表，青絹襯金紅羅托裏，用九龍、四鳳，前面大龍銜穗毬一朶，前後有花株各十有二，及鸂鶒、孔雀、雲鶴、王母仙人隊、浮動插瓣等，後有納言，上有金蟬鑻金兩博鬢，以上並用鋪翠滴粉縷金裝珍珠結製，下有金圈口，上用七寶鈿窠，後有金鈿窠二，穿紅羅鋪金款幔帶一。

褘衣，深青羅織成翬翟之形，素質，十二等，領、褾、襈並紅羅織成雲龍。中單以素青紗製，領織成黼形十二，褾、袖、襈織成雲龍，並織紅穀造。裳，八副，深青羅織成翟文六等，褾、襈織成紅羅雲龍，明金帶腰。蔽膝，深青羅織成翟文三等，領緣，緅色羅織成雲龍。明金帶大綬一，長五尺，闊一尺，黄赤白黑縹緑六彩織成，小綬三色同大綬，間七寶鈿窠，施三玉環，上碾雲龍，撚金線織成大小綬頭，紅羅花襯。大帶，青羅朱裏，紕其外，上以朱錦，下以緑錦，紐約用青組，撚金線織成帶頭。玉佩二朶，每朶上中下璜各一，半月墜子各二，並玉碾。縷金打鈒獸面，篦鉤佩子各一，水葉子真珠穿綴。青衣革帶，用縷金青羅裹造，上用金打鈒水地龍，鵝眼鉈尾，龍口攀束子共八事，以玳瑁襯金釘脚。抹帶二，紅羅、青羅各一，並明金造，各長一丈五寸。舄，以青羅製，白綾裏，如意頭，明金、黄羅準上用，玉鼻仁真珠裝，綴繫帶。韈，青羅表裏，綴繫帶。

犀冠，減撥花樣，縷金裝造，上有玉簪一，下有玳瑁盤一。

皇太子冠服。冕用白珠九旒，紅絲組爲纓，青纊充耳，犀簪導。袞，青衣朱裳，五章在衣，山、龍、華蟲、火、宗彝，四章在裳，藻、粉米、黼、黻。白紗中單，青褾襈裾。革帶，塗金銀鉤䚢。蔽膝，隨裳色，爲火、山二章。瑜玉雙佩，四采織成大綬，間施玉環三。白襪，朱舄，舄加金塗銀扣。謁廟則服之。

遠遊冠，十八梁，金塗銀花，飾博山附蟬，紅絲組爲纓，犀簪導。朱明服，紅裳，白紗中單，方心曲領，絳紗蔽膝，白襪黑舄。餘同袞冕。冊寶則服之。【略】

太子入朝起居及與宴，則朝服，紫袍，玉帶，雙魚袋。其視事及見師少賓客，則服小帽，皂衫，玉束帶。

宗室及外戚并一品命婦，衣服聽用明金，期親雖別籍，女子出嫁並同。又五品以上官母、妻，許披霞帔。唯首飾、霞帔、領袖、腰帶，許用明金、籠金、間金之類。其衣服止用明銀、象金及金條壓繡。正班局分承應帶官人，雖未出職係班，其祖母及母、妻、子孫之婦、同籍兄弟之妻，及在室女、孫、姊妹並同。又禁私家用純黃帳幕陳設，若曾經宣賜鸞輿服御，日月雲肩，龍文黃服，五箇鞘眼之鞍皆須更改。

臣下朝服。凡導駕及行大禮，文武百官皆服之。正一品：貂蟬籠巾，七梁額花冠，貂鼠立筆，銀立筆，犀簪導，佩劍，緋羅大袖、緋羅裙、緋羅蔽膝各一，緋白羅大帶，天下樂暈錦玉環綬一，白羅方心曲領、白紗中單、銀褐勒帛各一，玉珠佩二，金塗銀革帶，烏皮履，白綾韈。正二品：七梁冠，銀立筆，犀簪導，不佩劍，緋羅大袖，雜花暈錦玉環綬，餘並同。正四品：五梁冠，銀立筆，犀簪，白獅錦銀環綬，珠佩，銀革帶，御史中丞則獬豸冠，青荷蓮綬，餘並同。正五品：四梁冠，簇四金鵰錦銅環綬，銀珠佩，餘並同。正六品至七品：三梁冠，黃獅錦銅環綬，銅珠佩，銅束帶，餘並同。

大定二十二年祫享，攝官，導駕二品冠七梁，三品四品冠六梁，服有金花，五品冠五梁，六品冠四梁，七品冠三梁，監察御史獬豸冠，青綬，八品九品冠二梁，餘製並同。

祭服。皇統七年，太常寺言：「太廟成後，奉安神主，祫享行禮，凡行事、執事、助祭、陪位官，准古典當服袞冕、九章畫降龍，隨品各有等差。《通典》云虞、夏，殷並十二章，日，月，星辰，山，龍，華蟲作繪於衣，宗彝，藻，火，粉米，黼，黻絺繡於裳。周升三辰於旂，登龍於山，登火於宗彝，作九章之服，龍，山，華蟲，火，宗彝繪於衣，藻，粉米，黼，黻繡於裳。『公之服自袞冕而下如王之服，侯伯之服自鷩冕而下如公之服』。又後魏帝服袞冕，與祭者皆朝服。又《開元禮》一品服九章。又《五禮新義》正一品服九旒冕，犀簪，青衣畫降龍。今汴京舊禮直官言，自宣和二年已後，一品祭服七旒冕，大袖無龍。唐雖服九章服，當時司禮少常伯孫茂道言，『諸臣之章雖殊，然飾龍名袞，尊卑相亂，請三公服鷩冕八章爲宜』。臣等竊謂歷代衣服之制不同，若從後魏則止服朝服，或用宋服則爲七章，若遵唐九章，則有飾龍名袞尊卑相亂之議。」尚書省乃奏用後魏故事，止用燕京大冊禮時所服朝服以祭。

大定三年八月，詔遵皇統制，攝官則朝服，散官則公服，以皇太子爲亞獻，服袞冕。

十四年，用唐制，若祭遇雨雪則服常服，謂今之公服也。

泰和元年八月，禮官言：「祭服所以接神，朝服所以事君，雖歷代損益不同，然未嘗不有分別。是以袞冕十二旒，玄衣纁裳備十二章，天子之祭服也。通天冠、絳紗袍，紅羅裳，天子之視朝服也。臣下之服則用青衣朱裳以祭，朱衣朱裳以朝。國朝惟天子備袞冕、通天冠二等之服，今羣臣但有朝服，而祭服尚闕，每有祀事但以朝服從事，實於典禮未當。請依漢、唐故事，祭服冕旒畫章，然君臣冕服雖章數各殊而俱飾龍名袞，而唐孫茂道已有尊卑相亂之論。然三公法服有龍，恐涉於僭，國初禮官亦嘗駁議。乞參酌古今，改置祭服，其冠則如朝冠，而但去其貂蟬、竪筆，其服用青衣、朱裳，白襪，朱履，非攝事者則用朝服，庶幾少有差別。」上曰：「朝、祭之服，固宜分也。」

公服。大定官制，文資五品以上官服紫，三師、三公、親王、宰相一品官服大獨科花羅，徑不過五寸，執政官服小獨科花羅，徑不過三寸。二品、三品服散搭花羅，謂無枝葉者，徑不過寸半。四品、五品服小雜花羅，謂花頭碎小者，徑不過一寸。六品、七品服緋芝麻羅。八品、九品服緑無紋羅。應武官皆服紫。凡散官，職事皆從一高，上得兼下，下不得僭上，窄紫亦同服色，各依官制品格。其諸局分承應人並服無紋素羅。十五年制曰：「袍不加襴，非古也。」遂命文資官公服皆加襴。【略】

《金史》卷四三《輿服下》

衣服通制

君子之服，以稱德也，故德之備者其文備。古者王公及士庶人莫不各有一定之制，而不敢相逾者，蓋風俗之奢儉，法令之齊一，必於是而觀焉。《詩》曰：「彼都人士，狐裘黃黃。其容不改，出言有章。」其三章曰：「彼都人士，充耳琇實。彼君子女，謂之尹吉。」此言都邑之盛，人物之懿也。明昌間，章宗謂宰臣曰：「今風俗侈靡，莫若律以制度，使貴賤有等。其令禮部具典故以聞。」他日又謂參知政事張萬公曰：「山東風俗如何？」萬公對以奢，左丞守貞因言衣服之制，上曰：「如卿所言，正恐失人心耳。」守貞曰：「止是商賈有不悦者。」萬公曰：「乞寬與之期，三年之内當如制矣。」於是，上以禮部所擬太繁，以尚書省所擬而行之。嗟乎，人君以風俗爲言，其亦知所務矣。

金人之常服四：帶，巾，盤領衣，烏皮靴。其束帶曰吐鶻。

巾之制，以皂羅若紗爲之，上結方頂，折垂于後。頂之下際兩角各綴方羅徑二寸許，方羅之下各附帶長六七寸。當横額之上，或爲一縮襉積。貴顯者於方頂，循十字縫飾以珠，其中必貫以大者，謂之頂珠。帶旁各絡珠結綬，長半帶，垂之，海陵賜大興國者是也。

其衣色多白，三品以皁，窄袖，盤領，縫腋，下爲襞積，而不缺袴。其胸臆肩袖，或飾以金繡，其從春水之服則多鶻捕鵝，雜花卉之飾，其從秋山之服則以熊鹿山林爲文，其長中骭，取便於騎也。【略】

初，女直人不得改爲漢姓及學南人裝束，違者杖八十，編爲永制。

婦人服襜裙，多以黑紫，上編繡全枝花，周身六襞積。上衣謂之團衫，用黑紫或皂及紺，直領，左衽，掖縫，兩傍復爲雙襞積，前拂地，後曳地尺餘。帶色用紅黄，前雙垂至下齊。年老者以皂紗籠髻如巾狀，散綴玉鈿於上，謂之玉逍遥。此皆遼服也，金亦襲之。許嫁之女則服綽子，製如婦人服，以紅或銀褐明金爲之，對襟彩領，前齊拂地，後曳五寸餘。

明昌六年制，文武官六貫石以上承應人并及廕者，許用牙領，紫圓板皁條羅帶，皂靴，上得兼下。係籍儒生止服白衫領，繫背帶並以紫圓條羅帶，乾皂靴。餘人用純紫領，不得用緣，雜色圓板條羅帶不得用紫，靴用黄及黑油皂蠟等，婦人各從便。

泰和四年，以親王品官既分領緣，而復有皂靴之禁，似涉太煩，遂聽親王用銀褐領紫緣，品官皆紫領白緣，餘從明昌制。【略】

大定十三年，太常寺擬士人及僧尼道女冠有師號、并良閒官八品以上，許服花紗綾羅絲紬。在官承應有出身人、帶八品以下官，未帶官亦同，許服花紗綾羅紵絲絲紬，家屬同，婦人許用珠爲首飾。其都孔目與八品良閒官同，京府州縣司吏皆與庶人同。

庶人止許服絁紬、絹布、毛褐、花紗、無紋素羅、絲綿，其頭巾、繫腰、領帕許用芝蔴羅、絛用絨織成者，不得以金玉犀象諸寶瑪瑙玻璃之類爲器皿、及裝飾刀把鞘，并銀裝釘床榻之類。

婦人首飾，不許用珠翠鈿子等物，翠毛除許裝飾花環冠子，餘外並禁。

兵卒許服無紋壓羅、絁紬、絹布、毛褐。

奴婢止許服絁紬、絹布、毛褐。

倡優遇迎接、公筵承應，許暫服繪畫之服，其私服與庶人同。

聶崇義《新定三禮圖・冕服圖》卷一

大裘冕　袞冕與后褘衣畫組紃約明已下皆有　鷩冕　毳冕　絺冕絺

玄冕　韋弁服　皮弁服　冠弁服

三公毳冕　上公袞冕　侯伯鷩冕　子男毳冕

卿大夫玄冕　爵弁　皮弁　諸侯朝服

周天子吉服有九。冕服六弁服三，凡九也。故《司服》云：「王祀昊天上帝，則服大裘而冕，祀五帝亦如之。享先王，則袞冕，享先公饗射，則鷩冕。祀四望山川，則毳冕。祭社稷五祀，則絺冕。祭羣小祀，則玄冕。〔凡〕兵事，韋弁服。眡朝〔則〕皮弁服。凡甸，冠弁服。」又孔疏引《弁師》「掌王之五冕，皆玄冕朱裏」。止言玄朱而已，不言所用之物。《論語》云：「麻冕，禮也。」蓋以布衣版，上玄下纁，取天地之色，其長短廣狹則經傳無文。《漢禮器制度》云：冕制皆長尺六寸，廣八寸，天子已下皆同。董巴《輿服志》云：廣七寸，長尺二寸。皇氏、沈氏以爲諸侯之冕。應劭《漢官儀》云：廣七寸，長八寸。皇氏沈氏以爲卿大夫之冕。若依此言，豈董巴專記諸侯，應劭專記卿大夫，此蓋隨代變易，大小不同，今依漢禮制度爲定，謂之冕，冕者，俛也，後高前下，有俯俛之形，故因名焉。蓋以在位者失於驕矜，欲令位彌高而志彌下，故制此冕，令貴者下賤者也。其服舊説云：天子九章，據大章而言其章，别分小章。章依命數，則皆十二爲節，上公亦九章，無外龍，有降龍。其小章，章别皆九而已，鷩冕、毳冕已下皆然。必知有小章者，若無小章，絺冕三章，則孤有四命六命，卿大夫玄冕，一章，卿大夫中則有三命、二命、一命，天子之卿六命，大夫四命，明大章中有小章，乃可得依命數。又司馬彪《漢書・輿服志》云：明帝永平二年，初詔有司采《周官》、《禮記》、《尚書》之文，制冕，皆前圓後方，朱〔緑〕裏，玄上，前垂四寸，後〔垂〕三寸。王用白玉珠十二旒，三公諸侯青玉七旒，卿大夫黑玉五旒皆有前無後。此亦漢法耳。今案《三禮經》注孔

大裘

賈疏義，并諸家禮圖遂冕下別各明其制度則古今沿革事可知矣。

大裘者，黑羔裘也。其冕無旒，亦玄表纁裏。按鄭志，大裘之上又有玄衣，與裘同色，但無文彩耳。裘下有裳，纁色。朱韍，素帶，朱裏朱緣，終辟佩白玉而玄組綬，赤舄黑絇繶純。絇者謂拘屨舄之頭以爲行戒，繶縫中紃也，純緣也，三者皆黑色。大裘已下，冕皆前圓後方，天子以球玉爲笏，王祀昊天、上帝、五帝、崑崙、神州，皆服大裘。

袞冕

袞冕九章，《舜典》曰：「子欲觀古人之象，日、月、星辰、山、龍、華蟲，作繢。宗彝、藻火、粉米、黼、黻，絺繡。此古天子冕服十二章，王者相變至周，而以日、月、星辰畫於旌旂，所謂三辰。旂旗，昭其明也。而冕服九章，初一曰龍，二曰山，三曰華蟲，四曰火，五曰宗彝，皆畫繢於衣；次六曰藻，七曰粉米，八曰黼，九曰黻，皆刺繡於裳。此九章，登龍於山，登火於宗彝，尊其神明也。以龍能變化取其神，山取其人所仰也，火取其明也。宗彝，古宗廟彝尊名，以虎蜼畫於宗彝，因號虎蜼爲宗彝，故并畫虎蜼爲一章。虎取其嚴猛，蜼取其智，遇雨以尾塞鼻，是其智也。冕制：廣八寸，長尺六寸，以三十升布染之，上以玄覆冕爲延，下以朱衣之。又以紐綴於冕兩傍垂之，與武傍孔相當以笄貫之，使得牢固。又以紘一端先屬於左邊笄上，以一頭遶於頤下，向上於右邊笄上遶之。袞冕十二旒，以五采絲爲之繩，貫五采玉，每旒各十二玉，垂於冕前後，共二十四旒，計用玉二百八十八。五采繩十二就，就，成也，每就間蓋一寸五。冕服皆玄衣纁裳，朱韍，素帶朱裏，又以朱緑終裨。太子詹事尹拙議云：袞冕已下，君臣合畫充耳，天子黈纊，諸臣青纊。工部尚書竇儀議云：臣儀案《周禮·弁師》「掌王之王冕，皆玄冕朱裏延紐。五采繅，十有二就，皆五采玉十有二。玉笄朱紘。諸侯之繅斿九就，瑉玉三采，其餘如王之事。繅斿皆就，玉瑱玉笄。」鄭玄注：侯當爲公字之誤也。其餘謂延紐皆玄覆朱裏與王同也。玉瑱塞耳者，賈公彥疏云：王不言玉瑱，於此言之者，王與諸侯互見爲義，是以王言玄冕，朱裏延紐及朱紘，明諸侯亦有之。諸公言玉瑱，明王亦有之，是其互有也。詳此經注疏之文，則是本有充耳，今請今君臣袞冕已下並畫充耳，以合正文。

鷩冕七章，享先公饗射之服。鄭注

鷩冕

《弁師》云：鷩衣之冕繅九旒，亦以五采繅繩貫五采玉，每旒各十二玉垂於冕前後，共一十八，計用玉二百一十六。鷩，雉名，即華蟲也。華蟲，五色蟲也，故一曰華蟲，二曰火，三曰宗彝，皆畫於衣，四曰藻，五曰粉米，六曰黼，七曰黻，皆刺於裳。韍帶綬舄，皆與袞冕同。

毳冕

毳冕五章，祀四望山川之服。按鄭義：毳冕七旒，亦合五采絲繩貫五采玉，每旒各十二玉，前後共十四旒，計用五百六十八。毳畫虎蜼，謂宗彝也，故此五章，初曰宗彝，二曰藻，三曰粉米，皆畫於衣，四曰黼，五曰黻，皆繡於裳。藻，水草也，取其文如華蟲之義。粉米取其絜，又取其養人也，粉米不可畫之物，故皆刺繡於衣與裳也。黼諸文亦作斧，案繪人職據采色而言「白與黑謂之黼」。若據繡於物上，即爲金斧之丈近刃白，近銎黑，則曰斧，取金斧斷割之義也。青與黑爲黻形，則兩已相背，取臣民背惡向善，亦取君臣離合之義。

絺冕

絺冕三章，祭社稷五祀之服。孔安國以絺爲細葛上刺繡，後鄭讀絺爲紩，或作黹。本有此二文，取紩爲正，既讀絺爲紩，紩，刺也。絺之三章，粉米在衣，是不可畫之物，乃刺於衣上，故得絺名，則黼、黻二章，準繡於裳也。其冕五旒，亦五采藻繩十有二就，每旒各貫五采玉十二，用玉百二十。

玄冕

玄冕一章，祭羣小祀之服。賈疏云：上四衣皆玄而有畫，此衣不畫而無文，其衣本是一玄，故獨得玄名。一章，唯裳刺黻而已。其冕三旒五采藻十二就，每旒亦貫五采玉十二，計用玉七十二。羣小祀，謂林澤墳衍四方百物之屬。

韋弁服者，王及諸侯卿大夫之兵服。後鄭云：韋弁以靺韋爲弁，又以爲衣裳。《春秋傳》曰：晉郤至衣「靺韋之跗注」是也。今時伍伯緹衣，古兵服之遺色矣。其跗注，賈、服等以跗爲足，跗注爲注袴而屬於跗；後鄭讀跗爲幅，注爲屬，以韎韋如布帛之幅而連屬以爲衣而表裳。賈疏云：伍，行也；伯，長也。謂鄭見漢時宿衛者之行長服，此重赤之衣，是古兵服赤色之遺象也。天子亦以五采玉十二飾弁之縫，諸侯已下各依命數玉飾之。皮弁玉飾亦然。

韋弁

《士冠禮》「皮弁，服素積，緇帶，素韠」。鄭玄注云：以白鹿皮爲冠，象上古也。此明上古未有布帛，衣其羽皮也。又云：積猶辟也，以素爲裳，辟蹙其要中也。亦用十五升布爲衣，以象弁色。蓋天子素帶素韠，朱裏朱緑終辟佩白玉，白舄青絇繶純。又《弁師》云：「王之皮弁，會五采玉璂，象邸玉笄。」鄭玄注云：會，縫中也。璂讀爲綦，綦，結也。邸謂下柢。《梁正、張鎰圖》云：弁縫十二。賈疏引《詩》「會弁如星」，謂於弁十二縫中結五采玉，落落而處，狀似星也。又於弁內頂上以象骨爲柢，至三王重質不變，故王服之以曰視朝，燕諸公甥舅、視學祭禜皆服焉。

皮弁

田獵則冠弁服。後鄭云：冠弁，委貌也。委，安也，服之所以安正容體也。若以色言之，則曰玄冠，故《士冠禮》云：「主人玄冠朝服，緇帶素韠。」其注云：玄冠，委貌也。朝服則十五外緇布衣素裳，白舄，養老、燕羣臣亦服之。其諸侯不限畿內畿外，視朝行道皆服之。天子、諸侯之卿大夫祭其廟，亦皆同服之。但白屨爲別，然則周之委貌，殷之章甫，夏之母追，並用緇布爲之，故有玄冠之名。三代諸侯各爲朝服以行道。

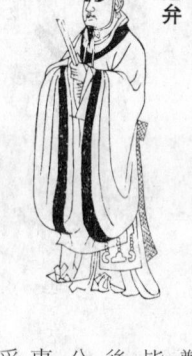

冠弁

端取其正也。士之玄端衣，身長二尺二寸，袂亦長二尺二寸，今以兩邊袂各屬一幅於身，則廣袤同也。其袪尺二寸，大夫已上侈之，蓋半而益一，然則其袂三尺三寸，袪尺八寸。《司服》云：「齊〔昭〕有玄端。」《張鎰圖》云：天子齊玄衣、玄冠、玄裳，黑韠，素帶，朱緑終辟，佩白玉，黑舄赤絇繶純。諸侯唯佩山玄玉爲別，燕居朱裳，朱韠，赤舄黑絇繶純。卿大夫素裳，上士玄裳，中士黃裳，下士雜裳，前玄後黃。大夫已上朝夕服之，唯士夕服之。夕者，若今晡上視事耳。

玄端

三公八命而下服毳冕者。案《射人》職「掌三公孤卿之位。三公北面，孤東面，卿大夫西面」。以三公臣中最尊，故屈使北面荅君也。其摯執璧與子男同制，故服毳冕與子男同也。雖從毳冕五章，其旒與小章皆依命數，此所謂屈而伸者也。玉繅亦皆三采，每繅八成則八旒，每旒八玉，計用瑉玉百二十八。諸家禮圖皆不載三公之冕，臣崇義按《弁師》注於命爵之中獨著孤繅四就，用玉三十二，仰推王之三孤六命，上極三公，繅玉形制，綵繪章數，觸類可知，故特圖於上公衮冕之右，亦內外之次也。

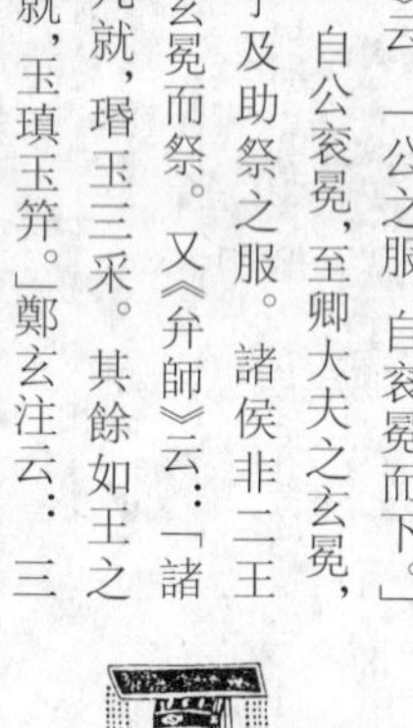
三公毳冕

《司服》云：「公之服，自衮冕而下。」鄭玄注云：自公衮冕，至卿大夫之玄冕，皆朝聘天子及助祭之服。諸侯非二王後，其餘皆玄冕而祭。又《弁師》云：「諸公之繅斿九就，瑉玉三采。其餘如王之事，繅斿皆就，玉瑱玉笄。」鄭玄注云：三采，朱白蒼，其餘延紐皆玄覆朱裏與王同。繅斿就皆三采，每繅九成則九斿，每斿九玉，計用玉百六十二。其五冕之版亦廣八寸，長尺六寸，前圓後方。又《覲禮》注云：公衮有降龍无外龍。又《明堂位》注：韍畫山火而无龍。《祭義》云：諸侯「冕而青紘」。《玉(繅)〔藻〕》云：笏，「諸侯以象」。又曰：荼，「前(屈)〔詘〕後直」。《張鎰圖》云：其服玄衣纁裳，朱韍素帶，朱緑終辟，佩山玄玉，朱組綬，赤舄黑絇繶純。其方伯及王之子弟出封侯伯，皆得服之，朝王助祭焉。

上公衮冕

《司服》云：「侯伯之服，自驚冕而下。」《弁師》注云：侯伯繅七就，繅玉皆三采，每繅七成則七斿，每斿亦貫七瑉玉，計用玉九十八。韍帶綬舄皆與上公同。王祀昊天上帝助祭及朝王皆服之。王者之後、方伯王之子弟封爲侯伯者皆服之，以助王祭先公及饗射。

侯伯鷩冕

《司服》云：「子男之服，自毳冕而下。」又《弁師》注云：子男繅五就，繅玉皆三采，每繅五成則五斿，每斿亦貫五瑉玉，計用五十。韍帶綬舄皆與侯伯同。若朝王及助王祀昊天上帝，祭先王先公，饗射，祭四望山川及自祭四望山川皆服之。王者之後、方伯王之子弟封爲侯伯者，皆服之以助王祭四望山川。

子男毳冕

《典命》云：「公之孤四命，以皮帛視小國之君。」又《司服》云：「孤之服，自絺冕而下。」鄭注《弁師》云：孤繅四就，繅玉皆朱綠，用玉三十二。其服三章，玄衣纁裳，朱韍素帶，玄華裨垂，佩水蒼玉，緇組綬，赤舄黑絇繶純，服以助祭社稷，又《張鎰圖》云：天子孤及卿皆六命，則同絺冕之服三章，小章則畫六，上公及王之三公、二王之後二伯、九州之牧、侯伯王之同姓封爲侯伯者服之，以助王祭社。又《玉藻》云：笏「大夫(以)魚鬚文竹」。孤亦同焉。

絺冕

《司服》云：「卿大夫之服，自玄冕而下。」鄭玄注云：朝聘天子及助祭之服，諸侯非二王之後，其餘皆玄冕而祭。又《弁師》注云：三命之卿繅三就，繅玉亦朱綠，用玉十八。再命之大夫繅再就，繅玉亦朱綠，用玉八。若王朝之大夫、上公之卿得用三就之繅玉，公之大夫、子男之卿再命者得同再就之繅玉。其服皆玄冕一章，小章各依命數。玄衣纁裳，朱韍素帶，玄華裨垂，佩水蒼玉，緇組綬，赤舄黑絇繶純，二伯、九州之牧、王之同姓封爲侯伯者，助王祭羣小祀、視朔朝日皆服之。

卿大夫玄冕

爵弁制如冕，但無旒爲異。《士冠禮》注云：爵弁者，冕之次，謂尊卑次冕也。張鎰退於韋弁之下，亦非宜也。其弁板亦廣八寸，長尺六寸，前圓後方。弁上覆大冕，俱用三十升布，其色赤而微黑，如爵頭然，裏亦纁色。一命大夫之冕亦無旒，其制與爵弁不殊。得名冕者，一命大夫之冕雖無旒，亦前低一寸二分，故得冕稱。其爵弁則前後平，故不得冕名。又《士冠禮》云：「爵弁，服纁裳，純衣，緇帶韎韐。」注云：此與君祭之服。如自祭廟，則服玄冠玄端、純衣絲衣也。衣皆用布，唯冕與爵弁服用絲耳。韎韐，緼韍也。士緼韍幽衡，合韋爲之，士染以茅蒐，因以名焉。又「士佩瓀玟(玉)而緼組綬」。纁屨，黑絇繶純。

爵弁

《司服》云：「士之服，自皮弁而下。」又《弁師》注云：韋弁、皮弁之會，無結飾。《士冠禮》云：「皮弁，服素積，緇帶，素韠。」與君視朔之服同。《玉藻》云：「佩瓀玟(玉)而緼組綬。」又云：「笏士竹本，象可也。」若上公，韋弁、皮弁璂飾九玉，侯伯七玉，子男五玉，皆三采。孤四命，璂飾四；三命之卿，璂飾三；再命之大夫，璂飾二，皆二采。諸侯皮弁，白布衣，素裳，白韠素帶，朱綠終裨，佩山玄玉，白舄，青絇繶純，卿大夫則白屨。諸侯朝王及自相朝視朔則服之。王朝之臣亦服，朝王，其韋弁服既爲軍容，君臣同服，制度已見於上，更不別圖。

皮弁

《玉藻》云：「朝服以日視朝於內朝。」鄭云：朝服冠玄端素裳也。又《王制》云：周人「玄衣而養老」。注云：天子燕服爲諸侯朝服。彼云玄衣即此玄端也。《張鎰圖》云：緇玄二服，素韠素帶，朱綠終裨，佩山玄玉，白舄，青絇繶純，天子之卿服以從燕諸侯，諸侯之孤、卿大夫服以朝君。

諸侯朝服

《士冠禮》云：「玄端，玄裳，黄裳，雜裳，緇帶爵韠。」鄭玄注云：此暮夕於朝之服。賈疏云：謂嚮暮之時夕君之服也。玄端即朝服，十五升布衣也。不言朝服而言玄端者，欲見色而取其正也。上云主人玄冠朝服，此唯云玄端不言玄冠者，但冠者，三加冠始加緇布，次皮弁，次爵弁，不加玄冠，故不言也。又説諸侯之士有三等之裳，上士玄裳，中士黄裳，下士雜裳，前玄後黄。但玄是天色，黄是地色，天尊地卑，故上士玄裳，中士黄裳，下士雜裳。還用玄黄者，以前陽後陰，故知前玄後黄也。

士玄端

聶崇義《新定三禮圖后服圖》卷二

褘衣音翬　揄狄音摇翟　闕狄音翟　鞠衣　展衣展又作襢　褖衣　純衣纁衻　宵衣音綃

《内司服》：「掌王后之六服。褘衣、揄狄、闕狄、鞠衣、展衣、褖衣。」此上六服皆以素紗爲裏，使之張顯，但婦人之服不殊裳，上下連則此素紗亦上下連也。王之吉服有九，韋弁、皮弁、玄端三等，裳服與后鞠衣已下三服同，但王祭服有六，后祭服唯有三翟耳。何者，天地、山川、社稷之等，后夫人皆不與，故三服而已，必知外神后夫人不與者。按《内宰》云：祭祀裸獻則贊天地，無裸唯宗廟。有内宗外宗佐后，皆云宗廟不云外神，故知后於外神不與，以其婦人無外事故也。若然，哀公問孔子云：以爲天地社稷主者，彼見夫婦一體而言也。又按後鄭云：六服備於此者，以諸經傳言婦人之服多矣，文皆不備，其六服唯此文爲備。鄭言此者，亦欲推次六服之色故也，是以下云闕翟赤，揄翟青，褘衣玄者，以王后六服其色無文，故須推次其色。言推次，以鞠衣象鞠塵，其色黄，褖衣與男子褖衣同，其色黑。二者爲本，以五行之色從下向上，以次推之，水色既黑，褖衣象之，黑矣，水生於金，褖衣上有襢衣，則襢衣象之金色白，金生於土，土色黄，鞠衣象之黄矣，土生於火，火色赤，鞠衣上有闕翟則闕翟象之，赤矣。火生於木，木色青，闕翟上有褕翟象之，青矣，五行之色已盡六色，唯有天色玄，褘衣最在上，象天色玄，是自下推次其色然也。三翟唯褘言衣者，褘衣是六服之首，故以衣目之也。案《漢志》「皇后謁廟服，紺上(早)〔皁〕下，蠶青上縹下，皆深衣制，徐廣曰：即單衣也。隱領袖緣以絛。假結，步摇，簪珥。上太皇太后、皇太后首飾云翦氂蔮，結簪珥。耳當垂珠也。簪以瑇瑁爲擿，長一尺，端爲華勝，上爲鳳皇爵，以翡翠爲毛羽，下有白珠，垂黄金鑷。左右一横簪之，以安蔮結。諸簪珥皆同制，其擿有等級焉下云夫人魚須擿詩風以象骨爲擿是其等級與。擿又作摘，音竹革反。步摇以黄金爲山題，貫白珠爲桂枝相繆，一爵九華，熊、虎、赤羆、天(禄)〔鹿〕、辟邪、南山豐大特六獸，《詩》所謂『副笄六珈』者。」也爵獸皆以翡翠爲毛羽，金顥白珠璫繞以翡翠爲華。云副，若今步摇。《釋名》曰：皇后副，其上有垂珠，步則摇也。《續漢志》云：「乘輿黄赤綬，四采，黄赤縹紺，淳黄圭，長二丈九尺九寸五分，五百首。太皇太后、皇太后，其綬皆與乘輿同。」蔡邕《獨斷》曰：皇后赤綬。後漢鄧皇后賜馮貴人赤綬，又加賜步摇、環佩各一具。凡先合單紡爲一絲四絲爲一扶，五扶爲一首，五首成文，文采淳爲一圭，首多者，絲細，少者絲麤，廣尺六寸。案《周禮·追師》「掌〔王〕后首服，爲副編次。」名制有三等，雖代有沿革，稽諸典禮，參於舊圖，以意求之，則古今之法髣髴而見矣。其委員形制，古屨舃，各於六服之下圖而解之。

褘衣

褘衣，翬雉衣也，其色玄。後鄭以爲素質五采，刻爲翬雉之形，五色畫之，綴衣上以爲文章，后從王祭先公王則服，上公二王後魯夫人助君祭宗廟皆服之，首飾亦副。《周禮·追師》「掌王后之首服，爲副〔編次衡笄〕。《詩》云：副者，后夫人之首飾編髮爲之。笄，衡笄也，珈笄飾之冕最盛者，所以别尊卑也。後鄭云：副之言覆也，所以覆首爲之飾，珈之言加也，今步摇上飾也。古之制所有未聞。孔疏云：王后之衡、笄皆以五爲之，唯祭服有衡垂於副之兩傍當耳，其下以五色紞懸玉瑱，若編次則無衡。其笄言珈者，以玉飾笄，后夫人首服尤尊者。此别及衡，笄以珈，唯后夫人有之，卿大夫已下則無，故云别尊卑也。又云珈之言加者，以珈字從玉，由副既笄而加此飾，故謂之珈。漢之步摇，如周副之象，故可以相類也。古今之制不必盡同，故古制得有未聞者，以言六珈必飾之有六，但所施不可言，據此言六，則侯伯夫人爲六，王后雖多少無文，以侯伯夫人推之，宜十二。今但圖六，則餘法可知。又《屨人》注云：玄舄爲上，褘衣之舄也。凡舄與裳同色，此與衣同色者，以婦人尚專一，德無所兼，故連衣裳不異其色，故云玄舄爲上，褘衣之舄也。既玄舄配褘衣，則青舄配揄翟，赤舄配闕翟。又云鞠衣以下皆屨者，六服之三翟既以三舄配之，則下文命夫命婦唯言屨不言舄，故知鞠衣已下皆屨也。又云舄屨有絇有繶有純飾也者，言繶是牙底相接之縫，綴黄條於其中；絇謂屨頭以黄條爲鼻；絇，拘也，取拘持爲行戒，使人低目不妄視也；純謂以黄條爲口緣，凡舄之飾如繢。次玄舄黄絇繶純者，玄黄天地色，相對爲繢次之飾也。赤絇繶純者，王黑舄之飾也，赤黑南北相對，亦繢次之飾也；黑絇繶純者，王赤舄之飾也；青絇繶純者，王白舄之飾也，青白東西對方，亦繢次之飾也。后之赤舄亦黑飾，后之青舄亦白飾也。若然，爵弁纁屨，黑絇繶純。黑與纁南北相對，用繢次爲屨飾者，尊祭服也。凡屨之飾如繡次，此約皮弁白屨，黑絇繶純爲飾，白與黑西北次方爲繡次之飾。又后黄屨白絇繶，白屨絇繶純，黑屨青絇繶純，此三者，鞠衣已下之屨也。然則屨舄王有三等，后有六等也，上公已下夫人得服褘衣者，亦玄舄也。

褕翟

後鄭讀褕狄爲揺翟，雉名。青質五采，故刻繒爲褕翟之形，而五采畫之，綴於衣上以爲文章。然則褕翟之衣其色青，后從王祭先公則服之。首飾珮綬與褘衣同。青舄白絇繶純，侯伯夫人助君祭宗廟亦服之，首飾亦副。

闕翟

按褘、褕二翟，皆刻繒爲雉形，又以五色畫之綴於衣，此亦刻繒爲雉形，不以五色畫之，故云闕翟。其衣色赤，俱刻赤色之繒爲雉形，間以文綴於衣上。後鄭云：今世有圭衣，蓋三翟之遺俗者。鄭君見漢時有圭衣，刻爲圭形綴於衣上，是由《周禮》有三翟，别刻繒爲雉形綴於衣上，漢俗尚有，故云三翟之遺俗也。首飾珮綬，一如二翟。赤舄黑絇繶純，其子男夫人從君祭宗廟亦皆服之。

鞠衣

鞠衣者，后告桑之服也。按後鄭云：鞠衣，黄桑之服，色如鞠塵，象桑葉始生。《月令》三月薦鞠衣于先帝，告桑事。又彼注云：先帝，太昊之屬。知非天帝者，以其言先不言上，故知非天。春時唯祭太昊之屬，薦鞠衣於神坐，爲蠶求福也。以蠶功既大摠祭五方帝於明堂，故云之屬以該之。又孔(賈)疏云：以季春將蠶，后服之告先帝養蠶之服。鞠者草名，華色黄，故季秋之月云：菊有黄華，是鞠衣黄也。又云：鞠塵不爲麴者，古字通用也。又云：象桑葉始生者，以其桑葉始生則養蠶，故服色象之。其首服用編，後鄭云：謂編列髮爲之，其遺象若今假紒矣。其珮綬如三翟。黄屨白絇繶純，屨之與舄形制大同，惟禪底爲異耳，故《屨人》注云：複下曰舄，禪下曰屨。複，重也，下謂底也。然則禪底者名屨，重底者名舄，孤之妻從夫助君祭宗廟亦皆服之。但紞用三采，瑱用美石爲異。三采，素青黄也。知然者，《齊風·著》直居切詩云：「俟我於著乎而，充耳以素乎而。」後鄭云：我，嫁者自謂也。待我於著，謂從君子出至于著，我視君子則以素爲充耳，謂懸瑱之紞爲素色。下又云充耳以青，充耳以黄，據人臣三色，妻亦然也。又云「尚之以瓊華」，尚飾也。瓊，美石；華，石色，故知人臣用美石也。彼毛以素爲象瑱，鄭不從者，必君素是象瑱，下文何得更云瓊英之事乎？故鄭以素青黄皆爲紞色也，或曰鞠衣已下，后紞亦三采。

展衣

展衣色白，后以禮見王及賓客之服。珮綬如上上首服。亦編白屨黑絇繶純。後鄭云：展當爲襢者，按《喪大記》云：「世婦(以)襢衣。」襢之言亶也。亶，誠也。按《詩·鄘風·君子偕老》及此文皆作展，並是正經，鄭必讀爲襢者，以襢從衣而有衣義。《爾雅》亶、展雖同訓爲誠，展者言之誠，亶者行之誠。貴行賤言，襢字以亶爲聲，有行誠之義，故從襢也。此亦卿大夫之妻從夫助君祭宗廟得服之。按《祭義》曰「君牽牲，夫人奠盎；君獻尸夫人薦豆，卿大夫相君，命婦相夫人」是也。

褖衣

褖衣色黑，后接御見王之時則服。褖衣及次。按《追師》鄭玄注云：次者，次第，髮長短爲之，所謂髲髢也。賈疏云：所謂少牢主婦髲鬄，即此次也。鬄、髢同音地彼。注云：古者或剔賤者刑者之髮而爲之。按魯哀公十七年說衛莊公「自城上，見已氏之妻髮美，使髡之以爲吕姜髢」。杜云：吕姜，莊公夫人。髢，髮也。以此言之，是取他髮爲髢也，則有不用他髮爲髢。自成紒者，故《鄘風·君子偕老》詩曰：「鬒髮如雲，不屑髢也。」毛亨傳云：鬒，黑髮也。如雲，言長美屑絜也。鄭玄箋云：髢，髲也。不絜(髲)者，不用髲爲善。也是不用他髮爲髲，同合已髮絜爲紒者也。《漢志》説大手紒，蓋謂此也。其珮綬如上，而黑屨白繶約純，士妻從夫助祭亦服之。婦人褖衣之黑，始因男子之玄端亦名褖衣知者。按《士冠禮》陳服于房，爵弁服、皮弁服、玄端服。至於《士喪禮》陳襲事于房，亦云爵弁服、皮弁服、褖衣。此褖衣，當玄端處所以變言之者。冠時玄端，衣裳別；及死而襲玄端，連衣裳，與婦人褖衣同，故雖男子玄端亦名褖衣也。又見子羔襲用(褖)〔税〕衣、纁袡。鄭注《士昏禮》云：袡亦緣也。褖衣纁緣是婦人嫁時之服，亦非常衣也。今子羔襲之，故譏用婦服，但纁袡與玄衣，相對之物，則男子褖衣黑矣。男子褖衣既黑，則婦人褖衣黑可知矣。

純衣纁袡

纁袡，當嫁之女所服也。《士昏禮》云：「女次純衣纁袡，立于房中南面。」鄭玄注云：次，首飾，今之髮也。《周禮·追師》掌「爲副編次」。純衣，絲衣也。此衣亦玄色。袡，緣也，袡之爲言任也。以纁緣其絲衣，象陰氣上注於陽也，取交接有依之義。凡婦人不常於袡之衣，成昏禮爲此服耳。《喪大記》曰：「復，不以袡。」明非常衣也。《詩》武王女下嫁齊侯之子，「車服不繫其夫，下王后一等」。乘厭翟，服褕翟，加纁袡，首飾亦副。

宵衣

此師姆母所著之衣也。《士昏禮》云：「姆纚笄宵衣在其右。」注云：姆，婦人年五十無子，而出不復嫁，或以婦道教人者，若今時乳母矣。纚，韜髮纚也。笄，今時簪也。纚亦廣(終)〔充〕幅長六尺。宵讀爲「素衣朱綃」之綃。《魯詩》以綃爲綺屬，姆亦玄衣即褖衣也。以綃爲領，因以爲名，且相別耳。姆在女右，當詔以婦禮。賈公彦釋曰：婦人年五十，陰道絶，無子出之，此七出之一也。然就七出之中，餘六出是無德行，不堪教人者，故取無子而出不復嫁，能以婦道教人者留以爲姆，既使教女，因從女向夫家也。纚，亦如冠韜髮。又纚以繒廣終幅長六尺以韜髮，而紒之姆所異於女有纚有次，姆則有纚無次，宵讀爲《詩》「素衣朱綃」之綃。按《詩·唐風》云：「素衣朱繡。」鄭箋破繡爲綃，此注據彼箋破字之義，故真云「素衣朱綃」以爲證也。姆亦玄衣以綃爲領，因以爲名者，此衣雖言綃衣，以亦與純衣同，是褖衣用綃爲領，故因得名綃衣也，且相別耳。謂上文女曰純衣，此姆曰宵衣，雖同是褖衣，而純衣、宵衣名相別也。姆在女右，當詔以婦禮者，按《禮記·少儀》云：「贊幣自左，詔辭自右。」地道尊右之義，故姆在女右也。

聶崇義《新定三禮圖》卷二〇《冕服》　大裘冕無旒冕，廣八寸，長一尺六寸。上玄下纁，以綖覆飾之。其板側則不用金飾，有紐玉簪導，以組爲纓色如綬。《衣服令》云：大裘以黑羔皮爲之，玄領褾緣。褾音必小反，袖端也。《玉藻》云：「羔裘豹飾，緇衣以裼之。」《詩·唐風》云：「羔裘豹袪。」此此去領褾及緣皆以玄。朱裳，白紗中單，皂領青褾襈裾。士眷切，重裾也。革帶玉鉤鰈，日列切，鈌也。大帶，天子素帶朱裏，又上以朱，下以緑。終純之上外也。朱，正色，故在外畔；緑，間色，故在下畔。諸侯大帶，以素合之不朱，裏亦朱緑。終純與天子同，大夫亦合素爲帶。純，其重外以玄，内以華，即黄也。遠人爲外，近人爲内。玄，天色，故在外；黄，地色，故在内。士已下亦素練爲帶，皆單而不合堆綷，下外内皆用緇紕之，故《士冠禮》謂之緇帶，據所純而言也。紐約並用組，紐謂帶之交結之處，以屬其紐約者，謂以物穿紐約結其帶。天子已下，紐約之物並用組爲之也。大帶闊四寸，紐約之組闊三寸，長齊於帶，言約紐餘長三尺與帶垂齊者。韍韍，(韍)〔蔽〕膝也。凡韍皆隨裳色，他服謂之韠，祭服謂之韍。案《易·困卦》「九二，朱韍方來，利用享祀」，是祭服謂韍也。案《毛詩》毛亨傳云：天子組朱，諸侯黄，朱色淺，大夫亦赤韍色又幾矣。士緼韍，緼，赤黄之間色。《士冠禮》「爵弁韎韐」，即緼韍也。鹿盧玉具劍，火珠標首，音漂劍飾。白玉雙珮，玄組，雙大綬。六綵：玄黄赤白縹緑純玄質。《漢志》乘輿黄赤綬，四采，黄赤紺縹，淳黄令圖依用。長二丈(四)〔九〕尺〔九十〕五百首。廣一尺。《漢志》大綬四采，圭長二丈九尺，九寸五分，五百首。與令文稍異。令又云：凡佩綬又有小雙綬，長二尺六寸，色同大綬而首半之，間施三五環。諸臣一品者施三玉環，今詳小綬，《漢志》所謂緌也，自青綬以上，緌皆長三尺二寸，與綬同采而半之。緌綬古佩緌也，與佩綬相迎受，故曰緌也。紫綬已上，緌綬之間得施玉環。璛黑綬已下，緌綬皆長三尺。緌音遂。朱襪赤舄，祀天神、地祇則服之。唐明慶元年，修禮官長孫無忌、許敬宗等言：准武德初撰《衣服令》，乘輿祀天服大裘冕無旒，雖憑《周禮》，理極未備。謹按《郊特牲》云：「周之始郊，曰以至。」祭之日，「被袞以象天，戴冕藻十有二旒，則天數也」。此二禮，俱説周郊，袞與大裘異。又案《月令》「(孟)〔季〕冬，天子始裘」，明以禦寒，理非當暑，若立夏(季)〔迎〕氣，龍見而雩，炎熾方隆，如何可服？周遷《輿服志》云：漢明帝永平二年，詔採《周官》、《禮記》，始制祀天地之服，唯天子備十二章。魏晉、宋、齊、周、隋禮令祭服悉(周)〔同〕。是時造二冕呈進上，以大裘朴略，冕又無旒，既不可通用於寒暑，乃廢不用。臣榮義謹案：周之衣服無日月星辰，魯以周公，故衮冕亦有日月之章，故鄭玄《郊特牲》注云：郊天之月而日至，魯禮也。三王之郊，一用夏正，以周衰禮廢，儒者見《周禮》在(在)魯，因推魯禮以言周事相承之誤。職此之由中一。孔疏引庾蔚之、熊安生並云：六冕皆用羔裘，故《司服》説王祭昊天服大裘而冕。已下五冕皆不言裘，是皆用羔裘也。又《司裘》「掌爲大裘，以供王祀昊天之服。仲秋，〔獻良裘；季秋，〕獻功裘」。後鄭云：良裘，《玉藻》所謂黻裘，與黻裳以黑羔與狐白雜爲黻文，視獮田以服之。《司裘》又云：「季秋獻功裘。」後鄭云：功裘，人功微鹿也，所謂狐青裘之屬。《玉藻》云：「狐青裘(豻裒)〔豹褎〕，玄綃衣以裼之。」鄭玄注云：綃，綺屬，染之以玄，狐青裘，蓋玄衣之裘也。此狐青裘，《周禮・司裘》謂之功裘者，以其上承大裘，在冕服之内，人功微鹿不如大裘、良裘之美也。鄭司農云：大裘，黑羔裘，《玉藻》云：「羔裘緇衣裼之。」孔子曰：『緇衣羔裘。』」案：鄭志説大裘之上又有玄衣，與裘同色，但無文彩耳。明衮冕已下之衣，皆有文彩也。然則自緇衣已下皆明裘，上有衣，裘亦黑羔皮爲之也。此大裘冕以裘爲名，已下五冕皆以衣爲名，衣裘玄舉明皆有也，然不惣以衣爲冕名者，夫裘上有玄衣，質無文彩，若又以衣爲冕名，當云玄冕，則與祭羣小祀之冕何以别乎？又冕服玄衣纁裳，其來遠矣。《易・繫辭》云：「黄帝堯舜垂衣裳而天下治，蓋取諸乾坤。」玄衣法天，黄裳法地。鄭注云：土託位南方，色黄，而兼赤而爲纁也。今《衣服令》唯云六裘，玄領褾緣，下云朱裳，不言裘上有衣，故修禮者議之，中廢。及開元十四年集賢院學士張説奏以太宗朝所改《舊儀》，著爲五禮，惣百三十篇，歷高宗世，已兩度增修，頗有不同，請與學士等更討論古今删改行用。制從之。遂令徐堅等檢撰歷年不就，説卒，後蕭嵩代爲集賢院學士，始奏起居舍人王仲丘共修之。二十九年《新禮》始成，目爲《開元禮》，其大裘冕祀昊天、上帝再見服用。衮冕垂白珠十有二(旋)〔旒〕，以組爲纓色如綬。黈(席)〔纊〕充耳，玉簪導，板惻金飾。周制冕有紐，禮緯曰旒，垂白纊，纊即充耳也。《詩》云：「充耳琇瑩。」毛傳云：琇瑩，美石也。天子用純玉爲瑱，諸侯用美石，次玉者也。玄衣纁裳十二章入章在衣，日、月、星辰、山、龍、華虫、火、宗彝；四章在裳，藻、粉米、黼、黻。其衣領褾爲升龍，皆織成爲之。臣崇義案《尚書・皋陶》云：「予欲觀古人之象，日、月、星辰、山、龍、華虫、作繪。」此六章皆畫於衣，故言作繪，其數六者，法天之陽氣六律也；「宗彝、藻、火、粉米、黼、黻，絺繡。」此六章皆刺繡於裳，故言絺繡。絺，鄭讀爲黹，絺刺以爲繡文。裳法地，故繡此六章於裳以法地，制陰氣六吕也。至周以日、月、星辰畫於旌旗，而冕服九章，五章在衣，四章在裳。衣法天，故章數奇；裳法地，故章數偶。鷩冕七章，華虫爲首，毳冕五章，宗彝爲首；鷩衣、毳衣皆三章，絺衣一章。已下其數漸少，裳上之章漸騰於衣，事勢須然，非有義意。又六冕衣裳，大夫已上皆織染絲爲之，故《玉藻》云：「士不衣織。」鄭玄注云：「織染絲織之也，以其前染後織，功多色重，故士已下皆染繒爲之，亦謂冕服玄上纁下，皆染繒也。」山龍以下，每章一行，重以爲等，每行十二。白紗中單黻領青褾裾黻衮冕黻加(小)〔山〕龍、火三章；毳冕以上，山火二章，繒冕同，舄加金，二章繡冕山一章；玄冕黻無章。

革帶，劍玉珮綬，襪與大裘冕同，舄加金飾，享廟謁廟及遣上將征還、飲至踐位加元服、納后、元日受朝及臨軒册拜王公，則服之。歷代沿革制度或殊，故備載禮令，庶有區别，他皆類此。又案儀鳳二年太常博士蘇知機上言曰：於龍朔中司禮少常伯孫茂道奏：准令，諸臣九章服，君臣冕服，章數雖殊，飾龍名衮，尊卑相亂。望諸臣九章衣以雲及(麒)〔麟〕代龍，仍改冕(名)。當時紛議不定，竟未施行，今請依而制大明冕十二章，乘輿服之。詔下有司詳議。崇文館學士楊炯奏議曰：謹案《虞書》曰：「予欲觀古人之象，日、月、星辰、山、龍、華蟲作繪，宗彝、藻、火、粉米、黼、黻絺繡。」逮及有周，乃以日月星辰爲旌旗之飾，又登龍於山，登火於宗彝，於是制衮冕以祀先王也。九章者，法陽也。以龍爲首章者，衮〔者〕卷也，龍德神異，應變潛見，表聖王深沈遠智，卷舒神化也。又製鷩冕，鷩者雉也，雉有耿介〔元志〕表公有賢才，能守耿介之節也。夫以周公之多才也，故(治)〔化〕定制禮，功成作樂。夫以孔宣(尼)之將聖也，故行夏之時，服周之冕。先王之法服，乃〔此〕之自(所)出也。天下之能事，又於是乎畢矣。若夫禮唯從俗，則命爲制，令爲詔，乃(奏)〔秦〕皇之故事，猶可適於今矣。若(夫)〔乃〕義取隨時，則出稱警，入稱(嗶)〔蹕〕，乃漢朝之舊儀，猶可以行於世矣。亦何(取)〔取〕(下)於周公之朝物，改宣尼之法度者哉！由是竟寢知機所請。鷩冕有事於遠主則服之，周則饗先公。毳冕祭海嶽則服之，周則四望、山川。毳衣畫虎蜼，即宗彝也。虎錐，山林之物，是以取象。絺冕絺冕三章。粉米一章在衣，亦繡焉。衮衣、鷩衣、毳衣皆畫，絺衣獨繡者，粉米物也，以其養人，服之以祭社稷。社稷，五土之神，粉米由成取象，其功亦陰之類也。玄冕蜡祭百神、朝日夕月則服之。百神異形，難可遍祭，但取黻之兩已相皆異之也。其六冕所祭，依冕之先後，祭神之尊卑。大裘冕質，故服以祭天；衮冕服已下皆華，故以祭先王、先公、四望；絺冕陰類，故祭社稷；玄冕亦質，故祭羣小，祀日月雖爲天神之主，從質，故亦玄冕。韋弁《衣服令》武弁當比韋弁。(處)《司服》《鄭》注，弁與衣裳皆韎韋爲之。或説爲素裳者。冠弁即委貌也。玄端冠弁素履青絇繶純。玄端即玄冠也，黑舄絇繶純，衣裳皆玄，卒食燕居則朱裳。三公毳冕八旒。《漢志》云：紫綬三采，紫、黄、白。淳紫圭，長一丈七尺，一百八十首。令云：首廣八寸。上公衮冕九旒，紫珮綬，同三公。令云：皇大子垂白玉珠，九旒，青纊充耳，犀簪導。玄衣纁裳，九章，每章一行，重以爲等。每行九，亦依旒數，山、龍、華蟲、火、宗彝，此五章在衣藻粉米黼黻此四章在裳，織成爲之。白紗中單，黼領青褾襈裾，革帶，金鉤䚢，大帶素不朱裹，亦純以朱緑，紐約用組，諸臣二品已上同五品，已下素帶紕其垂外以玄，内以黄，紐約皆用青組。黻隨裳色，加火、山二章。毳冕同繡冕之黻，山一章，玄冕無章。【略】伯侯鷩冕五旒。令云：八旒二品服之。《漢志》侯紫綬不及伯，伯宜青綬，今令二品三品皆紫綬。子男毳冕五旒。令云：七旒，三品者服之。《漢志》九卿、郡守國相、河南尹皆青綬。孤卿絺冕四旒。令云：六旒，四品服之，皆青綬。爵弁青纓。令云：玄纓，青衣纁裳，白紗中單，青領褾襈裾，革帶絇䚢，大帶練紕其垂内外以緇，約紐用青組。爵，赤襪履，九品已上服之。凡冕制，以羅爲之，其服以紬。爵弁用紬爲之，其服以繒爲之，此亦與圖異也。皮弁令云：以鹿皮爲之。簪導，或犀或牙。絳綃衣，素裳，革帶，鞶囊小綬，隻珮。白襪烏皮履，朔月及視事則兼服之。一品九琪，二品八琪，三品七琪，四品六琪，五品五琪，六品已下去琪。諸侯朝服《玉藻》注云：玄端，素裳也。孔義引《王制》玄衣而養老。下注云：衣素裳也，准禮，天子諸侯以朱爲裳者，則曰玄端，不得云朝服。諸侯玄端爲祭服，天子玄端朱裳，或素裳以燕居。士玄端疏云：玄端賤於皮弁，故次之。上士玄端玄裳，中士黃裳，下士雜裳。

聶崇義《新定三禮圖》卷二〇《后服》【略】　闕翟唐禮不制。鞠衣黃羅爲之，其蔽膝、大帶及衣、革帶、襪舄隨衣色，餘與褘衣同唯無雉。皇后親蠶則服之。此上皆出唐禮，令存今以見古。展衣又作襢。禄衣又作褖。褕翟繡衪。宵衣音綃。

《天聖令・倉庫》卷二三　諸官人出使覆囚者，並典各給時服一具。春、夏遣者給春衣，秋、冬去者給冬衣。其出使外蕃，典及傔人、並隨使、雜色人有職掌者，量經一時以上，亦準此。其雜色人邊州差者，不在給限。其尋常出使，過二季不還者，當處斟量，並典各給時服一副，並一年内不得再給。去本任五百里内充使者，不在給限。

諸給時服，稱一具者，春秋給裌袍一領，絹汗衫一領，頭巾一枚，白練裌袴一腰，絹褌一腰，鞾一量並氈。其皮以麑、鹿、牛、羊等充，下文準此。夏則布衫一領，絹汗衫一領，頭巾一枚，絹袴一腰，絹褌一腰，鞾一量。冬則複袍一領，白練襖子一領，頭巾一枚，白練複袴一腰，絹褌一腰，鞾一量。其稱時服一副者，除襖子、汗衫、褌、頭巾、鞾，餘同上。冬服衣袍，加綿一十兩，襖子八兩，袴六兩。其財帛精麤，並依別式。即官人外使經時，應給時服者，所須財帛，若當處無，以鄉土所出者充，給訖申省。

右令不行。

《天聖令・獄官令》卷二七　諸道士、女冠、僧尼犯罪，徒以上及姦、盜、詐脱法服，依律科斷，餘犯依僧道法。

右令不行。

《天聖令・營繕令》卷二八　諸鎧甲具裝，若有綻斷，應須修理、縫連者，各依本色，不得參雜。【略】

右並因舊文，以新制考定。

《天聖令・喪葬令》卷二九喪服年月附　皇帝臨臣之喪，一品服錫衰，三品以上緦衰，四品以下疑衰。皇太子臨弔三師三少則錫衰，宫臣四品以上緦衰，五品以下疑衰。【略】

諸官人以理去官身喪者，聽斂以本官之服。無官者，斂以時服。婦人有官品者，亦以其服斂。應珮者，皆以蠟代玉。

諸輀車，三品以上油幰，朱絲絡網，施襈，兩廂畫龍，幰竿諸末垂六旒蘇。七品以上油幰，施襈，兩廂畫雲氣，垂四旒蘇。九品以上無旒蘇；男子幰、襈、旒蘇皆用素，婦人皆用綵。庶人鱉甲車，無幰、襈、畫飾。

諸引、披、鐸、翣、挽歌，三品以上四引、四披、六鐸、有挽歌者，鐸依歌人數。以下準此。六翣，挽歌六行三十六人；四品二引、二披、四鐸、四翣，挽歌四行十六人；五品六品謂升朝者，皆準此。挽歌八人；七品八品謂非升朝者。挽歌六人；九品挽歌四人。檢校、試官同真品。其持引、披者，皆布幘、布深衣，挽歌者白練幘、白練褠衣並鞋襪，執鐸綍。

諸四品以上用方相，七品以上用魌頭。方相四目，魌頭兩目，並深青衣朱裳，執戈揚盾，載於車。

右並因舊文，以新制參定。【略】

沈括《夢溪筆談》卷一《故事一》　衣冠故事，多無著令，但相承爲例。如學士舍人躡履見丞相，往還用平狀，扣階乘馬之類，皆用故事也。近歲多用靴簡。章子厚爲學士日，因事論列，今則遂爲著令矣。

中國衣冠，自北齊以來，乃全用胡服。窄袖、緋綠短衣、長靿靴、有鞢𩍐帶，皆胡服也。窄袖利於馳射，短衣、長靿皆便於涉草。胡人樂茂草，常寢處其間，予使北時皆見之。雖王庭亦在深薦中。予至胡庭日，新雨過，涉草衣袴皆濡，唯胡人都無所霑。帶衣所垂蹀躞，蓋欲〔以〕佩帶弓劍、帉帨、算囊、刀礪之類。自後雖去蹀躞，而猶存其環，環所以銜蹀躞，如馬之鞦根，即今之帶銙也。天子必以〔十〕三環爲節，唐武德、〔正〕〔貞〕觀時猶爾。開元之後，雖仍舊俗，而稍褒博矣。然帶鉤尚穿帶本爲孔，本朝加順折，茂人文也。

王得臣《麈史》卷一《禮儀》　衣冠之制，上下混一。嘗聞杜岐公欲令人吏伎術等官，少爲差別。後韓康公又議改制，如人吏公袍褲加襈，俗所謂黃義襴者是也。幞頭合戴牛耳者，然今之優人多爲此服，大爲羣小所惡，浮謗騰溢，其議遂止。

傳曰：惡紫之奪朱。然則紫之色可見矣。嘉祐染者既入其色，復漬以油，故色重而近黑，曰油紫。未幾，英宗入繼大統，秘書丞甄履嘗爲《繼聖圖》著其說。後又爲黑紫，神宗詔禁止，於是乃加鮮赤矣，世又目爲順聖紫云，蓋色得正也。【略】

國家朝祭：百官冠服，多用周制。每大朝會侍祠則服之。襪有帶，履用皂革，袴衣、中單、勒帛、裙、蔽膝、袍、大帶、革帶，方心曲領，佩則用石以代珠玉。冠有三梁、五梁之別。言官、刑法官則加獬豸，所執各用其笏。如導駕，除御史大夫、開封牧、開封令出各乘車外，他官具冠服而騎。永泰紹聖乙亥季秋大享明堂，余時貳軍器，從百官服朝服。前一日皇帝致齋，御史臺吏具行禮，次第人印給一本，至是日，則曰綪其佩。仍注云：屈而結之。在廷之臣，亦有莫能音其綪者，或讀曰青，曰菁。余潛告曰：當爲争，有相顧而笑者，按《儀禮》作綪，字音義與此同。

婦人衣服塗飾，增損用舍，蓋不可名紀，今略記其首冠之制。用以黄塗白，或鹿胎之革，或玳瑁，或綴綵羅，爲攢雲五岳之類。既禁用鹿胎、玳瑁，乃爲白角者，又點角爲假玳瑁之形者，然猶出四角而長矣。後至長三二尺許，而登車檐皆側首而入。俄又編竹而爲團者塗之，以緑浸變而以角爲之，謂之團冠。復以長者屈四角而下至於肩，謂之亸肩。又以團冠少裁其兩邊而高其前後，謂之山口。又以亸肩直其角而短，謂之短冠。今則一用太妃冠矣。始者角冠稜托以金，或以金塗銀飾之。今則皆以珠璣綴之，其方尚長冠也。所傳兩角梳亦長七八寸，習尚之盛，在於皇祐至和之間，聱隅子黄晞曰：此無他，蓋大官粗疏耳。

丁晉公三十六事載：某氏女子嫁時之服而篋有襂衣一襲，問其故。曰：若歸夫家遇私忌，服此慰舅姑耳。今亡此禮，蓋晉公時已廢不用，余謂婦變服而受慰者，其服可知矣，竊講之而未知所從。在洛時，聞富鄭公私忌，裹垂脚襂紗幞頭，襂布衫，繫籃鐵帶，此乃今之釋服，襂禫服也。余欲行之，余弟光輔曰：不可。聖人緣情制禮，蓋有隆殺。今歲服襂禫，是未嘗從吉也。又在閩同官李世美文定之猶子也，問所服云何世。美曰：冠以帽，衣白紵衫，繫黑角帶，訪士大夫家，鮮有知此者。余以謂傳稱君子有終身之憂，忌日之謂也。是則其服少變常服爲安耳。

慈聖光獻上仙時，禮院議曰：所服冠用布四脚，衣布袍，腰絰麻履，宗室及曹氏皆斬衰杖。元祐癸酉，余使閩秋，遇宣仁聖烈之變，余令建州吏其如上服，後問他郡，皆服斬衰。時熊皐守鄱陽，乃出所録庚申禮官議服爲得體。辛巳，欽聖憲肅遺告到安州，余急趨郡中見守相首問所服，皆曰斬衰，余以爲不可。時坐客亦有言癸酉中，在金陵曾舍人鞏守郡亦服斬衰，余以爲大非也。遺告在京以日易月，十三日而除，是期服也。今服斬衰，義有所嫌，遂用余説。後聞他處服斬衰者甚多，士而不知禮，安可以仕乎？

葉夢得《石林燕語》卷七　故事，南郊，車駕服通天冠、絳紗袍；赴青城祀日，服韡袍，至大次臨祭，始更服袞冕。元豐中，詔定奉祀儀，有司建言：《周官》祀昊天上帝，則服大裘而冕，《禮記》郊祭之日，王被衮以象天。王肅援《家語》，臨燔祭，脱衮冕，蓋先衮而後裘。因請更製大裘，以衮用於祀日，大裘用於臨祭。議者頗疑《家語》不可據，黜之。則《周官》、《禮記》所載相牴牾。時陸右丞佃知禮院，乃言古者衣必有裘，故緇衣羔裘、黄衣狐裘、素衣麑裘。所謂大裘不裼者，止言不裼，宜應有襲。襲者，裏也。蓋中裘而表衮，乃請服大裘，被以衮，遂爲定制。大裘，黑羔皮爲之，而緣以黑繒，乃唐制也。

葉夢得《石林燕語》卷一〇　余見大父時家居及燕見賓客，率多頂帽而繫勒帛，猶未甚服背《通考》一百十三引此條，背作褙。子。帽下戴小冠簪，以帛作横幅約髪，號「額子」。處室中，則去帽見冠簪，或用頭巾也。古者士皆《通考》皆下有有字。冠，帽乃冠之遺製。頭巾，賤者不冠之服耳！勒帛，亦有垂紳之意，雖施之外不爲簡。背子，本半臂，武士服，何取於禮乎？或云，勒帛不便於搢笏，故稍易背子，然須用上襟，掖下與背皆《通考》，掖作腋，皆作子。垂帶。余大觀間見宰執接堂吏，押文書，猶冠帽用背子，今亦廢矣。而背子又引爲長袖，與半臂製亦不同。頭裹，賤者巾；衣，武士服。而習之久，不以爲異。古禮之廢，大抵類此也。

龐元英《文昌雜録》卷五　禮部上言：郊廟親祠儀注，祭日，皇帝並服靴袍至大次，於禮意未協。謹按《禮記·郊特牲》曰：「祭之日，王皮弁以聽祭報。」報謂小宗伯告時告備，若今請中嚴奏外辦也。韋彤《五禮精義》以通天冠猶古之皮弁齋服也，伏請太廟圜正祭之日，服通天冠，絳紗袍。自齋殿赴大次，以應皮弁，以聽祭報之儀。勑依。

鄭樵《通志》卷四七《器服一》

君臣服章制度袍附

《虞書》曰：予欲觀古人之象，日、月、星辰、山、龍、華蟲，作繢，宗彝、藻、火、粉米、黼、黻，絺繡，備十二章。衣(元)〔玄〕裳黄，上六章在衣，下六章在裳，上畫下繡。夏商之世，皆相襲而無變。《周官·司服》掌王之吉凶衣服。大裘以祀天，大裘，黑羔裘，示質也。袞冕之服享先王，升日、月於旌旗，服備九章。一曰龍，二曰山，三曰華蟲，四曰火，五曰宗彝，皆畫以爲繢，六曰藻，七曰粉米，八曰黼，九曰黻，皆絺以爲繡，則袞之衣五章，裳四章，凡九。鷩冕之服享先公，鷩畫雉，謂華蟲。其衣三章，裳四章，凡七。毳冕之服祀四望、山川，毳畫虎蜼，謂宗彝也。其衣三章，裳二章，凡五。絺冕之服祭社稷、五祀，絺刺粉米，無畫，其衣一章，裳二章，凡三。(元)〔玄〕冕之服祭羣小祀。其衣無文，裳刺黻而已。凡冕服皆(元)〔玄〕衣纁裳。凡兵事韋弁服，以韎韋爲弁，又以爲衣裳。《春秋傳》曰晉郤至衣韎韋之跗注者，是也。眡朝則皮弁服，視内外朝之事，其服十五升白布衣，積素以爲裳，王受諸侯朝覲於廟則袞冕。凡甸冠弁服。甸田獵也。冠弁委貌，其服緇布衣，亦積素以爲裳。公之服，自袞冕而下如王之服，侯伯之服，自鷩冕而下如公之服，子男之服，自毳冕而下如侯伯之服，孤之服，自絺冕而下如子男之服，聊大夫之服，自(元)〔玄〕冕而下如孤之服，士之服，自皮弁而下如大夫之服，其齋服有。(元)〔玄〕端素端，自公之袞冕至卿大夫之(元)〔玄〕冕，皆其朝聘天子及助祭之服，諸侯非二王之後，其餘皆(元)〔玄〕冕而祭於巳。《雜記》曰：大夫冕而祭於公，弁而祭於巳，士弁而祭於公，冠而祭於巳，大夫爵弁自祭家廟唯孤爾，其餘皆(元)〔玄〕冠，與士同(元)〔玄〕冠自祭其廟者，其服朝服(元)〔玄〕端。秦制水德，服尚袀黑。袀音均。後漢光武踐阼，始修郊祀，天子冕服，從歐陽氏說。三公、九卿、特進、朝侯、侍祠侯，從夏侯氏說，祀天地、明堂皆冠旒冕，衣裳皆(元)〔玄〕上纁下，一服而已。明帝永平中議，乘輿備文日月十二章，刺繡文。三公、諸侯用山龍九章，九卿以下用華蟲七章，皆備五采大佩，赤舄絇履，以承大祭。百官執事者，冠長冠，皆祗服，五嶽、四瀆、山川、宗廟、社稷、諸沾秩祠皆袀(元)〔玄〕絳緣領袖爲中衣，絳袴襪示其赤心奉神也，其五郊迎氣衣幘袴襪，各如方色云。百官不執事者，各服長冠，袀(元)〔玄〕以從。大射禮於辟雍，公卿、諸侯、大夫行禮者，冠委貌，衣(元)〔玄〕端素裳。鄭(元)〔玄〕曰：端取其正也。鄭衆曰：衣有襦裳者爲端。執事者冠布弁，衣緇麻衣，皂領袖，下素裳，若冠通天冠，服衣深衣制，有袍，隨五時色。梁劉昭曰：袍者，或曰周公抱成王宴居，故施袍。孔子衣縫掖之衣，縫掖其袖，合而縫大之，近今袍者也。今下至賤夫小吏，皆通制袍，單衣皂緣領袖，中衣爲朝服云。魏氏多因漢法，其所損益之制無聞。按《後漢志》孝明皇帝永平二年，詔從歐陽、夏侯二家所説。制冕服，乘輿刺繡文，公卿以下織成文。據《晉志》云：魏明帝以公卿袞黼之服，擬於至尊，多所減損，始制服刺繡，公卿織成，未詳孰是。晉因不改，大祭祀衣皂上絳下，裳前三幅，後四幅，衣畫而裳繡，日、月，星辰凡十有二章。素帶廣四寸，朱裏，以朱緣裨飾其側，中衣以絳緣領，赤皮爲韍，絳袴、韈，赤舄，未加元服則皁紗袍，絳緣中衣，絳袴、韈，黑舄。又朝服通天冠，絳紗袍，皁緣中衣，拜陵則箋單衣，雜服有青、赤、黄、白、黑五色紗袍，其武弁素服單衣。公卿助祭郊廟，王公山龍以下九章，卿華蟲以下七章，其緇布冠，衣黑而裳素，中衣以皁緣領袖。袴褶之制，未詳所起。其後車駕親戎、中外戒嚴，服無定色。冠黑帽，綴黑褾以繒爲之，長四尺，廣一寸，腰有絡帶，以代鞶革。中官紫褾，外官絳褾。又有纂嚴戎服而不綴褾，行留文武悉同。宋因之，制平天冕服，不易舊法，更名韍曰蔽膝。其未加元服，釋奠先聖、視朝、拜陵等，服及雜色紗裙，武冠素服，並沿舊不改。王公助祭郊廟，章服降殺亦如之。袴褶因晉不易。腰有絡帶，以代鞶革。中官紫褾，外官絳褾。又有纂嚴戎服，而不綴褾。行留文武悉同。其田獵巡幸，惟從官戎服，帶鞶革。文帝元嘉中，巡幸蒐狩救廟水火皆如之。明帝太始四年詔曰：近改定令，脩成六服，朕以大冕純玉璪，(元)〔玄〕衣黄裳祀天宗祀明堂，又以法冕(元)〔玄〕衣絳裳祀太廟元正大會朝諸侯，又以飾冕紫衣紅裳小會宴饗送諸侯臨軒會王公，又以繡冕朱衣裳征伐講武校獵，又以紘冕青衣裳耕稼饗國子，又以通天冠朱紗袍爲聽政之服。泰始六年正月，有司奏：被勅議皇太子正冬服袞冕九章以朝賀。詔可。齊因制平天冠服，不易舊法，郊廟臨朝所服也。舊袞服用織成。建武中，明帝以織太重，乃采畫爲之，加金飾銀薄，時亦謂爲天衣。通天冠服，絳紗袍，皁緣中衣，乘輿臨朝所服，臣下皆同。拜陵則黑介幘，服無定色。舉哀臨喪白帢單衣，亦謂之素服。王公助祭平冕，服山、龍以下九章，卿七章，皆畫皁絳繒爲之。袴褶相因不改。梁因制平天冠服，衣畫而裳繡，十二章，素帶朱裏，以朱緣裨飾，其側更名赤韍爲韠，餘因舊法。又有通天冠服、絳紗袍，皁緣中衣，黑舄，是爲朝服，元正賀畢，還儲更衣，出所服也。釋奠先聖，則皁紗袍，絳緣中衣，絳袴韈，黑舄。拜陵則箋布單衣。又有白帢、單衣，以代古之疑縗。天監三年，何佟之議：公卿以(下)祭服，裏有中衣，即今中單也。後漢從夏侯氏説，祭服，絳緣領袖爲中衣、絳袴、韈，示其赤心奉神也。今中衣絳緣，足有所明，無俟於袴。既非聖法，謂不可施。遂依議除之。七年，周捨議：按《禮》「有虞氏皇而祭，深衣而養老」。鄭(元)〔玄〕云：皇是畫鳳羽也。今袞衣宜畫鳳以示差降。帝曰：古文日月星辰，此以一辰攝三物也。山龍華蟲，又以一山攝三物也。藻火粉米，又以一藻攝三物也。是爲九章。今袞衣畫龍，則宜畫鳳。又五經博士陸瑋等議：王者祀昊天服大裘，鄭(元)〔玄〕注《司服》云：大裘，黑羔裘也。既無所出，未爲可據。

按六冕之服，皆(元)〔玄〕上纁下，今宜以〔玄〕繒爲之。其制式如裘，其裳以纁，皆無文繡。詔可。九年，司馬筠等議云：按《玉藻》「諸侯(元)〔玄〕冕以祭，裨冕以朝」。《雜記》又云：「大夫冕而祭於公，弁而祭於已。」今之尚書，上異公侯，下非卿士，止有朝衣，本無冕服。既從齋祭，不容同於在朝，宜依太常及博士諸齋官例，著(白)〔皁〕衣，絳襈，中單，竹葉冠。陳因之，永定元年，武帝即位，徐陵曰：乘輿御服，皆採梁制。帝曰：今天下初定，務從節儉。應用繡、織成者，並可彩畫。至文帝天嘉初，悉改易之。後魏天興六年，詔有司始制冠冕，各依品秩，以示等差。然自晉左遷，中原禮儀多缺，未能皆得舊制。至太和中，方考故實，正定前繆，更造衣冠，尚不能周洽。及熙平二年，太傅、清河王懌、黄門侍郎韋(延)〔廷〕祥等，奏定五時朝服，准漢故事，五郊衣幘，各如方色焉。北齊因之，河清中改易舊物，著爲定制云。後周設司服之官，掌皇帝十二服。祀昊天上帝，則蒼衣蒼冕，五方上帝，各隨方色，朝日用青衣青冕，祭皇地祇用黄衣黄冕，夕月用素衣素冕，神州、社稷用(元)〔玄〕衣(元)〔玄〕冕，享先皇、加元服、納后、朝諸侯，則用十二章之服，享諸先帝、食三老五更、享諸侯、耕藉，則用龍以下九章之服，祀星辰、祭四望、視朔、大射、饗羣臣等，則用山冕八章之服，羣祀、視朝、臨太學、人道法門、燕射、養庶老、適諸侯家，則用鷩冕七章之服。其九章以下，衣重袞、山、鷩，裳重黼黻，俱十有二等，通以升龍爲領褾。巡兵即戎，則韎韋以爲衣裳，田獵則皮弁，謂以鹿子皮爲弁。白布衣而素裳也。諸公之服九章，服之章數皆隨冕而降其一，其八章以下，衣重藻、粉米，裳重黼黻，俱九等，皆以山爲領褾。諸侯服八章而下俱八等，皆以華蟲爲領褾。諸伯服七章而下俱七等，皆以火爲領褾。諸子服六章俱六等，皆以宗彝爲領褾。諸男服五章，皆以藻爲領褾。三公之服有九，章有六，衣重宗彝與藻，裳重黼黻，俱爲九等，皆以宗彝爲領褾。三孤之服有八，章有五，衣重藻與粉米，裳重黼黻，俱爲八等。公卿之服有七，章有四，衣重粉米，裳重黼黻，爲七等，皆以藻火爲領褾。上大夫之服有六，章有三，衣重粉米，裳重黼黻，爲六等。中大夫之服有五，章有三，衣重粉米，爲五等。下大夫之服有四，章有三，衣重粉米爲四等。士之服三，則祀弁，爵弁，(元)〔玄〕冠，服皆(元)〔玄〕衣。其裳，上士以(元)〔玄〕，中士以黄，下士雜裳。謂前(元)〔玄〕後黄。庶士(元)〔玄〕冠服，其在官府吏之屬服緇衣裳。隋文帝即位，將改後周制度，乃下詔曰：宣尼制法，損益可知。朕受天命，赤雀來儀，五德相生，宜爲火色。其郊丘廟社，可依袞冕之儀，朝會衣裳，宜盡用赤。昔丹烏木運，周有大帛之旗，黄星土德，曹乘黑首之馬。今之戎服，皆可尚黄，在外所著者，通用雜色。祭祀之服，須合禮經，宜集通儒，更可詳議。太子庶子、攝太常少卿裴正奏曰：後魏以來，法度咸闕。天興草創，多參胡制。周氏因襲，不可以訓。今採東齊之法，乘輿袞冕，(元)〔玄〕衣，纁裳。衣山、龍、華蟲、火、宗彝五章，裳藻、粉米、黼、黻四章。衣重宗彝，裳重黼黻，爲十二等。衣褾、領織成升龍，白紗内單，黼(黻)領，青褾，襈，裾。革帶，玉鉤鰈，大帶，素帶朱裏，紕其外，上以朱，下以緑。韍隨裳色，龍、火、山三章。轆轤玉具劍，火珠鏢首。白玉雙珮，(元)〔玄〕組。雙大綬，六采，(元)〔玄〕黄赤白縹緑，純(元)〔玄〕質，長二丈四尺，五百首，廣一尺。小雙綬，長二丈六寸，色同大綬，而首半之，間施三玉環。朱韈，赤舄，舄加金飾。祀圓丘、方澤、(五)〔感〕帝、明堂、五郊、雩、蜡、封禪、朝日、夕月、宗廟、社稷、藉田、遣上將、征還飲至、元服、納后、正月受朝及臨軒拜王公，則服之。通天冠，加金博山，附蟬，十二首，施珠翠，黑介幘，玉簪導。絳紗袍，深衣制，白紗内單，皁領，褾，襈，裾，絳紗蔽膝，白假帶，方心曲領。其革帶、劍、佩、綬、舄，與上同。黑介幘，白紗單衣，烏皮履，拜陵則服之。白紗帽，白練裙襦，烏皮履，視朝、聽訟及宴見賓客，皆服之。白帢，白紗單衣，烏皮履，舉哀則服之。皇太子袞冕，(元)〔玄〕衣，纁裳。衣山、龍、華蟲、火、宗彝五章，裳藻、黼、黻、粉米四章。織成爲之。白紗内單，黼領，青褾、襈、裾。革帶，金鉤鰈，大帶，素帶不朱裏，亦紕以朱緑。韍隨裳色，火、山二章。玉具劍，火珠鏢首。瑜玉雙佩，朱組。雙大綬，四采，赤白縹紺，純朱質，長丈八尺，三百二十首，廣九寸。小雙綬，長二尺六寸，色同大綬，而首半之，間施二玉環。朱韈，赤舄，舄以金飾。侍從皇帝祭祀及謁廟、加元服、納妃，則服之。遠遊三梁冠，加金附蟬，九首，施珠翠，黑介幘，犀簪導。絳紗袍，白紗内單，皁領、褾、襈、裾，白假帶，方心曲領，絳紗蔽膝，韈，舄，其革帶、劍、珮、綬與上同。謁廟、還宫、元日朔日入朝、釋奠，則服之。遠遊冠，公服，絳紗單衣，革帶，金鉤鰈，假帶，方心。紛長六尺四寸，廣二寸四分，色同其綬。金縷鞶囊，韈，履。五日常朝，則服之。袞冕，服九章，同皇太子。王、國公、開國公初受册，執贄，入朝，祭祀，親迎，則服之。三公助祭者亦服之。鷩冕，服七章，衣華蟲、火、宗彝三章，裳藻、粉米、黼、黻四章。侯、伯初受册，執贄，入朝，祭祀，親迎，則服之。毳冕五章，衣宗彝、藻、粉米三章，裳黼、黻二章。子、男初受册，執贄，入朝，祭祀，親迎，則服之。絺冕，服三章，正三品以下，從五品以上，助祭則服之。自王公以下服章，皆繡爲之。祭服冕，皆簪導，青纊充耳。(元)

〔玄〕衣，纁裳，白紗内單，黼領，絺冕以下内單青領。青褾，襈，裾。革帶，鉤䚢，大帶，王、三公及公、侯、伯、子、男，素帶，不朱裏，皆紕其外，上以朱，下以緑，正三品以下，從五品以上，素帶，紕其垂，外以(元)〔玄〕，内以黄。鈕皆用青組。朱韍，凡韍皆隨裳色，衮、鷩、毳，火、山二章絺山一章。劍，佩，綬，韈，赤舄。爵弁，從九品以上，助祭則服之。(元)〔玄〕衣，纁裳無章，白絹内單，青領，褾，襈，裾，革帶，大帶。武弁，平巾幘，諸武職及侍臣通服之。侍臣加金璫附蟬，以貂爲飾，侍左者左珥，侍右者右珥。委貌冠，未冠則雙童髻，空頂黑介幘，皆深衣，青領，烏皮履。國子太學四門生服之。朝服，亦名具服。絳紗單衣，白紗内單，皁領，袖，皁襈，革帶，鉤䚢，假帶，曲領方心，絳紗蔽膝，韈，舄，綬，劍，珮。從五品以上陪祭、朝饗、拜表，凡大事則服之。六品以下，從七品以上，去劍、珮、綬，餘並同。自餘公事，皆從公服。亦名從省服。唐制，天子衣服有大裘(冕)、衮冕、鷩冕、毳冕、絺冕、(元)〔玄〕冕、通天冠、武弁，黑介幘，白紗帽，平巾幘，白帢凡十二等。貞觀四年制，三品以上服紫，四品五品以上服緋，六品七品以上緑，八品九品以上青，婦人從夫之色，仍通服黄。

鄭樵《通志》卷四七《器服一》

后妃命婦服章制度

周制，内司服掌王后之六服，褘衣、揄翟、闕翟、鞠衣、展衣、褖衣，素紗。王后之服，刻繒爲之形而采畫之，綴於衣以爲文章。褘衣畫翬者，揄翟畫摇者，闕翟刻而不畫。此三者皆祭服，從王祭先王則服褘衣，祭先公則服揄翟，祭羣小祀則服闕翟，今世有袿衣者，蓋三翟之遺俗。鞠衣，黄桑服也，色如麴塵，象桑葉始生。《月令》三月薦鞠衣于上帝，告桑事。展當爲襢，襢衣，以禮見王及賓客之服，其色白。褖衣，御於王之服，亦以燕居，其色黑之服備於此矣。以下推次其色，則闕翟赤，揄翟青，褘衣(元)〔玄〕。此鄭據五行相生爲説也。素紗者，今之白縳也。六服皆袍制，以白縳爲裏，使之張顯，今世有沙縠者，名出於此。其翟多少，各依命數。揄音摇，縳音絹。辨内外命婦之服，鞠衣、展衣、褖衣，素紗。内命婦之服，鞠衣，九嬪也，展衣，世婦也，褖衣，女御也。外命婦者，其夫孤也，則服鞠衣。其夫卿大夫也，則服展衣，其夫士也，則服褖衣，三夫人及公之妻，並闕翟，以下至侯伯之夫人揄翟，子男之夫人亦揄翟，唯二王後褘衣也。漢制，太皇太后、皇太后、皇后入廟，服紺上皁下，蠶服，青上縹下，皆深衣制，徐廣曰：即單衣也。縹音疋繞反。隱領袖緣以絛。貴人助蠶服，純縹上下。長公主見會，自公主封君以上皆帶綬，以采組爲緄帶，各如其綬色。黄金辟邪，首爲帶鐍，飾以白珠。公、卿、列侯、中二千石夫人，入廟佐祭者服皁絹上下，助蠶者縹絹上下。自二千石夫人以上至皇后，皆以蠶衣爲朝服。公主、貴人、妃以上，嫁娶則服錦綺羅縠繒，采十二色，重褖袍。特進、列侯以上錦繒，采十二色。六百石以上重練，采九色，禁丹紫紺。三百石以上五采，青絳黄紅緑。二百石以上四采，青黄紅緑。賈人，緗縹而已。緗，赤黄色。魏之服制，不依古法，多以文繡。晉依前漢制，皇后謁廟，服皁上縹下，隱領袖緣。元康六年，詔以純青服。貴人、夫人、貴嬪，是爲三夫人，皆金章紫綬。九嬪銀印青綬，佩采瓄玉。助蠶之服，純縹爲上下。皇太子妃，金璽龜鈕，纁朱綬，佩瑜玉。諸王太妃諸長公主，金印紫綬，佩山(元)〔玄〕玉。自公主以上皆帶綬，以綵組爲緄帶，各如其綬色，金辟邪首爲帶玦。郡縣公侯夫人銀印青綬，〔佩〕水蒼玉。公特進(列)〔侯〕卿世婦，中二千石夫人入廟助祭者皁絹上下，助蠶者緗絹上下。自二千石以上至皇后，皆以蠶衣爲朝服。宋制，太后、皇后入廟服袿襴上圭下屬大衣，謂之褘衣。公主會見，封君以上皆帶綬，以采爲緄帶，各如綬色。公特進列侯夫人、卿校世婦、二千石命婦年長者，入廟佐祭皁絹上下，助蠶則青絹上下。自皇后至二千石命婦，皆以蠶衣爲朝服。按漢劉向曰：古者天子至于士，王后至于命婦，必佩玉，尊卑各有其制。皇后至命婦所佩玉，古制不存，今與外同制。齊因之，袿襴用繡爲衣裳，黄綬。貴嬪、夫人、貴人，王大妃、長公主、封君，皆紫綬。六宫、郡公侯夫人，青綬。陳依前制，皇后謁廟，袿襴大衣皁上皁下，親蠶則青上縹下，隱領袖緣。貴妃、嬪，金章龜鈕，紫綬，佩于闐玉，獸頭鞶。九嬪以下，章綬佩帶各有差，自公主、封君以上，皆帶綬，以綵組爲緄帶，各以其綬色，金辟邪，首爲帶玦。自二千石以上，至皇后，皆以蠶衣爲朝服。北齊皇后助祭、朝會以褘衣，祠郊禖以揄翟，小宴以闕翟，親蠶以鞠衣，禮見皇帝以展衣，宴居以褖衣，六服俱有蔽膝，織成緄帶。内外命婦從五品以上，金章紫綬，服揄翟，雙佩山(元)〔玄〕玉。九嬪視三品，銀章青綬，鞠衣，佩水蒼玉。其餘各有差，餘與女侍中同。外命婦皆如其夫，若夫假章印綬佩，妻則不假。一品、二品服闕翟，三品服鞠衣，四品展衣，五品褖衣。内外命婦、宫人從蠶則各依品次，皆服青紗公服。其外命婦綬帶鞶囊，皆准其夫公服之例。百官之母，詔加太夫人者，朝服、公服各與其命婦服同。後周制皇后之服十有二等。其翟衣六，從皇帝祀郊禖，享先皇，朝皇太后，則服翬衣。祭陰社，朝命婦，則服揄衣。祭羣小祀，受獻繭，則服鷩衣，採桑則服鳪衣。黄色。音卜。從皇帝見賓客聽女教則服鵫衣。白色。音罩。食命婦，歸寧，則服翊衣。(元)〔玄〕色。音秩。俱十有二等，以翬翟爲領褾，各有二。臨婦學及法道門，燕命婦，則蒼衣。春齋及祭還，則青衣。夏齋及祭還，則朱衣。採桑齋及祭還，則黄衣，秋齋及祭還，則素衣。冬齋及祭還，則(元)〔玄〕衣。自青而下，其褾領以相生之色。諸公夫人，自揄衣以下，鷩、鳪、鶾、翊、朱、黃、素、(元)〔玄〕等衣而九。諸侯夫人，自鷩衣而下八。諸伯夫人，自鳪衣而下七。諸子夫人，自鶾衣而下六。諸男夫人，自翊衣而下五。其翟衣翟皆依其等數，而領褾各有差。三妃、三公夫人之服九：鳪衣、鶾衣、翊衣、青衣、朱衣、黃衣、素衣、(元)〔玄〕衣、(綃)〔髾〕衣。其翟亦九等，以鳪翟爲領褾，各九。三孤之内子，自鶾衣而下八。翟皆八等，以鶾翟爲領褾，各八。九嬪、六卿之内子，自翊衣而下七。翟皆七等，以翊翟爲領褾，各七。上媛、上大夫之孺人，自青衣而下六。中媛、中大夫之孺人，自黃衣而下四。御婉士之婦，自素衣而下三。中宫六尚，緅子侯反衣。諸命秩之服，曰公服，其餘常服，曰私衣。隋制，皇后褘衣、鞠衣、青衣、朱衣四等。褘衣，深青質，織成領袖，文以翬翟，五采重行，十二等。素紗内單，黼領，羅縠褾、襈，色皆以朱。蔽膝隨裳色，以緅爲緣，用翟三章。大帶隨衣裳，飾以朱緣之〔錦〕。革帶，青韈，舄以金飾。白玉佩，(元)〔玄〕組，綬，章采尺寸同於乘輿。祭及朝會，大事服之。鞠衣，黃羅爲質，織成領袖，蔽膝，革帶，及舄，隨衣色。餘准褘衣，親蠶服也。青衣，去大帶及珮綬，金飾履。禮見天子則服之。朱服，如青服。有金璽，盤螭鈕，文曰皇后之璽。冬至大朝，則并璜琮，各以笥貯，進於座隅。皇太后同於后服。而貴妃以下，並亦給印。三妃，服揄翟。金章龜鈕，文從其職。紫綬，金縷獸頭鞶囊，佩于闐玉。九嬪，服闕翟。金章龜鈕，文從其職，佩采瓆玉。婕妤，銀縷織成，他如嬪服。美人、才人、(昭)鞠衣，銀印珪鈕，獸爪鞶囊，佩水蒼玉。寶林，服展衣。艾綬鞶囊，珮玉，同婕妤。承衣刀人、采女，皆〔服〕褖衣，無印綬。皇太子妃，服褕翟衣，九章。金璽龜鈕。素紗内單，黼領，羅褾、襈，色皆用朱，蔽膝二章。大帶，同褘衣，青緣革帶，朱韈，青舄，舄加金飾。佩瑜玉，纁朱綬，獸頭鞶囊。凡大禮見皆服之。唯侍親桑，則用鞠衣，珮綬與褕衣同。良娣，鞠衣，銀印青綬，獸爪鞶囊，餘同世婦。寶林、八子，展衣，銅印，佩水蒼玉，艾綬。諸王太妃、妃、長公主、三公夫人、一品命婦，揄翟，繡爲九章。佩山(元)〔玄〕玉，獸頭鞶囊。綬同夫色。公夫人、縣主、二品命婦，亦揄翟，繡八章，從親桑，同(用)鞠衣。自此以下，珮皆水蒼玉。侯、伯夫人、三品命婦，亦服揄翟，繡爲七章。子夫人、四品命婦，服闕翟，刻赤繒爲翟，綴衣上，爲六章。男夫人、五品命婦，闕翟，五章。若從親蠶，皆同鞠衣。唐武德令，皇后，服有褘衣、鞠衣、鈿釵禮衣三等。皇太子妃，揄翟、鞠衣。自皇后至内外命婦，衣服制度，並具《開元禮》。

范成大《桂海虞衡志·志器》　蠻甲　惟大理國最工。甲冑皆用象皮。胸背各一大片如龜殻，堅厚與鐵等。又聯綴小皮片爲披膊護項之屬，制如中國鐵甲，葉皆朱之。兜鍪及甲身内外，悉朱地間黃黑漆作百花蟲獸之文，如世所用犀毗，器極工妙。又以小白貝纍纍駱甲縫及裝兜鍪，疑猶傳古貝冑朱綅遺制云。

黎兜鍪　海南黎人所用，以藤織爲之。

陸游《老學庵筆記》卷二　往時執政簽書文字卒，著帽，衣盤領紫背子，至宣和猶不變也。

予童子時，見前輩猶繫頭巾帶于前，作胡桃結。背子背及腋下皆垂帶。長老言，背子率以紫勒帛繫之，散腰則謂之不敬。至蔡太師爲相，始去勒帛。又祖妣楚國鄭夫人有先左丞遺衣一篋，袴有繡者，白地白繡，鵝黃地鵝黃繡，裹肚則紫地皁繡。祖妣云：「當時士大夫皆然也。」

先左丞平居，朝章之外，惟服衫帽。歸鄉，幕客來，亦必著帽與坐，延以酒食。伯祖中大夫公每赴官，或從其子出仕，必著帽，遍別鄰曲。民家或留以酒，亦爲盡歡，未嘗遺一家也。其歸亦然。

周去非《嶺外代答》卷六《器用門·蠻甲冑》　諸蠻甲冑，皆以皮爲之，猺人以熊皮爲甲冑，其土有木葉似漆，以之塗飾，亦復堅善。猺人之剽掠，介冑者止數人以爲前行，其餘悉袒裼，亦足見其易與矣。而静江鄉民未嘗有甲，所以望風而遁，其間一二團聚，有皮甲者，猺人亦且避之。自猺人而西南，如南丹州、邕州、左右江峒溪，至於外夷則甲冑盛矣。諸蠻唯大理甲冑以象皮爲之，黑漆堅厚，復間以朱縷，如中州之犀毘器皿，又以小白貝綴其縫，此豈《詩》所謂貝冑朱綅者耶？大理國之製，前後掩心，以大片象皮如龜殻，其披膊以中片皮相次爲之，其護項以全片皮捲圈成之，其他則小片如中國之馬甲，葉皆堅與鐵等，而厚幾半寸，苟試之以弓矢，將不可徹，鐵甲殆不及也。

周去非《嶺外代答》卷六《服用門·婆衫婆裙》　欽州村落土人新婦之飾，以碎雜綵合成細毬，文如大方帕，各衫左右兩箇，縫成袖口，披着以爲上服。其長止及腰，婆娑然也，謂之婆衫。其裙四圍縫製，其長丈餘，穿之以足，而繫於腰間，以藤束腰，抽其裙令短，聚所抽於腰，則腰特大矣，謂之婆裙。頭頂藤笠，裝以百花鳳，爲新婦服之一月，雖出入村落虚市亦不釋之。

王應麟《玉海》卷八一《車服·冕服》　上古衣毛而冒皮，後世聖人易以絲麻，染帛以作五采，成以爲服，作冠冕纓蕤，以爲首飾。

昔帝冕旒　冕服　黼黻　大帶

《大戴禮·五帝德》黄帝黼黻黼取其斷，黻取其辨。衣，大帶，黼裳，乘龍扆雲，以順天地之紀。《禮記》正義：《世本》云：黄帝造旃冕。《世本》又云：黄帝作冕。宋仲子云：冕，冠之有旒者。黄帝以來，以羽皮爲冠。黄帝之後，乃用布帛。《通典》黄帝造冕旒，始用布帛。黄帝作冕垂旒，目不邪觀也，充纊，耳不聽讒言也。宋均曰：通帛爲旃，冕冠之有旒。應劭曰：周始垂旒。《外紀》黄帝作冕，垂旒充纊，爲衣玄，裳黄，旁觀翬草木之華，乃染五色爲文章以表貴賤。《漢歷志》：黄帝始垂衣裳，有軒冕之服。注：軒車冕服。《家語》黄帝始垂衣裳，作爲黼黻。《韓詩外傳》黄帝服黄衣，戴黄冕，致齋於宫，鳳乃蔽日而至。《三禮圖》黄帝戴黄冕。見《太平御覽》。《淮南子》伯余初作衣。注：黄帝臣。《世本》曰：伯余作衣裳。

《易·繫辭》：「黄帝堯舜垂衣裳而天下治，蓋取諸乾坤。」以辨貴賤，乾尊坤卑之義。《周禮》疏：冕服皆玄衣纁裳，取乾坤者，乾爲天色玄，坤爲地色黄，但土無正位託於南方。火，赤色，赤與黄爲纁色，故以纁。《王制》疏：玄衣法天，黄裳法地。《易·坤六五》「黄裳元吉」是也。衣裳從黄帝以來而有也，虞氏以來其裳用纁。《後漢·輿服志》聖人觀翬翟之文，榮華之色，乃染帛以效之，始作五采，成以爲服。見鳥獸有冠角顛胡之制，遂作冠冕纓蕤，以爲首飾。凡十二章。黄帝堯舜垂衣裳而天下治，蓋取諸乾巛，乾巛有文，故上衣玄，下裳黄。《春秋》孔穎達正義：冕，俛也，後高前下，有俛俯之形。蓋以在位者失於驕矜，欲令位彌高而志彌下，故制此服令貴者下賤。

黄帝衮龍頌

見《頌類》。

堯黄收純衣　黼衣　舜袗衣　絺衣　太古冠冕圖

《大戴禮·五帝德》曰：高辛黄黼黻衣，執中而獲天下。帝堯黄黼黻衣，丹車白馬。《史記》帝堯者，放勳。其仁如天，其知如神。就之如日，望之如雲。富而不驕，貴而不舒。黄收純衣，彤車乘白馬。注裴駰按：《太古冠冕圖》云「夏名冕曰收」。《禮記》曰：「野夫黄冠。」鄭玄曰：純衣，士之祭服。《六韜》昔帝堯王天下，黼衣結履不弊，盡不更爲也。《太平御覽》。《孟子》「舜爲天子，被袗衣，鼓琴」。趙岐注：袗，畫也。畫衣，黼黻絺繡也。《子華子》舜游於巖廊之上，被袗衣，而鼓五絃之琴。《史記》堯乃賜舜絺衣與琴。《後漢書》戴黄屋服絺衣。李賢注引《韓子》曰：堯冬日鹿裘，夏日葛衣。絺，葛也。

唐虞齊冠

《郊特牲》《冠義》同。始冠之三加先加。緇布之冠也。太古冠布，齊則緇之。鄭玄注：唐虞以上曰大古，三代改制，齊冠不復用也。孔穎達疏：太古無飾，緇布冠無緌。其緌，孔子曰：未之聞。唐虞既用之爲齊冠，三代改唐虞之制，齊冠不復用之。《詩·都人士》「緇撮」。毛亨注云：緇布冠。《士冠禮》注：緇布冠，今小吏冠其遺象也。三服謂緇布冠、皮弁、爵弁也。《玉藻》「始冠緇布冠，本太古。自諸侯下達，冠而敝之可也。玄冠朱組纓，委貌也。天子之冠也。緇布冠繢緌，諸侯之冠也。皆始冠之冠。玄冠丹組纓，諸侯之齊冠也。齊時所服。玄冠綦組纓，士之齊冠也。」《文選》任彦升《策秀才文》採三王之禮，冠履粗分。

舜冕服十二章　虞夏天子服

《周禮·司服》鄭玄注：古天子冕服十二章，舜欲觀焉。《書·益稷》帝曰：「予欲觀古人之象，日、月、星辰、山、龍、華蟲，作會。孔穎達疏云：六者畫於上衣。宗彝、藻、火、粉米、黼、黻，絺繡。」鄭氏曰：絺讀爲黹，謂刺以爲繡。疏六者繡於下裳。疏自日月至黼黻，凡十二章。天子以飾祭服，繡與繪各有六，衣用繪，裳用繡，王者制作皆以十二象天數也。「以五采彰施于五色，作服，汝明」。孔安國注欲觀示法象之服制，天子服日月而下，諸侯自龍衮而下至黼黻，士服藻火，大夫加粉米，上得兼下，下不得僭上。作尊卑之服，汝明制之。孔穎達疏：衮冕以龍爲首，龍首卷然，故以衮爲名。《皋陶謨》「天命有德五服五章哉」孔安國注：天子、諸侯、卿大夫、士之服，尊卑采章各異，所以命有德。《周禮》疏書五服五章哉，鄭注云：十二也、九也、七也、五也、三也。予欲觀古人之象注云：此十二章天子備有，公自山而下。《舜典》「車服以庸」。注：諸侯功成則賜車服，以表顯其能用。《子華子》舜畫日月於太常，備十有二章。黼黻，玄黄爛如也。《王制》「制三公一命卷，若有加則賜，不過九命，次國之君，不過七命，小國不過五命。注：三公八命，復加一命，則服龍衮與王者之後同，多於此，則賜非命服也。虞夏之制，天子服有日、月、星辰。《周禮》曰諸公之服，自衮冕而下如王之服。孔穎達正義論三公以下，次國、小國之君，爵命之數，此《禮緯》九賜之衣服，與宗伯再命受服不同。三公一命卷，謂周制也，周以前，則山在衮上。《詩》孔穎達正義曰：衮是龍之狀。《管子》堯舜之王，所以化海内者，北用禺氏之玉，南貴江海之珠，令諸侯之子將委質者皆以雙虎之皮爲裘，卿大夫豹飾，列大夫豹幨。

服所以象德，服是服者必全是德，一德不備，不足以臨民。故觀其象，必惕然三省焉，被其象，思其義，行其德。夫豈致飾以華，其躬寓數以示等威而已。

虞服韍　魯四代服

《明堂位》「有虞氏服韍，夏后氏山，商火，周龍章」。凡四代之服，魯兼用之。孔安國注：韍冕服之韠也，舜始作之，以尊祭服。禹湯至周，增以畫文，後王彌飾也。山取仁可仰，火取其明，龍取變化天子備焉。諸侯火而下，卿大夫山，士韎韋而已。孔穎達正義《易·困九二》「朱韍方來，利用享祀」，是爲祭服也。徐廣曰：漢明帝復制韍，天子赤皮蔽膝，魏晉用絳紗爲之。《詩》鄭玄箋芾，太古蔽膝之象。以韋爲之。孔穎達正義曰：太古，伏羲時也。後王爲芾象之。《易乾鑿度》鄭玄注：古者田漁而食，因衣其皮，先知蔽前，後知蔽後，後王易之以布帛，而猶存其蔽前，重古道不忘本。韍、韠俱是蔽膝之象，其制則同，但尊祭服異其名耳。

舜冠　禹冠

《通典》成王問周公曰：舜之冠何如焉？曰：古之人有帽而句領。《荀子·哀公篇》魯哀公問舜冠於孔子，孔子不對。三問，不對。哀公曰：寡人問舜冠於子，何以不言也。曰：古之王者，有務而拘領者也。其政好生而惡殺焉，是以鳳在列樹，麟在郊野，烏鵲之巢，可俯而窺也。君不此問而問舜冠，所以不對也。楊倞注：務讀爲冒，拘與句同，曲領也。言雖冠，衣拙朴而行仁政。《尚書大傳》古人衣上有冒，而句領者，康成注，言在德不在服也。古人，三皇時也。冒，覆頂也。句領，繞頸也。禮正服方領。《淮南子》禹之趨時，冠挂而不顧，履遺而不取。見崔駰傳注。

虞皇　周冕　朝服　繁露

《王制》「虞皇而祭，《通典》云：其制無文，蓋爵弁之類也。深衣養老。夏收而祭，燕衣而養老。殷人冔而祭，縞衣而養老。周人冕而祭，玄衣而養老」。又《內則》同。鄭玄注：皇冕屬也，畫羽飾焉。賈公彦疏《周禮》有設皇邸，有皇舞，皆爲鳳皇之字，鳳羽五采。凡冕屬，其服皆玄上纁下，有虞氏十二章，周九章，夏殷未聞。凡養老之服，皆其時與羣臣燕之服，虞氏質深衣而已。夏改尚黑而黑衣裳，殷尚白而縞衣裳，周兼用之，玄衣素裳，其冠則弁、追、章甫、委貌也，諸侯以天子之燕服爲朝服。《玉藻》天子玄端而朝日聽朔，鄭玄注：端當作冕。諸侯玄端以祭，朝服以日視朝於內朝。注：朝服，玄端素裳也。《周書·王會》成王之會，天子南面立絻無繁露，繁露，絻之所垂也。朝服八十，物搢珽。唐叔、荀叔、周公在左，太公望在右，皆絻，亦無繁露，朝服七十，物搢笏。堂下之左，唐公、虞公立焉，堂下之後，殷公、夏公立焉，皆南面，絻有繁露，朝服五十，物皆搢笏。相者太史魚、行人皆朝服，有繁露。堂下之東西，郭叔掌菉幣，絻有繁露。注：此服名，因於殷，非周制也。

禹韍冕

《論語》「禹致美乎韍冕」。鄭注：韍，祭服之衣，冕，其冠也。六冕皆是。朱熹集注：韍，蔽膝也，以韋爲之。《禹貢》荆州厥篚玄纁璣組，兖州篚織文，徐州篚玄纖縞，豫州篚纖纊。

夏毋追　收　殷章甫　冔　周委貌　弁　商韍衣

《郊特牲》「委貌，周道也。章甫，殷道也。毋追，音牟堆。夏后氏之道也」。鄭玄注：常所服，以行道之冠，或謂委貌爲玄冠。周弁，殷冔，夏收，齊所服而祭。三王共皮弁素積」。所不易於先代。質不變。孔穎達正義：三代俱用緇布，而其形殊。《士冠禮》同注：委，安也，以安正容貌。章，明也。毋，發聲也。追，猶堆也，弁名，出於槃，所以自光大。冔名出於幠，所以自覆飾。收，所以收斂髮，其制未聞。《夫官·追師》注：司農云，追，冠名，士冠《禮記》曰：牟追，夏后氏之道也。追師，掌冠冕之官。《王制》見後。《儒行》孔子「長居宋，冠章甫之冠」。孔穎達正義用殷禮。《詩·文王》「常服黼冔」。毛亨注：冔，殷冠也，夏后氏曰收，周曰冕。孔穎達正義：《冬官·繢人》云：白與黑謂之黼，周冕無繢繡之飾，則殷冔亦不以黼爲飾。黼自衣服之所有，舉一章而表之耳。《郊特牲》及《士冠禮》皆云周弁、殷冔、夏收，故知冔殷冠也。既以冔爲殷冠，更取二代以明之，彼云周弁，此云冕者，以周自大夫以上祭服皆用冕。《書·太甲中》伊尹以冕服，奉嗣王歸于亳。孔穎達正義：冕是在首之服，冠內之别名，冠是首服之大名，故傳以冠爲冕。《王制》云殷人冔而祭，《大雅》云常服黼冔，冔是殷之祭冠，今云冕者，蓋冕爲通名。《説命中》「惟衣裳在笥」。《金縢》「王與大夫盡弁」。孔安國注：皮弁質服以應天。《左傳》劉定公曰：弁冕，端委。晏平仲端委立虎門。大伯端委治《周禮》。《國語》晉侯端委入武官。董安于曰：端委以隨宰臣。《論語》公西華曰：端章甫。注：端，玄端服。章甫，禮冠。《通典》夏以牟追，以收。殷章甫，或以冔，形制並無文。《後漢志》委貌冠、皮弁冠同制，長七寸，高四寸，制如覆杯，前廣後鋭，所謂夏之毋追，殷之章甫者也。劉昭注：《詩》云「常服黼冔」，《書》曰「王與大夫盡弁」，石渠論玄冠朝服。戴聖曰：玄冠，委貌也。《士冠禮》注同。朝服布上素下，緇帛帶，素韋韠。《白虎通》曰：素積者，積素以爲裳也。《獨斷》曰：上古皆以布，中古以絲。見後。《三禮圖》曰《舊圖》云：委貌，進賢冠其遺象也。《漢志》委貌與皮弁冠同制。案，張鎰圖諸侯朝服之玄冠，士玄端之玄冠，諸侯之冠弁，此三冠與周天子委貌形制相同，則與進賢之遺象，皮弁之同制者遠相異也。梁正因阮氏之本而圖委貌，與前三法形制又殊。按《王制》疏與《舊圖》云：周弁、殷冔、夏收，三冠之制，相似而微異，俱以三十升布漆爲之，皆廣八寸，長尺六寸，前圓後方，無旒。周赤而微黑，如爵頭然，前小後大。殷冔黑而微白，前小後大。收純黑，亦前小後大。三冠下皆有收。如笠下收。案《士冠禮》注：其制之異未聞，謂夏殷禮亡，其制與周異同未聞，故下不圖夏殷二冠之象，章甫是殷之行道之冠，冔是殷之祭冕。梁正等云章甫亦名冔，誤也。《五經通義》曰《禮器》曰：冕冠長六寸，廣八寸，員前冕，緇布在上，五采組十二旒，夏殷之冕如周制，其旒色異。夏冕黑白赤組旒，殷冕黑黃青組旒。韋孟詩曰：豕韋「黼衣朱黻，以翼大商」。注：黼衣，衣上畫斧形，白黑爲采。朱黻，上廣一尺，下廣二尺，長三尺，以皮爲之，古者上公服之。

夏殷龍衮

《禮器》見周衮冕。孔穎達疏：德多則文備，故天子龍衮，諸侯以下又稍少也。然《周禮》上公亦衮，侯伯鷩，子男毳，孤卿絺，大夫玄，士爵弁，玄衣纁裳。今言諸侯黼，大夫黻，雜明夏殷禮也，但夏殷衣有日、月、星辰、山、龍，今云龍衮，舉多文爲首耳，日月之文不及龍也。朱綠藻，十有二旒，亦夏殷也，周藻五采也，十二謂旒數，諸侯九，以下亦夏殷也，周家旒數隨命數，又士但爵弁無旒。

武王端冕

《學記》孔穎達疏：「武王踐阼」以下，皆《大戴禮・武王踐阼篇》也，云端冕者，謂衮冕也。其衣正幅與玄端同。皇氏云：武王端冕，謂衮冕也。《樂記》魏文侯端冕，謂玄冕也。師尚父亦端冕。案，《大戴禮》無此文。

周大裘冕　良裘　功裘

《春官・司服》中士二人。「掌王之衣服，辨其名物，與其用事，王之吉服，祀昊天上帝，則服大裘而冕，祀五帝亦如之」。鄭玄注：司農云：大裘，羔裘也。無章以黑羊皮爲之，冕即玄冠，無旒之冕。六冕之用，大裘最尊。《天官・司裘》中士二人，下士四人。「掌爲大裘，以供王祀天之服。司農云：大裘，黑羔裘服，以祀天示質。中秋，獻良裘。司農云：王所服也。玄謂良裘，《玉藻》所謂黼裘與。季秋，獻功裘。」人功微麤，謂狐青麛裘之屬。司農云：卿大夫所服。《夏官・節服氏》「郊祀，裘冕二人，執戈」。《弁師》鄭玄注：大裘之冕無旒。《三禮圖》黑羔裘，其冕無旒亦玄表纁裏。鄭志大裘之上，又有玄衣，與裘同色，但無文彩耳，裘下有裳，纁色。《冬官・裘氏》闕。攻皮之工。《玉藻》「唯君有黼裘以誓省，當爲獮。大裘非古也」。大裘，羔裘也。黼裘，以羔與狐白雜爲黼文。「君衣狐白裘，錦衣以裼之」。諸侯之服也。天子狐白之上，衣皮弁服與。《晏子春秋》景公時，天雨雪，公被狐白之裘。《月令》「孟冬，天子始裘」。《家語》天子大裘以黼之，被裘象天。王肅注：爲黼文。《荀子》郊之麻絻。楊倞注：大裘而冕。《詩・羔羊》毛亨注：大夫羔裘以居。《鄭風》「羔裘豹飾」。孔穎達疏：君用純物，臣袖飾以異皮。《唐風》「羔裘豹祛」。《三禮義宗》鄭詩美緇衣之宜，唐詩刺羔裘之失。

周五冕　六冕　衮冕　冕服九章

《春官・司服》中士二人。「享先王則衮冕」。鄭玄注：六服同冕者，首飾尊也。鄭司農云：衮，卷龍衣也。玄謂《書》曰予欲觀古人之象，日、月、星辰、山、龍、華蟲，作會。宗彝、藻、火、粉米、黼、黻，絺繡。古天子冕服十二章，舜欲觀焉。華蟲，五色之蟲。《書》孔安國注：雉也。畫繢之事，曰鳥獸蛇，雜四時五色以章之謂是也。王者相變，至周以日、月、星辰畫於旌旗，所謂三辰旂旗，昭其明也。而冕服九章，登龍於山，登火於宗彝，尊其神明也。九章，初一曰龍，次二曰山，三華蟲，四火，五宗彝，皆畫以爲繢，六藻，七粉米，八黼，九黻，皆絺以爲繡，則衮之衣五章，裳四章，凡九也。凡冕服，皆玄衣纁裳。衮冕十二旒。易氏謂鄭說不然，天子之制，無非備物，十二冕旒，與衣裳一也。賈公彦疏鄭注《禮記》曰：卷，俗讀，其通則曰衮，故先鄭衮卷并言之。九章，初一曰龍至凡九也，此無正文，並鄭以意解之。衣是陽，從奇數，裳是陰，從耦數。注云王受諸侯朝覲於廟，則衮冕。賈公彦疏案，《覲禮》云「天子衮冕負黼扆」。《節服氏》云「祭祀朝覲，衮冕六人，維王之太常」。鄭玄注：服衮冕者，從王服。公之服，自衮冕而下如王之服。注：自公之衮冕，至卿大夫之玄冕，皆其朝覲天子及助祭之服。諸侯非二王後，皆玄冕而祭，於已疏上得兼下，下不得僭上也。魯雖得與天子同，惟在周公文王廟中，得用衮冕。《夏官・弁師》下士二人。「掌王之五冕，皆玄冕朱裏綖紐。五采繅，十有二就，皆五采玉十有二，玉笄朱紘」。鄭玄注：冕服有六，而言五冕者，大裘之冕，蓋無旒不聯數也。延冕之覆在上，是以名焉。紐小，鼻在武上，笄所貫也。今時冠卷當簪者廣袤，以冠縱其舊象與？繅，雜文之名也，五采絲爲之繩，垂於延之前後，各十二。所謂邃，延也。就，成也。繩之，每一帀而貫五采玉十二，斿則十二玉也，每就間蓋一寸。朱紘，以朱組爲紘也，紘一條屬兩端於武，玉笄所以貫，朱紘所以結。衮衣之冕十二斿則用玉二百八十八，鷩衣之冕繅九斿用玉二百十六，毳衣之冕七斿用玉百六十八，希衣之冕五斿用玉百二十，玄衣之冕三斿用玉七十二。賈公彦疏：凡冕體，《周禮》無文。叔孫通作漢禮器制度，取法於周，今還取彼以釋之。案，彼文凡冕以版廣八寸，長尺六寸，以上玄下朱覆之，乃以五采繅繩貫五采玉，垂於延前後謂之邃延，故《玉藻》云天子玉藻，前後邃延龍卷以祭，弁師所掌冕以旒爲主祭天用大裘，取質其冕亦當無旒，故此不數之，唯有五冕。爵弁前後平，則得弁，稱冕則前低一寸餘得冕名，冕，俛也，以低爲號，以玉笄貫之，又以組爲紘，仰屬結之。五冕旒皆十二玉，十二旒，據衮冕而言，旒各十二，玉前後二十四旒，故用二百八十八。易氏曰：《春官·司服》王之服冕有六，《夏官·弁師》獨言五冕者，蓋大裘之冕所以祀天，天道尚質，故大裘無文，其冕無旒，即《節服氏》所謂裘冕，弁師所掌，惟衮冕以下而已。「諸侯之繅斿九就，瑉玉三采，其餘如王之事。繅斿皆就，玉瑱玉笄」。鄭玄注：侯當作公。三采，朱白蒼。其餘謂延紐皆玄，覆朱裏與王同也，出此則異。繅斿皆就，皆三采也，每繅九成則九斿也。公之冕，用玉百六十二。玉瑱塞耳者，賈公彦疏《經》云：九就，上公以九爲節，王不言玉瑱，互見爲義。《節服氏》「祭祀朝覲，衮冕六人，維王之太常」。《左傳·桓二年》臧哀伯曰：「衮、冕、黻、珽，帶、裳、幅、舄，衡、紞、紘、綖，昭其度也。」杜預注：衮，畫衣也。冕，冠也。黻，韋韠，所以蔽膝。衡，維持冠者。紞，冠之垂者。紘，纓從下而上者。綖，冠上覆。孔穎達疏：畫衣，謂畫龍於衣，祭服，玄衣纁裳。《詩》稱玄衮是玄衣，而畫以衮龍，衮之言卷也，謂龍首卷然。《禮》注《詩》鄭玄箋云：衣繢而裳繡。《覲禮》鄭玄注云：上公衮無升龍，天子有升龍，有降龍，是衮有度也。冕則公自衮以下，侯伯自鷩以下，是冕有度也。黼則諸侯火以下，卿大夫山，是黻有度也。衮鷩，裳四章，毳希，裳三章，是裳有度也。君五色，臣三色，是紞有度。天子朱，諸侯青，是紘有度。杜數九文，不取宗彝，與鄭異。《昭二十五年》子太叔曰：「爲九文、六采、五章，以奉五色。」杜預注：九文，山、龍、華蟲、藻、火、粉米、黼、黻也。《傳》曰「火、龍、黼、黻，昭其文也」。孔穎達疏：周世衮冕九章，傳唯言四章者，略以明義。《禮器》「禮有以文爲貴者，天子龍衮，諸侯黼，大夫黻，士玄衣纁裳。天子之冕，朱緑藻，十有二旒。諸侯九，上大夫七，下大夫五，士三，此以文爲貴也」。鄭玄注：此祭冕服也，朱緑似夏殷禮也，周禮天子以五采繅。《玉藻》「天子玉藻十有二旒，前後邃延，龍卷而祭」。鄭玄注：畫龍於衣。孔穎達正義：藻謂雜采之絲繩，以貫於玉，以玉飾藻，故云玉藻。天子前之與後，各有十二旒，垂而深邃，以延覆冕上，故云前後邃延。龍卷以祭者，卷謂卷曲，畫此龍形，卷曲於衣，以祭宗廟。注云天子齊肩者，天子之旒，十有二就，每一就貫以玉，就間相去一寸，旒長尺二寸，故垂而齊肩。諸侯以下，各有差降，九玉者九寸，七玉者七寸，以下皆依旒數，旒垂五采玉。依飾射侯之次，從上而下，初以朱，次白，次蒼，次黃，次玄，既貫徧周而復始，其三采者，先朱次白次蒼。二色者，先朱後緑。皇氏、沈氏並爲此説，至漢明帝時，用曹褒之説，皆用白旒珠，與古異。卷字，《司服》及《覲禮》皆作衮。《郊特牲》「祭之日，王被衮以象天」。鄭玄注：謂有日、月、星辰之章，此魯禮也。周禮服大裘，魯侯之服自衮冕而下也。「戴冕璪十有二旒，則天數也」。鄭玄注：天數不過十二。《覲禮》「天子衮冕負斧依」。《周書·世俘解》云：玉服衮衣。《詩·采菽》「又何予之，玄衮及黼」。毛亨注：玄衮，卷龍也。白與黑謂之黼。鄭玄箋云：玄衣而畫以衮龍黼。黼黻，謂絺衣也。《韓奕》「玄衮赤舄」。《九罭》「衮衣繡裳」。毛亨注：衮衣，卷龍也。鄭玄箋云：上公之服。《釋文》六冕之第二者。《三禮圖》云：周天子吉服有九，冕服六，弁服三。孔疏引《弁師》，止言玄朱，不言所用之物。《論語》云麻冕，禮也。蓋以布衣版，上玄下纁，取天下之色。《論語》「服周之冕」包咸注：冕禮冠周之禮文而備。朱熹集注曰：周冕有五祭服之冠也，冠上有覆，前後有旒。黃帝以來，已有之制度儀等，至周始備，然其爲物小，而加於衆體之上，故雖華而不爲靡，雖費而不及奢，夫子取之，以爲文而得其中也。

周鷩冕　毳冕　希冕　玄冕

《春官·司服》「享先公饗射，則鷩冕。祀四望山川，則毳冕。祭社稷五祀，則希冕。祭羣小祀，則玄冕」。「公之服，自衮冕而下，如王之服。侯伯之服，自鷩冕而下，如公之服。子男之服，自毳冕而下，如侯伯之服。孤自希冕而下，如子男。卿大夫自玄冕而下，如孤」。鄭玄注：鄭司農云：鷩，裨衣。毳，罽衣也。玄謂鷩畫以雉，謂華蟲也，其衣三章，裳四章，凡七也。冕九旒。毳畫虎蜼，謂宗彝也，衣二章，裳二章，凡五也。冕七旒。希刺，粉米無畫也，衣一章，裳二章，凡三。冕五旒。玄者，衣無文，裳刺黻而已，是之謂玄焉。冕三旒。凡冕服皆玄衣纁裳。《詩·大車》「毳衣如菼」。毛亨注：大夫之服，毳冕。《弁師》「諸侯及孤卿大夫之冕，各以其等爲之」。鄭玄注：繅旒如其命數。侯伯繅七就，用玉九十八。子男五就，用玉五十，繅玉皆三采，孤四就，用玉三十二。三命之卿三就，用玉十八。再命之大夫再就，用玉八，繅玉皆朱緑。一命之大夫冕而無旒，士變冕爲爵弁，其皮弁、韋弁之會無結飾。賈公彦疏：無旒之冕與爵弁不殊，但前低寸餘，故亦得冕名。《左傳·成(一)〔二〕年》公會晉師，賜三帥先路(一)〔三〕命之服。司馬、司空、受(二)〔一〕命之服。《襄十九年》公享〔晉〕六卿，賜之三命之服。軍尉、司馬、司空受一命之服。《二十六年》鄭伯賜子展先路三命之服，子産次路再命之服。杜預注：蓋請之於王。《左傳·(成)〔宣〕十六年》晉侯請于王以黻冕命士會。希冕也。《荀子》天子山冕，諸侯玄冠，大夫裨冕，士韋弁，禮也。山冕謂畫山於衣而服冕。《祭義》諸侯「冕而青紘」。

周韋弁服　皮弁　冠弁服

《春官·司服》「凡兵事，韋弁服」。鄭玄注：以韎韋爲弁，又以爲衣裳。《春秋傳》「韎韋之跗注」，今時五伯緹衣，古兵服之遺色。賈公彦疏：以韋爲冕，又以爲服。韎，是蒨染赤色也。鄭雜問志以跗爲幅，注爲屬以韎韋幅，如布帛之幅，而連屬以爲衣而(表)〔素〕裳。《聘禮》云「卿韋弁歸饔餼」注云韎韋之弁，蓋韎布爲衣而素裳，與此不同。彼非兵事入廟，不可純如兵服，言素裳，以屨從裳色，天子諸侯白舄，大夫士白屨，皆施於皮弁故也。易氏曰：即爵弁也。《荀子》士韋弁。楊倞注：謂以爵韋爲韠而戴弁也。《詩·六月》「四牡騤騤，載是常服」。鄭玄箋云：戎車之常服，韋弁服也。《采芑》「服其命服，朱芾斯皇」。鄭玄箋云：天子之服，韋弁服，朱衣裳也。《瞻彼洛矣》「韎韐有奭，以作六師」。鄭玄箋：祭服之韠。「眡朝，則皮弁服」。注：眡内外朝之事，皮弁之服，十五升白布衣，積素以爲裳，王受諸侯朝覲於廟則衮冕。賈公彦疏：天子三朝，外朝二，内朝一。注又云：諸侯自相朝聘皆皮弁服，此天子日視朝之服。疏《聘禮》主君及賓皆皮弁。《士冠禮》云「皮弁素積」。《詩》「有頍者弁」。毛亨注：皮弁也。「其弁伊騏」。毛亨注：皮弁。鄭玄箋云：騏當作璂，以玉爲之。「凡甸冠弁服」。鄭玄注：甸，田獵也。冠，弁委貌。其服緇布衣，亦積素以爲裳，諸侯以爲視朝之服。《詩》「緇衣之宜兮」。緇衣，注：卿士聽朝之正服。疏云：即《士冠禮》朝服緇帶素韠。謂王服此以田，卒食而居則玄端。易氏曰：冠弁，即玄端也。賈公彦疏：《士冠禮》、《郊特牲》云：委貌，周道。以色言，曰玄冠。《士冠禮》云：「玄冠朝服，緇帶素韠。」鄭玄注云：天子與其臣，玄冕以視朔，皮弁以日視朝。諸侯與其臣，皮弁以視朔，朝服以日視朝，引《詩》證諸侯服緇衣爲朝服之義。朝服與玄端大同小異，玄冠、緇布衣皆有正幅，爲端則同，但易其裳耳。《玉藻》「韠，君朱，大夫素，士爵韋」。鄭玄注：天子、諸侯玄端朱裳，大夫素韠則素裳，士言爵是不純之名。冠弁，習兵之時，若四時，則當戎服。《月令》「季秋，天子厲飾，執弓挾矢以獵」。鄭玄注：謂戎服尚威武。《左傳》「衛獻公不釋皮冠」，則皮弁、韋弁同，但色異耳，是正田用韋弁也。《詩·六月》孔穎達疏：皮韋同類。《孝經》李隆基注曰：田獵戰伐冠皮弁。《援神契》云：皮弁素積，軍旅也，軍士之服，通皆韋皮。《坊記》鄭玄注云：在軍同服。《左傳》「均服振振」。《夏官·弁師》「王之皮弁，會五采玉璂，象邸玉笄」。鄭玄注：會，縫中也。綦，結也。皮弁之縫中，每貫結五采玉十二以爲飾，謂之綦。《詩》云「會弁如星，其弁伊綦」。邸，下柢也，以象骨爲之。賈公彦疏：《詩》注云：弁之縫中，飾之以玉，皪皪而處，其狀似星也。易氏曰：王之吉服，其弁三，兵田之弁，有時而用皮弁。日眡朝，其用數矣。《弁師》所以特言皮弁之制，二弁相似，微有損益。「諸侯及孤卿大夫之冕，韋弁皮弁，各以其等爲之」。鄭玄注：繅旒玉璂，如其命數也。韋弁皮弁，則侯伯璂飾七，子男璂飾五，玉亦三采。孤則璂飾四，三命之卿璂飾三，再命之大夫璂飾二，玉亦二采。不言冠弁，兼於韋皮。《郊特牲》「祭之日，王皮弁以聽祭報，示民嚴上也」。《玉藻》「皮弁以日眡朝，遂以食，日中而餕，奏而食，日少牢，朔月大牢，五飲，上水、漿、酒、醴、酏。卒食，玄端而居」。諸侯「皮弁聽朔於太廟」。鄭玄注：皮弁服，皆素韠。《明堂位》「皮弁素積，裼而舞大夏」。孔穎達疏：皮弁，三王服。《學記》視學服皮弁，「皮弁祭菜」。《士冠禮》「初加緇布冠，次加皮弁，次爵弁」。《覲禮》「王使人皮弁用璧勞侯氏」。《春秋》正義：大輅之服，謂鷩冕之服。戎輅之服，謂韋弁服。

周裨冕

《樂記》武王克商，「裨冕搢笏，而虎賁之士說劍也」。鄭玄注：衣裨衣而冠冕，衮之屬也。孔穎達疏：天子六服，大裘爲上，其餘爲裨。裨，從衮冕以下皆是也。《覲禮》注同。《玉藻》「諸侯玄端以祭，裨冕以朝」。鄭玄注：朝天子也。裨冕，公衮，侯伯鷩，子男毳也。《覲禮》「侯氏裨冕」。《荀子》大夫裨冕。楊倞注：裨，卑也。《曾子問》云：諸侯裨冕。注：裨，卑也。《漢官儀》周冕與古冕略等，周加垂旒，天子前後垂真白珠各十二。《禮·司服》賈公彦疏：裨衣，自衮以下。先鄭獨以鷩爲裨衣，其言不足矣。

周王后六服

《天官·内司服》奄二人。「掌王后之六服，褘衣、司農云：畫翬。《祭統》云：

「夫人副褘。」玄謂伊維而南，素質五色成章曰翬。王后之服，刻繒爲之，形而采畫之，綴於衣，以爲文章。褘衣，畫翬者。揄狄、闕狄，司農云：畫羽飾。玄謂狄當作翟。翟，雉名，江淮而南，青質，五色成章曰摇。揄翟，畫摇者。闕翟，刻而不畫。此三者，皆祭服，從王祭先王則服褘衣，祭先公則服揄翟，祭羣小祀則服闕翟。今世有圭衣者，蓋三翟之遺俗。鞠衣，司農云：黄衣也。玄謂色如鞠塵，象桑葉始生。《月令》「三月薦鞠衣于先帝告桑事」。孔穎達疏曰：鞠，草名，華色黄，告桑之服。展衣，司農云：白衣也。玄謂以禮見王及賓客之服，字當爲襢。《詩》「瑳兮瑳兮，其之展也」。記云：世婦襢衣。緣衣，玄謂《雜記》「夫人服税衣揄狄」。《喪大記》曰：「士妻以褖衣。」褖衣，御于王之服，亦以燕居。褖衣黑，六服備於此矣。其色則闕狄赤，揄狄青，褘衣玄，婦人尚專一，衣裳不異其色。孔穎達疏：王之祭服有六，首服皆冕，后之祭服有三，首服皆副。素沙。玄謂令之白縳也。音絹。六服皆袍制，以白縳爲裏，使之張顯，今世有沙縠者，名出於此。辨内外命婦之服，鞠衣、九嬪，其夫孤。展衣、世婦，其夫卿大夫。緣衣，女御，其夫士。素沙」。鄭玄注：三夫人及公之妻，其闕狄以下乎。侯伯之夫人揄狄，子男之夫人亦闕狄，唯二王後褘衣。《追師》下士二人。「掌王后之首服，爲副編次追衡笄」。《内宰》「正其服，禁奇衺」。《閽人》「奇服不入宫」。《玉藻》「王后褘衣，夫人揄狄，君命屈狄。」《周禮》作闕。「再命鞠衣，一命襢衣，士褖衣」。《詩·何彼穠矣序》王姬之車服，下王后一等。鄭玄箋謂：車乘厭翟，勒面繢總，服則揄翟。《三禮義宗》陽爻九，故王服有九，陰爻六，故后服惟六。天子九服，祭服有六，王后六服，祭服有三。陽色尚文，故有章數等級之别，陰色尚質，故無殊章之品。

周爵弁

《周頌》「絲衣其紑，載弁俅俅」。毛亨注：絲衣，祭服。鄭玄箋：爵弁，弁而祭於王，士服也。孔穎達疏：爵弁之服，玄衣纁裳。《士冠禮》「爵弁服純衣」。鄭玄注：爵弁，其色赤而微黑，如爵頭然。純衣，絲衣也。《玉藻》「一命緼韍幽衡，再命赤韍幽衡，三命赤韍葱衡」。鄭玄注：此玄冕爵弁服之韠，尊祭服，異其名耳。《春官·司服》賈公彦疏：爵弁之形，以木爲體，廣八寸，長尺六寸，以三十升布染爲爵頭色，赤多黑少，前後平。《弁師》鄭玄注：士變冕爲爵弁。賈公彦疏：爵弁制如冕，但無旒爲異，無旒之冕，與爵弁不殊。《詩》「韎韐有奭」。鄭玄箋云：祭服之韠，合韋爲之，其服爵弁服，紂衣纁裳。《書》「二人雀弁，執惠」。孔安國注：雀韋弁。「四人綦弁，執戈」。孔安國注：鹿子皮弁。孔穎達疏曰：《禮》大夫服冕，士服弁。雀弁制如冕，黑色，但無藻耳。阮諶《三禮圖》云：以三十升布爲之。《三禮圖》爵弁，士助君祭之服，無旒。此執兵以韋爲之，異於祭服。《釋名》曰：弁如兩手相合，抃時也。以爵韋爲之，謂之爵弁，以鹿皮謂皮弁，以韎韋謂韋弁。《公羊》何休注：皮弁武冠，爵弁文冠。夏曰收。殷曰冔，周曰弁，加旒曰冕。《禮》天子朝皮弁，夕玄端。朝服以聽朝，玄端以燕，皮弁以征不義，取禽獸行射。諸侯朝朝服，夕深衣。玄端以燕，禆冕以朝天子，以祭其祖禰。卿大夫冕服而助君祭，朝服祭其祖禰。士爵弁，黻衣裳，以助公祭，玄端以祭其祖禰。

周九服

《三禮義宗》辨章數法象之理曰：十二章法天之大數，虞之服也，九章者法陽數之極，周之服也。《周禮》王吉服有九，后吉服有六。九服者何？一曰大裘而冕，二曰衮冕，三曰鷩冕，四毳，五希，六玄，六者祭祀之服也，皮弁素積，玄衣素裳，緇衣玄端，此又三服，所謂吉服有九。六冕之服，玄上纁下皆同，章數則異，故分爲六服。皮弁法古上質，故衣裳皆白。玄衣緇裳者，兼夏殷之制。玄衣朱裳，燕樂之服，非廟祭之服，故不入九服之數。韋弁戎服，亦不入吉服之例。明天子朝燕之服曰：天子皮弁，素衣素裳，爲蜡祭之服。黄衣黄冠，臘祭先祖，息田夫之服。玄衣朱裳，燕居之服。韋弁，即戎之服。此四服非時，朝燕無常，故不入九服。明周禮六服斿章義曰：大裘，其服無章，其冕無斿。天道至尊，難可比擬，舍去雕飾，服以其質，衮冕之服，以龍爲目，龍體九星，故以九爲終。《聘禮》賈公彦疏：《周禮·春官·司服》王之吉服有九，祭服之下，先立兵事韋弁服，後云視朝皮弁服，則韋弁尊於皮弁。《王制》孔穎達疏：《皐陶謨》云五服五章哉。鄭注云：五服，十二也，九也，謂公侯之服，自山而下。七也，伯之服，自華蟲而下。五也，子男之服，自藻而下。三也。卿大夫之服，自粉米而下。鄭注《覲禮》云上公衮無升龍，其旒則九。《宋志》周監二代，典制詳密。弁師掌六冕，司服掌六服，設擬等差，各有其序，故夫子曰服周之冕。周之祭冕繅采備飾。《後魏志》、《周禮》及《禮記》三冠六冕，承用區分。《玉藻》玄冠紫緌，自魯桓公始也，朝服以縞，自季康子始也。《覲禮》秋時賜侯氏車服及篋服。

周赤舄

《天官·屨人》下士二人。「掌王及后服屨，爲赤舄、黑舄、赤繶、黄繶、青句」。絇鄭玄注：複下爲舄，禪下曰屨。王吉服有九，舄有三等，赤舄爲上。冕服之舄，《詩》云「王錫韓侯，玄衮赤舄」，則諸侯與王同，下有白舄、黑舄。白舄皮弁之舄黑舃玄端之舃士皆著屨王后吉服六，唯祭服有舃。玄舃爲上，褘衣之舃下有青舃、赤舃，鞠衣以下皆屨。《詩·狼跋》「赤舃几几」。《車攻》「赤芾金舃，會同有繹」。金舃，即《禮》之赤舃也。鄭玄箋云：黄朱色加金爲飾，故謂之金舃。

魯逢掖衣

《儒行》「孔子少居魯，衣逢掖之衣」。鄭玄注：大袂禪衣也，此君子有道藝者所衣。孔穎達正義：夫子禪衣與庶人同，其袂大，與庶人異，故謂衣爲逢掖，此則大袂深衣也。《荀子》士君子之容，其冠進，其衣逢，其容良。深衣，古者深衣，蓋有制度，以應規矩繩權衡云云。《莊子》儒者冠圜冠者，知天時。履句屨者，知地形。緩佩玦者，事至而斷。

漢劉氏冠　長冠　齊冠

《紀》高祖爲亭長，乃以竹皮爲冠，令求盗之薛治，顔師古注：應劭曰：以竹所生皮爲冠，今鵲尾冠是也。師古曰：謂笋上所解之籜，今人爲笋皮巾。時時冠之，及貴常冠，所謂劉氏冠也。八年春三月，令爵非公乘以上，毋得冠劉氏冠。《淮南子》高帝造劉氏之貌冠。《續漢志》長冠，一曰齋冠，高七寸，廣三寸，促漆纚爲之，制如版，以竹爲裏。初，高祖微時，以竹皮爲之，謂之劉氏冠，楚冠制也。民謂之鵲尾冠，非也。《獨斷》云：鄙人不識，謂之鵲尾冠。祀宗廟諸祀則冠之。皆服袀玄，絳緣領袖爲中衣，絳絝袜，示(有)〔其〕赤心奉神也。五郊，衣幘絝袜各如其色。此冠高祖所造，故以爲祭服，尊敬之至也。漢官儀曰：漢家赤行，齋者絳絝韈。顯宗初，服旒冕云云，以承大祭，百官執事者冠長冠。劉昭注《東觀書》曰：永平二年正月，公卿議春南北郊，東平王蒼議曰：「孔子曰：『服周之冕。』」爲漢制法。高皇帝始受命創業，制長冠以入宗廟。《禮儀志》曰變，執事者冠長冠，衣皁以行禮。《官志》王國謁者比四百石，掌冠長冠。《通典》晉依漢制，去竹用漆纚。

漢通天冠　五時袍

《後志》通天冠，高九寸，正竪，頂少邪却，乃直下爲鐵卷梁，前有山，展筩爲述，駁犀簪導。乘輿所常服。《獨斷》曰：漢受之秦，禮無文。《東京賦》夏正三朝，冠通天，佩玉璽，紆黄組，要干將。服衣，深衣制，有袍，隨五時色。袍者，或曰周公抱成王宴居，故施袍。孔子衣逢掖之衣。逢掖其袖，合而縫大之，近今袍也。今下至賤(吏)〔更〕小史，皆通制袍，單衣，皁緣領袖中衣，爲朝服云。《晉志》通天冠，本秦制。又曰：漢明帝更服袞章，天子冠通天而佩玉璽。前後有展筩，冠前加金博山述。述即鷸也，知大雨，故冠象焉。郊祀天地明堂宗廟，元會臨軒。介幘，通天冠，平冕。冕，皁表，朱緑裏，廣七寸，長二尺二寸，加於通天冠上，前圓後方，垂白玉珠，十二旒，以朱組爲纓，無綏。《通典》宋加黑介幘，齊加玉簪導，梁加冕於上，爲平天冕，唐改纓以翠綏。《隋志》按董巴志，冠高九寸云云，前有高山，故《禮圖》或謂之高山冠。《晉起居注》成帝咸和五年，制詔殿内曰平天通天冠，可。更修理之，雖在禮無文，知天子所冠其來尚矣。徐爰曰：博山附蟬謂之金顔。《唐志》通天冠，冬至受朝賀，祭還燕羣臣，養老之服也。二十四梁，附蟬十二，施珠翠，金博山，介幘，組纓翠綏，玉犀簪導，絳紗袍，朱裏，紅羅裳，白紗中單，朱領、褾、裾，白裙襦，絳紗蔽膝，白羅方心曲領，白韈，黑舃，白假帶。《齊志》後代沿革見《漢志》《晉服制令》，其冠十三品，見蔡邕《獨斷》，宋朝天聖二年八月丙寅，改承天冠，後復舊。

漢委貌冠　緇衣冠　皮弁冠皮弁

《後漢志》委貌冠，皮弁冠同制，長七寸，高四寸，制如覆杯，前高廣，後卑鋭，所謂夏之毋追，商之章甫者也。委貌以皁繒爲之，《通典》委貌，形如委穀之貌。皮弁以鹿皮爲之。行大射禮於辟雍，公卿諸侯大夫行禮，冠委貌，衣玄端素裳。執事者冠皮弁，衣緇麻衣，皁領袖，下素裳，所謂皮弁素積也。《淮南子》高皇帝履天子之圖籍，造劉氏之貌冠。高誘注：於新豐作竹皮冠也，一曰委貌冠也。《晉志》蔡邕云：緇布冠即委貌冠也。其制有四形：一似武冠，又一似進賢，其一上方，其下如幘顔，其一刺上而方下。緇布冠見上。《外戚傳》平帝納后，太師光、太常歆，及太卜、太史令以下四十九人賜皮弁素績。注師古曰：以鹿皮爲冠，形如人手之弁合。績素，裳也。朱衣而素裳。績或作積。謂襞積之，若今之襈也。《郊祀志》四月，至奉高、梁父。乙卯，令侍中儒者皮弁縉紳，射牛行事。封泰山下東方，改元封元年。《後禮志》永平二年三月。劉昭注：天子皮弁素積，親射大侯。《郊特牲》《冠義》同。「始冠之緇布之冠，大古冠布，齊則緇之，其緌也。孔子曰：『吾未之聞也，冠而敝之可也。』適子冠於阼，以著代也。醮於客位，加有成也。三加彌尊，諭其志也。冠而字之，敬其名也。委貌，周道也。章甫，殷道也。毋追，夏后氏之道也。周弁，殷冔，夏收，三王共皮弁素積」。《士冠禮》「爵弁，服纁裳，純衣，緇帶，韎韐」。鄭玄注：此與君祭之服。《雜記》曰：「士弁而祭於公。」爵弁者，冕之次，其色赤而微，黑如爵頭然。或謂之緅，其布三十升。纁裳，淺絳裳。純衣，絲衣也。餘衣皆用布，唯冕與爵弁服用絲。韎韐，緼韍也，士緼韍而幽衡合韋爲之，士染以茅蒐。「皮弁，服素積，緇帶，素韠」。鄭玄注：此與君視朝之服也。皮弁以白鹿皮爲冠，象上古也。積，猶辟也，以素爲裳，辟蹙其要中。皮弁之衣用布，亦十五升，其色象焉。賈公彦疏：三皇時，以白鹿皮冒覆頭，鉤領遶項。「玄端，玄裳，黄裳，雜裳，可也。緇帶爵韠」。鄭玄注：此莫夕於朝之服，玄端即朝服之衣，易其裳耳。上士玄，中士黄，下士雜。雜〔裳者，〕前玄後黄。士皆爵韋爲韠。《玉藻》曰：「韠，君朱，大夫素，士爵韋。」孔穎達疏曰：但正幅，故得端名。「緇布冠缺項缺讀如頍。青組，纓屬于缺，緇纚廣終幅，長六尺。皮弁笄，爵弁笄，緇組紘纁邊，同篋。」鄭玄注：緇布冠無笄者，著頍圍髮際，結項中，隅爲四，綴以固冠也。今未冠笄者，著卷幘頍，象之所生也。滕薛名蔮，古内反。爲頍屬，猶著纚，今之幘梁也。笄，今之簪。有笄者，屈組爲紘，垂爲飾。無笄者，纓而結其條。賈公彦疏：漢時卷幘之狀，必以布帛繞髮際爲之，幘梁亦舉漢法以況。《韓延壽傳》守潁川，令文學校官諸生皮弁執俎豆。《隋志》《五經通義》弁高五寸，前後玉飾。董巴曰：以鹿皮爲之。

漢遠遊冠

《志》遠遊冠，制如通天，有展筩横之於前，無山述，諸王所服。天子五梁，太子三梁，諸侯王通服之。《獨斷》曰：禮無文。《淮南子》楚莊王冠通梁組纓。高誘注：通梁，遠遊也。《魏志》建安十九年三月，授魏公金璽赤紱遠遊冠。《晉志》傳玄云秦冠也。似通天而前無山述，有展筩横於冠前。皇太子及王者後、帝之兄弟、帝之子封郡王者服之。太子則以翠羽爲緌，綴以白珠，其餘但青絲而已。張鏡《宋東宫儀記》皇太子遠遊冠翠緌。《南齊志》遠遊冠，太子諸王所冠。太子朱纓，翠羽緌珠節。諸王玄纓，公侯皆同。北齊制五梁，乘輿所服。《隋志》宋泰始六年，皇太子服冕。梁太子還冠遠遊，後周太子朝賀衮冕九章。隋開皇初，非助祭，皆冠遠遊冠。《隋志》遠遊之制，案《漢雜事》曰：太子諸王服之。《晉令》皇太子諸王給之。《唐志》皇太子謁廟、還宫、元日、朔日、釋奠之服也。三梁，加金博山，附蟬九首，施珠翠，簪導。臨軒册太子，太子遠遊冠，絳紗袍。皇子冠衮冕，遠遊冠，緇布冠，緇纚，犀簪，櫛實於箱。宋朝至道元年，天禧二年，故事，皇太子受册命服遠遊冠，朱明衣，執桓圭，朝會、謁廟亦如之。復製衮冕九章，從祀及謁廟加元服，納妃則服之，謁廟乘金輅，朝則乘馬。

漢高山冠　側注冠

《志》高山冠，一曰側注。制如通天，不邪却，直竪，無山述展筩，《獨斷》齊冠也，高九寸，鐵爲卷，梁不展筩，無山。中外官、謁者、僕射所服。胡廣曰：高山冠，蓋齊王冠也。秦滅齊，以賜近臣謁者服之。《傳》曰：桓公好高冠大帶。劉昭注：《史記》酈生初見高祖，儒衣而冠側注。《漢舊儀》乘輿冠高山冠，飛月之纓，月一作翮。幘耳赤，丹素裏。此亦通于天子。安帝立太子，謁廟，洗馬冠高山。《晉志》秦行人使官亦服之。《詩》云「高山仰止」。取其矜莊賓遠者也。《通典》其體側立而曲注。隋於冠加三峯，唐因之。《五行志》昌邑王賀昭帝時遣中大夫之長安，多治仄注冠。注師古曰：言形側立而下注，非法冠及高山也。《傅子》曰：魏明帝以高山冠似通天遠遊，除去卷筩，令如介幘，幘之上，加物以象山，行人使者服之。《晉志》云：改令卑下。

漢進賢冠

《志》進賢冠，古緇布冠也，文儒者之服也。《獨斷》曰：漢制禮無文。前高七寸，後高三寸，長八寸。公侯三梁，中二千石以下至博士兩梁，自博士以下至小史私學弟子，皆一梁。宗室劉氏亦兩梁冠(亦)〔示〕加服也。王公以下，初加進賢冠而已。劉昭注：建光中，太官令兩梁冠，以典掌王饔也。博士兩梁，崇儒也。中平六年，令三府長史兩梁。《晉志》進賢冠，古緇布之遺象也，文儒之服。前高七寸，後高三寸，長八寸，有五梁、三梁、二梁、一梁。人主元服，始加緇布，則冠五梁進賢冠。三公及封郡公、郡侯、縣、鄉、亭侯，三梁。卿、大夫、八座尚書，關内侯，二千石及一千石以上，則冠兩梁。六百石以下則冠一梁。注《晉公卿禮秩》曰：太傅、司空、司徒，著進賢三梁冠，黑介幘。《唐志》文武朝參、三老五更之服也。黑介幘，青緌。紛長六尺四寸，廣四寸，色如其綬。《通典》云：親王加金附蟬。三品三梁，五品兩梁，九品以上及國官一梁，六品以下私祭服皆用之。侍中、中書令、左右散騎常侍有黄金璫，附蟬，貂尾。侍左者左(躡)〔珥〕，侍右者右(躡)〔珥〕。復制緇布冠，爲始冠之冠。《禮儀志》三老冠進賢，扶玉杖，加元服，乘輿初緇布進賢。《隋志》案《漢官》云：元始五年，令公卿列侯冠三梁，二千石兩梁，千石以下一梁。梁别貴賤，自漢始也。《雋不疑傳》冠進賢冠，帶櫑具劍。《文苑・進賢冠賦》「寸之七比夫七德，梁之三取夫三端，誡于人有傳古之義，形于國有尊儒之風」。

漢法冠　獬豸冠　柱後惠文冠

《志》法冠，一名柱後。高五寸，以纚爲展筩，鐵柱卷，執法者服之，侍御史、廷尉正監平也。或謂之獬豸冠。獬豸神羊，能别曲直，楚王常獲之，故以爲冠。胡廣曰：「《左氏傳》有南冠而縶者，則楚冠也。」《國語》陳侯棄衮冕而南冠以出。秦滅楚，以其君服賜執法近臣服之。《淮南子》楚文王好服獬冠，楚國效之。《異物志》東北荒有獬豸，一角性忠，見人鬭則觸不直者，聞人言則咋不正者。楚執法者所服也。《獨斷》灋冠，楚冠也，一曰柱後惠文冠。《前傳》蕭望之少史冠法冠。淮南王安作漢使節法冠。顔師古張敞弟武，拜梁相曰：梁國大都，吏民凋敝，當以柱後惠文彈治之耳。顔師古注：晉灼曰：漢柱後法冠，一號柱後惠文。秦制執法服，今御史服之。獬豸一角，今〔冠〕兩角，以獬豸爲名。《隋志》如淳注：《漢官》曰：惠，蟬也，細如蟬翼，今御史服之。《通典》隋大業中，改制一角，唐因之，御史所服。

漢武冠　武弁　鵕鸃冠　繁冠　建冠

《志》武冠，一曰武弁大冠，《獨斷》曰：或曰繁冠。諸武官冠之。侍中、中常侍加黄金璫，附蟬爲文，貂尾爲飾，謂之「趙惠文冠」。又名鵕鸃冠，胡廣説曰：「趙武靈王效胡服，以金璫飾首，前插貂尾，爲貴職。秦滅趙，以其君冠賜近臣。」《佞幸傳》孝惠時，侍中皆鵕鸃冠，貝帶。顔師古曰：鵕鸃，鷩鳥，似山雞而小。《淮南子》趙武靈王貝帶鵕鵜而朝，趙國化之。建武時，匈奴内屬，世祖賜南單于衣服，以中常侍惠文冠，中黄門童子佩刀。《通典》漢侍中插左〔貂〕，常侍插右貂，用赤黑色，莽更漢家黑貂著黄貂。天子元服亦爲先加。晉名繁冠，一名建冠。隋依北齊曰武弁。唐制，乘輿加金附蟬，平巾幘。侍中、中書令加貂蟬。《漢官儀》曰：金取堅剛，百鍊不耗。蟬居高飲潔，貂内勁悍外温潤，此因物生義也。谷永曰：戴金貂之飾，執常伯之職。《齊志》按項氏説云「漢侍中蟬，刻爲蟬像，常侍但爲璫而不蟬」，未詳何代所改。《隋志》徐爰《宋志》謂籠冠。《後·宦者傳》漢中常侍參用士人銀璫左貂，明帝以後，中常侍十人、小黄門二十人，改以金璫右貂。《後魏志》司馬彪云：漢帝有四冠：一緇布，二進賢，三武弁，四通天冠。《魏都賦》「藹藹列侍，金蜩齊光」。《瑣語》范獻子獵，遺其豹冠。

漢建華冠　方山冠

《志》建華冠，以鐵爲柱卷，貫大銅珠九枚，制似縷鹿。薛綜曰：上輪小，下輪大。記曰：「知天者冠述，知地者履絇。」鄭子臧好鷸冠，前圓，以爲此則是也。天地、五郊、明堂，《育命舞》樂人服之。方山冠，似進賢，以五采縠爲之。祠宗廟，《大予》、《八佾》、《四時》、《五行》樂人服之，冠衣各如行方之色而舞。《通典》曰：晉因之。《東京賦》「冠華秉翟」。

漢巧士冠　却非冠

《志》巧士冠，高七寸，要後相通，似高山冠。唯郊天，黄門從官四人冠之，在鹵簿中，以備宦者四星。《獨斷》曰：高五寸，禮無文。却非冠，似長冠，下縮垂五寸，有緌蕤。宫殿門吏僕射冠之，負赤幡，青翅燕尾。《獨斷》曰：禮無文。唐制，亭長，門僕服之。

漢却敵冠

《志》却敵冠，前高四寸，通長四寸，後高三寸，制似進賢，衛士服之。《獨斷》曰：禮無文。《通典》云晉制之。

漢樊噲冠

《志》樊噲冠，漢將樊噲造次所冠，以入項羽軍。廣九寸，高七寸，前後出各四寸，制似冕。司馬殿門大儺衛士服之。或曰，噲常持鐵楯，裂裳裹楯，冠之入軍門，立漢王旁，視項羽。後人壯其意，制冠象焉。《通典》似平冕。《十八侯銘》「操楯千鈞，拔主項堂」。

漢術氏冠　周術氏冠

《志》術氏冠，前圓，吴制，差池邐迤四重。趙武靈王好服之。今不施用，官有其圖注。蔡邕曰：其説未聞。晉因之。《晉志》或曰：淮南子。楚莊王復鷸冠是也。《通典》或曰楚莊王解冠是也。《前·五行志》注：師古曰：天將雨鷸知之。《逸周書》知天文者冠鷸冠。以鷸知天時故也。《春秋》疏：鷸，一名翠羽，可爲飾。《刊誤正俗》云：《逸禮記》云云。《禮圖》謂之術氏冠。《獨斷》建華冠，鷸冠。記曰：知天文者服之，術士冠云云。同志。《三禮圖》云：《新圖》誤題爲術氏冠。

漢鶡冠

《志》武冠，俗謂之大冠，環纓無蕤，以青絲爲緄，加雙鶡尾，竪左右，爲鶡冠。《上林賦》「蒙鶡蘇，絝白虎，被斑文」。《東京賦》「虎夫戴鶡」。劉向《别録》鶡冠子居深山，以鶡爲冠。《莊子》「縵胡之纓，武士之服」是也。《莊子》趙劍士皆蓬頭突鬢，垂冠曼胡之纓，短後之衣。五官、左右虎賁、羽林、五中郎將、羽林左右監皆冠鶡冠，紗縠單衣。虎賁將虎文絝，白虎文劒佩刀。虎賁武騎皆鶡冠，虎文單衣。鶡者，勇雉也，其鬬對一死乃止，故趙武靈王以表武士，秦施之。荀綽曰：冠插兩鶡。徐廣曰：似黑雉，出上黨。顔師古曰：俗爲鶡雞。黄帝以鶡爲旗幟。

漢爵弁

《志》爵弁，一名冕，廣八寸，長尺二寸，如爵形。前小後大，繒其上似爵頭色。有收持笄，所謂夏收、殷冔者也。祠天地、五郊、明堂，《雲翹舞》樂人服之。《禮》曰：朱干玉戚，冕而舞大夏。《獨斷》曰：冕冠，周曰爵弁，殷曰冔，夏曰收。殷黑而微白，前大而後小，夏純黑而赤，前小而後大，皆以三十六升漆布爲之。《詩》曰「常服黼冔」。上古以布，中古以絲。《禮儀志》加元服儀，次爵弁，次武弁。《通典》周制，爵弁，士冠禮三加成人服之。晉依漢制，更名廣冕，隋以角爲簪導，唐因之，以紳代布，用玄纓簪導。

漢幘　赤幘　納言幘　帽　翠帽

《志》通典同。古者有冠無幘，其戴也，加首有頍，所以安物。故《詩》曰「有頍者弁」。秦加武將首〔飾〕爲絳袙，以表貴賤，後稍作顏題。漢孝文高其顏題，續之爲耳，崇其巾爲屋，上下羣臣貴賤皆服之。文者長耳，武者短耳，稱其冠也。尚書幘收，方三寸，名曰納言，示以忠正，明近職也。迎氣五郊，各如其色，從章服也。皁衣羣吏春服青幘，立夏乃止，尊其方也。武吏常亦幘，成其威也。未冠童子幘無屋，示未成人也。《東觀記》曰：段熲滅羌，詔賜熲赤幘大冠一具。董仲舒《止雨書》曰：執事皆赤幘。《獨斷》曰：元帝額有壯髮，始進幘服之，羣臣隨焉。制，紺幘以齋，青幘以耕，緗幘以獵，緑幘，董偃召見服之。《通典》上古衣毛帽皮。《玄中記》云：旬始作帽。周成王問周公，「舜冠何如」？曰：「古之人，上有帽而勾領。」古者冠下有纚，以繒爲之。後世施幘於冠，因裁纚爲帽，自乘輿燕居，下至庶人無爵者，皆得服之。魏管寧在家，嘗著皁帽。《吳書》云：陸遜破曹休於石亭還，上脱翠帽賜遜，朝謁服之。宋制，黑帽綴紫標，標以繒爲之。後制高屋白紗帽，陳名白紗者，爲高頂帽。後魏咸著突騎帽，垂裙覆帶，蓋索髮遺象。隋文開皇初，嘗著烏紗帽，大業通服折上巾。唐制白紗帽，又制烏紗帽。《西京賦》天子戴翠帽，注：翠羽爲車蓋。倚金較瓊弁，玉纓遺光儵爚。後漢末，王公名士以幅巾爲雅，是以袁紹、崔豹之徒，雖爲將帥，皆著縑巾。按：巾，六國時，趙魏之間通謂之承露。袁紹戰敗，幅巾渡河。按此則庶人及軍旅皆服之。全幅皁而向後幞髮謂之頭巾，俗人謂之幞頭。東晉制，以葛爲巾，形如帢而横著之，尊卑共服。太元中，國子生見祭酒博士冠角巾，至齊立學，王儉議更存焉。唐始用巾子，尚平頭小樣者。

漢天子衣服制

《魏相傳》奏高皇帝所述書《天子所服第八》。顏師古注：如淳曰：天子衣服之制也，於施行詔書第八。

漢齊三服官

《元紀》初元五年四月，詔罷齊三服官。顏師古注：李斐曰：齊國舊有三服之官。春獻冠幘縰爲首服，(絹)〔紈〕素爲冬服，(絹)「綃」爲夏服，凡三。《地理志》齊郡臨淄有服官。又曰：齊俗織爲冰素綺繡純麗之物，號爲冠帶衣履天下。襄邑亦有服官。襄邑係陳留郡。師古曰：〔襄邑〕自出文繡，非齊三服，李説是。縰，即今之方目紗也。輕綃，今之輕紗也。胡公曰：服官主作文繡，以給衮龍之服。《哀紀》綏和二年六月，哀帝詔曰：齊三服官、諸官織綺繡，難成，害女紅之物，皆止，無作輸。《貢禹傳》元帝初，上言故時齊三服官，輸物不過十笥，今作工各數千人，一歲費數鉅萬。天子納其忠，乃詔罷之。《谷永傳》元延元年，永言願止京師、郡國工服官造作，以助大農。《章紀》建初二年四月，癸巳，詔齊相省冰素，素色鮮潔如冰。方空、紗薄如空也。或曰空，孔也，即今方目紗。縠、吹綸絮。縠，紗也。綸，似絮而細，吹者，言吹嘘可成，亦紗也。《前書》齊有三服官，故詔齊相罷之。《馬廖傳》上疏曰：元帝罷服官，成帝御浣衣，哀帝去樂府。而侈費不息者，百姓從行不從言也。周太宰節膳服之式，凡皮臯絲屨，皆掌于天官，司服隸于宗伯，蓋禮官辨其等，天官制其用。漢天子所服，中謁者四人各舉一時，而天子衣服，御府又主之。宗廟衣服，郊祀文繡之服，東織令又奉之，皆統于少府，悉出禁錢，不以度大司農，况丞相可均節之乎。晉絳人爲君復陶。杜預注：主衣服之官。《西都賦》「虎賁贅衣」。李善注：贅衣，主衣之官，書曰綴衣。《輿服志》襄邑歲獻織成虎文。衣裳玉佩備章采，乘輿刺(史)〔繡〕，公侯九卿以下皆織成，陳留襄邑獻之。《禹貢》孔穎達正義：漢陳留襄邑縣置服官，使制作衣服，是衮州綾錦美也。徐州篚玄纖縞。《文選》李善注《陳留記》曰：睢奂之間出文章，奉宗廟御服。《魏都賦》「錦繡襄邑，羅綺朝歌，緜纊房子，縑總清河」。《王符傳》文組采牒，錦繡綺素，葛子升越，筩中女布。《鹽鐵論》齊陶之縑，蜀漢之布。景帝詔曰：錦繡纂組，害女紅者也。光武敕會稽獻越布。《高紀》賈人毋得衣錦繡綺縠絺紵罽。八年春三月。《郊祀歌》「曳阿錫」。顏師古注：如淳曰：阿，(絹)〔細〕繒。錫，細布。《貨殖傳》荅布。孟康曰：白疊也。閩侯遺江都王以荃葛。師古曰：南方筒布之屬。魯縞。師古曰：曲阜俗善作之。叔孫通服短衣，楚製。江充衣紗縠單衣。相如《游獵賦》「被阿錫，揄紵縞，雜纖羅，垂霧縠。衯衯裶裶，揚衪戌削」。吳縞帶。鄭紵衣。

漢絳衣大冠　絳衣

《紀》見光武絳衣大冠，驚曰：謹厚者亦復爲之。時三輔吏士東迎更始，見諸將過，皆冠幘，而服婦人衣，諸于繡𧝓，莫不笑之。《古今注》建武十三年，初令令長皆小冠。《東觀記》光武起義，衣絳單衣赤幘。《周禮·司常》鄭玄注：屬謂徽號。

今城門僕射所被，及亭長著絳衣，是其遺象。《昭紀》丞相證事。顔師古注：張晏曰：《漢儀注》比六百石，絳衣奉朝賀正月。《元后傳》獨衣絳緣諸于。注師古曰：諸于，大掖衣，即袿衣之類。絳衣舍人。見班彪便宜事。《前傳》雋不疑褒衣博帶。朱博守琅邪，官屬多褒衣大袑。博敕令掾史衣皆去地三寸。江充衣紗縠襌衣《漢官儀》武賁中郎將衣之。曲裾後垂交輸，冠襌纚步摇冠，飛翮之纓。蓋寬饒爲衛司馬，未出殿門，斷其襌衣，令短離地，冠大冠，帶長劍。《西京賦》「武士緹衣韎韐」。《周禮》鄭玄注：伍伯緹衣，古兵服遺色。《文選·策秀才文》「紫衣賤服，猶化齊風，長纓鄙好，且變鄒俗」。《墨子》齊桓公高冠博帶以治其國，楚莊王鮮冠組纓，絳衣博袍以治其國。後魏元會，帽上著籠冠，袴上著衣，褚緖譏之。後周天元詔：天臺侍衛之官，皆著五色，及紅紫緑衣，以雜色爲緣，名曰品色衣，與公服問服之。隋大業六年，百官從駕皆服袴褶，於軍旅間不便。是歲始詔從駕遠涉者，文武官皆戎衣，五品以上通著紫袍，六品以下兼用緋緑。南齊永明八年，何胤爲祭酒，服朱衣。唐龍朔二年九月，戊寅，初令八品九品衣碧。

王應麟《玉海》卷八二《車服·冕服》

漢永平旒冕衣裳　玉佩絇屨　漢冕冠　平冕　龍衮

《紀》永平二年正月辛未，宗祀光武於明堂，帝及公卿列侯始服冠冕、衣裳、玉佩絇屨以行事。詳見《車服制度》。李賢等注：《漢官儀》曰：天子、公、卿、特進、諸侯祀天地明堂，皆冠平冕。《三禮圖》：冕以三十升布漆而爲之，廣八寸，長尺六寸，前下後高，有俛伏之形。董巴《輿服志》顯宗初服冕衣裳以祀天地。衣裳以玄上纁下。徐廣《輿服注》：漢明帝案古禮備其服章，天子郊廟衣皁上絳下，前三幅，後四幅，衣畫而裳繡。《禮記》曰：古者君子必佩玉。天子佩白玉，公侯佩山玄玉，大夫佩水蒼玉，世子佩瑜玉。《周禮》屨人掌王赤舄青絇。鄭玄注云：赤舄，爲上冕服之舄也。絇屨，鼻頭以青綵飾之。絇音劬。《三禮圖》曰：屨複下曰舄，其色各隨裳色。《東京賦》「整法服，正冕帶，珩紞紘綖，玉笄綦。會火龍，黼黻藻絳，鞶厲。徐廣《車服儀制》曰：戰國以韍，非兵飾去之。漢明帝復制韍，天子赤皮蔽膝。

《志》聖人作冠冕纓蕤，以爲首飾，凡十二章。天子備章，公自山以下，侯伯自華蟲以下，子男自藻火以下，卿大夫自粉米以下。至周而變之，以三辰爲旂旗。王祭上帝，則大裘而冕，公侯卿大夫用九章以下。秦滅去禮學，郊祀之服皆以袀玄。漢承秦故，世祖都于土中，始修三雍，正兆七郊。顯宗永平二年初服旒冕，衣裳文章，赤舄絇屨，以祠天地，養三老五更於三雍，于時致治平矣。

天子、三公、九卿、特進〔侯〕、侍祠侯，祀天地明堂，皆冠旒冕，衣裳玄上纁下。乘輿備文，日月星辰十二章，三公、諸侯山龍九章，九卿以下華蟲七章，皆備五采，大佩，赤舄絇屨，以承大祭。百官執事者，冠長冠，皆祗服。五岳、四瀆、山川、宗廟、社稷，皆袀玄長冠，五郊各如方色云。百官不執事，袀玄以從。

冕冠，垂旒，前後邃延，玉藻。孝明皇帝永平二年，初詔有司采《周官》、《禮記》、《尚書·皋陶篇》，乘輿服從歐陽氏説，公卿以下從大小夏侯氏説。冕皆廣七寸，長尺二寸，前圓後方，朱緑裏，玄上，前垂四寸，後垂三寸，係白玉珠爲十二旒，以其綬采色爲組纓。三公、諸侯七旒，青玉爲珠，卿大夫五旒，黑玉爲珠，劉昭注：《獨斷》曰：三公諸侯九旒，卿七旒。與此不同。旁垂黈纊。郊天地〔宗〕祀、明堂，則冠之。衣裳玉佩備章采，乘輿刺（史）〔繡〕，公侯九卿以下皆織成。劉昭注：《東觀書》永平二年正月，公卿議春南北郊，東平王蒼議：高帝制長冠入宗廟，陛下以禮服龍衮祭五帝，久無祭天地冕服之制。天地之禮，冕冠裳衣，宜如明堂制。《志》自冕冠至鶡冠，其名十九：冕冠、長冠、委貌、皮弁、爵弁、通天、遠遊、高山、進賢、法冠、武冠、建華、方山、巧士、却非、却敵、樊噲、術氏，皆有纓蕤，執事及武吏縮纓，垂五寸。鶡冠無蕤。

《東平王蒼傳》中興三十餘年，蒼以天下化平，宜修禮樂，遂與公卿共議，定南北郊冠冕車服制度，及光武廟八佾舞數。《東都賦》「修衮龍之法服」。《晉志》漢承秦弊，西京未有所制。及明帝始，采《周官》、《禮記》、《尚書》及諸儒記説，還備衮冕之服。天子之冕，前後旒用真白玉珠。魏明帝改以珊瑚珠。晉初仍舊，過江服章多闕，而冕飾以翡翠、珊瑚、雜珠。侍中顧和奏，改用白琁珠。《宋志》漢承秦制，冠有十三種，魏晉以來不盡施用。《隋志》陸澄議：秦除六冕之制，後漢始備古章。魏晉以來，非祀宗廟，不欲令臣下服衮冕，位爲公者，必加侍官，故太子入朝，因而不著，但承天作副禮，絶羣后，皇太子朝請服冕，自宋以下，始定此儀。宋泰始四年。《唐志》顯慶元年，長孫無忌曰：漢明帝始采《周官》、《禮記》，制祀天地之服，天子備十二章。《禮記·王制》孔穎達疏：虞夏之制，天子祭服，自日月而下十有二章。六者畫於衣，法天之陽氣之六律，六者繡於裳，法地之陰氣之六呂。凡冕之制，皆玄上纁下，故注《弁師》云：玄覆朱裏。師説以木版爲中，以三十升玄布衣之於上，謂之延也。朱爲裏，以繒爲之。案，《漢禮器制度》，廣八寸，長尺六寸。又董巴《輿服志》云：廣七寸，長尺二寸，皇氏謂此爲諸侯之冕。應劭《漢官儀》廣七寸，長八寸。皇氏以爲卿大夫之冕服也。蓋冕隨代變異，大小不同，今依漢禮器制度爲定。《春秋》正義：阮諶《三禮圖》、《漢禮器制度》云：冕制皆長尺六寸，廣八寸，天子以下皆同。沈引董巴《輿服志》云：廣七寸，長尺二寸。應劭《漢官儀》云：廣七寸，長八寸。沈又云：廣八寸，長尺六寸者，天子之冕。廣七寸，長尺二寸者，諸侯之冕。廣七寸，長八寸者，大夫之冕。古禮殘缺，未知孰是。《玉藻》孔穎達疏：漢明帝時，用曹褒之説，皆用白旒珠。《深衣》孔穎達疏：鄭以後漢之時，裳有曲裾，故以續衽鉤邊，似漢時曲裾。今時朱衣朝服，從後漢明帝所爲，是今朝服之曲裾也。

漢六冕

《隋志》《周禮》大裘之冕無旒，《三禮·衣服圖》大裘而冕，王祀昊天、上帝及五帝之服。秦除六冕，唯留玄冕。漢明帝永平中始創制。董巴《志》云：漢六冕同制，皆濶七寸，長尺二寸，前圓後方。《晉志》漢承秦改六冕之制，但玄冠絳衣。見下。

漢衮衣

《南齊·輿服志》衮衣，漢世出陳留襄邑所織，宋末用繡及織成。齊建武中，采畫爲之，加飾金銀薄，世亦謂爲天衣。

漢五時服　羣臣法服

《禮儀志》劉昭注：織室作祭服天地、宗廟、羣臣五時之服。又云：《獻帝起居注》中平六年，令三府長史兩梁冠，五時衣袍事位從千石、六百石。《禮儀志》立春，京師百官衣青衣，郡國縣道官下至斗食令史皆服青幘。立夏，衣赤。求雨，衣皁。先立秋十八日，衣黄。立秋，衣白，施皁領緣中衣，迎氣禮畢皆衣絳。立冬，衣皁，迎氣禮畢皆衣絳。冬至，衣絳。至立春，諸五時變服，執事者先後其時皆一日。《漢雜事》曰：高祖時，大謁者臣章受詔長樂宫，令羣臣議天子所服。謁者趙堯舉春，李舜舉夏，兒湯舉秋，貢禹舉冬。五時服始於此。《張敞傳》備皁衣二十餘年。顔師古注：如淳曰：雖有五時服，至朝皆著皁衣。《谷永傳》擢之皁衣之吏。《郊祀歌》帝臨章嘉，服上黄。《蔡邕傳》臣在宰府，及備朱衣。謂祭官也。丙顯從祠高廟，至夕牲日，使出取齋衣。《河東賦》「命羣臣，齊法服」。《晉志》漢制一歲五郊，天子與執事者所服，各如其方色。百官不執事者，服常服絳衣以從。魏秘書監秦静曰：漢氏承秦，改六冕之制，但玄冠絳衣而已。魏已來，名爲五時朝服。又有四時朝服，又有朝服，自皇太子已下隨官受給。《隋志》晉令皇太子給五時朝服，遠遊冠。裴正奏曰：後周制冕，加爲十二，色應五行，又非典故。案三代之冠，六等之冕，無迎氣變色之文。唯《月令》起秦代，乃有青旂、赤玉、白駱、黑衣，而不言弁冕。案《續漢書·禮儀志》云：立春之日，京都皆著青衣，秋夏悉如其色。魏晉迎氣五郊，行禮之人皆同此制。考尋故事，唯幘從衣色。今請冠及冕色並用玄，唯應著幘者，任依漢晉制。曰：可。《續漢志》劉昭注：《獨斷》曰：公卿、侍中尚書衣皁而朝者曰朝臣，諸營校尉、將、大夫以下不爲朝臣。賀循曰：漢儀親耕，青衣幘。《漢舊儀》曰：凡齋紺幘，耕青幘，秋貙劉服緗幘。五時袍見前。《晉志》魏明帝以公卿衮衣黼黻之飾，疑於至尊，多所減損，始制天子服刺繡文，公卿服織成文。晉遵而無改。《西京賦》「緹衣韎韐」。李善注：武士之服也。《周禮》鄭玄注：今時伍伯緹衣。

漢后服　步繇　圭衣

《志》太皇太后、皇太后入廟服，紺上皁下，蠶，青上縹下，皆深衣制。簂，簪珥。簪以瑇瑁爲擿，長一尺，端爲華勝，上爲鳳皇爵，以翡翠爲毛羽，下有白珠，垂黄金鑷。左右一横簪之，以安簂。皇后謁廟服，紺上皁下，蠶，青上縹下。假結，步摇，簪珥。步摇黄金爲山題，貫白珠爲桂枝相繆，一爵九華，熊、虎、赤羆、天鹿、辟邪、南山豐大特六獸，《詩》所謂「副笄六珈」者。《禮·追師》鄭玄注：副之言覆，王后首服爲副。其遺象若今步繇。賈公彦疏：漢之步繇，謂在首之時，行步繇動。鄧后賜馮貴人王赤綬，以未有步摇，環佩加賜各一具。《詩》鄭玄箋副既笄而加飾，如今步摇上飾。《内司服》鄭玄注：今世有圭衣，蓋三翟之遺俗。賈公彦疏：漢時有圭衣，刻爲圭形，綴於衣，由周禮有三翟，别刻繒，綴於衣，漢俗尚有。

漢弋綈

《文帝紀·贊》身衣弋綈，服御無增益。顔師古注：如淳曰：弋，皁也。《傳》賈誼曰：帝之身自衣皁綈。東方朔曰：孝文身衣弋綈，足履革舄，衣緼無文。貢禹曰：孝文衣綈履革。揚雄曰：聖文綈衣不敝。杜篤云：太宗衣無異采。《後·文苑傳》。《文中子》衣弋綈，傷乎禮，中焉可也。《張安世傳》安世尊爲公侯，身衣弋綈。顔師古注：弋，黑色。綈，厚繒。光武身衣大練，色無重綵。陸閎善著越布單衣，光武好之，勑會稽獻越布，唐元和《聖德詩》「斥遣浮華，好此綈紵」。

漢御浣衣

《紀》永平十八年，肅宗即位。十二月癸巳，有司奏：孝明皇帝劬勞日昊，身御浣衣，食無兼珍。不以天下爲樂。《馬廖傳》上疏長樂宫曰：元帝罷服官，成帝御浣衣，哀帝罷樂府，而侈費不息，至於衰亂者，百姓從行不從言也。改政移風，必有其本，陛下躬服厚繒，斥去華飾。《許后傳》上疏：舊故，中宮乃私奪左右之賤繒，及發乘輿服繒，爲待詔補注。顏師古注：託言此繒擬待別詔有所補浣。《東都賦》「昭節儉，示太素，去後宮之麗飾，損乘輿之服御」。文王卑服即功。禹惡衣服。

漢繡袷

見錫予外夷類。

漢貂裘

《東平王蒼傳》建初六年冬，蒼上疏求朝，明年正月，帝許之。帝以蒼冒涉寒露，遣謁者賜貂裘，及太官食物珍果。七年八月，蒼歸國，復賜乘輿服御，珍寶輿馬。天漢三年，西國獻吉光裘。唐太宗親解貂裘賜韋挺。

漢賜車馬衣服　珍寶衣服　三公服　御衣綬　賜帛　賜錦

《後傳》李忠與任光，同奉世祖爲右大將軍，世祖自解所佩綬以帶李忠會諸將，問所得財物，唯忠無所掠，則以所乘大驪馬及繡被衣服賜之。恭王祉，建武二年封爲城陽王，賜乘輿御物車馬衣服。馮異，建武六年春朝京師，使中黃門賜珍寶衣服。郭伋，建武十一年爲并州牧，賜車馬衣服。樊蕪，與光武少游舊，賜御食及乘輿服物。郭賀，爲荆州刺史，有殊政。顯宗召見，賜以三公之服，黼黻冕旒，敕行部去襜帷，使百姓見其容服，以章有德。丁鴻，永平十年召見，賜御衣及綬。祭彤，永平十二年爲太僕，顯宗美彤清約，賜錢馬衣被弓劍。廣陵侯元壽，永平十五年召見東平宮，班賜御服器物，又取皇太子輿馬悉與之。葉崧爲郎，獨(立)〔直〕臺上，帝(嘉)之，詔大官賜尚書以下朝夕餐，給帷帳皁袍，侍史二人。鄭均，建初六年告歸，賜以衣冠。魯丕，和帝因朝會召見諸儒，丕與賈逵、黃香等相難，帝善丕說，特賜冠幘、履襪、衣一襲。楊賜，光和四年拜太常，賜御府衣一襲，冠幘綬。《周禮·宮伯》「以時攽〔其〕衣裘」。鄭玄注：若今賦冬夏衣。《說文》漢律曰：賜衣者縵表白裏。《後漢志》立秋，遣使者齎束帛賜武官。劉昭注：《漢官名秩》曰：賜太尉、將軍各六十匹，執金吾、諸校尉各三十匹，武官倍於文官。立春，遣使齎束帛賜文官。劉昭注：《漢官名秩》曰：賜司徒、司空帛四十匹，九卿十五匹。《古今注》曰：建武八年立春，賜公十五匹，卿十匹。《前紀》武帝元狩六年十月，賜丞相至吏二千石百金，千石至乘從者帛，蠻夷錦各有差。昭帝元鳳二年四月，賜郎從官帛。元康三年春，賜郎從官帛。《王褒傳》褒等爲歌頌以差賜帛。《明紀》永平六年獲鼎，賜三公帛五十匹，九卿二千石半之。《後傳》任延爲九真太守，光武召見，賜馬雜繒。劉般，建武十九年賜繒二百匹。祭彤爲襄賁令，政清，璽書勉勵，增秩一等，賜縑百匹。淳于恭，建初元年，詔美素行，告郡賜帛二十匹，遣詣公車。魏文帝解御袍賜薛夏，以御衣賜張遼。晉咸寧三年，賜陳騫衮冕之服。晉盧志賜衣一襲，鶴紋袍一領。

晉平冕

《晉志》平冕，王、公、卿助祭於郊廟服之。王、公八旒，卿七旒，以組爲纓，色如其綬。王、公衣山龍以下九章，卿衣華蟲以下七章。《宋志》魏明帝以公卿衮衣黼黻之文，擬於至尊，復損略之。《隋志》平冕，俗所謂平天冠也。其制，玄表朱緑裏，廣七寸，長尺二寸，加於通天冠上。前垂四寸，後垂三寸，前圓而後方。垂白玉珠十有二旒，其長齊肩，以組爲纓，各如其綬色。傍垂黈纊琉珠以玉瑱。梁天監七年，周捨議，詔旨以王者衮服宜畫鳳皇。按《禮》有虞氏皇而祭，畫鳳皇羽也。皇是衣名，非冕明矣。

後周常冠十二冕

後周武帝時，初服常冠，以皁紗全幅向後襆髮，仍裁爲四脚，俗謂之襆頭。武帝宣政元年三月甲戌，初服常冠，以皁紗爲之，加簪而不施纓導，若今之折角巾。《唐會要》折上巾，軍旅所服，今襆頭是也。《通典》曰：武帝建德中，制折上巾。《隋志》云：巾，趙魏間謂之承露。《通典》後周設司服之官，掌皇帝十二冕，祀昊天蒼，五帝隨方色，朝日青，夕月素，地祇黃，神州社稷玄，享先王加元服，象食三老耕藉衮，視朔大射山，視朝宴鷩，皆十有二旒。

唐冠冕制度

《會要》貞觀四年八月十四日，丙午。詔曰：冠冕制度已備令文，尋常服飾，未爲差等，於是三品以上服紫云云。《六典》尚衣奉御供天子衣服，詳其制度。凡天子冕服十有三。大裘冕至翼善冠。尚服掌供内服皇后之服三。褘、鞠、襢衣。内直郎掌皇太子之服。織染令掌供天子、皇太子、羣臣之冠冕，辨其制度。天子之冠二，通天、翼善。冕六，大裘、衮、鷩、毳、絺、玄。弁二，武弁、皮弁。幘二，黑介、平巾。帽一，白紗。太子之冠三，三梁、遠遊、進德。冕二，衮、玄。弁一，皮弁。幘一，平巾。臣下之冠五，高山、遠遊、進賢、獬豸、却非。冕五，衮、鷩、毳、絺、玄。弁二，爵、武。幘三，介平巾、平巾、緑幘。武庫令袍之制五，青、緋、黃、白、皁，皆繡，畫武、豹、鷹、鶻之類。《紀》玄宗開元二年七月，乙未，焚錦繡珠玉於前殿。戊戌，禁珠玉錦繡，停織錦坊。德宗大曆十四年六月，已亥，減乘輿服御。《會要》貞元七年十一月，上問冠冕於宰臣。董晉曰：冠冕動有佩玉之響，以節步也，故禹致美於紱冕。

唐天子冕服　大裘冕　皇后服　袞冕六服

《志》天子之服十四：大裘冕祀天地之服也，黑表纁裏，無旒，金飾玉簪導。袞冕，踐祚、饗廟、征還、遣將、飲至、加元服、納后、元日受朝、臨軒册拜之服也。衣畫裳繡，以象天地之色。鷩冕，有事遠主之服也。毳冕，祭海嶽。絺冕，祭社稷饗先農。玄冕，蜡祭、朝日、夕月。通天冠，冬至受朝、祭還、燕羣臣、養老之服。緇布冠，始冠之服。武弁，講武、出征、蒐狩、禡、類、宜社、賞祖、罰社、纂嚴之服。《禮志》射，皇帝服武弁。弁服，朔日受朝。白紗帽，視朝、聽訟。平巾幘，乘馬之服。又有黑介幘，拜陵之服。白帢，臨喪之服。皇后之服三：褘衣、鞠衣、鈿釵禮衣。《會要》舊制云云。同志。顯慶元年九月，長孫無忌等言：武德初，撰《衣服令》，天子祀天地服大裘冕。無旒。案周郊被袞以象天，戴冕璪十二旒，與大裘異。請服袞冕，罷大裘。開元十一年，張説請用大裘。玄宗以大裘樸略，廢而不用。無忌又言：親祭日月，服五品之服，是貴賤無分也，請諸祭皆用袞冕，自是鷩冕以下，天子不復用。儀鳳二年，蘇知機上言：請製大明冕十二章，乘輿服之，加日、月、星辰、龍、虎、山、火、麟鳳、玄龜、雲水等，象鷩冕八章。三公服之。毳冕六章，三品服之。黼冕四章，五品服之。詔下有司議，楊炯奏議，遂寢知機之請。《六典》大裘冕無旒，冕廣八寸，長一尺六寸。《閻立德傳》武德初，遷尚衣奉御，制袞冕六服，腰輿傘扇或有典法。李德裕《正服箴》「聖人作服，法象可觀。汲黯莊色，能正不冠。楊阜慨然，亦譏縹紈。四時所御，各有其宜」。

唐太子冕服

《志》皇太子之服六：袞冕、遠遊冠、公服、烏紗帽、弁服、平巾幘。（進德冠）內直郎掌之。皇太子妃之服三：褕翟、鞠衣、鈿釵禮衣。《通典·開元禮》皇太子正至受羣臣賀，著從省服以出。若服袴褶，羣臣及宮臣皆袴褶，朝集使公服。受宮臣朝，皇太子服遠遊冠，絳紗袍以出。《禮志》太子納妃，服袞冕出，升金輅。

羣臣冕服

唐一品袞冕

《志》羣臣之服二十有一：袞冕，一品之服。鷩冕，二品之服。毳冕，三品之服。絺冕，四品之服。玄冕，五品之服。平冕，郊廟武舞郎之服。爵弁，六品以下九品以上從祀之服。武弁，武官朝參服。弁服，文官九品公事之服。進賢冠，文武朝參，三老五更之服。遠遊冠，親王之服。法冠，御史之服，一名解廌冠。高山冠，內侍、謁者之服。委貌冠，郊廟文舞郎之服。却非冠，亭長、門僕之服。平巾幘，武官、衛官公事之服。黑介幘，國官視品、府佐謁府，國子太學四門生俊士參見之服。介幘，登歌工人之服。平巾緑幘，供膳、奉觶之服。具服，五品以上陪祭、朝饗、拜表之服，亦曰朝服。從省服，五品以上公事、朔望朝謁、見東宮之服，亦曰公服。

唐翼善冠　進德冠幞頭

《志》太宗常以幞頭起於後周，便武事者也。馬周議：裹頭者，左右各三摺，象三才。重繫前脚，法二儀。方天下偃兵，採古制以爲翼善冠，自服之。又制進德冠以賜貴臣，貞觀八年五月七日，初服此冠。玉璂，制如弁服，以金飾梁，花趺，三品以上加金絡，五品以上附山雲。自是元日、冬至、朔、望視朝，服翼善冠，衣白練裙襦。常服則有袴褶與平巾幘，通用翼善冠。進德冠制如幞頭，皇太子乘馬，則服進德冠，九璂，加金飾，犀簪導，亦有袴褶，燕服用紫。其後朔、望視朝，仍用弁服。《會要》貞觀八年五月七日，太宗初服翼善冠，賜貴臣進德冠，因謂侍臣曰：幞頭起於周武帝，蓋取便軍容耳。今四海無虞，當偃武事，此冠頗采古法，兼類幞頭，乃宜常服。至開元十七年廢不用。宋朝淳化二年十月五日，詔檢討翼善冠制度，及所用衣服。《會要》唐制，親王服遠遊三梁冠，五品以上兩梁冠，九品以上一梁冠。武官（凡）〔及〕中書門下九品以上，服武弁平巾幘。御史服法冠。

唐賜貂裘

《韋挺傳》太宗討遼東，專主餉，詔河北州皆取挺節度，許以便宜。帝親解貂裘及中廄馬賜之。

唐赭黄袍

《志》初，隋文帝聽朝之服，以赭黄文綾袍、烏紗帽、折上巾、六合鞾，與貴臣通服。唯天子之帶有十三鐶。又有平頭小樣巾，百官常服，同於庶人。至唐高祖，以赭黄袍巾帶爲常服。

唐綾袍金玉帶

《舊紀》貞元七年十一月乙丑，令常參官趨朝入閤不得奔走，朝會須服本色綾袍金玉帶。《董晉傳》德宗時，金吾將軍沈房常服入閤，帝疑以問晉。又問晉冠冕之制，對曰：古者服冠冕，以珮玉節步。堂上接武，堂下布武。君前，趨進而已。今或奔走致顛仆，在式，朝臣皆綾袍，五品而上金玉帶，所以盡飾奉上。故漢尚書郎含香，老萊采服，君父一也。帝然其言，令羣臣衣本品綾袍金玉帶，自晉而復。《會要》貞元七年十一月九日詔：常參官入閤不得奔走，復衣綾袍金玉帶。八年十二月三日，賜文武常參官綾袍。《會要》貞觀二十二年十月八日，癸卯令百寮朔望日服袴褶以朝。《南齊志》袴褶，親戎纂嚴所服。開元二十五年，御史大夫李適之奏：冬至、大禮、朝參并六品清官，服朱衣，已下通服袴褶。天寶十二載十一月十三日制：五品已上著珂傘。貞元十五年四月，歸崇敬以百官朔望朝服袴褶，非古禮。隋代始有服者，請罷之。奏可。

唐章服　魚袋　龜袋　賜羣臣襲衣見後

《會要》兼《實録》、《六典》。貞觀四年八月十九日丙午詔：三品以上服紫，四品、五品以上服緋，六品、七品以緑，八品、九品以青。《馬周傳》云：品官舊制止黄紫，於是云云，皆周建白。龍朔二年九月二十三日，戊寅。孫茂道奏：八品、九品衣碧。從之。上元元年八月戊戌敕：文武官三品以上服紫，金玉帶。四品、五品服緋，金帶。六品、七品緑，銀帶。八品、九品青，鍮石帶。庶人黄銅鐵帶。永徽二年四月二十九日，《舊紀》五月壬辰。以下兼《舊紀》。給五品以上隨身魚銀袋，以防召命之詐，出内必合之。三品以上金飾袋。咸亨三年五月，乙未。五品以上改賜新魚袋，並飾以銀。三品以上各賜金，裝刀子礪石一具。武后垂拱二年正月二十日，都督，刺史並準京官帶魚袋。天授元年志云二年。九月二十六日，改佩魚皆爲龜。久視元年十月三日，三品以上龜袋，飾以金。四品以銀，五品以銅。神龍元年二月，罷龜袋，復給以魚。九月十七日，郡王、嗣王亦佩金魚袋。景龍三年八月，令特進佩魚。散官佩魚，自此始然。員外試檢校官猶不佩魚。景雲二年四月二十四日詔：衣紫者，魚袋飾以金，衣緋，飾以銀。開元三年八月，駙馬、都尉，從五品者，假紫金魚袋。八年二月十二日，都尉、刺史品卑者，假緋魚袋。五品以上，檢校試判官皆佩魚。九月十四日，張嘉貞奏：致仕者佩魚終身。自是百官賞緋紫必兼魚袋，謂之章服，當時服朱紫佩魚者衆矣。《百官志》中尚令製魚袋給百官，蕃客賜寶鈿帶，魚袋則授鴻臚。《通典》天授二年八月，左羽林大將軍、建昌王攸寧，借紫衫金帶。九月二十六日，除納言，依舊著紫帶金龜，借紫自此始。《實録》神龍二年九月戊辰，停京官六品以下著緋，袴褶各依本品。開元二年二月癸卯詔：軍人多借緋魚，無功者勅收取，俟立功借。二十五年五月丙子詔：緋紫之服，除有戰功不得輒賞。《列傳》鄭餘慶，每朝會，朱紫滿廷，而少衣緑者，品服太濫。詔餘慶條奏釐革。高釴，轉起居郎，陳得失，穆宗嘉之，面賜緋魚。鄭澣，文宗時侍講學士，賜金紫服。牛叢，爲睦州，宣宗賜金紫，謝曰：臣今衣刺史所假緋即賜紫，爲越等，乃賜銀緋。宣宗重惜服章，有司具緋紫衣數襲從行以備賜。或年歲不用其一，故當時以緋紫爲榮。元魏太和十年四月辛酉朔，始制五等公服。

唐錦袍

《列傳》張長遜，引兵討薛舉，賜錦袍金甲。竇璡，從秦王平薛仁杲，賜錦袍。契苾明，高宗時以戰賜錦袍寶帶。宋之問，武后遊洛南龍門，詔從臣賦詩。左史東方虬詩先成，后賜錦袍。之問俄頃獻，后嗟賞，奪袍以賜。魏元忠，神龍二年爲右僕射，謁告賜錦袍，銀千兩。畢構，按察劍南，睿宗賜璽書袍帶。張文瓘，諫造宮室，賜繒錦百段。張暐，還鄉上冢，帝賜詩及錦袍繒綵。王難，得玄宗召見，賜錦袍金帶。李白，衣宮錦袍。韋綬，爲學士，德宗幸其院以蜀纈袍覆而去。李石，文宗曰：吾聞禁中有金鳥錦袍二，昔玄宗幸温泉，與楊妃衣之，今富人時時有之。《回紇傳》貞觀二十一年，賜絳黄瑞錦文袍。《于闐》貞觀二十三年，賜錦袍。《東女》垂拱二年，賜瑞錦服。《天竺傳》開元中，賜錦袍，又賜新羅紫繡紋袍。《西突厥》蘇禄，開元五年來朝，賜錦袍、鈿帶、魚袋七事。開元六年六月敕：益州歲織十五領，以賜諸蕃。《南詔》開元末，賜錦袍。拔悉蜜，天寶初賜紫文袍。韋端符《衛公故物記》素錦袍一，其襟袂促小，裁製絶巧密光爛爛，如波旁出。李德裕詩「鸞飛曳錦袍」。漢文帝遺匈奴單于錦袍。

唐諸衛繡文袍

《志》玄宗時，有詔殿中侍御史糾察。諸衛大將軍、中郎將以下給袍者，皆易其繡文：千牛衛以瑞牛，左右衛以瑞馬，驍衛以虎，武衛以鷹，威衛以豹，領軍衛以白澤，金吾衛以辟邪。《會要》開元十一年六月敕。《六典》武庫令，袍之制有五：青、緋、黄、白、皂。注：《説文》曰：袍，襺也，絮曰襺，緼曰袍。令繡畫武豹鷹鸇之類，以助兵威。《百官志》少府監藏武庫袍襦，冬至、元日以給衛士。《李程傳》德宗季秋出畋，有寒色，顧左右曰：「九月猶衫，二月而袍，爲不順時。朕欲改月。」程曰：「玄宗著《月令》，十月始裘，不可改。」

唐朱明服

《肅宗紀》性仁孝，好學。開元十(三)〔五〕年(三月甲午)，封忠王。二十六年六月庚子，立爲皇太子。有司行册禮，十月己巳册。其儀有中嚴、外辦，其服絳紗。太子曰：「此天子禮也。」乃下公卿議。太師蕭嵩、左丞相耀卿請改「外辦」爲「外備」，絳紗衣爲朱明服，從之。《通典》云：上手勅改爲朱明服。

唐賜時服

《韋湊傳》遷太原尹，邊備修舉。玄宗詔賜時服勞勉之。《會要》天授二年正月二十二日，内出繡袍賜新除都督、刺史。其袍繡山形，繞山勒回文銘曰：「德政惟明，職令思平。清慎忠勤，榮進躬親。」延載元年五月二十二日，内出繡袍賜文武三品以上。銘襟背各爲八字回文。《志》以爲無法度。貞元七年三月，《舊紀》壬申。初賜節度觀察使新製時服，上以文采不常，俾有足稱。節度使以鶻《舊紀》作鶻。銜綬帶，取其武毅以靖封内；觀察使以鴈銜儀委《舊紀》作，威儀取其行列有序，牧人有威儀也。儀委，瑞草也。《瑞應圖》王者愛人，則是草生。太和六年詔：袍襖之制，三品以上服綾，以鶻銜瑞草，鴈銜綬帶及雙孔雀。《狄仁傑傳》轉幽州都督，賜紫袍龜帶，后製金字十二於袍，以旌其忠。《柳公權傳》從文宗幸未央宫，帝駐輦曰：「朕有一喜，邊戍賜衣久不時，今中春衣已給，當賀我以詩。」《通典》後周宇文護始袍加下襴。

唐八貂

《百官志》侍中二人，左散騎常侍二人，中書令二人，右散騎常侍二人，皆金蟬珥貂。左散騎與侍中爲左貂，右散騎與中書令爲右貂，謂之八貂。《宋志》侍中左貂，侍常右貂。《宋志》徐廣《車服注》曰：北土寒涼，本以貂皮暖額附施於冠。《何敬容傳》回豐貂以步文昌，聳高蟬而趨武帳。貂内勁外温，蟬清高。江總有《華貂賦》曰：「拜文槍而影度，陪武帳而香浮。」

唐豸冠　法冠

《會要》乾元二年四月六日敕：御史彈事，仍服豸冠。舊制，大事則豸冠，衣朱衣，纁裳，白紗中單以彈之，小事則常服而已。建中元年三月，監察御史張著冠豸冠，彈京兆尹兼御史大夫嚴郢於紫宸殿。上即位初，侍御史朱放請復舊制，置朱衣豸冠於内廊，有犯者御史服以彈。又令御史得專彈舉，不復白於中丞大夫，至是著首行之賜魚袋。自是日垂衣冠於宣政之左廊。《志》殿中侍御史，元日、冬至朝會戴黑豸升殿。侍御史奏大事法冠云云。《王羲方傳》顯慶元年，擢侍御史，具法冠。對仗叱義府，下跪讀所言。《會要》八月。《温造傳》授侍御史，知彈奏，請復朱衣豸冠示外廡，不聽。

唐青衿介幘

《唐書》咸通中，禮部侍郎劉允章，請諸生及進士第並謁先師，衣青衿，介幘，以還古制。《禮志》皇帝養老于太學，學生俱青衿服。

唐澣衣

《柳公權傳》文宗時，當與六學士對便殿，帝稱漢文帝恭儉，因舉袂曰：「此三澣矣。」學士皆賀，獨公權無言。帝問之，對曰：「人主當進賢退不肖，納諫諍，明賞罰，服澣濯之衣，此小節耳，非有益治道者。」《杜牧傳》〔運遭〕孝武，澣衣一肉，不畋不樂。憲宗。

建隆衮龍服制度　乾德新造冠冕

唐至顯慶初，諸祭惟用衮冕，自大裘冕而下至翼善冠皆廢。建隆元年二月九日，禮院言：崇元殿行四廟册禮衮龍服。五月朔，受朝通天冠、絳紗袍，請中尚少府修製。十九日，禮院具制度令式：衮冕前後十二旒二纊，謂之平天冠。玉簪導，組帶。衮服玄衣纁裳，十二章，白紗中單，黼領青褾襈裾，黼膝，革帶玉鉤觼，大帶玉具劍，玉佩元組綬，朱韈赤舄加金飾，通天冠加金博山，附蟬翠緌，犀簪導，二十四梁。絳紗袍，白紗中單，朱領褾裾，絳蔽膝，白假帶，方心曲領，白韈黑舄，從之。二年，聶崇義上《三禮圖》倣虞周漢唐之舊。詹事尹拙言：衮冕而下合畫充耳。尚書竇儀議從之。四年，冬服之合祭圜丘。乾德元年閏十二月乙亥，二十七日。少府監楊格、少監王處訥等上新造皇帝冠冕。先是，郊祀冠冕多飾珠玉，太祖以華而且重，故命改製。太宗亦命去珠玉之飾，少府製於禁中。祥符初元將東封，四月乙卯，有司言：當服大裘，詔依南郊服衮冕。六年五月朝拜聖像，以盛暑製單衣。《三朝志》衮冕祭天地、宗廟、朝饗，太清、昭應、景靈宫受册尊號，元日受朝，册太子則服之。通天絳紗，大祭祀致齋，出乘玉輅，入乘金輅，正至大會、五月朔受朝則服之。赭黃淡袍衫，大宴服之。黃襖袍衫紅袍，常朝服之窄袍，便坐視事服之。皆阜紗折上巾，通犀金玉環帶，窄袍或御烏紗帽。咸平五年，理丞李坦言：助祭官六冕衣裳，畫繡不依古制。詔禮院詳定制度改正。乾德元年閏十二月乙亥詔：乘輿所服冠冕，去珠玉之飾。

建隆賜貂裘　乾德賜紫貂裘帽

建隆二年，慕容延釗爲山南東道節度。是冬大寒，遣中使賜以貂裘，百子氈帳。乾德二年十一月，命王全斌等伐蜀。冬暮大雪，上設氈帷於講武殿，衣紫貂裘帽以視事，謂左右曰：「我被服如此，體尚覺寒，西征將帥，衝犯霜霰，何以堪處。」即解裘帽，遣中黃門馳驛賜全斌，且諭旨諸將，以不能徧及也。全斌感泣。

《晏子春秋》景公時，雨雪三日不霽，公被狐白之裘，坐堂側陛，晏子入見，公曰：「天不寒。」晏子曰：「古之賢君，飽而知人飢，溫而知人寒，逸而知人勞也，君不知也。」公乃令出裘發粟，以與飢寒。裾生惠氣，袖起陽春。吹綸愧暖，挾纊慙溫。齊被狐白，莫知人寒。楚矜豹舄，靡克已愆。翠雲之光，青鳳之煥。

建隆賜錦袍　景德賜錦袍

建隆二年十一月己卯，上始獵於近郊，賜宰相、樞密使、節度觀察使、團使、統軍、侍衛諸軍，都校錦袍。康定元年九月辛酉，賜陝西軍士羊裘。言者以塞上苦寒，請以羊裘賜戰士。一裘用五羊皮，聽軍士自製。翰林學士十月朔，賜對衣紅錦袍。淳化二年，以細花盤鵰錦袍，下丞相一等。景德元年九月，河北轉運使劉綜言：每歲朝廷遣使，賜邊城冬服，諸軍將校皆給錦袍，唯轉運使副止欣皁花。丁亥，并賜河東、陝西三路使副方勝練鵲錦袍。

祥符製宣聖冕服

祥符二年正月，賜曲阜文宣王廟桓圭，冕九旒，服九章。熙寧八年七月，國子監言：唐開元中，尊孔子爲文宣王，内出衮冕之服以衣之，宜用天子之製。禮院言：宜依官品《衣服令》，文宣王冕用九旒，顔子已下各依郡國縣公侯伯，正一品至四品冠服制度，從之。崇寧二年八月，改用冕十二旒，服九章。又圖繪頒天下，其執圭立戟，並從王者制度。紹興十四年正月二十六日，内出鎮圭以奉文宣王。初，有司欲用珉。上曰：「崇奉先聖，豈可用假玉。」詔以真玉圭降出。

康定百官朝服

《志》康定二年十月，少府監奏：每大禮遣旌節，主吏詣朝，服法物庫，定百官品位，給朝服而有官卑品高，官高品卑者，難以裁定，願勅禮院詳其制。禮院約舊制，奏《衣服令》：五梁冠，犀簪導，珥筆，朱衣朱裳，白羅中單，玉劍佩錦綬，玉環，一品、二品侍祠大朝會服之。中書門下加籠巾，貂蟬，三梁冠，白紗單，銀劍佩環。諸司三品、御史臺四品、兩省五品，侍祠大朝會服之。中丞則冠獬豸。兩梁冠，銅劍佩環。四品、五品侍祀大朝會服之，六品去劍佩綬。御史則冠獬豸，衣有中單。以上准前法給朝服，從之。皇祐三年詔問：冠韋弁何服？所執何玉？禮院奏：韋弁爲戎服，於經無執玉之文。《三禮圖》繪爲執玉，誤也。皇祐四年三月，禮院以中單制不明，考求以奏：宜用繒素而朱領，緣領刺以黑白黼文，五等祭服悉依此制。詔如太常議。慶歷三年三月丙申詔：太常禮院諸小祠獻官，皆常服行事，不合禮文，自今並服四品以下祭服。

景祐衮冕制度圖至和附　治平參定冕服元豐附

《志》本朝冠服，多沿唐舊，循用之久，有司寖爲繁文，漸以失法度。景祐二年八月丙子，二十七日。始詔内侍省與太常禮院，詳典故造冠冕，《會要》云：裁定衮冕制度。蠲減珍華，務從簡約，俾繪圖以進。由是改製衮冕服，冕版裁令廣八寸，長一尺六寸。所謂翠旒碧鳳二十四，犀瓶二十四，琥珀瓶四，神帶二，分旒玉鉤悉罷之。而冕頂以青羅衣繪龍麟以代錦，用紅羅裏繪紫雲白鶴。錦上以金絲爲網，而舊以金絲蹙八龍，止存其四。又以青羅繪龍麟飾筩及柱，以易錦補空地，以雲龍細窠以易玉、金輪等七寶，其所施花素墜、天河帶，組欵幔帶六綵綬，冕之金釦玉鐶皆裁，損輕於舊，而以青羅繪龍麟，錦爲納言以代玉，加黈纊玉簪。上衣用青羅，以紅羅繡八章，間以雲去細窠珠璣飾。下裳用紅羅，繡藻、粉米、黼、黻。蔽膝繡升龍二，除帶首黃金葉，以銷金代之。慶歷二年三月，太常博士余靖言：大中祠用上公九旒九章冕服爲初獻，餘公卿皆七旒冕，制無差降。小祠則公卿行事，乖戾舊典，宜詳《周禮》，因所祭鬼神等獻官冕服之制。禮官議曰：謹按《衣服令》，五旒冕衣裳無章，皁綾綬，銅裝劍珮，四品以下爲獻官則服之。請公卿祭服，依舊從品外，小祠如令，以祭服行事。詔行焉。至和三年九月一日，學士王洙奏：天子法服冕旒，形制重而華飾繁，願集禮官參定。詔禮院詳典禮繪圖以進，因勅御藥院更造。其後稍增，侈如故。治平二年，同知太常禮院李育奏：郊廟之制，本尚純質，衮冕之質，皆存法象。冕以《周官》爲本，十二旒，間以采玉，加以紘綖笄瑱之飾。衮以《虞書》爲法，十二章，首以辰象，別以衣裳繪繡之采。東漢至唐，皆無珠翠龍錦。犀寶七星、雲鶴之飾，自大裘之廢，顯用衮冕，古朴稍去，法度尚存。若魏明用珊瑚，江左用翡翠，豈象天則數之義哉。章聖封泰山，禮官請服衮冕。帝曰：「前王服羔裘，尚質也。今有衮冕，可從近制。豈有意於繁飾哉！」有司率意妄增，仁宗詔禮官章得象等議，所減過半，然不經之飾，輕者尚存，不能盡如詔書。王洙復議去繁飾，漸還古禮，而有司所造，復如景祐之前。又按《開寶通禮》及《衣服令》，冕服有定法，無寶錦之飾，願復先王之制，祖宗之法。其衮冕之服，及韍綬佩舄之類，與《通禮》、《衣服令》、《三禮圖》制度不同者，悉改。正八月乙卯，詔禮院、少府參定，遂奏冕服以羅爲之。冕廣一尺二寸，長二尺二寸，前圓後方，黝上朱下，金飾版，側白玉珠爲旒，貫以五采絲繩，前後各十二旒。旒各十二朱絲組爲纓，青衣纁裳，八章繪衣，四章繡裳。其中單、革帶玉具劍玉佩朱韍之制，已中禮令無復改，爲詔如景祐三年制，悉去繪畫龍麟、紫雲白鶴、蹙金絲龍，下裳除黼，衮服並繪而不繡。元豐元年十一月癸酉，詳定禮文所言，後漢用曹褒之説，係白玉珠爲十二旒，國朝沿漢舊。景祐中，以叔孫通漢禮器制度爲法，青衣紅裏，非《弁師》所謂玄冕朱裏也，請改用朱組爲紘，玉笄玉瑱以玄，紞垂瑱以五采玉，貫五色藻爲旒。記曰：天子佩白玉，玄組綬。韋彤《五禮精義》漢乘輿黄，赤綬，四采，皆不合禮。又有大小之别。今衮冕有六采，織綬，請改製。從之。二年四月，詳定正旦儀注所言，元日受朝，宜服通天絳紗。癸亥從之。三年八月《長編》九月癸亥。又言，衮冕八章在衣，四章在裳。裳少二章，與《虞書》相戾，請改正，繪日、月、星辰、山、龍、華蟲六章在衣，繡宗彝、藻、火、粉米、黼、黻六章在裳。詔送禮院而已。政和三年四月，議禮局上皇帝冕服之制。七年四月，禮制局請明堂服衮冕。

明道皇太后車服

明道元年十二月辛丑，詔有司製后妃禮衣、祭服及重翟等六車。丙午，太常禮院言：禮衣請準衮服減二章，衣去宗彝，裳去藻，垂珠翠二十旒，以衮衣爲名，詔冠名儀天。時太后將恭謝宗廟，二年二月乙巳，服褘衣，乘玉輅赴太廟，改服衮衣，儀天冠饗七室。淳熙三年九月二十五日，執政言：蒙宣示中宫褘衣，上因言近風俗奢靡，革弊當自宫禁始。唐制，皇后服三等，皇朝存其名。

元豐五冕服章

元豐元年十一月詳定禮文所言：古者祭服，玄衣纁裳，以象天地之色，裳之飾有藻、粉米、黼、黻。今祭服，上衣以青，其繡於裳者，藻、粉米，五采圓花藉之，黼用藍，黻用碧，黄虎蜼、粉米，異章而畫，不應古制，請下有司，制五冕之服章。衮冕之章九，衣繪龍、山、華蟲、火、虎蜼，裳繡藻、粉米、黼、黻。鷩冕之章七，衣繪華蟲、火、虎蜼，裳繡藻、粉米、黼、黻。毳冕之章五，衣繪虎蜼、藻、粉米，裳繡黼、黻。希冕之章三，衣繪粉米，裳繡黼、黻。玄冕衣無章，裳刺黻。其爵弁，則緇衣纁裳。從之中單，乘輿服飾以繡黼，諸侯以黼。服衮鷩毳冕者，用絳。服希元冕爵弁者，用青。帶有采飾，合單之異韠，以上爲前，下爲後，於是進新圖。佩玉爲小帶，以屬於革帶，天子用玉，餘皆珉石，略依其色。辨諸臣之等，去銀鉤獸面。二年四月，又去祀儀解劍脱舄履之節。三年八月，又請羣臣冕服，助祭執笏，當事則搢笏。六冕並用赤舄。大觀四年四月，議禮局官宇文粹中議，改衣服制度。政和二年八月，以大觀中所上羣臣祭服制度，付有司依畫圖製造。三年四月，又上羣臣祭服之制，蘇紳陳便宜八事，四曰異服章，有執技之人與丞郎清望同佩金魚，内侍班行與學士同服金帶，宜加裁定，使采章有别。舊制，文臣借緋紫服皆不佩魚，政和元年十一月丙子，始詔許佩魚。《三禮圖》三公八命而下，服毳冕，諸家《禮圖》皆不載三公之冕。

元豐大裘議

元豐五年，詳定官言《周禮·司服》云：王祀昊天、上帝服大裘而冕，享先王則衮冕。《唐開元禮》、《開寶通禮》皆行宫，大次服衮冕出，次則改服大裘，臨燔柴則脱衮服裘，請從唐制，詔下參議。禮官咸謂大裘冕無旒，玄表朱裏，以繒爲之，以黑羔皮爲裘，黑繒爲領袖。詳定官陸佃謂大裘之冕無旒，非是。古者裘必有衣，服裘而以衮襲之，此冬祀之服也，請冬至禋祀服裘被衮，其餘祀天地並服衮去裘。四年十月乙亥，詳定所言。其後禮部言，經有大裘而無其制，隋唐猶可考。隋制以黑羔皮爲裘，黑繒爲領袖及裏緣，袂可運肘，長可蔽膝，中單當在大裘之下，請改製。六年五月巳卯上言。六年十一月丙午郊祀，帝始服通天冠，絳紗袍，乘輅以出，至景靈宫止。大次加大裘而被衮冕。元祐元年五月禮部言：大裘作短袍樣，仍與衮服同冕，未合典禮。下禮部太常議，上官均、吴安詩、常安民、劉唐老、龔原、姚勔請依元豐新禮，丁隲請循祖宗故事，王愈請倣唐制，朱光庭、周秩請以玄衣襲裘，獨禮部郎何洵直，在元豐預詳定，以陸佃所議有可疑者八，請從唐制，兼改製大裘，以黑繒爲之。佃復破其説，請從先帝所定。其後詔去黑羔皮，而以黑繒製造焉。書目《大裘議》一卷，何洵直、陸佃等撰。元豐中，洵直等已定大裘制度，元祐元年再上議，佃更加看詳，太常少卿朱光庭、丞周秩、博士丁隲等十一人皆入議狀。紹興十三年九月八日，禮部侍郎王賞等言：郊祀服大裘被衮，請依何洵直議，以黑繒，如舊制。《志》大觀中，命宇文粹中編祭服制度，大要述元豐議。至政和，有司請如圖製造，而冕服益盛。宋、齊郊天服衮冕，梁天監七年，許懋請造大裘。從之。

紹興冕服議

紹興元年，宗祀僅有朝服十三副，祭服六十二副。四年四月，增造祭服六十三副。四年五月，國子丞王普言：冕服始於黄帝、堯舜，而大備於周，故孔子云：服周之冕。王之三公八命服鷩冕，八旒，衣裳七章，其章各八。孤卿六命毳冕，六旒，衣裳五章，其章各六。大夫四命希冕，四旒，衣裳三章，其章各四。上士三命玄冕，三旒。中士再命玄冕，二旒。下士一命玄冕，無旒，衣皆無章，裳黼。視命數，自三公而下，其繅玉、并衡、紘紞、瑱纊、帶、佩芾、舄、中衣皆有等差，近世冕服制度沿襲失真，多不如古。夫後方而前圓，後仰而前俛，玄表而朱裏，此冕之制也。今方圓俛仰，幾於無辨，且以青爲裏，而飾以金銀矣。其衣皆玄，其裳皆纁，裳前三幅，而後二幅，此衣裳之制也。今則衣色以青，裳色以緋，且爲六幅而不殊矣。山以章也，今以嶞火。以圓也，今以銳。宗彝，虎蜼之彝也，乃畫虎蜼之狀而不爲彝，粉米，米而粉之者也，乃分爲二章，而以五色圓花爲藉。佩有衡璜，琚瑀，衝牙而已，乃加以雙滴，而重設二衡。綬以貫佩玉而已，乃別爲錦綬，而貫以雙環，以至帶無紐約，芾無肩頭，舄無絇繶，中衣無連裳，訛謬未暇悉舉，祖宗以來，屢嘗講究，以舊服數多，未免因循，今舊服無有存者，欲請因玆改作。二十五日，禮部看詳，請送奉常修改。從之。普又撰《深衣制度》一卷，有序一篇，釋音一卷。十六年四月四日癸卯，命禮官考古製祭服。

乾道皇太子冠服制度

乾道元年八月十七日癸巳，詔製造皇太子冠服。依禮部太常所定制度，禮官言：至道二年定制，服遠遊冠，朱明衣，執植圭。政和五禮新儀，遠遊冠十八梁，博山附蟬，犀簪導，紅絲纓，朱明服，紅裳，白紗中單，絳紗蔽膝，白韈黑舄。袞冕垂珠九旒，紅絲纓，青纊充耳，犀簪導，青衣朱裳九章，五章在衣，四章在裳。蔽膝隨裳色，爲火山二章，瑜玉雙佩，四采大綬，施玉環三，白韈朱舄。從之。

冠禮

周冠頌　漢冠辭　冠頌

《家語·冠頌篇》又《大戴禮·公冠篇》。孔子曰：成王年十有三而嗣立，明年夏六月，冠而朝于祖，以見諸侯，周公命祝雍作頌曰：祝王達而勿多。祝雍辭曰：使王近於民，遠於年，嗇於時，惠於財，親賢而任能。一作祿賢使能。其頌曰：令月吉日，王始加元服，去王幼志，一作心。服袞職，欽若昊天，六合是式，率爾祖考，永永無極，此周公之制也。《通典》成王年十五而冠，文王年十二冠。《太平御覽》：《周書》曰：成王將加元服，周公使人來零陵，取竹爲冠。《郊特牲》諸侯有冠禮，夏之末造也。《儀禮·士冠禮》始加祝曰：令月吉日，始加元服。棄爾幼志，順爾成德。壽考維祺，介爾景福。再加曰：吉月令辰，乃申爾服。敬爾威儀，淑慎爾德。麋專萬年，永受胡福。三加曰：咸加爾服。醴辭曰：甘醴惟厚，嘉薦令芳。拜受祭之，以定爾祥。承天之休，壽考不忘。醮辭、字辭曰：令月吉日，昭告爾字。爰字孔嘉，髦士攸宜。適子冠於阼，以著代也。醮於客位，加有成也，三加彌尊，諭其志也。冠而字之，敬其名也。無大夫冠禮，而有昏禮。古者五十而后爵，何大夫冠禮之有。公侯之有冠禮也，夏之末造也。天子之元子，猶士也，天下無生而貴者也。《左傳》季武子曰：「君冠以祼享之禮行之，以金石之樂節之，以先君之祧處之。」《通典》：《周禮》有服冕之數，而無天子冠文。《大戴禮》公冠四加，天子亦四加。《家語·冠頌》云：王太子之冠，擬諸侯之冠。周制，士冠禮頗備，王者采行焉。漢改皇帝冠爲加元服，惠帝加元服，用正月甲子，若丙子吉。《紀》惠四年三月甲子，皇帝冠。昭帝元鳳四年正月丁亥，帝加元服。冠者首所著，故曰元服。《汲黯傳》、《敘上》正元服。《冠辭》曰：陛下摛著先帝之光輝，以承皇天之嘉祐，欽奉仲春之吉辰，普遵大道之郊域，秉率萬福之丕靈，始加昭明之元服。推遠沖孺之幼志，蘊積文武之就德，肅勤高祖之清廟，六合之內，靡不蒙福，承天無極。見《大戴禮》。《後漢·禮儀志》引《博物記》云云。後漢乘輿，初加緇布進賢，次爵弁，次武弁，次通天冠訖，皆於高廟謁見。和帝冠以永元三年正月甲子。袁安爲賓，賜束帛乘馬。賜諸侯王至列侯宗室黃金，將大夫郎吏從官帛，賜民爵及粟帛，大酺五日。以曹褒《新禮》二篇冠。乘金根車，駕六玄虯，至廟成禮。黃香頌曰：以三載之孟春，建寅月之上旬，皇帝時加玄冕，簡甲子之元辰，皇輿幸夫金根，六玄虯之連蜷，建螭龍以爲旂，鳴節路之和鑾，既臻廟以成禮，乃迴軫而反宮，正朝服以饗宴，撞太簇之庭鐘，祚蕃屏與鼎輔，暨夷蠻之君王，咸進爵於金罍，獻萬壽之玉觴。順帝以初月丙子加元服於高廟。獻帝興平元年正月甲子加元服，司徒淳于嘉爲賓。東晉祝文曰：令月吉辰，始加元服。皇帝穆穆，思弘袞職，欽若昊天，六合是式，率遵祖考，永永無極，眉壽惟祺，介爾景福。《唐志》皇帝加元服，有司卜日，告天地宗廟。前一日，尚舍設席太極殿中楹，蒲筵紛純，加藻席緇純，次席黼純。有司設次，展縣，設案，陳車輦如元日。其日，侍中版奏中嚴。有司設罍洗於阼階。殿中監陳袞服，緇纚，玉簪及櫛同箱。尚食實醴尊於東序外帷內，坫在尊北，實角、觶、柶各一。饌陳尊西，籩、豆〔各〕十二，俎三。袞冕，玉導置於箱。侍中奏「外辦」。皇帝服空頂黑介幘、絳紗袍，出自西房，即御坐。太尉跪，脫幘。太師降，盥，受冕，祝曰：令月吉日，始加元服。壽考維祺，以介景福。乃跪，冠，設簪，結纓。皇帝興，適東房。袞服出，即席南向坐。太尉洗觶，酌醴。太師受醴，祝曰云云。殿中監奉饌，在位者再拜。《禮記》疏《玉藻》云：玄冠朱組纓，天子之冠也。鄭注：始冠之冠也。是天子別有冠禮，皇氏云天子元子，惟冠同於士。《後魏志》司馬彪云：漢帝有四冠：一緇布，二進賢，三武弁，四通天冠。裴頠作《冠儀》，不知有四，《家語·冠頌篇》四加冠公也。

本支百世，有秩斯祜，申錫無疆，承天右序。帝眷明德，錫茲祚嗣，諏日惟吉，爰舉嘉事。邦家之慶，金相玉質，君親臨之，威儀孔秩，膺此嘉禮，維新厥德。鼓鐘喤喤，威儀抑抑。陳其清酒，維尊及甒，成以和奏，崇牙植羽。一人是臨，威儀肅肅，克成厥德，申以百禄。備禮三加，其服奕奕，正纚于朝，允有成德。磬筦將將，德成禮具，永言保之，申錫多祐。體正色齊，禮義以興，既多受祉，永觀厥成。百禮既洽，福禄成之。《樂章》

漢皇太子冠　唐皇太子冠

《景紀》後三年正月，皇太子冠，賜民爲父後者爵一級。《元紀》竟寧元年正月，皇太子冠，賜爵。《通典》漢宣帝冠太子，以正月。五鳳元年，賜丞相、將軍、列侯、中二千石、大夫、夫人帛。又賜列侯嗣子爵，五大夫爲父後者爵一級。冠諸王，遣使行事。元延四年，定陶王入朝，成帝美其材，爲加元服而遣之。元和元年，千乘王冠，章帝會中山邸，詔黄香殿下顧謂諸王曰：此天下無雙，江夏黄童。下邳王衍，建初初冠，詔賜師傅已下官屬，金帛各有差。魏氏冠太子，再加。晉太子冠，臨軒，使司徒加冠，光禄大夫贊冠。泰始七年正月丙午，太子冠，賜王公已下帛。齊武帝從王儉議，使太常持節一加冠，大鴻臚爲贊。梁天監十四年正月乙巳朔，臨軒，冠太子於太極殿。舊制，太子遠游冠，金蟬翠緌纓，詔加金博山。唐貞觀五年正月，有司言：太子將行冠禮，宜用二月。上令改用十月。八年二月三日乙巳，太子加元服。永徽六年二月五日，太子加元服，賜酺三日，爲父後者爵一級。顯慶四年十月丙午，十二日。太子弘加元服，赦天下。開元八年正月十一日甲子，太子加元服，翼日乙丑，謁太廟。十三日丙寅，宴百官太極殿。制曰：正于萬國，祝以三加。《志》皇太子加元服，司徒爲賓，卿爲贊冠，有司設御幄於太極殿，展縣，設桉，陳車輿。皇帝服通天冠、絳紗袍，乘輿出自西房，即御坐。侍中曰：將加冠於某之首，公其將事。至卿前曰：公其贊冠。賓再拜受制書。皇帝入自東房，賓、贊出門，以制書置于桉，引以幡節，威儀，鐃吹及九品以上，皆詣東宫朝堂。冠日，宫臣皆朝服，集重明門外朝堂。宗正卿乘車承傳，在位者再拜，左庶子稱「禮畢」。匡衡上疏：適子冠于阼，禮之用醴，衆子不得與，所以貴正體明嫌疑也。非虚加其禮文而已。筮辰協吉，撰禮備容。宋孝武建平王宏表。史稱周頌之年，傳記魯襄之禮。粤若敬，始謂之成人。開成七年制。禀瑞辰象，儲靈日域。玉英殊蕙之玄貺，日角山庭之峻格，漢幄增輝，堯門有赫。佩觿之際，聿彰明類之姿，對日之初，早振温文之德。進退可度，周旋中規，豁若淵冲之量，端然玉粹之姿。五勝之言，蓋由異禀，大成之度，信出生知。亨期俯協，冠禮斯陳，藹華纓而粲粲，袞爵弁以斌斌，啓嘉會於中闈，動歡聲於紫宸，正容體兮道昭備服，順辭令兮誼協成人。羲易考祥契黄離之元吉，漢詩載美歌皓月之重輪。觀史牘以知遠，朝寢門而竭忱。晏殊《皇太子冠禮賦》

祥符皇子冠禮

祥符八年十二月戊寅，承天節羣臣上壽，是日皇子慶國公。加冠禮，輔臣面賀，宗室賀於內東門，司天言：日煇珥直抱氣。戊子，集賢校理晏殊上《皇子冠禮賦》，詔獎之。辛卯進封壽春郡王，制曰：辯惠之性，言必有章，趨進之容，動皆合禮。維城之制，戴協周邦，半楚之封，尚遵漢牘。《會要》近制，加冠者止加烏紗折上巾，不用《開寶禮》。大觀二年八月十七日，詔詳定皇太子冠禮。十一月十七日，親製《冠禮沿革》十一卷。政和四年二月二日，禮制局定皇長子冠禮。十七日癸酉，行禮於文德殿，掌冠以禮部尚書，贊冠以鴻臚卿，列黄麾細仗於殿庭。皇太子初行，《欽安之樂》作，祝曰：咨爾元子，肇冠於阼，筮日擇賓，德成禮具，於萬斯年，承天之祜。乃冠折上巾，《順安之樂》作，祝曰：爰即令辰，申加元服，崇學以齒，三善皆得，副子一人，受天百福。乃冠遠遊冠，《懿安之樂》作，祝曰：三加彌尊，國本以正，無疆惟休，有室大競，懋昭厥德，保茲永命。乃冠衮冕，《成安之樂》作，敕戒曰：事親以孝，接下以勤，遠佞近義，禄賢使能，古訓是式，大猷是經。政和御製冠禮，有後漢何休《冠儀》，約制晉王堪冠禮儀。寶祐二年九月癸亥，詔皇子以日南至行冠禮。十月癸酉進封忠王，丁亥，詔臣清叟爲賓，師彌主禮。十一月壬寅，行冠禮。《家語》邾隱公將冠，問禮於孔子。子曰：其禮如世子之冠，雖天子之元子猶士也，其禮無變，天下無生而貴者也。行冠事必於祖廟。《郊特牲》孔穎達疏：《大戴禮》有《公冠篇》加玄冕爲四加。《荀子》天子諸侯子，十九而冠，冠而聽治。《禮記·冠義》冠者禮之始也，古者聖王重冠。冠禮，筮日筮賓，所以敬冠事。敬冠事所以重禮，重禮所以爲國本，故冠於阼，以著代也，醮於客位，三加彌尊，加有成也。已冠而字之，成人之道也。見於母，母拜之，見於兄弟，兄弟拜之，成人而與爲禮也。玄冠玄端，奠摯於君，遂以摯見於鄉大夫、鄉先生，以成人見也。成人之者，將責成人禮焉，故曰冠者禮之始，嘉事之重者也，古者行之於廟，所以尊重事。

《小學紺珠》卷九《制度類》

五服

十二章。天子。　九章公侯自山而下。　七章伯自華蟲而下。　五章子男自藻而下。三章卿大夫自粉米而下。《書·臯陶謨》鄭康成注。

十二章

日一　月二　星辰三　山四　龍五　華蟲六雉，六者繪之於衣。　宗彝七　虎蜼。　藻八　水草。　火九　粉米十　《説文》作黺黺。　黼十一　白與黑。　黻十二　黑與青。六者繡之於裳。《書·益稷》鄭康成説。衣之六章，其序自上而下，裳之六章，其序自下而上。

九文

山一　龍二　華三　蟲四　藻五　火六　粉米七　黼八　黻九　《左傳》杜預注，以華蟲爲二。

九章

龍一　山二　華蟲三　火四　宗彝五　衣畫以爲繢，登龍於山，登火於宗彝。

藻六　粉米七　黼八　黻九　裳絺以爲繡。《周禮·司服》注：周制以日、月、星辰畫於旂，而袞冕九章以龍爲首，鷩冕七章華蟲爲首，毳冕五章虎蜼爲首，希冕三章，玄冕一章。

九服

冕服六大裘至玄冕。　弁服三韋弁、皮弁、冠弁。　《周禮·屨人》注：王弁，冠弁。吉服有九，舄有三等。

六冕五冕

大裘　衮　鷩　毳　希又作絺。　玄《司服》、《弁師》言五冕，大裘之冕無旒，不聯數。六服同冕者，首飾尊也，公自衮而下，侯伯自鷩而下，子男自毳而下，孤自希而下，卿大夫自玄而下。

王后六服三翟

褘衣(元)[玄]。　揄狄青。音摇。　闕狄赤。　鞠衣黄。　展衣白。張彦反。

緣衣黑。吐亂反。　《内司服》狄當爲翟，雉名。三翟，褘衣畫翬，揄翟畫摇，闕翟刻而不畫，三者皆祭服。

三服

皮弁素積　玄衣素裳　緇衣玄端　《三禮義宗》吉服并六冕有九。

三舄

赤舄爲上冕服之舄。　白舄韋弁、皮弁。　黑舄冠弁。

后玄舄爲上褘衣之舄。　青舄　赤舄鞠衣以下皆屨。　《屨人》注：複下曰舄，禪下曰屨。

冠禮三加

始加緇布冠　次加皮弁　次加爵弁　《士冠禮·冠義》三加彌尊，諭其志也。《大戴禮記·公符篇》云：公冠四加玄冕。《南齊志》

六采六色

青東　白西　赤南　黑北　玄天　黄地　《左傳》鄭子大叔曰：爲九文六采五章以奉五色。《考工記》畫繢之事六色，繢以爲衣，雜用天地四方之色，青與白，赤與黑，玄與黄，皆相次謂之六色。

五章

青與赤文　赤與白章　白與黑黼　黑與青黻　五色備繡　《左傳》、《考工記》畫繢之事，繡以爲裳。

深衣五法

袂圜以應規　曲袷如矩以應方　負繩及踝以應直下齊如權衡以應平《禮記·深衣》五法已施，故聖人服之。

三弁

韋弁兵事　皮弁眡朝　冠弁田獵　《周禮·司服》

四代服

虞韍　夏山　殷火　周龍章《明堂位》　魯

三代冠

夏母音牟追多雷反　殷章甫　周委貌

夏收　殷冔　周弁《郊特牲》

虞皇　夏收　殷冔　周冕《王制》

齊三服

春獻冠幘緌爲首服　紈素爲冬服　輕綃爲夏服漢元帝罷齊三服官。

羣臣二十一服

衮冕　鷩冕　毳冕　絺冕　玄冕　平冕　爵弁　武弁　弁服　進賢冠　遠遊冠　法冠　高山冠　委貌冠　却非冠　平巾幘　黑介幘　介幘　平紗緑幘　具服　從省服《唐志》

《小學紺珠》卷九《制度類》

朝服三等

五梁冠朱衣朱裳，白羅中單，玉劍佩錦綬玉環，一品、二品侍祠大朝會服之。中書門下加籠巾貂蟬　三梁冠白紗中單，銀劍佩環，諸司三品、御史四品、兩省五品侍祠大朝會服之。中丞冠獬豸。兩梁冠銅劍佩環，四品、五品服之，六品去劍佩綬。御史冠獬豸嘉定二年禮院奏《衣服令》。

舊題宇文懋昭《大金國志》卷三三《儀衛》 建國之初，儀衛護從止類中州守令。在內庭，間或遇雨雪，雖后妃亦去襪履，跣足而行。至熙宗立，始設儀衛將軍、寢殿(中)〔小〕底、弩手繖子，迨幸燕，始乘玉輅，服袞冕，儀從方整肅。【略】若尋常出獵、觀田，多無定制。或數百騎，或(數)千騎，前後皆執旗，旗上繪以日，(至一大繡日)旗，曰御(座)〔坐馬〕繖。或紅，或黄。(如)或(排)〔緋〕，駕而出，一與南朝同。導前者皆弩手、繖子，其人各長六尺八寸〔以上〕，衣以真錦團花袍，金鍍銀帶，簇金蛾拳脚幞頭。雙引而前，皆散手。及半，方有執旗者，約千餘隊。旗之後曰駕頭，駕頭之後曰護衛將軍，皆衣紫窄袖衫，金帶幞頭，腰懸弓矢，並馬而行，約數百。至曲蓋，其形六角，紅羅曲柄，飾以文彩。一護軍執之，以爲儀式。蓋之後曰御座馬，左右二副點檢領之。馬之後曰寢殿小底，衣帶乘騎，一與護衛等，止無弓矢，而腰以深紅包袱，又約數百。及駕，或乘逍遥，或乘步輦，或乘馬，臨時取旨。其上張蓋，表裏皆紅羅，(獨)〔柄〕微曲。駕之後，護衛小底不計其數。又其後，曰馬軍栲栳隊數千隨焉。

舊題宇文懋昭《大金國志》卷三四《服色》 服色各以官品論，如五品官便可服五品服，如武臣至四品，皆(腰)横金，文臣則加魚，不待錫賜而許自服焉。

國主視朝服：純紗幞頭，窄袖赭袍，玉(遍)〔扁〕帶，黄滿領。如遇祭祀、册封、告廟，則加袞冕、法服。平居閒暇，皂巾雜服，與士庶無別。

太子服：純紗幞頭，紫羅寬袖袍，象簡玉帶，佩雙玉魚。

王公服，謂親王及三公服，紫羅寬袖袍，紗製幞頭，象簡玉帶，佩玉魚。

正一品，謂左右丞相、左右平章事、開府儀同三司。服紫羅袍，象簡玉帶，佩金魚。

從一品，謂左右丞、左右參知政事、崇進、特進、樞密察院使。服紫羅袍，象簡金帶，佩金魚。

二品，謂自金紫光禄大夫至榮禄大夫。服紫羅袍，象簡御仙金帶，佩金魚。

三品至四品，謂文臣資德大夫至中順大夫，武臣龍虎衛上將軍至定遠大將軍。並服紫羅袍，象簡荔枝金帶，文臣則加佩金魚。

五品，謂文臣中議大夫至朝列大夫，武臣廣威將軍至宣武將軍。並服紫羅袍，象笏紅鞓烏犀帶，文臣則帶金魚。

六品至七品，謂文臣奉政大夫至儒林郎，武臣武(功)〔節〕將軍至忠顯校尉。文臣則服緋，武臣則服紫，並象笏紅鞓烏犀帶，文臣佩銀魚。

八品至九品，謂文臣文林郎至將仕郎，武臣忠勇校尉至進義校尉。文臣則服緑，武臣則服紫，並象笏黑鞓角帶。

舊題宇文懋昭《大金國志》卷三九《男女冠服》 金俗好衣白。辮髮垂肩，與契丹異。(耳)垂金環，留顱後髮，繫以色絲。富人用珠金飾。婦人辮髮盤髻，亦無冠。自滅遼侵宋，漸有文飾。婦人或裹「逍遥巾」，或裹頭巾，隨其所好。至于衣服，尚如舊俗。

土產無桑蠶，惟多織布，貴賤以布之粗細爲別。又以化外不毛之地，非皮不可禦寒，所以無貧富皆服之。富人春夏多以紵絲綿紬爲衫裳，亦間用細布。秋冬以貂鼠、青鼠、狐貉皮或羔皮爲裘，或作紵絲四袖。貧者春夏並用布爲衫裳，秋冬亦衣牛、馬、豬、羊、猫、犬、魚、蛇之皮，或獐、鹿皮爲衫。袴襪皆以皮。

至婦人衣，(白)〔曰〕大襖子，(下)〔不領〕，如男子道服，裳曰錦裙。〔裙〕去左右各闕二尺許，以鐵條爲圈，裹以繡帛，上以單裙籠之。

葉隆禮《契丹國志》卷二三《衣服制度》 國母與蕃官皆胡服，國主與漢官即漢服。蕃官戴氈冠，上以金華爲飾，或以珠玉翠毛，蓋漢、魏時遼人步摇冠之遺象也。額後垂金花織成夾帶，中貯髮一總。服紫窄袍，加義襴，繫鞊鞢帶，以黄紅色絛裹革爲之，用金、玉、水晶、碧石綴飾。又有紗冠，制如烏紗帽，無簷，不擫雙耳，額前綴金花，上結紫帶，帶末綴珠。或紫皂幅巾，紫窄袍，束帶。大夫或緑巾，緑花窄袍，中單多紅緑色。貴者被貂裘，貂以紫黑色爲貴，青色爲次，又有銀鼠，尤潔白；賤者被貂毛、羊、鼠、沙狐裘。弓以皮爲弦，箭削樺爲簳，韉勒輕快，便於馳走。以貂鼠或鵝項、鴨頭爲扞腰。宋真宗景德中，太常博士王曙、户部員外郎李維往賀國主生辰，還，言國主見漢使彊服衣冠，事已，即幅巾雜蕃騎出射獵矣。

馬端臨《文獻通考》卷一一一《王禮考六》

君臣冠冕服章

上古衣毛冒皮，後代聖人見鳥獸冠角，乃作冠纓。黄帝造旒冕，始用布帛。冕者，冠之有旒。唐虞以上，冠布無緌。緌，纓飾。《郊特牲》：「太古冠布，齋則緇之。其緌也，孔子曰：『吾未之聞也。』太古無飾，非時人緌也。《雜記》曰：「大白緇布之冠不緌。」大白，即上古白布冠，今喪冠也。齋則緇之者，鬼神尚幽，闇也。唐虞以上曰太古。

《疏》：太古之時，其冠唯用白布，常所冠也。若其齋戒則染之爲緇，今始冠，重古，先冠之也。冠而敝之可也。」鄭玄注：此重古而冠之耳。三代改制，齋冠不復用也。以白布冠質以爲喪冠也。疏言：緇布之冠，初加暫用冠之，罷冠則敝棄之可也。以古之齊冠，後世不復用也。周氏：曰緇布冠加之以緌。孔子以爲吾未之聞，然非天子不議禮，雖孔子亦不得不從當世之所尚，則冠之加緌雖非禮，但冠而棄之可也。故曰冠而敝〔棄〕之，敝有棄意。

黃帝作冕，垂旒，目不邪視也。充纊，示不聽讒言也。事出《世本》。《虞書》：帝曰：「子欲觀古人之象，日、月、星辰、山、龍、華蟲，作會，宗彝、藻、火、粉米、黼、黻，絺繡，以五采彰施於五色，作服，汝明。」日、月、星辰，取其照臨也；山取其鎮，龍取其變，華蟲雉取其文。會，繪也。宗彝虎蜼，取其孝藻，水草，取其潔。火，取其明。粉米，白米，取其養。黼若斧形，取其斷。黻爲兩已相背，取其辨。絺，鄭氏讀爲黹，紩以爲繡也。日月至華蟲，六者繪之於衣，宗彝至黼黻六者繡於裳，所謂十二章也。在之六章，其序自上而下；裳之六章，其序自下而上。采者，青、黃、赤、白、黑也。色者，言施之於繒帛也。繪於衣，繡於裳，皆雜施五采以爲色也。汝當明大小尊卑之等差也。

有虞氏皇而祭，深衣而養老；夏后氏收而祭，燕衣而養老；殷人哻而祭，縞衣而養老；周人冕而祭，（元）〔玄〕衣而養老。皇，冕屬也，畫羽飾焉。凡冕屬其服皆（元）〔玄〕上纁下。有虞氏十二章，周九章，夏殷未聞。凡養老之服，皆其時與羣臣燕之服。有虞氏質，深衣而已。夏而改之，尚黑而黑衣裳；殷尚白而縞衣裳；周則兼用之，（元）〔玄〕衣，素（服）〔裳〕，其冠則毋追。章甫，委貌也。諸侯以天子之燕服爲朝服。《燕禮》曰：燕，朝服。服是服也。王者之後，亦以燕服爲之。魯季康子朝服以縞，僭朱之禮也。天子皮弁以日視朝也。質其冠，未聞。《郊特牲》言，大白布冠。則虞氏或用白布冠也。《正義》曰：深衣謂白布衣，故言。馬氏曰：在祭祀則言冠不言衣，言冠則知有其衣，故虞十二章，周九章，推此則二代可知矣。在養老則言衣不言冠，言衣則知有冠，故毋追，夏后氏之道也；章甫，殷道也；委貌，周道也。推此則有虞氏可知。委貌，周道也；章甫，殷道也；毋追，夏后氏之道也。周弁、殷哻、夏收，三王共皮弁素積。委，猶安也，言所以安正容貌。章，明也，殷質，言所以表明丈夫也。毋，發聲也。追，猶推也。夏后氏質以其形名之。其制之異同未聞。弁名出於槃。槃，大也，所以言自光大也。哻名出於幠。幠，覆也，所以白覆飾也。收，言所以收斂髮也，其制之異，亦未聞。

《通典》：有虞氏皇而祭，其制無文，蓋爵弁之類。夏后氏因之，曰收，純黑，前小後大。殷因之，曰哻，黑而微白，前大後小。周因制爵弁，爵弁，冕之次，赤而微黑，如爵頭然，前小後大。三代以來，皆廣八寸，長尺二寸，如冕無旒，皆三十升布爲之。士冠禮三加，成人服之。《陳氏禮書》曰：鄭氏曰：皇，冕屬，畫羽飾焉。《周禮》掌次之皇邸，樂章之皇舞，皆以鳳凰之羽爲之，則皇冕畫羽飾可知也。王制，以皇、收、哻對冕言之。又孔子稱禹致美乎黻冕，《詩》稱商之孫子，常服黼哻。黼哻云者，所謂猶黼冕也。然《郊特牲》與《冠禮》記云：周弁、商哻、夏收，又以收、哻對弁言之。夫三王共皮弁素積，夏、商而上，非無弁也，然世之文質，煩簡不同，故夏、商之用冕者，周或用弁而已。

又曰：《周禮》有韋弁，無爵弁。《書》「二人雀弁」。《儀禮》《禮記》有爵弁，無韋弁，士之服止於爵弁。而荀卿則曰：士韋弁。孔安國則曰雀，韋弁也。則爵弁即韋弁耳。又曰：古文弁象形，則其制上銳，如合手然，非如冕也。韋，其質也；爵，其色也。《士冠禮》「再加皮弁，三加爵弁」，而以爵弁爲尊。《聘禮》「主卿贊禮，服皮弁」。及「歸饔餼，服韋弁」，而以韋爲敬。韎色赤，爵色亦赤，亦即一物耳。

楊氏曰：愚按冕弁之制，上得以兼下，下不得以兼上，故爵弁、皮弁、冠弁之服，爲上下之通用。冠弁，委貌也。又曰：「（元）〔玄〕冠而其服又分爲二，朝服也，（元）〔玄〕端也，而（元）〔玄〕端之用爲尤多。以祭服言之，大夫爵弁而祭於已，士爵弁而祭於公，此以爵弁爲祭服也。《少牢》主人朝服筮日，朝服以祭。《特牲》：（元）〔玄〕端筮日，朝服以祭。此以朝服、（元）〔玄〕端爲祭服也。惟皮弁之服，不爲祭服。然《祭義》：君皮弁素積，朔（日）〔月〕，月半巡牲。是致敬於祭牲，而用皮弁之禮也。《祭義》：君皮弁素積，卜三宫之夫人、世婦，使入於蠶室。是致敬於祭服而用皮弁之禮也。大學始教皮弁祭菜。是致敬於祭菜，而用皮弁之禮也。及按《春官·司服》士之服，自皮弁以下，如大夫之服。以《儀禮·士冠·士喪》考之，則皮弁之上，有爵弁；以《司服》考之，則皮弁之上，有韋弁。今特云士之服自皮弁而下何也？皮弁之用，多於爵弁、韋弁也。蓋人爲者多變，自然者不易，皮弁因其自然而已。此所以三王其皮弁素積，而周天子至士其用之也。

按：周以前，冠冕衣裳之制，其詳不可得而聞，所可考者，惟《虞書》言服章、《戴記》言冠制耳。然冠之制有三：曰冕，曰弁，曰冠。冕者，朝祭之服，所謂十二旒、九旒而下是也，惟有位者得服之。弁亞於冕，所謂周弁、殷哻、夏收是也。冠亞於弁，所謂委貌、章甫、毋追是也。弁與冠，自天子至於士，皆得服之。冕始於黃帝，至有虞氏以爲祭服。所謂皇而祭。夏、殷之祭則用弁，蓋未以弁爲殺於冕也。至周而等級始嚴，故大夫雖可以服冕，而私家之祭不得用之，天子不妨服弁，而雖小祀必以冕，蓋冕、弁之尊卑始分矣。然弁有二：曰皮弁，以白鹿皮爲之，其制最古；曰爵弁，則其制下員上方，如冕而無旒。古者冠禮三加，始緇布冠，次皮弁，次爵弁，皆士服也。大夫則服冕矣。古者雖重冠禮，而於服章之際，視之彌重，故雖天子之元子始冠，亦服士之冠，至爵弁而止，而不敢僭用冕，所謂天下無生而貴者，其嚴如此。

又按：冕則卿大夫以上服之，而可以兼服弁，弁則士以下服之，而不可以僭服冕，固也。然冕服之用，非惟位有尊卑，不可躐服，而事有大小，亦不可以例服，故天子之冕以之奉祀，其次則初即位服之。伊尹以冕服奉太甲，康王「麻冕黼裳」是也。納后妃服之，「冕而親迎」是也。養老服之，「冕而總干」是也。躬耕籍田服之，「冕而朱紘躬秉耒」是也。至於日視朝等事，則服皮弁而已。卿大夫之冕，則以之朝王及助祭，其次則受遺奉册服之，「卿士、邦君，麻冕蟻裳」「一人冕執劉，一人冕執鉞」之類是也。至其私家，則雖奉祀，亦服皮弁而已。蓋於其所不當服也，則雖天子之視朝，卿大夫之奉祀，亦不果服；於其所當服也，則雖服之以總干，服之以秉耒，服之以執劉、執鉞，亦無嫌也，適禮之宜而已。

周官司服掌王之吉凶衣服，辨其名物，與其用事。用事，祭祀、視朝、甸、凶弔之事，衣服各有所用。王之吉服，祀昊天上帝，則服大裘而冕，祀五帝，亦如之。大裘、羊裘。冕者，首飾尊也，祀天，尚質。正義曰：六服，服雖不同，首同用冕也。享先王，則衮冕；衮，卷龍衣也。虞時冕服十二章，自日、月至黼、黻，王者相變。至周而以日、月、星辰畫於旌旗，所謂三辰旂旗，昭其明也。而冕服九章，登龍於山，登火於宗彝，尊其神明也。衮之衣五章，裳四章，凡九。享先公饗射，則鷩冕；先公，謂后稷之後，大王之前，不窋至諸盩。亨祀賓客與諸侯射也。鷩，裨衣也。九章：初一曰龍，次二曰山，次三曰華蟲，次四曰火，次五曰宗彝，皆畫以爲繪；次六曰藻，次七曰粉米，次八曰黼，次九曰黻，皆絺以爲繡。衮則九章備。鷩冕無龍、山，畫始雉。其衣三章，裳四章，凡七也。《正義》曰：此無正文，並鄭以意解之。祀四望山川，則毳冕；毳冕，其衣罽衣。玄謂毳畫虎蜼，謂宗彝也。其衣三章，裳二章，凡五章也。祭社稷五祀，則希冕；希刺粉米，無畫。其衣一章，裳二章，凡三。祭羣小祀，則玄冕。其衣無文，裳刺黻而已。冕服皆玄衣纁裳。凡兵事，韋弁服；韋弁以靺韋爲弁，又以爲衣裳。《春秋傳》：晉郤至衣「靺(韋)之跗注」是也。正義曰：韋弁即靺染，謂赤色也，以赤色韋爲弁、衣裳，亦以靺，皆赤色。眂朝，則皮弁服。視朝，視內外朝之事。皮弁之服，十五升，白衣積素以爲裳，王受諸侯朝覲於廟，則用衮冕。凡甸，冠弁服。甸，田獵也。冠弁委貌，其服緇布衣，亦積素以爲裳，諸侯以爲視朝之服。凡凶事，服弁服。服弁，喪冠也。其服斬縗、齊縗。正義：服弁注云，喪冠，色未詳。凡弔事，弁經服。弁經者，如爵弁而素，加環經。正義曰：如爵弁者，爵弁之形以木爲體，廣八寸，長尺六寸，以三十升布染爲爵頭色，赤多黑少，今爲弁經之弁，其體亦然。但不(可)〔同〕爵色之布，而用素爲之。加環經者，凡經皆兩股絞之，今以麻爲體，又以一股麻爲體，糾而橫纏之如環然，加於素弁之上。大札、大荒、大烖，素服。大札，疫疾也。大荒，饑饉也。大烖，水火爲災。君臣素服縞冠，若晉伯宗哭梁山之崩。公之服，自衮冕而下，如王之服；侯伯之服，自鷩冕而下，如公之服；子男之服，自毳冕而下，如侯伯之服；孤之服，自希冕而下，如子男之服；卿大夫之服，自玄冕而下，如孤之服；士之服，自皮弁而下，如大夫之服，其齊服，有玄端素端。自公之衮冕，至卿大夫之玄冕，皆其朝聘天子及助祭之服。諸侯非二王後，其餘皆玄冕而祭於己。《雜記》曰：「大夫冕而祭於公，弁而祭於己；士弁而祭於公，冠而祭於己。」大夫爵弁，自祭家廟唯孤耳，其餘皆玄冠與士同。玄冠自祭其廟者，其服朝服。玄端，諸侯之自相朝聘，皆皮弁服，此天子日視朝之服。士齋有素端者，亦爲札、荒有所禱請。變素服，言素端者，明異制。鄭司農云：衣有襦裳者爲端，玄謂端者取其正也。士之衣袂皆二尺二寸而屬幅，是廣袤等也，其袪尺二寸，大夫已上侈之。多之者，蓋半而益一，則其袂三尺三寸，袪尺八寸。正義曰：魯祭服亦得與天子同，然唯在文王、周公廟中，得用衮冕，其二王後惟祭受命，王得用衮冕，其餘廟亦用玄冕也。《雜記》曰：「大夫冕而祭於公」，至「玄冠與士同」者，諸侯除孤用爵弁之外，卿大夫皆用玄冠，與士同。故少牢是上大夫祭，用玄冠朝服；特牲是士禮，用玄冠玄端，是餘皆玄冠與士同也。云諸侯之自相朝聘，皆皮弁者，欲見此經上服惟施於入天子廟，不得入諸侯廟之意，必知諸侯自相朝聘用皮弁者，是《聘禮》「主君及賓皆皮弁」。諸侯相朝，其服雖無文，聘禮「主君待聘者皮弁」，明待諸侯朝亦皮弁可知。云此天子視朝之服者，此解皮弁非諸侯常服之物，惟於朝聘乃服之意也。

林氏曰：黄帝始備衣裳之制，舜觀古人之象，繪日、月、星辰、山、龍、華蟲於衣，稱宗彝、藻、火、粉米、黼、黻於裳，以法乾坤，以昭象物，所以彰天子之盛德，能備此十二物者也，使服者當須有是服之盛德焉。繪以三辰，所以則天之明，尤爲君德之光。自黄帝以來，歷代之制，莫不然也。周人特備以斿縿之數爾。《周禮》乃無十二章之文，《司服》惟有衮冕，至玄冕説者，謂周登三辰於旗，冕服惟有九章。嗚呼！何説之異也？自堯、舜至於三代，文物日以盛，名分日以嚴，儀章日以著，夫子於四代禮樂，特曰服周之冕，取其文之備，尊卑之有辨也。何得至周反去三辰之飾文乃不足乎？蓋不過據左氏三辰旂旗之文。左氏謂旗有三辰，何嘗謂衣無三辰邪？豈有王者象三辰之明，歷代皆飾於衣，周人特飾於旗，有何意乎？況又謂上公冕服九章，而王服亦九章，將何所别？周公制禮防亂，萬世乃至於無别，與《郊特牲》曰：「祭之日，王被衮以象天」，則十二章備矣。鄭氏曰：謂有日、月、星辰之章，此魯禮也。夫被衮以象天，周制固然也，何魯之足云？豈有周制止九章，魯乃加以十二章之禮乎？

宋《兩朝輿服志》：皇祐三年，詔問冠韋弁何服，所執何玉？太常禮院奏，謂《周禮·司服》「凡兵事韋弁服」。釋之者曰：韋弁以韎韋爲弁。又以爲衣裳，《春秋傳》晉郤至衣「韎韋之跗注」是也。今伍伯緹衣，古兵服之遺色。孔穎達以韎蒨染，謂以赤色韋爲弁。杜佑《通典》：韋弁之制，晉以韋爲之，頂少尖。宋因之，爲車駕親戎中外戒嚴之服。後周巡兵即戎則服之。自此以來，無復其制。《三禮圖》：韋弁服，王及諸侯、卿大夫之兵服。天子亦以五采玉十二飾之。詳此，則韋弁服蓋天子、諸侯、卿大夫臨戎所通服。古者非祭祀、朝聘、會同不執玉，今韋弁既爲戎服，於經無執玉之文，而《三禮圖》繪爲執玉，斯一時之誤，不足爲據也。

弁師，弁者，古冠之大稱。掌王之五冕，皆玄冕，朱裏延紐。冕服有六，而言五冕者，大裘之冕，蓋無旒，不聯數也。延冕之覆在上，是以名焉。紐，小鼻，在武上，笄所貫也。疏曰：「云皆玄冕者，古者績麻三十升升染之，上以玄，下以朱，衣之，於冕之上。下云延者，即是上玄，云紐者，綴於冕之兩傍垂之。武兩傍作孔，以笄貫之，使得其牢固也。凡冕體，《周禮》無文。叔孫通作漢禮器，用度取法於周。案，彼文，凡冕以版廣八寸，長尺六寸，上玄下朱，覆之。乃以五采繅繩貫五采玉垂於延前後，謂之邃延。故《玉藻》云：天子玉藻，前後邃延，龍卷以祭是也。又曰：爵弁前後平則得弁，稱冕則前低一寸得冕，名冕則俛也。五采繅，十有二就，皆五采玉十有二，玉笄朱紘。繅音早。繅，雜文之名也。合五采絲爲之繩，垂於延之下，前後各十二，所謂邃延也。就，成也。繩之每一匝而貫五采玉。十二斿，則十二玉也，每就閒蓋一寸。朱紘，以朱組爲紘也。紘一條屬兩端於武，繅不言皆，有不皆者，此爲衮衣之冕，十二斿則用玉二百八十八；鷩衣之冕，繅九斿，用玉二百一十六；毳衣之冕，七斿，用玉百六十八；希衣之冕，五斿，用玉百二十；玄衣之冕，三斿，用玉七十二。斿音留。疏曰：云紘一條屬兩端於武者，謂以一條紘先屬一頭於左旁笄上，以一頭繞於頤下，至向上於右屬笄上繞之，是以鄭注《士冠禮》云：有笄者屈組以爲紘，垂爲飾；無笄者纓而結其條。彼有笄，據皮弁、爵弁。此五冕皆有笄，與彼同。此言屬於武者，據笄貫武，故以武言之，其實在笄。云繅不言皆，有不皆者，謂王之五冕，繅則有十二、有九、有七、有五、有三，其玉旒皆十二，故不言皆；有不皆者，則九旒已下是也。玉言皆，則五冕旒皆十二玉也。此經十二旒，據衮冕而言，是以鄭云此爲衮衣之冕，以其十二旒，旒各十二玉，前後二十四旒，故用二百八十八玉，已下計可知。諸侯之繅旒九就，瑉玉三采，其餘如王之事。繅斿皆就，玉瑱玉笄。瑉，本又作珉，亡貧反。瑱吐練反，「侯」當爲「公」字之誤也。三采，朱、白、蒼也。其餘謂延紐，皆玄覆朱裏，與王同也。出此則異，繅斿皆就，皆三采也。每繅九成，則九旒也。公之冕用玉百六十二，玉瑱塞耳者，故書珉作璑，鄭司農云：繅當爲藻。繅，古字也；藻，今字也，同音。璑，惡玉名。璑音無。疏曰：諸公云繅九就，又云，繅斿皆就，文與上言繅十有二就，皆五采玉，十有二。繅玉，别文，則繅有差降，玉無差降，此諸公繅玉同，則唯有一冕而已，故鄭注一冕爲九旒，旒各九玉，據冕九旒，不别計鷩冕已下，以其一冕而冠五服也。已下侯、伯、子男，亦皆一冕冠數服也。王不言玉瑱，於此言之者，王與諸侯互見爲義，是以王言玄冕朱裏，延紐及朱紘，明諸侯亦有之。諸公言王瑱，明王亦有之，是其互有也。又曰：知三采朱、白、蒼者，《聘禮》記：公、侯、伯繅藉三采，朱、白、蒼。故知也。云出此則異者，異謂天子朱紘，諸侯當青組紘之等，不得與王同也。王之皮弁，會五采玉璂，象抵玉笄。鄭司農云：會謂以五采束髮。玄謂會縫中也。璂讀如綦。綦，結也，皮弁之縫中每貫結五采玉十二以爲飾謂之綦。《詩》云「會弁如星」。又曰：「其弁伊綦。」抵下抵也，以象骨爲之。疏曰：會，取會聚之義，故爲縫中。天子以十二爲節，約同冕旒也。弁之縫中飾之以玉。皪皪而處，狀似星，故曰「會弁如星」。云抵，下抵也者，謂爲弁內頂上以象骨爲抵。諸侯及孤卿大夫之冕，韋弁、皮弁，各以其等爲之，而掌其禁令。各以其等繅斿玉璂，如其命數也。冕則侯、伯繅七就，用玉九十八；子、男繅五就，用玉五十。繅玉皆三采。孤繅四就，用玉三十二；三命之卿，繅三就，用玉十八；再命之大夫，藻再就，用玉八。藻玉皆朱、緑。韋弁、皮弁，則侯、伯璂飾七，子、男璂飾五。玉亦三采，孤則璂飾四；三命之卿璂飾三，再命之大夫璂飾二。玉亦二采。一命之大夫冕而無旒，士變爲爵弁，其韋弁、皮弁之會無結飾，禁令者不得相僭踰也。疏曰：云一命之大夫冕而無旒者，凡冕旒所以爲文飾，一命若有，則止一旒一玉而已，非華美爵弁之制。如冕而無旒，則一命之冕與爵弁不殊，得謂之冕者，蓋弁則前後平，冕則前低一寸餘。

陳氏曰：司服之服六而弁師之冕五者，大裘、衮衣司冕，猶后首服同副也。

又曰：《弁師》王之五冕皆朱紘。《禮記》：天子爲藉，冕而朱紘；諸侯爲藉，冕而青紘。《士冠禮》：緇衣冠，青組纓，皮弁笄，爵弁笄，緇組紘纁邊。蓋朱者正陽之色，天子以爲紘；青者少陽之色，諸侯以爲紘；緇者陰之色，而士以爲紘；卿大夫冕弁之紘，無所經見。《禮器》曰：管仲鏤簋朱紘，君子以爲濫。鄭氏謂大夫、士當緇組紘纁邊，理或然也。一組繫於左笄，遶頤而上，屬於右笄，垂餘以爲飾，謂之二紘。又曰：冕約之以武，設之以紐，貫之以笄，固之以紘。

又曰：瑱以充耳，紞以垂瑱。《周官·弁師》：王之五冕皆玉瑱。《詩》於衛夫人言「玉之瑱也」，於衛武公言「充耳琇瑩」，於衛之臣子言「褎如充耳」，《齊詩》言充耳以素、以青以黄、尚之以瓊華、瓊瑩、瓊英。則瑱不特施於男子也，婦人亦有之；不特施於冕也，弁亦有之。故《詩》言：「充耳琇瑩」，繼之以「會弁如星」。《喪禮》士無冕而瑱用白纊。則弁亦有之可知也。士瑱用白纊，即《詩》所謂「充耳以素」者也。八君用黈纊，即《詩》所謂「充耳以黄」者也。毛氏以充耳以素爲士之服，充耳以青爲卿大夫之服，充耳以黄爲人君之服，其説是也。《春秋傳》曰：縳之如一瑱，則縳纊以爲瑱，自古然也。其制蓋皆玄紞以垂之，瓊玉以承之。承之，《詩》所謂尚之也。《檀弓》小祥用角瑱。《楚語》曰：巴浦之犀，犛兕象，其可盡乎！則古者之瑱，亦以象與角爲之。又曰：《周官·追師》「掌王后之首服，爲副、編、次、追、衡笄」。《左傳》曰：「衡紞紘綖，昭其度也。」鄭司農曰：衡，維持冠者。鄭康成曰：王后之衡笄，皆玉爲之。惟祭服有衡，垂於副之兩旁當耳，其下以紞垂瑱。孔穎達曰：婦人首服有衡，則男子首服亦然。王后之衡以玉，諸侯以下未聞。然則《左傳》言衡，則繼以紞。《弁師》、《士冠禮》言笄，則繼以紘。

朱子曰：禮家載祀先王服衮冕，祀先公服鷩冕。諸侯之服，蓋雖上祀先公以天子之禮，然不敢以天子之服臨其先公。但鷩冕旒玉，與諸侯不同。天子之旒十二玉，蓋雖與諸侯同是九旒，但天子九旒十二玉，諸侯九旒九玉耳。

楊氏曰：愚按六服而冕，注説恐未安，當從陳氏大裘、衮衣同冕之説。蓋祀天、祀先王皆十二旒，旒十二玉；祀先公鷩冕則九旒，旒十二玉；祀四望山川，毳冕則七旒，旒十二玉。禮有輕重，則繅旒有隆殺。惟祀天、祀先王皆致其隆，不容有所輕重也。

按：先儒疑服有六而冕止於五，遂謂大裘、衮衣二服而同冕，然按《郊特牲》祭之日，王被衮以象天。《玉藻》天子「龍卷以祭」。《家語》曰：郊之日，天子大裘以黼之被裘象天，既至泰壇，王脱裘矣，服衮以臨；燔柴戴冕璪，十有二旒，則天數也。陳祥道以爲王之祀天，内服大裘，外被龍衮。龍衮，所以襲大裘也。然則祭天之服亦龍衮，特内襲大裘，而宗廟之祭則龍衮内無裘，故以大裘而冕。在衮冕之前，非謂衮冕之上復有大裘之服也。蓋大裘、衮衣不可分而爲二服。而服與冕皆五。未嘗有六服矣。禮家又謂大裘之冕無旒。如此則是以大裘爲一服。無旒者爲一冕，是有六服，亦有六冕。然冕之無旒者，乃一命之服。蓋子、男之國爲大夫者服之，其秩至卑，以天子祀天之冕，而下同於子、男之大夫，可乎？其義不通矣。

天子玉藻，十有二旒，前後邃延，龍卷以祭。祭先王之服，雜采曰藻。天子以五采藻爲旒，旒十有二。前後邃延者，言皆出冕前後而垂也。天子齊肩，延冕上覆也，玄表纁裏。龍卷，畫龍於衣，或作衮。疏曰：藻謂雜采之絲繩以貫於玉，以玉飾藻，故云玉藻。前後各十二旒垂，而深邃。延卷謂卷曲，畫此龍形。云天子齊肩者，以天子之旒十二就，每一就以玉，就間相去一寸，則旒長尺二寸，故垂而齊肩。言天子齊肩，則諸侯以下各有差降，則九玉者九寸，七玉者七寸，以下各依旒數垂而長短爲差。旒垂五采玉，依飾射侯之次，從上而下，初以朱，次白，次蒼，次黄，次玄。五采玉既貫徧，周而復始。其三采者，先朱、次白、次蒼。二色者先朱後緑。皇氏、沈氏並爲此説。今依用焉。後至漢明帝時，用曹褒之説，皆用白旒珠，與古異也。云延冕覆者，用三十升之布染之爲玄，覆於冕上，出而前後。冕謂以板爲之，以延覆上，故云延冕上覆也。但延之與板相著爲一，延覆在上，故云延冕也。

玄端而朝日於東門之外，聽朔於南門之外。端當爲冕。玄衣而冕，冕服之下朝日，春分之時也。東門、南門，謂國門也。天子廟及路寢，皆如明堂，在國之陽；每月就其時之堂而聽朔焉。卒事，反宿路寢，亦如之。閏月，聽其朔於明堂門中，還處寢門。終月，凡聽朔，必以特牲告其帝及神，配以文王、武王。疏曰：案下諸侯皮弁聽朔，朝服視朝，是視朝之服，卑於聽朔，聽朔大，視朝小，故知端當爲冕，玄冕祭小祀，日月爲中祀，而用之者，以天神尚質。《魯語》云：大采朝日，故於日。韋昭注：大采謂玄冕也。春分日，於其日朝之。

皮弁以日視朝，遂以食。日中而餕。卒食，玄端而居，天子服玄端，燕居也。疏曰：遂以食者，既著皮弁視朝，遂以皮弁而朝食，所以敬養身體，故著朝服。至日中之時，還著皮弁，而餕朝之餘食。沙隨程氏曰：先儒相傳謂前旒蔽明，黈纊塞聰，亦習之誤。此獨祭祀之衮冕爲然，欲其專精神以享也。君視朝則皮弁服，何旒纊之有哉？諸侯玄端以祭祭先君也，端亦當爲冕，諸侯祭宗廟之服，唯魯與天子同，裨冕以朝，朝天子也。裨冕，公衮，侯、伯鷩，子、男毳也。皮弁以聽朔於太廟。皮弁，下天子也。朝服以日視朝於内朝。朝服，冠玄端素裳也。此内朝路寢門外之正朝也。天子諸侯皆三朝。朝，辨色始入。羣臣也。入，入應門也。辨，猶正也，别也。君日出而視之，退適路寢聽政，使人視大夫。大夫退，然後適小寢，釋服。小寢，燕寢也。釋服，釋玄端。又朝服以食，特牲三俎，祭(胏)「肺」。食，必復朝服，所以敬養身也。三俎：豕、魚、腊。夕深衣，祭牢肉。祭牢肉，異於始殺也。天子言日中，諸侯言夕；天子言餕，諸侯言牢肉，互相挾。正義曰：玄端賤於皮弁，下文皮弁聽朔於太廟，不應玄端以祭先君，故知此端，亦當爲冕。《覲禮》云：侯氏裨冕。鄭注：裨之爲言，埤也。天子六服，大裘爲上，其餘爲裨，故總云裨冕。《王制》云：周人玄衣而養老。注云：玄衣素裳，天子之燕服，爲諸侯朝服。彼注云玄衣，則此玄端也。若素爲裳，則是朝服，此皆爲玄端。

《周禮・司服》：其齋服有玄端素端。注見前。《內則》曰：子事父母，冠，緌纓，端，韠，紳。端，玄端，士服也。《玉藻》：天子玄端而朝日於東門之外，端，當爲冕。卒食，玄端而居。諸侯玄端以祭。端，亦當爲冕。朝，玄端；夕，深衣。謂大夫士也。無君者不二采。大夫去位，宜服玄端素衣。《小記》除殤之喪者，其祭也必玄。冠玄端黃裳而祭，不朝服，未純，吉也，於成人爲釋禫之服《樂記》：魏文侯問於子夏曰：吾端冕而聽古樂，則唯恐臥。端，玄衣也。《雜記》曰：端衰、喪車皆無等。喪者衣衰，及所乘之車貴賤同。衣衰，言端者，玄端，吉時常服，喪之衣衰當如之。子羔之襲，素端一。公襲卷衣一，玄端一。《儀禮》：士冠緇布冠，玄端，玄裳、黃裳、雜裳可也，緇帶爵韠。此暮夕於朝之服，玄端則朝服之衣易其裳耳，上士元裳，中士黃裳，下士雜裳。賓如主人服，贊者玄端，從之。冠者既冠，乃易服。服玄冠，玄端爵韠，見於君，見於鄉大夫，鄉先生。（見）〔易〕服不朝服者，非朝士也。《特牲饋食禮》：主人冠玄端。《論語》：公西華曰：宗廟之事，如會同，端章甫，願爲小相焉。荀卿曰：端衣玄裳，絻而乘路，志不在於食葷。《大戴禮》曰：武王端冕而受丹書。《左氏》劉定公曰：吾端委以治民臨諸侯，禹之力也。晏平仲端委以立於虎門。《晉語》董安于曰：臣端委以隨宰人。《周語》曰：晉侯端委以入武宮。韋昭曰：此士服也。諸侯之子，未受爵命，服仕服也。《穀梁》曰：免牲者，爲之緇衣纁裳，有司玄端奉迎，至於南郊。襄三十一年。吳，夷狄之國也，被髮文身，欲因魯而請冠端而襲。襲，衣冠。端，玄端。鄭氏釋《士冠禮》，謂爵弁純衣，絲衣也，餘衣皆用布，惟冕與爵弁用絲耳。賈公彥曰：此據朝服、皮弁服、玄端服及深衣、長衣之等，皆布爲之。是以《雜記》云：朝服十五升布。玄端，亦朝服之類。皮弁，亦是天子朝服。深衣或名麻衣，故知用布也。

《陳氏禮書》曰：《司服》言及諸侯、孤、卿大夫、士之服，而繼之以其齋服，有玄端、素端，則玄端、素端，非特士之齋服而已。鄭氏曰：端者，取其正也。士之衣袂皆二尺二寸，而屬幅，是廣袤等也。其袪尺二寸，大夫以上侈之。侈之者，蓋半而益一，則其袂三尺三寸，袪尺八寸。然謂之端，則衣袂與袪廣袤等矣。無大夫、士之辨也。果士之袪殺於袂尺，非端也。大夫之袪，侈以半而益一，亦非端也。深衣之袪圜，長衣之袪長，弔祭及餘衣之袪侈，《司服》凡弔事，弁絰服。《雜記》凡弁絰服，其衰侈。《少牢》：主婦衣宵衣侈袂。《儒行》曰：孔子衣逢掖之衣。荀卿曰：其衣逢。則玄端之袂端可知矣。古者端衣或施之於冕，或施之於冠。《大戴記》曰：武王端冕而受丹書。《樂記》曰：魏文侯端冕而聽古樂。荀卿曰：端衣玄裳，絻而乘路。此施於冕者也。《冠禮》：冠者，玄端，緇布冠。既冠，易服，服玄冠、玄端。《特牲禮》：主人冠玄端。《內則》：子事父母，冠，緌纓、端、韠、紳。劉定公曰：吾端委以治民。董安于曰：臣端委以隨宰人。公西華曰：宗廟之事，如會同，端章甫。以至晉侯端委以入武宮，晏平仲端委以立於虎門，此施之於冠者也。蓋玄端，齋服也，諸侯與士以爲祭服。《玉藻》元端以祭。《特牲》：冠玄端是也。大夫、士以爲私朝之服，《玉藻》朝玄端是也。天子至士，亦以爲燕服。《玉藻》天子卒食，玄端而居。《內則》事父母，端韠是也。然則端衣所用，固不一矣。《記》曰：齋之玄也，以陰幽思也，故祭之。冕服皆玄。齋之端衣，亦玄。若夫朝服，天子以素，諸侯以緇，未聞以玄端也。《儀禮》大夫祭以朝服，士祭以玄端。《冠禮》主人朝服既冠，冠者服玄端。《雜記》公襲朝服一，玄端一。襚禮，自西階受朝服，自堂受玄端。則朝玄端異矣。玄端，皆玄裳，或黃裳、雜裳可也。鄭氏曰：上士玄裳，中士黃裳，下士雜裳。前玄後黃。荀卿曰：端衣玄裳，絻而乘路，志不在於食葷。蓋齋則衣裳皆玄，非齋則裳不必玄。未聞以素裳也。鄭氏釋《儀禮》，謂云端即朝服之衣，易其裳耳。釋《玉藻》曰：朝服冠玄端素裳，此説無據。服玄端者，冠則緇布冠，齋則玄冠，特天子齋用冕，燕則玄冠而已。然齋或用素端，則其冠不玄矣。鄭氏曰素端，爲禮荒有所禱請是也。

又曰：玄端，齋服也。天子以爲燕服，士以爲祭服，大夫、士以爲私朝之服，或以事親，或以擯相，或既冠則服之以見鄉大夫、鄉先生。凡書傳所謂委貌者即此玄端委貌也。如晉侯端委以入武宮，劉定公曰：吾端委以治民、臨諸侯，晏平仲端委以立於虎門之外是也。則玄端之所用，爲尤多矣。

朱子曰：不學雜服，不能安禮。鄭注謂以服爲皮弁冕服，其説恐是。蓋古人服各有等降，若理會得雜裳，則於禮亦是思過半矣。且如冕服是天子祭服，皮弁是天子朝服。諸侯助祭於天子則服冕服，自祭於其廟則服玄冕；大夫助祭於諸侯則服玄冕，自祭於其廟則服皮弁。又如天子常服則服皮弁，朔旦則服玄冕，無旒之冕也。諸侯常朝則服朝服，玄衣素裳。朔旦則服皮弁，大夫私朝亦用玄端。夕深衣，士則玄端以祭，上士玄裳，中士黄裳，下士雜裳，前後玄黄。庶人深衣。

古者深衣，蓋有制度，以應規矩，繩權衡。聖人制事，必有法度。短毋見膚，衣取蔽也。長毋被土。爲汚辱也。續衽鉤邊，續，猶屬也。衽，在裳旁者也。屬連之不殊裳前後。鉤邊，若合曲裾也。續或爲(俗)[裕]，要縫半下。三分要中，減一以益下，下宜寬也。要或爲優。袼之高下，可以運肘，肘不能出入袼，衣袂，當掖之縫也。袂之長短，反詘之及肘。袂屬幅於衣，詘而至肘，當臂中爲節，臂骨上下各尺二寸，則袂肘以前尺二寸。肘或爲腕。帶，下毋厭髀，上毋厭脅，當無骨者。當骨緩急，難爲中也。制十有二幅，以應十有二月。裳六幅，幅分之以爲上下之殺。袂圜以應規，謂胡下也。圜，音員，下垂曰胡。曲袷如矩以應方，袷，交領也。古者方領，如今小兒衣領。司馬公曰：方領如孔所言，似三代以前人反如今服，上領衣但方裁之耳。案上領衣本出胡服，須用結紐乃可服，不知古人有此否也。鄭注《周禮》袷狀如著横衝之纗絜於項。顔師古注《漢書》纗者，結礙也。絜，繞也。蓋爲結紐而繞項也，然則古亦有結紐也。纗音獲。絜音結。漢時小兒衣服既不可見，而《後漢·馬援傳》朱勃衣方領，能矩步。註引《前書音義》曰：頸下施衿領正方，學者之服也。如此則自於頸下，別施一衿映所交領使之方正，今朝服有方心曲領，以白羅爲之，方二寸許，綴於圜領之上，以繫於頸後結之，或者袷之遺象歟。又今小兒疊方幅係於頸下謂之涎衣，與鄭説頗相符，然事當闕疑，未可決從也。《後漢·儒林傳》曰：服方領，習矩步者，委蛇乎其中。註：方領，直領也。《春秋傳》：叔向曰：衣有襘。杜曰：襘，領會也。工外反。《曲禮》曰：視不上於袷。鄭曰：袷，交領也。然則領之交會處自方即謂袷，疑更無他物，今且從之，以從簡易。負繩及踝以應直，繩，謂裻與後幅相當之縫也。踝，跟也。正義曰：衣之背縫及裳之背縫，上下相當，如繩之正直，故云負繩，非謂實負繩也。下齊如權衡以應平。齊，緝。故規者行舉手以爲容。行舉手謂揖遜。負繩抱方者，以直其正，方其義也，故《易》曰：坤「六二之動，直以方也」。下齊如權衡者，以安志而平心也。心平志安行乃正；或低或昂，則心有異志者歟。五法已施，故聖人服之。言非法不服也。故規矩取其無私，繩取其直，權衡取其平，故先王貴之；故可以爲文，可以爲武，可以擯相，可以治軍旅，完且弗費，善衣之次也。完且弗費，言可善衣而易有也。深衣用十五升布，鍛濯灰治純之以采。善衣，朝祭之服也。自士以上，深衣爲之次。庶人吉服，深衣而已。正義曰：可善衣而易有也。謂其完牢乃可於善事衣著，故庶人服之以完牢故也。而易有者，以白布爲之，不須黼黻錦繡之屬。云自士以上深衣爲之次者。案《玉藻》：諸侯夕深衣，祭牢肉，及大夫士朝玄端，夕深衣。是深衣爲朝服之次也。諸侯之下，自深衣以後，其別更無所謂餘服，故知是爲庶人之吉服也。（且）〔具〕父母、大父母，衣純以繢；具父母，衣純以青；如孤子，衣純以素。尊者存以多飾爲孝。繢，畫文也。三十以下，無父稱孤。純袂，緣，純邊，廣各寸半。純，謂緣之也。緣袂，謂其口緣褐也。緣邊，衣裳之側，廣各寸半，則表裏共三寸矣，唯袷廣二寸。

陸氏曰：名曰深衣者，謂連衣裳而純之以采也。有表則謂之中衣，以素純則曰長衣。正義曰：長衣、中衣及深衣，其制度同。玉藻云：長、中，繼揜尺。若深衣則緣而已。諸侯、大夫爲夕服，庶人吉服，皆著之在表也。其中衣則在朝服、祭服、喪祭之下，餘服則上衣下不相連。此深衣衣裳相連，被體深邃，故謂之深衣。

藍田吕氏曰：深衣之用，上下不嫌同名，吉凶不嫌同制，男女不嫌同服。諸侯朝朝服，夕深衣；大夫、士朝玄端，夕深衣；庶人衣吉服，深衣而已。此上下之同也。有虞氏深衣而養老，諸侯、大夫夕皆深衣。將軍文子除喪而受越人弔，練冠深衣。親迎女在塗，壻之父母死，深衣縞總以趨喪。此吉凶男女之同也。蓋深衣者，簡便之服，雖不經見，推其義類，則非朝祭皆可服之，故曰：可以爲文，可以爲武，可以擯相，可以治軍旅也。

按：三代時衣服之制，其可考見者雖不一，然除冕服之外，惟玄端、深衣二者其用最廣。玄端則自天子至士皆可服之，深衣則自天子至庶人皆可服之。蓋玄端者，國家之命服也；深衣者，聖賢之法服也。然玄端雖曰命服，而本無等級，非若冕弁之服，上下截然者之比。故天子服之而不卑，士服之而不爲僭。至於深衣，則裁製縫衽，動合禮法，故賤者可服，貴者亦可服；朝廷可服，燕私亦可服。天子服之以養老，諸侯服之以祭膳，卿、大夫、士服之以夕視私朝，庶人服之以賓祭，蓋亦未嘗有等級也。古人衣服之制不復存，獨深衣則戴記言之甚備。然其制雖具存，而後世苟有服之者，非以詭異貽譏，則以儒緩取哂，雖康節大賢，亦有今人不敢服古衣之説。司馬温公必居獨樂園而後服之，吕滎陽、朱文公必休致而後服之。然則三君子當居官涖職見用於世之時，亦不敢服此，以取駭於俗觀也。蓋例以物外高人之野服視之矣，可勝慨哉。

右衣冠之制

君臣冠冕服章

秦滅禮學，郊社服用，皆以袀(元)〔玄〕，以從冕旒，前後邃延。蔡邕《獨斷》曰：「袀，紺繒也。」以水德尚袀，音均。

漢承秦敝，西京二百餘年，猶未能有所制立。

《漢書儀》：凡齋皆衣(元)〔玄〕紺繒也。衣絳領袞緣、絝韈、涑革帶、鴻紺幘、長冠、絣青衣、幘領袞、絝韈白帶，求雨皁緣、衣貙婁霜幘衣。冬射獵，衣流黄；仲夏，衣黄。

西漢，史不言朝祭服章之制，惟《漢書儀》所載如此，然其説終不明白云。

文帝時，賈誼上疏曰：今民賣僮者，僮謂隸妾。爲之繡衣絲履偏諸緣，服虔曰：如牙條以作履緣。師古曰：偏諸，若今之織成，以爲要襻及褾領者也。古謂之車馬裙，其上爲乘車及騎從之象也。內之閑中閑，賣奴婢(門)〔闌〕。是古天子后服，所以廟而不宴者也，入廟則服之，宴處則不著，蓋貴之也，而庶人得以衣婢妾。白縠之表，薄紈之裏，緁以偏諸，晉灼曰：以偏諸緁著衣也。師古曰：緁音妾，謂以偏諸緶著之也。緶音步千反。美者黼繡，黼者，織爲斧形。繡者，刺爲衆文。是古天子之服，今富人大賈嘉會召客者以被墻。古者以奉一帝一后而節適，得其節而合宜。今庶人屋壁得爲帝服，倡優下賤得爲后飾，然而天下不屈者，殆未有也。且帝之身自衣皁綈，綈，厚繒也。而富民墻屋被文繡，天子之后以緣其領，庶人孽妾緣其履，此臣所謂舛也。

宣帝時，魏相采《易陰陽》及《明堂月令》奏曰：天子之義，必純取法天地，而觀於先聖。高皇帝所述書《天子所服第八》第八，天子衣服之制，於施行詔第八。曰：大謁者臣章受詔長樂宫，曰：「令羣臣議天子所服，以安治天下。」相國臣何、御史大夫臣昌、蕭何，周昌。謹與將軍臣陵、王陵。太子太傅臣通叔孫通等議：「春夏秋冬，天子所服，當法天地之數，中得人和。故自天子王侯有土之君，下及兆民，能法天地，順四時，以治國家，身亡禍殃，年壽永究，是奉宗廟安天下之大禮也。臣請法之。中謁者趙堯舉春，應劭曰：四時各舉所施行政事。服虔曰：主一時衣服禮物朝祭百事也。李舜舉夏，兒湯舉秋，貢禹舉冬，高帝時自有一貢禹。四人各職一時。」大謁者襄章奏，制曰：「可。」

按：西漢服章之制，於史無所考見。班固《敘傳》言漢初定，與民無禁。師古注：謂漢不設車旗衣服之禁。今觀賈誼所言可見。然魏相奏謂高皇帝書有《天子所服第八》則服制未嘗無。其書相所奏，既不詳備，而《史記》無傳焉，蓋周之經制，歷春秋、戰國數百年，典籍湮没不存。及七雄僭王，國自爲政，尤無所究詰。秦出自西戎，不習禮文之事，而其立意，大概欲是今而非古，尊己而卑人，故滅六國之後，獲其君之冠，則以賜侍人；獲其君之車則以爲副車。又烏能參考損益，以復先王車旗衣服之制？漢初，用事者椎朴少文，不過盡遵秦規而已。

後漢明帝永平二年春正月辛未，宗祀光武皇帝於明堂，帝及公卿列侯始服冠冕、衣裳、玉佩、絇屨以從事。

永平二年初，詔有司采《周官》、《禮記》、《尚書・皋陶篇》，天子冕服從歐陽氏説，乘輿備文日月十二章，刺繡文；三公、九卿、特進侯、朝侯、侍祠侯，從夏侯氏説，三公、諸侯用山龍九章，九卿以下用華蟲七章，皆備五采。大佩赤舄絇履，以承大祭。冕皆廣七寸，長尺二寸，前圓後方，朱緑裏，(元)〔玄〕上，前垂四寸，後垂三寸，繫白玉珠爲十二旒，蔡邕《獨斷》云：九旒也。以其綬采色爲組纓。三公、諸侯七旒，青玉爲珠；卿大夫五旒，黑玉爲珠，皆有前無後，各以其綬采爲組纓，旁垂黈纊。郊天地，祀明堂，則冠之。衣裳玉佩備章采，其大佩則衝牙雙瑀璜皆以白玉，乘輿絡以白珠。公卿、諸侯以采絲，百官執事者，冠長冠，即劉氏冠也。以高祖所冠，故以爲祭服，皆祇服。五嶽、四瀆、山川、宗廟、社稷諸壇秩祠，皆袀(元)〔玄〕服，絳緣領袖爲中衣，絳襪，示其赤心奉神也。其五郊迎氣，衣幘袴襪各如方色云。百官不執事者，各服長冠袀(元)〔玄〕以從。大射於辟雍，公卿、諸侯、大夫行禮者，冠委貌，衣(元)〔玄〕端素裳。鄭元曰：端者，取其正也。鄭衆曰：衣襦裳爲端。執事者冠布弁，衣緇麻衣，皁領袖，下素裳。若冠通天冠，服深衣之制，有袍，隨五時色。梁劉昭曰：袍者，或曰周公抱成王宴居，故施袍。孔子衣逢掖之衣。逢掖其袖，合而逢大，似近今袍者也。今下至賤吏小史，皆通制袍，單衣，皁緣領袖，中衣爲朝服云。

凡冠衣諸服，旒冕、長冠、委貌、皮弁、爵弁、建華、方山、巧士，衣裳文繡，赤舄，服絇履，大佩，皆爲祭服，其餘悉爲常用朝服。唯長冠，諸王國謁者以爲常朝服云。宗廟以下，祠祀皆冠長冠，皁繒袍單衣，絳緣領袖中衣，絳袴袜，五郊各從其色焉。

《東觀記》：永平二年正月，公卿議南北郊，東平王蒼議曰：「高皇帝始受命創業，制長冠以入宗廟。光武受命中興，建明堂，立辟雍。陛下以聖明奉遵，以禮，服龍衮，祭五帝。禮缺樂崩，久無祭天地冕服之制。按尊事神，潔齊盛服，敬之至也。日、月、星辰、山、龍、華、藻，天王衮冕十有二旒，以則天數；旂有龍章日月，以備其文。今祭明堂、宗廟，圓以法天，方以則地，服以華文，象其物宜，以降神，肅雝備思，博其類也。天地之禮，冕冠裳衣，宜如明堂之制。」蓋古者君臣佩玉，尊卑有度，上有韍，韍如今蔽〔滕〕〔膝〕。貴賤有殊，佩所以章德，服之衷也。韍所以執事，禮之共也。故禮有其度，威儀之制，三代同之。五伯迭興，戰兵不息，佩非戰器，韍非兵旗，於是解去韍佩，留其繫璲徐廣曰：今名璲爲綬。以章表之，故《詩》曰：鞙鞙佩璲，此之謂也。鞙鞙，佩玉貌。璲，瑞也。鄭元箋曰：佩璲者以瑞玉爲佩，佩之鞙鞙然。韍佩既廢，秦乃以采組連結於璲，光明章表，轉相結受，故謂之綬。漢承秦制，用而弗改，故加之以雙印佩刀之飾。至孝明皇帝乃爲大佩衝牙雙瑀璜皆以白玉，乘輿絡以白珠，公卿諸侯以采絲，其視冕旒爲祭服云。

魏氏多因漢法，其所損益之制，無聞。

《通典》按《後漢志》：孝明皇帝永平二年，詔從歐陽、夏侯二家所説，制冕服。乘輿刺繡文，公卿以下織成文。據《晉志》云：魏明帝以公卿衮黼之飾，擬於至尊，多所減損，始制服刺繡，公卿織成。未詳孰是。

晉受命，遵而無改。天子郊祀天地、明堂、宗廟，元會臨軒，介幘，通天冠，平冕。冕，皁表，朱緑裏，廣七寸，長二尺二寸，加於通天冠上，前圓後方，垂白玉珠，十有二旒，以朱組爲纓，無緌。佩白玉，華珠黄大旒，綬黄赤紺縹上敷沼反，下右暗反。四采。衣皁上，絳下，前三幅，後四幅，衣畫而裳繡，爲日、月、星辰、山、龍、華蟲、藻、火、粉米、黼、黻之象，凡十二章。素帶廣四寸，朱裏，以朱緣裨，音卑，服冕也。飾其側。中衣以絳緣其領袖。赤皮爲韍，絳袴袜，望發反。赤舄。未加元服者，空頂介幘。其釋奠先聖，則皁紗袍，絳緣中衣，絳袴袜，黑舄。其臨軒，亦衮冕也。其朝服，通天冠高九寸，金博山顔，黑介幘，絳紗袍，皁緣中衣。其拜陵，黑介幘，單衣。其雜服，有青、赤、黄、白、緗、黑色，介幘，五色〔絳〕〔紗〕袍，五梁進賢冠，遠遊冠，平上幘武冠。其素服，白帢苦洽反。單衣。後漢以來，天子之冕，前後旒用真白玉珠。魏明帝好婦人之飾，改以珊瑚珠。晉初仍舊不改。及過江，服章多闕，而冕飾以翡翠、珊瑚、雜珠。侍中顧和奏：舊禮，冕十二旒，用白玉珠。今美玉難得，不能備，可用白璇音旋。珠。」從之。

革帶，古之鞶帶也，謂之鞶革。文武衆官牧、守、丞、令、下及騶寺皆服之。其有囊綬，則以綴於革帶，其戎服則以皮絡帶代之。八座尚書荷紫，以生紫爲袷古洽反。囊，綴之服外，加於左肩。昔周公負成王，制此服衣，至今以爲朝服。或云漢時用盛音成。奏事，負之以行，未詳也。袴褶之制，未詳所起。近世凡車駕親戎，中外戒嚴服之。服無定色，冠黑帽，綴紫褾，褾以繒爲之，長四寸，廣一寸，腰有絡帶以代鞶。中官紫褾，外官絳褾。又有纂嚴戎服而不綴褾，行留文武悉同。其畋獵巡幸，則惟從官戎服帶鞶革，文官不下纓，武官〔服〕〔脱〕冠。漢制，一歲五郊，天子與執事者所服各如方色，百官不執事者服常服絳衣以從。魏祕書監秦静曰：「漢氏承秦，改六冕之制，但〔元〕〔玄〕冠絳衣而已。」魏已來名爲五時朝服，又有四時朝服，〔又有朝服〕。自皇太子已下隨官受給。百官雖服五時朝服，據今止給四時朝服，闕秋服。三年一易。諸假印綬而官不給鞶囊者，得自具作，其但假印不假綬者，不得佩綬。鞶，古制也。漢世著鞶囊者，側在要間，或謂之傍囊，或謂之綬囊，然則以紫囊盛綬也。或盛或散，各有其時。

笏，古者貴賤皆執笏，其有事則搢之於腰帶，所謂搢紳之士者，搢笏而垂紳帶也。紳垂長三尺。笏者，有事則書之，故常簪筆，今之白筆是其遺象。三臺五省二品文官簪之，王、公、侯、伯、子、男、卿尹及武官不簪，加内侍位者乃簪之。手版即古笏矣。尚書令、僕射、尚書手版頭復有白筆，以紫皮囊之，名曰笏。宋因之。

宋制平天冕服，不易舊法。更名韍曰蔽膝。未加元服、釋奠先聖、視朝、拜陵等服，及雜色紗裙、武冠素服，並沿舊。王公助祭郊廟，章服降殺亦如之。冠委貌者，衣黑而裳素，中衣以皁領袖。元冠，韋弁，絳韋戎衣，復依漢法。袴褶因晉不易，腰有絡帶以代鞶革。中官紫褾，外官絳褾。又有纂嚴戎服，而不綴褾，行留文武悉同。畋獵巡幸，唯從官戎服，帶鞶革。元嘉中，巡幸、蒐狩、救廟水火皆如之。明帝泰始四年，詔曰：「車服之飾，象數是遵。故盛皇留範，列聖垂制。〔服〕〔朕〕近改定，今修成六服，沿時變禮。所施之事，各有條敘。」便可載之典章。朕以大冕純玉繅，〔元〕〔玄〕衣黄裳，祀天，宗〔祀〕明堂。又以法冕，〔元〕〔玄〕衣絳裳，祀太廟，元正大會朝諸侯。又以飾冕，紫衣紅裳，小會宴享，送諸侯，臨軒會王公。又以繡冕，朱衣裳，征伐，講武校獵。又以紘冕，青衣裳，耕稼，享國子。又以通天冠，朱紗袍，爲聽政之服。泰始六年正月，有司奏：「被敕皇太子正冬朝賀，合著袞冕九章，(下)〔不〕？儀曹郎邱仲起議：按《周禮》，公自袞冕以下。鄭注：「袞冕以至卿大夫之(元)〔玄〕冕，皆其朝聘天子之服也。」伏尋古之上公，尚得服之，皇太子以倅副之尊，率土瞻仰，愚謂宜式遵盛典，服袞九章以朝賀。詔可。

齊因宋制平天冠服，不易舊法，郊廟臨朝所服也。舊袞服用織成，建武中，明帝以織太重，乃采畫爲之，如金飾銀薄，時亦謂爲天衣。通天冠服，絳紗袍，皁緣中衣，乘輿臨朝所服，臣下皆同。拜陵則黑介幘，服無定色。舉哀臨喪，白袷單衣，亦謂之素服。王公助祭，平冕，服山、龍以下九章，卿七章，皆畫皁絳繒爲之。袴褶相因不改。

梁因齊制，平天冠，服衣畫而裳繡，十二章。素帶，朱裏，以朱緣裨飾其側。更名赤皮韍爲韠，或云韠之名，其來已久。餘同舊法。又有通天冠服絳紗袍，皁緣中衣，黑「舄」是爲朝服。元正賀畢，還儲更衣，出所服也。其釋奠先聖，則皁紗袍，絳緣中衣，絳袴韈，黑舄。拜陵則箋布單衣。又有白袷、單衣，以代古之疑縗。

天監三年，何佟之議：「公卿以(下)祭服，裏有中衣，即今中單也。後漢從夏侯氏說，祭服，絳緣領袖爲(衣)中，絳袴韈，示其赤心奉神也。今中衣絳緣，足有所明，無俟於袴。既非聖法，謂不可施。」遂依議除之。

七年，周舍議：按《禮》：「有虞氏皇而祭，深衣而養老。」鄭(元)〔玄〕云：皇是畫鳳皇羽也。又按《禮》加袞冕，則袞是衣。有虞氏言皇，皇亦是衣，非冕。今袞服宜畫鳳皇，以示差降。又王僧崇云：「尋冕服無鳳，應改爲翟。又裳有圓花，於禮無礙，是畫飾如葩蘤耳。蘤音于美反。藻米黼黻，並乖古制，今請改正，并去圓花。」帝曰：「古日、月、星辰，此以一辰攝三物也。山龍華蟲，又以一山攝三物也。藻火粉米，又以一藻攝三物也。是爲九章。今袞服畫龍，則宜畫鳳。孔安國云：華者，花也。則爲花非疑。若一向畫翟，差降之文，復將安寄？」帝又曰：「《禮》：『王祀昊天，服大裘而冕。』大裘不存，其於質敬，恐未有盡。」五經博士陸瑋等並云：「王祀昊天服大裘，明諸臣禮不得同。自魏以來，皆用袞服。今請依古，更制大裘。」詔：「可。」瑋等又按：鄭(元)〔玄〕注《司服》云：「大裘，羔裘也。」既無所出，未爲可據。按六冕之服，皆(元)〔玄〕上纁下。今宜以繒爲之。其制式如裘，其裳以纁，皆無文繡。詔：「可。」又制黑幘單衣，宴會服之。九年，司馬筠等議云：「按《玉藻》：『諸侯(元)〔玄〕冕以祭，神冕以朝。』《雜記》又云：「大夫冕而祭於公，弁而祭於己。」今之尚書，上異公侯，下非卿士，止有朝衣，本無冕服。既從齋祭，不容同於在朝，宜依太常及博士諸齋官例，著(白)〔皁〕衣，絳襈，中單，竹葉冠。」

陳因之。永定元年，武帝即位，徐陵曰：「乘輿御服，皆採梁制。」帝曰：「今天下初定，務從節儉。應用繡、織成者，並可彩畫。」至文帝天嘉初，悉改易之。其皇太子絳紗袍，皁領白紗中衣，白帶。大小會、祠廟、朔望、五日還朝，皆朝服，常還上宮則朱服。若釋奠及朝，絳緣中單，絳袴襪，(元)〔玄〕舄。侍祀，袞衣九章，白紗，絳緣中單，絳繒韠，赤舄，絳韈。皇太子舊有五時朝服，自梁天監之後則朱服。諸王朝服，朱衣，絳紗袍，皁緣中衣，素帶，黑舄。若加餘官，則服其加官之服。開國公、侯、伯、子、男，並朝服，紗朱衣。若助祭郊廟，皆袞，(元)〔玄〕上纁下，山、龍以下九章，備五采，大佩，赤舄，絇履。餘文官朝服。武賁中郎將、羽林監，絳紗縠單衣。州刺史絳朝服。直閤將軍、諸殿主帥，朱衣，正直絳衫，從則(襴)〔褵〕襠衫。太子衛率、率更令丞，皁朝服。殿中將軍、員外將軍、州郡都尉司馬、中通事舍人、太子通事等，並朱服。(元)〔玄〕衣，赤幘，袴褶，太子二傳所服。武冠，絳褠殿前威儀、武賁、散給使、閤將、鼓吹士帥副、太子鹵簿戟吏所服。

後周設司服之官，掌皇帝十二服。祀昊天上帝，則蒼衣，；五方上帝，各隨方色；朝日用青衣，祭皇地祇用黃衣，夕月用素衣，神州、社稷用(元)〔玄〕衣；享先皇、加元服、納后、朝諸侯則十二章。享諸先帝、食三老五更、耕籍等，自龍以下，九章。祀星辰，視朝、大射、饗羣臣等，八章。羣祀、臨太學、入道法門、燕射、養庶老、適諸侯家，七章。其九章以下，衣重袞，山、鷩，裳重黼黻，俱十有二等。通以升龍爲領褾。巡兵即戎，則韎韋爲衣裳。田獵則皮弁，白布衣而素裳也。諸公之服九章，服之章數，隨冕而降其一。其八章以下，衣重藻粉米，裳重黼黻，俱九等，皆以山爲領褾。諸侯服八章，而下俱八等，皆以華蟲爲領褾。諸伯皆七章，而下俱七等，以火爲領褾。諸子服六章，俱六等，皆以宗彝爲領褾。諸男服五章，皆以藻爲領褾。三公之服有九，章有六，衣重藻與粉米，裳重黼黻，俱爲九等，皆以宗彝爲領褾。三孤之服有八，章有五，衣重藻與粉米，裳重黼黻，爲八等。公卿服有七，章有四，衣重粉米，裳重黼黻，爲七等。皆以粉米爲領褾。大夫之服有六，章有三，衣重粉米，裳重黼黻，爲六等。中大夫之服有五，章有三，衣重粉米，爲五等。下大夫服有四，章有三，衣重粉米，爲四等。士則祀弁、爵弁、(元)〔玄〕冠。服皆(元)〔玄〕衣。其裳，上士以(元)〔玄〕，中士以黃，下士雜裳。謂前(元)(玄)後黃。庶士服(元)〔玄〕冠。其在官府吏之屬，服緇衣裳。武帝初，服常冠，以皁紗全幅向後幞髮，仍裁爲四腳。

致堂胡氏曰：君子大復古，重變古，非泥於古也。以生人之具，皆古之聖人因時制宜，各有法象意義，不可以私智更改之也。用步卒，而車戰法亡；開阡陌，而井地法亡；建郡縣，而封建法亡；以曰易月，而通喪之禮廢；從事鞍馬，而轡軾之儀絶；參以胡服，而冕韍不復用；尚以盃案，而簋席不復施。大抵視便利爲安，曰趨於苟簡，而聖王所作法象意義，不復可見。有天下者，以智力得之，凡所施設，是今而非古。如宣帝所謂漢家自有制度者，豈不可歎之甚哉！以周家紗幞一事論之，此後世巾幘朝冠之所自始也。古者賓祭喪燕戎事，其冠皆各有所宜，紗幞既行，諸冠由此漸廢。紗而用漆，更爲兩帶上結，兩帶後垂，蓋自李唐以來而已然矣。此又四腳之變也，自是以後，則又以夫帶之垂者左右橫之，而其頂，則起後平前方爲六角。若天子侍衛之近者，則又武其一腳，翹其一腳。稽之法象，果何所則，求之意義，果何所據，然而行之數百年莫有以爲非也。至於總而簪弁，則屬之道家者流。非道家之得也，乃自老莊而後爲之徒者，其服變革未盡，猶有古士服之餘製焉耳。治天下者，莫大於禮，禮莫明於服，服莫重於冠，必欲盡善，其必考古而立制，夫亦何獨冠爲然哉。

宣帝既傳位於太子，自稱天元皇帝所居，稱天臺冕，二十四旒，車服旗鼓皆加於前王之數，既自比上帝，不欲羣臣同，已常自帶綬及冠通天冠，加金附蟬，顧見侍臣弁上有金蟬，及王公有綬者，並令去之。

隋高祖將改周制，下詔曰：「朕初受天命，赤雀來儀，兼姬周已還，於茲六代。三正迴復，五德相生，總以言之，並宜火色。垂衣已降，損益可知，尚色雖殊，常兼前代。其郊丘廟社，可依衮冕之儀，朝會衣裳，宜盡用赤。昔丹烏木運，姬有太白之旗，黃星(尚)〔土〕德，曹乘黑首之馬，在祀與戎，其尚恒異。今之戎服，皆可尚黃，在外常所著者，通用雜色。祭祀之服，須合禮經，宜集通儒詳議。」太子庶子、攝太常少卿裴正奏曰：「竊見後周制冕，加爲十二，既與前禮數乃不同，而色應五行，又非典故。謹按三代之冠，其名各別。六等之冕，承用區分，璪玉五采，隨班異飾，都無迎氣變色之文。唯《月令》者，起於秦代，乃有青(玉)〔旂〕赤玉，白駱黑衣，與四時而色變，全不言於弁冕。五時冕色，《禮》既無文，稽於正典，難以經證。且後魏以來，制度咸闕。天興之歲，草創繕修，所造車服，多參胡制。故魏收論之，稱爲違古，是也。周氏因襲，將爲故事，大象承統，咸取用之，輿輦衣冠，甚多迂怪。今皇隋革命，憲章前代，其魏、周輦輅不合制者，已勅有司盡令除廢，然衣冠禮器，尚且兼行。乃有立夏袞衣，以赤爲質，迎秋平冕，用白成形，既越典章，須革其謬。謹按《續漢書·禮儀志》云『立春之日，京都皆著青衣』，秋夏悉如其色。逮於魏、晉，迎氣五郊，行禮之人，皆同此制。考尋故事，唯幘從衣色。今請冠及冕，色並用(元)〔玄〕，唯應著幘者，任依漢、晉。」制曰：「可。」於是定令，采用東齊之法。乘輿袞冕，垂白珠十有二旒，以組爲纓，色如其綬，黈纊充耳，玉笄。(元)〔玄〕衣纁裳。衣，山、龍、華蟲、火、宗彝五章；裳，藻、粉米、黼、黻四章。衣重宗彝，裳重黼黻，爲十二等，衣褾、領織成升龍，白紗內單，黼領，青褾、襈、裾。革帶，玉鉤鰈，大帶，素帶朱裏，紕其外，上以朱，下以綠。韍隨裳色，龍、火、山三章。鹿盧玉具劍，火珠鏢首。白玉雙佩，(元)〔玄〕組。雙大綬，六采，(元)〔玄〕黃赤白縹綠，純(元)〔玄〕質，長二丈四尺，五百首，廣一尺；小雙綬，長二尺六寸，色同大綬，而首半之，間施三玉環。朱韈，赤舄，舄加金飾。祀圜丘、方澤、感帝、明堂、五郊、雩、蜡、封禪、朝日、夕月、宗廟、社稷、籍田、廟遣上將、征還飲至、加元服、納后、正月受朝及臨軒拜王公，則服之。通天冠，加金博山，附蟬，十二首，施珠翠，黑介幘，玉簪導。絳紗袍，深衣製，白紗內單，皁領，褾、襈、裾，絳紗蔽膝，白假帶，方心曲領。其革帶、劍、佩、綬，舄，與上同。若未加元服，則雙童髻，空頂黑介幘，雙玉導，加寶飾。朔日受朝、元會及冬會，諸祭還，則服之。武弁，金附蟬，平巾幘，餘服具服。講武、出征、四時蒐狩、大射、禡、類、宜社、賞祖、罰社、纂嚴，則服之。黑介幘，白紗單衣，烏皮履，拜陵則服之。白紗帽，白練裙襦，烏皮履，視朝、聽訟及宴見賓客，皆服之。白帢，白紗單衣，烏皮履，舉哀則服之。

程氏《演繁露》曰：《隋志》宋齊之閒，天子宴私，著白高帽，士庶以烏，太子在上省，則帽以烏紗，在永福省，則白紗。隋時以白帢通爲慶弔之服，國子生亦服，曰紗巾也。晉著白接籬，竇苹《酒譜》曰：「接籬，巾也。」南齊垣崇祖守壽春，著白紗帽肩輿上城，今人必以爲怪，古未有以白色爲忌也。郭林宗遇雨墊巾。李賢注云：周遷《輿服雜事》曰：巾以葛爲之，形如帢。帢苦洽反本居士野人所服，魏武造帢，其巾乃廢。今國子學生服焉，以白紗爲之，是其制皆不忌白也。《樂府·白紵歌》曰：「質如輕雲色如銀，制以爲袍餘作巾。袍以先驅巾拂塵。」吳兢《樂府要解》：按舊史，白紵吳地所出，則誠今之白紵。列子所謂阿錫，而西子之舞所謂「白紵紛紛，鶴翎亂」者是也。今世人麗粧必不肯以白紵爲衣，古今之變不同如此。《唐六典》天子服有白紗帽，其下服如裙襦襪皆以白，視朝聽訟燕見賓客皆以進御，則猶存古制也。然其下注云：亦用烏紗，則知古制雖存，未必肯用，多以烏紗代之，則習見忌白久矣世。傳明皇幸蜀圖，山谷閒老叟出望，駕有著白巾者。釋者曰服諸葛武侯也，此不知古人不忌白也。

皇太子衮服，(元)〔玄〕纁裳。衣，山、龍、華蟲、火、宗彝五章；裳，藻、粉米、黼、黻四章，織成爲之。白紗內單，黼領，青褾、襈、裾。革帶，金鉤䚢，大帶，素帶不朱裏，亦紕以朱緑。韍隨裳色，火、山二章。玉具劍，火珠鏢首。瑜玉雙佩，朱組。雙大綬，四綵，赤白縹紺，純朱質，長丈八尺，三百二十首，廣九寸；小雙綬，長二尺六寸，色同大綬，而首半之，閒施三玉環。朱襪，赤舄，以金飾。侍從皇帝祭祀及謁廟加元服，納妃則服之。遠遊冠，服絳紗袍，白紗內單，皁領、褾、襈、裾，白假帶，方心曲領，絳紗蔽膝，韈舄。其革帶、劍、佩、綬，與上同。謁廟，還宮，元日朔日入廟，釋奠，則服之。遠遊冠，公服，絳紗單衣，革帶，金鉤䚢，假帶，方心。紛長六尺四寸，廣二寸四分，色同其綬。金縷鞶囊，韈，履。五日常朝，則服之。衮冕，服九章，同皇太子。王、公、開國公初受册，執贄，入朝，祭祀，親迎，則服之。三公助祭者亦服之。鷩冕，服七章。衣，華蟲、火、宗彝三章；裳，藻、粉米、黼、黻四章。侯、伯初受册，執贄，入朝，祭祀，親迎，則服之。毳冕服，五章。衣，宗彝、藻粉米三章；裳，黼、黻二章。子、男初受册，執贄，入朝，祭祀，親迎，服之。絺冕，服三章。正三品以下，從五品以上，助祭則服之。自王公以下服章，皆繡爲之。祭服冕，皆簪導，青纊充耳。(元)〔玄〕衣纁裳，白紗內單，黼領，絺冕以下，內單青領。青褾、襈、裾。革帶，鉤䚢，大帶王、三公及公、侯、伯、子、男，素帶，不朱裏，皆(純)〔紕〕其外，上以朱，下以緑。正三品以下，從五品以上，素帶，紕其垂，外以(元)〔玄〕內以黃。約〔紐〕皆用青(紐)〔組〕。朱韍凡韍皆隨裳色，衮、鷩毳，火、山二章；絺，山一章。劍，珮，綬，韈，赤舄。爵弁，服從九品以上，助祭，則服之。其制服，(元)〔玄〕衣纁裳無章，白絹內單，青領，褾、襈、裾，革帶，大帶，練帶紕其垂，內外以緇，紐約用青組。爵韠，韈，赤履。白帢，白紗單衣，烏皮履，上下通服之。委貌冠，未冠則雙童髻，空頂黑介幘，皆深衣，青領，烏皮履。上下通服四門生服之。朝服亦名其服。絳紗單衣，白紗內單，皁領，袖，皁襈，革帶，鉤䚢，假帶，曲領方心，絳紗蔽膝，韈，舄，綬，劍，珮。從五品以上，陪祭、朝饗、拜表，凡大事則服之。六品以下，從七品以上，去劍、珮綬，餘並同。自餘公事，皆從公服。亦名從省服。絳紗單衣，革帶，鉤䚢，假帶，方心，韈、履、紛、鞶囊。從五品以上，陪祭、朝饗、拜表，凡大事則服之。六品以下，從七品以上，去劍、珮綬，餘並同。自餘公事，皆從公服亦名從省服。絳紗單衣，革帶，鉤䚢，假帶，方心，韈、履、紛、鞶囊。從五品以上服之。絳褠衣公服褠衣即單衣不垂胡者也。袖狹，形直如褠內，餘同從者，流外五品以下，九品以上服之。左右衛、左右武衛、左右武侯大將軍、領左右大將軍，並武弁，絳朝服，劍、珮、綬。侍從則平巾幘，紫衫，大口袴褶。左右衛、左右武衛、左右武侯將軍、領左右將軍、左右監門衛將軍、太子左右衛、左右宗衛、左右內等率、左右監門郎將及諸副率，並武弁，絳朝服，劍、珮、綬。侍從則平巾幘，紫衫，大口袴。直閤將軍、直寢、直齋、太子直閤，武弁，絳朝服，劍、珮、綬。侍從則平巾幘，絳衫，大口袴。隋文始服黃，百官常服，同於庶人，皆著黃袍。帝朝服亦如之，惟以十三環爲異也。

致堂胡氏曰：服章之設，所以辨上下，定民志也。莫卑乎民，莫尊乎天子，而服同一色，上下無所辨，民志何由定；僭亂由此而生矣。古之聖王，自奉儉約，惡衣菲食，而事天地、宗廟，臨朝廷，百官，則等級分明，故冕十有二章，黻珽幅舄，衡紞紘綖，以昭其度；藻率鞞鞛，鞶厲游纓，以昭其數。咸嚴尊重，禮無與二。然後人主之勢隆，非廣己以造大，理當然也。故晏平仲爲大國之卿，一狐裘三十年，澣衣濯冠以朝，君子譏其隘，曰難乎其爲下也。隋文儉約，施之宮闈之中；燕私之用可也。與庶人同服，而坐乎廟朝，儉不中禮，不足以爲法矣。

珽，天子之笏，長尺二寸，方而不折，以球玉爲之。笏度二尺有六寸，中博二寸，其殺六分去一。晉、宋以來，謂之手版，此乃不經，今還謂之笏，以法古名。自西魏以降，五品以上，通用象牙，六品以下，兼用竹木。

煬帝時，師旅務殷，車駕多行幸，百官行從，唯服袴褶，而軍旅閒不便。至大業六年後，詔從駕涉遠者，文武官等皆戎衣，貴賤異等，襍用五色。五品以上通著紫袍，六品以下兼用緋緑，吏胥以青，庶人以白，屠商以皁，士卒以黃。

唐制，天子之服十四：大裘冕者，祀天地之服也。廣八寸，長一尺二寸，以板爲之，墨(裘)〔表〕，纁裏，無旒，金飾玉簪導，組帶爲纓，色如其綬，黈纊充耳。大裘，繒表，黑羔表爲緣，纁裏，黑領，褾，襟緣，朱裳，白紗中單，皁領，青褾、襈、裾，朱韈，赤舄。鹿盧玉具劍，火珠鏢首，白玉雙佩。黑組大雙綬，黑質，黑、黃、赤、白、縹、緑爲純，以備天地四方之色。廣一尺，長二丈四尺，五百首。紛廣二寸四分，長六尺四寸，色如綬。又有小雙綬，長二尺六寸，色如大綬，而首半之，間施三玉環。革帶，以白皮爲之。以屬珮、綬、印章。鞶囊，亦曰革帶，博三寸半，加金鏤玉鉤艓。大帶，以素爲之，以朱爲裏，在腰及垂皆有裨，上以朱錦，貴正色也下以緑錦，賤閒色也，博四寸。紐約，貴賤皆用青組，博三寸。韍以繒爲之，隨裳色。上廣一尺，以象天數，下廣二尺，以象地數，長三尺，朱質，畫龍、火、山三章，以象三才，其頸五寸，兩角有肩，廣二寸，以屬革帶。朝服謂之韠，冕服謂之韍。衮冕者，踐阼、享廟、征還、遣將、飲至、加元服、納后、元日受朝賀、臨軒册拜王公之服也。廣一尺二寸，長二尺四寸，金飾玉簪導，垂白珠十二旒，(采)[朱]絲組帶爲纓，色如綬。深青衣纁裳，十二章：日、月、星辰、山、龍、華蟲、火、宗彝八章在衣；藻、紛米、黼、黻四章在裳。衣畫，裳繡，以象天地之色也。自山、龍以下，每章一行爲等，每行十二。衣、褾、領，畫以升龍，白紗中單，黻領，青褾、襈、裾，韍繡龍、山、火三章，舄加金飾。鷩冕者，有事遠主之服也。八旒，七章：華蟲、火、宗彝三章在衣；藻、粉米、黼、黻在裳。毳冕者，祭海岳之服也。七旒，五章，宗彝、藻、粉米在衣，黼、黻在裳。絺冕者，祭社稷饗先農之服也。六旒，三章：絺、粉米在衣，黼、黻在裳。(元)[玄]冕者，䄍祭百神、朝日、夕月之服也。五旒，裳刺黼(二)[一]章。自衮冕以下，其制一也。簪導、劍、珮、綬皆同。通天冠者，冬至受朝賀、祭還、燕羣臣、養老之服也。二十四梁，附蟬十二首，施朱翠、金博山，黑介幘，組纓翠緌，玉、犀簪導，絳紗袍，朱裏紅羅裳，白紗中單，朱領、褾、襈、裾，白裙、襦，絳紗蔽膝，白羅方心曲領，白韈，黑舄。白假帶，其制垂二條帛，以變祭服之大帶。天子未加元服，以空頂黑介幘，雙童髻，雙玉導，加寶飾。三品以上亦加寶飾，五品以上雙玉導，金飾，六品以下無飾。緇布冠者，始冠之服也。天子五梁，三品以上三梁，五品以上二梁，九品以上一梁。武弁者，講武、出征、蒐狩、大射、禡、類、宜社、賞祖、罰社、纂嚴之服也。有金附蟬，平巾幘。弁服者，朔日受朝之服也。以鹿皮爲之，有攀以持髮，十有二璂，玉簪導，絳紗衣，素裳，白玉雙珮，革帶之後有鞶囊，以盛小雙綬，白韈，烏皮履。黑介幘者，拜陵之服也。無飾，白紗單衣，白裙、襦，革帶，素韈，烏皮履。白紗帽者，視朝、聽訟、宴見賓客之服也。以烏紗爲之，白裙、襦，白韈，烏皮履。平巾幘者，乘馬之服也。金飾，玉簪導，冠支以玉，紫褶，白袴，玉具裝，珠寶鈿帶，有韠。白帢者，臨喪之服也。白紗單衣，烏皮履。皇太子之服六，衮冕者，從祀、謁廟、加元服、納妃之服也。白珠九旒，紅絲組爲纓，犀簪導，青纊充耳。黑衣纁裳，凡九章：龍、山、華蟲、火、宗彝在衣；藻、粉米、黼、黻在裳。白紗中單，黼領，青褾、襈、裾。革帶金鉤艓，大帶，瑜玉雙珮。朱組雙大綬，朱質，赤、白、縹、紺爲純，長一丈八尺，廣九寸，三百二十首。黻隨裳色，有火、山二章。白韈，赤舄。朱履，加金塗銀釦飾。鹿盧玉具劍如天子。遠遊冠者，謁廟、還宮、元日朔日入朝、釋奠之服也。以具服，遠遊冠三梁，加金博山，附蟬九首，施朱翠，黑介幘，髮纓翠緌，犀簪導，絳(紗)袍，紅裳，白紗中單，黑領、褾、襈、裾，白裙、襦，白假帶，方心曲領，絳紗蔽膝，白韈，赤舄。朔日入朝，通服袴褶。公服者，五日常朝、元日冬至受朝之服也。遠遊冠，絳紗單衣，白裙、襦，革帶，金鉤艓，假帶，瑜玉雙珮、方心，紛，金縷鞶囊，(紛)[純]長六尺四寸，廣二寸四分，色如大綬。烏紗帽者，視事及燕見賓客之服也。白裙、襦，烏皮履。弁服者，朔望視事之服也。鹿皮爲之，犀簪導，組纓九璂，絳紗衣，素裳，革帶，鞶囊，小綬，雙珮。自具服以下，皆白韈，烏皮履。平巾幘者，乘馬之服也。金飾，犀簪導，紫(褶)[裙]，白袴，起梁珠寶鈿帶，韠。進德冠者，亦乘馬之服也。九璂，加金飾，有袴褶，常服則有白裙、襦。羣臣之服二十有一：衮冕者，一品之服也。九旒，青璂爲珠，貫三采玉，以組爲纓，色如其綬。青纊充耳，寶飾角簪導，青衣纁裳，九章：龍、山、華蟲、火、宗彝在衣，藻、粉米、黼、黻在裳，皆絳爲繡遍衣。白紗中單，黼領，青褾、襈、裾，朱襪，赤舄。革帶鉤艓，大帶，黻隨裳色。金寶玉飾劍鏢首，山(元)[玄]玉珮。緑綟綬，緑質，緑、紫、黄、赤爲純，長一丈八尺，廣九寸，二百四十首。郊祀太尉攝事亦服之。鷩冕者，二品之服也。八旒，青衣纁裳，七章：華蟲、火、宗彝在衣；藻、粉米、黼、黻在裳，銀裝劍，珮水蒼玉，紫綬，(素)[紫]質，紫、黄、赤爲純，長一丈六尺，廣八寸，一百八十首。革帶之後有金鏤鞶囊，金飾劍，水蒼玉珮，朱韈，赤舄。毳冕者，三品之服也。七旒，寶飾角簪導，五章：宗彝、藻、粉米在衣；黼、黻在裳。韍二章：山、火。紫綬如二品，金銀鏤鞶囊，金飾劍，水蒼玉佩，朱韈，赤舄。絺冕者，四品之服也。六旒，三章：粉米在衣；黼黻在裳，中單，青領。韍，山一章。銀鏤鞶囊。自三品以下皆青綬，青質，青、白、紅爲純，長一丈四尺，廣七寸，一百四十首，金飾劍，水蒼玉佩，朱韈，赤舄。(元)[玄]冕者，五品之服也。以羅爲之，五旒，衣、韍無章，裳刺黻一章。角簪導，青衣纁裳，其服用紬。大帶及裨，外黑内黄，黑綬紺質，青紺爲純，長一丈二尺，廣六寸，一百二十首。象笏，上圓下方，六品以竹木，上挫下方。金飾劍，水蒼玉佩，朱韈，赤舄。三品以下私祭皆服之。平冕者，郊廟武舞郎之服也。黑衣絳裳，革帶，烏皮履。爵弁者，六品以下九品以上從祭之服也。以紬爲之，無旒，黑纓，角簪導，青衣纁裳，白紗中單，青領，褾、襈、裾，革帶鉤韘，大帶及裨内外皆緇，爵韠，白韈，赤履。五品以上私祭皆服之。武弁者，武官朝參、殿庭武舞郎、堂下鼓人、鼓吹按工之服也。有平巾幘，武舞緋絲布大褏，白練褴襠，螣蛇起梁帶，豹文大口袴，烏皮鞾。鼓人朱褠衣，革帶，烏皮履。鼓吹按工加白練褴襠。弁服者，文官九品公事之服也。以鹿皮爲之，通用烏紗，牙簪導。纓：一品九璂，二品八璂，三品七璂，四品六璂，五品五璂，犀簪導，背朱衣素裳，革帶，鞶囊，小綬，雙佩，白韈，烏皮履。六品以下去璂及鞶囊，綬，佩。六品、七品绿衣，八品、九品青衣。進賢冠者，文(武)[官]朝參、三老五更之服也。黑介幘，青緌。紛長六尺四寸，廣四寸，色如其綬。三品以上三梁，五品以上兩梁，九品以上及國官一梁，六品以下私祭皆服之。侍中、中書令、左右散騎常侍有黄金璫，附蟬，貂尾。侍左者左珥，侍右者右珥。諸州大中正一梁，絳紗公服。殿庭文(武)[舞]郎，黄紗袍黑領、襈，白練褴襠，白布大口袴，革帶，烏皮履。遠遊冠者，親王之服也。黑介幘，三梁，青緌，金鉤韘大帶，金寶飾劍，玉鏢首，纁朱綬，朱質，赤、黄、縹、紺爲純，長一丈八尺，廣九寸，二百四十首。黄金璫，附蟬，諸王則否。法冠者，御史大夫、中丞、御史之服也。一名解廌冠。高山冠者，内侍省内謁者、親王司閤、謁者之服也。委貌冠者，郊廟文舞郎之服也。有黑絲布大褏，白練領、褾，絳布大口袴，革帶，烏皮履。卻非冠者，亭長、門僕之服也。平巾幘者，武官、衛官公事之服也。金飾，五品以上兼用玉，大口袴，烏皮鞾，白練裙、襦，起梁帶。陪大仗，有褴襠、螣蛇。朝集從事、州縣佐史、岳瀆(視)[祝]史、外州品子、庶民任掌事者服之，有緋褶，大口袴，紫附褠。文武官騎馬服之，則去褴襠、螣蛇。袴褶之制：五品以上，細綾及羅爲之，六品以下，小綾爲之，三品以上紫，五品以上緋，七品以上绿，九品以上碧。褴襠之制：一當胸，一當背，短袖覆膊。螣蛇之制：以錦爲表，長八尺，中實以綿，象蛇形。起梁帶之制：三品以上，玉梁寶鈿，五品以上，金梁寶鈿，六品以下，金飾隱起而已。黑介幘，國官視品、府佐謁府、國子太學四門生俊士參見之服也。簪導，白紗單衣，青襟、褾、領，革帶，烏皮履。(朱)[未]冠者，冠則空頂黑介幘，雙童髻，去革帶。書筭律學生、州縣學生朝參，則服烏紗帽，白裙、襦，青領。(朱)[未]冠者童子髻。介幘者，流外官、行署三品以(上)[下]、登歌工人之服也。絳公服，以縵緋爲之，制如絳紗單衣，方心曲領，革帶鉤韘，假帶，襪，烏皮履。九品以上則絳褠衣，制如絳公服而狹，袖形直如溝，不垂，緋褶大口袴，紫附褠，去方心曲領、假帶。登歌工人，朱連裳，革帶，烏皮履。殿庭加白練褴襠。平巾绿幘者，尚食局主膳、典膳局典食、太官署、食官署供膳、奉觶之服也。青絲布袴褶。羊車小(吏)[史]、五辮髻，紫碧腰襻，青耳屩。漏刻生、漏童，總角髻，皆青絲布袴褶。具服者，五品以上陪祭、朝享、拜表、大事之服也。亦曰朝服。冠幘(纓)，簪導，絳紗單衣，白紗中單，黑領、袖，黑褾、襈、裾，白裙、襦，革帶金鉤韘，假帶，曲領方心，絳紗蔽膝，白韈，烏皮舄，劍，紛，鞶囊，雙珮，雙綬。六品以下去劍、佩、綬，七品以上以白筆代簪，八品、九品去白筆，白紗中單，以履代舄。從省服者，五品以上公事、朔望朝謁、見東宫之服也，亦曰公服。冠幘纓，簪導，絳紗單衣，白裙、襦，革帶鉤韘，假帶，方心，韈，履，紛，鞶囊，雙佩，烏皮履。六品以下去紛、鞶囊、雙佩。三品以上有公爵者，嫡子之婚，假絺冕。五品以上子孫，九品以上子，爵弁。庶人婚，假絳公服。

初，隋文帝聽朝之服，以赭黄文綾袍，烏紗帽，折上巾，六合鞾，與貴臣通服。唯天子之帶有十三鐶，文官又有平頭小樣巾，百官常服同於庶人。至唐高祖，以赭黄袍，巾帶爲常服。腰帶者，搢垂頭於下，名曰鉈尾，取順下之義。一品、二品銙以金，六品以上以犀，九品以上以銀，庶人以鐵。既而天子袍衫稍用赤、黄，遂禁臣民服。親王及三品、二王後，服大科綾羅，色用紫，飾以玉。五品以上服小科綾羅，色用朱，飾以金。六品以上服絲布、交梭、雙紃綾，色用黄。六品、七品服用绿，飾以銀。八品、九品服用青，飾以鍮石。勳官之服，隨其品而加佩刀、礪，紛，帨。流外官、庶人、部曲、奴婢，則服紬絹絁布，色用黄白，飾以鐵、銅。太宗時，又命七品服龜甲雙巨十花綾，色用绿。九品服絲布雜綾，色用青。其後以紫爲三品之服，金玉帶銙十三；緋爲四品之服，金帶銙十一；淺緋爲五品之服，金帶銙十；深绿爲六品之服，淺绿爲七品之服，皆銀帶銙九；深青爲八品之服，淺青爲九品之服，皆鍮石帶銙八；黄爲流外(官)及庶人之服，銅鐵帶銙七。

程氏《演繁露》曰：韓退之詩：「不知官高卑，玉帶垂金魚。」若從國朝言之，則極品有不得兼者，然唐制不爾也。唐制：五品以上皆金帶，至三品則兼金玉帶。《通鑑》：明皇開元初，敕百官所服帶，三品以上聽飾以玉，是退之之客，皆三品之上，亦足詫矣。宋朝玉帶雖出特賜，須得閣門關子許服，方敢用以朝謁，則體益以重。然唐裴晉公得特賜，乃于闐玉也。暨病亟，具表返諸上方，其自占辭曰：「内府之珍，先朝所賜，既不合將歸地下，又不敢留在人間，謹以上進。」不知故事當進如隨身魚符之類邪？抑晉公自以意創此舉也？宋朝親王皆服玉帶，元豐中，創造玉魚，賜嘉、岐二王，易去金魚不用。自此遂爲親王故事，又前世所未有者。

按：此紫、緋、緑、青爲命服，昉於隋煬帝巡游之時，而其制遂定於唐，此史傳所紀也。然夏侯勝謂：「士若明經，取青紫如拾地芥。」揚子雲亦言：「紆青拖紫，丹朱其轂。」則漢時青紫亦貴官之服。西漢服章之制無所考見，史言郊社祭服承秦制，用袀(元)[玄]。袀，紺色也。東漢則百官之服皆袀(元)[玄]，不聞以青紫。如湻注雖有五時服至朝皁服皁衣。皁衣，即(元)[玄]服也。豈服章雖用袀(元)[玄]，而青紫乃其時貴官燕居之服，非微賤者所可服歟？

唐初，士人以棠苧襴衫爲上服，貴女功之始也。一命以黄，再命以黑，三命以纁，四命以緑，五命以紫。士服短褐，庶人以白。中書令馬周上議：「《禮》無服衫之文，三代之制有深衣。請加襴、袖、褾、襈，爲士人上服。開骻者名曰缺骻衫，庶人服之。」又請：「裹頭者，左右各三襵，以象三才，重繫前腳，以象二儀。」詔皆從之。太尉長孫無忌又議：「服袍者下加襴，緋、紫緑皆視其品，庶人以白。」太宗嘗以幞頭起於後周，便武事者也。方天下偃兵，採古制爲翼善冠，自服之。又製進德冠以賜貴臣，玉璂，制如弁服，以金飾梁，花(跌)[趺]，三品以上加金絡，五品以上附山雲。自是元日、冬至、朔、望視朝，服翼善冠，衣白練裙襦。常服則有袴褶與手巾幘，通用翼善冠。進德冠制如幞頭，皇太子乘馬則服進德冠，九璂，加金飾，犀簪導，亦有袴褶，燕服用紫。其後朔、望視朝，仍用弁服。

《朱子語録》問：幞頭所起？曰：亦不知所起，但諸家小説中班駁時見一二，如王彦輔《麈史》猶略言之。某少時，尚見唐時小説極多，今皆不復存矣。唐人幞頭，初止以紗爲之，後以軟，遂所木作一山子在前襯起，名曰軍容頭，其説以爲起於魚朝恩，一時人争效之。其先：幞頭四角有脚，兩脚係向前，兩脚係向後，後來遂横兩脚，以鐵綫張之，然惟人主得裹此，世所畫唐明皇已裹兩脚者，但比今甚短，後來藩鎮遂亦僭用，想得士大夫因此亦皆用之，但不知幾時展得如此長。五代時猶是，惟人君得裹兩脚者，然皆莫可考也。桐木山子相承用，至本朝遂易以藤織者，而以紗冒之，近時方易以漆紗。嘗見南溪沙漠一士夫家，尚收得上世所藏幞頭，猶是藤織坏子。唐製又有兩脚上下者，亦莫可曉。又曰：幞頭本是偃脚垂下，要束得緊。今卻做長脚。問：横渠説唐莊宗取伶官幞頭帶之，後遂成例。曰：不是如此，莊宗在位，亦未能便化風俗，兼是伶人所帶，士大夫亦未肯帶之，見畫本唐明皇已帶長脚幞頭，或云：藩鎮僭禮爲之，後遂爲此樣。或云乃是唐宦官要得常似新樣，故以鐵綫插帶中，又恐壞其帶，以桐木爲一幞頭骨子，常令幞頭高起如新，謂之軍容頭。後來士大夫學之，令匠人爲我斫個軍容頭來，蓋以木爲之，故謂之斫。及唐末宦者之禍，人皆以此爲識。王彦輔《麈史》説得有來歷，恐是如此。後來覺得不安，到本朝時，又以藤做骨子，以紗糊其上。後又覺見不安，到仁宗時，方以漆紗爲之。

高宗給五品以上隨身銀魚袋，以防召命之詐，出内必合之。三品以金飾袋。垂拱中，都督、刺史始賜魚。天授二年，改佩魚皆爲龜。其後三品以上龜袋飾以金，四品以銀，五品以銅。龜袋始於魏，唐改魚袋，至武后改魚爲龜。中宗初，罷龜袋，復給以魚。郡王、嗣王亦服金魚袋。景龍中，令特進佩魚。散官佩魚，自此始也。然員外、試、檢校官，猶不佩魚。景雲中，詔衣紫者魚袋以金飾，衣緋者以銀飾之。開元初，駙馬都尉從五品者假紫、金魚袋，都督、刺史品卑者假緋、魚袋，五品以上檢、校、試、判官皆佩魚。中書令張嘉貞奏：致仕者佩魚終身。自是百官賞緋、紫必兼[袋]魚，謂之章服，當時服朱紫、佩魚者衆矣。

按《炙轂子》：魚袋，古之筭袋，魏文帝易以龜，取其先知歸順之義。唐改以魚袋，取其合魚符之義，自一品至六品以下皆佩。唐初卿大夫殁，追取魚袋。永徽中敕：生平在官，用爲褒飾，亡没追收，情所不忍。五品以下亡殁，隨身魚袋不追。

顯慶元年，長孫無忌等曰：「武德初，撰《衣服令》，天子祀天地服大裘冕。按周郊被衮以象天，戴冕藻十有二旒，與大裘異。《月令》：孟冬，天子始裘以禦寒。若啓蟄、祈穀、冬至報天，服裘可也。季夏迎氣，龍見而雩，如之何可服？故歷代唯服衮章。漢明、章，始采《周官》、《禮記》制祀天地之服，天子備十二章。後魏、周、隋皆如之。伏請郊祀天地服衮冕，罷大裘。又新禮，皇帝祭社稷服絺冕，四旒，三章。祭日月服(元)[玄]冕，三旒，衣無章。按令[令]文，四品、五品之服也。三公亞獻皆服衮，孤卿服毳、鷩，是天子同於大夫，君少臣多，非禮之中。且天子十二爲節以法天，烏有四旒、三章之服？若諸臣助祭，冕與王同，是貴賤無分也。若降王一等，則王服(元)[玄]冕，羣臣服爵弁，既屈天子，又貶公卿。《周禮》此文，久不用矣，猶祭祀之有尸侑，以君親而拜臣子，哲蔟、蟈氏之職，不通行者蓋多，故漢魏承用袞冕。今《新禮》親祭日月，服五品之服，請循歷代故事，諸祭皆用袞冕。」制曰：「可。」無忌等又曰：「禮，皇帝爲諸臣及五服親舉哀，素服，今服白袷，禮令乖舛。且白袷出近代，不可用。」乃改以素服。自是鷩冕以下，天子不復用，而白袷廢矣。

武后延載元年五月，內出繡袍，以賜文武三品以上官。其袍文，仍各有訓誡。諸王飾以磐(石)〔龍〕及鹿，宰相飾以鳳池，尚書飾以對雁，左右衛將軍飾以對麒麟，左右武衛飾以對虎，左右鷹揚衛飾以對鷹，左右千牛衛飾以對牛，左右豹韜衛飾以對豹，左右玉鈐衛飾以對鶻，左右監門衛飾以對獅子，左右金吾衛飾以對豸。又銘其襟帶，各爲八字迴文，其詞曰：中正貞直，崇慶榮職。文昌翊政，勳彰慶陟。懿沖順彰，義忠慎光。廉正躬奉，謙感忠勇。

(元)〔玄〕宗開元四年二月制：軍將在陣，賞借緋紫，本是從戎缺胯之服，一得之後，遂別造長袍，遞相倣效。又入蕃使，則敕借緋紫者，使迴合停。自今以後，衛內宜專定殿中侍御史糾察。

唐初賞朱紫者服於軍中，其後軍將亦賞以假緋紫，有從戎缺胯之服，不在軍者服長袍，或無官而冒衣綠，有詔殿中侍御史糾察。諸衛大將軍中郎以下給袍者皆易其繡文，千牛衛以瑞牛，左右衛以瑞馬，驍衛以虎，武衛以鷹，威衛以豹，領軍衛以白澤，金吾衛以辟邪。

八年，敕：諸笏三品已上，前詘後直；五品以上，前詘後挫，並用象；九品以上，任用竹木，上挫下方。聽依品爵報笏。假版官者亦依此例。

《張九齡傳》：九齡體有蘊藉。故事：公卿皆搢笏於帶，而後乘馬。九齡獨常使人持之，因設笏囊，自九齡始。

德宗貞元十五年，膳部郎中歸崇敬以百官朔、望朝服袴褶非古禮，上疏云：「按三代典禮，兩漢史籍，並無袴褶之制，亦未詳所起之由。隋代以來，始有服者，請罷之。」詔：「可。」

按：袴褶魏晉以來，以爲車駕親戎，中外戒嚴之服。晉制雖有其說，而不言其制。然既曰戒嚴服之，必戎服也。至隋煬帝時，巡游無度，詔百官從行服袴褶，軍旅間不便，遂令改服戎衣爲紫、緋、綠、青之服。則所謂袴褶者，又似是褒衣長裾，非鞍馬征行所便者，與戒嚴之說不類。唐時以袴褶爲朝見之服，開元以來，屢敕百官朝參應服袴褶，而不服者令御史糾彈治罪。蓋以爲六品以下之通服。《韻書》訓褶爲袴，又爲袷也。然袴，裳也。袷，衣之交領也。則不知所謂袴褶者一物乎？二物乎？《唐輿服志》羣臣服條內有緋褶大口袴，則似是二物。然不知所謂緋褶者衣乎？裳乎？當俟精識考古之士而訂之。

復考畢仲衍《中書備對》冕服條下袴褶注云：紫、緋綠各從本服，白綬，中單白羅，方心曲領，白綾袴，本品官導駕則騎而從之。詳其說，所謂紫、緋、綠，即後來之公服，而非祭服、朝服也。祭服青衣，朝服緋衣，不分紫、緋、綠三等。但所謂白綬者，今之公服所無，而中單白羅，方心曲領，後之衣公服者亦未嘗服之。蓋古人盛服必有中單，冕弁朝祭之服皆有之，多以白爲之，而緣以朱繡之屬。意公服之初制，亦必有此。後來流傳既久，寖從簡便，而朝服之裏，所衣者非中單，乃流俗不經之服，如所謂紫袍皁(褶)〔褶〕之類是也。

黎靖德《朱子語類》卷二九《論語十一·公冶長下》 吉甫問「都鄙有章，上下有服」。曰：「有章，是有章程條法；有服，是貴賤衣冠各有制度。鄭國人謂『取我田疇而伍之，取我衣冠而褚之』，是子產爲國時，衣服有定制，不敢著底，皆收之囊中，故曰『取而褚之』。」楊至。龔蓋卿録云：「有章，是都鄙各有規矩；有服，是衣冠服用皆有等級高卑。」

黎靖德《朱子語類》卷三八《論語二十·鄉黨篇》 「君子不以紺緅飾，紅紫不以爲褻服。」今反以紅紫爲朝服。葉賀孫。

紺是而今深底鴉青色。黄義剛。

「紺深青揚赤色。」揚，浮也。潘植。

問：「『緅以飾練服』，緅是絳色。練服是小祥後喪服，如何用絳色以爲飾？」曰：「便是不可曉。此箇制度差異。絳是淺紅色，紺是青赤色，如今之閃青也。」輔廣。

問：「紅紫『且近於婦人女子之服』。不知古之婦人女子亦多以紅紫爲服否？」曰：「此亦不可知，但據先儒如此說耳。」輔廣。

蒨纁絳朱，此紅之染數，一入爲蒨，再入爲纁，三入爲絳，四入爲朱。林子蒙。

「當暑袗絺綌，必表而出之」與「蒙彼縐絺」，有兩說。胡泳。

「裘，乃純用獸皮，而加裏衣，如今之貂裘。」或問狐白裘。曰：「是集衆狐爲之。」潘植。

「明衣」即是箇布衫。「長一身有半」，欲蔽足爾。又曰：「即浴衣也。見《玉藻》鄭玄注。」潘植。

黎靖德《朱子語類》卷四七《論語二十九・陽貨篇》 問：「『宰我問三年之喪』，爲自居喪時問，或爲大綱問也？」曰：「必是他居喪時。」問「成布」。曰：「成布，是稍細成布，初來未成布也。」問「縓緣」。曰：「縓，今淺絳色。小祥以縓爲緣。看古人小祥，縓緣者不入，謂縓禮有『四入』之説，亦是漸漸加深色耳。然古人亦不專把素色爲凶。蓋古人常用皮弁，皮弁純白，自今言之，則爲大凶矣。」劉問布升數。曰：「八十縷爲一升。古尺一幅只闊二尺二寸，算來斬衰三升，如今網一般。」又云：「如今漆布一般，所以未爲成布也。如深衣十五升布，似如今極細絹一般，這處升數又曉未得。古尺大短於今尺，若盡一十二百縷，須是一幅闊不止二尺二寸，方得如此。所謂『布帛精粗不中數，不粥於市』，又如何自要闊得？這處亦不可曉。」徐寓。

黎靖德《朱子語類》卷六三《中庸二・第十八章》 又問：「『上祀先公以天子之禮』，是周公制禮時方行，無疑。」曰：「禮家載祀先王服衮冕，祀先公服鷩冕，鷩冕諸侯之服。蓋雖上祀先公以天子之禮，然不敢以天子之服臨其先公，但鷩冕、旒玉與諸侯不同。天子之旒十二玉，蓋雖與諸侯同是七旒，但天子七旒十二玉，諸侯七旒七玉耳。」董銖。

問：「古無追王之禮，至周之武王周公，以王業肇於太王王季文王，故追王三王。至於組紺以上，則止祀以天子之禮，所謂『葬以士，祭以大夫』之義也。」曰：「然。《周禮》，祀先王以衮冕，祀先公以鷩冕，則祀先公依舊止用諸侯之禮，但乃是天子祭先公之禮耳。」

黎靖德《朱子語類》卷八四《禮一・論修禮書》 問賀孫所編《禮書》。曰：「某嘗説，使有聖王復興，爲今日禮，怕必不能悉如古制。今且要得大綱是，若其小處亦難盡用。且如喪禮冠服斬衰如此，而吉服全不相似，却到遭喪時，方做一副當如此著，也是吒異！」賀孫問：「今齊斬尚存此意，而齊衰期便太輕，大功小功以下又輕，且無降殺。今若得斟酌古今之儀制爲一式，庶幾行之無礙，方始立得住。」曰：「上面既如此，下面如何盡整頓得！這須是一齊都整頓過，方好。未説其他瑣細處，且如冠，便須於祭祀當用如何底，於軍旅當用如何底，於平居當用如何底，於見長上當用如何底，於朝廷治事當用如何底，天子之制當如何，卿大夫之制當如何，士當如何，庶人當如何，這是許多冠都定了。更須理會衣服等差，須用上衣下裳。若佩玉之類，只於大朝會大祭祀用之。五服亦各用上衣下裳。齊斬用粗布，期功以下又各爲降殺；如上(組)(紐)衫一等紕繆鄙陋服色都除了，如此便得大綱正。今若只去零零碎碎理會些小不濟事。如今若考究《禮經》，須是一一自著考究教定。」葉賀孫。

問：「前日承教，喻以五服之制，乃上有制作之君，其等差如此。今在下有志之士，欲依古禮行之既不可；若一向徇俗之鄙陋，又覺大不經，於心極不安，如何？」曰：「『非天子不議禮，不制度，不考文。』這事要整頓，便著從頭整頓，吉凶皆相稱。今吉服既不如古，獨於喪服欲如古，也不可。古禮也須一一考究著所在在這裏，却始酌今之宜而損益之。若今便要理會一二項小小去處，不濟事，須大看世間都得其宜方好。」問：「如今父母喪，且如古服，如齊衰期，乃兄弟、祖父母、伯叔父母，此豈可從俗輕薄如此？」曰：「自聖賢不得位，此事終無由正。」又云：「使鄭康成之徒制作，也須略成箇模樣，未説待周公出制作。如今全然没理會，柰何！若有考禮之人，又須得上之人信得及這事，行之天下亦不難。且如冠制尊卑，且以中梁爲等差。如今天子者用二十四，如何安頓！所以甚大而不宜。要好，天子以十二，一品以九，陞朝以七，選人以五，士以三，庶人只用紗帛裹髻，如今道人。這自有些意思。」問：「且如權宜期喪當如何？」曰：「且依四脚帽子加絰。此帽本只是巾，前二脚縛於後，後二脚反前縛於上，今硬帽、幞頭皆是。後來漸變重遲，不便於事。如初用冠帶，一時似好。某必知其易廢，今果如此。若一箇紫衫涼衫，便可懷袖間去見人，又費輕。如帽帶皂衫，是多少費？窮秀才如何得許多錢？是應必廢也。」居父問：「期之服合如何？用上領衫而加衰可乎？」曰：「上領衫已不是。」曰：「用深衣制，而粗布加衰可乎？」曰：「深衣於古便服。『朝玄端，夕深衣』，深衣是簡便之衣。吉服依玄端制，却於凶服亦做爲之，則宜矣。」賀孫。

黎靖德《朱子語類》卷八五《禮二・儀禮》 問：「昏禮用鴈，『壻執鴈』，或謂取其不再偶，或謂取其順陰陽往來之義。」曰：「《士昏禮》謂之『攝盛』，蓋以士而服大夫之服，爵弁。乘大夫之車，墨車。則當執大夫之贄。前説恐傅會。」又曰：「重其禮而盛其服。」林賜。【略】

天子常服皮弁。惟諸侯來朝見於廟中，服冕取，用鬱鬯之酒灌神。萬人傑。

【略】

今人齊衰用布太細，又大功、小功皆用苧布，恐皆非禮。大功須用市中所賣火麻布稍細者，或熟麻布亦可。小功須用虔布之屬。古者布帛精粗，皆有升數，所以說「布帛精粗不中度，不鬻於市」。今更無此制，聽民之所爲。所以倉卒難得中度者，只得買來自以意擇製之爾。沈僩。

喪服葛布極粗，非若今之細也。沈僩。

「緦十五升，抽其半」者，是一箴只用一經。如今廣中有一種疏布，又如單經黃草布，皆只一經也。然小功十二升，則其縷反多於緦矣，又不知是如何。李閎祖。

黎靖德《朱子語類》卷八七《禮四・小戴禮》 問：「『不學雜服，不能安禮。』鄭玄注謂，服是皮弁、冕服；橫渠謂，服，事也，如洒埽應對沃盥之類。」曰：「恐只如鄭說。古人服各有等降，若理會得雜服，則於禮亦思過半矣。如冕服是天子祭服，皮弁是天子朝服；諸侯助祭於天子，則服冕服，自祭於其廟，則服弁冕；大夫助祭於諸侯，則服玄冕，自祭於其廟，則服皮弁。又如天子常朝，則服皮弁，朔旦則服玄冕；無旒之冕也。諸侯常朝則用玄端，朔旦則服皮弁；大夫私朝亦用玄端，夕深衣；士則玄端以祭，上士玄裳，中士黃裳，下士雜裳，前玄後黃也。庶人深衣。」沈僩。

黎靖德《朱子語類》卷九一《禮八・雜儀》 自三代後，車服冠冕之制，《前漢》皆不說，只《後漢・志》内略載，又多不可曉。以下服。

古者有祭服，有朝服。祭服所謂鷩冕之類，朝服所謂皮弁、玄端之類。天子諸侯各有等差。自漢以來，祭亦用冕服，朝服則所謂進賢冠、絳紗袍。隋煬帝時始令百官戎服，唐人謂之「便服」，又謂之「從省服」，乃今之公服也。祖宗以來，亦有冕服，車騎騎，黃録作旗。之類，而不常用，惟大典禮則用之。然將用之時，必先出許多物色於庭。所持之人，又須有賞賜。黃録云：「所付之人，又須有以易也。」於是將用之前，有司必先入文字，取指揮，例降旨權免。林夔孫。黃義剛同。

今朝廷服色三等，乃古間服，此起於隋煬帝時。然當時亦只是做戎服。當時以巡幸煩數，欲就簡便，故三品以上服紫，五品服緋，六品以下服緑。他當時又自有朝服。今亦自有朝服，大祭祀時用之，然不常以朝。到臨祭時取用，却一齊都破損了。要整理，又須大費一巡，只得恁地包在那裏。葉賀孫。

今之朝服乃戎服，蓋自隋煬帝數遊幸，令百官以戎服從，一品紫，五品朱，六品青，皂靴乃上馬鞋也。後世循襲，遂爲朝服。然自唐人朝服，猶著禮服，幞頭圓頂軟脚，今之吏人所冠者是也。桶頂帽子乃隱士之冠。宣和末，京師士人行道間，猶著衫帽。至渡江戎馬中，乃變爲白涼衫。紹興二十年間，士人猶是白涼衫，至後來軍興又變爲紫衫，皆戎服也。黃義剛。

唐人法服猶施之朝廷，今日惟祭祀不得已乃用，不復施之朝廷矣。且如今之冕，嵯峨而不安於首。古者佩玉，右徵角，左宫羽，今必不然。李方子。

祖宗時有大朝會，如元正、冬至有之。天子被法服，羣臣皆有其服。籍溪在某州爲解頭，亦嘗預元正朝班。又，舊制：在京升朝官以上，每日赴班；如上不御殿，宰相押班。所以韓魏公不押班，爲臺諫所論。籍溪云，士服著白羅衫，青緣，有裙有佩。紹興間，韓勉之知某州，於信州會樣來製士服，正如此。某後來看祖宗《實録》，乃是教《大晟樂》時士人所服，方知出處。今朝廷所頒緋衫，乃有司之服也。萬人傑。輔廣録略。

「政和間，嘗令天下州學生習《大晟樂》者皆著衣裳，如古之制，及漆紗帽，但無頂爾。及諸州得解舉首貢至京師，皆若此赴元日朝」。或曰：「《蒼梧雜志》載『背子』，近年方有，舊時無之。只汗衫襖子上便著公服。女人無背，只是大衣。命婦只有橫帔、直帔之異爾。背子乃婢妾之服，以其在背後，故謂之『背子』。」先生曰：「見說國初之時，至尊常時禁中，常只裹帽著背子，不知是如何。又見前輩說，前輩子弟，平時家居，皆裹帽著背，不裹帽便爲非禮。出門皆須且冠帶。今皆失了。從來人主常朝，君臣皆公服。孝宗簡便，平時著背；常朝引見臣下，只是涼衫。今遂以爲常。如講筵早朝是公服，晚朝亦是涼衫。」

問：「今冠帶起於何時？」曰：「看《角抵圖》所畫觀戲者盡是冠帶。立底、屋上坐底皆戴帽繫帶，樹上坐底也如此。那時猶只是軟帽，搭在頭上；帶只是一條小皮穿幾箇孔，用那跨子縛住。至賤之人皆用之。今來帽子做得恁高，硬帶做得恁地重大，既不便於從事，又且是費錢。皂衫更費重。某從向時見此三物，疑其必廢。如今果是人罕用。也是貧士如何要辦得！自家竭力辦得，著去那家，那家自無了，教他出來相接也不得。所以其幣必廢。大凡事不商量，後都是如此。」問：「古人制深衣，正以爲士之貴服，且謂『完且弗費』，極是好，上至天子亦服之。不知士可以常服否？」曰：「『可以擯相，可以治軍旅』，如此貴重，恕不可常服。」曰：「『朝玄端，夕深衣』，已是從簡便了。且如深衣有大帶了，又有組以束之，今人已不用組了。凡是物事，纔是有兩件，定是廢了一件。」又云：「薄太后以帽絮提文帝，則帽已自此時有了。從來也多喚做巾子、幞頭。」或云：「唐莊宗取伶官者用之，但未有脚。」或云：「太祖廟方用。」想此時方制得如此長脚。葉賀孫。

符舜功曰：「去年初得官，欲冠帶參先生，中以顯道言而止。今思之，亦是失禮。」先生曰：「畢竟是君命。」良久，笑曰：「顯道是出世間法。某初聞劉諫議初仕時，冠帶乘涼轎還人事，往往前輩皆如此。今人都不理會其間有如此者，遂哂之。要之，冠帶爲禮。某在同安作簿時，朝廷亦有文字令百官皆戴帽。某時坐轎有礙，後於轎頂上添了一圈竹。」黄義剛。

上領服非古服。看古賢如孔門弟子衣服，如今道服，却有此意。古畫亦未有上領者。惟是唐時人便服此，蓋自唐初已雜五胡之服矣。葉賀孫。

因言服制之變：「前輩無著背子者，雖婦人亦無之。士大夫常居，常服紗帽、皂衫、革帶，無此則不敢出。背子起殊未久。」或問：「婦人不著背子，則何服？」曰：「大衣。」問：「大衣，非命婦亦可服否？」曰：「可。」僩因舉胡德輝《雜志》云：「背子本婢妾之服。以其行直主母之背，故名『背子』。後來習俗相承，遂爲男女辨貴賤之服。」曰：「然。然嘗見前輩雜説中載，上御便殿，著紗帽、背子，則國初已有背子矣。皆不可曉。」又曰：「後世禮服固未能猝復先王之舊，且得華夷稍有辨別，猶得。今世之服，大抵皆胡服，如上領衫靴鞋之類，先王冠服掃地盡矣！中國衣冠之亂，自晉五胡，後來遂相承襲。唐接隋，隋接周，周接元魏，大抵皆胡服。」問：「今公服起於何時？」曰：「隋煬帝游幸，令羣臣皆以戎服從，三品以上服紫，五品以上服緋，六品以下服緑。只從此起，遂爲不易之制。」又問：「公服何故如許濶？」曰：「亦是積漸而然，初不知所起。嘗見唐人畫十八學士，裹幞頭，公服極窄；畫裴晉公諸人，則稍濶；及畫晚唐王鐸輩，則又濶。相承至今，又益濶也。嘗見前輩說，紹興初，某人欲製公服，呼針匠計料，匠云少三尺許。某人遂寄往都下製造，及得之，以示針匠。匠曰：『此不中格式，某不敢爲也。』某人問其故。曰：『但看袖必短，據格式袖合與下襜齊至地，不然則不可以入閤門。』彼時猶守得這意思，今亦不復存矣。唐人有官者，公服、幞頭不離身，以此爲常服。又別有朝服，如進賢冠、中單服之類。其下又有省服，服爲常服；今之公服，即唐之省服也。」又問幞頭所起。曰：「亦不知所起。但諸家小說中，時班駁見一二。如王彥輔《麈史》猶略言之。某少時尚見唐時小説極多，今皆不復存矣。唐人幞頭，初止以紗爲之，後以其軟，遂斫木作一山子在前襯起，名曰『軍容頭』。其說以爲起於魚朝恩，一時人爭倣。士大夫欲爲幞頭，則曰：『爲我斫一軍容頭來。』及朝恩被誅，人以爲語讖。其先幞頭四角有脚，兩脚繫向前，兩脚繫向後；後來遂橫兩脚，以鐵線張之。然惟人主得裹此。世所畫唐明皇已裹兩脚者，但比今甚短。後來藩鎮遂亦僭用，想得士大夫因此亦皆用之。但不知幾時展得如此長？嘗見禪家語録載唐莊宗問一僧云：『朕收中原得一寶，未有人酬賈。』僧曰：『略借陛下寶看。』莊宗以手展幞頭兩脚示之。如此，則五代時，猶是惟人君得裹兩脚者，然皆莫可考也。桐木山子相承用，至本朝，遂易以藤織者，而以紗冒之。近時方易以漆紗。嘗見南劍沙溪一士夫家，尚收得上世所藏幞頭，猶是藤織坯子。唐製又有兩脚上下者，亦莫可曉。」沈僩。

而今衣服未得復古，且要辨得華夷。今上領衫與靴皆胡服，本朝因唐，唐因隋，隋因周，周因元魏。隋煬帝有游幸，遂令臣下服戎服，三品以上服紫，五品以上服緋，六品以下服緑，皆戎服也。至唐有三等服：有朝服，又有公服，治事時著，便是法服，有衣裳、佩玉等。又有常時服，便是今時公服，則無時不服。唐初年服袖甚窄，全是胡服；中年漸寬，末年又寬，但看人家畫古賢可見。唐初頭上裹四脚軟巾，至魚朝恩以桐木爲冠，如山形，安於髻上，方裹巾，後人漸學他。至本朝漸變爲幞頭，方用漆紗做。本來唐時四脚軟巾，只人主後面二帶用物事穿得橫，臣下不敢用。後藩鎮之徒僭竊用，今則朝廷一例如此。林學蒙。與上條聞同。

「爵弁赤少黑多，如今深紫色。韠以皮爲之，如今水檐相似。蓋古人未有衣服時，且取鳥獸之皮來遮前面後面。後世聖人制服不去此者，示不忘古也。今則又以帛爲之耳。韠中間有頸，兩頭有肩，肩以革帶穿之，革帶今有胯子。古人却是環子釘於革帶，其勢垂下，如今人釘鉸串子樣。鐫鐩之類，結放上面。今之胯子，便是倣他形像。古人帶甚輕，却帶得許多物。今人帶枉做得恁地重，如幞頭、靴之類亦然。幞頭本是偃脚垂下，要束得緊，今却做長帶。」問：「橫渠說唐莊宗因取伶官幞頭帶之，後遂成例。」曰：「不是恁地。莊宗在位，亦未能便變化風俗。兼是伶人所帶，士大夫亦未必肯帶之。見畫本，唐明皇已帶長脚幞頭。或云藩鎮僭禮爲之，後遂皆爲此樣。或云乃是唐宦官要得常似新幞頭，故以鐵線插帶中，又恐壞，其中以桐木爲一幞頭骨子，常令幞頭高起如新，謂之『軍容頭』。後來士大夫學之，令匠人『爲我斫箇軍容頭來』。蓋以木爲之，故謂之斫。及唐末宦者之禍，人皆以此語爲讖。王彥輔《麈史》説如此，說得有來歷，恐是如此。後人覺得不安，到本朝太宗時，又以藤做骨子，以紗糊於上。後又覺見不安，到仁宗時，方以漆紗爲之。嘗見南劍沙縣人家尚有藤骨子，可見此事未久。蓋此非一朝一夕之故，其變必有漸。」林夔孫。

摯是初見君時，用以獻君。二生一死，皆是抱羔、鴈、雉真物以獻。如今笏，却是古人記事手板，王述倒執手板。插之帶間。今人笏，却是用行禮記事，但其私記也。今之公服，皆古之戎服。古公服是法服，朱衣皂緣冠。則三公用貂蟬，御史用獬。在衣之上則係帶，帶劍之類六七件。隋煬帝南遊，命羣臣以戎服從，大臣紫，中緋，小緑。今之成羣成隊試進士詩賦，亦煬帝法也。金銀魚，乃古人以合符。臣之得魚符者，用袋之腰間。今無合符事，却尚用魚，又不用袋魚。魚袋事出《唐書·輿服志》，高武中睿時。包揚。

今衣服無章，上下混淆。某嘗謂縱未能大定經制，且隨時略加整頓，猶愈於不爲。如小衫令各從公衫之色，服紫者小衫亦紫，服緋緑者小衫亦緋緑，服白則小衫亦白，胥吏則皆烏衣。餘皆倣此，庶有辨別也。李閎祖。

古人戴冠，郭林宗時戴巾，温公幅巾，是其類也。古人衣冠，大率如今之道士。道士以冠爲禮，不戴巾。婦人環髻，今之特髻是其意也，不戴冠。包揚。

黎靖德《朱子語類》卷一二七《本朝一·孝宗朝》 高宗大行，壽皇三年戴布幞頭，著衣衫，遵行古禮，可謂上正千年之失。當時宰相不學，三日後便服朝服。雖壽皇謙德，不欲以此喻羣臣，然臣子自不當如此。可謂有父子而無君臣。林賜。

孝宗居高宗喪，常朝時裹白幞頭，著布袍。當時臣下却依舊著紫衫。周洪道要著涼衫，王季海不肯，止於紫衫上繫皂帶。今上登極，常時著白綾背子，臣下却著涼衫，頗不失禮，而君之服遂失其舊。萬人傑。《廣録》云：「今上居孝宗喪，臣下都著涼衫，方正得臣爲君服。人主之服却有未盡。頃在潭州，聞孝宗訃三日後易服，心下殊不穩。不免使人傳語官員，且著涼衫。後來朝廷行下文字來，方始敢出榜曉示。」

《宋會要輯稿·輿服四》

天子服

太祖建隆元年二月九日，太常禮院言：準敕，追尊四廟皇帝御崇元殿，命使行册禮，衮龍服。五月一日御殿受朝，通天冠，絳紗袍。伏請下内中尚司與少府監計會修製。詔可。

十九日太常禮院言：「(准少府監)准少府監牒，請具衮龍衣、絳紗袍、通天冠制度(今)〔令〕式。衮冕，垂白珠十有二旒，以組爲纓，色如其綬，黈纊充耳，玉簪導。玄衣纁裳，十二章，八章在衣，日、月、星辰、山、龍、華蟲、火、宗彝，四在裳，藻、粉米、黼、黻。衣褾領如上，爲升龍，皆織就爲之。山、龍以下，每章一行，重以爲等，每行十二。白紗中單，黼領，青褾，襈，裾。蔽膝加龍、山、火三章。革帶，玉鉤䚢。大帶，素帶朱裏，紕其外，上〔朱〕下緑，紐約用組。鹿盧玉具劍，大珠鏢首，白玉雙佩，(元)〔玄〕組。雙大綬六采，(元)〔玄〕、黄、赤、白、縹、緑，純(元)〔玄〕質，(天)〔長〕二丈四尺五寸，首廣一尺。小雙綬，長二尺六寸，色同大綬，而首半之，間施三玉環。朱襪赤舄，加金飾。」詔可。

皇太子服

皇太子之服。衮冕：青羅表，緋羅紅綾裏，塗金銀鈒花飾，犀簪導，紅絲組，前後(白珠)九旒，二纊(冠)〔貫〕水晶珠。青羅衣，繡山、龍、雉、火、虎蜼五章。紅羅裳，繡藻、粉米、黼、黻四章。紅羅蔽膝，繡山、火二章。白紗中單，青褾、襈、〔裾。〕革帶，塗金銀鉤䚢，瑜玉雙佩。四采織成大綬，結二玉環，金塗銀鈒花飾。青羅襪帶，紅羅勒帛。玉具劍，金塗銀鈒花，玉鏢首。白羅襪，(紅)朱履，金塗銀扣。從〔祀〕則服之。遠游冠：十八梁，青羅表，金塗銀鈒花飾，犀簪導，紅絲組，博山。朱明服：紅花金條紗衣，紅紗裏，皂褾、襈。紅紗裳，紅紗蔽膝，並紅紗裏，白花羅中單，皂褾、襈，白羅方心曲領。白羅襪，黑舄，帶，劍，佩，綬。劒同素服。襪帶，勒(白)〔帛〕。受册、(册)謁廟、朝會則服之。常服：皂紗折上巾，紫公服，通犀金玉帶。

太宗至道元年八月二十五日，册命皇太子，太常禮院言：「《周禮》天子執鎮圭，公執桓圭。無太子執圭之文。所謂公者，三恪及上公也。《晉書》太子出會在三恪之下，三公之上，請定制皇太子服，遠游冠，朱明衣，執桓圭，以受册。朝會，謁廟亦如之。」詔可。

十二月二十五日太常禮院言：「將來南郊准禮例，皇太子侍從皇帝，充亞獻行禮，合着祭祀服色。準制度，衮冕，垂白珠九旒，以組爲纓，色如其綬，青纊充耳，犀簪導，(元)〔玄〕衣纁裳服，九章，每章一行，重以爲等，每行五章。在衣山、龍、華蟲、火、宗彝四章，在裳藻、粉米、黼、黻，皆織爲之。白紗中單，黼領，青褾、襈，裾。革帶，金鉤䚢。大帶，素帶不朱裏，亦純以朱緣，紐約用組。黻隨裳色，火，山二章。玉具劒，金寶爲飾，玉鏢首，瑜玉雙佩，朱組，雙大綬四(綬)〔采〕，赤白縹紺，純朱質，長一丈八尺，三百二十首，廣九寸。小雙綬，長二尺六寸，色同大綬，而首半之，間施二玉環。朱襪赤舄，舄加金飾。」侍從皇帝祭祀及謁廟，加元服，納妃則服之。」詔令文思院製造。

徽宗政和三年四月二十九日，議禮局上皇太子冠服之制。衮冕：垂白珠九旒，紅絲組爲纓，青纊充耳，犀簪導，青衣朱裳，九章。五章在衣，山、龍、華蟲、二十九日有旨：皇太子桓圭用元降下見成玉圭時，作一尺製造。先是提點修製冊寶禮服等，都大主管所狀，准工部侍郎王窅子，文思院修製皇太子桓圭爲無玉材，遂降下全成玉圭一，長一尺三寸，本部同太常寺看詳，得雖與典故不同，緣已成之圭，今隨宜碾造，雙植剡上左右各半。續據監宫鄭昺按典禮，鎮圭尺有二寸，係天子守之，命圭九寸，謂之桓圭，係公守之，切於禮經未安。今來本部照得御前別降玉材頗大，見令解製，依典禮修製可及九寸，本所遂具奏聞，故有是命。

七年二月十二日，禮部太常寺言：「續討論到禮例皇帝服通天冠，絳紗袍，御大慶，殿冊皇太子，皇太子受冊，合服遠游冠，朱明衣，執桓圭，及謁太廟，別廟，行禮，合服袞冕。」從之。

三月七十禮部太常寺言：「將來王太子受冊畢，朝謁太廟，別廟，依典故係冠服外，所有朝謁景靈宫所服，依故典即無該載，今欲乞依禮例服常服。」有旨依。

皇后服

皇后之服，唐制有三等：一曰褘衣，朝會服之。二曰鞠衣，親蠶服之。三曰禮衣，宴見服之。國朝存其名，常服龍鳳珠翠冠，霞帔。仁宗天聖二年正月十一日中書門下言：「皇太后禮服，按典禮具有明堂文，望令所司預先修製。」詔太常禮院，檢詳典禮以聞。禮院言：「按《開寶禮》，首飾花十二株，小花如大花之數，並兩博鬢。褘衣，素紗中單，蔽膝，大帶，以青衣革帶。青襪舄，白玉雙珮，黝組，雙大綬，受冊，親蠶，朝會諸大事則服之。又按《開元禮·羅》曰：隋朝置后服四等，其四曰朱衣，緋羅爲之，宴見賓客之。今參詳，每遇朝謁聖容，往還於輦中，服此朱衣，加蔽膝，革大帶，珮，綬，襪，金飾履，並隨衣色。如常程視事，則亦服朱衣，用大帶，綬，金飾履，或去綬，只用大帶亦可。即去蔽膝，革帶，珮，韈，或用黄羅爲衣，如鞠衣之色，亦無妨礙，仍用大帶，綬，金飾履。其首飾，依十二株花。奏可。仍命入内内侍省副都知周文質管勾修製，五月製成。上之。

十年九月十五日太常禮院上言：「准詔，出兩宫衣冠畫樣，參詳製造今請皇太后革帶，襪，舄，並隨衣青色，仍加金飾，不用劍，餘如畫樣修製。」奏可。

明道元年十二月三日詔：「將來皇太后恭謝宗廟，有司製后妃禮衣祭服及重翟等六車。」太常禮院言：「禮衣請准皇帝袞服減二章，衣去宗彝，裳去藻，不用劍，九龍，十六株花，前後垂株翠各二十旒，以袞衣爲名。」詔冠名儀天。

火，宗彝。四裳在裳，藻，粉米，黼，黻。白紗中單，青褾，襈，裾。革帶，塗金銀鉤觻。蔽膝隨裳色，爲火，山二章。瑜玉雙佩四采，織成。大綬間施玉環三。白襪朱舄，舄加金塗銀釦，加元服，從祀，納妃，釋奠文宣王服之。其服遠游冠：十八梁，金塗銀花飾，博士附蟬，紅絲組爲纓，犀簪導，朱明服，紅裳，白紗中單，方心曲領，絳紗蔽膝，白襪黑舄，餘同袞冕。受冊，謁太廟，朝會服之。詔頒行。

政和三年四月二十九日，又上皇太子妃冠服之制。首飾花九株，小花如大花之數，并兩搏鬢。褕翟，青織成爲之文，爲搖翟之形，青質，五色九等。素紗中單，黼領，羅縠褾襈，褾襈皆以朱色。蔽膝隨裳色，以緅爲領緣，以搖翟爲章，二等。大帶隨衣色，不(夫)[朱]裏，紕其外，上以朱錦，下以緑錦，紐約用青組。以青衣革帶，白玉雙佩，純朱雙大綬，章采尺寸與皇太子同。受冊，朝會服之。鞠衣，黄羅爲之，蔽膝，大帶，革帶隨衣色，餘與褕翟同，唯無翟，從蠶服之。詔頒行。

孝宗紹興三十二年即位後未改元十月三日，禮部太常寺言：「祗候庫申已降指揮，新除皇子(都)[鄧]王，慶王，恭王，每遇行事，治服朝服，合服七梁額花冠，貂籠巾，金鍍銀立筆，真玉佩，綬，金鍍銀革帶，烏皮履。着服祭服，合服金鍍銀八旒冕，真玉佩，綬，緋羅襪履。乞下文思院，各如法製造。」有旨，依。龍興二年十月二十九日詔王子鄧王㰈，慶王愷，恭王光宗廟諱將來大禮，合用朝祭服，玉佩，綬，令祗候羣供冕管真玉佩，綬，兼專一椿管，日後遇有禮，依此供納。

乾道元年八月十七日詔工部下文思院，依禮部太常寺定到制度，製造皇太子冠服。禮部太常寺狀勘會：依禮例，皇太子服遠游冠，朱明衣，執桓圭，及合服冠冕等，令討論申請桓圭，撿會太常因草禮，至道二年冊命皇太子，禮官上言：《周禮》天子執鎮圭，公執桓圭，無太子執圭之文，所謂公者，三恪上公也。《晉書》太子出會，在三恪之下，三公之上，請定制皇太子服遠游冠，朱明衣，執桓圭，以受冊，朝會，謁廟亦服之。按《禮·玉人》云：「命圭九寸，謂之桓圭。」雙植謂之桓。博三寸，厚半寸，剡上左右各寸半，玉也。一依政和五禮新儀制度名件。遠游冠，十八梁，金鍍銀花飾，博山附蟬，紅絲組爲纓，犀簪導，朱明服，紅裳，白紗中單，方心曲領，絳紗蔽藤，白襪黑舄，餘同袞冕。袞冕，垂白珠九旒，紅絲組爲纓，青纊充耳，犀簪導，青衣朱裳，九章。五章在衣，山，龍，華蟲，火，宗彝。四章在裳，藻，粉米，黼，黻。白紗中單，青褾，襈，裾。革帶，塗金銀鉤觻。蔽膝隨[裳]色。爲火，山二章。瑜玉雙佩四采，織成。大綬間施玉環三。白襪朱舄，舄加金塗銀釦。從之。仍令工部行下文思院，照應上件冠服，疾速修製。

九日太常禮院言：「皇太后赴太廟，乘玉輅，服褘衣，九龍、花釵冠，行禮服袞主，儀天冠。皇太妃、皇后乘重翟車，服鈿釵，禮衣以緋羅爲之。蔽膝、革帶、佩、綬、履。其冠用十二株花釵。太廟行禮並服褘衣。」詔可之，敕有司製禮衣及重翟以下六車，太后遂以車服謁太廟。

神宗元豐八年八月八日，禮部言：「皇太妃冠服之屬，減皇后五分之一。」詔翰林學士給舍禮部太常寺同詳定以聞。後翰林學士鄧温伯等言：「參詳皇太妃冠服，禮令不載，亦無故事，請參詳裁定，損皇后五分之一。」詔依所定，内官朶用牙魚。

徽宗大觀四年十一月十六日，宰臣何執中奏，皇后受册冠服當辦具者。上曰：「比有司畫一來上，内頭(官)(冠)合用珠子。」中言一見，輒自陳曰：「方今朝廷未豐，不當以服飾費耗邦財，頭冠用珠數多，請以爲妃時所服冠命工改造，增篦插三枝足矣。朕喜其能躬儉節用，亦既許之。」執中奏曰：「此陛下克勤克儉，風化所及，尚書右丞鄧洵仁請紀次其事，宣付史館。」從之。

臣庶服

太宗太平興國七年正月九日詔曰：「士庶之間，車服之制至，于喪葬，咸有等差。遠年以末，頗咸踰僭。宜令翰林學士承旨李昉等詳定以聞。」既而坊等上言：「今參詳，伏請今後富商大賈乘馬，漆素鞍者勿禁。遠年品官緑袍及舉子白襴下皆服紫色，亦請禁斷。其私第便服，許紫皂衣、白袍。舊制，庶人服白，今請通許服皂。又參詳近年工商、庶人家乘檐子，或用四人、八人，今請禁斷、聽乘車，兜子，舁不得過二人。」並從之。

端拱二年十一月九日詔曰：「國家先定車服制度，如聞士庶尚有奢僭。今後應文武升朝官及武臣内職、禁軍指揮使，諸班押班廂軍都虞侯、防團副使以上，並得乘銀裝絛子鞍轡，其正五品以上，即許鬧裝餘人悉禁，恩賜不拘此限。京官充知州軍及通判者，許權依六品以下升朝官，例乘銀裝絛子鞍轡，廻日依舊。其品官所服帶，已有條制，今後縣鎮場務諸色公子，并庶人、高買、伎術不係官伶人，只得服皂白衣、鐵角帶，不得服紫。」

至道元年六月後許庶人服紫，帝以時俗所好，冒法者衆，效除其禁。文武升朝官及諸司副使禁軍指揮使、廂軍都虞候之家子弟，不拘此限。幞頭、巾子，自今高不過二寸五分，婦人假髻，並宜禁斷，仍不得作高髻及高冠。其鎖金、泥金及真珠裝綴衣服，除命婦許服外，餘人並禁。至道元年六月二十四日詔：「先從端拱二年十一月乙酉詔書申明，車服制度士庶、工商先不許服紫，自今許，所在不得禁之，餘悉如前詔。」

真宗咸平二年正月詔曰：「服用之制，典册具存，儻奢僭以不懲，則耗蠹之滋甚。先禁士庶之家，不得服銷金、泥金，如聞尚有踰越，宜令御史臺衙司巡察斷絶，犯者嚴斷，違禁之物給與巡促人充賞。其鋪户敢製造者，亦令捕捉科罪，諸道州軍准此。」

大中祥符元年二月十五日，三同言：「準詔，開封府、民遼制造蹙金、泥金、銷金，已從别處分。令申明舊制者，竊以山澤之寶，所得至難，儻縱銷鎔，實爲虚廢。今約天下所用，歲不下十萬兩，比上弊棄於下民。自今金銀箔線，貼金、銷金、泥金、蹙金線貼什器土木玩用之物，並請禁斷，非命婦不得以爲首飾。冶工所用器，悉送官。遼者所由捉搦，許人糾告，並以遼制論。告者給賞錢，仍以犯人家財充。諸州寺觀，有以金箔飾尊像者，據申三司，聽自賫金銀工價，就文思院換給。」從之。先是真宗謂輔臣曰：「近者士庶頗事侈靡，衣服器玩多鎔金爲飾。工人鍊金爲箔者，其徒日繁。當今禁止，據其數歲費用甚多，壞不可復，寖以成風，此深可戒。」乃命條約焉。五月二十九日詔：「朕自肅腐纘服，慎守治謀，循法度以建中，屏紛華弗御聿，修儉德以導化，源而穹昊，顧懷靈符，羡錫載翼大中之道，宜師清净之風，姑務德先，宜張理本，眷言宗室，爰暨寀僚，當取實以革華，庶上行而下效，自今險衮冕，儀仗、法服，及宴會所設，一依舊例外，其宴會陳設雖許依舊，自今製造，亦不得徧地文綾，其餘外朝官，禁應乘輿服御供帳，并皇親臣僚之家進奉之物，並不得用銷金、金線、文繡，有司所開須創造者，即許依例施行，諸司不得專擅起樣進呈，其常所御物有不如詔者，令皇城使劉承珪、龍圖閣待制戚綸變製以聞。其晏會陳設如重製造，亦不得徧地文繡，庶成敦朴，漸復清淳，允符上帝之靈心，永奉混元之至寶。」帝謂宰臣王旦等曰：「清净節儉，責在躬行，亦當自家刑國也。此詔親王公主及貴戚等，宜各賜一本。六月八日，禁皇親諸親召基工匠造侈靡服。

二年正月十日，詔申禁鎔金以飾器服，犯者重繩之。

景祐元年五月一日詔曰：「織文之奢，不鬻於國市，纂組之作，寔害於女功。朕稽若令，猶務先儉化，深爲抑末，緬冀還淳，然猶杼軸之家，相矜靡麗，衣服之制，弗戒紛華，浮費居多，踰侈斯書，宜懲俗尚，用謹邦彝，内自掖庭，外及宗戚，當奉循於明令，無輕犯於禁科，其錦背、繡背、遍地蜜花邊背段子，並從禁止。見製造成者，與限百日擘劃變轉，如有違犯，並根勘收禁奏裁，衣服没官，諸色人告捉賞錢五十貫，以犯人家財充。皇親、宫院、公主宅勾當使臣覺察，無得違犯。在京西川見織造上工者並停。」閏六月二十一日，梓州轉運使張從革乞申明條貫，禁絶透背段子。詔密地密花錦背、透背段子、織成遍地密花錦背、透背衣物並禁斷。其稀花團窠、離花不相連者更不禁止。

二年五月七日詔曰：「幣品之興金，鎰爲重，制財藝，貢邦用賴焉。洪惟先朝深監治本，特嚴塗鏁之禁，以杜奢僭之萌，而宵人末工，放利矜巧如聞，比日潛冒舊防，縻壞至珍，崇華首服，寖相貿鬻，陰長奇衺，官司因循，曾未可糾，宜申布於前令，俾大革其非心，尚或弗悛，罔有攸赦，敦風遠罪，當稱朕懷，應市肆造作縷金爲婦人首飾等物，並嚴行禁絶。」

三年二月十三日詔曰：「夫儉守則固，約失則鮮，典籍之格訓也。貴不逼下，賤不擬上，臣庶之定分也。如聞輦轂之間，士民之衆，罔遵矩度，争尚僭奢，服玩纖華，務極珠金之飾，宣居宏麗，交窮土木之工，儻懲革之弗嚴，恐因循而滋甚。況歷代之制，甲令備存，宜命攸司，參爲定式，庶幾成俗，靡蹈非彝。其令兩制與太常禮院同詳定制度以聞。」

六月十五日，中書門下言：臣庶之家，多刳鹿胎以爲寇飾，比來寖盛，欲令刑部布告，一切禁斷，不得採捕鹿胎，製造冠子，如違許人陳告。奏可。【略】

嘉祐五年六月，詳定編勑所言：皇親、宫院有違禁衣服首飾器用之類，及雖係所賜，或父祖所置者，聽百日改造之。如違令本宫使臣覺察，甲大宗正司施行。從之。

元年十月二十二日，禁天下衣黑紫。初，皇親與内臣賜衣紫，皆再入爲黝色，後士庶寖相效，而言者以謂奇衺之服宜禁絶之。【略】

徽宗政和元年十二月七日詔：「元符雜勑諸服用，以龍或銷金爲飾，并服偏地密花透骨、錦背、繡背服，及以純錦偏繡爲帳幕者，徒二年，工匠加二等，許人告捕。雖非自用，與人造作同，嚴行禁之。

六月十四日，知樞密院事鄧洵武奏：今文臣九品以三等之服，至於命婦，陛下親灑宸綸釐爲八等，而服制未有名稱。詔送禮制局。

宣和元年正月五日詔：先王之法懷，胡亂中華，遂服胡服，習尚既久，人不知恥，未之有禁，非用夏變夷之道，應敢胡服若潼笠鈞墪之類者，以違御筆論。

高宗紹興八年八月二十八日，宰執奏舉行禁止塗金、鋪翠造作服用，及爲婦人首飾事。上宣諭曰：宫中禁之甚急，久當民俗自化，不必過爲刑禁也，可令刑部檢坐前後黑降罪賞條法指揮。申嚴行下，仍仰州縣守、二令佐悉力奉行，毋致有犯，常切督責巡捕官，用心緝捕，如敢依前施慢，縱令違戾，仰監司按劾以聞。

九年八月十七日臣僚言：「凡品服有章，貴賤以别，衣冠不易之法也。異時擾攘，未遑文治，上下大小例衣紫窄衫，以從簡便，至今循習，輿臺皂隸，混爲一區，漢官威儀，有時而廢。臣碩自軍旅外，申嚴有司討論官蒂之制，俾公卿、大夫、監司、守令以臨吏民有則象焉。」從之。其後二十五年十二月十八日，參知政事魏良臣言：除諸軍將校許服紫衫外，自餘並依承平服冠帶之制。二十六年二月九日，臣僚言：乞申嚴紫衫之禁並從之。權尚書禮部侍郎王曮奏：觀自古衣服所尚，載於史志，所繫甚大，不可不謹也。漢光武爲司隸時，諸將過雒陽者數十輩，皆冠幘，而衣婦人衣，諸于繡鋸，見者莫不笑之，或有畏而走者。及見司隸僚屬，皆歡喜不自勝。或垂泣曰：不圖今日復見漢官威儀。由是識者皆歡喜焉。光武所以奄有四海，紹開中興者，此之謂助多矣。然則聖王之興，豈可以爲此細故微事而不垂意哉。切見近日士大夫皆服涼衫，比肩疊迹，習以成風，甚不足觀也。既以代冠裳，而交際亦以居宜制，而聽理處民物之上，而躬賈客之衣，有金珠之意，而爲游士之飾，居平安之時，而從征役之裘，至乃聚數十而錯立，環一堂而團坐，色皆淺意，極爲可憎，其詳則不敢悉言，恭惟陛下聖意有默喻者矣。然今之衣之，非不知惡之也，前者議臣以謂紫衫之設，施於用武，故爲之禁，而人情終趨簡便，是以靡而至此，且文武並用，本不偏廢，朝章之外，宜有便衣，仍存紫衫，未嘗大體，故詔從之。

九年十二月十五日，詳定三司勑：令所狀乾道重修儀制令。諸中書舍人、左右諫議大夫、龍圖、天章、寶文、顯謨、徽猷、敷文閣待制、權侍郎許服紅鞓緋安黑犀帶，仍佩魚改修下條。諸中書舍人、左右諫議大夫、龍圖、天章、寶文、顯謨、徽猷、敷文閣待制、權侍郎許服紅鞓排方黑犀帶，仍佩魚。諸猜毛座職事官、權六事侍郎、寄禄官、太中大夫以上，及學士待制，或經恩賜者，許乘二銜，或節度使、曾任執政官者，准此。諸凶服不入公門，居喪而奪情從職者，照依本品，唯以淺色，去金玉飾，在家即如喪制改修不條，諸凶服不入公門，居喪而奪情從職者，服依本品，唯色淺，去金玉色，在家即如喪制。諸文武陞朝官、及伎術官、大夫以上並用履。學生同内朝請，武功郎以下減纜，學生減纂，從義、宣教郎以下並用屨，伎術官、翰林、良醫以下及將校亦同。改修下條，諸文武及伎術官並用靴，將校同，朝請武功郎以上減緣，從義、宣教郎、伎術官、翰林、良醫以下，將校各減緣純，學生服者減綦。諸州職員及職級許履袍，執笏。經略安撫總管、鈐轄、發運鹽司職級准此，改修下條，諸州職員及職級許靴、袍，執笏。靴減緣，經略安撫總管、鈐轄、發運監司職級准此。

【略】

大中祥符二年，詔中禁鎔金以飾器服，乂太常博士知温州李邈言：「兩浙僧求丐金銀珠玉錯末和泥以爲塔像，有高袤丈者，毁碎珠寶寖以成俗，望嚴行禁絶，違者重論。」從之。

七年，禁民間服銷金及跂遮郁纈。八年詔：「内庭自中宫以下，並不得銷金、貼金、間金、戭金、圈金、解金、剔金、陷金、明金、泥金、楞金、背影金、盤金、織金、金線撚絲，裝著衣服，並不得以金爲飾。其外庭臣庶家，悉得禁斷。臣民舊有者，限一月許四易。爲真像前供養物，應寺觀裝功德用金箔，須具殿位真像顯合，增修刱造數，經官陳狀勘會，詣實聞奏，方給公據，詣三司收買，其明金裝假果、花板、樂身之類，應金爲裝彩物，降詔前已有者，更不毁壞，自餘悉禁。違者，犯人及工匠皆坐。」是年又禁民間服皂班纈衣。

仁宗天聖三年詔：「在京士庶，不得衣黑褐地白花衣服并藍、黄、紫地撮暈花樣。婦女不得將白色、褐色毛段并淡褐色匹帛製造衣服，令聞封府限十日斷絶。婦女出入乘騎，在路披毛褐以禦風塵者，不在禁限。」【略】

神宗熙寧九年，禁朝服紫色近黑者，民庶止令衷犢車，聽以黑色間五彩爲飾，不許呵引及前到儀物。【略】

政和二年詔：後苑造纈帛，蓋自元豐初置爲行軍之號，又爲衛士之衣，以辨姦詐，遂禁止民間打造，令開封府申嚴其禁，客旅不許興販纈板。【略】

〔政和七年，〕是歲又詔：敢爲契丹服若氈笠、釣墪之類者，以違御筆論。釣墪，今亦謂之韈袴，婦人之服也。

中興，士大夫之服，大抵因東都之舊，而其後稍變焉。一曰深衣，二曰紫衫，三曰涼衫，四曰帽衫，五曰襴衫。淳熙中，朱熹又定祭祀、冠婚之服，〔時〕〔特〕頒行之。凡士大夫家祭祀、冠婚，則其盛服。有官者幞頭、帶、韡、笏，進士則幞頭、襴衫、帶，處士則幞頭、皂衫、帶，無官者通用帽子、衫、帶，又不能具，則或深衣，或涼衫。有官者亦通用帽子以下，但不爲盛服。婦人則假髻、大衣、長裙。女子在室者冠子、背子。衆妾則假紒、背子。

冠禮。三加冠服初加，緇布冠、深衣、大帶、納履。再加，帽子、皂衫、革帶、繫鞵。三加，幞頭、公服、革帶、納靴。其品官嫡庶子，初加折上巾、公服，再加二梁冠、朝服，三加平冕服，若以巾帽、折上巾爲三加者，聽之。〔深衣〕用白細布，度用指尺，〔衣〕全曰幅，其長過脅，下屬於家，裳交解十二幅，上屬於衣，其長及踝。圓袂方領，曲裾黑緣。大帶、緇冠、幅巾、黑履。士大夫家冠婚、祭祀、宴居，交際服之。

紫衫。本軍校服。中興，士大夫服之，以便戎(服)。紹興九年，詔公卿、長吏復用冠帶，然迄不行。二十六年，再申嚴禁，毋得以戎服臨民，自是紫衫遂廢。士大夫皆服涼衫，以爲便服矣。

涼衫。甚非美觀，而以交際、居富、臨民，純素可憎，有擬凶服，陛下方奉兩宫，所宜革之。且紫衫之設以從戎，爲之禁，而人情終趨簡便，靡而至此。文武並用，本不偏廢，朝章之外，宜有便衣，仍存紫衫，未害大體。於是禁服白衫，除乘馬道塗許服外，餘不得服。若便服，許用紫衫。自後，涼衫秪用爲凶服矣。

帽衫。帽以烏紗，衫以皂羅爲之，角帶，繫鞵。東都時，士大夫交際帶服之。南渡後，一變爲紫衫，再變爲涼衫，自是服帽衫少矣。惟士大夫家冠婚、祭祀猶服焉。若國子也，常服之。

襴衫。以白細布爲之，圓領大袖，下施横襴爲裳，腰間有辟積。進士及國子生、州縣生服之。

紹(紹)興五年，高宗謂輔臣曰：「金翠爲婦人服飾，不惟靡貨害物，而修靡之習實關風化。已戒中外，及下令不許入宫門，今無一人犯者。尚恐士民之家未能盡草，宜申嚴禁，仍定銷金及採捕金翠罪賞格。淳熙二年，孝宗宣示中宫禕衣曰：「珠玉就用禁中舊物，所費不及五萬，草弊當自宫禁始。」因問風俗，龔茂良奏：「由貴近之家，倣傚宫禁，以致流傳民間。鬻簪珥者，必言内樣。彼若知上崇尚淳朴，必觀感而化矣。臣又聞中宫服澣濯之衣，數年不易。請宣示中外，仍勅有司嚴戢奢僭。」寧宗嘉泰初，以風俗侈靡，詔官民營建宣屋，一遵制度，務從簡樸。又以中宫金翠，燔之通衢，貴近之家，犯者必罰。

二年閏九月七日，中書門下省言：見今朝靴樣制不一，得旨降下樣制。鞾高九寸，鞾口可改作四。直工部勘當，欲參用履制度，絇吟抹緣，今裘底。純，今緣，綦。今東。文武官各隨其服色。大夫以上具四飾，用休口緣東裹。朝請郎武功郎以下去緣，純用抹口緣東。從義郎、宣教郎以下，至將校、伎術官去緣，純用休口束，仍

用廢底二重，皮一重，裏用白絹，納擅表用皂，皺革皮底，黼口高八寸，准尺大小，隨宜增減。各隨服色，詔工部畫樣頒下。【略】

朝服

仁宗景祐三年十月十九日，御史臺言：「準詔，皇親諸司使以下，除西班官百三十餘員，並隸本臺班簿。凡侍祠大朝會，大將軍至副率各依本品朝服，宜下有司施行。」詔禮院檢詳典故，報三司製造。

康定二年十月，少府監言：「每大禮朝服，法物庫定百官品位支給朝服。今朝班內，有官卑品高，及官高品卑者，難爲臨時參定，或恐差舛，有違典禮，望下禮院，詳定百官朝服等第，令本庫依官品支給。」詔禮院參酌舊制。

禮院言：準《衣服令》：五梁冠，犀、簪導珥筆。朱衣，朱裳，白羅中單，並皁褾襈。方心曲領，大帶，革帶，蔽膝，隋羅色。玉（裝）劍，玉佩，錦綬，間施三玉環，白韈，烏皮履。一品、二品侍祠大朝會則服之。中書門下則加籠巾貂蟬。準《官品令》，一品：尚書令，太師，太傅，太保，太尉，司徒，司空，太子（太師）太傅，太保。二品：中書令，侍中，左右僕射，太子少師，少傅，少保，諸州府牧，左右金吾衛上將軍。又準《閤門儀》制，以中書令、侍中、同中書門下平章事爲宰臣，親王、樞密使、留守、節度使、京尹兼中書令、侍中、同中書門下平章事爲使相，樞密使、知樞密院事、參知政事、樞密副使、同知樞密院事、宣徽南北院使、簽書樞密院事並在東宮三師之上。以上品位職事，請準上條給朝服。宰臣、使相，則加籠巾貂蟬，其散官勳爵不繫品位，止從正官。後條餘品准此。

又准《衣服令》，三梁冠，犀，簪導。白紗中單，銀劍，佩，銀環，餘同五梁冠。諸司三品，御史臺四品，兩省五品侍祠大朝會則服之。近制並有中單。〔大夫〕御史中丞則冠獬豸。準《官品令》，諸司三品，諸衛上將軍，六軍統軍，諸衛大將軍，神武、龍武大將軍，太常、（中）〔宗〕正卿，祕書監，光禄，衛尉，大僕，大理，鴻臚，司農，太府卿，國子祭酒，殿中、少府、將作、司天監，諸衛將軍，神武、龍武將軍，下都督，三京府尹，五大都督府長史，親去（傳）〔傅〕御史臺三品、四品，御史大夫、御史中丞，兩省三品、四品、五品，左右散騎常侍，門下、中書侍郎，諫議大夫，給事中，中書舍人，尚書省三品、四品，六尚書，左右丞，諸行侍郎，東宮三品、四品，太子賓客，太子詹事，太子左右庶子，太子少詹事，太子左右諭德。又準《閤門儀制》，節度使，文明殿學士，資政殿學士，三司使，翰林學士承旨，翰林學士，資政殿學士，端明殿學士，翰林侍讀學士，侍講學士，龍圖閣學士，樞密直學士，龍圖閣直學士，並次中書侍郎。節度觀察留後，並次諸行侍郎。知制誥，龍圖、天章閣待制，觀察使，並次中書舍人，內客省使，次太府卿，客省使，次將作監，引進使，防禦、團練，三司副使，並次左右庶子。以上品位職事，請準上條給朝服。

又準《衣服令》，兩（朝）〔梁〕冠，銅劍、佩、環。餘同三梁冠。四品、五品侍祠大朝會則服之。六品則去劍、佩、綬，御史則冠獬豸。衣有（單）〔中〕單。準《官品令》，諸司四品，太常、宗正少卿，祕書少監，光禄等七寺少卿，國子司業，殿中、少府、將作、司天少監，三京府少尹，太子率吏令、家令、僕、諸衛率府率、副率，諸軍衛中郎將，諸王府長史、司馬，大都督府左右司馬，內侍。尚書省五品，左右司諸行郎中，諸司五品，國子博士，五經博士，太子中允，左右贊善大夫，都水使者，開封祥符，河南洛陽，宋城縣令，太子中舍，洗馬，內常侍，太常、宗正、祕書、殿中丞，著作郎，殿中省五尚奉御，大理正，諸王友，諸軍衛郎將，諸王府諮議參軍，司天五官正，太史令，內給事。諸陞朝官六品以下起居郎，起居舍人，侍御史，尚書省諸行員外郎，殿中侍御（史）左右司諫，左右正言，監察御史，太常博士，通事舍人。又準《閤門儀制》，四方館使，次七寺少卿，諸州刺史，次太子僕，謂正任不帶使職者。東西上閤門使，次司天少監，客省、引進、閤門副使，並次諸行員外郎。以上品位職事，據令文，但言四品、五品，亦不分班叙上下。今請自尚書省五品以上及諸州刺史以上，準上條給朝服。其諸司五品以上，實有（高）〔官〕高品卑（反）〔及〕品高官卑者，合自諸司五品、國子博士至〔內〕給事，並依六品以下例去劍、佩、綬，御史則冠獬豸，衣有中單。其諸司使、副使以下至閤門祗候，如有攝事合請朝服者，並同六品。詔從之。

神宗元豐二年四月二十三日，詳定正日御殿儀注所言：按周以上祭服無劍而有禮履，故《周官》司服之職悉不著劍，惟朝服則有容刀。《詩》曰「鞞琫容刀」是也。《冬官》桃氏爲劍，止以共武士服。若帶劍以祠郊廟，以朝天子，非古也。自秦及西漢，艱危用武之時，朝祭服皆佩劍。東漢大祭祀，玉佩，絢履以行事，惟朝尚佩劍。晉制，服劍以木代之，謂之班劍，東齊謂之象劍。今冬正大朝會，若服三代之冕服，而用三代之禮，則去劍可也，若服秦漢之服，而用秦漢之禮，則存劍可也，然文武異容，佩劍之制不當施於朝事。又周禮以不脱履爲恭，以脱履爲相親。《少儀》曰：「凡祭於室中，堂上無跣，燕則有之。」〔鄭玄〕注曰：祭不跣者，主恭也，燕則有跣，爲歡也。特牲、少牢饋食之禮無脱履，而燕與鄉飲酒之禮則有脱履升堂，與《少儀》（令）〔合〕。自秦以下冠服雖異于周，猶坐于席。

夫坐于席，則劍不可以不解，履不可以不脱。解劍脱履于至尊之前，則愈不恭矣，故將升堂必解劍脱履也。其後相承既久，遂以解劍脱履爲恭，與古益異。今冬至朝會，若用周禮，則服當無劍，而惟燕坐然後脱履而升，若止襲秦漢之故，則因舊儀爲可，又恐佩劍而趨朝，脱履而示恭，與三代禮意不合。其冬正朝會，欲乞約用周禮，不服劍，不脱履舄。從之。

八月二十九日，詳定朝會儀注所言周禮，天子眡朝則皮弁，服十五升衣，積素以爲裳，《記》所謂「皮弁素積」是也。諸侯眡朝則委貌冠，其服緇布衣，亦積素以爲裳，《詩》所謂「緇衣之宜兮」是也。凡在朝，君臣同服。漢氏承秦改六冕之制，但玄冠絳衣而已。魏以來，名爲五時朝服，隋唐謂之具服，一品以下、九品以上，皆絳紗禪衣，其冠有五梁、三梁、二梁、一梁之别。《隋志》曰：梁别貴賤，自漢始也。綬則以組爲之，本以貫佩玉相承，受戰國尚武而去佩，但留其繫璲，而秦乃以采組連於璲，轉相結受，因以爲綌，所謂綬也。韋彤《五禮精義》曰：綬以别尊卑，彰有德，故漢制，相國至百石吏，綬有三采、二采、一采之等。然則冠以祭之多少别貴賤，綬以采之麤褥異尊卑，其來尚矣。古者制禮，上物不過十二，天理之數也。自上而下，降殺以兩，畿外諸侯遠於尊者，而伸則以九、以七、以五，從陽奇之數。王朝公卿大夫近於尊者，而屈則以八、以六、以四，從陰隅之數。本朝《衣服令》，通天冠二十四梁，爲乘輿服。蓋二十四梁，以應冕旒前後之數。若人臣之冠，則自五梁而下，與漢唐少異矣。至於綬，則乘輿及皇太子以織成，諸臣用錦爲之。一品、二品冠五梁，中書門下加籠巾貂蟬，諸司三品三梁，四品、五品二梁。御史臺四品、兩省五品亦三梁。而綬有暈錦，黄師子、方勝、練鵲四等之殊，六品則去劍、佩、綬。隋唐冠服皆以品爲定，蓋其時官與品輕重相準故也。今之令式尚或用品，雖因襲舊文，然以官言之，頗爲舛謬，槩舉一二，則太子中允、贊善大夫與御史中丞同品，太常博士品卑於諸寺丞，太子中舍品高於起居郎，内常侍纔比内殿崇班，而在尚書諸司郎中之上，是品不可用也。若以差遣，則有官卑而任要劇者，有官品高而處冗散者，有一官而兼領數局者，有徒以官奉朝請者，有分局莅職特出於一時隨事立名者，是差遣又不可用也。以此言之，用品及差遣定冠、綬之制，則未爲允當，伏請以官爲定，庶名實相副。輕重有准，仍乞分官爲七等，冠、綬亦如之。貂蟬籠巾、七梁冠、天下樂章、暈錦綬爲第一等，蟬舊以玳瑁爲胡蝶狀，今請改爲黄金附蟬，宰相、親王、使相、三師、三公服之。七梁冠、雜花暈錦綬爲第二等，樞密使、知樞密院至太子太保服之。六梁冠、方勝宜男錦綬爲第三等，左右僕射至龍圖、天章、寶文閣直學士服之。五梁冠、翠毛錦綬爲第四等，左右散騎常侍至殿中、少府、將作監服之。四梁冠、簇四雕錦綬爲第五等，客省使至諸行郎中服之。三梁冠、黄師子錦綬爲第六等，皇城以下諸司使至諸衛率府率服之。内臣自内常侍以上，及入内省、内侍省、内東西頭供奉官、殿頭前班，東西頭供奉官、左右侍禁、左右班殿直，京官祕書郎至諸寺、監簿主，既預朝會，亦宜朝服從事，今參酌自内常侍以上冠服，各從本等，寄資者如本官，入内内侍省、内東西頭供奉官、殿頭三班使臣、陪位京官爲第七等，皆二梁冠、方勝練鵲錦綬。高品以下服色，依古者韠韍爲履，並從裳色，今制，朝服用絳衣，而錦有十九等，其七等綬謂宜純用錦，錦以文采高下爲差别，惟法官綬用青地荷蓮錦以别諸臣。後漢制，法(官)〔冠〕一(日)〔曰〕柱後，執法者服之。侍御史、廷尉，正監平也，或謂之獬豸冠。《南齊志》亦曰：法冠，廷尉等諸執法者冠之。今御史臺自中丞而下，至監察御史、大理卿、少卿、丞，審刑院刑部主判官既正定厥官真行執法之事，則宜冠法冠，改服青荷蓮錦綬，其梁數與佩，準本官。從之。按《周禮·司服》「王眡朝則皮弁服」。鄭氏注：視朝，視内外朝之事，王受諸侯朝覲於廟則衮冕。賈公彦曰：覲禮，天子衮冕負黼扆，故知朝覲在廟，王服衮冕，若然，春夏受摯在朝則皮弁服，故孔穎達曰：天子朝服立於路門之外，諸侯朝服執摯入應門。漢制，百官賀正月，天子服通天冠。張衡《東京賦》曰：「冠通天，佩玉璽。」韋彤《五禮精義》曰：通天冠，朝會之正服，猶古之皮弁也。自晉以來，天子郊祀天地、明堂、宗廟，元會臨軒，介幘、通天冠、平冕，皁表朱緣裏，加於通天冠上。衣畫而裳繡，爲日、月、星辰十二章，自此元日受朝始用祭服。梁及隋唐，既以因襲，而本服之制亦用衮冕。臣等看詳周禮朝覲，若春夏受摯於朝，則君臣皆朝服，秋冬受摯於廟，則君臣皆祭服。今元會行禮於朝，而天子服祭服，諸侯服朝服，未合禮意，欲乞元日受朝賀服通天冠、絳紗袍。從之。

元豐五年十二月十一日詔：冬正朝會，諸軍所服衣冠，廂都軍都指揮使、都虞候領團練使、刺史服第五等，軍都指揮使、都虞候服第六等，指揮使、副指揮使服第七等，並班於廷。副都頭以上常服。班殿侯門。

二十三日，吏部尚書李清臣奉詔檢閲朝會應奉事，欲令執事高品以下並服介幘、絳服、大帶、革帶、襪履、方心曲領。從之。

六年九月二十八日，尚書禮部言樞密都承旨張誠一言：伏見朝服，法物庫有太常協律郎、大樂丞，新給袴褶、冠。今檢諸書志，唯袴褶之制未詳所起。代車駕親戎，中外戒嚴，則服之。唐制，三品以上紫褶，五品以上緋褶，七品以上緑褶，九品以上碧褶，九品以下通用細綾，七品以下通用小綾。及檢會鹵簿記，止有鼓吹令、丞冠注漆，皮爲之，兩耳鏤花，形如《三禮圖》委貌冠。今俗謂之袴褶冠，收載庫籍，即無所據，乞下禮官考正。下太常寺。太常寺言：袴褶乃是從戎之服，以此名冠，尤爲所據。今協律郎如押樂，太常卿遇祠祭、朝會，各以本品朝祭冠服從事，兼太學令、丞，今止服本品官服，其袴褶并合不用。從之。曹尚書侍郎、殿中監、大司丞、散騎常侍、特進、金紫銀青光禄大夫、太尉、節度使、左右金吾衛、左右衛上將軍服之。

祭服

王公冠服。唐制，有衮冕九旒，鷩冕八旒，毳冕七旒，絺冕六旒，玄冕五旒，爵弁，朝服，公服，袴褶，弁服。國朝省八旒冕、六旒冕、弁服。九旒冕：塗金銀花額，犀，玳瑁簪導，青羅衣繡山、龍、雉、火虎蜼五章，緋羅裳繡藻、粉米、黼、黻四章，緋蔽膝繡山、火二章，白花羅中單，玉裝劍、佩，革帶，暈錦綬，二玉環，緋白羅大帶，緋羅襪，履，親王、中書門下奉祀則服之。九旒冕無額花，玄衣纁裳，悉畫，小白綾中單，師子錦綬，二銀環，餘同上，三公奉祀則服之。七旒冕：犀角簪導，衣畫虎雉，〔藻〕粉米三章，裳畫黼、黻二章，銀裝佩、劍，革帶，餘同九旒冕，九卿奉祀則服之。五旒冕：無章，銅佩、劍，革帶，餘同七旒冕，青羅爲衣裳，四品、五品爲獻官則服之。六品以下無劍、佩、綬，紫檀衣，朱裳，羅爲之，皂大綾綬，銅劍、佩，御史、博士服之。平冕無旒，青衣纁裳，無劍、佩、綬，餘同五旒冕，大祝、奉禮服之。五梁冠：塗金銀花額，犀，玳瑁簪導，立筆。緋羅袍，白花羅中單，緋羅裙，緋羅蔽膝，並皂褾襈，白羅大帶，白羅方心曲領，玉劍、佩，銀革帶，暈錦綬，二玉環，白綾襪，皂皮履。一品、二品侍祠朝會則服之，中書門下則冠加籠巾貂蟬。籠巾，編藤漆之，塗金銀飾，玳瑁蟬一，金蟬六，銜玉。三梁冠：犀角簪導，無中單，銀劍、佩，師子錦綬，銀環，餘同五梁冠。諸司三品、御史臺四品、兩省五品侍祠朝會則服之。御史大夫、中丞則冠有獬豸角，衣有中單。兩梁冠：犀角簪導，銅劍、佩，練鵲錦綬，銅環，餘同三梁冠。四品、五品侍祠朝會則服之。六品以下無中單，無劍、佩綬。御史則冠有獬豸角，衣有中單。袴褶紫、緋、緑，各從本服色，白綾中單，白綾袴，白羅方心曲領，本品冠導駕，則騎而服之。

大駕鹵簿內巾服之制：金吾上將軍、將軍、六統軍、千牛、中郎將，服花脚幞頭，抹額，紫繡袍，佩牙刀，珂馬。諸衛大將軍、將軍、中郎將、折衝、果毅、散手翊衛，服平巾幘。紫繡袍，大口袴，錦螣蛇，銀帶，佩橫刀，執弓箭。千牛將軍，服平巾幘，紫繡袍，大口袴，銀帶，鞾（靴）〔勒〕，橫刀，執弓箭，珂馬。千牛，服花脚幞頭，緋繡〔袍〕，抹額，大口袴，銀帶，鞾（靴）〔勒〕，前馬隊內折衝及執矟者，服錦帽，緋繡袍，銀帶。監門校尉，六軍押仗，服幞頭，紫繡裲襠。隊正，服平巾幘，緋繡袍，大口袴。諸衛主率都尉，引駕騎，持鈒隊內校尉，旅帥，執衛司殳仗爆矟，金五十六騎，班劍，儀刀隊，親勳翊衛，執大角人，平巾（績）〔幘〕，緋繡裲襠，大口袴，佩橫刀，執弓箭。金吾押牙，服金鵞帽，紫繡袍，銀帶，儀刀。金吾執纛者，服烏紗帽，皂衣，袴，鞢韄。金吾押纛，服幞頭，皂繡衫，大口袴，銀帶，烏皮鞾。執金吾爆矟，服錦袍帽，臂鞲，銀帶，烏皮鞾。

清游隊，佽飛，執副仗矟，服甲騎具裝，錦〔臂〕鞲，橫刀，執弓箭，白袴。朱雀隊執旗及執牙門旗，執降引旛，黄麾幡者，服緋繡衫，抹額，大口袴，銀帶。執殳仗，前後步隊，真武隊執旗，前後步黄麾，執日月合璧等旗，青龍白虎隊，金吾細仗內執旗者，服五色繡袍，抹額，行縢，銀帶，執白幹棒人，加銀褐捍腰。執龍旗及前馬內執旗人，服五色繡袍，銀帶，行縢，大口袴。執弓箭，執龍旗副竿人，服錦帽，五色繡袍，大口（袍）〔袴〕，銀帶。執弩，弓箭人，服錦帽，青繡袍，銀帶。前後步隊人，服五色鎧甲，錦臂鞲，鞢韄，袴，（錦）〔銀〕帶。朱雀隊內執弓箭，弩，矟，虞候（饮）〔佽〕飛，執長壽幢；寶輿法物人，〔並〕服平巾幘，緋繡袍，大口袴，銀帶。援寶，執絳麾，真武幢义人，〔並〕服武弁，紫繡衫。持鈒隊，殿中黄麾，繖，扇，腰輿，香蹬，華蓋，指南，進賢等車駕士，相風，鍾漏等輿輿士，〔並〕服武弁，緋繡衫。駕羊車童子，服垂耳髻，青頭巾，青繡大紬衫，袴，勒帛，青耳履。執引駕龍墀旗，六軍旗者，服錦帽，五色繡衫，錦臂鞲，銀帶。引夾旗及執柯舒，鐙仗者，服帖金帽，餘同上。執花鳳，飛黄，吉利旗者，服銀褐繡衫，抹額，銀帶。夾轂隊，服五色質鍪，鎧，錦臂鞲，白行縢，紫（口）〔帶〕，鞢韄。驍衛翊〔衛〕三隊，服平巾幘，緋繡袍，大口袴，錦螣蛇。五輅，副輅，耕根車駕士，服平巾幘，青繡衫，青履韈。教馬官，服幞頭，紅繡抹額，紫繡衫，白袴，銀帶。掌輦，主輦，服武弁，黄繡衫，紫繡誕帶。攏御馬者，服帖金帽，紫繡大袖衫，銀帶。執真武幢者，服武弁，皂繡衫，紫繡誕帶。五牛旗輿士，服武弁，五色繡衫，大口袴，銀帶。掩後隊，服黑鍪甲，錦臂鞲，行縢。

鼓吹令、丞，服緑袴褶冠，銀褐裙，金銅革帶，緋白大帶，履韈。太常寺府史、典事、司天令史，服幞頭、緑衫、黄半臂。太常主帥掆鼓、金鉦、節鼓人，服平巾幘、緋繡袍、大口袴、抹帶、錦螣蛇。歌、拱辰管、簫、笳、笛、觱篥，無螣蛇。太常太鼓、長鳴、小鼓、中鳴，服黄雷花袍、袴、抹額、(袜)[抹]帶。太常鐃、大(黄)[横]吹，服緋苣文袍、袴、抹額、(袜)[抹]帶。太常羽葆鼓、小横吹，服青苣文袍、袴、抹額、(袜)[抹]帶。(緋)[排]列官、令史、府史，服黑介幘、緋衫、白袴、白勒帛。司辰、典事、漏刻生，服青袴褶冠、革帶。殿中少監、奉御、供奉、排列官，引駕仗内排列承直官、大將、金吾引駕、押仗、押旗，服幞頭、紫公服、烏皮鞾。尚輦奉御、直長、[乘]黄令丞、千牛長史、進馬四色官，服幞頭、緑公服、白袴、金銅帶、烏皮鞾。殿中執掌執繖扇人，服幞頭、碧襴、金銅帶、烏皮鞾。舊衣黄，太平興國六年，并内侍省並改服以碧。

凡繡文：金吾衛以辟邪，左右衛以瑞馬，驍衛以雕虎，屯衛以赤豹，武衛以瑞鷹，領軍衛以白澤，監門衛以師子，千牛衛以犀牛，六軍以孔雀，樂工以鸞，耕根車駕士以鳳銜嘉禾，追賢車以端麟，明遠車以對鳳，羊車以瑞羊，指南車以孔雀，記里鼓、黄鉞車以對鵞，白鷺車以翔鷺，鸞旗車以瑞鸞，崇德車以辟邪，皮軒車以虎，屬車以雲鶴，豹尾車以玄豹，相風烏輿(士)以烏，五牛琪以五色牛，餘皆以寶相花。

六引内巾服之制：清道(冠)[官]，服武弁、緋繡衫、革帶。持幰弩車輻捧者，服平巾赤幘、緋繡衫、赤袴、銀帶。青衣，服平巾青(服)[幘]、青袴褶。持戟、繡、扇、刀盾者，服黄繡衫、抹額、行縢、銀帶。持幡蓋者，服繡衫、抹額、大口袴、銀帶。内告止幡、曲蓋以維，傳教幡、信幡、絳引幡以黄。執誕馬轡、儀刀、麾、幢、節、夾稍、大角者，服平巾幘、緋繡衫、大口袴、銀帶。大駕鹵簿内，執轡，並錦絡衫帽。持弓箭、矟者，服武弁、緋繡衫、白袴。駕士，服錦帽、繡戎服大袍、銀帶。弓箭以青，矟以紫。持掆鼓者，服平巾幘、緋繡對鳳袍、大口袴、白袜帶、錦螣蛇。鐃吹部内，服平巾幘、緋繡袍、白袜帶，白袴，餘悉同大駕前後部。

其繡衣文：清道以雲鶴，幰弩以辟邪，車輻以白澤，駕士司徒以瑞馬，牧以隼，御史大夫以獬豸，兵部尚書以虎，大常卿以鳳，縣令以雉，樂工以鸞，餘悉以寶相花。

太祖建隆四年八月十六日，宰臣范質與禮官議：導駕官，服袴諸衣。按制度所起，先儒無説，惟《開元雜禮》五品以上通用細綾及羅，六品以下服小綾，褶衣之色惟本品綬色。注：褶衣，即複衣也。又按，諸王朱綬，四采，赤黄、縹、組，亦即朱也。以純朱爲地，受次第輕入黄、白、青，付内染之，共爲四采，亦謂之朱褶。一品緑綬，綬四采，緑、紫、黄、赤。綬即緑也，是草之緑色，以純緑爲地，亦謂之緑綾褶。二品、三品紫綬，三采，紫、黄、赤，謂之紫褶。其衣身領袖袂謂依令制。又按令文，武弁，金飾，平巾幘，簪導，紫褶，白袴，玉梁，珠寶，鈿帶，鞾，騎馬服之。金飾，即金附蟬也。詳此即是二品、三品所配弁之制也。附蟬之數，蓋一品九蟬，二品八，三品七，四品六，五品五。又令文，武弁，平巾幘，侍中、中書令、散騎加貂蟬，侍左者左珥，侍右者右珥。又《開元雜禮》導駕官，並朱衣，冠、履依本品，此朱衣今朝服也，然自一品至三品，用四入之朱爲衣，乃協上下之文，異絳繒之色。又令文，三品以上紫褶，五品以上緋褶，七品以上緑褶，九品以上碧褶，並白大口袴，起梁帶，烏皮鞾。竊詳籠冠子巾與武弁大冠，其名雖殊，本是一物，製同而飾別，蓋以官品爲差，其幘亦載在籠冠下。今請造袴褶如令文之制，其起梁帶，形制檢尋未是，望以革帶代之。奏可，是歲造成而未用。乾德六年郊禋始服而冠未造，乃取朝服進賢冠、大帶、革鞢履，參用焉。九月二日宰臣范質言：三公祭服，舊皆畫升龍裲襠，有緋紫之間，請令禮官檢尋故事。按三禮，三公毳冕，無龍章。上公袞冕，九旒。二品鷩冕。只周禮言：上公袞冕九旒，以五采繩貫五采珠，梳長九寸，每寸以珠玉瑱。其衣，玄色五章，山、龍、草蟲、火、宗彝，畫於衣。其裳，朱色四章，藻、粉米、黼、黻，繡於裳。又按令文：旒並貫青色珠，青纊真珠及充纊，今請依令文青色之制。又按《開元禮》武官陪立大仗，加螣蛇裲襠，知袖無身，以淡其膊胳，音各蓋掖下縫也。從肩領覆臂膊，共一尺二寸。又按《釋文》《玉篇》相傳云：其一當胷，其一當背，謂之「兩當」。今詳裲襠之制，其領連所覆膊胳，其一當左膊，其一當右膊，故謂之「起膊」。今請兼存兩説擇而用之。詔改製祭服，以青色造裲襠，用當胷、當背之制。

真宗咸平五年二月，大理寺丞李坦言：臣聞禮行於郊，而百神受職焉；禮行於社，而百貨可組焉。是故，禮者，治國之柄，服者，飾身之儀。前代成規，後王不易。臣昨差郊壇助祭，竊見助祭之宮，所服六冕衣裳，畫繡之等，多不依古制，又慮後來增減不同，然按《尚書·皐陶[益稷]》云乎「欲觀古人之象，日、月、星辰、山、龍、華蟲，作會，宗彝、藻、火、粉米、黼、黻，絺繡」，此十二章也，六章畫於衣，象天也，六章繡於裳，象地也。夏商無文，至周，三辰畫於旌旂，惟九章在於衣裳之上，周有六冕。按《司服》云：王祭昊天上帝，則大裘而冕，祭五帝亦如之。享先王則袞冕，享先公則鷩冕，祀四望山川，則毳冕，祭社稷五祀，則絺冕，祭羣小祀，則玄冕。鄭司農云：大裘，羔裘也。所以知羔裘者，祭天尚質，故用之象天色也。衮冕之旒，天子則十二旒，升龍於山，升火於宗彝。若上公則九旒，自山龍而下九章。侯伯鷩冕七旒，自華蟲而下七章。子男即毳冕五旒，自宗彝而下五章。孤卿即絺冕三旒，三章無畫，皆繡，凡奇數在衣，偶數在裳。今具六冕祭服異同，乞行改正。詔送太常寺禮院詳定，禮院言：檢討如後。伏緣旒冕之制度，繡畫之等差，歷代以來，屢有沿革，若循古制，須護酌中，改作之間，安敢輕議，周六冕，皆玄上纁下，玄上法天，纁下法地，兼前後邃延。今覩冕板，上下之色皆用玄青，亦無邃延，一失也。

皇祐四年三月，太常禮院言：按《禮》曰「繡黼丹朱中衣，大夫之僭禮也。」鄭玄注云：此言諸侯之禮。繡讀爲綃，繒名也。繡黼丹朱，以爲中衣領緣也。孔穎達疏云：黼，刺繒爲黼文也。丹朱，赤色，染繒爲赤色也。中衣，謂以素爲冕服之裏衣，猶今中單衣也。又晉詩云：「素衣朱襮。」孔穎達正義曰：《釋器》云：黼領謂之襮。孫炎曰：繡刺黼文以褗領，是襮爲領也。中衣者，朝服、祭服之裏衣也。其制如深衣，故《禮記·深衣》鄭玄注：深衣者，謂連衣裳而純之以采(者)〔也〕，有表則謂之(深)〔中〕衣。又(魯)〔晉〕詩云：「素衣朱綃。」綃爲綺屬，然則綃是刺繡別名，於此綃上刺爲繡文，謂之綃黼也。綃上刺黼，以爲衣領，然後名之爲襮，故《爾雅》云：「黼領謂之襮。」襮爲領之別名也。《開元禮》天子服衮冕，玄衣纁裳，白紗中單。羣官服衮冕，青衣纁裳，白紗中單。今詳參古者服之中衣，以素爲之，以朱爲領緣，而領刺以黼文，故《禮記》云「繡黼丹朱中衣」，《詩》云「素衣朱襮」是也。今之祭服，既有中單，又別爲裏，非也。然則中單之制，宜用繒素而朱丹領緣，領刺以黑文黼文可也。《禮》云「大夫之僭禮，則諸侯之服也」。今五等祭服，宜依此制。詔可。

六月，同知太常禮院邵必言：伏見監祭使監禮，各冠五旒冕，衣裳無章，色以紫壇，詳求古禮，並無此服。按《周禮》云：冕之制，凡有旒者，衣裳皆有章，上下之相應也。惟大裘冕無旒，衣裳無章，一命大夫之冕無旒，衣裳亦無常。今監祭監禮所服冕五旒，侯伯之冕也，而衣無章，深所不稱，又色以紫壇，蓋無經據，故昨禮院所議，止欲從五等以下，子男之服再詳。監祭本於《周禮》祭僕之職掌，眂祭祀，糾百官之戒具，誅其不恭者。至漢史以御史監祠，唐乃有監祭使之名，且祭僕中士也，御史執法官也。又監禮則奉常博士之職，其官與品則又差降，皆所以監視察舉其不如禮者，考其本末，既非祠官，必也正名，則御史、博士爾，而服用五等，且非所宜，況有旒無章，服色非古，此爲失禮甚矣。竊觀國家南郊大禮，太常卿止服朝服，前導皇帝若亞獻、終獻，及壇陛獻官乃服以祭服，明太常卿非祠官而服朝服，禮也。又按《唐開元禮》朝服，凡侍祠、朝享、拜表、大事則服之，欲乞令後監祭使冠獬豸，監禮冠進賢，各服以侍祠祭爲得其當，庶幾盛時典禮不至差謬。詔不允。

神宗元豐元年十一月二日，詳定郊廟禮文。所言《周禮·弁師》：掌王之五冕，五采繅，十有二就，皆五采，玉皆十有二。鄭氏注：謂五采絲爲繩，垂於延之前後，各十二，所謂邃延也。賈公彦曰：以青、赤、黄、白、黑五色，玉貫於藻繩，每玉間相去一寸，十二玉則十二寸，以一至爲一成結之，使不相并，此據衮冕前後二十四旒。孔穎達曰：旒長尺二寸，故垂而齊肩也，至後漢明帝用曹褒之説，乘輿服冕係白玉珠，爲十二旒，前垂四寸，後垂三寸，遂失古制。國朝《衣服令》乘輿服衮冕，垂白珠，十有二旒，廣一尺二寸，長二尺四寸。蓋白珠爲旒，用東漢之制，而其冕廣長之度，乃自唐以來率意爲之，無所稽考。景祐中已經裁定，以叔孫通漢禮器制度爲法，凡冕版廣八寸，長尺六寸，與古制相合，更不復議。今取少府監進樣，如以青羅爲表，紅羅爲裏，則非《弁師》所謂「玄冕朱裏」者也。上用金稜，天板四周用金絲結網，兩旁用真珠花素墜之類，皆不應禮，伏請改用朱組爲紘，玉笄，玉瑱以玄紞，垂瑱以五采，玉貫於五色藻爲旒，以青、赤、黄、白、黑五色備爲一玉，每一玉長一寸，前後二十四旒，垂而齊肩。孔子曰：「麻冕，禮也。今也純儉，吾從衆。」釋者曰：純絲易成，故從儉。今不必績麻，宜表裏用繒，庶協孔子所謂純儉從衆之義。古者祭服、朝服之裳，皆前三幅，後四幅，殊其前後不相連屬，前爲陽，故三幅，以象奇，後爲陰，故四幅，以象偶，惟深衣、中單之屬連衣裳，而裳復不殊前後，然以六幅交解爲十二幅，象十二月，其制作莫不有法，故謂之法服。自後漢、晉、宋、後齊，天子祭祀，皆云前三幅，後四幅。今少府監乘輿衮服樣，其裳乃以八幅爲之，不殊前後，有違古義，伏請改正。祭服之裳，以七幅爲之，殊其前後，前三後四，以今太常周尺度之，幅廣二尺二寸，每幅兩旁各縫殺一寸，謂之削幅，腰間辟積無數。裳側有純，謂之綼，裳下有純，謂之緆。綼，緆之廣，各寸半，表裏合爲三寸。羣臣祭服之裳倣此。從之。

又詳定郊廟禮文。所言《禮記》曰：「大夫冕而祭於公，弁而祭於已。」則是臣子助祭，不當朝服也。又曰：年穀不登，祭事不縣，則於祭時既行吉禮，不當徹樂也。本朝祠祭遇雨則望祀，不爲違禮，然而服公服不設樂，則非所以奉神，伏請遇雨望冕服祭服，乃詔樂。又曰：古之君子必佩玉，所以比德也。右後角，左宮羽。先儒謂徵角在右，事也，民也，宜勞。宮羽在左，君也，物也，宜逸。此左右之異也。又曰：天子佩白玉而玄組綬，公侯佩瑞玟而緣組綬。米襦謂尊者玉色純，而公侯以降則玉色漸雜，此尊卑之異也。佩玉之制，必上繫於衡，下垂三道，穿以蠙珠，其下之兩端則綴璜，中央則綴衝牙，牙居中央，以爲前後觸也，而琚瑀又在組之中央，下與衝牙相直，故曰珮有琚瑀，所以納間者是也。今佩上下則設三衡，以銀銅獸面爲之，而璜又夾中，衡不在下端，其所謂衝牙，亦異於古。又上有銀鉤，以屬大帶，皆非古制。《爾雅》曰：「佩衿謂之褑。」郭璞以謂衣小帶謂之衿，而佩衿則佩玉之帶上屬者也，今宜爲小帶，以屬於革帶，而不用銀鉤，伏請益如古制，惟天子金玉，餘皆珉石，恪依其色，以辨諸臣之等。銀鉤獸面而其制作經，伏乞除去古者祭服有佩韍，無大綬、小綬并玉、銀、銅環，臣等看詳，自戰國以佩非兵器，韍非戰儀，於是解去韍、佩而留其繫璲，秦乃以采組連結於璲，轉相結受而謂之綬，漢承用之，又加以雙印、佩刀之飾，至明帝始復製佩，而組識之綬亦不廢焉。故韋彤《五禮精義》曰：漢乘輿黃、赤，綬四采，自後皆不合禮，而又有大綬、小綬之別，臣等以謂綬者，所以貫綬佩三，因爲之飾以別尊卑，故諸侯朱組綬，大夫緇組綬，所謂綬者如斯而已，取少府監，皇帝衮冕迎據，有六彩織綬，小帶三，上有三小環。及一品祭服，則錦綬、雙玉環。從一品則錦綬，雙銀環。三品、四品則皂綾綬，雙銅環。皆非古制，伏請改正。古者祭服皆玄衣纁裳，以象天地之色。裳之飾，有藻，有粉米，有黼，有黻。今祭服上衣則以青，而其繡於裳者，藻及粉米，皆以五采圓花繡之，而黻用深藍，黼用碧與黃，且虎蜼共一章，粉米各一章，今皆異章而畫殊，非古制，伏請改製，古者皆以冕爲祭服，未有服朝服而助祭者也。《周官》曰：「公之服，自衮冕而下，如王之服。卿大夫之服，自玄冕而下，如孤之服。」此助祭者服也。今服章視唐，尤爲不備，於今文祀，儀有九旒冕、七旒冕、五旒冕，今既無冕名，而有司仍不制七旒冕，乃有四旒冕，其非禮尤也。又服之者，不以官秩上下，故分獻，四品官皆服四旒冕，博士、御史則冕五旒而衣紫。禮，太祝奉禮則服平冕，而無佩玉，此因循不講之失也。且古者朝、祭服異服，所以別事神與事君之禮。今皇帝冬至及正旦御殿，服通天冠，絳紗袍，則百官皆服朝服，乃禮之稱，至親祠郊廟，皇帝嚴衮冕以事神，而侍祠之官止以朝服，豈禮之稱哉。古者齊祭且猶異冠，而況人禮之異禮，朝祭之異事乎，則百官雖不執事，不當以朝服侍祠。至於景靈宮分獻官，皆服朝服，尤爲失禮。伏請親祠郊廟、景靈宮，除導賀，贊引，扶侍、宿衛之官，且侍祠及分獻者，並服祭服，如所考制度，修製五冕及爵弁服，各正冕弁之名。《禮》曰：天子「玄〔冕〕〔端〕朝日於東門之外」。又《周官》曰：「祀四望山川，則毳冕。祭社稷五祀，則絺〔冕〕祭羣小祀，則玄。」〔鄭玄〕注：羣小祀，林澤墳衍四方百物之屬。孔穎達謂此據地之小祀，以血祭社稷爲中祀，埋沉以下爲小祀也。若天之小祀，則司命、司中、風師、雨師。鄭雖不言，義可知矣。國朝祀儀，祭社稷、朝日、夕月、風師、雨師皆服衮冕，其蜡禮祭先蠶五龍亦如之，祭司、命户、竈門、厲行皆服鷩冕，壽星、靈星、司中、司寒、中霤、馬祭皆服毳冕，皆非是今。天子六服，自鷩冕而下，既不親祠，廢而不用，則諸臣攝事，自當從王所祭之服，伏請依《周禮》凡祀四望山川，則以毳冕。祭社稷五祀，則以絺冕。朝日、夕月，風師、雨師，司命、司中，則以玄冕。若七祀禮祭百神、先蠶、五龍、靈星、壽星、司寒、馬祭，蓋皆非羣小祀之比，當服玄冕。從之。

神宗元豐三年八月二十二日，詳定郊廟奉祀禮文所言禮記曰：三公一命衮。則三公當服鷩冕。《詩》曰「毳衣如菼」。則上大夫卿當服毳冕。《周禮・典命》曰：「公之孤四命。」又曰：「王之大夫四命。」其衣服各視其命之數。公之孤，其服自絺冕而下，則王之大夫當服絺冕。諸侯卿大夫之服，自玄冕而下則王之士當服玄冕，所謂周人冕而祭也。《司服》曰：「孤之服，自絺冕而下，卿大夫之服，自玄冕而下，士之服，自皮弁而下。」此諸侯之臣助祭服也，然而不著王朝公卿大夫之服者，蓋舉下以見上，可比義而知也。本朝官名雖與古不同，以《唐六典》考之，吏部尚書注曰：周之天官卿也。侍郎注曰：周之小宰中大夫。員外郎注曰：周太宰屬官，上士也。今約之《六典》，參以本朝班序，伏請資政殿大學士以上，侍祠服鷩冕，觀察使以上，服毳冕，監察御史以上，服絺冕，朝官以上，服玄冕，選人服爵弁。從之。惟不用爵弁，供奉官以下至選人，皆服玄冕，無旒。

徽宗大觀元年七月十六日，議禮局劄子：竊以國家祈穀社稷，崇奉先聖，上自京師，下逮郡邑，以春秋上丁社日行事，然大社，太學獻官，祝禮，皆以法服，至於郡邑，則用常服，豈非因習已久，而未知所以建明歟。乞詔有司，降祭服於州郡，俾凡祭祀，獻官、祝禮各服其服，如允所奏，乞降付本局討論典禮具合頒名件，詔以衣服制度頒之，使州郡自製，弊則聽其改造，庶簡而易成。

政和二年八月十五日，顯謨閣待制、前知襄州軍州俞㮚言：伏見祭祀之服，以國册下諸郡，未有明降朝旨製造，其社稷，宣聖風師尚服，望早賜施行。從之。同日尚書省議禮局言：契勘大觀四年四月八日，被受御筆，閲所上禮書，并祭服制度，頗見詳盡，除改正外，餘依所奏，修定看詳。侍祠攝祭之服，除五等諸侯服飾已得御筆，依本司所奏，乞更不製造外，今具群臣冕服，乞依已得御筆修定，付有司依圖畫及看詳製造之。

政和七年六月二十四日詔：天下州縣，歲祭社稷、雷雨、風師及釋奠文宣王冠服，悉循其舊形制，詭異在處不同，可令禮制局造樣頒下轉運司，令本司制造下諸州，州下縣，庶衣服不二，以齊其民。十二月二十九日，提舉利州路學事林晨言：竊見廷按雅樂，製爲士服，廷按之後，雖大朝服用之，而士服不常用，今春秋兩學釋奠雖用，士作樂衣服尚仍舊制，臣愚欲乞春秋釋奠，用士執樂陪位並服士服。從之。

八年十一月五日，知永興軍席旦奏：竊聞太學辟廱，士人作樂，皆服士服，而外路諸生，尚衣襴幞，欲望下有司考議，籍爲圖式，頒賜外郡禮制局狀，今欲頒上件士服之式，付之諸路學校，凡作樂釋奠，諸生皆服其服，畫到已討論士服國樣，欲乞指揮下製造所，每州造樣一副，頒降依樣製造。從之。既而製造所每州造到頭冠、角簪、衣裳、珠佩、大帶、銀帶、履頒下。【略】

紹興四年五月，國子監丞王普奏言：臣嘗考諸經傳，具得冕服之制。蓋王之三公八命鷩冕，八旒，衣裳七章，其章各八。孤卿六命毳冕，六旒，衣裳五章，其章各六。大夫四命絺冕，四旒，衣裳三章，其章各四。上士三命玄冕，三旒，中士再命玄冕，二旒，下士一命玄冕，無旒，衣皆無章，裳韍視其命數，自三而下，其繅至笄、衡、紘、紞、瑱、纊、帶、佩、芾、舄，中衣皆有等差。近世冕服制度，沿襲失真，多不如古，夫後方而前圓，後昂而前俛，玄表而朱裏，此冕之制也。今則方圓俛俛幾於無辨，且以青爲表，而飾以金銀矣。其衣皆玄，其裳皆纁，裳前三而後四幅，此衣裳之制也。今則衣色以青，裳色以緋，且以六幅而不殊矣。山以章也，今則以墮火以圖也，今則以鋭宗彝，宗(廟)〔彝〕，虎蜼之彝也，乃畫虎蜼之狀，而不爲虎蜼(宗)彝，粉米，米而粉之者也，乃分爲二章，而以五色圓花爲藉，佩有衡、璜、琚、瑀、衝牙而已，乃加以雙滴，而重設二衡。綬以貫佩玉而已，乃別爲錦綬，而間以雙環，以玉帶無紐約。芾無肩、頸，舄無絇、繶，中衣無連裳。臣伏讀國朝《會要》，郊廟奉祀禮文，祖宗以來，屢嘗講究，第以舊服無有存者，欲乞因茲改作，是正訛謬，一從周制，以合先聖之言。尋禮部契勘奏言：衣服之制，或因時王而爲之損益，事雖變古，要皆一時制作，不無因革。或考之先王，而有繆戾者，雖行之已久，不應承襲非憚於改正。按《周官》，自上公服衮，王之三公服鷩，以至士服玄冕凡五等。唐制，自一品服衮冕九旒，至五品服玄冕亦五等。國家承唐之舊，初有五旒之名，其後去三公衮冕及絺冕，但存七旒鷩冕，五旒毳冕，無旒玄冕，凡三等而已。衮服非三公所服，去之可也，乃併絺冕去之，自尚書服毳冕，以至光禄丞亦服焉，貴賤幾無等，此皆一時制作，不無因革，令合增鷩冕爲八旒，增毳冕爲六旒，復置絺冕爲四旒，并及無旒玄冕共四等，庶幾稍合周制。若冕之方圓低昂於無辨，則制造之差也。以青爲表，非不用玄也，爲玄而不至者也。以緋爲裳，非不用纁也，爲纁而大過者也。山止而静者也，今象其墮，是得山之勢，而不知其性圜而神者也。今象其鋭，是得火之形，而不得其神也。至於宗彝、粉米、佩、綬、帶、紐、芾、履之屬，皆宜改正施行。是時諸臣奏請，討論雖詳，然終以承襲之久，未能盡革也。鷩冕八旒，每旒八玉，三采朱、白、蒼，角笄，青纊以三色，紞垂之，紘以紫羅，屬於武衣以青、黑。雖三章，草蟲、火、虎蜼彝。裳以纁，表羅裏繒，七幅，繡四章，藻、粉、黼、黻。大車中單佩以珉，貫以藥珠，綬以絳錦，銀環，敦上紕下純，繪二章，山、火。華帶緋羅表金，塗銅裝，韈，舄並如舊制，宰相亞終獻大禮使服之，前明景靈宮、太廟亞終獻明堂，滌濯進玉爵酒亦如之。毳冕六玉三采，衣三章，繪虎蜼彝、藻、粉米，裳二章，繡黼、黻。佩藥珠，衡、璜等，以金塗銅帶，韍繪以山，革帶以金塗銅，餘如鷩冕，六部侍郎以上服之。前朝景靈宮、太廟，進爵酒幣官，奉幣官，奉幣官受爵酒官，薦俎官明堂受玉爵，受玉幣，奉澈籩豆，進飲福酒，徹俎祝腥，贊引亞終獻，禮儀使亞終獻，爵并盥洗官四員，並如之，前二日奏告初獻，社壇、九宮壇分祭，初獻、亞獻亦如之。希冕四玉二采朱、緑。衣一章，繪粉米。〔裳〕二章，繡黼、黻。綬以皂綾，銅環，餘如毳冕。光禄卿、監察御史、讀册官、舉册官、分獻官以上服之。前明景靈宮、太廟、奉奉神主官，明堂，太府卿、光禄卿、沃水舉册官、讀册官、押樂太常卿，東朶殿三員，西朶殿二員，東廊二十八員，西廊二十五員，南廊二十七員，輭門祭獻官，前二日奏告亞獻，終獻官，監察御史並如之。社壇、九宮壇分祭終獻官，監察御史，兵、工部，光禄寺卿，丞亦如之。玄冕無旒，無佩，綬，衣純黑無章，裳刺黼而已，韍無刺繡，餘如絺冕。光禄丞、奉禮郎、協律郎、進搏黍官、太社令、良醞令、太官令、奉俎饌等官、供祠執事官、內侍以下服之。明堂光禄丞、奉禮郎、良醞令、太祝、搏黍官、宮架協律郎、登歌協律郎、奉御官、內侍供祠執事官、武臣奉俎官、輭門祭奉禮郎、太祝令、太官令、社壇、九宮壇分祭太社。太祝太官令、奉禮郎並如之。紫壇冕四旒，服紫壇衣，博士、御史服之。外州軍祭服鷩冕八旒，三都初獻服之。毳冕六旒，經略、安撫鈐轄初獻服之。希冕四旒，經略安、撫鈐轄亞獻服之。節鎮防團軍士初獻亦如之。玄冕無旒，節鎮防團、軍事亞終獻服之。

高宗紹興十六年四月四日，上謂輔臣曰：比降下祭服，更令禮官考古，便可依式制造，庶將來奉祀不闕。今檢詳郊祀録，皇帝祀天地神祇，則服大裘冕。按《三禮義宗》云：祭天所以用大裘者，是羊羔裘也。黑者象天色，玄大者擬覆燾垂下，故服大裘以祀天也。冕者，勉也，所以勉人爲高行。凡六冕之服，皆玄上纁下。冕既大同，無以爲别，故不謂冕爲服，但取畫章之異，以爲立名，故用服名冕。一六冕之旒數，若大裘冕即無旒，若衮冕，天子十有二旒，前後邃延。上公即九旒，每旒五采就爲之，每一寸安一玉，玉皆五色，先朱、白、蒼、黄、玄。諸侯即三采，夏商朱緣，皆周而復始，十二旒，旒各一尺二寸，用玉二百八十八。若上公九旒，用玉百六十二。今覩旒，玉，純用一色，其數不與昔同，是二失也。今檢詳，凡享廟、謁廟，及遣上將征還，飲至則服衮冕。按自衮冕而下，服名冕者，皆是畫衣章之首。衮冕，所以祭先王者爲服，以龍爲首，龍德神異，應時潛見，象王者，有神異之德也。其冕垂白珠，十有二旒，以組爲色，如其綬。《玉藻》云：「天子玉藻，十有二旒，前後邃延，龍衮以祭。」鄭玄云：冕之旒，以藻糾貫玉爲飾，因以名也。十有二就，每一就貫一玉，就間相去一寸，則旒長尺二寸，垂齊肩也。五采者，依射侯之次，從上而下，初以朱，次以白，次以蒼，次以黄，次以玄，以五采正既貫徧，周而復始，此並周制也。至漢明帝用曹裒之説，皆用白旋珠，與古異也。魏文帝好婦人飾，改珊瑚珠，至晉江左又改漢制，今用白珠之制，自漢始焉。《大戴禮》曰：「冕而加旒以蔽明也。」隋牛宏云：請以采綖貫珠爲旒，後只言采，不言五采，《周禮》衮冕九章，升龍。於山，升火於宗彝，以五章畫於衣，一曰龍，二曰山，三曰華蟲，四曰火，五曰宗彝，今衣上不見宗彝，又剩一藻文也。下四章繡於裳上，六曰藻，七曰粉米，八曰黼，九曰黻，今又無藻文，餘有三章，亦不絺繡，是三失也。今檢詳《義纂》云：《周禮》衮冕九章，尚龍置於山上謂之龍衮。鄭玄謂衮者，卷也。龍能變化舒卷，因以名焉。以五采綜糾貫玉，前後各十二旒，用玉二百八十八也。秦除古制，皆服袀玄，漢明帝始采舊法，繫白玉珠爲旒，以組爲綬，黈纊塞耳，玄衣纁裳，十二章，自日、月、星辰、山、龍、華蟲、火、宗彝八章，畫之於衣，藻、粉米、黼、黻四章，繡之於裳，織成爲之褾領，皆升龍焉。唐制，白紗爲中衣，以黼爲領，舄如金飾，入廟踐祚加元服，納后、元日、受朝及臨軒、册拜公王則服之，是承漢禮也。又《周禮》天子衮冕十有二旒，十有二就，就貫一玉，就間相去一寸，則旒長尺二寸，各用十二玉也。又按《郊禮録》云：其服玄衣纁裳，十二章。(安)[按]、《易》云：「黄帝、堯、舜，垂衣裳而天下治，蓋取諸乾坤。」韓康伯注云：上衣下裳，取乾坤之象，有上下也。《釋名》「上服曰衣，衣者，依也。下服曰裳，裳者，障也。所以障蔽也」。夫衣用玄者，象天色也，裳用纁者，法地色也。不法蒼黄之色者，凡衣服，悉明其身有章彩文物，以蒼黄太質，故用玄纁耳。纁者，是朱之小别，故《周禮·鍾氏》云：「三入爲纁。」鄭注《士冠禮》云：朱則四入。是與纁同類也。十二章者，法天之大數，虞帝之服也。聖朝之制，法舜服也。日、月、星辰、山、龍、華蟲、火、宗彝，此八章在衣，藻、粉米、黼、黻，此四章在裳，裳衣褾領爲升龍，皆織成爲之。按《三禮義宗》曰：日、月、星辰三章，直畫作其形，欲明王者有光照之功，垂於下土。山亦畫山形，取其能興雲雨膏潤萬物，象王者之澤沼於下也。龍亦畫龍形，取其變化無方，或潛或見，適顯王者之德，卷舒有時，應機佈道。華蟲者，畫作鷩雉之體，有文飾，故謂之華，象其雉，身被五色，有炳蔚之姿，似王者體合五常，黄文明之性。宗彝者，畫虎雉于宗廟之器爲飾，因而名之，象虎蜼以剛猛制物，王者亦以威武定亂也。藻畫其形，藻遂水上下，似王者之德日新也。火、粉米，亦直畫其形，粉潔白，故以名之，米者，人恃之以生，王者亦物之所賴以理也。黼畫斧形，象王者能斷割，臨事能決之也。黻者，兩已相背，明民見善改惡也。此皆聖人法象之意，周則畫九章，又登龍於山，登火于宗彝，尊其神明故也。按古禮，皆衣畫裳繡，法陰陽之義，衣數則奇，裳數則偶，今聖朝制令，上八下四，皆以偶而言。又王服自衮冕以下，皆織成而爲之，是王者相變也。龍、山以下，每章一寸重以爲等，每行十二。按《禮圖》，凡章文參錯，滿衣裳而已，不拘其數。崔靈恩云：各畫十二，亦取則大之大數。一鷩冕七章，畫三章於衣，繡四章於裳。毳冕五章，畫三章於衣，繡二章于裳。絺冕上下皆繡黻而已。今等級不同，是四失也。又檢詳《郊祀》云：鷩冕八旒，其服七章，華蟲、火、宗彝，此三章在衣，藻、粉米、黼、黻，此四章在裳。按《三禮義宗》云：雉，言鷩者，以爲禽鳥，體卑義不足取，故文采章著者，以爲稱也。祭先公者，鷩冕以雉爲首，雉有專介之志，象先公有賢才，能守節度也。故《左傳》云「聖達節，次守節」。餘同衮冕。毳(冕)七旒，其服五章，宗彝、藻、粉米，三章在衣，黼、黻二章，在裳。按《三禮義宗》云：凡章服之中，惟有龍、雉、虎蜼，並是禽獸。龍能變化，其體可尊，故不隱其名。鷩及虎蜼嫌其體卑，故没其正體，所以龍、雉各自爲章者，龍爲神化，雉爲文明，神化、文明，理皆是陽，虎蜼山林之獸，義皆是陰，故龍、雉各一而成章，虎蜼合兩而爲體，故於陰陽之義也。以毳冕祭四望者，四望是五岳四瀆之神，虎蜼是山林所生，故服以明象也。然《周禮》之祭服，止於六冕，所祭之神，其類甚多，但使理通，便皆同用。虎蜼非水物，山川氣通，故俱用毳冕，明有同氣之理，餘同鷩冕。絺冕六旒，其服三章，粉米一章，在衣，黼、黻二章，在裳。按《三禮義宗》云：粉米一章，刺於衣，黼、黻二章，繡于裳也。祭社稷、五祀者，繡冕以粉米爲首。社稷者，土穀之神，此米由之而成，故服之，以象其功也。五祀者，古之五官之神，能平五官之政，皆有水土之功，故亦同服也。所以獨衣刺者，凡畫繢之法，以衆色而成，一色則不足以成畫，故宜直刺而已。又此服是臣服之首，不畫衣，以下於君，是無陽之義也，今皆織成焉，是名存而制異也。餘同毳冕。〔絺冕〕五旒，其衣無章，唯裳刺黼一章。按《三禮義宗》云：祭群小祀，本百物之神，其形難可偏，擬故但取兩已相背，以明其異，餘同繡冕。一韠韍未依制度，按《玉藻》云：「下廣二尺，上廣一尺。」又《明堂》云：「有虞氏之韍，夏后氏以山，商人以火，周人以龍章。」鄭玄注云：天子備焉，諸侯火而下，卿大夫以山，士韎韋而已。今别畫粉米、黼、黻，是五失也。今檢詳《義纂》，韠與韍何殊。《禮》云：「韠，君朱，大夫素，士爵韋。」「下廣二尺，上廣一尺，長三尺，其頸五寸，肩革帶，博二寸。」鄭玄注：頸中央，肩兩角，皆上接革帶以繫之，肩與革帶其廣周矣，皆執事者黼其裳前示恭謹也。於朝服謂之韠，於冕服謂之蔽膝，朝祭異名，其實一也。又按《五禮精義》問蔽膝。對曰：皆從裳色，三品已上山、火二章，四品一章，五品無章。《玉藻》云「韠，君朱，大夫素，士爵韋」。鄭玄云：此玄端服之韠也。韠象裳色，則天子諸侯玄端朱裳，大夫素裳，惟士玄裳、黄裳、雜裳也。若祭服，皆玄上纁下，故云一命緼韍，再命已上赤韍也。又大帶制度，《玉藻》云：「天子素帶朱裏，終辟。」諸侯素帶，終辟。大夫素帶，〔辟垂。士練帶，〕率下辟」，今覩等級不當，是六失也。今檢詳《義纂》云：「大帶何施。」《禮》云：天子素帶朱裏，終辟。」「(細)〔紐〕約用組」。鄭玄云：禪，緑飾也。以素爲帶，以朱爲裏，紕其外者，上以朱，下以緑，則帶身在腰及垂皆飾之，是以謂之終禪。其制，博四寸，紐帶之交結處也。約，結其帶也。執事者以黼黻裳前示恭謹之道。天子之黼，以半直方四角無圓，殺上潤一尺，象天，下潤二尺，象地，數二也，長三尺，象三才也。唐禮以繒爲之，朱質，畫龍、山、火三章爲飾，以備三代之法也。請按古今沿革牧行改正。詔付有

司依坦并禮院檢討，名件制度改正，務合先王禮意。

公服，唐制謂之常服，色同袴褶，曲領，垂胡，加襴，折上巾，今常服之。太宗雍熙初，郊祀慶成，始許升朝官服緋，緑二十年者，叙賜緋、紫。真宗登極，京朝官亦聽叙，後東封，西祀赦書，京朝官並以十五年爲限。仁宗、英宗、神宗登極亦如例。其特恩賜紫衣、犀帶，緋衣、塗金寶鉼帶。

太宗太平興國二年二月三日，詔朝官出知節鎮及轉運使，副，衣緋、緑者並借紫。知防禦、團練、刺史州，衣緑者借緋，衣緋者借紫，其爲通判、知軍監，止借緋。後江淮發運使同轉運，提點刑獄同知刺史州。七年正月九日，翰林學士承旨李昉言：準詔定車服制度，禮部式三品已上服紫，五品已上服朱，七品以上服緑，九品以上服青，流外官及庶人並衣黄。參詳除服青、服黄久已寢廢，自今流外官及貢舉人、庶人，許通服皂衣白袍。從之。

真宗景德三年六月十三日，詔内諸司使以下出入内庭，不得服皂衣，違者論其罪，内職亦許服窄袍。仁宗明道二年十月九日，詔審刑院詳議官省府推判官、羣牧判官，舊例合賜緋者，造謝日閤門取旨。景祐元年六月十二日，詔軍使曾任通判者借緋，曾任知州者借紫。慶歷元年二月二十八日，龍圖閣直學士任布言：欲望自今贈官至正郎者，其畫像許服緋，至卿監許服紫。」從之。【略】

紹興三十二年孝宗已即位，未改元。六月十三日，赦應承務郎以上服緑、服緋及十五年，並與改轉服色。二十九日詔：今後無出身人自年二十依今出官服緑日起理，服緋人亦自年二十服緋日起理，有出身人自賜出身人起理，内除豁丁憂年、月、日不理外，歷任無贓濫私罪至徒，過犯至故前及十五年，依赦改轉施行。殿中侍御史張震奏：今日之弊，在于人有僥倖之心。能革真俗，而後天下可治。並改轉服色，常故自陞朝官已上服緑，大夫以上服緋，洎事及二十年，方得改賜。今赦自承務郎以上服緑、服緋及十五年，便與改轉。比之常鼓，不惟年限已減，而又官品相絶，蓋已爲異恩矣。今竊聞省、部欲自補官日便理歲月，即是嬰孫授命，年繞十五者今遂服緋，而貴近之子，或初年賜緋，年繞及冠者今遂賜紫。朱、紫紛然，不亦濫乎。竊聞靖康、建炎恩赦，亦不曾以補官日爲始。若始於出官之日，頗爲折衷，蓋比之洎事所減已多，而比之初補粗爲有節，乞下吏部禮部參酌施行，禮部看詳奏聞，故有是命。【略】

中興，仍元豐之制，四品以上紫，六品以上緋，九品以上緑，服緋、紫者必佩魚，謂之章服。非官至本品，不以假人。若官卑而職高，則特許者有三：自庶

官遷六部侍郎，自庶官爲待制，或出爲奉使者是也。又有以年勞而賜者，有品未及而借者。升朝官服緑，大夫以上服緋，莅事至今日以前及二十年歷任無過者，許磨勘改授章服，此賜者也。或爲通判者，許借緋，爲知州、監司者，許借紫，任滿還朝，仍服本品，此借者也。又有出于恩賜者焉。紹興十二年九月，以皇太后回鑾，詔承務郎以上服緋、緑，莅事至今日以前十七年者，並改轉服色。

《宋會要輯稿·輿服五》

衮冕

真宗咸平五年二月，大理寺丞李坦言：「臣聞禮行於郊，而百神受職焉，禮行於社，而百貨可極焉。是故，禮者，治國之柄，服者，飾身之儀，歷代成規，後王不易。臣昨差郊壇助祭，竊見助祭之官所服六冕，多不依古制，又慮後來增減不同，按《司服》云：王祭昊天上帝，則大裘而冕，祭五帝亦如之。饗先王則衮冕，饗先公則鷩冕，祀四望山川，則毳冕，祭社稷五祀，則絺冕，祭羣小祀則(元)[玄]冕。鄭司農云：衮冕之旒，天子則十二旒，若上公則九旒，侯伯鷩冕七旒，子男即毳冕五旒，孤卿即絺冕三旒。今具六冕祭服異同，乞行改正。」詔送太常寺禮院詳定。禮(既)[院]言檢討如後：伏緣冕旒之制度，繡畫之等差，歷代以來，屢有沿革，若循古制，須議酌中，改作之間，安敢輕議。周六冕皆(元)[玄]上纁下，(元)[玄]上法天，纁下法地，兼前後邃延。今覩冕板上下之色，皆用(元)[玄]、青，亦無邃延，一失也。今檢詳郊祀録，皇帝祀天地神祇，則服大裘冕。冕者，勉也，所以勉入爲高行，凡六冕之服，皆(元)[玄]上纁下，冕既大同，無以爲別，故不謂冕爲服，但取畫章之異，以爲立名，故用服名冕。一六冕之旒數，若大裘冕即無旒，若衮冕天子十有二旒，前後邃延，上公即九旒，每旒五采就爲之，每一寸安一玉，玉皆五色，朱、白、蒼、黄、(元)[玄]。諸侯即三采，夏、商朱、緑，皆周而復始十二旒。旒各一尺二寸，用玉二百八十八，若上公九旒，用玉百六十二。今覩旒，玉，純用一色，其數不與昔同，是二失也。今檢詳，凡饗廟、謁廟、及遣上將征還飲至則服衮冕，其冕垂白珠，十有二旒，以組爲纓，色如其綬。《玉藻》云：「天子玉藻，十有二旒，前後邃延，龍衮以祭。」鄭(元)[玄]云：冕之旒，以藻糾貫玉爲飾，因以名也。十有二就，每一就貫一玉，就間相去一寸，則旒長尺二寸，垂齊肩也。五采者，依射侯之次，從上而下，初以朱，次以白，次以蒼，次以黄，次以(元)[玄]，以五采正既貫偏，周而復始，此並周制也。至漢明帝用曹褒之説，皆用白旋珠，與古異也。魏文帝好婦人飾，改用珊瑚珠，至晋江左，又改漢制，令用白珠之制，自漢始焉。《大戴禮》曰：冕而加旒，以蔽明也。隋牛引云：請以采綖貫珠爲旒。後只言采，不言五采，是三失也。今檢詳《義纂》云：《周禮》衮冕以五采繅糾貫玉，前後各十二旒，用玉二百八十八也。秦除古制，漢明帝始采舊法，繫白玉珠爲旒，以組爲纓，黈纊充耳，(元)[玄]衣纁裳，十二章。唐制，入廟踐祚加元服，納后，元日受朝及臨軒、册拜公主則服之，是承漢禮也。又周天子衮冕十有二旒，十有二就，就貫一玉，就間相去一寸，則旒長尺二寸，各用十二玉也。又按《郊禮録》云：其服(元)[玄]衣纁裳，十二章云云。詳服請按古今沿革，特行改正。詔付有司，依坦并禮(院)檢討名件制度改正，務合先王禮意。大中祥符元年四月二十五日，詳定所言：按六典，天子之服冕，一曰大裘冕，無旒，裘以黑羔皮爲之，祀天神地祇則服。二曰衮冕，垂白珠，十有二旒，黝衣纁裳，十有二章，饗廟、謁廟、告廟則服。今參詳封禪祭天地，準典禮，皇帝服大裘。又緣南郊合祭天地，止服衮冕。欲封禪日依南郊例。從之。神宗元豐元年十一月二日，詳定郊廟禮文所言：《周禮·弁師》「掌王之五冕，五采繅，十有二就，皆五采玉十有二。」鄭氏注：謂合五采絲爲繩，垂於延之前後，各十二，所謂邃延也。賈公彦曰：以青、赤、黄、白、黑五貫於藻繩，每玉間相去一寸，十二玉則十二寸，以一玉爲一成結之，使不相并。此據衮冕前後二十四旒。孔穎達曰：旒長尺二寸，故垂而齊眉也。至後漢明帝，用曹褒之説，乘輿服冕係白玉珠爲十二旒，前垂三寸，遂失古制。今之《衣服令》，乘輿服衮冕，垂白珠十有二旒，廣一尺二寸，長二尺四寸，蓋白珠爲旒，用東漢之制，而其冕廣長之度，乃自唐以來率意爲之，無所稽考。景祐中，已經裁定，以叔孫通漢禮器制度爲法。凡冕，板廣八寸，長尺六寸，與古制相合，更不復議。今取少府監進樣，如以青羅爲表，紅羅爲裏，則非《弁師》所謂「(元)[玄]冕朱裏」者也。上用金稜天板，四周用金絲結網，兩旁用真珠花素墜之，類皆不應《禮》，伏請改用朱組爲紘，玉笄、玉瑱以(元)[玄]紞垂瑱，以五采玉貫於五色藻爲旒，以青、赤、黄、白、黑五色備爲一玉，每一玉長一寸，前後二十四旒，垂而齊眉。孔子曰：「麻冕，禮也。今也純儉，吾從衆。」釋者曰：純絲易成，故從儉。今不必績麻，宜表裏用繒，庶協孔子所謂純儉從衆之義。從之。

黄袍

高宗紹興五年四月二十九日，禮部大常寺言：得旨，五月二日車駕詣、[太]廟、別廟行款謁禮，緣其日章懷皇后忌前一日，皇帝合服黄袍，參酌禮例，是日，皇帝自內中先服紅袍詣大廟、別廟，行禮畢，還內俟至宮中，易忌前之服。從之。

絳紗袍

乘輿服制：天子絳紗袍，以織成雲龍紅金條爲之。紅裏，皂褾、襈、裾，白羅中單，蔽膝以紅紗，紅羅裏。飾與皂同。紅羅裙，紅紗裏。白羅方心曲領。餘同冕服。大祭祀致齋，出乘玉輅，入乘金輅。正冬大會、五月朔受朝，則服之。

太祖建隆元年二月九日，太常禮院言：準敕，追尊四廟皇帝，御崇元殿，命使行册禮，袞龍服。五月一日御殿受朝，通天冠、絳紗袍，伏請下內中尚司與少府監計會修製。詔可。

十九日太常禮院言：準少府監牒，請具袞龍衣、絳紗袍、通天冠。制度令式，通天冠加金博山，附蟬十二，首施朱翠，黑介幘髮，纓翠綏，玉簪導。絳紗袍，白紗中單，朱領褾、襈、裾，白裾，襦，絳紗蔽膝，白假帶，方心曲領，其帶劒、珮、綬與上同，白韈黑舄。詔可。

神宗元豐二年四月二十三日，詳定正旦御殿儀注，乞元日受朝賀，服通天冠、絳紗袍。從之。四年十月二十二日，詳定郊廟奉祀禮文所言：今儀注，車駕赴青城，服通天冠、絳紗袍。祀之日乃服靴，袍，至大次服袞冕，臨祭非尚質之義。

哲宗紹聖三年十月七日工部侍郎高遵惠言：準朝旨，祀北郊通天冠、絳紗袍，慮當暑月，合行裁制，按《天聖衣服令》：袞冕，大綬六綵，黑、黄、白、縹、緑，小綬三色，同大綬，間施三玉環，所有減去摺廻大綬一重，只長二尺五寸，即於禮典別無制度，伏乞量宜製造。

徽宗政和三年四月二十九日，議禮局上皇帝冕服之制：通天冠二十四梁，加金博山，附蟬高一尺，廣一尺，犀簪導，朱絲組，帶爲纓，絳紗袍，織成雲龍，皂羅褾、襈，紅羅爲裏，絳紗裙，蔽膝如袍飾，並皂褾、襈，繡雲龍，白羅方心曲領，革帶，餘同冕服。大祭祀、致齋詣景靈宮、大廟行宮禮畢，還宮，元正、冬至大朝會，臨軒册命皇后、皇太后，諸王、大臣，親耕籍田服之。詔頒行。

孝宗紹興三十二年未改元七月十二日，禮部太常寺言：奉上光堯壽聖太上皇帝聖壽，太上皇后册寶行禮日，太上皇帝合服通天冠、絳紗袍，皇帝亦服通天冠、絳紗袍。續御藥院狀，竊慮行禮日近，製辦不及。有旨，將來上上皇帝受册寶禮日，恭請服履袍。

乾道七年二月十二日，禮部大常寺言：續討論到禮例，皇帝服通天冠、絳紗袍，御大慶殿，册皇太子，及謁大廟、別廟行禮，合服袞冕。從之。晨祼皇帝服通天冠、絳紗袍，至大次。

興隆二年十月三日禮部大常寺言：勘會逐次郊祀大禮，皇帝自青城至大次弄禮畢，自大次還青城，並係服通天冠、絳紗袍，乘大輦，今來欲乞並服通天冠、絳紗袍，乘平輦。詔從之。

藉田：大宗瑞拱元年正月十五日，帝齋於乾元殿，翌日鑾駕出宫，備大駕鹵簿於丹鳳門外，帝服通天冠、絳紗袍，執圭，乘玉輅，赴東郊行宮齋宿。十七日，親耕禮畢，解嚴還行宮，百官稱賀，帝改御大輦，服通天冠、絳紗袍，鼓吹振作而還，御乾元門，肆赦改元，文武遞進官有差。

徽宗政和元年八月議禮所條具有八事：一乞躬耕之服，止用通天冠、絳紗袍，百官並服朝服。六年閏正月二十七日詔：親耕籍以玉輅，載耒耜，乘大輦，用法駕，黄麾仗，道駕官朝服，結佩。耕籍使以儀仗二千人，護衛耒耜，質明先詣壇所詣籍田，服韡袍。御平輦耕籍，服通天冠、絳紗袍，至思文殿進食後，行禮畢，放仗，常服還內，令修定儀注。高宗十五年十一月禮部大常寺言：將來親耕籍田，是日，車駕服履袍，乘平輦，詣思文殿。進膳畢，服通天冠、絳紗袍，行親耕之禮。從之。

履袍

朝饗太廟行禮儀注：車駕詣大廟，前享一日。皇帝於景靈宮朝獻畢，既還宗室先詣大廟祠所，其日，禮直官宣舍人引禮部侍郎詣大次前，奏請中嚴。少頃，又奏外辦，皇帝服覆袍，自齋殿詣大次，出行禁衛諸班親從等諸司，祗應人員大次，禮部郎中奏解嚴訖，皇帝入齋殿，文武侍祠行事執事助祭之官，非從駕者。以下迎駕，奏聖躬萬福，車駕自齋殿詣太廟。其日，文武侍祠行事執事助祭官、宗室先詣太廟祠所，其從駕臣僚，並服常服，就次有司進輦於齋殿，其從駕臣僚，並俟從駕次禮直官、宣贊舍人引禮部侍郎奏請中嚴，少頃，又奏外辦，皇帝自內服履袍詣齋殿，即御座，鳴鞭，行門禁衛諸班親從等諸司，祗應人員以下，各自贊常起居。

韡袍

孝宗乾道九年十二月十七日，禮部太常寺狀，勘會將來正旦朝賀，今欲比附政和五禮新儀，月朔視朝儀，皇帝御六慶殿，服韡袍，即御座，皇太子文武百僚並服常服稱賀，所有合設黄麾半仗，乞令兵部排辦施行。有旨，依宮中導從。

儀仗錦袍

鹵簿中道金吾。本司纛矟，佩儀刀，執𥫗矟，錦帽、寶照錦袍、錦臂韝，革帶，烏皮鞾。大駕鹵簿內巾服之制，執金吾𥫗矟，服錦袍、帽，臂韝，銀帶，烏皮鞾。

文綾袍

宮中導從。唐以前無聞焉。五代漢乾祐中始置，主輦十六人，捧足一人，掌扇四人，持踏牀一人，並服文綾袍，銀葉弓，脚幞頭。

高髻青袍

宮中導從。五代漢乾祐中始置，新婦二人，高髻青袍。

緋袍

宮中導從。捧真珠七寶翠毛華株二人，衣緋袍。

繡袍

鹵簿三駕。國朝之初，將舉郊禮，以五代草創，官籍散落，始命有司詳定制度，惟得長興南郊鹵簿字圖，校以今文，頗有闕略、違戾者，翰林學士承旨陶穀爲禮儀使，建議鹵簿，內金吾及諸衛將軍導駕及押仗，舊服紫衣，請依《開元禮》各服本色繡袍。

緋繡袍

大駕鹵簿內巾服之制：　橫刀執弓箭，珂馬千牛，服花脚幞頭、緋繡袍、抹額、大口袴、銀帶、鞾鞁。前馬隊內折衝及執矟者，服錦帽、緋繡袍、銀帶。隊正服平巾幘、緋繡袍、大口袴。朱雀隊內執弓箭弩矟虞候，佽飛，執長壽幢，寶輿法物人，服平巾幘、緋繡袍、大口袴、銀帶。驍衛、翊衛、三隊服平巾幘、緋繡袍、大口袴、錦螣蛇。大常主帥，掆鼓金鉦節鼓人，服平巾幘、緋繡袍，大口袴、(袜)〔抹〕帶、錦螣蛇。六引內巾服之制：　鐃吹部內服平巾幘、緋繡袍、白袜帶，白袴，餘悉同大駕前後部。

紫繡袍

大駕鹵簿內巾服之制：　金吾上將軍、將軍、六統軍、千牛中郎將，服花脚幞頭、抹額、紫繡袍，佩牙刀，珂馬。諸衛大將軍、將軍、中郎將、折衝果毅、散手翊衛，服平巾幘、紫繡袍、大口袴、錦螣蛇、銀帶、佩橫刀、執弓箭。千牛將軍，服平巾幘、紫繡袍、大口袴、銀帶、鞾鞁。金吾押牙，服金鵝帽、紫繡袍、銀帶。凡繡文，金吾衛以辟邪，左右衛以瑞馬，驍衛以雕虎，屯衛以赤豹，武衛以瑞鷹，領軍衛以白澤，監門衛以師子，千牛衛以犀牛，六軍以孔雀，樂工以鸞。宮中導從。太平興國初，增主輦二十四人，改服高脚幞頭。輦一人，衣紫繡袍，持金塗銀仗以督領之。

徽宗政和三年四月二十九日，議禮局上皇后鹵簿之制：　護後衛各果毅都尉一員，檢校平巾幘、紫繡袍、大口袴、錦螣蛇、革帶。

紫絁繡袍

大駕外仗次步甲前隊，第一隊至六隊，隊內將軍及都尉並平巾幘、紫袍、繡大口袴、錦螣蛇、革帶、繡文並同。次前部黄麾仗大將軍、都尉並平巾幘、紫袍、繡袍，大口袴、錦螣蛇、革帶，繡文並同。

黄繡袍

宮中導從。執拂翟四人，鬅頭、衣黄繡袍，舊衣綾袍紫衣者，悉易以銷金及繡。復增司簿一人，內增司簿一人，內省一人，司儀一人，司給一人，皆分左右前導九十七，每至冬御殿祀郊廟，步輦出入至垂拱殿即用之。

綠繡袍

宮中導從。捧金寶山二人，衣綠繡袍。

青繡袍

大駕鹵簿內巾服之制：　執弩弓箭人，服錦帽、青繡袍、銀帶。

五色繡袍

大駕鹵簿內巾服之制：　後步隊、真武隊執旗，前後部黄麾執日月合璧等旗，青龍白虎隊金吾細仗內執旗者，服五色繡袍、抹額、行縢、銀帶。執白幹捧人，加銀褐。捍腰執龍旗及前馬隊內執旗人，服五色繡袍、銀帶，行縢、大口袴。執龍旗副竿人，服錦帽，五色繡袍、大口袴、銀帶。執引駕龍墀旗、六軍旗者，服錦帽、五色繡袍、臂韝、銀帶。

緋繡對鳳袍

六引內巾服之制：　持掆鼓者，服平巾幘、緋繡對鳳袍、大口袴、白袜帶、錦螣蛇。

瑞鷹袍

鹵簿。中道，次持級前隊、隊內左右武衛將軍、果毅都尉、校尉，並平巾幘、紫絁繡瑞鷹袍、大口袴、錦螣蛇、革帶。

飛麟袍

徽宗政和三年四月二十九日，儀禮局上大慶殿大朝會，儀衛次廂左右各三部：第一部左右屯衛大將軍各一員、果毅各一員，服飛麟袍。同日，儀禮局上文德殿視朝儀衛之制：次廂左右各三部，次左右廂仗首之南，東西相向，第一部左右屯衛大將軍各一員，果毅各一員，次大將軍後，服飛麟袍。

瑞馬袍

大駕外仗次青龍白虎旗隊，次左右衛果毅都尉二人，分押旗兼領後七千騎，平巾幘、緋絁繡瑞馬袍、大口袴、革帶。

徽宗政和三年四月二十九日，儀禮局上大慶殿大朝會儀衛：左右衛果毅各一名，服瑞馬袍，於玉輅之前，分左右並北向。左右廂各步甲十二隊，第一隊左右衛果毅各一員，服瑞馬袍。同日，儀禮局上文德殿視朝儀衛之制：左右廂各步軍六隊，分東西，在仗隊後，第一隊左右衛果毅各一員，服瑞馬袍。

瑞馬大袍

徽宗政和三年四月二十九日，儀禮局上大慶殿大朝會儀衛：左右廂後部各十二隊，第一隊左右衛折衝各一員，服錦帽、緋繡戎服，瑞馬大袍。同日，儀禮局上文德殿祝朝儀衛之制：左右廂後部各六隊，每隊三十八人，在都下親從後，東西相向，第一隊左右衛折衝各一員，服錦帽、緋繡戎服，瑞馬大袍。

白澤袍

大駕外仗並左右廂次前隊殳仗、隊內左右領軍衛將軍，平巾幘、紫絁繡白澤袍、大口袴、錦螣蛇、革帶。

紫繡白澤袍

徽宗政和三年四月二十九日，儀禮局上大慶殿大朝會儀衛：第一部左右領軍衛大將軍各一員，服平巾幘、紫繡白澤袍，銀帶、大口袴，錦螣蛇。

獅子袍

仁宗康定元年九月七日，參知政事宋庠上言：車駕行幸，六軍儀仗司供到儀仗，法物內夾人，執弓箭。監門校尉二十人，每門四人，並服紫絁繡獅子袍、抹額，帶儀刀、烏皮靴。第七隊監門校尉六人，並服紫絁繡獅子袍、抹額、帶儀刀、烏皮靴。

赤豹袍

徽宗政和三年四月二十九日，儀禮局上大慶殿大朝會儀衛：次後廂左右各三部，第一部左右驍衛將軍各一員，服赤豹袍。同日，儀禮局上文德殿視朝儀衛之(志)〔制〕：次後廂左右各一部，次當御廂南左右驍衛將軍各一員，服赤豹袍。

紫羅繡辟邪袍

鹵簿。中道。金吾本司纛稍。自上將軍，花脚幞頭，緋羅繡抹額，紫羅繡辟邪袍，鞾。

紫絁繡辟邪袍

鹵簿。中道，佩牙刀器仗、珂馬。大將軍，平巾幘、紫絁繡辟邪袍、錦螣蛇、大口袴。押衙，金鵝帽、紫絁繡辟邪袍、革帶。次朱雀旗隊 次右金吾衛果毅都尉二人，押隊內折衝果毅都尉，平巾幘、紫絁繡辟邪袍、大口袴、錦螣蛇、革帶。次金吾引駕騎本衛果毅都尉二人，分左右，平巾幘、緋絁繡辟邪袍、大口袴。次左右金吾衛果毅都尉二人、總領大角並騎次大角一百二十爲十重，都尉服平巾幘、紫絁繡辟邪袍，大口袴、錦螣蛇、革帶。

紫繡辟邪袍

徽宗政和三年四月二十九日，儀禮局上大慶殿大朝會儀衛：真武隊金吾折衝都尉一員，服平巾幘、紫繡辟邪袍、銀帶、大口袴、錦螣蛇。同日，儀禮局上文德殿視朝儀衛之制：真武隊五十七人，在端禮門內，中道，北向，金吾折衝都尉一員，在隊前服平巾幘、紫繡辟邪袍、銀帶大口袴、錦螣蛇。

緋繡苣文袍

徽宗政和三年四月二十九日，儀禮局上王公鹵簿制：鐃鼓大横吹，服緋繡苣文袍、抹額、(袜)〔抹〕帶、袴。詔頒行。

緋苣文袍

大駕鹵簿內巾服之制：大常鐃大横吹，服緋苣文袍袴、(袜)〔抹〕額、(袜)〔抹〕帶。

青苣文袍

大駕鹵簿內巾服之制：大常羽葆鼓小横吹，服青苣文袍、袴、(袜)〔抹〕額(袜)〔抹〕帶。

青繡苣文袍

鹵簿。中道，第二引執大横吹、執羽葆鼓人服青繡苣文〔袍〕、抹額、(生色袍)(袜)〔抹〕帶、袴。

黃雷花袍

大駕鹵簿内巾服之制：大常大皷、長鳴、小皷、中鳴，服黄雷花袍、袴、抹額、(袜)[抹]帶。

黄繡雪花袍

徽宗政和三年四月二十九日，儀禮局上王公鹵簿之制：大皷、長鳴、小皷、中鳴，服黄繡雪花袍、抹額(袜)[抹]帶、袴。

緋繡寶相花袍

大駕鹵簿。六引中道執鐃、簫、笳、笛、觱篥人，並巾幘，緋繡寶相花袍、大口袴、白(袜)[抹]帶。

緋絁繡寶相花袍

大駕外仗執矟人，並錦帽、緋絁繡寶相袍、大口袴、革帶。

青絁繡寶相花袍

大駕外仗執弩弓矢人，並錦帽、青絁繡寶相花袍、大口袴、革帶。

青繡寶相花袍

徽宗政和三年四月二十九日，儀禮局上大慶殿大朝會儀衛：執弩五人爲一列，弓矢十人爲二重，稍二十人爲四重，服錦帽、青繡寶相花袍、革帶、大口袴。

紫繡寶相花袍

大駕鹵簿。六引中道次大晟府前部皷吹，管轄指揮使，平巾幘、紫繡寶相花袍、錦螣蛇、白抹帶。

皂衣白袍

公服。太宗太平興國七年正月九日，翰林學士承旨李昉言：準詔，定車服制度，禮部式，三品以上服紫，五品以上服朱，七品以上服緑，九品以上服青，流外官及庶人並衣黄，參詳除服青、服黄久已寢廢，自今流外官及貢舉人庶人，詳通服皂衣、白袍。從之。

賜進士袍

乾道四年十二月二十一日，詔特賜同進士出身魏掞之補左迪功郎太學録，仍今有司給賜袍、笏。

釋褐賜袍

乾道四年正月十一日，詔太學上舍生黄綸釋褐，特與補左承務郎，依唱名例給賜袍、笏，於國子監敦化堂祇受。自後釋褐並如之。

戎服大袍

大駕鹵簿。六引。中道。第二引：開封牧、中道執弓矢稍人，並錦帽、絁繡寶相花戎服大袍、窄袴、革帶。大駕外仗次前步馬隊、隊内都尉並錦帽、緋絁綉戎服大袍、窄袴、革帶。六引内巾服之制：駕士服錦帽、綉戎服大袍、銀帶。

戎服大袍

徽宗政和三年四月二十九日，議禮局上皇太子鹵簿之制：次正道龍旗六，各執旗一名，前二人引，後二人護，並戎服大袍，佩横刀、弓、矢。夾道單副竿二，分左右執各一名，騎。佩服同執旗人。決左右廂步隊十六隊，每隊各果毅都尉一名領，並戎服大袍。次馬隊左右廂各十隊，帥兵官以下三十一人，旗一，執旗一名，引二人，夾二人，報稍十六人，弓矢七人，弩三人，並戎服大袍，佩横刀，執旗並引夾人加佩弓矢。前第一隊左右清道率府果毅都尉各一員領，第二隊、第三隊、第四隊左右司禦率府果毅都尉各一員領，第五隊、第六隊、第七隊左右衛率府果毅都尉各一員領，第八隊、第九隊、第十隊左右司禦率府果毅都尉各一員領，並戎服大袍。親王鹵簿第三行廂執矟，戎服大袍。

緋銷金袍

宫中導從。捧龍腦合二人，衣緋銷金袍，並高脚幞頭。

《宋會要輯稿·蕃夷二·遼》(天禧)四年，知制誥宋綬充使，始至木葉山。及還，上虜中風俗。【略】其衣服之制，國母與蕃臣皆胡服，國主與漢官即漢服。蕃冠戴珇冠上，以金華爲飾，或加珠玉翠毛，蓋漢魏時遼人摇冠之遺象也。額後垂金花，織成夾帶中貯髮一總，服紫窄袍加義襴，繫鞊帶，以黄紅色條裏革爲之，用金、玉、水晶、碧石綴飾。又有紗冠制如烏紗帽，無簷，不擫雙耳，額前綴金花，上結紫帶，末綴珠，或紫帛幅巾，紫窄袍，束帶。大夫或緑巾、緑花窄袍，中單，多紅緑色。貴者被貂裘，貂以紫黑水色爲貴，青色爲次。又有銀鼠，尤潔白。賤者被貂毛、羊鼠、沙狐裘。弓以皮爲弦，箭削樺爲榦，韉勒輕駛，便于馳走，以貂鼠或鵝項、鴨頭爲扞腰。蕃官有夷離卑參聞國政，左右林牙掌命令，惕隱若司宗之類。又有九行宫，每宫置使及總管，掌領部族，有永興、積慶、洪義、昭敏等名。

《元史》卷七八《輿服志一》元初立國，庶事草創，冠服車輿，並從舊俗。世祖混一天下，近取金、宋，遠法漢、唐。至英宗親祀太廟，復置鹵簿。今考之當時，上而天子之冕服，皇太子冠服，天子之質孫，天子之五輅與腰輿、象轎，以及儀衛隊仗，下而百官祭服、朝服，與百官之質孫，以及於士庶人之服色，粲然其有章，秩然其有序。大抵參酌古今，隨時損益，兼存國制，用備儀文。於是朝廷之盛，宗廟之美，百官之富，有以成一代之制作矣。作《輿服志》，而儀衛附見于後云。

冕服

天子冕服：衮冕，制以漆紗，上覆曰綖，青表朱裏。綖之四周，匝以雲龍。冠之口圍，縈以珍珠。綖之前後，旒各十二，以珍珠爲之。綖之左右，繫黈纊二，繫以玄紞，承以玉瑱，纊色黄，絡以珠。冠之周圍，珠雲龍網結，通翠柳調珠。綖上横天河帶一，左右至地。珠鈿窠網結，翠柳朱絲組二，屬諸笄，爲纓絡，以翠柳調珠。簪以玉爲之，横貫於冠。

衮龍服，制以青羅，飾以生色銷金帝星一、日一、月一，昇龍四，複身龍四，山三十八，火四十八，華蟲四十八，虎蜼四十八。

裳，制以緋羅，其狀如裙，飾以文繡，凡一十六行。每行藻二、粉米一、黼二、黻二。

中單，制以白紗，絳緣，黄勒帛副之。

蔽膝，制以緋羅，有褾。緋絹爲裏，其形如襜，袍上着之，繡複身龍。

玉佩，珩一，琚一，瑀一，衝牙一，璜二。衝牙以繫璜，珩下有銀獸面，塗以黄金，雙璜夾之。次又有衡，下有衝牙。傍别施雙的以鳴，用玉。

大帶，制以緋白二色羅，合縫爲之。

玉環綬，制以納石失。金錦也。上有三小玉環，下有青絲織網。

紅羅鞾，制以紅羅爲之，高勒。

履，制以納石失，有雙耳二，帶鉤，飾以珠。

韈，制以紅綾。

右按《太常集禮》，至元十二年十一月，博士議擬：冕天板長一尺六寸，廣八寸，前高八寸五分，後高九寸五分，身圍一尺八寸三分，并納言，用青羅爲表，紅羅爲裏，周迴緣以黄金。天板下四面，珠網結子，花素墜子，前後共二十有四旒，以珍珠爲之。青碧線織天河帶，兩頭各有珍珠金翠旒三節，玉滴子節花全。紅線組帶二，上有珍珠金翠旒，玉滴子，下有金鐸二。梅紅繡款幔帶一，黈纊二，珍珠垂繫，上用金萼子二。簪窠款幔組帶鈿窠各二，内組帶窠四，並鏤玉爲之。玉簪一，頂面鏤雲龍。衮衣，用青羅夾製，五采間金，繪日、月、星辰、山、龍、華蟲、宗彝。正面日一，月一，升龍四，山十二，上下襟華蟲、火各六對，虎蜼各闕對，背星一，升龍四，山十二，華蟲、火各十二對，虎蜼各六對。中單，用白羅單製，羅領褾襈。裳一，帶褾襈全，紅羅八幅夾造。上繡藻、粉米、黼、黻，藻三十(三)〔二〕，粉米十六，黼三十二，黻三十二。蔽膝一，帶褾襈，紅羅夾造八幅，上繡升龍二。綬一幅，六采織造，紅羅托裏。小綬三，色同大綬，銷金黄羅綬頭全，上間施三玉環，並碾雲龍。緋白大帶一，銷金黄帶頭，鈿窠二十有四。紅羅勒帛一，青羅抹帶一。佩二，玉上、中、下璜各一，半月各二，並碾玉爲雲龍文。玉滴子各二，並珍珠穿造。金篦鉤，獸面，水葉環釘全。涼帶一，紅羅裏，鏤金爲之；上爲玉鵝七，撻尾束各一，金攀龍口，玳瑁襯釘。舄一，重底，紅羅面，白綾托裏，如意頭，銷金黄羅緣口，玉鼻，人飾以珍珠。金緋羅錦襪一兩。

大德十一年九月，博士議：唐制，天子衮冕，垂白珠十有二旒，以組爲纓，色如其綬，黈纊充耳，玉簪導。玄衣纁裳，凡十二章。八章在衣，日、月、星辰、山、龍、華蟲、火、宗彝，四章在裳，藻、粉米、黼、黻。褾領爲升龍，皆織成之。龍章以下，每章一行，每行十二。白紗中單，黼領，青褾襈裾，黻加龍、山、火三章。毳冕以上，火、山二章。繡冕，山一章。玄冕無章。革帶、大帶，玉佩，綬，襪，與上同。舄加金飾。享廟，謁廟及朝遣上將，征還飲至，踐阼加元服，納后，元日受朝及臨軒册拜王公則服之。又宋制，天子服有衮冕，廣尺二寸，長(二尺)四寸，前後十有二旒，二纊，並貫珍珠。又有(珠)(翠)旒十二，碧鳳銜之，在珠旒外。冕板，以龍鱗錦表，上綴玉爲七星，傍施琥珀(餅)〔缾〕、犀(缾)各二十四，周綴金絲網鈿，以珍珠雜寶玉，加紫雲白鶴錦裏。四柱飾以七寶，紅綾裏。金飾玉簪導，紅絲條組帶。亦謂之平天冠。衮服青色，日、月、星、山、龍、雉、虎蜼七章。紅裙，藻、火、粉米、黼、黻五章。紅蔽膝，升龍二，並織成，間以雲彩，飾以金鈒花鈿窠，裝以珍珠、琥珀、雜寶玉。紅羅襦裙，繡五章，青褾襈裾。六采綬一，小綬三，結三，玉環三。素大帶，朱裏。青羅四(紳)〔神〕帶二，繡四(紳)〔神〕盤結。綬帶飾並同衮服。白(帶)〔羅〕中單，青羅(袜)〔抹〕帶，紅羅勒帛，鹿盧玉具劍，玉(鏢)〔鏢〕首鏤白玉雙佩，金飾，貫珍珠。金龍鳳革帶，紅襪赤舄，金鈒花，四神玉鼻。祭天地宗廟，受册尊號，元日受朝，册皇太子則服之。事未果行。

至延祐七年七月，英宗命禮儀院使八思吉斯傳旨，令省臣與太常禮儀院速製法服。八月，中書省會集翰林、集賢、太常禮儀院官講議，依祕書監所藏前代帝王衮冕法服圖本，命有司製如其式。

鎮圭，制以玉，長一尺二寸，有袋副之。

皇太子冠服：衮冕，玄衣，纁裳，中單，蔽膝，玉佩，大綬，朱韈，赤舄。

按《太常集禮》至元十二年，博士擬衮冕制，用白珠九旒，紅絲組爲纓，青纊充耳，犀簪導。青衣，朱裳，九章。五章在衣，山、龍、華蟲、火、宗彝；四章在裳，藻、粉米、黼、黻。白紗中單，青褾襈裾。革帶，塗金銀鉤觽。蔽膝，隨裳色，爲火、山二章。瑜玉雙佩，四采織成大綬，間施玉環三。白韈朱舄，舄加金塗銀釦。

大德十一年九月，照擬前代制度。唐制，皇太子衮冕，垂白珠九旒，紅絲組爲纓，青纊充耳，犀簪導。玄衣，纁裳，九章。五章在衣，龍、山、華蟲、火、宗彝；四章在裳，藻、粉米、黼、黻，織成之，每行一章，黼、黻重以爲等，每行九。白紗中單，黼領，青褾襈裾。革帶，金鉤觽，大帶。蔽膝，隨裳色，火、山二章。玉具劍，金寶飾玉(縹)[鏢]首，瑜玉雙佩。朱組帶大綬，四采赤白縹紺，純朱質，長丈八尺，首廣九寸。小雙綬，長二尺六寸，色同大綬，而首半之，間施玉環三。朱韈赤舄，加金飾。侍從祭祀及謁廟、加元服、納妃服之。宋制，皇太子衮冕，垂白珠九旒，紅絲組爲纓，青纊充耳，犀簪導。青衣，朱裳，九章。五章在衣，山、龍、華蟲、火、宗彝；四章在裳，藻、粉米、黼、黻。白紗中單，青褾襈裾。革帶，塗金銀鉤觽。蔽膝，隨裳(衣)[色]，火、山二章。瑜玉雙佩，四采織成大綬，間施玉環三。白韈，朱舄，舄加塗金銀飾。加元服，從祀，受册，謁廟，朝會服之。已擬其制，未果造。

三獻官及司徒、大禮使祭服：籠巾貂蟬冠五，青羅服五，領、袖、襴俱用皂綾。紅羅裙五，皂綾爲襴。紅羅蔽膝五，其羅花樣俱係牡丹。白紗中單五，黄綾帶。紅組金綬紳五，紅組金譯語曰納石失，各佩玉環二。象笏五，銀束帶五，玉佩五，白羅方心曲領五，赤革履五對，白綾韈五對。

助奠以下諸執事官冠服：貂蟬冠、獬豸冠、七梁冠、六梁冠、五梁冠、四梁冠、三梁冠、二梁冠二百，青羅服二百，領、袖、襴俱用皂綾。紅綾裙二百，皂綾爲襴。紅羅蔽膝二百，紫羅公服二百，用梅花羅。白紗中單二百，黄綾帶。織金綬紳二百，紅二百九十八，青二，各佩銅環二。銅束帶二百，白羅方心曲領二百，銅佩二百，展角幞頭二百，塗金荔枝帶三十，烏角帶一百七十，皂韡二百對，赤革履二百對，白綾韈二百對，象笏三十，銀杏木笏一百七十。

凡獻官諸執事行禮，俱衣法服。惟監察御史二，冠獬豸，服青綬。凡迎香、讀祝及祀日遇陰雨，俱衣紫羅公服。六品以下，皆得借紫。

都監庫、祠祭局、儀鸞局、神厨局頭目長行人等：交角幞頭五十，窄袖紫羅服五十，塗金束帶五十，皂韡五十對。

初憲宗壬子年秋八月，祭天于日月山，用冕服自此始。成宗大德六年春三月，祭天于麗正門外丙地，命獻官以下諸執事，各具公服行禮。是時，大都未有郊壇，大禮用公服自此始。九年冬至祭享，用冠服，依宗廟見用者製。其後節次祭祀，或合祀天地，增配位從祀，獻攝職事，續置冠服，於法服庫收掌。法服二百九十有九，公服二百八十，窄紫二百九十有五。至大間，太常博士李之紹、王天祐疏陳，親祀冕無旒，服大裘而加衮，裘以黑羔皮爲之。臣下從祀冠服，歷代所尚，其制不同。集議得依宗廟見用冠服制度。

社稷祭服：青羅袍一百二十三，白紗中單一百二十三，紅梅花羅裙一百二十三，藍織錦銅環綬紳二，紅織錦銅環綬紳一百一十七，紅織錦玉環綬紳四，紅梅花羅蔽膝一百二十三，革履一百二十三，白綾襪一百二十三，白羅方心曲領一百二十三，黄綾帶一百二十三，佩一百二十三，銅珩璜者一百一十九，玉珩璜者四，藍素紵絲帶一百二十三，銀帶四，銅帶一百一十九，冠一百二十三，水角簪金梁冠一百七，紗冠一十，獬豸冠二，籠巾紗冠四，木笏一百二十三，紫羅公服一百二十三，黑漆幞頭一百二十三，展角全，二色羅插領一百二十三，鍍金銅荔枝帶一十，角帶一百一十三，象笏一十三枝，木笏一百一十枝，黄絹單包複一百二十三，紫紵絲抹口青氈襪一百二十三，皂韡一百二十三，窄紫羅衫三十，黑漆幞頭三十，銅束帶三十，黄絹單包複三十，皂韡三十，紫紵絲抹口青氈襪三十。

宣聖廟祭服：

獻官法服，七梁冠三，簪全。鴉青袍三，絨錦綬紳三，各帶青絨網并銅環二。方心曲領三，藍結帶三，銅佩三，紅羅裙三，白絹中單三，紅羅蔽膝三，革履三。白絹韈全。

執事儒服，軟角唐巾，白襴插領，黄鞓角帶，皂韡，各九十有八。

曲阜祭服，連蟬冠四十有三，七梁冠三，五梁冠三十有六，三梁冠四，皂紵絲鞋三十有六輛，舒角幞頭二，軟角唐巾四十，角簪四十有三，冠纓四十有三副，凡八十有六條。象牙笏七，木笏三十有八，玉佩七，凡十有四繫。銅佩三十有六，凡七十有二繫。帶八十有五，藍鞓帶七，紅鞓帶三十有六，烏角帶二，黄鞓帶、烏角偏帶四十，大紅金綬結帶七，上用玉環十有四。青羅大袖夾衣七，紫羅公服二，褐羅大袖衣三十有六，白羅衫四十，白絹中單三十有六，白紗中單七，大紅羅夾蔽膝七，大紅夾裳、緋紅羅夾蔽膝三十有六，緋紅夾裳四，黄羅夾裳三十有六，黄羅大帶七，白羅方心曲領七，紅羅綬帶七，黄絹大帶三十有六，皂鞾、白羊毳襪各四十有二對，大紅羅鞋七輛，白絹夾襪四十有三輛。

質孫，漢言一色服也，内庭大宴則服之。冬夏之服不同，然無定制。凡勳戚大臣近侍，賜則服之。下至於樂工衛士，皆有其服。精粗之制，上下之別，雖不同，總謂之質孫云。

天子質孫，冬之服凡十有一等，服納石失、金錦也。怯綿里，翦茸也。則冠金錦暖帽。服大紅、桃紅、紫藍、緑寶里，寶里，服之有襴者也。則冠七寶重頂冠。服紅黄粉皮，則冠紅金答子暖帽。服白粉皮，則冠白金答子暖帽。服銀鼠，則冠銀鼠暖帽，其上並加銀鼠比肩。俗稱曰襻子答忽。夏之服凡十有五等，服答納都納石失，綴大珠於金錦。則冠寶頂金鳳鈸笠。服速不都納石失，綴小珠於金錦。則冠珠子捲雲冠。服納石失，則帽亦如之。服大紅珠寶里紅毛子答納，則冠珠緣邊鈸笠。服白毛子金絲寶里，則冠白藤寶貝帽。服駝褐毛子，則帽亦如之。服大紅、緑、藍、銀褐、棗褐、金繡龍五色羅，則冠金鳳頂笠，各隨其服之色。服金龍青羅，則冠金鳳頂漆紗冠。服珠子褐七寶珠龍答子，則冠黄牙忽寶貝珠子帶後簷帽。服青速夫金絲闌子，速夫，回回毛布之精者也。則冠七寶漆紗帶後簷帽。

百官質孫，冬之服凡九等，大紅納石失一，大紅怯綿里一，大紅官素一，桃紅、藍、緑官素各一，紫、黄、鴉青各一。夏之服凡十有四等，素納石失一，聚線寶里納石失一，棗褐渾金間絲蛤珠一，大紅官素帶寶里一，大紅明珠答子一，桃紅、藍、緑、銀褐各一，高麗鴉青雲袖羅一，駝褐、茜紅、白毛子各一，鴉青官素帶寶里一。

百官公服：

公服，制以羅，大袖，盤領，俱右衽。一品地紫，大獨科花，徑五寸。二品小獨科花，徑三寸。三品散答花，徑二寸，無枝葉。四品、五品小雜花，徑一寸五分。六品、七品緋羅小雜花，徑一寸。八品、九品緑羅，無文。

幞頭，漆紗爲之，展其角。

笏，制以牙，上圓下方。或以銀杏木爲之。

偏帶，正從一品以玉，或花，或素。二品以花犀。三品、四品以黄金爲荔枝。五品以下以烏犀。並八胯，鞓用朱革。

鞾，以皂皮爲之。

儀衛服色：

交角幞頭，其制，巾後交折其角。

鳳翅幞頭，制如唐巾，兩角上曲，而作雲頭，兩旁覆以兩金鳳翅。

學士帽，制如唐巾，兩角如匙頭下垂。

唐巾，制如幞頭，而撱其角，兩角上曲作雲頭。

控鶴幞頭，制如交角，金縷其額。

花角幞頭，制如控鶴幞頭，兩角及額上，簇象生雜花。

錦帽，制以漆紗，後幅兩旁，前拱而高，中下，後畫連錢錦，前額作聚文。

平巾幘，黑漆革爲之，形如進賢冠之籠巾，或以青，或以白。

武弁，制以皮，加漆。

甲騎冠，制以皮，加黑漆，雌黄爲緣。

抹額，制以緋羅，繡寶花。

巾，制以絁，五色，畫寶相花。

兜鍪，制以皮，金塗五色，各隨其甲。

襯甲，制如雲肩，青錦質，緣以白錦，衷以氈，裏以白絹。

雲肩，制如四垂雲，青緣，黄羅五色，嵌金爲之。

裲襠，制如衫。

襯袍，制用緋錦，武士所以裼裲襠。

士卒袍，制以絹絁，繪寶相花。

窄袖袍，制以羅或絁。

辮線襖，制如窄袖衫，腰作辮線細摺。

控鶴襖，制以青緋二色錦，圓答寶相花。

窄袖襖，長行輿士所服，紺緅色。

樂工襖，制以緋錦，明珠琵琶窄袖，辮線細摺。

甲，覆膊、掩心、扞背、扞股，制以皮，或爲虎文、獅子文，或施金鎧鎖子文。

臂韝，制以錦，緑絹爲裏，有雙帶。

錦臘蛇，束麻長一丈一尺，裏以紅錦。

束帶，紅鞓雙獺尾，黄金塗銅胯，餘同腰帶而狹小。

條環，制以銅，黄金塗之。

汗胯，制以青錦，緣以銀褐錦，或繡撲獸，間以雲氣。

行縢，以絹爲之。

鞋，制以麻。

鞾鞋，制以皮爲履，而長其鞠，縛於行縢之内。

雲頭鞾，制以皮，幫嵌雲朶，頭作雲象，鞾束于脛。

服色等第：仁宗延祐元年冬十有二月，定服色等第，詔曰：「比年以來，所在士民，靡麗相尚，尊卑混淆，僭禮費財，朕所不取。貴賤有章，益明國制，儉奢中節，可阜民財。」命中書省定立服色等第于後。

一，蒙古人不在禁限，及見當怯薛諸色人等，亦不在禁限，惟不許服龍鳳文。龍謂五爪二角者。

一，職官除龍鳳文外，一品、二品服渾金花，三品服金答子，四品、五品服雲袖帶襴，六品、七品服六花，八品、九品服四花。職事散官從一高。繫腰，五品以下許用銀，并減鐵。

一，命婦衣服，一品至三品服渾金，四品、五品服金答子，六品以下惟服銷金，并金紗答子。首飾，一品至三品許用金珠寶玉，四品、五品用金玉珍珠，六品以下用金，惟耳環用珠玉。同籍不限親疏，期親雖別籍，并出嫁同。

一，器皿，謂茶酒器。除鈒造龍鳳文不得使用外，一品至三品許用金玉，四品、五品惟臺盞用金，六品以下臺盞用鍍金，餘並用銀。

一，帳幕，除不得用赭黄龍鳳文外，一品至三品許用金花刺繡紗羅，四品、五品用刺繡紗羅，六品以下用素紗羅。

一，車輿，除不得用龍鳳文外，一品至三品許用間金粧飾銀螭頭、繡帶、青幔，四品、五品用素獅頭、繡帶、青幔，六品至九品用素雲頭、素帶、青幔。

一，鞍轡，一品許飾以金玉，二品、三品飾以金，四品、五品飾以銀，六品以下並飾以鍮石銅鐵。

一，内外有出身，考滿應入流，見役人員服用，與九品同。

一，授各投下令旨、鈞旨，有印信，見任勾當人員，亦與九品同。

一，庶人除不得服赭黄，惟許服暗花紵絲紬綾羅毛毳，帽笠不許飾用金玉，鞾不得裁制花樣。首飾許用翠花，并金釵鉀各一事，惟耳環用金珠碧甸，餘並用銀。酒器許用銀壺瓶臺盞盂鏇，餘並禁止。帳幕用紗絹，不得赭黄，車輿黑油，齊頭平頂皂幔。

一，諸色目人，除行營帳外，其餘並與庶人同。

一，諸職官致仕，與見任同。解降者，依應得品級。不敘者，與庶人同。

一，父祖有官，既没年深，非犯除名不敘之限，其命婦及子孫與見任同。

一，諸樂藝人等服用，與庶人同。凡承應粧扮之物，不拘上例。

一，皂隸公使人，惟許服紬絹。

一，娼家出入，止服皂褙子，不得乘坐車馬，餘依舊例。

一，今後漢人、高麗、南人等投充怯薛者，並在禁限。

一，服色等第，上得兼下，下不得僭上。違者，職官解見任，期年後降一等敘，餘人決五十七下。違禁之物，付告捉人充賞。有司禁治不嚴，從監察御史、廉訪司究治。

御賜之物，不在禁限。

《元史》卷一〇五《刑法志四》 諸章服，惟蒙古人及宿衛之士，不許服龍鳳文，餘並不禁。謂龍，五爪二角者。職官一品、二品許服渾金花，三品服金答子，四品、五品服雲袖帶襴，六品、七品服六花，八品、九品服四花，職事散官從一高。命婦一品至三品服渾金，四品、五品服金答子六品以下惟服銷金并金紗答子。首飾，一品至三品許用金珠寶玉，四品、五品用金玉真珠，六品以下用金惟耳環用珠玉。同籍者，不限親疏，期親雖別籍并出嫁同。車輿，並不得用龍鳳文，一品至(一)[三]品許用間金粧飾，銀螭頭、繡帶、青幔，四品、五品用素獅頭、繡帶青幔，六品至九品用素雲頭、素帶、青幔。内外有出身考滿應入流見役人員，服用與九品同。受各投下令旨鈞旨，有印信見任人員，亦與九品同。庶人惟許服暗花紵絲、絲紬綾羅、毛毳，不許用赭黄，冒笠不得飾以金玉，鞾不得裁置花樣。首飾許用翠花金釵篦各一事，惟耳環許用金珠碧甸，餘並用銀。車輿，黑油齊頭平頂皂幔。諸色目人，除行營帳外，餘並與庶人同。職官致仕與見任同，解降者依應得品級；不敘者與庶人同。父祖有官，既殁年深，非犯除名不敘，其命婦及子孫與見任同。諸樂人工藝人等服用，與庶人同，凡承應粧扮之物，不拘上例。皂隸公使人，惟許服綢絹。倡家出入，止服皂(背)[褙]，不許乘坐車馬。應服色等第，上得兼下，下不得僭上，違者，職官解見任，期年後降一等敘，餘人笞五十七，違禁之物，付告捉人充賞。御賜之物，不在禁限。諸官員以黄金飾甲者禁之，違者甲匠同罪。諸常人鞍韂，畫虎兔者聽，畫雲龍犀牛者，禁之。諸段匹織造周身大龍者，禁之，胸背小龍者勿禁。諸市造鞍轡箭鏃韡履及諸雜帶，用金爲飾者，禁之。

王瑩《群書類編故事》卷二一《冠服類》

朝服本戎服

今之朝服乃戎服，蓋自隋煬帝數出幸，因令百官以戎服從。一品紫，次朱，次青。皂靴乃馬鞋也，後世循襲，遂爲朝服，然服猶着禮服，幞頭圓頂軟脚，今之吏人所冠者是也。桶頂帽子，乃隱士之冠，京師士人行道間，猶着衫帽，至渡江戎馬乃變爲白涼衫。紹興二十年間，士人猶是白涼衫，至後來軍興，又變爲紫衫，皆戎服也。《朱語録》

服制之變

因言服制之變，前輩無着背子者，雖婦人亦無之。士大夫家居常服紗帽、皂衫、束帶，無此則不敢出。背子起殊未久，或問婦人不着背子，則何服？曰：大衣。問：大衣非命婦亦可着否？曰：可。或舉胡德輝《雜志》云：背子，本婢妾之服，以其行肯主母之背，故名背子。後來習俗相承，遂爲男女辨貴賤之服。曰：然。嘗見前輩雜説中載之，上御便殿，着紗帽，背子，則國初已有背子矣，皆不可曉。《朱語録》

《明史》卷六六《輿服志二》

皇帝冕服　后妃冠服　皇太子親王以下冠服

皇帝冕服。洪武元年，學士陶安請製五冕。太祖曰：「此禮太繁。祭天地、宗廟，服衮冕。社稷等祀，服通天冠，絳紗袍。餘不用。」三年更定正旦、冬至、聖節並服衮冕，祭社稷、先農、册拜，亦如之。

十六年定衮冕之制。冕，前圓後方，玄表纁裏。前後各十二旒，旒五采玉十二珠，五采繅十有二就，就相去一寸。紅絲組爲纓，黈纊充耳，玉簪導。衮，玄衣黄裳，十二章，日、月、星辰、山、龍、華蟲六章織於衣，宗彝、藻、火、粉米、黼、黻六章繡於裳。白羅大帶，紅裏。蔽膝隨裳色，繡龍、火、山文。玉革帶，玉佩。大綬六采，赤、黄、黑、白、縹、緑，小綬三，色同大綬。間施三玉環。白羅中單，黻領，青緣襈。黄韈，黄舄，金飾。

二十六年更定，衮冕十二章。冕版廣一尺二寸，長二尺四寸。冠上有覆，玄表朱裏，餘如舊制。圭長一尺二寸。衮，玄衣纁裳，十二章如舊制。中單以素紗爲之。紅羅蔽膝，上廣一尺，下廣二尺，長三尺，織火、龍、山三章。革帶佩玉，長三尺三寸。大帶素表朱裏，兩邊用緣，上以朱錦，下以緑錦。大綬，六采黄、白、赤、玄、縹、緑織成，純玄質五百首。凡合單紡爲一系，四系爲一扶，五扶爲一首。小綬三，色同大綬。間織三玉環。朱韈，赤舄。

永樂三年定，冕冠以皂紗爲之，上覆曰綖，桐板爲質，衣之以綺，玄表朱裏，前圓後方。以玉衡維冠，玉簪貫紐，紐與冠武足前體下曰武，綬在冠之下，亦曰武。并繫纓處，皆飾以金。綖以左右垂黈纊充耳，用黄玉。繫以玄紞，承以白玉瑱朱紘。餘如舊制。玉圭長一尺二寸，剡其上，刻山四，以象四鎮之山，蓋周鎮圭之制，異於大圭不瑑者也。以黄綺約其下，别以囊韜之，金龍文。衮服十有二章。玄衣八章，日、月、龍在肩，星辰、山在背，火、華蟲、宗彝在袖，每袖各三。皆織成本色領褾襈裾。褾者袖端。襈者衣緣。纁裳四章，織藻、粉米、黼、黻各二，前三幅，後四幅，前後不相屬，共腰，有辟積，本色綼裼。裳側有純謂之綼，裳下有純謂之裼，純者緣也。中單以素紗爲之。青領褾襈裾，領織黻文十三。蔽膝隨裳色，四章，織藻、粉米、黼、黻各二。本色緣，有紃，施於縫中。玉鉤二。玉佩二，各用玉珩一、瑀一、琚二、衝牙一、璜二；瑀下垂玉花一、玉滴二；瑑飾雲龍文描金。自珩而下繫組五，貫以玉珠。行則衝牙、二滴與璜相觸有聲。金鉤二。有二小綬，六采黄、白、赤、玄、縹、緑纁質。大綬，六采黄、白、赤、玄、縹、緑纁質，三小綬色同大綬。間施三玉環，龍文，皆織成。韈舄皆赤色，舄用黑絇純，以黄飾舄首。

嘉靖八年，諭閣臣張璁：「衮冕有革帶，今何不用？」璁對曰：「按陳祥道《禮書》，古革帶、大帶，皆謂之鞶。革帶以繫佩韍，然後加以大帶，而笏搢於二帶之間。夫革帶前繫韍，後繫綬，左右繫佩，自古冕弁恒用之。今惟不用革帶，以至前後佩服皆無所繫，遂附屬裳要之間，失古制矣。」帝曰：「冕服祀天地，享祖宗，若闕革帶，非齊明盛服之意。及觀《會典》載蔽膝用羅，上織火、山、龍三章，并大帶緣用錦，皆與今所服不合。卿可并革帶繫蔽膝、佩、綬之式，詳考繪圖以進。」

又云：「衣裳分上下服，而今衣恒掩裳。裳制如帷，而今兩幅。朕意衣但當與裳要下齊，而露裳之六章，何如？」已又諭璁以變更祖制爲疑。璁對曰：「臣考禮制，衣不掩裳，與聖意允合。夫衣六章，裳六章，義各有取，衣自不容掩裳。《大明集禮》及《會典》與古制不異。今衣八章，裳四章，故衣常掩裳，然於典籍無所準。內閣所藏圖註，蓋因官司織造，循習訛謬。今訂正之，乃復祖制，非有變更。」

帝意乃決。因復諭璁曰：「衣有六章，古以繪，今當以織。朕命織染局考國初冕服，日月各徑五寸，當從之。裳六章，古用繡，亦當從之。古色用玄黄，取象天地。今裳用纁，於義無取，當從古。革帶即束帶，後當用玉，以佩綬繫之於下。蔽膝隨裳色，其繡上龍下火，可不用山。卿與内閣諸臣同考之。」於是楊一清等詳議：「衮冕之服，自黄、虞以來，玄衣黄裳，爲十二章。日、月、星辰、山、龍、華蟲，其序自上而下，爲衣之六章；宗彝、藻、火、粉米、黼、黻，其序自下而上，爲裳之六章。自周以後寖變其制，或八章，或九章，已戾於古矣。我太祖皇帝復定爲十二章之制，司造之官仍習舛訛，非制作之初意。伏乞聖斷不疑。」

帝乃令擇吉更正其制。冠以圓匡烏紗冒之，旒綴七采玉珠十二，青纊充耳，綴玉珠二，餘如舊制。玄衣黄裳，衣裳各六章。洪武間舊制，日月徑五寸，裳前後連屬如帷，六章用繡。蔽膝隨裳色，羅爲之，上繡龍一，下繡火三，繫於革帶。大帶素表朱裏，上緣以朱，下以緑。革帶前用玉，其後無玉，以佩綬繫而掩之。中單及圭，俱如永樂間制。朱韈，赤舄，黄條緣玄纓結。

皇帝通天冠服。洪武元年定，郊廟、省牲，皇太子諸王冠婚、醮戒，則服通天冠、絳紗袍。冠加金博山，附蟬十二，首施珠翠，黑介幘，組纓，玉簪導。絳紗袍，深衣製。白紗内單，皂領褾襈裾。絳紗蔽膝，白假帶，方心曲領。白韈，赤舄。其革帶，佩綬，與衮服同。

皇帝皮弁服。朔望視朝、降詔、降香、進表、四夷朝貢、外官朝覲、策士傳臚皆服之。嘉靖以後，祭太歲山川諸神，亦服之。

其制自洪武二十六年定。皮弁用烏紗冒之，前後各十二縫，每縫綴五采玉十二以爲飾，玉簪導，紅組纓。其服絳紗衣，蔽膝隨衣色。白玉佩革帶。玉鉤鰈緋白大帶。白韈，黑舄。

永樂三年定，皮弁如舊制，惟縫及冠武并貫簪繫纓處，皆飾以金玉。圭長如冕服之圭，有脊并雙植文。絳紗袍，本色領褾襈裾。紅裳，但不織章數。中單，紅領褾襈裾。餘俱如冕服内制。

皇帝武弁服。明初，親征遣將服之。嘉靖八年諭閣臣張璁云：「《會典》紀親征、類禡之祭，皆具武弁服。不可不備。」璁對：「《周禮》有韋弁，謂以韎韋爲弁，又以爲衣裳。國朝視古損益，有皮弁之制。今武弁當如皮弁，但皮弁以黑紗冒之，武弁當以絳紗冒之。」隨具圖以進。帝報曰：「覽圖有韠形，但無繫處。冠制古象上尖，今皮弁則圓。朕惟上鋭取其輕利，當如古制。又衣裳韠舄皆赤色，何謂？且佩綬俱無，於祭用之，可乎？」璁對：「自古服冕弁俱用革帶，以前繫韍，後繫綬。韋弁之韠，正繫於革帶耳。武事尚威烈，故色純用赤。」帝復報璁：「冠服、衣裳、韠舄俱如古制，增革帶，佩綬及圭。」

乃定制，弁上鋭，色用赤，上十二縫，中綴五采玉，落落如星狀。韎衣、韎裳、韎韐，俱赤色。佩、綬、革帶，如常制。佩綬及韎韐，俱上繫於革帶。舄如裳色。玉圭視鎮圭差小，剡上方下，有篆文曰「討罪安民」。

皇帝常服。洪武三年定，烏紗折角向上巾，盤領窄袖袍，束帶間用金、琥珀、透犀。永樂三年更定，冠以烏紗冒之，折角向上，其後名翼善冠。袍黄，盤領，窄袖，前後及兩肩各織金盤龍一。帶用玉，鞾以皮爲之。先是，洪武二十四年，帝微行至神樂觀，見有結網巾者。翼日，命取網巾，頒示十三布政使司，人無貴賤，皆裹網巾，於是天子亦常服網巾。又《會典》載皇太孫冠禮有云，「掌冠跪加網巾」，而皇帝、皇太子冠服，俱闕而不載。

嘉靖七年更定燕弁服。初，帝以燕居冠服，尚沿習俗，諭張璁考古帝王燕居法服之制。璁乃采《禮書》「玄端深衣」之文，圖註以進。帝爲參定其制，諭璁詳議。璁言：「古者冕服之外，玄端深衣，其用最廣。玄端自天子達於士，國家之命服也。深衣自天子達於庶人，聖賢之法服也。今以玄端加文飾，不易舊制，深衣易黄色，不離中衣，誠得帝王損益時中之道。」帝因諭禮部曰：「古玄端上下通用，今非古人比，雖燕居，宜辨等威。」因酌古制，更名曰「燕弁」，寓深宫獨處，以燕安爲戒之意。

其制，冠匡如皮弁之制，冒以烏紗，分十有二瓣，各以金線壓之，前飾五采玉雲各一，後列四山，朱條爲組纓，雙玉簪。服如古玄端之制，色玄，邊緣以青，兩肩繡日月，前盤圓龍一，後盤方龍二，邊加龍文八十一，領與兩袪共龍文五九。衽同前後齊，共龍文四九。襯用深衣之制，色黄。袂圓袪方，下齊負繩及踝十二幅。素帶，朱裏青表，緑緣邊，腰圍飾以玉龍九。玄履，朱緣紅纓黄結。白韈。

皇后冠服。洪武三年定，受册、謁廟、朝會，服禮服。其冠，圓匡冒以翡翠，上飾九龍四鳳，大花十二樹，小花數如之。兩博鬢，十二鈿。褘衣，深青繪翟，赤質，五色十二等。素紗中單，黻領，朱羅縠褾襈裾。蔽膝隨衣色，以緅爲領緣，用翟爲章三等。大帶隨衣色，朱裏紕其外，上以朱錦，下以緑錦，紐約用青組。玉革帶。青韈、青舄，以金飾。

永樂三年定制，其冠飾翠龍九，金鳳四，中一龍銜大珠一，上有翠蓋，下垂珠結，餘皆口銜珠滴，珠翠雲四十片，大珠花、小珠花數如舊。三博鬢，飾以金龍、翠雲，皆垂珠滴。翠口圈一副，上飾珠寶鈿花十二，翠鈿如其數。托裏金口圈一副。珠翠面花五事。珠排環一對。皁羅額子一，描金龍文，用珠二十一。

翟衣，深青，織翟文十有二等，間以小輪花。紅領褾襈裾，織金雲龍文。中單，玉色紗爲之，紅領褾襈裾，織黻文十三。蔽膝隨衣色，織翟爲章三等，間以小輪花四，以緅爲領緣，織金雲龍文。玉穀圭，長七寸，剡其上，瑑穀文，黄綺約其下，韬以黄囊，金龍文。

玉革帶，青綺鞓，描金雲龍文，玉事件十，金事件四。大帶，表裏俱青紅相半，末純紅，下垂織金雲龍文，上朱緣，下緑緣，青綺副帶一。綬五采，黄、赤、白、縹、緑，纁質，間施二玉環，皆織成。小綬三，色同大綬。玉佩二，各用玉珩一、瑀一、琚二、衝牙一、璜二，瑀下垂玉花一、玉滴二；瑑飾雲龍文描金；自珩而下，繫組五，貫以玉珠，行則衝牙二滴與二璜相觸有聲；上有金鉤，有小綬五采以副之，纁質，織成。青韈舄，飾以描金雲龍，皁純，每舄首加珠五顆。

皇后常服。洪武三年定，雙鳳翊龍冠，首飾、釧鐲用金玉、珠寶、翡翠。諸色團衫，金繡龍鳳文，帶用金玉。四年更定，龍鳳珠翠冠，真紅大袖衣霞帔，紅羅長裙，紅褙子。冠制如特髻，上加龍鳳飾，衣用織金龍鳳文，加繡飾。

永樂三年更定，冠用皁縠，附以翠博山，上飾金龍一，翊以珠。翠鳳二，皆口銜珠滴。前後珠牡丹二，花八蕊，翠葉三十六。珠翠穰花鬢二，珠翠雲二十一，翠口圈一。金寶鈿花九，飾以珠。金鳳二，口銜珠結。三博鬢，飾以鸞鳳。金寶鈿二十四，邊垂珠滴。金簪二。珊瑚鳳冠觜一副。

大衫霞帔，衫黄，霞帔深青，織金雲霞龍文，或繡或鋪翠圈金，飾以珠玉墜子，瑑龍文。四䙆襖子，即褙子。深青，金繡團龍文。鞠衣紅色，前後織金雲龍文，或繡或鋪翠圈金，飾以珠。大帶紅綫羅爲之，有緣，餘或青或緑，各隨鞠衣色。緣襈襖子，黄色，紅領褾襈裾，皆織金采色雲龍文。緣襈裙，紅色，緑緣襈，織金采色雲龍文。

玉帶，如翟衣内制，第減金事件一。玉花采結綬，以紅緑綫羅爲結，玉綬花一，瑑雲龍文。綬帶玉墜珠六，金垂頭花瓣四，小金葉六。紅綫羅繫帶一。白玉雲樣玎璫二，如佩制，有金鉤，金如意雲蓋一，下懸紅組五貫，金方心雲板一，俱鈒雲龍文，襯以紅綺，下垂金長頭花四，中小金鐘一，末綴白玉雲朵五。青韈舄，與翟衣内制同。

皇妃、皇嬪及内命婦冠服。洪武三年定，皇妃受册、助祭、朝會禮服。冠飾九翬、四鳳花釵九樹，小花數如之。兩博鬢九鈿。翟衣，青質繡翟，編次於衣及裳，重爲九等。青紗中單，黻領，朱縠褾襈裾。蔽膝隨裳色，加文繡重雉，爲章二等，以緅爲領緣。大帶隨衣色。玉革帶。青韈舄，佩綬。常服，鸞鳳冠，首飾，釧鐲用金玉、珠寶、翠。諸色團衫，金繡鸞鳳，不用黄。帶用金、玉、犀。又定，山松特髻，假鬢花鈿，或花釵鳳冠。真紅大袖衣，霞帔，紅羅裙，褙子，衣用織金及繡鳳文。

永樂三年更定，禮服，九翟冠二，以皁縠爲之，附以翠博山，飾大珠翟二，小珠翟三，翠翟四，皆口銜珠滴。冠中寶珠一座，翠頂雲一座，其珠牡丹、翠穰花鬢之屬，俱如雙鳳翊龍冠制，第減翠雲十。又翠牡丹花、穰花各二，面花四，梅花環四，珠環各二。其大衫、霞帔、燕居佩服之飾，俱同中宫，第織金繡瑑，俱雲霞鳳文，不用雲龍文。

九嬪冠服。嘉靖十年始定，冠用九翟，次皇妃之鳳。大衫、鞠衣，如皇妃制。圭用次玉穀文。

内命婦冠服。洪武五年定，三品以上花釵、翟衣，四品、五品山松特髻，大衫爲禮服。貴人視三品，以皇妃燕居冠及大衫、霞帔爲禮服，以珠翠慶雲冠，鞠衣、褙子、緣襈襖裙爲常服。

宫人冠服，制與宋同。紫色，團領，窄袖，徧刺折枝小葵花，以金圈之，珠絡縫金帶紅裙。弓樣鞋，上刺小金花。烏紗帽，飾以花，帽額綴團珠。結珠鬢梳。垂珠耳飾。

皇太子冠服。陪祀天地、社稷、宗廟及大朝會、受册、納妃則服衮冕。洪武二十六年定，衮冕九章，冕九旒，旒九玉，金簪導，紅組纓，兩玉瑱。圭長九寸五分。玄衣纁裳，衣五章，織山、龍、華蟲、宗彝、火；裳四章，織藻、粉米、黼、黻。白紗中單，黻領。蔽膝隨裳色，織火、山二章。革帶，金鉤觼，玉佩。綬五采赤、白、玄、縹、緑織成，純赤質，三百三十首。小綬三，色同。間織三玉環。大帶，白表朱裏，上緣以紅，下緣以緑。白韈，赤舄。

永樂三年定，冕冠，玄表朱裏，前圓後方，前後各九旒。每旒五采繅九就，貫五采玉九，赤、白、青、黄、黑相次。玉衡金簪，玄紞垂青纊充耳，用青玉。承以白玉瑱，朱紘纓。玉圭長九寸五分，以錦約其下，并韬。衮服九章，玄衣五章，龍在肩，山在背，火、華蟲、宗彝在袖，每袖各三。皆織成。本色領褾襈裾。纁裳四章，織藻、粉米、黼、黻各二，前三幅，後四幅，不相屬，共腰，有襞積，本色綼裼。

中單以素紗爲之，青領褾襈裾，領織黻文十一。蔽膝隨裳色，四章，織藻、粉米、黼、黻。本色緣，有紃，施於縫中。上玉鉤二。玉佩二，各用玉珩一、瑀一、琚一、衝牙一、璜二；瑀下垂玉花一、玉滴二。瑑雲龍文，描金。自珩而下，繫組五，貫以玉珠。上有金鉤。小綬四采赤、白、縹、緑以副之，纁質。大帶，素表朱裏，在腰及垂，皆有綼，上綼以朱，下綼以緑。紐約用青組。大綬四采，赤、白、縹、緑。纁質。小綬三采。間施二玉環，龍文，皆織成。韈舄皆赤色，舄用黑約純，黑飾舄首。

朔望朝、降詔、降香、進表、外國朝貢、朝覲，則服皮弁。永樂三年定，皮弁，冒以烏紗，前後各九縫，每縫綴五采玉九，縫及冠武并貫簪繫纓處，皆飾以金。金簪朱纓。玉圭，如冕服内制。絳紗袍，本色領褾襈裾。紅裳，如冕服内裳制，但不織章數。中單以素紗爲之，如深衣制。紅領褾襈裾，領織黻文十一。蔽膝隨裳色，本色緣，有紃，施於縫中；其上玉鉤二，玉佩如冕服内制，但無雲龍文；有小綬四采以副之。大帶、大綬、韈舄赤色，皆如冕服内制。

其常服，洪武元年定，烏紗折上巾。永樂三年定，冠烏紗折角向上巾，亦名翼善冠，親王、郡王及世子俱同。袍赤，盤領窄袖，前後及兩肩各金織盤龍一。玉帶、韡，以皮爲之。

皇太子妃冠服。洪武三年定，禮服與皇妃同。永樂三年更定，九翬四鳳冠，漆竹絲爲匡，冒以翡翠，上飾翠翬九、金鳳四，皆口銜珠滴。珠翠雲四十片，大珠花九樹，小珠花數如之。雙博鬢，飾以鸞鳳，皆垂珠滴。翠口圈一副，上飾珠寶鈿花九，翠鈿如其數。托裏金口圈一副。珠翠面花五事。珠排環一對。珠皁羅額子一，描金鳳文，用珠二十一。翟衣，青質，織翟文九等，間以小輪花。紅領褾襈裾，織金雲龍文。中單，玉色紗爲之。紅領褾襈裾，領織黻文十一。蔽膝隨衣色，織翟爲章二等，間以小輪花三，以緅爲領緣，織金雲鳳文。其玉圭、帶綬、玉佩、韈舄之制，俱同皇妃。

洪武三年又定常服。犀冠，刻以花鳳。首飾、釧鐲、衫帶俱同皇妃。四年定，冠亦與皇妃同。永樂三年定燕居冠，以皁縠爲之，附以翠博山，上飾寶珠一座，翊以二珠翠鳳，皆口銜珠滴。前後珠牡丹二，花八蕊，翠葉三十六。珠翠穰花鬢二。珠翠雲十六片。翠口圈一副。金寶鈿花九，上飾珠九。金鳳一對，口銜珠結。雙博鬢，飾以鸞鳳。金寶鈿十八，邊垂珠滴。金簪一對。珊瑚鳳冠觜一副。其大衫、霞帔、燕居佩服之飾，俱同皇妃。

親王冠服。助祭、謁廟、朝賀、受册、納妃服衮冕，朔望朝、降詔、降香、進表、四夷朝貢、朝覲服皮弁。洪武二十六年定，冕服俱如東宮，第冕旒用五采，玉圭長九寸二分五釐，青衣纁裳。永樂三年又定冕服、皮弁制，俱與東宮同，其常服亦與東宮同。

嘉靖七年諭禮部：「朕仿古玄端，自爲燕弁冠服，更制忠静冠服，錫於有位，而宗室諸王制猶未備。今酌燕弁及忠静冠之制，復爲式具圖，命曰保和冠服。自郡王長子以上，其式已明。鎮國將軍以下至奉國中尉及長史、審理、紀善、教授、伴讀，俱用忠静冠服，依其品服之。儀賓及餘官不許概服。夫忠静冠服之異式，尊賢之等也。保和冠服之異式，親親之殺也。等殺既明，庶幾乎禮之所保，保斯和，和斯安，此錫名之義也。其以圖説頒示諸王府，如敕遵行。」

保和冠制，以燕弁爲準，用九襊，去簪與五玉，後山一扇，分畫爲四。服，青質青緣，前後方龍補，身用素地，邊用雲。襯用深衣，玉色。帶青表緑裏緑緣。履用皁緑結，白韈。

親王妃冠服。受册、助祭、朝會服禮服。洪武三年定九翬四鳳冠。永樂三年又定九翟冠，制同皇妃。其大衫、霞帔、燕居佩服之飾，同東宮妃，第金事件減一，玉綬花，瑑寶相花文。

公主冠服，與親王妃同，惟不用圭。

親王世子冠服。聖節、千秋節并正旦、冬至、進賀表箋及父王生日諸節慶賀，皆服衮冕。洪武二十六年定，衮冕七章，冕三采玉珠，七旒。圭長九寸。青衣三章，織華蟲、火、宗彝。纁裳四章，織藻、粉米、黼、黻。素紗中單，青領襈，赤韍。革帶，佩白玉，玄組綬。綬紫質，用三采紫、黄、赤織成，間織三白玉環。白韈，赤舄。

永樂三年更定，冕冠前後各八旒，每旒五采繅八就，貫三采玉珠八，赤、白、青色相次。玉圭長九寸。青衣三章，火在肩，華蟲、宗彝在兩袖，皆織成。本色領褾襈裾。其纁裳、玉佩、帶、綬之制，俱與親王同，第領織黻文減二。皮弁用烏紗冒之，前後各八縫，每縫綴三采玉八，餘制如親王。其圭佩、帶綬、韈舄如冕服内制。常服亦與親王同。

嘉靖七年定保和冠服，以燕弁爲準，用八襊，去簪玉，後山以一扇分畫爲四，服與親王同。

世子妃冠服。永樂三年定，與親王妃同，惟冠用七翟。

郡王冠服。永樂三年定，冕冠前後各七旒，每旒五采繅七就，貫三采玉珠七。圭長九寸。青衣三章，粉米在肩，藻、宗彝在兩袖，皆織成。纁裳二章，織黼、黻各二。中單，領織黻文七，餘與親王世子同。皮弁，前後各七縫，每縫綴三采玉七，餘與親王世子同。其圭佩、帶綬、韈舄如冕服內制。常服亦與親王世子同。嘉靖七年定保和冠服，冠用七襊，服與親王世子同。

郡王妃冠服。永樂三年定，冠用七翟，與親王世子妃同。其大衫、霞帔、燕居佩服之飾，俱同親王妃，第繡雲霞翟文，不用盤鳳文。

郡王長子朝服。七梁冠，大紅素羅衣，白素紗中單，大紅素羅裳及蔽膝，大紅素羅白素紗二色大帶，玉朝帶，丹礬紅花錦，錦雞綬，玉佩，象笏，白絹韈，皁皮雲頭履鞵。公服，皁縐紗幞頭，大紅素紵絲衣，玉革帶。常服，烏紗帽，大紅紵絲織金獅子開䄌，圓領，玉束帶，皁皮銅線鞾。其保和冠，如忠静之制，用五襊；服與郡王同，補子用織金方龍。

郡主冠服。永樂三年定，與郡王妃同。惟不用圭，減四珠還一對。

郡王長子夫人冠服，珠翠五翟冠，大紅紵絲大衫，深青紵絲金繡翟褙子，青羅金繡翟霞帔，金墜頭。

鎮國將軍冠服，與郡王長子同。鎮國將軍夫人冠服，與郡王長子夫人同。輔國將軍冠服，與鎮國將軍同；惟冠六梁，帶用犀。輔國將軍夫人冠服，與鎮國將軍夫人同；惟冠用四翟，抹金銀墜頭。奉國將軍冠服，與輔國將軍同；惟冠五梁，帶用金鈒花，常服大紅織金虎豹。奉國將軍淑人冠服，與輔國將軍夫人同；惟褙子、霞帔，金繡孔雀文。鎮國中尉冠服，與奉國將軍同；惟冠四梁，帶用素金，佩用藥玉。鎮國中尉恭人冠服，與奉國將軍淑人同。輔國中尉冠服，與鎮國中尉同；惟冠三梁，帶用銀鈒花，綬用盤雕，公服用深青素羅，常服紅織金熊羆。輔國中尉宜人冠服，與鎮國中尉恭人同；惟冠用三翟，褙子、霞帔，金繡鴛鴦文，銀墜頭。奉國中尉冠服，與輔國中尉同；惟冠二梁，帶用素銀，綬用練鵲，幞頭黑漆，常服紅織金彪。奉國中尉安人冠服，與輔國中尉宜人同；惟大衫用丹礬紅，褙子、霞帔金繡練鵲文。

縣主冠服。珠翠五翟冠，大紅紵絲大衫，深青紵絲金繡孔雀褙子，青羅金繡孔雀霞帔，抹金銀墜頭。郡君冠服，與縣主同；惟冠用四翟，褙子、霞帔金繡鴛鴦文。縣君冠服與郡君同；惟冠用三翟。鄉君冠服與縣君同；惟大衫用丹礬紅，褙子、霞帔金繡練鵲文。

《明史卷六七·輿服志三》

文武官冠服　命婦冠服　內外官親屬冠服　內使冠服　侍儀以下冠服　士庶冠服　樂工冠服　軍隸冠服　外蕃冠服　僧道服色

羣臣冠服。洪武元年命制公服、朝服，以賜百官。時禮部言：「各官先授散官，與見任職事高下不同。如御史董希哲前授朝列大夫澧州知州，而任七品職事；省司郎中宋冕前授亞中大夫黄州知府，而任五品職事。散官與見任之職不同，故服色不能無異，乞定其制。」乃詔省部臣定議。禮部復言：「唐制，服色皆以散官爲準。元制，散官職事各從其高者，服色因之。國初服色依散官，與唐制同。」乃定服色準散官，不計見職，於是所賜袍帶亦並如之。三年，禮部言：「歷代異尚。夏黑，商白，周赤，秦黑，漢赤，唐服飾黄，旂幟赤。今國家承元之後，取法周、漢、唐、宋，服色所尚，於赤爲宜。」從之。

文武官朝服。洪武二十六年定，凡大祀、慶成、正旦、冬至、聖節及頒詔、開讀、進表、傳制，俱用梁冠，赤羅衣，白紗中單，青飾領緣，赤羅裳，青緣，赤羅蔽膝，大帶赤、白二色絹，革帶，佩綬，白韈黑履。

一品至九品，以冠上梁數爲差。公冠八梁，加籠巾貂蟬，立筆五折，四柱，香草五段，前後玉蟬。侯七梁，籠巾貂蟬，立筆四折，四柱，香草四段，前後金蟬。伯七梁，籠巾貂蟬，立筆二折，四柱，香草二段，前後玳瑁蟬。俱插雉尾。駙馬與侯同，不用雉尾。一品，冠七梁，不用籠巾貂蟬，革帶與佩俱玉，綬用黄、綠、赤、紫織成雲鳳四色花錦，下結青絲網，玉綬環二。二品，六梁，革帶，綬環犀，餘同一品。三品，五梁，革帶金，佩玉，綬用黄、綠、赤、紫織成雲鶴花錦，下結青絲網，金綬環二。四品，四梁，革帶金，佩藥玉，餘同三品。五品，三梁，革帶銀，鈒花，佩藥玉，綬用黄、綠、赤、紫織成盤鵰花錦，下結青絲網，銀鍍金綬環二。一品至五品，笏俱象牙。六品、七品，二梁，革帶銀，佩藥玉，綬用黄、綠、赤織成練鵲三色花錦，下結青絲網，銀綬環二。獨御史服獬廌。八品、九品，一梁，革帶烏角，佩藥玉，綬用黄、綠織成鸂鶒二色花錦，下結青絲網，銅綬環二。六品至九品，笏俱槐木。其武官應直守衛者，別有服色。雜職未入流品者，大朝賀、進表行禮止用公服。三十年令視九品官，用朝服。

嘉靖八年更定朝服之制。梁冠如舊式，上衣赤羅青緣，長過腰指七寸，毋掩下裳。中單白紗青緣。下裳七幅，前三後四，每幅三襞積，赤羅青緣。蔽膝綴革帶。綬，各從品級花樣。革帶之後佩綬，繫而掩之。其環亦各從品級，用玉犀金銀銅，不以織於綬。大帶表裏俱素，惟兩耳及下垂緣緑，又以青組約之。革帶俱如舊式。珮玉一如《詩傳》之制，去雙滴及二珩。其三品以上玉，四品以下藥玉，及韈履俱如舊式。萬曆五年令百官正旦朝賀，毋僭躡朱履。故事，十一月百官戴煖耳。是年朝覲外官及舉人、監生，不許戴煖耳入朝。

凡親祀郊廟、社稷，文武官分獻陪祀，則服祭服。洪武二十六年定，一品至九品，青羅衣，白紗中單，俱皁領緣。赤羅裳，皁緣。赤羅蔽膝。方心曲領。其冠帶、佩綬等差，並同朝服。又定品官家用祭服。三品以上，去方心曲領。四品以下，并去珮綬。嘉靖八年更定百官祭服。上衣青羅，皁緣，與朝服同。下裳赤羅，皁緣，與朝服同。蔽膝、綬環、大帶、革帶、佩玉、韈履俱與朝服同。其視牲、朝日夕月、耕耤、祭歷代帝王，獨錦衣衛堂上官，大紅蟒衣，飛魚，烏紗帽，鸞帶，佩繡春刀。祭太廟、社稷，則大紅便服。

文武官公服。洪武二十六年定。每日早晚朝奏事及侍班、謝恩、見辭則服之。在外文武官，每日公座服之。

其制，盤領右衽袍，用紵絲或紗羅絹，袖寬三尺。一品至四品，緋袍；五品至七品，青袍；八品九品，緑袍；未入流雜職官，袍、笏、帶與八品以下同。公服花樣：一品，大獨科花，徑五寸；二品，小獨科花，徑三寸；三品，散答花，無枝葉，徑二寸；四品、五品，小雜花紋，徑一寸五分；六品、七品，小雜花，徑一寸；八品以下無紋。幞頭：漆、紗二等，展角長一尺二寸；雜職官幞頭，垂帶，後復令展角，不用垂帶，與入流官同。笏依朝服爲之。腰帶：一品玉，或花或素；二品犀；三品、四品，金荔枝；五品以下烏角。鞓用青革，仍垂撻尾於下。鞾用皁。

其後，常朝止朝服，惟朔望具公服朝參。凡武官應直守衛者，別有服色，不拘此制。公、侯、駙馬、伯服色花樣，腰帶，與一品同。文武官花樣，如無從織造，則用素。百官入朝，雨雪許服雨衣。奉天、華蓋、武英諸殿奏事，必躡履韈，違者御史糾之。

萬曆五年令常朝俱衣本等錦繡服色，其朝覲官見辭、謝恩，不論已未入流，公服行禮。

文武官常服。洪武三年定，凡常朝視事，以烏紗帽、團領衫、束帶爲公服。其帶，一品玉，二品花犀，三品金鈒花，四品素金，五品銀鈒花，六品、七品素銀，八品、九品烏角。凡致仕及侍親辭閑官，紗帽、束帶。爲事黜降者，服與庶人同。至二十四年，又定公、侯、伯、駙馬束帶與一品同，雜職官與八品、九品同。

朝官常服禮韈，洪武六年定。先是，百官入朝，遇雨皆躡釘鞾，聲徹殿陛，侍儀司請禁之。太祖曰：「古者入朝有履，自唐始用鞾。其令朝官爲軟底皮韈，冒於鞾外，出朝則釋之。」

禮部言近奢侈越制。詔申禁之，仍參酌漢、唐之制，頒行遵守。凡職官，一品、二品用雜色文綺、綾羅、綵繡，帽頂、帽珠用玉；三品至五品用雜色文綺、綾羅，帽頂用金，帽珠除玉外，隨所用；六品至九品用雜色文綺、綾羅，帽頂用銀，帽珠瑪瑙、水晶、香木。一品至六品穿四爪龍，以金繡爲之者聽。禮部又議：「品官見尊長，用朝君公服，於理未安。宜別製梁冠、絳衣、絳裳、革帶、大帶、大白襪、烏舄、佩綬，其衣裳去緣襈。三品以上佩綬，三品以下不用。」從之。

二十二年令文武官遇雨戴雨帽，公差出外戴帽子，入城不許。二十三年定制，文官衣自領至裔，去地一寸，袖長過手，復回至肘。公、侯、駙馬與文官同。武官去地五寸，袖長過手七寸。二十四年定，公、侯、駙馬、伯服，繡麒麟、白澤。文官一品仙鶴，二品錦鷄，三品孔雀，四品雲雁，五品白鷴，六品鷺鷥，七品鸂鶒，八品黃鸝，九品鵪鶉；雜職練鵲；風憲官獬廌。武官一品、二品獅子，三品、四品虎豹，五品熊羆，六品、七品彪，八品犀牛，九品海馬。又令品官常服用雜色紵絲、綾羅、綵繡。官吏衣服、帳幔，不許用玄、黃、紫三色，并織繡龍鳳文，違者罪及染造之人。朝見人員，四時並用色衣，不許純素。三十年令致仕官服色與見任同，若朝賀、謝恩、見辭，一體具服。

景泰四年令錦衣衛指揮侍衛者，得衣麒麟。天順二年定官民衣服不得用蟒龍、飛魚、斗牛、大鵬、像生獅子、四寶相花、大西番蓮、大雲花樣，并玄、黃、紫及玄色、黑、緑、柳黃、薑黃、明黃諸色。弘治十三年奏定，公、侯、伯、文武大臣及鎮守、守備，違例奏請蟒衣、飛魚衣服者，科道糾劾，治以重罪。正德十一年設東、西兩官廳，將士悉衣黃罩甲。中外化之。金緋盛服者，亦必加此於上。都督江彬等承日紅笠之上，綴以靛染天鵝翎，以爲貴飾，貴者飄三英，次者二英。兵部尚書王瓊得賜一英，冠以下教場，自謂殊遇。其後巡狩所經，督餉侍郎、巡撫都御史無不衣罩甲見上者。十三年，車駕還京，傳旨，俾迎候者用曳撒大帽、鸞帶。尋賜羣臣大紅紵絲羅紗各一。其服色，一品斗牛，二品飛魚，三品蟒，四、五品麒麟，六、七品虎、彪；翰林科道不限品級皆與焉；惟部曹五品下不與。時文臣服色亦以走獸，而麒麟之服逮於四品，尤異事也。

十六年，世宗登極詔云：「近來冒濫玉帶，蟒龍、飛魚、斗牛服色，皆庶官雜流并各處將領夤緣奏乞，今俱不許。武職卑官僭用公、侯服色者，亦禁絶之。」嘉靖六年復禁中外官，不許濫服五彩裝花織造違禁顔色。

七年既定燕居法服之制，閣臣張璁因言：「品官燕居之服未有明制，詭異之徒，競爲奇服以亂典章。乞更法古玄端，别爲簡易之制，昭布天下，使貴賤有等。」帝因復製《忠静冠服圖》頒禮部，敕諭之曰：「祖宗稽古定制，品官朝祭之服，各有等差。第常人之情，多謹於明顯，怠於幽獨。古聖王慎之，制玄端以爲燕居之服。比來衣服詭異，上下無辨，民志何由定。朕因酌古玄端之制，更名『忠静』，庶幾乎進思盡忠，退思補過焉。朕已著爲圖説，如式製造。在京許七品以上官及八品以上翰林院、國子監、行人司，在外許方面官及各府堂官、州縣正堂、儒學教官服之。武官止都督以上。其餘不許濫服。」禮部以圖説頒布天下，如敕奉行。

按忠静冠仿古玄冠，冠匡如制，以烏紗冒之，兩山俱列於後。冠頂仍方中微起，三梁各壓以金線，邊以金緣之。四品以下，去金，緣以淺色絲線。忠静服仿古玄端服，色用深青，以紵絲紗羅爲之。三品以上雲，四品以下素，緣以藍青，前後飾本等花樣補子。深衣用玉色。素帶，如古大夫之帶制，青表緑緣邊并裏。素履，青緑絛結。白襪。

十六年，羣臣朝於駐蹕所，兵部尚書張瓚服蟒。帝怒，諭閣臣夏言曰：「尚書二品，何自服蟒？」言對曰：「瓚所服，乃欽賜飛魚服，鮮明類蟒耳。」帝曰：「飛魚何組兩角？其嚴禁之。」於是禮部奏定，文武官不許擅用蟒衣、飛魚、斗牛、違禁華異服色。其大紅紵絲紗羅服，惟四品以上官及在京五品堂上官、經筵講官許服。五品官及經筵不爲講官者，俱服青緑錦繡。遇吉禮，止衣紅布絨褐。品官花樣，並依品級。錦衣衛指揮，侍衛者仍得衣麒麟，其帶俸非侍衛，及千百户雖侍衛，不許僭用。

歷朝賜服，文臣有未至一品而賜玉帶者，自洪武中學士羅復仁始。衍聖公秩正二品，服織金麒麟袍、玉帶，則景泰中入朝拜賜。自是以爲常。內閣賜蟒衣，自弘治中劉健、李東陽始。麒麟本公、侯服，而內閣服之，則嘉靖中嚴嵩、徐階皆受賜也。仙鶴，文臣一品服也，嘉靖中成國公朱希忠、都督陸炳服之，皆以玄壇供事。而學士嚴訥、李春芳、董份以五品撰青詞，亦賜仙鶴。尋諭供事壇中乃用，於是尚書皆不敢衣鶴。後敕南京織閃黄補麒麟、仙鶴，賜嚴嵩，閃黄乃上用服色也；又賜徐階教子升天蟒。萬曆中，賜張居正坐蟒；武清侯李偉以太后父，亦受賜。

儀賓朝服、公服、常服，俱視品級，與文武官同，惟笏皆象牙；常服花樣視武官。弘治十三年定，郡主儀賓鈒花金帶，胸背獅子。縣主儀賓鈒花金帶，郡君儀賓光素金帶，胸背俱虎豹。縣君儀賓鈒花銀帶，鄉君儀賓光素銀帶，胸背俱彪。有僭用者，革去冠帶，戴平頭巾，於儒學讀書，習禮三年。

狀元及諸進士冠服。狀元冠二梁，緋羅圓領，白絹中單，錦綬，蔽膝，紗帽，槐木笏，光銀帶，藥玉佩，朝鞾，氈襪，皆御前頒賜，上表謝恩日服之。進士巾如烏紗帽，頂微平，展角闊寸餘，長五寸許，系以垂帶，皂紗爲之。深藍羅袍，緣以青羅，袖廣而不殺。槐木笏，革帶，青鞓，飾以黑角，垂撻尾於後。廷試後頒於國子監，傳臚日服之。上表謝恩後，謁先師行釋菜禮畢，始易常服，其巾袍仍送國子監藏之。

命婦冠服。洪武元年定，命婦一品，冠花釵九樹。兩博鬢，九鈿。服用翟衣，繡翟九重。素紗中單，黼領，朱縠褾襈裾。蔽膝隨裳色，以緅爲領緣，加文繡重翟，爲章二等。玉帶。青襪舄，佩綬。二品，冠花釵八樹。兩博鬢，八鈿。服用翟衣八等，犀帶，餘如一品。三品，冠花釵七樹。兩博鬢，七鈿。翟衣七等，金革帶，餘如二品。四品，冠花釵六樹。兩博鬢，六鈿。翟衣六等，金革帶，餘如三品。五品，冠花釵五樹。兩博鬢，五鈿。翟衣五等，烏角帶，餘如四品。六品，冠花釵四樹。兩博鬢，四鈿。翟衣四等，烏角帶，餘如五品。七品，冠花釵三樹。兩博鬢，三鈿。翟衣三等，烏角帶，餘如六品。自一品至五品，衣色隨夫用紫。六品、七品，衣色隨夫用緋。其大帶如衣色。

四年，以古天子諸侯服袞冕，后與夫人亦服褘翟。今羣臣既以梁冠、絳衣爲朝服，不敢用冕，則外命婦亦不當服翟衣以朝。命禮部議之。奏定，命婦以山松特髻，假鬢花鈿，真紅大袖衣，珠翠蹙金霞帔，爲朝服。以朱翠角冠、金珠花釵、闊袖雜色緑緣，爲燕居之服。一品，衣金繡文霞帔，金珠翠妝飾，玉墜。二品，衣金繡雲肩大雜花霞帔，金珠翠妝飾，金墜子。三品，衣金繡大雜花霞帔，珠翠妝飾，金墜子。四品，衣繡小雜花霞帔，翠妝飾，金墜子。五品，衣銷金大雜花霞帔，生色畫絹起花妝飾，金墜子。六品、七品，衣銷金小雜花霞帔，生色畫絹起花妝飾，鍍金銀墜子。八品、九品，衣大紅素羅霞帔，生色畫絹妝飾，銀墜子。首飾，一品、二品，金玉珠翠。三品、四品，金珠翠。五品，金翠。六品以下，金鍍銀間用珠。

五年更定品官命婦冠服。

一品，禮服用山松特髻，翠松五株，金翟八，口銜珠結。正面珠翠翟一，珠翠花四朵，珠翠雲喜花三朵；後鬢珠梭毬一，珠翠飛翟一，珠翠梳四，金雲頭連三釵一，珠簾梳一，金簪二；珠梭環一雙。大袖衫，用真紅色。霞帔、褙子，俱用深青色。紵絲綾羅紗隨用。霞帔上施蹙金繡雲霞翟文，鈒花金墜子。褙子上施金繡雲霞翟文。常服用珠翠慶雲冠，珠翠翟三，金翟一，口銜珠結；鬢邊珠翠花二，小珠翠梳一雙，金雲頭連三釵一，金壓鬢雙頭釵二，金腦梳一，金簪二；金脚珠翠佛面環一雙；鐲釧皆用金。長襖長裙，各色紵絲綾羅紗隨用。長襖緣襈，或紫或緑，上施蹙金繡雲霞翟文。看帶，用紅緑紫，上施蹙金繡雲霞翟文。長裙，橫豎金繡纏枝花文。

二品，特髻上金翟七，口銜珠結，餘同一品。常服亦與一品同。

三品，特髻上金孔雀六，口銜珠結。正面珠翠孔雀一，後鬢翠孔雀二。霞帔上施蹙金雲霞孔雀文，鈒花金墜子。褙子上施金繡雲霞孔雀文，餘同二品。常服冠上珠翠孔雀三，金孔雀二，口銜珠結。長襖緣襈。看帶，或紫或緑，並繡雲霞孔雀文。長裙，橫豎襴並繡纏枝花文，餘同二品。

四品，特髻上金孔雀五，口銜珠結，餘同三品。常服亦與三品同。

五品，特髻上銀鍍金鴛鴦四，口銜珠結。正面珠翠鴛鴦一，小珠鋪翠雲喜花三朵；後鬢翠鴛鴦一，銀鍍金雲頭連三釵一，小珠簾梳一，鍍金銀簪二；小珠梳環一雙。霞帔上施繡雲霞鴛鴦文，鍍金銀鈒花墜子。褙子上施雲霞鴛鴦文，餘同四品。常服冠上小珠翠鴛鴦三，鍍金銀鴛鴦二，挑珠牌。鬢邊小珠翠花二朵，雲頭連三釵一，梳一，壓鬢雙頭釵二，鍍金簪二；銀脚珠翠佛面環一雙。鐲釧皆用銀鍍金。長襖緣襈，繡雲霞鴛鴦文。長裙，橫豎襴繡纏枝花文，餘同四品。

六品，特髻上翠松三株，銀鍍金練鵲四，口銜珠結。正面銀鍍金練鵲一，小珠翠花四朵；後鬢翠梭毬一，翠練鵲二，翠梳四，銀雲頭連三釵一，珠緣翠簾梳一，銀簪二。大袖衫，綾羅紬絹隨所用。霞帔施繡雲霞練鵲文，鈒花銀墜子。褙子上施雲霞練鵲文，餘同五品。常服冠上鍍金銀練鵲三，又鍍金銀練鵲二，挑小珠牌；鐲釧皆用銀。長襖緣襈。看帶，或紫或緑，繡雲霞練鵲文。長裙，橫豎襴繡纏枝花文，餘同五品。

七品，禮服、常服，俱同六品。其八品、九品禮服，惟用大袖衫、霞帔、褙子。大衫同七品。霞帔上繡纏枝花，鈒花銀墜子。褙子上繡摘枝團花。通用小珠慶雲冠。常服亦用小珠慶雲冠，銀間鍍金銀練鵲三，又銀間鍍金銀練鵲二，挑小珠牌；銀間鍍金雲頭連三釵一，銀間鍍金壓鬢雙頭釵二，銀間鍍金腦梳一，銀間鍍金簪二。長襖緣襈，看帶並繡纏枝花，餘同七品。

又定命婦團衫之制，以紅羅爲之，繡重雉爲等第。一品九等，二品八等，三品七等，四品六等，五品五等，六品四等，七品三等，其餘不用繡雉。

二十四年定制，命婦朝見君后，在家見舅姑并夫及祭祀則服禮服。公侯伯夫人與一品同。大袖衫，真紅色。一品至五品，紵絲綾羅；六品至九品，綾羅紬絹。霞帔、褙子皆深青段。公侯及一品、二品，金繡雲霞翟文；三品、四品，金繡雲霞孔雀文；五品，繡雲霞鴛鴦文；六品、七品，繡雲霞練鵲文。大袖衫，領闊三寸，兩領直下一尺，間綴紐子三，末綴紐子二，紐在掩紐之下，拜則放之。霞帔二條，各繡禽七，隨品級用，前四後三。墜子中鈒花禽一，四面雲霞文，禽如霞帔，隨品級用。笏以象牙爲之。

二十六年定，一品，冠用金事件，珠翟五，珠牡丹開頭二，珠半開三，翠雲二十四片，翠牡丹葉一十八片，翠口圈一副，上帶金寶鈿花八，金翟二，口銜珠結二。二品至四品，冠用金事件，珠翟四，珠牡丹開頭二，珠半開四，翠雲二十四片，翠牡丹葉一十八片，翠口圈一副，上帶金寶鈿花八，金翟二，口銜珠結二。一品二品，霞帔、褙子俱雲霞翟文，鈒花金墜子。三品、四品，霞帔、褙子俱雲霞孔雀文，鈒花金墜子。五品、六品，冠用抹金銀事件，珠翟三，珠牡丹開頭二，珠半開五，翠雲二十四片，翠牡丹葉一十八片，翠口圈一副，上帶抹金銀寶鈿花八，抹金銀翟二，口銜珠結子二。五品，霞帔、褙子俱雲霞鴛鴦文，鍍金鈒花銀墜子。六品，霞帔、褙子俱雲霞練鵲文，鈒花銀墜子。七品至九品，冠用抹金銀事件，珠翟二，珠月桂開頭二，珠半開六，翠雲二十四片，翠月桂葉一十八片，翠口圈一副，上帶抹金銀寶鈿花八，抹金銀翟二，口銜珠結子二。七品，霞帔、墜子、褙子，與六品同。八品、九品，霞帔用繡纏枝花，墜子與七品同，褙子繡摘枝團花。

內外官親屬冠服。洪武元年，禮部尚書崔亮奏詔議定。內外官父、兄、伯、叔、子、孫、弟、侄用烏紗帽，軟脚垂帶，圓領衣，烏角帶。品官祖母及母、與子孫同居親弟侄婦女禮服，合以本宮所居官職品級，通用漆紗珠翠慶雲冠，本品衫，霞帔、褙子，緣襈襖裙，惟山松特髻子，止許受封誥敕者用之。品官次妻，許用本品珠翠慶雲冠，褙子爲禮服。銷金闊領、長襖長裙爲常服。二十五年，令文武官父兄、伯叔、弟侄、子壻，皆許穿鞾。

内使冠服。明初置内使監，冠烏紗描金曲脚帽，衣胸背花盤領窄袖衫，烏角帶，鞾用紅扇面黑下椿。各宫火者，服與庶人同。洪武三年，諭宰臣，内使監未有職名者，當别製冠，以别監官。禮部奏定，内使監凡遇朝會，依品具朝服、公服行禮。其常服，葵花胸背團領衫，不拘顔色；烏紗帽；犀角帶。無品從者，常服團領衫，無胸背花，不拘顔色；烏角帶；烏紗帽，垂軟帶。年十五以下者，惟戴烏紗小頂帽。

按《大政記》，永樂以後，宦官在帝左右，必蟒服，製如曳撒，繡蟒於左右，繫以鸞帶，此燕閑之服也。次則飛魚，惟入侍用之。貴而用事者，賜蟒，文武一品官所不易得也。單蟒面皆斜向，坐蟒則面正向，尤貴。又有膝襴者，亦如曳撒，上有蟒補，當膝處横織細雲蟒，蓋南郊及山陵扈從，便於乘馬也。或召對燕見，君臣皆不用袍，而用此；第蟒有五爪、四爪之分，襴有紅、黄之别耳。

弘治元年，都御史邊鏞言：「國朝品官無蟒衣之制。夫蟒無角、無足，今内官多乞蟒衣，殊類龍形，非制也。」乃下詔禁之。十七年，諭閣臣劉健曰：「内臣僭妄尤多。」因言服色所宜禁，曰：「蟒、龍、飛魚、斗牛，本在所禁，不合私織。間有賜者，或久而敝，不宜輒自織用。玄、黄、紫、皁乃屬正禁，即柳黄、明黄、薑黄諸色，亦應禁之。」孝宗加意鉗束，故申飭者再，然内官驕恣已久，積習相沿，不能止也。

初，太祖制内臣服，其紗帽與羣臣異，且無朝冠、幞頭，亦無祭服。萬曆初，穆宗主入太廟，大璫冠進賢，服祭服以從，蓋内府祀中霤、竈井之神，例遣中官，因自創爲祭服，非由廷議也。

侍儀舍人冠服。洪武二年，禮官議定。侍儀舍人導禮，依元制，展脚幞頭，窄袖紫衫，塗金束帶，皁紋鞾。常服，烏紗唐帽，諸色盤領衫，烏角束帶，衫不用黄。四年，中書省議定，侍儀舍人併御史臺知班，引禮執事，冠進賢冠，無梁，服絳色衣，其蔽膝、履、襪、帶、笏，與九品同，惟不用中單。

校尉冠服。洪武三年定制，執仗之士，首服皆縷金額交脚幞頭，其服有諸色辟邪、寶相花裙襖，銅葵花束帶，皁紋鞾。六年，令校尉衣只孫，束帶，幞頭，鞾鞵。只孫，一作質孫，本元制，蓋一色衣也。十四年改用金鵝帽，黑漆戧金荔枝銅釘樣，每五釘攢就，四面稍起邊襴，鞓青緊束之。二十二年，令將軍、力士、校尉、旂軍，常戴頭巾或榼腦。二十五年，令校尉、力士，上直穿鞾，出外不許。

刻期冠服。宋置快行親從官，明初謂之刻期。冠方頂巾，衣胸背鷹鷂，花腰，線襖子，諸色闊匾絲絛，大象牙雕花環，行縢八帶鞵。洪武六年，惟用雕刻象牙絛環，餘同庶民。

儒士、生員、監生巾服。洪武三年，令士人戴四方平定巾。二十三年，定儒士、生員衣，自領至裳，去地一寸，袖長過手，復回不及肘三寸。二十四年，以士子巾服，無異吏胥，宜甄别之，命工部制式以進。太祖親視，凡三易乃定。

生員襴衫，用玉色布絹爲之，寬袖皁緣，皁絛軟巾垂帶。貢舉入監者，不變所服。洪武末，許戴遮陽帽，後遂私戴之。

洪熙中，帝問衣藍者何人，左右以監生對。帝曰：「著青衣較好。」乃易青圓領。嘉靖二十二年，禮部言士子冠服詭異，有淩雲等巾，甚乖禮制，詔所司禁之。萬曆二年禁舉人、監生、生儒僭用忠静冠巾，錦綺鑲履及張傘蓋，戴煖耳，違者五城御史送問。

庶人冠服。明初，庶人婚，許假九品服。洪武三年，庶人初戴四帶巾，改四方平定巾，雜色盤領衣，不許用黄。又令男女衣服，不得僭用金繡、錦綺、紵絲、綾羅，止許紬、絹、素紗，其鞾不得裁製花樣、金線裝飾。首飾、釵、鐲不許用金玉、珠翠，止用銀。六年令庶人巾環不得用金玉、瑪瑙、珊瑚、琥珀。未入流品者同。庶人帽，不得用頂，帽珠止許水晶、香木。十四年令農衣紬、紗、絹、布，商賈止衣絹、布。農家有一人爲商賈者，亦不得衣紬、紗。二十二年令農夫戴斗笠、蒲笠，出入市井不禁，不親農業者不許。二十三年令耆民衣制，袖長過手，復回不及肘三寸；庶人衣長，去地五寸，袖長過手六寸，袖椿廣一尺，袖口五寸。

二十五年，以民間違禁，鞾巧裁花樣，嵌以金線藍條，詔禮部嚴禁庶人不許穿鞾，止許穿皮札翰，惟北地苦寒，許用牛皮直縫鞾。正德元年禁商販、僕役、倡優、下賤不許服用貂裘。十六年禁軍民衣紫花罩甲，或禁門或四外遊走者，緝事人擒之。

士庶妻冠服。洪武三年定制，士庶妻，首飾用銀鍍金，耳環用金珠，釧鐲用銀，服淺色團衫，用紵絲、綾羅、紬絹。五年令民間婦人禮服惟紫絁，不用金繡，袍衫止紫、緑、桃紅及諸淺淡顔色，不許用大紅、鴉青、黄色，帶用藍絹布。女子在室者，作三小髻，金釵，珠頭𩮗，窄袖褙子。凡婢使，高頂髻，絹布狹領長襖，長裙。小婢使，雙髻，長袖短衣，長裙。成化十年禁官民婦女不得僭用渾金衣服，寶石首飾。正德元年令軍民婦女不許用銷金衣服、帳幔，寶石首飾、鐲釧。

協律郎、樂舞生冠服。明初，郊社宗廟用雅樂，協律郎幞頭，紫羅袍，荔枝帶；樂生緋袍，展脚幞頭；舞士幞頭，紅羅袍，荔枝帶，皂鞾；文舞生紅袍，武舞生緋袍，俱展脚幞頭，革帶，皂鞾。

朝會大樂九奏歌工：中華一統巾，紅羅生色大袖衫，畫黄鶯、鸚鵡花樣，紅生絹襯衫，錦領，杏紅絹裙，白絹大口袴，青絲絛，白絹襪，茶褐鞵。其和聲郎押樂者：皂羅闊帶巾，青羅大袖衫，紅生絹襯衫，錦領，塗金束帶，皂鞾。

其三舞：

一、武舞，曰《平定天下之舞》。舞士，皆黄金束髮冠，紫絲纓，青羅生色畫舞鶴花樣窄袖衫，白生絹襯衫，錦領，紅羅銷金大袖罩袍，紅羅銷金裙，皂生色畫花緣襈，白羅銷金汗袴，藍青羅銷金緣，紅絹擁項，紅結子，紅絹束腰，塗金束帶，青絲大條，錦臂韝，緑雲頭皂鞾。舞師，黄金束髮冠，紫絲纓，青羅大袖衫，白絹襯衫，錦領，塗金束帶，緑雲頭皂鞾。

一、文舞，曰《車書會同之舞》。舞士，皆黑光描金方山冠，青絲纓，紅羅大袖衫，紅生絹襯衫，錦領，紅羅擁項，紅結子，塗金束帶，白絹大口袴，白絹襪，茶褐鞵。舞師冠服與舞士同，惟大袖衫用青羅，不用紅羅擁項、紅結子。

一、文舞，曰《撫安四夷之舞》。舞士，東夷四人，椎髻於後，繫紅銷金頭繩，紅羅銷金抹額，中綴塗金博山，兩傍綴塗金巾環，明金耳環，青羅生色畫花大袖衫，紅生色領袖，紅羅銷金裙，青銷金裙緣，紅生絹襯衫，錦領，塗金束帶，烏皮鞾。西戎四人，間道錦纏頭，明金耳環，紅紵絲細摺襖子，大紅羅生色雲肩，緑生色緣，藍青羅銷金汗袴，紅銷金緣繫腰合鉢，十字泥金數珠，五色銷金羅香囊，紅絹擁項，紅結子，赤皮鞾。南蠻四人，綰朝天髻，繫紅羅生色銀錠，紅銷金抹額，明金耳環，紅織金短襖子，緑織金細摺短裙，絨錦袴，間道紵絲手巾，泥金頂牌，金珠瓔珞綴小金鈴，錦行纏，泥金獅蠻帶，緑銷金擁項，紅結子，赤皮鞾。北翟四人，戴單于冠，貂鼠皮簷，雙垂髻，紅銷金頭繩，紅羅銷金抹額，諸色細摺襖子，藍青生色雲肩，紅結子，紅銷金汗袴，繫腰合鉢，皂皮鞾。其舞師皆戴白捲簷氈帽，塗金帽頂，一撒紅纓，紫羅帽襻，紅緑金繡襖子，白銷金汗袴，藍青銷金緣，塗金束帶，緑擁項，紅結子，赤皮鞾。

凡大樂工及文武二舞樂工，皆曲脚幞頭，紅羅生色畫花大袖衫，塗金束帶，紅絹擁項，紅結子，皂皮鞾。四夷樂工，皆蓮花帽，諸色細摺襖子，白銷金汗袴，紅銷金緣，紅緑絹束腰，紅羅擁項，紅結子，花鞾。

永樂間，定殿内侑食樂。奏《平定天下之舞》，引舞、樂工，皆有羅包巾，青、紅、緑、玉色羅銷金胸背襖子，渾金銅帶，紅羅褡褳，雲頭皂鞾，青緑羅銷金包臀。舞人服色如之。奏《撫安四夷之舞》：高麗舞四人，皆笠子，青羅銷金胸背襖子，銅帶，皂鞾；琉球舞四人，皆棉布花手巾，青羅大袖襖子，銅帶，白碾光絹間道踢袴，皂皮鞾；北番舞四人，皆狐帽，青紅紵絲銷金襖子，銅帶；伍魯速回回舞四人，皆青羅帽，比里罕棉布花手巾，銅帶，皂鞾。奏《車書會同之舞》，舞人皆皂羅頭巾，青、緑、玉色皂沿邊襴，茶褐線絛皂皮四縫鞾。奏《表正萬邦之舞》，引舞二人，青羅包巾，紅羅銷金項帕，紅生絹錦領中單，紅生絹銷金通袖襖子，青線絛銅帶，織錦臂韝，雲頭皂鞾，各色銷金包臀，紅絹褡褳。舞人、樂工服色，與引舞同。奏《天命有德之舞》，引舞二人，青幪紗如意冠，紅生絹錦領中單，紅生絹大袖袍，各色絹采畫直纏，黑角偏帶，藍絹綵雲頭皂鞾，白布襪。舞人、樂工服色，與引舞同。

洪武五年定齋郎，樂生，文、武舞生冠服。齋郎，黑介幘，漆布爲之，無花樣；服紅絹窄袖衫，紅生絹爲裏，皂皮四縫鞾，黑角帶。文舞生及樂生，黑介幘，漆布爲之，上加描金蟬；服紅絹大袖袍，胸背畫纏枝方葵花，紅生絹爲裏，加錦臂韝二；皂皮四縫鞾；黑角帶。武舞生，武弁，以漆布爲之，上加描金蟬；服飾、鞾、帶，並同文舞生。嘉靖九年定文、武舞生服制：圜丘服青紵絲，方澤服黑緑紗，朝日壇服赤羅，夕月壇服玉色羅。

宫中女樂冠服。洪武三年定制。凡中宫供奉女樂、奉鑾等官妻，本色鬏髻，青羅圓領。提調女樂，黑漆唐巾，大紅羅銷金花圓領，鍍金花帶，皂鞾。歌章女樂，黑漆唐巾，大紅羅銷金裙襖，胸帶，大紅羅抹額，青緑羅彩畫雲肩，描金牡丹花皂鞾。奏樂女樂，服色與歌章同。嘉靖九年祀先蠶，定樂女生冠服。黑縐紗描金蟬冠，黑絲纓，黑素羅銷金葵花胸背大袖女袍，黑生絹襯衫，錦領，塗金束帶，白襪，黑鞵。

教坊司冠服。洪武三年定。教坊司樂藝，青卍字頂巾，繫紅緑褡褳。樂妓，明角冠，皂褙子，不許與民妻同。御前供奉俳長，鼓吹冠，紅羅胸背小袖袍，紅絹褡褳，皂鞾。色長，鼓吹冠，紅青羅紵絲彩畫百花袍，紅絹褡褳。歌工，弁冠，紅羅織金胸背大袖袍，紅生絹錦領中單，黑角帶，紅熟絹錦脚袴，皂皮琴鞵，白棉布夾襪。樂工服色，與歌工同。凡教坊司官常服冠帶，與百官同；至御前供奉，執粉漆笏，服黑漆幞頭，黑緑羅大袖襴袍，黑角偏帶，皂鞾。教坊司伶人，常服緑色巾，以别士庶之服。樂人皆戴鼓吹冠，不用錦絛，惟紅褡禣，服色不拘紅緑。教坊司婦人，不許戴冠，穿褙子。樂人衣服，止用明緑、桃紅、玉色、水紅、茶褐色。俳、色長、樂工，俱皂頭巾，雜色絛。

王府樂工冠服。洪武十五年定。凡朝賀用大樂宴禮，七奏樂樂工，俱紅絹彩畫胸背方花小袖單袍，有花鼓吹冠，錦臂鞲，皂鞾，抹額以紅羅彩畫，束腰以紅絹。其餘，樂工用緑絹彩畫胸背方花小袖單袍，無花鼓吹冠，抹額以紅絹彩畫，束腰以紅絹。

軍士服。洪武元年令製衣，表裏異色，謂之鴛鴦戰襖，以新軍號。二十一年定旂手衛軍士、力士，俱紅袢襖，其餘衛所，袢襖如之。凡袢襖，長齊膝，窄袖，内實以棉花。二十六年令騎士服對襟衣，便於乘馬也。不應服而服者，罪之。

皂隸公人冠服。洪武三年定，皂隸，圓頂巾，皂衣。四年定，皂隸公使人，皂盤領衫，平頂巾，白褡禣，帶錫牌。十四年令各衙門祗禁，原服皂衣，改用淡青。二十五年，皂隸伴當，不許着鞾，止用皮札鞥。

外國君臣冠服。洪武二年，高麗入朝，請祭服制度，命製給之。二十七年定蕃國朝貢儀，國王來朝，如嘗賜朝服者，服之以朝。三十一年賜琉球國王併其臣下冠服。永樂中，賜琉球中山王皮弁，玉圭，麟袍，犀帶，視二品秩。宣德三年，朝鮮國王李裪言：「洪武中，蒙賜國王冕服九章，陪臣冠服比朝廷遞降二等，故陪臣一等，比朝臣第三等，得五梁冠服。永樂初，先臣芳遠遣世子禔入朝，蒙賜五梁冠服。臣竊惟世子冠服，何止同陪臣一等，乞爲定制。」乃命製六梁冠賜之。嘉靖六年令外國朝貢人，不許擅用違制衣服。如違，賣者、買者同罪。

僧道服。洪武十四年定，禪僧，茶褐常服，青絛玉色袈裟。講僧，玉色常服，緑絛淺紅袈裟。教僧，皂常服，黑絛淺紅袈裟。僧官如之。惟僧録司官，袈裟，緑文及環皆飾以金。道士，常服青法服，朝衣皆赤，道官亦如之。惟道録司官，法服、朝服，緑文飾金。凡在京道官，紅道衣，金襴，木簡。在外道官，紅道衣，木簡，不用金襴。道士，青道服，木簡。

葉子奇《草木子》卷三下《雜制篇》 蟬冠朱衣，漢制也。幞頭大袍，隋制也。今用蟬冠朱衣，方心曲領，玉佩朱履，是革隋而用漢也，此則公裳。

紗帽圓領，唐服也，仕者用之。巾笠襴衫，宋服也。巾環襈領，金服也。帽子繫腰，元服也。方巾圓領，明服也，庶民用之。

朝服，一品二品用犀玉帶大團花紫羅袍，三品至五品用金帶紫羅袍，六品七品用緋袍，八品九品用緑袍，皆以羅，流外授省劄，則用檀褐。其幞頭皂靴，自上至下皆同也。

官民皆帶帽，其簷或圓，或前圓後方，或樓子，蓋兜鍪之遺制也。其髮或辮，或打紗練椎，庶民則椎髻。衣服貴者用渾金線爲納失失，或腰線繡通神襴，然上下均可服，等威不甚辨也。

織蓋，授宣者用褐羅，授勑者用青羅。

北人華靡之服，帽則金其頂，襖則線其腰，靴則鵝其頂。【略】

元朝后妃及大臣之正室，皆帶姑姑衣大袍。其次即帶皮帽，姑姑高圓二尺許，用紅色羅，蓋唐金步摇冠之遺制也。

陸容《菽園雜記》卷八 直駕校尉著團花紅緑衣，戴飾金漆帽，名曰只孫鵝帽。只孫，衣名，今人有稱執金吾帽者，亦似是而非也。

郎瑛《七修類稿》卷八《國事類》

生員巾服

漢酈食其以儒冠見高帝。註曰：儒冠，側冠也。予意恐即今之生巾。又讀《禮記·玉藻篇》曰：士練帶。練帶，即古之紳也。又曰：士服則素積。蓋麻衣皂領，袖下素裳是也。今練帶易以絲，素積易以藍衫。近讀《大明實録》，然後知太祖以學校爲國儲材，而士子巾服，無異吏胥，宜有以甄別之。令工部制式，凡三易之，自命用玉色絹布爲之，寬袖皂緣皂絲軟巾垂帶，謂之襴衫。又聞常親服試之，至今藏於内府，蓋無取於前朝之式，及其以貢舉入監，國初不變所服，洪武末，許戴遮陽帽，遂因私戴之。洪熙中，上問着藍衣者何人？左右以監生對。上曰：教着青衣好看。乃易青圓領也。

郎瑛《七修類稿》卷二七《辯證類》

朋友麻

魯齋王文憲公栢嘗議朋友之服，以吾夫子不立正服，乃以義起爲心喪也。又引程子曰：當以情之厚薄處之。未有的從。後以《儀禮》有「朋友麻」三字，復求之，得鄭康成曰：朋友無親，有同道之恩，相爲服緦之經（明本作「絰」。下同）帶。因之考證諸書，定爲白布深衣，加緦之經帶，冠加絲武，謂擬之於衰也。又曰：勉齋黄先生考之尤詳。其書進之於朝。然魯齋所考，止是康成之一言，勉齋所定，又未見其書。予以孔子嘗答孟武伯曰：同寮有相友之義。昔者虢叔、閎夭、太顛、散宜生、南宫适〔明本作「括」〕五臣同寮比德，以贊文武。及虢叔死，四人爲之服朋友之服，古之達理者行之也。聖人之言，豈非有服之證乎？又晦庵答孫敬夫曰：朋友麻則如弔服而加麻絰。又非魯齋之議之證乎？

焦竑《焦氏筆乘》卷一《服制考詳序》 吴幼清《服制考詳序》云：爲母齊衰三年，而父在爲母杖期，豈薄於其母哉？蓋以夫爲妻之服既除，則子爲母之服亦除，家無二尊也。子服雖除，而不飲酒，不食肉，不處内，居喪之實如故；則所殺者，三年之文而已，實固未嘗殺也。女子在室，爲父斬；既嫁，則爲夫斬，而爲父母期。蓋曰：子之所天者父，妻之所天者夫。嫁而移所天於夫，則降其父。婦人不二斬者，不二天也。降己之父母而期，爲夫之父母亦期。期之後，夫未除服，婦已除服，而居喪之實如其夫，是舅姑之服期，而實三年也。喪服有以恩服者，有以義服者，有以名服者。恩者，子爲父母之類是也；義者，婦爲舅姑是也；名者，爲從父、從子之妻之類是也。從父之妻名以母之黨而服，從子之妻名以婦之黨而服。兄弟之妻不可名以妻之黨，其無服者，推而遠之也。然兄弟之妻之喪，己之妻有娣姒婦之服，一家老幼俱已有服；己雖無服，必不華美于其躬，宴樂於其室，如無服人也。同爨且服緦，朋友尚加麻，鄰喪里殯，猶無相杵巷歌，豈獨於兄嫂弟婦，恝然如行路乎？古人制禮之意有在也。實之無所不隆者，仁之至；文之有所或殺者，義之精。後世父在爲母亦三年，婦爲舅姑從夫斬齊並三年，兄弟之妻亦有服；意欲加厚於古，不知古者子、婦、叔於母、姑、嫂未嘗薄也。後世有所增改者，皆溺其文，昧其實，而不究古人制禮之意者也。古人所勉者喪之實，自居於己者也；後世所加者喪之文，可號於人者也。誠僞之相去何如哉？

焦竑《焦氏筆乘》卷一《師不制服》 程子曰：「師不立服，不可立也。當以情之厚薄，事之大小處之。如顏、閔於孔子，雖斬衰三年可也，以成己之恩與君父並。其次各有淺深，稱其情而已。下至曲藝，莫不有師，豈可一概制服？」按《儀禮》：「爲朋友服齊衰三月。」漢范巨卿聞張元伯之喪，制朋友之服，往哭之，況於師乎？宋儒黄幹於朱子之喪，服加麻，制如深衣，用冠絰。王柏喪其師何基，服深衣，加帶，絰冠加絲。武柏卒，其弟子金履祥喪之，則加絰於白巾，絰如緦麻而小，帶用細苧。此皆行於近世而可法者。

王圻、王思義《三才圖會·衣服卷一》

大裘

祭昊天上帝祀五帝，服黑羔裘，冕無旒，玄衣纁裳。

衮冕

享先王，衮衣五章，裳四章，前後旒二十四，旒十二玉。

鷩冕

享先公，享射。鷩冕衣三章，裳四章，前後十八旒。

毳冕

祀四望山川。毳冕衣二章，裳三章，前後十四旒。

希冕

祭社稷五祀。希冕衣一章，裳二章，前後十旒。

玄冕

祭群小祀。玄冕衣無章，裳一章，前後六旒。

韋弁

兵事。韋弁服，以韎韋爲之，文以爲衣而表章。

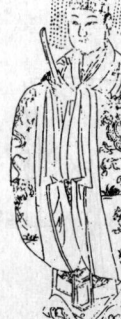

皮弁

視朝。皮弁服，以鹿皮爲之。

上公衮冕

上公之服，自衮冕而下，朝聘天子及助祭服之。

侯伯鷩冕

侯伯之服，自鷩冕而下，王之三公亦服之。

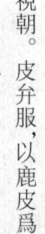

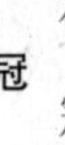

冠

几甸。冠弁服，以玄冠幂首謂之冠。

玄端

齊服。有玄端，即玄冠也，用於吉禮。

子男毳冕

子男之服，自毳冕而下，王之孤卿亦服之。

孤希冕

孤之服，自希冕而下，王之大夫諸侯之孤亦服之。

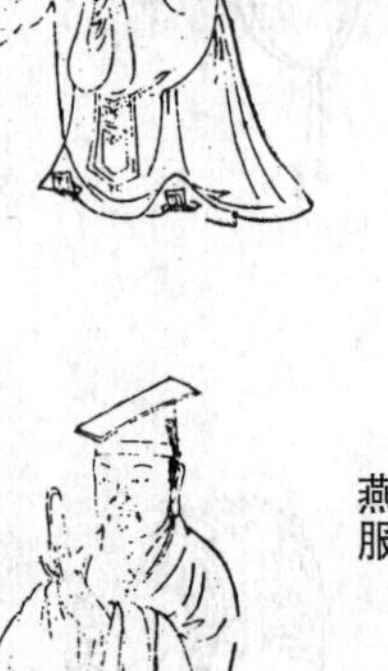

爵弁

制如冕，無旒。《周禮》有韋弁，《禮記》有爵弁，一事也。

燕服

天子燕服，爲諸侯朝服。

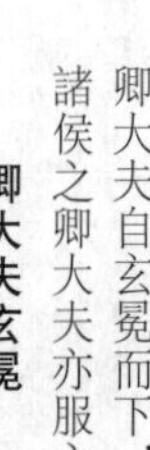

卿大夫玄冕

卿大夫自玄冕而下，諸侯之卿大夫亦服之。

士皮弁

士之服

王圻、王思義《三才圖會·衣服》卷二

御用冠服

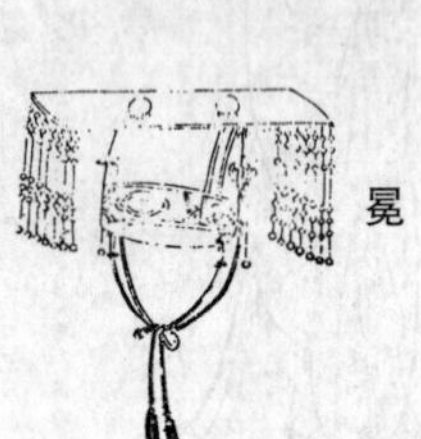
冕

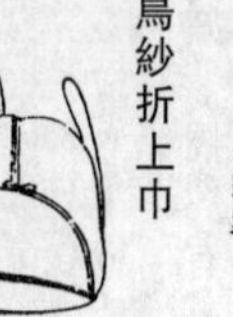

烏紗折上巾

玄衣

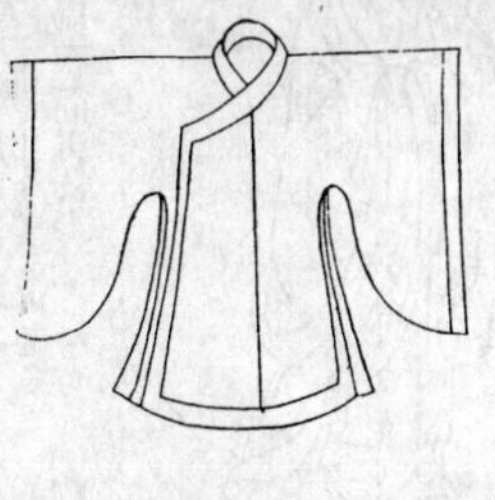
中單

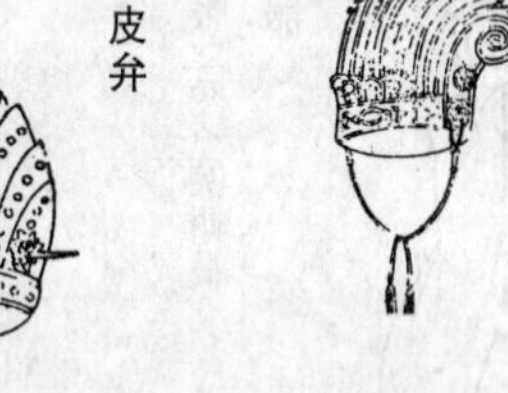
通天冠

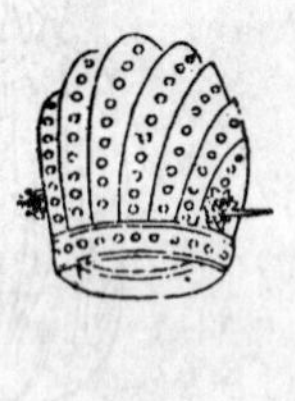
皮弁

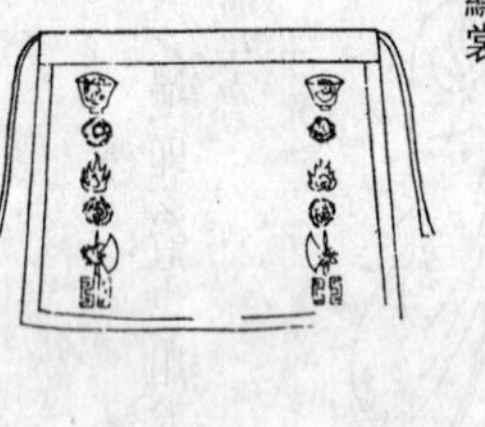
纁裳

蔽膝

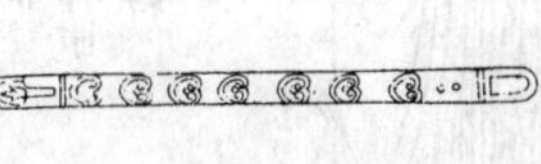
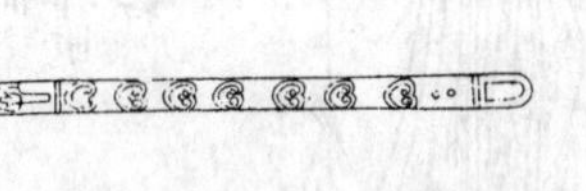
革帶

綬

襪

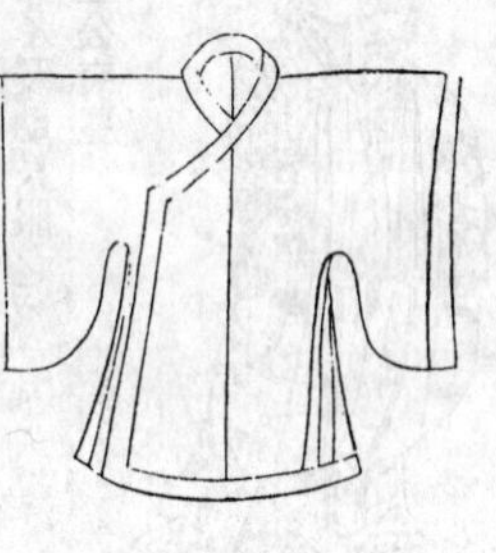

絳紗袍

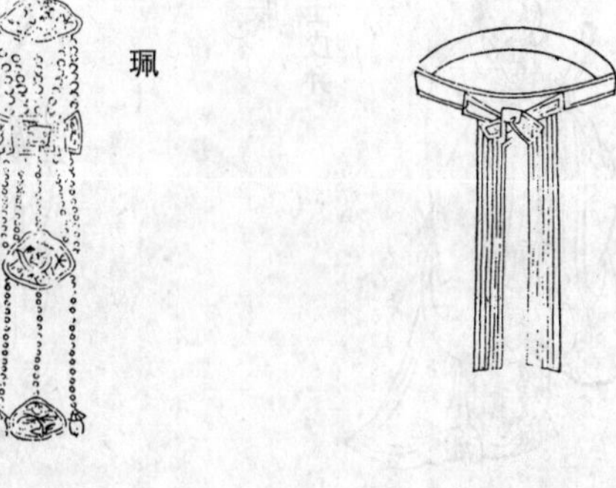
大帶

珮

舄

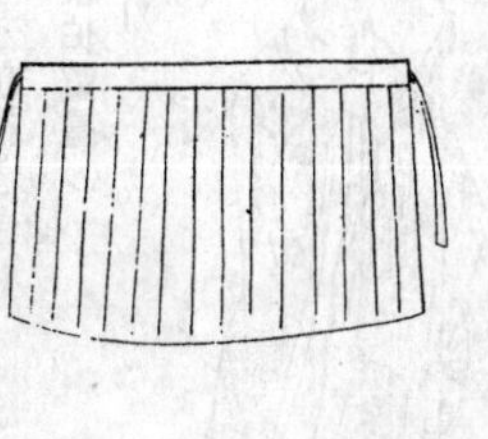
紅羅裳

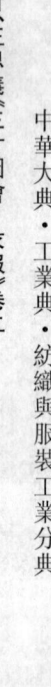

御用冠服

國朝祀天不用大裘，但服衮冕。其祭天地、宗廟、社稷、先農及正旦、冬至、聖節、朝會、册拜，皆服衮冕，玄衣纁裳。其制，冕板廣一尺二寸，長二尺四寸。冠上有覆，玄表朱裏，前後各十有二旒。每旒五采玉珠，十二玉簪，導朱纓。衣六章，畫日、月、星辰、山、龍、華蟲。裳六章，繡宗彝、藻、火、粉米、黼、黻。中單以素紗爲之。紅羅蔽膝，上廣一尺，下廣二尺，長三尺。繡龍、火、山三章。革帶佩玉，長三尺三寸。大帶素表朱裏，兩邊用緑，上以朱錦，下以緑錦。大綬六采，黄、白、赤、玄、縹、緑，純玄質，五百首。小綬三色，同大綬，間施三玉環，朱襪赤舄。其朔望視朝、降詔、降香、進表、四夷朝貢、朝覲，則服皮弁。其制用烏紗，冒之前後各十二縫。每縫中綴五采玉十二以爲飾，玉簪紅組纓，其服絳紗衣及蔽膝隨衣色，白玉佩，革帶玉鈎艓，緋白大帶，白襪黑舄。其常服，則烏紗折角向上巾，盤領窄袖，袍束帶，間用金玉琥珀透犀。

皇后冠服

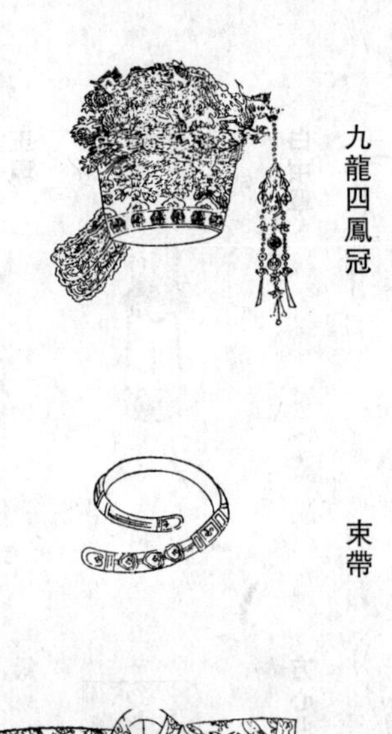
九龍四鳳冠

束帶

褘衣

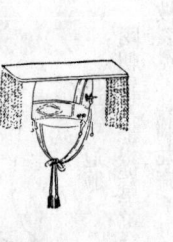

皇后冠服

國朝皇后首飾，冠爲圓匡，冒以翡翠，上飾以九龍四鳳、大花十二樹、小花如大花之數，兩博鬢十二鈿。服褘衣，深青爲質，畫翠赤質五色十二等。素紗中單，黼領朱羅縠，褾襈裾蔽膝隨衣色，以緅爲領，緣用翟，爲章三等。大帶隨衣色，朱裏紕其外，上以朱錦，下以綠錦。紐約用青組玉革帶。青襪青舄，舄以金飾，凡朝會受册謁廟皆服之。燕居則服雙鳳翊龍冠，首飾釧鐲，以金玉珠寶翡翠隨用。諸色團衫，金繡龍鳳文。帶用金玉。

皇妃冠服

國朝參用唐宋之制。冠飾以九翬、四鳳、花釵九樹，小花如大花之數。兩博鬢九鈿。翟衣青質，編次於衣及(掌)〔裳〕，重爲九等。青紗中單，黼領朱縠，褾襈、裾、蔽膝隨裳色，加文繡，重雉爲章二等，以緅爲領緣。大帶隨衣色。玉革帶，青襪舄，佩綬，凡受册助祭朝會諸大事服之。鸞鳳冠首飾釧鐲，用金玉珠寶翠。諸色團衫，金繡鸞鳳，不用黄。束帶用金玉犀，燕居則服之。

皇太子妃冠服

國朝冠飾九翬、四鳳、花釵九樹，小花如大花之數。兩博鬢九鈿。翟衣青質，繡翟，編次於衣及裳，重爲九等。青紗中單，黼領朱縠，褾襈、蔽膝、隨裳色，以緅爲領，緣加文繡重雉，爲章二等。大帶隨衣色，青襪舄，佩綬。受册助祭朝會大事則服之。犀冠刻以花鳳，首飾釧鐲，金玉珠寶翠隨用。服諸色團衫，金繡鸞鳳，唯不用黄。帶用金玉犀，燕居則服之。

公主冠服

國朝冠飾以九翬、四鳳、花釵九樹，小花如大花之數。兩博鬢九鈿。翟衣青質，五色九等，繡翟，編次於衣及裳。素紗中單，黼領朱縠，褾襈、裾、蔽膝隨裳色，以緅爲領，緣繡翟，爲章二等。大帶隨衣色，玉革帶，青襪舄，佩綬，受册助祭朝會大事則服之。犀冠刻以花鳳，首飾釧鐲，用金玉珠寶翡翠。服諸色團衫，金繡花鳳，唯不用黄。帶金玉犀。

皇太子服

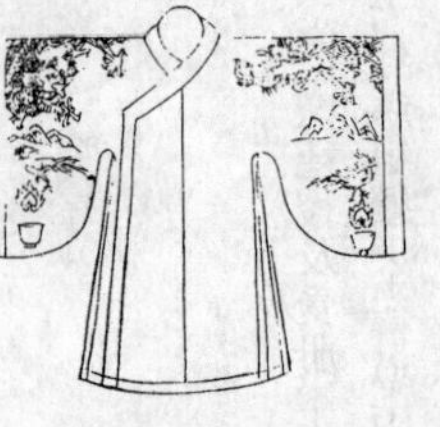
九旒冕

衮服

中單

蔽膝

白韈

赤舄

玉珮

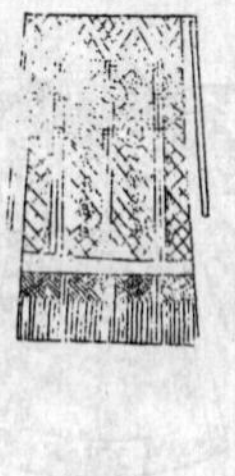

綬

白中單

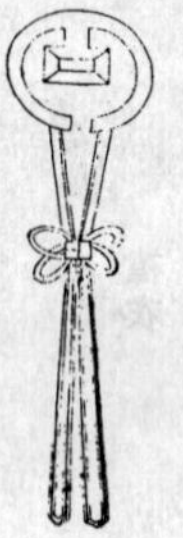

方心曲領

革帶

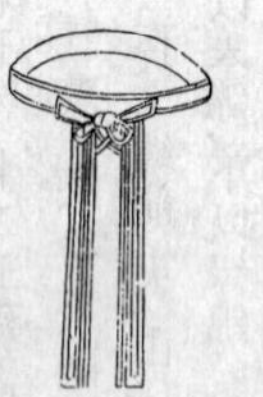

大帶

皇太子冠服

國朝皇太子，從皇帝祭天地、宗廟、社稷及受册、正旦、冬至聖節朝賀、納妃，皆被衮冕。其制九旒。每旒九玉，紅絲組纓，金簪導兩玉瑱。衮服九章，玄衣畫山、龍、華蟲、火、宗彝五章。纁裳繡藻、粉米、黼、黻四章。白紗中單，黼領蔽膝隨裳色，繡火、山二章。革帶金鉤觼，玉佩，五采綬，赤、白、玄、縹、緑，純赤質，三百二十首。小綬三色，同大綬，間施三玉環。大帶白表朱裏，上緣以紅，下緣以緑。白襪赤舄。其朔望朝、降詔、降香、進表、四夷朝貢、朝覲，則服皮弁。

諸王冠服

遠游冠

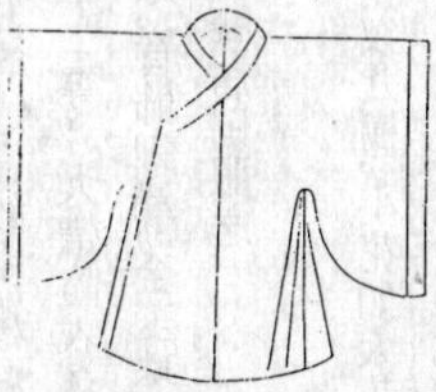

絳紗袍

蔽膝

中單

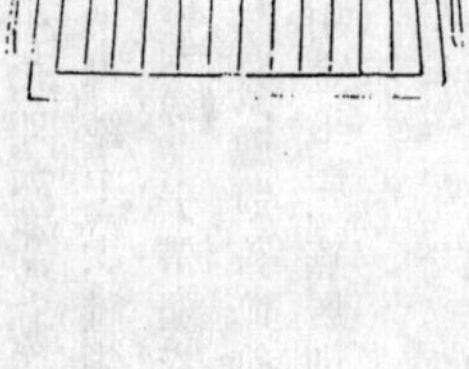

朱裳

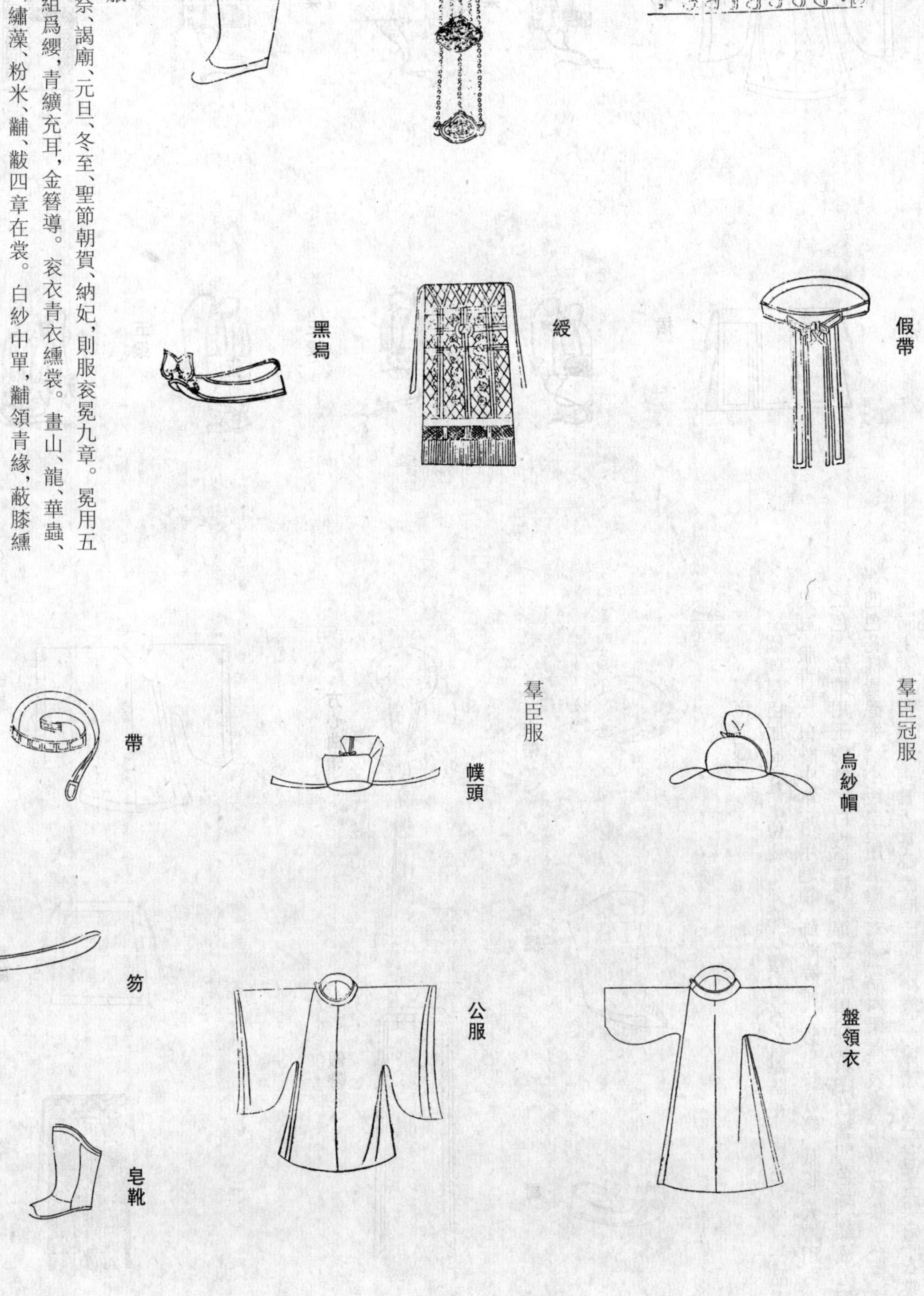

諸王冠服

國朝受册、助祭、謁廟、元旦、冬至、聖節朝賀、納妃，則服衮冕九章。冕用五采玉珠九旒，紅絲組爲纓，青纊充耳，金簪導。衮衣青衣纁裳。畫山、龍、華蟲、火、宗彝五章在衣，繡藻、粉米、黼、黻四章在裳。白紗中單，黼領青緣，蔽膝纁色，繡火、山二章。革帶金鈎䚢，佩綬。大帶表裏白羅，朱緑緣。白襪朱履。其朔望朝、降詔、降香、進表、四夷朝貢、朝覲，則服皮弁。

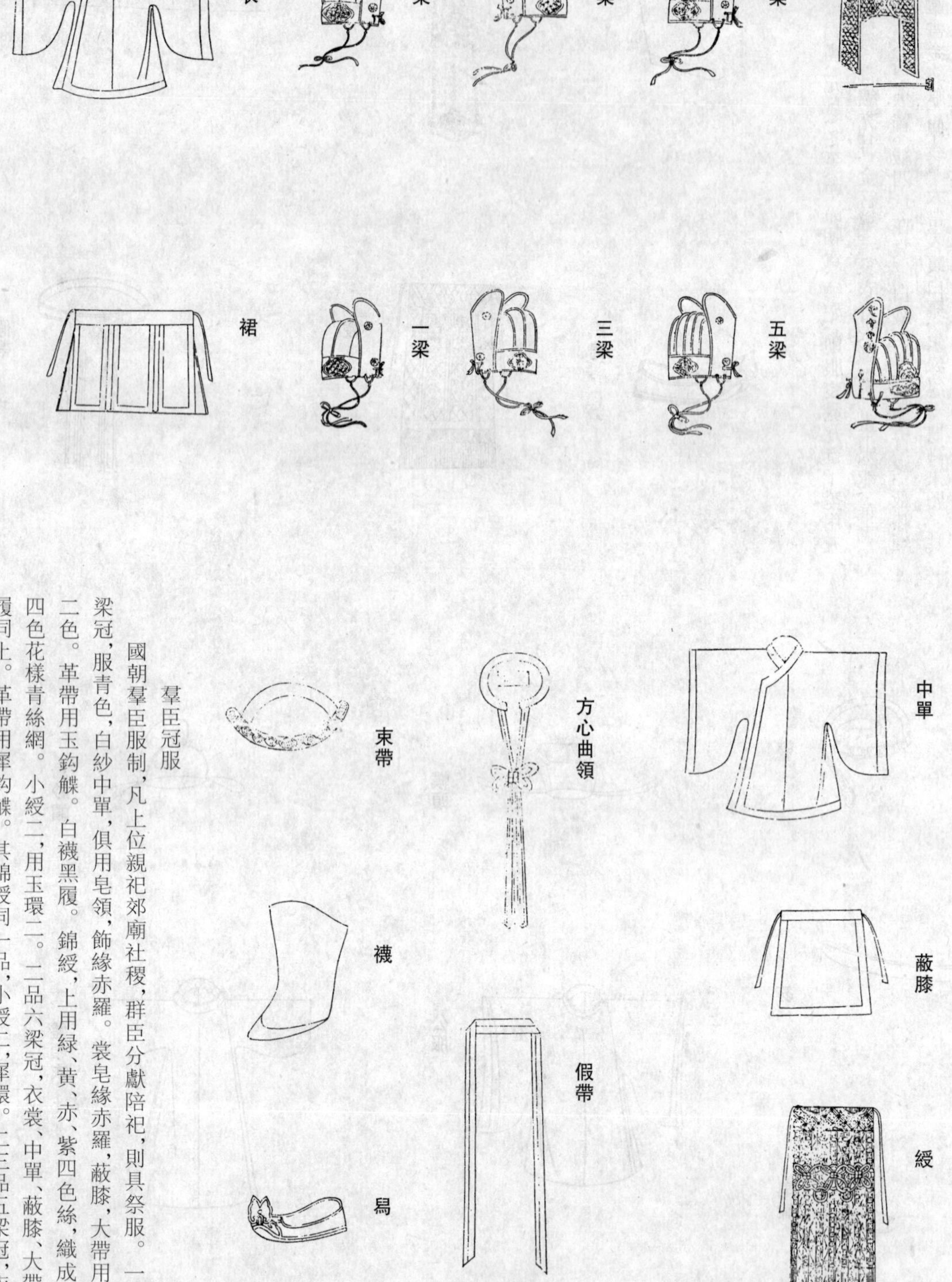

羣臣冠服

國朝羣臣服制，凡上位親祀郊廟社稷，群臣分獻陪祀，則具祭服。一品七梁冠，服青色，白紗中單，俱用皂領，飾緣赤羅。裳皂緣赤羅，蔽膝，大帶用白赤二色。革帶用玉鈎觽。白襪黑履。錦綬，上用緑、黄、赤、紫四色絲，織成雲鳳四色花樣青絲網。小綬二，用玉環二。二品六梁冠，衣裳、中單、蔽膝、大帶、襪履同上。革帶用犀鈎觽。其錦綬同一品，小綬二，犀環。二三品五梁冠，衣裳、中單、蔽膝、大帶、襪履同上。革帶用金鉤鰈。其錦綬用緑、黄、赤、紫四色織成雲鶴花樣青絲網。小綬二，金環二。四品四梁冠，衣裳、中單、蔽膝、大帶、襪履同上。革帶用金鉤鰈。其錦綬同三品，小綬二，金環二。五品三梁冠，衣裳、中單、蔽膝、大帶、襪履同上。其革帶用度金鉤鰈。其錦綬用緑、黄、赤、紫四色織成盤雕花樣青絲網。小綬二，銀環二。六品七品二梁冠，衣裳、中單、蔽膝、大帶同上。革帶用銀鉤鰈。其錦綬用緑、黄、赤三色絲織成練鵲花樣青絲網。小綬二，銀環二。八品九品一梁冠，衣裳、中單、蔽膝、大帶、襪履同上。其革帶用銅鉤鰈。錦綬用黄、緑二色織成鸂鶒花樣青絲網。小綬二，用銅環二。其笏五品以上用象，九品以上用槐木爲之。凡賀正旦、冬至、聖節，國家大慶會，則用朝服。一品七梁冠，衣赤色，白紗中單，俱用皂領，飾緣赤羅，裳皂緣赤羅，蔽膝、大帶用白赤二色。革帶用王鉤鰈，白襪黑履。錦綬，上用緑、黄、赤、紫四色絲織成雲鳳四色花樣青絲網。小綬二，用玉環二。二品六梁冠，衣裳、中單、蔽膝、大帶、韈履同上。革帶用犀鉤鰈。其錦綬同一品。小綬二，犀環二。三品五梁冠，衣裳、中單、蔽膝、大帶、襪履同上。革帶用金鉤鰈。其錦綬用緑、黄、赤、紫四色織成雲鶴花樣青絲網。小綬二，金環二。四品四梁冠，衣裳、中單、蔽膝、大帶、襪履同上。革帶用金鉤鰈。其錦綬同三品。小綬二，金環二。五品三梁冠，衣裳、中單、蔽膝、大帶、襪履同上。其革帶用鍍金鉤鰈。其錦綬用緑、黄、赤、紫四色織成盤鵰花樣青絲網。小綬二，銀環二。六品七品二梁冠，衣裳、中單、蔽膝、大帶同上。革帶用銀鉤鰈。其錦綬用緑、黄、赤三色絲織成練鵲花樣青絲網。小綬二，銀環二。八品九品一梁冠，衣裳、中單、蔽膝、大帶、襪履同上。其革帶用銅鉤鰈。錦綬用黄、緑二色織成鸂鶒花樣青絲網。小綬二，用銅環二。其笏五品以上用象，九品以上用槐木。其朔望朝見，及拜詔、降香、侍班、有司拜表、朝覲，則用公服。一品服赤色大獨科花，直徑五寸，玉帶。二品服赤色小獨科花，直徑三寸，花犀帶。三品服赤色散答花，直徑二寸，金帶鏤葵花一、蟬八。四品五品服赤色小雜花，直徑一寸五分，金帶鏤四品葵花一、蟬六。五品葵花一、蟬四。六品七品服赤小雜花，直徑一寸，光素銀帶，六品鍍金葵花一、蟬三。七品光素銀帶鍍金葵花一、蟬二。八品九品服赤無花，通用光素銀帶。其笏五品以上用象牙，九品以上用槐木。其幞頭、韡，並依舊制。

仙鶴補

錦鷄補

文官一品二品服色

孔雀補

雲鴈補

文官三品四品服色

白鷴補

文官五品服色

鷺鷥補

文官六品七品服色

鸂鶒補

文官六品七品服色

鵪鶉補

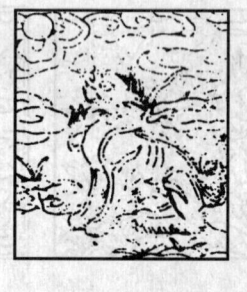

文官八九品併雜職服色

練雀補

文官八九品併雜職服色

黄鸝補

文官八九品併雜職服色

獬豸補

文官風憲衙門服色

一二仙鶴與錦鷄，三四孔雀雲鴈飛，五品白鷴惟一樣，六七鷺鷥鸂鶒宜，八九品官並雜職，鵪鶉練鵲與黄鸝，風憲衙門専執法，特加獬豸邁倫夷。

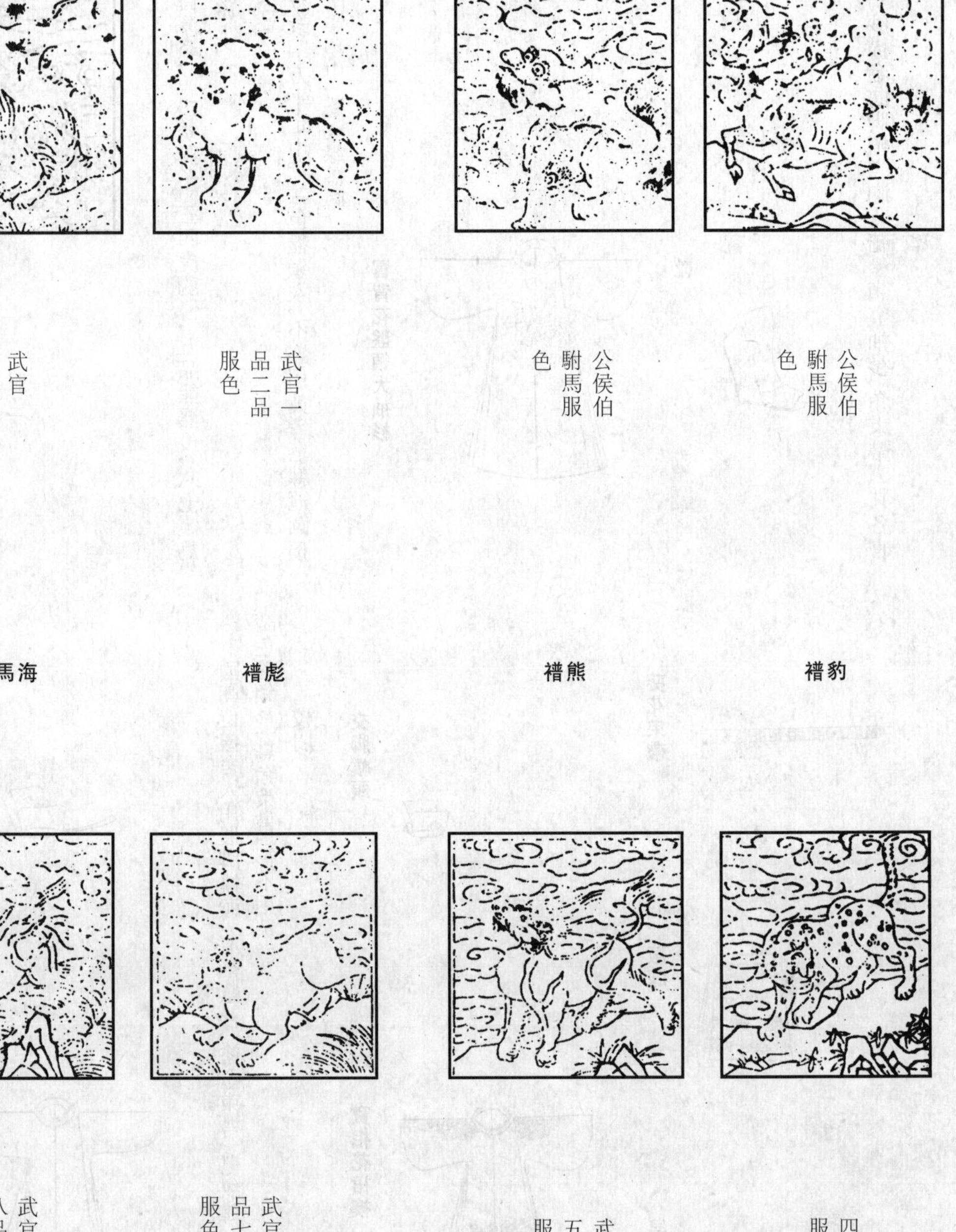
虎補
獅子補
白澤補
麒麟補
武官三品
武官一品二品服色
公侯伯駙馬服色
公侯伯駙馬服色
海馬補
彪補
熊補
豹補
武官八品
武官六品七品服色
武官五品服色
四品服色

九品服色

犙牛犀

公侯駙馬伯，麒麟白澤裘，一二繡獅子，三四虎豹優，五品熊羆俊，六七定爲彪，八九是海馬，花樣有犀牛。

士庶冠服

士庶初戴四角巾，今改四方平定巾。雜色盤領衣，不許用黃。皁隸冠圓頂巾，主皁衣。樂藝冠青卍字頂巾，繫紅緑搭膊。

內使烏紗帽

冒背花盤領大袖衫

角束帶

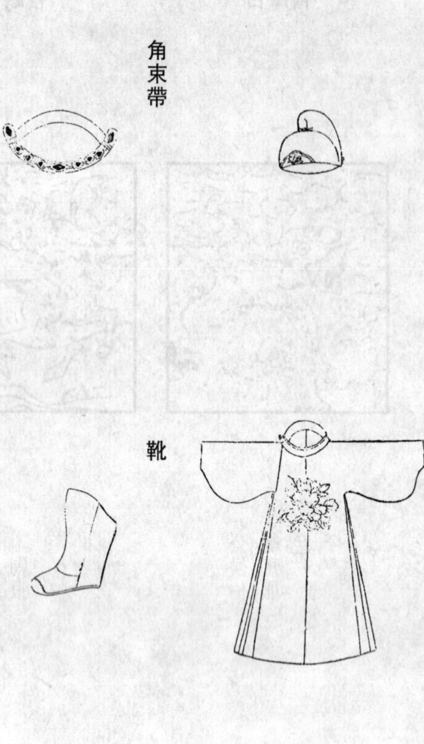
靴

國朝置內使監，冠烏紗描金曲脚帽。胸背花盤領窄袖衫，角束帶。其各官火者服則與庶人相似。

侍儀舍人

展脚幞頭

窄袖衫

國朝侍儀舍人用展脚幞頭，窄袖紫衫，塗金束帶，皁紋韡。常服烏紗唐帽，諸色盤領衫，烏角束帶，衫不用黃。

校尉

交脚幞頭

寶相花裙襖

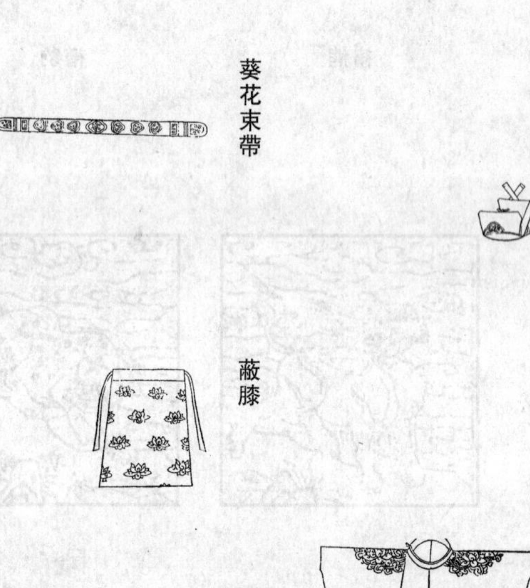
葵花束帶

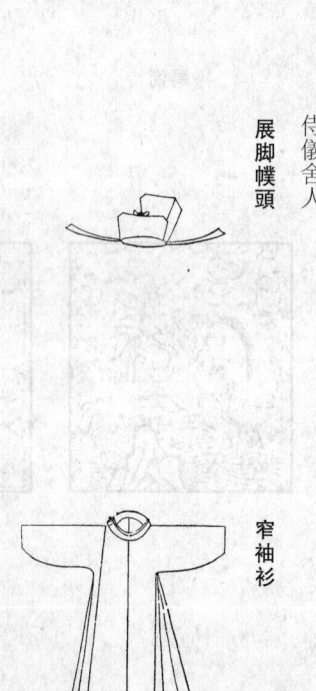

蔽膝

皂靴

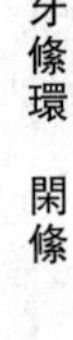

方頂巾

象牙條環　閑條

靴

腰線襖子

紅韂

校尉冠服

國朝凡執仗之士，其首服則皆服鏤金額交脚幞頭，其服則皆服諸色辟邪寶相花裙襖，銅葵花束帶，皂紋鞾。

刻期冠服

國朝謂之刻期冠，方頂巾，衣胸背鷹鷂花腰線襖子，諸色闊絲匾條，大象牙雕花環，行縢，八帶鞋。以赤線織成濶二寸許，隸人用以繫腰。

王圻、王思義《三才圖會・衣服卷三》

內外命婦冠服

國朝命婦一品冠花釵九樹、兩博鬢、九鈿。服用翟衣，色隨夫，用紫繡翟九重，素紗中單，黼領朱縠。褾襈、裾、蔽膝隨裳色。以緅爲領緣，加文繡重翟，爲章二等。大帶隨衣色，革帶用玉，青襪舄，佩綬。二品冠花釵八樹、兩博鬢、八鈿。服用翟衣八等，其色隨夫，用紫。革帶用犀角，並同一品。三品冠花釵七樹、兩博鬢、七鈿。翟衣七等，其色隨夫，用紫。革帶用金，餘同二品。四品冠花釵六樹、兩博鬢、六鈿。翟衣六等，其色隨夫，用紫。革帶用金，餘同三品。五品冠花釵五樹、兩博鬢、五鈿。翟衣五等，其色隨夫，用紫。革帶用烏角，餘同四品。六品冠花釵四樹、兩博鬢、四鈿。翟衣四等，其色隨夫，用緋。革帶用烏角，餘同五品。七品花釵三樹、兩博鬢、三鈿。翟衣三等，其色隨夫，用緋。革帶用烏角，餘同六品。

宮人冠服

宮人衣用紫色，團領窄袖，徧刺折枝小葵花，以金圈之珠絡縫金束帶，紅裙，弓樣鞋，上刺小金花。烏紗帽飾以花，帽額綴團珠，結珠鬢梳，垂珠耳飾。

士庶妻冠服

國朝首飾，許用銀，鍍金耳環用金珠，釧鐲用銀。服淺色團衫，許用紵絲、綾羅、紬絹。其樂妓則戴明角冠、皂褙子，不許與庶民同。

斬衰圖

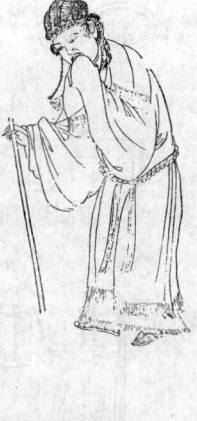

斬衰冠　首經　衣前　桐杖　裳制　管

腰經　絞帶　衣後　竹杖　屨

斬衰

按文公《家禮》云：斬不緝也。衣裳皆用極麄生布，旁及下際皆不緝。衣長過腰，足以掩裳。上際縫外向，背有負版，前當心有衰，左右有辟，領兩腋之下有衽，垂之向下，狀如燕尾，以掩裳旁際。裳前三幅，後四幅，縫内向，前後不連，每幅作三輒，輒謂屈其兩邊相著而空其中也。

冠制比衣裳用布稍細，紙糊爲材，廣三寸，長足跨頂，爲三輒，用麻繩一條，從額上約之，至頂後交過，前各至耳，結之爲武。武之餘繩，垂下爲纓，結於頤下。

首經以有子麻爲之，其圍九寸。麻本在左，從額前向右圍之，又以繩爲纓。

腰經圍七寸有餘，兩股相交，兩頭結之，各存麻。本散垂三尺，其交結處，兩旁各綴細繩繫之。

絞帶用有子麻繩一條，大半腰經，中屈之爲兩股，各一尺餘乃合之，其大如經，圍腰從左過後至前，乃以其右端穿兩股間，而反插於右，在經之下。

杖父用竹，本在下，毋用桐，上圓下方。

管屨以菅草爲屨，若今之蒲鞋。

婦人用極麄生布，爲大袖孝衫長裙蓋頭，皆不緝。竹釵麻鞋。衆妾則以背子代大袖，凡婦人皆不杖。

叙服

子爲父母。

庶子爲所生母。

子爲繼母。

子爲慈母。母卒，父命他妾養己者。

子爲養母。謂自幼過房與人。

女在室爲父母。

女嫁反在室爲父母。謂已嫁被出，而歸在父母家者。

嫡孫爲祖父母承重及曾高祖父母承重者。父不在，故嫡孫爲祖承重服若，父祖俱亡，而孫爲曾高祖後者同。

爲人後者，爲所後父母。

爲人後者，爲所後祖父母承重。

夫爲人後，則妻從服。

婦爲舅姑。即公婆。

庶子之妻爲夫之所生母。

妻妾爲夫。

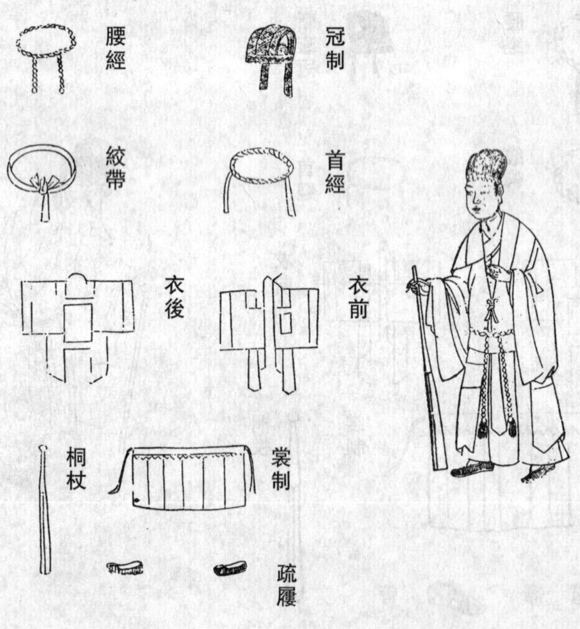

齊衰

齊，緝也。用次等麄生布，緝其旁及下際，餘同斬衰。

冠制，以布爲武及纓，餘同斬衰。

首經以無子麻爲之，圍七寸餘。本在右，末繫本下布纓，餘同斬衰。

腰經圍五寸餘，制同斬衰。

絞帶，齊衰以下布爲之，而屈其右端尺餘。削杖以桐爲之，上圓下方。

疏屨，麄屨也。以疏草爲之。

婦人衣服制同斬衰，但用布稍細，大功以下同。

叙服

嫡子衆子爲庶母。謂父之妾。

嫡子衆子之妻爲夫之庶母。
爲嫁母出母。即親生母因父卒改嫁，及父在被出者。
夫爲妻。
父卒，繼母改嫁，而已從之者。已上五條，俱齊衰杖期。
繼母爲長子及衆子。
父母爲嫡長子及衆子。
慈母爲長子及衆子。
孫爲祖父母父母。女雖適人不降。
爲伯叔父母。即伯伯、姆姆、叔叔、嬸嬸。
嫁母出母爲其子。
爲兄弟。
祖爲嫡孫。
妾爲嫡妻。
妾爲其父母。
父母爲長子婦。
爲姑及姊妹在室者。雖適人而無夫與子者同。
繼母改嫁爲前夫之子從已者。
爲兄弟之子及兄弟之女在室者。即姪男姪女。
婦人爲夫親兄弟之子。
爲繼父同居兩無大功之親者。繼父無子孫伯叔兄弟，已身亦無伯叔兄弟。
女在室及雖適人而無夫與子者，爲其兄弟及兄弟之子。姊妹及姪女在室者同。
婦人爲夫親兄弟之女在室者。
爲人後者爲其父母。即本生父母。
女出嫁爲父母。
女適人爲兄弟之爲父後者。
父母爲女在室者。雖適人而無夫與子者亦同。
妾爲夫之長子及衆子爲所生母。已上齊衰，不杖期，凡二十三條。
爲曾祖父母。女雖適人不降，已上一條，齊衰五月。
爲高祖父母。女雖適人不降。
爲繼父先曾同居今不同居者。
爲繼父雖同居而兩有大功以上親者。已上三條，俱齊衰三月。

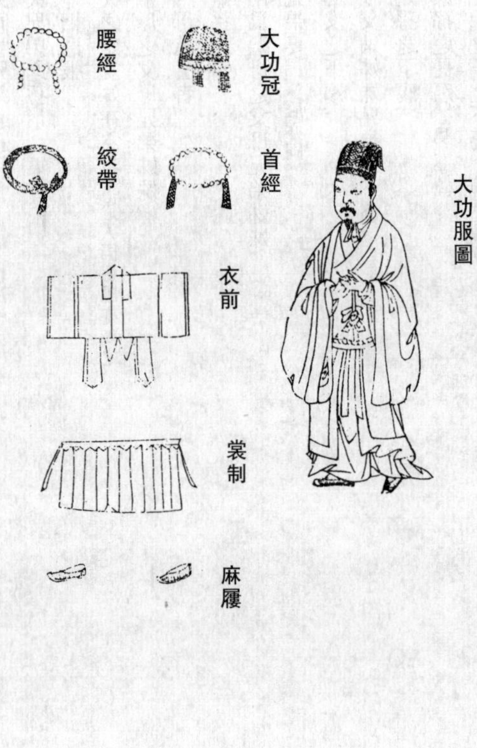

大功服圖

大功冠　首絰　衣前　裳制　麻屨

腰絰　絞帶

大功，言布之用功粗大也。服制同齊衰，但用布比齊衰稍熟耳。冠制同上。首絰圍五寸餘。腰絰四寸餘。絞帶同上。屨用布爲之。婦人服制同上，但用布稍熟耳。

叙服

爲同堂兄弟。姊妹在室同。
爲衆孫。女在室同。
爲女適人者。
爲姑姊妹適人者。
女適人爲兄弟姪。姑姊妹及姪女在室者同。
出母爲女。
爲人後者爲其兄弟。報服亦同。
女適人者爲伯叔父母。報服亦同。
爲人後者爲其姑姊妹在室者。報服亦同。
爲夫之祖父母。

爲夫之伯叔父母。

爲兄弟子之婦。

爲夫兄弟子之婦。

大爲人後者，其妻爲本生舅姑。

爲衆子婦。

爲子之長殤中殤。男女同。

爲叔父之長殤中殤。

爲姑姊妹之長殤中殤。

爲兄弟之長殤中殤。

爲嫡孫之長殤中殤。嫡曾玄孫同。

爲兄弟之子長殤中殤。

爲夫之兄弟之子長殤中殤。男女同。

長殤九月。中殤七月。

小功服圖

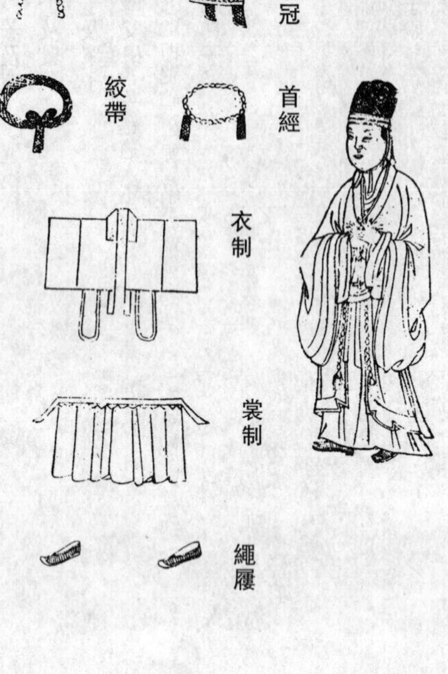

小功者，言布之用功細小也。服制同大功，但用布稍細耳。裳同上。冠辟積縫向左。首絰圍四寸餘。腰絰三寸餘。絞帶、屨用白布爲之。婦人服制同上，布稍熟細。

敘服

爲伯叔祖父母。

爲兄弟之孫。

爲兄弟之孫女在室者。

爲同堂伯叔父母。

爲同堂兄弟之子。

爲同堂兄弟之女在室者。

爲從祖姑姊妹之在室者。報服亦同。

爲從祖祖姑之在室者。報服亦同。

爲再從兄弟。

爲外祖父母。

爲同堂姊妹適人者。報服同。

爲母之兄弟姊妹。報服同。

爲人後者爲其姑姊妹適人者。報服亦同。

爲孫女適人者。

爲夫同堂兄弟之子。

爲夫兄弟之孫。

妯娌相爲服。

爲夫之姑姊妹在室者。適人同報服亦如之。

爲嫡母之父母兄弟姊妹。

爲庶母慈已者。

爲嫡孫之婦。

母出爲繼母之父母兄弟姊妹。

爲兄弟妻。報服亦同。

爲男女之下殤。

爲叔父姑姊妹兄弟之下殤。

爲嫡孫之下殤。

爲衆孫之長殤。男女同。

爲兄弟之子之下殤。男女同。

爲同堂兄弟姊妹之長殤。

爲人後者爲其姑姊妹兄弟之長殤。
出嫁姑爲姪之長殤。男女同。
爲夫兄弟之子下殤。男女同。爲夫之叔父之長殤。

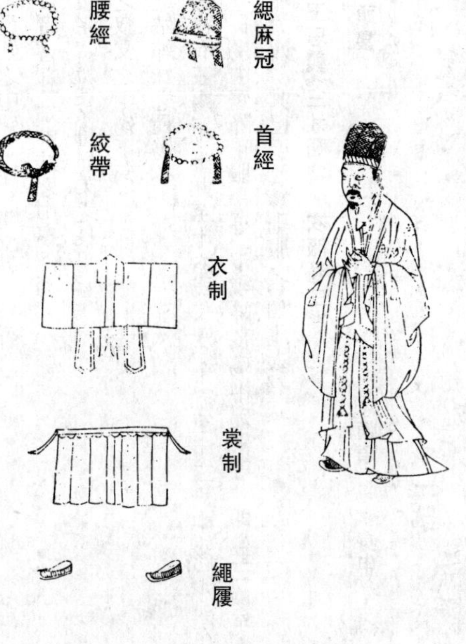

緦麻服圖

緦，絲也。治其縷細如絲也。又以澡治莩垢之麻爲絰帶，故曰緦麻。服制同小功，但用極細熟布爲之。裳同上。冠辟積縫向左。首絰圍三寸，腰絰圍二寸，並用熟麻爲之。婦人服制同小功，但布極熟細。

叙服

爲族兄弟。
爲族曾祖父母。
爲兄弟之曾孫。爲族祖父母。
爲兄弟之曾孫女之在室者。
爲外孫。男女同。
爲同堂兄弟之孫。同堂兄弟之孫女在室同，出嫁則無服。
爲再從兄弟之子。再從兄弟之女在室同，出嫁則無服。
爲曾孫玄孫。
爲從母兄弟姊妹。
爲舅之子。爲姑之子。
爲族曾祖姑在室者。報服亦同。
爲族祖姑在室者。報服亦同。
爲族姑在室者。報服亦同。
爲從祖姑姊妹適人者。報服亦同。
女適人者爲同堂伯叔父母。報服同。
庶子爲父後者爲其母。
爲從祖祖姑適人者。
爲人後者爲外祖父母。
爲兄弟之孫女適人者。報服亦同。
爲夫兄弟之曾孫。
爲夫同堂兄弟之孫。
爲夫再從兄弟之子。男女同。
爲衆孫之婦。
爲庶母。父之妾有子者。
爲乳母。
爲妻之父母。報服亦同。
爲夫之曾祖父母。
爲夫之從祖祖父母。
爲兄弟孫之婦。
爲夫之從祖父母。
爲夫兄弟孫之婦。
爲同堂兄弟子之婦。
爲甥之婦。
爲夫之外祖父母。
爲外孫婦。
爲同堂兄弟之妻。
爲夫之舅姨。
爲夫同堂兄弟子之婦。

爲夫之從父兄弟之妻。
爲夫之從姊妹在室及適人者。
爲姊妹之子之婦。
子爲父母，妻妾爲夫改葬，既葬除之。
爲從父兄弟姊妹之中殤下殤。
爲衆孫之中殤下殤。男女同。
爲從祖叔父之長殤。
爲舅姊之長殤。
爲從祖兄弟之長殤。
爲從父兄弟之子長殤。
爲兄弟之孫長殤。
爲從祖姑姊妹之長殤。
爲人後者，爲其兄弟之中殤下殤。
出嫁姑爲姪之中殤下殤。男女同。
爲人後者，爲其姑姊妹之中殤下殤。
爲人後者，爲從父母兄弟之長殤。
爲夫之叔父之中殤下殤。
爲夫之姑姊妹之長殤。

惟禮有三殤，年十九至十六爲長殤，十五至十二爲中殤，十一至八歲爲下殤。長殤中殤降正服一等，下殤降長殤中殤一等。即生三歲至七歲者，爲無服之殤。其已娶已嫁則服之，如成人。

王圻、王思義《三才圖會·衣服卷三》

頭鍪

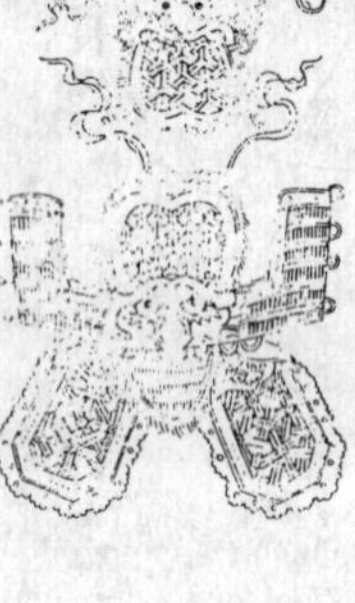
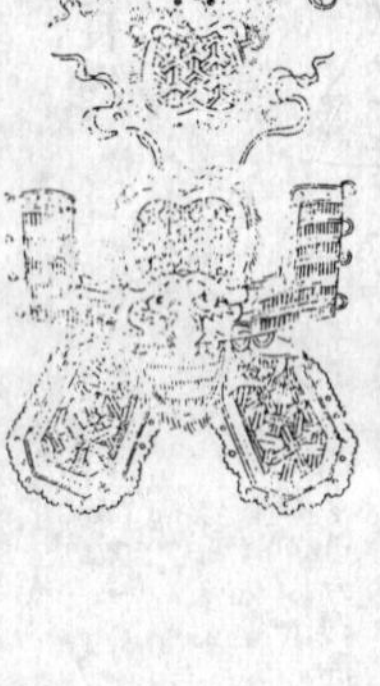
頓項　身甲

粵兵盔甲式

古有鐵皮紙三等。其制有甲身，上綴披膊，下屬吊腿，首則兜鍪、頓項。貴則鐵，則有鎖甲，次則錦繡緣繒裏馬裝則並以皮，或如列鐵，或如笏頭。上者以銀飾，次則朱漆二種而已。

面簾

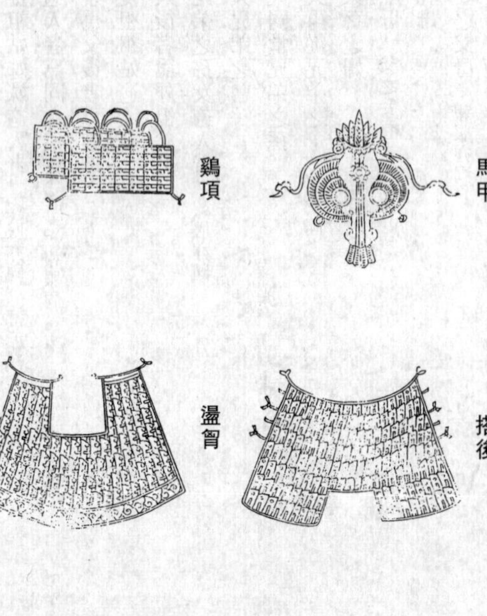
馬甲　鷄項　搭後　盪胷

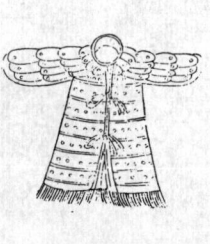

顧起元《客座贅語》卷四《乘馬衣冠》　唐景龍二年，皇太子將親釋奠於國學，有司草儀注，令從臣皆乘馬衣冠。左庶子劉知幾進議非之，内云：「江左官至尚書郎而輒輕乘馬，則爲御史所彈。又顔延年罷官後好騎馬出入閭里，當時稱其放誕。此則專車憑軾，可擐朝衣，單馬御鞍，宜從褻服。求之近古，灼然之明驗也。褒衣博帶，(大)〔革〕履高冠，本非馬上所施，自是車中之服。且長(裾)〔裙〕廣袖，襜如翼如，鳴珮紆組，鏘鏘奕奕，儻馬有驚逸，人從顛隊，遂使遺履不收，絓驂相續，(因)〔固〕以受嗤行路，有損威儀。乘馬衣冠，宜從廢改。」皇太子付外施行，且著爲式。今留都百官送表，朝服乘馬，陰雨時甚慄慄，有諳及舊典者，檢此荅之。

周祈《名義考》卷二《帢鞮幱》帢音恰，鞮音提，幱音闌。 古者以緇布爲冠，止於斂髮。魏武帝裁縑帛以爲帢。按，頭使下，今帽也。以皮爲履，止於拘足。趙武靈王作胡服，變履爲鞮，連脛服之，今靴也。上衣下裳，以隱形自蔽障，後魏胡俗，欲便於鞍馬，施帬於衣，爲橫幅而綴於下謂之幱，今長衫也。帢本軍容，鞮與幱皆胡服，古人冠裳之制，於是盡變矣。

孫承澤《天府廣記》卷五《宫殿》 范石湖《攬轡録》略曰：【略】尚書省在門外。東西則左右嘉會門二，有樓，即大安殿後門之後。至幕次黑布拂廬待班。有頃入宣明門，即常朝後殿門也。門内庭中列衛士二百許人，貼金雙鳳幞頭，團花紅錦衫，散手立。入仁政隔門，至仁政殿下，團鳳大花氈可半庭。殿兩旁有朶殿，朶殿上兩高樓，曰東西上閤門。兩廊悉有簾幙，中有甲士。東西御廊循簷各列甲士，東立者紅茸甲，金纏竿槍，黄旗畫青龍；西立者碧茸甲，金纏竿槍，白旗畫黄龍。至殿下皆然。惟立於門下者，錦袍持弓矢。殿兩階雜列儀物，幢節之屬，如道家醮壇威儀之類。使人由殿下東行上東階，却轉南，由露臺北行入殿閾，謂之欄子。金主幞頭紅袍玉帶，坐七寶榻。背有龍水大屏風，四壁帟幕皆紅繡龍，拱斗皆繡衣，兩楹間各有焚香大金獅鸞，地鋪禮佛毯，可一殿。

孫承澤《天府廣記》卷八《先農壇》 嘉靖中，建圓廩方倉以貯粢盛。耕之日，上具弁服詣壇躬祭如儀，更翼善冠黄袍，各官吉服。

孫承澤《天府廣記》卷一五《禮部上》

朝儀

洪武三年六月，定陞殿朝儀。禮官崔亮奏：凡朔望，上皮弁服御奉天殿。百官公服於丹墀東西對立，【略】凡具公服朝參者，毋舉手行私揖禮。其朝覲進表箋及謝恩皆公服，如面除而不及具服，即時謝恩者，勿拘。【略】

冕服：〔洪武〕十六年七月，定大朝，上服衮冕，玄衣纁裳。儒臣議曰：有虞氏玄衣黄裳，十二章，日、月、星辰、山、龍、華蟲六者繪之於衣，宗彝、藻、火、粉米、黼、黻六者繡之於裳，黼同裳色。周人玄衣纁裳，十二章。冕五采玉十有二旒，前後邃延朱紘，龍章素帶，朱裏絳辟，白玉佩玄珥綬，赤舄。漢冕廣七寸，長尺二寸，前圓後方，朱綠裏玄，上前垂四寸，後垂三寸，用白玉珠爲十二旒。玄衣纁裳，十二章，制絺繡文。唐冕廣尺二寸，長二尺四寸，玉簪，垂白玉珠十二旒，朱組纓，黈纊，深青衣纁裳，十二章，日、月、星辰、山、龍、華蟲、火、宗彝八章在衣，藻、粉米、黼、黻四章在裳，衣畫裳繡，自山、龍而下每章一行爲等，每行十二，衣褾領畫以升龍，白紗中單，黼領青褾襈裾，韍繡龍山火二章，舄加金飾。宗天板廣尺二寸，長二尺二寸，前圓。黄襪，黄舄金飾。從之。

嘉靖八年，定冠制，以圓匡烏紗冒之，冠上有覆板，長二尺四寸，廣二尺二寸，玄表朱裏，前圓後方，前後各七采珠玉十二旒，以黄赤青白黑紅玉爲之，玉珩玉簪導朱纓，青纊充耳，綴以玉珠二。凡尺皆以周尺爲度。衣玄色，凡織六章，日、月在肩，各徑五寸，星、山在後，龍、華蟲在兩袖，長不掩裳之六章。裳黄色，爲幅七，前三幅後四幅，連屬如帷，凡繡六章，分作四行，火、宗彝、藻爲二行，米、黼、黻爲二行。中單素紗爲之，青緣領，織黻文十二。蔽膝隨裳色，羅爲之，上繡龍一，下繡火三，繫於革帶。大帶素表朱裏，上緣以朱，下以緑，不用錦。革帶前用玉，其後無玉，以佩綬繫而掩之。朱襪，赤舄，黄緣，玄纓結。圭白玉爲之，長尺二寸，剡其上，下以黄綺約之，上刻山形四，盛以黄綺囊，藉以黄錦。

凡朔望視朝、降詔、降香、進表、四夷朝貢朝覲，則服皮弁服，用黑紗冒之，前後各十二縫，其中各綴五采玉。十二縫，及冠武并貫簪繫纓處皆飾以金，玉簪，朱紘纓，玉以赤白青黄黑相次。玉圭長如冕服之圭，有脊并雙植文剡其上，黄綺約其下，及有韜，金龍文。絳紗袍，本色領褾，襈裾，紅裳，如冕服内裳制，但不織章數。中單以素紗爲之，如深衣制，紅領褾，襈裾，領織黻文十二。蔽膝隨裳色，本色緣。玉鉤二，玉佩、大帶、大綬、襪、膝俱如冕服内制。【略】

洪武二十四年六月，更定文武官朝服。自公侯駙馬伯一品至九品俱用赤羅衣白紗中單，皆青飾領緣，赤羅爲裳，亦用青緣，蔽膝同裳色，大帶用赤色、白色絹，白襪，黑履。公冠八梁，加籠巾貂蟬，立筆五折四柱，香草五段，前後用玉爲蟬。侯冠七梁，加籠巾貂蟬，立筆四折四柱，香草四段，前後用金爲蟬。伯冠七梁，加籠巾貂蟬，立筆二折四柱，香草二段，前後用玳瑁爲蟬，俱左插雉尾。駙馬冠與侯同，不用雉尾。一品官七梁，不用籠巾貂蟬，二品六梁，三品五梁，四品四梁，五品三梁，六品七品二梁，御史加獬豸，八品冠一梁。革帶：公侯駙馬伯及一品用玉，二品用犀，三品四品用金，五品用鈒花銀，六品七品用銀，八品九品用烏角。珮：公侯至三品用玉，四品以下用藥玉。綬：公侯駙馬伯及一品用黄緑赤紫四色，雲鶴花錦玉環二；二品綬同，俱用犀環二；三品四品用黄緑赤紫四色，錦鷄花錦金環二；五品用黄緑赤紫四色，盤雕花錦銀度金環二；六品七品用黄緑赤三色，練鵲花錦銀環二；八品九品用黄緑二色，鸂鶒花錦銅環二。自雲鶴以下花紋并環皆織成，俱下結青絲網。笏，自五品以上至公侯皆用象牙，六品以下用槐木。

朔望朝見則用公服。員領右衽，袍或紵絲紗羅絹，從宜製造。袖寬三尺。公侯駙馬以下至四品用緋，五品至七品用青，八品以下并雜職官用緑。暗織花樣。公侯駙馬及一品用大獨科葵花，徑五寸；二品用小獨科葵花，徑三寸；三品用散葵花，無枝葉，徑二寸；四品五品小雜花紋，徑一寸五分；六品七品小雜花紋，徑一寸；八品以下無紋。幞頭：用漆紗二等展角各長一尺二寸，未入流雜職止用垂帶。笏：如具朝服之制。腰帶：公侯駙馬伯及一品玉帶，或花或素，二品犀帶，三品四品用荔枝帶，五品以下用烏角帶。鞓：用青革，仍垂撻尾於下。靴：用皂。在京文武官於每日早朝奏事及侍班謝恩見辭則服之，遇雨雪則易便服。武官應直守衛則不服。在外文武官員於每日早公座亦服之。其文武官陪祭服，一品至九品並同朝服，但不用赤。【略】

中宫朝儀

命婦朝賀中宫之儀：【略】皇后冠服：冠爲圓匡，冒以翡翠，上飾以九龍四鳳，大花十二樹，小花如大花之數，兩博鬢，十二鈿，服褘衣深青爲質，畫翠赤質五色十二等，素紗中單，黼領朱羅縠褾襈裾，蔽膝隨衣色，以緅爲領緣，用翟爲章三等，大帶隨衣色，朱裏紕其外，上以朱錦，下以緑錦，紐約用青組玉，革帶，青襪，青舄，舄以金飾。凡朝會受册謁廟皆服之。燕居則服雙鳳翊龍冠，首飾釧鐲，以金玉珠寶翡翠隨用，諸色團衫金繡龍鳳文，帶用金玉。

宫官服用紫色圓領窄袖，徧刺折枝小葵花於上，以金圈之，珠絡縫，金束帶，紅裙，弓樣鞋，烏紗帽，飾以花帽額，綴團珠結珠鬢梳，垂珠耳飾。

命婦冠服：照二十四年重定，公侯伯及一品冠用金事件，珠翟五個，珠牡丹開頭二個，珠半開三個，翠雲二十四片，翠牡丹葉一十八片，翠口圈一副，上帶金寶鈿花八個，金翟二個，口銜珠結二個。二品至四品冠用金事件，珠翟四個，珠牡丹開頭二個，珠半開四個，翠雲二十四片，翠牡丹葉一十八片，翠口圈一副，上帶金寶細花八個，金翟二個，口銜珠結二個。五品六品冠抹金銀事件，翟三個，珠牡丹開頭二個，珠半開五個，翠雲二十四片，翠牡丹葉一十八片，翠口圈一副，上帶抹金銀寶細花八個，抹金銀翟二個，口銜珠結二個。七品至九品冠用抹金銀事件，珠翟二個，珠月桂開頭二個，珠半開六個，翠雲二十四片，翠月桂葉一十八片，翠口圈一副，上帶抹金銀寶細花八個，抹金銀翟二個，口銜珠結二個，服用大袖衫霞帔褙子各一。大袖衫真紅色，一品至五品紵絲綾羅隨用，六品至九品綾羅紬絹隨用。霞帔皆深青段疋，公侯伯一品二品上施蹙金繡雲霞翟文，三品四品蹙金繡雲霞孔雀文，並鈒花金墜子，五品繡雲霞鴛鴦文鍍金鈒花銀墜子，六品七品繡雲霞練鵲文，八品九品繡纏枝花文並鈒花銀墜子，褙子皆用深青緞疋，其金繡文與霞帔同，惟八品九品繡摘枝圓花。入内朝見君后，在家見舅姑并夫及祭祀，許用冠服，餘皆常服。其常服用顔色圓領衫，不得仍用元服。朝服俱用青羅爲衣，白紗中單，赤羅裳，俱皂領緣，方心曲領，常服用雜色紵絲綾羅綵繡花樣。【略】

冠服之制

元年，定皇太子、諸王、皇妃、皇太子妃、王妃、王世子冠服。皇太子從皇帝祭天地宗廟社稷及受册，元旦、冬至，聖節朝賀，納妃，皆被衮冕。其制九旒，每旒九玉，紅絲組纓，金簪導，兩玉瑱。衮服九章，玄衣畫山、龍、華蟲、火、宗彝五章，纁裳繡藻、粉米、黼、黻四章。白紗中單，黼領，蔽膝隨裳色，繡火、山二章。革帶金鉤艓，玉佩五采綬，赤白玄縹緣純赤質三百二十首，小綬三色同大綬，間施三玉環，大帶白表朱裏，上緣以紅，下緣以緑，白襪赤舄。其朔望朝、降詔、降香、進表、四裔朝貢朝覲則服皮弁。

諸王冠服：凡受册、助祭、謁廟、元旦、冬至、聖節朝賀、納妃，則服衮冕九章，冕用五采玉珠九旒，紅絲組爲纓，青纊充耳，金簪導。衮衣青衣纁裳，畫山、龍、華蟲、火、宗彝五章在衣，繡藻、粉米、黼、黻四章在裳，白紗中單，黼領青緣，蔽膝纁色，繡火、山二章，革帶金鉤艓，佩綬，大帶表裏白羅朱緑緣，白襪，朱履。其朔望朝、降詔、降香、進表、四裔朝貢朝覲則服皮弁。

皇妃冠服：冠飾以九翬四鳳，花釵九樹，小花如大花之數，兩博鬢九鈿，翟衣青質編次於衣及裳重爲九等。青紗中單，黼領朱縠褾襈裾，蔽膝隨裳色，加文繡重雉爲章二等，以緅爲領緣，大帶隨衣色，玉革帶，青襪舄，佩綬。凡受册、助祭、朝會諸大事服之。鸞鳳冠。首飾釧鐲用金玉珠寶翠，諸色團衫，金繡鸞鳳，不用黄，束帶用金玉犀，燕居則服之。

皇太子妃、王妃冠服：凡受册、助祭、朝會諸大事與皇妃同，惟王妃以素紗中單爲別。其燕居則服犀冠，刻以花鳳，餘與皇妃同，皆參酌唐宋之制而定之。

二十一年九月，定王世子冠服禮儀：冕服各七章，冕繅七就，前後各七旒，旒七玉，繅玉皆白蒼二采。衣青質，以火、宗彝、華蟲爲文，裳纁色，藻色采黼黻爲文。珮用白玉而玄組，綬用紫質，紫黄赤爲采，雙白玉環。舄韍皆赤色。素中單，青領褾。圭長七寸，闊三寸，厚半寸，剡上左右各半寸。

嘉靖中上諭張孚敬曰：兹者光澤王奏請冠服之式，以便遵服。朕已允其言。今思其製當以燕弁爲準。親王用九襈，世子郡王用八襈，郡王長子用七襈，俱去簪與五玉，後山皆一扇爲之，分畫爲四，服用青身青緣，前後方龍補各一，身用素地，邊用雲，帶用青，衣緑裏，履用皂，白襪。其補子郡王以上許綵粧，郡王長子止許織金爲之，未知可否，卿其詳看來聞。張孚敬回奏云：臣謹按國朝定制：天子冕冠十二旒，皮弁十二縫，皆象十二月也，今燕弁用十二縫，正如其數。又親王冕冠九旒，皮弁九縫，今燕弁宜用九襈，親王世子冕冠八旒，皮弁八縫，今燕冠宜用八襈，郡王冕冠七旒，皮弁七縫，燕冠亦用七襈，兹聖諭以世子郡王俱用八襈，郡王長子用七襈，竊謂郡王冠冕皮弁既俱七旒七縫，今燕冠若同親王世子八襈，恐燕服之制獨與公服等數不合，或宜用七襈，庶與冠弁之數相合。其郡王長子或宜殺，用六襈，自鎮國將軍以下，各依原忠靖冠品官之制服之可也。又思燕弁冠服及忠靖冠服俱欽定名，今諸王冠服宜更定名，伏乞裁示。上曰：卿回奏具見詳明。大朝冠公服止於七數，閑常所用反重之，可乎？郡王之冠仍宜七數，其郡王長子既無冕弁，只可同鎮國將軍之制可也。惟冠五襈以分等差，一如忠靖之制式，又其名當異於朝廷，庶別天子諸侯也，或名之曰保和，曰寧義。孚敬請用保和，從之。

崇禎庚辰，上傳禮部：今百官燕居皆用世廟所製忠靖冠服，賜閣臣五人各一襲，復以二襲下部爲式。

上燕弁冠玄端服，襯以深衣，素帶玄履，冠用烏紗，上分金線十二瓣，前飾五采玉雲各一，後列四山雙玉簪。服即古玄端制，身用玄邊緣青，兩肩繡日月，前蟠圓龍一，後蟠方龍二，邊加龍文八十一，領與兩袪共龍文五九，衽同，前後齊，共龍文四九。深衣黄色，袂圓袪方，下齊負繩及踝十二幅。素帶衣裏青衣緑，緣邊腰圍飾以玉龍九片。玄履朱緣，紅纓黄結，襪用白。

十八年四月，賜文武官錦綬。初以朝服錦綬民間不能製，命工部織成頒賜之。至是文官五品以上、武官三品以上皆賜給，俱不用龍鳳文。

百官衣服，自十月初四日至次年三月初三日穿紵絲，自三月初四日至四月初三日穿羅，自四月初四日至九月初三日穿紗，自九月初四日至十月初三日穿羅，俱司禮監預題，以中旨行之。

元年，定未入流官冠服。凡在外諸處提控、案牘及吏目、典史、税課局、閘壩等官服制皆准侍儀舍人，冠無梁，服赤羅服，青緑飾，赤羅蔽膝，烏角帶，紅白大帶，槐木笏，白襪，黑履，不用中單，去珮、綬。

詔定官員親屬冠服之制。禮部尚書崔亮等定議，凡天下内外官員父、兄、伯、叔、子、孫、弟、侄用烏紗帽，軟脚垂帶，圓領衣，烏角帶。在外閽者圓領衣，烏角帶，帽四角稍垂。内外衙門隸卒，烏紗，平頂巾，雙環，圓領衣，用細絹布繫腰，黑鞓帶，銅鐵骨角束子。軍士隨軍裝，揺手與隸卒同。曾經委用閑散官員用烏角軟脚垂帶，圓領衣，烏角束帶。從之。

十八年五月，頒命婦翠雲冠制於天下。其制飾以珠翠，前用珠菊花三，珠蕋菊二，翠葉二十七，葉上翠雲五，雲上用大珠五，後用珠菊花一，珠菊蕋三，翠葉一十四，兩傍插金雀口啣珠結一雙。金雀惟公侯一品二品命婦用之，三品四品則用金孔雀，五品用銀鴛鴦，六品七品用銀練鵲，俱鍍以金，啣珠結一雙，八品九品用銀練鵲，以金間抹之，啣小珠桃牌一雙。

勅外命婦一品至七品未受封者，不得戴山松特髻。

五年四月，定凡品官祖母及母與子孫、同居親弟、侄婦女禮官服，合依本官所居職官品級，通用漆紗珠翠慶雲冠，大衫霞帔褙子上緣襈襖裙，惟山松特髻止許受封誥勅者用之。品官次妻許用本品珠翠慶雲冠褙子爲禮服，銷金闊領長襖、長裙爲常服。婢使人等綰頂髻，用絹布狹領長襖、長裙，小婢使綰雙髻，用長袖短衣、長裙。

定品官女子在室者，宋制女年二十而笄，服飾之制作三小髻，金釵珠頭，帛窄袖褙子，宜如其制。

宫官之制

五年六月，定宫官女職之制。【略】

是年定內命婦冠服制。禮部奏：唐制貴妃一品，昭儀二品，婕妤三品，美人四品，才人五品，冠服並用花釵翟衣，寶林六品，御女七品，采女八品，冠服同尚宮等，並鈿釵禮衣。宋內命婦貴妃一品，大儀二品，婕妤三品，美人四品，才人五品，貴人無視品，冠服並用花釵翟衣。自國夫人、縣君及充司簿、司賓者，並賜冠帔。今內命婦增設貴人一等，才人二等，參酌唐宋之制，自三品以上宜用花釵翟衣，貴人視四品，才人視五品，並同尚宮等，用山松特髻大衫，以爲禮服。於是詔以貴人爲三品，以后妃燕居冠及大衫霞帔爲朝會禮服，珠翠慶雲冠、鞠衣褙子緑襈襖裙爲常服。

孫承澤《天府廣記》卷一六《禮部下》

祭服

四年九月，定祭服。上親祀圜丘、方丘、太廟及日月壇，服袞冕；祭星辰、社稷、太歲、風雲雷雨、嶽鎮海瀆、山川、先農，皆用皮弁，羣臣陪祭各服本品梁冠祭服。【略】

品官家用祭服公服

六年五月，詔定品官家用祭服公服。上諭禮部曰：古者士大夫祭宗廟，亦有祭服，其見私親尊長亦必有公服，其議制度等殺以聞。於是定議品官之家私見尊長而用朝君公服，於理未安，宜別製梁冠絳衣絳裳革帶大帶白韈烏舄佩綬，其衣裳去緑襈，三品以上用佩綬，三品以下不用。其祭服三品以上去方心曲領，三品以下并去佩綬。從之，仍令如式製祭服賜公侯各一襲，以爲祭家廟之用。

大臣哀禮

二年十月，以開平武忠王常遇春之没，命禮部議天子爲大臣發哀禮。禮官言：周制，王哭諸侯，大宗伯爲上相。檀弓曰：天子之哭諸侯也，雀弁絻衣。自周以降，天子爲諸王妃、公主、大臣、宗戚、外祖父母、後父母、內命婦及蕃國主之喪皆有舉哀之禮。漢東海恭王薨，明帝幸津門亭發哀，晉長樂公主、扶風王亮薨，武帝並舉哀三日。唐永安王孝基薨，高祖爲之發喪。宋汝南郡王晉、王夫人符氏薨，天子皆爲之素服舉哀。此爲諸王妃主而舉哀也。魏司馬曹真薨，帝幸城東，張帳而哭之。唐太子右衛率李大亮卒，太宗爲之素服舉哀於別殿。宋太師趙普薨，太宗爲之素服舉哀。樂安郡公惟正薨，仁宗素服發哀於後苑。此爲大臣宗戚而舉哀也。今請以宋太宗爲韓王趙普舉哀故事議，聞訃日於西華壬地設御幄南向，陳御座於正中，上置素褥，侍儀司設訃者位御幄前之南，設文武官陪哭位於幄前東西相向，奉慰位於訃者位之北，北向，設贊禮二人位於訃者拜位之北，引訃者二人位於贊禮之南，引文武官四人位於文武官陪位之北，皆東西相向。

談遷《北游録·紀聞下》【滿製】《遼史》太宗德光入晉之後，皇帝與南班漢官用漢服，太后與北班契丹臣僚用國服。其漢服即五代晉之遺製也，帝袞冕祭祀宗廟，遣上將出征，飲至，踐祚，加元服。乾亨以後，雖北面三品以上，亦用漢服，重熙以後大禮並漢服矣。皇太子、親王、諸王俱遠游冠，三梁，制稍別。《金史》太宗皇統元年始御袞冕，章宗明昌三年四月壬寅朔，令宣聖廟釋奠三獻官并執事與享者並法服，陪位學官公服，學生儒服。《元史·禮志》載冕服。今順治二年閏六月朔，定官民服飾。公起花金帽頂，上銜大紅寶石嵌東珠三，帶用員玉板四塊圍以金，內鑲一緑松子石。一品侯伯同，帽頂如上，嵌東珠一，帶用方玉板金鑲，鑲一紅寶石。二品帽頂紅寶石，嵌小紅寶石，帶用花金圓板四，鑲紅寶石一。三品帽頂銜一大紅寶石，中嵌小藍寶石，帶止花金圓板。四品帽頂銜藍寶石，中嵌藍小寶石，帶花金圓板，銀鑲邊。五品帽頂銜水晶一，嵌小藍寶石一，帶素金圓板四，銀鑲邊。六品帽頂止銜水晶一，帶用圓玳瑁板四，銀鑲邊，七品頂嵌小藍寶石一，帶素銀板四。八品花金頂帶，明羊角圓板四，銀鑲。九品雜職同，花銀頂帶，烏角圓板四，銀鑲。貢士金雀頂，高二寸，帶同八品，青袍藍緣，披領同。諸生銀雀頂，帶同九品，藍袍青緣，披領同。吏民烏角葫蘆頂，衣及領純青。命婦如其夫之服，亦固姑帽，披領窄袖楚製，長可拂地，辮髮周環雜飾寶。朝衣上下兩截，其下幅摺折不拘數，如貂裘另緣以皮，針工累數日方就。江南有滿洲巾，其製不知所自。按明初崑山郭翼羲仲有《完顏巾歌》云：完顏巾，金粟道人所製，寄鐵崖先生楊維楨。先生賦長歌以謝，率余同作。註云：金人之常服，四帶巾，盤領衣，烏皮靴，其束帶曰吐鶻，玉爲上。巾之制以皂羅若紗爲之，上結方頂，折垂于後，頂之下際兩角，各綴方羅。

談遷《國榷》卷三《太祖洪武元年》〔二月〕戊辰，陶安等議五冕。上曰：五冕禮太繁，今大祀服袞冕，社稷等祀服通天冠絳紗袍，餘已之。

談遷《國榷》卷四《太祖洪武四年》〔正月戊子〕詔禮部參倣歷代祀郊廟社稷日月諸神冕服并百官陪祭冠服之制。凡郊廟日月服袞冕，餘用皮弁服。陪祭各服本品梁冠祭服。

談遷《國榷》卷一八《成祖永樂二十二年》〔十一月〕禁教坊司樂人衣帽靴違式。

談遷《國榷》卷二〇《宣宗宣德二年》〔八月〕庚申，監察御史嚴繼先言：近吏部老疾去官者，例革冠帶爲民。夫老疾實非得已，亦曾受誥敕封贈，既不得罪，輒去冠帶，謂激賞何。上是之，命引疾者皆冠帶還鄉。

談遷《國榷》卷二六《英宗正統十二年》〔正月〕戊寅，諭工部，禁僭用織繡蟒龍飛魚斗牛等服及違禁花樣。

談遷《國榷》卷二七《英宗正統十四年》〔二月丙寅〕禁邊衛僭服麟獅虎豹犀海馬及禿袖夷帽。

談遷《國榷》卷六三《世宗宗嘉靖四十年》〔三月〕壬午，製大祀袞冕皮弁。

談遷《國榷》卷九一《思宗崇禎三年》〔二月戊寅〕先是禮科給事中葛應斗言：我太祖諭，足民食在禁末作，足民衣在禁華靡，四民各守其業，不許游惰，民家不許錦繡，誠有鏡于治源，爲萬世程至明也。承平既久，風俗日侈，器服裝飾，樂舞音容，通于王公，達于衆庶，恥儉約而愚貞廉，男則女飾，女則道裝。嗟嗟，貧民八口，終歲勤動，水旱正供，苦難卒歲，而富商大賈，操奇贏利，獲倍于農。金生粟死，管子所歎。我皇上首罷織造，減珍羞，節儉以先天下，豈容臣庶侈靡踰制，宜嚴禁之。報可。禮部覆曰：近日胥吏峨冠切雲，僮隸倡優錦綺曳地，朱碧紅紫，刺繡纂組，日異月新，一倡羣效，以至居室器用，無不夸奇。豪貴一筵，抵窮民歲費，無惑乎公私匱竭，財用日耗，簠簋多不飭也。謹遵明旨逐欵開具，一定品官士庶巾帽及品官輿馬蓋扇，一定士庶妻女衣飾，一定品官士庶房舍，一定僧道尼姑不許紵絲、紬、絹、紗、羅，一定官吏士庶之家牀榻椅褥，一定官吏宴會器皿用古銅器，一禁民間賽會。

官修《大明會典》卷六〇《禮部一八·冠服一》 國朝上下冠服，皆損益前代之制，具載大明集禮及職掌。嘉靖初，又釐正袞冕及朝祭等服，而武弁、燕弁、保和、忠靜等冠服，特出創制，今備列焉。

袞冕

凡祭天地、宗廟，及正旦、冬至、聖節，則服袞冕。見《職掌》。祭社稷、先農、册拜，亦如之。見《集禮》。

洪武十六年定

冕，前圓後方，玄表纁裏。前後十二旒，每旒五采玉十二珠，五采繅十有二就，就相去一寸。紅絲組爲纓，黈纊充耳，玉簪導。

袞，玄衣黄裳，十二章。日、月、星辰、山、龍、華蟲六章，織在衣，宗彝、藻、火、粉米、黼、黻六章，繡在裳。

白羅大帶，紅裏。

蔽膝，隨裳色，繡龍、火、山文。

玉革帶，玉佩。

大綬，六采，赤、黄、黑、白、縹、緑。小綬三色同大綬，間施三玉環。

白羅中單，黻領青，緣襈。

黄襪，黄舄，金飾。

二十六年定，袞冕十二章。

冕，版廣一尺二寸，長二尺四寸，冠上有覆，玄表朱裏。前後各有十二旒，旒五采，玉珠十二。玉簪導，朱纓。

圭，長一尺二寸。

袞，玄衣，纁裳。衣六章。織日、月、星辰、山、龍、華蟲，裳六章，織宗彝、藻、火、粉米、黼、黻。

中單，以素紗爲之。

紅羅蔽膝，上廣一尺，下廣二尺，長三尺，織火、龍、山三章。

革帶，佩玉長三尺三寸。

大帶，素表朱裏，兩邊用緣，上以朱錦，下以緑錦。

大綬，六采，用黄、白、赤、玄、縹、緑織成。純玄質，五百首。小綬三色同大綬，間織三玉環。

朱韈，亦舄。

永樂三年定，冕冠十有二旒，冠以皂紗爲之。上覆曰綖，桐板爲質，衣之以綺，玄表朱裏，前圓後方，廣一尺二寸，長二尺四寸。用周尺。前後各十有二旒，每旒各五采繅十有二就，貫五采玉珠十二，赤、白、青、黄、黑相次。以玉衡維冠，玉簪貫紐，紐與冠武弁繫纓處，皆飾以金，綖以左右垂黈纊充耳，用黄玉。繫以玄紞，承以白玉瑱，朱紘。

玉圭，長一尺二寸，剡其上，刻山四，蓋周鎮圭之制，以黄綺約其下，别以袋韜之，金龍文。

袞服十有二章。玄衣八章，日、月、龍在肩，星辰、山在背，火、華蟲、宗彝在袖，每袖各三。皆織成，本色領褾襈裾。纁裳四章，織藻、粉米、黼、黻各二。前三幅，後四幅，前後不相屬，共腰有襞積，本色綼裼。

中單，以素紗爲之，青領褾襈裾，領織黻文十三。蔽膝，隨裳色。四章，織藻、粉米、黼、黻各二。本色，緣有紃施于縫中，其上玉鈎二。

玉佩二，各用玉珩一，瑀一，琚二，衝牙一，璜二。瑀下有玉花，玉花下又垂二玉滴。瑑飾雲龍文，描金。自珩而下，繫組五，貫以玉珠，行則衝牙二滴，與璜相觸有聲。其上金鉤二，有二小綬，六采以副之。六采，黄、白、赤、玄、縹、緑，纁質。

大帶，素表朱裏，在腰及垂皆有綼，上綼以朱，下綼以緑，紐約用素組。

大綬，六采，黄、白、赤、玄、縹、緑，纁質。小綬三色同大綬，間施三玉環，龍文，皆織成。

韈、舄皆赤色。舄用黑絇純，以黄飾舄首。

嘉靖八年定，冠制以圓匡烏紗冒之，冠上有覆板，長二尺四寸，廣二尺二寸，玄表朱裏，前圓後方，前後各七采玉珠十二旒，以黄、赤、青、白、黑、紅、緑爲之。玉珩玉簪導，朱纓，青纊充耳，綴以玉珠二。凡尺皆以周尺爲度。

衣，玄色，凡織六章。日月在肩，各徑五寸，星山在後，龍華蟲在兩袖，長不掩裳之六章。

裳，黄色，爲幅七，前三幅，後四幅，連屬如帷。凡繡六章，分作四行，火、宗彝、藻爲二行，米、黼、黻爲二行。

中單，素紗爲之，青緣領，織黻文十二。

蔽膝，隨裳色，羅爲之。上繡龍一，下繡火三，繫于革帶。

大帶，素表朱裏，上緣以朱，下以緑，不用錦。

革帶，前用玉，其後無玉，以佩綬繫而掩之。

圭，白玉爲之，長尺二寸，剡其上，刻山形四，盛以黄綺囊，藉以黄錦。

朱韈，赤舄，黄絛緣，玄纓結。

冕圖

冕衣圖

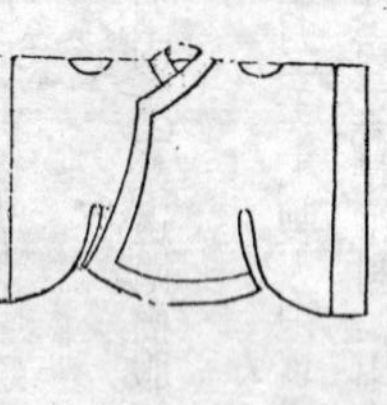

前圖

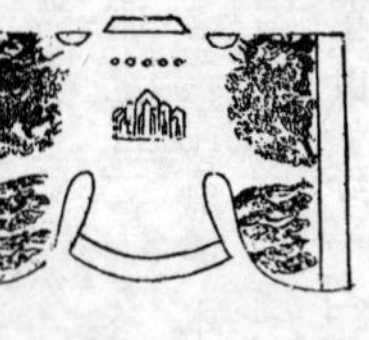

後圖

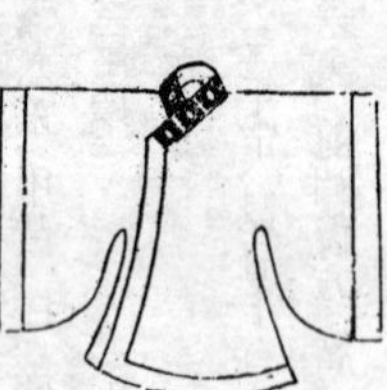

中單圖

革帶圖

革帶繫佩綬圖

下裳圖

大帶圖

革帶繫蔽膝圖

鎮圭圖

韈舄圖

皮弁服

凡朔望視朝、降詔、降香進表、四夷朝貢朝覲，則服皮弁服。見《集禮》。嘉靖間，今祭太歲山川等神，皆服。

洪武二十六年定，皮弁用烏紗冒之，前後各十二縫，每縫中綴五采玉十二以爲飾。玉簪導，紅組纓。其服，絳紗衣。蔽膝隨衣色，白玉佩革帶，玉鉤艓，緋白大帶，白韈，黑舄。

永樂三年定，皮弁用黑紗冒之，前後各十二縫，其中各綴五采玉十二，縫及冠武并貫簪繫纓處，皆飾以金。玉簪，朱紘纓，玉以赤、白、青、黃、黑相次。玉圭，長如冕服之圭，有脊并雙植文，剡其上，黄綺約其下，及有韜，金龍文。絳紗袍，本色領褾襈裾。紅裳，如冕服内裳制，但不織章數。中單，以素紗爲之，如深衣制。紅領褾襈裾，領織黻文十三。蔽膝，隨裳色，本色緣，有玉鉤二。玉佩、大帶、大綬、韈、舄，俱如冕服内制。

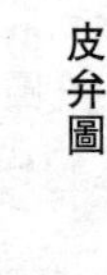

皮弁圖

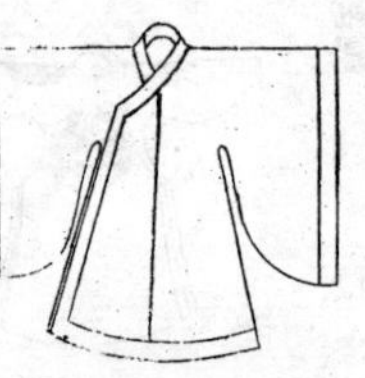

絳紗袍圖

紅裳圖

大帶圖

大綬圖

韈舄圖

中單圖

蔽膝玉佩圖

玉圭圖

常服

洪武三年定，常服烏紗折角向上巾，盤領窄袖袍，束帶，間用金玉琥珀透犀。永樂三年定，冠以烏紗冒之，折角向上。今名翼善冠。袍，黃色，盤領，窄袖。前後及兩肩，各金織盤龍一。帶，用玉。靴，以皮爲之。

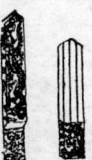

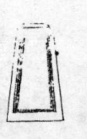

冠圖

袍圖

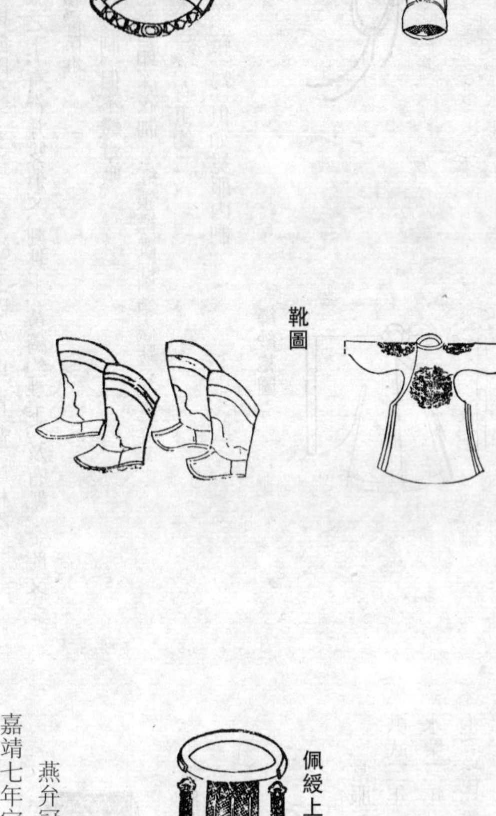

帶圖

靴圖

武弁服

國初行親征遣將禮，則服武弁，乘革輅，其制未詳。詳定自嘉靖初年始，嘉靖八年定弁，上鋭，色用赤，上十二縫，中綴五采玉，落落如星狀。韎衣、韎裳、韎韐，俱赤色，如常制。佩、綬、革帶，如常制。佩、綬及韎韐，俱上繫于革帶。舄，如其裳之色。玉圭，視鎮圭差小，剡上方下，有篆文曰：討罪安民。

武弁圖

韎衣圖

韎裳圖

韎韐圖

佩綬上繫革帶圖

赤舄圖

玉圭圖

燕弁冠服

嘉靖七年定，冠匡如皮弁之制，以烏紗冒之，分十有二瓣，各以金線壓之。前飾五采玉雲各一，後列四山。朱絛爲組纓，雙玉簪。服，如古玄端之制，身用玄，邊緣以青，兩肩繡日月，前蟠圓龍一，後蟠方龍二，邊加龍文八十一。領與兩袪，共龍文五九，衽同前後齊，共龍文四九。襯用深衣之制，黄色，袂圓袪方，下齊負繩及踝十二幅。素帶，朱裏青表緑，緣邊，腰圍飾以玉龍九片。履，玄爲之，朱緣，紅纓，黄結。韈用白。

燕弁冠圖

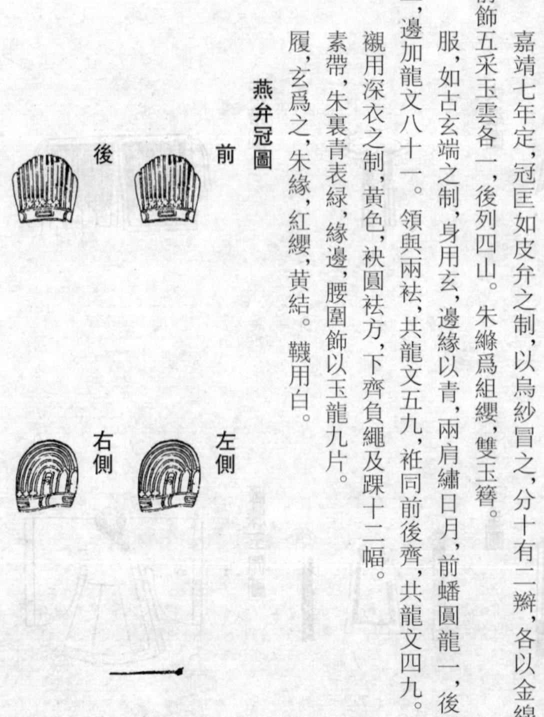

前

後

左側

右側

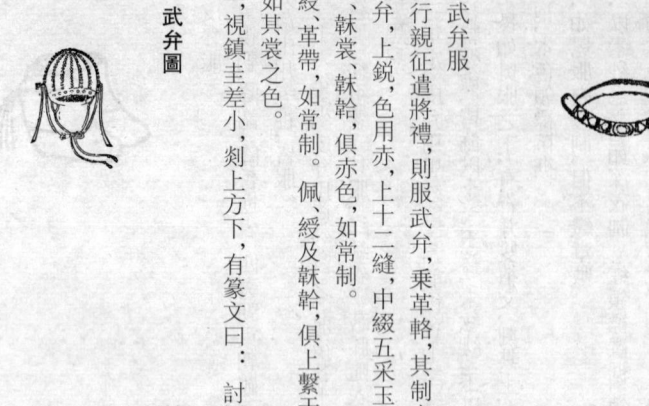

玄端服圖

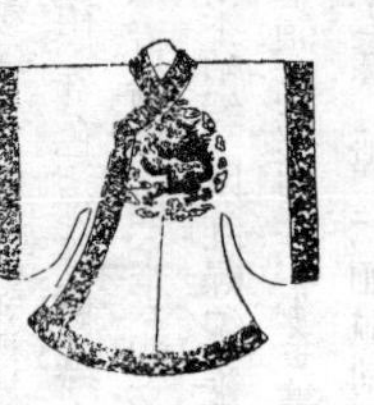
前圖

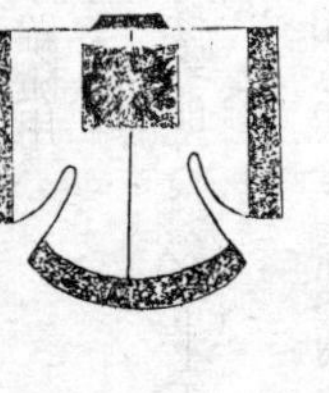
後圖

深衣圖

前圖

後圖

素帶圖

玄履圖

皇后冠服册寶附

皇后受册、謁廟、朝會，服禮服，燕居則常服。見《集禮》。

禮服

洪武三年定，冠爲圓匡，冒以翡翠，上飾以九龍四鳳，大花十二樹，小花如大花之數，兩博鬢十二鈿。服褘衣，深青爲質，畫翟赤質五色十二等。素紗中單。黻領，朱羅縠褾襈裾，蔽膝隨衣色，以緅爲領緣，用翟爲章三等。大帶隨衣色，朱裏紕其外，上以朱錦，下以緑錦，紐約用青組。玉革帶。青韈、青舄以金飾。

永樂三年定，九龍四鳳冠，漆竹絲爲圓匡，冒以翡翠，上飾翠龍九，金鳳四，正中一龍，銜大珠一，上有翠蓋，下垂珠結，餘皆口銜珠滴，珠翠雲四十片，大珠花十二樹，皆牡丹花，每樹花二朶，蕊頭二箇，翠花九葉。小珠如大珠花之數，皆穰花飄枝，每枝花一朶，半開一朶，翠葉玉葉。三博鬢左右共六扇。飾以金龍翠雲，皆垂珠滴，翠口圈一副，上飾珠寶鈿花十二，翠鈿如其數，托裏金口圈一副。珠翠面花五事。珠排環一對，皂羅額子一，描金龍文，用珠二十一顆。

翟衣，深青爲質，織翟文十有二等。凡一百四十八對。間以小輪花。紅領褾襈裾，織金雲龍文，紵絲紗羅隨用。

中單，玉色紗爲之，紅領褾襈裾，領織黻文十三，或用線羅。

蔽膝，隨衣色，織翟爲章三等，間以小輪花四。以緅爲領緣，織金雲龍文，紵絲紗羅隨用。

玉穀圭，長七寸，周尺。剡其上，瑑穀文，黃綺約其下，别以黃袋韜之，金龍文。

玉革帶，青綺鞓，描金雲龍文，玉事件十，金事件四。

大帶，表裏俱青紅相半，其末純紅，而下垂織金雲龍文，上以朱緣，下以緑緣，并青綺副帶一。

綬，五采，黃、赤、白、縹、緑，纁質，間施二玉環皆織成。小綬三色同大綬。

玉佩二，各用玉珩一、瑀一、琚二、衝牙一、璜二。瑀下有玉花，玉花下又垂二玉滴，瑑飾雲龍文描金。自珩而下繫組五，貫以玉珠，行則衝牙、二滴與二璜，相觸有聲。上有金鉤，有小綬五采以副之。五采，黃、赤、白、縹、緑，纁質，織成。

青韈舄，韈以青羅爲之，舄用青綺，飾以描金雲龍文，皂線純，每舄首加珠五顆。

九龍四鳳冠圖

束帶

褘衣

常服

洪武三年定，雙鳳翊龍冠，首飾釧鐲，金玉珠寶翡翠隨用。諸色團衫，金繡龍鳳文，帶用金玉。

四年定，龍鳳珠翠冠，真紅大袖衣，霞帔，紅羅長裙，紅褙子。冠制如特髻上加龍鳳飾，衣用織金龍鳳文加繡飾。

永樂三年定，雙鳳翊龍冠，以皂縠爲之，附以翠博山，上飾金龍一，翊以二珠翠鳳，皆口銜珠滴，前後珠牡丹花二朵，蕊頭八箇，翠葉三十六葉，珠翠穰花鬢二朵，珠翠雲二十一片，翠口圈一副，金寶鈿花九，上飾珠九顆。金鳳一對，口銜珠結，三博鬢，左右共六扇。飾以鸞鳳，金寶鈿二十四，邊垂珠滴。金簪一對，珊瑚鳳冠觜一副。

大衫，霞帔。衫用黃色，紵絲紗羅隨用。霞帔，深青爲質，織金雲霞龍文，或繡，或鋪翠圈金飾以珠，紵絲紗羅隨用。玉墜子瑑龍文。

四䙆襖子，即褙子。深青爲質，金繡團龍文，紵絲紗羅隨用。

鞠衣，紅色胸背雲龍文，用織金，或繡，或加鋪翠圈金，飾以珠，或素紵絲紗羅并餘色隨用。

大帶，紅線羅爲之，有緣，餘或青或綠，各隨鞠衣色。

緣襈襖子，黃色，紅領褾襈裾，皆織金采色雲龍文，紵絲紗羅隨用。

緣襈裙，紅色，綠緣襈，織金采色雲龍文，紵絲紗羅隨用。

玉帶，青綺鞓，描金雲龍文，玉事件十，金事件三。

玉花采結綬，以紅綠線羅爲結，上有玉綬花一，瑑雲龍文。綬帶上玉墜珠六顆，并金垂頭花板四片，小金葉六箇，紅線羅繫帶一。

白玉雲樣玎璫二，如佩制，每事上有金鈎一，金如意雲蓋一件，兩面鈒雲龍文，下懸紅組五，貫金方心雲板一件，兩面亦鈒雲龍文，俱襯以紅綺，下垂金長頭花四件，中有小金鐘一箇，末綴白玉雲朵五。

青韈舄，與翟衣内制同。【略】

皇妃冠服册寶附

凡皇妃受册、助祭、朝會則服禮服，燕居常服。見《集禮》。

禮服

洪武三年定，冠飾以九翬四鳳，花釵九樹，小花如大花之數。兩博鬢，九鈿。翟衣青質，繡翟編次于衣及裳，重爲九等。青紗中單。黻領，朱縠褾襈裾。蔽膝隨裳色，加文繡重雉爲章二等，以緅爲領緣。大帶隨衣色。玉革帶，青韈舄，佩綬。

永樂三年定，九翟冠二頂，冠以皂縠爲之，附以翠博山，飾以大珠翟二，小珠翟三，翠翟四，皆口銜珠滴。冠中寶珠一座，前後珠牡丹花二朵，蕊頭八箇，翠葉三十六葉，珠翠穰花鬢二朵，承以小連雲六片。翠頂雲一座，上飾珠五顆，珠翠雲十一片，翠口圈一副，金寶鈿花九箇，上用珠九顆。金鳳一對，口銜珠結，金簪一對。

珠翠牡丹花穰花各二朵，面花二對，梅花環、四珠環，各一對。

大衫，霞帔。衫用紅色，紵絲紗羅隨用。霞帔深青爲質，織金雲霞鳳文，或繡或鋪翠，圈金飾以珠，紵絲紗羅隨用。玉墜子，瑑鳳文。

四䙆襖子，即褙子。桃花色，金繡團鳳文，紵絲紗羅隨用。

鞠衣，青色，胸背鸞鳳雲文，用織金，或繡，或加鋪翠，圈金，飾以珠。燕居服用素，除黃外，餘色及紵絲紗羅隨用。

大帶，青線羅爲之，有緣，餘或紅或綠，各隨鞠衣色。

緣襈襖子，青色，紅領褾襈裾，織金雲鳳文，紵絲紗羅隨用。

緣襈裙，紅色，綠緣襈，織金花鳳文，紵絲紗羅隨用。

玉穀圭，長七寸，剡其上，瑑穀文，以錦約其下，并韜。

玉革帶，青綺鞓，描金雲鳳文，玉事件十，金事件三。

玉花采結綬，以紅綠線羅爲結，上有玉綬花一，瑑寶相花文。綬帶上玉墜珠六顆，并金垂頭花板四片，金葉見六箇，紅線羅繫帶一，玉佩二，如中宮佩制。珩以下瑑飾雲鳳文，描金，上有金鈎。

青韈舄，韈以青線羅爲之，舄用青綺。飾以描金雲鳳文，皂線純，每舄首加珠三顆。

常服

洪武三年定，鸞鳳冠，首飾釧鐲，用金玉珠寶翠。諸色團衫，金繡鸞鳳不用黃，帶用金玉犀。

又定，山松特髻假鬢花鈿，或花釵鳳冠，真紅大袖衣霞帔，紅羅裙，紅羅褙子，衣用織金及繡鳳文。【略】

皇嬪冠服冊附

嘉靖十年定冠用九翟，次皇妃之鳳。大衫、鞠衣，如皇妃制圭用次玉穀文。

【略】

內命婦冠服

洪武五年定，三品以上，用花釵翟衣，四品五品，用山松特髻。大衫爲禮服，貴人視三品，以皇妃燕居冠，及大衫、霞帔爲禮服，珠翠慶雲冠、鞠衣褙子，緣襈襖裙爲常服。

皇太子冠服冊寶附

皇太子陪祀天地、宗廟，及正旦、冬至、朝會，則服衮冕。見《職掌》。從祭社稷，及受册納妃，亦如之。朔望朝、降詔、降香、進表、四夷朝貢朝覲，則服皮弁。見《集禮》。

衮冕

洪武二十六年定，衮冕九章。

冕，九旒，旒九玉。金簪導，紅組纓，兩玉瑱。

圭，長九寸五分。

玄衣，纁裳。衣五章，織山、龍、華蟲、宗彝、火，裳四章，織藻、粉米、黼、黻。

白紗中單，黻領。

蔽膝，隨裳色，織火、山二章。

革帶，金鉤艓，玉佩。

綬，五采，用赤、白、玄、縹、緑織成。純赤質，三百三十首，小綬三色同大綬，間織三玉環。

大帶，白表朱裏，上緣以紅，下緣以緑。

白韈，赤舄。

永樂三年定，冕冠，玄表朱裏，前圓後方，前後各九旒，每旒各五采繅九就，貫五采玉九。赤、白、青、黃、黑相次。玉衡，金簪，玄紞，垂青纊充耳。用《青玉》。承以白玉瑱，朱紘纓。

玉圭，長九寸五分，以錦約其下，并韜。

衮服九章。玄衣五章，龍在肩，山在背，火、華蟲、宗彝在袖，每袖各三。皆織成，本色領褾襈裾。纁裳四章，織藻、粉米、黼、黻各二，前三幅，後四幅，不相屬。共腰有襞積，本色綼裼。

中單，以素紗爲之，青領褾襈裾，領織黻文十一。

蔽膝，隨裳色，四章，織藻、粉米、黼、黻。本色緣，有紃施于縫中，其上玉鉤二。

玉佩二，各用玉珩一、瑀一、琚一、衝牙一、璜二。瑀下有玉花，花下垂二玉滴，瑑雲龍文，描金。自珩而下繫組五，貫以玉珠，上有金鉤，小綬四采以副之。

大帶，素表朱裏，在腰及垂皆有綼，上綼以朱，下綼以緑。紐約用青組。

大綬，四采，赤、白、縹、緑，纁質。小綬三采，間施二玉環，龍文，皆織成。

韈舄，皆赤色，舄用黑(鉤)〔絇〕純，黑飾舄首。

皮弁服

永樂三年定，皮弁，用烏紗冒之，前後各九縫，每縫中綴五采玉九，縫及冠武并貫簪繫纓處，皆飾以金。金簪朱纓。

玉圭，如冕服內制。

絳紗袍，本色領褾襈裾。

紅裳，如冕服內裳制，但不織章數。

中單，以素紗爲之，如深衣制。紅領褾襈裾，領織黻文十一。

蔽膝，隨裳色。本色緣，有紃施于縫中，其上玉鉤二。

玉佩，如冕服內制，但無雲龍文，有小綬四采以副之。

大帶。

大綬。

韈舄，赤色，皆如冕服內制。

常服

洪武元年定，烏紗折上巾。

永樂三年定，冠烏紗折角向上巾。亦名翼善冠，親郡王及世子俱同。

袍，赤色，盤領窄袖，前後及兩肩各金織蟠龍一。

帶，用玉。

靴，皮爲之。【略】

皇太子妃冠服

禮服

洪武三年定，與皇妃同。

永樂三年定，九翬四鳳冠，漆竹絲爲圓匡，冒以翡翠，上飾翠翬九，金鳳四，皆口銜珠滴，珠翠雲四十片，大珠花九樹，皆牡丹花，每樹花一朵，半開一朵，蕋頭二箇，翠葉九葉。小珠花如大珠花之數。皆穰花飄枝，每枝花一朵，半開一朵，翠葉五葉。雙博鬢，左右共四扇。飾以鸞鳳，皆垂珠滴。翠口圈一副，上飾珠寶鈿花九，翠鈿如其數。托裏金口圈一副。

珠翠面花五事，珠排環一對，珠皁羅額子一，描金鳳文，用珠二十一顆。

翟衣，深青爲質，織翟文九等，凡一百三十八對。間以小輪花。紅領褾襈裾，織金雲鳳文，紵絲紗羅隨用。

中單，玉色紗爲之。紅領褾襈裾，領織黻文十一。或用線羅。

蔽膝，隨衣色，織翟爲章二等，間以小輪花三，以緅爲領緣，織金雲鳳文，紵絲紗羅隨用。

玉穀圭，長七寸，剡其上，瑑穀文，以錦約其下，并韜。

玉革帶，青綺鞓，描金雲鳳文，玉事件十，金事件四。

大帶，表裏俱有紅相半，其末純紅而下垂，織金雲鳳文。上以朱緣，下以緑緣，并青綺副帶一。

綬，四采，赤、白、縹、緑，纁質，皆織成，間施二玉環。小綬三色同大綬。

玉佩二，珩以下瑑飾雲鳳文，描金，上有金鉤，以小綬四采副之。四采，赤、白、縹、緑，纁質，織成。

青韈舄，韈以青線羅爲之，舄用青綺，飾以描金雲鳳文。皁線純，每舄首加珠三顆。

常服

洪武三年定，犀冠，刻以花鳳。首飾釧鐲，用金玉珠寶翠。諸色團領衫，金繡鸞鳳，惟不用黃。帶用金玉犀。

四年又定，與皇妃同。

永樂三年定，燕居冠，以皁縠爲之，附以翠博山，上飾寶珠一座，翊以二珠翠鳳，皆口銜珠滴，前後珠牡丹花二朵，蕋頭八箇，翠葉三十六葉，珠翠穰花鬢二朵，珠翠雲十六片，翠口圈一副，金寶鈿花九，上飾珠九顆，金鳳一對，口銜珠結，雙博鬢，左右共四扇。飾以鸞鳳，金寶鈿十八。邊垂珠滴，金簪一對，珊瑚鳳冠觜一副。

大衫，霞帔。衫用紅色，紵絲紗羅隨用。霞帔深青爲質，織金，或繡，或鋪翠。圈金，飾以珠，紵絲紗羅隨用。玉墜子，瑑鳳文。

四褛襖子。即褙子。桃紅色，金繡團鳳文，紵絲紗羅隨用。

鞠衣，青色，胸背鸞鳳雲文，用織金，或繡，或加鋪翠。圈金，飾以珠，或素，除黃外，餘色并紵絲紗羅隨用。

大帶，青線羅爲之，有緣，餘或紅或緑，各隨鞠衣色。

緣襈襖子，青色，紅領褾襈裾，織金采色雲鳳文，紵絲紗羅隨用。

緣襈裙，紅色，緑緣襈，織金采色花鳳文，紵絲紗羅隨用。

玉帶，青綺鞓，描金雲鳳文。玉事件十，金事件三。

玉花采結綬，以紅緑線羅爲結，上有玉綬花一，瑑雲鳳文，綬帶上玉墜珠六顆，并金垂頭花瓣四片，小金葉六箇，紅線羅繫帶一。

白玉雲樣玎瑞二，如佩制，每事上有金鉤一，金如意雲蓋一件，兩面鈒雲鳳文，下懸紅組五，貫金方心雲板一件，兩面亦鈒雲鳳文，俱襯以紅綺，下垂金長頭花四件，中有小金鐘一箇，末綴白玉雲朵五。

青韈舄，與前翟衣內制同。

親王冠服冊寶附

親王助祭謁廟、正旦、冬至等朝賀，則服衮冕。見《職掌》。受冊納妃亦如之，朔望朝、降詔、降香、進表、四夷朝貢朝覲，則服皮弁。見《集禮》。

衮冕

洪武二十六年定，衮冕九章。

冕，五采玉珠九旒，紅組纓青纊充耳，金簪導。

圭，長九寸二分五釐。

青衣，纁裳。衣五章，織山、龍、華蟲、火、宗彝，裳四章，織藻、粉米、黼、黻。

白紗中單，黻領，青緣。

蔽膝，隨裳色，織火、山二章。

革帶，金鉤觮，佩玉。

綬，五采，赤、白、玄、縹、緑，織成。純赤質，三百二十首。小綬三色同大綬，間織三玉環。

大帶，表裏白羅，朱緑緣。

白韈，朱履。

永樂三年定，冕冠，玄表朱裏，前圓後方，前後各九旒，每旒各五采繅九就，貫五采玉九，赤、白、青、黄、黑相次。玉衡，金簪，玄紞，垂青纊充耳。用青玉。承以白玉瑱，朱紘纓。

玉圭，長九寸二分五釐，以錦約其下，并韜。

衮服九章。青衣五章，龍在肩，山在背，火、華蟲、宗彝在袖，每袖各三。皆織成，本色領褾襈裾。纁裳四章，織藻、粉米、黼、黻各二，前三幅後四幅，不相屬，共腰有襞積，本色綼裼。

中單，以素紗爲之，青領褾襈裾，領織黻文十一。

蔽膝隨裳色，四章，織藻、粉米、黼、黻各二，本色緣，有紃施于縫中，其上玉鈎二。

玉佩如東宫佩制，自珩以下瑑雲龍文，上有金鈎，小綬四采以副之，四采，赤、白、縹、緑，纁質。

大帶，素表朱裏，在腰及垂皆有綼，上綼以朱，下綼以緑，紐約用青組。

大綬，四采，赤、白、縹、緑。小綬三采，間施二玉環，龍文，皆織成纁質。

韈舄皆赤色，舄用黑絇純，黑飾舄首。

皮弁服

永樂三年定，皮弁用烏紗冒之，前後各九縫，每縫中綴五采玉九，縫及冠武并貫簪繫纓處，皆飾以金，金簪，朱纓。

玉圭，如冕服内制。

絳紗袍，本色領褾襈裾。

紅裳，如冕服内裳制，但不織章數。

中單，以素紗爲之，如深衣制。紅領褾襈裾，領織黻文十一。

蔽膝，隨裳色，本色緣，有紃施于縫中，其上玉鈎二。

玉佩，如冕服内佩制，但無雲龍文，有小綬四采以副之。

大帶。

大綬。

韈舄，俱如冕服内制。

常服

永樂三年定，冠、袍、帶、靴，俱與東宫同。

保和冠服

嘉靖七年定，冠制，以燕弁爲準。親王用九䙰，世子用八䙰，郡王用七䙰，俱去簪與五玉，後山皆一扇爲之，分畫爲四。

郡王長子冠，如忠静之制，用五䙰服用青身青緣，前後方龍補各一，身用素地，邊用雲，其補子。

郡王以上采妝，郡王長子織金爲之，襯用深衣，玉色。

帶青表，緑裏，緑緣。

履用皂，緑結，白韈。【略】

保和冠圖

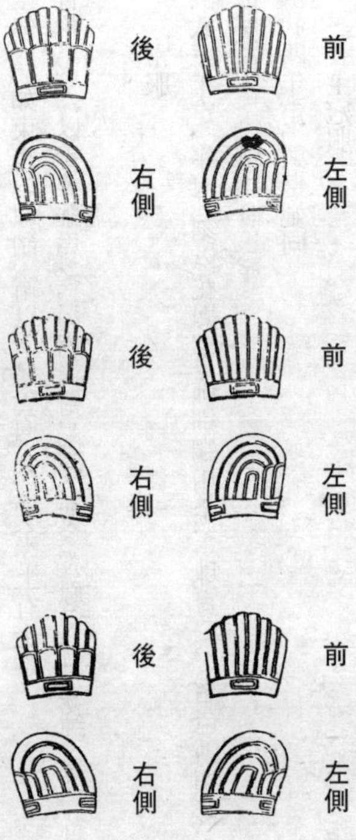

九䙰圖

前　左側　後　右側

八䙰圖

前　左側　後　右側

七䙰圖

前　左側　後　右側

保和服圖

前圖

後圖

深衣圖

前圖

後圖

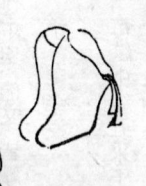

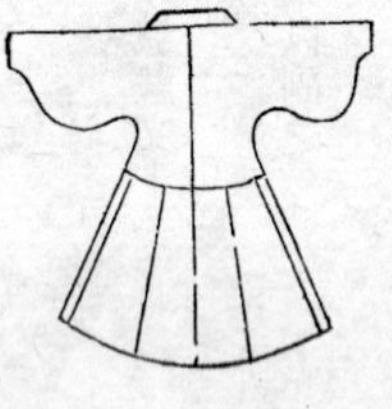

帶圖

履圖

親王妃冠服

王妃受册、助祭、朝會，則服禮服。見《集禮》。

禮服

洪武三年定，冠飾以九翬四鳳，花釵九樹，小花如大花之數，兩博鬢，九鈿。翟衣青質，五色，凡等，繡翟編次于衣及裳。素紗中單，黻領，朱縠褾襈裾。蔽膝隨裳色，以緅爲領緣，繡翟爲章二等。大帶隨衣色，玉革帶。青韈舄。佩綬。

永樂三年定，九翟冠二頂，冠以皂縠爲之，附以翟博山，飾以大珠翟二，小珠翟三，翠翟四，皆口銜珠滴。冠中寶珠一座，前後珠牡丹花二朵，蕊頭八箇，翠葉三十六葉，珠翠穰花鬢二朵，承以小連雲六片，翠頂雲一座，上飾珠九顆，珠翠雲十一片，翠口圈一副，金寶鈿花九箇，上用珠九顆，金鳳一對，口銜珠結，金簪一對。

珠翠牡丹花，穰花，各二朵。面花二對。梅花環，四珠環，各一雙。

大衫，霞帔。衫用大紅，紵絲紗羅隨用。霞帔以深青爲質，金繡雲霞鳳文，紵絲紗羅隨用。金墜子亦鈒鳳文。

四䙆襖子，即褙子。桃紅色，金繡團鳳文，紵絲紗羅隨用。

鞠衣，青色，如深衣制。胸背金繡雲鳳文，紵絲紗羅并各色隨用，惟不用黄，燕居服用素。

大帶，青線羅爲之，有緣，或用紅羅。

玉穀圭，長七寸，剡其上，瑑穀文，以錦約其下，并韜。公主不用圭。

玉革帶，青綺鞓，描金雲鳳文，玉事件十，金事件三。

玉花采結綬，以紅緑線羅爲結，上有玉綬花一，瑑寶相花文。綬帶上玉墜珠六顆，并金垂頭花板四片，小金葉六箇，紅線羅繫帶一。

玉佩二，如東宫妃佩制，珩以下瑑雲鳳文，描金，上有金鈎。

青韈舄韈，以青線羅爲之，舄用青綺，飾以描金雲鳳文，皂線純，每舄首加珠三顆。

常服

洪武三年定，犀冠，刻以花鳳，首飾釧鐲用金玉珠寶翠。諸色團領衫，金繡花鳳，惟不用黄。帶用金玉犀。

公主冠服

洪武四年定，與皇妃同。

與親王妃同。【略】

世子冠服

世子遇聖節、千秋節，并正旦、冬至、進賀表箋，及其父王生日，諸節慶賀，皆服衮冕。

衮冕

洪武二十六年定，衮冕七章。冕，三采玉珠七旒，紅組纓，青纊充耳，金簪導。圭，長九寸。

青衣，纁裳。衣三章，織華蟲、火、宗彝。裳四章，織藻、粉米、黼、黻。素紗中單，青領襈赤韍。

革帶佩白玉，玄組綬。

綬，紫質，用紫、黄、赤三采織成，間織三白玉環。

白韈，赤舄。

永樂三年定，冕冠，玄表朱裏，前圓後方，前後各八旒，每旒五采繅八就，各貫三采玉珠八，赤、白、青色相次。玉衡，金簪，玄紞，垂青纊充耳。用青玉。朱紘纓，承以白玉瑱。

玉圭，長九寸，以錦約其下，并韜。

青衣，纁裳，七章。青衣三章，火一在肩，其二與華蟲、宗彝各三，在兩袖，皆織成，本色領褾襈裾。纁裳四章，織藻、粉米、黼、黻各二，前三幅，後四幅，不相屬，共腰有襞積，本色綼裼。

中單，以素紗爲之，青領褾襈裾，領織黻文九。

蔽膝，隨裳色，四章，織藻、粉米、黼、黻各二，本色緣，有紃施于縫中，其上玉鈎二。

玉佩二，如親王之佩制，珩以下瑑雲龍文，上有金鈎，以小綬四采副之，四采，赤、白、縹、緑，纁質。

大帶，素表朱裏，在腰及垂皆有綼，上綼以朱，下綼以緑，紐約用青組。

大綬，四采，赤、白、縹、緑，纁質。小綬三采，間施二玉環，皆織成。

韈舄皆赤色，舄用黑絇純，黑飾舄首。

皮弁服

永樂三年定，皮弁用烏紗冒之。前後各八縫，每縫中綴三采玉八，縫及冠武，并貫簪繫纓處，皆飾以金。金簪朱纓。

玉圭，如冕服内制。

絳紗袍，本色領褾襈裾。

紅裳，如冕服内裳制，但不織章數。

中單，以素紗爲之，如深衣制，紅領褾襈裾，領織黻文九。

蔽膝，隨裳色，本色緣，有紃施于縫中，其上玉鈎二。

玉佩，如冕服内佩制，但無雲龍文，有小綬四采以副之。

大帶。

大綬。

韈舄，俱如冕服内制。

常服

永樂三年定，冠、袍、帶、靴，俱與親王同。

保和冠服制見前

世子妃冠服

永樂三年定，與親王妃同，惟冠用七翟。

郡王冠服

衮冕

永樂三年定，冕冠，玄表朱裏，前圓後方，前後十旒，每旒五采繅七就，各貫玉珠七，赤、白、青色相次。玉衡，金簪，玄紞，垂青纊充耳。用青玉。朱紘纓，承以白玉瑱。

玉圭，長九寸，以錦約其下，并韜。

青衣，纁裳，五章。青衣三章，粉米一在肩，其二并藻、宗彝各三在兩袖，皆織成，本色領褾襈裾。纁裳二章，織黼、黻各二，前三幅，後四幅，不相屬。共腰有襞積，本色綼裼。

中單，以素紗爲之，青領褾襈裾，領織黻文七。

蔽膝，隨裳色，二章，織黼、黻各二，本色緣，有紃施于縫中，其上玉鈎二。

玉佩，如親王佩制，珩以下瑑雲龍文，上有金鈎，以小綬四采副之，四采，赤、白、縹、緑，纁質。

大帶，素表朱裏，在腰及垂皆有綼，上綼以朱，下綼以緑，紐約用青組。

大綬，四采，赤、白、縹、緑，纁質。小綬三采，間施二玉環，皆織成。

韈舄，皆赤色。舄用黑絇純，黑飾舄首。

皮弁服

永樂三年定，皮弁，用烏紗冒之，前後各七縫，每縫中綴三采玉七，縫及冠武，并貫簪繫纓處，皆飾以金。金簪朱纓。

玉圭，如冕服内制。

絳紗袍，本色領褾襈裾。

紅裳，如冕服内裳制，但不織章數。

中單，以素紗爲之，如深衣制，紅領褾襈裾，領織黻文七。

蔽膝，隨裳色，本色緣，有紃施于縫中，其上玉鈎二。

玉佩，如冕服内制，但無雲龍文，有小綬四采以副之。

大帶。

大綬。

韈舄，俱如冕服内制。

常服

永樂三年定，冠、袍、帶、靴，俱與親王同。

保和冠服制見前

郡王妃冠服

永樂三年定，七翟冠二頂，冠以皂縠爲之，附以翠博山，飾以大珠翟二，小珠翟三，翠翟四，皆口銜珠滴。冠中寶珠一座，前後珠牡丹花一朵，蕊頭八箇，翠葉三十六葉，珠翠穰花鬢二朵，承以小連雲六片。翠頂雲一座，飾以珠五顆，珠翠雲十一片，翠口圈一副，金寶鈿花八箇，上用珠八顆，金翟一對，口銜珠結，金簪一對。

珠翠牡丹花，穰花，各二朵，面花二對，梅花環，四珠環，各一對。

大衫，霞帔。衫用大紅，紵絲紗羅隨用。霞帔以深青爲質，金繡雲霞翟文，紵絲紗羅隨用。金墜子亦鈒翟文。

四褛襖子，即褙子。桃紅色，金繡翟文，紵絲紗羅隨用。

鞠衣，青色，胸背金繡雲翟文，紵絲紗羅并各色隨用，惟不用黄。燕居服，用素。

大帶，青線羅爲之，有緣，或用紅羅。

玉穀圭，長七寸，剡其上，瑑穀文，以錦約其下，并韜。

玉革帶，青綺鞓，描金雲翟文，玉事件十，金事件三。

玉花采結綬，以紅綠線羅爲結，上有玉綬花一，瑑寶相花文。綬帶上玉墜珠六顆。并金垂頭花板四片，小金葉六箇，紅線羅繫帶一。

玉佩二，如親王妃佩制，珩以下瑑雲翟文，描金，上有金鉤。

青韈舄，韈以青線羅爲之，舄用青綺，飾以描金翟文，皂線純，每舄首加珠三顆。

長子冠服

朝服

七梁冠，大紅素羅衣，白素紗中單，大紅素羅裳，及蔽膝，大紅素羅白素紗二色夾帶，玉朝帶，丹礬紅花錦雞綬，玉佩象牙笏，白絹韈，皂皮雲頭履鞋。

公服

皂皺紗幞頭，大紅素紵絲衣，玉革帶。

常服

烏紗帽，大紅紵絲織金獅子開褛圓領，玉束帶，皂皮銅線靴。

保和冠服制見前

郡主冠服

永樂三年定，與郡王妃同，惟不用圭，及少四珠環一對。

長子夫人冠服

珠翠五翟冠，大紅紵絲大衫，深青紵絲金繡翟雞褙子，青羅金繡翟雞霞帔，金墜頭。

鎮國將軍冠服

與長子同。

鎮國將軍夫人冠服

與長子夫人同。

輔國將軍冠服

與鎮國將軍同，惟冠六梁，帶用犀。

輔國將軍夫人

與鎮國將軍夫人同，惟冠用四翟，抹金銀墜頭。

奉國將軍冠服

與輔國將軍同，惟冠五梁，帶用金鈒花。常服大紅織金虎豹。

奉國將軍淑人冠服

與輔國將軍夫人同，惟褙子霞帔，金繡孔雀文。

鎮國中尉冠服

與奉國將軍同，惟冠四梁，帶用素金，佩用藥玉。

鎮國中尉恭人冠服

與奉國將軍淑人同。

輔國中尉冠服

與鎮國中尉同，惟冠三梁，帶用銀鈒花，綬用盤鵰，公服，用深青素羅，常服，紅織金熊羆。

輔國中尉宜人冠服

與鎮國中尉恭人同，惟冠用三翟，褙子霞帔，金繡鴛鴦文，銀墜頭。

奉國中尉冠服

與輔國中尉同，惟冠二梁。帶用素銀，綬用練鵲，幞頭黑漆。常服，紅織金彪。

奉國中尉宜人冠服

與輔國中尉宜人同，惟大衫用丹礬紅，褙子霞帔，金繡練鵲文。

縣主冠服

珠翠五翟冠，大紅紵大衫，深表紵絲金繡孔雀褙子，青羅金繡孔雀霞帔，抹金銀墜頭。

郡君冠服

與縣主同，惟冠用四翟，褙子霞帔，金繡鴛鴦文。

縣君冠服

與郡君同，惟冠用三翟。

鄉君冠服

與縣君同，惟大衫用丹礬紅，褙子霞帔，金繡練鵲文。

官修《大明會典》卷六一《禮部一九・冠服二》

文武官冠服

朝服

凡大祀慶成、正旦、冬至、聖節，及頒降開讀詔赦、進表、傳制，則文武官各服朝服，見職《掌》。其武官應直守衛者不拘此服。

洪武二十六年定，文武官朝服。梁冠，赤羅衣，白紗中單，俱用青飾領緣。赤羅裳，青緣，赤羅蔽膝。大帶用赤、白二色絹。革帶，佩綬，白襪，黑履。一品至九品，俱以冠上梁數分等第。

公冠，八梁，加籠巾貂蟬，立筆五折，四柱，香草五段，前後用玉爲蟬。

侯冠，七梁，加籠巾貂蟬，立筆四折，四柱，香草四段，前後用金爲蟬。

伯冠，七梁，加籠巾貂蟬，立筆二折，四柱，香草二段，前後玳瑁爲蟬，俱左插雉尾。

駙馬冠，與侯同，不用雉尾。

一品冠，七梁，不用籠巾貂蟬。革帶與佩俱用玉，綬用緑、黃、赤、紫四色絲，織成雲鳳四色花錦，下結青絲網。綬環二，用玉。笏用象牙。

二品冠，六梁。革帶綬環用犀，餘同一品。

三品冠，五梁。革帶用金，佩用玉，綬用黃、緑、赤、紫四色緑，織成雲鶴花錦，下結青絲網，綬環二，用金。笏用象牙。

四品冠，四梁。革帶用金，佩用藥玉，餘同三品。

五品冠，三梁。革帶用銀鈒花，綬用黃、緑、赤、紫四色絲，織成盤雕花錦，下結青絲網。綬環二，用銀鍍金。笏用象牙。

六品七品冠，二梁，御史加獬廌。革帶用銀，佩用藥玉，綬用黃、緑、赤三色絲，織成練鵲花錦，下結青絲網。綬環二，用銀。笏用槐木。

八品九品冠，一梁。革帶用烏角，佩用藥玉，綬用黃、緑二色絲，織成鸂鶒花錦，下結青絲網。綬環二，用銅。笏用槐木。

雜職未入流品人員，若遇大朝賀、進表，隨班行禮，止用公服。三十年奏准，亦照九品官，具朝服行禮。

嘉靖八年定，梁冠照舊式。

上衣用赤羅青緣，其長過腰指寸七寸，毋掩下裳。

中單，白紗爲之，青緣。

下裳七幅，前三後四，每幅三襞積，赤羅青緣。蔽膝綴革帶。

綬，各照品級花樣，革帶之後，佩綬繫而掩之。其環亦各照品級，用玉犀金銀銅爲之，不以織於綬。

大帶，表裏俱素，惟兩耳及下垂緣以緑色，又用青組約之。

革帶，一品玉，二品犀，三品四品金，五品銀鈒花，六品七品銀，八品九品烏角，俱照舊式。

珮玉一如詩傳之制，去雙滴及二珩，其三品以上用玉，四品以下用藥玉，各照舊。

襪履，俱照舊式。

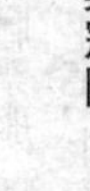

梁冠圖

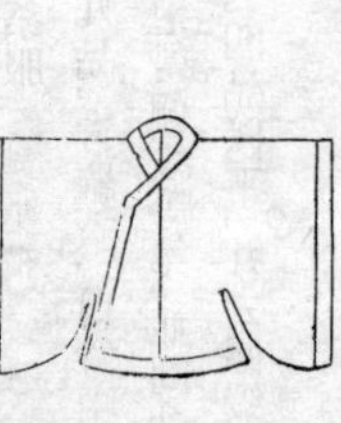

上衣圖

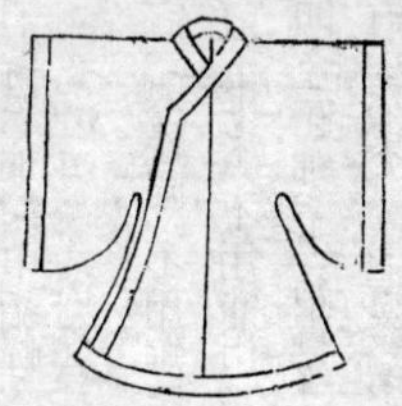

中單圖

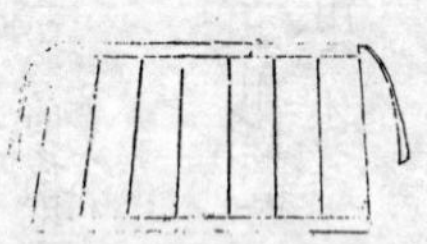

下裳圖

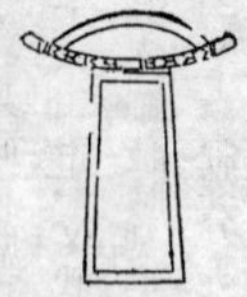

蔽膝圖

綬圖

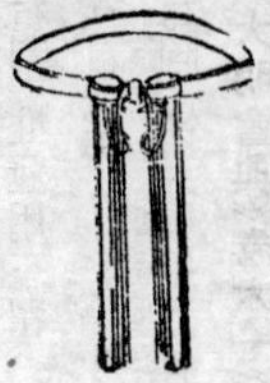

大帶圖

革帶圖

珮玉圖

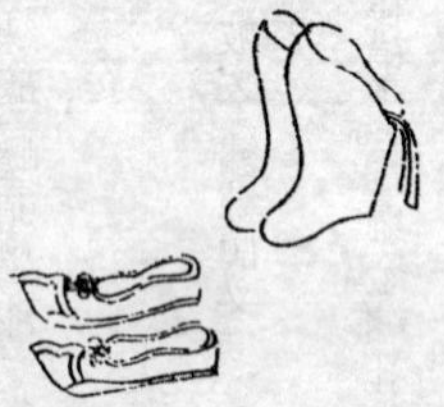

襪履圖

祭服

凡上親祀郊廟社稷，文武官分獻陪祀，則服祭服。見《集禮》。

洪武二十六年定，文武官陪祭服。一品至九品，青羅衣，白紗中單，俱用皂領緣。赤羅裳，皂緣，赤羅蔽膝。方心曲領。其冠帶佩綬等第，並同朝服。

又令品官家用祭服，三品以上，去方心曲領，四品以下，并去佩綬。

又令雜職祭服，與九品同。

嘉靖八年定，上衣用青羅皂緣，長與朝服同。

下裳用赤羅皂緣，制與朝服同。

蔽膝，綬環，大帶，革帶，佩玉，襪履，俱與朝服同。去方心曲領。

公服

在京文武官，每日早晚朝奏事，及侍班，謝恩，見辭，則服公服。在外文武官每日清早公座，亦服之。見《職掌》。後常朝止便服，惟朔望具公服朝參，其武官應直守中衛者，不拘此服。

洪武二十六年定，文武官公服。用盤領右衽袍，或紵絲紗羅絹從宜製造，袖寬三尺。一品至四品，緋袍，五品至七品，青袍，八品九品，緑袍，未入流雜職官，袍、笏、帶，與八品以下同。

公服花樣，一品用大獨科花，徑五寸，二品小獨科花徑三寸，三品散荅花無枝葉，徑二寸，四品五品小雜花紋，徑一寸五分，六品七品小雜花，徑一寸，八品以下，無紋。

幞頭，用漆紗二等，展角各長一尺二寸，其雜職官員幞頭，用垂帶。笏，依朝服爲之。

腰帶，一品用玉，或花或素，二品用犀，三品四品用金荔枝，五品以下用烏角，鞓用青革，仍垂撻尾於下。靴用皂。

凡公侯駙馬伯公服，服色、花樣、腰帶，與一品同。

凡文武官公服花樣，如無從織買，用素隨宜。

又令，凡内外未入流離職官，幞頭展角與入流官同，不用垂帶。

常服

洪武三年定，凡文武官常朝視事，以烏紗帽，團領衫，束帶，爲公服。一品玉帶，二品花犀帶，三品金鈒花帶，四品素金帶，五品銀鈒花帶，六品七品素銀帶，八品九品烏角帶。

二十六年定，公侯駙馬伯，麒麟白澤。文官一品二品仙鶴錦雞，三品四品孔雀雲鴈，五品白鷴，六品七品鷺鷥、鸂鶒，八品九品黃鸝、鵪鶉、練鵲，風憲官用獬廌。武官一品二品獅子，三品四品虎豹，五品熊羆，六品七品彪，八品九品犀牛、海馬。

凡常服制度，洪武二十三年令，官員人等，衣服寬窄，以身爲度。文職官，衣長自領至裔，去地一寸，袖長過手復回至肘，袖椿廣一尺，袖口九寸，公侯駙馬，與文職官同。武職官，衣長去地五寸，袖長過手七寸，袖椿廣一尺，袖口僅出拳。

凡束帶，洪武二十四年定，公侯駙馬伯，與一品同，雜職未入流官，與八品九品同。

凡服色禁制，洪武二十六年定，令品官常服用雜色紵絲綾羅綵繡，庶民止用紬絹紗布，不許別用。

又令，官吏及軍民僧道人等，衣服帳幔，並不許用玄、黃、紫三色，并織繡龍鳳文，違者罪及染造之人，其朝見人員，四時並用顏色衣服，不許純素。

景泰四年令，錦衣衛指揮侍衛者，得衣麒麟服色。

天順二年令，官民人等，衣服不得用蟒龍飛魚斗牛大鵬像生獅子，四寶相花大西番蓮大雲花樣，并玄黃紫，及玄色樣黑緑柳黄姜黄明黄等色。

成化二年令，官民人等，不許僭用服色花樣。

弘治十三年奏准，今後公侯伯，及文武大臣各處鎮守守備等官，敢有違例奏討蟒衣飛魚等項衣服者，該科參駁，科道糾劾，該部執奏，治以重罪。

嘉靖六年令，在京在外官民人等，不許濫服五彩妝花織造違禁顏色，及將蟒龍造爲女衣，或加飾妝彩圖利貨賣。其朝貢夷人，不許擅買違式衣服，如違，將買者賣者，一體拏問治罪。

十六年題准，今後在京在外文武官員，除本等品級服色及特賜外，不許擅用蟒衣飛魚斗牛等項，違禁華異服色，其大紅紵絲紗羅服，惟四品以上官及在京九卿，翰林院、詹事府、春坊、司經局、尚寶司、光禄寺、鴻臚寺，五品堂上官，經筵講官，方許穿用，其餘衙門，雖五品官，及五品以下官，經筵不係講官者，俱穿青緑錦繡，遇有吉禮，止許穿紅布絨褐。品官花樣，照依品級。公侯駙馬伯，麒麟白澤，文官一品仙鶴，二品錦雞，三品孔雀，四品雲鴈，五品白鷴，六品鷺鷥，七品鸂鶒，八品黃鸝，九品鵪鶉，雜職官練鵲，風憲官獬廌。武官一品二品獅子，三品四品虎豹，五品熊羆，六品七品彪，八品犀牛，九品海馬，不許混同穿用。錦衣衛指揮侍衛者，得衣麒麟服色，其餘帶俸，及不係侍衛人員，及千百户等官雖係侍衛，俱不許僭用。

凡致仕罷閒官員服色，洪武三年令，年老致仕及侍親辭閒官，許用紗帽束帶，若爲事無降者，服與庶人同。

三十年令，致仕官服色與見任同，若遇朝賀，及謝恩、見辭，一體具服行禮。

公侯駙馬伯花樣——

麒麟

白澤

文官花樣

仙鶴

錦雞

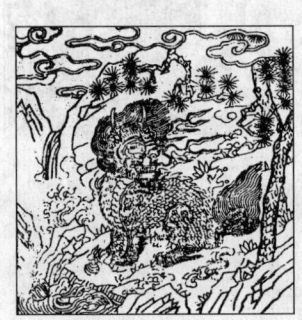

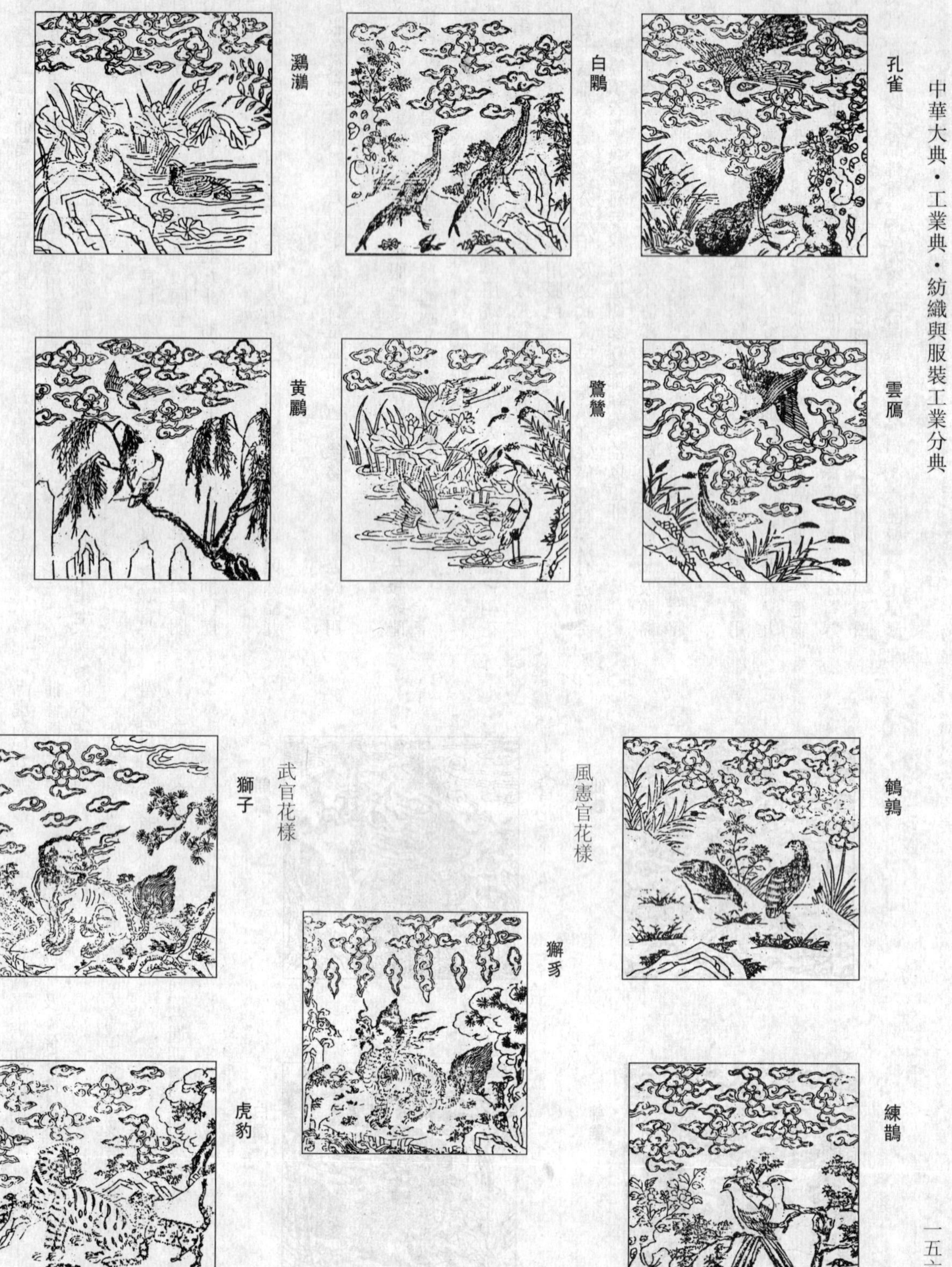

孔雀

白鷳

鸂鶒

雲鴈

鷺鷥

黄鸝

鵪鶉

風憲官花様

武官花様

獅子

練鵲

獬豸

虎豹

熊羆

犀牛

彪

海馬

忠静冠服

嘉靖七年定，忠静冠，即古玄冠，冠匡如制，以烏紗冒之。兩山俱列于後，冠頂仍方，中微起三梁，各壓以金線，邊以金緣之。四品以下去金，邊以淺色絲線緣之。

忠静服，即古玄端服，色改用深青，以紵絲紗羅爲之。三品以上用雲，四品以下用素，邊緣以藍青，前後飾以本等花樣補子。

深衣，用玉色。

素帶，如古大夫之帶制，青表，緑緣邊并裏。

素履，色用青，緑絛結。白襪。

凡王府將軍中尉，及左右長史、審理正副、紀善教授等官，俱以品官之制服之，儀賓不得槩服。在京七品以上官，及八品以下翰林院、國子監、行人司官，在外方面官、各府堂官、州縣正官、儒學教官，及武官都督以上，許服。其餘不許。

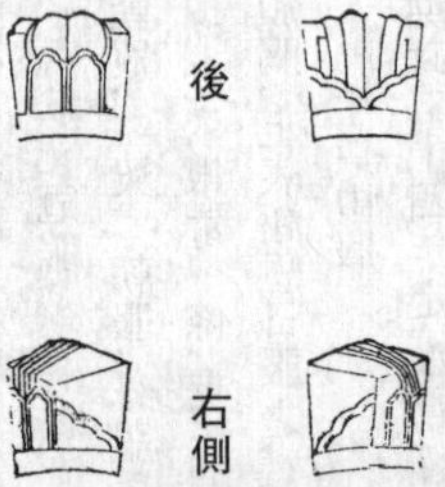

忠静冠圖

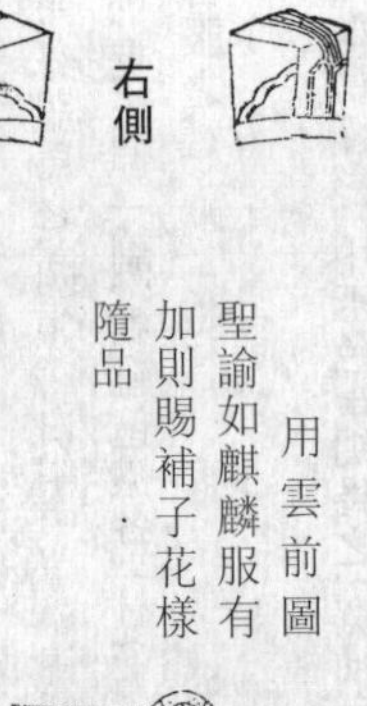

前

後

左側

右側

用雲後圖

用素後圖

後圖

忠静服圖

用雲前圖

聖諭如麒麟服有加則賜補子花樣隨品

用素前圖

深衣圖 前圖

素帶圖

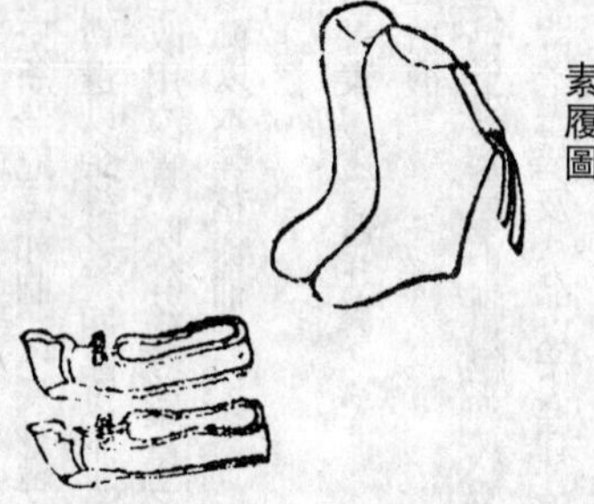

素履圖

儀賓冠服

儀賓朝服、公服、常服,俱照品級,與文武官同,惟笏皆用象牙,常服花樣,視武官。

弘治十三年定,郡主儀賓,鈒花金帶,胸背獅子。縣主儀賓,鈒花金帶。郡君儀賓,光素金帶,胸背俱虎豹。縣君儀賓,鈒花銀帶。鄉君儀賓,光素銀帶,胸背俱彪,故違僭用者,革去冠帶,戴平頭巾,於本處儒學讀書習禮三年,方許復職。

命婦冠服

禮服

凡命婦入内朝見君后,在家見舅姑并夫,及祭祀,則服禮服。

洪武五年定,凡命婦圓衫,以紅羅爲之,繡重雉爲等第。一品九等,二品八等,三品七等,四品六等,五品五等,六品四等,七品三等,其餘不用繡雉。

二十四年定,命婦冠服,公侯伯與一品同,大袖衫,用真紅色。一品至五品,紵絲綾羅隨用。六品至九品,綾羅紬絹隨用。霞帔褙子,皆用深青段匹。公侯及一品二品,金繡雲霞翟文,三品四品,金繡雲霞孔雀文,五品繡雲霞鴛鴦文,六品七品繡雲霞練鵲文。

大袖衫,領闊三寸,兩領直下一尺,間綴紐子三。前身長四尺一寸二分,後身長五尺一寸,内九寸八分,行則摺起。末綴紐子二,紐在掩紐之下,拜則放之。袖長三尺二寸二分,根闊一尺,口闊三尺五分,落摺一尺二寸五分。掩紐二,就用衫料,連尖長二寸七分,闊二寸五分,各於領下一尺六寸九分處綴之,於掩下各綴紐門一,以紐住摺起後身之餘者。兜子,亦用衫料兩塊斜裁,上尖下平,連尖長一尺六寸三分,每塊下平處,各闊一尺五分,縫合於領下一尺七分處綴之,上綴尖皆縫合,以藏霞帔後垂之末者。霞帔二條,各長五尺七寸,闊三寸二分,各繡禽七,隨品級用,前四後三各繡,臨末左右取尖長二寸七分。前後分垂,横綴青羅襻子,牽聯並之。前垂三尺三寸五分,尖綴墜子一,後垂二尺三寸五分,臨末插兜子内藏之。墜子,中鈒花禽一,四面雲霞文,禽如霞帔隨品級用。笏以象牙爲之,圓首方脚,長六寸四分,闊一寸五分,厚一分五釐。

二十六年定,【略】

一品至二品霞帔,用雲霞翟文。鈒花金墜子。褙子,用雲霞翟文。

三品至四品霞帔,用雲霞孔雀文。鈒花金墜子。褙子,用雲霞孔雀文。

五品霞帔,用雲霞鴛鴦文。鍍金鈒花銀墜子。褙子,用雲霞鴛鴦文。

六品霞帔,用雲霞練鵲文。鈒花銀墜子。褙子,用雲霞練鵲文。【略】

七品霞帔、墜子、褙子與六品同。

八品九品霞帔,用繡纏枝花。墜子與七品同。褙子,繡摘枝團花。

【略】

常服

洪武二十四年定,命婦常服,用顔色圓領衫。

進士巾服

洪武初定,進士巾,如今烏紗帽之製,頂微平,展角闊寸餘,長五寸許,系以垂帶,皂紗爲之。深色藍羅袍,緣以青羅,袖廣而不殺。革帶,青鞓,飾以黑角,垂撻尾於後。笏,用槐木。廷試後,赴國子監領出,傳臚日服之,至上表謝恩後,謁先師孔子,行釋菜禮畢,始易常服。其巾袍等,仍送國子監交收。

狀元冠服

朝冠,二梁。朝服,緋羅爲之,圓領。白絹中單。錦綬蔽膝全,槐笏一把,紗帽一頂,光素銀帶一條,葉玉佩一副,朝靴氊襪各一雙,俱内府製造。禮部官引至御前頒賜,上表謝恩日服之。

生員巾服

洪武二十四年定,生員襴衫,用玉色布絹爲之,寬袖皂緣,皂絛,軟巾垂帶。

吏員巾服

洪武四年定,各衙門掾史、令史、書吏、司吏、典吏,穿皂盤領衫,繫絲絛,戴四方平定巾。

十四年定，吏員皂衣，改用青色。

三十年定，令史、典吏，皆服吏巾，巾樣不與庶民同。

士庶巾服公使人等附

洪武三年定，士庶初戴四帶巾，今改四方平定巾。雜色盤領衣，不許用黄。執仗之士，首服鏤金額交脚幞頭，服諸色辟邪寶相花裙襖，銅葵花束帶，皂紋靴。刻期，冠方頂巾，衣胸背鷹鷂花腰線襖子，諸色闊絲匾縧，象牙雕花環，行縢八帶鞋，皂隸，冠圓頂巾，衣皂衣。

又令庶民男女衣服，並不得僭用金繡錦綺紵絲綾羅，許用紬絹素紗。其首飾釧鐲，並不許用金玉珠翠，止用銀。靴，不得裁製花樣金線妝飾。

四年定，皂隸公使人，穿皂盤領衫，戴平頂巾，繫白褡縛，帶錫牌。

六年令，庶民巾環，不得用金、玉、瑪瑙、珊瑚、琥珀，未入流品者，並同庶民。帽不得用頂，帽珠許用水晶香木。校尉，只孫束帶幞頭，靴鞋。刻期，雕刻雜花象牙縧環外，餘同庶民。

十四年令，農民之家，許穿紬紗絹布。商賈之家，止許穿絹布。如農民之家，但有一人爲商賈者，亦不許穿紬紗。

又令，校尉，用金鵞帽，黑漆，戧金荔枝，改作銅釘樣，每五釘攢就，四面稍起邊欄，鞓用青緊束之。各衙門祗禁，原穿皂衣，改用淡青。

又令，僧道服色。禪僧，茶褐常服，青縧玉色袈裟。講僧，玉色常服，緑縧淺紅袈裟。教僧，皂常服，黑縧淺紅袈裟。僧官皆如之。道士常服青，法服朝服，皆用赤色，道官亦如之。惟僧録司官袈裟，道録司官法服朝服，皆緑紋，飾以金。

二十二年令，將軍力士校尉旗軍，常戴頭巾或䄂腦，官下舍人并儒士吏員民人，常戴本等頭巾。鄉村農夫，許戴斗笠、蒲笠，出入市井不禁，不親農業者不許。

二十三年令，耆民儒士生員衣制同文職，惟袖長過手復回不及肘三寸。庶民衣長去地五寸，袖長過手六寸，袖椿廣一尺，袖口五寸。軍人衣長去地七寸，袖長過手五寸，袖椿廣不過一尺，窄不過七寸，袖口僅出拳。

二十五年令，文武官同籍父兄伯叔弟姪子壻，及儒士生員吏典知印承差，欽天監天文生，太醫院醫士，瑜珈僧，正一道士，將軍散騎舍人帶刀之人，正五馬軍并馬軍小旗，教讀大誥師生，許穿靴。校尉力士，遇上直許穿，出外不許。其庶民商賈技藝，步軍及軍下餘丁，管步軍總小旗，官下家人火者皂隸伴當，在外醫卜陰陽人，皆不許，止許穿皮扎䩺。其北平、山西、山東、陝西、河南、并直隸徐州，地寒人民，許穿牛皮直縫靴。

二十六年，禁官民步卒人等，不許服對襟衣，惟騎士不拘。

正德元年，禁商販吏典僕役倡優下賤，皆不許服用貂裘。僧道隸卒下賤之人，俱不許服用紵絲紗羅綾錦。

十六年，禁軍民人等，如有穿紫花罩甲等服，或禁門，或四外遊走者，許緝事并地方人等擒拏。

萬曆二年，禁舉人監生生儒，下至民庶奴隸之輩，有僭戴忠静金線冠巾，穿錦綺鑲履，及張傘蓋戴煖耳者，聽五城御史嚴拏重責枷示，仍送問。

士庶妻冠服婢使人等附

洪武三年定，士庶妻，首飾許用銀鍍金，耳環用金珠，釧鐲用銀。服淺色團衫，許用紵絲綾羅紬絹。

五年令，凡民間婦人禮服，惟用紫染色絁，不用金繡。凡婦人袍衫，止用紫緑桃紅，及諸淺淡顏色，不許用大紅鴉青黄色。帶用藍絹布。凡女子在室者，服飾之制，皆作三小髻，金釵，珠頭𩮀，窄袖褙子。凡婢使人等，綰高頂髻，用絹布狹領長襖長裙。小婢使，綰雙髻，用長袖短衣長裙。

成化十年令，禁官民人等婦女，不許僭用渾金衣服，寶石首飾。

正德元年令，軍民婦女，不許用銷金衣服帳幔，寶石首飾鐲釧。及娼妓，不許用金首飾，銀鐲釧。犯者本身家長夫男匠作，各治重罪。

教坊司冠巾服

洪武三年定，樂藝，冠青卍字頂巾，繫紅緑褡縛。樂妓則戴明角冠，皂褙子，不許與庶民妻同。

前供奉俳長，皆服鼓吹冠，紅羅胸背小袖袍，紅絹褡縛，皂靴。

色長，皆服鼓吹冠，紅青緑紵絲彩畫百花袍，紅絹褡縛。

歌工，皆服弁冠，紅羅織金胸背大袖袍，紅生絹錦領中單。黑角束帶，紅熟絹錦脚袴，皂皮琴鞋，白綿布夾襪。

樂工，服色與歌工同。

凡教坊司官，常服冠帶，與百官同。至御前供奉，執粉漆笏，服黑漆幞頭，黑緑羅大袖襴袍，黑角偏帶，皂靴。

又令，教坊司伶人，常服綠色巾，以別士庶之服。

又令，樂人戴鼓吹冠，不用錦縧，惟用紅褡褳，服色不拘紅綠。

又令，教坊司婦人，不許戴冠，穿褙子。

又令，樂工當承應許穿靴，出外不許。

又令，樂人衣服，許用明綠桃紅玉色水紅茶褐顔色，其餘不得穿用。俳色長樂工，俱戴皂頭巾，繫雜色縧。

凡中宮供奉女樂，奉鑾等官妻，本色鬏髻，青羅圓領。

提調女樂，服黑漆唐巾，大紅羅銷金花圓領，鍍金花帶，皂靴。

歌章女樂，服黑漆唐巾，大紅羅銷金裙襖胸帶，大紅羅抹額，青綠羅彩畫雲肩，描金牡丹花，皂靴。

奏樂女樂，服色與歌章同。

官修《明會典》卷七三《禮部三一·大宴樂》

奏平定天下之舞

舞士三十二人，皆左執干，干長三尺五寸，上闊一尺，下廣六寸，朱質，上畫雉羽，中畫升龍雲氣。右秉戚，戚長二尺五寸，硃紅漆柄，金妝戚斧。分爲四行，每行八人，舞作發揚蹈厲坐作擊刺之狀。皆冠黃金束髮冠，紫紛纓。青羅生色畫舞鶴花窄袖衫，白生絹襯衫，錦領，紅羅銷金大袖窄袍。紅羅銷金裙，皂生色畫衣沿襈。白羅銷金汗袴，藍青羅銷金沿。紅絹擁項，紅結子，紅絹束腰，塗金束帶，青絲大縧。錦臂鞲，綠雲頭皂靴。

舞師二人，執旌以引之，旌長七尺五寸，硃紅漆柄，金龍吞口，懸五色羽九層，每層用塗金寶蓋紅絲縧穿，末垂絲結子。皆冠黃金束髮冠，紫紛纓。青羅大袖衫，白絹襯衫，錦領。塗金束帶，綠雲頭皂靴。【略】

奏撫安四夷之舞

舞士十六人，東夷四人，椎髻於後，繫紅銷金頭繩。紅羅銷金抹額，中綴塗金博山，兩旁綴塗金環，明金耳環。青羅生色畫衣大袖衫，紅生色領袖。紅羅銷金裙，青銷金裙沿。紅生絹襯衫，錦領。塗金束帶，烏皮鞋。西戎四人，間道錦纏頭，明金耳環。紅紵絲細褶襖子，大紅羅生色雲肩，綠生色沿。藍青羅銷金汗袴，紅銷金沿。繫腰合鉢，十字泥金數珠，五色銷金羅香囊。紅絹擁項，紅結子。赤皮靴。南蠻四人，綰朝天髻，繫紅羅生色銀錠，紅銷金抹額，明金耳環。紅織金短襖子。綠織金細褶短裙，絨綿袴子。間道紵絲手巾，泥金項牌，金珠纓絡，綴小金鈴。錦行纏，泥金獅蠻帶，綠銷金擁項，紅結子。赤皮靴。北狄四人，戴單于冠，貂鼠皮簷，雙垂髻，紅銷金頭繩，紅羅銷金抹額。諸色細褶襖子，藍青生色雲肩。紅結子。紅銷金汗袴。繫腰合鉢。皂皮靴。四夷各爲一行，舞作拜跪朝謁喜躍俯伏之狀。

舞師二人，執幢以引之，幢長七尺五寸，硃紅漆柄，金龍吞口，懸五綵羅幢五層，每層綴五色銷金吹帶，末垂紅粉結子。皆戴白捲簷氊帽，塗金帽頂，一撒紅纓，紫羅帽襻。紅綠金繡襖子。白銷金汗袴，藍青銷金沿。塗金束帶，綠擁項，紅結子。赤皮靴。【略】

奏車書會同之舞

舞士三十二人，左執籥，籥長一尺五寸，硃紅漆筆竹爲之，上開三竅。右秉翟，翟長三尺五寸，硃紅漆柄，金龍吞口，上綴雉羽五層，每層用塗金寶蓋，紅絲縧穿，末用紅綠結子。分爲四行，每行八人，舞坐作進退舒徐揖讓升降之狀。皆冠黑光描金方山冠，青紛纓。衣素紅羅大袖衫，紅生絹襯衫，錦領，紅羅擁項，紅結子，塗金束帶。白絹大口袴。白布韈，茶褐鞋。

舞師二人，執翿以引之，翿長七尺五寸，硃紅漆柄金龍吞口，懸白鷺羽九層，用塗金寶蓋，紅絲縧穿，末垂紅絲結子。冠服與舞士同，惟大袖衫用青，不用紅羅領紅結子。【略】

奏平定天下之舞

引舞二人，皆服青羅包巾，青紅綠玉色羅銷金胷背襖子，渾金銅帶，紅羅褡褳，皂雲頭靴，青綠羅銷金包髻。

舞人三十二人，服色與引舞樂工同。【略】

奏撫安四夷之舞

引舞樂工二人，皆服紅氊帽，紅羅銷金項帕，紅青綠羅銷金襖子，紅羅褡褳，紅青綠羅銷金包髻。皂雲頭靴。【略】

高麗舞四人，皆服笠子，青羅銷金胸背襖子，銅帶，皂靴。琉球舞四人，皆服綿布花手巾，青羅大袖襖子，銅帶，白碾光絹間道踢袴，皂皮鞋。北番舞四人，皆服狐帽，青紅紵絲銷金，襖子，銅帶。伍魯速回回舞四人，皆服青羅帽，比里罕綿布花手巾，銅帶，皂靴。【略】

奏車書會同之舞

舞人三十四人，皆服皂羅頭巾，青綠玉色皂沿邊襴茶褐線縧，皂皮四縫靴。

【略】

奏表正萬邦之舞

引舞二人，皆執紅纓纛，服青羅包巾，紅羅銷金項帕，紅生絹錦領中單，紅生絹銷金通袖襖子，青綿絛，銅帶，織錦臂鞲，皂雲頭靴，各色羅銷金包髻，紅絹褡褳。

舞人、樂工六十四人，皆執干一，小鉞斧一，服色與引舞同。【略】

奏天命有德之舞

引舞二人，俱執紅纓纛，服青幪紗如意冠，紅生絹錦領中單，紅生絹大袖袍，各色絹綵畫直纏，黑角偏帶，藍絹綵，皂雲頭皮靴，白布韈。

舞人、樂工六十四人，皆執紅漆羽籥雉雞尾，服色與引舞樂工同。

官修《明會典》卷一九二《工部一二·軍器軍裝一》　洪武二十六年定，凡軍器，專設軍器局，軍裝，設鍼工局，鞍轡，設鞍轡局掌管。時常整點。若有缺少件數，隨即行下本局，算計物料，委官監督，定立工程，如法造完，差人進赴內府該庫收貯。如遇軍職衙門關支，仍須計較可否，果係應合關人數，即便奏聞，照依軍法定律支給。軍法定律，每一百户，銃手一十名，刀牌手二十名，弓箭手三十名，鎗手四十名。如係舊管征差軍士，不應關給者，行移駁問。馬鞍，務要查勘本軍，先前曾無關過，或轉納何處，要見明白，纔方放支，不許含糊一槩支給。若直隸，及各布政司，呈禀成造，亦須定奪具奏，行下依式造完，明白支撥，仍拘收原關舊損件數，入官修理，若各處有司歲造之數，起解到部，務要辨驗堪中，行下該庫交收，如有不堪者，就將原經手人員取問。其軍裝衣鞋別無定例，若有奉旨給賞，臨期下庫支給。

軍器

凡盔甲，洪武七年令，線穿甲，悉易以皮。

十六年令，造甲每副，領葉三十片，身葉二百九片，分心葉十七片，肢窩葉二十片，俱用石灰淹裹軟熟皮穿。浙江沿海，并廣東衛所，用黑漆鐵葉綿索穿，其餘俱造明甲。

二十六年令，造柳葉甲、鎖子頭盔六千副，給守衛皇城軍士。

弘治九年令，甲面用厚密青白綿布，釘甲用火漆小丁。

又定，青布鐵甲，每副，用鐵四十斤八兩。造甲，每副，重二十四斤。至二十五斤。

十六年令，南方衛所鐵甲，改用水牛皮造，綿繩穿弔。

嘉靖二十二年令，盔甲廠，改鹿皮輊帶，爲透甲牛脂皮輊帶，改直領對襟擺錫丁甲，爲圓領大襟。

二十九年題准，各處歲解斬馬刀，折造盔甲。

四十三年題准，行各衛所，將六瓣明盔，盡改造八瓣帽兒盔，其大甲，一半改紫花布長身大甲新式，一半照舊式，惟布身加長二寸，共修造甲一萬一千三百一十二副，即用二十九年以後，停造長牌圓牌工料補添免行加派，所造盔甲每年限七月以裏解部。

萬曆十年令，在京兩廠，造明盔甲五千副，給京營軍士，以五年爲期，每年千副。【略】

官修《明會典》卷一九二《工部一二·軍器軍裝一》　在京成造衙門。軍器局，洪武初，設軍器、鞍轡二局。永樂間，京師設局，亦如之。今併歸軍器局。宣德二年，設盔甲廠，成造軍器，後又設王恭廠，分造十分之三，統於該局。每年額造盔甲、腰刀等器三千六百件，其餘長鎗、銃砲、撒袋等項，數目不等。正統初，令工部侍郎提督。成化間，以郎中代之。嘉靖四十三年，以郎中陞遷不常，題准行吏部改註選主事。

二廠原額各色人匠九千二百餘名，分兩班，定四季成造，各匠五年一清查。隆慶五年，查實在軍匠，止一千五百九十二名。食糧，自一石至四斗不等。議定各匠分工，以食糧爲差，每石准銀五錢，不及者，以次遞減，通融得銀八百餘兩，爲一年工食。自役者照算，雇役者查給，著爲例。

兵仗局，洪武間設。永樂間，設如南京。正統二年，設南京兵仗局前廠。今兵仗局，成造修理擺朝、上直、圍子手、錦衣衛官旗將軍，及都知監帶刀長隨，兌領盔甲軍器。工部具料，本局三年一次成造，用銀二萬四千兩。嘉靖四十二年，減爲一萬六千兩。隆慶三年，減爲八千三百兩。五年題准，每年修造換給今該一年一題，用銀三千七百餘兩，又有弓弩火器，本局不時成造。其各邊關領，及夷王奏討軍器，俱行局查給。若近侍長隨，及各營總兵官，所披執盔甲、綉春刀，則屬御用監。本無年例，遇缺，該監題行補造。

該局匠數，一千七百餘名。詳見營繕司工匠條下。成化四年題准，收各匠家丁，并在外通曉藝業之人二千名，充匠。錦衣衛鎮撫司，月給糧一石，歲給冬衣布花，分兩班上工。該班者，光禄寺日支白熟粳米八合。

又本局、水和炭，一百萬斤。舊例，撥囚全運。嘉靖十四年題准，以十分爲率，五分行法司撥囚搬運，五分工部召商買辦。

國初定軍器局造【略】

水磨鐵帽　水磨頭盔

水磨鎖子護頂頭盔　水磨齊腰鋼甲

紅漆齊腰甲

水磨柳葉鋼甲　水銀摩挲長身甲

併鎗馬赤甲

鞍轡局造

鞍

鞭

弘治間定軍器、鞍轡二局，每年一造。

硃紅油鐵圓盔三千六百頂

青甲三千六百副【略】

今兵仗局造

抹金鳳翅盔

鍍金護法頂香草壓縫，六瓣明鐵盔

鍍金十字鈴杵頂，香草壓縫，六瓣明鐵盔

鍍金寶珠頂，勇字壓縫，腰箍口箍，六瓣明鐵盔

鍍金寶珠頂，勇字腰箍口箍，鐵壓縫，明鐵盔

黃銅寶珠頂，香草壓縫六瓣明鐵盔

黃銅寶珠頂，勇字壓縫，腰箍口箍，六瓣明鐵盔

黃銅橄欖頂，勇字腰箍壓縫，六瓣明鐵盔

黃銅十字鈴杵頂，勇字壓縫，明鐵盔

黃銅勇字腰箍口箍，鐵壓縫，六瓣明鐵盔

黃銅寶珠頂勇字口箍，鐵壓縫六瓣明鐵盔

黃銅四勇字明鐵盔

一把蓮八瓣，黃銅腰箍口箍明鐵盔

一把蓮明鐵盔

鍍金護法頂，壓縫，六瓣鐵盔

黃銅寶珠頂，勇字硃紅漆鐵盔

黃銅寶珠頂，口箍，渾貼金鐵盔

紅頂纓，硃紅漆鐵盔

四瓣明鐵盔下五樣盔，皆一年一修造。

玉簪瓣明鐵盔有二等，一紫花布火漆丁口頓項，襯盔，黑纓花皂絹盔旗。一青紵絲頓項，青綿布襯盔，盔襻，黑纓花皂絹紅月盔旗。

擺錫尖頂鐵盔

硃紅漆貼金勇字鐵盔

硃紅漆貼金勇字皮盔

抹金甲

青織金雲紵絲裙襴魚鱗葉明甲

青織金界地錦紵絲裙襴，紅絨絛穿，匙頭葉齊腰明甲

紅絨絛穿齊腰明甲

綠絨絛穿齊腰明甲

綠絨絛穿方葉齊腰明甲

綠線絛穿魚鱗葉齊腰明甲

匙頭葉齊腰明甲

青紵絲鍍金平頂丁釘齊腰甲

青紵絲黃銅平頂丁釘齊腰甲

青紵絲鍍金丁釘齊腰甲

紅絨絛穿齊腰甲

青綿布火漆丁釘齊腰甲

青紵絲黃銅平頂丁釘曳撒甲

紫花布火漆丁釘圓領甲

黑纓紅銅鏡馬甲

大葉明甲下四樣甲，皆一年一修造。

青紵絲火漆丁釘齊腰甲

青紵絲絛穿齊腰甲

青綿布繩穿齊腰甲【略】

在外成造衙門

洪武十一年定，天下歲造軍器盔甲等項，一萬三千四百六十五件，馬步軍刀二萬把。

二十年，令天下都司衛所各置局，軍士不堪征差者，習弓箭穿甲等匠，免致勞民。

永樂二年奏准，各處成造軍器，合用顔料，係軍衛者，軍衛自辦，係有司者，有司支撥，不許將不係土産，硃漆等項高貴之物，一槩料擾。

正德十年，免本年造解軍器，料銀，照彼中工價徵收，每盔甲、弓、箭、弦、腰刀、撒袋一全副，共折銀八兩。【略】

官修《明會典》卷一九三《工部一三・軍器軍裝二》 凡折徵軍器【略】

凡關領軍器，洪武二十五年，令官軍關領軍器將姓名數目，造册收貯，仍於各器上，記官軍姓名，損失即令償官。

弘治元年題准，上直官旗將軍，原領盔甲爪刀等件，例該三年，茜紅氊襖等件，例該六年，义刀，例該十二年，行兵仗局照數兑領。

三年一次

大漢將軍二百十六員，硃紅漆皮盔青綿布弔線甲，各如數。銅爪，黑漆大刀，各四十把。腰刀，一百把。

大漢官四十八員，明盔，金爪，各如數。明甲，二十四副。

旗將軍八十四名，尖頂明盔、明甲，各如數。紅滚刀，二十八把。銅爪、摩挲刀，各五十把。

五軍營圍子手一千名，紅漆皮盔、青布襯盔、青布弔線甲，各如數。

神樞營紅盔將軍七百二十三名，紅漆皮盔及襯盔、青布綿穿甲，各如數。金爪，四十把。摩挲刀，二十八把。鵜鴿頭刀，三十七把。腰刀，五百五十三把。米昔刀，二把。長靶黑刀，三十九把。

披明甲將軍二百五十七名，尖頂明盔、明甲，各如數。摩挲刀，十三把。硃紅靶滚刀，二百三十七把。

披大甲，帶大刀大漢將軍四員，尖頂明盔、明甲、金爪、摩挲刀，各如數。

府軍前衛帶刀指揮千户四十員，青紵絲弔線穿甲、摩挲刀，各如數。以上，俱兵仗局兑領。

紅盔將軍，弓箭等件，戊字庫兑領。

京營弓箭手三萬五千有奇，各弓箭一副，軍器局兑領。令舊□□□

皇城四門，并紅鋪官軍，紅盔、青甲、長鎗五千八百六十件，軍器局年例内兑。不敷，行庫關領。

旗手等二十衛，盔、甲、刀、鎗，軍器局年例内兑。不敷，行庫關領。

六年一次

大漢官，茜紅氊襖、兩帽，各二十四件。

旗將軍，茜紅氊襖、兩帽，各八十四件。

披明甲將軍，茜紅氊襖、雨籠，各二百五十件。

披大甲，帶刀大漢將軍，茜紅氊襖、雨盔、籠各四件。以上，俱兵仗局關領，遇缺題行南京造解。

十二年一次

五軍營，圍子手，硃紅漆桿步义、步刀，各五百把，兵仗局兑領。

不時關領

京營春秋操演官軍，每員名，各盔甲一副。鎗刀銃砲等件，俱軍器局開操關領，歇操交還。

京營，及巡捕官軍，防春、防秋，各兵火器械，遇警，於内庫關領，事畢交還。

出征官軍，所部參隨頭目人等，各一把蓮明鐵盔，青紵絲齊腰甲，青綿布弔線甲，倭腰刀，黑漆弓，真皮撒袋，矛鎗，行兵仗局關領。兵部應付，裝載前去，事寧交還。

聖駕親郊，圜壇九門，及各路擺隊軍，約用盔甲九萬餘副，行庫放給，畢日交收。親祀山陵，扈從官軍，盔、甲、刀、鎗、毛馬、響鈴、頓項、臂手等件，行兵仗局關領。畢日交收。

官修《明會典》卷二〇一《工部二一・織造》

冠服

洪武二十六年定，凡製造皇帝、皇太子、親王袞冕袍服，務要擇日興工，仍擇日以進。其餘婚禮妝奩，并太常寺祭服净衣，及給賜衣服冠帶，喪禮衫巾，并行移鍼工、巾帽二局，如法製造，其給賜衣服冠帶，圓領貼裏，紗帽角帶。須要預先多辦，以備不時賞賜。

各王府冠服

親王每位世子同。

冕服一副　皮弁服一副

常服一副以上尚衣監辦。

金册一副　銀事件一副以上銀作局辦

親王妃世子妃同。

册盝袱褥鎖鑰服匣一副

翠珠七翟冠一頂用藍青冠蓋，大紅羅冠罩，事件全。

玉穀圭一枝匣全。　玉綬花一副

玉革帶一條　玉佩玎璫一副

玉禁步一副　合香串一副

錫合一箇　舄料一副珍珠金。

禮服匣一座以上內官監辦。

金册一副　金鳳一對

金簪一對　金墜頭一箇

金寶鈿花九箇七翟冠頂上用。

玉革帶事件一副　玉佩玎璫鉤二箇

綵結垂頭花葉一副玉綬花用，以上銀作局辦。

大衫大紅素夾三件

大紅素紵絲一件表，紵絲一疋零一丈。裏，熟絹一疋零一丈。

大紅素線羅一件表，素線羅一疋。裏，生絹一疋。

深青素線羅一件表，素線羅一疋。裏，生絹一疋。

鞠衣實金繡鸞鳳綵繡雲夾四件

大紅素紵綵一件表，素紵絲一疋。裏，生絹一疋。

大紅素銀絲紗一件表，素銀絲紗一疋。裏，生絹一疋。

大紅素線羅一件表，素線羅一疋。裏，生絹一疋。

深青素線羅一件表，素線羅一。裏，生絹一疋。

各色熟絲線大紅一兩三錢五分，青三錢。

青線羅綵繡鸞鳳夾霞帔二副

各色素線羅大帶大紅三條，深青一條。

大紅綿布包袱一條以上俱鍼工局辦。

郡王

册盝袱褥鎖鑰服匣一副內官監辦。

鍍金銀册一副　銀事件一副以上銀作局辦。

如初封，加銀印池二箇，銀作局辦。印匣一箇，內官監辦。

郡王妃

册盝袱褥鎖鑰服匣一副內官監辦。

鍍金銀册一副銀作局辦。

凡將軍以下冠服，嘉靖七年議准，定擬價銀，遇有該府便差人員，給與印信領狀，赴部關領勘合，各回本布政司支領自辦。該司每歲終將給過緣由，造册繳報。四十四年定。

郡王、將軍、中尉、郡縣主君冠服，通行裁革，惟親王世子妃仍舊。

凡靈濟、顯靈二宫，及福建靈濟宫各真君袍服，每三年一題換。

凡賞賜衣服，永樂十二年，添設主事一員，於六科廊，專管成造。其紵絲、紗、羅、絹、布，每套俱有圓領、褡褸、貼裏，或女衣，或幼小男女衣。賞賜番僧則用紵絲襌衣，紵絲。賞古麻鼇哈喇，藍綾貼裏絹衣，貼裏青布衣。

每年二次題造

上半年成造

織金紵絲圓領八百件

素紵絲圓領二百件

紵絲褡褸貼裏各千件

絹圓領褡褸貼裏各三十件

黑牛皮靴二千雙

白羊毛氈韈二千雙

計用各色紵絲二千五百一十二疋一丈六尺，內承運庫放支。闊生絹二千六百六十三疋八尺，承運庫放支。送織染所變染藍紅二色，青紅熟絲線一十五斤，木炭四百斤，并皮靴氈韈，俱工部召商買辦。

下半年成造

織金紵絲圓領八百件

素紵絲圓領二百件

紵絲褡褸貼裏各千件

絹圓領褡褸貼裏各三十件

絹裏一百套

計用各色紵絲二千五百一十二疋一丈六尺，内承運庫放支。闊生絹二千九百一十四疋一丈六尺，承運庫放支。送織染所變染，青紅熟絲線一十八斤，木炭四百五十斤，工部召商買辦。

凡給賜貢夷衣服詳見禮部主客司。

遼東三衛，每年二次給賞，本色衣、靴、韈、段疋，共六百分。

女直建州等三百六十四衛所站寨，每年一次給綵段折銀，每段一疋，折銀三兩。共一千七百餘分。

陝西、四川二處番人番僧，每三年一次給綵段折銀，共三千七百餘分。

靈藏贊善王差來番僧，紵絲綾貼裏衣，折銀北虜加賞。萬曆元年題准，於内承運庫關領，各色織金胷背紵絲五百五十八疋，六科廊成造衣二百套給賞。自後每年照例，因貢遞加，四年加至四百三十六套。

凡給賜衍聖公祭酒等官冠服詳見禮部主客司。

凡給賜狀元進士冠服

狀元宴花抹金銀牌脚一副牌上鈒恩榮宴三字。

素銀帶一條照六品制。以上銀作局辦。

烏紗帽一頂展翅全。黑角帶一條

朝服服大紅羅袍一件，大紅羅裙一條

大紅羅蔽膝一條三項，共用大紅線羅五丈八尺，黑青線羅一丈二尺，紅生絹九尺，青蘇絹五尺，連中單，共用白紅絲線三錢五分。

白絹中單一件用白蘇絹二丈二尺。

梁冠一頂簪纓全。玎璫一副銅鈎全。

錦綬一副青絲網環全。黑朝帶一條以上文思院造。

木笏一片營繕所造。履靴一雙

氊韈一雙以上皮作局辦，順天府解銀召買。

進士巾三百五十頂展翅俱全。

翠葉絨花七百枝□鈒恩榮宴三字。

袍三百五十領每件用天青水□羅三丈二尺，黑青緯羅七尺，裏用藍絹三丈二尺，承運庫關支，生絹送織染局染。

黑角革帶三百五十條以上文思院造。

木笏三百五十片營繕□造，通該順天府折角部。

凡給賜雲、貴、四川，監生冬夏衣，每年一次。嘉靖十五年議准，支給價銀，聽其自製，著爲例。

夏衣三百套每套三件，用藍白腰機夏布二疋一丈五尺，每疋三丈二尺，折銀三錢三分，該銀八錢一分四釐六毫八絲七忽五微。

冬衣三百套每套三件，用闊生絹四疋三丈，每疋三丈二尺，折銀五錢五分。絲綿一斤，折銀五錢五分，該銀三兩二錢六分五釐六毫二絲五忽。

凡祭祀净衣，文思院每年一次題造，給道士厨役，例不追收。

永樂十二年定，各壇該用絹布净衣，六科廊每年三起成造，共八百九十五套，每套四件，共三千四百三十六件。

嘉靖中分建四郊，成造净衣一千七百二十八套。

十一年題准，四郊并祈穀社稷六壇，樂舞生、道士，各給絹布等物，行令自造，臨期，聽御史查點。厨役照舊造給，著爲例。

三十三年題造各壇廟厨役巾袍二百六十件，緇帽鞋韈，各三百件。

四十五年，增造大享殿樂舞生、道士，净衣二百一十六套。

隆慶元年，止存四郊社稷五壇，照例成造給賜。

計各壇净衣、圜丘壇道士净衣二百八十七套，厨役綿净衣三百套，方澤壇道士净衣二百六十一套，厨役單净衣三百套，朝日壇道士净衣二百三十二套，厨役夾净衣二百套，夕月壇道士净衣二百三十七套，厨役夾净衣二百套。社稷壇春秋兩祭，道士净衣共四百五十二套。

凡各壇廟祭祀冠服，嘉靖中定，圜丘典儀執事三十五人，司御拜位五人，青段祭服共四十套，梁冠、革帶、玎璫、笏板、鞋、韈全。

舞生，文，六十六人，各門燒香一十五人，天青段袍襯，共八十一套，冠、帶、鞋、韈全。武，六十六人，各門燒香一十五人，天青段袍襯，共八十一套，天丁帶、冠、靴、韈全。

樂生，七十二人，各門燒香一十八人，天青段袍絹襯，共九十套，冠、帶、靴、韈全。

方澤典儀執事三十六人，青紗祭服三十六套，冠、帶、玎璫、笏板、鞋、韈全。

舞生，文，六十六人，各門燒香八人，玄色紗袍襯，共七十四套，冠、帶、鞋、韈全。武，六十六人，各門燒香八人，玄色紗袍襯，共七十四套，天丁帶冠、靴、韈全。

樂生，七十二人，各門燒香九人，玄色紗袍絹襯共八十一套，冠、帶、靴、韈全。

朝日典儀執事九人，素羅祭服九套，冠、帶、玎瑺、笏板、鞋、韈全。

舞生，文，六十六人，各門燒香七人，紅羅袍襯，共七十三套，冠、帶、鞋、韈全。武，六十六人，各門燒香七人，紅羅袍絹襯，共七十三套，天丁帶、冠靴、韈全。

樂生，七十二人，各門燒香五人，紅羅袍絹襯，共七十七套，冠、帶、鞋、韈全。

夕月典儀執事一十三人，青羅祭服一十三套，冠、帶、玎瑺、笏板、鞋、韈全。

舞生，文，六十六人，各門燒香七人，玉色羅袍絹襯，共七十三套，冠、帶、鞋、韈全。武，六十六人，各門燒香七人，玉色羅袍絹襯，共七十三套，天丁帶、冠、靴、韈全。

樂生，七十二人，各門燒香五人，玉色羅袍絹襯，共七十七套，冠、帶、鞋、韈全。

社稷典儀執事一十二人，青羅祭服一十二套，冠、帶、玎瑺、笏板、鞋、韈全。

舞生，文，六十六人，各門燒香三人，紅羅袍絹襯，共六十九套，冠、帶、鞋、韈全。武，六十六人，各門燒香三人，紅羅袍絹襯，共六十九套，天丁帶、冠、靴、韈全。

樂生，七十二人，各門燒香四人，紅羅袍絹襯，共七十六套，冠、帶、鞋、韈全。

太廟祫祭典儀執事七十九人，青羅祭服七十九套，冠、帶、玎瑺、笏板、鞋、韈全。

五祀執事一十三人，青絹祭服一十三套，冠、帶、玎瑺、笏板、鞋、韈全。

太廟四孟時享，并司門等祀，典儀六十六人，青羅祭服六十六套，冠、帶、玎瑺、笏板、鞋、韈全。

舞生，文，六十六人，各門燒香四人，紅羅袍絹襯，共七十套，冠、帶、鞋、韈全。武，六十六人，各門燒香四人，紅羅袍絹襯，共七十套，天丁帶、冠、靴、韈全。

樂生，七十二人，各門燒香四人，紅羅袍絹襯，共七十六套，冠、帶、鞋、韈全。

帝王廟典儀執事四十五人，青羅祭服四十五套，冠、帶、玎瑺、笏板、鞋、韈全。

舞生，文，六十六人，各門燒香七人，紅羅袍絹襯，共七十三套，冠、帶、鞋、韈全。武，六十六人，各門燒香七人，紅羅袍絹襯，共七十三套，冠、帶、靴、韈全。

樂生，七十二人，各門燒香六人，紅羅袍絹襯，共七十八套，冠、帶、鞋、韈全。

先師廟典儀執事六十一人，青絹祭服六十一套，冠、帶全。

舞生，文，三十八人，各門燒香三人，紅絹袍襯，共四十一套，冠、帶、鞋、韈全。

太歲壇典儀執事一十八人，青絹祭服一十八套，冠、帶全。

樂生，四十六人，各門燒香三人，紅絹袍襯，共四十九套，冠、帶、鞋、韈全。

舞生，文六十六人，各門燒香七人，紅絹袍襯，共七十三套，冠、帶、鞋、韈全。武，六十六人，各門燒香七人，紅絹袍襯，共七十三套，天丁帶、冠、靴、韈全。

樂生，七十二人，各門燒香六人，紅絹袍襯，共七十八套，冠、帶、鞋、韈全。

歷代帝王陵寢，每三年一次，遣道士致祭，給賜净衣二十四套，每套二件。藍夏布氅衣，青夏布□領。嘉靖三十四年，減去一套。

凡陪祀官祭服，嘉靖三十三年題造，各壇廟陪祀官員紗羅祭服九十一套。

萬曆三年令，造給七十二衛陪祀武官，紗羅祭服共三百套。

方以智《通雅》卷三五《器用戎器具》　甲，始以革，而後以金，故名之曰鎧。古甲胄用革，後用鐵，秦時有鍪鎧之名。《管子》葛盧之山出金，蚩尤制爲劍鎧矛戟。按桓公定三革，偃五兩。韋注：三革甲胄。楯五兩，刀劍矛戟矢，未有鐵鎧也。鎧，一曰介。兜鍪，《急就》作鉾蓋。錏鍜音叉加。頸鎧也，盔後垂者。本兮牟纏首之象，鍪似釜而反唇，取其形耳。《漢書》鞮鍪猶皮也。曹植表曰：先帝賜臣黑光、明光各一，具兩當，鎧一領，琰鏁鎧一領，馬鎧一領，今昇平，乞付鎧。曹琰鎖即鎖子甲也。晉有重鎧浴鐵，庚翼《與燕王書》致襦鎧。劉宋御仗有孔明筩袖鎧、鐵帽。寧州獻馬蜀鎧。隋太子飾蜀鎧，鎧皆浴鐵爲精。後周時，南宋明曾以賜殷孝祖，建安王休仁以賜王玄謨。《唐六典》有鎖子甲，與明光甲、光要甲、細鱗甲、山文甲、烏鎚甲、白布甲、皂絹甲、布背甲、步兵甲、皮甲、木甲、馬甲，共十三制。子美詩稱金鎖甲。苻堅使熊邈造細鎧，金爲綫以縲之。《實録》貞觀遣使于百濟，取金漆塗鐵甲、鎖甲，五環相互，一環受簇，諸環拱護，故箭不能入。鉀俗别也。徐商襞紙爲鎧，勁矢不能洞。宋康定四年詔：江淮、淮南造紙甲三萬給陝西，實倣商法也。

張自烈《正字通》卷五《毛部》　毳冕服，《周禮·司服》「〔祭〕四望山川則毳服」。《詩·王風》「毳衣如菼」。毛亨註：禮，王之大夫四命與子男同服毳衣。以宗彝爲首，畫虎蜼。虎蜼，淺毛，故曰毳。

張自烈《正字通》卷九《衣部》 褦尼帶切，音柰，【略】一説暑月，謁人衣冠束身之狀，謂之褦襶子，總周身衣冠襪履言之也。魏程曉詩「閉門避暑臥，出入不相過。今世褦襶子，觸熱到人家。主人聞客來，顰蹙柰若何。傳戒諸高明，熱行宜見呵。」舊註汎云：褦襶，不曉事。《韻會》炎暑戴笠見人，必不曉事者。並非。

葉夢珠《閱世編》卷八《冠服》 一代之興，必有一代冠服之制，其間隨時變更，不無小有異同，要不過與世遷流，以新一時耳目，其大端大體，終莫敢易也。如前朝職官公服，則烏紗帽，圓領袍，腰帶，皂靴。紗帽前低後高，兩傍各插一翅，通體皆圓，其內施網巾以束髮，則無分貴賤，公私之服皆然。圓領則背有錦綉，方補品級，式樣與今之命服同，但裏必有方領襯襬，不單着耳。腰帶用革爲質，外裹青綾，上綴犀玉、花青、金銀不等，正面方片一兩，傍有小輔二條，左右又各列三圓片，此帶之前面也。向後各有插尾，見于袖後，後面連綴七方片以足之，帶寬而圓，束不著腰，圓領兩脅，各有細鈕貫帶于巾而懸之，取其嚴重整飭而已。一、二品金鑲犀角，三品花金，四品素金，五品花銀，六、七品素銀，八品以下用明角。烏角玉帶惟帝后及太子、親王、郡王用之，其餘大臣必賜而後敢服，則與今制異也。其舉人、貢、監、生員則俱服黑鑲藍袍，其後舉、貢服黑花緞袍，監生服黑鄧絹袍，皆不鑲，惟生員照舊式。然進士殿試後，猶服鑲藍袍，入謝畢，始易冠帶，則知花素緞袍乃後人假借，未必皆命服矣。聞舉人前輩俱帶圓帽如笠而小，亦以烏紗添裏爲之，予所見舉人與貢、監、生員同帶儒巾，儒巾與紗帽俱以黑縐紗爲表，漆藤絲或麻布爲裏，質堅而輕，取其端重也。舉、貢而下，腰束俱藍絲綿絛。皂靴與職官同。典吏則戴吏巾，如今之神廟中所塑施相公巾式，黑素絹圓領，絛靴。舉、貢、監生同。其上臺門下，則有中軍巡捕官，冠棕結草帽如笠而高，服大紅斗牛錦綉以壯觀。其衙門雜役，如皂隸則漆布冠岸幘，而網巾外見，旁插孔雀翎毛，服下截細褶青布衣，腰束紅布織帶。捕快則小帽青衣，加紅布背甲于外，腰束青絲織帶。輿隸之屬，則戴毡笠上插鷺尾，威儀秩秩矣。其便服自職官大僚而下至于生員，俱戴四角方巾，服各色花素紬紗綾緞道袍。其華而雅重者，冬用大絨繭紬，夏用細葛，庶民莫敢效也。其樸素者，冬用紫花細布或白布爲袍，隸人不敢擬也。其後巾式時改，或高或低，或方或扁，或仿晉、唐，或從時製，總非士林，莫敢服矣。其非紳士而巾服或擬于紳士者，必縉紳子弟也。不然，則醫生、星士、相士也。其後能文而未入泮雍者，不屑與庶人伍，故亦間爲假借，士流亦優容之，然必詩禮之家，父兄已列衣冠者，方不爲世俗所指摘，不然將羣起而譁之，便無顔立于人世矣。其市井富民，亦有服紗綢綾羅者，然色必青黑，不敢從新艷也。良家清白者，領上以白綾或白絹護之，示與僕隸異。所戴之冠，夏則結棕，六版圓幅，價值數金。貧者或用漆單紗，其色同。冬則絨毡小帽。其內衣，冬夏無不服裙，不分貧富貴賤皆然。道袍大概綢用單做，羢褐繭綢用夾裏，後則俱以花紗白裏爲之，單綢若將不屑，不獨士林爲然矣。花雲素緞，向來有之，宜于公服。其便服則惟有路綢、甌綢、綾地、秋羅、松羅、杭綾、縐紗、軟綢以及湖綢、綿綢，夏惟有生紗、硬紗、生羅、杭羅而已。其後有軟機紗、番紗、線紗、永紗，皆因一時好尚，羣相和從耳。若寒士則惟以白布袍爲常服，加以烏巾朱履，較之盛服而冠庶人之帽者自貴，縉紳接見，亦自起敬，列于峨冠博帶之中，容相安也。其僕隸、樂户，止服青衣，領無白護，貴賤之别，望而知之。公私之服，予幼見前輩長垂及履，袖小不過尺許，其後衣漸短而袖漸大，短才過膝，裙拖袍外。袖至三尺，拱手而袖底及靴，揖則堆于靴上，表裏皆然。履初深而口幾及踝，後至極淺，不逾寸許。此余所及見前朝冠服之制也。

本朝于順治二年五月，克定江南時，郡邑長吏，猶循前朝之舊，仍服紗帽圓領，升堂視事，士子公服、便服，皆如舊式。惟營兵則變服滿裝，武弁臨戎亦然，平居接客則否。故薙髮之後，加冠者必仍帶網巾于内，髮頂亦大，無辮髮者但小帽改用尖頂，士流亦間從之。至三年丙戌春暮，招撫内院大學士亨九洪公承疇刊示嚴禁云：「豈有現爲大清臣子而敢故違君父之命，放肆藐玩，莫此爲甚。于是各屬凛凛奉法，始加錢頂辮髮，上去網巾，下不服裙邊，衣不裝領，煖帽用皮，涼帽用簟，俱上覆紅緯，或涼帽覆紅纓，一如滿州之制。然而細緞織錦，僭及龍衮，遍身刺綉，或施鸞鳳，誇多鬬靡，競爲華麗，上下無章，公私無别，草昧之初，莫知禁令也。至六、七年間，始頒命服之制，冠加高頂，一品裝以紅玉，鑲嵌東珠三顆，二品藍玉，東珠一顆，三品紅寶石，四品藍寶石，五、六品水晶，皆用金鑲，高低不等。七品金，八品以下銀，下至典吏，則用明角葫蘆，以章貴賤。其舉、貢、監生、生員則用金銀飛雀，以期其飛鳴之意。帶則緊束于腰，綴以金玉銀角，方圓四片，一、二品玉，三、四品金，五品花銀，六、七品素銀，八品銀鑲烏角，九品而下烏角不鑲。舉、貢、監生，銀鑲明角，生員銀鑲烏角。其命服則滿袍加以前後綉補，一如前代之式，文臣一、二品仙鶴、錦鷄，三、四品孔雀、雲雁，五品白鷴，六、七品鷺鷥、鸂鶒，八、九品以逮雜職則鵪鶉、練鵲、黄鸝而已。武臣公、侯、伯則麒麟，白澤，一、二品獅，三、四品虎，豹，五品熊，六、七品彪，八、九品以下海馬，犀牛。其銜加宫保者，則如文臣一品之服。凡龍鳳錦綉織文，一概禁止，如有僭干者，罪及製造之家。于是命服始有定式，莫敢僭越。然而便服裘帽，惟取華麗，或娼優而僭擬帝后，或隸僕而上同職官，貴賤混淆，上下無别。迨康熙九、十年間，復申明服飾之禁，命服悉照前式；貉、裘、猞猁猻，非親王大臣不得服；天馬、狐裘、裝花緞，非職官不得服；貂帽、貂領、素花緞，非士子不得服；花素綾綢紗及染色鼠狐帽，非良家不得服；所不禁者，獺皮、黄鼠帽，素綢羅絹及繭綢葛布、三梭細布而已。其職官及舉、貢、監生、生員之父，除公服而外俱得並從子服。職官及舉、貢、監生、生員之子，除公服而外，俱得並從父服。禁令初頒，一時翕然儆畏，恪守凛遵；但舊服尚存，新不及製，好事之徒，或挾仇舉首，或借端索詐，或恣肆搶奪，獄訟紛起，京師尤甚，當事患之，不逾年而遂弛其禁。于是服飾之華麗，又復惟力是視，而守禮謹飭者，或自知循分焉。袍服，初尚長，順治之末短才及膝，今則又没髁矣。煖帽之初，即貴貂鼠，次則海獺，再次則狐，其下者濫惡，無皮不用。然當日所謂海獺即今之染黑狸皮，但初用時皆精選，故價至每頂紋銀二兩，戴者甚少。其後日漸濫惡，乃以黄狼皮染黑名曰騷鼠，毛細而潤，老者類貂，一時争用，騷鼠貴而海獺賤，無人非海獺帽，今騷鼠之闊口者，每頂亦值銀二兩，然無人非騷鼠冠，而海獺非鄉愚極貧之人不冠矣。康熙十五、六年之間，江甯新製剪絨帽，色黑而細密，長闊宛如騷鼠，其價最精者不過值銀三、四錢一頂，士林往往用之。康熙二十三年，京師始尚海龍皮，毫短而勁，色黝而明，初價每頂四、五金，年來減半，意即真海獺皮所染也。緞袍外套，向俱裝錦緞，用色裏夾做。康熙而後，大半皆單，時小羢已不用，即繭綢亦單做矣。花緞初用團龍，禁後用大小雲朵，今用大小團花，飛雀山水景。夏布初用滿龍、團龍紗，禁後用官紗、宫紗，既而用素幅秋絹紗，今用廣絹、廣紗、絨紗、葛紗、巧紗、漏地紗，大概俱尚整齊，雖便服無異于公服也。涼帽初尚扁而大，後尚高而小，既又尚高而大，旋復尚扁而大，今則又尚高而小矣。帽胎，順治三年始也，未有賣者，俱剪藤編篾席爲之，後用細草編成，造自北方，至南而加裹發販，京師有同類而最精細潔者，名曰得勒粟，每頂銀三、四兩，而紅緯不與焉，外省罕有。今或以白紗綾爲表者，庶乎似之而價不過與常帽等，亦用純代麻之意耳。帽頂，大紅絲緯，初用拆緞，取大紅緞拆其經，取其不易亂，拆絲一兩，值銀一兩，後徑以散緯或雙絲染大紅，每兩價銀二、三錢者亦佳。涼帽頂或用紅纓，初價不甚貴，而纓亦粗硬，後用皮纓、胎纓，價始貴矣。胎纓一兩有值銀七、八錢者，皮纓半之。今有西甯長纓，細潤而真正大紅色久不變者，涼帽一頂，值銀三十餘兩，惟當途顯者用之。第恐習俗移人，幾年之後，染販者廣，價必漸減，效顰者又將争起耳。

《明經世文編》卷一九八潘潢《取解軍器疏》取解南京盔甲 此係南京軍器數目、祖宗朝時時取用，今則自濟不能矣，故存之以備攷云。

謹題准工部咨該本部題，奉欽依行查南京戊字等庫兵仗局，收有盔甲共計若干副，挑選堪用者七八萬副，責差部官管領行移南京兵部，摘馬快船隻裝載，星夜兼程前進，的限明年二月中旬到京，以備支給，不許托故推誤。其餘并損壞者，聽其措辦修理，留備本處操守等因。備咨差武功中衛千户杜勳守催到部，行據本部營繕清吏司主事莊朝賓，呈稱會同巡視九庫南京工科給事中林懋舉、南京山東道監察御史李尚智等。查得南京戊子庫舊有直簷等鐵盔六萬六千一百一十七頂，皮盔六萬一千五百九十頂，鐵葉甲八萬八千八十六領，通行盤出，挑選得堪用鐵盔一千四百一十六頂，鐵葉甲二萬五千領，量加修理，堪以湊用。鐵盔二萬三千五百八十四頂，共堆積已久，繡壞居多，相應添料募工修整，留備本處操守支用，直簷等鐵盔三萬一千三百四十三頂，皮甲二萬五千八百九十四領，鐵葉甲二萬八千七百八十六領。又嘉靖八年，該南京户部題准會官揀下破損不堪照舊收貯鐵盔九千七百七十四頂，皮盔三萬五千六百九十六頂，鐵葉甲二萬六千三百領。又據本部屯田清吏司主事李檀呈稱會同南京兵仗局内官監右少監高佐等，查得南京兵仗局，歷年收貯直簷等盔三萬九千九百三十三頂，鐵葉甲五萬五千二十二領，皮盔四萬二千六百七十三頂，皮甲五千三百七十九領，鎖子甲二百六十七領，銅甲一百二十二領，通行盤出，内挑選得堪用硃紅油貼金勇字直簷鐵盔一千頂，鐵葉甲一萬四百二十領，量加修理，硃紅油貼金勇字直簷鐵盔九千四百二十頂，其餘直簷鐵皮等盔七萬二千一百八十六頂，銅鐵葉鎖子等甲五萬三百七十領，俱係正統成化以前年分成造，堆積陳久，中間數多鐵繡線綻，硃漆脱落，縱加修整，不耐馳驟，必多添料，攙新改造，方可留本處操守支用等因，各呈前來，欲便查照原取數目，通修完足，一併起運。緣水磨油添襯布貼金，必寬旬月，漆乾縫就，方可搬動，而目下春水正淺，農務正興，據今選解已數萬副，亦恐一日併發，不無欲速不達之慮。合照本照近年起取硫黄及年例器皿事例，添委官員，分運起解，連齎脚價，先赴工部，轉發通州修倉主事，顧車裝進，但查南京兵仗局前廠季造盔甲，遞年俱係該局，并南京各衛所軍器會官成造驗進南京戊字庫交割，原無收有分毫裝運水脚，比與各該司府年例胖襖等項不同，所據今次修整裝成盤剥車價，本司別無區處，合于本部節慎庫暫支官銀給領以修完接續取用，仍從該庫局官照常徑自解納。通查案呈到部，看得戎器貴精，兵事欲速，前項挑選過盔甲三萬五千四百二十副領，該箱一千五百一十五扛，裝船九十九隻，夫數多費用不貲，所據該司呈要分遣官員，多作運數，水陸兼程，陸續解進，俱由龍江關水路至通州起車，各分投齎領星夜解進到部。車價先解工部照例轉發修倉主事顧車裝運，類收掣取批單銷照完日，連應修裝起淺盤剥等項支費，備細造册，但有餘剩解回貯庫作正支銷，不足于各運内通融處補，各另呈部覆查明白，通類奏報。在庫堪修盔甲，亦依原擬措辦修理，留備本處操守支用，及兵仗局遠年堆積陳器，一體料揀攙修，聽候斟酌接取選解補數，謹具題知。

傅維鱗《明書》卷二《太祖本紀二》 〔洪武元年二月〕戊申，上親祭社稷。克東昌，克邵陽，議賦役法，定天子祭祀冕服，詔復衣冠如唐制。【略】

〔十一月〕定乘輿以下冠服及婚喪之制。【略】

〔洪武三年五月〕詔行大射禮，奉仁祖配地祇於方澤，定服色尚赤。【略】上以久不雨，素服草履，徒步詣山川壇設藁席露坐，晝曝夜臥地，令皇后親執爨，爲昔日農家食，皇太子捧榼雜麻麥菽粟進。

傅維鱗《明書》卷二六《表三》 太祖初定制，有公侯之封及子男之贈，厥後則公侯伯凡三等，有世襲，有流爵，罷子男不置。公侯位正一品上，伯位正二品上。朝服進賢冠加籠巾貂蟬，世襲者領鐵券，流爵則否。

傅維鱗《明書》卷七八《志一八·服璽志一》 史官論曰：服物所以辨等也，璽章所以昭信也，無等則上下褻，無信則中外疑，惟褻與疑，不可以爲治。古天子端冕凝旒，百辟垂紳正笏，明有尊也。符節分乎人虎，佩綬異乎爵秩，明有執也。尊則不褻，執則不疑，而治體以成焉。明興，酌古定制，上下之等甚辨，而中外之信孔昭，誠可爲後世法，作《服璽志》。

皇帝冕服

衮冕，凡祭天地宗廟，及正旦冬至聖節，則服衮冕，祭社稷先農册拜亦如之。洪武十六年定，冕，前圓後方，玄表纁裏，前後十二旒，每旒五采玉十二，珠五采繅十有二就，就相去一寸。紅絲組爲纓，黈纊充耳，玉簪導。衮，玄衣黄裳，十二章，日、月、星辰、山、龍、華蟲六章織在衣，宗彝、藻、火、粉米、黼、黻六章繡在裳。白羅大帶，紅裏。蔽膝隨裳色，繡龍、火、山文。玉革帶，玉佩。大綬六采，赤、黄、黑、白、縹、緑，小綬三色同大綬，間施三玉環。白羅中單，黻領青、緑襈，黄襪，黄舄，金飾。

二十六年定，衮，十二章。冕，版廣一尺二寸，長二尺四寸。冠上有覆，玄表朱裏，前後各有十二旒，旒五采玉珠十二。玉簪導，朱纓。圭長一尺二寸。衮，玄衣纁裳，衣六章，織日、月、星辰、山、龍、華蟲，裳六章，織宗彝、藻、火、粉米、黼、黻。中單以素紗爲之。紅羅蔽膝，上廣一尺，下廣二尺，長三尺，織火、龍、山三章。革帶，佩玉，長三尺三寸。大帶，素表朱裏，兩邊用緣，上以朱錦，下以緑錦。大綬六采，用黄、白、赤、玄、縹、緑織成，純玄質五百首，小綬三色同大綬，間織三玉環。朱韈，赤舄。

永樂三年定，冕冠十有二旒，冠以皂紗爲之，上覆曰綖，桐板爲質，衣之以綺，玄表朱裏，前圓後方，廣一尺二寸，長二尺四寸，前後各十有二旒，每旒各五采繅十有二就，貫五采玉珠十二，赤、白、青、黄、黑相次。以玉衡維冠，玉簪貫紐，紐與冠武并繫纓處，皆飾以金。綖以左右，垂黈纊充耳，用黄。繫以玄紞，承以玉瑱朱紘。玉圭，長一尺二寸，剡其上，刻山四，蓋周鎮圭之制。黄綺約其下，別以袋韜之，金龍文。衮服十有二章，玄衣八章，日、月、龍在肩，星辰、山在背，火、華蟲、宗彝在袖，每袖各三。皆織成本色領褾襈裾，纁裳四章，織藻、粉米、黼、黻各二。前三幅，後四幅，前後不相屬共。要有襞積，本色綼裼。中單以素紗爲之，青領褾裾，領織黻文十三。蔽膝隨裳色，四章，織藻、粉米、黼、黻各二，本色緣，有紃施於縫中，其上玉鉤二。玉佩二，各用玉珩一，瑀一，琚二，衝牙一，璜二，瑀下有玉花，玉花下又垂二玉滴，瑑飾雲龍文，描金。自珩而下繫組五，貫以玉珠，行則衝牙二滴與璜相觸有聲。其上金鉤二，有二小綬六采以副之。六采，黄、白、赤、玄、縹、緑，纁質。大帶，素表朱裏，在腰及垂皆有綼，上綼以朱，下綼以緑，紐約用素組。大綬六采，黄、白、赤、玄、縹、緑，纁質。小綬三色同大綬，間施三玉環，龍文皆織成。韈舄皆赤色，舄用黑絇純，以黄飾舄首。

嘉靖八年定，冠制，以圓匡烏紗冒之。冠上有覆板，長二尺四寸，廣二尺二寸，玄表朱裏，前圓後方，前後各七采玉珠十二旒，以黄、赤、青、白、黑、紅、緑爲之。玉珩，玉簪導，朱纓，青纊充耳，綴以玉珠二。凡尺，皆以周尺爲度。衣玄色，凡織六章，日、月在肩，各徑五寸，星、山在後，龍、華蟲在兩袖，長不掩裳之六章。裳黄色，爲幅七，前三幅，後四幅，連屬如帷，凡繡六章，分作四行，火、宗彝、藻爲二行，米、黼、黻爲二行。中單素紗爲之，青緣領，織黻文十三。蔽膝隨裳色，羅爲之，上繡龍一，下繡火三，繫于革帶。大帶，素表朱裏，上緣以朱，下以緑，不用錦。革帶，前用玉，其後無玉，以佩綬繫而掩之。圭，白玉爲之，長尺二寸，剡其上，下以黄綺約之，上刻山形四，盛以黄綺囊，藉以黄錦。朱韈，赤舄，黄絛緣，玄纓結。

皮弁服，凡朔望視朝，降詔降香進表，四夷朝貢朝覲，則服皮弁服。嘉靖間，命祭太歲山川等神皆服。

洪武二十六年定，皮弁，用烏紗冒之。前後各十二縫，每縫中綴五采玉十二以爲飾。玉簪導，紅組纓。其服，絳紗衣，蔽膝隨衣色。白玉佩，革帶，玉鉤艓，緋大白帶。白韈，黑舄。

永樂三年定，皮弁，用黑紗冒之。前後各十二縫，其中各綴五采玉，其二縫及冠武及貫簪繫纓處，皆飾以金。玉簪，朱紘纓，玉以赤、白、青、黄、黑相次。玉圭，長如冕服之圭，有脊，并雙植文，剡其上，黄綺約其下，及有韜，金龍文。絳紗袍，本色領褾襈裾。紅裳如冕服内裳制，但不織章數。中單以素紗爲之，如深衣制，紅領褾襈裾，領織黻文十三。蔽膝隨裳色，本色緣，有玉鉤二。玉佩、大帶、大綬、韈、舄，俱如冕服内制。

常服

洪武三年定，常服，烏紗折角向上。金盤領，窄袖袍，束帶間用金、玉、琥珀、透犀。

永樂三年定，冠，以烏紗冒之，折角向上。今名翼善冠。袍黄色，盤領窄袖，前後及兩肩各金織盤龍一。帶用玉。靴以皮爲之。

武弁服，國初行親征遣將禮，則服武弁，乘革輅，其制未詳，詳定自嘉靖初年始。

嘉靖八年定，弁，上鋭，色用赤，上十二縫，中綴五采玉，落落如星狀。韎衣韎裳，韎韐俱赤色，如常制。佩綬革帶如常制，佩綬及韎韐，俱上繫于革帶。舄如其裳之色。玉圭視鎮圭差小，剡上方，下有篆文，曰「討罪安民」。

燕弁冠服

嘉靖七年定，冠，匡如皮弁之制，以烏紗冒之。分十有二瓣，各以金線壓之，前飾五采玉雲各一，後列四山。朱絛爲組纓，雙玉簪。服如古玄端之制，身用玄，邊緣以青，兩肩繡日、月，前蟠圓龍一，後蟠方龍二，邊加龍文八十一，領與兩袪共龍文五，九衽同，前後齊共龍文四九。襯用深衣之制，黄色，袂圓袪方，下齊負繩及踝，十二幅。素帶，朱裏青表，緑緣邊，腰圍飾以玉龍九片。履，玄爲之，朱緣紅纓黄結。襪用白。

皇后冠服册寶附　皇后受册謁廟朝會，服禮服，燕居則常服。

禮服

洪武三年定，冠爲圓匡，冒以翡翠。上飾以九龍四鳳，大花十二樹，小花如大花之數。兩博鬢，十二鈿。服，褘衣，深青爲質，畫翟，赤質，五色十二等。素紗中單，黻領朱羅縠褾襈裾。蔽膝隨衣色，以緅爲領，緣用翟，爲章三等。大帶隨衣色，朱裏，紕其外，上以朱錦，下以緑錦，紐約用青組，玉革帶。青韈，青舄，以金飾。

永樂三年定，九龍四鳳冠，漆竹絲爲圓匡，冒以翡翠。上飾翠龍九，金鳳四，正中一龍銜大珠一，上有翠蓋，下垂珠結，餘皆口銜珠滴，翠雲四十片，大珠花十二樹，皆牡丹花，每樹花二朵，蕊頭二箇，翠花九葉。小珠花如大珠花之數。皆穰花飄枝，每枝花一朵半開，一朵翠葉五葉。三博鬢，左右共六扇。飾以金龍翠雲，皆垂珠滴，翠口圈一幅，上飾珠寶鈿花十二，翠鈿如其數，托裏金口圈一幅。珠翠面花五事，珠排環一對，皂羅額子一，描金龍文，用珠二十一顆。翟衣，深青爲質，織翟文十有二等，凡一百四十八對。間以小輪花，紅領褾襈裾，織金雲龍，紵絲、紗、羅隨用。中單，玉色紗爲之，紅領褾襈裾，領織黻文十三，或用線羅。蔽膝隨衣色，織翟，爲章三等，間以小輪花四，以緅爲領緣，織金雲龍文，紵絲、紗、羅隨用。玉穀圭，長七寸，周尺。剡其上，瑑穀文，黄綺約其下，别以黄袋韜之，金龍文。玉革帶，青綺鞓，描金雲龍文，玉事件十，金事件四。大帶，表裏俱青紅相半，其末純紅而下垂，織金雲龍文，上以朱緣，下以緑緣，并青綺副帶一。綬五采，黄、赤、白、縹、緑，纁質，間施二玉環，皆織成，小綬三色同大綬。玉佩二，各用玉珩一，瑀一，琚二，衝牙一，璜二，瑀下有玉花，玉花下又垂二玉滴，瑑飾雲龍文，描金。自珩而下，繫組五，貫以玉珠，行則衝牙二滴與二璜相觸有聲，上有金鉤，有小綬五采以副之，五采，黄、赤、白、縹、緑，纁質，織成。青韈舄，韈以青羅爲之，舄用青綺，飾以描金，雲龍文，皂線純，每舄首加珠五顆。

常服

洪武三年定，雙鳳翊龍冠，首飾釧鐲金玉珠寶翡翠隨用。諸色團衫，金繡龍鳳文。帶用金玉。

四年定，龍鳳珠翠冠，真紅大袖衣，霞帔，紅羅長裙，紅褙子。冠制如特髻，上加龍鳳飾，衣用織金龍鳳文，加繡飾。

永樂三年定，雙鳳翊龍冠，以皂縠爲之，附以翠博山，上飾金龍一，翊以二珠翠鳳，皆口銜珠滴，前後珠牡丹花二朵，蕊頭八箇，翠葉三十六葉，珠翠穰花鬢二朵，珠翠雲二十一片，翠口圈一副，金寶鈿花九，上飾珠九顆，金鳳一對，口銜珠結，三博鬢，左右共六扇。飾以鸞鳳，金寶鈿二十四，邊垂珠滴金簪一對，珊瑚鳳冠觜一副。大衫霞帔，衫用黃色，紵絲、紗、羅隨用。霞帔深青爲質，織金雲霞龍文，或繡或鋪翠，圈金，飾以珠，紵絲、紗、羅隨用。玉墜子，瑑龍文。四襈襖子，即褙子。深青爲質，金繡團龍文，紵絲、紗、羅隨用。鞠衣紅色，胸背雲龍文，用織金，或繡或加鋪翠，圈金，飾以珠，或素，紵絲、紗、羅并餘色隨用。大帶，紅線羅爲之，有緣，餘或青或緑，各隨鞠衣色。緣襈襖子，黃色，紅領褾襈裾，皆織金采色，雲龍文，紵絲、紗、羅隨用。緣襈裙，紅色，緑緣襈，織金采色，雲龍文，紵絲、紗、羅隨用。玉帶，青綺鞓，描金雲龍文，玉事件十，金事件三。玉花采結綬以紅緑線羅爲結，上有玉綬花一，瑑雲龍文，綬帶上玉墜珠六顆，并金垂頭花板四片，小金葉六箇，紅線羅繫帶一。白玉雲樣玎璫二，如佩制，每事上有金鉤一，金如意雲蓋一件，兩面鈒雲龍文，下懸紅組五，貫金方心雲板一件，兩面亦鈒雲龍文，俱襯以紅綺，下垂金長頭花四件，中有小金鐘一箇，末綴白玉雲朵五。青韈舄，與翟衣內制同。【略】

皇妃冠服凡皇妃受册助祭朝會用禮服，燕居常服。

禮服

洪武三年定，冠，飾以九翬四鳳，花釵九樹，小花如大花之數。兩博鬢，九鈿。翟衣，青質，繡翟，編次于衣及裳重爲九等。青紗中單，黻領朱縠褾襈裾。蔽膝隨裳色加文繡重雉，爲章二等，以緅爲領緣。大帶隨衣色，玉革帶，青韈舄，佩綬。

永樂三年定，九翟冠二頂，冠以皂縠爲之，附以翠博山，飾以大珠翟二，小珠翟三，翠翟四，皆口銜珠滴。冠中寶珠一座，前後珠牡丹花二朵，蕊頭八箇，翠葉三十六葉，珠翠穰花鬢二朵，承以小連雲六片。翠頂雲一座，上飾珠五顆，金翠雲十一片，翠口圈一副。金寶鈿花九箇，上用珠九顆。金鳳一對，口銜珠。金簪一對。珠翠牡丹花穰花各二朵，面花二對，梅花環四珠環各一對。大衫霞帔，衫用紅花，紵絲、紗、羅隨用。霞帔深青爲質，織金雲霞鳳文，或繡或鋪翠。圈金，飾以珠，紵絲、紗、羅隨用。玉墜子，瑑鳳文。四襈襖子，即褙子。桃花色，金繡團鳳文，紵絲、紗、羅隨用。鞠衣，青色，胸背鸞鳳雲文，用織金，或繡，或加鋪翠。圈金，飾以珠，燕居服用素，除黃外，餘色及紵絲、紗、羅隨用。大帶，青線羅爲之，有緣，餘或紅或緑，各隨鞠衣色。緣襈襖子，青色紅領褾襈裾，織金雲鳳文，紵絲、紗、羅隨用。緣襈裙，紅色，緑緣襈，織金花鳳文，紵絲、紗、羅隨用。玉穀圭，長七寸，剡其上，瑑穀文，以錦約其下，并韜。玉革帶，青綺鞓，描金雲鳳文，玉事件十，金事件三。玉花采結綬，以紅緑線羅爲結，上有玉綬花一，瑑寶相花文，綬帶上玉墜珠六顆，并金垂頭花板四片，金葉兒六箇，紅線羅繫帶一，玉佩二，如中宮佩制。珩以下瑑飾雲鳳文，描金，上有金鉤。青韈舄，韈以青線羅爲之，舄用青綺，飾以描金，雲鳳文，皂緣純，每舄首加珠三顆。

常服

洪武三年定，鸞鳳冠，首飾釧鐲，用金玉珠寶翠諸色。團衫金繡鸞鳳，不用黃帶，用金玉犀。

又定，山松特髻，假鬢花鈿，或花釵鳳冠，真紅大袖衣。霞帔，紅羅裙，紅羅褙子，衣用織金及繡鳳文。【略】

皇嬪冠服

嘉靖十年定，冠，用九翟，次皇妃之鳳，大衫鞠衣如皇妃制。圭用次玉，穀文。【略】

內命婦冠服

洪武五年定，三品以上用花釵翟衣，四品、五品用山松特髻大衫爲禮服。貴人視三品，以皇妃燕居冠及大衫霞帔爲禮服，珠翠慶雲冠，鞠衣褙子，緣襈襖裙爲常服。

皇太子冠服　皇太子陪祀天地宗廟，及正旦冬至朝會，則服衮冕，從祭社稷及受册納妃，亦如之。朔望朝，降詔降香進表，四夷朝貢朝覲，則服皮弁。

衮冕

洪武二十六年定，衮冕九章。冕九旒，旒九玉，金簪導，紅組纓，兩玉瑱。圭長九寸五分。玄衣纁裳，衣五章，織山、龍、華蟲、宗彝、火，裳四章，織藻、粉米、黼、黻。白沙中單，黻領。蔽膝隨裳色，織火、山二章。革帶，金鉤䚢，玉佩。綬五采，用赤、白、玄、縹、緑織成，純赤質，三百三十首，小綬三色同大綬，間織三玉環。大帶，白表朱裏，上緣以紅，下緣以緑。白韈，赤舄。

永樂三年定，冕冠，玄表朱裏，前圓後方，前後各九旒，每旒各五采，繅九就，貫五采玉九，赤、白、青、黄、黑相次。玉衡，金簪，玄紞，垂青纊充耳，用青玉。承以白玉瑱，朱紘纓。玉圭，長九寸五分，以錦約其下，并韜。衮服九章，玄衣五章，龍在肩，山在背，火、華蟲、宗彝在袖，每袖各三。皆織成，本色領褾襈裾，纁裳四章，織藻、粉米、黼、黻各二，前三幅，後四幅，不相屬共。腰有襞積，本色綼裼。中單以素紗爲之，青領褾襈裾，領織黻文十一。蔽膝隨裳色，四章，織藻、粉米、黼、黻，本色緣，有紃施于縫中，其上玉鉤二。玉佩二，各用玉珩一，瑀一，琚一，衝牙一，璜二。瑀下有玉花，花下垂二玉滴，瑑雲龍文，描金。自珩而下繫組五，貫以玉珠，上有金鉤，小綬四采以副之。四采，赤、白、縹、緑，纁質。大帶，素表朱裏，在腰及垂皆有綼，上綼以朱，下綼以緑，紐約用青組。大綬四采，赤、白、縹、緑，纁質，小綬三采，間施二玉環，龍文，皆織成。韈舄皆赤色，舄用黑鉤純，黑飾舄首。

皮弁服

永樂三年定，皮弁，用烏紗冒之。前後各九縫，每縫中綴五采玉九，縫及冠武弁貫簪繫纓處，皆飾以金。金簪，朱纓。玉圭如冕服内制。絳紗袍，本色領褾襈裾。紅裳如冕服内裳制，但不織章數。中單以素紗爲之，如深衣制，紅領褾襈裾，領織黻文十一。蔽膝隨裳色，本色緣，有紃施於縫中，其上玉鉤二。玉佩如冕服内制，但無雲龍文，有小綬四采以副之。大帶。大綬。韈舄赤色，皆如冕服内制。

常服

洪武元年定，烏紗折上巾。

永樂三年定，冠烏紗折角向上巾。亦名翼善冠，親郡王及世子俱同。袍赤色，盤領窄袖，前後及兩肩，各金織蟠龍一。帶用玉。靴皮爲之。【略】

皇太子妃冠服

禮服

洪武三年定，與皇妃同。

永樂三年定，九翬四鳳冠，漆竹絲爲圓匡，冒以翡翠，上飾翠翬九，金鳳四，皆口銜珠滴，珠翠雲四十片，大珠花九樹，皆牡丹花，每樹花一朵半開，一朵蕊頭二箇，翠葉九葉。小珠花如大珠花之數。皆穰花飄枝，每枝花一朵半開，一朵翠葉五葉。雙博鬢，左右共四扇。飾以鸞鳳，皆垂珠滴，翠口圈一副，上飾珠寶鈿花九，翠鈿如其數，托裏金口圈一副。珠翠面花五事，珠排環一對，珠皂羅額子一，描金鳳文，用珠二十一顆。翟衣，深表爲質，織翟文九等，凡一百三十八對。間以小輪花，紅領褾襈裾，織金雲鳳文，紵絲、紗、羅隨用。中單玉色紗爲之，紅領褾襈裾，領織黻文十一，或用線羅。蔽膝隨衣色，織翟，爲章二等，間以小輪花三，以緅爲領緣，織金雲鳳文，紵絲、紗、羅隨用。玉穀圭，長七寸，剡其上，瑑穀文，以錦約其下，并韜。玉革帶，青綺鞓，描金雲鳳文。玉事件十，金事件四。大帶，表裏俱青紅相半，其末純紅而下垂，織金雲鳳文，上以朱緣，下以緑緣，并青綺副帶一。綬四采，赤、白、縹、緑，纁質，皆織成，間施二玉環，小綬三色同大綬。玉佩二，珩以下瑑飾雲鳳文，描金，上有金鉤，以小綬四采副之。四采，赤、白、縹、緑，纁質，織成。青韈舄，韈以青線羅爲之，舄用青綺，飾以描金雲鳳文，皂線純，每舄首加珠三顆。

常服

洪武三年定，犀冠，刻以花鳳，首飾釧鐲，用金玉珠寶翠諸色。團領衫，金繡鸞鳳，惟不用黄帶，用金玉犀。四年，又定與皇妃同。

永樂三年定，燕居冠，以皂縠爲之，附以翠博山，上飾寶珠一座，翊以二珠翠鳳，皆口銜珠滴，前後珠牡丹花二朵，蕊頭八箇，翠葉三十六葉，珠翠穰花鬢二朵，珠翠雲十六片，翠口圈一副，金寶鈿花九，上飾珠九顆，金鳳一對，口銜珠結，雙博鬢，左右共四扇。飾以鸞鳳。金寶鈿十八，邊垂珠滴。金簪一對，珊瑚鳳冠觜一副。大衫霞帔，衫用紅色，紵絲、紗、羅隨用。霞帔深青爲質，織金，或繡或鋪翠。圈金，飾以珠，紵絲、紗、羅隨用。玉墜子，瑑鳳文。四褛襖子，即褙子。桃花色，金繡團鳳文，紵絲、紗、羅隨用。鞠衣青色，胸背鸞鳳雲文，用織金，或繡或加鋪翠。圈金，飾以珠，或素，除黄外，餘色并紵絲、紗、羅隨用。大帶，青線羅爲之，有緣，餘或紅或緑，各隨鞠衣色。緣襈襖子，青色，紅領褾襈裾，織金采色，雲鳳文，紵絲、紗、羅隨用。緣襈裙，紅色，緑緣襈，織金采色，花鳳文，紵絲、紗、羅隨用。玉帶，青綺鞓，描金雲鳳文。玉事件十，金事件三。玉花采結綬，以紅緑線羅爲結，上有玉綬花一，瑑雲鳳文。綬帶上玉墜珠六顆，并金垂頭花瓣四片，小金葉六箇，紅線羅繫帶一。白玉雲樣玎璫二，如佩制。每事上有金鉤一，金如意雲蓋一件，兩面鈒雲鳳文，下懸紅組五，貫金方心雲板一件，兩面亦鈒雲鳳文，俱襯以紅綺，下垂金長頭花四件，中有小金鐘一箇，末綴白玉雲朵五。青韈舄，與前翟衣内制同。

親王冠服　親王助祭謁廟，正旦冬至等朝賀，則服衮冕，受册納妃亦如之。朔望朝，降詔降香進表，四夷朝貢朝覲，則服皮弁。

衮冕

洪武二十六年定，袞冕九章。冕五采玉珠九旒，紅組纓，青纊充耳，金簪導。圭長九寸二分五釐。青衣纁裳，衣五章，織山、龍、華蟲、火、宗彝，裳四章，織藻、粉米、黼、黻。白紗中單，黻領青緣。蔽膝隨裳色，織火、山二章。革帶，金鉤鰈，佩玉。綬五采，赤、白、玄、縹、緑織成，純赤質，三百二十首，小綬三色同大綬，間織三玉環。大帶，表裏白羅，朱緑緣。白韈，朱履。

永樂三年定，冕冠，朱表朱裏，前圓後方，前後各九旒，每旒各五采繅九就，貫五采玉九，赤、白、青、黄、黑相次，玉衡，金簪，玄紞，垂青纊充耳，用青玉。承以白玉瑱，朱紘纓。玉圭，長九寸二分五釐，以錦約其下，并韜。袞服九章，青衣五章，龍在肩，山在背，火、華蟲、宗彝在袖，每袖各三。皆織成，本色領褾襈裾，纁裳四章，織藻、粉米、黼、黻各二，前三幅，後四幅，不相屬共。腰有襞積，本色綼裼。中單以素紗爲之，青領褾襈裾，領織黻文十一。蔽膝隨裳色，四章，織藻、粉米、黼、黻各二，本色緣，有紃施於縫中，其上玉鉤二。玉佩如東宮佩制。自珩以下瑑雲龍文，上有金鉤，小綬四采以副之。四采，赤、白、縹、緑，纁質。大帶，素表朱裏，在腰及垂皆有綼，上綼以朱，下綼以緑，紐約用青組。大綬四采，赤、白、縹、緑，小綬三采，間施二玉環，龍文，皆織成，纁質。韈舄皆赤色，舄用黑絇純，黑飾舄首。

皮弁服

永樂三年定，皮弁，用烏紗冒之。前後各九縫，每縫中綴五采玉九，縫及冠武并貫簪繫纓處，皆飾以金。金簪，朱纓。玉圭如冕服内制。絳紗袍，本色領褾襈裾。紅裳如冕服内裳制，但不織章數。中單以素紗爲之，如深衣制，紅領褾襈裾，領織黻文十一。蔽膝隨裳色，本色緣，有紃施於縫中，其上玉鉤二。玉佩如冕服内佩制，但無雲龍文，有小綬四采以副之。大帶。大綬。韈舄俱如冕服内制。

常服

永樂三年定，冠袍帶靴，俱與東宮同。

保和冠服

嘉靖七年定，冠制，以燕弁爲準，親王用九䙆，世子用八䙆，郡王用七䙆，俱去簪與五玉，後山皆一扇爲之，分畫爲四。郡王長子冠，如忠靖之制，用五䙆，服用青身青緣，前後方龍補各一，身用素地，邊用雲。其補子，郡王以上采妝，郡王長子織金爲之，襯用深衣玉色帶，青表，緑裏，緑緣。履用皁，緑結。白韈。【略】

親王妃冠服，王妃受册助祭朝會，則服禮服。

禮服

洪武三年定，冠飾，以九翬四鳳，花釵九樹，小花如大花之數。兩博鬢，九鈿。翟衣，青質，五色九等，繡翟編次於衣及裳。素紗中單，黻領朱縠褾襈裾。蔽膝隨裳色，以緅爲領緣，繡翟爲章二等。大帶隨衣色，玉革帶。青韈舄。佩綬。

永樂三年定，九翟冠二頂，冠以皁縠爲之，附以翠博山，飾以大珠翟二，小珠翟三，翠翟四，皆口銜珠滴。冠中寶珠一座，前後珠牡丹花二朵，蕊頭八箇，翠葉三十六葉，珠翠穰花鬢二朵，承以小連雲六片，翠頂雲一座，上飾珠九顆，珠翠雲十一片，翠口圈一副。金寶鈿花九箇，上用珠九顆。金鳳一對，口銜珠結。金簪一對。珠翠牡丹花穰花各二朵，面花二對，梅花環四珠環各一雙。大衫霞帔，衫用大紅，紵絲、紗、羅隨用。霞帔以深青爲質，金繡雲霞鳳文，紵絲、紗、羅隨用。金墜子亦鈒鳳文。四䙆襖子，即褙子。桃紅色，金繡團鳳文，紵絲、紗、羅隨用。鞠衣，青色，如深衣制，胸背金繡雲鳳文，紵絲、紗、羅并各色隨用，惟不用黄，燕居服用素。大帶，青線羅爲之，有緣，或用紅羅。玉穀圭，長七寸，剡其上，瑑穀文，以錦約其下，并韜。公主不用圭。玉革帶，青綺鞓，描金雲鳳文。玉事件十，金事件三。玉花采結綬，以紅緑線羅爲結，上有玉綬花一，瑑寶相花文，綬帶上玉墜珠六顆，并金垂頭花板四片，小金葉六箇，紅線羅繫帶一。玉佩二，如東宮妃佩制。珩以下瑑雲鳳文，描金，上有金鉤。青韈舄，韈以青線羅爲之，舄用青綺，飾以描金雲鳳文，皁線純，每舄首加珠三顆。

常服

洪武三年定，犀冠，刻以花鳳，首飾釧鐲，用金玉珠寶翠諸色。團領衫，金繡花鳳，惟不用黄帶，用金玉犀。

洪武四年定，與皇妃同。

公主冠服與親王妃同。【略】

世子冠服，世子遇聖節千秋節，并正旦冬至進賀表箋，及其父王生日諸節慶賀，皆服袞服。

袞冕

洪武二十六年定，袞冕七章。冕三采玉，珠七旒，紅組纓，青纊充耳，金簪導。圭長九寸。青衣纁裳，衣三章，織華蟲、火、宗彝，裳四章，織藻、粉米、黼、黻。素紗中單，青領褾赤韍。革帶，佩白玉玄組綬。綬紫質，用紫、黄、赤三采織成，間織三白玉環。白韈，赤舃。

永樂三年定，冕冠，玄表朱裏，前圓後方，前後各八旒，每旒五采，繅八就，各貫三采玉珠八，赤、白、青色相次。玉衡，金簪，玄紞，垂青纊充耳，用青玉。朱紘纓，承以白玉瑱。玉圭長九寸，以錦約其下，并韜。青衣纁裳，七章，青衣三章，火一在肩，其二與華蟲、宗彝各三在兩袖，皆織成，本色領褾襈裾，纁裳四章，織藻、粉米、黼、黻各二，前三幅，後四幅，不相屬共。腰有襞積，本色綼裼。中單以素紗爲之，青領褾襈裾，領織黻文九。蔽膝，裳色四章，織藻、粉米、黼、黻各二，本色緣，有紃施於縫中，其上玉鉤二。玉佩二，如親王之佩制。玎以下瑑雲龍文，上有金鉤，以小綬四采副之。四采，赤、白、縹、緑，纁質。大帶，素表朱裏，在腰及垂皆有綼，上綼以朱，下綼以緑，紐約用青組。大綬四采，赤、白、縹、緑，纁質，小綬三采，間施二玉環，皆織成。韈舃皆赤色，舃用黑絇純，黑飾舃首。

皮弁服

永樂三年定，皮弁，用烏紗冒之。前後各八縫，每縫中綴三采玉八，縫及冠武并貫簪繫纓處，皆飾以金。金簪，朱纓。玉圭如冕服内制。絳紗袍，本色領褾襈裾。紅裳如冕服内裳制，但不織章數。中單以素紗爲之，如深衣制，紅領褾襈裾，領織黻文九。蔽膝隨裳色，本色緣，有紃施於縫中，其上玉鉤二。玉佩如冕服内佩制，但無雲龍文，有小綬四采以副之。大帶。大綬。韈舃俱如冕服内制。

常服

永樂三年定，冠袍帶靴俱與親王同。

保和冠服制見前。

世子妃冠服

永樂三年定，與親王妃同，惟冠用七翟。

傅維鱗《明書》卷七九《志二八·服璽志二》

郡王冠服

衮冕

永樂三年定，冕冠，玄表朱裏，前圓後方，前後七旒，每旒五采繅七就，各貫玉珠七，赤、白、青、色相次。玉衡，金簪，玄紞，垂青纊充耳，用青玉。朱紘纓，承以白玉瑱。玉圭長九寸，以錦約其下，并韜。青衣纁裳，五章，青衣三章，粉米一在肩，其二并藻、宗彝各三在兩袖，皆織成，本色領褾襈裾，纁裳二章，織黼、黻各二，前三幅，後四幅，不相屬共。腰有襞積，本色綼裼。中單以素紗爲之，青領褾襈裾，領織黻文七。蔽膝隨裳色二章，織黼、黻各二，本色緣，有紃施於縫中，其上玉鉤二。玉佩如親王佩制，玎以下瑑雲龍文，上有金鉤，以小綬四采副之。四采，赤、白、縹、緑，纁質。大帶，素表朱裏，在腰及垂皆有綼，上綼以朱，下綼以緑，紐約用青組。大綬四采，赤、白、縹、緑，纁質，小綬三采，間施二玉環，皆織成。韈舃皆赤色，舃用黑絇純，黑飾舃首。

皮弁服

永樂三年定，皮弁，用烏紗冒之。前後各七縫，每縫中綴三采玉七，縫及冠武并貫簪繫纓處皆飾以金。金簪，朱纓。玉圭如冕服内制。絳紗袍，本色領褾襈裾。紅裳如冕服内裳制，但不織章數。中單以素紗爲之，如深衣制，紅領褾襈裾，領織黻章七。蔽膝隨裳色，本色緣，有紃施於縫中，其上玉鉤二。玉佩如冕服内制，但無雲龍文，有小綬四采以副之。大帶。大綬。韈舃俱如冕服内制。

常服

永樂三年定，冠袍帶靴，俱與親王同。

保和冠服制見前。

郡王妃冠服

永樂三年定，七翟冠二頂，冠以皁縠爲之，附以翠博山，飾以大珠翟二，小珠翟三，翠翟四，皆口銜珠滴，冠中寶珠一座，前後珠牡丹花二朵，蕊頭八箇，翠葉三十六葉，珠翠穰花鬢二朵，承以小連雲六片，翠頂雲一座，飾以珠五顆，珠翠雲十一片，翠口圈一副，金寶鈿花八箇，上用珠八顆，金翟一對，口銜珠結，金簪一對。珠翠牡丹花穰花各二朵，面花二對，梅花環四珠環各一對，大衫霞帔，衫用大紅，紵絲、紗、羅隨用。霞帔以深青爲質，金繡雲霞翟文，紵絲、紗、羅隨用。金墜子亦鈒翟文。四䙆襖子，即褙子。桃花色，金繡翟文，紵絲、紗、羅隨用。鞠衣，青色，胸背金繡雲翟文，紵絲、紗、羅并各色隨用，惟不用黄，燕居服用素。大帶，青綫羅爲之，有緣，或用紅羅。玉穀圭，長七寸，剡其上，瑑穀文，以錦約其下，并韜。玉革帶，青綺鞓，描金雲翟文。玉事件十，金事件三。玉花采結綬，以紅緑綫羅爲結，上有玉綬花一，瑑寶相花文，綬帶上玉墜珠六顆，并金垂頭花板四片，小金葉六箇，紅錦羅繫帶一。玉佩二，如親王妃佩制。玎以下瑑雲翟文，描金，上有金鉤。青韈舃，韈以青綫羅爲之，舃用青綺，飾以描金翟文，皁綫純，每舃首加珠三顆。

長子冠服

朝服，七梁冠，大紅素羅衣，白素紗中單，大紅素羅裳，及蔽膝，大紅素羅白素紗二色。夾帶，玉朝帶，丹礬紅花錦，錦鷄綬，玉佩，象牙笏。白絹韈，皁皮雲頭履鞋。

公服，皁縐紗幞頭，大紅素紵絲衣，玉革帶。

常服，烏紗帽，大紅紵絲織金獅子開衩圓領，玉束帶，皁皮銅線靴。

保和冠服制見前。

郡主冠服

永樂三年定，與郡王妃同，惟不用圭，及少四珠環一對。

長子夫人冠服，珠翠五翟冠，大紅紵絲大衫，深青紵絲金繡翟鷄褙子，青羅金繡翟鷄霞帔，金墜頭。

鎮國將軍冠服與長子同。鎮國將軍夫人冠服與長子夫人同。

輔國將軍冠服與鎮國將軍同，惟冠六梁，帶用犀。輔國將軍夫人冠服與鎮國將軍夫人同，惟冠用四翟，抹金銀墜頭。

奉國將軍冠服與輔國將軍同，惟冠五梁，帶用金鈒花，常服大紅，織金虎豹。

奉國將軍淑人冠服與輔國將軍夫人同，惟褙子霞帔金繡孔雀文。

鎮國中尉冠服與奉國將軍同，惟冠四梁，帶用素金，佩用藥玉。鎮國中尉恭人冠服與奉國將軍淑人同。

輔國中尉冠服與鎮國中尉同，惟冠三梁，帶用銀鈒花，綬用盤鵰，公服用深青素羅，常服紅，織金熊羆。輔國中尉宜人冠服與鎮國中尉恭人同，惟冠用三翟，褙子霞帔金繡鴛鴦文，銀墜頭。

奉國中尉冠服與輔國中尉同，惟冠二梁，帶用素銀，綬用練鵲，幞頭黑漆，常服紅，織金彪。奉國中尉安人冠服與輔國中尉宜人同，惟大衫用丹礬紅，褙子霞帔金繡練鵲文。

縣主冠服珠翠五翟冠，大紅紵絲大衫，深青紵絲金繡孔雀褙子，青羅金繡孔雀霞帔，抹金銀墜頭。

郡君冠服與縣主同，惟冠用四翟，褙子霞帔金繡鴛鴦文。

縣君冠服與郡君同，惟冠用三翟。

鄉君冠服與縣君同，惟大衫用丹礬紅，褙子霞帔金繡練鵲文。

文武官冠服

朝服，凡大祀慶成，正旦冬至聖節，及頒降開讀詔赦進表傳制，則文武官各服朝服，其武官應直守衛者，不拘此服。

洪武二十六年定，文武官朝服，梁冠赤羅衣白紗中單，俱用青飾領緣赤羅裳青緣赤羅，蔽膝大帶用赤白二色絹。革帶佩綬。白襪黑履。一品至九品俱以冠上梁數分等第。公冠八梁，加籠巾貂蟬立筆五折四柱香草五段，前後用玉爲蟬。侯冠七梁，加籠巾貂蟬立筆四折四柱香草四段，前後用金爲蟬。伯冠七梁，加籠巾貂蟬立筆二折四柱香草二段，前後玳瑁爲蟬，俱左插雉尾。駙馬冠與侯同，不用雉尾。

一品冠七梁，不用籠巾貂蟬，革帶與佩俱用玉，綬用緑黄赤紫四色絲織成，雲鳳四色花錦，下結青絲網，綬環二，用玉，笏用象牙。二品冠六梁，革帶綬環用犀，餘同一品。三品冠五梁，革帶用金，佩用玉，綬用黄、緑、赤、紫四色絲織成，雲鶴花錦，下結青絲網綬，環二，用金，笏用象牙。四品冠四梁，革帶用金，佩用藥玉，餘同三品。五品冠三梁，革帶用銀鈒花，綬用黄、緑、赤、紫四色絲織成，盤鵰花錦，下結青絲網綬，環二，用銀鍍金，笏用象牙。六品、七品冠二梁，御史加獬豸，革帶用銀，佩用藥玉，綬用黄、緑、赤三色絲織成，練鵲花錦，下結青絲網綬，環二，用銀，笏用槐木。八品、九品冠一梁，革帶用烏角，佩用藥玉，綬用黄、緑二色絲織成，鸂鶒花錦，下結青絲網綬，環二，用銅，笏用槐木。雜職未入流品人員，若遇大朝賀進表隨班行禮止用公服。三十年，奏准亦照九品官具朝服行禮。

嘉靖八年定，梁冠照舊式，上衣用赤羅青緑，其長過腰指寸七寸，毋掩下裳，中單白紗爲之，青緣，下裳七幅，前三後四，每幅三襞積，赤羅青緣，蔽膝，綴革帶。綬各照品級花樣，革帶之後佩綬繫而掩之，其環亦各照品級，用玉犀金銀銅爲之，不以織於綬，大帶表裏俱素，惟兩耳及下垂緣以緑色，又用青組約之。革帶，一品玉，二品犀，三品四品金，五品銀鈒花，六品、七品銀，八品、九品烏角，俱照舊式。佩玉一如詩傳之制，去雙滴及二珩，其三品以上用玉，四品以下用藥玉，各照舊。襪履俱照舊式。

祭服，凡上親祀郊廟社稷，文武官分獻陪祀，則服祭服。

洪武二十六年定，文武官陪祭服，一品至九品，青羅衣白紗中單，俱用皁領緣，赤羅裳皁緣，赤羅蔽膝，方心曲領，其冠帶佩綬等第，並同朝服。又令品官家用祭服，三品以上去方心曲領，四品以下并去佩綬。又令雜職祭服與九品同。

嘉靖八年定，上衣用青羅皂緣，長與朝服同，下裳用赤羅皂緣，制與朝服同，蔽膝綬環大帶革帶佩玉襪履，俱與朝同，去方心曲領。

公服，在京文武官，每日早晚朝奏事，及侍班謝恩見辭，則服公服。在外文武官，每日清早公座亦服之。後常朝止便服，惟朔望具公服朝參，其武官應直守衛者，不拘此服。

洪武二十六年定，文武官公服，用盤領右衽袍，或紵絲、紗、羅、絹，從宜製造，袖寬三尺。一品至四品緋袍，五品至七品青袍，八品、九品緑袍，未入流雜職官袍笏帶與八品以下同。公服花樣，一品用大獨科花，徑五寸，二品小獨科花，徑三寸，三品散答花無枝葉，徑二寸，四品、五品小雜花紋，徑一寸五分，六品、七品小雜花，徑一寸，八品以下無紋。幞頭用漆紗二等，展各長一尺二寸，其雜職官員幞頭用垂帶。笏依朝服爲之。腰帶一品用玉，或花或素，二品用犀，三品、四品用金荔枝，五品以下用烏角，鞓用青革，仍垂撻尾於下。靴用皂。凡公、侯、駙馬、伯，公服，服色花樣腰與一品同。凡文武官公服花樣，如無從織買，用素隨宜。又令，凡内外未入流雜職官幞頭展角，與入流官同，不用垂帶。

常服

洪武三年定，凡文武官常朝視事，以烏沙帽圓領衫束帶爲公服。一品玉帶，二品花犀帶，三品金鈒花帶，四品素金帶，五品銀鈒花帶，六品、七品素銀帶，八品、九品烏角帶。

二十六年定，公、侯、駙馬、伯麒麟、白澤，文官一品、二品僊鶴、錦鷄，三品、四品孔雀、雲鴈，五品白鷴，六品、七品鷺鷥、鸂鶒，八品、九品黄鸝、鵪鶉、練雀，風憲官用獬豸，武官一品、二品獅子，三品、四品虎、豹，五品熊、羆，六品、七品彪，八品、九品犀牛、海馬。

凡常服制度

洪武二十三年令，官員人等衣服寬窄以身爲度，文職官衣長自領至裔去地一寸，袖長過手，復回至肘，袖椿廣一尺，袖口九寸，公、侯、駙馬與文職官同。武職官衣長去地五寸，袖長過手七寸，袖椿廣一尺，袖口僅出拳。

凡束帶

洪武二十四年定，公、侯、駙馬、伯與一品同，雜職未入流官與八品、九品同。

凡服色禁制

洪武二十六年令，品官常服用雜色紵絲、綾、羅綵繡，庶民止用紬、絹紗、布，不許別用。又令官吏及軍民僧道人等衣服帳幔，並不許用玄、黄、紫三色，并織繡龍鳳文，違者罪及染造之人。其朝見人員，四時並用顔色衣服，不許純素。

景泰四年令，錦衣衛指揮、侍衛者得衣麒麟服色。

天順二年令，官民人等衣服，不得用蟒、龍、飛魚、斗牛、大鵬、像生獅子、四寶相花、大西番蓮、大雲花樣，并玄、黄、紫及玄色樣、黑緑、柳黄、薑黄、明黄等色。

成化二年令，官民人等不許僭用服色花樣。弘治十三年，奏准今後公、侯、伯及文武大臣各處鎮守、守備等官，敢有違例奏討蟒衣、飛魚等項衣服者，該科參駁，科道糾劾，該部執奏，治以重罪。

嘉靖六年令，在京在外官民人等，不許濫服五彩妝花織造違禁顔色，及將蟒龍造爲女衣，或加飾妝彩，圖利貨賣。其朝貢夷人，不許擅買違式衣服，如違，將買者賣者一體拿問治罪。

十六年，題准今後在京在外文武官員，除本等品級服色及特賜外，不許擅用蟒衣、飛魚、斗牛等項違禁華異服色。其大紅紵絲、紗、羅服，惟四品以上官，及在京九卿、翰林院、詹事府春坊、司經局、尚寶司、光禄寺、鴻臚寺五品堂上官經筵講官，方許穿用，其餘衙門，雖五品官及五品以下官經筵不係講官者俱穿青緑錦繡，遇有吉禮，止許穿紅布絨褐。品官花樣照依品級，公、侯、駙馬、伯麒麟、白澤，文官一品僊鶴，二品錦鷄，三品孔雀，四品雲鴈，五品白鷴，六品鷺鷥，七品鸂鶒，八品黄鸝，九品鵪鶉，雜職官練鵲，風憲官獬廌，武官一品、二品獅子，三品、四品虎、豹，五品熊、羆，六品、七品彪，八品犀牛，九品海馬，不許混同穿用。錦衣衛指揮，侍衛者得衣麒麟服色，其餘帶俸及不係侍衛人員，及千百户等官，雖係侍衛，俱不許僭用。

凡致仕罷閒官員服色

洪武三年令，年老致仕及侍親辭閒官，許用紗帽束帶，若爲事黜降者，服與庶人同。三十年令，致仕官服色與見任同，若遇朝賀及謝恩見辭，一體具服行禮。

忠靜冠服

嘉靖七年定，忠靜冠，即古玄冠，冠匡如制，以烏紗冒之。兩山俱列於後，冠頂仍方，中微起，三梁，各壓以金線，邊以金緣之。四品以下去金邊，以淺色絲線緣之。忠靜服，即古玄端服，色文用深青，以紵絲、紗、羅爲之。三品以上用雲，四品以下用素，邊緣以藍青，前後飾以本等花樣補子。深衣用玉色素帶，如古大夫之帶制，青表緑緣邊，并裏。素履色用青緑緣結，白襪。凡王府將軍、中尉，及左右長史、審理、正副紀善、教授等官，俱以品官之制服之。儀賓不得概服，在京七品以上官，及八品以下翰林院、國子監行人司官，在外方面官各府堂官、州縣正官，儒學教官，及武官都督以上許服，其餘不許。

儀賓冠服，儀賓朝服、公服、常服，俱照品級，與文武官同，惟笏皆用象牙，常服花樣視武官。

弘治十三年定，郡主儀賓鈒花金帶，胸背獅子，縣主儀賓鈒花金帶，郡君儀賓光素金帶，胸背虎豹，縣君儀賓鈒花銀帶，鄉君儀賓光素銀帶，胸背俱彪，故違僭用者，革去冠帶，戴平頭巾，於本處儒學讀書習禮三年，方許復職。

命婦冠服

禮服，凡命婦入内朝見君后，在家見舅姑并夫及祭祀，則服禮服。

洪武五年定，凡命婦圓衫，以紅羅爲之，繡重雉爲等第。一品九等，二品八等，三品七等，四品六等，五品五等，六品四等，七品三等，其餘不用繡雉。

二十四年定，命婦冠服，公、侯、伯與一品同，大袖衫用真紅色，一品至五品，紵絲、綾、羅隨用，六品至九品，綾、羅、紬、絹隨用。霞帔褙子皆用深青段匹，公、侯及一品、二品金繡雲霞翟文，三品、四品金繡雲霞孔雀文，五品繡雲霞鴛鴦文，六品、七品繡雲霞練鵲文。大袖衫領闊三寸，兩領直下一尺，間綴紐子三，前身長四尺一寸三分，後身長五尺一寸，内九寸八分，行則摺起，末綴紐子二，紐在掩紐之下，拜則放之，袖長三尺二寸二分，根闊一尺，口闊三尺五分，落摺一尺一寸五分，掩紐二，就用衫料，連尖長二寸七分，闊二寸五分，各於領下一尺六寸九分處綴之，於掩下各綴紐門一，以紐住摺起後身之餘者。兜子亦用衫料兩塊斜裁，上尖下平，連尖長一尺六寸三分，每塊下平處各闊一尺五分，縫合於領下一尺七分處綴之，上綴尖皆縫合，以藏霞帔後垂之末者。霞帔二條，各長五尺七寸，闊三寸二分，各繡禽七，隨品級用，前後三四，各繡臨末，左右取尖長二寸七分，前後分垂横綴青羅襻子牽連並之，前垂三尺三寸五分，尖綴墜子一，後垂二尺三寸五分，臨末插兜子内藏之。墜子中鈒花禽一，四面雲霞文禽如霞帔，隨品級用。笏以象牙爲之，圓首方脚，長六十四分，闊一寸五分，厚一分五釐。

二十六年定，一品冠用金事件，珠翟五箇，珠牡丹開頭二箇，珠半開三箇，翠雲二十四片，翠牡丹葉一十八片，翠口圈一副，上帶金寶鈿花八箇，金翟二箇，口銜珠結二箇。二品至四品冠用金事件。珠翟四箇，珠牡丹開頭二箇，珠半開四箇，翠雲二十四片，翠牡丹葉一十八片，翠口圈一副，上帶金寶鈿花八箇，金翟二箇，口銜珠結二箇。一品至二品霞帔，用雲霞翟文，鈒花金墜子，褙子用雲霞翟文。三品至四品霞帔。用雲霞孔雀文，鈒花金墜子，褙子用雲霞孔雀文。五品至六品冠用抹金事件。珠翟三箇，珠牡丹開頭二箇，珠半開頭五箇，翠雲二十四片，翠牡丹葉一十八片，翠口圈一副，上帶抹金銀寶鈿花八箇，抹金銀翟二箇，口銜珠結子二箇。五品霞帔，用雲霞鴛鴦文，鍍金鈒花銀墜子，褙子用雲霞鴛鴦文。六品霞帔。用雲霞練鵲文，鈒花銀墜子，褙子用雲霞練鵲文。七品至九品冠用抹金銀事件。珠翟二箇，珠月桂開頭二箇，珠半開六箇，翠雲二十四片，翠月桂葉一十八片，翠口圈一副，上帶抹金銀寶鈿花八箇，抹金銀翟二箇，口銜珠結子二箇。七品霞帔，墜子褙子與六品同。八品、九品霞帔。用繡纏枝花墜子，與七品同，褙子繡摘枝團花。

常服

洪武二十四年定，命婦常服用顔色團領衫。

進士巾服

洪武初定，進士巾，如命烏紗帽之製，頂微平，展角闊寸餘，長五寸許，系以垂帶，皂紗爲之。深色藍羅袍，緣以青羅，袖廣而不殺。革帶青鞓，飾以黑角，垂撻尾於後。笏用槐木，廷試後，赴國子監領出，傳臚日服之，至上表謝恩後，謁先師孔子，行釋菜禮畢，始易常服。其巾袍等，仍送國子監交收。

狀元冠服

朝冠，二梁。朝服，緋羅爲之，圓領。白絹中單，錦綬蔽膝。全槐笏一把，紗帽一頂，光素銀帶一條，藥玉佩一副，朝靴氈襪各一雙，俱内府製造。禮部官引至御前頒賜，上表謝恩日服之。

生員巾服

洪武二十四年定，生員襴衫，用玉色布、絹爲之，寬袖，皂緣。皂絛，軟巾垂帶。

吏員巾服

洪武四年定，各衙門掾史、令史、書吏、司吏、典吏穿皂盤領衫，繫絲絛，戴四方平定巾。十四年定，皂衣改用青色。

三十年定，令史、典吏皆服吏巾，巾様不與庶民同。

士庶巾公使人等附

洪武三年定，士庶初戴四角巾，今改四方平定巾。雜色盤領衣不許用黄。執仗之士，首服鏤金額交脚幞頭服諸色，辟邪寳相花裙襖，銅葵花束帶。皁紋靴。刻期冠，方頂巾，衣胸背鷹鷂，花腰線襖子諸色，闊絲匾縧，象牙雕花環行縢，八帶鞋。皁隸冠圓頂巾，衣皁衣。又令庶民男女衣服，并不得僭用金繡、錦、綺、紵絲、綾羅，許用細絹、素紗。其首飾釧鐲，并不許用金玉珠翠，止用銀。靴不得裁製花様金線飾妝。

四年定，皁隸公使人穿皁盤領衫，戴平頂巾，繫白褡禣帶，錫牌。

六年令，庶民巾環不得用金、玉、瑪瑙、珊瑚、琥珀，未入流品者并同。庶民帽不得用頂，帽珠許用水晶香木。校尉只除束帶、幞頭、靴、鞋，刻期雕刻雜花象牙縧環外，餘同庶民。

十四年令，農民之家，許穿紬、紗、絹、布。商賈之家，止許穿絹、布。如農民之家但有一人爲商賈者，亦不許穿紬、紗。又令校尉用金鵝帽，黑漆戧金荔枝，改作銅釘様，每五釘攢就，四面稍起邊欄。鞓用青，緊束之。各衙門祇禁原穿皁衣，改用淡青。又令僧道服色，禪僧茶褐常服，青縧，玉色袈裟，講僧玉色常服，緑縧，淺紅袈裟，教僧皁常服，黑縧，淺紅袈裟，僧官皆如之。道士常服青，法服、朝服皆用赤色，道官亦如之。惟僧録司袈裟，道録司官法服、朝服，皆緑紋，飾以金。

二十二年令，將軍力士、校尉旗軍常戴頭巾，或䓫腦官下舍人并儒士吏員民人常戴本等頭巾，鄉村農夫許戴斗笠、蒲笠，出入市井不禁，不親農業者不許。

二十三年令，耆民儒士生員衣製同文職，惟袖長過手，復回不及肘三寸。庶民衣長去地五寸，袖長過手六寸，袖椿廣一尺，袖口五寸。軍人衣長去地七寸，袖長過手五寸，袖椿廣不過一尺，窄不過七寸，袖口僅出拳。

二十五年令，文武官同籍父兄伯叔弟姪子壻，及儒士、生員、吏典、知印、承差、欽天監天文生、太醫院醫士、瑜珈僧、正一道士、將軍散騎舍人、帶刀之人、正五馬軍并馬軍小旗、教讀大誥師生，許穿靴，校尉力士遇上直許穿，出外不許，其庶民、商賈、技藝、步軍，及軍下餘丁、管步軍總小旗官下家人火者、皁隸、伴當、在外醫卜陰陽人，皆不許，止許穿皮扎䩺，其北平、山西、山東、陝西、河南并直隸徐州地寒人民，許穿牛皮直縫靴。

二十六年，禁官民步卒等不許服對襟衣，惟騎射士不拘。

正德元年，禁商販、吏典、僕役、倡優、下賤，皆不許服用貂裘。僧道、隸卒、下賤之人，俱不許服用紵絲、紗、羅、錦。十六年禁軍民人等，如有穿紫花罩甲等服，或禁門或四外遊走者，許緝事并地方人等擒拿。

萬曆二年，禁舉人、監生、生儒，下至民庶、奴隸之輩，有僭藏忠靖金線冠巾，穿錦綺鑲履，及張傘蓋戴煖耳者，聽五城御史嚴拏重責枷示，仍送問。

士庶妻冠服婢使人等附

洪武三年定，士庶妻首飾，許用銀鍍金，耳環用金珠，釧鐲用銀。服淺色團衫，許用紵絲、綾、羅、紬、絹。五年，令凡民間婦人禮服，惟用紫染色絁，不用金繡。凡婦人袍衫，止用紫、緑、桃紅及諸淺淡顔色，不許用大紅、鴉青、黄色。帶用藍絹、布。凡女子在室者，服飾之制，皆作三小髻，金釵珠頭髻，窄袖褙子。凡婢使人等，綰高頂髻，用絹、布狹領長襖、長裙，小婢使綰雙髻，用長袖短衣長裙。

成化十年令，禁官民人等婦女，不許僭用渾金衣服，寶石首飾。

正德元年令，軍民婦女，不許用銷金衣服，帳幔寶石首飾鐲釧，及娼妓不許用金首飾銀鐲釧，犯者本身、家長、夫男、匠作各治重罪。

教坊司冠巾服

洪武三年定，樂藝冠青卍字頂巾，繫紅緑褡禣。樂妓則戴明角冠皁褙子，不許與庶民妻同。御前供奉俳長皆服鼓吹冠，紅羅胸背，小袖袍，紅絹褡禣，皁靴。色長皆服鼓吹冠，紅青緑紵絲彩，畫百花袍，紅絹褡禣。歌工皆服弁冠，紅羅織金胸背，大袖袍，紅生絹錦領中單，黑角束帶，紅熟絹錦脚袴，皁皮琴鞋，白綿布夾襪。樂工服色與歌工同。凡教坊司官，常服冠帶與百官同，至御前供奉執粉漆笏，服黑漆幞頭，黑緣羅大袖襴袍，黑角偏帶皁靴。又令教坊司伶人常服緑色巾，以别士庶之服。又令樂人戴鼓吹冠，不用錦縧，惟用紅褡禣，服色不拘紅緑。又令教坊司婦人不許戴冠穿褙子。又令樂工當承應許穿靴，出外不許。又令樂人衣服許用明緑、桃紅、玉色、水紅、茶褐顔色，其餘不得穿用。俳色長樂工俱戴皁頭巾，繫雜綵縧。凡中宫供奉女樂奉鑾等官妻，本色鬏髻，青羅圓領。提調女樂服黑漆唐巾，大紅羅銷金花圓領，鍍金花帶，皁靴。歌章女樂服黑漆唐巾、大紅羅銷金裙襖胸帶，大紅羅抹額，青緑羅彩畫雲肩描金牡丹花，皁靴。奏樂、女樂服色與歌章同。

官修《續通典》卷五六《禮嘉》　冕宋　遼　金　元　明

臣等謹案：冕制詳於唐，然唐人紀當代之事，已聞見異辭。如《禮典》所載，天子大裘冕，廣八寸，長一尺六寸。《新唐書》載廣八寸，長一尺二寸。禮典載諸臣，一品鷩冕七旒，三品毳冕五旒，四品絺冕四旒，五品元冕三旒。《舊唐書》載二品鷩冕七旒，三品毳冕五旒，四品繡冕四旒，五品元冕同繡冕。《新唐書》載二品鷩冕八旒，三品毳冕七旒，四品絺冕六旒，五品元冕五旒。記載互異，今並誌之，以資考核。至宋以後，則並無鷩冕、毳冕、絺冕、繡冕、元冕之制。

宋天子之服：一曰大裘冕。神宗元豐四年，詳定郊廟，定祀禮文所言：《周禮·司裘》掌爲大裘以供王祀天之服。《司服》王祀昊天、上帝則服大裘而冕，祀五帝亦如之，享先王則衮冕。而《禮記》云：郊祭之日，王被衮以象天，戴冕璪十有二旒，則天數也。王肅據《家語》以爲臨燔柴脱衮冕，著大裘，則是《禮記》被衮與《周禮》大裘郊祀並用，二服事不相戾，但服之有先後耳。是以《開寶通禮》皇帝服衮冕出赴行宮。祀日服衮冕至大次，質明改服大裘而冕出次。蓋衮冕盛服而文之備者，故於郊之前期。次以至大次，既臨燔柴，則脱衮冕服裘，以明天道至質，故被裘以體之。今儀注車駕赴青城，服通天冠，絳紗袍。祀之日乃服韠袍至大次，服衮冕臨祭，非尚質之義，乞並依《開寶通禮》，詔詳定所參。議又言：臣等詳大裘之制，本以尚質，而後世反以尚文，故冕之飾大爲不經，而禮書所載上有垂旒加飾，又異「大裘不裼」之説。今參考諸説，大裘冕無旒，廣八寸，長一尺六寸，前圜後方，前低寸二分，元表朱裏，以繒爲之。玉笄以朱組爲紘，玉瑱以元紞垂之。爲裘以黑羊皮領袖，以黑繒纁裳，朱紱而無章。飾佩白玉，元組綬，革帶博二寸，玉鉤𩨨以佩紱屬之。素帶朱裏，絳純其外，上朱下綠。白紗中單皂領；青褾、襈、裙。朱韈赤舄，黑約繶純。乞下所屬製造。詔重詳定。光禄寺丞、集賢校理陸佃言：臣詳冕服有六，《周官·弁師》云「掌王之五冕」，則大裘與衮同冕，故《禮記》云「郊之日，王被衮以象天」，又曰「服之襲也，充美也」。禮不盛服不充，故「大裘不裼」，此明王服大裘以衮衣襲之也。先儒或謂《周禮》祀天地皆服大裘，而大裘之冕無旒，非是。蓋古者，裘不徒服，其上必皆有衣，故曰「緇衣羔裘」、「素衣麑裘」、「黄衣狐裘」。如郊祀徒服大裘，則是表裘以祀天地，表裘不入公門，而乃欲以見天地可乎？且先王之服，冬裘夏葛，以適寒暑，未有能易之者也。郊祀天地有裘無衮，則夏祀赤帝與至日祭地祇，亦將被裘乎？然則王者冬祀昊天上帝，中裘而表衮明矣，至於夏祀天神地祇，則去裘服衮，以順時序。《周官》曰：「凡四時之祭祀以宜服之。」明夏不必衣裘也。或曰：祭天尚質，故徒服。大裘被衮，則非尚質。臣以爲尚質者，明有所尚而已，不皆用質也。今欲冬至禋祀昊天上帝，服裘被衮，其餘祀天及配地祇，並請服衮去裘，各以其宜服之。於是詳定所言，裘不可徒服。《禮記》云「大裘不裼則襲」。可知所謂大裘之襲者，衮也，與衮及冕。伏請冬祀昊天與黑帝，皆服大裘被以衮，其餘非冬祀天，夏至祭地則皆服衮。至六年，始依所奏，服大裘而加衮冕。哲宗元祐元年，禮部言：元豐所造大裘，雖用黑羊皮，乃作短袍襲於衮衣之下，仍與衮服同冕，未合典禮，下禮部太常寺共議。上官均等請依《元豐新禮》，丁騭請循祖宗故事，王愈請倣唐制，朱光庭、周秩請以元衣襲裘，獨何洵直在元豐中嘗預詳定，以陸佃所議有可疑者。按《周禮·節服氏》掌祭祀、朝覲衮冕六人，惟王之太常郊祀衮冕，二人既去衮冕，又云裘冕是衮與裘各有冕，乃云裘與衮各有冕以衮襲之，裘既無冕，又襲於衮中，裘而表衮，何以示裘衮之別哉！古人雖質，不應以裘爲夏服，蓋冬用大裘，當暑則以同色繒爲之。《記》曰：「郊祭之日，王被衮以象天。」若謂裘上被衮，以被爲襲，則《家語》亦有被衮象天之文。諸儒或言臨燔柴，脱衮冕著大裘，或云脱裘服衮，蓋裘衮無同冕兼服之理，今乃以二服合爲一可乎？且大裘天子吉服之最上，若大圭大路之比是裘之在表者。《記》曰「大裘不裼」。説者曰無別衣以裼之，蓋他服之裘褎，故表裘不入公門。事天以報本反始，故露質見素，不爲表暴，而冕亦無旒，何必假他衣以藻飾之乎？凡裘上有衣謂之裼，裼上有衣謂之襲。襲者，裘上重衮也。大裘本不裼，鄭志乃云裘上有元衣，與裘同色，蓋趙商之徒附會爲説，不與經合。襲之爲義，本出於重沓，非一衣也。古者齋、祭異冠。齋服降祭服一等。祀昊天、上帝、五帝以裘冕，祭則衮冕。齋，故鄭氏云：王齋服衮冕。是衮冕者王之齋服也。唐開元及開寶禮，始以衮冕爲齋服，裘冕爲祭服，兼與張融臨燔柴，脱衮服裘之義，合請從唐制，兼改製大裘以黑繒爲之。佃復破其説，曰：夫大裘而冕謂之裘冕，非大裘而冕謂之衮冕，則裘冕必服衮，衮冕不必服裘，今特言裘冕者主冬至言之。《周禮·司裘》「掌爲大裘以供王祀天之服」，則祀地不服大裘，以夏至日不可服裘，故也。今謂大裘當暑以同色繒爲之，尤不經見。裼，襲一衣而已，初無重沓之義，被而覆之則曰襲，袒而露裘之美則曰裼，所謂大裘不裼，則非衮而何？《玉藻》曰：禮不盛服不充。故大裘不裼則明不裼而襲也。充，美也。鄭氏謂大裘之上有元衣，雖不知覆裘以衮，然尚知大裘不可徒服，必有元衣以覆之。《玉藻》有尸襲之義，《周禮》裘冕注云：裘冕者，從尸服也。夫尸服大裘而襲，則王服大裘而襲可知，且裘不可徒服，故被以衮，豈借衮以爲飾哉？今謂祭天用衮冕，爲齋服裘冕，爲祭服此乃襲先儒之謬誤。後漢顯宗初服日、月、星辰十二章以祀天地，自魏以來，皆用衮服，則漢魏祭天嘗用矣。雖無大裘，未能盡合乎禮，固未嘗有表裘而祭者也。且裘内服也，與袍同袍襲矣，而欲禪以祭天，以明示質，是欲衩衣以見上帝也。洵直復欲爲大裘之裳纁色而無章飾。夫裘安得有裳哉？請從先帝所志。其後詔如洵直議：去黑羔皮而以黑繒製焉。至紹興以後，遂以衮襲裘冕亦十二旒焉。二曰衮冕。廣一尺二寸，長二尺四寸，前後十二旒二纊並貫真珠，又有翠旒十二，碧鳳銜之。在珠旒外，冕版以龍鱗錦表，上綴玉爲七星，旁施琥珀瓶、犀瓶各二十四，周綴金絲網，鈿以真珠雜寶玉加紫雲白鶴錦裏，四柱飾以七寶紅綾裏，金飾玉簪導，紅絲絛組帶，亦謂之平天冠。太祖建隆元年，太常禮院言具衮冕令式，垂白珠十有二旒，以組爲纓色如其綬，黈纊充耳，玉簪導。二年，太子詹事尹拙、工部尚書竇儀議：謹按《周禮·弁師》「掌王之五冕，朱裏綖紐，五采繅十有二就，皆五采玉十有二，玉笄朱紘。諸侯之繅旒九就，瑉玉三采，其餘如王之事，繅旒皆就玉瑱玉笄。」疏云：王不言玉瑱，於此言之者，王與諸侯互相見爲義。是以王言元冕朱裏延紐及朱紘，明諸侯亦有之，諸公言玉瑱，明王亦有之。詳此經疏之文，則是本有充耳，今請令君臣衮冕以下並畫充耳以合正文。從之。乾德元年，少府監楊格等上新造皇帝冠冕。先是郊祀冠冕多飾以珠玉，帝以華而且重，故命改製之。仁宗景祐二年，又以帝后及羣臣冠服多沿唐舊而循用之，久則有司寖爲繁文，以失法度。詔入内内侍省御藥院與太常禮儀院，詳典故造冠冕，蠲減珍華，務從簡約，俾圖以進。由是改製衮冕，天版元濶一尺二寸，長二尺四寸。今製廣八寸，長一尺六寸，減翠旒并鳳子前後二十四珠旒，並合典制天版，頂上元織成龍鱗錦爲表，紫雲白鶴錦爲裏。今製青羅爲表，采畫出龍鱗，紅羅爲裏，采畫出紫雲白鶴。所有犀瓶、琥珀瓶各二十四，今減不用。金絲結網之上，舊有金絲結龍八，今減四，亦減絲令細。天版四向花墜子、素墜子依舊減輕造冠身，并天柱元織成龍鱗錦，今用青羅綵畫出龍鱗。金輪等七寶元真玉碾成，今更不用。如補空，却以雲龍。鈿窠分旒玉鈎二，今減去之。天河帶、組帶、欵幔帶依舊減輕造。納言元用玉製，今用青羅采畫出龍鱗。錦金棱上棱道依舊用金，即減輕製黈纊玉簪。至和三年王洙奏：天子法服冕旒形度重大華，飾稍繁，願集禮官參定。詔禮院詳典禮上聞，而禮院繪圖以進，因勑御藥院更造，其後冕服稍侈如故。英宗治平二年，知太常禮院李育奏曰：郊廟之祭，本尚純質，衮冕之飾，皆存法象，非事繁侈，重其玩也。冕則以《周官》爲本，凡十二旒，間以采玉，加以紘綖笄瑱之飾。東漢至唐，史官、名儒記前制，皆無珠翠犀寶之飾，何則？鷸羽蚌胎非法服所用，琥珀犀缾非至尊所冠，龍錦七星已列采章之内，紫雲白鶴近出道家之語，豈被衮戴璪象天則數之義哉？自大裘之廢專用衮冕，古朴稍去而法度尚存。夫明水太羹不可以衆味，和雲門咸池不可以新聲，間衮冕之服不可以珍怪累也。若魏明之用珊瑚，江右之用翡翠，侈靡衰播之餘，豈足爲聖朝道哉？且太祖建隆元年，少府監所造冕服及二年博士聶崇義所進《三禮圖》，嘗語尹拙竇儀參校之，皆倣虞周漢唐之舊，至四年冬，服之合祭天地於圜丘，用此制也。太宗亦嘗用，命製於禁中，不聞改作。及真宗封泰山，禮官請服衮冕。帝曰：前王服羔裘尚質也，今則無羔裘而有衮冕，可從近制，是豈有意於繁飾哉？蓋後之有司，率意妄增，未嘗確議，遂相循而用，故仁宗嘗詔禮官章得象等詳議之。其所減過半，然不經之飾重者多去，輕者尚存，不能盡如詔書之意，故至和三年王洙復議去繁飾，禮官畫圖以進，漸還古禮，而有司所造復如景祐之前。又按《開寶通禮》及《衣服令》，冕服皆有定法，悉無寶錦之飾。臣請復先王之制，其與《通禮》、《衣服令》、《三禮圖》制度不同者，宜悉改正。詔太常禮院少府參定，遂合奏曰：古者冕服之用，郊廟殊制。自唐廢大裘，而郊廟之祭一用衮冕，然旒章之數止以十二爲節，亦未聞有餘飾也。國朝增以珍異，巧縟前所未有。臣等以爲宜如育言，參酌《通禮》、《衣服令》、《三禮圖》及景祐三年減定之制，一切改造之。孔子曰：「麻冕，禮也。今也純儉，吾從衆。」純者，絲也，變麻爲絲，蓋已久矣，則冕服之制宜依舊，以羅爲之。冕廣一尺二寸，長二尺二寸，約以景表尺，前圖後方，黝上朱下，以金飾，版側以白玉珠爲旒貫之，以五綵絲繩前後各有十二旒，旒各十二珠，相去一寸，長二尺，朱絲組爲纓，黈纊充耳，金飾玉簪導。詔禮儀院再詳以聞，而内侍省奏謂：景祐中已裁定，可因而用也。從之。元豐六年詳定郊廟禮文所言：凡冕版廣八寸，長一尺六寸，與古制相合，更不復議。今取少府監造樣，如以青羅爲表，紅羅爲裏，則非《弁師》所謂「(元)〔玄〕冕朱裏」者也。上用金稜天版，四周金絲結網，兩旁用真珠花素墜之類，皆不應禮。伏請改用朱組爲紘，玉笄、玉瑱以元紞垂瑱，以五采玉貫於五色藻爲旒，以青赤黄白黑五色備爲一玉，每一玉長一寸，前後二十四旒垂而齊肩，以合孔子所謂「純儉」之義。從之。政和議，禮局更上皇帝冕服之制：冕版廣八寸，長一尺六寸，前高八寸五分，後高九寸五分，青表朱裏，前後各有十二旒，五采藻十有二就，就間相去一寸，青碧錦織成。天河帶長一丈二尺，廣二寸，朱絲組帶爲纓。黈纊充耳，金飾玉簪導，長一尺二寸。中興仍舊制，延以羅衣，本元表朱裏，長尺有六寸，前低一寸一分，四旁緣以金，覆於卷式之上。繅以五色絲貫五色玉，前後各十二，凡用二百八十有八。玉笄、充耳用黄綿，紘以朱組，以其一屬於左笄上垂下又屈而屬於右笄繫之，而垂其餘。皇太子亦有衮冕：青羅表，緋羅紅綾裏，塗金銀鈒花，飾犀簪導，紅絲組前後白珠九旒二纊，貫水精珠。太宗至道元年，太常禮院言：南郊，皇太子充亞獻，各著祭祀服。準制度，衮冕以組爲纓，色如其綬，青纊充耳。詔依上製造。其諸臣則九旒冕：塗金銀花，額犀，玳瑁簪導。親王中書門下祭祀服之無額花者，三公奉祀服之。七旒冕，犀角簪導，九卿奉祀服之。五旒冕，四品、五品爲獻官服之。平冕無旒，太祝奉禮服之。

遼制衮冕：金飾垂白珠十二旒，以組爲纓，色如其綬。黈纊充耳，玉簪導。

金冕制：天版長一尺六寸，廣八寸，前高八寸五分，後高九寸五分，身圍一尺八寸三分。并納言并用青羅爲表，紅羅爲裏，周回用金稜天版，下有四柱，四面珍珠網，結子花素墜子前後珠旒共二十四，旒各長一尺二寸，青碧線織造。天河帶長一丈二尺，濶二寸，兩頭各有真珠金碧旒三，節玉滴子節花紅線組帶二，上有真珠金翠旒、玉滴子節花，下有金鐸子二枚，紅線欵幔帶一，黈纊二，真珠垂繫上用金萼子二，簪窠欵幔組帶鈿窠各二，内組帶鈿窠四，並玉鏤塵碾造。玉簪一頂，方二寸，導長一尺二寸，簪頂刻鏤塵雲龍。皇太子冕用白珠九旒，紅絲組爲纓，青纊充耳，犀簪導。

元衮冕制：以漆紗上覆曰綖，青表朱裏，綖之四周匝以雲龍。冠之口，圍縈珍珠。綖之前後，旒各十二，以珍珠爲之。綖之左右，繫黈纊二，繫以元紞，承以玉瑱，纊色黄，絡以珠。冠之周圍，珠雲龍網結，通翠柳調珠。綖上橫天河帶一，左右至地，珠鈿窠網結翠柳朱絲組，組屬諸笄爲纓絡，以翠柳調珠。簪以玉爲之，橫貫於冠。按《太常集禮》載：世祖至元十二年，博士議：冕天版長一尺六寸，廣八寸，前高八寸五分，後高九寸五分，身圍一尺八寸三分，並納言用青羅爲表，紅羅爲裏，周迴緣以黄金。天版下四面珠網，結子花素墜子，前後共二十四旒，以珍珠爲之。青碧線織天河帶，兩頭各有珍珠金翠旒三，節玉滴子、節花全紅線組帶二，上有珍珠金翠。旒玉滴子下有金鐸二，梅紅繡欸幔帶一，黈纊二。珍珠垂繫上用金蓴子二，簪一，面幔組帶鈿窠各二，內組帶窠四，並鏤玉爲之。玉簪一面鏤雲龍。成宗大德十一年九月，博士議以唐宋之制奏上，事未果行。至仁宗延祐七年七月，英宗命禮儀使傳旨，命省臣與太常禮儀院等官會議法服之制，八月中書省會集翰林集賢、太常禮儀院官講議，依祕書監所藏前代帝王衮冕法服圖本，命有司製如其式。皇太子衮冕：用白珠九旒，紅絲組爲纓，青纊充耳，犀簪導。

明太祖洪武元年，學士陶安請製五冕。帝以其禮太繁，命祭天地、宗廟服衮冕，餘皆不用。十六年，定衮冕之制：冕前圓後方，元表纁裏，前後各十二旒，旒五采玉十二珠，五采繅十有二就，就相去一寸，紅絲組爲纓。黈纊充耳，玉簪導。二十六年，更定衮冕十二章，冕版廣一尺二寸，長二尺四寸。冠上有覆，元表朱裏，餘如舊制。成祖永樂三年，定冕冠以皂紗爲之，上覆曰綖。桐板爲質，衣之以綺，以表朱裏，前圓後方，以玉衡維冠，玉簪冠紐，紐與冠武并繫纓處皆飾以金。綖以左右垂黈纊充耳，繫以元紘，承以白玉瑱朱紘。世宗嘉靖八年，更其制。冠以圓匡烏紗冒之，旒綴七采玉珠十二。青纊充耳，綴玉珠二。皇太子衮冕：九章冕九旒，旒九玉，金簪導，紅組纓，兩玉瑱。永樂三年定冕冠，元表朱裏，前圓後方，前後各九旒，每旒五采繅，九就，貫五采玉九，赤白青黄黑相次。玉衡金簪，元紞垂青纊充耳，承以白玉瑱，朱紘纓。親王冕同皇太子，唯冕旒用五采。親王世子冕三采玉珠七旒。永樂三年更定冕冠，前後各八旒，每旒五采繅八就，貫三采玉珠八，赤白青色相次。

通天冠承天冠　金文金冠　實里薛衮冠　七寶重頂冠　珠子捲雲冠　金鳳頂漆紗冠

宋　遼　金　元　明

宋制：皇帝通天冠二十四梁，加金博山附蟬十二，高廣各一尺。青表朱裏，首施珠翠，黑介幘，組纓翠緌玉，犀簪導。大祭祀、致齋、正旦、冬至、五月朔、大朝會、大册命、親耕籍田皆服之。仁宗天聖二年南郊，禮儀使李維上言：通天冠上一字，準勅迴避。詔改承天冠。

遼制：皇帝通天冠加金博山附蟬十二，首施珠翠，黑介幘，髮纓翠緌玉，若犀簪導，諸祭還及冬至、朔日，受朝臨軒，拜王公，元會，冬會冠之。

金皇帝通天冠，於行幸、齋戒、出宮、御正殿冠之。

明皇帝通天冠，加金博山附蟬十二，首施珠翠，黑介幘，組纓玉簪導，於郊廟省牲。皇太子、諸王冠婚醮戒冠之。金文金冠，遼皇帝大祀之冠。

實里薛衮冠，遼皇帝祭祀之冠，行拜山禮則冠之。

七寶重頂冠，元皇帝之服，冬則冠之。

珠子捲雲冠，元皇帝之服，夏則冠之。

金鳳頂漆紗冠，元皇帝之服，夏則冠之。

遠遊冠七梁額花冠　進德冠　保和冠　忠静冠　宋　遼　金　明

宋制：皇太子遠遊冠，十八梁，青羅表，金塗銀鈒花，飾犀簪導，紅絲組爲纓，博山政和中加附蟬。

遼制：皇太子遠遊冠，三梁冠加金附蟬九，首施珠翠，黑介幘，髮纓翠緌，犀簪，每於謁廟、還宮、元日、冬至、朔日入朝服之。親王遠遊冠，三梁加金附蟬，黑介幘，青緌導。諸王遠遊冠，三梁，黑介幘，青緌。

金皇太子遠遊冠，十八梁，金塗銀花，飾博山附蟬，紅絲組爲纓，犀簪導。

七梁額花冠，宋皇太子之服。紹興三十二年十月禮官奏：皇子，鄧、慶、恭三王，遇行事服朝服，則冠七梁額花冠。

進德冠，遼皇太子服，九琪金飾。

保和冠，明制，自親王及郡王長子以上服之。其制，以燕弁爲準，用九緅，去簪與五玉。後山一扇，分畫爲四。

忠静冠，明制，仿古元冠，冠匡如制，以烏紗冒之，兩山俱列於後。冠頂仍方，中微起。三梁各壓以金線，邊以金緣之。鎮國將軍以下、至奉國中尉及長史審理紀善，教授伴讀等服之。

進賢冠貂蟬冠　連蟬冠　緇布冠　宋　遼　金　元　明

宋制：進賢冠，五梁，塗金銀花，額犀玳瑁簪導立筆。

遼制：進賢冠，三品以上三梁，寶瓶。五品以上二梁，金飾。九品以上一梁，無飾。

明進賢冠，無梁，爲侍儀舍人，併御史臺知班、引禮執事之冠。

貂蟬冠，宋制冠三梁，犀角簪導，諸司三品，御史臺四品，兩省五品侍祠、朝會則服之。

金貂蟬冠，加籠巾，七梁，額花貂鼠立筆，銀立筆，犀簪導，正一品服之。七梁，銀立筆，犀簪導，正二品服之。四品，五梁。五品，四梁。六品、七品三梁，八、九品二梁。

元貂蟬冠，加籠巾，三獻官及司徒、大禮使祭服，有七梁、六梁、五梁、四梁、三梁、二梁之分，皆助奠以下諸執事官之法服。

明貂蟬冠，八梁，加籠巾，立筆，五折四柱香草五段，前後玉蟬，爲公之冠。七梁，加籠巾，立筆，四折四柱香草四段，前後金蟬，爲侯之冠。七梁，加籠巾，立筆，二折四柱香草二段，前後玳瑁蟬，爲伯之冠。俱插雉尾。駙馬與侯不用雉尾。一品亦七梁，不用籠巾。二品六梁，三品五梁，四品四梁，五品三梁，六、七品二梁，八、九品一梁，皆爲文武官朝服。

連蟬冠，元制爲曲阜祭服。共四十有三：七梁者三，五梁者三十有六，二梁者四。

緇布冠，宋制，爲冠禮初加之服。明制，緇布冠亦爲冠禮初加之服。

獬豸冠氈冠　宋　遼　金　元

宋制，獬豸冠，御史大夫、中丞服之。冠有獬豸角，兩梁，犀角簪導。

金獬豸冠，亦爲監察御史之服。

元獬豸冠惟祭社稷服之

氈冠，遼制，臣僚之國服金花爲飾，或加珠玉翠毛，額後垂金花織成夾帶，中貯髮一總，或紗帽，制如烏紗帽，無簷，不擫雙耳，額前綴金花，上結紫帶，末綴珠。

翼善冠紗冠　金梁冠　甲騎冠　刻期冠　遼　元　明

遼制，皇帝翼善冠，朔視朝用之。

紗冠，元制祭社稷之服。

金梁冠，元制祭社稷之服。

甲騎冠，元制以皮加黑漆雌黄爲緣，儀衛之服。

刻期冠，明從宋制，爲快行親從官之服。

武弁皮弁　元　明

元制，武弁以皮加漆，儀衛之服。

明制，皇帝武弁服，親征、遣將則服之。其弁制，上鋭，色用赤，上十二縫，中綴五采玉，落落如星狀。世宗嘉靖八年，諭閣臣張璁會典記親征類禡之祭，皆具武弁服，不可不備。璁對《周禮》有韋弁，謂以韎韋爲弁，又以爲衣裳。國朝視古損益有武皮弁之制，今武弁當如皮弁，但皮弁以黑紗冒之，武弁當以絳紗冒之，隨具圖以進。帝報曰：「覽圖有韠形，但無繫處。冠制古象尚尖，今皮弁則圓，朕惟上鋭取其輕利，當如古制。又衣裳、韠、舄皆赤色，何謂：且佩綬俱無於祭用之，可乎？」璁對：自古服冕弁俱用革帶，以前繫韍，後繫綬，韋弁之韠，正繫於革帶耳。武事尚威烈，故色純用赤。帝復報璁：冠服、衣裳、韠、舄，俱加如古，增革帶佩綬及圭。乃定制弁式如左。

皮弁，明太祖洪武二十六年定，皮弁用烏紗冒之，前後各十二縫，每縫綴五采玉十二以爲飾。玉簪導，紅組纓。皇帝朔望視朝、降詔、降香、進表、四夷朝貢、外官朝覲、策士傳臚皆服之。成祖永樂三年定，皮弁如舊制，惟縫及冠武、并貫簪、繫纓處，皆飾以金玉。其皇太子皮弁冒以烏紗，前後各九縫，每縫綴五采玉九，縫及冠武、并貫簪繫纓處，皆飾以金玉，簪朱纓。親王世子皮弁用烏紗冒之，前後各八縫，每縫三采玉八，餘制如東宮。

幘平巾幘　空頂幘　遼　元　明

遼制，一品以下至六品皆冠幘，纓簪導。凡謁見東宮及餘公事服之。

平巾幘，元制黑漆革爲之，形如進賢冠之籠巾，或以青，或以白，皆儀衛之服。

空頂幘，明未冠者之服。

帽烏紗帽　硬帽　小帽　金錦煖帽　紅金答子煖帽　白金答子煖帽　銀鼠煖帽　白藤寶貝帽　七寶漆紗帶後簷帽　學士帽　錦帽　雨帽　遮陽帽　烏紗描金曲脚帽　烏紗小頂帽　金鵞帽　宋　遼　金　元　明

宋制，烏紗帽天子閒居之服。

明烏紗帽爲文武官常服。凡一品、二品，帽頂、帽珠用玉。三品至五品，帽頂用金，帽珠除玉外隨所用。六品至九品，帽頂用銀，帽珠瑪瑙、水晶、香木。

硬帽，遼制天子小祀之服。

小帽，金制天子常朝之服。

金錦煖帽，元制天子冬則冠之。

紅錦答子煖帽，元制天子冬則冠之。

白錦答子煖帽，元制天子冬則冠之。

銀鼠煖帽，元制天子冬則冠之。

白藤寶貝帽，元制天子夏則冠之。

七寶漆紗帶後簷帽，元制天子夏則冠之。

學士帽，元制如唐巾，兩角如匙頭下垂，儀衛之服。

錦帽，元制以漆紗，後幅兩旁，前拱而高，中下後畫連錢錦，前額作聚文。

雨帽，明制文官遇雨戴雨帽，公差出外戴帽子，入城不許。

遮陽帽，明初士人貢舉入監者許戴之。

烏紗描金曲脚帽，明制内使之官。

烏紗小頂帽，明制内使年十五以下者戴之。

金鵞冠，明制校尉之冠。

巾皂紗折上巾　紫皂幅巾　幅巾　吐鶻巾　軟角唐巾　唐巾　進士巾　四方平定巾　軟巾　四帶巾　宋　遼　金　元　明

宋制，皂紗折上巾，天子便坐視事則服之。

遼制，折上頭巾，爲皇帝常服。

明烏紗折角向上巾，爲皇太子服，亦名翼善冠。親王郡王及世子皆同。

紫皂幅巾，遼制皇帝之公服。道宗清寧元年詔：非勳戚之後及承應有職事人不帶巾。

幅巾，遼制皇帝田獵服之。

吐鶻巾，金制，以皂羅若紗爲之。上結方頂折垂於後頂之下際，兩角各綴方羅，徑二尺許。方羅之下，各附帶長六七寸，當横額之下，或爲一縮。襞積，貴顯者於方頂上循十字縫飾以珠，其中必貫以大者謂之頂珠，帶旁各絡珠結綬長半帶垂之。

軟角唐巾，元制宣聖廟祭服。

唐巾，元制如幞頭而櫳其角。兩角上曲作雲頭，爲儀衛之服。

進士巾，明制如烏紗帽，頂微平，展角闊寸餘，長五寸許，系以垂帶，皂紗爲之。

四方平定巾，明太祖洪武三年，令士人戴四方平定巾。二十四年，以士子巾服無異吏胥，命工部製式以進。太祖親視，凡三易乃定，易以軟巾，貢舉入監者不變所服。四帶巾，明初爲庶人之服。

幞頭交角幞頭　鳳翅幞頭　控鶴幞頭　花角幞頭　皂緆紗幞頭　練省幞頭　漆紗幞頭　交脚幞頭　宋　遼　元　明

宋制，幞頭，君臣之通服。初以藤織草巾子爲裏，紗爲表，而塗以漆，後惟以漆爲堅，去其藤裏，前爲一折，平施兩脚，以鐵爲之。

遼制，五品以上幞頭曰折上巾，自五品以下皆曰幞頭。交角幞頭，元制巾後交折其角，儀衛之服。

鳳翅幞頭，元制如唐巾，兩角上曲而作雲頭，兩旁覆以兩金鳳翅，亦儀衛之服。

控鶴撲頭，元制如交角，金鏤其額，亦儀衛之服。

花角撲頭，元制如控鶴撲頭，兩角及額上簇象生雜花，亦儀衛之服。

皂緆紗撲頭，長制郡王長子常服。

練省撲頭，明制輔國中尉之常服。

漆紗幞頭，明制文武官公服，有二等。展角長一尺二寸。雜職官幞頭，垂帶，後復令展角不用垂帶，與入流官同。

交角幞頭，明初定執仗之士首服，皆鏤金額交角幞頭。

簪戴宋

宋制，幞頭簪花謂之簪戴。中興郊祀、明堂禮畢回鑾，臣僚及扈從並簪花，恭謝日亦如之。大羅花以紅、黄、銀紅三色，欒枝以雜色羅，大絹花以紅、銀紅二色。羅花以賜百官，欒枝卿監以上有之，絹花以賜將校以下，太上兩宫上壽畢及聖節錫宴、進士聞喜宴並如之。

重戴宋

重戴以皂紗爲之，方而垂簷，紫裏，兩紫纓組爲纓垂而結之頷下，蓋折上巾又加以帽焉。宋初御史臺皆重戴，餘官或戴或否，後新進士亦帶，至釋褐則止。太宗淳化二年，御史臺言：舊儀，三院，御史臺及出使，並重戴，事已久廢，其御史出臺爲省職，及在京釐務者，請依舊儀，從之。又詔兩省及尚書省五品以上，皆重戴。樞密三司使副則否。中興後，御史兩制知貢舉官、新進士上三人，許服之。

鈸笠元

元制，寶頂金鳳鈸笠，珠緣邊鈸笠，並爲皇帝之服。

金鳳頂笠，亦元制皇帝之服。夏服大紅緑藍銀褐棗褐。金繡龍五色羅則冠之，各隨其服之色。

官修《續通典》卷五九《禮嘉》　君臣服章制度袍附　宋　遼　金　元　明

宋制，天子之服：一曰大裘冕，二曰衮冕，三曰通天冠絳紗袍，四曰履袍，五曰衫袍，六曰窄袍，七曰御閲服。中興後有之。神宗元豐四年，詳定禮文所言，大裘黑羔皮爲之，領袖以黑繒，纁裳朱紱，而無章飾。佩白玉，元組綬，革帶玉鉤䚢，素帶朱裏，其外上朱下緑。白紗中單，皂領，青褾襈裾。朱韈赤舄，黑絇繶純。其當暑奉祠之服，乞降梁陸瑋議以黑繒爲裘。及《唐輿服志》以黑羔皮爲緣。詔重詳定。光禄寺丞集賢校理陸佃言：《禮記》云：郊之日，王被衮以象天。又曰：大裘不裼。此明大裘以衮衣襲之，先儒謂周禮天地皆服大裘，非是，於是詳定所言，裘不可徒服，請冬祀昊天與黑帝皆服大裘被以衮，非冬祀天及夏至祭地則皆服衮。哲宗元祐元年，禮部言元豐所造大裘作短袍制襲於衮下，未合典禮，下禮部太常寺議。禮部員外郎何洵直言：《周禮．節服氏》既云衮冕，又云裘冕，是裘與衮各有冕。今裘既無冕，又襲於衮中，何以示裘衮之别。古人雖質，不應以裘爲夏服，蓋冬用大裘，當暑則以同色繒爲之。後詔如洵直議。徽宗政和時，議禮局上大裘，青表纁裏，黑羔皮爲領、褾、襈，朱裳，被以衮服。中興後無存者。高宗紹興十三年，詔有司如舊制以羔造。禮部言：關西羔羊，天生黑色。今有司涅白羔爲之，不中禮制，不如權以繒代。從之。衮服初因五代之舊，衣青色，日、月、星、山、龍、雉、虎蜼七章，紅裙藻、火、粉米、黼、黻五章。紅蔽膝升龍二，並織成間以雲朵，飾以金鈒花鈿窠，裝以真珠、琥珀、雜寶玉。紅羅襦裙繡五章，青褾、襈、裾。六采綬一，小綬三，結玉環三。素大帶，朱裏青羅四，神帶二，繡四神盤結。白羅中單，青羅抹帶，紅羅勒帛，鹿盧玉具劍，白玉雙佩，金龍鳳革帶，紅韈赤舄，金鈒花四神玉鼻。祭天地、宗廟，朝太清宫；饗玉清昭應宫、景靈宫，受册尊號，元日受朝，册皇太子則服之。太祖建隆元年，太常禮院上衮龍服令式：元衣纁裳十二章，升火於衣爲八章，裳四章，衣褾、領如上爲升龍，皆織成山、龍以下，每章一行，重以爲等，每行十二。白紗中單黼領青褾、襈、裾。蔽膝龍、山、火三章。革帶玉鉤𩍐，大帶、素帶朱裏，玉劍佩，大小綬玉環，朱韈赤舄加金飾。仁宗景祐二年，詔冠服躅減珍華，務從簡約。由是衮衣改用青羅、紅羅襈，繡八章，間以雲，疎密視所宜，去細窠及珠璣飾。裳用紅羅繡四章。蔽膝繡升龍二，以雲補空地，去細窠。除帶首黄金葉用銷金。英宗治平二年，詔衮服悉去繪畫龍鱗、紫雲白鶴、蹙金絲龍，裳繡服用繪。神宗元豐元年，詳定禮文所言，古者朝祭之裳，皆前三幅後四幅，殊其前後不相連屬。今裳以八幅，考古不合，請改用七幅，幅廣二尺二寸，兩旁各殺縫一寸。腰間辟積無數。裳側有純，下有緆，廣各寸半，羣臣祭服之裳准此。政和議禮局上冕服之制，衣八章，裳四章，如舊制，而升龍於山。絳紗袍以織成雲龍紅金條紗爲之，紅裏，皂褾、襈、裾。絳紗裙。蔽膝如袍飾，並皂褾、襈。白紗中單，朱領，褾、襈、裾。白羅方心曲領，白韈黑舄，佩綬如衮。大祭祀、致齋、正旦、冬至、五月朔、大朝會、大册命、親耕藉田皆服之。孝宗乾道九年，又用履袍，袍以絳羅爲之。折上巾、通犀金玉帶。繫履則曰履袍，服鞾則曰鞾袍。履、鞾皆用黑革。四孟朝獻景靈宫，郊祀、明堂，詣宫宿廟，進胙上壽兩宫，及端門肆赦並服之。大禮畢，還宫乘平輦，服亦如之。若乘大輦，則服通天冠、絳紗袍如常儀。衫袍有赭黄、淡黄、玉裝紅束帶、皂文鞾，大宴則服之。赭黄、淡黄褑袍，紅衫袍，常朝則服之。窄袍便坐視事則服之。

皆皂紗折上巾、通犀金玉環帶。窄袍或御烏紗帽，御閱服以金裝甲，乘馬大閱則服之。皇太子之服：一曰衮冕，二曰遠遊冠，朱明衣，三曰常服衮服，青羅衣，繡山、龍、雉、火、虎蜼五章；紅羅裳，繡藻、粉米、黼、黻四章。紅羅蔽膝繡山、火二章。白紗中單青褾、襈、裾。革帶瑜玉，雙佩四采大綬結二，玉環青羅抹帶，紅羅勒帛，玉具劍，白羅韈朱履，金塗銀扣，從祀則服之。太宗至道元年，皇太子衮服，元衣纁裳，赤舄加金飾，謁廟、加元服、納妃則服之。朱明服紅花金條紗衣，紅紗裏，皂褾、襈紅紗裳。紅紗蔽膝，並紅紗裏。白花羅中單，皂褾、襈，白羅方心曲領。羅襪黑舄，革帶劍佩綬，餘同衮服。抹帶、勒帛、執桓圭，受册、謁廟、朝會則服之。常服皂紗折上巾、紫公服、通犀金玉帶。諸臣祭服：九旒冕，青羅衣，繡山、龍、雉、火、虎蜼五章；緋羅裳，繡藻、粉米、黼、黻四章。緋蔽膝，繡山、火二章。白花羅中單。玉裝劍，佩革帶，暈錦綬二，玉環。緋白羅大帶。緋羅韈履，親王、中書門下奉祀則服之。其冕無額花者，元衣纁裳，悉畫。小白綾中單，師子錦綬二，銀環，餘同上，三公奉祀則服之。七旒冕，衣畫虎蜼、〔藻〕粉米三章；裳畫黼、黻二章。銀裝佩劍，革帶，餘同九旒冕，九卿奉祀則服之。五旒冕，青羅衣裳無章，銅裝佩劍，革帶，餘同七旒冕，四品、五品爲獻官則服之。六品以下無劍，佩綬，紫檀衣，朱《通考》作及。裳羅爲之。皂大綾綬，銅裝劍佩，御史、博士服之。平冕無旒，青衣纁裳，無劍佩綬，餘同五旒冕，太祝奉禮服之。朝服，進賢五梁冠，緋羅袍，白花羅中單，緋羅裙，緋羅蔽膝，並皂褾、襈，白羅大帶，白羅方心曲領，玉劍，佩銀革帶，暈錦綬二，玉環，白綾襪，皂皮履，一品、二品侍祠朝會則服之。中書門下則冠加籠巾、貂蟬三梁冠，無中單，銀劍，佩獅子錦綬，銀環，餘同五梁冠，諸司三品、御史臺四品、兩省五品侍祠、朝會則服之。御史大夫、中丞則冠有獬豸角，衣有中單，兩梁冠，銅劍，佩練鵲錦綬，銅環，餘同三梁冠四品、五品侍祠、朝會則服之。六品以下無中單，無劍、佩綬。御史則冠有獬豸角，衣有中單，仁宗康定三年，少府監言：每大禮，法服庫準百官品位給朝服。其諸司五品以上，實有官高品卑及品高官卑者，請諸司。五品國子博士至内給事，並依六品以下去劍、佩綬。御史則冠獬豸，衣有中單，其諸司使、副使以下至閤門祗候，如有攝事，合請朝服者，並同六品。詔從所請。袴褶紫、緋、緑，各從本服色。白綾中單，白綾袴，白羅方心曲領，本品冠導駕則騎而服之。建隆四年，范質與禮官議袴褶制度，先儒無説。案令文，武弁金飾平巾幘，簪導，紫褶白袴，玉梁珠寶鈿帶，鞾騎馬服之。金飾，即附蟬也。詳此即是二品、三品所配弁之制也。又令文三品以上紫褶，五品以上緋褶，七品以上緑褶，九品以上碧褶，並白大口袴，起梁帶，烏皮韡，今請造袴褶如今文之制。其起梁帶形制，尋檢未是，望以革帶代之。奏可。是歲造成而未用。乾德六年，郊祀始服而冠未造，乃取朝服進賢冠、帶、韈履參用焉。其公服因唐之制，三品以上服紫，五品以上服朱，七品以上服緑，九品以上服青。其制：曲領大袖，下施横襴，束以革帶，幞頭，烏皮韡，自王公至一命之士通服之。太宗太平興國三年詔：朝官出知節鎮及轉運使副衣緋緑者，並借紫。知防禦團練、刺史州衣緑者，借緋衣。緋者，借紫。其後江淮發運使同轉運，提點刑獄同知刺史州。雍熙初，郊祀慶成始許升朝官服緋緑二十年者，叙賜緋紫。真宗登極，京朝官亦聽叙及東封西祀、赦書，京朝官並以十五年爲限，後每帝登極亦如例。仁宗景祐元年詔：軍使曾任通判者借緋，曾任知州者借紫。神宗元豐元年，去青不用階官，至四品服紫，至六品服緋，九品以上則服緑。太宗太平興國七年詔：以士庶車服頗有踰僭，今翰林學士承旨李昉詳定以聞。昉奏：近年品官緑袍及舉子白襴下皆服紫色，請禁之，其私第便服許紫皁衣白袍；舊制庶人服白，今請流外官及貢舉人、庶人通許服皁。從之。帽、衫，帽以烏紗，衫以皁羅爲之。角帶繫鞵，東都士大夫交際常服之。紫衫本軍校之服，中興士大夫服之，以便戎事。高宗紹興二十六年，禁以戒服臨民。自是士大夫皆服涼衫以爲便服。涼衫制如紫衫，亦曰白衫。孝宗乾道初，以其似凶服，禁之。便服仍許用紫衫，深衣用白細布，圓袂方領，曲裾黑緣。大帶、緇冠幅巾，黑履，士大夫家冠、昏、祭祀、宴居、交際服之。襴衫亦白細布爲之，圓領大袖，下施横襴爲裳，腰間有襞積，進士及國子生、州縣生服之。

臣等謹按：前世服物采章，各有定式。夏收殷冔，三代已不相沿，是以諸史《輿服志》所臚，雖損益隨時，而禮徵從朔，敦本之義固然。自北魏始啟澆風，變移國俗，以洎遼金元之世，服飾並更，未幾而國勢浸微，淪胥洊及，載稽前蹟，殷鑒具存，洪惟皇朝鴻業肇興，列祖列宗製作隆備，釐定冠服，昭示來兹。皇上念切紹衣訓行，罔斁於序《禮器圖》暨評《通鑑輯覽》務懲輕易之弊，至再至三，近復以嘉禮典中敘按未能明皙，諭臣等悉心訂正，且申示本天本祖，饗帝饗親之至論。臣等跽聆心折，實爲發從來所未發，仰見聖心，所以範率由而綿景祚者，依古罕有比倫。臣等謹覈各代正史紀志，竝各國志之文，詳列改制年載，仍各系按發明用誌，緣起遼自太祖仲父述瀾以約尼氏裕悦之官，占居潢河泱壤始爲桑麻組織之教，王業之基，實肇於此。太祖帝北方，太宗制中國，纖麗奭毳，穡載而。至會同中，太后北面，臣僚並國服；皇帝南面，臣僚並漢服。乾亨五年，聖宗册承天，太后給三品以上法服。自是大禮雖北面，三品以上亦漢服。興宗重熙五年，尊號册禮，皇帝服龍衮，北南面臣僚並朝服。自是以後，大禮並從漢服矣。今先列國服而以漢服次於後焉。

遼祭山儀大祀，皇帝服金文金冠、白綾袍、紅帶縣魚三，山紅，垂飾犀玉刀，錯絡縫烏韡。小祀，皇帝服硬帽、紅克絲龜文袍。臣僚服飾各從本部旗幟之色。其朝服，皇帝服錫魯衮冠、絡縫紅袍，垂飾犀玉帶，錯絡縫韡，謂之國服。衮冕，太宗更以錦袍、玉帶，臣僚戴氈冠，或紗冠，紫窄袍，鞊鞢帶以黄紅色絛裹革爲之，用金、玉、水晶、靛石綴飾，謂之盤紫。太宗更以錦袍、金帶。公服，皇帝紫皁幅巾、紫窄袍，玉束帶，或衣紅襖，臣僚亦幅巾、紫衣，常服謂之盤裹緑。花窄袍，中單多紅、緑色。貴者披貂裘，以紫黑色爲貴，青次之，又有銀鼠，尤潔白；賤者貂毛羊鼠沙狐裘。田獵服，皇帝幅巾，擐甲戎裝，以貂鼠或鵝項鴨頭爲扞腰。蕃漢諸司使以上，並戎裝，衣皆左衽，黑緑色。其漢服，終遼世郊丘不建大裘。其衮服，元衣纁裳。十二章，八章在衣，四章在裳。衣褾、領爲升龍織成。文各爲六等，龍、山以下每章一行，行十二。白紗中單，黻領青褾、襈、裾，黻革帶、大帶，劍佩綬，舄加金飾。通天冠，絳紗袍，白紗中單，褾領朱襈，裾，白裙襦，絳蔽膝，白假帶，方心曲領，革帶佩劍綬，韈舄。皇太子遠遊冠，絳紗袍，白紗中單，皁領褾、襈，裾，白裙襦，白假帶，方心曲領，絳紗蔽膝，革帶劍佩綬，韈舄與上同，後改爲白韈黑舄。親王遠遊冠，絳紗單衣，白紗中單，皁領、襈、裾，白裙襦，革帶鉤韘，假帶，曲領方心，絳紗蔽膝，韈舄，劍佩綬，二品以上同，七品以上去劍佩綬，八品以下同公服。其公服，皇帝翼善冠，柘黄袍，九環帶，白練裙襦，六合韡。皇太子遠遊冠，絳紗單衣，白裙襦，革帶金鉤韘，假帶，方心紛鞶囊，白韈烏皮履。一品至五品冠幘纓，絳紗單衣，白裙襦，帶鉤韘，假帶，方心紛鞶囊。六品以下去紛鞶囊，餘並同。其常服，皇帝柘黄袍衫，折上頭巾，九環帶，六合韡。皇太子進德冠，絳紗單衣，白裙襦，白韈烏皮履。五品以上幞頭，紫袍，牙笏，金玉帶，烏皮六合韡。六品以下幞頭，緋衣，木笏，銀帶魚袋佩。九品幞頭，緑袍，鍮石帶，韡並同。

臣等謹按：宇文懋昭《大金國志》國主視朝服，純紗幞頭，窄袖赭袍，玉匾帶，黄滿領。《金史·輿服志》太宗即位，始服赭黄，是雖初變章飾，而淳樸之風未盡漓也。熙宗天眷三年，車駕將幸燕京，始製通天冠，絳紗袍。自是祭祀則衮服，朝會則朝服，而臣下祭服尚闕。至章宗泰和元年，議制羣臣祭服。於是繁文彌勝，而樸略之風益遠矣。

金熙宗天眷三年，有司以車駕將幸燕京，合用通天冠，絳紗袍，依式成造禮服袍裳，方心曲領，中單，蔽膝，革帶，大帶，玉具劍，綬佩，舄韈。其衮服，用青羅夾製五綵間金，繪畫日一，月一，昇龍四，山十二，上下襟華蟲，火各六對，虎蜼各六對，背面星一，昇龍四，山十二，華蟲，火各十二對，虎蜼各六對。中單一，白羅單製，羅領，褾，襈。裳一，帶褾，襈紅羅八幅夾製，繡藻三十二，粉十六，米十六，黼三十二，黻三十二。蔽膝一，帶褾，襈並紅羅夾製，繡昇龍二。大小綬施玉環，緋白大帶，紅羅勒帛，青羅抹帶，玉佩。舄重底紅羅面，白綾托裏，如意頭銷金，黄羅緣口，玉鼻仁飾以珠。凡大祭祀，加尊號，受册寶則服衮冕，行幸，齋戒，出宫或御正殿，則通天冠，絳紗袍。皇太子衮服：青衣朱裳，五章在衣，山，龍，華蟲，火，宗彝；四章在裳，藻，粉米，黼，黻。白紗中單，青褾，襈，裾。革帶，蔽膝隨裳色，爲火，山二章。玉佩，大綬施玉環。白韈朱舄，舄加金塗銀扣，謁廟則服之。遠遊冠，朱明服紅裳，白紗中單，方心曲領，絳紗蔽膝，白韈黑舄，餘同衮服，受册寶則服之。臣下朝服：凡導駕及行大禮，文武百官皆服之。梁冠，佩劍，緋羅大袖，緋羅裙，緋羅蔽膝，緋白羅大帶，白羅方心曲領，白紗中單，銀褐勒帛，烏皮履，白綾韈，正二品以下不佩劍。熙宗皇統七年，太常寺言：太廟成後，奉安神主，祫享行禮。凡行禮，執事助祭陪位官，准古典當服衮冕，虞，夏，殷並十二章，周九章。後魏帝服衮冕，與祭者皆朝服。《開元禮》一品服九章。《五禮新儀》正一品服九旒冕，衣畫降龍。今汴京舊禮直官言：自宣和二年以後，一品祭服七旒冕，大袖無龍。唐雖服九章服，當時司禮少常伯孫茂道已言飾龍名衮，尊卑相亂。尚書省乃奏用後魏故事，止用燕京大册禮，時所服朝服以祭。世宗大定三年八月詔：遵皇統制攝官則朝服，散官則公服。以皇太子爲亞獻，服衮冕。章宗泰和元年，禮官言：祭服，朝服，歷代各有分别，國朝惟天子備衮冕，通天冠二等之服。羣臣祭服尚闕，每有祀事，但以朝服從事，實於典禮未當，請依漢唐故事，祭服冕旒畫章，然三公法服有龍，恐涉於僭國。初，禮官亦嘗駁議，乞參酌古今，改置祭服。其冠則如朝冠，而但去其貂蟬竪筆。其服用青衣朱裳，白韈朱履；非攝事者，則用朝服，庶幾少有差别。上曰：朝祭之服，固宜分也。其公服，大定官制，文資五品以上官服紫，三師，三公，親王，宰相，一品官服大獨科花羅，徑不過五寸；執政官服小獨科花羅，徑不過三寸；二品，三品服散搭花羅，謂無枝葉者。徑不過寸半；四品，五品服小雜花羅，謂花頭碎小者。徑不過一寸；六品，七品服緋芝蔴羅；八品，九品服緑無紋羅；應武官皆服紫。十五年制曰：袍不加襴，非古也。遂命文資官公服皆加襴。大定二年制：百官趨朝赴省，並須裹帶。五品以上官趨朝，則朝服；赴省則展皂，雨雪沾衣則從便。凡朝參，主寶，主符展紫御仙花，或太平花，金束帶；近侍給使，供御筆硯直長，符寶吏紫襖子，塗金束帶，輪直則近侍給使並常服，常服則展紫。閤門六尚遇朝參，侍立則服本品服，若宫中當直則服窄紫金帶；東學士院官修起居注，補闕，拾遺，祕書丞郎朝參，侍立則服本品服色帶，當直則窄紫金帶；東宫左右衛率，僕正，副僕，正典儀，贊儀，內直郎丞，當直亦許服之。太子太師出入宫中則展紫，至東宫則展皂，三少則展紫。其常服，四帶巾盤領衣，烏皮韡。其衣色多白，三品以皂，窄袖盤領，縫腋下爲襵積而不缺，袴其胷臆，肩袖或飾以金繡。其從春水之服則多鶻，捕鵞，襍花卉之飾，其從秋山之服則以熊，鹿，山林爲文，其長中骭，取便於騎也。章宗明昌六年制：係籍儒生，止服白衫，領繫背帶，止以紫絛羅帶，乾皂韡。餘人用純紫，領不得用緣，雜色圓板絛羅帶不得用紫，韡用黄及黑油皂蠟等。

臣等謹按：元憲宗二年八月，祭天於日月山，用冕服自此始。成宗大德六年，祭天於麗正門外，命獻官各公服行事。大禮用公服自此始，然史言至元十二年，大德十一年，博士皆嘗議上衮冕制度而事未果行，則憲宗之所服者，特稀闊一時之舉，而後亦旋廢矣。大德祭天始以公服行事，則前此殆皆國服與！至延祐七年，英宗令省臣與太常禮儀院速製法服，於是中書省會翰林集賢太常禮儀院官講議，依祕書監所藏前代帝王衮冕法服圖本，命有司製如其式，蓋始變而公服，繼變而冕服，淳朴之風離而日遠，而元亦於是將季矣。元國服之制無可考，今叙漢服之制如左：

元天子衮龍服：制以青羅飾以生色銷金，帝星一，日一，月一，升龍四，複身龍四，山三十八，火，華蟲，虎蜼各四十八。裳制以緋羅，其狀如裙，飾以文繡，凡一十六行，每行藻二，粉米二，黼二，黻二。中單制以白紗絳緣，黄勒帛副之。蔽膝制以緋羅，有褾，緋絹爲裏，其形如襜袍，上著之繡，複身龍，玉佩，玉環，綬紅羅，韡納奇實金錦也。履，紅綾韈。皇太子衮服：元衣纁裳，中單，蔽膝，玉佩大綬，朱韈赤舄。臣僚祭服：三獻官及司徒大禮使有青羅服，紅羅裙，紅羅蔽膝，白紗中單，白羅方心曲領，赤革履，白綾韈。諸執事官祭服：有青羅服，紅綾裙，紅羅蔽膝，紫羅公服，白紗中單，白羅方心曲領，皂韡，赤革履，白綾韈。社稷祭服：有青羅袍，白紗中單，紅梅花羅裙，紅梅花羅蔽膝，革履，白綾韈，白羅方心曲領。宣聖廟祭服：有鴉青袍，方心曲領，紅羅裙，白絹中單，紅羅蔽膝，革履，白絹韈。曲享祭服：有青羅大袖夾衣，紫羅公服，褐羅大袖衣，白羅衫，白絹中單，白紗中單，大紅羅夾蔽膝，大紅夾裳，緋紅羅夾蔽膝，緋紅夾裳，黄羅夾裳，白羅方心曲領，皂韠，白羊毳韈。大紅羅鞋，白絹夾韈。其積蘇，内庭大晏則服之。冬夏之服不同，無定制。凡勳戚大臣、近侍賜則服之，下至於樂工、衛士，皆有其服。天子積蘇，冬之服十有一等，夏之服十有五等，詳見冠冕篇。百官積蘇，冬之服凡九等，夏之服凡十四等。其百官公服：制以羅大袖盤領，俱右衽。一品紫大獨科花，徑五寸；二品小獨科花，徑三寸；三品散搭花，徑二寸；四品、五品小雜花，徑一寸五分；六品、七品緋羅小雜花，徑一寸；八品、九品緑羅無文。仁宗延祐元年詔曰：比年所在士民靡麗相尚，尊卑混淆，僭禮費財，命中書省定服飾等第。凡蒙古人及見當集賽諸色人等不在禁限，唯不許服龍鳳文。龍謂五爪二角者。其職官，除龍鳳文外，一品、二品服渾金花，三品服金荅子，四品、五品服雲袖帶襴，六品七品服六花，八品、九品服四花。散官職事從一高。庶人不得服赭黄，惟許服暗花紵絲、紬、綾、羅，毳帽笠不許飾用金玉，韠不得裁制花樣。

明皇帝衮服：太祖洪武十六年定制，元衣黄裳，十二章，日，月，星辰，山，龍，華蟲六章，織於衣；宗彝，藻，火，粉米，黼，黻六章，繡於裳。白羅大帶，紅裏蔽膝，隨裳色，繡龍、火、山文。玉革帶，玉佩，大小綬，玉環。白羅中單，黻領青緑，褾襈，韈，黄金舄。二十六年，更定元衣纁裳，素紗中單，紅羅蔽膝，綬佩稍易其色，朱韈赤舄，餘如舊制。成祖永樂三年，再定衮服。元衣八章，日，月，龍在肩，星辰，山在背，火，華蟲，宗彝在袖，皆織成本色。領褾、襈，裾纁。裳四章，織藻，粉米，黼，黻各二，前三幅，後四幅，前後不相連屬，腰有襞積，本色綼裼。素紗中單，青領，褾，襈，裾，領織黻文十三，蔽膝隨裳色，四章織藻、粉米、黼、黻各二，本色緣，有紃施於縫中。飾以玉鈎，玉佩，加綬施玉環。韈，舄皆赤色。世宗嘉靖八年，諭閣臣張璁：「衮冕有革帶，今何不用璁？」對曰：「革帶前繫黻，後繫綬，左右繫佩，自古冕弁恒用之。今惟不用革帶，前後佩服皆無所繫，遂附屬裳腰之間，失古制矣。」帝曰：「冕服祀天地，享祖宗，若闕革帶，非齊明盛服之意。《會典》蔽膝用羅，織火、山、龍三章，并大帶緣用錦，皆與今所服不合，卿可并革帶繫蔽膝佩綬之式，詳考繪圖以進。」又曰：「衣裳分上下，而今衣恒掩裳。裳制如帷，而今兩幅，朕意衣但當與裳要下齊，而露裳之六章。」又曰：「衣有六章，古以繪，今當以織。朕命織染局考國初冕服，日，月各徑五寸，當從之；裳六章，古用繡，亦當從之。古色用元黄，取象天地。今裳用纁，於義無取，當從古。革帶即束帶，後不當用玉。蔽膝繡龍、火，可不用山。卿與内閣諸臣同考之。」於是楊一清等言：「太祖皇帝定爲十二章之制，司造之官仍習舛訛，非製作初意。伏乞聖斷不疑。」帝乃擇吉更定其制：元衣黄裳，衣裳各六章，日、月徑五寸；裳前後連屬如帷，章用繡；蔽膝隨裳色，繡龍、火繫於革帶。大帶素表朱裏，上緣以朱，下以緑。革帶前用玉，其後無玉，以佩綬繫而掩之。中單及圭俱如永樂間。制朱韈赤舄，通天冠服絳紗袍，深衣。製白紗中單，皂領，褾，襈，裾，絳紗蔽膝，白假帶，方心曲領，白韈赤舄。其革帶佩綬與衮服同。皮弁服絳紗衣，蔽膝隨衣色。白玉佩，革帶玉鈎𩎔，緋白大帶，白韈黑舄。武弁服，親征遣將服之。嘉靖八年定制，韎衣韎裳俱赤色，佩綬革帶如常制，舄如裳色，皇帝常服。洪武三年，定烏紗折角向上巾，盤領窄袖袍，束帶。永樂三年，更定翼善冠，袍黄盤領窄袖，前後及兩肩各織金盤龍一。帶用玉，韠以皮爲之。先是，洪武二十四年，帝微行至神樂觀，見有結網巾者，翼日命取網巾，頒示十三布政使司，人無貴賤皆裹網巾，天子亦常服之。嘉靖七年，帝以燕居冠服，尚沿習俗，諭張璁考古帝王燕居法服之制。璁乃采《禮書》元端深衣之文圖，註以進帝爲參定，其制更名曰燕弁服，如古元端之制。色元邊，緣以青，兩肩繡日、月，前盤圓龍一，後盤方龍二，邊加龍文八十一，領與兩袪共龍文五九，衽同前後齊，共龍文四九，襯用深衣之制，色黄袂，圓袪，方下齊負繩及踝十二幅。素帶朱裏，青表緑緣邊，腰圍飾以玉龍九。元履朱緣，紅纓黄結白韈。皇太子衮服：九章元衣纁裳。衣五章，織山、龍、華蟲、宗彝、火；裳四章，織藻、粉米、黼、黻。白紗中單，黻領。蔽膝隨裳色，織山、火二章。革帶金鈎𩎔，玉佩綬，玉環。白韈赤舄。永樂三年，更定元衣五章，龍在肩，山在背，火、華蟲、宗彝在袖，皆織成本色。領、褾、襈、裾纁。裳四章，織藻、粉米、黼、黻各二，前三幅，後四幅，不相屬。腰有襞積，本色綼裼。素紗中單，青領、褾、襈、裾，領織黻文十二。蔽膝隨裳色，四章織藻、粉米、黼、黻本色緣，有紃施於縫中上，玉鈎二，玉佩大帶，大小綬施玉環。韈舄皆赤皮。弁服，絳紗袍，本色領，褾、襈、裾，紅裳如冕服内制，不織章。素紗中單如深衣制，紅領、褾、襈、裾，領織黻文十一。蔽膝隨裳色，本色緣，有紃施於縫中，玉鈎、玉佩、大小綬、大帶。韈舄赤色。常服，翼善冠，袍赤盤領，窄袖，前後及兩肩各金織盤龍一。玉帶。韠以皮爲之。親王衮冕之服：青衣纁裳，餘皆同東宮。其皮弁服、常服，皆與東宮同。嘉靖七年，酌燕弁及忠靖冠之制爲保和冠服，頒賜宗室。自郡王世子以上服之。其服青質青緣，前後方龍補身用素，地邊用雲，襯用深衣。玉色帶，青青緑裏緑緣。履用皂緑結，白韈。親王世子衮冕，七章。青衣三章，織華蟲、火、宗彝；纁裳四章，織藻、粉米、黼、黻。素紗中單，青領、褾。赤韍，革帶，佩白玉，三采綬，白玉環。白韈赤舄。永樂三年，更定冕服。青衣三章，火在肩，華蟲、宗彝在兩袖，皆織成，本色領、褾、襈、裾。其纁裳、玉佩、帶綬之制，俱與親王同，第領織黻文減二。皮弁服，制如親王，其圭佩、帶綬、韈舄如冕服內制。常服亦與親王同。郡王冕服：青衣三章，粉米在肩，藻、宗彝在兩袖，皆織成；纁裳二章，織黼、黻各二。中單領織黻文七，餘與親王世子同。皮弁服、常服，亦與親王世子同。郡王長子朝服，七梁冠，大紅素羅衣，白素紗中單，大紅素羅裳及蔽膝，大紅素羅，白素紗二色夾帶，玉朝帶，丹礬紅花錦錦雞綬，玉佩，象笏，白絹韈，皂皮雲頭履鞵。公服，皂縐紗幞頭，大紅素紵絲衣，玉革帶。常服，烏紗帽，大紅紵絲織金獅子開襟圓領，玉束帶，皂皮銅線鞾。文武官朝服：洪武二十六年，定用梁冠，赤羅衣，白紗中單，青飾領、緣，赤羅裳青緣，赤羅蔽膝，大帶，革帶，佩綬，白韈黑履。初，洪武元年，命制公服、朝服，以賜百官。禮部言：各官散官與現任職事高下不同服色，不能無異，乞定其制。詔省部臣定議，禮部復言：唐制服色皆以散官爲準，元制散官、職事各從其高者，國初服色依散官，與唐制同。乃定服色，準散官不計現職，所賜袍帶亦如之。三年，禮部言：歷代異尚，夏黑商白，周赤秦黑，漢赤，唐服色黄，旗幟赤。國家承元之後，取法周、漢、唐、宋服色所尚，於赤爲宜。從之。凡親祀郊廟、社稷，文武官分獻陪祀，則服祭服。青羅衣，白紗中單，俱皂領緣，赤羅裳，皂緣，赤羅蔽膝，方心曲領。其冠帶、佩綬，等差同朝服。其家用祭服，三品以上去方心曲領，四品以下并去佩綬。嘉靖八年，更定百官祭服。上衣青羅皂緣，下裳赤羅皂緣，蔽膝、綬環、大帶、革帶、佩玉、韈履，俱與朝服同，其視牲、朝日夕月、耕耤、祭歷代帝王廟，獨錦衣衛堂上官大紅蟒衣、飛魚烏紗帽，鸞帶、佩繡春刀，祭太廟、社稷，則大紅便服。其公服，每日早晚朝奏事及侍班謝恩見辭，則服之。在外文武官，每日公座服之。其制盤領右衽袍，用紵絲或紗、羅、絹，袖寬三尺。一品至四品緋袍，五品至七品青袍，八品九品緑袍，未入流雜職官與八品以下同。花樣與元制同。其常服，洪武三年定：凡常朝視事，以烏紗帽、圓領衫、束帶爲公服。六年禮官議：品官見尊長，用朝君公服，於理未安，宜別製梁冠，絳衣裳，革帶、大帶、大白韈，烏舄，其衣裳去緣、襈。三品以上佩綬，三品以下不用。從之。二十四年，又定公侯，駙馬，伯服繡麒麟白澤文，官一品仙鶴，二品錦雞，三品孔雀，四品雲雁，五品白鷴，六品鷺鷥，七品瀨鶒，八品黄鸝，九品鵪鶉，雜職練鵲，風憲官獬廌。武官一品二品獅子，三品四品虎豹，五品熊羆，六品七品彪，八品犀牛，九品海馬。嘉靖七年，既定燕居法服之制，閣臣張璁因言：品官燕居之服，未有明制，乞更法古元端，別爲簡易之制，昭布天下，使貴賤有等。帝因復製忠靜冠服，在京許七品以上官、及八品以上翰林院、國子監、行人司，在外許方面官及各府堂官、州縣正堂、儒學教官服之。武官止都督以上，其餘不許濫服。其服仿古元端，色用深青，以紵絲、紗、羅爲之。三品以上雲，四品以下素，緣以藍青，前後飾本等花樣補子。深衣用玉色素帶，如古大夫之帶制，青表緑緣邊并裏素。履青緑條結，白韈。其狀元及諸進士冠服。狀元，冠二梁，緋羅圓領，白絹中單，錦綬，蔽膝，紗帽，槐木笏，光銀帶蕊，玉佩，朝鞾，氈韈，皆御前頒賜，上表謝恩日服之。進士，巾如烏紗帽，頂微平展，角濶寸餘，長五寸，系以垂帶，皂紗爲之深；藍羅袍，緣以青羅，袖廣而不殺；槐木笏，革帶，青鞓飾，以黑角垂撻尾於後，傳臚日服之，釋菜禮畢易常服。生員，襴衫用玉色，布絹爲之，寬袖、皂緣，皂絛，軟巾垂帶。貢舉入監者不變所服。仁宗時命監生易青圓領，庶人四方平定巾，雜色盤領衣，不許用黄，不得僭用金繡、錦、綺、紵絲、綾、羅，止許紬、絹、素紗。

官修《續通典》卷六〇《禮嘉》 后妃命婦首飾制度宋 金 元 明

宋皇太后、皇后，首飾花十二株，小花如大花之數，并兩博鬢；冠飾以九龍四鳳，受册、朝謁景靈宫服之。妃，首飾花九株，小花同，并兩博鬢；冠飾以九翬四鳳，受册服之。皇太子妃，首飾花九株，小花同，并兩博鬢，受册、朝會服之。中興之制，龍鳳花釵冠，大小花二十四株，應乘輿冠梁之數，博鬢。冠飾同皇太后，皇后服之。高宗紹興九年定。花釵冠大小花十八株，應皇太子冠梁之數，施兩博鬢，去龍鳳，皇太子妃服之。孝宗乾道七年定。命婦首服，徽宗政和時議：禮局上花釵冠，皆施兩博鬢，寶鈿飾一品花釵九株，二品八株，三品七株，四品六株，五品五株，寶鈿準花數，受册，從蠶服之。七年臣僚言：今文臣九品，殊以三等之服，至於命婦，已釐八等之號，而服制未有名稱。詔有司視其夫之品秩而定其服飾，送禮制局定之，其儀闕焉。

臣等謹案：《遼史》不載后妃命婦首飾服章，惟言祭山儀，皇后御絳帓絡縫紅袍，懸玉魚雙結帕，絡縫烏鞾。命婦服飾各從本部旗幟之色，餘無所見云。

金皇后花珠冠，用盛子一，青羅表，青絹襯金紅羅托裏，用九龍四鳳，前面大龍銜穗毬一朵，前後有花株各十有二及鸂鶒、孔雀、雲鶴、王母隊仙人浮動插瓣等，後有納言上有金蟬鑻金兩博鬢，以上並用鋪翠滴粉縷金裝珍珠結製，下有金圈口，上用七寶鈿窠，後有金鈿窠，二穿紅羅鋪金欵幔帶一。其命婦首飾，許用明金、籠金、間金。

元仁宗延祐元年，詔定服色等第：凡命婦首飾，一品至三品許用金珠寶玉，四品五品用金玉珍珠，六品以下用金，惟耳環用珠玉。同籍不限親疏期親，雖別籍及出嫁同。

臣等謹案：《元史》及《元典章》並不載后妃首飾服章，惟命婦首飾等差略見於史者如此，其詳亦不可得考云。

明太祖洪武三年，定皇后受册、謁廟、朝會禮服：其冠圓匡，冒以翡翠，上飾九龍四鳳，大花十二樹，小花數如之，兩博鬢十二鈿。成祖永樂三年，重定飾翠龍九、金鳳四。中一龍銜大珠一，上有翠蓋，下垂珠結，餘皆口銜珠滴、珠翠雲四十片，大珠花小珠花數如舊。三博鬢飾以金龍翠雲皆垂珠滴翠口圈一副，上飾珠寶鈿花十二，翠鈿如其數，托裏金口圈一副，珠翠面花五事，珠排環一對，皂羅額子一，描金龍文用珠二十一。其常服：洪武三年，定雙鳳翊龍。冠首飾釧鐲用金玉珠寶翡翠。四年更定龍鳳珠翠冠，制如特髻，上加龍鳳飾。永樂三年，又定冠用皂縠，附以翠博山，上飾金龍一，翊以珠翠鳳二，皆口銜珠滴，前後珠牡丹二、花八、蕊翠葉三十六、珠翠穰花鬢二、珠翠雲二十一、翠口圈一、金寶鈿花九，飾以珠金鳳二，口銜珠結三。博鬢飾以鸞鳳金寶鈿二十四，邊垂珠滴金簪二，珊瑚鳳冠觜一副。皇妃皇嬪及內命婦冠：洪武三年，定皇妃受册、助祭、朝會禮服。冠飾九翬四鳳花釵九，樹小花數如之。兩博鬢九鈿。常服：鸞鳳冠，首飾釧鐲用金玉珠寶翠。又定山松特髻假鬢花鈿或花釵鳳冠。永樂三年，更定禮服：九翟冠二以皂縠爲之，附以翠博山，飾大珠翟二、小珠翟三、翠翟四，皆口銜珠滴。冠中寶珠一座，翠頂雲一座。其珠牡丹翠穰花鬢之屬，俱如雙鳳翊龍冠制，第減翠雲十，又翠牡丹花、穰花各二，面花四，梅花環四，珠環各二。九嬪冠服：世宗嘉靖十年始定，冠用九翟，次皇妃之鳳。內命婦冠服：洪武五年，定三品以上花釵，四品五品山松特髻，貴人視三品，以皇妃燕居冠爲禮服，以珠翠慶雲冠爲常服。皇太子妃冠：洪武三年，定禮服與皇妃同，常服犀冠，刻以花鳳，首飾釧鐲俱同皇妃。四年，定常服冠亦與皇妃同。永樂三年，更定禮服。九翬四鳳冠，漆竹絲爲匡，冒以翡翠，上飾翠翬九、金鳳四，皆口銜珠滴、珠翠雲四十片，大珠花九，樹小珠花數如之。雙博鬢飾以鸞鳳，皆垂珠滴翠口圈一副，上飾珠寶鈿花九，翠鈿如其數。托裏金口圈一副，珠翠面花五事，珠排環一對，珠皂羅額子一描金鳳文用珠二十一。燕居冠，以皂縠爲之，附以翠博山，上飾寶珠一座，翊以二珠，翠鳳皆口銜珠滴，前後珠牡丹二，花八，蕊翠葉三十六，珠翠穰花鬢二，珠翠雲十六片，翠口圈一副。金寶鈿花九，上飾珠九，金鳳一對，口銜珠結。雙博鬢飾以鸞鳳金寶鈿十八，邊垂珠滴金簪一對，珊瑚鳳冠觜一副。親王妃禮服：洪武三年，定九翬四鳳冠。永樂三年，又定九翟冠，制同皇妃。公主與親王妃同，親王世子妃亦與親王妃同，惟冠用七翟。郡王妃七翟冠，與親王世子妃同，郡主亦七翟冠，惟減四珠環一對。郡王長子夫人、鎮國將軍夫人及縣主，並珠翠五翟冠。輔國將軍夫人、奉國將軍淑人、鎮國中尉恭人、郡君，並四翟冠。輔國中尉宜人、奉國中尉安人、縣君鄉君，並三翟冠。其命婦冠服：洪武元年，定命婦一品冠花釵九樹，兩博鬢九鈿。二品冠花釵八樹，兩博鬢八鈿。三品冠花釵七，樹兩博鬢七鈿。四品冠花釵六樹，兩博鬢六鈿。五品冠花釵五樹，兩博鬢五鈿。六品冠花釵四樹，兩博鬢四鈿。七品冠花釵三樹，兩博鬢三鈿。四年，以古天子諸侯服衮冕，后與夫人亦服褘翟，今羣臣既以梁冠絳衣爲朝服，不敢用冕，則外命婦亦不當服翟衣，命禮部議之。奏定命婦以山松特髻假鬢花鈿爲朝服，以珠翠角冠金珠花釵爲燕居服。其首飾，一品二品金玉珠翠，三品四品金珠翠，五品金翠，六品以下金鍍銀間用珠。五年更定品官命婦冠服：一品禮服，用山松特髻翠松五株，金翟八，口銜珠結，正面珠翠翟一，珠翠花四，朵珠翠雲喜花三，朵後鬢珠梭毬一，珠翠飛翟一，珠翠梳四，金雲頭連三，釵一珠，簾梳一，金簪二，珠梭環一。常服，用珠翠慶雲冠，珠翠翟三，金翟一，口銜珠結，鬢邊珠翠花二，小珠翠梳一雙，金雲頭連三，釵一，金壓鬢雙頭釵二，金腦梳一，金簪二，金脚珠翠佛面環一雙，鐲釧皆金。二品特髻上金翟七，餘同一品。常服亦與一品同。三品特髻上金孔雀六，正面珠翠孔雀一，後鬢翠孔雀二，餘同二品。常服，冠珠翠孔雀三，金孔雀二，餘同二品。四品特髻上金孔雀五，餘同三品。常服亦與三品同。五品特髻上銀鍍金鴛鴦四，正面珠翠鴛鴦一，小珠鋪翠雲喜花三朵，後鬢翠鴛鴦二，銀鍍金雲頭連三，釵一，小珠簾梳一，鍍金銀簪二，小珠梳環一，餘同四品。常服，冠上小珠翠鴛鴦三，鍍金銀鴛鴦二，挑珠牌鬢邊小珠翠花三朵，雲頭連三，釵一，梳一，壓鬢雙頭釵二，鍍金簪二，銀脚珠翠佛面環一雙，鐲釧皆用銀鍍金。六品特髻上翠松三株，銀鍍金練鵲四，口銜珠結。正面銀鍍金練鵲一，小珠翠花四朵。後鬢翠梭毬一，翠練鵲二，翠梳四，銀雲頭連三，釵一，珠緣翠簾梳一，銀簪二。常服，冠上鍍金練鵲三，又鍍金銀練鵲二，挑小珠牌鐲釧皆用銀，餘同五品。七品禮服、常服俱同六品。八品九品禮服、常服，俱用小珠慶雲冠，銀間鍍金銀練鵲三，又銀間鍍金銀練鵲二，挑小珠牌銀間鍍金雲頭連三，釵一，銀間鍍金壓鬢雙頭釵二，銀間鍍金腦梳一，銀間鍍金簪二。二十六年，定一品冠用金事件，珠翟五，珠牡丹開頭二，珠半開三，翠雲二十四片，翠牡丹葉一十八片，翠口圈一副，上帶金寶鈿花八，金翟二，口銜珠結二。二品至四品冠用金事件，珠翟四，珠牡丹開頭二，珠半開四，餘同一品。五品六品冠用抹金銀事件，珠翟三，珠牡丹開頭二，珠半開五，翠口圈一副，上帶抹金銀寶鈿花八，抹金銀翟二，口銜珠結二，餘同四品。七品至九品冠用抹金銀事件，珠翟二，珠月桂開頭二，珠半開六，翠雲二十四片，翠月桂葉一十八片，餘同六品。內外官親屬：凡祖母及母與子孫同居、親弟姪婦女，禮服合以本官所居官職品級，通用漆紗珠翠慶雲冠，唯山松特髻，子止許受封誥敕者用之，品官次妻許用本品珠翠慶雲冠。

后妃命婦服章制度　宋　金　明

宋制：后妃之服，一曰褘衣，二曰朱衣，三曰禮衣，四曰鞠衣。后之褘衣，深青織成，翟文素質，五色十二等。青紗中單，黼領羅，縠褾、襈。蔽膝隨裳色，以緅爲領，緣用翟爲章三等。大帶隨衣色，朱裏，紕其外，上以朱錦，下以綠錦，紐約用青組。革帶以青衣之白玉雙佩黑組，雙大綬，小綬三，間施玉環三。青韈舄，舄加金飾，受册、朝謁景靈宮服之。鞠衣，黃羅爲之，蔽膝、大帶、革舄隨衣色，餘同褘衣，唯無翟文，親蠶服之。其朱衣、禮衣仍唐制，但存其名而已。妃褕翟，青羅繡爲搖翟之形，編次於衣，青質五色九等。素紗中單，黼領羅，縠褾、襈。蔽膝隨裳色，以緅爲領，緣以搖翟爲章二等。大帶隨衣色，不朱裏，紕其外，餘仿皇后之制，受册服之。皇太子妃，褕翟，青織爲搖翟之形，青質五色九等。素紗中單，黼領羅，縠褾、襈，皆以朱色。蔽膝隨裳色，以緅爲領，緣以搖翟爲章二等。大帶隨衣色，不朱裏，紕其外。上以朱錦，下以綠錦，紐約用青組。革帶以青衣之白玉雙佩，純朱雙大綬，章采尺寸與皇太子同，受册、朝會服之。鞠衣，黃羅爲之，蔽膝、大帶、革帶隨衣色，餘與褕翟同，唯無翟，從蠶服之。其常服，后妃大袖生色領，長裙霞帔玉墜子背子生色領，皆用絳羅，與臣下不異。命婦服，徽宗政和中議，禮局上翟衣青羅繡爲翟，編次於衣及裳。一品翟九等，二品八等，三品七等，四品六等，五品五等，並素紗。中單，黼領朱，褾、襈通用羅縠。蔽膝隨裳色，以緅爲領，緣加文繡重雉爲章二等。大帶、革帶、青韈舄、佩綬，受册、從蠶服之。

金皇后褘衣，深青羅織成，翬翟之形，素質十二等，領、褾、襈並紅羅織成雲龍。素青紗中單，領織黼形十二，褾、袖、襈織成雲龍，並織紅縠造。裳八幅，深青羅織成翟文六等，褾、襈織成紅羅雲龍。明金腰帶。蔽膝，深青羅織成翟文三等，領緣緅色羅織成雲龍。明金帶大綬一，長五尺，濶一尺，黃赤白黑，縹綠，六彩織成。小綬三色同大綬，間七寶鈿窠，施三玉，環上碾雲龍，撚金線織成，大小綬頭紅羅花襯。大帶，青羅朱裏，紕其外，上以朱錦，下以綠錦，紐約用青組，撚金線織成。帶頭玉佩二朵，每朵上中下璜各一，半月墜子各二，並玉碾鏤金，打鈒獸面篦，鉤佩子各一，水葉子珍珠穿綴青衣。革帶用縷金青羅裏造，上用金打鈒水地龍鵝眼銙尾龍口攀束子共八事，以玳瑁襯金釘脚。抹帶二，紅羅、青羅各一，並明金造，各長一丈五寸。舄以青羅製，白綾裏，如意頭明金黃羅，準上用玉，鼻仁真珠裝。韈青羅表裏，並綴繫帶。宗室及外戚并一品命婦，衣服聽用明金，期親雖別籍，女子出嫁並同。又五品以上官，母妻許披霞帔，唯首飾霞帔領袖腰帶許用明金、籠金、間金之類。其衣服止用明銀象金及金條壓繡。金婦人服襜裙，多以黑紫，上編繡全枝花，周身六襇積。上衣謂之團衫，用黑紫或皁及紺，直領左衽，掖縫兩旁復爲雙襇積，前拂地，後曳地尺餘。帶色用紅黃，前雙垂至下齊，年老者以皁紗籠髻如巾狀，散綴玉鈿於上，謂之玉逍遥。此皆遼制也，金亦襲之。

明太祖洪武三年，定皇后褘衣，深青繪翟，赤質。五色素紗中單，黻領朱羅，縠褾、襈、裾。蔽膝隨衣色，以緅爲領，緣用翟爲章三等。大帶隨衣色，朱裏，紕以朱綠錦，紐約用青組。玉革帶青韈青舄以金飾。成祖永樂三年，重定翟衣，深青織翟文十有二等，間以小輪花紅，領、褾、襈、裾，織黼文十三。蔽膝隨衣色，織翟爲章三等，間以小輪花四，以緅爲領，緣織金雲龍文。玉穀圭剡其上瑑穀文。黃綺約其下，韜以黃囊金龍文。玉革帶，青綺鞓描金雲龍文玉事件十，金事件四。大帶表裏俱青紅相半，末純紅，下垂織金雲龍文，上朱緣，下綠緣。青綺副帶一，綬五采，黃赤白縹綠，纁質，間施二玉環，皆織成。小綬三色同大綬，玉佩二各，用玉珩一、瑀一、琚二衝牙一、璜二，瑀下垂玉花一、玉滴二。瑑飾雲龍文，描金自珩而下繫組五貫以玉珠，行則衝牙、二滴與二璜相觸有聲。上有金鉤，有小綬，五采以副之，纁質織成。青韈舄，飾以描金雲龍皁純，每舄首加珠五顆。其常服，洪武三年，定諸色團衫金繡龍文，帶用金玉。四年，更定真紅大袖衣，霞帔，紅羅長裙，紅褙子。衣用織金龍文加繡飾。永樂三年，又定大衫霞帔，衫黃，霞帔深青織金雲霞龍文，或繡或鋪翠圈金飾，以珠玉墜子，瑑龍文。四褉襖子，即褙子。深青金繡團龍文。鞠衣，紅色，前後織金雲龍文，或繡或鋪翠圈金飾，以珠大帶紅綫羅爲之，有緣，餘或青或緑，各隨鞠衣色。緣襈襖子黄色，紅領、褾、襈、裾，皆織金采色雲龍文。緣襈裙紅色，緑緣、襈，織金采色雲龍文。玉帶如翟衣，内制第減金事件一，玉花采結綬，以紅緑綫羅爲結。玉綬花一，瑑雲龍文，綬帶玉墜珠六，金垂頭花瓣四，小金葉六。紅綫羅繫帶一，白玉雲樣玎瑲二，如佩制。有金鉤，金如意雲蓋一，下懸紅組五貫金方心雲板一，俱鈒雲鳳文，襯以紅綺，下垂金長頭花四。中小金鐘一，末綴白玉雲朵五。青韈舄與翟衣内制同。皇妃禮服。洪武三年，定翟衣青質繡翟，編次於衣及裳重爲九等。青紗中單，黻領朱，縠褾，襈，裾。蔽膝隨裳色，加文繡重雉爲二等，以緅爲領緣。大帶隨衣色。玉革帶青韈舄，佩綬。其常服，諸色團衫金繡鸞鳳，不用黄帶，用金玉犀。又定真紅大袖衣，霞帔，紅羅裙，褙子，衣用織金及繡鳳文。永樂三年，更定大衫，霞帔燕居佩服之飾，俱同中宫，第織金繡瑑俱雲霞鳳文，不用雲龍文。九嬪服。世宗嘉靖十年，定大衫鞠衣如皇妃制。其皇太子妃禮服、常服，洪武時俱與皇妃同。永樂三年，更定翟衣，青質織翟文九等，間以小輪花，紅領、褾、襈、裾，織金雲龍文。中單玉色，紗爲之，紅領，褾，襈，裾，領織黻文十一。蔽膝隨衣色，織翟爲章二等，間以小輪花三，以緅爲領，緣織金雲鳳文。其玉圭帶綬玉佩。韈舄之制及常服，大衫霞帔，燕居佩服之飾，俱同皇妃。親王妃服同東宫妃，第金事件減一，玉綬花瑑寶相花。公主服與親王妃同，惟不用圭。親王世子妃服與親王妃同，郡王妃服與親王世子妃同，其大衫霞帔燕居佩服之飾，俱同親王妃，第繡雲霞翟文，不用盤鳳文。郡主服與郡王夫人同，惟不用圭。郡王長子夫人服大紅紵絲大衫，深青紵絲金繡翟褙子，青羅金繡翟霞帔，金墜頭。鎮國將軍夫人服與郡王長子夫人同，輔國將軍夫人服與鎮國將軍夫人同，惟抹金銀墜頭。奉國將軍淑人、鎮國中尉恭人、縣主，服皆與輔國將軍夫人同，惟褙子、霞帔金繡孔雀文。輔國中尉宜人、郡君、縣君，服與鎮國中尉恭人同，惟褙子，霞帔金繡鴛鴦文。奉國中尉安人、鄉君，服與輔國中尉宜人同，惟大衫用丹礬紅，褙子，霞帔金繡練鵲文。命婦冠服：洪武元年，定一品翟衣繡翟九重。素紗中單，黼領朱，縠褾、襈、裾。蔽膝隨裳色，以緅爲領，緣加文繡重翟爲章二等。玉帶青韈舄，佩綬。二品翟衣八等，犀帶，餘如一品。三品翟衣七等，金革帶，餘如二品。四品翟衣六等，餘如三品。五品翟衣五等，烏角帶，餘如四品。六品翟衣四等，餘如五品。七品翟衣三等，餘如六品。自一品至五品，衣色隨夫用紫，六品七品隨夫用緋，大帶如衣色。四年，禮部議：定命婦以真紅大袖衣，珠翠蹙金霞帔爲朝服，以潤袖雜色緑緣爲燕居之服。一品衣金繡文，霞帔金珠翠，妝飾玉墜子。二品衣金繡雲肩大雜花，霞帔金珠翠，妝飾金墜子。三品衣金繡大雜花，霞帔珠翠，妝飾金墜子。四品衣繡小雜花，霞帔翠，妝飾金墜子。五品衣銷金大雜花，霞帔生色畫絹起花，妝飾金墜子。六品七品衣銷金小雜花，霞帔生色畫絹起花，妝飾鍍金銀墜子。八品九品衣大紅素羅，霞帔生色畫絹，妝飾銀墜子。五年，更定命婦冠服。一品禮服，大袖衫真紅色，（大袖衫領闊三寸，兩領直下一尺，間綴紐子三，末綴紐子二，紐在掩紐之下，拜則放之。）霞帔、褙子，俱深青色紵絲、綾、羅、紗隨用。霞帔上施蹙金繡雲霞翟文，鈒花金墜子，（霞帔二條，各繡禽七，隨品級用，前四後三。墜子中鈒花禽一，四面雲霞文，禽如霞帔。）褙子上施金繡雲霞翟文。常服，長襖長裙，各色紵絲、綾、羅、紗隨用。長襖緣襈，或紫或緑，上施蹙金繡雲霞翟文，看帶用紅緑紫，上施蹙金繡雲霞翟文。長裙横竪金繡纏枝花文，二品與一品同。三品霞帔，上施蹙金雲霞孔雀文；褙子，上施金繡雲霞孔雀文。常服，長襖緣襈，看帶或紫或緑，並繡雲霞孔雀文。長裙，横竪襴並繡纏枝花文，餘同二品。四品與三品同。五品霞帔，上施繡雲霞鴛鴦文，鍍金銀鈒花墜子；褙子上施雲霞鴛鴦文。常服，長襖緣襈，繡雲霞鴛鴦文，餘同四品、六品。七品大袖衫，綾、羅、紬、絹隨所用；霞帔，施繡雲霞練鵲文，鈒花銀墜子；褙子，上施雲霞練鵲文。常服，長襖緣襈，看帶或紫或緑，繡雲霞練鵲文，餘同五品。八品、九品禮服，惟用大袖衫，霞帔，褙子。大衫同七品，霞帔上繡纏枝花，褙子上繡摘枝團花。常服，長襖緣襈，看帶並繡纏枝花，餘同七品。又定命婦團衫之制，以紅羅爲之，繡重雉爲等。一品九等，二品八等，三品七等，四品六等，五品五等，六品四等，七品三等，其餘不用繡雉。凡品官，祖母及母與子孫同居，親弟姪婦女禮服合以本官所居官職品級，通用本品霞帔、褙子、緣襈襖裙。品官次妻許用本品褙子爲禮服，銷金潤領，長襖長裙爲常服。洪武三年，定士庶妻首飾用銀鍍金，耳環用金珠，釧鐲用銀。服淺色團衫，用紵絲、綾、羅、紬、絹。五年，令民間婦人禮服惟紫絁，不用金繡袍衫，止紫、緑、桃紅及諸淺淡顔色，不許用大紅、鴉青、黄色。帶用藍絹、布。

官修《續通志》卷一二三《器服略二》 君臣服章制度袍附

唐高宗上元元年制：文武三品以上服紫，金玉帶。四品服深緋，五品服淺緋，並金帶。六品服深緑，七品服淺緑，並銀帶。八品服深青，九品服淺青，並鍮石帶。庶人服銅鐵帶。睿宗文明元年七月甲寅詔：八品以下舊服青者，並改以碧。京文官五品以上，六品以下，七品清官，每日入朝，常服袴褶。諸州縣長官在公衙，亦准此。

梁太祖開平二年十一月，南郊禮義使奏：今檢詳禮文，皇帝赴南郊，服通天冠，絳紗袍。文武官及導駕士絳衣，平巾幘。

後唐莊宗同光二年七月，太常禮院奏：按本朝舊儀，自一品至三品婚姻得服衮冕九章，今皇子興聖宫使繼岌，雖未封建官，是檢校太尉，合准一品婚姻施行。明宗天成四年九月，太常禮院奏：來年二月十八日，致齋於明堂，准舊儀，皇帝服通天冠，絳紗袍。文武五品以上著袴褶，陪臣著朝服。

周世宗顯德元年正月一日赦節文：今後升朝官兩任以上著緑，十五周年者與賜緋。

宋制，天子之服，大裘冕，服大裘，青表纁裏，黑羔皮爲領、褾、襈，朱裳，被以衮服，冬至祀昊天、上帝，立冬祀黑帝及神州地祇，皆服之。衮冕，服衮服，青色紅裙，十二章，青褾、襈、裾，大帶，白羅中單，革帶，祭天地、宗廟，朝太清宫、饗玉清昭應宫、景靈宫，受册尊號，元日受朝，册皇太子，則服之。又有通天冠，絳紗袍，履袍，赭黄、淡黄袍衫，玉裝紅束帶，皂文鞾，大燕則服之。又有赭黄、淡黄襈袍，紅衫袍，常朝則服之。又有窄袍，便坐視事則服之。其御閲服，則以金裝甲，乘馬大閲則服之。皇太子衮冕，用青羅衣，紅羅裳，九章，白紗中單，青褾、襈、裾，革帶，從祀則服之。其服遠遊冠，用朱明服紅花金條紗衣，皂褾、襈，紅紗裳，白花羅中單，革帶，受册，謁廟，朝會則服之。其常服，皁紗折上巾，紫公服，通犀金玉帶。諸臣祭服沿唐制，有衮冕，九旒，青羅衣，緋羅裳，九章，白花羅中單，革帶。親王、中書門下，奉祀則服之。毳冕，七旒，五章，九卿奉祀服之。(元)[玄]冕，五旒，無章，四品、五品爲獻官服之。六品以下，紫檀衣，朱裳，其朝服，戴進賢冠，則服緋羅袍，白花羅中單，緋羅裙，皂褾、襈，白羅大帶，銀革帶。六品以下無中單。神宗元豐七年詔：夏祭，百官朝祭，服用紗。其公服，因唐之制。三品以上服紫，五品以上服朱，七品以上服緑，九品以上服青。其制，曲領大袖，下施橫欄，束以革帶，幞頭，烏皮鞾，自王公至一命之士，通服之。又有紫衫，本軍校之服，高宗建炎後士大夫服之，以便戎事。紹興二十六年，嚴禁士大夫毋得以戎服臨民。自是皆服涼衫，以爲便服。孝宗乾道初，因禮部侍郎王曮奏禁之。其襴衫以白細布爲之，圓領大袖，下施橫欄爲裳，腰間有襞積，進士及國子生、州縣生服之。

臣等謹按：《禮記》云：「三王異世，不相襲禮。」夏收殷冔，各異其製，各代損益隨時，而禮徵從朔，義崇敦本。自北魏始起澆風，變其舊俗，至遼金元之世，服飾並更。未幾而國勢浸衰，淪胥洊及，史籍所載，殷鑒具存，洪惟皇上念切紹衣訓行，萬禩於序《禮器圖》暨評《通鑑輯覽》，務懲輕易之弊，前於館臣纂嘉禮典中於遼金元改服之由，敘按未能明晰，復降諭旨訂正，且申示本天、本祖，饗帝饗親之至論，所以綿景祚而昭來許者，實亘古所未有，兹續纂《通志》，仍依《通典》之例，於正史之外，參用《契丹國志》、《大金國志》諸書，詳載改制之緣起云。

遼國服之制，大祀，皇帝戴金文金冠，則服白綾袍，紅帶，絡縫烏鞾。小祀，皇帝戴硬帽，則服紅克絲龜文袍。其朝服，皇帝戴實魯衮冠，則服絡縫紅袍，垂飾犀玉帶，絡縫鞾，太宗更以衮冕錦袍，金帶。臣僚戴氊冠，或紗冠，服紫窄袍，繫鞊韘帶，以黄紅色絛裹革爲之，用金、玉、水晶、靛石綴飾，謂之盤紫，太宗更以錦袍，金帶。羣臣高年有爵秩者亦賜之。其公服之制，皇帝戴紫皂幅巾，則服紫窄袍，玉束帶，或衣紅襖。臣僚亦幅巾，紫衣。臣僚便衣，謂之盤裹緑花窄袍，中單多紅緑色，貴者披貂裘，以紫黑色爲貴，青次之，賤者貂毛。羊鼠沙狐裘。田獵，則皇帝幅巾，擐甲戎裝，以貂鼠或鵞項鴨頭爲扞腰。蕃漢諸司使以上並戎裝，衣皆黑緑色。太宗會同中，太后北面臣僚並國服，皇帝南面臣僚並漢服。聖宗統和元年，册承天太后，給三品以上法服。興宗重熙元年，尊號册禮，皇帝服龍衮，北面臣僚並朝服，自是以後，大禮並從漢服。其漢服之制，祭服，皇帝衮冕，(元)[玄]衣纁裳，十有二章。朝服，皇帝通天冠，絳紗袍，制度皆與宋同。皇太子遠遊冠，絳紗袍，制度亦與宋同。唯皇帝公服，戴翼善冠，服柘黄袍，九環帶，白練裙襦，六合鞾。皇太子戴進德冠，服絳紗單衣，白裙襦，革帶。臣僚冠幘纓，絳紗單衣，白裙襦。常服，五品以上紫袍，金玉帶，六品以下，緋衣銀帶，八品、九品，緑袍鍮石帶，又有緑巾，緑花窄袍。按葉隆禮《契丹國志》所載，未詳何品。

金初國服，其皇帝視朝之服，純紗幞頭，窄袖赭袍，玉匾帶，黄滿領，太宗即位，始加赭黄，平居閒暇。皁巾雜服。太子服純紗幞頭，紫羅寬袖袍。章宗明昌六年七月，始定文武官承應人。并及蔭者，係籍儒生章服制。泰和元年，禮官請攷漢唐之制，更制祭服。四年四月，定衣服制。先是熙宗天眷三年，車駕將幸燕，有司以通天冠、絳紗袍進。後又定制，皇帝有衮冕服，皇太子亦有衮冕服，制度皆與宋同。臣僚朝服，戴貂蟬籠巾，則服緋羅大袖，緋羅裙，白紗中單，金塗銀革帶。公服，文資五品以上紫服，三師、三公、親王、宰相、一品官服大獨科花羅，執政官服小獨科花羅，二品、三品服散搭花羅，四品、五品服小雜花羅，六品、七品服緋花麻羅，八品、九品服緑無紋羅。凡武官紫服，世宗大定十五年制曰：袍不加襴，非古也，遂命文資官公服加襴。其常服，四帶巾則盤領衣，烏皮鞾，其束帶曰吐鶻，其衣色多白，三品以皂窄袖，盤領，縫腋下爲襞積，而不缺袴，其胸臆肩袖，或飾以金繡。其從春水之服，則多鶻捕鵝，雜花卉之飾，其從秋山之服，則以熊鹿山林爲文，其長中骭，取便於騎也。

元初立國，冠服車輿，並從舊制，史志不載。其國俗可考者，天子積蘇，冬之服，凡十有一等。服納奇、實奇凌，則冠金錦暖帽。服大紅、桃紅、紫、藍、緑寶里，則冠七寶重頂冠。服紅、黄粉皮，則冠紅金荅子暖帽。服白粉皮，則冠白金荅子暖帽。服銀鼠則冠銀鼠暖帽，其上並加銀鼠比肩。夏之服，凡十有五等。服塔納、圖納奇實，則冠寶頂金鳳鈸笠。服蘇布特圖納奇實，則冠珠子捲雲冠。服納奇實，則帽亦如之。服大紅珠寶里，紅毛子塔納，則冠珠緣邊鈸笠，服白毛子金絲寶里，則冠白藤寶貝帽。服駞褐毛子，則帽亦如之。服大紅、緑、藍、銀褐、棗褐、金繡龍五色羅，則冠金鳳頂笠，各隨其服之色。服金龍青羅，則冠金鳳頂漆紗冠。服珠子褐七寶珠龍荅子，則冠黄雅庫特寶貝珠子帶後簷帽。服青蘇普金絲闌子，則冠七寶漆紗帶後簷帽。其百官積蘇，冬之服，凡九等，大紅納奇實一，大紅奇凌一，大紅官素一，桃紅、藍、緑官素各一，紫、黄、鴉青各一。夏之服，凡十有四等，素納奇實一，聚線寶里納奇實一，棗褐渾金間絲蛤珠一，大紅官素帶寶里一，大紅明珠荅子一，桃紅、藍、緑、銀褐各一，高麗鴉青雲袖羅一，駞褐、茜紅、白毛子各一，鴉青官素帶寶里一。世祖至元十二年十一月，博士始議皇帝、皇太子冕服，其制尚簡。成宗大德十一年九月，博士又議唐制冕服，重加更訂，事未果行。英宗初，命禮儀院使巴爾斯濟蘇傳旨，令省臣與太常禮儀院速製法度。八月，中書省會翰林、集賢、太常禮儀院官講議，依祕書監所藏前代帝王衮冕法服圖本命有司製如其式。天子衮冕服十二章，皇太子衮冕服九章，制度與宋同。臣僚祭服，三獻官及司徒大禮使有籠巾貂蟬冠，青羅服，紅羅裙，白紗中單，銀束帶。助奠以下諸執事官，青羅服，紅綾裙。紫羅公服，白紗中單，銅束帶。其百官公服，制以羅，大袖，盤領。一品紫大獨科花，二品小獨科花，三品散搭花，四品、五品小雜花，六品、七品緋羅小雜花，八品、九品緑羅無紋，玉犀金帶。仁宗延祐元年十二月詔曰：比年以來，所在士民，靡麗相尚，尊卑混淆，命中書省定服色等第。凡蒙古及現當集賽諸色人等，不許服龍鳳文，其職官除龍鳳文外，一品、二品服渾金花，三品服金荅子，四品、五品服雲袖帶襴，六品、七品服六花，八品、九品服四花御。賜之物，不在禁限。

明太祖洪武元年，學士陶安請製五冕。太祖曰：此禮太繁，祭天地、宗廟服衮冕，社稷等祀服通天冠，絳紗袍，餘不用。三年，更定正旦、冬至、聖節，並服衮冕，祭社稷、先農、册拜亦如之。十六年定衮冕之制，衮(元)〔玄〕衣黄裳，十二章，大帶玉革帶。二十六年更定衮冕，衮(元)〔玄〕衣纁裳，素紗中單，紅羅蔽膝。世宗嘉靖八年，諭閣臣張璁，衮冕今何不用革帶。璁對，按陳祥道《禮書》，古革帶以繫佩韍，今不用，失古制，乃用革帶，復爲(元)〔玄〕衣黄裳。帝諭，衣有六章，古以繪，今以織，裳六章，古用繡，亦當從之。皇帝通天冠，服絳紗袍，深衣製白紗內單，皂領，褾、襈、裾，革帶。皇帝武弁服，親征，遣將服之。嘉靖八年，諭閣臣張璁云：《會典》紀親征類禡之祭，皆具武弁服，不可不備。璁隨具圖以進，乃定制。武弁服，韎衣韎裳，俱赤色，佩綬，革帶如常制。又制皮弁服，絳紗衣，革帶，皇帝常服。洪武三年定烏紗折角向上巾，盤領窄袖袍。永樂初，更定翼善冠，袍黄，盤領窄袖，前後兩肩各織金盤龍一。嘉靖七年，帝以燕居冠服，尚沿習俗，更定燕弁服，諭張璁考古帝王燕居法服之制。璁乃采《禮書》(元)〔玄〕端深衣之文，圖註以進。帝爲參定其制，諭璁詳議，如古(元)〔玄〕端之制，色(元)〔玄〕，邊緣以青，兩肩繡日月，前盤圓龍一，後盤方龍二，邊加龍文八十一，領與兩袪共龍文五九，衽同前後齊，其龍文四九，襯用深衣之制，色黄，袂圓袪方，下齊素帶，朱裏青表，緑緣邊，腰圍飾以玉龍九，(元)〔玄〕履朱緣，紅纓黄結，白襪。皇太子冠服，亦有衮冕，衮服九章，(元)〔玄〕衣纁裳，素紗中單，青領、褾、襈、裾，革帶。其皮弁服，絳紗袍，本色領，褾、襈、裾，素紗中單，如深衣制。皇太子常服，烏紗折角向上巾，袍赤，盤領窄袖，前後兩肩各織金龍一。親王衮服，青衣纁裳。嘉靖七年，頒賜保和冠，青質青緣，服前後方龍補，身用素地，邊用雲，襯用深衣，玉色帶，青表緑裏緑緣，常服與皇太子同。親王世子冕服，七章，青衣纁裳，素紗中單，青領，襈，革帶。常服與親王同。郡王冕服，五章，青衣纁裳，中單，領織黻文七。常服與親王世子同。郡王長子朝服，七梁冠，大紅素羅衣，白素紗中單，大紅素羅裳，玉朝帶。公服，皂縐紗幞頭，大紅素紵絲衣，玉革帶。常服，烏紗帽，大紅紵絲織金獅子開䙓圓領。其臣僚冠服，尚赤。祭服則上衣青羅皂緣，下裳赤羅皂緣。獨錦衣衛堂上官，大紅蟒衣，飛魚烏紗帽，鸞帶，佩繡春刀。朝服定用梁冠，赤羅衣，白紗中單，赤羅裳，革帶。公服則盤領右衽袍，用紵絲或紗、羅、絹，袖寬三尺。一品至四品緋袍，五品至七品青袍，八品、九品緑袍。公服花樣，一品大獨科花，徑五寸，二品小獨科花，徑三寸，三品散搭花，徑二寸，四品、五品小雜花，徑一寸五分，六品、七品小雜花，徑一寸，八品以下無紋。常服用雜色紵絲、綾、羅綵繡。洪武二十四年，定公、侯、駙馬、伯服，繡麒麟白澤文。官一品仙鶴，二品錦雞，三品孔雀，四品雲雁，五品白鷴，六品鷺鷥，七品鸂鶒，八品黄鸝，九品鵪鶉，雜職練鵲。風憲官獬廌。武官一、二品獅子，三、四品虎豹，五品熊羆，六品、七品彪，八品犀牛，九品海馬。嘉靖中，既定燕居法制之服，閣臣張璁因言品官燕居之服，未有明制，詭異之徒，競爲奇服，以亂典章，乞更法古(元)[玄]端，别爲簡易之制，昭布天下，使貴賤有等，帝因復製《忠静冠服圖》頒禮部。其服仿古(元)[玄]端，服色用深青，以紵絲、紗、羅爲之。三品以上雲，四品以下素緣，以藍青前後飾本等花樣補子，深衣用玉色素帶，素履，青緑絛。狀元冠二梁，緋羅圓領，白絹中單，進士烏紗巾，深藍羅袍，緣以青羅。傳臚日服之，釋菜畢，易常服。

士庶冠服

臣等謹按：《鄭志·器服略》止載君臣服章，而士庶缺焉。今考各史志及《會要》、《會典》所可酌載者，撮其大端，以存各朝制度云。

唐制，國子太學四門生俊士參見之服，黑介幘，簪導，白紗單衣，青襟、褾、領，革帶。庶人婚假絳公服。

後唐明宗天成二年正月敕，庶人商旅衹著白衣。

宋制，庶人服白，流外及貢舉人通許服皁。仁宗天聖三年詔：在京士庶不得衣黑褐地白花衣服，並藍黄紫地撮暈花樣。孝宗淳熙中，朱子定祭祀冠婚之服，時頒行之，凡處士則幞頭，皁衫帶。

金章宗明昌六年制，係籍儒生止服白衫，領繫背帶，並以紫圓絛羅帶，餘人用純紫領，不得用緣雜色，圓板絛羅帶不得用紫。世宗大定十三年，太常擬庶人止許服絁、紬、絹、布、毛褐、花紗、無紋素羅、絲綿，其頭巾、繫腰領帕，許用芝蔴羅，絛許用絨織成者。

元仁宗延祐元年制，庶人除不得服赭黄，唯許服暗花紵絲、紬、綾、羅、毛毳，帽笠不許飾用金玉。

明太祖洪武三年，令士人戴四方平定巾。二十三年，定儒士生員衣自領至裳，去地一寸。二十四年，以士子巾服無異吏胥，宜甄别之，命工部製式以進。太祖親視，凡三易，乃定生員襴衫，用玉色布、絹爲之，寬袖，皁緣皁絛，軟巾垂帶。世宗嘉靖二十二年，禮部言士子冠服詭異，有淩雲等巾，甚乖禮制，詔所司禁之。庶人戴四方平定巾，雜色盤領衣，不得僭用金繡錦、綺、紵絲、綾、羅，止服紬、絹、素紗，其衣制長去地五寸，袖長過手六寸云。

后妃命婦首飾服章制度

後唐莊宗同光二年，太常禮院奏：皇子興聖宫使繼岌婚禮，其妃准一品命婦禮，花釵九枝，博鬢，褕翟衣九等。宋制，后之服，有褘衣、朱衣、禮衣，緣用翟爲章三等，大帶隨衣色，朱裏紕其外，上以朱錦，下以緑錦，白玉雙佩大綬、小綬，施玉環，惟鞠衣無翟文。其首飾，花十二株，並兩博鬢，飾以九龍四鳳。妃，褕翟，青羅繡爲摇翟之形，編次于衣，青質，以緅爲領緣，以摇翟爲章二等。其首飾，花九株，並兩博鬢，冠飾以九翬四鳳。皇太子妃，褕翟，青質織爲摇翟之形，以緅爲領緣，以摇翟爲章二等，大帶隨衣色，上以朱錦，下以緑錦，白玉隻佩大綬、小綬。其鞠衣，以黄羅爲之，無翟。其首飾，花九株，並兩博鬢。其后妃，常服則用大袖生色領，長裙，霞帔，玉墜子，背子生色領用絳羅。徽宗政和中，議禮局上命婦之服，花釵冠，皆施兩博鬢，寶鈿飾。其翟衣皆用青羅，繡爲翟，編次于衣。一品花釵九株翟九等，二品花釵八株翟八等，三品花釵七株翟七等，四品花釵六株翟六等，五品花釵五株翟五等，以緅爲領緣，加文繡重雉爲章二等。

遼皇后祭山儀，御絳帓，絡縫紅袍，懸玉佩雙結帕。小祀，皇后戴紅帕，服絡縫紅袍，懸玉佩雙魚。臣僚命婦服飾，各從本部旗幟之色。

金皇后花株冠，前後花十有二，金九龍四鳳。褘衣，深青羅織成翬翟之形，領，褾，襈並紅羅織成雲龍，大綬、小綬施玉環，大帶，青羅朱裏紕其外，上以朱錦，下以緑錦。宗室及外戚并一品命婦，衣服聽用明金，期親雖别籍，女子出嫁並同五品以上官，母妻許披霞帔。按宇文懋昭《大金國志》：金初，富人多以紵絲、綿紬爲衫，裳亦間用細布。秋冬以貂鼠或羊皮爲裘，婦人衣曰大襖子，裳曰錦裙，蓋係金初國服，《金史》失載，附識于此。

元后妃及大臣正室，皆帶古庫勒，衣大袍，命婦衣服，一品至三品服渾金，四品、五品服金荅子，六品以下惟服銷金。

明皇后冠服，受册、謁廟、朝會服禮服，其冠圓匡，冒以翡翠，上飾九龍四鳳，大花十二樹，小花數如之，兩博鬢，十二鈿，後定制，飾翠龍九，金鳳四，皆口銜珠滴三，博鬢飾以金龍翠雲，皆垂珠滴，翠口圈一，珠寶鈿花十二，翠鈿如其數。褘衣，深青繪翟，赤質，五色十二等，素紗中單，黼領，朱羅縠褾、襈、裾，以緅爲領緣，用翟爲章三等，大帶隨衣色，朱裏紕其外，上以朱錦，下以緑錦，玉革帶。翟衣，深青織翟文十二等，紅領、褾、襈、裾，織金雲龍文，中單玉色紗爲之，紅領、褾、襈、裾，織黻文，玉革帶，大綬、小綬，玉環、玉佩垂玉花玉滴。常服，龍鳳珠翠冠，上飾金龍一，翊以珠翠鳳二，皆口銜珠滴，翠口圈一，金寶鈿花九，飾以珠金鳳二，口銜珠滴三，博鬢飾以鸞鳳金寶鈿二十四，邊垂珠滴，其服則大彩、霞帔衫，黃霞帔，深青織金雲霞龍文，或繡或鋪。翠圈金飾以珠玉墜子，瑑龍文。四䙆襖，即褙子。深青金繡團龍。又制鞠衣，紅色，前後織雲龍文，或繡或鋪，緣襈，襖子黃色，紅領、褾、襈、裾，皆織金彩色雲龍文。皇妃受册、助祭、朝會禮服，冠飾九翬四鳳，花釵九樹，小花數如之，兩博鬢，九鈿，後更定九翟冠，附以翠博山，大珠翟二，小珠翟三，翠翟四，皆口銜珠滴。翟衣，青質，繡翟編次于衣及裳，重爲九等，青紗中單，黼領，朱縠褾、襈、裾，加文繡重雉爲章二等，以緅爲領緣，玉革帶。九嬪，冠用九翟，次皇妃之鳳，大衫。鞠衣如皇妃制。其內命婦冠服，三品以上花釵翟衣，四品、五品山松特髻，大衫爲禮服。皇太子妃禮服，冠九翬四鳳，翬鳳皆口銜珠滴，大珠花九樹，小珠花數如之，雙博鬢飾以鸞鳳，皆垂珠滴，翠口圈一，珠寶鈿花九，翠鈿如其數。翟衣，青質，織翟文九等，紅領、褾、襈、裾，織金雲龍文。常服，大衫，霞帔。外命婦朝服，一品花釵九樹，兩博鬢，九鈿，金翟衣繡翟九。重玉帶，金繡文霞帔。二品花釵八樹，兩博鬢，八鈿，翟衣八等，犀帶，金繡雲肩大雜花霞帔。三品花釵七樹，兩博鬢，七鈿，翟衣七等，金革帶，金繡大雜花霞帔。四品花釵六樹，兩博鬢，六鈿，翟衣六等，金革帶，繡小雜花霞帔。五品花釵五樹，兩博鬢，五鈿，翟衣五等，烏角帶，銷金大雜花霞帔。六品花釵四樹，兩博鬢，四鈿，翟衣四等。七品花釵三樹，兩博鬢，三鈿，翟衣三等，皆烏角帶，衣銷金小雜花霞帔。八品、九品衣大紅素羅霞帔。後又定制，命婦朝見君后，在家見舅姑并夫及祭祀，則服禮服。公、侯、伯夫人與一品同，大袖衫，真紅色一品至五品，紵絲、綾、羅，六品至九品綾、羅、紬、絹霞帔、褙子，皆深青段，品官次妻許用本品褙子爲禮服。

士庶妻首飾服章制度

臣等謹按：《鄭志·器服略》，后妃命婦之後不載士庶妻，今據各史及集《禮》、《會典》所載者，酌取大略以存各代之制，且以補鄭氏之未備云。

宋太宗端拱二年，詔，除命婦許服銷金、泥金、真珠裝綴衣服外，餘人並禁。仁宗天聖三年，詔，婦女不得將白色、褐色毛段並淡褐色匹帛製造衣服。南渡後，定婦人假髻，大衣長裙，衆妾假紒背子。

金制，婦人常服，襜裙多以黑紫，上衣謂之團衫。用黑紫，或皂及紺，直領，帶色用紅黃，前雙垂至下齊，年老者以皂紗籠髻如巾狀，散綴玉鈿于上，謂之玉逍遥，此皆遼服也。金亦襲之。許嫁之女則服綽子，婦人首飾不許用珠翠鈿子等物。

元制，庶人家首飾，許用翠花并金釵鉀各一事，惟耳環用金珠碧甸，餘並用銀。

明太祖洪武中，定士庶妻首飾，用銀鍍金，耳環用金珠，釧鐲用銀，服淺色團衫，用紵絲、綾、羅、紬、絹，禮服惟紫絁，不用金繡，袍衫止紫、緑、桃紅，及諸淺淡顔色，不許用大紅、鴉青、黃色，帶用藍絹布。

官修《續文獻通考》卷九二《王禮六》 君臣冠冕服章

遼太祖丙寅歲即皇帝位，朝服衷甲以備非常。其後行瑟瑟禮、大射柳即此服。

太宗會同元年八月，詔羣臣及年高，凡授大臣爵秩，皆賜錦袍金帶，白馬金飾鞍勒。著於令。大同元年正月入晉後，帝與南班漢官用漢服，太后與北班契丹臣僚用國服。其漢服即五代晉之遺制也。

臣等謹按：歐陽修《五代史》，唐莊宗崩，明宗遣供奉官姚坤告哀於契丹，見太祖於慎州，錦袍大帶垂後。又太宗送晉高祖於潞州，脱白貂裘以衣高祖。後伐晉，以龍鳳赭袍賜趙延壽，使衣以撫晉軍。亦以赭袍賜杜重威。大同元年正月丁亥朔，入汴京視朝。於廣政殿被中國冠服。二月丁巳朔，冠通天冠，服絳紗袍，執大圭視朝三月。丙戌朔，服靴袍御崇元殿。入閤又將視朝，有司給燕王趙延壽貂蟬冠，右僕射張礪三品官服。延壽與礪皆不肯服，而延壽別爲王者冠以自異。礪曰：吾在上國時，晉遣馮道奉册北朝，道齎二貂冠，其一宰相韓延徽冠之，其一命我冠之。今其可降服耶！卒冠貂蟬以朝。此可補《遼史》太祖、太宗兩朝所未載者。

聖宗統和元年六月朔，詔有司册皇太后日，給三品以上法服，三品以下用大射柳之服。開泰七年十一月，禁服用明金、縷金、貼金。太平五年二月，禁天下服用明金及金線綺。國親當用者，奏而後用。重熙五年十月殿試，賜進士第及緋衣銀魚。二十三年七月，詔八房族巾幘。

道宗清寧【略】四年十二月，弛駝尼水獺裘之禁。十年十一月，定吏民衣服之制。太康四年十一月，禁士庶服用錦綺、日月、山龍之文。

臣等謹按：馬端臨《考》冠冕服章，自天子以及士庶人皆載之。今考《遼史·儀衛志》備詳國服、漢服。而士庶人之服，略可見於《本紀》者如右。

《遼史·儀衛志》曰：契丹轉居薦草之閒，去邃古之風未遠。自太祖仲父蘇呼名和爾。以約尼氏裕悅之官，占居潢河沃壤，始置城邑，爲樹藝桑麻組織之教。太祖帝北方。太宗制中國，紫銀之鼠，羅綺之篚，稇載而至。纖麗耎毳被土綢木。於是定衣冠之制。北班國制，南班漢制。各從其便焉。

國服之制

祭服：以祭山爲大禮，服飾尤盛。大祀，皇帝服金文金冠，白綾袍，紅帶，懸魚三山紅。垂飾犀玉刀錯，絡縫烏鞾。小祀，皇帝硬帽，紅克絲龜文袍。

朝服：皇帝服實薛里袞冠，絡縫紅袍，垂飾犀玉帶錯，絡縫鞾。謂之國服袞冕。太宗更以錦袍金帶。臣僚戴氈冠，金花爲飾，或加珠玉翠毛，額後垂金花織成夾帶。中貯髮一總，或紗冠制如烏紗帽，無簷，不擫雙耳，額前綴金花，上結紫帶，末綴珠服紫窄袍，繫鞊鞢帶，以紅黃色絛裹革爲之。用金玉、水晶、靛石綴飾。謂之盤紫。太宗更以錦袍金帶，即會同元年賜高年有爵秩者。

公服：謂之展裹，著紫。皇帝紫皁幅巾，紫窄袍，玉束帶，或衣紅襖。臣僚亦幅巾紫衣。

常服：宰相中謝儀，帝常服。高麗使人見儀，臣僚便衣，謂入盤裹。綠花窄袍，綠中單，多紅綠色。貴者披貂裘，以紫黑色爲貴，青次之。又有銀鼠，尤潔白。賤者貂毛羊鼠沙狐裘。

臣等謹按：常服一條，或疑志文未分出帝與臣僚者，是不考注語，乃合帝與臣僚言之也。或謂專指冬裘而以貴賤二字分言。臣僚者是不知窄袍中單，不必冬閒始服之也。若謂皇帝常服即漢服之柘黃袍等，則更鶻突，不足辨矣。

田獵服：皇帝幅巾擐甲戎裝，以貂鼠或鵝項鴨頭爲扞腰。番漢諸司使以上並戎裝。衣皆左袵，黑綠色。弔服，素服，乘赭白馬。太祖時，叛弟墀克等降，素服受之。

漢服之制

《儀衛志》曰：唐以冕冠青衣爲祭服，通天絳袍爲朝服，平巾幘袍襴爲常服。遼太宗會同元年，自晉北歸，始用唐晉文物矣。

祭服：終遼之世，郊丘不建，大裘冕服不書。袞冕祭祀宗廟遣上將出征飲至加玄服納后若元日受朝則服之。金飾垂白珠，十二旒，以組爲纓，色如其綬。黈纊充耳，玉簪導，玄衣纁裳，十二章。八章在衣，日、月、星、龍、華蟲、火、山、宗彝。四章在裳，藻、粉米、黼、黻。衣褾領爲升龍織成，交各爲六等。龍山以下每章一行，行十二。白紗中單，黼領青褾袖端。褾衣緣。裾黻，革帶，大帶，劍佩綬舄加金飾。元日朝會儀，皇帝服袞冕。

朝服：皇帝通天冠，諸祭還及冬至朔日受朝臨軒，拜王公，元會，冬會服之。絳紗袍，白紗中單，褾領朱襈裾，白裙襦，絳蔽膝，白假帶，方心曲領。其革帶佩劍綬，韈舄。若未加元服，則雙童髻，空頂黑介績，雙玉導加寶飾。元日上壽儀，皇帝服通天冠，絳紗袍。皇太子遠遊冠，謁廟，還宮，元日，冬至，朔日入朝服之。三梁冠，加金附蟬，九首，施珠翠。黑介幘髮，纓翠緌犀簪導。絳紗袍，白紗中單，皁領褾襈裾，白裙襦，白假帶，方心曲領。絳紗蔽膝。其革帶，劍佩綬，韈舄，與皇帝同。後改用白韈黑舄。未冠則雙童髻，空頂黑介幘，雙玉導加寶飾。冊皇太子儀，皇太子冠遠遊，服絳紗袍。親王遠遊冠，陪祭、朝饗、拜表、大事服之。冠三梁加金附蟬，黑介幘，青緌導。絳紗單衣，白紗中單。皁領襈裾，白裙襦。革帶，鉤觹假帶，曲領方心。絳紗蔽膝，韈舄，劍佩綬。二品以上同親王。諸王遠遊冠，三梁，黑介幘青緌。三品以上進賢冠，三梁寶飾。五品以上進賢冠，二梁金飾。六品以上進賢冠，一梁無飾。七品以上，去劍佩綬。八品以下，同公服。

《儀衛志》曰：景宗乾亨四年，聖宗即位。冊承天太后，給三品以上法服，雜禮。冊承天太后儀，侍中就席解劍脱履。興宗重熙五年，尊號冊禮，皇帝服龍袞，北南臣僚並朝服，蓋遼制。會同中，太后、北面臣僚國服。皇帝、南面臣僚漢服。乾亨以後，大禮，雖北面三品以上亦用漢服。重熙以後，大禮並漢服。常朝仍遵會同之制。

臣等謹按：以上所載《儀衛志》，雖分祭服、朝服，然朝服亦見於祭，祭服亦見於朝。正如國服之金文、金冠，與實薛里袞名雖異，而實互用也。

公服：勘箭儀閤使公服繫履，遼國常用公服矣。皇帝翼善冠，朔視朝用之。柘黃袍，九環帶，白練裙襦，六合鞾。皇太子遠遊冠，五日常朝，元日、冬至受朝，服之。絳紗單衣，白裙襦。革帶，金鉤觹假帶，方心紛鞶囊，白襪，烏皮履。一品以下，五品以上冠幘纓簪導，謁見東宮及餘公事服之。絳紗單衣，白裙襦。帶鉤觹假帶，方心襪履，紛鞶囊。六品以下，冠幘纓簪導，去紛鞶囊，餘並同。

常服：謂之穿執起居禮。臣僚穿執言穿鞾，執笏也。皇帝柘黄袍衫，折上頭巾，九環帶，六合鞾。起自宇文氏。唐太宗貞觀以後，非元日、冬至受朝及大祭祀，皆常服而已。皇太子進德冠，九琪金飾，絳紗單衣，白裙襦，白韈烏皮履。五品以上幞頭，亦曰折上巾。紫袍，牙笏，金玉帶。文官佩手巾、算袋、刀子、礪石，金魚袋。武官鞊鞢七事，佩刀、刀子、磨石、契苾真、噦厥、計筒、大石袋、烏皮六合鞾。六品以下幞頭，緋衣，木笏，銀帶，魚袋，佩鞾同。

八品、九品，幞頭，緑袍，鍮石帶，鞾同。

臣等謹按：國服、漢服具詳如右。更有見於諸儀者，如皇帝受册儀，帝至閤服衮冕，宰相中謝儀。帝常服升殿。册皇太子儀，令史二人，絳服舉案。常朝起居儀，昧爽臣僚朝服，幞頭，袍笏入朝。各起居畢退還幕。次公服，紫衫帽，告廟謁廟儀。臣僚昧爽朝服，詣廟賀生皇子及賀祥瑞儀，北南臣僚，金冠盛服合班入正座儀。天慶二年冬，教坊並服袍。藏鬮儀，北面臣僚常服入。賜進士章服儀，臣僚公服，宣敕後引進士至章服所更衣。此又君臣冠服可補《儀衛志》所未備者。

金太祖天輔七年九月，諸王宗幹等以赭袍被太宗體，寘璽懷中，即皇帝位。初即位，始服赭黄，自後視百官朝，御袍帶。熙宗天眷二年四月，百官朝參。初用朝服，六月朔，帝初御冠服。

次年，有司以車駕將幸燕京，合用通天冠，絳紗袍。據見闕名件，依式成造禮服袍裳。方心曲領中單，蔽膝，革帶，大帶，玉具，劒綬佩，舄襪。乘輿服大綬六采，黑、黄、赤、白、縹、緑。小綬三色，同大綬。閒施三玉環。大綬五百首，小綬半之。白玉雙，佩革帶玉鉤觾。

《金史·輿服志》曰：金制：皇帝服通天絳紗衮冕偪舄。臣僚有貂蟬法服，所謂朝服也。章宗時，禮官請更制。祭服青衣朱裳去貂蟬竪筆，以别於朝服。惟公服則又有紫、緋、緑三等之服，與夫窄紫服展皂等事。

皇統元年正月上尊號，初御衮冕。

世宗大定七年六月，命地衣龍文者罷之。七月禁服用。金線，其織賣者皆抵罪。十二年五月，禁百官及承應人不得服純黄油衣。

先是九年三月，禁民閒稱言銷金條理。内舊有者改作明金字。至十三年十一月，吏部尚書梁肅請禁奴婢服羅綺。帝曰：近已禁其服明金，行之以漸可也。且教化之行，當自貴近始。朕宫中服御常自儉約。舊服明金者，已減大半矣。近民閒風俗比正隆時閒稍淳儉，卿等當更務從儉素，使民知所效也。十五年閏九月，詔親王、百官、傔人所服紅紫改爲黑紫。二十年四月，制宗室及外戚并一品命婦衣服聽用明金。二十五年五月，命尚書奏事衣窄紫。章宗明昌六年七月，始定文武官六貫石以上承應人并及廕者，若在籍儒生章服制。

承應及廕者，許用牙領紫圓板，皂條羅帶，皂鞾。上得兼下。係籍儒生止服白衫，領繫背帶，並以紫圓條羅帶乾皂鞾。餘人用純紫領，不得用緣、雜色圓板、條羅帶。不得用紫鞾，用黄及黑油皂蠟等。婦人各從便。

《輿服志》載：章宗即位，有司請御純吉，不許。乃服淡黄袍、烏犀帶。常朝則服小帽紅襴偏帶或束帶。附録於此。

皇帝冕服

冕制，天板長一尺六寸，廣八寸，前高八寸五分，後高九寸五分，身圍一尺八寸三分。并納言並用青羅爲表，紅羅爲裏，周圍用金稜。天板下有四柱，四面珍珠網結子花素墜子前後珠旒共二十四旒，各長一尺二寸。青碧線織造天河帶一，長一丈二尺，闊二寸，兩頭各有真珠金翠旒三，節玉滴子節花紅線組帶二。上有真珠金翠旒玉滴子節花，下有金鐸子二枚。紅線款幔帶一，黈纊二，真珠垂繫上用金萼子二，簪窠款幔組帶鈿窠各二，内組帶鈿窠四，並玉鏤塵碾造玉簪一，頂方二寸，導長一尺二寸。簪頂刻鏤塵雲龍。

衮，用青羅夾製，五采閒金繪畫。正面日一，月一，升龍四，山十二，襟華蟲火虎蜼各六對，背面星一，升龍四，山十二，華蟲火各十二對，虎蜼各六對。中單一，白羅單製羅領褾襈裳一，帶褾襈紅羅八幅，夾製繡藻三十二，粉米各十六，黼黻各三十二，蔽膝一，帶褾襈並紅羅夾製繡升龍二，綬一幅。大綬以赤黄黑白緑縹。六采織紅羅托裏，小綬三色，同大綬。銷金黄羅綬，頭上閒施三玉環，皆刻雲龍。大綬五百首，小綬半之。緋白大帶一，銷金黄羅帶頭鈿窠二十四。紅羅勒帛一，青羅抹帶一，玉佩二，白玉上中下璜各一，半月各二，皆刻雲龍。玉滴子各二，皆以真珠穿製。金龘鉤獸面水葉環釘涼帶一，紅羅裏鏤金上有玉鵝七銙尾束各一，金攀龍口，以玳瑁板襯釘腳舄，重底紅羅面白綾托裏如意頭，銷金黄羅緣口玉鼻仁，飾以珠襪，用緋羅加錦。

《輿服志》曰：皇帝凡大祭祀、加尊號、受册寶則服衮冕。行幸、齋戒、出宫或御正殿則通天冠、絳紗袍。

臣等謹按：大綬五百首。所謂首者，凡合單紡爲一系，四系爲一扶，五扶爲一首。見《明史·輿服志》注。

皇太子冠服

冕，用白珠九旒，紅絲組爲纓，青纊充耳，犀簪導。衮青衣朱裳。五章在衣，山、龍、華蟲、火、宗彝。四章在裳，藻、粉米、黼、黻。白紗中單，青褾襈裾，玉帶塗金銀鈎觵，蔽膝隨裳色。爲火、山二章。瑜玉雙佩四采織成，大綬間施玉環三，白襪朱舄，舄加金塗銀，釦謁廟則服之。遠遊冠，十八梁，金塗銀花飾博山，附蟬紅絲組爲纓，犀簪導。朱明服，紅裳，白紗中單，方心曲領絳紗蔽膝，白韈黑舄。餘同衮冕。受册寶則服之。

《輿服志》曰：太子入朝起居及與宴則朝服，紫袍，玉帶，雙魚袋。其視事及見師少賓客則服小帽，皂衫，玉束帶。

臣下朝服

正一品，貂蟬籠巾七梁額花冠，貂鼠立筆銀立筆犀簪導，佩劍，緋羅大袖，緋羅裙，緋羅蔽膝各一，緋白羅大帶，天下樂暈錦玉環綬一，白羅方心曲領，白紗中單，銀褐勒帛各一，玉珠佩二，金塗銀革帶，烏皮履，白綾襪。正二品，七梁冠，銀立筆犀簪導，不佩劍，緋羅大袖，雜花暈錦玉環綬，餘並同。正四品，五梁冠，銀立筆犀簪，白獅錦銀環綬，珠佩銀革帶。御史中丞則獬豸冠，青荷蓮綬，餘並同。正五品，四梁冠，簇四金鵰錦銅環綬，銀珠佩，餘並同。正六品至七品，三梁冠，黄獅錦銅環綬，珠佩銅束帶，餘並同。

《輿服志》曰：凡導駕及行大禮，文武百官皆服之如右。大定二十二年，袷享攝官導駕，二品冠七梁，三品四品冠六梁，服有金花。五品冠五梁，六品冠四梁，七品冠三梁。監察御史獬豸冠青綬，八品九品冠二梁，餘製並同。三品舊無。

祭服

熙宗皇統七年，太常寺言太廟成後，奉安神主袷享行禮。凡行事、執事、助祭、陪位官，準古典當服衮冕九章畫降龍，隨品各有等差。《通典》云：虞夏殷並十二章，日月星辰山龍華蟲作繪於衣，宗彝藻火粉米黼黻絺繡於裳。周升三辰於旗，登龍於山，登火於宗彝，作九章之服。山龍華蟲火宗彝繪於衣，藻粉米黼黻繡於裳。公之服，自衮冕而下，如王之服。侯伯之服，自鷩冕而下，如公之服。又後魏帝服衮冕，與祭者皆朝服。又開元禮，一品服九章。又五禮新儀，正一品服九旒冕，犀簪，青衣畫降龍。今汴京舊禮直官言：自宣和二年以後，一品祭服七旒冕，大袖無龍。唐雖服九章服，當時司禮少常伯孫茂道言：諸臣之章雖殊，然飾龍名衮，尊卑相亂。請三公服鷩冕，八章爲宜。臣等竊謂：歷代衣服之制不同，若從後魏，則止服朝服。或用宋服，則爲七章。若遵唐九章，則有飾龍名衮，尊卑相亂之議。尚書省乃奏用後魏故事，止用燕京大册禮時所服朝服以祭。

世宗大定三年八月，詔遵皇統制，攝官則朝服，散官則公服。以皇太子爲亞獻，服衮冕。十四年，用唐制。若祭遇雨雪，則服常服。謂今之公服也。

章宗泰和元年八月，禮官言：祭服所以接神，朝服所以事君。雖歷代損益不同，然未嘗不有分別。是以衮冕十二旒，玄衣纁裳，備十二章，天子之祭服也。通天冠，絳紗袍，紅羅裳，天子之視朝服也。臣下之服，則用青衣朱裳以祭，朱衣朱裳以朝。國朝惟天子備衮冕、通天冠二等之服。今羣臣但有朝服，而祭服尚缺。每有祀事，但以朝服從事，實於典禮未當。請依漢唐故事，祭服冕旒畫章。然君臣冕服雖章數各殊，而俱飾龍名衮。唐孫茂道已有尊卑相亂之論，今三公法服有龍，恐傷於僭。初，禮官亦嘗駁議，乞參酌古今改置。祭服，其冠則如朝冠，而但去其貂蟬竪筆。其服用青衣朱裳，白襪朱履。非攝事者，則用朝服。庶幾少有差別。帝曰：朝祭之服，固宜分也。

公服

大定官制：文資五品以上，官服紫。三師、三公、親王、宰相、一品官，服大獨科花羅，徑不過五寸。執政官服小獨科花羅，徑不過三寸。二品三品服散搭花羅，謂無枝葉者。徑不過寸半。四品五品服小雜花羅，謂花頭碎小者。徑不過一寸。六品七品服緋芝麻羅，八品九品服緑無紋羅。應武官，皆服紫。凡散官、執事皆從一高。上得兼下，下不得僭上。窄紫亦同服色，各依官制品級。其諸局分承應人並服無紋素羅。十五年，制曰：袍不加襴，非古也。遂命文資官公服並加襴。

帶制：皇太子玉帶，佩玉雙魚袋。親王玉帶，佩玉魚。一品玉帶，佩金魚。二品笏頭毬文金帶，佩金魚。三品四品，荔枝或御仙花金帶，並佩金魚。五品服紫者，紅鞓烏犀帶，佩金魚。服緋者，紅鞓烏犀帶，佩銀魚服。緑者，並皂鞓烏犀帶。武官一品二品，佩帶同三品四品金帶。五品六品七品，紅鞓烏犀帶，皆不佩魚。八品以下，並皂鞓烏犀帶。司天、太醫、內侍、教坊服，皆同文武官，惟不佩魚。應殿庭承應五品以下官，非入內不許金帶。又展紫入殿庭者，並許服紅鞓不佩魚。又二品以上官許兼服通犀帶。三品官若治事及見賓客，許兼服花犀帶。

大定二年制：百官趨朝赴省，並須裹帶。五品以上官，趨朝則朝服，赴省則展皁，雨雪沾衣則從便。凡朝參，主寶主符展紫，御仙花或太平花金束帶。近侍給使供御筆硯、直長符寶吏，紫襖子塗金束帶。輸直則近侍給使並常服。常服則展紫。閤門六尚遇朝參侍立，則服本品服。若宮中當直則服窄紫金帶。學士院官修起居注補闕、拾遺、祕書丞郎朝參侍立，則服本品服色帶，當直則窄紫金帶。東宮左右衛率僕正、副僕正、典儀、贊儀、內直郎丞當直亦許服之。大子太師出入宮中則展紫，至東宮則展皁，三少則展紫。

衣服通制

金之常服四帶巾盤領衣烏皮鞾，其束帶曰吐鶻巾之制，以皁羅若紗爲之。上結方頂，折垂於後。頂之下際兩角各綴方羅，徑二寸許。方羅之下，各附帶長六七寸。當橫額之上，或爲一縮襞積。貴顯者，於方頂循十字縫飾以珠，其中必貫以大者，謂之頂珠。帶旁各絡珠結綬，長半帶垂之，海陵賜大興國者是也。《大興國傳》海陵既立，賜興國真珠巾、玉鈎帶、玉佩刀及玉校鞍轡。其衣色白多。三品以皁窄袖盤領縫掖下爲襞積，而不缺袴。其胸臆肩袖或飾以金繡。從春水之服，則多鶻捕鵝雜花卉之飾。從秋山之服，則以熊鹿山林爲文。其長中骭取便於騎也。吐鶻玉爲上，金次之，犀象骨角又次之。銙周鞓小者，間置於前。大者施於後。左右有雙鉈尾納方束中。其刻琢多如春水秋山之飾，左佩牌右佩刀。刀貴鑌柄，尚雞舌，木黃黑相半，有黑雙距者爲上。或三事五事寶飾以醬瓣樺。醬瓣樺者，謂樺皮斑文，色殷紫，如醬中豆瓣也。産其國故尚之。鏤口飾以鮫，或屑金鍮和漆塗鮫隙，而礲平之。

大定十三年，太常寺擬士人及僧尼道女冠有師號并閒官八品以上，許服花紗綾羅絲紬。在官承應有出身人，帶八品以下官、未帶官亦同許服花紗綾羅紵絲絲紬。家屬同婦人許用珠爲首飾。其都孔目與八品閒官，同京府州縣司吏，皆與庶人同。庶人止許服絁紬絹布毛褐花紗無紋素羅絲綿。其頭巾繫腰領帕許用芝蔴羅縧，用絨織成者。不得以金玉犀象珠寶瑪瑙玻瓈之類爲器皿，及裝飾刀把鞘，并銀裝釘牀榻之類。兵卒許服無紋壓羅絁紬絹布毛褐。奴婢止許服絁紬絹布毛褐。娼優遇迎接公筵承應，許暫服繪畫之服。其私服與庶人同。

泰和四年，以親王品官既分領緣而復有皁鞾之禁，似涉太繁。遂聽親王用銀褐領紫緣，品官皆紫領白緣，餘同明昌制。

《輿服志》曰：明昌間，帝謂宰臣曰：今風俗侈靡，莫若律以制度，使貴賤有等。其令禮部具典故以聞。既而，以禮部所擬太繁，以尚書省所擬行之。帝以風俗爲言，可謂知所務矣。

臣等謹按：《輿服志》又載書袋之制，大定十六年，世宗以吏員與士民之服無別，潛入民閒受賕，鬻獄有司不能檢察。遂定懸書袋之制。省樞密院令譯史用紫紵絲爲之。臺六部、宗正、統軍司、檢察司以黑斜皮爲之。寺監、隨朝諸局、并州縣並黃皮爲之。各長七寸，闊二寸，厚半寸，並於束帶上懸帶。公退則懸於便服。違者，所司糾之。附録於此。

元憲宗壬子年八月，癸天於日月山，始用冕服。

世祖至元三年二月，初製太常禮樂工冠服。六年七月，製太常寺祭服，十月定朝儀物色。七年十一月，禁繒段織日月龍虎及以龍犀飾馬鞍者。

成宗大德六年三月，祭天於麗正門外。分獻官以下諸執事，各具公服行禮。時大都未有郊壇大禮，用公服自此始。

九年十一月冬至，祭享用冠服，依宗廟見用者制。

其後，節次祭祀或合祀天地，增配位、從祀、獻攝、執事。續置冠服於法服庫，收掌法服二百九十有九，公服二百八十，窄紫二百九十有五。

《輿服志》曰：武宗至大間，太常博士李之紹、王天祐疏陳：親祀，冕無旒，服大裘，而加衮裘，以黑羔皮爲之。臣下從祀冠服，歷代所尚其制不同，集議得依宗廟見用冠服制度。

仁宗延祐元年十二月，定官員士庶服色等第。詔曰：比年以來，所在士民靡麗相尚，尊卑混淆，僭禮費財，朕所不取。貴賤有章，益明國制。儉奢中節，可阜民財。命中書省定之。

英宗至治元年七月，禁服色踰制。

天子冕服

衮冕：制以漆紗上覆曰綖，青表朱裏。綖之四周匝以雲龍冠之口，圍縈以珍珠。綖之前後旒各十二，以珍珠爲之。綖之左右繫黈纊二，繫以元紞，承以玉瑱。纊色黃，絡以珠。冠之周圍，珠雲龍網結，通翠柳調珠。綖上橫天河帶一，左右至地，珠鈿窠網結翠柳朱絲組二屬。諸笄爲纓絡，以翠柳調珠簪，以玉爲之，橫貫於冠。衮龍服，制以青羅，飾以生色銷金。帝，星一、日一、月一、升龍四、複身龍四、山三十八、火華蟲虎蜼各四十八。裳，制以緋羅，其狀如裙。飾以文繡凡一十六行，每行藻二、粉米一、黼黻各二。中單，制以白紗，絳緣，黃勒帛副之。蔽膝，制以緋羅。有褾緋絹爲裏，其形如襜袍上著之繡，複身龍。玉佩珩琚璜，衝牙各一，璜二。衝牙以繫璜珩下，有銀獸面，塗以黃金，雙璜夾之。次又有衡，下有衝牙，旁別施雙的以鳴用玉。大帶，制以緋白二色羅，合縫爲之。玉環綬，制以納奇實。金錦也。上有三小玉環，下有青絲織網。紅羅韠，制以紅羅爲之，高勒。履，制以納奇實，有雙耳二，帶鉤飾以珠。韈，制以紅綾。

世祖至元十二年十一月，博士議擬：冕天板長一尺六寸，廣八寸，前高八寸五分，後高九寸五分，身圍一尺八寸三分。井納言用青羅爲表，紅羅爲裏，周圍緣以黃金。天板下四面珠網結子，花素墜子前後共二十有四旒，以珍珠爲之。青碧線織天河帶兩頭各有珍珠金翠旒三，節玉滴子節花金紅線組帶二，上有珍珠金翠旒玉滴子，下有金鐸二，梅紅繡欵幔帶一，黈纊二。珍珠垂繫上用金萼子二，簪窠欵幔組帶鈿窠各二，内組帶鈿窠四，鏤玉爲之。玉簪一。頂面鏤雲龍袞衣用青羅夾製，五采閒金，繪日月星辰山龍華蟲宗彝。正面日一，月一，升龍四，山十二。上下襟華蟲火各六對，虎蜼各六對，背星一，升龍四，山十二，華蟲火各十二對，虎蜼各六對。中單用白羅單製。羅領褾襈裳一，帶褾襈全紅羅八幅夾造，上繡藻、粉米、黼黻。藻三十三，粉米十六，黼黻各三十二。蔽膝一，帶褾襈紅羅夾造八幅，上繡升龍二。綬一幅，六采織造。紅羅托裏小綬三色，同大綬。銷金黃羅綬，頭全上閒施三玉環，並碾雲龍緋白大帶一，銷金黃帶頭鈿窠二十有四，紅羅勒帛一，青羅抹帶一，佩二玉。上中下璜各一半，月各二。並碾玉爲雲龍文玉滴子各二。並珍珠穿造金篦鈎獸面水葉環釘全涼帶一。紅羅裏鏤金爲之。上爲玉鵝七撻尾束各一，金攀龍口玳瑁襯釘舄一，重底紅羅面白綾托裏如意頭銷金黃羅，緣口玉鼻仁，飾珍珠金緋羅錦襪一兩。

成宗大德十一年九月，博士議：唐制，天子袞冕，垂白珠十有二旒，以組爲纓，色如其綬。黈纊充耳，玉簪導，玄衣纁裳凡十二章。八章在衣，日、月、星辰、山、龍、華蟲、火、宗彝。四章在裳，藻、粉米、黼、黻。褾領爲升龍，皆織成之。龍章以下，每章一行，每行十二。白紗中單，黼領青褾，襈裾黻加龍山火三章。毳冕以上火山二章。繡冕山一章。玄冕無章。革帶、大帶、玉佩綬襪與上同。舄加金飾。享廟、謁廟、及朝遣上將征還飲至踐阼加元服。納后、元日受朝及臨軒册拜王公則服之。又宋制：天子服有袞冕，廣尺二寸，長四寸，前後十有二旒，二纊並貫珍珠，又有珠旒十二，碧鳳銜之，在珠旒外。冕板，以龍鱗錦表，上綴玉爲七星，傍施琥珀犀瓶各二十四。周綴金絲網鈿，以珍珠雜寶玉，加紫雲白鶴錦裏，四柱飾以七寶，紅綾裏。金飾玉簪導，紅絲絛組帶。亦謂之平天冠。袞服青色，日、月、星山、龍、雉、虎、蜼。七章，紅裙藻、火、粉米、黼、黻。五章，紅蔽膝，升龍二，並織成，閒以雲彩，飾以金鈒花鈿窠，裝以珍珠、琥珀、雜寶玉。紅羅襦裙，繡五章，青褾襈裾。六采綬一，小綬三，結三，玉環三。素大帶，朱裏青羅。四神盤結，綬帶飾並同袞服。白羅中單，青羅袜帶，紅羅勒帛，鹿盧玉具劍，玉標首鏤白玉雙佩，金飾，貫珍珠。金龍鳳革帶，紅韈赤舄，金鈒花，四神玉鼻。祭天地宗廟、受册尊號、元日受朝、册皇太子則服之。事未果行。至英宗延祐七年七月，命禮儀院使八思吉斯傳旨，令省臣與太常禮儀院速製法服。八月，中書省會集翰林集賢太常禮儀院官講議。依祕書監所藏前代帝王袞冕法服圖本，命有司製如其式。

皇太子冠服

袞冕　玄衣　纁裳　中單　蔽膝　玉佩　大綬　朱韈　赤舄

至元十二年，博士擬袞冕制用白珠九旒紅絲組爲纓，青纊充耳，犀簪導，青衣朱裳九章。五章在衣，山、龍、華蟲、火、宗彝。四章在裳，藻、粉米、黼、黻。白紗中單、青褾襈裾、革帶，塗金銀鉤䚢。蔽膝，隨裳色，爲火、山二章。瑜玉雙佩，四采織成大綬，閒施玉環三。白韈朱舄，舄加金塗銀釦。

大德十一年九月，詔擬前代制度。唐制：皇太子袞冕，垂白珠九旒，紅絲組爲纓，青纊充耳，犀簪導，玄衣纁裳九章，五章在衣，龍、山、華蟲、火、宗彝。四章在裳，藻、粉米、黼、黻。織成之，每行一章。黼、黻重以爲等，每行九。白紗中單，黼領青褾、襈裾革帶，金鉤䚢大帶，蔽膝隨裳色，火山二章。玉具劍，金寶飾玉標首，瑜玉雙佩朱組帶大綬四采，赤白縹紺。純朱質。長丈八尺，首廣九寸。小雙綬長二尺六寸，色同大綬。而首半之閒施玉環三。朱韈赤舄加金飾，侍從祭祀及謁廟加元服，納妃服之。宋制皇太子袞冕垂白珠九旒紅絲組爲纓青纊充耳犀簪導青衣朱裳九章，五章在衣，山、龍、華蟲、火、宗彝。四章在裳藻、粉米、黼、黻。白紗中單，青褾襈裾。革帶，塗金銀鉤䚢。蔽膝，隨裳色，火、山二章。瑜玉雙佩，四采織成大綬，閒施玉環三。白韈朱舄，舄加塗金銀飾。加元服、從祀、受册、謁廟、朝會服之。已擬其制，未果造。

三獻官及司徒大禮使祭服：

籠巾貂蟬冠五，青羅服五，領、袖、襴俱用皂綾。紅羅裙五，襴用皂綾。紅羅蔽膝五，其羅花樣俱係牡丹。白紗中單五，黃綾帶。紅組金綬紳五，象笏、銀束帶、玉佩、白羅方心曲領各五，赤革履、白綾襪各五對。

助奠以下諸執事官冠服：貂蟬冠、獬豸冠、七梁冠、六梁冠、五梁冠、四梁冠、三梁冠、二梁冠二百。青羅服二百。領、袖、襴俱用皂綾。紅綾裙二百。襴用皂綾。紅羅蔽膝二百。紫羅公服二百。用梅花羅。白紗中單二百。黃綾帶。織金綬紳二百。紅一百九十八，青二。各佩銅環二。銅束帶二百。白羅方心曲領二百。銅佩二百。展角幞頭二百。塗金荔枝帶三十，烏角帶一百七十。皁鞾、赤革履、白綾韈各二百。對象笏三十，銀杏木笏一百七十。

《輿服志》曰：凡獻官諸執事行禮，俱依法服，惟監察御史二冠獬豸，服青綬。凡迎香讀祝及祀日遇陰雨，俱依紫羅公服，六品以下皆得借紫。又都監庫祠祭局、儀鸞局、神廚局頭目長行人等交角幞頭，窄袖紫羅服，塗金束帶各五十，皁鞾五十對。

社稷祭服

青羅袍，白紗中單，紅梅花羅裙各一百二十三。藍織錦銅環綬紳二，紅織錦銅環綬紳一百一十七，紅織錦玉環綬紳四。紅梅花羅蔽膝，革履，白綾襪，白羅方心曲領黃綾帶及佩各一百二十三。銅珩璜者一百一十九，玉珩璜者四。藍素紵絲帶一百二十三，銀帶四，銅帶一百一十九。冠一百二十三，水角簪金梁冠一百七，紗冠一十，獬豸冠二，籠巾紗冠四。木笏，紫羅公服，黑漆幞頭各一百二十三。展角全二，色羅插領一百二十三。鍍金銅荔枝帶一十，角帶一百一十三。象笏一十三，木笏一百一十。黃絹單包複紫紵絲抹口青氈韈，皁鞾各一百二十三。窄紫羅衫，黑漆幞頭，銅束帶，黃絹單包複，皁鞾，紫紵絲抹口青氈韈各三十。

宣聖廟祭服

獻官法服七，梁冠三，簪全。鴉青袍三，絨錦綬紳三，各帶青絨網并銅環二。方心曲領，藍結帶，銅佩，紅羅裙，白絹中單，紅羅蔽膝，革履各三。白絹韈全。執事儒服，軟角唐巾，白襴插領，黃鞓角帶，皁鞾各九十有八。曲阜祭服，連蟬冠四十有三。七梁冠三，五梁冠三十有六，三梁冠四，皁紵絲鞋三十有六輛。舒角幞頭二，軟角唐巾四十，角簪四十有三，冠纓四十有三副。凡八十有六條。象牙笏七，木笏三十有八。玉佩七，凡十有四繫。銅佩三十有六。凡七十有二繫。帶八十有五。藍鞓帶七，紅鞓帶三十有六，烏角帶二，黃鞓帶，烏角偏帶四十，大紅金綬結帶七。上用玉環十有四。青羅大袖夾衣七，紫羅公服二，褐羅大袖衣三十有六。白羅衫四十。白絹中單三十有六，白紗中單七。大紅羅夾蔽膝七，大紅夾裳，緋紅羅夾蔽膝三十有六。緋紅夾裳四，黃羅夾裳三十有六。黃羅大帶七，白羅方心曲領七，紅羅綬帶七，黃絹大帶三十有六。皁鞾，白羊毳韈各四十有二對。大紅羅鞋七輛，白絹夾韈四十有三輛。

天子濟遜

冬之服，凡十有一等。服納奇實，克默爾里克則冠金錦暖帽。服大紅、桃紅、紫、藍、綠布。哩葉蘇則冠七寶重頂冠。服紅、黃粉皮則冠紅金荅子暖帽。服白粉皮則冠白金荅子暖帽。服銀鼠則冠銀鼠暖帽。其上並加銀鼠比肩。俗稱襻子達呼。夏之服，凡十有五等。服塔納圖納奇實綴大珠於金錦。則冠寶頂金鳳鈸笠。服蘇布特圖納奇實綴小珠於金錦。則冠珠子捲雲冠。服納奇實，則帽亦如之。服大紅珠寶里紅毛子塔納，則冠珠緣邊鈸笠。服白毛子金絲寶里，則冠白藤寶貝帽。服駝褐毛子則亦如之。服大紅、綠藍、銀褐、棗褐、金繡龍五色羅則冠金鳳頂笠，各隨其服之色。服金龍青羅則冠金鳳頂，漆紗冠。服珠子褐七寶珠龍荅子，則冠黃雅庫特寶貝珠子，帶後簷帽。服青蘇普金絲闌子，則冠七寶漆紗，帶後簷帽。

百官濟遜

冬之服，凡九等。大紅納奇實一，大紅克默爾里克一，大紅冠素一，桃紅、藍、綠官素各一，紫黃，鴉青各一。夏之服，凡十有四等。素納奇實一，聚綫布哩葉蘇納奇實一，棗褐渾金間絲蛤珠一，大紅官素帶布哩葉蘇一，大紅明珠荅子一，桃紅、藍、綠、銀褐各一，高麗雅青雲袖羅一，駝褐茜紅、白毛子各一，鴉青官素帶布哩葉蘇一。

《輿服志》曰：濟遜，內庭大宴則服之。冬夏之服不同，然無定制。凡勳戚大臣、近侍，賜則服之。下至於樂工、衛士皆有其服。精粗之制、上下之別雖不同，總謂之濟遜云。

百官公服

公服：制以羅，大袖盤領，俱右衽。一品，紫，大獨科花，徑五寸。二品，小獨科花，徑三寸。三品，散荅花，徑二寸，無枝葉。四品五品，小雜花，徑一寸五分。六品七品，緋羅，小雜花，徑一寸八分。九品，綠羅，無文。幞頭，漆紗爲之，展其角。笏，制以牙。上圓下方，或以銀杏木爲之。偏帶，正、從一品以玉或花或素。二品，以花犀。三品四品，以黃金爲荔枝。五品以下，以烏犀，並八胯鞓用朱革。鞾以皁皮爲之。

儀衛服色

交角幞頭，其制：巾後交，折其角。鳳翅幞頭，制如唐巾。兩角上曲而作雲頭，兩旁覆以兩金鳳翅。學士帽，制如唐巾。兩角如匙頭下垂。唐巾，制如幞頭而穪其角，兩角上曲作雲頭。控鶴幞頭，制如交角，金縷其額。花角幞頭，制如控鶴，兩角及額上簇象生雜花。錦帽，制以漆紗，後幅兩旁前拱，而高中下後畫連錢，錦前額作聚文。平巾幘，黑漆革爲之，形如進賢冠之籠巾，或以青或以白。　武弁，制以皮，加漆。　甲騎冠，制以皮，加黑漆，雌黄爲緣。　抹額，制以緋羅，繡寶花。　巾，制以絁，五色畫寶相花。　兜鍪，制以皮，金塗五色，各隨其甲。　襯甲，制如雲肩，青錦質，緣以白錦，衷以氊，裏以白絹。　雲肩，制如四垂雲，青緣黄羅，五色嵌金爲之。　裲襠，制如衫。　襯袍，制用緋錦，武士所以裼裲襠。　士卒袍，制以絹絁，繪寶相花。　窄袖袍，制以羅或絁。辮線襖，制如窄袖衫，腰作辮線細摺。　控鶴襖，制以青、緋二色，錦圓答寶相花。　窄袖襖，長行輿士所服，紺緅色。　樂工襖，制以緋錦，明珠琵琶窄袖辮線細摺。　甲覆膊，掩心扞背。　扞股制以皮或爲虎文、獅子文，或施金鎧鎖子文。　臂鞲，制以錦，緑絹爲裏，有雙帶。　錦螣蛇束麻，長一丈一尺，裏以紅錦。　束帶，紅鞓雙獺尾黄金塗銅，胯餘同腰帶而狹小。　絛環，制以銅，黄金塗之。　汗胯，制以青錦，緣以銀褐。　錦或繡撲獸，間以雲氣。　行縢，以絹爲之。　鞋，制以麻。　鞝鞋，制以皮爲履，而長其鞝縛於行縢之内。　雲頭鞾，制以皮幫，嵌雲朵頭作雲象，鞝束於脛。

服色等第

一蒙古人不在禁限，及見當集賽諸色人等亦不在禁限。惟不許服龍鳳文。龍謂五爪二角者。　一職官除龍鳳文外，一品二品服渾金花，三品服金荅子，四品五品服雲袖帶襴，六品七品服六花，八品九品服四花。職事散官從一高。　繫腰，五品以下許用銀并減鐵。【略】一帳幕，除不得用赭黄龍鳳文外，一品至三品許用金花刺繡紗羅，四品五品用刺繡紗羅，六品以下用素紗羅。　一内外有出身，考滿應入流見役人員，服用與九品同。　一授各投下令旨鈞旨有印信，見任勾當人員，亦與九品同。　一庶人除不得服赭黄，惟許服暗花紵絲紬綾羅毛毳。　帽笠不許飾用金玉，鞾不得裁制花樣。　首飾許用翠花并金釵鎞各一事，惟耳環用金珠碧甸，餘並用銀酒器。　許用銀壺瓶臺盞盂鏇，餘並禁止。　帳幕用紗絹不得赭黄。　一諸色目人除行營帳外，其餘並與庶人同。　一諸職官致仕與見任同解降者，依應得品級。　不敘者與庶人同。　一父祖有官既没，年深非犯除名不敘之限，其命婦及子孫與見任同。　一諸樂藝人等服用與庶人同。　凡承應妝扮之物，不拘上例。　一皁隸公使人惟許服紬絹。　一漢人、高麗、南人等投充集賽者，並在禁限。

《輿服志》曰：服色等第，上得兼下，下不得僭上。違者，職官解見任，期年後降一等敘。餘人決五十七下。違禁之物，付告捉人充賞。有司禁治不嚴，從監察御史、廉訪司究治。惟御賜之物，不在禁限。

臣等謹按：以上等第，即仁宗延祐元年所定也。又王圻《續通考》載：官民帽簷或圓或前圓後方，其髮或辮或打紗練。惟庶民椎髻，服用深金緣爲納奇實，或腰線繡通神襴。上下均服焉。附録於此。

葉世奇《草木子》曰：紗帽圓領，唐服也。仕者用之。中笠襴衫，宋服也。中環襈領，金服也。帽子繫腰，元服也。庶民服之。

《明會要》卷一四《禮九・禁踰侈》

洪武元年十二月，諭中書省臣曰：帝王之治天下，必定禮制以辨貴賤，明等威，是以漢高初興，即有衣錦繡綺縠，操兵乘馬之禁，歷代皆然。近代風俗相沿，流於奢侈，閭里之民，服食居處，與公卿無異，貴賤無等，僭禮敗度，此元之所以失也。宜明立禁條，頒示中外，俾各有所守，以正名分。《聖政記》

三年八月己卯，申禁官民器服僭用。《大政政》

十八年九月庚午，諭户部曰：足食在於禁末作，足衣在於禁華靡。宜申明天下四民，各守其業，不許游食。庶民之家，不許衣錦繡。《大訓記》

二十六年六月辛丑，申嚴公侯制度僭侈之禁。《大政記》

三十年八月，上御奉天殿，見散騎舍人衣極鮮麗，問制用幾何。對曰：五百貫。上曰：五百貫，農夫十數口之家一歲之資也，爾乃費之於一衣，豈非暴殄，命切責之。《昭代典則》

宣德四年二月乙未，諭行在禮部尚書胡濙曰：朝廷之禮，最先正名，尊卑等級，不可僭差。凡内外官員，士庶服飾儀從，皆有定制。近多越禮犯分，其揭榜申明定章，使無僭越。《大訓記》

成化六年十二月，禁奢侈，從給事中王宏請也。《大政記》

弘治十一年十二月庚子，禁中外奢靡踰制。

正德元年六月辛酉，禁吏民奢靡。十四年二月丁未，禁冠服非制。

嘉靖九年二月丁丑，禁官民服舍、器用踰制。

十四年二月丁未，禁冠服非制。已上《本紀》。

二十四年閏正月，詔中外嚴禁奢靡。《大政記》

二十七年四月，給事中奏請申明禮制，凡飲食、宴會、服舍、輿馬器用之類，悉差爲等第，令不得踰越。《憲章録》

萬曆十五年六月戊辰，禁廷臣奢僭。《本紀》沈鯉爲禮部尚書，念時俗侈靡，稽先朝典制，自喪祭、冠婚、宮室、器服，率定爲中制頒天下。《沈鯉傳》

《明會要》卷二三《輿服上·天子冠服皇后附》 天子衮冕服。冕前後各十二旒。旒五采，衮(元)〔玄〕衣黄裳。十二章，日、月、星辰、山、龍、華蟲六章織於衣。宗彝、藻、火、粉米、黼、黻六章織於裳。凡祭天地、宗廟、社稷、先農及正旦、冬至、聖節、册拜，皆服之。

天子通天冠服。郊廟，省牲，皇太子、諸王冠婚，醮戒，則服通天冠、絳紗袍。

天子皮弁服。用烏紗冒。之凡朔望視朝，降詔降香，進表，四夷朝貢，外國朝覲，策士傳臚皆服之。嘉靖以後，祭太歲、山川諸神亦服之。

天子常服。烏紗折角向上巾，盤領，窄袖，袍束帶。間用金琥珀透犀。

永樂三年，更定冠。以烏紗冒之折角向上，其後名翼善冠。袍黄，盤領，窄袖，前後及兩肩各織金盤龍帶。用玉韠，以皮爲之。已上王圻《通考》

洪武元年二月己未，學士陶安等請製五冕。帝以其禮太繁，命祭天地、宗廟服衮冕。餘皆不用。《通典》

二年五月，上親祀外王父楊王廟。禮官請御通天冠，絳紗袍。祭畢，召大臣問曰：朕祭外王父，卿等以爲不當服衮冕。何也？宋濂對曰：衮冕，唯天地宗廟用之。餘皆降禮也。《禮賢録》

二十四年，帝微行至神樂觀。見有結網巾者，次日取之，頒示天下。人無貴賤，皆裹網巾。於是天子亦常服網巾。馬后平居服大練，浣濯之衣雖敝，不忍易。《高皇后傳》

嘉靖七年二月，更定燕弁服。初帝以燕居冠服，尚沿習俗。諭張璁考古帝王燕居法服之制。璁乃采禮書(元)〔玄〕端深衣之文，圖註以進帝。爲參定其制，因諭禮部曰：古(元)〔玄〕端，上下通用。今非古人比，雖燕居宜辨等威。因酌古制，更名曰燕弁。寓深宮獨處，以燕安爲戒之意。

八年，諭閣臣張璁：衮冕有革帶，今何不用？璁對曰：按陳祥道《禮書》：古革帶、大帶皆謂之鞶革帶，以繫佩韍。然後加以大帶。而笏搢於二帶之間。夫革帶，前繫韍，後繫綬，左右繫佩。自古冕弁恒用之。今惟不用革帶，以至前後佩服皆無所繫。遂附屬裳要之間。失古制矣。帝曰：冕服祀天地，享祖宗，若闕革帶，非齊明盛服之意。及觀《會典》載蔽膝用羅，上織火、山、龍三章。并大帶緣用錦，皆與今所服不合。卿可并革帶繫蔽膝、佩綬之式，詳考，繪圖以進。又云：衣裳分上下服，而今衣恒掩裳。裳制如帷，而今兩幅。朕意：衣但當與裳要下齊，而露裳之六章何如？已又諭璁，以變更祖制爲疑。璁對曰：臣考《禮制》衣不掩裳，與聖意允合。夫衣六章，裳六章，義各有取。衣自不容掩裳。《大明集禮》及《會典》與古制不異。今衣八章，裳四章，故衣常掩裳。然於典籍無所準。內閣所藏圖註，蓋因官司織造循習訛謬，今訂正之，乃復祖制。非有變更。帝意乃決，令擇吉更正其制。

又諭閣臣張璁云：會典紀親征，類禡之祭，皆具武弁服。不可不備。璁對周禮有韋弁。謂以韎韋爲弁。又以爲衣裳。國朝視古損益，有皮弁之制。今武弁當如皮弁，但皮弁以黑紗冒之，武弁當以絳紗冒之。已上《輿服志》

諸王冠服

諸王助祭、謁廟、正旦、冬至等朝賀，服衮冕。冕五采九旒。衣五章，裳四章。朔望朝、降詔、降香、進表、四夷朝貢、朝覲，服皮弁服。王圻《通考》

洪武二十一年，諸王來朝。時制度未備，諸王服乘擬太子。户科給事中卓敬乘間言：京師天下視效，陛下於諸王不早辨等威，而使服飾與太子埒。嫡庶相亂，尊卑無序，何以服天下？《卓敬傳》

嘉靖七年，諭禮部：朕仿古(元)〔玄〕端，自爲燕弁冠服，更制忠静冠服，錫於有位。而宗室諸王，制猶未備。今酌燕弁及忠静冠之制，復爲式具圖。命曰：保和冠服，自郡王長子以上其式已明。鎮國將軍以下至奉國中尉及長史、審理，紀善、教授、伴讀俱用忠静冠服。依其品服之儀。賓及餘官不許概服。夫忠静冠服之異式，尊賢之等也。保和冠服之異式，親親之殺也。等殺既明，庶幾乎禮之所保。保斯和，和斯安。此錫名之義也。其以圖説頒示諸王府，如敕遵行。《輿服志》

《明會要》卷二四《輿服下·百官冠服》 洪武元年，命制公服、朝服，以賜百官。禮部言：各官散官與見任職事高下不同，服色不能無異，乞定其制。詔省部臣議。禮部復言：唐制，服色皆以散官爲準。元制，散官、職事各從其高者。國初，服色依散官。與唐制同。乃定服色準散官，不計見職。所賜袍帶亦如之。《輿服志》

凡朝服：赤羅衣，白紗中單，俱用青飾領緣。赤羅裳，青緣。赤羅蔽膝，革帶，大帶，佩綬，白襪，黑履。凡大祀慶成、正旦、冬至、聖節及頒降開讀詔赦、進表、傳制則服之。俱用梁冠。一品至九品俱以冠上梁數爲差。公冠八梁、侯伯七梁、駙馬冠與侯同，一品七梁，二品六梁，三品五梁，四品四梁，六品二梁，八品九品一梁。

凡公服：用盤領右衽袍，或紵絲、紗、羅、絹，從宜製造。袖寬三尺。一品至四品緋袍，五品至七品青袍，八品九品緑袍。未入流雜職官，袍、笏、帶與八品以下同。在京官每日早晚朝奏事及侍班謝恩則服之。在外文武官，每日公座服之。後常朝止便服。惟朔望具公服朝參。其武官應直守衛者，不拘此服。其公服花樣：一品大獨科花，徑五寸。二品小獨科花，徑三寸。三品散搭花無枝葉，徑二寸。四品、五品小雜花紋，徑一寸五分。六品、七品小雜花紋，徑一寸。八品以下無紋。公侯、駙馬、伯公服服色花樣與一品同。文武官公服花樣如無從，織造則用素。

凡陪祭服：一品至九品，青羅衣，白紗中單，俱用皁領緣，赤羅裳。皁緣赤羅蔽膝，方心曲領。其冠帶佩綬等第並同朝服。其家用祭服：三品以上去方心曲領，四品以下並去佩綬。已上《會典》、王圻《通考》。

二年，賜朝臣袍帶凡二千八百一十三人。《春明夢餘録》

三年定：凡文武官，常朝視事以烏紗帽、團領衫、束帶爲公服。其帶一品玉，二品花犀，三品金鈒花，四品素金，五品銀鈒花，六品七品素銀，八品九品烏角。王圻《通考》

四年，中書省議定：侍儀舍人併御史、知班引禮執事冠，進賢冠，無梁服，絳色衣。同上。

二十三年三月，定朝臣衣服之制。上見文臣，衣服之制多取便易。日至短窄，有乖古制。乃詔禮部尚書李原名等參酌時宜。文官衣自領至裔，去地一寸，袖長過手，復回至肘。公侯駙馬與文官同。武官去地五寸，袖長過手七寸。

景泰四年，令錦衣衛指揮，侍衛者得衣麒麟服。

成化二年，令官民人等不許僭用服色花樣。

宏治十三年，奏定公侯伯、文武大臣及鎮守守備違例奏請蟒衣、飛魚衣服者，科道糾劾，治以重罪。已上《會典》。

御史范輅清軍江西，甯王宸濠令諸司以朝服見。輅奏言：高帝定制，王府屬僚稱官，後乃稱臣。其餘文武及京官出使者皆稱官。朝使相見，以便服。今天下王府儀注制未畫一，臣以爲尊無二上，凡不稱臣者，皆不宜具朝服，以嚴大防。章下禮官議，宸濠馳疏争之，廷議請如輅言。《范輅傳》

正德元年，敕官員及軍民人等衣服帳幔不許用(元)〔玄〕、黄、紫三色。其朝見人員，四時並用顏色衣服，不許純素。王圻《通考》

十三年正月，帝至自宣府。傳旨：用曳𦀇、大帽鸞帶。且賜羣臣大紅紵絲、羅、紗各一。其綵繡：一品斗牛，二品飛魚，三品蟒，四品麒麟，五六七品虎彪。翰林科道官不限品級，皆與焉。惟部曹以下不與。言官論其非制，不納。《三編》

質實云：《五行志》曳𦀇、大帽行役所用。非見君服。皆服妖也。又文臣服色亦以走獸，而麒麟之服逮於四品，尤異事也。

十六年，世宗登極。詔云：近來冒濫玉帶、蟒龍、飛魚、斗牛服色，皆庶官雜流。並各處將領，夤緣奏乞，今俱不許。武職卑官僭用公侯服色者，亦禁絶之。《輿服志》

嘉靖六年，禁中外官不許濫服五采妝花，織造違禁顏色。《會典》

七年，製忠静冠服。圖頒禮部。敕諭之曰：祖宗稽古定制，品官朝祭之服，各有等差。第常人之情多謹於明顯，怠於幽獨。古聖王慎之，制(元)〔玄〕端以爲燕居之服。比來衣服詭異。上下無辨。民志何由定？朕因酌古(元)〔玄〕端之制，更名忠静。庶幾乎進思盡忠，退思補過焉。朕已著爲圖說，如式製造。在京許七品以上官及八品以上翰林院、國子監、行人司，在外許方面官及各府堂官、州縣正堂、儒學教官服之。武官止都督以上，其餘不許濫服。

八年，更定百官祭服。上衣青羅皁緣，下裳赤羅皁緣。蔽膝、綬環、大帶、革帶、佩玉、襪履俱與朝服同。已上《王圻通考》。

十六年，羣臣朝於駐蹕所。兵部尚書張瓚服蟒。帝怒。諭閣臣夏言曰：尚書二品，何自服蟒？言對曰：瓚所服乃欽賜飛魚服，鮮明類蟒耳。帝曰：飛魚何組兩角？其嚴禁之。《輿服志》

萬曆五年，令常朝俱衣本等錦繡服色。其朝覲官見辭謝恩，不論已未入流，公服行禮。《會典》

閣臣王錫爵疏：臣伏見連日大雪，風寒異常。百官尚未蒙恩，傳戴暖耳。祖宗二百年來，歲傳暖耳，示體恤於等威之外。所以百官傳衣不謝而傳暖耳。獨謝此燔肉醴酒之類。物微禮重，不可忽也。《春明夢餘録》

崇禎十三年，上諭禮部，令百官燕居，皆用世廟所製忠静冠服。賜閣臣五人

一襲，復以二襲下部爲式。同上

《明會要》卷二四《輿服下・士庶冠服》 洪武三年，士庶戴四帶巾，改四方平定巾。雜色盤領衣，不許用黄。《集禮》

又令庶民男女衣服不得僭用金繡錦、綺、紵絲、綾、羅，止許紬、絹、素紗。其鞾不得裁製花様，金線妝飾。首飾釵鐲不許用金玉珠翠，止用銀。

六年，令庶民巾環不得用金玉、瑪瑙、珊瑚、琥珀。未入流品者，同庶民帽。不得用頂帽珠。止許水晶香木。

十四年，令農民許衣紬、紗、絹、布。商賈止衣絹、布。農家有一人爲商賈者，亦不得衣紬、紗。已上《會典》。

二十四年十月丁巳，定生員巾服之制。帝以學校爲國儲材，而士子巾服無異吏胥。宜更易之。命秦逵製式以進。凡三易其制。始定命用玉色絹爲之，寬袖皁緣，皁絛軟巾，垂帶，命曰襴衫。上又親服試之，始頒行天下。《昭代典則》

洪熙中，帝問衣藍者何人？左右以監生對。帝曰：著青衣較好。乃易青圓領。《輿服志》

二十五年，禁庶人不許穿鞾，止許穿皮札䩺。惟北地苦寒，許用半皮直縫鞾。

正德元年，禁商販、僕役、倡優、下賤，不許服用貂裘。已上《會典》。

嘉靖二十二年，禮部言：近日士民冠服詭異，製爲淩雲等巾，僭擬多端，有乖禮制，詔所司禁之。《憲章録》

萬曆二年，禁舉人、監生、生儒僭用忠静冠，巾錦綺，鑲履及張傘蓋，戴暖耳。違者，五城御史送問。《輿服志》

顧炎武《日知録》卷一五《衫帽入見》 《唐書・李訓傳》：文宗召見，「訓以（衰）〔縗〕麤，難入禁中，（帝）令〔訓〕戒服，號王山人」。《宋史・蔡挺傳》：「仁宗欲知契丹事，召對便殿。挺時有父喪，聽以衫帽入。」則唐宋有喪者，不敢假公服也。今人干謁官長，輒易青黑，與常人無異，是又李訓之不如乎？

顧炎武《日知録》卷二八《冠服》 《漢書・五行志》曰：「風俗狂慢，變節易度，則爲剽輕奇怪之服，故有服妖。」余所見五六十年服飾之變，亦已多矣，故録其所聞以視後人焉。

《豫章漫鈔》曰：今人所戴小帽，以六瓣合縫，下綴以簷如箍。閻憲副閎謂予言：亦太祖所製，若曰六合一統云爾。楊維楨廉夫以方巾見太祖，問其製。對曰：四方平定巾。上喜，令士人皆得戴之。商文毅用自編民，亦以此巾見。

《太康縣志》曰：國初時衣衫，褶前七後八。宏治間，上長下短，褶多。正德初，上短，下長三分之一，士夫多中停。冠則平頂，高尺餘，士夫不減八九寸。嘉靖初，服上長下短，似宏治時。市井少年帽尖長，俗云邊鼓帽。宏治間，婦女衣衫僅掩裩腰，富者用羅、緞、紗、絹，織金彩通袖，裙用金彩膝襴。髻高寸餘。正德間，衣衫漸大，裙褶漸多，衫唯用金彩補子。髻漸高。嘉靖初，衣衫大至膝，裙短褶少。髻高如官帽，皆鐵絲胎，高六七寸，口周回尺二三寸餘。

《内丘縣志》曰：萬曆初，童子髮長猶總角，年二十餘始戴網。天啟間，則十五六便戴網，不使有總角之儀矣。萬曆初，庶民穿腄靸，儒生穿雙臉鞋，非鄉先生首戴忠靖冠者，不得穿廂邊雲頭履。至近日，而門快輿皁，無非雲履，原注：俗呼朝鞋。醫卜星相，莫不方巾。又有晉巾、唐巾、樂天巾、東坡巾者。先年婦人，非受封不敢戴梁冠，披紅袍，繫拖帶，今富者皆服之。又或著百花袍，不知創自何人。萬曆間，遼東興治服五彩炫爛，不三十年而遭屠戮，兹花袍幾二十年矣。服之不衷，身之災也，兵荒之咎，其能免與。

王士禛《分甘餘話》卷二《花翎玄狐》 本朝侍衛皆於冠上帶孔雀翎，以目暈之多寡爲品之等級。武臣提督及總兵官亦有賜者，後文臣督撫亦或蒙賜，得之者以爲榮。袍帽初以紫貂爲貴，康熙以來，尤貴玄狐，非閣臣不得賜，尚書亦有蒙賜者。厥名玄狐，而色實蒼白也。

方苞《議》 《禮記・閒傳》：「斬衰三升，既虞卒哭，受以成布六升，冠七升。」禮有以故興物者，衰杖絰帶是也。故漸易而輕，使哀情象之。謹議：百日以後，皇上衣青絹，裏以縞，冠裏亦如之，加青緯，帶從衣。

《禮記・喪服四制》：「父母之喪」「十三月而練」。《檀弓》篇：「練，練衣，黄裏縓緣。」此小祥之易服也。謹議：小祥之後，皇上衣青紬，裏絹淺藍，冠緣亦如之。

《禮記・閒傳》：「又期而大祥，素縞麻衣。」《玉藻》篇：「縞冠素紕，既祥之冠也。」謹議：大祥之後，皇上衣元青緞，裏以縓，冠裏亦如之。自受服易青，至大祥，朔月月半之奠或朝夕上食，仍用白衫，冠無緯，終事而釋，大祥後不復用。

《儀禮·士虞禮》：「中月而禫。」《禮記·閒傳》：「禫而纖，無所不佩。」謹議：皇上禫祭後，衣藍緞表衣，石青冠，朱緯，帶，佩畢具。

古者，三年之喪，二十五月而畢；後世加以二十七月，何也？《禮記·喪大記》：「禫而從御，吉祭而復寢。」蓋既禫居外寢，婦人可從而與執事矣；然必更四時吉祭，始復内寢。吉祭之期，寬以浹月，然後無弗逮，故於古有加焉。謹議：二十七月内，元旦冬至，不受朝賀。遇大典陞殿，暫服吉，終事而釋。

《春秋》之義，臣子一例。故曰：「事君猶事父也。」《儀禮·喪服傳》：「君，至尊也。」「父，至尊也。」《禮記·昏義》：「爲天王服斬衰，服父之義也。」古者，端衰無等。謹議：自齒朝以上，冠衣宜從上所服；在師中，則仍其常服。《禮記·雜記》：「大夫次於公館以終喪，士練而歸。」《疏》謂邑宰之士，歸其所治邑也。又曰：「大夫居廬，士居堊室。」尊卑外内之有别，蓋以稱情而責其哀敬之實焉。謹議：文臣在京四品以上及翰林科道，在外兩司以上，中外武臣二品以上，皆終喪不得嫁子娶婦，下此以周期爲限。本身則終喪不得娶妻，聽樂宴賓視此。謹議。

傅恒等《皇清職貢圖》

西藏所屬衛、藏、阿爾、喀木諸番民

西藏所屬衛、藏、阿爾、喀木諸番婦

西藏，古西南徼外諸羌戎地，唐宋爲吐蕃部落，今皆皈依達賴喇嘛。我朝命大臣駐守之。其地有四，曰衛，曰藏，曰阿爾，曰喀木，共轄城六十餘。番民男戴高頂紅纓氈帽，穿長領褐衣，項掛素珠。女披髮垂肩，亦有辮髮者，或時戴紅氈涼帽。富家則多綴珠璣以相炫耀。衣外短内長，以五色褐布爲之。能織番錦毛罽，足皆履革鞮。其賦税俱進之達賴喇嘛。

西藏所屬布嚕克巴番人

西藏所屬布嚕克巴番婦

布嚕克巴部落在藏地之西南，本西梵國所屬，西藏郡王頗羅鼐始招服之，今每歲遣人赴藏恭請聖安。其男子披髮，裹以白布，如巾幘然，著長領褐衣，肩披白單，手持素珠。婦女盤髮後垂，加以素冠，著紅衣，外繫花褐長裙，肩披青單，項垂珠石纓絡，圍遶至背。其俗知崇佛唪經，然皆紅教也。

西藏所屬穆安巴番人

西藏所屬穆安巴番婦

穆安巴部落本亦西梵國所屬，因與布嚕克巴番人接壤，常赴藏地。其男子披髮，頂覆紅牛毛，毿毿四垂，褐衣革鞮，肩披黄單。女披髮，約以金箍，綴珠鈿，褐衣跣足，亦有著革鞮者。

西藏巴呼喀木等處番人

西藏巴呼喀木等處番婦

巴呼喀木部落在藏地之東，所屬有裏塘、巴塘、查穆鐸等處。其男子戴白氈，鋭頂，帽上插鳥羽三枝，著紅褐長領衣，皂襪朱履，胸佩護心小鏡，時負番錦等物赴藏貿易。婦女盤髻，戴紅緑布冠，額綴珠鈿，領圍綉巾，肩披紅單衣，用各色褐布外繫緣邊，褐裙，束以錦帶，跣足不履，亦有著革鞮者。多皈依紅教。

西藏密尼雅克番人

西藏密尼雅克番婦

密尼雅克番人在打箭爐口外，居藏地之東，亦多皈依紅教。男戴圓頂氈盔，著窄袖綿甲，背負鐵板，脛裹行縢，赤足不履，出入必佩利刃彎弓，挾矢，以射獵爲事。婦女披髮後垂，蒙以青帛，綴珠爲飾，耳戴大環，繫青絲三綹，著三截緑邊褐衣，五色花袖，而肩背間交縈青紅帛布，亦雜綴以珠石，蓋川省苗蠻種類也。

魯康布札番人

魯康布札番婦

魯康布札部落在藏地之西南數千里荒野，蠢頑不知佛教。男婦冬衣獸皮，夏衣樹葉，時捕諸毒蟲以充食。其人亦無赴藏者。

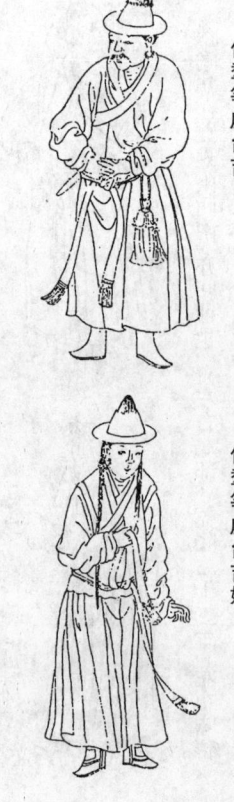

伊犁等處台吉

伊犁等處台吉婦

伊犁即古屈里地也，舊爲厄魯特部落所屬，有二十一處。乾隆二十年，我師平定，遂隸版圖，其人專事遊牧，冬就燠，夏就涼，居無定處。山多積雪，得雨消融，足資灌溉。或招回人耕種，有黍麥穀數種。産瓜與葡萄，而桃李梨杏亦皆有之。其頭目謂之臺吉，戴紅纓高頂平邊氈帽，左耳飾以珠環，錦衣錦帶，腰插小刀，佩碗巾，穿紅牛革鞮。其婦辮髮雙垂，約以紅帛，綴珠，兩耳珠環，衣以錦綉，其冠履俱與台吉同。

伊犁等處宰桑

伊犁等處宰桑婦

伊犁等處台吉之下，各置宰桑以轄民人部落，職有大小，以所轄之遠近爲差。男戴紅纓高頂卷邊皮帽，左耳亦飾珠環，衣長領衣，或以錦綉，或以紵絲氆氇，腰插小刀，佩碗巾，穿紅牛革鞮。其婦人服飾亦俱與台吉之婦相似，蓋亦無甚區別也。

伊犁等處民人

伊犁等處民人婦

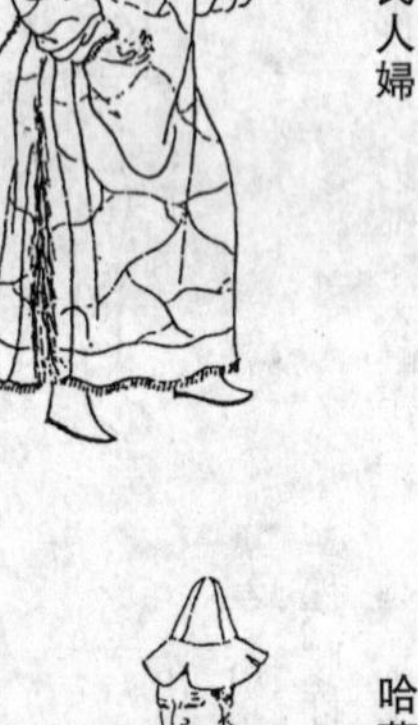

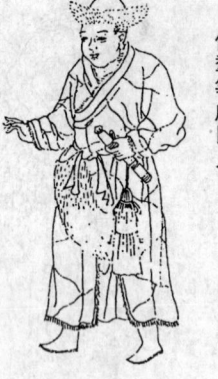

伊犁民人以遊牧爲事，耕鑿咸仰食於回人。男帶黄頂白羊皮帽，左耳飾以銅環，著無面羊皮衣，腰繫布帶，穿黄黑革鞮。婦辮髮雙垂，兩耳俱貫銅環，其冠服革鞮亦與男子同。

伊犁塔勒奇、察罕烏蘇等處回人

伊犁塔勒奇、察罕烏蘇等處回人婦

伊犁貿易回人族姓不一，住伊犁之塔勒奇、察罕烏蘇等處，與諸厄魯特貿易，又有阿克素、庫車、葉爾奇木、喀什噶爾、呼騰等五種回人各居城堡，以耕牧爲生。乾隆二十年平定伊犁，其回人阿迪斯、伯克烏素卜等輸誠向化，赴熱河朝覲，賜賚遣歸。男戴紅頂貂帽，著金絲織錦衣，束錦帶，穿嵌花革鞮。回婦辮髮雙垂，約以紅帛，綴珠爲飾，其冠服則與男子相同，能織番錦，俗稱回子錦，每錦一端可易馬十餘匹，或羊數十隻。

哈薩克頭目

哈薩克頭目婦

哈薩克民人

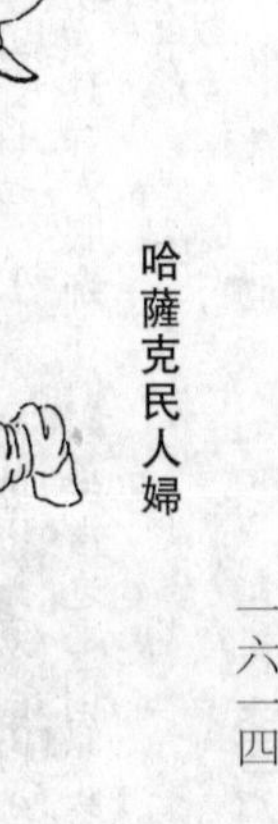

哈薩克民人婦

哈薩克在准噶爾西北，即漢大宛也，有東西二部，自古未通中國。乾隆二十二年，東哈薩克之阿布賴、阿布爾班必特，西哈薩克之阿必里斯等先後率衆歸誠，各遣其子侄赴京瞻仰，並進獻馬匹，遂隸版圖。其俗以遊牧爲生，亦知耕種，頭目等戴紅白方高頂皮邊帽，衣長袖錦衣，絲絲革鞮。婦人辮髮雙垂，耳貫珠環，錦鑲長袖衣，冠履與男子同。其民人男婦則多氈帽褐衣而已。

布嚕特頭目

布嚕特頭目婦

布嚕特民人

布嚕特民人婦

布嚕特在准噶爾西南，亦回種也，有左右二部。乾隆二十三年，左布嚕特之瑪母特庫里，右布嚕特之哈拉博托等率其部落先後歸誠，各遣使進京瞻仰，遂隸版圖。其俗以耕牧爲生。男戴長頂高沿帽，約以白絲四道，衣長領錦衣，腰繫紅帶，足履紅革鞮。婦人辮髮雙垂，耳貫珠環，衣鑲邊長袖錦衣，冠履亦同男子。

烏什、庫車、阿克蘇等城回目

烏什、庫車、阿克蘇等城回目婦

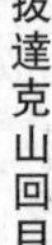

烏什、庫車、阿克蘇等處回人

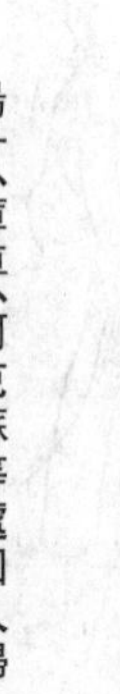

烏什、庫車、阿克蘇等處回人婦

烏什、庫車、阿克蘇等城回人，西域回部也。又有互闐五城，即古于闐國。其回目謂之和卓木，各城有伯克以轄之。乾隆二十三年，烏什城霍集斯伯克遣子莫雜帕爾來京瞻仰，頭裹錦巾，頂插金條，如花葉狀，行則玱然有聲，錦衣錦帶，履花革鞮，蓋回俗貴者之服飾也。婦人辮髮雙垂，耳貫珠環，錦鑲衣，花革鞮。

拔達克山回目

拔達克山回目婦

至回民男婦則小白帽，褐衣，大約與吐魯番相似。地有城郭、村落、室廬，土產五谷瓜果。男勤耕作，女知織紝，牲畜駝馬牛羊皆有之。

拔達克山回民

拔達克山回民婦

拔達克山在喀什噶爾之西二千餘里，蓋西域回部之稍大者。乾隆二十四年秋，大兵追擒逆回兩和卓木至其地，其酋素爾坦沙協力堵截，執殺兩和卓木，獻馘軍門，輸誠內屬，遣使赴京瞻仰，貢獻狗馬槍械等物，其附近之坡羅爾等城回人亦俱聞風向化。男女服食大約與喀什噶爾等城回俗相同，其言語謂之帕爾西話。

安集延回目

安集延回目婦

安集延回民

安集延回民婦

安集延城在喀什噶爾西北千餘里，其地與布嚕特接壤，各部回人多有往彼貿易者。乾隆二十四年秋，大兵平定喀什噶爾，其目厄爾得尼伯克遂納款歸誠。其人以貿易耕種爲業，言語服食大概亦與喀什噶爾等城回俗相同。

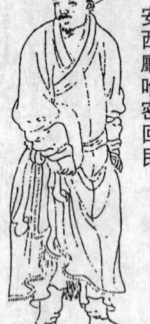

安西廳哈密回民

安西廳哈密回民婦

哈密回民即唐時回紇苗裔，明置哈密衛嗣服，屬於準噶爾。本朝定鼎，回長奉貢襲封。至康熙年間，西路用兵，爲設駐防武臣，屹爲重鎮。其人男戴紅頂黑檐帽，衣長領齊袖衣。婦人披髮四垂，戴瓜皮小帽，衣用各色褐布。飲食風俗俱同内地。回民歲貢哈密瓜等物，其瓜州五堡回民則繫雍正年間投誠安插者，服飾與哈密同。

肅州金塔寺魯克察克等族回民

肅州金塔寺魯克察克等族回婦

魯克察克、皮禪二族回民俱吐魯番部落，亦唐時回紇苗裔也。本朝雍正四年投誠内附，安插於肅州之金塔寺威魯堡，給田耕種，以資生計。男子戴緑頂皮帽，衣褐布長領衣。婦人髮垂兩綹，戴紅帽，斜插沙鷄翎，衣用紅緑等色布，足靴以布帶縱横繫之。其飲食風俗亦同内地回民。

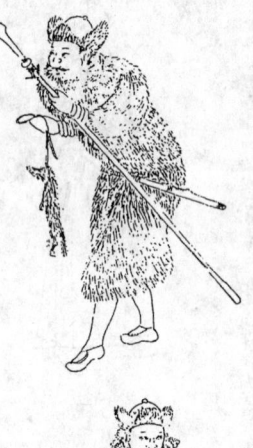

鄂倫綽以下關東

鄂倫綽婦

寧古塔之東北海島一帶，《唐書》所云「少海之北，三面阻海，人依嶼散居，有魚鹽之利」者。人有數種，鄂倫綽其一也，在近海之多羅河、强黔山遊牧。男女皆披髮跣足，以養角鹿捕魚爲生，所居以魚皮爲帳。性懦弱。歲進貂皮。

奇楞

奇楞婦

奇楞在寧古塔東北二千餘里，亨滚河等處。性强悍，以捕魚打牲爲業。男女衣服皆鹿皮魚皮爲之。無書契，其土語謂之奇楞話。歲進貂皮。

庫野

庫野婦

庫野居東海島之雅丹達里堪等處。男則剃頂心以前之髮而蓄其後，長至肩即截去，草笠布衣，綴紅布卍字於肩臂間，亦有衣魚皮者。性好鬥，出必懷利刃。婦女幼時即以針刺唇，用烟煤塗之。土語謂之庫野話。歲進貂皮。

費雅喀

費雅喀婦

費雅喀在松花江極東，沿海島散處，以漁獵爲生。男女俱衣犬皮，夏日則用魚皮爲之。性悍好鬥，出入常持兵刃。歲進貂皮。

恰喀拉　恰喀拉婦

恰喀拉散處於渾春沿東海及富沁岳色等河。男女俱於鼻旁穿環，綴寸許銀銅人爲飾。男以鹿皮爲冠，布衣跣足。婦女則披髮不笄，而襟衽間多刺綉紋。其屋廬舟船俱用樺皮，俗不知網罟，以叉魚射獵爲生。性遊惰，無蓄積。土語謂之恰喀拉話。歲進貂皮。

七姓　七姓婦

七姓在三姓之西二百餘里之烏扎拉洪科等處，性多淳樸，地産蕎麥，雖知耕種而專以漁獵爲生，遇冬月冰堅則足踏木板溜冰而射。其婦女亦善伏弩捕貂，衣帽多以貂爲之。土語謂之烏迪勒話。歲進貂皮。

赫哲　赫哲婦

赫哲所居與七姓地方之烏扎拉洪科相接。性强悍，信鬼怪。男以樺皮爲帽，冬則貂帽狐裘。婦女帽如兜鍪，衣服多用魚皮，而緣以色布，邊綴銅鈴，亦與鎧甲相似。以捕魚射獵爲生，夏航大舟，冬月冰堅則乘冰牀，用犬挽之。其土語謂之赫哲話。歲進貂皮。

羅源縣畲民以下福建省　羅源縣畲民婦

福州府屬羅源等縣畲民，即粤之猺人。《福建通志》云：汀猺人與虔漳潮滘接壤，以槃、藍、雷爲姓。又《連江志》：畲民，五溪槃瓠之後也。《桂海虞衡志》謂之猺，今居羅源者，只藍、雷二姓，相爲婚姻。或云海南民藍奇、雷聲隨王審知入閩，因居羅源村中，然不可考。其習俗誠樸，與土著無異，無酋長統轄，多在荒僻山巔結茅爲屋，男女相助力作，採薪捕魚以供食用。男椎髻，短衣，荷笠携鋤。婦挽髻，蒙以花布，間有戴小冠者，貫綠石，如數珠垂兩鬢間，圍裙著履，其服多以青藍布。

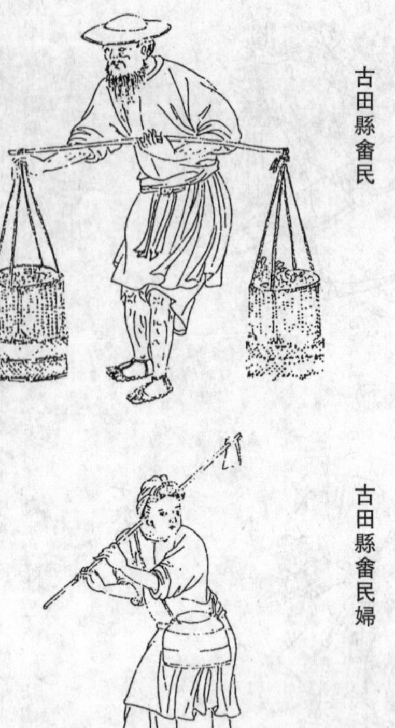

古田縣畬民　古田縣畬民婦

古田畬民即羅源一種，散處縣之上洋等村，以耕漁爲業，竹笠草履，勤於負擔。婦以藍布裹髮，或戴冠狀如狗頭，短衣布帶，裙不蔽膝，常荷鋤跣足而行，以助力作。

臺灣縣大傑嶺等社熟番婦　臺灣縣大傑嶺等社熟番

臺灣自古不通中國，本朝始入版圖。番民有生熟二種，聚居各社，如內地之村落，不設土司，衆推一人約束，其大傑嶺等社熟番。編竹木爲墻屋，蓋以茅茨，土基甚高，入室必以梯。男剪髮，束以紅帛，衣用布二幅聯如半臂，垂尺許於肩肘，腰圍花布，寒衣曰縵披，其長覆足。婦衣亦然。俱以銅鐵環束兩腕，或疊至數十，各縣社番多有之。嚼米爲酒，恒携黃梨以佐食。男女相悅即野合，《府志》稱各社終身依婦以處，贅婿即爲子孫。歲輸丁賦七十餘兩。其新港、卓猴二社舊屬諸羅，今改隸臺灣縣治。

鳳山縣放綀等社熟番婦　鳳山縣放綀等社熟番

放綀等社熟番相傳爲紅毛種類，康熙三十五年歸化。其人善耕種，地產香米。男以鹿皮蔽體，或披氈敞衣。女著衣裙，喜懸螺貝於項間，腕束銅環而跣足。捕鹿必聽鳥音，以占得失。婚娶名曰牽手。女及笄，構屋獨居，番童以口琴挑之，喜則相就。遇吉慶，輒艷服簪野花，連臂踏歌，名曰「番戲」。疾病不事醫藥，用冷水浴之，茄藤、力力等社皆然。歲輸丁賦三百四十九兩零。

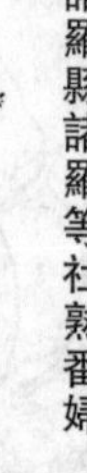

諸羅縣諸羅等社熟番婦　諸羅縣諸羅等社熟番

諸羅山社相傳亦紅毛種類，風俗物産與鳳山放綀等社相似。男番首插雉尾，以樹皮績爲長衫，夏常裸體。女盤髮綴小珠，覆以布帕，項圍白螺珊瑚爲飾。又男番喜穿耳，納竹圈於中，漸易大者，久之將垂及肩，乃實以圓木，或嵌螺錢，各縣社番多有之。諸羅社在縣西，其打猫社、他里霧社、柴里社俱在縣北。

諸羅縣簫壠等社熟番

諸羅縣簫壠等社熟番婦

諸羅縣南曰簫壠社，曰加溜灣社，曰麻豆社，曰哆咯嘓社，服飾大略與諸羅等社同。男以竹片束腰，曰箍肚，欲其漸細。能截竹爲簫，長二三尺，以鼻吹之。歲時，婦女多以糍餌相饋餉。又按《府志》，哆囉嘓社男女成婚後，俱折去上齒各二，彼此謹藏，蓋亦終身不改之意云。凡諸羅縣各社歲輸丁賦二百八十餘兩。

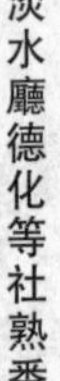

彰化縣大肚等社熟番

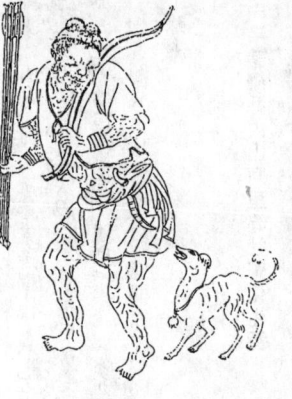

彰化縣大肚等社熟番婦

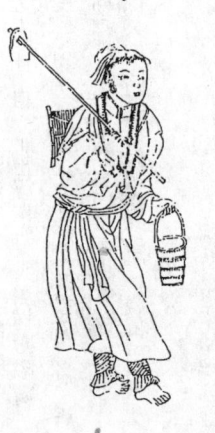

彰化縣屬十番，濱海倚山，種類蕃雜，共五十社。其大肚等社番皆以漁獵爲業，善鏢箭，竹弓竹矢，傅以鐵鏃。亦勤耕作，番婦則携飲食餉之，暇日或至縣貿易。

彰化縣西螺等社熟番

彰化縣西螺等社熟番婦

西螺等社熟番居處服飾與大肚等社相似。其人趫捷，束腹奔走，接遞文移，官給以餼。番婦常挈子女赴縣，用榖帛相貿易。凡彰化縣各社歲計輸丁賦四百六十三兩零。

淡水廳德化等社熟番

淡水廳德化等社熟番婦

淡水廳以臺防同知駐札，故名。德化、蓬山、吞霄、中港四社在同知所駐竹塹城之北，其地濱洋下濕，結茅成屋，或以板爲之。飯以黍米，鹵浸魚蝦供饌。男婦皆短衣，腰圍幅布，并力耕作，亦事漁獵，暇則吹竹笛、彈竹琴以爲樂。

淡水廳竹塹等社熟番

淡水廳竹塹等社熟番婦

竹塹城爲臺防同知駐劄之地。竹塹社在城北五里，其南坎社、淡水内外社俱在城南，甚遠。風俗與德化等社相似，男剪髮齊額，或戴竹節帽，素衣繡緣，如半臂，下體圍花布。婦盤髻，約以朱繩，衣亦如男，常携葫蘆汲水蒸黍。凡淡水各社熟番俱與通事貿易。歲輸丁賦二百六十餘兩，皮稅一兩餘。

鳳山縣山猪毛等社歸化生番

鳳山縣山猪毛等社歸化生番婦

生番在山谷中，深林密箐，不知種類，鳳山等縣皆有之。山猪毛等社於康熙五十五年、雍正二年先後歸化，共七十四社，自立土目約束。其居擇險隘處，叠石片爲屋，無異穴處。男女披髮裸身，或以鹿皮蔽體，富者偶用番錦嗶吱之屬。能績樹爲布，亦知耕種黍稷，喜啖薯蕷。見親朋以鼻相就爲敬，婚姻則歌唱相合而成。時挾弓矢鏢槍捕獐鹿，以其肉向民人易鹽布釜甑。歲輸皮稅二十餘兩。

諸羅縣内山阿里等社歸化生番

諸羅縣内山阿里等社歸化生番婦

内山、阿里等社自康熙二十二年歸化，擇其語音頗正者爲通事。番人皆依山穴土以居，飲食衣服與山猪毛等社相似。不諳耕作，惟植薯蕷於石罅，挾弓矢獵獐鹿以佐食，足趾若鷄爪，履險如平地。歲輸丁賦三十餘兩。

彰化縣水沙連等社歸化生番

彰化縣水沙連等社歸化生番婦

水沙連及巴老遠、沙里興等三十六社，俱於康熙雍正年間先後歸化。其地有大湖，湖中一山聳峙，番人居其上，石屋相連。能勤稼穡，多麥豆，蓋藏饒裕。身披鹿皮，績樹皮横聯之，間有著布衫者。番婦掛圓石珠於項，自織布爲衣，善織罽，染五色狗毛，雜樹皮，陸離如錦。婚娶以刀斧釜鐺之屬爲聘。雖通舟楫，不至城市，或赴竹脚寮社貿易。歲輸穀十五石三斗，皮稅四兩三錢。

彰化縣内山生番

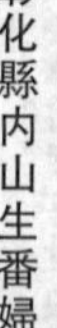

彰化縣内山生番婦

内山生番居深山窮谷，人迹罕到，巢居穴處，茹毛飲血，裸體不知寒暑。登峰越箐，捷若猿猱，善鏢箭，髮無不中。秋深水涸之候，常至近界鏢射鹿獐，遇内地人，輒加戕害。番婦針刺兩頤如網巾紋，亦能績樹皮爲罽。

淡水右武乃等社生番

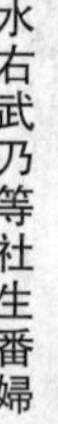

淡水右武乃等社生番婦

淡水同知屬内山、右武乃等社生番，倚山而居，男女俱裸，或聯鹿皮、緝木葉爲衣，食生物，性剛狠，以殺爲事。隆冬草枯水涸，追射獐鹿，攀援樹木，趫捷如飛。其竹塹東南内山生番俗亦相等。

永綏乾州等處紅苗以下湖南省

永綏乾州等處紅苗婦

按《文獻通考》，苗，古三苗之裔。又杜氏《通典》，長沙黔中五溪蠻皆盤瓠種，今苗類不一，然考三苗自舜時已徙之三危，而苗人至今多祀盤瓠爲祖。永綏等處之紅苗歷代不通聲教。雍正八年，六里紅苗歸誠，特分設永綏同知以理之。苗居多依山嶺，刀耕火種。男蓄髪去鬚，衣綴錫片，領帶俱尚紅，故名紅苗，出入佩刀。婦髻插銀梳，衣短衫，繫綉裙。俗尚鬼，每亥子兩月殺牛祭神。婚姻以唱歌相悦而成。嫁時母送女往，索銀始歸，謂之娘錢。賦税有秋糧、雜糧，按户均輸。

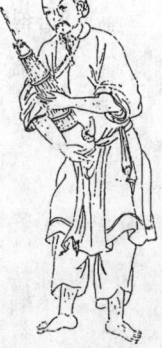

靖州通道等處青苗

靖州通道等處青苗婦

青苗，靖州通道、綏寧、城步各屬皆有之。習俗與紅苗略同，而性情較淳，以服色俱尚青黑，故名青苗。男子勤力作，時荷擔趁墟。婦髻插木梳，不著裙褲，能繡蠻錦花巾。所居多在深山密箐中，間有與居民雜處者。

安化寧鄉等處猺人

安化寧鄉等處猺婦

猺人裔出於苗，因其不事徭役，故别稱曰猺，亦名獏猺。其在湖南者，聚處安化、寧鄉、武岡、溆浦山谷間，環紆千餘里，與苗分類。歷代反覆無常，本朝以來咸知向化。有平地、高山二種。平地猺雜居州邑，耕讀與民無異。高山猺阻山憑險，所種多黍菽，或伐竹樹易穀而食。男女俱以花帛抹額，繫錦兜於胸前。每稼穡登場後，治酒延賓，擊長鼓，吹蘆笙，男女跳舞而歌，名曰《跳歌》。其賦税與齊民一體輸納。

寧遠等處箭桿猺人

寧遠等處箭桿猺婦

箭桿猺乃猺人中之一種，因其用竹箭爲簪，長尺餘，或七枝、五枝、三枝不等，插於髻，故以爲名。男女喜著青藍短衣，緣以深色，其居處風俗悉與猺人同。

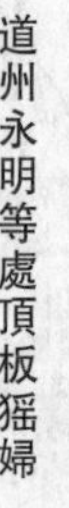

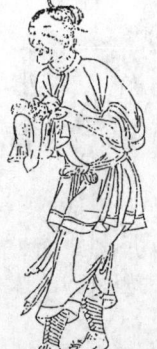

道州永明等處頂板猺人

道州永明等處頂板猺婦

頂板猺，道州永明、江華等處皆有此種。男椎髻長簪，女盤髻向後，橫頂木板一片，兩端綴珠，繫以紅繩，結之頷下，故名之曰頂板猺。其居處風俗俱與苗猺相似。

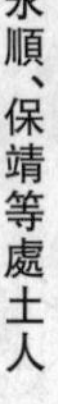

永順、保靖等處土人

永順、保靖等處土婦

土人先本苗裔，自唐以蠻中大姓彭氏、冉氏分土管轄，始有土人之名。歷代反覆不常，時勤剿撫，明時始授永保等土司爲宣慰使。國初一如明制，嗣因土官貪暴，雍正二年，改土歸流，添設永順府治，土人咸登衽席矣。其地山多田少，刀耕火種。男花布裹頭，足著草履。女椎髻向後，衣裙俱短。婚禮以一牛饋女之外家，謂之骨種錢。婦勤於紡織土綾土布，民間亦多資之。賦稅各邑折徵秋糧，自數十兩至數百兩不等。

新寧縣猺人以下廣東省

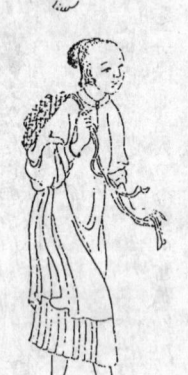

新寧縣猺婦

猺本槃瓠之種，由楚省蔓延粵東之新寧、增城、曲江、樂昌、乳源、東安、連州等七州縣。時洪武、永樂時，猺首槃貴等相繼來朝，始立土司。正統以後，屢次作亂。本朝初年，復肆行劫掠，先後討平。至康熙四十二年，招撫歸順，分隸各州縣。其在新寧者，居縣屬之大隆峒。言語服飾，漸與內地習染，同齊民一體編戶輸糧。婦人髻環衣飾，亦與民無異，戴笠跣足，能助耕作及紡織、刺繡之事。

增城縣猺人

增城縣猺婦

猺之在增城者，居縣屬邊境山巖間。刀耕火種，善用弩箭射獸，其服飾與齊民相似。猺婦總髮爲髻，繫以紅繩，衣衫裙褲亦仿佛民間。常跣足入山樵採，或携瓠貯茶以售於市。

曲江縣猺人

曲江縣猺婦

曲江縣猺人，居縣屬之西山，距城百二十里。男子椎髻環耳，領緣尚繡，膝以下束布至脛。常用瓮囊携物，出山貿易。猺婦髻貫竹箭，覆以花帕，重裙無褲，跣足而行。能作竹木器，舁負趁墟，以易鹽米。因婦人髻貫竹箭，故概名曰箭猺。

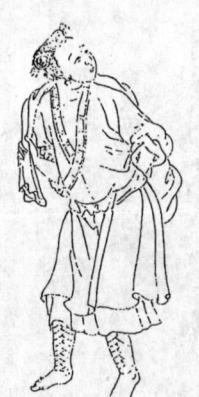

樂昌縣猺人

樂昌縣猺婦

樂昌縣猺人，居縣屬之大嶺及龍嶺脚二處，距城五六十里。其服飾與曲江箭猺仿佛，或時用花帕纏頭。猺婦亦盤髻貫箭，短衣短裙。能跣足登山，亦常負物入市。

乳源縣猺人

乳源縣猺婦

乳源縣猺人，居深山中，耕山爲業，距城百五十里。有生、熟二種，生猺不與華通，熟猺常出貿易。頭纏花帕，耳帶大環。猺婦恒簪小竹杆二三枝，復纏以髮，用帕蒙之。身衣短衫，裙不蔽膝。時有往來城鄉，與民人市易鹽米者。

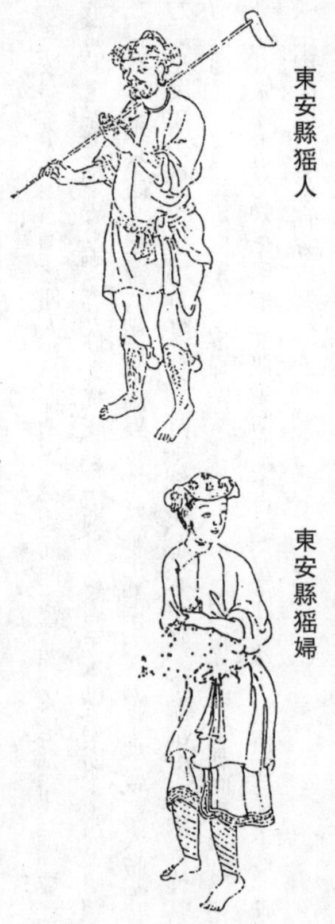

東安縣猺人

東安縣猺婦

東安縣猺人，居縣屬之雲廉、雲容二峒，距城百五十里。其服食耕種大概與齊民無異，惟椎髻用花帕纏頭，是其俗習。而言語侏離，殊不可通。猺婦亦用花帕纏頭，短裙跣足，能耕耘紡織。

連州猺人

連州猺婦

連州猺人，畜髮爲髻，紅布纏頭，喜插鷄翎。性兇悍不馴，亦間有識字者，或時以山果入市。猺婦衣尚刺繡，皆自爲之，青帕蒙頭，飾以簪珥，常著芒鞋登山樵採。婚姻以唱歌相諧。所居距州城四十里。

靈山縣獞人

靈山縣獞婦

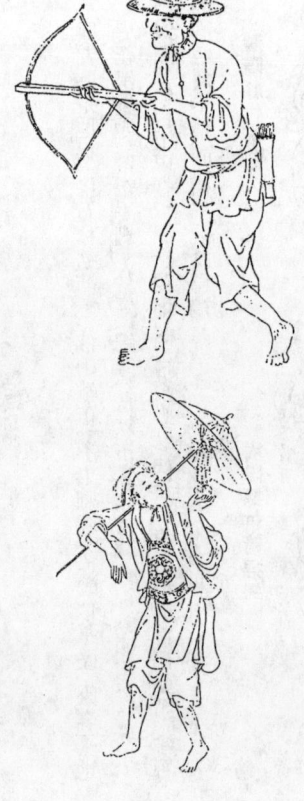

靈山縣獞人，本廣西狼兵，明天順時奉調征剿，遂就此生聚，散處縣屬之十萬山中。性質粗悍，又謂之山人。戴笠跣足，衣飾亦與齊民相仿。掬水而飲，摶飯而食。茅茨衡板，上棲下牧。男女婚姻不以禮。善藥弩，以捕獵爲生。獞婦用花帛兜肚，褌僅蔽膝，往來墟市，必持雨傘而行。

合浦縣山民

合浦縣山婦

合浦縣山民，一名獏猺，自荆南五溪而來。本猺獞之類而不屬於峒長，故名獏猺。隨溪谷羣處，斫山爲業，有採捕而無賦役。服飾略同齊民，惟以青布纏頭。所居在大山中，聞人民語輒趨避。畏入城市，俗呼「山仔老」。其山婦俗呼「山仔婆」，喜以綉帛束胸，短裙跣足，常負藤囊至墟貿易。

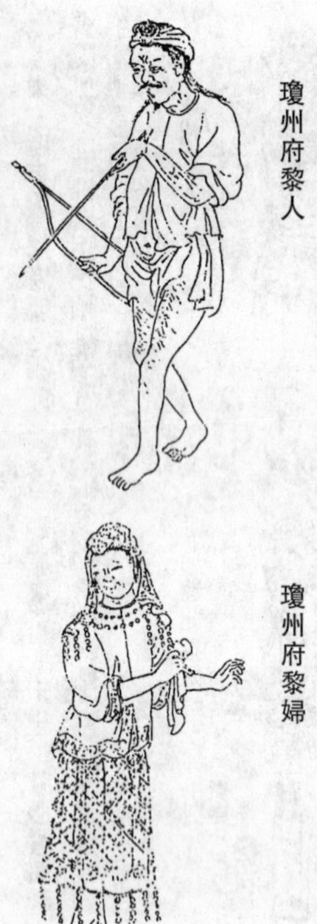

瓊州府黎人

瓊州府黎婦

按：黎人，後漢謂之俚人。俗呼山嶺爲黎而俚居其間，於是訛「俚」爲「黎」。散處於瓊屬五指山各峒中。性兇横，時相仇殺。自唐至本朝，叛服不常。康熙三十八年，總兵唐光堯率兵剿撫，始獲綏靖。雍正七年，各峒生黎咸願入版圖，悉爲良民。男椎髻在前，首纏紅布，耳垂銅環，短衣至膝，下體則以布兩幅掩其前後而已。射獵耕樵爲生。黎婦椎髻在後，首蒙青帕，嫁時以針刺面爲蟲蛾、花卉狀。服繡吉貝，繫花結裲，裲似裙而四圍合縫，長僅過膝。其俗，親死不哭，唯啖生肉即以爲哀慟切至。

臨桂縣大良猺人以下廣西省

臨桂縣大良猺婦

臨桂縣大良猺，多居深谷間，以遠近爲伍。木葉覆屋，椎髻跣足，短衣緣繡，以錦綴膝，出必携雨蓋。猺婦以銀簪遍插髻間，耳綴大銀環，以蠻錦刺繡爲衣，時携竹籃趁墟。陳隋間時，嘯聚爲居民患。唐貞觀中，守臣諭以禍福，悉出迎降。至元明時，常附獞劫掠。本朝定鼎以來，懷德畏威，耕鑿相安，納正供與良民等矣。

永寧州梳猺人

永寧州梳猺婦

永寧梳猺，居山谷最僻處，男、婦以耕織爲生，無賦税。明景泰時，始出與州民貿易。人至其家，即非素識，必具牲醴相款洽。男不留髭鬚，椎髻纏花巾，領袖緣以花布。女布衣花帶，不事裝飾，以髻中綰木梳，故概名梳猺。

興安縣平地猺人

興安縣平地猺婦

興安縣平地猺，傍石林結茆屋，佃田輸租，不事剽竊，俗醇似平民，因名平地猺。男花帛裹頭，帶銀手釧，衣褲俱錦緣，時以布囊負物。女錦纏頭，綴以珠玉，項飾銀圈，花布巾束腰。偶詣親串家，晴雨必以油蓋自隨。每歲首祀槃瓠，雜置魚肉酒飯於木槽，叩槽羣號以爲禮。

灌陽縣竹箭猺人

灌陽縣竹箭猺婦

竹箭猺類湖南之箭杆猺，散處灌陽縣之歸化上下二里。耕山種畬，有田輸賦者甚少。性樸易馴，土民常募使佃作。男女俱挽髻簪竹，簪三枝，有似於箭。男衣緣邊短衣。女花領綉裙，時入林採茶。

羅城縣盤猺人

羅城縣盤猺婦

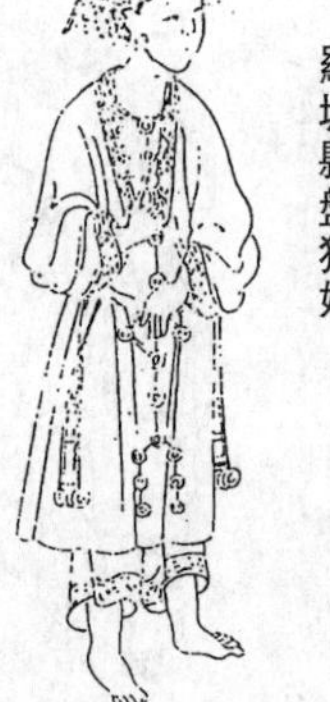

羅城縣猺人，居縣屬之通道鎮，歲時祭賽盤古廟，因名盤猺，又名自在猺。伐山火食，俗尚踏歌。濃妝綺服，一唱百和，謂之會閬。元夕、中秋爲盛，餘節亦間舉。男五色布裹頭，領緣花絨，帶綴制錢。女以竹片綴珠覆首，布衣花袖，帶亦綴錢。復結制錢爲佩，繫之當胸，行步則瑲然有聲。

修仁縣頂板猺婦

修仁縣頂板猺人

頂板猺，居修仁縣之山麓間，以所耕磽瘠免賦税，頗安業，不爲非。男女短衣花領，皆以黄蠟膠紅板於首。女則綴以琉璃珠，纍纍若瓔珞然。與湖南之頂板猺同，但以繩結頷下者略異。其俗女嫁時，携汲桶至夫家，夫擊女背者三，婦乃以桶出汲。

慶遠府過山猺人

慶遠府過山猺婦

慶遠府屬猺人，向隸土司。雍正七年，改土歸流，遂入版籍，供賦役。其過山猺僻處山巔，以焚山種植爲業，地力漸薄輒他徙，故以「過山」爲名。不知紡織，布帛皆市之。猺人性善走。生子始能行，燒鐵石烙其足底，使痛癢皆無所知，故履險如平地。男女俱插長簪，短衣繡領。結絲網爲袋以負物，各以繩繫額而行。

陸川縣山子猺人

陸川縣山子猺婦

山子猺居深山中，耕山爲業，遷徙無常，類過山猺，故别其名曰山子。性敦樸，人或以物寄藏，雖久弗失。時採山果、哆囉密等物鬻於墟。男椎髻纏頭，著短袖衣，女則以繡緣領。每出行，男女皆携葫蘆爲飲器。

興安縣獞人

興安縣獞婦

獞亦盤瓠遺種，元時自楚、黔至粵，蔓衍桂、平、梧各郡山谷間。與猺雜居而性尤獷悍，喜攻擊撞突，故曰獞。其在興安之富江諸處者，被化最早，習俗較醇。以耕種負販爲生。席地而炊，摶飯而食。男藍布裹頭，婦椎髻銀簪，懸以花勝。抹額悉綴以珠，衣裳俱緣以錦繡。宴客，人置一器，食餘則各携去。

賀縣獞人

賀縣獞婦

賀縣獞人始來自楚，居縣屬南鄉。有生、熟二種，熟者入籍輸税，生者居深山中，性剽悍。明隆慶時，其酋楊公滿等作亂，都御史殷正茂等討平之。本朝以來，獞人安耕織，慕文物。男花巾纏頭，項飾銀圈，青衣繡緣。女環髻，遍插銀簪，衣錦邊短衫，繫純錦裙，華飾自喜。能織獞錦及巾帕，其男子所携必家自織者。

融縣獞人

融縣獞婦

融縣之水冷峒，左右藤蒼樹古，多猿猱，獞人視若儕伍，結廬其中，號麻欄。男女羣處，子娶婦始别欄焉。性雖悍，頗知奉法，有田者必争先輸課。善鷄卜，執雄鷄禱畢殺之，拔兩股骨，視骨側細竅，遍插竹筳。斜正偏直，任其自然，以定吉凶。男花布纏頭。女項飾銀圈，衣緣以錦，花褶繡履。時携所織獞錦出售，必帶竹笠而行。

龍勝苗人

龍勝苗婦

龍勝界連黔、粵，多層巖叠嶂。苗人架竹木爲樓居，相率種植射獵。性獷悍，賤老貴少。不留髭鬚，謂之羅漢。喜結交。與親昵者，至以身殉之。若其人欲他往，遂殺而食其肉，裹骨以錦置家祠奉之，志不忘焉。歷代梗化，屢討屢叛。自乾隆五年勦撫以來，相戒守分，悉除從前惡習，計田輸税。男纏頭，插雉尾，耳環項圈，青衣紫袖。女挽髻，遍插銀簪，復以長簪綴紅絨。短衣緣錦，花兜錦裙。常手携檳榔盒。男女皆跣足而行。

羅城縣苗人

羅城縣苗婦

苗之在羅城者，與猺雜居而性頗不類，好吹笙。男子髻插三雉尾，耳環手鐲，短衣繡緣。苗婦椎髻長簪，著鑲錦敞衣，胸露花兜，裳則純錦，以示靚麗。能織番錦。又善音，操楚歌，掛釵留客，能爲鸜鵒舞。娶婦，生女則送歸母家，謂之一女來一女往。食則以手摶飯，和以魚鮓爲上食。交易以木刻記之。宋時始置縣治，猶頑梗。今則奉法，與齊民同村落，亦有塾舍書聲。

懷遠縣苗人

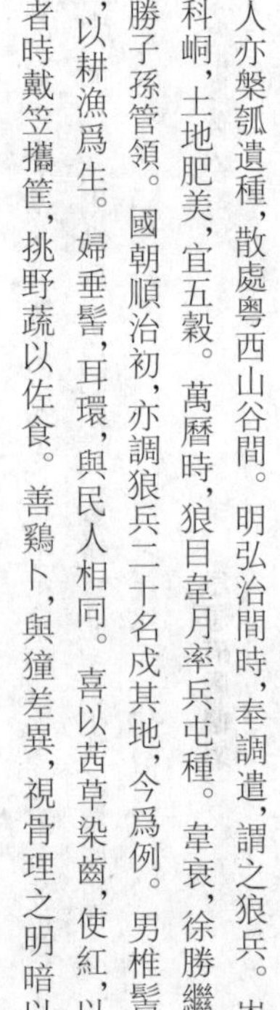

懷遠縣苗婦

懷遠縣之武洛、猛團等處，苗人寨焉。山産桐茶樹，收其子爲油，以資生計。貧者或以採薪爲業。婦人勤於紡織。俗貴鹽，非賓至不輕用。有曲直不相服者，聚衆辨論，謂之款坪。不直者，罰酒肉餉衆。以蘆管爲笙，每立春前一日，入城吹之。先官署，次紳士家，且歌且舞，其辭皆時和年豐、官清民樂之意。男女服飾，均與龍勝苗人相同。

岑溪縣狼人

岑溪縣狼婦

狼人亦槃瓠遺種，散處粤西山谷間。明弘治間時，奉調遣，謂之狼兵。岑溪縣之北科峒，土地肥美，宜五穀。萬曆時，狼目韋月率兵屯種。韋衰，徐勝繼之，遂屬徐勝子孫管領。國朝順治初，亦調狼兵二十名戍其地，今爲例。男椎髻，績麻爲衣，以耕漁爲生。婦垂髻，耳環，與民人相同。喜以茜草染齒，使紅，以示麗。貧者時戴笠攜筐，挑野蔬以佐食。善鷄卜，與獞差異，視骨理之明暗以定吉凶。

貴縣狼人

貴縣狼婦

明正德時，粤西流賊四起，貴縣民多逃亡，田地荒蕪。因狼人兵征賊有功，使耕其地，遂居縣屬五山九懷之中，長子孫焉。世以耕獵爲生，亦有粗知漢字者。男戴笠著履，時攜巾扇閑遊。女青衣繡裳，繫紅緑彩色帶，喜簪花，亦喜以茜草染齒。婚聘以饋肉爲禮，男女迎送則歌聲互答，以相歡悦。

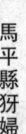

懷遠縣玲人

懷遠縣玲婦

玲者，另也。諸蠻之外另爲一種，與猺、獞又別，故曰玲人。其貴少賤老，不留髭鬚，亦似苗，但不若苗之頑悍。懷遠之永吉、三峒等村多幽崖奥谷，玲人依焉。不室而處，採橡薯爲糧，或射狐掘鼠及捕蟲薑以充食。婦女亦間採山果以佐之。不識紡織，以卉爲衣。鴃舌鳥言，須重譯乃通。

馬平縣猺人

馬平縣猺婦

狪人亦槃瓠種，居馬平縣之山谷間，以耕獵爲業。明代屢次作亂，都督韓觀等先後剿撫。百年以來，奉法與齊民等。男黑布裹頭，黑衣花帶。婦短衫緣錦，袖連彩帛三四重，裙則純錦。常刺額爲花草蛾蝶狀，所謂雕題漆齒也。有生、熟二種：在深谷者爲生丁，亦名黑丁；雜民居者爲熟丁，亦名白丁。

思恩府屬僮人

思恩府屬僮婦

僮人自稱曰僮，散居思恩及田州等處。思恩古雕題地，田州則越裳故處也。明時屢肆猖獗，經王守仁、殷正茂等先後剿撫，設那馬、興隆、安定各土司分治之。本朝雍正年間，改土歸流，僮人悉隸版籍。所居在山頂，無族姓可考。尚鬼重財，不好田作。採薪易穀，家無宿舂。男三十以上乃婚。婦首綰雙髻，短衣布裙，亦佐夫樵薪爲業。

西林縣皿人

西林縣皿婦

皿人即西林土人，散處山谷，明時置上林長官司轄之。本朝康熙五年，始設西林縣治。男錦巾裹頭，著紅緑衣。每逢佳節，好吹笛遊玩。女挽雙髻，覆以繡帕，著花領衣，繫緑裙。素淡食，嗜酸味。所種山田必待雨而耕，旱則竹筧引泉以溉。歲輸正供，少逋負者。

西林縣狆人

西林縣狆婦

狆人家無蓄積，以多牛爲富。居處飲食與皿人相類，而服飾稍別。男花布裹頭，喜著半背，携自織錦帕。婦以彩帛約髮，髻插鳳釵，項飾銀圈，下垂小珠瓔珞。紅衣廣袖，外繫緑裙。俗信鬼，疾病以巫禱爲事。其族類不可考。

太平府屬土人

太平府屬土婦

太平，駱越地也。無猺、獞雜居，編户皆土人。其承襲土司世職，悉前代征蠻將士之後。蓋當時以邊功受賞，邑使役屬其土著者。土人多以尺布裹頭，不留髭鬚，足著革履，出必以油蓋自隨。時負絲網袋，趁墟負物而歸。婦人手帶銀釧，多者或至三四。短衣長裙，行則衱於帶間。恒攜竹籃，挑野蔬以佐食。婚姻以檳榔爲禮。自改流以來，土人子弟有讀書應試爲諸生者。

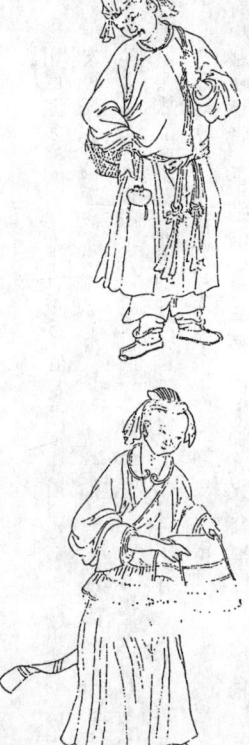

西隆州土人

西隆州土婦

西隆州本日南地，唐宋屬田州，明永樂時置安隆長官司。本朝康熙初始設西隆州，雍正五年以泗城土府改設流官，遂分隸焉。土人村舍多在山脊，鋤畲種粟，家無積糧。男以藍布纏頭，藍衣花帶，手銀鐲，足鷂鞋，時肩絲網袋以藏什物。土婦首裹布幘，髻插花簪，緑衣紅領，花袖外繫細褶長裙，束以瓢帶。能織花布巾。每歲首，酋長率所部百餘人，以雉、兔等物獻之官府，俯伏跪拜惟謹。犒以酒食，各袖所餘而去。就田輸稅，不異齊民。

河州土千户韓玉麟等所轄撒喇族土民以下甘肅省

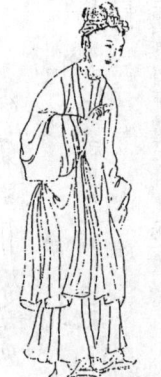

河州土千户韓玉麟等所轄撒喇族土婦

按《明史》，西羌族類最多，其散處河湟、洮岷間者，爲中國患尤劇。元於河州設土番宣慰司統治番衆，明設西寧等四衛土官與漢官參治，俾其世守。本朝雍正年間，以河州土百户韓玉麟、韓旭從征卓子山有功，並授爲千户，分轄撒喇土族。其民所居，距州治二百餘里。男子冠履與内地民人無異，著大領無衩衣。女繫裙裹足，亦同民婦。飲食風俗，俱沿回習。每户歲輸青稞糧一斗，由河州同知征收。

河州土指揮韓雯所轄珍珠族番民

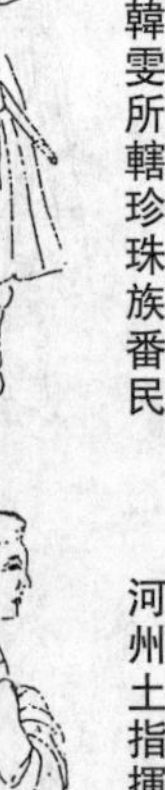

河州土指揮韓雯所轄珍珠族番婦

河州土指揮韓雯所管番民，亦吐蕃部落。自其始祖韓端月堅藏於明時率衆歸誠，初授安撫司，後以指揮世襲。本朝定鼎，初授以外委指揮，管轄珍珠族番民。男子兩耳垂環，皮帽褐衣。女披髮於背，裹以彩帛，綴大小石珠。長衣大袖，或加半臂，以紅帕束之。婚葬與内地相仿，惟不祭祀。所居距城五十餘里。

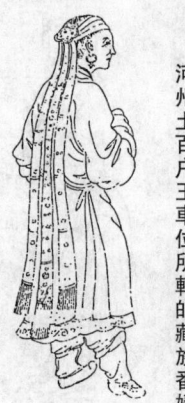

河州土百户王車位所轄乩藏族番民

河州土百户王車位所轄乩藏族番婦

河州乩藏族番民亦吐蕃部落，明嘉靖時以百户王官卜領之。本朝康熙年間，以王氏之裔王鎮海世襲如故。番民所居，距州六十餘里。男女衣服類珍珠族番民，風俗亦與相似。歲輸青稞，由同知征收。其民地麥糧，則由河州知州交納。

河州土指揮同知何福慧所轄土番

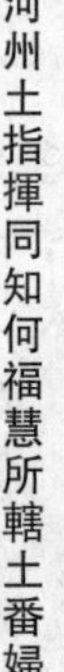

河州土指揮同知何福慧所轄土番婦

河州土指揮同知何福慧，元河州宣慰使鎖普南之裔也。明洪武三年，鎖普南率衆歸附，賜姓何氏，授河州衛，世襲土指揮同知，管其所部番民。本朝因之。

其番民居河州城東。男女衣服類撒喇土族，而飲食風俗俱與本城居民相同。歲納麥糧，由河州知州征解。

狄道州土指揮趙恒所轄參呾等族番民

狄道州土指揮趙恒所轄參呾等族番婦

狄道本西番地，參呾、高山二族番民世居州治之西南鄉。趙恒之始祖趙安於明永樂時招撫番衆，遂授世襲土指揮，管轄參呾、高山二族。本朝康熙十四年，其曾祖趙樞贊隨征有功，仍令世襲管事。番民氈帽褐衣，女藍布，或皂帕蒙頭。足履鞜鞮，間有裹足者。飲食風俗俱與州民相同。勤於農桑，計田輸賦。

洮州土指揮楊聲所轄卓泥多等族番婦

洮州土指揮楊聲所轄卓泥多等族番民

洮州卓泥多等四百七十五番族，向爲西域生番。楊聲之始祖些的，於明永樂初率衆投誠，授爲指揮僉事。令世其職，統轄番族。本朝因之。康熙十四年，土司楊朝梁以恢復洮岷功授騎都尉，任洮岷副將。其子楊威承襲土職，三傳至聲。番族散處洮州沿邊内外，種青稞，牧牛羊，以爲生計。居多土屋，衣服與河州之珍珠族番民相彷。婦人或以色布抹額，雜綴銀飾。其邊外番婦，則多有粗服跣足者。婚姻以牛馬爲禮，喪事誦經火葬，惟近州諸族稍沿民間風俗。

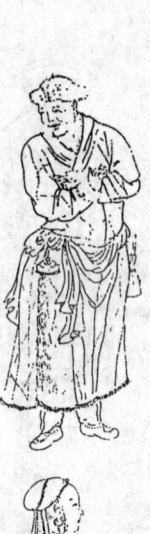

洮州土指揮楊聲所轄的吉巴等族番婦

洮州土指揮楊聲所轄的吉巴等族番民

洮州的吉巴等三十七番族，係口外黑番，向未設有土司。本朝康熙年間，招撫投誠，遂歸並楊氏管轄。所居槿板爲屋。男子褐衣，長領齊袖。婦人多披髮於背，衣用紅緑褐，亦有繫裙者。飲食風俗，俱與卓泥多等番族相似。

洮州土指揮昝景瑜所轄左喇等族番婦

洮州土指揮昝景瑜所轄左喇等族番民

洮州左喇等五十九番族，本口外土番部落。明洪武三年，番目南秀節率衆内向，授指揮僉事，令住牧於洮州之西鄉，防守邊塞。本朝順治初，土司昝凝和歸誠，仍襲原職，景瑜其五世孫也。番民冠綴紅纓，衣亦長領齊袖。婦人辮髮以布抹額，雜綴瑪瑙、硨磲爲飾，衣内長而外短。飲食風俗，俱與洮州諸番族同。

洮州土千户楊紹先所轄著遜等族番婦

洮州土千户楊紹先所轄著遜等族番民

洮州著遜等十一番族，皆古陸鋪番目楊丁哥部内土番也。明洪武初，丁哥率衆内附。嘉靖時，其子楊素防勦有功，授世襲副千户職。本朝因之。男女服飾大概與洮州諸番族相似，居處飲食風俗亦同。

洮州理番同知所轄
口外陸哨蟲庫兒番民

洮州理番同知所轄
口外陸哨蟲庫兒番婦

陸哨蟲庫兒係口外生番部落，向未設立土司。本朝雍正二年歸順，隸於洮州理番同知，有商阿、利俄谷等七十餘寨。歲納稞糧，由同知征收。番民冠綴紅纓，衣俱長領齊袖。婦人披髮於背，衣用紅緑布及五色花褐，其長至足，亦間有效民婦短衫長裙者。其居處飲食風俗，與洮州諸番族相似。

岷州土百户馬鏽所轄
瓦舍坪等族番民

岷州土百户馬鏽所轄
瓦舍坪等族番婦

岷州土百户馬綉，乃後漢馬援之裔。元至正時有馬紀者，爲指揮使防守哈達川，遂家焉。明洪武初，以紀子珍勦撫番族，授爲百户，世轄其衆。本朝因之。康熙年間，土司馬國棟、馬天驥屢立戰功，綉即驥子也。所轄瓦舍坪等四十五番族，皆馬氏先後所勦撫歸順者。男氈帽，插鳥羽。婦披髮，額抹紅藍褐布，雜綴銀花、玉石，耳垂大環，短衣褐裙，亦有長衣無裙者。婚姻生子後，始納聘禮。歲徵稞糧，在岷倉交納。

岷州土百户后髮葵所轄
牟家山堡等土人

岷州土百户后髮葵所轄
牟家山堡等土婦

岷州牟家山堡等土人，凡四十餘堡，向爲土番部落。明洪武初，番目節木束率衆投誠，授世襲百户，遂爲后姓。本朝因之。康熙十四年，以后之清從征有功，加授千總，嗣仍原職。其土人氈帽褐衣。婦人綰髻，布衣布裙，大概與民間婦女相似。飲食風俗，亦同内地。應輸土賦，歲由岷倉交納。

岷州土百户趙名俊所轄
徐兒莊等堡土人

岷州土百户趙名俊所轄
徐兒莊等堡土婦

岷州徐兒莊等十一堡土人，其先亦係土番部落。明洪武初，番目趙黨只官卜征生番有功，授爲百户，世轄其衆。本朝因之。其土人氈帽褐衣。婦女披髮，以布約之，綴銀花、硨磲爲飾。衣青褐，左衽緣以五色，腰繫青紅褐，雜綴珠石爲佩，亦間有著裙者。飲食風俗，與諸番族略同。糧賦由岷倉收納。

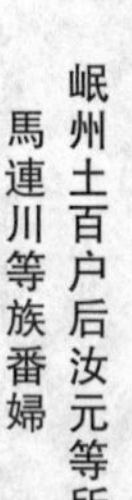

岷州土百户后汝元等所轄馬連川等族番民

岷州土百户后汝元等所轄馬連川等族番婦

岷州馬連川等十二族番民，亦土番苗裔。明洪武初，以番目祥巴古子追殺逆番有功，授以百户，世轄其衆，後遂爲后氏。本朝因之。其番民男、婦服飾，均與各番相似，亦有如内地民人者。飲食風俗亦同。歲輸番糧，由岷倉征納。

莊浪土指揮魯鳳翥所轄上寫爾素等族番民

莊浪土指揮魯鳳翥所轄上寫爾素等族番婦

莊浪土指揮魯鳳翥，係元平章政事托歡之後。自托歡歸附於明，授爲世襲指揮。本朝定鼎，以土司魯印昌拒賊殉國，特加褒獎，仍令子孫世襲原職。所管上寫爾素等八族番民，歷繫青海分管。雍正二年，專交土司管轄，給以田地，令習耕種。額報番兵二百名，聽候調遣。所居皆帳房。男子皮帽褐衣。女披髮約帛，綴硨磲、銀花爲飾，衣以五色褐布緣之，燦如錦繡。男女皆赤足，間有曳履者。

莊浪土僉事魯萬策所轄毛他喇族土民

莊浪土僉事魯萬策所轄毛他喇族土婦

莊浪土僉事魯萬策，亦元平章政事托歡之後，明時别授爲指揮僉事。本朝順治初，土司魯典征剿逆回有功，仍襲原職。所管毛他喇族土民，男皆衣褐。女椎髻，以帛抹額，繫裙裹足，與内地民婦相似。飲食風俗亦同。授田耕種，歲輸軍糧津貼土軍。

莊浪土千户王國相等所轄華藏上札爾的等族番民

莊浪土千户王國相等所轄華藏上札爾的等族番婦

莊浪土千户所轄華藏、上札爾的等二十族番民，向於青海歲納銀畜，名曰西番，實亦其部落也。雍正二年，剿撫歸順，給地安置，令習耕種。歲輸額糧，由莊浪同知征收，以爲喇嘛衣單口糧之需。至乾隆二年，始設土千户王國相以資約束。其番民氈帽紅纓，衣長領褐衣。女盤髻，戴紅氈尖頂帽，綴以硨磲，後插金銀鳳釵。衣裙類民婦，而足履革靴，亦有披髮長衣者。風俗仇盜重情，認罰即釋。婚嫁以牲畜爲聘。其色異等七族，則仍住牧草地，歲貢馬匹，折價以補營額。

武威土千户富順所轄西脱巴等族番民

武威土千户富順所轄西脱巴等族番婦

武威土千户所轄西脱巴等三族番民，向亦屬於青海。雍正二年，撫治歸順，給地習耕。應輸糧米草束，由武威縣徵收。其不能耕者，歲納馬十七匹。乾隆二年，始設土千户富順專司約束。其男子衣服與番族相類。婦人披髮，約以紅褐，衣緣邊褐衣。居處飲食風俗，均與王國相所轄各番族同。

古浪縣土千户管卜他所轄阿落等族番民

古浪縣土千户管卜他所轄阿落等族番婦

阿落等八族番民在古浪縣，原係青海西番部落。雍正二年，分界編户，各耕其地，歲貢馬十一匹。乾隆二年，設土千户管卜他以資約束。男氈帽褐衣。婦披髮，結而垂之，飾以硨磲。衣多緣邊，足履革靴，亦有跣行者。

永昌縣土千户地木切令所轄元旦等族番民

永昌縣土千户地木切令所轄元旦等族番婦

元旦等五族番民，統名西番，凡五十户，舊於永昌縣南之横梁山遊牧。雍正二年歸順，歲納馬六匹。乾隆二年，始設土千户轄之。男、婦俱氈帽，衣長領褐衣，足履輅鞮。婦人或披髮，約以紅褐。五族互爲婚姻，野合育子後，始納幣迎娶。

西寧縣土指揮祁憲邦等所轄東溝等族番民

西寧縣土指揮祁憲邦等所轄東溝等族番婦

東溝等八族番民，亦西羌苗裔，所居距西寧縣七十餘里。元時有祁貢哥星吉者，任甘肅理問所官，明初來歸，授爲指揮使，世領番衆。本朝因之。番民男戴白羊皮帽，著長領褐衣。婦女以紅布爲額箍，上嵌硨磲，後插銀銅鳳釵數枝，雜垂珠石。衣裙俱用紅緑布，而裙與衣齊，裹足著履，多類民婦。性淳樸，勤於耕作。其土指揮同知李承唐、僉事納彩吉應魁所管乩迭等十二族番民，服飾與此相同。

西寧縣纏頭民

西寧縣纏頭婦

纏頭本西域人，明洪武初至西寧貿易，遂家焉。居縣屬新增堡，距城四十里。男子戴青緞小帽，纏以白布，故名纏頭。衣綾絹山繭，長領齊袖，衣靴用香牛皮。婦人披髮，戴紅緞鋭頂帽，綴以珊瑚、瑪瑙。衣長襖，外披紅敞衣。所居皆瓦屋，飲食與西番同。以販賣珠寶、藏香、氆氇等物爲生。

西寧縣哆吧番民

西寧縣哆吧番婦

西寧縣哆吧番民，即繫西藏之人。男子戴黄邊紅纓帽，衣十字花氆氇長領衣，常持數珠誦佛號。婦人披髮，約以青褐分垂之，綴水石鏡爲飾。衣藏布盤襖，足履革靴，夏月亦或跣行。俗尚佛，生子多有爲喇嘛者。

西寧縣土指揮僉事汪于昆所轄土民

西寧縣土指揮僉事汪于昆所轄土婦

西寧縣土指揮僉事汪于昆所管土民，亦西番苗裔。明洪武初，番目南木哥率衆歸附，授以土職，世管其衆。本朝因之。土民所居距城五十里。男氈帽布衣。婦盤髮，戴紅布箍，垂縭覆額，中貫銅簪，繫以珊瑚、水珠，衣裙間亦多以玉石、硨磲綴之。裹足著履，與東溝等族番婦相似。風俗質樸，勤於耕稼。

碾伯縣土指揮同知李國棟所轄東溝等族土民

碾伯縣土指揮同知李國棟所轄東溝等族土婦

碾伯縣土指揮同知李國棟，唐沙陀李克用之後。有李南哥者，元時授爲西寧州同知，世守西土。明初率衆歸附，授指揮同知。本朝定鼎，以招撫番族土民有功，仍襲原職。所管東溝、大莊及土百户李國鼎所管之虎喇等族土人，皆原管部落。男子衣帽與民人同。婦人綰髮裹足，簪珥、衣裙，亦均類民婦。性淳樸，勤耕作，間有讀書識字者。其土指揮同知阿珍、趙維宋，僉事冶俊祥、甘靈芝、朱孫林，千户剌俊英，百户辛必正等，所轄魯爾加等族土民，風俗服飾大略相同。

碾伯縣土指揮同知祁在璣所轄達子灣等族番民

碾伯縣土指揮同知祁在璣所轄達子灣等族番婦

土指揮同知祁在璣，本蒙古苗裔。元時其始祖多爾濟實結爲甘肅右丞，明初率領各番部落歸順通貢，授指揮同知，世守西土。本朝順治年間，土司祁國屏屢立戰功，仍襲原職。所管達子灣等二十族番民，皆原管部落。居處飲食風俗俱與近邊齊民無異。其婚葬亦與民相同，間有仍沿番俗者。

碾伯縣南、北兩山番民

碾伯縣南、北兩山番婦

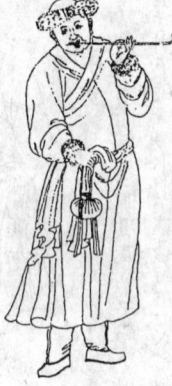

碾伯縣南山番民，係瞿曇寺所管部落。按《明史》，洪武初番僧薩喇招降罕東諸部，建佛刹於碾伯南川，以居其衆，賜額「瞿曇」是也。本朝順治初歸順。雍正元年剿撫之後，將各番民歸並內地，耕種田地，輸納番糧。男女服飾與西陲各番族相類。其北山番民亦青海所屬，同時歸並內地者。服飾同南山，飲食風俗並沿番習。

擺羊戎通判所轄番民

擺羊戎通判所轄番婦

西寧府擺羊戎地方番民，亦屬青海。本朝雍正元年勦撫之後，分隸西、碾二縣，種地輸糧。乾隆十年，設理番通判，專司管轄。所居多廬舍。男女俱纓帽褐衣，飲食風俗與諸番相同。

大通衛土千户納花布藏所轄
興馬等族番民

大通衛土千户納花布藏所轄
興馬等族番婦

興馬等六族番民，向屬青海各扎薩克，名爲黑番。本朝雍正元年歸服，安插於大通衛之河燕、麥川二處。乾隆元年，設土千户一員轄之。番民以遊牧爲生。男皮帽褐衣。婦人披髮，衣紅緑布，長領衣以五色布及金綫緣之，亦有戴帽、繫裙者。飲食風俗與諸番同。

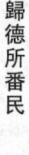

歸德所番民

歸德所番婦

歸德所番民，凡二十五族，古西羌苗裔也，向爲青海所屬。本朝雍正元年勦撫之後，投誠内附。歲輸番糧一百六十餘石，即於各族中選置百户一人以資約束。男纓帽褐衣。婦披髮戴帽，仍另以皮絲約髮，綴珊瑚、瑪瑙、銀銅等飾，左右雙垂，而中綹則長拖至足，衣褐色長衣。所居皆黑毛帳，間有居土屋者。夏秋耕作，冬春則以打牲爲事。

肅州番目温布所轄黑番

肅州番目温布所轄黑番婦

黑番係西藏喇嘛所屬，俗稱「黑人」是也。世居肅州南山，仍赴西藏進貢。本朝雍正二年，在肅州報墾納糧，遂停其入藏。男子戴紅纓皮帽，著長領褐衣。婦人披髮戴帽，耳垂大環，綴以寶石，項戴素珠，著長領布衣。飲食風俗並同邊民。

高臺縣番目扎勢敦等所轄黃番

高臺縣番目扎勢敦等所轄黃番婦

高臺縣黄番二族，番目扎勢敦、索南什殿分領之，向爲青海部落。本朝康熙三十五年歸順，每年貢馬二十三匹。男女服飾均與諸番無異。居處飲食風俗，亦大略相同。

高臺縣番目撒爾巴所轄黑番

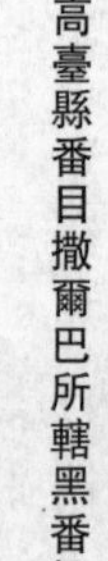

高臺縣番目撒爾巴所轄黑番婦

高臺縣黑番，亦係西藏喇嘛所屬之人。本朝雍正二年歸順，住牧於縣屬之沿邊一帶，每年貢馬二匹。男女服飾亦與諸番相類，其飲食風俗並同各族。

文縣番民

文縣番婦

文縣地聯秦蜀，所屬番民蓋亦苗蠻之一種，與西陲諸番不同。居縣屬之舍書、英坡山等處，明時設王、馬二百户分領之。至本朝雍正八年改土歸流，按地輸糧，由縣徵解。男帽插雞翎，每農事畢，常挾弓矢以射獵爲事。番婦以布抹額，雜綴珠石，衣五色褐布緣邊衣，近亦多有效民間服飾者。性蠢愚，頗勤耕織。

松潘鎮中營轄西壩包子寺等處番民以下四川省

松潘鎮中營轄西壩包子寺等處番婦

松潘，古氐羌地。唐置松州，後爲吐蕃所有。宋時，蕃將潘羅支領之，名潘州。明置松潘等衛安撫司。其包子寺、拈佑喀亞寨、熱霧作垻寨，於本朝康熙四十二年歸化。毛草阿按寨、麥雜蛇灣寨，於雍正二年歸化。各設土千户、百户管轄，給以號紙，俾其承襲。居多山谷。番民剃髮留辮，戴白氈纓帽，衣用羊皮，以布緣之。番婦髮垂兩辮，束以紅帛，綴螺、蚌爲飾，衣布褐緣邊衣，常以木桶負水。頗習耕織，輸糧賦。

松潘鎮中營轄七步峨眉喜番民

松潘鎮中營轄七步峨眉喜番婦

峨眉喜大小十五寨，七步徐之河大小十一寨，皆番猓種也。康熙四十二年歸化，以土千户領之。其居碉房，地種青稞、麻麥。俗狡而貪。番民椎髻，耳垂大環，長領短衣，披羊皮。番婦披髮結辮，短衣布裙，俱跣足。性亦强悍。頗習耕織。其輸納青稞充兵米，則自乾隆十七年始。

松潘左營轄東壩阿思洞番民

松潘左營轄東壩阿思洞番婦

東壩阿思洞大小十一寨，亦西番種。本朝順治十五年歸化，領以土千户。番民居處土室，狐帽氈衣，闊帶草履，常以牛角盛烟草吸之。番婦辮髮分垂，續以牛毛細繩，如荷蓑狀，胸掛素珠，著緣邊長衣，花布半臂。頗知耕織。納青稞充兵米。

松潘右營轄北壩、元壩、泥巴等寨番民

松潘右營轄北壩、元壩、泥巴等寨番婦

北壩、元壩、下泥巴大小七寨西番，本朝康熙元年歸化，以土百户領之。番民居處半山土房，便於耕牧。俗尚儉樸，習勞苦，皮帽長衣。番婦服飾與東壩略同。勤於耕織，輸青稞以充兵米。

威茂協轄瓦寺宣慰司番民

威茂協轄瓦寺宣慰司番婦

古冉駹國，漢爲汶山郡，唐改茂州。明洪武中平蜀，置威茂道，開府其地。其瓦寺番居大江西南之山溪中，號西溝生番。正統時，滋擾内地，有桑納思霸者平之，授爲宣慰使。本朝順治七年歸化，仍令承襲，在汶川等縣輸賦。俗勇悍，屢奉征調。崇尚喇嘛，病則誦經。番民衣服與内地相似。婦女挽髻，裹花布巾，長衣褶裙。勤於耕作。秋成後，夫婦相携赴内地傭工，名爲下壩。春月始歸播種，歲以爲常。

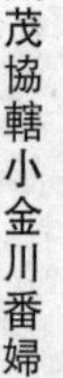

威茂協轄雜谷各寨番民

威茂協轄雜谷各寨番婦

雜谷本唐時吐蕃部落，本朝康熙二十三年土目桑吉朋投誠，授安撫司土同知。其後蒼旺者，於乾隆十四年以效力金川授宣慰使。十七年，謀逆伏誅。改土歸流，設理番同知管轄。居處碉房，飲酥油熬茶，食青稞麥麵。男女相悦，携手歌舞，名曰鍋樁。俗尚喇嘛，重女輕男。番民戴巾帽，耳綴銅環，衣褐佩刀。番婦辮髮，接紅牛毛盤之，以珊瑚、松石爲飾，短衣長裙，習織毛褐。又松岡寨向隸雜谷，今以蒼旺弟根濯斯甲爲長官司領之。

兒那達番民

兒那達番婦

兒那達地約百里，天氣常寒，居處飲食與雜谷相同。番民披髮，耳綴銅環，著絨布短衣。婦女披髮，額綴花鈿。衣無袖短衣，以五色布裂片圍腰，亦間有繫裙者。

威茂協轄沃日各寨番民

威茂協轄沃日各寨番婦

沃日土司兒達那之始祖喇嘛巴必泰，於本朝順治十五年歸化，封沃日灌頂淨慈妙智國師，頒給印信承襲。性强勇，善弓矢。以耕種爲生，崇尚佛教。番民戴皮帽，著短衣，披偏單於背，佩刀履革。婦女辮髮絨帽，短衣長裙，繫皮褐大帶，亦知力作，習紡織。

威茂協轄小金川番民

威茂協轄小金川番婦

小金川，即金川寺。其酋堅參利卜於康熙五年歸化，頒給「演化禪師」印，其弟吉爾卜細承襲。所屬有美諾、章固各寨。性强勇，好仇殺。以耕牧爲生，崇信喇嘛。番民椎髻氈帽，綴以豹尾，短衣褶裙，身佩雙刀。番婦以黄牛毛續髮，作辮盤之，珊瑚爲簪，短衣革帶，長裙跣足。往來負戴，亦知紡織。又有遜克爾宗、石南壩等處，男女身纏幅布，蔽以羊皮。婚配後，始著衣裙，俗愈朴陋。

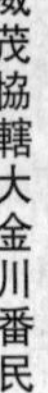
威茂協轄大金川番民

威茂協轄大金川番婦

金川，即金川寺種類。堅參利卜異母弟罕旺八澤之子莎羅奔，於雍正八年授安撫司職銜，乾隆七年身故，弟莎羅奔細承襲。負險恃强，侵凌諸部。自乾隆十三年平定之後，懷德畏威，恪守蠻服。番民椎髻，帽用半皮染黄色，以紅帛緣之，耳綴銅環，布褐短衣，麻布裙，出入必佩兵械。崇佛教，知耕作。婦女結辮於首，綴以珊瑚，耳綴大環，短衣長裙，知紡織。其居處土物，與雜谷等處略同。

威茂協轄岳希、長寧等處番民

威茂協轄岳希、長寧等處番婦

岳希長官司管黑虎寨七族，長寧安撫司管二十七寨，静州長官司管十二寨，隴木長官司管赤土關諸族，拗盤諸寨，其酋長皆自唐宋以來承襲。本朝因之。皆輸賦於茂州。番民居土室，戴羊皮帽，布褐長衣。以耕種爲生，亦有貿易者。婦女盤髮纓帽，耳綴大銅環，長衣革履，頗勤耕織。婚禮用豕肪爲饋，佐以銀布。俗習狡悍。又有水草、坪竹、木坎諸土司，亦略相同。

松潘鎮屬龍安營轄象鼻、高山等處番民

松潘鎮屬龍安營轄象鼻、高山等處番婦

象鼻、高山、黄羊關等寨，本吐蕃裔，與松潘平番族同類。宋進士薛嚴守龍州有功，世襲土知州、安撫等官。本朝順治六年歸化，授其後人以土知事。其地皆高山，積雪不消。叠石爲重屋，覆以柴薪，上居人而下飼畜。番民戴氈笠，插雉羽，著緣邊布褐衣，褐帶革履。以耕稼、採藥爲生。性淳，好佛。番婦辮髮挽髻，裹以繡巾，項垂珠絡，著緣邊長衣，或五色相間。多跣足。頗勤紡績，雖行路，亦手捻毛綫。所食蕎子、青稞之屬。無貢税。

龍安營轄白馬路番民

龍安營轄白馬路番婦

白馬路十八寨亦吐蕃裔，與陝西洮文番族同類。宋進士王斯儉爲龍州判官有功，世襲。明改土歸流，授王氏以土通判、長官司等官。本朝順治六年歸化，仍襲前職。其地常寒。俗好鬥，傷人則以刀、布、牛、羊償。或争訟理曲者，亦以物請和解。婚娶，女父母同來婿家飲，仍攜女歸。逾年，復同來，始成禮焉。生子教以射獵，獵犬直三牛。亦種青稞、蕎麥之屬，無賦税。番民戴草帽，著羊裘，常負木柴入内地市易。番婦辮髮垂兩肩，束以布，或綴珠石，著緣邊長衣，花布半臂，頗知耕織。

石泉縣青片、白草番民

石泉縣青片、白草番婦

青片、白草四十二寨，其先本氐羌。明歸白馬生番屬長官司。本朝康熙中改土歸流，舊隸龍安營，嗣改隸石泉縣。多居山麓，以土爲屋。俗淳朴，以耕稼畜牧爲生。歲輸米十二石九門，爲石泉汛兵食。番民服制與齊民同，惟常著麻衣，插雉羽於草笠。番婦剃頂，髮留四周，結辮爲髻，裹綉布巾。短衣長裙，以繡緣之。習紡織，亦有跣足耕作者。

松潘鎮屬漳臘營轄寒盼、祈命等處番民

松潘鎮屬漳臘營轄寒盼、祈命等處番婦

寒盼、祈命、商巴三寨，皆氐羌裔。明置長官司。本朝康熙中歸化，各設土千户，隸漳臘營。散居山中，以板爲屋。性淳良，勤耕作。番民氈帽褐衣，常負茶出口易牛馬，售於内地。番婦辮髮，續以牦尾，其長至膝，著五色布衣，綴瑪瑙、硨磲爲飾。頗奉佛好施，亦知耕織。

漳臘營轄口外甲凹、鵲個等處番民

漳臘營轄口外甲凹、鵲個等處番婦

口外甲凹、鵲個、郎惰、阿壩十二部落，氐羌之裔。前代爲生番，本朝雍正元年剿撫歸化，分設土千户、百户以統之。地皆沙漠，饒水草，以畜牧爲生。寢處布幕，飲食喜乳湩。番民剃髮，不留辮，衣裘褐。番婦披髮不櫛，雜繫珠石於髮上。跣足耕種，亦能織毛褐。以青稞爲賦，及折繳馬價有差。

漳臘營轄口外三郭羅克番民

漳臘營轄口外三郭羅克番婦

口外三郭羅克，氐羌之裔。本朝康熙六十年剿撫歸化，設土千户、百户統之。半居山嶺，半處平原。叠石爲碉房，力耕者少，惟獵野獸以佐食。俗狡悍貪利，常出劫奪，名曰放夾壩。番民戴狐帽，著褐衣，以虎豹皮緣之，革帶革履。番婦辮髮後垂，約以布囊，雜綴珠石爲飾，衣服與男子略同。歲輸馬價一百餘兩。

漳臘營轄口外三阿樹番民

漳臘營轄口外三阿樹番婦

口外三阿樹，即郭羅克種類，統於土千户。番民戴狐帽，衣裘褐，著革履。番婦垂髮於兩肩，著緣邊長衣。其俗勇悍，馳馬射獵，亦習耕織。

松潘鎮屬疊溪營轄大小姓、黑水、松坪番民

松潘鎮屬疊溪營轄大小姓、黑水、松坪番婦

疊溪，明初置長官司，所轄河東熟番八寨，皆大姓，及馬路、小關七族。其土舍轄河西小姓六寨，而黑水、松坪皆屬焉。其酋郁氏爲多。本朝康熙間先後歸化，仍各授土千、百户。其居多山岡，累土爲屋。番民戴纓笠，著布衣。番婦挽髻，裹花布巾，綴大耳環，著細褶長衣，革履。勤耕作，習紡織。大姓、小姓、松坪各輸青稞糧石折支疊溪營兵食，惟黑水於乾隆元年豁免。

松潘鎮屬平番營轄上九關番民

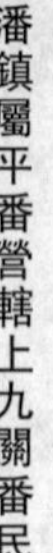

松潘鎮屬平番營轄上九關番婦

上九關、雲昌寺、丢谷寨番，西番之裔。本朝康熙中歸化，隸平番營，設土千户以統之。居處碉房，以耕種爲生。常入山樵薪，負至城市。番民帶草帽，著羊裘，以布緣之，或衣自織褐毯。番婦辮髮，分垂於肩，綴以瑪瑙、車渠，著細褶緣邊長衣，花褐半臂，項綴素珠。歲輸青稞十石，折徵貝母銀四十兩。

平番營轄下六關番民

平番營轄下六關番婦

下六關、呷竹寺等寨番民，其種類與上九關同。亦同時歸化，風俗相似。番民皮帽褐衣，革帶布履。番婦挽髻，裹以花巾，耳綴銅環，繫小珠一串，亦習耕作紡織。歲輸青稞二十石，折徵貝母銀三十餘兩，皆充平番兵丁月米。

松潘鎮屬南坪營轄羊峝各寨番民

松潘鎮屬南坪營轄羊峝各寨番婦

羊峝本生番，有中、下峝共三十四寨。本朝雍正三年剿撫歸化，隸南坪營，每寨設牌長以領之。番民多依山而居，以耕牧爲業。性愚頑，好仇殺。首戴皮帽，插雉尾，著緣邊褐衣，束帶佩刀。番婦垂髮於肩，綴以珠石，長衫束帶，跣足不履。項掛素珠，富者輒三四串。頗知紝績。其户口六百餘，户輸青稞一斗充兵米。

建昌中營轄阿都、沙馬猓玀

建昌中營轄阿都、沙馬猓玀婦

建昌本邛都地，漢越嶲郡。唐没於吐番，元置建昌路，明爲建昌衛阿都長官司。本朝康熙中歸化，雍正七年添設副長官司。又沙馬宣撫司安民亦與阿都同歸化，隸建昌中營，皆猓玀種也。居深山中，擇溪澗架木爲屋，種蕎爲食，頗事畜牧。男挽髻垢面，衣布褐短衣，披氈於背，夜即爲衾。婦辮髮，裹青布帕，以金珠綴抹額爲飾，著長衫，加緣領半臂，喜繫五色細褶裙。恒攜氈笠以行。歲以馬匹爲貢賦。

建昌中左營轄祭祀田等處猓玀

建昌中左營轄祭祀田等處猓玀婦

西昌縣祭祀田土百户、德昌所昌州長官司，俱於康熙中歸化。又有會理州苦竹壩土目，皆猓玀種類。性貪狡多疑，以耕種爲生，常赴内地貿易。男挽髻，著短衣，束長帶，跣足。佩刀左手，亦常帶丹漆皮筒。出必荷笠，以防雨雪。婦挽髮，裹青帕，結五色綫垂於耳後，著長衣細褶裙，跣足。亦知紡織。歲納糧，貢馬亦有。服食言語與内地民人無異，且能讀書識字者。

建昌中右營轄阿史、審札等處猓玀

建昌中右營轄阿史、審札等處猓玀婦

阿史安撫司膩乃土千户，於本朝康熙中歸化。雍正六年，裁歸沙馬宣撫司管轄。審扎土千户等處，亦同歸化。雍正六年，改歸流官，歲輸雜糧。其人皆猓玀種類。男子椎髻，裹青布帕，耳綴銅環，短衣草履，背披黑氈，常繫布囊於腰。性悍好鬥，出必佩刀弩。婦女以青布裹頭，布衣褐裙，亦披黑氈於背，跣足不履。頗習耕織。

建昌鎮屬會川永寧營轄披沙等處苗人

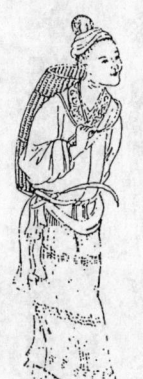

建昌鎮屬會川永寧營轄披沙等處苗婦

會理州披沙外委土千户禄氏，者保土目禄氏，會理村土目沙氏，皆猓玀種。而所管苗人，則來自滇、黔爲土目佃户者。耕漁爲生，善用弓弩。性疑而多畏，信鬼神占卜。服制與内地略同，惟椎髻，裹以布帕。苗婦梳高髻，以紅緑布裹頭，著長領衣，花褐緣邊裙，勤於力作。

建昌右營轄蘇州、白露等處西番

建昌右營轄蘇州、白露等處番婦

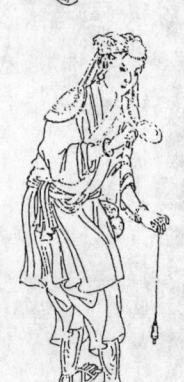

虚朗土百户，本朝康熙中歸化，於雍正六年改土歸流。冕寧縣之蘇州土千户，白露，仍設土目約束之。越嶲衛之松林、白石、野猪塘等土千、百户，亦同時歸化，皆西番種也。在冕寧者，風俗服食與内地無異。務農力作，按畝輸賦。在越嶲者，男青布裹頭，帶耳環，著褐衣，外披青氈，織草爲履，出必佩刀。性樸實，勤耕作。婦挽髻，束以紅布，又別綴幅布於髻上，飾以珠石。短衣麻襦，肩帔用五色帛布緣之。亦能紡織。每歲輸雜糧於寧越營。

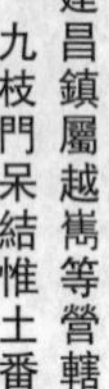
建昌鎮屬越巂等營轄九枝門呆結惟土番

建昌鎮屬越巂等營轄九枝門呆結惟土番婦

越巂衛九枝門呆結惟各土番，其先傳爲江南人，明洪武間以罪安置其地者。依山而居，以竹木爲屋，頗事耕牧。性悍多疑。男椎髻，插銅簪，衣短褐，披黑氈，束帶佩刀。婦挽髻，裹青帕，飾以珠石，耳環下結綫穗，垂之衣裙，多與沿邊民婦相似。其牛馬羊豕有税，俱於越巂衛輸納。

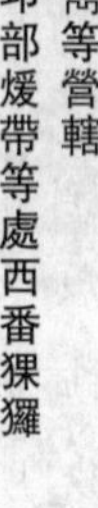
越巂等營轄邛部煖帶等處西番猓玀

越巂等營轄邛部煖帶等處西番猓玀婦

邛部本漢邛部地，元置安撫司，明洪武中嶺真伯來歸，授指揮使。本朝康熙年間嶺氏歸化，授宣撫司，世襲。又煖帶土千户、煖帶密土千户，皆嶺氏後同時歸化者。所管西番、猓玀二種。男子椎髻，裹有布帕，短褐氈衫，佩刀執梃。婦人以青布作大帽覆髻，垂幅向後，束紅帛於額間，長衫短裙。皆跣足耕作，暇則績毛綫以織褐。邛部煖帶密向無貢賦，惟煖帶於寧越營折輸貢馬銀八兩。

建昌鎮屬會鹽等營轄瓜別、馬喇等處麽些

建昌鎮屬會鹽等營轄瓜別、馬喇等處麽些婦

鹽源縣瓜別安撫司、馬喇長官司及兒斯瓦尾等十三土司所管麽些，本滇夷種。多處山澗，以板爲屋。男子以帕裹首，耳綴大環。短衣，披羊裘，以褐纏脛，繫牛革於足底。婦女首裹藍帕，長衫布裙。知耕作，績牛羊毛以織褐。歲輸蕎麥於會鹽營。

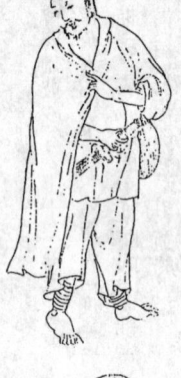

會鹽營轄右所土千户猓玀

會鹽營轄右所土千户猓玀婦

鹽源縣右所土千户，居喜得寨。所管猓玀，椎髻短衣，佩刀跣足，常繫竹筒於腰。婦女挽髻，束布帕，衣裙亦同近邊民婦。性頑黠，頗知耕牧織作。歲輸蕎麥爲賦。

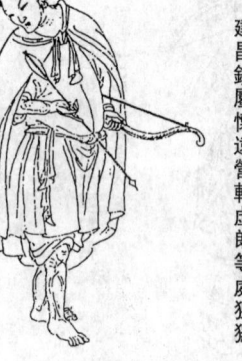

建昌鎮屬懷遠營轄虚朗等處猓玀

建昌鎮屬懷遠營轄虚朗等處猓玀婦

冕寧縣虚朗、白露土司，多西番種，亦有猓玀，服食與右所等處略同。性頑狡，喜鬥，出必操弓弩。頗以耕種爲業。婦女多不事紡織，常沿河捕魚以食。

會鹽營轄中所土千户貉獞夷人

會鹽營轄中所土千户貉獞夷婦

鹽源縣中所土千户所管草、芝、蘆三處貉獞夷人，本朝康熙中歸化。性頑劣，善用弩，以射獵爲食，亦知耕作。男子椎髻，著麻布短半臂。婦挽髻於頂，餘垂兩耳。著麻布，衣短裙，披羊皮，常持刀入山刈薪。歲輸蕎麥於會鹽營。

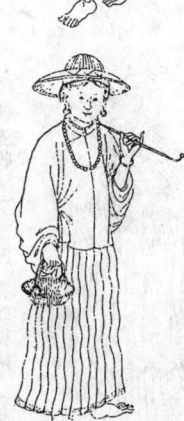

會川營轄通安等處擺夷

會川營轄通安等處擺夷婦

擺夷即白夷，本滇中種，通安、者保、披沙各土司俱有之。性柔，畏寒嗜酒，出必佩刀荷笠。男子以布裹頭，短衣跣足。婦女挽髻，以皂帕抹額，綴以珠石，仍常戴竹笠。短衣長裙，跣足，嗜吸煙草。以六月二十四日爲大節，羣飲必醉。疾病惟卜禳，頗勤耕織。歲赴會理州納屯糧，以供兵食。

會川營轄黎溪等處僰人

會川營轄黎溪等處僰人婦

會理州黎溪土千户、普隆、紅卜苴各土百户，俱本朝康熙中歸化，多猓玀種類。其僰人則滇種也，勤於紡織。居處山岡，土沃民勤。男子以青布裹頭，衣服與内地同。婦女亦然，常攜麻綫至内地貿易。其山田按畝起糧，赴會理州輸納。

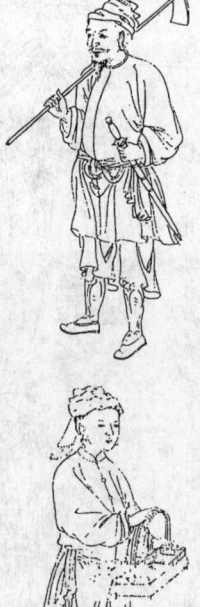

會川營轄迷易、普隆寺等處擺夷

會川營轄迷易、普隆寺等處擺夷婦

迷易所土千户安氏，本滇之景東府擺夷種也。康熙中歸化。居多茅屋，以耕種爲業。與民人村落相聯屬，男女服食亦相似。性馴而多疑，風俗淳樸。歲輸糧賦。

永寧協右營屬九姓苗民

永寧協右營屬九姓苗婦

瀘州九姓長官司任氏，自明洪武時内附授職世襲，本朝順治初歸化。設學校師儒，風俗淳樸。苗民椎髻，裹青布帕，著花布衣，披棕櫚皮，跣足。勤於耕，常吹竹筒笙爲樂。苗婦挽髻，以青布作帽，束以花巾，著大袖花布短衣，緣邊花裙。恒持傘以行。其編户五百餘，輸賦三百餘兩，每三年供馬二匹。

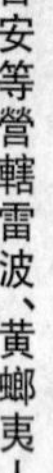
普安等營轄雷波、黄螂夷人

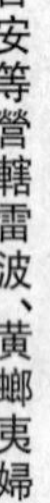
普安等營轄雷波、黄螂夷婦

雷波衛本阿照部落，明洪武初内附，賜姓楊氏。黄螂所本噶哈部落，亦明初承襲。俱於本朝康熙中歸化，雍正六年改設衛所。惟雷波長官司妻河氏，授土千總職，管穀堆等處生番，仍令世襲。其地多猓玀。男椎髻去鬚，僅留頦下髭。氈笠布衣，以朱漆塗革帶，佩刀裹囊。婦挽髻，裹青帕，耳綴銅環，著長衣細褶裙，行必荷笠。頗勤耕作。按編户輸糧。

馬邊營轄蠻夷長官司夷人

馬邊營轄蠻夷長官司夷婦

屏山縣蠻夷長官司，亦猓玀種類。明洪武初授以土職，本朝順治九年歸化。三年貢馬一匹，以銀代之，亦輸糧於官。其人多居峻嶺巖阿，上下便捷。男椎髻，裹青布帕，短衣，披氈衫，勤於耕作。婦挽髻，以青布作平頂帽，交纏藍布長帶，飾以珠石，項掛素珠，衣裙俱緣邊。跣足不履。頗習紡織。

泰寧協左營轄沈邊番民

泰寧協左營轄沈邊番婦

沈邊長官司余氏，本江西人。明初隨征有功，授百户。本朝康熙中歸化，授長官司，世襲。番民多以板爲屋。男、婦多以花褐爲衣，性淳良，勤耕織。地當西藏打箭爐之衝，往來背負茶包獲傭直，以資衣食。歲輸税銀五十兩。

泰寧協左營轄冷邊番民

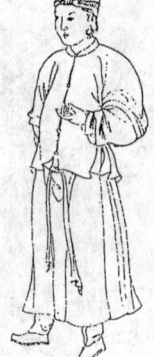

泰寧協左營轄冷邊番婦

冷邊長官司其先惡地者，本西番瓦部。明初授都綱，後改長官司。本朝順治中歸化。番民附居内地，風俗服食大略相同。男子花布裹頭，綴環於耳。婦女常以手帕圍項，長衣褶裙，腰帶間繫色布一幅拖之。頗勤耕作。

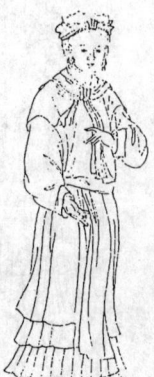

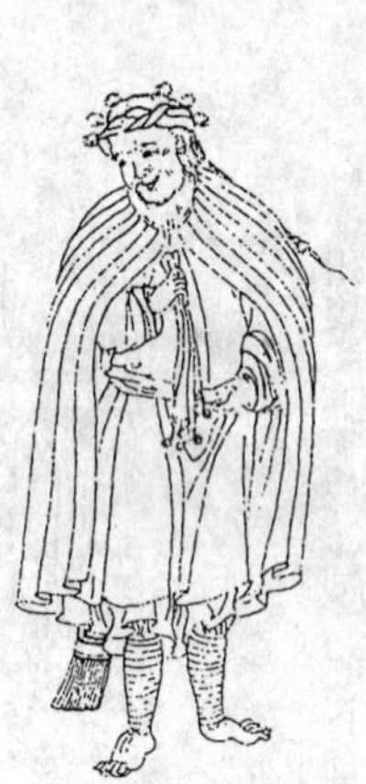
泰寧協右營轄大田西番民

泰寧協右營轄大田西番婦

大田土司所轄有西番，本後漢馬岱之裔。世爲宣慰司，明末力拒張獻忠。本朝順治九年歸化，後因馬氏無繼嗣，改歸清溪縣管轄。而夷衆構釁，復選土百户以統束之。番民首裹白布帕，著麻布短衣，披氈衫，以白布纏腰。番婦挽髻垂辮，著青布短衣，白布繫腰。常以酒自隨，勤於耕作。歲輸地丁於清溪縣。

泰寧協右營轄大田猓玀

泰寧協右營轄大田猓玀婦

大田猓玀，亦後漢馬岱之裔。世與西番同爲大田宣慰司所轄，其沿革亦同。男挽髻，裹青帕，布衣，披氈衫。女著長衣半臂，繫五色褐裙，束織花褐帶，勤於耕織。亦於清溪縣歲輸地丁銀兩。

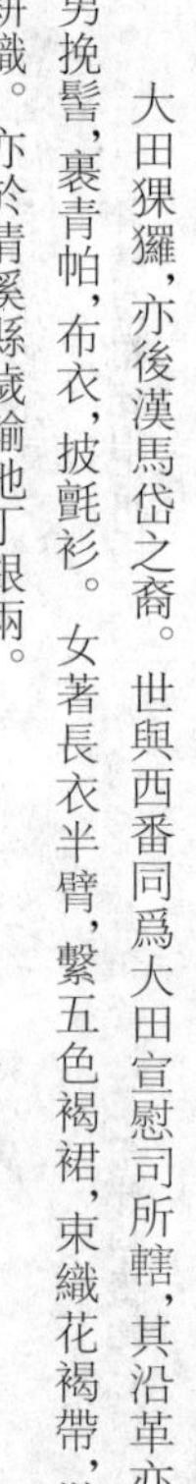

泰寧協標右營松坪夷人

泰寧協標右營松坪夷人婦

松坪在明初爲黎州安撫馬氏土舍所轄，皆猓玀種類。本朝康熙中歸化，授土千户，歲輸地丁銀兩。夷人椎髻，裹青帕，或編竹爲帽，盡去髭鬚，披氈衫，繫革帶。夷婦辮髮，挽雙髻，以青布爲高冠，復以色帛交束之，衣裙類民婦。其俗習强悍，能自造牛皮甲胄、木弓、竹箭。

泰寧協屬黎雅營轄木坪番民

泰寧協屬黎雅營轄木坪番婦

木坪土司，明爲董卜韓胡宣慰司，本朝順治九年歸化。番民居處，多壘石爲碉房。男剃髮留辮，戴圓頂氈笠，著長衣，披紅偏衫。番婦盤髻，垂雙辮於額前交挽之，著大領短衣、細褶長裙，拖繡帶，勤於耕織。崇釋信鬼，俗尚儉樸。歲貢馬四匹，豆五十石，俱折色交納。

泰寧協屬阜和營轄明正番民

泰寧協屬阜和營轄明正番婦

明正土司，其先本打箭爐番目。明永樂間授宣慰司，本朝康熙中歸化，轄土千户四十九員。番民奉佛，以耕牧爲業。居碉房。戴狐皮帽，耳綴大環，長衣皮靴，常以銅合貯小佛像及經咒繫肘腋間。番婦挽髻，束以絳帛，雜綴珠石，仍戴狐皮纓帽，著大領短衣，細褶長裙，腰拖繡帶，足履繡鞋。頗知紡織。歲輸税銀一百五十餘兩。

阜和營轄德爾格特番民

阜和營轄德爾格特番婦

德爾格特，本西海番部土目。本朝平定西藏時歸化，授安撫司，尋加授宣慰司。番民性勇悍，善騎射，饒畜牧。戴狐皮帽，著布褐長衣，佩刀。番婦辮髮，以絳帛抹額，雜綴珠石。短衣長裙，前繫緣邊色帛一幅。能織褐。歲輸税銀二百八十兩。冬春間，常以牛馬皮革赴打箭爐易茶。

泰寧協屬裏塘番民

泰寧協屬裏塘番婦

裏塘宣撫司，本朝康熙中歸化。雍正七年設宣撫司一員，副土司一員。其更替，於頭人内拔補。所居多碉房。番民皮帽，毛褐長衣，佩刀。番婦辮髮，續以牛毛，綴珠石爲飾，著大領長衣，五色布裙。其地寒，不宜耕種，皆以畜牧爲生計。性頗質樸。

泰寧協屬巴塘番民

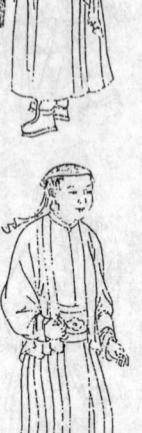

泰寧協屬巴塘番婦

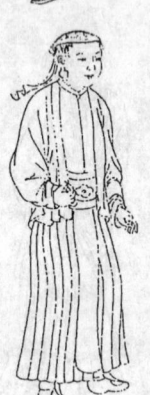

巴塘宣撫司一員，副土司一員，俱於雍正七年授職。遇事故，則選擇頭人充補。番民衣飾，與里塘相似。逢歲時佳節，具酒肉，跳蕩歌舞，以娛賓客。其地較裏塘温暖，人亦多務農桑。

皁和營轄革布什咱番民

皁和營轄革布什咱番婦

革布什咱安撫司，本朝康熙中歸化。番民依山建碉以居，戴羊皮帽，短衣短裙，外披毛褐，出入必佩刀執械。番婦髮綰雙髻，插鐵簪，長尺許，短衣長裙，頗習耕織。遇大計之歲，於泰寧協折納馬價銀八兩。又有巴底、巴旺安撫司，居處服食相似，亦同時歸化者。

皁和營轄綽思甲布番民

皁和營轄綽思甲布番婦

綽思甲布安撫司，本朝康熙中歸化。番民居碉房。皮帽褐衣，短裙大帶。番婦披髮垢面，耳綴大環，短衣長裙，足著革履。性詭譎，嗜酒貪利，出必佩刀械。遇大計，折納馬價與革布什咱同。

皁和營轄霍耳章谷等處番民

皁和營轄霍耳章谷等處番婦

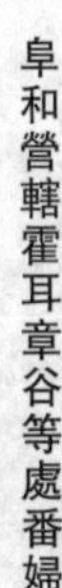

霍耳章谷、孔撒等九土司，俱於本朝平定西藏時歸化，各授安撫長官等職。番民多居山巔碉房。戴狐帽，著毛褐長衣，亦有衣帛者。革帶皮靴，馳馬射獵。番婦披髮，繫松石爲飾，短衣長裙，前繫幅布，能織褐。

皁和營轄納滾番民

皁和營轄納滾番婦

納滚安撫司，本朝康熙中歸化。番民居碉房。戴狐皮帽，耳綴大環，著毛褐長衣，佩刀。番婦披髮，抹以紅帛，結珠石爲瓔絡垂之，著大領褐衣，繫五色褐裙。習俗强悍，以耕牧爲生。冬春間，多取野獸皮革赴裏塘、打箭爐市易。無貢税。

皁和營轄春科番民

皁和營轄春科番婦

春科安撫司一員，副土司一員，高日長官司一員，俱於本朝雍正六年歸化。其地與霍耳等處諸番接壤，居處服食亦相似。惟衣裘多有用虎皮者，歲輸税銀有差。副土司無税。

皁和營轄納奪番民

皁和營轄納奪番婦

納奪安撫司，本朝雍正六年歸化。番民剃髮留辮，戴深檐纓帽，染黄羊皮或虎皮鑲之，衣毛褐及無面羊裘，束帶佩刀，以耕牧爲生。番婦披髮，以松石爲飾，耳綴大環，著短衣，繫五色細褶裙，能織褐。歲輸税銀十餘兩。

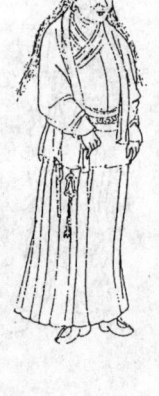

皁和營轄上、下瞻對番民

皁和營轄上、下瞻對番婦

上瞻對長官司、下瞻對安撫司，俱本朝雍正六年歸化。地多高山峭壁，番民居碉房。椎髻，戴黄羊皮帽，著毛褐長衣，佩刀。性貪而狡，每以打牲爲名，掠奪近界。番婦蓬首不櫛，惟剪額髮露面，亦綴珠石爲飾。短衣長裙，能織毛褐。

皁和營轄瓦述餘科等處番民

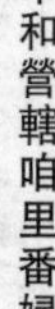

皁和營轄瓦述餘科等處番婦

瓦述餘科等七土司，俱雍正六年歸化，各授安撫長官等職。番民居處帳房，就水草畜牧。戴皮帽，綴耳環，褐衣佩刀。貪利好殺，每以打牲爲名，攘竊裏塘等處。番婦服飾與裏塘相同，能牧牛羊，織毛褐。歲輸税銀有差。

皁和營轄咱里番民

皁和營轄咱里番婦

咱里土千户，其先阿交者，於明洪武初授土司職。本朝康熙中進剿西爐，以糧運功仍授土千户。番民耳綴大環，褐衣革履，多以負運茶包爲生。番婦盤髻，著大領長衣，束帶，前繫花布一幅。性嗜酒，勤耕作。歲輸税銀九兩零。

雲南等府黑玀玀以下雲南省

雲南等府黑玀玀婦

黑玀玀爲滇夷貴種，凡土官營長皆其族類，散居雲南、曲靖、臨安、澄江、武定、廣西、東川、昭通、楚雄、順寧、蒙化等府。在鶴慶者，又號海西子，自唐時隸東西兩爨部落，元收其地爲郡縣，分處各屬。其居處，斫木代瓦，名曰苫片。男子青布纏頭，或戴箬帽，布衣氈衫。婦亦以青布蒙首，布衣披羊皮，纏足著履。言語飲食頗類齊民，性樸魯，好射獵。歲時用鷄酒，摇木鐸以祝國祈年。土宜稻黍。輸税惟謹。

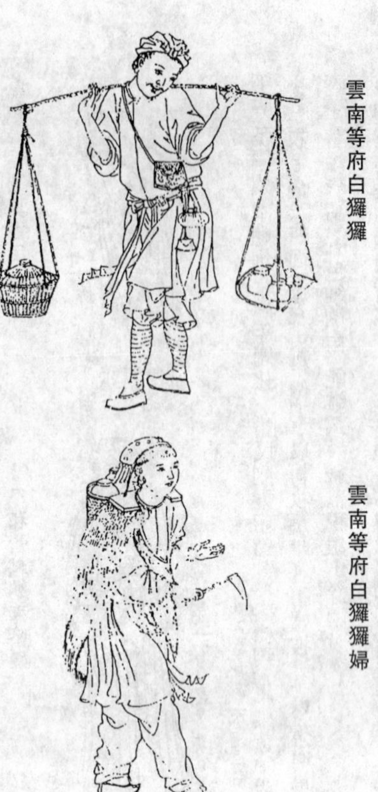
雲南等府白玀玀

雲南等府白玀玀婦

白玀玀於夷種爲賤，雲南等府及開化、景東皆有之。一名撒馬都，又稱爲灑摩。其部落貢税與黑玀玀同。居處依山箐，或居村落。男子以布蒙首，衣短衣，胸掛綉囊，著革履。婦女椎髻，蒙以青藍布，綴海巴錫鈴爲飾，纏足著履。勤於耕作。婚姻以牛馬納聘。祭用丑月，插山榛三百枝於門，誦經羅拜。有占卜則投麥於水，驗其浮沉。其言語、飲食、輸賦税均類齊民。

雲南等府乾玀玀

雲南等府乾玀玀婦

乾玀玀，唐時隸東爨部落，今與黑、白二種散處雲南、曲靖、東川三郡，無專設土司。居尚樓屋，食貴鹽、蒜，人貌皆黑。男子束髮纏頭，耳綴圈環，衣花布短衣，披羊皮，用麻布裹脛，著草履。婦女以白麻分辮束髮，頂綴海巴。其婚嫁以奢侈相誇。每食插箸飯中，擎拳默祝，以爲報本。性勇好鬥，不通華言，頗勤耕織、樵採。歲輸賦税。

廣南等府妙玀玀

廣南等府妙玀玀婦

妙玀玀皆土蠻官舍之裔，或稱虎頭營長，或稱官娜，與黑、白諸種異，廣南、元江、開化、鎮沅、大理、楚雄、永昌、永北、麗江、姚安十府皆有之，無部落，隨各屬土流兼轄。貌獰，性悍，善用鏢弩，耕種山地。冬月圍爐中堂，舉家臥其側。男子椎髻，短衣。婦女青布纏頭，以幅布披右肩，綰於左腋，短衣短裙，跣足無褲。婚姻聽女擇配。其輸租税與各種同。

曲靖等府僰夷

曲靖等府僰夷婦

僰夷，一名擺夷。漢爲巨箟甸，唐爲步雄、嶍峨二部，元初内附其部落，接壤緬甸車里。今雲南曲靖、臨安、武定、廣南、元江、開化、鎮沅、普洱、大理、楚雄、姚安、永北、麗江、景東十五府皆有之，隨各屬土流兼轄，與齊民雜處。男子青布裹頭，簪花，飾以五色綫，編竹絲爲帽，青藍布衣，白布纏脛，恒持巾帨。婦盤髮於首，裹以色帛，繫彩綫分垂之，耳綴銀環，著紅緑衣裙，以小合包二三枚各貯白金於内，時時攜之。地產五穀，宜蕎麥。輸納糧税，常入市貿易。

景東等府白人

景東等府白人婦

白人，其先居大理白崖川，即金齒白蠻部，皆僰種，後居景東府地，而雲南、臨安、曲靖、開化、大理、楚雄、姚安、永昌、永北、麗江等府俱有之，隨各屬土流兼轄。其居處與民相雜，風俗衣食悉仿齊民。有讀書應試者，亦有纏頭、跣足、衣短衣、披羊皮者，又稱民家子。歲輸賦税。

曲靖等府狆人

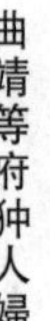

曲靖等府狆人婦

狆人與黔省狆家苗同一族，類曲靖、昭通，與黔接壤，故所屬皆有之。在曲靖者，宋時隸摩彌部。在昭通者，唐以後均隸烏蒙部。本朝改設流官管轄。其人好樓居。男子纏頭，短衣跣足。婦女以青布爲額箍，如僧帽然，飾以海巴，耳綴大環，衣花布緣邊衣裙，富者或以珠綴之，白布束脛，纏足著履。男女皆勤耕作。輸賦税。嗜食犬鼠，風俗樸陋。

廣南等府沙人

廣南等府沙人婦

沙人，安南土酋沙氏之裔。明初隸廣南、廣西府。屢不靖，沐氏討平之。後土官沙定洲據會城，爲李定國所擒。本朝順治十五年，平滇與迤東各郡同時歸順。歲輸糧賦，散處廣南、廣西、曲靖、臨安、開化等五府。其居多在高山深箐，名曰掌房，寢無衾枕，坐牛皮中擁火達旦。以耕漁射獵爲生，出入帶刀弩。性狡而悍。男女衣飾頗類齊民，其風俗多同儂人，而慓勁過之。

廣南等府儂人

廣南等府儂人婦

儂人，其土酋儂姓，相傳爲儂智高之裔。宋時地曰特磨道，明改廣南府。本朝平滇設流官，乃授儂氏後爲土同知。今廣南、廣西、臨安、開化等府有此種。喜樓居，脱履而登，坐臥無床榻。男子以青藍布纏頭，衣短衣，白布纏脛。婦束髮裹頭，短衣密鈕，繫細褶桶裙，著繡花履。性悍好鬥，出則携鏢弩，其類與沙人相似。歲納糧賦。

順寧等府蒲人

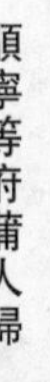

順寧等府蒲人婦

蒲人，即蒲蠻，相傳爲百濮苗裔。宋以前不通中國，元泰定間始内附，以土酋猛氏爲知府，明初因之，宣德中改土歸流。今順寧、澄江、鎮沅、普洱、楚雄、永昌、景東等七府有此種。居多傍水，不畏深淵，寢無衾榻，食惟蕎稗。男子青布裹頭，著青藍布衣，披氈褐，佩刀，跣足。婦青布裹頭，著花布短衣，長裙，跣足。常負米入市，供賦稅。

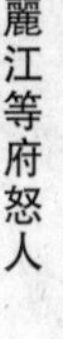

麗江等府怒人

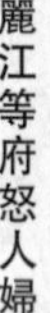

麗江等府怒人婦

怒人，以怒江甸得名。明永樂間改爲潞江長官司。其部落在維西邊外，過怒江十餘日，環江而居。本朝雍正八年歸附，流入麗江、鶴慶境内，隨二府土流兼轄。性猛悍，能以弓矢射獵。男子編紅藤勒首披髮，麻布短衣，紅帛爲褲，而跣足。婦亦如之。常負筐持囊劚黄連，亦知耕種。以虎皮、麻布、黄蠟等物由維西通判充貢。

鶴慶等府狳人

鶴慶等府狳人婦

狳人，居瀾滄江大雪山外，繫鶴慶、麗江西域外野夷。其居處結草爲廬，或以樹皮覆之。男子披髮，著麻布短衣褲，跣足。婦耳綴大銅環，衣亦麻布。種黍稷，劚黄連爲生。性柔懦，不通内地語言。無貢稅。更有居山巖中者，衣木葉，茹毛飲血，宛然太古之民。狳人與怒人接壤，畏之，不敢越界。

武定等府羅婺蠻

武定等府羅婺蠻婦

羅婺，自宋時大理段氏立羅武部長，至元明俱轄於土司，嘉靖中改歸流官，其部落流入雲南、大理、楚雄、姚安、永昌、景東等七府。居多在山林高阜，藉地寢處。男子挽髻戴笠，短衣披氈衫，佩刀，跣足。耕種輸稅。婦辮髮垂肩，飾以珠石，短衣長裙，皆染皂色。其地産火草，績而爲布，理粗質堅，衣服之餘或貿於市。

臨安等府土獠

臨安等府土獠婦

土獠，一名土老，亦名山子。相傳爲鳩獠種，亦滇中烏蠻之一，從蜀、黔、粤西之交流入滇境，散居臨安、澄江、廣西、廣南、開化、昭通等府，與齊民雜居。男子首裹青帨，著麻布衣，常負竹籠盛酒食入市貿易。婦女高髻紅巾，縫花布方幅於短褐。其治生最勤。生子置水中，浮則養之，沈則棄之，今俗亦漸革矣。鼓噪而祭，謂之「迓福」。其土宜雜糧，輸租賦。

元江等府窩泥蠻

元江等府窩泥蠻婦

負瓜蔬入市貿易。其在王弄山者，又名馬喇，即其種類。

雲南等府撒彌蠻

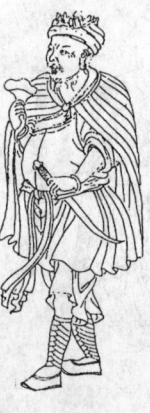

雲南等府撒彌蠻婦

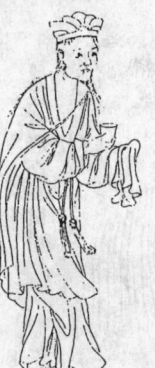

撒彌，或作灑美。其種類不蕃，惟雲南、曲靖二府有之。居處與齊民相雜，其人面目多黑。男子椎結，青布裹頭，衣褐披氈，白布束脛，著草履，腰短刀，俗嗜酒，以角爲杯，頗勤耕種。輸賦税。間有知書者。婦女青布裹頭，縫合兩鬢間如帽，著緑衣，披青布單，繫白布短裙，著履，能織布及毛褐。

曲靖等府苗人

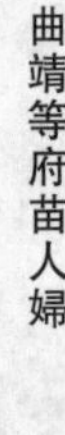

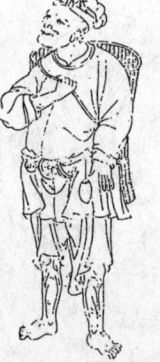

曲靖等府苗人婦

苗人，相傳爲槃瓠之種，楚、粵、黔皆有之，其在滇省者，惟曲靖、東川、昭通等府花苗，隨各屬土流兼轄。其人喜居水濱，耐寒暑。男子青布裹頭，短衣跣足，性狡而懦，勤耕作。婦女束髮戴五色花冠，耳綴銀環，著紫布短衣，繫繡花布裙，跣足，能織苗錦，常攜竹筐入市貿易。遇節序則擊銅鼓、吹角賽神。土宜雜糧，輸税惟謹。

普洱等府莽人

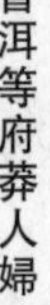

普洱等府莽人婦

窩泥，本和泥蠻之裔，南詔蒙氏置威遠，睒稱和泥，爲因遠部。明置元江府。東至元江，南至車里，西至威遠，北至思陀，皆和泥種。今雲南、臨安、景東、鎮沅、元江五府皆有之。其人居深山中，性樸魯，面黧黑，編麥稭爲帽，以火草布及麻布爲衣，男女皆短衫長褲，耕山牧豕。納糧賦。常入市貿易。亦有與齊民雜處村寨者。其俗女適人以藤束膝下爲别，娶婦數年無子則逐之，祭祀宴會擊鉦鼓、吹蘆笙爲樂。

臨安等府苦葱蠻

臨安等府苦葱蠻婦

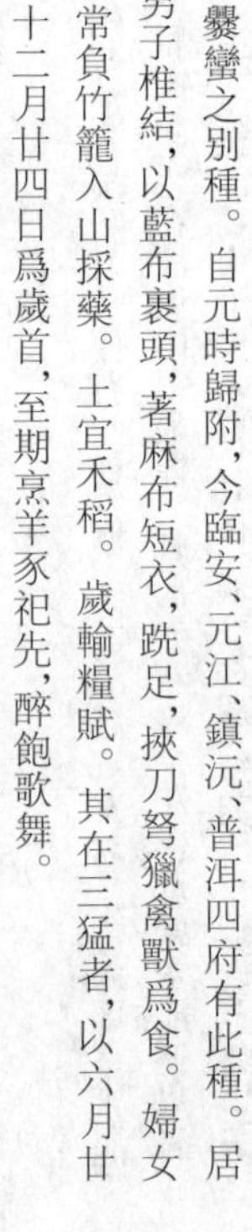

苦葱，爨蠻之别種。自元時歸附，今臨安、元江、鎮沅、普洱四府有此種。居傍山谷。男子椎結，以藍布裹頭，著麻布短衣，跣足，挾刀弩獵禽獸爲食。婦女短衣長裙，常負竹籠入山採藥。土宜禾稻。歲輸糧賦。其在三猛者，以六月廿四日爲年，十二月廿四日爲歲首，至期烹羊豕祀先，醉飽歌舞。

臨安等府撲喇蠻

臨安等府撲喇蠻婦

撲喇，一名撲臘，古蒲那九隆之苗裔。南詔蒙氏爲尋甸部，至元初内附。今臨安、廣西、廣南、元江四府俱有此種。多居高山峻嶺。男子束髮裹頭，插鷄羽，著青布衣，披羊皮，跣足，耕山種木棉、取禽鳥爲生。婦青布裹頭，青布長衣，常莽人，其先隸緬甸部落，夷人稱其長曰「莽紀」，遂以爲姓。明嘉靖初，與孟養木邦相仇殺，爲其所破，由此内附。今普洱、永昌二府有此種。與齊民雜處，亦有木邦阿瓦種類。其人體肥力健。男子束髮戴黑漆帽，裹幅布於身，跣足。婦人挽髻，窄袖短衣，緣邊桶裙。編竹絲爲器，盛食物，狀如葫蘆。俗勤耕織，歲輸糧賦。

姚安等府猓猓蠻

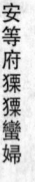

姚安等府猓猓蠻婦

猓猓，相傳楚莊蹻開滇時便有此種，無部落，散居姚安、麗江、大理、永昌四府。其居六庫山谷者，在諸夷中爲最悍。其居赤石崖金江邊地與永江連界者，依樹木巖穴，遷徙無常。男子裹頭，衣麻布，披氈衫，佩短刀，善用弩髮，無虚矢。婦女短衣長裙，跣足，負竹筐出入。種蕎稗，隨地輸賦。

武定等府摩察蠻

武定等府摩察蠻婦

摩察，本黑玀玀苗裔，而種類各別。自元張立道爲大理勸農使，諸蠻相率來降，收爲郡縣。今武定、大理、蒙化三府皆有之。居處與黑玀玀同。男子束髮裹頭，耳綴大環，短衣披氈衫，佩短刀，以木弓藥矢射鳥獸爲食。婦女皂布裹頭，飾以硨磲，短衣長裙，跣足，亦習射獵。其有田地者，種稻納糧。

楚雄等府扯蘇蠻

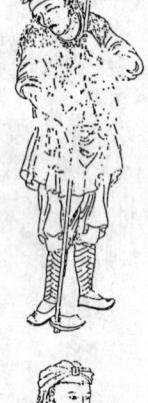

楚雄等府扯蘇蠻婦

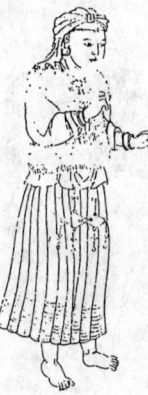

扯蘇，爨蠻部落之别種，樸陋似黑玀玀而性較强悍，其歸順亦與黑玀玀同。今楚雄、普洱二府有此種。其居處多結板屋於山巔巖石間。男子束髮裹頭，著短衣，披羊皮，耕山輸税。婦女短衣長裙，跣足，頗知紡績。俗以牛毛占晴雨。

臨安等府㑩鷄蠻

臨安等府㑩鷄蠻婦

㑩鷄，其先隸東爨部落，元時隨諸蠻歸順，臨安、開化二府皆有此種。在寧州王弄山者，形貌獰惡。在蒙自者，侏離卉服，皆轄於流官。居多負險，以竹爲屋，遷徙無常。男子椎髻，插鷄羽，短衣跣足。婦女項垂纓絡，短衣長裙，緣以錦繡。俗好鬥，性愚而詐，佩刀負弩，捕生物即食。有占卜用鷄骨。耕山種蕎輸税。

麗江等府麼些蠻

麗江等府麼些蠻婦

麽些蠻，宋時其長蒙醋據麗江，元初平之，置茶罕章宣慰司，明以木氏爲土知府。今麗江、鶴慶二府皆有之。居處與齊民相雜，性淳樸，語多鴃舌。男子剃髮戴氈帽，著大領布衣，披羊皮。其讀書入學者，衣冠悉同士子。婦女高髻戴漆帽，耳綴大環，短衣長裙，力作勤苦。俗以正月五日登山祭神。土宜蕎稗，歲輸糧賦。

鶴慶等府古猔番

鶴慶等府古猔番婦

古猔，乃西番別種。先爲吐蕃部落，與滇西北接壤，流入鶴慶、麗江、景東三府，土流兼轄，與民雜居。男子戴紅纓黃皮帽，耳綴銀環，衣花褐，佩刀繫囊，著皮靴。婦人辮髮，以珊瑚銀豆爲飾，著五色布衣裙，披花褐於背，足履革靴。種青稞，牧牛馬爲生，頗知禮法。輸賦惟謹。

永北等府西番

永北等府西番婦

西番，本滇西北徼外夷，又名巴苴，流入永北、麗江二府。居深山，聚族而處。男子辮髮戴黑皮帽，麻布短衣，外披氈單，以藤纏左肘，跣足，佩刀，伐竹爲業，不通漢語。婦女辮髮，綴以瑪瑙硨磲，亦衣麻披氈，繫過膝桶裙，跣足。地種蕎稗，納糧。

大理等府峨昌蠻

大理等府峨昌蠻婦

峨昌，以喇爲姓，大理、永昌二府有此種。無部落，雜處山谷間，性畏暑濕。男子束髮裹頭，衣青藍短衣，披布單。婦女裹頭，長衣無襦，脛繫花褶而跣足。刀耕火種，畜牧紡織爲生，食用儉陋，得禽蟲則生啖之。婚聘用牛馬，祭以犬，占用竹三十枝，如蓍莖然。地産麻葛，輸稅。

曲靖府海猓玀

曲靖府海猓玀婦

海猓玀，惟曲靖府有之，一名壩玀玀。居平川，種水田，土人以田畝廣延者爲海，或呼爲壩，故得名。或云即白玀玀也。與齊民雜處，其服食語言俱相似，惟與同類語則有別。勤於耕作，急公輸稅。間有讀書者。

廣西府阿者玀玀

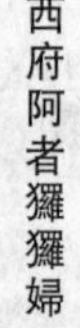

廣西府阿者玀玀婦

阿者玀玀，東爨烏蠻之苗裔，唐南詔蒙氏爲師宗、彌勒、維摩三部，元初歸附，設廣西路，明改爲府。本朝因之，轄於流官。性愚而勤。男女皆短衣褲，耳綴大環。男跣足，婦著履。婚禮以牛爲聘，婿親負女而歸。歲種雜糧，計田輸税。

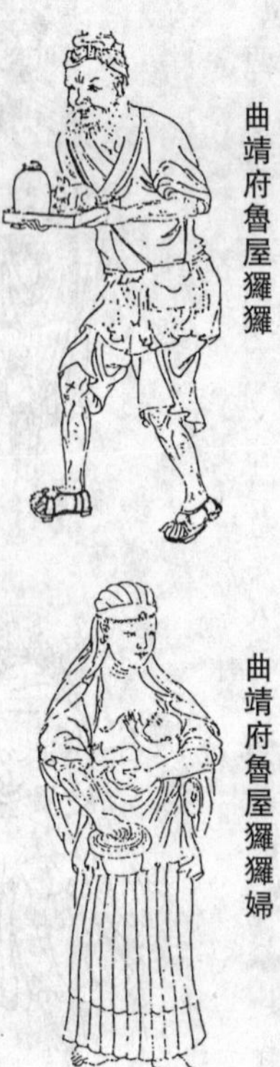

曲靖府魯屋玀玀

曲靖府魯屋玀玀婦

魯屋玀玀，居處飲食類黑玀玀而别爲一種。元初歸附，今惟曲靖府有之。與齊民雜居。男子束髮裹頭，著青藍布短衣褲，踏木履。婦女戴青抹額，耳綴大環，短衣長裙，跣足。俗勤耕種，亦能射獵。土宜黍、稗，蕎有甘、苦二種。

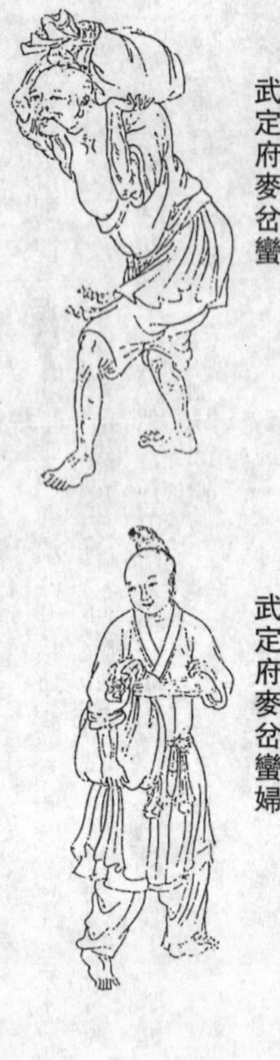

武定府麥岔蠻

武定府麥岔蠻婦

麥岔蠻，惟武定府屬有之。武定在漢爲越嶲郡僰㺜諸蠻所居，麥岔亦其别種。又宋時段氏使烏蠻阿歷治其地，名羅婺部，今與羅婺别爲二。其居處雜於齊民。男挽髮，短衣跣足。時負米糧入市，勤於治生，輸賦惟謹。婦人裝束與男略同。娶婦以牝牛爲聘，吹笙飲酒。地産火草，可織爲布。

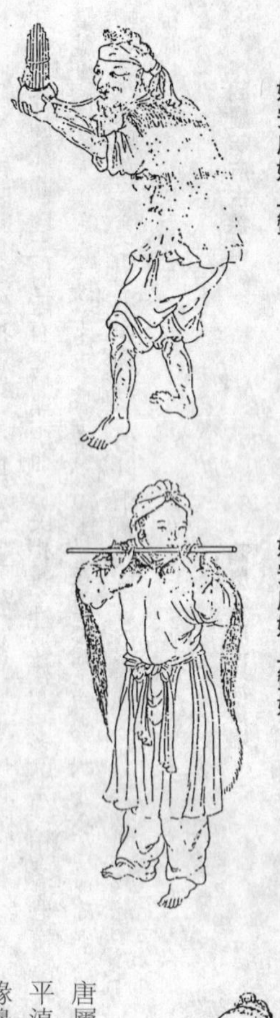

姚安府嫚且蠻

姚安府嫚且蠻婦

嫚且蠻，居姚安府。姚安，古百濮地，漢爲弄棟、蜻蛉二縣，梁末設於羣蠻，至元始内附。蠻人居處與民相雜。男、婦皆纏頭，衣麻布衣褲，披羊皮，跣足，喜歌嗜飲。男吹竹笙，女彈篾琴，諧婉可聽，時携酒入山，竟日忘返。近亦頗知治生，耕山種蕎，納税惟謹。

順寧府利米蠻

順寧府利米蠻婦

利米蠻，狀貌黝黑，頗類蒲蠻。宋以前不通中國，元泰定間始内附。聚處順寧山箐中。男子戴竹絲帽，著麻布短衣，腰繫綉囊。善踏弩，每射生，得之即啖。性愚樸，不嫻拜跪禮。婦女青布裹頭，短衣跣足。時出樵採，負薪而歸。刀耕火種，土宜蕎稗。

開化府普岔蠻

開化府普岔蠻婦

普岔，隸開化府東安里極邊，與安南接壤，蓋交州之苗裔也。漢爲句町國，唐屬南詔，明設教化、王弄、安南三部長官司。本朝康熙六年置開化府，十九年平滇，以土人周應龍世襲土經歷，俾領其衆。男女皆著青白長領短衣，披幅布，緣邊如火焰。以耕漁爲業，土宜穀、麥。其有田者，皆按畝輸税。

永昌府西南界縹人

永昌府西南界縹人婦

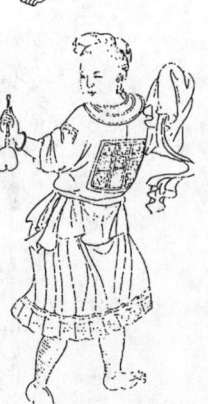

縹人，即驃人，在永昌府西南徼外，古朱波之裔。其先爲金齒驃國，南詔常制之。元初内附，置宣撫使。洪武中置府，又置金齒衛保山縣。今縣境有蒲縹寨，因蒲人、縹人流入得名。其地青甓爲圜城，四隅作浮圖，民居中，鉛錫爲瓦，荔枝爲材。男子束髮，衣青藍布短衣褲，披氈片。婦人當頂作高髻，裹以白布，衣短衫，繫長裙，其裙以莎羅布爲之，緣錦綴珠爲飾。俗奉佛，勤耕織，每織一梭輒誦佛號。時負竹筐入市貿易。重約信，有賖貸未嘗逋負。

貴陽、大定等處花苗以下貴州省

貴陽、大定等處花苗婦

花苗，本西南夷，亦苗之一種。向無土司，自明時隸之貴陽、大定、遵義等府。民苗雜居，與編户一體輸糧。有「大頭小花」之稱。衣以蠟繪花於布而染之，既染，去蠟則花紋似錦。衣無襟衽，挈領自首以貫於身。男以青布裹頭，女以馬尾雜髮編髻，大如斗，攏以木梳。俗以六月爲歲首，每歲孟春擇平地爲月場，男吹蘆笙，女摇鈴，盤旋歌舞，謂之跳月。相悦則共處，生子乃歸夫家。其性戇而畏法。

銅仁府屬紅苗

銅仁府屬紅苗婦

銅仁府屬紅苗，元及明初分置長官司以領之，萬曆間銅仁、大萬二土司改土歸流，設銅仁縣治。本朝雍正八年，平松桃紅苗，復移駐同知，以資彈壓，仍領省溪等八土司。歲徵苗糧八十餘石。其在坡東、坡西者，地連黔、楚、蜀三省，山深箐密，俱繫生苗，向頗劫掠爲患，自剿撫後，亦俱斂戢矣。苗有石、麻、田、龍等姓。衣用自織斑絲。男椎髻，約以紅帛。女戴紫笠，短衣絳裙，緣以錦，垂帶如佩。其俗五月寅日，夫婦各宿，鍵户禁語以避虎倀。性悍好鬥，婦勸乃解。

黎平、古州等處黑苗

黎平、古州等處黑苗婦

黎平等處黑苗，宋時設古州八萬軍民總管府，以鎮撫之。明洪武初，諸洞來朝，分置十四長官司，後於其地設黎平府治，而古州八寨、丹江一帶向居化外。本朝雍正七八年間開闢苗疆，仍留古州等土司，化誨管轄，認納苗賦。至十三年，豁免。其人衣短尚黑，女綰長簪，垂大環，衣裙緣以色錦，皆跣足，陟巉巖，捷如猿猱。頗勤耕織。寒無重衣，夜無臥具。食惟糯稻，炊熟以手摶食，藏肉瓮中，以腐臭爲佳。女嫁三日，仍還母家，向婿索頭錢，不與則另嫁。以臘月辰日爲歲首，每周一紀。以牡牛祭神，謂之吃牯臟。

貴定、龍里等處白苗

貴定、龍里等處白苗婦

白苗，亦西南夷之一種，其族類不可考。歷代並無土司管轄，明時始列版圖，貴定、龍里、黔西等縣皆有之。民苗雜居，一體輸賦。男科頭，赤足。婦盤髻長簪，衣尚白，短僅及膝。歲以牯牛祀祖，惟主祭者衣青。先期擇牡者與各寨牛合鬥，勝即爲吉。跳月之習與花苗同。性獷厲，轉徙不恒。

修文、鎮寧等處青苗婦

修文、鎮寧等處青苗

青苗，亦西南夷之一種，向無土司管轄，修文、鎮寧、黔西等縣皆有之，明代始列版籍。與民人雜居，一體計田輸稅。其人衣尚青，出入必佩刀攜弩。婦人以青布蒙首，綴以珠石，短衣短裙。性雖悍而知畏法，不敢爲盜。在平遠者，名箐苗，不善治田，惟種蕎、麥、稊、稗。衣麻衣，皆自織。男未婚者，剪腦後髮，娶乃蓄之。

貴筑、龍里等處東苗婦

貴筑、龍里等處東苗

貴筑、龍里等處東苗，元時設貴築等長官司轄之，明初改土歸流，置貴筑、清平等縣。本朝康熙年間，復設龍里縣，仍領羊腸，大、小谷龍三土司。其人有族無姓，以花巾束髮，衣衫短不及膝。婦人多服花布帔肩，繫細褶短裙。中秋日以牡牛祀祖，集親屬，延巫師，循序而呼鬼之名，竟晝夜乃已。春獵獲禽必以祭。跳月與花苗同。畏見官長，事有不平，聽鄉老決之。急公服役，比於良民。

平越、清平等處西苗婦

平越、清平等處西苗

西苗之名，所以別乎東苗也。在平越、清平等處。唐時爲金筑安撫司所屬，明洪武時改爲揚義長官司。有謝、馬、何、羅、雷、盧等姓。衣尚青，性質實，畏法少争訟。俗以十月收穫後，每寨出牡牛三五只，延善歌祝者，著氈衣大帽，履革靴前導，男婦悉青衣綵帶，吹笙蹈舞隨之，歷三晝夜，乃殺牛以祀，名曰「祭白號」。除夕置酒呼老幼姓名，謂之「叫魂」。

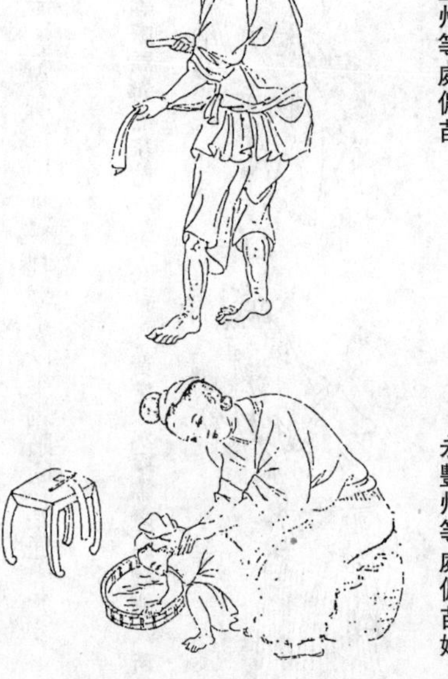

永豐州等處儂苗

永豐州等處儂苗婦

儂苗，本廣西泗城土府所屬。本朝雍正五年，改土歸流，以其地設永豐州，分隸黔省，蓋即廣西西隆州土人之類也。其男子俱剃髮，衣服與漢人同。婦人短衣長裙，首蒙青花巾。勤於耕織，歲輸苗賦，頗遵禮法。

平越、黃平等處夭苗

平越、黃平等處夭苗婦

夭苗，多姬姓，相傳爲周後。向無土司管轄，明時隸平越、黃平等府州。民苗雜居，一體計田輸賦。衣尚青，左衽。女工紡織，善染。以十一月爲歲首。其性柔順，勤儉安貧，近亦讀書應試。其居陳蒙爛土夭壩者，緝木葉爲衣，繫以短裙。婚姻以野合而成，尚沿陋習。

貴筑、修文等處蔡家苗

貴筑、修文等處蔡家苗婦

蔡家苗，本春秋蔡人之裔。蔡爲楚子蠶食，俘其民而放之南徼，遂流爲夷。向無土司管轄，明時隸貴筑、修文、清平、清鎮、威寧、大定、平遠等州縣。民苗雜居，一體計田輸賦。男子以氈爲衣。婦人髻高尺許，用長簪挽之，短衣長裙。翁婦不通言，頗異苗俗。

貴陽府屬宋家苗

貴陽府屬宋家苗婦

宋家苗，本春秋宋人之裔，其先亦爲楚子所俘，流爲南夷。向無土司管轄，明時隸貴陽府。民苗雜居，一體計田輸賦。男子帽而長襟，婦人笄而短襟。女嫁時，夫家遣人往迎，母家率衆箠楚之，謂之「奪袍」。頗通漢語，勤耕織，知禮法，有讀書入泮者。

清平縣九股苗

清平縣九股苗婦

清平縣屬凱里地方之九股苗，本南夷種，後漢諸葛亮南征，悉剿除之，僅存九人，其後蔓延，遂名九股。先屬播州之安寧安撫司。本朝康熙四十一年，改土歸流，隸清平縣。男女習俗服食與黑苗同，而性尤剽悍。以鎧甲爲常服，自膝以下用鐵片纏裹，左執木牌，右持標杆，口銜利刃，捷走如飛。又善造强弩，能貫重鎧。雍正十年，出肆劫掠，經官兵剿撫，遂搜繳兵甲，建城安汛，同於内地。

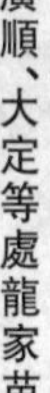
廣順、大定等處龍家苗

廣順、大定等處龍家苗婦

龍家苗，宋時爲烏撒部。在廣順者，明初設安撫司以轄之，後於其地置廣順州。在大定、平遠者，元、明俱授其酋爲宣慰使。本朝康熙三年，改土歸流，置大定、平遠二府州。民苗一體計田輸賦。男束髮不冠。女螺髻上指，若狗耳狀，故亦有狗耳之名，衣綴五色藥珠，貧則以薏苡代之。春日立竿於野，男女繞竿擇配，謂之「跳鬼竿」。女得所悦則奔之，其親黨以牛馬贖回，始通媒妁。善入水捕魚，如獺然。

普定、永寧等處馬鐙龍家苗

普定、永寧等處馬鐙龍家苗婦

馬鐙龍家苗，在普定、永寧等處，元明時屬西堡等六長官司管轄，置普定衛，永寧州領之。本朝改衛爲縣，革西堡、寧谷二土司，餘仍分領如故。其人多張、劉、趙姓，衣尚白。男子束髮，婦人以緇布制冠，若馬鐙然，故以爲名。性淳樸，勤耕作。急公輸稅，與良民埒。

貴定縣平伐苗

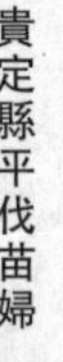
貴定縣平伐苗婦

平伐苗，在貴定縣，明初置新添衛，領平伐等六長官司，後又設貴定縣。本朝康熙、雍正年間裁衛並縣，革去丹平、把平二土司，仍留平伐等四土司。男子披草衣，女繫長裙。婚姻及享賓皆屠狗。性喜鬥，出入必持槍棒，近皆馴服。力田、輸稅與齊民一體。

貴陽、安順等處補籠苗

貴陽、安順等處補籠苗婦

補籠苗，五代時楚王馬殷率邕管柳州兵討兩江溪口，至黔留戍，其後遂流爲夷，散處於貴陽、安順、南籠、平越、都匀等處。宋時爲普里、于矢等部。元明以後各置土司分轄，先後設貴陽等府治。本朝雍正年間，改土歸流，以南籠廳爲南籠府並，仍領各土司苗人。衣尚青，以帕束首。女青布蒙髻，長裙細褶，多至二十餘幅。歲首男女相聚，擊銅鼓，吹蘆笙，唱歌爲樂。畜蟲名金蠶，以毒藥染箭鏃，出入恒持强弩利刃，睚眦必報，近皆寧戢。與齊民一體輸賦。其子弟有讀書識字者。

貴陽、安順等處狆家苗

貴陽、安順等處狆家苗婦

狆家苗，亦五代戍兵之後，貴陽、安順、南籠、平越、都勻等五郡皆有之。其部落沿革均與補籠苗同，蓋别以氏族稱之者。服飾亦俱相似。每歲孟春編五色布爲小球，男女跳舞，視所歡擲之，奔者不禁。聘用牛，視妍醜爲多寡，有至三五十頭者。祭尚枯魚，歲時擊銅鼓，或掘地得之，即以爲諸葛所遺，富者重價以購。其輸賦亦與齊民一體。

定番州谷藺苗

定番州谷藺苗婦

谷藺苗，在定番州。明時始設州治，以程番等十七長官司屬之。本朝康熙、雍正年間，先後革去太華等三長官司，改土歸流，仍領程番等十四長官司。男女皆短衣。男性剽悍，善擊刺，出入必持槍弩，諸苗皆畏之，近頗寧戢。婦以青布蒙髻，勤織紡，其布最爲細密，有谷藺布之名，人多争購。每歲認納苗賦三十餘兩。

黎平府羅漢苗

黎平府羅漢苗婦

羅漢苗，在黎平府屬，其部落沿革俱與黑苗相同。苗有不留髭鬚而謂之羅漢者，故即以此爲名，蓋同類而異稱也。衣尚黑。男未室，則插羽於首。遠者爲生苗，短衣，挾弓弩，性悍喜鬥。婦人散髮，綰插木梳，數日必以水沃之。以金銀作連環飾耳，衣以雙帶結背，長褌短裙，或止繫長裙垂繡帶一幅，曰衣尾，能養蠶織錦。歲輸苗賦一百餘兩。

都勻、平越等處紫薑苗

都勻、平越等處紫薑苗婦

紫薑苗，都勻、平越、黄平、清平、丹江皆有之。在都勻、平越、黄平、清平者，舊設丹平等長官司。本朝康熙、雍正年間，先後改土歸流，仍領邦水等土司。在丹江者，明以前系化外生苗，雍正八年，新辟苗疆，置丹江通判駐之。其人衣尚黑色，男女俱椎髻，纏以黑布。男子肩披鐵鎧，佩刀負槍，輕生好鬥，得仇人輒生啖其肉。以十一月爲歲首，至期閉户，持忌七日而後啓。惟平越、黄平諸苗近頗向化，能通漢語，亦有讀書應試者。田賦亦與民一體輸納。

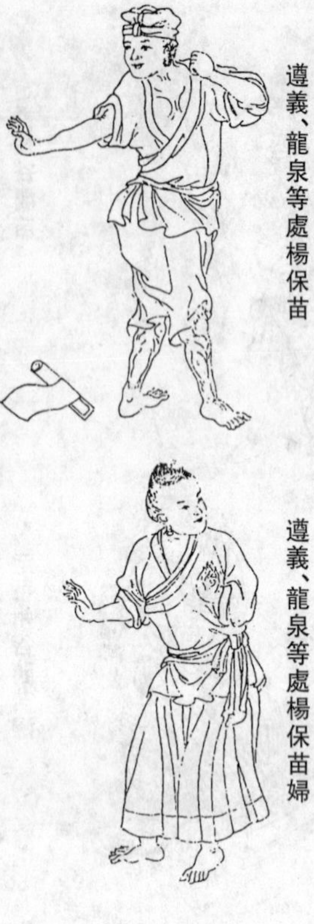

遵義、龍泉等處楊保苗

遵義、龍泉等處楊保苗婦

楊保苗，係播州楊氏之裔。在遵義者，元時爲播州安撫司，明初授爲宣慰司，尋改遵義府治，本隸四川。本朝雍正五年，始改隸黔省。在龍泉者，元時屬思州安撫司，明永樂間分置龍泉坪長官司，後改爲縣，仍設土縣丞等官。本朝康熙初，改土歸流。其人衣尚青，以青布蒙首。婦綰髻向前，衣短衣，繫細褶長裙，緣以錦繡。與民雜處，婚姻葬祭頗同漢人，惟性怯而狡，官追攝多不肯即出。田賦亦與民一體輸納。

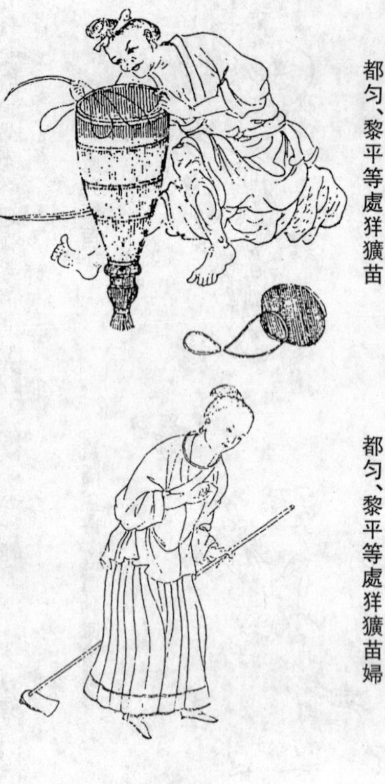

都勻、黎平等處狆獚苗

都勻、黎平等處狆獚苗婦

狆獚苗，都勻、黎平、黄平、龍泉、龍里、石阡、施秉、餘慶等處皆有之。元明時與補籠、羅漢、紫薑、楊保等苗同一土司管轄，其部落沿革亦同，蓋亦諸苗中之同類而異名者。其苗種最繁。衣尚青。婦椎髻，以藍布纏之，繫絲錦細褶裙。其俗荆壁不塗，桑户不扃，出入以泥封之。男子計口而耕，女子度身而織。暇則以漁獵爲事。婚葬與漢人同。在黎平者，認納田賦，餘亦與民一體計田輸税。

廣順州克孟牯羊苗

廣順州克孟牯羊苗婦

克孟牯羊苗，蓋亦苗之一種，在廣順州深山中。明時與龍家等苗同屬金築安撫司，後改建州治，遂隸版圖。苗人懸崖鑿竅而居，構竹梯，上下高者百仞。男青衣椎髻，女盤髻短裙。耕不挽犁，以錢鎛髮土，耰而不耘。婚以躧笙而偶，生子至免乳始納聘財。應輸田糧與民一體完納。

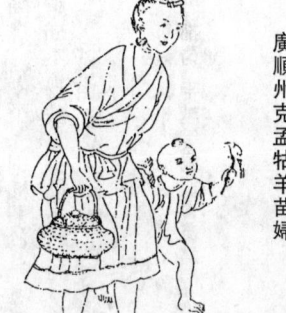

大定府威寧州猓玀

大定府威寧州猓玀婦

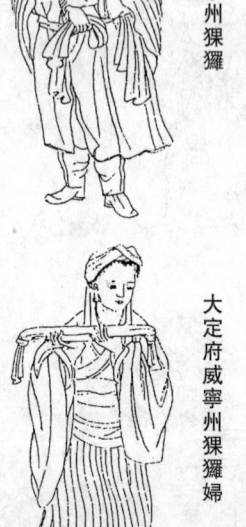

猓玀，在威寧州之水西。蜀漢時有濟火者，從諸葛亮破孟獲有功，封羅甸國王，其後爲安氏。元明内附，授宣慰使。本朝康熙初，改土歸流，置威寧州，治領偏橋正、副二長官司，仍以安氏世襲。其正妻曰耐德，嗣子如幼不能主事，耐德即爲女官。男青布纏頭，短衣大袖。女辮髮，亦纏以青布，銀花貼額，耳垂大環，拽長裙三十餘幅。性悍喜鬥。俗尚鬼，又名羅鬼，有黑、白二種。別有文字曰鬼字。夷民一體輸稅。土産馬。

大定府威寧州黑猓玀

大定府威寧州黑猓玀婦

黑猓玀，在威寧州水西等處，即係猓玀同類。宋時爲烏撒部，元明屬水西宣慰使。其人深目黝鼻，長軀黑面，剃髭而留髯，以青布纏頭，衣尚黑，短衫大袖。婦繫細褶長裙。其性愚而重信，喜畜馬，好馳騁，習槍弩，以射獵爲事。歸流以來，夷民一體計田輸賦。

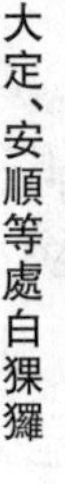

大定、安順等處白猓玀

大定、安順等處白猓玀婦

白猓玀，與黑猓玀同類，又名白蠻。惟黑爲大姓，白爲下姓，不與通婚。大定、安順、永寧、普定等處皆有之。在大定者，宋時與黑猓玀並爲烏撒部，其沿革亦同。在安順者，宋時爲普里部，明初始置安順府治。在永寧、普定者，明時各設長官司。本朝康熙初，改土歸流，仍以土司轄之。男女衣尚白，纏頭，亦俱以白布。飲食無盤盂，置物三足釜中，男女聚而啖之。居普定者爲阿和，以販茶爲業。應輸糧賦，悉按期完納。

貴州等處犵狫

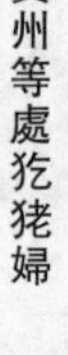

貴州等處犵狫婦

犵狫，係西南夷，黔中所在多有之。向無土司，明始歸流，分隸各州縣，其種類亦不一。男女以幅布圍腰，旁無襞積，謂之桶裙。花布曰花犵狫，紅布曰紅犵狫，各爲一族，不通婚姻。屋宇去地數尺，架以巨木，上覆杉葉，如羊柵，謂之羊樓。與民雜處，一體計田輸賦。

餘慶、施秉等處水犵狫

餘慶、施秉等處水犵狫婦

水犵狫，亦係西南夷，在餘慶、施秉、鎮遠等處。元及明初分設各土司管轄，後改土歸流，增置郡縣，仍領土司。其人善捕魚，雖隆冬亦能入淵，故以爲名。性淳謹，勤耕作，風俗與民間相似。男子衣服亦與民無異，惟婦人喜服細褶錦邊

裙,猶沿苗俗。民夷雜處,一體計田輸賦。

貴定縣剪髮犵狫

貴定縣剪髮犵狫婦

剪髮犵狫,亦苗人中之一種,在貴定縣。明時與平伐諸苗同領於土司。本朝雍正五年亦同時改土歸流。男女挽髻於頂,蓄髮寸許,四垂長則剪之,故名剪髮犵狫。習俗鄙儉,勤於耕織。輸賦同齊民。

平越、黔西等處打牙犵狫

平越、黔西等處打牙犵狫婦

打牙犵狫,在平越、黔西等處。元明時並屬於土司。本朝康熙初,改土歸流。男藍布纏頭,披牛毛氅衣。女織青羊皮爲長桶裙,緣以層錦,將嫁必先折其二齒,恐妨夫家,所謂鑿齒之民也。又剪前髮而披後髮,取齊眉之意。習俗鄙儉。力田輸稅。頗知畏法。

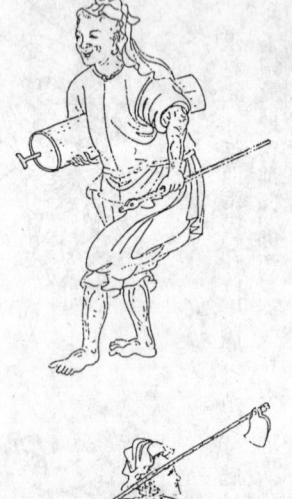

平遠州披袍犵狫

平遠州披袍犵狫婦

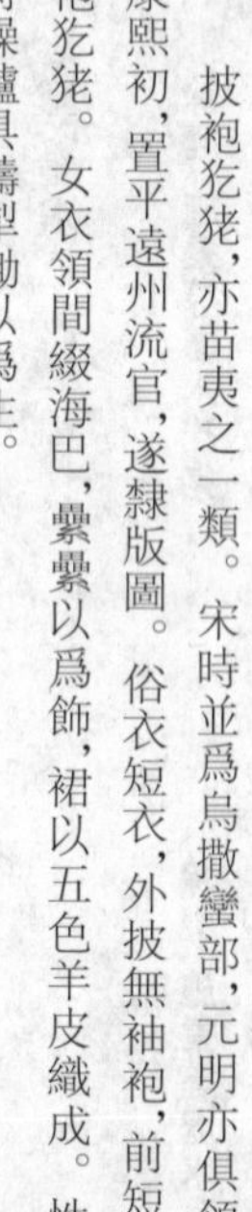

披袍犵狫,亦苗夷之一類。宋時並爲烏撒蠻部,元明亦俱領於土司。本朝康熙初,置平遠州流官,遂隸版圖。俗衣短衣,外披無袖袍,前短後長,故謂之披袍犵狫。女衣領間綴海巴,纍纍以爲飾,裙以五色羊皮織成。性淳謹,勤耕作,時操爐具鑄犁鋤以爲生。

平遠州鍋圈犵狫

平遠州鍋圈犵狫婦

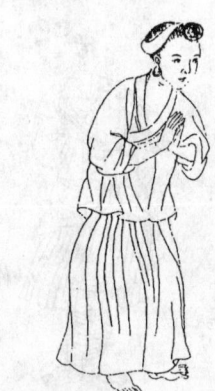

鍋圈犵狫,亦在平遠州,與披袍犵狫同類而異名。俗嗜酒,惰於耕作。男以葛織斜文爲衣。婦以青布束髮,如鍋圈狀,短衣長裙。病則延鬼師,用虎頭一具,繫以色絲置箕内禱之。

鎮遠、施秉等處犵兜

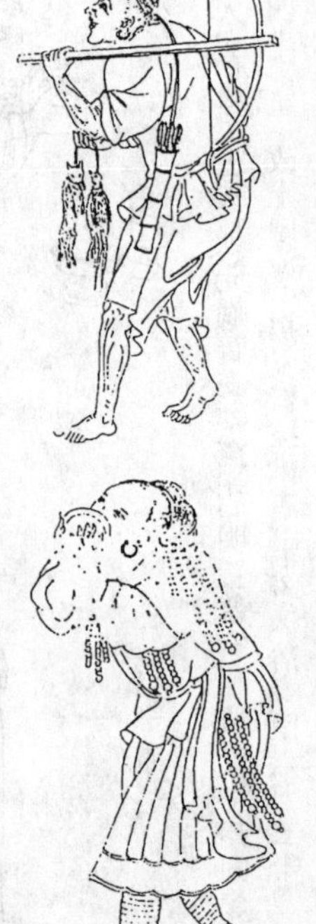

鎮遠、施秉等處犵兜婦

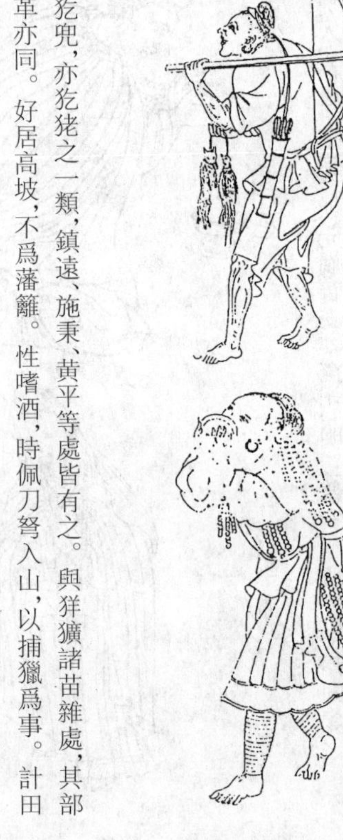

犵兜，亦犵猓之一類，鎮遠、施秉、黄平等處皆有之。與犵獚諸苗雜處，其部落沿革亦同。好居高坡，不爲藩籬。性嗜酒，時佩刀弩入山，以捕獵爲事。計田輸税，同於齊民。

貴定、黔西等處木猓

貴定、黔西等處木猓婦

木猓，與剪髮犵猓同領於平伐等土司，其部落沿革並同於平伐諸苗，蓋以族類而異其稱者。男以青布纏首。女偏髻，短衣裙，僅覆膝。娶婦異寢，生子後乃同室。孟冬縛草龍，插五色紙旗以祀鬼。其在都匀、清平者，風俗服食俱類漢人，有讀書爲諸生者。

荔波縣狄、犵、狑、狪、猺、獞

荔波縣狄、犵、狑、狪、猺、獞婦

荔波縣夷人，有狄、犵、狑、狪、猺、獞六種雜居，並爲一體。元時同屬南丹安撫司，明初改土歸流，置荔波縣，隸廣西省。本朝雍正十年，改隸黔省。其衣服、言語、嗜好相同。歲時祀槃瓠，雜魚肉酒飯。男女連袂而舞，相悦者負之而去，遂婚媾焉。

定番州八番

定番州八番婦

八番者，以元時有程番、龍番、方番、金石番、盧番、羅番、韋番、洪番等八長官司，故以爲名。散處於定番州地方，其部落沿革與定番州之谷藺苗同。男女衣服類漢人。女勞男逸，日出而耕，暮歸而織。刳木作臼，臼碓塘。臨炊始取稻春之。以寅午日爲市，以十月望日爲歲首。宴會擊長腰鼓爲樂。與編民一體輸賦。

大定府屬六額子

大定府屬六額子婦

六額子，在大定府屬。宋時與龍家苗及猓玀同爲烏撒部，歷代沿革亦同，風俗與龍家苗相似。其人有黑、白二種，則又類於猓玀。男子首綰尖髻，婦人衣至足。自歸流以來，耕田輸賦，與齊民無異。

普安州屬爨人

普安州屬爨人婦

爨人，在唐爲于矢部，元屬普安安撫司，明置普安州，仍以土州同領之。本朝康熙四十一年，改土歸流。男女皆披氈衣，垢不沐浴。以六月二十四日爲歲首，朔望日不乞火。性淳好佛，持誦梵咒。凡猓玀、犵狫、狆家苗言語有不通者，常以爨人傳之。

下游各屬峒人

下游各屬峒人婦

峒人，亦西南夷之一種，散處下游各屬山谷中，向未設有土司，明時始隸郡縣。冬採茅花裝衣以禦寒，飲食避鹽醬。性多忌，夫婦出入必偶。能織峒錦。

貴定縣猺人

貴定縣猺人婦

猺人，其種類與楚、粵諸猺同。雍正二年，自粵西遷至，歸貴定縣之平伐土司管轄。居無常所，多擇溪水邊。男女衣尚青，長不過膝。歲時祀槃瓠爲祖，勤耕種，頗知醫。暇則入山採藥。有書名榜簿，皆圓印篆文，其義不可解，珍爲秘寶。

廣順、貴筑等處土人

廣順、貴筑等處土人婦

廣順、貴筑、貴定等處東、西、龍家、平伐、補籠、狆家諸苗，以類聚處土人，蓋亦苗之一類也。男子以貿易爲生，婦人則勤於耕作，每種植時，田歌互答，清越可聽。歲首迎山魈，以一人戎服假面，衆吹笙擊鼓以導之，蓋亦古大儺之意。其起居服食俱有華風。計畝而稅，同於編户。

貴定、都勻等處蠻人　貴定、都勻等處蠻人婦

蠻人，爲西南蠻夷之裔舊，亦與諸苗同隷於平伐等土司。歸流以來，歲輸正供，齊於編氓。男子披蓑衣，婦人繫花裙。俗以十月朔爲大節，必殺牛祭鬼。性喜漁獵，恒佩刀弩。貴定、都勻等處皆有之。又石阡有冉家蠻者，俗類相同。

蔣良騏《東華録》卷五《順治元年》 順治元年七月，山東巡按朱朗鑅言：「中外臣工皆以衣冠禮樂，覃敷文教。頃聞東省新補監司三人，俱關東舊臣，若不加冠服，恐人心驚駭，誤以文德興教之官，疑爲統兵征戰之將。乞諭三臣，各製本品紗帽圓領。」睿親王諭：「兵務方殷，未遑衣冠禮樂。近簡各官，姑依明式，速製本品官服，以便蒞事。尋常出入，仍遵國家舊例。」

錢大昕《廿二史考異》卷四三《唐書三·車服志》 皇太子將釋奠，有司草儀注，從臣皆乘馬著衣冠，左庶子劉知幾議曰：「古大夫乘車，以馬爲騑服，魏晉駕牛車。如李廣北征，解鞍憩息；馬援南伐，據鞍顧盼。則鞍馬行於軍旅，戎服所便。江左尚書郎乘馬，則御史治之。顔延年罷官，騎馬出入，世稱放誕。近古專車則衣朝服，單馬則衣褻服。皇家巡謁陵廟，册命王公，則盛服冠履，乘路車。士庶有以衣冠親迎者，亦時服箱。其餘貴賤，皆以騎代車。比者，法駕所幸，侍臣朝服乘馬。今既舍車，而冠履不易，何者？褒衣、博帶、革履、高冠，車中之服也。韉而鐙，跣而乘，非惟盭古，亦自取驚厥。謂乘馬衣冠宜省。」太子從之，編於令。

案：《知幾傳》亦載此事，凡一百八十餘言，當去彼存此。

沈可培《濼源問答》卷四 問：《司服》「王之吉服。祀昊天上帝，則服大裘而冕，祀五帝亦如之。享先王，則衮冕。享先公，則鷩冕。祀四望山川，則毳冕。祭社稷五祀，則希冕。祭羣小祀，則(元)[玄]冕。」《弁師》「掌王之五冕」。《司服》所掌六服，而《弁師》言五冕。鄭康成註：《弁師》「因謂大裘之冕無旒，不聯數也」。陸佃又謂：「大裘而冕，即是衮冕。」二説孰是？答曰：鄭注與陸説，皆非也。余前既辨鄭注，周以日月星辰畫于旌旗，冕服減爲九章之失，而斷爲天子冕服十二章，則大裘而冕十二章十二旒也，衮冕九章九旒也，鷩冕七章七旒也，希冕四章四旒也，元冕三章三旒也。何以知之，周家旒數隨命數，此句本《禮器》鄭註。故《司服》云：「公之服，自衮冕而下，如王之服。侯伯之服，自鷩冕而下，如公之服。子男之服，自毳冕而下，如侯伯之服。孤之服，自希冕而下，如子男之服。卿大夫之服，自(元)[玄]冕而下，如孤之服。」蓋公九命，侯伯七命，子男五命。公之孤四命，卿大夫不過三命，大國之士與小國之大夫一命。見《典命》。惟天子備物，故自衮冕以下，五冕俱有。公以下，各隨命數而殺，上得兼下，下不得兼上也。鄭注大裘而冕無旒，夫冕而無旒，乃一命之服，其秩至卑，雖曰祭天尚質，非所以爲敬也。衮冕實是九旒，若如陸佃大裘而冕即衮冕之説，將置十二旒之冕於何服，於是不得不造爲衮冕十二旒，鷩冕九旒之説。此説始鄭玄註《弁師》夫衮冕爲公之服，今曰衮冕十二旒，將公亦得戴十二旒乎，此又不煩言而知其非矣。至於《弁師》只云五冕者，大裘而冕爲天子所獨，五冕得兼臣下，故下文云：「皆(元)[玄]冕朱裏延紐，五采繅，十有二就，皆五采玉十有二，玉笄朱紘。」言王之五冕不同於臣下在此耳。鄭註大裘而冕九旒之説之謬，余更請以一言折之。《左傳·哀公七年》子服景伯曰：「周之王也，制禮上物，不過十二，以爲(則)天(之大)數也。」十二不特指十二牢也，凡冕服十二章，十二旒，玉路繁纓十二就皆是，非明見於經者乎。

問：衮爲九章之服，既聞命矣，何以《郊特牲》曰「郊之日，王被衮以象天，戴冕繅十有二旒」，然則大裘而冕亦得名衮歟？答曰：此鄭註已明言之矣，曰此魯禮也，周禮王祀昊天上帝，則服大裘而冕，祀五帝亦如之。魯侯之服，自衮冕而下也，且衮之名亦有不定者。《詩》「王錫韓侯。(元)[玄]衮赤舄」。又曰：「[又]何予之，(元)[玄]衮及黼。」韓係侯爵，不應服衮。魯人歌孔子，衮衣章甫，愛得我所。孔子爲司寇，是一命大夫，去魯不脱冕而行，是無旒之冕，衣無文裳，刺黻而已，豈能服龍袞之衣哉。《覲禮》賈公彦疏：上公袞無升龍。傳曰：天子升(降)〔龍〕，諸侯降龍。

問：據《玉藻》、《司服》所言，冕乃祭服，講家兼朝祭言之，非歟？答曰：非也。《玉藻》「皮弁以日視朝」，朝戴弁不戴冕也。惟《曾子問》有「冕而出視朝」之文，然此乃諸侯將朝，故因告祖奠禰之後，冕而視朝，豫示以敬也。又《覲禮》「天子袞冕負斧依」，此雖是受侯氏之覲，却行禮于廟中，亦寓敬祖之意故耳。又《玉藻》「裨冕以朝」，《覲禮》「侯氏裨冕，釋幣於禰」。鄭玄註：「裨冕者，衣裨衣而冠冕也。裨之爲言，埤也。」賈公彦疏：「裨讀從《詩》『政事一埤益我』，取裨陪之義。」天子六冕，以大裘爲上，無埤義。袞冕以下，皆爲裨，然則冕是以下敬上之服。祭服，外朝覲用之，亦以尊天地之服，尊天子耳。而此外亦有戴冕者，冕而親迎，是親迎服冕也，冕而舞大武，是舞時服冕也，冕執劉冕執鉞，是喪時服冕也，冕而總干，是養老服冕也，冕而朱紘，是耕籍服冕也。元端讀如冕。而朝日于東門之外，聽朔于南門之外，是朝日聽朔服冕也，大夫冕而祭于，公弁而祭于，已士弁而祭于，公冠而祭于，已冕之嚴重如此。向知裨冕是降一等之意，而未識其義，無明文以証之，頗以爲疑。今讀《司服》而得其解，如天子以十二旒之冕爲最尊，享先王之尸必用十二旒之冕，而天子則自服。上公之袞冕以祭，上公以袞冕九旒爲最尊，享先公之尸必用袞冕。而天子則自服侯伯之鷩冕以祭，即不敢以已爵加親之意，此裨之義也。

問：朱子謂冕自黄帝以來，蓋已有之説，何所本？答曰：《易·繫辭》十三卦制器尚象有云：「黄帝堯舜垂衣裳而天下治，蓋取諸乾坤。」冕之上元下纁，法乾坤也。故《世本》曰：「黄帝作冕。」《左傳》疏：胡曹作冕。胡曹，黄帝臣也。

問：冕上覆之延，皆以麻布飾之，故曰麻冕。至於緇布冠，雖亦以麻爲之，實另是一種，上無所覆之延，何冕之足云，而朱子註《論語》謂麻冕即緇布冠，何也？答曰：賈公彦《弁師》疏：「古者績麻三十升布染之，上以(元)〔玄〕，下以朱，衣冕之上下，延即上元者也。」蓋冕上之版，用麻布染成，元纁二色，分貼上下以成上元下纁之制，故《白虎通》曰：「麻冕者何，周宗廟之冠也。」用麻爲之者，女功之始不忘本也。」《論語》麻冕，即指六冕之延，上下皆衣以麻耳。而朱子註謂緇布冠者，恐後人誤以麻冕爲凶服，故以是釋之，其實緇布冠非麻冕也。

問：《弁師》掌五冕，皆(元)〔玄〕冕朱裏，此(元)〔玄〕冕與《司服》所云祭羣小祀則(元)〔玄〕冕不同歟？答曰：《司服》所云，乃謂身服(元)〔玄〕端而首戴冕也。《弁師》「(元)〔玄〕冕朱裏」，乃言冕之體制。上所覆之延是(元)〔玄〕色，故云皆「(元)〔玄〕冕朱裏」者，即延板之下面其色朱也。賈公彦疏云：「冕體《周禮》無文，叔孫通作漢禮器，制度取法于周。凡冕以版，廣八寸，長尺六寸，以上(元)〔玄〕下朱覆之。」則上(元)〔玄〕下朱，乃此版之上下耳。又鄭康成《司服》註：「六服同冕者，首飾尊也。」凡冕服(元)〔玄〕衣纁裳。(元)〔玄〕衣指延上面之黑色，纁裳指延下面纁色，即《弁師》朱裏之謂也。蓋乾爲天，其色元，坤爲地，其色黄。但土無正位，托于南方。火赤色，赤與黄合爲纁色，其實一也。鄭諤云：上元象天道之行，下纁象地道之降，其餘藻就，天子五采，諸公三采，此冕之色也。

問：《春官·司服》鄭註：「六服同冕。」所謂同冕者，僅指冕之名同歟，抑指冕之旒同歟？答曰：冕之旒如何，可同考《弁師》「五采繅，十有二就，皆五采玉十有二，玉笄朱紘。」鄭玄註「繅，雜文之名也。繅古字，藻今字。合五采絲爲之，繩垂于延之前後，各十二，所謂邃延也。就，成也。繩之每一匝而貫五采，玉十二，斿則十二玉也，每就間蓋一寸。朱紘，以朱組爲紘也，紘一條，屬兩端於武。繅不言皆，有不皆者，此爲袞冕之衣十二旒，用玉二百八十八，合前後旒言之。鷩衣之冕九旒，用玉二百一十六，毳衣之冕七旒，用玉百六十八，希衣之冕五旒，用玉一百二十，(元)〔玄〕衣之冕三旒，用玉七十二。」按鄭以袞冕屬十二旒，非是。當云袞冕九旒，以次照命數而降。而所云「繅不言皆，有不皆者」，確鑿之至。蓋天子所服之冕，其名其體雖同，而其旒唯大裘而冕則十二，其餘袞鷩毳希(元)〔玄〕則遞減爲九七五三也，其旒雖遞減爲九七五三，而天子之就則又皆十有二玉也。故賈疏亦云：「繅不言皆，有不皆者，則九旒以下是也。玉言皆，則五冕旒皆十二玉也。」總之，天子之冕，無論十二旒、九旒、七旒、五旒、四旒、三旒，總是十二玉。公之冕，無論九旒、七旒、五旒、四旒、三旒，總是九玉。餘放此。

沈可培《濼源問答》卷五　問：「黄衣狐裘」，舊説主蜡祭之服，然歟？答曰：此誤入讀《郊特牲》之文而云然耳。《郊特牲》自「天子大蜡八」至「義之盡也」，言蜡已畢，自黄衣黄冠而祭，至草服也，另説臘祭。《月令》所謂孟冬臘，先祖五祀是也。《鄉黨》黄衣，正符臘祭。若蜡，則皮弁素服，葛帶榛杖，非黄衣也。以其同在夏正之十月，故相混耳，實非一事也。

孫志祖《讀書脞録》卷六《古衣冠不忌白》　古人居喪不脱衰絰，衣冠竝以麻爲之。其時但以衰絰爲凶服，衣冠不忌白也。沿及唐代，猶以白紗帽爲視朝聽訟，宴見賓客之服。《樂府·白紵歌》「質如輕雲白如銀，製以爲袍餘爲巾」，杜詩「狂遺白接䍦」、「白帽岸江皋」，皆可爲不忌白之證。《雲谷雜記》言之甚詳，唯引《管寧》：「不應州縣辟，常著白帽。」案：今《魏志·管寧傳》乃作「皁帽」，豈張淏所見宋本有異乎？杜詩「皁帽應兼似管寧」，一本作「白帽」，非。

汪汲《事物原會》卷二六《雨衣·油帽》 《左傳》曰：「陳成子衣去聲。製杖戈。」杜預注曰：製，雨衣也。《炙轂子》曰：帷絹油製之。及油帽，陳始有之也。

淩揚藻《蠡勺編》卷一八 國朝冠服之制

《大清通禮》皇帝冬朝冠，薰貂爲之。自十一月朔至上元，用黑狐，上綴朱緯，頂三層，貫東珠各一，皆承以金龍四，飾東珠如其數，上銜大珍珠一。夏朝冠織玉草或藤竹絲爲之，緣石青片金二層，上綴朱緯，前綴金佛，飾東珠十有五，後綴舍林，飾東珠七，頂如冬朝冠。 端罩，紫貂爲之，明黄緞裏，左右垂帶各二，下廣而銳，色與裏同，十一月朔至上元，用黑狐。 衮服，色用石青，繡五爪正面金團龍四，兩肩前後各一，其章，左日右月，前後萬壽篆文，間以五色雲。 朝服，色用明黄，惟南郊、祈穀、雩祭用藍，朝日用紅，夕月用月白。其制，披領及袖皆石青，冬用片金加海龍緣，夏用片金緣繡文，兩肩前後正龍各一，腰帷行龍五，衽正龍一，襞積前後團龍各九，裳正龍二，行龍四，披領行龍二，袖端正龍各一。列十二章，日、月、星辰、山、龍、華蟲、黼、黻在衣，宗彝、藻、火、粉米在裳，間以五色雲，下幅八寶平水，十一月朔至上元用緣貂。 朝服其制，披領及裳皆表以紫貂，袖端薰貂，繡文兩肩前後正龍各一，襞積行龍六，列十二章，均在衣，間以五色雲。朝珠，用東珠一百有八，佛頭、記念、背雲大小墜，珍寶雜飾，各惟其宜，惟祀天以青金石爲飾，祀地珠用蜜珀，朝日用珊瑚，夕月用綠松石，雜飾惟其宜。絛皆明黄色。 朝帶之制二，皆明黄色。其一，龍文金圓版四，飾紅寶石，或藍寶石，及綠松石，每具銜東珠五，圍珍珠二十，左右佩帉淺藍及白各一，下廣而銳，中約鏤金圓結。 飾寶如版，圍珠各三十，佩囊文繡，燧、觿、刀削，結佩惟其宜。 絛皆明黄色。其二，龍文金方版四，其飾，祀天用青金石，祀地用黄玉，朝日用珊瑚，夕月用白玉，每具銜東珠五，佩帉及絛惟圜丘用純青，餘如圓版。 朝帶之制，中約圓結如版飾，銜東珠各四，佩囊純石青，左觿右削，並從版色。 吉服冠，頂滿花金座，上銜大珍珠一，龍袍色用明黄，領袖皆石青片金緣，繡文金龍九，列十二章，間以五色雲，領前後正龍各一，左右及交襟處行龍各一，袖端正龍各一，下幅八寶立水，裾左右開。 吉服朝珠，珍寶隨所御。 吉服帶，用明黄色。 鏤金版四，方圓惟便，銜以珠玉雜寶惟宜，左右佩帉純白，下直而齊，中約金結如版飾，餘如朝帶。 常服冠，紅絨結頂。 常服褂，色用石青，花文隨所御。 常服袍，色及花文隨所御，裾左右開。 常服帶如吉服。 雨冠、雨衣、雨裳，皆用明黄色，氊及羽緞油綢惟其時。

皇后冬朝冠，薰貂爲之，上綴朱緯，頂三層，貫東珠各一，皆承以金鳳，飾東珠各三，珍珠各十有七，上銜大東珠一，朱緯上週綴金鳳七，飾東珠各九，貓睛石各一，珍珠各二十有一，後金翟一，飾貓睛石一，珍珠十有六，翟尾垂珠几珍珠三百有二，五行二就，每行大珍珠一，中間金銜青金石結一，飾東珠、珍珠各六，末綴珊瑚，冠後護領垂明黄絛二，末綴寶石，青緞爲帶。 夏朝冠，青絨爲之，餘如冬朝冠。金約，鏤金雲十有三，飾東珠各一，間以青金石，紅片金裏，後繫金銜綠松石結，貫珠下垂，凡珍珠三百二十有四，五行三就，每行大珍珠一，中間金銜青金石結二，每具飾東珠、珍珠各八，末綴珊瑚。 耳飾，左右各三，每具金龍銜一等東珠各二。 朝褂之制三：皆石青色，片金緣。 其一，繡文前後立龍各二，下通襞積，四層相間，上爲正龍各四，下爲萬福萬壽。 其二，繡文前後正龍各一，腰帷行龍四，中有襞積，下幅行龍八。 其三，繡文前後立龍各二，中無襞積，下幅八寶平水，領後皆垂明黄絛，其飾珠寶惟宜。 朝袍之制三：皆明黄色。 其一，披領及袖皆石青片金加貂緣，肩上下襲朝褂處亦加緣，繡文金龍九，間以五色雲，中無襞積，下幅八寶平水，披領行龍二，袖端正龍各一，袖相接處行龍各二。 其二，披領及袖皆石青，冬用片金加海龍緣，夏用片金緣，肩上下襲朝褂處亦加緣，繡文前後正龍各一。 兩肩行龍各一，腰帷行龍四，中有襞積，下幅行龍八。 其三，領褃片金加海龍緣，夏用片金緣，中無襞積，裾後開，餘如貂緣。 朝袍之制，領後垂明黄絛，飾珠寶惟宜。 領約，鏤金爲之，飾東珠十有一，間以珊瑚，兩端垂明黄絛二，中各貫以珊瑚，末綴綠松石各二。 朝珠三盤，東珠一，珊瑚二，佛頭、記念、背雲大小墜珠，寶雜飾惟宜，絛皆明黄色。 采帨，綠色，繡文爲五穀豐登，佩箴管縏袠之屬，絛皆明黄色。 冬朝裙，片金加海龍緣，上用紅織金壽字緞，下石青行龍糚緞，皆正幅，有襞積。 夏朝裙，片金緣，緞、紗各惟其時。 吉服冠，頂用東珠。 龍褂之制二：皆石青色。 其一，繡文五爪金團龍八，兩肩前後正龍各一，襟行龍四，下幅八寶立水，袖端行龍各二。 其二，制亦如之，惟下幅及袖端不施章采。 龍袍之制三：色用明黄，領袖皆石青。 其一，繡文金龍九，間以五色雲福壽文，采惟宜，下幅八寶立水，領前後正龍各一，左右及交襟處行龍各一，袖如朝袍，裾左右開。 其二，繡文五爪金團龍八，兩肩前後正龍各一，襟行龍四，下幅八寶立水，領袖及裾均如前制。 其三，制亦如之，惟下幅不施章采。 吉服朝珠一盤，珍寶隨所御，條皆明黄色。

文武品官冠服

文一品朝冠，薰貂爲之，十一月朔至上元用青狐，頂鏤花金座，中飾東珠一，上銜紅寶石。補服，色用石青，前後繡鶴及四爪正蟒。朝服，藍及石青諸色隨所用，其制，披領及袖皆石青，冬用片金加海龍緣，夏用片金緣，兩肩前後正蟒各一，腰帷行蟒四，中有襞積，裳行蟒八，緣貂。朝服之制，披領及裳俱表以紫貂，袖端薰貂。端罩，貂皮爲之，藍緞裏。朝珠，珊瑚青金緣，松蜜珀隨所用，雜飾惟宜，絛用石青色。朝帶，用石青或藍，鏤金銜玉方版四，每具飾紅寶石一，佩帉，下廣而鋭。吉服冠，頂用珊瑚。蟒袍，藍及石青諸色隨所用，通繡九蟒。吉服帶，佩帉下直而齊，版飾及佩惟宜。雨冠、雨衣及裳，均用紅色。坐褥，冬狼皮，夏用紅褐。武一品，補服，前後繡麒麟，餘皆如文一品。文二品，冬朝冠，薰貂爲之，十一月朔至上元用貂尾，頂鏤花金座中，飾小紅寶石一，上銜珊瑚。補服前後繡錦雞。朝帶鏤金圓版，每四具飾紅寶石一。吉服冠，頂鏤花珊瑚，雨冠紅色，雨衣、雨裳青色。惟各省督撫均得用紅色。坐褥，冬用貛皮，夏用紅褐，緣阜褐，餘俱如文一品。武二品，補服，前後繡獅，餘皆如文二品。文三品，朝冠，頂鏤花金座中，飾小紅寶石一，上銜藍寶石。補服，前後繡孔雀。朝帶，鏤花金圓版四。吉服冠，頂用藍寶石，坐褥，冬用貉皮，夏用阜褐，緣紅褐，餘皆如文二品。武三品，冬朝冠，薰貂爲之。補服，前後繡豹，餘皆如文三品，惟無緣貂。朝服及端罩，一等侍衛戴孔雀翎，端罩猞猁猻爲之，間以貂皮，月白緞裏，餘皆如武三品。雨冠用大紅色，雨衣青色。文四品，冬朝冠，薰貂爲之，頂鏤花金座，中飾小藍寶石一，上銜青金石。補服，前後繡雁。朝帶，銀銜鏤花金圓版四。吉服冠，頂用青金石。蟒袍，通繡八蟒，皆四爪。雨冠紅色，前加緣二寸五分，後五寸青色。四品以下在内廷行走及講官，雨冠皆紅色。坐褥，冬用山羊皮，夏用阜布，餘皆如文三品。武四品，補服，前後繡虎，餘皆如文四品。二等侍衛，戴孔雀翎。端罩，赤豹皮爲之，素紅緞裏。朝服，翦絨緣，色用石青，通身雲緞，前後方襴行蟒各一，腰帷行蟒四，中有襞積，領袖俱石青糚緞，冬夏皆用之，餘皆如武四品。雨冠，御前侍衛、乾清門侍衛皆用紅色，雨衣、雨裳，御前侍衛用紅色，其餘侍衛各從其品。四品官以上及御前侍從官，衣服織文均得用蟒。文五品，朝冠，頂鏤花金座，中飾小藍寶石一，上銜水晶。補服，前後繡白鷴。朝服，片金緣，色用石青，通身雲緞，前後方襴行蟒各一，中有襞積，領袖俱石青糚緞，冬夏皆用之。朝帶，銀銜素金圓版四。吉服冠，頂用水晶。坐褥，冬用青羊皮，夏用藍布襯白氊，餘皆如文四品。武五品，補服，前後繡熊，餘皆如文五品，惟無朝珠。三等侍衛，戴孔雀翎。端罩，黄狐皮爲之，月白緞裏。朝服，翦絨緣如文五品朝服之制，餘皆如武五品。文六品，朝冠，頂鏤花金座，中飾小藍寶石一，上銜硨磲。補服，前後繡鷺鷥。朝帶，銀銜玳瑁圓版四。吉服冠，頂用硨磲。坐褥，冬用黑羊皮，夏用黑稷色布，餘皆如文五品，惟無朝珠。五品以下，惟京堂翰詹科道得用貂裘。朝珠，六品以下，惟禮部主事司務，光禄寺署正、署丞、典簿，太常寺博士、典簿，國子監丞、博士、助教、學正、學録，太常寺讀祝官、贊禮郎，鴻臚寺鳴贊壇廟執事、殿廷侍儀得用朝珠。武六品，補服，前後繡彪，餘皆如文六品。藍翎侍衛，戴藍翎。端罩、朝服、朝珠，均如三等侍衛，餘皆如武六品。雨冠紅色青緣，雨衣青色。文七品，朝冠，頂鏤花金座中，飾小水晶一，上銜素金。補服，前後繡鸂鶒。朝帶，素銀圓版四。吉服冠，頂用素金。蟒袍，通繡五蟒，皆四爪。雨冠，青色，前加緣二寸五分，後五寸紅色。坐褥，冬用鹿皮，夏用灰色布，餘皆如文六品。武七品，補服，制如武六品，餘皆如文七品。文八品，朝冠，鏤花陰文，金頂無飾。補服，前後繡鵪鶉。朝服，色用石青雲緞無蟒，領袖皆青倭緞，中有襞積，冬夏皆用之。朝帶，銀銜明羊角圓版四。吉服冠，鏤花陰文，金頂。坐褥，冬用麅皮，夏用土布，餘皆如文七品。武八品，補服，前後繡犀牛，餘皆如文八品。文九品，朝冠，鏤花陽文，金頂。補服，前後繡練雀。朝帶，銀銜烏角圓版四。吉服冠，鏤花陽文，金頂。坐褥，冬用貛皮，夏用土布，餘皆如文八品。武九品，補服，前後繡海馬，餘皆如文九品。未入流冠服，制如文九品，雨冠青色，紅緣，雨衣青色。凡文武候補候選官，頂帶均與現任同。七品以上得用諸花繒，八品、九品用雜花及素繒，舉人視七品，貢監生員視八品。左都御史、左副都御史、監察御史、直省按察使，及各道補服，均前後繡獬豸，其都察院都事、經歷筆帖式及按察使、經歷照磨等官，俱照本身品級，不得用獬豸補服。

命婦冠服

一品命婦，冬朝冠，薰貂爲之，頂鏤花金座，中飾東珠一，上銜紅寶石，前綴金簪三，飾以珠寶。護領，絛用石青色。金約，青緞爲之，中綴鏤金火燄，飾珍珠一，左右金龍鳳各一，後垂青緞帶二，紅片金裏耳飾，左右各三，每具金雲銜珠各二。朝褂，色用石青，片金緣，繡文。前行蟒二，後行蟒一，領後垂石青條，雜飾惟宜。朝袍，藍及石青諸色隨所用，披領及袖皆石青，冬用片金加海龍緣，夏用片金緣，繡文前後正蟒各一，兩肩行蟒各一，襟行蟒四，中無襞積，披領行蟒二，袖端正蟒各一，袖相接處行蟒各二，後垂石青條，雜飾惟宜。領約，鏤金爲之，飾紅藍小寶石五，兩端垂石青條二，中各貫珊瑚，末綴珊瑚各二。朝珠三盤，珊瑚青金緑松蜜珀隨所用，雜飾惟宜，條用石青色。采帨月白色，不繡花文。冬朝裙，片金加海龍緣，上用紅緞，下石青行蟒粧緞，皆正幅，有襞積。夏朝裙，片金緣緞紗各惟其時。吉服冠，薰貂爲之，頂用珊瑚。吉服褂，色用石青，繡花八團蟒袍藍及石青諸色隨所用，通九蟒，皆四爪。二品命婦，朝冠，頂鏤花金座，中飾紅寶石一，上銜珊瑚。吉服冠，頂鏤花珊瑚，餘皆如一品命婦。三品命婦，朝冠，頂鏤花金座，中飾紅寶石一，上銜藍寶石。吉服冠，頂用藍寶石，餘皆如二品命婦。四品命婦，朝冠，頂鏤花金座，中飾小藍寶石一，上銜青金石。朝袍，片金緣，繡文前後行蟒各二，中無襞積，後垂石青條，雜飾惟宜。朝裙片金緣上用緑緞下石青行蟒粧緞皆正幅有襞積吉服冠，頂用青金石。蟒袍，通八蟒，皆四爪，餘皆如三品命婦。五品命婦，朝冠，頂鏤花金座，中飾小藍寶石一，上銜水晶。吉服冠，頂用水晶，餘皆如四品命婦。六品命婦，朝冠，頂鏤花金座，中飾小寶藍石一，上銜硨磲。吉服冠，頂用硨磲，餘皆如五品命婦。七品命婦，朝冠，頂鏤花金座，中飾小水晶一，上銜素金。吉服冠，頂用素金。蟒袍，通五蟒，皆四爪，餘皆如六品命婦。他若品官曾祖父母、祖父母、父母妻受封者，冠服得如所封之品，本身加級受封，冠服均從本任，惟致任後，得照所封之品服用。其京外革職留任之員，得照原品頂帶服用。其有因公革職，未追封誥者，秖許服用原官頂帶。

士民吏役冠服

會試中式貢士，朝冠，鏤花金頂，上銜金三枝九葉。狀元，金頂，上銜水晶。授職後，各視其品。舉人，公服冠，頂鏤花銀座，上銜金雀。公服袍，青紬爲之，藍緣，披領如袍飾。公服帶，制如文八品朝帶。吉服冠，頂銀座，上銜素金。貢生吉服冠，鏤花金頂，餘皆如舉人。監生吉服冠，素銀頂，餘皆如貢生。生員公服冠，頂鏤花銀座，上銜銀雀。公服袍，藍紬爲之，青緣，披領如袍飾。公服帶，制如文九品朝帶。吉服冠，制如監生。外郎耆老，冠頂以錫民人，冬夏帽上，不得用絨纓大結。考職吏員在籍，止用頂帽，不得僭用補服。內外各衙門供事書吏，非年滿考職者，不得僭用金頂。奴僕、優伶、皁隸，許用繭紬、毛褐、葛布、梭布、貉皮、羊皮，其紡絲、紬、絹、緞、紗、綾、羅、各種細毛及石青色衣，俱不得服用，冬帽染騷鼠、狐、貉、獺皮，不得用貂。

吴振棫纂《養吉齋叢録》卷二二 我朝服飾，列祖所定，太宗嘗誡，後世衣冠儀制，永遵勿替。高宗重申訓諭，刻石大内之箭亭，垂示久遠。

順治二年，定百官冠制，一二三品冠皆起花金頂，上銜紅寶石。四品上銜藍寶石，五六品上銜水晶，七品則起花金頂，中嵌小藍寶石，八品起花金頂，九品起花銀頂，此言朝冠也，餘未議及。雍正五年，議涼帽、煖帽，皆照朝冠頂用。親王、郡王、貝勒、貝子、入八分公用紅寶石頂，未入八分公、固倫公主額駙、和碩公主額駙、民公侯伯、鎮國將軍、一品官用珊瑚頂，輔國將軍、奉國將軍、多羅額駙、二品、三品官用起花珊瑚頂，奉恩將軍、固山額駙、四品官用青金石頂，五品、六品官員用水晶石頂，七品官以下及進士、舉人、貢生用金頂，生監用銀頂。其時六品未用硨磲，而三品得用珊瑚頂。六年，七品官用鏤花水晶頂，至八年改定三品官用藍寶石，或藍色明玻瓈，六品官用硨磲，或白色涅玻瓈，七品仍用金頂。涼帽、煖帽皆同之，而冠頂之制始定。

按順治四年，諭范文程剛林祁充格曰：文職衙門不可無領袖。今爾衙門較前改大，爾三人可用珠頂玉帶，見《本傳》。康熙四十九年，以正卿噶世圖帽頂嵌東珠，御史亦嵌東珠，勅部查禁。又奉諭定一品官員及大學士尚書應嵌東珠，此外，官員加級，則嵌紅寶石，此皆言朝冠之制。又乾隆間有奏七品以下官，不遵定制，概用素金，請令編檢知縣等官改用蜜蠟頂者，以事涉煩瑣，未充行。

皇子冠，冬夏皆用紅絨結頂，而雨纓帽不用頂，無以别於平人。

嘉慶四年，命雨纓帽用寶石頂。

皇子分封親王、郡王，朝帽頂照所封爵用，如封貝子、貝勒，仍用郡王朝帽金黄朝衣。乾隆間定閒散宗室，准用四品官頂，並四品武職補服，始於乾隆四十七年，其有官而職分小者，亦准用四品頂帶。

暖帽，初用熏獺皮。國語謂獺曰海龍，冬至則用紫貂。見乾隆御製詩注。舊例，皇子在宫中時，服四團龍補褂。分封後，視其爵秩服用。乾隆二十四年，改定俸糈官屬，各依封爵，其章服仍依在宫中時服用。

謹按：宣宗以惇恪親王無嗣，以皇五子繼之，襲封惇郡王。丙午三月移居，命章服仍依皇子例服用。

皇子、親王、郡王、親王世子，用四團龍補服，有賞四團正龍補服者，特恩也。貝勒補服，繡正蟒二團。貝子補服，繡行蟒二團。公則用繡蟒方補。

附録　國初嘗賜和碩額駙尚之隆黄帶。雍正間，隆科多、年羹堯賜四團龍補服，黄帶紫轡。又嘗賜鄂文端團龍袍褂。松江提督高其位進漁船所得玉寶，賞四團龍補服等物。鶴麗鎮總兵張耀祖以剿平米貼夷人，賜團龍袍褂。當時總兵有署總督者，崇明鎮總兵李燦於雍正九年署浙江總督。恩眷既隆，固不以階級論。又乾隆間，大學士黄廷桂以定準噶爾功，賜寶石頂，四團龍補。將軍明瑞以征緬甸功，賜寶石頂，金黄帶，四團龍補。阿文成以平金川功，賜四團龍補，金黄帶，四開衩袍，紫轡，紅寶石頂，皆殊禮也。又嘉慶初，嘗以高宗遺服四團龍補褂、四開衩袍賜朱文正珪若。乾隆間，安南國王阮光平入覲，請遵用天朝服色，因賜紅寶石頂，三眼花翎，金黄色蟒袍，四團龍褂，尤恩禮之逾於常格者。

舊制，武官一、二品皆用獅子補服。康熙元年，題准一品用麒麟補。又舊制三品用虎，四品用豹。康熙三年改三品用豹，四品用虎。

乾隆間，侍郎金簡補服，錦雞旁繡小獅子。降旨飭將此樣撤改，蓋以章身之具，名器所關，即有文武兼銜，惟當用其職分之最大者。若因文兼武職，翻新繡樣，以示顯榮，非體制也。

封使之服，前明給事中以麒麟，行人以白澤。本朝康熙五十八年，海、徐二公出使，始用東珠帽頂。正副使皆賜正一品麒麟服，事畢還朝，仍服原官補服。跟役正使二十人，副使十五人，皆例給頂帶。

附録　前明衣有護領，本朝改服色無護領。昔在山左，見人家藏其先人遺像，朝衣冬朝冠無領，不知何時别製皮棉各領以護頸禦寒也。

舊制，翰林院官惟入直内廷，康熙間，南書房、武英殿行走編修、檢討、庶吉士准懸珠。及充補講官始懸珠。乾隆二年，以御門舊制，修撰、編檢侍班在科道，上科道懸珠，翰林不懸珠，未能畫一，遂命皆懸珠。

乾隆五年，奏准京官禮部司務，今增爲主事司務。太常寺博士、典簿、讀祝官、贊禮郎，鴻臚寺鳴贊，光禄寺署正、署丞，國子監、監丞、博士、助教、學正、學録等官，遇壇廟執事，殿陛侍儀時准懸珠，常日不得擅用，其後非執事、侍儀亦懸珠矣。乾隆二十七年巡幸江南，嚴長明以召試賜舉人，授内閣中書充方略館纂修官，以在内廷許懸珠，其後雖非内廷亦懸珠矣。庶吉士未授職，非有史館等差使，不准懸珠，然庶常乞假，一出都門，亦無不懸珠者。

軍機處行走，章京、筆帖式，均准懸珠，自雍正七年始。

孔雀翎始甚貴重，非藍翎比，有單眼、雙眼、三眼之别，皆定制，詳見《會典》。有例不應用雙眼、三眼，而特賜者異數也。康熙間，施琅爲内大臣，嘗戴翎後以平海功，授靖海將軍，封靖海侯。琅疏辭侯爵，而乞如内大臣例，仍戴翎。下部議駁，言在外將軍、提鎮無給翎例，特旨允之。其時雖將軍不戴翎也。乾隆四十二年，定將軍舊未賞翎者，准戴用，改官則去之。又新疆辦事領隊大臣，以示威外藩，准戴翎，非特旨賞給者，换班他往即不得戴用。山東、江西、河南、山西巡撫兼提督銜，舊無花翎。嘉慶十一年，江西巡撫張公師誠入覲，賞戴花翎，兼提督之巡撫戴翎，蓋自此始。迨道光二十八年，命嗣後於簡放時請旨。是時徐公澤醇擢山東巡撫，即未賞戴。

道光二十年後，以經費支絀，官員有輸銀萬兩以上，蒙賞花翎者，此則已爲異數。近年部臣奏，定納銀若干准戴翎，蓋捐而非賞矣。

按，前明江彬等承日紅笠遮陽帽。之上，植靛染天鵝翎爲貴。飾貴者三翎，次二翎，兵尚王瓊得賜一翎，自謂殊遇。是翎之名，始於明，而植立笠上，與今之曳於冠後，其製迥異。

大臣立勳，賞黄馬褂，亦有行圍隨扈而賞者，滿蒙一二品多有之，漢文職大臣而蒙賞，則自乾隆十一年大學士于敏中始。此後五十一年，陝甘總督畢沅，嘉慶七年直隸總督顔檢，十三年直隸總督温承惠，二十三年直隸總督方受疇，道光二十六年大學士潘世恩，皆蒙特賞。咸豐軍興以後，以戰功被賜者，指不勝屈矣。

裘服，以(元)〔玄〕狐爲最貴，王公大臣有賜(元)〔玄〕狐端罩者，亦曰褡褸。既殁，其子孫即恭繳。若更以賜乃敢服，若仁宗朝賜朱文正珪(元)〔玄〕狐氅袍，則又在端罩之外者。

一品大臣及御前侍衛等，衣紅雨衣，乾隆八年始。巡撫衣紅雨衣，乾隆二十七年始。又乾隆九年，定一品至三品用紅雨帽，四品至六品紅色青緣，七品以下青色紅緣，御前侍衛、乾清門侍衛、南書房、上書房翰林、起居注官，文淵閣校理，奏事處，批本處行走人員，不論本職品級，均用紅雨帽。三十五年，軍機章京准用紅雨帽。

三品以上始服貂朝衣，惟兼起居注銜者不論，四品以上服貂褂，惟翰詹科道不論，其批本、奏事、軍機處章京，及凡内廷行走之員，非四品亦准穿貂褂，自乾隆三十七年始。軍機大臣准穿緑押縫韡，自嘉慶二十一年始。時蒙賜者，托相國津盧相國蔭溥。

按嘉慶七年，賜協辦大學士朱珪緑押縫韈，異數也。

奕賡《侍衛瑣言補》 喜起舞，侍衛俱穿貂褂朝衣，元豹披肩，元狐朝帽，紅青緞緑牙縫朝靴。嵌寶腰刀，葫蘆式配囊，紅寶石冠頂。今則漸漸視爲具文矣。

奕賡《管見所及》 頂戴補服，王、貝勒不在原定品級之內。親王補，前後坐龍二，兩肩行龍二，共四團五爪。郡王用五爪行龍四團。貝勒用四爪正蟒二團。貝子用四爪行蟒二團。鎮國公、輔國公用四爪正蟒二方。未入八分公，用四爪正蟒二方，與入八分者同。親郡王、貝勒、貝子八分公，用紅寶石頂。未入八分公，用珊瑚頂。鎮國將軍而下，則按武職品級。民公侯伯，俱用二正蟒方補四爪子。男以下則按武職品級。

本朝花翎之制，分三眼、雙眼、單眼，眼愈多，品愈貴。而親郡王、貝勒又例不戴翎，貝子例有三眼花翎，鎮國公、輔國公及未入八分公，俱例有雙眼花翎。鎮國將軍以下及民公侯伯，俱例無翎。親郡王、貝勒有特賞三眼花翎者，尋常戴，遇朝賀行禮，凡穿用朝服朝冠之時，不許戴用，而無翎之親郡王、貝勒，每遇太廟派出供帛爵差使，暫時許戴三眼花翎，差竣仍不許戴用。

官修《清通典》卷五四《禮四》 冠服

臣等謹按：杜《典》有《君臣服章制度》一門，又別立《冠冕篇》於冠禮之後，所載多複，今冠禮既無庸纂述，《冠冕篇》亦應併入於冠服一門。欽惟我朝鴻業肇興，列祖、列宗製作隆備，衣冠法式，釐定服用者百數十年於兹，我皇上念切紹衣，慎守成憲，於序《禮器圖式》、評《通鑑輯覽》訓誡輕易之弊，俾子孫臣庶，咸敬謹遵聽毋忘，館臣續纂《五朝禮典》時，於遼金元各代衣冠之制，叙次未能明晰，仰蒙訓諭改正，且宣示本天本祖饗、帝饗親之至論，實爲發從來所未發，近復於御製全韻詩、新建圜水辟雍記中，重申祇述，仰見皇上敬述前猷，祇遵舊制，聖心諄切如是，所以綿景祚而昭來許者，於鑠哉，超越萬古矣。兹臣等纂輯皇朝嘉禮典，即恭載太宗文皇帝聖訓，並乾隆三十七年所奉諭旨，敬録篇首，以垂示萬禩。

崇德二年四月諭諸王、貝勒曰：昔金熙宗及金主亮，廢其祖宗時衣冠儀度，循漢人之俗，遂服漢人衣冠，盡忘本國言語。迨至世宗，始復舊制衣冠，凡語言及騎射之事，時諭子孫勤加學習，如元王馬大郭遇漢人訟事，則以漢語訊之，有女(直)〔真〕人訟事，則以女(直)〔真〕語訊之，世宗聞之，以其未忘女(直)〔真〕之言，甚爲嘉許，此本國衣冠言語不可輕變也。我國家以騎射爲業，今若不時親弓矢，惟耽宴樂，則田獵行陣之事，必致踈曠，武備何由而得習乎。蓋射獵者，演武之法。服制者，立國之經。朕欲爾等時時不忘騎射，勤練士卒，凡出師、田獵，許服便服，其餘俱令遵照國初之制，仍服朝衣。且諄諄訓諭者，非爲目前起見也。及朕之身，豈有習於漢俗之理，正欲爾等識之於心，轉相告誡，使後世子孫遵守，毋變棄祖宗之制耳。

乾隆三十七年十月諭：朕閱三通館進呈所纂《嘉禮考》，内於遼、金、元各代冠服之制，叙次殊未明晰。遼金元衣冠，初未嘗不循其國俗，後乃改用漢、唐儀式。其因革次第，原非出於一時。即如金代朝祭之服，其先雖加文飾，未至盡去其舊。至章宗乃概爲更制。是應詳考詮次，以徵蔑棄舊典之由。並酌入按語，俾後人知所鑒戒，於輯書關鍵方爲有當，若遼及元可例推矣。前因編訂《皇朝禮器圖》，曾親製序文，以衣冠必不可輕言改易，及批《通鑑輯覽》，又一一發明其義。誠以衣冠爲一代昭度，夏收殷冔，本不相沿襲。凡一朝所用，原各自有法程，所謂禮不忘其本也。自北魏始有易服之説，至遼、金、元諸君浮慕好名，一再世輒改衣冠，盡去其純樸素風。傳之未久，國勢寖弱，洊及淪胥，蓋變本忘先，而隱患中之，覆轍具在，甚可畏也。況揆其所以議改者，不過云衮冕備章，文物足觀耳。殊不知潤色彰身，即取其文，亦何必僅沿其式。如本朝所定朝祀之服，山龍藻火，粲然具列，悉皆義本《禮》經，更何通天絳紗之足云耶？且祀莫尊於天，祖禮莫隆於郊廟溯其昭，格之本要，在乎誠敬，感通不在乎衣冠規制。夫萬物本乎天，人本乎祖，推原其義，實天遠而祖近。設使輕言改服，即已先忘祖宗，將何以上祀天地，經言仁人饗帝，孝子饗親。試問仁人、孝子豈二人乎？不能饗親，顧能饗帝乎？朕確然有見於此，是以不憚諄覆教戒，俾後世子孫知所法，守是創論，實格論也。所欲奕葉子孫，深維根本之計，毋爲流言所惑，永遠恪遵朕訓，庶幾不爲獲罪祖宗之人，方爲能享上帝之主，於以綿國家億萬年無疆之景祚，實有厚望焉。其《嘉禮考》仍交館臣確核，遼、金、元改制，時代先後逐一臚載，再加擬按語，證明改繕進呈，候朕鑒定，昭示來許，並將此申諭中外，仍録一通懸勒尚書房。

臣等謹按皇朝冠服之制，恭照欽定《禮器圖式》，以類敘次于後。

皇帝冠服

皇帝冬朝冠，薰貂爲之。十一月朔至上元用黑狐。上綴朱緯。頂三層，貫東珠各一，皆承以金龍各四，飾東珠如其數，上銜大珍珠一。夏朝冠，織玉草或藤竹絲爲之，緣石青片金二層，裏用紅片金或紅紗。上綴朱緯。前綴金佛，飾東珠十五。後綴舍林，飾東珠七，頂如冬朝冠。

端罩，紫貂爲之。十一月朔至上元用黑狐。明黄緞裏。左、右垂帶各二，下廣而鋭，色與裏同。

衮服，色用石青，繡五爪正面金龍四團，兩肩前後各一。其章左日、右月，前後萬壽篆文，間以五色雲。春、秋棉、袷，夏以紗，冬以裘，各惟其時。

朝服，色用明黄，惟祀天用藍，朝日用紅，夕月用月白。披領及袖俱石青，冬用片金，加海龍緣，夏用片金緣。繡文兩肩，前、後正龍各一，腰帷行龍五，衽正龍一，襞積前、後團龍各九。裳正龍二，行龍四，披領行龍二，袖端正龍各一。列十二章，日、月、星辰、山、龍、華蟲、黼、黻在衣，宗彝、藻、火、粉米在裳，間以五色雲。下幅八寶平水。十一月朔至上元，披領及裳俱表以紫貂，袖端薰貂。繡文兩肩，前、後正龍各一，襞積行龍六。列十二章，俱在衣，間以五色雲。

朝珠，用東珠一百有八，佛頭、記念、背雲、大小墜珍寶雜飾，各惟其宜，大典禮御之。惟祀天以青金石爲飾，祀地珠用蜜珀，朝日用珊瑚，夕月用緑松石，雜飾惟宜。絛皆明黄色。

朝帶之制二，皆明黄色。一，用龍文金圓版四，飾紅寶石，或藍寶石，及緑松石。每具銜東珠五，圍珍珠二十。左右佩帉，淺藍及白各一，下廣而鋭。中約鏤金圓結，飾寶如版，圍珠各三十。佩囊文繡、燧觿、刀削、結佩惟宜，絛皆明黄色，大典禮御之。一，用龍文金方版四，其飾祀天用青金石，祀地用黄玉，朝日用珊瑚，夕日用白玉，每具銜東珠五。佩帉及絛，惟祀天純青，餘如圓版朝帶之制。中約圓結如版飾，銜東珠各四。佩囊純石青，左觿右削，並從版色。

吉服冠，冬用海龍、薰貂、紫貂惟其時。上綴朱緯。頂滿花金座，上銜大珍珠一。夏織玉草或藤竹絲爲之，紅紗綢裏，石青片金緣。上綴朱緯。頂如冬吉服冠。

龍袍，色用明黄。領、袖俱石青，片金緣。繡文金龍九。列十二章，間以五色雲。領前後正龍各一，左右及交襟處行龍各一，袖端正龍各一。下幅八寶立水，裾左右開，棉、袷、紗、裘，各惟其時。

吉服，朝珠珍寶，隨所御吉服帶，用明黄色。鏤金版四，方圓惟便，銜以珠、玉、雜寶，各從其宜。左右佩帉純白，下直而齊中，約金結如版飾，餘如朝帶。

常服冠，紅絨結頂。

常服褂，色用石青，花文隨所御，裾左右開。

常服帶如吉服。

乾隆十六年欽定雨冠之制二：其一，頂崇而前簷深。其二，頂平而前簷敞。皆用明黄色。氊及羽緞、油綢惟其時。

雨衣之制六，皆明黄色：一，如常服褂，而長與袍稱。以油綢爲之，不加裏。自衽以下加博焉。上襲重衣。領下爲襞積。無袖。斜幅相比，上斂，下邃豐。兩重均加掩襟，領及紐約皆青色。一，以氊及羽緞爲之，月白緞裏。領下爲襞積。無袖。斜幅相比。上斂，下邃豐。前加掩襟，領及紐約如衣色。或油綢爲之，不加裏。紐約青色。一，如常服褂而加領，長與袍稱。以氊及羽緞爲之，月白緞裏。領及紐約如衣色。一，如常服袍而袖端平，前施掩襠，油綢爲之，不加裏。領用青羽緞，紐約青色。外加袍袖如衣色。一，如常服褂而加領，長與坐齊。以氊及羽緞爲之，領及紐約皆如衣色。一，如常服袍而加領，長與坐齊。以油綢爲之，不加裏。袖端平，前加掩襠，領用青羽緞，紐約亦青色。雨裳之制二，皆用黄色：一，左右幅相交，上斂下邃博。上前加淺帷爲襞積。兩旁綴以紐約，青色。腰爲横幅，用石青布。兩末削爲帶以繫之。一，前爲完幅，不加淺帷，均以油綢爲之。

行冠，冬以黑狐，秋以黑羊皮或青絨，均如常服冠之制。夏織藤竹絲爲之，紅紗裏緣如其色。上綴雨纓頂及梁，皆黄色，前綴珍珠一。

行褂，色用石青，長與坐齊，袖長及肘。

行袍，如常服，長減十之一，右裾短一尺，色及花文隨所御棉、袷、紗、裘各惟其時。

行帶，色用明黄，左右佩繫以紅香牛皮爲之，飾金花文鋄銀鐶各三。佩帉以高麗布，視常服帶帉微濶而短，中約以香牛皮束，綴銀花文佩囊。明黄圜絛，飾珊瑚。結、削、燧、雜佩各惟其宜。

行裳，色隨所用。左右各一，前平，後中豐，上下斂。並屬横幅石青布爲之，氊、袷各惟其時。冬用鹿皮或黑狐爲表。

皇子冠服

皇子朝冠，冬用薰貂、青狐惟其時。上綴朱緯。頂金龍二層，飾東珠十，上銜紅寶石。夏織玉草或藤竹絲爲之。緣石青片金二層，裏用紅片金或紅紗。上綴朱緯。前綴舍林，飾東珠五。後綴金花，飾東珠四。頂如冬朝冠。

端罩，紫貂爲之，金黄緞裏。左右垂帶各二，下廣而鋭，色與裏同。龍褂，色用石青。繡五爪正面金龍四團，兩肩前後各一，間以五色雲。

朝服之制二，皆金黄色。一，披領及裳皆表以紫貂。袖端薰貂。繡文，兩肩前後正龍各一，襞積行龍六，間以五色雲。一，披領及袖皆石青，冬用片金加海龍緣，夏用片金緣。繡文兩肩前後正龍各一，腰帷行龍四，裳行龍八，披領行龍二，袖端正龍各一。下幅八寶平水。

朝珠不得用東珠，餘隨所用，縧皆金黄色。

朝帶，色用金黄，金銜玉方版四，每具飾東珠四，中飾貓睛石一，左右佩縧如帶色。

吉服冠，紅絨結頂，蟒袍色用金黄，版飾惟宜，佩縧如帶色。

雨冠、雨衣、雨裳，均用紅色，氊及羽紗、油綢，惟其時。雨冠頂平而前簷敞，用藍布帶。雨衣一如常服袍，而袖端平，一如常服褂而加領，長與坐齊，均前施掩襠。雨裳前爲完幅，腰爲横幅，用石青布。自皇子至宗室公，雨冠、雨裳之制並同。

親王以下冠服

親王朝冠，與皇子同。

端罩，青狐爲之，月白緞裏，若賜金黄色者，亦得用之。

補服，色用石青，繡五爪金龍四團，前後正龍，兩肩行龍。

朝服，蟒袍藍及石青諸色隨所用，若賜金黄色者，亦得用之。餘皆如皇子。

吉服冠，頂用紅寶石，若賜紅絨結頂者，亦得用之。

親王世子朝冠，頂金龍二層，飾東珠九，上銜紅寶石。朝帶，色用金黄，金銜玉方版四，每具飾東珠三。左右佩縧如帶色。餘皆如親王。

郡王朝冠，頂金龍二層，飾東珠八，上銜紅寶石。夏朝冠前綴舍林，飾東珠四。後綴金花，飾東珠三。

補服，色用石青，繡五爪行龍四團，兩肩前後各一。

朝帶，色用金黄，金銜玉方版四，每具飾東珠二，貓睛石一。左右佩縧如帶色。餘皆如親王世子。

貝勒朝冠，頂金龍二層，飾東珠七，上銜紅寶石。夏朝冠前綴舍林，飾東珠三。後綴金花，飾東珠二。

補服，色用石青，前後繡四爪正蟒各一團。

朝服、蟒袍不得用金黄色，餘隨所用。朝服通繡蟒文皆四爪，蟒袍亦如之。朝珠縧，用石青色。

朝帶，色用金黄，金銜玉方版四，每具飾東珠二。佩縧皆石青色。餘皆如郡王。

貝子朝冠，頂金龍二層，飾東珠六，上銜紅寶石。夏朝冠前綴舍林，飾東珠二。後綴金花，飾東珠一。吉服冠頂用紅寶石。皆戴三眼孔雀翎。

補服色用石青，前後繡四爪行蟒各一團。

朝帶，色用金黄，金銜玉方版四，每具飾東珠一。餘皆如貝勒。

鎮國公朝冠，頂金龍二層，飾東珠五，上銜紅寶石。夏朝冠前綴舍林，飾東珠一。後綴金花，飾緑松石一。吉服冠，頂入八分公用紅寶石，未入八分公用珊瑚，皆戴雙眼孔雀翎。

端罩，紫貂爲之，月白緞裏。

補服，色用石青，前後繡四爪正蟒方補。

朝帶，金銜玉方版四，每具飾貓睛石一。餘皆如貝子。

輔國公朝冠，頂金龍二層，飾東珠四，上銜紅寶石。餘皆如鎮國公。

鎮國將軍朝冠，頂鏤花金座，中飾東珠一，上銜紅寶石。補服，前後繡麒麟。吉服冠，頂用珊瑚。餘皆視一品。

輔國將軍朝冠，頂鏤花金座，中飾小紅寶石一，上銜鏤花珊瑚。補服，前後繡獅。吉服冠，頂用鏤花珊瑚。餘皆視二品。

奉國將軍朝冠，頂鏤花金座中飾小紅寶石一，上銜藍寶石。補服，前後繡豹。吉服冠，頂用藍寶石。餘皆視三品。

奉恩將軍朝冠，頂鏤花金座，中飾小藍寶石一，上銜青金石。補服，前後繡虎，惟衣裾四啟，帶用金黄色。凡宗室皆如之，覺羅帶用紅色。

自親王以下，冬行冠如冬吉服冠之制，氊貂各惟其時，領頂各隨其所得用。夏行冠織玉草或藤絲爲之，上綴(雨)[兩]纓。行褂，色用石青，長與坐齊，袖長及肘。行袍，如常服袍減十之一，右裾短一尺，色隨所用，棉袷、紗裘各惟其時。行帶、佩帉，素布視常服帶，帉微濶而短，版飾惟宜，縧皆圓結，帶色金黄、石青各隨其所得用。行裳，藍及諸色隨所用，左右各一，前平後中豐，上下斂，並屬横幅，氊、袷惟時。冬以皮爲表，其制下達庶官，凡扈行者冠服並如之。

乾隆四十七年，奉旨宗室王公子弟各給官頂，其餘閑散宗室概予四品頂戴。

固倫額駙以下冠服

固倫額駙冠服，視貝子吉服冠，頂用珊瑚，乾隆五十二年，遵旨照固倫額駙色布騰巴爾珠爾之例，戴紅寶石帽頂。戴三眼孔雀翎。朝帶色用石青或藍，金銜玉圓版四，每具飾東珠一，左右佩縧皆石青色。吉服帶色用石青或藍。

和碩額駙冠服，視鎮國公吉服冠，頂用珊瑚，戴雙眼孔雀翎。朝帶金銜玉圓版四，每具飾猫睛石一。餘皆同。

郡主額駙，冠服視武一品，朝帶用鏤金圓版四，每具飾緑松石一。

縣主額駙冠服，視武二品。

郡君額駙冠服，視武三品。

縣君額駙冠服，視武四品，朝帶鋄金方鐵版四。

鄉君額駙冠服，視武五品，朝帶視縣君額駙，餘皆同。

若固倫額駙爵在貝子以上，和碩額駙爵在鎮國公以上，冠服各從其品。郡主額駙以下皆如之。

乾隆四十年奉旨，在京公主所生之子，至十三歲時，如係固倫公主所生，即給予伊父固倫額駙品級，和碩公主所生，即給予伊父和碩額駙品級。

民公以下凡品官冠服

民公朝冠，冬用薰貂，十一月朔至上元用青狐。文武一品以上皆同。頂鏤花金座，中飾東珠四，上銜紅寶石。

朝服，藍及石青諸色隨所用。披領及袖俱石青，片金緣，冬加海龍緣。文武四品以上皆同。兩肩前後正蟒各一，腰帷行蟒四，中有襞積。裳行蟒八。十一月朔至上元，披領及裳俱表以紫貂，袖端薰貂。文三品、武二品以上皆同。兩肩前後正蟒各一，襞積行蟒四，皆四爪。曾賜五爪蟒緞者，亦得用之。

端罩，貂皮爲之，藍緞裏。補服，色用石青，前後繡四爪正蟒。

朝珠，珊瑚青金緑松蜜珀隨所用，雜飾惟宜。縧用石青色，文五品、武四品以上，及京堂、翰詹科道、侍衛、國子監、太常寺、光禄寺、鴻臚寺，有職掌官皆得用。朝帶色用石青或藍，鏤金銜玉圓版四，每具飾猫睛石一。佩帉下廣而鋭。吉服冠頂用珊瑚。蟒袍藍及石青諸色隨所用，通繡九蟒。吉服帶佩帉下直而齊，版飾惟宜。雨冠、雨衣及裳均用紅色。

侯朝冠，頂鏤花金座，中飾東珠三，上銜紅寶石。朝帶鏤金銜玉圓版四，每具飾緑松石一。餘皆如公。

伯朝冠，頂鏤花金座，中飾東珠二，上銜紅寶石。朝帶鏤金銜玉圓版四，每具飾紅寶石一。餘皆如侯。

子朝冠，頂鏤花金座，中飾東珠一，上銜紅寶石。補服前後繡麒麟。吉服冠頂用珊瑚，餘皆視一品。

男朝冠，頂鏤花金座，中飾小紅寶石一，上銜鏤花珊瑚。補服前後繡獅。吉服冠頂用鏤花珊瑚。餘皆視二品。

文一品朝冠，頂鏤花金座，中飾東珠一，上銜紅寶石。補服前後繡鶴，惟都御史繡獬豸。朝帶鏤金銜玉方版四，每具飾紅寶石一。餘皆如公。

武一品補服，前後繡麒麟。餘皆如文一品。

文二品朝冠，冬用薰貂，十一月朔至上元用貂尾，文三品以上皆同。頂鏤花金座，中飾小紅寶石一，上銜鏤花珊瑚。補服前後繡錦雞。朝帶鏤金圓版四，每具飾紅寶石一。吉服冠頂用鏤花珊瑚。餘皆如文一品。

武二品補服，前後繡獅。餘皆如文二品。

文三品朝冠，頂鏤花金座，中飾小紅寶石一，上銜藍寶石。補服前後繡孔雀，惟副都御史及按察使繡獬豸。朝帶鏤花金圓版四。吉服冠頂用藍寶石。餘皆如文二品。

武三品朝冠，冬惟用薰貂，文四品以下皆同。補服前後繡豹。餘皆如文三品。惟朝服無貂緣及無端罩。一等侍衛戴孔雀翎。端罩猞猁孫爲之，間以貂皮，月白緞裏。餘皆如武三品。

文四品朝冠，頂鏤花金座，中飾藍寶石一，上銜青金石。補服前後繡雁。朝帶銀銜鏤花金圓版四。吉服冠頂用青金石。蟒袍通繡八蟒，皆四爪。四品以下惟京堂、翰詹科道得用端罩，猞猁孫爲之，間以貂皮，月白緞裏。武四品補服，前後繡虎。餘皆如文四品。二等侍衛戴孔雀翎。端罩紅豹皮爲之，素紅緞裏。朝服剪絨緣，色用石青，通身雲緞，前後方襴行蟒各一，腰帷行蟒四，中有襞積。領、袖俱石青粧緞，冬夏皆用之。餘皆如武四品。

文五品朝冠，頂鏤花金座，中飾小藍寶石一，上銜水晶。補服前後繡白鷴，惟監察御史繡獬豸。朝服片金緣，文武七品以上皆同。色用石青，前後方襴行蟒各一，中有襞積。領、袖俱石青粧緞，冬夏皆用之。朝帶銀銜素金圓版四。吉服冠頂用水晶。餘皆如文四品。

武五品補服，前後繡熊。餘皆如文五品，惟無朝珠。三等侍衛戴孔雀翎。端罩黄狐皮爲之，月白緞裏。朝服如文五品之制，惟用剪絨緣。餘皆如武五品，服色用石青，前後繡綵雲捧日。袍青絹爲之，上加披領，腰爲襞積不加緣，月白絹裏。祭祀文舞生冬冠，騷鼠爲之，頂鏤花銅座，中飾方銅，鏤葵花，上銜銅三角，如火珠形。袍以綢爲之，其色南郊用石青，北郊用黑，祈穀壇、太廟、社稷壇、朝日壇、帝王廟、文廟、先農壇、太歲壇，俱用紅。夕月壇，用月白。前後方襴銷金葵花。帶綠綢爲之。武舞生頂上銜銅三稜，如古戟形。袍以綢爲之，通銷金葵花。餘俱如文舞生袍之制，帶如文舞生。祭祀執事人，袍以綢爲之，其色南郊用石青，北郊用黑，不加緣。太廟、文廟、先農壇、太歲壇，俱用青色，藍緣。祈穀壇、社稷壇、朝日壇、帝王廟，俱用青色石，青緣。夕月壇用青色，月白緣。帶如文舞生。樂部樂生，冠頂鏤花銅座，上植明黄翎。樂部袍紅緞爲之，一，前後方襴繡黄鸝，中和韶樂部樂生執戲竹人服之；一，通織小團葵花，丹陛大樂諸部樂生服之。帶用綠雲緞爲之。鹵簿輿士冬冠，以豹皮及黑氊爲之，頂鏤花銅座，上植明黄翎，袍如丹陛大樂諸部樂生。帶如祭祀文舞生。鹵簿護軍袍石青緞爲之，通織金壽字，片金緣。領及袖端俱織金葵花。鹵簿校尉冬冠，平簷，頂素銅，上植明黄翎。袍及帶如鹵簿輿士。

皇太后、皇后冠服

臣等謹按：杜《典》有后妃、命婦首飾制度、服章制度兩條，兹據《皇朝禮器圖式》，謹彙敘成篇，首大内冠服，次公主福晉以下及命婦冠服，列載于左。

皇太后、皇后冬朝冠，薰貂爲之，上綴朱緯。頂三層，貫東珠各一，皆承以金鳳，飾東珠各三，珍珠各十七，上銜大東珠一。朱緯上週綴金鳳七，飾東珠各九，貓睛石一，珍珠各二十一。後金翟一，飾貓睛石一，珍珠十六。翟尾垂珠，凡珍珠三百有二，五行二就，每行大珍珠一。中間金銜青金石結一，飾東珠、珍珠各六，末綴珊瑚。冠後護領垂明黄縧二，末綴寶石，青緞爲帶。夏朝冠，青絨爲之。餘皆如冬朝冠。

金約，鏤金雲十三，飾東珠各一，間以青金石，紅片金裏。後繫金銜綠松石結，貫珠下垂，凡珍珠三百二十四，五行三就，每行大珍珠一。中間金銜青金石結二，每具飾東珠、珍珠各八，末綴珊瑚。

耳飾，左右各三，每具金龍銜一等東珠各二。

朝褂之制三，皆石青色，片金緣。一，繡文前後立龍各二，下通襞積，四層相間，上爲正龍各四，下爲萬福萬壽。一，繡文前後正龍各一，腰帷行龍四，中有襞積。下幅行龍八。一，繡文前後立龍各二，中無襞積。下幅八寶平水。領後皆

惟得用朝珠。

文六品朝冠，頂鏤花金座，中飾小藍寶石一，上銜硨磲。補服前後繡鷺鷥，朝帶銀銜玳瑁圓版四。吉服冠頂用硨磲。餘皆如文五品，惟無朝珠。

武六品補服，前後繡彪。餘皆如文六品。藍翎侍衛戴藍翎。端罩、朝服、朝珠均如三等侍衛。餘皆如武六品。

文七品朝冠，頂鏤花金座，中飾小水晶一，上銜素金。補服前後繡鸂鶒，朝帶素圓版四。吉服冠頂用素金。蟒袍通繡五蟒，皆四爪。餘皆如文六品。

武七品補服如武六品，餘皆如文七品。

文八品朝冠，頂鏤花金座，上銜花金。補服前後繡鵪鶉。朝服用石青雲緞，無蟒。領、袖皆青倭緞，中有襞積，冬夏皆用之。朝帶銀銜明羊角圓版四。吉服冠鏤花金頂。餘皆如文七品。

武八品補服，前後繡犀牛。餘皆如文八品。

〔文〕九品官朝冠，頂鏤花金座，上銜花銀。補服前後繡練雀。朝帶銀銜烏角圓版四，吉服冠鏤花銀頂。餘皆如文八品。

武九品補服，前後繡海馬。餘皆如文九品。

未入流冠服制如文九品。

凡雨冠，民公、侯、伯、子、男，一、二、三品文、武官，御前侍衛，乾清門侍衛，尚書房翰林、南書房翰林，奏事處、批本處、軍機處行走人員，皆用紅色。四、五、六品文武官雨冠中用紅色，緣用青色。七、八、九品文、武官，凡有頂人員雨冠，中用青色，緣用紅色，凡緣皆前二寸五分，後五寸軍。民雨冠用青色。凡雨衣、雨裳，民公、侯、伯、子，文武一品以上官，御前侍衛，各省巡撫，皆用紅色。二品以下文、武官，下至軍民，皆用青色。其明黄色行褂，則領侍衛内大臣、御前大臣、侍衛班長、護軍統領、健鋭營翼領及凡諸臣之蒙賜者，皆得服之。

士庶冠服

會試中式貢士朝冠，頂鏤花金座，上銜金三枝九葉。吉服冠頂用素金。舉人公服冠，頂鏤花銀座，上銜金雀。公服袍，青綢爲之，藍緣。披領如袍飾。公服帶，如文八品朝帶。吉服冠，頂銀座，上銜素金。貢生吉服冠，鏤花金頂。餘皆如舉人。監生吉服冠，素銀頂。餘皆如貢生。生員公服冠，頂鏤花銀座，上銜銀雀。公服袍，藍綢爲之，青緣。披領如袍飾。公服帶，如文九品朝帶。吉服冠，頂如監生。外郎、耆老，冠頂以錫。從耕農官，袍青絨爲之。頂同八品。補

垂明黃絛，其飾珠寶惟宜。

朝袍之制三，皆明黃色。一，披領及袖皆石青，片金加貂緣，肩上下襲朝褂處亦加緣。繡文金龍九，間以五色雲。中有襞積。下幅八寶平水。披領行龍二，袖端正龍各一，袖相接處行龍各二。一，披領及袖皆石青，冬用片金加海龍緣，夏用片金緣，肩上下襲朝褂處亦加緣。繡文前後正龍各一，兩肩行龍各一，腰帷行龍四。中有襞積。下幅行龍八。一，領袖片金加海龍緣，夏片金緣。中無襞積。裾後開。餘俱(加)〔如〕貂緣朝袍之制。領後垂明黃絛，飾珠寶惟宜。

領約，鏤金爲之，飾東珠十一，間以珊瑚。兩端垂明黃絛二，中各貫珊瑚，末綴綠松石各二。

朝珠三盤，東珠一，珊瑚二，佛頭、記念、背雲、大小墜珠寶雜飾惟宜。絛皆明黃色。

綵帨，綠色，繡文爲「五穀豐登」。佩箴管、縏袠之屬。絛皆明黃色。冬朝裙，片金加海龍緣，上用紅織金壽字緞，下石青行龍粧緞，皆正幅。有襞積。夏朝裙，片金緣，緞紗各惟其時。

吉服冠，頂用東珠。龍褂二，皆石青色。一，繡文五爪金龍八團，兩肩前後正龍各一，襟行龍四。下幅八寶立水。袖端行龍各二。一，下幅及袖端不施章采。

龍袍三，色用明黃，領、袖皆石青。一，繡文金龍九，間以五色雲，福壽文采惟宜。下幅八寶立水，領前後正龍各一，左右及交襟處行龍各一。袖如朝袍，裾左右開。一，繡文五爪金龍八團，兩肩前後正龍各一，襟行龍四。下幅八寶立水。一，下幅不施章采。

吉服朝珠一盤，珍寶隨所御。絛皆明黃色。

皇貴妃、貴妃、妃、嬪冠服

皇貴妃朝冠，頂三層，貫東珠各一，皆承以金鳳，飾東珠各三，珍珠各十七，上銜大珍珠一。朱緯上週綴金鳳七，飾東珠各九，珍珠各二十一。後金翟一，飾貓睛石一，珍珠十六，翟尾垂珠，凡珍珠一百九十二，三行二就。中間金銜青金石結一，飾東珠、珍珠各四，末綴珊瑚冠。後護領垂明黃絛二，末綴寶石。青緞爲帶。

金約，鏤金雲十二，飾東珠各一，間以珊瑚，紅片金裏。後繫金銜綠松石結，貫珠下垂，凡珍珠二百有四，三行三就。中間金銜青金石結二，每具飾東珠、珍珠各六，末綴珊瑚。

耳飾左右各三，每具金龍銜二等東珠各二。

領約，鏤金爲之，飾東珠七，間以珊瑚。兩端垂明黃絛二，中各貫珊瑚，末垂珊瑚各二。朝珠三盤，蜜珀一，珊瑚二。

龍褂色用石青，繡文五爪金龍八團，兩肩前後正龍各一，襟行龍四。下幅八寶立水。袖端行龍各二。

龍袍色用明黃。領、袖皆石青。繡文金龍九，間以五色雲，福壽文采惟宜。下幅八寶立水。領前後正龍各一，左右及交襟處行龍各一。袖如朝袍。裾左右開。

吉服朝珠一盤，珍寶隨所御。絛明黃色。餘皆如皇后。

貴妃冠服垂絛皆金黃色，袍色亦用金黃，餘皆如皇貴妃。

妃朝冠，頂二層，貫東珠各一，皆承以金鳳，飾東珠共九，珍珠各十七，上銜貓睛石。朱緯。上週綴金鳳五，飾東珠各七，珍珠各二十一。後金翟一，飾貓睛石一，珍珠十六，翟尾垂珠，凡珍珠一百八十八，三行二就。中間金銜青金石結一，飾東珠、珍珠各四，末綴珊瑚。冠後護領垂金黃絛二，末綴寶石。青緞爲帶。

金約，鏤金雲十一，飾東珠各一，間以青金石，紅片金裏。後繫金銜綠松石結，貫珠下垂，凡珍珠一百九十七，三行三就。中間金銜青金石結二，每具飾東珠、珍珠各六，末綴珊瑚。耳飾左右各三，每具金龍銜三等東珠各二。綵帨，繡文爲「雲芝瑞草」。吉服冠頂用碧𤥻玜。餘皆如貴妃。

嬪朝冠，頂二層，貫東珠各二，皆承以金翟，飾東珠共九，珍珠各十七，上銜礲子。朱緯。上週綴金翟五，飾東珠各五，珍珠各十九。後金翟一，飾珍珠十六，翟尾垂珠，凡珍珠一百七十二，三行二就。中間金銜青金石結一，飾東珠、珍珠各三，末綴珊瑚。冠後護領垂金黃絛二，末綴寶石。青緞爲帶。

金約，鏤金雲八，飾東珠各一，間以青金石，紅片金裏。後繫金銜綠松石結，貫珠下垂，凡珍珠一百七十七，三行二就。中間金銜青金石結二，每具飾東珠、珍珠各四，末綴珊瑚。

耳飾左右各三，每具金龍銜四等東珠各二，朝珠三盤，珊瑚一，蜜珀二。綵帨，不繡花文。

龍褂，繡文兩肩前後正龍各一，襟夔龍四。袍皆用香色。餘皆如妃。

皇子福晉冠服

皇子福晉朝冠，頂鏤金三層，飾東珠十，上銜紅寶石。朱緯。上週綴金孔雀五，飾東珠各七，小珍珠三十九。後金孔雀一，垂珠三行二就。中間金銜青金石結一，飾東珠各三，末綴珊瑚。冠後護領垂金黃絛二，末亦綴珊瑚。青緞爲帶。

金約，鏤金雲九，飾東珠各一，間以青金石，紅片金裏。後繫金銜青金石結，貫珠下垂，三行三就。中間金銜青金石結二，每具飾東珠、珍珠各四，末綴珊瑚。

耳飾左右各三，每具金雲銜珠各二。

朝褂，色用石青，片金緣。繡文前行龍四，後行龍三。領後垂金黃絛，雜飾惟宜。朝袍用香色，披領及袖皆石青，冬用片金加海龍緣，夏用片金緣。肩上下襲朝褂處亦加緣，繡文前後正龍各一，兩肩行龍各一，襟行龍四，披領行龍二，袖端正龍各一，袖相接處行龍各二。裾後開。領後垂金黃絛，雜飾惟宜。

領約，鏤金爲之，飾東珠七，間以珊瑚。兩端垂金黃絛二，中各貫珊瑚，末綴珊瑚各二。

朝珠三盤，珊瑚一，蜜珀二。絛皆金黃色。綵帨，月白色，不繡花文，結佩惟宜。絛皆金黃色。

冬朝裙片金加海龍緣，上用紅緞，下石青行龍粧緞，皆正幅，有襞積。夏朝裙片金緣，緞紗各惟其時。

吉服冠，頂用紅寶石。吉服褂色用石青，繡五爪正龍四團，前後兩肩各一。蟒袍用香色，通繡九龍。吉服朝珠一盤，珍寶隨所御。絛金黃色。

王福晉公主以下凡品官妻冠服

親王福晉吉服褂，繡五爪金龍四團，前後正龍，兩肩行龍。餘皆如皇子福晉。

親王世子福晉朝冠，頂鏤金二層，飾東珠九，上銜紅寶石。朱緯。上週綴金孔雀五，飾東珠各六，後金孔雀一，垂珠三行二就。中間金銜青金石結一，飾東珠各三，末綴珊瑚。冠後護領垂金黃絛二，末亦綴珊瑚。金約，鏤金雲八，飾東珠各一，間以青金石。後繫金銜青金石結，貫珠下垂，三行三就。中間金銜青金石結二，每具飾東珠、珍珠各四，末綴珊瑚。餘皆如親王福晉。

郡王福晉朝冠，頂鏤金二層，飾東珠八，上銜紅寶石。朱緯。上週綴金孔雀五，飾東珠各五，後金孔雀一，垂珠三行二就。中間金銜青金石結一，末綴珊瑚。冠後護領垂金黃絛二，末亦綴珊瑚。

金約，鏤金雲八，飾東珠各一，間以青金石。後繫金銜青金石結，貫珠下垂，三行三就。中間金銜青金石結二，末綴珊瑚。

吉服褂，繡五爪行龍四團，前後兩肩各一。餘皆如世子福晉。

貝勒夫人朝冠，頂鏤金二層，飾東珠七，上銜紅寶石。朱緯。上週綴金孔雀五，飾東珠各三。後金孔雀一，垂珠三行二就。中間金銜青金石結一，末綴珊瑚。冠後護領垂石青絛二，末亦綴珊瑚。

金約，金雲七，飾東珠各一，間以青金石。後繫金銜青金石結，貫珠下垂，三行三就。中間金銜青金石結二，末綴珊瑚。

朝褂，繡四爪蟒，領後垂石青絛。

朝袍，藍及石青諸色隨所用，領、袖冬用片金加海龍緣，夏用片金緣。繡四爪蟒，領後垂石青絛。

領約、朝珠、綵帨絛皆石青色。

吉服褂前後繡四爪正蟒各一團。蟒袍，藍及石青諸色隨所用。通繡九蟒，餘皆如郡王福晉。貝子夫人朝冠，頂鏤金二層，飾東珠六。金約鏤金雲六，吉服褂前後繡四爪行蟒各一團。餘皆如貝勒夫人。

鎮國公夫人朝冠，頂鏤金二層，飾東珠五。金約鏤金雲五。吉服褂繡花八團。餘皆如貝子夫人。

輔國公夫人朝冠，頂鏤金二層，飾東珠四。金約鏤金雲四。餘皆如鎮國公夫人。

鎮國將軍夫人冠、服均視一品命婦。

輔國將軍夫人冠、服均視二品命婦。

奉國將軍淑人冠、服均視三品命婦。

奉恩將軍恭人冠、服均視四品命婦。

固倫公主冠、服制如親王福晉。

和碩公主朝冠、金約，制如親王世子福晉。餘皆如固倫公主。

郡主朝冠、金約制如郡王福晉。餘皆如和碩公主。

縣主朝冠、金約制如貝勒夫人，吉服褂制如郡王福晉。餘皆如郡主。

郡君朝冠、金約，制如貝子夫人。朝褂、朝袍、領約、朝珠、綵帨、吉服褂、蟒袍均如貝勒夫人。餘如縣主。

縣君朝冠、金約，制如鎮國公夫人。吉服褂制如貝子夫人。餘皆如郡君。

鎮國公女鄉君朝冠、金約，制如輔國公夫人。吉服褂制如鎮國公夫人。餘皆如縣君。

輔國公女鄉君朝冠，頂鏤金二層，飾東珠三。金約鏤金雲三。餘皆如鎮國公女。

民公夫人冬朝冠，薰貂爲之。頂鏤花金座，中飾東珠四，上銜紅寶石。前綴金簪三，飾以珠寶。護領絛用石青色。金約青緞爲之，中綴鏤金火焰，飾珍珠一，左右金龍鳳各一。後垂青緞帶二，紅片金裏。耳飾左右各三，每具金雲銜珠各二。

朝褂，色用石青，片金緣。繡文前行蟒二，後行蟒一。領後垂石青絛，雜飾惟宜。朝袍，藍及石青諸色隨所用。披領及袖皆石青，冬用片金加海龍緣，夏用片金緣。繡文前後正蟒各一，兩肩行蟒各一，襟行蟒四，中無襞積。披領行蟒二，袖端正蟒各一，袖相接處行蟒各二。後垂石青絛，雜飾惟宜。領約鏤金爲之，飾紅藍小寶石五。兩端垂石青絛二，中各貫珊瑚。末綴珊瑚各二。

朝珠三盤，珊瑚、青金、緑松、蜜珀隨所用，雜飾惟宜。絛用石青色。綵帨，月白色，不繡花文。冬朝裙，片金加海龍緣，上用紅緞，下石青行蟒，粧緞，皆正幅，有襞積。夏朝裙，片金緣，緞紗各惟其時。吉服冠，薰貂爲之，頂用珊瑚。吉服褂，色用石青，繡花(文)[八]團。蟒袍，藍及石青諸色隨所用，通九蟒，皆四爪。

侯夫人朝冠，頂鏤花金座，中飾東珠三，上銜紅寶石，餘皆如民公夫人。

伯夫人朝冠，頂鏤花金座，中飾東珠二，上銜紅寶石，餘皆如侯夫人。子夫人朝冠，頂鏤花金座，中飾東珠一，上銜紅寶石，餘皆如伯夫人。

男夫人朝冠，頂鏤花金座，中飾紅寶石一，上銜鏤花紅珊瑚。吉服冠頂鏤花珊瑚。餘皆如子夫人。

一品命婦朝冠，頂鏤花金座，中飾東珠一，上銜紅寶石。餘皆如民公夫人。

二品命婦朝冠，頂鏤花金座，中飾紅寶石一，上銜鏤花珊瑚。吉服冠頂鏤花珊瑚。餘皆如一品命婦。

三品命婦朝冠，頂鏤花金座，中飾紅寶石一，上銜藍寶石。吉服冠頂用藍寶石。餘皆如二品命婦。

四品命婦朝冠，頂鏤花金座，中飾小藍寶石一，上銜青金石。朝袍片金緣，繡文前後行蟒各二，中無襞積，後垂石青絛，雜飾惟宜。朝裙片金緣，上用緑緞，下石青，行蟒粧緞皆正幅，有襞積。吉服冠頂用青金石。蟒袍通八蟒，皆四爪。餘皆如三品命婦。

五品命婦朝冠，頂鏤花金座，中飾小藍寶石一，上銜水晶。吉服冠頂用水晶。餘皆如四品命婦。

六品命婦朝冠，頂鏤花金座，中飾小藍寶石一，上銜硨磲。吉服冠頂用硨磲。餘皆如五品命婦。

七品命婦朝冠，頂鏤花金座，中飾小水晶一，上銜素金。吉服冠頂用素金。蟒袍通五蟒，皆四爪。餘皆如六品命婦。

官修《清通典》卷七八《兵典》　盔甲

盔制：以鐵二片，製如帽形，上鋭下平，合而成之曰盔。高五寸，圍圓一尺九寸，合縫處壓以鐵梁曰盔梁。盔前安鐵一片曰遮眉，濶寸餘，圍長九寸。上覆鐵檐一，形如蓋，曰舞擎。濶六分，長四寸三分。其下曰護額，爲覆椀於盔上。其上仰者曰盔椀，徑一寸六分，高一寸二分，圍圓五寸。安管一，長二寸，圍圓一寸，以插盔槍。槍長三寸六分，上爲盤，以垂氂上安頂，頂各有品制。詳見於後。垂於項後者曰護項，垂於左右者曰護耳，其下曰護頸。其表，官用錦緞，兵用布，傅以鐵葉。護頂用鐵葉九，護耳二，用鐵葉各六，護頸同。其采飾制各有差。

凡親王、郡王冑，頂鏤金火燄，銜寶石金立龍二承之。垂熏貂纓十有八梁，左右鏤金梵文三重，上重八次、七次，二十飾，皆鏤龍銜寶石。護項、護耳、護頸，均石青鎖子錦，表月白綺，裏青繒緣，外布金釘。貝勒、貝子、固倫額駙，頂銜素金，垂熏貂纓十有四，入八分。公植密鼠尾，垂貂尾纓十有二，不鏤梵文。領侍衛內大臣、都統、統領、直省總督、提督、巡撫，均頂植鶡翎二，垂貂尾纓十有二，鋄飾龍及花文。護項、護耳、護頸，均石青，綺表藍布裏。繡蟒五，中敷鏤，外布銀釘。內大臣、和碩額駙、郡主額駙、內大臣裏行之公、侯、伯、散秩大臣，均頂植密鼠尾，垂紅纓，隨旗行之。公、侯、伯、子、男，文、武一品，文二品，副都統，宗室將軍、縣主額駙、直省總兵，均頂植熏獺尾，垂紅纓。文三品至五品、驍騎參領、郡君額駙以下、直省副將，均頂植獺尾，垂紅纓。侍衛、鑾儀衛官，均頂植豹尾，垂紅纓。前鋒護軍參領、侍衛，均頂植獺尾，垂黑纓。文六品至九品、直省參將以下，均頂植獺尾，垂紅纓，不加鋄繡。王府官均頂植猞猁猻尾，長史垂黑纓，護衛典儀垂紅纓，前鋒校、護軍校均鐵頂紅纓。護項、護耳、護頸，均以素綺繡蓮花，外布黃銅釘。前鋒護軍緑旗營軍士皆如之。護項以下用青布，不繡。驍騎校、驍騎均鐵頂，黑纓。護項以下各如旗色，校以綺，兵以布，均繡蓮花。

甲制：上衣下裳，左右護肩，左右袖，左右護腋，裳間有遮襠。左襠，裳亦分左右。甲衣長二尺二寸，幅四，下廣一尺一寸。護肩二，各長一尺一寸，廣一尺三寸，袖二，各長一尺二寸，上圍一尺二寸，下圍九寸。護腋二，各長一尺，上廣九寸，凹其中以承腋，其末鋭。遮襠一，方八寸。左襠一，方六寸。甲裳長二尺六寸，幅二。每幅上廣一尺二寸，下廣一尺五寸。其表，官用錦緞，兵用布。甲衣用鐵葉一百三十六，每葉長二寸五分，廣二寸。甲裳用鐵葉一百十六。護肩、甲袖、護腋、遮襠、左襠，均用小鐵葉，長一寸六分，廣一寸四分。步兵甲衣長二尺，甲裳長二尺六寸，間有無裳者。餘制並同。其敷棉者曰綿甲，施鐵葉於外者曰明甲。其采飾制各有差。

凡親王以下，至入八分公，甲用石青鎖子錦，表月白，紬裏，青繒緣。裳幅、護肩皆露鐵鍱，飾珊瑚綠松青金石鋄金雲龍。中敷鐵，外布金釘，前懸護心鏡，勒以絛。親王、郡王金黄色。貝勒以下石青色。固倫額駙、同領侍衛內大臣，都統，統領內大臣，散秩大臣，公、侯、伯、子、男，宗室將軍、縣生(主)額駙以上，文武一品、文二品、副都統、直省總兵，均石青，綺表，藍布裏，青繒緣，通繡蟒十。護肩露鐵鍱。文三品以下、驍騎參領、郡君額駙以下、直省副將，均通繡蟒六。侍衛、鑾儀衛官、前鋒護軍參領、侍衛、王府長史、護衛典儀，均通繡蟒四，裳幅露鐵鍱皆鋄金雲龍。中敷鐵，外布銀釘。前鋒校、護軍校，素綺表，繡蓮花，無袖，裳幅露鐵鍱，外布黄銅釘。前鋒護軍、綠旗營軍士，均青布表加緣，月白裏，不加繡。餘與校同。驍騎校、驍騎，表各從旗色。校以綺，兵以布，均繡蓮花。

乾隆二十一年欽定棉冑之制：以革髹漆，頂植銅鍱，護項、護耳、護頸，均敷棉。護軍校、前鋒護軍，垂紅纓。護項以下石青色。驍騎校、驍騎、鹿角兵、礮手，垂黑纓。護項以下各從旗色，甲亦敷棉。護軍校、驍騎校、前鋒護軍，均全身。驍騎無左右袖。鹿角兵、礮手無裳及左右袖，左襠色如冑制，官用綺表紬裏，外布黄銅釘鋄金。兵用紬表布裏，外布白銅釘鋄銀。

官修《清通志》卷五八《器服略三》冠服

臣等謹按：禮之大者，昭名分，辨等威，莫備乎冠服。自虞廷觀象，文明漸啟，夏收殷冔，損益不同，所以成一代之制度，而垂法守也。我朝冠服之制，夏涼冬燠，各因其時，而品節燦然。觀瞻有秩，蓋列聖相承，準宜增定，美矣備矣。皇上慎守成憲，治協垂裳，萬國衣冠，會歸有極，洵乎放之四海而大同，昭茲來許而弗替者也。茲輯《器服略》，恭載皇帝冠服、朝珠、佩帶，下至品官軍民，無不備具。各有等差，并附以雨冠、雨衣，及行營冠服，咸著于篇，皆據《皇朝禮器圖式》以類叙次，於以彰我國家服物采章之盛，如御製《序》所云，以綿國祚，承天祐於鑠哉，世德作求，永永無斁焉爾。

皇帝朝冠，冬用薰貂、黑狐惟其時。上綴朱緯。頂三層，貫東珠各一，皆承以金龍各四，飾東珠如其數。上銜大珍珠一。夏織玉草或藤絲、竹絲爲之，緣石青片金二層，裏用紅片金或紅紗。上綴朱緯。前綴金佛，飾東珠十五。後綴舍林，飾東珠七。頂制同。

皇帝吉服冠，冬用海龍薰貂、紫貂惟其時。上綴朱緯。頂滿花金座，上銜大珍珠一。夏織玉草或藤絲、竹絲爲之，紅紗綢裏，石青片金緣，上綴朱緯。頂制同。

皇帝常服冠，冬夏皆紅絨結頂，餘俱如吉服冠。

皇帝端罩，以黑狐及紫貂爲之。明黄緞裏。左右垂帶各二，下廣而鋭，色與裏同。

皇帝袞服，色用石青，棉、袷、紗、裘惟其時。繡五爪正面金龍四團，兩肩前後各一。其章左日，右月，前後萬壽篆文，間以五色雲。

皇帝朝服，色用明黄，惟祀天用藍，朝日用紅，夕月用月白。紗、裘、單、袷惟其時。披領及袖俱石青片金緣，冬加海龍緣。繡文兩肩前後正龍各一，要帷行龍五，衽正龍一，襞積前後團龍各九，裳正龍二，行龍四，披領行龍二，袖端正龍各一。列十二章，日、月、星、辰、山、龍、華、蟲、黼、黻在衣，宗彝、藻火、粉米在裳，間以五色雲。下幅八寶平水。十一月朔至上元，披領及裳俱表以紫貂，袖端薰貂。繡文兩肩前後正龍各一，襞積行龍六。列十二章，俱在衣，間以五色雲。

皇帝龍袍，色用明黄。棉、袷、紗、裘惟其時。領、袖俱石青片金緣。繡文金龍九，列十二章，間以五色雲。領前、後正龍各一，左、右及交襟處行龍各一。袖端正龍各一，下幅八寶立水。裾左右開。

皇帝常服袍，色及花文隨所御，裾左右開。棉、袷、紗、裘惟其時。

皇帝朝珠，朝珠用東珠一百有八，佛頭、記念、背雲、大小墜雜飾，各從其宜，大典禮御之。惟祀天以青金石爲飾，祀地珠用蜜珀，朝日用珊瑚，夕月用綠松石。吉服朝珠、珍寶隨所御。絛皆明黄色。

皇帝朝帶，色皆用明黄。一，用龍文金圓版四，飾紅寶石或藍寶石及綠松石，每具銜東珠五，圍珍珠二十。左右佩帉，淺藍及白各一，下廣而鋭。中約鏤金圓結，飾寶如版，圍珠各三十。佩囊文繡，燧觿，刀削，結佩惟宜，絛皆明黄色，大典禮御之。一，用龍文金方版四，其飾祀天用青金石，祀地用黄玉，朝日用珊瑚，夕月用白玉，每具銜東珠五。佩帉及絛，惟祀天用純青，餘如圜版朝帶之制。中約圓結如版飾，銜東珠各四。佩囊純石青，左觿、右削，並從版色。

皇帝吉服帶，色用明黄，鏤金版四，方圓惟便。銜以珠玉雜寶各從其宜。左右佩帉純白，下直而齊。中約金結如版飾。餘俱如朝帶。常服帶同。

皇太子朝冠謹遵皇朝禮器圖式登載。冬用薰貂、黑狐惟其時。上綴朱緯。頂金龍三層，飾東珠十三，上銜大東珠一。夏織玉草或藤絲、竹絲爲之。緣石青片金二層，裏用紅片金或紅紗。上綴朱緯。前綴金佛飾東珠十三，後綴舍林飾東珠六，頂制同。

皇太子吉服冠，皇子同。冬用海龍、薰貂、紫貂惟其時。上綴朱緯。紅絨結頂。夏織玉草或藤絲、竹絲爲之。紅紗綢裏，石青片金緣。上綴朱緯。頂制同。

皇太子端罩，黑狐爲之，杏黄緞裏。左右垂帶各二，下廣而鋭，色與裏同。

皇太子龍褂，皇子同。色用石青。繡五爪正面金龍四團，兩肩前後各一，間以五色雲。棉、袷、紗、裘惟其時。

皇太子朝服，色用杏黄，紗、裘、單、袷惟其時。披領及袖俱石青片金緣，冬加海龍緣。繡文兩肩前後正龍各一，要帷行龍五，衽正龍一，襞積前後團龍各七，裳正龍二，行龍四，披領行龍二，袖端正龍各一，間以五色雲。下幅八寶平水。十一月朔至上元，披領及裳俱表以紫貂，袖端薰貂。繡文兩肩前後正龍各一，襞積行龍六，間以五色雲。

皇太子龍袍，色用杏黄，棉、袷、紗、裘惟其時。領、袖俱石青片金緣。繡文金龍九，間以五色雲。領前後正龍各一，左右及交襟處行龍各一，袖端正龍各一，下幅八寶立水。裾左右開。

皇太子朝珠，絛用明黄色，珊瑚、緑松石、青金石隨所用，珍寶雜飾惟宜。

皇太子朝帶，色用明黄，金圓版四，飾青金石，每具銜東珠五，左右佩帉淺藍及白各一，下廣而鋭。結佩惟宜，絛如帶色。

皇太子吉服帶，色用明黄，金版四，方圓惟便，銜以雜寶惟宜，左右佩帉純白，下直而齊。餘如朝帶。

皇子朝冠，親王同。冬用薰貂、青狐惟其時。上綴朱緯。其制下達文武一品皆同，後不具詳。頂金龍二層，飾東珠十，上銜紅寶石。夏織玉草或藤絲、竹絲爲之，緣石青片金二層，裏用紅片金或紅紗。上綴朱緯。前綴舍林，飾東珠五，後綴金花，飾東珠四。頂制同。

皇子端罩，紫貂爲之，金黄緞裏。左右垂帶各二，下廣而鋭，色與裏同。

皇子朝服，色用金黄，披領及袖俱石青片金緣，冬加海龍緣。繡文兩肩前後正龍各一，要帷行龍四，裳行龍八，披領行龍二，袖端正龍各一。下幅八寶平水。十一月朔至上元之制與皇太子同。

皇子蟒袍，色用金黄，片金緣。繡文通九蟒。裾左右開。制達宗室，後不具詳。

皇子朝珠，親王、世子、郡王同。絛皆金黄色，不得用東珠，餘隨所用，雜飾惟宜。

皇子朝帶，親王同。色用金黄，金銜玉方版四，每具飾東珠四，中飾貓睛石一，左右佩絛如帶色。

皇子吉服帶，親王、世子、郡王同。色用金黄，版飾惟宜。佩絛如帶色。

親王吉服冠，世子、郡王、貝勒同。冬用海龍、薰貂、紫貂惟其時。夏織玉草或藤絲、竹絲爲之，紅紗綢裏，石青片金緣。上綴朱緯。其制下達庶官皆同，後不具詳。

親王端罩，下至貝子、固倫額駙皆同。青狐爲之，月白緞裏，曾賜金黄色者，亦
頂用紅寶石，曾賜紅絨結頂者，亦得用之。
得用之。左右垂帶各二，下廣而鋭，色與裏同。

親王補服，世子同。色用石青。繡五爪金龍四團，前後正龍，兩肩行龍。

親王朝服、蟒袍，世子、郡王同。藍及石青諸色隨所用，曾賜金黄者，亦得用之。餘如皇子朝服、蟒袍之制。

世子朝帶，色用金黄，金銜玉方版四，每具飾東珠三。左右佩絛如帶色。凡宗室帶色皆如之，覺羅用紅。

世子朝冠，頂金龍二層，飾東珠九，上銜紅寶石，夏朝冠前綴舍林，飾東珠五。後綴金花，飾東珠四。

郡王朝冠，頂金龍二層，飾東珠八，上銜紅寶石，夏朝冠前綴舍林，飾東珠四。後綴金花，飾東珠三。

郡王補服，色用石青。繡五爪行龍四團，兩肩前後各一。

郡王朝帶，色用金黄，金銜玉方版四，每具飾東珠二，貓睛石一。左右佩絛如帶色。

貝勒朝冠，頂金龍二層，飾東珠七，上銜紅寶石，夏朝冠前綴舍林，飾東珠三。後綴金花，飾東珠二。

貝勒補服，色用石青。前後繡四爪正蟒各一團。

貝勒朝服，下至輔國公、和碩額駙皆同。色不得用金黃，餘隨所用。披領及袖俱石青片金緣，冬加海龍緣。繡文兩肩前後正蟒各一，要帷行蟒四，裳行蟒八，披領行蟒二，袖端正蟒各一。下幅八寶平水。十一月朔至上元，披領及裳俱表以紫貂，袖端薰貂。繡文兩肩前後正蟒各一，襞積行蟒六，間以五色雲。

貝勒蟒袍，下至輔國公、和碩額駙皆同。色不得用金黃，餘隨所用，片金緣。繡文通九蟒，皆四爪。

貝勒朝珠，下至輔國公、和碩額駙皆同。縧用石青色。餘如親王朝珠之制。

貝勒朝帶，色用金黃，金銜玉方版四，每具飾東珠二。佩縧皆石青色。

貝勒吉服帶，下至宗室、將軍同。色用金黃，版飾惟宜。縧皆石青色。

貝子朝冠，固倫額駙同。頂金龍二層，飾東珠六，上銜紅寶石，戴三眼孔雀翎。孔雀花翎有三眼、雙眼、單眼之分，等威辨著，凡遇恩賞者均准戴用。夏朝冠前綴舍林，飾東珠二。後綴金花，飾東珠一。

貝子吉服冠，頂用紅寶石，戴三眼孔雀翎。

貝子補服，固倫額駙同。色用石青，前後繡四爪行蟒各一團。

貝子朝帶，色用金黃，金銜玉方版四，每具飾東珠一。

固倫額駙吉服冠，頂用珊瑚，戴三眼孔雀翎。乾隆五十二年，遵旨照固倫額駙色布騰巴爾珠爾之例，戴紅寶石帽頂。

固倫額駙朝帶，色用石青或藍，金銜玉圓版四，每具飾東珠一。左右佩縧，皆石青色。

固倫額駙吉服帶，和碩額駙同。色用石青或藍，版飾及佩惟宜。

鎮國公朝冠，和碩額駙同。頂金龍二層，飾東珠五，上銜紅寶石，戴雙眼孔雀翎。夏朝冠前綴（金）〔舍〕林，飾東珠一。後綴金花，飾綠松石一。

鎮國公吉服冠，輔國公同。入八分公頂用紅寶石，未入八分公用珊瑚，俱戴雙眼孔雀翎。

鎮國公端罩，輔國公、和碩額駙同。紫貂爲之，月白緞裏。左右垂帶各二，下廣而銳，色與裏同。

鎮國公補服，輔國公、和碩額駙同。色用石青，前後繡四爪正蟒方補。

鎮國公朝帶，輔國公同。方版每具飾貓睛石一。餘如貝子朝帶之制。

輔國公朝冠，頂金龍二層，飾東珠四。餘同鎮國公朝冠之制。

和碩額駙吉服冠，頂用珊瑚，戴雙眼孔雀翎。

和碩額駙朝帶，方版每具飾貓睛石一。餘如固倫額駙朝帶之制。

民公朝冠，頂鏤花金座，中飾東珠四，上銜紅寶石。

民公吉服冠，侯、伯、子、文武一品、鎮國將軍、郡主額駙皆同。頂用珊瑚。

民公端罩，貂皮爲之，藍緞裏。左右垂帶各二，下廣而銳，色與裏同。侯以下、文三品、武二品及縣主額駙、輔國將軍以上、京堂、翰詹、科道等官，應服端罩者皆如之。

民公補服，侯、伯同。色用石青，前後繡四爪正蟒。

民公朝服，藍及石青諸色隨所用，披領及袖俱石青片金緣，冬加海龍緣。兩肩前後正蟒各一，要帷行蟒四，中有襞積，裳行蟒八。十一月朔至上元，披領及裳俱表以紫貂，袖端薰貂。兩肩前後正蟒各一，襞積行蟒四，皆四爪，曾賜五爪蟒緞者，亦得用之。侯以下、文三品、武二品以上，有職掌大臣及縣主額駙、輔國將軍以上、一等侍衛，皆服之。

民公蟒袍，藍及石青諸色隨所用，通繡九蟒，皆四爪，曾賜五爪蟒緞者，亦得用之。侯以下、文武三品、郡君額駙、輔國將軍以上、一等侍衛，皆如之。

民公朝珠，珊瑚青金綠松蜜珀隨所用，雜飾惟宜。縧用石青色。侯以下、文五品、武四品以上及京堂、翰詹、科道、侍衛、禮部、國子監、太常寺、光禄寺、鴻臚寺等官，凡在壇廟執事及殿陛侍儀應用朝珠者，皆如之。

民公朝帶，色用石青或藍，鏤金銜玉圓版四，每具飾貓睛石一，佩帉下廣而銳。帶色下達庶官皆同，後不具詳。

民公吉服帶，色用石青或藍，佩帉下直而齊，版飾及佩惟宜。下達庶官俱如之。

侯朝冠，頂鏤花金座，中飾東珠三，上銜紅寶石。

侯朝帶，郡主額駙同。鏤金銜玉圖版四，每具飾綠松石一。

伯朝冠，頂鏤花金座，中飾東珠二，上銜紅寶石。

伯朝帶，鏤金銜玉圓版四，每具飾紅寶石一。

一品官朝冠，鎮國將軍、郡主額駙、子，皆同。頂鏤花金座，中飾東珠一，上銜紅寶石。

一品官補服，色用石青。文職繡鶴，惟都御史繡獬豸，武職皆繡麒麟。

一品官朝帶，子同。色用石青或藍，鏤金銜玉方版四，每具飾紅寶石一。

鎮國將軍補服，郡主額駙、子並同。色用石青，前後繡麒麟。

鎮國將軍朝帶，色用金黃。餘如一品官朝帶之制。

二品官朝冠，輔國將軍、縣主額駙、男，皆同。冬用薰貂，貂尾惟其時，頂鏤花金座，中飾小紅寶石一，上銜鏤花珊瑚。

二品吉服冠，輔國將軍、縣主額駙、男，皆同。頂鏤花珊瑚。

二品官補服，色用石青，文職繡錦雞，武職繡獅。

二品官朝帶，縣主額駙、男，並同。鏤金圓版四，每具飾紅寶石一。

輔國將軍補服，縣主額駙、男，並同。色用石青，前後繡獅。

輔國將軍朝帶，色用金黃。餘同二品官朝帶之制。

三品官朝冠，冬用薰貂及貂尾惟時，武職專用薰貂。頂鏤花金座，中飾小紅寶石，上銜藍寶石。

三品官吉服冠，奉國將軍、郡君額駙，皆同。頂用藍寶石。

三品官補服，色用石青，文職繡孔雀，惟副都御史及按察使繡獬豸，武職皆繡豹。

三品官朝帶，郡君額駙、一等侍衛，皆同。鏤花金圓版四。

奉國將軍朝冠，郡君額駙同。冬用薰貂，其制下達未入流皆同。頂鏤花金座中，飾小紅寶石一，上銜藍寶石。

奉國將軍補服，郡君額駙、一等侍衛，皆同。色用召青，前後繡豹。

奉國將軍朝服，文四品、武三品、四品，郡君額駙、縣君額駙、奉恩將軍、一等侍衛，皆同。藍及石青諸色隨所用，披領及袖俱石青片金緣，冬加海龍緣。兩肩前後正蟒各一，要帷行蟒四，中有襞積，裳行蟒八。

奉國將軍朝帶，色用金黃，鏤花金圓版四。

一等侍衛朝冠，頂如三品官朝冠，戴孔雀翎。

一等侍衛吉服冠，頂如三品官吉服冠，戴孔雀翎。

一等侍衛端罩，猞猁猻爲之，間以貂皮，月白緞裏，左右垂帶各二，下廣而鋭，色與裏同。

四品官朝冠，奉恩將軍、縣君額駙，皆同。頂鏤花金座，中飾藍寶石一，上銜青金石。

四品官吉服冠，奉恩將軍、縣君額駙，皆同。頂用青金石。

四品官補服，色用石青，文職繡雁，武職繡虎。

四品官蟒袍，緞紗隨時，藍及石青諸色隨所用，通繡八蟒，皆四爪。文武五六品官、奉恩將軍及縣君額駙、二等侍衛以下，皆服之。

四品官朝帶，銀銜鏤花金圓版四。

奉恩將軍補服，縣君額駙同。色用石青，前後繡虎。

縣君額駙朝帶，鄉君額駙同。鍍金方鐵版四。

奉恩將軍朝帶，色用金黃，銀銜鏤花金圓版四。

二等侍衛朝冠，頂如四品官，朝冠戴孔雀翎。

二等侍衛吉服冠，頂如四品官，吉服冠戴孔雀翎。

二等侍衛端罩，紅豹皮爲之，素紅緞裏，左右垂帶各二，下廣而鋭，色與裏同。

二等侍衛朝服，色用石青，通身雲緞，前後方襴行蟒各一，要帷行蟒四，中有襞積。領、袖俱石青粧緞，冬夏皆用之。

五品官朝冠，鄉君額駙同。頂上銜水晶。餘同四品官之制。

五品官吉服冠，鄉君額駙同。頂用水晶。

五品官補服，色用石青，文職繡白鷳，惟監察御史繡獬豸，武職繡熊。

五品官朝服，色用石青，通身雲緞片金緣，前後方襴行蟒各一，中有襞積，領、袖皆石青粧緞，冬夏皆用之。文武六七品官及鄉君額駙並同。

五品官朝帶，三等侍衛同。銀銜素金圓版四。

鄉君額駙補服，三等侍衛同。色用石青，前後繡熊。

三等侍衛朝冠頂如五品官，朝冠戴孔雀翎。

三等侍衛吉服冠，頂如五品官，吉服冠戴孔雀翎。

三等侍衛端罩，藍翎侍衛同。黄狐皮爲之，月白緞裏，左右垂帶各二，下廣而鋭，色與裏同。

三等侍衛朝服，藍翎侍衛同。制同五品官，朝服剪絨緣。

六品官朝冠，頂上銜硨磲。餘同五品官之制。

六品官吉服冠，頂用硨磲。

六品官補服，色用石青，文職繡鷺鷥，武職繡彪。藍翎侍衛與武職同。

六品官朝帶，銀銜玳瑁圓版四。

藍翎侍衛朝冠，頂如六品官，朝冠戴藍翎。

藍翎侍衛吉服冠，頂如六品官，吉服冠戴藍翎。

七品官朝冠，頂鏤花金座，中飾小水晶一，上銜素金。

七品官吉服冠，進士同。頂用素金。

七品官補服，色用石青，文職繡鸂鶒，武職繡犀牛。

七品官朝帶，素銀圓版四。

七品官蟒袍，八品、九品、未入流同。緞紗隨時，藍及石青諸色隨所用，繡五蟒，皆四爪。

八品官吉服冠，頂用花金。

八品官朝冠，頂鏤花金座，上銜花金。

八品官補服，色用石青，文職繡鵪鶉，武職繡犀牛。

八品官朝服，九品、未入流同。色用石青，雲緞無蟒，領、袖俱青倭緞，中有襞積，冬夏皆用之。

八品官朝帶，舉人、貢生、監生公服帶同。銀銜明羊角圓版四。

九品官朝冠，未入流同。頂鏤花金座，上銜花銀。

九品官吉服冠，未入流同。頂用花銀。

九品官補服，色用石青，文職繡練雀，未入流同。武職繡海馬。

九品官朝帶，未入流同生員，公服帶亦同。銀銜烏角圓版四。

進士朝冠，頂鏤花金座，上銜金三枝九葉。

舉人公服冠，貢生、監生，皆同。頂鏤花銀座上銜金雀。

舉人吉服冠，頂銀座上銜素金。

舉人公服袍，貢生，監生，皆同。青紬爲之，藍緣披領及袍飾。

貢生吉服冠，頂銀座上銜花金。

監生吉服冠，生員同。頂用素銀。

生員公服冠，頂鏤花銀座，上銜銀雀。

生員公服袍，藍綢爲之，青緣披領如袍飾。

祭祀舞生冠，冬以騷鼠爲之，頂鏤花銅座，中飾方銅鏤葵花，文舞生上銜銅三角如火珠形，武舞生上銜銅三棱如古戟形。

祭祀舞生袍，以綢爲之，其色南郊用石青，北郊用黑。祈穀壇、社稷壇、太廟、朝日壇、帝王廟、文廟、先農壇、太歲壇俱用紅，夕月壇用月白。文舞生前後方襴銷金葵花，武舞生通銷金葵花。

祭祀舞生帶，祭祀執事人同。緑綢爲之。

祭祀執事人袍，以綢爲之，其色南郊用石青，北郊用黑不加緣，太廟、文廟、先農壇、太歲壇俱用青色藍緣，祈穀壇、社稷壇、朝日壇、帝王廟俱用青色石青緣，夕月壇用青色月白緣。

樂部樂生冠，冬以騷鼠爲之，頂鏤花銅座，上植明黃翎。

樂部樂生袍，紅緞爲之。丹陛大樂諸部，樂生通織小團葵花。中和韶樂部，樂生執戲竹人，前後方襴繡黃鸝。

樂部樂生帶，緑雲緞爲之。

鹵簿輿士冠，冬以豹皮或黑氊爲之，頂鏤花銅座，上植明黃翎。

鹵簿輿士袍，校尉同。紅緞爲之，通織小團葵花。

鹵簿輿士帶，校尉同。緑綢爲之。

鹵簿校尉冠，冬以黑氊爲之，平簷頂，素銅座，上植明黃翎。

鹵簿護軍袍，石青緞爲之，通織金壽字，片金緣。領及袖端俱織金葵花。

從耕農官冠，青絨爲之。頂同八品。

從耕農官補服，色用石青，前後繡彩雲捧日。

從耕農官袍，青絹爲之，上加披領，要爲襞積，如朝袍而不加緣，月白絹裏。

雨冠、雨衣附

皇帝雨冠，色用明黃氊及羽緞爲之，月白緞裏，或油紬爲之，不加裏，帶用藍布。冬制頂崇而前簷深，夏制頂平而前簷敞，遇雨雪則加於冠上。

皇帝雨衣，色用明黃氊及羽緞爲之，月白緞裏，領及紐約皆如衣色。或油紬爲之，不加裏，領及紐約皆青色。其制如常服褂而長，與袍稱，自衽以下加博焉。上襲重衣。領下爲襞積。無袖。斜幅相比，上斂，下遞豐。兩重均加掩襟，或如常服袍，而袖端平，外加袍袖，前施掩襠，領用羽緞。或如常服褂，加羽緞，領長與坐齊，前施掩襠，各隨所用。

皇帝雨裳，色用明黃，油紬爲之，不加裏。左右幅相交，上斂下遞博。上前加淺帷爲襞積。兩旁綴以紐約青色。或前爲完幅，不加淺帷，腰皆爲橫幅，用石青布，兩末削爲帶以繫之。

皇太子雨冠，色用紅，氊及羽紗、油紬惟其時。藍布帶。皇子至宗室公、民公侯伯子男、一品至三品文武官、御前侍衛、乾清門侍衛、上書房翰林、南書房翰林、奏事處、批本處、行走人員皆用之。

皇太子雨衣，色用紅，制如常服袍，而袖端平。或如常服褂，而加領長，與坐齊，皆前施掩襠。氊及羽紗、油紬惟其時。皇子至宗室公、民公侯伯子、一品以上文武官、御前侍衛、各省巡撫，皆服之。

皇太子雨裳，色用紅，前爲完幅，氊及羽紗、油紬惟其時。腰爲橫幅，用石青布。裳制下達同雨衣。

二品官雨衣，色用青，制如常服袍，而袖端平。或如常服褂，而加領長，與坐齊，皆前施掩襠。氊及羽紗、油紬惟其時。二品以下文武官下至軍民皆服之。

二品官雨裳，色用青，前爲完幅。氊及羽紗、油紬惟其時。腰爲橫幅，用石青布。裳制下達同雨衣。

四品官雨冠，色用紅，前加緣二寸五分，後五寸。青色氊及羽紗、油紬惟其時。藍布帶。四品至六品文武官，皆用之。

七品官雨冠，色用青，前加緣二寸五分，後五寸。紅色氊及羽紗、油紬惟其時。藍布帶。七品至九品文武官，凡有頂帶人員以上皆用之。

軍民雨冠，色用青氊及羽紗、油紬惟其時。藍布帶。

行營冠服附

皇帝行冠，冬以黑狐，秋以黑羊皮，或以青絨，如常服冠之制。夏織藤絲，或竹絲爲之，紅紗裏，緣如其色。上綴雨纓，頂及梁皆黃色，前綴珠一。

皇帝行褂，色用石青，長與坐齊，袖長及肘。棉、袷、紗、裘惟其時。

皇帝行袍，制如常服袍，長減十之一，右裾短一尺，色及花文隨所御，棉、袷、紗、裘惟其時。

皇帝行帶，色用明黃，左右佩繫以紅香牛皮爲之，飾金花文鋄銀鐶各三。佩帉以高麗布，視常服帶帉微濶而短，中約以香牛皮束，綴銀花文佩囊。明黃圓絛，飾珊瑚。結、削、燧、雜佩惟宜。

皇帝行裳，色隨所用。左右各一，前平，後中豐，上下斂，並屬橫幅，氊、袷惟時。冬用鹿皮或黑狐爲表，橫幅則以石青布爲之。

親王以下行冠，冬如吉服冠之制，氊、貂各惟其時。夏織玉草或藤絲爲之。上綴雨纓，其制下達庶官。翎頂各從其所得用。

親王以下行褂，色用石青，長與坐齊。袖長及肘，棉、袷、紗、裘惟時。其制下達庶官。

親王以下行袍，制如常服袍，長減十之一，右裾短一尺，色隨所用。棉、袷、紗、裘惟時。其制下達庶官。

親王以下行帶，佩帉素布，視常服帶。帉微濶而短，版飾惟宜。絛皆圓結，其制下達庶官。帶色金黃、石青各從其所得用。

親王以下行裳，藍及諸色隨所用，左右各一，前平，後中豐，上下斂。並屬橫幅，氊、袷惟時。冬以皮爲表。其制下達庶官。

領侍衛大臣行褂，色用明黃。凡諸臣之曾賜黃褂者，皆服之。

八旗副都統行褂，正黃旗，色用金黃。正白旗、正紅旗、正藍旗，各如旗色。鑲黃旗、鑲白旗、鑲藍旗，紅緣。鑲紅旗，白緣。前鋒、參領護軍、參領、火器營官，皆服之。

豹尾班侍衛行褂，色用明黃，左右及肩，前施雙帶以結之。

健鋭營前鋒參領行褂，色用明黃，藍緣。

健鋭營兵行褂，色用藍明，黃緣。

虎槍營總統、總領行褂，色用金黃，領左右端青緣，直下至前裾。

虎槍營槍長行褂，色用紅領，左右端青緣，直下至前裾。

虎槍營兵行褂，色用白領，左右端青緣，直下至前裾。

火器營兵行褂，色用藍白緣。

官修《清通志》卷五九《器服略四》 冠服

臣等謹案：《周禮》内司服掌王后及外内命婦之服，其別有褘衣、揄翟、鞠衣、展衣、緣衣、素沙。追師掌王后之首服，其別有副編次，追衡笄。歷代以來，損益不同，蓋禮時爲大，毋取沿襲也。

國朝定制

皇太后、皇后冠服，有朝服、吉服二等，金約、領約、朝珠、綵帨，皆有制度。皇貴妃以下，及公主、諸王福晉、夫人、命婦，各以品秩爲差。今據《皇朝禮器圖式》，依次纂輯，悉載于篇，而宫庭之地，帷帟之間，所以辨等威而彰物采者，燦然具備矣。

皇太后、皇后朝冠，冬以薰貂，夏以青絨爲之，上綴朱緯。頂三層，貫東珠各一，皆承以金鳳，飾東珠各三，珍珠各十七，上銜大東珠一。朱緯上週綴金鳳七，飾東珠各九，貓睛石各一，珍珠各二十一。後金翟一，飾貓睛石一，小珍珠十六。翟尾垂珠，五行二就，共珍珠三百有二，每行大珍珠一。中間金銜青金石結一，飾東珠、珍珠各六，末綴珊瑚。冠後護領垂明黃絛二，末綴寶石，青緞爲帶。

皇太后、皇后吉服冠，皇貴妃、貴妃同。薰貂爲之，上綴朱緯。頂用東珠。

皇太后、皇后金約，鏤金雲十三，飾東珠各一，間以青金石，紅片金裏。後繫金銜緑松石結，貫珠下垂，五行三就，共珍珠三百二十四，每行大珍珠一。中間金銜青金石結二，每具飾東珠、珍珠各八，末綴珊瑚。

皇太后、皇后耳飾，左右各三，每具金龍銜一等東珠各二。

皇太后、皇后朝褂，皇貴妃、皇太子妃同。色用石青，緞、紗、單、袷惟其時。片金緣。領後垂明黄縧，其飾珠寶惟宜。繡文或前後立龍各二，下通襞積，四層相間，上爲正龍各四，下爲福壽文。或前後正龍各一，要帷行龍四，中有襞積。下幅行龍八。或前後立龍各二，中無襞積。下幅八寶平水。

皇太后、皇后朝袍，皇貴妃同。色用明黄，緞、紗、單、袷惟其時。披領及袖俱石青，片金緣，冬加海龍或紫貂緣，肩上下襲朝褂處亦加緣，領後俱垂明黄縧，其飾珠寶惟宜。繡文或金龍九，間以五色雲，中無襞積。下幅八寶平水。或前後正龍各一，兩肩行龍各一，要帷行龍四，中有襞積下帷行龍八。或中無襞積，裾後間繡行龍。下幅八寶平水。披領俱行龍二，袖端俱正龍各一，袖相接處俱行龍各二。

皇太后、皇后龍褂，色用石青，棉、袷、紗、裘惟其時。繡文五爪金龍八團，兩肩前後正龍各一，襟行龍四，或加繡。下幅八寶立水。袖端行龍各二。

皇太后、皇后龍袍，色用明黄，領、袖俱石青。棉、袷、紗、裘惟其時。繡文或金龍九，間以五色雲，福壽文。或五爪金龍八團，兩肩前後正龍各一，襟行龍四，下幅俱八寶立水。或繡金龍八團，而下幅無八寶立水。領前後俱正龍各一，左右及交襟處俱行龍各一，袖俱如朝袍，裾左右開。

皇太后、皇后領約，鏤金爲之，飾東珠十一，間以珊瑚。兩端垂明黄縧二，中各貫珊瑚，末綴緑松石各二。

皇太后、皇后朝珠，朝服御朝珠三，東珠一，珊瑚二。吉服朝珠一，隨所御佛頭、記念、背雲、大小墜雜飾，各從其宜。縧皆明黄色。

皇太后、皇后綵帨，皇貴妃、皇太子妃同。緑色，繡文爲「五穀豐登」。佩箴管、縏袠之屬。縧皆明黄色。

皇太后、皇后朝帬，皇貴妃、貴妃、妃嬪、皇太子妃並同。上用織金壽字紅緞，下用石青行龍粧緞，皆正幅。有襞積，夏以紗爲之，俱片金緣，冬加海龍緣。

皇貴妃朝冠，皇太子妃同。冬以薰貂，夏以青絨爲之。上綴朱緯。貴妃以下制皆同，後不具詳。頂三層，貫東珠各一，皆承以金鳳，飾東珠各三，珍珠各十七，上銜大珍珠一。朱緯。上週綴金鳳七，飾東珠各九，珍珠各二十一。後金翟一，飾貓睛石一，珍珠十六，翟尾垂珠，三行二就，共珍珠一百九十二。中間金銜青金石結一，飾東珠、珍珠各四，末綴珊瑚。冠後護領垂明黄縧二，末綴寶石。青緞爲帶。

皇貴妃金約，貴妃、皇太子妃同。鏤金雲十二，飾東珠各一，間以珊瑚，紅片金裏。後繫金銜緑松石結，貫珠下垂，三行三就，共珍珠二百有四。中間金銜青金石結二，每具飾東珠、珍珠各六，末綴珊瑚。

皇貴妃耳飾，貴妃、皇太子妃同。左右各三，每具金龍銜二等東珠各二。

皇貴妃龍褂，貴妃、妃皇太子妃同。色用石青，棉、袷、紗、裘惟其時。繡文五爪金龍八團，兩肩前後正龍各一，襟行龍四，袖端行龍各二，下幅八寶立水。

皇貴妃龍袍，色用明黄，領、袖俱石青，棉、袷、紗、裘惟其時。繡文金龍九，間以五色雲、福壽文，下幅八寶立水。領前後正龍各一，左右及交襟處行龍各一，袖端正龍各一，袖相接處行龍各二。裾左右開。

皇貴妃領約，皇太子妃同。鏤金爲之，飾東珠七，間以珊瑚。兩端垂明黄縧二，中各貫珊瑚，末綴珊瑚各二。

皇貴妃朝珠，皇太子妃同。朝服用朝珠三，蜜珀一，珊瑚二。吉服隨所用。餘如皇后朝珠之制。

貴妃朝冠，護領垂金黄縧二。餘如皇貴妃朝冠之制。

貴妃朝褂，妃嬪同。領後垂金黄縧。餘如皇后朝褂之制。

貴妃朝袍，妃同。色用金黄，領後垂金黄縧。餘如皇后朝袍之制。

貴妃龍袍，妃同。色用金黄。餘如皇貴妃龍袍之制。

貴妃領約，妃嬪同。縧用金黄色。餘如皇貴妃領約之制。

貴妃朝珠，妃同。縧皆金黄色。餘如皇貴妃朝珠之制。

貴妃綵帨，緑色，繡文爲「五穀豐登」，結佩惟宜。縧皆金黄色。

妃朝冠，頂二層，貫東珠各一，皆承以金鳳，飾東珠各九，珍珠各十七，上銜貓睛石。朱緯。上週綴金鳳五，飾東珠各七，珍珠各二十一。後金翟一，飾貓睛石一，珍珠十六，翟尾垂珠，三行二就，共珍珠一百八十八。中間金銜青金石結一，飾東珠、珍珠各四，末綴珊瑚。冠後護領垂金黄縧二，末綴寶石。青緞爲帶。

妃吉服冠，嬪、皇太子妃同。薰貂爲之，上綴朱緯。頂用碧硻玜。

妃金約，鏤金雲十一，飾東珠各一，間以青金石。後繫金銜緑松石結，貫珠下垂，三行三就，共珍珠一百九十七。餘如皇貴妃金約之制。

妃耳飾，左右各三，每具金龍銜三等東珠各二。

妃綵帨，緑色，繡文爲「雲芝瑞草」。結佩惟宜。縧皆金黄色。

嬪朝冠，頂二層，貫東珠各一，皆承以金翟，上銜礶子。朱緯。上週綴金翟五，飾東珠各五，珍珠各十九。後金翟一，飾珍珠十六，翟尾垂珠，三行二就，共珍珠一百七十二。中間金銜青金石結，飾東珠、珍珠各三。餘如妃朝冠之制。

嬪金約，鏤金雲八。後繫金銜綠松石結，貫珠下垂，三行三就，共珍珠一百七十七。中間金銜青金石結二，每具飾東珠、珍珠各四。餘如妃金約之制。

嬪耳飾，左右各三，每具金龍銜四等東珠各二。

嬪朝袍，用香色。餘如貴妃朝袍之制。

嬪龍褂，色用石青，棉、袷、紗、裘惟其時。繡文兩肩前後正龍各一，襟變龍四。

嬪龍袍，用香色。餘如貴妃龍袍之制。

嬪朝珠，朝服用朝珠三，珊瑚一，蜜珀二。吉服隨所用。餘如貴妃朝珠之制。

嬪綵帨，綠色，不繡花文。結佩惟宜。絛皆金黃色。

皇太子妃朝袍，色用杏黃。餘如皇后朝袍之制。

皇太子妃龍袍，色用杏黃。餘如皇貴妃龍袍之制。

皇子福晉朝冠，親王福晉、固倫公主同。頂鏤金三層，飾東珠十，上銜紅寶石。朱緯。上週綴金孔雀五，飾東珠各七，小珍珠三十九。後金孔雀一，垂珠三行二就。中間金銜青金石結一，飾東珠各三，末綴珊瑚。冠後護領垂金黃絛二，末亦綴珊瑚。青緞爲帶。

皇子福晉吉服冠，下至輔國公夫人、鄉君並同。薰貂爲之，上綴朱緯。頂用紅寶石。

皇子福晉金約，親王福晉、固倫公主同。鏤金雲九，飾東珠各一，間以青金石，紅片金裏。後繫金銜青金石結，貫珠下垂，三行三就。中間金銜青金石結二，每具飾東珠、珍珠各四，末綴珊瑚。

皇子福晉耳飾，下至輔國公夫人、鄉君並同。左右各三，每具金雲銜珠各二。

皇子福晉朝褂，下至郡王福晉、縣主並同。色用石青，片金緣。繡文前行龍四，後行龍三。領後垂金黃絛，雜飾惟宜。

皇子福晉朝袍，下至郡王福晉、縣主並同。用香色，披領及袖俱石青，片金緣，冬加海龍緣。肩上下襲朝褂處亦加緣，領後垂金黃絛，雜飾惟宜。繡文前後正龍各一，兩肩行龍各一，襟行龍四，披領行龍二，袖端正龍各一，袖相接處行龍各二。裾後開。

皇子福晉吉服褂，色用石青，繡五爪正龍四團，前後兩肩各一。

皇子福晉蟒袍，下至郡王福晉、縣主並同。用香色，通繡九龍。

皇子福晉領約，下至郡王福晉、縣主並同。鏤金爲之，飾東珠七，間以珊瑚。兩端垂金黃絛二，中各貫珊瑚，末綴珊瑚各二。

皇子福晉朝珠，下至郡王福晉、縣主並同。朝服用朝珠三，珊瑚一，蜜珀二。吉服用一。絛皆金黃色。

皇子福晉綵帨，下至郡王福晉、縣主並同。月白色，不繡花文。結佩惟宜。絛皆金黃色。

皇子福晉朝帬，下至輔國公夫人、鄉君皆同。上用紅緞，下石青行龍粧緞，皆正幅，有襞積。夏以紗爲之。俱片金緣，冬加海龍緣。

親王福晉吉服褂，世子福晉、固倫公主、和碩公主、郡主並同。色用石青，繡五爪金龍四團，前後正龍，兩肩行龍。

世子福晉朝冠，和碩公主同。頂鏤金二層，飾東珠九，上銜紅寶石。朱緯。上周(綴)〔綴〕金孔雀五，飾東珠各六。後金孔雀一，垂珠三行二就。中間金銜青金石結一，飾東珠各三，末綴珊瑚。冠後護領垂金黃絛二，末亦綴珊瑚。青緞爲帶。

世子福晉金約，和碩公主同。鏤金雲八。餘如皇子福晉金約之制。

郡王福晉朝冠，郡主同。頂鏤金二層，飾東珠八，上銜紅寶石。朱緯。上週綴金孔雀五，飾東珠各五。後金孔雀一，垂珠三行二就。中間金銜青金石結一，末綴珊瑚。冠後護領垂金黃絛二，末亦綴珊瑚。青緞爲帶。

郡王福晉金約，郡主同。鏤金雲八，飾東珠各一，間以青金石，紅片金裏。後繫金銜青金石結，貫珠下垂，三行三就。中間金銜青金石結二，末綴珊瑚。

郡王福晉吉服褂，縣主同。色用石青，繡五爪行龍四團，前後兩肩各一。

貝勒夫人朝冠，縣主同。頂鏤金二層，飾東珠七，朱緯。上週綴金孔雀五，飾東珠各三。冠後護領垂石青絛二，末亦綴珊瑚。餘如郡王福晉朝冠之制。

貝勒夫人金約，縣主同。鏤金雲七。餘如郡王福晉金約之制。

貝勒夫人朝褂，下至輔國公夫人、鄉君並同。繡四爪蟒，領後垂石青絛。餘如皇子福晉朝褂之制。

貝勒夫人朝袍，下至輔國公夫人、鄉君並同。藍及石青諸色隨所用，繡四爪蟒。領後垂石青絛。餘如皇子福晉朝袍之制。

貝勒夫人吉服褂，郡君同。色用石青，前後繡四爪正蟒各一團。

貝勒夫人蟒袍，下至輔國公夫人、鄉君並同。藍及石青諸色隨所用，通繡九蟒。

貝勒夫人領約，下至輔國公夫人、鄉君並同。絛用石青色。餘如皇子福晉領約之制。

貝勒夫人朝珠，下至輔國公夫人、鄉君並同。絛用石青色。餘如皇子福晉朝珠之制。

貝勒夫人綵帨，下至輔國公夫人、鄉君並同。絛用石青色。餘如皇子福晉綵帨之制。

貝子夫人朝冠，郡君同。頂鏤金二層，飾東珠六。餘如貝勒夫人朝冠之制。

貝子夫人金約，郡君同。鏤金雲六。餘如貝勒夫人金約之制。

貝子夫人吉服褂，縣君同。色用石青，前後繡四爪行蟒各一團。

鎮國公夫人朝冠，縣君同。頂鏤金二層，飾東珠五。餘如貝子夫人朝冠之制。

鎮國公夫人金約，縣君同。鏤金雲五。餘如貝子夫人金約之制。

鎮國公夫人吉服褂，輔國公夫人、鄉君同。色用石青，繡花八團。

輔國公夫人朝冠，鎮國公女、鄉君同。頂鏤金二層，飾東珠四。餘如鎮國公夫人朝冠之制。

輔國公夫人金約，鎮國公女、鄉君同。鏤金雲四。餘如鎮國公夫人金約之制。

輔國公女、鄉君朝冠，頂鏤金二層，飾東珠三。餘如輔國公夫人朝冠之制。

輔國公女、鄉君金約，鏤金雲三。餘如輔國公夫人金約之制。

民公夫人朝冠，冬以薰貂，夏以青絨爲之。上綴朱緯。前綴金簪三，飾以珠寶。護領絛用石青色。其制下達命婦皆同，後不具詳。頂鏤花金座，中飾東珠四，上銜紅寶石。

民公夫人吉服冠，侯、伯、子、鎮國將軍夫人一品命婦皆同。頂用珊瑚。

民公夫人金約，下至七品命婦皆同。青緞爲之，紅片金裏。中綴鏤金火焰，飾珍珠一，左右金龍鳳各一。後垂青緞帶二，亦紅片金裏。

民公夫人耳飾，下至七品命婦皆同。左右各三，每具金雲銜珠各二。

民公夫人朝褂，下至七品命婦皆同。色用石青，片金緣。繡文前行蟒二，後行蟒一。領後垂石青絛，雜飾惟宜。

民公夫人朝袍，下至奉國將軍夫人及三品命婦皆同。藍及石青諸色隨所用。披領及袖俱石青，片金緣，冬海龍緣。繡文前後正蟒各一，兩肩行蟒各一，襟行蟒四，中無襞積。披領行蟒二，袖端正蟒各一，袖相接處行蟒各二。後垂石青絛，雜飾惟宜。

民公夫人吉服褂，下至七品命婦皆同。色用石青，繡花八團。

民公夫人蟒袍，下至奉國將軍夫人及三品命婦皆同。藍及石青諸色隨所用，通九蟒皆四爪。

民公夫人領約，下至七品命婦皆同。鏤金爲之，飾紅藍小寶石五。兩端垂石青絛二，中各貫珊瑚。末綴珊瑚各二。

民公夫人朝珠，下至五品命婦皆同。朝服用三，吉服用一。珊瑚、青金、緑松、蜜珀隨所用，雜飾惟宜，絛用石青色。

民公夫人綵帨，月白色，不繡花文，雜佩惟宜。絛皆石青色。其制下達七品命婦皆同。

民公夫人朝帬，下至奉國將軍夫人及三品命婦皆同。上紅緞，下石青行蟒、粧緞，皆正幅，有襞積。夏以紗爲之，俱片金緣，冬加海龍緣。

侯夫人朝冠，頂鏤花金座，中飾東珠三，上銜紅寶石。

伯夫人朝冠，頂鏤花金座，中飾東珠二，上銜紅寶石。

子夫人朝冠，鎮國將軍夫人與一品命婦皆同。頂鏤花金座，中飾東珠一，上銜紅寶石。

男夫人朝冠，輔國將軍夫人與二品命婦皆同。頂鏤花金座，中飾紅寶石一，上銜鏤花珊瑚。

男夫人吉服冠，輔國將軍夫人與二品命婦皆同。頂鏤花珊瑚。

奉國將軍夫人朝冠，三品命婦同。頂鏤花金座，中飾紅寶石一，上銜藍寶石。

奉國將軍夫人吉服冠，三品命婦同。頂用藍寶石。

奉恩將軍夫人朝冠，四品命婦同。頂鏤花金座，中飾小藍寶石一，上銜青金石。

奉恩將軍夫人吉服冠，四品命婦同。頂用青金石。

奉恩將軍夫人朝袍，四品以下命婦並同。藍及石青諸色隨所用。披領及袖俱石青片金緣。繡文前後行蟒各二，中無襞積。後垂石青絛，雜飾惟宜。

奉恩將軍夫人蟒袍，四品至六品命婦並同。藍及石青諸色隨所用，通八蟒，皆四爪。

奉恩將軍夫人朝帬，四品以下命婦皆同。上用緑緞，下用石青行蟒、粧緞，皆正幅，有襞積。

五品命婦朝冠，頂鏤花金座，中飾小藍寶石一，上銜水晶。

五品命婦吉服冠，頂用水晶。

六品命婦朝冠，頂鏤花金座，中飾小藍寶石一，上銜硨磲。

六品命婦吉服冠，頂用硨磲。

七品命婦朝冠，頂鏤花金座，中飾小水晶一，上銜素金。

七品命婦吉服冠，頂用素金。

七品命婦蟒袍，藍及石青諸色隨所用，通五蟒，皆四爪。

官修《續文獻通考》卷九三《王禮七》 君臣冠冕服章

明太祖洪武元年二月，詔衣冠如唐制。二十四年六月，詔廷臣參考歷代禮制，更定冠服、居室器用制度。《明史·輿服志》曰：明初，儉德開基，重懲時弊，乃命儒臣稽古講禮，歷代守之，遞有禁例。

世宗嘉靖九年二月，禁官民服舍器用踰制。十四年二月，禁官服非制。《輿服志》曰：帝燕居，服燕弁。講武，用武弁。更爲忠靖冠，以風有位。保和冠，以親宗藩。亦一王之制也。

皇帝冕服

洪武元年，學士陶安請製五冕。太祖曰：此禮太繁。祭天地宗廟服衮冕。社稷等祀服，通天冠、絳紗袍。餘不用。三年更定。正旦、冬至、聖節並服衮冕。祭社稷、先農、册拜亦如之。十六年，定衮冕之製。冕前圓後方，元表纁裏，前後各十二旒。旒五采玉十二珠。五采繅十有二就，就相去一寸。紅絲組爲纓，黈纊充耳。玉簪導。衮元衣黄裳，十二章。六章織於衣，日、月、星辰、山、龍華、蟲。六章繡於裳，宗彝、藻、火、粉米、黼、黻。白羅大帶，紅裏，蔽膝隨裳衣色。繡龍火山文。玉革玉佩大綬六采，赤、黄、黑、白、縹、緑。小綬三色，同大綬。閒施三玉環。白羅中單，黻領青緣襈，黄襪，黄金舄飾。二十六年，更定衮冕，十二章。冕版廣一尺二寸，長二尺四寸，冠上有覆元表朱裏，餘如舊制。衮元衣纁裳，十二章，如舊制中單。以素紗爲之，紅羅蔽膝，上廣一尺，下廣二尺，長三尺，織火龍山三章。革帶佩玉長三尺三寸，大帶素表朱裏，兩邊用緣，上以朱錦，下以緑錦。大綬六采黄、白、赤、玄、縹、緑。織成純元質，五百首。小綬三色，同大綬。閒織三玉環，朱韈赤舄。

成祖永樂三年，定冕冠以皁紗爲之。上覆曰綖，桐板爲質，衣之以綺，元表朱裏，前圓後方。以玉衡維冠，玉簪貫紐，紐與冠武冠足前體下曰武，綏在冠之下亦曰武。并繫纓處皆飾以金。綖以左右垂黈纊充耳。用黄玉。繫以元紞，承以白玉瑱朱紘，餘如舊制。衮服十有二章，元衣八章，日月龍在肩，星辰山在背，火華蟲宗彝在袖。每袖各三。皆織成本色領褾襈裾。纁裳四章，織藻、粉米、黼、黻各二。前三幅，後四幅，前後不相屬。共腰有辟積，本色綼裼。裳側有純謂之綼，裳下有純謂之裼。純者緣也。中單以素紗爲之。青領褾襈裾領織黻文十三，蔽膝隨裳色。四章，織藻、粉米、黼、黻各二。本色緣有紃施於縫中，玉鉤二，玉佩二，各用玉珩一，瑀一，琚二，衝牙一，璜二。瑀下垂玉花一，玉滴二，瑑飾雲龍文。描金自珩而下繫組五，貫以玉珠，行則衝牙二滴與璜相觸有聲。金鉤二，有二小綬，六采黄、白、赤、玄、縹、緑。纁質，三小綬，色同大綬，閒施三玉環。龍文皆織成，韈舄皆赤色。舄用黑鉤純，以黄飾舄首。

嘉靖八年，諭閣臣張璁：衮冕有革帶，今何不用？對曰：按陳祥道禮書：古革帶、大帶，皆謂之鞶革帶。以繫佩韍，然後加以大帶，而笏搢於二帶之閒。夫革帶，前繫韍後繫綬，左右繫佩，自古冕弁恒用之。今惟不用革帶，以致前後佩服皆無所繫。遂附屬裳要之閒，失古制矣。帝曰：冕服，祀天地、享祖宗，若闕革帶，非齊明盛服之意。及觀會典載：蔽膝用羅，上織火山龍三章。并大帶緣用錦，皆與今所服不合。卿可并革帶繫蔽膝、佩綬之式詳考，繪圖以進。又云：衣裳分上下服，而今衣恒掩裳。裳制如帷，而今兩幅。朕意：衣但當與裳要齊而露裳之六章，如何？已又諭璁：以變更祖制爲疑。璁對曰：臣考禮制，衣不掩裳，與聖意允合。夫衣六章，裳六章，義各有取。《大明集禮》及《會典》與古制不異。今衣八章，裳四章，故衣常掩裳。然於典籍無所準。內閣所藏圖注，蓋因官司織造循習訛謬，今訂正之，乃復祖制，非有變更。帝意乃決。因復諭璁曰：衣有六章，古以繪，今當以織。朕命織染局考國初冕服，日月各徑五寸，當從之。裳六章，古用繡，亦當從之。古色用元黄，取象天地。今裳用纁，於義無取，當從古。革帶即束帶，後當用玉以佩綬，繫之於下，蔽膝隨裳色。其繡上龍下火，可不用山。卿與內閣諸臣同考之。於是楊一清等詳議：衮冕之服，自黄虞以來，元衣黄裳爲十二章。衣六章，日、月、星辰、山、龍、華蟲。其序自上而下。裳六章，宗彝、藻、火、粉米、黼、黻。其序自下而上。自周以後，變其制，或八章或九章，已戾於古矣。太祖皇帝復定爲十二章之制。司造之官仍習舛訛，非製作之初意。帝乃令擇吉更正其制。冠以圓匡烏紗冒之旒，綴七采玉珠十二，青纊充耳。綴玉珠二，餘如舊制。元衣黄裳，衣裳各六章。洪武閒，舊制日月徑五寸。裳前後連屬如帷，六章用繡。蔽膝隨裳色。羅爲之。上繡龍一，下繡火三繫於革帶、大帶。素衣朱裏，上緣以朱，下以緑。革帶前用玉，其後無玉，以佩綬繫而掩之。

中單及圭俱如永樂間制，朱韈赤舄，黄絛緣元纓結。

皇帝通天冠服

洪武元年，定郊廟、省牲、受俘。皇太子、諸王冠婚、醮戒則服通天冠，絳紗袍。冠如金博山，附蟬十二首，施珠翠，黑介幘，組纓，玉簪導。絳紗袍，深衣，製白紗内單，皁領褾襈裾，絳紗蔽膝，白假帶方心曲領，白韈赤舄。其革帶佩綬與衮服同。金博山亦名述律，如今之婦人箍也，上飾以金。

皇帝皮弁服

朔望視朝、降詔、降香、進表、四夷朝貢、外官朝覲、策士傳臚皆服之。嘉靖以後，祭太歲山川諸神亦服之。

洪武二十六年，定皮弁用烏紗冒之，前後各十二縫，每縫綴五采玉十二以爲飾。玉簪導，紅組纓，其服絳紗衣，蔽膝隨衣色。白玉佩革帶，玉鉤觮緋白大帶，白韈黑舄。

永樂三年，定皮弁如舊制。惟縫及冠武并貫簪繫纓處，皆飾以金。絳紗袍，本色領褾襈裾，紅裳，但不織章數，中單紅領褾襈裾，餘俱如冕服内制。

皇帝武弁服

明初親征、遣將，服之。

嘉靖八年，諭閣臣張璁云：《會典》紀親征，類禡之祭，皆具武弁服。不可不備。璁云：《周禮》有韋弁，謂以韎韋爲弁。又以爲衣裳。國朝視古損益，有皮弁之制。但皮弁以黑紗冒之，今武弁如皮弁，當以絳紗冒之。隨具圖以進。帝報曰：覽圖有韠形，但無繫處。冠制：古象上尖，今皮弁則圓。朕惟上鋭取其輕利，當如古制。又衣裳韠舄皆赤色，何謂？且佩綬俱無，於祭用之可乎？璁對：自古服冕弁，俱用革帶。以前繫韍，後繫綬。韋弁之韠，正繫於革帶耳。武事尚威烈，故色純用赤。帝復報璁：冠服衣裳韠舄，俱如古制，增革帶佩綬及圭。乃定制：弁上鋭，色用赤，上十二縫，中綴五采玉，落落如星狀。韎衣韎裳韎韐俱赤色。佩綬革帶如常制，佩綬及韎韐俱上繫於革帶，舄如裳色。

皇帝常服

洪武三年，定烏紗折角向上巾，盤領窄袖袍，束帶間用金琥珀透犀。

永樂三年，更定冠以烏紗冒之，折角向上，其後名翼善冠。袍黄，盤領窄袖，前後及兩肩各織金盤龍一，帶用玉，韠以皮爲之。

《輿服志》曰：先是，洪武二十四年，帝微行至神樂觀，見有結網巾者。翼日命取網巾，頒示十三布政使司，人無貴賤，皆裹網巾。於是天子亦常服網巾。《會典》載：皇太孫冠禮有云：掌冠跪加網巾。而皇太子、太子冠服俱闕而不載。

嘉靖七年，更定燕弁服。初，帝以燕居冠服，尚沿習俗。諭張璁考古帝王燕居法服之制。璁乃采禮書元端深衣之文，圖注以進。帝爲參定其制，諭璁詳議。璁言：古者，冕服之外，元端深衣，其用最廣。元端，自天子達於士，國家之命服也。深衣，自天子達於庶人，聖賢之法服也。今以元端加文飾，不易舊制。深衣易黄色，不離中衣。誠得帝王損益之道。帝因諭禮部曰：古元端，上下通用。今非古人比，雖燕居宜辨等威。因酌古制更名曰燕弁，寓深宫獨處以燕安爲戒之意。其制：冠匡如皮弁之制，冒以烏紗，分十有二瓣，各以金線壓之。前飾五采玉雲各一，後列四山朱絛爲組纓雙玉簪，服如古元端之制。色元邊緣以青，兩肩繡日月，前盤圓龍一，後盤方龍二，邊加龍文八十一，領與兩袪共龍文五九，衽同前後齊共龍文四九，襯用深衣之制。色黄，袂圓袪方，下齊負繩及踝，十二幅素帶朱裏青表緑緣邊，腰圍飾以玉龍九，元履朱緣紅纓黄結白韈。

皇太子冠服

凡陪祀天地、社稷、宗廟及大朝會、受册、納妃，則服衮冕。

洪武二十六年，定衮冕九章。冕九旒，旒九玉，金簪導，紅組纓，兩玉瑱元衣纁裳。衣五章，織山、龍、華蟲、宗彝、火。裳四章，織藻、粉米、黼、黻。白紗中單，黻領蔽膝隨裳色。織火、山二章，革帶，金鉤觮玉佩綬。五采赤、白、玄、縹、緑。織成，純赤質，三百三十首。小綬三色同。間織三玉環。大帶白表朱裏，上緣以紅，下緣以緑，白韈赤舄。

永樂三年，定冕冠。玄表朱裏，前圓後方，前後各九旒，每旒五采繅九就，貫五采玉九。赤、白、青、黄、黑相次。玉衡金簪元紞，垂青纊充耳。用青玉。承以白玉瑱，朱紘纓，衮服九章，元衣五章，龍在肩，山在背，火、華蟲、宗彝在袖。每袖各三。皆織成本色領褾襈裾。纁裳四章，織藻、粉米、黼、黻各二，前三幅後四幅，不相屬。共腰有襞積，本色綼裼，中單以素紗爲之。青領褾襈裾領織黻文十二，蔽膝隨裳色。四章，織藻、粉米、黼、黻木色。緣有紃施於縫中，上玉鉤二玉佩二，各用珩一瑀一琚一，衝牙一璜三瑀。下垂玉花一玉滴二，瑑雲龍文描金。自珩而下繫組五，貫以珠玉。上有金鉤小綬四采赤、白、縹、緑。以副之。纁質大帶，素表朱裏，在腰及垂皆有綼。上綼以朱，下綼以緑，紐約用青。組大綬四采，赤、白、縹、緑。纁質小綬三采，間施二玉環，龍文皆織成，韈舄皆赤色。舄用黑鉤，純黑飾舄首。朔望朝降，詔降香進表，外國朝貢，朝覲，則服皮弁。皮弁冒以烏紗，前後各九縫。每縫綴五采玉九，縫及冠武并貫簪，繫纓處皆飾以金。金簪朱纓絳紗袍，本色領褾襈裾，紅裳如冕服內裳制，但不織章數。中單以素紗爲之，如深衣制。紅領褾襈裾，領織黻文十一。蔽膝隨裳色。本色緣有紃施於縫中，其上玉鉤二，玉佩如冕服內制，但無雲龍文。有小綬四采以副之，大帶大綬韈舄赤色，皆如冕服內制。

常服：洪武元年，定烏紗折上巾。永樂三年，定冠烏紗折角向上巾。親王郡王及王子俱同。袍赤盤領窄袖，前後及兩肩各金織盤龍一，玉帶，韡以皮爲之。

親王冠服

助祭、謁廟、朝賀、受册、納妃服衮冕。朔望朝、降詔、降香、進表、四夷朝貢、朝覲服皮弁。

洪武二十六年，定冕服俱如東宮第，冕旒用五采青衣纁裳。

永樂三年，又定冕服皮弁制，俱與東宮同。其常服亦如之。

嘉靖七年，諭禮部：朕仿古元端，自爲燕弁冠服。更制忠靖冠服，錫於有位。而宗室諸王，制猶未備。今酌燕弁及忠靖冠之制，復爲式具圖。命曰：保和冠服，自郡王長子以上，其式已明。鎮國將軍以下至奉國中尉及長史審理紀善教授伴讀俱用忠靖冠服，依其品服之儀。賓及餘官不許。概服夫忠靖冠服之異式，尊賢之等也。保和冠服之異式，親親之殺也。等殺既明，庶幾乎禮之所保。保斯和，和斯安。此錫名之義也。其以圖説頒示諸王府，如敕遵行。保和冠，制以燕弁爲準，用九禩去簪與五玉後山一扇分畫爲四服，青質青緣，前後方龍補身，用素地，邊用雲襯，用深衣玉色帶，青表緑裏，緑緣履，用皁緑結白韈。

親王世子冠服

聖節，千秋節并正旦、冬至、進賀表箋及父王生日諸節，慶賀皆服衮冕。

洪武二十六年，定衮冕七章。冕三采玉珠七旒，青衣三章，織華蟲、火、宗彝。纁裳四章。織藻、粉米、黼、黻。素紗中單，青領襈，赤韍革帶，佩白玉，玄組綬。綬紫質用三采紫黄赤。織成，間織三白玉環，白韈赤舄。

永樂三年，更定冕冠。前後各八旒，每旒五采，繅八就，貫三采玉珠八。赤白青色相次。青衣三章，火在肩，華蟲宗彝在兩袖，皆織成本色領褾襈裾。其纁裳玉佩帶綬之制，俱與親王同。第領織黻文減二。皮弁用烏紗冒之前後各八縫，每縫綴三采玉八，餘制如親王。其圭佩帶綬韈舄如冕服內制。常服亦與親王同。

嘉靖七年，定保和冠服，以燕弁爲準。用八禩，去簪玉，後山以一扇分畫爲四，服與親王同。

郡王冠服

永樂三年，定冕冠。前後各七旒，每旒五采，繅七就，貫三采玉珠七，青衣三章，粉米在肩，藻宗彝在兩袖，皆織成。纁裳二章，織黼黻各二。中單領織黻文七。皮弁前後各七縫，每縫綴五采玉七，餘及常服與親王世子同。其圭佩帶綬韈舄，如冕服內制。

嘉靖七年，定保和冠服。冠用七禩服，與親王世子同。

郡王長子朝服

七梁冠，大紅素羅衣，白素紗中單，大紅素羅裳及蔽膝，大紅素羅白素紗二色夾帶，玉朝帶，丹礬紅花錦雞綬，玉佩象笏，白絹韈，皁皮雲頭履鞵。公服：皁縐紗幞頭，大紅素紵絲衣，玉革帶。常服：烏紗帽，大紅紵絲織金獅子開褉圓領，玉束帶，皁皮銅線韡。其保和冠如忠靖之制，用五禩服與郡王朝服同，補子用織金方龍。

鎮國將軍以下冠服

鎮國將軍冠服與郡王長子同。輔國將軍冠服與鎮國將軍同，惟冠六梁，帶用犀。奉國將軍冠服與輔國將軍同，惟冠五梁，帶用金鈒花。常服大紅織金虎豹。鎮國中尉冠服與奉國將軍同，惟冠四梁，帶用素金，佩用藥玉。輔國中尉冠服與鎮國中尉同，惟冠三梁，帶用銀鈒花，綬用盤雕。公服用深青素羅，常服紅織金熊羆。奉國中尉冠服與輔國中尉同，惟冠二梁，帶用素銀，綬用練鵲，幞頭黑漆常服，紅織金彪。

明《法傳録》曰：文皇既殺駙馬都尉，梅殷公主詰駙馬安在？帝遽命取二帶來，一金一玉。曰：與二甥。長順昌都督，次指揮僉事。則都督帶亦用玉，與郡王長子同。次指揮僉事金帶，與奉國將軍同。又永樂元年，籍長興侯耿炳文家，服器飾龍鳳，玉帶用紅鞓，皆以爲僭，罪之。

羣臣冠服

洪武元年，命制公服、朝服，以賜百官。時禮部言：各官先授散官，與見任職事高下不同。如御史董希哲前授朝列大夫澧州知州，而任七品職事。省司郎中宋冕前授亞中大夫黄州知府，而任五品職事。散官與見任之職不同，故服色不能無異。乞定其制。乃詔省部臣定議。禮部復言：唐制，服色皆以散官爲準。元制，散官、職事各從其高者，服色因之。國初，物色依散官，與唐制同。乃定服色準散官，不計見職。於是所賜袍帶亦並如之。三年，禮部言：歷代異尚，夏黑商白周赤秦黑漢赤，唐服飾黃旗幟赤。今國家承元之後，取法周唐漢宋服色，所尚於赤爲宜，從之。

文武官朝服

洪武二十六年定，凡大祀、慶成、正旦、冬至、聖節及頒詔、開讀、進表傳制，俱用梁冠，赤羅衣，白紗中單，青飾領緣，赤羅裳，青緣，赤羅蔽膝，大帶赤白二色絹，革帶佩綬，白韈黑履。一品至九品，以冠上梁數爲差。公冠八梁，加籠巾貂蟬，立筆五折，四柱，香草五段，前後玉蟬。侯，七梁，籠巾貂蟬，立筆四折，四柱，香草四段，前後金蟬。伯，七梁，籠巾貂蟬，立筆二折，四柱，香草二段，前後玳瑁蟬，俱插雉尾。駙馬與侯同，不用雉尾。一品冠七梁，不用籠巾貂蟬，革帶與佩俱玉，綬用黃緑赤紫織成雲鳳四色花錦，下結青絲網，玉綬環二。二品，六梁，革帶，綬環犀，餘同一品。三品，五梁，革帶金，佩玉，綬用黃緑赤紫織成雲鶴花錦，下結青絲網，金綬環二。四品，四梁，革帶金，佩藥玉，餘同三品。五品，三梁，革帶銀，鈒花，佩藥玉，綬用黃緑赤紫織成盤雕花錦，下結青絲網，銀鍍金綬環二。一品至五品，笏俱象牙。六品七品，二梁，革帶銀，佩藥玉，綬用，黃緑赤織成練鵲三色花錦，下結青絲網，銀綬環二。獨御史服獬廌。八品九品一梁，革帶烏角，佩藥玉，綬用黃緑織成鸂鶒二色花錦，下結青絲網，銅綬環二。六品至九品，笏俱槐木。其武官應直守衛者，別有服色。雜職未入流品者，大朝賀進表行禮止用公服。三十年，令視九品官用朝服。

嘉靖八年，更定朝服之制。梁冠如舊式，上衣赤羅青緣，長過腰指七寸，毋掩下裳。中單白紗青緣。下裳七幅，前三後四，每幅三襞積。赤羅青緣。蔽膝，綴革帶。綬，各從品級花樣。革帶之後佩綬，繫而掩之。其環亦各從品級，用玉、犀、金、銀、銅。不以織於綬。大帶表裏俱素，惟兩耳及下垂緣緑，又以青組約之。革帶俱如舊式，佩玉一如詩傳之制，去雙滴及二珩。其三品以上玉，四品以下藥玉，及韈履如舊式。

神宗萬曆五年，令百官正旦朝賀，毋僭躧朱履。故事：十一月，百官戴煖耳。是年，朝覲外官及舉人、監生不許載煖耳入朝。

《洪武實錄》三年七月，命省部會引文館學士劉基等，參考歷代制度，作各官朝服、公服，給賜。凡大朝會，在子衮冕御殿則服朝服。見皇太子，服公服。十月詔：凡朝覲辭謝官皆公服。其或常服見者，綴班後。如以軍務遠來不及承制，使還即時引見，不在此例。

祭服

凡親祀郊廟社稷，文武官分獻陪祀，則服之。

洪武二十六年定，一品至九品，青羅衣，白紗中單，俱皁領緣，赤羅裳皁緣，赤羅蔽膝，方心曲領，其冠帶佩綬等差，並同朝服。又定品官家用祭服，三品以上去方心曲領，四品以下並去佩綬。

嘉靖八年，更定百官祭服。上衣青羅皁緣，下裳赤羅皁緣。蔽膝綬環、大帶革帶、佩玉韈履，俱與朝服同。其視牲、朝日夕月、耕耤、祭歷代帝王，獨錦衣衛堂上官大紅蟒衣，飛魚烏紗帽，鸞帶佩繡春刀。祭太廟社稷，則大紅便服。

文武官公服

洪武二十六年定，每日早晚朝奏事，及侍班謝恩見辭則服之。在外文武官，每日公座服之。則制盤領右衽袍，用紵絲或紗羅絹，袖寬三尺。一品至四品緋袍，五品至七品青袍，八品九品緑袍。未入流雜職官袍笏帶與八品以下同。公服花樣，一品，大獨科花，徑五寸。二品，小獨科花，徑三寸。三品，散搭花無枝葉，徑二寸。四品五品，小雜花紋，徑一寸五分。六品七品，小雜花，徑一寸。八品以下，無紋幞頭，漆紗二等展角，長一尺二寸。雜職官幞頭，垂帶後復令展角，不用垂帶，與未入流官同。笏依朝服爲之。腰帶，一品，玉或花或素。二品，犀。三品四品，金荔枝。五品以下，烏角鞓。用青革仍垂撻尾於下。韡用皁。其後常朝止便服，惟朔望具公服。朝參，凡武官應直守衛者，別有服色，不拘此制。公侯、駙馬、伯服色花樣腰帶與一品同。文武官花樣如無從織造，則用素。百官入朝雨雪，許服雨衣。奉天華蓋武英諸殿奏事，必躡履韈。違者，御史糾之。

萬曆五年，令常朝俱衣本等錦繡服色。其朝覲官見辭謝恩，不論已未入流，公服行禮。

文武官常服

洪武三年，定凡常朝視事，以烏紗帽、團領衫、束帶爲公服。其帶，一品玉，二品花犀，三品金鈒花，四品素金，五品銀鈒花，六品七品素銀，八品九品烏角。凡致仕及侍親辭閒官，紗帽、束帶爲事。黜降者，服與庶人同。至二十四年，又定公侯伯、駙馬束帶與一品同。雜職官與八品九品同。六年，定朝官常服禮韈。先是，百官入朝遇雨，皆躡釘韡。聲徹殿陛，侍儀司請禁之。帝曰：古者入朝有履，自唐始用韡。其令朝官爲輭底皮鞵，冒於韡外，出朝則釋之。禮部言：近奢侈越制，詔申禁之。仍參酌唐漢之制，頒行遵守。凡職官，一品二品用雜色文綺綾羅綵繡帽，頂帽珠用玉。三品至五品用雜色文綺綾羅帽，頂用金帽珠。除玉外，隨所用。六品至九品用雜色文綺綾羅帽，頂用銀，帽珠瑪瑙、水晶、香木。一品至六品，穿四爪龍，以金繡爲之者聽。禮部又議：品官見尊長，用朝君公服，於理未安。宜別製梁冠、絳衣、絳裳、革帶、大帶、大白韈、烏舄、佩綬。其衣裳去緣襈。三品以上佩綬，三品以下不用，從之。二十二年，令文武官遇雨戴雨帽，公差出外戴帽子。入城不許。二十三年，定制：文官衣，自領至裔，去地一寸，袖長過手復回至肘。公侯駙馬與文官同。武官去地五寸，袖長過手七寸。二十四年，定公侯駙馬伯服繡麒麟白澤，文官一品仙鶴，二品錦雞，三品孔雀，四品雲雁，五品白鷴，六品鷺鷥，七品鸂鶒，八品黃鸝，九品鵪鶉，雜職練鵲，風憲官獬廌。武官一品二品獅子，三品四品虎豹，五品熊羆，六品七品彪，八品犀牛，九品海馬。又令品官常服，用雜色紵絲綾羅綵繡。官吏衣服、帳幔，不許玄黃紫三色，并織繡龍鳳文。違者罪及染造之人。朝見人員，四時并用色衣，不許純素。三十年，令致仕官服色與見任同。若朝賀謝恩見辭，一體具服。

景帝景泰四年，令錦衣衛指揮侍衛者得衣麒麟。英宗天順二年，定官民衣服不得用蟒龍、飛魚、斗牛、大鵬、像生、獅子、四寶相花、大西番蓮、大雲花樣并元黃紫及玄色、黑綠、柳黃、薑黃諸色。

孝宗弘治十三年，奏定公侯伯、文武大臣及鎮守守備違例奏請蟒衣、飛魚衣服者，科道糾劾，治以重罪。武宗正德十一年，設東西兩官廳。將士悉衣黃罩甲，中外化之。金緋盛服者，亦必加此於上。都督江彬等，承日紅笠之上，綴以靛染天鵝領以爲貴飾。貴者飄三英，次者二英。兵部尚書王瓊得賜一英冠。以下教場自謂殊遇，其後巡狩所經督餉侍郎、巡撫都御史無不衣罩甲見上者。十三年，車駕還京，傳旨俾迎候者，用曳撒大帽鸞帶。尋賜羣臣大紅紵絲羅紗各一。其服色一品斗牛，二品飛魚，三品蟒，四五品麒麟，六七品虎彪。翰林科道不限品級皆與焉。惟部曹五品下不與。時文臣服色亦以走獸，而麒麟之服逮於四品，尤異事也。十八年，世宗已即位登極。詔云：近來冒濫玉帶蟒龍飛魚斗牛服色，皆庶官雜流、并各處將領，夤緣奏乞，今俱不許。武職卑官僭用公侯服色者，亦禁絶之。

嘉靖六年，復禁中外官，不許濫服五彩裝花，織造違禁顏色。七年，既定燕居法服之制。閣臣張璁因言：品官燕居之服，未有明制。詭異之徒，競爲奇服，以亂典章。乞更法古元端別爲簡易之制，昭布天下，使貴賤有等。帝因復製忠静冠服圖，頒禮部。敕諭之曰：祖宗稽古定制，品官朝祭之服各有等差，第常人之情多謹於明顯，怠於幽獨，古聖王慎之。制玄端以爲燕居之服。比來衣服詭異，上下無辨，民志何由定？朕因酌古玄端之制，更名忠静，庶幾乎進思盡忠退思補過焉。朕已著爲圖說，如式製造。在京許七品以上官及八品以上翰林院、國子監行人司，在外許方面官及各府堂官、州縣正堂、儒學教官服之。武官止都督以上，餘不許濫服。禮部以圖說頒天下，如敕奉行。忠静冠仿古玄冠。冠匡如制，以烏紗冒之兩山俱列於後，冠頂仍方，中微起三梁，各壓以金線邊，以金緣之。四品以下，去金緣以淺色絲線。忠靖服仿古玄端服，色用深青。以紵絲紗羅爲之。三品以上雲，四品以下素緣，以藍青前後飾本等花樣補子深衣。用玉色素帶如古大夫之帶制。青表綠緣邊并裏素履，青綠緣結白襪。十六年，羣臣朝於駐蹕所。兵部尚書張瓚服蟒。帝怒諭閣臣夏言曰：尚書二品，何自服蟒？言對曰：瓚所服乃欽賜，飛魚服鮮明類蟒耳。帝曰：飛魚何組兩角？其嚴禁之。於是禮部奏定：文武官不許擅用蟒衣、飛魚、斗牛，違禁華異服色。其大紅紵絲紗羅服，惟四品以上官及在京五品堂上官、經筵講官許服。五品官及經筵不爲講官者，俱服青綠錦繡。遇吉禮，止衣紅布絨褐。品官花樣並依品級。錦衣衛指揮侍衛者，仍得衣麒麟。其帶俸非侍衛及千百户，雖侍衛不許僭用賜服。

文臣有未至一品而賜玉帶者，自洪武中學士羅復仁始。衍聖公秩正二品，服織金麒麟袍，玉帶。則景泰中入朝拜賜，自是以爲常。內閣賜蟒衣，自弘治中劉健、李東陽始。麒麟本公侯服，而內閣服之，則嘉靖中嚴嵩、徐階皆受賜也。仙鶴，文臣一品服也。嘉靖中，成國公朱希忠都督、陸炳服之。皆以元壇供事，而學士嚴訥、李春芳、董份以五品撰青詞，亦賜仙鶴。尋諭供事壇中乃用。於是尚書皆不敢衣鶴。後敕南京織閃黃補麒麟仙鶴，賜嚴嵩閃黃，乃上用服色也。又徐階及萬曆中張居正皆賜蟒服，武清侯李偉以太后父亦受賜。

儀賓冠服

凡朝服、公服、常服，俱視品級，與文武官同。惟笏皆象牙。常服花樣視武官。弘治十三年，定郡主儀：賓鈒花金帶，胸背獅子。縣主儀：賓鈒花金帶。郡君儀：賓光素金帶，胸背皆虎豹。縣君儀：賓鈒花銀帶。鄉君儀：賓光素銀帶，胸背俱彪。有僭用者，革去冠帶，戴平頭巾，於儒學讀書習禮三年。

狀元及諸進士冠服

狀元冠二梁，緋羅圓領，白羅中單，錦綬，蔽膝，紗帽，槐木笏，光銀帶，藥玉佩，朝鞾氈襪。皆御前頒賜。上表謝恩日，服之。進士巾如烏紗帽，頂微平，展角濶寸餘，長五寸，許系以垂帶，皂紗爲之。深藍羅袍，緣以青羅袖，廣而不殺，槐木笏。革帶青鞓，飾以黑角，垂撻尾於後。廷試後頒於國子監，傳臚日服之。上表謝恩後，謁先師行釋菜禮畢，始易常服。其巾袍仍送國子監藏之。

內外官親屬冠服

洪武元年，禮部尚書崔亮奉詔議定：內外官父兄伯叔子孫弟姪用烏紗帽，軟脚垂帶，圓領衣，烏角帶。二十五年，令文武官父兄伯叔弟姪子婿，皆許穿鞾。

內使冠服

洪武初，置內使監。冠烏紗描金曲脚帽，衣胸背花盤領窄袖衫，烏角帶，鞾用紅扇面黑下椿。各宫火者服與庶人同。三年，諭宰臣：內使監未有職名者，當別製冠，以別監官。禮部奏定：內使監凡遇朝會，依品具服，公服行禮。其常服：葵花胸背團領衫，不拘顔色。烏紗帽，犀角帶。無品從者常服團領衫，無胸背花，不拘顔色烏角帶，烏紗帽，垂軟帶。年十五以下者，惟帶烏紗小頂帽。

弘治元年，都御史邊鏞言：國朝品官，無蟒衣之制。蟒無角無足，今內官多乞蟒衣，殊類龍形，非制也。乃下詔禁之。十七年，諭閣臣劉健曰：內臣僭妄尤多，因言服色所宜禁。曰蟒龍、飛魚、斗牛本在所禁，不合私織。間有賜者，或久而敝，不宜輒自織用。玄黄紫皂乃屬正禁，即柳黄、明黄、薑黄諸色，亦應禁之。孝宗加意鉗束，故申飭者再然。內官驕恣已久，積習相沿不能止。

《輿服志》初太祖制：內臣服其紗帽，與羣臣異，且無朝冠幞頭，亦無祭服。萬曆初，穆宗主入太廟，大璫冠，進賢服，祭服以從。蓋內府祀中霤竈井之神，例遣中官，因自創爲祭服，非由廷議也。

臣等謹按：《大政記》，永樂以後，宦官在帝左右，必蟒服，製如曳撒。繡蟒於左右，係以鸞帶。此燕閒之服也。次則飛魚，惟入侍用之。貴而用事者賜蟒，文武一品官所不易得也。單蟒面皆斜向，坐蟒則面正向，尤貴。又有膝襴者，亦如曳撒上有蟒補。當膝處横織細雲蟒，蓋南郊及山陵扈從，便於乘馬也。或召對燕見，君臣皆不用袍，而用此第。蟒有五爪四爪之分，襴有紅黄之別耳，附録於此。

侍儀舍人冠服

洪武二年，禮官議定：侍儀舍人導禮依元制：展脚幞頭，窄袖紫衫，塗金束帶，皂紋鞾。常服：烏紗唐帽，諸色盤領衫，烏角束帶，衫不用黄。四年，中書省議定：侍衛舍人併御史臺知班引禮執事，冠進賢冠，無梁，服絳色衣。其蔽膝、履、襪、帶、笏與九品同，惟不用中單。

校尉冠服

洪武三年，定制：執仗之士，首服皆縷金額交脚幞頭。其服有諸色辟邪寶相花裙襖，銅葵花束帶，皂紋鞾。六年，令校尉只孫只孫本元制，已見前。束帶幞頭鞾鞵。十四年，改用金鵝帽，黑漆戧金荔枝銅釘樣，每五釘攢就四面稍起邊襴，鞓青緊束之。二十二年，令將軍力士校尉旗軍常戴頭巾或䄆腦。二十五年，令校尉力士上直穿鞾，出外不許。

刻期冠服

宋置快行親從官。明初謂之刻期冠，方頂巾，衣胸背鷹鷂花腰線襖子。諸色闊邊絲條，大象牙雕花環，行縢八帶鞵。洪武六年，惟用雕刻象牙條環，餘同

庶民儒士、生員、監生巾服

洪武三年，令士人戴四方平定巾。二十三年，定儒士生員衣，自領至裳，去地一寸。袖長過手復回不及肘三寸。二十四年，以士子巾服無異吏胥，宜甄別之。命工部制式以進。帝親視，凡三易乃定。生員襴衫用玉色布絹爲之。寬袖皂緣皂絛軟巾垂帶，貢舉入監者，不變所服。洪武末，許戴遮陽帽，後遂私戴之。至洪熙中，帝問衣藍者何人？左右以監生對。帝曰：著青衣較好。乃易青圓領。

嘉靖二十二年，禮部言：士子冠服詭異，有凌雲等巾，甚乖禮制。詔所司禁之。

萬曆二年，禁舉人、監生、生儒僭用忠靖冠巾，錦綺鑲履及張繖蓋戴煖耳。違者，五城御史送問。楊維楨戴方巾見帝。帝問：此巾何名？對曰：四方平定巾。帝喜，命天下儒士皆戴之。

庶人冠服

洪武初，庶人婚，許假九品服。三年，庶人初戴四帶巾，改四方平定巾。雜色盤領衣，不許用黄。又令男女衣服不得僭用金繡錦綺紵絲綾羅，止許紬絹素紗。其鞾不得裁製花樣金線裝飾，首飾釵鐲不許用金玉珠翠，止用銀。六年，令庶人巾環不得用金玉瑪瑙珊瑚琥珀，未入流品者，同庶人帽，不得用頂帽珠，止許水晶香木。十四年，令農衣紬紗絹布，商賈止衣絹布。農家有一人爲商賈者，

亦不衣紬紗。二十二年，令農夫戴斗笠、蒲笠出入市井不禁。不親農業者，不許。二十三年，令耆民衣制，袖長過手，復回不及肘三寸。庶人衣長去地五寸，袖長過手六寸，袖椿廣一尺，袖口五寸。二十五年，以民間違禁鞾，巧裁花樣，嵌以金線藍條。詔禮部：嚴禁庶人不許穿鞾，止許穿皮札翰。惟北地苦寒，許用牛皮直縫鞾。

正德元年，禁商販僕役倡優下賤，不許服用貂裘。十六年，禁軍民衣紫花罩甲，或禁門或四外遊走者，緝事人禽之。

協律郎樂舞生冠服

明初，郊社宗廟用雅樂。協律郎，幞頭，紫羅袍，荔枝帶。樂生，緋袍，展脚幞頭。舞士，幞頭，紅羅袍，荔枝帶，皁鞾。文舞生紅袍，武舞生緋袍。俱展脚幞頭，革帶皁鞾。朝會大樂九奏，歌工，中華一統巾，紅羅生色大袖衫，畫黄鶯鸚鵡花樣。紅生絹襯衫，錦領杏紅絹裙，白絹大口衫，青絲條，白絹襪，茶褐鞵。其和聲郎押樂者，皁羅闊帶巾，青羅大袖衫，紅生絹襯衫，錦領塗金束帶，皁鞾。其三舞：一武舞，曰平定天下之舞。舞士皆黄金束髮冠，紫絲纓，青羅生色畫舞鶴花樣窄袖衫，白生絹襯衫，錦領紅羅銷金大袖罩袍，紅羅銷金裙，皁生色畫花緣襈，白羅銷金汗胯，藍青羅銷金緣紅絹擁項紅結子，紅絹束腰塗金束帶，青絲大條錦臂鞲，緑雲頭皁鞾。舞師，黄金束髮冠，紫絲纓，青羅大袖衫，白絹襯衫。錦領塗金束帶，緑雲頭皁鞾。一文舞，曰車書會同之舞。舞士，皆黑光描金方山冠，青絲纓，紅羅大袖衫，紅生絹襯衫，錦領紅羅擁項紅結子，塗金束帶，白絹大口袴，白絹襪，茶褐鞵。舞師冠服與舞士同，惟大袖衫用青羅，不用紅羅。擁項紅結子。一文舞，曰撫安四夷之舞。舞士，東夷四人，椎髻，於後繫紅銷金頭繩，紅羅銷金抹額，中綴塗金博山，兩傍綴塗金巾環，明金耳環，青羅生色畫花大袖衫，紅生色領袖，紅羅銷金裙，青銷金裙緣，紅生絹襯衫，錦領塗金束帶，烏皮鞾。西戎四人，間道錦纏頭，明金耳環，紅紵絲細褶襖子，大紅羅生色雲肩，緑生色緣，藍青羅銷金汗胯，紅銷金緣，繫腰合鉢十字泥金數珠，五色銷金羅香囊，紅絹擁項紅結子，赤皮鞾。南蠻四人，綰朝天髻，繫紅羅生色銀錠，紅銷金抹額，明金耳環，紅織金短襖子，絲織金細褶短裙，絨錦袴，間道紵絲手巾，泥金頂牌金珠，纓珞綴小金鈴，錦行纏泥金獅蠻帶，緑銷金擁項紅結子，赤皮鞾。北翟四人，戴單于冠，貂鼠皮簷，雙垂髻紅銷金頭繩，紅羅銷金抹額，諸色細褶襖子，藍青生色雲肩，紅結子，紅銷金汗胯，繫腰合鉢皁皮鞾。其舞師，皆戴白捲簷氊帽，塗金帽頂一，撒紅纓紫羅帽，襻紅緑金繡襖子，白銷金汗胯，藍青銷金緣塗金束帶，緑擁項紅結子，赤皮鞾。凡大樂工及文武二舞樂工皆曲脚幞頭，紅羅生色畫花大袖衫，塗金束帶，紅絹擁項紅結子，皁皮鞾。四夷樂工皆蓮花帽，諸色細褶襖子，白銷金汗胯，紅銷金緣紅緑絹束帶，紅羅擁項紅結子花鞾。永樂間，定殿内侑食樂奏平定天下之舞。引舞樂工皆青羅包巾，青紅緑玉色羅銷金胸背襖子，渾金銅帶紅羅褡褳，雲頭皁鞾。青緑羅銷金包臀，舞人服色如之。奏撫安四夷之舞。高麗舞，四人皆笠子青羅銷金胸背襖子，銅帶皁鞾。琉球舞四人皆棉布花手巾，青羅大袖襖子，銅帶，白碾光絹間道踢袴，皁皮鞾。北番舞四人皆狐帽，青紅紵絲銷金襖子，銅帶。伍魯速回回舞四人，皆青羅帽，比里罕棉布花手巾，銅帶皁鞾。奏車書會同之舞。舞人皆皁羅頭巾，青緑玉色皁沿邊襴，茶褐線條，皁皮四縫鞾。奏表正萬邦之舞。引舞二人，青羅包巾，紅羅銷金項帕，紅生絹錦領中單，紅生絹銷金通袖襖子，青線條銅帶，織錦臂鞲雲頭皁鞾。各色銷金包臀，紅絹褡褳。舞人樂工服色與引舞同。奏天命有德之舞，引舞二人，青幪紗如意冠，紅生絹錦領中單，紅生絹大袖袍，各色絹采畫直纏黑角偏帶，藍絹綵雲頭皂鞾，白布襪。舞人樂工服色，與引舞同。

齋郎樂生文武舞生冠服

洪武五年，定齋郎黑介幘，漆布爲之，無花樣。服紅絹窄袖衫，紅生絹爲裏，皁皮四縫鞾，黑角帶。文舞生及樂生黑介幘，漆布爲之。上加描金蟬服，紅絹大袖袍，胸背畫纏枝方葵花。紅生絹爲裏，加錦臂鞲二，皁皮四縫鞾，黑角帶。武舞生武弁以漆布爲之，上加描金蟬服，飾鞾帶並同文舞生。

嘉靖九年，定文武舞生服制。圜丘服青紵絲、方澤服、黑緑紗。朝日壇服赤羅，夕月壇服玉色羅。

教坊司冠服

洪武三年，定教坊司樂藝，青卍字頂巾，繫紅緑褡褳，御前供奉。俳長，鼓吹冠，紅羅胸背，小袖袍，紅絹褡褳，皁鞾。色長，鼓吹冠，紅青羅紵絲彩畫百花袍，紅絹褡褳。歌工，弁冠，紅羅織錦胸背，大袖袍，紅生絹錦領中單，黑角帶，紅熟絹錦脚袴，皁皮琴鞵，白棉布夾韈。樂工，服色與歌工同。凡教坊司官，常服、冠帶與百官同。至御前供奉，執粉漆笏，服黑漆幞頭，黑緑羅大袖襴袍，黑角偏帶，皁鞾。教坊司伶人常服緑色巾，以别士庶之服。樂人皆戴鼓吹冠，不用錦條。惟紅褡褳，服色不拘紅緑。樂人衣服止用明緑、桃紅、玉色、水紅、茶褐色。俳色長，樂工俱皂頭巾，雜色絛。

王府樂人冠服

洪武十五年，定凡朝賀，用大樂宴，禮七奏樂，樂工俱紅絹彩畫胸背，方花小袖單袍，有花鼓吹冠，錦臂韝，皂鞾，抹額以紅羅彩畫，束腰以紅絹。其餘樂工，用緑絹彩畫胸背，方花小袖單袍，無花鼓吹冠，抹額以紅絹彩畫，束腰以紅絹。

軍士服

洪武元年，令製衣表裏異色，謂之鴛鴦戰襖。以新軍號。二十一年，定旗手衛軍士、力士俱紅胖襖，其餘衛所胖襖如之。凡胖襖長齊膝，窄袖，内實以棉花。二十六年，令騎士服對襟衣，便於乘馬也。不應服而服者，罪之。

皂隸公人冠服

洪武三年，定皂隸圓頂巾、皂衣。四年，定皂隸公使之皂盤領衫，平頂巾，白褡𧝓帶，錫牌。十四年，令各衙門祇禁原服皂衣，改用淡青。二十五年，皂隸伴當不許著鞾，止用皮札𩌦。

外國君臣冠服

洪武二年，高麗入朝，請祭服制度。命製給之。二十七年，定番國朝貢儀。國王來朝，如嘗賜朝服者，服之以朝。三十一年，賜琉球國王併其臣下冠服。永樂中，賜琉球中山王皮弁、玉圭、麟袍、犀帶，視二品秩。宣德三年，朝鮮國王李祹言：洪武中蒙賜國王冕服九章，陪臣冠服，比朝廷遞降二等。故陪臣一等比朝臣第三等，得五梁冠服。永樂初，先臣芳遠遣世子禔入朝，蒙賜五梁冠服。臣竊惟世子冠服何至同陪臣一等，乞爲定制。乃命製六梁冠賜之。嘉靖六年，令外國朝貢人，不許擅用違制衣服。如違賣者，買者同罪。

僧道服

洪武十四年，定禪僧茶褐常服，青絛玉色袈裟。講僧玉色常服，緑絛淺紅袈裟。教僧皂常服，黑絛淺紅袈裟。僧官如之。惟僧録司官袈裟緑文及環，皆飾以金。道士常服青法服，朝衣皆赤。道官亦如之。惟道録司官法服、朝服緑文飾金。凡在京道官，紅道衣金襴木簡。在外道官，紅道衣木簡，不用金襴。道士，青道服木簡。

官修《續文獻通考》卷九四《王禮八》 后妃命婦以下首飾服章制度

臣等謹按：宋后妃命婦以下，首飾服章制度，寧宗以後可見於史者，惟理宗紹定三年，有出封椿庫緡錢二十萬製皇后褘衣事，然亦無關於制度也。若《遼史》所載，自太宗大同元年正月入晉後，惟太后與北班契丹臣僚用國服，已見於君臣冕服門矣。《儀衛志》載國服中之祭服，皇后戴紅帕，服絡縫紅袍，懸玉佩，雙同心帕絡縫烏鞾。小祀，服之。若臣僚命婦服飾，則各從本部旗幟之色。其可見者略如此。

金制皇后冠服

花珠冠，用盛子一，青羅表，青絹襯金紅羅托裏。用九龍四鳳，前面大龍銜穗毬一朵，前後有珠花各十有二，及鸂鶒孔雀雲鶴、王母隊仙人浮動插辦等。後有納言上有金蟬鑻金兩博鬢，以上並用鋪翠滴粉縷金裝，珍珠結製，下有金圈口，上用七寶鈿窠，後有金鈿窠二，穿紅羅鋪金欵幔帶一。褘衣，深青羅織翬翟之形，素質十二等，領褾襈並紅羅織成雲龍中單，以素青紗製領，織成黼形十二，褾袖襈織成雲龍並織紅縠造裳八副。深青羅織成翟文六等，褾襈織成紅羅雲龍明金帶腰，蔽膝深青羅織成翟文三等，領緣緅色羅織成雲龍明金帶大綬一，長五尺，濶一尺，黄赤白黑縹緑。六采。織成小綬三色，同大綬，間七寶鈿窠，施三玉環。上碾雲龍撚金線織成大小綬頭紅羅花襯大帶，青羅朱裏紕其外，上以朱錦，下以緑錦，紐約用青組。撚金線織成帶頭玉佩二朵，每朵上中下璜各一，半月墜子各二，並玉碾鏤金打䥫獸面篦鈎佩子各一，水葉子真珠穿綴青衣革帶，用鏤金青羅裹造。上用金打鈒水地龍，鵞眼銙尾，龍口攀束子共八事。以玳瑁襯金釘脚。抹帶二，紅羅青羅各一，並明金造。各長一丈五寸。舄以青羅製，白綾裏。如意頭，明金黄羅準上用，玉鼻真珠裝，綴繫帶。襪，青羅表裏，綴繫帶。

犀冠，減撥花樣鏤金裝造，上有玉簪一，下有玳瑁盤一。

命婦之服

宗室及外戚并一品命婦衣服，聽用明金。即大定二十年四月之制也。期親雖別籍，女子出嫁並同。又五品以上官母妻，許披霞帔，惟首飾、霞帔、領袖、腰帶許用明金、籠金、間金之類。其衣服止用明銀、象金及金條壓繡。正班局分承應帶官人，雖未出職係班，其祖母及母妻子孫之婦、同籍兄弟之妻及在室女孫姊妹，並同。又禁私家用純黄帳幕、陳設。若曾經宣賜鸞輿服御，日月雲肩龍文黄服，五箇鞘眼之鞍，皆須更改。

婦人常服

婦人服襜裙，多以黑紫上編繡全枝花，周身六襞積。上衣謂之團衫，用黑紫或皂及紺直領，左衽掖縫，兩旁復爲雙襞積。前拂地，後曳地尺餘。帶色用紅黄，前雙垂至下齊。年老者以皂紗籠髻如巾狀，散綴玉鈿於上，謂之玉逍遥，此皆遼服也。金亦襲之。許嫁之女則服綽子，製如婦人服，以紅或銀褐明金爲之。對襟彩領，前齊拂地，後曳五寸餘。

《金史·輿服志》曰：大定十三年制：婦人首飾不許用珠翠鈿子等物。翠毛除許裝飾花環冠子，餘並禁。

元制命婦服飾

衣服，一品至三品，服渾金。四品五品，服金荅子。六品以下，惟服銷金并金紗荅子。首飾，一品至三品，許用金珠寶玉。四品五品，用金玉珍珠。六品以下，用金惟耳鐶，用珠玉同籍不限親疎，期親雖別籍，并出嫁同。

《草木子》曰：元朝后妃及大臣之正室，皆帶姑姑，高圓二尺許，用紅色羅蓋，唐金步摇之遺制也。

臣等謹按：《元史·輿服志》不載后妃服色。即命婦以下，亦止見仁宗延祐元年定服色等第中。今詳如右。

明制皇后冠服

太祖洪武三年，定受册謁廟朝會服，禮服。其冠，圓匡冒以翡翠，上飾九龍四鳳，大花十二樹，小花數如之，兩博鬢十二鈿。褘衣，深青繪翟，赤質，五色十二等，素紗中單，黻領朱羅縠褾襈裾，蔽膝隨衣色，以緅爲領緣，用翟爲章三等，大帶隨衣色。朱裏紕其外，上以朱錦，下以緑錦，紐約用青組。玉革帶，青襪青舄，以金飾。成祖永樂三年，定制：飾翠龍九金鳳四，中一龍銜大珠一，上有翠蓋，下垂珠結，餘皆口銜珠滴珠翠雲四十片，大珠花小珠花數，如舊三博鬢，飾以金龍翠雲，皆垂珠滴翠。口圈一副，上飾珠寶鈿花十二翠鈿如其數。托裏金口圈一副，珠翠面花五事，珠排環一對，皂羅額子一，描金龍文用珠二十一。翟衣，深青織翟文十有二等，間以小輪花，紅領褾襈裾，織金雲龍文中單，玉色紗爲之，紅領褾襈裾織黻文十三，蔽膝隨衣色。織翟爲章三等，間以小輪花四，以緅爲領緣，織金雲龍文玉革帶，青綺韠描金雲龍文玉事件十，金事件四。大帶表裏俱青紅相半，末純紅，下垂織金雲龍文，上朱緣下緑緣。青綺副帶一，綬五采，黄赤白縹緑。纁質，間施二玉環，皆織成小綬三色，同大綬。玉佩二，各用玉珩一瑀一琚二衝牙一璜二瑀，下垂玉花一玉滴二，瑑飾雲龍文描金，自珩而下繫組五，貫以玉珠，行則衝牙二滴與二璜相觸有聲。上有金鉤，有小綬五采以副之。纁質織成青韈舄，飾以描金雲龍皂純，每舄首加珠五顆。

皇后常服

洪武三年，定雙鳳翊龍冠，首飾釧鐲用金玉珠寶翡翠。諸色團衫金繡龍鳳文，帶用金玉。四年，更定龍鳳珠翠冠，真紅大袖衣，霞帔，紅羅長裙，紅褙子。冠制如特髻上加龍鳳飾，衣用織金龍鳳文加繡飾。

永樂三年，更定冠以皁縠附以翠博山，上飾金龍一，翊以珠翠鳳二，皆口銜珠滴，前後珠牡丹二，花八，蘂翠葉三十六，珠翠穰花鬢二，珠翠雲二十一，翠口圈一，金寶鈿花九，飾以珠金鳳二口，銜珠結三。博鬢飾以鸞鳳金寶鈿二十四，邊垂珠滴金簪二，珊瑚鳳冠觜一副。大彩霞帔衫，黄霞帔，深青織金雲霞龍文或繡或鋪翠圈金，飾以珠玉墜子瑑龍文四。䄌襖子即褙子。深青，金繡團龍文。鞠衣，紅色，前後織金雲龍文或繡或鋪翠圈金，飾以珠。大帶，紅綫羅爲之。有緣餘或青或緑，各隨鞠衣色。緣襈襖子，黄色紅領，褾襈裾皆織金采色雲龍文。緣襈裙，紅色緑緣襈，織金采色雲龍文。玉帶如翟衣內制，第減金事件一。玉花采結綬，以紅緑綫羅爲結玉綬花一，瑑雲龍文。綬帶，玉墜珠六，金垂頭花瓣四，小金葉六，紅綫羅繫帶一，白玉雲樣玎璫二，如佩制有金鉤，金如意雲蓋一，下懸紅組五貫金方心雲板一，俱鈒雲龍文。襯以紅綺，下垂金長頭花四，中小金鐘一，末綴白玉雲朵五，青韈舄，與翟衣內制同。

皇妃冠服

洪武三年，定皇妃受册助祭朝會禮服冠飾。九翬四鳳，花釵九樹，小花數如之。兩博鬢九鈿，翟衣青質繡翟，編次於衣及裳，重爲九等。青紗中單，黻領朱縠褾襈裾，蔽膝隨裳色。加文繡重雉爲章二等，以緅爲領緣，大帶隨衣色。玉革帶，青韈舄，佩綬。常服：鸞鳳冠，首飾釧鐲用金玉珠寶翠。諸色團衫，金繡鸞鳳。不用黄帶，用金玉犀。又定山松特髻假鬢花鈿或花釵鳳冠，真紅大袖衣，霞帔，紅羅裙，褙子。衣用織金及繡鳳文。永樂三年，更定禮服：九翟冠二，以皁縠爲之。附以翠博山，飾大珠翟二，小珠翟三，翠翟四，皆口銜珠滴。冠中寶珠一座，翠頂雲一座，其珠牡丹翠穰花鬢之屬，俱如雙鳳翊龍冠制。第減翠雲十，又翠牡丹花穰花各二，面花四，梅花環四，珠環各二。其大衫、霞帔、燕居佩服之飾，俱同中宫。第織金繡瑑俱雲霞鳳文，不用雲龍文。

九嬪冠服

世宗嘉靖十年，始定冠用九翟，次皇妃之鳳。大衫、鞠衣，如皇妃制。

內命婦冠服

洪武五年，定三品以上花釵翟衣。四品五品山松特髻，大衫爲禮服。貴人視三品，以皇妃燕居冠及大衫霞帔爲禮服。以珠翠慶雲冠、鞠衣褙子、緣襈襖裙爲常服。

宫人冠服

制與宋同。紫色團領窄袖，徧刺折枝小葵花，以金圈之，珠絡縫。金帶、紅裙，弓樣鞋，上刺小金花。烏紗帽飾以化帽，額綴團珠結珠，鬢梳垂珠耳飾。

皇太子妃冠服

洪武三年，定禮服與皇妃同。

永樂三年，更定九翬四鳳冠，漆竹絲爲匡，冒以翡翠，上飾翠翬九，金鳳四，皆口銜珠滴。珠翠雲四十片，大珠花九樹，小珠花數如之。雙博鬢飾以鸞鳳，皆垂珠滴翠。口圈一副，上飾珠寶鈿花九，翠鈿如其數。托裏金口圈一副。珠翠面花五事，珠排環一對，珠皂羅額子一，描金鳳文用珠二十一。翟衣，青質織翟文九等，間以小輪花。紅領褾襈裾織金雲龍文。中單，玉色紗爲之。紅領褾襈裾領織黻文十一。蔽膝隨衣色。織翟爲章三等，間以小輪花三。以緅爲領緣，織金雲鳳文。其帶綬玉佩韈舄之制，俱同皇妃。

又洪武三年，定常服：犀冠，刻以花鳳，首飾釧鐲衫帶，俱同皇妃。四年，定冠亦與皇妃同。

永樂三年，定燕居冠，以皁縠爲之，附以翠博山，上飾寶珠一座，翊以二珠翠鳳，皆口銜珠滴。前後珠牡丹二、花八、蘂翠葉三十六，珠翠穰花鬢二、珠翠雲十六片，翠口圈一副，金寶鈿花九。上飾珠九金鳳一對，口銜珠結。雙博鬢，飾以鸞鳳。金寶鈿十八，邊垂珠滴。金簪一對。珊瑚鳳冠觜一副。其大衫霞帔燕居佩服之飾，俱同皇妃。

親王妃冠服

受册助祭朝會服，禮服，洪武三年，定九翬四鳳冠。永樂三年，又定九翟冠，制同皇妃。其大衫霞帔燕居佩服之飾，同東宫妃。第金事件減一，玉綬花，瑑寶相花文。

公主冠服

與親王妃同。

世子妃冠服

永樂三年，定與親王妃同，惟冠用七翟。

郡王妃冠服

永樂三年，定冠用七翟，與親王世子妃同。其大衫霞帔燕居佩服之飾，俱同親王妃。第繡雲霞翟文，不用盤鳳文。

郡王長子夫人冠服

珠翠五翟冠，大紅紵絲大衫，深青紵絲金繡翟褙子，青羅金繡翟霞帔，金墜頭。

郡主冠服

永樂三年，定與郡王妃同，惟減四珠環一對。

鎮國將軍夫人冠服

與郡王長子夫人同。輔國將軍夫人冠服，與鎮國將軍夫人同，惟冠用四翟，抹金銀墜頭。奉國淑人冠服，與輔國將軍夫人同，惟褙子霞帔金繡孔雀文。鎮國中尉恭人冠服，與奉國將軍淑人同。輔國中尉宜人冠服，與鎮國中尉恭人同，惟冠用三翟，褙子霞帔金繡鴛鴦文，銀墜頭。奉國中尉安人冠服，與輔國中尉宜人同，惟大衫用丹礬紅，褙子霞帔金繡練鵲文。

縣主冠服

珠翠五翟冠，大紅紵絲大衫，深青紵絲金繡孔雀褙子，青羅金繡孔雀霞帔，抹金銀墜頭。郡君冠服與縣主同，惟冠用四翟褙子，霞帔金繡鴛鴦文。縣君冠服，與郡君同，惟冠用三翟。鄉君冠，服與縣君同，惟大衫用丹礬紅，褙子霞帔金繡練鵲文。

命婦冠服

洪武元年定，命婦一品，冠花釵九樹。兩博鬢，九鈿。服用翟衣，繡翟九重，素紗中單，黼領，朱縠褾襈裾。蔽膝隨裳色。以緅爲領緣，加文繡重翟，爲章二等。玉帶。青襪舄，佩綬。二品，冠花釵八樹，兩博鬢，八鈿，服用翟衣八等，犀帶，餘如一品。三品，冠花釵七樹，兩博鬢，七鈿，翟衣七等，金革帶，餘如二品。四品，冠花釵六樹，兩博鬢，六鈿，翟衣六等，金革帶，餘如三品。五品，冠花釵五樹，兩博鬢，五鈿，翟衣五等，烏角帶，餘如四品。六品，冠花釵四樹，兩博鬢，四鈿，翟衣四等，烏角帶，餘如五品。七品，冠花釵三樹，兩博鬢，三鈿，翟衣三等，烏角帶，餘如六品。自一品至五品，衣色隨夫用紫。六品七品衣色隨夫用緋。其大帶如衣色。四年，以古天子諸侯服衮冕，后與夫人亦服褘翟。今羣臣既以梁冠絳衣爲朝服，不敢用冕，則外命婦亦不當服翟衣以朝。命禮部議之。奏定，命婦以山松特髻，假鬢花鈿，真紅大袖衣，珠翠蹙金霞帔爲朝服。以珠翠角冠，金珠花釵，濶袖雜色緑緣爲燕居之服。一品衣金繡文霞帔，金珠翠妝飾玉墜。二品衣金繡雲肩大雜花霞帔，金珠翠妝飾金墜子。三品衣金繡大雜花霞帔，珠翠妝飾金墜子。四品衣繡小雜花霞帔，翠妝飾金墜子。五品衣銷金大雜花霞帔，生色畫絹起花妝飾金墜子。六品七品衣銷金小雜花雷帔，生色畫絹起花妝飾鍍金銀墜子。八品九品衣大紅素羅霞帔，生色畫絹妝飾銀墜子。首飾，一品二品，金玉珠翠。三品四品，金珠翠。五品，金翠。六品以下，金鍍銀間用珠。五年，更定品官命婦冠服。一品禮服用山松特髻翠松五株，金翟八，口銜珠結。正面珠翠翟一珠，翠花四朵，珠翠雲喜花三朵，後鬢珠梭毬一珠，翠飛翟一珠，翠梳四，金雲頭連三釵一珠簾梳一金簪二，珠梭環一雙。大袖衫用真紅色霞帔，褙子俱用深青色。紵絲綾羅紗隨用。霞帔上施蹙金繡雲霞翟文。鈒花金墜子褙子，上施金繡雲霞翟文。常服用珠翠慶雲冠，珠翠翟三，金翟一，口銜珠結。鬢邊珠翠花二，小珠翠梳一雙，金雲頭連三釵一，金壓鬢雙頭釵二，金腦梳一，金簪二。金腳珠翠佛面環一雙，鐲釧皆用金。長襖長裙，各色紵絲綾羅紗隨用。長襖緣襈或紫或緑，上施蹙金繡雲霞翟文。看帶，用紅緑紫，上施蹙金繡雲霞翟文。長裙，橫豎金繡纏枝花文。二品，特髻上金翟七，口銜珠結，餘同一品。常服亦與一品同。三品，特髻上金孔雀六，口銜珠結。正面珠翠孔雀一，後鬢翠孔雀二，霞帔上施蹙金雲霞孔雀文，鈒花金墜子。褙子上施金繡雲霞孔雀文，餘同二品。常服冠上珠翠孔雀三，金孔雀二，口銜珠結。長襖緣襈看帶或紫或緑，並繡雲霞孔雀文。長裙橫豎襴並繡纏枝花文，餘同二品。四品特髻上金孔雀五，口銜珠結，餘同三品。常服亦與三品同。五品特髻上銀鍍金鴛鴦四口銜珠結，正面珠翠鴛鴦一，小珠鋪翠雲喜花三朵，後鬢翠鴛鴦二，銀鍍金雲頭連三釵一，小珠簾梳一，鍍金銀簪二，小珠梳環一雙。霞帔上施繡雲霞鴛鴦文，鍍金銀鈒花墜子。褙子上施雲霞鴛鴦文，餘同四品。常服冠上小珠翠鴛鴦三，鍍金銀鴛鴦二，挑珠牌鬢邊小珠翠花二朵，雲頭連三釵一，梳一，壓鬢雙頭釵二，鍍金簪二，銀腳珠翠佛面環一雙，鐲釧皆用銀鍍金。長襖緣襈繡雲霞鴛鴦文。長裙橫豎襴繡纏枝花文，餘同四品。六品特髻上翠松三株，銀鍍金練鵲四，口銜珠結。正面銀鍍金練鵲一，小珠翠花四朵，後鬢翠梭毬一，翠練鵲二，翠梳四，銀雲頭連三釵一，珠緣翠簾梳一，銀簪二。大袖衫，綾羅紬絹隨所用。霞帔施繡雲霞練鵲文，鈒花銀墜子，褙子上施雲霞練鵲文，餘同五品。常服冠上鍍金銀練鵲三，又鍍金銀練鵲二，挑小珠牌，鐲釧皆用銀。長襖緣襈，看帶或紫或緑，繡雲霞練鵲文。長裙橫豎襴繡纏枝花文，餘同五品。七品禮服、常服俱同六品。其八品九品禮服，惟用大袖衫、霞帔、褙子。大衫同七品，霞帔上繡纏枝花鈒花銀墜子，褙子上繡摘枝團花，通用小珠慶雲冠。常服亦用小珠慶雲冠。銀間鍍金銀練鵲三，又銀間鍍金銀練鵲二，挑小珠牌，銀間鍍金雲頭連三釵一，銀間鍍金壓鬢雙頭釵二，銀間鍍金腦梳一，銀間鍍金簪二。長襖緣襈，看帶並繡纏枝花，餘同七品。又定命婦團衫之制，以紅羅爲之。繡重雉爲等第，一品九等，二品八等，三品七等，四品六等，五品五等，六品四等，七品三等，其餘不用繡雉。二十四年，定制：命婦朝見君后，在家見舅姑并夫，及祭祀則服禮服。公侯伯夫人與一品同。大袖衫用真紅色，一品至五品紵絲綾羅，六品至九品綾羅紬絹霞帔，褙子皆深青段。公侯及一品二品金繡雲霞翟文，三品四品金繡雲霞孔雀文，五品繡雲霞鴛鴦文，六品七品繡雲霞練鵲文。大繡衫，領濶三寸，兩領直下一尺，間綴紐子三，末綴紐子二，紐在掩紐之下，拜則放之。霞帔二條，各繡禽七，隨品級用前三後四。墜子中鈒花禽一四面雲霞文，禽如霞帔，隨品級用。笏以象牙爲之。二十六年，定一品冠用金事件珠翟五，珠牡丹開頭二，珠半開二，翠雲二十四片，翠牡丹葉一十八片，翠口圈一副，上帶金寶鈿花八，金翟二，口銜珠結二。二品至四品，冠用金事件珠翟四，珠牡丹開頭二，珠半開四，翠雲二十四片，翠牡丹葉一十八片，翠口圈一副，上帶金寶鈿花八，金翟二，口銜珠結二。一品二品霞帔褙子，俱雲霞翟文，鈒花金墜子。三品四品亦用霞帔褙子，俱雲霞孔雀文，鈒花金墜子。五品六品，冠用抹金銀事件珠翟三，珠牡丹開頭二，珠半開五，翠雲二十四片，翠牡丹葉一十八片，翠口圈一副，上帶抹金銀寶鈿花八，抹金銀翟二，口銜珠結子二。五品霞帔褙子俱雲霞鴛鴦文，鍍金鈒花銀墜子。六品霞帔褙子俱雲霞練鵲文，鈒花銀墜子。七品至九品，冠用抹金銀事件珠翟二，珠月桂開頭二，珠半開六，翠雲二十四片，翠月桂葉一十八片，翠口圈一副，上帶抹金銀寶鈿花八，抹金銀翟二，口銜珠結子二。七品霞帔墜子褙子與六品同。八品九品霞帔用繡纏枝花墜子，與七品同。褙子繡摘枝團花。

品官之祖母及母以下冠服

洪武元年，禮部尚書崔亮奉詔議定。內外品官之祖母及母與子孫同居親弟姪婦女禮服，合以本官所居職品級，通用漆紗珠翠慶雲冠，本品衫，霞帔褙子，緣襈襖裙，惟山松特髻子，許受封誥敕者用之。品官次妻許用本品珠翠慶雲冠、褙子爲禮服，銷金濶領、長襖長裙爲常服。

士庶妻冠服

洪武三年，定制：士庶妻首飾用銀鍍金，耳環用金珠，釧鐲用銀。服淺色團衫，用紵絲綾羅紬絹。五年，令民間婦人禮服惟紫絁，不用金繡。袍衫止紫緑桃紅及諸淺淡顔色，不許用大紅鴉青黄色。帶用藍絹布。女子在室者作三小髻，金釵珠頭髻，窄袖褙子。凡婢使，高頂髻絹布狹領長襖長裙。小婢使，雙髻長袖短衣長裙。成化十年，禁官民婦女不得僭用渾金衣服，寶石首飾。正德元年，令軍民婦女不許用銷金衣服帳幔，寶石首飾鐲釧。

宫中女樂冠服

洪武三年，定制：凡中宫供奉女樂、奉鑾等官妻，本色䯼髻，青羅圓領。提調女樂，黑漆唐巾，大紅羅銷金花圓領，鍍金花帶，皂鞾。歌章女樂，黑漆唐巾，大紅羅銷金裙襖，胸帶大紅羅抹額，青緑羅彩畫雲肩描金牡丹花皂鞾。奏樂女樂，服色與歌章同。

嘉靖九年，祀先蠶，定樂女生冠服，黑縐紗描金蟬冠，黑絲纓，黑素羅銷金葵花胸褙，大袖女袍，黑生絹襯衫，錦領，塗金束帶，白韈黑履。

教坊司樂妓冠服

洪武三年，定明角冠，皂褙子，不許與民妻同。教坊司婦人，不許戴冠穿褙子衣服，止用明緑、桃紅、玉色、水紅、茶褐色。

官修《清文獻通考》卷四〇《國用考二》（内府）衣庫，掌朝祭冠服、冬夏衣服之屬。

官修《清文獻通考》卷一四一《王禮考一七》 皇帝冠服皇子親王以下至臣工冠服附

臣等謹按：孟冬始裘，孟夏始絺，因乎寒煗之時，千古不可變者。先儒泥《周禮》祀昊天上帝則大裘而冕之文，謂祀地亦服大裘，不知夏至非服裘之時，此泥古而固者也。若夫冠服之制，或因於古，或因於今。毋追委貌，夏周之式各殊。縫掖章甫，宋魯之俗攸别。紗幞行而麻冕皮弁之制廢，革鞾著而青絇黄繶之用微。古稱紅紫不爲褻服，而唐以後貴官始得賜紫。古以頭巾爲賤者之服，而宋世諸帝常朝燕坐亦御頭巾。蓋古今之時不同，毋庸相襲。宋儒邵雍亦有今人不敢服古衣之説，洵有得乎禮從宜之旨已。我國家龍興東土，風尚朴淳，衣冠多從儉約，吉服燕服，各隨所宜。

列聖相承，世守罔替。臣等恭讀皇上《欽定皇朝禮器圖式》御製序文有云：籩豆簠簋，所以事神明也。前代以盌盤充數，朕則依古改之。至於衣冠，乃一代昭度，夏收殷冔，本不相襲，朕則依我朝之舊，而不敢改焉。恐後之人，執朕此舉而議及衣冠，則朕爲得罪祖宗之人矣，此大不可。且北魏遼金以及有元，凡改漢衣冠者，無不一再世而亡，後之子孫，能以朕志爲志者，必不惑於流言，於以綿國祚，承天祐於萬斯年勿替，引之可不慎乎，可不戒乎。至矣哉，聖人之恪守家法，防微杜漸，如是洵足爲億萬禩之金鑑矣。歷代史《輿服志》，備載冠服制度，馬氏《王禮考》有君臣冠冕服章一門，五朝考亦從其例，兹據《皇朝禮器圖式》以類叙次，恭載至尊朝祭冠服、朝珠、佩帶，以至皇子諸王公品官各有等差，咸著於篇。

崇德二年四月，諭曰：昔金熙宗及金主亮，廢其祖宗時衣冠儀度，循漢人之俗，遂服漢人衣冠，盡忘本國言語，迨至世宗始復舊制衣冠。凡語言及騎射之事，時諭子孫，勤加學習，如元王馬大郭遇漢人訟事，則以漢語訊之，有女直人訟事，則以女直語訊之。世宗聞之，以其未忘女直之言，甚爲嘉許。此本國衣冠言語，不可輕變也。我國家以騎射爲業，今若不時親弓矢，惟耽宴樂，則田獵行陣之事，必致踈曠，武備何由而得習乎。蓋射獵者，演武之法。服制者，立國之經。朕欲爾等時時不忘騎射，勤練士卒，凡出師田獵，許服便服。其餘俱令遵照國初之制，仍服朝衣。且諄諄訓諭者，非爲目前起見也。及朕之身，豈有習於漢俗之理，正欲爾等識之於心，轉相告誡，使後世子孫遵守，毋變棄祖宗之制耳。

順治八年閏二月，御史匡蘭兆奏言：朝祭宜用衮冕。得旨：一代自有制度，朝廷惟在敬天愛民，治安天下，何必用衮冕。

乾隆三十二年五月，户部奏：臣等恭校《禮器圖·冠服》一門，惟雨衣之制，向未詳備。嗣後文武三品以下官員，請分别雨帽邊頂鑲用采色，以辨等威。恭候欽定，增入《冠服圖會典》，永遠遵行。奉旨：所奏是，應照此辦理。

三十七年十月，諭曰：朕閲三通館進呈所纂《嘉禮考》，内於遼金元各代冠服之制，叙次殊未明晰。遼金元衣冠，初未嘗不循其國俗，後乃改用漢唐儀式。其因革次第，原非出於一時。即如金代朝祭之服，其先雖加文飾，未至盡去其舊，至章帝乃槩爲更制，是應詳考銓次，以徵蔑棄舊典之由，並酌入按語，俾後人知所鑒戒於輯書關鍵，方爲有當。若遼及元，可例推矣。兹因編訂《皇朝禮器圖》，曾親製序文，以衣冠必不可輕言改易。及批《通鑑輯覽》，又一一發明其義。誠以衣冠爲一代昭度，夏收殷冔，本不相沿襲。凡一朝所用，原自有法程，所謂禮不忘其本也。自北魏始有易服之説，至遼金元諸君，浮慕好名，一再世輒改衣冠，盡失其純樸素風，傳之未久，國勢寖弱，洊及淪胥。蓋變本忘先，而隱患中之，覆轍具在，深可畏也。況揆其所以議改者，不過云衮冕備章，文物足觀耳。殊不知潤色彰身，即取其文，亦何必僅沿其式。如本朝所定朝祀之服，山龍藻火，燦然具列，悉皆義本禮經，更何通天絳紗之足云耶？且祀莫尊於天祖，禮莫隆於郊廟，溯其昭格之本，要在乎誠敬感通，不在乎衣冠規制。夫萬物本乎天，人本乎祖，推原其義，實天遠而祖近，設使輕言改服，即已先忘祖宗，將何以上祀天地。經言仁人饗帝，孝子饗親。試問仁人孝子，豈二人乎。不能饗親，顧能饗帝乎。朕確然有見於此，是以不憚諄覆教戒，俾後世子孫知所法守，是創論實格論也。所願奕葉子孫，深維根本之計，毋爲流言所惑，永永恪遵朕訓，庶幾不爲獲罪祖宗之人，方爲能享上帝之主，於以永綿國家億萬年無疆之景祚，實有厚望焉。其《嘉禮考》仍交館臣，悉心確核遼金元改制時代先後，逐一臚載，再加按語，證明改繕進呈，候朕鑒定，昭示來許，並將此申諭中外，仍録一通，懸勒上書房。

四十一年四月，諭曰：阿桂既已賞給寶石頂，四團龍補褂，金黄帶，令其服用，著再加恩賞，穿四開褉袍。

皇帝朝冠，冬用薰貂、黑狐惟其時。上綴朱緯。頂三層，貫東珠各一，皆承以金龍各四，飾東珠如其數。上銜大珍珠一。夏織玉草或藤絲竹絲爲之，緣石青片金二層，裏用紅片金或紅紗。上綴朱緯。前綴金佛，飾東珠十五，後綴舍林，飾東珠七。頂制同。

皇帝吉服冠，冬用海龍、薰貂、紫貂惟其時。上綴朱緯。頂滿花金座，上銜大珍珠一。夏織玉草或藤絲竹絲爲之，紅紗綢裏，石青片金緣。上綴朱緯，頂制同。

皇帝常服冠，紅絨結頂，餘俱如吉服冠。

皇帝端罩，以紫貂皮及黑狐爲之，明黄緞裏。左右垂帶各二，下廣而鋭，色與裏同。

皇帝衮服，色用石青，棉、袷、紗、裘惟其時。繡文五爪正面金龍四團，兩肩前後各一。其章左日右月，前後萬壽篆文，間以五色雲。

皇帝朝服，色用明黄，惟祀天用藍，朝日用紅，夕月用月白，棉、袷、紗、裘惟其時。披領及袖俱石青片金緣，冬加海龍緣。繡文兩肩前後正龍各一，要帷行龍五，衽正龍一，襞積前後團龍各九，裳正龍二，行龍四。披領行龍二，袖端正龍各一。列十二章，日、月、星、辰、山、龍、華、蟲、黼黻在衣，宗彝、藻火、粉米在裳，間以五色雲。下幅八寶平水。十一月朔至上元，披領及裳俱表以紫貂，袖端薰貂。繡文兩肩前後正龍各一，襞積行龍六。列十二章，俱在衣，間以五色雲。

皇帝龍袍，色用明黄。棉、袷、紗、裘惟其時。領、袖俱石青片金緣。繡文金龍九，列十二章，間以五色雲。領前、後正龍各一，左、右及交襟處行龍各一。袖端正龍各一，下幅八寶立水。裾左右開。

皇帝常服褂，色用石青，花文隨所御，棉、袷、紗、裘惟其時。

皇帝常服袍，色及花文隨所御，裾左右開。棉、袷、紗、裘惟其時。

皇帝朝珠，縧皆明黄色。吉服、朝珠，珍寶隨所御。大典禮朝珠用東珠一百有八，佛頭、記念、背雲、大小墜雜飾，各從其宜。惟祀天以青金石爲飾，祀地珠用蜜蠟，朝日用珊瑚，夕月用緑松石。

皇帝朝帶，色用明黄。龍文金圓版四，飾紅寶石或藍寶石及緑松石，每具銜東珠五，圍珍珠二十。左右佩帉，淺藍及白各一，下廣而鋭。中約鏤金圓結，飾寶如版，圍珠各三十。佩囊文繡、燧觿、刀削、結佩惟宜。縧皆明黄色。凡祭祀龍文金方版四，其飾祀天用青金石，祀地用黄玉，朝日用珊瑚，夕月用白玉，每具銜東珠五。佩帉及縧，惟祀天用純青，餘如圓版朝帶之制。中約圓結如版飾，銜東珠各四，佩囊純石青，左觿、右削，並從版色。吉服常服帶，鏤金版四，方圓惟便。銜以珠玉雜寶各從其宜。左右佩帉純白，下直而齊。中約金結如版飾，餘制同。

皇帝雨冠、雨衣、雨裳之制，皆用明黄色，氊及羽緞、油紬惟其時。

皇子朝冠，親王同。冬用薰貂、青狐惟其時。上綴朱緯。其制下逮文武一品皆同，後不具詳。頂金龍二層，飾東珠十，上銜紅寶石。夏織玉草或藤絲、竹絲爲之，緣石青片金二層，裏用紅片金或紅紗。上綴朱緯。前綴舍林，飾東珠五，後綴金花，飾東珠四。頂制同。

皇子吉服冠，冬用海龍、薰貂、紫貂惟其時。上綴朱緯，紅絨結頂。夏織玉草或藤絲、竹絲爲之，紅紗紬裏，石青片金緣。上綴朱緯。頂制同。

皇子端罩，紫貂爲之，金黄緞裏。左右垂帶各二，下廣而鋭，色與裏同。

皇子龍褂，色用石青。繡文五爪正面金龍四團，兩肩前後各一，間以五色雲。棉、袷、紗、裘惟其時。

皇子朝服，色用金黄，披領及袖俱石青片金緣，冬加海龍緣。繡文兩肩前後正龍各一，要帷行龍四，裳行龍八，披領行龍二，袖端正龍各一。下幅八寶平水。十一月朔至上元，披領及裳俱表以紫貂，袖端薰貂。繡文兩肩前後正龍各一，襞積行龍六，間以五色雲。

皇子蟒袍，色用金黄，片金緣。繡文通九蟒。裾左右開。制達宗室，後不具詳。

皇子朝珠，親王、世子、郡王同。絛皆金黄色，自東珠外隨所用，雜飾惟宜。

皇子朝帶，親王同。色用金黄，金銜玉方版四，每具飾東珠四，中飾貓睛石一，左右佩絛如帶色。吉服帶色同，版飾惟宜。

皇子雨冠、雨衣、雨裳之制，均用紅色，氊及羽紗、油紬惟其時。

親王吉服冠，下至貝勒皆同。冬用海龍、薰貂、紫貂惟其時。夏織玉草或藤絲、竹絲爲之，紅紗綢裏，石青片金緣。上綴朱緯。其制下達庶官皆同，後不具詳。頂用紅寶石，曾賜紅絨結頂者，亦得用之。

親王端罩，下至貝子、固倫額駙皆同。青狐爲之，月白緞裏，曾賜金黄色者亦得用之。左右垂帶各二，下廣而鋭，色與裏同。

親王補服，世子同。色用石青。繡五爪金龍四團，前後正龍，兩肩行龍。

親王朝服、蟒袍，世子、郡王同。藍及石青諸色隨所用，曾賜金黄者亦得用之。餘如皇子朝服、蟒袍之制。

親王坐褥，冬用猞猁猻緣貂皮，夏用五爪蟒龍紅緞襯紅白氊。餘皆如皇子。

世子朝冠，頂金龍二層，飾東珠九，上銜紅寶石，夏朝冠前綴舍林，飾東珠五。後綴金花，飾東珠四。

世子朝帶，色用金黄，銜玉方版四，每具飾東珠三。左右佩絛如帶色。吉服帶色同。凡宗室帶色皆如之，覺羅用紅。

世子坐褥，冬用貂皮緣猞猁猻，夏用四爪蟒文藍緞。餘如親王。

郡王朝冠，頂金龍二層，飾東珠八，上銜紅寶石，夏朝冠前綴舍林，飾東珠四。後綴金花，飾東珠三。

郡王補服，色用石青。繡五爪行龍四團，兩肩前後各一。

郡王朝帶，色用金黄，金銜玉方版四，每具飾東珠二，貓睛石一。左右佩絛如帶色。餘皆如親王、世子。

貝勒朝冠，頂金龍二層，飾東珠七，上銜紅寶石，夏朝冠前綴舍林，飾東珠三。後綴金花，飾東珠二。

貝勒補服，色用石青。前後繡四爪正蟒各一團。

貝勒朝服，下至輔國公、和碩額駙皆同。色自金黄外隨所用。披領及袖俱石青片金緣，冬加海龍緣。繡文兩肩前後正蟒各一，要帷行蟒四，裳行蟒八，披領行蟒二，袖端正蟒各一。下幅八寶平水。十一月朔至上元，披領及裳俱表以紫貂，袖端薰貂。繡文兩肩前後正蟒各一，襞積行蟒六，間以五色雲。

貝勒蟒袍，下至輔國公、和碩額駙皆同。色自金黄外隨所用，片金緣。繡文通九蟒，皆四爪。

貝勒朝珠，下至輔國公、和碩額駙皆同。絛用石青色。

貝勒朝帶，帶色用金黄，金銜玉方版四，每具飾東珠二。佩絛皆石青色。餘如郡王。

貝子朝冠，固倫額駙同。頂金龍二層，飾東珠六，上銜紅寶石。夏朝冠前綴舍林，飾東珠二。後綴金花，飾東珠一。吉服冠用紅寶石，圓頂，固倫額駙用珊瑚。乾隆五十二年，遵旨：照固倫額駙色布騰巴爾珠爾之例，戴紅寶石，帽頂。皆戴三眼孔雀翎。

貝子補服，固倫額駙同。色用石青，前後繡四爪行蟒各一團。

貝子朝帶，色用金黄，金銜玉方版四，每具飾東珠一。

貝子坐褥，冬用白豹皮，夏用藍緞，緣以粧緞。餘皆如貝勒。

固倫額駙朝帶，色用石青或藍，金銜玉圓版四，每具飾東珠一。左右佩絛，皆石青色。吉服帶色同。

鎮國公朝冠，和碩額駙同。頂金龍二層，飾東珠五，上銜紅寶石。夏朝冠前(後)［綴］舍林，飾東珠一。後綴金花，飾緑松石一。吉服冠用珊瑚，圓頂。入八分公用紅寶石。俱戴雙眼孔雀翎。

鎮國公端罩，輔國公、和碩額駙同。紫貂爲之，月白緞裏。左右垂帶各二，下廣而鋭，色與裏同。

鎮國公補服，輔國公、和碩額駙同。色用石青，前後繡四爪正蟒方補。

鎮國公朝帶，輔國公同。每具飾貓睛石一。

鎮國公坐褥，冬用紅豹皮，夏用紅閃緞，襯紅氊。餘皆如貝子。

輔國公朝冠，頂金龍二層，飾東珠四。

輔國公坐褥，冬用紅豹皮，去首尾。夏用青閃緞。餘制俱與鎮國公同。

和碩額駙朝帶，每具飾貓睛石一。餘如固倫額駙朝帶之制。

民公朝冠，頂鏤花金座，中飾東珠四，上銜紅寶石。吉服冠用珊瑚，圓頂。

民公端罩，侯、伯、子、男、輔國將軍、郡主額駙、縣主額駙同。貂皮爲之，藍緞裏，左右垂帶各二，下廣而鋭，色與裏同。

民公補服，侯、伯同。色用石青，前後繡四爪正蟒。

民公朝服，侯、伯、子、男、輔國將軍、郡主額駙、縣主額駙同。藍及石青諸色隨所用，披領及袖俱石青片金緣，冬加海龍緣。兩肩前後正蟒各一，要帷行蟒四，中有襞積，裳行蟒八。十一月朔至上元，披領及裳俱表以紫貂，袖端薰貂。兩肩前後正蟒各一，襞積行蟒四，皆四爪，曾賜五爪蟒緞者，亦得用之。

民公蟒袍，侯、伯、子、男及奉國將軍、郡君額駙以上皆同。藍及石青諸色隨所用，通繡九蟒皆四爪，曾賜五爪蟒緞者，亦得用之。

民公朝珠，侯、伯、子、男及奉恩將軍、縣君額駙以上皆同。珊瑚青金緑松蜜珀隨所用，雜飾惟宜。絛用石青色。

民公朝帶，色用石青或藍，鏤金銜玉圓版四，每具飾貓睛石一，佩帉下廣而鋭。帶色下達庶官皆同，後不具詳。吉服帶色同佩帉，下直而齊，版飾惟宜。下達庶官並如之。

民公雨冠、雨衣、雨裳，均用紅色。

民公坐褥，冬用虎皮，夏用青閃緞，襯紅氊。

侯朝冠，頂鏤花金座，中飾東珠三，上銜紅寶石。吉服用珊瑚，圓頂。

侯朝帶，郡主額駙同。鏤金銜玉圓版四，每具飾緑松石一。

侯坐褥，冬用虎皮，去首尾。夏用青色緑花閃緞。餘皆如公。

伯朝冠，頂鏤花金座，中飾東珠二，上銜紅寶石。吉服冠用珊瑚，圓頂。

伯朝帶，鏤金銜玉圖版四，每具飾紅寶石一。

伯坐褥，冬用虎皮，去首尾。夏用藍雲緞。餘皆如侯。

子朝冠，鎮國將軍、郡主額駙同。頂鏤花金座，中飾東珠一，上銜紅寶石。吉服冠用珊瑚，圓頂。

子補服，鎮國將軍、郡主額駙同。色用石青，前後繡麒麟。

子朝帶，鏤金銜玉方版四，每具飾紅寶石一，餘皆視一品。鎮國將軍帶色用金黄，餘制同。

男朝冠，輔國將軍、縣主額駙同。頂鏤花金座，中飾紅寶石一，上銜鏤花珊瑚。吉服冠用鏤花珊瑚，圓頂。

男補服，輔國將軍、縣主額駙同。色用石青，前後繡獅。

男朝帶，縣主額駙同。鏤金圓版四，每具飾紅寶石一，餘皆視二品。輔國將軍帶色用金黄，餘制同。

奉國將軍朝冠，郡君額駙同。頂鏤花金座，中飾紅寶石一，上銜藍寶石。吉服冠用藍寶石，圓頂。

奉國將軍補服，郡君額駙同。色用石青，前後繡豹。

奉國將軍朝服，奉恩將軍、縣君額駙同。藍及石青諸色隨所用，披領及袖俱石青片金緣，冬加海龍緣。兩肩前後正蟒各一，要帷行蟒四，中有襞積，裳行蟒八。鄉君額駙色用石青，前後方襴行蟒各一，中有襞積片金緣。

奉國將軍朝帶，色用金黄，鏤花金圓版四。郡君額駙帶色用石青或藍，餘制同。

奉恩將軍朝冠，縣君額駙同。頂鏤花金座，中飾藍寶石一，上銜青金石。吉服冠用青金石，圓頂。鄉君額駙上銜水晶，餘制同。

奉恩將軍補服，縣君額駙同。色用石青，前後繡虎。鄉君額駙繡熊。

奉恩將軍蟒袍，縣君額駙、鄉君額駙同。藍及石青諸色隨所用，通繡八蟒，皆四爪。

奉恩將軍朝帶，色用金黄，銀銜鏤花金圓版四。縣君額駙、鄉君額駙色用石青，飾鋄金方鐵版四。

一品官朝冠，薰貂、紫貂、青狐皆得用，頂鏤花金座，中飾東珠一，上銜紅寶石。常服冠用珊瑚，圓頂。

一品官補服，文職繡鶴，惟都御史繡獬豸，武職皆繡麒麟。

一品官朝服，緞、紗隨時，自黄色外，皆得用。披領及袖俱石青片金緣，冬加海龍緣。十一月朔至上元，披領及裳表以紫貂，袖端亦如之，繡正蟒行蟒，皆四爪。文二品、三品，武二品及一等侍衛並同。

一品官蟒袍，緞、紗隨時，自黄色外，皆得用。繡四爪蟒九。三品以上，及一等侍衛並同。

一品官朝帶，色用石青或藍，鏤金銜玉方版四，每具飾紅寶石一。

一品官端罩，貂皮爲之，左右垂藍緞帶各二。文二品、三品、武二品及京堂、翰詹、科道皆得用。

一品官朝珠，以蜜珀玉石及諸香爲之，雜飾惟宜。絛石青色。文五品、武四品以上，及京堂、翰詹、科道皆得用。

一品官坐褥，冬用狼皮，夏用紅褐。

二品官朝冠，薰貂、貂尾皆得用。頂鏤花金座，中飾紅寶石一，上銜鏤花珊瑚。常服冠用鏤花珊瑚，圓頂。

雨冠紅色，雨衣、雨裳青色。惟各省巡撫均用紅色。

二品官補服，文職繡錦雞，武職繡獅。

二品官朝帶，鏤金圓版四，每具飾紅寶石一。

二品官坐褥，冬用貛皮，夏用紅褐，緣皂褐，武職皆如文二品。

三品官朝冠，頂上銜藍寶石，餘制同二品。常服冠用藍寶石，圓頂。一等侍衛俱戴孔雀翎，端罩猞猁猻爲之，間以貂皮。

三品官補服，文職繡孔雀，惟副都御史及按察使繡獬豸，武職皆繡豹。惟無緣貂及端罩。

三品官朝帶，鏤花金圓版四。一等侍衛同。

三品官坐褥，冬用貉皮，夏用皂褐，緣紅褐。

四品官朝冠，薰貂爲之，頂鏤花金座，中飾藍寶石一，上銜青金石。常服冠用青金石，圓頂。

雨冠紅色，前加緣二寸五分，後五寸青色。二等侍衛俱戴孔雀翎，端罩紅豹皮爲之。雨冠，御前侍衛、乾清門侍衛皆用紅色。雨衣、雨裳，御前侍衛用紅色，其餘侍衛各從其品。

四品官補服，文職繡雁，武職繡虎。二等侍衛同。

四品官朝服，緞、紗隨時，自黃色外，皆得用。披領及袖俱石青片金緣，冬加海龍緣。兩肩前後正蟒各一，要帷行蟒四，中有襞積，裳行蟒八。一等侍衛、武三品並同二等侍衛，冬夏俱剪絨緣。前後方襴行蟒各一，裳行蟒四，中有襞積。

四品官蟒袍，繡四爪蟒八。二等侍衛以下及五品、六品並同。

四品官朝帶，銀銜鏤花金圓版四。二等侍衛同。

四品官坐褥，冬用山羊皮，夏用皂褐。

五品官朝冠，頂上銜水晶，餘制同四品。常服冠用水晶，圓頂。三等侍衛俱戴孔雀翎，端罩黃狐皮爲之。

五品官補服，文職繡白鷳，惟監察御史繡獬豸，武職繡熊。餘皆如文五品，惟無朝珠。

五品官朝服，色用石青。前後方襴行蟒各一，中有襞積，片金緣。六品、七品同三等侍衛、藍翎侍衛，俱剪絨緣。

五品官朝帶，銀銜素金圓版四。

五品官坐褥，冬用青羊皮，夏用藍布，襯白氊。

六品官朝冠，頂上銜硨磲，餘制同五品。常服冠用硨磲，圓頂。

六品官補服，文職繡鷺鷥，武職繡彪。

六品官朝帶，銀銜玳瑁圓版四。

六品官坐褥，冬用黑羊皮，夏用黑棱色布。

七品官朝冠，頂鏤花金座，中飾水晶一，上銜素金。常服冠用素金，圓頂。

七品官補服，文職繡鸂鶒，武職繡犀牛。

七品官朝帶，素銀圓版四。

進士朝冠上銜金三枝九葉。舉人公服冠上銜金雀。

七品官蟒袍，繡四爪蟒五。八品、九品同。

七品官坐褥，冬用鹿皮，夏用灰色布。

八品官朝冠，頂鏤花金座，上銜花金。常服冠用花金，圓頂。貢生、監生公服冠頂鏤花銀座，上銜金雀。貢生常服冠用花金，圓頂。監生常服冠用素銀，圓頂。

八品官補服，文職繡鵪鶉，武職繡犀牛。

八品官朝服，用石青，雲緞片金緣，中有襞積。九品同。

八品官朝帶，銀銜明羊角圓版四。

八品官坐褥，冬用麅皮，夏用土布。

九品官朝冠，頂鏤花金座，上銜花銀。常服冠用花銀，圓頂。未入流同生員公服冠，頂鏤花銀座，上銜銀雀。常服冠用素銀，圓頂。

九品官補服，文職繡練雀，武職繡海馬。

九品官朝帶，銀銜烏角圓版四。

九品官坐褥，冬用獺皮，夏用土布。

祭祀舞生冠，頂鏤花銅座，中飾方銅鏤葵花。文舞生所用，上銜銅三角，如火珠形。武舞生所用，上銜銅三棱，如古戟形。

祭祀舞生袍，以綢爲之。其色南郊用石青，北郊用黑，祈穀壇、社稷壇、太廟、朝日壇、帝王廟、文廟、先農壇、太歲壇俱用紅，夕月壇用月白。文舞生所服，前後方襴銷金葵花。武舞生所服，通銷金葵花。

祭祀舞生帶，綠綢爲之。

祭祀執事人袍，以綢爲之。其色南郊用石青，北郊用黑不加緣，太廟、文廟、先農壇、太歲壇俱用青色藍緣，祈穀壇、社稷壇、朝日壇、帝王廟俱用青色石青緣，夕月壇用青色月白緣。

樂部樂生冠，頂鏤花銅座，上植明黃翎。

樂部樂生袍，紅緞爲之。丹陛大樂諸部樂生所服，通織小團葵花。中和韶樂部執戲竹人所服，前後方襴繡黃鸝。

樂部樂生帶，緑雲緞爲之。

鹵簿輿士冠，頂鏤花銅座，上植明黄翎。校尉冠頂素銅座。

鹵簿輿士袍，紅緞爲之，通織小團葵花。校尉同。

鹵簿輿士帶，緑綢爲之。校尉同。

鹵簿護軍袍，石青緞爲之，通織金壽字，片金緣。領及袖端俱織金葵花。

凡官員父母受封者，冠服得如所封之品。官員加級受封，冠服均從本任，惟致仕後，准照所封之品服用。其革職留任之員，准照原品頂帶服用。凡都察院都事經歷筆帖式，及按察使經歷照磨等官，俱照本身品級，不得用獬豸補服外郎耆老冠頂以錫。

凡每歲春季用涼朝帽及夾朝衣，秋季暖朝帽及緣皮朝衣，於三九月内，或初五日，或十五日，或二十五日，酌擬二日奏請得旨，通行各衙門，一體遵照。

凡十一月初一日起，至次年正月十六日止，朝會祭祀俱用緣貂朝衣，先期奏請得旨，行宗人府，轉行王公，並通行在京三品以上各衙門。凡元旦節，王公百官咸衣蟒袍補服七日。上元節，自十四日至十六日，衣蟒袍補服三日。均於前一年八月内，一并具題。每歲皇帝萬壽、皇太后萬壽，王公百官咸衣蟒袍補服七日。皇后千秋，衣蟒袍補服一日。恭遇皇帝萬壽大慶、皇太后萬壽大慶之年，應衣蟒袍補服一月。均前期請旨，通行在京各衙門及直省。其餘筵宴迎鑾以及一切嘉禮，俱衣蟒袍補服。每月朔日及初五、初十、十五、二十、二十五等日，俱衣補服。

凡親王以下，宗室以上，皆束金黄帶。覺羅束紅帶，其金黄帶、紅帶，非上賜者不得給與異姓。

凡王公以下，額駙等以及民公、侯、伯一二品大臣、侍衛，内有蒙上賜紅絨結頂冠者，除所賜外，不得如式更製。郡王以下，均不得用織金彩色五爪龍衣服及五爪暗龍緞，若上賜者許用，仍去一爪，若王等賞所屬織金彩色龍者，雖服過仍去一爪。其餘服物，不得使受賞者踰越品級。凡王公以下，不得用上用服色、黄色、秋香色及黑狐皮。五品官以下，不得用蟒緞、粧緞、貂皮、猞猁猻。八品以下，不得用大花緞、紗及白豹、天馬等皮。

凡四品官以下，除京堂、翰詹、科道、侍衛等官外，不得用端罩。文四品以下，武三品以下，除有職掌大臣及一等侍衛外，不得用緣貂朝衣。朝會之地，除應端罩人員外，不得反穿皮衣，混充補服。

凡文六品以下，除翰詹等官批本奏事、軍機處行走人員、内務府主事外，武五品以下，除侍衛外，不得用朝珠，惟禮部主事兼文淵閣檢閲中書，太常寺博士、典簿、讀祝官、贊禮郎，鴻臚寺鳴贊，光禄寺署正、署丞、典簿，國子監監、丞、博士，助教，學正、學録等官，在壇廟執事及殿陛侍儀，准掛朝珠，其平時宴處及在公署，仍不得用。凡衣服織文，親王、郡王、貝勒用龍文，貝子以下、宗室、各將軍、民公以下、四品官以上及御前侍從官均得用蟒文，七品以上官得用諸花繒，八九品官用雜花及素繒，舉人視七品，貢監視八品，軍民吏員得用綾絹，餘並不得濫用。

凡内外文武大小官員，頂帽、補服、坐褥，悉照本身現任品級，不得計算加級濫用。

凡文武官迎送謁見上司，止用補服，不得濫用朝服披執。

凡商賈有捐納職銜者，冠服各從其品，無職銜者與庶民同。

凡考職吏員，在籍止用頂帽，不得僭用補服。内外各衙門供事書吏，非年滿考職者，並不得僭用金頂。

凡奴僕、優伶、皂隸，不得服用緞、紗及各種細皮，各帽用染騷鼠、狐貉、獺皮，不得用貂。

凡王以下文武一品大臣及御前行走侍衛、直省督撫，雨衣、雨帽，均用大紅色。文武二三品及内廷行走官員，雨帽用大紅色。四品以下，雨帽均紅頂黑邊。七品以下，黑頂紅邊。無職人不得用紅色，油帽、氈帽並同。

凡文武官員上朝及坐班時，如非下雨戴雨帽者，照例參處。

官修《清文獻通考》卷一四二《王禮考一八》 皇太后、皇后、妃嬪首飾服章制度。福晉以下至命婦附

臣等謹按：《周禮》内司服掌王后及内外命婦之服，其別有褘衣、揄翟、鞠衣、展衣、緣衣、素沙。追師掌王后之首飾，其别有副編次、追衡笄。漢制，太皇太后、皇太后入廟，服紺上皁下，蠶服青上縹下，皆深衣制，而首飾則有假紒、步摇、簪珥之名。魏晉以降，首飾有鏌、有花釵，以多少爲品秩。隋制，皇后服四等褘衣、鞠衣之外，别有青衣、朱衣。唐制，命婦之服，自翟衣而外，别有禮衣、公服、半袖、裙、襦、大袖、連裳之類。宋制，皇后常服有龍鳳珠翠霞帔。蓋歷代之制不

同如此，誠以損益因乎時，毋取沿襲也。

國朝定制

皇太后、皇后冠服，有朝服、吉服二等。金約、領約、朝珠、綵帨，皆有制度。皇貴妃以下，及公主、諸王、福晉、命婦，各以品秩爲差等。今據《皇朝禮器圖式》具載於左：

皇太后、皇后朝冠，冬以薰貂爲之，夏以青絨爲之，上綴朱緯。頂三層，貫東珠各一，皆承以金鳳，飾東珠各三，珍珠各十七，上銜大東珠一。朱緯上週綴金鳳七，飾東珠各九，貓睛石各一，珍珠各二十一。後金翟一，飾貓睛石一，小珍珠十六。翟尾垂珠，五行二就。中間金銜青金石結一，飾東珠、珍珠各六，末綴珊瑚。冠後護領垂明黃絛二，末綴寶石青緞爲帶。

皇太后、皇后吉服冠，皇貴妃、貴妃同。薰貂爲之，上綴朱緯。頂用東珠。

皇太后、皇后金約，鏤金雲十三，飾東珠各一，間以青金石紅片金裏。後繫金銜綠松石結，貫珠下垂，五行三就。中間金銜青金石結二，每具飾東珠、珍珠各八，末綴珊瑚。

皇太后、皇后耳飾，左右各三，每具金龍銜一等東珠各二。

皇太后、皇后朝褂，皇貴妃同。色用石青，緞、紗、單、袷惟其時。片金緣。領後垂明黃絛。繡文或前後立龍各二，襞積四層相間，上爲正龍各四，下爲福壽文。或前後正龍各一，要帷行龍四，中有襞積。下幅行龍八。或前後立龍各二，中無襞積。下幅八寶平水。

皇太后、皇后朝袍，皇貴妃同。色用明黃，緞、紗、單、袷惟其時。披領及袖俱石青片金緣，冬加海龍或紫貂緣，上下襲朝褂處亦加緣，領後俱垂明黃絛。繡文或金龍九，間以五色雲，中無襞積。下幅八寶平水。或前後正龍各一，兩肩行龍各一，要帷行龍四，中有襞積，下幅行龍八，或中無襞積，繡行龍下爲八寶平水。披領俱行龍二，袖端俱正龍各一，袖相接處俱行龍各二。

皇太后、皇后龍褂，色用石青，棉、袷、紗、裘惟其時。繡文五爪金龍八團，兩肩前後正龍各一，襟行龍四，或加繡，下幅八寶立水，袖端行龍各二。

皇太后、皇后龍袍，色用明黃，領、袖俱石青，棉、袷、紗、裘惟其時。繡文或金龍九，間以五色雲、福壽文。或五爪金龍八團，兩肩前後正龍各一，襟行龍四，下幅俱八寶立水。領前後俱正龍各一，左右及交襟處俱行龍各一，袖俱如朝袍。

皇太后、皇后領約，鏤金爲之，飾珠十一，間以珊瑚。兩端垂明黃絛二，中各貫珊瑚，末綴綠松石各二。

皇太后、皇后朝珠，朝服御朝珠三，東珠一，珊瑚二。吉服朝珠一，隨所御佛頭、記念、背雲、大小墜雜飾，各隨其宜。絛皆明黃色。

皇太后、皇后綵帨，皇貴妃同。綠色繡文爲「五穀豐登」。佩箴管、繫褰之屬。絛皆明黃色。

皇太后、皇后朝裙，皇貴妃以下並同。上用織文紅緞，下用石青行龍粧緞，皆正幅。有襞積。夏以紗爲之，片金緣，冬加海龍緣。

皇貴妃朝冠，冬以薰貂爲之，夏以青絨爲之。上綴朱緯。貴妃以下制皆同，後不具載。頂三層，上銜大珍珠一，翟尾垂珠，三行二就，中間金銜青石結，飾東珠、珍珠各四。餘如皇后朝冠之制。

皇貴妃金約，貴妃同。鏤金雲十二，飾東珠各一，間以珊瑚，紅片金裏。後繫金銜綠松石結，貫珠下垂，三行三就。中間金銜青金石結二，每具飾東珠、珍珠各六，末綴珊瑚。

皇貴妃耳飾，貴妃同。左右各三，每具金龍銜二等東珠各二。

皇貴妃龍褂，貴妃同。色用石青，棉、袷、紗、裘惟其時。繡文五爪金龍八團，兩肩前後俱正龍，襟及袖端俱行龍，下幅八寶立水。

皇貴妃龍袍，色用明黃，領、袖俱石青，棉、袷、紗、裘惟其時。繡文金龍九，間以五色雲、福壽文，下幅八寶立水。領前後正龍各一，左右及交襟處行龍各一，袖端正龍各一。

皇貴妃領約，鏤金爲之，飾珠七，間以珊瑚。兩端垂明黃絛二，中各貫珊瑚，末綴珊瑚各二。

皇貴妃朝珠，朝服用朝珠三，蜜珀一，珊瑚二。餘如皇后朝珠之制。

貴妃朝冠，護領垂金黃絛二。餘如皇貴妃朝冠之制。

貴妃朝褂，妃嬪同。領後垂金黃絛。餘如皇后朝褂之制。

貴妃朝袍，妃同。色用金黃，領後垂金黃絛。餘如皇后朝袍之制。

貴妃龍袍，妃同。色用金黃。餘如皇貴妃龍袍之制。

貴妃領約，妃嬪同。絛用金黃色。餘如皇貴妃領約之制。

貴妃朝珠，妃同。絛用金黃色。餘如皇貴妃朝珠之制。

貴妃綵帨，綠色，繡文爲「五穀豐登」。結佩惟宜。絛皆金黃色。

妃朝冠，頂二層，貫東珠各一，皆承以金鳳，飾東珠共九，珍珠各十七，上銜貓睛石。朱緯。上週綴金鳳五，飾東珠各七，珍珠各二十一。後金翟一，飾貓睛石一，小珍珠十六，翟尾垂珠，三行二就。中間金銜青金石結一，飾東珠、珍珠各四，末綴珊瑚。冠後護領垂金黃絛二，末綴寶石。青緞爲帶。

妃吉服冠，嬪同。薰貂爲之，上綴朱緯。頂用碧琧玜。

妃金約，鏤金雲十一，飾東珠各一，間以青金石。餘如皇貴妃金約之制。

妃耳飾，左右各三，每具金龍銜三等東珠各二。

妃綵帨，綠色，繡文爲「雲芝瑞草」。結佩惟宜。絛皆金黃色。

嬪朝冠，頂二層，貫東珠各一，皆承以金翟，上銜礶子。朱緯。上週綴金翟五，飾東珠各五，珍珠各十九。後金翟一，飾小珍珠十六，垂珠。中間金銜青金石結，飾東珠、珍珠各三。餘如妃朝冠之制。

嬪金約，鏤金雲八。垂珠。中間金銜青金石結二，每具飾東珠、珍珠各四。餘如妃金約之制。

嬪耳飾，左右各三，每具金龍銜四等東珠各二。

嬪朝袍，用香色。餘如貴妃朝袍之制。

嬪龍褂，色用石青，棉、袷、紗、裘惟其時。繡文兩肩前後正龍各一，襟夔龍四。

嬪龍袍，用香色。餘如皇貴妃龍袍之制。

嬪朝珠，朝服用朝珠三，珊瑚一，蜜珀二。餘如貴妃朝珠之制。

嬪綵帨，綠色，不繡花文。結佩惟宜。絛皆金黃色。

皇子福晉朝冠，親王福晉、固倫公主同。頂鏤金三層，飾東珠十上，銜紅寶石。朱緯。上週綴金孔雀五，飾東珠各七，小珍珠三十九。後金孔雀一，垂珠三行二就。中間金銜青金石結一，飾東珠三，末綴珊瑚。冠後護領垂金黃絛二，末亦綴珊瑚。青緞爲帶。

皇子福晉吉服冠，下至輔國公夫人、鄉君並同。薰貂爲之，上綴朱緯。頂用紅寶石。

皇子福晉金約，親王福晉、固倫公主同。鏤金雲九，飾東珠各一，間以青金石，紅片金裏。後繫金銜青金石結，貫珠下垂，三行三就。中間金銜青金石結二，每具飾東珠、珍珠各四，末綴珊瑚。

皇子福晉耳飾，下至郡王福晉、縣主並同。左右各三，每具金雲銜珠各二。

皇子福晉朝褂，下至郡王福晉、縣主並同。色用石青，片金緣。繡文前行龍四，後行龍三。領後垂金黃絛。

皇子福晉朝袍，下至郡主福晉、縣主並同。用香色，披領及袖俱石青，片金緣，冬加海龍緣。肩上下襲朝褂處亦加緣，領後俱垂金黃絛。繡文前後正龍各一，兩肩行龍各一，襟行龍四，披領行龍二，袖端正龍各一，袖相接處行龍各二。

皇子福晉吉服褂，色用石青，繡五爪正龍四團，前後兩肩各一。

皇子福晉蟒袍，下至郡王福晉、縣主並同。用香色，通繡九龍。

皇子福晉領約，下至郡王福晉、縣主並同。鏤金爲之，飾東珠七，間以珊瑚。兩端垂金黃絛二，中各貫珊瑚，末綴珊瑚各二。

皇子福晉朝珠，下至郡王福晉、縣主並同。朝服用朝珠三，珊瑚一，蜜珀二。吉服用一。絛皆金黃色。

皇子福晉綵帨，下至郡王福晉、縣主並同。月白色，不繡花文。結佩惟宜。絛皆金黃色。

親王福晉吉服褂，世子福晉、固倫公主、和碩公主、郡主並同。色用石青，繡五爪金龍四團，前後正龍，兩肩行龍。

世子福晉朝冠，和碩公主同。頂鏤金二層，飾東珠九。朱緯。上週綴金孔雀五，飾東珠各六，不飾珍珠。餘如皇子福晉朝冠之制。

世子福晉金約，和碩公主同。鏤金雲八。餘如皇子福晉金約之制。

郡王福晉朝冠，郡主同。頂鏤金二層，飾東珠八，朱緯。上週綴金孔雀五，飾東珠各五，後垂珠。中間金銜青金石結，不飾珠。餘如世子福晉朝冠之制。

郡王福晉金約，郡主同。垂珠，中間金銜青金石結，不飾珠。餘如世子福晉金約之制。

郡王福晉吉服褂，縣主同。色用石青，繡五爪行龍四團，前後兩肩各一。

貝勒夫人朝冠，縣主同。頂鏤金二層，飾東珠七，金孔雀飾東珠各三。餘如郡王福晉朝冠之制。

貝勒夫人金約，縣主同。鏤金雲七。餘如郡王福晉金約之制。

貝勒夫人朝褂，下至輔國公夫人、鄉君並同。繡四爪蟒，領後垂石青絛。餘如皇子福晉朝褂之制。

貝勒夫人朝袍，下至輔國公夫人、鄉君並同。藍及石青諸色隨所用，繡四爪蟒。領後垂石青絛。餘如皇子福晉朝袍之制。

貝勒夫人吉服褂，郡君同。色用石青，前後繡四爪正蟒各一團。

貝勒夫人蟒袍，下至輔國公夫人、鄉君並同。藍及石青諸色隨所用，通繡九蟒。

貝勒夫人領約，下至輔國公夫人、鄉君並同。縧用石青色。餘如皇子福晉領約之制。

貝勒夫人朝珠，下至輔國公夫人、鄉君並同。縧用石青色。餘如皇子福晉朝珠之制。

貝勒夫人綵帨，下至輔國公夫人、鄉君並同。縧用石青色。餘如皇子福晉綵帨之制。

貝子夫人朝冠郡君同。頂鏤金二層，飾東珠六。餘如貝勒夫人朝冠之制。

貝子夫人金約，郡君同。鏤金雲六。餘如貝勒夫人金約之制。

貝子夫人吉服褂，郡君、縣君同。繡四爪行蟒。餘如貝勒夫人吉服褂之制。

鎮國公夫人朝冠，縣君同。頂鏤金二層，飾東珠五。餘如貝勒夫人朝冠之制。

鎮國公夫人金約，縣君同。鏤金雲五。餘如貝勒夫人金約之制。

鎮國公夫人吉服褂，輔國公夫人、鄉君同。色用石青，繡花八團。

輔國公夫人朝冠，鎮國公女、鄉君同。頂鏤金二層，飾東珠四。餘如貝勒夫人朝冠之制。

輔國公夫人金約，鎮國公女、鄉君同。鏤金雲四。餘如貝勒夫人金約之制。

輔國公女、鄉君朝冠，頂鏤金二層，飾東珠三。餘如貝勒夫人朝冠之制。

輔國公女、鄉君金約，鏤金雲三。餘如貝勒夫人金約之制。

民公夫人朝冠，冬以薰貂爲之，夏以青絨爲之。前綴金簪三，飾以珠寶。護領縧用石青色。其制下達命婦皆同，後不具詳。頂鏤花金座，中飾東珠四，上銜紅寶石。吉服冠用珊瑚，圓頂。

民公夫人金約，青緞爲之，紅片金裏。中綴鏤金火焰，飾珍珠一，左右金龍鳳各一。後垂青緞帶二，亦紅片金裏。其制下達命婦皆同。

民公夫人耳飾，左右各三，每具金雲銜珠各二。其制下達命婦皆同。

民公夫人朝褂，色用石青，片金緣。繡文前行蟒二，後行蟒一。領後垂石青縧。其制下達命婦皆同。

民公夫人朝袍，藍及石青諸色隨所用。披領及袖俱石青片金緣，冬加海龍緣。繡文前後正蟒各一，兩肩行蟒各一，襟行蟒四，中無襞積。披領行蟒二，袖端正蟒各一，袖相接處行蟒各二。後垂石青縧。其制下達奉國將軍夫人及三品命婦皆同。

民公夫人吉服褂，色用石青，繡花八團。其制下達命婦皆同。

民公夫人蟒袍，藍及石青諸色隨所用，通九蟒，皆四爪。其制下達奉國將軍夫人及三品命婦皆同。

民公夫人領約，鏤金爲之，飾紅藍小寶石五。兩端垂石青縧二，中各貫珊瑚，末綴珊瑚各二。其制下達命婦皆同。

民公夫人朝珠，朝服用三，吉服用一。珊瑚、青金、綠松、蜜珀隨所用，雜飾惟宜。縧用石青色。其制下達五品命婦皆同。

民公夫人綵帨，月白色，不繡花文，雜佩惟宜。縧皆石青色。其制下達命婦皆同。

民公夫人朝裙，上紅緞，下石青行蟒、粧緞，皆正幅，有襞積。夏以紗爲之，片金緣，冬加海龍緣。其制下達奉國將軍夫人及三品命婦皆同，四品命婦以下，上綠緞緣，不加海龍，餘制同。

侯夫人朝冠，頂鏤花金座，中飾東珠三，上銜紅寶石。吉服冠用珊瑚，圓頂。

伯夫人朝冠，頂鏤花金座，中飾東珠二，上銜紅寶石。吉服冠用珊瑚，圓頂。

子夫人朝冠，鎮國將軍夫人與一品命婦並同。頂鏤花金座，中飾東珠一，上銜紅寶石，吉服冠用珊瑚，圓頂。

男夫人朝冠，輔國(夫人)〔將軍〕夫人與二品命婦並同。頂鏤花金座，中飾紅寶石一，上銜鏤花珊瑚。吉服冠用鏤花珊瑚，圓頂。

奉國將軍夫人朝冠，三品命婦同。頂鏤花金座，中飾紅寶石一，上銜藍寶石。吉服冠用藍寶石，圓頂。

奉恩將軍夫人朝冠，四品命婦同。頂鏤花金座，中飾藍寶石一，上銜青金石，吉服冠用青金石，圓頂。五品命婦用水晶，六品命婦用硨磲，七品命婦用素金。

奉恩將軍夫人朝袍，四品以下命婦並同。藍及石青諸色隨所用。披領及袖俱石青，片金緣。繡文前後行蟒各二，中無襞積。後垂石青縧。

奉恩將軍夫人蟒袍，四品至六品命婦並同。藍及石青諸色隨所用，通八蟒，皆四爪。七品命婦五蟒，餘制皆同。

奉恩將軍夫人朝裙，四品以下命婦並同。上綠緞，下石青行蟒、粧緞，皆正幅有襞積。

官修《清會典》卷三〇《禮部・儀制清吏司》　冠服

凡禮服

皇帝冠服，春冬暖冠，緣皮爲題緣，春以薰貂，冬以(元)〔玄〕狐。青表朱裏。夏秋涼冠，即緯笠。素表朱裏，緣以縹錦，均覆朱緯，青組纓，施金龍，頂高四重，上用珍珠一。下三重，貫東珠三。爲龍十有二，間珠如龍之數。涼冠，刻金爲金佛，飾東珠十有五，綴冠前。甓金爲舍林，飾東珠七，綴冠後。

服色，南郊用青，北郊用黄，東郊用赤，西郊用玉色，朝會均用黄。有披肩。腰襞積，前後正幅如帷。備十二章，施五采。襟、袖及袂緣以金花青繒，冬緣以貂。衮服，色用青，長覆膝。織金爲卷龍文四，大裘如衮服制，長裾深袖，表以(元)〔玄〕狐爲之，帶用黄組。南郊施方青金石四，銜以金石，各綴東珠五。北郊用琥珀，東郊用珊瑚，西郊用白玉，銜金綴珠各如之。宗廟朝會用緑松石四，銜以金，飾東珠如前制。周綴珍珠各二十，帶下左右均銜金環，佩囊、鞶帛各二，帛二色，鋭下垂以爲飾。

朝珠，用東珠，南郊飾以青金石，北郊飾以琥珀，東郊飾以珊瑚，西郊飾以白玉，朝會無定飾。系均用黄組。

采服，冠頂二重，頂端銜大珍珠一。或東珠。服用龍袍，色尚黄。裾四啓，備十二章，施五采。襟、袂龍文，青綺，緣以金花、青繒。

衮服，如朝會禮服制。朝珠以雜寶及諸香爲之，帶以各色寶石爲之。鞶帛一色，下方佩囊同前。

常服，冠用結線頂，袍色尚黄，亦用諸色。表衣用青，均不施章采。織文用卷龍及各色花文。朝珠如采服制。

皇后。冠施鳳，頂高四重，上用大東珠一，下三重，貫東珠三。刻金爲三鳳，鳳各飾東珠三，冠前左右綴金鳳七，各飾東珠九，貓睛石一，後綴翟鳥，飾貓睛石一。承以朵雲垂珠爲步摇，凡五行二就，行間施圓青金石，銜以金，綴東珠、珍珠各六。冠下施金約，周蔽前後，綴東珠十有三。珠相間處，飾青金石，結珠垂後爲步摇，五行三就。行間施方青金石二，銜以金，各綴東珠、珍珠八。

耳飾，以金爲之，綴東珠十有二。

領約，以金爲之，如環有端却結於後，飾以珊瑚，綴東珠十有五。服色尚黄，織爲龍鳳翟鳥之文，施五采。襟袖及袂緣以金花青繒，冬緣以貂。表衣色用青，長裾無袂，織金爲卷龍文八，裳施龍鳳章采，均綴以金珠。

朝珠，以珊瑚、琥珀爲之，飾以珠及青金緑松等石，系用黄組。

采服，袍色尚黄。裾啓左右，織綉龍鳳文，施五采。表衣用青，深袂長裾，織金爲卷龍文八，裳、朝珠，如禮服制。

常服，袍無定色。表衣色用青，織文用龍鳳翟鳥之屬，不備采。朝珠，如采服制。

皇貴妃、皇妃。冠頂施三鳳，上用大珍珠一，餘飾東珠十有二，珍珠三，冠鳳七，鳳各飾東珠九，翟鳥飾貓睛石一，步摇三行二就，行間飾青金石，綴東珠、珍珠各四，金約飾東珠十有二，步摇三行三就，行間飾青金石二，各綴東珠、珍珠六。領約，綴東珠七。餘制如前。

妃。冠頂施金鳳二，上用貓睛石一，餘飾東珠十有一，珍珠二，冠鳳各飾東珠七。餘飾與貴妃同。

嬪。冠頂施金翟鳥二，上用暗貓睛石一，餘飾東珠八，珍珠二。冠前綴翟鳥五，各飾東珠五。步摇二具，行門一，飾青金石一，綴東珠、珍珠各三。飾青金石二，各綴東珠、珍珠八。餘並與妃同。惟後翟鳥不飾貓睛石。

皇貴妃、貴妃、妃。服用翟鳥龍文，緣飾如前制。表衣用圓龍文。八嬪服視妃，表衣用圓龍文，四裳施綉，備五采。其服色均不得用黄。

采服，皇貴妃、貴妃、妃、嬪均用翟鳥龍文，各施五采，裳如禮服制。

常服，皇貴妃、貴妃、妃、嬪，袍織文如采服，表衣織文如禮服，不施章采。朝珠，均以珊瑚、琥珀爲之。皇貴妃、貴妃飾以珠及青金、緑松等石，系用黄組。妃、嬪飾以青金、緑松石，系用柘黄組。

凡王公朝服。親王至入八分公，冠頂均三重，上用紅寶石，中飾東珠。親王飾珠十，世子、郡王、貝勒、貝子、鎮國公、輔國公，以次減一。冠前綴舍林，親王、世子飾東珠五，郡王、貝勒、貝子、鎮國公遞減如之。輔國公與鎮國公同。冠後綴金花，親王、世子飾東珠四，郡王、貝勒、貝子遞減亦如之。鎮國公、輔國公各飾緑松石一。

服，親王、世子、郡王用滿翠龍文繒。貝勒、貝子、鎮國公、輔國公用蟒文采繒，襟袂及袖緣以金花繒，冬緣以貂。

補服，親王用圓龍文四，前後正龍，左右旁龍。世子、郡王旁龍圓文四。長子、貝勒正蟒圓文二。貝子正蟒圓文二。鎮國公方正蟒二。輔國公方正蟒二，表裘得用元狐帶，均用金黄色組。施方玉四，銜以金。親王玉各飾貓睛石一，東珠四。世子、郡王、貝勒、貝子各以次減一。鎮國公、輔國公止各飾貓睛石一。

鎮國將軍，冠頂同一品，補服用麒麟。輔國將軍同二品，補服用獅。奉國將軍同三品，補服用豹。奉恩將軍同四品，補服用虎。服均用蟒文采繒，帶各如其所同之品。其餘宗室及覺羅冠頂、補服各從其品。

餘服，宗室得視公以下，帶用金黄組。覺羅得用金花采繒，及諸花素繒，帶用紅組。

公主、郡主，冠頂均三重。郡君以下均二重，上用紅寶石，飾以東珠。固倫公主飾珠十，和碩公主九，郡主八，縣主七，郡君六，縣君五，鄉君、鎮國公女四，輔國公女三。

其大簪、金約、耳飾、領約飾珠各如之。

服，公主、郡主用翟鳥龍文滿翠繡繒。縣主以下用蟒文繡繒，緣飾用金花繒，冬用貂。

補服，固倫公主視親王，和碩公主、郡主視世子，縣主視郡王，郡君視貝勒，縣君視貝子，鄉君、鎮國公女視鎮國公，輔國公女視輔國公。諸王貝勒側室女，冠服降適二等。貝子側室女視五品，公側室女視六品。裳，自公主以下，均得施采繡。

親王福晉冠服視固倫公主，世子福晉飾珠視和碩公主，郡王福晉飾珠視郡主。服，均視親王福晉。

貝勒夫人冠服均視縣主，貝子夫人飾珠視郡君，服如貝勒夫人。

鎮國公夫人冠服均視縣君，輔國公夫人冠服均視鎮國公女。

親王世子側福晉，冠降適一等，服如適福晉。郡王側福晉及貝勒以下各側夫人冠服，均降適一等。若不入八分公夫人及鎮國、輔國、奉國各將軍夫人冠服，唯正室得從夫品。

民公、侯、伯冠頂均上用紅寶石，中飾東珠。公用珠四，侯、伯以次減一。服得用貂緣及蟒繡金花采繒。補服用方蟒文二，表裘用貂，帶用圓玉四，銜以金。公飾玉以貓睛石，侯綠松石，伯紅寶石，子、男冠服各從其品。

固倫公主額駙，冠頂上用紅寶石，中飾東珠六，舍林飾東珠二，後花飾東珠一，帶用圓玉四，銜以金玉，各飾東珠一。服視貝子。若爵在貝子以上，則從其爵。

和碩公主額駙，冠頂銜寶石如之，中飾東珠四，舍林飾東珠一，後花飾綠松石一，帶玉各飾貓睛石一。服視公。若爵在公以上，則從其爵。

郡主額駙，冠頂上銜珊瑚，中飾東珠三。帶玉各飾綠松石一。

縣主額駙，冠頂用鏤花珊瑚，帶用圓金版四，各飾紅寶石一。服均與和碩公主額駙同。

郡君額駙，冠服均視三品，帶用圓金版四。縣君額駙視四品，鄉君額駙視五品，帶均用鈒金方鐵版四。各側室女額駙冠服，均降適二等。

品官。一品至八品，均鏤金爲頂。一品上用紅寶石，中飾東珠。二品用鏤花珊瑚，中飾小紅寶石。三品用藍寶石，中飾如二品。四品用青金石，中飾小藍寶石。五品用水晶，中飾如四品。六品用硨磲，中飾如五品。七品用素金頂，中飾水晶。八品用鏤金頂，九品用鏤銀頂，未入流視九品。

服，自一品至三品，得用貂緣及蟒繡金花采繒。七品以上，得用金花采繒。八九品得用素繒。領袂均得用蟒繡及金花繒。

補服，文職一品用鶴，二品錦雞，三品孔雀，四品雁，五品白鷳，六品鷺，七品鸂鶒，八品鵪鶉，九品練雀。武職一品麒麟，二品獅，三品豹，四品虎，五品熊，六品彪，七八品犀牛，九品海馬。都察院左都御史至監察御史，直省按察使均用獬豸。其都察院都事經歷筆帖式按察使司經歷照磨等官，仍從其品。

貂裘，四品以上及翰林科道官用之。

帶，一品用金銜方玉四，各飾紅寶石一。二品鏤金圓版四，飾如一品。三品鏤金圓版四。四品銀銜鏤金圓版四。五品銀銜素金圓版四。六品銀銜玳瑁圓版四。七品銀圓版四。八品銀銜明羊角圓版四。九品銀銜烏角圓版四。

士庶公服，狀元頂帶視六品。會試中式貢士冠用裹金三枝九葉頂，服均如常。制舉人官生、貢生、監生冠帶視八品，服皂繒，緣青。生員冠帶視九品。服青繒緣皂。外郎耆老冠頂以錫。

公侯伯子男及品官已受封父母冠服，並得從子。婦冠服，從其夫。

凡采服，王公百官冠頂均二重。王公冠頂用紅寶石，民公、侯、伯及一品官均珊瑚，二品鏤花珊瑚，三品以下至未入流，各視朝冠頂。采服，王公宗室裾均四啓，親王世子郡王用龍文采繒，貝勒貝子公用蟒文采繒，公主福晉命婦各視其朝服所得用龍蟒，各采繒爲之。民公侯伯以下文武官，裾啓前後均用蟒文采繒，襟袂緣以金花繒，補服與朝服同。

凡常服，親王至入八分公冠用紅寶石頂，餘均如采服制。袍色均用藍，亦間有諸色。表衣色用青，均不施章采織文。親王、世子、郡王、貝勒用龍文。貝子、公用蟒文。親王福晉以下，各從其夫之服。宗室各將軍、民公以下、四品官以上及御前侍從官均得用蟒文。七品以上官得用諸花繒。八九品官用雜花及素繒。舉人視七品。貢監生員視八品。軍民商賈吏員得用綾絹，餘並不得僭擬。上用服色及色相近者，王公以下均毋得用。若有賜，毋得如制自爲之。王等賞所屬服物，不得逾其品。

品官革職留原任者，仍視原品。革職官無封銜者，原品冠服不得用。

凡朝珠，王以下、文職五品、武職四品以上，及翰林科道官、公主福晉以下，五品官命婦以上，均得用。以雜寶及諸香爲之。禮部主事、太常寺博士、典簿、讀祝官、贊禮郎、鴻臚寺鳴贊、光禄寺署正、署丞、典簿、國子監監丞、博士助教、學正、學録，除在壇、廟執事及殿庭侍儀外，餘處不準用珠。系及佩囊，惟諸王公主福晉得用。金黄組，貝勒以下均不得僭擬。

孔雀翎，翎端三圓文者，貝子戴之。二圓文者，鎮國公、輔國公、和碩額駙戴之。一圓文者，內大臣一二三四等侍衛，前鋒護軍、各統領參領、前鋒侍衛、諸王府長史、散騎郎、一等護衛，均得戴之。翎根並綴藍翎，貝勒府司儀長、親王以下二三等護衛、及前鋒親軍護軍校，均戴染藍翎。

坐褥，親王冬用貂，夏用龍文赤繒。世子郡王冬用猞猁猻緣貂，夏蟒文青繒。貝勒冬用猞猁猻，夏青繒，施采。貝子冬白豹，夏采繒，緣青繒均藉紅白氊。鎮國公冬用全赤豹皮，夏青花赤繒。輔國公冬用方赤豹皮，夏赤花皂繒，均藉紅氊。鎮國將軍視一品，輔國將軍視二品，奉國將軍視三品，奉恩將軍視四品。民公冬用全虎皮，夏皂繒。侯伯冬均用方虎皮，夏侯用緣花皂繒，伯用青雲繒，均藉紅氊。子、男各從其品。固倫公主額駙，視貝子。和碩公主額駙視鎮國公。郡主額駙，冬用貛，夏皂褐緣紅褐，均藉紅氊。郡君額駙視三品，縣君額駙視四品，鄉君額駙視五品。文武官一品，冬用狼，夏紅褐。二品冬用貛，夏紅褐緣皂褐。三品冬用貉，夏皂褐緣紅褐。四品冬用青山羊，夏皂布，均藉紅氊。五品冬青羊，夏青布。六品冬黑羊，夏椶色布。七品冬用鹿，夏灰色布。八品冬用麅，夏土布。九品冬用獺，夏與八品同，均藉白氊。

佩囊，彯帛，左右垂帶下爲飾，王公百官咸用之。佩刀，櫜鞬，飾雜寶。

凡寒燠，更用冠服。以季春季秋月之五日、十五日或二十五日，始先期請旨通行。若緣貂朝服及表裘，歲以仲冬朔日始，孟春十六日止。

凡遇雨雪，服雨冠、雨衣。以氊或羽緞油紬爲之。皇帝用明黄色，親王至宗室公用紅色，職官一品至三品冠用紅色，四品至六品紅色青緣，七品以下有頂帶人員青色紅緣，軍民用青色。雨衣，一品以上用紅，二品以下均用青。

官修《清會典》卷二七《禮部·儀制清吏司一》 凡元旦、萬壽聖節、冬日至，則大朝。三大節大朝。皆上表慶賀。冬至，郊祀南郊。於次日行朝賀禮。皇帝御太和殿而受焉。

大朝之儀，質明，王公百官咸朝服。

官修《清會典》卷二九《禮部·儀制清吏司三》 凡冠服之制，冠，有冬冠，冬冠，青緞表，布裏，檐上仰。朝冠上綴朱緯，長出檐，梁二，在頂左右。吉服冠、常服冠，上綴朱緯，長及於檐，梁一，亘頂上，兩旁垂帶，交頷下。女冬朝冠，後有護領，垂條二。吉服冠，無垂帶，餘制皆同。有夏冠。夏冠，織玉草或藤絲、竹絲爲質。表以羅，檐敞，內加以圈。朝冠，緣石青片金二層，裏用紅片金，或紅紗，上綴朱緯。吉服冠、常服冠，石青片金緣，紅紗裏，上綴朱緯。行冠，上綴朱氂，梁帶均如冬冠，帶屬於圈。女夏朝冠，如冬朝冠。服，裘、綿、袷、單，惟其時。服，有袍，有褂。朝服蟒袍外皆加補褂。冬則應服端罩者加端罩。常服褂，無補。行袍長減常服袍十之一，右裾短一尺。行褂，長與坐齊，袖長及肘。裳，左右各一幅，前直，後上斂，中豐下削，並屬橫幅。女褂，長與袍齊。女朝服朝褂，領後皆垂條。每歲春季換用涼朝帽及夾朝衣，秋季換用暖朝帽及緣皮朝衣。於三九月內，由部擬日，豫期請旨，十一月初一日起，至次年正月十六日止。朝會祭祀用貂表朝衣，由部先期請旨。

皇帝冠服，有禮服，皇帝朝祭冠服，皆爲禮服。冬冠，檐用薰貂，十一月朔至上元用黑狐。夏冠，前綴金佛，飾東珠十五。後綴舍林，飾東珠七。頂皆三層，貫東珠各一。皆承以金龍四，飾東珠如其數，上銜大珍珠一。端罩，用紫貂，十一月朔至上元用黑狐。皆明黄緞裏，左右垂帶各二。下廣而鋭，色與裏同。袞服，色用石青，繡五爪正面金龍四團，兩肩前後各一。其章，左日右月，前後萬壽篆文，間以五色雲。朝服，色用明黄，惟南郊、祈穀、常雩用藍，朝日用紅，夕月用月色。其制有二。一，披領及袖俱石青，冬用片金加海龍緣，夏用片金緣。繡文，兩肩前後正龍各一，腰帷行龍五，衽正龍一，襞積前後團龍各九。裳，正龍二，行龍四，披領行龍二，袖端正龍各一。列十二章，日、月、星辰、山、龍、華蟲、黼、黻在衣。宗彝、藻、火、粉米在裳。間以五色雲，下幅八寶平水。一，十一月朔至上元所服。披領及裳，皆表以紫貂，袖端薰貂。繡文，兩肩前後正龍各一，襞積行龍六。列十二章均在衣，間以五色雲。朝珠，用東珠一百有八，佛頭、記念、背雲、大小墜，珍寶、雜飾，各隨所宜。惟祀天用青金石爲飾，祀地珠用蜜珀。朝日用珊瑚，夕月用緑松石。雜飾惟宜。絛皆明黄色。朝帶之制二，色皆明黄。一，龍文金圓版四，飾紅寶石或藍寶石、緑松石。每版銜東珠五，圍珍珠二十。左右佩帉，淺藍及白各一。下廣而鋭，中約鏤金圓結，飾寶如版。圍珠各三十。佩囊文繡，燧觿刀削結佩惟宜，絛皆明黄色。一，龍文金方版四，其飾，祀天用青金石，祀地用黄玉。朝日用珊瑚，夕月用白玉。每版銜東珠五，佩帉及絛。惟圜丘用純青，餘如圓版朝帶之制。中約圓結，飾如版。銜東珠各四，佩囊純石青，左觿右削，並從版色。有吉服，皇帝冬吉服冠，檐用海龍，立冬後易薰貂，或紫貂。頂滿花金座，上銜大珍珠一。夏吉服冠頂同。端罩、袞服，與禮服同。龍袍，色用明黄，領、袖俱石青，片金緣。繡文，金龍九，列十二章，間以五色雲。領前後正龍各一，左右及交襟處行龍各一，袖端正龍各一。下幅八寶立水，裾四開。吉服朝珠，珍寶隨所御。吉服帶，明黃色，鏤金版四，方圓隨所御。銜以珠玉雜寶惟宜。左右佩帉純白，下直而齊，中約金結，飾如版。餘如朝帶，縧皆明黃色。有常服。皇帝常服冠，紅絨結頂，不加梁，餘如吉服冠之制。褂色石青，袍裾四開，花文袍色皆隨所御。帶同吉服帶。冬行冠，有黑狐、有黑羊皮、有青絨，俱如常服冠之制。夏行冠，紅紗裏，上綴朱氂，梁黃色，前綴珍珠一。行褂，色用石青。行袍，色與花文及行裳之色，皆隨所御。裳氈袷惟時。冬用鹿皮或黑狐爲表，横幅用石青布。行帶，色用明黃。左右佩繫用紅香牛皮，飾金花文，鋄銀鐶各三，佩帉用高麗布，視常服帶。帉微闊而短，中約以香牛皮束，綴銀花文，佩囊明黃圓縧，飾珊瑚結，削燧雜佩惟宜。冬雨冠，頂崇，前檐深。夏雨冠，頂平，前檐敞。皆明黃色。有氈，有羽緞，皆月白緞裏。有油綢不加裏，皆藍布帶。雨衣之制六，皆明黃色。一，如常服褂，而長與袍稱，自衽以下加博，上襲重衣。領下爲襞積，無袖，斜幅相比，上斂下遞豐。油綢不加裏，兩重均加掩襟，領及紐約皆青色。一，不襲重衣，餘制同。有氈，有羽緞，皆月白緞裏。領及紐約如衣色。有油綢不加裏，紐約青色。一，如常服褂而加領，長與袍稱，領及紐約如衣色，有氈有羽緞，皆月白緞裏。一，如常服袍而袖端平。前施掩襠，油綢不加裏，領用青羽緞，紐約青色，外加袍袖如衣色。一，如常服褂而加領，長與坐齊，領及紐約如衣色，有氈有羽緞，皆月白緞裏。一，如常服袍而加領。長與坐齊，袖端平，油綢不加裏，前加掩襠，領用青羽緞，紐約青色。雨裳之制二，皆明黃色。油綢不加裏。一，左右幅相交，上斂下遞博，上前加淺帷，爲襞積，兩旁綴以紐約青色。腰爲横幅，用石青布，兩末削爲帶以繫之。一，前爲完幅，不加淺帷，餘制同。

皇后冠服亦如之。皇后朝冠，冬用薰貂，夏用青絨爲檐。頂三層，貫東珠各一，皆承以金鳳，飾東珠各三，珍珠各十七，上銜大東珠一。朱緯上周綴金鳳七，飾東珠各九，貓睛石各一，珍珠各二十一。後金翟一，飾貓睛石一，珍珠十六。翟尾垂珠五行二就，共珍珠三百有二。每行大珍珠一，中間金銜青金石結一，飾東珠珍珠各六，末綴珊瑚，護領垂明黃縧，末綴寶石，帶用青緞。吉服冠，不綴鳳翟，頂用東珠，金約，鏤金雲十三，飾東珠各一，間以青金石。紅片金裏，後繫金銜緑松石結。貫珠下垂，五行三就，共珍珠三百二十四。每行大珍珠一，中間金銜青金石結二，每結飾東珠珍珠各八，末綴珊瑚。耳飾，左右各三，每具金龍銜一等東珠各二。朝褂之制三，皆石青色，片金緣。一，前後繡立龍各二，下通襞積，四層相間，上爲正龍各四，下爲萬福萬壽。一，前後繡正龍各一，腰帷行龍四，中有襞積，下幅行龍八。一，前後繡立龍各二，中無襞積，下幅八寶平水，領後垂縧皆明黃色，其飾珠寶惟宜。龍褂之制二，皆石青色。一，繡五爪金龍八團，兩肩前後正龍各一，襟行龍四，下幅八寶立水，袖端行龍各二。一，袖端及下幅不施章采，餘制同。朝袍之制三，皆明黃色，披領及袖皆石青，加緣。肩上下襲朝褂處亦加緣。一，繡金龍九，間以五色雲，中無襞積，下幅八寶平水，披領行龍二，袖端正龍各二，袖相接處行龍各二，緣用片金加貂。一，裾後開，冬用片金加海龍緣，夏用片金緣，餘制同。一，前後繡正龍各一，兩肩行龍各一，腰帷行龍四，中有襞積，下幅行龍八。冬用片金加海龍緣，夏用片金緣，領後垂縧皆明黃色，飾珠寶惟宜。龍袍之制三，皆明黃色，領袖皆石青，袖如朝袍，裾皆左右開。一，繡金龍九，間以五色雲，福壽文采惟宜。下幅八寶立水，領前後正龍各一，左右及交襟處行龍各一。一，繡五爪金龍八團，兩肩前後正龍各一，襟行龍四，餘制同。一，下幅不施章采，餘制同。領約，鏤金，飾東珠十一，間以珊瑚，兩端垂明黃縧二，中各貫珊瑚，末綴緑松石各二，朝珠三盤，東珠一，珊瑚二，佛頭記念背雲大小墜，珠寶雜飾惟宜。吉服用一盤，珍寶隨所御。綵帨，緑色，繡五穀豐登，佩箴管繫袠之屬，縧皆明黃色。朝裙，冬片金加海龍緣，上用紅織金壽字緞，下石青行龍粧緞。夏片金緣，緞紗惟時，皆正幅，有襞積。

皇貴妃而下，各以其等爲差。朝冠，冬薰貂，夏青絨，皇貴妃以下皆同。頂飾，皇貴妃、貴妃如皇后。上銜大珍珠一，周綴金鳳，不飾貓睛石。翟尾垂珠三行二就，共珍珠一百九十二。青金石結，飾東珠珍珠各四。妃，頂二層，貫東珠各一，皆承以金鳳。飾東珠共九，上銜貓睛石，周綴金鳳五，飾東珠各七。翟尾垂珍珠一百八十八，餘同。嬪，頂承金翟，上銜硨子，周綴金翟五，飾東珠各五，珍珠各十九。後金翟不飾貓睛石，垂珍珠一百七十二。結飾東珠珍珠各三，餘同。吉服冠頂，皇貴妃、貴妃用東珠。妃、嬪用碧砡玐。金約，皇貴妃、貴妃鏤金雲十二，飾東珠各一，間以珊瑚，紅片金裏，後繫金銜緑松石結，垂珍珠三行三就，共二百有四。中間金銜青金石結二，每結飾東珠珍珠各六。末綴珊瑚。妃，鏤金雲十一，間以青金石，後垂珍珠一百九十七，餘同嬪，鏤金雲八，後垂珍珠三行二就，共一百七十七。中間每結飾東珠珍珠各四，餘同。耳飾，皇貴妃、貴妃用二等東珠。妃用三等東珠。嬪用四等東珠。朝褂各三，制皆與皇后同。青妃以下，領後垂縧，皆用金黃色。龍褂各一，妃以上繡金龍八團，兩肩前後正龍各一，襟行龍四，下幅八寶立水，袖端行龍各二。嬪，兩肩前後正龍各一，襟夔龍四。朝袍各三，制皆與皇后同。貴妃、妃用金黃色，嬪用香色。龍袍各一，繡金龍九，如皇后龍袍一之制，色如朝袍。領約，皇貴妃以下，皆飾東珠七。垂縧末綴珊瑚各二，餘與皇后同。朝珠各三盤，皇貴妃、貴妃、妃，蜜珀一、珊瑚二。嬪，珊瑚一、蜜珀二。吉服各用一盤。綵帨，皇貴妃、貴妃，繡文與皇后同。妃，繡雲芝瑞草嬪，不繡花文。凡垂縧之色，皇貴妃，明黃。貴妃、妃、嬪，皆金黃。朝裙之制，均與皇后同。

皇子以下冠服，特殊其制。皇子冬朝冠，用薰貂。十一月朔至上元，用青狐。夏朝冠，前綴舍林，飾東珠五。後綴金花，飾東珠四。頂金龍二層，飾東珠十。上銜紅寶石。吉服冠，紅絨結頂。端罩，紫貂，金黃緞裏，垂帶色與裏同。龍褂，石青色，繡五爪正面金龍四團，兩肩前後各一，間以五色雲。朝服制二，皆金黃色。一，披領及袖皆石青，冬用片金加海龍緣，夏用片金緣。繡文，兩肩前後正龍各一，腰帷行龍四，裳行龍八，披領行龍二，袖端正龍各一，中有襞積，下幅八寶平水。一，按領及裳皆表以紫貂，袖端薰貂。繡文，兩肩前後正龍各一，襞積行龍六，間以五色雲。蟒袍，色用金黃，片金緣，通繡九蟒，裾四開，朝珠不得用東珠，餘隨所用。縧皆金黃色。帶，金黃色。朝帶，金銜玉方版四。每版飾東珠四，中飾貓睛石一。吉服帶，版飾惟宜，左右佩縧皆如帶色。雨冠、雨衣、雨裳之色，均用紅。氈羽紗油綢惟時，乘馬用金黄轡，韂座如其色。夏季帶雨纓時，頂用紅寶石。皇孫以下均同。皇孫冬朝冠，用薰貂。十一月朔至上元用青狐。夏朝冠，前綴舍林，飾東珠三。後綴金花，飾東珠二。頂金龍二層，飾東珠七。端罩，青狐，月白緞裏。補服色用石青，前後繡四爪正蟒各一團。朝服制二，其色俱不得用金黄，餘隨所用。其一披領及袖，冬用片金加海龍緣，夏用片金緣。兩肩前後繡蟒各一，腰帷繡蟒四，裳繡蟒八，披領繡蟒二，袖端繡蟒各一，下幅八寶平水。其一披領及裳，俱表以紫貂，袖端薰貂。兩肩前後繡蟒各一，襞積繡蟒六，間以五色雲。吉服冠，紅絨結頂。吉服褂，用圓壽字雙螭補，前後兩團。皇孫以下蟒袍，均用藍醬色，乘馬均用紫轡手，紅韂座。皇曾孫夏朝冠，前綴舍林，飾東珠二。後綴金花，飾東珠一。頂金龍二層，飾東珠六。補服前後繡四爪行蟒各一團。吉服冠，紅絨結頂。吉服褂，用圓壽字寶相花補，前後兩團。其冬朝冠、端罩、冬夏朝服，均與皇孫同。皇元孫夏朝冠，前綴舍林，飾東珠一。後綴金花，飾緑松石一。頂金龍二層，飾東珠五。端罩，紫貂，月白緞裏。補服前後繡四爪正蟒方補。吉服冠，紅絨結頂。吉服用織金爪瓞褂。其冬朝冠、冬夏朝服，均與皇曾孫同。

皇子福晉以下冠服亦如之。皇子福晉朝冠，頂鏤金三層，飾東珠十，上銜紅寶石。朱緯上周綴金孔雀五，飾東珠各七，珍珠三十九。後金孔雀一，垂珠三行二就，中間金銜青金石結一，飾東珠各三，末綴珊瑚。護領垂金黄條二，末亦綴珊瑚，青緞帶。吉服冠，頂用紅寶石。金約，鏤金雲九，飾東珠各一，間以青金石，紅片金裏。後繫金銜青金石結，垂珠三行三就，中間金銜青金石結二，每結飾東珠珍珠各四，末綴珊瑚。耳飾，左右各三，每具金雲銜珠各二。朝褂，石青色，片金緣，繡文，前行龍四，後行龍三。吉服褂，石青色，繡五爪正龍四團，前後兩肩各一。朝袍香色，披領及袖皆石青色，冬用片金加海龍緣，夏用片金緣。肩上下襲朝褂處亦加緣，繡文。前後正龍各一，兩肩行龍各一，襟行龍四，披領行龍二，袖端正龍各一，袖相接處行龍各二。裾後開，領後皆垂金黄條，雜飾惟宜。蟒袍，香色，通繡九龍。領約，鏤金，飾東珠七，間以珊瑚。兩端垂金黄條二，中各貫珊瑚，末綴珊瑚各二，朝珠三盤，珊瑚一，蜜珀二。吉服用一盤。綵帨，月白色，不繡花文，結佩惟宜。條皆金黄色。朝裙，冬片金加海龍緣，上用紅緞，下石青行龍糚緞。夏片金緣，緞紗惟時，皆正幅，有襞積。皇孫福晉冬朝冠，頂鏤金二層，飾東珠七，上銜紅寶石。朱緯上，周綴金孔雀五，飾東珠各三。後金孔雀一，垂珠三行二就，中間金銜青金石結一，末綴珊瑚。冠後護領，垂石青條二，末亦綴珊瑚，青緞爲帶。夏朝冠，青絨爲之，餘俱如冬朝冠。朝褂，色用石青，片金緣，前繡蟒四，後繡蟒三，領後垂石青條，雜飾惟宜。冬朝袍，藍與石青諸色隨用，片金加海龍緣。夏朝袍，片金緣，肩上下襲朝褂處亦加緣。前後繡蟒各一，兩肩繡蟒各一，襟繡蟒四，披領繡蟒二，袖端繡蟒各一，袖相接處繡蟒各二。裾後開，領後垂石青條，雜飾惟宜。吉服用八團壽字雙螭補褂。蟒袍，紅緑顔色各隨其宜，惟不准用金黄香色。皇曾孫福晉冠，頂鏤金二層，飾東珠六，上銜紅寶石。吉服用八團圓壽字寶相花補褂。其冬夏朝冠朝褂朝袍，均與皇孫福晉同。皇兒孫福晉冠，頂鏤金二層，飾東珠五，上銜紅寶石。吉服用繡五綵爪瓞褂。其冬夏朝冠朝褂朝袍，均與皇曾孫福晉同。王以下各以其等爲差。王公冬朝冠，皆有薰貂，有青狐。夏朝冠，皆前綴舍林，後綴金花，飾東珠。親王、親王世子，前五後四。郡王，前四後三。貝勒，前三後二。貝子，固倫額駙，前二後一。鎮國公、輔國公、和碩額駙，前東珠一，後緑松石一，頂皆金龍二層。百官冬朝冠，文武一品以上，有薰貂，有青狐。文三品、武二品以上，有薰貂，有貂尾。文四品、武三品以下，惟薰貂，無貂尾。頂皆鏤金花座。王公、百官冬吉服冠，皆海龍及薰貂、紫貂，青絨惟時。貝子以下至輔國公及侍衛皆戴翎。王公百官補服皆石青色。朝服蟒袍，藍及石青諸色隨所用。朝服皆中有襞積，披領及袖石青色。王貝勒至文三品、武一品官，一等侍衛，冬朝服各二，夏朝服一。文四品，武三品，四品官，冬夏各一。文武五、六、七品官惟一，冬夏用之。蟒袍，宗室裾皆四開，餘前後開，領袖皆片金緣。文三品、武二品及縣主、額駙，輔國將軍以上，及京堂翰詹科道官侍衛，有端罩。皆緞裏，左右垂帶各二，色與裏同。文五品，武四品官以上，及京堂，軍機處，翰詹科道，侍衛，禮部國子監，太常寺，光禄寺，鴻臚寺所屬官，皆得用朝珠。帶，宗室皆金黄色，覺羅紅色，餘皆石青或藍色。朝帶佩帨，下廣而鋭。吉服、常服帶，版飾惟宜，佩帉下直而齊。親王朝冠，頂飾東珠十，上銜紅寶石。吉服冠頂紅寶石。端罩青狐，月白裏，補服繡五爪金龍四團，前後正龍，兩肩行龍。朝服，一，披領及袖，冬片金加海龍緣，夏片金緣。兩肩前後繡正龍各一，腰帷行龍四，裳行龍八，披領行龍二，袖端正龍各一，下幅八寶平水。一，披領及裳，俱表以紫貂，袖端薰貂，兩肩前後繡正龍各一，襞積行龍六，間以五色雲。蟒袍，通繡九蟒，朝珠不得用東珠，餘隨所用。朝帶，金銜玉方版四，每版飾東珠四，貓睛石一，條皆金黄色。坐褥，冬純貂皮，夏五爪龍紅緞襯紅白氈。親王、世子朝冠，頂飾東珠九。朝帶，每版飾東珠三。坐褥，冬猞猁猻緣貂皮，夏四爪蟒文藍緞，餘如親王。郡王朝冠，頂飾東珠八。補服，五爪行龍四團。朝帶，每版飾東珠二，貓睛石一，餘如親王、世子。貝勒朝冠，頂飾東珠七。補服，前後四爪正蟒各一團。朝服，通繡蟒文四爪。蟒袍如之。朝帶，每版東珠二，條皆石青色。坐褥，冬猞猁猻皮，夏藍糚花緞，餘如郡王。貝子朝冠，頂飾東珠六，戴三眼孔雀翎。補服，前後四爪行蟒各一團。朝帶，每版飾東珠一。坐褥，冬白豹皮，夏藍緞緣以糚緞，餘如貝勒。固倫額駙吉服冠頂珊瑚。朝帶，金銜玉圓版四，每版飾東珠一，餘如貝子。鎮國公朝冠，頂飾東珠五，戴雙眼孔雀翎。端罩紫貂，月白裏。補服，前後四爪正蟒方補。朝帶，每版飾貓睛石一。坐褥，冬紅豹皮，夏紅閃緞襯紅氈，餘如貝子。輔國公朝冠，頂飾東珠四。坐褥，冬紅豹皮去首尾，夏青閃緞，餘如鎮國公。不入八分公吉服冠頂如固倫額駙，餘同。和碩額駙吉服冠頂朝帶如固倫額駙，每版飾貓睛石一，餘如鎮國公。民公朝冠，頂飾東珠四，上銜紅寶石。吉服冠頂珊瑚。端罩，貂皮藍裏。補服前後四爪正蟒。朝服，一貂表者，襞積行蟒四。一片金海龍緣者，腰帷行蟒四。裳，行蟒八，均兩肩前後正蟒各一。蟒袍，九蟒四爪。朝帶，鏤金銜玉圓版四，每版飾貓睛石一。坐褥，冬用金虎皮，夏青閃緞襯紅氈。侯朝冠，頂飾東珠三。朝帶，每版飾緑松石一。坐褥，冬虎皮去首尾，夏青色緑花閃緞，餘如公。伯朝冠，頂飾東珠二。朝帶，每版飾紅寶石一。坐褥，夏藍雲緞，餘如侯。一品官朝冠，頂飾東珠一，上銜紅寶石。補服，文繡鶴，武麒麟。朝帶，鏤金銜玉方版四，飾如伯。坐褥，冬狼皮，夏紅褐，餘如公。鎮國將軍子，皆如武一品，郡主、額駙朝帶及飾如侯。坐褥，冬如侯，夏藍緞襯紅氈，餘如武一品、二品官朝冠。頂飾小寶石一，上銜鏤花珊瑚。吉服冠頂鏤花珊瑚。補服，文繡錦雞、武獅。朝帶，鏤金圓版四。坐褥，冬貛皮，夏紅褐緣皁褐，餘如一品。輔國將軍男，如武二品，縣主、額駙坐褥。夏青布，緣紅布襯紅氈，餘如武二品。三品官朝冠，頂飾小紅寶石，上銜藍寶石。吉服冠頂藍寶石。補服，文繡孔雀、武豹。朝服，武無貂表。朝帶，鏤花金圓版四，不加飾。坐褥，冬貂皮，夏皁褐緣紅褐，餘如二品。奉國將軍如武三品。郡君、額駙坐褥，夏青布，襯紅氈，餘如武三品。一等侍衛戴孔雀翎。端罩，猞猁猻，間以貂皮，月白裏。冬朝服，貂表，餘如武三品。四品官朝冠，頂飾小藍寶石，上銜青金石。吉服冠頂青金石。補服，文繡雁，武虎。朝服文亦無貂表。蟒袍通繡八蟒四爪。朝帶，銀銜鏤花金圓版四。坐褥，冬山羊皮，夏皁褐。餘如三品。奉恩將軍如武四品。縣君、額駙朝帶，鋄金方鐵版四。坐褥，冬用青羊皮，夏皁布，襯紅氊，餘如武四品。二等侍衛，翎如一等侍衛。端罩，紅豹皮，素紅裏。朝服，雲緞翦絨緣，色用石青。前後方襴，行蟒各一，腰帷行蟒四，領袖石青粧緞，冬夏用之，餘如武四品。五品官朝冠，頂飾小藍寶石，上銜水晶。吉服冠頂水晶。補服，文繡白鷴，武熊。朝服，石青雲緞片金緣，前後方襴，行蟒各一，領袖粧緞。朝帶，銀銜素金圓版四。坐褥，冬青羊皮，夏藍布襯白氈，餘如四品。鄉君、額駙朝帶，如縣君額駙，餘如武五品。三等侍衛，翎如一等侍衛。端罩，黄狐皮，月白裏，朝服翦絨緣，餘皆如武五品。六品官朝冠，頂飾小藍寶石，上銜硨磲。吉服冠，頂硨磲。補服，文繡鷺鷥，武彪。朝帶，銀銜玳瑁圖版四。坐褥，冬黑羊皮，夏黑椶色布，餘如五品。藍翎侍衛戴藍翎。端罩朝服，如三等侍衛，餘如武六品。五品以上有翎者，均戴孔雀翎。六品有翎者，均戴藍翎。七品官朝冠，頂飾小水晶一，上銜素金。吉服冠頂素金。補服，文繡鸂鶒，武犀牛。蟒袍，五蟒四爪。朝帶，素銀圓版四。坐褥，冬鹿皮，夏灰色布，餘如六品。八品官朝冠，陰文鏤花金頂，無飾。吉服冠頂鏤花同。補服，文繡鵪鶉，武犀牛。朝服，石青雲緞，無蟒，領袖青倭緞。朝帶，銀銜明羊角圓版四。坐褥，冬麅皮，夏土布，餘如七品。九品官朝冠，陽文鏤花金頂。吉服冠頂鏤花同。補服，文繡練雀，武海馬。朝帶，銀銜烏角圓版四。坐褥，冬獺皮，餘如八品。未入流官如文九品。左都御史、副都御史、監察御史、各省按察使、道，補服均繡獬豸。會試中式貢士朝冠，頂上銜金三枝九葉。吉服冠頂素金，舉人公服冠頂鏤花銀座上銜金雀。吉服冠頂銀座上銜素金，公服袍青紬藍緣，披領如袍飾。公服帶，如八品朝帶。貢生吉服冠頂鏤花金，監生素銀，餘皆如舉人。生員公服冠頂鏤花銀座上銜銀雀。吉服冠頂如監生。公服袍藍紬青緣，披領如袍飾。公服帶，如九品朝帶。王公百官行冠，各如冬吉服冠。氈貂惟時。行褂，領侍衛內大臣、御前大臣、侍衛班領、護軍統領、健鋭營翼長，色用明黄。八旗副都統，正黄旗色用金黄，正白旗、正紅旗、正藍旗各如旗色。鑲黄旗、鑲白旗、鑲藍旗紅緣，鑲紅旗白緣。前鋒參領、護軍參領、火器營官皆如之。大器營兵，色用藍，白緣。健鋭營前鋒參領，色用明黄，藍緣。健鋭營兵，色用藍，明黄緣。豹尾班侍衛，色用明黄，無袖，前施雙帶結之。虎槍營總統、總領，色用金黄。虎槍營虎槍校，色用紅。虎槍營兵，色用白。皆領左右端至前裾青緣，餘皆用石青色。行袍行裳，色隨所用。行裳，冬以皮爲表。行帶，佩帉素布，視常服帶帉微闊而短，版飾惟宜，絛皆圓結。雨冠，雨衣、雨裳，氈及羽紗油紬惟時。雨冠，王、貝勒、貝子、公侯、伯子男、一品至三品文武官、御前侍衛、乾清門侍衛、內廷行走官，皆全紅色。四、五、六品文武官，紅色加青緣。七、八九品文武官，凡有頂戴人員，青色加紅緣。緣皆前二寸五分，後五寸。軍民用青色氈及油紬，事均藍布。雨衣各二制。一，如常服袍而袖端平。一，如常服褂而加領。長與坐齊，皆前施掩襠。王、貝勒、貝子、公侯、伯子、文武一品以上官、御前侍衛、各省巡撫，皆紅色。二品以下文武官至軍民，皆青色。雨裳色如之。王公、額駙、民公侯伯、一二品大臣，侍衛有賜紅絨結頂冠者，不得如式更製。王公以下，不得用上用服色、黄色、秋香色，及黑狐皮。其端罩裏及朝服蟒袍之色，惟特賜金黄色。得用金黄色。特賜黄褂者，行褂得用明黄色，衣服織文。親王、郡王、貝勒用龍文。貝子以下宗室各將軍、民公以下四品以上，及御前侍從官，得用蟒文。七品以上官，用諸花繒。八九品官，用雜花及素繒。舉人視七品。貢監視八品。軍民吏員得用綾絹。郡王以下，非奉特賜，不得用織金彩色五爪龍衣服，及五爪暗龍緞。五品官以下，不得用蟒緞、粧緞、貂皮、猞猁猻。八品官以下，不得用大花緞紗，及白豹天馬等皮。凡朝會祭祀，俱服朝衣補服，筵燕，迎鑾，及一應嘉禮，俱服蟒袍補服。每月朔日，及初五、初十、十五、二十、二十五等日，俱服補服。應服端罩者，以端罩代補服。不應用端罩者，不得於朝會之地，反穿皮褂，以混補服。文六品以下，除翰詹等官外，武五品以下，除侍衛外，其禮部主事，及太常寺、鴻臚寺、光禄寺、國子監所屬官，在壇廟執事，及殿陛侍儀，得挂朝珠。平時燕處，及在公署，仍不得用。文武官上朝及坐班，如非下雨戴雨帽者參處，迎送謁見上司，止用補服，不得濫用朝服。文武官父母受封者，冠服得如所封之品。官員加級受封，冠服坐褥，均從本任。惟致仕後准照所封之品服用。革職留任之員，准照原品頂戴服用。其有加級捐封因公革職未追封誥者，准用原品官頂戴榮身。商賈捐納職銜者，冠服各從其品。無職銜者，不得僭用。考職吏員，在籍止用頂帽，不得用補服。供事書吏非年滿考職者，不得用金頂。外郎耆老用錫頂，奴僕優伶皁隸，止准服繭紬、毛褐、葛布、梭布、貂皮、羊皮。其紡紬、絹緞、紗綾羅及各種細毛，俱不得用。冬帽用染騷鼠狐貂獺皮，不得用貂。公主。公主至鄉君朝冠，皆冬用薰貂，夏用青絨。頂皆上銜紅寶石，朱緯上皆周綴金孔雀五，後金孔雀一，垂珠三行二就，中間金銜青金石結一，末服珊瑚，垂條末亦綴珊瑚，青緞帶。吉服冠，薰貂，頂皆紅寶石。耳飾，左右各三，每具金雲銜珠各二。朝褂，色用石青，片金緣。吉服褂，色用石青。朝袍，披領及袖俱石青，冬片金加海龍緣，夏片金緣，肩上下襲朝褂處亦加緣，裾後開。綵帨，月白色，不繡花文，結佩惟宜。朝裙，冬片金加海龍緣，上用紅緞，下石青行龍粧緞。夏片金緣。緞紗惟時，皆正幅有襞積。固倫公主朝冠，頂鏤金三層，飾東珠十，每孔雀飾東珠七，珍珠三十九，石結飾東珠三，垂條金黄色。金約，鏤金雲九，飾東珠各一，間以青金石，紅片金裏。後繫金銜青金石結，垂珠三行三就，中間金銜青金石結二，每結飾東珠珍珠各四，末綴珊瑚。朝褂，繡行龍前四後三，垂條金黃色，雜飾惟宜。吉服褂，繡五爪金龍四團，前後正龍，兩肩行龍，朝袍用香色。繡文，前後正龍各一，兩肩行龍各一，襟行龍四，披領行龍二，袖端正龍各一，袖相接處行龍各二，垂條金黃色，雜色惟宜。蟒袍用香色，通繡九龍。領約，鏤金，飾東珠七，間以珊瑚，兩端垂金黃條二，中各貫珊瑚，末綴珊瑚各二，朝珠三盤，珊瑚一，蜜珀二。吉服用一盤，條皆金黃色，綵帨條色同。和碩公主朝冠，頂鏤金二層，飾東珠九，每孔雀東珠六。金約，鏤金雲八，飾東珠各一，餘如固倫公主。郡主朝冠，飾東珠頂八，每孔雀五。金約，惟中間青金石結，不飾東珠珍珠，餘如和碩公主。縣主朝冠，飾東珠頂七，每孔雀三，冠後護領，垂石青條二。金約，鏤金雲七，飾東珠各一。吉服褂，繡五爪行龍四團，餘如郡主。郡君朝冠，飾東珠頂六，每孔雀三。金約，鏤金雲六，飾東珠各一。朝褂，繡蟒四爪。吉服褂，前後四爪正蟒各一團。朝袍、蟒袍，皆藍及石青諸色隨所用。朝袍，繡蟒四爪。蟒袍，通繡九蟒，凡條皆石青色，餘如縣主。縣君朝冠，飾東珠頂五，每孔雀三。金約，鏤金雲五，飾東珠各一。吉服褂，前後四爪行蟒各一團，餘如郡君。鄉君鎮國公女朝冠，飾東珠頂四，每孔雀三。金約，鏤金雲四，飾東珠各一。輔國公女朝冠，飾東珠頂三，每孔雀三。金約鏤金雲三，飾東珠各一。吉服褂，皆繡花八團，餘皆如縣君。福晉。親王福晉，冠服如固倫公主。親王世子福晉，朝冠金約如和碩公主。餘如親王福晉。郡王福晉，朝冠金約如郡主。吉服褂如縣主，餘如親王世子福晉。貝勒夫人，朝冠金約如縣主。朝褂、吉服褂、朝袍、蟒袍如郡君，餘如郡王福晉，條皆石青色。貝子夫人，朝冠金約如郡君，吉服褂如縣君，餘如貝勒夫人。鎮國公夫人，朝冠金約如縣君，吉服褂如鄉君，餘如貝子夫人。輔國公夫人，朝冠金約如鎮國公女鄉君，餘如鎮國公夫人。命婦民公夫人至七品命婦，朝冠，皆冬用薰貂，夏用青絨。朱緯，前綴金簪三，飾以珠寶。朝冠頂，吉服冠頂，各從其夫之品。金約，用青緞，紅片金裏，中綴鏤金火焰，飾珍珠一，左右金龍鳳各一，後垂青緞帶二，亦紅片金裏。耳飾，左右各三，每具金雲銜珠各二。朝褂，色用石青片金緣，繡行蟒前二後一。吉服褂，色用石青，皆繡花八團。朝袍蟒袍，藍及石青諸色隨所用。朝袍無襞積，披領及袖皆石青色。三品命婦以上，冬夏各一。四品命婦以下惟一，冬夏用之。領約，皆鏤金，飾紅藍小寶石五，兩端垂條二，中各貫珊瑚，末綴珊瑚各一。綵帨月白色，不繡花文，結佩惟宜。民公至五品命婦，皆用朝珠。朝服用三盤，珊瑚、青金、緑松、蜜珀隨所用。雜飾惟宜，凡條皆石青色。民公、侯、伯、子男夫人，一品、二品、三品命婦朝袍，冬片金加海龍緣，夏片金緣。繡文，前後正蟒各一，兩肩行蟒各一，襟行蟒四，披領行蟒二，袖端正蟒各一，袖相接處行蟒各二，蟒袍通繡九蟒四爪。朝裙，冬片金加海龍緣，上用紅緞，下石青行蟒糚緞。夏片金緣，緞紗惟時，皆正幅，有襞積。鎮國將軍夫人、輔國將軍夫人、奉國將軍淑人皆同。四品命婦朝袍，片金緣，繡行蟒前後各二，蟒袍通繡八蟒四爪。朝裙片金緣，上用緣緞，下石青行蟒糚緞，餘如三品以上命婦。奉恩將軍恭人，及五品、六品命婦皆同。七品命婦蟒袍五蟒，餘如六品以上命婦。亦如之。

一服飾違例。康熙十一年議準，凡違例越分僭用服色者，繫官革職，其違禁之物入官。如該管官不行稽察，被旁人獲首到官審實，將違禁之物給與獲首之人。其族長繫官，罰俸三月，若家下奴僕違禁者，奴僕之主繫官，罰俸三月。其五城司坊官失察者，每事罰俸三月。該城滿、漢御史失察者，每事犯二次，罰俸三月。直隸各省軍民違禁，該督撫失察三次，罰俸三月。司道失察二次，罰俸三月。府州縣官每事罰俸三月。

雍正五年議準，凡屬員謁見上司，遇公服之日，止用補服，不許擅用朝衣，違者皆照錯誤儀注例議處。

七年，諭百官章服，皆有一定之制，所以辨等威，昭品秩也。向來屢申禁約，不許逾分濫用，以開僭越之端。定例昭然，各宜遵奉。聞近來服色、頂帶及坐褥、頂馬繁纓之屬，又有不按定例，任意僭越者，御史有稽察部院之貴，而各御史中即有參差不齊之處，是已身先有逾分違例之咎，又何以彈劾他人。嗣後紫禁城内，著三旗侍衛稽察，大城内，著步軍統領稽察，外城，著五城御史稽察，倘有違例僭越之人，而侍衛、統領、御史不行參奏，別經發覺者，將稽察之員，一并處分。欽此。

八年，諭大小官，帽頂、補服、坐褥等項，各宜遵照見任品級，不得僭越。從前已降諭旨，後因御史等察奏，文武官員内有補服與頂帶不相符者，朕又降旨，頂帶等項各按本分品級，不得計算加級，所頒諭旨甚明。近聞文武官員，仍有越制擅用者，又該管官察問時，則引從前推算加級之例，掩飾支吾，甚屬不合。嗣後内外文武大小官員，頂帶、補服、坐褥，悉照本身見在品級，不得指稱加級，以開僭越之端。在京，著有稽察之責者，嚴行稽察，在外，著該管上司稽察。倘仍復不遵，除將本人議處外，其失察之員，亦一并處分。欽此。

乾隆二年議準，各省官民服飾，自定制之後，凡有違者，王公由宗人府稽察參處，文武大臣由吏部、兵部稽察參處，各衙門官員由該管官察參，按其情罪輕重，分別處分，違式之物入官。

四年覆準，官員違例錯用帽頂、補服、坐褥者，皆罰俸六月。

五年奏準，京官禮部司務、太常博士、典簿、讀祝官、贊禮郎，鴻臚寺鳴贊，光禄寺署正、署丞，國子監監丞、博士、助教、學正、學録等官，恭遇壇廟執事殿陛侍儀之時，準其懸掛數珠，其平常在署，仍按《會典》定制遵行，不得越分擅用。如有尋常無事之日懸掛數珠者，一經科道察參，照違制律議處。

十年覆準，吏員僭用補服干謁地方官，照違制例，革去職銜。至州縣佐雜等官，均有地方之責，理宜關防嚴肅，如有與在籍吏員往來請託，有玷官箴者，事發，照因事囑託例革職。

官修《清會典則例》卷六五《禮部·儀制清吏司》　冠服

一、皇帝冠服　崇德元年，定冠用東珠、寶石飾頂，服黄袍，帶用玉飾，金銜珠。

康熙二十二年定，凡大典禮及祭壇、廟，冠用大珍珠、東珠飾頂。禮服用黄色、秋香色、藍色，五爪、三爪龍文。

雍正元年定，祭服用天青、明黄、大紅、月白四色。織爲圓金龍九，當龍口珠各一，腰襴小圓金龍，采雲環之，下作山水之狀。

一、皇后冠服　國初定，凡慶賀大典，冠用東珠飾頂，禮服用黄色、秋香色。鳳凰、翟鳥及五爪龍文。

一、皇貴妃、貴妃、妃、嬪冠服　國初定，凡慶賀大典，皇貴妃、貴妃冠，頂用東珠十有二。妃用東珠十有一。禮服，均用鳳凰、翟鳥、五爪龍段，粧段，八團龍段。嬪冠，頂用東珠十。禮服，用翟鳥五爪龍段，粧段，四團龍段。

一、皇太子冠服　康熙十四年定，冠頂用東珠十有三。禮服用秋香等色，五爪三爪龍段，滿翠八團龍等段。帶用玉版，以金銜之，飾以東珠。

一、親王冠服　崇德元年定，冠頂三層，上銜紅寶石，中飾東珠八，前舍林，飾東珠四。後金花，飾東珠三。帶用玉四，以金銜之，共飾東珠四。坐褥，冬用豹皮，夏用蟒段。襯紅白氈。

順治九年題準，冠頂三層，共飾六分以下，東珠十，舍林飾東珠五，後花飾東珠四，帶玉各飾東珠四，貓睛石一。補用五爪圓龍文四，服用滿翠五爪回，團龍段。坐褥，冬用純貂皮，夏用五爪龍紅段，襯紅白氈。

一、世子冠服　順治九年題準，冠頂三層，共飾五分以下，東珠九，帶用玉四，以金銜之，各飾東珠三。服與親王同。坐褥，冬用猞猁猻緣貂皮，夏用四爪蟒文藍段，襯紅白氈。

一、郡王冠服　崇德元年定，冠頂三層，上銜紅寶石，中飾東珠七，前舍林飾東珠三，後金花飾東珠二。帶用玉四，以金銜之，飾緑松石四。坐褥，冬用豹皮，夏用蟒段，襯紅白氈。

順治九年題準，冠頂飾五分以下東珠八，舍林飾東珠四，後花飾東珠三，帶玉各飾東珠二，貓睛石一。服與親王同。坐褥與世子同。

一、貝勒冠服　崇德元年定，冠頂三層，上銜紅寶石，中飾東珠六，前舍林飾東珠二，後金花飾東珠一。帶用玉四，以金銜之，飾寶石四。坐褥，冬用虎皮，夏用閃段，襯紅白氈。

順治九年題準，冠頂飾四分以下東珠七，舍林飾東珠三，後花飾東珠二，帶玉各飾東珠二。補服，用四爪圓龍文二，及蟒文粧花等段。坐褥，冬用猞猁猻皮，夏用藍粧花段，襯白氈。

一、貝子冠服　崇德元年定，冠頂二層，上銜紅寶石，中飾東珠五，前舍林後金花，各飾東珠一。帶用玉四，以金銜之，飾藍寶石四。坐褥，冬用方虎皮，夏用段，襯紅氈。

順治九年題準，冠頂共飾四分以下東珠六。舍林飾東珠二，後花飾東珠一，帶玉各飾東珠一。服與貝勒同。坐褥，冬用白豹皮，夏用藍段，緣以粧段，襯紅白氈。

一、鎮國公冠服　崇德元年定，冠頂二層，上銜紅寶石，中飾東珠四，前舍林飾東珠一，後金花飾緑松石一。帶用玉四，以金銜之，飾藍寶石四。坐褥，冬用方虎皮，夏用紅褐，襯紅氈。

順治九年題準，冠頂共飾四分以下東珠五。舍林飾東珠一，後花飾緑松石一，帶玉各飾貓睛石一。服用四爪方蟒繡，餘與貝勒同。坐褥，冬用紅豹皮，夏用紅閃段，襯紅氈。

一、輔國公冠服　崇德元年定，冠頂二層，上銜紅寶石，中飾東珠三，前舍林飾緑松石一，後金花飾寶石一。帶與鎮國公同。坐褥，冬用狼皮，夏用紅褐，緣皂褐，襯紅氈。

順治九年題準，冠頂共飾四分以下東珠四。坐褥，冬用方赤豹皮，夏用青閃段，襯紅氈。餘與鎮國公同。

又定，不入八分公以下，均用三分以下東珠。

一、鎮國將軍冠服　崇德元年定，冠頂上銜紅寶石，帶用金圓版，飾紅寶石四。坐褥，冬用獾皮，夏用皂褐，襯紅氈。

順治九年題準，冠頂中飾三分以下東珠一，帶用方玉四，以金銜之，各飾紅寶石一。補服，用麒麟，餘與鎮國公同。坐褥，冬用狼皮，夏用紅褐緣皂褐，襯紅氈。

乾隆二年議準，坐褥夏用紅褐，餘如舊制。

一、輔國將軍冠服　崇德元年定，冠頂上銜藍寶石，帶用圓金版。坐褥，冬用貂皮，夏用皂布，襯紅氈。

順治九年題準，冠頂上銜紅寶石，中飾小紅寶石一，帶用圓金版四，各飾紅寶石一。補服，用獅餘與鎮國公同。坐褥，冬用貛皮，夏用紅褐緣皂褐，襯紅氈。

雍正八年議準，冠頂上銜起花珊瑚，中飾小紅寶石。

乾隆二年議準，坐褥夏用紅褐緣皂褐，餘如舊制。

一、奉國將軍冠服　崇德元年定，冠頂上銜水晶，帶用玲瓏鈒金方鐵版四。坐褥，冬用野山羊皮，夏用藍布，襯紅氈。

順治九年題準，冠頂上銜紅寶石，中飾小藍寶石一，帶用起花金圓版四。補服，用豹，餘與鎮國公同。坐褥，冬用貉皮，夏用皂布，襯紅氈。

雍正八年議準，冠頂上銜藍寶石或藍色明玻璃，中飾小紅寶石。

乾隆二年議準，坐褥，夏用皂褐緣紅褐，餘如舊制。

一、奉恩將軍冠服　順治九年題準，冠頂上銜藍寶石，中飾小藍寶石一，帶用鏤花圓銀版四，以金銜之。補服，用虎，餘與鎮國公同。坐褥，冬用野山羊皮，夏用藍布，襯白氈。

雍正八年議準，冠頂上銜青金石或藍色涅玻璃，中飾小藍寶石。

乾隆二年議準，坐褥，夏用皂布，襯紅氈，餘如舊制。

一、宗室覺羅冠服　順治九年題準，閒散宗室服用蟒段、粧段、倭段、金花段及各種花素段。衣裾四啟，得掛數珠，馬繁纓得用青段，坐褥襯白氈。覺羅服用金花段、倭段、各種花素段。

康熙十一年題準，宗室服許用貂皮猞猁猻。

一、固倫公主冠服　崇德元年定，冠頂、大簪、舍林、領約各用東珠八。

順治九年題準，冠頂等各飾東珠十。補服用五爪團龍文四。服用粧段及滿翠翟鳥五爪四團龍。

一、和碩公主冠服　崇德元年定，冠頂、大簪、舍林、領約各用東珠七。

順治九年題準，冠頂等各飾東珠九，補服與固倫公主同。

一、郡主冠服　崇德元年定，冠頂、大簪、舍林、領約各用東珠六。

順治九年題準，冠頂等各飾東珠八，補服與和碩公主同。

一、縣主冠服　崇德元年定，冠頂、大簪、舍林、領約各用東珠五。

順治九年題準，冠頂等各飾東珠七，補服用四爪團蟒文二。服用蟒段、粧段、各種花素段。

一、郡君冠服　崇德元年定，冠頂、大簪、舍林、領約各用東珠四。

順治九年題準，冠頂等各飾東珠六，服飾與縣主同。

一、縣君冠服　崇德元年定，冠頂、大簪、舍林、領約各用東珠三。

順治九年題準，冠頂等各飾東珠五，補服與郡君同。

一、鄉君冠服　崇德元年定，冠頂、大簪、舍林、領約各用東珠二。

順治九年題準，鎮國公女、鄉君冠頂等各飾東珠四，輔國公女、鄉君冠頂等各飾東珠三，服與縣君同。

一、王公等側室女冠服　康熙四十五年題準，王貝勒側室女封授比適降二等。冠服等各視所降品級用。貝子鎮國公輔國公側室女雖降等，食五品六品俸，其冠頂服色仍與鄉君同。

一、親王福晉冠服　崇德元年定，適福晉冠頂、大簪、舍林、領約各用東珠八。側福晉冠頂等各飾東珠七。

順治九年題準，適福晉冠頂等各飾東珠十，補服用五爪團龍文四。服用粧段及五爪四團滿翠翟鳥五爪龍段。側福晉冠頂等各飾東珠九，服與適福晉同。

一、世子福晉冠服　順治九年題準，適福晉冠頂服飾與親王側福晉同。側福晉冠頂等各飾東珠八，服與適福晉同。

一、郡王福晉冠服　崇德元年定，適福晉冠頂、大簪、舍林、領約各用東珠七。側福晉冠頂等各飾東珠六。

順治九年題準，適福晉冠頂服飾與世子側福晉同。側福晉冠頂等各飾東珠七，補服用團蟒文二，服用粧段、蟒段及各種花素段。

一、貝勒夫人冠服　崇德元年定，適夫人冠頂、大簪、舍林、領約各用東珠六。側夫人冠頂等各飾東珠五。

順治九年題準，適夫人冠頂服飾與郡王側福晉同。側夫人冠頂等各飾東珠六，服與適夫人同。

一、貝子夫人冠服　崇德元年定，適夫人冠頂、大簪、舍林、領約各用東珠五。側夫人各飾東珠四。

順治九年題準，適夫人冠頂服飾與郡王側福晉同。側夫人冠頂等各飾東珠五，服與適夫人同。

一、鎮國公夫人冠服　崇德元年定，適夫人冠頂、大簪、舍林、領約各用東珠四。

順治九年題準，適夫人冠頂等各飾東珠五，服與貝子夫人同。側夫人冠頂等各飾東珠四，服與適夫人同。

一、輔國公夫人冠服　崇德元年定，適夫人冠頂、大簪、舍林、領約各用東珠三。

順治九年題準，適夫人冠頂等各飾東珠四，服與貝子夫人同。側夫人冠頂等各飾東珠三，服與適夫人同。

一、不入八分公及鎮國輔國奉國各將軍夫人冠服　崇德元年定，冠頂服飾止準正室各照夫品級用。

一、超品民公侯冠服　崇德元年定，冠頂上銜紅寶石，中飾東珠二，帶用金鑲玉版四。坐褥，冬用方虎皮，夏用紅褐，襯紅氈。

一、民公冠服　崇德元年定，冠頂上銜紅寶石，中飾東珠一，帶用金鑲圓玉版四，各飾緑松石一。坐褥，冬用狼皮，夏用皂褐，襯紅氈。

順治二年定，冠用起花金頂，上銜紅寶石，中飾東珠三，帶用金鑲圓玉版四，各飾緑松石一。

八年定，冠頂飾東珠四，帶玉各飾貓睛石一。

九年題定，補服或用麒麟或用四爪蟒。坐褥，冬用虎皮，夏用青閃段，襯紅氈。

康熙元年題準，補服用四爪蟒。

一、侯伯冠服　順治二年定，冠用起花金頂，上銜紅寶石，中飾東珠一，帶用金鑲方玉版四，各飾紅寶石一。

六年定，冠頂飾東珠二，帶用金鑲圓玉版四，各飾紅寶石一。

八年定，侯冠頂飾東珠三，帶玉各飾緑松石一。

九年題準，侯伯補服或用麒麟或用四爪蟒。【略】

康熙元年題準，侯伯補服用四爪蟒。【略】

一、固倫公主額駙冠服　崇德元年定，與貝子同。若原繫貝勒以上，各照封爵用。

順治八年定，冠頂飾東珠六，舍林飾東珠二，後花飾東珠一，帶用金鑲圓玉版四，各飾東珠一。

九年定，坐褥，冬用白豹皮，夏用藍段緣糚段，襯紅氈。

一、和碩公主額駙冠服　崇德元年定，與超品公同。如封爵在超品公上者，各照封爵用。

順治八年定，冠頂飾東珠四，舍林飾東珠二，後花飾緑松石一，帶用金鑲圓玉版四，各飾貓睛石一。

九年題準，坐褥冬用方赤豹皮，夏用青閃段，襯紅氈。

十六年定，在京額駙冠頂嵌東珠五，坐褥冬用紅豹皮，夏用紅閃段，襯紅氈。皆視鎮國公。

康熙三十年定，蒙古和碩公主額駙，頂帶坐褥皆照貝子品級。

三十九年奏準，公主下嫁與在京額駙，照例頂帶坐褥皆視鎮國公品級，戴雙眼孔雀翎。

一、郡主額駙冠服　崇德元年定，冠頂上銜紅寶石，飾東珠一，帶用金圓版四，飾緑松石四。坐褥，冬用狼皮，夏用皂褐，襯紅氈。

順治八年定，冠頂飾東珠三，帶用金鑲圓玉版四，各飾緑松石一。

九年題準，坐褥冬用方虎皮，夏用藍段，襯紅氈。

康熙元年題準，補服用四爪蟒。雍正五年，題準郡主額駙冠頂，用珊瑚。

一、縣主額駙冠服　崇德元年定，冠頂上銜紅寶石，帶用金圓版四，飾紅寶石四。坐褥，冬用貛皮，夏用青布緣紅布，襯紅氈。

雍正五年題準，縣主額駙冠頂，用鏤花珊瑚。

一、郡君額駙冠服　崇德元年定，冠頂上銜藍寶石，帶用圓金版四。坐褥，冬用貂皮，夏用青布，襯紅氈。

乾隆十二年奏準，郡君額駙冠頂視三品官，用藍寶石及藍色明玻璃。

一、縣君額駙冠服　崇德元年定，冠頂上銜水晶，帶用鋄金方鐵版四。坐褥，冬用青山羊皮，夏用藍布，襯白氈。

康熙四十五年題準，貝子側夫人所生女額駙授爲六品。

雍正五年題準，縣君額駙冠頂，用青金石。

一、鄉君額駙冠服　崇德元年定，冠用金頂，帶用鋄金圓鐵版四。坐褥，冬用鹿皮，夏用白氈。

康熙四十五年題準，鎮國輔國公側夫人所生女額駙授爲七品。

乾隆十二年奏準，鄉君額駙視五品官，冠頂用水晶及白色明玻璃。

一、品官冠服　崇德元年定，都統尚書冠頂上銜紅寶石，帶用金圓版四，飾紅寶石四。內大臣大學士副都統護軍統領前鋒統領侍郎冠頂，上銜藍寶石，帶用金圓版四。一等侍衛護衛參領前鋒參領學士滿啟心郎郎中冠頂，上銜水晶，帶用鋄金鐵版四。二等、三等侍衛護衛佐領漢啟心郎員外郎冠，用金頂，帶用鋄

金圓鐵版四。護軍校主事冠用金頂，帶用鈒金圓鐵版二。【略】

順治二年定，一品官，冠用鏤花金頂，上銜紅寶石，中飾東珠一，帶用金方玉版四，各飾紅寶石一。二品官，冠用鏤花金頂，上銜紅寶石，中飾小紅寶石，帶用鏤花金圓版四，各飾紅寶石一。三品官，冠用鏤花金頂，上銜紅寶石，中飾小藍寶石，帶用鏤花金圓版四。四品官，冠用鏤花金頂，上銜藍寶石，中飾小藍寶石，帶用銀鑲鏤花金圓版四。五品官，冠用鏤花金頂，上銜水晶，中飾小藍寶石，帶用銀鑲素金圓版四。六品官，冠用鏤花金頂，上銜水晶，帶用銀鑲玳瑁圓版四。七品官，冠用鏤花金頂，中飾小藍寶石，帶用素銀圓版四。八品官，冠用鏤花金頂，帶用銀鑲明羊角圓版四。九品官，冠用鏤花銀頂，帶用銀鑲烏角圓版四。

九年題準，官員補服。文官一品用仙鶴，二品用錦雞，三品用孔雀，四品用雲鴈，五品用白鷴，六品用鷺鷥，七品用鸂鶒，八品用鵪鶉，九品用練雀。武官一品二品用獅子，三品用虎，四品用豹，五品用熊，六品七品用彪，八品用犀牛，九品用海馬。都察院按察使司衙門官不論品級，均用獬豸。【略】

康熙元年題準，武官一品補服用麒麟。又題準，文武一品官，雖有加級，不許過本品補服。

三年題準，武職三品補服用豹，四品用虎。

雍正六年覆準，都察院都事經歷筆帖式按察使司經歷照磨等官，均用本身品級補服，不得用獬豸補服。

八年議準，二品官朝冠頂上銜鏤花珊瑚，中飾小紅寶石。三品官上銜藍寶石或藍色明玻璃，中飾小紅寶石。四品官上銜青金石或藍色涅玻璃，中飾小藍寶石。五品官上銜水晶或白色明玻璃，中飾小藍寶石。六品官上銜硨磲或白色涅玻璃，中飾小藍寶石。七品官用素金頂，中飾小水晶。八品官用鏤花金頂。九品官用鏤花銀頂。未入流與九品同。候補候選與見任同。若在部學習行走之生監視八品。筆帖式九品之讀祝贊禮鳴贊序班，均視八品。各府州縣學教職皆照出身，用金頂。【略】

一、士庶冠服　順治二年定，舉人官生貢生監生，冠用金雀頂，帶用銀鑲明羊角圓版四。生員冠用銀雀頂，帶用銀鑲烏角圓版四。外郎耆老，冠用烏角葫蘆頂。

三年定，會試中式舉人，冠用裹金三枝九葉頂。狀元冠用鏤花金頂，上銜水晶，帶用銀鑲玳瑁圓版四。

九年題準，舉人官生貢生監生，公服皂袍，緣藍。生員，公服藍袍緣皂。

一、冠服通例　崇德元年定，親王以下至臣民等均不得用黃色，及五爪龍鳳黃色段，其馬飾等禁例同。

又定，親王以下宗室以上，皆束金黃帶，覺羅束紅帶。其金黃帶、紅帶不得給與異姓。若上賜者，不在禁例。【略】

又定，命婦冠服，各照夫品用。

順治三年覆準，庶民不得用繡段等服。滿洲家人不得用錦繡蟒段、粧段。

八年諭，官民等帽纓不得用紅紫線披領，繫繩，合包腰帶。韈底、牙縫不得用黃色。朝服、便服表裏皆不得用黃色、秋香色。欽此。

九年議準，涼帽暖帽上圓月，官員用紅片金，庶人用紅段涼帽。四品以上用片金裏，五品以下用紅段裏，均倭段緣邊。庶人用青藍段緣邊。

又題準，民公侯服用貂緣朝衣，貂端罩，貂袍蟒段，粧段，金花段，倭段，各種團龍段，花素段。一品至四品及侍衛護衛服與民公侯伯同。五品至七品服用金花段，倭段，花素段。八九品服用素段。凡朝服披領及袖均得用蟒段、金花段。御前侍從，得用蟒段、粧段及各種段服、皮服。親王親隨頂帶、補服、外服，色視五品。世子、郡王親隨視六品。公侯伯大小官員父母，從子品用。其未分居子、未出嫁女，除頂帶補服外，其餘服色照父品用。已分居子照本品用。已出嫁女照夫品用。護軍服用素段，領催吏書通事耆老兵民商賈等準用素段、素紗、綾、紬、絹、紡絲、各色布。準戴貂帽、狐皮帽。僧道服除袈裟法衣外，準用紬絹、紡絲、素紗、各色布。其袍用土黃色、緇色。奴僕及優人皁隸準用狐貉沙狐皮帽。樂户準用本色黃鼠皮帽。涼帽用緑絹裏，緑絹緣邊。

又題準，凡五爪三爪龍滿翠團龍段及黃色、秋香色黑狐皮，上賜者許用外，餘皆禁止，不得存留，亦不得製被褥帳幔。若有越用及存留者，繫官照品議罰。常人鞭責，衣物入官。妻子僭用者，罪坐家長。

又題準，官民等，均戴絨纓涼帽。不遇陰雨，不得用氈纓。

十年題準，官員軍民，京城内不得用齊肩挂戴氈帽及緣邊小秋帽，亦不得於氈帽上綴纓。如違，官送吏部，兵民送刑部治罪。

十一年題準，官民等涼暖帽皆用大圓月厚纓，違式者治罪。

十二年題準，喇嘛格隆服用黃紅色，非奉上賜，不得用五爪龍團花。班第用黃帽紅衣，伍巴什伍巴三察服用灰色。

十五年題準，每年春用涼朝帽及夾朝衣，或三月十五日或二十五日爲始。秋用暖朝帽及緣皮朝衣，或九月十五日或二十五日爲始。請旨通行。又王公百官有緣貂朝衣者，每年自十一月十五日爲始，至正月十六日止。凡常朝慶賀祭祀日服用。若冬至日在十一月十五日前，自郊祭日爲始。【略】

康熙元年題準，軍民等不得用蟒段、粧段、金花段、片金段、倭段、貂皮、猞猁猻、狐狓。

三年題準，文官四品以上，用蟒段懸數珠馬繫繁纓。五品以下，不得用。

十一年題準，民公以下，四品官以上，及侍衛護衛，佩刀帶飾櫜鞬，許飾緑松石、珊瑚、寶石。五品以下，不得用。五品以下官，朝衣、常服許用蟒段、粧段、倭段爲緣。舉人、官生、貢監生生員不得用貂皮、猞猁猻、白豹皮、蟒段、粧段、金花段。護軍領催未入流筆帖式，準用青素段、紬綾紡絲絹、葛苧梭布、狼狐貉羊等皮。軍民及聽差人書吏，準用紬綾紡絲棉紬繭紬屯絹、葛苧梭布、狼狐貉羊等皮。冠用染騷鼠狐貉沙狐皮。帽上圓月準用片金，不得用狐狓沙狐狓段紗及段韃。韃上不得緣緑斜皮。器飾不得用金緣事。革職人不得用貂皮、猞猁猻、蟒段、粧段、金花段。僧道除袈裟法衣外，服用與民同。奴僕優人皂隸，準用紡絲絹棉紬繭紬毛褐屯絹，葛苧梭布，狼狐貉羊等皮。冠用染騷鼠狐貉獺皮。樂户準用杭絹棉紬、葛苧梭布、羊皮。不得用諸種段疋、皮衣。冠用本色騷鼠，涼帽用緑絹裏，緑絹緣邊。

十二年題準，五品以下官，緣袖得用貂皮衣，襟用貂尾。其妻首飾等得用緑松石、珊瑚。未入流筆帖式護軍領催，例同已故官員子。繫護軍領催驍騎執事人，雖未出分，止照本身服用。若未經任事者，準視其父品級用。六十歲以上閒散人，準照護軍服用。凡未入流筆帖式以下至兵民等，不得用銀鼠皮。

二十四年覆準，服色已有定例，應再加申飭，通行遵奉，違者治罪。

二十六年題準，凡官民等，不得用暗花之四爪龍、四團八團龍段，及照品級織造暗花補服。又似秋香色之香色米色，亦不得用。大臣官員有上賜五爪龍段，皆令去一爪用。

三十九年諭，部院筆帖式服用僭越，至於未入流筆帖式不過與驍騎護軍相等。其有僭越者，著再行禁止。欽此。

又定，民公侯伯以上，不入八分公、閒散宗室、四品官、三等侍衛以上，貂皮、猞猁猻、蟒段、粧段等，皆得用。其藍翎侍衛亦得用。無品閒散覺羅、五六七品官，不得用蟒段、粧段、貂皮、猞猁猻。八九品官，不得用蟒段、粧段、大花段、紗、及貂皮、猞猁猻、白豹、天馬、銀鼠。滿洲蒙古漢軍官往口外寒冷處出差，貂狼猞猁猻照常用。漢官不於口外行走，四品職官以下，槩不得用。其漢官京堂以上，翰林科道滿洲贊禮官，仍準用。一等二等三等侍衛、參領郎中許用貂皮緣披領及袍，閒散輕車都尉佐領騎都尉以下不得用。如上賜及諸王貝勒賞給者，皆許用。其無品級筆帖式庫使八旗舉人官生貢監生生員護軍領催等，除大花段、紗及天馬、銀鼠皮外，止許服尋常段紗紬綾絹屯絹、葛布夏布、貉皮沙狐灰鼠狼狐羊等。皮帽圍領許用貂皮。其妻均視夫服用，止許金耳環。至漢舉人官生貢監生生員，例同軍民。書吏外郎不得服狼狐冠，不得用貂緣飾革。職官除貂皮猞猁猻蟒段粧段外，其餘服色均得用。帽緣得用貂。有封銜者，仍照品級用。藍翎侍衛佩刀等照五品以下官例，不得飾緑松石珊瑚寶石等物。其官兵甲冑佩刀櫜鞬等，不在禁例。奴僕優人皂隸等，狼皮狐皮並不得用。

又覆準，多羅貝勒親隨，頂帶、補服外，服色準視七品官。固山貝子入八分公親隨，服色準視八品官。

四十年定，太醫院官醫士等服飾悉照御前侍從例。

四十六年覆準，部院大臣並八旗閒散官上朝及坐班時，如非下雨戴雨帽者，治罪。【略】

五十一年覆準，文官朝服，武官披執，禁止濫用。在京官遇朝賀、祭祀、到任、封印、開印，照常用朝服。各省官員拜牌到任、封印、開印、祭丁入場，亦照常朝服披執外，其文武官謁見迎送上司，止用補服。如違禁濫用者，事覺照違禁例，從重議罪。【略】

〔雍正〕二年題準，凡文武大小官員頂帶、補服、坐褥，皆有等級定例。五六品官不得過四品。三四品官不得過二品。二品官不得過一品。近來官員皆越本職僭用，此皆該管大臣自行僭用，以致所屬官員傚尤成風。嗣後，凡加級官員，該管大臣務察其於何任加級及何處捐納，倘不行嚴察，仍有僭用者，一并議處。

又官員軍民服色定例，禁用黑狐皮、秋香色、米色、香色等類，近來官員軍民以及家奴等皆濫行服用。皆由該管官不實心奉行所致。嗣後如有違禁僭用者，該管官不行拏送，事發將僭用人及該管官，皆於例外加倍議處。

五年諭，王公大臣官員等朝服頂帶，皆有定制。但平時所用服色，未辯等級。其應如何分析之處，著議政大臣九卿會議具奏。欽此。遵旨議準，自親王以下，及見任並候補候選官員、舉貢生監，平時所戴涼帽、暖帽，皆照朝冠頂顏色，分别等級。親王、世子、郡王、長子、貝勒、貝子、入八分公咸用紅寶石頂。未入八分公、固倫額駙、和碩公主額駙、民公侯伯、鎮國將軍暨一品官，咸用珊瑚頂。輔國將軍、奉國將軍、多羅額駙、二品、三品官咸用起花珊瑚頂。奉恩將軍、固山額駙暨四品官，咸用青金石頂。五品六品官，咸用水晶石頂。七品官以下及進士舉人貢生，咸用金頂。生員監生，咸用銀頂。通行八旗直省，一例遵行。

六年諭，凡革職留任降級留任之官員，其升轉開列及停扣俸禄之處，自有定例。但此等人員既留原任職掌，班次一切照舊。其朝服頂帶亦應仍照準用其本任品級。準其穿戴以肅威儀。著大學士九卿會議具奏。欽此。遵旨議定，嗣後，凡文武大小官員革職降級奉旨留任者，除升轉開列及停扣俸禄之處，照例遵行外，其朝服頂帶準其仍照本任品級用。

又題準，都察院衙門官，除左都御史副都御史僉都御史及御史，用獬豸補服外，其都事經歷筆帖式等官，補服各照本身品級，皆不得用獬豸補服。按察使司衙門官除按察使巡道外，其所屬經歷照磨等官補服，亦各照本身品級用。七品官改用鏤花水晶頂，八品官仍用金頂，九品官改用鏤花金頂。進士戴頂與七品同。舉人改用銀托金頂。貢生改用銀托鏤花金頂。生員監生仍戴銀頂。又副參領給四品虛銜，戴青金石頂。由七品以下官補授副佐領者，給與六品虛銜，戴水晶石頂。副驍騎校護軍校，照八品官例，用金頂。

七年諭，百官章服，皆有一定之制。所以辯等威，昭品秩也。向來屢申禁飭，不許逾分濫用，以開僭越之端。定例昭然，各宜遵奉。聞近來服色頂帶及坐褥頂馬繁纓之屬，又有不按定例任意假借者。御史有稽察部院之責，而各御史中即有參差不齊之處。是已身先有逾分違禮之咎，又何以彈劾他人？嗣後，紫禁城内著三旗侍衛稽察，大城内著步軍統領稽察，外城著五城御史稽察，倘有違例僭越之人，而侍衛統領御史不行參奏，别經發覺者，將稽察之人一并處分。欽此。

八年諭，大小官員頂帽、補服、坐褥等項，各宜遵照見任品級，不得僭越。從前已降諭旨，後因御史等察奏，文武官員内有補服與帽頂不相符者，朕又降旨，頂帶等項各按本身品級，不得計算加級。所頒諭旨甚明，近聞文武官員仍有越制擅用者，及該管官員察問時，則引從前準算加級之例掩飾支吾，甚屬不合。嗣後内外文武大小官員帽頂、補服、坐褥等項，悉照本身見任品級。不得指稱加級，以開僭越之端。在京著有稽察之責者，嚴行稽察。在外著該管上司稽察。倘仍不遵，除將本人議處外，其失察之官一并處分。欽此。

又諭，大小官員帽頂，從前定議，未曾分别詳確，著該部再行妥議定制，具奏。欽此。遵旨將會典所定朝冠頂及雍正五年所定平時冠頂，細加參酌。自王公至一品大臣以上，均照舊例外，議定輔國將軍暨二品官，朝冠頂銜起花珊瑚，平時冠頂同。奉國將軍暨三品官，朝冠頂銜藍寶石或藍色明玻璃。奉恩將軍暨四品官，朝冠頂銜青金石或藍色涅玻璃。五品官，朝冠頂銜水晶或白色明玻璃。六品官，朝冠頂銜硨磲或白色涅玻璃。七品官，素金頂。八品，起花金頂。九品，鏤花銀頂。平時冠頂並同。

乾隆二年覆準，紅絨結頂冠惟皇子，不論爵秩均準用。其餘王公以下額駙等暨民公侯伯一二品大臣侍衛内有蒙上賜者，止得將所賜之帽用之。不得如式更制。郡王以下均不得用織金彩色五爪龍衣服，及五爪暗龍段，若上賜者，許用，仍去一爪。若王等賞所屬織金彩色龍者，雖服過，亦去一爪方得。賞給貂衣，不得賞五品以下官。其餘服物，若品級未到者，均不得濫賞。緣貂朝衣，惟三品以上有。職掌大臣得用，餘不得僭用。内外各衙門供事書吏非役滿考職者，不得僭用金頂。耆老遵例用錫頂，亦不得僭用金頂。商賈有捐納職銜者，冠帶服飾各從其品。無職銜者，與庶民同。不得僭越。奴僕等不得用段紗及各種細皮。定制之後，凡有違者，王公宗室覺羅等由宗人府察參議處。文武大臣由吏兵二部參處。文武官由該管大臣及禮部都察院察參送部議處。違式之物入官。若王公等不能約束所屬，文武大小官不能約束家人，致有僭越者，察出犯者，分别治罪。本主亦照例議處。

又題準，王以下八分公以上，雨衣得用紅色，一二品文武大臣惟用紅色雨帽。【略】

又定，外省佐雜微員謁見上司，不得用蟒袍。違者照例參處。

八年諭，嗣後一品大臣及御前侍衛等，皆許用紅色雨衣。欽此。

十年覆準，凡考職吏員在籍止用頂帽，不許僭用補服。

十六年欽定，御用雨衣、雨冠，均用明黃色。

十九年，奉旨，嗣後自十一月初一日爲始，凡朝會祭祀皆用緣貂朝衣，永著爲例。欽此。

又奉諭旨，巡撫官階雖屬二品，但係統屬通省大員。嗣後，各省巡撫著一體穿用大紅雨衣。欽此。

又奏準，凡朝會隨園齊集間，遇雨雪，服用雨冠、雨衣。舊例三品以下至軍民，雨冠均用青色。宜有差別，以示等威。除雨衣仍舊穿用外，一品至三品冠用紅色，四品至六品紅色青緣，七品以下有頂帶人員青色紅緣，均前潤二寸五分，後潤五寸。御前侍衛、乾清門侍衛、上書房翰林、南書房翰林、奏事處批本處行走人員，不拘品級，均得用紅色。軍民止許用青色。

官修《清會典則例》卷一五九《内務府・廣儲司》 一、賞賜冠服　順治十八年定，每年冬至前，衣庫列見貯庫之皮端罩、朝衣數目，請旨頒賜。自和碩親王以下，入八分公以上，未經受賜者，請旨給與黑狐皮端罩。領侍衛内大臣、前引後扈大臣，青狐皮端罩，立蟒段緣貂朝衣。一等侍衛、冠軍使等，緣貂、猞猁猻端罩，襴蟒段緣貂朝衣。二等侍衛、雲麾使等，紅豹皮端罩，方補襴蟒段緣立絨朝衣。三等侍衛、治儀正等狐皮端罩，方補段緣立絨朝衣。其衍聖公、滿漢大學士、都統滿漢尚書暨内廷侍直諸臣，有奉特旨頒賜者，亦給與朝冠、皮端罩、緣貂朝衣。以上賞賜冠服除升轉病故不繳外，革職者仍令繳還貯庫。

乾隆四年奏準，一等侍衛原領端罩朝衣二十一分，增造二十四分。二等侍衛原六十分，增造七十分。三等及藍翎侍衛原一百八十三分，增造二百四十四分。再增造前引後扈大臣十二分。除侍衛等領過外，其新增之端罩、朝衣均貯庫備用。

官修《清會典則例》卷一六八《内務府・武備院》 一、歲給端罩朝衣。康熙十三年定，掌蓋均給二等侍衛朝衣端罩，司弓司矢均給三等侍衛朝衣端罩，行廣儲司支取。如升遷者，不令繳還。革退者，行廣儲司追繳。

乾隆四年奏準，賞給侍衛等端罩，每年冬季應用之日，行廣儲司領用。用訖，仍繳還。

十一年定，恭遇祭祀朝會，掌蓋、擎蓋人所服朝衣，行廣儲司領取，十分應用，用訖，繳還。

官修《清會典則例》卷一七八《前鋒統領前鋒營》 康熙五年定，前鋒校甲以白繡段爲表，前鋒以藍布爲表，袖裙皆用明甲。

官修《清會典事例》卷三《宗人府》 服用王以下冠服儀衛之制，詳禮部。府第圜塋之制，詳工部。

順治十八年閏七月題准，金黄帶、紅帶，所以分別宗室覺羅。親王以下，宗室以上，繫金黄帶，覺羅繫紅帶，其異姓王内外額駙及各官，俱不許繫。若欽賜者許繫，壞破後亦不許自行换繫。固山貝子戴三眼孔雀翎，鎮國公、輔國公戴二眼孔雀翎，内大臣，一等二等三等侍衛、入内大臣，額駙，前鋒統領、護軍統領、前鋒參領、護軍參領，諸王府長史，一等護衛，戴一眼孔雀翎，俱根綴藍翎。貝勒府司儀長、王府貝勒府二等三等護衛、貝子公府護衛，及護軍校，俱戴染藍翎。内外額駙俱不許戴。諸王府散騎郎、有阿達哈番以上世職者，許戴一眼孔雀翎，根綴藍翎。其餘雖有加級，不准戴。奉旨，凡係世祖章皇帝所賜者，俱著仍舊，餘如議。【略】

〔乾隆〕二十四年諭：皇子教育宫中，俱服四團龍補服，及分封之後，當服用各視現在爵秩。第念皇子年届受封，豈必概膺王爵，自親王、郡王以及貝勒、貝子、公，秩分五等，惟朕所命，但皇子等均在内庭，自不與外廷宗室同科，彼兄弟同懷聯序之間，亦未宜以章服等差，致生形迹。嗣後皇子分封，所有俸稍官屬，各依封爵外，其一應章服，著仍照皇子時服用。如此則儀制既爲允協，而諸皇子兄弟間，亦不致稍存意見。我子孫億萬年應奉爲令典，著將此旨録存上書房及宗人府，以昭來許。

二十五年奉旨，前因下五旗王公及遠派宗室等，戴用結絨頂帽，並有濫行賞給太監哈哈珠子者，是以皇考曾經禁止。今見果親王二子，俱未戴用，但和親王之子、果親王之子，俱係皇考之孫，莊親王以至二十三貝子之子，亦俱係皇祖之孫，非別宗室可比，仍應戴用結絨頂帽。嗣後皇孫内未封爵者，俱准戴用，至曾孫世次既遠，應俟封爵後。各用品級頂戴，著宗人府存案，永遠爲例。儻相沿日久，復有僭越戴用，及濫行賞人者，著該衙門不時稽查。

又諭：皇子内封親王、郡王者，所用朝帽頂，即照所封之爵，如封貝勒、貝子，亦著用郡王朝帽，金黄朝衣。【略】

四十五年奉旨：朕從前曾降諭旨，皇孫内尚未受封者，准戴紅絨結頂帽，曾孫世系既遠，不必戴用，此乃指已往者而言。今朕已見曾孫奕純等，若再二三年後，奕純娶有福晉，朕即可見元孫矣。伊等皆在宫内撫養，五代一堂，實屬罕有，仰承天眷，可謂自古難得之嘉祥。朕臨御在位，親見曾元輩，不准戴紅絨結頂帽，而伊等又未受封，無可戴用，匪惟觀瞻不協，亦於體制未稱。嗣後皇帝之曾孫、元孫現侍左右者，俱著仍戴紅絨結頂帽，我大清億萬斯年，均照此行。

四十七年諭：近觀蒙古世襲家譜，知各蒙古王、公子嗣及閒散台吉、塔布囊年已及歲者，俱各按定例，給以應得品級官頂，而宗室中除承襲封爵及現有官職外，其閒散宗室，向無按品給頂之例。現在宗支繁衍，瓜瓞綿延，皆我祖宗派系流傳，譜列銀潢，名登玉牒，乃以身無職級，竟至與齊民無別，殊不足以示親親而崇體制。嗣後著將王、貝勒、貝子、公子嗣，及閒散宗室年已及歲者，俱照蒙古王、公、台吉、塔布囊之例，分別給予品級官頂。其宗室現在當差，職分較小者，准其與閒散宗室，一體照例換給官頂。在宗室等身有品級，自必各知自愛，不致蕩檢踰閑。其中或有不肖犯法之人，亦照蒙古台吉、塔布囊之例，即行革去官頂，如此則於褒榮之中，仍寓勸懲之意，藉此可以教育成全，而天家子姓，俱得邀章服之榮，益足昭國家睦族展親之誼，甚盛典也。所有如何分別嫡庶等第酌給官頂之處，著大學士軍機大臣會同宗人府，詳悉妥議具奏。至聖祖、世宗之孫，及現在皇子、皇孫、皇曾孫、元孫輩，俱可戴紅絨結頂。其如何分別支派遠近，准其戴用之處，亦著一併妥議具奏。再覺羅雖亦係宗親，但派系稍遠，向准其同旗人應試出仕，且有任各省州縣者，若一體另給官頂，於現任統屬儀制，轉多未協，毋庸另行議及，將此通諭知之。欽此。遵旨議定聖祖仁皇帝、世宗憲皇帝之孫，未授官爵之先，俱遵旨戴用紅絨結頂，至十八歲時，照其父職分，依新例按品換戴官頂補服。皇孫、皇曾孫、皇元孫輩，俱戴紅絨結頂，服用花褂，統俟賞封爵秩時，再照所封爵秩，換戴官頂補服。閒散宗室，賞給四品官頂，並准其穿用四品武職補服。王、貝勒、貝子、入八分公之子應封者，親王之子，給以一品官頂，郡王、貝勒之子，給以二品官頂，貝子、入八分公之子，給以三品官頂。至考試之時，仍照例分別嫡庶，並考試等第辦理。王、貝勒、貝子、入八分公之承繼子，俱准其戴用三品官頂，王、貝勒、貝子、公及現任職官，革職無餘罪者，仍准其照閒散宗室之例，戴用四品官頂，若革職尚有餘罪者，均照閒散宗室之例，視其輕重，分別辦理。宗室子嗣年至十八歲，由宗人府查明彙題，令其戴用官頂。盛京居住之宗室，亦一體給予官頂。

五十一年諭：固倫公主、和碩公主，均爲皇女，敵體藩封，一切禮儀護衛，《會典》内並未定有等級，遂至體例不一，互有增損。嗣後固倫公主品秩，著視親王，和碩公主品秩，著視郡王。其額駙品級頂戴，仍照《會典》舊例。至公主下嫁時，一切禮儀護衛員數，固倫公主，即照和敬固倫公主之例，和碩公主，即照和嘉、和碩公主之例。【略】

又奉旨：入八分宗室公等，均係寶石頂，惟掣手向仍用藍色，似無區別，所有入八分宗室公等，著加恩賞用紫掣手。

五十三年諭：皇子、皇孫等，俱戴紅絨結頂帽，載錫係朕元孫，亦應戴用。朕仰承天庥，臨御五十餘年，現屆八旬，子孫繁衍，五世一堂，洵古來罕有，嗣後曾孫、元孫阿哥等，俱著戴用紅絨結頂帽，如載錫得子，係朕六代奉字輩來孫，亦著一體戴用，俟分封後，再行量職戴頂，著爲令。【略】

六十年諭：我朝聖聖相承，敬天愛民，寰宇昇平，梯航向化。朕年二十有五御極踐阼初，即焚香默禱上蒼，設能如聖祖仁皇帝享祚綿長，仰荷天庥，克繩祖武，壽祚延洪，在位六十年，即當歸政，不敢更冀過算。茲蒙昊天眷佑，享壽八十有五，且幸身體康健，五世同堂，統御天下，周甲紀元，明春歸政，大廷授受，隆運彌昌，粤考史册，實爲罕睹。惟念嗣皇帝即位後，諸皇子及元孫等，衣服禮儀，均有體制，不可僭越。朕既稱太上皇帝，諸皇子、皇孫，不得照皇子例服用，竟與宗室等毫無區別，於親親之誼，似未允協，明年朕歸政後，諸皇子、皇孫及曾孫、元孫等，著仍在上書房讀書，一切冠服韁轡等項，均令照常，毋庸更改，如朕壽屆九旬，即可得六世來孫，亦著照元孫例服用，豈不更爲從古罕睹嘉祥盛舉。凡我子孫，丕承基緒，如有似朕享壽綿長，亦舉行歸政盛典，稱爲太上皇者，若子、若孫，及近派諸孫衣服等物，即照朕今日加惠雲仍之例，萬代懍承，篤祜彌昌，實我大清億萬斯年無疆之福也。若無太上皇之稱，宜仍照國家宗室舊制奉行，不可僭越成例。特此訓諭，著交上書房敬謹收貯，俾朕萬世子孫，知所奉行，以示敦睦，宜昭體制罔越至意。

嘉慶四年奉旨：向來内庭阿哥等，俱戴紅絨結頂帽，若遇戴雨纓帽時無頂，竟與平人無別。今思内庭阿哥等，戴朝帽既係安寶石頂，嗣後二阿哥儀親王永璇、成親王永瑆、慶郡王永璘，戴雨纓帽時，俱著安寶石頂，若戴緯帽時，仍著照舊戴紅絨結頂。

十年諭：向例貝子之子年已及歲者，賞給三品頂戴，年未及歲者不賞。今綿志之子奕績、奕紹之子載銓，雖未及歲，但前業經賞給四品頂戴，著加恩俱賞三品頂戴，以示朕篤厚親支至意。【略】

二十五年八月諭：惇親王、瑞親王、惠郡王釋服後，仍著戴用紅絨結頂，朝服蟒袍俱用金黃色。

又諭：惇親王之子奕纘，雖未及歲，係伊嫡出之子，釋服後即賞給頭品頂戴，雙眼花翎。

道光三年諭：慶郡王綿愍，著賞戴三眼花翎。

四年諭：向來宗室廕生未及歲者，俱不戴用四品頂戴，與滿漢廕生未能畫一。嗣後宗室内如有恩廕人員，無論年已未及歲，俱著加恩一體戴用四品頂戴。

【略】

十一年諭：成郡王載鋭，賞戴三眼花翎，定親王奕紹，賞給金黄蟒袍。

二十一年諭：向例固倫額駙之衣服等項，俱係照貝子之例穿用，固倫額駙德木楚克札布，著加恩賞給寶石頂戴，三眼花翎，及衣服等項，均照貝子之例。

二十三年諭：朕閲《禮器圖》内載，固倫額駙腰帶，用石青色，或藍色，而宗人府及禮部《則例》内，俱載有用金黄色字樣，殊屬錯誤。嗣後固倫額駙腰帶，著遵照《禮器圖》辦理，所有宗人府禮部《則例》内錯誤之處，均著即行更正。欽此。遵旨改定，固倫額駙冠服視貝子，頂用紅寶石，戴三眼孔雀翎。和碩額駙冠服視公，頂用珊瑚，戴雙眼孔雀翎，腰帶俱用石青色，或藍色。又額駙爵在貝子、公以上者，冠服仍從本身品級。互見禮部冠服門。

二十五年諭：貝勒綿偲，本年七十生辰，因思朕之伯叔兄弟，自幼同朕在書房讀書者，現在止有該貝勒一人，允宜特沛殊恩，綿偲著賞穿四團龍補服。【略】

三十年正月十六日諭：朕弟奕訢，著封爲恭親王，奕譞著封爲醇郡王，奕詥著封爲鍾郡王，奕譓著封爲孚郡王，俱加恩准其戴用紅絨結頂冠，朝服蟒袍俱准用金黄色。

【略】

又諭：惇郡王奕誴，仍准其戴用紅絨結頂冠，朝服蟒袍俱准用金黄色。

【略】

（咸豐）三年諭：惠親王賞給朕用龍褂一件，藍色龍袍一件，以示殊眷。

【略】

五年諭：惇郡王奕誴著降爲貝勒，加恩仍著戴用紅絨結頂，服用金黄蟒袍。

又諭：惠親王之子奕詳，著賞帶寶石頂，奕詢、奕謨，著賞給頭品頂戴。

【略】

（同治元年）又諭：惠親王之子奉恩輔國公奕詳、恭親王之子奉恩、輔國公載澂，均著加恩賞戴三眼花翎。

五年諭：榮壽公主服色，業經賞用金黄色，其餘一切體制，仍著照和碩公主定例服用。【略】

（光緒）十六年諭：貝子奕謨著穿帶膆貂褂。

二十年，欽奉慈禧端佑康頤昭豫莊誠壽恭欽獻皇太后懿旨：醇親王載灃，著賞戴三眼花翎。睿親王魁斌、鄭親王凱泰、莊親王載勛，均著賞穿黄馬褂。怡親王溥静，著賞戴三眼花翎。貝勒載瀅、載澍，貝子奕謨，均著賞穿黄馬褂。鎮國公載洵，著賞戴三眼花翎。不入八分輔國公載濤，著賞用紫韁。御前大臣克勤郡王晉祺，著賞穿四團正龍補服。御前行走貝勒載濂，著賞穿黄馬褂。

官修《清會典事例》卷三二六《禮部》　皇帝冠服

皇帝冬朝冠，薰貂爲之，十一月朔至上元用黑狐。上綴朱緯，頂三層，貫東珠各一，皆承以金龍各四，飾東珠如其數，上銜大珍珠一。夏朝冠，織玉草或藤竹絲爲之，緣石青片金二層。上綴朱緯，前綴金佛。飾東珠十五。後綴舍林，飾東珠七，頂如冬朝冠。

端罩，紫貂爲之。明黄緞裏。左、右垂帶各二，下廣而鋭，色與裏同。十一月朔至上元用黑狐。

袞服，色用石青，繡五爪正面金龍四團，兩肩前後各一。其章左日、右月。前後萬壽篆文，間以五色雲。

朝服，色用明黄，惟南郊、祈穀、雩祭用藍，朝日用紅，夕月用月白。其制，披領及袖皆石青，冬用片金加海龍緣，夏用片金緣。繡文，兩肩前、後正龍各一，腰帷行龍五，衽正龍一。襞積前、後團龍各九，裳正龍二、行龍四，披領行龍二，袖端正龍各一。列十二章，日、月、星辰、山、龍、華蟲、黼、黻在衣，宗彝、藻、火、粉米在裳，間以五色雲。下幅八寶平水。十一月朔至上元，用緣貂朝服，其制披領及裳，皆表以紫貂，袖端薰貂。繡文兩肩前、後正龍各一，襞積行龍六。列十二章，均在衣，間以五色雲。

朝珠，用東珠一百有八。佛頭、記念、背雲、大小墜，珍寶雜飾，各惟其宜。惟祀天以青金石爲飾，祀地珠用蜜珀，朝日用珊瑚，夕月用緑松石，雜飾惟宜。絛皆明黄色。

朝帶之制二，皆明黄色：其一，龍文金圓版四，飾紅寶石或藍寶石及緑松石，每具銜東珠五，圍珍珠二十。左右佩帉淺藍及白各一，下廣而鋭，中約鏤金圓結，飾寶如版，圍珠各三十。佩囊文繡、燧觿、刀削，結佩惟宜，絛皆明黄色。其二，龍文金方版四，其飾祀天用青金石，祀地用黄玉，朝日用珊瑚，夕月用白玉，每具銜東珠五。佩帉及絛，惟圜丘用純青，餘如圓版朝帶之制。中約圓結如版飾，銜東珠各四。佩囊純石青，左觿右削，並從版色。

吉服冠，頂滿花金座，上銜大珍珠一。

龍袍，色用明黄。領、袖皆石青，片金緣。繡文金龍九。列十二章，間以五色雲。領前後正龍各一，左右及交襟處行龍各一，袖端正龍各一。下幅八寶立水，裾左右開。吉服朝珠，珍寶隨所御。

吉服帶，用明黄色，鏤金版四，方圓惟便，銜以珠玉，雜寶惟宜。左右佩紛純白，下直而齊，中約金結如版飾，餘如朝帶。

常服冠，紅絨結頂。

常服褂，色用石青，花文隨所御。

常服袍，色及花文隨所御，裾左右開。

常服帶，如吉服。

雨冠、雨衣、雨裳之制，皆用明黄色，氈及羽緞、油紬惟其時。

崇德元年定，冠用東珠寶石飾頂，服黄袍，帶用玉，飾金銜珠。

康熙二十二年定，凡大典禮及祭壇廟，冠用大珍珠、東珠飾頂。禮服用黄色、秋香色、藍色，五爪三爪龍文。

雍正元年定，祭服用天青、明黄、大紅、月白四色，織爲圓金龍九，當龍口珠各一。腰襴小圓金龍，彩雲環之，下作山水之狀。

皇后冠服

皇后冬朝冠，薰貂爲之，上綴朱緯。頂三層，貫東珠各一，皆承以金鳳，飾東珠各三，珍珠各十七，上銜大東珠一。朱緯上周綴金鳳七，飾東珠各九，貓睛石各一，珍珠各二十一。後金翟一，飾貓睛石一，珍珠十六，翟尾垂珠凡珍珠三百有二，五行二就，每行大珍珠一。中間金銜青金石結一，飾東珠、珍珠各六，末綴珊瑚。冠後護領，垂明黄條二，末綴寶石，青緞爲帶。

夏朝冠，青絨爲之，餘皆如冬朝冠。

金約，鏤金雲十三，飾東珠各一，間以青金石，紅片金裏。後繫金銜綠松石結，貫珠下垂，凡珍珠三百二十四，五行三就，每行大珍珠一。中間金銜青金石結二。每具飾東珠、珍珠各八，末綴珊瑚。

耳飾，左右各三，每具金龍銜一等東珠各二。

朝褂之制三，皆石青色，片金緣。其一，繡文前後立龍各二，下通襞積，四層相間，上爲正龍各四，下爲「萬福萬壽」〔文〕。其二，繡文前後正龍各一，腰帷行龍四，中有襞積。下幅行龍八。其三，繡文前後立龍各二，中無襞積。下幅八寶平水。領後皆垂明黄條，其飾珠寶惟宜。

朝袍之制三，皆明黄色。其一，披領及袖皆石青，片金加貂緣，肩上下襲朝褂處亦加緣。繡文金龍九，間以五色雲。中(無)〔有〕襞積。下幅八寶平水。披領行龍二，袖端正龍各一，袖相接處行龍各二。其二，披領及袖皆石青，冬用片金加海龍緣，夏用片金緣，肩上下襲朝褂處亦加緣。繡文前後正龍各一，兩肩行龍各一，腰帷行龍四。中有襞積。下幅行龍八。其三，領袖片金加海龍緣，夏片金緣。中無襞積。裾後開。餘俱如貂緣朝袍之制。領後垂明黄條，飾珠寶惟宜。

領約，鏤金爲之，飾東珠十一，間以珊瑚。兩端垂明黄條二，中各貫珊瑚，末綴綠松石各二。

朝珠三盤，東珠一，珊瑚二。佛頭、記念、背雲、大小墜，珠寶雜飾惟宜。條皆明黄色。

綵帨綠色，繡文爲「五穀豐登」。佩箴管、縏袠之屬。條皆明黄色。

冬朝裙，片金加海龍緣，上用紅織金壽字緞，下石青行龍粧緞，皆正幅。有襞積。夏朝裙，片金緣，緞、紗各惟其時。

吉服冠，頂用東珠。

龍褂之制二，皆石青色。其一，繡文五爪金龍八團，兩肩前後正龍各一，襟行龍四。下幅八寶立水。袖端行龍各二。其二，制如之，下幅及袖端不施章采。

龍袍之制三，色用明黄，領袖皆石青。其一，繡文金龍九，間以五色雲，福壽文采惟宜。下幅八寶立水。領前後正龍各一，左右及交襟處行龍各一。袖如朝袍，裾左右開。其二，繡文五爪金龍八團，兩肩前後正龍各一，襟行龍四。下幅八寶立水。領袖及裾均如前制。其三，制如之，下幅不施章采。

吉服朝珠一盤，珍寶隨所御，條皆明黄色。

國初定，凡慶賀大典，冠用東珠飾頂，禮服用黄色、秋香色，鳳凰翟鳥及五爪龍文。

皇貴妃、貴妃、妃、嬪冠服。

皇貴妃朝冠，頂三層，貫東珠各一，皆承以金鳳，飾東珠各三，珍珠各十七，上銜大珍珠一。朱緯上周綴金鳳七，飾東珠各九，珍珠各二十一。後金翟一，飾貓睛石一，珍珠十六，翟尾垂珠，凡珍珠一百九十二，三行二就，中間金銜青金石結一，飾東珠、珍珠各四，末綴珊瑚。冠後護領，垂明黄條二，末綴寶石。青緞爲帶。

金約，鏤金雲十二，飾東珠各一，間以珊瑚，紅片金裏。後繫金銜緑松石結。貫珠下垂，凡珍珠二百有四，三行三就。中間金銜青金石結二，每具飾東珠、珍珠各六，末綴珊瑚。

耳飾，左右各三，每具金龍銜二等東珠各二。

領約，鏤金爲之，飾東珠七，間以珊瑚。兩端垂明黄條二，中各貫珊瑚，末綴珊瑚各二。

朝珠三盤，蜜珀一，珊瑚二，餘如皇后。

龍褂，色用石青，繡文五爪金龍八團，兩肩前後正龍各一，襟行龍四。下幅八寶立水。袖端行龍各二。

龍袍，色用明黄，領袖皆石青，繡文金龍九，間以五色雲，福壽文采惟宜。下幅八寶立水。領前後正龍各一，左右及交襟處行龍各一。袖如朝袍，裾左右開。

吉服朝珠一盤，絛明黄色，餘皆如皇后。

貴妃冠服，垂絛皆金黄色，袍色亦用金黄，餘皆如皇貴妃。

妃朝冠，頂二層，貫東珠各一，皆承以金鳳，飾東珠共九，珍珠各十七，上銜貓睛石。朱緯上周綴金鳳五，飾東珠各七，珍珠各二十一。後金翟一，飾貓睛石一，珍珠十六，翟尾垂珠，凡珍珠一百八十八，三行二就。中間金銜青金石結一，飾東珠、珍珠各四，末綴珊瑚。冠後護領，垂金黄條二，末綴寶石。青緞爲帶。

金約，鏤金雲十一，飾東珠各一，間以青金石，紅片金裏。後繫金銜緑松石結，貫珠下垂，凡珍珠一百九十七，三行三就。中間金銜青金石結二，每具飾東珠、珍珠各六，末綴珊瑚。

耳飾，左右各三，每具金龍銜三等東珠各二。

綵帨，繡文爲「雲芝瑞草」。

吉服冠，頂用碧琧玐，餘皆如貴妃。

嬪朝冠，頂二層，貫東珠各一，皆承以金翟，飾東珠共九，珍珠各十七，上銜礶子。朱緯上周綴金翟五，飾東珠各五，珍珠各十九。後金翟一，飾珍珠十六，翟尾垂珠，凡珍珠一百七十二，三行二就。中間金銜青金石結二，飾東珠珍珠各三，末綴珊瑚。冠後護領，垂金黄條二，末綴寶石。青緞爲帶。

金約，鏤金雲八，飾東珠各一，間以青金石，紅片金裏。後繫金銜緑松石結，貫珠下垂，凡珍珠一百七十七，三行二就。中間金銜青金石結二，每具飾東珠、珍珠各四，末綴珊瑚。

耳飾，左右各三，每具金龍銜四等東珠各二。

朝珠三盤，珊瑚一，蜜珀二。

綵帨，不繡花文。

龍褂，繡文兩肩前後正龍各一，襟夔龍四。袍皆用香色，餘皆如妃。

國初定，凡慶賀大典，皇貴妃、貴妃冠頂，用東珠十有二，妃用東珠十有一，禮服均用鳳凰翟鳥五爪龍緞糚緞八團龍緞，若黄色、秋香色，不得用。嬪冠頂，用東珠十，禮服用翟鳥五爪龍緞糚緞四團龍緞。

皇太子冠服

康熙十四年定，冠頂用東珠十有三，禮服用秋香等色，五爪三爪龍緞滿翠八團龍等緞，帶用玉版，以金銜之，飾以東珠。

皇子、皇子福晉冠服

皇子冬朝冠，薰貂爲之，十一月朔至上元用青狐，頂金龍二層，飾東珠十，上銜紅寶石。夏朝冠，前綴舍林，飾東珠五。後綴金花，飾東珠四。頂如冬朝冠。

端罩，紫貂爲之，金黄緞裏。左右垂帶各二，下廣而鋭，色與裏同。

龍褂，色用石青。繡五爪正面金龍四團，兩肩前後各一，間以五色雲。

朝服之制二，皆金黄色。其一，披領及裳，皆表以紫貂。袖端薰貂繡文，兩肩前後正龍各一，襞積行龍六，間以五色雲。其二，披領及袖皆石青，冬用片金加海龍緣，夏用片金緣。繡文兩肩前後正龍各一，腰帷行龍四，裳行龍八，披領行龍二，袖端正龍各一。中有襞積。下幅八寶平水。

朝珠，不得用東珠，餘隨所用，絛皆金黄色。

朝帶，色用金黄，金銜玉方版四，每具飾東珠四，中飾貓睛石一，左右佩絛如帶色。

吉服冠，紅絨結頂。

蟒袍，色用金黄，片金緣。繡文通九蟒，裾左右開。

吉服帶，色用金黄，版飾惟宜，佩絛如帶色。

雨冠、雨衣、雨裳之制，均用紅色，氈及羽紗、油紬惟其時。

皇子福晉朝冠，頂鏤金三層，飾東珠十，上銜紅寶石。朱緯上周綴金孔雀五，飾東珠各七，小珍珠三十九。後金孔雀一，垂珠三行二就。中間金銜青金石結一，飾東珠各三，末綴珊瑚。冠後護領，垂金黃條二，末亦綴珊瑚。青緞爲帶。

金約，鏤金雲九，飾東珠各一，閒以青金石，紅片金裏。後繫金銜青金石結，貫珠下垂，三行三就。中閒金銜青金石結二，每具飾東珠、珍珠各四，末綴珊瑚。

耳飾，左右各三，每具金雲銜珠各二。

朝褂，色用石青，片金緣。繡文前行龍四，後行龍三，領後垂金黃條，雜飾惟宜。

朝袍，用香色，披領及袖皆石青，冬用片金加海龍緣，夏用片金緣，肩上下襲朝褂處亦加緣。繡文前後正龍各一，兩肩行龍各一，襟行龍四，披領行龍二，袖端正龍各一，袖相接處行龍各二。裾後開。領後垂金黃條，雜飾惟宜。

領約，鏤金爲之，飾東珠七，閒以珊瑚，兩端垂金黃條二，中各貫珊瑚，末綴珊瑚各二。

朝珠三盤，珊瑚一，蜜珀二，條皆金黃色。

綵帨，月白色，不繡花文，結佩惟宜，條皆金黃色。

冬朝裙，片金加海龍緣，上用紅緞，下石青行龍粧緞，皆正幅有襞積。夏朝裙，片金緣，緞紗各惟其時。

吉服冠，頂用紅寶石。

吉服褂，色用石青，繡五爪正龍四團，前後兩肩各一。

蟒袍，用香色，通繡九龍。

吉服，朝珠一盤，條金黃色。

嘉慶四年諭，向來阿哥等，俱戴紅絨結頂帽，朝帽係戴用紅寶石頂，惟夏季遇有戴羽纓帽時，與常人無所區別，嗣後如戴羽纓帽，即著戴用紅寶石頂。

皇孫、皇孫福晉冠服

皇孫冬朝冠，薰貂爲之，十一月朔至上元用青狐。頂金龍二層，飾東珠七，上銜紅寶石。夏朝冠，前綴舍林，飾東珠三。後綴金花，飾東珠二。頂如冬朝冠。

端罩，青狐爲之，月白緞裏，左右垂帶各二，下廣而銳，色與裏同。

補服，色用石青，前後繡四爪正蟒各一團。

冬朝服二，其色俱不得用金黃，餘隨所用。其一，披領及裳，俱表以紫貂，袖端薰貂。兩肩前後繡蟒各一，襞積繡蟒六，閒以五色雲。其二，冬用片金，加海龍緣，夏用片金緣。兩肩前後繡蟒各一，腰帷繡蟒四，裳繡蟒八，披領繡蟒二，袖端繡蟒各一。下幅八寶平水。

吉服冠，紅絨結頂。

吉服褂，用圓壽字雙螭補，前後兩團。

蟒袍，用藍醬色。

夏季羽纓冠，頂用紅寶石，至有封爵及續受封爵，所用服色，照所封品級改用。

皇孫福晉冬朝冠，頂鏤金二層，飾東珠七，上銜紅寶石。朱緯上周綴金孔雀五，飾東珠各三。後金孔雀一，垂珠三行二就。中閒金銜青金石結一，末綴珊瑚。冠後護領，垂石青條二，末亦綴珊瑚。青緞爲帶。夏朝冠，青絨爲之，餘俱如冬朝冠。

朝褂，色用石青，片金緣，前繡蟒四，後繡蟒三。領後垂石青條，雜飾惟宜。

冬朝袍，藍與石青諸色隨所用，片金加海龍緣。夏朝袍，片金緣，肩上下襲朝褂處亦加緣，前後繡蟒各一，兩肩繡蟒各一，襟繡蟒四，披領繡蟒二，袖端繡蟒各一，袖相接處繡蟒各二。裾後開。領後垂石青條，雜飾惟宜。吉服，用八團圓壽字雙螭補褂。

蟒袍，紅綠顔色各隨其宜，惟不准用金黃香色，受封後所用服色，視皇孫、皇曾孫。

皇曾孫福晉冠服

皇曾孫冬朝冠，頂用金龍二層，飾東珠六，上銜紅寶石。夏朝冠，前綴舍林，飾東珠二。後綴金花，飾東珠一，頂如冬朝冠。

補服，色用石青，前後繡四爪行蟒各一團。

蟒袍，用藍醬色。

吉服冠，紅絨結頂。吉服褂，用圓壽字寶相花補，前後兩團。

夏季羽纓冠，紅寶石頂，其餘冠制與端罩及冬夏朝服，均與皇孫同。封爵後所用服色，照所封品級改用。

皇曾孫福晉冬夏朝冠，頂鏤金二層，飾東珠六，上銜紅寶石。

吉服，用八團圓壽字寶相花補褂。其餘冠制與朝褂冬夏朝服蟒袍，均與皇孫福晉同。受封後所用服色，視皇曾孫。

皇元孫、皇元孫福晉冠服

皇元孫冬朝冠，頂用金龍二層，飾東珠五，上銜紅寶石。夏朝冠，前綴舍林，飾東珠一。後綴金花，飾緑松石一。頂如冬朝冠。

端罩，紫貂爲之，月白緞裏，左右垂帶各二，下廣而鋭，色與裏同。

補服，色用石青，前後繡四爪正蟒。方補。

吉服冠，紅絨結頂。吉服，用織金瓜瓞褂。

夏季羽纓冠，紅寶石頂，其餘冠制與冬夏朝服蟒袍，均與皇曾孫同。封爵後服色，照所封品級改用。

皇(元)〔玄〕孫福晉冬夏朝冠，頂鏤金二層，飾東珠五，上銜紅寶石。

吉服，用繡五彩瓜瓞褂。其餘冠制與朝褂及冬夏朝服蟒袍，均與皇曾孫福晉同。受封後所用服色，視皇(元)〔玄〕孫。

親王冠服

凡親王端罩，青狐爲之，月白緞裏，若賜金黃色者亦得用之。

補服，色用石青，繡五爪金龍四團，前後正龍，兩肩行龍。

朝服蟒袍，藍及石青諸色隨所用，若賜金黃色者亦得用之。

吉服冠，頂用紅寶石，若賜紅絨結頂者亦得用之。【略】

崇德元年定，冠頂三層，上銜紅寶石，中飾東珠八，前舍林飾東珠四，後金花飾東珠三。帶用玉四，以金銜之，共飾東珠四。【略】

順治九年題准，冠頂三層，共飾六分以下東珠十，舍林飾東珠五，後花飾東珠四。帶玉各飾東珠四，貓睛石一。補服，用五爪圓龍文四，服用滿翠五爪四團龍緞。【略】

世子冠服

凡親王世子朝冠，頂金龍二層，飾東珠九，上銜紅寶石。

朝帶，金銜玉方版四，每具飾東珠三。【略】

順治九年題准，冠頂三層，共飾五分以下東珠九，帶用玉四，以金銜之，各飾東珠三，服與親王同。【略】

郡王冠服

凡郡王朝冠，頂金龍二層，飾東珠八，上銜紅寶石。夏朝冠，前綴舍林，飾東珠四。後綴金花，飾東珠三。

補服，繡五爪行龍四團，兩肩前後各一。

朝帶，金銜玉方版四，每具飾東珠二，貓睛石一。餘皆如親王世子。

崇德元年定，冠頂三層，上銜紅寶石，中飾東珠七。前舍林飾東珠三，後金花飾東珠二。帶用玉四，以金銜之，飾緑松石四。【略】

順治九年題准，冠頂飾五分以下東珠八，舍林飾東珠四，後花飾東珠三。帶玉各飾東珠二，貓睛石一。服與親王同。【略】

貝勒冠服

凡貝勒朝冠，頂金龍二層，飾東珠七，上銜紅寶石。夏朝冠，前綴舍林，飾東珠三。後綴金花，飾東珠二。

補服，前後繡四爪正蟒各一團，朝服蟒袍，均不得用金黃色。餘隨所用。朝服之制如郡王，通繡蟒文皆四爪，蟒袍如之。

朝帶，金銜方玉版四，每具飾東珠二，佩絛皆用石青色。【略】

崇德元年定，冠頂三層，上銜紅寶石，中飾東珠六，前舍林飾東珠二，後金花飾東珠一。帶用玉四，以金銜之，飾寶石四。【略】

順治九年題准，冠頂飾四分以下東珠七，舍林飾東珠三，後花飾東珠二。帶玉各飾東珠二。

補服，用四爪圍龍文二，及蟒文糚花等緞。【略】

貝子冠服

凡貝子朝冠，頂金龍二層，飾東珠六，上銜紅寶石。戴三眼孔雀翎。夏朝冠，前綴舍林，飾東珠二。後綴金花，飾東珠一。補服，前後繡四爪行蟒各一團。

朝帶，金銜玉方版四，每具飾東珠一。吉服冠，頂用紅寶石。戴三眼孔雀翎。

【略】

崇德元年定，冠頂二層，上銜紅寶石，中飾東珠五，前舍林後金花各飾東珠一。帶用玉四，以金銜之，飾藍寶石四。【略】

順治九年題准，冠頂共飾四分以下東珠六，舍林飾東珠二，後花飾東珠一。帶玉各飾東珠一。服與貝勒同。【略】

鎮國公冠服

凡鎮國公朝冠，頂金龍二層，飾東珠五，上銜紅寶石。戴雙眼孔雀翎。夏朝冠，前綴舍林，飾東珠一。後綴金花，飾緑松石一。端罩，紫貂爲之，月白緞裏。

補服，前後繡四爪正蟒，方補。朝帶，金銜玉方版四，每具飾貓睛石一。吉服冠，入八分公頂用紅寶石，不入八分公用珊瑚。均戴雙眼孔雀翎。【略】

崇德元年定，冠頂二層，上銜紅寶石，中飾東珠四。前舍林飾東珠一，後金花飾緑松石一。帶用玉四，以金銜之，飾藍寶石四。【略】

順治九年題准，冠頂共飾四分以下東珠五，〔前〕舍林飾東珠一，後花飾緑松石一。帶玉各飾貓睛石一。服用四爪方蟒緞。餘與貝勒同。

輔國公冠服

凡輔國公朝冠，頂金龍二層，飾東珠四，上銜紅寶石。戴雙眼孔雀翎。【略】

崇德元年定，冠頂二層，上銜紅寶石，中飾東珠三，前舍林飾緑松石一，後金花飾寶石一，帶與鎮國公同。【略】

順治九年題准，冠頂共飾四分以下東珠四。【略】餘與鎮國公同。

又定，不入八分公以下，均用三分以下東珠。

鎮國將軍冠服

凡鎮國將軍朝冠，頂鏤花金座，中飾東珠一，上銜紅寶石。補服，前後繡麒麟。吉服冠，頂用珊瑚。餘皆視一品。

崇德元年定，冠頂上銜紅寶石，帶用金圓版飾紅寶石四。【略】

順治九年題准，冠頂中飾三分以下東珠一。帶用方玉四，以金銜之，各飾紅寶石一。補服用麒麟。餘與鎮國公同。【略】

輔國將軍冠服

凡輔國將軍朝冠，頂鏤花金座，中飾小紅寶石一，上銜鏤花珊瑚。補服，前後繡獅。吉服冠，頂用鏤花珊瑚。餘皆視二品。

崇德元年定，冠頂上銜藍寶石，帶用圓金版。

順治九年題准，冠頂上銜紅寶石，中飾小紅寶石一。帶用圓金版四，各飾紅寶石一。補服用獅。餘與鎮國公同。【略】

雍正八年議准，冠頂上銜起花珊瑚，中飾小紅寶石。

奉國將軍冠服

凡奉國將軍朝冠，頂鏤花金座，中飾小紅寶石一，上銜藍寶石。補服，前後繡豹。吉服冠，頂用藍寶石。餘皆視三品。

崇德元年定，冠頂上銜水晶，帶用玲瓏鈒金方鐵版四。【略】

順治九年題准，冠頂上銜紅寶石，中飾小藍寶石一。帶用起花金圓版四。補服用豹。餘與鎮國公同。【略】

雍正八年議准，冠頂上銜藍寶石，或藍色明玻璃，中飾小藍寶石。【略】

奉恩將軍冠服

凡奉恩將軍冠服，頂鏤花金座，中飾小藍寶石一，上銜青金石。補服，前後繡虎。吉服冠，頂用青金石。餘皆視四品。惟衣裾四啟，帶用金黃色，餘皆同。凡宗室衣裾皆四啟，帶皆用金黃色。

順治九年題准，冠頂上銜藍寶石，中飾小藍寶石一。帶用鏤花銀圓版四，以金銜之。補服用虎。餘與鎮國公同。【略】

雍正八年議准，冠頂上銜青金石，或藍色涅玻璃，中飾小藍寶石【略】。

宗室覺羅冠服

順治九年題准，閒散宗室服，用蟒緞、粧緞、倭緞、金花緞及各種花素緞，衣四開裾，得挂數珠。【略】

覺羅服，用金花緞、倭緞、各種花素緞。

康熙十一年題准，宗室服，許用貂皮猞猁猻。

皇孫、皇曾孫、皇元孫輩，俱戴紅絨結頂，服用花褂，統俟賞封爵秩時再照所封爵秩換戴官頂補服。閒散宗室賞給四品官頂，並准其穿用四品武職補服，永著爲令。

官修《清會典事例》卷三二七《禮部》 固倫公主冠服

凡固倫公主冠服制如親王福晉。

崇德元年定，冠頂、大簪、舍林、領約，各用東珠八。

順治元年題准，冠頂等各飾東珠十。補服用五爪團龍文四，服用粧緞及滿翠翟鳥五爪四團龍。

乾隆五十一年奏定，冠服俱遵《皇朝禮器圖式》，和碩公主以下仿此。悉遵順治九年定例。

和碩公主冠服

凡和碩公主朝冠、金約，制如親王世子福晉，餘皆如固倫公主。

崇德元年定，冠頂、大簪、舍林、領約，各用東珠七。

順治九年題准，冠頂等各飾東珠九。補服與固倫公主同。

郡主冠服

凡郡主朝冠、金約，制如郡王福晉。餘皆如和碩公主。

崇德元年定，冠頂、大簪、舍林、領約，各用東珠六。

順治九年題准，冠頂等各飾東珠八。補服與和碩公主同。

縣主冠服

凡縣主朝冠金約，制如貝勒夫人。吉服褂，制如郡王福晉。餘皆如郡主。

崇德元年定，冠頂、大簪、舍林、領約，各用東珠五。

順治九年題准，冠頂等各飾東珠七。補服用四爪團蟒文二，服用蟒緞粧緞各種花素緞。

郡君冠服

凡郡君朝冠、金約，制如貝子夫人。朝褂、朝袍、領約、朝珠、綵帨、吉服褂、蟒袍，均如貝勒夫人。餘如縣主。

崇德元年定冠頂、大簪、舍林、領約，各用東珠四。

順治九年題准，冠頂等各飾東珠六。服飾與縣主同。

縣君冠服

凡縣君朝冠、金約，制如鎮國公夫人。吉服褂，制如貝子夫人。餘皆如郡君。

崇德元年定，冠頂、大簪、舍林、領約，各用東珠三。

順治九年題准，冠頂等各飾東珠五。補服與郡君同。

鄉君冠服

凡鎮國公女鄉君朝冠、金約，制如輔國公夫人。吉服褂，制如鎮國公夫人。餘皆如縣君。輔國公女鄉君，朝冠頂鏤金二層，飾東珠二。金約鏤金雲三。餘皆如鎮國公女。

崇德元年定，冠頂、大簪、舍林、領約，各用東珠二。

順治九年題准，鎮國公女鄉君冠頂等，各飾東珠四。輔國公女鄉君冠頂等，各飾東珠三。服與縣君同。王公等側室女冠服

康熙四十五年題准，王貝勒側室女，封授比嫡降二等，冠服等各視所降品級用。貝子鎮國公輔國公側室女，雖降等食五品六品俸，其冠頂服色仍與鄉君同。

固倫公主額駙冠服

凡固倫額駙冠服，視貝子。頂用紅寶石。戴三眼孔雀翎。帶用金黃色。

崇德元年定，固倫額駙冠服，與貝子同。若原係貝勒以上，各照封爵用。

順治八年定，冠頂飾東珠六，舍林飾東珠三，後花飾東珠二。帶用金鑲圓玉版四，各飾東珠一。【略】

道光二十三年改定，帶用石青色，或藍色。

和碩公主額駙冠服

凡和碩額駙冠服，視鎮國公。頂用珊瑚。戴雙眼孔雀翎。惟朝帶色用石青或藍，金銜玉圓版四。吉服帶色用石青或藍，餘皆同。

崇德元年定，與超品公同，如封爵在超品公上者，各照封爵用。

順治八年定，冠頂飾東珠四，舍林飾東珠一，後花飾綠松石一。帶用金鑲圓玉版四，各飾貓睛石一。【略】

十六年定，在京額駙，冠頂嵌東珠五。【略】

郡主額駙冠服

凡郡主額駙冠服，視武一品，惟朝帶用鏤金銜玉圓版四，每具飾綠松石一。【略】

崇德元年定，冠頂上銜紅寶石，飾東珠一。帶用金圓版四，飾綠松石四。【略】

順治八年定，冠頂飾東珠三。帶用金鑲圓玉版四，各飾綠松石一。【略】

康熙元年題准，補服用四爪蟒。

雍正五年題准，郡主額駙冠頂，用珊瑚。

乾隆三十一年定《皇朝禮器圖式》，冠頂仍作飾東珠一。

縣主額駙冠服

凡縣主額駙冠服視武二品。【略】

崇德元年定，冠頂上銜紅寶石。帶用金圓版四，飾紅寶石四。【略】

雍正五年題准，縣主額駙冠頂，用鏤花珊瑚。

郡君額駙冠服

凡郡君額駙冠服，視武三品。【略】

崇德元年定，冠頂上銜藍寶石。帶用金圓版四。【略】

乾隆十二年奏准，郡君額駙冠頂，視三品官，用藍寶石及藍色明玻璃。

縣君額駙冠服

凡縣君額駙冠服，視武四品，惟朝帶用鋄金方鐵版四。【略】

崇德元年定，冠頂上銜水晶。帶用鋄金方鐵版四。

康熙四十五年題准，貝子側夫人所生女額駙，授爲六品。

雍正五年題准，縣君額駙冠頂，用青金石。

鄉君額駙冠服

凡鄉君額駙冠服，視武五品，惟朝帶用鋄金方鐵版四。【略】

崇德元年定，冠用金頂，帶用鋄金圓鐵版四。【略】

康熙四十五年題准，鎮國輔國公側夫人所生女額駙，授爲七品。

乾隆十二年定，鄉君額駙，視五品官，冠頂用水晶及白色明玻璃。

親王福晉冠服

凡親王福晉吉服褂，繡五爪金龍四團，前後正龍，兩肩行龍。餘皆如皇子福晉。

崇德元年定，嫡福晉冠頂、大簪、舍林、領約，各用東珠八。側福晉冠頂等，各飾東珠七。

順治九年題准，嫡福晉冠頂等，各飾東珠十。補服用五爪團龍文四，服用糚緞及五爪四團滿翠翟鳥五爪龍緞。側福晉冠頂等，各飾東珠九。服與嫡福晉同。

世子福晉冠服

凡親王世子福晉朝冠，頂鏤金二層，飾東珠九，上銜紅寶石。(未)〔朱〕緯上周綴金孔雀五，飾東珠各六。後金孔雀一，垂珠三行二就。中間金銜青金石結一，飾東珠各三，末綴珊瑚。冠後護領，垂金黃條二，末亦綴珊瑚。金約，鏤金雲八，飾東珠各一，間以青金石。後繫金銜青金石結，貫珠下垂，三行三就。中間金銜青金石結二，每具飾東珠、珍珠各四，末綴珊瑚。餘皆如親王福晉。

順治九年題准，嫡福晉冠頂服飾，與親王側福晉同。側福晉冠頂等，各飾東珠八，服與嫡福晉同。

郡王福晉冠服

凡郡王福晉朝冠，頂鏤金二層，飾東珠八，上銜紅寶石。朱緯上周綴金孔雀五，飾東珠各五。後金孔雀一，垂珠三行二就。中間金銜青金石結一，末綴珊瑚。冠後護領，垂金黃條二，末亦綴珊瑚。金約，鏤金雲八，飾東珠各一，間以青金石，後繫金銜青金石結，貫珠下垂，三行三就。中間金銜青金石結二，末綴珊瑚。吉服褂，繡五爪行龍四團，前後兩肩各一。餘皆如親王世子福晉。

崇德元年定，嫡福晉冠頂、大簪、舍林、領約，各用東珠七。側福晉冠頂等，各飾東珠六。

順治九年題准，嫡福晉冠頂服飾，與世子側福晉同。側福晉冠頂等，各飾東珠七。補服用團蟒文二，服用糚緞蟒緞及各種花素緞。

貝勒夫人冠服

凡貝勒夫人朝冠，頂鏤金二層，飾東珠七，上銜紅寶石。朱緯上周綴金孔雀五，飾東珠各三。後金孔雀一，垂珠三行二就。中間金銜青金石結一，末綴珊瑚。冠後護領，垂石青條二，末亦綴珊瑚。金約，鏤金雲七，飾東珠各一，間以青金石。後繫金銜青金石結，貫珠下垂，三行三就。中間金銜青金石結二，末綴珊瑚。朝褂，繡四爪蟒，領後垂石青條。朝袍，藍及石青諸色隨所用，領袖冬用片金加海龍緣，夏用片金緣，繡四爪蟒，領後垂石青條。領約、朝珠、綵帨、條，皆石青色。吉服褂，前後繡四爪正蟒各一團。蟒袍，藍及石青諸色隨所用，通繡九蟒。餘皆如郡王福晉。

崇德元年定，嫡夫人冠頂、大簪、舍林、領約，各用東珠六。側夫人冠頂等，各飾東珠五。

順治九年題准，嫡夫人冠頂服飾，與郡王側福晉同。側夫人冠頂等，各飾東珠六。服與嫡夫人同。

貝子夫人冠服

凡貝子夫人朝冠，頂鏤金二層，飾東珠六。金約，鏤金雲六。吉服褂，前後繡四爪行蟒各一團。餘皆如貝勒夫人。

崇德元年定，嫡夫人冠頂、大簪、舍林、領約，各用東珠五。側夫人，各飾東珠四。

順治九年題准，嫡夫人冠頂服飾，與郡王側福晉同。側夫人冠頂等，各飾東珠五。服與嫡夫人同。

鎮國公夫人冠服

凡鎮國公夫人朝冠，頂鏤金二層，飾東珠五。金約，鏤金雲五。吉服褂，繡花八團。餘皆如貝子夫人。

崇德元年定，嫡夫人冠頂、大簪、舍林、預約，各用東珠四。

順治九年題准，嫡夫人冠頂等，各飾東珠五。服與貝子夫人同。側夫人冠頂等，各飾東珠四。服與嫡夫人同。

輔國公夫人冠服

凡輔國公夫人朝冠，頂鏤金二層，飾東珠四。金約，鏤金雲四。餘皆如鎮國公夫人。

崇德元年定，嫡夫人冠頂、大簪、舍林、領約，各用東珠三。

順治九年題准，嫡夫人冠頂等，各飾東珠四。服與貝子夫人同。側夫人冠頂等，各飾東珠三。服與嫡夫人同。

不入八分公及鎮國、輔國、奉國、奉恩將軍夫人等冠服。

凡鎮國將軍夫人朝冠，均視一品命婦。輔國將軍夫人冠服，均視二品命婦。奉國將軍淑人冠服，均視三品命婦。奉恩將軍恭人冠服，均視四品命婦。

崇德元年定，冠頂、服飾，止准正室各照夫品級用。

超品民公侯冠服

崇德元年定，冠頂上銜紅寶石，中飾東珠二。帶用金鑲玉版四。【略】

民公、民公夫人冠服

凡民公冬朝冠，薰貂爲之，十一月朔至上元，用青狐。頂鏤花金座，中飾東珠四，上銜紅寶石。端罩，貂皮爲之，藍緞裏。補服，色用石青，前後繡四爪正蟒。朝服，藍及石青諸色隨所用。其制，披領及袖皆石青，冬用片金加海龍緣，夏用片金緣。兩肩前後正蟒各一，腰帷行蟒四，中有襞積。裳行蟒八。緣貂朝服之制，披領及裳，俱表以紫貂，袖端薰貂。兩肩前後正蟒各一，襞積行蟒四，皆四爪。曾賜五爪蟒緞者，亦得用之。朝珠，珊瑚青金緑松蜜珀隨所用。雜飾惟宜，絛用石青色。朝帶，色用石青或藍，鏤金銜玉圓版四，每具飾貓睛石一。佩帉，下廣而鋭。吉服冠，頂用珊瑚。蟒袍，藍及石青諸色隨所用，通繡九蟒。吉服帶、佩帉下直而齊，版飾及佩惟宜。雨冠、雨衣及裳，均用紅色。【略】

民公夫人冬朝冠，薰貂爲之。頂鏤花金座，中飾東珠四，上銜紅寶石。前綴金簪三，飾以珠寶。護領絛用石青色。金約青緞爲之，中綴鏤金火焰，飾珍珠一，左右金龍鳳各一。後垂青緞帶二，紅片金裏。耳飾，左右各三，每具金雲銜珠各二。朝褂，色用石青，片金緣。繡文前行蟒二，後行蟒一。領後垂石青條，雜飾惟宜。朝袍，藍及石青諸色隨所用。披領及袖皆石青，冬用片金加海龍緣，夏用片金緣。繡文前後正蟒各一，兩肩行蟒各一，襟行蟒四，中無襞積。披領行蟒二，袖端正蟒各一，袖相接處行蟒各二。後垂石青條，雜飾惟宜。領約，鏤金爲之，飾紅藍小寶石五，兩端垂石青條二，中各貫珊瑚，末綴珊瑚各二。朝珠三盤，珊瑚青金緑松蜜珀隨所用，雜飾惟宜。絛用石青色。綵帨，月白色，不繡花文。冬朝裙，片金加海龍緣，上用紅緞，下石青行蟒糚緞，皆正幅，有襞積。夏朝裙，片金緣，緞紗各惟其時。吉服冠，薰貂爲之，頂用珊瑚。吉服褂，色用石青，繡花八團。蟒袍，藍及石青諸色隨所用，通繡九蟒皆四爪。

崇德元年定，冠頂上銜紅寶石，中飾東珠一。帶用金鑲圓玉版四，各飾緑松石一。【略】

順治二年定，冠用起花金頂，上銜紅寶石，中飾東珠三。帶用金鑲圓玉版四，各飾緑松石一。

八年定，冠頂飾東珠四，帶玉各飾貓睛石一。

九年定，補服或用麒麟，或用四爪蟒。【略】康熙元年題准，補服用四爪蟒。

侯伯子男暨夫人冠服

凡侯朝冠，頂鏤花金座，中飾東珠三，上銜紅寶石。朝帶，鏤金銜玉圓版四，每具飾緑松石一。【略】餘皆如公。

伯朝冠，頂鏤花金座，中飾東珠二，上銜紅寶石。朝帶，鏤金銜玉圓版四，每具飾紅寶石一。【略】餘皆如侯。

子朝冠，頂鏤花金座，中飾東珠一，上銜紅寶石。補服，前後繡麒麟。吉服冠，頂用珊瑚。餘皆視一品。

男朝冠，頂鏤花金座，中飾小紅寶石一，上銜珊瑚。補服，前後繡獅。吉服冠，頂用鏤花珊瑚。餘皆視二品。

侯夫人朝冠，頂鏤花金座，中飾東珠三，上銜紅寶石。餘皆如民公夫人。

伯夫人朝冠，頂鏤花金座，中飾東珠二，上銜紅寶石。餘皆如侯夫人。

子夫人朝冠，頂鏤花金座，中飾東珠一，上銜紅寶石。餘皆如伯夫人。

男夫人朝冠，頂鏤花金座，中飾紅寶石一，上銜珊瑚。吉服冠，頂鏤花珊瑚。餘皆如子夫人。

順治二年定，冠用起花金頂，上銜紅寶石，中飾東珠一。帶用金鑲方玉版四，各飾紅寶石一。

六年定，冠頂飾東珠二。帶用金鑲圓玉版四，各飾紅寶石一。

八年定，侯冠頂飾東珠三，帶玉各飾緑松石一。

九年題准，侯伯補服或用麒麟，或用四爪蟒。【略】

品官命婦冠服

凡文一品朝冠，頂鏤花金座，中飾東珠一，上銜紅寶石。補服，前後繡鶴文。朝帶，鏤金銜玉方版四，每具飾紅寶石一。【略】餘皆如公。

武一品補服，前後繡麒麟。餘皆如文一品。

文二品冬朝冠，薰貂爲之。十一月朔至上元，用貂尾。頂鏤花金座，中飾小紅寶石一，上銜珊瑚。補服，前後繡錦雞。朝帶，鏤金圓版四，每具飾紅寶石一。

吉服冠，頂鏤花珊瑚。雨冠紅色，雨衣、雨裳青色。惟各省巡撫均得用紅色。【略】餘皆如文一品。

武二品補服，前後繡獅。餘皆如文二品。

文三品朝冠，頂鏤花金座，中飾小紅寶石一，上銜藍寶石。補服，前後繡孔雀。朝帶，鏤花金圓版四。吉服冠，頂用藍寶石。【略】餘皆如文二品。

武三品冬朝冠，薰貂爲之。補服，前後繡豹。餘皆如文三品，惟無緣貂朝服及端罩。

一等侍衛戴孔雀翎。端罩猞猁猻爲之，間以貂皮，月白緞裏。餘皆如武三品。

文四品冬朝冠，薰貂爲之。頂鏤花金座，中飾小藍寶石一，上銜青金石。補服，前後繡雁。朝帶，銀銜鏤花金圓版四。吉服冠，頂用青金石。蟒袍，通繡八蟒，皆四爪。雨冠紅色，前加緣二寸五分，後五寸，青色。【略】餘皆如文三品，惟無緣貂朝服及端罩。

武四品補服，前後繡虎。餘皆如文四品。

二等侍衛戴孔雀翎。端罩，紅豹皮爲之，素紅緞裏。朝服，蓢絨緣，色用石青，通身雲緞，前後方襴，行蟒各一。腰帷行蟒四，中有襞積。領袖俱石青粧緞，冬夏皆用之。餘皆如武四品。雨冠，御前侍衛、乾清門侍衛皆用紅色。雨衣、雨裳，御前侍衛用紅色。其餘侍衛各從其品。

文五品朝冠，頂鏤花金座，中飾小藍寶石一，上銜水晶。補服，前後繡白鷴。朝服，片金緣，色用石青，通身雲緞，前後方襴，行蟒各一，中有襞積。領袖俱石青粧緞，冬夏皆用之。朝帶，銀銜素金圓版四。吉服冠，頂用水晶。【略】餘皆如文四品。

武五品補服，前後繡熊，餘皆如文五品，惟無朝珠。

三等侍衛戴孔雀翎。端罩，黄狐皮爲之，月白緞裏。朝服，蓢絨緣，如文五品朝服之制。餘皆如武五品。

文六品朝冠，頂鏤花金座，中飾小藍寶石一，上銜硨磲。補服，前後繡鷺鷥。朝帶，銀銜玳瑁圓版四。吉服冠，頂用硨磲。【略】餘皆如文五品，惟無朝珠。

武六品補服，前後繡彪。餘皆如文六品。

藍翎侍衛戴藍翎。端罩、朝服、朝珠，均如三等侍衛。餘皆如武六品。

文七品朝冠，頂鏤花金座，中飾小水晶一，上銜素金。補服，前後繡鸂鶒。朝帶，素銀圓版四。吉服冠，頂用素金。蟒袍通繡五蟒，皆四爪。雨冠青色，前加緣二寸五分，後五寸，紅色。【略】餘皆如文六品。

武七品補服，制如武六品。餘皆如文七品。

文八品朝冠，鏤花陰文金頂，無飾。補服，前後繡鵪鶉。朝服，色用石青雲緞，無蟒。領袖皆青倭緞，中有襞積，冬夏皆用之。朝帶，銀銜明羊角圓版四。吉服冠，鏤金陰文金頂。【略】餘皆如文七品。

武八品補服，前後繡犀牛。餘皆如文八品。

文九品朝冠，鏤花陽文金頂。補服，前後繡練雀。朝帶，銀銜烏角圓版四。吉服冠，鏤花陽文金頂。【略】餘皆如文八品。

武九品補服，前後繡海馬。餘皆如文九品。

未入流冠服，制如文九品。謹案：嘉慶五年諭，嗣後八九品及未入流帽頂，俱當謹遵《會典》，分別戴用，毋許僭越戴用。七品素金頂，其補服亦應按照定制，俱不得稍有僭越。至外間民人涼暖帽上，俱用纓絨大結，尤屬非是，並著一體嚴行禁止。其游手棍徒及逃匪等，有假充職官戴用金頂者，著實力嚴拏，毋任宵小弊混。

左都御史副都御史、監察御史、各省按察使、及道員補服，均前後繡獬廌。其都察院都事經歷筆帖式、及按察使經歷照磨等官，俱照本身品級，不得用獬廌補服。

官員父母受封者，冠服得如所封之品。官員加級受封，冠服均從本任。惟致仕後，准照所封之品服用。其京外革職留任之員，准照原品頂戴服用。其有加級捐封，因公革職未追封誥者，止准服用原任官頂戴榮身，以示區別。

凡一品命婦朝冠，頂鏤花金座，中飾東珠一，上銜紅寶石。餘皆如民公夫人。

二品命婦朝冠，頂鏤花金座，中飾紅寶石一，上銜珊瑚。吉服冠，頂鏤花珊瑚。餘皆如一品命婦。

三品命婦朝冠，頂鏤花金座，中飾紅寶石一，上銜藍寶石。吉服冠，頂用藍寶石，餘皆如二品命婦。

四品命婦朝冠，頂鏤花金座，中飾小藍寶石一，上銜青金石。朝袍，片金緣，繡文前後行蟒各二，中無襞積。後垂石青條，雜飾惟宜。朝裙，片金緣，上用緑緞，下石青行蟒粧緞，皆正幅有襞積。吉服冠，頂用青金石。蟒袍，通八蟒，皆四爪。餘皆如三品命婦。

順治二年定，舉人、官生、貢生、監生冠用金雀頂，帶用銀鑲明羊角圓版四。外郎耆老，冠用烏角壺盧頂。

三年定，會試中式舉人冠用裹金三枝九葉頂。狀元，冠用鏤花金頂，上銜水晶。帶用銀鑲玳瑁圓版四。

九年題准，舉人、官生、貢生、監生，公服皁袍緣藍。生員冠服，藍袍緣皁。

道光八年奏准，舉人照七品官例，戴素金頂。貢生照八品官例，戴陰文鏤花金頂，毋庸更換銀座。生員監生仍戴銀頂。武職八品以下頂戴，與文職同。

官修《清會典事例》卷三二八《禮部》 冠服冠服通例

冠服通例

凡王公朝服。親王至入八分公冠頂均三重，上用紅寶石，中飾東珠，親王飾珠十，世子、郡王、貝勒、貝子、鎮國公、輔國公，以次減一。冠前綴舍林，親王世子飾東珠五，郡王、貝勒、貝子、鎮國公，遞減如之，輔國公與鎮國公同。冠後綴金花，親王世子飾東珠四，郡王、貝勒、貝子，遞減亦如之，鎮國公、輔國公，各飾緑松石一。

服。親王、世子、郡王，用滿翠龍文繒。貝勒、貝子、鎮國公、輔國公，用蟒文綵繒，襟袂及袍，緣以金花繒，冬緣以貂。補服，親王用圓龍文四，前後正龍，左右旁龍。世子、郡王，旁龍圓文四。長子、貝勒，正蟒圓文二。貝子正蟒圓文二，鎮國公方正蟒二，輔國公方正蟒二。表裘得用黑狐。帶均用金黄色組，施方玉四。銜以金。親王，玉各飾貓睛石一，東珠四。世子、郡王、貝勒、貝子，各以次減一。鎮國公、輔國公，玉各飾貓睛石一。鎮國將軍冠頂同一品，補服用麒麟。輔國將軍同二品，補服用獅。奉國將軍同三品。補服用豹。奉恩將軍同四品，補服用虎。服均用蟒文綵繒。帶各如其所同之品。其餘宗室及覺羅，冠頂補服，各從其品。餘服，宗室得視公以下，帶用金黄組。覺羅得用金花綵繒，及諸花素繒，帶用紅組。

公主、郡主，冠頂均三重，郡君以下均二重。上用紅寶石，飾以東珠，固倫公主飾珠十，和碩公主九，郡主八，縣主七，郡君六，縣君五，鄉君、鎮國公女四。輔國公女三。其大簪，金約，耳飾，領約，飾珠各如之。

服。公主、郡主用翟鳥龍文滿翠繡繒，縣主以下，用蟒文繡繒，緣飾用金花繒，冬用貂。補服，固倫公主視親王，和碩公主、郡主視世子，縣主視郡王，郡君視貝勒，縣君視貝子，鄉君、鎮國公女視鎮國公，輔國公女視輔國公。諸王、貝勒側室女，冠服降適二等。貝子側室女視五品，公側室女視六品。裳，自公主以下，均得施綵繡。親王福晉冠服視固倫公主，世子福晉飾珠視和碩公主，郡王福晉飾珠視郡主，服均視親王福晉。貝勒夫人冠服均視縣主，貝子夫人飾珠視郡君，服如貝勒夫人。鎮國公夫人冠服均視縣君，輔國公夫人冠服均視鎮國公女。親王世子側福晉冠降適一等，服如適福晉。郡王側福晉及貝勒以下各側夫人冠服均降適一等。若不入八分公夫人，及鎮國、輔國、奉國、奉恩各將軍夫人冠服，惟正室得從夫品。

民公、侯、伯冠頂，均上用紅寶石，中飾東珠，公用珠四。侯、伯以次減一。服得用貂緣，及蟒繡金花綵繒。補服用方蟒文二，表裘用貂。帶用圓玉四，銜以金，公飾玉以貓睛石，侯緑松石，伯紅寶石，子、男冠服各從其品。

固倫公主額駙冠頂上用紅寶石，中飾東珠六，舍林飾東珠二，後花飾東珠一。帶用圓玉四，銜以金，玉各飾東珠一。服視貝子，若爵在貝子以上，則從其爵。和碩公主額駙冠頂銜寶石如之，中飾東珠四，舍林飾東珠一，後花飾緑松石一。帶玉各飾貓睛石一，服視公，若爵在公以上，則從其爵。郡主額駙冠頂上銜珊瑚，中飾東珠三。帶玉各飾緑松石一。縣主額駙冠頂用鏤花珊瑚，帶用圓金版四，各飾紅寶石一。服均與和碩公主額駙同。郡君額駙冠服均視三品，帶用圓金版四。縣君額駙視四品，鄉君額駙視五品，帶均用銙金方鐵版四。各側室女額駙冠服均降適二等。

品官。一品至九品，均鏤金爲頂，一品上用紅寶石，中飾東珠。二品用鏤花珊瑚，中飾小紅寶石。三品用藍寶石，中飾如二品。四品用青金石，中飾小藍寶石。五品用水晶，中飾如四品。六品用硨磲，中飾如五品。七品用素金頂，中飾水晶。八品用鏤花陰文金頂，九品用鏤花陽文金頂，未入流視九品。服，自一品至三品，得用貂緣，及蟒繡金花綵繒。七品以上，得用金花綵繒。八、九品得用素繒，領袂均得用蟒繡及金花繒。

補服，文職，一品用鶴，二品錦雞，三品孔雀，四品雁，五品白鷴，六品鷺，七品鸂鶒，八品鵪鶉，九品練雀。武職，一品麒麟，二品獅，三品豹，四品虎，五品熊，六品彪，七八品犀牛，九品海馬。都御史、副都御史，至監察御史，直省按察使，道員，均用獬廌。其都察院都事，經歷筆帖式，按察使司經歷，照磨等官，仍從其品。貂裘四品以上及翰詹科道官用之。

帶，一品用金銜方玉四，各飾紅寶石一。二品鏤金圓版四，飾如一品。三品五品命婦朝冠，頂鏤花金座，中飾小藍寶石一，上銜水晶。吉服冠，頂用水晶。餘皆如四品命婦。

六品命婦朝冠，頂鏤花金座，中飾小藍寶石一，上銜硨磲。吉服冠，頂用硨磲。餘皆如五品命婦。

七品命婦朝冠，頂鏤花金座，中飾小水晶一，上銜素金。吉服冠，頂用素金。蟒袍，通五蟒，皆四爪。餘皆如六品命婦。

崇德元年定，都統尚書冠頂，上銜紅寶石。帶用金圓版四，飾紅寶石四。內大臣、大學士、副都統、護軍統領、前鋒統領、侍郎冠頂，上銜藍寶石。帶用金圓版四。一等侍衛護衛、參領、前鋒參領、學士、滿啟心郎、郎中冠頂，上銜水晶。帶用鋄金鐵版四。二等三等侍衛、護衛、佐領、漢啟心郎、員外郎冠用金頂。帶用鋄金圓鐵版四。護軍校、主事冠用金頂。帶用鋄金圓鐵版二。【略】

順治二年定，一品官，冠用鏤花金頂，上銜紅寶石，中飾東珠一。帶用金方玉版四，各飾紅寶石一。二品官，冠用鏤花金頂，上銜紅寶石，中飾小紅寶石。帶用鏤花金圓版四，各飾紅寶石一。三品官，冠用鏤花金頂，上銜紅寶石，中飾小藍寶石。帶用鏤花金圓版四。四品官，冠用鏤花金頂，上銜藍寶石，中飾小藍寶石。帶用銀鑲鏤花金圓版四。五品官，冠用鏤花金頂，上銜水晶，中飾小藍寶石。帶用銀鑲素金圓版四。六品官，冠用鏤花金頂，上銜水晶。帶用金鑲玳瑁圓版四。七品官，冠用鏤花金頂，中飾小藍寶石。帶用素銀圓版四。八品官，冠用鏤花金頂，帶用銀鑲明羊角圓版四。九品官，冠用鏤花銀頂，帶用銀鑲烏角圓版四。

九年題准，官員補服。文官，一品用仙鶴，二品用錦雞，三品用孔雀，四品用雲雁，五品用白鷴，六品用鷺鷥，七品用鸂鶒，八品用鵪鶉，九品用練雀。武官，一品、二品用獅子，三品用虎，四品用豹，五品用熊，六品、七品用彪，八品用犀牛，九品用海馬。都察院、按察使司衙門官，不論品級，均用獬廌。【略】

康熙元年題准，武官一品補服用麒麟。

又題准，文武一品官，雖有加級，不許過本品補服。

三年題准，武職三品補服用豹，四品用虎。

雍正六年覆准，都察院都事經歷筆帖式、按察使司經歷照磨等官，均用本身品級補服，不得用獬廌補服。

八年議准，二品官，朝冠頂上銜鏤花珊瑚，中飾小紅寶石。三品官，上銜藍寶石，或藍色涅玻璃，中飾小紅寶石。四品官，上銜青金石，或藍色涅玻璃，中飾小藍寶石。五品官，上銜水晶，或白色明玻璃，中飾小藍寶石。六品官，上銜硨磲，或白色涅玻璃，中飾小藍寶石。七品官，用素金頂，中飾小水晶。八品官，用鏤花金頂。九品官，用鏤花銀頂。未入流與九品同。候補候選與現任同。若在部學習行走之生監，視八品筆帖式。九品之讀祝贊禮鳴贊序班，均視八品。各府州縣學教職，皆照出身用金頂。【略】

嘉慶五年奏准，文八品官用鏤花陰文金頂，九品官未入流用鏤花陽文金頂。武職同。

士庶冠服

凡會試中式貢士朝冠，頂鏤花金座，上銜金三枝九葉。吉服冠，頂用素金。舉人公服冠頂鏤花銀座，上銜金雀。公服袍，青紬爲之，藍緣。披領如袍飾。公服帶，制如文八品朝帶。吉服冠，頂銀座，上銜素金。貢生吉服冠，鏤花金頂，餘皆如舉人。監生吉服冠，素銀頂，餘皆如貢生。生員公服冠，頂鏤花銀座，上銜銀雀。公服袍，藍紬爲之，青緣。披領如袍飾。公服帶，制如文九品朝帶。吉服冠，制如監生。外郎耆老冠，頂以錫。祭祀文舞生冬冠，騷鼠爲之。頂鏤花銅座，中飾方銅鏤葵花，上銜銅三角如火珠形。袍以紬爲之，其色南郊用石青，北郊用黑，祈穀壇、太廟、社稷壇、朝日壇、帝王廟、先師廟、先農壇、太歲壇均用紅，夕月壇用月白，前後方襴銷金葵花，帶綠紬爲之。祭祀武舞生頂，上銜銅三棱如古戟形。袍以紬爲之，通銷金葵花。餘如文舞生袍之制，帶制如文舞生。祭祀執事人，袍之制二：其一，以紬爲之，不加緣，其色南郊用石青，北郊用黑。其二，青紬爲之，太廟、先師廟、先農壇、太歲壇均用藍緣，祈穀壇、社稷壇、朝日壇、帝王廟均用石青緣，夕月壇用月白緣。帶制如文舞生。樂部樂生冬冠，騷鼠爲之，頂鏤花銅座，上植明黃翎。袍之制二：其一，紅緞爲之，前後方襴，繡黃鸝，中和韶樂部樂生執戲竹人服之。其二，紅緞爲之，通織小團葵花，丹陛大樂諸部樂生服之。帶用綠雲緞。鹵簿輿士冬冠，以豹皮及黑氈爲之。頂鏤花銅座，上植明黃翎。袍制如丹陛大樂諸部樂生，帶制如祭祀文舞生。鹵簿護軍袍，石青緞爲之，通織金壽字，片金緣，領及袖端皆織金葵花。鹵簿校尉冬冠，以豹皮爲之，亦以黑氈爲之。平檐，頂素銅座，上植明黃翎。袍及帶制如鹵簿輿士。從耕農官冠，青絨爲之，頂同八品。補服，色用石青，前後繡彩雲捧日。袍青絹爲之，上加披領，腰爲襞積，如朝袍，不加緣，月白絹裏。

鏤金圓版四，四品銀銜鏤金圓版四，五品銀銜素金圓版四，六品銀銜瑇瑁版四，七品銀圓版四，八品銀銜明羊角圓版四，九品銀銜烏角圓版四。

士庶公服。狀元頂戴視六品。會試中式貢士，冠用裹金三枝九葉頂，服均如常制。舉人、官生、貢生、監生，冠帶視八品，服皁繒緣青。生員冠帶視九品，服青繒緣皁。外郎耆老冠頂以錫。

公、侯、伯、子、男及品官已受封父母冠服，並得從子。婦冠服從其夫。

凡綵服，王公百官冠頂均二重，王公冠頂用紅寶石，民公侯伯及一品官均珊瑚，二品鏤花珊瑚，三品以下至未入流，各視朝冠頂。

綵服，王公宗室，裾均四啟。親王、世子、郡王，用龍文綵繒。貝勒、貝子、公，用蟒文綵繒。公主、福晉、命婦，以朝服所得用龍蟒各綵繒爲之。民公侯伯以下文武官，裾啟前後，均用蟒文綵繒，襟袂緣以金花繒。補服與朝服同。大臣文武職相兼者，文職大，用文補服，武職大，用武補服。

凡常服，親王至入八分公，冠用紅寶石頂，餘均如綵服制。袍色均用藍，亦閒用諸色，表文色用青，均不施章采。

凡衣服織文，親王、世子、郡王、貝勒，用龍文。貝子、公，用蟒文。親王福晉以下，各從其夫之服。宗室各將軍，民公以下，四品官以上，及御前侍從官，均得用蟒文。七品以上官得用諸花繒，八九品官用雜花及素繒。舉人視七品，貢監生員視八品，軍民商賈吏員得用綾絹，餘並不得僭擬。

凡帶，親王以下，宗室以上，皆束金黄帶。覺羅束紅帶，其金黄帶紅帶，非上賜者，不得給予異姓。

凡朝珠，王以下，文職五品、武職四品以上，及翰詹科道官侍衛，公主福晉以下，五品官命婦以上，均得用，以雜寶及諸香爲之。禮部主事、太常寺博士、典簿、讀祝官、贊禮郎、鴻臚寺鳴贊，光禄寺署正、署丞、典簿，國子監監丞、博士、助教、學正、學録，除在壇、廟執事，及殿廷侍儀，准用。其平時燕處，及在公署，仍不得用。珠系及佩囊，惟諸王、公主、福晉，得用金黄組。貝勒以下，均不得僭擬。佩囊彯帶，左右垂帶下爲飾，王公百官咸用之。佩刀鞶韠飾雜寶。【略】

凡雨冠、雨衣，以氈或羽緞油紬爲之。皇帝用明黄色，親王至宗室公用紅色，職官文武一品大臣、及御前行走侍衛、直省督撫，雨冠、雨衣，均用大紅色。文武二三品、及内廷行走官員，雨冠用大紅色，雨衣青色。四品至六品官，雨冠紅色青緣，七品以下有頂戴人員，雨冠青色紅緣，雨衣青色。軍民雨冠、雨衣俱青色。

凡官民帽纓，不得用紅紫綫。披領荷包腰帶韈底牙縫，不得用黄色。帽上圓月，官員用紅片金，庶人用紅緞。

凡寒燠更用冠服，每歲春季用涼朝冠及夾朝衣，秋季用暖朝冠及緣皮朝衣，於三九月内，或初五日，或十五日，或二十五日，酌擬一日，均前一月禮部奏請，得旨通行各衙門一體遵照。每歲十一月初一日起，至次年正月十六日止。朝會祭祀，俱用緣貂朝衣，禮部先期奏請，得旨，行宗人府轉行王公，並通行在京三品以上各衙門。

凡筵燕迎鑾以及一切嘉禮，俱衣蟒袍補服，每月朔日及初五、初十、十五、二十、二十五等日，俱衣補服。大祀齋戒，如遇素服日期，皇帝御常服挂朝珠，陪祀執事王公大臣官員，俱常服挂朝珠，無執事及不陪祀王公大臣官員，常服不挂朝珠。祭日如遇素服日期，行禮時衣祭服，禮畢後更常服，不挂朝珠。

凡祈雨承祭官及陪祀官各雨纓素服。

日月食，是日官員俱常服，救護官員素服行禮。如遇大祀之日，陪祀之王公大臣官員應救護者，换素服行救護禮，其不陪祀，不救護，進内當差之王公大臣官員及在署視事各員均常服。

凡王公以下額駙等以及民公侯伯一二品大臣侍衛内，有蒙上賜紅絨結頂冠者，除所賜外，不得如式更製，郡王以下，均不得用織金彩色五爪龍衣服及五爪暗龍緞。若上賜者許用，仍去一爪。若王等賞所屬織金彩色龍者，雖服過，仍去一爪。其餘服物，不得使受賞者踰越品級。

凡王公以下，不得用上用服色黄色秋香色及黑狐皮，五品官以下，不得用蟒緞，粧緞，貂皮，猞猁猻。八品官以下，不得用大花緞、紗及白豹天馬等皮。凡四品以下，除京堂翰詹科道侍衛等官外，不得用端罩。文四品以下，武三品以下，除有職掌大臣及一等侍衛外，不得用緣貂朝衣。朝會之地，除應用端罩人員外，不得反穿皮衣，混充補服。

凡内外文武大小官員，頂帽、補服、坐褥，悉照本身現任品級，不得計算加級，僭越服用。革職留原任者，仍視原品，革職官無封銜者，原品冠服不得用。進士舉人授八九品小京官教職者，仍用進士舉人素金頂，並七品補服。其由進士舉人出身，降補佐雜等官者，照現任品級戴用。不得仍用進士舉人頂戴。其大銜借補小缺者，照本銜戴用。凡文武官迎送謁見上司，止用補服，不得濫用朝服披執。商賈有捐納職銜者，冠服各從其品，無職銜者與庶民同。凡考職吏員，在籍止用頂帽，不得僭用補服。內外各衙門供事書吏，非年滿考職者，並不得僭用金頂，奴僕優伶皁隸，止准服用繭紬、毛褐、葛布、梭布、貉皮、羊皮，其紡絲、紬、絹、緞、紗、綾、羅及各種細毛，俱不准服用。冬帽用染騷鼠、狐貉、獺皮，不得用貂。民人冬夏帽上，不得用絨纓大結，凡文武官員上朝及坐班時，如非雨雪，戴雨纓涼帽者，照例參處。宗室覺羅人員不繫黃紅帶，侍衛職官不戴翎頂，在街市閒游者，該衙門查參。

崇德元年定，親王以下至臣民等，均不得用黃色及五爪龍鳳黃色緞，其馬飾等禁例同。

又定，親王以下宗室以上，皆束金黃帶，覺羅束紅帶，其金黃帶、紅帶，不得給予異姓，若上賜者不在禁例。【略】

又定，命婦冠服，各照夫品用。

順治三年覆准，庶民不得用繡緞等服，滿洲家人，不得用錦繡、蟒緞、粧緞。

八年諭，官民等帽纓不得用紅紫綫，披領繫繩荷包腰帶韈底牙縫不得用黃色，朝服、便服表裏，皆不得用黃色秋香色。

九年議准，涼帽、暖帽上圓月，官員用紅片金，庶人用紅緞。涼帽，四品以上用片金裏，五品以下用紅緞裏，均倭緞緣邊，庶人用青藍緞緣邊。

又題准，民公、侯服，用貂緣朝衣，貂端罩，貂袍，蟒緞、粧緞、金花緞、倭緞、各種團龍緞、花素緞。一品至四品及侍衛護衛，服與民公侯伯同。五品至七品服，用金花緞、倭緞、花素緞。八九品服用素緞。凡朝服，披領及袖，均得用蟒緞、金花緞。御前侍從，得用蟒緞、粧緞，及各種緞服，皮服。親王親隨，頂戴補服外，服色視五品。世子郡王親隨視六品。公侯伯大小官員父母，從子品用，其未分居子、未出嫁女，除頂戴補服外，其餘服色照父品用。已分居子照本品用，已出嫁女照夫品用。護軍服用素緞，領催吏書通事者老兵民商賈等，准用素緞，素紗、綾、紬、絹、紡絲各色布，准帶貂帽、狐皮帽。僧道服，除袈裟法衣外，准用紬、絹、紡絲、素紗各色布。其袍用土黃色、緇色。奴僕及優人、皁隸，准用狐貉、沙狐皮帽。樂户准用本色黃鼠皮帽，涼帽用綠絹裏，綠絹緣邊。

又題准，凡五爪、三爪龍滿翠團龍緞，及黃色、秋香色黑狐皮，上賜者許用外，餘皆禁止不得存留，亦不得製被褥帳幔。若有越用及存留者，係官照品議罰，常人鞭責，衣物入官，妻子僭用者，罪坐家長。

又題准，官民等均戴絨纓涼帽，不遇陰雨不得用氂纓。

十年題准，官員軍民，京城內不得用齊肩挂戴氈帽及緣邊小秋帽，亦不得於氈帽上綴纓。如違，官送吏部，兵民送刑部治罪。

十一年題准，官民等涼暖帽，皆用大圓月厚纓，違式者治罪。

十二年題准，喇嘛格隆服用黃紅色，非奉上賜，不得用五爪龍團花，班第用黃帽紅衣，伍巴什、伍巴三察服用灰色。

十五年題准，每年春用涼朝帽及夾朝衣，或三月十五日或二十五日爲始，秋用暖朝帽及緣皮朝衣，或九月十五日或二十五日爲始，請旨通行。又王公百官有緣貂朝衣者，每年自十一月十五日爲始，至正月十六日止。凡常朝慶賀祭祀日服用，若冬至日在十一月十五日前，自南郊大祀日爲始。【略】

康熙元年題准，軍民等不得用蟒緞、粧緞、金花緞、片金緞、倭緞、貂皮、猞猁猻、狐肷。

三年題准，文武四品以上用蟒緞，懸數珠，馬繫繁纓，五品以下不得用。

十一年題准，民公以下，四品官以上，及侍衛護衛，佩刀帶飾櫜鞬，許飾綠松石珊瑚寶石，五品以下不得用。五品以下官朝衣、常服，許用蟒緞、粧緞、倭緞爲緣。舉人、官生、貢監生、生員，不得用貂皮、猞猁猻、白豹皮、蟒緞、粧緞、金花緞。護軍、領催、未入流筆帖式，准用青素緞、紬、綾、紡絲、絹、葛、苧、梭布，狼、狐、貉、羊等皮。軍民及聽差人書吏，准用紬、綾、紡絲、綿紬、繭紬、屯絹、葛苧梭布，狼、狐、貉、羊等皮，冠用染騷鼠、狐貉、沙狐皮，帽上圓月，准用片金，不得用狐肷、沙狐肷，緞紗及緞韈，韈上不得緣綠斜皮，器飾不得用金。緣事革職人，不得用貂皮、猞猁猻、蟒緞、粧緞、金花緞。僧道除袈裟法衣外，服用與民同。奴僕、優人、皁隸，准用紡絲、絹、綿紬、繭紬、毛褐、屯絹、葛苧梭布，狼、狐、貉、羊等皮，冠用染騷鼠、狐貉、獺皮。樂户准用杭絹、綿紬、葛苧梭布、羊皮，不得用諸種緞疋皮衣，冠用本色騷鼠，涼帽用綠絹裏，綠絹緣邊。

十二年題准，五品以下官，緣袖得用貂皮，裘襟用貂尾。其妻首飾等，得用綠松石珊瑚。未入流筆帖式護軍、領催例同。已故官員子，係護軍、領催、驍騎執事人，雖未出分，止照本身服用。若未經任事者，准視其父品級用。六十歲以上閒散人，准照護軍服用。凡未入流筆帖式以下至兵民等，不得用銀鼠皮。

二十六年題准，凡官民等不得用暗花之四爪龍四團八團龍緞，及照品級織造暗花補服。又似秋香色之香色米色，亦不得用。大臣官員有上賜五爪龍緞，皆令去一爪用。

三十九年諭，部院筆帖式，服用僭越，至於未入流筆帖式，不過與驍騎護軍相等，其有僭越者，著再行禁止。

又定，民公侯伯以上，不入八分公、閒散宗室、四品官、三等侍衛以上，貂皮、猞猁猻、蟒緞、粧緞等皆得用，其藍翎侍衛亦得用。無品閒散覺羅、五六七品官，不得用蟒緞、粧緞、貂皮、猞猁猻，八九品官，不得用蟒緞、粧緞、大花緞、紗及貂皮、猞猁猻、白豹、天馬、銀鼠。滿洲、蒙古、漢軍官，往口外寒冷處出差，貂皮、猞猁猻照常用，漢官不於口外行走，四品職官以下概不得用。其漢官京堂以上，翰林、科道滿洲、贊禮官仍准用。一等、二等、三等侍衛，參領、郎中，許用貂皮緣披領及袍，閒散輕車都尉、佐領騎都尉以下不得用，如上賜及諸王、貝勒等賞給者皆許用。其無品級筆帖式庫使、八旗舉人、官生、貢監生、生員、護軍、領催等，除大花緞紗及天馬銀鼠皮外，止許服尋常緞、紗、紬、綾、絹、屯絹、布、葛布、夏布、貂皮、沙狐、灰鼠、狼、狐、羊等皮，帽圍領許用貂皮，其妻均視夫服用，止許金耳環，至漢舉人、官生、貢監生、生員例同。軍民書吏外郎，不得服狼狐，冠不得用貂緣飾。革職官除貂皮、猞猁猻、蟒緞、粧緞外，其餘服色均得用。帽緣得用貂，有封銜者，仍照品級用。藍翎侍衛佩刀等，照五品以下官例，不得飾綠松石珊瑚寶石等物，其官兵甲冑佩刀櫜鞬等，不在禁例。奴僕、優人、皁隸等，狼皮、狐皮並不得用。

又覆准，多羅貝勒親隨，頂戴補服外，服色准視七品官。固山貝子入八分公親隨，服色准視八品官。

四十年定，太醫院官醫士等，服飾悉照御前侍從例。

四十六年覆准，部院大臣並八旗閒散官，上朝及坐班時，如非下雨，戴雨帽者治罪。

四十九年覆准，內外文武官，或議敘加級，或捐納加級，例不得過一品，今緣捐納事例，任憑加級，遂自一品以至出品。冠頂坐褥，尊卑莫辨，均與定例不符。嗣後七品八品九品加級者，不准過五品，五品六品加級者，不准過四品，四品三品加級者，不准過二品，二品加級者，不准過一品。一品如都統等大臣，照例飾東珠一。坐褥用狼皮，雖有加級，不得用東珠二，用虎皮坐褥。大學士尚書雖係二品，均是一等職掌，若有加級，冠頂、坐褥與一品同。此外文武官，雖有加級，不准飾東珠，仍飾小紅寶石，貛皮坐褥。行令八旗並內府佐領直省，一例遵行。儻有僭越，該管大臣嚴拏交部治罪，如該管大臣不行嚴察，一併議處。【略】

〔雍正〕二年題准，凡文武大小官員，頂戴、補服、坐褥皆有等級，近來官員，皆越本職僭用，此風萬不可長。嗣後凡加級官員，該管大臣，務查其於何任加級，及何處捐納，儻不行嚴察，仍有僭用者，一併議處。

又官員軍民服色，定例禁用黑狐皮、秋香色、米色、香色等類，近來官員軍民以及家奴等，俱濫行服用，皆由該管官不實心奉行所致。嗣後如有違禁僭用者，該管官不行拏送，事發將僭用人及該管官，皆於例外加倍議處。

五年諭，王公大臣官員等，朝服、頂戴，皆有定制，但平時所用服色，未辨等級，其應如何分析之處，著議政大臣九卿會議具奏。欽此。遵旨議定，自親王以下，及現任並候補候選官員、舉貢生監，平時所戴涼帽、暖帽，皆照朝冠頂顏色，分別等級，親王、世子、郡王、長子、貝勒、貝子、入八分公，咸用紅寶石頂，不入八分公，固倫額駙、和碩公主額駙、民公侯伯、鎮國將軍、暨一品官，咸用珊瑚頂。輔國將軍、奉國將軍、多羅額駙、二品、三品官，咸用起花珊瑚頂。奉恩將軍，固山額駙，暨四品官，咸用青金石頂。五品、六品官，咸用水晶石頂。七品官以下，及進士、舉人、貢生，咸用金頂，生員、監生，咸用銀頂。通行八旗直省，一例遵行。六年諭，凡革職留任降級留任之官員，其升轉開列及停扣俸祿之處，自有定例，但此等人員，既留原任，職掌班次，一切照舊。其朝服頂戴，亦應仍照本任之品級，准其穿戴，以肅威儀，著大學士九卿等會議具奏。欽此。遵旨議定，嗣後凡文武大小官員革職降級奉旨留任者，除升轉開列及停扣俸祿之處，照例遵行外，其朝服頂戴，仍照本任品級用。

又題准，都察院衙門官，除左都御史、副都御史、僉都御史、及御史，用獬廌補服外，其都事經歷筆帖式等官補服，各照本身品級，皆不得用獬廌補服。按察使司衙門官，除按察使巡道外，其所屬經歷照磨等官補服，亦各照本身品級用。七品官改用鏤花水晶頂，八品官仍用金頂，九品官改用鏤花金頂，進士戴頂與七品同，舉人改用銀托金頂，貢生改用銀托鏤花金頂，生員、監生仍戴銀頂。又副參領給四品虛銜，戴青金石頂，由七品以下官補授副佐領者，給予六品虛銜，戴水晶石頂，副驍騎校護軍校，照八品官例用金頂。

七年諭，百官章服，皆有一定之制，所以辨等威昭品秩也。向來屢申禁飭，不許逾分濫用，以開僭越之端，定例昭然，各宜遵奉。聞近來服色頂戴，及坐褥頂馬繁纓之屬，又有不按定例任意假借者，御史有稽查部院之責，而各御史中即有參差不齊之處，是已身先有逾分違禮之咎，又何以彈劾他人。嗣後紫禁城内著三旗侍衛稽查，大城内著步軍統領稽查，外城著五城御史稽查，儻有違例僭越之人，而侍衛統領御史不行參奏，别經發覺者，將稽查之人一併處分。

八年諭，大小官員，頂帽、補服、坐褥等項，各宜遵照現任品級，不得僭越。從前已降諭旨，後因御史等查奏文武官員内，有補服與帽頂不相符者，朕又降旨，頂戴等項，各按本身品級，不得計算加級，所頒諭旨甚明。近聞文武官員，仍有越制擅用者，及該管官員查問時，則引從前准算加級之例，掩飾支吾，甚屬不合。嗣後内外文武大小官員，帽頂、補服、坐褥等項，悉照本身現任品級，不得指稱加級，以開僭越之端。在京著有稽查之責者嚴行稽查，在外則該管上司稽查，儻仍不遵，除將本人議處外，其失察之官，一併處分。

又諭，大小官員帽頂，從前定議，未曾分别詳確，著該部再行妥議定制具奏。欽此。遵旨將《會典》所定朝冠頂，及雍正五年所定平時冠頂，細加參酌，自王公至一品大臣以上，均照舊例外，議定輔國將軍暨二品官，朝冠頂銜起花珊瑚，平時冠頂同。奉國將軍暨三品官，朝冠頂銜藍寶石，或藍色明玻璨。奉恩將軍暨四品官，朝冠頂銜青金石，或藍色涅玻璨。五品官，朝冠頂銜水晶，或白色明玻璨。六品官，朝冠頂銜硨磲，或白色涅玻璨。七品官素金頂，八品起花金頂，九品鏤花銀頂，平時冠頂並同。

乾隆二年諭，嗣後翰林院修撰、編檢，亦著一體懸帶數珠。

又覆准，紅絨結頂冠，惟皇子不論爵秩，均准用。其餘王公以下額駙等，暨民公侯伯一二品大臣侍衛内，有蒙上賜者，止得將所賜之帽用之，不得如式更制。郡王以下，均不得用織金彩色五爪龍衣服及五爪暗龍緞。若上賜者許用，仍去一爪。若王等賞所屬織金彩色龍者，雖服過亦去一爪，方得賞給，貂衣不得賞五品以下官，其餘服物，若品級未到者均不得濫賞。緣貂朝衣，惟三品以上有職掌大臣得用，餘不得僭用。内外各衙門供事書吏，非役滿考職者，不得僭用金頂。耆老遵例用錫頂，亦不得僭用金頂。商賈有損納職銜者，冠帶服飾，各從其品。無職銜者與庶民同，不得僭越。奴僕等不得用緞紗及各種細皮。定制之後，凡有違者，王公宗室覺羅等，由宗人府查參議處，文武大臣，由吏、兵二部參處，文武官由該管大臣及禮部都察院查參，送部議處，違式之物入官。若王公等不能約束所屬，文武大小官，不能約束家人，致有僭越者。查出，犯者分别治罪，本主亦照例議處。

又奏准，凡入朝官員並直班護軍等，不得戴雨纓涼帽、穿大衫，揮扇出入，違者參處。

又題准，王以下八分公以上，雨衣得用紅色，一二品文武大臣，惟用紅色雨帽。

四年題准禮部司官主事司務，均有監禮查班等職事，令其一例用朝珠，以肅威儀。

五年諭，革職人員，不得違例濫用章服，妄戴頂帽花翎藍翎。

又奏准，禮部主事司務、太常寺博士、典簿讀祝官、贊禮郎、鴻臚寺鳴贊、光禄寺署正、署丞、典簿、國子監監丞、博士、助教、學正、學録等官，惟在壇、廟執事及殿陛侍儀，准持朝珠，平時燕處及在公署，均不得用，違者科道指名參奏，照違制例議處。

又定，外省佐雜微員，謁見上司，不得用蟒袍，違者照例參處。

八年諭，嗣後一品大臣及御前侍衛等，皆許用紅色雨衣。

十年覆准，凡考職吏員，在籍止用頂帽，不許僭用補服。

十八年議定，各省官員，一切頂戴，均照現任品級服用，不得以前有功加級及所加虚銜，仍前濫用，如不遵者，以違制論罪。

十九年奉旨，嗣後自十一月初一日爲始，凡朝會祭祀，皆用緣貂朝衣，永著爲例。

又奏准，凡朝會隨圍傳集，閒遇雨雪，服用雨冠，一品至三品用紅色，四品至六品紅色青緣，七品以下有頂戴人員，青色紅緣，均前闊二寸五分，後闊五寸。御前侍衛乾清門侍衛、尚書房翰林、南書房翰林及在奏事處批本處行走人員，不論本職品級，均得用紅色雨帽，軍民止許用青色。

二十三年定，各衙門輿隸等役及民間奴僕長隨，不得濫用緞紗，及各樣細皮，違者治罪。

二十五年諭，今日兵部帶領引見人員内，其千總等俱穿蟒袍，此等微弁，置辦不易，嗣後文職自縣丞以下，武職自千總以下，遇應服蟒袍之日，不必定行穿著。

二十七年諭，巡撫官階，雖屬二品，但係統率通省大員，嗣後各省巡撫，著一體穿用大紅雨衣。

又諭，官生帽頂，有故違成式，戴用混淆，不分金銀花素者，即行參革治罪。

二十九年覆准，各省營衛守備，以及候補、候推守備之千總，並防禦各員，不得仍前僭用朝珠，違者各上司指名參處。

三十七年諭，朕閲三通館進呈所纂《嘉禮考》内，於遼金元各代冠服之制，敘次殊未明晰。遼金元衣冠，初未嘗不循其國俗，後乃改用漢唐儀式，其因革次第，原非出於一時，即如金代朝祭之服，其先雖加文飾，未至盡去其舊，至章宗乃概爲更制，自應詳考詮次，以徵蔑棄舊典之由，並酌入案語，俾後人知所鑑戒，於輯書關鍵，方爲有當。若遼及元，可例推矣。前因編訂《皇朝禮器圖》，曾親製序文，以衣冠必不可輕言改易，及批《通鑑輯覽》，又一一發明其義，誠以衣冠爲一代制度，夏收殷冔，本不相沿襲，凡一朝所用，原各自有法程，所謂不忘其本也。自北魏始有易服之説，至遼金元諸君，浮慕好名，一再世輒改衣冠，盡失其淳樸素風，傳之未久，國勢寖弱，洊及淪胥，蓋變本忘先，而急患中之，覆轍具在，甚可畏也。況揆其所以議改者，不過云衮冕儀章，文物足觀耳，殊不知潤色章身，即取其文，亦何必僅沿其式，如本朝所定朝祀之服，山龍藻火，燦然具列，悉皆義本《禮經》，更何通天絳紗之足云耶。且祀莫尊於天，祖禮莫隆於郊廟，溯其昭格之本，要在乎誠敬感通，不在乎衣冠規制，夫萬物本乎天，人本乎祖，推原其義，實天遠而祖近，設使輕言改服，即已先忘祖宗，將何以上祀天地。經言仁人饗帝，孝子饗親，試問仁人孝子，豈二人乎。不能饗親，顧能饗帝乎。朕確然有見於此，是以不憚諄復教戒，俾後世子孫，知所法守，是創論實格論也。所願奕葉子孫，深維根本之計，毋爲流言所惑，永久恪遵朕訓，庶幾不爲獲罪祖宗之人，方爲能饗上帝之主，於以永綿國家億萬年無疆之景祚，實有厚望焉。其《嘉禮考》，仍交館臣悉心確覈遼金元改制時代先後，逐一臚載，再加擬案語證明，改繕進呈，候朕鑒定，昭示來許，並將此申諭中外，仍録一通，懸勒尚書房。

又覆准，衣服僭濫及形製詭異，自應嚴行查禁，至於衣冠悉本成式，而長短廣狹，間有參差，原係各量體裁，期於無礙觀瞻，毋庸過爲繩尺。又如朝珠例用雜寶諸香，向無區别，貂裘内惟緣貂朝服，止許文三品武二品以上有職掌大臣及一等侍衛服用，其貂皮外褂，三品大臣及京堂翰詹科道侍衛等官，均准穿用，此外不應服用人員，如有僭穿貂裘者，應遵照定例，交該管官及應行稽查各衙門，實心查參。再每逢朝會，除應用貂服人員外，其餘不得反穿皮服，冒充補褂，違者，糾儀官指參。【略】

四十四年奉旨，真珠朝珠，定例惟御用，至皇子及親王郡王，不但不准戴用真珠，即東珠亦不准用，嗣後分封王爵，俱不必賞給珠子朝珠。

四十五年奉旨，金簡前來接駕，朕召見時，伊所穿補服，錦雞旁邊，繡一小獸，麒麟獅子，並不明白，但從前穿補服，按所兼之大職穿用，若文職大即穿文職補服，武職大即穿武職補服，並無兼用之例，嗣後凡兼文武職分大臣等，再不可如此穿用。

五十一年覆准，市井小民、僕隸、優伶，涼暖帽上戴有紅絨菊花頂，又或穿貂皮海龍等皮及各樣細皮者，查拏從重治罪。

五十五年諭，昨三庫引見筆帖式内，有帽沿太高者，於體制不合，著傳知各衙門，嗣後俱著官樣尺寸，毋許高大。

嘉慶五年諭，給事中邱庭澍奏嚴禁僭用帽頂一摺，據稱每月驗看月選官，及新捐分發試用人員，八九品及未入流各官，俱僭用七品金頂。又近見街市各色人等，纓帽上俱用紅絨結頂，並有棍徒等假冒官職，戴用金頂，均請嚴禁等語，所奏甚是。近日八九品及未入流人員，往往僭戴七品素金頂，並有無職人員，隨意戴用者，嗣後八九品及未入流帽頂，俱謹遵《會典》，分别戴用，其補服亦應按照定例，毋許稍有僭越。京城内外，著交步軍統領衙門及五城御史，各部院衙門著交堂官，各省著交督撫等，留心查察，勒限更換，違者立即參奏示懲。至外間民人，涼暖帽上俱用絨纓大結，尤屬非是，並著一體飭查，嚴行禁止。其游手棍徒及逃匪等，有假充職官戴用金頂者，亦著實力嚴拏，毋任宵小弊混。

又諭，昨因僭用帽頂，已降旨飭令各按品級戴用矣，因思國子監學正、學録及各省教諭、訓導等官，有係進士、舉人出身者，進士、舉人，例應截取選用知縣，其頂戴本係七品，而學正等官，則係八品，若按品級而論，該員得官後轉須降換頂戴，似未允協，再九品及未入流，應用起花銀頂一項，向來未見戴用，若令其一時更換，勢須紛紛製辦，亦多煩費，著吏部另行詳議具奏。欽此。遵旨議定，嗣後由進士、舉人除授八九品小京官教職者，均令其仍用進士、舉人素金頂，並七品補服，其由進士、舉人出身降補佐雜等官者，照現任品級戴用，不得仍用進士、舉人頂戴。其大銜借補小秩者，各照本銜戴用，至八品宜改用陰文鏤花金頂，九品未入流俱改用陽文鏤花金頂，補服照舊。

七年奉旨，近來宗室覺羅人員，多有不繫黃紅帶，侍衛職官，不戴翎頂，在街市閒游者，其意自以穿用常人服色，可以往來自便，必非學習正務，有志向上之人，嗣後著步軍統領衙門留心稽查，如有仍前違制者，即行參處。

八年議准，家人賤役人等，止准用繭紬、毛褐、葛布、梭布、羊貉皮，其紡絲紬絹，俱不准用。

九年諭，此次挑選秀女，衣袖寬大，竟成漢式，彼此爭華，不但奢費，漸入於漢習，所關甚重，著各該旗嚴行曉示，毋許奢華，仍當儉樸。

道光八年諭，舉人一項，應照七品官例戴素金頂，貢生一項，應照八品官例用陰文鏤花金頂，毋庸更換銀托，生員監生，仍戴用銀頂。武職八品以下，頂戴與文職同。

同治四年諭，嗣後因事降調之員，未奉旨拔去翎枝者，除一品至五品仍准戴用外，大員降至六品以下，以及革職各員，一概不准戴用。其開復原官者，必須本案開復，或奉特旨賞還，及續有軍功，經大臣督撫奏請開復翎枝，方准照常戴用。儻因另案開復，或捐復原官，仍不准冒昧戴用，以昭體制而杜僥幸。

官修《清會典事例》卷七一〇《兵部》軍器盔甲之制

盔甲之制　原定，凡盔制以鐵二片製如帽形，上銳下平，合而成之曰盔。即兜鍪。高五寸，圍圓一尺九寸。其合縫處壓以鐵梁曰盔梁，盔前安鐵一片曰遮眉，闊寸餘，圍長七寸。其上覆鐵檐一，其形如蓋曰舞擎，闊六分，長四寸三分。其下曰護額，爲覆椀於盔上。其上仰者曰盔椀，徑一寸六分，高一寸二分，圍圓五寸。安管一，長二寸，圍圓一寸，以插盔槍。俗名狀帽頂。槍長三寸六分，上爲盤以垂髦、安頂。頂各有品制，垂於項後者曰護項，垂於兩耳者曰護耳，護耳之下曰護頸。其表官用錦緞，或施綵繡，兵用布，無定式，傅以鐵葉。護項用鐵葉九，護耳二，用鐵葉各六，護頸同。

甲制，上衣下裳。甲衣長二尺二寸，下廣一尺一寸。護肩二，各長一尺一寸，廣一尺三寸。袖二，各長一尺二寸，上圍圓一尺二寸，下圍圓九寸。護腋二，各長一尺，上廣九寸，凹其中以承腋，其末銳。遮襠一，方八寸。左襠一，方六寸。甲裳，長二尺六寸。幅二，每幅上廣一尺二寸，下廣一尺五寸。其表官用錦緞施綵繡，兵用布，無定式。甲衣用鐵葉一百三十六，每葉長二寸五分，廣二寸。甲裳用鐵葉一百二十六。護肩、甲袖、護腋、遮襠、左襠，均用小鐵葉，長一寸六分，廣一寸四分。步兵甲衣長二尺，甲裳長二尺六寸，間有無裳者，餘同。

順治十七年議准，親王、郡王，盔用起花金頂，嵌緑松石、珊瑚、寶石者聽，不得擅用東珠，下垂熏貂二十四條爲髦。貝勒、貝子，盔起花金頂，髦同。入八分公盔插蜜鼠尾，領侍衛內大臣、都統，盔插鵰翎二，作燕翦形，均垂貂尾十條爲髦。內大臣、及在內行走之公、侯、伯、和碩額駙、郡主額駙、散秩大臣，盔均插蜜鼠尾，垂朱髦。隨旗行走之公、侯、伯、統領、副都統，盔均插熏獺尾，垂朱髦。上三旗侍衛、鑾儀衛官，盔插豹尾。下五旗王府長史、護衛、典儀，盔插猞猁猻尾，垂朱髦。王府長史垂黑髦，前鋒護軍營參領、副參領、侍衛，盔插獺尾，垂黑髦。前鋒校、護軍校、驍騎校、前鋒護軍，均鐵頂，垂朱髦。驍騎營參領以下官，盔插獺尾，垂朱髦。領催、馬甲，均垂黑髦。凡鐵頂各旗異制以示別。

康熙五年題准，八旗前鋒校、護軍校，甲以白緞爲表。前鋒、護軍繡甲，藍布爲表。侍衛、護衛、前鋒護軍，甲及裳，均施鐵葉於外曰明甲。八旗馬甲、甲繡布爲表，各如本旗之色。

又定，直省督、撫、提、鎮，盔插鶡翎，垂貂尾。副將、參將以下，盔插獺尾，垂朱髦。馬步兵，盔槍鐵頂朱髦。製甲之式，與八旗同。

又定，鎮國將軍、輔國將軍、奉國將軍、奉恩將軍甲胄，均視一品。

雍正十一年奏准，官員盔甲區爲三等，一、二品官爲一等，盔之護項、護耳、護頸，甲衣前後，甲裳左右護肩、護腋、遮襠、左襠，共繡團蟒十有五。三品至五品官爲二等，繡團蟒十有一，護腋、及遮襠、左襠不繡。六品至八品官爲三等，甲衣、甲裳、護肩，繡團蟒六，餘皆不繡。按等定價，令工部製造。

乾隆二十一年欽定棉胄制，以革髹漆，頂植銅葉，護項、護耳、護頸，均敷棉。護軍校、護軍前鋒，垂紅纓，護項以下石青色。驍騎校、馬甲、鹿角兵、礮兵，垂黑纓，護項以下各從旗色，甲亦敷棉。護軍校、驍騎校、前鋒護軍，均全身，馬甲無左右袖。鹿角兵、礮兵，無裳及左右袖左襠，色如胄制。官，綺表紬裏，外布黃銅釘鍍金。兵，紬表布裏，外布白銅釘鍍銀。

又奏准，八旗額設鐵盔鐵甲，將三分之一改造棉甲二萬件，收儲備用。另造不用鐵葉紬面金釘盔甲一萬八千餘副，以備大閱合操之用。

又奏准，熱河盔甲，照京城之例，改造棉甲三分之一，以資實濟，各省標營盔甲畫一辦理。

二十三年奏定，兩翼前鋒統領、護軍統領，胄頂均植鶡翎二，垂貂尾。

又定，胄頂垂熏貂纓，親王、郡王，均十有八，貝勒、貝子，均十有四。

又定，直省總兵胄頂植熏獺尾，垂紅纓，副將植獺尾，均繡蟒五。參將以下亦植獺尾，不施繡。

又定，固倫額駙、和碩額駙、郡主額駙、縣主額駙、郡君額駙、縣君額駙、鄉君額駙，子、男甲胄，各視其品所應得，與冠服同。

又定，甲緣，親王、郡王用金黄色，貝勒以下用石青色，與冠服同。

又定，武狀元盔高一尺三寸，盔椀高六寸，上圍圓五寸八分，下圍圓二尺一寸，上安盔梁。盔椀鳳頭、鳳頸、鳳翅、鳳尾，均用黄銅，平面鈒花，兩邊安頂。護耳、護頸、盔尾，裏用紅紬，外用紅布，内襯白布，周圍大紅片金鑲邊，外釘銅葉。甲褂長三尺九寸，肩高七寸六分，腰一尺五分，下廣一尺六寸，結紅緑絲緣八十箇。袖二，長二尺，上圍圓一尺五寸，下圍圓九寸五分，裏用大紅潞紬，外用紅布，内襯白布，周圍大紅片金鑲邊，外傅銅葉。

官修《清會典事例》卷七六八《刑部》 服舍違式　凡官民房舍車服器物之類，各有等第，若違式僭用，有官者杖一百，罷職不敘，軍官降充總旗。無官者笞五十，罪坐家長，工匠並笞五十。違式之物，責令改正，工匠自首免罪，不給賞。若僭用違禁龍鳳紋者，官民各杖一百，徒三年，官罷職不敘。工匠杖一百，連家小起發赴京籍充局匠，違禁之物並入官。首告者，官給賞銀五十兩，若工匠能自首者免罪，一體給賞。謹案，雍正三年奏准，删小註「軍官降充總旗」六字，「工匠杖一百下，删「連家小起發赴京籍充局匠」十一字。

附律條例　一，順治二年定，公侯文武各官，應用帽頂束帶，及生儒衣帽，照品級次第，詳考國制參酌時宜，擬爲十三等，通行内外文武各衙門，如式遵用，以辨等威，官員越品僭用，及民間違禁擅用者，重治不宥。【略】

一，服舍鞌馬，貴賤各有等第，上可以兼下，下不可以僭上，官員任滿致仕，與現任同。其父祖有官身没，非犯除名不敘，子孫許居其房舍，用其衣服車馬，其御賜者，及軍官軍人服色，不在禁例。謹案，此條係原例。雍正三年奏准，「服舍鞌馬」，改爲「房舍車馬衣服等物」，「其父祖有官」至末四十一字，改爲「父祖有官身没，曾經犯罪者，除房舍仍許子孫居住，其車馬衣服等物，父祖既與無罪者有别，則子孫概不得用」。

【略】

一，品官服色鞌轡等物，除官府應用之家，許令織造外，其私下與不應用之家製造者，工匠依律治罪。謹案以上四條，俱係原例。一軍民僧道人等，服飾器用，俱有定制，若常服言常服，則大服不禁。僭用錦、綺、紵、絲、綾、羅、彩繡，器物用戧金、描金，酒器純用言純用，若止用一件，不禁。金銀，及將大紅銷金製爲帳幔、被褥之類，婦女僭用金繡閃色衣服，金寶首飾鐲釧言金寶，則止用金飾，無珠寶不禁。及用珍珠緣綴衣履，並結成補子、蓋額、纓絡等件，倡妓僭用金首飾鐲釧者，事發俱問以應得之罪，服飾器用等物，並追入官。婦女罪坐家長。謹案，此條係原例。乾隆五年，删「倡妓以下」十字，「俱問以應得之罪」，改爲「俱照律治罪」。

一，奴僕准用紡絲、絹、紬、綿紬、繭紬、毛褐、屯絹、葛苧梭布、貉皮、羊皮，其緞紗及各樣細毛，俱不許用，長隨亦照奴僕服飾，違者照律治罪。謹案，此條乾隆五年定。

一，奴僕優伶皁隸，准用綿紬、繭紬、毛褐、葛苧、梭布、貉皮、羊皮，其紡絲絹、紬、緞、紗、綾、羅及各樣細毛，俱不許用，長隨亦照奴僕服飾。違者照律治罪。謹案此條嘉慶十六年改定。【略】

一，平時所戴暖帽、涼帽，親王世子、郡王長子、貝勒、貝子、入八分公，俱用紅寶石頂。未入八分公、固倫額駙、和碩公主額駙、民公侯伯、鎮國將軍、和碩額駙，及一品大臣，俱用珊瑚頂。輔國將軍、奉國將軍、多羅額駙、二品、三品大臣官員，俱用起花珊瑚頂。奉恩將軍、固山額駙，及四品官，俱用青金石頂。五品、六品，俱用水晶石頂。七品以下，及進士、舉人、貢生，俱用金頂。生員、監生，俱用銀頂。候補、候選，與現任同。謹案，此條雍正五年定。

一，凡平時所戴暖帽、涼帽，親王世子、郡王長子、貝勒、貝子、入八分公，俱用紅寶石頂。未入八分公、固倫額駙、和碩公主額駙、民公侯伯、鎮國將軍、和碩額駙，及一品大臣，俱用珊瑚頂。輔國將軍及二品官，俱用起花珊瑚頂。奉國將軍及三品官，俱用藍寶石頂，或用藍色明玻璃。奉恩將軍及四品官，俱用青金石頂，或用藍色涅玻璃。五品官，用水晶頂，或用白色明玻璃。六品官，用硨磲頂，或用白色涅玻璃。七品官，用素金頂。八品官，用起花金頂。九品官，用起花銀頂。未入流與九品同。候補、候選，與現任同。凡九品之讀祝贊禮鳴贊序班，俱用八品起花金頂，進士、舉人、貢生，俱用金頂。生員、監生，俱用銀頂。謹案，此條雍正八年改定。

一，三品以下官員，概不得僭用紅色雨衣、雨帽，違者照違制論。謹案此條乾隆五年定。

一，文武官員應用雨衣、雨帽，除二品以上，仍照舊例戴用大紅，三品亦准用大紅雨帽，四品、五品、六品，用紅頂黑鑲邊雨帽，七品、八品、九品及有頂戴人員，俱用黑頂紅鑲邊雨帽。其內廷行走之員，仍照舊不論品級，雨帽俱戴大紅，無論油帽、氊帽，一色服用，僭用者照違制論。謹案此條乾隆三十三年改定。

一，督撫提鎮相見，務遵《會典》所載儀制，儻有違例者，一同治罪。至屬員謁見上司，遇穿公服之日，止用補服，不許擅用朝衣，違者重處。謹案此條雍正五年定，乾隆五年刪。

一，在籍候選吏員，有僭穿補服干謁地方官者，照違制律治罪。謹案此條乾隆十年定。

歷年事例　順治十年諭，漢人冠服體制，務照滿式，如有參差者，以違制究罪。

十八年議定，凡官民等擅用黃色、秋香色，並以綫爲帽纓者，俱笞五十。

康熙十八年議准，凡家僕，止許用綾、絹、紡絲、綿紬、繭紬、褐、葛布、夏布、狐皮、沙狐皮、貉皮、羊皮等物，帽及圍領，許用染黃鼠皮、狐皮、沙狐皮，其腰刀、靴，不許鑲緑皮，腰刀、腰帶、撒袋、鞦轡等物，不許用金，其妻亦照其夫服用。若越分服用者，係旗下人，枷號兩月鞭一百，係民，枷號兩月責四十板，違禁之物入官。其主係官，罰俸一年，係平人，鞭八十，係民，責三十板，該管官不行查拏，旁人有能拏送者，現獲之物，即給拏獲人充賞。失察之佐領驍騎校，每事罰俸三月，領催鞭五十，地方官失察者，亦照例每事罰俸三月，總甲責二十板。

僧道拜父母　凡僧尼道士女冠，並令拜父母，祭祀祖先，本宗親屬在內。喪服等第，謂斬衰期功緦麻之類。皆與常人同，違者杖一百，還俗。若僧道衣服，止許用紬、絹、布衣，不得用紵絲、綾、羅，違者笞五十，還俗。衣服入官，其袈裟道服，不在禁限。

官修《清會典事例》卷八九三《工部》

軍器冑制　甲制　橐鞬制　弓制　箭制　佩刀　八旗鑲仗　官兵帳房　直省兵丁軍器　王命旗牌　令箭

冑制　親王、郡王冑，鍊鐵爲之，或以革髹漆。其制下達庶官，頂鏤金，火燄銜紅寶石，或藍寶石，及珊瑚，緑松石，惟不得用東珠。承以金雲，下爲金立龍二，飾紅藍寶石各一，又下爲金銜珊瑚圓珠，又下爲金垂雲寶蓋。貫槍植管，周垂熏貂纓十有八，紅緞裏，管銜金葉四。承以圓盤，皆鏤龍，盤下鏤龍金座。冑前後梁亦鏤龍，飾以雜寶。梁左右金梵文三重，上重八，次七，間以金瓔珞，次二十，舞擎亦鏤龍飾雜寶。護頷浴鐵鋄金龍，護頂石青鏁子錦表，月白緞裏，石青倭緞緣，左右護耳、護頸亦如之，俱中數鐵鍱，外布金釘，繫青緞帶六。冑襯石青緞表，月白紬裏，頂綴紅絨。

貝勒、貝子、固倫額駙冑，頂銜素金，寶蓋、盤座俱鏤花，金不加飾，周垂熏貂纓十有四。餘俱如親王冑制。

入八分公冑，頂植蜜鼠尾，寶蓋、盤座俱髹以漆，鋄金花及雲龍，周垂貂尾纓十有二。梁及舞擎亦髹漆，鋟金雲龍，梁左右無梵文。餘俱如親王冑之制。

領侍衛內大臣、八旗都統、前鋒統領、護軍統領、直省總督、提督、巡撫冑，頂植鶡翎二，銜鏤花金葉，寶蓋、盤座俱髹以漆，鋟金花及雲龍，周垂貂尾纓十有二。梁及舞擎亦髹漆，鋟金雲龍，梁左右無梵文。護頂、護耳、護頸皆石青緞表，藍布裏，通繡蟒五，中數鐵鍱，外布銀釘，繫石青緞帶二。冑襯石青緞表，藍紬裏，頂綴紅絨。

內大臣、和碩額駙、郡主額駙、內大臣上行走之公侯伯、散秩大臣冑，頂植蜜鼠尾，周垂朱氂。餘與領侍衛內大臣之制同。

隨旗行走之公侯伯子男、文一二品、武一品、八旗副都統、鎮國將軍、輔國將軍、奉國將軍、奉恩將軍等、縣主額駙、直省總兵冑，頂植熏獺尾，周垂朱氂。餘與諸冑制同。

文三品至五品、驍騎參領、郡君縣君鄉君各額駙、直省副將冑，頂植獺尾，周垂朱氂，寶蓋、盤座、前後梁及舞擎，俱鋄銀雲龍。餘與諸冑制同。

侍衛鑾儀衛所屬官冑，頂植貂尾，周垂朱氂，寶蓋、盤座、前後梁及舞擎，俱鋄銀雲龍。餘與諸冑制同。

前鋒參領、護軍參領、前鋒侍衛冑，頂植獺尾，周垂黑氂，寶蓋、盤座、前後梁及舞擎，俱鋄銀雲龍。餘與諸冑制同。

文六品至九品、直省參將以下冑，頂植獺尾，周垂朱氂，不加鋄飾，護項、護耳、護頸，均不施繡文。餘與諸冑制同。

前鋒校冑，護軍校制同。鍊鐵爲之，頂植鐵鍱，周垂朱氂，寶蓋以下俱素鐵，不加鋄飾。護項、護耳俱白緞表，素裏，紅片金及石青布緣二重，繡蓮花，中數鐵鍱，外布黃銅釘。冑襯石青緞表，藍布裏，頂綴紅絨。

驍騎校冑，頂周垂黑氂，護項、護耳俱表以緞，各從旗色，鑲黃旗、鑲白旗、鑲藍旗紅緣，鑲紅旗石青緣，正黃旗、正白旗、正紅旗、正藍旗皆如表色。餘皆如前鋒校冑之制。

前鋒冑，護項、護耳俱青布表，月白裏，緣如表色，不施采繡。餘與前鋒校冑制同。護軍緑營兵皆冠之。

馬甲冑，頂周垂黑氂，護項、護耳俱表以布，各從旗色，鑲黄旗、鑲白旗、鑲藍旗紅緣，鑲紅旗石青緣，正黄旗、正白旗、正紅旗、正藍旗皆如表色。餘與前鋒校冑制同。

護軍校棉冑制，革爲之，髹以漆，頂植銅鍱，周垂朱氂，惟正紅旗黑氂，飾皆黄銅。護項、護耳俱白緞表，藍紬裏，緣如表色，中敷棉，外布黄銅釘。冑襯石青緞表，藍布裏，頂綴紅絨。

驍騎校棉冑，頂周垂黑氂，護項、護耳皆石青緞表。餘與護軍校棉冑同。

前鋒棉冑，頂周垂朱氂，護項、護耳皆紬表布裏，外布白銅釘。冑襯石青布表。餘與護軍校棉冑制同。護軍亦冠之。

馬甲棉冑，周垂黑氂，護項及護耳皆紬表，各從旗色，藍布裏，鑲黄旗、鑲白旗、鑲藍旗俱紅緣，鑲紅旗白緣，正黄旗、正白旗、正紅旗、正藍旗緣如表色，外布白銅釘。餘俱如護軍校棉冑之制。冑襯石青布表，藍裏，頂綴紅絨，鹿角兵亦冠之。

光緒二年咨准，各省槍礮隊，以竹盔爲護首，每頂高五寸，圍圓一尺九寸，竹篾編織，盔口紫藤皮，上安木盔槍頭盤腰下錠竹，盔尾護耳遮眉圜領，油飾成造。

甲制 親王、郡王甲，石青鍱子錦表，月白紬裏，中敷鐵鍱，外布金釘，青倭緞緣。裳幅鐵鍱四重。護肩接衣處鐵鍱十有四，周圍鋄金雲龍，飾珊瑚緑松青金石各一。前懸護心鏡，甲絛金黄色。

貝勒、貝子、固倫額駙、入八分公甲，絛石青色。餘與親王甲同。

領侍衛内大臣、八旗都統、前鋒統領、護軍統領、直省總督、提督、巡撫、内大臣和碩額駙、郡主額駙、内大臣上行走之公侯伯、散秩大臣、隨旗行走之公侯伯子男、文一二品、武一品、八旗副都統、鎮國、輔國、奉國、奉恩將軍等、縣主額駙、直省總兵甲，石青緞表，藍布裏，中敷鐵鍱，外布銀釘，石青倭緞緣。前後及護肩、護腋、前襠、左襠，各繡團蟒一。裳幅團蟒二。護肩接衣處鐵鍱二十，髹漆鋄金龍，甲絛石青色。

文三品以下、驍騎參領、郡君、縣君、鄉君各額駙、直省副將以下甲，前後及護肩各繡團蟒一，裳幅團蟒二。餘與八旗都統甲同。

侍衛及鑾儀衛所屬官、前鋒參領、護軍參領甲，前後及護肩，各繡團蟒一。裳幅鐵鍱四重。護肩接衣處鋄銀雲龍。餘與領侍衛内大臣甲同。

前鋒校甲，護軍校制同。白緞表，素裏無袖，中敷鐵鍱，外布黄銅釘，紅片金及石青布緣二重，前後繡蟒各一，通繡蓮花。裳幅鐵鍱三重。

驍騎校甲，表以緞，各從旗色，緣亦如之。餘與前鋒校甲同。

前鋒甲，青布表，月白裏，緣如表色，不施采繡。餘與前鋒校甲同。護軍及緑營兵皆被之。

馬甲則表以布，各從旗色，緣亦如之。餘與前鋒校甲同。

護軍校棉甲，白緞表，藍紬裏，緣如表色，中敷棉，外布黄銅釘，上衣下裳、左右袖、護肩、護腋、前襠、左襠皆全。

驍騎校棉甲，石青緞表。餘與護軍校棉甲同。

前鋒棉甲，石青紬表，藍布裏，外布白銅釘。餘與護軍校棉甲同。護軍亦被之。

馬甲棉甲，紬表各如旗色，藍布裏，緣如冑制，中敷棉，外布白銅釘，上衣下裳、護肩、護腋、前襠左襠全。

官修《清會典事例》卷九五七《工部》 製造庫工作【略】

執事人衣帽 原定，各項執事人役，應用衣帽，鹵簿内壽字緞袍，樂舞生獺皮帽、涼帽，校尉豹皮帽、氈帽，及儀仗内氈帽、黄翎，並親王、郡王等執事人衣帽，及册封妃、嬪、王、貝勒、貝子，需用綵亭等項，均由製造庫辦造。

又定，成造金壽字藍緞夾袍，身長四尺一寸，袖長三尺，寬五寸，金壽字藍緞面，山西熟絹裏，藍糚緞鑲領袖，片金沿邊，掐紅金綫二道，黄金綫四道。黑獺皮帽，高五寸，口徑八寸，沿寬二寸五分，緞面，胎用藍氈襯棉，獺皮沿邊。豹皮帽，沿寬二寸二分，胎用黑氈豹皮沿邊。捲沿氈帽，沿寬二寸二分，胎用黑氈。舒沿氈帽，沿寬二寸二分，黑氈面，藍布裏，均大紅南紅纓，雲緞帽月，綫纓涼帽、騷鼠帽，俱辦買。

官給衣帽 原定，皇史宬官吏、欽天監博士、經板庫西什庫庫吏，狐皮端罩。天文生羊裘，宗學各學教習夏秋冬袍、帽、韈、襪，年節慶隆舞所用甲冑、櫜鞬、牽轡、暖帽、端罩，及各衙門守庫人役羊裘，均由庫辦造給發。

又定，辦造狐皮端罩，每件面用長一尺七寸寬六寸狐皮二十塊，裏用藍大潞紬一丈五尺二寸。成做貉皮長端罩，每件面用寬六寸長一尺五寸貉皮三十二張，裏用藍三梭布二丈七尺，貼邊用白三綫布二尺。天文生老羊皮袍，每件面用油墩布二丈七尺，老羊皮七張，貼邊用白三綫布五尺，絮用白棉，綴以銅鈕。貉皮帽，每頂用貉皮一塊，面用毛青布一尺五寸，裏用藍布七寸，帽月用紅緞見方三寸，白布一寸，絮用白棉，綴熟麻纓三兩五錢。狐尾圍領，每條用狐尾二，棉綫縫做。宗學教習袍、帽、靴、襪，衣分三季用料。夏季紗袍，每二件用深藍硬紗一端。紗褂，每三件用青硬紗一端，秋用緞綿袍，每件面需藍大緞半端，裏用藍大紡絲二丈三尺二寸。緞棉褂，每三件面用青素緞一端，裏用藍大紡絲一丈四尺五寸。冬用緞面皮袍，每二件面需藍素緞一端，裏用長一尺寬四寸七分羊羔皮一百八十張。緞面皮褂，每三件面用素緞一端，每件裏用長一尺寬四寸七分羊羔皮四十一張。連纓騷鼠帽、馬股皮靴、氈襪，俱辦買。各衙門守庫人役老羊皮襖，每件面用毛藍布二丈六尺，裏用老羊皮七張，貼邊用白布一尺五寸，絮用白棉，綴以銅鈕。無面老羊皮襖，每件用老羊皮七張，棉綫縫做，折價每件銀一兩三錢。

又定，差員旗纖牌仗雨旱套，督撫提鎮等官蟒緞朝衣搴轡櫜鞬等項，由製造庫成造。

又定，卓異官賞給朝衣蟒袍，文官四品以上，大蟒朝衣。七品至五品，糙緞領袖補緞朝衣。八品以下，均倭緞領袖雲緞朝衣。武官副將以上，大蟒朝衣。參將以下等官，皆小蟒袍。由吏、兵二部移咨，照數於户部領緞製造完日，仍交吏、兵二部頒給。

乾隆二十六年諭：工部奏各省卓異官引見後，向例文職賞給朝衣，武職賞給蟒袍，由工部領銀製造轉發。該員等不能久候親領，易致書役等冒領隱匿諸弊，嗣後請停止賞給一摺，卓薦人員旌以章服，雖沿仿車服以庸之義，第行之日久，漸成具文，司事官吏等，領值既有虚浮，工料又非精好，及由提塘分發，輾轉弊生，不惟本員實用無裨，且恐轉致勒索，停其製給，實屬允當，但遽請議裁，伊等循績既昭，雖回任候升，自應即示獎勸，嗣後著加恩循照內官京察一等者，令其引見，准其卓異時各加一級，仍註册回任候升，著爲例。

官修《清會典圖》卷五七《冠服一》禮服一　皇帝冬朝冠圖

皇帝夏朝冠圖

皇帝端罩圖

皇帝衮服圖

皇帝冬朝服圖一

皇帝冬朝服圖二

皇帝夏朝服圖

皇帝冬朝冠，有薰貂，有黑狐，惟其時。簷上仰，上綴朱緯，長出簷。頂三層，貫東珠各一，皆承以金龍四，飾東珠如其數。上銜大珍珠一，梁二，在頂左右。簷下兩旁垂帶，交項下。

皇帝冬朝冠圖

皇帝夏朝冠圖

皇帝夏朝冠，織玉草、或藤絲、竹絲爲質。表以羅，緣石青片金二層。裏用紅片金、或紅紗。簷敞，上綴朱緯。內加圈，帶屬於圈。前綴金佛，飾東珠十五。後綴舍林，飾東珠七。餘制如冬朝冠。

皇帝端罩，有黑狐，有紫貂。皆明黄緞裏，左右垂帶各二，下廣而鋭，色與裏同。

皇帝端罩圖

皇帝衮服圖

皇帝衮服，色用石青，繡五爪正面金龍四團，兩肩前後各一。其章，左日右月。前後萬壽篆文，閒以五色雲。緜、袷、紗、裘惟其時。

皇帝冬朝服圖一

皇帝冬朝服，色用明黃，惟圜丘、祈穀用藍。披領及裳，俱表以紫貂，袖端薰貂。繡文，兩肩前後正龍各一，襞積行龍六，衣前後列十二章，閒以五色雲。

皇帝冬朝服圖二

皇帝冬朝服，色用明黃，惟朝日用紅。披領及袖俱石青，片金加海龍緣。繡文，兩肩前後正龍各一，腰帷行龍五，衽正龍一，襞積前後團龍各九。裳正龍二，行龍四，披領行龍二，袖端正龍各一。前後列十二章，日月星辰山龍華蟲黼黻在衣，宗彝藻火粉米在裳。閒以五色雲，下幅八寶平水。

皇帝夏朝服圖

皇帝夏朝服，色用明黃，惟常雩用藍，夕月用月白。披領及袖俱石青，片金緣。緞、紗、單、袷惟其時。餘制如冬朝服二。

皇太后、皇后夏朝冠圖【略】

《清會典圖》卷五八《冠服二》禮服二　皇太后、皇后冬朝冠圖

皇太后、皇后朝褂圖一 皇貴妃、貴妃、妃、嬪朝褂附見。

皇太后、皇后朝褂圖二 皇貴妃、貴妃、妃、嬪朝褂附見。

皇太后、皇后朝褂圖三 皇貴妃、貴妃、妃、嬪朝褂附見。

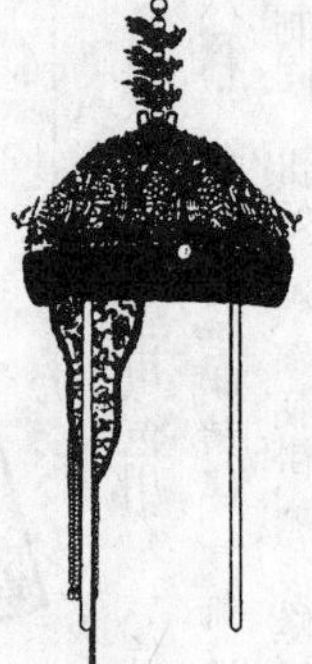

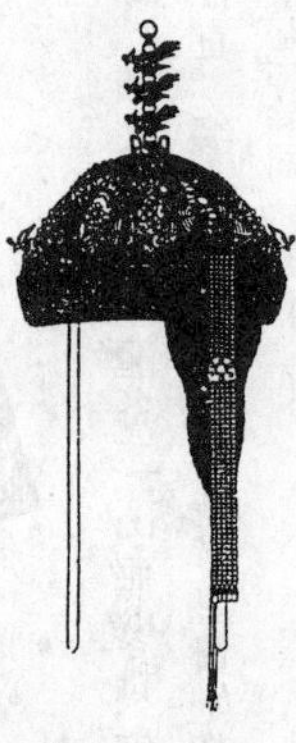

皇太后、皇后冬朝冠圖

皇太后、皇后冬朝冠，薰貂爲之。上綴朱緯，頂三層，貫東珠各一，皆承以金鳳。飾東珠各三，珍珠各十七。上銜大東珠一，朱緯上周綴金鳳七，飾東珠各九，貓睛石各一，珍珠各二十一。後金翟一，飾貓睛石一，小珍珠十六。翟尾垂珠，五行二就，共珍珠三百有二。每行大珍珠一，中閒金銜青金石結一，飾東珠珍珠各六，末綴珊瑚。冠後護領，垂明黄條二，末綴寶石，青緞爲帶。

皇太后、皇后夏朝冠圖

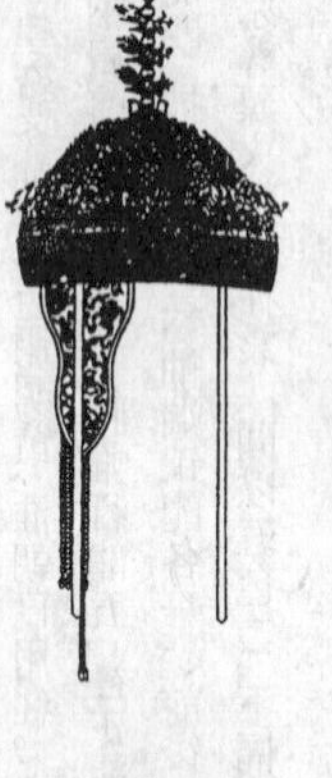

皇太后、皇后夏朝冠，青絨爲之。餘制如冬朝冠。

皇太后、皇后朝褂圖一皇貴妃、貴妃、妃、嬪朝褂附見。

皇太后、皇后朝褂，色用石青，片金緣。繡文，前後立龍各二，下通襞積，四層相間。上爲正龍各四，下爲萬福萬壽。領後垂明黄條，其飾珠寶惟宜。皇貴妃朝褂，制同。貴妃、妃、嬪朝褂，領後條用金黄色，餘同。

皇太后、皇后朝褂圖二皇貴妃、貴妃、妃、嬪朝褂附見。

皇太后、皇后朝褂，色用石青，片金緣。繡文，前後正龍各一，腰帷行龍四，中有襞積，下幅行龍八。領後垂明黄條，其飾珠寶惟宜。緞、紗、單、袷惟其時。皇貴妃朝褂，制同。貴妃、妃、嬪朝褂，領後條用金黄色，餘同。

皇太后、皇后朝褂圖三皇貴妃、貴妃、妃、嬪朝褂附見。

皇太后、皇后朝褂，色用石青，片金緣。繡文，前後立龍各二，中無襞積，下幅八寶平水。領後垂明黄條，其飾珠寶惟宜。緞、紗、單、袷惟其時。皇貴妃朝褂，制同。貴妃、妃、嬪朝褂，領後條用金黄色，餘同。

《清會典圖》卷五九《冠服三》禮服三　皇太后、皇后冬朝袍圖一皇貴妃、貴妃、妃、嬪冬朝袍附見。

皇太后、皇后冬朝袍圖二皇貴妃、貴妃、妃、嬪冬朝袍附見。

皇太后、皇后冬朝袍圖三皇貴妃、貴妃、妃、嬪冬朝袍附見。

皇太后、皇后夏朝袍圖一皇貴妃、貴妃、妃、嬪夏朝袍附見。

皇太后、皇后夏朝袍圖二皇貴妃、貴妃、妃、嬪夏朝袍附見。【略】

皇太后、皇后冬朝裙圖皇貴妃、貴妃、妃、嬪冬朝裙附見。

皇太后、皇后夏朝裙圖皇貴妃、貴妃、妃、嬪夏朝裙附見。

皇太后、皇后冬朝袍圖一皇貴妃、貴妃、妃、嬪冬朝袍附見。

皇太后、皇后冬朝袍，色用明黃，披領及袖俱石青，片金加貂緣，肩上下襲朝褂處亦加緣。繡文，金龍九，間以五色雲。中無襞積，下幅八寶平水。披領行龍二，袖端正龍各一，袖相接處行龍各二。領後垂明黃條，其飾珠寶惟宜。皇貴妃冬朝袍，制同。貴妃、妃冬朝袍，用金黃色。嬪冬朝袍用香色。領後條皆用金黃色，餘同。

皇太后、皇后冬朝袍圖二皇貴妃、貴妃、妃、嬪冬朝袍附見。

皇太后、皇后冬朝袍，色用明黃，片金加海龍緣。繡文，前後正龍各一，兩肩行龍各一，腰帷行龍四，中有襞積，下幅行龍八，餘制如冬朝袍一。皇貴妃冬朝袍，制同。貴妃、妃冬朝袍，用金黃色。嬪冬朝袍，用香色。領後條皆用金黃色，餘同。

皇太后、皇后冬朝袍圖三皇貴妃、貴妃、妃、嬪冬朝袍附見。

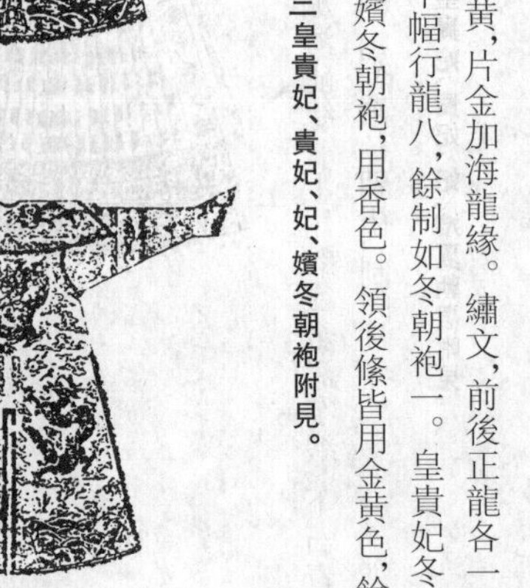

皇太后、皇后冬朝袍，色用明黃，片金加海龍緣。裾後開，餘制如冬朝袍一。

皇貴妃冬朝袍，制同。貴妃、妃冬朝袍，用金黃色。嬪冬朝袍，用香色。領後條皆用金黃色，餘同。

皇太后、皇后夏朝袍圖一皇貴妃、貴妃、妃、嬪夏朝袍附見。

皇太后、皇后夏朝袍，色用明黃。片金緣，緞、紗、單、袷惟其時。餘制如冬朝袍二。皇貴妃夏朝袍，制同。貴妃、妃夏朝袍，用金黃色。嬪夏朝袍，用香色。領後條皆用金黃色，餘同。

皇太后、皇后夏朝袍圖二皇貴妃、貴妃、妃、嬪夏朝袍附見。

皇太后、皇后夏朝袍，色用明黃。片金緣，緞、紗、單、袷惟其時。餘制如冬朝袍三。皇貴妃夏朝袍，制同。貴妃、妃夏朝袍，用金黃色。嬪夏朝袍，用香色。

領後條皆用金黃色，餘同。

皇太后、皇后冬朝裙圖皇貴妃、貴妃、妃、嬪冬朝裙附見。

皇太后、皇后冬朝裙，片金加海龍緣。上用紅織金壽字緞，下石青行龍粧緞，皆正幅，有襞積。皇貴妃、貴妃、妃、嬪冬朝裙，制同。

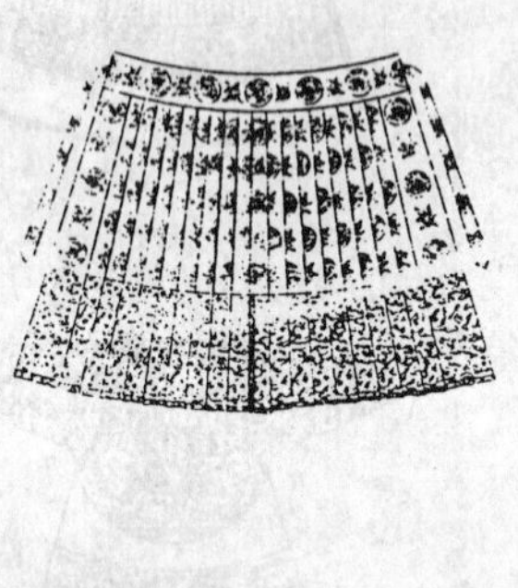

皇太后、皇后夏朝裙圖皇貴妃、貴妃、妃、嬪夏朝裙附見。

皇太后、皇后夏朝裙，片金緣。緞、紗惟其時，餘制如冬朝裙。皇貴妃、貴妃、妃、嬪夏朝裙，制同。

官修《清會典圖》卷六〇《冠服四》禮服四 皇貴妃冬朝冠圖貴妃冬朝冠附見。

皇貴妃夏朝冠圖貴妃夏朝冠附見。【略】

妃冬朝冠圖

妃夏朝冠圖【略】

嬪冬朝冠圖

嬪夏朝冠圖

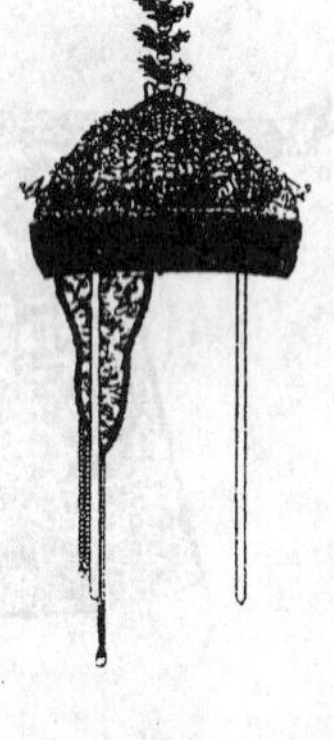

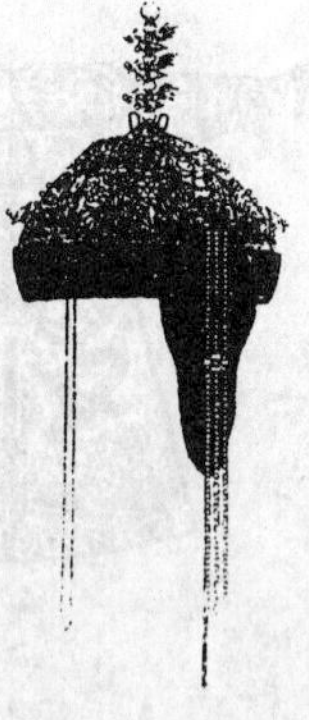

皇貴妃冬朝冠圖貴妃冬朝冠附見。

皇貴妃冬朝冠，薰貂爲之。上綴朱緯，頂三層，貫東珠各一，皆承以金鳳。飾東珠各三，珍珠各十七，上銜大珍珠一。朱緯上，周綴金鳳七，飾東珠各九，珍珠各二十一。後金翟一，飾貓睛石一，小珍珠十六。翟尾垂珠，三行二就，共珍珠一百九十二。中間金銜青金石結一，飾東珠珍珠各四，末綴珊瑚。冠後護領，垂明黃條二，末綴寶石，青緞爲帶。貴妃冬朝冠，護領條用金黃色，餘同。

皇貴妃夏朝冠圖貴妃夏朝冠附見。

皇貴妃夏朝冠，青絨爲之。餘制如冬朝冠。貴妃夏朝冠，護領條用金黃色，餘同。

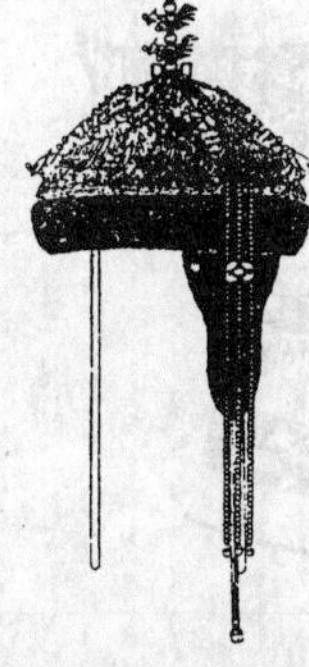

妃冬朝冠圖

妃冬朝冠，薰貂爲之。上綴朱緯，頂二層，貫東珠各一，皆承以金鳳。飾東珠共九，珍珠各十七，上銜貓睛石。朱緯上，周綴金鳳五，飾東珠各七，珍珠各二十一。後金翟一，飾貓睛石一，小珍珠十六。翟尾垂珠，三行二就，共珍珠一百八十八。中間金銜青金石結一，飾東珠珍珠各四，末綴珊瑚。冠後護領，垂金黃條二，末綴寶石，青緞爲帶。

妃夏朝冠圖

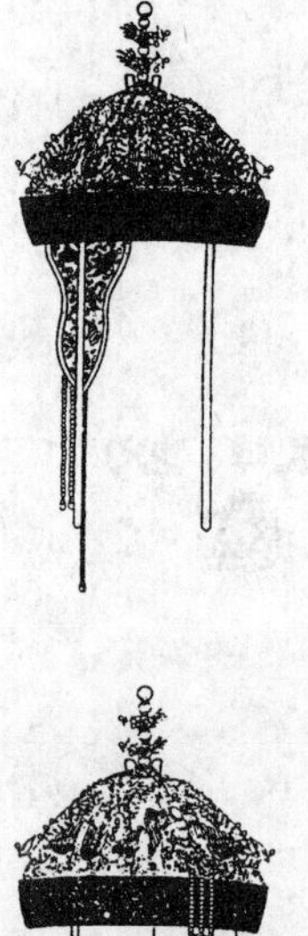

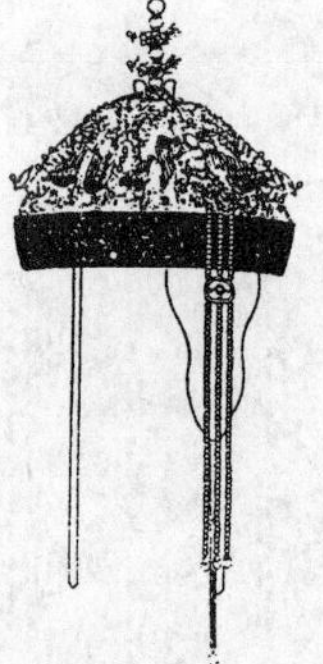

妃夏朝冠，青絨爲之。餘制如冬朝冠。

嬪冬朝冠圖

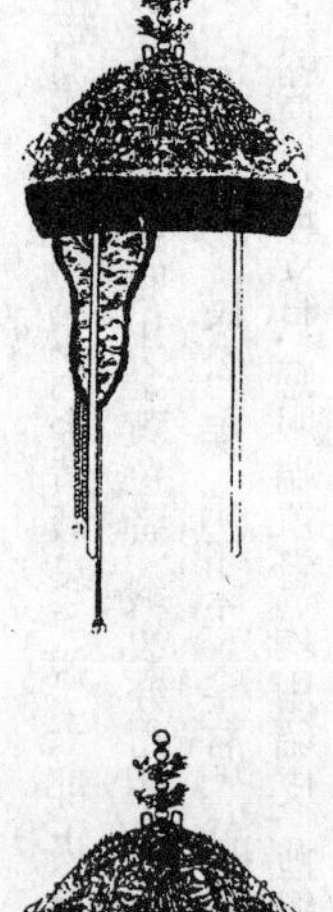

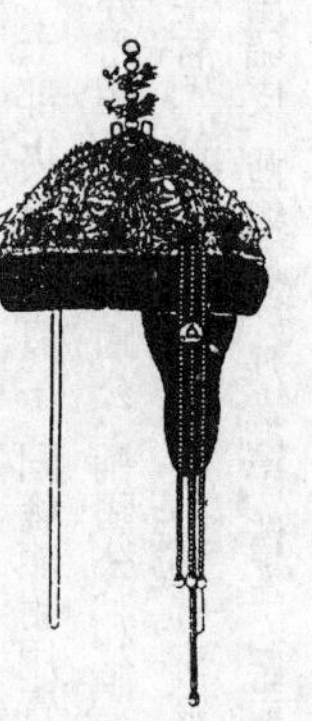

嬪冬朝冠，薰貂爲之。上綴朱緯，頂二層，貫東珠各一，皆承以金翟。飾東珠共九，珍珠各十七，上銜礱子。朱緯上，周綴金翟五，飾東珠各五，珍珠各十九。後金翟一，飾小珍珠十六。翟尾垂珠，三行二就，共珍珠一百七十二。中間金銜青金石結一，飾東珠珍珠各三，末綴珊瑚。冠後護領，垂金黃條二，末綴寶石，青緞爲帶。

嬪夏朝冠圖

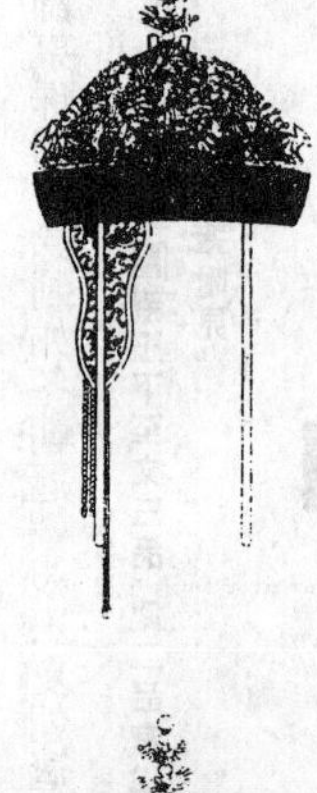

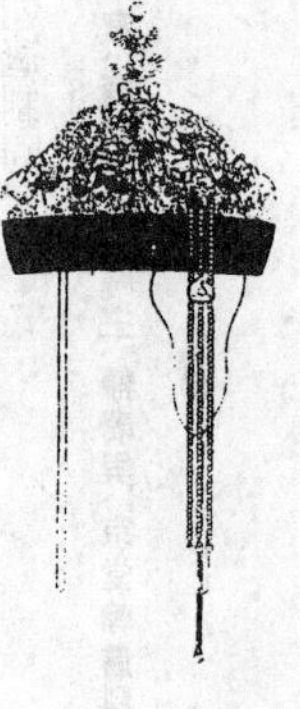

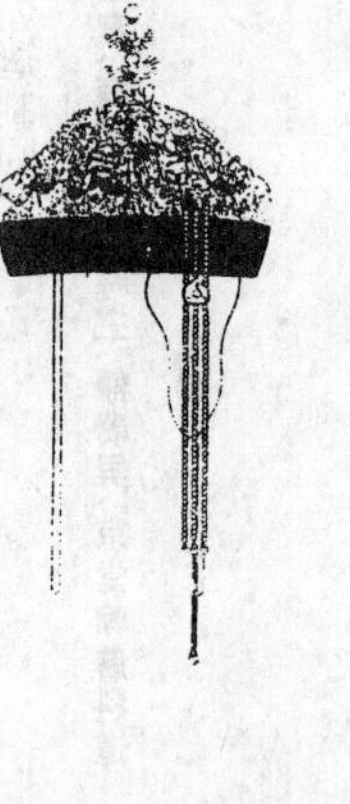

嬪夏朝冠，青絨爲之。餘制如冬朝冠。

《清會典圖》卷六一《冠服五》禮服五　皇子冬朝冠圖親王冬朝冠附見。

皇子夏朝冠圖親王夏朝冠附見。

皇子端罩圖親王下至文三品、武二品官，輔國將軍、縣主、額駙男、京堂翰詹科道等官端罩附見。

皇子龍褂圖

皇子冬朝服圖一親王、郡王冬朝服附見。

皇子冬朝服圖二親王、郡王冬朝服附見。

皇子夏朝服圖親王、郡王夏朝服附見。

皇子冬朝冠圖親王冬朝冠附見。

皇子冬朝冠，有薰貂，有青狐，惟其時。簷上仰，上綴朱緯長出簷。頂金龍二層，飾東珠十，上銜紅寶石梁二，在頂左右。簷下兩旁垂帶，交項下。親王冬朝冠，制同。

皇子夏朝冠圖親王夏朝冠附見。

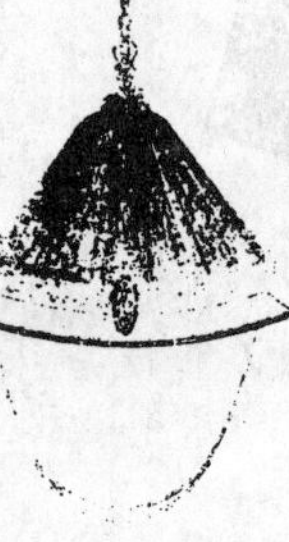

皇子夏朝冠，織玉草、或藤絲竹絲爲質。表以羅，緣石青片金二層。裏用紅

片金，或紅紗。簷敞，上綴朱緯，内加圈，帶屬於圈。前綴舍林，飾東珠五。後綴金花，飾東珠四。餘制如冬朝冠。親王夏朝冠制同。

皇子端罩圖親王下至文三品、武二品官、輔國將軍、縣主、額駙男、京堂翰詹科道等官端罩附見。

皇子端罩，紫貂爲之，金黄緞裏。親王、郡王、貝勒、貝子、固倫額駙用青狐，月白緞裏。親王曾賜用金黄色者，緞裏亦得用金黄。鎮國公、輔國公、和碩額駙用紫貂，月白緞裏。民公、侯、伯下至文三品、武二品官、輔國將軍、縣主、額駙男、京堂翰詹科道等官，應服端罩者，均用貂皮，藍緞裏。凡端罩，皆左右垂帶各二，下廣而鋭，色與裏同。

皇子龍褂圖

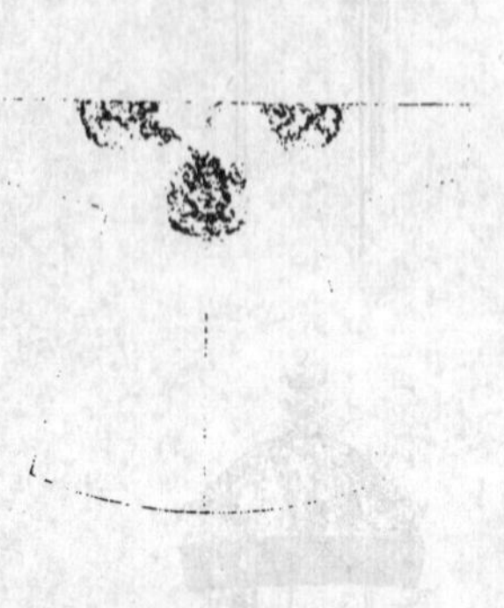

皇子龍褂，色用石青。繡五爪正面金龍四團，兩肩前後各一。間以五色雲，緜、袷、紗、裘惟其時。

皇子冬朝服圖一親王、郡王冬朝服附見。

皇子冬朝服，色用金黄。披領及裳，俱表以紫貂。袖端薰貂。繡文，兩肩前後正龍各一，襞積行龍六，間以五色雲。親王、郡王冬朝服，制同。惟色用藍及石青。曾賜用金黄色者，亦得用之。

皇子冬朝服圖二親王、郡王冬朝服附見。

皇子冬朝服，色用金黄。披領及袖俱石青，片金加海龍緣。繡文，兩肩前後正龍各一，腰帷行龍四，中有襞積，裳行龍八，披領行龍二，袖端正龍各一，下幅八寶平水。親王、郡王冬朝服，制同，惟色用藍及石青。曾賜用金黄色者，亦得用之。

皇子夏朝服圖親王、郡王夏朝服附見。

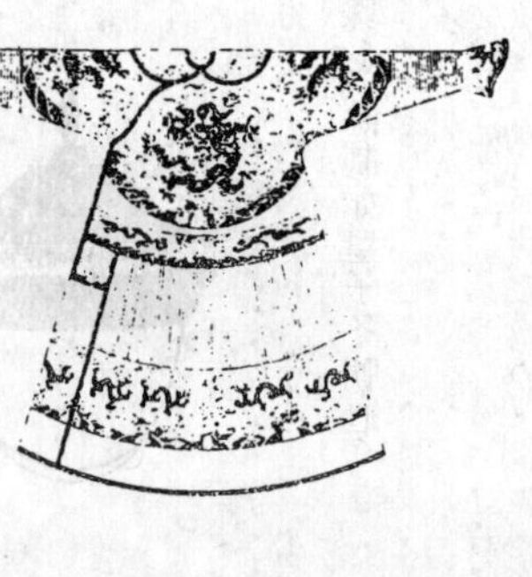

皇子夏朝服，色用金黄。披領及袖俱石青，片金緣。餘制如冬朝服二。親王、郡王夏朝服，制同，惟色用藍及石青。曾賜用金黄色者，亦得用之。

《清會典圖》卷六二《冠服六》禮服六　親王補服圖

郡王冬朝冠圖

郡王夏朝冠圖

郡王補服圖【略】

貝勒冬朝冠圖

貝勒夏朝冠圖

貝勒補服圖

貝勒冬朝服圖一貝子、固倫額駙、鎮國公、輔國公、和碩額駙冬朝服附見。

貝勒冬朝服圖二貝子、固倫額駙、鎮國公、輔國公、和碩額駙冬朝服附見。

貝勒夏朝服圖貝子、固倫額駙、鎮國公、輔國公、和碩額駙夏朝服附見。

親王補服圖

親王補服，繡五爪金龍四團。前後正龍，兩肩行龍，色用石青。凡補服，色皆如之。

郡王冬朝冠圖

郡王冬朝冠，頂飾東珠八，餘制如皇子冬朝冠。

郡王夏朝冠圖

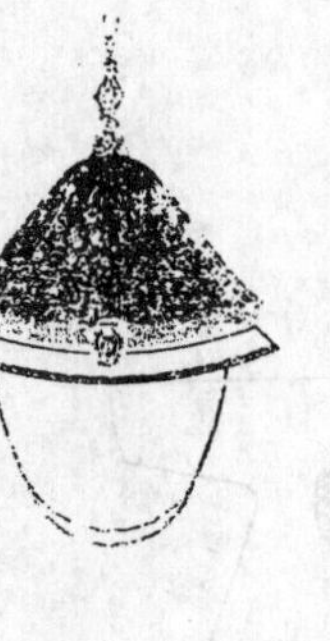

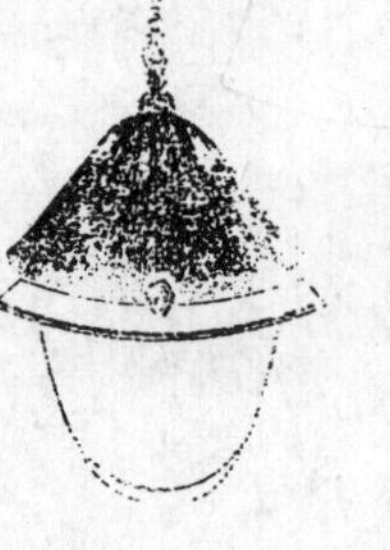

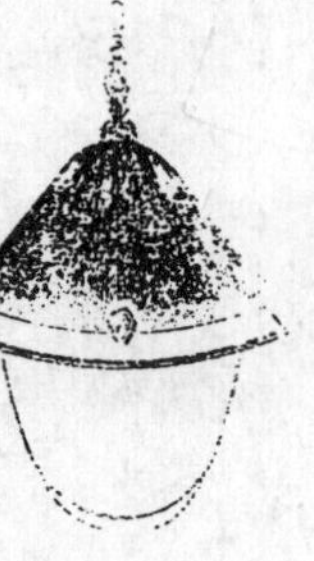

郡王夏朝冠，前綴舍林，飾東珠四。後綴金花，飾東珠三。頂如冬朝冠。

郡王補服圖

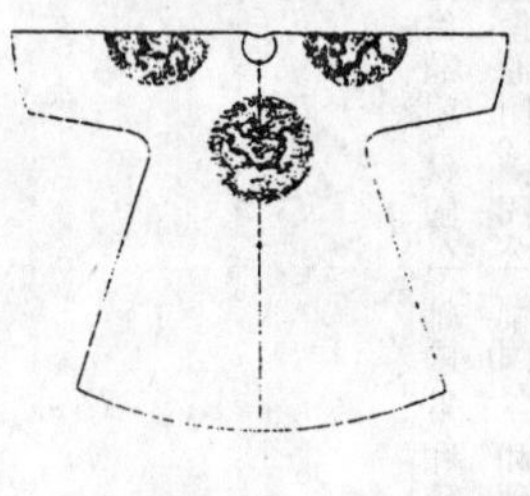

郡王補服，繡五爪行龍四團。前後兩肩各一。

貝勒冬朝冠圖

貝勒冬朝冠，頂飾東珠七，餘制如皇子冬朝冠。

貝勒夏朝冠圖

貝勒夏朝冠，前綴舍林，飾東珠三。後綴金花，飾東珠二。頂如冬朝冠。

貝勒補服圖

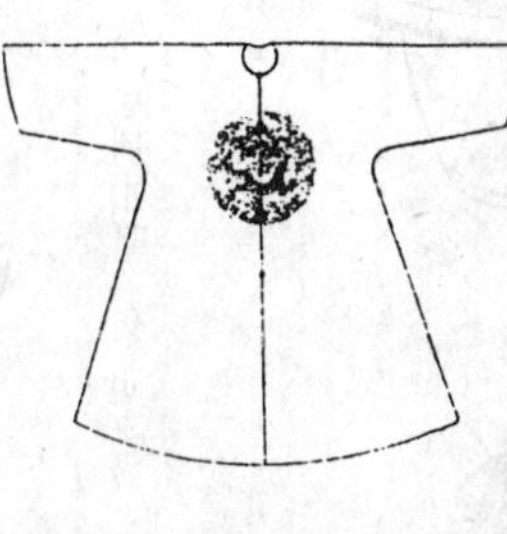

貝勒補服，繡四爪正蟒二團，前後各一。

貝勒冬朝服圖一 貝子、固倫額駙、鎮國公、輔國公、和碩額駙冬朝服附見。

貝勒冬朝服，不得用金黄，餘隨所用。通繡蟒文四爪，餘制如皇子冬朝服一。貝子、固倫額駙、鎮國公、輔國公、和碩額駙冬朝服，制同。

貝勒冬朝服圖二貝子、固倫額駙、鎮國公、輔國公、和碩額駙冬朝服附見。

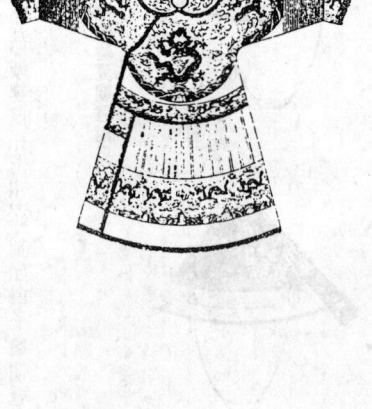

貝勒冬朝服，不得用金黃，餘隨所用。通繡蟒文四爪，餘制如皇子冬朝服二。貝子、固倫額駙、鎮國公、輔國公、和碩額駙冬朝服，制同。

貝勒夏朝服圖貝子、固倫額駙、鎮國公、輔國公、和碩額駙夏朝服附見。

貝勒夏朝服，不得用金黃，餘隨所用。通繡蟒文四爪，餘制如皇子夏朝服。貝子、固倫額駙、鎮國公、輔國公、和碩額駙夏朝服，制同。

《清會典圖》卷六三《冠服七》禮服七　貝子冬朝冠圖固倫額駙冬朝冠附見。

貝子夏朝冠圖固倫額駙夏朝冠附見。

貝子補服圖固倫額駙補服附見。【略】

鎮國公冬朝冠圖和碩額駙冬朝冠附見。

鎮國公夏朝冠圖和碩額駙夏朝冠附見。

鎮國公補服圖輔國公、和碩額駙、民公侯伯補服附見。

輔國公冬朝冠圖

輔國公夏朝冠圖

貝子冬朝冠圖固倫額駙冬朝冠附見。

貝子冬朝冠，頂飾東珠六，戴三眼孔雀翎，餘制如皇子冬朝冠。固倫額駙冬朝冠，制同。

貝子夏朝冠圖固倫額駙夏朝冠附見。

貝子夏朝冠，前綴舍林，飾東珠二。後綴金花，飾東珠一。戴三眼孔雀翎，頂如冬朝冠。固倫額駙夏朝冠，制同。

貝子補服圖固倫額駙補服附見。

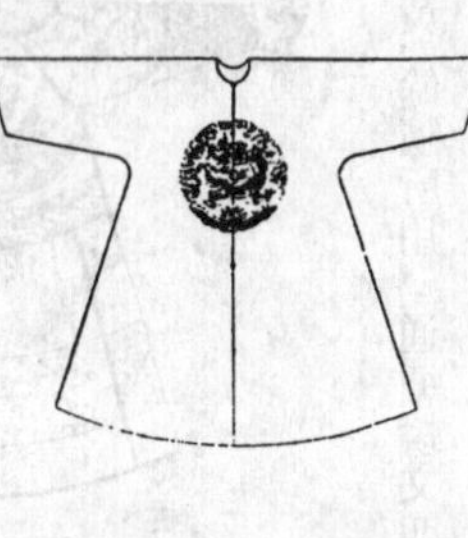

貝子補服，繡四爪行蟒二團，前後各一。固倫額駙補服，制同。

鎮國公冬朝冠圖和碩額駙冬朝冠附見。

鎮國公冬朝冠，頂飾東珠五，戴雙眼孔雀翎，餘制如皇子冬朝冠。和碩額駙冬朝冠，制同。

鎮國公夏朝冠圖和碩額駙夏朝冠附見。

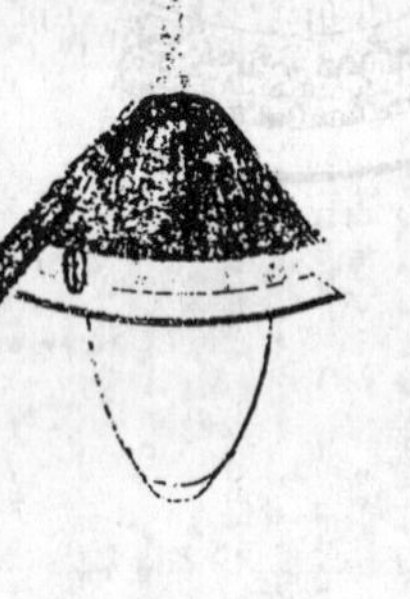

鎮國公夏朝冠，前綴舍林，飾東珠一。後綴金花，飾緑松石一。戴雙眼孔雀翎，頂如冬朝冠。和碩額駙夏朝冠，制同。

鎮國公補服圖輔國公、和碩額駙、民公侯伯補服附見。

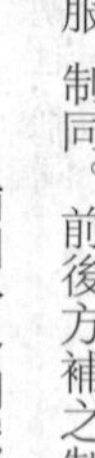

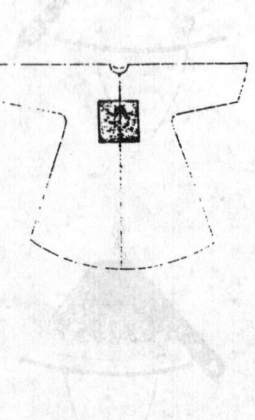

鎮國公補服，繡四爪正蟒二方，前後各一。輔國公、和碩額駙、民公侯伯補服，制同。前後方補之制，下達庶官皆如之。

輔國公冬朝冠圖

輔國公冬朝冠，頂飾東珠四，戴雙眼孔雀翎，餘制如皇子冬朝冠。

輔國公夏朝冠圖

輔國公夏朝冠，前綴舍林，飾東珠一。後綴金花，飾緑松石一。戴雙眼孔雀翎，頂如冬朝冠。

《清會典圖》卷六四《冠服八》禮服八　民公冬朝冠圖

民公夏朝冠圖

民公冬朝服圖一侯伯下至文三品、武二品官、有職掌大臣、輔國將軍、縣主額駙男、一等侍衛冬朝服附見。

民公冬朝服圖二侯伯下至文武四品官、奉恩將軍、縣君額駙冬朝服附見。

民公夏朝服圖侯伯下至文武四品官、奉恩將軍、縣君額駙夏朝服附見。【略】

侯冬朝冠圖

侯夏朝冠圖

伯冬朝冠圖

伯夏朝冠圖

文一品官冬朝冠圖武一品官、鎮國將軍、郡主額駙子冬朝冠附見。

文一品官夏朝冠圖武一品官、鎮國將軍、郡主額駙子夏朝冠附見。

文一品官補服圖【略】

武一品官補服圖鎮國將軍、郡主額駙子補服附見。

都御史補服圖副都御史、給事中、監察御史、按察使、各道補服附見。

文二品官冬朝冠圖武二品官、輔國將軍、縣主額駙男、文三品官冬朝冠附見。

文二品官夏朝冠圖武二品官、輔國將軍、縣主額駙男、文三品官夏朝冠附見。

文二品官補服圖【略】

武二品官補服圖輔國將軍、縣主額駙男補服附見。

文三品官補服圖【略】

武三品官冬朝冠圖奉國將軍、郡君額駙、文武四品官、奉恩將軍、縣君額駙、文武五品官、鄉君額駙、文武六七品官冬朝官附見。

武三品官夏朝冠圖奉國將軍、郡君額駙、文武四品官、奉恩將軍、縣君額駙、文武五品官、鄉君額駙、文武六七品官夏朝官附見。

武三品官補服圖奉國將軍、郡君額駙、一等侍衛補服附見。

一等侍衛冬朝冠圖二三等侍衛冬朝冠、五品以上官有翎冬朝冠附見。

一等侍衛夏朝冠圖二三等侍衛夏朝冠、五品以上官有翎夏朝冠附見。

一等侍衛端罩圖

民公冬朝冠圖

民公冬朝冠，有薰貂，有青狐。頂鏤花金座，中飾東珠四，上銜紅寶石。

民公夏朝冠圖

民公夏朝冠，頂如冬朝冠。

民公冬朝服圖一侯伯下至文三品、武二品官、有職掌大臣、輔國將軍、縣主額駙男、一等侍衛冬朝服附見。

民公冬朝服，藍及石青諸色隨所用。披領及裳俱表以紫貂，袖端薰貂。繡

文，兩肩前後正蟒各一，襞積行蟒四。侯伯下至文三品、武二品官、有職掌大臣、輔國將軍、縣主額駙男、一等侍衛冬朝服，制同。

民公冬朝服圖二侯伯下至文武四品官、奉恩將軍、縣君額駙冬朝服附見。

民公冬朝服，藍及石青諸色隨所用。披領及袖，片金加海龍緣。繡文，兩肩前後正蟒各一，腰帷行蟒四，中有襞積。裳行蟒八，披領行蟒二，袖端正蟒各一，下幅八寶平水。侯伯下至文武四品官、奉恩將軍、縣君額駙冬朝服，制同。

民公夏朝服圖侯伯下至文武四品官、奉恩將軍、縣君額駙夏朝服附見。

民公夏朝服，藍及石青諸色隨所用。片金緣，餘制如冬朝服二。侯伯下至文武四品官、奉恩將軍、縣君額駙夏朝服，制同。

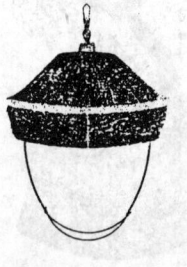

侯冬朝冠圖

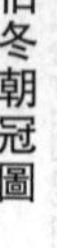

侯冬朝冠，頂飾東珠三，餘制如民公冬朝冠。

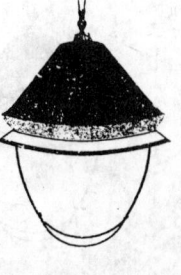

侯夏朝冠圖

侯夏朝冠，頂如冬朝冠。

伯冬朝冠圖

伯冬朝冠，頂飾東珠二，餘制如民公冬朝冠。

伯夏朝冠圖

伯夏朝冠，頂如冬朝冠。

文一品官冬朝冠圖武一品官、鎮國將軍、郡主額駙子冬朝冠附見。

文一品官冬朝冠，頂飾東珠一，餘制如民公冬朝冠。武一品官、鎮國將軍、郡主額駙子冬朝冠，制同。

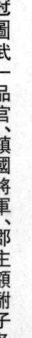

文一品官夏朝冠圖武一品官、鎮國將軍、郡主額駙子夏朝冠附見。

文一品官夏朝冠，頂如冬朝冠。武一品官、鎮國將軍、郡主額駙子夏朝冠，頂各如其冬朝冠。

文一品官補服圖

文一品官補服，繡鶴。

都御史補服圖副都御史、給事中、監察御史、按察使、各道補服附見。

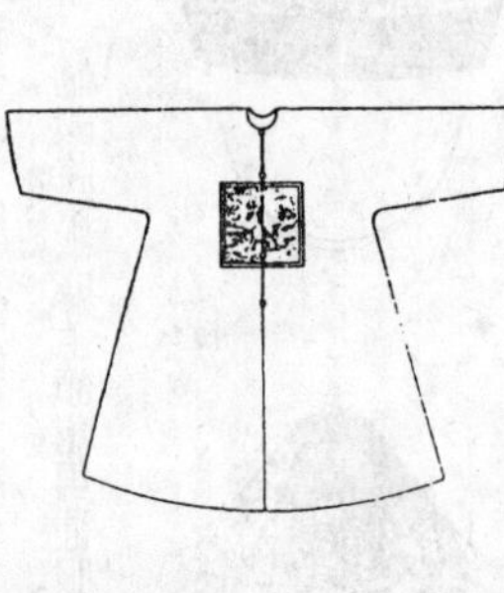

都御史補服，繡獬豸。副都御史、給事中、監察御史、按察使、各道補服，制同。

武一品官補服圖鎮國將軍、郡主額駙子補服附見。

武一品官補服，繡麒麟。鎮國將軍、郡主額駙子補服，制同。

文二品官冬朝冠圖武二品官、輔國將軍、縣主額駙男、文三品官冬朝冠附見。

文二品官冬朝冠，有薰貂，有貂尾。頂中飾小紅寶石一，上銜珊瑚，餘制如民公冬朝冠。武二品官、輔國將軍、縣主額駙男、文三品官冬朝冠，制同。

文二品官夏朝冠圖武二品官、輔國將軍、縣主額駙男、文三品官夏朝冠附見。

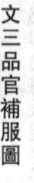

文二品官夏朝冠，頂如冬朝冠。武二品官、輔國將軍、縣主額駙男、文三品官夏朝冠頂，各如其冬朝冠。

文二品官補服圖

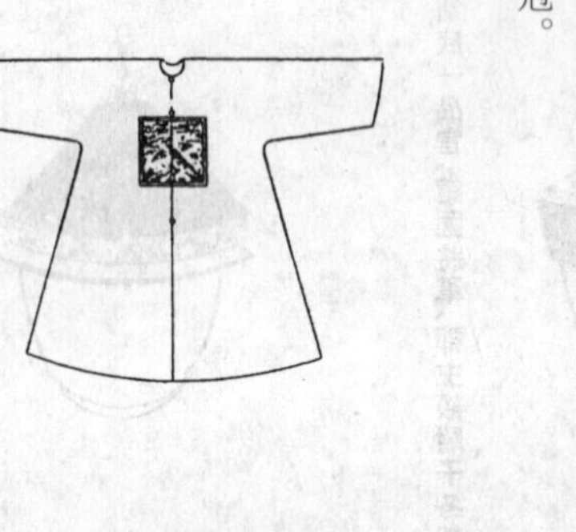

文二品官補服，繡錦雞。

武二品官補服圖輔國將軍、縣主額駙男補服附見。

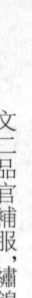

武二品官補服，繡獅。輔國將軍、縣主額駙男補服，制同。

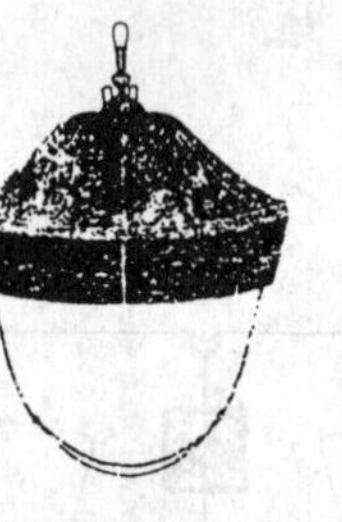

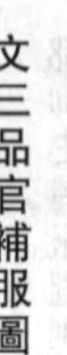

文三品官補服圖

文三品官補服，繡孔雀。

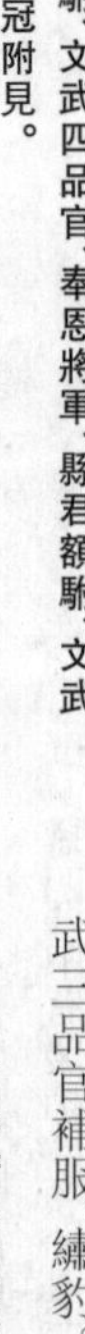

武三品官冬朝冠圖奉國將軍、郡君額駙、文武四品官、奉恩將軍、縣君額駙、文武五品官、鄉君額駙、文武六七品官冬朝冠附見。

武三品官冬朝冠，薫貂爲之。頂中飾小紅寶石一，上銜藍寶石。餘制如民公冬朝冠。奉國將軍、郡君額駙冬朝冠，制同。文武四品官、奉恩將軍、縣君額駙，上銜青金石。文武五品官、鄉君額駙，上銜水晶。文武六品官，上銜硨磲，皆中飾小藍寶石一。文武七品官，中飾小水晶一，上銜素金。餘同。

武三品官夏朝冠圖奉國將軍、郡君額駙、文武四品官、奉恩將軍、縣君額駙、文武五品官、鄉君額駙、文武六七品官夏朝冠附見。

武三品官夏朝冠，頂如冬朝冠。奉國將軍、郡君額駙、文武四品官、奉恩將軍、縣君額駙、文武五品官、鄉君額駙、文武六七品官夏朝冠，頂各如其冬朝冠。

武三品官補服圖奉國將軍、郡君額駙、一等侍衛補服附見。

武三品官補服，繡豹。奉國將軍、郡君額駙、一等侍衛補服，制同。

一等侍衛冬朝冠圖二三等侍衛冬朝冠、五品以上官有翎冬朝冠附見。

一等侍衛冬朝冠，不用貂尾，餘制如文三品。戴孔雀翎。二等侍衛如文四品。三等侍衛如文五品。俱戴孔雀翎。五品以上官有翎者翎亦如之。

一等侍衛夏朝冠圖二三等侍衛夏朝冠、五品以上官有翎夏朝冠附見。

一等侍衛夏朝冠，頂翎如冬朝冠。二三等侍衛，頂翎各如其冬朝冠。五品以上官有翎者，翎亦如之。

一等侍衛端罩圖

一等侍衛端罩，用猞猁猻，間以豹皮，月白緞裏。

官修《清會典圖》卷六五《冠服九》禮服九　文四品官補服圖【略】

武四品官補服圖奉恩將軍、縣君額駙、二等侍衛補服附見。【略】

二等侍衛端罩圖

二等侍衛朝服圖

文五品官補服圖

文五品官朝服圖武三品官、鄉君額駙、文武六七品官朝服附見。【略】

武五品官補服圖鄉君額駙、三等侍衛補服附見。

三等侍衛端罩圖藍翎侍衛端罩附見。

三等侍衛朝服圖藍翎侍衛朝服附見。

文六品官補服圖

武六品官補服圖藍翎侍衛補服附見。

藍翎侍衛冬朝冠圖六品以下官有翎冬朝冠附見。

藍翎侍衛夏朝冠圖六品以下官有翎夏朝冠附見。

文四品官補服圖

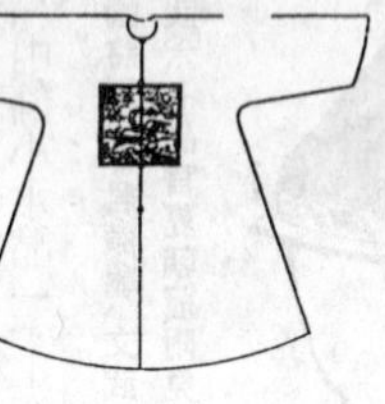

文四品官補服，繡雁。

武四品官補服圖奉恩將軍、縣君額駙、二等侍衛補服附見。

武四品官補服，繡虎。奉恩將軍、縣君額駙、二等侍衛補服，制同。

二等侍衛端罩圖

二等侍衛端罩，用紅豹皮，素紅緞裏。

二等侍衛朝服圖

二等侍衛朝服，色用石青。翦絨緣，通身雲緞，前後方襴，行蟒各一，腰帷行蟒四，中有襞積。領袖俱石青粧緞，冬夏用之。

文五品官補服圖

文五品官補服，繡白鷴。

文五品官朝服圖武五品官、鄉君額駙、文武六七品官朝服附見。

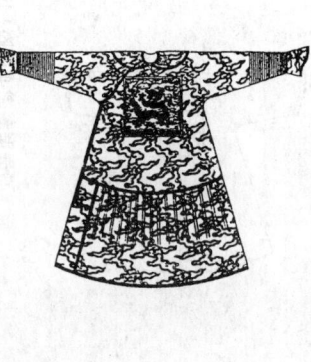

文五品官朝服，色用石青。片金緣，通身雲緞，前後方襴，行蟒各一，中有襞積。領袖俱石青糚緞，冬夏用之。武五品官、鄉君額駙、文武六七品官朝服，制同。

武五品官補服圖鄉君額駙、三等侍衛補服附見。

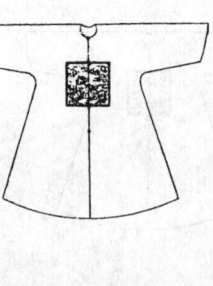

武五品官補服，繡熊。鄉君額駙、三等侍衛補服，制同。

三等侍衛端罩圖藍翎侍衛端罩附見。

三等侍衛端罩，用黄狐皮，月白緞裏。藍翎侍衛端罩，制同。

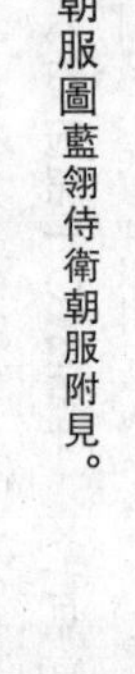

三等侍衛朝服圖藍翎侍衛朝服附見。

三等侍衛朝服，色用石青。翦絨緣，餘制如文五品官朝服。藍翎侍衛朝服，制同。

文六品官補服圖

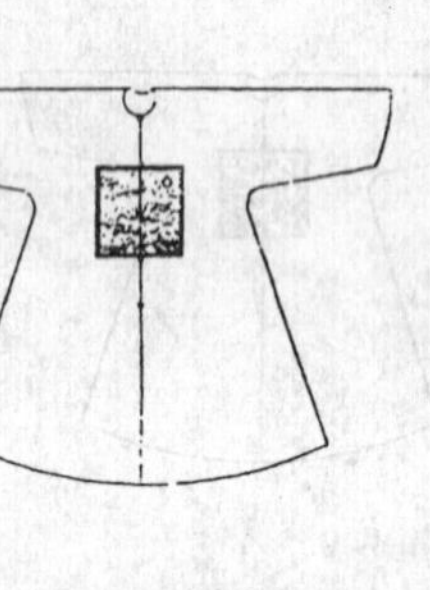

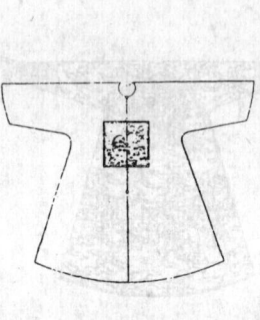

文六品官補服，繡鷺鷥。

武六品官補服圖藍翎侍衛補服附見。

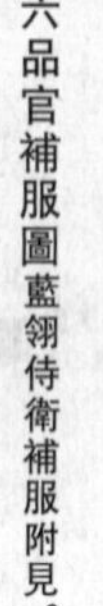

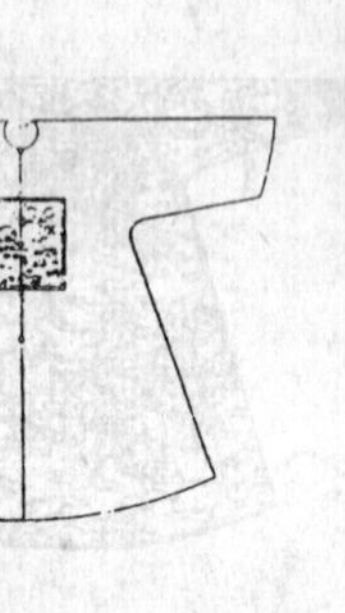

武六品官補服，繡彪。藍翎侍衛補服，制同。

藍翎侍衛冬朝冠圖六品以下官有翎冬朝冠附見。

藍翎侍衛冬朝冠，制如文六品，戴藍翎。六品以下官有翎者，翎亦如之。

藍翎侍衛夏朝冠圖六品以下官有翎夏朝冠附見。

藍翎侍衛夏朝冠，頂翎如冬朝冠。六品以下官有翎者，翎亦如之。

《清會典圖》卷六六《冠服一〇》禮服十　文七品官補服圖【略】

武七品官補服圖武八品官補服附見。

文八品官冬朝冠圖武八品官冬朝冠附見。

文八品官夏朝冠圖武八品官夏朝冠附見。

文八品官補服圖

文八品官朝服圖武八品、文武九品、未入流官朝服附見。

文九品官冬朝冠圖武九品、未入流官冬朝冠附見。

文九品官夏朝冠圖武九品、未入流官夏朝冠附見。

文九品官補服圖未入流官補服附見。

武九品官補服圖

進士冬朝冠圖

進士夏朝冠圖

舉人公服冬冠圖貢生、監生、生員公服冬冠附見。

舉人公服夏冠圖貢生、監生、生員公服夏冠附見。

舉人公服袍圖貢生、監生、生員公服袍附見。

文七品官補服圖

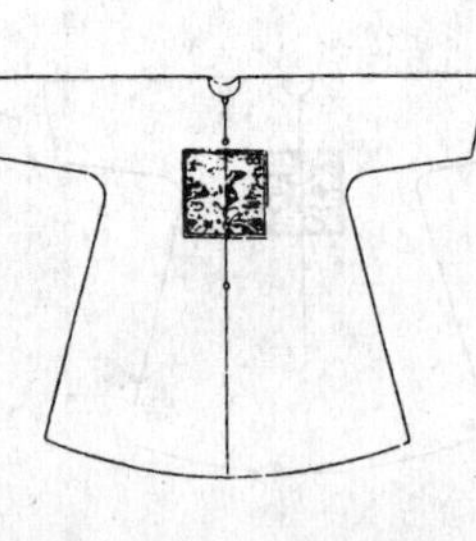

文七品官補服，繡鸂鶒。

武七品官補服圖武八品官補服附見。

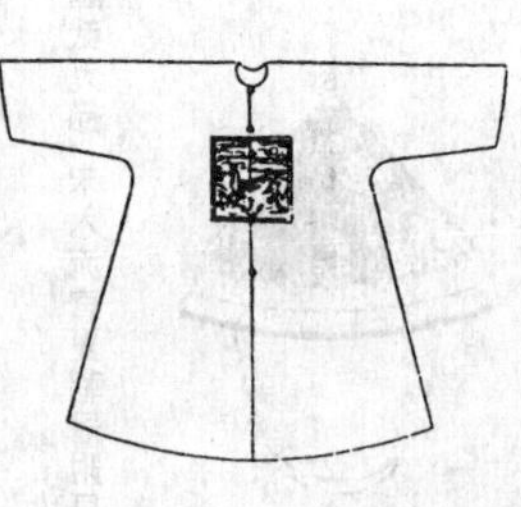

武七品官補服，繡犀。武八品官補服，制同。

文八品官冬朝冠圖武八品官冬朝冠附見。

文八品官冬朝冠，薰貂爲之。上銜陰文鏤花金頂，餘制如民公冬朝冠。武八品官冬朝冠，制同。

文八品官夏朝冠圖武八品官夏朝冠附見。

文八品官夏朝冠，頂如冬朝冠。武八品官夏朝冠，頂亦如其冬朝冠。

文八品官補服圖

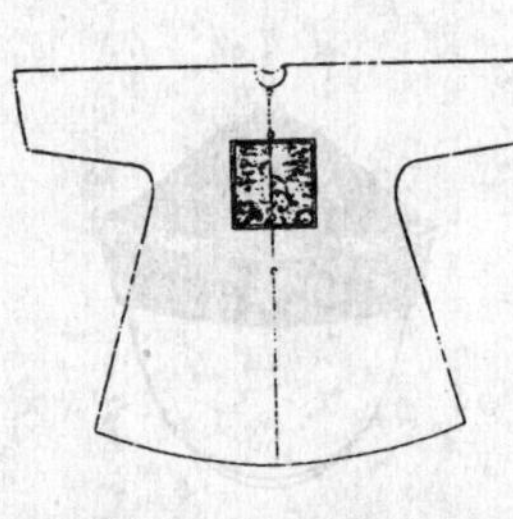

文八品官補服，繡鵪鶉。

文八品官朝服圖武八品、文武九品、未入流官朝服附見。

文八品官朝服，石青雲緞。無蟒領袖俱青倭緞，中有襞積。冬夏用之。武八品、文武九品、未入流官朝服，制同。

文九品官冬朝冠圖武九品、未入流官冬朝冠附見。

文九品官冬朝冠，薰貂爲之。上銜陽文鏤花金頂，餘制如民公冬朝冠。武九品、未入流官冬朝冠，制同。

文九品官夏朝冠圖武九品、未入流官夏朝冠附見。

文九品官夏朝冠，頂如冬朝冠。武九品、未入流官夏朝冠，頂各如其冬朝冠。

文九品官補服圖未入流官補服附見。

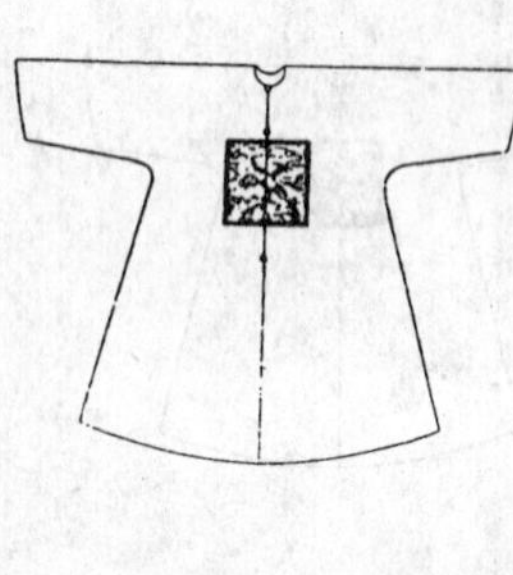

文九品官補服，繡練雀。未入流官補服，制同。

武九品官補服圖

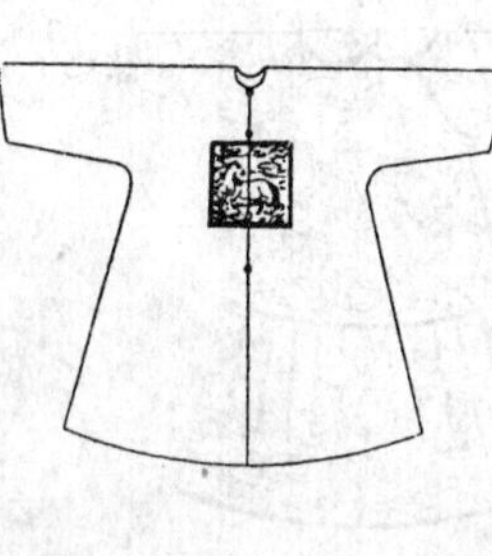

武九品官補服，繡海馬。

進士冬朝冠圖

進士冬朝冠，頂鏤花金座，上銜金三枝九葉。

進士夏朝冠圖

進士夏朝冠，頂如冬朝冠。

舉人公服冬冠圖貢生、監生、生員公服冬冠附見。

舉人公服冬冠，頂鏤花銀座，上銜金雀。貢生、監生公服冬冠，制同。生員公服冬冠，上銜銀雀，餘同。

舉人公服夏冠圖貢生、監生、生員公服夏冠附見。

舉人公服夏冠，頂如公服冬冠。貢生、監生、生員公服夏冠，頂各如其公服冬冠。

舉人公服袍圖貢生、監生、生員公服袍附見。

舉人公服袍，青綢爲之，藍緣。貢生、監生公服袍，制同。生員公服袍，藍緞青緣，披領飾各如袍。

官修《清會典圖》卷六七《冠服一一》禮服十一　神樂署文舞生冬冠圖神樂署樂生、執事生冬冠附見。

神樂署文舞生夏冠圖神樂署樂生、執事生、舞童夏冠附見。

神樂署文舞生袍圖【略】

神樂署武舞生冬冠圖

神樂署武舞生夏冠圖

神樂署武舞生袍圖

神樂署執事生袍圖一

神樂署執事生袍圖二

神樂署童子舞衣圖

和聲署樂生冬冠圖

和聲署樂生夏冠圖

和聲署樂生袍圖一

和聲署樂生袍圖二鑾儀衛輿士、校尉袍附見。

鑾儀衛輿士冬冠圖一

鑾儀衛輿士冬冠圖二

鑾儀衛輿士夏冠圖

鑾儀衛護軍袍圖

鑾儀衛校尉冬冠圖一

鑾儀衛校尉冬冠圖二

鑾儀衛校尉夏冠圖

從耕農官冠圖

從耕農官補服圖

從耕農官袍圖

神樂署文舞生冬冠圖神樂署樂生、執事生冬冠附見。

神樂署文舞生冬冠，獺皮爲之。頂鏤花銅座，中飾方銅，鏤葵花。上衔銅三角，如火珠形。神樂署樂生執事生冬冠，制同。

神樂署文舞生夏冠圖神樂署樂生、執事生、舞童夏冠附見。

神樂署文舞生夏冠，頂如冬冠。神樂署樂生、執事生夏冠，頂各如其冬冠。神樂署舞童冠，制如文舞生夏冠。

神樂署文舞生袍圖

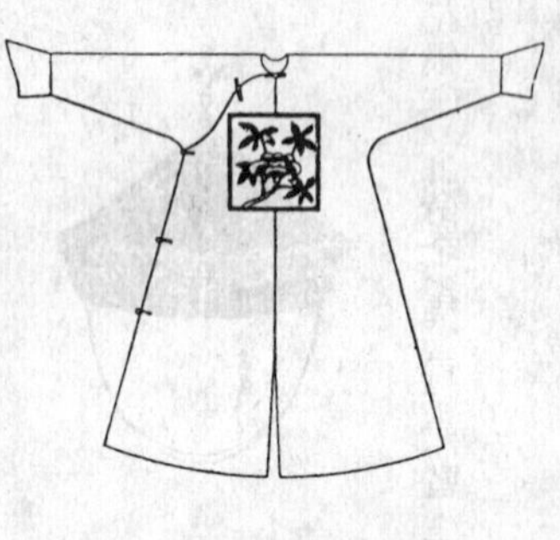

神樂署文舞生袍，天壇、天神壇，用石青綢。地壇、地祇壇，用黑屯絹。祈穀壇、社稷壇、日壇、歷代帝王廟，用紅羅。太廟、先師廟、先農壇、太歲壇，用紅雲緞。月壇，用月白綢。前後方襴，銷金葵花。

神樂署武舞生冬冠圖

神樂署武舞生冬冠，頂上衔銅三棱，如古戟形。餘制如文舞生冬冠。

神樂署武舞生夏冠圖

神樂署武舞生夏冠，頂如冬冠。

神樂署武舞生袍圖

神樂署武舞生袍，通銷金葵花，餘制如文舞生袍。

神樂署執事生袍圖一

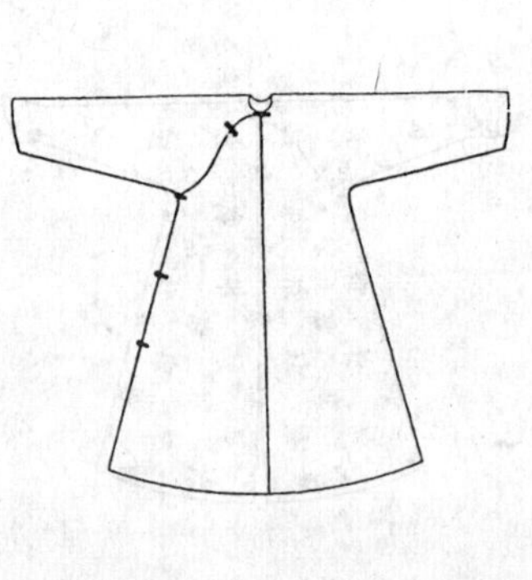

神樂署執事生袍，天壇，用石青綢。地壇，用黑屯絹。皆不加緣。

神樂署執事生袍圖二

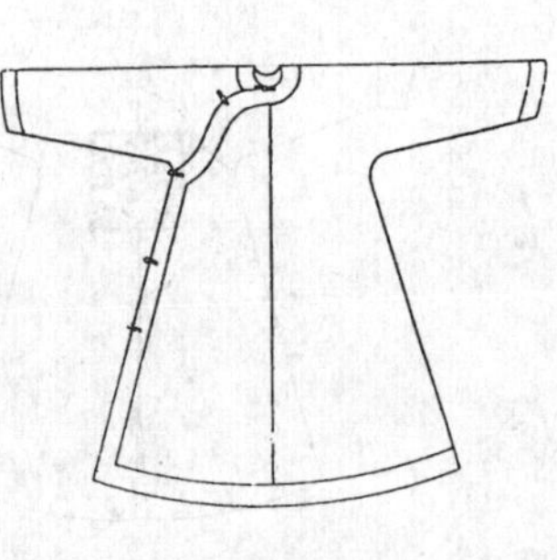

神樂署執事生袍，太廟、天神壇、地祇壇、太歲壇、先師廟，用青雲緞。社稷壇、日壇、歷代帝王廟，用青羅，皆藍緣。祈穀壇，用石青羅，紅青緣。先農壇用青絹，藍緣。月壇，用青綢，白緣。

神樂署童子舞衣圖

神樂署童子舞衣，黑綢爲之。齊袖，繪金雲氣，大雩用。

和聲署樂生冬冠圖

和聲署樂生冬冠，騷鼠爲之。頂鏤花銅座，上植明黄翎。

和聲署樂生夏冠圖

和聲署樂生夏冠，頂翎制如冬冠。

和聲署樂生袍圖一

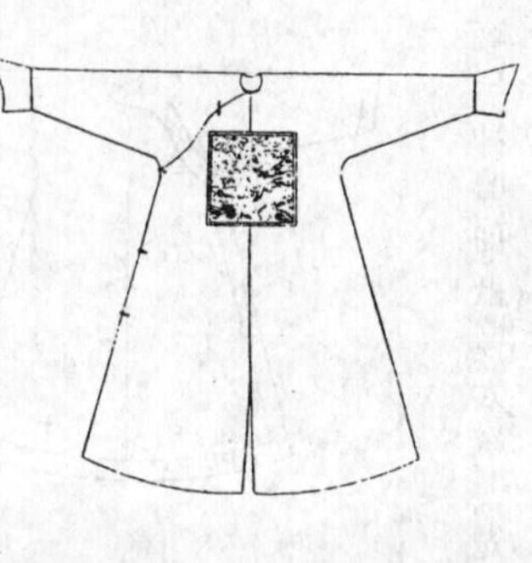

和聲署樂生袍，紅緞爲之。前後方襴，繡黃鸝。中和韶樂部樂生執戲竹人服之。

和聲署樂生袍圖二 鑾儀衛輿士、校尉袍附見。

和聲署樂生袍，紅緞爲之。通織小團葵花。丹陛大樂諸部樂生服之。鑾儀衛輿士、校尉袍，制同。

鑾儀衛輿士冬冠圖一

鑾儀衛輿士冬冠，豹皮爲之。頂鏤花銅座，上植明黃翎。

鑾儀衛輿士冬冠圖二

鑾儀衛輿士冬冠，黑氈爲之。餘制如冬冠一。

鑾儀衛輿士夏冠圖

鑾儀衛輿士夏冠，頂翎制如冬冠。

鑾儀衛護軍袍圖

鑾儀衛護軍袍，石青緞爲之。通織金壽字，片金緣，領及袖端，俱織金葵花。

鑾儀衛校尉冬冠圖一

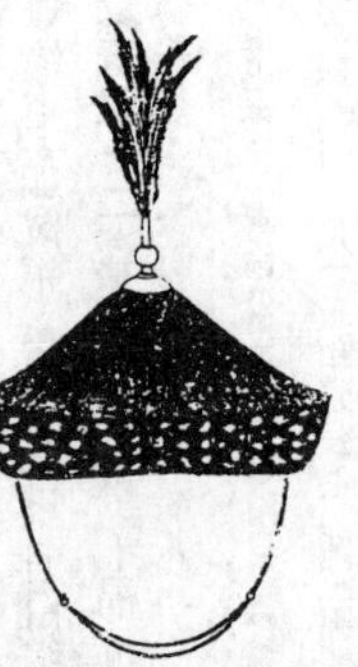

鑾儀衛校尉冬冠，豹皮爲之。頂素銅座，上植明黄翎。

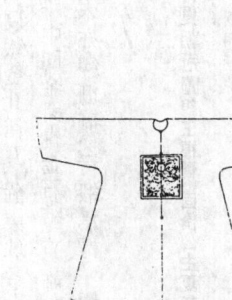

鑾儀衛校尉冬冠圖二

鑾儀衛校尉冬冠，黑氈爲之。平簷，餘制如冬冠一。

鑾儀衛校尉夏冠圖

鑾儀衛校尉夏冠，頂翎制如冬冠。

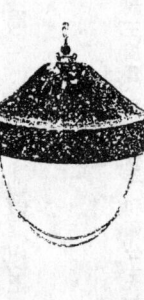

從耕農官冠圖

從耕農官冠，青絨爲之。頂同八品。

從耕農官補服圖

從耕農官補服，繡彩雲捧日。

從耕農官袍圖

從耕農官袍，青絹無緣，上加披領，腰爲襞積，月白絹裏。

《清會典圖》卷六八《冠服一二》禮服十二　皇子福晉冬朝冠圖親王福晉、固倫公主冬朝冠附見。

皇子福晉夏朝冠圖親王福晉、固倫公主冬朝冠附見。【略】

皇子福晉朝褂圖親王福晉、固倫公主、和碩公主、郡王福晉、郡主、縣主朝褂附見。

皇子福晉冬朝袍圖親王福晉、固倫公主、和碩公主、郡王福晉、郡主、縣主冬朝袍附見。

皇子福晉夏朝袍圖親王福晉、固倫公主、和碩公主、郡王福晉、郡主、縣主夏朝袍附見。【略】

皇子福晉冬朝裙圖親王福晉、固倫公主、下至鄉君冬朝裙附見。

皇子福晉夏朝裙圖親王福晉、固倫公主、下至鄉君夏朝裙附見。

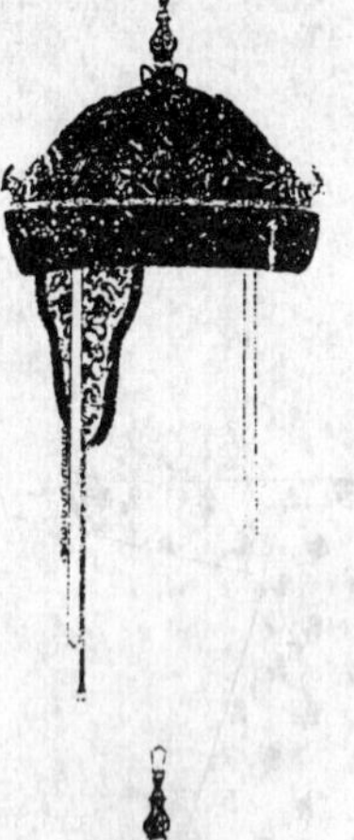
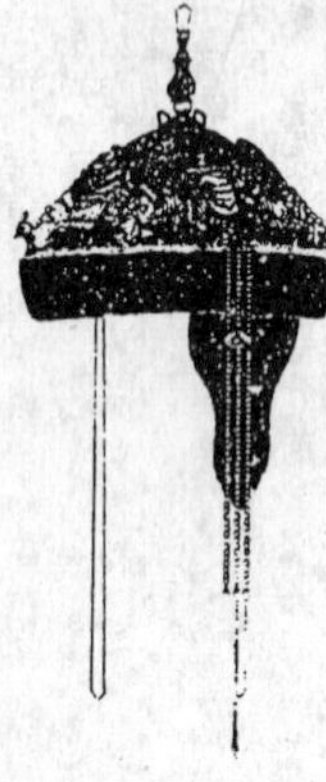

皇子福晉冬朝冠圖親王福晉、固倫公主冬朝冠附見。

皇子福晉冬朝冠，薰貂爲之。上綴朱緯，頂鏤金三層，飾東珠十，上銜紅寶石。朱緯上，周綴金孔雀五，飾東珠各七，小珍珠三十九。後金孔雀一，垂珠三行二就，中間金銜青金石結一，飾東珠各三，末綴珊瑚。冠後護領，垂金黃條二，末亦綴珊瑚，青緞爲帶。親王福晉、固倫公主冬朝冠，制同。

皇子福晉夏朝冠圖親王福晉、固倫公主夏朝冠附見。

皇子福晉夏朝冠，青絨爲之。餘制如冬朝冠。親王福晉、固倫公主夏朝冠，制同。

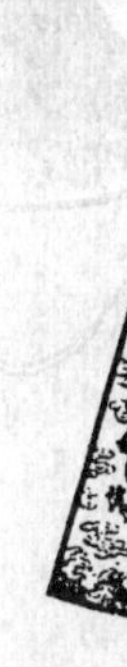

皇子福晉朝褂圖親王福晉、固倫公主、和碩公主、郡王福晉、郡主、縣主朝褂附見。

皇子福晉朝褂，色用石青，片金緣。繡文，前行龍四，後行龍三，領後垂金黃條，雜飾惟宜。親王福晉、固倫公主、和碩公主、郡王福晉、郡主、縣主朝褂，制同。

皇子福晉冬朝袍圖親王福晉、固倫公主、和碩公主、郡王福晉、郡主、縣主冬朝袍附見。

皇子福晉冬朝袍，用香色，披領及袖俱石青，片金加海龍緣。繡文，前後正龍各一，兩肩行龍各一，襟行龍四，披領行龍二，袖端正龍各一，袖相接處行龍各二。裾後開，領後垂金黄絛，雜飾惟宜。親王福晉、固倫公主、和碩公主、郡王福晉、郡主、縣主冬朝袍，制同。

皇子福晉夏朝袍圖親王福晉、固倫公主、和碩公主、郡王福晉、郡主、縣主夏朝袍附見。

皇子福晉夏朝袍，用香色，片金緣，餘制如冬朝袍。親王福晉、固倫公主、和碩公主、郡王福晉、郡主、縣主夏朝袍，制同。

皇子福晉冬朝裙圖親王福晉、固倫公主下至鄉君冬朝裙附見。

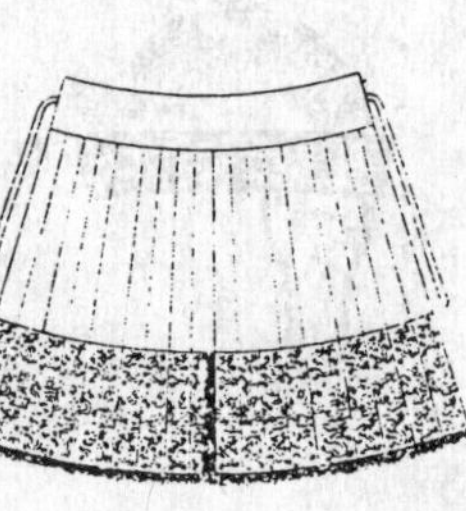

皇子福晉冬朝裙，片金加海龍緣。上用紅緞，下石青行龍粧緞，皆正幅，有襞積。親王福晉、固倫公主下至鄉君冬朝裙，制同。

皇子福晉夏朝裙圖親王福晉、固倫公主下至鄉君夏朝裙附見。

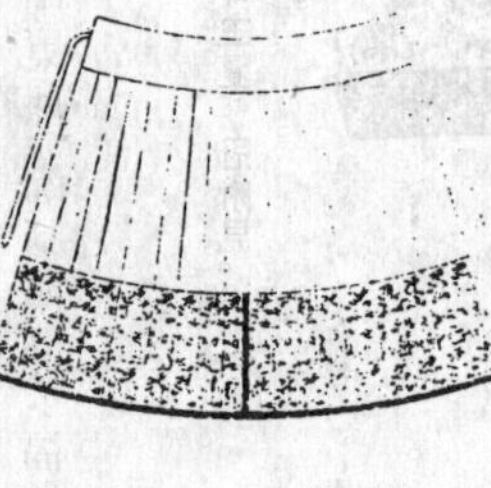

皇子福晉夏朝裙，片金緣，緞紗惟其時，餘制如冬朝裙。親王福晉、固倫公主下至鄉君夏朝裙，制同。

《清會典圖》卷六九《冠服一三》禮服十三　和碩公主冬朝冠圖

和碩公主夏朝冠圖【略】

郡王福晉冬朝冠圖郡主冬朝冠附見。

郡王福晉夏朝冠圖郡主夏朝冠附見。【略】

貝勒夫人冬朝冠圖縣主冬朝冠附見。

貝勒夫人夏朝冠圖縣主夏朝冠附見。【略】

貝勒夫人朝褂圖貝子夫人、郡君下至鄉君朝褂附見。

貝勒夫人冬朝袍圖貝子夫人、郡君下至三品命婦、奉國將軍淑人冬朝袍附見。

貝勒夫人夏朝袍圖貝子夫人、郡君下至三品命婦、奉國將軍淑人夏朝袍附見。

貝子夫人冬朝冠圖郡君冬朝冠附見。

貝子夫人夏朝冠圖郡君夏朝冠附見。【略】

鎮國公夫人冬朝冠圖縣君冬朝冠附見。

鎮國公夫人夏朝冠圖縣君夏朝冠附見。【略】

輔國公夫人冬朝冠圖鎮國公女、鄉君冬朝冠附見。

輔國公夫人夏朝冠圖鎮國公女、鄉君夏朝冠附見。【略】

輔國公女鄉君冬朝冠圖

輔國公女鄉君夏朝冠圖

和碩公主冬朝冠圖

和碩公主冬朝冠，頂鏤金二層，飾東珠九。朱緯上，周綴金孔雀五，飾東珠各六，不飾小珍珠，餘制如皇子福晉冬朝冠。

和碩公主夏朝冠圖

和碩公主夏朝冠，青絨爲之，餘制如冬朝冠。

郡王福晉冬朝冠圖郡主冬朝冠附見。

郡主福晉冬朝冠，頂鏤金二層，飾東珠八。朱緯上，周綴金孔雀五，飾東珠各五，不飾小珍珠。石結不飾東珠，餘制如皇子福晉冬朝冠。郡主冬朝冠，制同。

郡王福晉夏朝冠圖郡主夏朝冠附見。

郡王福晉夏朝冠，青絨爲之，餘制如冬朝冠。郡主夏朝冠，制同。

貝勒夫人冬朝冠圖縣主冬朝冠附見。

貝勒夫人冬朝冠，頂鏤金二層，飾東珠七。朱緯上，周綴金孔雀五，飾東珠各三，不飾小珍珠。石結不飾東珠，冠後護領垂石青條二，餘制如皇子福晉冬朝冠。縣主冬朝冠，制同。

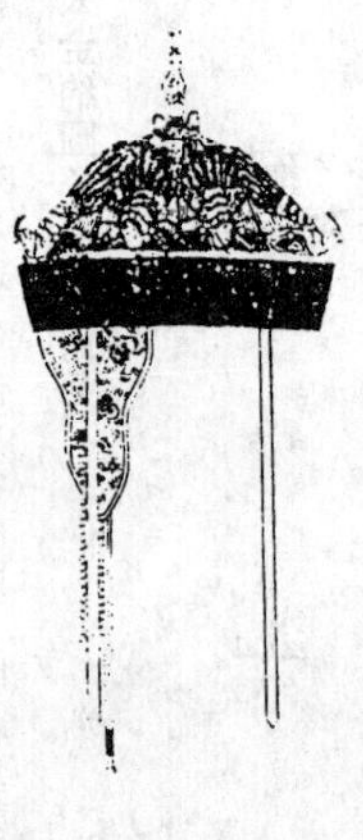

貝勒夫人夏朝冠圖縣主夏朝冠附見。

貝勒夫人夏朝冠，青絨爲之，餘制如冬朝冠。縣主夏朝冠，制同。

貝勒夫人朝褂圖貝子夫人、郡君下至鄉君朝褂附見。

貝勒夫人朝褂，色用石青，片金緣。繡文，前行蟒四，後行蟒三。領後垂石青條，雜飾惟宜。貝子夫人、郡君下至鄉君朝褂，制同。

貝勒夫人冬朝袍圖貝子夫人、郡君下至三品命婦、奉國將軍淑人冬朝袍附見。

貝勒夫人冬朝袍，藍及石青諸色隨所用。通繡蟒文四爪，領後垂石青條，餘制如皇子福晉冬朝袍。貝子夫人、郡君下至三品命婦、奉國將軍淑人冬朝袍，制同。

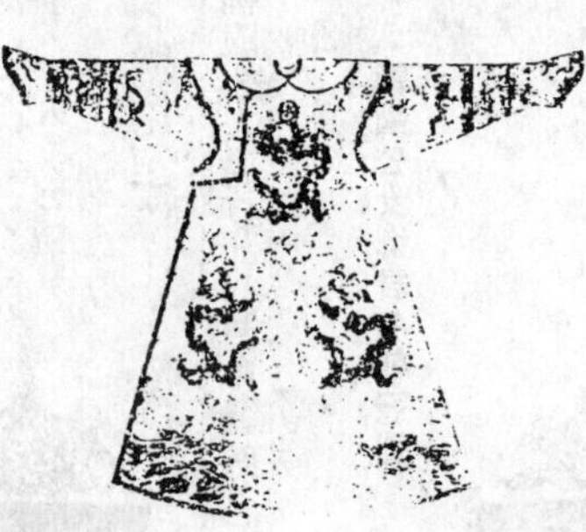

貝勒夫人夏朝袍圖貝子夫人、郡君下至三品命婦、奉國將軍淑人夏朝袍附見。

貝勒夫人夏朝袍，藍及石青諸色隨所用。片金緣，餘制如冬朝袍。貝子夫人、郡君下至三品命婦、奉國將軍淑人夏朝袍，制同。

貝子夫人冬朝冠圖郡君冬朝冠附見。

貝子夫人冬朝冠，頂鏤金二層，飾東珠六。朱緯上，周綴金孔雀五，飾東珠各三，不飾小珍珠。石結不飾東珠，冠後護領，垂石青條二，餘制如皇子福晉冬朝冠。郡君冬朝冠，制同。

貝子夫人夏朝冠圖郡君夏朝冠附見。

貝子夫人夏朝冠，青絨爲之，餘制如冬朝冠。郡君夏朝冠，制同。

鎮國公夫人冬朝冠圖縣君冬朝冠附見。

鎮國公夫人冬朝冠，頂鏤金二層，飾東珠五。朱緯上，周綴金孔雀五，飾東珠各三，不飾小珍珠。石結不飾東珠，冠後護領，垂石青條二，餘制如皇子福晉冬朝冠。縣君冬朝冠，制同。

鎮國公夫人夏朝冠圖縣君夏朝冠附見。

鎮國公夫人夏朝冠，青絨爲之，餘制如冬朝冠。縣君夏朝冠，制同。

鎮國公夫人金約圖縣君金約附見。

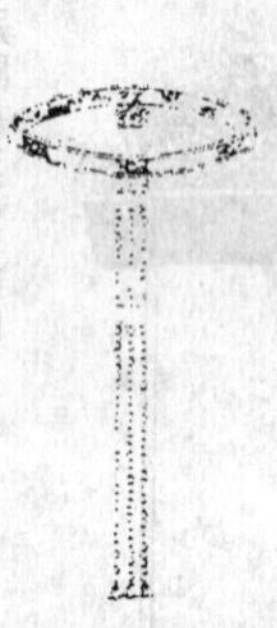

鎮國公夫人金約，鏤金雲五，石結不飾東珠、珍珠。餘制如皇子福晉金約。縣君金約，制同。

輔國公夫人冬朝冠圖鎮國公女、鄉君冬朝冠附見。

輔國公夫人冬朝冠，頂鏤金二層，飾東珠四。朱緯上，周綴金孔雀五，飾東珠各三，不飾小珍珠。石結不飾東珠，冠後護領，垂石青條二，餘制如皇子福晉冬朝冠。鎮國公女、鄉君冬朝冠，制同。

輔國公夫人夏朝冠圖鎮國公女、鄉君夏朝冠附見。

輔國公夫人夏朝冠，青絨爲之，餘制如冬朝冠。鎮國公女、鄉君夏朝冠，制同。

輔國公女鄉君冬朝冠圖

輔國公女鄉君冬朝冠，頂鏤金二層，飾東珠三。朱緯上，周綴金孔雀五，飾東珠各三，不飾小珍珠。石結不飾東珠，冠後護領垂石青條二，餘制如皇子福晉冬朝冠。

輔國公女鄉君夏朝冠圖

輔國公女、鄉君夏朝冠，青絨爲之，餘制如冬朝冠。

官修《清會典圖》卷七〇《冠服一四》禮服十四　民公夫人冬朝冠圖

民公夫人夏朝冠圖【略】

民公夫人朝褂圖侯伯夫人下至七品命婦朝褂附見。【略】

民公夫人冬朝裙圖侯伯夫人下至三品命婦、奉國將軍淑人冬朝裙附見。

民公夫人夏朝裙圖侯伯夫人下至三品命婦、奉國將軍淑人夏朝裙，四品命婦、奉恩將軍恭人下至七品命婦朝裙附見。

侯夫人冬朝冠圖

侯夫人夏朝冠圖

伯夫人冬朝冠圖

伯夫人夏朝冠圖

一品命婦冬朝冠圖鎮國將軍夫人、子夫人下至七品命婦冬朝冠附見。

一品命婦夏朝冠圖鎮國將軍夫人、子夫人下至七品命婦夏朝冠附見。

四品命婦朝袍圖奉恩將軍恭人、五六七品命婦朝袍附見。

民公夫人冬朝冠圖

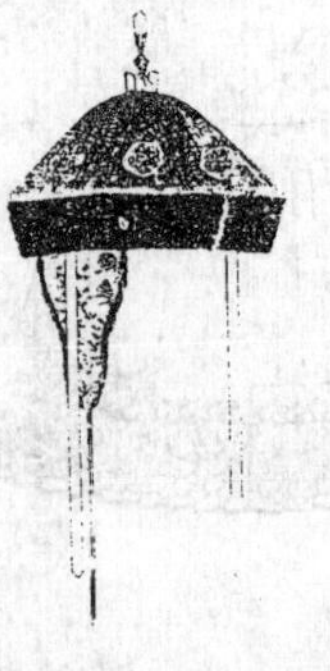

民公夫人冬朝冠，薰貂爲之。上綴朱緯，頂鏤花金座，中飾東珠四，上銜紅寶石。前綴金簪三，飾以珠寶。護領垂條石青色。

民公夫人夏朝冠圖

民公夫人夏朝冠，青絨爲之，餘制如冬朝冠。

民公夫人朝褂圖侯伯夫人、下至七品命婦朝褂附見。

民公夫人朝褂，色用石青，片金緣。繡文，前行蟒二，後行蟒一。領後垂石青絛，雜飾惟宜。侯伯夫人、下至七品命婦朝褂，制同。

民公夫人冬朝裙圖侯伯夫人下至三品命婦、奉國將軍淑人冬朝裙附見。

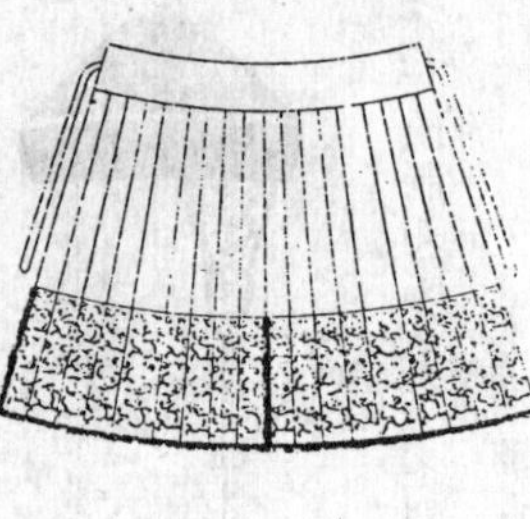

民公夫人冬朝裙，片金加海龍緣。上用紅緞，下石青行蟒粧緞，皆正幅，有襞積。侯伯夫人下至三品命婦、奉國將軍淑人冬朝裙，制同。

民公夫人夏朝裙圖侯伯夫人下至三品命婦、奉國將軍淑人夏朝裙，四品命婦、奉恩將軍恭人下至七品命婦朝裙附見。

民公夫人夏朝裙，片金緣，緞紗惟其時，餘制如冬朝裙。侯伯夫人下至三品命婦、奉國將軍淑人夏朝裙，制同。四品命婦、奉恩將軍恭人下至七品命婦朝裙，上用緑緞，下石青行蟒粧緞，餘制如民公夫人夏朝裙，冬夏用之。

侯夫人冬朝冠圖

侯夫人冬朝冠，頂飾東珠三，餘制如民公夫人冬朝冠。

侯夫人夏朝冠圖

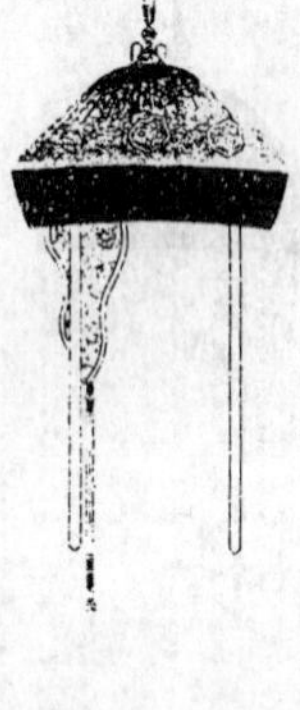

侯夫人夏朝冠，青絨爲之，餘制如冬朝冠。

伯夫人冬朝冠圖

伯夫人冬朝冠，頂飾東珠二，餘制如民公夫人冬朝冠。

伯夫人夏朝冠圖

伯夫人夏朝冠，青絨爲之，餘制如冬朝冠。

一品命婦冬朝冠圖鎮國將軍夫人、子夫人下至七品命婦冬朝冠附見。

一品命婦冬朝冠，頂飾冬珠一，餘制如民公夫人冬朝冠。鎮國將軍夫人、子夫人冬朝冠，制同。二品命婦、輔國將軍夫人、男夫人，上銜珊瑚。三品命婦、奉國將軍淑人，上銜藍寶石，皆中飾小紅寶石一。四品命婦、奉恩將軍恭人，上銜青金石。五品命婦，上銜水晶。六品命婦，上銜硨磲。皆中飾小藍寶石一。七品命婦，中飾小水晶一，上銜素金，餘同。

一品命婦夏朝冠圖鎮國將軍夫人、子夫人下至七品命婦夏朝冠附見。

一品命婦夏朝冠，青絨爲之，餘制如冬朝冠。鎮國將軍夫人、子夫人、二品命婦、輔國將軍夫人、男夫人、三品命婦、奉國將軍淑人、四品命婦、奉恩將軍恭人、五六七品命婦夏朝冠，青絨爲之，餘各如其冬朝冠。

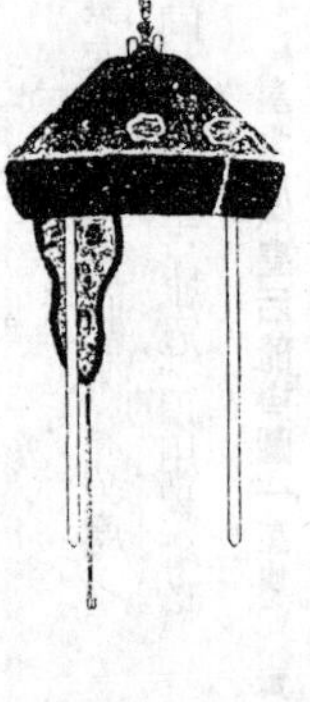

四品命婦朝袍圖奉恩將軍恭人、五六七品命婦朝袍附見。

四品命婦朝袍，藍及石青諸色隨所用。披領及袖俱石青，片金緣。綉文，前後行蟒各二。領後垂石青條，雜飾惟宜，冬夏用之。奉恩將軍恭人、五六七品命婦朝袍，制同。

《清會典圖》卷七一《冠服一五》吉服一　皇帝冬吉服冠圖

皇帝夏吉服冠圖

皇帝龍袍圖

皇帝冬吉服冠圖

皇帝冬吉服冠，有海龍，有薰貂，有紫貂，惟其時。簷上仰，上綴朱緯長及於簷，頂滿花金座上銜大珍珠一，梁一，互頂上。簷下兩旁垂帶，交項下。

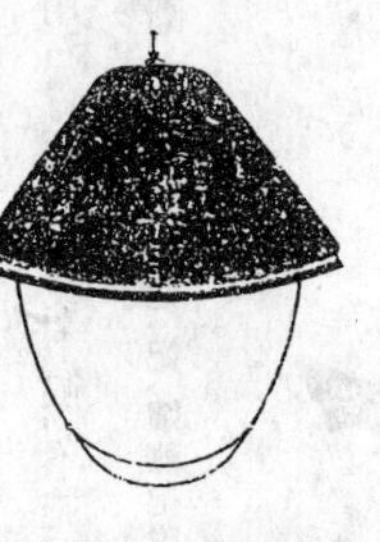

皇帝夏吉服冠圖

皇帝夏吉服冠，織玉草，或藤絲竹絲爲質。表以羅，紅紗綢裏，石青片金緣。簷敞，上綴朱緯，內加圈，帶屬於圈。餘制如冬吉服冠。

皇帝龍袍圖

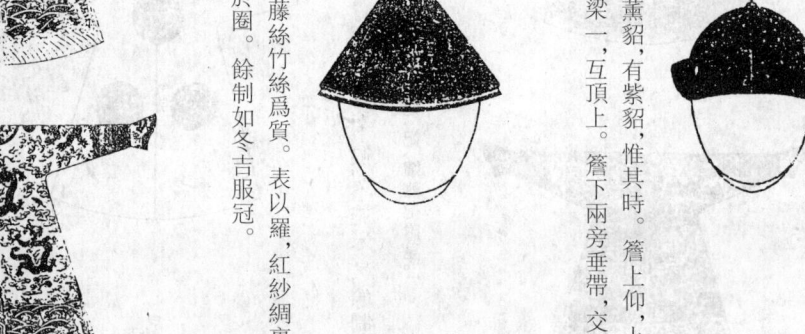

皇帝龍袍，色用明黄。領袖俱石青，片金緣。繡文，金龍九。列十二章，間以五色雲。領前後正龍各一，左右及交襟處行龍各一，袖端正龍各一，下幅八寶立水。裾四開，緜、袷、紗、裘惟其時。

《清會典圖》卷七二《冠服一六》吉服二　皇太后、皇后吉服冠圖皇貴妃、貴妃、妃、嬪吉服冠附見。

皇太后、皇后龍褂圖一皇貴妃、貴妃、妃龍褂附見。

皇太后、皇后龍褂圖二

皇太后、皇后龍袍圖一皇貴妃、貴妃、妃、嬪龍袍附見。

皇太后、皇后龍袍圖二

皇太后、皇后龍袍圖三

嬪龍褂圖

皇太后、皇后吉服冠圖皇貴妃、貴妃、妃、嬪吉服冠附見。

皇太后、皇后吉服冠，薰貂爲之。上綴朱緯，頂用東珠。皇貴妃、貴妃吉服冠，制同。妃、嬪吉服冠，頂用碧琊玭。

皇太后、皇后龍褂圖一 皇貴妃、貴妃、妃龍褂附見。

皇太后、皇后龍褂，色用石青。繡文，五爪金龍八團，兩肩前後正龍各一，襟行龍四，下幅八寶立水，袖端行龍各二。緜、袷、紗、裘惟其時。皇貴妃、貴妃、妃龍褂，制同。

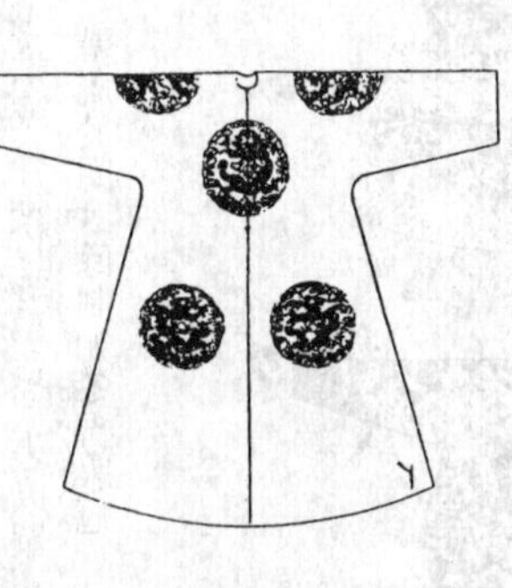

皇太后、皇后龍褂圖二

皇太后、皇后龍褂，色用石青。袖端及下幅，不施采章，餘制如龍褂一。

皇太后、皇后龍袍圖一 皇貴妃、貴妃、妃、嬪龍袍附見。

皇太后、皇后龍袍，色用明黄，領袖俱石青。繡文，金龍九，間以五色雲，福壽文采惟宜。下幅八寶立水。領前後正龍各一，左右及交襟處行龍各一，袖如朝袍。裾左右開，緜、袷、紗、裘惟其時。皇貴妃龍袍，制同。貴妃、妃龍袍，用金黃色。嬪龍袍，用香色。

皇太后、皇后龍袍圖二

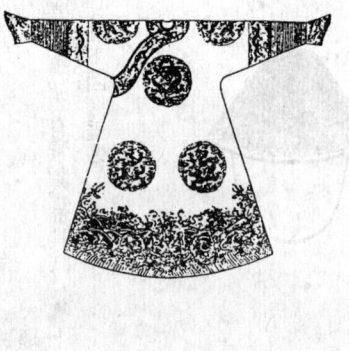

皇太后、皇后龍袍，色用明黃。繡文，五爪金龍八團，兩肩前後正龍各一，襟行龍四，下幅八寶立水。餘制如龍袍二。

皇太后、皇后龍袍圖三

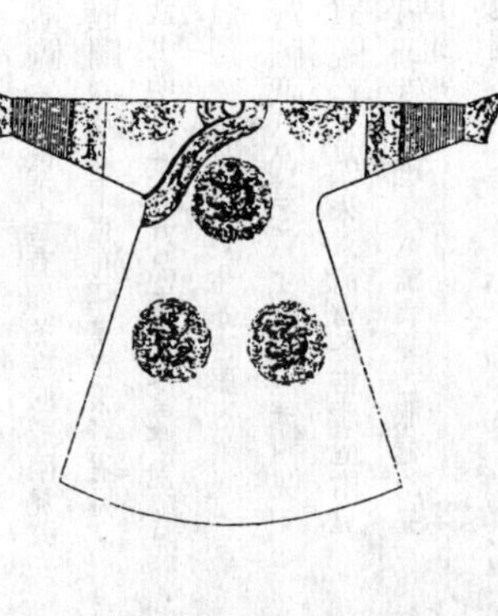

皇太后、皇后龍袍，色用明黃。下幅不施采章，餘制如龍袍二。

嬪龍褂圖

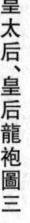

嬪龍褂，色用石青。繡文，兩肩前後正龍各一，襟夔龍四。緜、袷、紗、裘惟其時。

《清會典圖》卷七三《冠服一七》吉服三　皇子冬吉服冠圖

皇子夏吉服冠圖

皇子蟒袍圖親王、郡王蟒袍附見。【略】

親王冬吉服冠圖郡王、貝勒、民公侯伯、文武一品官、鎮國將軍、郡主額駙子、文武三品官、奉國將軍、郡君額駙、文武四品官、奉恩將軍、縣君額駙、文武五品官、鄉君額駙、文武六七品官、進士、舉人、監生、生員、外郎、耆老冬吉服冠附見。

親王夏吉服冠圖郡王、貝勒、民公侯伯、文武一品官、鎮國將軍、郡主額駙子、文武三品官、奉國將軍、郡君額駙、文武四品官、奉恩將軍、縣君額駙、文武五品官、鄉君額駙、文武六七品官、進士、舉人、監生、生員、外郎、耆老夏吉服冠附見。

貝勒蟒袍圖貝子、固倫額駙下至文武三品官、奉國將軍、郡君額駙、一等侍衛蟒袍附見。

貝子冬吉服冠圖固倫額駙冬吉服冠附見。

貝子夏吉服冠圖固倫額駙夏吉服冠附見。

鎮國公冬吉服冠圖輔國公、和碩額駙冬吉服冠附見。

鎮國公夏吉服冠圖輔國公、和碩額駙夏吉服冠附見。

文二品官冬吉服冠圖武二品官、輔國將軍、縣主額駙男冬吉服冠附見。

文二品官夏吉服冠圖武二品官、輔國將軍、縣主額駙男夏吉服冠附見。

一等侍衛冬吉服冠圖二三等侍衛冬吉服冠，五品以上官有翎冬吉服冠附見。

一等侍衛夏吉服冠圖二三等侍衛夏吉服冠，五品以上官有翎夏吉服冠附見。

文四品官蟒袍圖武四品官、奉恩將軍、縣君額駙，二等侍衛下至文武六品官、藍翎侍衛蟒袍附見。

藍翎侍衛冬吉服冠圖六品以下官有翎冬吉服冠附見。

藍翎侍衛夏吉服冠圖六品以下官有翎夏吉服冠附見。

文七品官蟒袍圖武七品，文武八九品未入流官蟒袍附見。

文八品官冬吉服冠圖武八品官、貢生冬吉服冠附見。

文八品官夏吉服冠圖武八品官、貢生夏吉服冠附見。

文九品官冬吉服冠圖武九品、未入流官冬吉服冠附見。

文九品官夏吉服冠圖武九品、未入流官夏吉服冠附見。

皇子冬吉服冠圖

皇子冬吉服冠，有海龍，有薰貂，有紫貂，惟其時。簷上仰，上綴朱緯，長及於簷。紅絨結頂，不加梁。簷下兩旁垂帶，交項下。

皇子夏吉服冠圖

皇子夏吉服冠，織玉草、或藤絲竹絲爲質。表以羅，紅紗綢裏，石青片金緣。簷敞，上綴朱緯，內加圈，帶屬於圈。餘制如冬吉服冠。

皇子蟒袍圖親王、郡王蟒袍附見。

皇子蟒袍，色用金黃。片金緣，通繡九蟒，裾四開。親王、郡王蟒袍，制同。惟色用藍及石青。曾賜用金黃色者，亦得用之。裾四開之制，凡宗室皆如之。

親王冬吉服冠圖郡王、貝勒、民公侯伯、文武一品官、鎮國將軍、郡主額駙子、文武三品官、奉國將軍、郡君額駙、文武四品官、奉恩將軍、縣君額駙、文武五品官、鄉君額駙、文武六七品官、進士、舉人、監生、生員、外郎、耆老冬吉服冠附見。

親王冬吉服冠，頂用紅寶石，梁一，互頂上，餘制如皇子冬吉服冠。郡王、貝勒冬吉服冠，制同。曾賜紅絨結頂者，亦得用之。民公侯伯、文武一品官、鎮國將軍、郡主額駙子，頂用珊瑚。文武三品官、奉國將軍、郡君額駙，用藍寶石。文武四品官、奉恩將軍、縣君額駙，用青金石。文武五品官、鄉君額駙，用水晶。文武六品官，用硨磲。文武七品官、進士，用素金。舉人，銀座上銜素金。監生、生員，用素銀。外郎、耆老，頂用錫。

親王夏吉服冠圖郡王、貝勒、民公侯伯、文武一品官、鎮國將軍、郡主額駙子、文武三品官、奉國將軍、郡君額駙、文武四品官、奉恩將軍、縣君額駙、文武五品官、鄉君額駙、文武六七品官、進士、舉人、監生、生員、外郎、耆老夏吉服冠附見。

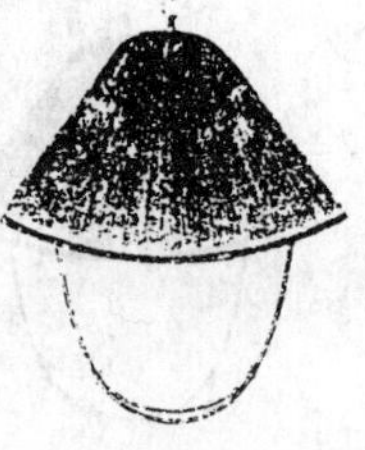

親王夏吉服冠，頂如冬吉服冠。郡王、貝勒、民公侯伯、文武一品官、鎮國將軍、郡主額駙子、文武三品官、奉國將軍、郡君額駙、文武四品官、奉恩將軍、縣君額駙、文武五品官、鄉君額駙、文武六七品官、進士、舉人、監生、生員、外郎、耆老夏吉服冠，頂各如其冬吉服冠。

貝勒蟒袍圖貝子、固倫額駙、下至文武三品官、奉國將軍、郡君額駙、一等侍衛蟒袍附見。

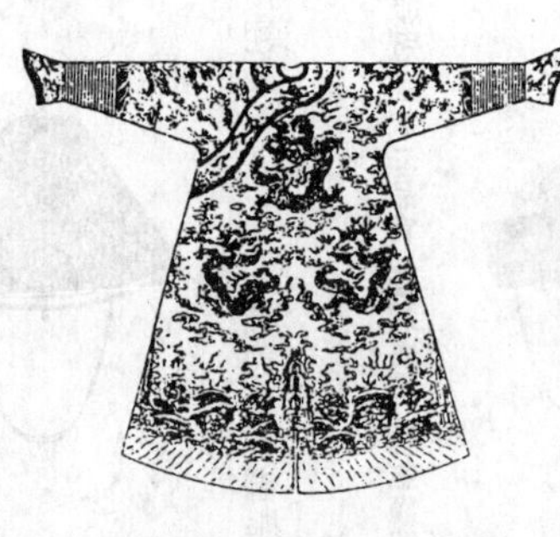

貝勒蟒袍，藍及石青諸色隨所用。片金緣，通繡九蟒四爪。貝子，固倫額駙、下至文武三品官、奉國將軍、郡君額駙、一等侍衛蟒袍，制同。貝勒以下，民公以上，曾賜五爪蟒緞者，亦得用之。

貝子冬吉服冠圖固倫額駙冬吉服冠附見。

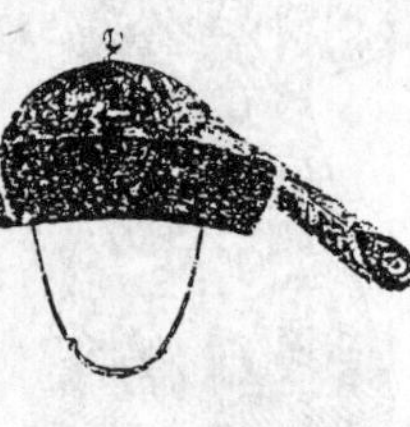

貝子冬吉服冠，頂用紅寶石，戴三眼孔雀翎。固倫額駙，頂用珊瑚，餘同。

貝子夏吉服冠圖固倫額駙夏吉服冠附見。

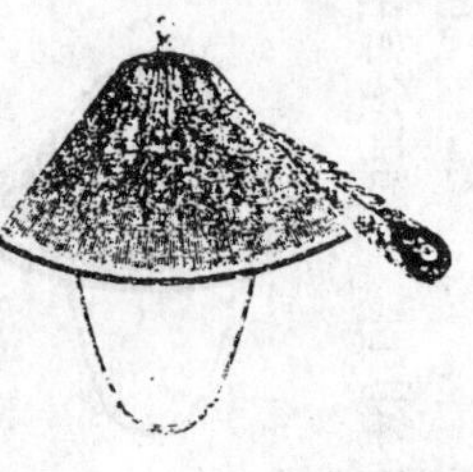

貝子夏吉服冠，頂翎如冬吉服冠。固倫額駙，頂翎如其冬吉服冠。

鎮國公冬吉服冠圖輔國公、和碩額駙冬吉服冠附見。

鎮國公冬吉服冠，入八分公，頂用紅寶石。未入八分公，頂用珊瑚。輔國公冬吉服冠，制同。俱戴雙眼孔雀翎。和碩額駙，頂翎如未入八分公。

鎮國公夏吉服冠圖輔國公、和碩額駙夏吉服冠附見。

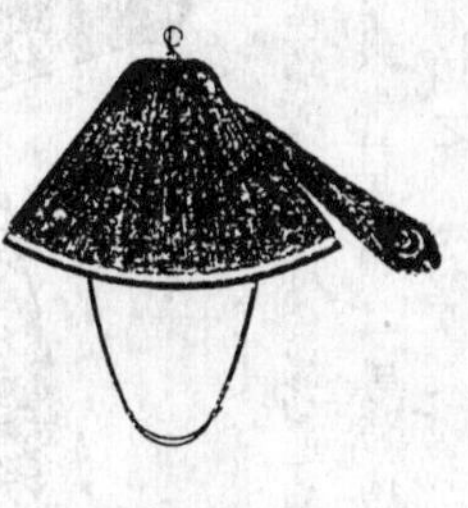

鎮國公夏吉服冠，頂翎如冬吉服冠。輔國公夏吉服冠，制同。和碩額駙，頂翎如其冬吉服冠。

文二品官冬吉服冠圖武二品官、輔國將軍、縣主額駙男冬吉服冠附見。

文二品官冬吉服冠，頂用鏤花珊瑚。武二品官、輔國將軍、縣主額駙男冬吉服冠，制同。

文二品官夏吉服冠圖武二品官、輔國將軍、縣主額駙男夏吉服冠附見。

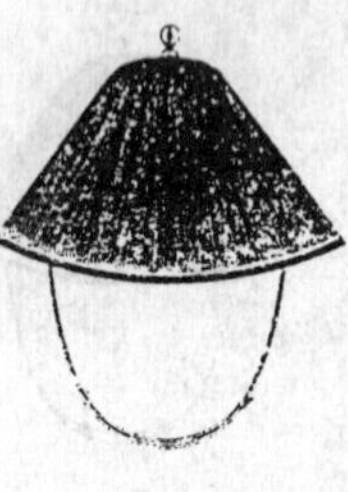

文二品官夏吉服冠，頂如冬吉服冠。武二品官、輔國將軍、縣主額駙男夏吉服冠，頂各如其冬吉服冠。

一等侍衛冬吉服冠圖二三等侍衛冬吉服冠，五品以上官有翎冬吉服冠附見。

一等侍衛冬吉服冠，頂如文三品，戴孔雀翎。二等侍衛，頂如文四品。三等侍衛，頂如文五品。俱戴孔雀翎。五品以上官有翎者，翎亦如之。

一等侍衛夏吉服冠圖二三等侍衛夏吉服冠，五品以上官有翎夏吉服冠附見。

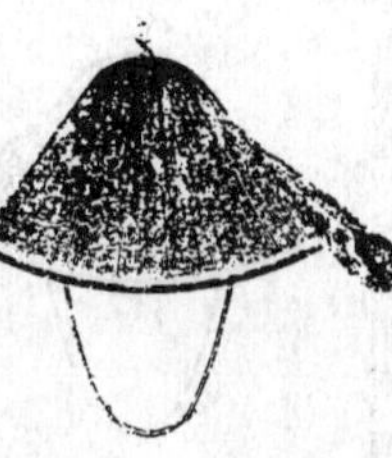

一等侍衛夏吉服冠，頂翎如冬吉服冠。二三等侍衛，頂翎各如其冬吉服冠。五品以上官有翎者，翎亦如之。

文四品官蟒袍圖武四品官、奉恩將軍、縣君額駙、二等侍衛下至文武六品官藍翎侍衛蟒袍附見。

文四品官蟒袍，藍及石青諸色隨所用。片金緣，通繡八蟒四爪。武四品官、奉恩將軍、縣君額駙、二等侍衛下至文武六品官、藍翎侍衛蟒袍，制同。

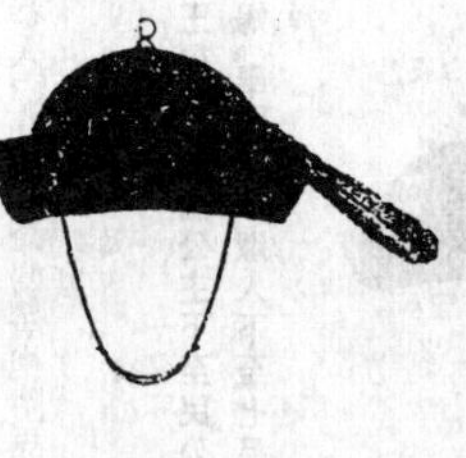

藍翎侍衛冬吉服冠圖六品以下官有翎冬吉服冠附見。

藍翎侍衛冬吉服冠，頂如文六品，戴藍翎。六品以下官有翎者，翎亦如之。

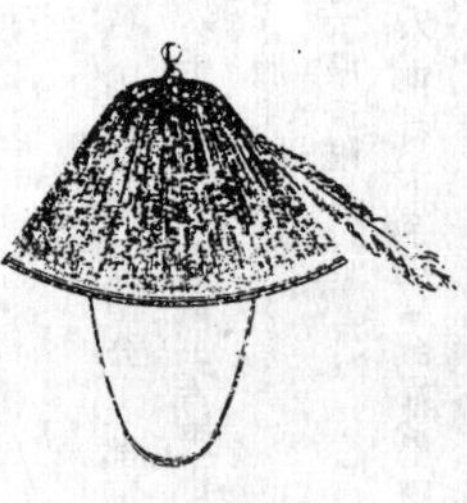

藍翎侍衛夏吉服冠圖六品以下官有翎夏吉服冠附見。

藍翎侍衛夏吉服冠，頂翎如冬吉服冠。六品以下官有翎者，翎亦如之。

文七品官蟒袍圖武七品、文武八九品、未入流官蟒袍附見。

文七品官蟒袍，藍及石青諸色隨所用。片金緣，通繡五蟒四爪。武七品、文武八九品、未入流官蟒袍，制同。

文八品官冬吉服冠圖武八品官、貢生冬吉服冠附見。

文八品官冬吉服冠，頂用陰文鏤花金。武八品官冬吉服冠，制同。貢生冬吉服冠，頂如八品官。

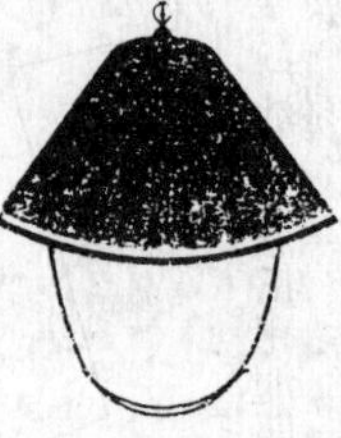

文八品官夏吉服冠圖武八品官、貢生夏吉服冠附見。

文八品官夏吉服冠，頂如冬吉服冠。武八品官、貢生夏吉服冠，頂各如其冬吉服冠。

文九品官冬吉服冠圖武九品、未入流官冬吉服冠附見。

文九品官冬吉服冠，頂用陽文鏤花金。武九品、未入流官冬吉服冠，制同。

文九品官夏吉服冠圖武九品、未入流官夏吉服冠附見。

文九品官夏吉服冠，頂如冬吉服冠。武九品、未入流官夏吉服冠，頂各如其冬吉服冠。

《清會典圖》卷七四《冠服一八》吉服四　皇子福晉吉服冠圖親王福晉、固倫公主下至民公侯伯夫人、一品命婦、鎮國將軍夫人、子夫人、三品命婦、奉國將軍淑人下至七品命婦吉服冠附見。

皇子福晉吉服褂圖

皇子福晉蟒袍圖親王福晉、固倫公主、和碩公主、郡王福晉、郡主、縣主蟒袍附見。

親王福晉吉服褂圖固倫公主、和碩公主、郡主吉服褂附見。

郡王福晉吉服褂圖縣主吉服褂附見。

貝勒夫人吉服褂圖郡君吉服褂附見。

貝勒夫人蟒袍圖貝子夫人、郡君、下至三品命婦、奉國將軍淑人蟒袍附見。

貝子夫人吉服褂圖縣君吉服褂附見。

鎮國公夫人吉服褂圖輔國公夫人、鄉君下至七品命婦吉服褂附見。

二品命婦吉服冠圖輔國將軍夫人、男夫人吉服冠附見。

四品命婦蟒袍圖奉恩將軍恭人、五六品命婦蟒袍附見。

七品命婦蟒袍圖

皇子福晉吉服冠圖親王福晉、固倫公主下至民公侯伯夫人、一品命婦、鎮國將軍夫人、子夫人、三品命婦、奉國將軍淑人下至七品命婦吉服冠附見。

皇子福晉吉服冠，薰貂爲之，頂用紅寶石。親王福晉、固倫公主下至鄉君吉服冠，制同。民公侯伯夫人、一品命婦、鎮國將軍夫人、子夫人，頂用珊瑚。三品命婦、奉國將軍淑人，用藍寶石。四品命婦、奉恩將軍恭人，用青金石。五品命婦，用水晶。六品命婦，用硨磲。七品命婦，用素金。餘同。

皇子福晉吉服褂圖

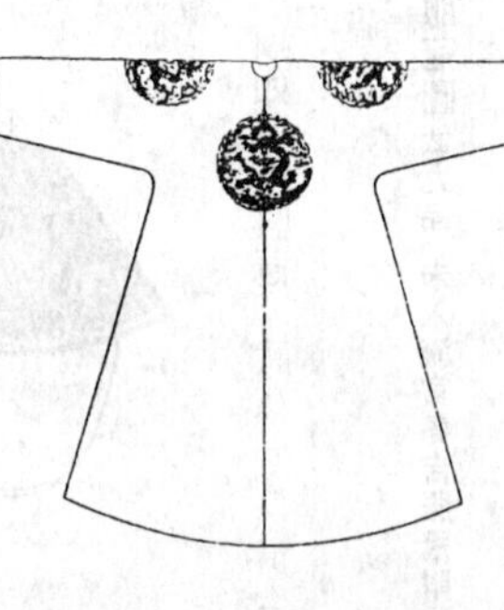

皇子福晉吉服褂，色用石青。繡文，五爪正龍四團，前後兩肩各一。

皇子福晉蟒袍圖親王福晉、固倫公主、和碩公主、郡王福晉、郡主、縣主蟒袍附見。

皇子福晉蟒袍，用香色。通繡九蟒。親王福晉、固倫公主、和碩公主、郡王福晉、郡主、縣主蟒袍，制同。

親王福晉吉服褂圖固倫公主、和碩公主、郡主吉服褂附見。

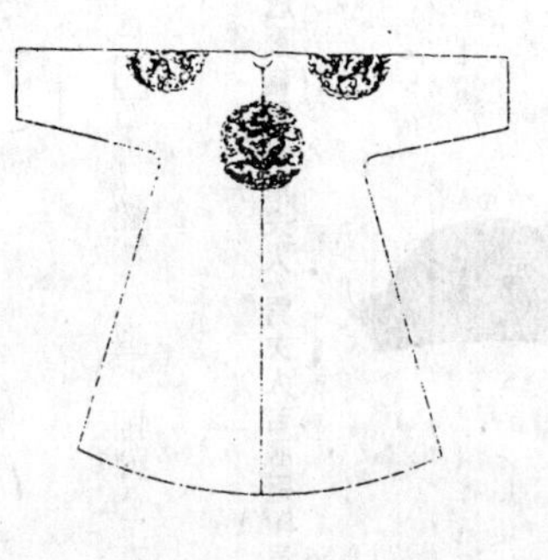

親王福晉吉服褂，色用石青。繡文，五爪金龍四團，前後正龍，兩肩行龍。固倫公主、和碩公主、郡主吉服褂，制同。

郡王福晉吉服褂圖縣主吉服褂附見。

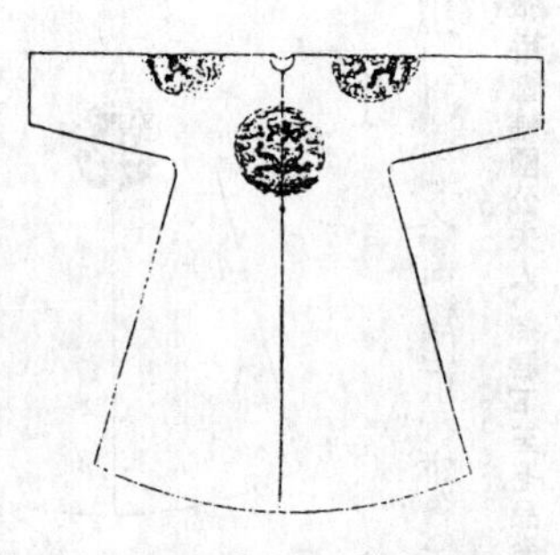

郡王福晉吉服褂，色用石青。繡文，五爪行龍四團，前後兩肩各一。縣主吉服褂，制同。

貝勒夫人吉服褂圖郡君吉服褂附見。

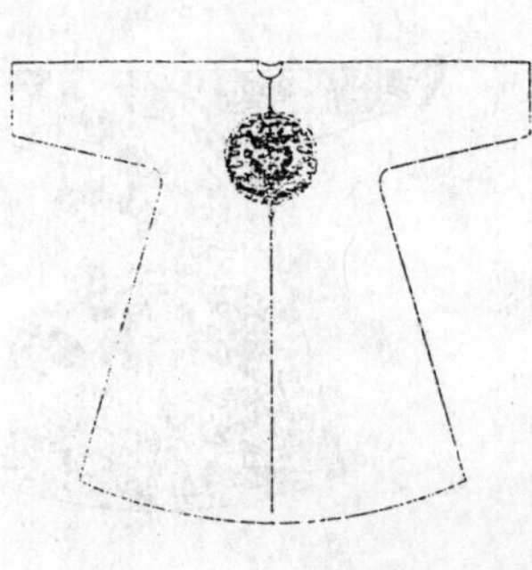

貝勒夫人吉服褂，色用石青。繡文，前後四爪正蟒各一團。郡君吉服褂，制同。

貝勒夫人蟒袍圖貝子夫人、郡君下至三品命婦、奉國將軍淑人蟒袍附見。

貝勒夫人蟒袍，藍及石青諸色隨所用。通繡九蟒四爪。貝子夫人、郡君下至三品命婦、奉國將軍淑人蟒袍，制同。

貝子夫人吉服褂圖縣君吉服褂附見。

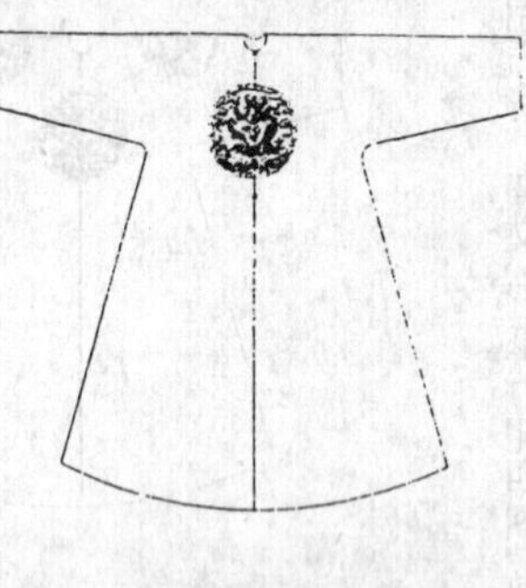

貝子夫人吉服褂，色用石青。繡文，前後四爪行蟒各一團。縣君吉服褂，制同。

鎮國公夫人吉服褂圖輔國公夫人、鄉君下至七品命婦吉服褂附見。

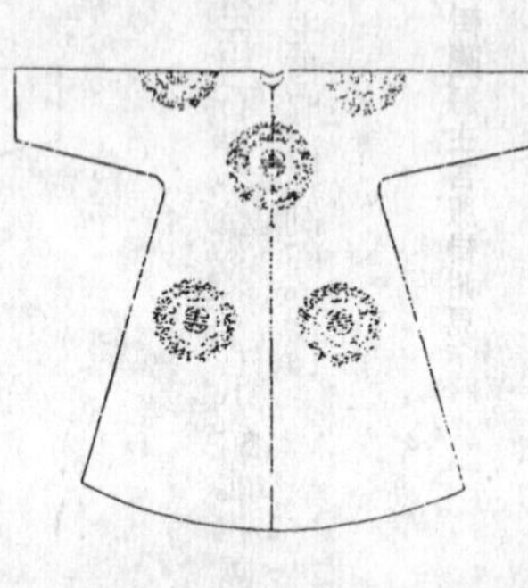

鎮國公夫人吉服褂，色用石青，繡花八團。輔國公夫人、鄉君下至七品命婦吉服褂，制同。

二品命婦吉服冠圖輔國將軍夫人、男夫人吉服冠附見。

二品命婦吉服冠，薰貂爲之，頂用鏤花珊瑚。輔國將軍夫人、男夫人吉服冠，制同。

四品命婦蟒袍圖奉恩將軍恭人、五六品命婦蟒袍附見。

四品命婦蟒袍，藍及石青諸色隨所用。通繡八蟒四爪。奉恩將軍恭人、五六品命婦蟒袍，制同。

七品命婦蟒袍圖

七品命婦蟒袍，藍及石青諸色隨所用。通繡五蟒四爪。

《清會典圖》卷七五《冠服一九》常服 行服 皇帝冬常服冠圖

皇帝夏常服冠圖
皇帝常服褂圖
皇帝常服袍圖
皇帝冬行冠圖一
皇帝冬行冠圖二
皇帝冬行冠圖三
皇帝夏行冠圖
皇帝行褂圖
皇帝行袍圖【略】
皇帝行裳圖一
皇帝行裳圖二
親王冬行冠圖郡王以下文武品官冬行冠附見。
親王夏行冠圖郡王以下文武品官夏行冠附見。
親王行褂圖郡王以下文武品官領侍衛内大臣、御前大臣侍衛班領護軍統領、健鋭營翼長、八旗之四正旗副都統、前鋒參領、護軍參領、火器營官行褂附見。
親王行袍圖郡王以下文武品官行袍附見。【略】
親王行裳圖郡王以下文武品官行裳附見。
八旗之四鑲旗副都統行褂圖前鋒參領、護軍參領、火器營官、火器營兵、健鋭營前鋒參領、健鋭營兵行褂附見。
豹尾班侍衛行褂圖
虎槍營總統行褂圖虎槍營總領、虎槍校、虎槍營兵行褂附見。

皇帝夏常服冠圖

皇帝夏常服冠，紅絨結頂，不加梁。餘制如夏吉服冠。

皇帝常服褂圖

皇帝常服褂，色用石青。花文隨所御。緜、袷、紗、裘惟其時。

皇帝常服袍圖

皇帝冬常服冠圖

皇帝冬常服冠，紅絨結頂，不加梁。餘制如冬吉服冠。

皇帝常服袍，色及花文隨所御。裾四開，緜、袷、紗、裘惟其時。

皇帝冬行冠圖一

皇帝冬行冠，黑狐爲之。餘制如冬常服冠。

皇帝冬行冠圖二

皇帝冬行冠，黑羊皮爲之。餘制如冬常服冠。

皇帝冬行冠圖三

皇帝冬行冠，青絨爲之，或用青呢。餘制如冬常服冠。

皇帝夏行冠圖

皇帝夏行冠，織玉草、或藤絲竹絲爲之。紅紗裏，緣如其色。上綴朱氂，頂及梁皆黄色，前綴珍珠一。

皇帝行褂圖

皇帝行褂，色用石青。長與坐齊，袖長及肘。緜、袷、紗、裘惟其時。

皇帝行袍圖

皇帝行袍，制如常服袍。長減十之一，右裾短一尺，色及花文隨所御。緜、袷、紗、裘惟其時。

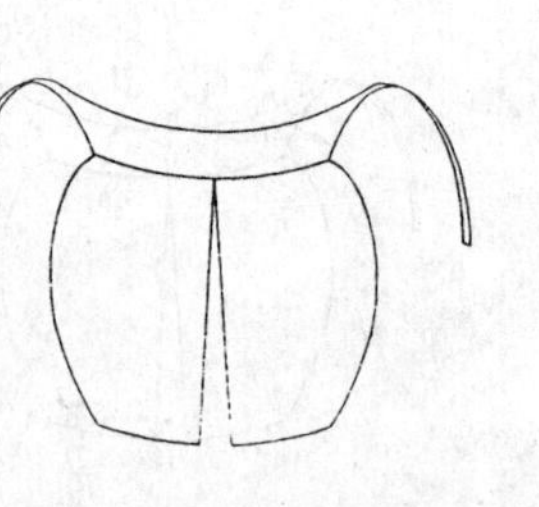

皇帝行裳圖一

皇帝行裳，色隨所御。左右各一幅，前直。後上斂中豐下削，並屬横幅。横幅用石青布，氈、袷惟其時。

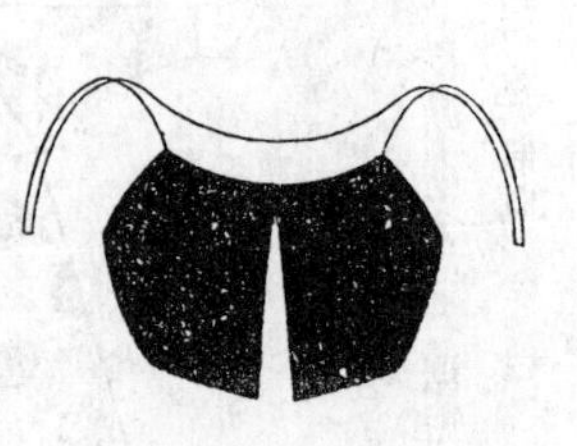

皇帝行裳圖二

皇帝行裳，冬用鹿皮，或黑狐爲表。餘制如行裳一。

親王冬行冠圖郡王以下文武品官冬行冠附見。

親王冬行冠，制如冬吉服冠。郡王以下文武品官冬行冠，各如其冬吉服冠。頂翎各從其所得用。

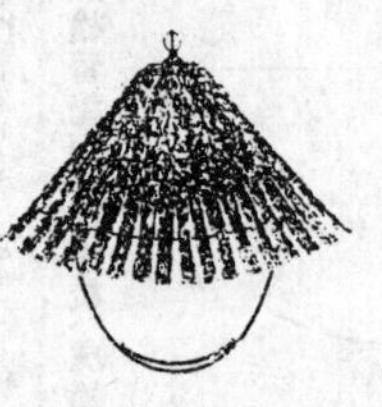

親王夏行冠圖郡王以下文武品官夏行冠附見。

親王夏行冠，織玉草，或藤絲竹絲爲之。上綴朱氂。郡王以下文武品官夏行冠，制同。頂翎各從其所得用。

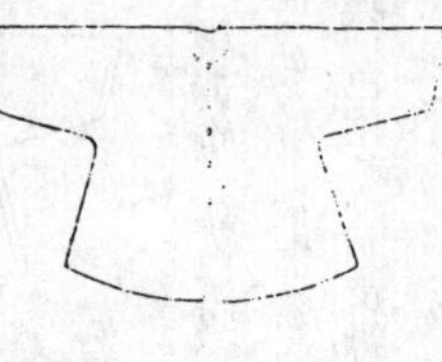

親王行褂圖郡王以下文武品官領侍衛内大臣、御前大臣侍衛班領護軍統領健鋭營翼長、八旗之四正旗副都統、前鋒參領、護軍參領、火器營官行褂附見。

親王行褂，色用石青。長與坐齊，袖長及肘。緜、袷、紗、裘惟其時。郡王以下文武品官行褂，制同。領侍衛内大臣、御前大臣侍衛班領護軍統領健鋭營翼長行褂，色用明黄。諸臣之賜穿黄馬褂者同。八旗之四正旗副都統行褂，正黄旗，色用金黄。正白旗、正紅旗、正藍旗，各如旗色。前鋒參領、護軍參領、火器營官皆如之。

親王行袍圖郡王以下文武品官行袍附見。

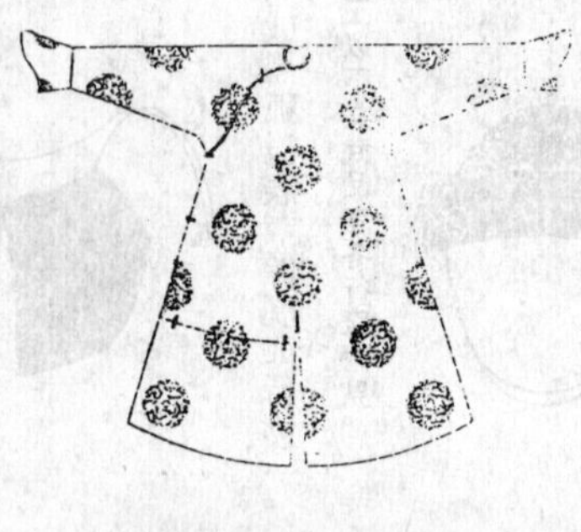

親王行袍，制如常服袍。長減十之一，右裾短一尺，色隨所用。緜、袷、紗裘惟其時。郡王以下文武品官行袍，制同。

親王行裳圖郡王以下文武品官行裳附見。

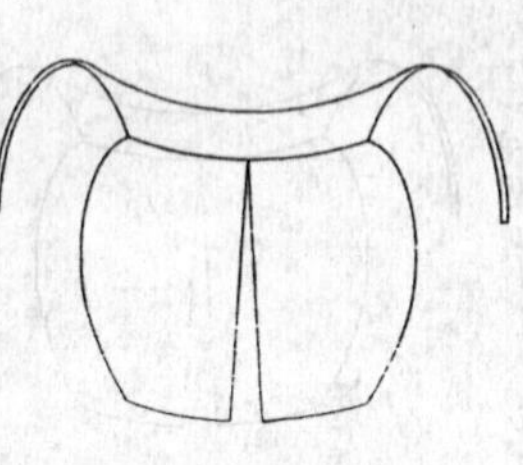

親王行裳，藍及諸色隨所用。左右各一幅，前直，後上斂中豐下削，並屬橫幅。氈、袷惟時。冬以皮爲表。郡王以下文武品官行裳，制同。

八旗之四鑲旗副都統行褂圖前鋒參領、護軍參領、火器營官、火器營兵、健鋭營前鋒參領、健鋭營兵行褂附見。

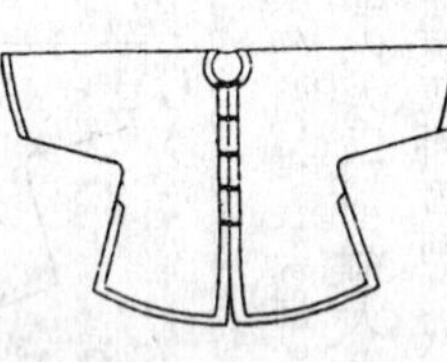

八旗之四鑲旗副都統行褂，鑲黄旗、鑲白旗、鑲藍旗，紅緣。鑲紅旗，白緣。前鋒參領、護軍參領、火器營官皆如之。火器營兵，色用藍，白緣。健鋭營前鋒參領，色用明黄，藍緣。健鋭營兵，色用藍，明黄緣。

豹尾班侍衛行褂圖

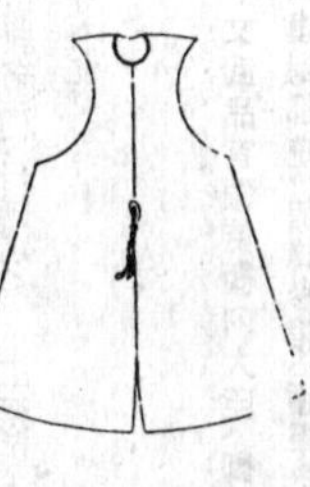

豹尾班侍衛行褂色用明黄，無袖，前施雙帶以結之。

虎槍營總統行褂圖虎槍營總領、虎槍校、虎槍營兵行褂附見。

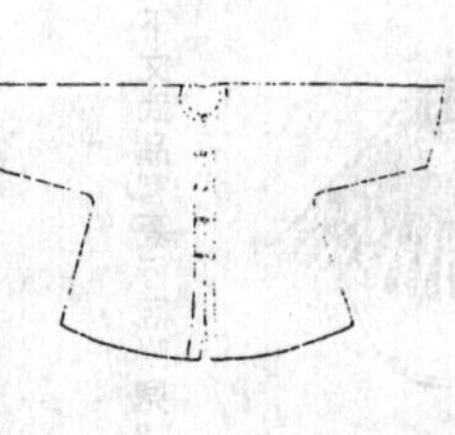

虎槍營總統行褂，色用金黃。領左右端，青緣，直下至前裾。虎槍營總領行褂，制同。虎槍營虎槍校色用紅，虎槍營兵色用白。領左右端，緣同。

《清會典圖》卷七六《冠服二〇》雨服

皇帝冬雨冠圖

皇帝夏雨冠圖

皇帝雨衣圖一

皇帝雨衣圖二

皇帝雨衣圖三

皇帝雨衣圖四

皇帝雨衣圖五

皇帝雨衣圖六

皇帝雨裳圖一

皇帝雨裳圖二

皇子雨冠圖親王以下文武品官軍民雨冠附見。

皇子雨衣圖一親王以下文武品官軍民雨衣附見。

皇子雨衣圖二親王以下文武品官軍民雨衣附見。

皇子雨裳圖親王以下文武品官軍民雨裳附見。

文四品官雨冠圖武四品、文武五品以下、文武品官凡有頂戴人員雨冠附見。

皇帝冬雨冠圖

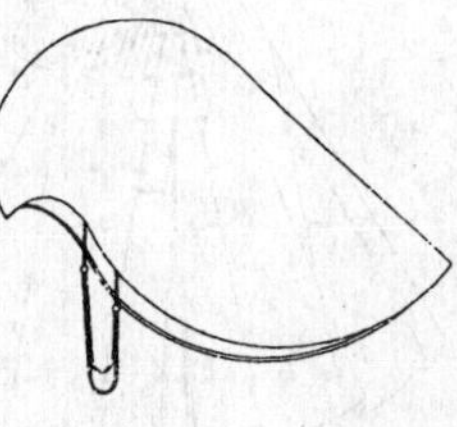

皇帝冬雨冠，頂崇，前簷深，明黃色。有氈，有羽緞，皆月白緞裏。有油綢，不加裏。皆藍布帶。

皇帝夏雨冠圖

皇帝夏雨冠，頂平，前簷敞，餘制如冬雨冠。

皇帝雨衣圖一

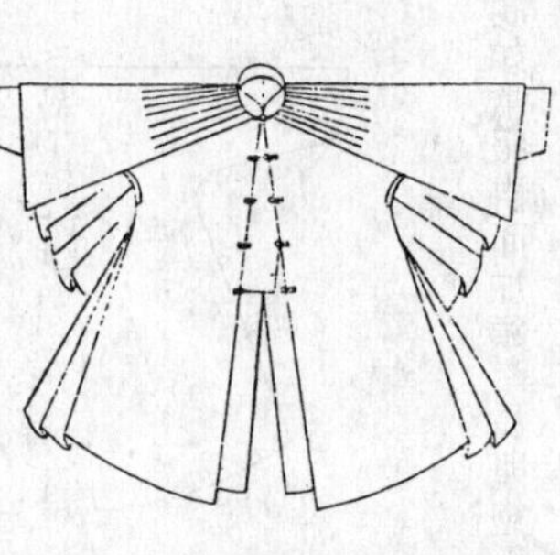

皇帝雨衣，明黃油綢，不加裏。制如常服褂而長與袍稱。自衽以下加博焉。上襲重衣，領下爲襞積，無袖，斜幅相比。上斂，下遞豐，兩重均加掩襟，領及紐約皆青色。

皇帝雨衣圖二

皇帝雨衣，明黃色。領下爲襞積，無袖，斜幅相比。上斂，下遞豐，前加掩襟，領及紐約如衣色。有氈，有羽緞，皆月白緞裏。有油綢，不加裏。紐約青色。

皇帝雨衣圖三

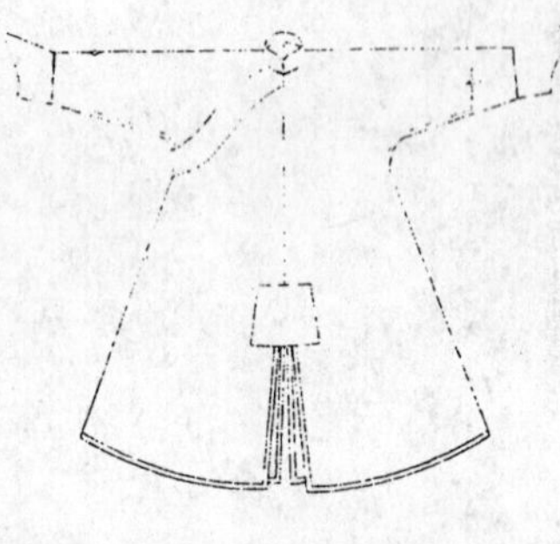

皇帝雨衣，明黃油綢，不加裏，制如常服袍而袖端平。前施掩襠，領用青羽緞，紐約青色。外加袍袖，如衣色。

皇帝雨衣圖四

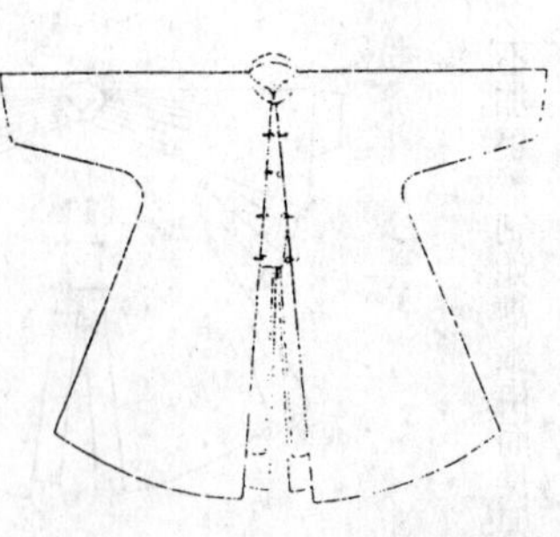

皇帝雨衣，明黃色，制如常服褂而加領。長與袍稱，領及紐約如衣色。有氈，有羽緞，皆月白緞裏。

皇帝雨衣圖五

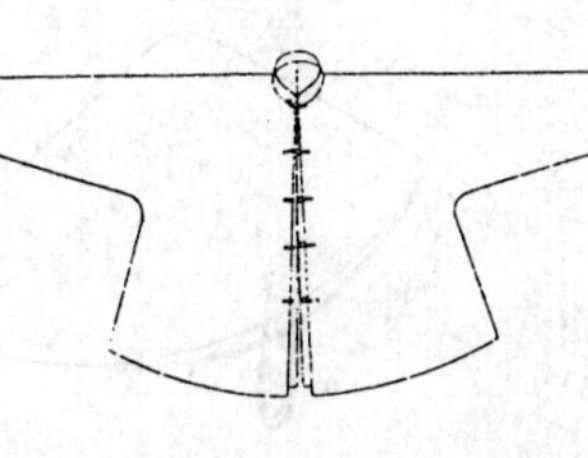

皇帝雨衣，明黃色，制如常服褂而加領。長與坐齊，領及紐約如衣色。有氈，有羽緞，皆月白緞裏。

皇帝雨衣圖六

皇帝雨衣，明黃油綢，不加裏，制如常服袍而加領。長與坐齊，袖端平，前施掩襠，領用青羽緞，紐約青色。

皇帝雨裳圖一

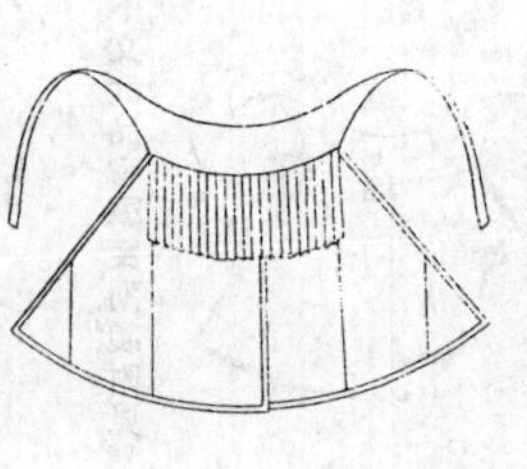

皇帝雨裳，明黃油綢，不加裏。左右幅相交，上斂，下遞博。上前加淺帷，爲襞積。兩旁綴以紐約，青色。腰爲横幅，用石青布。兩末削爲帶以繫之。

皇帝雨裳圖二

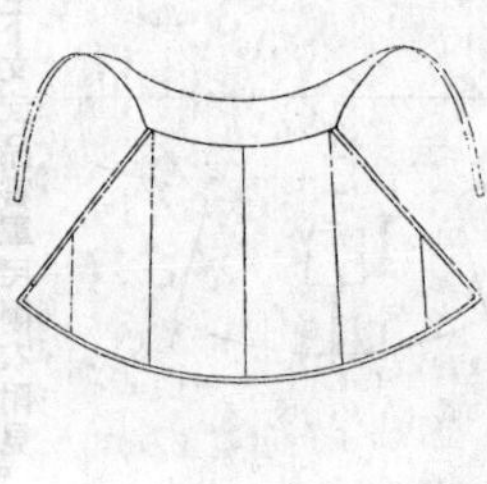

皇帝雨裳，明黃油綢，不加裏。前爲完幅，不加淺帷。餘制如雨裳一。

皇子雨冠圖親王以下文武品官軍民雨冠附見。

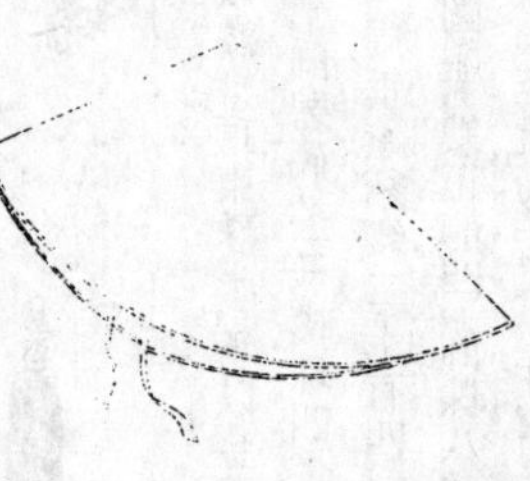

皇子雨冠，用全紅色，氈及羽紗油綢惟時。藍布帶。親王下至文武三品官、御前侍衛、乾清門侍衛、内廷行走官員雨冠，制同。軍民雨冠，用青色，餘同。

皇子雨衣圖一親王以下文武品官軍民雨衣附見。

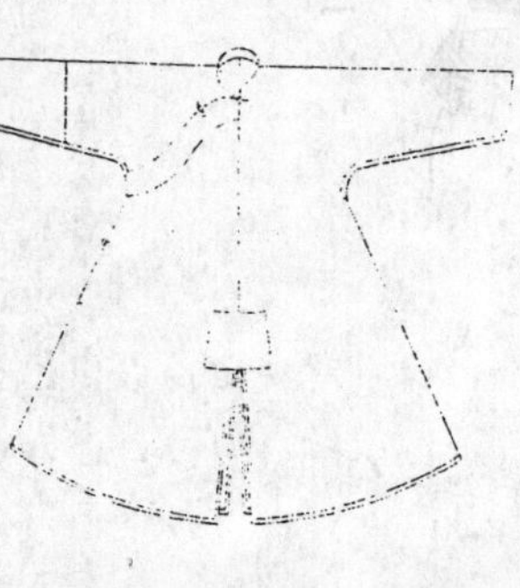

皇子雨衣，用紅色，氈及羽紗油綢惟時。制如常服袍而袖端平，前施掩襠。親王下至文武二品官、御前侍衛、各省巡撫雨衣，制同。文武二品官下至軍民雨衣，用青色，餘同。

皇子雨衣圖二親王以下文武品官軍民雨衣附見。

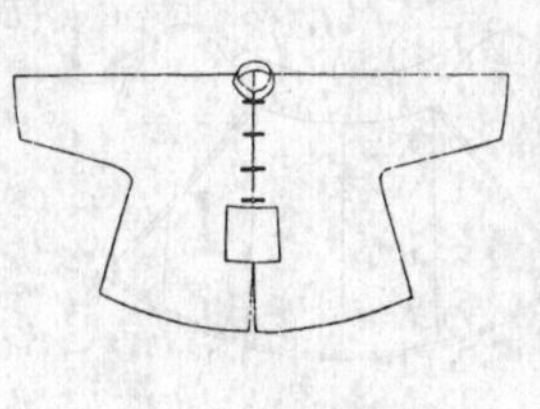

皇子雨衣，用紅色，氈及羽紗油綢惟時。制如常服褂而加領，長與坐齊，前施掩襠。親王下至文武一品官、御前侍衛、各省巡撫雨衣，制同。文武二品官、下至軍民雨衣，用青色，餘同。

皇子雨裳圖親王以下文武品官軍民雨裳附見。

皇子雨裳，用紅色，氈及羽紗油綢惟時。前爲完幅，腰爲横幅，用石青布。親王下至文武一品官、御前侍衛、各省巡撫雨裳，制同。文武二品官、下至軍民雨裳，用青色，餘同。

文四品官雨冠圖武四品、文武五品以下、文武品官凡有頂戴人員雨冠附見。

文四品官雨冠，用紅色，前加青色緣二寸五分，後五寸，氈及羽紗油綢惟時。文武七八九品官凡有頂戴人員藍布帶。武四五六品、文五六品官雨冠，制同。文武七八九品官凡有頂戴人員雨冠，用青色。前加紅色緣二寸五分，後五寸，餘同。

官修《清會典圖》卷九一《武備一》甲冑一　皇帝大閱冑圖一

皇帝大閱冑圖二

皇帝大閱甲圖一

皇帝大閱甲圖二

皇帝隨侍冑圖

皇帝隨侍甲圖

皇帝大閱冑圖一

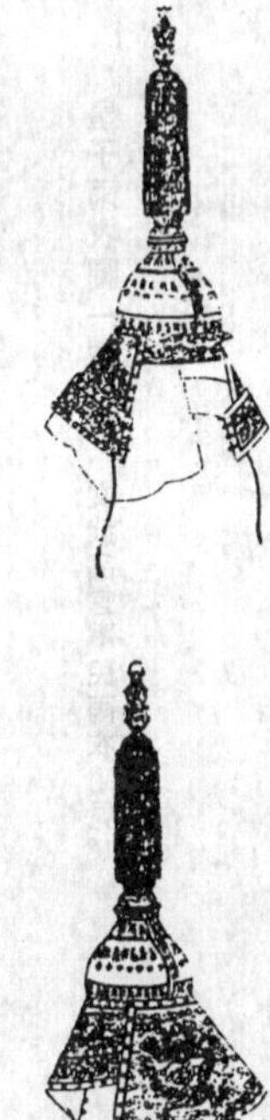

皇帝大閱冑圖二

皇帝大閱冑，制革，髹以漆。頂東珠一，承以金雲，下爲金升龍三，各飾紅寶石三。又下爲金圓珠鏤龍三，飾碧硟玹三，珍珠四。又下爲金垂雲寶蓋，飾青紅寶石六。貫槍植管，鏤蟠龍，周垂薰貂纓二十有四。長六寸五分，紅片金裏，管末承雲葉五，亦鏤龍。下爲圓座，鏤正龍四，飾珠八，紅寶石四。座下金盤，鏤行龍四，飾珠四，紅寶石八。自頂至盤高一尺一寸，冑前後梁亦鏤龍，各飾珠三，貓睛石二，紅藍寶石各二，正龍銜黄寶石一，梁左右鏤金梵文三重，上重八，次十有八，閒以金瓔珞，次二十有四，前爲舞擎，鏤龍四，飾珠五，紅寶石四。護額髹金龍二，中閒火珠。自冑梁至護額高八寸五分，後垂護項，明黄緞表，月白裏，青倭緞緣，繡五采金龍。左右護耳、護頸亦如之，以明黃縧四相屬，當耳處爲鏤空金圓花以達聰，上繡金行龍各二，下繡金正龍各三，俱中敷緜，外布金釘，繫青緞帶六。胄襯，石青緞表，紅緞裏，亦敷緜，上綴紅絨頂。

乾隆二十一年欽定大閱胄，頂珍珠一，圓珠鏤龍三，飾東珠各一。胄前後梁中飾金剛石螣蛇，梁左右梵文，上重十有二，次八，次二十有四，凡飾皆用東珠，餘制俱同。

皇帝大閱甲圖一

皇帝大閱甲圖二

皇帝大閱甲，明黃緞表，月白裏，青倭緞緣，中敷緜，外布金釘。上衣下裳，左右護肩，左右袖，左右護腋。裳閒前襠、左襠，裳分左右，凡十有一屬，皆以明黃縧金鈒聯綴服之。衣前繡五采金升龍二，後正龍一。護肩、護腋、前襠、左襠，各正龍一。裳幅金綫相比爲金鍱五重，閒以青倭緞，繡行龍各二，四周亦如之。袖以金絲緞，下緣黃緞，繡五采金龍各二，運肘處爲方空，縱一寸七分，橫二寸一分。袖端月白緞，繡金行龍各一，向外，各綴明黃縧約於中指。護肩接衣處，月白緞，金綫緣，各繡金升龍二，行龍六，飾珠二，紅寶石一。後橫浴鐵雲葉，鏤金行龍一，周鏤花文。前懸護心鏡，徑五寸五分，周鋄金花，以金鈒四屬之。

乾隆二十一年欽定大閱甲，左右袖接衣處，屬以藍緞，飾用東珠，餘制同。

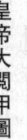

皇帝隨侍冑圖

皇帝隨侍冑，石青緞表，加緣，紅裏，如常服冠之制。中敷以鐵，上綴朱緯，紅絨結頂。簷繡金行龍四，中爲金壽字，篆文，環以金花文。後垂護項，繡金正龍。左右護耳，繡行龍，亦環以金花文，當耳鏤空金圓花以達聰，俱石青緞表，加緣，月白緞裏。

皇帝隨侍甲圖

皇帝隨侍甲，石青緞表，加緣，月白綢裏，通繡金龍，環以花文。護肩後橫石青緞雲葉，亦繡金龍。裳幅各繡金升龍一，並屬橫幅繫之裳後。中豊上下斂，不懸護心鏡，餘如大閱制。

《清會典圖》卷九二《武備二》甲胄二

王公胄圖一親王、郡王用。

王公胄圖二貝勒、貝子、固倫額駙用。

王公胄圖三入八分公用。

王公甲圖親王、郡王用。貝勒、貝子、固倫額駙、入八分公甲附見。

職官胄圖一領侍衛內大臣、八旗部統、前鋒統領、護軍統領、直省總督、提督、巡撫用。

職官胄圖二內大臣、散秩大臣、和碩額駙、郡主額駙、內大臣裏行走之公侯伯用。隨旗行走之公侯伯子男、宗室將軍、縣主額駙至鄉君額駙、文武一品至文五吕官、八旗副都統、驍騎參領、直省總兵、副解附見。

職官胄圖三前鋒參領、侍衛、護軍、參領、侍衛用。侍衛鑾儀衛所屬官、王府長史、護衛、典儀胄附見。

職官胄圖四文六品至九品官、直省參將以下用。

職官甲圖一領侍衛內大臣、內大臣、散秩大臣、公侯伯子男、宗室將軍、和碩額駙至縣主額駙、文一二品武一品官、八旗都統、副都統、前鋒統領、護軍統領、直省總督、提督、巡撫、總兵用。

職官甲圖二文三品以下官、驍騎參領、郡君額駙至鄉君額駙、直省副將以下用。

職官甲圖三前鋒參領、侍衛、護軍參領、侍衛用。倚衛鑾儀衛所屬官、王府長史、護衛、典儀甲附見。

武狀元胄圖

武狀元甲圖

王公胄圖一親王、郡王用。

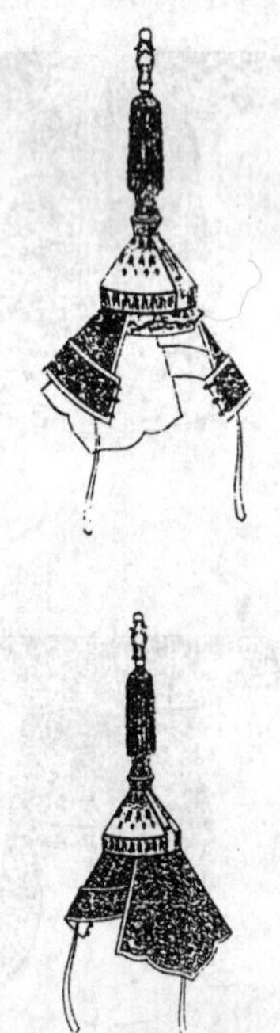

王公胄圖二貝勒、貝子、固倫額駙用。

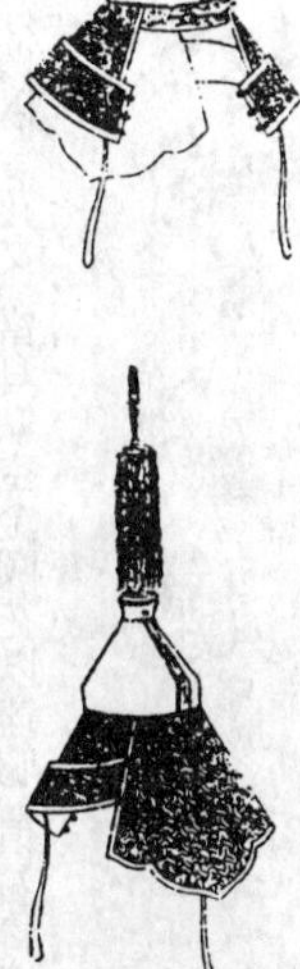

王公胄圖三入八分公用。

親王胄，鍊鐵，或制革髹漆，其制下達庶官。頂鏤金火燄，銜紅寶石，或藍寶石，及珊瑚綠松石，惟不得用東珠。承以金雲，下爲金立龍二，飾紅藍寶石各一。又下爲金銜珊瑚圓珠，又下爲金垂雲寶蓋。貫槍植管，周垂薰貂纓十有八，紅緞裏，管銜金葉四，承以圓盤，皆鏤龍，盤下鏤龍金座。胄前後梁亦鏤龍，其飾雜寶惟宜，梁左右鏤金梵文三重，上重八次七，間以金瓔珞，次二十，舞擎亦鏤龍飾雜寶。護領浴鐵鋄金龍，護項石青鏁子錦表，月白緞裏，石青倭緞緣。左右護耳、護頸亦如之，俱中敷鐵鍱，外布金釘，繫青緞帶六。胄襯，石青緞表，月白綢裏，頂綴紅絨，郡王胄同。貝勒、貝子、固倫額駙胄，頂銜素金，寶蓋盤座俱鏤花，金不加飾，垂薰貂纓十有四。

入八分公胄，頂植蜜鼠尾，寶蓋盤座俱髹以漆，鋄金花及雲龍，垂貂尾纓十有二。梁及舞擎亦髹漆，鋄金雲龍，梁左右無梵文，餘俱如親王之制。

凡胄之制用鐵者，以鐵二片，製如帽形，上銳下平，合而成之曰盔。高五寸，圍圓一尺九寸，合縫處壓以鐵梁曰盔梁。盔前安鐵一片曰遮眉，闊寸餘，圍長七寸，上覆鐵簷一，形如蓋曰舞擎。闊六分，長四寸三分。其下曰護額，爲覆椀於盔上，其上仰者爲盔椀，徑一寸六分，高一寸二分，圍圓五寸。安管一，長二寸，圍圓一寸，以插盔槍，長三寸六分。上爲盤以垂髦，上安項，項各以辨，垂於後者曰護項，垂於左右者曰護耳，其下曰護頸。護項用鐵葉九，護耳二用鐵葉各六，護頸同。

王公甲圖親王、郡王用。貝勒、貝子、固倫額駙、入八分公甲附見。

親王甲，石青鏁子錦表，月白綢裏，中敷鐵鍱，外布金釘，青倭緞緣。裳幅鐵鍱四重，護肩接衣處鐵鍱十有四，周以鋄金雲龍，飾珊瑚、緑松青金石各一，前懸護心鏡。甲縧金黄色，郡王甲同。貝勒、貝子、固倫額駙、入八分公甲，縧用石青色，餘俱如親王之制。

凡甲之制，上衣下裳，左右護肩、左右袖、左右護腋。裳閒有遮襠、左襠，裳亦分左右。甲衣長二尺二寸，幅四，下廣一尺一寸。護肩二，各長一尺一寸，廣一尺三寸。袖二，各長一尺二寸，上圍二尺二寸，下圍九寸。護腋二，各長一尺，上廣九寸，凹其中以承腋，其末鋭。遮襠一方八寸，左襠一方六寸。甲裳長二尺六寸，幅二，每幅上廣一尺二寸，下廣一尺五寸。甲衣用鐵鍱一百三十六，每鍱長二寸五分，廣二寸。甲裳用鐵鍱一百十六，護肩、甲袖、護腋、遮襠、左襠，均用小鐵鍱長一寸六分，廣一寸四分，施鐵鍱於外者曰明甲。

職官胄圖一領侍衛内大臣、八旗部統、前鋒統領、護軍統領、直省總督、提督、巡撫用。

領侍衛内大臣胄，頂植鶡翎二，銜鏤花金葉，寶蓋盤座俱髹以漆，鋄金花及雲龍，周垂貂尾纓十有二。梁及舞擎亦髹漆鋄金雲龍，梁左右無梵文。護項、護耳、護頸皆石青緞表，藍布裏，通繡蟒五，中敷鐵鍱，外布銀釘，繫石青緞帶二。冑襯，石青緞表，藍綢裏，頂綴紅絨。八旗都統、前鋒統領、護軍統領、直省總督、提督、巡撫冑同。

職官胄圖二内大臣、散秩大臣、和碩額駙、郡主額駙、内大臣裏行走之公侯伯用。隨旗行走之公侯伯子男、宗室將軍、縣主額駙至鄉君額駙、文武一品至文五品官、八旗副都統、驍騎參領、直省總兵、副將附見。

内大臣胄，頂植蜜鼠尾，周垂朱氂，餘俱如領侍衛内大臣之制。和碩額駙、郡主額駙、内大臣裏行走之公侯伯［子男］、散秩大臣胄同。隨旗行走之公侯伯子男，文武一品，文二品官、八旗副都統、鎮國將軍、輔國將軍、奉國將軍、奉恩將軍、縣主額駙、直省總兵，頂植薫獺尾以别之。文三品至五品官、驍騎參領、郡君額駙、縣君額駙、鄉君額駙、直省副將，頂植獺尾，寶蓋盤座前後梁及舞擎，俱鋄銀雲龍以别之。

職官胄圖三前鋒參領、侍衛、護軍參領、侍衛用。侍衛鑾儀衛所屬官、王府長史、護衛、典儀胄附見。

前鋒參領、前鋒侍衛胄，頂植獺尾，周垂黑髦，寶蓋盤座前後梁及舞擎，俱鋄銀雲龍，餘俱如領侍衛内大臣之制。護軍參領、侍衛同。侍衛鑾儀衛所屬官，頂植豹尾，周垂朱氂以别之。王府長史，頂植猞猁猻，周垂黑氂。王府護衛、典儀，周垂朱氂以别之。

職官冑圖四文六品至九品官、直省參將以下用。

文六品至九品官冑，頂植獺尾，周垂朱氂，不加鋄飾。護項、護耳、護頸均不施繡文，餘俱如領侍衛內大臣之制。直省參將以下官冑同。

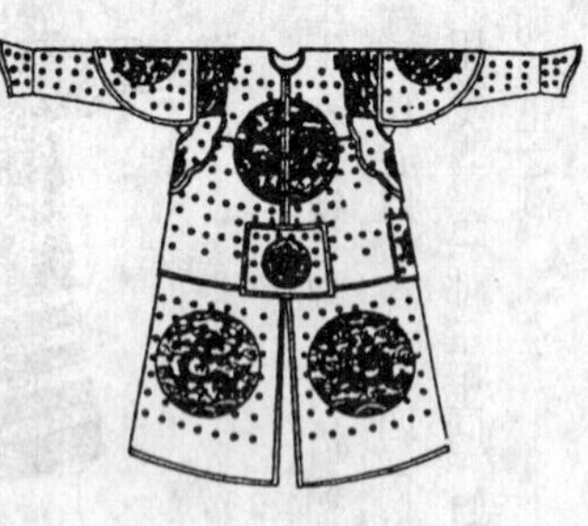

職官甲圖一領侍衛內大臣、內大臣、散秩大臣、公侯伯子男、宗室將軍、和碩額駙至縣主額駙、文一二品、武一品官、八旗都統、副都統、前鋒統領、護軍統領、直省總督、提督、巡撫、總兵用。

領侍衛內大臣甲，石青緞表，藍布裏，中敷鐵鍱，外布銀釘，石青倭緞緣。前後及護肩、護腋、前襠、左襠各繡團蟒一。裳幅團蟒二。護肩接衣處，鐵鍱二十，髹漆鋄金龍。甲緣石青色。內大臣、散秩大臣、公侯伯子男、鎮國將軍、輔國將軍、奉國將軍、奉恩將軍、和碩額駙、郡主額駙、縣主額駙、文一二品、武一品官、八旗都統、副都統、前鋒統領、護軍統領、直省總督、提督、巡撫、總兵甲同。

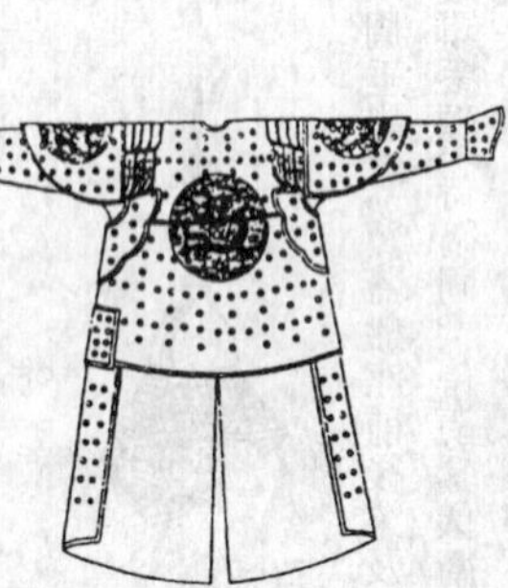
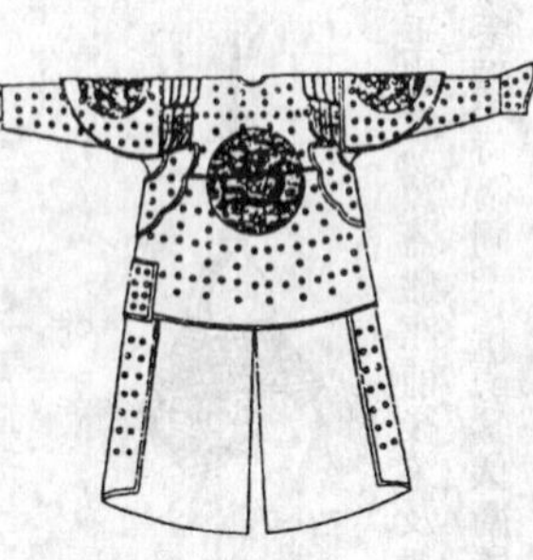

職官甲圖二文三品以下官、驍騎參領、郡君額駙至鄉君額駙、直省副將以下用。

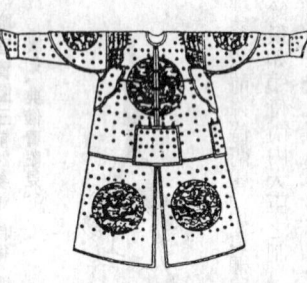

文三品以下官甲，前後及護肩各繡團蟒一，裳幅團蟒二，餘俱如領侍衛內大臣之制。驍騎參領、郡君額駙、縣君額駙、鄉君額駙、直省副將以下官甲同。

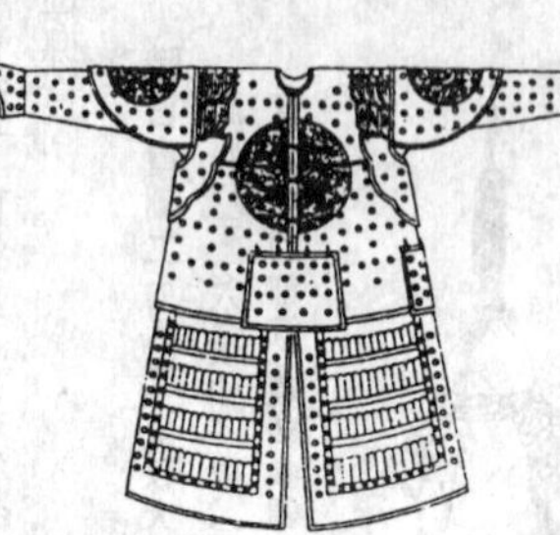
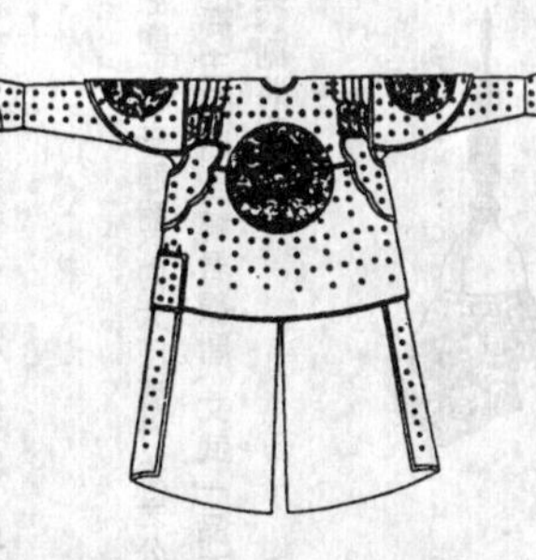

職官甲圖三前鋒參領、侍衛，護軍參領、侍衛用。侍衛鑾儀衛所屬官、王府長史、護衛、典儀甲附見。

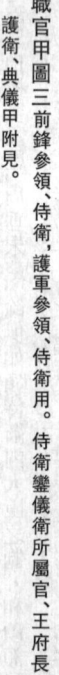

侍衛鑾儀衛所屬官甲，前後及護肩各繡團蟒一，裳幅鐵鍱四重，護肩接衣處，鋄銀雲龍，餘俱如領侍衛內大臣之制。前鋒參領、侍衛，護軍參領、侍衛，王

府長史、護衛、典儀甲同。

武狀元冑圖

武狀元冑，鍊銅，不鏤花文，頂植三刃如古戟形，下爲圓珠，貫槍植管，周垂朱氂，前後梁如鳳首尾，旁爲鳳翼。護項、護耳俱貝文。銅鍱紅片金緣，紅布裏。

武狀元甲圖

武狀元甲，鍊銅，紅綢裏，紅片金緣，通簇貝文銅鍱。兩袖銅鍱四重，裾下周結緑絲，下垂紅綏，前後各四十行。

《清會典圖》卷九三《武備三》甲冑三　將校冑圖前鋒校、護軍校用。驍騎校冑附見。

將校甲圖前鋒校、護軍校用。驍騎校甲附見。

兵丁冑圖前鋒、護軍及緑營兵用。驍騎冑附見。

兵丁甲圖前鋒、護軍及緑營兵用。驍騎甲附見。

緜冑圖護軍校、驍騎校用。前鋒、護軍、驍騎、鹿角兵礮手緜冑附見。

緜甲圖一護軍校、驍騎校用。前鋒護軍緜甲附見。

緜甲圖二驍騎用。

緜甲圖三鹿角兵礮手用。

虎帽圖藤牌兵用。

虎衣圖藤牌兵用。

鏁子甲圖

將校冑圖前鋒校、護軍校用。驍騎校冑附見。

前鋒校冑，頂植鐵鍱，周垂朱氂，寶蓋以下俱素鐵，不加鋄飾。護項、護耳俱白緞表，素裏，紅片金及石青布緣二重，繡蓮花，中敷鐵鍱，外布黃銅釘。冑襯，石青緞表，藍布裏，頂綴紅絨。護軍校冑同。驍騎校冑，頂周垂黑氂，護項、護耳俱表以緞，各從旗色，鑲黃旗、鑲白旗、鑲藍旗，紅緣，鑲紅旗，石青緣，正黃旗、正白旗、正紅旗、正藍旗，皆如表色。餘同。

將校甲圖前鋒校、護軍校用。驍騎校甲附見。

前鋒校甲，白緞表素裏，無袖，中敷鐵鍱，外布黃銅釘，紅片金及石青布緣二重，前後繡蟒各一，通繡蓮花。裳幅鐵鍱三重。護軍校甲同。驍騎校甲表以緞，各從旗色，緣如冑制。餘同。

兵丁冑圖前鋒、護軍及緑營兵用。驍騎冑附見。

前鋒冑，護項、護耳俱青布表，月白裏，級如表色，不施采繡，餘俱如前鋒校之制。護軍及緑營兵同。驍騎冑，頂周垂黑氂，護項、護耳俱表以布，各從旗色，鑲黄旗、鑲白旗、鑲藍旗、紅緣，鑲紅旗，石青緣，正黄旗、正白旗、正紅旗、正藍旗，皆如表色。餘同。

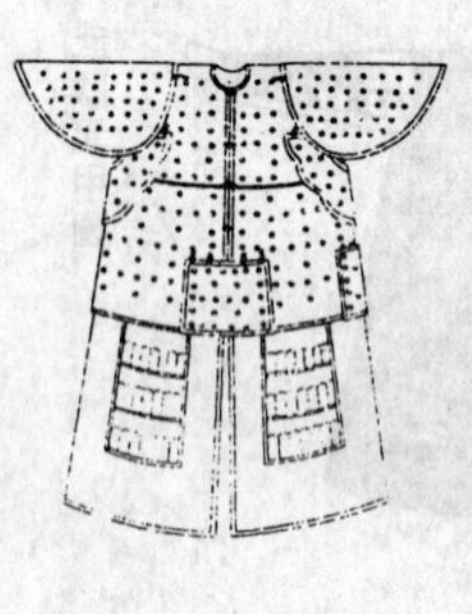

兵丁甲圖前鋒、護軍及緑營兵用。驍騎甲附見。

前鋒甲，青布表，月白裏，緣如表色，不施采繡，餘俱如前鋒校之制。護軍及緑營兵同。驍騎甲表以布，各從旗色，緣如冑制。餘同。

鲦冑圖護軍校、驍騎校用。前鋒、護軍、驍騎、鹿角兵礮手鲦冑附見。

護軍校鲦冑，制革髹以漆，頂植銅鍱，周垂朱氂，惟正紅旗黑氂，飾皆黄銅。護項、護耳俱白緞表，藍綢裏，緣如表色，中敷鲦，外布黄銅釘。冑襯，石青緞表，藍布裏，頂綴紅絨，驍騎校頂周垂黑氂，護項、護耳皆石青緞表以别之。前鋒及護軍頂用垂朱氂，護項、護耳皆綢表，布裏，外布白銅釘。冑襯石青布表以别之。驍騎頂周垂黑氂，護項、護耳皆綢表，各從旗色，鑲黄旗、鑲白旗、鑲藍旗，俱紅緣，鑲紅旗，白緣，正黄旗、正白旗、正紅旗、正藍旗，緣如表色，皆藍布裏，外布白銅釘。鹿角兵礮手同。

鲦甲圖一護軍校、驍騎校用。前鋒、護軍鲦甲附見。

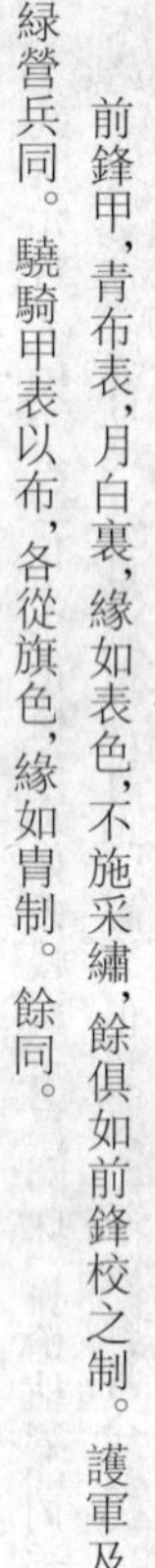

鲦甲圖二驍騎用。

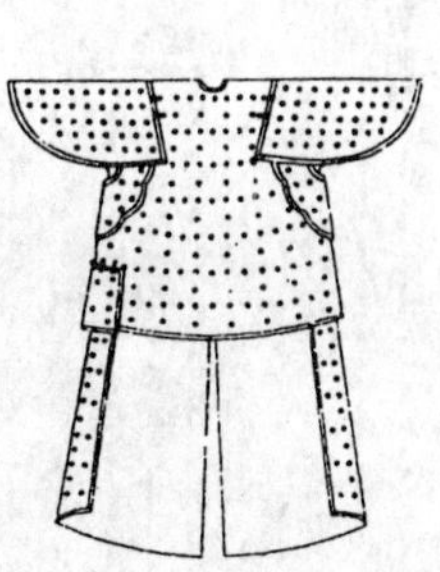
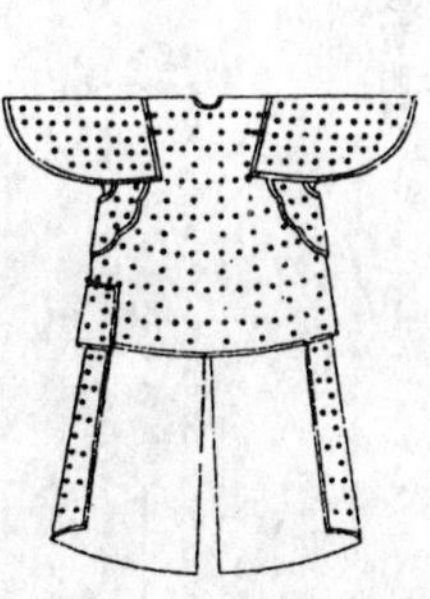

䌌甲圖三鹿角兵礮手用。

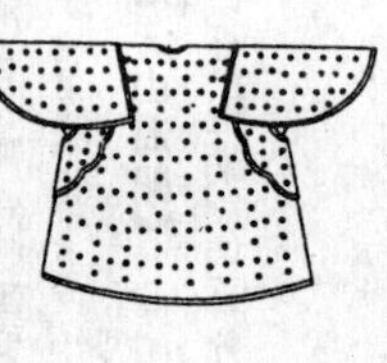

護軍校䌌甲,白緞表,藍紬裏,緣如表色,中敷䌌,外布黃銅釘。上衣下裳。左右袖、護肩、護腋、前襠、左襠皆全。驍騎校䌌甲,石青緞表,餘俱如護軍校䌌甲之制。前鋒及護軍䌌甲,石青紬表,藍布裏,外布白銅釘,餘同。驍騎䌌甲,紬表各從旗色,緣如青制,外布白銅釘,藍布裏,但無左右袖。鹿角兵礮手䌌甲,無袖,無左襠無裳。餘俱如驍騎䌌甲之制。

虎帽圖藤牌兵用。

漢軍藤牌營兵虎帽,制革,形如虎頭,後垂護項,下爲護耳,皆用黃布爲之,通繪斑文。綠營藤牌兵虎帽同。

虎衣圖藤牌兵用。

漢軍藤牌營兵虎衣,用黃布,其長半身,下袴如其色,通繪斑文,袖端白布,以象虎掌,韠亦以黃布繪斑文。綠營藤牌兵虎衣同。

鏁子甲圖

鏁子甲,鍊鐵,上衫下袴,皆爲鐵連環相屬,衫不開襟,白布緣領貫首被之。乾隆二十四年,平定西域俘獲軍器無算,高宗純皇帝命藏紫光閣,以紀武成,鏁子甲其一也。

許寶善、永禄等《清户部則例》卷六二《税則・崇文門》 崇文門商税則例

按崇文門舊刊送部印册,載有題定則例,續定比例,現行比例三項,詳加參校,内有前朝衣物及物屬賭具,名目不經,各條如朝冠、朝衣、紅絹頭巾、片網巾繩、男裙、花絹男裙、紙牌、骨牌、雙陸、去毛帶毛皮襖、蒲鞋帮結底、杭州羊皮、燈等類。行據該管税務衙門核覆,均非現行,聲請删除,其餘各條同續,經奏明增減各則,分類纂入。

一、凡貨到而本客未至,准歇店子號舖代報納税,店舖侵課揹商,指拏究治。

一、論丈尺上税之綢緞、紗、綾、大羢,責令商人各將丈尺報明,該監督抽驗一二疋,如果相符,照算科税。若以多報少,將現貨俱照多數科税,仍治該商之罪。

一、緞紗以袍料一身爲一疋,褂料以三身作二疋,其不足二身袍料,仍按疋數科税。綢綾以二丈四尺爲一疋,此外有餘,按尺加科,如二丈五六尺,兩頭有機頭者,仍作一疋。大絨、繭紬、棉紬以三丈爲一疋,三丈之外,按尺加科。

一、商販紬、緞、紗、羅、綾、絹,凡係箱盛馱載者,據報抽驗科算,抽驗條例見前。加納紅、銀大紅加税一倍,桃紅加税半倍,木紅不加。潞紬每馱加紅銀二錢四

分，每騎加紅銀一錢二分。磁器加細，見本目下。

《衣物稅則》

一、皮衣新貂皮襖、豹皮襖、猞猁猻皮襖褂，每件各稅四錢二分。　羊皮女褂、羊皮半身襖兩塊瓦，每十件各稅一錢四分四釐。　狐狖襖、狐皮襖褂、貉子皮襖、狼皮襖、天馬皮襖褂、銀鼠皮襖褂、飛鼠皮襖褂，每件各稅一錢八釐。　羔皮袍，每件稅八分。　灰鼠皮襖每件，狗皮襖每十件，各稅六分。小狐皮襖、貉子皮褂，每件各稅四分八釐。　羔皮褂，每件稅四分。　獺皮襖、狐蹄襖、貓皮襖、灰鼠皮褂、羊皮二口鐘每件，狗皮褲每十條，各稅三分。羊皮孩褂每件，皮褲、羊皮褲每條，各稅六釐。　布帛衣洒線紬緞袍每件，稅一錢八分。　洒線紗羅袍，每件稅一錢三分二釐。　扎花紗襖，每件稅六分六釐。　補緞外褂，每件稅六分。扎花坎肩，每件稅四分二釐。　紗補褂每件，洒線緞綾裙褲每條，各稅三分。　洒線紗羅絹裙，每條稅二分四釐。　氊羢衣氊衣，每件稅六分，羢者加倍。　氊外套，每件稅三分。　汗衫草珠汗衫每十領，稅三分。　帽絨涼帽，每百頂稅三錢，粗者減半。　氊帽每百頂、涼帽胎每二百個，各稅一錢五分。　狐皮帽，每百頂稅一錢四分四釐。　要帽帽頭、羊皮帽裡，每百個各稅六分。　羢帽每十頂、帽圈每百個，各稅三分。　羊皮帽，每十頂稅一分二釐。　包頭猊猊皮猲猲，每二個稅六釐。　南製紬綾包頭，每連稅一分二釐。　北製紬綾包頭，每連稅四釐八毫。　領袖補子紬緞領、袖口，每百條、百副各稅六錢。　彈墨綾紬領、袖口，每百條、百副各稅三錢。　絨領，每百條稅七分五釐。　羊皮領、袖，每百副稅六分。　蟒緞領、袖每副，蟒紗領、袖每二副，各稅三分。　補子，每副稅九釐。　皮套袖，每二個稅六釐。　雲肩女雲肩，每百個稅一錢五分。　帶絹線腿帶，每百副稅三錢。　大棉線帶，每千條稅三分六釐。小棉線帶，每千條稅一分八釐。　鸞帶每條，絲縧每十根，各稅六釐。　護膝、膝褲蟒幅護膝，每副稅三分。　洒線膝褲、絹膝褲，每二雙各稅六釐。　襪緞襪、蟒緞襪，每雙各稅三分。絨襪每雙，綾襪每二雙，各稅一分八釐。　葛布襪，每雙稅九釐。　紗襪每雙，氊襪布襪每二雙，羊皮襪每五雙，狗皮襪、麻窩，每十雙各稅六釐。　襪面、襪頭狗皮襪頭，每百雙稅六分。襪面，每雙稅三分。　靴、鞋細蒲鞋，每百雙稅六錢。　線鞋、履鞋、粗蒲鞋，每百雙各稅三錢。棉鞋，每百雙稅二錢四釐。　緞靴，每雙稅三分。　油靴、皂皮靴，每雙各稅一分二釐。　緞鞋、粗皂皮靴每雙，小靴每四雙，各稅六釐。　木屐每百雙稅二錢四釐。

許寶善、永祿等《清户部則例》卷六五《稅則・山海關》　一山海關，經徵零星貨稅，若按貨科算，稅銀僅在三分以下者，免其輸納，在三分以上者，積算統徵。

衣物稅則

一、衣物稅，貨内有按包折合連數者，如包頭，每包作一百連科算。有按箱折合雙數者，如蒲鞋，每箱作一百雙科算。其應納稅銀，照後開細則輸納。

一、皮衣新貂皮襖，每件稅五錢七分七釐五毫。　豹皮襖、猞猁猻皮襖褂，每件各稅四錢四分。　羊皮半身襖，每十件稅一錢四分五釐。　狐皮襖、狐狖皮襖、狐皮褂、貉子皮襖、狼皮襖，每件各稅一錢一分。　貉子皮褂，每件稅五分。　貓皮襖，每件稅三分二釐。羊羔皮襖、羊皮二口鐘、獺皮襖每件，各稅三分一釐。　氊、羢衣羢衣，每件稅一錢二分二釐。氊衣，每件稅六分二釐。　帽、帽胎氊帽，每百個稅一錢五分四釐。　涼帽胎，每百個稅七分七釐。　絨帽，每十頂稅三分八毫。　羊皮帽，每十頂稅一分二釐二毫。　包頭每百連，稅五錢一分七釐五毫。　縧帶絲腿帶每，百副稅一錢五分五釐。　大棉線帶，每千條稅三分六釐五毫。　小棉線帶，每千條稅一分八釐五毫。　緞帶，每條稅六釐二毫。　絲帶，每條稅三釐二毫。　裙褲皮褲，每十條稅六分二釐。　洒線緞綾裙褲每條，狗皮褲每十條，各稅三分一釐。　洒線紗羅絹裙褲，每條稅二分五釐。　膝褲絹膝褲，每雙稅三釐一毫。　襪、襪頭緞襪，每十雙稅九分二釐。　狗皮襪頭，每百雙稅六分二釐。　羊皮襪，每十雙稅一分二釐二毫。綾襪，每雙稅九釐二毫。　狗皮襪每十雙，紗襪每雙，各稅六釐二毫。　氊襪、布襪，每雙各稅三釐一毫。　靴鞋布靴，每百雙稅一兩二錢三分七釐五毫。　細蒲鞋，每百雙稅六錢三分七釐五毫。　粗蒲鞋，每百雙稅三錢三分七釐五毫。　緞靴，每十雙稅二錢四分三釐七毫五絲。　棉鞋，每百雙稅二錢三分。　布鞋，每百雙稅二錢一分四釐。　緞鞋，每十雙稅三分一釐。　油靴，每雙稅一分二釐三毫七絲。　鞋帮、麻窩、木屐蒲鞋帮，每百雙稅二錢四分一釐五毫。　木屐，每百雙稅二錢一分四釐。　麻窩，每十雙稅六釐二毫。

許寶善、永祿等《清户部則例》卷六六《稅則・張家口》　張家口商稅則例

按該稅口舊刊送部印册，覆加查核，如衣物類内載，有青紅圓領，每件稅五分之則。查圓領係前朝衣物，今不應列入稅則，謹從删除。又布快鞋，麻鞋，原册已各有稅則，又另列男鞋名目，殊屬牽混，應將男鞋一則删除。又食物類内，既列各色水果、乾果稅則，復列葡萄稅則，同係每馱六分，亦屬重複，應將葡萄一則删除。又用物類内，有黑皮一項，爲黑羊皮之脱誤，謹從添纂。又大小白木櫃之外，更列大木櫃名目，稅銀同係一分，亦涉重複，應將大木櫃一則删除。其餘各物稅則，謹照原册分類纂入。

衣物稅則

一、皮衣狐皮、狼皮褂，每件各稅一錢五分。　貂皮蹄褂、猞兒皮襖，每件各稅一錢。狼皮蹄褂，每件稅四分。　貛貉皮褂、野山羊皮褂，每件各稅三分。　羊皮襖，每件稅一分。皮褲，每條稅五釐。　布帛衣蟒箭衣、倭緞故衣，每件各稅一錢。　女花袍褂，每件各稅五分。綢絹道袍每件，女衫每件，各稅三分。　女襖每件，女裙每條，各稅一分。　帽羢帽，每馱稅六

錢。　黑皮帽，每頂税一分。　涼帽，每頂税五釐。　草帽，每頂税二毫。　補服彩補，每副税一分。　各樣補服，每副税三釐。　帶鷥帶每條，棉線大帶每把，各税一分。　棉線小帶，每斤税二釐。　包頭每連税二分。　襪氈襪，每雙税三釐。　布襪，每雙税一釐。　靴鞋皮靴、布靴、布快鞋，每雙各税五釐。　女靴，每雙税三釐。　麻鞋，每雙税四毫。

居庸關商税則例

一、紬緞細雜貨。每騾馱各税二兩四錢。

一、粗雜貨。紬緞故衣、緞襪、綿紬、繭紬、羢氈、羢帽、羊羔皮、獺皮、錫箔、銀硃、胡椒、大料、南來錠子烟、京帽胎。每騾馱各税一兩二錢。

一、緞靴鞋。每騾馱各税一兩。

一、鞍軲鞦轡。每騾馱各税八錢。

一、布靴鞋襪、梭布、平機布、布故衣、搭連布、各線被套、棉花線、夏布、絲、葉烟、氊帽、毛氊、老羊皮襖。每騾馱各税六錢。

許寶善、永禄等《清户部則例》卷六七《税則・殺虎口》　殺虎口商税則例

按該税口印册擬纂

衣物税則

一、皮衣貂皮褂，每件税一兩二錢。　銀鼠皮褂，每件税六錢。　灰鼠皮褂、狼皮褂、豹皮褂，每件各税三錢。　猞狸猻皮褂、野猫皮褂，每件各税二錢。　貉子皮褂，每件税一錢。　羔羊皮襖，每件税九分。　羔羊皮褂，每件税六分。　野羊皮褂、獺兒皮褂，每件各税三分。　大羊皮襖，每件税二分。　大羊皮褂，每件税一分。　羢褂每件税三分。　氊褂、油衣每件各税二分。　故衣布故衣，每馱税五錢。　故衣，每件税三分。　帽涼帽、暖帽，每頂各税五釐。　毛帽，每頂税三釐。　烏綾包頭每連税一分。　各樣官補每副税五釐。　帶絛湖絲帶，每十條税二分。　湖絲小帶、大棉線帶每十條，鷥帶、絲腰帶每條，各税一分。　小棉線帶，每十條税五釐。　絲絛，每十條税三釐。　小絲帶，每副税二釐。　皮袴每條税五釐。　女裙每條税二分。　襪絨襪、緞襪，每雙各税五釐。　暑襪、毛襪、梭布襪，每雙各税三釐。　毛襪套每雙税一釐。　毛纏腿片每副税二釐。　靴鞋緞靴，每雙税一分。　皮靴、快鞋、緞鞋，每雙各税五釐。　履鞋，每雙税三釐。

許寶善、永禄等《清户部則例》卷六七《税則・歸化城》　衣物税則

一、皮衣貂皮褂，每件税一兩二錢。　銀鼠皮褂，每件税六錢。　灰鼠皮褂、狼皮褂、豹皮褂，每件各税三錢。　猞狸猻皮褂、野猫皮褂，每件各税二錢。　貉子皮褂，每件税一錢。　羔羊皮襖，每件税九分。　羔羊皮褂，每件税六分。　野羊皮褂、獺兒皮褂，每件各税三分。　大羊皮襖，每件税二分。　大羊皮褂，每件税一分。　羢褂每件税三分。　氊褂、油雨衣每件各税二分。故衣布故衣，每馱税五錢。紬故衣，每件税三分。帽涼帽、暖帽、羢帽，每頂各税五釐。　毛帽，每頂税三釐。　烏綾包頭每連税一分。　各樣官補每副税五釐。帶絛湖絲帶，每十條税二分。　湖絲小帶、大棉線帶每十條，鷥帶、絲腰帶每條，各税一分。小棉線帶，每十條税五釐。　絲絛每十條税三釐。　小絲帶，每副税二釐。皮褲每條税五釐。　女裙每條税二分。　襪絨襪、緞襪，每雙各税五釐。　暑襪、毛襪、梭布襪，每雙各税三釐。　毛襪套，每雙税一釐。　毛纏腿片每副税二釐。　靴鞋緞靴，每雙税一分。　皮靴，緞鞋，快鞋，每雙各税五釐。　履鞋，每雙税三釐。

許寶善、永禄等《清户部則例》卷六八《税則・坐糧廳》　坐糧廳商税則例

按該廳舊刊税則，覆加查核，據册首聲明，伏地貨價、每兩徵税八釐，起京貨價每兩徵税三釐，而於各物條下，但註作價銀數，不列徵税銀數，與各關體例參差。謹將價則悉改税則，以昭畫一。其伏地字樣，行據該廳聲明，即係落地，應一併更正。　擬纂至如原册所列税物，有已經奉裁應删者，如酒鋪户月税、糖房鋪户月税、零剪綢絹鋪户月税，於乾隆八年奏奉硃批，永行蠲免。其原刊税則，應從删除。　有沿載前朝陋例應删者，如紙牌、大紙牌、雙陸等物三則，皆干嚴禁，應從删除。　有一税重見應删者。【略】

如既載小紅串布，每疋作價二錢，復載紅小串布，每疋作價一錢八分，行據該廳聲明，應將紅小串布一則删除。　又如既載蕪湖中青布，每疋作價二錢七分，蕪湖小青布，每疋作價二錢，復載蕪湖青布每疋作價二錢，行據該廳聲明，應將蕪湖青布一則删除。【略】

又如紗帽、頭樵子二則，據該廳聲明，現無此物，原載税則應從删除。　有互異應行更正添纂者。【略】

如牛皮科税互異一條，據聲明，客販生熟牛皮、水牛皮，另有税則。　其牛皮每張科税二釐之則，係指本地倒斃牛隻之皮。【略】

又如馱載騎稍氊帽税則，與另條氊大帽税則互異，行據聲明，馱載騎稍之則，係指尋常小氊帽以上各條，應據聲明情節更正添纂。　此外，更有前明用物，爲今戲場所需，應行註明科税者，則有網子、假玳瑁帶、福建紗帽胎等三則，其帶盒一物，戲場亦所不須，原刊税則應從删除，其餘一切物件税則，均照原册分類纂入。

衣物税則

一、皮衣羔羊皮道袍，每件落地税一分二釐起，京税四釐五毫。　大羊皮道袍、羔羊皮小襖，每件落地各税八釐起，京各税三釐。　大羊皮一口鐘每件落地税六釐四毫起，京税

二釐四毫。　羊皮襖，每件落地税四釐八毫起，京税一釐八毫。　小羊皮襖、大羊皮女披襖、大齊肩羊皮女褂，每件落地各税三釐二毫，起京各税一釐二毫。　狗皮襖，每件落地税二釐四毫，起京税九毫。　粉皮褲，每條落地税二釐，起京税七毫五絲。　羊皮背心、小齊肩，每件落地各税一釐六毫，起京各税六毫。　狗皮褲，每條落地税一釐二毫，起京税四毫五絲。狗皮小兒褂，每件落地税四毫，起京税一毫五絲。　緞紗綾絹衣故衣，每百件落地税二錢四分，起京税九分。　洒線花絹女衣，每件落地税二分四釐，起京税九釐。　洒線絹披風，每件落地税一分六釐，起京税六釐。　彭緞襖，每件落地税一分四釐四毫，起京税五釐四毫。三綾絹女衣、遍地錦披風、洒線紗披風，每件落地各税一分二釐，起京各税四釐五毫。　帽尋常小氊帽，每車税一兩，每騾馱税八錢，每驢馱税四錢，每一騎稍税二錢落地，起京同。　細馬尾帽，每頂落地税八釐，起京税三釐。　羊皮煖帽，每十頂落地税四釐八毫，起京税一釐八毫。　氊大帽、粗馬尾帽，每頂落地各税四釐，起京各税一釐五毫。　細草帽，每頂落地税二毫四絲，起京税九絲。　粗草帽，每頂落地税一毫六絲，起京税六絲。　包頭每連落地税一釐六毫，起京税六毫。　袖皮煖袖，每十個落地税一釐六毫，起京税六毫。　花眉袖，每副落地税八毫，起京税三毫。　帶絨線帶，每百副落地税二分四釐，起京税九釐。　花線帶，每十副落地税六釐四毫，起京税二釐四毫。　棉線帶，每百副落地税四釐，起京税一釐五毫。　線鸞帶，每條落地税三釐二毫，起京税一釐二毫。　裙花素絹裙，每十條落地税六分四釐，起京税二分四釐。　洒線紗絹裙，每條落地税二分四釐，起京税九釐。　實地紗裙，每條落地税一分六釐，起京税六釐。　手帕裙，每條落地税八釐，起京税三釐。　零星衣物洒線眉條每副，袴邊每十副，落地各税八釐，起京各税三釐。　洒線裙邊每條，落地税六釐四毫，起京税二釐四毫。　髮髻紗，每百個落地税三釐二毫，起京税一釐二毫。　襪布暑襪每十雙落地税八釐，起京税三釐。　絨襪，每雙落地税五釐六毫起，京税二釐一毫。　氊襪，每雙落地税二釐四毫，起京税九釐。　寒羊毛襪、羊毛襪，每雙落地各税一釐六毫，起京各税六毫。　羊皮套襪，每雙落地税一釐四毫四絲，起京税五毫四絲。　羊皮襪，每雙落地税一釐二毫，起京税四毫五絲。　白布襪、狗皮襪，每雙落地各税八毫，起京各税三毫。　狗皮套襪，每雙落地税六毫四絲，起京税二毫四絲。　狗皮小襪、小氊襪，每雙落地各税四毫，起京各税一毫五絲。　氊膝褲每雙落地税四毫，起京税一毫五絲。　鞋緞履鞋，每百雙落地税二錢，起京税七分五釐。草鞋，草涼鞋、靸鞋，每雙落地各税一釐六毫，起京各税六毫。　木屐每雙落地税四毫，起京税一毫五絲。　靴鞋面、靴鞋底草鞋面，每十雙落地税六釐四毫，起京税二釐四毫。　布鞋底，每百雙落地税八釐，起京税三釐。　破鞋底，每百雙落地税四釐，起京税一釐五毫。

許寶善、永祿等《清户部則例》卷六九《税則・天津關》　天津關商税則例

按該關舊刊税則，有正税、作價兩層。據正税科則所載，核與各關事例，約略相符，至於作價科則所載，多有前朝服物，及不經見條欵，又與正税科則重複互異，輕重懸殊，行據該關聲覆作價税則，係該關駐劄河西務時，沿存前朝之例，其後移關天津，始定正税科則，現在概照正税科則稽徵。其作價科則，徒存名目，殊滋牽混。一關兩例，難以遵循，若歸併正則，實爲簡易等語，應如所議，將作價廢則悉行刪除，謹將正税科則覆加查核，其中亦有物無興販，例屬虚設各條。如羊頭、羊肚、水藕蓮心石、龍頭銅、扇面、令盆等類。行據該關聲覆，均非現行，並行刪除。又有統立總目，復分列名色，既按百斤，復按十斤百個，科税重複，牽混合條，如機紗、拱紗、春紬、湯紬、綢紬、吐絲紬、粉把子、滄酒、煮酒、老酒、皮酒、浦城烟、錠墜、小香扇墜、紙盒、漆官桌、漆木桶、小呈文紙、泥墨、魚缸、琉璃器皿、鐵錐子、鐵脚刀、小剪絨帽、小孩帽、紙炮、祁陽葛、狐皮襖、桱木回頭方子、烏木等類。行據該關聲覆，科税相同，實屬重複，應行刪除。其餘各條，謹照該關聲覆并正税現行税則，分類擬纂。

衣物税則

一、衣物税則内如棉線大帶、棉線小帶、棉線脚帶、白布褂、白布褲、布兜肚、狗皮褲、狗皮襪、夾布襪、布棉襪、狗皮襪頭、布靴底、布鞋。等物，税銀俱按京二七扣收，其餘衣物税銀，俱按京八六扣收。

一、皮衣貂皮襖、猞猁猻襖，每件各税七錢。　青狄皮襖、銀鼠皮襖，每件各税五錢。猞猁猻褂，每件税四錢。　碎羊皮襖、猸子皮襖、老羊皮襖，每十件各税三錢四分。　狐腿子皮襖、銀鼠外褂、青狄外褂，每件各税三錢。　兔皮褂、羊皮褂、黑羊皮褂、猸皮褂、羊皮半身褂、獺皮褂，每十件各税二錢四分。　狐腿皮褂、灰鼠皮襖每件，碎羊皮褂、山羊皮褂每十件，各税二錢。　貂皮襖、狐狄馬褂，每件各税一錢五分。　羊皮馬褂、獺皮馬褂、羊皮主腰，每十件各税一錢二分。　灰鼠外褂、狐腿皮馬褂、銀鼠馬褂、灰鼠牛身襖，每件各税一錢。　羊羔皮襖、兔皮襖、山猫皮襖、灰鼠馬褂每件，狗皮褲每十條，各税五分。　羊皮半身襖、黑羊皮半身襖、獺皮搭護，每件各税三分。　羊皮套褲每副，羊皮褲每件，各税一分。　紬緞布帛衣織錦緞衫，每件税三錢。　灑線緞衫每件，織錦緞裙褶，每條各税一錢五分。　灑線緞裙、色素緞褶、灑線紗裙褶、鑲綾裙每條，灑線紗衫每件，雨衣每套，各税一錢。　畫綾衫、繡紬衫每件，寧紬裙、繡紬裙、紗裙褶、綾裙、氊裙、戰裙每條，草珠汗衫每十領，白布褂每十件，各税五分。　白布褲，每十條税四分。　布雨衣每件，繭紬褲每條，各税一分。　各色衣料織絨褂裏，每十件税二錢四分。　補服緞套料，每件税一錢。　緞袍料、線緞袍料、寧紬袍料，每件各税八分。　色紗袍料、緞套料、線緞套料、寧紬套料，每件各税五分。　山紬袍料，每件税四分。　色紗套料，每件税三分。　屯絹套料，每件税二分。　暖帽獺皮帽、狐皮帽、猫皮帽、剪絨帽，每百頂各税二錢四分。　羊皮帽、大壇胎帽，每百頂各税二錢。　小獺皮帽、小灰鼠帽、小緞帽、小絨帽，每百頂各税一錢二分。　上號貂帽每頂，小氊胎帽每百頂，各税一錢。

中號貂帽，每頂稅七分。　氊帽頭，每百個稅五分。　銀鼠帽，每頂稅二分。涼帽絨涼帽、籐涼帽，每百頂各稅二錢四分。　草涼帽、竹涼帽、氊涼帽，每百頂各稅二錢。帽胎、帽查、帽片緞帽胎、草帽查，每百頂各稅二錢。　布帽胎、粗羊皮帽胎，每百頂各稅一錢二分。　小緞帽胎每百頂，草涼帽片每百個，各稅一錢。帽圈籐圈，每百斤稅四錢。　絡圈，每百個稅一錢。　絹涼帽圈，每百個稅五分。帽沿騷鼠帽沿，每百副稅一錢二分。　黑羊皮帽沿，每百條稅一錢。帽裏無毛羊皮帽裏，每百頂稅一錢。　布帽裏、碎羊皮帽裏，每百個各稅五分。帽襯氊帽襯，每百個稅一錢。　布帽襯，每百個稅五分。帽纓雨纓，每斤稅八分。　絨纓，每斤稅三分。女冠每百頂，稅錢五分。包頭、首帕包頭每百個，各色首帕每百方，各稅三錢五分。雲肩、領袖雲肩每百個，狐皮領、灰鼠領每百條，各稅五錢。　緞衣領，每百條稅三錢四分。　猞猁猻袖口，每十副稅三錢。　剪絨領，每百條稅二錢。　海溜皮袖口每十副稅一錢五分。　羊皮袖頭每百雙，海溜皮領每十條，各稅一錢。　貂皮袖頭、海龍皮袖口每副，皮套袖、狐腿袖口每十副，各稅五分。　貂領、海龍皮領，每條各稅四分。　銀鼠袖頭，每副稅三分。　女袖護領，每十條稅二分。　灰鼠袖頭，每二副稅一分。帶子絲腿帶，每百副稅二錢。　棉線大帶每百條，棉線小帶每千條，各稅六分。　有事件腰帶每條，棉線脚帶每斤，各稅二分。　緞腰帶、絲腰帶、鋌帶，每條各稅一分。兜肚繭紬兜肚，每百個稅五錢。　布兜肚，每百個稅三錢四分。膝褲雜色膝褲每十副，羢膝褲每十雙，各稅五分。　氊膝褲，每四雙稅一分。靴緞靴，每雙稅四分。　布靴、皮靴、小緞靴、小鹿皮靴、小麂皮靴，每十雙各稅二分。　小布靴每雙，童子皮靴、女油皮靴每四雙，各稅一分。靴底布靴底，每百雙稅三錢四分。鞋細蒲鞋，每百雙稅一兩。　粗蒲鞋，每百雙稅五錢。　布鞋，每百雙稅三錢四分。　緞鞋，每十雙稅五分。襪紬襪每十雙，羊皮襪每百雙，各稅二錢。　小緞襪，每十雙稅一錢五分。　狗皮襪，每百雙稅一錢。　緞襪、棉襪、羢襪，每雙各稅三分。　氊襪，夾布襪每二雙，布棉襪每雙，各稅一分。襪片、襪面、襪頭緞襪面，每十副稅二錢。　羊皮襪頭，每百雙稅一錢。　狗皮襪頭、毛襪頭，每百雙各稅五分。　織錦襪片，每副鋭三分。

許寶善、永禄等《清户部則例》卷七〇《稅則・臨清關》　衣物稅則

一、皮衣猞猁猻襖，每件稅八錢。　猞猁猻褂、銀鼠襖，每件各稅五錢。　銀鼠褂，每件稅四錢。　狐狖襖，每件稅二錢。　狐狖褂，每件稅一錢五分。　狐皮襖、豹皮襖，每件各稅一錢二分七釐。　灰鼠襖，每件稅八分。　狐狸馬褂，每件稅六分三釐。　灰鼠褂、貉子皮襖，每件各稅六分。　貉子皮褂、細羊皮襖，每件各稅二分五釐。　貉子皮馬褂，每件稅二分。　大羊皮襖，每件稅一分六釐。　細羊皮褂，每件稅一分三釐。　羊皮女小襖褂，每件各稅一分。　羊皮馬褂每件，皮戰裙每條，各稅六釐。　皮褲、粉皮褲，每條各稅五釐。　布帛氊絨衣粧花緞女衣，每件稅一錢三分。　織金緞裙每條，紱外褂每件，各稅六分三釐。　氊雨衣，每件稅五分八釐。　氊外褂，每件稅四分八釐。　絨馬褂，每件稅三分六釐。　洒線緞裙、洒線紗裙，每條各稅三分二釐。　洒線披風，每件稅二分九釐。　紡袖衫每件，羅裙緞裙每條，各色汗衫每十領，各稅一分六釐。　紡紬女裙，每條稅一分四釐。　綾女襖、雲布襖、湖羅衫每件，湖羅裙每條，各稅一分三釐。　綾裙，每條稅一分二釐。　緞襖、緞衫，每件各稅一分一釐。　氊馬褂、縐紗衫，每件各稅一分。　紗絹裙，每條稅六釐。　紗絹衫、葛布衫，每件各稅五釐。各色估衣每十件，稅五分。帽騷鼠帽，每十頂稅一錢二分七釐。　水獺皮帽，每十頂稅九分五釐。　狐皮帽，每十頂稅六分三釐。　緞秋帽、哆囉呢帽、倭緞煖帽，每十頂各稅五分六釐。　貂鼠帽，每頂稅一分九釐。　竹絲大帽每十頂，麥稭帽每百頂，各稅一分六釐。　絨帽、氊帽、羊毛大帽，每十頂各稅七釐。　纏棕大帽，每頂稅六釐。帽胎、帽圈、帽帶、帽月涼帽胎，每百頂稅一錢二分七釐。　絹布帽胎每十頂，絲線帽帶每百副，織金帽月每百個，各稅三分二釐。　棕帽圈，每十個稅三釐。補子刻絲堆紗洒線各色補子，每十副各稅九分五釐。女冠包頭、風領翠冠子每十頂，狐皮風領每十條，各稅四分。　貂鼠風領，每條稅三分。　皂絹包頭，每百個稅二分五釐。　綾緞女腦包，每十個各稅一分。　羊皮風領，每十條稅三釐。領、袖、衣帶貂鼠袖，每雙稅八分。　腰帶，每十根稅四分八釐。　海龍袖，每雙稅四分。　洒線挽袖，每十副稅三分。　猞猁猻袖、銀鼠袖、海騮袖每雙，海龍領每條，各稅二分。　棉線帶子，每十斤稅一分六釐。　海騮領每條，蟒緞領袖每副，洒線女領每十條，各稅一分。　羊皮煖袖，每十雙稅六釐。　狐皮袖，每雙稅五釐。　絲線帶子，每十副稅三釐。膝褲絨膝褲，每十雙稅六分三釐。　綾錦膝褲、洒線膝褲，每十雙各稅一分一釐。襪絨襪、緞襪、綾襪，每十雙各稅六分三釐。　絨女襪，每十雙稅四分八釐。　羊皮襪、狗皮襪，每十雙各稅三分二釐。　氊襪，每十雙稅一分三釐。　棉布襪、葛布襪，每十雙各稅一分一釐。靴、鞋、木屐緞靴，每十雙稅九分五釐。　布靴、小緞靴、緞鞋、皮鞋，每十雙各稅三分二釐。　布鞋，每十雙稅一分六釐。　木屐，每十雙稅一分一釐。　油靴，每雙稅三釐。　釘鞋、棕鞋，每雙各稅二釐。

許寶善、永禄等《清户部則例》卷七一《稅則・淮安關》　淮安關商稅則例

按該關舊刊送部印册，覆加查核，如淮安大關原册聲明，磁器每擔，舊定稅銀八分，節年減以八折徵收。又皂礬每擔，舊定稅銀八分，節年減以五分徵收。又鉛每擔，新釘、茶葉、鐵條每擔，舊定各稅銀一錢二分，節年鉛每擔，茶葉每擔，祇各徵銀八分，新釘每擔，鐵條每擔，祇各徵銀五分。又紅花每擔，舊定稅銀一錢七分，節年祇徵銀七分。錫箔百塊折一擔，舊定稅銀一錢七分，節年祇徵銀一錢。蘇木、胡椒每擔，舊定各徵銀二錢七分，節年祇各徵銀二錢等語。所有各項稅則，應照減定實徵銀數纂列，其舊定虛則無庸贅纂，其餘各則，謹照原册逐一

纂入。

淮安正關衣物税則

一、皮衣銀鼠皮襖、褂，每件各税三錢九分。灰鼠皮襖、褂每件各税八分。布帛衣戲衣，每擔税四錢。兜肚，每擔税二錢。故衣，每擔税一錢七分。汗衫每擔税八分。衣領剪絨領每百條，布領每擔，各税二錢。狐皮領，每十條税一分。帽氊邊帽，每擔税二錢七分。剪絨帽、羊皮帽，每擔各税二錢。戲盔帽，每擔税一錢七分。帽圈、帽帶、帽胎、帽沿帽圈、帽帶、涼煖帽胎，每擔各税二錢。藤帽胎，每十個税二分。染元狐皮帽沿、海龍皮帽沿、騷鼠皮帽沿、獺皮帽沿，每十副各税一分。包頭八十聯折一擔，税二錢七分。帶絲線帶、絲縧，每擔各税四錢。棉線帶，每擔税二錢。襪紬緞襪，每十雙税四分。棉夏布襪，每十雙税二分。靴鞋涼草鞋，每五十雙折一擔，税八分。布靴，每十雙税五分。紬緞鞋，每十雙税二分。布鞋，每十雙税一分五釐。緞靴，每雙税一分。靴鞋底、皮底每十雙，各税一分五釐。木屐每百雙税八分。

淮倉衣物税則

一、皮衣銀鼠皮襖、褂，每件各税三錢八分六釐。烏雲豹套褂、兔兒猞猁猻襖、褂，每件各税一錢九分三釐。千張皮襖、褂，狐肷皮襖、褂，野毛皮襖、褂，灰鼠皮襖、褂，狼皮襖、褂，海肷襖、褂，每件各税七分七釐二毫。兔肷皮襖、褂每件，獺皮裙、褂每條，每件，各税三分八釐六毫。羊皮襖、褂，每件[各]税一分九釐三毫。羊皮褲，每條税二釐八毫九絲五忽。故衣南來舊衣，每擔税七分二釐。北來舊衣，每擔税四分八釐。氊衣每件税九釐六毫五絲。零星衣物兜肚，每百個税三分九釐。花褊單，每件税九釐六毫五絲。羊皮袖、絨褶褲、護膝每雙，羊皮㺚㹧每個，狐肷領每條，各税一釐九毫三絲。布領，每十條税九毫七絲。氊褶褲、護膝，每雙各税九毫六絲五忽。帽綾緞邊孩睡帽、氊邊帽，每百頂各税四分八釐二毫五絲。氊帽、氊雨帽，每百頂各税一分九釐三毫。竹絲藤帽，每頂税二釐。羊皮帽、剪絨帽，每頂各税一釐九毫三絲。帽胎、帽頭、帽圈、帶頂涼草帽胎、緞布帽頭，每百頂各税四分八釐二毫五絲。帽圈、帶頂，每擔税二分。包頭絹花包頭，每聯税七釐八毫。紗包頭，每聯税一釐九毫三絲。帶絲線帶，每擔税三錢。棉線帶，每擔税一錢九分三釐。襪、靴、鞋氊鞋，每百雙税六分六釐五毫。涼草鞋，每百雙税三分八釐六毫。緞布靴，每雙税三釐九毫。油靴、絨襪，每雙各税一釐九毫三絲。緞布鞋、緞布襪、氊襪，每雙各税九毫六絲五忽。木屐每雙税九毫七絲。

徐州關衣物税則

一、皮衣清狄皮襖，每件税三錢，清狄大褂，每件税二錢。清狄小褂，每件税一錢。混狄皮襖，每件税一錢五分。混狄大褂，每件税一錢。混狄小褂，每件税五分。銀鼠大褂，每件税二錢。銀鼠小褂，每件税一錢。灰鼠大褂，每件税八分，小褂，每件税四分。狐爪皮襖，每件税六分。羔羊皮褂、水獺大褂，每件各税三分。羊皮大褂，每件税二分。羊皮小褂，每件税一分。老羊皮襖，每件税一分五釐。兔皮褂千張，皮褂每件，各税一分。皮袴，每條税四釐。氊褐衣氊衣、褐衫，每件各税二分。背心每件税一分五釐。女衣花女衣，每件税三分。花裙，每條税二分。帽貂皮帽，每頂税五分二釐。大剪絨帽，每十頂税五分。燻貂皮帽，每頂税三分。小剪絨帽，每十頂税二分五釐。粗氊帽，每百頂税二分。海龍皮帽、大騷鼠帽，每頂各税一分。小騷鼠帽，每頂税五釐。貓皮帽，每頂税三釐。羊皮帽，時作氊帽，每頂税二釐。帽頭，每個税一釐。帽胎大涼帽胎，每十個税五分。小涼帽胎，每十個税二分五釐。籐帽，每個税一分。包頭每聯税二分。絲帶每斤税一分四釐。襪沒大小，每百雙税三分。京販襪子，每雙税四釐。氊襪，每雙税二釐。袴腿氊袴腿，每雙税一釐。靴、鞋靴，每雙税八釐。氊鞋、京販鞋，每雙各税二釐。木屐十雙税一分。

廟灣口衣物税則

一、皮衣羊皮襖，每件税四分。皮褲，每條税四釐。紬布衣紬故衣，每百斤税一錢。布故衣，每百斤税五分。帽剪絨帽、獺皮帽、羊皮帽，每十頂各税三分。小緞帽，每十頂税一分五釐。草涼帽，每十頂税一分。帽胎藤帽胎、滿帽胎，每十頂各税二分。包頭綾、紬、絨、紗包頭，每十條各税三分。帶棉線帶，每百斤税三錢。襪緞襪，每十雙税六分。布棉襪，每十雙税四分。布夾襪，每十雙税二分。靴緞靴、馬皮靴，每十雙各税一錢。布靴、牛皮靴，每十雙各税六分。鞋緞、紬鞋每十雙，涼草鞋每百雙，各税二分。布鞋每十雙，蒲草鞋每百雙，各税一分。木屐木屐，每百雙税三分二釐。木屐杯，每百雙税一分六釐。

許寶善、永祿等《清户部則例》卷七二《税則·揚州關》 揚州關商税則例

按該關舊刊印册，覆加查核，内如磁器一項，既開每小籃税銀一錢，又開每小桶籃税銀一錢，籃字重見，應行删除。又開扇每小箱税銀五分，更開扇每箱税銀一錢，其一錢之則，應註明大箱字樣。又開布故衣，每大包税銀五錢，每中包税銀三錢，每小包税銀二錢，此外更載故衣每小包税銀一錢，殊屬重複牽混，應行删除。又冬笋，每中簍税銀五分，更載每簍税銀三分，其三分之則，應添註小簍字樣。又綿紙，每塊一開税銀五分，一開一分二釐，其一分二釐一則，應添註小塊字樣。其餘各物税則，謹照原册，分類纂入。

衣物税則

一、紬故衣每大包税一兩，每小包税五錢。布故衣每大包税五錢，每中包税三錢，每小包税二錢。包頭每件税一錢。帶子每包税一錢。涼鞋每包税一錢。杭套每箱税六分。

【略】

許寶善、永祿等《清户部則例》卷七三《税則・江海關》 江海關商税則例

衣物税則

一、帽貂帽，每十頂税五錢。 狨帽，每百(斤)〔頂〕税四錢。 騷鼠帽每十頂，氈帽每百頂，各税五分。 獺皮帽、剪絨帽，每十頂各税三分。 籐帽每十頂，滿帽胎每百個，各税二分。 草涼帽，每十頂税一分。 包頭綾、紬、紱、紗包頭，每十條税三分。 帶絹線腰帶，每十條税三分。 小絲線帶，每十副税一分。 襪羢襪，每百(斤)〔雙〕税四錢。 緞襪，每十雙税六分。 布襪，每十雙税四分。 靴鞋緞靴、馬皮靴，每十雙各税一錢。 布靴、牛皮靴，每十雙各税六分。 緞鞋、紬鞋，每十雙各税二分。 布鞋每十雙，蒲草鞋每百雙，各税一分。 木屐每百雙，税三分二釐。

許寶善、永祿等《清户部則例》卷七五《税則・西新關》 西新關商税則例（見紡織）【略】

都税司衣物税則

一、皮衣羊皮襖，每十件税六分八釐四毫。 紬緞氈布衣布故衣汗衫、袈裟，每百斤各税四分五釐六毫。 盤金女襖、洒線女襖每件，戲衣每件，各税二分二釐八毫。 紬緞故衣，每十斤税一分八釐二毫四絲。 紅氊衣，每件税一分三釐六毫八絲。 洒線背心每件，靠子每件，各税一分一釐四毫。 帽貂鼠帽，每頂税五分八釐五毫。 孩巾、僧帽，每百斤各税四分五釐六毫。 狐皮帽、獺皮帽、貉皮帽、狗皮帽、猫皮帽、剪絨帽，每十頂各税三分九釐。 綾邊帽每百頂，破布帽頭每擔，帽襯每百個，各税二分二釐八毫。 緞邊帽、孩帽、涼帽、籐帽、竹絲帽、帽頭，每十頂各税一分九釐五毫。 騷鼠帽，每頂税一分一釐七毫。 羊皮帽、頭髮帽，每十頂各税一分一釐四毫。 氈邊帽，每十頂税六釐八毫四絲。 帽胎、帽坯、帽沿獺皮帽沿，每十副税三分九釐。 帽胎每擔，涼帽坯每百個，各税二分二釐八毫。 剪絨帽沿、狗皮帽沿、猫皮帽沿每十副，貉皮帽沿每五副，各税一分九釐五毫。 騷鼠帽沿，每副税九釐七毫五絲。 補服每副税一分一釐四毫。 刻絲補同。 女冠每百斤税四分五釐六毫。 包頭每十連税四分五釐六毫。 衣領布領，每百斤税四分五釐六毫。 剪絨領，每二十條税一分九釐五毫。 紬緞領，每十斤税一分八釐二毫四絲。 護領，每副税一分一釐四毫。 帶棉紗帶，每百斤税六分八釐四毫。 緞帶、線鬢帶，每斤税一分八釐二毫四絲。 裙洒線裙、氈裙，每條税一分一釐四毫。 襪氈襪每十雙，破布襪每擔，羊皮襪套每百雙，各税二分二釐八毫。 紬緞襪、布襪，每十雙各税一分一釐四毫。 靴鞋緞靴、布靴、釘靴、布鞋、釘鞋，每百斤各税四分五釐六毫。 紬緞鞋、棉鞋、涼鞋，每十雙各税三分四釐二毫。 褶衣紬氊褶衣，每十雙税一分一釐四毫。

龍江、江東二司衣物税則

一、皮衣銀鼠皮襖，每件税一兩六錢六分五釐。 猞猁猻皮襖，每件税一兩一錢九分九釐。 天馬皮大褂、烏雲豹皮大褂、狐狸狄皮大褂，每件各税九錢九分九釐。 猞猁猻皮中褂，每件税八錢三分二釐五毫。 天馬皮中褂、烏雲豹皮中褂、狐狸狄皮中褂、灰鼠皮襖、松鼠皮襖，每件各税六錢六分六釐。 灰鼠皮褂、松鼠皮褂，每件各税五錢。 羚羊皮大襖，每件税一錢。 狐狸爪皮襖、狐狸爪皮大褂、兔鼠猻皮大褂，每件各税八分三釐二毫五絲。 羚羊皮中褂、兔狄皮襖、貉子皮襖，每件各税六分六釐六毫。 兔狄皮褂，每件税五分。 狐狸爪皮馬褂，每件税四分一釐六毫三絲。 野猫皮袍箭，每件税四分。 海巴皮大襖，每件税二分。 羊皮背心、海巴皮背心，每件各税一分。 羊皮襖，每件税六釐。 紬緞氈絹布衣紬故衣，每百斤税一錢六分。 袈裟，每百斤税四分六釐。 布故衣，每百斤税四分。 氈雨衣，每件税三分。 嘉興絹衣服每套，刻花背心、氈背心、洒線襖每件，各税二分。 汗衫每件，洒線背心每件，各税一分。 氈衫，每件税六釐。 氈暖腰，每條税四釐。 帽豹皮帽，每頂税六分。 僧帽，每百斤税四分六釐。 舊布帽頭，每百斤税二分。 狨帽，每十頂税一分。 獺皮帽，每頂税八釐。 氈邊帽、氈帽，每十頂各税六釐。 剪絨帽、海獺皮帽、狐皮帽、貉皮帽、狗皮帽、狗貉皮帽、秋帽，每頂各税四釐。 籐帽、孩帽，每頂各税二釐。 羊皮帽，每頂税一釐。 帽沿、帽胎、帽裏騷鼠帽沿，每副税六釐。 獺皮帽沿，每副税四釐。 羊皮帽裏每十個，刷黑猫皮帽沿每副，各税二釐。 包頭每連計二十個，税七釐六毫五絲。 袖帶棉紗帶，每百斤税一錢。 羊皮手袖，每副税二釐。 脚帶，每副税一釐。 風領狐皮風領，每條税六釐。 裙褲羚羊皮褲，每件税八分三釐二毫五絲。 羊皮褲，每十條税三分。 羢褲，每條税二分。 洒線裙每條，膝褲每十雙，各税一分。 氈褲每條，氈膝褲、護膝每雙，各税四釐。 襪羊皮襪套，每百雙税二分。 羢襪，每雙税八釐。 羊皮襪、狗皮襪、氈襪，每雙各税二釐。 白布襪，每雙税一釐。 鞋狀元靸，每百雙税四分。 草鞋每百斤，草靸每百雙，税二分。 氈鞋、布條鞋、絲鞋、涼鞋、秧鞋、蒲鞋，每雙各税二釐。

朝陽、聚寶二司衣物税則

一、紬布衣紬故衣，每百斤税一錢八分四釐。 布故衣，每擔税四分六釐。 包頭裙洒線裙每條，包頭每連，計二十個，各税七釐六毫五絲。

官修《清户部則例》卷七六《税則・鳳陽關》 鳳陽關商税則例【略】

鳳陽大關水販衣物税則

一、草帽每大包，税一錢六分，每小捆税六分。

鳳陽大關旱販衣物稅則

一、皮衣羔皮襖，每件稅四分六釐八毫。　老羊皮襖，每件稅二分八釐。　羔皮褂，每件稅一分。　老羊皮褂，每件稅八釐。　羔皮馬褂，每件稅五釐。　老羊皮馬褂，每件稅四釐。　氈故衣舊當衣，每箱稅八分，每包稅四分。　大氈衣，每件稅一分二釐。　小氈衣，每件稅八釐。　草子汗衫每百斤稅四分。　帽羢帽、羢氈大帽，每百頂各稅八分。　氈帽，每百頂稅三分。　剪絨帽，每十頂稅一分五釐。　草帽，每百頂稅一分。　補子每副稅一分二釐。　帶裙拖，每副稅一分二釐。　棉紗帶，每百副稅三釐。　皮褲每百條稅二錢六分。　襪上氈襪，每百雙稅三分。　中氈襪、皮襪，每百雙各稅二分。　下氈襪，每百雙稅一分。　靴鞋黄草鞋，每百雙稅四分。　氈鞋，每十雙稅二分。　皮油靴，每雙稅一分二釐。　氈膝褲每百雙稅二分。

臨淮口旱販衣物稅則

一、皮衣羔皮襖，每件稅一分二釐。　羔皮褂、老羊皮襖，每件各稅一分。　老羊皮褂，每件稅八釐。　羔皮馬褂，每件稅五釐。　老羊皮馬褂，每件稅四釐。　布帛氈衣故衣，每箱稅八分，每包稅四分。　氈衣，每件稅二分。　洒線衫料，每件稅二分。　洒線背心，每件稅一分。　樓衣每件稅二釐七毫。　帽藤涼帽，每駄稅六錢，每十頂稅八釐。　剪絨帽，每駄稅四錢，每十頂稅一分五釐。　蓆涼帽，每駄稅四錢，每十頂稅五釐八毫。　氈帽，每十頂稅二釐。　包頭每駄稅八錢，每聯稅四釐。　袖帶香帶，每條稅四分。　老羊皮袖，每十雙稅七釐。　棉線帶，每百副稅三釐。　褲皮褲，每百條稅二錢六分。　襪沒大小，每騾駄稅四錢。　上氈襪，每十雙稅三分九釐。　中氈襪，每十雙稅二分六釐。　京緞襪，每十雙稅二分。　下氈襪，每十雙稅一分三釐。　靴鞋京緞鞋、京線鞋，每百雙各稅一錢二分。　紬鞋、布鞋，每百雙各稅八分。　涼草鞋，每百雙稅六分。　棕鞋、棕套，每百雙各稅二分七釐。　氈鞋，每十雙稅二分。　紬緞靴、皂皮靴，每雙各稅一分二釐。　布靴，每雙稅四釐。

長淮口水販衣物稅則凡亳州裝來卸載，不足船料之貨，及正陽、懷遠裝來卸載貨物，並各落地貨物，均照此例科稅。　例載未全，照臨淮口旱販例，下俱仿此。

一、帽草帽每百頂，亳州載來者，稅二分。　帶棉帶每包，正陽、懷遠載來者，各稅八分，亳州載來者，稅五分。

盱眙口旱販衣物稅則澗溪口同

一、皮衣羔羊皮襖，每件稅一分二釐。　羔羊皮褂、黑羊皮褂、老羊皮襖，每件各稅一分。　老羊皮褂，每件稅八釐。　羔羊皮馬褂，每件稅五釐。　老羊皮馬褂，每件稅四釐。　布帛氈衣故衣每箱，稅八分，每包，稅四分。　氈衣，每件稅一分六釐。　洒線衫，每件稅一分。　洒線背心，每件稅五釐。　樓簑衣每件稅二釐七毫。　帽氈帽每駄，稅四錢，每十頂，稅二釐。　獺皮帽，每百頂稅三錢。　剪絨帽，每三桶一箱，稅二錢，每十頂稅一分五釐。　藤涼帽，每十頂稅八釐，草涼帽，每十頂稅六釐。　包頭每箱稅四錢，每聯稅四釐。　袖帶香帶，每條稅四分。　羔皮袖，每十雙稅一分六釐。　零線帶，每斤稅一分。　老羊皮袖，每十雙稅七釐。　棉帶，每百副稅三釐。　裙褲皮褲，每百條稅二錢六分。　洒線裙，每條稅五釐。　襪氈襪每駄，稅四錢，每百雙，稅二錢。　緞棉襪，每百雙稅二錢。　布棉襪，每百雙稅一錢二分。　布單襪，每百雙稅八分。　羢襪，每雙稅一分二釐。　沒大小每十雙稅三釐。　靴鞋紬緞鞋，每百雙稅一錢二分。　布鞋，每百雙稅八分。　黄草鞋，每百雙稅六分。　氈鞋每十雙，棕鞋、棕套，每百雙各稅二分。　緞靴，每雙稅一分二釐。　布皮靴，每雙稅四釐。　膝褲緞、紬、紗、羅膝褲，每十雙稅一分二釐。

亳州口旱販衣物稅則

一、皮氈衣天馬皮襖、海馬皮襖、烏雲豹皮襖、猞猁猻皮襖、兔兒猻皮襖、銀鼠皮襖、狐皮襖，每件各稅一錢六分，以上各色皮褂，每件各稅八分。　羔皮襖、黑猾皮襖，每件各稅一分二釐。　羔皮褂、老羊皮襖、千張皮襖、兔皮襖，每件各稅一分。　黑猾皮褂、老羊皮褂、千張皮褂、兔皮褂、褐衫、西氈衣褐片，每件各稅八釐。　羔皮馬褂，每件稅五釐。　老羊皮馬褂，每件稅四釐。　布帛衣洒線衣，每箱稅六錢。　故衣，每箱稅八分，每包稅四分。　洒線衫料，每件稅二分。　洒線背心，每件稅一分。　樓簑衣每件稅二釐七毫。　帽剪絨帽，每箱計三筒，稅二錢，每百頂稅一錢五分，每扁稅一錢。　藤涼帽、竹涼帽，每百頂各稅八分。　草涼帽，每百頂稅五分八釐。　羊皮帽、氈帽，每百頂各稅一分九釐。　包頭每箱稅四錢，每連稅四釐。　領袖皮袖，每百雙稅一分九釐。　狐膝領，每十條稅八釐。　帶香帶，每條稅銀四分。　筒帶，每百條稅三分。　扣帶，每百條稅二分。　毛帶，每百條稅一分九釐。　棉帶，每百副稅三釐。　皮褲每百條稅二錢六分。　襪上氈襪，每百雙稅三錢九分。　中氈襪，每百雙稅二錢六分。　京緞襪，每百雙稅二錢。　下氈襪，每百雙稅一錢三分。　紬襪，布襪，每箱各稅一錢二分，每雙各稅八毫。　單布襪、皮襖，每百雙各稅四分。　皮襖套，每百雙稅二分。　沒大小，每百雙稅一分九釐。　靴每箱稅一錢二分，每雙稅四釐。　鞋氈鞋，每百雙稅二錢。　紬鞋、布鞋，每箱各稅一錢二分，每雙各稅八毫。　草鞋，每百雙稅六分。　樓鞋，樓套，每百雙各稅二分七釐。　鞋帮草鞋帮，每百雙稅三分。　氈煖腰每百條稅四分。　氈膝褲每百雙稅四分。

許寶善、永祿等《清户部則例》卷七七《稅則・蕪湖關》　衣物稅則

一、皮衣天馬皮袍，每件稅四錢。　猞猁猻褂、狐狸襖，每件各稅三錢。　天馬皮套，每件稅二錢。　狼皮褂、獾皮外套、灰鼠套，每件各稅一錢。　兔皮袍，每件稅四分。　兔皮外套，每件稅二分。　羊皮襖，每件稅一分。　羊皮背心，每件稅五釐。　羢、氈衣羢衣，每件稅五分。　氈衣，每件稅二分五釐。　褐衫、氈衫，每件各稅二分。　氈孩衣、氈背心，每件

各税一分。布、帛衣紬故衣，每擔税四錢。　布故衣，每擔税二錢。　戲甲，每件税五分。繡蟒袍，每件税四分。　洒線衣，每件税三分。　紬雨衣，每套税二分五釐。　補掛、繡甲馬，每件各税二分。　布雨衣，每套税一分五釐。　孩衣、汗衫、洒線背心，每件各税一分。棉絮套、百家孩衣，每件各税五釐。又本關土著洒線襖，每件税一分二釐。　本關土著洒線背心，每件税四釐。　帽戲盔，每擔税二錢，每十頂税二分。　氈僧帽，每百頂税四分。　滿暖帽，每頂税五釐。　獺皮帽，每頂税三釐。　藤帽，每頂税一釐五毫。　剪絨帽、滿涼帽、戲巾羊皮帽、氈大帽、緞僧帽，每頂各税一釐。　孩帽，每頂税七毫。　帽頭、帽頂、帽沿、帽坯、帽圈片金帽頂，每擔税八錢。　片金泥丸帽頂，每擔税五錢。　舊帽沿，每擔税二錢。舊帽頭，每擔税五分。　涼帽坯，每百個税三分。　涼帽圈，每百個税一分。　暖帽沿，每副税二釐。　剪絨帽沿每副，新帽頭每頂，帽頂每個，各税一釐。女冠女冠額，女髻，每百件各税三分。包頭每連二十個，税二分，重綾者同。又本關土著包頭，每連二十方，税八釐。　補子每副税一分。　領袖衣領每百條税二分。　領袖每副，油領、披領每個，各税一分。　兔皮領，每十條税三釐。　羊皮袖，每雙税二釐。　帶棉紗帶，每擔税四錢。　裙褲洒線裙，每條税二分。　羊皮褲、紬褲，每條各税五釐。　夏布褲，每條税二釐。又本關土著洒線裙，每條税八釐。　襪氈襪，每十雙税二分。　白布襪，每十雙税一分。　棉襪、羊皮襪、絨襪，每雙各税五釐。　狗皮襪、夾襪，每雙各税二釐。　氈襪頭，每雙税一釐。又本關土著羢襪，每雙税二釐。　本關土著氈襪，每雙税一釐。　襪面每雙税二釐。　靴釘靴、快靴，每雙各税五釐。孩靴，每雙税二釐。　鞋秧鞋、蒲鞋、涼鞋每百雙，草靸每千雙，各税四分。　麻鞋，每百雙税二分。　驢毛鞋每十雙，快鞋每雙，各税五釐。　氈鞋，每雙税二釐。　釘鞋、履鞋、草心鞋，每雙各税一釐。　鞋面、鞋帮、鞋底結底每百雙税五分。　蒲鞋面、草心鞋帮，每百雙各税四分。　諸色零星衣物錦裙邊，每副税一分。　洒線膝衣，每十雙税八釐。　雲肩，每個税五釐。　油肩、紬氈暖肚，每個各税二釐。　氈膝衣、紬膝衣，每雙各税一釐。又本關土著膝衣，每百雙税八分。

許寶善、永禄等《清户部則例》卷八三《税則·浙海關》　乍浦口衣物税則

一、帽出口藤涼帽胎，每匣作八十個，税三錢二分。　出口竹草涼帽胎，每件一百個，作三十三個，税一錢三分二釐。　包頭出口皂包頭，每百個作八十個，税一錢二分。

許寶善、永禄等《清户部則例》卷八五《税則·夔關》　夔關商税則例

按夔關徵收商税，向按物價每兩徵税三分，其送部税則印册，但載按物作價之數，未將按價收税之數註明，殊涉牽混，今照例核明纂入。

一、綢緞氊布衣江寧褐衫每件，綿、緞、紗、綾、綢等衣每件，各税二分四釐。　綿布衣、單紗、緞、綾、綢等衣，每件各税一分二釐。　單布衣，每件税六釐。　帽騷鼠帽、獺皮帽，每頂各税九釐。　剪絨帽，每頂税四釐五毫。　藤帽、羊皮帽、秋帽，每頂各税三釐。　苧絲帽、草涼帽，每頂各税一釐八毫。　氈大帽，每頂税一釐五毫。　氈帽，每頂税六毫。　麥草帽，每頂税三毫。　帽圈、帽沿海龍皮帽沿、騷鼠皮帽沿，每副各税四釐五毫。　蠶絲帽圈，每個税一釐二毫。　行帽圈，每個税一釐五絲。　包頭女冠翠花冠，每個税九釐。　包頭、縐紗包頭，每條各税一釐二毫。　領、帶絲腰帶，每根税三釐。　絨綾衣領，每條税二釐四毫。小絲帶，每副税九毫。　綿通帶，每根税三毫。　小綿帶，每副税一毫五絲。　裙綢裙，每條税一分二釐。　襪没大小，每百雙税六分。　粧緞襪，每雙税九釐。　葛布襪，每雙税六釐。綿襪，每雙税四釐八毫。　夾襪，每雙税一釐八毫。　單襪，每雙税九毫。　靴、鞋緞靴，每雙税二分一釐。　馬皮靴，每雙税一分八釐。　布靴，每雙税一分五毫。　牛皮靴，每雙税九釐。　緞鞋、江寧鞋，每雙各税四釐五毫。　布鞋，每雙税三釐。　膝衣每副税一釐八毫。

許寶善、永禄等《清户部則例》卷八六《税則·打箭爐》　打箭爐商税則例

按該關送部印册，覆加查核，據册尾聲明，該關徵税，係按每物價銀一兩，徵税三分。至於各物條下，但註作價銀數，不列徵税銀數，未免牽混，今將税數核明，逐條填註，其原例作價銀數，槩行删除，謹聲明纂入。

衣物税則

一、皮衣青肷袍統，每件税三錢六分。　猞猁猻袍統，每件税三錢。　青肷大褂統，每件税二錢七分。　猞猁猻大褂統、混肷袍統，每件各税二錢四分。　狐皮袍統、混肷大褂統，每件税一錢八分。　狐皮金扇面袍統、青肷馬褂統，每件各税一錢五分。　狐娃皮袍統、狐皮大褂統、猞狸猻馬褂統、混肷馬褂統，每件各税一錢二分。　狐爪子袍統、羊皮袍統、狐娃皮大褂統、狐皮馬褂統，每件各税九分。　羊皮大褂統、狐娃皮馬褂統，每件各税六分。羊皮馬褂統，每件税三分。　皮袴，每條税九釐。　氈布衣布單袍，每件税一分八釐。　氈衣，每件税一分五釐。　布棉滚身，每件税一分二釐。　布袴，每條税六釐。　帽剪絨冬帽、藤帽，每頂各税六釐。　氈帽，每頂税一釐五毫。　衣領剪絨領，每條税三釐。　緞領，每條税二釐四毫。　帶絲挺帶，每根税一分五毫。　絲板帶每根，工布帶每條，各税九釐。　棉線挺帶，每根税六釐。　大絲帶，每副税四釐五毫。　小絲帶每副，棉線腰帶每根，各税一釐五毫。　棉線腿帶，每副税三毫。　襪緞棉襪，每雙税二分一釐。　綢襪，每雙税一分三釐五毫。　緞夾襪，每雙税一分二釐。　布棉襪、氈襪，每雙各税九釐。　布夾襪，每雙税六釐。毛襪，每雙税六毫。　布襪底，每雙税九毫。　靴、鞋緞靴，每雙税三分六釐。　馬皮靴，每雙税二分一釐。　牛皮靴，每雙税一分五釐。　布靴，每雙税一分八釐。　緞鞋，每雙税一分三釐五毫。　綢鞋、皮釘鞋、細布花鞋，每雙各税七釐五毫。　氈鞋，每雙税六釐。　布鞋，

每雙稅三釐。

許寶善、永禄等《清户部則例》卷八七《稅則・粵海關》 衣物稅則

一、衣番布衣，每百斤稅三錢。 各色哆囉絨、羽紗、番衣，每件稅八分。 絨衣、各色剪絨番衣，每件各稅四分。 帽絨帽，每百斤稅三錢。 象牙帽，每頂稅二錢三分。 氊帽，每百斤稅二錢。 粗草帽，每百斤稅一錢。 綿紗帽每八頂，絲帽每四頂，番帽每一頂，各稅四分。 帽邊海龍皮帽邊，每副稅二釐四毫。 帶燻金銀織絲帶、絲帶，每百斤各稅二兩二錢。 金線帶，每斤稅一錢。 中衣羽紗、剪絨、紬緞番褲，每二條稅四分。 襪緞襪、絲襪、絨襪，每百雙各稅八錢。 綿紗襪，每百雙稅四錢。 氊襪，每百斤稅二錢。 靴緞靴，每百雙稅一兩。

衣物免徵則沿海貿易小船，照數免稅。 興販大洋者，仍照則徵收。

一、帽暖帽、藤草涼帽，每百頂各稅二錢。 帶棉紗帶，每百斤稅三錢。 襪紗襪，每百雙稅八錢。 布襪，每百雙稅四錢。 靴馬皮靴，每百雙稅一兩。 牛皮靴、布靴，每百雙各稅六錢。 鞋緞紬鞋，每百雙稅二錢五分。 布鞋，每百雙稅一錢五分。 木屐，每百斤稅一錢。

許寶善、永禄等《清户部則例》卷八八《稅則・太平關》 太平、遇仙兩關橋上水衣物稅則

一、帽草帽，每百頂稅四分二釐。 藤帽、圈棕、大帽，每百斤各稅二分七釐六毫。 藤涼帽，每頂稅一釐二毫六絲。 補子每百斤稅三兩一錢四分二釐。 皮煖帶每百斤稅三錢三分八釐四毫。 皮襪每百雙稅三錢三分八釐四毫。 靴鞋官靴、綾緞、靴皮釘靴、快鞋，每百雙各稅七錢五分。 皮履鞋、各色鞋，每百雙各稅三錢六分六釐。 木屐每雙稅一釐二毫六絲。

太平、遇仙兩關橋下水衣物稅則

一、衫襖氊衫，每百件稅一兩四錢四分四釐。有裏折棉布一疋，每疋加稅四釐五毫五絲。 竹汗衫、羊皮襖，每十件各稅七分六釐。 帽煖帽，每百頂稅一兩二錢四釐。 秋帽，每百頂稅四錢八分四釐。 頭髮帽、氊大帽、絨帽，每百頂各稅三錢六分四釐。 氊帽，每百頂稅一錢八分四釐。 藤帽、涼帽，每百頂各稅一錢二分四釐。 草帽，每百頂稅四分。 包頭、綾帕頭每百斤各稅三兩一錢四分二釐。 護領、補子每百斤(各)稅三兩一錢四分二釐。 煖腰氊煖腰，每六塊折氊一條，每百條稅一兩一錢五分四釐。 綾緞煖腰，每百塊稅四錢八分四釐。 帶絲帶、絲縧，每百斤各稅三兩一錢四分二釐。 棉帶，每百斤稅一錢八分四釐。 男裹脚每雙稅二釐。 女脚帶每連稅一釐五毫。 膝褲每百斤稅三兩一錢四分二釐。 氊膝褲，每三雙折氊一條，每百條稅一兩一錢五分四釐。 護膝氊護膝，每十塊折氊一條，每百條稅一兩一錢五分四釐。 紬緞護膝，每百雙稅四錢八分四釐。 襪綾緞襪、紬紗襪，每三雙作一斤，每百斤各稅三兩一錢四分二釐。 褐子襪，每三雙折一疋，每百疋稅一兩八錢二分二釐。 滿襪，每百雙稅七錢二分四釐。 氊襪片，每二塊折襪一雙，氊襪每十雙稅四分四釐。 絨襪片，每二塊折襪一雙，絨襪每雙稅一分三釐四絲。 棉布襪、棉線襪、氊夾襪，每雙各稅六釐。 夾布襪，每雙稅四釐。 靴、鞋布靴、皮靴、油靴、釘靴、快鞋、緞綾靴，每百雙各稅七錢二分四釐。 履鞋、皮鞋、釘鞋、草蒲鞋，每百雙各稅三錢六分四釐。 紬布鞋、棉鞋，每十雙各稅四分。 木屐每百雙稅一錢二分四釐。

太平、遇仙兩關橋續定衣物稅則

一、帽絨緞祖帽，兒帽每二百頂，布祖帽，兒帽每四百頂，各稅四錢八分四釐。

滄光廠上水衣物稅則

一、鞋絲鞋，每十雙稅六分。 布鞋、蒲鞋、皮鞋，每十雙各稅三分。

滄光廠下水衣物稅則

一、衫氊衫，每件稅一分二釐。 帽氊帽，每百頂稅一錢五分。 棕帽，每十頂稅一分。 襪氊襪，每雙稅三釐六毫。

滄光廠續定衣物稅則

一、包頭每百斤稅一兩七錢三分四釐。 絲線帶每百斤稅二兩六錢。

許寶善、永禄等《清户部則例》卷八九《稅則・潯南廠》 潯南廠商稅則例

按該廠舊刊稅册，覆核纂入。

衣物稅則

一、皮衣銀鼠、灰鼠長褂，每十件稅一兩一錢，南北同。 緞皮長褂，每十件稅八錢，南北同。 布皮長褂，每十件稅五錢，南北同。 棉羊皮褂，每十件稅三錢，南北同。 大棉羊袍，每件稅六分，南北同。 小棉羊袍，每件稅四分，南北同。 紬布衣道衣，每件潯稅三分，寧稅二分。 夾布袍，每件寧稅二分八釐，潯稅二分二釐。 舊紬衣，每件稅二分，南北同。 新單衣、夾外套，每件寧稅各一分三釐，潯稅各一分二釐。 小馬褂，每件寧稅八釐，潯稅七釐。 舊退衣，每件潯稅七釐，寧稅六釐。 油衣紬油衣，每十件稅三錢，南北同。 棕衣每件稅二釐，南北同。 帽藤帽胎，每百頂稅三錢，南北同。 涼、煖帽胎，每百頂潯稅各一錢五分，寧稅同。 竹帽胎，每百頂寧稅一錢，潯稅八分。 草帽，每百頂稅五分，南北同。 青帽，每一十頂潯稅三分五釐，寧稅二分五釐。 氊帽，每百頂潯稅二分四釐，寧稅三釐。 包頭每連七條，寧稅三分三釐，潯稅三分。 帶緞扣帶，每百條稅五錢，南北同。 棉扣帶，每百條稅三錢，南北同。 棉帶，每斤稅二分，南北同。 襪氊襪，每十雙潯稅一錢二釐，寧稅二分八釐。 絡脚韈，每百對稅五分，南北同。 布水韈，每十雙潯稅二分四釐，寧稅一分六釐。 緞棉韈，每雙稅一分二釐，南北同。 鑲棉韈，每雙稅六釐，南北同。 靴、鞋緞履鞋，每十雙潯稅八分。 布履鞋，每十雙潯稅七分。 蒲鞋每十雙，潯稅六分，寧稅四分。 緞靴，每雙稅二

分四釐，南北同。　布靴、釘靴，每雙潯稅各二分。　小布靴，每雙稅六釐，南北同。　小皮靴，每雙稅五釐，南北同。　大皮鞋，每雙稅四釐，南北同。　小皮鞋，每雙稅二釐，南北同。　木套每百雙稅二分，南北同。

許寶善、永祿等《清户部則例》卷九〇《稅則·梧州廠》　梧州廠商稅則例

按該關稅則，既開大中小鼎鍋、磁器、豬口之則，另條又開鼎鍋、磁器、豬口，殊屬重複，謹從刪除，其餘各物，按照原冊分纂。

衣物稅則

一、皮衣有裡羊皮襖，每件稅七分八釐。　綿羊有裡馬褂，每件稅三分九釐。　緞綢布衣緞袍，每件稅一錢。　僧衣，每件稅七分八釐。　道服，每件稅六分二釐四毫。　小花衫，每十件稅三分一釐二毫。　新長夾衣，每件稅二分八釐八毫。　綢退衣、綢馬褂、新短夾衣，每件各稅一分九釐二毫。　新長單衣、葛布袍，每件各稅一分四釐四毫。　舊衣服、夏布袍、葛布衫、布短衫，每件各稅七釐八毫。　襖、夏布衫，每件各稅六釐二毫四絲。　蕉布衫，每件稅四釐六毫八絲。　油衣綢油衣，每件稅七分八釐。　布油衣，每件稅一分四釐四毫。　氈衫每十件稅三錢。棕簑衣棕衣，每百斤稅四分六釐八毫。　棕衣、簑衣，每百張各稅二分三釐四毫。　帽草帽，每百頂稅一錢二分。　綢僧帽，每十頂稅七分八釐。　氈帽，每百頂稅三分一釐二毫。　雨帽每百頂，儒巾、師姑帽、小兒和尚帽每十頂，道冠每十個，各稅一分五釐六毫。　藤帽，每十頂稅一分。　綢煖帽每頂，晉折等巾、藤帽胎每十頂，各稅七釐八毫。　竹折帽，每十頂稅五釐。　布煖帽，每頂稅四釐六毫八絲。　風領每百條稅五分。　補子每十副稅七分八釐。　雲肩每個稅三釐。　盔襯綢者，每頂稅七釐八毫。　布者，稅四釐六毫八絲。　裙褲綢裙、綢褲，每條各稅一分九釐二毫。　裙、布褲，每件各稅六釐二毫四絲。　夏布褲，每件稅四釐六毫八絲。　帶絨帶，每斤稅三分一釐二毫。　絲帶，每斤稅三分。　布帶，每斤稅七釐八毫。　襪水襪，每十雙稅四分六釐八毫。　上鑲襪、氈襪，每雙各稅一分九釐二毫。　布暑襪，每十雙稅一分五釐六毫。　鑲緞襪，每雙稅九釐六毫。　綿襪、秋襪、皮襪，每雙各稅七釐八毫。　靴、鞋蒲鞋面，每百雙稅一兩二錢五分。　有底蒲鞋，每百雙稅一兩。　潞鞋，每百雙稅九錢六分。　布靸鞋面，每百雙稅四錢四分。　大皂靴、大油釘靴，每雙各稅三分一釐二毫。　綢快鞋，每雙稅二分八釐一毫。　布快鞋，每雙稅二分三釐四毫。　小皂靴、中油釘靴、皮靴，每雙各稅一分五釐六毫。　綢鞋，每雙稅一分四釐四毫。　布鞋，每雙稅九釐六毫。　皮鞋、油釘鞋，每雙各稅三釐一毫二絲。　套屐套屐，每百雙稅七分八釐。　木屐，每百雙稅四分六釐八毫。

《皇清奏議》卷五三李因培《請嚴鄉飲濫舉並定服色疏》　臣所到之處，見有金頂補服年老之人，詢之，則皆歷年飲賓所服，皆八九品服色，細加採訪，各處皆同，不獨尋常服用，即鄉飲之日已然。　臣竊以爲僭矣。　夫《儀禮》所載，明日賓鄉服以拜賜。　鄭康成注：「鄉服，昨日與鄉大夫飲酒之朝服也。」其賓而朝服者，《儀禮》之鄉飲酒，乃鄉大夫三年大比，獻賢能而禮賓之，即今賓興之意，所謂賓乃士也。　士貢於朝，將以官之，故得同服朝服。　今鄉飲乃正齒位之禮，賓既屬民，不得僭越明矣。【略】仰懇皇上敕部定議，明立章程，通行遵照，庶典禮明而章服有等，於風化不無少裨矣。

官修《清禮部則例》卷二八《儀制清吏司》　皇帝冠服

皇帝冬朝冠，薰貂爲之。　十一月朔至上元，用黑狐。　上綴朱緯。　頂三層，貫東珠各一，皆承以金龍各四，飾東珠如其數，上銜大珍珠一。　夏朝冠，織玉草或藤竹絲爲之。　緣石青片金二層。　上綴朱緯。　前綴金佛，飾東珠十五。　後綴舍林，飾東珠七。　頂如冬朝冠。

端罩，紫貂爲之。　明黄緞裏。　左、右垂帶各二，下廣而鋭，色與裏同。　十一月朔至上元，用黑狐。

袞服，色用石青，繡五爪正面金龍四團，兩肩前後各一。　其章，左日右月，前後萬壽篆文，間以五色雲。

朝服，色用明黄，惟南郊、祈穀、雩祭用藍，朝日用紅，夕月用月白。　其制，披領及袖皆石青，冬用片金加海龍緣，夏用片金緣。　繡文，兩肩前後正龍各一，腰帷行龍五，衽正龍一，襞積前後團龍各九，裳正龍二、行龍四，披領行龍二，袖端正龍各一。　列十二章，日、月、星、辰、山、龍、華、虫、黼、黻在衣，宗彝、藻、火、粉米在裳。　間以五色雲。　下幅八寶平水。　十一月朔至上元，用緣貂朝服。　其制，披領及裳，皆表以紫貂，袖端薰貂。　繡文，兩肩前後正龍各一，襞積行龍六。　列十二章，均在衣，間以五色雲。

朝珠，用東珠一百有八，佛頭、記念、背雲、大小墜珍寶雜飾，各惟其宜。　惟祀天以青金石爲飾，祀地珠用蜜珀，朝日用珊瑚，夕月用緑松石，雜飾惟宜，絛皆明黄色。

朝帶之制二，皆明黄色。　其一，龍文金圓版四，飾紅寶石，或藍寶石，及緑松石，每具銜東珠五，圍珍珠二十。　左右佩帉，淺藍及白各一，下廣而鋭。　中約鏤金圓結，飾寶如版，圍珠各三十。　佩囊文繡，燧觿、刀、削，結佩惟宜，絛皆明黄色。　其二，龍文金方版四，其飾，祀天用青金石，祀地用黄玉，朝日用珊瑚，夕月用白玉。　每具銜東珠五。　佩帉及絛，惟圜丘用純青，餘如圓版朝帶之制。　中約圓結如版飾，銜東珠各四。　佩囊純石青，左觿、右削，並從版色。

吉服冠，頂滿花金座，上銜大珍珠一。

龍袍，色用明黄。領、袖皆石青，片金緣。繡文，金龍九，列十二章，間以五色雲。領前後正龍各一，左、右及交襟處行龍各一，袖端正龍各一。下幅八寶立水，裾左右開。

吉服朝珠，珍寶隨所御。

吉服帶，用明黄色，鏤金版四，方圓惟便，銜以珠玉、雜寶惟宜。左右佩帉純白，下直而齊，中約金結如版飾，餘如朝帶。

常服冠，紅絨結頂。

常服褂，色用石青，花文隨所御。

常服袍，色及花文，隨所御，裾左右開。

常服帶，如吉服。

雨冠、雨衣、雨裳之制，皆用明黄色，氊及羽緞紬綢惟其時。

大内冠服皇太后、皇后冬朝冠，薰貂爲之。上綴朱緯。頂三層，貫東珠各一，皆承以金鳳，飾東珠各三，珍珠各十七，上銜大東珠一。朱緯上週綴金鳳七，飾東珠各九，貓睛石各一，珍珠各二十一。後金翟一，飾貓睛石一，珍珠十六，翟尾垂珠，凡珍珠三百有二，五行二就，每行大珍珠一。中間金銜青金石結一，飾東珠、珍珠各六，末綴珊瑚。冠後護領，垂明黄縧二，末綴寶石，青緞爲帶。夏朝冠，青絨爲之，餘皆如冬朝冠。

金約，鏤金雲十三，飾東珠各一，間以青金石，紅片金裏。後繫金銜緑松石結，貫珠下垂，凡珍珠三百二十四，五行三就，每行大珍珠一，中間金銜青金石結二，每具飾東珠、珍珠各八，末綴珊瑚。

耳飾，左右各三，每具金龍銜一等東珠各二。

朝褂之制三，皆石青色，片金緣。其一，繡文前後立龍各二，下通襞積，四層相間，上爲正龍各四，下爲「萬福萬壽」。其二，繡文前後正龍各一，腰帷行龍四，中有襞積，下幅行龍八。其三，繡文前後立龍各二，中無襞積。下幅八寶平水。領後皆垂明黄縧，其飾珠寶惟宜。

朝袍之制三，皆明黄色。其一，披領及袖皆石青，片金加貂緣，肩上下襲朝褂處亦加緣。繡文金龍九，間以五色雲。中〔有〕襞積。下幅八寶平水。披領行龍二，袖端正龍各一，袖相接處行龍各二。其二，披領及袖皆石青，冬用片金加海龍緣，夏用片金緣，肩上下襲朝褂處亦加緣。繡文前後正龍各一，兩肩行龍各一，腰帷行龍四，中有襞積。下幅行龍八。其三，領、袖片金加海龍緣，夏片金緣。中無襞積。裾後開。餘俱如貂緣朝袍之制。領後垂明黄縧，飾珠寶惟宜。

領約，鏤金爲之，飾東珠十一，間以珊瑚，兩端垂明黄縧二，中各貫珊瑚，末綴緑松石各二。

朝珠三盤，東珠一，珊瑚二，佛頭、記念、背雲、大小墜、珠寶，雜飾惟宜。縧皆明黄色。

綵帨，緑色，繡文爲「五穀豐登」。佩箴管、縏袠之屬。縧皆明黄色。

冬朝裙，片金加海龍緣，上用紅織金壽字緞，下石青行龍粧緞，皆正幅。有襞積。夏朝裙，片金緣，緞、紗各惟其時。

吉服冠，頂用東珠。

龍褂之制二，皆石青色。其一，繡文五爪金龍八團，兩肩前後正龍各一，襟行龍四。下幅八寶立水。袖端行龍各二。其二，制如之，下幅及袖端不施章采。

龍袍之制三，色用明黄，領、袖皆石青。其一，繡文金龍九，間以五色雲，福壽文采惟宜。下幅八寶立水。領前後正龍各一，左右及交襟處行龍各一。袖如朝袍，裾左右開。其二，繡文五爪金龍八團，兩肩前後正龍各一，襟行龍四。下幅八寶立水。領、袖及裾，均如前制。其三，制如之，下幅不施章采。

吉服朝珠一盤，珍寶隨所御。縧皆明黄色。

皇貴妃朝冠，頂三層，貫東珠各一，皆承以金鳳，飾東珠各三，珍珠各十七，上銜大珍珠一。朱緯上週綴金鳳七，飾東珠各九，珍珠各二十一。後金翟一，飾貓睛石一，珍珠十六。翟尾垂珠，凡珍珠一百九十二，三行二就。中間金銜青金石結一，飾東珠、珍珠各四，末綴珊瑚。冠後護領，垂明黄縧二，末綴寶石。青緞爲帶。

金約，鏤金雲十二，飾東珠各一，間以珊瑚，紅片金裏。後繫金銜緑松石結，貫珠下垂，凡珍珠二百有四，三行三就。中間金銜青金石結二，每具飾東珠、珍珠各六，末綴珊瑚。耳飾，左右各三，每具金龍銜二等東珠各二。

領約，鏤金爲之，飾東珠七，間以珊瑚。兩端垂明黄縧二，中各貫珊瑚，末綴珊瑚各二。

朝珠三盤，蜜珀一，珊瑚二，餘如皇后。

龍褂，色用石青，繡文五爪金龍八團，兩肩前後正龍各一，襟行龍四。下幅八寶立水。袖端行龍各二。

龍袍，色用明黃，領、袖皆石青，繡文金龍九，間以五色雲，福壽文采惟宜。下幅八寶立水。領前後正龍各一，左右及交襟處行龍各一，袖如朝袍，裾左右開。

吉服朝珠一盤，縧明黃色，餘皆如皇后。

貴妃冠服，垂縧皆金黃色，袍色亦用金黃，餘皆如皇貴妃。

妃朝冠，頂二層，貫東珠各一，皆承以金鳳，飾東珠共九，珍珠各十七，上銜貓睛石。朱緯上週綴金鳳五，飾東珠各七，珍珠各二十一。後金翟一，飾貓睛石一，珍珠十六，翟尾垂珠，凡珍珠一百八十八，三行二就。中間金銜青金石結一，飾東珠、珍珠各四，末綴珊瑚。冠後護領垂金黃縧二，末綴寶石。青緞爲帶。

金約，鏤金雲十一，飾東珠各一，間以青金石，紅片金裏。後繫金銜緑松石結，貫珠下垂，凡珍珠一百九十七，三行三就。中間金銜青金石結二，每具飾東珠、珍珠各六，末綴珊瑚。

耳飾，左右各三，每具金龍銜三等東珠各二。

綵帨，繡文爲「雲芝瑞草」。

吉服冠，頂用碧𤦪玜，餘皆如貴妃。

嬪朝冠，頂二層，貫東珠各一，皆承以金翟，飾東珠共九，珍珠各十七，上銜礶子。朱緯上週綴金翟五，飾東珠各五，珍珠各十九。後金翟一，飾珍珠十六，翟尾垂珠，凡珍珠一百七十二，三行一就。中間金銜青金石結一，飾東珠、珍珠各三，末綴珊瑚。冠後護領，垂金黃縧二，末綴寶石。青緞爲帶。

金約，鏤金雲八，飾東珠各一，間以青金石，紅片金裏。後繫金銜緑松石結，貫珠下垂，凡珍珠一百七十七，三行二就。中間金銜青金石結二，每具飾東珠、珍珠各四，末綴珊瑚。

耳飾，左右各三，每具金龍銜四等東珠各二。

朝珠三盤，珊瑚一，蜜珀二。

綵帨，不繡花文。

龍褂，繡文兩肩前後正龍各一，襟夔龍四。袍皆用香色，餘皆如妃。

皇子、皇子福晉冠服

皇子冬朝冠，薰貂爲之，十一月朔至上元，用青狐。頂金龍二層，飾東珠十，上銜紅寶石。夏朝冠，前綴舍林，飾東珠五，後綴金花，飾東珠四，頂如冬朝冠。

端罩，紫貂爲之，金黃緞裏。左右垂帶各二，下廣而鋭，色與裏同。

龍褂，色用石青。繡五爪正而金龍四團，兩肩前後各一，間以五色雲。

朝服之制二，皆金黃色。其一，披領及裳，皆表以紫貂。袖端薰貂。繡文，兩肩前後正龍各一，襞積行龍六，間以五色雲。其二，披領及袖皆石青，冬用片金加海龍緣，夏用片金緣。繡文，兩肩前後正龍各一，腰帷行龍四，裳行龍八，披領行龍二，袖端正龍各一。中有襞積，下幅八寶平水。

朝珠不得用東珠，餘隨所用，縧皆金黃色。

朝帶，色用金黃，金銜玉方版四，每具飾東珠四，中飾貓睛石一，左右佩縧如帶色。

吉服冠，紅絨結頂。蟒袍，色用金黃片金緣。繡文，通九蟒。裾左右開。吉服帶，色用金黃，版飾惟宜，佩縧如帶色。

雨冠、雨衣、雨裳之制，均用紅色，氊及羽紗、油紬惟其時。

皇子福晉朝冠，頂鏤金三層，飾東珠十，上銜紅寶石。朱緯。上週綴金孔雀五，飾東珠各七，小珍珠三十九。後金孔雀一，垂珠三行二就。中間金銜青金石結一，飾東珠各三，末綴珊瑚，冠後護領，垂金黃縧二，末亦綴珊瑚，青緞爲帶。

金約，鏤金雲九，飾東珠各一，間以青金石，紅片金裏。後繫金銜青金石結，貫珠下垂，三行三就。中間金銜青金石結二，每具飾東珠、珍珠各四，末綴珊瑚。

耳飾，左右各三，每具金雲銜珠各二。朝褂，色用石青，片金緣。繡文前行龍四，後行龍三。領後垂金黃縧，雜飾惟宜。朝袍，用香色，披領及袖皆石青，冬用片金加海龍緣，夏用片金緣。肩上下襲朝褂處亦加緣。繡文前後正龍各一，兩肩行龍各一，襟行龍四，披領行龍二，袖端正龍各一，袖相接處行龍各二。裾後開。領後垂金黃縧，雜飾惟宜。

領約，鏤金爲之，飾東珠七，間以珊瑚，兩端垂金黃縧二，中各貫珊瑚，末綴珊瑚各二。朝珠三盤，珊瑚一，蜜珀二，縧皆金黃色。

綵帨月白色，不繡花文，結佩惟宜。縧皆金黃色。

冬朝裙，片金加海龍緣，上用紅緞，下石青行龍粧緞，皆正幅，有襞積。夏朝裙，片金緣，緞紗各惟其時。

吉服冠，頂用紅寶石。吉服褂，色用石青，繡五爪正龍四團，前後兩肩各一。蟒袍，用香色，通繡九龍。吉服朝珠一盤，縧金黃色。

官修《清禮部則例》卷二九《儀制清吏司》 親王以下凡品官冠服

一親王端罩，青狐爲之，月白緞裏，若賜金黃色者，亦得用之。補服，色用石青，繡五爪金龍四團，前後正龍，兩肩行龍。朝服、蟒袍，藍及石青諸色隨所用，若賜金黄色者，亦得用之。吉服冠，頂用紅寶石，若賜紅絨結頂者，亦得用之。坐褥，冬用猞猁猻緣貂皮，夏用五爪龍紅緞，襯紅白氊。餘皆如皇子。

一親王世子朝冠，頂金龍二層，飾東珠九，上銜紅寶石。朝帶，金銜玉方版四，每具飾東珠三。坐褥冬用貂皮緣猞猁猻，夏用四爪蟒文藍緞，餘如親王。

一郡王朝冠，頂金龍二層，飾東珠八，上銜紅寶石。夏朝冠，前綴舍林，飾東珠四。後綴金花，飾東珠三。補服，繡五爪行龍四團，兩肩前後各一。朝帶，金銜玉方版四，每具飾東珠二，貓睛石一，餘皆如親王世子。

一貝勒朝冠，頂金龍二層，飾東珠七，上銜紅寶石。夏朝冠，前綴舍林，飾東珠三。後綴金花，飾東珠二。補服，前後繡四爪正蟒各一團。朝服、蟒袍，均不得用金黄色，餘隨所用。朝服之制如郡王，通繡蟒文，皆四爪，蟒袍如之。朝帶，金銜玉方版四，每具飾東珠二，佩絛皆用石青色。坐褥，冬用猞猁猻皮，夏用藍粧花緞。餘如郡王。

一貝子朝冠，頂金龍二層，飾東珠六，上銜紅寶石，戴三眼孔雀翎。夏朝冠，前綴舍林，飾東珠二。後綴金花，飾東珠一。補服，前後繡四爪行蟒各一團。朝帶，金銜玉方版四，每具飾東珠一。吉服冠，頂用紅寶石，戴三眼孔雀翎，坐褥，冬用白豹皮，夏用藍緞，緣以粧緞，餘皆如貝勒。

一鎮國公朝冠，頂金龍二層，飾東珠五，上銜紅寶石，戴雙眼孔雀翎。夏朝冠，前綴舍林，飾東珠一。後綴金花，飾緑松石一。端罩，紫貂爲之，月白緞裏。補服，前後繡四爪正蟒方補。朝帶，金銜玉方版四，每具飾貓睛石一。吉服冠，入八分公頂用紅寶石，未入八分公用珊瑚，均戴雙眼孔雀翎。坐褥，冬用紅豹皮，夏用紅閃緞，襯紅氊。餘皆如貝子。

一輔國公朝冠，頂金龍二層，飾東珠四，上銜紅寶石，戴雙眼孔雀翎。坐褥，冬用紅豹皮去首尾，夏用青閃緞。餘皆如鎮國公。

一鎮國將軍朝冠，頂鏤花金座，中飾東珠一，上銜紅寶石。補服，前後繡麒麟。吉服冠，頂用珊瑚，餘皆視一品。

一輔國將軍朝冠，頂鏤花金座，中飾小紅寶石一，上銜鏤花珊瑚。補服，前後繡獅。吉服冠，頂用鏤花珊瑚，餘皆視二品。

一奉國將軍朝冠，頂鏤花金座，中飾小紅寶石一，上銜藍寶石。補服，前後繡豹。吉服冠，頂用藍寶石。餘皆視三品。

一奉恩將軍朝冠，頂鏤花金座，中飾小藍寶石一，上銜青金石，補服，前後繡虎。吉服冠，頂用青金石。餘皆視四品，惟衣裾四啟，帶用金黄色，餘皆同。凡宗室，衣裾皆四啟，帶皆用金黄色。

一固倫額駙冠服，視貝子，頂用珊瑚，戴三眼孔雀翎。

和碩額駙冠服，視鎮國公。頂用珊瑚，戴雙眼孔雀翎。惟朝帶，色用石青或藍，均用金銜玉圓版四。吉服帶，色用石青或藍。餘皆同。

一郡主額駙冠服，視武一品。惟朝帶用鏤金銜玉圓版四，每具飾緑松石一。坐褥，冬用虎皮去首尾，夏用藍緞，襯紅氊。

縣主額駙冠服，視武二品。惟坐褥，冬用獾皮，夏用青布緣紅布，襯紅氊。

郡君額駙冠服，視武三品。惟坐褥，冬用貂皮，夏用青布，襯紅氊。

縣君額駙冠服，視武四品。惟朝帶，用鈒金方鐵版四。坐褥，冬用青山羊皮，夏用藍布，襯白氊。

鄉君額駙冠服，視武五品。惟朝帶，用鈒金方鐵版四。坐褥，冬用鹿皮，夏用白氊。餘皆同。

一固倫額駙，若爵在貝子以上，和碩額駙，爵在鎮國公以上，冠服各從其品。郡主額駙以下皆如之。

一民公冬朝冠，薰貂爲之，十一月朔至上元用青狐，頂鏤花金座，中飾東珠四，上銜紅寶石。端罩，貂皮爲之，藍緞裏。補服，色用石青，前後繡四爪正蟒。朝服，藍及石青諸色隨所用。其制，披領及袖皆石青，冬用片金加海龍緣，夏用片金緣，兩肩前後正蟒各一，腰帷行蟒四。中有襞積。裳行蟒八，緣貂。朝服之制，披領及裳，俱表以紫貂，袖端薰貂，兩肩前後正蟒各一。襞積行蟒四，皆四爪，曾賜五爪蟒緞者，亦得用之。朝珠，珊瑚、青金、緑松、蜜珀隨所用，雜飾惟宜，絛用石青色。朝帶，色用石青或藍，鏤金銜玉圓版四，每具飾貓睛石一，佩帉，下廣而鋭。吉服冠，頂用珊瑚。蟒袍，藍及石青諸色隨所用，通繡九蟒。吉服帶佩帉下直而齊，版飾及佩惟宜。雨冠、雨衣及裳，均用紅色。坐褥，冬用全虎皮，夏用青閃緞，襯紅氊。

一侯朝冠，頂鏤花金座，中飾東珠三，上銜紅寶石。朝帶，鏤金銜玉圓版四，每具飾緑松石一。坐褥，冬用虎皮去首尾，夏用青色緑花閃緞。餘皆如公。

一伯朝冠，頂鏤花金座，中飾東珠二，上銜紅寶石。朝帶，鏤金銜玉圓版四，每具飾紅寶石一。坐褥，冬用虎皮去首尾，夏用藍雲緞。餘皆如侯。

一子朝冠，頂鏤花金座，中飾東珠一，上銜紅寶石。補服，前後繡麒麟。吉服冠，頂用珊瑚。餘皆視二品。

一、男朝冠，頂鏤花金座，中飾小紅寶石一，上銜鏤花珊瑚。補服，前後繡獅。吉服冠，頂用鏤花珊瑚。餘皆視二品。

一、文一品朝冠，頂鏤花金座，中飾東珠一，上銜紅寶石。補服，前後繡鶴。朝帶，鏤金銜玉方版四，每具飾紅寶石一。坐褥，冬用狼皮，夏用紅褐，餘皆如公。武一品，補服，前後繡麒麟。餘皆如文一品。

一、文二品冬朝冠，薰貂爲之，十一月朔至上元用貂尾，頂鏤花金座，中飾小紅寶石一，上銜鏤花珊瑚。補服，前後繡錦鷄。朝帶，鏤金圓版四，每具飾紅寶石一。吉服冠，頂鏤花珊瑚。雨冠紅色，雨衣、雨裳青色。惟各省巡撫均得用紅色。坐褥，冬用貛皮，夏用紅褐緣皂褐。餘皆如文一品。武二品，補服，前後繡獅。餘皆如文二品。

一、文三品朝冠，頂鏤花金座，中飾小紅寶石一，上銜藍寶石。補服，前後繡孔雀。朝帶，鏤花金圓版四。吉服冠，頂用藍寶石。坐褥，冬用貉皮，夏用皂褐緣紅褐。餘皆如文二品。武三品，冬朝冠，薰貂爲之。補服，前後繡豹。餘皆如文三品，惟無緣貂。朝服及端罩，一等侍衛，戴孔雀翎，端罩猞猁猻爲之，間以貂皮，月白緞裏。餘皆如武三品。

一、文四品冬朝冠，薰貂爲之，頂鏤花金座，中飾小藍寶石一，上銜青金石。補服，前後繡雁。朝帶，銀銜鏤花金圓版四。吉服冠，頂用青金石。蟒袍，通繡八蟒，皆四爪。雨冠紅色，前加緣二寸五分，後五寸，青色。坐褥，冬用山羊皮，夏用皁褐。餘皆如文三品。武四品，補服前後繡虎。餘皆如文四品。二等侍衛，戴孔雀翎。端罩，紅豹皮爲之，素紅緞裏。朝服，剪絨緣，色用石青，通身雲緞，前後方襴行蟒各一。腰帷，行蟒四。中有襞積。領、袖俱石青粧緞，冬夏皆用之。餘皆如武四品。雨冠，御前侍衛，乾清門侍衛，皆用紅色。雨衣、雨裳，御前侍衛用紅色，其餘侍衛各從其品。

一、文五品朝冠，頂鏤花金座，中飾小藍寶石一，上銜水晶。補服，前後繡白鷴。朝服，片金緣，色用石青，通身雲緞，前後方襴行蟒各一。中有襞積。領、袖俱石青粧緞，冬夏皆用之。朝帶，銀銜素金圓版四。吉服冠，頂用水晶。坐褥，冬用青羊皮，夏用藍布，襯白氈。餘皆如文四品。武五品補服，前後繡熊。餘皆如文五品，惟無朝珠。三等侍衛，戴孔雀翎。端罩，黄狐皮爲之，月白緞裏。朝服，剪絨緣，如文五品朝服之制。餘皆如武五品。

一、文六品朝冠，頂鏤花金座，中飾小藍寶石一，上銜硨磲。補服，前後繡鷺鷥。朝帶，銀銜玳瑁圓版四。吉服冠，頂用硨磲。坐褥，冬用黑羊皮，夏用黑椶色布。餘皆如文五品，惟無朝珠。武六品補服，前後繡彪。餘皆如文六品。藍翎侍衛，戴藍翎，端罩、朝服、朝珠，均如三等侍衛。餘皆如武六品。

一、文七品朝冠，頂鏤花金座，中飾小水晶一，上銜素金。補服，前後繡鸂鶒。朝帶，素銀圓版四。吉服冠，頂用素金。蟒袍，通繡五蟒，皆四爪。雨冠青色，前加緣二寸五分，後五寸，紅色。坐褥，冬用鹿皮，夏用灰色布。餘皆如文六品。武七品，補服，制如武六品，餘皆如文七品。

一、文八品朝冠，鏤花金頂，無飾。補服，前後繡鵪鶉。朝服，色用石青雲緞，無蟒，領、袖皆青倭緞。中有襞積，冬夏皆用之。朝帶，銀銜明羊角圓版四。吉服冠，鏤花金頂。坐褥，冬用麅皮，夏用土布。餘皆如文七品。武八品補服，前後繡犀牛。餘皆如文八品。

一、文九品朝冠，鏤花銀頂。補服，前後繡練雀。朝帶，銀銜烏角圓版四。吉服冠，鏤花銀頂。坐褥，冬用獺皮，夏用土布。餘皆如文八品。武九品補服，前後繡海馬。餘皆如文九品。未入流冠服，制如文九品。

一、左都御史，副都御史，監察御史，各省按察使，及道員補服，均前後繡獬豸。其都察院都事、經歷、筆帖式、及按察使經歷、照磨等官，俱照本身品級，不得用獬豸補服。

一、官員父母受封者，冠服得如所封之品。官員加級受封，冠服均從本任，惟致仕後，准照所封之品服用。其革職留任之員，准照原品頂帶服用。

一、會試中式貢士朝冠，頂鏤花金座，上銜金三枝九葉。吉服冠，頂用素金。舉人公服冠頂，鏤花銀座，上銜金雀。公服袍，青紬爲之，藍緣，披領如袍飾。公服帶，制如文八品朝帶。吉服冠，頂銀座，上銜素金。貢生吉服冠，鏤花金頂，餘皆如舉人。監生吉服冠，素銀頂。餘皆如貢生。生員公服冠，頂鏤花銀座，上銜銀雀。公服袍，藍紬爲之，青緣，披領如袍飾。公服帶，制如文九品朝帶。吉服冠，制如監生。外郎、耆老，冠頂以錫。

一、祭祀文舞生冬冠，騒鼠爲之，頂鏤花銅座，中飾方銅鏤葵花，上銜銅三角，如火珠形。袍，以紬爲之。其色，南郊用石青，北郊用黑，祈穀壇、太廟、社稷壇、朝日壇、帝王廟、文廟、先農壇、太歲壇，均用紅，夕月壇用月白，前後方爛，銷金葵花。帶，緑紬爲之。祭祀武舞生，頂上銜銅三棱如古戟形。袍，以紬爲之，通銷金葵花。餘如文舞生袍之制。帶，制如文舞生。祭祀執事人，袍之制二，其一，以紬爲之，不加緣。其色，南郊用石青，北郊用黑。其二，青紬爲之，太廟、文廟、先農壇、太歲壇，均用藍緣，祈穀壇、社稷壇、朝日壇、帝王廟，均用石青緣，夕月壇，用月白緣。帶，制如文舞生。

一、樂部樂生冬冠，騷鼠爲之，頂鏤花銅座，上植明黄翎。袍之制二，其一，紅緞爲之，前後方襴繡黄鸝，中和韶樂部樂生、執戲竹人服之。其二，紅緞爲之，通織小團葵花，丹陛大樂諸部樂生服之。帶用綠雲緞。

一、鹵簿輿士冬冠，以豹皮及黑氊爲之，頂鏤花銅座，上植明黄翎。袍，制如丹陛大樂諸部樂生。帶，制如祭祀文舞生。鹵簿護軍，袍，石青緞爲之，通織金壽字片金緣，領及袖端，皆織金葵花。鹵簿校尉冬冠，以豹皮爲之，亦以黑氊爲之，平簷，頂素銅座上植明黄翎。袍及帶，制如鹵簿輿士。

一、從耕農官冠，青絨爲之，頂同八品。補服，色用石青，前後繡彩雲捧日。袍，青絹爲之，上加披領。腰爲襞積，如朝袍，不加緣，月白絹裏。

官修《清禮部則例》卷三〇《儀制清吏司》 王福晉公主以下凡品官妻冠服

一、親王福晉吉服褂，繡五爪金龍四團，前後正龍，兩肩行龍。餘皆如皇子福晉。

一、親王世子福晉朝冠，頂鏤金二層，飾東珠九，上銜紅寶石。朱緯。上週綴金孔雀五，飾東珠各六。後金孔雀一，垂珠三行二就。中間金銜青金石結一，飾東珠各三，末綴珊瑚。冠後護領垂金黄縧二，末亦綴珊瑚。金約，鏤金雲八，飾東珠各一，間以青金石。後繫金銜青金石結，貫珠下垂，三行三就。中間金銜青金石結二，每具飾東珠珍珠各四，末綴珊瑚。餘皆如親王福晉。

一、郡王福晉朝冠，頂鏤金二層，飾東珠八，上銜紅寶石。朱緯。上週綴金孔雀五，飾東珠各五。後金孔雀一，垂珠三行二就。中間金銜青金石結一，末綴珊瑚。冠後護領垂金黄縧二，末亦綴珊瑚。金約，鏤金雲八，飾東珠各一，間以青金石。後繫金銜青金石結，貫珠下垂，三行三就。中間金銜青金石結二，末綴珊瑚。吉服褂，繡五爪行龍四團，前後兩肩各一。餘皆如世子福晉。

一、貝勒夫人朝冠，頂鏤金二層，飾東珠七，上銜紅寶石。朱緯。上週綴金孔雀五，飾東珠各三。後金孔雀一，垂珠三行二就。中間金銜青金石結一，末綴珊瑚。冠後護領，垂石青縧二，末亦綴珊瑚。金約，鏤金雲七，飾東珠各一，間以青金石，後繫金銜青金石結，貫珠下垂，三行三就，中間金銜青金石結二，末綴珊瑚。朝褂，繡四爪蟒，領後垂石青縧。朝袍，藍及石青諸色隨所用。領、袖，冬用片金加海龍緣，夏用片金緣。繡四爪蟒，領後垂石青縧。領約、朝珠、綵帨，縧皆石青色。吉服褂，前後繡四爪正蟒各一團。蟒袍，藍及石青諸色隨所用，通繡九蟒。餘皆如郡王福晉。

一、貝子夫人朝冠，頂鏤金二層，飾東珠六。金約，鏤金雲六。吉服褂，前後繡四爪行蟒各一團。餘皆如貝勒夫人。

一、鎮國公夫人朝冠，頂鏤金二層，飾東珠五。金約，鏤金雲五。吉服褂，繡花八團。餘皆如貝子夫人。

一、輔國公夫人朝冠，頂鏤金二層，飾東珠四。金約，鏤金雲四。餘皆如鎮國公夫人。

一、鎮國將軍夫人冠服，均視一品命婦。輔國將軍夫人冠服，均視二品命婦。奉國將軍淑人冠服，均視三品命婦。奉恩將軍恭人冠服，均視四品命婦。

一、固倫公主冠服，制如親王福晉。和碩公主朝冠、金約，制如親王世子福晉，餘皆如固倫公主。

一、郡主朝冠、金約，制如郡王福晉。餘皆如和碩公主。縣主朝冠、金約，制如貝勒夫人。吉服褂，制如郡王福晉，餘皆如郡主。郡君朝冠、金約，制如貝子夫人。朝褂、朝袍、領約、朝珠、綵帨、吉服褂、蟒袍，均如貝勒夫人。餘如縣主。縣君朝冠、金約，制如鎮國公夫人。吉服褂，制如貝子夫人。餘皆如郡君。鎮國公女鄉君朝冠、金約，制如輔國公夫人。吉服褂，制如鎮國公夫人。餘皆如縣君。輔國公女鄉君朝冠，頂鏤金二層，飾東珠三。金約，鏤金雲三。餘皆如鎮國公女。

一、民公夫人冬朝冠，薰貂爲之。頂鏤花金座，中飾東珠四上銜紅寶石。前綴金簪三，飾以珠寶。護領，縧用石青色。金約，青緞爲之，中綴鏤金火焰，飾珍珠一，左右金龍鳳各一。後垂青緞帶二，紅片金裏。耳飾，左右各三，每具金雲銜珠各二。朝褂，色用石青，片金緣。繡文，前行蟒二，後行蟒一。領後垂石青縧，雜飾惟宜。朝袍，藍及石青諸色隨所用。披領及袖皆石青，冬用片金加海龍緣，夏用片金緣。繡文，前後正蟒各一，兩肩行蟒各一，襟行蟒四，中無襞積。披領行蟒二，袖端正蟒各一，袖相接處行蟒各二。後垂石青縧，雜飾惟宜。領約，鏤金爲之，飾紅藍小寶石五，兩端垂石青縧二，中各貫珊瑚，末綴珊瑚各二。朝珠三盤，珊瑚、青金、绿松蜜珀隨所用，雜飾惟宜。縧用石青色。綵帨，月白色，不繡花文。冬朝裙，片金加海龍緣，上用紅緞，下石青行蟒粧緞，皆正幅，有襞積。夏朝裙，片金緣，緞紗各惟其時。吉服冠，薰貂爲之，頂用珊瑚。吉服褂，色用石青，繡花八團。蟒袍，藍及石青諸色隨所用，通九蟒皆四爪。

一、侯夫人朝冠，頂鏤花金座，中飾東珠三，上銜紅寶石。餘皆如民公夫人。

一、伯夫人朝冠，頂鏤花金座，中飾東珠二，上銜紅寶石。餘皆如侯夫人。

一、子夫人朝冠，頂鏤花金座，中飾東珠一，上銜紅寶石。餘皆如伯夫人。

一、男夫人朝冠，頂鏤花金座，中飾紅寶石一，上銜鏤花珊瑚。吉服冠頂鏤花珊瑚。餘皆如子夫人。

一、一品命婦朝冠，頂鏤花金座，中飾東珠一，上銜紅寶石。餘皆如民公夫人。

一、二品命婦朝冠，頂鏤花金座，中飾紅寶石一，上銜鏤花珊瑚。吉服冠，頂鏤花珊瑚。餘皆如一品命婦。

一、三品命婦朝冠，頂鏤花金座中飾紅寶石一，上銜藍寶石。吉服冠，頂用藍寶石。餘皆如二品命婦。

一、四品命婦朝冠，頂鏤花金座，中飾小藍寶石一，上銜青金石。朝袍，片金緣。繡文，前後行蟒各二，中無襞積。後垂石青緌，雜飾惟宜。朝裙，片金緣，上用緑緞，下石青行蟒粧緞，皆正幅，有襞積。吉服冠，頂用青金石。蟒袍，通八蟒，皆四爪。餘皆如三品命婦。

一、五品命婦朝冠，頂鏤花金座，中飾小藍寶石一，上銜水晶。吉服冠，頂用水晶。餘皆如四品命婦。

一、六品命婦朝冠，頂鏤花金座，中飾小藍寶石一，上銜硨磲。吉服冠，頂用硨磲。餘皆如五品命婦。

一、七品命婦朝冠，頂鏤花金座，中飾小水晶一，上銜素金。吉服冠，頂用素金。蟒袍，通五蟒，皆四爪。餘皆如六品命婦。

官修《清禮部則例》卷三一《儀制清吏司》冠服通例

一、每歲，春季用涼朝帽。及夾朝衣，秋季用暖朝帽及緣皮朝衣。於三、九月內，或初五日，或十五日，或二十五日，酌擬二日，均前一月奏請，得旨，通行各衙門，一體遵照。

一、每歲，十一月初一日起，至次年正月十六日止，朝會祭祀，俱用緣貂朝衣。先期奏請，得旨，行宗人府，轉行王公，並通行在京三品以上各衙門。

一、每歲，元旦令節，王公百官，咸衣蟒袍補服七日。上元節，自十四日至十六日，衣蟒袍補服三日。均於前一年八月內，一并具題。每歲皇帝萬壽、皇太后萬壽，王公百官，咸衣蟒袍補服七日。皇后千秋，衣蟒袍補服一日。恭遇皇帝萬壽大慶。皇太后萬壽大慶之年，應衣蟒袍補服一月。均前期請旨，通行在京各衙門及直省。其餘筵宴、迎鑾，以及一切嘉禮，俱衣蟒袍補服。每月朔日，及初五、初十、十五、二十、二十五等日，俱衣補服。

一、凡親王以下，宗室以上，皆束金黄帶。覺羅，束紅帶。其金黄帶紅帶，非上賜者，不得給與異姓。

一、凡王公以下，額駙等以及民公、侯、伯、一二品大臣、侍衛內，有蒙上賜紅絨結頂冠者，除所賜外，不得如式更製。郡王以下，均不得用織金彩色五爪龍衣服，及五爪暗龍緞。若上賜者，許用，仍去一爪。若王等賞所屬織金彩色龍者，雖服過，仍去一爪。其餘服物，不得使受賞者，踰越品級。

一、凡四品以下，不得用上用服色，黄色，秋香色，及黑狐皮。五品官以下，不得用蟒緞粧緞，貂皮猞猁猻。八品官以下，不得用大花緞紗，及白豹天馬等皮。

一、凡四品以下，除京堂、翰詹、科道、侍衛等官外，不得用端罩。文四品以下、武三品以下，除有職掌大臣，及一等侍衛外，不得用緣貂朝衣。朝會之地，除應用端罩人員外，不得反穿皮衣，混充補服。

一、凡文六品以下，除翰詹等官外，武五品以下，除侍衛外，不得用朝珠。惟禮部主事，太常寺博士、典簿、讀祝官、贊禮郎，鴻臚寺鳴贊，光禄寺署正、署丞、典簿，國子監監丞、博士、助教、學正、學録等官，在壇廟執事，及殿陛侍儀，准掛朝珠，其平時宴處及在公署，仍不得用。

一、衣服織文，親王、郡王、貝勒用龍文，貝子以下宗室、各將軍、民公以下、四品官以上，及御前侍從官，均得用蟒文。七品以上官，得用諸花繒。八九品官，用雜花及素繒。舉人視七品，貢監視八品。軍民吏員得用綾絹。餘並不得僭擬。

一、凡內外文武大小官員，頂帽、補服、坐褥，悉照本身現任品級，不得計算加級，僭越服用。

一、凡文武官迎送謁見上司，止用補服，不得濫用朝服披執。

一、商賈有捐納職銜者，冠服各從其品，無職銜者，與庶民同。

一、凡考職吏員在籍止用頂帽，不得僭用補服。內外各衙門供事書吏，非年滿考職者，並不得僭用金頂。

一、奴僕、優伶、皂隸，不得服用緞紗，及各種細皮。冬帽用染騷鼠、狐貉、獺皮，不得用貂。

一凡王以下，文武一品大臣、及御前行走侍衛、直省督撫，雨衣雨帽，均用大紅色。文武二三品，及內廷行走官員，雨帽用大紅色。四品以下，雨帽均紅頂黑邊。七品以下，黑頂紅邊。無職人不得用紅色。油帽氈帽並同。

一凡文武官員，上朝及坐班時，如非下雨，戴雨帽者，照例參處。

官修《清禮部則例》卷三一《儀制清吏司》 皇帝冠服

皇帝冬朝冠，薰貂爲之，十一月朔至上元用黑狐。上綴朱緯。頂三層，貫東珠各一，皆承以金龍各四，飾東珠如其數，上銜大珍珠一。夏朝冠，織玉草或藤竹絲爲之。緣石青片金二層。上綴朱緯。前綴金佛，飾東珠十五。後綴舍林，飾東珠七。頂如冬朝冠。

端罩，紫貂爲之。明黃緞裏。左、右垂帶各二。下廣而鋭，色與裏同。十一月朔至上元，用黑狐。

袞服，色用石青，繡五爪正面金龍四團，兩肩前後各一。其章，左日右月，前後萬壽篆文，間以五色雲。

朝服，色用明黃，惟南郊、祈穀、雩祭用藍，朝日用紅，夕月用月白。其制，披領及袖皆石青，冬用片金加海龍緣，夏用片金緣。繡文，兩肩前後正龍各一，腰帷行龍五，衽正龍一，襞積前後團龍各九，裳正龍二，行龍四，披領行龍二，袖端正龍各一。列十二章，日、月、星、辰、山、龍、華、蟲、黼黻在衣，宗彝、藻火、粉米在裳間以五色雲。下幅八寶平水。十一月朔至上元，用緣貂朝服。其制，披領及裳，皆表以紫貂，袖端薰貂。繡文，兩肩前後正龍各一，襞積行龍六，列十二章，均在衣，間以五色雲。

朝珠，用東珠一百有八，佛頭、記念、背雲、大小墜、珍寶雜飾，各惟其宜。惟祀天以青金石爲飾，祀地珠用蜜珀，朝日用珊瑚，夕月用綠松石，雜飾惟宜。絛皆明黃色。朝帶之制二，皆明黃色。其一，龍文金圓版四，飾紅寶石，或藍寶石，及綠松石，每具銜東珠五，圍珍珠二十。左右佩帉，淺藍及白各一，下廣而鋭。中約鏤金圓結，飾寶如版，圍珠各三十。佩囊文繡，燧觿、刀削、結佩惟宜，絛皆明黃色。其二，龍文金文版四，其飾，祀天用青金石，祀地用黃玉，朝日用珊瑚，夕月用白玉。每具銜東珠五。佩帉及絛，惟圜丘用純青，餘如圓版朝帶之制。中約圓結如版飾，銜東珠各四。佩囊純石青，左觿右削，並從版色。

吉服冠，頂滿花金座，上銜大珍珠一。

龍袍，色用明黃。領袖皆石青，片金緣。繡文，金龍九，列十二章，間以五色雲。領前後正龍各一，左右及交襟處行龍各一，袖端正龍各一，下幅八寶立水，裾左右開。

吉服朝珠，珍寶隨所御。

吉服帶，用明黃色，鏤金版四，方圓惟便，銜以珠玉、雜寶惟宜。左右佩帉純白，下直而齊。中約金結如版飾。餘如朝帶。

常服冠，紅絨結頂。

常服褂，色用石青，花文隨所御。

常服袍，色及花文隨所御，裾左右開。

常服帶如吉服

雨冠、雨衣、雨裳之制，皆用明黃色，氈及羽緞油紬惟其時。

大内冠服

皇太后、皇后冬朝冠，薰貂爲之。上綴朱緯。頂三層，貫東珠各一，皆承以金鳳，飾東珠各三，珍珠各十七，上銜大東珠一。朱緯上週綴金鳳七，飾東珠各九，貓睛石各一，珍珠各二十一。後金翟一，飾貓睛石一，珍珠十六。翟尾垂珠，凡珍珠三百有二，五行二就，每行大珍珠一。中間金銜青金石結一，飾東珠、珍珠各六，末綴珊瑚。冠後護領，垂明黃絛二，末綴寶石，青緞爲帶。夏朝冠，青絨爲之，餘皆如冬朝冠。

金約，鏤金雲十三，飾東珠各一，間以青金石，紅片金裏。後繫金銜綠松石結，貫珠下垂，凡珍珠三百二十四，五行三就，每行大珍珠一。中間金銜青金石結二，每具飾東珠、珍珠各八，末綴珊瑚。

耳飾，左右各三，每具金龍銜一等東珠各二。

朝褂之制三，皆石青色，片金緣。其一，繡文前後立龍各二，下通襞積，四層相間，上爲正龍各四，下爲「萬福萬壽」。其二，繡文前後正龍各一，腰帷行龍四，中有襞積。下幅行龍八。其三，繡文前後立龍各二，中無襞積。下幅八寶平水。領後皆垂明黃絛，其飾珠寶惟宜。

朝袍之制三，皆明黃色。其一，披領及袖皆石青，片金加貂緣，肩上下襲朝褂處亦加緣。繡文金龍九，間以五色雲。中(有)襞積。下幅八寶平水。披領行龍二，袖端正龍各一，袖相接處行龍各二。其二，披領及袖皆石青，冬用片金加海龍緣，夏用片金緣，肩上下襲朝褂處亦加緣。繡文前後正龍各一，兩肩行龍各一，腰帷行龍四。中有襞積。下幅行龍八。其三，領、袖片金加海龍緣，夏片金緣。中無襞積。裾後開。餘俱如貂緣朝袍之制。領後垂明黄縧，飾珠寶惟宜。

領約，鏤金爲之，飾東珠十一，間以珊瑚，兩端垂明黄縧二，中各貫珊瑚，末綴緑松石各二。

朝珠三盤，東珠一，珊瑚二。佛頭、記念、背雲、大小墜、珠寶，雜飾惟宜。縧皆明黄色。

綵帨，緑色，繡文爲「五穀豐登」佩箴管、縏袠之屬。縧皆明黄色。

冬朝裙，片金加海龍緣，上用紅織金壽字緞，下石青行龍粧緞，皆正幅。有襞積。

夏朝裙，片金緣，緞、紗各惟其時。

吉服冠，頂用東珠。

龍褂之制二，皆石青色。其一，繡文五爪金龍八團，兩肩前後正龍各一，襟行龍四。下幅八寶立水。袖端行龍各二。其二，制如之，下幅及袖端不施章采。

龍袍之制三，色明黄，領、袖皆石青。其一，繡文金龍九，間以五色雲，福壽文采惟宜。下幅八寶立水。領前後正龍各一，左右及交襟處行龍各一。袖如朝袍，裾左右開。其二，繡文五爪金龍八團，兩肩前後正龍各一，襟行龍四。下幅八寶立水。領、袖及裾，均如前制。其三，制如之，下幅不施章采。

吉服朝珠一盤，珍寶隨所御。縧皆明黄色。

皇貴妃朝冠，頂三層。貫東珠各一，皆承以金鳳，飾東珠各三，珍珠各十七，上銜大珍珠一。朱緯上週綴金鳳七，飾東珠各九，珍珠各二十一。後金翟一，飾貓睛石一，珍珠十六。翟尾垂珠，凡珍珠一百九十二，三行二就。中間金銜青金石結一，飾東珠、珍珠各四，末綴珊瑚。冠後護領垂明黄縧二，末綴寶石。青緞爲帶。

金約，鏤金雲十二，飾東珠各一，間以珊瑚，紅片金裏。後繫金銜緑松石結，貫珠下垂，凡珍珠二百有四，三行三就。中間金銜青金石結二，每具飾東珠、珍珠各六，末綴珊瑚。

耳飾，左右各三，每具金龍銜二等東珠各二。

領約，鏤金爲之，飾東珠七，間以珊瑚。兩端垂明黄縧二，中各貫珊瑚，末綴珊瑚各二。

朝珠三盤，蜜珀一，珊瑚二，餘如皇后。

龍褂，色用石青，繡文五爪金龍八團，兩肩前後正龍各一，襟行龍四。下幅八寶立水。袖端行龍各二。

龍袍，色用明黄，領袖皆石青，繡文金龍九，間以五色雲，福壽文采惟宜。下幅八寶立水。領前後正龍各一，左右及交襟處行龍各一，袖如朝袍，裾左右開。

吉服朝珠一盤，縧明黄色，餘皆如皇后。

貴妃冠服，垂縧皆金黄色，袍色亦用金黄，餘皆如皇貴妃。

妃朝冠，頂二層，貫東珠各一，皆承以金鳳，飾東珠共九，珍珠各十七，上銜貓睛石。朱緯。上週綴金鳳五，飾東珠各七，珍珠各二十一。後金翟一，飾貓睛石一，珍珠十六，翟尾垂珠，凡珍珠一百八十八，三行二就。中間金銜青金石結一，飾東珠、珍珠各四，末綴珊瑚。冠後護領垂金黄縧二，末綴寶石。青緞爲帶。

金約，鏤金雲十一，飾東珠各一，間以青金石，紅片金裏。後繫金銜緑松石結，貫珠下垂，凡珍珠一百九十七，三行三就。中間金銜青金石結二，每具飾東珠、珍珠各六，末綴珊瑚。

耳飾，左右各三，每具金龍銜三等東珠各二。

綵帨，繡文爲「雲芝瑞草」。

吉服冠，頂用碧琊玜，餘皆如貴妃。

嬪朝冠，頂二層，貫東珠各一，皆承以金翟，飾東珠共九，珍珠各十七，上銜礶子。朱緯。上週綴金翟五，飾東珠各五，珍珠各十九。後金翟一，飾珍珠十六，翟尾垂珠，凡珍珠一百七十二，三行二就。中間金銜青金石結一，飾東珠、珍珠各三，末綴珊瑚。冠後護領垂金黄縧二，末綴寶石。青緞爲帶。

金約，鏤金雲八，飾東珠各一，間以青金石，紅片金裏。後繫金銜緑松石結，貫珠下垂，凡珍珠一百七十七，三行二就。中間金銜青金石結二，每具飾東、珍珠各四，末綴珊瑚。

耳飾，左右各三，每具金龍銜四等東珠各二。朝珠三盤，珊瑚一，蜜珀二。

綵帨不繡花文。

龍褂，繡文兩肩前後正龍各一，襟夔龍四，袍皆用香色。餘皆如妃。

皇子以下冠服

皇子冬朝冠，薰貂爲之，十一月朔至上元，用青狐。頂金龍二層，飾東珠十，上銜紅寶石。夏朝冠，前綴舍林，飾東珠五，後綴金花，飾東珠四，頂如冬朝冠。

端罩，紫貂爲之，金黄緞裏。左右垂帶各二，下廣而鋭，色與裏同。

龍褂，色用石青。繡五爪正面金龍四團，兩肩前後各一，間以五色雲。

朝服之制二，皆金黃色。其一，披領及裳，皆表以紫貂。袖端薰貂。繡文，兩肩前後正龍各一，襞積行龍六，間以五色雲。其二，披領及袖皆石青，冬用片金加海龍緣，夏用片金緣。繡文，兩肩前後正龍各一，腰帷行龍四，裳行龍八，披領行龍二，袖端正龍各一。中有襞積。下幅八寶平水。

朝珠，不得用東珠，餘隨所用，絛皆金黃色。

朝帶，色用金黃，金銜玉方版四，每具飾東珠四，中飾貓睛石一，左右佩絛如帶色。

吉服冠，紅絨結頂。謹按，乾隆年間奉旨，皇子、皇孫等俱著戴紅絨結頂帽，並奉上諭，嗣後曾孫、元孫阿哥等俱著戴用紅絨結頂帽，如載錫得子，係朕六代奉字輩來孫，亦著一體戴用，俟分封後再行量職戴頂，著爲令。 蟒袍，色用金黃片金緣。繡文，通九蟒。裾左右開。吉服帶，色用金黃，服飾惟宜，佩絛如帶色。

雨冠、雨衣、雨裳之制，均用紅色，氊及羽紗、油紬惟其時。

皇子以下，夏季戴雨纓時，頂用紅寶石。謹按，嘉慶四年奉上諭，向來阿哥等，俱戴紅絨結頂帽，朝帽係戴用紅寶石頂，惟夏季遇有戴羽纓帽時，與常人無所區別，嗣後如戴羽纓帽，即著戴用紅寶石頂。 皇子乘馬，用金黃轡，鞍座如其色。

皇孫以下乘馬，均用紫轡手紅鞍座。謹按，乾隆年間奉上諭，嗣後皇子等乘馬，俱著用金黃轡，皇孫等未經賞用金黃轡者，俱用紫轡，皇曾孫、元孫等，亦著一體用紫。其鞍座，各按轡色，永遠爲例。又奉上諭，嗣後皇孫等，俱著用紫轡手紅鞍座，如係特旨賞給金黃轡，鞍座者，方准其使用，著永遠遵行。

皇孫冬朝冠，以薰貂爲之，十一月朔至上元用青狐。頂金龍二層，飾東珠七，上銜紅寶石。夏朝冠，織玉草或藤絲、竹絲爲之，緣石青片金二層，裏用紅片金，或紅紗。上綴朱緯。前綴舍林，飾東珠三。後綴金花，飾東珠二。頂如冬朝冠。

端罩青狐爲之，月白緞裏。左右垂帶各二，下廣而銳，色與裏同。補服色用石青，前後繡四爪正蟒各一團。冬朝服二，其一，朝服披領及裳，俱表以紫貂，袖端薰貂，兩肩前後繡蟒各一，襞積繡蟒六，間以五色雲。其一，朝服片金加海龍緣，兩肩前後繡蟒各一，腰帷繡蟒四，裳繡蟒八，披領繡蟒二，袖端繡蟒各一。下幅八寶平水。夏朝服用片金緣，餘如冬朝服。其色俱不得用金黃，餘隨所用。吉服冠，用紅絨結頂。補服，用圓壽字雙螭，補前後兩團，凡皇孫以下蟒袍，均用藍醬色。

皇曾孫冬朝冠，頂用金龍二層，飾東珠六，上銜紅寶石。夏朝冠，前綴舍林，飾東珠二。後綴金花，飾東珠一。頂如冬朝冠。餘俱與皇孫同。補服，色用石青，前後繡四爪行蟒各一團。其端罩及冬夏朝服與皇孫同。吉服冠，用紅絨結頂，補服，用圓壽字寶相花，補前後兩團。

皇元孫冬朝冠，頂用金龍二層，飾東珠五，上銜紅寶石。夏朝冠，前綴舍林，飾東珠一。後綴金花，飾綠松石一。頂如冬朝冠。餘俱與皇曾孫同。端罩，紫貂爲之，月白緞裏。左右垂帶各二，下廣而銳，色與裏同。補服，色用石青，前後繡四爪正蟒方補。其冬夏朝服，均與皇曾孫同。吉服冠，用紅絨結頂。補服，用織金爪瓞，褂如用行衣時。

皇孫、皇曾孫、皇元孫夏季冠，頂照皇子，均戴用紅寶石頂。道光元年，經大學士曹振鏞等奏准。

皇子福晉以下冠服

皇子福晉朝冠，頂鏤金三層，飾東珠十，上銜紅寶石。朱緯。上週綴金孔雀五，飾東珠各七，小珍珠三十九。後金孔雀一，垂珠三行二就。中間金銜青金石結一，飾東珠各三，末綴珊瑚。冠後護領，垂金黃絛二，末亦綴珊瑚。青緞爲帶。

金約，鏤金雲九，飾東珠各一，間以青金石，紅片金裏。後繫金銜青金石結，貫珠下垂，三行三就。中間金銜青金石結二，每具飾東珠、珍珠各四，末綴珊瑚。耳飾，左右各三，每具金雲銜珠各二。

朝褂，色用石青，片金緣。繡文前行龍四，後行龍三。領後垂金黃絛，雜飾惟宜。朝袍，用香色，披領及袖皆石青，冬用片金加海龍緣，夏用片金緣。肩上下襲朝褂處亦加緣。繡文前後正龍各一，兩肩行龍各一，襟行龍四，披領行龍二，袖端正龍各一，袖相接處行龍各二。裾後開。領後垂金黃絛，雜飾惟宜。

領約，鏤金爲之，飾東珠七，間以珊瑚，兩端垂金黃絛二，中各貫珊瑚，末綴珊瑚各二。朝珠三盤，珊瑚一，蜜珀二，絛皆金黃色。綵帨月白色，不繡花文，結佩惟宜。絛皆金黃色。

冬朝裙，片金加海龍緣，上用紅緞，下石青行龍粧緞，皆正幅，有襞積。夏朝裙，片金緣，緞紗各惟其時。

吉服冠，頂用紅寶石。吉服褂，色用石青，繡五爪正龍四團，前後兩肩各一。蟒袍，用香色，通繡九龍。吉服朝珠一盤，絛金黃色。

皇孫福晉冬朝冠，以薰貂爲之。上綴朱緯。頂鏤金二層，飾東珠七，上銜紅寶石。朱緯上週綴金孔雀五，飾東珠各三。後金孔雀一，垂珠三行二就。中間金銜青金石結一，末綴珊瑚。冠後護領垂石青絛二，末亦綴珊瑚。青緞爲帶。

夏朝冠，青絨爲之，餘俱如冬朝冠。

朝褂，色用石青，片金緣。前繡蟒四，後繡蟒三。領後垂石青絛，雜飾惟宜。

冬朝袍，藍與石青諸色隨所用，片金加海龍緣，肩上下襲朝褂處亦加緣。前後繡蟒各一，兩肩繡蟒各一，襟繡蟒四，披領繡蟒二，袖端繡蟒各一，袖相接處繡蟒各二。裾後開。領後垂石青絛，雜飾惟宜。夏朝袍，片金緣，餘俱如冬朝袍。尋常吉服，用八團圓壽字雙螭補褂，自皇孫福晉以下，蟒袍紅緣顔色各隨其宜，惟不准用金黄香色。

皇曾孫福晉冬夏朝冠、朝褂、朝袍均與皇孫福晉同。惟冠頂鏤金二層，飾東珠六，上銜紅寶石。吉服用八團圓壽字寶相花補褂。

皇元孫福晉冬夏朝冠、朝褂、朝袍均與皇曾孫福晉同。惟冠頂鏤金二層，飾東珠五，上銜紅寶石。吉服用繡五綵爪瓞褂。

官修《清禮部則例》卷三二《儀制清吏司》 親王以下凡品官冠服

一、親王端罩，青狐爲之，月白緞裏，若賜金黄色者，亦得用之。補服色用石青，繡五爪金龍四團，前後正龍，兩肩行龍。朝服、蟒袍藍及石青諸色隨所用，若賜金黄色者，亦得用之。吉服冠，頂用紅寶石，若賜紅絨結頂者，亦得用之。坐褥，冬用純貂皮，夏用五爪龍紅緞，襯紅白氊。餘皆如皇子。

一、親王世子朝冠，頂金龍二層，飾東珠九，上銜紅寶石。朝帶，金銜玉方版四，每具飾東珠三。坐褥，冬用猞猁猻緣貂皮，夏用四爪蟒文藍緞。餘如親王。查親王至文武一品，冬朝冠俱用薰貂，十一月朔至上元用青狐。

一、郡王朝冠，頂金龍二層，飾東珠八，上銜紅寶石。夏朝冠，前綴舍林，飾東珠四。後綴金花，飾東珠三。補服，繡五爪行龍四團，兩肩前後各一。朝帶，金銜玉方版四，每具飾東珠二，貓睛石一。餘皆如親王世子。

一、貝勒朝冠，頂金龍二層，飾東珠七，上銜紅寶石。夏朝冠，前綴舍林，飾東珠三。後綴金花，飾東珠二。補服，前後繡四爪正蟒各一團。朝服，蟒袍均不得用金黄色，餘隨所用。朝服之制如郡王，通繡蟒文皆四爪，蟒袍如之。朝帶，金銜玉方版四，每具飾東珠二，佩絛皆用石青色。坐褥，冬用猞猁猻皮，夏用藍粧花緞。餘如郡王。

一、貝子朝冠，頂金龍二層，飾東珠六，上銜紅寶石，戴三眼孔雀翎。夏朝冠，前綴舍林，飾東珠二。後綴金花，飾東珠一。補服，前後繡四爪行蟒各二團。朝帶，金銜玉方版四，每具飾東珠一。吉服冠，頂用紅寶石，戴三眼孔雀翎。坐褥，冬用白豹皮，夏用藍緞緣以粧緞。餘皆如貝勒。

一、鎮國公朝冠，頂金龍二層，飾東珠五，上銜紅寶石，戴雙眼孔雀翎。夏朝冠，前綴舍林，飾東珠一。後綴金花飾緑松石一。端罩，紫貂爲之，月白緞裏。補服，前後繡四爪正蟒方補。朝帶，金銜玉方版四，每具飾貓睛石一。吉服冠，入八分公頂用紅寶石，未入八分公用珊瑚，均戴雙眼孔雀翎。坐褥，冬用紅豹皮，夏用紅閃緞襯紅氊。餘皆如貝子。

一、輔國公朝冠，頂金龍二層，飾東珠四，上銜紅寶石，戴雙眼孔雀翎。坐褥，冬用紅豹皮去首尾，夏用青閃緞。餘皆如鎮國公。

一、鎮國將軍朝冠，頂鏤花金座，中飾東珠一，上銜紅寶石。補服，前後繡麒麟。吉服冠，頂用珊瑚。餘皆視一品。

輔國將軍朝冠，頂鏤花金座，中飾小紅寶石一，上銜鏤花珊瑚。補服，前後繡獅。吉服冠，頂用鏤花珊瑚。餘皆視二品。

奉國將軍朝冠，頂鏤花金座，中飾小紅寶石一，上銜藍寶石。補服，前後繡豹。吉服冠，頂用藍寶石。餘皆視三品。

奉恩將軍朝冠，頂鏤花金座，中飾小藍寶石一，上銜青金石。補服，前後繡虎。吉服冠，頂用青金石。餘皆視四品，惟衣裾四啟，帶用金黄色。餘皆同。凡宗室衣裾皆四啟，帶皆用黄金色。

一、固倫額駙冠服，視貝子，頂用紅寶石，戴三眼孔雀翎。帶用石青色或藍色。謹按，道光二十三年十一月奉上諭，朕閲《禮器圖》六載固倫額駙腰帶用石青色或藍色，而宗人府及《禮部則例》内俱載有金黄色字樣，殊屬錯悮，嗣後固倫額駙腰帶著遵照《禮器圖》辦理，所有宗人府、《禮部則例》内錯悮之處，均著即行更正。

和碩額駙冠服，視鎮國公，頂用珊瑚，戴雙眼孔雀翎。朝帶，色用石青或藍金銜玉圓版四。吉服帶，色用石青或藍。餘皆同。

一、郡主額駙冠服，視武一品。惟朝帶用鏤金銜玉圓版四，每具飾緑松石一。坐褥，冬用虎皮去首尾，夏用藍緞襯紅氊。

縣主額駙冠服，視武二品。惟坐褥冬用獾皮，夏用青布緣紅布，襯紅氊。郡君額駙冠服，視武三品。惟坐褥冬用貉皮，夏用青布，襯紅氊。

縣君額駙冠服，視武四品。惟朝帶用鋄金方鐵版四。坐褥，冬用青羊皮，夏用皂布，襯紅氊。

鄉君額駙冠服，視武五品。惟朝帶用鋄金方鐵版四。坐褥，冬用青羊皮，夏用藍布，襯白氊。餘皆同。

一、固倫額駙，若爵在貝子以上，和碩額駙爵在鎮國公以上，冠服各從其品。郡主額駙以下，皆如之。

一、民公冬朝冠，薰貂爲之，十一月朔至上元用青狐。頂鏤花金座，中飾東珠四，上銜紅寶石。端罩，貂皮爲之，藍緞裏。補服，色用石青，前後繡四爪正蟒。朝服，藍及石青諸色隨所用。其制，披領及袖皆石青，冬用片金加海龍緣，夏用片金緣，兩肩前後正蟒各一，腰帷行蟒四，中有襞積。裳行蟒八，緣貂。朝服之制，披領及裳俱表以紫貂，袖端薰貂。兩肩前後正蟒各一，襞積行蟒四，皆四爪。曾賜五爪蟒緞者，亦得用之。朝珠，珊瑚青金緑松蜜珀隨所用，雜飾惟宜。絛用石青色。朝帶，色用石青或藍，鏤金銜玉圓版四，每具飾貓睛石一。佩帉下廣而鋭。吉服冠，頂用珊瑚。蟒袍，藍及石青諸色隨所用，通繡九蟒。吉服帶佩帉下直而齊，版飾及佩惟宜。雨冠、雨衣及裳，均用紅色。坐褥，冬用全虎皮，夏用青閃緞，襯紅氊。

一、侯朝冠，頂鏤花金座，中飾東珠三，上銜紅寶石。朝帶鏤金銜玉圓版四，每具飾緑松石一。坐褥，冬用虎皮去首尾，夏用青色緑花閃緞。餘皆如公。

一、伯朝冠，頂鏤花金座，中飾東珠二，上銜紅寶石。朝帶，鏤金銜玉圓版四，每具飾紅寶石一。坐褥，冬用虎皮去首尾，夏用藍雲緞。餘皆如侯。

一、子朝冠，頂鏤花金座，中飾東珠一，上銜紅寶石。補服，前後繡麒麟。吉服冠，頂用珊瑚。餘皆視一品。

一、男朝冠，頂鏤花金座，中飾小紅寶石一，上銜珊瑚。補服，前後繡獅。吉服冠，頂用鏤花珊瑚。餘皆視二品。

一、文一品朝冠，頂鏤花金座，中飾東珠一，上銜紅寶石。補服，前後繡鶴。朝帶，鏤金銜玉方版四，每具飾紅寶石一。坐褥，冬用狼皮，夏用紅褐。餘皆如公。武一品補服，前後繡麒麟。餘皆如文一品。

一、文二品冬朝冠，薰貂爲之，十一月朔至上元用貂尾，頂鏤花金座中，飾小紅寶石一，上銜珊瑚。補服，前後繡錦雞。朝帶，鏤金圓版四，每具飾紅寶石一。吉服冠，頂鏤花珊瑚。雨冠，紅色。雨衣、雨裳青色。惟各省巡撫均得用紅色。坐褥，冬用獾皮，夏用紅褐緣皂褐。餘皆如文一品。武二品補服，前後繡獅。餘皆如文二品。

一、文三品朝冠，頂鏤花金座，中飾小紅寶石一，上銜藍寶石。補服，前後繡孔雀。朝帶，鏤花金圓版四。吉服冠，頂用藍寶石。坐褥，冬用貉皮，夏用皂褐緣紅褐。餘皆如文二品。武三品冬朝冠，薰貂爲之。補服，前後繡豹。餘皆如文三品，惟無緣貂。朝服及端罩，一等侍衛戴孔雀翎。端罩，猞猁猻爲之，間以貂皮，月白緞裏。餘皆如武三品。

一、文四品冬朝冠，薰貂爲之，頂鏤花金座，中飾小藍寶石一，上銜青金石。補服，前後繡雁。朝帶，銀銜鏤花金圓版四。吉服冠，頂用青金石。蟒袍，通繡八蟒，皆四爪。雨冠，紅色，前加緣二寸五分，後五寸青色。坐褥，冬用山羊皮，夏用皂褐。餘皆如文三品。武四品補服，前後繡虎。餘皆如文四品。二等侍衛，戴孔雀翎。端罩，紅豹皮爲之，素紅緞裏。朝服，剪絨緣，色用石青，通身雲緞，前後方襴行蟒各一，腰帷行蟒四，中有襞積。領、袖俱石青粧緞，冬夏皆用之。餘皆如武四品。雨冠，御前侍衛、乾清門侍衛，皆用紅色。雨衣、雨裳，御前侍衛用紅色，其餘侍衛各從其品。

一、文五品朝冠，頂鏤花金座，中飾小藍寶石一，上銜水晶。補服，前後繡白鷴。朝服，片金緣，色用石青，通身雲緞，前後方襴行蟒各一，中有襞積。領、袖俱石青粧緞，冬夏皆用之。朝帶，銀銜素金圓版四，吉服冠，頂用水晶。坐褥，冬用青羊皮，夏用藍布，襯白氊。餘皆如文四品。武五品補服，前後繡熊。餘皆如文五品，惟無朝珠。三等侍衛戴孔雀翎。端罩，黄狐皮爲之，月白緞裏。朝服，剪絨緣，如文五品朝服之制。餘皆如武五品。

一、文六品朝冠，頂鏤花金座，中飾小藍寶石一，上銜硨磲。補服，前後繡鷺鷥。朝帶，銀銜玳瑁圓版四。吉服冠，頂用硨磲。坐褥，冬用黑羊皮，夏用黑樱色布。餘皆如文五品，惟無朝珠。武六品補服，前後繡彪。餘皆如文六品。藍翎侍衛戴藍翎。端罩、朝服、朝珠均如三等侍衛。餘皆如武六品。一文七品朝冠，頂鏤花金座，中飾小水晶一，上銜素金。補服，前後繡鸂鶒。朝帶，素銀圓版四。吉服冠，頂用素金。蟒袍，通繡五蟒，皆四爪。雨冠，青色，前加緣二寸五分，後五寸，紅色。坐褥，冬用鹿皮，夏用灰色布。餘皆如文六品。武七品補服，制如武六品。餘皆如文七品。

一、文八品朝冠，陰文鏤花金頂，無飾。補服，前後繡鵪鶉。朝服，色用石青雲緞，無蟒，領、袖皆青倭緞。中有襞積，冬夏皆用之。朝帶，銀銜明羊角圓版四。吉服冠，陰文鏤花金頂。坐褥，冬用麅皮，夏用土布。餘皆如文七品。武八品補服，前後繡犀牛。餘皆如文八品。

一、文九品朝冠，陽文鏤花金頂。補服，前後繡練雀。朝帶，銀銜烏角圓版四。吉服冠，陽文鏤花金頂。坐褥，冬用獺皮，夏用土布。餘皆如文八品。武九品補服，前後繡海馬。餘皆如文九品。未入流冠服，制如文九品。謹按，嘉慶五年奉上諭，嗣後八、九品及未入流帽頂，俱當謹遵《會典》分別戴用，毋許僭越，戴用七品素金頂，其補服亦應按照定制，俱不得稍有僭越。至外間民人涼暖帽上，俱用纓絨大結，尤屬非是，併著一體嚴行禁止。其游手棍徒及逃匪等，有假充職官戴用金頂者，著實力嚴拏，毋任宵小弊混。

一、左都御史、左副都御史、給事中、監察御史、各省按察使及道員補服，均前後繡獬豸，其都察院都事、經歷、筆帖式及按察使經歷、照磨等官，俱照本身品級，不得用獬豸補服。

一、王以下文職五品、武職四品以上，及京堂、翰詹、科道、侍衛等官，均得挂朝珠。

一、官員父母受封者，冠服得如所封之品。官員加級受封，冠服均從本任，惟致仕後，准照所封之品服用。其京外革職留任之員，准照原品頂戴服用。其有加級捐封，因公革職未追封誥者，祇准服用原任官頂戴榮身，以示區別。

一、由進士、舉人出身，除授八、九品小京官教職者，仍用進士、舉人頂戴。其降補佐雜等官者，應照現任品級戴用，不得仍用進士、舉人頂戴。其大銜借補小秩者，應照本銜戴用。

一、會試中式貢士朝冠，頂鏤花金座，上銜金三枝九葉。吉服冠，頂用素金。舉人公服冠，頂鏤花金座，上銜金雀。公服袍，青紬爲之，藍緣。披領如袍飾。公服帶，制如文七品朝帶。吉服冠，頂用素金。貢生公服冠，頂鏤花金座，上銜金雀。公服袍，青紬爲之，藍緣。披領如袍飾。公服帶，制如文八品朝帶。吉服冠，陰文鏤花金頂。監生公服冠，頂鏤花銀座，上銜金雀。吉服冠，素銀頂。餘皆如貢生。生員公服冠，頂鏤花銀座，上銜銀雀。公服袍，藍紬爲之，青緑，披領如袍飾。公服帶，制如文九品朝帶。吉服冠，制如監生。外郎耆老冠頂以錫。

一、祭祀文舞生冬冠，騷鼠爲之，頂鏤花銅座，中飾方銅鏤葵花，上銜銅三角，如火珠形。袍，以紬爲之。其色，南郊用石青，北郊用黑，祈穀壇、太廟、社稷壇，朝日壇、帝王廟、文廟、先農壇、太歲壇均用紅，夕月壇用月白，前後方襴，銷金葵花。帶，緑紬爲之。祭祀武舞生，頂上銜銅三枝如古戟形。袍，以紬爲之，通銷金葵花。餘如文舞生袍之制。帶，制如文舞生。祭祀執事人，袍之制二，其一，以紬爲之，不加緣。其色，南郊用石青，北郊用黑。其二，青紬爲之，太廟、文廟、先農壇、太歲壇均用藍緣，祈穀壇、社稷壇、朝日壇、帝王廟均用石青緣，夕月壇用月白緣。帶，制如文舞生。

一、樂部樂生冬冠，騷鼠爲之，頂鏤花銅座，上植明黄翎。袍之制二，其一，紅緞爲之，前後方襴繡黄鸝，中和韶樂部樂生、執戲竹人服之。其二，紅緞爲之，通織小團葵花，丹陛大樂諸部樂生服之。帶用緑雲緞

一、鹵簿輿士冬冠，以豹皮及黑氊爲之，頂鏤花銅座，上植明黄翎。袍，制如丹陛大樂諸部樂生。帶，制如祭祀文舞生。鹵簿護軍袍，石青緞爲之，通織金壽字，片金緣，領及袖端皆織金葵花。鹵簿校尉冬冠，以豹皮爲之，亦以黑氊爲之，平簷頂，素銅座，上植明黄翎。袍及帶制如鹵簿輿士。一從耕農官冠，青絨爲之，頂同八品。補服，色用石青，前後繡彩雲捧日。袍，青絹爲之，上加披領，腰爲襞積，如朝袍，不加緣，月白緞裏。

官修《清禮部則例》卷三三《儀制清吏司》 王福晉公主以下凡品官妻冠服

一、親王福晉吉服褂，繡五爪金龍四團，前後正龍，兩肩行龍。餘皆如皇子福晉。

一、親王世子福晉朝冠，頂鏤金二層，飾東珠九，上銜紅寶石。朱緯。上週綴金孔雀五，飾東珠各六。後金孔雀一，垂珠三行二就。中間金銜青金石結一，飾東珠各三，末綴珊瑚。冠後護領垂金黄縧二，末亦綴珊瑚。金約，鏤金雲八，飾東珠各一，間以青金石。後繫金銜青金石結，貫珠下垂三行三就。中間金銜青金石結二，每具飾東珠珍珠各四，末綴珊瑚。餘皆如親王福晉。

一、郡王福晉朝冠頂，鏤金二層，飾東珠八，上銜紅寶石。朱緯。上週綴金孔雀五，飾東珠各五。後金孔雀一，垂珠三行二就。中間金銜青金石結一，末綴珊瑚。冠後讀領垂金黄縧二，末亦綴珊瑚。金約鏤金雲八，飾東珠各一，間以青金石，後繫金銜青金石結，貫珠下垂，三行三就。中間金銜青金石結二，末綴珊瑚。吉服褂，繡五爪行龍四團，前後兩肩各一。餘皆如親王世子福晉。

一、貝勒夫人朝冠，頂鏤金二層，飾東珠七，上銜紅寶石。朱緯。上週綴金孔雀五，飾東珠各三。後金孔雀一，垂珠三行二就。中間金銜青金石結一，末綴珊瑚。冠後護領垂石青縧二，末亦綴珊瑚。金約，鏤金雲七，飾東珠各一，間以青金石，後繫金銜青金石結，貫珠下垂，三行三就。中間金銜青金石結二，末綴珊瑚。朝褂，繡四爪蟒，領後垂石青縧。朝袍，藍及石青諸色隨所用。領、袖，冬用片金加海龍緣，夏用片金緣。繡四爪蟒，領後垂石青縧。領約、朝珠、綵帨，縧皆石青色。吉服褂，前後繡四爪正蟒各一團。蟒袍，藍及石青諸色隨所用，通繡

九蟒。餘皆如郡王福晉。

一、貝子夫人朝冠，頂鏤金二層，飾東珠六。金約，鏤金雲六。吉服褂，前後繡四爪行蟒各一團。餘皆如貝勒夫人。

一、鎮國公夫人朝冠，頂鏤金二層，飾東珠五。金約，鏤金雲五。吉服褂，繡花八團。餘皆如貝子夫人。

一、輔國公夫人朝冠，頂鏤金二層，飾東珠四。金約，鏤金雲四。餘皆如鎮國公夫人。

一、鎮國將軍夫人朝冠，均視一品命婦。輔國將軍夫人冠服，均視二品命婦。奉國將軍淑人冠服，均視三品命婦。奉恩將軍恭人冠服，均視四品命婦。

一、固倫公主冠服，制如親王福晉。和碩公主朝冠、金約，制如親王世子福晉。餘皆如固倫公主。

一、郡主朝冠、金約，制如郡王福晉。餘皆如和碩公主。縣主朝冠、金約，制如貝勒夫人。吉服褂，制如郡王福晉。餘皆如郡主。郡君朝冠、金約，制如貝子夫人。朝褂、朝袍、領約、朝珠、綵帨、吉服褂、蟒袍，均如貝勒夫人。餘如縣主。縣君朝冠、金約，制如鎮國公夫人。吉服褂，制如貝子夫人。餘皆如郡君。鎮國公女鄉君朝冠、金約，制如輔國公夫人。吉服褂，制如鎮國公夫人。餘皆如縣君。輔國公女鄉君朝冠，頂鏤金二層，飾東珠三。金約，鏤金雲三。餘皆如鎮國公女。

一、民公夫人冬朝冠，薰貂爲之。頂鏤花金座，中飾東珠四，上銜紅寶石。前綴金翟三，飾以珠寶。護領絛用石青色。金約，青緞爲之，中綴鏤金火焰，飾珍珠一，左右金龍鳳各一。後垂青緞帶二，紅片金裏。耳飾，左右各三，每具金雲銜珠各二。朝褂，色用石青，片金緣。繡文，前行蟒二，後行蟒一。領後垂石青絛，雜飾惟宜。朝袍，藍及石青諸色隨所用。披領及袖皆石青，冬用片金加海龍緣，夏用片金緣。繡文，前後正蟒各一，兩肩行蟒各一，襟行蟒四，中無襞積。披領行蟒二，袖端正蟒各一，袖相接處行蟒各二。後垂石青絛，雜飾惟宜。領約，鏤金爲之，飾紅藍小寶石五，兩端垂石青絛二，中各貫珊瑚，末綴珊瑚各二。朝珠三盤，珊瑚、青金、綠松、蜜珀隨所用，雜飾惟宜。絛用石青色。綵帨，月白色，不繡花文。冬朝裙，片金加海龍緣，上用紅緞，下石青行蟒粧緞，皆正幅，有襞積。夏朝裙，片金緣，緞紗各惟其時。吉服冠，薰貂爲之，頂用珊瑚。吉服褂，色用石青，繡花八團。蟒袍，藍及石青諸色隨所用，通九蟒皆四爪。

一、侯夫人朝冠，頂鏤花金座，中飾東珠三，上銜紅寶石。餘皆如民公夫人。

一、伯夫人朝冠，頂鏤花金座，中飾東珠二，上銜紅寶石。餘皆如侯夫人。

一、子夫人朝冠，頂鏤花金座，中飾東珠一，上銜紅寶石。餘皆如伯夫人。

一、男夫人朝冠，頂鏤花金座，中飾紅寶石一，上銜珊瑚。吉服冠，頂鏤花珊瑚。餘皆如子夫人。

一、一品命婦朝冠，頂鏤花金座，中飾東珠一，上銜紅寶石。餘皆如民公夫人。

一、二品命婦朝冠，頂鏤花金座，中飾紅寶石一，上銜珊瑚。吉服冠，頂鏤花珊瑚。餘皆如一品命婦。

一、三品命婦朝冠，頂鏤花金座，中飾紅寶石一，上銜藍寶石。吉服冠，頂用藍寶石。餘皆如二品命婦。

一、四品命婦朝冠，頂鏤花金座，中飾小藍寶石一，上銜青金石。朝袍，片金緣。繡文，前後行蟒各二，中無襞積。後垂石青絛，雜飾惟宜。朝裙，片金緣，上用綠緞，下石青行蟒粧緞，皆正幅，有襞積。吉服冠，頂用青金石。蟒袍，通八蟒，皆四爪。餘皆如三品命婦。

一、五品命婦朝冠，頂鏤花金座，中飾小藍寶石一，上銜水晶。吉服冠，頂用水晶。餘皆如四品命婦。

一、六品命婦朝冠，頂鏤花金座，中飾小藍寶石一，上銜硨磲。吉服冠，頂用硨磲。餘皆如五品命婦。

一、七品命婦朝冠，頂鏤花金座，中飾小水晶一，上銜素金。吉服冠，頂用素金。蟒袍，通五蟒，皆四爪。餘皆如六品命婦。

官修《清禮部則例》卷三四《儀制清吏司》 冠服通例

一、每歲，春季用涼朝帽及夾朝衣，秋季用暖朝帽及緣皮朝衣。禮部奏請，得旨，通行各衙門遵照。每年奏換戴涼暖帽日期，開列上三次比較單，恭候欽定。

一、每歲，十一月初一日起，至次年正月十六日止，朝會、祭祀俱用緣貂朝衣，禮部先期奏請，得旨，行宗人府轉行王公並通行在京三品以上各衙門。

一、凡筵宴、迎鑾以及一切嘉禮，俱衣蟒袍補服，每月朔日及初五、初十、十五、二十、二十五等日，俱衣補服。

一、凡親王以下，宗室以上，皆束金黃帶，覺羅束紅帶。其金黃帶、紅帶，非上賜者，不得給與異姓。

一、凡王公以下，額駙等以及民公、侯、伯、一二品大臣侍衛內，有蒙上賜紅絨結頂冠者，除所賜外，不得如式更製。郡王以下，均不得用織金彩色五爪龍衣服，及五爪暗龍緞。若上賜者許用，仍去一爪。若王等賞所屬織金彩色龍者，雖服過，仍去一爪。其餘服物，不得使受賞者踰越品級。

一、凡王公以下，不得用上用服色，黃色、秋香色，及黑狐皮。五品官以下，不得用蟒緞糚緞、貂、皮猞猁猻。八品官以下，不得用大花緞紗，及白豹天馬等皮。

一、凡四品以下，除京堂、翰詹、科道、侍衛等官外，不得用端罩。文四品以下、武三品以下，除有職掌大臣，及一等侍衛外，不得用緣貂朝衣。朝會之地，除應用端罩人員外，不得反穿皮衣混充補服。

一、凡文六品以下，除翰詹等官外，武五品以下，除侍衛外，不得用朝珠。惟禮部主事，大常寺博士、典簿、讀祝官、贊禮郎，鴻臚寺鳴贊，光禄寺署正、署丞、典簿，國子監監丞，博士、助教、學正、學録等官，在壇廟執事，及殿陛侍儀，准挂朝珠，其平時宴處，及在公署，仍不得用。

一、衣服織文，親王、郡王、貝勒用龍文，貝子以下宗室、各將軍、民公以下，四品官以上，及御前侍從官，均得用蟒文。七品以上官，得用諸花繪。八九品官，用雜花及素繪。舉人視七品，貢監視八品。軍民吏員得用綾絹，餘並不得僭擬。

一、凡內外文武大小官員，頂帽、補服、坐褥，悉照本身現任品級，不得計算加級，僭越服用。

一、凡考職吏員在藉止用頂帽，不得僭用補服。內外各衙門供事書吏，非年滿考職者，並不得僭用金頂。

一、商賈有捐納職銜者，冠服各從其品，無職銜者，與庶民同。

一、凡文武官迎送謁見上司，止用補服，不得濫用朝服披執。

一、奴僕、優伶、皂隸，只准服用繭紬、毛褐、葛布、梭布、貉皮、羊皮，其紡絲、□□、緞紗、綾羅及各種細毛，俱不准服用。冬帽用染騷鼠、狐貉、獺皮，不得用貂。

一、凡王以下，文武一品大臣，及御前行走侍衛，直省督撫，雨衣、雨帽，均用大紅色。文武二三品，及內廷行走官員，並起居注官，不論本職品級，均得用大紅色。雨帽，四品以下，雨帽紅頂黑邊。七品以下有頂戴人員，黑頂紅邊。無職人員不得用紅色。油帽氊帽並同。

一、凡文武官員，上朝及坐班時，如非下雨，戴雨帽者，照例參處。

陸釴纂〔嘉靖〕《山東通志》卷三七《遺文上》 司居敬撰《尼山孔子像記》設像事神，非古也，其尸禮既廢之後乎。漢・文翁立學官，成都蜀有文翁石室，設孔子坐像，其坐斂蹠向後，屈膝當前。上古以來，君臣及七十二弟子繪事兩旁。晉・王右軍嘗簡蜀守寫敬之，有宋嘉祐中王公素摹爲禮殿圖，此像之最古者，然皆漢衣冠也。居敬學制鄒邑，遷學舍于城西，建孔子廟時，孔、顔、孟三氏子孫教授張頲習于禮者也，因問立像之制，曰：古人席地而坐，高臺隆扆，既已失之冕服之度，傳訛甚矣。《闕里行教像》顔子從後者，顧愷之筆，《杏壇小影像》吴道子筆，及近司寇像，皆漢晉衣冠耳。《禮記・儒行篇》孔子自言「少居魯，衣逢掖之衣。長居宋，冠章甫之冠」，此孔子衣冠也。縫掖，深衣是已，章甫，玄冠是已。深衣以布，身二幅，各四尺四寸，袂二幅，亦四尺四寸，殺其袂而圜，至袪爲尺有二寸，不殊裳。其裳十二幅，兩傍殺之，領緣處皆緇，束以革帶，左右佩有殺無韠，加以大帶，紐約用組，黑履，於是倣文翁石室作石像，章甫縫掖危坐，謂孔子毓秀尼山，奉而居之。坤靈洞乃問冕之制，則曰：散在《禮經》，注疏雖互有得失，衆而求之，可以考見，顧讀者不之究耳。古者冕服有等，大要冕、弁、冠三者而已。曰冕者，大古謂之緇布冠，加紘綖纓斿，則後王之彌飾也。其冠，古以布而緇之，周以純，其下爲武，謂圍首者，武上有冠，以繒爲之，屈加於武，內畢有襞積向左，或十二，或九，或七，或五，或三。武貫以衡，衡之兩旁有纊，纊繫以瑱，縣以紞。冠之上加覆謂之綖，綖旁有紐，貫之於衡，前後垂繅斿加冠。襞積之數，斿以玉十二者，五玉玄黄朱白蒼，貫以五采。繅如玉之色，九斿七斿，三玉朱白蒼，三采五斿三斿，二玉朱緑二采。繅如玉之色，固以紘紞，繚於衡之左端，加之綖上，復繚於衡之右端，繞於顋下，再繚而結之。結者，謂之纓垂者，謂之緌紘。天子朱，卿大夫青，士緇而如以采。次者弁，以皮韋，皆有會。會謂縫飾，會以玉，如冕旒之數。會之內，以象爲之。邸無襞積，貫武以笄紞。纊、瑱、纓，皆冕之制次者冠玄冠是也。委貌、章甫，其名雖殊，其制相類，如緇布緌哀如弁之制，此其首服也。古人衣，身皆四尺四寸，天子長袂，袂八尺八寸，公侯侈袂，袂六尺六寸。服冕者，衣以絲，其色玄。冕十二旒者，衣十二章，日、月、星辰、山龍、華蟲，作繪，宗彝、藻、火、粉米、黼黻，絺繡。華蟲以上在衣，宗彝以下在裳，日在左，月在右，星辰宜晝，比極在此，山之性，止而静，龍布升降。華蟲，雉也。宗彝二，其一畫虎，其一畫蜼，蜼如猴形，以尾卷物，內鼻中火之性，圜而不鋭。白與黑謂之黼，如斧形，黑與青謂之黻，如兩已相背。九章去日、月、星辰，而登龍於山，龍有降無升，登藻於衣。七章自華蟲以下登火，五章，藻、火、粉米在衣，裳黼、黻。三章衣唯粉米，而裳黼黻。七幅前三後四兩旁無殺縫，其色纁，束以革帶。帶之前垂韠，韠如裳之色紕以爵韋，紕謂兩邊，純以素純，謂下緣十二章飾以龍(力)〔九〕章火，火七章山，五章、三章無飾，左右佩玉，有行璜琚瑀衝牙，貫以蠙珠，籍以綬，綬有等，上加大帶，帶以素。十二章朱裏，終辟首卑，九章素帶終卑，七章五章素帶辟垂，三章率下辟帶，紐約用組，赤舄。服弁者，祭服以緇，謂之紂衣，裳帶，韠佩綬如冕之制。朝服以布，天子則素積。祭服、朝服長袂侈袂如冕，而服弁者通服玄端，(焉)〔玄〕端身四尺四寸，袂亦四尺四寸，故有(瑞)〔端〕之名。冠服則玄端，上士玄裳，中士黄裳，下士雜裳。前玄後黄曰雜，有韠如裳之色。帶佩有等，黑屨，玄府，深衣可也，圭薦之而已。既薦則共首，非若後世執笏，然笏則搢於帶間，亦不執也。執笏自後周始，非古也。既又作子思像于中庸精舍，孟子像于孟子墓廬，以鄒魯聖人之居，四方於此觀禮，故刻之尼山，以候好禮者有取焉。

馮曾修〔嘉靖〕《九江府志》卷四《職貢》 胖襖褲鞋一百一十六副。德化縣二十三副。德安縣七分。瑞昌縣一十八副五釐。湖口縣二十七副九分五釐。彭澤縣四十六副五釐。

林雲程修〔萬曆〕《通州志》卷二《疆域志·風俗》 吾鄉之俗，遠者不可睹已。弘、德之間，猶有淳本務實之風。士大夫家居，多素練衣、緇布冠，即諸生以文學名者，亦白袍青履，游行市中。庶氓之家，則用羊腸葛，及太倉本色布，此二物者，價廉而質素，故人人用之，其風俗儉薄如此。今者里中子弟謂羅綺不足珍，及求遠方吴紬宋錦、雲縑駝褐，價高而美麗者以爲衣，下逮袴襪亦皆純采。其所製衣，長裙闊領，寬腰細摺，倏忽變易，號爲時樣，此所謂服妖也。故有不衣文采而赴鄉人之會，則鄉人竊笑之，不置之上座，向所謂羊腸葛本色布者，久不鬻于市，以其無人服之也。至於駔會庸流，么麽賤品，亦帶方頭巾，莫知禁厲。其俳優隸卒，窮居負販之徒，躡雲頭履行道上者，踵相接而人不以爲異。夫物反常則爲異，異者禍所從生焉。昔鄭子臧好聚鷸冠，其後遂及于難。君子曰：「服之不衷，身之災也。」若此視鷸冠何如哉。

牛若麟纂修〔崇禎〕《吴縣志》卷二九《物産》

冠履之屬

官帽　儒巾　羅紗紵巾

羢片　羅帽　羢帽

鬃帽　網巾　靴

緝履　蒯厞有線經、草經二種。　秧鞋

釘靴　釘鞋　木套

木屐　鞝鞋　襪有紗、綾、紬、布、綿夾單各種。

方外需用之屬

僧帽　袈裟　禪衣

衲衣　僧鞋　道冠

法衣　降衣

袁桷〔延祐〕《四明志》卷一二《賦役考》 雜造軍器週歲額辦

總計軍器一百七十五副

人甲一百五副，紫真皮盔甲袋全黑漆羅圈鐵甲八十八副，四巴水牛皮甲一十七副，黑漆甲五副，朱紅甲四副，緑油甲四副，雄黄甲四副，手刀一百一十五口，黑漆木鞘靶全弓袋箭葫蘆雜帶皂真皮弓袋五十五副，水牛皮箭葫蘆五十五筒，皂真皮雜帶五十五條。

徐學謨〔萬曆〕《湖廣總志》卷二一《貢賦一》 湖廣總論

額辦

胖襖褲鞋銀五千六百八十一兩七錢五分。計三千七百八十四副零。胖襖褲二件半，每副正價銀一兩五錢，内除景陵縣地租，出辦銀六十七兩五錢外，丁糧出辦銀五千六百一十四兩□錢五分。

徐學謨〔萬曆〕《湖廣總志》卷二二《貢賦二》 武昌府

額辦胖襖褲鞋三百二十七副，共銀四百九十兩五錢。□解於京解銀内扣給。江夏縣二百七十七副，共銀四百一十五兩五錢。武昌縣一十五副，共銀二十二兩五錢。咸寧縣四副，共銀六兩。嘉魚縣八副共銀一十二兩。通城縣一十九副，共銀二十八兩五錢。通山縣四副，共銀六兩。

漢陽府

額辦胖襖褲鞋一百四十八副半，共銀二百二十二兩七錢五分。漢陽縣九十五副，共銀一百四十二兩五錢。漢川縣五十三副半，共銀八十兩二錢五分。

黄州府

額辦胖襖褲鞋二百八十六副，共銀四百二十九兩。黄岡縣四十一副半，共銀六十二兩二錢五分。黄陂縣二十六副半，共銀三十九兩七錢五分。麻城縣一十八副半，共銀二十七兩七錢五分。黄安縣一十六副半，共銀二十四兩七錢五分。羅田縣八十三副，共銀一百二十四兩五錢。蘄水縣一十九副，共銀二十八兩五錢。蘄州九副，共銀一十三兩五錢。黄梅縣三十九副，共銀五十八兩五錢。廣濟縣三十三副，共銀四十九兩五錢。

徐學謨〔萬曆〕《湖廣總志》卷二三《貢賦三》 承天府

額辦胖襖褲鞋四百二十五副，零褲一條，共銀六百三十八兩。丁糧派銀五百七十兩五錢。鍾祥縣二十五副，零褲一條，共銀三十八兩。荆門州四十七副，共銀七十兩五錢。京山縣一百七十六副，共銀二百六十四兩。景陵縣四十五副，共銀六十七兩五錢。俱於地租銀内出辦。潛江縣七十五副，共銀一百一十二兩五錢。沔陽州五十七副，共銀八十五兩五錢。

德安府

額辦胖襖褲鞋五百八十二副，共銀八百七十三兩。安陸縣七十一副，共銀一百六兩五錢。應城縣八十六副，共銀一百二十九兩。隨州一百一十九副，共銀一百七十六兩五錢。孝感縣一百八十三副，共銀□□七十四兩五錢。應山縣九十一副，共銀一百二十六兩五錢。雲夢縣三十二副，共銀四十八兩。

荆州府

額辦胖襖褲鞋二百四十七副，共銀三百七十兩五錢。石首縣二十副，共銀三十兩。公安縣六十四副，共銀九十八兩。松滋縣六十三副，共銀九十四兩五錢。監利縣五十副，共銀七十五兩。枝江縣五十副，共銀七十五兩。

岳州府

額辦胖襖褲鞋一百五十五副零一件，共銀二百三十三兩。巴陵縣二十八副，共銀四十二兩。平江縣二十五副，共銀三十七兩五錢。華容縣三十七副，共銀五十五兩五錢。臨湘縣二十副，零襖一件，共銀三十兩五錢。安鄉縣一十八副，共銀二十七兩。澧州一十副，共銀一十五兩。石門縣七副，共銀十兩五錢。慈利縣一十副，共銀一十五兩。

徐學謨《萬曆》《湖廣總志》卷二四《貢賦四》　鄖陽府

額辦胖襖褲鞋八十八副，零襖一件。共銀一百三十二兩五錢。鄖縣五十副，共銀七十五兩。房縣七副，共銀一十兩五錢。上津縣一十三副，共銀一十九兩五錢。竹山縣五副，共銀七兩五錢。鄖西縣一十副，共銀一十五兩。竹谿縣三副，零襖一件，共銀五兩。

襄陽府

額辦胖襖褲鞋五百五十七副，共銀八百三十五兩五錢。襄陽縣一百四十六副，共銀二百一十九兩。南漳縣一百八副，共銀一百六十二兩。光化縣三十七副，共銀五十五兩五錢。棗陽縣四十副，共銀六十兩。宜城縣二十三副，共銀三十四兩五錢。穀城縣一百四十六副，共銀二百一十九兩。均州五十七副，共銀八十五兩五錢。

永州府

額辦胖襖褲鞋六十二副，共銀九十三兩。零陵縣二副，零褲一件，共銀五兩。寧遠縣二十五副，共銀三十七兩五錢。江華縣六副，共銀九兩。祁陽縣八副，共銀一十二兩。永明縣一千三副，零二件，共銀二十兩五錢。東安縣六副，銀九兩。

長沙府

額辦胖襖褲鞋一百四十三副，零褲一條，共銀二百一十五兩。長沙縣一十八副，共銀二十七兩。善化縣七副，共銀一十兩五錢。劉陽縣二十二副，共銀三十三兩。攸縣二十二副，共銀三十三兩。湘潭縣三副，共銀四兩五錢。茶陵州一十三副，共銀一十九兩五錢。湘陰縣二十二副，共銀三十三兩。湘鄉縣二十二副，共銀三十三兩。寧鄉縣六副，零褲一條，共銀九兩五錢。益陽縣八副，共銀一十二兩。

寶慶府

額辦胖襖褲鞋八十一副，共銀一百二十一兩五錢。邵陽縣一十九副，共銀二十八兩五錢。武岡州一十副，共銀一十五兩。新寧縣二副，共銀三兩。新化縣一十副，共銀一十五兩。城步縣四十副，共銀六十兩。

徐學謨《萬曆》《湖廣總志》卷二五《貢賦五》　辰州府

額辦胖襖褲鞋一百一十一副，共銀一百六十六兩五錢。沅州四十五副，銀六十七兩五錢。黔陽縣六十副，銀九十兩。盧溪縣六副，銀九兩。

常德府

額辦胖襖褲鞋一百零四副，共銀一百五十六兩。武陵縣四十六副，銀六十九兩。桃源縣三十五副，銀五十二兩五錢。龍陽縣一十八副，銀二十七兩。沅江縣五副，銀七兩五錢。

郴州

額辦胖襖褲鞋一百三十一副，共銀一百九十六兩五錢。本州三十副，銀四十五兩。桂東縣四副，銀六兩。宜章縣二十八副，綿四十二兩。興寧縣五十七副，銀八十五兩五錢。永興縣七副，銀一十兩五錢。桂陽縣五副，銀七兩五錢。

靖州

額辦胖襖褲鞋三百三十九副，共銀五百八兩五錢。靖州七十一副，銀一百六兩五錢。綏寧縣一百五十副，銀八百二十五兩。會同縣八十副，銀一百二十兩。

鍾崇文《隆慶岳州府志》卷一一《食貨考》　貢：岳州府　胖襖、褲、鞋，百五十六副，每副直銀一兩五錢。

巴陵縣　胖襖、褲、鞋，二十八副，直四十二兩。

臨湘縣　胖襖、褲、鞋，二十一副，直三十一兩五錢。

平江縣　胖襖、褲、鞋，二十五副，代銀三十七兩五錢。

華容縣　胖襖、褲、鞋，三十七副，代銀五十五兩五錢。

澧州　胖襖、褲、鞋，十副，代銀十五兩。

安鄉縣　胖襖、褲、鞋，十八副，直銀二十七兩。

石門縣　胖襖、褲、鞋，七副，直運資十兩五錢。

慈利縣　胖襖、褲、鞋，十副，直銀十五兩。

紀事

《左傳・閔公二年》衛文公大布之衣，大帛之冠，務材、訓農，通商、惠工，敬教、勸學，授方、任能，元年，革車三十乘；季年，乃三百乘。杜預注：大布，麤布。大帛，厚繒。蓋用諸侯諒闇之服。

《逸周書・王會解》王會解第五十九

成周之會，墠上張赤弈陰羽。孔晁注：王城既成，大會諸侯及四夷也。陰，鶴也，以羽飾帳也。除地曰墠。弈，帳也。天子南面立，絻無繁露，朝服八十物，搢挺。繁露，冕之所垂也，所尊敬則有焉。八十物，大小所服。搢，插也。挺，笏也。唐叔、荀叔、周公在左，太公望在右，皆絻，亦無繁露，朝服七十物，搢笏，旁天子而立於堂上。唐、荀，國名，皆成王弟，故曰叔。旁，差在後也，近天子後，故其冕謂亦無旒也。堂下之右，唐公、虞公南面立焉。唐、虞二公，堯、舜後也。堂下之左，殷公夏公立焉，皆南面，絻有繁露，朝服五十物，皆搢笏。杞、宋二公，冕有繁露。搢笏則唐虞闕也。【略】相者太史魚、太行人，皆朝服，有繁露。魚，太史名，及太行人，皆贊相賓客之禮也。堂下之東面，郭叔掌爲天子菉幣焉，絻有繁露。郭叔號，文王弟。菉，録諸侯之幣也。

《墨子》卷四《兼愛》昔者晉文公好士之惡衣，故文公之臣皆牂羊之裘，韋以帶劍，練帛之冠，入以見於君，出以踐於朝。是其故何也？君説之，故臣爲之也。

《孔子家語》卷一《儒行解》孔子在衛，冉求言於季孫曰：「國有聖人而不能用，欲以求治，是猶却步而欲求及前人，不可得已。今孔子在衛，衛將用之，已有才而以資鄰國，難以言智也。請以重幣迎之。」季孫以告哀公，公從之。孔子既至，舍哀公館焉。就孔子舍。公自阼階，孔子賓階昇堂立侍。公曰：「夫子之服，其儒服與？」孔子對曰：「丘少居魯，衣逢掖之衣。深衣之褒大也。長居宋，冠章甫之冠。丘聞之，君子之學也，博其服以鄉，隨其鄉也。丘未知其爲儒服也。

《呂氏春秋》卷二〇《達鬱》列精子高聽行乎齊湣王。高誘注：列精子高，六國時賢人也。聽行，其德行見敬於齊王也。湣王，宣王之子。善衣東布衣，白縞冠，顙推之履，特會朝雨，袪步堂下。謂其侍者曰：我何若？高誘注：顙推之履，弊履也。袪步，舉衣而步也。列精子高自謂其從者曰：我好醜如何也。畢沅案：鄭玄注《禮記》深衣曰，善衣，朝祭之服也。然則顙推之履必非弊履可知，列精子高方且自矜其容，以問侍者，豈有著弊履者乎？高不能注，不若闕諸。侍者曰：公姣且麗。姣麗，皆好貌也。列精子高因步而窺於井，粲然惡丈夫之狀也。高誘注：臨井自照，見不好，故曰惡丈夫之狀也。喟然歎曰：侍者爲吾聽行於齊王也，夫何阿哉。高誘注：阿，曲，媚也。列精子高言侍者以我爲齊王所聽而敬，謂我美麗，不言惡，故曰阿我也。又況於所聽行乎萬乘之主，人之阿之亦甚矣。

劉向《説苑》卷一一《善説》林既衣韋衣而朝齊景公，齊景公曰：「此君子之服也，小人之服也？」林既逡巡而作色曰：「夫服事何足以端士行乎？昔者荆爲長劍危冠，令尹子西出焉；齊短衣而遂偞之冠，管仲、隰朋出焉；越文身剪髮，范蠡、大夫種出焉；西戎左衽而椎結，由余亦出焉。即如君言，衣狗裘者當犬吠，衣羊裘者當羊鳴。且君衣狐裘而朝，意者得無爲變乎？」【略】襄成君始封之日，衣翠衣，帶玉劍，履縞舄，立於流水之上。大夫擁鍾，鍾錘縣，令執桴號令，呼誰能渡王者於是也。楚大夫莊辛過而説之，遂造託而拜謁，起立曰：「臣願把君之手，其可乎？」襄成君忿然作色而不言。莊辛遷延盥手而稱曰：「君獨不聞夫鄂君子晳之汎舟於新波之中也？乘青翰之舟，極㭬芘，張翠蓋而擒犀尾，班麗袿衽，會鍾鼓之音畢，榜枻越人擁楫而歌。歌辭曰：『濫兮抃草濫予，昌枑澤予，昌州州，𩜱州焉乎，秦胥胥，縵予乎，昭澶秦踰，滲惿隨河湖。』鄂君子晳曰：『吾不知越歌，子試爲我楚説之。』於是乃召越譯，乃楚説之曰：『今夕何夕兮，搴舟中流，今日何日兮，得與王子同舟。蒙羞被好兮，不訾詬恥。心幾頑而不絶兮，得知王子。山有木兮木有枝，心説君兮君不知。』於是鄂君子晳乃揄修袂行而擁之，舉繡被而覆之。鄂君子晳親楚王母弟也，官爲令尹，爵爲執珪，一榜枻越人，猶得交歡盡意焉。今君何以踰於鄂君子晳，臣何以獨不若榜枻之人，願把君之手其不可何也？」襄成君乃奉手而進之曰：「吾少之時，亦嘗以色稱於長者矣，未嘗遇僇如此之卒也。自今以後，願以壯少之禮，謹受命。」

劉向《説苑》卷一五《指武》孔子與子路、子貢、顔淵游於戎山之上。孔子喟然歎曰：「二三子各言爾志，予將覽焉。由，爾何如？」對曰：「得白羽如月，赤羽如日，擊鍾鼓者，上聞於天，旌旗翩翻，下蟠於地，使將而攻之，惟由爲能。」

孔子曰：「勇士哉！賜爾何如？」對曰：「得素衣縞冠，使於兩國之間，不持尺寸之兵，升斗之糧，使兩國相親如兄弟。」孔子曰：「辯士哉！回爾何如？」對曰：「鮑魚不與蘭茝同笥而藏，桀、紂不與堯、舜同時而治。二子已言，回何言哉？」孔子曰：「回有鄙之心。」顔淵曰：「願得明王聖主爲之相，使城郭不治，溝池不鑿，陰陽和調，家給人足，鑄庫兵以爲農器。」孔子曰：「大士哉！由來，區區汝何攻？賜來，便便汝何使？願得衣冠爲子宰焉。」

劉向《説苑》卷二〇《反質》 齊桓公謂管仲曰：「吾國甚小，而財用甚少，而羣臣衣服輿馬甚汰，吾欲禁之，可乎？」管仲曰：「臣聞之，君嘗之，臣食之；君好之，臣服之。今君之食也，必桂之漿，衣練紫之衣，狐白之裘，此羣臣之所奢太也。《詩》云：『不躬不親，庶民不信。』君欲禁之，胡不自親乎？」桓公曰：「善。」於是更制練帛之衣，大白之冠，朝一年而齊國儉也。

趙曄《吳越春秋》卷四《勾踐入臣外傳》 吳王起入宫中，越王、范蠡趨入石室。越王服犢鼻，着樵頭。夫人衣無緣之裳，施左關之襦。夫斫銼養馬，妻給水、除糞、灑掃。三年不愠怒，面無恨色。

司馬光《資治通鑑》卷五《周赧王五六年》 子順曰：「先君相魯，人誦之曰：『麛裘而芾，投之無戾。芾而麛裘，投之無郵。』及三月，政化既成，民又誦曰：『裘衣章甫，實獲我所。章甫裘衣，惠我無私。』」胡三省注：麛，鹿子也，以其皮爲裘。《記》曰：一命緼芾、黝珩，再命赤芾、黝珩，三命赤芾、葱珩。大夫以上赤芾，乘軒。戾，罪也。郵，與尤同，過也。章甫，殷冠。孔子曰：「丘長居宋，冠章甫之冠。」古者大夫羔裘以居，孤裘以朝，麛裘而芾，謂芾與麛裘相稱也。刺孔子裘衣而章甫，言孔子相魯能行古之道也。麛，莫兮翻；康綿披切。芾，分勿翻；協韻方蓋翻。戾，郎計翻；康曰：力結切，曲也，音義非。

《漢書》卷四〇《張良傳》 良嘗閒從容步游下邳圯上，有一老父，衣褐，至良所，直墮其履圯下，顧謂良曰：「孺子下取履！」良愕然，欲毆之。爲其老，乃彊忍，下取履，因跪進。父以足受之，笑去。師古曰：「褐制若裘，今道士所服者是。」

《漢書》卷四五《江充傳》 初，充召見犬臺宫，自請願以所常被服冠見上。上許之。充衣紗縠襌衣，師古曰：「紗縠，紡絲而織之也。輕者爲紗，縐者爲縠。襌衣，制若今之朝服中襌也。《漢官儀》曰武賁中郎將衣紗縠襌衣。襌音單，字從衣。次下亦同。」曲裾後垂交輸，張晏曰：「曲裾者，如婦人衣也。」如淳曰：「交輸，割正幅，使一頭狹若燕尾，垂之兩旁，見於後，是《禮・深衣》『(續)〔續〕衽鉤邊』。賈逵謂之『衣圭』。」蘇林曰：「交輸，如今新婦袍上挂全幅繒角割，名曰交輸裁也。」師古曰：「如、蘇二説皆是也。」冠襌纚步摇冠，飛翮之纓。服虔曰：「冠襌纚，故行步則摇，以鳥羽作纓也。」蘇林曰：「林翠鳥羽作蕤也。」臣瓚曰：「飛翮之纓，謂如蟬翼者也。」師古曰：「服説是也。纚，織絲爲之，即今方目紗是也。纚音山爾反。摇音(戈)〔弋〕招反。」充爲人魁岸，容貌甚壯。帝望見而異之，謂左右曰：「燕趙固多奇士。」既至前，問以當世政事，上説之。

《漢書》卷七一《雋不疑傳》 〔暴〕勝之素聞不疑賢，至勃海，遣吏請與相見。不疑冠進賢冠，帶櫑具劍，佩環玦，褎衣博帶，盛服至門上謁。

《後漢書》卷一上《光武帝紀上》 〔更始元年九日〕，時三輔吏士東迎更始，見諸將過，皆冠幘，《漢官儀》曰：「幘者，古之卑賤不冠者之所服也。」《方言》曰：「覆髻謂之幘，或謂之承露。」而服婦人衣，諸于繡镼，《前書音義》曰：「諸于，大掖衣也，如婦人之袿衣。」字書無「镼」字，《續漢書》作「𧝝」，(並)音其物反。揚雄《方言》曰：「襜褕，其短者，自關之西謂之裗𧝝。」郭璞注云：「俗名𧝝掖。」據此，即是諸于上加繡𧝝，如今之半臂也。或「繡」下有「擁」字。莫不笑之，或有畏而走者。

《後漢書》卷二四《馬援傳》 援年十二而孤，少有大志，諸兄奇之。嘗受《齊詩》，意不能守章句。乃辭(兄)況，欲就邊郡田牧。況曰：「汝大才，當晚成。良工不示人以朴，且從所好。」會況卒，援行服朞年，不離墓所；敬事寡嫂，不冠不入廬。後爲郡督郵，送囚至司命府，囚有重罪，援哀而縱之，遂亡命北地。遇赦，因留牧畜，賓客多歸附者，遂役屬數百家。轉游隴漢閒，常謂賓客曰：「丈夫爲志，窮當益堅，老當益壯。」因處田牧，至有牛馬羊數千頭，穀數萬斛。既而歎曰：「凡殖貨財産，貴其能施賑也，否則守錢虜耳。」乃盡散以班昆弟故舊，身衣羊裘皮絝。

《後漢書》卷二六《郭賀傳》 賀能明法，累官，建武中爲尚書令，在職六年，曉習故事，多所匡益。拜荆州刺史，引見賞賜，恩寵隆異。及到官，有殊政。百姓便之，歌曰：「厥德仁明郭喬卿，忠正朝廷上下平。」顯宗巡狩到南陽，特見嗟歎，賜以三公之服，黼黻冕旒。勑行部去襜帷，使百姓見其容服，以章有德。每所經過，吏人指以相示，莫不榮之。

《後漢書》卷三四《梁冀傳》 弘農人宰宣素性佞邪，欲取媚於冀，乃上言大將軍有周公之功，今既封諸子，則其妻宜爲邑君。詔遂封冀妻孫壽爲襄城君，兼食陽翟租，歲入五千萬，加賜赤紱，比長公主。壽色美而善爲妖態，作愁眉，嗁粃，愰馬髻，折腰步，齲齒笑，以爲媚惑。冀亦改易輿服之制，作平上軿車，埤幘，狹冠，折上巾，李賢等注：蓋折其巾之上角也。擁身扇，狐尾單衣。後裾曳地，若狐尾也。壽性鉗忌，能制御冀，冀甚寵憚之。

《後漢書》卷五四《楊彪傳》　及魏文帝受禪，欲以彪爲太尉，先遣使示旨。彪辭曰：「彪備漢三公，遭世傾亂，不能有所補益。耄年被病，豈可贊惟新之朝？」遂固辭。乃授光禄大夫，賜幾杖衣袍，因朝會引見，令彪著布單衣、鹿皮冠，杖而入，待以賓客之禮。

《後漢書》卷八〇下《文苑傳·禰衡》　〔孔〕融既愛衡才，數稱於曹操。操欲見之，而衡素相輕疾，自稱狂病，不肯往，而數有恣言。操懷忿，而以其才名，不欲殺之。聞衡善擊鼓，乃召爲鼓史，因大會賓客，閲試音節。諸史過者，皆令脱其故衣，更著岑牟單絞之服。次至衡，衡方爲《漁陽》參撾，蹀躅而前，容態有異，聲節悲壯，聽者莫不慷慨。衡進至操前而止，吏訶之曰：「鼓史何不改裝，而輕敢進乎？」衡曰：「諾。」於是先解衵衣，次釋餘服，裸身而立，徐取岑牟、單絞而著之，畢復參撾而去，顔色不怍。操笑曰：「本欲辱衡，衡反辱孤。」

孔融退而數之曰：「正平大雅，固當爾邪？」因宣操區區之意。衡許往。融復見操，説衡狂疾，今求得自謝。操喜，敕門者有客便通，待之極晏。衡乃著布單衣、疎巾，手持三尺棁杖，坐大營門，以杖捶地大罵。吏白：「外有狂生，坐於營門，言語悖逆，請收案罪。」操怒，謂融曰：「禰衡豎子，孤殺之猶雀鼠耳。顧此人素有虚名，遠近將謂孤不能容之，今送與劉表，視當何如。」於是遣人騎送之。臨發，衆人爲之祖道，先供設於城南，乃更相戒曰：「禰衡勃虐無禮，今因其後到，咸當以不起折之也。」及衡至，衆人莫肯興，衡坐而大號。衆問其故，衡曰：「坐者爲冢，卧者爲屍，屍冢之閒，能不悲乎！」

《後漢書志》第一三《五行一·服妖》　更始諸將軍過雒陽者數十輩，皆幘而衣婦人衣繡擁𩑶。時智者見之，以爲服之不中，身之災也，乃奔入邊郡避之。是服妖也。其後更始遂爲赤眉所殺。

班固等《東觀漢記》卷一二《馬援傳》　隗囂甚重援，以爲綏德將軍。時公孫述稱帝，囂使援往觀之。援素與述同鄉里，相善，以爲至當握手迎如平生。述乃盛陳陛衛，引援入，交拜畢，就館，爲援制荅布單衣，案：范書本傳荅作都。交讓冠。會百官於宗廟，立舊交之位。述鸞旗旄騎，警蹕就車，禮甚盛，欲授以封侯大將軍位。賓客皆樂留，援曉之，因而辭歸，謂囂曰：「子陽井底鼃耳，不如專意東方。」囂乃使援奉書雒陽。援初到，敕令中黄門引入。時上在宣德殿南廡下，袒幘坐。援至，上迎笑謂之曰：「卿遨遊二帝間，見卿，使人慙。」援頓首謝曰：「當今之世，非獨君擇臣，臣亦擇君。臣與公孫述同縣，少小相善。臣前至蜀，述陛戟而後進臣。今臣遠從異方來，陛下何以知非刺客，而簡易如此？」於是上復笑曰：「卿非刺客，顧説客耳。」援乃曰：「天下反覆，自盗名字者不可勝數。今見陛下，恢廓大度，同符高祖，乃知帝王自有真也。」

應劭《風俗通》卷三《愆禮》　河南尹太山羊嗣祖，在家；平原相封子衡葬母，子衡故臨太山數十日，時嗣祖去河南矣，子衡四從子曼慈復爲太山，士大夫用此行者數百人，皆齊衰經帶，時與太尉府自劾歸家，故侍御史胡毋季皮獨過相候，求欲作衰，謂：「君不爲子衡作吏，何制服？」曰：「衆人若此，不可獨否。」又謂：「足下徑行自可，今反相歷，令子失禮，僕豫愆。古有弔服，可依其制。」因爲裁縞冠幘袍單衣，定，大爲同作所非。然穎川有識陳元方、韓元長、綦毋廣明咸嘉是焉。【略】

公車徵士汝南袁夏甫，少舉孝廉，爲司徒掾，人間之事，無所關也。其後，閉户塞牖，不見賓客。清旦，東向再拜朝其母，念時時往就之，子亦不得見，復踰拜耳。頭不著巾，身無單衣，足常木蹻，食止壇菜，云我無益家事，莫之能彊。及母終亡，不列服位。

應劭《風俗通·佚文·服妖》　靈帝好胡服、胡帳、胡牀，京師皆競爲之；後董卓擁胡兵掠宫掖。《御覽》六九九又七〇七、《王荆文公詩注》三〇、《浄土三經音義》一、《倭名類聚鈔》六、《事始》、《古今事物考》七、《天中記》四九

應邵《風俗通義·佚文·輯事》　東海王興宗議曰：「晏平仲以齊君奢，故澣其朝冠，振其鹿裘。」《御覽》八一六

佚名《西京雜記》卷二　成帝好蹴踘，羣臣以蹴踘爲勞體，非至尊所宜。帝曰：「朕好之，可擇似而不勞者奏之。」家君作彈棊以獻，帝大悦，賜青羔裘，紫絲履，服以朝覲。

司馬光《資治通鑑》卷六七《漢獻帝建安一九年》　三月，詔魏公操位在諸侯王上，改授金璽、赤紱、遠游冠。胡三省注：漢制：諸侯王金印、赤紱、遠游冠。董巴曰：遠游冠，制如通天，高九寸，正豎，頂少邪，乃直下爲鐵卷梁，有展筩橫之於前，無山述。

《西漢會要》卷二四《輿服下》　百官冠服雜録附

雜録

江充召見，願以所常被服冠見。武帝許之。充衣紗縠襌衣，曲裾後垂交輸，冠襌纚步摇冠，飛翮之纓。《本傳》。

雋不疑見暴勝之，冠進賢冠，帶櫑具劍，佩環玦，褒衣博帶，盛服至門上謁。《本傳》。

臣庶衣服

成帝微行，私奴客皆白衣袒幘，帶刀持劍。《五行志》。

白衣。《龔勝傳》。師古曰：「白衣，給官府趨走賤人，若今諸司亭長掌固之屬。」

《三國志》卷一一《魏志·管寧傳》　自黄初至于青龍，徵命相仍，常以八月賜牛酒，詔書問青州刺史程喜：「寧爲守節高乎，審老疾尫頓邪？」喜上言：「寧有族人管貢爲州吏，與寧鄰比，臣常使經營消息。貢説：『寧常著皁帽、布襦袴、布裙，隨時單複，出入閨庭，能自任杖，不須扶持。四時祠祭，輒自力強，改加衣服，著絮巾，故在遼東所有白布單衣，親薦饌饋，跪拜成禮。寧少而喪母，不識形象，常特加觴，泫然流涕。又居宅離水七八十步，夏時詣水中澡灑手足，闚於園圃。』臣揆寧前後辭讓之意，獨自以生長潛逸，耆艾智衰，是以棲遲，每執謙退。此寧志行所欲必全，不爲守高。」

《三國志》卷一五《魏志·司馬朗傳》　建安二十二年，與夏侯惇、臧霸等征吳。到居巢，軍士大疫，朗躬巡視，致醫藥。遇疾卒，時年四十七。遺命布衣幅巾，斂以時服，州人追思之。裴松之注引《魏書》曰：朗臨卒，謂將士曰：「刺史蒙國厚恩，督司萬里，微功未效，而遭此疫癘，既不能自救，辜負國恩。身没之後，其布衣幅巾，斂以時服，勿違吾志也。」

《三國志》卷二五《魏志·楊阜傳》　阜常見明帝著繡帽，被縹綾半褏，阜問帝曰：「此於禮何法服也？」帝默然不答，自是不法服不以見阜。

《三國志》卷四七《吳主權傳》　黄初二年十一月，策命權曰：「【略】君務財勸農，倉庫盈積，是用錫君袞冕之服，赤舄副焉。」

《三國志》卷四七《吳志·吳主權傳》　裴松之注引《吳歷》曰：權以使聘魏，具上破備獲印綬及首級、所得土地，並表將吏功勤宜加爵賞之意。文帝報使，致鼲子裘、明光鎧、騂馬，又以素書所作《典論》及詩賦與權。

《晉書》卷二七《五行志上》　魏明帝著繡帽，披縹紈半袖，常以見直臣楊阜，諫曰：此禮何法服邪！」帝默然。

司馬光《資治通鑑》卷七三《魏明帝青龍三年》　帝嘗著帽，被縹綾半袖。胡三省注：著，陟略翻。《説文》曰：帽，小兒蠻夷頭衣。縹，普沼翻，青白色。綾，紋帛，或謂之綺，或謂之紋繒。半袖，半臂也。《晉志》曰：帽名猶冠也，義取於蒙覆其首，其本纚也。古者冠無幘，冠下有纚，以繒爲之。後世施幘於冠，因或裁纚爲帽，自乘輿宴居，下至庶人無爵者，皆服之。被，皮義翻。　阜問帝曰：「此於禮何法服也？」帝默不答。自是不法服不以見阜。

《三國會要》卷五《天運四·五行》　明帝著繡帽，被縹紈半袖，嘗以見直臣楊阜，阜諫曰：「此於禮何法服邪？」帝默然。近服妖也。

《晉書》卷九四《隱逸傳·郭文》　郭文字文舉，河内軹人也。少愛山水，尚嘉遁。年十三，每游山林，彌旬忘反。【略】恒著鹿裘葛巾，不飲酒食肉，區種菽麥，採竹葉木實，貿鹽以自供。【略】餘杭令顧颺與葛洪共造之，而攜與俱歸。颺以文山行或須皮衣，贈以韋袴褶一具，文不納，辭歸山中。颺追遣使者置衣室中而去，文亦無言，韋衣乃至爛於户内，竟不服用。

《晉書》卷一〇六《載記第六·石季龍》　季龍常以女騎一千爲鹵簿，皆著紫綸巾、熟錦袴、金銀鏤帶、五文織成鞾，游于戲馬觀。

許嵩《建康實録》卷八《晉·太宗簡文皇帝》〔太和六年〕十一月己酉，〔桓〕温率百官具法駕乘輿迎帝立，于朝堂變服，著平巾幘單衣，東面拜受璽紱。即日即皇帝位，改元咸安元年。

《宋書》卷三《武帝紀下》　性尤簡易，常著連齒木屐，好出神虎門逍遥，左右從者不過十餘人。時徐羡之住西州，嘗幸羡之，便步出西掖門，羽儀絡驛追隨，已出西明門矣。諸子旦問起居，入閤脱公服，止著裙帽，如家人之禮。

《魏書》卷一九《樂浪王忠傳》　出帝汎舟天淵池，命宗室諸王陪宴。忠愚而無智，性好衣服，遂著紅羅襦，繡作領，碧紬袴，錦爲緣。帝謂曰：「朝廷衣冠，應有常式，何爲著百戲衣？」忠曰：「臣少來所愛，情存綺羅，歌衣舞服，是臣所願。」帝曰：「人之無良，乃至此乎！」

《魏書》卷五五《游明根傳》　明根以年踰七十，表求致仕。詔不許。頻表固請，【略】高祖命之令進，言别殷勤，仍爲流涕。賜青紗單衣、委貌冠、被褥、錦袍等物。

《魏書》卷七九《成淹傳》　太和中，文明太后崩，肅蹟遣其散騎常侍裴昭明、散騎侍郎謝竣等來弔，欲以朝服行事。主客執之，云：「弔有常式，何得以朱衣入山庭！」昭明等言：「本奉朝命，不容改易。」如此者數四，執志不移。高祖敕尚書李沖，令選一學識者更與論執，沖奏遣淹。昭明言：「未解魏朝不聽朝服行禮，義出何典？」淹言：「吉凶不同，禮有成數，玄冠不弔，童孺共聞。昔季孫將行，請遭喪之禮，千載之下，猶共稱之。卿遠自江南奉慰，不能式遵成事，方謂議出何典，行人得失，何其異哉！」昭明言：「二國交和既久，南北皆須準望。齊高帝崩，魏遣李彪通弔，於時初不素服，齊朝亦不以爲疑，那得苦見要逼。」淹言：「彪通弔之日，朝命以弔服自隨，而彼不遵高宗追遠之慕，乃踰月即吉，彪行弔之時，齊之君臣皆已鳴玉盈庭，貂璫曜日，百僚内外，朱服焕然，彪行人不被主人之命，復何容獨以素服間衣冠之中？來責雖高，未敢聞命。我皇帝仁孝之性，侔於有虞，處諒闇以來，百官聽於冢宰，卿豈得以此方彼也。」昭明乃摇膝而言：「三皇不同禮，亦安知得失所歸。」淹言：「若如來談，卿以虞舜、高宗爲非也？」昭明遂相顧而笑曰：「非孝者，宣尼有成責，行人亦弗敢言。希主人裁以弔服，使人唯齎袴褶，比既戎服，不可以弔，幸借緇衣帢，以申國命。今爲魏朝所逼，違負指授，還南之日，必得罪本朝。」淹言：「彼有君子也，卿將命折中，還南之日，應有高賞；若無君子也，但令有光國之譽，雖復非理見罪，亦復何嫌。南史、董狐，自當直筆。」既而，高祖遣李沖問淹昭明所言，淹以狀對。高祖詔沖曰：「我所用得人。」仍敕送衣帢給昭明等，賜淹果食。明旦引昭明等入，皆令文武盡哀。後正侍郎。高祖以淹清貧，賜絹百匹。

《魏書》卷一〇三《西域傳・蠕蠕》〔正光〕二年正月，阿那瓌等五十四人請辭，肅宗臨西堂，引見阿那瓌及其伯叔兄弟五人，升階賜坐，遣中書舍人穆弼宣勞。阿那瓌等拜辭，詔賜阿那瓌細明光人馬鎧二具，鐵人馬鎧六具；露絲銀纏槊二張并白毦，赤漆槊十張并白毦，黑漆槊十張并幡；露絲弓二張并箭，朱漆柘弓六張并箭，黑漆弓十張并箭；赤漆盾六幡并刀，黑漆盾六幡并刀；赤漆鼓角二十具；五色錦被二領，黄紬被褥三十具；私府繡袍一領并帽，内者緋納襖一領；緋袍二十領并帽，内者雜綵千段；緋納小口袴褶一具，内中宛具；紫納大口袴褶一具，内中宛具；百子帳十八具，黄布幕六張；新乾飯一百石，麥麨八石，榛麨五石；銅烏錥四枚，柔鐵烏錥二枚，各受二斛；黑漆竹樏四枚，各受二升；婢二口；父草馬五百匹，駝百二十頭，牸牛一百頭，羊五千口；朱畫盤器十合；粟二十萬石。至鎮給之。

《魏書》卷一〇八之一《禮志一》太和十五年十一月己未朔，帝釋禫祭於太和廟。帝兖冕，與祭者朝服。既而帝冠黑介幘，素紗深衣，拜山陵而還宮。庚申，帝親省齊宫冠服及郊祀俎豆。癸亥冬至，將祭圓丘，帝衮冕劍舄，侍臣朝服。辭太和廟，之圓丘，升祭柴燎，遂祀明堂，大合。既而還之太和廟，乃入。甲子，帝衮冕辭太和廟，臨太華殿，朝羣官。既而帝冠通天，絳紗袍，臨饗禮。帝感慕，樂懸而不作。丁卯，遷廟，陳列冕服，帝躬省之。既而帝衮冕，辭太和廟，之太廟，百官陪從。奉神主於齋車，至新廟。有司升神主於太廟，諸王侯牧守、四海蕃附，各以其職來祭。

《魏書》卷一〇八之三《禮志三》魏自太祖至於武泰帝，及太皇太后、皇太后、皇后崩，悉依漢魏既葬公除。唯高祖太和十四年文明太后崩，【略】十日壬午詔曰：「公卿屢上啓事，依據金册遺旨，中代成式，求過葬即吉。朕仰惟恩重，不勝罔極之痛。思遵遠古，終三年之禮。比見羣官具論所懷，今依禮既虞卒哭，尅此月二十日受服，以葛易麻。既衰服在上，公卿不得獨釋於下。故於朕之授變從練，已下復爲節降。斷度今古，以情制衷。但取遺旨速除之一節，粗申臣子哀慕之深情。欲令百官同知此意，故用宣示。便及變禮，感痛彌深。」

十五年四月癸亥朔，設薦於太和廟。【略】

丁亥，高祖宿於廟。至夜一刻，引諸王、三都大官、駙馬、三公、令僕已下，奏事中散已上，及刺史、鎮將，立哭於廟庭，三公、令僕升廟。既出，監御令陳服笥於廟陛南，近侍者奉而升列於壟室前席。侍中、南平王馮誕跽奏請易服，進縞冠，皂朝服、革帶、黑屨，侍臣各易以黑介幘，白絹單衣，革帶、烏履，遂哀哭至乙夜，盡戊子。質明薦羞，奏事中散已上，冠服如侍臣，刺史已下無變。高祖薦酌，神部尚書王諶讚祝訖，哭拜遂出。有司陳祥服如前。侍中跽奏，請易祭服，進縞冠素紕，白布深衣，麻繩履。侍臣去幘易帢，羣官易服如侍臣，又引入如前。儀曹尚書游明根升廟跽慰，復位哭，遂出。引太守外臣及諸部渠帥入哭，次引蕭賾使并雜客入。至甲夜四刻，侍御、散騎常侍、司衛監以上升廟哭，既而出。帝出廟，停立哀哭，久而乃還。

《南史》卷一《宋紀上・武帝》性尤簡易，嘗著連齒木屐，好出神武門内左右逍遥，從者不過十餘人。時徐羨之住西州，嘗思羨之，便步出西掖門，羽儀絡驛追隋，已出西明門矣。諸子旦問起居，入閤脱公服，止著裙帽，如家人之禮焉。

《南史》卷三《宋紀下・明帝》〔元嘉二十九年〕，是歲入朝，時廢帝疑畏諸父，以上付廷尉，明日將加禍害，上乃與腹心阮佃夫、李道兒等密謀。時廢帝左右直閤將軍宗越、譚金、童太一等是夜並外宿，佃夫、道兒因結壽寂之等，十一月二十九日，殺廢帝於後堂。建安王休仁便稱臣，奉引升西堂，登御坐。事出倉卒，上失履，跣，獨著烏紗帽，休仁呼主衣以白紗代之。

《南史》卷三一《張充傳》 歷尚書殿中郎、武陵王友。時尚書令王儉當朝用事，齊武帝皆取決焉。儉方聚親賓，充袷巾葛帔，至便求酒，言論放逸，一坐盡傾。

《南史》卷五七《沈衆傳》 陳武帝受命，位中書令。帝以衆州里知名，甚敬重之，賞賜超於時輩。性吝嗇，財帛億計，無所分遺。自奉甚薄，每朝會中，衣裳破裂，或躬提冠履。永定二年，兼起部尚書，監起太極殿。恒服布袍芒屩，以麻繩爲帶，又囊麥飯餅以噉之，朝士咸共誚其所爲。

《南史》卷八〇《賊臣傳・侯景》 大寶元年四月辛卯，景又召簡文幸西州，簡文御素輦，侍衛四百餘人。景衆數千浴鐵翼衛。簡文至西州，景等逆拜。上冠下屋白紗帽，服白布裙襦。景服紫紬褶，上加金帶，與其僞儀同陳慶、索超世等西向坐。溧陽主與其母范淑妃東向坐。上聞絲竹，悽然下泣。

《北史》卷一七《魏樂良王忠傳》 孝武帝汎舟天泉池，命宗室諸王陪宴。忠愚而無智，性好衣服，遂著紅羅襦，繡作領，碧紬袴，錦爲緣。帝謂曰：「朝廷衣冠，應有常式，何爲著百戲衣？」忠曰：「臣少來所愛，情存綺羅，歌衣舞服，是臣所願。」帝曰：「人之無良，乃至此乎！」

《北史》卷二二《長孫儉傳》 除東南道行臺僕射、大都督十五州諸軍事、荆州刺史。時梁岳陽王蕭詧内附，初遣使入朝。至荆州，儉於廳事列軍儀，具戎服，以賓主禮見使。容貌魁偉，音聲如鍾，大爲鮮卑語，遣人傳譯以荅問。客惶恐不敢仰視。日晚，儉乃著裙襦紗帽，引客宴於别齋，因叙梁國喪亂，朝庭招攜之意，發言可觀。使人大悦，出曰：「吾所不能測也。」

《北史》卷四六《成淹傳》 太和中，文明太后崩，齊遣其散騎常侍裴昭明、散騎侍郎謝竣等來弔，欲以朝服行事。主客不許，昭明等執志不移。孝文敕尚書李沖選一學識者更與論執。沖奏遣淹。昭明言：「不聽朝服行禮，義出何典？」淹言：「玄冠不弔，童孺共聞。昔季孫將行，請遭喪之禮，千載之下，猶共稱之。卿方謂義出何典，何其異哉！」昭明言：「齊高帝崩，魏遣李彪通弔，初不素服，齊朝亦不爲疑。」淹言：「彪通弔之日，朝命以弔服自隨。彼不遵高宗追遠之慕，乃踰月即吉。齊之君臣，皆已鳴玉盈庭，彪行人，何容獨以衰服問衣冠之中？我皇處諒闇以來，百官聽於冢宰，卿豈得以此方彼也？」昭明乃摇膝而言曰：「三皇不同禮，亦安知得失所歸。」淹言：「若如來談，卿以虞舜、高宗爲非也？」昭明相顧笑曰：「非孝者，宣尼有成責，行人亦弗敢言。」使人唯齎袴褶，不可以弔，幸借衣帢，以申國命。今爲魏朝所逼，還南日，必得罪本朝。」淹言：「彼有君子也，卿將命折中，還南日，應有高賞。若無君子也，但令有光國之譽，雖非理得罪，亦復何嫌。南史、董狐，自當直筆。」既而敕送衣帢給昭明等，明旦引入，皆令文武盡哀。後正佐郎。

《北史》卷九〇《藝術傳下・蔣少游》 及詔尚書李沖與馮誕、游明根、高閭等議定衣冠於禁中，少游巧思，令主其事。亦訪於劉昶。二意相乖，時致諍競，積六載乃成，始班賜百官。冠服之成，少游有効焉。

《北史》卷九〇《藝術傳下・何稠》 稠參會今古，多所改創。魏、晉已來，皮弁有纓而無笄導。稠曰：「此古田獵服也，今服以入朝，宜變其制。」故弁施象牙簪導，自稠始也。又從省之服，初無佩綬。稠曰：「此乃晦朔小朝之服，安有人臣謁帝，而除去印綬，兼無佩玉之節乎？」乃加獸頭小綬及佩一隻。

許嵩**《建康實録》卷一四《宋下・太宗明皇帝》** 太宗明皇帝諱彧，字休炳，小字榮期，文帝第十一子也。元嘉十六年十月戊辰生。二十五年，封淮陽王。二十九年，改封湘東王。孝武踐祚，累遷鎮軍將軍。景和中，位雍州刺史，即本號開府儀同三司。

是歲，入朝。時廢帝誅戮大臣，疑畏諸父，收上付廷尉，將加禍害者數十。既而上意定，明旦應就禍。上先已與腹心阮佃夫、李道兒等密謀。廢帝左右常慮禍，人人有異志。唯直閤將軍宗越、譚金、童太一等數人爲其腹心，並有幹力，在殿省，莫敢動。是夜，賊等並外宿，佃夫、道兒因結壽寂之等戮廢帝於後堂，時十一月二十九日也。

事定，尚未知所爲，建安王休仁便稱臣奉引上西堂，登御座，召見諸大臣。於時事出倉卒，上失履，跣至西堂，猶著烏帽。座定，休仁呼主衣以紗帽代，引備羽儀。雖未即位，凡衆事悉稱令書。

許嵩**《建康實録》卷一四《宋下・沈慶之傳》** 劉湛被收之夕，召慶之。慶之戎服履靺縛袴入，上見驚曰：「卿何故乃爾急裝？」慶之曰：「夜半呼隧主，不容緩服。」乃遣收吴郡太守劉斌，殺之。後爲建威將軍，遷世祖中兵參軍，隨西上，平定諸山賊，羣蠻皆稽顙。慶之先患頭風，好著狐皮帽，羣蠻惡之，號曰蒼頭公。每見慶之軍，輒懼曰：「蒼頭公已復來矣。」

許嵩《建康實録・陳上・高祖武皇帝》〔沈〕衆字仲監，吴興武康人。祖約。父挺。衆好學，頗有文詞，起家南平王參軍。高祖即位，遷侍中。性鄙于財，而不潔于己。每于朝會中，衣裳破裂，或躬提冠履。又薄于奉養，在朝常服布袍芒屩，以麻繩爲帶，及囊麥飰食之，朝士咸共笑其所爲。性急，于忿恨，非毀朝廷。高祖大怒，因其休暇，遂賜死。

司馬光《資治通鑑》卷一七六《陳長城公至德二年》春，正月壬申，梁主入朝于隋，服通天冠、絳紗袍，北面受郊勞。及入見於大興殿，隋主服通天冠、絳紗袍，梁主服遠游冠、朝服，君臣並拜。胡三省注：通天冠、絳紗袍，天子之服也；服天子之服，北面以受郊勞，示臣服於隋而未至純於臣也。遠游冠、朝服，諸王見天子之服也；入見大興殿，純於臣矣。大興殿，隋新都正殿也，唐爲西内太極殿。遠游，三梁冠，黑介幘。朝服，絳紗單衣，白紗内單，皁領、袖，皁襈，革帶，鉤觻，假帶，方心，絳紗蔽膝，韈，舄，綬，劍佩。君臣並拜，非禮也。賜縑萬匹，珍玩稱是。

周廣業《過夏雜録》卷二《圓冠方履》齊釋道盛《啓武帝論檢試僧事》云：昔者仲尼養徒三千，學天文者則戴圓冠，學地理者則履方履。楚莊周詣哀公曰：「蓋聞此國有知天文地理者不少，請試之。」哀公即宣令國内知天文者，著圓冠，知地理者，著方履來詣門。唯有孔某一人到，問無不對，故知餘者皆爲竊服矣。見《宏明集》。

《新唐書》卷三四《五行志》高宗嘗内宴，太平公主紫衫、玉帶、皂羅折上巾，具粉礪七事，歌舞于帝前。帝與武后笑曰：「女子不可爲武官，何爲此裝束？」

《新唐書》卷五三《食貨志三》齊物人爲鴻臚卿，以長安令韋堅代之，兼水陸運使。堅治漢、隋運渠，起關門，抵長安，通山東租賦。乃絶灞、滻，並渭而東，至永豐倉與渭合。又於長樂坡瀕苑牆鑿潭於望春樓下，以聚漕舟。堅因使諸舟各揭其郡名，陳其土地所産寶貨諸奇物於袱上。先時民間唱俚歌曰「得体紇那邪」。其後得寶符於桃林，於是陝縣尉崔成甫更《得体歌》爲《得寶弘農野》。堅命舟人爲吴、楚服，大笠、廣袖、芒屩以歌之。成甫又廣之爲歌辭十闋，自衣缺後緑衣、錦半臂、紅抹額，立第一船爲號頭以唱，集兩縣婦女百餘人，鮮服靚粧，鳴鼓吹笛以和之。

《新唐書》卷一九六《隱逸傳・朱桃椎》朱桃椎，益州成都人。澹泊絶俗，被裘曳索，人莫能測其爲。長史竇軌見之，遺以衣服、鹿幘、麂鞾，逼署鄉正。委之地，不肯服。更結廬山中，冬緝木皮葉自蔽，贈遺無所受。

韓愈《韓昌黎文集》卷四《送幽州李端公序》元年，今相國李公爲吏部員外郎，愈嘗與偕朝，道語幽州司徒公之賢，曰：某前年被詔告禮幽州，入其地，迓勞之使里至，每進益恭。及郊，司徒公紅帓首、鞾袴、握刀，左右雜佩，弓韔服，矢插房，俯立迎道左。

韓愈《韓昌黎文集》卷四《送石處士序》河陽軍節度御史大夫烏公爲節度之三月，求士於從事之賢者，有薦石先生者。公曰：「先生何如？」曰：「先生居嵩邙瀍穀之間，冬一裘，夏一葛，食朝夕飯一盂、蔬一盤。人與之錢則辭，請與出游，未嘗以事辭，勸之仕，不應。坐一室，左右圖書。與之語道理，辨古今事當否，論人高下，事後當成敗，若河決下流而東注，若駟馬駕輕車就熟路，而王良造父爲之先後也，若燭照數計而龜卜也。」大夫曰：「先生有以自老，無求於人，其肯爲某來邪？」從事曰：「大夫文武忠孝，求士爲國，不私於家。方今寇聚於恆，師環其疆，農不耕收，財粟殫亡，吾所處地，歸輸之塗，治法征謀，宜有所出。先生仁且勇，若以義請而彊委重焉，其何説之辭！」於是譔書詞，具馬幣，卜日以授使者，求先生之廬而請焉。先生不告於妻子，不謀於朋友，冠帶出見客，拜受書禮於門内，宵則沐浴戒行李，載書册，問道所由，告行於常所來往；晨則畢至，張上東門外。

韓愈《韓昌黎文集》卷四《送鄭尚書序》嶺之南其州七十，其二十二隸嶺南節度府，其四十餘分四府，府各置帥，然獨嶺南節度爲大府。大府始至，四府必使其佐啓問起居，謝守地不得即賀以爲禮。歲時必遺賀問，致水土物。大府帥或道過其府，府帥必戎服，左握刀，右屬弓矢，帕首袴鞾迎郊。及既至，大府帥先入據館，帥守屏，若將趨入拜庭之爲者；大府與之爲讓至一再，乃敢改服，以賓主見。

韓愈《韓昌黎文集》卷六《河南少尹李公墓誌銘》公諱素，字某。【略】刺衢州。至一月，遷蘇州。李錡前反，權將之戍諸州者，刺史至，斂手無敢與敵。公至十二日錡反，公將左右與賊戰州門，不勝，賊呼入，公端立責以義，皆斂兵立，不逼。錡命械致公軍，將斬以徇；及境，錡適敗縛，公脱械還走州，賊急卒不暇走死，民抱扶迎盡出。天子使貴人持紫衣金魚以賜。居三年，州稱治。拜河南少尹，行大尹事。吕氏子炅棄其妻，著道士衣冠，謝母曰：「當學仙王屋山。」去數月復出。間詣公，公立之府門外，使吏卒脱道士冠。給冠帶，送付其母。黜屬令二人以贓，減民賦錢歲五千萬，請緩民輸期一月，詔天下輸皆緩一月。公一斷治不收聲，事常出名上。

段成式《酉陽雜俎》前集卷一《禮異》 北齊迎南使，太學博士監舍迎使。傳詔二人騎馬荷信在前，羊車二人捉刀在傳詔後。監舍一人，典客令一人，並進賢冠。生朱衣騎馬罩傘十餘，絳衫一人，引從使車前。又絳衫騎馬平巾幘六人，使主副各乘車，但馬在車後。鐵甲者百餘人，儀仗百餘人，剪綵如衣帶，白羽間爲稍，髾髮絳袍，帽凡五色，袍隨髾色，以木爲稍、刃、戟，畫綵爲蝦蟆幡。

梁正日，使北使乘車至闕下，入端門。【略】位定，梁主從東堂中出，云齋在外宿，故不由上閤來，擊鐘鼓，乘輿警蹕，侍從升東階，南面幄内坐。幄是緑油天皂裙，甚高，用繩係着四柱，憑黑漆曲几。坐定，梁諸臣從西門入，着具服、博山遠遊冠，纓末以翠羽、真珠爲飾，雙雙佩帶劍，黑舄。初入，二人在前導引，次二人並行，次一人擎牙箱，班劍箱，別二十人具省服，從者百餘人。至宣城王前數步，北面有重席爲位，再拜，便次出，引王公登，獻玉，梁主不爲興。

蘇鶚《杜陽雜編》卷中 寶歷二年，淛東國貢舞女二人，一曰飛鸞，二曰輕鳳。修眉黟首，蘭氣融冶。冬不纊衣，夏不汗體，所食多荔枝、榧實、金屑、龍腦之類。衣軿羅之衣，戴輕金之冠，表異國所貢也。軿羅衣無縫而成，其紋巧，織人未之識焉。輕金冠以金絲結之爲鸞鶴狀，仍飾以五彩細珠，玲瓏相續，可高一尺，秤之無二三分。上更琢玉芙蓉以爲二女歌舞臺，每歌聲一發，如鸞鳳之音，百鳥莫不翔集其上，及觀於庭際，舞態艷逸，更非人間所有。每歌罷，上令内人藏之金屋寶帳，蓋恐風日所侵故也。由是宫中語曰：寶帳香重重，一隻紅芙蓉。

馮贄《雲仙雜記》卷一《籠桶衫柿油巾》 杜甫在蜀日，以七金買黄兒米半籃、细子魚一串、籠桶衫、柿油巾，皆蜀人奉養之粗者。《浣花旅地志》

馮贄《雲仙雜記》卷二《臨光宴》 正月十五夜，玄宗於常春殿張臨光宴。白鷺轉花、黄龍吐水、金鳧銀燕、浮光洞、攢星閣，皆燈也。奏月分光曲，又撒閩江錦荔支千萬顆，令宫人争拾，多者賞以紅圈帔，緑暈衫。《影燈記》

馮贄《雲仙雜記》卷四《軟棗餻》 宣慈寺每求化人，先留食軟棗餻。柳尚書來，方食餻，袖疏欲出，尚書急解連帶，緋袍，鏁子魚袋施之。《海墨微言》

《太平廣記》卷四〇五《集翠裘》 則天時，南海郡獻集翠裘，珍麗異常。張昌宗侍側，則天因以賜之。遂命披裘，供奉雙陸。宰相狄仁傑，時入奏事。則天令昇坐。因命仁傑與昌宗雙陸，狄拜恩就局。則天曰：「卿二人賭何物？」狄對曰：「争三籌，賭昌宗所衣毛裘。」則天謂曰：「卿以何物爲對？」狄曰：「指所衣紫絁袍(曰)，臣以此敵。」則天笑曰：「卿未知，此裘價逾千金。卿之所指，爲不等矣。」狄起曰：「臣此袍，乃大臣朝見奏對之衣。昌宗所衣，乃嬖倖寵遇之服。對臣此袍，臣猶怏怏。」則天業已處分，遂依其説。而昌宗心赧神沮，氣勢索寞，累局連北。狄對御，就脱其裘。拜恩而出，至光範門，遂付家奴衣之，促馬而去。出《集異記》

司馬光《資治通鑑》卷一八五《唐高祖武德元年》 三月，己酉，隋煬帝至江都，荒淫益甚，宫中爲百餘房，各盛供張，實以美人，日令一房爲主人。江都郡丞趙元楷掌供酒饌，帝與蕭后及幸姬歷就宴飲，酒卮不離口，從姬千餘人亦常醉。然帝見天下危亂，意亦擾擾不自安，退朝則幅巾短衣，策杖步遊，徧歷臺館，非夜不止，汲汲顧景，唯恐不足。

司馬光《資治通鑑》卷一八六《唐高祖武德元年》 〔十二月，〕庚子旦，〔李〕密給桃林縣官曰：「奉詔暫還京師，家人請寄縣舍。」乃簡驍勇數十人，著婦人衣，戴羃䍦，藏刀裙下，詐爲妻妾，自帥之入縣舍，須臾，變服突出，因據縣城。驅掠徒衆，直趣南山，乘險而東，遣人馳告故將伊州刺史襄城張善相，令以兵應接。

司馬光《資治通鑑》卷二〇九《唐中宗景龍二年》 〔十一月，〕上以安樂公主將適左衛中郎將武延秀，遣使召太子賓客武攸緒於嵩山。攸緒將至，上敕禮官於兩儀殿設別位，欲行問道之禮，聽以山服葛巾入見，不名不拜。仗入，通事舍人引攸緒就位；攸緒趨立辭見班中，再拜如常儀。凡百官自中朝出爲外官赴朝辭，自外官入朝覲者引入見，其辭見者不與百官序班，自爲班立，謂之辭見班。杜佑曰：唐制：供奉官（左右散騎常侍，門下、中書侍郎，諫議大夫，給事中，中書舍人，左右遺補，通事舍人在横班），辭見者，各從兼官，班在正官之次。《品式令》，前官被召見，及赴朝參，致仕者在本品見任上，以理解官者在同品下。上愕然，竟不成所擬之禮。

《新五代史》卷六三《前蜀世家·王建》 蜀人富而喜遨，當王氏晚年，俗競爲小帽，僅覆其頂，俛首即墮，謂之「危腦帽」。衍以爲不祥，禁之。而衍好戴大帽，每微服出遊民間，民間以大帽識之，因令國中皆戴大帽。又好裹尖巾，其狀如錐。而後宮皆戴金蓮花冠，衣道士服，酒酣免冠，其髻髽然，更施朱粉，號「醉粧」，國中之人皆効之。嘗與太后、太妃游青城山，宮人衣服，皆畫雲霞，飄然望之若仙。衍自作《甘州曲》，述其仙狀，上下山谷，衍常自歌，而使宮人皆和之。

司馬光《資治通鑑》卷百七〇《後梁均王貞明四年》（吴内外馬步都軍使徐）知訓狎侮吴王，無復君臣之禮。嘗與王爲優，自爲參軍，使王爲蒼鶻，總角弊衣執帽以從。胡三省注：優人爲優，以一人幞頭衣緑，謂之參軍；以一人髽角弊衣，如僮奴之狀，謂之蒼鶻。

江休復《嘉祐雜誌》 猴部頭猿父也。衣以緋優服，常在昭宗側。梁祖受禪，張御筵引至坐側。視梁祖忽奔走號，擲褫其冠服。全忠怒，叱令殺之。唐之舊臣，無不愧怍。

沈括《夢溪筆談》卷二三《譏謔》 石曼卿初登科，有人訟科場，覆考落數人，曼卿是其數。時方期集於興國寺，符至，追所賜勑牒靴服。數人皆啜泣而起，曼卿獨解靴袍還使人，露體戴幞頭，復坐，語笑終席而去。次日，被黜者皆授三班借職。曼卿爲一絶句曰：「無才且作三班借，請俸争如録事參。從此罷稱鄉貢進，且須走馬東西南。」

蘇軾《蘇軾佚文彙編》卷六《跋閻右相洪崖仙圖卷》 洪崖先生，不知何許人也。姓張名蘊，字藏真。風神秀逸，志趣閑雅。仙書祕典，九經諸史，無所不通。開元中已千歲矣，蓋古之高仙。明皇仰其神異，累詔不赴。多游終南、泰華，或往青城，王屋，與東羅二大師爲侣。每述金丹華池之事，易形鍊丹之術，人莫究其微妙焉。先生戴烏帽，衣紅蕉葛衫，烏犀帶，短靿靴。僕五人，名狀各怪，曰橘、朮、栗、葛、拙。有白驢曰雪精，日行千里。復有隨身之用白藤笠、六角扇、木如意、笻竹杖、長盈壺，常滿杯自然流酌。每跨驢，領僕游於市廛，酒酣笑傲自若。明皇詔圖其像，庶朝夕得瞻觀之。元祐四年，東坡蘇軾書。（見《式古堂書畫彙考·畫》卷八）

陳師道《後山集》卷一九《談叢》 祕書丞張鍔嗜酒，得音疾，中身而分，左常苦寒，雖暑月巾襪袍袴紗綿相半。

佚名《宣和遺事》（宣和六年，正月十五日夜，）是時底王孫公子，才子，伎人，男子漢，都是了頂背帶頭巾，窄地長背子，寛口袴，側面絲鞋，吴綾襪，銷金長肚粧着。神仙佳人，却是戴蟬扇冠兒，插禁苑瑶花；星眸與秋水争光，素臉共春桃鬭豔，對伴的似臨溪雙洛浦，自行的似月殿獨嫦娥。那遊賞之際，肩兒廝挨，手兒廝把，少也是有五千來對兒。

陸游《老學庵筆記》卷一 徽宗南幸還京，服栗玉並桃冠、白玉簪、赭紅羽衣，乘七寶輦。蓋吴敏定儀注云。

陸游《老學庵筆記》卷二 往時執政簽書文字卒，著帽，衣盤領紫背子，至宣和猶不變也。

予童子時，見前輩猶繫頭巾帶于前，作胡桃結。背子背及腋下皆垂帶。長老言，背子率以紫勒帛繫之，散腰則謂之不敬。至蔡太師爲相，始去勒帛。又祖妣楚國鄭夫人有先左丞遺衣一篋，袴有繡者，白地白繡，鵝黄地鵝黄繡；裹肚則紫地皁繡。祖妣云：「當時士大夫皆然也。」

先左丞平居，朝章之外，惟服衫帽。歸鄉，幕客來，亦必著帽與坐，延以酒食。伯祖中大夫公每赴官，或從其子出仕，必著帽，遍別鄰曲。民家或留以酒，亦爲盡歡，未嘗遺一家也。其歸亦然。

陸游《老學庵筆記》卷五 曾子宣、林子中在密院，爲哲廟言：「章子厚以隱士帽，紫直掇，繫條見從官，從官皆朝服。其强肆如此。」上曰：「彼見蔡京亦敢爾乎？」京時爲翰林學士，不知何以得人主待之如此，真奸人之雄也。

張端義《貴耳集》卷上 自渡江以前，無今之轎，只是乘馬，所以有修帽護塵之服，士皆服衫帽涼衫爲禮。紫衫戎服也，思陵在維揚，一時擾亂中，遇雨傳旨，百官許乘肩輿，因循至此，故制盡泯。今臺諫出臺親事，官用涼衫，略展登轎尚存舊制，他無復見之。

葉隆禮《契丹國志》卷三《太宗嗣皇帝下》（會同十一年）二月朔，帝冠通天冠，絳紗袍，執大圭視朝。華人皆法服，北人仍胡服，立於文武班，百官朝賀。

黎靖德《朱子語類》卷一〇七《朱子四·内任》 先生每日早起，子弟在書院，皆先著衫到影堂前擊板，俟先生出。既啓門，先生陞堂，率子弟以次列拜炷香，又拜而退。子弟一人詣土地之祠炷香而拜。隨侍登閣，拜先聖像，方坐書院，受早揖，飲湯少坐，或有請問而去。月朔，影堂薦酒果；望日，則薦茶；有時物，薦新而後食。王過。

先生早晨拈香。春夏則深衣；（公）〔冬〕則戴漆紗帽。衣則以布爲之，闊袖皁褖，裳則用白紗，如濂溪畫像之服。或有見任官及它官相見，易窄衫而出。王過。

問衣裳制度。曰：「也無制度，但畫像多如此，故效之。」又問：「有尺寸否？」曰：「也無稽考處。那《禮》上雖略說，然也説得没理會處。」黃義剛。

《海東金石苑補遺》卷二　元・崔婁伯・《崔婁伯妻廉氏墓誌》　又嘗親自紡績，銖積寸累，手縫一衣或一褌。每至諱旦設靈座拜獻，仍隨赴齋衆多小作襪子并施于僧，此最不可忘者。

舊題王闢之《澠水燕談録》卷四《高逸》　陳摶，周世宗常召見，賜號白雲先生。太平興國初，召赴闕，太宗賜御詩云：「曾向前朝出白雲，後來消息杳無聞。如今若肯隨徵召，總把三峰乞與君。」先生服華陽巾，草屨垂絛，以賓禮見，賜坐。上方欲征河東，先生諫止，會軍已興，令寢于御園，兵還，果無功。百餘日方起，恩禮特異，賜號希夷，屢與之屬和。久之，辭歸，進詩以見志云：「草澤吾皇詔，圖南摶姓陳。三峯千載客，四海一閒人。世態從來薄，詩情自得真。乞全麋鹿性，何處不稱臣。」上知不可留，賜宴便殿，宰相兩禁傳坐，爲詩以寵其歸。

于敏中等《日下舊聞考》卷三二《宫室》　元順帝荒於游宴，以宫女三聖奴、妙樂奴、文殊奴等一十六人按舞，名十六天魔。首垂髮數辮，戴象牙佛冠，身披纓絡，大紅銷金長短裙，金雜襖，雲肩合袖，天衣綬帶鞋襪，各執噶布喇盌之器。內一人執鈴杵奏樂。又宫女一十一人，練槌髻勒帕常服，或用唐帽窄衫，所奏樂用龍笛、頭管、小鼓、箏、琵琶、笙、胡琴、響板、拍板。以宦者察罕岱布哈管領，遇宫中贊佛，則按舞奏樂。宫官授秘密戒者得入，餘不得預。《元史》。按：噶布喇盌，梵語盛水執舞之螺螄也。舊作加巴剌般。察罕，蒙古語白色也，岱有也，布哈義見前，舊作長安迭不花。今俱譯改。

原天魔舞唐時樂。王建《宫詞》：十六天魔舞袖長。不始元末也。《少室山房筆叢》

《明史》卷一一四《后妃傳二・世宗方皇后》　孝烈皇后方氏，世宗第三后也，江寧人。帝即位且十年，未有子。大學士張孚敬言：「古者天子立后，並建六宫、三夫人、九嬪、二十七世婦、八十一御妻，所以廣嗣也。陛下春秋鼎盛，宜博求淑女，爲子嗣計。」從之。〔嘉靖〕十年三月，后與鄭氏、王氏、閻氏、韋氏、沈氏、盧氏、沈氏、杜氏同册爲九嬪，冠九翟冠，大采鞠衣，圭用次玉，穀文，册黃金塗，視皇后殺五分之一。至期，帝衮冕告太廟，還服皮弁，御華蓋殿，傳制，遣大臣行册禮。既册，從皇后朝奉先殿。禮成，帝服皮弁，受百官賀，蓋創禮也。張后廢，遂立爲后，而封沈氏爲宸妃，閻氏爲麗妃。

《明史》卷三一四《雲南土司傳・麓川》　〔洪武〕二十七年，〔麓川平緬軍宣慰使思〕倫發來朝，貢馬、象、方物。已，遣京衛千户郭均英往賜思倫發公服、幞頭、金帶、象笏。

《明史》卷三二〇《外國傳一・朝鮮》　成祖立，遣官頒即位詔。永樂元年正月，芳遠遣使朝貢。四月復遣陪臣李貴齡入貢，奏芳遠父有疾，需龍腦、沉香、蘇合、香油諸物，齎布求市。帝命太醫院賜之，還其布。芳遠表謝，因請冕服書籍。帝嘉其能慕中國禮，賜金印、誥命、冕服、九章、圭玉、珮玉，妃珠翠七翟冠、霞帔、金墜，及經籍綵幣表裏。自後貢獻，歲輒四五至焉。【略】

正統元年三月放朝鮮婦女金黑等五十三人還其國。金黑等自宣德初至京師，至是遣中官送回。三年八月賜裪遠游冠、絳紗袍、玉佩、赤舄。

《明史》卷三二三《外國傳四・琉球》　〔洪武〕二十五年夏，中山貢使以其王從子及寨官子偕來，請肄業國學。從之，賜衣巾靴襪并夏衣一襲。其冬，山南王亦遣從子及寨官子入國學，賜賚如之。自是，歲賜冬夏衣以爲常。明年，中山兩入貢，又遣寨官子肄業國學。是時，國法嚴，中山生與山南生有非議詔書者。帝聞，置之死，而待其國如故。山北王怕尼芝已卒，其嗣王攀安知二十九年春遣使來貢。令山南生肄國學者歸省，其冬復來。中山亦遣寨官子二人及女官生姑、魯妹二人，先後來肄業，其感慕華風如此。中山又遣使請賜冠帶，命禮部繪圖，令自製。其王固以請，乃賜之，并賜其臣下冠服。又嘉其修職勤，賜閩中舟工三十六户，以便貢使往來。及惠帝嗣位，遣官以登極詔諭其國，三王亦奉貢不絕。【略】

〔永樂〕八年，山南遣官生三人入國學，賜巾服靴絛、衾褥帷帳，已復頻有所賜。【略】

仁宗嗣位，命行人方彝詔告其國。洪熙元年命中官齎敕封巴志爲中山王。宣德元年，其王以冠服未給，遣使來請，命製皮弁服賜之。三年八月，帝以中山王朝貢彌謹，遣官齎敕往勞，賜羅錦諸物。

《明史》卷三二五《外國傳六・滿剌加》　景泰六年，速魯檀無答佛哪沙貢馬及方物，請封爲王。詔給事中王暉往。已，復入貢，言所賜冠帶燬於火。命製皮弁服、紅羅常服及犀帶紗帽予之。

王罃《羣書類編故事》卷二一《冠服類》　舊衲布襖　宋，徐湛之，武帝長女會稽公主之子也。武帝微時，貧甚，有衲布衣襖，皆敬皇后手自作。帝既貴，以此衣付公主曰：後世有驕奢者，以此示之。及文帝欲殺湛之，主以錦囊盛衲衣擲示上曰：此我母爲汝父作此衲衣，今日有一頓飽飯，便欲殺我兒子！遂免。

宋祖加袍

宋太祖初周恭帝時爲殿前都檢點，率衆禦遼兵，次陳橋驛。都指揮使石守信等謀曰：主上幼弱，我輩出死力破敵，誰則知之？不如先册點檢爲天子，然後北征。未及對，黄袍已加身矣。周宰相范質聞之，執王溥手曰：倉卒遣將，吾輩之罪也。爪入溥手幾出血。《續編》

練裙不緣

馬后，馬援女，爲漢明帝后。無子，育賈氏子爲子，愛如己子，是爲肅宗。母子慈愛，始終無間。后居後宫謙肅，身長七尺二寸，誦《易》讀《春秋》，御衆以德。常衣大練裙，不加緣。諸姬望見以爲綺縠，就視乃練裙。其儉素類如此。《本傳》

孝王更服

沈景，漢順帝時爲侍御史。有能稱，後遷河間孝王相。景到國謁王，王不正服，箕踞殿上。侍郎贊拜，景峙不爲禮問。王所在。虎賁曰：「是非王邪？」景曰：「王不王服，常人何别？今相謁王，豈謁無禮者邪？」王慚而更服，景然後拜王，由是折節自修。《孝王傳》

公孫布被

公孫，齊人。漢武帝時由太常爲丞相，封平津侯。會議開陳其端，令人主自擇，不肯延爭。嘗與公卿約議，至上前，倍其約，順上旨。汲黯詰曰：齊人多詐而無情，實始與臣等建此議，今皆倍之，不忠。又嘗曰：弘位在三公，奉禄甚多，然爲布被，此詐也。上問弘，弘曰：有之，無汲黯之忠，陛下安得聞此言？上益厚遇之。

露冕行部

郭賀，洛陽人，漢明帝時爲荆州刺史。有殊政，百姓便之。帝巡狩見而嗟歎，賜以三公之服，勑行部去襜帷，使百姓見其容服，以章有德，所遇莫不榮之。《本傳》

盤龍貂蟬

周盤龍，蘭陵人，膽氣過人。齊高帝時爲大司馬加光禄大夫，名播北朝。武帝戲之曰：卿著貂蟬何如兜鍪？盤龍曰：此貂蟬，正在兜鍪中出耳。《本傳》

陳禾碎裾

禾，宋徽宗時爲右正言。時宦官童貫與黄經等表裏爲姦，縉紳側目。禾言：此國家安危之機，宜亟竄遠方。奏未終，帝起，禾引帝裾落。帝曰：卿能如此，朕復何憂？内侍請易衣，帝却曰：留以旌直。臣盧安奏禾狂妄，謫監信州酒稅。

華寶不冠

寶，五代宋人，父戍長安。屬寶曰：須我還，與汝上頭定婚。後長安陷，父竟没於難。寶年七十，猶不冠不婚，人問之，曰：有父命，輒號慟。《史記》

釋之結韈

漢景帝時有王生者，善爲黄老言。嘗召居廷中，公卿盡會立。王生令張釋之結韈，釋之跪而結之。人或謂王生曰：奈何辱廷尉？王生曰：吾老且賤，張廷尉天下名臣，故使結韈以重之。諸公聞之，賢王生而重廷尉矣。《史記》

倒屣迎粲

王粲，字仲宣，高平人，漢獻帝時徙長安。蔡邕奇之，時才學貴顯，賓客盈坐間，粲在門，倒屣迎之。粲既至，年幼弱容，貌短小，一坐盡驚。曰：此王公孫有異才，吾不如也。後西京亂，依劉表。以粲貌寢，不甚禮焉。《本傳》

子思却裘

子思居衛，緼袍無表，二旬而九食。田子方遺之狐白裘，子思辭而不受。子方曰：我有子無，何不受？子思曰：伋聞之，妄與不如遺棄溝壑，伋雖貧，不忍以身爲溝壑也。《説苑》

寒不借衣

陳無已，趙挺之、邢和叔，皆郭大夫婿。陳在館職，侍祠郊丘，無重裘，不能禦寒，無已止有其一，其丙子爲於挺之家，假以衣之，無已詰所從來，内子以實告。無已曰：汝豈不知我不着渠家衣邪？却之，既而遂以凍病死。謝克家作其文集，序中有云：篋無副裘，又云：此豈易衣食者，蓋指此事。《朱子語録》

不着深衣

康節先生，嘉祐中朝廷以遺逸命官，辭之不從。河南尹遣官就第，送告勑朝章。康節服以謝，即褐衣如初。至熙寧初，再命官，三辭又不從。再辭朝章，且謝曰：吾不復仕矣，始爲隱者之服。烏帽縚褐見卿相，不易也。司馬温公依《禮記》製爲深衣，幅巾、縉帶，每出朝服。乘馬用皮匣貯深衣，隨其後入獨樂園則衣之。嘗爲康節曰：先生亦可衣此乎？康節曰：某爲今人，當服今時之衣，温公

歎其言合理。《聞見録》

誤持袴去

後漢陳重，字景公，豫章人，舉孝廉爲郎。同舍郎有告歸寧者，誤持鄰舍褲以去。主疑重所取，不自申説，市褲償之，後歸寧者還以褲還主，其事乃白。

郎瑛《七修類稿》卷一五《義理類・喪天真》 予友劉知縣敬宗。一日敝衣草履獨行。遇諸塗。予戲曰：衣者身之章。毋乃褻乎。劉曰：子不知予當官時，有不可對妻言者，此豈謂之無恥耶，汝真林下之人而任天真也。予不覺悚然，敬其言之誠，自以言之不及耳。後見《乖崖集》有詩《寄陳摶》曰：「世人大抵重官榮，見我西歸夾路迎。應被華山高士笑。天真喪盡得浮名。」因憶張詠尚爾如此，益高劉言之不欺。嗚呼，仕路喪天真，從來可知也，其不喪者幾人哉。

《荆川稗編》卷一〇〇《隱逸・野服》 朱文公晚年，以野服見客，榜客位云：滎陽呂公嘗言，京洛致仕官與人相接，皆以閒居野服爲禮，而歎外郡之不能，然其旨深矣。某已叨誤恩許致其事，不敢遽以老夫自居，而比緣久病，艱於動作，遂不免遵用舊京故俗。輒以野服從事，然上衣下裳，大帶方履，比之涼衫，自不爲簡，其所便者，但取束帶，足以爲禮，解帶足以燕居，且使窮鄉下邑，得以復見祖宗盛時京都舊俗，如此之美也。余嘗於趙季仁處，見其服上衣下裳，衣用黃白青皆可，直領兩帶結之，緣以皂如道服，長與膝齊，裳必用黃，中及兩旁，皆四幅不相屬。頭帶皆用一色，黃裳之義也，别以白絹爲大帶，兩旁以青，或皂緣之，見儕輩則繫帶，見卑者則否，謂之野服，又謂之便服。

余繼登《典故紀聞》卷二 太祖嘗念仁祖太后始葬時禮有未備，議欲改葬，問博士許存仁等改葬當何據，對曰：「禮，改葬易常服用緦麻，葬畢除之。」乃命有司制素冠白纓衫絰，皆以粗布爲之。起居王禕曰：「此比緦麻爲重矣。」太祖曰：「與其輕也寧重。」時有言改葬恐泄山川靈氣者，乃不復改。

余繼登《典故紀聞》卷二 洪武三年六月，太祖以天久不雨，素服草履徒步出，詣山川壇，設藁席露坐，晝曝於日，頃刻不移，夜臥於地，衣不解帶。令皇后與妃親執爨，爲昔日農家之食，皇太子捧榼，雜麻麥菽粟以進，凡三日始還宮。仍齋宿於西廡，出內帑鈔綵一萬四千匹賜將校，於常例外給軍士薪米。令法司決獄，復命有司訪求天下儒術深明治道者。遂大雨，四郊霑足。

余繼登《典故紀聞》卷二 太祖一日朝退，見二內使乾靴行雨中，責之曰：「靴雖微，皆出民力，民之爲此，非旦夕可成。汝何不愛惜，乃暴殄如此！」命左右杖之，因敕百官入朝遇雨雪，許服雨衣。

余繼登《典故紀聞》卷四 洪武間，御史連楹劾應天府尹曾朝佐祭歷代忠臣不具祭服有乖典禮，太祖顧問廷臣，吏部尚書阮畯言：「祭前代之臣，不具祭服，相承已久。」乃命翰林院考證以聞。翌日，翰林院奏，祭前代忠臣，便服行禮爲宜。遂詔以爲常式。

余繼登《典故紀聞》卷五 洪武間，既定公服之制，令文武官於早朝奏事及侍班見辭謝恩則服之，遇雨雪則易便服，今不然矣。

余繼登《典故紀聞》卷五 太祖嘗命儒臣歷考舊章，上自朝廷，下至臣庶，冠婚喪祭之儀，服舍器用之制，各有等差，著爲條格。書成，賜名《禮制集要》。其目十有三，曰冠服、房屋、器皿、傘蓋、床帳、弓矢、鞍轡、儀從、奴婢、俸禄、奏啟本式、署押體式，頒布中外，使各遵守。

沈德符《萬曆野獲編》卷二《列朝・白服之忌》 白爲凶服，古來已然，漢高三軍縞素是矣。晉世婦人，一時俱簪白奈花，相傳天女死，爲之服孝，俄太后崩，疑爲咎徵。但南朝天子晏居皆戴白，如宋明帝着烏紗帽，劉體仁遽易白紗是也。武宗征宸濠凱旋入京，旗幟尚素，凡江西從逆藩臬大小諸臣，以至前吏部尚書陸完，左都督朱寧，皆裸體反接，首插白旗。其逆徒已伏法者，則梟首于竿，亦以白幟標其姓名，自東安門貫大内而出，數十里間彌亘如雪，識者以爲不祥。時已逼除夕矣，次年壬午之春，上即晏駕於豹房。然則國容、軍容，即屏除白色亦可，況俘囚廷獻，例頂緋巾披紅衣乎。

沈德符《萬曆野獲編》卷一四《禮部・仕宦譴歸服飾・教坊官》 今大小臣削籍爲民者，例得辭朝，往時成化三年，故相商淳安召還時，尚未復官，及詣闕，投牓子於鴻臚。稱浙江某府縣爲民，臣商輅行取到。見朝及陛見，戴方巾，穿圓領，繫絲縧，蓋用楊廉夫見太祖故事，想當時大臣編氓者，其體皆然。頃今上甲申，刑部尚書潘季馴爲民辭朝，頭戴平巾，亦布袍絲縧，其巾如吏人之製，而無展翅，今六部及藩司知印，尚戴之，已非方巾矣，比來聞朝士得譴斥削者，皆小帽青衣，雖曰貶損思咎之意，恐未妥，此蓋輿皂之服，充軍者方衣之，而充軍重譴，例不辭朝。若爲民者，奉旨云回籍當差，猶然隴畝良民，固未嘗有罪，國初糧長，例得用平巾，則潘司寇所戴，似爲得之。又冠帶閑住者，必先云革了職，蓋已奪爵秩，無品級高卑可分，一切頭踏儀從，俱不得用，僅予以仕服耳。以故嘉靖辛酉，高安吳宗伯，以閑住歸時，已拜少保，其見客止青衣角帶，并侍衛亦無之，真深諳祖制，得大臣之體。今俱以章服，里居皆蟒玉金紫，呵殿赫奕，與居官無異，失之遠矣。今上乙酉年，右通政梁子琦，以議壽宫不合，奉旨降本司參議閑住。丁亥年，在籍兵部尚書凌雲翼，以毆諸生被訐，奉旨革去宫保，以尚書閑住。夫既罷閑住，又何秩可降，乃復從貶謫，是無官者反得官矣。揆地如此票擬，不滿諳練者一笑耳，先朝故老，決不冬烘至此。

教坊官，在前元最爲尊顯，秩至三品，階曰雲韶大夫，以至和聲郎，蓋亦與士人絶不相侔。我朝教坊之長，曰奉鑾，雖止正九品，然而御前供役，亦得用幞頭公服，望之儼然朝士也。按祖制，樂工俱戴青卍字巾，繫紅緑搭膊，常服則緑頭巾，以别於士庶，此《會典》所載也。又有穿帶毛豬皮靴之制，今進賢冠束帶，竟與百官無異，且得與朝會之列，吁可異哉。

沈德符《萬曆野獲編》卷二三《士人・張幼予》 吴中張幼予獻翼奇士也。嘉靖甲子，與兄鳳翼伯起、弟燕翼浮鵠，同舉南畿試。主者以三人同列稍引嫌，爲裁其一，則幼予也。歸家憤憤，因而好怪誕以消不平，晚年彌甚。慕新安人之富而妒之，命所狎羣小呼爲太朝奉，至衣冠亦改易，身披采繪荷菊之衣，首戴緋巾，每出則兒童聚觀以爲樂，且改其名曰枚。予偶過伯起，因微諷之曰：次公異言異服，諒非公所能諫止，獨紅帽乃俘囚所頂，一獻闕下，即就市曹，大非吉徵，奈何。伯起曰：奚止是，其新改之名亦似殺字。吾方深慮之，未幾而有蔣高私妓一事，幼予罹非命，同死者六七人。伯起揮淚對余歎狂言之驗。先是，幼予堂廡間掛十數牌，署曰張幼予賣詩或賣文，以及賣漿、賣癡、賣獃之屬。余甚怪之，以問伯起曰：此何意也。伯起曰：吾更虞其再出一牌，云幼予賣兄，則吾危矣。余曰：果爾再出一牌，云賣友，則吾輩將奈何。相與撫掌大咍。同時吴中有劉子威鳳文苑耆宿也。衣大紅深衣，徧繡羣鶴及獬豸，服之以謁守土者，蓋劉曾爲御史，遷外臺以歸，故不忘繡斧，諸使君以其老名士，亦任之而已。此皆可謂一時服妖。

談遷《國榷》卷一八《成祖永樂二十二年》（八月）甲子，賜漢王趙王書曰：大行皇帝所遺冠服諸物，氣澤存焉，啓閲甚痛。謹以皁紗衝天帽一、黑氈直簷帽一、并金鈒頂子茄藍間珊瑚金束花帽珠一串、金相雲雁犀帶一、金相玉穿花龍縧環一副，并紫綫縧金事件象牙頂轉花靶鑌鐵刀一、紵絲羅紗衣各一襲、皁麂皮靴一雙，并五綵繡抹口襪斜皮靴一雙并襪，送賢弟朝夕瞻奉，以慰哀慕。

于敏中等《日下舊聞考》卷三五《宫室》 崇禎五年三月，皇后千秋，命婦例當朝賀。先十日，文書房傳諭文武命婦從西安門、北安門進西華門，赴武英殿行禮。甲戌三月，再行朝賀禮，命婦自西華門外下輿入。黎明，皇后升殿。冠爲圓匡冒以翡翠，上飾九龍四鳳，大花十二樹，小花如大花之數，兩博鬢十二鈿，服褘衣，深青爲帶，畫翠赤質五色十二等，素紗中單，黻領朱羅縠褾襈裾，蔽膝隨衣色，以緅爲領緣，用翟爲章三等，大帶隨衣色。朱裏紕其外，上以朱錦，下以緑錦，鈕約用青組，玉革帶，青襪，青舄，舄以金飾。宫女服用紫色圓領窄袖，偏刺折枝小葵花於上，以金圈之，珠絡縫金束帶，紅裙，弓樣鞵，烏紗帽，飾以花，帽額綴團珠，結珠鬢梳，垂珠耳飾。命婦花冠釵鈿，服用翟衣，素紗中單，黼領朱縠褾襈裾，蔽膝隨裳色，以緅爲領緣，加文繡，重翟爲章二等，大帶隨衣色，革帶用玉、犀、金、烏角不等，青襪舄，佩綬，入排班立四拜。女官宣箋表跪，成國夫人入殿内致詞，命婦皆跪，三叩頭，起立，四拜而出。辛巳十月，皇嫂懿安皇后聖節，亦許命婦朝賀。春明夢餘録

于敏中等《日下舊聞考》卷五五《城市》 原弘治元年二月，孝宗皇帝行耕耤田禮，順天府率兩縣官耆老之後，添上中下農夫各十人，穿本等衣鞋，各執農器，引見叩頭。令其終畝，人賜布一疋，後循以爲例。明嘉靖祀典。原親耕耤田，合用田具什物黄龍口等犂牛具，順天府造辦。彩旗樂人禮部備辦。庶人絳衣緇履巾襪并大紅紗滿紅燈祭器工部修造。教坊司合用樂器銅鑼四面，黑油腔大鼓四面，小皷二面，黑油腔蒜子四面，白鐵鈎青緜繩穿紅油木柲四把，木叉四把，掃帚四把，斗蓬四箇，蓑衣四領，黑油杠四根，青綿花繩四根。同上

談遷《北游録・紀程》 順治十年閏六月，乙亥。微雨，尋霽。朱太史午隙欲游虎丘，慫恿之。貰一舟，經半塘，道柳成列，不似髡我西湖也。酒數行，及山下，並葛衫蒯屨，導隸噤聲。夕陰吹涼，眉宇生緑，自生公石、劍池、鶴澗而上，登靈巖寺，逕轉廡旋，領略幽曠。

王士禛《池北偶談》卷五《談獻一・葛端肅公家訓》 德平葛端肅公，爲明嘉隆間名臣。東阿于文定公稱大臣有德望音，獨推公。公與予家世姻婭，先太師公長女，公孫婦也。嘗讀公《家訓》，謹録數則於左：

予初仕爲彰德府推官，視府篆，遇冬至，在趙王府慶賀畢，王傳令旨，各官即以朝服見。予謂朝王舊禮，皆吉服，今遽更變，不敢從。王令長史持一册來云：此書開載，應朝服。予謂既非沿習，又無素考，一旦改度，理不可從，所持不知何典記，未可遽信。長史復啓，王大怒，將引禮官拷掠，欲以恐喝。長史復來云：

殿下盛怒，不具朝服，恐不容見。予曰：不見亦得，即請於朝，違令旨之罪亦可認，若不應服而服，則關係甚大，各官罪不可測。聞寧藩初令各官朝服，惟李夢陽不肯，事竟如何。長史往復良久，日已高，王遂令照常吉服朝見。後見崔後渠公云：不圖子有是識，有是力也。

王士禛《池北偶談》卷二六《談異七・女俠》 新城令崔懋以康熙戊辰往濟南，至章丘西之新店，遇一婦人，可三十餘，高髻如宮粧，髻上加氈笠，錦衣弓鞋，結束爲急裝，腰劍，騎黑衛，極神駿，婦人神采四射，其行甚駛。試問何人？停騎漫應曰：「不知何許人。」將往何處？又漫應曰：「去處去。」頃刻東逝，疾若飛隼。崔云，惜赴郡匆匆，未暇躡其踪跡，或劍俠也。從姪鵕因述萊陽王生言，順治初，其縣役某解官銀數千兩赴濟南，以木夾函之。晚將宿逆旅，主人辭焉，且言鎮西北不里許，有尼菴，凡有行橐者皆往投宿，因導之往。方入旅店時，門外有男子著紅帩頭，狀貌甚獰。至尼菴入門，有廳廨三間，東向，牀榻備設。北爲觀音大士殿，殿側有小門扃焉。叩門久之，有老嫗出應，告以故，嫗云：「但宿西廨不妨。」久之，持硃封鐍山門而入，役相戒夜勿寢，明燈燭，手弓刀伺之。三更，大風驟作，山門砉然而闢，方愕然相顧，倏聞呼門聲甚厲，衆急持械以待，而廨門已啓。視之，即紅帩頭人也，徒手握束香擲於地，衆皆仆，比天曉始甦，銀已亡矣。急往市詢逆旅主人，主人曰：「此人時遊市上，無敢誰何者，唯投尼菴客輒無恙，今當往愬耳。然尼異人，吾代往求之。」至則嫗出問故曰：「非爲夜失官銀事耶？」曰：「然。」入白，頃之，尼出，嫗挾蒲團敷坐，逆旅主人跪白前事。尼笑曰：「此奴敢來此弄狡獪，罪合死，吾當爲一決。」顧嫗入，牽一黑衛出，取劍臂之，跨衛向南山徑去，其行如飛，倏忽不見。市人集觀者數百人。移時，尼徒步手人頭驅衛而返，驢背負木夾函數千金，殊無所苦。入門呼役曰：「來，視汝木夾官封如故乎？」驗之良是。擲人頭地上曰：「視此賊不錯殺却否？」衆聚觀，果紅帩頭人也。衆羅拜謝去。比東歸，再往訪之，菴已鐍閉，空無人矣。尼高髻盛粧，衣錦綺，行纏羅襪，年十八九，好女子也。市人云，尼三四年前挾嫗俱來，不知何許人。常有惡少夜入其室，腰斬擲垣外，自是無敢犯者。

劉廷璣《在園雜志》卷三 溫處觀察駐劄，定以溫州府城。城之北有松臺山，上有望闕亭，傍山下有實綸閣，爲前明贈太師張文忠孚敬之相府也。孚敬初名璁，以議禮迎合世宗，與桂萼、方獻夫一同驟貴。璁更善伺人主意，不期年，由南京刑部主事超陞翰林學士，後遂登政府，賜名孚敬。今子孫雖式微，其府第猶存。家藏遺像二軸，予親見之：一爲張公坐像，戴紗帽而兩翅尖鋭，服大紅紵絲，仙鶴背胸，腰圍玉帶；一畫世宗皇帝像，上坐兩傍各畫太監十數人，窄袖軟帶，牽馬而立。張公遠來朝謁，戴長扁翅紗帽，如今戲中扮官長所戴者，服蟒衣、玉帶、皂靴，全不似今戲中所戴丞相幞頭：上面皆方而兩翅扁方曲長以向上者。蟒衣係長領，非如戲上之圓領。予甚訝其不同，及見《草木子》所載：「蟬冠朱衣，漢制也；幞頭大袍，隋制也。今用蟬冠朱衣，方心曲領，玉珮朱履，是革隋而用漢也。此則公裳。紗帽圓領，唐服也，仕者用之；巾笠襴衫，宋服也，巾環襈領，金服也，帽子繫腰，元服也，方巾團領，明服也，庶民用之。朝服，一品、二品用犀玉帶、大團花紫羅袍，三品至五品用金帶、紫羅袍，六品、七品用緋袍，八品、九品用緑袍，皆以羅。流外授省，劄則用檀褐，其幞頭、皂靴，自上至下皆同也。」閱此，想明時尚沿前制，未盡改歟！幞頭始於後周，而畫漢時之像竟有用幞頭者，又不知何解也。

金埴《不下帶編》卷一 吾鄉正義王先生毓著，鄉人私謚曰「正義」。會稽諸生。受業於同里都御史劉公念臺宗周。公聞南都不守去，絶食七日。死之前一日，正義上上書於公曰：「願先生速自裁，毋爲王炎午所吊。」乃衣去儒巾藍衫，投東城之柳橋下死。先後同死者，潘、周兩先生一名集，一名卜年。也。埴晤竹坨朱太史錫鬯於湖上，論及柳橋死節事，太史賦一律云：「中丞弟子舊家風，杖履追隨誓始終。閉户坐憂天下事，臨危真與古人同。短書燕市投丞相，餘恨平陵哭義公。此地由來多烈士，千秋哀怨浙江東。」正義附《劉公傳》，已載王公鴻緒《明史》列傳。埴曾於故書肆中又得查公繼佐爲《正義傳》一篇，録之以呈太史。

鄧志謨《古事苑》卷九《衣服》 法冠製豸，隱服裁荷。嚴子陵灘上半裘，傲睨軒冕，沈慶之軍中狐帽，鎮壓貔貅。棄繻出開去，終軍固有用之才。披褐八朝來，王猛非無能之士。老萊舞斑斕之服，堂上春風。石建浣中垢之衣，堦前化日。雉頭裘美，晉武帝勅付於丙王。獸錦袍新，李青蓮醉輸於河伯。時逢七夕，阮家曬犢鼻之褌。節届重陽，龍嶺落烏紗之帽。月明五夜，霜中士子牛衣。風凜三冬，雪衷神仙鶴氅。韓昭侯猶惜敝袴，王子敬偏草新裙。須大夫贈范叔之袍，情深念友。張釋之結王生之襪，名重尊賢。趙家飛燕多嬌，宮內皆石花廣袖。郭氏林宗有道，鄉中盡墊角儒巾。通天帶頓輪嚴續之嫗，鸘鸘裘爲貫相如之酒。衣也垂鶉，必無士笑。冠之聚鷸，或有人憎。緩帶輕裘，半叔子斯文主將。葛巾野服，陶淵明陸地仙人。金縷衣須入清歌，研光帽還歸妙舞。唐士未須裁道服，重他張孝子之縑。晉君不忍浣征袍，留彼稽侍中之血。法冠，獬豸冠也。豸一角，能觸邪，故御史獬豸冠。《楚辭》「製芰荷以爲衣。」嚴子陵詳恬淡。 宋·沈慶之討沔北山蠻，大破之，羣蠻皆稽顙。慶之患頭風，嘗戴狐皮帽，羣蠻畏之，號蒼頭公。 王猛，字景略，有大志。聞桓溫入蜀，披褐見之，捫蝨而談當世之務，旁若無人，爲苻秦相。 終軍詳亨達，石建詳倫行。 老萊詳耆英，晉武詳君道。 李白衣明皇所賜宮錦獸袍，遊於采石，酣飲嘯歌，旁若無人，乘醉捉月，溺於水而死。《世說》阮仲容、步兵，居道南，諸阮居道北，北阮皆富南阮貧。七月七日，北阮盛曬衣，皆紗羅錦綺，仲容以竿掛大布犢鼻幝於中庭。人或怪之，答曰：未能免俗，聊復爾耳。仲容阮咸，步兵阮籍。 孟嘉落帽詳時令，王章臥衣詳貧賤。 晉·王恭美丰姿，嘗乘高輿，衣鶴氅裘，行微雪中，人目之爲神仙中人。氅音敞。 韓昭侯詳後篇。 《世說補》羊欣少便静默，美言笑，善容止。父不疑爲烏程令，王獻之爲吳興太守，羊時年十二，王甚知愛之。嘗夏月入縣，羊着新絹裙晝寢，獻之書裙數幅而去。羊本工書，因此彌善。 《史記》秦相范雎，與魏人須賈有隙。及賈使秦，雎自稱張禄先生往詣賈，詭言爲人傭賃。賈意哀之，留與坐食，曰：「范叔一寒如此哉。」乃取一綈袍賜之。後入相府見雎，雎悉數賈罪，曰：「公之所以得無死者，以綈袍戀戀有故人之意，乃釋公耳。」綈袍，厚繒爲之。 漢景帝時，王生善黄老言。張釋之爲廷尉，生令其跪而結襪，釋之跪結之。人或讓王生，王生曰：「廷尉天下名臣，吾故使結襪以重之。」諸公聞之，賢王生而敬廷尉焉。石花袖詳女子，金縷衣詳寵妾。 後漢、郭林宗，鄉中人稱爲有道。出行遇雨，巾一角墊，時人乃故折一角，以爲林宗巾，其見慕如此。墊音店，下也。一角垂落也。《南唐遺事》嚴續相公姬，裴皞給事通天犀帶，皆一代尤物。嚴出姬，裴出帶，呼盧賭之。裴采勝，嚴悵然以姬與之。《西京雜記》司馬相如與卓文君還成都，居貧愁懣，以所服鷫鷞裘，就市貰酒，與文君爲歡。鷫音速，鷞音霜，鳥名。以其羽毛織成裘。貰音世，貸也，又賒也。 孫卿子曰：子夏家貧，衣若懸鶉。人曰：「子何不仕？」曰：「諸侯之驕我者，吾不爲臣。大夫之驕我者，吾不復見。」衣破而結之，似鶉羽之垂然。《左傳》云：鄭子臧奔宋，好聚鷸冠。鄭人惡之，使盗誘殺之。人謂曰：「服之不衷，身之災也。」 羊祜，字叔子，爲晉都督。在軍中輕裘緩帶，以臨兵旅。《晉書》陶潛解印，歸居柴桑，門前種五柳，號五柳先生。嘗言五六月北窻下臥，遇涼風暫至，自謂羲皇上人。《世說補》陶靖節在家，郡將候陶。值其酒熱，取頭上葛巾漉酒。漉畢，還復着之。 李怐子七歲，夢王母冥羣仙。舞者戴砑光之帽，帽上簪花，歌舞《山香之曲》。 唐·韓彦思爲孝子張僧胤作墓誌，餽之縑一百，彦思爲受一匹，敕家人曰：「此孝子縑，勿輕用也。」 嵇紹蕩陰之敗，百官散潰，紹獨以身捍衛惠帝，遂被害，血濺御服。事定，左右請帝浣其衣，帝流涕曰：「此嵇侍中血，勿浣也。」

衣服二

汗衫興於漢祖，訶子肇自楊妃。逢掖士人衣，飄然絶俗。偏衫僧者服，迥爾離塵。暮雨淋淋，濕田婦鴉頭之襪。秋風颯颯，吹儒生鳳尾之袍。春巾之客，珠履盈盈。馬后之宫，練衣楚楚。王喬屬仙，令舄飛天外之鳧。李后是嬌，妹釵化宫中之燕。元載横開紫綃帳，必費方兄。山公倒著白接(㒕)〔䍦〕，乃酣歡伯。六合被，君王御宇。七斤衫，釋氏傳燈。蜀郡有賢良，民歌五袴。長安多逆旅，客賊單衣。静處討論，蜀國馬融施絳帳。坐中泣下，江州司馬濕青衫。養士重田文，門客盗狐白裘脱難。動人誇李白，寺僧奉蘭縑袴酬詩。王陽使貢禹彈冠，綈交義重。文帝爲董賢割袖，狎昵情深。樂士共摩肩，濟濟看馬崽之襪。高人能潔已，飄飄掛神武之冠。梅花帳，夤夢同清。獬豸冠，威棱獨峻。洵美且都，有女遺王濛之新帽。終貧且窶，誰人換季子之敝裘。光武以赤幘起兵，名芳千古。晉懷以青衣行酒，事醜萬年。蔡邕倒屣迎賓，忘富貴而雅愛文章。人誰不齒，温嶠絶裾别母，重功名而頓輕孝道。我則奚爲。

漢高祖與項羽戰，汗透中衣，故名曰汗衫。《禮記》哀公問於孔子曰：「夫子之服，其儒服與？」孔子曰：「丘少居魯，衣逢掖之衣。長居宋，冠章甫之冠。」皇甫規解官歸，鴈門守謁之，不迎。及白衣王符在門，疾趨迎之，語曰：「徒見二千石，不如一逢掖。」逢掖，謂肘掖之所寬大，故鄭玄曰：大袂禪衣也。 魏時嘗作佛事，見其偏袒右肩乃拖其衣，名之曰偏衫而全兩肩也。 又名離塵服，亦名無垢衣。 李白詩云：「履上足如霜，不着鴉頭襪。」田婦之襪。 五代·桑維翰未仕時，緼衣襤褸，穿結類鳳尾，人呼之爲鳳尾袍。《史記》戰國春申君之門客三千人，皆珠履。 東漢馬明德皇后嘗服練服，謂姬媵曰：「此繒宜染色。」後宫皆歎服，莫敢尚華美。 訶子詳女子篇。 舄鳧詳神仙篇。 漢武帝李夫人有姿色，帝愛之，賜以白玉釵，藏之匣中。一日開匣，化玉燕而去。 元載芸暉堂，户牖内設紫綃帳，得於南洞鮫綃之類也。輕疎而薄，無所障礙，雖凝冬而風不能入，盛暑則涼自生。其色隱隱然，或不知其爲帳，謂臥内紫氣之光而已。 《世說》山季倫爲荆州，時出酣暢。人爲之歌曰：「山公時一醉，徑造高陽池。日暮倒載歸，茗艼無所知。復能乘駿馬，倒著白接䍦。舉手問葛彊，何如并州兒。」高陽池，在襄陽。彊是其愛將，并州人也。山簡字季倫。白接䍦，即白氈帽。 五代、唐莊宗滅梁平蜀，志頗驕，命蜀匠織十幅無縫錦爲被，後被成，賜名六合。《傳燈録》云：僧問趙州和尚法旨，趙州曰：「我在青州作一領布衫，重七斤。」廉范五袴，詳仕進篇。馬融絳帳，詳師生篇。 秦少遊詞云：「客衣塞，客衣單，西風人度關。」白樂天爲江州司馬，作《琵琶行》詞云：「坐中泣下誰最多，江州司馬青衫濕。」狐白裘詳畜産 李白遊慈恩寺，寺僧用水松牌乞詩。白爲題記，僧乃以蘭緋袴（酧）［酬］之。 彈冠，詳朋友。豸冠，詳前篇。 漢文帝嬖愛董賢，與賢晝寢，以手爲賢作枕。帝欲起，賢睡未醒，乃命左右取刀，割斷其袖。 貴妃死於馬嵬驛，有老嫗得錦袎襪一隻。士人争以錢求看，每翫百錢，前後獲錢無數。 陶弘景詳恬淡 唐·孟浩然《咏梅花帳詩》云：「紫紗步帳最繁華，卧雪眠雲自一家。雪又不寒雲又煖，護持清夢到梅花。」晉·王濛美姿容，出市中，羣嫗愛之。見其帽破，争遺以新帽。 季子敝裘，詳貧窮篇。 漢光武初起義兵，軍士持弓弩，皆以絳衣赤幘。 晉懷帝爲劉聰所執，使之青衣行酒。 蔡邕，詳朋友。温嶠，詳倫行。

衣服三

兜鍪將士之盔，巾幗婦人之服。荷旃被毳，貧寒之士宖然。重褥累裀，富貴之人乃爾。韋綬之纈袍采采，祭遵之布袴翩翩。精忠膺主眷，狄仁傑披金字之袍。陰德有天知，裴晉公還紋犀之帶。屈子紉芝蘭爲佩，軟美何如。霍姬燒豆蔻熏衣，馨香不絶。肌生銀粟，是誰寒贈紫駝尼。肩聳玉樓，有客煖捐紅衲襖。白公之飛雲履，未染塵埃。趙后之留仙裙，或生烟霧。鄒陽曠達，王門皆可曳長裾。甯戚清貧，農野不妨披短褐。閔子衣蘆花之絮，孝行純全。漢王製竹箨之冠，威儀自别。飄飄風陣起，清凉新入廣文氈，片片雪花飛，沍凍頻侵東郭履曲江遊而春衣試典，河朔飲而夏葛輕披。桃椎不徵，野店頻懸居士屩。企生既死，高堂肯著逆臣裘。豫讓擊襄子之衣，忠誠憤發。蘇氏織寶滔之錦，精悃縈迴。賞賚不輕，勿笑昭侯留敝袴。繁華無愛，可嘉桓子卻新衣。子房還漢祖簪紳，高人態度。宋主賜邊臣裘帽，哲后規模。除兹數事傳聞，更有一般比例。邊文體才堪用世，允爲世上襜褕。龐士元志則過人，更作人中冠冕。

兜鍪，冑也。鍪音謀。 巾幗，婦人喪服，孔明以此遺司馬懿，蓋恥之也。 王褒《聖主得賢臣頌》「夫荷旃被毳者，難與道純錦之麗密。羹藜含糗者，不足與論太牢之滋味。」毳，吹去聲，古脆字。 《家語》子路既貴，累裀重褥而坐，歎曰：「兹欲負米於百里外，其可得乎。」 唐德宗時，韋綬爲翰林學士。帝幸其院，韋妃從，會綬方寢。學士鄭絪欲馳告之，帝不許。時大寒，以妃蜀纈袍覆之而去，其寵遇如此。 漢·祭遵憂國奉公，家無私財，身自衣布袴。 狄仁傑既悟武后疎姪全子，武后重之，特製金字十二於袍賜之，以旌其忠。 《摭言》裴度遊香山寺，有一女，假得三帶以救父。過寺，掛楯上禱神，遺忘而去，度追還之，後封晉公，人以爲陰德所致。 唐·霍小玉嘗云：「養紙芙蓉粉，熏衣荳蔻香。」 山谷詩云：「饑飡青粈飯，寒贈紫駝尼。」紫駝尼，蓄褐也。 張平子春日與友人偕行，盡卸其衲襖，客曰：「恐流鼻白耳。」平子曰：「春入玉樓不脱此，恐流鼻紅耳。」玉樓，肩也。 白樂天燒丹於廬山，以立綾作飛雲履，染以沉檀，振履則如烟霧，常着以示道友曰：「吾足下生雲，計不久昇瑶府矣。」留仙裙，詳後宫空蘆花絮，詳前倫行。 鄒陽書曰：使臣飾固陋之心，何王之門而不可曳長裾乎。 甯戚飯牛歌曰：「南山粲，白石爛。生不遭堯與舜禪，短褐單衣適至骭。」齊桓公聞之，遂舉以爲相。 骭音幹，即脛骨。 漢祖微時，以竹箨爲冠戴之，人號竹皮冠。 箨音託，笋皮也。 鄭虔爲廣文先生，杜贈以詩云：「才名三十年，坐客寒無氈。」 東郭先生待詔公車，貧困饑寒，衣敝不完。行雪中，履有上無下，足盡踐地，道中人笑之。及拜二千石，出宫門，觀者歎曰：相馬失之瘦，相士失之貧，此之謂也。 東郭先生東方朔也。 杜子美春日遊曲江，嘗賦詩云：「朝回日日典春衣，每日江頭盡醉歸。」 漢·劉松、袁紹於河朔避暑，晝夜酣飲，避一時之暑，故河朔有避暑飲。 唐·朱桃椎（隠）［結］廬山中，不仕，嘗織芒屩置道傍，見者皆言朱居士屩也。易米置本處，桃椎至夕取之，終不見人。屩音覺。 焚裘織錦，俱詳倫行。 襄子殺智伯，豫讓爲智伯報讐，被獲，將殺之。讓曰：「願請衣擊之以示報讐。」乃援劍三擊其衣，遂伏劍而死。 互詳薦援。 韓昭侯有敝袴，命左右收藏之，曰：「吾聞明主愛一嚬一笑，今袴豈特嚬笑哉。吾特留此，以待有功者。」《世説》桓冲不好着新衣，浴後，婦故送新衣與桓。桓怒催使持去，婦更持還，傳語云：「衣不經新，何由而舊。」桓大笑，即服之。 子房事詳形體。 全斌在蜀時，京師大雪。宋太祖曰：「我被服如此尚覺寒，況西征將士乎。」即解裘帽，遣人馳送斌，斌感泣而受之。 邊讓，字文禮，才辨俊逸。孔融薦於桓帝曰：「讓爲九州之被則不足，爲單衣襜褕則有餘。」九州被極喻廣覆之意，襜褕圜身裳也。 褕音于。 龐統，字士元，往見司馬德操。德操採桑樹上，統立樹下，談論不輟，德操稱之爲南州冠冕。

昭槤《嘯亭續録》卷二《劉文清語》 乾隆末，和相當權，最尚奢華，凡翰苑部曹名輩，無不美麗自喜，衣褂袍褶，式皆内裁。其衣冠敝陋，悃愊無華者，人皆視爲棄物。時劉文清公故爲敝衣惡服，徜徉班聯中，曰：「吾自視衣冠體貌，無一相宜者，乃能備位政府，不致隕越者何也？寄語郎署諸公亦可以醒豁矣！」時人争服其言。

俞樾《茶香室叢鈔》四鈔卷一八《使臣賜一品服》 明・廖道南《殿閣詞林記》云：永樂初，遣侍詔王延齡使朝鮮，行人朱彬副之，賜衣一襲，及鈔錠錦衣狐裘皮帽。自後使二國者，俱賜一品服，其禮益隆。按所稱二國，依上文當是朝鮮及安南也。出使外國，加一品冠服，至今循之，實始於此。

官修《清會典事例》卷一二三《内務府・恤賞》 頒賜冠服

順治十八年定，每年冬至前，衣庫列現存庫之皮端罩朝衣數目，請旨頒賜。自和碩親王以下，入八分公以上，未經賞給者，請旨給予黑狐皮端罩。領侍衛内大臣，前引後扈大臣，青狐皮端罩，立蟒緞緣貂朝衣。一等侍衛冠軍使等，緣貂猞猁猻端罩，襴蟒緞緣貂朝衣。二等侍衛雲麾使等，紅豹皮端罩，方補襴蟒緞緣立絨朝衣。三等侍衛治儀正等，狐皮端罩，方補緞緣立絨朝衣，其衍聖公，滿漢大學士，都統滿漢尚書，暨内廷侍直諸臣，有奉特旨頒賜者，亦給予朝冠，皮端罩，緣貂朝衣。以上賞給冠服，除升轉病故不繳外，革職者，仍令繳還存庫。

乾隆四年奏准，一等侍衛，原領端罩朝衣二十一分，增造二十四分。二等侍衛，原領六十分，增造七十分。三等及藍翎侍衛，原領一百八十三分，增造一百四十四分，再增造前引後扈大臣十二分，除侍衛等領過外，其新增之端罩朝衣，均存庫備用。

徐珂《清稗類鈔・豪侈類・孝欽后之衣飾》 孝欽后常御之服爲黄緞袍，上繡粉紅大牡丹花。珠寶滿髻，左垂珠絡，中盤粉紅牡丹，皆以寶石配成。項下披肩，形似魚網，以三千五百粒真珠綴之，粒大如鳥卵，圓而且光。復有美玉瓔絡。手帶珠玉鐲各一，右手三指五指悉罩金護指，左手兩指罩玉護指，各長三寸，復帶寶石戒指數枚。鞋亦有珠絡，鑲以各色寶石。

孝欽后宴外賓時，衣更華美，衣以孔雀毛織成鳳凰，每一鳳凰口中銜珠瓔絡一串，約長三寸，略一行動，前後左右均放異彩。冠巾及鞋亦均繡鳳凰。

藝文

《先秦漢魏晉南北朝詩・漢詩》卷一〇無名氏《古詩爲焦仲卿妻作》 菴菴黄昏後，寂寂人定初，我命絶今日，魂去屍長留。攬裙脱絲履，舉身赴清池。

曹植《曹植集》卷一《七啟》 冠皮弁，被文裘。【略】鏡機子曰：「步光之劍，華藻繁縟，飾以文犀，雕以翠緑，綴以驪龍之珠，錯以荆山之玉。陸斷犀象，未足稱雋；隨波截鴻，水不漸刃。九旒之冕，散曜垂文。華組之纓，從風紛紜。佩則結緑懸黎，寶之妙微，符采照爛，流景揚輝。黼黻之服，紗縠之裳，金華之舄，動趾遺光。繁飾参差，微鮮若霜。緄佩綢繆，或雕或錯，薰以幽若，流芳肆布。雍容閒步，周旋馳曜。南威为之解顔，西施爲之巧笑。此容飾之妙也，子能從我而服之乎？」玄微子曰：「予好毛褐，未暇此服也。」

曹植《曹植集》卷二《洛神賦》 奇服曠世，骨像應圖。披羅衣之璀粲兮，珥瑶碧之華琚。戴金翠之首飾，綴明珠以耀軀。踐遠遊之文履，曳霧綃之輕裾。

王梵志《王梵志詩》卷二《觀内有婦人》 觀内有婦人，號名是女官。各各能梳略，悉帶芙蓉冠。長裙並金色，横披黄儭單。

王梵志《王梵志詩》卷三《家僮須飽暖》 家僮須飽暖，裝束唯麁疎。俗人作怜愛，處置失形模。衣袴白如鶴，頭巾黑如烏。袂袍□□錦，衫段高機纑。未羡霍去病，誰論馮子都。此是丈夫妾，何關曹主奴。

王梵志《王梵志詩》卷五《貧窮田舍漢》 貧窮田舍漢，菴子極孤悽。【略】幞頭巾子露，衫破肚皮開。體上無褌袴，足下復無鞋。

李白《李太白全集》卷二《贈潘侍御論錢少陽》 繡衣柱史何昂藏，鐵冠白筆横秋霜。三軍論事多引納，堦前虎士羅干將。雖無二十五老者，且有一翁錢少陽。

李白《李太白全集》卷一八《送女道士褚三清游南岳》 吴江女道士，頭戴蓮花巾。霓衣不濕雨，特異陽臺雲。足下遠遊履，凌波生素塵。尋仙向南岳，應見魏夫人。

李白《李太白全集》卷一九《翫月金陵城西【略】》 昨翫西城月，青天垂玉鈎，朝沽金陵酒，歌吹孫楚樓。忽憶繡衣人，乘船往石頭。草裹烏紗巾，倒披紫綺裘，兩岸拍手笑，疑是王子猷。酒客十數公，崩騰醉中流。

杜甫《杜工部詩集》卷三《遣興三首》之三

但訝鹿皮翁，忘機對芳草。

杜甫《杜工部詩集》卷一五《耳聾》

生年鶡冠子，歎世鹿皮翁。

杜甫《杜工部詩集》卷一八《同豆盧峯知韻字》

唱和將雛曲，田翁號鹿皮。

岑參《岑參集》卷四《冀國夫人歌詞》 夫人封賞國初開，寶札綸言天上來。翔鵠日邊鸞不去，盤龍印處鵲飛迴。

柳闇南橋花撲人，紅亭獨占二江春。爲愛錦波清見底，時時羅韈踏成塵。

錦帽紅纓紫簿寒，織成團襘鈿裝鞍。翩翩出向城南獵，幾許都人夾道看！

歌聲一發世間希，數片晴雲不肯歸。弱腕醉□□扇落，誤令翻酒污羅衣。

翠□珊珊余□襘，清歌□管聞開□。流采不向巫山住，猷作楊臺一片雲。

甲士千羣若陣雲，一身能出定三軍。仍將玉指調金鏃，漢北已東誰不聞！

盧綸《盧綸詩集》卷三《郊居對雨寄趙涓給事包佶郎中》 桑屐時登望，荷衣自卷舒。應憐在泥滓，無路託高車。

張籍《張司業集》卷七《送元宗簡》 貂帽垂肩窄皂裘，雪深騎馬向西州。暫時相見還相送，却閉閑門依舊愁。

王建《王建詩集》卷一《鞦韆詞》 長長絲繩紫復碧，嫋嫋橫枝高百尺。少年兒女重鞦韆，盤巾結帶分兩邊。身輕裙薄易生力，雙手向空如鳥翼。下來立定重繫衣，復畏斜風高不得。

韓愈《韓昌黎詩集》卷九《賽神》 白布長衫紫領巾，差科未動是閒人。麥苗含穟桑生葚，共向田頭樂社神。

白居易《白居易集》卷三一《初冬早起，寄夢得》 起戴烏紗帽，行披白布裘。

白居易《白居易集》卷三一《拜表迴閑遊》 玉珮金章紫花綬，紵衫藤帶白綸巾。晨興拜表稱朝士，晚出遊山作野人。

白居易《白居易集》卷第三二《即事重題》 重裘煖帽寬氈履，小閣低窗深地爐。身穩心安眠未起，西京朝士得知無？

白居易《白居易集》卷第三七《喜老自嘲》 面黑頭雪白，自嫌還自憐。毛龜著下老，蝙蝠鼠中仙。名籍同逋客，衣裝類古賢。裘輕披白氎，靴暖蹋烏氈。

李紳《追昔遊集》卷中《初秋忽奉詔除浙東觀察使檢校右貂》 龍樓寄引簪裾客，鳳闕陪趨朔望朝。疎受杜門期脱屣，買臣歸邸忽乘軺。印封龜紐知頒爵，冠飾蟬緌更珥貂。飛詔寵榮歡里舍，豈徒斑白與垂髫。

柳宗元《柳宗元集》四二《同劉二十八院長述舊【略】》 勸策扶危杖，邀持當酒茶。道流徵裋褐，禪客會袈裟。【略】春衫裁白紵，朝帽掛烏紗。

姚合《姚少監詩集》卷一《送無可上人遊越》 清晨相訪立門前，麻履方袍一少年。嬾讀經文求作佛，願攻詩句覓昇一作成。仙。芳春山影花連寺，觸夜潮聲月滿船。今日送行偏惜別，共師文字有因緣。

元稹《元稹集》卷一〇《酬翰白學士代書一百韻》 緑袍因醉典，烏帽逆風遺。暗插輕籌箸，仍提小屈卮。予有籌箕草籌筯小盞酒胡之輩，當時嘗在書囊，以供飲備。本絃纔一舉，下口已三遲。逃席衝門出，歸倡借去聲。馬騎。狂歌繁節亂，醉舞半衫垂。

元稹《元稹集》卷一八《奉和嚴司空重陽日同崔常侍崔郎中及諸公登龍山落帽臺佳宴》 謝公愁思眇天涯，蠟屐登高爲菊花。貴重近臣光綺席，笑憐從事落烏紗。

羅隱《羅隱集・甲乙集・故洛陽公鎮大梁時隱得遊門下，今之經歷，事往人非，聊抒所懷，以傷以謝》 孤舟欲泊思何窮，曾憶西來值雪中。朱履少年初滿座，白衣遊子也從公。狂抛賦筆琉璃冷，醉倚歌筵玳瑁紅。今日斯文向誰説？淚碑棠樹兩成空！

羅隱《羅隱集・甲乙集・寄袁皓侍郎》 東堂失路歧，榮辱事堪悲。我寢牛衣弊，君居豸角危。風塵慚上品，才業愧明時。千里芙蓉幕，何由話所思？

羅隱《羅隱集・甲乙集・淮南送節度盧端公，將命之汴州，端公常爲汴州相公從事》 吹臺高倚圃田東，此去軺車事不同。珠履舊參蕭相國，綵衣今佐晉司空。醉離淮甸寒星下，吟指梁園密雪中。到彼的知宣室語，幾時徵拜黑頭公？

羅隱《羅隱集・甲乙集・淮南送工部盧員外赴闕》 始從豸角曳長裾，又吐鷄香奏玉除。隋邸舊僚推謝掾，漢庭高議得相如。貴分赤筆升蘭署，榮著緋衣從板輿。遥想到時秋欲盡，禁城涼冷露槐疎。

皮日休《皮子文藪》卷一〇《李翰林白》 吾愛李太白，身是酒星魄。【略】

刺謁戴接䍦，赴宴著穀屐。

皮日休《皮子文藪》卷一〇《西塞山泊漁家》 白綸巾下髮如絲，静倚楓根坐約磯。中婦桑村挑葉去，小兒沙市買蓑歸。雨來蓴菜流船滑，春後鱸魚墜釣肥。西塞山前終日客，隔波相羡盡依依。

皮日休《皮子文藪》附録一《二遊詩·任詩》 任君恣高放，斯道能寡合。一宅閙林泉，終身遠囂雜。【略】

度歲止褐衣，經旬唯白帢。多君方閉户，顧我能倒屣。請題在茅棟，留坐於石榻。魂從清景遛，衣任煙霞衰。

皮日休《皮子文藪》附録一《魯望春日多尋野景，日休抱疾杜門，因有是寄》 野侶相逢不待期，半緣幽事半緣詩。烏紗任岸穿筋竹，白袷從披趁肉芝。數卷蠹書棋處展，幾升菰米釣前炊。病中不用君相憶，折取山櫻寄一枝。

張祜《張承吉文集》卷六《戲贈村婦》 二升酸醋百瓶盛，請得姑嫜十日程。赤黑畫眉臨水笑，草鞋苞脚逐風行。黄絲髮亂梳橑緊，青𪏺裙高種掠輕。想得到家相見後，父孃由喚小時名。

張祜《张承吉文集》卷八《壽州裴中丞出柘枝》 青娥十五柘枝人，玉鳳雙翹翠帽新。羅帶却翻柔紫袖，錦靴前踏没紅茵。深情記處常低眼，急拍來時旋折身。愁見曲終如夢覺，又迷煙水漢江濱。

《金吾李將軍柘枝》

足疊蠻鼉引柘枝，卷簷虚帽帶交垂，紫羅衫宛蹲身處，紅錦靴柔踏節時。微動翠蛾抛舊態，慢遮檀口唱新詞。客看舞罷輕雲起，却赴襄王夢裏期。

《周員外出雙舞柘枝妓》

畫鼓拖環錦臂攘，小娥雙换舞衣裳。金絲蹙霧紅衫薄，銀蔓垂花紫帶長。鸞影乍回頭對舉，鳳聲初歇翅齊張。一時折腕招殘拍，斜斂輕身拜玉郎。

《池州周員外出柘枝》

紅筵高設畫堂開，小妓粧成爲舞催。珠帽著聽歌遍匝，錦靴行踏鼓聲來。纖纖玉筍羅衫撮，戢戢金星鈿帶回。長恐周瑜一私顧，不教閑客望瑶臺。

《感王將軍柘枝妓歿》

寂寞春風舊柘枝，舞人休唱曲休吹。鴛鴦錦帶抛何處，孔雀羅衫付阿誰。畫鼓不聞招節拍，錦靴空想挫腰支。今來坐上偏惆悵，曾見堂前教徹時。

《贈柘枝》

鴛帶排方鏤緑牙，紫羅衫卷合歡花。當筵舞汗銷胸雪，入破凝姿動臉霞。帽側蹙腰鈴數轉，亞身招拍腕頻斜。湏曳曲罷歸何處？稱道巫山是我家。

《贈杭州柘枝》

梁州唱罷鼓殷雷，軟骨纖娥起暫回。紅罨畫衫纏腕出，碧排方銙背腰來。傍取拍金鈴擺，脚踏聲錦靿催。脚着遍頭雙袖舞，粉屏香拍又重偎。

《全唐詩》卷三八六張籍《琵琶臺》

臺上緑蘿春，閒登不待人。每當休暇日，著履戴紗一作綸巾。

《送元宗簡》

貂帽垂肩窄皂裘，雪深騎馬向西州。

《全唐五代詞》卷一白居易《柘枝詞》 柳闇長廊合，花深小院開。蒼頭鋪錦褥，皓腕捧銀杯。繡帽珠稠綴，香衫袖窄裁。將軍拄毬杖，看按柘枝來。

【箋評】

胡震亨云：《柘枝》，一説云本拓枝，訛爲柘枝。沈亞之有賦，似謂戎夷之舞。今舞人衣冠類蠻服，疑出南蠻諸國也。用女童舞，胡帽施金鈴，繡羅寬袍，銀帶。白樂天詩「帶垂鈿胯花腰重，帽轉金鈴雪面迴」是也。其曲爲羽調。有《屈柘枝》，爲角調。又有《五天柘枝》、《那胡柘枝》。其舞也，先藏女童二蓮花中，以鼓招之，花坼而後見，對舞相占。實舞中之雅妙者。故唐人詩有云：「三敲畫鼓聲催急，一朶紅蓮出水遲。」又云：「白雪慢回抛舊態，黄鶯嬌囀唱新詞。」其舞若歌之大略，亦可得矣。（《唐音癸籤》）

按此《柘枝詞》乃五言八句聲詩體，與薛能五言六句者不同。

《全唐五代詞》卷八《敦煌詞·沁園春》其五 不喜輕裘，布衣芒履，任春與秋。□傍人笑我，生涯□拙；塵寰碌碌，畢竟何求。

《全唐五代詞》卷七《敦煌詞·内家嬌》 絲碧羅冠，搔頭墜鬢，寶妝玉鳳金蟬。輕輕浮粉，深深長畫眉緑，雪散胸前。嫩臉紅脣，眼如刀割，口似朱丹。渾身掛異種羅裳，更熏龍腦香烟。屐子齒高，慵移步兩足恐行難。天然有靈性，不娉凡間。招事無不會，解烹水銀，鍊玉燒金，别盡歌篇。除非却應奉君王，時人未可趨顔。

王禹偁《小畜集》卷八《道服》 楮冠布褐皂紗巾，曾忝西垣寓直人。此際暫披因假日，如今長著見閒身。濯纓未識三湘水，漉酒空經六里春。不爲行香著朝服，貳車誰信舊詞臣。

梅堯臣《梅堯臣集》卷二《希深惠書言與師魯、永叔、子聰、幾道遊嵩因誦而韻之》 聞君奉宸詔，瑞祝疑靈岫，山水聊得游，志願庶可就。【略】夕齋禮神祠，法衮被藻繡。畢事登山椒，常服更短後。從者十數人，輕齎不爲陋。是時天清陰，力氣勇奔驟。雲巖杳虧蔽，花草藏澗竇。【略】歐陽稱壯齡，疲軟屢顛踣。競歡相扶持，芒屩恣踐蹂。【略】君子聆法音，充爾溢膚腠。嘗期躡屐過，吾儕色先愀。（原注）叶韻。遂乖真諦言，兹亦甘自咎。中頂會幾望，涼蟾皓如晝。紛紛坐談謔，草草具觴豆。清露濕巾裳，誰人苦羸瘦。便即忘形骸，胡爲戀纓綬。

梅堯臣《梅堯臣集》卷八《祫享觀禮二十韻》 帝來清廟下，月欲大刀頭。既裸還初次，更衣戴遠游。黄麾轉槐路，朱輦駕雲虬。武士羅金甲，中人着錦韝。千官入稱慶，萬國與同休。

梅堯臣《梅堯臣集》卷二三《和吴沖卿元會》 千官車馬闐闟來，晝漏始上閶闔開。峩峩左右升龍進，昨夜雪飛雲作堆。殿前冠劍魚鱗立，東風入仗旗脚迴。黄鍾一奏寶扇掩，玳簾卷起香霧排。鳴梢未盡霹靂響，翠輦已退黄金階。聖人端冕御法座，大樂旅作聲和諧。羣公抃蹈丹墀下，尚書奏瑞四夷懷。乘輿却入更衣閤，通天絳袍陞玉榻。百拜稱觴萬歲聞，兩廊賜食簪裾匝。

《答劉原甫》 生平多交友，常恨會遇稀。每念相笑語，昨是今或非。重惜向時游，出處苦乖違。從今儻有酒，莫問梨栗微。前夕呼我飲，遣奴來扣扉。暗犯風雪往，醉脱冠服歸。夜來新霽月，清吐萬里輝。劉郎戴幅巾，江叟披褐衣。相過無百步，誰虞竊訶譏。三家若循環，但知具甘肥。

梅堯臣《梅堯臣集》卷二四《依韻和昭亭山廣教院文鑑大士喜予往還》 山暖春煙重，林昏古寺藏。谿流過曉漲，嶺樹見新行。馬去侵雲蹟，風來襲野芳。禪衣頻斗藪，蠟屐莫趨蹌。

梅堯臣《梅堯臣集》卷二五《送回上人》因往湖州謁吴正仲。 雲出任西東，飄然意莫窮。山川生眼界，巾舄徧區中。去去曾無着，勞勞本是空。梅谿人可見，重爾似泓公。

梅堯臣《梅堯臣集》卷二六《依韻和許待制病起偶書》 趨吏喜聞開閤，舞姬排比翦春衫。嘉賓入幙金樽抹，賀客衝風席帽攙。

梅堯臣《梅堯臣集》卷二六《至靈壁鎮於許供奉處得杜挺之書及詩》 風牽月挽望符離，水館野亭能駐不。葛巾輕服約登步，葱䔖泠洵誇甚滫。

梅堯臣《梅堯臣集》卷二六《送石昌言舍人使匈奴》 胡沙九月草已枯，草上霜花如五銖。白裘貂帽著不暖，莽莽黄塵車欵欵。野廬邊月出隴來，風静天遥鴈聲短。

梅堯臣《梅堯臣集》卷六《永叔内翰見索謝公遊嵩書，感歡希深、師魯、子聰、幾道皆爲異物，獨公與余二人在，因作五言以敍之》 又憶遊嵩山，勝趣無不索。各具一壺酒，各蠟一雙屐。登危相扶牽，遇平相笑噱。【略】

薄暮投少林，漱濯整冠幘，碑觀巡幸僧，指古定空壁。

蘇軾《蘇軾詩集》卷二五《觀杭州鈐轄歐育刀劍戰袍》 青綾衲衫暖襯甲，（馮應榴合注）《廣韻》：衲，補衲紩也。紅線勒帛光遶脇。（查慎行注）《老學庵筆記》：予童子時，見前輩猶繫頭巾帶於前，作胡桃結，背子背及腋下，皆垂帶。長老言：背子率以紫勒帛繫之，散腰則謂之不敬。至蔡太師爲相，始去勒帛。秃襟小袖雕鶻盤。（王十朋注）李賀詩：秃襟小袖調鸚鵡。大刀長劍龍蛇柙。

晁補之《雞肋集》卷一〇《長安行贈郭法曹思聰》 越羅作衫烏紗幘，長安青雲少年客。梁門西狹斜陌，飛閣氤氳多第宅。南威十五桃花色，簫管哀吟動魂魄。銀槽壓酒傾琥珀，青絲絡頭飛赭白。韓狗胡鷹快多獲，少年意氣區中窄。金昆玉季盈十百，君獨飄翩異風格。

邵雍《擊壤集》卷一三《道裝吟》 道家儀用此衣巾，只拜星辰不拜人。何故堯夫須用拜，安知人不是星辰。

道家儀用此巾衣，師外曾聞更拜誰。何故堯夫須用拜，安知人不是吾師。

安車麈尾道衣裝，里閈過從乃是常。聞説洞天多似此，吾鄉殊不異仙鄉。

如知道只在人心，造化功夫自可尋。若説衣巾便爲道，堯夫何者敢披襟。

洪适《盤洲文集》卷八〇《滿江紅》 暮雨蕭蕭，飛敗葉，增添秋色。登高會，癡風吹散，山居嘉客。人世難逢開口笑，老來更覺流年迫。到於今，黄菊滿園開，無人摘。 珠履湊，銖衣窄。紫翠裙，催牙拍。素松兒添半，戰酣相嚇。橘緑橙黄時節好，舞停歌罷門墻隔。酒醒時，枕上一聲雞，東方白。

陸游《劍南詩稿》卷二七《秋日出遊戲作》 箬帽蓑衣自道宜，不論晴雨著無時。半醒半醉人争看，是聖是凡誰得知？

楊萬里《誠齋集》卷一《壬午初秋》 居士一丘壑，深衣折角巾。誰曾令子見，忽漫寫吾真。更不遊方外，於何頓若人。呼兒一笑看，下筆可能親。

辛棄疾《稼軒詞》卷二《洞仙歌》訪泉於奇師村，得周氏泉，爲賦。 飛流萬壑，共千巖爭秀。孤負平生弄泉手。歎輕衫短帽，幾許紅塵；還自喜：濯髮滄浪依舊。

辛棄疾《稼軒詞》卷二《鵲橋仙》壽余伯熙察院 豸冠風采，繡衣聲價，曾把經綸少試。看看有詔日邊來，便入侍、明光殿裏。　東君未老，花明柳媚，且引玉船沉醉。好將三萬六千場，自今日、從頭數起。

辛棄疾《稼軒詞》卷四《感皇恩》讀《莊子》聞朱晦庵即世。 案上數編書，非《莊》即《老》。會説忘言始知道；萬言千句，不自能忘堪笑。今朝梅雨霽，青天好。　一壑一丘，輕衫短帽。白髮多時故人少。子雲何在，應有《玄經》遺草。江河流日夜，何時了。

樓鑰《攻媿集》卷一〇《送朱季公守封川》 妙舞清歌有二妹，後堂曾見繡羅襦。嶺南太守風流勝，不用歸舟載緑珠。

范浚《香溪集》卷五《正服箴》 紂曳玉衣，焚身之招。靈紵估服，爲服之妖。冕兮袞兮，夫豈不美。靈胡爲異，紂胡爲侈。服侈服異，商亡漢顛。何如伊祁，垂裳百年。齊官十笥，視古已縟。踰斯益愆，敢告三服。

陸游《劍南詩稿》卷一二《園中賞梅》 行遍茫茫禹畫州，尋梅到處得閑遊。春前春後百回醉，江北江南千里愁。未愛繁枝壓紗帽，最憐亂點糝貂裘。一寒可賀君知否，又得幽香數日留。

陸游《劍南詩稿》卷二五《白髮》 疾病侵壯年，髮恐不及白；偶賴針石功，寓世成久客。行年垂七十，霜雪紛滿幘，耳目雖已衰，亦未與人隔。濯纓千頃湖，送老五畝宅。大布縫長衫，東阡復南陌。

陸游《劍南詩稿》卷二五《步至近村》 藥物扶持疾漸平，布裘絮帽出柴荆。荒堤經雨多牛跡，村舍無人有碓聲。數蝶弄香寒菊晚，萬鴉回陣夕楓明。老翁隨意閑成句，不似劉侯要取名。

陸游《劍南詩稿》卷五七《壯士吟次唐人韻》 士厭貧賤思起家，富貴何在髮已華。不如爲國戍萬里，大寒破肉風卷沙。誓捐一死報天子，兜鍪如箕鎧如水。男兒墮地射四方，安能山棲效園綺！塞雲漠漠黄河深，涼州新城高十尋。風餐露宿寧非苦，且試平生鐵石心。

陸游《劍南詩稿》卷六六《自詠》 龜屋裁小冠，鹿皮製短裘。陸駕少游車，水泛淵明舟。山澤與城市，有路即可遊。

陸游《劍南詩稿》卷六九《老景》 老死知無日，天公偶見寬。疾行逾百步，健啖每三飡。身瘦短裁褐，髮稀低作冠。年來更小黠，不據伏波鞍。

陸游《劍南詩稿》卷七四《歲未盡前數日偶題長句》 短褐蕭蕭一幅巾，明時乞與水雲身。平生不售屠龍技，投老真爲種菜人。

陸游《劍南詩稿》卷八〇《晚步湖隄》 絁裘桐帽野人裝，又上湖隄步夕陽。貧甚不爲明日計，興來猶作少年狂。殘樽倒酒無餘瀝，幽圃尋梅認暗香。時有行人歎頑健，黑絲點破領間霜。

陸游《劍南詩稿》卷八二《暇日登東岡》 雙屨青芒滑，輕衫白苧涼。雲生半巖潤，麝過一林香。童子持碁局，廚人饋粟漿。歸來更清絶，淡月滿林塘。

趙秉文《滏水集》卷七《遊郄家濼二首》其二 水際林間杖屨香，綸巾野服道家粧。婦姑綳纊欣同社，翁仲扶筇不出鄉。拜跪使君嗟老大，逢迎地主問耕桑。今秋一飽天難必，且快新苗雨後涼。

劉克莊《後村集》卷一〇《田舍即事十首》之四 蹴踘鞋尖塵不涴，臂鷹袖窄樣新裁。社中年少相容否，也待鮮衣染鬢來。

吴文英《夢窗詞》上編《玉樓春・京市舞女》 茸茸貍帽遮梅額。金蟬羅剪胡衫窄。乘肩争看小腰身，倦態强隨閑鼓笛。

王沂孫《花外集・聲聲慢・催雪》 風聲從臾，雲意商量，連朝滕六遲疑。茸帽貂裘，兔園準擬吟詩。紅爐旋添獸炭，辦金船、羔酒鎔脂。問翦水，恁工夫猶未，還待何時？

元好問《遺山集》卷一二《溪上》 短布單衣一幅巾，暫來閑處避紅塵。低昂自看水中影，好箇山間林下人。

薩都拉《雁門集》卷二《送鄭天趣進柑入京》 白髮參軍門不出，黄巖老叟肯相過。九重玉食常年進，千里金柑細馬馱。緑水青山南郡遠，毳袍貂帽北風多。同年若問儂消息，爲説愁來奈病何。

薩都拉《雁門集》卷二《鬻女謡》 揚州娟娟紅樓女，玉筍銀箏響風雨。繡衣貂帽白面郎，七寶雕籠呼翠羽。冷官傲兀蘇與黄，提筆鼓吻趨文場。平生睥睨紈袴習，不入歌舞春風鄉。道逢鬻女棄如土，慘淡悲風起天宇。荒村白日逢野狐，破屋黄昏聞嘯鬼。閉門愛惜冰雪膚，春風繡出花六株。人誇顔色重金璧，今日饑餓啼長途。悲啼淚盡黄河乾，縣官縣官何爾顔！金帶紫衣郡太守，醉飽不問民食艱。傳聞關陝尤可憂，旱荒不獨東南州。枯魚吐沫澤雁叫，嗷嗷待食何時休。

薩都拉《雁門集》卷四《再贈李溉之學士》 笑擲金龜上酒船，不須圖像在凌烟。碧羅衫子烏紗帽，便是開元李謫仙。

薩都拉《雁門集》卷六《奉賀進士野先不花仲實除侍儀通事舍人》 舍人楚楚好容儀，立在清朝白玉墀。紫袖窄衫花蕚遶，黄金小帶荔支垂。綵旗拂柳春班捲，宫漏穿花午仗移。朝罷太平無事日，芙蓉葉上好題詩。

薩都拉《雁門集》卷七《雪中飲昇龍觀》 銀燭春船剪夜寒，道人鶴氅紫霞冠。山瓢未盡金陵酒，玉樹飛花滿石壇。

薩都拉《雁門集》卷八《北上别鄭文學》 朔風吹散鴻雁羣，郎君上馬氣如雲。繞街鞭影拂河漢，毳袍貂帽文參軍。扶桑日出馬上見，金雞一聲天下聞。青燈細雨坐官舍，遥憶江南鄭廣文。

揭傒斯《揭傒斯全集》詩集卷五《哭信州仙源觀徐尊師》 玄霜擣罷世都遺，葛屨蕉衫太古姿。天上真人開府日，山中仙子閉門時。空林雨過金芝老，深谷雲寒白鶴飢。萬里馳書爲永别，盧敖何處是相期。

揭傒斯《揭傒斯全集》詩集卷七《和張太乙秋興十首》其二 亦知秋暑厭低徊，坐憶仙巖日萬回。葛屨蕉衫常滿座，蔗漿茗飲不停盃。誰知客舍侵黄菊，惟見賓階長緑苔。聖主憂時多醮告，青鸞白鶴繞僊臺。

高啓《高青丘集》卷七《效樂天》 性懶宜早閒，何須暮年促。猶著朝士冠，新裁野人服。

文徵明《文徵明集》卷一二《徒步至寶光寺》 布襪青鞋短褐衣，酒樽詩卷一僮隨。白頭自笑曾供奉，徒步誰憐老拾遺。

陳子龍《陳子龍詩集》卷三《青驄白馬》八首其二 執轡遊戲美少年，黄衫白袷劇可憐。

陳子龍《陳子龍詩集》卷一二《仲春田居即事》其三 野色淡霏微，攜筇更掩扉。棠梨分曉月，楊柳弄春暉。藉草乘雙屐，當風試夾衣。最憐烟景在，獨與賞心違。

錢謙益《牧齋初學集》卷二《李先輩長蘅》 鎖院文章京雒塵，篝燈每共話酸辛。青袍奉母誰如子？席帽趨時自有人。精舍繙經招浄侣，晴窗鬭墨趁閒身。明年相約桃花水，一笑清溪整角巾。

秋瑾《秋瑾集·踏青記事之一》 女鄰寄到踏青書，來日晴明定不虛。妝物隔宵齊打點：鳳頭鞋子繡羅襦。

雜録

佚名《漢武帝内傳》 夜二更之候，忽見西南如白雲起，鬱然直來，逕趨宫庭。須臾轉近，聞雲中簫鼓之聲，人馬之響。半食頃，王母至也。縣投殿前，有似鳥集。或駕龍虎，或乘白麟，或乘白鶴，或乘軒車，或乘天馬，羣僊數千，光耀庭宇。既至，從官不復知所在。唯見王母乘紫雲之輦，駕九色斑龍，别有五十天僊，側近鸞輿，皆[身]長丈餘。同執綵旄之節，佩金剛靈璽，戴天真之冠，咸住殿下。王母唯扶二侍女上殿，侍女年可十六七，服青綾之袿，容眸流眄，神姿清發，真美人也。王母上殿，東向坐，著黄褡𧜟，文采鮮明，光儀淑穆。帶靈飛大綬，腰佩分景之劍。頭上太華髻，戴太真晨嬰之冠，履玄璚鳳文之舄。視之可年三十許，修短得中，天姿掩藹，容顔絶世，真靈人也。

帝因問王母，不審上元何真也。王母曰：「是三天上元之官，統領十萬玉女名籙者也。」俄而，夫人至，亦聞雲中簫鼓之聲。既至，從官文武千餘人，並是女子，年皆十八九許，形容明逸，多服青衣，光彩耀目，真靈官也。夫人年可二十餘，天姿精耀，靈眸絶朗，服青霜之袍，雲彩亂色，非錦非繡，不可名字。頭作三角髻，餘髮散垂至腰，戴九雲夜光之冠，曳六出火玉之佩，垂鳳文林華之綬，腰流黄輝精之劒。上殿向王母拜，王母坐而止之，呼同坐，北向。

《北堂書鈔》卷一二八引 《神異經》云：西荒有一人，不能五經而意合，不觀天文而心通，天賜其衣，男朱衣縞帶委貌冠，女碧衣戴金勝，皆無縫。

《北堂書鈔》卷一二九引 《符子》云：有澤火者，冠霞笠兼莎裳褐衣，緩步而去。

《北堂書鈔》卷一二九引 《真人三君内傳》云：太上丈人着流霞羽袍芙蓉之冠。

《晉書》卷二七《五行志上》 自中興初，【略】是時，爲衣者又上短，帶纔至于掖，著帽者又以帶縛項。下逼上，上無地也。爲袴者直幅爲口，無殺，下大之象。尋而王敦謀逆，再攻京師。

晉末皆冠小而衣裳博大，風流相放，輿臺成俗。識者曰：「上小而下大，此禪代之象也。」尋而宋受終焉。

《魏書》卷八四《儒林傳・劉蘭》 蘭學徒前後數千，成業者衆，而排毀《公羊》，又非董仲舒，由是見譏於世。永平中，爲國子助教。延昌中，静坐讀書，有人叩門，門人通焉，蘭命引入。其人葛巾單衣，入與蘭坐，謂蘭曰：「君自是學士，何爲每見毀辱，理義長短，竟知在誰，而過無禮見陵也。今欲相召，當與君正之。」言終而出。出後，蘭告家人。少時而患卒。

柳宗元《柳宗元集》卷一六《謫龍説》 扶風馬孺子言：年十五六時，在澤州，與羣兒戲郊亭上。頃然，有奇女墜地，有光曄然，被緅裘白紋之裏，〔韓曰〕緅，帛青赤色。將侯切，又側鳩切。首步摇之冠。〔孙曰〕步摇，冠名，言行步則摇。自漢時有之。貴游少年駭且悦之，稍狎焉。奇女頩爾怒曰：「不可。吾故居鈞天帝宫，下上星辰，呼嘘陰陽，薄蓬萊，羞崑崙，而不即者。帝以吾心侈大，怒而謫來，七日當復。今吾雖辱塵土中，非若儷也。吾復，且害若。」衆恐而退。

鄭處誨《明皇雜録・輯佚》 天寶初，時士庶好爲胡服貂皮帽，婦人則步摇釵，窄小襟袖，識者竊歎。《類説》卷一六。

吴處厚《青箱雜記》卷七 王衍在蜀，好私行，恐人識之，令民戴大帽。又令民戴危腦帽，狹小鋭首即墜。又衍朝永陵，自爲尖巾，士民皆效之。皆服妖也。又每宴怡神亭，妓妾皆衣道衣蓮花冠，酒酣免冠，髽髻爲樂。因夾臉連額，渥以朱粉，號曰醉粧。此與梁冀孫壽事頗相類，後衍又與母同禱青城山，宫人畢從，皆衣雲霞畫衣，衍自製《甘州詞》，令宫人歌之，聞者悽愴。又衍造上清宫成，塑玄元皇帝及唐諸帝像，衍躬自薦享，城中士女遊觀，闐咽謂之闞唐魂，後國亡歸唐，至秦川驛遇害。

俞樾《茶香室三鈔》卷二《祭海用頭巾芒鞵布襦》 宋・方勺《泊宅編》云：「海毁朝廷，下祭法，三牲之外，别用頭巾、芒鞵、布襦，及推沙版各一百二十九。毁止，則沙漲其處。」按，祭海用頭巾等物未知何義。

鄭曉《今言》卷一 公、侯、伯爵凡三等，以封功臣。皆有流有世，並給鐵券。**【略】**有過革冠服，平巾學於國子監。坐罪奪禄，重奪爵。

鄭曉《今言》卷一 弘治十八年，上兩宫尊號詔，文武官署職、試職實授，兩京七品以上文官未及一考，與誥勅。父母已封者，服色許與子同。**【略】**

嘉靖元年尊號詔，兩京文官未一考者，與誥勅。父母已封者，服色許與子同。誥勅准給未領，因事降調，非貪淫酷刑者，仍給與。

官修《明會典》卷一七九《刑部二一・計贓時估》

紗帽一頂二十貫
胡帽一頂八貫
貂鼠披肩一頂四十貫
椶草帽一頂八貫
儒吏等巾每一頂八貫
紵絲羅帽每一頂六貫
氈帽一頂四貫
縧一條一貫
氈襪一雙四貫
氈衫一領四十貫
鹿皮靴一雙二十四貫
麂皮靴一雙四十貫
牛皮靴一雙一十貫
鞝鞋一雙二貫
靸鞋一雙一貫五百文
包頭一方一貫
紵絲羅荷包每一箇一貫
手帕一方一貫
網巾一頂三貫
綿紵絲被每一牀一百貫
紬絹被每一牀二十貫
綾被一牀四十貫
氈條一條四十貫
花毯一條八十貫
綿紵絲褥一牀八十貫
布褥一牀十六貫
細布綿花被一牀三十貫
麤布綿花被一牀二十貫
舊紵絲衣服一件三十貫

新紵絲衣服一件八十貫
舊羅衣服一件二十四貫
新羅衣服一件七十貫
舊紗衣服一件二十貫
新紗衣服一件六十貫
舊綿布衣服一件五貫
新綿布衣服一件一十六貫
舊紵絲小襖一件二十貫
新紵絲小襖一件四十貫
舊紗羅小衫每一件一十貫
新紗羅小衫每一件三十貫
舊紵絲裙一條二十五貫
新紵絲裙一條五十貫
舊羅紗裙每一條二十貫
新羅紗裙每一條四十貫
綾紬衣服每一件二十貫
綾紬小襖每一件一十貫
絨褐衣服一件八十貫
舊夏布衣服一件五貫
新夏布衣服一件一十貫
綿布小衫一件五貫
綿布裙一件五貫
綿布袴一腰四貫

顧起元《客座贅語》卷九《服飾》 留都婦女衣飾，在三十年前猶十餘年一變，邇年以來，不及二三歲而首髻之大小高低，衣袂之寬狹修短，花鈿之樣式，渲染之顔色，鬢髮之飾，履綦之工，無不變易。當其時衆以爲妍，及變而嚮之，所妍未有見之不掩口者。宋·周煇《清波雜志》言煇自提孩見婦女裝束數歲即一變，又趙彦衛《雲麓漫抄》載清微子《服飾變古録》尤備，乃知國家全盛之日，風俗類然，然變易既多，措辦彌廣，人家物力，大半銷耗因之。有如宋仁廟之禁銷金真珠白角長冠子，亦輓回靡俗之一助也。服舍違式，本朝律禁甚明，大明令所著最爲嚴備，今法久就弛，士大夫間有議及申明，不以爲迂，則羣起而姍之矣，可爲太息。

英和《恩福堂筆記》卷上 和荷非常寵遇，除常例外，所賞有紅絨結頂冠，明黄面貂褂，明黄辮朝珠，明黄辮大荷包，十二章蟒袍，四開衩蟒袍，鎖子甲，明黄帶，長柄腰刀等物，不敢服用，惟敬謹尊藏，俾我子孫世守之。

李斗《揚州畫舫録》卷五 戲具謂之行頭，行頭分衣盔雜把四箱。衣箱中有大衣箱布衣箱之分，大衣箱文扮則富貴衣即窮衣、五色蟒服、五色顧繡披風龍披風、五色顧繡青花五彩綾緞襖褶、大紅圓領、辭朝衣、八卦衣、雷公衣、八仙衣、百花衣、醉楊妃當場變補套藍衫、五綵直擺、太監衣錦緞敞衣、大紅金梗一樹梅道袍、緑道袍、石青雲緞掛袍、青素衣、袈裟、鶴氅、法衣、鑲領袖雜色夾緞襖、大紅雜色紬小襖。武扮則紥甲、大披掛、小披掛、丁字甲、排鬚披掛、大紅龍鎧、番邦甲、緑蟲甲、五色龍箭衣、背搭、馬褂、劊子衣、戰裙。女扮則舞衣、蟒服、襖褶、宫裝、宫搭、採蓮衣、白蛇衣、古銅補子。老旦衣、素色老旦衣、梅香衣、水田披風、採蓮裙、白綾裙、帕裙、緑綾裙、秋香綾裙、白繭裙。又男女襯褶衣、大紅袴、五色顧繡袴、棹圍、椅披、椅墊、牙笏、鸞帶、絲線帶、大紅紡絲帶、紅藍絲綿帶、絲線帶、絹線腰帶、五色綾手巾、巾箱、印箱、小鑼、鼓、板、弦子、笙、笛、星湯、木魚、雲鑼。布衣箱則青海衿、紫花海衿、青箭衣、青布褂、印花布棉襖、敞衣、青衣、號衣、藍布袍、安安衣、大郎衣、斬衣、槼色老旦衣、漁婆衣、酒招、牢子帶。盔箱文扮平天冠、堂帽、紗貂、圓尖翅、尖尖翅、葷素八仙巾、汾陽帽、諸葛巾、判官帽、不論巾、老生巾、小生巾、高方巾、公子巾、净巾、綸巾、秀才巾、蚯聊巾、圓帽、吏典帽、大縱帽、小縱帽、皂隸帽、農吏帽、梢子帽、回回帽、牢子帽、涼冠、涼帽、五色毡帽、草帽、和尚帽、道士冠。武扮紫金冠、金紥鐙、銀紥鐙、水銀盔、打仗盔、金銀冠、二郎盔、三義盔、老爺盔、周倉帽、中軍帽、將巾、抹額、過橋勒邊、雉鷄毛、武生巾、月牙金箍漢套頭、青衣紥頭、箍子冠、子女扮、觀音帽、昭容帽、大小鳳冠、妙常巾、花帕紥頭、湖縐包頭、觀音兜、漁婆纈、梅香絡、翠頭髻、銅餅子簪、銅萬卷書、銅耳挖、翠抹眉、蘇頭髮、及小旦簡粧。雜箱鬍子則白三髯、黑三髯、蒼三髯、白滿髯、黑滿髯、蒼滿髯、虬髯、落腮、白吊、紅飛鬢、黑飛鬢、紅黑飛鬢、辮結、一撮一字。靴箱則蟒襪、粧緞棉襪、白綾襪、皂緞靴、戰靴、老爺靴、男大紅鞋、雜色綵鞋、滿幫花鞋、緑布鞋、跴場鞋、僧鞋。旗包則白綾護領、粧緞紥袖、五色紬繖、連幌腰子、小絡斗、連幌幌子、人車、搭旗、背旗、飛虎旗、月華旗、帥字旗、清道旗、精忠報國旗、認軍旗、雲旗、水旗、蜘蛛網、大帳前、小帳前、布城、山子。又加官臉、皂隸臉、雜鬼臉、西施臉、牛頭、馬面、獅子、全身玉帶、數珠、馬鞭、拂塵、掌扇、宫燈、疊摺扇、紈扇、五色串枝、花鼓、花鑼、花棒槌、大蒜頭、勅印、虎皮、令箭架、令牌、虎頭牌、文書、鐗硯、籤筒、梆子、手靠、鐵鍊、招標、撕髮、人頭草、鸞帶、燭臺、香爐、茶酒壺、筆硯、筆筒、書、水桶、蓆、枕、龍劍、掛刀、短把子刀、大鑼、鎖哪、啞叭、號筒。把箱則變儀兵器備焉。此之謂江湖行頭。

丁柔克《柳弧》卷三《婦女服式》 邯鄲大道之倡，足着剪子口鞋，而髹漆之。均州婦女冬日則着靴。揚州則有膝褲罩於足。天下婦女足稍大者，率皆用裏高底，不但飾其足小，并可飾其身長。江南婦女無不着裙，湖北則全不着裙。當年衣服皆飾窄邊，富貴者則鑲花邊。今則窄邊花邊皆不行，惟鑲寬邊，至寬有三寸餘者，謂之「蘇滚」，富貴家婦女皆好之。寬邊之中又加以各處雲頭，甚至挖墊。現在蘇州婦女富貴者，多有反穿皮褂者，皮之外依然鑲邊。變本加厲，一至於此。而上海竟有男子之繡花鞋，爭奇衒異，並有着之者，然着者多半邪人穢夫也。

冠帽巾幘部

題解

《詩·檜風·素冠》庶見素冠兮，棘人欒欒兮，勞心慱慱兮。

毛亨傳：素冠，練冠也。

《詩·小雅·頍弁》有頍者弁，實維伊何。

毛亨傳：弁，皮弁也。

《詩·小雅·都人士》彼都人士，臺笠緇撮。

毛亨傳：臺所以禦暑，笠所以禦雨也。緇撮，緇布冠也。

《史記》卷一《五帝本紀》〔帝堯〕黄收純衣。

裴駰集解徐廣曰：「純，一作『紂』。」駰案：《太古冠冕圖》云「夏名冕曰收」。《禮記》曰「野夫黄冠」。鄭玄曰「純衣，士之祭服」。司馬貞索隱收，冕名。其色黄，故曰黄收，象古質素也。純，讀曰緇。

《史記》卷二三《禮書》郊之麻絻，喪服之先散麻，一也。

集解《周禮》曰：「王祀昊天上帝，服大裘而冕。」《論語》曰：「麻冕，禮也。」孔安國曰：「冕，緇布冠。古者績麻三十升布以爲之。」正義絻音免。亦作「冕」。

《史記》卷五七《絳侯周勃世家》文帝朝，太后以冒絮提文帝。

裴駰集解引應劭曰「陌額絮也」。晉灼曰：「《巴蜀異物志》謂頭上巾爲冒絮。」

《後漢書》卷六《順帝紀》永建四年春正月丙子，帝加元服。

李賢等注：冠也。

史游《急就篇》卷三 冠，幘。顔師古注：冠者，冕之總名備首飾也。幘者，韜髮之巾所以整幘髮也，常在冠下，或但單著之。冠幘非一稱也。韜，土高反。幘，初責反。

許慎《說文》七篇下《冖部》冠，絭也。疊韵爲訓。所目絭髮，絭者，纕臂繩之名，所目約束褎者也。冠以約束髮，故曰絭髮，引伸爲凡覆蓋之偁。弁冕之總名也。析言之，冕、弁、冠三者異制，渾言之則冕、弁亦冠也。从冖元，會意，元猶首也。元亦聲。冠有法制，謂尊卑異服。故从寸。古凡法度之字多从寸者。

許慎《說文》七篇下《冃部》冃，小兒及蠻夷頭衣也。謂此二種人之頭衣也。小兒未冠，夷狄未能言冠，故不冠而冃。荀卿曰：古之王者，有務而拘領者矣。楊注：務讀爲冒，拘與勾同。《淮南書》曰：古者有鍪而綣領以王天下者。高注：古者，蓋三皇以前也。鍪著兜鍪帽，言未知制冠。按高注兜鍪二字蓋淺人所加，務與鍪皆讀爲冃，冃即今之帽字也。後聖有作，因冃以制冠冕，而冃遂爲小兒蠻夷頭衣。从冂，二其飾也。古報切，古音在三部。凡冃之屬皆从冃。

冕，大夫目上冠也。冠下曰：弁冕之總名。渾言之也。此云冕者，大夫以上冠，析言之也，大夫目上有冕則士無冕可知矣。《周禮》王之五冕皆玄冕朱裏延紐，五采繅十有二就，皆五采玉十有二，玉笄朱紘。諸侯之繅斿九就，瑉玉三采，其餘如王之事。繅斿皆就。戴先生曰：實六冕而曰五冕者，陳采就玉之數止於五也。亦以見服自十二章至一章而六，冕璪自十二旒至三旒而五，其天子大裘之冕無旒也。槩舉諸侯又申之曰繅斿皆就者，明九旒至於三旒，其就數九。公侯伯子男無降差同也。邃延垂瑬紞纊。邃，深遠也。延者，鄭云冕之覆。《周禮·弁師》王之五冕，皆玄冕朱裏延紐，謂延上玄下朱，以表裏冕版也。古者以三十升布爲之，故《尚書》、《論語》謂之麻冕，用三十升布，上玄下朱爲延，天子至大夫所同也。其字《左傳》作綖，垂瑬，詳《玉部》瑬下。紞纊，《糸部》曰：紞者，冕冠塞耳者也。按紞所以懸瑱也，瑱亦謂之纊，詳《糸部》紞下。據許紞系於延左右，據《周禮》注：王后之祭服有衡垂於副之兩旁當耳，其下以紞懸瑱，是專謂后服也。然《左傳》「衡紞紘綖，昭其度也」，似男子有衡笄於冕覆而系紞。从冃，免聲。亡辨切，按古音當在十三部，讀如問。許書無免字，而俛勉字皆免聲，蓋本有免篆而佚之。或曰古無免兔之分，俗强分别者，非也。冕之義取前俛，則與低頭之俛闕通。古者黄帝初作冕。《太平御覽》引《世本》曰：黄帝作旃冕，宋衷注云：通帛曰旃。應劭曰：周始加旒。《周易·毄辭》曰：「黄帝堯舜垂衣裳而天下治，蓋取諸乾坤。」絻，冕或从糸作。从糸作者，謂冕延用三十升布也。《周禮》曰：玄冕朱裏。謂玄表朱裏。注云：冕延之覆在上，是以名焉。延之覆猶云延之表也，是以名焉者，釋經文玄冕之冕字也，以其冣居上，故專得冕名也。《覲禮》注云：今文冕皆作絻，許或之者，許意從古文也。亦見《管子》、《荀卿子》及《封禪書》。

冑，兜鍪也。《兜部》兜下曰：兜鍪，首鎧也。按古謂之冑，漢謂之兜鍪，今謂之盔。从冃，由聲。䩜，《司馬法》冑从革。《荀卿子》、《鹽鐵論》、《大玄》皆作軸。

許慎《說文》七篇下《巾部》幘，髮有巾曰幘。《方言》曰：覆髻謂之幘巾，或謂之承露，或謂之覆鬃。《獨斷》曰：幘，古者卑賤執事不冠者之所服也。漢以後服之，其制日詳。詳見司馬氏《輿服志》。从巾，責聲。

許慎《說文》七篇下《市部》韐，士無市有韐。大夫以上祭服用玄冕爵弁服，其韠曰韍。士與君祭之服用爵弁服，其韠曰韐，不曰韍，故曰士無韍有韐也。《玉藻》之「緼韍」即韎韐，則非不可偁韍也，制如榼，缺四角。《玉藻》曰：韠，天子直四角，直無圜殺也。公侯前後方，殺四角使之方，變於天子也。所殺者去上下各五寸，大夫前方後挫角，圜其上角，變於君也。韠以下爲前，以上爲後，士前後正，士賤，與君同不嫌也。正，直方之間語也。天子之士則直，諸侯之士則方。按許云韐缺四角者，正謂如公侯殺四角使之方也。所謂殺四角使之方者，合上下成八角之形。方之言柧也，正義云：既殺而補之使方，非是。云如榼者，古榼之制蓋八角，故《木部》榑下云：圜榼也。可以見榼之有棱而不正圜也。韠之制，下廣二尺，上廣一尺，長三尺。韐之制，則大體圜而八角。故毛公云，韐所以代韠也。《士冠禮》注云：韐之制似韠，許云士無韍有韐，蓋其制不同，惟缺四角者略同諸侯大夫之韠耳。爵弁服，見《士冠禮》其色韎。《韋部》曰：「茅蒐染韋，一入曰韎。《瞻彼洛矣》傳曰：韎韐者，茅蒐染韋。一入曰韎。句韐所以代韠也。箋云：韎者，茅蒐染也，茅蒐韎聲也。韐，祭服之韠，合韋爲之。《士冠禮》注曰：韎韐，緼韍也，合韋爲之。士染以茅蒐，因以名焉，今齊人名蒨爲韎。句韐之制似韠。按凡言韎韐者，韐謂其物，韎謂其色，故《士喪禮》設韐帶，不連韎緇言，自六朝人不知韎韐二字可分析，詩傳、鄭箋、《禮》注、鄭志皆譌亂不可讀矣。賤不得與裳同。《士喪禮》曰：爵弁服，纁裳純衣，緇帶韎韐。纁，淺絳也，三入爲纁。韎則茅蒐一入而已，不與裳同色也。凡韠同裳色，上文云：天子朱市，諸侯赤市，卿大夫赤市蔥衡。蓋天子朱裳，諸侯卿大夫赤裳，士賤則裳韠色不同。若皮弁服素韠，則士亦與裳同色也。此下鉉本有司農曰：裳纁色六字，恐是淺人增注。司農者不詳其何人，許自賈侍中而外無舉官者。从市，亦市也，故从市。合聲。鄭云：合韋爲之，則形聲可兼會意。韐，韐或从韋。按經典有韐無韐，韐行韐廢矣。

錦，襄邑織文也。漢《地理志》、《郡國志》陳留郡屬縣有襄邑。今河南歸德府睢州治即故縣地。《地理志》云：縣有服官，李善引《陳留記》云：襄邑涣水出其南，睢水經其北。《傳》云：睢涣之間出文章，故其黼黻絺繡，日月華蟲，以奉宗廟御服焉，司馬彪《輿服志》云：襄邑歲獻織成虎文，按許以漢法釋古，謂若今之襄邑織文即經典之錦文也。毛傳，貝逗錦文也，《禹貢》厥匪織貝。鄭注云：貝，錦名也。凡爲織者，先染其絲，乃織之，則成文矣。《禮記》云：士不衣織。从帛，金聲。居飲切。七部。

許慎《說文》一四篇上《金部》

鍉鍜，逗，疊韵字也。頸鎧也。《漢刑法志》三屬之甲。蘇林曰：三屬者，兜鍪也，盆領也，髀褌也。按盆疑當作益，益領即鍉鍜。許《兜部》曰：兜鍪，首鎧也。《冃部》曰：胄，兜鍪也。此云鍉鍜，頸鎧也，則與蘇說三屬同矣。从金，亞聲。鍉鍜也。烏牙切，古音在五部。鍜，从金段聲。乎加切。古音在五部。

劉熙《釋名》卷四《釋首飾》

釋首飾第十五

冠，貫也，所以貫韜髮也。畢沅曰：《說文》「冠，絭也，所以絭髮弁冕之總名也。从一元，元亦聲。冠有法制，从寸。」案，貫當作毌。《說文》貫乃泉貝之貫，毌則穿物持之也，从一橫毌，讀若冠，今則通用貫字。蘇輿曰：《白虎通·冠綍篇》所以有冠者何？冠者，帣也，所以帣持其髮者也。汪繩祖云：帣當作卷。卷與貫聲義通。【略】

祭服曰冕，畢沅曰：天子冕服有六，皆祭服也。詳《周禮·司服》冕猶俛也，俛平直貌也。蘇輿曰：《御覽·服章三》引俛下無也字。《白虎通》論冕制云：《禮》曰：周冕而祭。又云：十一月之時，陽氣俛仰黃泉之下，萬物被施，如冕前俛而後仰，故謂之冕也。《後漢書·明帝紀》注引《三禮圖》云：冕以十三升布染而爲之，廣八寸，長尺六寸，前圓後方，前下後高，有俯伏之形，故謂之冕，欲人之位彌高而志彌下，故以名焉。亦言文也，蘇輿曰：《御覽·服章三》引無此句。玄上纁下，前後垂珠有文飾也。畢沅曰：《周禮·弁師》「掌王之五冕，皆玄冕朱裏延紐，五采藻，十有二就，皆五采玉十有二，玉笄朱紘」，是有文飾者也。玄上謂延上色，玄纁下謂朱裏也，此所言珠亦以玉爲之。《續漢書·輿服志》乘輿冕係白玉珠，三公諸侯青玉爲珠，卿大夫黑玉爲珠。蓋袞冕用玉二百八十八，其形僅如珠始不過重耳。《晉書·輿服志》云：漢以來，天子之冕，前後旒用真白玉珠，魏明帝好婦人之飾，改以珊瑚珠。是知珠蓋通稱耳。蘇輿曰：《御覽·服章三》引應劭《漢官儀》云：周冕與古冕略等，周加垂旒天子前後垂真白珠各十二。據此，則垂真白珠不始於漢。又蔡邕《獨斷》云：漢明帝採《尚書·皋繇》及《周官》、《禮記》以定冕制，皆廣七寸，長尺二寸，係白珠於其端十二旒，三公及諸侯九旒，卿七旒。有袞冕，袞，卷也，畫卷龍於衣也。畢沅曰：鄭仲師注《司服》云：袞，卷龍衣也。卷，渠緣反。蘇輿曰：《御覽·服章三》引摯氏《決疑要注》云：秦除六冕之制。明帝永平中使諸儒案古文始復造袞冕。有鷩冕，鷩，雉，山雉也。畢沅曰：今本作鷩雉之憋惡者，山雞是也。據《御覽》引改。鷩，憋也，畢沅曰：《說文·心部》無憋字。《列子·力命篇》憋憋乃急速之貌。《廣雅·釋詁》憋，惡也。曹憲音坪列、芳列二切。性急憋不可生服必自殺，故畫其形於衣，以象人執耿介之節也。畢沅曰：鄭康成注《司服》云：鷩畫以雉，謂華蟲也。又注《大宗伯》云：雉取其守介而死，不失其節。毳冕，毳，芮也，畫藻文於衣，象水草之毳芮温暖而潔也。畢沅曰：康成注《司服》云：毳，畫虎蜼謂宗彝也，以冕服五等之章差之，鄭說爲長。孫詒讓曰：芮疑即輭之假字。《吕氏春秋·必已篇》云：不衣芮温。高注云：芮，絮也未塙。黹冕，黹，紩也，畫黹紩文采於衣也。畢沅曰：黹冕當爲希冕，黹，紩也。畫黹二字疑衍文。黹冕衣粉米一章，無畫裳。刺黼黻二章，故得黹名。《周禮》作希冕。康成注：希刺粉米，無畫也。又有玄冕。康成云：玄者，衣無文，裳刺黻而已，是以謂玄焉。案，此乃所謂黻冕，今并合二冕無分別，似非。此皆隨衣而名之也，所垂前後珠轉減耳。畢沅曰：周制，王之五冕，袞冕之旒十有二就，鷩冕九就，毳冕七就，蔽冕五就，玄冕三就。其玉則五冕皆每就十有二，後亦如之。公侯以下，自九就以至三就，凡四等。其前後用玉多寡，各視其就數，以尊卑爲差也。此言所垂前後珠轉減，亦如是用玉之數爾。

章甫，殷冠名也。甫，丈夫也，服之所以表章丈夫也。畢沅曰：《御覽》引作殷以之表章丈夫也。《儀禮·士冠·記》「章甫，殷道也。」鄭注：章，明也，殷質言以表明丈夫也。蘇輿曰：丈夫。《御覽·服章二》引竝作大夫。

冔，亦殷冠名也。冔，幠也，幠之言覆，言以覆首也。畢沅曰：本無此條。案周弁殷冔夏收等爾，不應有弁收而無冔。鄭注《士冠·記》曰：冔名出於幠。幠，覆也，言所以自覆飾也。今仿鄭君注義以增此條，惟是《説文》無冔字，蓋後人鈔寫有脱落也。《説文》兑字解説云：「冕也。周曰兑，殷曰冔，夏曰收。」則《説文》必本有冔字。冔从冃，吁聲，當增入《冃部》。

牟追，牟，冒也，言其形冒髮追追然也。畢沅曰：牟追，《士冠記》、《郊特》牲皆作母追鄭注士冠記母，發聲也。追，猶㠯也。夏后氏質以其形言之。案，母讀亦爲牟。《説文》「牟，牛鳴也。」則解牟爲發聲亦可。蘇輿曰：追追，大貌。《白虎通·冠絻篇》夏統十三月爲正，其飾最大，故曰母追。母追者，言其追大也。是以追訓大之證。

收，夏后氏冠名也，言收斂髮也。畢沅曰：鄭注《士冠·記》亦云：收言所以收斂髮也。

委貌冠，形委曲之貌，上小下大也。畢沅曰：委曲之貌，今本作又委貌之貌，據《御覽》引改。鄭注《士冠·記》云：委猶安也，言所以安正容貌。案，鄭義差長。蘇輿曰：《白虎通》所以謂之委貌何？周統十一月爲正，萬物始萌小，故爲冠飾最小，故曰委貌。委貌者，言委曲有貌也，與此合《士冠禮》「委貌，周道也」。

弁，畢沅曰：《説文》作[illegible]，或兑字。如兩手相合抃時也。畢沅曰：抃，《説文》作拚云：「拊手也。」今諸本皆作抃。《初學記》音奮如小弁，亦作小卞，後人通用無别矣。蘇輿曰：《白虎通》弁之爲言攀也，所以攀持其髮也。《士冠禮》鄭注：弁名出於槃。槃，大也。拚攀槃竝聲近字。以爵韋爲之謂之爵弁，畢沅：曰鄭注《士冠禮》云：爵弁者，冕之次，其色赤而微黑，如爵頭然。蘇輿曰：《白虎通》爵弁者何謂也？其色如爵頭，周人宗廟士之冠也。《御覽·服章三》引董巴《輿服志》：爵弁，一名冕，廣八寸，長尺二寸，如爵形，前小後大，其上似爵頭色，有收持笄，所謂殷收夏冔者也。以鹿皮爲之謂之皮弁，畢沅曰：鄭注《士冠禮》云：皮弁者，以白鹿皮爲冠。成蓉鏡曰：以鹿皮九字當在韋弁下。《聘禮》「君使卿韋弁，歸饔餼。」注：變皮弁服韋弁，敬也。疏案《周禮·春官·司服》王之吉服有九，祭服之下先云兵事韋弁服，後云視朝皮弁服，則韋弁尊於皮弁，是其證。蘇輿曰：《白虎通》皮弁者何也？所以法古至質冠之名也。《御覽·服章三》引《三禮圖》云：皮弁以鹿皮淺毛黄白色者爲之，高尺二寸。《左僖二十八年傳》「楚子玉自爲瓊弁、玉纓。」杜注：弁以鹿子皮爲之。以韎韋爲之謂之韋弁也。畢沅曰：《周禮·司服》云：「凡兵事，韋弁服。」鄭注韋弁以韎韋爲弁。【略】

幘，蹟也，下齊眉蹟然也。畢沅曰：眉今本譌作員，據《御覽》引改。蹟，《御覽》作賾。《説文》無賾字，故不從。蘇輿曰：《後漢書·輿服志》幘者，賾也，頭首嚴賾也。或曰：畢沅曰：今本無此二字，據義增。兑上小下大兑兑然也。蘇輿曰：上小下大，其形尖鋭，故象其形而呼爲兑也。兑古通作鋭。或曰：⿰耳夾⿰耳夾折其後也。畢沅曰：《説文》無⿰耳夾字，未考得實，姑仍而不改。《通俗文》云：帛幘曰帢。意此本作帢與，然《説文》亦無帢字。成蓉鏡曰：⿰耳夾當作帹。《廣韻》三十二洽帢或體，作啚帹。先謙曰：吴校作帹。或曰：幘，畢沅曰：此正説幘，不應又言或曰幘，蓋幘字上下必有脱字，必不單名幘也。《方言》曰：覆，結謂之幘巾，意此當作幘巾與。形似幘也。賤者所著，曰兑髮作之裁裹髮也。皮錫瑞曰：蔡邕《獨斷》云：幘，古者卑賤執事不冠者之所服也。或曰牛心，形似之也。

帽，畢沅曰：此俗字也。《説文》作冃云：「小兒及蠻夷頭衣也。」冒也。先謙曰：《漢書·雋不疑傳》注：冒，所以覆冒其首。

巾，謹也，二十成人，士冠，庶人巾，當自謹修四教也。畢沅曰：今本四教上有於字，據《御覽》引删。【略】

綃頭，畢沅曰：《古樂府》云：「行者見羅敷，脱帽著綃頭。」《方言》作幧頭。孫楷曰：《後漢書·逸民傳》周黨著(縠)〔穀〕(布)〔皮〕綃頭，《獨行傳》向相著絳綃頭。綃，鈔也，鈔髮使上從也。或謂之陌頭，畢沅曰：今本作或曰，《御覽》引作或謂之據改。孫楷曰：《方言》絡頭，帞頭也。《廣雅》云：帞頭、絡頭，幧頭也。《漢書·周勃傳》太后以冒絮提文帝。應劭云：帞額絮也。帞與陌同。言其從後横陌而前也。畢沅曰：《説文》無陌字，據横陌之義，字當作末。《漢書·谷永傳》曰：末殺災異。皮錫瑞曰：《禮·問喪》「雞斯」注：雞斯當爲笄纚聲之誤也。今時始喪者邪巾貊頭，笄纚之存象也。《集韻》邪巾袹頭，始喪之服。《類篇》帕，邪巾也。陌、貊、帕、袹義同。齊人謂之⿰巾奄，畢沅曰：《方言》幧頭，趙魏之間或謂之⿰巾奄。言斂髮使上從也。畢沅曰：今本言下有⿰巾奄字，係誤衍，删之。

司馬光《資治通鑑》卷三九《漢淮陽王更始元年》 更始將都洛陽，以劉秀行司隸校尉，使前整脩官府。秀乃置僚屬，作文移，從事司察，一如舊章。時三輔吏士東迎更始，見諸將過，皆冠幘而服婦人衣，胡三省注：《漢官儀》曰：幘者，古之卑賤不冠者之所服也。《方言》曰：覆髻謂之幘，或謂之承露。劉昭《志》曰：秦雄諸侯，乃加武將首飾，爲絳袙以表貴賤；其後稍作顏題。漢興，續其顏，卻摞之，施巾，連題卻覆之，名之曰幘。幘者，賾也，頭首嚴賾也。至孝文，乃高顏題，崇其巾，爲屋，合後，施收上下，羣臣貴賤皆服之，文者長耳，武者短耳。莫不笑之；及見司隸僚屬，皆歡喜不自勝，老吏或垂涕曰：「不圖今日復見漢官威儀！」由是識者皆屬心焉。

司馬光《資治通鑑》卷六六《漢獻帝建安一五年》 朝廷遣南陽張津爲交州刺史。津好鬼神事，常著絳帕頭，胡三省注：項安世《家説》：頭巾，一名幧，音隝；一名帕。陸游曰：袹頭者，巾幘之類，猶今言幞頭。韓文公云「以紅袹首」，已爲失之，東坡云「絳袹蒙頭讀道書」，增一「蒙」字，其誤尤甚。鼓琴，燒香，讀道書，云可以助化，爲其將區景所殺。

張揖《廣雅》卷七下《釋器》 無追、章甫、委兒、收、冔、皮弁、通天、遠游、進賢、高山、方山、惠文、建華、卻非、解豸，冠也。

《白虎通義》云「冠者，帣也，所以帣持其髮也。」帣通作絭。《説文》「冠，絭也，所目絭髮，弁冕之總名。」《周官》「弁師」注云：弁者，古冠之大稱，委貌緇布曰冠。無追，字亦作母追，又作牟追。委兒，與委貌同。《論語・先進篇》云「端章甫。」《周語》「晉侯端委以入。」韋昭注引舊説云：衣(元)〔玄〕端，冠委貌。《續漢書・輿服志》劉昭注云：石渠論(元)〔玄〕冠朝服，戴聖曰：(元)〔玄〕冠，委貌也。《士冠禮記》「委貌，周道也。章甫，殷道也。母追，夏后氏之道也。」鄭玄注云：委，猶安也，言所以安正容貌。章，明也，言以表明丈夫也。母，發聲也，追，猶堆也，以其形名之，三冠皆所常服以行道也。《釋名》云「牟追，牟，冒也，言其形冒髮追追然也。」「委貌，冠形委曲有貌，上小下大也。」《續漢書・輿服志》云「委貌冠、皮弁冠同制，長七寸，高四寸，制如覆杯，前高廣，後卑鋭，所謂夏之母追，殷之章甫者也。委貌以早絹爲之，皮弁以鹿皮爲之。行大射禮於辟雍，公卿諸侯大夫行禮者，冠委貌。執事者冠皮弁。」冔，亦作冔。《大雅・文王篇》云「常服黼冔。」《史記・五帝紀》云「帝堯黄收純衣。」《內則》云「有虞氏皇而祭，夏后氏收而祭，殷人冔而祭，周人冕而祭。」《士冠禮記》「周弁殷冔夏收。」鄭玄注云：弁名出於槃。槃，大也，言所以自光大也。冔名出於幠。幠，覆也，言所以自覆飾也。收言所以收斂髮也，齊所服而祭也。《獨斷》云「冕冠，周曰爵弁，殷曰冔，夏曰收，皆以三十升漆布爲殼，廣八寸，長尺二寸，加爵冕其上。周黑而赤，如爵頭之色，前小後大。殷黑而微白，前大後小。夏純黑，亦前小後大，皆有收以持笄。上古以布，中古以絲，漢雲翹樂祠天地五郊舞者服之。」《説文》「覍，冕也。籒文作㝸。」或作卄，隸作弁。《白虎通義》云「弁之爲言攀也，所以攀持其髮也。」《釋名》云「弁，如兩手相合抃時也，以爵韋爲之，謂之爵弁，以鹿皮爲之，謂之皮弁，以韎韋爲之，謂之韋弁。」《白虎通義》云「皮弁者，所以法古至質冠之名也，上古之時質，先加服皮，以鹿皮者，取其文章也。」《士冠禮記》「三王共皮弁素積。」鄭玄注云質不變也。《周官・弁師》「王之皮弁，會五采玉璂，象邸、玉笄。諸侯及孤卿大夫之皮弁，各以其等爲之。」鄭玄注云：會，縫中也。璂，讀如薄借綦之綦。綦，結也。皮弁之縫中，每貫結五采玉十二以爲飾，謂之綦。邸，下柢也，以象骨爲之。侯伯綦飾七，子男綦飾五，玉三采。孤綦飾四，三命之卿綦飾三，再命之大夫綦飾二，玉二采。各本皮弁二字誤在解豸之下，今訂正。張衡《東京賦》云「冠通天，佩玉璽。」《獨斷》云「通天冠，天子常服，漢受之秦，禮無文。」《輿服志》云「通天冠，高九寸，正豎，頂少邪卻，乃直下爲鐵卷梁，前有山，展筩爲述。」《淮南子・齊俗訓》「楚莊王通梁組纓。」《太平御覽》引高誘注云：通梁，遠遊冠也。《獨斷》云「遠遊冠，諸侯王所服，展筩無山，禮無文。」《輿服志》云「遠遊冠，制如通天，有展筩横之於前，無山述。」《漢書・雋不疑傳》云「冠進賢冠，帶櫑具劍。」《獨斷》云「進賢冠，文官服之，前高七寸，後三寸，長八寸，公侯三梁，卿大夫尚書博士兩梁，千石六百石以下一梁，漢制，禮無文。」《輿服志》云「進賢冠，古緇布冠也，文儒者之服也。公侯三梁，中二千石以下至博士兩梁，自博士以下至小吏私學弟子皆一梁。」鄭玄注《士冠禮》云：緇布冠，今小吏冠，其遺象也。《史記・朱建傳》云「衣儒衣，冠側注。」《獨斷》云「高山冠，齊冠也，一曰側注，高九寸，鐵爲卷，梁不展筩，無山。秦制，行人使官所冠，今謁者服之。禮無文。」太傅胡公説曰「高山冠，蓋齊王冠也。秦滅齊，以其君冠賜謁者。」《輿服志》云「高山冠，一曰側注，制如通天，不邪卻，直豎，無山述展筩。」劉昭注引《漢書音義》云：其體側立而曲注。《漢書・五行志》云「昌邑王賀見大白狗冠方山冠而無尾。」《獨斷》云「方山冠，以五采縠爲之，漢祠宗廟、大子八佾樂、五行舞人服之。衣冠各從其行之色，如其方之色而舞焉。」《漢書・武五子傳》「冠惠文冠。」服虔注云：武冠也。或曰趙惠文王所服，故曰惠文。《獨斷》云「武冠，或曰繁冠，今謂之大冠，武官服之。侍中、中常侍加黄金，附貂蟬之飾。」太傅胡公説曰「趙武靈王始施貂蟬鼠尾飾之，秦滅趙，以其君冠賜侍中。」《輿服志》云「武冠，一曰武弁大冠，侍中、中常侍加黄金璫，附蟬爲文，貂尾爲飾，謂之趙惠文冠。」《東京賦》「冠華秉翟，列舞八佾。」李善注引《獨斷》云「大樂郊祀，舞者冠建華冠。」《獨斷》又云「建華冠，以鐵爲柱卷，貫大珠九枚，今以銅爲珠，形制似縷簏。」記曰「知天文者冠鷸」是也。天地、五郊、明堂，八佾舞者服之。建華，各本譌作連華，今訂正。《獨斷》云「卻非冠，宮門僕射服之，禮無文。」《輿服志》云「卻非冠，制似長冠，下促。宮殿門吏僕射冠之。負赤幡，青翅燕尾。」《淮南子・主術訓》「楚文王好服解冠，楚國效之。」高誘注云：解豸之冠，如今御史冠。《漢書・淮南王安傳》作「法冠」。顔師古注云：御史冠也。《張敞傳》「秦時獄法吏冠柱後惠文。」應劭注云：今法冠是也。《獨斷》云「法冠，楚冠也。一曰柱後惠文冠，高五寸，以纚裹鐵柱卷。秦制執法服之，今御史、廷尉監平服之，謂之解豸。」太傅胡公説曰「《左氏傳》有南冠而縶者，是知南冠蓋楚之冠，秦滅楚，以其君冠賜御史。」

張揖《廣雅》卷七下《釋器》 纚、帞，幘也。

《説文》「幘，嫧也，髮有巾曰幘。」《釋名》云「幘，賾也，下齊眉賾然也。」《急就篇》顔師古注云幘者，韜髮之巾，所以整嫧髮也，常在冠下，或單著之。《獨斷》云「幘者，古之卑賤執事不冠者之所服也。孝武帝幸館陶公主家，召見董偃，偃傅青褠緑幘。主贊曰：主家庖人臣偃昧死再拜謁。乃賜衣冠引上殿。董仲舒《止雨書》曰『執事者皆赤幘。』知皆不冠者之所服也。元帝額有壯髮，不欲使人見，始進幘服之，羣臣皆隨焉，然尚無巾，如今半頭幘而已。王莽無髮，乃施巾，故語曰『王莽秃，幘施屋。』」《續漢書・輿服志》云「古者有冠無幘，其戴也，加首有頍，所以安物。至秦乃加武將首飾爲絳袙，以表貴賤，其後稍稍作顔題。漢興，續其顔，卻摞之，施巾連題，卻覆之，今喪幘是其制也。至孝文乃高其顔題，續之爲耳，崇其巾爲屋，合後施收，上下羣臣貴賤皆服之。」纚之言絭也，所以絭髮也。《玉篇》音邱員切，又作䋑，云「小兒帽也。」《廣韻》云「小幘也。」《士冠禮》鄭玄注云：緇布冠無笄者著頍，圍髮際，結項中，隅爲四綴以固冠，今未冠笄者著卷幘，頍象之所生也。《釋文》卷去員反。《輿服志》云「未入學小童幘〔也〕句卷屋者，示尚幼少，未遠冒也。」卷、䋑、纚，竝通。卷與頍，一聲之轉也。𢁓，各本譌作帉，凡隸書從介從分之字，往往譌溷。曹憲音芳云反，則所見本已譌作帉。案諸書無訓帉爲幘者，帉即下文帢字，乃巾名，非幘名也。《玉篇》、《廣韻》𢁓音介，幘也。《輿服志》注引《晉公卿禮秩》云：太傅、司空、司徒著黑介幘。介，與𢁓通，今據以訂正。【略】

承露，幘巾，覆結也。

《方言》「覆結謂之幘巾，或謂之承露，或謂之覆髺，皆趙魏之閒通語也。」郭璞注云：今結籠是也。餘見上文纚、𢁓，幘也下。

㡌帤謂之帹。

《玉篇》云：「面衣也。」

帞頭，帑，鬌帶，髮，絡頭，幧頭也。

《方言》「絡頭，帞頭，鬌帶，髮帶，帑，幓，幧頭也。自關而西，秦晉之閒曰絡頭，南楚江湘之閒曰帞頭，自河以北，趙魏之閒曰幧頭，或謂之帑，或謂之幓。其偏者謂之鬌帶，或謂之髮帶。」《釋名》云「綃頭，綃，鈔也，鈔髮使上從也。或謂之陌頭，言其從後橫陌而前也。」鄭玄注《士喪禮》云《喪服小記》曰「斬衰髻髮以麻，免而以布。此用麻布爲之，狀如今之著幓頭矣。自項中而前交於額上，卻繞紒也。」《吳越春秋・句踐八臣外傳》「越王服犢鼻，著樵頭。」《後漢書・向栩傳》「好被髮著絳綃頭。」《古陌上桑詩》「脫帽著帩頭。」竝字異而義同。鄭玄注《問喪》云：今時始喪者，邪巾貊頭，笄纚之存象也。《釋文》貊作袹。《漢書・周勃傳》「太后以冒絮提文帝。」應劭曰：陌額，絮也。晉灼曰：《巴蜀異物志》謂頭上巾爲冒絮。帞、袹、貊、陌，竝通。陌與冒，一聲之轉。卷四云「鬌髮，髻也。」《方言》郭璞注云：鬌帶，髮帶，今之偏疊幧頭也。

張揖《廣雅》卷八上《釋器》 兜鍪謂之冑。

《說文》「冑，兜鍪也。」兜鍪，首鎧也。《急就篇》作「兜鉾」。《後漢書・禰衡傳》「更著岑牟單絞之服。」李賢注云：「岑牟，鼓角士冑也。」鍪、鍪、鉾、牟，竝通。《韓策》云「甲盾鞮鍪」。即兜鍪之轉也。冑之言幬也，卷二云「幬，覆也。」徐言之則曰兜鍪。兜者，擁蔽之名，鍪者，覆冒之稱，故帽亦謂之兜鍪。《淮南子・氾論訓》「古者有鍪而綣領以王天下者矣。」高誘注云：鍪，頭著兜鍪帽也。

《太平御覽》卷八一九《布帛部六・絮》 《博物志》曰：蜀人以絮巾爲帽絮。

顧野王《玉篇》卷一五《冃部》

冃 亡報切，小兒蠻夷頭衣也。或作帽。

冕 靡踕切，冠冕也。

冑 除救切，兜鍪也。

䋑 丘權切，小兒幘。

冔 况羽切，覆也，殷之冕也。

帤 翌句切，帤㡌，面衣。

㡌 餘豉切，帤㡌。

帢 口洽切，帽也。亦作帢。

顧野王《玉篇》卷一五《网部》

䍦 力之切，羃䍦也。

顧野王《玉篇》卷二七《糸部》

絰 徒結切，麻帶也。

原本 徒結反。《喪服傳》「苴絰大搹，去五分一以爲帶。齊衰之絰，斬衰之帶，去五分一以爲帶。大功之絰，齊衰之帶，去五分一以爲帶。小功之絰，大功之帶，言五分一以爲帶。緦麻之絰，小功之帶，去五分一以爲帶。」鄭玄曰：麻在首在腰皆曰絰。絰，實也，明有中實爲制此服焉。首絰象緇布冠之缺項，腰絰象大帶，又有絞帶，象革帶也。《禮記》「絰也者，實也。」鄭玄曰：所以表哀慼也。

顧野王《玉篇》卷二七《糸部》原本

䋑 丘員切，幘也。

原本 丘權反。《廣雅》䋑，幘也。《聲類》亦䋑字也。䋑，小兒幘也，在冃部。

絻 亡運切，喪服。或作免。

原本 莫愠反。《儀禮》「主人括髮袒，衆主人免于房。」鄭玄曰：齊衰將袒，以免代冠，免之制未聞焉。舊說以爲如冠狀，廣一寸。《喪服小記》曰：「斬衰括髮以麻，免而以布。」此用麻布爲之，狀如今之著幓頭矣。自項中而前交額上卻繞紒，今文皆作絻。《禮記》「冠至尊也。」故爲免以代之。或爲帗字，在巾部。《說文》或冕字也。冕，冠也。音靡卷反，在冃部。

顧野王《玉篇》卷二八《巾部》

巾 几銀切，佩巾也，本以拭物，後人著之於頭。

原本 羈銀反。《周禮・巾車》「掌公車之政令。」鄭玄曰：巾猶衣也。《毛詩》「出其東門，有女如雲。縞衣綦巾。」毛亨：綦巾，女服也。《方言》魏宋南楚之閒，謂蔽膝爲大巾。《說文》「佩巾也。」野王案：本所以拭物，後人稍著之頭以當冠也。《漢書》諸病吏白巾出府門。《東觀漢記》「縫褶褕絺巾。」郭林宗折角巾之例是也。

帗 常達切，一幅巾。又方物切。

幘　側革切，覆髻也。

幝　於劫切，幧頭也。

幭　亡結切，帊幞也。

帢　口洽切，帽也，絹幘也。或作㡊。

帢帢　二同上。

幞　技足切，巾幞也。

帊　匹嫁切，幞帊也。

帣　似廉切，覆也，巾也。

帍　呼光切，巾也。

𢅃　古侯切，單衣。或作褠。

帹　所甲切，帹䍐，面衣也。

帽　莫到切，頭帽也。

𢄍　音擬，巾也。

幆　音介，幘也。

幗　同上。

帓　亡撥、莫瞎二切，帓布。

幡　扶元切，幡䘸，幭也，幞也。

帢　古洽、古沓二切，帢也。或作韐。

顧野王《玉篇》卷二八《衣部》

䘸　九遠、於元二切，幡䘸。

𧝆　亡報切，小兒頭衣。本作冃。

襊　旦括切，【略】冠也。

顧野王《玉篇》卷二九《覍部》

覍　皮彥切，弁也，攀也，所以攀持髮也，以鹿皮爲之。《說文》曰「冕也。从皃象形」。弁，同上。𡗝，籀文。

顧野王《玉篇》卷二九《兆部》

兜　當侯切。說文曰「兜鍪，首鎧也。从兜，〔从〕皃〔省〕，象人頭也。」

玄應《一切經音義》卷一三《樓炭經第二卷》　帞頭莫格反。《方言》帞頭也，南楚江湘之間曰帞頭，自關而西、秦晉之間曰絡頭。《字書》帞，額巾也，字從巾。經文從自，作陌，非字體也。

丁度《集韻》卷一《東韻》　鏠首著兜鉾也。莊子鏠頭。

丁度《集韻》卷一《支韻》　䍥、䍦、毤按䍥，白帽也，或作䍦、毤，通作摛。

幝冕名。通作裨。

裨【略】一曰冕名。

丁度《集韻》卷二《虞韻》

冔、𦄐商冠名。或从糸。

㡊《博雅》䍐㡊謂之帹帞。

㡊䍐㡊面衣。

丁度《集韻》卷二《齊韻》

褆喪禮首服。

丁度《集韻》卷二《元韻》

䘸《方言》幡䘸謂之幭。郭璞曰：即帊幞也。

丁度《集韻》卷二《桓韻》

冠、帵《說文》「絭也，所以絭髮，弁冕之總名也。从冖，从元。冠有法制，〔故〕〔以〕〔从〕寸。」徐鍇曰：取其在首，故从元。或作帵。

丁度《集韻》卷三《麻韻》　鍜《說文》「錏鍜，頸鎧也」。

丁度《集韻》卷三《仙韻》

㡘、纏《博雅》幘也。一曰，小兒帽。或作纏。

丁度《集韻》卷三《宵韻》

幧、幓、𢃱帞頭也。或作幓、𢃱。

丁度《集韻》卷三《豪韻》

幧絡頭也。

丁度《集韻》卷四《侯韻》

毋毌頍，夏后冠名。

丁度《集韻》卷四《矦韻》　鉅頸鉗也。《博雅》錏鍜謂之鏂鉅。

鞪鞻鞪，首鎧。通作牟鍪。

兜當侯切。《說文》「兜鍪，首鎧也」。

丁度《集韻》卷五《噳韻》

冔、𦄐商冠名，或作𦄐。

丁度《集韻》卷五《姥韻》

幗、頍首巾謂之幗。或作頍。

丁度《集韻》卷五《阮韻》

褑褔褑，幞帊。

丁度《集韻》卷六《獮韻》

冕、絻、帴《説文》「大夫已上冠也，邃延垂瑬紞纊。古者黄帝初作冕」。或从糸，从巾。

丁度《集韻》卷六《筱韻》

帑幧頭也。

丁度《集韻》卷六《馬韻》

鮭楚冠名。

丁度《集韻》卷七《寘韻》

𢄼《博雅》𢄼帤謂之幓帞。

𢄼面衣也。《廣雅》𢄼帤謂之幓帞。

丁度《集韻》卷七《御韻》

絮息據切【略】一曰，冒絮，頭上巾也。文二。

帤髮（市）〔巾〕謂之帤。

丁度《集韻》卷七《遇韻》

褠取升切，緇布冠也。

丁度《集韻》卷七《泰韻》

帢幘也。

丁度《集韻》卷七《怪韻》

幗、幗婦人喪冠。或从巾。

丁度《集韻》卷七《隊韻》

絻、免、帴喪冠也。或省，亦从巾。

丁度《集韻》卷七《問韻》

免喪冠也。《春秋傳》「陳侯免擁社。」徐邈讀。

丁度《集韻》卷七《願韻》

帑《博雅》幧頭也。

丁度《集韻》卷八《霰韻》

覍、㝸、弁、絣《説文》「冕也。周曰覍，商曰吁，夏曰收。」从皃，籀，从廾，上皆象形。或作弁、絣。

丁度《集韻》卷八《號韻》

冃、冒、帽莫報切。《説文》「小兒〔及〕蠻夷頭衣也。从冂，二其飾也。」或作帽，亦从巾。

丁度《集韻》卷九《燭韻》

幞、襆、纀、幞逢玉切，帊也。【略】。或从衣，从糸，亦省。

丁度《集韻》卷九《末韻》

褟緇布冠謂之褟。

丁度《集韻》卷九《麞韻》

袹、帞、貊邪巾，袹頭，始喪之服。或从巾，亦作貊。

丁度《集韻》卷一〇《陌韻》

帞、絈《博雅》𢄼帤謂之幓帞。或作絈。

丁度《集韻》卷一〇《麥韻》

幘【略】一説，古賤服，漢元帝頂有壯髮，故服之。王莽秃，又加巾。

丁度《集韻》卷一〇《麥韻》

幗、簂婦人喪冠也。或从竹。

丁度《集韻》卷一〇《葉韻》

幓幧頭。

丁度《集韻》卷一〇《業韻》

帢幧頭也。

丁度《集韻》卷一〇《洽韻》

帢、𢄼、帢、𢃩、帢、帢、帢弁缺四隅謂之帢。帢，士服也。一説，魏武帝放古皮弁以帛爲之。以色辨貴賤。一曰，按頭使下，故曰帢。或作𢄼、帢、𢃩、帢、帢、帢。

韐、韐、韎《説文》士無市有韐，制如榼，缺四角爵弁服。其色韎，賤不得與裳同。」鄭同慎曰：裳纁色。或作韐、韎。

丁度《集韻》卷一〇《狎韻》

幓面衣也。《博雅》𢄼帤謂之幓帞。

司馬光《類篇》卷八《革部》

鞶迷浮切，鞮鞶，首鎧。

司馬光《類篇》卷一三《竹部》

簂古對切，婦人喪冠。

簦堂來切，笠也，可以禦雨。文一。

簪徂棱切，簦簪，笠也。文一。

司馬光《類篇》卷二一《冂部》

冠古丸切，《説文》「絭也，所以絭髮，弁冕之總名也。从冖从元，元亦聲。冠有法制，从寸。」又古玩切，男子二十加冠曰冠。文一，重音一。

司馬光《類篇》卷二一《冃部》

冃，小兒蠻夷頭衣也。从冂二。其飾也。凡冃之類皆从冃。

䍦鄰知切，接䍦白帽也。

㡾驅圓切，《博雅》「幘也。」一曰小兒帽。

㝏、㝏火羽切，商冠名。或作㝏。㝏，又洪孤切。文二，重音一。

冕美辨切，《説文》「大夫已上冠也。」又武遠切，冠有延前俛。又忙晚切。

㡘施智切，《博雅》「㡘帤謂之帹帕。」又以豉切，面衣。

帤俞戍切，《廣雅》「㡘帤謂之帹帕。」又春朱切，又容朱切㡘帤，面衣。

胄直又切，兜鍪也。

㡈𡇷乞洽切，弁缺四隅謂之帢。帢或作㡈，𡇷、㡈，又口洽切。

司馬光《類篇》卷二一《网部》

羅鄰知切，接羅，白帽也，又所綺切。

司馬光《類篇》卷二一《巾部》

幏賓彌切，冕名。通作（梍）〔裨〕。又毗亦切，冕也。文一，重音一。

帵美辯切，大夫已上冠。又文運切，喪冠。

帬居銀切，佩巾也。一曰首飾巾。或从衣。

帵沽丸切，絭也，所以絭髮，弁冕之總名也。文一。

帑倉先切，《博雅》「【略】頭（粲）、幧頭也。」又蒼案切，帵也。又倉甸切。文一，重音上。

幧、幓、㡤千遥切，帕頭也。或作幓、㡤。幧，又倉刀切，絡頭也。㡤，又子了切，幧頭也。

幠於五切，首巾謂之幠。文一。

帞居拜切，幘也。文一。

幞逢玉切，帕也。

幗古對切，婦人喪冠又古獲切。文一，重音一。

帨眉召切，幗也。又眉教切。文一，重音一。

帽莫報切，小兒蠻夷頭衣也。文一。

帞莫瞎切，邪巾，袹頭始喪之服。或从巾。又莫白切，《博雅》「㡘帤謂之帹帞」文一。重音一。

幘測革切，《説文》「髮有巾曰幘。」一説古賤服，漢元帝頂有壯髮故服之。王莽秃，又加巾。文一，重音一。

帢、帹、㡧、帕乞洽切，弁缺四隅謂之帢，或作帹、㡧、帕、帢。又葛合切。文四，重音一。

帹一接切，幧頭也。又色中切，面衣也。文一，重音一。

司馬光《類篇》卷二一《市部》

韐古洽切，士無市有韐，制如榼缺四角，爵弁服，其色韎，賤不得與裳同。鄭司文曰：裳纁色。又葛合切。文一，重音一。

司馬光《類篇》卷二三《衣部》

裨頻彌切，【略】一曰冕名。

祀年題切，喪禮首服。

㡎玄圭切，一幅巾。文一。

襐、襐似兩切，飾也，一曰未笄冠者首服。

襆逢玉切，帕也。

褶莫報切，小兒蠻夷頭衣也。冒或作褶。

襊麤括切，緇布冠謂之襊。

袷乞洽切，弁缺四隅謂之帢。帢或作袷。文一。

司馬光《類篇》卷二三《毛部》

㲚鄰知切，接䍦，白帽也。或作㲚。

司馬光《類篇》卷二五《頁部》

䫜都回切，母䫜，夏冠名。

頨於五切，首巾謂之頨。文一。

司馬光《類篇》卷二五《髟部》

鬏此宰切，髻謂之鬏。又倉代切，一曰覆巾。文一，重音一。

髮七四切，【略】一曰婦人首服。文一。

髤居拜切，《説文》「簪結也」，一曰覆髻巾，文一。

司馬光《類篇》卷三七《糸部》

纀逢玉切，帕也。

纀逢玉切，帕也。一曰裳削幅。文一。

陸游《老學庵筆記》卷九《孫策傳》：張津常著絳帕頭。帕頭者，巾幞之類，猶今言幞頭也。

戴侗《六書故》卷四《地理一》

鍪 莫浮切。《説文》曰：「鬲屬。」按，今以胄爲兜鍪，蓋以其形似鬲。

戴侗《六書故》卷八《人一》

兜 當侯切，首鎧也。《説文》曰：「兜，從兜，從皃」。兜，象人左右皆蔽，讀若瞽。按，兜自象人被首鎧，初非取象於兜，而從皃，尤無義。且兜亦不成文。凡文有相類而非相資者，日星非取圜於口，丘山非取地於一，皃非取凶於臼，牛非取角於屮，雈非取角於羊，燕非取尾於火，鹿非取足於匕，𠂔非取鱗於仌，取尾於火，果非取實於田，壺非取蓋於大。天地之生物也，固然。牽合傳會，非文字之情也，故不取。

戴侗《六書故》卷三一《工事七》

弁 皮變切，首服也。冠尚弁，弁尚冕。象形。，象其武與纓、緌，非收也。亦作、。《説文》曰：「從貌，象形。，籀文。」别作㺹、玣。

冑 直又切，首鎧也。《説文》曰：「兜鍪也。」《司馬法》作䩜，從革。

冃 《説文》曰：「小兒蠻夷頭衣也。從冂，二其飾也。」孫氏莫報切。先人曰：此即冢字也，象重覆。或諧以聲，因省其一畫爾。

冠 古完切，從人戴冃加寸。寸，笄也，與導同。一説，從元，加冂，加寸。加冠曰冠。去聲。《説文》「弁冕之緫名。從元，元亦聲。」

冒 莫報切，覆之深至目也。或曰，目聲。《説文》曰：「冢而前也。」

冕 亡辨切，首服之上也。《周官》「王之五冕，皆玄冕朱裏延紐。五采繅，十有二就，皆五采玉十有二，玉笄朱紘。諸侯之繅斿九就，瑉玉三采，玉瑱玉笄。」邢敦文。

冔 况甫切。《士冠禮》曰：「周弁，殷冔，夏收。」康成曰：冔名出於幠。幠，覆也。

幘 側革切，以帛繞額爲幘。

帢 苦洽切，弁缺四隅曰帢。又作帢、帙、㡌。魏武以天下凶荒，擬古皮弁，裁縑帛爲帢，齊梁以爲弔服。

幗 古或切。《説文・新附》曰：「婦人首飾也。」

幧 七摇切。《説文・新附》曰：「斂髮也。」又譌爲幓。司馬温公曰：掠頭也。今人謂之編。《釋名》曰：綃頭，抄髮使上。又作帩。

帊 普駕切。《説文・新附》曰：「帛三幅曰帊。」亦作帕。

幞 房玉切。《説文・新附》曰：「帊也。」别作襆。按，今俗通用垂覆者爲帊，包裹者爲幞。

曹學佺《蜀中廣記》卷六八《方物記第一〇》《巴蜀異物志》曰：冒絮者，頭上巾也。冒音陌。

張自烈《正字通》卷一《儿部》 兜當鉤切。斗，平聲。兜鍪，首鎧也。

張自烈《正字通》卷二《金部》 鉅譌字。《説文》「鋞鍜，頸鎧也」。舊註鏂鉅，非。

鍪莫侯切，音牟，鍑屬。又兜鍪，首鎧也。《漢書》作鞪，義同。又冠卷。《荀子》冠有鍪而無縰。註：鍪之言象也，胄所以冒首。通作牟。《禰衡傳》身著岑牟單絞之衣。註：岑牟，鼓角士胄也。兜鍪形似釜而反脣，非炊具。《説文長箋》軍士以首鎧爲炊具，故曰兜。兜爲胄名，鍪則釜名，一物兼二義。按，軍伍鐎斗，晝炊夜擊，未有以首鎧炊者。几被圍，糧匱援絶，煮弩鎧，倉筋革，皆勢窮使肰，非軍士例用首鎧爲炊也。箋説誤。本作鍪，亦作鍛，篆作鍪。

張自烈《正字通》卷二《革部》 鞪與鍪通。《集韻》鍪或作鞪，《漢書》鞮鞪首鎧也。舊註又作㮌，誤。本作鞪，篆作。

鞮都妻切，音低。【略】又鞮鞪，胄也。

張自烈《正字通》卷三《巾部》

帓莫轄切，蠻入聲，幧頭也。

帢苦甲切，音恰，帽也。士服，狀如弁，缺四角，亦作帕，訛作㡊。

帞舊註音陌，絡頭。又頭巾。帕有怕，陌、亽入二音。舊本知帕同帓，不知帕俗作帞，誤分爲二。

幗居拜切，音戒，幘也。本作帓，通作介。

帑俗字。《方言》帑謂幧頭，亦曰帵，从泥。

帙同帢，見《六書故》，从帢爲正。

帬舊註音卑，冕也。按《禮記》、《儀禮》皆作裨冕，俗改从申，非。

帵余涉切，音葉，幧頭之别名。《釋名》齊人謂之帵，言掩斂髮使上從也。舊註幧頭，增㡧字，誤。又寒韻，音安，兜囊也，本作帵。

帽同冠，舊註重出。詳《冖部》冠註。

㡌帢、帙、帢同。俗作㡌。

張自烈《正字通》卷八《糸部》

絔譌字，舊註音陌，頭巾，當从帞。

纚舊註音圈，幘也。按，幘不名纚。

纚鄰其切，音黎。【略】又齊韻，音徙，冠織也。與縰同。《儀禮·士冠禮》「緇纚，廣終幅，長六寸。」康成曰：今之幘梁廣，長足以韜髮而結之。

張自烈《正字通》卷八《網部》

羃同冪，詳見前冂部冪註。

䍦同𦊓，舊本誤分爲二，互詳《冂部》𦊓註。

張自烈《正字通》卷九《衣部》

袙同帊。【略】又莫轄切，邪巾，袙頭，始喪之服。亦作帕，又作帞。按帞貊同袙，非。

袹莫轄切，蠻入聲，邪巾，袹頭，始喪之服。《韻會》或作帕，引《廣韻》帕額，首飾，亦作貊帞。《方言》帞巾，俗人帕頭是也。按，袹、帕作貊帞，今不從。

褶俗字，小兒頭衣。本作冒，或作帽。

方以智《通雅》卷首一《音義雜論》

母追音堥堆。《大傳》冒而句領。荀作務。務，帽、冕、牟聲通。禰衡岑牟可證。布母縳，鵕袴也。

周祈撰《名義考》卷八《岸幘》

《漢書》注：幘，卑賤執事不冠者所服，後世爲燕巾。《廣韻》：露額曰岸。光武岸幘見馬援。

西湖散人《新鐫雅俗通用珠璣藪》卷七《衣服》

冠冠，貫也，所以貫韜髮也。緌纓也。弁冠也，以爵韋爲之，謂之爵弁。以鹿皮爲之，謂之皮弁。以靺韋爲之，謂之韋弁。《輿服志》曰：爵弁，一名冕，廣八寸，長尺二寸，如爵形，前小後大，其上似爵頭色有收，所謂夏收殷冔者也。冔音許。

冕旒天子所戴平天冠也。冠上有覆，前後有旒。通天天子冠名也。幞頭幞頭紫衣，唐朝臣服。獬豸御史冠名也。獬豸，獸名，能觸不直，故執憲者以其角形爲冠。鐵冠即獬豸冠也，以鐵爲柱，言其審固不撓也。又曰法冠。鶡冠鶡，山鷄也，利距善鬥，鬥死方止，故虎賁，武騎皆戴之。章甫商之冠名，緇布爲之。母追夏冠名。元服元，首也，冠者，首之所着，故冠曰元服。又曰首服。貂蟬漢侍中冠也，加金璫附蟬爲文，貂尾爲飾。金取堅剛百鍊，蟬取居高食潔，貂取外勁悍而內溫潤。玉藻玉冕垂旒之玉也，藻，彩絲繩也，以藻穿玉，故曰玉藻。冠銘傅玄《冠銘》曰：居高無忘危，在上無忘敬。懼則安，敬則正。簪纓簪以簪冠，纓以係冠。金蟬即侍中金蟬冠。象環《禮記》曰：孔子去魯，佩象環五寸。註云：謙不比德，云不事也，象有文理者也。環取可循而無窮也。

青雲冠仕之冠也。進賢冠《漢輿服志》曰：進賢冠，古緇布冠，儒者之服也。前高七寸，後三寸，長八寸。(八)〔公〕侯三梁，中二千石以下至〔博〕士兩梁，千石以下至小吏(小)〔一〕梁。

方巾 角巾隱者所戴。綸巾諸葛亮所戴者，葛巾葛布巾，居士、野人所服者。岸幘露額爲岸幘，覆髻小巾也，岸幘謂頭斜其巾，有踈散自在之意。

凌雲巾 忠靖巾 玉臺巾 進士巾 烏角巾坡詩云：三公白接(罹)〔䍦〕，兩廊烏(罹)〔䍦〕，白氈帽也。折角巾郭林宗嘗遇雨，巾折一角，時人效爲之。漉酒巾晉陶淵明戴漉酒巾。

帽帽，冒也，故加衆體之上。幗覆髮之巾也。

紗帽隱者之巾也，今稱官帽曰紗帽。白帽昔管寧不應州郡之辟，常戴白帽，亦曰皂帽。

唐轂唐初用轂爲帽，以隔塵也。羅帽 氈帽 羢帽 駿帽 盔頭 網巾 襬襠

頂線 紵絲帽 瓦楞帽

文恭忘帽客有訪胡文恭者，具公服而忘易帽，胡公與之，盡禮而退。獨孤側帽獨孤信事魏帝爲參佐，有清望之名，嘗走馬，帽側倒，京師之人羨慕皆效之。

厲荃《事物異名録》卷一六《服飾部》

冠

元服《漢書·昭帝紀》顔師古註：元，首也。冠者，首之所著，故曰元服。

首服 冠，首服。《說文》：「弁冕之總名。」

切雲《山堂肆考》切雲，高冠名。《楚辭》「冠切雲之崔巍。」

冕

平天冠《見聞録》宋時冕，中貴人呼爲平天冠。

繁露《古今注》冕旒綴而下，垂如露之多，故曰繁露。

巾

額子《畫史》無頂頭巾謂之額子。

冒絮《庶物異名疏》冒絮，巾名。漢薄太后以冒絮提文帝。晉灼曰：《巴蜀異物志》以頭上巾爲冒絮。

接䍦《演繁露》晉人着白接䍦。竇苹《酒譜》曰：接䍦，巾也。白鷺縗。《庶物異名疏》接䍦，一名白鷺縗。縗，一作簑。

苧綏《酉陽雜俎》武寧蠻好着芒心接䍦，名曰苧綏。

烏㔶　杜甫《晚涼詩》「晚風爽烏㔶，筋力蘇摧折。」按，烏㔶，巾名。

幘

覆髻　承露　覆㡜　《方言》覆髻謂之幘巾，或謂之承露，或謂之覆㡜。郭璞註今結籠是也。

緇帉　《博雅》緇帉，幘也。

腦包　《雜俎》古人幘上加巾、冠，想因髮不齊之故，今網巾是其遺意。但幘以布絹爲之，加屋其上，可以代冠，今俗名腦包者。

帽

膩顔　《庶物異名疏》膩顔，帽也。《世説》林公文度著膩顔。

突何　《南史》鄧至國呼帽曰突何。

白帢　《山堂肆考》帢，帽也。東坡詩：「縱飲坐中遺白帢。」

帷帽　《事物原始》帷帽，創於隋代，拖裙及頸。今士人往往用皁紗全幅，綴於油帽，或氈笠之前，以障風塵，爲遠行之服，蓋本於此。

席帽　《青箱雜記》士人席帽隨身。按，席帽，即古之圍帽，周回垂網。

幞頭

折上巾　《畫論》後周以三尺皁絹向後幞髮，名折上巾，通謂之幞頭。

服頭　《曾公類説》後周武帝裁爲四脚，名服頭。

四脚　《夢溪筆談》幞頭，一謂之四脚，乃四帶也。

軍容頭　《朱子語録》唐人幞頭，初止以紗爲之。後以其軟，遂斫木作一山子，在前襯起，名曰軍容頭。

雕當　《可談》衛士順天幞頭，有一脚下垂者，其儕呼爲雕當。

綃頭

絡頭　帞頭　幧頭　帑　㡋　鬢帶　髮帶　《方言》綃頭，秦晉曰絡頭，南楚江湘間曰帞頭，趙魏之間曰幧頭。或謂之帑，或謂之㡋，其偏者謂之鬢帶，或謂之髮帶。

抹額　《席上腐談》韓退之《元和聖德詩》云：以紅帕首。蓋以紅綃縛其頭，即今之抹額也。

貊鞨　鞨巾　《正字通》帕額，亦作貊鞨，方言鞨巾，俗人帕頭是也。

羃䍦　《中華古今注》羃䍦，類今之方巾，全身障蔽，繒布爲之。

笠

襏襫　《名義考》程曉《伏日詩》「今世襏襫子，觸熱到人家。」襏襫，涼笠也。

白題　《墨莊漫録》白題乃胡人爲氈笠也。子美所謂「胡舞白題斜。」

次工　《庶物異名疏》雲南風俗，首戴次工，制如漁笠，覆以黑氈。

敗天公　《正字通》窮，《天論》天形如笠而冒地之表。故《本草》呼破笠，爲敗天公燒灰酒服，治鬼疰。破笠

冑

兜鍪　《書》「善穀乃甲冑。」孔穎達疏冑，兜鍪也。或作兜牟。

首鎧　《説文》「首鎧謂之兜鍪」，亦曰冑。

鞮鍪　《漢書·韓延壽傳》被甲鞮鍪。師古註曰：鞮鍪，即兜鍪也。或作鞮䥐。

突厥　《漢書音義》突厥居金山，工於鐵，作金山狀如兜鍪，俗呼兜鍪爲突厥，因爲國號焉。

錏鍜　《説文》「頸鎧謂之錏鍜。」頸鎧

岑牟　《後漢書·禰衡傳》身著岑牟。李賢等註：岑牟，鼓角士冑也。鼓士冑。

厲荃《事物異名録》卷二七《佛釋部》

僧帽

毘羅　《事物紺珠》毘羅帽、竇公帽、僧迦帽、山子帽、班吒帽、瓢帽、六和巾、頂包，八者皆釋冠也。

綜述

《周禮·夏官·弁師》　弁師掌王之五冕，皆玄冕，朱裏，延，紐。鄭玄注：冕服有六，而言五冕者，大裘之冕蓋無旒，不聯數也。延，冕之覆，在上，是以名焉。紐，小鼻在武上，笄所貫也。今時冠卷當簪者，廣袤以冠縰，其舊象與？【疏】孫詒讓正義：「掌王之五冕」者，《説文·冃部》云：「冕，大夫以上冠也，邃延垂瑬紞纊。古者黄帝初作冕。」《白虎通義·紼冕篇》云：「麻冕者何？周宗廟之冠也。禮曰『周冕而祭』。十一月之時，陽氣俛仰黄泉之下，萬物被施，前俯而後仰，故謂之冕也。」《釋名·釋首飾》云：「祭服曰冕，冕猶俛也，俛，平直貌也。亦言文也，玄上纁下，前後垂珠，有文飾也。」云「皆玄冕，朱裏延紐」者，此「皆」字

統下五采繅十有二就爲文，明其爲五冕之通制。《司服》注云：「六服同冕者，首服尊也。」是其義。賈疏云：「古者績麻三十升布，染之，上以玄，下以朱，衣之於冕之上下，云延者，即是上玄者。凡冕體《周禮》無文，叔孫通作《漢禮器制度》，取法於周，今還取彼以釋之。按彼文，凡冕以版，廣八寸，長尺六寸，以此上玄下朱覆之，乃以五采繅繩貫五采玉，垂於延前後。」詒讓案：凡五冕皆麻爲之。《論語·子罕篇》云：「麻冕禮也。今也純，儉，吾從衆。」《集解》孔安國云：「古者績麻三十升布以爲之。純，絲也。絲易成，故從儉。」《詩·周南·葛覃》孔疏引鄭《論語注》説，與孔同。蓋春秋以後所改易。此經在周初，未有純冕之制，則無不用麻也。江永云：「古布幅闊二尺二寸，當今尺一尺三寸七分半。若容三十升之縷二千四百，則今尺一分之地，幾容一十八縷，此必不能爲者也。孔意蓋謂古者朝服十五升，冠當倍於衣，不知冠升倍衣，唯喪服斬衰三升冠六升則然，自齊衰以下則非倍半之數矣。禮無冠倍於衣之例，孔誤釋耳。麻冕之布亦不過十五升，如今尺之一分容九縷，已是細密難成矣。」金鶚云：「冕服，玄衣纁裳，以象天地。五冕皆用玄色之布覆其上，而纁其裏，亦象天地之色。《弁師》『玄冕朱裏』，朱當是黄朱，即纁色也。地色多黄，純朱非所以象地，故古人象大地皆用玄纁。《穀梁》僖三年疏『冕上玄下纁』，可知《弁師》朱即纁也。」案：江、金説是也。朱裏，《玉藻》注亦作「纁裏」，《釋名》又云「纁下」。依鄭《士冠禮》注義，纁爲三入，朱爲四入，深淺小别，色大同也。《管子·輕重己篇》説，天子五時各服其方色之絻，於禮無文，不爲典要。賈説冕體廣長之度，並據《漢禮器制度》文。《左傳》桓二年孔疏云：「阮諶《三禮圖》、《漢禮器制度》云，冕制皆長尺六寸，廣八寸，天子以下皆同。沈引董巴《輿服志》云：『廣七寸，長尺二寸。』應劭《漢官儀》云：『廣七寸，長八寸。』沈又云：『廣八寸，長尺六寸者，天子之冕；廣七寸，長尺二寸者，諸侯之冕；廣七寸，長八寸者，大夫之冕。』但古禮殘缺，未知孰是。」案：《王制》孔疏引皇侃説諸侯卿大夫之冕，與沈文阿同，疑不足據。又依賈説，冕玄表朱裏，皆用布。《王制》疏謂朱裏應以繒爲之。陳奂又據《國語·魯語》説諸侯夫人織紘綖，謂延亦織組爲之，用絲不用麻。今案：古者麻冕，則延亦當用麻。《魯語》以延與紘並舉，或據後世絻冕之制與？張惠言云：「冕武之色無文，約以玄繒爲之。」案：張説是也。武蓋亦玄表而朱裏，與延色同。經舉延紐而不及武者，文不具也。注云「冕服有六而云五冕者，大裘之冕蓋無旒，不聯數也」者，聯，黄丕烈校改作「連」是也。詳《大宰》疏。旒俗字，當作「斿」，詳後。賈疏云：「按《司服》祭祀六服，皆連冕言之。今此惟云五冕者，但此弁師所掌冕，以旒爲主，祭天用大裘，取質，其冕亦當無旒，爲質，故此不數之，惟有五冕耳。」詒讓案：《司服》冕服六，此云五冕者，凡冕服以衣章爲别異，大裘而冕，亦被衮衣，衣冕相同，故不數也。鄭謂大裘之冕蓋無斿，於經無文，故爲不敢質定之辭，本非篤論。陳祥道、陸佃、王昭禹、鄭鍔、戴震、金榜、孫希旦、張惠言，並據《玉藻》「天子玉藻十有二旒」，《郊特牲》「祭之日，王被衮以象天，戴冕藻十有二旒，則天數也」，明大裘被衮衣，冕十有二旒。而黄度、王應電、孔廣森、宋緜初又謂天子六冕同十二斿，其説尤精，與此經下文及《禮器》、《玉藻》皆密合，可爲定解。今攷《大戴禮記·禮三本篇》、《荀子·禮論篇》，並云「郊之麻冕」，陳祥道云：「古者五冕皆麻，至孔子時，乃去麻用純，然郊冕猶用麻，所以示復本也。」案：陳説是也。若然，晚周之世，郊祀之冕亦止麻純制别，不箸斿之有無，則周初衮冕非無斿之冕可知。《公羊》宣元年何注云：「弁加旒曰冕。」《左傳》桓二年疏引宋衷《世本注》云：「冕，冠之有旒者。」是有斿乃謂之冕。古書無言冕無斿者，惟《周書·王會篇》説成王朝諸侯之事云：「天子南面，玄絻無繁露。」孔注以繁露爲斿。攷天子受朝服衮冕，不當無斿，蓋文有駁誤。互詳《司服》疏。云「延，冕之覆，在上，是以名焉」者，《玉藻》注云：「延，冕上覆也。」賈疏云：「《玉藻》注言雖不同，義則不異，皆以玄表覆之在冕上也。以爵弁前後平，則得弁稱。冕則前低一寸餘，得冕名，冕則俛也，以低爲號也。」《玉藻》孔疏云：「用三十升之布，染之爲玄，覆於冕上，出而前後。冕謂以版爲之，以延覆上，故云延，冕上覆也」。但延之與版，相著爲一，延覆在上，故云延也。故《弁師》注『延，冕之覆，在上，是以名焉』，與此語異而意同也。皇氏以《弁師》注『冕，延之覆，在上』，以《弁師》經有冕文，故先云『冕，延之覆在上』。此經唯有延文，故解云『延，冕上覆』。今删定諸本，《弁師》注皆云『延，冕之覆在上』。皇氏所讀本不同者，如皇氏所讀《弁師》『冕，延之覆在上』，是解冕不解延。今按《弁師》注意，云『延，冕之覆在上』，是解延不解冕也。皇氏説非也。」案：據《玉藻》疏，是皇侃所見舊本此注作「冕延之覆在上」，唐時定本則與今本同。賈疏謂此注與《玉藻》注不同，又以延「低一寸餘故得冕名」釋注「是以名焉」之義，則賈所見本疑亦「冕」在「延」上，與皇本同。今諦審注意，實謂延覆冕上，前後引出而長，故名爲延，《爾雅·釋詁》云「延，長也」，即其義也。此與《玉藻》注以冕上覆釋延正同。孔謂此注釋延不釋冕，蓋深得鄭恉，唐定本是也。皇、賈説並誤。延字又作「綖」，《左》桓二年傳「衡紞紘綖」，杜注云：「綖，冠上覆也。」案：冠弁並無延，杜言冠者，冕之通稱也。云「紐，小鼻，在武上，笄所貫也」者，《説文·糸部》云：「紐，系也。」又《金部》云：「鈕，印鼻也。」《廣雅·釋器》云：「鈕謂之鼻。」案：凡器物之有空竅可穿系者，並得稱鼻。冕鼻謂之紐，猶印鼻謂之鈕也。武者，《玉藻》云「縞冠玄武」，鄭彼注云：「武，冠卷也。古者冠卷殊。」賈疏云：「紐者，綴於冕，兩旁垂之，武兩旁作孔，以笄貫之，使得其牢固也。」戴震云：「延有紐，自延左右垂，笄貫之以爲固。」案：戴説是也。賈云「紐綴於冕」者，謂綴於延下也。冕延與武殊，猶之禮冠之梁與武殊，故必於延下綴紐，下垂及武，復於武旁爲空，與紐空正相直，而後以笄横穿紐武之空，與纚髺相貫爲固。注不云在延下，而云在武上者，以紐之下垂，正當武左右之上，非謂紐與武連也。若紐即在武，則延與武無由相屬矣。紐之材蓋與延同，故下注云「延紐皆玄覆朱裏」是也。云「今時冠卷當簪者，廣袤以冠縰，其舊象與」者，賈疏云：「古之紐武，笄貫之處，若今漢時冠卷當簪所貫者，於上下之廣及隨縰之袤以冠縰者，貫簪之處，當冠縰之中央。」惠士奇云：「《士冠禮》『緇纚廣終幅，長六尺』，康成云：『纚，今之幘梁也，韜髮而結之。』徐爰曰：『古者有冠無幘，冠下有纚，以繒爲之，後世施幘于冠，因裁纚爲帽。』然則古曰纚，漢曰幘，晉宋曰帽。」阮元云：「廣袤以冠縰，謂以冠縰之廣袤爲之廣袤也。」案：阮説是也。蓋注所謂卷即武也。縰與纚同。《士冠》、《士昏禮》之纚，《内則》之縰，注並以韜髮釋之。《内則》孔疏引盧植云：「所以裹髻承冠，以全幅疊而用之。」此《禮經》之縰也。若漢人所云冠縰，乃古之冠梁。幘之有梁者亦謂之縰，故《説文·糸部》云：「纚，冠織也。」《漢書·元帝紀》注引李斐云：「齊國舊有三服之官，春獻冠幘纚，爲首服。」冠幘纚即謂織成冠幘梁之材也。然古冠梁廣止二寸，而漢之幘梁而冒髮，其度甚廣；古冠縰全幅韜髮，而漢之冠幘纚則不全幅，可冒髮而不可韜髮，是漢之纚非《禮經》之纚也。惟周時凡冠必先著纚，而後以冠加其上；漢時冠則先著幘而後加冠，故《急就篇》顏注謂幘常在冠下，或單著之。是漢之幘雖與周之纚異制，而其在下冒髮承冠則一，故《士冠禮》注以漢之幘梁況纚也。然則漢人通稱冠幘之梁爲纚，此注之冠縰即謂冠梁明矣。凡冠梁覆冒前後，屈而屬於冠卷，其冠之左右旁面，梁所不覆者，即當簪之處也。當簪之處既梁所不覆，故別於卷上出爲兩瓣，以與簪相穿爲固。其廣袤則與正面之梁相等，但梁材以一條屈之，冒髮前後，而兩末咸屬於卷。當簪之類紐者，則左右各爲一瓣，以蔽髮之兩旁，其下屬於卷，而上與梁不相屬，以此爲異。賈疏未明漢時冠縰即冠梁，與周時韜髮之縰迥異，故不得其恉。五采繅十有二就，皆五采玉十有二，玉笄，朱紘。郑玄注：繅，雜文之名也。合五采絲爲之繩，垂於延之前後，各十二，所謂邃延也。就，成也。繩之每一帀而貫五采玉，十二斿則十二玉也。每就閒蓋一寸。朱紘，以朱組爲紘也。紘一條，屬兩端於武。繅不言皆，有不皆者。此爲衮衣之冕十二斿，則用玉二百八十八。鷩衣之冕繅九斿，用玉二百一十六。毳衣之冕七斿，用玉百六十八。希衣之冕五斿，用玉百二十。玄衣之冕三斿，用玉七十二。【疏】孫詒讓正義：「五采繅十有二就，皆五采玉十有二」者，鄭、賈讀「五采繅十有二」句。疏云：「此據衮冕而言，謂合五采絲爲藻繩十二道，爲十二旒也。就皆五采玉十有二者，此各據一旒而言，玉有五色，以青赤黄白黑於一旒之上，以此五色玉貫於藻繩之上，每玉閒相去一寸，十二玉則十二寸。就，成也。以一玉爲一成，結之，使不相并也。」王安石、王昭禹、黄度、林喬蔭並讀「五采繅十有二就」句。金榜云：「賈氏以『就』字屬下讀，誤也。經蒙上王之五冕立文，不得專明一冕。此言五采繅十有二就，下言諸侯之繅斿九就，其讀足以明矣。此皆據一斿爲説，先陳就數，次陳玉數，於玉言『皆』，互文也。」朱大韶亦云：「下云『諸侯之繅斿九就，瑉玉三采』，於諸侯言繅斿，則五采繅之爲斿可知。於諸侯言繅斿九就，則天子繅斿十有二就可知。於諸侯言瑉玉三采，則天子五采玉可知。五采一成爲一就，就自指繅斿言。疏謂『以一玉爲一成結之』，經於玉無言就者，非也。」案：金、朱説足證鄭、賈之誤。云「玉笄朱紘」者，以美玉爲持冕武之笄，追師所爲者也。賈疏云：「以玉笄貫之，又以組爲紘仰屬結之也。」金鶚云：「古者冕弁，上有笄，下有瑱，笄所以固冕弁，亦以縣瑱也。皮弁、韋弁、爵弁皆有笄，亦皆有瑱。若安髮之笄，則服玄冠、緇布冠者皆有之。」孔廣森云：「王之冕言紘，不言瑱，諸侯又無紘，皆文不備。其瑱，天子亦以玉矣。」注云「繅，雜文之名也」者，《聘禮》注云：「雜采曰繅。」案：冕繅皆雜織采絲爲之，與《司几筵》「繅席」、《典瑞》「繅藉」義略同。云「合五采絲爲之繩，垂於延之前後各十二，所謂邃延也」者，《玉藻》云：「天子玉藻十有二旒，前後邃延。」注云：「旒十有二前後邃延者，言皆出冕前後而垂也。」案：邃延謂延前後深邃，不關垂斿，鄭説非也。詳前。《白虎通義·紼冕篇》云：「《禮器》云『天子麻冕朱緑藻垂十有二旒』者，法四時十二月也。」案：此經王冕繅玉並五采，而《禮器》云「天子冕朱緑藻」，注云：「朱、緑，似夏、殷禮也。周禮天子五采藻。」《白虎通》及《獨斷》並以「朱緑藻」爲周禮。金鶚通之云：「五采繅但言朱緑，以此二采下達於大夫士。」案：金説與班、蔡合，亦通。唯《春秋繁露·三代改制質文篇》謂黑統首服藻黑，白統首服藻白，赤統首服藻赤，皆不備五色，則與此經義不能强合矣。云「就，成也」者，《典瑞》注同。云「繩之每一帀而貫五采玉」者，此鄭讀「就皆五采玉十有二」爲句。凡五采備爲帀，帀即就也。每一斿采十二就，即十二帀。每一帀綴一玉，依五采相閒次之。鄭此注蓋依《聘禮記》圭玉繅藉之制，以釋此冕繅，謂亦采别爲等，采備爲就。然則天子五采繅，則一就爲五等，一斿十二就，凡六十等，於文太縟，疑非也。竊謂冕繅合五采絲爲繩，與繅藉畫韋不同。畫韋聚數就爲一繅，合絲則以一就爲一斿。蓋每斿一道，備五采一成，則十二就即十二斿也。以其一就即是一斿，故經止著十二就、九就之文，而不必别言斿數。若如鄭説，則經不言一冕之斿數，而反詳一斿采色之就數，詳略失當，於文例疏矣。諸侯三采以下並同。其斿玉采次，注無説。《玉藻》孔疏引皇氏、沈氏説云：「旒垂五采玉，依飾射侯之次，從上而下，初以朱，次白，次蒼，次黄，次玄，五采玉即質徧，周而復始。其三采者，先朱，次白，次蒼。二色者，先朱後緑。」案：皇、沈、孔依射侯之次以推斿玉之采，未詳是否。又此王五采玉及下文諸侯瑉玉三采，並以衆玉而備多采，分之則一玉各自爲一采，不得相兼。而依許叔重説，則是一玉而兼備五采、三采，蓋與鄭義絶異，詳後疏。云「十二斿則十二玉也」者，通典·嘉禮引此注作「十二旒，旒則十二玉」。案旒即斿之俗。杜氏所據此注蓋重斿字。十二斿者，鄭嫌經無斿數，故補其義。斿則十二玉者，謂每一斿有十二玉，《玉府》先鄭注所謂冠飾十二玉是也。今本捝一斿字，則似一斿止一玉，義不可通矣。云「每就閒蓋一寸」者，就閒謂采色一帀之閒。鄭《玉藻》注説邃延，云「天子齊肩」，孔疏云：「以天子之旒十有二就，每一就貫以玉，就閒相去一寸，則旒長尺二寸，故垂而齊肩也。言天子齊肩，則諸侯以下，各有差降。則九玉者九寸，七玉者七寸，以下皆依旒垂而長短爲差。」云「朱紘，以朱組爲紘也」者，《説文·糸部》云：「紘，冠卷也。重文紭，紘或從弘。」案：冠卷與紘異物，許不宜合爲一，段玉裁校本依《玉篇》作「冠卷維」是也。《左傳》桓二年孔疏云：「《魯語》稱公侯夫人織紘綖，知紘亦織而爲之。《士冠禮》言組纓組紘，知天子諸侯之紘亦用組也。」孔廣森云：「紘唯王朱耳。諸侯以青，《祭義》曰『諸侯爲耤百畝，冕而青紘，躬秉耒』。大夫士以緇，據《士冠禮》爵弁、皮弁緇組紘纁邊知之。」云「紘一條屬兩端於武」者，《褋記》云「管仲朱紘」，注云：「冠有笄者爲紘，紘在纓處，兩端上屬，下不結。」又《國語·魯語》韋注云：「冕曰紘，紘，纓之無緌者也。從下而上，不結。」賈疏云：「謂以一條繩先屬一頭於左旁笄上，以一頭繞於頤下，至句上，於右相笄上繞之。是以鄭注《士冠禮》云：『有笄者屈組以爲紘，垂爲飾；無笄者纓而結其條。』彼有笄，據皮弁、爵弁。此五冕皆有笄，與彼同。此言屬於武者，據笄貫武，故以武言之，其實在笄。」案：賈説是也。紘屬於笄當武處，故注通言之云「屬兩端於武」。云「繅不言皆，有不皆者」者，賈疏云：「謂王之五冕，繅則有十二，有九，有七，有五，有三，其玉旒皆十二，故繅不言皆。有不皆者，則九旒以下是也。玉言皆，則五冕旒皆十二玉也。」黄度云：「康成以繅不言皆有不皆者，非也。『五采繅十有二就』，蒙上『玄冕朱裏延紐』皆字。『十有二就』下，又有皆字，謂每就十二玉也。然則天子五冕，皆玄冕朱裏延紐，繅斿十二就，就皆十二玉，玉笄朱紘。是則一冕耳，而曰五冕者，正以著其同也。」孔廣森云：「經言五冕皆五采繅十有二就，則王之冕無不十二斿者矣。注獨以此爲衮衣之冕，與『皆』文不相會。《左傳》曰：『周之王也，制禮，上物不過十二。』王之元服於是取數焉。」案：黄、孔説是也。王應電、宋緜初説同。經云『王之五冕皆玄冕』，下云『五采繅十有二就』，既無九七遞減之文，又不云十二斿屬何冕，則王五冕並十二斿可知。《禮器》説天子之冕藻十有二旒，亦不云諸冕遞減，與此經文正相合，詳後疏。云『此爲衮衣之冕，十二斿則用玉二百八十八』者，《唐郊祀録》引《三禮圖》説同。鄭不知此經十二斿通關五冕，故謂專據衮冕，其鷩冕以下之斿則減於此。賈疏云：「以其十二旒旒各十二玉，前後二十四旒，故用二百八十八。」王應電謂冕斿皆十二玉，有前無後。江永云：「《大戴禮》及東方朔《荅客難》皆云『冕而前旒，所以蔽明』，則無後旒可知。後旒何所取義乎？鄭謂前後皆有旒，此因《玉藻》前後邃延而誤耳。前後邃延，謂版長尺六寸，自延端至武，前後皆有邃，非謂後亦有旒也。《玉藻》言十有二旒，未嘗言前後皆十有二旒也。據疏引《漢禮器制度》亦云『垂於延之前後』，「延」原訛「旒」，據楚本改。豈叔孫通失之與？且衮冕二十四旒，用玉二百八十八，如此繁重，恐首不能勝。鄭所計用玉，每冕皆當去其半。」金榜云：「《續漢書·輿服志》：『孝明皇帝永平二年，初詔有司采《周官》、《禮記》、《尚書·皋陶篇》，乘輿服從歐陽氏説，公卿以下從大小夏侯氏説。冕前圓後方，前垂四寸，後垂三寸。三公諸侯及卿大夫皆有前無後。』案：鄭釋《周官》、《禮記》用歐陽氏説。《大戴禮·子張問入官篇》：『古者冕而前旒，所以蔽明也。』《禮緯》：『旒垂目，纊塞耳，王者示不聽讒，不視非也。』」案：王、江、金説可正舊説之誤。戴震、孔廣森、林喬蔭、張惠言、宋緜初、黄以周説並同。《晏子春秋·外篇》：晏子曰：「冕前有旒，惡多所見也。」此亦謂冕唯前有斿。《淮南子·主術訓》説同。今依其義，衮冕前十二斿，當用玉百四十四也。云「鷩衣之冕繅九斿，用玉二百一十六，毳衣之冕七斿，用玉百六十八，希衣之冕五斿，用玉百二十，玄衣之冕三斿，用玉七十二」者，《隋書·禮儀志》引《禮圖》説並同。此即鄭所謂繅有不皆者也。依其説計之，鷩冕前後十八斿，以十八乘十二，則二百一十六也。毳冕前後十四斿，以十四乘十二，則百六十八也。希冕前後十斿，以十乘十二，則百二十也。玄冕前後六斿，以六乘十二，則七十二也。王、江、金説則依鄭所計斿玉各去其半。今依孔廣森定王五冕，並前十二斿，同用玉一百四十四，無增減之差也。

諸侯之繅斿九就，瑉玉三采，其餘如王之事。繅斿皆就，玉瑱，玉笄。鄭玄注：「侯」當爲「公」字之誤也。三采，朱、白、蒼也。其餘，謂延紐皆玄覆朱裏，與王同也。出此則異。繅斿皆就，皆三采也。每繅九成，則九旒也。公之冕用玉百六十二。玉瑱塞耳者，故書瑉作璑。鄭司農云：「繅當爲藻，繅古字也，藻今字也，同物同音。璑，惡玉名。」【疏】孫詒讓正義：「諸侯之繅斿九就」者，阮元云：「《唐石經》原刻作『諸侯之繅九就』，後刮磨重刻，『繅』下增『斿』。按賈疏引經云『諸公之繅九就』，無斿字，與石經原刻合。此猶上言王繅十有二就，繅下不當有斿也。」詒讓案：斿正字當作瑬，《説文·玉部》云：「瑬，垂玉也，冕飾。」經典皆段旃旗流之游爲之，游又省作斿。或作旒者，斿之俗也。此經並作斿，注則今本斿旒錯出，蓋傳寫之誤。賈疏云：「諸公云『繅九就』，又云『繅斿皆就』，作文與上言『繅十有二，就皆五采玉十有二』，繅玉別文，則繅有差降，玉無差降。此諸公繅玉同文，則惟有一冕而已，故鄭計一冕爲九旒，旒各九玉。據冕九旒，不別計鷩冕已下，以其一冕而已冠五服故也。已下侯伯子男，亦皆一冕冠數服也。」詒讓案：五等諸侯冕斿之數，據鄭前後注説，但云公九斿，侯伯七斿，子男五斿，不云五冕遞減有異，故於此破侯爲公，以合九就之文。賈疏申其義，謂公及侯伯子男，各以一冕冠衆服。《王制》孔疏引熊氏云「公以下諸冕，其旒並依命數，不減」，與賈説同。然孔氏不從鄭、熊之説，而云：「公衮冕九旒，鷩冕七旒，毳冕五旒，絺冕三旒，玄冕蓋無旒，旒皆九玉。侯伯鷩冕七旒以下與公同，旒皆七玉。子男毳冕五旒以下與公同，旒皆五玉。」案：孔意蓋因鄭説天子五冕斿依次遞減，公以下亦宜然。然此經上下兩舉諸侯，並無依命數增減之文。若如孔説，則一命大夫冕當一斿，既不成飾，五等諸侯玄冕皆無斿，是又不成冕矣。今諦玩經文，竊謂諸侯冕斿之數，五等當同用九。《禮器》説天子冕藻十有二旒，諸侯九。金鶚云：「諸侯之繅斿九就，九就即九旒，此與《禮器》適合。鄭注謂『侯』當爲『公』字之誤，失之。」案：金説是也。凡諸侯公衮冕以下，侯伯鷩冕以下，子男毳冕以下，蓋同九斿、九就、九玉，無增減之差，故經云諸侯之繅斿九就，不云五等有異。然則《禮器》天子六冕皆十二斿，諸侯五等皆九斿，卿即上大夫皆七斿，大夫皆五斿，咸視爵爲降殺，不隨命數，正足與此經相證補。《獨斷》云：「周禮，天子冕，朱緑藻，十有二旒，公侯大夫各有差別。漢興，至孝明帝永平二年，詔有司採《尚書·皋陶篇》及《周官》、《禮記》，定而制爲十二旒，三公及諸侯之祠者，朱緑九旒，卿大夫七旒。」漢制放周禮，自卿以上斿數亦正與此經及《禮器》合。云「瑉玉三采」者，《釋文》云：「瑉，本又作琘。」案：《説文·玉部》云：「琘，石之美者。」無瑉字。《聘義》注云：「碈，石似玉，或作玟也。」彼《釋文》云：「碈字亦作瑉，似玉之石。」然則瑉即玟之別體，《説文》玟字説解亦云「一曰石之美者」，蓋瑉琘二字不同，而義則兩通。又案：琘从民聲，瑉从昏聲，古音昏聲與民聲異部不相通，後世多淆掍莫辨，故瑉或作琘。云「玉瑱玉笄」者，賈疏云：「王不言玉瑱，於此言之者，王與諸侯互見爲義，是以王言玄冕朱裏延紐及朱紘，明諸侯亦有之，諸公言玉瑱，明王亦有之，是其互有也。」金鶚云：「笄，天子以玉，諸侯以似玉之石。毛公謂諸侯瑱用美石，則笄亦用美石可知。《弁師》云：『諸侯之繅斿九就，瑉玉三采。』冕旒用瑉玉，則笄瑱亦宜用瑉玉。瑉玉者，美石之似玉者也。下云『玉瑱玉笄』，即承瑉玉而言。不云瑉者，省文。」注云「侯當爲公字之誤也」者，賈疏云：「以下別見諸侯，又此經云九就，當上公以九爲節，故知是公也。」金榜云：「經凡言諸公，皆與侯伯子男對文。此經上下兩見諸侯，知『侯』非誤文也。」案：金謂「侯」非誤文是也。金鶚説亦同。今定五等諸侯冕斿同九就，實非專據諸公之冕而言，則「侯」之不當爲「公」益明矣。云「三采，朱白蒼也」者，賈疏云：「《聘禮記》『公侯伯繅藉三采，朱白蒼』，故知三采亦朱白蒼也。」江永云：「諸侯三采損玄黄，不敢用天地之色也。」云「其餘謂延紐皆玄覆朱裏，與王同也，出此則異」者，賈疏云：「異謂天子朱紘，諸侯當青組紘之等，不得與王同也。」云「繅斿皆就，皆三采也」者，鄭意采帀爲就，經云瑉玉三采，則繅組亦每就三采也。上公五冕皆以采別三等爲一就，一斿九就則二十七等也。是爲繅斿皆就。依鄭説，則經據公冕每斿九就一就之采帀而言，實非經義也。今攷經云皆就者，自謂凡繅皆一斿而備采一就，明冕繅就之數即斿之數耳。五等諸侯斿數、就數、玉數皆以九，無不同也。云「每繅九成則九旒也」者，旒亦當作斿，鄭不知經云九就即是九斿，故補之謂經言繅九成，兼見一冕有九斿，以互文見義，其實非也。段玉裁云：「此當云『每繅九成則九斿，斿九玉也』。今本似脱誤。」案：段説亦通。云「公之冕用玉百六十二」者，孔廣森云：「此亦通前後計之，用歐陽説也。」詒讓案：鄭意公冕前後十八斿，以十八乘九，則百六十二也。如江氏説去其半，則用玉八十一。今定五等諸侯冕並九斿、九就、九玉，皆八十一玉也。云「玉瑱，塞耳者」者，《説文·玉部》云：「瑱，以玉充耳也。或作䪼。」《詩·鄘風·君子偕老篇》「玉之瑱也」，毛傳云：「瑱，塞耳也。」又《淇奥篇》「充耳琇瑩」，傳云：「充耳謂之瑱。琇瑩，美石也。天子玉瑱，諸侯以石。」任大椿云：「毛傳及鄭《士喪禮》注以充耳爲瑱，惟『充耳以素乎而』，箋謂充耳所以縣瑱，即紞也，非瑱也。攷《晏子春秋·外篇》『纊紘琉耳』，《玉篇》充耳亦作琉耳。《説文》『珥，瑱也』，則充耳二字皆從玉，當即瑱也。《既夕禮記》『瑱塞耳』，注『塞，充窒』。然則塞耳即充耳。」金鶚云：「瑱之制，縣之以紞，上係于笄。紞與瑱通謂之充耳。《詩·淇奥篇》言『充耳琇瑩』，《彼都人士篇》言『充耳琇實』，此指瑱而言也。《著篇》言『充耳以素乎而』，此指紞而言也。《旄丘篇》言『褎如充耳』，此兼紞與瑱而言也。毛公以《淇奥》充耳爲瑱，得之，而以《著篇》充耳爲瑱，則非。鄭箋以素青黄爲紞，以瓊華、瓊瑩、瓊英爲瑱，是也。」案：任、金説是也。瑱與紞通謂之充耳，亦通謂之塞耳，故鄭此注釋瑱爲塞耳，《檀弓》注又釋爲充耳，《説文·糸部》亦云「紞，冕冠塞耳者」是也。塞與充義同，故二者互稱。《詩·著》疏引孫毓説，謂凡禮名充耳塞耳者皆即瑱紞，不得謂之充耳，非也。又案：《檀弓》云「練角瑱」，注云：「吉時以玉，人君有瑱。」義即本此經。然此玉亦即瑱玉，故《毛詩·淇奥》傳謂諸侯瑱以石，與天子用玉不同。又釋「充耳琇瑩」亦云「琇瑩，美石也」。而《齊風·著篇》説充耳以素青黄三等，毛傳云：「素，象瑱，士之服也；青，青玉，卿大夫之服也；黄，黄玉，人君之服也。」蓋《著》傳言人君卿大夫之瑱皆以玉者，亦當謂石之似玉者，即此經瑉玉之屬，非真玉也。張惠言云：「瑱制無文，《春秋傳》曰『幣錦二兩，縳一如瑱』，則其形必圓而長。」案：張説是也。《大戴禮記·子張問入官篇》云「黈紞塞耳」，《晏子》作「纊紘琉耳」，紞纊並與衡通，别爲冕旁所垂之衡玉，與瑱異。《大戴》盧注以纊爲《詩》之充耳，非也。詳《追師》疏。云「故書瑉作璑」者，蓋聲轉致誤。徐養原云：「瑉璑古蓋通用，説見《弁人》。」鄭司農云「繅當爲藻，繅古字也，藻今字也，同物同音」者，段玉裁云：「繅見《司几筵》、《巾車》。」案：《儀禮》古文作繅，今文作璪，璪同藻也。《禮記》有藻無繅。」黄以周云：「先鄭既以繅爲古字，宜云『繅讀爲藻』，不宜云『當爲』以破之。《聘禮》注云：『古文繅或作藻，今文作璪』，則藻今字，非謂今文。」案：《司几筵》「繅席」先鄭亦讀爲藻率之藻，黄謂此注當作「繅讀爲藻」，與《司几筵》注同，於義近是。但先鄭此讀當本在前章「五采繅」下，後鄭以瑉惡玉之訓牽連引之於此，非其舊也。至先鄭所謂今字，止據漢時經典常用字言之，與《儀禮》今文異也。又案：先鄭意謂此經之繅斿，與《禮記·玉藻》同音同物，繅取雜文爲名，與藻義尤近，故讀從之。攷《説文·糸部》云：「繅，繹繭爲絲也。」《艸部》云：「藻，水艸也，重文藻，藻或从澡。」《玉部》云：「璪，玉飾，如水藻之文。」則冕斿之繅蓋無正字，此經作「繅」，《禮記》作「藻」，皆借字也。《聘禮》之繅，今文作璪者，乃《典瑞》圭玉之繅，與冕繅異。惟《玉藻》、《釋文》云「藻本又作璪」，亦聲近假借字。云「璑，惡玉名」者，賈疏云：「按許氏《説文》：『璑，三采玉，從玉無聲。』以其三采，又非璵璠，故云惡玉名也。《説文》又云：『珉，石之美者，從玉民聲。』如是，經云『瑉玉三采』，當以璑爲正，故先鄭從璑爲惡玉名也。」案：賈亦誤以瑉與珉爲一字。依先鄭説，則璑爲玉不美者之名，三采者但一斿之中備此三采之玉，非一玉備有三采也。《初學記·玉部》引《逸論語》亦云：「璑，三采玉也。」許説本於彼，則謂璑即爲備三采之玉，與鄭義異。金鶚云：「凡經典石之似玉者，多通稱玉，非必真玉也。注云惡玉玉之惡者，即石之美者，其義一也。」徐養原云：「無與武古亦通用，璑疑即武夫之武。《説文》無碔砆字，《漢書·董仲舒傳》作武夫。」案：徐説亦通。

王之皮弁，會五采玉璂，象邸，玉笄。郑玄注：故書會作膾。鄭司農云：「讀如馬會之會，謂以五采束髮也。《士喪禮》曰『檜用組，乃笄』。檜讀與膾同，書之異耳。説曰：『以組束髮乃著笄，謂之檜。』沛國人謂反紒爲膾。璂讀如綦車轂之綦。」玄謂會讀如大會之會。會，縫中也。璂讀如薄借綦之綦。綦，結也。皮弁之縫中，每貫結五采玉十二以爲飾，謂之綦。《詩》云「會弁如星」，又曰「其弁伊綦」是也。邸，下柢也，以象骨爲之。

【疏】孫詒讓正義：「王之皮弁會五采玉璂」者，《釋文》云：「璂本亦作琪。」《文選·東京賦》李注引此經注並作琪，孔繼汾云：「琪疑當作璂。」案：孔據《説文》校也。《説文·玉部》云：「璂，弁飾，往往冒玉也。從玉綦聲。重文琪，璂或从基。」無琪字，則璂正字，琪或體。鄭本疑本作璂。《詩·曹風·鳲鳩》箋讀騏爲璂，或即本此經也。琪，璂之省。《周書·器服篇》有象琪，即弁飾也。皮弁者，王朝服之弁。依鄭後注，則韋弁飾等亦與皮弁同。注云「故書會作膾，鄭司農云，讀如馬會之會，謂以五采束髮也」者，此先鄭讀「膾五采」爲句，五采謂組，不謂玉也。段玉裁於「讀如」上增「膾」字，云：「司農從膾，後鄭從會。膾讀如馬會之會，後人删膾字，非也。馬會者，即馬儈。《後漢書·郭太傳》注引《説文》：『駔，會也。謂合兩家之買賣，如今之度市也。』《史記·貨殖傳》『節駔會』，徐廣曰：『駔，馬儈也。』會儈古今字。司農謂其音如此，其義則亦取會合，謂以五采束髮也。」引《士喪禮》曰「檜用組乃笄」者，檜，葉鈔《釋文》、宋岳珂本並作「擔」，下同。今本《儀禮》作「鬠」，鄭彼注云「古文鬠皆爲括」，與先鄭所據本異。徐養原云：「檜，汪道昆本作擔，下同。今《士喪禮》今文作鬠，乃俗字也。古文作括，括之與擔，猶栝之與檜也。」案：徐説近是。束髮之正字當作「髺」，《説文·髟部》云：「髺，絜髮也。」禮古文作「括」，爲同聲段借字。鬠即髺之别體，擔亦即括之别體也。今本作「檜」，檜擔聲類亦同。但經典髺字多作「括」，則宋本作「擔」，於形尤近耳。鬠又或省作「會」。《莊子·寓言篇》陳景元《音義》本云：「向也括撮，而今也被髮。」《人間世篇》云：「會撮指天。」會撮即括撮。《釋文》引司馬彪云：「會撮，髻也。」云「檜讀與髺同，書之異耳」者，段玉裁云：「謂《儀禮》之檜，即《周禮》之髺也。」徐養原云：「先鄭分髺五采及玉璂爲兩事，後鄭合會五采玉璂爲一事。《説文·骨部》『髺，骨擿之可會髮者，从骨會聲』，引《詩》『髺弁如星』。按今《毛詩》作會不作髺，許所引者蓋三家《詩》，今無可考。此外惟《周官》故書有髺字。先鄭釋此字祗引《禮經》而不及《詩》，何也？其字从骨，故訓骨擿。後鄭注《禮》時，未見《毛詩》，其作會也，从今書也。」詒讓案：依《説文》髺字説解，則此經當斷髺字爲句，五采玉璂爲句，骨擿不用玉，亦無五采也。但《説文》不引此經故書，疑許固不以此經之髺爲骨擿矣。引説曰「以組束髮乃著笄謂之檜」者，説，謂《禮》今文家舊説。鄭《士喪禮》注云「用組束髮也」，亦與舊説同。先鄭先發五采束髮之訓，又引《禮經》之檜以證義，蓋謂《周禮》之髺亦取束髮爲義，與《禮經》檜義同，故并引《禮》説以釋之。但先鄭引此諸文，自專取束髮之義，與著笄不相冡，此牽連引之耳。云「沛國人謂反紒爲髺」者，《釋文》紒作「紒」，云「本又作紒」。案：《説文·髟部》云：「髤，簪結也。」髤，正字，别作紒，紒即紒之變體。《士冠禮》鄭注云：「紒，結髮。」沛國方言以反紒爲髺，未詳其説，疑亦束髮之義，故又舉以爲證。云「璂讀如綦車轂之綦」者，段玉裁云：「綦車轂，蓋即《詩》之約軝，此司農擬其音耳，其義蓋同。《説文》『弁飾，往往冒玉謂之璂』。司農不易璂爲綦也。」案：段説是也。先鄭讀玉璂爲句，則義同《許書》可知。云「玄謂會讀如大會之會，會縫中也」者，大會即《占夢》注所謂八會也。賈疏云：「漢歷有大會小會，取會聚之義，故爲縫中。」段玉裁云：「司農謂髺五采者，會五采束髮；玉璂者，用玉爲璂。鄭君則以經文五采玉，即上文説冕之五采玉十有二也。不當誤斷其句，故從今書作會，讀會如大會之會。會訓縫中者，凡兩者相合而有縫，故墻隙謂之壁會。」任大椿云：「攷《釋名》以皮弁爲合手之形，下廣上鋭，其制當取鹿皮一幅分解之，每片廣頭向下，狹頭向上，片片縫合，自成合手鋭頂之狀。縫中曰會，蓋皮之分解者，必以箴功會合之也。《戰國·趙策》『鯷冠秫縫』，注『秫，綦箴，言女工之粗』。蓋以冠無論麤細，必有箴縷之迹，於其有箴縷之處，飾以綦玉，則不見箴縷矣。故不特皮弁有璂，即凡冠弁皆當有璂也。」戴震云：「冠之異於弁者，左右不合，弁則左右合而會之，所謂如覆杯矣。於其會也，飾之以玉。」云「璂讀如薄借綦之綦，綦結也」者，段玉裁改「讀如」爲「讀爲」，云：「薄借綦者，即《説文·糸部》之『不借綥』，不借，麤屨也。《釋名》『齊人云搏腊』，薄，不語之轉。《内則》注：『綦，屨繫也。』今之鞵帶，所以結鞵，使不脱，故讀璂爲綦，即訓綦爲結。王之皮弁縫中，以五采玉十二貫而結之爲飾，亦謂之綦，又非如仲師、叔重説弁飾名璂也。」惠士奇云：「《喪服傳》注云：『繩菲，今之不借。』《齊民要術》云：『草履之賤者曰不借。』『草』原訛『革』，據楚本改。《釋名》：『不借，言賤易有不假借人也。齊人云搏腊。』於文借腊皆以昔爲聲，古音通。薄搏音相近，故薄借轉爲搏腊。《廣雅》：『不借，履也，其紟謂之綦。』《内則》注云：『綦，屨繫。』《士喪禮》『綦結於跗，連絇』，絇在屨頭，有孔，穿繫於中，而結於足。康成引之亦取結義也。」任大椿云：「《内則》注曰屨繫，《廣雅》曰紟，皆可以貫結者也。蓋履下以絲貫絇謂之綦，弁上以絲貫玉亦謂之綦。鄭注以履綦之綦通綦之義，則知璂之當爲綦，亦取義於貫結也。」案：任説是也。《文選·東京賦》云「玉笄綦會」，蓋即用此經，亦不作璂髺，與鄭讀正同，疑後鄭即本張平子也。不借，《齊民要術》及崔氏《古今注》並云草履，《方言》云麻作，此與《喪服》注繩菲説同。《急就篇》及《釋名》則云韋作。蓋漢時凡麤履，不論草韋，通名不借，亦皆有綦。《鹽鐵論·散不足篇》云「綦下不借」，即此薄借綦矣。云「皮弁之縫中，每貫結五采玉十二以爲飾，謂之綦」者，此後鄭讀「會五采玉璂」爲句也。會玉十二，聶氏《三禮圖》引梁正、張鎰圖云：「弁縫十二，據《禮圖》説，則弁有十二縫，每縫有十二玉，與冕斿玉數相等也。」《隋書·禮儀志》引《五經通義》説弁制，云「高五寸，前後玉飾」。又引《魏臺訪議》云：「天子以五采玉珠十二飾之。」賈疏云：「天子以十二爲飾，約同冕旒也。」孔廣森云：「冕有旒，弁有璂，皆以組貫玉珠，垂而下之則爲旒，綴而上之則爲璂，故璂與旒之數同等。」引《詩》云「會弁如星」者，《衛風·淇奥》文。毛傳云：「弁，皮弁，所以會髮。」鄭箋云：「會謂弁之縫中，飾之以玉，皪皪而處，狀似星也。」案：毛説會弁爲會髮，與先鄭義略同。引又曰「其弁伊綦」者，《曹風·鳲鳩》文。《毛詩》綦作騏，傳云：「騏，騏文也。弁，皮弁也。」鄭箋云：「騏當作璂，以玉爲之。」案：作綦者，疑亦三家文。後鄭引此二詩者，證會綦爲結玉之義。任大椿云：「璂璂騏綦通。後鄭於《詩》以璂破騏，於《周禮》以綦破璂，璂璂綦三字義相近，騏則假借字耳。《東京賦》『玉笄綦會』。綦之從絲，璂璂之從玉，以絲貫玉故也。然則會弁如星，言會而璂可見；『其弁伊騏』，言綦而會可見也。《弁師》先言會而後言璂，言會中有璂也。《東京賦》先言綦而後言會，言綦飾於會也。」黄以周云：「《説文》『弁飾冒玉謂之璂』，或作璂。此璂字似不必改讀爲綦。鄭箋《曹風》『其弁伊騏』，又破讀爲璂，《書》『四人綦弁』，又不破讀。鄭意《顧命》『綦弁』文在『爵弁』下，是爲士服，士之弁會無玉飾，故從本字；《曹風》弁騏本不謂士，毛傳云『騏，綦文也』，但言結文，似爲無玉之弁，故改讀爲璂，以明用玉。此經既言五采玉，則璂之爲玉可不待言。且但言縫中五采玉璂，不言所結，義亦不了，故改讀爲綦，以明所結。」案：鄭意當如任、黄説。此注讀璂爲綦，義取於結，《詩箋》則讀騏爲璂，義取於玉，二注微異。《毛詩傳》讀騏如字，釋爲綦文，蓋謂弁色。《書·顧命》「綦弁」，僞孔傳云：「綦文，鹿子皮弁。」《釋文》引馬融本「綦」作「騏」，云「青黑色」。孔疏引鄭云「青黑曰綦」，王肅云「綦，赤黑色」。馬、鄭、王《書》注義雖小異，而並據色言之，與《毛詩傳》略同。鄭《詩箋》及此注則字義並不從《毛詩》。孔疏引孫毓申鄭云：「皮弁飾有玉璂而無綦文，綦文非所以飾弁。」即據此經義。今攷鄭《士冠禮》注謂皮弁以白鹿皮爲之，則與青黑、赤黑色並不合，《詩》、《書》傳諸家之義，皆不知何據。唯江永據《詩·鄭風·出其東門》毛傳訓綦爲蒼艾色，近白而非白，其説近是。要《書》之綦弁，自是皮色；此經璂自是結玉，段令言色，則不當以玉璂爲文；《詩》之弁綦，不定爲士服，則綦璂兩通。三經之義，當分别釋之，不可參合爲一也。云「邸，下柢也，以象骨爲之」者，任大椿云：「《初學記》載《魏臺訪議》：『邸，以象骨周緣弁下根柢，如魏武帝所作弁柢。』據此，則邸在弁下，有周緣之形，其象冠之有武歟？賈疏謂於弁内頂上，以象骨爲柢，不特與《魏臺訪議》不合，即注亦明云下柢，則邸在弁下明矣。賈疏以爲在頂上，亦與下邸二字迕。攷《爾雅·釋器》『邸謂之柢』，郭璞注：『根柢皆物之邸，邸即底，通語也。』根柢皆在下之稱。賈疏謂柢在弁之頂上，何解於邸即爲底也？《典瑞》『四圭有邸』，司農云：『於中央爲璧，著四圭，一玉俱成。』此象邸周緣弁下，爲弁之邸，與璧爲四圭之邸名義正同。」案：任説本陳祥道，蓋深得鄭恉。王之弁經，弁而加環經。鄭玄注：弁經，王弔所服也。其弁如爵弁而素，所謂素冠也。而加環經，環經者，大如緦之麻經，纏而不糾。《司服職》曰：「凡弔事，弁經服。」【疏】孫詒讓正義：注云「弁經，王弔所服也」者，據《司服》文。云「其弁如爵弁而素」者，《司服》注同。今案：王之弁經即加經於爵弁之上，鄭謂素爵弁，非是，詳《司服》疏。云「所謂素冠也」者，據《詩·檜風·素冠》文。冠弁散文亦通。賈疏云：「《詩》云『庶見素冠兮』，彼素冠謂祥冠，與此雖義别，同是素爲之。」云「而加環經，環經者，大如緦之麻經」者，《司服》注義同。麻經，謂澡麻經也。云「纏而不糾」者，《襍記》「小斂環經，公大夫士一也」，注云：「環經者一股，所謂纏經也。」賈疏云：「但緦之經則兩股，此環經以一股，纏之不糾，麤細同耳。」又《司服》疏云：『凡五服之經，皆兩股絞之。』今言環經，即與絞經有異矣。謂以麻爲體，又以一股麻爲體，不糾而横纏之如環然，故謂之環經。」詒讓案：《釋名·釋喪制》云：「環經末無餘散麻，圓如環也。」《説文·糸部》云：「纏，繞也。」《文選·鵬賦》李注引《字林》云：「糾，兩合繩。」《檀弓》云：「叔仲皮死，其妻衣衰而繆經，叔仲衍以告，請繐衰而環經。」鄭彼注云：「繆當爲不樛垂之樛。」案糾繆樛字並通，不糾即謂不絞也。《漢書·王莽傳》顔注云：「謂之環者，言其輕細如環之形。」依顔説，則環經與緦麻之經形制不異，非經義也。又案：凡經有首有要，要經以象大帶，此環經加於弁，則首經也。其要經注無文，《喪服》「朋友麻」，注謂亦服弁經而服緦之經帶。賈彼疏申其義云：「凡弔服，直云素弁環經，不言帶。或有解云『有經無帶』。但弔服既著衰，首有經，不可著吉時之大帶，此經注服緦之經帶，則三衰經帶同有可知。首言環經，則其帶未必如環，但亦五分去一爲帶糾之矣。」引《司服職》曰「凡弔事，弁經服」者，賈疏云：「證弁經是弔服之經。」諸侯及孤卿大夫之冕、韋弁、皮弁、弁經，各以其等爲之，而掌其禁令。鄭玄注：各以其等，繅斿玉璂如其命數也。冕則侯伯繅七就，用玉九十八；子男繅五就，用玉五十，繅玉皆三采。孤繅四就，用玉三十二；三命之卿繅三就，用玉十八；再命之大夫藻再就，用玉八，藻玉皆朱緑。韋弁、皮弁則侯伯璂飾七，子男璂飾五，玉亦三采。孤則璂飾四，三命之卿璂飾三，再命之大夫璂飾二，玉亦二采。弁經之弁，其辟積如冕繅之就然。庶人弔者素委貌。一命之大夫冕而無斿，士變冕爲爵弁。其韋弁皮弁之會無結飾，弁經之弁不辟積。禁令者，不得相僭踰也。《玉藻》曰：「君未有命，不敢即乘服。」不言冠弁，冠弁兼於韋弁、皮弁矣。不言服弁，服弁自天子以下，無飾無等。【疏】孫詒讓正義：「諸侯及孤卿大夫之冕、韋弁、皮弁、弁經」者，此通辨諸侯諸臣冕弁以下斿璂之等數也。諸侯亦通五等言之。其冕飾上文已見，此又重出者，侯國孤卿大夫亦有冕，故通舉不别也。鄭、賈破上諸侯爲諸公，而謂此諸侯據侯伯子男，無公，非經義。賈疏云：「及孤卿大夫者，此文既承諸侯之下，故鄭以爲諸侯之孤卿大夫解之也。既不别見天子之臣，文中可以兼之。上天子與公不言韋弁，此言之，亦是互見之義。」云「各以其等爲之」者，賈疏云：「不言爵而言等，則依命數矣。」又云：自此一經揔包諸侯及臣，不言天子之臣，但天子三公八命，卿六命，大夫四命，士三命，以下冕弁之屬，亦各以其等爲之可知。」案：此等自據爵次言之，諸侯及卿大夫冕斿飾並不依命數，賈説亦非。又，諸侯之士亦得服弁，經不及士者，亦文不具也。注云「各以其等，繅斿玉璂如其命數也」者，鄭以諸侯卿大夫等繅斿玉璂之數無文，故依命數推之，其説非也。詳後。云「冕則侯伯繅七就，用玉九十八，子男繅五就，用玉五十」者，此鄭依侯伯以下命數，爲其冕斿之差。侯伯前後十四就，以十四乘七，得九十八；子男前後十就，以十乘五，得五十也。今依《禮器》説諸侯九斿，又依江氏説無後斿，則侯伯子男冕斿與公同，前九斿九就九玉，用玉同八十一也。天子之三公冕斿數與諸侯同。又案：《隋書·禮儀志》引《禮圖》云：「鷩冕，侯伯服以助祭，七旒，用玉九十八。毳冕，子男服以助祭，五旒，用玉五十。玄冕，諸侯服以祭其廟，三旒，用玉十八。」《禮圖》所説，並與鄭同。但依鄭説，五等諸侯並以一冕冠五服，故賈疏謂侯伯子男之冕，亦據一冕如上公；而「天子玉縣十二，公侯挂珠九，伯子男各應隨其命數也。」此亦依鄭義，而謂公侯同九玉，則與鄭説又小異，疑傳寫之誤。云「繅玉皆三采」者，據上文。云「孤繅四就，用玉三十二，三命之卿繅三就，用玉十八，再命之大夫藻再就，用玉八」者，大夫藻，藻當作「繅」，各本並誤。此謂諸侯之卿大夫也。《隋志》引《禮圖》云：「絺冕，孤卿服以助祭，四旒，用玉三十二。」與鄭義同。鄭意公侯伯孤四命，前後八就，以八乘四，得三十二；卿三命，前後六就，以六乘三，得十八；大夫再命，前後四就，以四乘二，得八也。賈疏云：「四命以下，皆據《典命》公之孤四命公侯伯之卿三命，其大夫二命，子男之卿再命，大夫一命而言。」詒讓案：《禮器》説冕斿云「上大夫七，下大夫五，士三」，注以爲夏、殷禮。孔疏亦云：「周家旒數隨命數，又士但爵弁無旒也。」金鶚云：「此亦周禮也。蓋大夫士有王朝侯國之異，王朝之大夫與諸侯略等，士與諸侯之大夫略等，然則王朝之士得服冕也。上大夫爲卿六命，與侯伯等，而服毳冕，其冕七旒；下大夫四命，與子男等，而服希冕，其冕五旒；上士三命，與大國之卿等，而服玄冕，其冕三旒；三公與外諸侯之上公略相等，雖服鷩冕而有九旒，所以尊之也。」案：金説是也。今依《禮器》説，天子之卿七斿，大夫五斿，皆不依命數。又依江氏説，無後斿，則天子卿冕前七斿四十九玉，大夫冕前五斿二十五玉也。諸侯卿大夫斿數無文，疑當降王臣一等，孤卿同前五斿，用玉二十有五；大夫前三斿，用玉九也。《淮南子·主術訓》高注云「卿，黝珠六」，亦未詳所據。又天子孤蓋服鷩冕，而與卿同七斿，上中下士並得服冕，亦同三斿九玉，此經不具也。詳《大宗伯》、《典命》、《司服》疏。云「藻玉皆朱緑」者，藻亦當作「繅」。賈疏云：「亦據《聘禮記》聘臣藻皆二采朱緑而言也。」云「韋弁皮弁則侯伯璂飾七，子男璂飾五，玉亦三采，孤則璂飾四，三命之卿璂飾三，再命之大夫璂飾二，玉亦二采」者，以璂玉采數之差與冕斿同也。今依《禮器》定五等諸侯冕同九斿，則韋弁皮弁璂飾亦九玉三采，王朝卿璂飾七，大夫璂飾五；諸侯孤卿同璂飾五，大夫璂飾三，玉並二采，不依命數爲差。又《左》僖二十八年傳「楚子玉自爲瓊弁玉纓」，杜注云：「弁以鹿子皮爲之。瓊，玉之别名，次之以飾弁及纓。」案：子玉之弁，蓋即以瓊爲璂，此諸侯卿大夫皮弁得以玉爲飾之證也。云「弁經之弁，其辟積如冕繅之就然」者，賈疏云：「以其弔服非吉，故無飾，故辟積有就也。」張惠言云：「鄭蓋以天子至卿大夫皆有素爵弁之弁經服，故爲辟積之差等。其實天子即以爵弁、君大夫即以皮弁爲弁經，其爵弁不得有辟積也。」案：張説是也。辟積，與《士冠禮》「皮弁服素積」義同。彼謂皮弁之裳，當要中辟疊爲褶；鄭此注則謂弁經之弁，當縫辟疊如冕繅之數，然經無「弁積」之文，不足據也。天子以下弁經之等，自以冠衰爲差，詳《司服》疏。云「庶人弔者素委貌」者，明不得服弁經也。鄭謂庶人以素委貌疑衰爲弔服，詳《司服》疏。賈疏云：「此經不云庶人，鄭云此者，以有大夫已上，因言庶人，且欲從下向上，因推出士變冕爲爵弁之意也。」云「一命之大夫冕而無旒，士變冕爲爵弁」者，賈疏云：「此亦無文，鄭知然者，凡冕旒所以爲文飾，一命若有，則止一旒一玉而已，非華美。又見一命大夫衣無章，士又避之，變冕爲爵弁。若一命大夫有旒，士則不須變冕爲爵弁，直服無旒之冕矣，故知一命大夫無旒也。若然，爵弁制如冕，但無旒爲異，則無旒之冕亦與爵弁不殊。得謂之冕者，但無旒之冕亦前低一寸餘，故亦得冕名也。」案：鄭、賈説並非也。無旒則不成冕。依《禮器》，旒不隨命數，一命之大夫及王之下士，亦當玄冕三旒。士爵弁形制當同韋弁、皮弁，又不與冕同，詳《大宗伯》、《司服》疏。云「其韋弁皮弁之會無結飾，弁經之弁不辟積」者，亦以等降也。賈疏云：「一命大夫及士冕弁既無旒，故知無此等。」任大椿云：「注云『其韋弁皮弁之會無結飾』，與上注一命之大夫及士互相承。士不得韋弁，注所云『韋弁無結飾』，蓋指一命之大夫言也。」詒讓案：今定一命大夫士冕亦三旒，則弁亦當無降也。云「禁令者，不得相僭踰也」者，尊卑之服，各依其等，若有僭踰，則弁師糾詰之，故有禁令也。引《玉藻》曰「君未有命，不敢即乘服」者，彼文「不敢」作「弗敢」。鄭彼注云：「謂卿大夫受賜於天子者，歸必致於其君，君有命，乃服之。」案：彼云乘者，兼賜車馬言也。賈疏云：「彼諸侯之卿大夫聘於天子，天子賜之冕服，歸國告君，得君命乃服之，未得君命則爲僭踰，故引爲證也。」云「不言冠弁，冠弁兼於韋弁、皮弁矣」者，任大椿云：「謂兼於韋弁、皮弁之冠飾也。」賈疏云：「玄冠，緇布衣，緇帶，素韠，天子以爲田服，即諸侯及臣之朝服，亦皮弁之類。不言之者，兼於韋弁、皮弁也。」詒讓案：冠弁之冠委貌即玄冠，詳《司服》疏。玄冠玉飾經無文。《玉府》先鄭注釋服玉云：「冠飾十二玉。」賈彼疏謂天子冠弁與韋弁、皮弁同十二玉，《王制》孔疏亦謂諸侯及孤卿大夫冠弁采玉之數並同一弁，理或然也。云「不言服弁，服弁自天子以下，無飾無等」者，《雜記》云：「端衰喪車皆無等。」注云：「喪者衣衰貴賤同，孝子於親一也。」明天子以下至於士，喪服制度並同，故經不言也。

《禮記·禮運》 冕、弁、兵、革藏於私家，非禮也。是謂脅君。

孫希旦集解：弁、冕，卿大夫之尊服，君爵命之乃得服。兵掌於司兵，革掌於司甲，有軍事則出以授人。自大夫世官，而爵命不出於君，則冕、弁藏於私家矣。自大夫藏甲，而兵、革藏於私家矣。脅君，謂君被劫脅，制於臣而不得伸也。

《禮記·玉藻》 始冠緇布冠，自諸侯下達。冠而敝之可也。孫希旦集解：《釋文》：始冠，古亂反，「冠而」同。敝音弊，本亦作「弊」。

鄭氏曰：本太古耳，非時王之法服也。愚謂自諸侯下達者，天子冠不用緇布冠也。孔氏曰：自此至「魯桓公始也」，廣論上下及吉凶冠之所用，唯「五十不散送」及「親没不髦」，記者雜録，厠在其間。

玄冠朱組纓，天子之冠也。緇布冠繢緌，諸侯之冠也。孫希旦集解：《釋文》：繢，户内反。緌，耳隹反。鄭註：繢或作「繪」。緌或作「蕤」。

鄭氏曰：皆始冠之冠也。玄冠，委貌也。諸侯緇布冠有緌，尊者飾也。愚謂諸侯以下，始冠緇布冠，而天子玄冠朱組纓。緇布冠無緌，而諸侯則繢緌，尊者文縟也。緌，纓之垂者，繢緌則繢纓矣。於天子言「纓」不言「緌」，諸侯有緌，則天子可知也。於諸侯言「緌」不言「纓」，言「緌」則纓見，言「纓」則緌不見也。《士冠禮》：「緇布冠，青組纓。」繢之色華於青，朱之色盛於繢也。

玄冠丹組纓，諸侯之齊冠也。玄冠綦組纓，士之齊冠也。孫希旦集解：《釋文》：齊，側皆反。綦音其，徐其既反。

鄭氏曰：言齊時所服也。四命以上，齊、祭異冠。愚謂此言齊冠之纓之别也。丹，赤色。綦，蒼艾色。上舉諸侯，下舉士，則卿大夫助祭與自祭其宗廟，其齊無不以玄冠矣，特其纓有異耳。以丹與綦之色差次之，卿大夫蓋繢組纓與？此言玄冠爲諸侯之齊冠，而不及天子，則天子齊不以玄冠也。《大戴禮·哀公問》曰「端衣玄裳，絻而乘輅者，志不在於食葷」，蓋謂天子之齊也。是天子齊服玄冕玄裳矣。諸侯齊雖玄冠，與大夫士同，其衣蓋以朝服而亦變其裳以玄與？鄭氏謂「四命以上，齊、祭異冠」，此以自祭其宗廟言之，義自可通。若助祭於君，則雖士亦齊、祭異冠，豈待四命乎？孔疏乃欲曲通之於助祭，則其説愈支而愈窒矣。

縞冠玄武，子姓之冠也。

孫希旦集解：鄭氏曰：父喪未除，子爲之不純吉也。武，冠卷也。古者冠、卷殊。孔氏曰：卷用玄而冠用縞，冠、卷異色，故云「古者冠、卷殊」。如鄭此言，則漢時冠、卷共材。愚謂用縞爲冠，用玄爲武，縞爲凶，玄爲吉，冠在上，武在下，以象父猶有喪，而子已即吉也。姓，生也。孫乃子之所生，冠此冠者，自父言之則爲子，自父所爲服者言之則爲孫，故曰「子姓之冠」。

縞冠素紕，既祥之冠也。《釋文》：紕音埤，又婢支反。

孫希旦集解：縞，白色生絹。素，今之白色綾也。紕，緣也。衣冠之制，其用爲緣者，必視其爲衣冠者而加精美焉。喪既大祥，除去喪冠，則以縞爲冠，以素爲紕，素精於縞也。此冠或以其冠名之，則謂之縞冠，《小記》「除成喪者朝服縞冠」是也。或以其紕名之，則謂之素冠，《詩》「庶見素冠兮」是也。或但謂之縞，《檀弓》「祥而縞」，《雜記》「既祥，雖不當縞者必縞」是也。或兼謂之素縞，《間傳》「大祥素縞麻衣」是也。其名雖異，其實則一冠也。先儒謂「祥日縞冠，既祥，以哀情未忘，更服微凶之服，故縞冠素紕；禫日玄冠黄裳，既禫，亦以哀情未忘，更服纖冠朝服」。見於此篇及《小記》、《雜記》、《間傳》諸篇之註疏者不一，蓋本於戴德「變除禮」。愚竊以爲不然。縞薄而素厚，縞惡而素美，以天子諸侯素帶，弟子縞帶觀之，亦可見矣。謂縞凶於素則可，謂素凶於縞則非。變除之禮，以漸即吉，未有既除而反服微凶之服者。果爾，則練祭練冠，練後何以不別製他冠乎？此云「縞冠素紕，既祥之冠」，《雜記》云「既祥，雖不當縞者必縞」，實一冠也。縞冠素紕，而或曰「縞冠」，或曰「素縞」，猶士練帶緇紕，而或謂「練帶」，或謂「緇帶」耳，未可因其名之不同而强生區別也。然則大祥之素縞，從祥日服之，以至於禫而除者也，禫之纖冠，從禫日服之，以至於吉祭而除者也，又何疑焉？

垂緌五寸，惰游之士也。玄冠縞武，不齒之服也。

孫希旦集解：鄭氏曰：惰游，罷民也。亦縞冠素紕，凶服之象也。不齒，所放不率教者。孔氏曰：以「惰游」與下「不齒」相連，故知是《周禮》坐嘉石之罷民。愚謂冠緌之長短未聞，以居冠屬武推之，則緌之長可自頷而上結於武，蓋吉冠尺有二寸，而祥冠一尺與？罷民凶冠，所以表其凶德以恥辱之，又減其緌，以別於既祥之服也。不齒者，圜土之罷民既出，而三年不齒者也。圜土之罷民，弗使冠飾而加明刑，其罪本重於坐嘉石者，及其既改而出圜土，則視坐嘉石者爲輕，故玄冠而縞武，亦視縞冠素紕爲稍優然猶不得遽同於平人也，聖人激勸之權審矣。

居冠屬武，自天子下達，有事然後緌。《釋文》：屬，章欲反。

孫希旦集解：居，燕居也。燕居無事於飾，故以冠纓之垂者分屬於武之兩旁，有事然後垂之以爲飾也。自天子以下皆然。【略】

大帛不緌。孫希旦集解：帛，鄭氏讀爲白，今如字。

鄭氏曰：帛當爲「白」，聲之誤也。大白，白布冠也。不緌，凶服去飾。愚謂大帛，謂以白色繒爲冠，所謂素冠也。《左傳》「衛文公大帛之冠」，蓋人君遭凶札，喪師邑，及士大夫去國之所服也。《雜記》曰「委武玄縞而后緌」，是冠有武者乃有緌，大帛之制，如喪冠而厭伏，故不緌。然大帛精於縞，縞冠有緌而大帛無緌者，蓋縞冠由凶而轉趨於吉，故有緌，以明變除之漸；大帛在吉而自處以凶，故去緌，以示貶損之意也。

玄冠紫緌，自魯桓公始也。

孫希旦集解：鄭氏曰：緌當用繢。孔氏曰：上文云「緇布冠繢緌，諸侯之冠」，故知緌當用繢。愚謂紫，間色不正，不當用爲冠緌。時人尚紫，故魯桓公用之。鄭氏謂「僭宋王者之後服」，臆説無據。

《禮記·冠義》 孫希旦集解：《釋文》：冠，古亂反。篇内惟「玄冠」如字，以外並同。《別録》屬《吉事》。

此下六篇，皆據《儀禮》正經之篇而言其義，其辭氣相似，疑一人所作。此篇釋《士冠禮》之義也。呂氏大臨曰：《冠》、《昏》、《射》、《鄉》、《燕》、《聘》，天下之達禮也。《儀禮》所載謂之《禮》者，禮之經也。《禮記》所載謂之《義》者，訓是經之義也。先王制禮，其本出於君臣、父子、長幼、尊卑之間，其詳見於儀章、度數、周旋、曲折之際，皆義理之所當然。故禮之所尊，尊其義也。失其義，陳其數，祝、史之事也。知其義，則禮雖先王未之有，可以義起也。

凡人之所以爲人者，禮義也。禮義之始，在於正容體，齊顔色，順辭令。容體正，顔色齊，辭令順，而後禮義備。以正君臣，親父子，和長幼。君臣正，父子親，長幼和，而后禮義立。故冠而后服備，服備而后容體正，顔色齊，辭令順。故曰：「冠者，禮之始也。」是故古者聖王重冠。孫希旦集解：《釋文》：長，竹丈反。

鄭氏曰：言人爲禮，以正容體、齊顔色、順辭令三者爲始。三始既備，乃可求以三行也。立猶成也。言服未備者，未可求以三始也。童子之服，采衣紒。呂氏大臨曰：容體，動乎四體者也。顔色，發乎面目者也。辭令，見乎言語者也。三者，脩身之要也。必學而後成，必成人而後備。童子於三者未能備，不可以不學，學之而至於二十，則三者備矣，故冠而責以成人之事。愚謂禮義之始，在於正容體、齊顔色、順辭令者，朱子謂「爲學之序，須自外面分明有形象處把捉扶竪起來」，是也。蓋容體、顔色、辭令者，五事之要，身之所具者也。君臣、父子、長幼者，人倫之重，身之所接者也。身之所具者無所忒，而後禮義備，身之所接者無不盡而後禮義立，未有不謹其身之所具，而能善其身之所接者也。故禮義備，而後可以正君臣，親父子，和長幼。服所以章德，童子未冠，則其於禮義固有所未能備矣。成人則服備，服備則必備乎禮義，而後可以稱其服也。故冠爲行禮之始，自是授之室則有昏禮，賓於鄉則有射、鄉，仕於朝則有燕、聘，皆於是基之矣。

古者冠禮，筮日筮賓，所以敬冠事。敬冠事所以重禮，重禮所以爲國本也。

孫希旦集解：《釋文》：重，直用反。

鄭氏曰：筮日、筮賓，質之神明，敬之至也。敬至則禮重，禮重則人道立，故曰「以爲國本」。馬氏晞孟曰：筮日必吉，所以要其終身之吉。筮賓必賢，所以要其終身之賢。冠禮者，君臣、父子、長幼之道所自出，而國之所由重也，故曰「爲國本」。

故冠於阼，以著代也。醮於客位，三加彌尊，加有成也。已冠而字之，成人之道也。孫希旦集解：《釋文》：著，張慮反。醮，子笑反。

鄭氏曰：阼，謂主人之北也。適子冠於阼。若不醴，則醮用酒於客位，敬而成之也。户西爲客位。庶子冠於房户外，又因醮焉，不代父也。冠者初加緇布冠，次加皮弁，次加爵弁，每加益尊，所以益成也。孔氏曰：二十有爲父之道，不可復稱其名，故冠而加字之，成人之道也。愚謂阼，阼階也。著，明也。阼階乃主人之階，冠於阼階之上，明其將代父而爲主也。酌而無酬酢曰醮。客位，户牖間之位也。用醴謂之醴，用酒謂之醮。冠禮或用醴，或用醮，醴質而醮文，隨人之所用也。獨言「醮於客位」者，蓋周末文勝，用醮者多，故據而言之也。冠禮三加：始加緇布冠，再加皮弁服，三加爵弁服。皮弁尊於緇布冠，爵弁又尊於皮弁，故曰「三加彌尊」。既三加，則冠禮成於此矣，故醮之於客位，以尊異之也。冠於阼，醮於客位，皆適子之禮也。若庶子，則冠於房外，南面，遂醮焉。成人之道者，幼時稱名，成人則稱字也。

見於母，母拜之，見於兄弟，兄弟拜之，成人而與爲禮也。孫希旦集解：《釋文》：見，賢遍反。

《士冠禮》冠者既醴，「取脯」，「見於母，母拜受，子拜送，母又拜」；既字，「見於兄弟，兄弟再拜，冠者答拜」。以母兄之尊，而先拜子弟者，重其爲成人之始而敬之也。敬之之深，正所以明其望之之重，責之之備，而冠者益不可不思所以稱其服矣。　呂氏大臨曰：孔疏：「冠子，以酒、脯奠廟，子持所奠脯以見母，母以脯從廟來，故拜之，非拜子也。」此説未然。冠禮所薦脯、醢，爲醴子設，非奠廟也。蓋禮有斯須之敬，母雖尊，有從子之道，故當其冠也，以成人之禮禮之。若謂「脯自廟來，拜而受之」，則子拜送之後，母又拜，何居？

玄冠、玄端，奠摯於君，遂以摯見於鄉大夫、鄉先生，以成人見也。孫希旦集解：《釋文》：摯，本亦作「贄」。

鄭氏曰：易服，不朝服者，非朝事也。摯，雉也。鄉先生，鄉中老人爲卿、大夫致仕者。　賈氏公彦曰：易服者，爵弁，助祭之服，不可服見君及鄉大夫等也。初冠服玄端，爲緇布冠，服以緇布冠，冠而敝之，故易玄冠配玄端也。《士冠禮》注疏。　敖氏繼公曰：見於君，不朝服，以其未仕也。所見者亦玄端見之。鄉大夫，鄉之異爵者。或曰：「即主治一鄉者。」未知孰是。　先生，齒、德俱尊者也。《士相見禮》曰：「士見於大夫，終辭其摯，於其入也，一拜其辱。」見於先生之禮，亦宜如之。　愚謂君子敬其事，則命以始。冠者始見於君，必不用冠之餘日，蓋別擇日以見之。《表記》言「日月以見君」，此亦其一端與？冠者見於母及兄弟，皆用三加之爵弁服，見於君則易服者，蓋爵弁乃助祭於君之服，冠時暫服之耳。母及兄弟，以冠日見，用冠服可也；既冠見君，則易服玄端也。奠摯，謂奠置於地而不敢授，臣見於君之禮也。凡以成人見者，以其爲成人之始，故見之也。《國語》「趙文子冠，徧見六卿，皆有戒諭之辭。冠而見鄉大夫、鄉先生者，其禮皆如此與？

成人之者，將責成人禮焉也。責成人禮焉者，將責爲人子、爲人弟、爲人臣、爲人少者之禮行焉。將責四者之行於人，其禮可不重與？孫希旦集解：《釋文》：少，詩照反。之行，下孟反。

鄭氏曰：言責人以大禮者，已接之不可以苟。　呂氏大臨曰：所謂成人者，非謂四體膚革異於童穉也，必知人倫之備焉。親親、貴貴、長長，不失其序之謂備。　愚謂爲人弟，專以事兄言之。爲人少，則凡在宗族而屬之尊於我，在鄉黨而齒之長於我，在朝廷而德位之先於我，皆我爲之少，而當事之者也。四者之行重，故必重其禮而後可以責之也。

故孝、弟、忠、順之行立，而后可以爲人，可以爲人而后可以治人也。故聖王重禮。故曰：「冠者，禮之始也，嘉事之重者也。」孫希旦集解：《釋文》：弟音悌。治，直吏反。

鄭氏曰：嘉事，嘉禮也。宗伯掌五禮：有吉禮，有凶禮，有軍禮，有賓禮，有嘉禮。而冠屬嘉禮，《周禮》曰「以昏、冠之禮親成男女」也。　呂氏大臨曰：孝、弟、忠、順之行，有諸己而後可以責諸人，故人倫備，然後謂之成人，成人然後可以治人也。　愚謂孝於親，弟於兄，忠於君，順於長，則於人道無不盡，而可以謂之成矣。能爲人子，然後可以爲人父；能爲人弟，然後可以爲人兄；能爲人臣，然後可以爲人君；能爲人幼，然後可以爲人長。故成人然後可以治人。嘉禮之別有六，而冠爲成人之始，其禮爲重，他如飲食、慶賀之類，視冠禮則爲輕矣。

是故古者重冠。重冠故行之於廟，行之於廟者，所以尊重事。尊重事而不敢擅重事，不敢擅重事，所以自卑而尊先祖也。

孫希旦集解：呂氏大臨曰：古者重禮必行之廟中，昏禮納采至親迎，皆主人筵几於廟，聘禮廟受，爵有德，禄有功，必策命於大廟，所以示有尊而不敢專也。冠禮必行諸廟，猶是義也。　愚謂冠禮行於廟，有二義：一則尊重事，一則不敢擅重事。尊重事者，所以明成人之禮之重，所以厚責其子；不敢擅重事者，以明重禮必成於禰，又所以尊敬其父也。

《公羊傳》卷一五《宣公元年》　已練可以弁冕。何休注：此説時衰正失，非謂禮當然。弁，禮所謂皮弁、爵弁也。皮弁，武冠。爵弁，文冠。夏曰收，殷曰冔，周曰弁。加旒曰冕，主所以入宗廟。冔，况甫反。

劉向《説苑》卷一九《脩文》　成王將冠，周公使祝雍祝王，曰：「達而勿多也。」祝雍曰：「使王近於民，遠於佞，嗇於時，惠於財，任賢使能，於此始成之時。」祝辭四加而後退。公冠自以爲主，卿爲賓，饗之以三獻之禮，公始加玄端與皮弁，皆必朝服玄冕四加。諸侯太子、庶子冠，公爲主，其禮與士同。冠於祖廟曰：「令月吉日，加子元服，去爾幼志，順爾成德。」冠禮十九見正而冠，古之通禮也。

《春秋會要》卷四《嘉禮·冠》　《左傳·襄公九年》：「公送晉侯，晉侯从公宴于河上，問公年。季武子對曰：『會于沙隨之歲，寡君以生。』晉侯曰：『十二年矣，是謂一終，一星終也。國君十五而生子，冠而生子，禮也。君可以冠矣。大夫盍爲冠具？』武子對曰：『君冠，必以祼享之禮行之，以金石之樂節之，以先君之祧處之。今寡君在行，未可具也。請及兄弟之國而假備焉。』晉侯曰：『諾。』公還及衛，冠於成公之廟，假鐘磬焉，禮也。」

《國語·晉語》：「晉趙文子冠，見欒武子。武子曰：『美哉！昔吾逮事莊主，華則榮矣，實之不知，請務實乎。』見范文子。文子曰：『而今可以戒矣！夫賢者寵至而益戒，不足者爲寵驕。故興王賞諫臣，逸王罰之，先王疾是驕也。』見韓獻子。獻子曰：『戒之！此謂成人。成人在始與善。始與善，善進善，不善蔑由至矣。始與不善，不善進不善，善亦蔑由至矣。如草木之產也，各以其物。人之有冠，猶宮室之有墻屋也，糞除而已，又何加焉。』見知武子。武子曰：『吾子勉之！成子之文，宣子之忠，其可忘乎，吾子勉之！有宣子之忠，而納之以成子之文，事君必濟。』見張老而語之。張老曰：『善矣！從欒伯之言可以滋，范叔之教可以大，韓子之戒可以成物，備矣，志在子！知子之道善矣！是先主覆露子也。』」

《家語》：「邾隱公既即位，將冠，使大夫因孟懿子問禮於孔子。子曰：『其禮如世子之冠。冠于阼者，以著代也。醮于客位，加其有成。三加彌尊，導喻其志。冠而字之，敬其名也。雖天子之元子，猶士也。其禮無變，天下無生而貴者故也。行冠事必于祖廟，以祼享之禮將之，以金石之樂節之，所以自卑而尊先祖，示不敢擅也。』懿子曰：『天子未冠即位，長亦冠乎？』孔子曰：『古者王世子雖幼，其即位，則尊爲人君。人君治成人之事，何冠之有？』懿子曰：『然則諸侯之冠異天子與？』孔子曰：『君薨而世子主喪，是亦冠也已。人君無所殊也。』懿子曰：『今邾君之冠，非禮與？』孔子曰：『諸侯之有冠禮，夏之末造也，有自來矣，今無譏焉。天子冠者，武王崩，成王年十有三而嗣立，周公居冢宰攝政以治天下。明年，夏，六月，既葬，冠成王而朝於祖，以見諸侯，示有君也。周公命祝雍作《頌》曰：「祝王辭達而勿多也。」祝雍辭曰：「使王近於民，遠於年，嗇於時，惠於財，親賢而任能。」其《頌》曰：「令月吉日，王始加玄服，去王幼志，服袞職。欽若昊天，六合是式，率爾祖考，永永無極！」此周公之制也。』懿子曰：『諸侯之冠，其所以爲賓主何如？』孔子曰：『公冠則以卿爲賓，公自爲主。迎賓，揖升自阼，立於席北。其醴也，則如士，饗之以三獻之禮。既醴，降自阼階。諸侯非公而自爲主者，其所以異，皆降自西階。玄端與皮弁異朝服素韠。公冠四，加玄冕祭。其酬幣於賓，則束帛乘馬。王太子庶子之冠擬焉。天子自爲主，其禮與士無變。饗食賓也皆同。』懿子曰：『始冠必加緇布之冠，何也？』孔子曰：『示不忘古，太古冠布，齊則緇之。其緌也，吾未之聞。今則冠而敝之可也。』」

盛氏世佐曰：「天子諸侯之冠禮，必有成書，以著其詳。中更去籍、滅學之變，故《儀禮》所存獨有《士冠禮》。要其大節目之所在，未嘗不以士禮爲準；而其中四加三獻之類，則亦尊卑隆殺之所由辨也。見爲同者不盡同，見爲異者不盡異，自天子以至諸侯之世子，其冠禮大略可覩矣。惟春秋以前，大夫無冠禮。大夫之冠，僅一見於《國語》。而其禮不得聞記，殆以其衰世之制而略之與。」

《史記》卷一二五《佞幸列傳》 孝惠時郎侍中皆冠鵔鸃，貝帶，裴駰集解《漢書音義》曰：「鵔鸃，鳥名。以毛羽飾冠，以貝飾帶。」司馬貞索隱鵔鸃，應劭云：「鳥名，毛可以飾冠。」許慎云：「鷩鳥也。」《淮南子》云：「趙武靈王服貝帶鵔鸃。」《漢官儀》云：「秦破趙，以其冠賜侍中。」《三倉》云：「鵔鸃，神鳥也，飛光映天者也。」傅脂粉。

《漢書》卷一上《高帝紀上》 高祖爲亭長，乃目竹皮爲冠，令求盜之薛治，應劭曰：「以竹始生皮作冠，今鵲尾冠是也。求盜者，亭卒。舊時亭有兩卒，一爲亭父，掌開閉埽除，一爲求盜，掌逐捕盜賊。薛，魯國縣也，有作冠師，故往治之。」文穎曰：「高祖居貧志大，取其約省，與衆有異。」韋昭曰：「竹皮，竹筠也。今南夷取竹幼時績以爲帳。」師古曰：「之，往也。竹皮，笋皮，謂笋上所解之籜耳，非竹筠也。今人亦往往爲笋皮巾，古之遺制也。韋說失之。目，古以字。籜音托。」時時冠之，師古曰：「愛珍此冠，休息之暇則冠之。」及貴常冠，所謂「劉氏冠」也。師古曰：「後遂號爲『劉氏冠』者，即此冠也。」後詔曰：『爵非公乘以上不得冠劉氏冠』者，即此冠。」

《漢書》卷一下《高帝紀下》 八年春三月，行如雒陽。令吏卒從軍至平城及守城邑者皆復終身勿事。爵非公乘以上毋得冠劉氏冠。文穎曰：「即竹皮冠也。」

《後漢書志》第三〇《輿服下》 古者有冠無幘，其戴也，加首有頍，所以安物。故《詩》曰「有頍者弁」，此之謂也。三代之世，法制滋彰，下至戰國，文武並用。秦雄諸侯，乃加其武將首飾爲絳袙，以表貴賤，其後稍稍作顔題。漢興，續其顔，却摞之，施巾連題，却覆之，今喪幘是其制也。名之曰幘。幘者，賾也，頭首嚴賾也。至孝文乃高顔題，續之爲耳，崇其巾爲屋，合後施收，上下羣臣貴賤皆服之。文者長耳，武者短耳，稱其冠也。尚書幘收，方三寸，名曰納言，示以忠正，顯近職也。迎氣五郊，各如其色，從章服也。皁衣羣吏春服青幘，立夏乃止，助微順氣，尊其方也。武吏常赤幘，成其威也。未冠童子幘無屋者，示未成人也。入學小童幘也句卷屋者，示尚幼少，未遠冒也。喪幘却摞，反本禮也。升數如冠，與冠偕也。期喪起耳有收，素幘亦如之，禮輕重有制，變除從漸，文也。《獨斷》曰：「幘，古者卑賤執事不冠者之所服也。董仲舒《止雨書》曰『執事者皆赤幘』，知不冠者之所服也。元帝額有壯髮，不欲使人見，始進幘服之，羣臣皆隨焉。然尚無巾，故言『王莽禿，幘施屋』。冠進賢者宜長耳，冠惠文者宜短耳，各隨其宜。」《漢舊儀》曰：「凡齋，紺幘；耕，青幘；秋貙劉，服緗幘。」

《後漢書》卷六八《郭太傳》 〔太〕嘗於陳梁閒行遇雨，巾一角墊，李賢注：丁念反。周遷《輿服雜事》曰：「巾以葛爲之，形如（幍）〔帢〕，音口洽反。本居士野人所服。魏武造（幍）〔帢〕，其巾乃廢。今國子學生服焉。以白紗爲之。」時人乃故折巾一角，以爲

「林宗巾」。

班固《白虎通》卷一〇《紼冕》 所以有冠者何？冠者，帣也，所以帣持其髮者也。《釋名・釋衣服》云：「冠，貫也。所以貫韜髮也。」《說文・冂部》：「冠，絭也，所以絭髮，弁冕之總名也。」汪氏繩祖云：「帣疑即帣字，帣從卷省聲，此不省。」《集韻》：「帣，古轉反，斂衣袖也。」案汪說是也。《說文》：「帣，囊也。」絭、帣或通用。《說文・糸部》：「絭，纕臂繩也。」《史記・淳于髡傳》：「帣韝鞠䐱。」帣謂以韝約袖。是絭或段作帣矣。今《說文》以爲絭髮，與此同，則此宜作「帣」明矣。帣，貫音義通。人懷五常，莫不貴德，示成禮有修飾文章，故制冠以飾首，別成人也。《士冠經》曰：「冠而字之，敬其名也。」《論語》曰：「冠者五六人，童子六七人。」「飾文章」七字舊脫，盧文弨據《御覽》六百八十四補。《說苑・修文篇》云：「冠者，所以別成人也。修德束躬，以自申飭，所以檢其邪心，守其正意也。」《御覽》引「飾」皆作「飭」。「《士冠經》」當作「《士冠記》」，《論語》見《先進》。禮所以十九見正而冠者何？漸三十之人耳。男子陽也，成于陰，故二十而冠。《曲禮》曰「二十弱冠」，言見正。何以知不謂正月也？以《禮・士冠經》曰夏葛屨，「冬皮屨」，明非歲之正月也。《公羊》隱元年何休注：「禮，年二十，見正而冠。」《說苑・建本篇》：「周召公十九而冠，冠則可以爲方伯諸侯矣。」又《冠禮》：「十九見正而冠，古之通禮也。」蓋見正而冠，古《禮》有此語。「漸三十」當作「漸二十」。《公羊》徐彦疏以爲，見正者欲道庶子不冠於阼階」。然周召非嫡子也。《士冠禮》「三加曰以歲之正，以月之令，咸加爾服」，鄭玄注：「正猶善也。」亦不以爲正月之正，則見正而冠或十九歲時遇歲月之善則亦可冠，不必定俟二十與？《御覽》引《禮論》曰：「王彪之以爲禮，冠日卜日，不必以三元也。」又禮，夏冠用葛屨，冬冠用皮屨，明無定時也。

右總論冠禮

皮弁者，何謂也？所以法古至質，冠之名也。《御覽》引《三禮圖》：「皮弁，以鹿皮淺毛黄白色者爲之。」《儀禮・士冠禮》「皮弁」鄭玄注：「以白鹿皮爲冠，象上古也。」《呂覽・上農》云「庶人不冠弁」，高誘注：「弁，鹿皮冠。」《左氏》僖二十八年《傳》「楚子玉自爲瓊弁玉纓」，杜預注：「弁以鹿子皮爲之。」是皆取其質也。李善《秋興賦》注引云：「皮弁，冠名。」蓋即節此文也。弁之爲言攀也，所以攀持其髮也。《釋名・釋衣服》云：「弁如兩手相合抃持也。」《士冠禮》鄭玄注：「弁名出于槃。槃，大也。」攀、抃、槃皆疊韻爲訓。攀舊作「樊」，非。上古之時質，先加服皮以鹿皮者，取其文章也。《書・顧命》「四人綦弁」，某氏《傳》：「綦，文鹿子皮。」孔穎達疏引鄭玄注：「青黑曰綦。」又引王肅注：「綦，赤黑色。」《詩・鳲鳩》「其弁伊騏」，毛亨傳：「騏，騏文也。」所謂取其文章者此也。《禮》曰：「三王共皮弁素積。」素積者，積素以爲裳也。言腰中辟積，至質不易之服，反古不忘本也。「素積者」七字，及下「言」字，據《續漢志》李賢注補。《士冠禮》鄭玄注：「積猶辟也。以素爲裳，辟蹙其要中。皮弁之衣用布，亦十五升，其色象焉」。《釋名・釋衣服》云：「素積，素裳也。辟積其要中，使踧，因以名之也。」則《經》文「素積」專謂裳，不兼衣矣。又《喪服》鄭玄注：「祭服朝服，辟積無數。」蓋惟喪服裳幅三袧，爲有數耳。《爾雅・釋器》「裳削幅謂之纀」，郭璞注：「削殺其幅。」深衣之裳，自冕弁服至玄端，皆爲帷裳，前三後四，不削幅也。故非辟積則一丈四尺之要矣，安能服之於身乎？此云積素爲裳，則衣不用素絲，當用布也。《周禮・司服》鄭玄注：「皮弁之服，十五升白布衣。」是也。《史記・禮書》謂皮弁有裳者，非也。戰伐田獵，此皆服之。《御覽》引《三禮圖》云：「皮弁高尺二寸，秋八月習大射，冠之行事。」《公羊》宣元年「已練，可以弁冕」，杜預注：「弁，所謂皮弁、爵弁也。皮弁武冠。」又成二年《傳》「衣服與頃公相似」，杜預注：「禮，皮弁以征。」又昭二十五年《傳》「寡人有不腆先君之服，未之敢服」，杜預注：「皮弁以征不義，取禽獸，行射。」《公羊》徐彦疏引《韓詩傳》，亦有此語，則此本今文《春秋》、《詩韓》說也。若古《周禮》則《司服》云「凡甸冠弁服，兵事韋弁服」，與此不同也。故《御覽》引《禮圖》又云：「韋皮，王及諸侯兵服也。」

右論皮弁

麻冕者何？周宗廟之冠也。《禮》曰：「周冕而祭。」《禮記・王制》云：「周人冕而祭。」《周禮・司服》：「王祀昊天上帝，則服大裘而冕，祀五帝亦如之。享先王則衮冕。享先公，饗射則鷩冕。祀四望山川則毳冕。祭社稷五祀則希冕。祭羣小祀則玄冕。」其諸侯非二王後，皆玄冕祭于己。又《玉藻》云「諸侯玄端以祭」，鄭玄注：「端亦當爲冕。」是也。其諸侯朝聘天子及助祭之服，則侯伯鷩冕而下，子男毳冕而下，《曾子問》所云「諸侯裨冕出視朝」，鄭玄注：「爲將廟受，謂朝天子時也。」其大夫，則《雜記》云：「大夫冕而祭于公，弁而祭于己。」是也。是周人以冕祭宗廟也。又曰：「殷冔，夏收而祭。」此三代宗廟之冠也。《王制》云：「夏后氏收而祭，殷人冔而祭。」故《詩・文王》述殷士助祭云「厥作祼將，常服黼冔」，亦謂殷後諸侯自服其祭服來助祭也。故毛亨傳云：「冔，殷冠也。夏后氏曰收，周曰冕。」又《王制》鄭玄注云：「皇，冕屬畫羽飾也。凡冕屬其服皆玄上纁下，有虞氏十二章，周九章，夏殷未聞。」是毛、鄭並以冔、收當周之冕。故《史記》裴駰注引《太古冠冕圖》亦曰「夏名冕曰收」也。若然，《郊特牲》及《士冠禮》皆云「周弁，殷冔，夏收」者，周代文，大夫以上皆用冕，士以下用爵弁，弁即冕之次，但飾不飾異耳。夏殷質，上下同。冔、收不備文飾，即類周之弁，其在夏殷即爲冕。故《詩》以黼冔並稱，黼即冕章也。然則《王制》以冕與冔、收列，《冠禮》以弁與冔、收列，名異實同也。《冠禮》止就士禮言之，故但據弁而推言二代之制也。十一月之時，陽氣俛仰黄泉之下，萬物被施如冕，前俯而後仰，故謂之冕也。《後漢書》李賢注引《三禮圖》云：「冕以三十升布爲之，廣八寸，長尺六寸，前圜後方，前下後高，有俯仰之形，故謂之冕。欲人之位彌高而志彌下，故以名焉。」《釋名・釋衣服》：「祭服曰冕。冕猶俛，俛，平直皃也。」兩「俛」字，及「如冕」字，「也」字，俱盧文弨據《御覽》補正。謂之冔者，十二月之時，陽氣受化詡張，而後得牙，故謂之冔。《儀禮·士冠禮》鄭玄注：「冔名出于幠，幠，覆也。言所以自覆飾也。」此以殷以十二月爲正，氣始詡張，故取名于冔，無正文，故各以意解也。謂之收者，十三月之時，陽氣收本，舉生萬物而達出之，故謂之收。《士冠禮》鄭玄注：「收，言所以收斂髮也。」《釋名·釋首飾》：「收，夏后氏冠名，言收斂髮也。」此以夏以十三月爲正，陽氣收，故取名于收，亦異。俛仰不同，故前後乖也。詡張故萌大，時物亦牙萌大也。收而達，故前葱，大者在後，時物亦前葱也。語有譌脱。冕所以用麻爲之者，女功之始，示不忘本也。《古微書·説題詞》云：「麻之爲言微也。陰精寖密，女作纖微也。」即不忘本，不用皮何？皮乃太古未有禮文之服。故《論語》曰：「麻冕，禮也。」《尚書》曰：「王麻冕。」《禮記·禮運》「衣其羽皮」，序于未有宫室火化之時，知是未有禮文也。又《冠義》云「大古冠布」，當在後矣。冕所以前後邃延者何？示進賢退不能也。《禮記·玉藻》鄭玄注：「前後邃延者，言皆出冕前後而垂也，天子齊肩。延，冕上覆也。」《御覽》引《通義》云：「冕制奈何？《禮器》曰『冕冠長六寸，廣八寸，員前』，是其制也。」垂旒者，示不視邪，纊塞耳，示不聽讒也。故水清無魚，人察無徒，明不尚極知下。用《禮》説也。《大戴禮》云：「古者冕而前旒，所以蔽明，黈纊塞耳，所以揜聽也。」盧辯注引含文嘉云：「懸紞垂旒，爲閑奸聲，弃惡色，令不惑視聽。」《隋志》引《含文嘉》云：「冕而加旒，以蔽明也。加以黈纊，不聽讒也。」《續漢志》引《含文嘉》云：「旒垂目，纊塞耳，王者示不聽讒，不視非也。」《淮南·主術訓》：「冕而前旒，所以蔽明也。黈纊塞耳，所以蔽聽也。」《家語·入官篇》云：「古者聖王冕而前旒，所以蔽明也。紘紞充耳，所以掩聽。」又云：「水至清則無魚，人至察明無徒。」是也。《文選·東京賦》「夫君人者，黈纊塞耳」，薛綜注：「黈纊，言以黄綿大如丸，懸冠兩邊當耳，不欲妄聞不急之言也。」故《禮》云：「天子玉藻十有二旒，前後邃延。」《禮器》云：「天子麻冕朱綠藻，垂十有二旒者，法四時十二月也。諸侯九旒，大夫七旒，士爵弁無旒。」此引《禮器》文，與原文不合。彼云：「天子之冕朱綠藻，十有二旒，諸侯九，上大夫七，下大夫五，士三。」考上大夫，卿也，下大夫，大夫也。周制則《弁師》云「諸侯及孤卿大夫之冕弁，各以其等爲之」，則諸侯有九七五之不同，内外卿大夫有八六四三二之不同。故《禮器》鄭玄注以爲「夏殷制」。又周制，士爵弁無旒。故《弁師》鄭玄注：「一命之大夫冕而無旒，士變冕爲爵弁也。」是也。其唐虞之制，則《書大傳》云：「天子服五，諸侯服四，次國服三，大夫服二，士服一。」此所言天子諸侯之禮，與《禮器》合，所謂夏殷禮也。士禮與周制合，其大夫之制，則皆不合耳。《獨斷》云：「漢明帝採《尚書·臯陶》及《周官》、《禮記》，以定冕制，皆廣七寸，長尺二寸，係白珠於其端，十二旒。三公及諸侯九旒，卿七旒。」則此所引，其當時之制與？《隋志》引阮諶《禮圖》：「鷩冕，天子九旒，侯伯服以助祭七旒，毳冕，天子七旒，子男服以助祭四旒。希冕，天子五旒，孤卿服以助祭四旒，玄冕，天子四旒，諸侯服以祭其宗廟三旒。」然則十二旒者，其衮冕與？子男助祭，當五旒四旒，與上下差降之制不合。又《御覽》引阮《圖》云「爵弁，士助君祭之服，以祭其廟，無旒」，與此同也。

右論冕制

委貌者，何謂也？周朝廷理政事、行道德之冠名。《士冠經》曰：「委貌周道，章甫殷道，毋追夏后氏之道。」《御覽》引《三禮圖》云：「玄冠亦曰委貌，今之進賢，則其遺象也。」《儀禮·士冠禮》「玄端」，鄭玄注：「玄端即朝服之衣，易其裳耳。」又云「主人玄冠朝服，緇帶素韠」，鄭玄注：「玄冠，委貌也。朝服者，十五升布衣而素裳也。天子與其臣，玄冕以視朔，皮弁以日視朝。諸侯與其臣，皮弁以視朔，朝服以日視朝。」又《周禮·司服》：「凡甸，冠弁服。」然則天子以玄冠田獵，故鄭玄《周禮》注：「冠弁，委貌也。諸侯以下以爲視朝之服。」故爲朝廷理政之冠也。《士冠禮》鄭玄注云：「三冠所常服以行道也。」《周禮·巾車》：「象路以朝。」朝所以行道，因謂象路爲道車。《司常》「道車載旞」是也。鄭止云「行道」，此云「行道德」者，《周禮·道右》鄭玄注云「王行道德之車」，《道僕》鄭玄注「王朝朝莫夕主御，王以與諸臣行先王之道」，皆可相證也。所以謂之委貌何？周統十一月爲正，萬物始萌小，故爲冠飾最小，故曰委貌。委貌者，言委曲有貌也。殷統十二月爲正，其飾微大，故曰章甫。章甫者，尚未與極其本相當也。夏統十三月爲正，其飾最大，故曰毋追。毋追者，言其追大也。《荀子·仲尼篇》云「委然成文，以示天下」，楊倞注：「委然，俯就之皃。」蓋委貌最小，似委然卑下，故曰委貌。故《後漢志》「委貌高四寸」也。《禮記·檀弓》「古者冠縮縫，今也衡縫」，鄭玄注：「今冠横縫，以其辟積多。」然則殷質，辟積少，故一一前後直縫之。周文，故多作襵，而並横縫之。即此所謂「委曲有貌」也。其服朝服緇帶素韠。《左傳》昭元年：「劉定公曰：『吾與子弁冕端委以治民，臨諸侯。』」昭十年：「晏子端委立于虎門外。」哀七年：「大伯端委以治《周禮》。」《國語·周語》：「晉侯端委以入。」皆此端謂衣，以其俱正服也。委即委貌。又《獨斷》珠冕謂緇布冠，即委貌者，蓋太古冠布，齊則緇之。以布爲之，則爲緇布冠。以繒爲之，則爲委貌，一名玄冠。《士冠禮》鄭玄注：「或名委貌爲玄冠。」是也。又名冠弁。《周禮·司服》「凡甸冠弁服」，先鄭注：「冠弁，委貌。」是也。朝服，玄端服皆委貌，惟異其裳耳。三代之冠，殷章甫差大，夏毋追爲最大云。又《莊子·盜跖篇》云：「使子路去其危冠，解其長劍。」李軌云：「危，高也。」知當時武冠高大，與儒冠委下者異。《續漢·禮儀志》「武吏布幘大冠」，猶存古也。又《釋名·釋衣服》云：「章甫，殷冠名。甫，大夫也。殷以之表章大夫也。牟追，牟，冒也。言其形冒髮追追然也。」取義微異。其説委貌云「其形委曲之貌，上小下大」，則合。故《御覽》引，阮諶《禮圖》云：「玄冠一曰委貌，今之進賢，則其遺義也。夏曰毋追，殷曰章甫，周曰委貌。後世轉以巧意改易其名耳。」

右論委貌毋追章甫

爵弁者，何謂也？其色如爵頭，周人宗廟士之冠也。《禮·郊特牲》曰「周弁，殷冔，夏收」。《士冠經》曰「周弁，殷冔，夏收」。《御覽》引《三禮圖》云：「爵弁士助君祭之服。」又引《輿服志》云：「爵弁一名冕，廣八寸，長尺二寸，如爵形，前小後大，其上似爵頭色，有收持笄，所謂夏收、殷冔者也。」《儀禮·士冠禮》「爵弁服」，鄭玄注：「此助君祭之服。」《禮記·雜記》曰：「士弁而祭于公。」是爲士之祭冠也。其士之自祭，則用玄冠也。然則夏殷質，上下通用冔、收，周文，尊者用冕，卑者用弁，以其所用同，故此于爵弁麻冕皆引《冠記》之文也。又《儀禮·士冠禮》鄭玄注云：「爵弁者，冕之次，其色赤而微黑，如爵頭然，或謂之緅。」蓋赤多黑少，故《周禮·巾車》云「雀飾」，鄭注亦謂「雀，黑多赤少之色」也。又《鍾氏》「五人爲緅」，鄭玄注：「染纁者，三入而成，又再染以黑則爲緅。今禮俗文作爵，言如爵頭色也。」《士冠經》亦當作「《士冠記》」。爵何以知指謂其色，又乍言爵弁，乍但言弁，周之冠色所以爵何？爲周尚赤。所以不純赤，但如爵頭何？以本制冠者法天，天色玄者不失其質，故周加赤，殷加白，夏之冠色純玄。何以知殷加白也？周加赤，知殷加白也。夏殷士冠不異何？古質也。以《士冠禮》知之。《續漢志》引《獨斷》：「冕冠，周曰爵弁，殷曰冔，夏曰收。殷黑而微白，前大而後小。夏純黑而赤，前小而後大。皆以三十升漆布爲殼。」又云：「古者以布，中古以絲。」是三代制同，但殊其色耳。又聶《圖》引舊《圖》云：「周曰弁，殷曰冔，夏曰收。三冠之制相似而微異，俱以三十升布漆爲之，皆廣八寸，長尺六寸，前員後方，無旒。色赤而微黑，如爵頭然，前大後小。殷冔黑而微白，前小後大。收純黑，亦前小後大。」當是阮、鄭舊《圖》原文也。其以爵韋爲之者，謂雀弁，《書·顧命》：「二人雀弁執惠。」《釋名·釋衣服》云：「以爵韋爲之，謂之爵弁。」是也。以兵事韋弁服，此爲執兵者，故知宜用韋也。爵弁爲士助祭服，又爲天子卿大夫及公之孤自祭之服。《禮記·雜記》：「大夫冕而祭於公，弁而祭於己。」是也。又爲王侯先祖爲士者之尸服。《曾子問》「尸弁冕而出，卿大夫士皆下之」，鄭玄注：「弁冕者，君之先祖或有爲大夫士者。」然則爲大夫則尸服冕，爲士則服爵弁也。知爵弁者，《周禮·守祧》鄭玄注云「尸當服卒者之上服」故也。又諸侯始命亦服之。《詩·瞻彼洛矣》「韎韐有奭」，鄭玄箋云：「此諸侯世子也，除三年之喪，服士服而來。」又云：「韎韐，祭服之韠，合韋爲之，其服爵弁服也。」是也。又爲天子之變服。《書·金縢》「王與大夫盡弁」，孔穎達疏引鄭玄注以爲「爵弁」。又《禮記·檀弓》：「天子之哭諸侯也爵弁。」是也。以爵弁爲士之上服，故專言爵弁爲士之冠也。「夏殷士冠不異」，恐有譌。《士冠記》「太古冠布，齊則緇之」，鄭玄注：「太古，唐虞以上。」蓋謂夏殷以前皆著白布冠，將祭而齊則緇之，吉凶同服，是士冠不異也。《士冠禮》，亦當作「《士冠記》」。

右論爵弁

張華《博物志》卷六《服飾考》　漢中興，士人皆冠葛巾。建安(巾)〔中〕，魏武帝造白帢，於是遂廢，唯二學書生猶著也。

《北堂書鈔》卷一二七引　《續漢書·輿服志》：却非冠似長冠，宮殿門僕射冠之。

《北堂書鈔》卷一二七引　《後漢輿服志》云：却非冠，制以長冠，下促。宮殿門吏僕射冠之。負赤幡，青翅燕尾，諸僕射幡皆如是。又云：羽林左右監皆冠鶡冠。按：武冠以青絲爲緄，加雙鶡尾，豎左右爲鶡冠。補

《初學記》卷二六《冠第一》　董巴《漢輿服志》曰：上古穴居野處，衣毛而冒皮，後代聖人易之，見鳥獸有冠角頔胡之制，遂作冠冕纓緌。

《初學記》卷二六《冠第一》　《漢官儀》曰：侍御史，周官也，爲柱下史。冠法冠，一曰柱後，以鐵爲柱。徐爰《釋問》曰：通天冠，金博山蟬爲之，謂之金顏。

《初學記》卷二六《弁第二》　董巴《輿服志》曰：爵弁，一名冕，廣八寸，長尺二寸，如爵形，前小後大，其上似爵頭色，有收持笄，所謂夏收殷冔虛宇反者也。祠天地五郊明堂，雲翹舞樂人服之。

《西漢會要》卷二四《輿服下》

天子冠服皇后太子附

高祖以竹皮爲冠，令求盜之薛治，時時冠之。及貴，常冠，所謂劉氏冠也。八年，令爵非公乘以上毋得冠劉氏冠。《本紀》。徐天麟按：《後漢·輿服志》云，劉氏冠，楚冠制也。祀宗廟諸祀則冠之。此冠高祖所造，故以爲祭服，尊敬之謂也。【略】

百官冠服雜録附

爵非公乘以上，毋得冠劉氏冠。見上。【略】

柱後惠文。《張敞傳》，當以柱後惠文彈治之耳。晉灼曰：「《漢注》，法冠也，一號柱後惠文，以纚裹鐵柱卷。秦制執法服，今御史服之，謂之獬廌，一角。今冠兩角，以獬廌爲名耳。」師古曰：「纚，即今方目紗也，山爾反。卷，去權反。」

郎侍中皆鵕鸃冠，貝帶。《佞幸傳》師古曰：「以鵕鸃毛羽飾冠。」《司馬相如傳》。師古曰：鵕鸃，鷩鳥也，似山鷄而小。鵕背毛黄，腹下赤，項緑色，其尾毛紅赤，光彩鮮明，今俗呼爲山鷄，其實非也。」

貂羽，黄金附蟬。《燕王旦傳》注云：「侍中之飾。」

司隸冠，進賢冠。《百官表》。

仄注冠。《五行志》李奇注云：「仄注冠曰高山冠，齊冠也，謁者服。」

皮弁素績。《孝平王后傳》劉歆以下四十九人，賜皮弁素績。師古曰：「皮弁，以鹿皮爲冠，形如人手之弁合也。素績謂素裳也。朱衣而素裳。字或作積。積謂襞積之，若今之襈

爲也。」

方山冠。《五行志》。鄧展曰：「方山冠以五采縠爲之，樂舞人所服。」

幘

古者有冠無幘，其戴也，加首有頍，所以安物。故《詩》曰「有頍者弁」，此之謂也。三代之世，法制滋彰，下至戰國，文武並用。秦雄諸侯，乃加其武將首飾爲絳袙，以表貴賤，其後稍稍作顔題。漢興，續其顔，卻摞之，施巾連題，卻覆之，今喪幘是其制也。名之曰幘。幘者，賾也，頭首嚴賾也。至孝文乃高顔題，續之爲耳，崇其巾爲屋，合後施收，上下羣臣貴賤皆服之。文者長耳，武者短耳，稱其冠也。尚書幘收，方三寸，名曰納言，示以忠正，顯近職也。迎氣五郊，各如其色，從章服也。皁衣羣吏春服青幘，立夏乃止，助微順氣，尊其方也。武吏常赤幘，成其威也。未冠童子幘無屋者，示未成人也。入學小童幘也句卷屋者，示尚幼少，未遠冒也。喪幘卻摞，反本禮也。升數如冠，與冠偕也。期喪起耳有收，素幘亦如之，禮輕重有制，變除從漸，文也。

《小學紺珠》卷九《制度類》

冠十九等四冠

冕冠　長冠　委貌　皮弁　爵弁　通天　遠遊　高山　進賢　法冠　武冠　建華　方山　巧士　却非　却敵　樊噲　術士　鶡冠　《續漢志》司馬彪云：漢帝有四冠，一緇布，二進賢，三武弁，四通天冠。

曹學佺《蜀中廣記》卷六八《方物記第一〇》　《益部耆舊傳》曰：何汶字景由。爲謁者，忽持赤幘，同僚恠問之，曰：「日當食。」至晡日果食。按，漢故事修省，則執事者皆赤幘云。

《三國志》卷一《魏志・武帝紀》　裴松之注引《傅子》曰：漢末王公，多委王服，以幅巾爲雅，是以袁紹、(崔豹)〔崔鈞〕之徒，雖爲將帥，皆著縑巾。魏太祖以天下凶荒，資財乏匱，擬古皮弁，裁縑帛以爲帢，合于簡易隨時之義，以色別其貴賤，于今施行，可謂軍容，非國容也。《曹瞞傳》曰：太祖爲人佻易無威重，好音樂，倡優在側，常以日達夕。被服輕綃，身自佩小鞶囊，以盛手巾細物，時或冠帢帽以見賓客。每與人談論，戲弄言誦，盡無所隱，及歡悦大笑，至以頭没杯案中，肴膳皆沾汙巾幘，其輕易如此。

《三國會要》卷六《天運四・五行》　魏武帝以天下凶荒，資財乏匱，始擬古皮弁裁縑帛爲白帢，以易舊服。傅玄曰：「白乃軍容，非國容也。」干寶以爲縞素，凶喪之象；帢，毀辱之言也。蓋易代之後，劫殺之妖也。

《三國會要》卷九《禮三・冠》　正始四年春正月，帝加元服。《齊王芳紀》。

魏氏天子冠一加。《通典》。

其説曰：古之士，禮服必三加彌尊，所以喻其志。至於天子、諸侯，位數無文，將以踐阼臨人，尊極德成，不復與士以加喻勉爲義。禮，冠於廟，自魏不復在廟矣。同上。

孫毓《五禮駁》曰：「魏氏天子一加，三加嫌同諸侯。」同上。

魏氏冠，太子再加，皇子、王公嗣子乃三。冠諸王，因漢遣使行事。《通典》。

魏因漢故事，明帝好婦人之飾，冕旒改用珊瑚珠。同上。

魏天子冠一加。其説曰：「士禮三加，加有成也。至於天子、諸侯，無加數之文者，將以踐阼臨民，尊極德備，豈得復與士同？」此言非也。夫以聖人之才，猶三十而立，况十二之年，未及志學，便謂德成，無須勸勉，非理實也。魏氏太子再加，皇子、王公世子乃三加。孫毓以爲一加、再加，皆非也。《宋書・禮志》。

禮，冠於廟，魏以來不復在廟。同上。

漢、魏遣使冠諸王，非古典。同上。

正始四年正月，帝加元服。《通典》。按魯襄公冠以冬，漢惠帝冠以三月，明無定月；而後漢以來，帝加元服咸以正月。

魏天子冠一加，太子再加，皇子、王公世子乃三加。其説曰：「士禮三加，加有成也。至于天子諸侯無加數之文者，將以踐阼臨民，尊極德備，豈得與士同！」孫毓以爲一加再加，皆非禮也。司馬彪曰：「漢帝四冠：一緇布，二進賢，三武弁，四通天冠：凡四加。」〔楊晨〕

禮，冠于廟。自魏不復在廟冠諸王，因漢遣使行事。〔楊晨〕

太子冠，作樂。

《三國會要》卷一二《禮六・輿服》　諸王朝服皆遠游冠，五時服佩山玄玉，不以國大小爲差。《通典》。晉・孫毓稱：魏故事。按曹植疏言：辭遠游，戴武弁，解朱組，佩青紱。又言：上慙玄冕，俯愧朱紱。

《宋志》：司馬彪曰：「尚書幘名曰『納言』，迎氣五郊，各如其色，從章服也。自兹相承，迄於有晉。」《隋志》：裴正奏，言《續漢志》立春日，京都皆著青衣，秋夏悉如其色。魏、晉迎氣五郊，行禮之人皆同此制，考尋故事，唯幘同衣色。

後漢以來，天子冕前後旒用真白玉珠。魏明帝好婦人之飾，改用珊瑚珠。

《漢官儀》云：「乘輿冠高山之冠，飛翮之纓。」《傅子》曰：「魏明帝以其制似通天遠游，改令卑下，行人使者服之。按《續漢志》：通天冠高九寸，正豎頂少邪卻，乃直下爲鐵卷梁，前有山展筩爲述，乘輿所常服；遠游冠制如通天，無山述，諸王所服也。高山冠一名側注，制如通天，不邪卻，直豎，無山述，展筩，中外官謁者僕射所服。劉昭引《漢舊儀》言，亦通於天子。侍臣附蟬，武臣戴鶡。」見《曹植集》。《大觀本草》引魏武《鶡鷄賦》序曰：「鶡鷄猛氣，鬭期必死。」今人以鶡爲冠，像此也。

《通鑑》注：晉因魏制，文官公及位從公冠進賢三梁，黑介幘，武官公及位從公皆武冠平上，黑幘。

漢末，王公名士多委王服，以幅巾爲雅。袁紹、崔鈞之徒雖爲將帥，皆著縑巾。魏武以天下凶荒，資財匱乏，擬古皮弁裁縑帛以爲帢，以色別其貴賤，本施軍飾，非爲國容。徐爰曰：「俗説帢本未有歧，荀文若巾之，觸樹成歧，人謂爲善。因而弗改。今通以爲慶弔服。」帢與帢同，《宋志》作帢。《廣韻》：帢，士服，如弁缺四角，魏武帝製。

《傅子》云：「白紗爲之，或單或裌，初婚冠送餞亦服之。」《博物志》：漢中興士人皆冠葛巾，漢安中，魏武帝造白帢，於是遂廢，惟二學書生猶著之。崔豹《古今注》：魏武制帢，初以伯申服馬縞《中華古今注》作「軍中服」。之輕便，又作五色帢，以表方面也。

馬縞《中華古今注》：大帽子本草野之服，魏文帝詔百官常以立冬日貴賤通戴，謂之温帽。

《通鑑注》：漢、魏士庶以巾褠爲禮服。《吴書》：虞翻請被褠葛巾相見。

《宋志》：漢承秦制，冠有十三種，魏、晉以來，不盡施用。

崔寔《四民月令・正月》 是月也，擇元日，可以冠子。

《晉書》卷二五《輿服志》 通天冠，本秦制。高九寸，正豎，頂少斜却，乃直下，鐵爲卷梁，前有展筩，冠前加金博山述，乘輿所常服也。

平冕，王公、卿助祭於郊廟服之。王公八旒，卿七旒。以組爲纓，色如其綬。王公衣山龍以下九章，卿衣華蟲以下七章。

遠游冠，傅玄云秦冠也。似通天而前無山述，有展筩橫于冠前。皇太子及王者後、帝之兄弟、帝之子封郡王者服之。諸王加官者自服其官之冠服，惟太子及王者後常冠焉。太子則以翠羽爲緌，綴以白珠，其餘但青絲而已。

緇布冠，蔡邕云即委貌冠也。太古冠布，齊則緇之。緇布冠，始冠之冠也。其制有四形，一似武冠，又一似進賢，其一上方，其下如幘顔；其一剌上而方下。行鄉射禮則公卿委貌冠，以皂絹爲之。形如覆杯，與皮弁同制，長七寸，高四寸。衣黑而裳素，其中衣以皁緣領袖。其執事之人皮弁，以鹿皮爲之。

進賢冠，古緇布遺象也，斯蓋文儒者之服。前高七寸，後高三寸，長八寸，有五梁、三梁、二梁、一梁。人主元服，始加緇布，則冠五梁進賢。三公及封郡公、縣公、郡侯、縣侯、鄉亭侯，則冠三梁。卿、大夫、八座、尚書，關中内侯、二千石及千石以上，則冠兩梁。中書郎、祕書丞郎、著作郎、尚書丞郎、太子洗馬舍人、六百石以下至于令史、門郎、小史，並冠一梁。漢建初中，太官令冠兩梁，親省御膳爲重也。博士兩梁，崇儒也。宗室劉氏亦得兩梁冠，示加服也。

武冠，一名武弁，一名大冠，一名繁冠，一名建冠，一名籠冠，即古之惠文冠。或曰趙惠文王所造，因以爲名。亦云，惠者蟪也，其冠文輕細如蟬翼，故名惠文。或云，齊人見千歲涸澤之神，名曰慶忌，冠大冠，乘小車，好疾馳，因象其冠而服焉。漢幸臣閎孺爲侍中，皆服大冠。天子元服亦先加大冠，左右侍臣及諸將軍武官通服之。侍中、常侍則加金璫，附蟬爲飾，插以貂毛，黄金爲竿，侍中插左，常侍插右。胡廣曰：「昔趙武靈王爲胡服，以金貂飾首。秦滅趙，以其君冠賜侍臣。」應劭《漢官》云：「説者以爲金取剛强，百鍊不耗。蟬居高飲清，口在掖下。貂内勁悍而外柔縟。」又以蟬取清高飲露而不食，貂則紫蔚柔潤而毛采不彰灼，金則貴其寶瑩，於義亦有所取。或以爲北土多寒，胡人常以貂皮温額，後世效此，遂以附冠。漢貂用赤黑色，王莽用黄貂，各附服色所尚也。

高山冠，一名側注，高九寸，鐵爲卷梁，制似通天。頂直豎，不斜却，無山述展筩。高山者，《詩》云「高山仰止」，取其矜莊賓遠者也。中外官、謁者、謁者僕射所服。胡廣曰：「高山，齊王冠也。傳曰『桓公好高冠大帶』。秦滅齊，以其君冠賜謁者近臣。」應劭曰：「高山，今法冠也，秦行人使官亦服之。」而《漢官儀》云「乘輿冠高山之冠，飛翮之纓」，然則天子亦有時服焉。《傅子》曰：「魏明帝以其制似通天、遠游，故改令卑下。」

法冠，一名柱後，或謂之獬豸冠。高五寸，以縰爲展筩，鐵爲柱卷，取其不曲撓也。侍御史、廷尉正監平，凡執法官皆服之。或謂獬豸神羊，能觸邪佞。《異物志》云：「北荒之中，有獸名獬豸，一角，性別曲直。見人鬭，觸不直者。聞人争，咋不正者。楚王嘗獲此獸，因象其形以制衣冠。」胡廣曰：「《春秋左氏傳》

《晉書》卷二七《五行志上》 魏武帝以天下凶荒，資財乏匱，始擬古皮弁，裁縑帛爲白帢，以易舊服。傅玄曰：「白乃軍容，非國容也。」干寶以爲「縞素，凶喪之象也」。名之爲帢，毁辱之言也，蓋革代之後，劫殺之妖也。【略】

初，魏造白帢，横縫其前以别後，名之曰顔帢，傳行之。至永嘉之間，稍去其縫，名無顔帢，而婦人束髮，其緩彌甚，紒之堅不能自立，髮被于額，目出而已。無顔者，愧之言也。覆額者，慚之貌也。其緩彌甚者，言天下亡禮與義，放縱情性，及其終極，至于大恥也。永嘉之後，二帝不反，天下愧焉。

傅玄《傅子·附録》 侍中冠武弁。

傅玄《傅子·附録》 幍先未有歧，荀文若巾，觸樹成岐，時人慕之，因而弗改，今通爲慶吊之服，白紗爲之。或單或袷，初婚冠送餞亦服之。

張華《博物志》卷六《服飾考》 漢中興，士人皆冠葛巾。建安巾，魏武帝造白帢，於是遂廢，唯二學書生猶著也。

崔豹《古今注》卷上《輿服》 文官冠，進賢冠，古委貌之遺象也。武官冠，惠文冠，古緇布冠之遺象。緇布冠，上古之法，武人尚質，故取法焉。

幘，魏武帝所制。初以章申，服之輕便。又作五色幘，以表方面也。

貂蟬，胡服也。貂者取，其有文采而不炳焕，外柔易而内剛勁也，蟬取其清虚識變也。在位者有文而不自耀，有武而不示人，清虚自牧，識時而動也。

胡三省《通鑑釋文辯誤》卷四（太安二年） 陸機釋戎服，著白帢。頁二六八八

史炤《釋文》曰：帢，葛合切；又乞洽切。韐，士服，制如韍。（費本同。）余按字書，韐，葛合切。靺韐者，茅蒐染韋爲之，以蔽膝。此帢音乞洽翻，帽也；弁缺四隅，謂之帢。《晉志》曰：魏武帝以天下凶荒，資財乏匱，擬古皮弁，裁縑帛以爲帢，以色辨其貴賤，本施軍服，非爲國容。靺韐，赤韍也，非白帢也。

胡三省《通鑑釋文辯誤》卷五（義熙十二年）沙門曇永使王華提衣襆自隨。頁三六九一

史炤《釋文》曰：襆，博木切。《爾雅》：裳削幅謂之襆。（海陵本同。）余按《爾雅》所謂裳削幅者，自是「纀」字，非此「襆」字。此襆字音房玉翻，帊也，所以包裹衣物。魏舒襆被而出，韓愈文所謂「襆被入直」，皆此襆也。炤音義皆誤。一百七十九卷隋文帝仁壽二年，亦有此誤。

晉侯觀于軍府，見鍾儀，曰『南冠而縶者誰也』？南冠即楚冠。秦滅楚，以其冠服賜執法臣也。」

長冠，一名齊冠。高七寸，廣三寸，漆纚爲之，制如版，以竹爲裏。漢高祖微時，以竹皮爲此冠，其世因謂劉氏冠。後除竹用漆纚。司馬彪曰：「長冠蓋楚制。人間或謂之鵲尾冠，非也。救日蝕則服長冠，而祠宗廟諸祀冠之。此高祖所造，後世以爲祭服，尊敬之至也。」

建華冠，以鐵爲柱卷，貫大銅珠九枚，古用雜木珠，原憲所冠華冠是也。又《春秋左氏傳》鄭子臧好聚鷸冠，謂建華是也。祀天地、五郊、明堂，舞人服之。漢《育命舞》樂人所服。

方山冠，其制似進賢。鄧展曰：「方山冠，以五采縠爲之。」漢《大予》、《八佾》、《五行》樂人所服，冠衣各如其行方之色而舞焉。

巧士冠，前高七寸，要後相通，直豎。此冠不常用，漢氏惟郊天，黄門從官四人冠之；在鹵簿中，夾乘輿車前，以備宦者四星。或云，掃除從官所服。

却非冠，高五寸，制似長冠。宫殿門吏僕射冠之。負赤幡，青翅燕尾，諸僕射幡皆如之。

却敵冠，前高四寸，通長四寸，後高三寸，制似進賢。凡當殿門衛士服之。

樊噲冠，廣九寸，高七寸，前後出各四寸，制似平冕。昔楚漢會於鴻門，項籍圖危高祖，樊噲常持鐵楯，聞急，乃裂裳苞楯，戴以爲冠，排入羽營，因數羽罪，漢王乘間得出。後人壯其意，乃制冠象焉。凡殿門司馬衛士服之。

術氏冠，前圓，吴制，差池四重。趙武靈王好服之。或曰，楚莊王復讐冠是也。

鶡冠，加雙鶡尾，豎插兩邊。鶡，鳥名也，形類鶡而微黑，性果勇，其鬭到死乃止。上黨貢之，趙武靈王以表顯壯士。至秦漢，猶施之武人。

皮弁，以鹿皮淺毛黄白色者爲之。《禮》「王皮弁，會五采玉璂，象邸玉笄」，謂之合皮爲弁。其縫中名曰會，以采玉朱爲璂。璂，結也。天子五采，諸侯三采。邸，冠下抵也，象骨爲之，音帝也。天子則縫有十二，公九，侯伯七，子男五，孤四，卿大夫三。

韋弁，制似皮弁，頂上尖，韎草染之，色如淺絳。

爵弁，一名廣冕。高八寸，長尺二寸，如爵形，前小後大。增其上似爵頭色。有收持笄，所謂夏收殷冔者也。祠天地、五郊、明堂，《雲翹舞》樂人服之。

《宋書》卷一四《禮志一》 周之五禮，其五爲嘉。嘉□□《春秋左氏傳》曰：「晉侯問襄公年，季武子對曰：『會于沙隨之歲，寡君以生。』晉侯曰：『十二年矣，是謂一終。一星終也。國君十五而生子。冠而生子，禮也。君可以冠矣。大夫盍爲冠具。』武子對曰：『君冠必以裸享之禮行之，以金石之樂節之，以先君之祧處之。今君在行，未可具也。請及兄弟之國而假備焉。』晉侯許諾。還及衛，冠于成公之廟，假鍾磬焉，禮也。」賈、服説皆以爲人君禮十二而冠也。《古尚書》説武王崩，成王年十三。推武王以庚辰歲崩，周公以壬午歲出居東，以癸未歲反。《禮》周公冠成王，命史祝辭。辭，告也。是除喪冠也。周公居東未反，成王冠弁以開金縢之書，時十六矣。是成王年十五服除，周公冠之而後出也。按《禮》、《傳》之文，則天子諸侯近十二，遠十五，必冠矣。《周禮》雖有服冕之數，而無天子冠文。《儀禮》云：「公侯之有冠禮，夏之末造。」王、鄭皆以爲夏末上下相亂，篡弑由生，故作公侯冠禮，則明無天子冠禮之審也。大夫又無冠禮。古者五十而後爵，何大夫冠禮之有？周人年五十而有賢才，則試以大夫之事，猶行士禮也。故筮日筮賓，冠於阼以著代，醮於客位，三加彌尊。皆士禮耳。然漢氏以來，天子諸侯，頗采其議。《志》曰「儀從《冠禮》」是也。漢順帝冠，又兼用曹褒新禮。褒新禮今不存。《禮儀志》又云：「乘輿初加緇布進賢，次爵弁、武弁，次通天，皆於高廟。王公以下，初加進賢而已。」按此文始冠緇布，從古制也，冠於宗廟是也。魏天子冠一加，其説曰，士禮三加，加有成也。至於天子諸侯，無加數之文者，將以踐阼臨民，尊極德備，豈得復與士同？此言非也。夫以聖人之才，猶三十而立，況十二之年，未及志學，便謂德成，無所勸勉，非理實也。魏氏太子再加，皇子、王公世子乃三加。孫毓以爲一加再加皆非也。《禮》醮詞曰「令月吉日」，又「以歲之正，以月之令」。魯襄公冠以冬，漢惠帝冠以三月，明無定月也。後漢以來，帝加元服，咸以正月。晉咸寧二年秋閏九月，遣使冠汝南王柬，此則晉禮亦有非必歲首也。《禮》冠於廟，魏以來不復在廟。然晉武、惠冠太子，皆即廟見，斯亦擬在廟之儀也。晉穆帝、孝武將冠，先以幣告廟，訖又廟見也。

晉惠帝之爲太子將冠也，武帝臨軒，使兼司徒高陽王珪加冠，兼光禄勳、屯騎校尉華廙贊冠。江左諸帝將冠，金石宿設，百僚陪位。又豫於殿上鋪大牀。御府令奉冕幘簪導衮服，以授侍中、常侍。太尉加幘，太保加冕。將加冕，太尉跪讀祝文曰：「令月吉日，始加元服。皇帝穆穆，思弘衮職。欽若昊天，六合是式。率遵祖考，永永無極。眉壽惟期，介兹景福。」加冕訖，侍中繫玄紞。侍中脱絳紗服，加衮服。冠事畢，太保率羣臣奉觴上壽，王公以下三稱萬歲，乃退。按儀注，一加幘冕而已。

宋冠皇太子及蕃王，亦一加也。官有其注。晉武帝泰始十年，南宫王承年十五，依舊應冠。有司議奏：「禮十五成童。國君十五而生子，以明可冠之宜。又漢、魏遣使冠諸王，非古典。」於是制諸王十五冠，不復加命。元嘉十一年，營道侯將冠。詔曰：「營道侯義綦可克日冠。外詳舊施行。」何楨《冠儀約制》及王堪私撰《冠儀》，亦皆家人之可遵用者也。

《宋書》卷一四《禮志一》 日月將交會，太史上合朔。尚書先事三日，宣攝内外，戒嚴。摯虞《決疑》曰：「凡救蝕者，皆著赤幘，以助陽也。日將蝕，天子素服避正殿，内外嚴警。太史登靈臺，伺候日變。更伐鼓於門，聞鼓音，侍臣皆著赤幘，帶劍入侍。三臺令史以上，皆各持劍立其户前。衛尉卿馳繞宫，伺察守備，周而復始。日復常，乃皆罷。」

《隋書》卷一一《禮儀志六》 〔陳制〕通天冠，高九寸，正竪頂，少斜却，乃直下，鐵爲卷梁，前有展筩，冠前加金博山、述。乘輿所常服。

遠遊冠，制似通天，而前無山、述，有展筩，横于冠前。皇太子及王者後、諸王服之。諸王加官者，自服其官之冠服，唯太子及王者後常冠焉。太子則以翠羽爲緌，綴以白珠。其餘但青絲而已。

進賢冠，古緇布冠遺象也，斯蓋文儒者之服。前高七寸，後高三寸，長八寸。有五梁、三梁、二梁、一梁之別。五梁唯天子所服，其三梁已下，爲臣高卑之別云。

武冠，一名武弁，一名大冠，一名繁冠，一名建冠，今人名曰籠冠，即古惠文冠也。天子元服，亦先加大冠。今左右侍臣及諸將軍武官通服之。侍中常侍，則加金璫附蟬焉，插以貂尾，黄金爲飾云。

高山冠，一名側注，高九寸，鐵爲卷梁。制似通天，頂直竪，不斜，無山述展筩。高山者，取其矜莊賓遠，中外謁者僕射服之。

法冠，一名柱後，或謂之獬豸冠，高五寸，以繼爲展筩，鐵爲柱卷，取其不曲撓也。侍御史、廷尉正監平，凡執法官，皆服之。

鶡冠，猶大冠也，加雙鶡尾，竪插兩邊，故以名焉。武賁中郎將、羽林監、節騎郎，在陛列及鹵簿者服之。

長冠，一名齋冠。高七寸，廣三寸，漆纚爲之。制如版，以竹爲裏。漢高祖微時，以竹皮爲此冠，所謂劉氏冠。後除竹，用漆纚焉。司馬彪曰：「長冠，楚制也。人間或謂之鵲尾冠，非也。」後代以爲祭服，尊敬之也。至天監三年，祠部郎沈宏議：「案竹葉冠，是高祖爲亭長時所服，安可縣代爲祭服哉？《禮》：『士弁祭於公。』請令太常丞、博士奉齋之服，宜改用爵弁。」明山賓同宏議。司馬褧云：「若必遵三王，則懼所改非一。長冠謂宜仍舊。案今之宗丞博士之服，未有可非。」帝竟不改。

建華冠，以鐵爲柱卷，貫大銅珠九枚。祀天地、五郊、明堂，舞人服之。

樊噲冠，廣九寸，高七寸，前後出各四寸，制似平冕。凡殿門司馬衛士服之。

却敵冠，高四寸，通長四寸，後高三寸，制似進賢冠。凡宮殿門衛士服之。

却非冠，高五寸，制似長冠。宮殿門吏僕射冠之。

幘，尊卑貴賤皆服之。文者長耳，謂之介幘；武者短耳，謂之平上幘。各稱其冠而制之。尚書令、僕射、尚書幘，收方三寸，名曰納言。未冠童子幘，無屋，施假髻者，示未成人也。

幍，《傅子》云：「先未有歧，荀文若巾觸樹成歧，時人慕之，因而弗改。」今通爲慶弔之服。白紗爲之，或單或裌。初婚冠送餞亦服之。

巾，國子生服，白紗爲之。晉太元中，國子生見祭酒博士，單衣，角巾，執經一卷，以代手版。宋末，闕其制。齊立學，太尉王儉更造。今形如之。

帽，自天子下及士人，通冠之。以白紗者，名高頂帽。皇太子在上省則烏紗，在永福省則白紗。又有繒皁雜紗爲之，高屋下裙，蓋無定準。

《南朝宋會要·吉禮·五時令》 文帝元嘉六年六月辛酉朔，駙馬都尉奉朝請徐道娛上表曰：「謹案晉博士曹弘之議，立秋御讀令，上應著緗幘，遂改用素，相承至今。臣淺學管見，竊有惟疑。伏尋《禮記·月令》，王者四時之服正云駕倉龍，載赤旂，衣白衣，服黑玉。季夏則黄，文極於此，無白冠則某履某烏也。且幘又非古服，出自後代。上附於冠，下不屬衣。冠固不革，而幘豈容異色。愚謂應恒與冠同色，不宜隨節變綵。士令在近，謹以上聞。如或可採，乞付外詳議。」太學博士荀萬秋議：「伏尋幘非古者冠冕之服，《禮》無其文。案蔡邕《獨斷》云：『幘是古卑賤供事不冠人所服。』又董仲舒《止雨書》曰：『其執事皆赤幘。』知並不冠之服也。漢元始用，衆臣率從。故司馬彪《輿服志》曰：『尚書幘名曰納言。迎氣五郊，各如其色，從章服也。』自兹相承，迄于有晉。大宋受命，禮制因循。斯既歷代成準，謂宜仍舊。」有司奏：「謹案道娛啓事，以士令在近，謂幘不宜變。萬秋雖云幘宜仍舊，而不明無讀士令之文。今書舊事於左。《魏臺雜訪》曰：『前後但見讀春夏秋冬四時令，至於服黄之時，獨闕不讀。今不解其故。』魏明帝景初元年十二月二十一日，散騎常侍領太史令高堂隆上言曰：『黄於五行，中央土也。王四季各十八日。土生於火，故於火用事之末服黄，三季則否。其令則隨四時，不以五行爲分也。是以服黄無令。』」其後太祖常謂士令，三公郎每讀時令，皇帝臨軒，百僚備位，多震悚失常儀。宋唯世祖世劉勰、太宗世謝緯爲三公郎，善於其事，人主及公卿並屬目稱歎。《禮志》二。

《隋書》卷一二《禮儀志七》 〔隋制〕巾，案《方言》云：「巾，趙、魏間通謂之承露。」《郭林宗傳》曰：「林宗嘗行遇雨，巾沾角折。」又袁紹戰敗，幅巾渡河。此則野人及軍旅服也。制有二等。今高人道士所著，是林宗折角；庶人農夫常服，是袁紹幅巾。故事，用全幅皁而向後襆髮，俗人謂之襆頭。自周武帝裁爲四脚，今通於貴賤矣。

《舊唐書》卷四五《輿服志》 遠遊三梁冠，黑介幘，青緌，凡文官皆青緌，以下准此也。皆諸王服之，親王則加金附蟬。

進賢冠，三品以上三梁，五品以上兩梁，九品以上一梁。皆三公、太子三師三少、五等爵、尚書省、秘書省、諸寺監學、太子詹事府、三寺及散官，親王師友、文學，國官，若諸州縣關津岳瀆等流內九品以上服之。

武弁，平巾幘，侍中、中書令則加貂蟬，侍左者左珥，侍右者右珥。皆武官及門下、中書、殿中、內侍省、天策上將府、諸衛領軍武候監門、領左右太子諸坊諸率及鎮戍流內九品已上服之。其親王府佐九品以上，亦準此。

法冠，一名獬豸冠，以鐵爲柱，其上施珠兩枚，爲獬豸之形，左右御史臺流內九品以上服之。

高山冠者，內侍省內謁者及親王下司閤等服之。

却非冠者，亭長、門僕服之。

諸應冠而未冠者，並雙童髻，空頂幘。五品已上雙玉導，金飾，三品以上加寶飾，六品以下無飾。【略】

武德已來，始有巾子，文官名流，上平頭小樣者。則天朝，貴臣內賜高頭巾子，呼爲武家諸王樣。中宗景龍四年三月，因內宴賜宰臣已下內樣巾子。開元已來，文官士伍多以紫皁官絁爲頭巾、平頭巾子，相效爲雅製。玄宗開元十九年

十月，賜供奉官及諸司長官羅頭巾及官樣巾子，迄今服之也。【略】

武德、貞觀之時，宮人騎馬者，依齊、隋舊制，多著羃䍦。雖發自戎夷，而全身障蔽，不欲途路窺之。王公之家，亦同此制。永徽之後，皆用帷帽，拖裙到頸，漸爲淺露。尋下敕禁斷，初雖暫息，旋又仍舊。咸亨二年又下敕曰：「百官家口，咸預士流，至於衢路之間，豈可全無障蔽。比來多著帷帽，遂棄羃䍦，曾不乘車，別坐檐子。遞相倣效，浸成風俗，過爲輕率，深失禮容。前者已令漸改，如聞猶未止息。又命婦朝謁，或將馳駕車，既入禁門，有虧肅敬。此並乖於儀式，理須禁斷，自今已後，勿使更然。」則天之後，帷帽大行，羃䍦漸息。中宗即位，宮禁寬弛，公私婦人，無復羃䍦之制。

開元初，從駕宮人騎馬者，皆著胡帽，靚粧露面，無復障蔽。士庶之家，又相倣效，帷帽之制，絶不行用。俄又露髻馳騁，或有著丈夫衣服靴衫，而尊卑內外，斯一貫矣。

《新唐書》卷三四《五行志》 唐初，宮人乘馬者，依周舊儀，著羃䍦，全身障蔽，永徽後，乃用帷帽，施裙及頸，頗爲淺露，至神龍末，羃䍦始絶。【略】

太尉長孫无忌以烏羊毛爲渾脱氈帽，人多效之，謂之「趙公渾脱」。

原題唐玄宗《唐六典》卷二二《少府·軍器監》 織染署令掌供天子、皇太子及羣臣之冠冕，辨其制度，而供其職務；丞爲之貳。

天子之冠二，一曰通天冠，二曰翼善冠；冕六，一曰大裘冕，二曰衮冕，三曰鷩冕，四曰毳冕，五曰絺冕，六曰玄冕；弁二，一曰武弁，二曰皮弁；幘二，一曰黑介幘，二曰平巾幘；帽一，曰白紗帽。太子之冠三，一曰三梁冠，二曰遠遊冠，三曰進德冠；冕二，一曰衮冕，二曰玄冕；弁一，曰皮弁；幘一，曰平巾幘。臣下之冠五，一曰遠遊冠，二曰進賢冠，三曰獬豸冠，四曰高山冠，五曰卻非冠；冕五，一曰衮冕，二曰鷩冕，三曰毳冕，四曰絺冕，五曰玄冕；弁二，一曰爵弁，二曰武弁；幘三，一曰介幘，二曰平巾幘，三曰平巾緑幘。

張鷟《朝野僉載》卷一 趙公長孫無忌以烏羊毛爲渾脱氈帽，天下慕之，其帽爲「趙公渾脱」。後坐事長流嶺南，渾脱之言，於是效焉。

封演《封氏聞見記》卷五《巾幞》 近古用幅巾，周武帝裁出脚向原無「向」字，據天一閣本補。後幞髮，故俗謂之「幞頭」。至尊，皇太子，諸王及仗內供奉以羅爲之，其脚稍長。士庶多以絁縵而脚稍短。幞頭之下，別施巾，象古冠下之幘也。巾子制，頂皆方平；仗內即頭小而圓鋭，謂之「內樣」。開元中，燕公張説，當朝文伯，冠服以儒者自處。玄宗嫌其異已，賜內樣巾子，長脚羅幞頭。燕公服之入謝，玄宗大悦。因此令內外官僚百姓並依此服。

自後巾子雖時有高下，幞頭羅有厚薄，大體不變焉。

近日長安尉程李家好高巾，不曾改換。此下原有「未逾六十三度特入」八字，不解所謂，當屬衍文，秦本刪去，今從之。

御史陸長源性滑稽，在鄴中，忽裹蟬翼羅幞尖巾子。或譏之。長源曰：「若有才雖以蜘蛛羅網裹一牛角，有何不可；若無才，雖以卓琰子裹一簸箕，亦將何用。」

先時，吏部尚書劉晏裹頭至慢，每裹，但擎前後脚撅「撅」下原有「兩翅」二字，今從秦本刪。之，都不抽挽。或曰：「尚書何不抽兩翅？」晏曰：「兩邊通耶？」時人多哂之。

兵部尚書嚴武裹頭至緊，將裹，先以幞頭曳於盤水之上，然後裹之，名爲「水裹」。撅兩翅皆有褊數，流俗多效焉。

劉肅《大唐新語》卷一〇 武德、貞觀之代，宮人騎馬者，依《周禮》舊儀多着羃䍦，雖發自戎夷，而全身障蔽。永徽之後，皆用帷帽施裙，到頸爲淺露。顯慶中，詔曰：「百家家口，咸厠士流。至於衢路之間，豈可全無障蔽。比來多着帷帽，遂棄羃䍦；曾不乘車，只坐檐子。過於輕率，深失禮容。自今已後，勿使如此。」神龍之末，羃䍦始絶。開元初，宮人馬上始着胡帽，靚妝露面，士庶咸效之。天寶中，士流之妻，或衣丈夫服，靴衫鞭帽，內外一貫矣。

《通典》卷五七《嘉禮二》 上古衣毛帽皮，後代聖人見鳥獸冠角，乃作冠纓。黄帝造旒冕，始用布帛，冕者，冠之有旒。唐虞以上，冠布無緌，緌，纓飾。夏后以牟追，音丁回反。以收，所以收斂髮。殷制章甫，或以冔，章，明也，言以表明丈夫。甫或爲父。冔，覆也，自覆飾。冔音況甫反。形制並無文。至周六冕，章數始備，故孔子曰「服周之冕」，言中禮也。洎乎幽厲衰微，秦焚六籍，圖寫紛雜，記注混淆。今徵其實録，捃拾沿革，爲《冠冕篇》云。

冕大裘冕 衮冕 鷩冕 毳冕 絺冕 玄冕 通天平冕 平天冕 蒼冕 青冕 赤冕 黄冕 素冕 黑冕 象冕 山冕 火冕 藻冕 方冕 祀冕 有熊氏 周 秦 後漢 魏 晉 東晉 宋 齊 梁 陳 北齊 後周 隋 大唐

黄帝作冕，垂旒，目不邪視也。充纊，示不聽讒言也。事見《世本》。

周制，弁師掌王之五冕，皆玄冕，朱裏，綖紐。冕服有六而言五者，大裘之冕蓋無旒，不聯數也。綖，冕之覆，在上，是以名焉。紐，小鼻在武上，笄所貫。五采繅十有二就，皆五采玉十有二，玉笄朱紘。繅，雜文之名，合五色絲爲繩，垂之綖前後。各十二，所謂邃綖也。就，成也。繩之每匝貫五采玉十二。每就間一寸。朱紘，以朱組爲紘，紘一條繩屬兩端於武。此謂衮衣之冕十二旒，則用玉二百八十八。鷩冕繅九旒，用玉二百一十六。毳冕七旒，用玉一百六十八。絺冕五旒，用玉一百二十。玄冕三旒，用玉七十二。諸侯及孤卿大夫之冕，各以其等爲之。各以其等者，繅玉如其命數。冕則侯伯繅七就，用玉九十八。子男繅五就，用玉五十。繅玉皆三采。孤繅四就，用玉三十二。三命之卿繅三就，用玉十八。再命之大夫繅再就，玉八。繅玉皆朱緑。禁令不得相僭踰。

秦滅禮學，郊社服用，皆以袀玄，以從冕旒，前後邃綖。蔡邕《獨斷》云：「袀，紺繒也。」班固《東都賦》注云：「袀，皁也。」袀音鈞。

後漢光武踐祚，祀天地明堂，皆冠旒冕。孝明帝永平初，詔有司採《周官》、《禮記》、《尚書·皋陶篇》夏侯氏説，冕皆廣七寸，長尺二寸，前圓後方，朱緑裏，玄上，前垂四寸，後垂三寸，繫白玉珠爲十二旒，蔡邕《獨斷》云「九旒」也。以其綬采色爲組纓。《禮記》曰：「玄冠朱組纓，天子之冠也。」其旒珠，用真白玉。三公諸侯七旒，青玉珠；卿大夫五旒，黑玉珠。皆有前無後，各以其色綬爲組纓，旁垂黈纊。助天子郊祀天地、明堂則冠之。

魏因漢故事。明帝好婦人之飾，冕旒改用珊瑚珠。

晉因之。

東晉元帝初過江，服章多闕，而冕飾以翡翠珊瑚珠。侍中顧和奏：「舊禮，冕旒用白玉珠。今美玉難得，不能備，可用白璇珠。」從之。後帝郊祀天地明堂宗廟，元會臨軒，改服黑介幘，通天冠，平冕。冕，皁表，朱緑裏，廣七寸，長一尺二寸，加於通天冠上，前圓後方，垂白玉珠十二旒，以朱組爲纓，無緌。王公卿助祭郊廟，冠平冕。王公八旒，卿七旒，組爲纓，色如綬也。

宋因之，更名曰平天冕，天子郊祀及宗廟服之，王公並用舊法。

齊因之。

梁因之。其制，前垂四寸，後垂三寸，旒長齊肩，以組爲纓，色如其綬，旁垂黈纊，充耳珠以玉瑱。乘輿郊祀天地明堂、享宗廟、元會臨軒則服之。五等諸侯助祭，平冕九旒，青玉爲珠，有前無後，各以其綬色爲組纓，旁垂黈纊。

陳因之，以爲冕旒。皇太子朝服遠遊冠，侍祭服平冕九旒。五等諸侯助祭郊廟，皆平冕九旒，青玉爲珠，有前無後，各以其綬色爲組纓，旁垂黈纊。

北齊採陳之制，旒玉用五采，以組爲纓，色如其綬。其四時郊祀封禪大事，皆服衮冕。皇太子平冕，黑介幘，白珠九旒，飾以三采玉，以組爲纓，色如其綬；未加元服，則空頂黑介幘，雙童髻，雙玉導。

後周設司服之官，掌皇帝十二冕。祀昊天則蒼冕，五帝各隨方色，朝日用青冕，夕月用素冕，地祇用黄冕，神州、社稷用玄冕，享先皇、加元服等以象冕，享先帝、食三老、耕籍等以衮冕，視朔、大射等以山冕，視朝、臨法門、適宴等以鷩冕，皆十有二旒。韋弁、皮弁，見在下文。諸公之冕九，方、衮、山、鷩、火、毳等六，皆九旒；韋弁、皮弁、玄冠三，合上爲九。諸侯八，無衮冕。諸伯七，又無山冕。諸子六，又無鷩冕。諸男五，又無火冕，冕五旒。三公之冕九，祀、火、毳、藻、繡、爵弁等冕六，韋弁、皮弁、玄冠，合上九。三孤自祀冕而下八，無火冕。公卿七，又無毳冕。上大夫六，又無藻冕。中大夫五，又無皮弁。下大夫四，又無爵弁。士服三，祀弁、爵弁、玄冕。庶士玄冠而已。其弔服，諸侯當事則弁經，不則皮弁。以下亦如之。

隋採北齊之法，衮冕垂白珠十二旒，以組爲纓，色如其綬，黈纊充耳，玉笄。太子庶子裴政奏：「色並用玄，旒齊於膊，纊齊於耳。唯應著幘者，任依漢晉法。」皇太子衮冕，垂白珠九旒，青纊充耳，犀笄。國公冕，青珠九旒，初受册命、執贄、入朝、祭祀、親迎、三公助祭，並服之。侯伯則鷩冕，子男則毳冕。五品以上繡冕，九品以上爵弁。

大唐依《周禮》制天子之六冕，有大裘冕、衮冕、鷩冕、毳冕、繡冕、玄冕。大裘冕，無旒，廣八寸，長一尺六寸，玄表纁裏，以下廣狹准此。金飾，玉簪導，《釋名》云：「簪，建也，所以建冠於後也。亦謂之笄，所以拘冠使不墜也。導以擽鬢，使入巾幘之中。」以組爲纓，色如其綬。祀天神地祇服之。衮冕，加金飾。垂白珠十有二旒，以組爲纓，色如其綬，黈纊充耳，玉簪導，諸祭祀及踐祚、享廟、遣上將、征還、飲至、加元服，元日受朝等服之。鷩冕，有事遠主服之。按《周禮》，遠主謂先公。毳冕，祭海嶽服之。繡冕，祭社稷、帝社服之。玄冕，蜡百神、朝日夕月服之。自衮冕以下，旒數並依《周禮》。皇太子衮冕，白珠九旒。諸臣衮冕，青珠九旒，青纊充耳，簪導，第一品服之。鷩冕七旒，第二品服之。毳冕五旒，第三品服之。繡冕四旒，第四品服之。玄冕三旒，第五品服之。龍朔二年九月，司禮少常伯孫茂道奏稱：「准令諸臣九章服，君臣服冕，章數雖殊，飾龍名衮，尊卑相亂。今請諸臣九章衣以雲及麟代龍，昇山爲上，仍改冕名。」當時紛議不定。至儀鳳二年十一月，太常博士蘇知機上言曰：「去龍朔中，孫茂道奏請諸臣九章服，當時竟未施行。今請制大明冕十二章，乘輿服之，加日、月、星辰、龍、虎、山、火、麟、鳳、玄龜、雲、水等象。鷩冕八章，三公服之。毳冕六章，三品服之。絺冕四章，五品服之。」詔下有司詳議，崇文館學士楊炯奏曰：「謹按《虞書》：『予欲觀古人之象，日、月、星辰、山、龍、華蟲作繪，宗彝、藻、火、粉米、黼、黻絺繡。』由此言之，則其所從來者尚矣。逮及有周，乃以日月星辰爲旌旗之飾，又登龍於山，登火於宗彝，於是制衮冕以祀先王也。九章者，法陽數也。以龍爲首章者，衮者卷也，龍德神異，應變潛見，表聖王深沈遠智，卷舒神化也。又制鷩冕以祭先公也，鷩者雉也，有耿介之志，表公有賢才，能守耿介之節也。夫以周公之多才也，故化定制禮，功成作樂。夫以孔宣之將聖也，故行夏之時，服周之冕。先王以法服，乃此之自出也；天下之能事，於是乎畢矣。今蘇知機『請制大明冕十二章乘輿服之』者。謹按，日月星辰者，已施於旌旗矣；龍虎山火者，又不踰於古矣。而云麟鳳有四靈之名，玄龜有負圖之應，雲有紀官之號，水有盛德之祥，此蓋別表休徵，終是無踰比象。然則皇王受命，天地興符，仰觀則璧合珠連，俯察則銀黄玉紫，此固不可畢陳於法服也。若夫禮唯從俗，則命爲制，令爲詔，乃秦皇之故事，猶可以適於今矣。若夫義取隨時，則出稱警，入稱蹕，乃漢國之舊儀，猶可以行於代矣。亦何取於變周公之軌物，改尼父之法度者哉！」由是竟寢知機所請。

緇布冠　進賢冠　周　後漢　晉　宋　齊　梁　陳　北齊　隋　大唐

周制，《士冠禮》云緇布冠，頍項，青組纓屬於頍。緇布冠無笄者，著頍，圍髮際，結項中，隅爲四綴以固冠。項中有繩，亦由固頍爲之耳。今未冠笄者，著卷幘，頍象之所生也。以爲始冠之冠，冠而弊之可也。初加緇布冠，再加皮弁，次加爵弁。加皮弁後而棄之。

後漢改之，制進賢冠，爲儒者之服。前高七寸，後高三寸，長八寸。公侯三梁，中二千石以下至博士兩梁，蔡邕《獨斷》云：「千石以下一梁。」小吏私學子皆一梁。

晉因之。天子元服，始加則冠五梁進賢冠。三公及封郡公、縣侯、鄉亭侯則三梁。卿大夫下至千石則兩梁。中書門下至門郎小吏，並一梁。

宋因之，爲儒冠。

齊因之，爲開國公侯下至小吏之服，其以梁數爲降殺，則依晉制。

梁因之，以爲乘輿宴會之服，則五梁進賢冠。

陳因之，爲文散内外百官所服，以梁數爲高卑，天子所服則五梁。

北齊進賢五梁冠，不通於下。

隋因陳制，内外文官通服之，降殺一如舊法。

大唐因之，若親王則加金附蟬爲飾。復依古制，緇布冠爲始冠之冠，進賢、緇布二制存焉。

弁追冠　章甫冠　委貌冠　夏　殷　周　漢　宋

夏后氏牟追冠，長七寸，高四寸，廣五寸，後廣二寸，制如覆杯，前高廣，後卑鋭。

殷因之，制章甫冠，高四寸半，後廣四寸，前櫛首。

周因之，制委貌。《司服》云「凡甸，冠弁服」。甸，田獵也。冠弁，委貌。

漢制，委貌以皁繒爲之，形如委穀之貌，上小下大，長七寸，高四寸，前高廣，後卑鋭，無笄有纓。行大射禮於辟雍，諸公卿大夫行禮者冠之。

宋依漢制。

通天冠　秦　漢　晉　宋　齊　梁　陳　北齊　隋　大唐

秦制通天冠，其狀遺失。

漢因秦名，制高九寸，正竪，頂少邪卻，乃直下爲鐵卷梁，前有山，展筩爲述，筩駮犀簪導，乘輿所常服。

晉依漢制，前加金博山述，乘輿常服。述即鷸也。鷸知天雨，故冠像焉。前有展筩。

宋因之，又加黑介幘。舊有冠無幘。幘，冠理展筩。前代古圖，畫三皇五帝，或有服通天冠，深誤矣。

齊因之，東昏侯改用玉簪導。

梁因之，復加冕於其上，爲平天冕。此復依晉冕法。

陳因之。

北齊依之，乘輿釋奠所服。

隋因之，加金博山，附蟬十二首，施珠翠，黑介幘，玉簪導。朔日、元會、冬朝會、諸祭還則服之。

大唐因之，其纓改以翠緌。

長冠　劉氏冠　齊冠　漢　晉　梁

漢高帝採楚制，長冠形如板，以竹爲裏，亦名齋冠，後以竹皮爲之，高七寸，廣三寸。以高帝所制，曰劉氏冠，故爲享廟之服，敬之至也。鄙人或謂之鵲尾冠。

晉依之，去竹用漆纚，救日蝕諸祀則冠之。

梁天監中，祠部郎中沈宏議：「竹葉冠是漢祖微時所服，不可爲祭服，宜改用爵弁。」司馬褧云：「若必遵三王，則所廢非一。」武帝竟不改矣。

遠遊冠　具服遠遊冠　公服遠遊冠　秦　漢　晉　梁　陳　北齊　隋　大唐

秦採楚制。楚莊王通梁組纓，似通天冠而無山述，有展筩横之於前。

漢因之。天子五梁，太子三梁，諸侯王通服之。

晉皇太子及王者後常冠焉，以翠羽爲緌，綴以白珠。帝之兄弟、帝之子封郡王者通服之，則青絲爲緌。

梁爲皇太子朝服，加金博山、翠緌。

陳因之，其藻飾服用，依晉故事也。

北齊依之，制五梁冠，乘輿所服，不通於下。

隋依之，制三梁，加金附蟬九首，施珠翠，黑介幘，翠緌，犀簪導。皇太子元朔、入朝、釋奠則服之。

大唐因之，其制具《開元禮序例》。

高山冠　側注冠　秦　漢　魏　晉　宋　齊　梁　陳　隋　大唐

秦滅齊，獲其君冠而制之。形如通天冠，頂不邪卻，直豎，鐵爲卷梁，高九寸，無山述展筩。一名側注冠。其體側立而曲注，因名之。以賜近臣，中外官、謁者、僕射、行人、使者等所服。《漢舊儀》云：「乘輿冠高山冠，飛月之纓，一云飛翮之纓。丹紈裏。」按此高山冠亦通天子之服。

魏明帝因改之，卑下於通天、遠遊，除去卷筩，加介幘，幘上加物以象山，行人使者服之。

晉宋齊梁陳，歷代因之。

隋依魏制，參用之，形如賢進冠，加三峰，謁者大夫以下服之，梁數依其品降殺。

大唐因之，内侍省内謁者監及親王司閤等服之。

法冠　獬豸冠　柱後惠文冠　秦　漢　晉　宋　齊　梁　陳　隋　大唐

秦滅楚，獲其君冠，賜御史。以纚爲展筩，鐵爲柱卷。取其不曲撓也。一名柱後惠文冠。執法者服之，或謂之獬豸冠。獬豸，神羊，一角，能別曲直。楚王獲之，以爲冠。

漢晉至陳，歷代相因襲不易。

隋開皇中，於進賢冠上加二真珠，爲獬豸角形。大業中，改制一角。或云：獬豸，神獸，蓋一角。今二角者，非也。執法者服之。

大唐法冠，一名獬豸冠，一角，爲獬豸之形，御史臺監察以上服之。

建華冠　鷸冠　漢　晉　陳

漢制，以鐵爲柱卷，貫大銅珠九枚，形似縷鹿。薛綜曰「下輪大，上輪小」也。記曰：「知天者冠述，知地者履絇。」《左氏傳》曰：「鄭子臧好聚鷸冠。」建華是也。天地、五郊、明堂《育命舞》，樂人服之。

晉及陳，代相因不易，餘並無聞。

趙惠文冠　武冠　武弁　大冠　鵕鸃冠　鶡冠　繁冠　建冠　籠冠　秦　漢　晉　宋　齊　梁　陳　北齊　隋　大唐

秦滅趙，以其君冠賜近臣。胡廣曰：「趙武靈王效胡服，以金璫飾首，前插貂尾，爲貴職。或以北土多寒，胡人以貂皮温額，後代效之。」亦曰「惠文」。惠者，蟪也。其冠文細如蟬翼，故名「惠文」。或曰：「齊人見千歲涸澤神，名之曰慶忌，冠大冠，乘小車，好疾馳，因象其冠。」

漢因之，曰武弁，一名大冠，諸武官冠之。侍中、中常侍加黄金璫，附蟬爲文，貂尾爲飾。侍中插左貂，常侍插右貂，用赤黑色。王莽用黄貂，各隨服色所尚。後漢應劭《漢官儀》曰：「金取堅剛，百鍊不耗。蟬居高飲潔，貂内勁捍而外温潤。」又名鵕鸃冠。《倉頡解詁》曰：「鵕鸃，鷩，即翬翟，山雞之屬，尾彩鮮明，是將飾冠以代貂。」幸臣閎孺爲侍中，皆服大冠。天子元服，亦爲先加。又加雙鶡尾豎左右，名鶡冠。鶡，鷙鳥之暴疏者也，每所攫撮，應爪摧碎。天子武騎故冠之。徐廣曰：「鶡似黑野雞，出上黨。」

晉依之，名繁冠，一名建冠，一名籠冠，即惠文冠也。

宋因之不易。

齊因之，侍臣加貂蟬，餘軍校武職、黄門散騎等皆冠之，唯武騎武賁插鶡尾於武冠上。

梁因制遠遊平上幘武冠。

陳因之不易，後爲鶡冠，武者所服。

北齊依之，曰武弁，季秋講武、出征告廟則服之。

隋依名武弁，武職及侍臣通服之。侍臣加金璫附蟬，以貂爲飾。侍左者左珥，侍右者右珥。天子則金博山，三公以上玉枝，四品以上金枝，文官七品以上珥白筆，八品以下及武官皆不珥筆。

大唐因之，乘輿加金附蟬，平巾幘。侍中、中書令則加貂蟬。侍左者左珥，侍右者右珥。諸武官府衛領軍九品以上等亦准此。

方山冠　漢　晉

漢制，似進賢，以五采縠爲之。祠宗廟，《八佾》、《四時》、《五行》樂人服之，冠衣各如其方之色而舞焉。

晉因之。

巧士冠　漢　晉

漢制，高七寸，要後相通，直豎，似高山冠。不常服，唯郊天，黄門從官者四人冠之，在鹵簿中，次乘輿車前，以備宦者四星云。

晉因之。自後無聞。

卻非冠　漢　梁　隋　大唐

漢制，似長冠，皆縮垂五寸，有纓緌，宫殿門吏僕射等冠之。

梁《北郊圖》，執事者縮纓緌。

隋依之，門者禁防伺非服也。

大唐因之，亭長門僕服之。

樊噲冠　漢　晉　宋　齊　陳

漢將樊噲造次所冠，以入項羽軍。其制似平冕，廣九寸，高七寸，前後出各四寸，司馬殿門衛士服之。或曰：「樊噲常持鐵楯，聞項羽有意殺漢王，噲裂裳以裹楯冠之入軍門，立漢王傍，視項羽。」

晉宋齊陳，不易其制，餘並無聞。

術氏冠　漢　晉

漢制，前圓，差池四重。趙武靈王好服之。今不施用。或曰「楚莊王解冠」是也。

晉因之。宋以後無聞。

卻敵冠　晉　陳

晉制之，前高四寸，通長四寸，後高三寸，似進賢冠。凡當殿門衛士服之。

陳依之，餘並廢。

進德冠　大唐

大唐制，九琪，加金飾。皇太子侍從皇帝祭祀及謁見、加元服、納妃則服之。

翼善冠　大唐

大唐貞觀中，制，月一日、十五日視朝，常服之。又與平巾幘通用。太宗初服翼善冠，賜貴臣進德冠，因謂侍臣曰：「幞頭起於周武帝，蓋取便於軍容耳。今四海無虞，此冠頗採古法，兼類幞頭，乃宜常服。」開元十七年，廢不行用。乾元元年十月，知司天臺事韓穎奏：「五官正，奉敕創置，其官職配五方，上稽五緯。臣請冠上加一星珠，衣從本方正色。每至正冬朔望朝會及諸大禮，即服以朝見，仍望永爲恒式。」奉敕旨宜依。

皇　收　冔　爵弁　廣冕　虞　夏　殷　周　漢　晉　隋　大唐

有虞氏皇而祭，其制無文，蓋爵弁之類。

夏后氏因之，曰收。收之言所以收斂髮。純黑，前小後大。

殷因之，曰冔。冔名出於幠，幠，覆也。所以自飾覆。黑而微白，前大後小。

周因制爵弁，爵弁，冕之次。赤而微黑，如爵頭然，前小後大。三代以來，皆廣八寸，長尺二寸，如冕無旒，皆三十升布爲之。士冠禮三加，成人服之。

漢依周制。或云「中古以下，其制用絲」。祠天地五郊明堂，《雲翹舞》樂人服之。

晉依漢制，更名廣冕，有收持笄，服用如舊。

隋依，以角爲簪導，士助君祭服之。

大唐因之，以紬代布，用玄纓，簪導。九品以上冠、親迎、助祭、家私祭祀服之。

皮弁　周　晉　後周　隋　大唐

《周禮・弁師》云：「王之皮弁會五采玉璂，象邸玉笄。」會，縫中也。璂，結也。皮弁之縫中，每貫結五采玉十二以爲飾，謂之璂。邸，下柢也，以象骨爲之。《司服》云：「視朝則皮弁服。」《士冠禮》曰：「三王共皮弁。」按皮弁，韋弁，侯伯璂飾七玉，子男璂飾五玉，三采。孤璂飾四，三命之卿璂飾三，再命之大夫璂飾二玉，二采。皮弁以鹿皮爲之。璂音其。

晉依舊制，以鹿淺毛黄白色者爲之，其服用等級並准《周官》。

後周田獵則服之，以鹿子皮爲之。

隋因之。大業中所造，通用烏漆紗，前後二傍如蓮葉，四閒空處又安拳花，頂上當縫安金梁。梁上加璂，天子十二真珠爲之。皇太子及一品九璂，二品八璂，下六品各殺其一璂，以玉爲之，皆犀簪導。六品以下無璂，皆象簪導。唯天子用含稜。後制鹿皮弁，以賜近臣。

大唐因之，以鹿皮爲之，玉簪導，十二璂，朔日受朝則服之。

韋弁　周　晉　宋　後周

《周官·司服》云：「凡兵事韋弁服。」韎韋爲弁。齊人名蒨爲韎軩，以染韋爲絳色，曰「韎韋」。

晉以韋爲之，頂上少尖。

宋因之，或爲車駕親戎、中外戒嚴之服。

後周巡兵即戎則服之。自此以來，無復其制。

幘　童子幘　空頂幘　納言幘　赤幘　緗幘　素幘　黑幘　紺幘　緑幘　青幘

秦　漢　晉　東晉　宋　齊　梁　陳　隋　大唐

古者有冠無幘，其戴也加首有頍，所以安物，故《詩》曰「有頍者弁」，此之謂也。幘者，賾也。頭首嚴賾。

秦雄諸侯，乃加其武將首爲絳袙，以表貴賤，其後稍稍作顔題。袙音盲百切。

漢因，續其顔，卻摞之，施巾連題，卻覆之。至孝文乃高其顔題，續之爲耳，崇其巾爲屋，上下羣臣貴賤皆服之。文者長耳，武者短耳，稱其冠也。尚書幘收，方三寸，名曰納言，示以忠正，明近職也。迎氣五郊，各如其色，從章服也。武吏常赤幘，成其威也。未冠童子幘無屋者，示未成人也。入學小童幘句卷屋者，示尚幼小，未遠冒也。喪幘卻摞，反本禮也。蔡邕《獨斷》曰：「幘，古者之卑賤執事不冠者所服也。漢元帝額有壯髮，不欲使人見，始進幘服之，羣臣皆隨焉。然尚無巾，王莽頂禿，幘上施屋。」壯髮謂當額前，侵下而生，今俗呼爲「主頭」者是。制，紺幘以齋，青幘以耕，緗幘以獵。緑幘，漢董偃召見服之。

晉因之。

東晉哀帝從博士曹弘之等議，立秋御讀月令，改用素幘。

宋因之，以黑幘，騎吏、鼓吹、武官服之；其救日蝕，文武官皆免冠著赤幘。

齊因之，以黑幘拜陵所服。

梁因之，以黑介幘爲朝服，元正朝賀畢，還儲更出所服。未加元服，則空頂介幘。

陳因之，諸軍司馬服平巾幘，長吏介幘，御節郎、黄鉞郎朝服，赤介幘，簪筆。

隋依之，天子畋獵、御戎，文官出遊，武官一品以下，并流外吏等，上下通服黑介幘，平巾黑幘。又制緑幘，庖人服之。其平巾黑幘之制，玉枝金花飾，犀簪導，紫羅褶。其御五輅人，逐其車色。

大唐因制，乘輿空頂黑介幘，雙玉導，加寶飾，祭還及冬至朔日受朝會、臨軒拜王公則服之。黑介幘，拜陵則服之。平巾幘，金寶飾。導簪冠支皆以玉，乘馬則服之。皇太子平巾幘，乘馬則服之。空頂介幘，雙玉導，加寶飾，謁廟還宫、元日冬至朔日入朝、釋奠則服之。冠幘，五品以上陪祭服之。

帢　白帢　烏紗帢　魏　晉　齊　梁　陳　隋　大唐

魏武以天下凶荒，資財乏匱，擬古皮弁，裁縑帛以爲帢，苦洽切。合乎簡易隨時之義，以色别其貴賤，本施軍飾，非爲國容。或云：「本未有岐，荀文若巾之行，觸樹枝成岐，因之爲善，遂不改。」因通以慶弔。帢與帢同。

晉因之，咸和中，制聽尚書八座丞郎，門下三省侍官乘車白帢。

齊依，以素爲之，舉哀臨喪服之。

梁因之，以代古疑縗爲弔服，爲羣臣舉哀臨喪則服之。

陳因之，而初婚冠送餞亦服之。

隋依梁不易。

大唐因之。

帽　皮帽　阜帽　翠帽　黑帽　高屋白紗帽　高頂帽　岑帽　突騎帽　周　魏

晉　宋　齊　梁　陳　後魏　隋　大唐

上古穴居野處，衣毛帽皮，以此而言，不施衣冠明矣。《玄中記》云「旬始作帽」。

周成王問周公曰：「舜之冠何如焉？」曰：「古之人上有帽而句領。」或云：「帽名猶冠也，義取於加覆其首，本纚也。古者冠下有纚，以繒爲之。後世施幘於冠，因裁纚爲帽。自乘輿宴居，下至庶人無爵者，皆得服之。」

魏管寧在家，嘗著阜帽。《吴書》云：「陸遜破曹休於石亭，還，當反西陵，朝廷燕賜終日，上脱翠帽以賜遜。時同羣臣朝謁而服之。」

晉因之。

宋制，黑帽，綴紫標，標以繒爲之，長四寸，廣一寸，後制高屋，白紗帽。

齊因之。

梁因制，顔同，至於高下翅之卷小異耳。皆以白紗爲之。

陳因之，天子及士人通冠之。白紗者，名高頂帽。皇太子在宫則烏紗，在永福省則白紗。又有繒阜雜紗爲之，高屋下裙，蓋無定准。又制岑帽，執角五音帥長服之。

後魏咸著突騎帽，如今胡帽，垂裙覆帶，蓋索髮之遺象也。又文帝項上瘤疾，不欲人見，每常著焉。時爲雅服，小朝公宴，咸許戴之。

隋文帝開皇初，嘗著烏紗帽，自朝貴已下，至於冗吏，通著入朝。後復制白紗高屋帽，接賓客則服之。大業中，令五品以上通服朱紫，是以烏紗帽漸廢，貴賤通服折上巾。按後漢郭林宗行遇雨，霑巾角折。後周武帝建德中，因制折上巾。

大唐因之，制白紗帽，又制烏紗帽，視朝、聽訟、宴見賓客則服之。

葛巾　角巾　東晉　齊　陳　北齊

東晉制，以葛爲之，形如帢，而橫著之，尊卑共服。太元中，國子生見祭酒博士，冠角巾。

齊依之。其角巾，宋不存，至齊立學，王儉議更存焉。

陳依之。

北齊依之。自後無聞。

幅巾　縑巾　黃巾　後漢　後周　大唐

後漢末，王公名士以幅巾爲雅，是以袁紹、崔鈞之徒雖爲將帥，皆著縑巾。時有妖賊，以黃爲巾，時謂之黃巾賊。按巾，六國時，趙魏之間，通謂之承露。袁紹戰敗，幅巾渡河。按此則庶人及軍旅皆服之。用全幅皁而向後幞髮，謂之頭巾，俗人謂之幞頭。

後周武帝因裁幅巾爲四脚。

大唐因之。

巾子　大唐

大唐武德初，始用之，初尚平頭小樣者。天授二年，武太后內宴，賜羣臣高頭巾子，呼爲「武家諸王樣」。景龍四年三月，中宗內宴，賜宰臣已下內樣巾子。其樣高而踣，皇帝在藩時所服，人號爲「英王踣樣」。

李匡乂《資暇集》卷中　上馬，自便服乘馬已來，既無帷蓋，乃漸至大裁帽，席帽之障蔽，近年時態唯修虛事，至於致恭尊高，不敢戴上馬宜矣，直有出門猶露首面，如之何。

李匡乂《資暇集》卷下　席帽，永貞之前，組藤爲蓋，曰席帽，取其輕也。後或以太薄，冬則不禦霜寒，夏則不障暑氣，乃細色罽代藤，曰氈帽，貴其厚也。非崇貴莫戴，而人亦未尚。元和十年六月，裴晉公之爲臺丞，自化理第早朝時，青鎮一帥拒命，朝廷方參議兵計，而晉公預焉。二帥俾捷步張晏等，傳刃伺便謀害，至里東門導炬之下，霜刃欻飛，時晉公繫帽是賴，刃不即及而帽折其簷。既脱禍，朝貴乃尚之，近者布素之士亦皆戴焉。折簷帽尚在裴氏私帑中。大和末，又染繒而復代罽，曰疊綃帽。雖示其妙，與氈帽之庇懸矣。會昌已來，吴人衒巧，抑有結絲帽若網，其巧之淫者，織花鳥相厠焉。近人染藤爲紫，復以輕相尚。

《唐會要》卷三《輿服上》

冠

唐制，親王服遠遊三梁冠，五品已上兩梁冠，九品已上一梁冠。武官及中書門下九品已上，服武弁、平巾幘。御史服法冠。武德四年七月勑，折上巾，軍旅所服，即今幞頭是也。自後紗帽漸廢，貴賤用之。故事，全復皁而向後幞髮，俗謂之幞頭。周武建德中，裁爲四脚。

其年十二月，高祖問秘書丞令狐德棻曰：「丈夫冠，婦人髻，競爲高大，何也？」對曰：「在人之身，冠髻爲上，所以古人方諸君子。昔東晉之末，君弱臣强，江左之士，莫不衣小而裳大。及宋武正位之後，君尊而臣卑，俄亦變改。此即近事之徵。」

貞觀八年五月七日，太宗初服翼善冠，賜貴臣進德冠，因謂侍臣曰：「幞頭起於周武帝，蓋取便於軍容耳。今四方無虞，當偃武事，此冠頗採古法，兼類幞頭，乃宜常服。」至開元十七年，廢不行用。

開元十九年六月勑：「應五品已上，行六品冠，去琪珠。」

二十五年，工部、太常寺衣冠祭服并幘，諸司供奉官衣、冠、履、舄等，所司七年一替，三年一給。未滿三年有損壞者，並自修理。

乾元元年十月一日，知司天臺事韓穎奏：「五官正，奉勑創置，其官職配五方，上稽五緯。臣請冠上加一星珠，衣從本方正色，每至元日、冬至、朔望朝會及諸大禮，即服以朝見，仍望永爲恒式。」勑旨依。

貞元七年十一月，上問冠冕於宰臣，時董晉對曰：「古之人服冠冕者，動有佩玉之響，以節步也，故大禹惡衣服而致美於黻冕。」上然之。

巾子

武德初，始用之，初尚平頭小樣者。

天授二年，則天內宴，賜羣臣高頭巾子，呼爲「武家諸王樣」。景龍四年三月，內宴，賜宰臣已下內樣巾子。其樣高而踣，皇帝在藩時所冠，故時人號爲「英王踣樣」。

開元十九年十月，賜供奉及諸司長官羅頭巾，及官樣圓頭巾子。

永泰元年，裴冕爲左僕射，自創巾，號曰「僕射樣」。

大和三年正月，宣令諸司小兒，勿許裹大巾子入内。

《唐會要》卷三一《輿服下》

冪䍦

武德初，襲齊、隋舊制，婦人多著冪䍦，雖發自戎夷，而全身障蔽。至永徽已後，皆用帷帽，拖裙到頸，即漸爲淺露矣。龍朔三年，有勑禁斷。初雖暫息，旋又仍舊。

咸亨二年八月二十二日，又勑下：「百官家口，咸預士流，至于衢路之間，豈可全無障蔽。比來多著帷帽，遂棄冪䍦，曾不乘車，別坐檐子。遞相倣效，寖成風俗，過爲輕率，深失禮容。前者已令漸改，如聞猶未止息，理須禁斷，自後不得更然。」

王謩《羣書類編故事》卷二一《冠服類》

幞頭始末

上古被髮服皮，三代即有衣冠。皆列品命，無敢惑黔首之服。以三尺皂絹裹髮，名折上巾。後周武帝裁爲四脚，名服頭。但空裹髻而已。隋大業中著巾子，以桐木爲之，内外皆漆，又賜百僚絲葛巾子，呼爲高頭樣。自後有華韶樣，僕射樣。馬周上議，裹頭左右各三摺，象三才，重繫前脚，法二儀，詔從之。《炙轂子》

馬縞集《中華古今注》卷上　文武冠　文官進賢冠，古緌貌冠之遺象也。武官冠，古緇布冠之遺象也。緇布冠，上古之法，武人質木，故須法焉。【略】

貂蟬　胡服也。貂者，須其文而不煥炳，外柔易而内剛勁也。蟬者，清虚識變也。在位者有文而不自耀，有武而不示人，清虚自牧，識時而動也。【略】

冪䍦　冪䍦者，唐武德、貞觀年中，宫人騎馬多着冪䍦，而全身障蔽。至永徽年中後，皆用帷帽，施裙到頸，漸爲淺露。至明慶年，百官家口若不乘車，便坐檐子，至神龍末，冪䍦殆絶，其冪䍦之象類今之方巾，全身障蔽，繒帛爲之。若便於事，非乘車轝及坐檐子，即此制，誠非便於時也。開元初，宫人馬上着胡帽，靚粧露面，士庶咸効之。至天寶年中，士人之妻著丈夫靴衫鞭帽，内外一體也。【略】

冠子朵子扇子　冠子者，秦始皇之制也。令三妃九嬪，當暑戴芙蓉冠子，以碧羅爲之。插五色通草蘇朵子，披淺黄藂羅衫，把雲母小扇子，靸蹲鳳頭履以侍從。令宫人當暑戴黄羅髻蟬冠子，五花朵子，披淺黄銀泥飛雲帔，把五色羅小扇子，靸金泥飛頭鞋。至隋帝於江都宫水精殿，令宫人戴通天百葉冠子，插瑟瑟鈿朵，皆垂珠翠，披紫羅帔，把半月雉尾扇子，靸瑞鳩頭履子，謂之僊飛。其後改更實繁，不可具紀。【略】

女人披帛　古無其制。開元中，詔令二十七世婦及寶林御女良人等，尋常宴參侍，令披畫披帛，至今然矣。至端午日，宫人相傳，謂之奉聖巾，亦曰續壽巾、續聖巾，蓋非參從見之服。【略】

席帽　本古之圍帽也，男女通服之。以韋之四周垂絲網之，施以朱翠，丈夫去飾。至煬帝淫侈，欲見女子之容，詔去帽戴幞頭巾子。幗也以皂羅爲之，丈夫藤席爲之，骨鞔以繒，乃名席帽。至馬周，以席帽油，御雨從事。

搭耳帽　本胡服。以韋爲之，以羔毛絡縫。趙氏靈王更以綾絹，皂色爲之，始並立其名爪牙帽子，蓋軍戎之服也。又隱太子常以花搭耳帽子以畋獵遊宴，後賜武臣及内侍從。

大帽子　本嵓叟草野之服也。至魏文帝，詔百官常以立冬日，貴賤通戴，謂之温帽。

烏紗帽　武德九年十一月，太宗詔曰：「自今已後，天子服烏紗帽，百官士庶皆同服之。」

幞頭　本名上巾，亦名折上巾。但以三尺皂羅，後裹髮，蓋庶人之常服。沿至後周，武帝裁爲四脚，名曰幞頭。以至唐侍中馬周更與羅代絹，又令重繫前後以象二儀，兩邊各爲三撮，取法三才，百官及士庶爲常服。

巾子　隋大業十年，禮官上疏：「裹頭者，宜裹巾子。」與桐木爲之，内外皆漆，在外及庶人常服。」泌至證明二年，則天賜羣臣然葛巾子，呼爲武家高巾子，亦曰武氏内樣。

司馬光《資治通鑑》卷二一一《唐玄宗開元五年》七一七　〔九月，〕貞觀之制，中書、門下及三品官入奏事，必使諫官、史官隨之，有失則匡正，美惡必記之；諸司皆於正牙奏事，御史彈百官，服豸冠，對仗讀彈文；獬豸冠，法冠也，一曰柱後惠文，高五寸，以纚爲展筩，鐵柱卷，執法者服之，觀王義方彈李義府事可見。

司馬光《資治通鑑》卷二四四《唐文宗大和三年》　上性儉素，九月，辛巳，命中尉以下毋得衣紗縠綾羅；衣，於既翻。聽朝之暇，惟以書史自娱，聲樂遊畋未嘗留意。駙馬韋處仁嘗著夾羅巾，處，昌呂翻。著，陟略翻。劉昫曰：武德已來，始有巾子，文官名流上平頭小様者。則天時，朝貴臣内賜高頭巾子，呼爲武家諸王樣。中宗景龍四年三月，因内宴，賜宰臣以下内様巾子。開元已來，文官士伍多以紫皂官絁爲頭巾，平頭巾子，相倣爲雅製。玄宗開元十九年十月，賜供奉及諸司長官羅頭巾及宫様巾，迄于今服之。上謂曰：「朕慕卿門地清素，故有選尚。處仁尚穆宗女新豐公主。如此巾服，聽其他貴戚爲之，卿不須爾。」

司馬光《資治通鑑》卷二七一《後梁均王龍德二年》 蜀主好爲微行，酒肆、倡家靡所不到；惡人識之，乃下令士民皆著大裁帽。

司馬光《資治通鑑》卷二八三《後晉齊天福八年（九四三）》 楚王（馬）希範，奢欲無厭，喜自誇大。【略】其襆頭脚長丈餘，以象龍角。胡三省注：襆，防玉翻。後周武帝製襆頭，裁幅巾，出四脚，至今人服用之。唐人其脚向上，至宋太祖始爲放脚。長，直亮翻。

《宋史》卷一五三《輿服志五》 襆頭。一名折上巾，起自後周，然止以軟帛垂脚，隋始以桐木爲之，唐始以羅代繒。惟帝服則脚上曲，人臣下垂。五代漸變平直。國朝之制，君臣通服平脚，乘輿或服上曲焉。其初以藤織草巾子爲裏，紗爲表，而塗以漆。後惟以漆爲堅，去其藤裏，前爲一折，平施兩脚，以鐵爲之。

【略】

樂枝，卿監以上有之；絹花以賜將校以下。太上兩宮上壽畢，及聖節、及錫宴、及賜新進士聞喜宴，並如之。

重戴。唐士人多尚之，蓋古大裁帽之遺制，本野夫巖叟之服。以皂羅爲之，方而垂簷，紫裏，兩紫絲組爲纓，垂而結之頷下。所謂重戴者，蓋折上巾又加以帽焉。宋初，御史臺皆重戴，餘官或戴或否。後新進士亦戴，至釋褐則止。太宗淳化二年，御史臺言：「舊儀，三院御史在臺及出使，並重戴，事已久廢。其御史出臺爲省職及在京釐務者，請依舊儀，違者罰俸一月。」從之。又詔兩省及尚書省五品以上皆重戴，樞密三司使、副則不。中興後，御史、兩制、知貢舉官、新進士上三人，許服之。

沈括《夢溪筆談》卷一《故事一》 襆頭一謂之「四脚」，乃四帶也。二帶繫腦後垂之，（折）帶反繫頭上，令曲折附頂，故亦謂之「折上巾」。唐制，唯人主得用硬脚。晚唐方鎮擅命，始僭用硬脚。本朝襆頭，有直脚、局脚、交脚、朝天、順風，凡五等。唯直脚貴賤通服之。又庶人所戴頭巾，唐人亦謂之「四脚」，蓋兩脚繫腦後，兩脚繫頷下，取其服勞不脱也。無事則反繫於頂上。今人不復繫頷下，兩帶遂爲虚設。

沈括《夢溪筆談》卷一九《器用》 濟州金鄉縣發一古冢，乃漢大司徒朱鮪墓，石壁皆刻人物、祭器、樂架之類。人之衣冠多品，有如今之襆頭者，巾額皆方，悉如今制，但無脚耳。婦人亦有如今之垂肩冠者，如近年所服角冠，兩翼抱面，下垂及肩，略無小異。人情不相遠，千餘年前冠服，已嘗如此。其祭器亦有類今之食器者。

聶崇義《新定三禮圖·冠冕圖》卷三

童子服將冠者　緇布冠三制　太古冠新增　緇布冠新增

頍項上音丘粱反　皮弁

爵弁　笄

委貌如進賢冠　委貌如皮弁者　委貌張鎰圖制

委貌梁正法　毋追音牟堆　章甫　周弁

通天冠　遠遊冠　高山冠　長冠一名齊冠

法冠　建華冠　武弁大冠　術氏冠

方山冠　巧士冠　卻非冠　樊噲冠

卻敵冠　章甫冠別一法　四冕叔孫通稽周法　三冠皆進賢冠

梁正修《阮鄭等圖》以童子之服繫冕弁之末，不連緇布皮弁等服，《張鎰圖》以童子服連緇布冠，下盡毁冔夏收，以通天、遠遊已下爲不出《三禮》經義，別編於下卷。今按《士冠禮》云「將冠者，采衣紒」。其將冠者，即童子二十者也。將行冠禮，始加緇布，次加皮弁，次加爵弁，若本其行事敘將冠之服列於緇布之上，於理爲當。今依而次之，仍升童子之服爲卷首，下梁之古冠，庶得兩從，知禮之自也。

童子采衣紒，故士冠禮云：「將冠者，采衣紒。」鄭玄注云：「采衣，未冠者所服。」《玉藻》云：「童子之節也，緇布衣，錦緣，錦紳并紐，錦束髮，皆朱錦也。」紒，結髮也。賈疏云：將冠者即童子二十者也，以其冠事未至，故言將冠。童子既不帛襦袴，不裘裳，故以錦爲緇布衣緣飾。又以錦爲大帶及結紳之紐，故云錦紳并紐也。紐長與紳齊，又以錦爲之束髮，總此釋紒謂結髮也。《詩》云「總角之丱」是也。皆用朱錦飾者，以童子尚華，示將成人有文德，故皆用錦，示一文一質之義。衣襦袴并緇布是質也。黑屨無絇青繶純。又盧植云：童子紒似刀環。

童子服

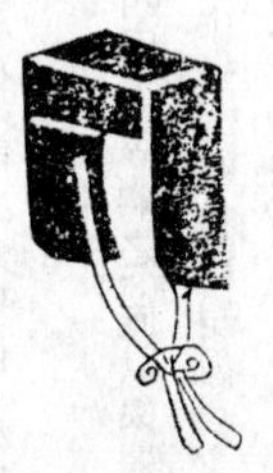

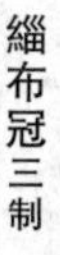

緇布冠三制

《舊圖》云：始冠緇布。今武士冠則其遺象也，大小之制未聞。

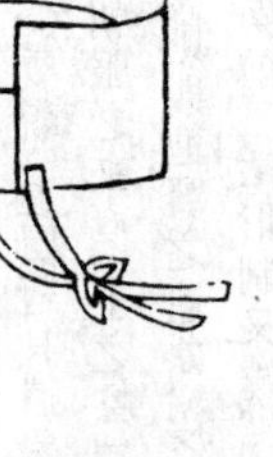

太古冠新增

梁正又云：師説不同，今傳疏二冠之象，又下有進賢，皆云古之緇布冠之遺象。其張鎰重修亦云《舊圖》有此三象，其本狀及制之大小未聞，此皆不本經義，務在相沿疾速就事，今別圖於左，庶典法不墜。

周制横縫者

緇布冠大古縮縫者

緇布冠，始冠之冠也。《記》曰：「太古冠布，齊則緇之。其緌也，孔子曰：『吾未之聞也。』」此主謂大夫、士無緌耳，諸侯始加緇布冠，繢緌。其頍項青組纓則與士同。其士以青組纓結於頤下，無緌。自士已上，冠訖則弊，去之不復著也。然庶人猶著之故，《詩》云「彼都人士，臺笠緇撮。」謂彼都邑人有士行者，以緇布爲冠，撮持其髮。《檀弓》曰：「古者冠縮縫，今也衡縫」鄭玄注云：縮，從也。衡讀爲横。孔疏云：縮，直也。古謂殷已上質，吉凶冠皆直縫。直縫者，辟積少故一前後直縫之。其冠廣三寸，落頂前後兩頭皆在武下，尚外出反屈之於武。辟積三皆厭伏，今即周也。周尚文，多辟積，不復一一直縫，但多作襵音輒并横縫之，故周吉冠多辟襵而横縫，又以冠兩頭皆在武上，向內反屈縫之。既吉凶相變，其喪冠質，猶踈辟襵而右直縫之，以兩頭皆在武下，向外反屈縫於武，故得厭伏之。名其吉冠，則左辟襵而横縫之。詳此文義，法式顯然。梁正言大小之制未聞，一何固也。張鎰棄古今之順説斯焉捨諸，今依經疏述而圖之。【略】

《士冠禮》鄭玄注云：皮弁以白鹿皮爲之，象太古。又《舊圖》云：以鹿皮淺毛黄白者爲之，高尺二寸。《周禮》王及諸侯孤卿大夫之皮弁，會上有五采、三采、二采，王琪象邸，唯不言士之皮弁有此等之飾。凡於圖中重見者，以其本旨不同也。此解《士冠禮》三加次加皮弁，是以重出，他皆類此。

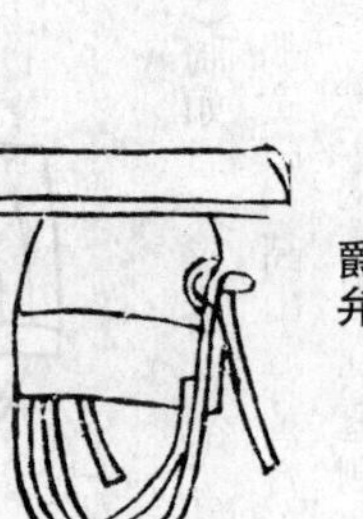

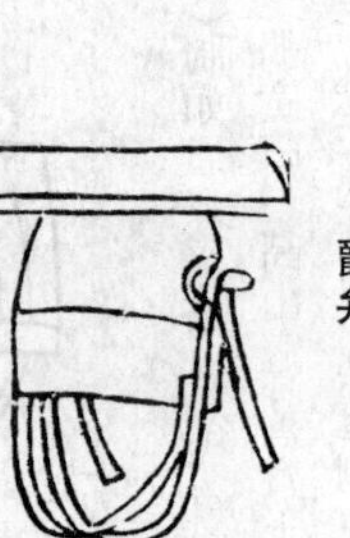

皮弁

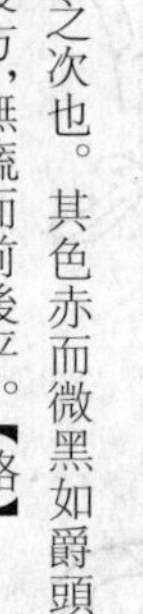

爵弁

爵弁，鄭云：冕之次也。其色赤而微黑如爵頭然，用三十升布爲之，亦長尺六寸，廣八寸，前圖後方，無旒而前後平。【略】

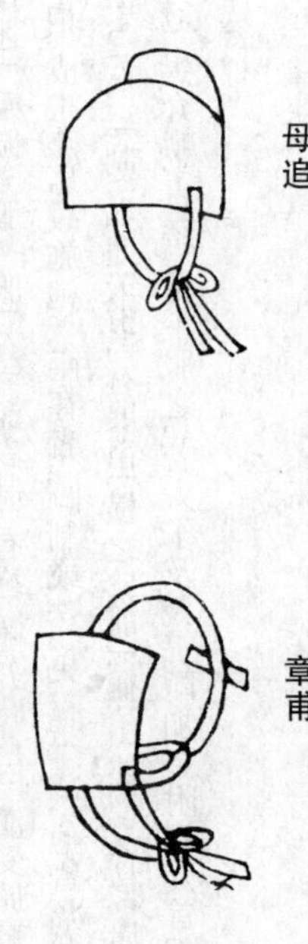

母追　章甫

《舊圖》云：夏曰母追，音牟堆。殷曰章甫，周曰委貌。委貌制已見上。後代轉以巧意，改新而易其名耳。其制相比，皆以漆布爲殼，以緇縫其上。前廣四寸，高五寸，後廣四寸，高三寸。章甫，委大章其身也。母追制與周委貌同，殷冠委大臨前，夏冠委前小損。臣崇義按《郊特牲》曰：「委貌，周道也；章甫，殷道也；母追，夏后氏之道也。」孔疏云：三代恒服行道之冠，俱用緇布，其形自別，既言俱用緇布爲之，則緇布冠是委貌等矣。蓋布有麄緗，各爲名。又《漢志》云：長七寸，高四寸，制如覆杯，前高廣後卑鋭，所謂夏之母追、殷之章甫者也。母追有覆杯之狀。但古法難識依，又觀象備圖於右，庶合遺制，他皆類此。

周弁

按《王制》疏與《舊圖》云：周曰弁，殷曰冔，夏曰收，三冠之制相似而微異，俱以二十升布漆爲之，皆廣八寸，長尺六寸，前圓後方，無旒，色赤而微黑如爵頭然，前大後小。殷冔寸黑而微白，前小後大，收純黑亦前小後大，三冠下皆有收，如東道笠下收矣。又《後漢志》云：爵弁，一名冕。廣八寸，長(六)[二]寸如爵形前小後大，繒其上似爵頭色有收特笄，所謂夏收殷冔者也。祠天地五郊明堂，《雲翹舞》樂人服之。《禮》曰：朱干玉(戚)[鍼]冕而舞《大夏》此之謂也。又案《士冠禮》云：「周弁，殷冔，夏收。」鄭玄注云：其制之異未聞。謂夏殷禮士其制與周異同未聞，故下不圖夏殷二冠之象，張鎰亦略而不取。

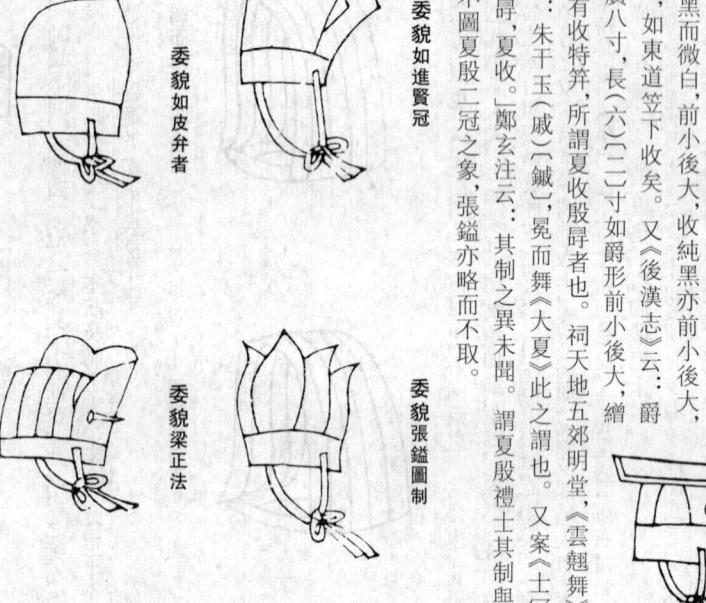

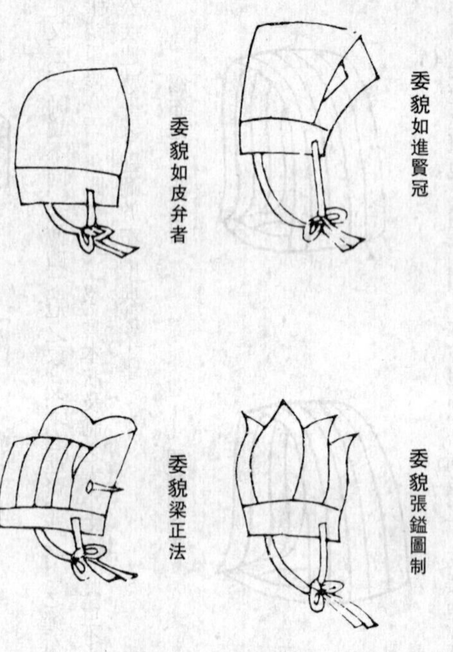

委貌如進賢冠

委貌張鎰圖制

委貌如皮弁者

委貌梁正法

鄭玄委貌一名玄冠，故《士冠禮》云：「主人玄冠朝服。」注云：玄冠，委貌也。《舊圖》云：委貌，進賢冠其遺象也。《漢志》云：委貌與皮弁冠同制。案《張鎰圖》諸侯朝服之玄冠，士之玄端之玄冠，諸侯之冠，弁此三冠與周天子委貌形制相同，則與進賢之遺象、皮弁之同制者，遠相異也。其梁正因阮氏之本而圖委貌與前三法形制又殊。臣崇義詳此委貌之四狀，蓋後代變亂法度，隨時造作，古今之制或見乎文，張氏僅得之矣。今並圖之於右，異來哲所擇。

通天冠

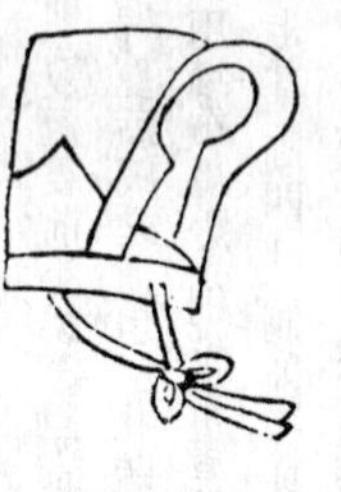

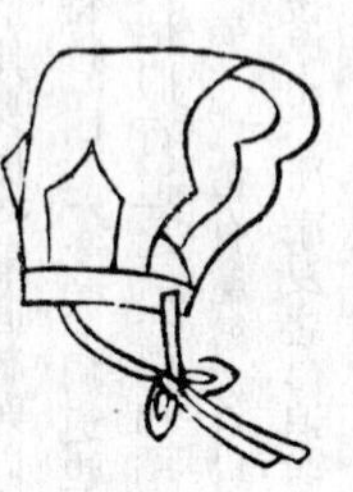

《後漢志》云：通天冠，高九寸，正豎，頂少斜卻，乃直下爲鐵卷梁，前有山，有展筩[爲述]，乘輿常服。服[衣]，深衣制，有袍，隨五時色。漢受於秦禮無文。或曰周公袍，成王燕居故施袍。兩存者，圖制或殊，更存一法，他皆類此。遠遊冠，《後漢志》云：(制)如通天冠，有展筩[橫之於前]，無山述。又桉《唐典》云：遠遊三梁冠，黑介幘，青緌，諸王服之，若太子及親王即加金附蟬九首，施珠翠，緌翠緌，犀簪導。

遠遊冠

高山冠

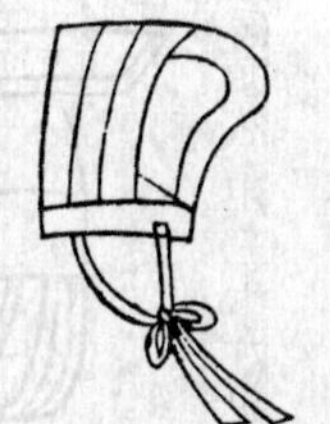

《漢志》曰：高山冠，一曰側注。(冠)制如通天，頂不斜卻，直豎，無山述展筩。蔡邕《獨斷》曰：鐵爲卷梁，高九寸。胡廣曰：高山冠，蓋齊王冠也。秦滅齊，以其君冠賜近臣謁者服之。又《史記》酈生謁高祖，其冠側注。《漢舊儀》曰：乘輿冠高山冠，幘耳赤，丹紈裏[衣]丹色之纓。

《後漢志》云：長冠，一曰齊冠，(前)高七寸，廣三寸，(而後)促漆(縰)[纚]爲之，制如版，以竹爲裏。初，高(帝)[祖]微時，以竹皮爲之，謂之劉氏冠，楚冠制也。祀宗廟諸祀則冠之。皆[服]袀玄。袀，盲居匀反。《獨斷》曰：紺，繒也。《吴都賦》注云：袀，皁服也。

長冠

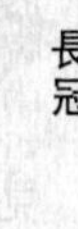

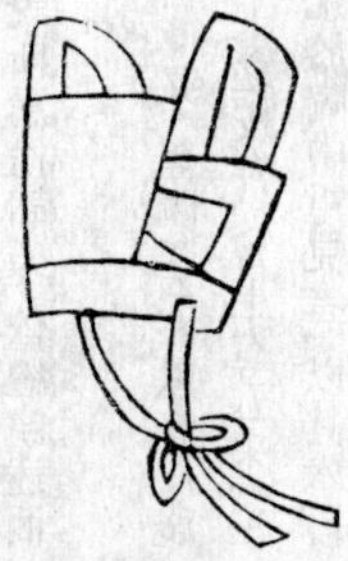

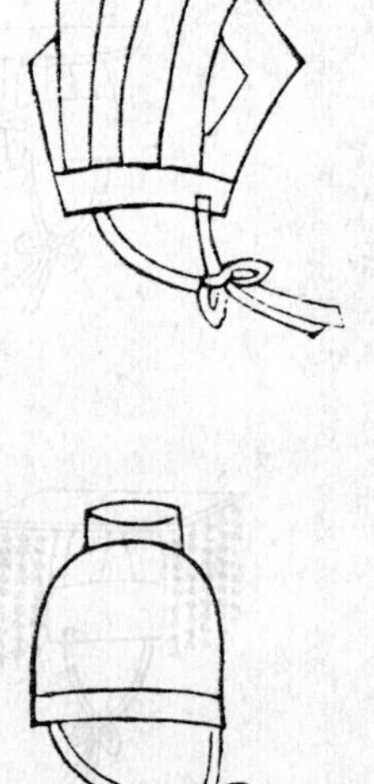

法冠

法冠,《後漢志》:一曰柱後。(冠)高五寸,以纚爲之展筩,(以)鐵(爲)柱卷。取其直而不橈也。又《唐志》云:法冠,一名獬豸冠,以鐵爲柱,〔甚〕上施珠二枚。或曰:獬豸,神羊,取别曲直,楚王獲之,故以爲秦滅楚,以其君服賜執法者,侍御史、廷尉,正監平皆服之。

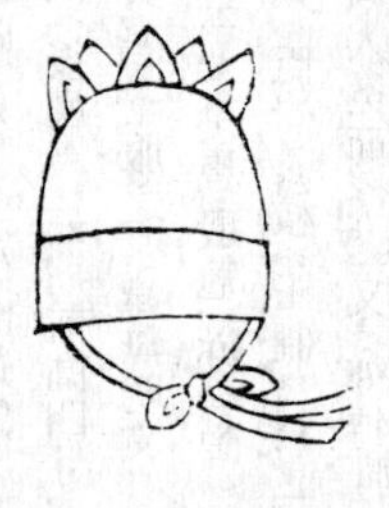

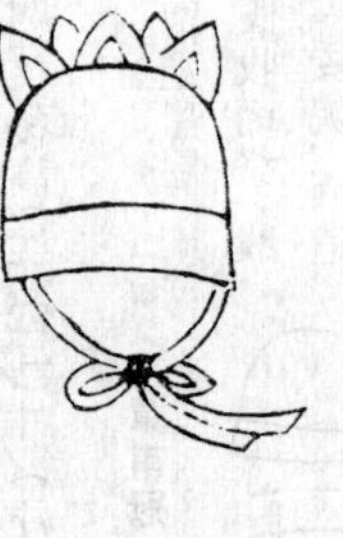

建華冠

建華冠,《後漢志》云:以鐵爲柱卷,貫大銅珠九枚,前圓。又飾以鷸羽于項,祀天地、五郊、八佾舞人服之。

術氏冠

武弁大冕

武冠,《後漢志》云:一曰武弁大冠,〔諸〕武官冠之。其制古緇布之象也。侍中、中常侍加黃金璫,附蟬爲文,貂尾爲飾。胡廣曰:趙武靈王效胡服,以金璫飾首,前插貂尾,爲貴職。秦滅趙,以其冠賜近臣。以金蟬、貂尾飾者,金取堅剛百鍊而不耗,蟬取居高飲露而不食,貂取内勁捍而外温潤,毛采紫得而不就灼。

術氏冠,即鷸冠也。《前漢書·五行志》注云:鷸知天將雨之鳥也,故司天文者冠鷸冠。吴制,差池四重,高下取術畫鷸豊爲飾,紺色。又注云:此術氏冠即鷸冠也。《新圖》誤題爲術士冠,太子詹事尹拙議云:《舊圖》皆爲術氏冠,仍桉顔師古《刊謬正俗》云:鄭子華之弟子臧奔宋,好聚鷸冠。刊字本與御名同,不欲斥之,故改焉。又云:鷸,水鳥,天將雨則鳴,古人以知天時,乃爲冠象此鳥形,使掌天文者冠之。故《逸(禮記)〔周書〕》曰:知天文者冠鷸冠。此其證也。鷸音聿,亦術。蔡邕《獨斷》謂爲術氏冠,亦因鷸音轉爲術耳,非道術之謂也。今謂於術士冠下添云亦謂之術士冠。工部尚書竇儀議曰:臣儀今詳術士冠,已依《舊圖》改爲術氏冠。

方山冠,《後漢志》云:(制)似進賢,(前高七寸,後高三寸,纓長八寸,似進賢冠)以五采縠爲之。祠宗廟,(天子)、(《大予》)、《八佾》、《四時》、《五行》樂人服之,冠衣各如其行方之色。又《景帝紀》云:高廟(酎),奏《武德》、《文始》、《五行》之舞。《禮樂志》曰:《武德》,高帝所作也;《文始》,舜舞也;《五行》,同舞也。《武德》者,舞人執干戚舞也;《文始》者,舞人執羽籥舞也;《五行舞》者,舞人冠冕衣服法五行色也。

方山冠

巧士冠,《後漢志》云:前高七寸,本或作五寸。要後相通,直豎。不常服,唯郊天,黄門從官四人冠之,在鹵簿中,次乘與前,以備官者四星(也)〔云〕。

巧士冠

却非冠

却非冠,《後漢志》云:制似長冠,下促。(官)〔宫〕殿門吏僕射冠之。《舊圖》云高五寸。

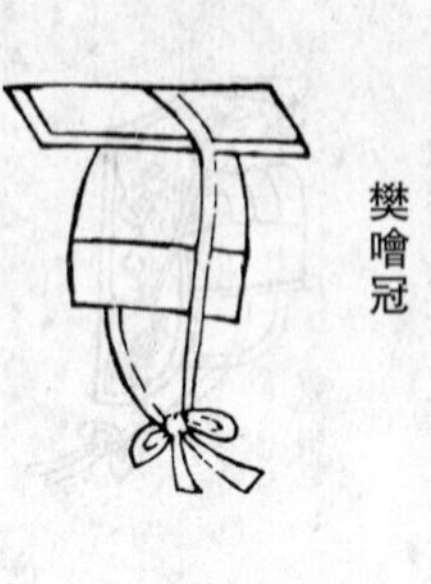

樊噲冠

卻敵冠

樊噲冠，《後漢志》云：樊噲造次所冠，以入項羽軍（之冠也）。廣（八）（九）寸（高七寸）前後（出）各四寸，制似冕。司馬殿門（大難）衛士服之。或曰：樊噲常持鐵楯，聞項羽有意殺漢王，噲裂裳（以）（裹）（裹）楯，冠之入羽軍，立漢王側，視項羽。《舊圖》如巧士冠，既違《漢志》，不敢依從。

卻敵冠，《後漢志》云：前高四寸，通長四寸，後高（二）（三）寸，（注舊圖通作纓）制似進賢，衛士服之。禮無明文。

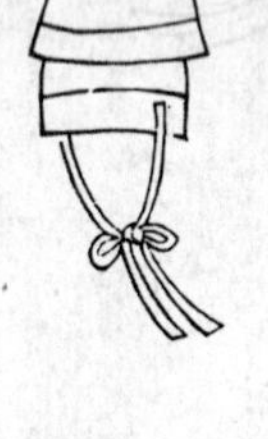

章甫冠

《舊圖》云：章甫，殷冠，亦名冔。紵中冒上黑屋，十月行禮服之。臣崇義校《王制》云：「夏后氏收而祭，殷人冔而祭，周人冕而祭。」又《郊特牲》云：「委貌，周道也；章甫，殷道也；毋追，夏后氏之道也。」然則章甫是殷之行道之冠，冔是殷之祭冕，朝祭異服，顯有明文，而梁正等皆云章甫亦名冔，誤之甚也。言行道及朝皆冠章甫，不可更名爲冔也。今依紵中冒上以黑屋之制，別存章甫之一法，不可更有冔名，兼諸狀雜亂，亦不重出。

四冕一本無旒

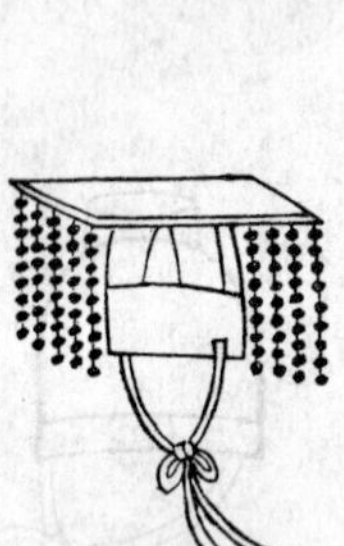

七旒

十二旒

九旒

《世本》云：黄帝造冕。《王制》云：有虞氏皇冕。《論語》云：禹致美乎黻冕。孔子曰：「服周之冕。」此明至周冕始加旒，藻玉皆五采，前後各十二。叔孫通制禮多依周法。又漢制度古今之冕略等俱廣八寸，長尺六寸，前圓後方。漢用白玉珠各十二，公九旒青珠，中二千石七旒黑珠，然冕服之飾周最爲備，故孔子有「服周之冕」云。

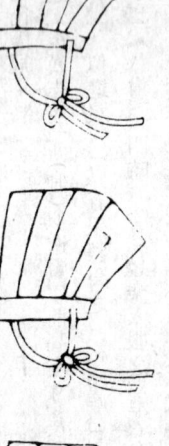

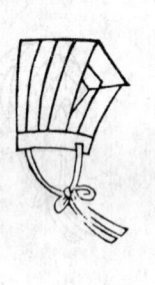

進賢冠

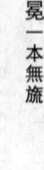

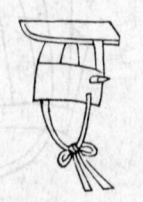

《舊圖》云：古三冠梁數雖異，俱曰進賢，前高七寸，纓長八寸，後高三寸。一梁，下大夫一命所服；兩梁，再命大夫、二千石所服；三梁，三命上大夫、公侯所服。禮不記，今按《唐典》三品已上三梁，五品已上兩梁，九品已上一梁。臣崇義按漢明帝永平二年春正月辛未，宗祀光武皇帝於明堂，帝及公卿列侯始服冠冕、衣裳、玉佩、絇屨以行事。又《漢官儀》曰：天子冠通天，諸（侯）王冠遠遊，三公、諸侯冠進賢三梁，卿、大夫、尚書、二千石、博士冠兩梁，千石以下至小吏冠一梁。天子、公、卿、特進、諸侯祀天地明堂，皆冠平冕，天子十二旒，三公、九（旒）卿（大夫）諸侯（士）（七），其纓各如（其）綬色，玄衣纁裳。董巴《輿服志》曰：顯宗初服冕（旒）衣裳以祀天地。（衣裳）玄上纁下，乘輿備文日月星辰十二章，三公、諸侯用山龍（已下）九章，卿已下用華蟲七章，皆（王）（五色）采。乘輿刺繡，公卿已下皆織成。陳留襄邑獻之。徐廣《車服注》云：漢明帝按古禮備其服章，天子郊廟衣皁上(絳)(絳)下，前三幅，後四幅，衣畫而裳繡。

聶崇義《新定三禮圖》卷二〇

冠冕

童子服將冠者。緇布冠三制。諸侯始加皆青組纓、續緌；大夫士青組纓，無緌，纓結於領下，以固冠者結之，餘者散而下垂謂之緌。大古冠新增。亦緇布冠。《禮志》云：「太古冠布，齊則緇之。俱直縫少襵，與周爲異耳。緇布冠新增。周制尚文，辟襵多而横縫。皮弁冗加皮弁黄帝已前則以羽皮爲冠弁黄帝之後乃用布帛故三王共皮弁者重古也。爵弁三加爵弁。委貌形制有四。母追奇堆。章甫前廣四寸，高五寸，後廣四寸，高三寸，落頂長短高下取稱，廣二寸，方帔三寸，其下漸狹屬於緄。周弁與殷冔夏改制相類。通天冠《衣服令》云：加金博山，附蟬，十二首，施珠翠，異介幘，髮纓翠緌，簪導若玉犀，絳紗袍，白紗中單，朱領褾裾，白裙襦，亦裾衫也。絳處蔽膝，白假帶，方心曲領。其革帶劒珮綬，與大裘服同。白襪黑舄。若未加元服，則雙童髮，空頂黑介幘，髮雙玉簪加寶飾，祭還及冬至、受朝、元會、冬會則嚴之。遠遊冠令云：具嚴遠遊三渠冠，加金附蟬、九首，施珠翠，黑介幘，髮纓翠纓，犀簪導，絳紗中單，皂領褾襈裾。白裙襦，白假帶，方心曲領，絳紗蔽襵，革帶，金鉤䚢，大帶素不朱裏，亦紕以朱絲細約，用組王，具劒金飾，王鏢首，喻玉雙珮，朱組，雙大綬，四采赤白縹綠，純朱質，長一丈八尺，三百二十首，廣九寸，小綬亦雙長二尺六寸，色同大綬，而首半之，間施二玉鐶，白襪黑舄，未冠則雙童髻空項，黑介幘，雙玉導加寶飾，謁廟還宫、元日、冬至、朔日入朝、釋尊則服之。朔望日入朝通服袴褶，五日常服當准此。若公服遠遊冠，簪導已上並同，前絳紗單衣，白裙襦、革帶、金鉤䚢、假帶、諭玉隻珮，方心紛鞶囊，白襪烏皮履，五日常朝、元日、冬至、受官目朝則服之。諸鞶囊，二品已上金縷，三品金銀縷，四品銀縷，五品綵縷。諸佩一品珮山、玄玉，二品已下、五品已上珮水蒼玉。又文官七品已上服朝服者，簪白筆，武官及有爵者不簪。高山冠亦曰側注。長冠漢祖受命創業，始制長冠以入宗廟。法冠一曰獬豸冠，二制作一角，與今或異。建華冠武弁大冠術氏冠　方山冠　巧士冠　卻非冠　樊噲冠　卻敵冠　章甫冠　制别重出。四冕叔孫通法周制。進賢冠有制。

王得臣《麈史》卷一《禮儀》 幞頭，後周武王爲四脚，謂之折上巾。隋大業中，牛弘請著巾子以桐木爲之，内外皆漆。唐武德初，置平頭小樣巾子。武后賜百僚絲葛巾子。中宗賜宰相内樣巾子，蓋于裹頭帛下著巾子耳，然折上巾以餘帛折之而上繫，今謂之幞頭小脚，其所垂兩脚稍屈而上，曰朝天巾。後又爲兩闊脚短而鋭者，名牛耳幞頭，唐謂之軟裹。至中末以後，浸爲展脚者，今所服是也。然則制度靡一，出於人之私好而已。其巾子先以結藤爲之，名曰藤巾子，加楮皮數層爲之裹。亦有草巾子者，以其價廉，士人鮮服，後取其輕便，遂徹其楮作粘紗巾，近年如藤巾、草巾俱廢，止以漆紗爲之，謂之紗巾，而粘紗亦不復作矣。其巾之樣，始作前紐謂之斂巾，久之作微斂而已，後爲稍直者，又變而後抑謂之偃巾。已而又爲直巾者，又爲上下差狹而中大者，謂之梭巾。今乃製爲平直巾矣，其兩脚始則全狹，後而長，稍變又闊而短，今長短闊狹僅得中矣。

古人以紗帛冒其首，因謂之帽，然未聞其何制也。魏晉以來，始有白紗、烏紗等帽。至唐汝陽王璡猶服砑絹帽，後人遂有仙桃、隱士之别，今貴賤通爲一樣，但狗所尚而屢變耳。始時惟以幞頭光紗爲之，名曰京紗帽。其制甚質，其簷有尖而如杏葉者，後爲短簷才二寸許者。慶曆以來，方服南紗者，又曰翠紗帽者，蓋前其頂與簷皆圓故也。久之，人增其身與簷俱抹上竦，俗戲呼爲筆帽，然書生多戴之，故爲人嘲曰：文章若在尖簷帽，夫子當年合裹鎗已而。又爲方簷者，其制自頂上闊，簷高七八寸。有書生步于通衢，過門爲風折其簷者。比年復作短簷者，簷一二寸，其身直高而不爲鋭勢，今則漸爲四直者。

吴處厚《青箱雜記》卷二 是年李巽亦以《六合爲家賦》登第，賦云：「闢八荒而爲庭衢，并包有截。用四海而作藩屏，善閉無關。」此亦善矣，然不若世則之雄壯。巽字仲權，邵武人，以《蜃樓》、《土鼓》、《周處斬蛟》三賦馳名，累舉不第，爲鄉人所侮，曰：「李秀才應舉，空去空回，知席帽甚時得離身。」巽亦不較。至是乃遺鄉人詩曰：「當年踪跡困泥塵，不意乘時亦化鱗。爲報鄉閭親戚道，如今席帽已離身。」蓋國初猶襲唐風，士子皆曳袍重戴，出則以席帽自隨。巽後仕至度支郎中、兩浙轉運使，卒與王禹偁相友善，今《小畜集》有《送李仲權赴官序》，即巽也。

世傳潘閬安鴻漸《八才子圖》皆策蹇重戴。又禹偁《贈崔遵度及第詩》云：「且留重戴士風多。」則國初舉子猶重戴矣。

天聖以前，烏幘惟用光紗，自後始用南紗，迨今六十年，復稍稍用光紗矣。

陳師道《後山集》卷二一《談叢》 司馬温公云：仁宗崩，有司用乾興故事，羣臣布四脚如冠。於是時莫識其制，以幅巾幕首，破其後爲四脚。其後鄭毅夫讀《續事始》云：三代黔首以皂絹表髮，周武帝裁爲四脚，名以幞頭。馬周請重繫前脚。蓋布四脚，脚皆後垂，如周制。遇暑則繫其前脚，如唐制。英宗崩，宋次道誤爲布幞頭，有司遂用民間幕喪之服，以今漆紗幞頭，去其鐵脚，而布裹之，前繫後垂，而不可加冠，壞之而冠，幞頭之失，自次道始也。余謂四脚加冠，今士大夫喪冠是也。夫布之冠，古也四脚，今也於禮爲繁矣。

江休復《嘉祐雜誌》 近歲都下裁翠紗帽，直一千。至于下俚，恥戴京紗帽。

御帽例用京紗，未嘗改易也。

葉夢得《石林燕語》卷三　舊制，幞頭巾皆折而斂前。神宗嘗謂近臣，此製有承上之意。紹聖後，始有改而偃後者，一時宗之，謂前爲斂巾，遂不復用。此雖非古服，隨時之好，然古者爲冕，皆前俯而後仰，斂巾尚有遺意也。【略】

唐至五代，國初，京師皆不禁打繖。五代始命御史服裁帽。本朝淳化初，又命公卿皆服之。既有繖，又服帽，故謂之「重戴」。黄履翁《源流至論别集》七，章服條注引此，作既有繖，又有戴。自祥符後始禁，惟親王、宗室得打繖。其後通及宰相、樞密、參政，則重戴之名有别矣。珽案：李心傳《舊聞證誤》有按語云：《會要》，國初惟親王得張蓋。太宗時，始使宰相、樞密使用之。此云國初不禁，又云祥符後始及樞輔，皆誤也。今席帽、裁帽分爲兩等，中丞至御史，與六曹郎中，則於席帽前加全幅皁紗，僅圍其半爲裁帽；非臺官及自郎中而上，與員外而下，則無有爲席帽，不知何義，而「裁」與「席」之名，亦不可曉。

《事物紀原》卷三《冠冕首飾部》

冠

《三禮圖》曰：緇布冠，始冠之冠也，太古冠布。然則冠之興，其始自太古乎？《通典》曰：上古衣毛帽皮，後代聖人見鳥獸冠角，乃作冠纓，黄帝始用布帛。或曰黄帝已前用皮羽也。《六帖》曰孔子作緇布冠，誤矣。

冕

《説文》曰：黄帝初作冕。《世本》曰：黄帝作旒冕。宋衷云：冠之垂旒者。《通典》曰：黄帝作冕，垂旒，目不邪視也；充纊，耳不聽讒言也。應劭曰：周始垂旒。杜佑云：宋更名平天冕。故今人亦以爲稱也。

弁

《世本》曰：魯昭公作弁。而《禮記》稱三王共皮弁素積，然則弁蓋三代之制，非魯昭公所能作也。宋均謂作素弁。是則始以素爲弁矣。孔子：「麻冕，禮也，今也純儉，吾從衆。」孔子之時，冕已用純，則冕弁之以絲，自魯昭公始也。【略】

幘

《隋·禮儀志》曰：幘，按董巴云「起於秦人，施於武將，初爲絳帕，以表貴賤。漢文時加以高頂。」孝元額有壯髮，不欲人見，乃始進幘。又董偃緑幘。《東觀記》云賜段熲赤幘，故知自上下通服之，皆烏也。廚人緑，馭人赤，輿輦人黄，駕五輅人逐車色。其承遠游、進賢者，施以掌導，謂之介幘；承武弁者，施以笄導，謂之平巾。

通天冠

蔡邕《獨斷》曰：通天冠，漢制之，秦禮無文。

貂蟬

一曰武弁大冕，侍中冠之，金璫左貂。昔趙武靈王胡服也，秦始皇滅趙，以賜侍中，故爲侍中之服。

長冠

《漢書·高祖紀》曰：帝爲亭長，乃以竹皮爲冠，令求盗之薛治之，及貴常冠，所謂劉氏冠。漢以來曰長冠。《通典》曰：漢高帝採楚制，制長冠，形如板，以竹爲裏，亦名齊冠，以高帝所制，曰劉氏冠。李果按：長冠以竹始生皮爲冠，今鵲尾冠是。

高山冠

《後漢·志》胡廣曰：齊王冠，秦滅齊，以賜謁者服之。董巴《志》曰：一曰側注。《傅子》曰：魏明帝以似通天，乃毁變其形，除去卷筩，今如介幘，幘上加物，以象山峰。

法冠

《後漢·輿服志》曰：法冠，一名柱後惠文，或謂之獬豸冠。獬豸，神羊，能别曲直，楚王嘗獲之，故以爲冠。楚執法者服之，御史是也。《淮南子》曰：楚文王好服獬冠，楚國效之。高誘注云獬豸冠也。當是楚文王所制。

進賢冠

古緇布冠之遺象也，董巴以爲文儒之服。《漢官》曰：平帝元始五年，令公卿列侯冠三梁，二千石兩梁，千石以下一梁。梁别貴賤，自漢始也。

幞頭

《二儀實録》曰：古以皁羅三尺裹頭，號頭巾，三代皆冠列品，黔首以皁絹裹髮，亦爲軍戎之服。後周武帝依周三尺裁爲幞頭，此得名之始也。至唐馬周交解爲之，用一尺八寸，左右三攝法三才，重繫前脚法二儀。《唐會要》曰：故事全幅皁向後幞髮，俗謂之幞頭。周武帝建德中裁爲四脚。貞觀中，太宗謂侍臣曰：「幞頭起于周武，蓋取便於軍容。其巾子則自武德中始用。」按：唐穆宗朝，帝好擊鞠，而宣唤不以時，諸司供奉人急於應召，始爲硬裹裝於木圍之上，以侍倉卒。五代，梁太祖始布漆於紗，施鐵爲脚，作今樣也。《筆談》曰：唐惟人主用硬脚，晚唐方鎮擅命，始僭用之。宋朝有直脚等五等，惟直脚貴賤通服也。《續事始》云：隋大業十年，牛弘請著巾二，以桐木爲之；武德初，初置平頭小樣。又云：武后內宴，賜百寮絲葛巾子。

帽

《通典》曰：上古衣毛帽皮，則帽名之始也。周成王問周公曰：「舜之冠何如？」曰：「古之人，上有帽而句頷。」或云義取覆其首本纚也。古者冠下有纚，以繒爲之，後世施幘於冠，因裁纚爲帽，上下通服之。《玄中記》曰：句始作帽。漢櫂船者著黄帽，晉王濛破帽入市，則歷代皆有之。五代梁始漆爲令樣。吴處厚《青箱雜記》：宋仁宗天聖前，烏帽惟用光紗，自後始用南紗，迨熙寧中復稍稍用光紗矣。

蓆帽

《實録》曰：本羌人首服，以羊毛爲之，謂之氈帽，即今氈笠也，秦、漢競服之，後故以蓆爲骨而鞔之，謂之蓆帽。女人戴者，四緣垂下網子，以之蔽，今世俗或然。吴處厚《青箱雜記》曰：王衍在蜀，好私行，恐人識之，令民戴大帽。則世俗之戴蓆帽，始於王衍也。

帷帽

《唐·輿服志》曰：帷帽創于隋代，永徽中始用之，施裙及頸。今世士人，往往用皁紗若青，全幅連綴于油帽或氈笠之前，以障風塵，爲遠行之服，蓋本此。又有面衣，前後全用紫羅爲幅下垂，雜他色爲四帶，垂於背，爲女子遠行、乘馬之用，亦曰面帽。按《西京雜記》：趙飛鷰爲皇后，女弟昭儀上襚三十五條，有金花紫羅面衣。則漢已有面衣也。

大帽

又曰：大帽，野老之服也，今重戴，是本野夫嵓叟之服；唐以皁縠爲之，以隔風塵。李氏《資暇》曰：大裁帽也。《談苑》曰：後魏孝文帝自雲中徙代，以賜百寮；五代以來，唯御史服之；宋朝淳化初，宰相、學士、御史、北省官、尚書省五品已上，皆令服之；今唯郎中、臺諫服之。自後魏始。

頭巾

古以皁羅裹頭，號頭巾。蔡邕《獨斷》曰：古幘無巾，王莽頭禿，乃始施巾也。《筆談》曰：今庶人所戴頭巾，唐亦謂之四脚，二繫腦後，二繫頷，取服勞不脱，反繫于頂上。今人不復繫頷下，兩帶遂爲虛設。後又有兩帶、四帶之異，蓋自宋朝始。

幅巾

古庶人服巾，士則冠矣。《傅子》曰：漢末，王公多委士服，以幅巾爲雅素。則幅巾古賤者服也，漢末始爲士人之服，袁紹戰敗，幅巾渡河是也。【略】

冠子

《二儀實録》曰：爰自黄帝制爲冠冕，而婦人者之首飾服無文，至周始有，不過副笄而已。漢宫掖承恩者，始賜碧或緋芙蓉冠子。則其物自漢始矣。《古今注》曰：魏文帝有絶寵四人，莫瓊樹制蟬鬢，縹緲如蟬翼；段巧笑始錦衣絲履作紫粉拂面；陳尚衣能歌舞；薛夜來善爲衣裳，一時冠絶。一云冠起當世。

蓋頭

唐初宫人著羃䍦，雖發自戎夷，而全身障蔽，王公之家亦用之。永徽之後用幃帽，後又戴皁羅，方五尺，亦謂之幞頭，今曰蓋頭。凶服者亦以三幅布爲之，或曰白碧絹，若羅也。

《事物紀原》卷九《戎容兵械部》

抹額

《二儀實録》曰：禹娶塗山之夕，大風雷電，中有甲卒千人，其不被甲者，以紅綃帕抹其頭額，云海神來朝。禹問之，對曰：「此武士之首服也。」秦始皇至海上，有神朝，皆抹額緋衫大口袴。侍衛自此抹額，遂爲軍容之服。

兜鍪

胄也。《黄帝内傳》所述，蓋玄女請帝製之以備身也。《淮南子·氾論訓》曰：有鍪頭而綣領，以王天下者矣。許慎注曰：蓋三皇所以鍪頭者，兜鍪，帽也。則是黄帝之制胄，亦以古鍪頭之事耳，故自古以兜鍪爲首鎧之名。

龐元英《文昌雜録》卷二 工部范郎中出古畫一軸，云是韓滉筆。其畫作村夫子教學生，夫子帶烏紗折上巾。按幞頭起於周武帝，蓋取便於軍容，至唐始有巾子，兩帶以繫巾，兩帶垂以爲飾。至僖宗時，因伶人以銀線撚二帶。帝曰：亦與朕作一頂來。自此方應折上，後又以木刻頭圍裁烏紗爲之，所謂與我斫一軍容頭之類是也。方韓滉時，未有此製，恐非韓畫。諸君皆以爲然。

鄭樵《通志》卷四七《器服》

君臣冠冕巾幘等制度

歷代冕弁

黄帝作冕垂旒，目不邪視也，充纊，耳不聽讒言也。唐虞以上，冠布無緌。夏后以牟追，以收。商制章甫，或以哻形，制並無文。周制弁師掌王之五冕，皆

(元)〔玄〕冕朱裏綖紐，五采繅，十有二就，皆五采玉十有二，玉笄朱紘。諸侯及孤卿大夫之冕，各以其等爲之。秦滅禮學，郊社服用皆以袀(元)〔玄〕。漢興草創，仍秦之舊。蔡邕《獨斷》云：袀，紺繒也。班固《東都賦》注云：袀，皁也。袀音鈞。及光武踐阼，郊祀天地、明堂，皆冠旒冕，前後邃綖。孝明帝永平初，詔有司采《周官》、《禮記》、《尚書》夏侯氏説，公卿以下，冕皆廣七寸，長尺二寸，前圓後方，朱緑裏，(元)〔玄〕上，前垂四寸，後垂三寸，係白玉珠爲十二旒，以其綬采色爲組纓。《禮記》曰(元)〔玄〕冠朱組纓，天子之服是也，其旒珠用真白玉。三公諸侯七旒，青玉珠。卿大夫五旒，黑玉珠，皆有前無後，各以其色綬爲組纓，旁垂黈纊。助天子郊祀天地、明堂，則冠之。魏因漢故事，明帝好婦人之飾，冕旒改用珊瑚珠，晉因之。東晉元帝初過江，服章多闕，而冕飾以翡翠、珊瑚、雜珠。侍中顧和奏：舊禮冕旒用白玉珠，今美玉難得，可用白璇珠。從之。後帝郊祀天地、明堂、宗廟，及元會臨軒，改服黑介幘，通天冠，平冕，皂表朱緑裏，廣七寸，長一尺二寸，加於通天冠上，前圓後方，垂白玉珠十二旒，以朱組爲纓，無緌。王公卿助祭郊廟，冠平冕，王公八旒，卿七旒，組爲纓，色如綬也。宋因之，更名曰平天冕，天子郊祀及宗廟服之，王公並用舊法，齊因之，梁因之。其制，前垂四寸，後垂三寸，旒長齊肩，以組爲纓，色如其綬，旁垂黈纊充耳，珠以玉瑱，乘輿郊祀天地、明堂、享宗廟，元會臨軒則服之。五等諸侯助祭，平冕，九旒，青玉爲珠，有前無後，各以其綬色爲組纓，旁垂黈纊，陳因之以爲冕旒。皇太子朝冠遠遊冠，侍祭則平冕，九旒。五等諸侯助祭郊廟皆平冕，九旒，青玉爲珠，有前無後，各以其綬色爲組纓，旁垂黈纊。北齊採陳之制，旒玉用五采，以組爲纓，色如其綬，其四時郊祀、封禪、大事，皆服衮冕。皇太子平冕，黑介幘，白珠九旒，飾以三采玉，以組爲纓，色如其綬，未加元服，則空頂黑介幘，雙童髻，雙玉導。後周設司服之官，掌皇帝十二冕，祀昊天則蒼冕，五帝各隨方色，朝日同青冕，夕月同素冕，地祇同黄冕，神州社稷同(元)〔玄〕冕，享先皇加元服等以象冕，享先帝、食三老、耕籍等以衮冕，視朔、大射等以山冕，視朝、臨法門、適宴等以鷩冕，皆十有二旒。諸公之冕九：一曰方冕，二曰衮冕，三曰山冕，四曰鷩冕，五曰火冕，六曰毳冕，皆九旒，七曰韋冕，八曰皮弁，九曰(元)〔玄〕冠。諸侯八，無衮冕。諸伯七，又無山冕。諸子六，又無鷩冕。諸男五，又無火冕，冕五旒。三公之冕九：一曰祀冕，二曰火冕，三曰毳冕，四曰藻冕，五曰絺冕，六曰爵弁，七曰韋弁，八曰皮弁，九曰(元)〔玄〕冠。三孤自祀冕而下八，無火冕。公卿七，又無毳冕。上大夫六，又無藻冕。中大夫五，又無皮弁。下大夫四，又無爵弁。士之服三：一曰祀弁，二曰爵弁，三曰(元)〔玄〕冠。庶士(元)〔玄〕冠而已。隋採北齊之法，衮冕垂白珠十二旒，以組爲纓，色如其綬，黈纊充耳，玉笄。太子庶子裴二奏：色並用(元)〔玄〕旒齊於膊，廣齊於耳。唯應著幘者，依漢晉法。皇太子衮冕，垂白珠九旒，青纊充耳，犀笄。國公冕，青珠九旒，初受册，命執贄入朝，祭祀、親迎、三公助祭並服之。侯伯則鷩冕，子男則毳冕，五品以上絺冕，九品以上爵弁。唐依《周禮》制天子之六冕，有大裘冕、衮冕、鷩冕、毳冕、絺冕、(元)〔玄〕冕。大裘冕，無旒，廣八寸，長一尺六寸。(元)〔玄〕表，纁裏，以下廣狹准此。金飾玉簪導。簪亦謂之笄，所以拘冠，使不墜也。導以掠髮，使入巾幘之中。以組爲纓，色如其綬，祀天地、神祇服之。衮冕，加金飾。垂白珠十有二旒，以組爲纓，色如其綬，黈纊充耳，玉簪導，諸祭祀及享廟、遣上將、征還、飲至，加元服，元日受朝等服之。鷩冕，有事遠主服之。按《周禮》遠主謂先公。毳冕，祭海嶽服之。絺冕，祭社稷帝社服之(元)〔玄〕冕蜡百神、朝日、夕月服之。自衮冕而下，旒數並依《周禮》。皇太子衮冕，白珠九旒。諸臣衮冕，青珠九旒，青纊充耳，簪導。鷩冕七旒，第二品服之。毳冕五旒，第三品服之。絺冕四旒，第四品服之。(元)〔玄〕冕三旒，第五品服之。龍朔以後改更不同。

緇布冠一曰進賢冠。周制《士冠禮》云：緇布冠，以爲始冠之冠，冠而敝之可也。注云：初加緇布冠，次加皮弁，次加爵弁，加皮弁後而棄之。後漢制，進賢冠爲儒者之服，前高七寸，後高三寸，長八寸。公侯三梁，中二千石以下至博士兩梁，小吏、私學弟子皆一梁。蔡邕云：千石以下一梁。晉因之，天子元服，始加則冠五梁進賢冠，三公及封郡公縣侯鄉亭侯則三梁，卿大夫下至千石則兩梁，中書門下至門郎小吏並一梁。宋因之，爲儒冠。齊因之，爲開國公侯下至小吏之服，其以梁數爲降殺，則依晉制。梁因之，以爲乘輿宴會之服，則五梁進賢冠。陳因之，爲文散内外百官所服，以梁數爲高卑，天子所服則五梁。北齊進賢五梁冠，不通于下。隋因陳制，内外文官通服之，降殺一如舊法。唐因之，若親王則加金附蟬爲飾，復依古制緇布冠爲始冠之冠，進賢、緇布二制存焉。

牟追冠夏后氏牟追冠，長七寸，高四寸，廣五寸，後廣二寸，制如覆杯，前高廣，後卑鋭。商因之，制章甫冠，高四寸半，後廣四寸，前櫛首。周因之，制委貌冠《司服》云：凡甸冠弁服，甸田獵也。漢制委貌以皁繒爲之，形如委穀之貌，上小下大，長七寸，高四寸，前高廣，後卑鋭，無笄有纓，行大射禮於辟雍，諸公卿大夫行禮者冠之。宋依漢制。

通天冠通天冠本秦制，其狀不傳，漢因秦名，制高九寸，正豎，頂少斜卻，乃直下爲鐵卷梁，前有山，展筩爲述，筩駮犀簪導，乘輿所常服。晉依漢制，前加金博山述。注云：述即鷸也，鷸知天雨，故冠像焉，前有展筩。宋因之，又加黑介幘。舊有冠無幘，齊因之，東昏侯改用玉簪導。梁因之，復加冕於其上，爲平天冕。陳因之，北齊依之，乘輿釋奠所服。隋因之，加金博山，附蟬十二首，施珠翠，黑介幘，玉簪導，朔日、元會、冬朝會、諸祭還則服之。唐因之，其纓改以翠緌。

長冠漢高帝採楚制長冠，形如板，以竹爲裏，亦名(齊)〔齋〕冠。後以竹皮爲之，高七寸、廣二寸，以高帝所制，曰劉氏冠，故爲享廟之服，恭之至也。鄙人或謂之鵲尾冠，晉依之，去竹用漆纚救日蝕諸祀則冠之。梁天監中，祠部郎中沈宏議：竹葉冠是漢祖微時所服，不可爲祭服，宜改用爵弁。司馬褧云：若必遵三王，則所廢非一，遂不改。

遠遊冠有具服遠遊冠，有公服遠遊冠。按遠遊冠，秦採楚制，楚莊王通梁組纓，似通天冠而無山述，有展筩横之于。前漢天子五梁，太子三梁，諸侯王通服之。晉皇太子及諸王後常冠焉，以翠羽爲緌，綴以白珠，帝之兄弟之子封郡王者，通服之則青絲爲緌。梁爲皇太子朝服，加金博山，翠緌。陳因之，其藻飾服用依晉故事也。北齊依之，制五梁冠，乘輿所服，不通于下。隋制，三梁加金附蟬九首，施珠翠，黑介幘，翠緌，犀簪導，皇太子元朔入朝，釋奠則服之。唐因之，其制具開元禮序例。

高山冠秦滅齊，獲其君冠以賜近臣，因而制之。形如通天冠，頂不斜卻，直植鐵爲卷，梁高九寸，無山展筩，故亦名側注冠。其體側立而曲注故也，中外謁者僕射，行人、使者等所服。《漢舊儀》云：乘輿冠高山冠，飛月之纓，一云飛翮之纓，通天子之服也。魏明帝以其制似通天、遠遊，故改令卑下除去卷筩如介幘，幘上加物以象山，行人使者服之。晉、宋、齊、梁、陳，歷代因之。隋因魏制參用之，形如進賢，於冠加三峯，謁者大夫以下服之，梁數依其品降殺。唐因之，內侍省內謁者監及親王司閤等服之。

法冠秦滅楚，獲其君冠賜御史，以纚爲展筩，鐵爲柱梁，一名柱後惠文冠，執法者服之。或謂之獬豸冠。注云：獬豸神羊，一角，能別曲直，楚王獲之以爲冠，漢晉至陳，歷代相因襲不易。隋開皇中，於進賢冠上加二真珠爲獬豸角形。大業中改制一角法云：獬豸神獸，蓋一角，今二角者，非也。執法者服之。唐用一角爲獬豸之形，御史臺監察以上服之。

建華冠漢制以鐵爲柱卷，貫大銅珠九枚，形似縷鹿。薛綜曰：下輪大，上輪小也。記曰：知天者冠述，知地者履絇。《左氏傳》曰：鄭子臧好聚鷸冠。建華是也，祠天地、五郊、明堂，舞人服之。晉及陳代，相因不易，餘並無聞。

趙惠文冠一名武冠。秦滅趙，以其君冠賜近臣。胡廣曰：趙武靈王效胡服，以金璫飾首，前插貂尾，爲貴職。或以北士多寒，胡人以貂皮温額，後代效之，亦曰惠文，惠者，蟪也，其冠文細如蟬翼，故名惠文。或曰齊人見千歲涸澤之神，名曰慶忌，冠大冠，乘小車，好疾馳，因象其冠。漢因之，曰武弁，一名大冠，諸武官冠之。侍中、中常侍加黄金璫，附蟬爲飾，插以貂尾，黄金爲笄，侍中插左，常侍插右，貂用赤黑色，又名鵔鸃冠。倉頡解詁曰：鵔鸃，鷩，即翟山雞之屬，尾彩鮮明，是將飾冠以代貂焉。幸臣閎孺爲侍中，皆服大冠。天子元服亦爲先加，又加雙鶡尾植左右，名鶡冠。鶡，鷙鳥之暴者，每所攫撮，應爪摧碎，天子武騎故冠之。徐廣曰：鶡似黑野雞，出上黨，晉因之名繁冠，一名建冠，一名籠冠，即惠文冠也。宋因之不易，齊因之，侍臣加貂蟬，餘軍校武職、黄門散騎等皆冠之，唯武騎虎賁插鶡尾於武冠上。梁因制遠遊平上幘武冠，陳因之不易。後爲鶡冠，武者所服。北齊依之，曰武弁。季秋講武、出征、告廟則服之。隋亦名武弁，武職及侍臣通服之，侍臣加金璫，附蟬，以貂爲飾，侍左者左珥，侍右者右珥。天子則金博山，三公以上玉枝，四品以上金枝，文官七品以上毦白筆，八品以上及武官皆不毦筆。唐因之，乘輿加金附蟬平巾幘，侍中、中書令則加貂蟬，侍左右珥，諸武官府衛領軍九品以上等亦准此。

方山冠漢制似進賢冠，以五采縠爲之。祠宗廟，《八佾》《四時》《五行》樂人服之，冠衣各如其(行)方之色而舞焉。晉因之。

巧士冠漢制高七寸，要後相通，直植似高山冠。不常服，唯郊天，黄門從官者四人冠之，在鹵簿中，次乘輿車前，以備宦者四星云。晉因之，自後無聞。

卻非冠漢制似長冠，皆縮垂五寸，有纓緌，宫殿門吏僕射等冠之。梁北郊圖執事者縮纓緌。隋依之，門者禁防伺非服也。唐因之，亭長、門僕服之。

樊噲冠漢將樊噲造次所冠，以入項羽軍。其制似平冕，廣九寸，高七寸，前後各四寸。殿門司馬衛士服之。或曰，樊噲常持鐵楯，聞項羽有意殺漢王，噲裂裳以裹楯，冠之入軍門，立漢王傍，視項羽。晉、宋、齊、陳不易，其制餘並無聞。

術氏冠漢制前圓，差池四重。趙武靈王好服之。今不以施用。或曰，楚莊王獬冠是也。晉因之，宋以後無聞。

卻敵冠晉制前高四寸，通長四寸，後高三寸，似進賢冠。凡當殿門衛士服之。陳因之，餘並廢。

翼善冠唐貞觀中，制月一日、十五日視朝常服之。又與平巾幘通用。太宗初服翼善冠，賜貴臣進德冠，因謂侍臣曰：幞頭起於周武帝，蓋取便於軍容耳。今四海無虞，此冠頗採古法，兼類幞頭，乃宜便服。開元十七年廢不用。

皇有虞氏皇而祭，其制無文，蓋爵弁之類。夏后氏因之曰收，純黑，前小後大。商因之曰冔，黑而微白，前大後小。周因制爵弁，爵弁，冕之次也，赤而微黑，如爵頭然，前小後大。三代以來，皆廣八寸，長尺二寸，如冕無旒，皆三十升布爲之，士冠禮三加成人服之。漢依周制。或云，中古以下，其制用絲，祠天地、五郊、明堂，《雲翹樂》舞服之。晉依漢制，更名廣冕，有收持笄，服用如舊。隋依之，以角爲簪導，士助君祭服之。唐因之，以繒代布，用(元)〔玄〕纓簪導，九品以上冠，親迎、助祭、私家祭祀服之。

皮弁《周禮·弁師》云：王之皮弁，會五采，玉璂，象邸玉笄。《司服》云：視朝則皮弁服。《士冠禮》曰三王共皮弁，以鹿皮爲之。晉依舊制，以鹿淺毛黄白色者爲之，其服用等級並准《周官》。後周田獵則服之，以鹿子皮爲之。隋因之，大業中所造通用烏漆紗，前後二傍如蓮葉，四間空處又安拳花，頂上當縫安金梁，梁上加璂，天子十二真珠爲之，皇太子及一品九璂，二品八璂，下六品各殺其一。璂以玉爲之，皆犀簪導，六品以下無璂，皆象簪導，唯天子乃用金棱。後制鹿皮者，以賜近臣。唐因之，以鹿皮爲之，玉簪導，十二璂，朔日受朝服之。

韋弁《周官·司服》云：凡兵事韋弁服。晉以韋爲之，頂上少尖。宋因之，或爲車駕親戎，中外戒嚴之服。後周巡兵即戎則服之。自此以來，無復其制。

幘古者有冠無幘，其戴也，加首有頍，所以安物，故《詩》曰「有頍者弁」，此之謂也。秦雄諸侯，乃加其武將首爲絳袙，以表貴賤，其後稍稍作顏題。袙音盲百切。漢因續其顏，卻摞之，施巾連題，卻覆之。至孝文乃高其顏題，續之爲耳，崇其巾爲屋，貴賤皆服之。文者長耳，謂之介幘，武者短耳，謂之平上幘，稱其冠也。尚書幘收，三寸，名曰納言，(亦)〔示〕以忠正，明近職也。迎氣五郊，各如其色。從章服也。武吏常赤幘，成其威也。未冠童子幘無屋者，示未成人也，未入學小童幘勾卷屋者，示尚幼小未遠冒也。喪幘卻摞，反本禮也。制紺幘以齋，青幘以耕，緗幘以獵。晉因之，東晉哀帝從博士曹洪等議：立秋御讀月令，改用素幘。宋因之，以黑幘騎吏鼓吹武官服之，其救日蝕文武官皆免冠著赤幘。齊因之，以黑幘拜陵所服。梁因之，以黑介幘爲朝服，元正朝賀畢，還儲吏出所服，未加元服則空頂幘。陳因之，諸軍司馬服平巾幘，長吏介幘，黃鉞郎朝服赤介幘，簪筆。隋依之，天子田獵御戎，文官出遊田里，武官自一品以下，至九品并流外吏等，上下通服黑介幘、平巾、黑幘。又制緑幘，庖人服之。其平巾、黑幘之制，王(冠)枝，金花飾，犀簪導，紫羅褶。其御五輅，人隨其車色。唐因制乘輿空頂，介黑幘，雙玉導，加寶飾，祭還及冬至，朔日，受朝會，臨軒拜王公則服之。黑介幘，拜陵則服之。平巾幘，金寶飾，導簪冠支皆以玉，乘馬則服之。皇太子平巾幘，乘馬則服之，空頂介幘，雙玉導，加寶飾，謁廟還宮，元日，冬至，朔日，入朝，釋尊則服之。冠幘五品以上陪祭服之。

臣謹按，蔡邕《獨斷》曰：幘，古之卑賤執事不冠者所服也。漢元帝額有壯髮，不欲使人見，始進幘服之，羣臣皆隨焉。然尚無巾，王莽頂秃，幘上施屋。壯髮謂當額前侵下而生者是。

帢魏武以天下凶荒，資財乏匱，擬古皮弁裁縑皂以爲帢。苦治反。帢合乎簡易隨時之義，以色別其貴賤，本施軍飾，非爲國容。或云：本未有歧，荀文若巾之，行觸木枝成歧，因之爲名，遂不改，因通以慶弔。帢與帢同。晉因之，咸和中，制聽尚書八座丞郎，門下三侍官乘車白帢。齊依以素爲之，舉哀臨喪服之。梁因之以代古疑縗爲弔服，羣臣舉哀臨喪則服之。陳因之，而初婚冠送餞則服之。隋依梁不易，唐因之。

帽帽，野人之服也。董巴云：上古穴居野處，衣毛帽皮。以此而言，不施衣冠明矣。周成王問周公曰：舜之冠何如焉。曰：古之人，上有帽而勾頷。魏管寧在家，常著帛帽。晉因魏制。宋制，黑帽綴紫標，標以繒爲之，長四寸，廣一寸，後制高屋白紗帽。齊因之，梁因之，制頗同，至於高下翅之卷小異耳，皆以白紗爲之。陳因之，天子及士人通冠之。白紗者，名高頂帽，皇太子在上省則烏紗帽，在永福省則白紗。又有皂縠雜紗爲之，高屋下裙，蓋無定準。後周之時，咸著突騎帽，如今胡帽，垂裙覆帶，蓋索髮之遺像也。又文帝項上瘤疾，不欲人見，每常著焉。相魏之時著而謁帝，故後周一代以爲雅服，小朝公宴，咸許戴之。隋開皇初，文帝常著烏紗帽，自朝貴已下，至于冗吏，通著入朝。後復制白紗高屋帽，其服練裙襦，烏皮履，宴接賓客則服之。大業中，令五品以上通服朱紫，是以烏紗帽漸廢，貴賤通服折上巾。唐因之，制白紗帽。又制爲紗帽，視朝，聽訟，宴見賓客服之。

臣謹按，《(元)〔玄〕中記》云：句始作帽。《晉志》云：帽名猶冠也，義取於蒙覆其首，本纚也。古者冠無幘，冠下有纚，以繒爲之。後世施幘於冠，因或裁纚爲帽。自乘輿宴居，下至庶人無爵者，皆得服之。又按《吳書》云：陸遜破曹休於石亭，還當反西陵，朝臣燕賜終日，上脱裙帽以賜，遜時同羣臣朝謁而服之。又按後漢郭林宗，行遇雨，霑巾角折。後周武帝建德中，因制折上巾。

葛巾東晉制以葛爲之，形如帢而橫著之，爲尊卑共服。太元中，國子生見祭酒博士冠角巾。齊依之，陳依之，北齊依之，自後無聞。

臣謹按：角巾之制，宋不存，至齊立學，王儉議更存焉。

幅巾後漢末，王公名士以幅巾爲雅，是以袁紹、崔豹之徒，雖爲將帥，皆著縑巾。時有妖賊，以黃爲巾，時號黃巾賊。後周武帝因裁幅巾爲四脚，唐因之。

臣謹按：《方言》云：巾，趙魏之間通謂之承露，郭林宗折巾謂此也。袁紹戰敗，幅巾渡河。按此則庶人及軍旅皆服之。用全幅帛而向後襆髮，謂之頭巾，俗人謂之襆頭。

巾子唐武德初始用之，初尚平頭小樣者，天授二年，武太后内宴，賜羣臣高頭巾子，呼爲武家諸王樣。景龍四年三月，中宗内宴，賜宰臣以下内樣巾子。其樣高而踣，皇帝在藩時所冠，人號爲英王踣樣。

洪邁《容齋隨筆·容齋三筆》卷二《平天冠》 祭服之冕，自天子至於下士執事者皆服之，特以梁數及旒之多少爲別。俗呼爲平天冠，蓋指言至尊乃得用。范純禮知開封府，中旨鞫淳澤村民謀逆事。審其故，乃嘗入戲場觀優，歸塗見匠者作桶，取而戴於首，曰：「與劉先主如何？」遂爲匠擒。明日入對，徽宗問何以處。對曰：「愚人村野無所知，若以叛逆蔽罪，恐辜好生之德，以不應爲杖之，足矣。」按《後漢·輿服志》蔡邕注冕冠曰：「鄙人不識，謂之平天冠。」然則其名之傳久矣。

王林《燕翼詒謀録》卷四 舊制，婦人冠以漆紗爲之，而加以飾，金銀珠翠，采色裝花，初無定制。仁宗時，宮中以白角改造冠並梳，冠之長至三尺，有等肩者，梳至一尺。議者以爲妖，仁宗亦惡其侈，皇祐元年十月，詔禁中外不得以角爲冠、梳，冠廣不得過一尺，長不得過四寸，梳長不得過四寸。終仁宗之世無敢犯者。其後侈靡之風盛行，冠不特白角，又易以魚枕；梳不特白角，又易以象牙、玳瑁矣。

周去非《嶺外代答》卷六《器用門·蠻笠》 西南蠻笠，以竹爲身而冒以魚氈，其頂尖圓，高起尺餘，而四圍頗下垂，視他蓄笠，其製似不佳，然最宜乘馬。蓋頂高則定而不傾，四垂則風不能颺，他蓄笠所不及也。交阯有笠如兜鍪，而頂偏似田螺之臀，謂之螺笠，以細竹縷織成，雖曰工巧，特賤夫之所戴爾。

張淏《雲谷雜紀卷二》 杜子美詩云：「醉把青荷葉，狂遺白接䍦。」王洙注引《世説》山簡倒著白接䍦事，且云：「接䍦，衫也。」予按，郭璞《爾雅注》云：「白鷺頭翅背上皆有長翰毛，今江東人取以爲睫攡。」又《廣韻》云「接䍦，白帽」，而《集韻》又作䍦及㒓，亦云「白帽」。李白《答人贈烏紗帽》云：「領得烏紗帽，全勝白接䍦。」則接䍦爲帽明甚，初非衫也，洙誤矣。或者疑白非冠巾之飾，殊不知其時不以爲忌也。如管寧不應州縣辟，嘗著白帽。孟達與諸葛亮白綸帽一。晉哀帝時，以立秋改細幘爲素。謝萬著白綸巾、鶴氅裘。王敬則手取白紗帽，加齊高帝首，令即位。魏武造白帢。《隋志》云「紗爲之，婚冠送餞服之」。又云：「巾，白紗爲之，國子生服。帽，自天子下及士人，通冠之。以白紗者，名高頂帽。」曰巾幘，曰帽帢，大率多以白，唐及五代，尚或間見。唐《車服志》「白紗帽，視朝、聽訟，宴見賓客之服也」。章懷太子《後漢》注：「帽，今國子學生服焉。以白紗爲之。」杜甫詩：「白幘岸江皋。」《能改齋漫録》：「清泰中，甲庫驅使官聶長史善相，笏繫鐵帶，兔褐裘，素紗幞頭。」然則以白爲忌，殆起于近世乎。

黎靖德《朱子語類》卷八五《禮二·儀禮》

士冠

問：「《士冠禮》『筮于廟門』，其禮甚詳。而《昏禮》止云：『將加諸卜。』『占曰吉。』既無筮，而卜禮略，何也？」曰：「恐卜筮通言之。」又問：「禮家之意，莫是冠禮既詳其筮，則於昏禮不必更詳，且從省文之義如何？」曰：「亦恐如此。然《儀禮》中亦自有不備處，如父母戒女，止有其辭，而不言於某處之類。」萬人傑。

問「宿賓」。曰：「是戒肅賓也。是隔宿戒之。」呂燾。

古朝服用布，祭則用絲。《詩·絲衣》：「繹賓尸也。」「皮弁素積」，皮弁，以白鹿皮爲之；素積，白布爲裙。胡泳。

問：「《士冠禮》有所謂『始加』、『再加』、『三加』，如何？」曰：「所謂『三加彌尊』，只是三次加：初是緇布冠，以粗布爲之；次皮弁，次爵弁，諸家皆作畫爵，看來亦只是皮弁模樣，皆以白皮爲之。緇布冠古來有之，初是緇布冠，齊則緇之。次皮弁者，只是朝服；爵弁，士之祭服。《周禮》，爵弁居五冕之下。」又問：「『祭服謂『致美乎黻冕』，鄭玄注言：『皆祭服也。』黼冕恐不全是祭服否？」曰：「祭服謂之『黻冕』，朝服謂之『韠』，如《詩》『鞸琫有珌』，《内則》『端鞸紳』，皆是。」問：「《士冠禮》『一加』、『再加』，言『吉月』、『令月』；至『三加』，言『以歲之正』，不知是同時否？」曰：「只是一時節行此文，自如此説。加緇布冠，少頃又更加皮弁，少頃又更加爵弁，然後成禮。如温公冠禮亦倣此：初裹巾，次帽，次幞頭。」又問：「『黻冕，黻，蔽膝也，以韋爲之。舜之畫衣裳，有黼黻絺繡，不知又如何畫於服上？」曰：「亦有不可曉。黻在裳之前，亦畫黻於其上。」徐寓。

陳仲蔚問冠儀。曰：「凡婦人見男子，每先一拜；男拜，則又答拜；再拜亦然。若子冠，則見母亦如之，重成人也。尋常則不如此。但古人無受拜禮，雖兄亦答拜，君亦然。但諸侯見君，則兩拜還一拜。」黄義剛。

冠者見母與兄弟，而母與兄弟皆先拜，此一節亦差異。昏禮亦然。婦始見舅姑，舅姑亦拜。黄義剛。

《士冠禮》：「始冠緇布冠，冠而弊之。」弊是不用也。黄義剛。

俞琬《席上腐談》卷上 幞頭起于周武帝，以幅巾裹首，故曰幞頭。幞字音伏，與幞被之幞同，今訛爲僕。

韓退之《元和聖德詩》云：「以紅帕首。」蓋以紅綃縛其頭，即今之抹額也。帕首、幞頭，本只是一物，今分爲二物。

《宋會要輯稿·輿服四》 慶曆八年二月二十七日詔曰：「聞士庶倣傚胡人衣裝，裹番樣頭巾，著青緑，及雜騎番鞍轡，婦人多以銅緑兔褐之類爲衣，宜令開封府限一月内止絶。如違，並行重斷，仍仰御史臺、閤門彈糾以聞。」

皇祐元年十月十九日詔：「婦人所服，冠高毋得踰四寸，廣毋得踰一尺，梳長毋得踰四寸，毋得以角爲之，犯者重寘于法，仍聽陳告。」先是，宫中尚白角冠梳，人争倣之，至謂之内樣冠名曰垂肩等肩，至有長三尺者，梳長亦踰尺，議者以爲服妖，故禁止之。

四年五月一日，詔集白角冠子，限一月止袍。

《宋會要輯稿·輿服五》

冕冠

治平二年，詔裁定袞冕制度。禮院奏曰：皇朝之制，天子之服有袞冕，前後十有二旒，二纊並貫珠璣。又十有二碧鳳銜翠，旒在珠，旒外板以龍鮮錦表，上綴玉爲七星，旁施琥珀瓶、犀瓶各二十四，綴金絲網，鈿以珠璣，雜寶玉，如紫雲白鶴，錦衣四柱，飾以七寶，袞服間以雲朵飾，以金鈒花鈿窠裝，以珠璣、琥珀、雜寶玉，祭天地、宗廟、朝享太清、玉清、昭應、景靈宮等服之。元豐四年臣僚言：古者冕，弁則用紘，冠則用纓。今《衣服令》乘輿服大裘冕，以組爲纓，色如其綬。袞冕朱絲組帶爲纓，冕而用纓，不與禮合，請改用朱組紘，仍改平冕爲(元)〔玄〕冕，用纓，不赤而微黑者，又別圖上韍制。從之。

太祖建隆元年二月十九日，太常禮院言：請具通天冠制度令式，二十四梁，加金博山，附蟬十二，高廣各一尺，青表朱裏，首施朱翠，黑介幘，組纓翠緌，玉犀，簪導。仁宗天聖二年南郊，禮儀使李維言：皇帝郊祀，服通天冠，緣上一字，準勑迴避。詔改爲承天冠。中興之制，冠高九寸，服用並同。

神宗元豐二年八月二十九日，詳定郊廟禮文所言：通天冠二十四梁，爲乘輿服，蓋二十四梁以應冕旒前後之數。至於綬，則乘輿及皇太子以織成，諸臣用錦爲之。詔依。

景祐二年八月二十七日，續詔通天冠更不修製外，平天冠天板元闊一尺二寸，長二尺四寸，今製造廣八寸，長一尺六寸，減翠旒并鳳子，前後使二十四珠旒，並合典制。天板頂上，元是織成龍鱗錦爲表，紫雲白鶴錦爲裏，今製造使青羅爲表，彩畫出龍鱗紅羅爲裏，綵畫出紫雲白鶴，所有上面犀瓶子、琥珀瓶子各二十四箇，今減不用。金絲結網子上，舊別有金絲結龍八條，今減四條，亦減金絲令細，天板四面花墜子、素墜子，依舊減輕製造。冠身并天柱，元是織成龍鱗錦，今用青羅彩畫出龍麟金輪等七寶，元造真玉碾成，今更不用，如補空却以雲龍細窠分旒，玉鉤二枚，今減不用。天河帶、組帶、款慢帶依舊，只減輕織造。納言元使玉製造，今來使青羅綵畫出龍麟錦，依舊。金稜上面稜道，依舊使金，即舊減輕製造黈纊玉簪。

諸臣冕

哲宗元祐元年，太常寺言：舊制，大禮行事、執事官，並服祭服，餘服朝服。至元豐三年八月二十二日，詳定郊廟奉祀禮文所言：《禮記》曰：三公一命袞，則三公當服鷩冕。《詩》曰「毳衣如菼。」則上大夫卿當服毳冕。《周禮·典命》曰：「公之孤四命。」又曰：「王之大夫四命。」其衣服各視其命之數，公之孤其服自希冕而下，則王之大夫當服希冕。諸侯卿大夫之服自(元)〔玄〕冕而下，則王之士當服(元)〔玄〕冕，所謂周人冕而祭也。《司服》曰：「孤之服，自希冕而下，卿大夫之服，自(元)〔玄〕冕而下，士之服，自皮弁冕而下。」此諸侯之臣助祭服也，然而不著王朝公卿大夫士之服者，蓋舉下以見上，可比義而知也。然今官名雖與古不同，以《唐六典》考之，吏部尚書注曰：周之天官卿也。侍郎注曰：周之小宰中大夫也。員外郎注曰：周太宰屬官上士也。今約之《六典》，參以今之班序，伏請資政殿大學士以上，侍祠服鷩冕，觀察使以上，服毳冕，監察御使以上服希冕，朝官以上服(元)〔玄〕冕，選人服爵弁。從之。惟不用爵弁供奉官以下至選人，皆服(元)〔玄〕冕無旒。

徽宗大觀四年，議禮局官字文粹中上所編祭服制度曰：古者冕以木版爲中，廣八寸，長只六寸，後方前圓，後仰前低，染三十升之布，(元)〔玄〕表朱裏。後方者不變之體，前圓者無方之用，仰而(元)〔玄〕者，升而辨於物，俛而朱者，降而與萬物相見。後世以繒易布，故純儉。今羣臣冕版長一尺二寸，闊六寸二分，非古廣尺之制，以青羅爲覆，以金塗銀稜爲飾，非古(元)〔玄〕表朱裏之制，乞下有司改正。古者，冕之名雖有五，而繅就、旒玉則視其命數以爲等差。合綵絲爲繩，用以貫玉，謂之「繅」。以一玉爲一成，結之使不相并，謂之「就」。就間相去一寸，則九玉者九寸，七玉者七寸，各以旒數長短爲差。今羣臣之冕，用藥玉、青珠，五色茸線，非藻玉三采、二采之義。每旒之長各八寸，非旒數長短爲差之義。又獻官冕服，雜以諸侯之制，而一品服袞冕，臣竊以爲非宜。

元豐中，禮官建言，請資政殿大學士以上侍祠服鷩冕，觀察使以上服毳冕，監察御史以上服希冕，朝官以上服(元)〔玄〕冕，選人以上服爵弁。詔許之，而不用爵弁。供奉官以下至選人，盡服(元)〔玄〕冕無旒。臣竊謂依此參定，乃合禮制。古者，三公一命袞，則三公在朝，其服當鷩冕。蓋出封則遠君而伸，在朝則近君而屈。今之攝事及侍祠皆在朝之臣也，在朝之臣乃與古之出封者同命數，非先王之意。乞下有司制鷩冕八旒、毳冕六旒、希冕四旒、(元)〔玄〕冕三旒，其次二旒，又其次無旒。依元豐詔旨，參酌等降，爲侍祠及攝祭之服，長短之度、采色之別，皆乞依古制施行。

又按：《周禮》諸侯爵有五等，而服則三，所謂「公之服自袞冕而下，侯、伯自鷩冕而下，子、男自毳冕而下」是也。古者，諸侯有君之道，故其服以五、七、九爲節。今之郡守，雖曰猶古之侯、伯，其實皆王臣也。欲乞只用羣臣之服，自鷩冕而下，分爲三等：三都、四輔爲一等，初獻鷩冕八旒。經略、安撫、鈐轄爲一等，初獻毳冕六旒，亞獻並(元)〔玄〕冕三旒，終獻無旒。節鎮、防、團、軍事爲一等，初獻希冕四旒，亞、終獻並(元)〔玄〕冕無旒。其衣服之制，則各從其冕之等。

又曰：今之紘組，仍綴兩繒帶而結於頤，冕旁仍垂青纊而不以瑱，以犀爲簪而不以玉笄，象笄，並非古制，乞下有司改正。從之。

政和議禮局言：大觀中，所上羣臣祭服制度，已依所奏修定，乞付有司依圖畫製造。既又上羣臣祭服之制：正一品，九旒冕，金塗銀稜，有額花，犀簪，親祠大禮使、亞獻、終獻、太宰、少宰、左丞，每歲大祠宰臣、親王、執政官、郡王充初獻服之。奏告官並依本品服，已下准此。從一品，九旒冕，無額花，餘如正一品服，親祠吏部、户部、禮部、兵部、工部尚書，太廟進受幣爵、奉幣爵宗室，每歲大祠捧俎(豆)〔官〕，大祠中祠初獻官服之。二品，七旒冕，角簪，親祠吏部侍(中)〔郎〕殿中監、大司樂、光禄卿、讀册官、太廟薦俎、贊進飲福宗室、七(祠)〔祀〕，配享功臣分獻官，每歲大祀，謂用宮架者，大司樂、大祠中祠亞終獻、天(祀)〔祠〕禮官、小(祀)〔祠〕獻官，朔祭太常卿服之。三品，五旒冕，親祠舉册官、大樂令、光禄丞，奉俎饌籩豆簠簋官，分獻官分獻壇壝從祀，太廟奉瓚槃，薦香燈安、奉神主、〔奉〕毛血槃、蕭蒿篚、肝膋豆宗室，每歲祭祠大樂令、大中祠分獻官服之。無旒冕，奉禮協律郎、郊社令、太祝太官令、親祠擡鼎官、進搏黍官、太廟供亞終獻金斝、供七祀獻官(木)〔執〕爵官服之。五旒冕，紫檀紽衣，餘如三品服，監察御史服之。

州郡祭服：三都初獻，八旒冕。經略、安撫、鈐轄初獻，六旒冕。亞獻並二旒冕，終獻無旒(冕)。節鎮、防、團、軍事初獻四旒冕，亞、終獻並無旒冕。

中興之後，省九旒、七旒、五旒冕，定爲四等：一曰鷩冕，八旒。二曰毳冕，六旒。三曰希冕，四旒。四曰(元)〔玄〕冕，無旒。其義以公、卿、大夫、士皆北面爲臣，又近尊者而屈，故其節以八、以六、以四，從陰數也。先是，紹興四年五月，國子監丞王普奏言：

臣嘗攷諸經傳，具得冕服之制。蓋王之三公八命，鷩冕八旒，衣裳七章，其章各八。孤卿六命，毳冕六旒，衣裳五章，其章各六。大夫四命，希冕四旒，衣裳三章，其章各四。上士三命，(元)〔玄〕冕三旒，中士再命，(元)〔玄〕冕二旒，下士一命，(元)〔玄〕冕無旒。其繅至笄、衡、紘、紞、瑱、纊，皆有等差。

近世冕服制度，沿襲失真，多不如古。夫後方而前圓，後昂而前俛，(元)〔玄〕表而朱裏，此冕之制也。今則方圓俛仰，幾於無辨，且以青爲表，而飾以金銀矣。其衣皆(元)〔玄〕其裳皆纁云云。詳服臣伏讀今之《會要》郊廟奉祀禮文，祖宗以來，屢常講究，第以舊服無有存者，欲乞因兹改作，是正訛繆，一從周制，以合先聖之言。

尋禮部契勘，奏言：

衣服之制，或因時王而爲之損益，事雖變古，要皆一時制作，不無因革。或考之先王而有繆戾者，雖行之已久，不應承誤襲非，憚於改正，按《周官》自上公服衮，王之三公服鷩，以至士服(元)〔玄〕冕，凡五等。唐制，自一品服衮冕九旒，至五品服(元)〔玄〕冕無旒，亦五等。國家承唐之舊，初有五旒之名，其後去三公衮冕及希冕，但存七旒鷩冕、五旒毳冕，與無旒(元)〔玄〕冕，凡三等而已。衮服非三公所服，去之可也，乃併希冕去之，自尚書服毳冕，以至光禄丞亦服焉，貴賤幾無差等。此皆一時制作，不無因革。今合增鷩冕爲八旒，增毳冕爲六旒，復置希冕爲四旒，并及無旒(元)〔玄〕冕共四等，庶幾稍合周制。若冕之方圓低昂至於無辨，則製造之差也。皆宜改正施行。

是時，諸臣奏請討論雖詳，然終以承襲之久，未能盡革也。

鷩冕：八旒，每旒八玉，三采，朱、白、蒼，角笄，青纊，以三色絖垂之，紘以紫羅，屬於武。宰相、亞終獻、大禮使服之。前期，景靈宮、太廟亞終獻，明堂滌濯、進玉爵酒官亦如之。

毳冕：六玉，三采。六部侍郎以上服之。前期景靈宮、太廟進爵酒幣官、奉幣官、受爵酒幣官、薦俎官、明堂受玉爵、受玉幣、奉徹籩豆、進飲福酒、徹俎祝腥，贊引，亞終獻，禮儀使，亞終獻爵弁盥洗官四員，並如之。前二日奏告初獻，社壇九宮壇分祭初獻、亞獻亦如之。

希冕：四玉，二采，朱、緑。光禄卿、監察御史、讀册官、舉册官：分獻官以上服之。前期，景靈宮、太廟奏奉神主官，明堂太府卿、光禄卿、沃水舉册官、讀册官，押樂太常卿，東朵殿三員，西朵殿二員，東廊二十八員，西廊二十五員，南廊二十七員，軷門祭獻官，前二日奏告亞獻終獻官，監察御史，並如之。社壇九宮壇分祭終獻官、監察御史、兵工部、光禄卿丞亦如之。

(元)〔玄〕冕：無旒，光禄丞、奉禮郎、協律郎、進搏黍官、太社令、良醖令、太官令，奉俎饌等官、供祠執事官内侍以下服之。明堂光禄丞、奉禮郎、良醖令、太祝搏黍官、宮架協律郎、登歌協律郎、奉御官、内侍供祠執事官、武臣奉俎官，軷門祭奉禮郎、太祝令、太官令、社壇九宮壇分祭太社、太祝、太官令、奉禮郎，並如之。

紫檀冕：四旒，博士、御史服之。

外州軍祭服：鷩冕，八旒，三都初獻服之。毳冕，六旒，經略、安撫、鈐轄初獻服之。希冕四旒，經略、安撫、鈐轄亞獻服之，節鎮、防、團、軍事初獻亦如之。(元)〔玄〕冕無旒，節鎮、防、團、軍事亞終獻服之。

徽宗政和三年，議禮局上羣臣祭服之制：正一品，九旒冕，金塗銀稜，有額花，犀簪，親祠大理使，亞獻、終獻、太宰、少宰、左丞，每歲太祠宰臣、親王、執政官、郡王充初獻服之。奏告官並依本品服，已下准此。從一品，九旒冕，無額花，親祠吏部、户部、禮部、兵部、工部尚書，太廟進受幣爵、奉幣爵宗室，每歲大祠捧俎官，大祠中祠。初獻官服之。二品，七旒冕，角簪，親祠吏部侍郎，殿中監，大司樂、光禄卿、讀冊官，太廟薦俎、贊進飲福宗室，七祀配享公臣分獻官，每歲大祀，謂用宮架者。天司樂、大祠中祠亞終獻，大祠禮官、小祠獻官，朔祭大常卿服之。三品，五旒冕，親祠舉冊官、太樂令、光禄丞、捧俎饌籩豆簠簋官、分獻官、分獻壇壝從祀。太廟奉瓚盤、薦香燈、安奉神主、奉毛血槃、蕭蒿篚、肝膋豆宗室，每歲祠祭大樂令、大中祠分獻官服之。無旒冕，奉禮協律郎、郊社令、太祝太官令、親祠擡鼎官、進摶黍官、太廟供亞終獻金斝、供七祀獻官、執爵官服之。

五旒冕：監察御史服之。

州郡祭服：三都初獻，八旒冕。經略、安撫、鈐轄初獻，六旒冕。亞獻並二旒冕，終獻無旒，節鎮、防、團、軍〔事〕初獻四旒冕，亞、終獻並無冕旒。

阮元《羣書通要》丁集卷四《衣冠門・幞頭類》（幞頭長脚）幞頭本是偃脚垂下，要束得緊，今却做長脚。問：橫渠説唐莊宗，取伶官幞頭帶之，後遂成例。曰：不是如此。莊宗在位亦未能便化風俗，兼是伶人所帶，士大夫亦未肯帶之，見畫本，唐明皇已帶長脚幞頭。或云藩鎮僭禮爲之，後遂爲此樣。或云乃是唐宦官要得常似新樣，故以鐵線插帶中，又恐壞其帶，以桐木爲一幞頭骨子，常令幞頭高起如新，謂之軍容頭，後來士大夫學之，令匠人爲我斫個軍容頭來，蓋以木爲之，故謂之斫。及唐末宦者之禍，人皆以此爲識，王彦輔《麈史》説得有來歷，恐是如此。後來覺得不安，至宋朝又以藤做骨子，以紗糊其上。後又覺見不安，至仁宗時，方以漆紗爲之。《文公語録》

阮元《羣書通要》丁集卷四《衣冠門・巾》（伊川紗巾）伊川嘗愛衣皂，或博褐綢襖其袖，如常人所戴紗巾，背後望之如鍾形，其製乃似今道士，謂之仙挑巾者。《外書》

《元史》卷八八《百官志四》（將作院）諸路金玉人匠總管府，秩正三品。掌造寶貝金玉冠帽、繫腰束帶、金銀器皿，并總諸司局事。

又（將作院）漆紗冠冕局，至元十五年置。大使、副使各一員。

葉子奇《草木子》卷三《雜制篇》 元朝后妃及大臣之正室，皆帶姑姑，衣大袍，其次即帶皮帽。姑姑，高員二尺許，用紅色羅，蓋唐金步摇冠之遺制也。

陶宗儀《南村輟耕録》卷三〇《巾幘考》 巾幘，釋名：巾，謹也，當自謹於四教。《儀禮》：二十成人，士冠。如字。庶人巾。《説文》：髮有巾曰幘。幘即巾也。又《方言》：覆髻謂之幘。《漢書》：卑賤執事不冠者所服，或謂之承露。按《儀禮》士冠庶人巾，則古者士以上有冠無巾，幘惟庶人戴之。秦謂民爲黔首，漢謂僕隸爲蒼頭，《漢書》謂卑賤者所服，此其證也。後世上下通用之，謂之燕巾。蔡邕《獨斷》曰：漢元帝額有壯髮，不欲人見，故加巾幘以包之也。然則巾自巾，幘自幘，不獨卑賤者所服，雖尊者亦服之矣。至王莽冠内加巾，故時人云：王莽秃，幘施屋。又光武岸幘見馬援。又按《魏志》注：太祖以天下凶荒，資財乏匱，擬皮弁裁縑帛爲帢。或作幍，乞洽反。合乎簡易隨時之義，以色別其貴賤。本施軍飾，非爲國容。韻書弁缺四隅謂之帢。前時軍人弓手所戴小白帽是也。一曰按頭使下，故曰帢。《增韻》、《埤蒼》皆曰帽也。《晉輿服志》：哀帝立秋御讀，令改用素白帢。漢末，王公名士，多委王服，以幅巾爲雅，魏武始制帢。成帝制，使尚書入坐，丞郎門下三省侍官乘車白帢低幃出入掖門。又二宮直官著烏紗帢，往往士人宴居皆著帢弁。帢雖冠弁遺制，去古益遠，用巾幘爲近之。一説秦加武將首飾爲絳帕，後稍稍作顔題。漢興，續其顔，却摞音羅。之，施巾連題，却覆之，即喪幘也。名之曰幘。至孝文帝，乃高顔題，續之以耳，崇其巾爲屋，合後施巾上下，文者長耳，武者短耳。古者冠制皆硬殼，自額上至於頂，如今禮冠者然。後世乃作小冠，僅以束髮，冠下施幘，冠幘之上又總施巾，皆效漢元帝所服之制也。夫歷代損益，隨其所宜，苟不害於義，從俗可也。孔子居宋衣縫掖，居魯冠章甫，亦從俗也。

顧孟容《冠譜》

尤芳《冠譜序》 夫冠者，冕之次，弁之總名也。雖制度之殊而禮之所重者不異。如古之緇布冠，以緇布爲之。皮弁，以鹿爲之。弁冠，以三十升布爲之。以此三者爲三加之冠。二十而後，加冠于首，將責爲人子、爲人弟、爲人臣、爲人少者之行也。孔子嘗爲君子正其衣冠，尊其瞻視，儼然人望而畏之。又《家語》記子桑户不衣冠處，欲同人道於牛馬。至漢武帝坐武帳，不冠，不見汲黯。於是今之士夫合乎天地之理者，而加兩儀。窮乎造化之妙，而加混沌。明乎君臣、父子、夫婦、人倫之道者，而加三綱。盡乎仁義禮智之性者，而加五常。辨律吕之音者，而加七絃。文學之至者，而加游夏。閑暇之時；申申夭夭者，而加燕居。求仁得仁者，而加伯夷。有學士之才美者，而加翰林。有七步之才者，而加子建。能贊禮接賓者，而加章甫。學仙得道者，而加抱朴、純陽之冠。豈非制度雖殊，而爲禮之所重者不異耶。禮者，則節文斯二者而已。以明其不可毫髮僭差也。如武夫戴之冑，商賈裹之巾，農夫頂之笠，盡乎其職分之所當然而用之。不然，鄭子臧出奔宋而聚鷸冠，鄭伯聞而惡之。君子嘗曰：服之不衷，身之災也。可不信乎。雖老師宿儒非窮理盡性樂天者，亦可以近而忽之。

山堂考察云：

天子之服冠冕。

大裘冕，祀天地之服。

衮冕，踐祚、享廟、征還、遣將、封王册后之服。

鷩冕，事遠之服。

毳冕，祭海岳之服。

絺冕，祭神稷、先聖之服。

玄冕，蜡祭百神之服。

通天冠，冬至受朝燕羣臣養老之服。

緇衣冠，之服。

弁服，朝望之服。

武弁，講武、出征、蒐獮、祭禡、至嚴之服。

黑幘，拜陵之服。

白紗帽，視朝、聽訟之服。

手巾幘，乘馬之服。

白袷，臨喪之服。

冠式總名。

司冠　章甫　杏壇　一披
琴尾　臥龍　子房　燕居
德行　進禮　思美　緇布
子游　子夏　三綱　四静
五常　高士　處士　淵明
獨醒　士成　翰林　招賢
晉賢　文憲　崔嬰子　子建
伯夷　子陵　正節　泰素
漢帝　一捲　香山　玄晏
安樂　端居　陳思　武夷
東坡　學士　圓明　士章
九輪　七絃　抱朴　純陽
桃源　益首　紫陽　太霄
三山　三桃　混沌　降魔
毅弁　力士　輔弼　兩儀
二儀　文畢春　武畢春　逍遥
冲虚　碧霞　翊玄　翠虚
空洞　崑崙　萬安　禪真
上清　奇陽　清溪　金蓮
芙蓉　華陽　魚尾　清净
隱居　洞陽　並桃　玉陽
五嶽

《冠譜》

司冠

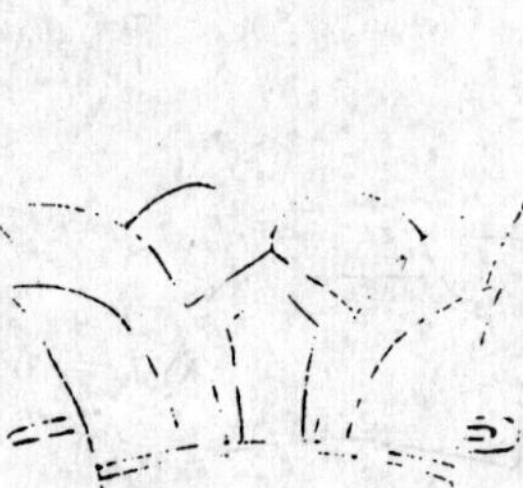

章甫

先聖嘗爲魯司冠，冠之，故名。

杏壇

此冠，諸侯相贊之禮。頂此冠以朝會，故命章甫。

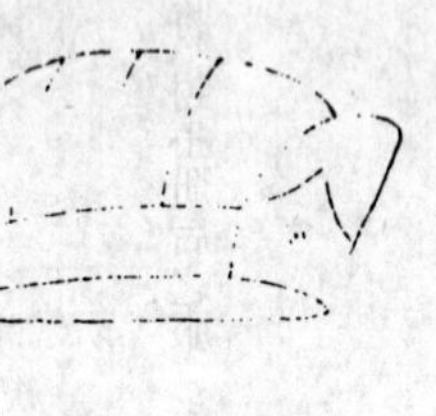

一披

孔子居杏壇，絃歌誦詩，頂是冠，故名。

琴尾

古人伯牙善鼓琴，操高山流水調。鍾子期知音識趣，嘗頂此冠。時人效而制之。

臥龍

昔者，諸葛孔明隱於茅廬，劉先主三顧而起，贈此冠，故名臥龍。

子房

燕居

仲尼歸魯政，燕居，特設是冠，以爲便安。門弟子因爲燕居冠。漢儒尤多效而作之。

德行

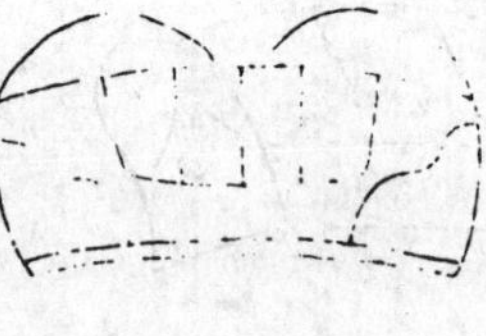

德行冠，孔門顏子、閔損、冉耕、仲弓所制也。而顏閔尤多冠之。其式簡而潔，古澄静而文雅，後相傳名德行冠。

進禮

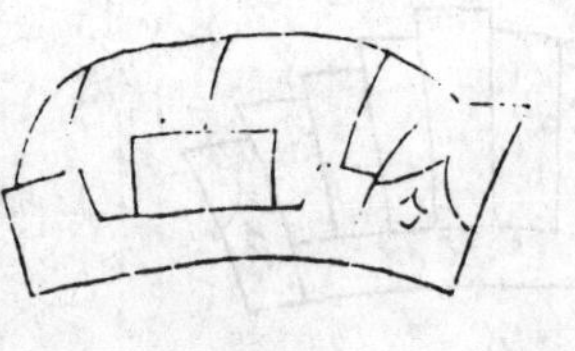

曾子至孝，孔門傳道，嘗戴此冠，名進禮冠。

思美

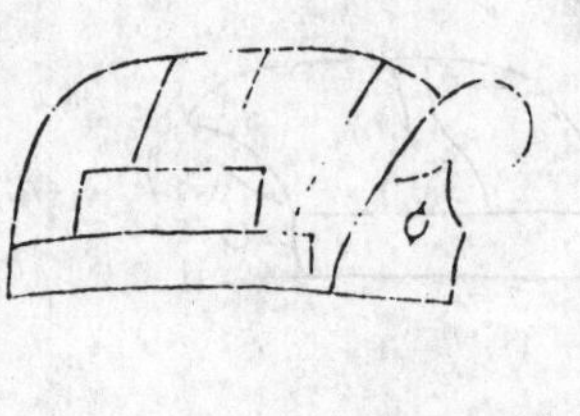

子思傳曾子之道，作中庸，頂此冠，名曰思美冠。

緇布

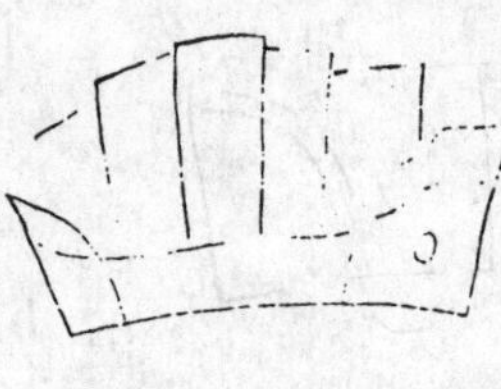

孟子嘗頂此冠，時人效之。

子游

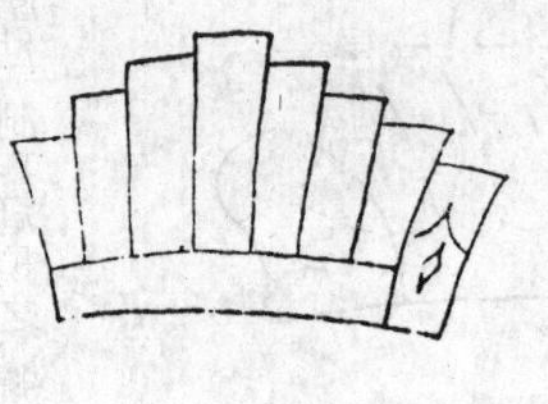

子游嘗戴此冠，後人效而制之。

子夏

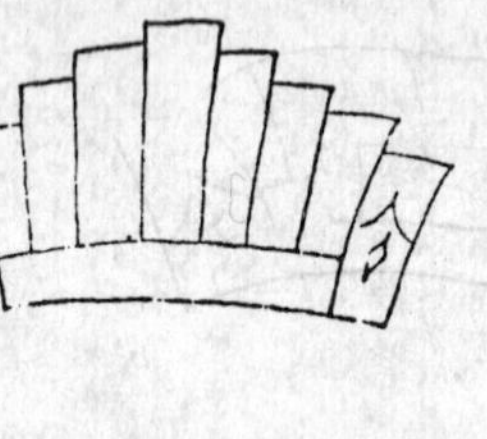

子夏善事父母，有色養之孝。嘗戴此冠，今人效而作之。

三綱

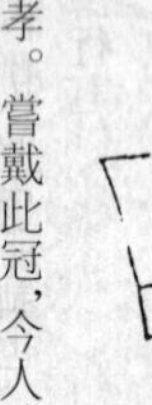

彭祖嘗冠之，見仙家之禮，號曰三綱冠。

四静

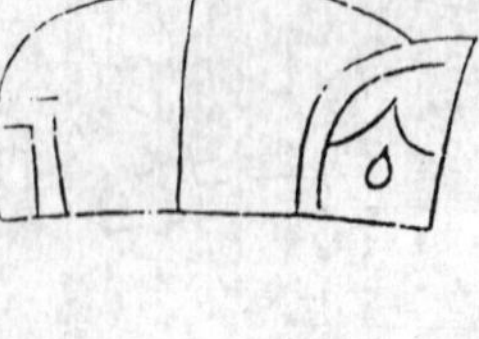

此莊子隱山林之間，不染塵世，制其冠頂之，號曰四静。

五常

四静古式

高士

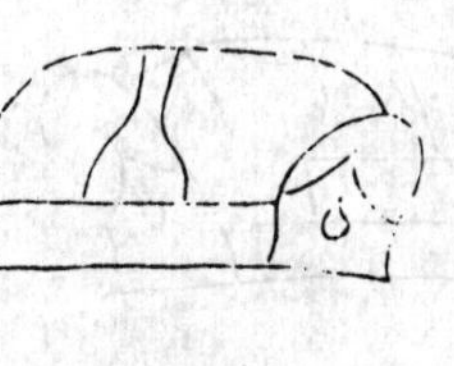

此冠，昔有道士張喬隱九華，帝隨其，贈號高士冠。

處士

昔者，古人張祐號處士，制此冠頂之，名處士冠。

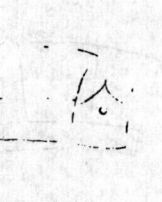

淵明

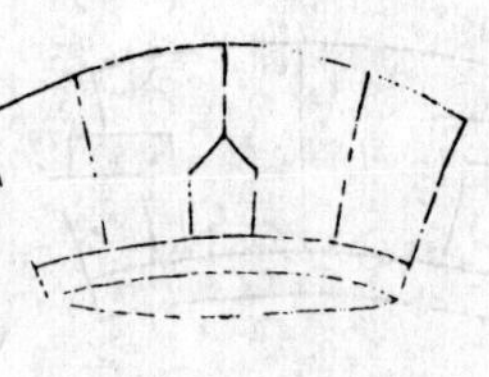

晉陶潛，字淵明，爲彭澤令。解職居柴桑里門，栽五柳號五柳先生。作歸去來辭，冠曰淵明。

獨醒

楚屈原號三閭大夫，後被上官譖，自沉汨羅，葬魚腹。作《楚辭》《離騷》《九歌》，又號靈均。制冠之後，人名獨醒。

士成

士成冠者，有人嘗御白鹿，頂是冠以遊吴楚，人莫知其何許人，制傳於古，亦莫知其名。但云士成冠。

翰林

唐翰林學士令狐陶博學、通經、好禮，著作文史，爲當時之冠。常著前圓素以法天，後立方以明地，中取圓以象人，旁貫孔以方，爲翰林諸公之喜尚方也。

招賢

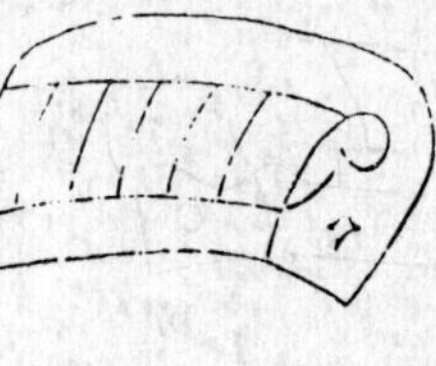

招賢冠者，昔燕昭王好士，作千金臺，招天下賢士。魏弁子者，冠是冠以見王，悅之，命曰招賢。

晉賢

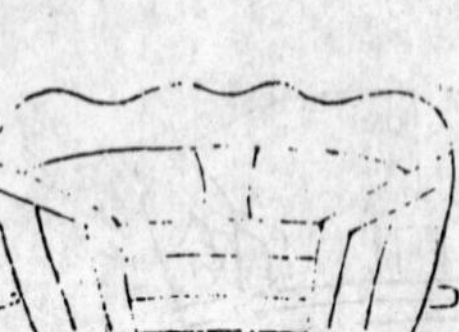

晉時，竹林七賢遊逸山林之間，頂此冠曰晉賢。

文憲

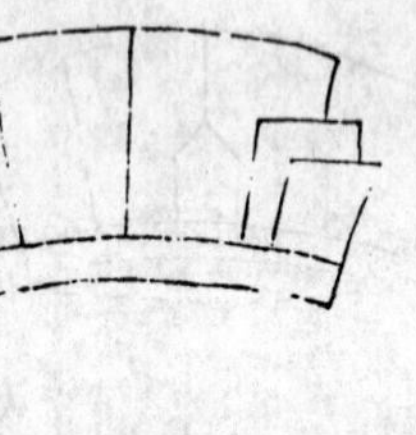

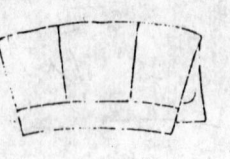

文憲子因赴洵湯見王母，但用中帽，因失其禮，就成此冠，號曰文憲冠。

崔嬰子

崔嬰子，石門人也。爲五月五日羣晏賞名園，隨制其冠。號古人嬰子冠。

子建

曹丕見弟，言其無學，欲逐之。植七步成詩，丕贈其冠名子建冠。

伯夷

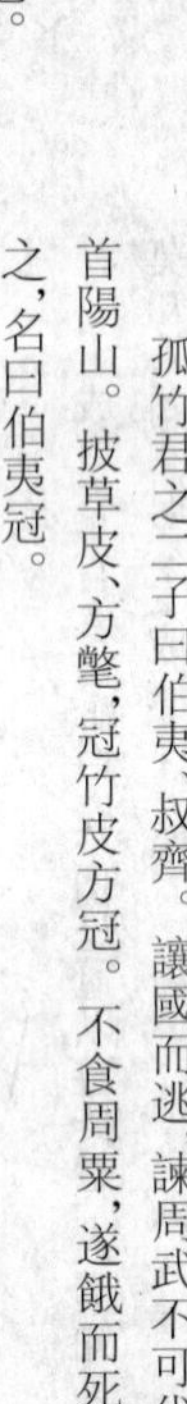

孤竹君之二子曰伯夷、叔齊。讓國而逃，諫周武不可伐紂。言不用，遂隱於首陽山。披草皮、方氅，冠竹皮方冠。不食周粟，遂餓而死。後人多祖其制而冠之，名曰伯夷冠。

子陵

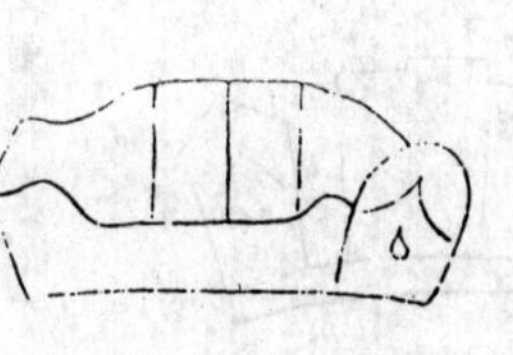

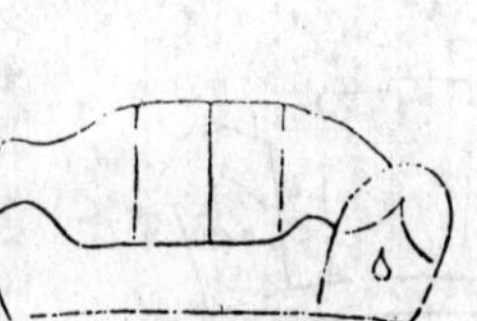

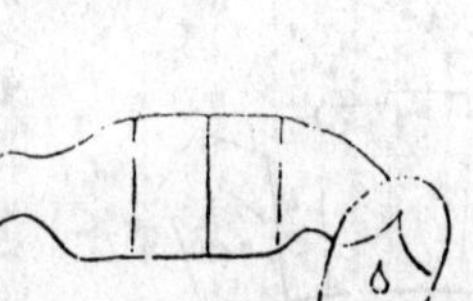

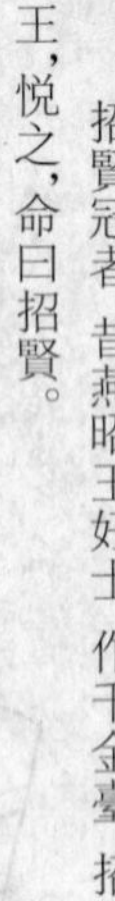

此冠，子陵先生被光武召爲師，乃成其冠以見帝，名曰子陵冠。

正節

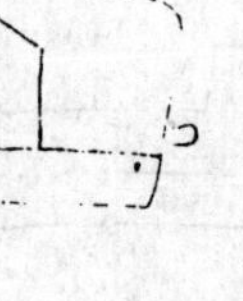

文中子初隱於南山，著正節冠。唐貞觀中門人魏徵祖其制而冠之，觀其制可見其人矣。

泰素

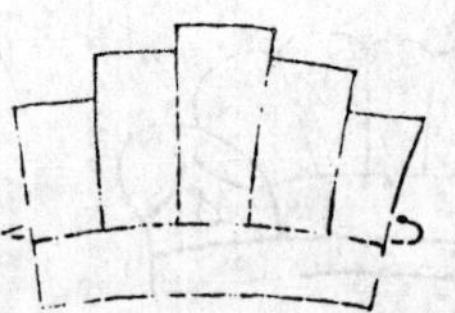

漢高祖微時，以竹皮爲冠。及貴，常冠之，不忍去。勑母得冠劉氏冠。後贈二十代天師名泰素。

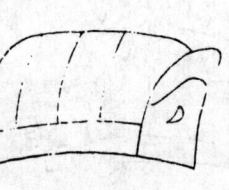

漢帝

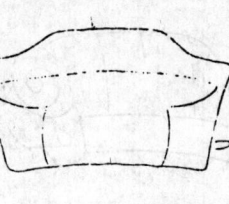

一捲

香山

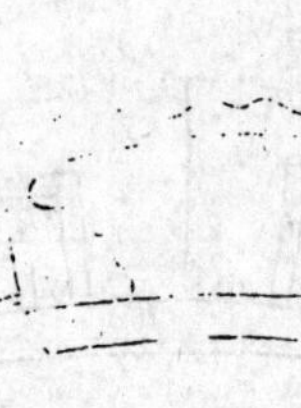

唐有香山九老會。白樂天預是會，自稱爲香山居士，因制此冠。

玄晏

玄晏先生姓皇甫氏，諱謐，有隱道高尚之志。自冠，以梓木爲之，故名。

安樂

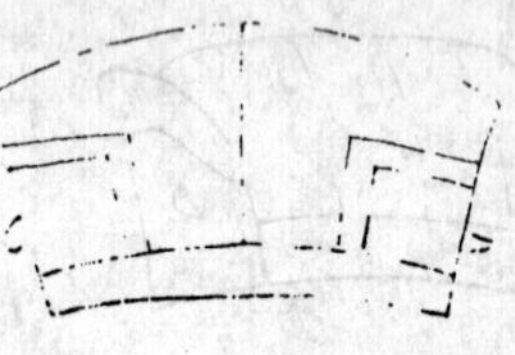

端居

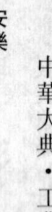

野史云：孟嘗君門人有魏牟氏者，獻冠於君，不受。爲其華藻。桃子者，獻安樂冠於君，拜而受之，故名。

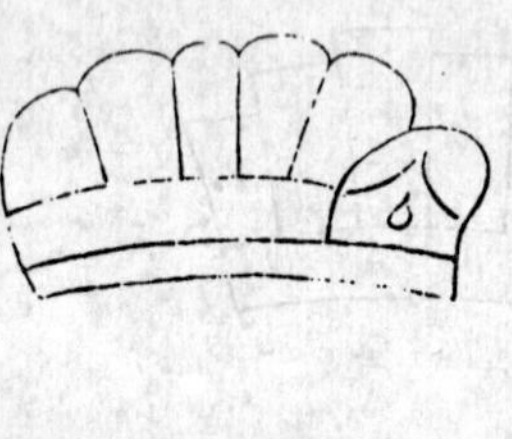

陳思

唐丞相李泌得相衡岳陶居。詔即所居，營端居室。泌自制此冠。

武夷

昔進士劉商受禮部郎中，因送友義深難别，贈詩制冠之，號曰陳思。

東坡

昔進士張謂授禮部侍郎，制此冠，號曰武夷。

學士

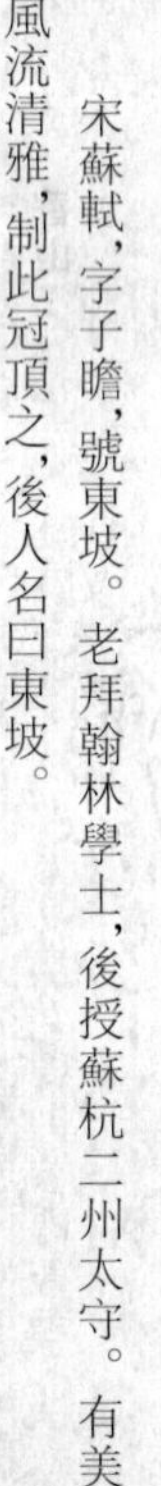

宋蘇軾，字子瞻，號東坡。老拜翰林學士，後授蘇杭二州太守。有美章詞，風流清雅，制此冠頂之，後人名曰東坡。

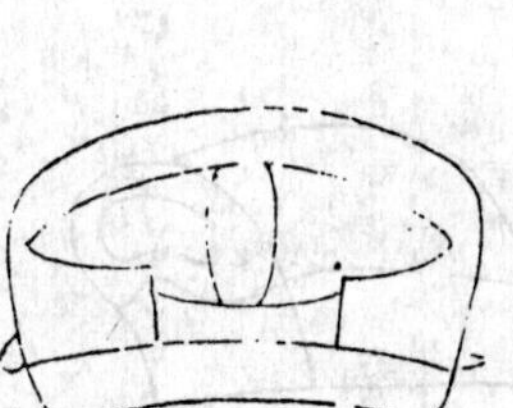

圓明

昔有學士王建爲　州司牧，爲懷文能作百篇，方制此冠頂之，號學士冠。

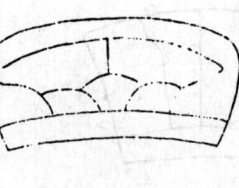

士章

終南山洪祠，字圓明，冠之，後人因效之，曰圓明冠。

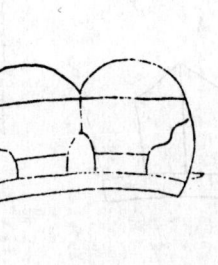

九輪

昔有王子喬爲葉令，冠之，曰士章。

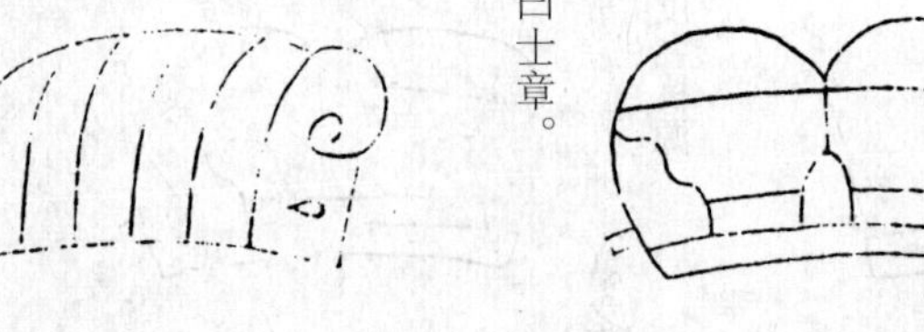

王維，太原郊人也。唐開元九年及第。帝遇三月三日宴羣臣，講成其冠，賜之名九輪。

七絃

昔有能通律吕者頂之，今人倣此樣而制，名七絃。

抱朴

晉葛洪爲勾漏令，好神仙導養之術。煉丹砂百斛，號抱朴子。嘗頂此冠，時人效而制之，故名抱朴冠。

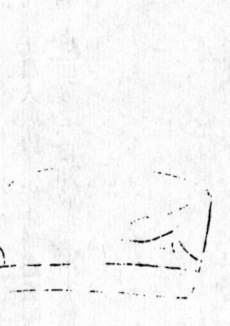

純陽

唐呂岩，字洞賓，京兆人。咸通中及第，兩調縣令，頂此冠。後携家歸終南山得道，號純陽子。莫測所往，世人名其冠爲純陽。

桃源

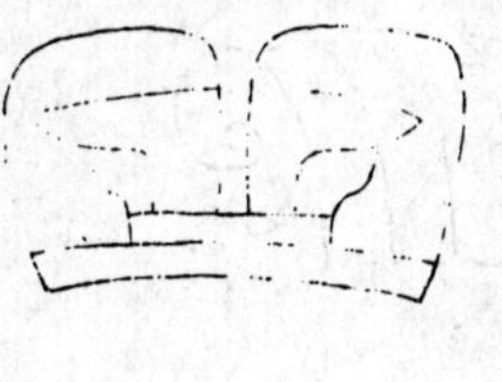

桃源山有童，自稱八百歲，常遊於九洲十島之内。而治居桃源，有學仙者致齋問道，偶一見之，因誌其冠之度名桃源。

益首

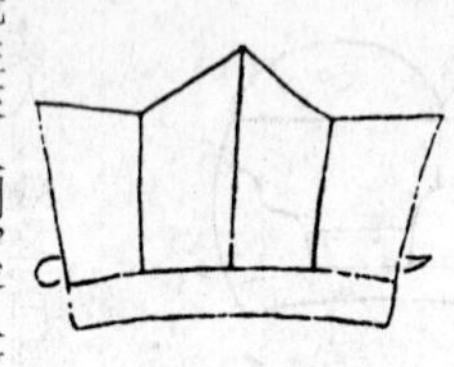

信州龍虎山張真人，頂此冠往來人間，後人效此，制之名益首。

紫陽

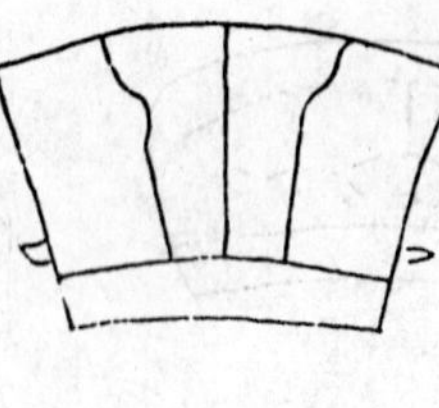

平叔張真人，號紫陽真人。抱素澄神，含真飽道，爲士夫之仰敬，而玄風之宗慕，好事者模其冠制之。

太霄

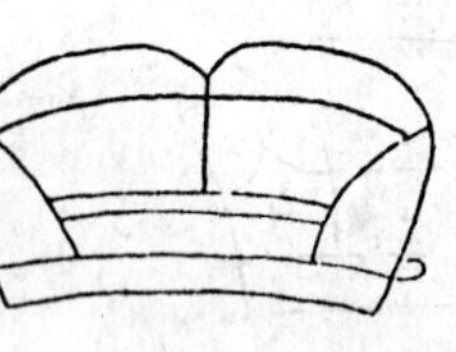

宋徽宗時，侍宸王真人與靈素先生傳道玄鳴天下。真人索看一冠名太霄。標格出斯，立夫偶一日而募之，自知放雷法中太霄琅出有此冠制。然不可考，而制固奇也。

三山

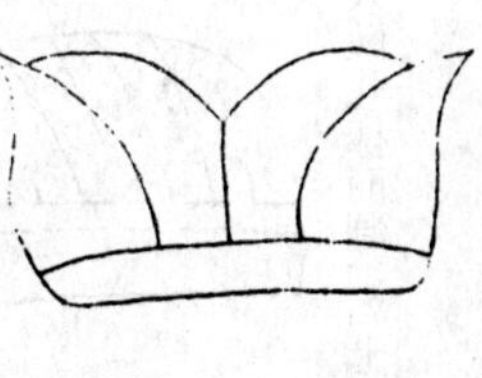

三山乃蓬萊、瀛洲、方丈之謂也。道藏經旨出太乙、木郎、神君三山之雄也。主於萬古，治於上方，僧房三山，故玉蟾祈雨呪又云：太乙、木郎三山，雄斯之謂也。木郎神君頂此冠，故人莫得其名，但以三山之然，詳其制度，則亦近矣。

三桃

茅山廣文號皮日休遇拜七真堂因見此山有峯，心悦，隨制其冠，故名。

混沌

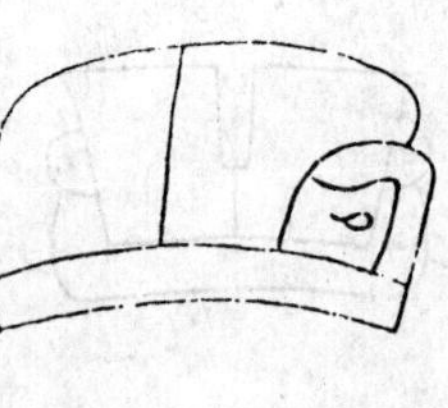

唐仙人張果老嘗制此冠頂之，名曰混沌冠。誠仙宗之遺風去。

降魔

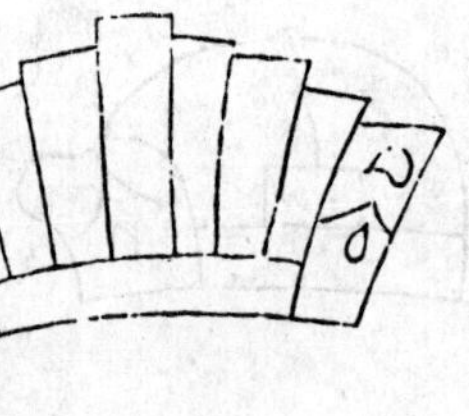

古有神人頂此冠，收服邪魔，時人號曰降魔冠。今人效之。

毅弁

漢祖劉毅於長安旅中遇聖人，授以冠曰：爾冠毅之矣，冠之可逮功名。誠萬代社稷之主。毅拜而受之，後僅十五歲，以墨受踐自名毅弁冠。

力士

輔弼

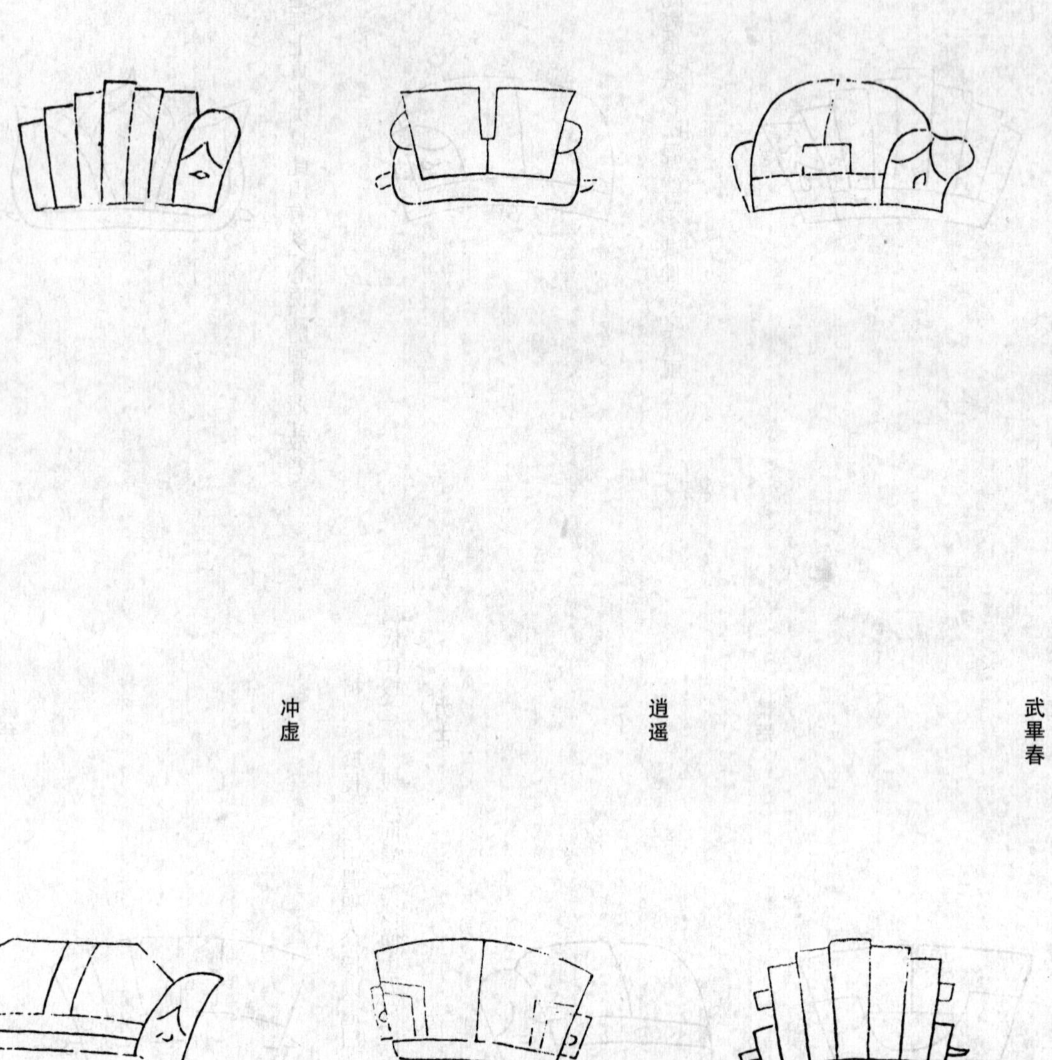

兩儀

二儀

文畢春

武畢春

逍遥

冲虚

碧霞

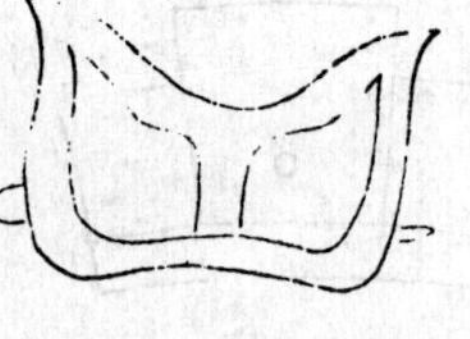

翊玄

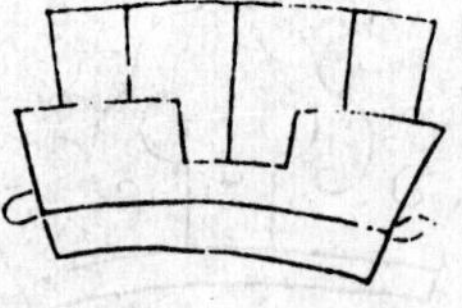

翠虛

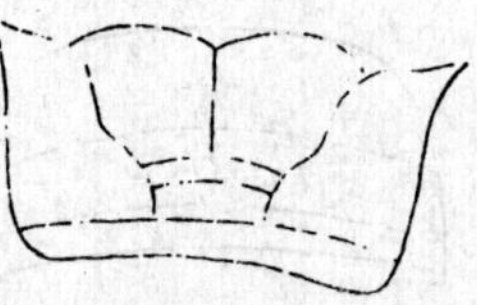

空洞

崑崙

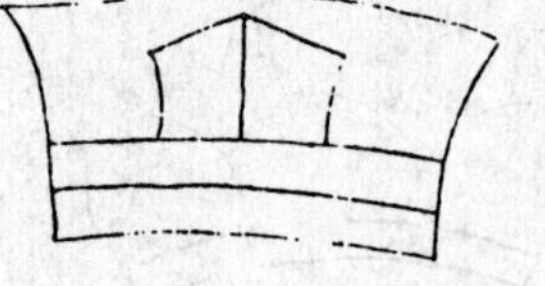

萬安

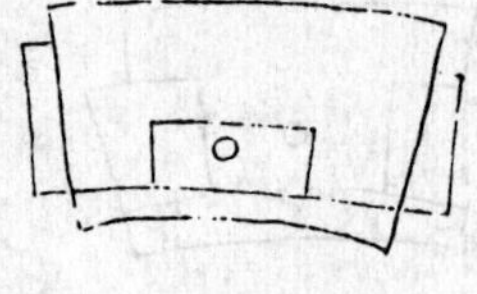

禪真

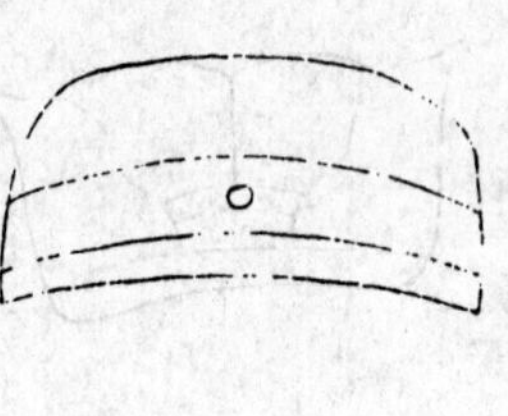

上清

奇陽

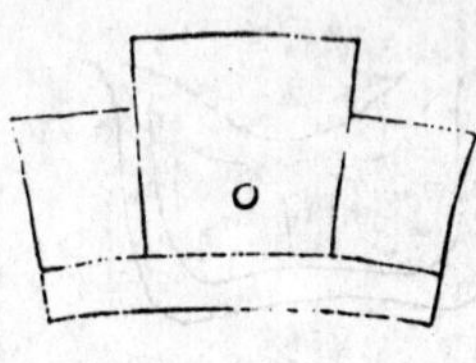

清溪

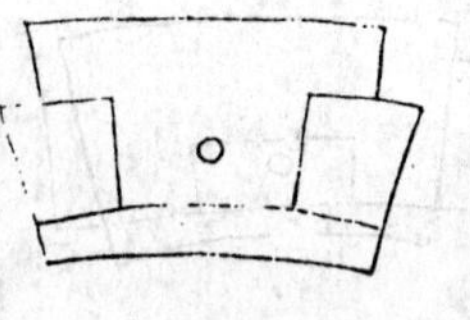

金蓮

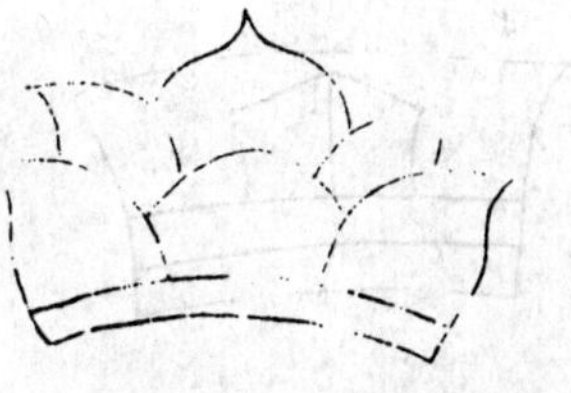

芙蓉

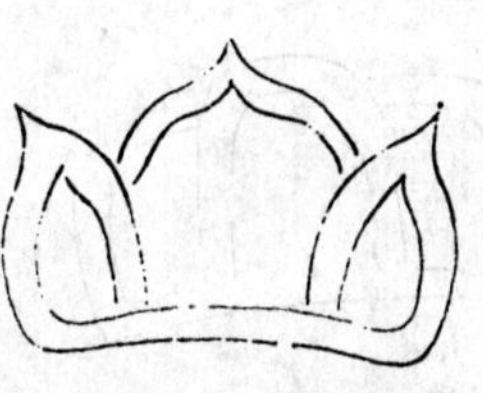

華陽

魚尾

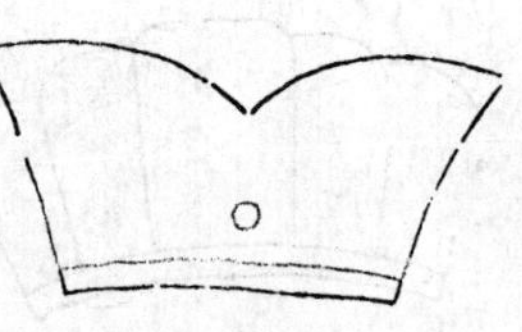

清净

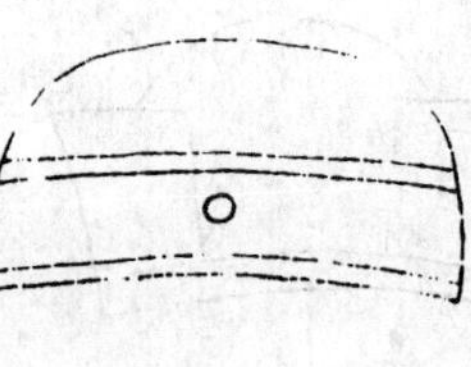

隱居

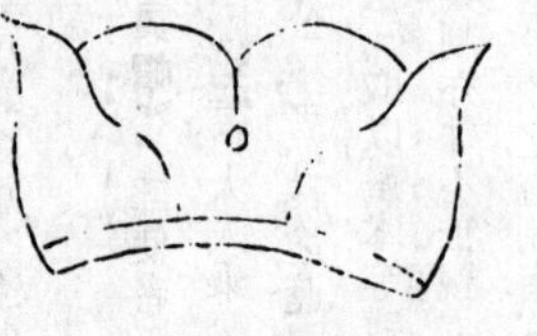

洞陽

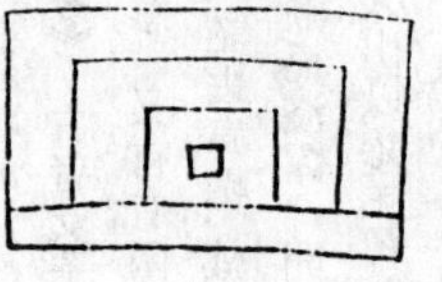

並桃

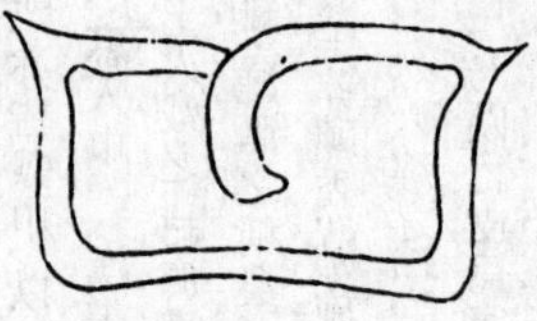

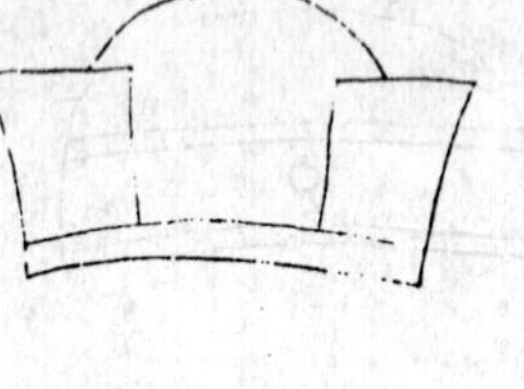
玉陽

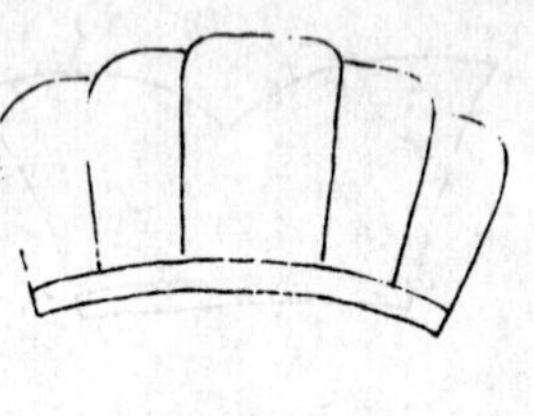
五嶽

郎瑛《七修類稿》卷一三《國事類·内官冠帽》 今太監之冠帽，即高麗王之制也。聞國初，高麗未服，太祖令内侍戴之，而給使令于高麗使者之前。使歸，舉國降。

郎瑛《七修類稿》卷一四《國事類·平頭巾網巾》 今里老所戴黑漆方巾，乃楊維禎入見太祖時所戴。上問曰：此巾何名？對曰：此四方平定巾也。遂頒式天下。太祖一日微行，至神樂觀，有道士於燈下結網巾。問曰：此何物也？對曰：網巾，用以裹頭，則萬髮俱齊。明日，有旨召道士，命爲道官，取巾十三頂頒於天下，使人無貴賤皆裹之也，至今二物永爲定制，前世之所無。

郎瑛《七修類稿》卷二三《辯證類·堂帽唐祭》 今之紗帽，即唐之軟巾。朝制但用硬盔列於廟堂，謂之堂帽，對私小而言，非唐帽也，唐則稱巾耳。宗廟之路曰唐，謂設祭於廟之中道，故云唐祭，非堂祭也。

郎瑛《七修類稿》卷二七《辯證類·巾幘冠帽》 近世士夫私居，多用巾易帽，以爲古雅，而貧賤者則以易辨，亦皆戴巾，以爲可笑，不知古者士夫冠，庶人巾也。按《儀禮》二十成人，士冠，庶人巾。《漢書》曰：卑賤者所服。傅子曰：古賤者服也。故曰：庖人緑巾，士人戴之，起於漢末，若郭林宗折角巾。袁紹戰敗，幅巾渡河。晉輕浮，則有接䍠、漉酒之稱矣。蔡邕《獨斷》曰：元帝額有壯髮，不欲使人見，始進幘服之。故王莽頭秃，乃施巾。時人云：王莽秃，幘施屋，是皆包巾，故方言覆髻謂之幘也。然六經之中，止言冠，如虞人以皮冠，野老以黄冠。《漢高祖紀》曰：帝爲亭長，乃以竹皮爲冠。又有通天、進賢、方山等稱。今人戴冠而不復加以巾，人反爲褻，此尤可笑也。但古冠皆如今之獬豸、忠靖之流，非道士之冠耳。若夫帽則上古衣毛帽皮，則帽名之始，後世雜戴私居服也，元則胡人專尚之，中國之人多戴大帽，大帽亦羌人服也，至用綵羅馬尾，則又近代之易。

楊慎《升菴集》卷六九《羃䍦考》 古者女子出門，必擁蔽其面，後世宫人騎馬，多著羃䍦，全身障之，猶是古意。又首有圍帽，謂之席帽，垂絲網之施以珠翠。至煬帝淫侈，欲見女子之容，詔去席帽，戴皂羅巾幗，而以席帽油禦雨云。唐永徽中，皆用帷帽，施裙到頸，漸爲淺露。開元初，宫人馬上著大帽，靚粧露面，古制蕩盡矣。今山西蒲州婦人出以錦帕覆面，至老猶然。雲南大理婦女戴次工大帽，亦古意之遺焉。

徐復祚《花當閣叢談》卷一《冕旒》 古冕十有二旒，旒十二玉，前後各用玉百四十四。宋時冕，中貴人呼爲平天冠，共用北珠一百四十五顆，麻珠四千五百九十顆，調珠八千六百四顆，則冕可謂至重。今制，凡祭天地宗廟則服衮冕，社稷等則服通天冠絳袍。

徐復祚《花當閣叢談》卷七《員帽》 部使者王化按浙，一舉人冠員帽入謁。王問曰：此冠起自何時。舉人曰：起自大人乘轎之年。王大慚，反加禮焉。邨老曰：員帽之製，聞祖宗以畀辟公車者，長途遮陽之用，想即唐之席帽，宋之重戴，乃春元輩欲以自别於生員監生，取以爲本等冠服。三十年前，吾邑春元盡皆用之，郡城獨不然。無論用違，其制亦殊不雅觀，今則吾邑亦用儒巾矣。若夫外官三品用幃轎，餘悉乘馬，祖制也。今之遵制者，唯一典史矣。

王圻、王思義《三才圖會·衣服卷一》

母追

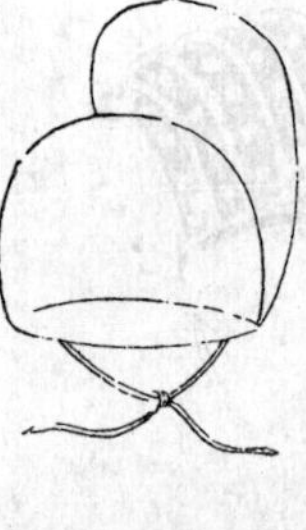

夏之冠曰母追，以漆布爲殼，以緇縫其上。前廣二寸，高三寸。

章甫

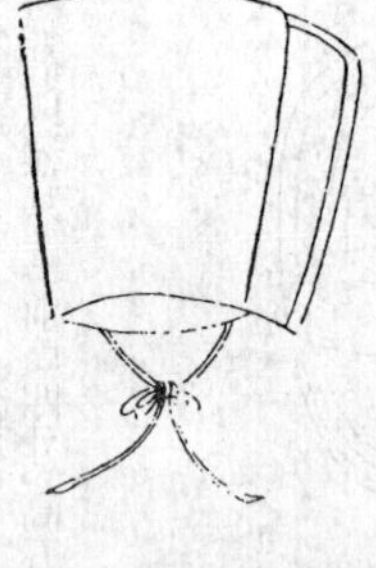

商之冠曰章甫，其制與周之委貌，夏之母追相似，俱用緇布爲之。

周冕圖

冠名，殷曰冔，周曰冕。黼冔黼裳而冔冠也。

漢冕

漢制度云：冕制，長尺六寸，廣八寸，前圓後方。其旒皆以五采絲繩貫五采王，每旒各十二垂於冕《禮》有六冕，裘冕無旒，衮冕十二旒，鷩冕九旒，毳冕七旒，絺冕五旒，玄冕三旒。

委貌

周之冠曰委貌，一名四玄冠。今之進賢冠，乃其遺象也。

介幘冠

行事獻官祭服也。執事者用介幘冠，以皮爲之，其飾黑漆。

緇撮

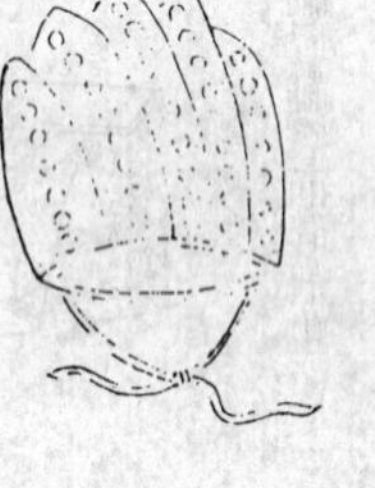

緇布冠也撮者。其制小，僅可撮其髻也。古注云太古冠。

麻冕

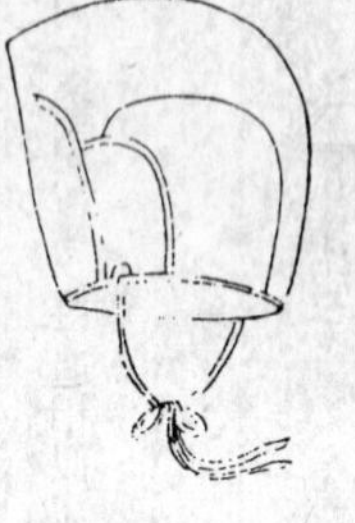

麻冕，案《三禮圖》以漆布爲殼以縱其上，前廣四寸，高五寸。後廣四寸，高三寸。

綦弁

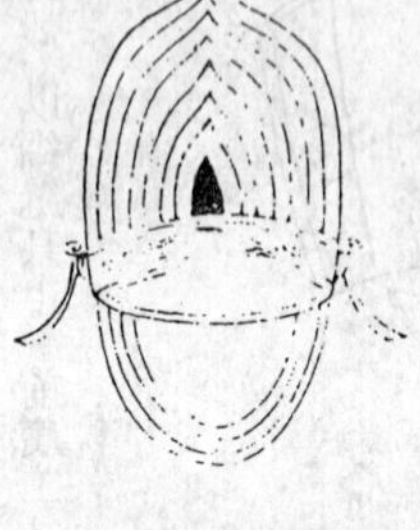

皮弁

綦弁，孔《傳》綦文鹿子。皮弁，《士冠禮》注云：皮弁以白鹿皮爲之。《弁師》云：王之皮弁，會五采玉琪，象邸玉笄。注云：會縫中也。琪讀爲綦。綦，結也。邸謂下抵。梁正張謚圖云：弁縫十二。賈《疏》引《詩》會弁如星，謂於弁十二縫中結五采玉，落落而處狀似星也。

爵弁

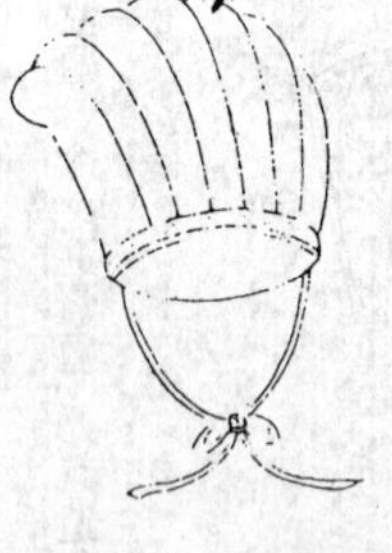

古者冠禮，初加緇布冠，欲其尚質。次加皮弁，欲其行三王之德，是益尊也。三加爵弁，欲其行敬事神明，是彌尊也。

雀弁

雀弁，唐孔氏云：韋弁也。鄭云冕之玫也，其色赤而微黑如爵頭然。用三十升布爲之，亦長尺六寸，廣八寸。前圓後方，無旒而前後平。

臺笠

皐，夫須也，即莎草也。古汪謂以夫須皮爲笠，所以禦暑禦雨。

皮冠

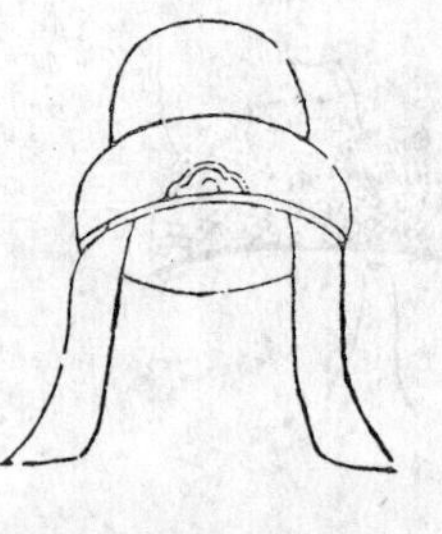

招田獵的虞人之皮冠，以其所有事也。

緇冠舊圖

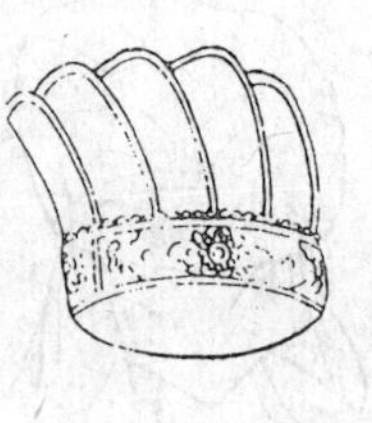

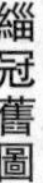

緇冠新圖

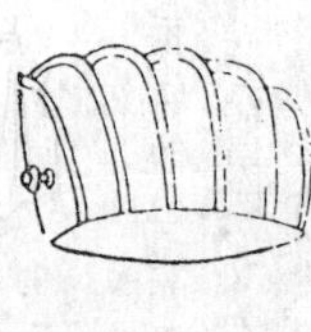

按《家禮·緇冠下》註：武高寸許，上爲五梁，跨頂前後，下著于武。屈其兩端，各斗寸，自外向内。武之兩旁半寸之上，竅以受笄，則是梁之兩頭，各蓋武上，而反屈其末于武内也。今卷首舊圖者，乃加梁於武之上，際武之前，而又鏤形如俗所謂條環者。又于武兩旁各增一片以受笄，不知作圖者何所據也。

五積冠

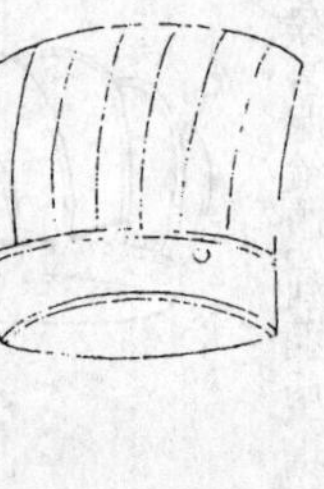

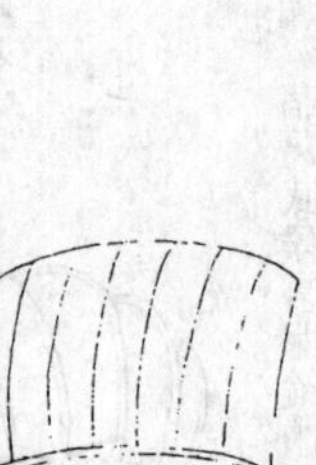

按王氏制度云：緇布冠，今人用烏紗漆爲之，武連於冠，辟積左縫，叠五攝，向左以象五常，用時以簪横貫之。

烏紗萬幅巾

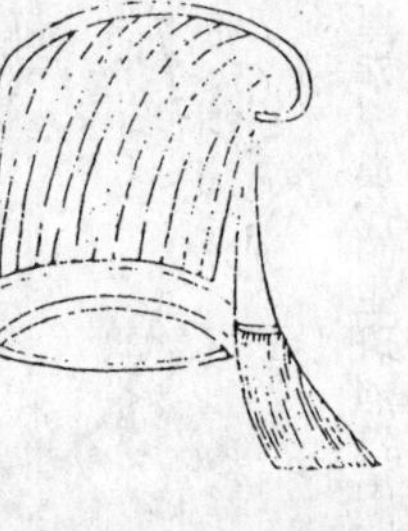

《晉輿服志》：漢末王公名士多以幅巾爲雅，近世以烏紗方幅，似今頭巾製之。直縫其頂，殺其兩端，用以覆冠。蓋古冠無巾，今人冠小，冠必加巾覆之。

帷帽

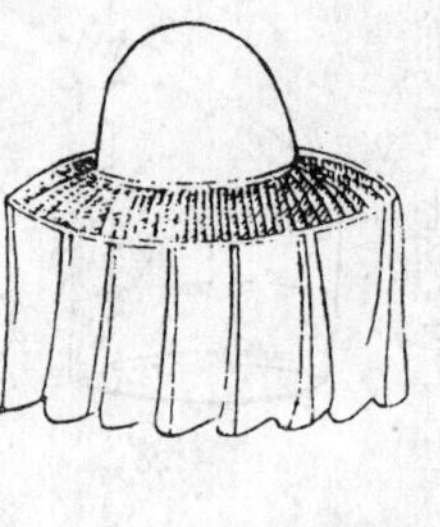

《唐輿服志》曰：帷帽創于隋代，永徽中始用之，施裙及頸。宋士人往往用皂紗，若青，全幅連綴于油帽或氈笠之前，以障風塵，爲遠行之服，蓋本此。

面衣

面衣，前後全用紫羅，爲幅下垂，雜他色爲四帶，垂于背，爲女子遠行乘馬之用，亦曰面帽。按《西京雜記》趙飛燕爲皇后，女弟昭儀上襚三十五條，有金花紫羅面衣，則漢已有面衣矣。

幅巾

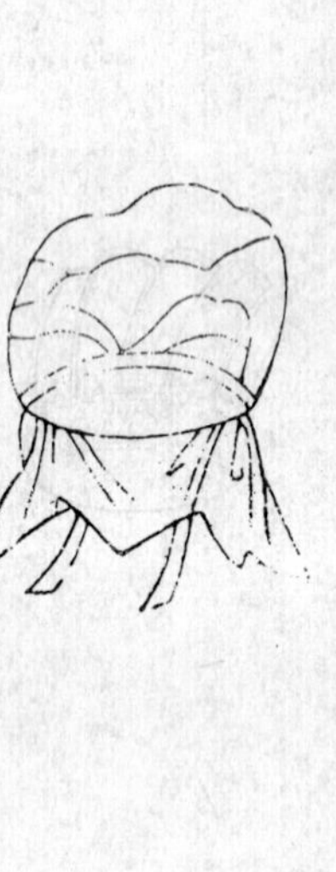

古庶人服巾，士則冠矣。《傅子》曰：漢末王公多委士，服以幅巾爲雅，索則幅巾，古賤者之服也，漢末始爲士人之服。

網巾

古無是制，國朝初定天下，改易胡風，爲以絲結網，以束其髮，名曰網巾。識者有去東中原，四方平定之語。爭汲萬象録曰：太祖徽行至神樂，觀見一道士結網巾，名取之，遂爲定制。

儒巾

古者七衣縫樟之水，冠章甫之冠，此今之士冠也。凡舉人未第者皆服之。

大帽

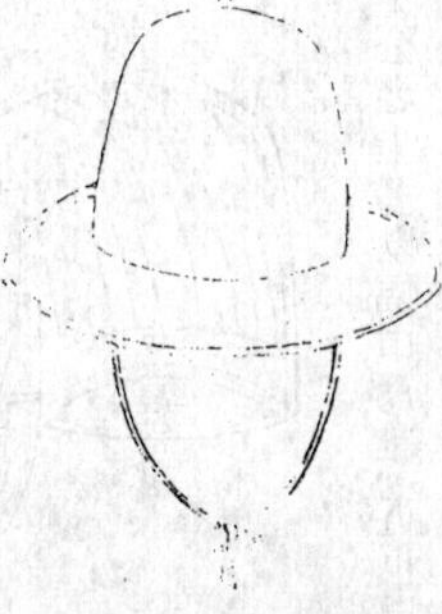

嘗見禪官云：國初　高皇幸學員，諸生班列日中，因賜遮陰帽，此其制也。今起家科貢者，則用之。

諸葛巾

此名綸巾，綸音關。諸葛武侯嘗服綸巾，執羽扇，指揮軍事，正此巾也。因其人而名之，今鮮服者。

忠靖冠

有梁，隨品官之大小爲多寡。兩旁暨後以金線屈曲爲文，此卿大夫之章，非士人之服也。嘉靖初，更定服色，遂有限制。

治五巾

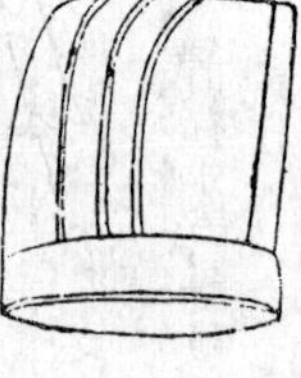
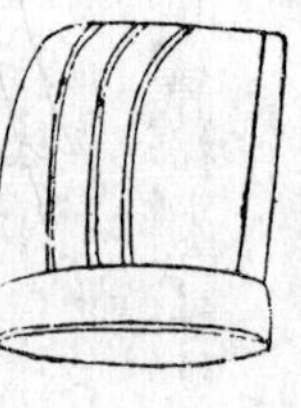

有三梁，其制類古五積巾，俗名緇布冠，其實非也。士人嘗服之。

雲巾

有梁，左右及後用金線或素線屈曲爲雲狀，制頗類忠靖冠。士人多服之。

方巾

此即古所謂角巾也，制同雲巾，特少雲文。相傳國初服此，取四方平定之意。

東坡巾

巾有四墻，墻外有重墻，比内墻少殺，前後左右各以角相向。著之，則角界在兩眉間，以老坡所服故名。嘗見其畫像，至今冠服猶爾。

唐巾

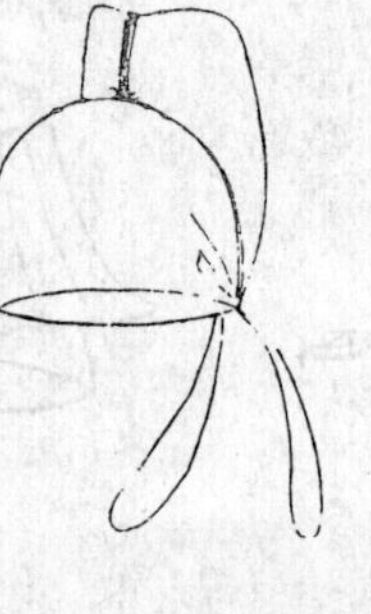
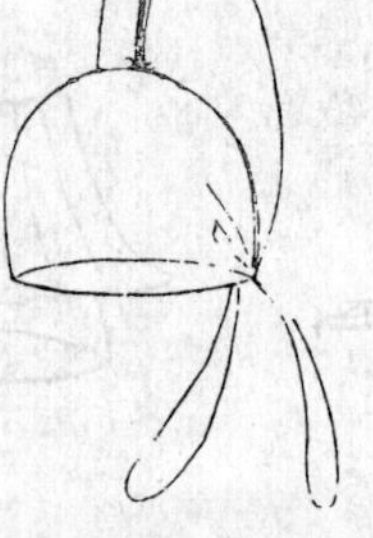
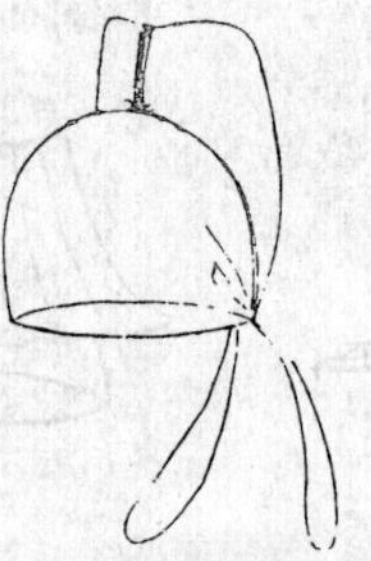

其制類古母追。嘗見唐人畫像，帝王多冠此，則固非士大夫服也。今率爲士人服矣。

漢巾

漢時衣服多從古制，未有此巾，疑厭常喜新者之所爲，假以漢名耳。

四周巾

以幅帛爲之，從廣皆二尺有餘，用之裹頭，大都燕居之飾，緇黄雜用，非士服也。

純陽巾

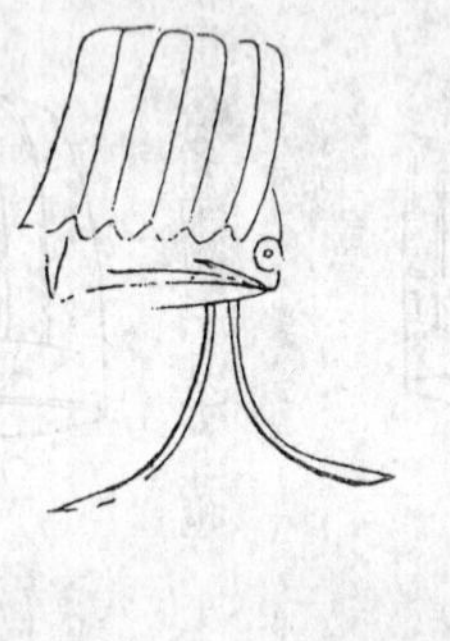

一名樂天巾，頗類漢唐二巾。頂有寸帛，襞積如竹簡，垂之於後。曰純陽者以仙名，而樂天則以人名也。

老人巾

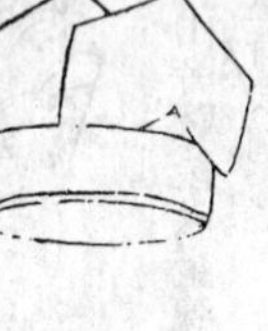

嘗見稗官云：國初始進巾樣，高皇以手按之使後曰：如此却好。遂依樣爲之。今其制，方頂，前仰後俯，惟者老服之，故名老人巾。

帽子

帽者，冒也。用帛六瓣縫成之。其制類古皮弁，特縫間少玉飾耳。此爲齊民之服。

將巾

結巾

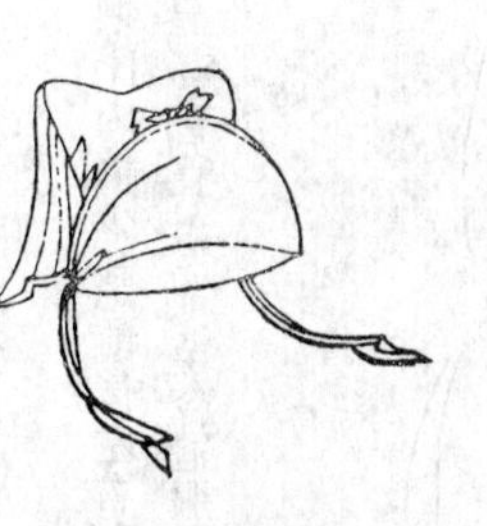

以尺帛裹頭，又綴片帛於後，其末下垂，俗又謂之紫巾，結巾，制頗相類。

鳳翅盔

蝦鬚盔

盔即胄之屬。左右有珥似翅，故曰鳳翅。所謂蝦鬚，不知其義。嘗見神圖有之，疑出於俗工之粧飾耳。

金貂巾

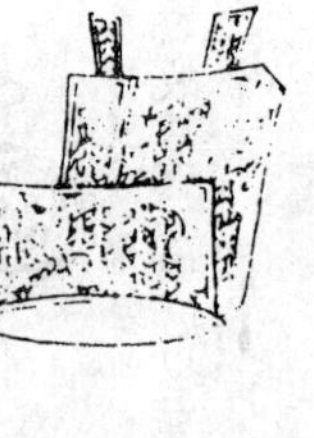

其制即幞也。古惟侍中親近之冠，則加貂蟬，故有汗貂及貂不足之説，兹特綴以金耳非貂也，疑優伶輩傅粉時所服，非古今通制也。

纏粽帽

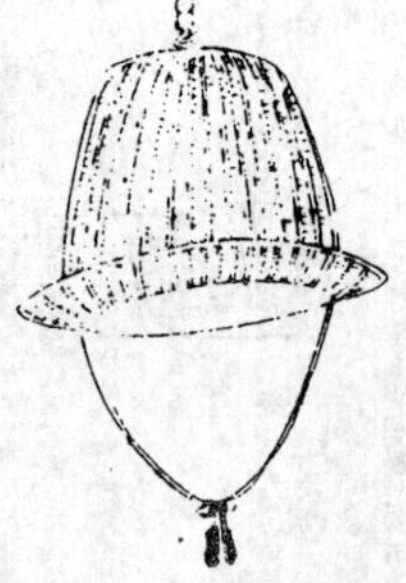

以藤織成如胄，亦武士服也。

束髮冠

此即古制。嘗見三王畫像，多作此冠，名曰束髮者，亦以壓能撮一髻耳。

三山帽

一名二即帽，皆出自閭巷相傳，不知其制所始。

氈笠

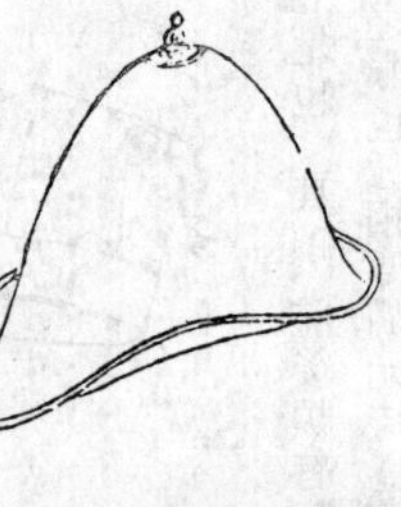

此胡服也，胡人謂之白題。杜詩「馬驕朱汗落，胡舞白題斜」是也。

韃帽

皮爲之，以獸尾緣簷，或注於頂，亦胡服也。

雷巾

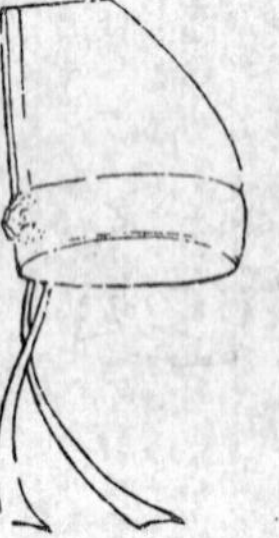

制頗類儒巾，惟腦後綴片帛，更有軟帶二，此黃冠服也。

道冠

其制小，僅可撮其髻。有一簪，中貫之，此與雷巾，皆道流服也。

僧帽

自釋迦以金縷僧伽黎衣相傳，故其衣有無后忍辱之名。其帽，未之前聞，諒亦與僧衣同流耳。

芙蓉帽

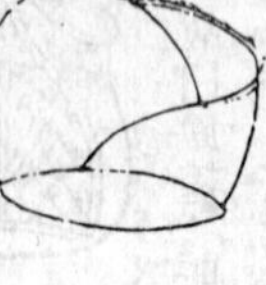

秃輩不巾幘，然亦有二三種。有毘盧、一盞燈之名，此云芙蓉者，以其狀之相似也。

吏巾

制類老人巾，惟多兩翅。六功曹所服也，故名吏巾。

皂隸巾

巾不覆額，所謂無顔之冠是也。其頂，前後頗有軒輊，左右以皂線結爲流蘇，或插鳥羽爲飾，此賤役者之服也。相傳胡元時爲卿大夫之冠，高皇以冠隸人，示紬辱之意云。

王圻、王思義《三才圖會·衣服卷三》

內外命婦冠服

冠

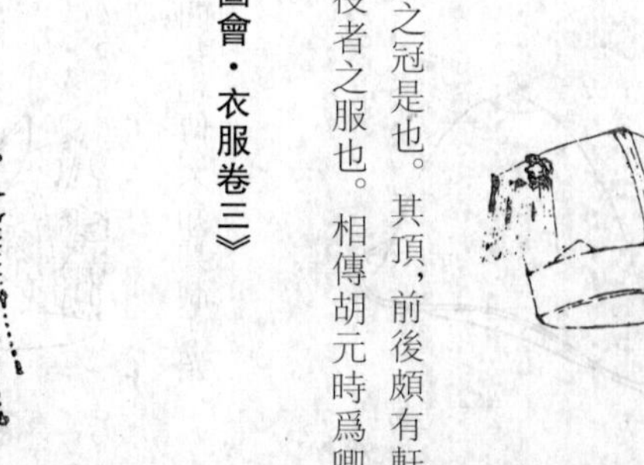

冠，《二儀實録》曰：爰自黃帝爲冠冕，而婦人之首飾無文，至周亦不過幅笄而已，漢宮掖承恩者始賜碧或緋芙蓉冠子，則其物自漢始也。【略】

面花滿冠

【略】若滿冠不過以首飾副滿於冠上，故有是名耳。

顧起元《客座贅語》卷一《巾履》 南都服飾，在慶曆前猶爲樸謹，官戴忠静冠，士戴方巾而已。近年以來，殊形詭製，日異月新。于是士大夫所戴，其名甚夥，有漢巾、晉巾、唐巾、諸葛巾、純陽巾、東坡巾、陽明巾、九華巾、玉臺巾、逍遥巾、紗帽巾、華陽巾、四開巾、勇巾，巾之上，或綴以玉結子、玉花餅，側綴以二大玉環，而純陽、九華、逍遥、華陽等巾，前後益兩版，風至則飛揚。齊縫皆緣以皮，金，其質或以帽羅、緯羅、漆紗，紗之外，又有馬尾紗、龍鱗紗，其色間有用天青、天藍者。至以馬尾織爲巾，又有瓦楞單絲、雙絲之異。於是首服之侈汰，至今日極矣。

田藝衡《留青日札》卷二二《巾》 巾，本佩巾。《禮》：左佩紛帨是也。帨，拭物之巾。《詩》：無感我帨兮。即今之手巾、汗巾也。亦褵屬。褵，婦人之褘，即今香纓。《詩》：親結其褵。注，帨巾也。《詩》：縞衣綦巾。綦，蒼艾色，女之貧陋者。漢賈山《至言》又云：赦罪人，憐甚亡髮，賜之巾，故曰卑賤者所服。或曰，古者有幘無巾。王莽頭禿，始施巾，加于冠內。一曰首飾。《儀禮》：二十成人，士冠，庶人巾。巾，謹也。當自謹脩于四教也。蔡邕則云：天子見令長、三老官屬，賜以酒食、帛、葛越、巾、佩帶之屬。又漢文帝髮壯加巾，是天子亦服巾也。《草木子》曰：紗帽，圓領，唐服也。仕者用之巾笠。襴衫，宋服也。巾環襈領，金服也。帽子繫腰，元服也。方巾圓領，大明服也。庶民用之，蓋古之庶人服巾，而今制則庶人不得服巾，故《玄中記》亦云：契丹富豪，要裹頭巾者，納牛駝七十頭，馬百匹，名曰舍利，是庶人雖富豪，在匈奴亦不得服巾也。

滿冠

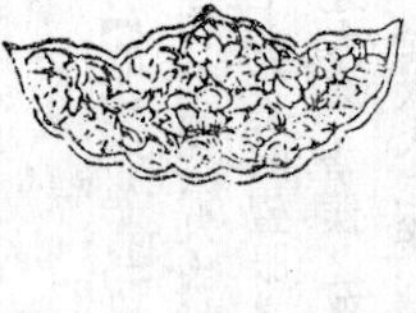

練巾，禰衡着練帢也。綸巾，諸葛孔明白綸巾。謝萬紫綸巾。《石季龍史》：季龍以女騎一千爲鹵薄，皆着紫綸巾、織錦袴，金銀縷帶、五文織成鞾，游于戲馬觀。綸，青絲綬也。本音倫，一在山韻，與關同韻，而關字初無。龍春切者，淳韻亦不收，而古人關巾謂即白綸巾，何也？魏瓘《搗衣賦》：黃金釵兮碧雲髮，白綸巾兮青女月，佳人聽兮良未歇。則是婦人亦冠白綸巾也。白帢巾，帢本音軩。韎軩，士服蔽膝之衣。《詩》韓軩注：合韋爲之，以茅蒐草染之。一曰韎軩，是則未染者，當爲白帢矣。魏太祖擬皮弁裁縑帛爲帢，以色別貴賤，本軍飾非國容。弁缺四隅，曰帢。一曰，按頭使下，故曰帢。即小白帽也。哀帝改用素白帢。帢疑作答。《史記》：答布千匹。注：白疊布也。《南史》高昌國有草，實如繭，中絲爲細纑，名曰白疊。安子國人取以爲布，甚輭白。《唐書》又云：白氎，擷花可織爲布。想即今之木綿花，初名吉(具)〔貝〕布也。一作白氎巾。杜子美詩：光明白氎巾是也。夫既曰草絲，則又不當从毛，注作毛布矣。今之以褐布作巾者，本當从毛，而白氈巾則純用毛製，疑古之白氎亦如此製，故从毛也。桐巾，隋左相牛弘十議：着桐巾，以制木爲之，内加漆。詔從之。大業十年，禮官上疏：裹頭者，宜裹巾子。烏巵巾，子美詩：晚風爽烏巵。注：烏巾也。即如今烏紗巾之類。小烏巾，子美詩：頭戴小烏巾。烏角巾，子美詩：錦里先生烏角巾。蘇子瞻詩：二老白接䍦，兩郎烏角巾。角巾，晉芊祐王導折角巾。郭林宗遇雨，折一角，故名。今有六角巾、八角巾。常服本四角，此好異者。帤巾，《方言》大巾，一曰幣巾、播巾。葛巾，諸葛孔明，又淵明用以漉酒。唐武則天賜羣臣葛巾子，呼爲武家高巾子。杜甫詩：呼兒正葛巾。幅巾，製見家禮。漢末王公名士，以幅巾爲雅。袁紹、崔豹爲將帥皆着幅。闊幅巾，程伊川紗背後望之如鐘形，其製似今道士，謂之仙桃巾。大幅巾，唐日本國。踣養巾，唐中宗賜百官踣養巾。帝在藩時冠。珠巾，唐昭宗時，侯王、將帥以珠一顆盤幞頭脚，貫以銀線而簪之。軍人又以珠飾巾。新羅巾，皇甫玄真獻新羅巾子，辟塵于高瑀，以贖田知之罪。夾羅巾，唐文宗性儉素，駙馬來處仁戴夾羅巾，帝戒之謂非所宜。今則庶人皆戴之，亦有夾縐紗巾而用金線盤者。鹿巾，路羣製。陶弘景通明鹿皮巾。縠皮巾，張孝秀文逸縠皮巾。化巾，桑維翰服蟬翼紗、大夫帽庶表四方，名爲化巾。尖巾蜀王衍製僕射巾裴冕華陽巾，顧况。蓮花巾，吴江女道士。燕巾，後世上下通用之幘。雲巾，一名燕尾巾。蘇子瞻《謝人惠雲巾》詩：燕尾稱呼理未便。或曰：燕巾，即幘也。髮有巾曰幘。蓋覆髮者，卑賤執事不冠之服，後世以爲燕巾。圓頭巾，楊供奉官及諸司長官則有圓羅頭巾子。方頭巾，李白詩：首戴方頭巾。或曰，自宋至今，庶民頭巾，法天地取方圓之象，名曰平定巾。平頭巾，唐置平頭樣巾。漁巾，高九萬。白鷺巾，晉山簡白接羅。接羅，白帽也。《爾雅》注：江東取白頭翅背上長翰毛以爲睫攡，名之曰白鷺縗。唐巾，唐制四脚，二繫腦後，二繫領下，服牢不脱。有兩帶、四帶之異。今則二帶上繫，二帶向後下垂也。今之進士巾亦稱唐巾。忠義巾，一名闖王巾。漢關雲長製。高士巾，山林隱逸之服。凌雲巾，用金線或青絨線盤屈作雲狀者。玉臺巾，方而匾者，即四方巾之制小異。兩儀巾，後垂飛葉二扇飛簷巾。鶡鴠巾，宋館伴所裹。東坡巾，云蘇子遺制。山谷巾，黄庭堅遺制。陽明巾，近時新建伯王伯安製。萬字巾、鑿子巾，今人以白爲鹵服，未聞有白綸巾、白帢、白氈巾之制，惟喪服乃用麻、用葛，而有萬字、鑿子之制。萬字則上闊而下狹，形如萬字，鑿子則如唐巾而去其帶耳。

《帽》

帽，冒也。上古用羽毛及皮爲之，今以紗、羅、紵、絲、馬尾、氂牛尾、椶、藤、竹、蒲爲之。《輿服志》：上古穴居野處，衣毛而帽皮。又曰：官民皆帶帽，其簷或圓，或前圓後方，或樓子，蓋兜鍪之遺制也。所云樓子，即今南方村中小兒所帶五彩帽。余幼時尚見小兒帶雙耳金線帽，皆元俗也。所謂帽則金其頂，襖則線其腰者也。又元婦人皆帶皮帽。

《鎖鎖帽》

鎖鎖帽，出回紇。用鎖鎖木根製之爲帽，火燒不滅，亦不作灰，可配火鼠布，即火毳布。《後漢書》：火毳，即火浣布。布出燃洲。《異物志》云：獸毛織成。《博物志》云：出西域。《玄中記》云：南方炎山。《拾遺記》又云：羽山石火可焚垢衣，令潔也，此尤異。元阿合馬言：別怯赤山出石絨，織爲布，火不能然。請遣官採取石絨，可對冰錦。

周祈《名義考》卷一一《冕服》【略】曰冕者，以服得名也，非冕之上有龍與鷩等也。衮冕十二旒，王大祀朝覲服之，上公九旒。鷩冕九旒，王祀先公饗射服之，王三公八旒，侯伯七旒。毳冕七旒，王四望服之，王之孤卿六旒，子男五旒。希冕五旒，王祭社稷五祀服之，王之大夫、諸侯之孤各四旒。(元)〔玄〕冕三旒，王祭羣小祀服之，諸侯之公三旒，再命大夫二旒，一命大夫一旒。王之五冕，旒有多寡，每旒玉皆十二，無增損也。上公以下，每旒玉數如其旒數，尊卑之等也，是冕之與服，君臣所共，惟冕前後垂旒則遞減耳。故臣下之冕總謂之裨冕。《説文》曰：「冕者，大夫以上冠也。」《玉藻》注：冕以板爲之。師古注：五冕之板，廣八寸，長六寸，前圓後方，有綖，綖用三十升布，染黄覆冕上。出冕前後而垂有紘。紘，冠卷也。有紞，即黈纊，以黄綿爲圜，懸冕兩旁塞耳者，下繫玉瑱謂之珥。有繅，繅合五采絲爲繩，垂於綖之前後以結玉。有就，就，成也，一玉爲一成，結之不相棄也。周制如此，秦服袀(元)〔玄〕，漢冠竹皮，因陋就簡，古製寖廢，此賈生有易服色之請，班固不志輿服也。紼音紙，黈音陡。

冠幘

《説文》：「冠，絭也，所以絭髮。」又曰：「髮有巾曰幘。」夏之冠曰毋追，追猶堆也。商曰章甫，漸章著也。周曰委貌，委曲有貌也，並以緇布爲之，故曰緇布冠。又曰玄冠，《輿服志》委貌與皮弁同制，長七寸，高四寸，前高廣，後卑鋭，但皮弁以鹿皮耳。古冠制雖不可詳，今羽流束髮者，大略近之。趙惠文冠，以冠如蟬翼，猶古之鷩冕，一名鵕鸃冠，一名鶡冠，謂之武弁。鵕鸃，鶡，勇而有介，今勳臣籠巾插鶡羽，其遺意。楚獬豸冠，以獲獬豸得名，後有鐵柱，又曰柱後，謂之法冠，今憲臣冠加獬豸於上，亦其遺意也。唐翼善冠，太宗采古制自服之。闕今乘輿常服，亦名翼善冠，或唐制也。其他冠名尚多，制不可考。秦加武將首飾絳帕，後稍稍作顔題，漢興續其顔，却結之施巾連題却覆之，名之曰幘，孝文乃高顔續爲之耳。崇其巾爲屋，文者長耳，武者短耳，若今喪冠。【略】

褦襶 褦音柰，襶音戴。

程曉《伏日詩》：「今世褦襶子，觸熱到人家。」諸韻書訓褦襶爲不曉事，二字从衣，何以云不曉事。蓋褦襶，涼笠也，以竹爲蒙，以帛若絲繳簷，戴之以遮日，炎暑戴笠見人，必不曉事者也。

曹學佺《蜀中廣記》卷六八《方物記第一〇》《三國志》諸葛孔明以巾幗遺司馬懿。巾幗，女子未笄之冠，蜀中名曇籠，蓋笑其堅壁不出，如閨女之匿藏也。幗音慣，同古對切。今音與國同，非。

《(隋)〔唐〕書》：竇軌遺朱桃椎以鹿幘，委之地，不服。鹿幘，隱士巾也。文彦博《咏華陽巾》詩：華陽山相遺巾法，蜀國烏紗學製成。公厭貂裘今已久，定知野服稱高情。註云：俗亦謂隱士巾。

余繼登《典故紀聞》卷四 國初令人皆戴青巾，洪武十二年始令伶人常服緑色巾，以別士庶之服。

謝肇淛《五雜組》卷一二《物部四》側注，儒冠也。鶡，武冠也。鵕鸃，侍中冠也。豸，惠文法冠也。遠遊、博山，太子冠也。翼善、平天、通天、高山，天子冠也。却敵，衛士冠也。貂蟬，功臣冠也。却非，僕射冠也。巧士，黄門從官冠也。進賢，羣臣冠也。毋追、收，夏冠也。章甫，冔，殷冠也。委貌，周冠也。華山，宋鈃冠也。鹿皮，張欣泰冠也。桑葉，原憲冠也。竹皮，漢高帝亭長冠也。獺皮，陳伯之冠也。交讓，公孫述冠也。步摇，江充及慕容跋冠也。進德，唐太宗賜貴臣冠也。玉葉，太平公主冠也。方山，舞人冠也。九星、靈芝、夜光，上元夫人冠也。晨嬰，西王母冠也。芙蓉，衛叔卿冠也。骨蘇，高麗冠也。無頭，宋康王冠也。鷸冠，鄭子臧冠也。貊冠，屈到冠也。豹冠，范獻子冠也。北斗，道冠也。虎皮，胡冠也。

今内監帽樣，高麗王冠制也。國初高麗未服，太祖密遣人瞰其冠，命諸内竪皆冠之，及其使至，指示之曰：「此皆汝主等輩也，皆已服役，汝主尚不降耶？」使者歸言之，遂奉正朔。

古婦人亦着帽。漢薄太后以冒絮提文帝，注：「帽也。」趙昭儀上飛燕金花紫綸帽。

又賀德基於白馬寺逢一婦人，脱白綸巾以贈之。諸葛武侯遺司馬懿巾幗婦人之服。則古婦人亦有巾也。

古人幘之上加巾冠，想亦因髮不齊之故。今之網巾，是其遺意。但幘以布絹爲之，又加屋其上，故亦可以代冠。如董偃緑幘、孫堅赤罽幘之類，即今俗名腦包者也。網巾以馬鬃或線爲之，功雖省，而巾冠不可無矣。北地苦寒，亦有以絹布爲網巾者，然無屋終不可見人。

童子幘無屋者，示不成人也。近時三五十年前，總角者猶繫一網巾邊，是其遺制。既云童子幘無屋，明丈夫幘皆有屋矣。又云王莽以頂秃加屋，何耶？董偃，武帝時人，以緑幘見天子，必非無屋者。幘本賤者之服。緑幘，又其賤者。近代樂工着緑頭巾，亦此意也。

《新鐫古今事物原始全書》卷五《禮制·面帛》《吕氏春秋》曰：夫差誅伍子胥，數年越報吴，殘其國，夫差將死，曰：死者如其有知也，吾何面目見子胥于地下乎？乃爲幎以冒其面而死。《風俗通》及《説苑》二説皆同，今人死以帛覆面即此義。

《新鐫古今事物原始全書》卷八《朝儀·冠》《通典》曰：上古聖人衣毛帽皮，中古聖人見鳥獸之冠角，乃作冠，至黄帝始以布帛爲之。蔡邕《獨斷》曰：天子之冠名曰通天冠。杜佑曰：宋時更名平天冠。《三禮圖》云：三代冠名，夏曰毋追，音無堆。商曰章甫，周曰委帽，俱以緇布爲之，周時亦名玄冠。《六帖》曰：孔子作緇布冠。誤矣。崔豹《古今注》曰：漢平帝元始五年作進賢冠，乃古之緇布冠之遺像。即今之金線冠也。乃儒者之服。漢制，公卿列侯冠三梁，二千石冠二梁，下大夫冠一梁，以别貴賤。《淮南子》曰：楚文王好服豸冠，楚人效之。豸冠之制始此。注云：獬豸，神羊也，能别曲直。《輿服志》云：晉惠帝時，郎中戴鵕鶡冠。注云：鵕鶡，山雞也，又名錦雞。周時侍御史名柱下史，冠法冠。其後以鈇爲柱，取其不撓之義。《孔帖》云：知天文者戴鷸冠，以鷸能知天將雨也。戰國時趙武靈王好胡服，始置貂蟬冠。一曰，武弁也。即大冠，其像金蟬左貂，侍中冠之。始皇併趙，以此冠賜侍中。《續事始》曰：鶡冠，乃武冠也。今梨園武冠上插毛者，即其遺制，亦始于楚。有楚人自號鶡冠子，衣蔽履，以鶡爲冠，莫知其名，著書言道家事。注云：鶡似雉，勇而善鬪，不死不止，故用其尾，以飾武冠。唐時，野夫戴黄冠，衣草服。張道士通古今，寄迹老子法中。韓愈詩云：詣闕三上書，臣非黄冠流。文天祥有「黄冠歸故鄉」之句。宋時何尚之致仕，戴鹿皮冠。沛公戴竹皮冠，原憲戴樺皮冠。

《冕》

《通典》曰：黄帝作冕垂旒，目不視邪色也。充纊於耳，耳不聽邪言也。《説文》云：冕有五制。古者，大夫以上至天子皆有冕，惟旒之多寡以别之。宋英宗朝，李育上言：制冕以《周官》爲本，凡十二旒，間以采玉，加以紘綖笄瑱之飾。自東漢至唐，而史官名儒記述前制，皆無珠翠犀寶之飾，蓋謂明水大羹，不可以衆味和。雲門盛池，不可以新聲間。衮冕之服，不宜以珍恠累也。許慎《説文》云：旒，垂玉也，乃冕之飾也。冕制有五：一曰衮冕，王十二旒，上公九旒。二曰鷩旒，王九旒，三公八旒，侯伯七旒。三曰毳冕，王七旒，孤卿六旒，子男五旒。四曰布冕，王五旒，大夫及諸侯之孤各四旒。五曰玄冕，王三旒。陸佃云：王之五冕，皆十二旒。杜佑曰：天子十二旒至地，諸侯九旒至軫，大夫七旒至轂，士三旒至肩。説文云：古旒皆用玉。三國時，魏明帝改用珊瑚珠。

《弁》

《説文》云：即冕屬。周曰弁，夏曰收，商曰冔。《詩》云：載弁俅俅。《禮》云：皮弁素積。《史記》云：三王共皮弁。

《新鐫古今事物原始全書》卷一四《服御・巾》 《説文》云：古以皁羅裹頭，名曰頭巾。蔡邕《獨斷》曰：古者有幘無巾。王莽禿，始設以巾。唐武德初，置平頭小樣巾。武后内宴賜百僚絲葛巾。《筆談》曰：今人所戴頭巾，不同唐之巾四脚，二繫腦後，二繫頷下，服勞不脱。今人不繫頷下，而兩帶遂爲虚設。今時之唐巾，後有兩帶者，乃宋制也。今之方巾，乃我朝楊維禎戴方巾見太祖，問其巾名。禎曰：四方平定巾。上喜，令庶人皆得戴之，謂其巾名之美也。

《帽》

《通典》曰：上古衣毛帽。及成王問周公曰：舜何冠。周公曰：古之人右帽，而領取其覆首之義，即今小兒所戴之頭衣也。古者有冠無幘，冠下有纚，以繒爲之，後世因施帽于冠。自乘輿燕居，下至士庶無爵者皆戴之。唐李晟與朱泚戰，戴綉帽，鄧通戴黄帽。唐初以縠爲帽。《炙轂子》曰：席帽也。本羌胡以羊毛爲之。秦漢時鞔以故席，女人亦服之。四緣垂網子，飾以珠翠，名曰韋帽。吴處厚《青箱雜記》：宋仁宗天聖以前，用光紗。天聖以後，用南紗。五代明宗時，吐蕃披虎皮以拜，落其氈帽，其白帽名白接䍠。晉山簡醉倒着之。注云：取白鷺翅背長翰毛爲之。

《大帽》

本野老巖叟之服，唐時以皁縠爲之，以隔風塵。《談苑》曰：後魏孝文帝自雲中徙代以賜百寮，五代以來惟御史服之。宋淳化物，宰相、學士、御史、北省、尚書省五品以上皆令服之。其制自後魏始。

《帷帽》

唐車服制曰：帷帽創于隋代。永徽中施裙及頸，今世士人往往用皁紗全幅綴于油帽，或氈笠之箭，以障風塵，爲遠行之服，蓋本于此。又有面衣，前後全用紫羅爲幅，下垂，雜以他色，爲四帶，垂于背，爲女子遠行乘馬之用，亦曰面帽。《西京雜記》曰：趙飛燕爲皇后，女弟昭儀上襚三十五條，有金花紫羅面衣，則漢時已有面衣矣。

《幅巾》

古庶人服之，士則冠矣。漢末王公，多委士服，以幅巾爲雅素，則幅巾古賤者服也。漢末始爲士人之服。袁紹戰敗，幅巾渡河是也。

《幞頭》

《二儀實録》曰：古以皁帛三尺裹頭，名曰幞頭。黔首以皁絹裹髮，至南北朝周武帝始用紗，唐時惟人主用硬脚，趙宋有直脚曲脚五等。一云，梁高祖始布漆于紗，施鐵爲脚。【略】

《幘》

《輿服志》曰：幘者，用之以覆髻，凡救護日蝕著絳幘者，所以助陽也，武士著絳幘，所以成威也。

《蓋頭》

起于戎狄，用以障身。南宋以前，以皁羅五尺爲之裹頭。今人家婚娶以方巾蓋頭，羅扇障面，王公之家亦用之。遇喪事則用麻，名曰孝鑾，其事始于南宋前。

《帕》

《實録》曰：禹會塗山，步卒始以紅綃帕抹額，爲軍容之盛飾。唐高宗募士討吐蕃，俱戴紅抹額。白樂天詩：五陵年少來應詔。樂天詩云：五陵年少爭纏頭，一曲紅綃不知數。賈知微遇魯城夫人，杜若蘭以秋雲羅帕裹册五十粒與之，曰：此羅帕是織女採玉璽織成，後大雷雨失帕所在，今時婦人用御羅帕及皁包頭亦習俗之移人耳。【略】

《幗》

《説文》云：幗者，婦人之喪冠也。孔明遺司馬懿巾幗之辱，即此。

《罟罛》

《風俗通》曰：北狄之婦冠也。或皮或紙，以朱漆爲之，俗云漆光頭是也。

《瞑帽》

吴王夫差不聽伍子胥之諫，後越伐吴，吴王將死，曰：吾何面目于地下見子胥。乃爲瞑帽而死。注云：瞑帽，即面帛也。今人死或以帛或以被掩面，即其故事。

方以智《通雅》卷三六《衣服・彩服》 古分冕、弁、冠，然亦通稱，猶漢晉來分幘、巾、帽，而亦通稱也 古冠制三：曰冕者，朝祭服，所謂十二旒九旒而下是也，惟有位者得服之。曰弁，亞於冕，所謂夏收、殷哻、周弁是也。曰冠，亞於弁，所謂委貌、毋追、章甫是也。弁與冠，自天子至士皆得服也。按，古文奇字[古文]象形，弁亦此聲，而稍別作[古文]、[古文]則通稱，執劉鉞之人皆冕，冕亦通稱，猶之冃即帽也。荀子言王者務而拘領。楊倞注：務讀如冒。《尚書大傳》作冒而句領。詳見後。此非古之帽乎？古冒、務、無、毋、牟、莫、勉，皆一聲之轉。詳見《釋詁》各條。委貌之貌，毋追之毋，章甫之甫，皆此聲也。舊説哻名出于幠，幠，覆也。收，收髮也。毋，發聲也。追，推也。委，安也，智謂委綏也。詳見後。毋追猶埜堆，即牟敦，古語堆起之狀，岑牟諸説見後。幠亦因此。漢人用閔免密勿，即僶勉，即《爾雅》之蠠没，《方言》之侔莫，故知冕、帽、貌、甫相通。冔當是冔，毋別有解，推原上古異説，不妨并存，以聽折衷也。《郊特牲》卷冕即衮冕，《管子》作繟絻，《汲冢》用紼絻。絻音問，而借冕，古通聲可知。高承《事物紀原》云《世本》云：黄帝作旃冕。《通考》載此説。智以旃冕乃旒冕之譌，吴曾考《世本》云：伯余初作衣裳，胡曹作冕，黄帝臣也。有虞氏皇而祭，康成皇邸皇舞，皆爲凰皇，此爲畫羽之冕，周捨以爲畫鳳羽之衣。《説文》皇爲自始之説，《含神霧》遂引天皇之皇，不知上古造字，必先近取而後及遠，開口喉聲，莫如王字，从𠆢人古人字。正坐與大古天字。相比，故成三畫連中之象。皇爲冕，象从合，似自形也，後乃追尊帝號曰皇，而天皇之皇與鳳皇皆因此起，乃反據以解有虞之皇邪。大氏古自有取象通聲之原，而後因稱配字，不得不別注釋。不知其故，隨字鑿説矣。聲稱相因而分用，當別弁、冔、收，皆爵弁，如玄鳥之色。以玄繒爲之，三加之冠也。委貌，章甫，毋追，皆緇布冠，始加之冠也。皮弁，弁以皮爲之，再加之冠也。其幘巾帽見後。

端委，委猶綏也。繅、旒、紞、紘、邃、延，皆委也。笄，梁，皆衡也《左傳》劉定公曰：「吾，[與子弁冕]端委以治民」。「晏平仲端委以立於虎門」。《晉語》董安于曰：臣端委以隨宰人。《周語》曰：晉侯端委以入武宫。蓋端言正也。玄端，委貌也，此爲冠冕之通稱，豈但齊服玄端素端乎。委言其垂下之綏，舊解委爲安者，非矣。《玉藻》「邃延」，《弁師》玄冕朱裏延紐，繅旒朱紘。皮弁玉璂，象邸玉笄。璂讀如綦，結也。邸下邸也，以象骨爲之。《左傳》，杜預注：衡，維持冠者。紞，多敢反。冠之垂也。紘，纓從上而下也。綖，冠上覆也。或以紞爲垂瑱充耳。康成曰：衡笄。蓋凡横者曰衡，今之梁亦衡也。古以旒分，至晉、宋、齊猶然，唐通天冠二十四梁，宋亦用之，今則惟朝冠有梁。賈子朝委裘。孟康曰：若容衣。《吕覽》曰：堯之容若委衣裘。言少事也。

漢平冕，晉黑介幘　漢明紀永平二年，祀明堂。李賢等注引《漢官儀》天子、公、卿、特進、諸侯祀天地明堂，皆冠平冕。《三禮圖》冕以四十升布漆而爲之，廣八寸，長三寸，前下後高。《晉志》平冕，王公八旒，卿七。王公衣九章，卿七章。齊梁因制平天冠。《隋志》平冕，俗所謂平天冠也。《晉志》通天冠高九尺，金博山顔，與平冕、黑介幘竝用，平冕加於通天冠之上，後或加附蟬，或用二十四梁，皆通天冠也。黑介幘即後世之翼善冠，以至撲頭，撲後作幞。進賢冠，皆是漆灰張其題屋。翼善冠昉於唐太宗，改周幞頭爲之。又制進德冠以賜貴臣，玉璂制如弁服，以金飾梁，花趺，三品以上加金絡，五品以上附山雲，則是近時之朝冠矣。朱子論幞頭，鐵張猶後起也。近省五冕，惟冕以享廟，常服烏紗折角向上巾，即古幘、幞、翼善之類。御殿服皮弁，亦冒烏紗，十二縫，縫各五采玉十二，玉簪導。

毋，冠也　易貫魚以宫人寵。徐邈讀貫爲冠。《谷永傳》以次貫行，所陳衆條以次相續行之。《韻增》收入平聲，是貫有冠音矣。貫古作毌。毌邱，地名，象人冠形而名，遂有毌邱氏，後訛爲毋，諸家複姓毋邱，音無。升菴曰：當音貫。梁氏言毋追亦毌字，象形。《釋名》曰：冠，貫也，所以貫韜髮，則毋追當音冠堆，不必音牟堆矣。此亦一説，毋之音牟，因毋轉爲淳毋之模，模轉爲牟，漢人謂絞頭布爲牟，禰衡岑牟是也。

漢魏晉以來謂漆紗之冠曰幘，通用曰巾幘　《通典》古者有冠無幘，其戴也，加首有頍，所以安物，故《詩》曰「有頍者弁。」秦加武將首爲絳袙，以表貴賤，後稍作顔題，漢孝文高其顔題，續之爲耳，崇其巾爲屋，上下羣臣貴賤皆服之。文者長耳，武者短耳，稱其冠也。春服青幘，立夏乃止，尊其方也。武吏常赤幘，成其威也。未冠童子幘無屋，示未成人也。《通典》載《漢舊儀》鴻紺績霜幘。《東觀記》曰：段熲滅匡，詔賜熲赤幘大冠一具。董仲舒《止雨書》曰：執事皆赤幘爲公服，常服則當是巾幘矣。魏管寧在家，常著皁帽，蘇轍以爲白帽。宋制，黑帽綴紫標，以繒爲之。後制高屋白紗帽。陳名白紗者，爲高頂帽。後魏咸著突騎帽，垂裙覆帶，蓋索髮遺象。隋文開皇著烏紗帽，大業通服折上巾。唐制白紗帽，又制烏紗帽。按《隋志》曰：六國時，魏趙之間通謂巾爲承露。袁紹戰敗，幅巾渡河。按此則庶人及軍旅皆服之。全服皁而向後撲髮，謂之頭巾，俗人謂之撲頭。後周武帝時初服，常冠以皁紗全幅向後撲髮，仍裁四脚，俗謂之撲頭。《唐會要》折上巾，軍旅所服，今撲頭是也。東晉制，以葛爲巾，形如帢而横著之，尊卑共服。太元中，國子生見祭酒博士，冠角巾，至齊立學，王儉議更存焉。唐始用巾子，尚平頭小樣者。宋端拱中，撲頭、巾子并爲條制。智按，所謂耳者，即近代之帽翅所謂高蟬也。撲頭作方稜，兩級謝恩及朔望服公服，方袖則戴撲頭。自朝冠進賢冠、頭巾而外，士夫居家則製忠靖冠，四品以上金線分輪卷，五品以下以緑分之。常服之巾，隨人取名，巾帽爲古之通稱。陳師道曰：布撲頭則自英宗崩，宋次道誤爲之也。

銀葉弓脚，五代之幞　五代漢乾祐中，有銀葉弓脚幞頭尚宫一人，又有高脚幞頭。《朱子語録》言横兩脚以鐵張之，本是假脚，以木作山子名曰軍容頭。

纏首曰岑牟 《禰衡傳》鼓史著岑牟單絞之服。岑牟，鼓角士胄也。智謂如今之南兵以布纏頭也。作鐵胄者，因謂之兜鉾，一作兜鍪。《説文》曰：「鍪，釜屬。从金。」以鍪爲胄，亦以其形似耳。夏毋追，音牟堆，冠禮作牟追。苻登刻鉾鎧爲死休字。隋・楊玄感反於黎陽，取帆布爲牟甲，謂爲頭牟與甲也。唐劍南道貢彌牟布，亦謂其可纏頭也。《後周書》曰：突厥之先，臣于茹茹，即蠕蠕。爲鐵工，居金山。金山形似兜鍪，其俗謂兜鍪爲突厥，因以爲號。

因幅巾而有幞頭，即幓頭也，一曰袹首 《説文》：「帗，一幅巾也。」後漢・馮衍幅巾降光武，苻融幅巾奮褎。《列子》北國之人，鞨巾而裘，以皮爲之。何胤著鹿皮巾，魏時作縑巾，又造白帢，横縫其前以別，後名曰顔帢。六朝白紗巾，其介幘則公服也。《謝安傳》理髮遲緩取幘。桓温曰：令司馬著帽進。以此可證。《方言》絡頭，陌頭也。紗繢、鬢帶、鬃帶、帑㡌，幞頭也，或謂之承露。鬃音菜，或曰覆鬃。郭璞注：今結籠是也。《陌上桑詩》：「脱巾著幧頭。」向栩絳綃頭，周黨著縠皮綃頭。綃當作幧。七消反。《儀禮》鄭玄注：如今著幓頭，自項交額繞髻。周弘正著紅褌錦絞髻，踞開善寺門聽講。陳暄以玉帽簪插髻，紅絲布裹頭上徐陵坐。韋堅令陝尉紅袹首唱《得寶歌》，即幞頭也。又作鞨。《方言》曰：鞨巾，俗人帕巾是也。毛晃并以帓爲帕，誤帓帶也。青藤《路史》言抹額是大禹制帑，音績。或曰袜、袹聲轉，北人戴帽以帕縛之，南惟興泉人喜去巾裹烏帕，閩妝包頭下路通尚矣。

巾褠，巾幘禪衣也 江南人士交際，褠音句。爲盛服，蓋次於朝服。雷次宗以巾褠侍讀，朱修之不肯以巾褠到殷景仁之門。

以漆膠紗曰漆紗 隋皮弁用漆紗爲之。董巴曰：以鹿皮爲之。何稠用漆紗施象牙簪，弁加簪導亦自稠始也。《青箱襍記》曰：天聖以前，烏幘用光紗，自後始用南紗。南紗，今之縐紗，在漆紗外者也。按《後漢書》長冠，一曰齊冠，漆纚爲之。即漆紗也。纚音斯，斯有紗音。朱子言斫木作軍容頭，後用藤骨。仁宗時方以漆紗爲之，謂免木骨耳，非古無漆纚也。

弁缺四隅曰帢，言揣其隅也 《唐韻》㡇即帢。又作帢、帹。弁缺四隅也。魏武始製，成帝制使尚書八座丞郎、三省侍郎乘車，白帢低幃，出入掖門。又二宫直官著烏紗帢。往往士人宴居皆著帢矣。《集韻》亦作㡇、䓁、袷。按，當从冃从臽。然則《唐韻》之㡇即《集韻》之䓁乎，要當作㒼，從冃臽。帽之屠蘇，垂者曰裾，亦曰裾，反裾覆頂者，所謂洞賓巾也。倚勸，今之寓玉也。假兩，今之鞔胸兜也 〔南史〕《齊〔書〕海陵王紀》以生紗爲帽，半其裾而折之，曰倚勸。又著下屋白紗帽〔兩〕〔而〕反裾覆頂。上令反裾向下，和帝時百姓及朝士以方帛填胸，名曰假兩。

䙅裷，謂其䙅帑也 《方言》䙅裷音煩冤。謂之幭。亡日切。郭璞曰：即帊幞也。則非足下之襪矣。按《莊子》孔子繙十二經。司馬彪注：繙帑，音兜亂取之也。今據郭讀煩冤，則䙅裷即繙帑何疑，言帊幞垂覆繙帑之狀。《吕覽》幡薄。高誘注：幡亦薄也。

重戴，言繖下服帽也。有席帽，有裁帽，有涼衫。宋之衫帽猶唐之帷帽，羃䍦也。《石林燕語》曰：唐至五代〔時〕〔國〕初，京師皆不禁〔打〕繖。五代始命御史服裁帽。蜀王衍好戴大裁帽，蓋欲掩已而有泥首之兆。淳化初命公卿皆服之。既有繖，又服帽，故曰重戴。自祥符後始禁，惟親王宗室得張繖。今席帽、裁帽分兩等，中丞御史與六曹郎中則於席帽前加阜紗，圍其半爲裁帽，非臺官及員外而下則無席帽。《清波襍志》曰：預備衫帽，朝退，服以入堂。蓋已得請矣。一時驟更衣制，力或未辦，乃權宜以涼衫爲禮，習以爲常。乾道間，王自嚴内相申請，謂環一堂而圍坐，色皆淺素，極可憎，乞仍存紫衫，至今四十年不改。前此仕族子弟未受官者，皆衣白，今非跨馬及吊慰不敢用。又曰：士大夫馬上披涼衫，婦女步通衢，以方幅紫羅障蔽半身，俗謂之蓋頭，蓋唐帷帽之制也。貴與曰：重戴，唐士人多尚之。五代以來，新進士亦重戴，遂以爲俗，脱白即止。元笑言《石林》加繖之説誤，而《青箱襍記》曰：曳袍重戴。又云：席帽自隨。亦非也，蓋席帽垂簷以蔽日，即名重戴。智按，張舜民《畫墁録》曰：王朴嘗便服，頂席帽，行浚儀橋。是則有似于笠矣。裁帽者，裁其簷之褣也。《資暇録》曰：永貞之前，組藤爲蓋，曰席帽，取其輕，後以細色罽曰氈帽，裴晉公以此免淄青盜刄，僅折其簷。太和末，作疉綃帽。

羃䍦，障面也 《新唐志》婦人施羃䍦以蔽身，永徽中始用帷冒，施帬及頸。武后時，帷冒益盛。中宗後，無復羃䍦矣。山簡倒著白接䍦，䍦似幅巾，羃則似罩耳，今人眼罩是也。唐・豆盧回詩「羃䍦音覓力。野烟起」，借作烟兒。豆盧回公紹作豆盧田，《品彙》以回、田爲一人。周邦彦有《蘇幕遮》之曲，乃高昌女子所戴油帽。李石曰：鷺有長毛翰，江東取以爲睫攡，名之曰白鷺纕。解見氅毦，湛若以爲障頭飾。非。《唐書・宋務光傳》比見坊邑渾脱隊駿馬戎服，曰蘇幙遮。幙乃幙訛。

以白飾首曰白題，或以呼笠 服虔注曰：白題，國名也。按：題，額也，因謂頭爲題。《漢書》題湊，以木頭爲題。此白題國首好飾白，故名。張子賢「以下馬拾白題」定爲氊笠，亦拘，安知非白莞笠，或白氍乎？

中人帽曰爪拉　徐文長曰：遼主名查剌，或服是帽，轉爲爪拉。近有奄帽，是高麗王帽，京師呼爪拉。范文穆乾道使金，接伴裹蹋鵰。

《事物玫》卷六《武備》　抹額　《二儀實録》曰：禹娶塗山之夕，大風雷電中，有甲卒千人，其不被甲者，以紅絹帕抹其頭額，云海神來朝，禹問之，對曰：此武士之首服。秦始皇至海上，有神朝，皆抹額、緋衫、大口袴侍衛。自此抹額遂爲軍容之服。

兜鍪　胄也。《黄帝内傳》云：玄女請帝製之，以備身也。

《事物玫》卷六《冠服》

冠　《通典》曰：上古衣毛冒皮，後代聖人見鳥獸有冠角頓胡之制，遂作冠冕纓緌以爲首飾。《三禮圖》曰：緇布始冠之冠。太古未有絲繒，始麻布耳，黄帝始用布帛。或曰，黄帝已前用皮羽。

冕　《通典》曰：黄帝作冕垂旒。宋名平天冕大明諸司職掌云：皇帝冕，版廣一尺二寸，長二尺四寸。冠上有覆，玄表朱裏，前後各有十二旒，旒五采玉珠十二，玉簪導，朱纓，祭天地、宗廟、社稷、先農及正旦冬至、聖節、册拜用之。東宫冕九旒，旒九玉，金簪導，紅組纓，兩玉填。親王冕五采玉珠九旒，紅組纓，青纊充耳，金簪導。世子冕三采玉珠七旒，紅組纓，青纊充耳，金簪導。郡王冕同世子。

弁　《禮記》稱三王共皮弁。大明諸司職掌云：皇帝皮弁用烏紗帽之前後各十二縫，每縫各綴五采玉十二以爲飾，玉簪導，紅組纓，朔望視朝、降詔、降香進表、四夷朝貢朝覲用之。東宫親王皮弁九縫，綴玉九，金簪，朱纓。世子八縫。郡王七縫。綴簪同。【略】

冲天冠　唐制交天冠以展角相交于上。國朝吴元年改展脚不交，向前朝其冠纓取象善字，改名翊善冠。洪武十五年，改展角向上名曰冲天冠。

通天冠　蔡邕《獨斷》曰：天子所冠，漢制之，秦禮魚文，祀天地、明堂平冕。

高山冠　魏明帝以似通天，乃毁變其形，除其卷筩，令如介幘。幘上加物，以象上峯。鄙人不識，謂之平天冠。

梁冠　《三禮圖》曰：古緇布冠之遺象，儒者之服也。前高七寸，長八寸，高三寸。《漢官儀》曰：平帝令公卿列侯冠三梁，二千石兩梁，千石以下一梁。梁别貴賤，自漢始也。大明諸司職掌云：文武官朝服梁冠，以梁數分等第。公八梁，侯伯、一品七梁，二品六梁，三品五梁，四品四梁，五品三梁，六品七品二梁，八品九品一梁。

幞頭　《二儀實録》曰：古以皁布三尺裹頭，號頭巾。三代皆冠，列品、黔首以皁絹裹髮，亦爲軍戎之服。後周武帝依周用絹三尺，裁爲幞頭。此得名之始也。《唐會要》曰：故事，全幅向後幞髮，俗謂之幞頭。梁高祖始布漆于紗，施鉄爲角，唐惟人主用硬脚，晚唐方鎮擅命始僭用之。此硬角幞頭之始也。大明諸司職掌云：文武官公服幞頭用漆紗二等展角，各長一尺二寸，雜職官幞頭用垂帶。

法冠　《漢輿服志》曰：法冠，一名柱後惠文，高五寸，以縰爲展筩鐵柱卷，御史執法者服之。或謂之獬豸冠，獬豸神能别曲直，楚文王獲之，故以爲冠。

武冠　《漢輿服志》曰：俗謂之大冠，環纓無蕤，以青絲爲緄，加雙鶡尾，豎左右爲鶡冠云。鶡者，勇雉也，故趙武靈王以表武士，秦施之焉。

惠文冠　《職林》曰：漢侍中冠武弁大冠，亦曰惠文冠，加金璫，附蟬爲文，貂尾爲飾。侍中服左貂，常侍服右貂。金取堅，剛百鍊不耗，蟬取居高食潔，貂取外勁悍而内温潤。此本趙武靈王胡服之制，秦始皇滅趙以賜侍中，庾杲之爲蟬冕，所映彌有華采。

幘　《輿服志》曰：古者有冠無幘，秦加武將首飾爲絳幘，以表貴賤。漢文加以高頂，其承遠遊、進賢者，施以掌導謂之介幘，承武弁者，施以笄導謂之平巾。《雜志》曰：一字巾，謂之岸幘。

帽　《通典》曰：上古衣毛冒皮。則帽名之始也，古者冠下有纚，以繒爲之，後世施幘于冠，因裁纚爲帽，上下通服之。《玄中記》曰：荀始作帽，(朱)〔宋〕仁宗前烏帽，惟用光紗，自後始用南紗，迨熙寧中，復稍稍用光紗矣。

堂帽　唐巾者，軟絹紗爲之，以帶縛于後，垂于兩傍，貴賤皆戴之，乃裹髮軟巾也。國朝取象而制，乃用硬盔鐵線爲硬展角，非有職之人列于朝堂之上，不敢僭用，故曰堂帽。始製于洪武二年。

中官帽　國朝初，以圓帽爲太平帽，至洪武十九年始創制，其樣休儀三山之帽，用紗裹之，增方帶二條于後，無官者頂後垂方紗一幅，曰内使帽。是帽原干高麗末服。高廟遣一細作，瞷其王之冠制而爲之，遂命諸内侍皆冠之。因使者謂曰：「汝主之冠，與朕此内臣同。今此曹日供使令之役于朕，而汝主乃歡崛强不服朕耶？」使者婦言之，遂降。

蓆帽　《實録》曰：本羌人首服，以羊毛爲之，謂之氊帽，即今氊笠。秦漢競服之，後故以蓆爲骨而鞔之，謂之蓆帽，女人戴者，肆緣垂下，網子以自蔽。《青箱雜記》曰：王衍在蜀，好私行，恐人識之，令人戴大帽。則世俗之戴蓆帽，始于王衍也。

大帽　《實録》曰：野老之服也。唐以皁縠爲之，以隔風塵。李氏《資暇》曰：大裁帽也。《談苑》曰：後魏孝文帝自雲中徙代，以賜百寮。宋令郎中臺諫服之。

圓帽　是即今氈帽之類，始于元世祖出獵，惡日射其目，乃以樹葉置于胡帽之前。其後雍古剌氏乃以氈一片置于前，因不圓，復置于后，故今有帽大簷是也。

帷帽　《唐輿服志》曰：帷帽創于隋代，永徽中始用之，施裙及頸。宋士人往往用皁紗，若青，全幅連綴于油帽或氈笠之前，以障風塵，爲遠行之服，蓋本此。又有面衣，前後全用紫羅爲幅，下垂，雜他色爲四帶垂于背，爲女子遠行乘馬之用，亦曰面帽。按《西京雜記》趙飛燕爲皇后，女弟昭儀上襚叁十五條，有金花紫羅面衣。則漢已有面衣也。

頭巾　古以皁羅裹頭，號頭巾。蔡邕《獨斷》曰：古幘無巾，王莽頭禿，乃始施巾。《筆談》曰：今庶人所戴頭巾，唐亦謂之四脚。二繫腦後，二繫頷下，取服勞不脱，反繫于頂上。今人不復繫頷下，兩帶遂爲虚設，後有兩帶四帶之異，蓋自宋朝始。

儒巾　國朝所製，今國子生所戴是也。

幅巾　古庶人服巾，士則冠矣。《〔傳〕〔傅〕子》曰：漢末王公多委士服，以幅巾爲雅素。則幅巾，古賤者之服也，漢末始爲士人之服。

網巾　古無此制，故古今圖畫人物皆無網。國朝初定天下，改易胡風，乃以絲結網以束其髮，名曰網巾。又制方巾，名曰頭巾。罩之，識者有法束中原四方平定之語。《海涵萬象録》曰：太祖微行至神樂觀，見一道士結網巾，召取之，遂爲定制。蓋自元以前無此也。

《事物攷》卷六《冠服》

冠子　《二儀實録》曰：爰自黄帝爲冠冕，而婦人之首飾無文，至周亦不過幅笄而已，漢宫掖承恩者，始賜碧或緋芙蓉冠子。則其物自漢始也。國朝皇后，禮冠爲圓匡，冒以翡翠，上餙以九龍、四鳳、十二樹，小花如之，兩博鬢十二鈿，常冠龍鳳珠翠冠。東宫、親王妃禮冠，九翬、四鳳、花釵九樹，小花如之，九鈿，常冠，犀冠刻以花鳳。世子、郡王妃珠翠七翟冠，命婦人禮冠，四品以上用金事件，五品以下用抹金銀事件。

《事物攷》卷六《冠服》

蓋頭　唐初宫人（幕籬）〔羃䍦〕，雖發自戎夷而全身障蔽，王公之家亦用之。高宗之後用幃帽，後又戴皁羅方五尺，亦謂之幞頭，今曰蓋頭，凶服者亦以一幅布爲之。

褚人穫《堅瓠集》丙集卷四《東坡巾》　明蘓郡守胡可泉纘宗。與客登虎丘，見戴角巾者三人，往來自如，可泉召而問之。答曰：「生員以奚冠命題，各試一破，皆塞責應命。」因問其所冠者何冠。答曰「東坡巾。」可泉曰：「若等既知爲東坡巾，然東坡何爲用此巾。」三人相顧無以對。客從旁解釋遣之，客亦不解，請其故。可泉曰：「昔東坡被論坐囹圄中，所戴首服財常服不可也，公服不可也，乃製此巾以自別，後人遂名曰東坡巾，是乃東坡之囚巾耳。今但慕其名而不究其義，適爲可笑。」

褚人穫《堅瓠集》壬集卷一《遮陽帽》　明制，士子入青監，滿日許戴遮陽大帽，即古笠，又唐時所謂席帽也。吳文定公未及第時，久困科場，作詩詠之。「有似傘，難遮雨。如鐃却畏風」之句，唐解元遺像亦戴之。

褚人穫《堅瓠集》廣集卷二《顧姑冠》　《蒙古備録》凡諸臣正室則有顧姑冠，用鐵絲結成，如竹夫人，長三寸許，飾以紅青錦繡，或珠玉。《草木子》云：元朝后妃及大臣之妻皆帶姑姑，高圓二尺許，用紅羅，蓋唐金步摇冠之遺制。《輟耕録》翰林學士承旨阿目茄八剌帶罟罟娘子十五人。聶碧窗《胡婦詩》有「争捲珠簾看固姑」句。詩見乙集。顧姑、姑姑、罟罟、固姑，蓋其音無定，字實一物也。

褚人穫《堅瓠集》廣集卷二《秀才儒巾》　秀才儒巾，高皇欲製一雅式者，爲令，屢進其式，俱不當意，遂揮之地跌癟。馬皇后曰：「如此正好。」高皇因依此樣頒天下，居常則戴方巾，名四方平定巾。嘉靖初作青羅巾，稱程子玉臺巾制。桑悦作詩云：「一幅青羅四褶成，無因長冒玉臺名。若從白七羣中過，只少三根孔雀翎。」蓋皁隸帽，插孔雀尾故云。　明季復社濫觴方巾甚高，人口號曰：「頭頂一箇書橱，手帶一串念珠。臺擺一部《四書》，日内只説天如。」天如，張溥號。

來集之《倘湖樵書初編》卷二《帽製》　《堯山堂外紀》云：「杜清碧本應召，次錢塘，諸儒者争趨其門，顧淵白琛作詩嘲之，有『紫藤帽子高麗靴，處士門前當怯薛』之句。聞者傳以爲笑，蓋用紫色椶藤縛帽，而制靴作高麗國様，皆一時所尚。怯薛，則内府執役者之譯語也。」按，此今高麗貢使行道中所戴，若往時之涼帽式，與今之滿帽稍不同。

《農田餘話》云:「至元中,胡石塘長孺召至京,見上奏曰:『臣曉那正心修身,齊家治國,平天下本事。』時胡所戴笠相偏欹。上曰:『頭上一箇笠兒尚不端正,何以治國平天下。』竟不録用。」此所謂笠應似今之滿帽矣。

元末丁高士鶴年嘗作《別帽》一律云:「雲様飄蕭月様圓,百年雄麗壓南冠。一從黄金綴頂攢文羽,白璧垂纓間木難。刺繡尚期平敵壘,簪花曾夢舞仙壇。吹墮西風裏,誰念蒙塵白髮寒。」此則的似今之滿帽式耳。蓋庚申主既北,而丁高士借帽以追念之也。

《餘冬序録》云:「洪武二十二年,申嚴巾帽之禁。凡文武官,除本等紗帽外,遇雨許戴雨笠,公差出外,許戴笠子,入城不許。農民之家,許着紬紗絹布,商賈之家,止許著絹布。如農民之家,但有一人爲商賈者,亦不許著紬紗。農民許戴斗笠、蒲笠,出入市井不禁,不親農業者不許。」其所謂雨帽,是何式様,公差之笠子是何式樣,農民之斗笠、蒲笠,是爲貴重之飾,亦不知是何式樣矣。

王伯厚《漢制考》云:「緇布冠各一匴。」註:緇布冠,今小吏冠,其遺像也。匴,竹器名,今之冠箱也。疏:緇布冠,士爲初加之服,冠訖則弊之不用,庶人則常着之,故《小雅・都人士》之詩曰:「臺笠緇撮。」此是庶人常服之布冠,而漢時小吏亦常服之。朱子註云:「臺,夫須也。緇撮,緇布冠也。其製小,僅可撮其髻。」夫冠僅可撮髻而亦名之爲笠,何哉。

張自烈《正字通》卷一《冂部》

冃 莫報切,音貌。《説文》「小兒(及)蠻夷頭衣也。从冂二,其飾也。」徐曰:今作冒。《正譌》別作帽,非。篆作冃。冕最之上,冑之下从此。與曰字別,曰字上缺,冃即古瑁字,篆作冃,象平首刓足形。【略】

冑 尺救切,音宙,兜鍪。《書》正義云:古之甲冑,皆用犀兕,未有用鐵者,而兜鍪字皆从金,蓋後世始用鐵也。《詩・魯頌》「公徒三萬,貝冑朱綅。」毛亨註:貝,飾,冑也。朱綅,所以綴也。《禮・儒行》「儒(有)忠信以爲甲冑。」《司馬法》从革,作鞪,義同。舊註毛氏曰:冑與冑子之冑不同,冑子从肉。今冑與冑,真書,無辨,疑即一字,借爲兜鍪,義故通也。按冑下从冃,篆作冑。冑从肉,俗省作冑,故易溷,義未可通,別見肉部冑註。【略】

冔 虛呂切,音許,商冠名。《士冠禮》「周弁殷冔夏收。」《詩・大雅》「常服黼冔。」《禮・王制》「殷人冔而祭。」鄭康成曰:冔名。出于幠。幠,覆也,所以自覆飾。舊註:又覆也。別訓冔爲覆,非。又平聲,魚韻,音訏,義同。【略】

冕 彌演切,音免。《説文》「大夫以上冠也。」黄帝初作冕。」前有乘旒,示不邪視也,旁有黈纊,示不聽讒也。後仰前俯,主于恭也。又《大戴禮》冕而前旒,所以蔽明,黈纊塞耳,所以揜聽,示無作聰明虛已,以待人也。又古者諸侯大夫皆有冕。《禮・玉藻》諸侯「裨冕以朝。」鄭玄註:裨冕公,衮侯伯,鷩子,男毳也。朝見天子也。又《禮器》「天子之冕,朱緑藻,十有二旒,諸侯九,上大夫七,下大夫五,此以文爲貴也。」註:冕之制雖同,而旒有多少,朱緑藻者,以朱緑二色之絲爲繩,以繩貫玉乘于冕以爲旒。周用五采,此言朱緑,或是前代之制。十有二旒者,天子之冕,前後各十二旒,每旒十二玉,玉之色以朱、白、蒼、黄、玄爲次,九、七、五旒,數雖不同,膚皆每旒十二玉。繅,玉五采也。周制旒數隨命數,詳見《儀禮・冕弁圖》。又《周禮・司服》「掌王之吉凶衣服。享先王則衮冕,享先公饗射則鷩冕,祀四望山川則毳冕,祭社稷五祀則希冕,祭羣小祀則玄冕。」註:冕同而服異,衮冕以下,各以服之異而名之。衮衣九章,享先王于宗廟則服之。先公,自后稷至大王以前也。鷩謂華蟲以下,其衣三章,其裳四章。毳謂宗彝以下,其衣三章,其裳三章。希絺同,但刺粉米以下無画也,其衣一章,其裳二章。伭者,衣無文,裳刺黻而已。又《後漢・逸民傳》漢室中微,士皆毀冠裂冕公之。《姜維傳》忠孝節義,百行之冠冕。《説文》「从冃,免聲」。篆作□、□。《正韻》冕亦作絻。《集韻》作帨。按,本義从冕,爲正精蘊,篆作□,上象平而前小,俛前後象乘旒,中象交織文,下衡象武。按古冕制,長六寸,前狹員,上方廣,朱緑旒之。前後邃延,以黄緜綴冕,兩旁下繫玉瑱必欲象形,雖□不足以盡之,魏氏曲説類如此。《六書故》郩,敦文作□。按□即弁,篆文作□之上體省下,甘小變其形,非古文也。【略】

□舊註音圈,小幘。《玉篇》小兒帽。按,長幼首服,通謂之帽,非因小兒創■。□字《六書》無□。□帢、袷𠀤同。【略】

□舊註音試□畣,面衣。又音異義同。按,障面有帷帽,暖耳有耳衣,古未有作面衣者。畣舊註音喻,註見上。又云渠切,音逾。義同音訓𠀤非。□鄰其切,音離。冪□,障面具也。通作羅。《士昏禮》「幎目用緇,方尺二寸。」揜其面,不名面衣。《六書》無□畣,必譌文也。婦人出必擁蔽其面,男子亦用之。《晉山簡傳》倒著白接□。《爾雅》作睫□。註:江東取白鷺背上長翰毛爲睫□,名白鷺縗羅。羅借離義通,與攡、離、籬別。《正韻》三齊□註引《山簡傳》作籬攡,註引《爾雅》註作攡。《韻會》引《爾雅》作攡汎,訓白帽,𠀤非。又舊本《網部》離註:婦人所戴。分□、羅爲二字,不知接□、冪,雖男婦異用,其爲障面之義一也,互見《巾部》帽註。

冖 莫逼切,音覓,以巾覆物,自一折而下乘,象天體半覆地上形。篆作□,通作冪、鼏。《同文舉要》篆作□,象布幕下覆。冃、冃、冠、巾等字皆从□,《正譌》以巾覆之,非也。先有冂而後有巾也,冂與冂別,《總要》冃从口省下,指事。小篆从巾,作幎,楷作冪,《精蘊》从冂,廢冪泥。【略】

冠 孤歡切,音官,冕弁總名。《白虎通》冠者,卷也,卷持其髪也。《釋名》冠,貫也,所以貫韜髮也。《漢・輿服志》上古穴居野處，衣毛冒皮，後代聖人見鳥獸有冠角須胡，遂制冠冕纓緌《禮・玉藻》，玄冠朱組纓，天子之冠也。緇布冠繢緌，諸侯之冠也。玄冠丹組纓，諸侯之齊冠也。玄冠綦組纓，士之齊冠也。縞冠玄武，子姓之冠也。縞冠素紕，既祥之冠也。垂緌五寸，惰游之士也。玄冠縞武，不齒之服也。居冠屬武，自天子下達，有事（肎）〔然〕後緌。」註：天子始冠之冠玄冠，而以朱組爲纓。諸侯雖緇布冠，用雜采之繢爲纓緌，爲尊者飾，非古制也。齋戒時所服者，諸侯與士皆玄冠，但纓有丹組綦組之異。朱色紅而明，丹赤色也。綦帛之蒼白如艾色者，縞生絹也。武，冠卷也。以縞爲冠，凶服也。武則玄色，吉也，所以吉凶相半者，蓋父有喪服，子不可用純吉，故曰子姓之冠。姓，生也，孫者，子之所生，故謂之子姓。素，熟絹也。紕，兩邊交卷下畔之緣也。縞冠素紕，謂冠與卷身皆用縞，但以素緣之。既祥之冠，祥祭後所服也。又縞冠素紕，緌之垂者，長五寸，以其爲惰游失業之士，使服此以恥之也。不齒，即《王制》所謂不率教而屏棄之者，使之玄冠縞武，亦以恥辱之也。禮服之冠，則臨著乃合具武，有儀飾故也。若燕居之冠，則冠與武相連，以非行禮之時，故率略少威儀也，此冠無貴賤，皆著之，故云自天子下達，凡緌所以致其飾，故有事乃緌，無事則否也。又《郊特牲》「野夫黄冠。」（註）〔黄冠〕，艸服也。」又《漢官儀》獬豸觸不直，執憲者以其角形爲冠，一曰浤冠，爲柱下史則冠之，後以鐵爲柱。又《三禮圖》御敞冠，前廣四寸，通長四寸，後高三寸，衛士服之。又《後漢書》《漢記》馬援與公孫述有舊，援從（冀）〔西州〕入蜀，述見之令冠交讓冠，立舊交之位。又《淮南子》楚莊王好觟冠，國人效之。高誘註：今力士冠也。又《家語》大夫請罪用白冠氂纓。又姓漢冠玉明冠。端又真韻，音均。張紘《枕箴》「瓌材允麗，惟淑惟珍。安安文枕，式彼弁冠。」又先韻，音涓。劉歆《孟母贊》「子學不進，斷機示焉。子遂成德，爲當世冠。」又厺聲，霰韻，音絹。蘇轍《燕山詩》「丹子號無策，亦數遊俠冠。玉帛非足云，女子擢蹈踐。」又翰韻，音貫，加冠于首也。《白虎通》男子幼娶必冠，女子幼嫁必笄。《禮・冠義》「冠者禮之始也，故古者聖王重冠。」又曰：「古者冠禮，筮日筮賓，所以敬冠事，敬冠事所以重禮，重禮所以爲國本也。（故）冠于阼，以著代也，醮于客位，三加彌尊，加有成也。已冠而字之，成人之道也。」註吕氏曰：主人升立于序端西面，贊者筵于東序少北，西面將冠者，即筵而冠，是立與主人同在阼也。父老則傳之子，所以著傳付之意也。酌而無酬酢曰醮，醮于户西南面，賓位也。以禮賓之禮，禮其子所以爲成人敬也。冠于阼，醮于客位者，適子也，庶子則冠于房外南面遂醮焉，所以異者，不著代也。古者童子雖貴，名之而已，冠而後賓，字之以成人之道，故敬其名也。宋・程頤曰：冠禮廢，天下無成人。或欲如魯公十二歲而冠，此不可，冠所以責成人十二年，非可責之時，既冠矣，不責以成人事，則終其身不以成人望之也。徒行此節文何益，雖天子諸侯亦必二十而冠。又曰：今行冠禮，若制古服而冠，冠畢又不常著，是僞也，必須用時制之服。陸釴《病逸漫語》曰：明制，天子三加，初折上巾，二遠遊冠，三九旒冕。又姓列仙傳冠先。又凡才德首出曰冠。《漢書・内魏傳贊》高祖開基，蕭、曹爲冠。《史・灌夫傳》夫名冠三軍。又物高起亦曰冠。張衡《東京賦》「乃構阿房，起甘泉，結雲閣，冠南山。」註：秦二世起閣覆終南山之上，若冠之峩聳也。《説文》「从冖，从元。冠有法制从寸。」篆作[篆]。徐曰：取其杜首，故从元。古亦謂冠爲元服。孟嘗鼎作[篆]。《精薀》从[篆]加以巜，其緌下垂。從[篆]結纓，象其正額也。篆作[篆]，與《説文》从元別。《集韻》或作帽，義通。《字學三正》以冂爲古文冠，非。

張自烈《正字通》卷三《巾部》

帑烏宣切，首淵。《説文》「幡也。」《通雅》曰繙褫，謂其繙帑也。《方言》繙褫謂之幭。郭註：即帊幞。煩冤二音。幭，亡別反，則非足下之襪也。《莊子・天道篇》孔子繙十二經。註：繙帑，亂取之也。帑音宛。今據郭讀煩冤，繙褫即繙帑何疑。言帊幞垂覆繙帑之狀也。从巾，夗聲。篆作[篆]。《篇海》幫音意，幡也。譌从卯，非。【略】

帕普架切，音怕，紅綃抹頟，軍容也。俗婦媼以緇色繒裹首曰帕。《正韻》引《二儀實録》禹會塗山之夕，大風雷震，有甲步卒千餘人，其不被甲者，紅綃帕抹其頟，自此遂爲軍容之服。按，此説誕妄不足信。古聖制器尚象，衣裳介胄弧矢舟楫皆狀，必非見步卒綃帕始效之爲軍服也。舊本采附帕註非。又韓愈《元和聖德詩》「以錦纏股，以紅帕首」註：劉闢徒黨軍容也。方崧卿云：荆公本帕音麥，潮本亦肎。《方言》郭璞註：絡頭，帕頭也。音貊。今多讀莫轄切。韓公《送李益鄭權序》用此語，或作帓，蓋二音通讀。或曰：《集韻》帕，莫白切，無莫轄之音。帓，莫葛切。方説非帓與袜通，女人腰帶也。帕通作帊，與帓別，舊註又與帓同，亦非。【略】

帗《説文》「帗，一幅巾也。讀若撥。」後漢馮異幅巾降光武，苻融幅巾奮喪魏時作縑巾。又造白帢，横縫其前以別後，名曰顔帢。因幅巾有幞頭，舊本載帗舞闕幅巾，非是。又《説文》翇樂舞執金羽以祀社稷。與帗分爲二。【略】

帢帢、韐同。《説文》作帢，从市，合聲。士無市有帢，制如榼鋏四角。徐曰：酒榼，腹圜，上小下大象之也。《説文》或从韋，作韐，義通。舊本分帢、帢爲二，帢註引《正譌》俗作帢，帢，不知《毛詩》、《士冠禮》皆作韐，未可斥爲俗書也。互譯《韋部》韐註。《集韻》別作𩋙，非。【略】

帢同帢，弁鋏四隅，言橢其隅也。魏武擬古皮弁裁縑帛爲帢，以色別貴賤。晉咸和中，制尚書八座丞郎三省侍郎乘車，白韜低帷出入掖門。又二宫置官著烏紗帽，後士人燕居皆著帢。《唐韻》罨即帢。又从夾，作。帢，按六書从帢爲正。【略】

帽莫服切，毛厺聲，頭衣。古者冠，無帽，冠下有纚，以繒爲之，後世因之。帽于冠，或裁纚爲帽，自垂輿宴居，下至庶人，無爵者皆服之。魏：管寧家居，常着皁帽。宋制，黑帽綴紫標，後制高屋白紗帽，陳名白紗者寫高頂帽，後魏咸著突騎帽，垂帬覆帶，蓋索髮遺象也。隋文開皇著烏紗帽，大業通服折上巾。唐制白紗帽，又制烏紗帽，別有席帽、裁帽、帷帽、衫帽、席帽，垂簷以蔽日也，張舜民《畫墁録》云：王朴嘗便服頂廣帽行浚儀橋，唐至五代初，京師皆不禁張繖，五代始命御史服裁帽。蜀王衍好著大裁帽，宋席帽，裁帽分爲兩等，中丞至御史與六曹郎中則于席帽前加全帽皁紗，僅閒其半爲裁帽，非臺官及自郎中而上與員外而下，則無席帽。今俗用紗絹縫成如帽。前幅長，後無幅加于巾上以蔽沙日，或圓圈如笠形，周圍加布絹乖簷，與席帽相似，則士庶皆服之，非如宋之席帽、裁帽分兩等也。又繡帽，《唐書》李晟收京師，每與朱泚戰，必錦裘繡帽自表。李懷光惡之，戒曰：將務持重，豈宜衣褓爲賊餌。晟曰：昔杜涇原，士頗畏伏，欲令見之，奪其心耳。又《新唐志》婦人施冪䍦以蔽身，永徽中始用帷帽，施裙及頸，中宗後無復用冪䍦者。宋又有衫帽，士大夫于馬上披涼衫，婦女步通衢，以方幅紫羅障蔽半身，猶唐之帷帽，冪䍦也，即今所用帽簷眼罩也。又中官帽曰瓜拉。徐渭曰：因遼主名查剌，或服是帽，轉爲瓜拉，明奄帽是高麗王帽，京師呼瓜拉，蓋因于外國不可理解。遼又有薛袞冠、姑姑帽，皆隨方俗爲名。又文辭借它説，引起本題者，謂之帽。柳宗元謂劉禹錫曰：韓《平淮西碑》有帽子，使我爲之，便説用兵討叛矣。《説文》本作冃，今作帽。《集韻》从衣，作褶，非。从冖，俗从曰，从月，作帽，非。【略】

帢恰字之譌。《正韻·入聲九合》，帢音恰，帢同帢，與《平聲十三爻》帢字不同，及考帢註：巾帽，士服如弁，本魏武帝制，與帢註引魏志同，詳略小別，同訓而分帢、帢爲二，不知《魏志》本作帢，非作帢，帢非叨音也。舊註音叨，巾帽士服。又云與帢字同義不同音，蓋未詳帢譌作帢，故誤，與《正韻》同。【略】

幗古或切，音國，婦人首冠。諸葛亮遺司馬懿巾幗。又隊韻音膾。張敞頭《責子羽文》「冠冕不戴，金銀不佩，釵以當笄，帢以當幗。」《説文》新附幗，汎言「婦人首飾。」非。《篇海》國通作幗。皇后首飾亦作蔮，尤非。別見《竹部》簂註。幘笛格切，音謫，覆髻謂之幘。蔡邕《獨斷》漢元帝額有壯髮，不欲人見，故加幘以巾包之。至王莽，内加巾，故時人云王莽禿幘施屋。《漢書》卑賤執事不冠者所服。《隋志》六國時魏趙之間通謂巾曰承露，後世以爲燕巾。《通典》古者有冠無幘，秦加武將首飾爲絳帕以表貴賤，後稍作顔題。漢興，續其顔，施巾連題，卻覆之，即今窳幘也。名之曰幘。至孝文，乃高顔題，續之爲耳，崇其(中)〔巾〕爲屋，合後施(巾)〔收〕，上下凡羣臣貴賤皆服之。文者長耳，武者短耳，稱其冠也。春服青幘，立夏乃止，尊其方也。武吏常赤幘，成其威也。未冠童子幘無屋，示未成人也。尚書幘收，方三寸，名曰納言。漢魏晉以來，謂枲紗之冠曰幘耳者，即今紗帽翅所謂高蟬也。又《通典》載《漢舊儀》凡齊，紺幘，耕，青幘，秋貙劉，服緗幘。《東觀記》曰段熲滅羌，詔賜熲赤幘大冠一具。董仲舒《止雨書》曰：執事皆赤幘。此爲公服，常服則是巾幘也。篆作，䰖，䰖義別。《韻會》䰖引《集韻》或作幘。按，此説非。【略】

幜舊註：居永切，扃上聲，帛也。按，幜古借景。《儀禮·士昏禮》「加景」。鄭玄註：景之制如明衣，加之以行道御塵。一説，幜以爲蔽也。北齊納后禮，有加幜、去幜。今俗親迎，女幕其首曰蓋頭。汎訓帛，誤。【略】

幧舊註：七醉切，音翠，幧頭。古服，按《詩》「臺笠緇撮。」傳曰：緇撮，緇布冠。其制小，僅可撮髻。撮，入聲，改从巾，音醉，丛非。【略】

幞普木切，音僕。《説文》「帊也。」又幞頭。周武帝時初服常冠以皁紗全幅向後撲髮仍裁四脚俗謂之撲頭。《唐會要》折上巾，軍旅所服，今幞頭是也。五代漢乾祐中，有鋸葉弓脚幞頭尚宫一人，又有高脚幞頭。《朱子語類》唐人幞頭，初止以紗爲之，後以紗軟，斫木作一山子，在前襯起。又云，本朝易以藤織者，用紗冒之。近時易以漆紗，嘗見南溪沙漠一士夫家，尚收在上世所藏幞頭，猶是藤織坯子。又云，唐太宗嘗以幞頭起于後周，便武事者也。方天下偃兵，采古制爲翼菩冠，自服之。又制進德冠，以賜貴臣。又陳師道曰：布幞頭，自英宗崩宋次道誤爲之者也。又明制，官員烏紗帽外有幞頭，方稜，兩級謝恩及朔望服，公服方袖，則戴幞頭。與周武帝時撲頭。宋瑞拱中，幞頭、巾子，名同形別。本作，篆作，省作幞。【略】

帑相居切，音需，婦人奩服，布頭帑也。《儀禮》「妻爲夫，妾爲君，女子在室爲父，布總箭笄。」鄭玄註：布總六寸，謂出紒後所乘者六寸也。《朱子家禮》婦人成服，布頭帑，用略細麻布一條，長八寸以束髮根，而乘其餘于後，即儀禮之布總也。箭笄謂之竹釵，削竹爲之，長五寸。舊註汎云頭帑，《正韻》魚韻，存鬚闕帑，丛非。【略】

幧七凋切，音鍫。《説文》「斂髮也。」《方言》幧頭，自關而西秦晉之郊曰絡頭，南楚江湘問曰帞頭，自河以北趙楚之間曰幧頭。或謂之帑，或謂之幧，其偏者謂之䯰帶。或謂之䯰帶，覆結謂之幘巾。或謂之覆髮。註：自項中面前，交額上，卻繞髻。䯰帶，今上之偏疊幧頭。髮音菜，髮亦結也。覆髮，今結籠是也。古《陌上桑詩》「脱巾著幧頭。」向栩著絳綃頭，周黨著縠皮綃頭，即幧頭。綃，當作幧。《晉書》作帩，《集韻》作㡊，凡收斂及秦袖皆曰幧。

張自烈《正字通》卷三《廾部》

弁弼面切，音便。《説文》「冕也。」《白虎通》弁之爲言攀也，持髮也。《釋名》弁如兩手相合拼(拚)〔抃〕持也。以爵韋爲之，曰爵弁。以鹿皮爲之，曰皮弁。以韎韋爲之，曰韋弁。《輿服志》爵弁，廣八寸，長尺二寸，如爵形，前小後大，繒其上似爵頭色，有收持笄。祠天地五郊明堂，《雲翹舞》樂人服之。皮弁與委貌同制，長七寸，高四寸，形如覆杯，前高廣，後卑鋭，行大射禮于辟雍，公卿諸侯大夫行禮者，冠委貌，衣玄端素裳。執事者冠皮弁，衣緇麻衣。又《三禮圖》韋弁，王及諸侯兵服也。【略】又寒韻，音盤，與槃、般通。(儀)〔《禮·(記)〔士〕冠禮》鄭註，弁名出于槃，槃，大也，所以自寬大。

張自烈《正字通》卷八《糸部》

綸龍云切，音倫。【略】楊慎曰：綸巾，當作綳巾。綸自綸，綳自綳，綳音關，不可混用。按《説文》「綸，青絲綬。从糸侖聲。」孫愐古還切，無別作綳者。《正韻》綸在八真，附十刪關部者，分音同義，不改字。今楊氏引《説文》青綬改作綳，誤以綳爲綸。《仲長統傳》無半通青綸之命，竊三辰龍章之服。本作綸，楊氏引此爲證，復改爲青綳，綳即綸之譌無疑。蓋《説文》綸篆作，楊或見俗本《説文》去其上體人，存其下體，故因孫愐之音關，綸篆之似綳，謬謂綳與綸別，觀楊氏所引《説文》綸訓，以《説文》綳音關，不詳考《説文》有綸無綳，益信其非確有所據也，楊説非，舊註不正其誤，汎載楊説亦非。

張自烈《正字通》卷九《衣部》

襎符頑切，音煩，襎裷，爲緸帣也。《通雅》曰：《方言》襎裷謂之幭。郭璞曰：即帊幞，煩寃二音。幭，亡曰切，則非足下之襪矣。《莊子》孔子緸十二經。註：緸帣謂亂取之也。帣音兇，今據郭讀煩寃，襎裷即緸帣，言帊幞乖覆緸帣之狀也。按此説舊註訓幞，未詳兼訓襪非。又音播，長袂亦非。

朱術珣《汝水巾譜》

汝水巾譜目録

華陽巾

岌岌冠

切雲冠

巍之巾

折角巾

白綸巾

唐　巾

純陽巾

東坡巾

仙桃巾

琴尾巾

四方巾

周子巾

貝葉巾

竹葉巾

三島蓬萊巾

泰　巾

葵　巾

象鼻巾

蟬腹巾

朝旭巾

方山巾

玉鎖巾

三台柱石冠

懸弧巾

玉盤巾

斗印巾

育珠巾

天柱巾

懸巘巾

如意巾

靈芝巾

《汝水巾譜》 陶弘景製，陸龜蒙題：蓬萊峯下得佳名，雲褐相兼上鶴翎。須是古壇秋霽後，静焚香炷禮寒星。汝水術均述。披幅以象鶴翎。

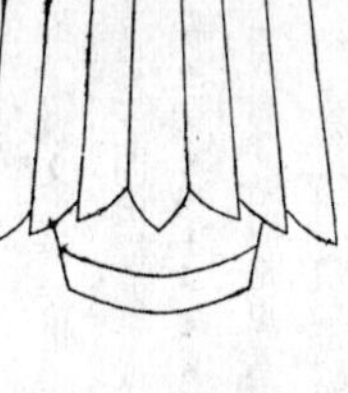

華陽巾

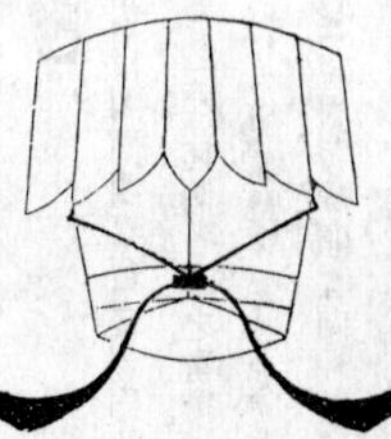

後

屈原先生《離騷經》云：高余冠之岌岌考。蓋取意以演其式。象岌字，余最喜弁其首。

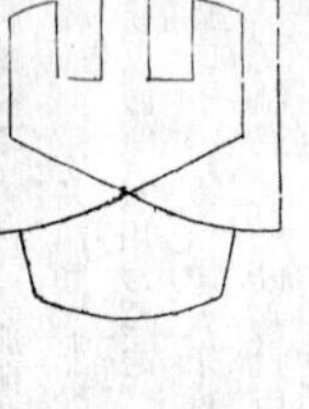

岌岌冠

《楚辭》曰：余幼好此奇服兮，年既老而不衰。帶長鋏之陸離兮，冠切雲之崔嵬。取意以演其式。

雲倣此樣繁則不韻，玄巾亦可以藍線爲雲。

坡公有「巍峩笑我切雲冠」之句。

切雲冠

後

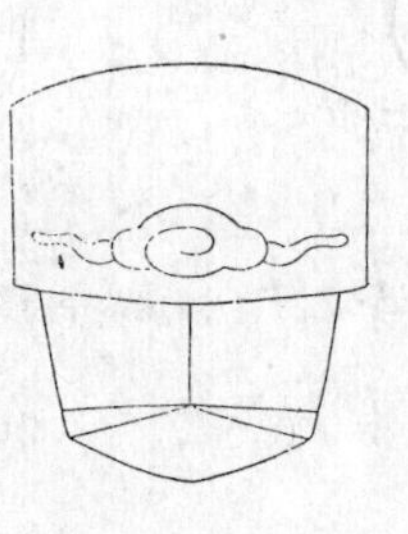

義之巾

後

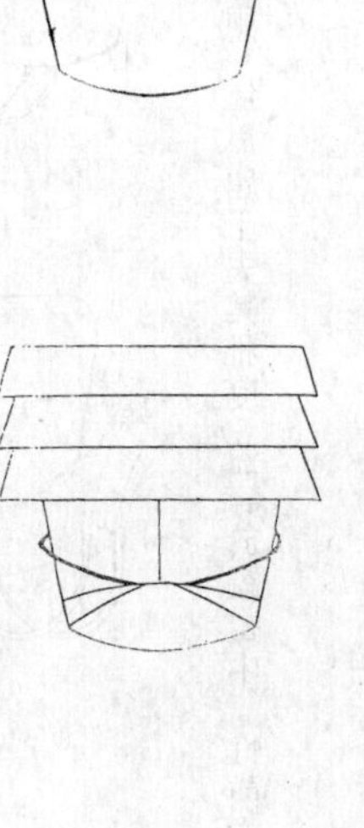

考見於古圖畫。世俗有一式，非其古制。苦不善書，時著此巾以辟腕鬼，未能效也。近得汝水草法，又復式此，其如余何。美道人黎遂球。

郭林宗常行陳梁之間，遇雨，巾角霑而折。二國名士著巾莫不折其角，云林宗巾。其見儀如此。今余倣擬前制，並折四角以爽觀瞻云。

即四角巾，向外折角，角尖略定一針，以見折角之意，不要露針脚于外。

折角巾

後

白綸巾每見於古文字中，亦有以紫帛爲之。故唐有「白櫻桃下紫綸巾」之句。又女子製小綸巾，以代髻子。放翁亦有句云：「擬佩一壺春酒去，花邊醉墮白綸巾」。

此冬巾之款，宜用玄段爲之。白綸用素白綾貼於上，非良工巧手則不能倣此。慶惟好事者商之。

白綸巾

惜舊式無傳，常歎佳名，因演而□此與？古人與成之□絶白，不吉之色，□□非其制，惟冠者□之。

制度照前

後

唐巾始自唐人,相傳亦汎濫矣。而參差款樣不一,然存其本來典雅者,不可廢一代之制。

唐巾

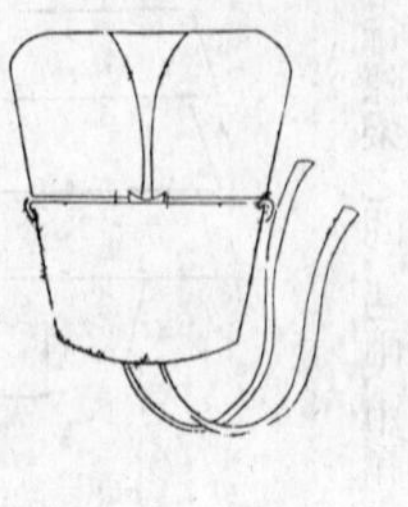

後

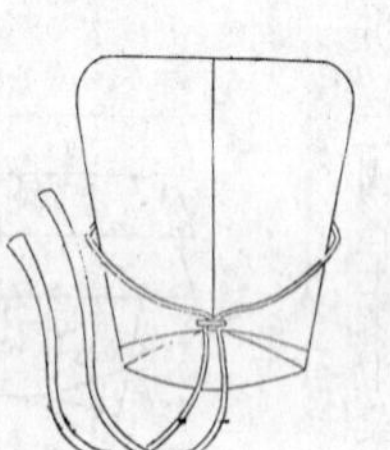

呂祖道巾,後人名純陽巾。每爲庸工失其雅度,蓋詳於圖畫中。惟前有披幅,後則無之。

純陽巾

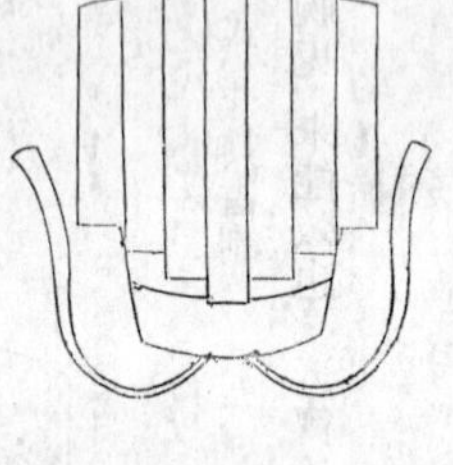

不用後披幅

後

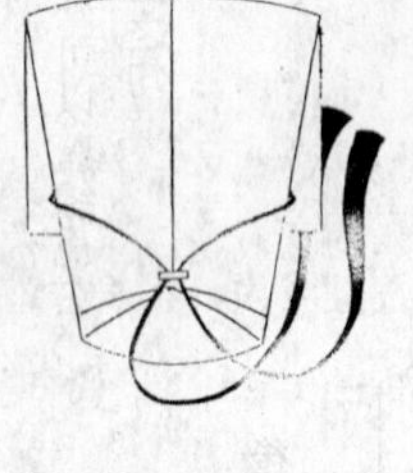

今黃州王宅,掘地得坡公石揭小像。傍題得意《海棠詩》一首。所揭册卷可證,然而外加一層,非其本制也。

東坡巾

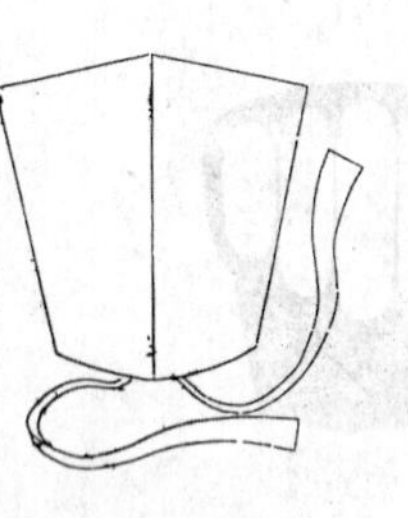

博物考制最難于定論。蘇譜甫就,逢番禺黎美周孝廉見示子昂寫東坡小像,並原題清遠禺峽山寺詩,萬曆戊午清遠朱惟四次韻,因鐫其揭,而巾式復有外加一層之制,余評雖宋元未遠,然亦不免於象古人,滋一時畫效耳。未若坡公自揭自詠爲是,又俟博識者以爲何如?汝水再識。

二大方帶,無則不韵。

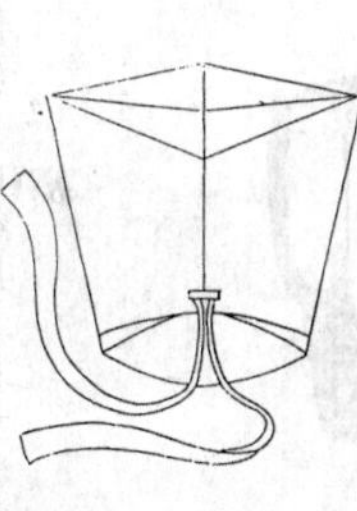

宋儒制有此巾,其名頗佳,因創演此款,亦雅稱也。

仙桃巾

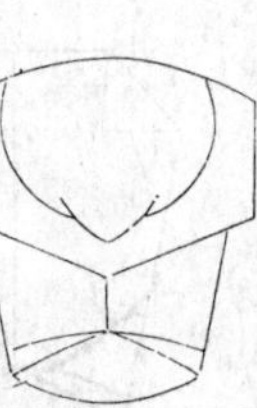

後

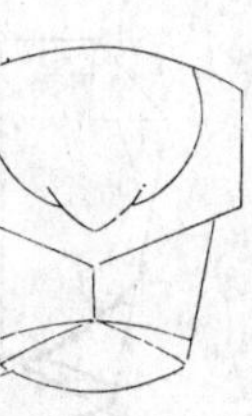

宋儒亦有此制,名覺風韻,故式亦典雅。

七絃太繁,五絃古琴制也。

琴尾巾

後

國初制以徵四方平定之意。此制大雅，故明人多冠焉。惟北京金箔衕衕款樣最紗。其他地方高矮寬窄，繇人所好。

四方巾

北京滾口絕妙

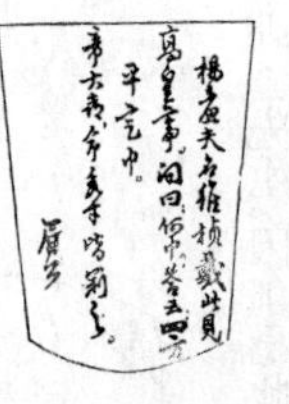

後

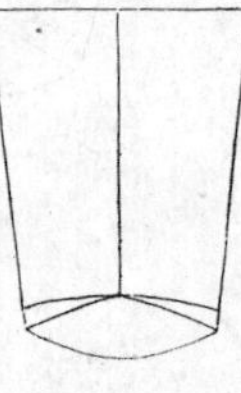

此巾有致，惟楚荆風流士多著焉。即方巾，後披大巾幅。

周子巾

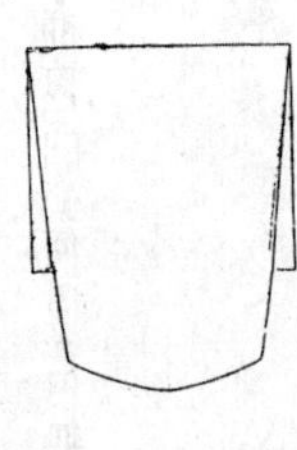

凡著此等巾，宜鬚眉韻者，不則腐。翁道人

後

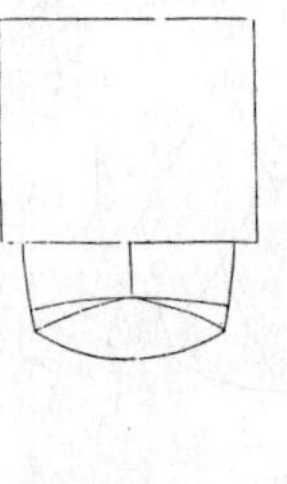

自貝葉巾向後一十九種，皆埆象物取意而創制者。非典雅韻致、高古奇特不存。惟君子擇而體製之，可也。

凡製此等巾，必先以紙倣其樣，然後打料下膠線，須要巧工服善作手爲妙，否則失其制度矣。

以後巾式無有不精妙者，然製作故在良工耳。設有訛裁其制，勿責譜之不善也。

貝葉巾

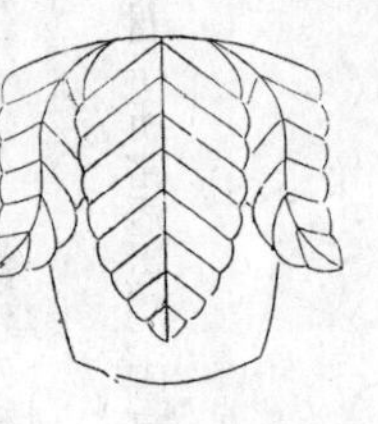

西域經以貝多葉書之，以此製巾，止堪入緇座紺院及清泉白石間耳。富貴酒色場，均非可褻之也。姚揆題。

後

竹葉巾，冠之有飄灑清芬氣味，與貝葉俱佳制也。

夏紗爲之，六葉用一塊，以膠線貼成，冬羅段氊爲之，須作六葉膠線邊，次第相壓披垂。

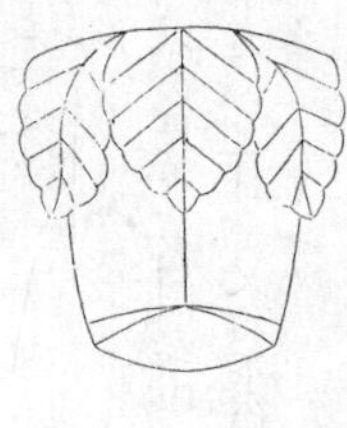

竹葉巾

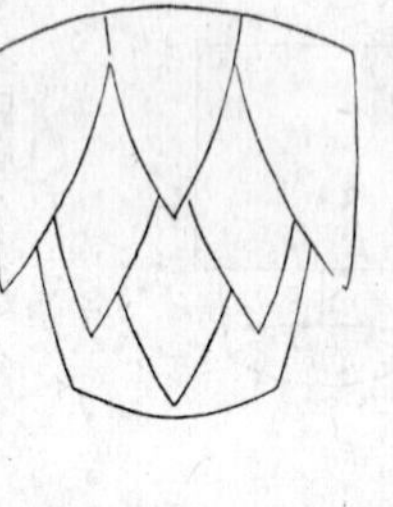

王子猷寄居空宅中，便令種竹，曰：何可一日無此君。惜不令見此竹葉巾，相與把臂入林耳。揆題。

後

巾絆象竹枝惟妙手精製

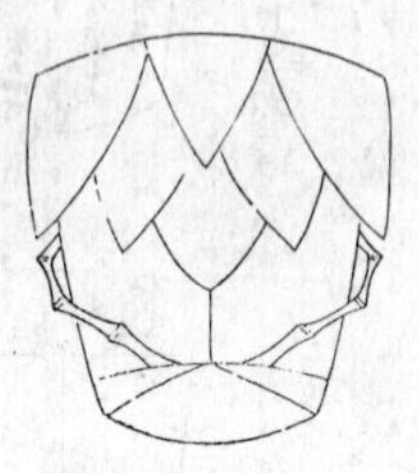

三島蓬萊巾

余曾壽里中卧雲先生，因創爲此制。

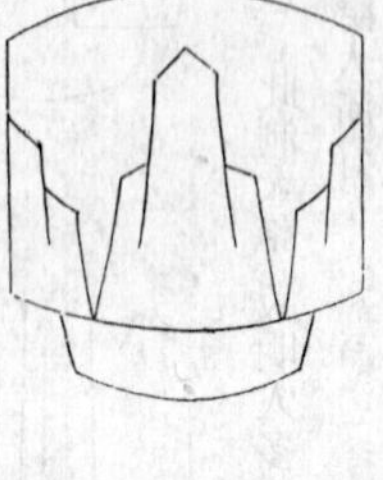

前爲三島，後爲蓬瀛之水，以膠綫爲之。

後

泰巾

泰卦乾下坤上，以前爲上，以後爲下，名曰泰巾。奇至泰巾極矣。泰爲君子道長之卦。又石季倫有言：士當身名俱泰，正士君子所宜也。揆識。

後

葵巾

葵能傾向，喻以忠誠。故君子所當冠冕焉，因爲此式。

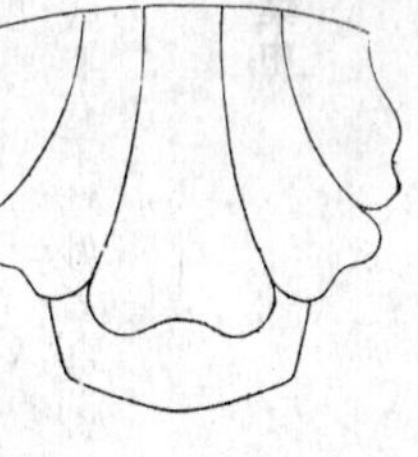

後

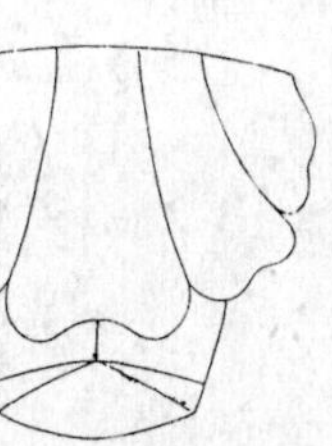

象，取文明之象。故易文演象。此制新奇大雅，余亦自爲佳賞。

象鼻巾

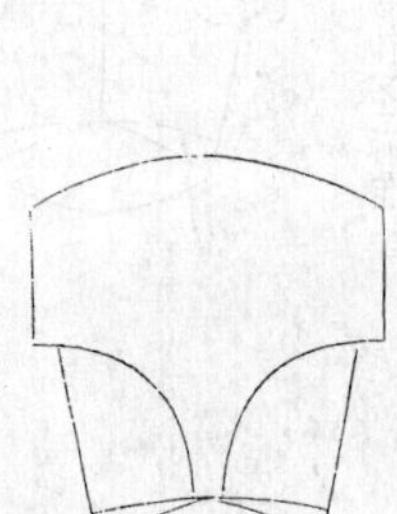

後

僑居吴中，思創巾譜。每陸妾雲下相對，亦戲爲巾式三種。亦有幽致，余謂蟬能吟風吸露以潔其腹，譬之高士，遂編次其制云。

古亦有惠文冠。惠，蟬也。今爲御史冠，亦取蟬意也。

蟬腹巾

後

朱异有飛蟬集于冠上，時謂蟬珥之兆。與此製非獨高士宜之。一來居士撰。

後

旭日初升，喻人事始暢，故爲此制。

朝旭巾

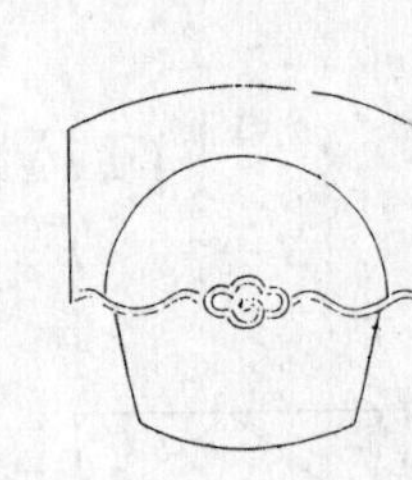

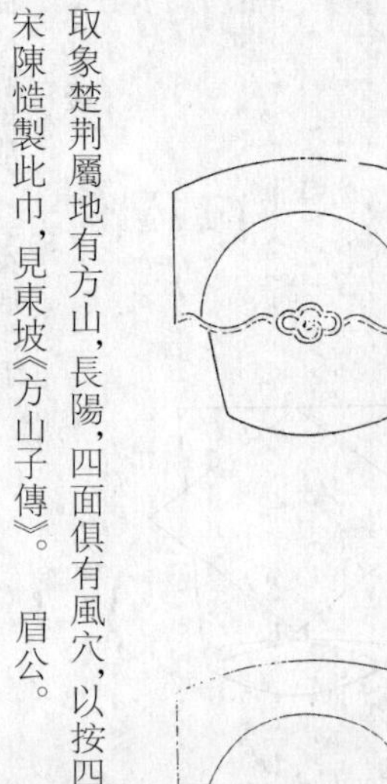

後

取象楚荆屬地有方山，長陽，四面俱有風穴，以按四時之氣云。

宋陳慥製此巾，見東坡《方山子傳》。　眉公。

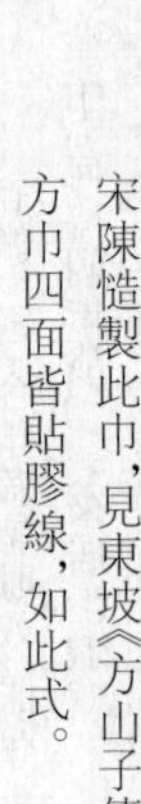

方巾四面皆貼膠線，如此式。

方山巾

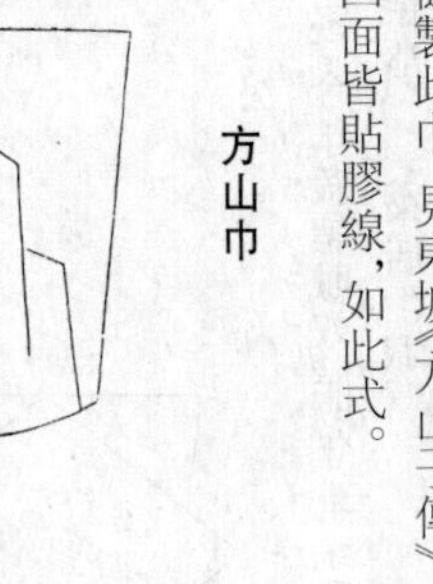

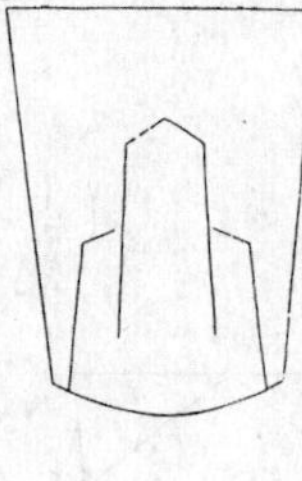

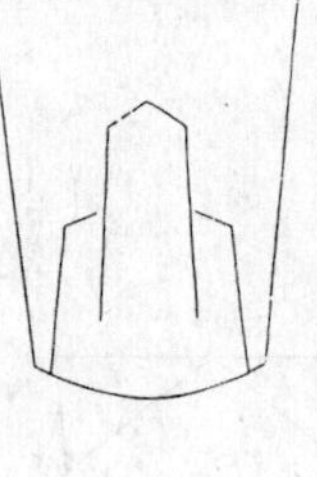

後

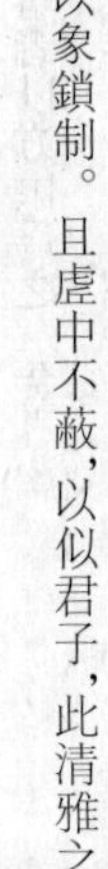

玉鎖以象鎖制。且虚中不蔽，以似君子，此清雅之式。

玉鎖巾

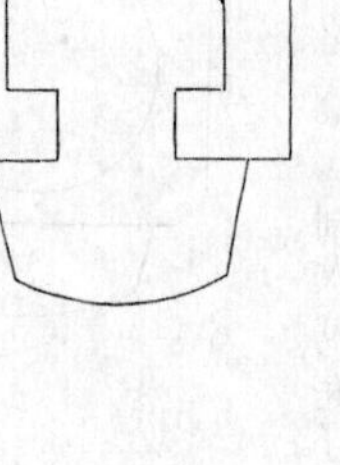

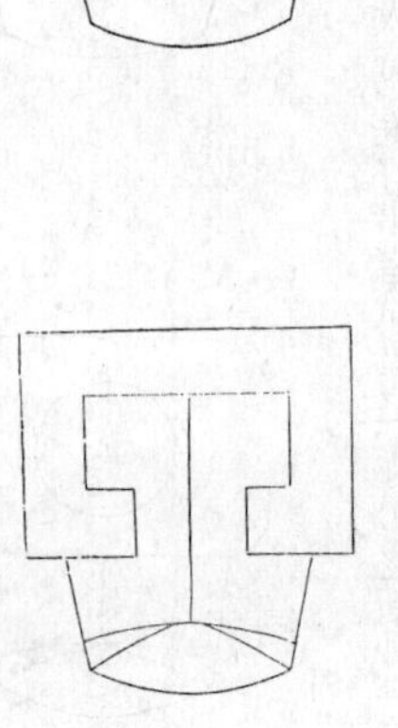

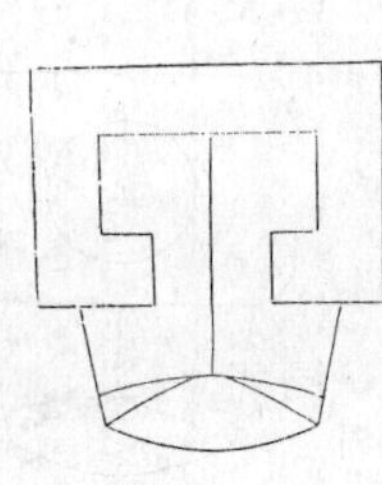

後

三台以象三台星也。析爲三幅，以取柱石之意。

三台柱石冠

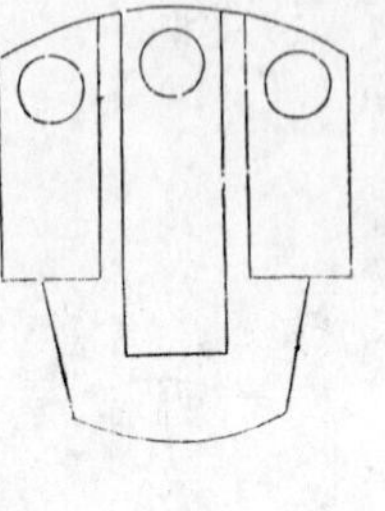

後

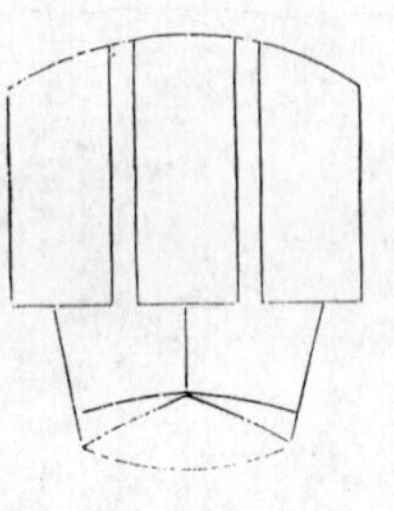

人生男子門懸桑弧蓬矢以射四方，偶演此式，以似有志者。

懸弧巾

此巾宜矮

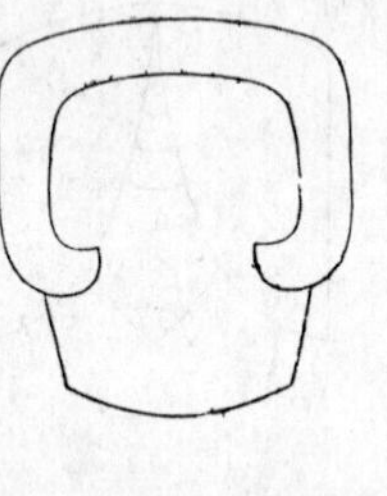

一笑彈冠，何如戴此。美道人

後

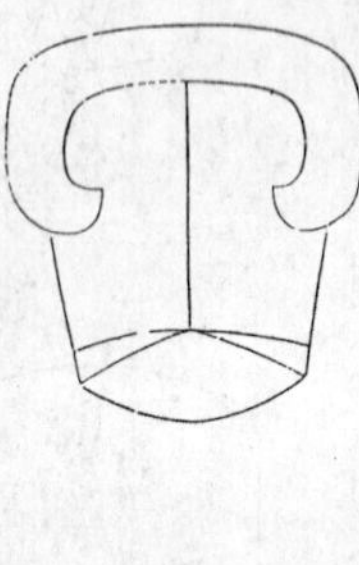

玉盤虛中，有喻方正。爲表此式，爲巾之端雅者。

玉盤巾

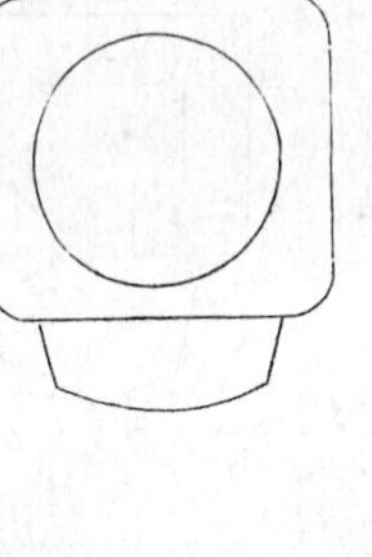

後

斗印，取懸印之義。此制太奇，惟好事者試爲之，亦巾之新妙一種耳。

斗印巾

此巾用唐巾制，加印幅於前後。如好事者以方巾爲之，尤奇。

周顗曰：今年殺諸賊奴，明年耴金印斗大繫肘。當此時而有此人，何止斗印，何待明年哉。一來居士識。

後

此亦雲下之式。余謂榴房中若育珠，因命是名。

此巾宜矮，高則無味。

育珠巾

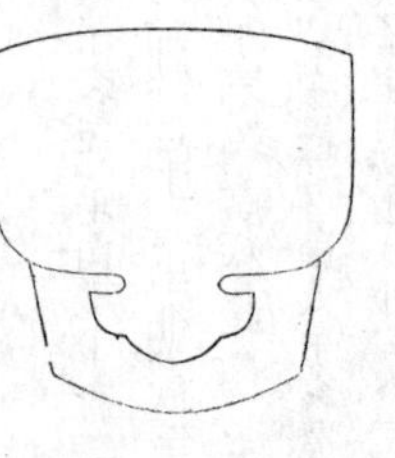

後

衡山上有三百六十八柱，第六柱稱爲天柱。偶閲治圖以演此制，真素雅可觀，幸巾工精爲之。

天柱巾

後

懸巖之式新，而亦文冠之有山林之表。要在良工詳此，以廓充其式得宜，方妙。

凡爲此巾，必先以白紙成式，然後裁製。

懸巖巾

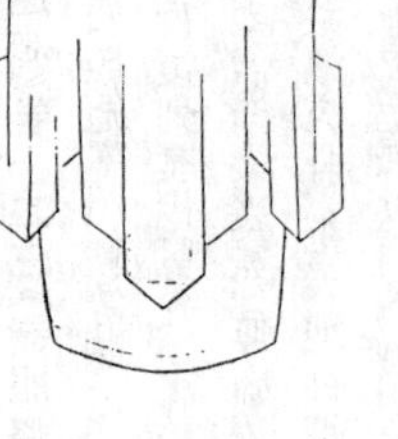

後

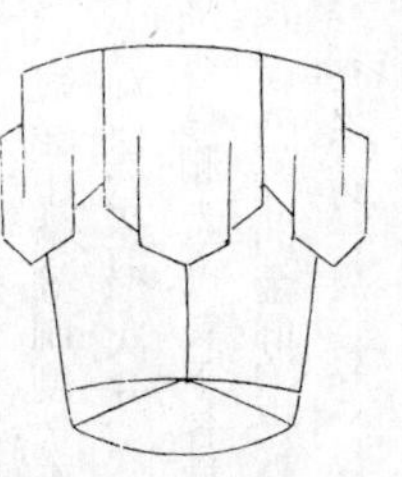

如意巾，亦雅制也。然雲不宜大，大則泛，常可厭。此亦雲下式。

如意巾

後

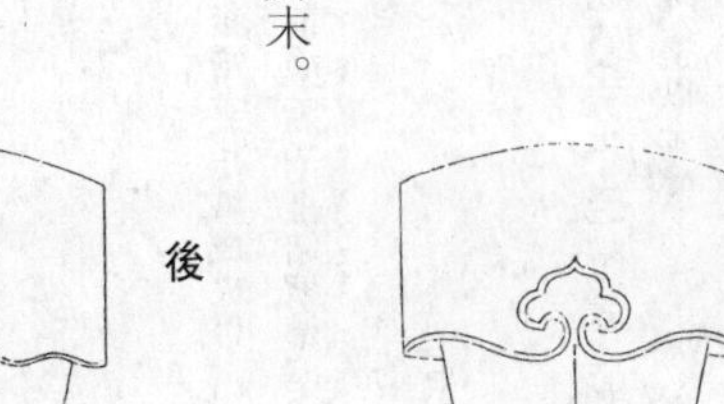

芝巾取象秀美，亦不奇之奇，故附於末。

靈芝巾

後

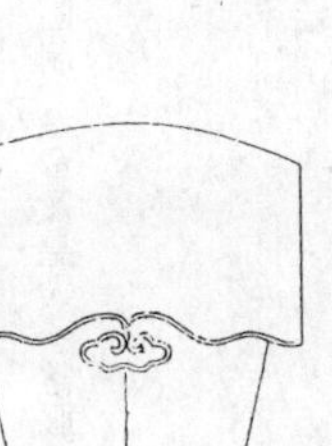

徽州梓人黃德口制於姑蘇書□

《劉氏鴻書》卷七七《衣帛部·冠巾》　漢侍中冠武弁大冠。曰惠文。金璫，附蟬爲文，貂尾以爲飾。侍中服則左貂，常侍服右貂。金取堅剛，百煉不耗；蟬取居高食潔；貂取內勁悍而外溫潤。《職林》【略】

《帽》

【略】今太監帽様，蓋因高麗王冠制爲之。嘗聞內侍謂國初時，高麗未服，高廟遣一細作瞷其王之冠制，遂命諸內侍皆冠之。因高麗使來，指諸內侍而謂之曰：「汝王冠與朕內臣同，此曹日供使令於朕，而汝王乃欲崛強不服朕耶！」使者歸言之，遂舉國降。《傳信録》

《劉氏鴻書》卷七七《衣帛部·冠巾》　頭巾，古所未有。漢王莽頭禿，始施巾。或以皂羅裹髮，因有此製，與今式不同。自後，宋製漸繁，始有圓象天，方象地者。《諸事音攷》

《網巾》

太祖初有天下，一夕微行至神樂觀，見一道士，於燈下結網巾。問之，道士曰：「用裹頭上，則萬髮皆齊。」太祖去。明日，有旨召道士至命爲道官，仍命其取網巾十三頂，頒示十三布政司。今遂爲定制，自元以來無之。《國朝典故》

官修《續通志》卷一二三《器服略二》 君臣冠冕巾幘等制度　臣等謹按：《鄭志》本門列君臣冠冕巾幘等制度，標題攷下首列冕，次冠，次弁，次幘，次巾等制。其標題接行復列歷代冕弁一條，所舉兩歧，今爲删去，以與下各標題畫一。

唐制，天子六冕，大裘冕，無旒，廣八寸，長一尺二寸，金飾，玉簪導，以組爲纓，色如其綬，黈纊充耳，祀天地神祇則服之。衮冕，廣一尺二寸，長二尺四寸，金飾，垂白珠十有二旒，以組爲纓，色如其綬，玉簪導，享廟及廟、遣上將、征還、飲至、踐阼、加元服、納后、若元日受朝、臨軒册拜王公則服之。鷩冕，八旒，有事遠主則服之。毳冕，七旒，祭海岳則服之。絺冕，六旒，祭社稷先農則服之。(元)[玄]冕，五旒，蜡祭百神，朝日，夕月則服之。皇太子衮冕，白珠九旒，以組爲纓，色如其綬，青纊充耳，犀簪導。侍從皇帝祭祀及謁廟、加元服、納妃則服之。侍臣服，第一品，衮冕，垂青珠九旒，以組爲纓，色如其綬，青纊充耳，寶飾角簪導。第二品，鷩冕，八旒。第三品，毳冕，七旒。第四品，絺冕，六旒。第五品，(元)[玄]冕，五旒。

宋制，天子不備六冕，有大裘冕，冬至祀昊天上帝，立冬祀黑帝，立冬後祀神州地祇服之。高宗紹興後，加十有二旒，廣八寸，長一尺六寸，前圜後方，前低寸二分，(元)[玄]表朱裹，以繒爲之，玉笄玉瑱。衮冕，廣一尺二寸，長二尺四寸，十有二旒，二纊並貫真珠，又有翠旒十二，碧鳳銜之，有珠旒外，金飾玉簪導。祭天地，宗廟，朝太清宫，饗玉清昭應宫，景靈宫，受册尊號，元日受朝，册皇太子則服之。皇太子，衮冕，九旒，犀簪導。其臣下，正一品，九旒冕，犀簪。二品，七旒冕，角簪。三品，五旒冕，後又改爲鷩冕八旒，毳冕六旒，絺冕四旒，(元)[玄]冕無旒。

遼制，天子衮冕，垂白珠十有二旒，以組爲纓，色如其綬，黈纊充耳，金飾玉簪導。祭祀宗廟，遣上將出征，飲至，踐阼，加元服，納后，若元日受朝，則服之。

金制，天子衮冕，廣八寸，長一尺六寸，青羅爲表，紅羅爲裹，前後珠旒共二十四，黈纊二，玉簪導。皇太子衮冕，白珠九旒，紅絲組爲纓，青纊充耳，犀簪導。

元制，天子衮冕，廣八寸，長一尺六寸，前後珍珠旒各十二，黈纊二，朱絲組爲纓，玉簪導。皇太子衮冕，白珠九旒，紅絲組爲纓，青纊充耳，犀簪導。

明太祖洪武十六年，定衮冕之制。(元)[玄]表纁裹，前後各十有二旒，紅絲組爲纓，黈纊以耳，玉簪導。祭天地、宗廟服之。皇太子衮冕，九旒，紅組纓，金簪導。陪祀天地、社稷、宗廟及大朝會、受册、納妃則服之。親王衮冕，九旒，助祭謁廟、朝賀、受册、納妃服之。

通天冠宋制，天子通天冠，仁宗天聖中，改稱承天冠，二十四梁，加金博山，附蟬十二，高廣各一尺，青表朱裹，首施珠翠，黑介幘，組纓翠緌，玉犀簪導。凡四孟朝獻景靈宫，郊祀、明堂，詣宫廟進胙，上壽兩宫及端門肆赦並服之。遼與宋同，金亦如之，元不置，明亦與宋制同。

遠遊冠宋制，皇太子遠遊冠，十八梁，青羅表，金塗銀鈒花飾，犀簪導，紅絲組爲纓，加博山，附蟬。受册、謁廟、朝會，則服之。遼皇太子遠遊冠，三梁，加金附蟬，施珠翠，黑介幘，髮纓翠緌，犀簪導，謁廟還宫，元日、冬至、朔日入朝服之。親王及諸王則青緌。金皇太子遠遊冠，十八梁，金塗銀花飾，博山附蟬，紅絲爲纓，犀簪導。

進賢冠宋制，諸臣唯一二品服進賢冠，五梁，塗金銀花額，犀玳瑁簪導，立筆。遼制，三品以上進賢冠，三梁，寶飾。五品以上二梁，金飾，九品以上，一梁，無飾。

貂蟬冠宋制，貂蟬冠，三梁，犀角簪導。諸司三品，御史臺四品，兩省五品服。元制，助祭諸執事官亦服之。

獬豸冠宋制官，爲御史則冠有獬豸角，兩梁，犀角簪導。金與宋同，元制亦同，唯助祭則服之。

翼善冠遼制，皇帝翼善冠，朔視朝服之。明制，皇帝及皇太子常服，用烏紗折上巾，亦名翼善冠。

金文金冠遼皇帝國服，大祀服之。

實魯衮冠遼皇帝國服。

進德冠遼制，九琪金飾，皇太子服之。

氈冠遼制，金花爲飾，或加珠玉，翠毛額，後垂金花，織成夾帶，中貯髮一總。

紗冠遼制，如烏紗帽，無簷，不擫雙耳，額前綴金花，上結紫帶，末綴珠。

七寶重頂冠元制天子夏服。

珠子捲雲冠元制天子冬服。

金鳳頂漆紗冠元制天子夏服。

忠静冠明世宗嘉靖七年，制品官之服，仿古(元)[玄]端，冠匡如制，以烏紗冒之，兩山俱列於後，冠頂仍方，中微起，三梁，各壓以金線，邊以金緣之。

保和冠明嘉靖七年賜諸王以下服。

折上巾宋因唐制，爲天子常服，皇太子亦服之。遼皇帝及臣下亦有之。明初翼善冠，亦名折上巾。

紫皁幅巾遼皇帝國服。

四帶巾金國服，以皁羅或紗爲之，上結方頂，折垂於後，頂之下際兩角，各綴方羅，徑二寸許，方羅之下，各附帶長六七寸，當橫額之上。

貂蟬籠巾宋臣下朝服貂蟬籠巾，七梁，貂鼠尾，立筆。金臣下朝服，一品貂蟬籠巾，七梁，額花冠，貂鼠，立筆，犀簪導，二品，七梁冠，銀立筆，犀簪導。三品、四品、五梁冠，銀立筆。五品，四梁冠。六品、七品，三梁冠。元籠巾貂蟬冠，爲司徒大禮使祭服。明制，公冠八梁，加籠巾，貂蟬，立筆五折。侯七梁，立筆四折。伯立筆二折。

幞頭唐制，君臣通服。製以藤織草巾子爲裏，紗爲表，帝服則脚上曲，人臣下垂。宋制，君臣通服，平脚，乘輿或服，上曲。遼制，臣僚常服用幞頭。元亦爲百官常服，其交角幞頭巾，後交折其角。鳳翅幞頭，式如唐巾，兩角上曲，作雲頭，兩旁覆以兩金鳳翅。控鶴幞頭，制如交角，金縷其額。花角幞頭，額上簇象生花。皆儀衛之服。明制，唯樂舞生服幞頭。

皮弁明制，皇帝視朝、降詔、降香、進表、四夷朝貢、外官朝覲、策士傳臚皆服之。其制用烏紗冒之，前後各十二縫，每縫綴五采玉十二以爲飾，玉簪導，紅組纓。皇太子皮弁，前後各九縫，每縫綴五采玉九，金簪朱纓。親王皮弁，如東宫。親王世子皮弁各八縫，每縫綴三采玉八。郡王皮弁，各七縫，每縫綴三采玉七。

武弁明制，皇帝親征，遣將服之，冒以絳紗上鋭。

燕弁明嘉靖中，制皇帝常服，制如皮弁，冒以烏紗，分十有二瓣，各以金線壓之，前飾五采玉雲各一，後列四山。

臣等謹按：《周禮》有弁師之官，司服亦掌韋弁。弁之制，最爲近古，考之史志及《會要》、《會典》諸書，唐以後無聞焉。唯明制有之，謹臚備於左云。

帽宋爲帽子，寧宗時，爲皇帝後殿早講之服。遼國服有硬帽，皇帝小祀之服。元制，天子冬服，有金錦暖帽、紅金苔子暖帽、白金苔子暖帽、銀鼠暖帽，夏之服則有白藤寶貝帽、黄雅庫特寶貝珠子帶後簷帽、七寶漆紗帶後簷帽。儀衛之服。有學士帽，制如唐巾，兩角如匙頭下垂，錦帽，制以漆紗，後幅兩旁前拱而高，中下後畫連錢錦，前額作聚文。明制，自郡王長子以下至羣臣，常服皆用烏紗帽，内使冠服用烏紗描金曲脚帽，侍儀舍人服用烏紗唐帽，校尉用金鵞帽。

簪戴宋制，幞頭簪花謂簪戴，中興郊祀明堂畢回鑾，臣僚及扈從並簪花，恭謝日亦如之，遇慶典及錫宴、新進士聞喜宴並如之。

重戴宋制，以皁羅爲之，方而垂簷，紫裏，兩紫絲組爲纓，蓋折上巾，又加以帽，宋初，御史臺服之，新進士亦戴，釋褐則否。

鈸笠元制，天子夏服有寶頂金鳳鈸笠、珠緣邊鈸笠、金鳳頂笠。

《明會要》卷一四《禮九・冠禮》 太子皇孫年十二或十五始冠，天子自爲主，擇三公、太常爲賓贊，凡三加冠，一祝醴。成化間始定祝詞、醮詞、勒戒詞，其諸王冠祝醮詞，皆洪武間定。《會典》

洪武元年，定皇太子冠禮。《通典》始加折上巾，再加遠遊冠，三加九旒冕。

二十六年定親王冠禮。《會典》

陸釴《病逸漫記》

永樂九年十一月，立皇長子瞻基爲皇太孫。冠於華蓋殿，冕服如皇太子。玉圭如親王。《三編》

景泰四年二月乙未，皇太子冠。《大政記》

成化十四年三月，續定皇太子冠禮。初加翼善冠，再加皮弁，三加冕旒。《會典》甲子，皇太子冠。《大政記》

二十三年，更定親王冠禮。《會典》

宏治九年三月乙亥皇太子冠。《大政記》

嘉靖二十四年，穆宗在東宫，方十歲，欲行冠禮。大學士嚴嵩、尚書費寀，初皆難之，後遂阿旨，以爲可行，而請稍簡煩儀止取成禮。帝以冠當具禮，至二十八年始行之。《禮志》

三十一年三月，癸未朔。裕王、景王行冠禮，賓自致祝，不用宣祝官。《會典》

隆慶元年十一月，定東宫加冠儀注宏孝殿，神霄殿亦當預告。

萬曆三年正月，帝擇日長髮，命禮部具儀。張居正等言：禮重冠婚，皇上前在東宫已行冠禮，三加彌尊，執爵而醮，巨禮既成，可略其細，不必命部臣擬議，第先期至奉先殿、宏孝殿、神霄殿以長髮告，禮畢詣兩宫，皇太后行五拜三叩頭禮，隨御乾清宫受賀。帝是之，遂著爲令。《通典》

二十四年，禮部奏：皇長子出閣在邇，合先行冠禮，以見講官。但尚未册立，既不可遽用東宫之儀，又不可下同親王之服。姑令暫著常服出講，以待册立之日再行冠禮。如勅。

黄生《字詁・巾》 古巾用以拭手，故佩於身，以便作事。又覆物者亦謂之巾。《禮》「巾以絺」、「巾以綌」之類。其著於首者曰幘。後世覆物謂之帕，著首謂之巾。陶潛詩：「空負頭上巾。」故謂在領者曰領巾，見《開天遺事》。拭手者曰手巾，藉手者曰汗巾，並近人語。汗巾或謂之手藉，見張邦基《侍兒小名録》。以别於著首之巾。著首者亦或謂之頭巾。又古或以帕抹首，本武士之服。韓愈詩：「以紅帕首。」

沈自南《藝林彙考·服飾篇》卷一《冠幘類上》《事物紀原》《通典》曰：上古衣毛蜎皮，後代聖人見鳥獸冠角乃作冠纓。黄帝始用布帛，或曰黄帝已前用皮羽也。《六帖》曰：孔子作緇布冠。誤矣。

《中華古今注》牛亭問：冕者繁露，何也。答曰：假玉而下垂如露而繁也。《文選》云：衮冕垂旒，所以蔽明，黈纊塞耳，所以閉聰。所謂天子衮冕之服也。

《名義考》黄帝垂衣裳有冕服，虞舜觀古人之象，日、月、星辰、山、龍、華蟲，作會，宗彝、藻、火、粉米、黼、黻，絺繡有十二章之制。周去三辰爲旂常九章，自山、龍而下謂之衮冕，龍，阿曲也。七章自華蟲而下謂之鷩冕，鷩，朱雉即華蟲也。五章自宗彝而下無火謂之毳冕，虎蜼，毛縟也。三章粉米、黼、黻謂之希冕，所存者少也。一章唯黻而已，曰玄冕衣玄也。此皆自服而言，曰冕者，以服得名也，非冕之上有龍與鷩等也。衮冕十二旒，王大祀朝覲服之。上公九旒，鷩冕九旒，王祀先公饗射服之。王三公八旒，侯伯七旒，毳冕七旒，王四望服之。王之孤卿六旒，子男五旒，希冕五旒，王祭社稷五祀服之。王之大夫諸侯之孤各四旒，(元)[玄]冕三旒，王祭羣小祀服之。諸侯之卿三旒，再命大夫二旒，一命大夫一旒。王之五冕，旒有多寡，每旒玉皆十二無增損也，上公以下每旒玉數如其旒數，尊卑之等也，是冕之與服，君臣所共惟冕前後垂旒則遞減耳，故臣下之冕，總謂之裨冕。《説文》曰：「冕者，大夫以上冠也。」《玉藻》鄭玄注：冕以板爲之。師古注：五冕之板，廣八寸，長六寸，前圓後方。有綖，綖用三十升布染黄覆冕上。出冕前後而垂有紘，紘，冠卷也。有紞，即黈纊。以黄綿爲圜懸冕兩旁塞耳者，下繫玉瑱謂之珥。有繅，繅合五采絲爲繩垂於綖之前後，以結玉有就，就，成也，一玉爲一成，結之不相棄也。周制如此，秦服袀(元)[玄]，漢冠竹皮，因陋就簡，古製隳廢，此賈生有易服色之請，班固不志輿服也。

《名義考》裨冕副褘，褘音卑。裨之言偏也，天子大裘，爲上公衮，侯伯鷩，子男毳，偏於天子者也。《玉藻》「諸侯裨冕以朝」是也。

《秕言》《禮記》「知天者冠述，知地者履絇述」，鄭玄註：通天冠也。誤矣。《漢輿服志》通天冠，高九寸，正竪，頂少邪却，乃直下爲鐵卷梁，前有山，展筩爲述，乘輿所常服。《晉志》通天冠，本秦制。前(後)有展筩，冠前加金博山述，郊祀天地明堂宗廟，元會臨軒，[黑]介幘，通天冠，平冕。《唐志》通天冠，冬至朝賀，祭還，燕羣臣，養老之服。是通天冠乃天子冠也，豈可謂知天者冠之乎。《漢志》又云：建華冠，以鐵爲柱卷，貫大銅珠九枚，制似縷鹿。記曰：「知天者冠述，知地者履絇。」《春秋左傳》曰：「鄭子臧好鷸冠。」此則是也，然則冠述爲建華冠明矣。注《禮記》者，以通天冠前有山述，故誤以述爲通天冠耳。《逸周書》知天文者冠鷸，述即鷸也，天將雨，鷸先知之，故知天者以爲冠。《禮圖》以鷸冠爲術士冠，此又以述與術音相近而誤。《漢志》自有術(士)[氏]冠，趙武靈好服之漢不施用，非鷸冠也。

《筠軒釋略記》曰：天子玉藻十有二旒，玉謂冕前後垂旒之玉也，藻謂雜采絲繩之貫玉者也。蓋以藻穿玉，以玉飾藻，故總謂之玉藻。【略】

《秕言》《博物志》云：古者男女皆絲衣，有故乃素服。又有冠無幘，故雖凶事皆著冠也。隋禮儀注曰：幘始於秦人，施於武將，初爲絳帕，以表貴賤。然《吴越春秋》云：公孫聖勸吴王遣下吏太宰嚭，王孫駱解冠幘肉袒徒跣，稽首謝于句踐。是則春秋時已有幘矣，此可補《事物紀原》之遺。

《輟耕録》巾幘，《釋名》「巾，謹也。」當自謹於四教，《儀禮》「二十成人，士冠，如字庶人巾。」《説文》「髮有巾曰幘。」幘，即巾也。又《方言》覆髻謂之幘。《漢書》卑賤執事不冠者所服，或謂之承露。按《儀禮》士冠庶人巾，則古者士以上有冠無巾幘，惟庶人戴之，秦謂民爲黔首，漢謂僕隸爲蒼頭，《漢書》謂卑賤者所服，此其證也。後世上下通用之，謂之燕巾。蔡邕《獨斷》曰：漢元帝額有壯髮，不欲人見，故加巾幘以包之也。然則巾自巾，幘自幘，不獨卑賤者所服，雖尊者亦服之矣。至王莽冠内加巾，故詩人云：「王莽禿，幘施屋。」又光武岸幘見馬援，又按《魏志》注太祖以天下凶荒，資財乏匱，擬皮弁裁縑帛爲帢，或作幅，乞洽反。合乎簡易，隨時之議，以色别其貴賤，本施軍飾，非爲國容。《韻書》弁缺四隅謂之帢。前時軍人弓手所戴小白帽是也。一曰按頭使下，故曰帢。《增韻》、《埤蒼》皆曰帽也。《晉輿服志》哀帝立秋御讀，令改用素白帢。漢末王公名士多委王服，以幅巾爲雅，魏武始制帢。成帝制使尚書八座丞郎、門下二省侍官，乘車白帢低幃出入掖門。又二官直宫著烏紗帢，往往士人宴居皆著帢矣。帢雖冠弁遺制，去古益遠，用巾幘爲近之，一説秦加武將首飾爲絳帕，後稍稍作顔題，漢興，續其顔却摞音羅之施巾，連題却覆之即喪幘也，名之曰幘。至孝文帝乃高顔題續之以耳，崇其巾爲屋，合後施巾上下，文者長耳，武者短耳。古者冠制皆硬殼，自額上至於頂，如今禮冠者，然後世乃作小冠，屋以束髮，冠下施幘，冠幘之上又總施巾，皆效漢元帝所服之制也。夫歷代損益，隨其所宜，苟不害於義，從俗可也。孔子居宋衣縫掖，居魯冠章甫，亦從俗也。

《演繁露》　冠服古今異制，而苦無明著，既其制不能明了，則其所施用或當或否，皆不可别識矣。幘者，冠下覆髻之巾也。史游《急就章》曰：冠幘簪黄結髮紐。顔師古釋之曰：幘者，韜髮之巾，所以整亂髮也。當在冠下，或單著之。揚雄《方言》曰：覆髻謂之幘巾，或謂之承露，或謂之覆髻，皆趙魏間通語也。夫其從覆髻而言，則顔師古謂爲整髮者是也。冠冕有旒，崔豹《古今注》以爲垂露，則承露云者，從藉冠言之也。漢元帝額有壯髮，不欲人見，始進幘服，羣臣皆隨焉。庾凱醉，墮幘機上，以頭就穿取。檀道濟被收，脱幘投地。皆顔師古謂或單著之者也。若其人應著冠，則以幘藉其下，賤而執事則無冠，單著幘也。應劭《漢官儀》謂幘者，卑賤不冠者之所服是也。董偃緑幘傳鞲拜謁武帝，帝令起，趨東廂就衣冠是也。董仲舒《止雨書》亦曰：執事者赤幘。摯虞《決疑》曰：凡救日蝕者，皆著赤幘以助陽。知其皆賤者之服也。始有幘時，未以覆髻，但韜裹鬢毛，使著冠使髮不蒙面耳。凡此言冠而及幘者，其冠皆冕，冕冒額，故必用幘以收髮也古冠冕得通言故也。若單著既冠之冠則露髮，無所事幘也。蔡邕《獨斷》曰：元帝進幘，但遮覆額前壯髮，尚未有巾也。王莽頭禿始加巾，故其俚語曰「王莽禿，幘施屋」。《後漢書》曰半頭幘，劉俠卿爲劉盆子制半頭赤幘。《續漢書》曰半頭幘即空頂幘，其上無屋，故以爲名。《東宫故事》曰太子有空頂幘一枚。空頂，即半頭也。元帝時尚未有巾，故東宫用空頂幘者，本古也，屋即巾也，有顔有屋，即異乎空頂矣。梁冀改易服制，作庫幘狹冠，是冀自改莽制，損下其屋也。董巴《漢輿服志》曰：古者有冠無幘，秦以爲武將首飾爲絳幘，以表貴賤，後稍作顔題，漢興，續其顔，却結之施巾連題却覆之。至文帝乃高顔續爲之耳，且崇其屋，貴賤皆服之。夫耳者，結巾之角也，巴謂崇屋始於文帝，恐不及蔡邕謂爲始莽者的也。董偃服庖人服，故緑幘。衛宏《漢舊儀》曰：齋緑幘，耕青幘。《漢官儀》曰：謁者著細幘大冠。皆隨事著色，若《東觀漢記》載光武初起，服赤幘，賜段熲赤幘大冠一具。孫堅爲董卓所圍，著赤罽幘潰圍而出。皆執事者單幘之證也。夫止雨救日，執事者皆赤幘，未必主爲助陽也。蓋漢以火王，其在五德尚赤耳。故董仲舒《繁露》曰以赤統者幘尚赤，是專漢制也。

《名義考》　《説文》「冠，絭也，所以絭髮。」又曰「髮有巾曰幘。」夏之冠曰毋追，追猶堆也。商曰章甫，漸章著也。周曰委貌，委曲有貌也。並以緇布爲之，故曰緇布冠。又曰玄冠，《輿服志》委貌與皮弁同制，長七寸，高四寸，前高廣，後卑鋭，但皮弁以鹿皮耳。制雖不可詳，今羽流束髮者大略近之。趙惠文冠，以冠如蟬翼，猶古鶩冕，一名鵕鸃冠，一名鶡冠，謂之武弁。鵕鸃、鶡，勇而有介。今勳臣籠巾插雕羽其遺意。楚獬廌冠，以獲獬廌得名，後有鐵柱，又曰柱後，謂之法冠。今憲臣冠加獬廌亦其遺意。唐翼善冠，太宗采古制自服之。今乘輿常服，亦名翼善冠，或唐制也。其他冠名尚多，制不可考。秦加武將首飾絳帕，後稍作顔題。漢興續其顔却結之，施巾連題却覆之，名之曰幘。孝文乃高顔續爲之耳，崇其巾爲屋，文者長耳，武者短耳，若今喪冠。

《宛委餘編》　幘，古賤人不冠者之服也。漢元帝額有壯髮，始引幘服之。王莽頂禿，又加其屋。漢末王公名士多委王服，以幅巾爲雅，是以袁紹、崔(鈞)〔豹〕雖爲將帥，皆著縑巾。魏武惜財，擬古皮弁裁縑帛以爲帢，以色别其貴賤。帢，即帢也，未有岐。荀文若巾之，行觸樹枝成岐，因而弗改。巾以葛爲之，形如帢而横著之，古尊卑共服也。

《五雜組》　古人幘上加巾冠，想因髮不齊之故，今網巾是其遺意。但幘以布絹爲之，加屋其上，可以代冠，如董偃緑幘，孫堅赤罽幘之類，今俗名腦包者也。

《五雜組》　童子幘無屋者，示不成人也，近時總角者猶繫一網巾邊是其遺制。既云童子幘無屋，明丈夫幘皆有屋矣。又云：王莽以頂禿加屋，何耶？董偃，武帝時人，以緑幘見天子，必非無屋者。幘本賤者之服，緑幘又其賤者，近代樂工著緑頭巾，亦此意也。

《困學紀聞》　《玉藻》鄭玄注：士以下皆禪，不合而綷積，如今作幧頭爲之也。幧，七消反。後漢向栩著絳綃頭。李賢等注：字當作幧。古詩云：「少年見羅敷，脱巾著幧頭。」《儀禮》鄭玄注：如今著幓頭，自項中而前交額上却繞髻也。

《丹鉛録》　《儀禮》鄭玄注：弁名出於槃。槃，大也。冔名出於幠。幠，覆也。

《留青日札》　石季龍以女騎一千爲鹵簿，皆著紫綸巾、(織)〔熟〕錦袴、金銀縷帶、五紋織成韡，游於戲馬觀。魏瓘《搗衣賦》「黄金釵兮碧雲髮，白綸巾兮青女月，佳人聽兮良未歇。」則是婦人亦冠巾也。帢，本音韐。韎韐士服蔽膝之衣。《詩》韓韐。毛注：合韋爲之，以茅蒐草染之，一曰韎韐。是則未染者當爲白帢矣。魏祖擬皮弁裁縑帛爲帢，以色别貴賤，本軍飾，非國容。弁缺四隅曰帢。

《留青日札》 桐巾，隋左相牛弘卜，議著桐巾，以桐木爲之，内加漆烏匼巾。子美詩「晚風爽烏匼」。烏角巾，子美詩「錦里先生烏角巾。」蘇子瞻詩「二老白接羅，兩郎烏角巾。」折角巾，郭林宗遇雨，折一角，故名。今有六角巾、八角巾，常服本四角，此好異者。葛巾，諸葛孔明，陶淵明用以漉酒。又漢末王公名士以幅巾爲雅，袁紹、崔豹爲將帥皆著幅巾。踣養巾，唐中宗賜百官踣養巾，帝在藩時冠珠巾。唐昭宗時，侯王將帥以珠一顆盤幞頭脚，貫以銀線而簪之。新羅巾，皇甫玄真獻新羅巾子辭塵於高璃，以贖田知之罪。鹿巾，路羣製，陶弘景通明鹿皮巾。縠皮巾，張孝秀文逸。化巾，桑維翰服蟬翼紗士夫帽庶表四方，名爲化巾。華陽巾，顧況蓮花巾，吴江女道士雲巾，一名燕尾巾，蘇子瞻《謝人惠雲巾詩》。白鷺巾，晉山簡白接羅。接羅，白帽也。《爾雅》郭璞注：江東取白鷺頭翅背上長翰毛以爲睫攡，名曰白鷺縗。唐巾，唐制四脚，二繫腦後，二繫頷下，服牢不脱。有兩帶四帶之異，今進士巾，亦稱唐巾。《隋唐嘉話》舊人皆服衮巾，至周武始爲四脚，國初又加巾子焉。兩儀巾，後垂飛葉二扇。飛簷巾，東坡巾，云蘇子遺制。山谷巾，黄庭堅遺制。萬字巾，上闊而下狹形，如萬字。鑿子巾，如唐巾而去其帶耳。

《説略》 巾本佩巾。《禮》「左佩紛帨」是也。帨，拭物之巾。《詩》「無感我帨兮」，即今之手巾、汗巾也。亦褵屬，褵，婦人之禕，即今香纓。《詩》「親結其褵」。毛亨注：帨巾也。《詩》「縞衣綦巾」。綦，蒼艾色，女之貧陋者。漢・賈山《至言》又云：赦罪人，憐其亡髮，賜之巾，故曰卑賤者所服。蔡邕則云：天子見令長三老官，屬賜以酒食帛葛越巾佩帶之屬。又漢元帝髮壯加巾，是天子亦服巾也。《草木子》曰：紗帽圓領，唐服也，仕者用之。巾笠襴衫，宋服也。巾環襈領，金服也。帽子繫腰，元服也。方巾圓領，前明服也，庶民用之。蓋古之庶人服巾，而今制則庶人不得服巾，故《玄中記》亦云：契丹富豪要裹頭巾者，納牛駝七十頭，馬百匹，名曰舍利。是庶人雖豪富，在匈奴亦不得服巾也。

《宛委餘編》《學齋佔畢》有云：古者有冠而無巾，非無巾也，蓋巾止以羃尊罍爪果之用，不加於首也，故六經止言冠。下至於虞人，亦以皮冠，野老亦以黄冠，是有簪導方爲冠也。至於罪人，方去其冠而加黑幪。漢世之冠，貴者則有通天、遠遊、方山之類，武夫則有鵕鸃，閒居則有竹皮、鹿皮之類，皆冠也，以簪附之。而所謂巾幘，稍稍施於執事賤人之首，如庖人緑幘是也。至晉，人輕浮，方有接羅、白葛漉酒之巾，然起於後漢郭林宗折角巾矣。至於近代，反以巾爲禮，而戴冠不巾者爲非禮。又朝服幞頭，乃後魏狄製，及後唐而施長脚，同伶優之賤至於今，士夫安之，曾莫議其非者，至於履舄，則古有舄、有履、有屨而無靴，故靴字不見於經。至趙武靈王作戎服，方變履爲靴，而至今服之。本朝徽宗政宣間，嘗變靴爲履矣。至高宗時，務反政宣之失，仍變履爲靴。冠履兩事，反使今之道流得竊其似，又如上衣下裳，各爲長短之制，衣纔至膝，裳乃裙也，今之祭服是也。後魏戎服便於鞍馬，遂施裙於衣，爲横幅而綴於下，謂之襴，今之公裳是也。外裔之服也數者，學士大夫皆安之而莫革。

《七修類藁》 綸巾，綸字世人皆知兩音，一曰綸，一曰關，而不知其故。蓋綸巾韻同而音近，詩法所忌也，故讀曰關。皮日休有「白綸巾下髮如絲」之句，有一本註作關，想始於此。《韻會》雖有兩收，皆引釋於倫字之下，而無一字及關字義，且關字仍註龍春切，則當爲倫字矣。所以二收，因韻書起於沈約，若《説文》止於一收矣。

《丹鉛録》 綸巾，《説文》「綸，青絲綬也。」音關。仲長統《昌言》身無半通青綸之綬，而竊三辰龍章之服。《爾雅》「綸似綸，組似組，東海有之。」皆以草色似也。綸，鹿角菜，組，海中苔，今之燕窠菜也。詩人白綸巾、紫綸巾，皆合用此字，而俗多用綸，綸自綸，綸自綸，豈可混用也。

《宛委餘編》 帽，本纚也，古者有冠無幘，冠下有纚，以繒爲之，後世施幘於冠，因裁纚爲帽。永明中，蕭諶開博風帽後裹之製，爲破後帽，末年民間製倚勸帽。建武中，帽裹覆頂，東昏侯斷之。東昏時，羣小又造四種帽，因勢爲名，一曰山鵲歸林，二曰兔子度坑，三曰反縛黄離嘍，四曰鳳凰度三橋，皆服妖也。吴・孫休衣服之制，上長下短，積領五六而裳居二，上有餘，下不足也。晉武太始初，衣上儉下豐，著衣者皆厭褄下掩上也。元康末，婦人衣出兩襠，加乎交領之上，内出外也。

《五雜組》 古婦人亦著帽，漢薄太后以冒絮提文帝。注：帽也。趙昭儀上飛燕金花紫綸帽。又賀德基於白馬寺逢一婦人，脱白綸巾以贈之。諸葛武侯遺司馬懿巾幗婦人之服。則古婦人亦有巾也。

《演繁露》 薄太后以冒絮提文帝。晉灼曰：《巴蜀異〔物〕志》，謂頭上巾爲冒絮。冒音陌。顔師古曰：老人以覆其頭。應劭曰：陌，額絮也。詳其所用，當是以絮爲巾，蒙冒老者頰額也。冒之義，如冒犯鋒刃之冒，其讀如墨，則與陌音冒，義皆相近矣。《漢官舊儀》皇后親蠶絲絮，自祭服神服外，皇帝得以作縷縫衣，皇后得以作巾絮而已。以絮爲巾，即冒絮矣。北方寒，故老者絮蒙其頭，始得温暖，地更入北，則胡中貂冠、狼頭帽，皆其具矣。

《留青日札》帽，冒也。《輿服志》上古穴居野處，衣毛而帽皮。又曰：官民皆戴帽，其簷或圓，或前圓後方，或樓子，蓋兜鍪之遺制也。所云樓子，即今南方村中小兒所戴五采帽、金線帽，皆元俗也。【略】

《宛委餘編》今公侯伯所戴貂蟬冠，制按武冠，一名大冠，一名繁冠，一名建冠，一名籠冠，即古惠文冠，以其趙惠文所造也。亦云，惠者蟪也，其冠文輕細如蟬翼，故名，即今之籠巾也。漢侍中、常侍則加金璫附蟬爲飾，插以貂毛，黄金爲竿，侍中插左，常侍插右，金取剛强，百煉不耗，蟬居高飲清，口在腋下，貂内競悍而外柔縟，蓋真貂也，故曰「貂不足，狗尾續。」今則取絲繩屈曲而上有纓耳，今蟬有三等，國公玉，侯金，伯玳瑁。

《宛委餘編》今文臣冠，即古進賢冠也，然古前高七寸，後高三寸，與今稍不同，今則後高而前低。梁制，人主始加元服五梁，三公及公侯三梁，卿大夫關内侯千石以上兩梁，餘一梁。今一品七梁，二品六梁，三品五梁，以次而殺，至九品雜流一梁，於前綴一小粧金獬廌曰廌冠，内外臺臣得戴之。按古獬廌冠，高五寸，以縱爲展筩，鐵爲柱卷，亦似不同也。

《資暇録》永貞之前，組藤爲蓋，曰席帽，取其輕也。後或以太薄，冬則不禦霜寒，夏則不障暑氣，乃細色罽代藤曰氈帽，貴其厚也，非崇貴莫戴，而人亦未尚。元和十年，裴晉公爲臺丞，自化理第早朝時，青鎮一帥伺便謀害，晉公繄帽是賴，刃不即及而帽折其簷，既脱禍，朝貴乃尚之，近者布素之士亦皆戴焉。太和末，又染繒而復代罽曰疊綃帽，雖示其妙，與氈帽之庇懸矣。會昌已來，吴人衒巧有結絲帽，若網，其巧之淫者織花鳥相厠焉，近又染藤爲紫，復以輕相尚。

《資暇録》自便服乘馬以來，既無幃蓋，乃漸至大裁帽、席帽之障蔽，近年時態唯修虚事，至於致恭尊高，不敢戴上馬宜矣，直有出門猶露首面，如之何？

《玉堂漫筆》《襄陽大堤曲》有「倒著接䍦花下迷。」蓋用白紗作巾，南朝雖帝王亦服白紗帽，沈攸之所謂大事若克，白紗帽共著耳。又别有白疊巾、白綸巾，後世惟凶服乃用白。

《秕言》唐詩多用白接䍦，《韻釋》云：接䍦，白帽也。《爾雅》云：「鷺，春鉏。」郭璞註云：頭翅背上皆有長翰毛，今江東人取以爲睫攡，名之曰白鷺縗。睫與接，攡與䍦通，而《世説》獨云：接䍦，今之襴衫也。二説不同。李白詩云「頭上白接䍦」，則亦以接䍦爲白帽，而不以爲襴衫矣。

《丹鉛録》帢，首服，狀如弁而缺四角。《魏志》云：武帝以天下凶荒，財幣乏用，擬古皮弁裁縑帛以爲之，合乎簡易之義，故名帢。帢者，恰也。俗云，恰好也。晉代用白色，唐·陳子昂詩「郄家子弟謝家郎，烏巾白帢紫香囊」。

《宛委餘編》尚書八座、三省侍郎，白帢低幘，出入掖門。又二宫直官者烏紗帢，士人宴居皆著帢矣。王丞相白帢練布單衣。江左以後，白紗帽遂爲人主之服，臣下不敢輒用。按《五行志》服妖，傅玄議白帢，白乃軍容，非國容也。干寶以爲縞素，凶喪之象。《南齊書》亦云白帢單衣謂之素服，以舉哀臨喪者。又初作白帢，横縫其前以别後，名之曰顔，永嘉間稍去其縫，名無顔帢。

《演繁露》侯景僭立，著白紗帽，而尚披青袍。宋泰始元年，羣臣欲立湘東王，引入西臺，登御座，著白紗帽。按此即白紗帽，乃人主之服。宋蒼梧王死，王敬則取白紗加蕭道成首，使即祚曰：誰敢復動。

《癸辛雜識》管寧白帽之説尚矣，杜詩亦云「白帽應須似管寧。」然幼安《本傳》止云嘗著阜帽，又云著絮帽布衣而已。初無白帽之事，獨杜佑《通典》帽門載管寧在家，常著帛帽。豈以帛爲白乎？然宋齊間，天子燕私多著白高帽，或以白紗，今所畫梁武帝像亦然，蓋當時國子生亦服白紗巾，晉人著白接䍦，謝萬著白綸巾，南齊·桓崇祖白紗帽，《南史》和帝時，百姓皆著下簷白紗帽。《唐六典》天子服有白紗帽，他如白帢、白帽之類，通爲慶弔之服。《古樂府·白紵歌》云「質如輕雲色似銀，製以爲袍餘作巾。」杜詩「光明白氎巾」，常念著白帽「采薇青雲端」，白樂天詩云「青筇竹杖白紗巾」，古之所以不忌白者，蓋喪服皆用麻，重而斬齊，輕而功緦，皆麻也，惟以升數多寡精粗爲異耳。自麻之外，繒縞固不待言，苧葛雖布屬，亦皆吉服，縞帶苧衣，昔人猶以爲贈，何忌之有。漢高帝爲義帝發喪，兵皆縞素，行師權制，固不備禮，後世人多忌諱，喪服往往求殺，今之薄俗，蓋有以縞素爲緦功者，宜乎巾帽之不以白也。

《演繁露》《隋志》宋齊之間，天子宴私著白高帽，士庶以烏。太子在上省則帽以烏紗，在永福省則白紗。隋時以白帢通爲慶弔之服，國子生服白紗巾。晉人著白接䍦，竇苹《酒譜》曰接䍦，巾也。南齊·桓崇祖守壽春，著白紗帽肩輿上城。今人必以爲怪，古未以白色爲忌也。郭林宗遇雨墊巾。李賢注云：周遷《輿服雜事》曰：巾以葛爲之，形如帢。帢，口洽反。本居士野人所服。魏武造幍，其巾乃廢。今國子學生服焉，以白紗爲之，是其制皆不忌白也。《樂府·白紵歌》「質如輕雲色似銀，制以爲袍餘作巾。」袍以光軀，巾拂塵。吴兢《樂府要解》案舊史，白紵吴地所出，則誠今之白紵，《列子》所謂阿錫，而西子之舞所謂「白紵紛紛鶴翎亂」者是也。今世人麗粧必不肯以白紵爲衣，古今之變不同如此。《唐六典》天子服有白紗帽，其下服如裙襦襪皆以白㡛，朝聽訟燕見賓客皆以進御，則猶存古制也。然其下注云：亦用烏紗。則知古制雖存，未必肯用，多以烏紗代之，則習見忌白久矣。世傳《明皇幸蜀圖》，山谷間，老叟出望駕有著白巾者。釋者曰服，諸葛武侯也。此不知古人不忌白也。《疑耀》宋明帝末年，多忌諱，以白門爲不祥，諱之。右丞江謐誤犯上，變色曰：白汝家門。則唐以前已忌之矣。

沈自南《藝林彙考·服飾篇》卷二《冠幘類下》

《野記》　殷冠章甫。甫，大夫也，以之表章大夫也。按此出《釋名》。

《夢溪筆談》　幞頭，一謂之「四脚」，乃四帶也。二帶繫腦後垂之，折帶反繫頭上，令曲折附頂，故亦謂之「折上巾」。唐制，唯人主得用硬脚。晚唐方鎮擅命，始僭用硬脚。本朝幞頭，有直脚、局脚、交脚、朝天、順風，凡五等。唯直脚貴賤通服之。又庶人所戴頭巾，唐人亦謂之「四脚」，蓋兩脚繫腦後，兩脚繫頷下，取其服勞不脱也。無事則反繫於頂上。今人不復繫頷下，兩帶遂爲虚設。【略】

《演繁露》　幞頭起於後周，一名「四脚」。其制，裁紗覆首，盡韜其髮，兩脚繫腦後，故唐裝悉垂脚，其改爲硬脚，史不載所始，故莫知其的自何時也。孫角《談苑》載柳玭在東川，有從子來省，玭不甚顧，僕隸輩相與獻疑曰：得無責敬於君之幞頭也乎。姑垂脚入見，以占其意可也。此郎乃垂下翹翹之尾，果獲撫接，則知當柳玭時幞頭不皆垂脚，其屈而下垂者，乃其用以爲敬也。國初有王易者，著《燕北録》載契丹受諸國聘覲，皆繪畫其人物冠服，惟新羅使人公服幞頭略同唐裝，其正使著窄袖短公服橫烏，正與唐制同，其上節亦服紫同正使，惟幞頭則垂脚，疑唐制以此爲等差，故流傳新羅者如此也。又秦再思《洛中紀異》云：唐太宗令馬周雅飾幞頭，至昭宗乾符初，教坊内教頭張口笑者，以銀撚幞頭脚上，簪花釵與内人裹之。上悦，乃曰：與朕依此樣進一枚來，上親櫛之，復覽鏡，大悦。由是京師貴近效之。龎元英著《文昌録》乃以爲宣宗，未知孰是。沈存中《筆談》謂唐惟人主得服硬脚，晚季方鎮擅命始有僭服者。《宣和重修鹵簿圖》言唐制皆垂脚，其後帝服則脚上曲，五代漢後漸變平直。其説與上所載略同，而皆不記所出，豈皆以意揣度乎？

《燕談録》　古之幞頭，自隋以前，只是皁絹幕其首，唐，馬周始制四脚繫於上，二脚垂於後，又加巾子，制度不一。武后時賜臣下巾子，謂之武家樣。又有高頭巾子，明皇賜臣下内樣巾子。又裴寬嘗自制巾子僕射巾。自唐中葉已後，謂諸帝改製，其垂二脚，或圓或闊，周絲弦爲骨，梢翹矣。臣庶多效之，然亦不妨就枕。余家有陳宏畫明皇裹頭坦腹，仰臥吹玉笛圖。又鄭谷詩云「玉階春冷未催班，楚拂塵衣就笏眠」，其便如此。唐末喪亂，自乾符後，宫娥宦官皆用木圍頭，以紙絹爲襯脚，用銅錢爲骨，就其製成而戴之，取其緩急之便，不暇如平時對照繫裹也。僖宗愛，遂製成而進御。五代帝王多裹朝天幞頭，二脚上翹，四方僭位之主，各創新樣，或翹上而反折於下，或如團扇蕉葉之狀合抱於前，僞孟蜀始以漆紗爲之，湖南馬希範二角左右長丈餘，謂之「龍角」，人或誤觸之，則終日頭痛。至劉漢祖，始仕晉爲并州衙校，裹幞頭脚，左右長尺餘，橫直之不復上翹，迄今不改其制。

《余氏辨林》　幞頭之制，古斫桐木爲之，後世易以藤胚，冒之以紗，四角有脚，下垂，後世易以橫張兩翅，前代惟伶官所戴，因唐莊宗取伶官幞頭帶之，後遂爲例，然惟人主得戴，後藩鎮僭用之。今大小官員皆得戴，然惟祭服之也。

《席上腐談》　唐人幞頭，初以皁紗爲之，後以其軟，遂折桐木山子，在前襯起，名曰「舉頭容」，以爲起於魚朝恩。五代相承用之，至宋乃易以藤織者，仍易以紗，後又易以漆紗。周武所製，不過如今之結巾，就垂兩角，初無帶，唐人添四帶，以兩角垂前，兩角垂後。宋又橫兩角以鐵線張之，庶免朝見之時偶語。近時涼緇巾，以竹絲爲骨，如涼帽之狀，而覆以皁紗，易脱易戴，夏月最便。

《席上腐談》　幞頭起於周武帝，以幅巾裹首，故曰「幞頭」。幞字音伏，與幞被之幞同，今誤爲僕。

《老學菴筆記》　《孫策傳》張津常著絳帕頭。帕頭者，巾幘之類，猶今言幞頭也。韓文公云以紅帕首，已爲失之，東坡云「絳帕蒙頭讀道書」，增一蒙字，其誤尤甚。【略】

《愛日齋叢抄》　《元和聖德詩》云「以紅帕首」。注者引《實録》曰：禹會塗山之夕，大風雷震，有甲步卒千餘人，其不被甲者，以紅綃帕抹其額，自此遂爲軍容之服。退之《送幽州李端公序》「紅帕首」，帕一作抹，《送鄭權尚書序》「帕首韡袴」，蓋屢用之。按《筆記》舉《孫策傳》張津常著絳帕頭。帕頭者，巾幘之類，猶今言幞頭也。韓文公云「以紅帕首」已爲失之，東坡云「絳帕蒙頭讀道書」，增一蒙字尤誤。務觀固不引塗山事，注韓文者亦不援孫策語，然李鄭二序皆連帕首鞾袴，取義爲幞頭，正合范史云：向栩者，性卓詭不倫，讀老子狀如學道。好披髮，著絳綃頭。李賢注：《說文》「綃，生絲也。」按，此字當作幧，其字從巾，古詩云「少年見羅敷，脱巾著幧頭。」已上史註紅綃頭，或即無紅綃帕子，謂孫伯符所稱南陽張津爲交州刺史，著絳帕頭，鼓琴燒香，讀邪俗道書。或由東都之季，習妖妄者輒以爲首飾，栩其類也。韓詩帕爲虛字，坡詩帕爲實字，因文著字，爲蒙所用本別俱不免陸氏之核。唐・婁師德使吐蕃，喻國威信，虜爲畏悦，後募猛士討吐蕃，乃自奮戴紅抹額來應詔，此近塗山軍容之遺制，雖不敢以釋帕首，其云戴紅抹額，抑亦帕首巾幘之物爾。

《席上腐談》 韓退之《元和聖德詩》云「以紅(綃)帕首」，蓋以紅綃轉其頭，即今之抹額也。帕首、幞頭，本只是一物，今分爲二物。

《丹鉛録》 巾袙，巾帕也。袙音近抹。巾袙頭，頭或作額，古爲始器之服，今爲勇士之飾。《廣韻》袙額，首飾也。川不鞨巾而器。《方言》鞨，頭也。古詩「脱帽著幧頭」，又作鬟。《文選》「朱鬟𣪍髽」。李善注引《說文》「鬟，帶髻頭飾也。」翰曰以絳抹額也，韓文「以紅帕首」，豈帕亦音摸邪？

米元章曰：唐人軟裹，蓋禮樂闕，則士習賤服，以不違俗爲美。子初惑之，當俟君子，留意耆舊言：士子國初皆頂鹿皮冠弁，遺制也，更無頭巾，掠子必帶篦，所以裹帽，則必用篦子約髮，客至即言容梳裹，乃去皮冠，梳髮角加後以入幞頭巾子中篦，約髮乃出，客去復如是。其後方有絲絹作掠子，掠起髮頂帽，出入不敢使尊者見，既歸於門背取下掠子，篦約髮訖，乃敢入，恐尊者令免帽見之，爲大不謹也。又其後方見用紫羅爲無頂頭巾，謂之額子，猶不敢習庶人頭巾，其後舉人始以紫紗羅爲長。

頂頭巾，垂至背，以別庶人黔首。今則士人皆戴，庶人花頂頭巾，稍作幅巾、逍遥巾，額子則爲不敬。衣用裹肚勒帛則爲是。近又以半臂軍服，被甲上不帶者謂之背子，以爲重禮，不知巾之士服，大帶拖紳乃爲禮，不帶左衽皆夷服，此必有君子制之矣。漢制，從者巾，與殷母追同。今頭巾，若不作花頂而四帶，兩小者在髮，兩差大者垂，則此制也。又唐初畫舉人必鹿皮冠、縫掖大袖，黄衣短至膝長白裳也。蕭翼御史至越見辯才云，著黄衣大袖，如山東舉子，用證未軟裹曰襴也，李白像鹿皮冠、大袖，黄袍服亦其制。

《兼明書》 曹子建《求通親親表》云：「若得辭遠遊，戴武弁。」臣鋭曰：辭，辭國。遠遊，謂出征也。明曰：遠遊，亦冠名也。辭者，脱去之名也。言脱去遠遊之冠，而戴武弁之弁也，知其然者，以下文云「解朱組，珮青紱。」組、紱皆綬也，故知遠遊、武弁皆冠也。臣鋭以遠遊謂出征，一何乖謬。

《野客叢書》 《毛詩》「臺笠緇撮。」毛亨傳：謂臺所以禦暑，笠所以禦雨，緇撮緇布冠也。鄭箋謂臺，夫須也，以臺皮爲笠，緇布爲冠。故謝玄暉詩曰「臺笠聚東菑。」注：臺禦日，笠禦雨。是以爲二事，蓋本毛之說。麴信陵詩曰「臺笠冒山雨，渚田耕荇花」。以臺笠對渚田，是以爲一事，蓋祖鄭之說，二詩皆有據依，考孔穎達《正義》，臺可爲笠，則一也，傳分之者，笠本禦暑，而《良耜》曰「其笠伊糾」，因可禦雨，故傳分之以充二事，則知毛之見如此。

《秕言》 《古樂府》「褦襶」。注云：笠也，以竹爲質，以青絲爲飾。或曰，不曉事也。二說不同。《玉篇》、《廣韻》不載此字。褦音柰，襶音戴。《名義考》 程曉《伏日詩》「今世褦襶子，觸熱到人家。」諸韻書訓褦襶爲不曉事，二字從衣，何以云不曉事。蓋褦襶，涼笠也，以竹爲蒙，以帛若絲，繳簷戴之以遮日。炎暑戴笠見人，必不曉事者也。

《墨莊漫録》 杜子美《秦州詩》云「馬驕珠汗落，胡舞白題斜。」題或作蹢，莫曉白題之語。《南史》宋武帝時，有西北遠邊，有滑國遣使入貢，莫知所出。裴子野云：漢潁陰侯胡白題將一人。服虔注曰：白題，胡名也。又漢定遠侯擊虜入滑，此其後乎。人服其博識。子嘗疑之，蓋白題，其胡下馬捨之，始悟白題乃胡人爲氊笠也。子美所謂「胡舞白題斜」，胡人多爲旋舞，笠之斜似乎謂此也。

《孔氏雜說》 齊隋婦人施冪羅，全身障蔽也。唐永徽以後，皆用帷帽，拖裙到頸，漸爲淺露，若今之蓋頭矣。先是婦人猶乘車輿，唐乾元以來，乃用兜籠，若今之檐子矣。《唐志》載咸亨中敕云：多著帷帽，遂棄冪羅，曾不乘車別坐檐子。【略】

《丹鉛録》 古者女子出門，必擁蔽其面，後世宫人騎馬多著冪䍦，全身障之，猶是古意。又首有圍帽，謂之席帽，垂絲網之施以珠翠。至煬帝淫侈，欲見女子之容，詔去席帽，戴皂羅巾幗，而以席帽油之禦雨。唐永徽中皆用帷帽，施裙到頸，漸爲淺露。開元初，宫人馬上著胡帽，靚粧露面，古制蕩盡矣。今山西蒲州婦人，出以錦帕覆面，至老猶然。雲南大理婦女，戴次工大帽，亦古意之遺焉。《宛委餘編》用修云云：然則男女皆有席帽，而冪羅之制，又自小異，唐人男子不去席帽，而婦人去席帽，尤可笑也。

《困學紀聞》 《儀禮・士冠禮》鄭玄注：今之未冠笄者，著卷幘頍象之所生。藤、薜名繭爲頍〔屬〕。繭，古内反。《續漢·輿服志》繭簪珥。《集韻》有〔繭〕幗無繭字。賈公彦疏云：卷幘之類。《隸釋·武榮碑》云「閼幘。」

《丹鉛録》《詩》「有頍者弁」。《士冠禮》注：藤，薜名，繭爲頍。今未笄冠者，著卷幘頍象之所生也。《輿服志》夫人有「紺繒〔幗〕〔繭〕，古畫婦女有頭施紺羃者，即此制也。諸葛孔明以巾幗遺司馬懿，巾幗女子未笄之冠，燕京名雲髻，蜀中名曇籠，蓋笑其堅壁不出，如閨女之匿藏也。幗音與慣同，古對切，今音與國同，非也。或作巾繭，又作巾頍。

劉廷璣《在園雜志》卷一　定制，官民涼帽俱戴緯纓，帷雨天戴氂纓。今戴氂纓者衆，取其便易省事，且惜費耳。【略】

本朝帽製：涼帽，以德勒蘇草細織成面者爲上等，次等用白草。內以片金或大紅緞紬各色紗緞爲裏，名曰帽胎，上覆以大紅絨線緯纓，王公、卿大夫、士庶皆戴之。雨用藤織成，胎上覆以茜紅，西牛尾，揀毛爲纓，而皆名曰緯笠。有用藤竹，麥楷織成，有簷出外周圍者，名曰臺笠，此賤者所戴以遮日色者。攷帽自漢以來已有之，鄧通之黄帽，管寧之皂帽，李晟之繡帽，沈慶之狐皮帽，即今之煖帽也。今之煖帽以貂爲貴，次有染銀鼠，染黄鼠，以爲帽簷者，貴賤皆戴；至於玄狐，則有階級矣，若長孫無忌之渾脱，以烏羊毛爲之，羌服之席帽，晉人之白接羅，皆以羊毛爲之，即今之氊笠、氊帽也。式雖不一，而帽之名則同。

劉廷璣《在園雜志》卷三　網巾之製，歷代所無。此物起于明，止于明，誠一代之制也。因明太祖微行至神樂觀，見一道士燈下用馬尾結成小兜，太祖問爲何物，對曰：「此網巾也。用裹頭上，萬髮皆齊矣。」明日召道士，並取所結網巾，遂爲定制。

邁柱等《九卿議定物料價值》卷三《帽》　絨纓涼帽，每頂舊例銀壹兩柒錢，今核定銀玖錢。

線纓涼帽，每頂南紅纓肆兩照舊例，今核定銀壹兩柒錢伍分。

染騷鼠帽，連纓每頂舊例銀壹兩柒錢伍分，今核定銀壹兩叁錢伍分。

校尉絨纓涼帽，每頂照舊例，今核定銀柒錢貳分。

鈕琇《觚賸》卷六《秦觚·白巾》　葉石林《避暑録話》謂李思訓畫《明皇幸蜀圖》，嘗見其摹本，方廣不滿二尺，而山川雲物、車馬人畜、草木禽鳥無一不具，嶺谷間民皆冠白巾，以蜀人爲諸葛孔明服，山居深遠者後遂不除。余在關中時，其民人依制宜戴纓笠而皆冠白巾，雖遇吉筵亦不易，大抵雍梁之俗，自古然也。

查慎行《人海記》卷下《蔭襲巾》　晉漢唐巾，乃儒者之冠。明興科甲，監儒兼而用之，不在此列者，皆安分不敢僭用。後來風俗僭侈，平人以小帽爲恥，或一人僥倖，科甲、宗族、姻親，盡换儒巾，故諺有「滿城文運轉，遍地是方巾」之語。

《太子冠禮》　太子冠禮凡三加，初折上巾，二遠遊冠，三九旒冕。陸釴《漫記》

吴楚材《彊識略》卷二七《服飾部上》

冠　《釋名》云：貫也。所以貫韜髮也。又上古衣毛冒皮，聖人易之，見鳥獸有冠角，頓胡之制，遂作冠冕纓緌。見《輿服志》。天皇大帝，比辰星也。冠有五采，見《合誠圖》。

冠自緇布冠始。太古未有絲繒，始麻布耳。黄帝始用布帛，見《三禮圖》。又緇布冠，孔子作。見《六帖》。夏冠曰毋追，以漆布爲殼，以緇縫其上。商冠曰章甫，其制與周夏同，俱用緇布。又夏曰收。言收斂髮也。殷曰冔，言十二月施氣受化，冔張而後得牙也。周冠曰委貌，一名玄冠。今文臣之進賢冠也。然古前高七寸，後高三寸。今則後高前低。蓋古緇布冠。儒者之服，漢平帝始制，一命一梁，再命兩梁，三命三梁。今制謂之梁冠，見《諸司職掌》。

通天冠　漢制：天子冠之，祀天地、明堂。平冕，鄙人不識，謂之平天冠。見蔡邕〔獨〕《斷》。又遠遊冠，天子諸王雜服，制如通天，有展桶横于前，無山。

法冠　一曰柱後。惠文以縰爲展筩，鐵柱卷，執法御史服之，或謂之獬豸冠，自楚文王始。

武冠　俗謂之大冠。環纓無蕤，以青絲爲緄，加雙鶡尾竪左右爲鶡冠。鶡者，勇雉也。自趙武靈王始，並《輿服志》。

黄冠　野夫黄冠草服。《郊特牲》

衝天冠　唐制，交天冠以展角相交于上，國朝吴元年改展脚不交，向前朝，其冠纓取象善字，改名翊善冠。洪武十五年改展角向上，名曰衝天冠。

高山冠　一曰側注。高九寸，鐵爲卷梁。秦制，行人使者所服。見《三禮圖》。又魏明帝以似通天，乃毁變其形，除其卷筩，令如介幘，幘上加物以象上峯。

貂蟬冠　《巵言》云：今公侯伯所戴是也。按武弁大冠，亦曰惠文冠。以其趙惠文所造也。亦云惠者，蟪也。其冠文輕細如蟬翼，故名。漢侍中加金璫，附蟬爲文，貂尾爲飾，侍中服左貂，常侍服右貂。金取堅剛，百鍊不耗。蟬取居高食潔，貂取外勁悍而内温潤，故曰貂不足，狗尾續。今則取絲繩屈曲而上有纓耳。又蟬有三等：國公玉，侯金，伯玳瑁。本趙武靈王胡服，秦始皇滅趙以賜侍中。又鄭子臧有鷸冠，楚莊王有獬冠，屈到貊冠，鈃尹文華山冠，宋康王無頭冠。以示勇。《漢武内傳》云：上元夫人九雲夜光之冠。西王母太真晨嬰之冠。

却敵冠，衛士服之。

却非冠，插以燕尾，宫殿門僕射服之。

俱見《三禮圖》。

竹皮冠　即長冠。漢高祖爲亭長時製，後號曰劉氏冠，一曰鵲尾冠。

鵕鸃冠　漢惠帝與藉孺佞幸，故郎中皆冠此，傅脂粉。

巧士冠　掃除從官服之，五彩。方山冠，樂舞人所服。

樊噲冠　鴻門閭急，乃裂衣苞楯戴以爲冠，今司馬殿門衛士服之。

巾　《釋名》：謹也。二十成人士冠，庶人巾。當自謹脩四教也。古爲黔首之服。以三尺皂絹裹髮。幘帞卑賤執不冠者服之。其戴也，加首有頍，所以安物。至漢郭林宗有折角巾，武侯有葛巾，裴冕子有僕射巾，今尚有漢晉唐巾，宋東坡巾，程子、朱子巾，餘姚一字(中)[巾]。

頭巾　古以皂羅裹頭，號頭巾。蔡邕《獨斷》曰：古幘無巾，王莽頭禿，乃始施巾。《筆譚》曰：今庶人所戴頭巾，唐亦謂之四脚。二繫腦，後二繫頷下，取服勞不脱，反繫于頂上。今人不復繫頷下，兩帶遂爲虚談，後有兩帶、四帶之異，蓋自宋朝始。

儒巾　今儒學國子生所戴，創自我朝，太祖高皇帝制，凡三易，洪武二十四年，進，上自服之，升南京國子監彛倫堂聽講，今中壁一龕藏當日巾服，祭酒徙坐東偏。

幅巾　古庶人服巾，士則冠矣。《(傳)[傅]子》曰：漢末王公多委，士服以幅巾爲雅。是以袁紹之徒，雖爲將帥，皆着縑巾。則幅巾古賤者之服也，漢末始爲士人之服。

網巾　古無此制，我太祖高皇帝一日微行，見神樂觀道士結網巾，問之，曰：「以之裹于頭上，則萬髮皆齊矣。」次日遂取之傳布天下，改易胡風，又制平定巾罩之。

幘　古者有冠無幘，秦加武將首飾爲絳幘，以表貴賤。應劭曰：古卑賤執事不冠者之所服也。漢文以高頂，其承遠遊、進賢者，施以掌導，謂之介幘。承武弁者施以笄導，謂之平巾。見《輿服志》。又一字巾謂之岸幘，見《雜志》。又覆髻謂之幘，又云承露。見《光武紀》注。【略】

帽　《釋名》冒也。《通典》曰：上古衣毛冒皮。則帽名之始也。古者冠下有纚，以繒爲之。後世施幘于冠，因裁纚爲帽，上下通服之。《玄中記》曰：荀始作帽。宋仁宗前烏帽惟用光紗，自後始用南紗，迨熙寧中復稍稍用光紗矣。

堂帽　唐巾者，軟絹紗爲之，以帶縛于後，垂于兩傍，貴賤皆戴之，乃裹髮軟巾也。國朝取象而制，乃用硬盔鐵線爲硬展角，非有職之人刊于朝堂之上不敢僭用，故曰堂帽。始製于洪武二年。

中官帽　國朝初以圓帽爲太平，至洪武十九年始創制。其樣：休儀三山之帽用紗裹之，增方帶二條于後，無官者頂後垂方紗一幅，曰内使帽。是帽原係高麗王服。高廟遣一細作瞷其王之冠制而爲之，遂命諸内侍皆冠之。因使者謂曰：「汝主之冠與朕此内臣同，今此曹日供使令之役于朕，而汝主乃欲崛强不服朕耶？」使者歸言之，遂降。

蓆帽　《實録》曰：本羌人首服，以羊毛爲之，謂之氈帽，即今氈笠。秦漢競服之後，故以蓆爲骨而鞔之，謂之蓆帽。女人戴者，肆緣垂下網子以自蔽。《青箱雜記》曰：王衍在蜀，好私行，恐人識之，令人戴大帽。則世俗之戴蓆帽，始于王衍也。

大帽　《實録》曰：野老之服也。唐以皁縠爲之，以隔風塵。《李氏資暇》曰：大裁帽也。《譚苑》曰：後魏孝文帝自雲中徙代，以賜百寮，令郎中臺諫服之。

圓帽　即今氈帽之類。始于元世祖出獵，惡日射其目，乃以樹葉置于胡帽之前。其後雍古剌氏乃以氈一片置于前，因不圓，復置于後，故今有帽大簷是也。

帷帽　《唐輿服志》曰：帷帽，創于隋代。永徽中，始用之，施裙及頸。宋士人往往用皁紗，若青，全幅連綴于油帽或氈笠之前，以障風塵，爲遠行之服，蓋本此。又有面衣，前後全用紫羅爲幅下垂，雜他色爲四帶垂于背，爲女子遠行乘馬之用，亦曰面帽。按《西京雜記》：趙飛燕爲皇后，女弟昭儀上襚三十五條，有金花紫羅面衣。則漢已有面衣矣，今人所戴團帽，乃元人所製六合帽也。

幍　《傅子》曰：幍，先未有岐，荀文若巾，觸樹成岐，時人慕而弗改，今通爲慶吊服。白紗爲之，或單或袷，初婚冠送餞，亦服之。

帢　《通俗文》：帛幘曰帢。高惠文婦《與夫書》曰：今奉總帢十枚。又帩頭，《釋名》鈔也，鈔髮使上。又勾踐衣，獨鼻幓頭。

接離　《爾雅注》云：白鷺上有長翰毛，江東取爲接離。《世説》山簡襄陽倒

着白接離是也。【略】

冕　《通典》曰：黄帝作冕垂旒。宋名平天冕。又黄帝戴黄冕，見《三禮圖》。秦除六冕，漢明帝始復造。冕，俛也。後高前下，有俛仰之形。蓋以在位者失於驕矜，欲令位彌高而志彌下，見《正義》《玉海》。又《古今注》云：冕旒綴而下垂，如露之繁多，故曰繁露。《大明諸司職掌》云：皇帝冕，版廣一尺二寸，長二尺四寸，冠上有覆，玄表朱裏，前後各有十二旒。旒五采，玉珠十二，玉簪導，朱纓。祭天地、宗廟、社稷、先農，及正旦、冬至、聖節、册拜用之。東宫冕，九旒，旒九玉，金簪導，紅組纓，兩玉瑱。親王冕，五采玉珠，九旒，紅組纓，青纊充耳，金簪導。世子冕，三采玉珠，七旒，紅組纓，青纊充耳，金簪導。郡王冕，同世子。今按冕，隨代變異，大小不同。秦除六冕，唯留玄冕。漢改秦制，六冕如舊。唐衮冕六服，一品衮冕。宋元豐五冕服章。【略】

弁　《世本》云：魯昭公作。《白虎通》云：弁之爲言攀也，以持髮也。《釋名》云：弁如兩手相合抃。奮時也，以爵韋名爵弁，以鹿皮名皮弁，以韎韋名韋弁。《輿服志》爵弁一名冕，前小後大，如爵形，所謂夏收、殷冔也。《三禮圖》曰：爵弁，士助君祭之服，以祭其廟無旒。韋弁，王及諸侯共服也。《隋書》云：魏晉以來，皮弁有纓而無笄。何稠曰：此古田獵之服也。今制施象牙簪導，自稠始也。《訪議》曰：五采玉，一玉有五色者也。《大明諸司職掌》云：皇帝皮弁，用烏紗帽之前後各十二縫，每縫各綴五采玉十二以爲飾。玉簪導，紅組纓，朔望視朝、降詔、降香、進表、四夷朝貢、朝覲用之。東宫親王皮弁，九縫，綴玉九，金簪朱纓。世子八縫，郡王七縫，綴簪同。

幞頭　古有皁布頭巾。後周武帝依周，用絹三尺，裁爲幞頭。至唐馬周乃用一尺八寸左右，三襵法三才，重繫前脚，法二儀。《唐會要》曰：故事，全幅向後幞髮，俗謂之幞頭。梁高祖始布漆于紗，施鐵爲角，唐惟人主用硬脚，晚唐方鎮擅命，始僭用之，此硬角幞頭之始也。《大明諸司職掌》云：文武官公服幞頭，用漆紗，二等展角，各長一尺二寸，雜職官員幞頭用垂帶。《藝苑卮言》載《學齋佔畢》有云：古者有冠而無巾，非無巾也，蓋巾止以幕尊、畳瓜果之用，不加於首也。故六經止言冠。下至於庶人，亦以皮冠，野老亦以黄冠，是有簪導方爲冠也。至於罪人，方去其冠而加黑幪。漢世之冠，貴者則有通天、遠遊、方山之類，武夫則有鵔鸃，閒居則有竹皮、鹿皮之類，皆冠也。以簪附之而所謂巾幘。稍稍施於執事賤人之首，如庖人緑幘是也。至晉人輕浮，方有接䍦白葛漉酒之巾，然起于後漢郭林宗折角巾矣。至於近代反以巾爲禮而戴冠，不巾者，爲非禮。又朝服幞頭乃後魏狄製，及後唐而施長所同伶優之賤矣。

吴楚材《彊識略》卷二八《服飾部下》

冠　《二儀實録》云：爰自黄帝爲冠冕，而婦人之首飾無文，至周不過幅笄而已。漢宫掖承恩者，始賜碧或緋芙蓉冠子，則其物自漢始也。國朝皇后禮冠，爲圓匡冒，以翡翠，上飾以九龍四鳳大花十二，樹小花如之，兩博鬢十二鈿。常冠，雙鳳翊龍冠，首飾釧鐲金玉，珠寶翡翠。皇妃、東宫妃、親王妃、内命婦、公主冠，九翬四鳳，花釵，九，樹小花如之，九鈿。常冠，犀冠，刻以花鳳。世子妃、郡王妃，珠翠七。翟冠，長子夫人珠翠五。翟冠。鎮國將軍夫人同輔國夫人。奉國淑人、鎮國中尉淑人冠，用四鎮國中尉宜人。奉國中尉安人、縣主、郡君、縣君、鄉君俱用三命婦禮冠。一品珠翟五，二品至四珠翟四，用金事件，五品六品珠翟三，七品至九品珠翟二，俱抹金銀事件。

周象明《事物攷辯》卷一三《文章》蘇莫遮　《稗史彙編》　唐・（宋務光諫疏云）吕元泰亦上書言時政曰：「比見坊邑相率爲渾脱隊駿馬胡服，名曰蘇莫遮。」渾脱隊即所謂公孫大娘渾脱舞也。蘇莫遮胡帽，今曲名有之。

明按，魯子固《隆平集》云：高敞國太平興國六年入貢，其土即漢戊己校尉之地，俗好騎射，戴油帽謂之蘇幕遮。

周象明《事物攷辯》卷一七《糾謬》白帽　《癸辛雜識》管寧白帽之説尚矣，雖杜詩亦云「白帽應須似」。管寧，《寧本傳》止云：嘗著皀帽。又曰：著絮帽布衣。初無白帽之事，獨杜祐《通典》云：管寧在家常著帛帽。豈以帛爲白乎？

周象明《事物攷辯》卷六〇《冠裳》

皮弁與韋弁不同

陳祥道《禮書》　鄭康成曰皮弁者，古以白鹿皮爲之。蓋皮弁存毛，順物性而爲之，文質具焉。韋弁去毛，違物性而又染之，文而已。

明按，陳祥道云人爲者多變，自然者不易，皮弁因其自然而已，此所以三王共皮弁素積，而周天子至士共用之也。

爵弁與韋弁各異

《禮書》　孔安國曰爵弁，韋弁也。劉熙《釋名》曰以爵韋爲之，謂之韋弁。則爵弁即韋弁耳，及觀《弁師》、《司服》，韋弁先于皮弁，爵弁先于綦弁。綦弁即皮弁。《士冠禮》次加皮弁，三加爵弁，而以爵弁爲尊。《聘禮》主卿贊禮，服皮弁，及歸饔餼，服韋弁。而以韋爲敬，則皮弁之上非韋弁即爵弁耳，非可以韋弁爵弁爲

一也。【略】

幅巾

《通志》幅巾以全幅帛爲之，趙魏之間謂之承露，郭林宗折角巾謂此也。

明按，《方言》曰：覆髻謂之幘，亦謂之承露。《漢官儀》曰：幘者，卑賤不冠者之所服也。

角巾

《古今原始》晉制，角巾以葛爲之，形如帢而横著之，尊卑共服，是爲葛巾之始。

金貂

《獨斷》金貂武冠，或曰繁冠，今謂之大冠，武官服之。侍中、中常侍加黄金附貂蟬鼠尾飾之。

法冠

《事物紀原》《後漢·輿服志》曰法冠，一名柱後惠文。或謂之獬豸冠。獬豸神羊，能别曲直，楚王(常服)〔嘗獲〕之，故以爲冠。楚執法者服之，御史是也。《淮南子》曰：楚文王好服獬豸，楚國效之。註云：獬豸冠也。

進賢冠

《事物原始》進賢冠，古緇布冠之遺象也，董巴以爲文儒之服。漢平帝元始五年，令公卿列侯冠三梁，二千石兩梁，千石以下一梁。梁别貴賤自漢始也。

遠遊冠

丘光庭《兼明書》，曹子建《求通親之表》云：若得辭遠遊，戴武弁。臣鋭曰：辭，之國。遠遊，出征也。明(白)〔曰〕：非也，遠遊冠名，言脱去遠遊之冠，而戴武弁也。

術士冠

《玉海》《前漢書·五行志》天將雨，鷸知之。師古曰：《逸周書》知天文者冠鷸冠，以鷸知天時故也。《禮圖》謂之術士冠。

鷸冠瓊弁

《禮記疏》僖二十四年《左傳》子臧好聚鷸冠，鄭伯聞而惡之，使盜殺之于陳宋之間。僖二十八年《左傳》初，楚子王自爲瓊弁。

接䍦

《困學紀聞》《爾雅》註：睫䍦，白帽也，江東取白鷺頭翅背上長翰以爲睫䍦。一作接羅，《山簡傳》作接離。

席帽

顧起元《説略》考《輿服志》席帽之製，本野夫岩叟之服，以草羅爲之，巾下又加以席帽，故曰重戴。宋初御史臺皆戴之，餘官或戴或否，新進士亦戴之，釋褐即止，蓋統貴賤咸服之矣。《石林燕語》云：祥符五年詔，親王得用清涼傘，兩府亦許用，以其有席帽，故謂之重戴。則所云重戴者，以兼用帽、清涼傘而得名也。其謬甚矣。《青箱襍記》云：宋初猶襲用唐風，人皆曳袍重戴，出則以席帽自隨。似認席帽、重戴爲二，亦誤也。

明按，《事始》席帽，本羌人之服，以羊毛爲之，謂之氈帽。至秦漢，中華競服之，後以故席爲骨，謂之席帽。女人戴者，其四面垂下網子，飾以珠翠，取其障蔽也。【略】

幞頭

宋·俞琰《席上腐談》幞頭起于周武帝，以幅巾裹首，故曰幞頭。幞字音伏，與襆被之襆同，今訛爲幞。

白題

《墨莊漫録》杜子美《秦州詩》云：「馬驕珠汗落，胡舞白題斜。或作蹄。」莫曉白題之語。《南史》宋武帝時，西北遠邊有白題及滑骨，遣使入貢，莫知所出。裴子野云：漢潁侯斬胡白題將一人。服虔註云：白題，胡名也。又漢定遠侯擊虜入滑，此其後乎？人服其博識。余嘗疑之，蓋白題乃胡人氈笠，子美所謂胡舞白題斜，蓋以胡人旋舞而笠斜也。

渾脱

《朝野僉載》唐趙公長孫無忌以烏羊毛爲渾脱氈帽，天下慕之。其帽爲趙公渾脱，後坐事，長流(嶺)〔山〕南，渾脱之言于是驗焉。

弁髦

《羣碎録》弁髦，男子始冠則用之，既冠則棄之。

徐昂發《畏壘筆記》卷一《王莽無髮》《獨斷》幘者，古之卑賤執事不冠者之所服。元帝額有壯髮，不欲使人見，始進幘服之，然尚無巾。王莽無髮，乃施巾，故語曰：王莽禿，幘施屋。冠進賢者，宜長耳，冠惠文者，宜短耳。愚案《通典》，漢制紺幘以齋，青幘以耕，緗幘以獵，童子幘無屋，文吏長耳，武吏短耳，惠文、法冠，執法所服，故亦短耳。

王棠《燕在閣知新録》卷一一《平天冠》 古冕有十二旒，旒十二玉，前後共用玉二百八十八。宋時冕，中貴人呼爲平天冠，共用北珠百四十五顆，麻珠四千五百九十顆，調珠八千六十四顆。或用玉，或用珠，冕冠可爲至重。

平天冠，俗稱也。《漢官儀》天子冠通天冠，蓋取至誠上通於天之意。《通典》宋加於上爲平天冕，前圓後方，垂十二旒，其上平正，故謂之平天也。

王棠《燕在閣知新録》卷二六

《冠》

宋朝服，一曰進賢冠，二曰貂蟬冠，三曰獬豸冠。進賢冠五梁，一二品侍祠朝會服之，中書門下則冠加籠巾、貂蟬，三品至五品侍祠朝會服之，御史大夫、中丞則冠有獬豸角，兩梁。四品侍祠朝會服之，六品以下亦服之，獨御史有獬豸角。按，宋一品至九品，其冠之塗金銀花額皆同，所不同者，五梁則簪璹瑁，三梁、兩梁則簪犀也。其服皆緋羅袍，白花羅中單，緋羅裙，緋羅蔽膝，皂縹襈，白羅大帶，方心曲領，銀革帶，白綾襪，皂皮履皆同。所不同者，冠五梁者玉劍，佩暈錦綬，二玉環，冠三梁則劍佩以銀綬，以獅子錦，環以銀，兩梁者則劍佩以銅綬，以練鵲錦，環以銅而已。宋朝服冠，雖曰有三，因加貂蟬、豸角，是以異其名目，其實即漢之緇布冠也。漢公侯之梁，二千石以下至博士兩梁，自博士至小史一梁，晉加爲五梁，唐之梁數如漢，宋初五梁、三梁、兩梁，而無一梁，其後加至七梁，凡七等。明制如宋，而不同者，惟公侯、駙馬有立筆，而加以籠巾、貂蟬，梁數加至八。公八梁，侯伯、駙馬及一品七梁，二品六梁，三品五梁，四品四梁，五品三梁，六品、七品二梁，八品、九品一梁。天子通天冠，前後二十四梁，以應冕旒前後之數，人臣不及九梁，九爲陽數之極，故不得而加焉。

《堂帽》

堂帽即明初之紗帽也。唐巾者，軟絹紗爲之，以帶縛於後，垂於兩旁，不論貴賤，牧馬漁獵者皆戴之，乃裹髮之軟巾也。明朝取像而製，乃用硬盔鐵線爲硬展脚，非有職之人列於朝堂之上，不敢僭用，故曰堂帽，非唐朝之唐也，始製於洪武二年。今人圖畫秦漢前人物皆畫此帽，是不知非古所有也。

《蓆帽》

《實録》曰：本羌人首服，以羊毛爲之，謂之氈帽，即今氈笠也。秦漢競服之，後故以席爲骨而輓之，謂之蓆帽，今之涼笠，即蓆帽之遺也。

《四翅紗帽、四翅鳳冠》

《懷鉛録》云：一人常以明兩事徵人之學，一曰四翅紗帽。按《金陵瑣事》，成祖時，葛川以白沙功，賜四翅紗帽。又李電兄弟四人，皆爲太祖將，有戰功，命繪其母吴氏像，以四翅冠冠之。

《網巾詩》

元·謝宗可詠物詩内有《網巾詩》曰「烏紗未解滌塵襟，一網清風兩鬢寒。篩影細分雲縷滑，棋文科界雪絲乾。不須漁父燈前結，且向詩翁鏡裏看。頭上任渠籠絡盡，有時怒髮亦衝冠。」詩《序》乃元至正癸巳正月汪澤民所作，則網巾當不始於明太祖時。

戴震《戴震集》上編《記冕弁冠》 王之冕繅旒，五采十有二就，諸侯三采九就，就皆有玉，如其采，延前圍垂旒後方。故《記》曰：「冕而前旒，所以蔽明也。」《周官經》：「王之五冕，皆玄冕，朱裏，延紐，五采繅十有二就，皆五采玉十有二，玉笄朱紘。諸侯之繅斿九就，瑉玉三采，其餘如王之事，繅斿皆就。」實六冕而曰五冕者，陳采就玉之數，止於五也。亦以見服自十二章至一章而六，冕繅自十二旒至三旒而五，其一冕無旒也。槩舉諸侯，又申之曰「繅斿皆就」者，明九旒至於三旒，其就數九，公侯伯子男無降差同也。延有紐，自延左右垂，笄貫之以爲固，紘以組，自頤屈而上，左右屬之笄，垂其餘。凡冕弁笄有笄者紘。《記》曰：「天子冕而朱紘，諸侯冕而青紘。」《士冠禮》：「皮弁笄，爵弁笄，緇組紘纁邊。」舊説以爲卿大夫冕弁之紘，蓋與士同。

古之爲冠者，辟而縮縫，所以覆乎前後謂之冠；其下圍髮際者，自前而後及項，有纚以結之。缺而不周謂之缺，亦曰缺項。《士冠禮》「緇布冠缺項青組，纓屬于缺」是也。鄭氏曰：「隅爲四綴以固冠」，謂上與冠爲固也。《記》曰：「大古冠布，齊則緇之。」又曰：「大白冠，緇布冠，皆不蕤，委武玄縞而後蕤。」然則古者冠無武缺項，武之始也，是以惟緇布冠有之。後王之制，法大古冠以爲喪冠，而吉冠辟積無數，易之以衡縫，有冠卷而去缺項。冠卷謂之武，或謂之委。纓以組二屬於武，結頤下，既纓飾以緌。《玉藻》記曰：「玄冠朱組纓，天子之冠也。緇布冠繢緌，諸侯之冠也。玄冠丹組纓，諸侯之齊冠也。玄冠綦組纓，士之齊冠也。縞冠玄武，子姓之冠也。縞冠素紕，既祥之冠也。垂緌五寸，惰游之士也。玄冠縞武，不齒之服也。居冠屬武，自天子下達，有事然後緌。」屬武者，纓也。不言纓，以緌見之，故省其文也。凡吉冠内纚聯武上，冠之異於弁者，左右不合，故有紕弁，則左右合而會之，所謂如覆杯矣。於其會也，飾之以玉，《詩》言「會弁如星」者也。冠無笄而冕弁有笄，笄所以貫之於其左右，是以冠無之。凡無笄者纓。《周官經》六冕之下，韋弁、皮弁、冠弁。王之皮弁，會五采玉璂，象邸玉笄；諸侯及卿大夫之韋弁、皮弁，各以其等爲之。鄭氏曰：「冠弁，委貌。」又曰：「或謂委貌爲玄冠。」余以謂冠弁之名，則弁而非冠也。《漢輿服志》言「委貌皮弁同制」，《晉語》范文子退朝，武子擊之以杖，折委笄。委之有笄，其爲弁制明矣。然則委貌、玄冠異也，朝服大夫以上委貌，士玄冠與？莊周書稱「孔子冠枝木之冠」，陳用之援以證章甫之邸木，猶皮弁之邸象。以是言之，有虞氏之皇，夏后氏之收，殷之哻，皆冕屬也。夏之牟追，殷之章甫，周之委貌，皆弁屬也。《記》言「周弁、殷哻、夏收」，此以明夏、殷之禮，士得服冕。《記》曰：「天子之冕朱，緑藻，十有二旒，諸侯九，上大夫七，下大夫五，士三。」是也。

周制，士爵弁，而大夫以上冕，士玄冠，而大夫以上委貌，始冠緇布冠，自諸侯下達，不遺古初也。天子始加玄冠，用士服也。《記》曰：「大夫冕而祭於公，弁而祭於己；士弁而祭於公，冠而祭於己。」言助祭於君者，孤希冕，卿大夫玄冕，士爵弁；其家祭則降焉。鄭氏謂爵弁而祭於己，惟孤耳。余以謂少牢饋食，大夫之祭也，主人朝服不言冠，其冠委貌，則委貌之爲弁，亦一證也。《特牲饋食》：「主人冠端玄」，則士玄冠以祭之證也。《周官經》無爵弁，鄭氏謂爵弁制如冕，殆非也。陳用之曰：「或曰爵弁即韋弁耳，韋其質也，爵其色也。」斯言蓋近之。諸侯於其國祭服不降，君之禮也；大夫士不敢伸其服，臣之禮也。

《記冠衰》

斬衰三升、三升有半，《喪服》斬衰凡二等，是其差也。冠六升，既虞卒哭，受以成布六升，冠七升，小祥受以功衰七升，湅布爲冠八升，所謂練冠也。齊衰四升，冠七升。其受也，衰七升，冠八升。練而受，衰八升，冠九升。《喪服》降而疏衰者，凡二等。三年、期有差，其所以爲冠衰也蓋無差。齊衰五升，冠八升。其受也，衰八升，冠九升。齊衰六升，冠九升，無受。《喪服》疏衰之正，凡二等，是其差也。大功八升，冠十升，無受。《喪服》殤大功是也。大功九升，冠十一升，三月，受以小功衰，十一升，冠十二升，《喪服》大功之正也。小功之繐四升有半，《喪服》謂之繐衰，冠八升，既葬而除之，小功冠衰十升無受。《喪服》殤小功是也。小功冠衰十一升，其即葛也。因其故衰，《喪服》小功之正也。

《間傳》曰：「斬衰三升，齊衰四升、五升、六升，大功七升、八升、九升，小功十升、十一升、十二升，緦麻十五升去其半，有事其縷，無事其布，曰緦。」蓋合冠、衰、受而舉其殺之等有如此。説禮者求之立文所指而不得，於是别爲義服之目，斬衰合正服爲二，齊衰以下合降服、正服爲三。按諸《喪服》，經無有也。《喪服》：「諸侯爲天子。」臣爲君次之，子爲父之後。其後則又有「父爲長子」、「妻爲夫」之文，獨以爲三升有半，不與前後同三升，非禮意也。略舉一端，亦足以明矣。

凡言衰者，以衰名衣也。其制綴於衣之外，當膺曰衰，長六寸，博四寸。衣闕其領際謂之闊中，左右各四寸，辟領謂之適，廣四寸，合左右與闊中凡尺有六寸，出於衰六寸。負版廣尺有八寸，出於適寸。衣自闊中而下二尺有二寸，與袂等，屬袂終幅。袪尺二寸，衣帶下尺，所以掩裳上際也。左右衽後垂，同二尺有五寸，上正尺。燕尾尺五寸，所以掩裳之前後際者也。裳，前三幅，後四幅，異於吉服之裳者，幅三辟之，以爲要縫。《喪服》記曰：凡衰，外削幅裳，内削幅幅，三袧是也。又曰：若齊，裳内衰外，言緝之亦如其削幅矣。婦人之衰不殊，裳則無帶，下無垂衽。

喪冠廣二寸，右辟三緦，小功，左辟皆縮縫，鍛而弗灰。斬衰繩纓，齊衰以下布纓，緦澡之。舊説以爲喪冠纓武共材，余以謂喪冠，大古冠之遺也。蓋無武，其屬之冠，以繩若布，自額而後交於項及耳，垂爲纓也，是之謂纓條。屬冠前後，出其下，反屈縪於外，故曰外縪，所謂厭冠者也。於男子冠，婦人則有笄，故《喪服小記》曰：「箭笄終喪三年。」齊衰惡笄以終喪，《喪服》記曰：「惡笄有首以髽。」《傳》曰：「惡笄者，櫛笄也。」《記》又曰：「子折笄首。」《傳》曰：「折笄首者，折吉笄之首也。」吉笄者，象笄也。箭笄長尺，吉笄尺二寸，祥之祭縞冠。《喪服小記》曰：「除成喪者，朝服縞冠」是也。既祥而縞冠素紕，所謂素縞。《詩》稱「庶見素冠」者也。故《玉藻》記曰：「縞冠素紕，既祥之冠也。」皇氏《義疏》爲之説曰：「祥祭之時，以素爲冠，以縞爲紕，紕得冠名，故云縞冠。祥祭之後，以縞爲冠，以素爲紕，亦紕得冠名，而云素冠。」按之《詩》、《禮》或然矣。禫之祭玄冠，既祭而纖冠。凡主人未没喪，則子雖除不純吉，故《玉藻》記曰：「縞冠玄武，子姓之冠也。」如皇氏説，則縞亦紕歟？

阮葵生《茶餘客話》卷四 順治九年，禮部定涼暖帽，上圓月，有官者用紅片金，無官者用紅素緞。涼帽裏及沿邊，四品以上俱用片金，五品以下用紅裏青藍倭緞邊，無官者帽裏用别色，不許用錦裏紅色裏，沿邊用青藍素緞。

雍正二年，禮部議定官員帽頂一疏，皆准行奉旨，總督未加尚書銜者，著爲

正二品，侍郎巡撫俱著爲從二品，後屢經改定。【略】

乾隆二年議準，凡官員入朝及在公署，不許戴兩纓涼帽，凡官員及護軍等，不許著大衫入紫禁城。

錢大昕《潛研堂文集》卷八《答問五》 問：《禮記》、《儀禮》俱有「周弁、殷冔、夏收」之文，《説文》無「冔」字，未審所从？

曰：「冔」當从冃，吁聲。鄭玄注《士冠記》云：「冔，名出于幠。幠，覆也，言所以自覆飾也。」予謂「冔」與「芋」通。《詩》「君子攸芋」，鄭玄箋云：「芋，當作幠。幠，覆也。」陸德明《釋文》：「芋，或作吁。」其加「曰」者，經師附益之字也。《漢書·藝文志》有《芋子》十八篇，即《史記》之吁子也。《張敞傳》：「長安中傳張京兆眉幠。」孟康讀「幠」爲詡。以是推之，「幠」亦有吁音。鈕樹玉云：「宋本《説文》及《五音韻譜》『兜』字下並作『殷曰吁』，明刻《五音韻譜》亦作『吁』。」

周廣業《循陔纂聞》卷一 婦人抹額，以縐紗爲之，俗名包頭，相傳出湖州雙林者佳。余少時所見，皆用方紗一幅，摺疊而成，約闊二寸許，從額上縛於笄下，藉以紅錦，前繫方結子，結上綴珠。近蘇人新製則縫合爲帕，前豐後殺，當額處爲圓稜下垂，謂之太妖嬈。遍考古制無聞，惟《漢書》載薄太后以冒絮提文帝。晉灼注云：《巴蜀異物志》以頭上巾爲冒絮。應劭謂之陌額絮。顔師古云：冒，覆也，老人所以覆頭也。疑是此飾之權輿，但晉灼之説即所謂絮巾。《漢書》皇后親蠶，絲絮織室，作祭服。皇后得以作絮巾是也。蜀人蓋呼絮巾爲冒絮陌額。或曰：陌頭，即幧頭也。從項中而前，交額上，郤繞於髻。與此不同。《二儀實録》載禹會塗山，夕，雷電中，有甲卒千人，不被甲者，紅綃帕抹其額，云海神來朝。而韓退之《元和聖德詩》云以紅帕首，言以紅綃縛頭，如今抹額。又皆非婦人之飾。馬縞《中華古今注》云：隋煬帝淫侈，欲見女子之容，詔去席帽，戴幞頭巾子，即幗也，以皁羅爲之。此製起於周武帝，用三尺皂絹，向後幞髮，本名折上巾，如今結巾垂兩角而無帶。唐則天時，以絲葛爲之，開元間始易以羅，添設四角，兩角垂前，兩角繫腦後，故亦謂之四脚，寔四帶也。當時男女，蓋通服之。元稹《贈官妓劉采春》詩「謾裹常州透額羅」可證。宋時謂之撩頭編子，今俗所用，或其遺制歟？毛晃增《禮部韻略》幧頭，一曰帓帶，亦作帕。帕，額首飾也。

周廣業《循陔纂聞》卷一 席帽，即古帷帽，亦名圍帽，創自隋代，唐劉子（元）[玄]曰：今畫昭君入匈奴，而婦人有施帷冒者。帷冒剏于隋代，非漢宮可用，豈可因畫爲故實乎。男女通用。以韋爲之，四周垂絲網之，婦人則施以珠翠，丈夫則否。唐永徽中，拖裙到頸。《事物原始》云：今世士人，往往用皂紗全幅，綴於油帽或氈笠之前，以障風塵，爲遠行之服。蓋本於此。又有面衣，前後全用紫羅，爲幅下垂，雜以他色爲四帶，垂于背，爲女子遠行乘馬之用，亦曰面帽。按，面衣疑即羃䍦，其制亦起齊隋間。《中華古今注》云：唐武德貞觀間，宫人騎馬多著之，至神龍末始絶，象類今之方巾，全身障蔽，繒帛爲之。開元初，宫人馬上著胡帽，靚粧露面，士庶咸效之。胡帽，即帷帽也。《大唐新語》云：顯慶中，詔曰：官家家口，咸厠士流，衢路之間，豈可全無障蔽。比來多着帷帽，遂棄羃䍦，曾不乘車，只坐擔子，過於輕率，深失禮容，自今已後，勿使如此。至天寶中，士流之妻，或衣丈夫服，靴衫鞭帽，内外一貫矣。《新唐書·五行志》唐初宫人乘馬者，依周舊儀著羃䍦，全身障蔽，永徽後乃用帷帽施裙及頸，頗爲淺露，至神龍末，羃䍦始絶，皆婦人預事之象。《清波雜志》士大夫於馬上披涼衫，婦女步通衢，以方幅紫羅，障蔽半身，俗謂之蓋頭，蓋唐帷帽之制也。《石林燕語》云：席帽裁帽分品級。後魏辛紹先有至性，丁父憂，三年頭不櫛沐，髮遂落盡，故常着垂裙皂帽，官至下邳太守。

李光庭《鄉言解頤》卷四《物部上》

帽兜

世有迹似假冒，而其内外之名實秩然，有不嫌於假冒者，帽兜是也。北地冬用氊帽兜，以蔽風雪，亦有用毛裏者。夏以油綢遮雨，外頂與内頂相符，不容僭越。奉承士大夫者曰冠上加冠。鄉人相見，戲曰露點臉兒不大。製成複帽尚高寬，象比兜鍪更緊嚴。看我可能存面目，識人莫但認頭銜。弛張勢異重擔蓋，順逆風無兩樣帆。却憶雪天驢背客，吟肩穩護望梅巖。

汪汲《事物原會》卷二五《冠》 《漢輿服志》上古衣毛而冒皮，後代聖人見鳥獸有冠角髯（汝鹽切）胡，遂作冠冕纓緌，以爲首飾。《羣書考索》黄帝以前則以羽皮爲之冠，黄帝以後則以布帛爲之飾。《三禮圖》太古冠布，齊則緇之，後以爲冠。冠之始也。

《冕》

《通典·禮篇》「黄帝作冕，垂旒則目不視邪，黈纊則耳不聽讒。」《世本》「黄帝臣胡曹作冕。」蓋冕服起于黄帝，加飾起自唐虞，宋更名平天冠。

《弁》

《儀禮·士冠禮》「周弁、殷冔、夏收。」賈公彦疏：弁是古冠之大號。《世本》

「魯昭公作弁。」一説，夏禹始制之。

《巾》

《急就篇》注：「巾者，一幅之巾，所以裹頭也。」《儀禮》二十成人，士冠庶人巾。則古者士以上有冠無巾，惟庶人戴之，故秦謂民爲黔首，漢謂僕隸爲蒼頭也。《諸事音考》頭巾至宋始有圓象天，方象地者。

《幘》

《獨斷》「幘，古者卑賤執事不冠者之所服也。」漢元帝額有壯髮，不欲人見，始進幘服之，羣臣皆隨焉。然尚無巾，至王莽内加巾，故言王莽禿，幘施屋。然《漢輿服志》載秦加武將首飾爲絳袙，以表貴賤。又《吴越春秋》「公孫聖勸吴王遣下吏太宰嚭、王孫駱解冠幘，肉袒徒跣，稽首謝于句踐。」是則春秋時已有幘矣。《説文》「髮有巾曰幘。」今之喪服是其制也。

《帽》

《通典》「上古衣毛帽皮。」則帽之名所繇起，故《釋名》曰：「帽者，冒也。」成王問周公曰：舜之冠制何如？曰：古人上有帽而勾領。觀此則帽實始于虞也。

《烏紗帽》

《中華古今注》「唐高祖武德九年丙戌十一月，太宗初受禪，詔曰：自今以後，天子服烏紗帽，百官士庶皆同服之。」或云始于晉代。

《獬廌冠》

唐高祖始制獬廌冠，命御史服之。按獬者，一角神羊，能觸邪，故以爲御史法冠。

《帽頂》

《輟耕録》元成宗大德間，有回回巨商，賣紅刺石一塊于官用嵌帽頂上，大朝賀則服用之。又《元史》仁宗爲太子時，淮東宣慰使撒都獻七寶帽頂，却之。據此，則帽之有頂，元制已然。又《遼史・重元傳》興宗賜重元四頂帽二色袍。則帽頂之制，實始于遼也。

《幞頭》

《席上腐談》幞頭起于周武帝，以幅巾裹首，故曰幞頭。幞字音伏，與幞被之幞同，今訛讀僕。

《網巾》

明太祖微行至神樂觀，見一道士于廡下結網巾。問：何物？對曰：此網巾也，用以裹髮。帝善之，次日朝罷，召結網巾道士爲道官，取網巾十三頂，頒示十三省布政使司，遂爲定制。

《笠》

《路史・三皇紀》次民氏殁，辰放氏作，時多陰風，教民絢髮閭鞁去聲。首以去靈雨，而人從之。即今雨笠所以覆冒其首也。《事林廣記》笠子，古者雖出于外國，今世俗皆頂之。或以牛尾馬尾爲之，或棕或皁羅皁紗爲之。

《婦人冠》

《事物原始》黄帝制冠冕，而婦人首飾無文，至周時不過副笄而已。漢時宫掖承恩者始賜以或碧或緋芙蓉冠子。《古今注》冠子，秦始皇之制也。

桂馥・《札樸》卷七《巾卷》 余題齋額曰巾卷，蓋取顔延年詩「巾卷充街」也。見者多依李善解爲巾箱書卷，惟袁簡齋先生知是頭巾，爲作跋尾欲舉解巾二事，而忘其人名。案《後漢・韋彪傳》「解巾之郡」，《北史・(高)〔刁〕柔傳》解巾司空行參軍是也。《南齊書・王儉傳》「監試諸生，巾卷在庭，劍衛令史儀容甚盛。」顔延年《秋胡詩》「脱巾千里外，結綬登王畿。」李善注云：巾，處士所服。綬，仕者所佩。今欲宦於陳，故脱巾而結綬也。《通鑑》宋文帝令雷次宗以巾褠侍講。胡三省引蜀注：巾謂巾幘。

王念孫《讀書雜志・墨子》卷五《備水・鞮瞀》 「人擅有擅與撣同，謂提持也。説見《備城門篇》，有字疑衍。方畢改方爲弓。劍甲鞮瞀。」畢云：《説文》云：「鞮，革履也。」瞀，鍪字，假音。《説文》云「鍑屬」。引之曰：畢分鞮鍪爲二物，非也。鞮鍪，即兜鍪也。兜鍪，胄也，故與甲連文。《韓策》曰：甲盾鞮鍪。《漢書・楊雄傳》鞮鍪生蟣蝨，介胄被霑汗。師古曰：鞮鍪，即兜鍪也。字亦作鞮。鞪，《漢書・韓延壽傳》被甲鞮鞪，皆其證。

王念孫《讀書雜志・荀子》卷六《正論・卑絻》 卑絻黼黻文織。楊注曰：卑絻，與裨冕同，衣裨衣而服冕也。念孫案：《富國篇》曰：天子袾裷衣冕，諸侯(元)〔玄〕裷衣冕，大夫裨冕，士皮弁。《大略篇》曰：天子山冕，諸侯(元)〔玄〕冠，大夫裨冕，士韋弁。其制上下不同，此不當獨舉裨冕言之，楊以卑絻爲裨冕，未是也。卑絻，疑當爲弁絻。弁，即今弁字也。弁絻黼黻文織，皆二字平列，且弁絻二字，兼上下而言。此篇曰弁絻黼黻文織，《君道篇》曰冠弁衣裳黼黻文章，《曾子問》曰天子賜諸侯大夫冕弁服，《禮運》曰冕弁兵革，昭元年《左傳》曰吾與子弁冕端委，九年《傳》曰猶衣服之有冠冕，宣元年《公羊傳》曰已練可以弁冕，僖八年《穀梁傳》曰弁冕雖舊，必加於首。或言弁冕，或言弁，或言冠冕，或言冠弁，皆二字平列，且兼上下而言，故知卑絻爲舁絻之誤。《説文》「兑，冕也。」籀文作舁，或作卉。今經傳皆作弁，而兑、舁、卉三字遂廢，此舁字若不誤爲卑，則後人亦必改爲弁矣。

王念孫《讀書雜志·淮南内篇》卷二〇《泰族·初絻》 「聘納而取婦，初絻而親迎。」絻，與冕同。引之曰：初字義不可通，初，當作冠。《字書》冠字左畔作完，與衣相似，寸與刀相似，故冠誤爲初。冠，謂弁也。《齊風·甫田》毛亨傳曰：弁，冠也。《士昏禮》「主人爵弁。」鄭注曰：爵弁(元)[玄]冕之次，大夫以上親迎冕服，是也。冠絻而親迎，兼貴賤言之。劉本改作紱絻，諸本及莊本同。則但有大夫以上，於義爲不備矣。且紱與初字不相似，若是紱字，無緣誤爲初也。

惲敬《大雲山房文稿初集》卷一《説弁一》 弁，《説文》作兑，象形。《釋名》形如人手之弁合。《漢輿服志》度長七寸，高四寸，其制如覆桮，前高廣，後卑鋭。古者桮俱橢長，《淮南子》曰闕于盤水則圓，桮水隨。隨讀爲橢是也。弁制橢，故有高廣卑鋭之異，有高廣卑鋭，故如人手之弁合焉。後世禮家率圖如覆盂，不知桮因不知弁，况禮樂沿革之大者，其轉而相譌，甯有既邪？學者甫涉禮書，即有意聚訟，庶幾慎其言可也。

惲敬《大雲山房文稿初集》卷一《説弁二》 《周禮·弁師》「王之皮弁，象邸。」鄭玄注：下柢也。古者冠、冕、弁皆冠于髮，取其冠曰冠，取其俯曰冕，取其槃曰弁，以弁有柢，知冠與冕皆有柢也。其有柢奈何，凡冠髮者必堅正柢，所以爲堅正也。漢之幘，晉之巾，周之幞頭，皆自額以上則用通帛焉。陶宗儀曰：古者冠自額以上，後世設巾幘，故止加冠于髮。此言非也，古者斂髮以纚，如後世之巾幘焉，皮弁止高四寸，施之于額，無以覆纚與髮，知宗儀之妄也。

《説弁三》

《郊特牲》「委貌，周道也。章甫，殷道也。毋追，夏后氏之道也。」言玄冠也，漢委貌如皮弁，章甫、毋追，其諸不相遠歟，周弁、殷冔、夏收，言爵弁也。《詩》「厥作祼將，常服黼冔。」毛傳：夏曰收，周曰冕。古士以爵弁爲冕，冕而祭于公，即爵弁服也。三王共皮弁，素積言皮弁也。噫，昔人禮經明正大率如此，而後世多紊之，皆求深與博之過也。

俞正燮《癸巳存稿》卷一〇《幞》 史炤《通鑑釋文》於衣幞云：博木切。《爾雅》「裳，削幅謂之纀。」胡三省《辨誤》云：「《爾雅》乃纀字。此幞當音房玉切，帊也。所以包裹衣物。」俞玉吾《席上腐談》云「幞頭，以幅巾裹首。字音伏，與襆被之襆同，今譌音爲僕，是宋時多有誤音。」《説文》云「幞，帊也。」《集韻》「逢玉切」，云「帕也」，幞頭即帊首，即今包頭幞，被衣幞即包被衣，包其從衣之襆爲或從字袱則今俗字。

昭槤《嘯亭雜録》卷七《王公降襲次第》 國初開創遼、瀋，凡宗臣貴位，統名貝勒。崇德元年，定親王，郡王，貝勒，貝子，鎮國、輔國二公。皆冠寶石頂，以補服翎眼爲差次，統名曰入八分王公，蓋即加九錫之意也。其未入八分公以及鎮國、輔國將軍，皆冠珊瑚頂。奉國將軍視武臣正三品，奉恩將軍視武職正四品，秩皆與流官同。舊例，親王嫡子封郡王，郡王以下嫡子，皆遞降一等封。親王衆子封輔國公，親王庶子封輔國將軍，郡王以下遞降同。故安王諸子皆封僖勤諸郡王，蓋沿明制也。康熙中，以宗禄繁重，乃改親王無論嫡子、衆子皆封未入八分輔國公，郡王以下遞爲減等。而考以繙譯、馬步射，其伎皆優等，然後授以本職，否則遞相降等授爵。其親、郡王皆世襲罔替，貝勒以下皆降襲，至輔國公然後世襲。而輔國公又無復降襲之例，其未入八分輔國以下，皆降至奉恩將軍，世襲罔替。而無論軍功、恩封，皆一例辦理，故杜度、彰泰諸貝勒有開創大功者，亦皆一體降襲，未免無所區别。純皇帝篤念宗親，故特分定軍功、恩封之例，其有勳勞者，無論王、貝勒，皆世襲罔替。其恩封者，親王遞降至鎮國公，郡王遞降至輔國公，貝勒遞降至未入八分鎮國公，貝子遞降爲未入八分輔國公，鎮國公遞降至鎮國將軍，輔國公遞降至輔國將軍，皆世襲罔替。然後宗爵始釐正焉。

昭槤《嘯亭續録》卷一《紅絨結頂冠》 國朝定制，皇上燕服，宫中冠紅絨結頂冠，凡皇子皇孫皆以是爲禮服，甚屬尊重。近支王、貝勒得上賜者，許常冠戴，輔臣間有賜者，皆不敢戴。惟張文和公蒙特旨許元旦冠戴，時以爲非常之榮。成王嘗戲謂余曰：「吾帽冠衹值清錢百文，然勝汝輩數百金之頂多矣！」時紅寶石頂價甚昂，故王以爲戲云。

昭槤《嘯亭續録》卷一《花翎藍翎定制》 凡領侍衛府官、護軍營、前鋒營、火器營、鑾儀衛滿員五品以上者，皆冠戴孔雀花翎，六品以下者冠戴鶡羽藍翎，以爲辨别。王府頭等護衛始許冠戴花翎，餘皆冠戴藍翎云。

昭槤《嘯亭續録》卷一《親郡王賜三眼花翎》 親、郡王，貝勒，爲宗臣貴位，向例皆不戴花翎。惟貝子冠三眼孔雀翎，公冠雙眼孔雀翎，以爲臣僚之冠。乾隆中，順承勤郡王泰斐英阿以充前鋒統領故，向上乞花翎，上曰：「花翎乃貝子品制，諸王戴之，反覺失制。」傅文忠代奏：「某王年幼，欲戴之以爲美觀。」上始許之。因並賜皇次孫今封定王者三眼翎，曰：「皆朕之孫輩，以爲美觀可也。」由是親、郡王屢有蒙恩賜者。嗣後純皇帝欲定五眼花翎爲親、郡王定制，爲和相所阻，未果行云。

昭槤《嘯亭續録》卷一《雙眼花翎》　國初勳臣，功績偉茂，多有賜雙眼花翎者。乾隆中，賜雙眼花翎者，閣臣爲傅文忠公恒、尹文端繼善、兆文毅惠、舒文襄赫德、于文襄敏中、阿文成桂、和相珅、福文襄康安、孫文靖士毅。勳臣爲富勤勇德、伊將軍勒圖、海超勇蘭察、永制府保、覺羅制府吉慶、和制府琳。嘉慶中得賜者，閣臣爲保文恪寧、慶文恪桂、勒相公保，勳臣爲明參政亮、額經略爾登保、德繼勇楞泰、那制府彦成。惟彭軍門承堯、王軍門得禄以緑營將佐得雙眼花翎之賜，尤爲寵遇優隆。以槤之不肖，於九齡時即蒙純皇帝賜雙眼花翎，實爲千古榮遇，至今思之，猶感激涕零云。

昭槤《嘯亭續録》卷一《外官賜花翎》　定制，外任文臣無賜花翎者。乾隆中，方敏慤觀承官直隸制府時，聖眷頗優，以古北口大閲故，公特乞賜花翎。上笑曰：「若爾侏儒狀，亦愛花翎耶？」因特賜之。嗣後外任督、撫，屢有蒙恩賜者。惟劉文正公督陝時，特賜花翎，公回京時即日繳還，上亦優容，不加厚責也。

昭槤《嘯亭續録》卷二《帽頭氈帽》　余少時，見士大夫燕居皆冠便帽。其製如暖帽而窄其簷，其上用紅片錦或石青色，緣以臥雲如葵花式，頂用紅絨結頂，後垂紅縷尺餘，無老少貴賤皆冠之。惟老翁夏日畏早涼，用青緞縫紉襯涼帽下，如今帽頭狀，初不以爲燕服也。至於氈帽尚沿明式，皆農夫市販之服，人皆賤之，近十餘年盛行。帽頭蟠金線組繡其上，至有用明珠寶石嵌者，如古弁製，惟頂用紅絨結頂稍異古耳，士大夫皆冠之。至春秋間徜徉市衢，欲求一紅纓綴冠者，未易見也。至氈帽則以細毯爲之，簷用紫黑色，或有綴金線蟠龍以爲飾者，非復往日粗野之製，爲士大夫冬日之燕服，往日便帽之製，不復睹矣。

宋翔鳳《過庭録》卷九《鷸冠即圜冠》　《莊子·田子方篇》云：儒者冠圜冠者，知天時。履句屨者，知地形。緩佩玦者，事至而斷。《音義》圜音圓。句，音矩，徐其俱反。李云：方也。又《天地篇》云：皮弁鷸冠，搢笏紳脩以約其外。《音義》云：鷸，尹必反。徐，音述，本又作鵵，音同。桉，鷸字與圜聲之轉，象天之圜，故爲圜冠，聲轉爲鷸冠，猶句屨象地之方也。《獨斷》云：建華冠以鐵爲柱卷，貫大珠九枚。今以銅爲珠，形似縷鹿。記曰：知天文者服之。《左傳》曰：鄭子臧「好聚鷸冠。」前圓，以爲此制是也。天地、五郊，明令舞者服之也。又云：術士冠，前圓，吴制，邐迆四重。趙武靈王好服之，今者不用，其説未聞。《後漢·輿服志》云建華冠以鐵爲柱卷，貫大銅珠九枚，制似縷鹿。記曰：知天者冠述，知地者履句。《春秋左傳》曰：鄭子臧「好〔聚〕鷸冠。」前圓，以爲此是也。按《後漢志》之説，即本《獨斷》之文，所引記略同〈莊子·田子〔方〕篇〉，而《後志》以爲述冠者以鷸。又作鵵，故通爲述也。復引《左傳》，而以冠前圜證之，益定鷸冠即圜冠矣。《説文》「鷸，知天將雨鳥也。从鳥，矞聲。」《禮記》曰：「知天文者冠鷸。」校《説文》引《禮記》以説鳥知天者名鷸之義，非謂以鷸毛为冠也。鷸冠亦云聚鷸冠，《左傳》言子臧「好聚鷸冠」，而引《夏書》曰：地平天成稱也。亦是知天冠鷸之義，子臧不知天，故謂之不稱。聚鷸合言爲述，故亦謂之述氏冠。《獨斷》不聞其説，故與建華冠離而爲二。杜注《左傳》謂聚鷸鳥以爲冠。《漢書·五行志》亦引《左傳》鷸冠注：張晏曰：鷸鳥赤足黄文，以其毛飾冠。韋昭曰：鷸，今翠鳥也。並非。《説文》所引《禮記》，顔師古《匡謬正俗》引以爲逸《禮記》而顔氏《五行志》注以爲逸《周書》者，蓋涉筆之誤也。

朱士端《彊識編》卷四《重修漢臧陳二烈士祠神像冠服考》　道光十八年秋，□山先生修漢臧陳二烈士祠，既藏事，裝飾神象，同人目烈士冠服，請士端。桉漢制，幞頭有兩耳。方氏《通雅》云「古分冕、弁、冠，漢晉分幘、巾、帽，皆通稱也。古冒、務、無、毋、牟、莫、勉，皆一聲之轉。漢魏晉謂漆紗之冠曰幘，通用曰巾、幘。」《輿服志》云：「進賢冠，古緇布冠也，文儒者之服也。公侯三梁，中二千石以下至博士兩梁，自博士以下至小吏私學弟子，皆一梁。」《玉海》引「漢孝文高其顔題，續之爲耳，崇其巾爲屋，上下羣臣貴賤皆服之。文者長耳，武者短耳，稱其冠也。」《續漢書·輿服志》「漢興，續其顔，卻摞之，施巾連題，卻覆之，今喪幘是其制也。」又《輿服雜事》云「漢桓帝延熹中，梁冀誅後，京師作幘皆顔短耳長。」《孔叢子·廣服篇》云「題，頭也。顛顔，顙額也。」蔡邕《獨斷》云「冠進賢者，宜長耳冠。惠文者，宜短耳。」又《通雅》云「耳者，即近代之帽翅。」《封氏聞見記》「〔近〕古用幅巾，周武帝裁出脚後幞髮，故俗謂之幞頭。至尊，皇太子，諸王及仕内供奉以羅爲之，其脚稍長。士庶多目絁縵而脚稍短。開元燕公張説，賜内様巾子，長脚羅幞頭。」據此，唐謂之脚，即漢謂之耳。《中華古今注》謂「周武帝裁四脚」，則坊刻本轉寫之譌。阮氏摹刻顧虎頭《畫象列女傳》引漢嚴延年爲河南太守，母生五子，皆二千石，所畫幞頭皆有兩耳，是其證。鉛山先生卜以九月初四日開工，士端即於是夜夢古衣冠二人，持書册授讀。弟一册文皆科蚪，曰是真古文尚書。又一册文係漢隸，曰是古韵部分。恍惚中，知爲烈士，謹記其袍，皆朱色幞頭，有兩耳，如荷花瓣然。今神象袍用藍色幞頭，無耳，同人乃命雕匠刮去藍色，露出朱色。按摸幞頭兩邊，尚存銅管，原係安置兩耳，年久脱落，其袍用藍色。蓋寿此裝象人未之深考，闕者補之，譌者訂之，後學者責焉，同人俱爲歎服云。

謹依列女傳畫家漢制太守冠服圖正面

謹依列女傳畫象漢制太守冠服圖旁面

福格《聽雨叢談》卷一《紅絨結頂》　御用常冠、皇子常冠皆用紅絨結頂。俗謂算盤結。國初未定常冠頂戴之制，時品官及士族子弟，皆用紅絨不結頂，俗謂菊花頂。舊制曰尖纓冠。其製如江南楊梅半顆，今外省誤以菊花頂爲紅絨結頂，非也。《通禮·冠服制》云：民人冬夏帽上不得用紅絨大結頂，是閑散旗人可用也。

上賜大臣御用冠服，私家尊藏，不能服用。乾隆四十一年，先文肅七十壽辰，蒙御用冠服之賜，并未敢衣而入謝。嘉慶庚辰四月，英煦齋參知和五十壽辰，亦蒙賜冠服，泥於衣而入謝之義，一時非之。

康熙三十二年，雲督范承勳在口外迎鑾，蒙賜貂帽、貂褂、狐腋袍，并命次日服之來謝，但未悉次日果戴御冠入謝否，應俟考。

《花翎》　本朝最重花翎，如古之珥貂也。其例應隨秩戴翎者，宗室中貝勒、貝子三眼花翎，鎮國公雙眼花翎，輔國公、鎮國將軍、輔國將軍單眼花翎。親郡王爵秩雖崇，非蒙特賜，轉不能戴。雖已賜有花翎，遇朝冠仍不戴用。凡皇子分封之親郡王，皆不賜翎也。

明《輿服志》載，公侯伯朝服，皆加籠巾貂蟬插雉尾，公玉蟬，侯金蟬，伯玳瑁蟬。又都督江彬等承日紅笠之上，綴以靛染天鵝翎，以爲貴飾，貴者飄三英，次者二英。兵部尚書王瓊得賜一英，冠以下教場，自謂殊遇，似與今三眼雙眼單眼花翎之制相同，惟雉尾鵝翎，不及本朝之孔翠壯觀多矣。

品官之例有翎者，內廷王、御前大臣、領侍衛內大臣、直省將軍內大臣、各城參贊辦事領隊大臣、散秩大臣、武備院卿、上駟院卿、頭二三四等侍衛、前鋒護軍健鋭精捷各營之統領、參領、副參領、委參領，鑾儀衛之滿洲鑾儀使、冠軍使、雲麾使、治儀正、漢軍官無翎。御茶膳房之尚膳正、尚茶正、二三等侍衛、上虞備用處之三四五品官，皆准戴花翎。各項藍翎侍衛、六品苑丞、滿洲整儀尉、鳴贊鞭官、前鋒校、護軍校、藍翎長、各府邸四五六品護衛，皆准戴藍翎。善馬射、善鵠射，十五善射，及善撲營各官，均在侍衛之列，例准戴翎。

此外翎枝最爲難得，非軍功不准保薦，若建績大臣及賞賜王公宗室大員子弟，并行圍、較射、射牲、贊禮嫻熟等項，皆出自特恩，非臣下所可擬請者也。道光二十八年，恭修玉牒告成，提調官宗室增慶，經定親王載銓奏奬賞戴花翎，此爲别項勞績保翎之始。此例一開，則山陵奉安、海運事宜、勸捐、抽釐，均相率奉行矣。

按從前無捐花翎之例，廣東洋商伍崇曜、潘仕成捐輸十數萬金，無可加奬，始蒙賞戴花翎，一時榮之。自海疆軍興以來，乃有捐翎之例，花翎實銀一萬兩，藍翎五千兩，後又援照捐官之項折扣，其數甚少，捐者遂多。自咸豐九年，又係奏捐翎改爲實銀，不准折扣，花翎七千兩，藍翎四千兩。

按從前各省兼提督銜之巡撫，皆准戴用花翎，升調他缺後，即撤去，謂之例翎。道光二十年，兩江總督宗室耆英奏稱，兼提督之巡撫既有花翎，而直省提督轉無花翎，似未允協，應請將江南提督尤渤，賞換花翎，以肅觀瞻。奉旨，尤渤准其賞換花翎，直省兼提督之巡撫應否戴翎，於放缺後臨時請旨，此後未聞有請旨者，遂一概不敢戴用，其有戴者，皆軍功特賜者也。

《羽纓冠》　羽纓耐風雨，夏日行裝用之，無職庶人不准戴緯帽者亦用之。其纓以犀牛毛用茜草染成，佳者鮮澤柔細，望之如絨，一纓可值白金二十兩，若尋常傔從所冠者，只值數百文耳。其低昂懸殊之價如此。品官羽纓帽，照常戴頂，庶人則束其根如菊花頂，御用冠用黄菊花頂，以别於衆也。

福格《聽雨叢談》卷二《帽頂》　帽頂之制，始於崇德元年二月，其時惟固山額真各部承政，用寶石嵌金頂，其餘品官皆金頂。四年，重定冠制，親王冠頂三層，上銜紅寶石，中嵌東珠八顆，夏日朝冠前舍林嵌東珠四顆，後金花嵌東珠四顆。順治元年，定諸王帽頂嵌東珠十顆，夏朝冠前金佛嵌東珠五顆，後金花嵌東珠四顆。二年，改上下坐各嵌東珠四顆，上下節各嵌東珠一顆，金佛嵌珠五顆，帽後金花嵌珠四顆。郡王冠頂三層。共嵌東珠八顆，舍林嵌東珠四顆，後花嵌東珠三顆。貝勒冠頂三層，共嵌東珠七顆，前舍林三顆，後花二顆。貝子冠頂三層，嵌珠均減一顆。鎮國公帽頂二層，共嵌東珠五，前嵌東珠一，後嵌松石一顆。輔國公減一顆，鎮國將軍以下帽頂均一層。凉朝冠無前後花佛。上銜中嵌，各按品級，不備載。超等公帽頂一層，上銜紅寶石，中嵌東珠三顆。民公侯伯嵌東珠一顆，品官各照其銜遞殺，此皆朝冠之制也。平時帽頂，至雍正五年始刱，初制一二三品皆用珊瑚，四品用青金石，五六品均用水晶，七品以下俱用金頂，生監用銀頂。雍正八年始定今制，雍正五年以前，三品以上朝冠皆紅寶石頂，亦於五年改定。諸王貝勒之朝冠，用紅寶石，一品大臣亦用紅寶石，其分別處在一用長圓如苞，一用六楞。凡異姓世爵，無論滿漢，皆曰民公侯。

福格《聽雨叢談》卷六《鈿子》 八旗婦人彩服，有鈿子之制，製同鳳冠。以鐵絲或籐爲骨，以皁紗或線網冒之，前如鳳冠，施七翟，周以珠旒，長及於眉。後如覆箕，上穹下廣，垂及於肩。施五翟，各銜垂珠一排，每排三衡，每衡貫珠三串，雜以璜瑱之屬，負垂於背，長尺有寸，左右博鬢，間以珠翠花葉，周以穿珠纓絡。自額而後，迤邐聯於後旒，補空處相度稀稠，以珠翠雲朵雜花飾之，謂之鳳鈿。又有常服鈿子，則珠翠滿飾或半飾，不具珠旒，此與古婦人冠子之制相似也。《宋史·輿服志》云「皇祐元年，禁婦人冠高毋得踰四寸，廣毋得踰尺。先是宮中內樣冠名曰垂肩，有長至三尺者，自是禁之」云云。是鈿子之制，實唐宋花釵冠子之遺製也。

按《宋史·輿服志》花釵冠子，一品花釵，九寶鈿九。二品花、翟各八。三品各七，四品各六，五品以下各五。亦與今制略同。

奕賡《括談》卷下 習俗有不可解者，即如我朝制度，凡有喪之家，例去冠纓，朋儕往弔，密者亦去，疎者不去，而有翎者必去其翎，則不知始自何人。惟凉帽分雨纓、線纓二種，雨纓者，惟求雨及行路用之。國有服，亦用之，然無摘翎之制。【略】

雍正元年

論，上三旗前鋒侍衛等，向戴孔雀翎，下五旗前鋒侍衛等，向戴藍翎，嗣後着一體俱戴孔雀翎。

徐鼒《讀書雜釋》卷五《瑁》 《説文·玉部》「瑁諸侯執圭朝天子，天子執圭以冒之，似犂冠。《周禮》曰『天子執瑁，四寸。』从玉冒，〔冒〕亦聲。珇古文省。」今作冒。按鄭玄注「名玉曰冒者，言德能覆蓋天下。」若本瑁字，不必言名玉曰冒矣。然按《白虎通》「瑞贄瑁之爲言冒也，上有所覆，下有所冒。」《書·顧命》亦作「瑁」，知瑁冒義同，而許、鄭所見本異耳。

喬松年《蘿藦亭札記》卷七 巾與帽不同。巾以絹或紗包裹頭髮，如今婦女以帕裹頭，古人以爲燕服。帽即冠，以竹木爲胎，謂之帽者，謂其冒起也。

古人巾上加帽，後改巾製，加四脚，名幞頭。其製小殺於帽，亦有竹胎，取而著之，遂免日日對鏡蒙裹之煩。此雖非法服，遂可以對客。凡唐人之巾，皆幞頭也，四脚，二繫於上，二垂於後。即今俗所謂□帶。劉智遠將此兩帶橫直之，即紗帽翅也。

俞樾《茶香室續鈔》卷二二《平天冠》 宋·洪邁《容齋三筆》云：「祭服之冕，自天子至於下士執事，皆服之，特以梁數及旒之多少爲別，俗呼爲平天冠，蓋指言至尊乃得用。」按《後漢·輿服志》：蔡邕注冕冠曰：鄙人不識，謂之平天冠。然則其名之傳久矣。【略】

《席帽裁帽》

宋·葉夢得《石林燕語》云：「今席帽裁帽，分爲兩等，中丞至御史與六曹郎中，則於席帽前加全幅皁紗，僅圍其半爲裁帽，非臺官，及自郎中而上，與員外而下，則無有，爲席帽。」按，此知席帽猶今之笠，以皁紗圍其前，即裁帽矣。今席帽之名，人多知之，至裁帽則罕知者。

《石林燕語》又云：「唐至五代國初，京師皆不禁打繖，五代始命御史服裁帽，本朝淳化初，又命公卿皆服之，既有繖，又服帽，故謂之重戴。」按此知裁帽與繖功用相同。《急就篇》顔師古注云：「簦笠皆所以禦雨，大而有把，手執以行，謂之簦，小而無把，首戴以行，謂之笠。」然則繖即簦也，席帽裁帽皆笠也。

俞樾《茶香室叢鈔·續鈔》卷二二《平天冠》 宋·洪邁《容齋三筆》云：祭服之冕，自天子至於下士執事皆服之，特以梁數及旒之多少爲別，俗呼爲平天冠。蓋指言至尊乃得用。按《後漢·輿服志》蔡邕注冕冠曰：鄙人不識，謂之平天冠。然則其名之傳久矣。【略】

《席帽·裁帽》 宋·葉夢得《石林燕語》云：今席帽、裁帽分爲兩等，中丞至御史與六曹郎中，則於席帽前，加全幅皁紗，僅圍其半爲裁帽。非臺官及自郎中而上與員外而下，則無有爲席帽。按此知席帽猶今之笠，以皁紗圍其前，即裁帽矣。今席帽之名人多知之，至裁帽則罕知者。

《石林燕語》又云：唐至五代，國初，京師皆不禁打繖，五代始命御史服裁帽，本朝淳化初，又命公卿皆服之。既有繖，又服帽，故謂之重戴。按此知裁帽與繖，功用相同。《急就篇》注云：簦、笠皆所以禦雨，大而有把，手執以行，謂之簦，小而無把，首戴以行，謂之笠。然則繖即簦也，席帽、裁帽皆笠也。

俞樾《茶香室叢鈔三鈔》卷二五《便帽》 國朝禮親王《嘯亭續録》云：「少時見士大夫燕居，皆冠便帽。其製如暖帽，而窄其簷，其上用紅片錦或石青色緣以卧雲如葵花式，頂用紅絨結頂，後垂紅縵尺餘，無老少皆冠之，惟老翁夏日畏早涼，用青緞縫紉襯涼帽下，如今帽頭狀，初不以爲燕服也。近十餘年盛行帽頭蟠金綫組繡，其上至有明珠寶石嵌者，如古弁製，頂用紅絨結頂，稍異古耳。」按：此兩種帽，今皆用之，但轉無其華美也。帽後垂紅縵，咸豐閒猶有之，今則否。

俞樾《茶香室叢鈔四鈔》卷二四《幞頭垂脚不垂脚》 宋·程大昌《演繁露》云：「幞頭起於後周。其制，裁紗覆首，盡韜其髮，兩脚繫腦後，故唐裝悉垂脚。」其改爲硬脚，不載所始。沈存中《筆談》謂「唐惟人主得服硬脚，晚季方鎮始有僭服者。」《宣和重修鹵簿圖》言唐制皆垂脚，其後帝服則脚上曲，五代漢後漸變平直。

按：今梨園中紗帽，即古幞頭也，有硬翅、軟翅之分，硬翅者，即古所謂硬脚也，軟翅者，即古所謂垂脚也。宰相紗帽，則兩翅上曲，即古所謂脚上曲也。脚上曲最尊，硬脚次之，垂脚又次之。梨園中，制雖不盡如古，然亦約略得其遺意。

國朝沈自南《藝林彙考》引《燕談録》云：「五代帝王多裹朝天幞頭，二脚上翹，四方僭僞之主，各創新様，或翹上而反折於下，或如團扇蕉葉之狀，合抱於前，僞孟蜀始以漆紗爲之，湖南馬希範二角左右長丈餘，謂之龍角，人或誤觸之，則終日頭痛。至劉漢祖始仕晉爲并州衙校，裹幞頭，脚左右長尺餘，横直之不復上翹，迄今不改其制。」按：如團扇蕉葉，即今梨園中所載圓翅紗帽也。

又引《席上腐談》云：「周武所製，不過如今之結巾，垂兩角。初無帶，唐人添四帶，以兩角垂前，兩角垂後。宋又横兩角，以鐵線張之，庶免朝見之時偶語。」按：《燕談録》所載，横角不始於宋也，或至宋又張以鐵線乎，以此防人偶語，或亦冕旒蔽明，黈纊塞耳之遺意。

宋·沈括《筆談》云：「幞頭一謂之四脚，乃四帶也。本朝幞頭有直脚、局脚、交脚、朝天、順風凡五等，惟直脚貴賤通服之。又庶人所戴頭巾，唐人亦謂之四脚，蓋兩脚繫腦後，兩脚繫頷下，取其服勞不脱也。」今人不復繫頷下，兩帶遂爲虛設。

陳康祺《郎潛紀聞初筆》卷一〇《軍機處行走用全紅帽罩》 全紅帽罩，惟三品以上入内廷者準服；四五品官，雖内直不用也。高廟時，軍機章京帶領引見，值天雨，冠纓盡溼。上問其故，金壇于文襄公以體制對。上曰：「遇雨暫用何妨。」自是行走軍機處者，冠罩無不全紅矣。

郭夢星《午窗隨筆》卷二《遠遊冠》 蔡邕《獨斷》「天子冠通天冠，諸侯王冠遠遊冠，公侯冠進賢冠。」通天、進賢之名，人所習知，遠遊二字不知何所取義。《晉書·輿服志》「遠遊冠，秦冠也。似通天而前無山述，有展筩横於冠前。惟太子及王者後常冠焉。」

孫詒讓《籀膏述林》卷三《釋纚》 纚爲古首服之一，周時男女長幼通箸之。漢時男子冠亦有纚，其材同，其箸以承冠亦同，而其形法則迥異。周時之纚用以韜髮，《士冠經》云：「緇纚廣終幅，長六尺。」鄭注云：「纚，今之幘梁也。終，充也。纚一幅長六尺，足以韜髮而結之矣。」案，結即紒之借字，鄭言此者，明先用纚收髮而韜之，而後屈曲繞之成紒，故賈公彦疏云：「韜髮，結之韜訖乃爲紒是也。」《内則》子事父母，亦先櫛、縰、笄、總而後冠。縰纚字同。孔穎達疏引盧植云：「縰所以裹髻承冠，以全幅疊而用之。」孔又云：「箸縰既畢，以笄插之，櫛訖加縰，縰訖加笄，笄訖加總，作紒既成，横施笄以爲固，又裂繒圍繞紒本而垂，其餘以爲飾，是爲總。然後箸冠。」孔説尤析，蓋古人不露髮而冠，梁止廣二寸，不足以覆之，故必先用緇繒韜髮，而後箸冠。《士冠禮》贊者奠纚而後設纚，賓正纚乃加冠，三加皆然。是每冠皆更設纚也，唯喪禮男子括髮，女子髽，乃不箸纚而露紒，吉時無露髮，明無不箸纚矣。漢時冠梁變而漸廣，有屋有裙，既盡蒙其首，則不慮其露髮，故不必用繒韜髮，而别以幘冒髮承冠以代纚，其材亦以緇繒爲之，故幘梁得冒稱纚。《士冠》鄭注即舉漢時語以相比況，其後因幘梁稱纚，又通之於冠梁，故冠幘梁通有纚稱。《周禮·弁師》注亦云：冠縰，即指冠梁也。《漢書·元帝紀》顔注引李斐云：齊國舊有三服之官。春獻冠幘縰爲首服。冠幘縰即謂織成冠幘梁之材，故《説文》云：「纚，冠織也。」織者，凡繒帛不須翦裁而成者之名，所謂織成也。《宋書》引徐爰云：古者有冠無幘，冠下有纚，以繒爲之，後世施幘於冠，因裁纚爲帽。徐説纚幘流變最爲詳析。顔師古《急就篇》注謂幘常在冠下，或單箸之。以此推之，知古以纚承冠，必先箸纚而後加冠，不冠者則唯箸笄。纚，漢以後以幘承冠，亦先箸幘而後加冠，不冠者則唯箸幘，其用略同。然周纚用整幅之繒韜髮爲紒，而不屬於冠，其廣二尺四寸，依《周禮·内宰》賈疏引鄭志及《禮記·王制》孔疏説，帛幅廣如是。《漢書·食貨志》説布帛幅曰廣二尺二寸。與鄭義異。長六尺而不冒首，漢纚用織成繒材爲冠幘梁，梁即屬於冠幘，其廣袤不過數寸而全冒首，其物既别，又古先設纚而後爲紒，漢時則先成紒而後箸幘，其事亦不同，但以語言嬗易，合并不别，故鄭以幘梁況士冠之纚，實非《禮經》纚字之本義也。至於古繒帛一端長二丈，纚之長止六尺，則必翦裁，乃成漢纚爲冠幘梁，廣袤止數寸，即就此度織成繒材，許君所謂冠織，亦專就漢制言之。古纚不屬於冠，又非織成，許詁與《禮經》之纚尤絶不相當也。周漢首服名制遷易，各有原流，賈、孔義疏訓釋纚制，大致不誤，而未能深究周漢名實異同之詳，學者易滋牽棍，謹綜緝經詁箸其流變，俾治襍服者有所攷焉。

文廷式《純常子枝語》卷三　元孔齋《至正直記》云「今之學士帽，遺製類僧家師德帽，不知唐人之製如此否。」愚意自立一樣，比今之國帽差增大，頂用稍平，簷用直而漸垂一二分，裏用竹絲，外用皁羅或紗，不必如舊制，頂用小方笠樣，用紫羅帶作項攀，不必用粒頂，卻須用玉石之類，夏月林下則以染黑草爲之，或松江細竹絲亦好，玩其詞意，是當時頂已用玉石也。

《太平御覽》卷六百九十七引《晉令》曰：「士卒百工履，色無過緑青白。婢履，色無過紅青。古儈古會切。案，原文如此。古儈古字疑誤衍。賣者皆當著巾，帖額題所儈賣者及姓名。一足著黑履，一足著白履。」按，巾題姓名及所業，似近時腰牌之類，施之儈賣，極有益於市。令惟兩履異色，則不必行耳。

文廷式《純常子枝語》卷二一　郭若虚《圖畫見聞誌》論衣冠異制云：漢魏已前始戴幅巾，晉宋之世方用羃䍦，後周以三尺皁絹，向後襆髮，名折上巾，通謂之幞頭。武帝時裁成四脚，隋朝惟貴臣服黄綾紋袍、烏紗帽、九珠帶、六合靴。原注云：起於後魏。次用桐木黑漆爲巾子，裹於幞頭之内，前繫二脚，後垂二脚，貴賤服之，而烏帽漸廢。唐太宗嘗服翼善冠，貴臣服進德冠，至則天朝以絲葛爲幞頭巾子，以賜百官。開元間始易以羅，又别賜供奉官及内臣圜頭宫様巾子，至唐末方用漆紗裹之，乃今幞頭也。【略】

邵伯温《聞見録》卷十七記熙甯初，洛陽老人党翁事，云戴卷脚幞頭、衣黄衫、繫革帶，猶唐裝也。

陶宗儀《巾幘攷》見《輟耕録》三十。云：古者冠制皆硬殼，自額上至於頂，如今禮冠者然，後世乃作小冠，廑以束髮，冠下施幘。冠幘之上，又總施巾，皆效漢元帝所服之制也。元帝額有壯髮，不欲人見，加巾幘以包之，見蔡邕《獨斷》。【略】

鄭樵《通志·器服略》云：按玄中記旬始作帽。《晉志》云「帽名猶冠也。古者冠無幘，冠下有纚，經繒爲之。後世施幘於冠，因或裁纚爲帽。自乘輿宴居，下至庶人無爵者皆得服之。」又按後漢郭林宗行遇雨，霑巾角折。後周武帝建德中，因制折上巾。裁幅巾爲四脚。又云，用全幅帛而向後襆髮，謂之頭巾，俗人謂之襆頭。【略】

俞理初《癸巳存稿》卷十云俞玉，吾《席上腐談》云「幞頭，以幅巾裹首，字音伏，與襆被之襆同。今謁音爲僕，是宋時多有誤音。」《説文》云「幞，帊也。」《集韻》逢玉切，云「帕也」。幞頭即帕首，即今包頭。郝蘭皋《證俗文》云《朱子語類》「唐人幞頭初止以紗爲之，後以紗輭，砍木作一山子在前襯起。」案，今朝鮮人紗帽狀類此。【略】

《魏志·太祖紀》注：漢末公卿多委王服，以幅巾爲雅，是以袁紹之徒雖爲將帥，皆著縑巾。魏太祖擬古皮弁，裁縑帛以爲帢，以色别其貴賤，可謂軍容非國容也。潛確《類書》引《傅子》文與此同。余謂衣冠之制，能知國容軍容之别，則思過半矣。凡事取捷給者皆軍類也。

文廷式《純常子枝語》卷二五　《朱子語類》卷九十一。問：「今冠帶始於何時。」曰：「看角觝圖所畫觀戲者，盡是冠帶立底屋上，坐底皆戴帽繫帶樹上，坐底也如此。那時猶只是輭帽搭在頭上，帶只是一條小皮穿幾箇孔。今帽子做得恁高，硬帶恁重大，皁衫更費重。」某向時見此三物，疑其必廢，如今果是，人罕用也。又云「後世禮服，固未能猝復先王之舊，且得華夷稍有辨别，猶得今世之服，大抵皆胡服，如上領衫靴鞋之類，先王冠服掃地盡矣。中國衣服之亂，自晉五胡，後來遂相承襲，唐接隋，隋接周，周接元魏，大抵皆胡服。」又云：「今衣服無章，上下混淆，某嘗謂縱未能大定經制，且隨時略加整頓，猶愈於不爲。」又云：「古人衣冠，大率如今之道士，道士以冠爲禮，不戴巾。」

嵇璜等《清文獻通考》卷一九四《軍考》

盔甲

盔制：以鐵二片，製如帽形，上鋭下平，合而成之曰盔，高五寸，圍圓一尺九寸。合縫處壓以鐵梁，曰盔梁。盔前安鐵一片，曰遮眉，闊寸餘，圍長七寸。上覆鐵檐一，形如蓋，曰舞擎，闊六分，長四寸三分。其下曰護額，爲覆椀於盔上。其上仰者爲盔椀，徑一寸六分，高一寸二分，圍圓五寸。安管一，長二寸，圍圓一寸，以插盔槍。長三寸六分，上爲盤，以垂氂上安頂，頂各以品。詳見於後。垂於後者曰護頂，垂於左右者曰護耳，其下曰護頸。其表，官用錦緞或施綵繡，兵用布，無定式，傳以鐵葉。護頂用鐵葉九，護耳二用鐵葉各六，護頸同，其采飾制各有差。

凡親王、郡王冑，頂鏤金火焰寶石，金立龍二承之，垂熏貂纓，十有八梁，左右鏤金梵文三重，上重八次，七次，二十飾，皆鏤龍銜寶石。護頂、護耳、護頸，均石青鎖子錦，表月白，綺裏，青繒緣，外布金釘。貝勒、貝子、固倫額駙，頂銜素金，垂熏貂纓，十有四。入八分公，植密鼠尾，垂貂尾纓，十有二，不鏤梵文。領侍衛內大臣、都統統領，直省總督、提督、巡撫，均頂植雕翎二，垂貂尾，纓十有二，鋄飾龍及花文。護頂、護耳、護頸，均石青綺表，藍布裏。繡蟒五，中敷鐵，外布銀釘。內大臣、和碩額駙、郡主額駙內大臣中行走之公侯伯散秩大臣，均頂植密鼠尾，垂紅纓。隨旗行走之公侯伯子男、文武一品、文二品、副都統、宗室將軍、縣主額駙，直省總兵，均頂植熏獺尾，垂紅纓。文三品至五品，驍騎參領、郡君額駙以下，直省副將，均頂植獺尾，垂紅纓。侍衛、鑾儀衛官，均頂植豹尾，垂紅纓。前鋒護軍、參領、侍衛，均頂植獺尾，垂黑纓。文六品至九品、直省參將以下，均頂植獺尾，垂紅纓，不加鋄繡。王府官，均頂植豬猁猻尾，長史垂黑纓，護衛、典儀垂紅纓，前鋒校、護軍校，均鐵頂紅纓，護頂、護耳、護頸，均以素騎繡蓮花，外布黃銅釘。前鋒護軍、綠旗營軍士皆如之，護頂以下用青布不繡。驍騎校、驍騎，均鐵頂黑纓，護頂以下各如旗色，校以綺，兵以布，均繡蓮花。

官修《欽定工部續增則例》卷一二〇《製造庫》

舒簷捲簷黑氈帽胎做法

每頂簷寬貳寸貳分，羊毛氈面，藍布裏，毛青布■帶成做。

用料

每帽胎壹頂，照乾隆元年定例，准給辦買價銀柒分捌釐。掛裏用幅寬壹尺陸寸藍三線布柒寸。■帶用幅寬壹尺壹寸毛青布壹寸，藍棉線貳分。

用工

每頂掛裏■帶匠工照例核給。

獺皮簷帽胎做法

每頂簷寬貳寸伍分，獺皮簷緞面布裏，氈襯棉花帽胎成做。

用料

每帽胎壹頂，核用幅寬貳尺藍緞柒寸。掛裏用幅寬壹尺壹寸藍三梭布壹尺。■帶用幅寬壹尺壹寸毛青布壹寸。襯簷頂用棉花壹兩，棉線壹錢，氈壹塊，長壹尺壹寸寬伍寸，獺皮照例。

用工

每頂掛裏、■帶匠工照例核給。

豹皮簷帽胎做法

每頂簷寬貳寸貳分，豹皮簷，緞面布裏，氈襯棉花帽胎皮做。

用料

每帽胎壹頂，核用帽寬貳尺天青素緞柒寸。掛裏用幅寬壹尺壹寸藍三梭布壹尺。■帶用幅寬貳尺壹寸毛青布壹寸。襯簷頂用棉花壹兩，棉線壹錢，氈壹塊，長壹尺壹寸寬伍寸，豹皮照例。

用工

每頂掛裏■帶匠工照例核給。

豹皮簷帽輭胎做法

每頂除成做帽胎、掛裏、襯簷、■帶應用工料，照前辦理外，如抽口行做輭胎帽頂。每頂實納帽簷核計，實行縫肆尺伍寸。實納簷邊直長貳尺肆寸，寬貳寸貳分核用，絹線叁分伍釐，白炭肆兩肆錢，裁縫匠貳分貳釐。

貉皮簷帽胎做法

每頂簷寬貳寸伍分，貉皮簷，毛青布面，藍三線布裏，帽胎襯棉花成做。

用料

每帽胎壹頂，核用貉皮壹塊，長壹尺伍寸，寬陸寸。掛面用幅寬壹尺壹寸毛青布壹尺伍寸。掛裏用幅寬壹尺陸寸藍三線布柒寸。■帶用幅寬壹尺壹寸毛青布壹寸。襯簷頂用棉花壹兩伍錢，棉線壹錢。

用工

每頂掛裏■帶匠工照例核給

校尉涼帽

校尉絨纓涼帽，每頂核給價銀柒錢貳分。校尉線纓涼帽，每頂核給價銀壹兩肆錢。

各項帽纓做法

各項豹皮、獺皮并舒簷捲簷等帽南紕纓，天文生貉皮帽熟麻纓，俱用徑叁寸緞，帽月盤紮成做。

用料

每帽纓壹頂核用，纓叁兩伍錢，線麻伍分。帽月每箇核用見方叁寸紅雲緞壹塊。如用紅片金，帽月尺寸同。

襯帽月裏用幅寬壹尺壹寸白布壹寸。

用工

照例核給。

撻夫校尉帽纓做法

每頂南紕纓用徑叁寸紅緞，帽月盤紮并青布■帶成造。

用料

每頂核用，南紕纓貳兩，線麻伍分。帽月每箇核用，見方叁寸紅雲緞壹塊。襯帽月每箇核用，幅寬壹尺壹寸白布壹寸。■帶每條用幅寬壹尺壹寸毛青布壹寸，藍棉線貳分。

用工

照例核給。

顧清等纂〔正德〕《松江府志》卷五《土産》 漆紗巾吴下皆有出，府城者最佳。販鬻鄰郡，號松江方巾。

王鏊等〔正德〕《姑蘇志》卷一四《造作》 紗巾吴中漆者最佳。南渡後多尚此。

牛尾帽以牛尾髮織於餬紙材上，元時所尚，今無。近歲間有以馬尾織成巾幘者。又以黄練襯之，取其耐裹無掀動之患也。范成大嘗製石湖巾，使北以遺舘伴田彦臯，由是傳於四方。

牛若麟纂修〔崇禎〕《吴縣志》卷二九《物産》 冠履之屬

官帽　儒巾　羅紗紵巾

𧙓片　羅帽　𧙓帽

騌帽　網巾

徐學謨〔萬曆〕《湖廣總志》卷一二《方産》 唐襄州襄陽郡綸巾。

謝啟昆、胡虔等〔嘉靖〕《廣西通志》卷二一《食貨志》 馬尾網巾、馬尾小帽。

紀事

佚名《燕丹子》卷下 荆軻入秦，不擇日而發，太子與知謀者，皆素衣冠送之于易水之上。荆軻起爲壽，歌曰：「風蕭蕭兮易水寒，壯士一去兮不復還。」高漸擊筑，宋意和之。爲壯聲則髮怒衝冠，爲哀聲，則士皆流涕。

《史記》卷五七《絳侯周勃世家》 其後人有上書告勃欲反，下廷尉。廷尉下其事長安，逮捕勃治之。勃恐，不知置辭。吏稍侵辱之。勃以千金與獄吏，獄吏乃書牘背示之，曰「以公主爲證」。公主者，孝文帝女也，勃太子勝之尚之，故獄吏教引爲證。勃之益封受賜，盡以予薄昭。及繫急，薄昭爲言薄太后，太后亦以爲無反事。文帝朝，太后以冒絮提文帝，集解　徐廣曰：「提音弟。」駰案：應劭曰「陌額絮也」。如淳曰「太后恚怒，遭得左右物提之也」。晋灼曰「《巴蜀異物志》謂頭上巾爲冒絮」。索隱　服虔云「綸絮也。提音弟，又音啼」，非也。《方言》云「幪巾，南楚之閒云『陌額』」也。曰：「絳侯綰皇帝璽，將兵於北軍，不以此時反，今居一小縣，顧欲反邪！」文帝既見絳侯獄辭，乃謝曰：「吏（事）方驗而出之。」於是使使持節赦絳侯，復爵邑。絳侯既出，曰：「吾嘗將百萬軍，然安知獄吏之貴乎！」

《漢書》卷二七中之上《五行志》 《左氏傳》曰，鄭子臧好聚鷸冠，張晏曰：「鷸鳥赤足黄文，以其毛飾冠。」韋昭曰：「鷸，今翠鳥也。」師古曰：「子臧，鄭文公子也。鷸，大鳥，即《戰國策》所云啄蚌者也。天之將雨，鷸則知之。翠鳥自有鷸名，而此飾冠，非翠鳥也。《逸周書》曰『知天文者冠鷸冠』，蓋以鷸鳥知天時故也。《禮圖》謂之『術氏冠』。鷸音聿，又音術。」鄭文公惡之，使盗殺之。劉向以爲近服妖者也。一曰，非獨爲子臧之身，亦文公之戒也。初，文公不禮晋文，又犯天子命而伐滑，不尊尊敬上。其後晋文伐鄭，幾亡國。

昭帝時，昌邑王賀遣中大夫之長安，多治仄注冠，應劭曰：「今法冠是也。」李奇曰：「一曰高山冠，本齊冠也，謁者服之。」師古曰：「仄，古側字也。謂之側注者，言形側立而下注也。蔡邕云高九（尺）〔寸〕，鐵爲卷，非法冠及高山也。卷音去權反。」以賜大臣，又以冠奴。劉向以爲近服妖也。時王賀狂悖，聞天子不豫，弋獵馳騁如故，與騶奴宰人游居娱戲，驕嫚不敬。冠者尊服，奴者賤人，賀無故好作非常之冠，暴尊象也。以冠奴者，當自至尊墜至賤也。其後帝崩，無子，漢大臣徵賀爲嗣。即位，狂亂無道，縛戮諫者夏侯勝等。於是大臣白皇太后，廢賀爲庶人。賀爲王時，又見大白狗冠方山冠而無尾，鄭展曰：「方山冠以五采縠爲之，樂舞人所服。」此服妖，亦犬既也。賀以問郎中令龔遂，遂曰：「此天戒，言在仄者盡冠狗也。去之則存，不去則亡矣。」賀既廢數年，宣帝封之爲列侯，復有辠，死不得置後，又犬既無尾之效也。京房《易傳》曰：「行不順，厥咎人奴冠，天下亂，辟無適，妾子拜。」又曰：「君不正，臣欲篡，厥妖狗冠出朝門。」

《漢書》卷四〇《周勃傳》 每河東守尉行縣至絳，絳侯勃自畏恐誅，常被甲，令家人持兵以見。其後人有上書告勃欲反，下廷尉，逮捕勃治之。勃恐，不知置辭。吏稍侵辱之。勃以千金與獄吏，獄吏乃書牘背示之，曰「以公主爲證」。公主者，孝文帝女也，勃太子勝之尚之，故獄吏教引爲證。初，勃之益封，盡以予薄昭。及繫急，薄昭爲言薄太后，太后亦以爲無反事。文帝朝，太后以冒絮提文帝，應劭曰：「陌頟絮也。」晉灼曰：「《巴蜀異志》謂頭上巾爲冒絮。」師古曰：「冒，覆也，老人所以覆其頭。提，擲也。提音徒計反。」曰：「絳侯綰皇帝璽，將兵於北軍，不以此時反，今居一小縣，顧欲反邪！」文帝既見勃獄辭，乃謝曰：「吏方驗而出之。」於是使使持節赦勃，復爵邑。勃既出，曰：「吾嘗將百萬軍，安知獄吏之貴也！」

《後漢書》卷八《孝靈帝紀》 〔光和四年〕是歲帝作列肆於後宮，使諸采女販賣，更相盜竊爭鬥。帝著商估服，飲宴爲樂。又於西園弄狗，著進賢冠，帶綬。

李賢等注：《三禮圖》曰：「進賢冠，文官服之，前高七寸，後高三寸，長八寸。」《續漢志》曰：「靈帝寵用便嬖子弟，轉相汲引，賣關内侯直五百萬。令長强者貪如豺狼，弱者略不類物，實狗而冠也。」昌邑王見狗冠方山冠，龔遂曰：「王之左右皆狗而冠。」

又駕四驢，帝躬自操轡，驅馳周旋，京師轉相放效。

《後漢書》卷二七《韋彪傳》 〔韋彪族人〕韋著，字休明。少以經行知名，不應州郡之命。大將軍梁冀辟，不就。延熹二年，桓帝公車備禮徵，至霸陵，稱病歸，乃入雲陽山，采藥不反。有司舉奏加罪，帝特原之。復詔京兆尹重以禮敦勸，著遂不就徵。靈帝即位，中常侍曹節以陳蕃、竇氏既誅，海内多怨，欲借寵時賢以爲名，白帝就家拜著東海相。詔書逼切，不得已，解巾之郡。

李賢等注：巾，幅巾也。既已冠冕，故解幅巾。

《後漢書》卷二八上《馮衍傳》 永、衍審知更始已殁，乃共罷兵，幅巾降於河内。

李賢等注：不加冠幘，但以一幅巾飾首而已。

《後漢書》卷二九《鮑永傳》 更始二年徵，再遷尚書僕射，行大將軍事，持節將兵，【略】時赤眉害更始，三輔道絶。光武即位，遣諫議大夫儲大伯，持節徵永詣行在所。永疑不從，乃收繫大伯，遣使馳至長安。既知更始已亡，乃發喪，出大伯等，封上將軍列侯印綬，悉罷，但幅巾與諸將及同心客百餘人詣河内。

李賢等注：幅巾謂不著冠，但幅巾束首也。

《後漢書》卷三五《鄭玄傳》 靈帝末，黨禁解，大將軍何進聞而辟之。州郡以進權戚，不敢違意，遂迫脅玄，不得已而詣之。進爲設几杖，禮待甚優。玄不受朝服，而以幅巾見。一宿逃去。

《後漢書》卷三九《周磐傳》 〔公府三辟，遂不應。〕建光元年，年七十三，歲朝會集諸生，講論終日，因令其二子曰：【略】若命終之日，桐棺足以周身，外椁足以用棺，斂形懸封，濯衣幅巾。」

李賢等注：幅巾，不加冠也。

《後漢書》卷六八《郭太傳》 郭太字林宗，【略】嘗於陳梁閒行遇雨，巾一角墊，時人乃故折巾一角，以爲「林宗巾」。其見慕皆如此。

《後漢書》卷六八《符融傳》 遊太學，師事少府李膺。膺風性高簡，每見融，輒絶它賓客，聽其言論。融幅巾奮褎，談辭如雲，膺每捧手歎息。

李賢等注：幅巾者，以一幅爲之也。

《後漢書》卷七四上《袁紹傳》 〔初平三年冬〕，公孫瓚大破黄巾，還屯槃河，威震河北，冀州諸城無不望風響應。紹乃自擊之。【略】瓚軍大敗，斬其所置冀州刺史嚴綱，獲甲首千餘級。麴義追至界橋，瓚斂兵還戰，義復破之，遂到瓚營，拔其牙門，餘衆皆走。紹在後十數里，聞瓚已破，發鞌息馬，唯衛帳下强弩數十張，大戟士百許人。瓚散兵二千餘騎卒至，圍紹數重，射矢雨下。田豐扶紹，使却入空垣。紹脱兜鍪抵地，曰：「大丈夫當前鬥死，而反逃垣牆閒邪？」促使諸弩競發，多傷瓚騎。衆不知是紹，頗稍引却。會麴義來迎，騎乃散退。

《後漢書》卷八一《獨行傳·向栩》 少爲書生，性卓詭不倫。恒讀《老子》，狀如學道。又似狂生，好被髮，著絳綃頭。李賢等：《説文》：「綃，生絲也，從糸肖聲。」音消。案：此字當作「幧」，音此消反，其字從「巾」。古詩云：「少年見羅敷，脱巾著幧頭。」鄭玄注《儀禮》云：「如今著幓頭，自項中而前，交額上，却繞髻也。」

《後漢書》卷八三《逸民傳·周黨》 建武中，徵爲議郎，以病去職，遂將妻子居黽池。復被徵，不得已，乃著短布單衣，穀皮綃頭，待見尚書。李賢等注：以穀樹皮爲綃頭也。綃頭，解見《向栩傳》。黨服此〔詣〕尚書，以待見也。及光武引見，嘗伏而不謁，自陳願守所志，帝乃許焉。

《後漢書》卷八三《逸民傳·韓康》 桓帝乃備玄纁之禮，以安車聘之。使者奉詔造康，康不得已，乃許諾。辭安車，自乘柴車，冒晨先使者發。至亭，亭長以韓徵君當過，方發人牛脩道橋。及見康柴車幅巾，以爲田叟也，使奪其牛。康即釋駕與之。有頃，使者至，奪牛翁乃徵君也。使者欲奏殺亭長。康曰：「此自老子與之，亭長何罪！」乃止。

《後漢書》卷八三《逸民傳·法真》 性恬静寡欲，不交人間事。太守請見之，真乃幅巾詣謁。

《後漢書志》第一三《五行一·服妖》 延熹中，梁冀誅後，京都幘顔短耳長，短上長下。時中常侍單超、左悺、徐璜、具瑗、唐衡在帝左右，縱其姦慝。海内愠曰：一將軍死，五將軍出。家有數侯，子弟列布州郡，賓客雜襲騰翥，上短下長，與梁冀同占。到其八年，桓帝因日蝕之變，乃拜故司徒韓寅爲司隸校尉，以次誅鉏，京都正清。

《北堂書鈔》卷五〇引 司馬彪《續漢書》曰：楊彪字文先，博覽衆書，有恭孝稱，至司徒太尉。見漢祚將終，自以累世三公，恥後爲魏臣，乃稱脚攣，不復行。魏文即位，賜杖几，延請之。又使着鹿皮冠，拜光禄大夫，秩中二千石，朝見，位次三公。

《北堂書鈔》卷一二一引 《獻帝春秋》曰：孫策獲太史慈，謂曰：孤昔與卿神亭之役，若爲卿先，如何。慈曰：不敢面欺，若兜鍪帶不斷，未可量也。《吴志》曰：慈與策戰于神亭，策得慈兜鍪。續補。

《北堂書鈔》卷一二七引 董巴《輿服志》云：武冠，一名武弁大冠，諸武官冠之。侍中中常侍加黄金璫，附蟬爲文，貂尾爲飾，謂之惠文冠。

董巴《輿服志》云：爵弁，一名冕，廣八寸，長一尺二寸，如爵形，前小後大，繒其上似爵。補

謝承《後漢書》云：蔡祖爲揚州刺史，黑幘毁壞，不復改易。

《郭林宗别傳》云：林宗嘗行陳梁間，遇雨，故其巾一角玷而折二。國學士着巾，莫不折其角，云作林宗巾，其見儀則如此。補。

《編珠》卷三《補遺》引 《輿服雜事》楚漢會於鴻門，項羽圖危高祖，樊噲聞急，乃裂衣包楯，戴以爲冠，排入羽營。

《三國志》卷一《魏志·武帝紀》裴松之注引 《傅子》曰：漢末王公，多委王服，以幅巾爲雅，是以袁紹、〔崔豹〕〔崔鈞〕之徒，雖爲將帥，皆著縑巾。魏太祖以天下凶荒，資財乏匱，擬古皮弁，裁縑帛以爲帢，合于簡易隨時之義，以色别其貴賤，于今施行，可謂軍容，非國容也。《曹瞞傳》曰：太祖爲人佻易無威重，好音樂，倡優在側，常以日達夕。被服輕綃，身自佩小鞶囊，以盛手巾細物，時或冠帢帽以見賓客。每與人談論，戲弄言誦，盡無所隱，及歡悦大笑，至以頭没杯案中，肴膳皆沾汙巾幘，其輕易如此。

《三國志》卷六《魏志·袁紹傳》裴松之注引 《英雄記》曰：公孫瓚擊青州黄巾賊，大破之，還屯廣宗，改易守令，冀州長吏無不望風響應，開門受之。紹自往征瓚，合戰于界橋南二十里。【略】瓚軍敗績，步騎奔走，不復還營。義追至界橋；瓚殿兵還戰橋上，義復破之，遂到瓚營，拔其牙門，營中餘衆皆復散走。紹在後，未到橋十數里，下馬發鞍，見瓚已破，不爲設備，惟帳下彊弩數十張，大戟士百餘人自隨。瓚部迸騎二千餘匹卒至，便圍紹數重，弓矢雨下。别駕從事田豐扶紹欲卻入空垣，紹以兜鍪撲地曰：「大丈夫當前鬥死，而入牆間，豈可得活乎？」

《三國志》卷一三《魏志·華歆傳》 孫策略地江東，歆知策善用兵，乃幅巾奉迎。策以其長者，待以上賓之禮。

《三國志》卷四六《吴志·孫堅傳》 靈帝崩，卓擅朝政，横恣京城。諸州郡並興義兵，欲以討卓。堅亦舉兵。【略】堅移屯梁東，大爲卓軍所攻，堅與數十騎潰圍而出。堅常著赤罽幘，乃脱幘令親近將祖茂著之。卓騎争逐茂，故堅從間道得免。茂困迫，下馬，以幘冠冢間燒柱，因伏草中。卓騎望見，圍遶數重，定近覺是柱，乃去。堅復相收兵，合戰於陽人，大破卓軍，梟其都督華雄等。

《三國志》卷五二《吴志·諸葛融傳》裴松之注引 《吴書》曰：融字叔長，生於寵貴，少而驕樂，學爲章句，博而不精，性寬容，多技藝，數以巾褐奉朝請，後拜騎都尉。

《太平御覽》卷八一六《布帛部三·罽》 《吴志》曰：孫堅爲董卓軍所攻，堅與數十騎潰圍而出。堅常着赤罽幘，令親近時祖茂著之。車騎争逐茂，堅故從間道得免。

《三國會要》卷一三《禮六·輿服》 《魏文帝集·與劉曄書》曰：「帽裁兩段，製微不長，有似里父之服。」

《管寧傳》：嘗著皁帽。

《陸遜傳》：孫權脱翠帽賜之。

張津好鬼神事，常著絳帕頭。

《楊阜傳》：常見明帝著繡帽，縹綾半褎，阜問帝曰：「此於禮何法服也？」自是不法服不以見阜。

《晉書》卷二五《輿服志》 幘者，古賤人不冠者之服也。漢元帝額有壯髮，始引幘服之。王莽頂禿，又加其屋也。《漢注》曰，冠進賢者宜長耳，今介幘也。冠惠文者宜短耳，今平上幘也。始時各隨所宜，遂因冠爲別。介幘服文吏，平上幘服武官也。童子幘無屋者，示未成人也。又有納言幘，幘後收又一重，方三寸。又有赤幘，騎吏、武吏、乘輿鼓吹所服。救日蝕，文武官皆免冠著幘，對朝服，示武威也。

漢儀，立秋日獵，服緗幘。及江左，哀帝從博士曹弘之等議，立秋御讀令，改用素白帢。案漢末王公名士多委王服，以幅巾爲雅，是以袁紹、崔鈞之徒，雖爲將帥，皆著縑巾。魏武以天下凶荒，資財乏匱，擬古皮弁，裁縑帛以爲帢，合乎簡易隨時之義，以色別其貴賤，本施軍飾，非爲國容也。徐爰曰：「俗説帢本未有歧，荀文若巾之行，觸樹枝成歧，謂之爲善，因而弗改。」今通以爲慶弔服。

巾，以葛爲之，形如帢而横著之，古尊卑共服也。故漢末妖賊以黄爲巾，世謂黄巾賊。

帽名猶冠也，義取於蒙覆其首，其本纚也。古者冠無幘，冠下有纚，以繒爲之。後世施幘於冠，因或裁纚爲帽。自乘輿宴居，下至庶人無爵者皆服之。成帝咸和九年，制聽尚書八座丞郎、門下三省侍官乘車，白帢低幃，出入掖門。又，二宫直官著烏紗帢。然則往往士人宴居皆著帢矣。而江左時野人已著帽，人士亦往往而然，但其頂圓耳，後乃高其屋云。

《晉書》卷二七《五行志上》 魏武帝以天下凶荒，資財乏匱，始擬古皮弁，裁縑帛爲白帢，以易舊服。

初，魏造白帢，横縫其前以別後，名之曰顔帢，傳行之。至永嘉之間，稍去其縫，名無顔帢，而婦人束髮，其緩彌甚，紒之堅不能自立，髮被于額，目出而已。無顔者，愧之言也。覆額者，慚之貌也。其緩彌甚者，言天下亡禮與義，放縱情性，及其終極，至于大恥也。永嘉之後，二帝不反，天下愧焉。

《晉書》卷三四《羊祜傳》 嘗與從弟琇書曰：「既定邊事，當角巾東路，歸故里，爲容棺之墟。」

《晉書》卷七九《謝安傳》 〔桓温〕詣安，值其理髮。安性遲緩，久而方罷，使取幘。温見，留之曰：「使司馬著帽進。」其見重如此。

《晉書》卷九三《外戚傳・王濛》 王濛字仲祖，哀靖皇后父也。【略】美姿容，嘗覽鏡自照，稱其父字曰：「王文開生如此兒邪！」居貧，帽敗，自入市買之，嫗悦其貌，遺以新帽，時人以爲達。

《北堂書鈔》卷一二一引 車頻《秦書》曰：苻登堅族孫，堅死，登自立，皆刻兜鍪，作死休字，示士以必死爲度，故戰所向無前。

《北堂書鈔》卷一二九引 《晉紀》云：王敦欲伐甘卓，遣使送白綸巾與卓，卓不取。

《編珠》卷三《補遺》引《荆州記》 《荆州記》曰：桓司空遊於靈溪，劉盛公著練帽，以杖荷屐與桓語，語畢，負荷而去。

《宋書》卷八《明帝紀》 〔景和元年十一月二十九日夜〕壽寂之等殞廢帝於後堂。【略】事定，上未知所爲。建安休仁便稱臣奉引升西堂，登御坐，召見諸大臣。于時事起倉卒，上失履，跣至西堂，猶著烏帽。坐定，休仁呼主衣以白帽代之，令備羽儀。

《宋書》卷三〇《五行志一》 魏武帝以天下凶荒，資財乏匱，始擬古皮弁，裁縑帛爲白帢，以易舊服。傅玄曰：「白乃軍容，非國容也。」干寶以爲縞素，凶喪之象，帢，毁辱之言也。蓋革代之後，攻殺之妖也。初爲白帢，横縫其前以別後，名之曰「顔」，俗傳行之。至晉永嘉之間，稍去其縫，名「無顔帢」。而婦人束髮，其緩彌甚，紒之堅不能自立，髮被于額，目出而已。無顔者，愧之言也；覆額者，慚之貌；其緩彌甚，言天下忘禮與義，放縱情性，及其終極，至乎大恥也。永嘉之後，二帝不反，天下愧焉。

太康中，天下又以氈爲絈頭及絡帶、衿口。百姓相戲曰，中國必爲胡所破也。氈産於胡，而天下以爲絈頭、帶身、衿口，胡既三制之矣，能無敗乎。干寶曰：「元康中，氐、羌反，至于永嘉，劉淵、石勒遂有中都。自後四夷迭據華土，是其應也。」

《宋書》卷三〇《五行志一》 明帝初，司徒建安王休仁統軍赭圻，制烏紗帽，反抽帽裙，民間謂之「司徒狀」，京邑翕然相尚。

《宋書》卷四八《毛脩之傳》 〔托跋燾〕以脩之爲太官令。稍被親寵，遂爲尚書，光祿大夫、南郡公，太官令、尚書如故。其後朱脩之沒虜，亦爲燾所寵。脩之相得甚歡。脩之問南國當權者誰？朱脩之答云：「殷景仁。」脩之笑曰：「吾昔在南，殷尚幼少，我得歸罪之日，便應巾褠到門邪！」

《**宋書**》**卷九三**《**隱逸傳·陶潛**》 義熙末，徵著作郎，不就。【**略**】貴賤造之者，有酒輒設，潛若先醉，便語客：「我醉欲眠，卿可去。」其真率如此。郡將候潛，值其酒熟，取頭上葛巾漉酒，畢，還復著之。

《**南齊書**》**卷二三**《**王儉傳**》 監試諸生，巾卷在庭，劒衛令史，儀容甚盛。作解散髻，朝野慕之，相與放效。儉常謂人曰：「江左風流宰相，唯有謝安。」蓋自比也。

《**南齊書**》**卷二四**《**柳世隆傳**》 昇明元年冬，〔沈〕攸之反。【**略**】初發江陵，已有報者，至是稍多。攸之日夕乘馬歷營撫慰，而去者不息。攸之大怒，召諸軍主曰：「我被太后令，建義下都，大事若尅，白紗帽共著耳。」

《**南齊書**》**卷二九**《**周盤龍傳**》 周盤龍，北蘭陵蘭陵人也。宋世土斷，屬東平郡。盤龍膽氣過人，尤便弓馬。【**略**】永明五年，轉大司馬，加征虜將軍、濟寧太守。世祖數講武，〔常〕令盤龍領（馬）軍，校（尉）騎騁稍。後以疾爲光禄大夫。【**略**】世祖戲之曰：「卿著貂蟬，何如兜鍪？」盤龍曰：「此貂蟬從兜鍪中出耳。」

《**南齊書**》**卷五四**《**高逸傳·吴苞**》 吴苞字天蓋，濮陽鄄城人也。儒學，善《三禮》及《老》、《莊》。宋泰始中，過江聚徒教學。冠黄葛巾，竹麈尾，蔬食二十餘年。

《**南齊書**》**卷五五**《**孝義傳·華寶**》 華寶，晉陵無錫人也。父豪，義熙末，戍長安，寶年八歲。臨别，謂寶曰：「須我還，當爲汝上頭。」長安陷虜，豪歿。寶年至七十，不婚冠，或問之，輒號慟彌日，不忍答也。

《**南齊書**》**卷五六**《**倖臣傳·茹法亮**》 延興元年，爲前將軍。延昌殿爲世祖陰室，藏諸御服。二少帝竝居西殿，高宗即位住東齋，開陰室出世祖白紗帽防身刀，法亮歔欷流涕。

《**北齊書**》**卷一四**《**平秦王歸彦傳**》 孝昭將入雲龍門，都督成休寧列仗拒而不内，歸彦諭之，然後得入，進向柏閤、永巷亦如之。孝昭踐祚，以此彌見優重，每入常在平原王段韶上。以爲司空，兼尚書令。齊制，宫内唯天子紗帽，臣下皆戎帽，特賜歸彦紗帽以寵之。

《**周書**》**卷六**《**武帝紀上**》 〔宣政元年三月〕甲戌，初服常冠。以皁紗爲之，加簪而不施纓導，其制若今之折角巾也。

《**南史**》**卷四**《**齊紀上·高帝**》 元徽五年七月戊子楊玉夫等與直閤將軍王敬則通謀弑蒼梧。【**略**】明旦，召袁粲、褚彦回、劉彦節入會西鍾槐樹下計議。帝以事讓彦節，彦節未答。帝鬚髯盡張，眼光如電。次讓袁粲，又不受。敬則乃拔刀，在牀側躍麾衆曰：「天下之事，皆應關蕭公，敢有一言者，血染敬則刀！」仍呼虎賁劒戟羽儀，手自取白紗帽加帝首，令帝即位，曰：「今日誰敢復動，事須及熱。」

《**南史**》**卷八〇**《**賊臣傳·侯景**》 大寶元年四月辛卯，景又召簡文帝幸西州，簡文御素輦，侍衛四百餘人，景衆數千浴鐵翼衛。簡文至西州，景等逆拜。上冠下屋白紗帽，服白布裙襦。【**略**】自篡立後，時著白紗帽，而尚披青袍。

《**北史**》**卷二六**《**刁柔傳**》 柔字子温。少好學，留心儀禮，性强記，至于氏族内外，皆所諳悉。居母喪以孝聞。初爲魏宣武挽郎，解巾司空行參軍。

《**北史**》**卷八九**《**藝術傳上·檀特師**》 大統十七年春初，忽著一布帽，周文左右驚問之。檀特曰：「汝亦著，王亦著也。」至三月而魏文帝崩。復取一白絹帽著之，左右復問之。檀特云：「汝亦著，王亦著也。」未幾，丞相夫人薨。後又著白絹帽，左右復問之。云：「汝不著，王亦著也。」尋而丞相第二兒武邑公薨。其事驗多如此也。

《**北堂書鈔**》**卷一二九引**《述異志》云：李通卒，有客往弔之，李子方哭，便進上聽事，忽見通從閤中出，以綸巾繫頭，着袍，有怒色。

《**建康實録**》**卷一五**《**齊上·垣崇祖傳**》 建元二年，虜遣劉昶馬步號二十萬寇壽春，崇祖著白紗帽，肩輿登城指揮，大破虜軍。

司馬光《**資治通鑑**》**卷一二三**《**宋文帝元嘉十五年**》 豫章雷次宗好學，隱居廬山。嘗徵爲散騎侍郎，不就。是歲，以處士徵至建康，爲開館於雞籠山，使聚徒教授。帝雅好藝文，使丹楊尹廬江何尚之立玄學，太子率更令何承天立史學，司徒參軍謝元立文學，并次宗儒學爲四學。元，靈運之從祖弟也。帝數次幸次宗學館，令次宗以巾褠侍講，資給甚厚。

胡三省注：褠，古侯翻。江南八士交際以爲盛服，蓋次朝服。毛脩之不肯以巾褠到殷景仁之門是也。《蜀註》曰：巾謂巾幘，褠謂單衣。

馮贄《雲仙雜記》卷七《沈休文多病》 沈休文多病，六月猶綿帽溫爐，食薑椒飯，不爾則委頓。《自慶集》

王鳴盛《十七史商榷》卷五五《白紗帽》 《南齊書·柳世隆傳》沈攸之反。初發江陵，已有叛者，後稍多。攸之日夕乘馬歷營撫慰，而去者不息。攸之大怒，召諸軍主曰：「我被太后令，建義下都，大事若剋，白紗帽共著耳。」此云共著，則非必爲帝，似是親近貴臣之服。然《南史·宋明帝紀》壽寂之等弑廢帝於後堂。建安王休仁便稱臣，奉引升西堂，登御坐。事出倉卒，上失履，跣，猶著烏紗帽，休仁呼主衣以白紗代之。又《齊高帝紀》蒼梧死，召袁粲等計議。王敬則乃拔刀在牀側躍麾衆曰：「天下之事，皆應關蕭公，敢有開一言者，血染敬則刀。」仍呼虎賁劒戟羽儀，手自取白紗帽加帝首，令帝即位，曰：「今日誰敢復動，事須及熱。」《南齊書·倖臣·茹法亮傳》延昌殿爲世祖陰室，藏諸御服。二少帝並居西殿，高宗即位住東齋，開陰室出世祖白紗帽防身刀。《梁書》《南史》《侯景傳》景逼簡文帝幸西州，帝著下屋白紗帽。又景自篡立後，時著白紗帽。 然則白紗帽爲帝者服甚明，蓋便服也。宋無《輿服志》，即在《禮志》；南齊有《輿服志》，皆不載白紗帽。

趙翼《廿二史劄記》卷一二《人君即位冠白紗帽》 宋前廢帝子業將殺湘東王彧，彧結左右壽寂之等弑帝於後堂，建安王休仁便稱臣，引彧升西堂，登御座。事出倉猝，猶著烏紗帽，休仁呼主衣以白紗帽代之，乃即位，是爲明帝。《明帝紀》後廢帝昱無道，蕭道成使王敬則結帝左右陳奉伯等弑之。 明旦，召大臣會議，敬則遽呼虎賁鈒戟羽儀，手自取白紗帽加道成首，令道成即位，曰事須及熱，道成呵之乃止。《齊高帝紀》又《齊書·柳世隆傳》，沈攸之起兵謂諸將曰：「我被太后令，建義下都，大事若剋，白紗帽當共著耳。」是古來人君即位，例著白紗帽。 蓋本太子由喪次即位之制，故事相沿，遂以白紗帽爲登極之服也。

《南朝宋會要·曆數·五行》 明帝初，司徒建安王休仁統軍赭圻，制烏紗帽，反抽帽裙，民間謂之「司徒狀」，京邑翕然相尚。

《南朝宋會要·職官·下議》 文帝元嘉六年，奉朝請徐道娛表御讀令不應素幘，詔門下詳議。《禮志》五。

《舊唐書》卷三《太宗紀下》 （貞觀八年）丁丑，上初服翼善冠，貴臣服進德冠。

《舊唐書》卷一一三《裴冕傳》 性本侈靡，好尚車服及營珍饌，名馬在櫪，直數百金者常十數。每會賓友，滋味品數，坐客有昧於名者。 自創巾子，其狀新奇，市肆因而効之，呼爲「僕射樣」。

《新唐書》卷一一八《吕元泰傳》 清源尉吕元泰，亦上書言時政曰：【略】比見坊邑相率爲渾脱隊，駿馬胡服，名曰『蘇莫遮』。」

封演《封氏聞見記》卷九《奇政》 李封爲延陵令，吏人有罪，不加杖罰，但令裹碧頭巾以辱之。 隨所犯輕重，以日數爲等級，日滿乃釋。 吳人著此服出入，州鄉以爲大恥，皆相勸勵，無敢僭違。「僭違」《唐語林》引作「犯」。 賦税常先諸縣。 既原無「既」字，據《唐語林》引補。 去官，竟不捶一人。

馮贄《雲仙雜記》卷二《菱角巾》 王鄰隱西山，頂菱角巾，又嘗就人買菱，脱頂巾貯之。 嘗未遇而歎曰：「此巾名實相副矣。」董慎《續豫章記》

李昉等《太平廣記》卷一六五《文宗》 文宗命中使宣兩軍中尉及諸司使内官等，不許着紗縠綾羅巾。 其後駙馬韋處仁見，巾夾羅巾以進。 上曰：「本慕卿門户清素，故俯從選尚。 如此巾服，從他諸戚爲之，卿不須爲也。」出《盧氏雜說》

王讜《唐語林》卷一《政事上》 李封爲延陵令，吏人有罪，不加杖罰，但令裹碧頭巾以辱之。 隨所犯輕重，以日數爲等級，日滿乃釋。 吳人著此服出入，州鄉以爲大恥，皆相勸勵無敢犯，賦税常先諸縣。 既去官，竟不捶一人。

本條原出《封氏聞見記》卷九《奇政》。《類說》卷六《封氏見聞記》題作《有罪令裹碧巾》。《說郛》（陶珽刊本）弓四八《唐語林·政事》亦載。

沈括《夢溪筆談·補筆談》卷二《官政》 孫伯純史館知蘇州，有不逞子弟與人爭「狀」字當從犬、當從大，因而搆訟。 孫令褫去巾帶，紗帽下乃是青巾。 孫判其牒曰：「偏傍從大，書傳無聞；巾帽用青，屠沽何異？ 量決小杖八下。」蘇民（聞）（傳）之以爲口實。

陸游《老學庵筆記》卷二 先左丞平居，朝章之外，惟服衫帽。 歸鄉，幕客來，亦必著帽與坐，延以酒食。 伯祖中大夫公每赴官，或從其子出仕，必著帽，遍別鄰曲。 民家或留以酒，亦爲盡歡，未嘗遺一家也。 其歸亦然。

陸游《老學庵筆記》卷五 張文昌《紗帽詩》云：「惟恐被人偷翦樣，不曾閑戴出書堂。」皮襲美亦云：「借樣裁巾怕索將。」王荆公于富貴聲色，略不動心，得耿天隲惠竹根冠，愛詠不已。 予雅有道冠、拄杖二癖，每自笑歎，然亦賴古多此賢也。

《全宋文》卷一一二三王珪《賜夏國主乞買物詔》 詔夏國主：省所奏買幞頭帽子并紅鞓腰帶襯等物件，乞從今後凡有買賣，特降指揮，無令艱阻以聞。 事具悉。善纂前修，逖守西土，通奏函於信介，易服用於上都。體乃馳誠，勤於嚮化，特從俞允，用洽睠私。已令管勾都亭西驛所依例收買應付。《華陽集》卷一九。又見《宋大詔令集》卷二三四。

《明史》卷二九《志第五·五行二》 正德元年，婦女多用珠結蓋頭，謂之瓔珞。十三年正月，車駕還京，令朝臣用曳撒大帽鸞帶。給事中朱鳴陽言，曳撒大帽，行役所用，非見君服。皆近服妖也。十五年十二月，帝平宸濠還京，俘從逆者及懸諸逆首於竿，皆標以白幟，數里皆白。時帝已不豫，見者識其不祥。崇禎時，朝臣好以紗縠、竹籜爲帶，取其便易。論者謂金銀重而貴，紗籜賤而輕，殆賤將乘貴也。時北方小民製幘，低側其簷，自掩眉目，名曰「不認親」。其後寇亂民散，途遇親戚，有飲泣不敢言，或掉臂去之者。

《明史》卷二九《志第五·五行二》 時北方小民製幘，低側其簷，自掩眉目，名曰「不認親」。其後寇亂民散，途遇親戚，有飲泣不敢言，或掉臂去之者。

褚人穫《堅瓠集》戊集卷二《風流帽》 《桐下聽然》馮南谷，吳門博徒，善恢諧，嘗負博錢十萬，匄貸豪門。時王元美在坐，戲以優人風流帽襲其首曰：能詩，當如所請。馮即朗吟曰：「天下風流少，區區帽上多。鬢邊齊拍手，恰似按笙歌。」元美欣然贈十金，一時座客爲充囊而去，明日訪之，室如洗矣。按風流帽亦稱不倫圍，如束帛兩旁，白翅不搖而自動，惟《白兔記》李洪義八義記樂人戴之。先大父言張幼于門客某欲告貸于幼于，浼其兄伯起爲言，幼于諾之，復曰：「以不倫爲題，吟詩一首，能則與之。」伯起復於客，客求伯起代作前詩。明日客見幼于，伯起已在坐，客言其情，幼于初命題，客毫不思索，隨口吟詩。幼于曰：「非汝所能，幾不與。」伯起婉言，得如所請。

褚人穫《堅瓠集》續集卷三《落帽》 孟嘉爲桓溫參軍，九日溫宴龍山僚佐畢集，風吹嘉帽落地。嘉不覺，溫戒左右勿言。嘉良久如廁，溫令取還之，命孫盛作文嘲焉。登高落帽事，不獨孟嘉，《泰和山志》載有落帽峰，漢神仙戴孟于此飛昇，落帽於上，下有石橋。

藝文

張衡《張衡詩文集·二京賦》 夏正三朝，庭燎晢晢。撞洪鍾，伐靈鼓，旁震八鄙，軯礚隱訇，若疾霆轉雷而激迅風也。是時稱警蹕已，下雕輦於東廂。冠通天，佩玉璽，紆皇組，要干將，負斧扆，次席紛純，左右玉几，而南面以聽矣。【略】及將祀天郊，報地功，祈福乎上玄，思所以爲虔。肅肅之儀盡，穆穆之禮殫。然後以獻精誠，奉禋祀，曰允矣天子者也。乃整法服，正冕帶，珩紞紘綖，玉笄綦會。火龍黼黻，藻繂鞶厲。

《初學記》卷二六《冠第一》 李尤《冠幘銘》冠爲元服，幘爲首服，君子敬慎，自强不忘。

《初學記》卷二六《冠第一》 傅玄《冠銘》居高无忘危，在上无忘敬，懼則安，敬則正。

鮑照《鮑參軍集》卷一《園葵賦》 主人拂黄冠，拭藜杖，布蔬種，平圻壤。

王績《王無功文集》卷二《被徵謝病》 漢朝徵隱士，唐年訪逸人。【略】卧病劉公幹，躬耕鄭子真。横裁桑節杖，竪剪竹皮巾。

王維《王摩詰詩集》卷二《故人張諲工詩善易卜【略】》 不逐東城游俠兒，隱囊紗帽坐彈碁。蜀中夫子時開卦，洛下書生解詠詩。

李白《李太白全集》卷五《幽州胡馬客歌》 幽州胡馬客，緑眼虎皮冠。笑拂兩隻箭，萬人不可干。

李白《李太白全集》卷一七《魯郡堯祠送竇明府薄華還西京》 朝策犂眉騧，舉鞭力不堪。强扶愁疾向何處，角巾微服堯祠南。

李白《李太白全集》卷二三《魯中都東樓醉起作》 昨日東樓醉，還應倒接䍦。阿誰扶上馬，不省下樓時。

杜甫《杜工部詩集》卷二《賓至》 有客過茅宇，呼兒正葛巾。

《北鄰》 明府豈辭滿，藏身方告勞。青錢買野竹，白幘江岸皋。

《南鄰》 錦里先生烏角巾，園收芋粟不全貧。

杜甫《杜工部詩集》卷八《發劉郎浦》 白頭厭伴漁人宿，黄帽青鞋歸去來。

《別董頲》 當念著白帽，采薇青雲端。

杜甫《杜工部詩集》卷九《奉寄河南韋尹大人》 有客傳河尹，逢人問孔融。青囊仍隱逸，章甫尚西東。

《陪鄭廣文遊何將軍山林十首》之八 醉把青荷葉，狂遺白接䍦。

《九日藍田崔氏莊》 老去悲秋强自寬，興來今日盡君歡。羞將短髮還吹帽，笑倩旁人爲正冠。

杜甫《杜工部詩集》卷一〇《奉陪鄭駙馬韋曲二首》之一　石角鉤衣破，藤枝刺眼新。何時占叢竹，頭戴小烏巾。

杜甫《杜工部詩集》卷一二《嚴中丞枉駕見過》　扁舟不獨如張翰，白帽還應似管寧。

《課小豎鉏斫舍北果林枝蔓荒穢淨訖，移牀三首》之二　吟詩坐迴首，隨意葛巾低。

杜甫《杜工部詩集》卷一五《寄劉峽州伯華使君四十韻》　憑久烏皮折，簪稀白帽稜。

杜甫《杜工部詩集》卷一六《九日五首》之四　爲客裁烏帽，從兒具綠尊。

杜甫《杜工部詩集》卷一八《纜舟苦風戲題四韻奉簡鄭十二刺官》　吹帽時時落，維舟日日孤。

《小寒食舟中作》　佳辰强飯食猶寒，隱几蕭條帶鶡冠。

《奉酬寇十侍御錫見寄四韻復寄寇》　詩憶傷心處，春深把臂前。南瞻按百越，黄帽待君偏。

《遣憂》　亂離知又甚，消息苦難真。受諫無今日，臨危憶古人。紛紛乘白馬，攘攘著黄巾。

盧綸《盧綸詩集》卷一《無題》　恥將名利託交親，只向尊前樂此身。才大不應成滯客，時危且喜是閒人。高歌猶愛《思歸引》，醉語惟誇漉酒巾。

盧綸《盧綸詩集》卷四《春日喜雨奉和侍中宴白樓》　今朝醉舞共鄉老，不覺傾欹獬豸冠。

張籍《張司業詩集》卷七《答元八遺紗帽》　黑紗方帽君邊得，稱到山前坐竹牀。唯恐被人偷樣剪，不曾閒戴出書堂。

白居易《白居易集》卷一九《訪陳二》　曉垂朱綬帶，晚著白綸巾。出去爲朝客，歸來是野人。

白居易《白居易集·外集》卷上《贈張處士山人》　蘿襟蕙帶竹皮巾，雖到塵中不染塵。每見俗人多慘澹，惟逢美酒即殷勤。浮雲心事誰能會？老鶴風標不可親。世説三生如不謬，共疑巢許是前身。

柳宗元《柳宗元集》卷四二《奉酬楊侍郎【略】二首》之二　一生判却歸休，謂著南冠到頭。〔孫曰〕《左傳》：有南冠而縶者。胡廣曰：南冠，楚冠也。秦滅楚，以賜執法近臣，號柱後惠文冠。冶長雖解縲紲，無由得見東周。

柳宗元《柳宗元集》卷四二《柳州峒氓》　愁向公庭問重譯，欲投章甫作文身。〔韓曰〕《禮記·儒行》：孔子居魯，冠章甫之冠。《莊子》：宋人資章甫而適越，越人斷髮文身，無所用之。

柳宗元《柳宗元集》卷四三《旦攜謝山人至愚池》　新沐换輕幘，〔韓曰〕《楚辭·漁父》篇：新沐者必彈冠。曉池風露清。自諧塵外意，況與幽人行。霞散衆山迥，天高數雁鳴。機心付當路，聊適羲皇情。

元稹《元稹集》卷七《遣春十首》之九　花蔭莎草長，藉莎閒自酌。坐看鶯鬥枝，輕花滿尊杓。葛巾竹稍掛，書卷琴上閣。沽酒過此生，狂歌眼前樂。

元稹《元稹集》卷二〇《三兄以白角巾寄遺，髮不勝冠，因有感歎》　病瘴年深渾秃盡，那能勝置角頭巾。暗梳蓬髮羞臨鏡，私戴蓮花恥見人。白髮過於冠色白，銀釘少校頷中銀。我身四十猶如此，何况吾兄六十身。

李德裕《李衛公會昌一品集》卷一九《謝宣示嗢没斯等冠帶訖圖狀》　伏以漢宣帝時，呼韓單于來朝京邑，然待以客禮，未備漢儀，至後漢建武二十六年，單于慕先人之義，歸心中國，光武修祖宗之業，柔服北邊，因其稱藩，始加冠帶。厥後緜歷五代，僅及千年，惟聞征伐之勤，莫覩來廷之盛。伏惟陛下功高漢后，威服窮荒，不勞六月之師，坐俟七旬之格，故得嗢没斯誓心向闕，稽首歸忠，自獻刑馬之書，仍酌留犂之酒，永勵臣節，以保塞垣。今則榮以彯纓，解其衣毳，簪笏就列，威儀可觀。推勁悍之心，豈勞戴鶡服禮義之化，寧比冠鷄，鑒於丹青益表神化。臣等謬參樞近，獲覩成功，歡忭之心，倍萬常品。

《李賀詩集·始爲奉禮憶昌谷山居》　向壁懸如意，當簾閱角巾。

羅隱《羅隱集·甲乙集·廣陵春日憶池陽有寄》　别後故人冠獬豸，病來知己賞《鷦鷯》。清流夾宅千家住，會待閑乘一信潮。

陸龜蒙《甫里集》卷一二《漉酒巾》　靖節高風不可攀，此巾猶墜凍醪間。偏宜雪夜山中戴，認取時情與醉顔。

《華陽巾》　蓮花峯下得佳名，雲褐相兼上鶴翎。須是古壇秋霽後，静焚香炷禮寒星。

皮日休《皮子文藪》卷一〇《鹿門夏日》　滿院松桂陰，日午却不知。山人睡一覺，庭鵲立未移。出簷趁雲去，忘戴白接䍦。書眼若薄霧，酒腸如漏巵。身外所勞者，飲食須自持。何如便絶粒，直使身無爲。

皮日休《皮子文藪》附録一《陳先輩故居》　杉柱交陰一里餘，逢人渾似洞天居。千株橘樹唯沽酒，十頃蓮塘不買魚。藜杖閒來侵徑竹，角巾端坐滿樓書。襄陽無限煙霞地，難覓幽奇似此殊。

皮日休《皮子文藪》附録一《以紗巾寄魯望，因而有作》　周家新樣替三梁，頭巾起後周武帝。裹髮偏宜白面郎。掩斂乍疑裁黑霧，輕明渾似戴玄霜。今朝定見看花昃，明日應聞漉酒香。更有一般君未識，虎文巾在絳霄房。

皮日休《皮子文藪》附録一《魯望以竹夾膝見寄，因次韻酬謝》　圓於玉柱滑於龍，來自衡陽彩翠中。拂潤恐飛清夏雨，叩虛疑貯碧湘風。大勝書客裁成柬，頗賽谿翁截竹筒。從此角巾因爾戴，俗人相訪若爲通。

皮日休《皮子文藪》附録一《新秋即事三首》之一　堪笑高陽病酒徒，幅巾瀟灑在東吳。秋期净掃雲根瘦，山信迴緘乳管粗。白月半窗抄术序，清泉一器授芝圖。乞求待得西風起，盡挽煙帆入太湖。

皮日休《皮子文藪》附録一《寄題鏡巖周尊師所居》　八十餘年住鏡巖，鹿皮巾下雪髟髟。牀寒不奈雲縈枕，經潤何妨雨滴函。飲澗猿迴窺絶洞，緣梯人歇倚危杉。如何計吏窮於鳥，欲望仙都舉一帆。

皮日休《皮子文藪》附録一《潤卿魯望寒夜見訪，各惜其志，遂成一絶》　世外爲交不是親，醉吟俱岸白綸巾。清風月白更三點，未放華陽鶴上人。

崔致遠《桂苑筆耕集》卷一八《端午節送物狀》　織成鞍、幞一條

右伏以晏陰將定，令節俄臨，遇天地之仁時，睹江淮之樂境。伏惟太尉應五百年景運，用八千歲爲春，仰贊薰風，高揚畏日，不假渡瀘之役，自成匡漢之謀。某忝在末■，合陳微禮。前件鞍幞鴛機呈妙，獸錦成華，當憩影於追風，或資光於照地。伏願鞍也助百福永安之慶，幞也表四方率服之誠，干黷尊嚴，下情無任禱祝兢惶懇激之至，伏惟俯賜容納。謹狀。

徐寅《徐正字詩賦》卷二《銀結條冠子》　日下徵良匠，宫中贈阿嬌。瑞蓮開二朵，瓊縷織千條。蟬翼輕輕結，花紋細細挑。舞時紅袖舉，纖影透龍綃。

《全唐詩》卷三七王績《嘗春酒》　野觴浮鄭酌，山酒漉陶巾。但令千日醉，何惜兩三春。

《全唐五代詞》卷一張説《蘇摩遮》（其二）　繡裝帕額寶花冠，夷歌騎舞借人看。自能激水成陰氣，不慮今年寒不寒。

《全唐五代詞》卷六孫光憲《浣溪沙》其九　烏帽斜欹倒佩魚，静街偷步訪仙居，隔牆應認打門初。

《事類賦》卷一二《服用部・冠》　夫冠者，所以飾首而别成人者也。《白虎通》曰：冠，帷也，所以帷持髪也。人示成，禮有修飾文章，故制冠以飾首，别成人也。若夫藹藹揚輝，左思《魏都賦》曰：藹藹列侍，金貂齊光。金蟬翠緌。《梁書》曰：帝臨軒冠太子於太極殿。舊制，太子著遠遊冠，金貂蟬，翠緌纓，至是詔加金博山。周之委貌，夏之（母）〔毋〕追。《禮》曰：委貌，周道也。章甫，殷道也。（母）〔毋〕追，夏后氏之道也。毋音牟，追音堆。柱後惠文，執法近臣之服。《三禮圖》曰：法冠曰柱後，惠文一曰獬豸冠。柱高五寸，以纚爲展筩，以鐵爲卷柱。蔡邕《獨斷》曰：法冠，秦制，執法者服之。漢制，侍中、中常侍皆冠惠文，加貂附蟬。高山測注行人，謁者之儀。《三禮圖》曰：高山冠，一曰測注。高九寸，鐵爲卷梁。秦制，行人使者所服，今謁者服之。爾其本於縮縫，《禮》曰：古者冠縮縫，今也衡縫，故喪冠之，及吉非古也。鄭玄注：解時人之惑，喪冠縮縫，古冠耳。始於緇布。《三禮圖》曰：緇布冠，始冠之冠也。太古冠布，齊則緇之，未有緌纓，故麻耳。黈纊如橘，《隋書》曰：六等之冕，皆有黈纊，黄綿爲之，其大如橘，自皇太子以下三犀，導青纓。垂旒若露。《古今注》曰：牛亨問：冕旒稱繁露，何也？答曰：綴而下垂，如露之繁多，故曰繁露。楚子通梁，《淮南子》曰：楚莊王通梁組纓。高誘注：通梁，遠遊冠。魯儒章甫。見《衣賦》仲尼逢掖注。《禮》曰：孔子對魯公曰：丘少居魯，衣逢掖之衣。長居宋，冠章甫之冠。鄭玄注曰：逢猶大也，大袂禪衣，君子有道藝者所衣也。見諸侯之繢緌，識天王之朱組。《禮》曰：玄冠，朱組纓，天子之冠也。緇布冠，繢緌，諸侯之冠也。鄭玄注云：皆始冠之冠也。招虞人而不進，見《弓賦》虞人不進注。《左傳》曰：齊景公田於沛招虞人以弓，不進，公使執之。辭曰：旌以招大夫，弓以招士，皮冠以招虞人。臣不見皮冠，故不敢進。問仲尼而寧語。《家語》曰：哀公問孔子曰：昔舜何冠？孔子不對。公曰：有問於子，不對何也？對曰：舜之爲君，好生惡殺，仕能授賢，君舍是不遵，而冠是問，是以緩對。卑狹已傳於梁冀，《續漢書》曰：梁冀改輿服，制卑幘狹冠。毁裂詎堪於伯父。《左傳》曰：王使詹桓伯辭於晉曰：我在伯父，猶衣服之有冠冕，水木之有本源，民人之有謀主。伯父若裂冠毁冕，拔本塞源，而棄其謀主，雖戎狄，其何有余一人。若其戴北斗之奇製，曹植《與陳琳書》曰：夫披翠雲以爲衣，戴北斗以爲冠，帶虹霓以爲紳，連日月以爲佩，此服非不美也，然而帝王不服者，望殊於天志絶於心矣。題南部之嘉名。《後漢書》曰：崔林給事黄門，參定禮儀，帝嘗閱故府得舊冠，題曰：南部尚書崔逞制。顧謂林曰：此卿家舊事也。文雅既訝於欣泰，《梁書》曰：張欣泰爲直閤部兵校尉，領羽林監，通涉雅俗，交結多士，名素正直，著鹿皮冠，挾素琴，有以啟武帝。帝曰：將家兒何敢作此舉止。簡彝復怪於陳靈。《國語》曰：定王使單襄公聘楚，假道於陳。陳靈公與孔寧、儀行父南冠以如夏氏。單子歸，告王

曰：衮冕而南冠以出，不亦簡彝乎？韋昭注云：謂簡畧常服也。鄙宋康之示勇，桓子《新論》曰：宋康王爲無頭之冠以示勇。傷子路之結纓。《左傳》曰：石乞、孟黶作亂〔敵〕子路，以戈擊之，斷纓。子路曰：君子死，冠不免，結纓而死。大有寬饒之制，《漢書》曰：蓋寬饒初拜衛司馬，冠大冠帶長劍。小聞子夏之稱。《漢書》曰：杜欽字子夏，家富而目偏盲，茂陵杜鄴亦字子夏，時人號欽爲盲杜子夏以相别，欽惡以疾詆，乃爲小冠，廣〔高〕裁（一）〔二〕寸，由是京師更謂欽爲小冠杜子夏。彈之蓋申於知己，《漢書》曰：王陽與貢禹爲友，陽爲益州刺史。禹聞之，彈其冠以待陽薦，陽薦禹於成帝，召爲大夫。溺之不喜於儒生。《漢書》曰：沛公略地陳留，麾下騎士〔適〕酈，食其里中子（也），食其見之曰：沛公吾所欲從遊。騎曰：沛公不喜儒，諸客冠來者，沛公輒解〔其〕冠，溺其中，未可以儒生説也。至於魯國紫緌，《禮・玉藻》曰：玄冠紫緌，自魯桓公始也。鄭玄注云：蓋僭宋王者之後，服緌當用纘。衛文大帛《左傳》曰：狄人滅衛，齊桓封衛於楚丘。衛文公大布之衣，大帛之冠。杜預注：用諸侯諒闇之服。奇服切雲《楚辭》曰：余幼好此奇服，帶長鋏之陸離，冠切雲之崔嵬。華纓飛翮。張衡《七辯》曰：微霧之冠，飛翮之纓。漢高之作竹皮，《漢書》曰：高祖爲亭長，以竹皮爲冠。及貴，所謂劉氏冠也。後令爵非公乘以上，無得冠劉氏。段熲之爲赤幘。《東觀漢記》曰：段熲滅羌，詔賜熲赤幘大冠一具。則有服玆黼冔，《詩》曰：殷士膚敏，裸將於京。厥作裸將，常服黼冔。毛亨注：黼，白與黑。冔，殷冠也。戴此紘綖。《左傳》曰：衡紞紘綖，昭其度也。杜預注紘纓從下而上者，綖冠上覆。弁師之司五冕，《周禮》曰：弁師掌王之五冕，朱裏延紐，五采繅，十有二就。鄭玄注：延冕之覆，紐小鼻，笄所貫，繅合五色絲爲之，垂於延之前後，各十有二，所謂邃延也。就，成也。繩之每一帀而貫五采，十二旒則十二玉也。彦回之惜三蟬。《齊書》曰：何戢爲侍中，上欲轉戢領選，問尚書令褚彦回，以戢資重，欲加散騎常侍。彦回曰：宋時王球從侍中中書令單作吏部尚書，資與戢相似。領選職方惜小輕，不容頓加常侍。臣與王儉已左珥，若復加戢，則八座便有三蟬。若帖以驍、游，亦不爲少。乃以戢爲吏部尚書、加驍騎將軍。豈畏郭彰之截角，《晉書》曰：劉暾字長升，轉侍御史。武庫火，尚書郭彰率百人自衛，而不救火。暾正色詰之，彰怒曰：我能截君角也。暾勃然謂彰曰：君何敢恃寵作威作福，天子法冠而欲截角乎。求紙筆奏之，彰伏不敢言，衆人解釋乃止。唯訝劉虞之補穿。《後漢書》曰：劉虞爲公孫瓚所誅。初，虞以儉素爲操，冠敝不改，乃就補其穿。及遇害，瓚兵搜其内，而妻妾服羅紈盛飾，時人以此疑之。復有上元九星之華，王母晨纓之美。《漢武内傳》曰：上元夫人戴九星靈芝夜光之冠，西王母戴太真晨纓之冠。衛叔芙蓉之飾，《神仙服食經》曰：漢武帝閒居未央殿，有人乘白雲車，駕白鹿，冠芙蓉冠，曰：我中山衛叔卿也。籍孺鵔鸃之麗。《史記》曰：高祖時籍孺，孝惠帝時閎孺，婉佞貴倖，與上同卧起，故惠帝時郎中皆冠鵔鸃，貝帶，傅脂粉，比閎籍之屬。宋文拔貂以接下，蕭子顯《齊書》曰：侍中世爲親近職，魏晉選用稍增華重。宋文帝元嘉中，王曇首、殷景仁等，並爲侍中，情任親密。景仁與帝接膝共語，貂拂帝，帝手拔貂置案上，語畢，復手插之。楚莊絶纓而待士。《説苑》曰：楚莊王賜郡臣酒，日暮燭滅，有引美人之衣者，美人援絶其冠纓，告王趣火來視絶纓者。王曰：賜人酒，使醉失禮，奈何顯婦人之節，而辱士乎。乃命皆絶去其冠纓，然後復舉燭。集烏曾感於曾參，見《烏賦》集庭於有虞注。《抱朴子》曰：夫烏何以三足，陽數奇也。是以有虞至孝，三足集其庭；曾子鋤瓜，三足萃其冠。飛蟬更欣於朱异。《梁書》曰：朱异除中書郎，時秋日始拜，有飛蟬正集异冠上，時咸謂蟬珥之兆，後果如其言。收冔之名既異，《禮》曰：周弁、殷冔、夏收，三王共皮弁素積。冔，音詡。齊楚之制亦殊。《墨子》曰：昔齊桓公高冠博帶，以治其國。楚莊王鮮冠組纓，絳衣博袍，以治其國。管仲曾言於救失，見《酒賦》醉裏遺冠注。《韓子》曰：齊桓公飲酒醉，遺其冠，恥之，三日不朝。管仲曰：此非有國之耻也，公胡不雪之以政？公曰：善。因發倉賜貧窮，論囹圄，出薄罪。處三日而民歌之曰：公胡不復遺冠乎？孫敖方嘉於行誅。《淮南子》曰：楚莊王誅史里，孫叔敖製冠浣衣。高誘注云：史里，佞臣也。惡人誅，自知當見用。嘗聞伯之獺皮，《梁書》曰：陳伯之好著獺皮冠。江充蟬纚。見《衣賦》偉江充之曲裾注。《漢書》曰：江充初召見犬臺宫，衣紗縠單衣，曲裾後垂交輸冠蟬纚步摇冠，飛翮之纓，容貌甚壯。帝謂左右曰：燕趙固多奇士。顔師古注云：交輸若燕尾，垂之兩旁，見於後也。冠蟬纚，故步則摇。又以鳥羽作纓。御史豸角，《唐書》曰：侍御史宋放，請復置朱衣豸冠於内廊。有犯法者，御史服以彈之。虎賁鶡尾。《漢官儀》曰：虎賁冠，插鶡尾。鶡，鷙鳥中之果勁者也，每所攫撮，應爪摧碎尾。上黨所貢。士會黻冕，《左傳》曰：士會滅赤狄。晉侯請於王，以黼冕命士會將中軍，且爲太傅。晉侯端委。《國語》曰：周襄王賜晉文公，命晉侯端委而入。韋昭注云：玄端之衣，委貌之冠也。或以樊噲作名，周遷《輿服志》曰：樊噲製衣包楯，戴以爲冠，排入項羽營。今司馬殿門衛士服之，制似冕。或以慕容爲氏。《前燕録》曰：慕容廆曾祖父莫護跋，見燕代少年多冠步摇冠，好之。乃斂髮襲冠，諸部因呼之爲步摇。其後音訛而爲慕容，遂以慕容爲氏。垂緌既表於游惰，縞武因知其不齒。《禮》曰：垂緌五寸，惰游之士也。玄冠縞武，不齒之服也。鄭玄注云：惰游，罷民也。垂緌於縞冠，不齒，所以放不帥教者。亦有冠之而曾無醜士，陸機《纓》詩曰：冠冕無醜士，長纓皆雋民。遺之而信是小人。《瑣語》曰：范獻子卜獵，占之，繇曰：君子得黿，小人遺冠。范獻子獵而無得，遺其豹冠。雲公見戲於燒燭，《齊書》曰：陸雲公善奕棊。嘗夜侍武帝，冠觸燭火，帝笑謂曰：燭燒卿貂。帝將用爲侍中，故以此戲之。江淹獨欣於采薪。蕭子顯《齊書》曰：江淹年十三時，孤貧，嘗采薪以養母，曾於樵所得貂蟬一具，將鬻以供養其母。母曰：此乃汝之休徵也，汝才行若此，豈長貧賤，可留待得侍中著之。後果拜侍中。見彈治於梁相，《漢書》曰：張敞弟武爲梁相，敞遣吏送之。問曰：何以治梁？武曰：馭黠馬者利其銜策，當以杜後惠文彈治之耳。吏還告，敞曰：必辨治梁矣。顏師古注：秦執法法冠也，今御史服之。從嗜好於鄒君。《韓子》曰：鄒君好服纓，左右皆作長纓。纓甚貴，鄒君患之。於是鄒君自斷冠纓，國中皆不服。望汲黯而避武帳，《史記》曰：丞相公孫弘燕見，上或時不冠。至於汲黯見，上不冠不見。嘗坐武帳中，黯前奏事，上不冠，望見黯，避帳中。辭王莽而挂東門。《東觀漢記》曰：王莽居攝，子宇諫莽，莽殺之。逢萌謂其友人曰：三綱絶矣，不去禍將及。人即解冠，挂東門而去。交讓知求舊之意，《東觀漢記》曰：馬援與公孫述有舊，援入蜀，述見之甚喜，冠之交讓之冠，立舊友之位。枝木聞訾聖之言。《莊子》曰：盜跖責孔子曰：爾詐言造語，妄稱文武。冠枝木之冠，帶死牛之脇，摇唇鼓舌，擅生是非，以迷天下主。觀其飾以貂鼲，劉楨《答魏文帝牋》曰：貂鼲之尾，挂侍臣之幘。簪之玳瑁。班固《與竇憲牋》曰：將軍哀憐，賜以玉躬所喜駭犀玳瑁簪。《史記》曰：趙平原君使人於春申君，趙使欲夸楚爲玳瑁簪。春申君客三千餘人，上客皆躡珠履，趙使大慙。莊子縵胡之稱，見《劍賦》改此縵胡注。《莊子》曰：趙文王喜劍，太子悝患之。莊子將往見，太子曰：吾王所好，劍士也，皆蓬頭突鬢，垂冠，縵胡之纓，短後之衣。今夫子儒服，事必大逆。莊子乃治劍服。王脱白刃以待之，莊子入曰：臣欲以劍見。臣之劍十步一人，千里不留行。王悦，曰：天下無敵矣。子曰：臣者三劍，唯王所用。天子之劍，則以熱谿石城爲鋒，齊岱爲鍔，晉衛爲脊，周宋爲鐔，韓魏爲鋏，包以四夷，裹以四時。此劍直之無前，舉之無上，接之無下。此劍一用，天下服矣。諸侯之劍，以智勇士爲鋒，以清廉士爲鍔，以忠信士爲鐔，以豪傑士爲鋏。此劍一用，四封之内無不服。庶人之劍，蓬頭突鬢，垂冠，縵胡之纓，短後之服，相擊於前。今大王有天子之位而好庶人之劍，臣竊爲大王薄之。王乃罷。齊將兜鍪之對。《齊書》曰：周盤龍爲東平太守，求解職見許，還爲散騎常侍。武帝戲之曰：卿著貂蟬，何如兜鍪？盤龍曰：此貂蟬從兜鍪中生耳。賜遠游於于禁，魏文帝與于禁詔曰：昔漢高脱衣以衣韓信，光武解綬以帶李忠，誠皆人主當時貴敬功勞，今以遠游冠與將軍。加進賢於李繪。《北齊書》曰：文襄嗣業，以前司徒侯景進賢冠賜李繪，曰：卿但直心事孤，當用卿爲三公，勿學侯景叛也。或以金貂換酒，《晉書》曰：阮孚字遥集，爲安東府參軍。蓬髮飲酒，不以王務嬰心。後拜散騎常侍，性既嗜酒，嘗以金貂换酒，爲有司所彈，帝宥之。或以氂纓請罪。《家語》曰：大夫請罪用白冠氂纓。又若象玄武之威，《春秋繁露》曰：冠之在首，玄武之象也。玄武，貌之最嚴威者，其象在後，及居首者，武之至而不用者矣。採零陵之竹。《周書》曰：成王將加元服，周公使人來零陵，取文竹爲冠。認都人之緇撮，《詩》曰：彼都人士，臺笠緇撮。毛亨注云：緇撮，緇布冠。見野夫之草服。《禮》曰：黄衣黄冠而祭，息田夫也。野夫黄冠。黄冠，草服也。從楚莊之好，《淮南子》曰：楚莊王好觟冠，楚國傚之。高誘注曰：觟冠，今力士冠。胡无切。笑夫差之欲。《穀梁》曰：哀公會晉侯、吴子於黄池，吴王夫差曰：好冠來。孔子曰：大差未能言冠而欲冠也。范甯注云：不知冠有差等，唯欲好冠。魏牟之諷敗繼，桓子《新論》曰：魏牟見趙王，王方使冠工制冠於前。問治國於牟，對曰：大王誠能重國若此，二尺繼則國治且安。王曰：社稷至重而比之二尺繼，可也？牟曰：大王制冠，不使親近，而必求良工者，非爲其敗繼而冠不成歟。今治國不求良士，而任其私愛，此非輕國於二尺繼之効耶。王無以應。王斗之言愛縠。《戰國策》曰：王斗謂齊王曰：王之愛國愛民，不若王愛尺縠也。王曰：何謂？斗曰：王使人爲冠，不使左右便辟而使工者，何也？爲能之也。今王治齊，非左右便辟無使也，臣故曰不如愛尺縠也。及有練纓麻冕，《尉繚子》曰：天子玄冠玄纓，諸侯素冠素纓，大夫以下練冠練纓。《論語》曰：麻冕禮也，今也純儉。瓊弁金顔。晉成公綏《七唱》曰：瓊弁曜首，玉纓照軀。徐旻釋辭曰：通天冠，金博山蟬，謂之金顔。宦者四星，咸加於巧士。《漢輿服志》曰：巧士冠，高七寸，不常服，唯郊天，黄門從官四人冠之。在鹵簿中，次乘輿車前，以備宦者四星。舞人八佾，並戴乎方山。《三禮圖》曰：五采方山冠，各以其采縠爲之。祠廟，天子八佾樂五行，舞人所服。愛此附蟬，蔡邕《獨斷》曰：侍中中常侍，皆冠惠文加貂附蟬。鄙夫聚鷸。《左傳》曰：鄭子臧好聚鷸冠，鄭伯使盜誘而殺之。君子曰：服之不衷，身之災也。范子但言於求貨，《左傳》曰：范獻子求貨於叔孫，使請冠焉。取其冠法，而與之兩冠，曰：盡矣。杜預注：請貨以求冠爲辭。許子未聞於自織，《孟子》曰：陳相言許行之道於孟子曰：滕君雖賢，未聞道也。賢者與民並耕而食，今滕有倉廩府庫，則是厲民以自養也。孟子曰：許子冠乎？曰：冠素。曰：自織之歟？曰：以粟易之。曰：許子奚爲不自織冠，何爲紛紛然與百工交易也。曰：百工之事，固不可耕且爲也。曰：無則治天下者，獨可耕且爲與。陳思之願武弁，《魏志》曰：陳思王植上疏曰：臣若得辭遠游，戴武弁，解朱組，佩青綬，乃臣之至願也。御史之簪白筆，見《筆賦》毦白織於辛毗注。《魏志》曰：明帝見殿中侍御史簪白筆側階而立，問此何官。辛毗曰：御史簪筆書過，以紀陛下不依古法者。今直備官毦筆耳。皆所以表成人之義，盡文章之飾也。

梅堯臣《梅堯臣集》卷二《與諸友普明院亭納涼分題》 岸幘清涼地，脩然樂未窮。竹陰過晚雨，林表見殘虹。花影平波上，經聲小塢東。還思醉吟者，寧與此時同。

梅堯臣《梅堯臣集》卷二《得高樹早涼歸》 翻然思何苦，昨夜秋風高。良友念將別，幅巾邀此遨。

梅堯臣《梅堯臣集》卷四《楊畋赴官并州》 嘗聞地近胡，寒氣盛中都。車馬行臨塞，關山見落榆。吴鈎皆尚壯，章甫幾爲儒。寄謝西曹掾，能吟秀句無。

梅堯臣《梅堯臣集》卷五《謝賓客挽歌三首》之一 位不登三事，才宜列四科。清名時自得，華冕世空多。

《梅堯臣集》卷七《脩真觀李道士，年老貧餓，無所依，忽縊死，因爲詩以悼之》 唐室王子後，黄冠事隱淪。餐霞不滿腹，披雲不蔽身。八十不能死，縊以頭上巾。始慕老莊術，終厭道德貧。營營求長生，反困甑中塵。

梅堯臣《梅堯臣集》卷一一《醉中留别永叔子履》 蕭蕭細雨作寒色，厭厭盡醉安可辭。門前有客莫許報，我方劇飲冠幘欹。

梅堯臣《梅堯臣集》卷一四《迴自青龍呈謝師直》 前夕與君歡且飲，飲纔數盞我已眠。雞鳴犬吠似聒耳，舉頭屋室皆左旋。起來整巾不稱意，挂帆直走滄海邊。便欲騎鯨去萬里，列缺不借霹靂鞭。

梅堯臣《梅堯臣集》卷一五《丞相二章》 丞相之拜，冠弁旅至，乘馬載驅，如彼鉅瀦。有鴈有鶩，有黿有魚，烝然來萃，翔泳嘯呼。

梅堯臣《梅堯臣集》卷一五《劉八飲將散分得非休沐不得會》 君非休沐時，茲會豈能得。我無官局縈，幸爾預歡適。莫辭衝雨歸，歸時烏帽側。

梅堯臣《梅堯臣集》卷一六《合流值雨與曹光道飲》 秋風嚎衰林，秋雨阻歸客。賴有故時交，舉杯聊岸幘。談兵與論文，曾不涉陳迹。必竟無所施，醉去思泉石。

《梅堯臣集》卷一六《依韻和韓子華陪王舅道損宴集》 邀射弓鈞開，破的翦羽白。助中聲喧呼，不覺屢傾幘。醉驚一發功，誰許百金易。非等將帥能，聊將賓友適。

梅堯臣《梅堯臣集》卷一七《寄題蘇子美滄浪亭》 行吟《招隱》詩，懶戴醉中巾。憂患兩都忘，還往誰與頻。

梅堯臣《梅堯臣集》卷一八《下土橋，送刁景純，忽大風，韓子華先歸，遺其小方巾，明日持還副以此詩》 昨日汴水頭，共餞東去人。暴風吹黄沙，對面不相親。歸來乘大馬，悮擲小方巾。平明馳奴還，偷樣古逼真。

梅堯臣《梅堯臣集》卷一八《將次項城阻風，舟不能進》 逆水寒風急，輕舟晚不前。因來泊古渡，聊且上平田。草軟行方穩，鶵驚去瞥然。却尋孤岸遠，吹幘亂華顛。

梅堯臣《梅堯臣集》卷一九《依韻和許發運游泗州草堂寺之什》 遠客歸空速，千檣密自挨。醒論時事正，醉戴野巾喎。

梅堯臣《梅堯臣集》卷二一《杜挺之新得和州，將出京，遺予薪芻豆》 魯公馬病不可出，陶令言拙徒扣門。舉家食粥焉用怪，但願漉酒巾常存。

梅堯臣《梅堯臣集》卷二二《除夜雪》 擊鼓人驅鬼，漫天雪送寒。臘從今日盡，花作舊年看。著樹多還墮，隨風積更乾。明朝預王會，畏濕兩梁冠。

梅堯臣《梅堯臣集》卷二四《吴正仲見訪迴，日暮必未晚膳，因以解嘲》 永日無車馬，閑坊有竹隣。雨中烏帽至，門外緑苔新。不殺雞爲具，堪題鳳向人。山公識墨在，知我舊來貧。

梅堯臣《梅堯臣集》卷二四《次韻和吴正仲，以予往南附見寄兼惠新醞早蟹》 入門得寄詩，欲覽整白帽。酒壺及霜蟹，致釀知談操。豈同里中俗，唯罪往不告。醉來夜揮毫，明月爲絶倒。

梅堯臣《梅堯臣集》卷二六《泗州郡圃四照堂》 官艫客艑滿淮汴，車馳馬驟無閑時。豈有餘力事棟宇，後園荒草長離離。朱侯下車百職舉，亦治宴豆頻遊嬉。梁冠爵弁各得禮，道路溢譽亡高卑。

梅堯臣《梅堯臣集》卷二六《錢志道推官遺紗帽》 遠贈烏紗帽，能無白也詩。山花不更插，野客莫驚窺。

梅堯臣《梅堯臣集》卷二八《次韻和再拜》 建溪茗株成大樹，頗殊楚越所種茶。先春喊山掐白萼，亦異鳥觜蜀客誇。【略】昨日寄來新鑾片，包以篛籜纏以麻。唯能膹啜任腹冷，幸免酩酊冠弁斜。

梅堯臣《梅堯臣集》卷二八《次韻景彝赴省宿馬上》 烏紗帽底青眸轉，朱雀街頭玉轡摇。燈火高樓吹短笛，簾櫳斜巷隘初宵。

梅堯臣《梅堯臣集》卷二九《始作燕子巾》 裹髻不裹額，自名燕子巾。翼覆尾涎涎，誰問巢由人。

曾鞏《曾鞏集》卷五《延慶寺會景純正仲希道介夫明叟納涼同觀建鄴宫中書象翰林墨迹延慶寺者劉裕故宅中有壽丘山》 嶺竹翠尚新，水花紅可摘。以此侑樽酒，隤然岸巾幘。

張耒《柯山集》卷二六《柯山雜詩四首》之一 幽人睡足戴綸巾，策杖開門卯酒醺。黄葉滿山烏鵲噪，江城秋日少行人。

范浚《香溪集》卷二《寄謝潘舍人贈烏紗帽》 野人儀矩初無華，況復破帽風簪斜。先生有意念衰醜，折簡遠送新烏紗。束巾試著出妨户，色若露洗凌晨鴉。舍人樣好信殊俗，朽質得此慚無涯。白癡稚子强解事，競道宜稱相歡譁。輕寬不但愜當暑，掉頭曝背仍堪誇。修容他日奉遊宴，便可笑誚參軍嘉。從今日暮戴公賜，閉關無事聊煎茶。

陸游《劍南詩稿》卷六《丈人觀》 黄金篆書扁朱門，夾道巨竹屯蒼雲。崖嶺劃若天地分，千柱耽耽壓其根。纓冠肅謁丈人君，廣殿空庭吹寶熏。摩挲畫牆手爲皸，異哉山夔與土羵。物怪鬱鬱冠丘墳，仙人佩玉雜帨帉。手整貂冠最不羣，欲去不忍恨日曛。道翁采藥晝夜勤，松根茯苓獲兼斤。人芝植立彊骨肋，狗杞羣吠聲狺狺。山爐小甑吹幽芬，朱顔不飲常自醺。我亦宿誦五千文，一念之差墮世紛。逝將從翁走如麇，《隱書》祕訣何由聞？

陸游《劍南詩稿》卷六《題丈人觀道院壁》 斷香浮月磬聲殘，木影如龍布石壇。偶駕青鸞塵世窄，閑吹玉笛洞天寒。奇香滿院晨炊藥，異氣穿巖夜浴丹。却笑飛仙未忘俗，金貂猶著侍中冠。孫太古畫范長生，作舉手整貂蟬像，神氣尤奇逸。

陸游《劍南詩稿》卷六《夏日過摩訶池》 烏帽翩翩白紵輕，摩訶池上試閑行。淙潺野水鳴空苑，寂歷斜陽下廢城。縱轡迎涼看馬影，袖鞭尋句聽蟬聲。白頭散吏元無事，却爲興亡一愴情。

陸游《劍南詩稿》卷六《彌牟鎮驛舍小酌》 郵亭草草置盤盂，買果煎蔬便有餘。自許白雲終醉死，不論黄紙有除書。角巾墊雨蟬聲外，細葛含風日落初。行遍天涯身尚健，却嫌陶令愛吾廬。

陸游《劍南詩稿》卷七《野意》 小東門外曳笻枝，白葛烏紗自一奇。閑客逍遥無吏責，茂陰清潤勝花時。《茶經》每向僧窗讀，菰米仍於野艇炊。便覺眼邊歸路近，鏡湖禹廟見參差。

陸游《劍南詩稿》卷七《夢遊山水奇麗處有古觀云雲臺觀也》 褐衣紗帽瘦如削，遺像恐是希夷翁。

陸游《劍南詩稿》卷九《遠遊》 遠遊行復歲華新，嬾學劉郎問大鈞。一點不蒙稽古力，十分合作卧雲身。苦寒與酒頓增價，小雨爲梅先辟塵。擬佩一壺江路去，花邊醉墮白綸巾。

陸游《劍南詩稿》卷九《記夢》 烏巾白紵憶當年，抵死尋春不自憐。顛領劍南雙鬢改，夢中猶上暗門船。

陸游《劍南詩稿》卷九《中夜對月小酌》 今夕復何夕，素月流清輝，徘徊入我堂，化作白玉墀。栖鳥滿高樹，空庭結煙霏。可憐如許景，早眠人不知。我幸與周旋，一醉那得辭。整我接羅巾，斟我翡翠巵。清愁不可耐，三嗅梅花枝。

陸游《劍南詩稿》卷一〇《夜泊合江縣月中小舟謁西涼王祠》 懸瀑雪飛舞，奇峯玉嶙峋。摇碎一江月，來謁西涼神。我雖不識神，知是山水人。不敢持笏來，袒褐整幅巾。出我囊中香，羞我南谿蘋，杯湛玻瓈春，盤横水精鱗。出門意惝怳，煙波浩無津。安得結茆地，與神永爲鄰。

陸游《劍南詩稿》卷一一《園中雜書》 筍生密密復疎疎，來看偏宜曉雨餘。乞與人間作圖畫，幅巾短褐小籃輿。

陸游《劍南詩稿》卷一一《書懷》 青城結雲巢，擬住三千年。【略】火食非所樂，巾褐常翛然。清時未免出，頗息世俗傳。行矣秋風高，去采玉井蓮。

陸游《劍南詩稿》卷一二《春晚坐睡忽夢泛舟飲酒樂甚既覺悵然有賦》 夢泛扁舟逸興多，畫橈摇蕩麴生波。微風簌簌生蒲葦，小雨霏霏溼芰荷。舞落烏紗從歲去，歌酣《白紵》奈情何！年來惟覺華胥樂，莫遣茶甌戰睡魔。

陸游《劍南詩稿》卷一八《夜坐》 曲几蒲團夜過分，頹然半脱鹿皮巾。驚鴻避弋鳴煙渚，斷角凌風上雪雲。仕宦愈知林下貴，窮愁方策酒中勛。扁舟東去何時辦，昔向金丹幸有聞。

陸游《劍南詩稿》卷二七《厭事》 厭事便微疾，貪眠幸早寒。人雖笑疎嬾，天實閔衰殘。韋布何曾賤，茆茨本自寬。黄花插烏帽，一醉有餘歡。

陸游《劍南詩稿》卷二九《正旦後一日》 七十今年是，連朝樂未休。比鄰更頌禱，親黨共遲留。羊映紅纏酒，花簪絳帕頭。從今日有喜，農事起西疇。絳帕頭，蓋以絳帛飾巾幘之類。

陸游《劍南詩稿》卷三一《贈持鉢道人》 青鐵作小冠，白紵縫短褐。右扶九節杖，左執七綴鉢。何嘗有定止，到處可生活。惟有烈士心，白刃不能奪。相逢一笑粲，滯思得披豁。揮袂去若飛，跂望已天末。

陸游《劍南詩稿》卷五六《歲晚幽興》 萬里風波行路難，君恩尚許綴祠官。中庭鬱鬱藥苗長，絶壁颼颼松吹寒。泥巷有人尋杜甫，雪廬無吏問袁安。清晨對鏡增幽致，龜屋新裁二寸冠。

陸游《劍南詩稿》卷六四《即事》 雲起山容改，潮生浦面寬。寒鴉先雁到，烏桕後楓丹。年邁狐裘帽，時新豆搗糰。非關嗜温飽，更事耐悲歡。

陸游《劍南詩稿》卷六八《閑遊》 大冠長劍已焉哉，短褐禿巾歸去來！五世業儒書有種，一生任運仕無媒。麥經小雨家家下，菊著新霜處處開。自笑閑遊心未歇，青鞋踢碎白雲堆。

陸游《劍南詩稿》卷七〇《自九里平水至雲門陶山歷龍瑞禹祠而歸凡四日》　桐帽絁裘擁半酣，肩輿咿軋轉城南。牛過野水將新犢，女采柔桑起稚蠶。遺老年光垂九十，故鄉春事及重三。種花築室知難辦，借地猶能結草菴。

陸游《劍南詩稿》卷七一《夏日雜題》　東吴五月黄梅雨，南浦孤舟白髮翁。貂插朝冠金絡馬，多年不入夢魂中。

辛棄疾《稼軒詞》卷一《阮郎歸》耒陽道中爲張處父推官賦　山前燈火欲黄昏。山頭來去雲。鷓鴣聲裏數家村。瀟湘逢故人。揮羽扇，整綸巾。少年鞍馬塵。如今憔悴賦《招魂》。儒冠多誤身。

姜夔《白石道人詩集》卷下《觀燈口號十首》其四　花帽籠頭幾歲兒，女兒學著内人衣。燈前月下無歸路，不到天明亦不歸。

劉克莊《後村集》卷四《椶冠》　羽士過門賣，新翻樣愈奇。堅如龜屋製，精似鹿胎爲。卭杖扶相稱，唐衣戴最宜。笑他蟬冕客，憂畏白鬚眉。

劉克莊《後村集》卷一〇《四舍即事十首》之二　村落争看烏角巾，畧談北事向南人。百年只有中州樂，世世無爲塞下民。

元好問《遺山集》卷六《征西壯士謡》　三十未有二十强，手内虵矛丈八長。總爲官家金印大，不怕百死向沙場。捉却賀蘭山下賊，金鞍綉帽好還鄉。

文天祥《文山先生全集》卷二《借道冠有賦》　病中蕭散服黄冠，笑倒羣兒指爲彈。祕監賀君曾道士，翰林蘇子亦祠官。酒壺釣具有時樂，茶竈筆床隨處安。幸有山陰深密處，他年煉就九還丹。

虞集《道園學古録》卷二《贈治冠者》　車馬入隘巷，言尋治冠師。反關不受客，高坐哦書詩。布衣不掩脛，晝食甘藿藜，冠成動經歲，不售亦不辭。我少好文章，把筆無不爲。愧爾爰寂寞，慎與當自兹。

薩都拉《雁門集》卷一三《贈張道士》　道人新戴竹皮冠，頭上星摇北斗寒。一夜涼風吹髮亂，半窗鶴夢遶琅玕。

許謙《白雲集》卷一《次韻潘明之易巾巾陶思齊所製并戲之》　漉酒當年制巧縫，雲孫此日藝仍工。接䍠倒著情猶適，章甫從宜志未窮。西漢神仙新事業，前唐進士舊家風。自憐短帽無心整，鏡裏愁看兩鬢髼。

楊維楨《鐵崖古樂府》卷一〇《漫興》其二　丈人接䍠白氊裁，花邊下馬不驚猜。環沈溪頭買酒去，高堂寺裏看碑來。

高啓《高青丘集》卷五《謝陳卿惠冠》　佳木産異域，質理密且堅。斵爲野夫冠，峨然著我顛。故人遠貽贈，皎若瓊瑰鮮。覽鏡見雅宜，鄙姿忽成妍。持報乏金玉，殷勤在斯篇。

高啓《高青丘集》卷一三《丁孝廉惠冠巾》　知試山人服，冠巾遠寄重。佳名因子夏，舊製學林宗。裹映秋吟鬢，攲宜晚醉容。朝簪今已解，期上華陽峯。

高啓《高青丘集遺詩·次韻黄别駕見寄時已休官》　溪上幽人戴鶡冠，每容閒客坐蒲團。河陽使者求温造，天下蒼生憶謝安。地隔金城塵荏苒，日昏銅柱海瀰漫。高情豈詠微官誤，忍見梅花獨耐寒！

高啓《高青丘集遺詩·青城先生戴笠圖》　席帽京城已十年，歸來一笠飯山前。丹青莫作山樵看，元是瀛洲畫裏仙。

郎瑛《七修類稿》卷三四《詩文類·仇山村》其九　茶甌紗帽慣迎賓，不是詩人即道人。細雨斜風君莫出，緑陰門外有紅塵。

郎瑛《七修類稿》卷三三《詩文類·巾詩》　正德中年，京都士人忽焉以巾易帽，四方效之。然巾本古冠服也，一時變更，自覺駭異，況販夫走卒，亦有戴之者，以其價廉易辦耳，殊可惡也。於時予有俚語四句，以咏人人，俚曰：「忽出街衢不奈看，今時人物古衣冠。望塵走俗人心厭，況又庸人戴一般。」友人孫體時，一日戴巾來訪，恐予誚之，途中預構一絶，予見而方笑。孫對曰：予亦有巾之詩，君聞之乎。遂吟曰：「江城二月暖融融，折角紗巾透柳風。不是風流學江左，年來塞馬不生駼。」二人相對一笑。孫善詩，字，雜作尤佳。一時有聲場屋，惜不能一第而卒。

田藝蘅《留青日札》卷二二《張公帽賦》　諺云：張公帽掇在李公頭上。有人作賦云：物各有主，貌貴相宜。竊張公之帽也，假李老以戴之。弓長隱君，乃岸幘而褻禮。木子居士，反峩冠而壯儀，亦可謂善謔者。古之李晟繡帽，管寧白帽，汝陽王璡砑硝帽，西王母舞者砑光帽，何尚之鹿皮帽，唐紗帽，朱裘帽，鄧通刺船郎黄帽，吐番氈帽，西羌席帽，以羊毛爲之，秦漢鞔以故席，四緣垂網子，飾以珠玉，謂之韋帽。

李贄《山中一夕話》卷五談一貫《巾帽相詈文》　嘉靖以來，都市之爲巾帽工者列肆，資四方以圖貨焉。帽製圓，必截繒縠之堅厚，可蒙針紉幅幀規爲之。巾有隅角，製以成幅，即故繒敗絺，潤以黝液，輔之完裏，居然巾矣。且帽通于末品，非士流則弗宜巾，故時雖右巾鄙帽，而帽之利反倍巾什伍焉。酒巾嫉帽而詈之曰：「物體貴賤惟人，汝胡加干予哉。汝好削方爲圓，趨時長短，所與惟庸衆人，臺輿厮役，市儈閭井，臧僕檐負，奔走咳唾，弗齒之徒，而予非王公大人，道術儒行，高人貞士，下之方伎名流，不得予首，汝直顧昂予，胡爲哉。汝弗自劑量滋甚，吾將裂汝於時。」帽無言，伺其詈畢，反之曰：「噫嘻，汝聽之。物以飾體，貴不浮人，儀以壯觀，在無愧色。汝所云云誠宜，汝不有盗竊名字，發身異途，而煌煌金飾於忠靖，奚取焉。忠靖，嘉靖御製冠名。傷化瀆倫，而汝號五倫，曷義焉。學弗窺于性命，風斯下于濂洛，而汝命以周以程，曷居焉。五倫、周程並巾名，恒起僞學者。舌本木强者，輒名杜甫。不辨之無者，俄然東坡。鑽穴利孔者，冒名和靖。濁流弁以高士，斥士弁以凌雲。杜甫、東坡、和靖並巾舊名，高士、凌雲，巾近名。他如折角慕郭，漉酒希陶，豈皆高致。子臧聚鷸，閒藉鵕鸃，職災爾躬，汝爲人累良多矣。予與者，稱而安之者也。汝與者，未必稱而安之者也。安則久，久則習，弗稱則惡，惡斯裂，物理堅瑕，顧所與也。而予且着與汝同肆也，而汝反詈予也。」巾沈思之，俛首無對，帖然心服，拆肢體卧于席下。

王同軌《耳談類增》卷一六《宫人羅巾詩》 世廟宫人張氏，恃貌不肯阿順，匿閉無寵，早卒，殮於宫後。宫制，凡殮者必索其身畔，索之得羅巾有詩，以聞於上。上傷之，以宫監不早聞，杖殺數人。此庚戌年事，都下盛傳詩曰：「悶倚雕欄强笑歌，嬌姿無力怯宫羅。欲將舊恨題紅葉，只恐新愁上翠娥。雨過玉堦天色净，風吹金鎖夜凉多。從來不識君王面，棄置其如雨露何。」

錢謙益《牧齋初學集》卷一《踃鴟巾》 范注云：金接伴使田彦皋所裹，蓋胡服也。

鵕鸃貂鶡總紛紛，巾幗何曾遺去虜人。册使南來恭謝北，不知誰戴踃鴟巾？

張煌言《張蒼水集》第二編《七夕前十日贈少年合巹》 玉渦檀暈自生妍，緑幘青鞲正少年。恰是雙星銀漢渡，風流却占一旬前。

褚人穫《堅瓠集》壬集卷三《網巾詩》 烏紗未解滌塵袢，一網清風兩鬢寒。篩影細分雲縷滑，棊紋斜界雪絲乾。不須漁父燈前結，且向詩翁鏡裏看。頭上受渠籠絡盡，有時怒髮亦衝冠。

褚人穫《堅瓠集》乙集卷四《巾詩》 《七修類藁》正德中，京都忽以巾易帽，四方效之，至販夫走卒，亦有戴之者，以其價廉易辦。郎仁寶作詩誚之云：「忽出街衢不耐看，今時人物古衣冠。望塵走俗人心厭，況又庸人戴一般。」其友孫體時一日戴巾訪郎，恐郎誚之，途中預構一絶。郎見而笑，孫曰：「予亦有詩。」遂吟曰：「江城二月暖融融，折角紗巾透柳風。不是風流學江左，年來塞馬不生騌。」二人相對而笑。

褚人穫《堅瓠集》乙集卷四《裁縫冠帶》 有業縫衣者，以賄得獎冠帶。顧霞山嘲之曰：「近來仕路太糊塗，强把裁縫作士夫。軟翅一朝風蕩破，分明兩個剪刀箍。」

褚人穫《堅瓠集》丁集卷四《網巾》 貴池劉輿大名廷鑾，有十二棄書，其《咏網巾》云：「結髮前過十七春，憑兹弱冠説成人。蓬頭寧敢加元冕，棋服曾看映角巾。萬法羽衣稱統一，大綱儒者著經綸。戴流希解彌天網，散作烟波一釣緡。」

褚人穫《堅瓠集》癸集卷一《妓綴巾帶》 黄山谷弟元明宰廬陵縣，赴郡會座士，巾帶偶脱，太守諭妓綴之，既畢，俾元明撰詞曰：「銀燭畫堂明如晝，見林宗巾，墊羞蓬首。斜插花枝，綫睒羅袖，須臾兩帶還依舊。倒帶休，今後也不須更漉淵明酒。寶篋深藏，濃香薰透，爲經十指如蔥手。」蓋《調寄七娘子》也。

屈大均《翁山詩外》卷五《荅王六惠葛巾》 叔夜能含垢，科頭已有年。飛蓬悲髮亂，隨馬愧粧妍。時有歌人在坐勞子裁雲葛，爲巾象嶽蓮。醉來休倒著，珍重竹林前。

袁枚《小倉山房詩集》卷八《哭許南臺》 未入長安境，先聞舊雨亡。縻旌如有待，白馬正升堂。烏帽三生夢，紅蘭一夜霜。古人傳袒免，風義重他鄉。

袁枚《小倉山房詩集》卷一三《寄西川方伯徐芷亭同年五十四韻》 秦關秋萬里，農部夢三鱣。鹿幘仍棲洞，貂冠獨耀蟬。

愛新覺羅・弘曆《乾隆詩集》卷二一九《胄》 虎皮蒙鐵葉，貝齒飾黄金。猶憶絶纓會，能收壯士心。

池上餐華生《詩笑》卷上《短巾》 世間精怪物，獨有短方巾。矮子如還着，居然吕字形。

戴巾的儘多一字不識，此却教他一吕字。

池上餐華生《詩笑》卷上《誚章甫》 章甫哥兮章甫哥，年年指望掇高科。解元掇在荷包裡，誰道京城剪綹多。

秀才先要剪綹十八房，却又怨誰。

雜録

馬縞《中華古今注》卷上 狸頭白首 昔秦始皇東巡狩，有猛獸突於帝前，有武士戴狸皮白首，獸畏而遁，遂軍仗儀服皆戴作狸皮白首，以威不虞也。

馬縞《中華古今注》卷上 軍容襪額 昔禹王集諸侯於塗山之夕，忽大風雷震，雲中甲馬及九十一千餘人，中有服金甲及鐵甲，不被甲者，以紅絹襪其首額。禹王問之，對曰：「此襪額蓋武士之首服。皆佩刀以爲衛從，乃是海神來朝也。」一云風伯雨師自此爲用。後至秦始皇巡狩至海濱，亦有海神來朝，皆戴襪額、緋衫、大口袴以爲軍容禮，至今不易其制。

《北堂書鈔》卷一二一引《孝經援神契》 欲去惡鬼，須具五刑，五人持大斧，著鐵兜鍪驅之，常使去四五千步，不可令近人。

《北堂書鈔》卷一二一引《廣志》 大戎皆以朱漆皮作兜鍪。

《北堂書鈔》卷一二七引《録異傳》 馬成病死已一日半，復得生，云上天見一人，着紫幘而坐。

《晉書》卷二七《五行志上》 孝武太元中，人不復著帩頭。天戒若曰，頭者元首，帩者助元首爲儀飾者也。今忽廢之，若人君獨立無輔佐，以至危亡也。至安帝，桓玄乃篡位焉。

《編珠》卷二引徐爰《釋疑要畧》 注曰：乘輿黄麾内有羽林班弓箭手、左右執事官，帶熊皮冠，謂之髦頭。

《編珠》卷三《補遺》引《真人三君内傳》 太上丈人著流霞羽袍，芙蓉之冠。

《南史》卷五《齊紀下・和帝紀》 百姓皆著下屋白紗帽，而反裙覆頂。東昏曰：「裙應在下，今更在上，不祥。」命斷之。於是百姓皆反裙向下，此服祅也。帽者首之所寄，今而向下，天意若曰，元首方爲猥賤乎。東昏又令左右作逐鹿帽，形甚窄狹，後果有逐鹿之事。東昏宫裏又作散叛髻，反髻根向後，百姓爭學之，及東昏狂惑，天下散叛矣。東昏又與羣小別立帽，褰其口而舒兩翅，名曰「鳳度三橋」。幘向後，總而結之，名曰「反縛黄麗」。東昏與刀敕之徒親自著之，皆用金寶，鏤以璧璫。又作著調帽，鏤以金玉，間以孔翠，此皆天意。梁武帝舊宅在三橋，而「鳳度」之名，鳳翔之驗也。「黄麗」者「皇離」，爲日而反縛之，東昏戮死之應也。「調」者，梁武帝至都，而風俗和調。先是百姓及朝士，皆以方帛填胸，名曰「假兩」，此又服祅。假非正名也，儲兩而假之，明不得真也。東昏誅，其子廢爲庶人，假兩之意也。

《南史》卷五《齊紀下・鬱林王》 永明中，百姓忽著破後帽，始自建業，流于四遠，貴賤翕然服之，此服祅也。

《南史》卷五《齊紀下・海陵王》 〔明帝〕時又多以生紗爲帽，半其裙而析之，號曰「倚勸」。

曹學佺《蜀中廣記》卷五八 杜甫在蜀日，以七金買黄兒米半籃，細子魚一串，籠桶衫，柿油巾，皆蜀人奉養之粗者。俱《雲仙雜記》。

吴曾《能改齋漫録》卷一八《伍生遇五通神》 嘉祐中，臨川人伍十八者，以善裁紗帽入汴京，止於鄉相晏元獻宅前，爲肆以待售。一日，至保康門，遇五少年躍氣毬，伍生素亦習此，即從少年躍之。少年見伍生頗妙，相與酬酢不已。時日西，四少年將去，曰：「大哥不歸乎？」其一人曰：「汝先去，吾與毬士飲酒耳。」乃邀伍生上房家樓飲之，盡四角，問生本末甚詳。飲罷，取筆寫帖付生曰：「持此於梳行郭家取十千錢，與汝作業。」生受之，繫衣帶間。少年又曰：「夜久矣，汝勿歸，且隨我至吾家宿可也。」伍生從之，至一處，引生於三室前，指一明亮者曰：「汝卧此中，終夕勿出户。雖有溲溺，亦於壁隅也。」又戒曰：「慎勿窺此二室，將驚汝。」生唯然，心疑其言。未曉輒起，推二室户扉閲之。一室四壁，皆釘婦人嬰兒甚衆；一室有囚無數，方拷掠號泣。生畏而退，復就卧室。俄聞宰相入朝傳呼聲，生不復寐，待旦而去。及天明，乃在保康門内西大石上，甚怪駭。顧視筆帖仍在，遂持詣郭家取錢，郭如數與之。生自是謀運稍遂，其後家於楚州。五少年，京師人謂五通神也。

吴自牧《夢粱録》卷一《立春》 臨安府進春牛於禁庭。立春前一日，以鎮鼓鑼吹妓樂迎春牛，往府衙前迎春館内，至日侵晨，郡守率僚佐以彩仗鞭春，如方州儀。太史局例於禁中殿陛下，奏律管吹灰，應陽春之象。街市以花裝欄，坐乘小春牛，及春幡春勝，各相獻遺於貴家宅舍，示豐稔之兆。宰臣以下，皆賜金銀幡勝，懸於幞頭上，入朝稱賀。

吴自牧《夢粱録》卷一《車駕詣景靈宫孟饗》 十六夜收燈畢，十七早五更二點，禁中催班，從駕官僚入殿起居訖，出殿門外，俱立馬於學士院，恭俟駕輿。【略】上登殿行禮，自西至東，步而入，内侍下簾，先自前殿、中殿，次後殿，虔恭行禮，以遵奉先思孝之家法。禮畢，外廊賜從駕官食，而後對宣，引宰臣以下入行殿賜茶。駕還内，其親從官皆頂球頭大帽，紅纈錦團搭，戲獅子衫，鍍金大玉腰帶，各執骨朵；文武官皆頂雙卷脚幞頭，紅上大搭，天鵝結帶寬衫；輦官頂雙曲脚幞頭，紅纈團花衫，鍍金束帶；殿前班直頂兩脚屈曲幞頭，著緋結帶，望仙花衫，跨弓劍乘馬，一扎鞍轡，執纓紼前導。數内有東三班，謂之「長入祇候」，幞頭後各以青紅頭須系之，以表忠節之意。御龍直幞頭，一脚指天，一脚曲，著方勝纈衫，花看帶，鍍金束帶，執從物如校椅、金花、唾盂、水罐、次鑼、乘壘、龍鳳掌扇、纓紼之類，及執黄羅珠子，蹙百花背座御椅子并脚踏。快行家頂短小帽子，露半青頭巾，帶金巾，環綉體腰紅纈衫，金束帶，懸花看帶，手執御校椅、金花瓶、獸爐一香座、御靴，纓紼、玉拄杖、小黄羅傘、御扇等物，俱搭步行，俱口鳴打打頭起之。

郎瑛《七修類稿》卷七《國事類·蛇蟠纓帽》 太祖攻雞籠山，將還和陽時，解鞍假寐。有小蛇緣背，左右驚告。上視蛇有足類龍，意其神也，祝曰：若神物，入我帽纓。蛇隨入，卒報和陽被賊攻，遂急行，未至三十里，又報曰：幕官李善長敗賊矣。因驚喜而忘蛇，久乃脱帽，視蛇居纓自若，乃引觴酌之，蜿蜒升屋，雷雨驟至，竟莫知所之也。

郎瑛《七修類稿》卷二〇《辯證類·綸巾》 綸字世人皆知兩音，一曰倫，一曰關，而不知其故也。蓋綸巾韻同而音近，詩法所忌也，故讀曰關。皮日休有「白綸巾下髮如絲」之句，有一本註作關，想始於此。《韻會》雖有兩收，皆引釋於倫字之下，而無一字及關字義，且關字仍註龍春切，則依舊當爲倫字矣。其所以二收，正因韻書起於沈約。若《説文》止於一收，爲可知矣。

郎瑛《七修類稿》卷二六《辯證類·旅病詩》 《庚溪詩話》載一詩云：「枕有思鄉淚，門無問疾人。塵埋床下履，風動架頭巾。」以爲病僧題户者。有部使見而憐之，遂言於朝，遂令天下寺院，置延壽寮以養病僧，謂唐以前僧病無安養之所故耳。予以庚溪不知何據，既以爲僧，則不以家爲計，而以蘭若乃安居之地矣，何有於思鄉耶。韓、柳俱言其徒千人，況皆有祖有師，法派亦如吾人，又安謂無人問疾。今之僧帽，乃私制也，理本無帽，又何得有架頭巾耶。且延壽寮未見載於書册，此必旅病之詩無疑。

郎瑛《七修類稿》卷二八《辯證類·緑頭巾》 吴人稱人妻有淫者爲緑頭巾，今樂人朝制以碧緑之巾裹頭，意人言擬之此也。原唐史李封爲延陵令，吏人有罪，不加杖罰，但令裹碧緑巾以辱之，隨所犯之重輕以定日數，吴人遂以着此服爲恥意。今吴人罵人妻有淫行者曰緑頭巾，及樂人朝制以碧緑之巾裹頭，皆此意從來。但又思當時李封何必欲用緑巾，及見春秋時有貨妻女求食者，謂之娼夫，以緑巾裹頭，以别貴賤，然後知從來已遠。李封亦因是以辱之，今則深於樂人耳。

曹學佺《蜀中廣記》卷五五《風俗記第一》 二宗西巡，疲於奔命。王孟之季，競爲妖修。當王氏晚年，俗作小帽，僅覆其頂，俛首即墮，謂之危腦。衍又好戴大帽，每微服出遊民間，民間以大帽識之，因令國中皆戴。

曹學佺《蜀中廣記》卷五八《風俗記第四》 蜀山谷間，民皆冠帛，言爲諸葛孔明孝服。所居深遠者，後遂不除。出《乙卯避暑録》。今蜀人謂之戴天孝。

沈德符《萬曆野獲編》卷九 【貂帽】京師冬月，例用貂皮煖耳。每遇沍寒，上普賜内外臣工，次日俱戴以廷謝。惟近來主上息止此詔，業已數年。百寮出入省署，殊以爲苦，而進進原作近，據寫本改。閣輔臣爲甚，蓋侵晨向北步入，朔風擀面，不啻霜刀，蹣跚顛躓，數里而遥，比至已半僵矣。蓋賜貂之日，禁中例費數萬緡，故今上靳之。然又有異者，張江陵當國，以餌房中藥過多，毒發於首，冬月遂不御貂帽，大臣自六卿至科道，每朝退見閣，必手摘煖耳藏之，江陵亦不以爲訝，此已拜賜而違命不用者。【略】四明杜門時，歸德公已老，偶獨進閣，正值嚴寒，項繫回頦，冠頂數貂，而涕洟垂鬚，盡結冰筯，儼似琉璃光明佛，真是可憐。

褚人穫《堅瓠集》壬集卷一《戴巾之濫》 《語窺今古》：漢唐之巾，儒者之冠，明興科甲監儒兼而用之，非真斯文盡戴小帽，其後漸至業鉛槧賦詩章者戴矣。邇來一介小民，未聞登兩榜，而入黌宫，一丁不識，驟獲資財，巍然峩其冠，翩然大其袖，揚揚平康曲里，此何巾哉。曰銀招牌也，否則曰省錢帽也。一人僥倖科第，宗族姻親盡換儒巾，曰蔭襲巾也。諺有「滿城文運轉，遍地是方巾」之誚。安得科道一疏釐而正之，不然朝廷差巡巾，御史攬轡中原，遇則杖而裂之，不亦快哉。崇禎末，有一人賣絲而業，醫家富饒遂戴巾，人謂之藥師經。

汪啟淑《水曹清暇録》卷一六 近時盛行骨種黑羊皮帽，其毛烏而潤，倍於溽色，皮板潔白耐久，然價昂，甚高者須七八金一頂。按骨種羊出西北口外，以全羊骨埋之地中，次年驚蟄發雷，則小羊蹶然出土，但臍帶尚聯，須馳馬伐鼓，則駭而走，再飼以草則長，然終不及胎生羊之肥碩也。

梁紹壬《兩般秋雨盦隨筆》卷六《韓公帕蘇公笠》 廣東潮州婦女出行，則以皂布丈餘蒙頭，自首以下，雙垂至膝，時或兩手翕張其布以視人，狀甚可怖，名曰「文公帕」，昌黎遺製也。惠州嘉應婦女多戴笠，笠周圍綴以綢帛，以遮風日，名曰「蘇公笠」。眉山遺製也。二物甚韻。

王有光《吴下諺聯》卷三《紗帽底下無窮漢》　紗帽，前朝命服，不論大小官員多戴之。先明神、熹以前，戴紗帽者清風兩袖，何有於底下。自魏璫殘害忠良殆盡，朝紳州縣多不肖人員，不特居官者簠簋不飭，一切官之父族母族妻族，甚至婢妾族，以親及親，坐幕立幕，皆在紗帽底下。糧制巨斛，餉勒浮收，詞訟通關節，饋送索門包，肉食羅綺，挾伎呼盧，無所不至，故曰「無窮漢」。

陳其元《庸閒齋筆記》卷六　上海陸文裕公，出入館閣，前後幾四十年。每抄録國朝前輩事，命子弟熟讀，曰：士君子有志用世，非兼通今古，何得言經綸。今世學者，亦有務爲博恰，然問及朝廷典故，經制沿革，恍如隔世。縱才華邁衆，終爲俗學云云。此説讀書人不可不知，即如辛未三月中，天氣頗炎，恩方伯錫莅蘇藩任受事之時，朝冠用皮，人多訝之，不知未换凉帽之前，朝冠無不皮者也，其用絨緑者，乃宫嬪之冠。國家定制如此，今直省文武各官，朝冠大率皆以絨緑，習而不察，反以笑人，亦可笑也。

帽頂之有珊瑚、寶石、水晶、車渠，自雍正四年始。乾隆時，有請知縣用蜜蠟頂者，未經議准。自咸豐兵興以來，各軍營保舉及事例捐納者夥，於是，知縣無不藍晶其頂，即佐雜等官亦多水晶、車渠者，鄉鎮分防之縣丞巡檢，率皆紅緻矣。同治乙丑，余権盛澤鹺捐，有署縣丞某者未經加銜，仍用青緻，鄉民觀之，訝曰：此官戴孝，所以用此緻。聞之，不禁大笑。

俞樾《茶香室叢鈔》卷二〇《鵪鶉巾》　宋・劉敞《公是集》有《鵪鶉巾詩》，自注云：余率意作之，以便當暑，其形製如燕也。

俞樾《茶香室三鈔》卷三《張烏巾》　唐・張彦遠《法書要録》云：「吴時張宏好學不仕，常著烏巾，時人號爲張烏巾。此人特善飛白，能書者鮮不好之。」

按顔魯公《湖州石柱記》：「昇山有晉吴興太守王羲之烏亭。」國朝鄭元慶《箋釋》引《寰宇通志》云：「烏亭，在昇山上，王羲之造以烏巾氏所居也。」又云：予嘗讀書烏山，問烏山何以名。士人曰：古烏巾氏所居，山上有烏亭舊址，即今烏巾庵山下有烏版橋。羲之子獻之嘗爲吴興，此亭或獻之造。」余按，吾邑德清亦有烏山，《志》稱昔有烏巾者，其家善釀酒，居此山，此必一人無疑。烏亭爲王獻之所造，疑即爲張烏巾而建，蓋其人能書，故獻之建亭以存其舊跡也。《廣韵》所載姓氏詳矣，而十一模「烏」字下無烏巾氏，可知唐以前並無以烏巾爲氏者，烏巾氏之説後世訛傳也。

張懷瓘《書斷》妙品九十八人中，飛白五人，張宏居弟二云：「吴處士張宏，字敬禮，吴郡人，篤學不仕，恒著烏巾，時號張烏巾，并善篆隸。其飛白妙絶，飄若雲游，激如驚電，飛仙舞鶴之態有類焉。自作飛白序勢，備説其美也。」可見張烏巾各體皆工，且有著述傳後，在書家中亦卓卓者。」又引歐陽詢曰：「飛白張烏巾冠世，其後逸少子敬亦稱妙絶。」然則王大令爲築亭者，必是此人。吾邑鄰壤，張烏巾游迹在所必至吾邑，烏山之得名，亦必以此人也。余家即在烏山之陽，表而出之，以告故鄉父老。

梁・陶宏景《真誥》云：「淳于斟字叔顯，會稽上虞人。漢桓帝時作徐州縣令，靈帝時大將軍辟掾，少好道，後入吴烏目山中隱居，遇仙人慧車子授以虹景《丹經》，修行得道。」注云：吴無烏目山，婁及吴興並有天目山，或即是也。然天目何以謂之烏目，余疑目乃月字之誤，古帽字也，烏帽者，烏巾也，即吾邑之烏山耳。雖未敢質言，姑附其説於此。

俞樾《茶香室叢鈔四鈔》卷二四《戴煖耳》　國朝查慎行《人海記》云：「每年十一月朔，傳戴煖耳，百官傳衣不謝，傳煖耳獨謝。」按此知國初有戴煖耳之制，今無其物矣。

富察敦崇《燕京歲時記・换季》　每至三月，换戴凉帽，八月换戴暖帽，届時由禮部奏請。大約在二十日前後者居多。换戴凉帽時，婦女皆换玉簪，换戴暖帽時，婦女皆换金簪。

文廷式《純常子枝語》卷二一　宋孟珙《蒙韃備録》曰：「太師國王没黑肋按即木華黎。止有一子，名袍阿。美容儀，不肯剃婆焦，只裹巾帽，著窄服。」按，不剃婆焦，蓋不肯用縮髻之制，只裹巾帽，則慕華風也。

衣裳部

题解

《易・坤》黄裳元吉。

王弼注：黄中之色也，裳下之飾也。

孔穎達正義：黄是中之色，裳是下之飾。

《詩・齊風・東方未明》東方未明，顛倒衣裳。

毛亨傳：上曰衣，下曰裳。

孔穎達疏：此其相對定稱，散則通名曰衣。《曲禮》曰：「兩手摳衣去齊尺。」注云：齊謂裳下緝也，是裳亦稱衣也。

《詩・豳風・九罭》我覯之子，衮衣繡裳。

毛亨注：衮衣，卷龍也。

孔穎達正義：畫龍於衣謂之衮，故云衮衣，卷龍。

《左傳・宣公九年》陳靈公與孔寧、儀行父通於夏姬，皆衷其衵服以戲于朝。

杜預注：衵服，近身衣。

《釋文》：婦人近身内衣也。

《左傳・哀公二十七年》陳成子衣製杖戈。杜預注：製，雨衣也。

《爾雅・釋言》袍，襺也。郭璞注：《左傳》曰：「重襺衣裘。」

郝懿行義疏：襺者，《説文》云：「袍衣也。以絮曰襺，以緼曰袍。」引《春秋傳》「盛夏重襺」。《左氏・襄廿一年傳》文也。今《左傳》及經典俱省作繭。《玉藻》云：「纊爲繭，緼爲袍。」鄭玄注：繭、袍，衣有著之異名也。《爾雅》《釋文》襺本亦作繭緜衣也。袍者，《釋名》云：袍，丈夫著下至跗者也。袍，苞也。苞，内衣也。婦人以絳作衣裳，上下連，四起施緣亦曰袍。義亦然也。《方言》云：褒明謂之袍。按古人以袍爲裏衣，故《喪大記》云：袍必有表不禪。鄭玄注：袍，褻衣。《詩》「與子同袍」與「與子同澤」，鄭玄對箋亦云：澤，褻衣。然則袍、襺俱私褻之服。《左傳》言重襺衣裘，亦非禪服。《公羊・哀十四年傳》「涕沾袍」，蓋謂霑濕裏衣。何休注以袍爲衣前襟，誤矣。

《爾雅・釋言》衮，黻也。郭璞注：衮衣有黻文。

郝懿行義疏：衮者，《説文》云：天子享先王，卷龍繡於下幅，一龍蟠阿上鄉。《釋名》云：衮，卷也。畫卷龍於衣也。按：卷、衮古音近，《經典》借卷爲衮。衮訓黻者，黻爲弗文，取拂弼爲義。衮龍有蟠屈之形，示不得伸，以受弼正也。故曰「衮職有闕，惟仲山甫補之」。

《爾雅・釋器》衣蔽前謂之襜。郭璞注：今蔽膝也。

郝懿行義疏：襜者，《詩・采緑傳》用《爾雅・正義》引李巡曰：衣蔽，前衣，蔽厀也。《方言》云：蔽厀，江淮之間謂之褘，或謂之袚。魏宋南楚之間謂之大巾，自關東西謂之蔽厀，齊魯之郊謂之袡，昌詹反。袡即襜之或體也。作幨亦或體。《釋名》云：韠，蔽膝也。又曰跪襜。跪時襜襜然張也。《方言》又云：絮襦謂之蔽厀，是皆襜之異名也。其形制，則《説文》云：韠，韍也。所以蔽前，以韋，下廣二尺，上廣一尺，其頸五寸，一命緼韠，再命赤韠，皆本《玉藻》文。婦人之褘謂之縭。縭，緌也。郭璞注：即今之香纓也。褘邪交落，帶繫於體，因名爲褘。緌，繫也。

郝懿行義疏：褘者，《説文》以爲蔽厀。《方言》以爲褘，即襜也。婦人有襜者，《詩》不盈一襜。《釋名》云：韠，所以蔽膝前也。婦人蔽膝亦如之。是婦人之褘，即蔽膝。郭以爲香纓，誤矣。《説文》幃，囊也。郭蓋誤以幃爲褘。縭者，《詩・東山傳》：縭，婦人之褘也。母戒女施衿結帨。《士昏禮》(記)文。正義引孫炎曰：褘，帨巾也。是孫、毛同，以結帨即結縭。知帨爲巾者，以《内則》云：左佩紛帨。然蔽厀亦名巾者，《方言》以蔽厀爲大巾。《釋名》亦云：婦人蔽膝，齊人謂之巨巾，田家婦女出至田野，以覆其頭，故因以爲名也。然則婦人之褘，既以蔽厀，又以覆頭。今青州婦人以巾覆者，其遺象也。登州婦人絡頭用首帕。其女子嫁時以絳巾覆首，謂之袱子。此即古所謂市歟？市與韍同。《説文》市从巾，象連帶之形，蔽厀名巾，此亦其證。然則《詩》言：結縭，即結其蔽厀之系也。今田家嫁女母爲施妝，名曰上頭，即繫袱於首。至壻家解下，與《釋名》之義又合矣。《文選・思玄賦》及《琴賦》李善注並引《爾雅》作婦人之徽，謂之縭。《爾雅》《釋文》幃本或作褘，又作徽。徽、幃皆褘之段音耳。

裳削幅謂之纀。郭璞注：削殺其幅，深衣之裳。

郝懿行義疏：幅，布帛廣也。按布幅廣二尺二寸，帛幅廣二尺四寸。削猶殺也。《深衣》云：制十有二幅，以應十有二月。鄭玄注：裳六幅，幅分之以爲上、下之殺。《玉藻》：衽當旁。鄭玄注：衽謂裳幅所交裂也。凡衽者，或殺而下，或殺而上，是以小要取名焉。江氏永《鄉黨圖考》云：深衣，等裳無辟積，其當旁之衽，須斜裁謂之殺。朝服、祭服、喪服，皆用帷裳有辟積，則前三幅、後四幅，皆以正裁無辟積，故有殺。按：裳削幅唯深衣則然，故郭云深衣之裳。

《大戴禮記・五帝德第六二》黄帝黼黻衣，大帶，黼裳，乘龍扆雲，以順天地之紀，幽明之故，死生之説，存亡之難。白與黑謂之黼，黑與青謂之黻。上曰衣，下曰裳。言衣裳始有章采也。大帶，所以申束衣。

《史記》卷三九《晉世家》〔獻公〕十七年，晉侯使太子申生伐東山。【略】太子帥師，公衣之偏衣，佩之金玦。裴駰集解服虔曰：「偏裻之衣，偏異色，駮不純，裻在中，左右異，故曰偏衣。」杜預曰：「偏衣左右異色，其半似公服。」韋昭曰：「偏，半也。分身之半以授太子。」正義上「衣」去聲，下「衣」如字。

《史記》卷四三《趙世家》〔孝成王〕四年，王夢衣偏裻之衣。張守節正義杜預云：「偏，左右異色。裻在中，左右異，故曰偏。」按：裻，衣背縫也。

《史記》卷二三《禮書》 皮弁布裳。裴駰集解《周禮》曰：「王視朝則皮弁之服。」鄭玄曰：「皮弁之服，十五升白布衣，積素爲裳也。」張守節正義以鹿子皮爲弁也。按：襞積素布而爲裳也。

《漢書》卷七二《貢禹傳》 裋褐不完。師古曰：「裋者，謂僮豎所著布長襦也。褐，毛布之衣也。裋音豎。」

《漢書》卷九一《王嘉傳》 富者木土被文錦，犬馬餘肉粟，而貧者裋褐不完，唅菽飲水。師古曰：「裋，布長襦也。褐，編枲衣也。裋音豎。」

《漢書》卷九七《霍光傳》 光欲皇后擅寵有子，帝時體不安，左右及醫皆阿意，言宜禁內，雖宮人使令皆爲窮絝，多其帶，服虔曰：「窮絝，有前後當，不得交通也。」師古曰：「使令，所使之人也。絝，古袴字也。窮絝即今之緄襠袴也。令音力征反。緄音下昆反。」後宮莫有進者。

史游《急就篇》卷二 袍、襦、表、裏、曲領、帬。襦，音孺。帬，音羣。

顏師古注：

長衣曰袍，下至足跗。方夫反。短衣曰襦，自膝以上，一曰短而施要一遥反。者，襦，衣外曰表，内曰裏。著曲領者，所以禁中衣之領，恐其上擁頸也，其狀闊大而曲，因以名云。黄氏曰：曲領，即襜褕。帬，即裳也。一名帔，一曰襬。帔，音披。襬，音碑。

襜、褕、袷、複、褶、袴、褌。襜，昌瞻反，一尺占反。褕，音踰，一弋朱反。袷，古洽反。複，方復反。褶，徒頰反，音牒，又音習，一作襲。褌，古渾反。

顏師古注：

襜褕，直裾禪衣也，禪多安反。謂之襜褕者，取其襜襜而寬裕也。衣裳施裏曰袷，黄氏曰：袷音夾，衣無絮也。褚之以綿曰複。褚，丁吕反，裝衣。褶謂重丈龍反。衣之最在上者也，其形若袍，短身而廣袖。一曰左衽人禁反。之袍也。黄氏曰：褶音習，袴也。袴謂脛胡定反。衣也，大者謂之倒頓，小者謂之校衬，校，古鳥反，又功巧反。衬，音了，力鳥反。袴之兩股曰襱，徐龍反，又丈勇反。合襠謂之褌，最親身者也。

禪衣、蔽膝、布毋縛。禪，音單。縛，或作尊，祖昆反。

顏師古注：

禪衣似深衣而褎大，亦以其無裏，故呼爲禪衣。蔽膝者，於衣裳上著之以蔽前也。一名韍，又曰韠，亦謂之襜。著，竹略反。韍，音弗。韠，音畢。襜，昌占反。布毋縛者，薉貉女子以布爲脛空，用絮補核，狀如襜褕，薉貉者，東北之夷也。説者或云毋縛布名，非也。薉，音穢，貉，音陌。黄氏曰：江東謂鵵鶵爲布毋，布毋縛，小衣也，猶犢鼻耳。【略】

裳韋　韋，柔皮也。裳韋，以韋爲裳也。

許慎《説文》七篇下《巾部》 帔　弘農謂帬帔也。謂帬曰帔也。《方言》曰：帬，陳魏之閒謂之帔，自關而東謂之襬。从巾，皮聲。

帬　繞領也。《方言》繞衿謂之帬。《廣雅》本之，曰繞領。句帔，句帬也。衿、領今古字，領者，劉熙云總領衣體爲端首也。然則繞領者，圍遶於領，今男子婦人披肩其遺意。劉熙曰：帔，披也，披之肩背，不及下也。蓋古名帬，弘農方言曰帔。若常則曰下帬，言帬之在下者，亦集衆幅爲之。如帬之集衆幅被身也，如李善引梁典、任昉諸子冬月著葛巾、帔、練裙，自是上下三物。《水經注》淮南王廟，安及八士像皆羽扇、裙帔、巾壺。枕物一如常居。亦帬帔竝言。自《釋名》裙系下，帔系上，後人乃不知帔帬之别，擅改《説文》矣。从巾，君聲。帬或从衣。

常　下帬也。《釋名》曰：上曰衣，下曰裳。裳，障也。以自障蔽也。《士冠禮》爵弁，服纁裳。皮弁，服素積。玄端，玄裳、黄裳、襍裳可也。《禮記・深衣》「續衽鉤邊，要縫半下」。今字裳行而常廢矣。从巾，尚聲。从巾者，取其方幅也。

帴　常或从衣。帴　帬也。《衣部》襌下曰：帴也。一曰帗也。帗，一幅巾也。一曰婦人脅衣。《釋名》所謂心衣。小徐作脅巾。从巾，戔聲。

幝　幒也。《方言》褌，陳楚江淮之閒謂之䘨。《釋名》褌，貫也，貫兩腳上繫腰中也。按今之套褲，古之絝也。今之滿襠褲，古之褌也。自其渾合近身言曰幝，自其兩襱孔穴言曰幒。《方言》無裥之袴謂之襣。郭云：即犢鼻褌。从巾，軍聲。幝或從衣。

幒　幝也。从巾，悤聲。一曰帙。書衣也。幒或从松。《方言》作䘨。

幓　楚謂無緣衣也。《方言》無緣之衣謂之襤。又曰：裯謂之襤。又云：楚謂無緣之衣曰襤，紩衣謂之褸。又曰：襜褕以布而無緣，敝而紩之謂之襤褸。从巾，監聲。

許慎《説文》七篇下《巿部》 巿　韠也。《韋部》曰：韠，韍也。二字相轉注也。鄭曰：韠之言蔽也，韍之言亦蔽也。祭服偁韍，玄端服偁韠。上古衣蔽前而已，巿已象之。鄭注《禮》曰：古者佃漁而食之，衣其皮，先知蔽前，後知蔽後，后王易之以布帛，而獨存其蔽前者，不忘本也。天子朱巿，諸侯赤巿，卿大夫蔥衡。卿大夫下當有，赤巿二字，奪文也。《斯干》箋云：芾，天子純朱，諸侯黄朱。《采芑》傳曰：芾，黄朱芾也。鄭注《易》云：

朱深於赤，則黄朱爲赤也。《乾鑿度》曰：困九五。文王爲紂三公，故言困於赤紱，至於九二，周將王，故言朱紱方來。引孔子曰：天子三公九卿朱紱，諸侯赤紱。《玉藻》曰：一命緼韍幽衡，再命赤韍幽衡，三命赤韍蔥衡。鄭注：緼，赤黄之閒色，所謂韎也。衡，佩玉之衡也。同珩幽讀爲黝，黑謂之黝，青謂之蔥。《周禮》公侯伯之卿三命，其大夫再命，其士一命，子男之卿再命，其大夫一命，其士不命。按云「赤市蔥衡」者，以別於再命之赤市也。从巾，象連帶之形。謂一也。《玉藻》云：頸五寸，肩革帶博二寸。鄭曰：頸五寸亦謂廣也，頸中央，肩兩角，皆上接革帶以繫之，肩與革帶廣同。凡市之屬皆从市。韍篆文市，从韋，从犮。俗作紱。

許慎《説文》八篇上《衣部》

衣　依也。疊韵爲訓。依者，倚也。衣者，人所倚以蔽體者也。上曰衣，下曰常。常，下帬也。象覆二人之形。凡衣之屬皆从衣。

裁　制衣也。《刀部》曰：制者，裁也，二字爲轉注。《韓非子》曰：管仲善制割，賓胥無善削縫，隰朋善純緣。制割者，前裁之謂也。裁者，衣之始也。从衣，𢦏聲。

衮　天子亯先王。卷龍繡於下常。《周禮·司服》曰：王之吉服，享先王則衮冕。鄭仲師云：衮，卷龍衣也。《豳風》「衮衣繡裳」傳曰：衮衣，卷龍衣也。卷龍謂龍拳曲。《禮記》衮衣字皆作卷。鄭於《王制》釋之曰：卷，俗讀也，其通則曰衮。蓋衮與卷古音同，故《記》假卷爲衮也。鄭云：周制以日月星辰畫於旌旗，而冕服九章，初一曰龍，次二曰山，次三曰華蟲，次四曰火，次五曰宗彝，皆畫於衣，次六曰藻，次七曰粉米，次八曰黼，次九曰黻，皆繡於裳，則衮之衣五章，裳四章，凡九也。許於《糸部》引《書》山、龍、華蟲，作繪云：會五采繡也，此又云繡龍於裳，其釋黺則曰畫粉也。皆與鄭正相反。蓋鄭説未出以前，許所據之説多不可攷矣。幅一龍，蟠阿上鄉。鄉今向字。小徐作卿。誤。幅一龍謂每幅一龍也。凡裳前三幅。後四幅。然則繡龍者七與。蟠阿曲兒也。上鄉所謂升龍也。鄭注覲禮云。上公衮無陞龍。然則惟天子衮有升龍也。龍曲體而卬首。故曰蟠阿上鄉。白虎通引傳云。天子升龍。諸侯降龍。賈公彦云。此據衣服言。若旌旗則諸侯畫交龍。一象其升。一象其下復。从衣，公聲。

䙴　丹縠衣也。縠，細絹也。《庸風》「瑳兮瑳兮，其之展也」。毛詩傳：禮有展衣者，以丹縠爲衣。馬融從之。許説同。先後鄭注《周禮》及劉氏《釋名》皆云：展衣白。後鄭云：展衣以禮見王及賓客之服，字當爲襢。襢之言亶，亶誠也。按《詩》、《周禮》作展，假借字也。《玉藻》、《襍記》作襢，後鄭從之，許作䙴，漢禮家文字不同如此。从衣，㠭聲。

褕　褕翟，二字舊删褕字，今依《毛詩》補。羽飾衣。《庸風》「玼兮玼兮，其之翟也」。毛傳曰：翟、揄狄、闕狄，羽飾衣也。《釋文》揄字又作褕，狄字又作翟，依《説文》則毛傳本作褕，作翟也。《羽部》曰：翟，山雉，其衣曰褕翟、闕翟，故知爲羽飾衣也。毛、許云羽飾衣，未詳其制。《内司服》褘衣、揄狄闕狄。《玉藻》之記同。鄭仲師云：揄狄、闕狄畫羽飾。則釋爲畫，後鄭謂褘、揄即《爾雅》之翬雉、摇雉字。狄即翟字，翬衣摇翟皆刻繒爲之形，而采畫之，箸於衣以爲飾，因以爲名。闕翟刻而不畫，後鄭與毛異，亦與大鄭異，蓋毛、許謂褘褕闕爲衣服之名，褕闕系以翟故釋爲羽飾。褕者正字，揄者段借字也，後鄭則謂揄者段借字，摇者正字也，許無摇雉之説，鄭不取褕字，然摇與翟、十四雉中二雉之名，經何不言摇衣，而偁摇又言翟也，其説似尚當審定矣。从衣，俞聲。一曰直裾謂之襜褕。《方言》襜褕，江淮南楚謂之襜褣，自關而西謂之襜褕。《釋名》荆州謂禪衣曰布襹，亦曰襜褕，言其襜襜弘裕也。師古注《急就篇》及《雋不疑傳》曰：直裾，禪衣也。《史記》索隱曰：謂非正朝衣，如婦人服也。

袀　玄服也。各本無此篆，而袗篆下云玄服也。蓋誤合二爲一，正與《鼎部》鼏鼏同，今依《文選·閒居賦》「服以齊玄」李善注所引《説文》正《左傳》卜偃曰：童謡云：袀服振振。服虔曰：袀服黑服也。《吴都賦》「六軍袀服」。劉注曰：袀，皁服也。《士昏禮》「女從者畢袗玄」。袗玄言衣色。《月令》孟冬乘玄路。鄭云：今《月令》作袗，似當爲袀，聲之誤也。按今《士昏禮》、《月令》袀皆譌作袗，知其字形相近易誤矣。又鄭釋《士昏》杜釋《左傳》皆釋袀爲同，此謂袀即均之假借字耳。从衣，勻聲，讀若均。

袗　禪衣也。各本作玄服也，今按《論語》當「暑袗絺綌」。陸云：本又作袗。下《曲禮》注引《論語》作袗。孔安國曰：暑則單服。《玉藻》「振絺綌，不入公門」。鄭云：振讀爲袗。袗，禪也。依此二注定其解。一曰盛服。㐱本訓稠髮，凡㐱聲字多爲濃重。《上林賦》「磐石振崖」。孟康曰：振砏致也，以石致川之廉也。是振與㐱稹字義同。《孟子》「被袗衣」。袗衣亦當謂盛服。趙云畫衣者不得其説，姑依《臯陶謨》作繪言之耳，然則袗亦可訓盛服，若大徐作玄服，小徐作袨服，引鄒陽上書袨服釋之，當是脱誤之後改玄爲袨，傳會成説，武力鼎士袨服叢臺之下，服虔以大盛玄黄服釋之，不知袨本玄之異字。武士玄服，即所謂六軍袀服也。从衣，㐱聲。振，袗或从辰。

表　上衣也。上衣者，衣之在外者也。《論語》「當暑袗絺綌，必表而出之」。孔曰：加上衣也。皇云：若在家則裘葛之上亦無別加衣，若出行接賓客皆加上衣，當暑絺綌可單，若出不可單，則必加上衣也。嫌暑熱不加，故特明之。《玉藻》「表裘不入公門」。鄭曰：表裘，外裘也。外裘今本作外衣，誤。禪絺綌，外裘二者形且褻，皆當表之乃出，引伸爲凡外箸之稱。从衣毛。古者衣裘，故吕毛爲表。説从衣毛之意也。古者衣裘，謂未有麻絲，衣羽皮也。衣皮時毛在外，故裘之制毛在外，以衣毛製爲表字，示不忘古。古文表，从麃。麃聲。

裏　衣内也。引伸爲凡在内之稱。从衣，里聲。

襁　負兒衣。从衣，强聲。居兩切。按古繈緥字从糸不从衣，淺人不得其解，而增襁篆於此，假令許有此字，當與褯篆爲類矣，當删，説詳《糸部》。

裺　褗謂之裺。蓋奄覆之義。《方言》曰：裺謂之襦。又曰：懸裺謂之緣，又曰：繞循謂之襦裺，皆不與許同。

褘　蔽厀也。按蔽厀非韠也。許釋韠，市皆云所以蔽前，鄭注《禮》同，韠以蔽前，而非專蔽厀也。《方言》曰：蔽厀，江淮之閒謂之褘，或謂之祓，魏宋南楚之閒謂之大巾，自關東西謂之蔽厀，齊魯之郊謂之袡。許不云褘者，韠也，則知許不謂一物也。《釋名》曰：褘所以蔽厀前也，婦人蔽厀亦如之。亦不以爲一物，而已與許異。从衣，韋聲。《周禮》曰：王后之服褘衣，謂畫袍。《周禮·内司服》「王后之六服，褘衣，揄狄、闕狄、鞠衣、展衣、(緑)[緣]衣」。許揄作褕，展作襄，見上文。以褘衣系之褘下弟二義者，許必有所受矣。袍當作衣。大鄭曰：褘衣，畫衣。引《祭統》君卷冕，夫人副褘。此古説也，至後鄭注乃後褘讀爲翬。

襲　ナ衽袍。小斂大斂之前衣死者謂之襲。《士喪禮》「乃襲三稱」。注曰：遷尸於襲上而衣之。凡衣列者，左衽不紐。按《喪大記》小斂大斂，祭服不倒，皆左衽結絞不紐，襲亦左衽不紐也。袍，褻衣也。《記》曰：纊爲繭，緼爲袍也。許曰：袍，襺也。《士喪禮》襲衣有爵弁服皮弁服褖衣。注：褖衣所以表袍者，子羔之襲繭衣裳與稅衣爲一是也。斂始於襲，襲始於袍，故單言袍也。襲字引申爲凡掩襲之用，若《記》曰帛爲褶。《士喪禮》古文作襲，假借字也。《喪大記》、《玉藻》用《禮》今文作褶。注曰：褶，袷也。有表裏而無著。許依古文《禮》，故不收褶字，凡經典重襲之義，如「筮襲于夢，武王所用」，「祥襲則行，不襲則增，修德而改卜」，皆當作褶，褶義之引申。从衣，龖省聲。籒文襲不省。

袍　襺也。《秦風》「與子同袍」。《釋言》、《毛傳》皆曰：袍，襺也。《玉藻》曰：「纊爲繭，緼爲袍。」注曰：衣有著同褚之異名也。《記》文袍襺有別，析言之，渾言不別也。古者袍必有表，後代爲外衣之偁。《釋名》曰：袍，丈夫箸，下至跗者也。袍，苞也。苞，内衣也，婦人以絳作，義亦然也。从衣，包聲。《論語》曰：「衣敝緼袍」。敝各本作弊，誤。《論語·子罕篇》文。

襺　袍衣也。从衣，繭聲。《玉藻》作繭者，字之假借也。絮中往往有小繭，故絮得名繭。以絮曰襺，以緼曰袍。既渾言而又析言之也。《玉藻》言纊，許言絮者，《系部》曰纊，絮也。鄭注《玉藻》緼謂新綿及舊絮，故纊專爲新綿，許緼謂紼，故纊爲絮，不分新舊。《系部》曰：緼，紼也。紼，亂枲也。亂枲即亂麻。《蒯通傳》注及《廣韵》云亂麻是也。孔安國《論語》緼袍注亦曰枲著。孔、許與鄭異，似孔、許爲長。《春秋傳》曰：「盛夏重襺。」襄二十一年《左傳》曰：薳子馮「方暑，掘地下冰而牀焉，重襺衣裘」，許櫽栝其語。褋　南楚謂禪衣曰褋。《九歌》曰：「遺余褋兮醴浦。」《方言》曰：禪衣，江淮南楚之閒謂之褋，關之東西謂之禪衣。按屈原賦當用南楚語。王逸云：襜襦，殆非也。从衣，枼聲。

褧　檾衣也。衣字舊無，今補。檾者，枲屬，績檾爲衣，是爲褧也，許意如是，若鄭箋《衛風》云：褧，禪也。不言禪用何物，鄭風箋云：褧，禪也。蓋以禪穀爲之，與許説異。穀者，細絹也，以絲而非以枲矣。鄭説本《玉藻》。《玉藻》、《中庸》作絅。《禮經》作潁，皆假借字也。詩曰：「衣錦褧衣。」《衛碩·人》《鄭·豐》同。示反古。此許釋《詩》也。毛傳曰：衣錦，錦文衣也。夫人德盛而尊嫁，則錦衣加褧襜。《中庸》曰：「衣錦尚絅，惡其文之箸也。」鄭以《中庸》箋《詩》，許云示反古，意亦略同。古者麻絲之作，蓋先麻而後絲，故衣錦尚褧，歸真反樸之意。从衣，耿聲。去潁切，廣韵口迥切，十一部。

袛　袛裯，逗。短衣也。《方言》曰：汗襦，江淮南楚之閒謂之襌，自關而西或謂之袛裯，自關而東謂之甲襦，陳魏宋楚之閒謂之襜襦，或謂之禪襦。《後漢·羊續傳》其資藏，惟有布衾，敝袛裯，鹽麥數斛。从衣，氏聲。

裯　衣袂袛裯。依全書之例，此當云袛裯也。衣袂二字蓋誤衍。《召南》「抱衾與裯」。毛曰：裯，禪被也。从衣，周聲。

襤　裯謂之襤褸。裯謂袛裯。《九辨》「被荷裯之晏晏」，王曰：裯，袛裯也。《方言》曰：裯謂之襤。郭注：袛裯，敝衣，亦謂襤褸。按《説文》褸字疑衍，袛裯亦名襤耳，不如郭説也。襤，逗。無緣衣也。衣字依《韵會》補。《方言》又曰：無緣之衣謂之襤，楚謂無緣之衣曰襤。故袛裯無緣則謂襤也。《巾部》幨下曰：楚謂無緣衣也。襤與幨同。从衣，監聲。

[illegible]　無袂衣謂之[illegible]。《方言》文。从衣，惰省聲。

襜　衣蔽苒。《釋器》曰：衣蔽前謂之襜。此謂衣，非謂蔽厀也，引伸之凡衣或曰襜褕，或曰襜襦，皆取蔽義。从衣，詹聲。

衧　諸衰也。按當云諸衰衣褎也。《篇韵》可證。《後漢書·光武帝紀》皆冠幘而服婦人衣，諸于繡𧞹，注引《前書音義》曰：諸于，大掖衣，如婦人之袿衣。按大掖謂大其褎也。《方言》袿謂之裾。于者，衧之假借字。从衣，亏聲。羽俱切，五部。

襗　絝也。絝者，脛衣也。《按周禮·玉府》注云：燕衣服者，巾絮寢衣袍襗之屬。《論語》「紅紫不以爲褻服」。鄭注云：褻衣，袍襗。《秦風》「與子同澤」。傳曰：澤，潤澤也。箋云：襗，褻衣，近汗垢。《釋名》曰：汗衣，近身受汗垢之衣也。《詩》謂之澤，受汗澤。《廣韵》此字三見：一曰褻衣，一曰袴襗。一曰衣襦，亦皆不云絝。又按毛云：潤澤也。箋云：襗，褻衣。此蓋毛作潤襗，故箋冢襗而釋之。潤襗，衣名也。从衣，睪聲。

褰　絝也。昭廿五年《左傳》曰「公在乾侯，徵褰與襦」。杜曰：褰，絝也。《方言》曰：絝，齊魯之間謂之䙕。按今《方言》作䙕，俗字也。褰之本義謂絝，俗乃假爲騫衣字。騫，虧也。古騫衣字作騫，今假褰而褰之本義廢矣。从衣，寒省聲。《春秋傳》曰：「徵褰與襦」。

襱　絝踦也。《方言》曰：袴，齊魯之間謂之䙕，或謂之襱。郭注：今俗呼袴踦爲襱，音鮦魚。按絝踦對下文絝上言，袴之近足狹處也。从衣，龍聲。襱或从賣。

袑　絝上也。《漢·朱博傳》功曹官屬多褒衣大袑，不中節度。絝上對上絝踦言，股所居也，大之則寬緩。从衣，召聲。

襑　衣博大也，从衣，尋聲。

複　重衣也。也作兒者誤，凡古書也兒二字互譌者多矣。引伸爲凡重之偁，複與復義近，故書多用復爲複。从衣，复聲。一曰褚衣。褚見下文，裝衣也。

裔　衣裙也。裙各本及篇韵皆作裾，今正。玄應書卷十四曰：《說文》云裔衣裙也。以子孫爲苗裔者，取下垂義也。按，帔曰裠，裳曰下裠，此衣裠謂下裠，故《方言》《離騷》注皆曰：裔，末也。《方言》又曰：裔，祖也。亦謂其遠也。《方言》又曰：裔，夷狄之總名。郭云：邊地爲裔。按《左傳》衛侯卜繇曰：裔焉大國。言邊於大國也。裔之義如此，言衣裙得以通之，若言衣裾則何以解焉。小徐云，裾，衣邊，蓋小徐作注時本作裙。从衣，此字衣在上，正謂其末下垂。冏聲。□，古文裔。

䙚　短衣也。《釋名》曰：三百斛曰䑨。䑨，貂也。貂，短也。今俗語尚呼短尾曰貂尾，許書無貂，當作䙚，以短衣之義引伸也。从衣，鳥聲。《春秋傳》曰：「有空䙚。」曰疑衍，空疑當作公，即昭廿五年《左傳》之季公鳥也。

褺　重衣也。凡古云衣一褺者，皆一褺之假借。褺讀如重疊之疊。《文選·王命論》思有短褐之褻。李注引《說文》褻，重衣也。《王命論》本作褺。李注時不誤，淺人妄改《文選》耳。《漢書·敘傳》作短褐之褻。師古釋以親身之衣，不知爲褺字之誤也，古書之難讀如此。从衣，執聲。

襡　短衣也。篇韵，皆襡與襩爲二字，義別。《韵會》合而一之，非是。《晉書·夏統傳》使妓女服袿襡。从衣，蜀聲，讀若蜀。

□　衣至地也。从衣，斲聲。

襦　短衣也。《方言》襦，西南蜀漢之閒謂之曲領，或謂之襦。《釋名》有反閉襦，有單襦，有要襦。顏注《急就篇》曰：短衣曰襦，自膝以上。按襦若今襖之短者，袍若今襖之長者。从衣，需聲。襦之言濡也，猶襗之言澤也。一曰㬵衣。一曰與一名同，非別一義也。《日部》曰：安㬵，温也。然則㬵衣猶温衣也。《內則》「衣不帛襦袴」。注曰：不用帛爲襦袴，爲大温傷陰氣也。《釋名》曰：襦，耎也，言温耎也。

褊　衣小也。引伸爲凡小之偁。从衣，扁聲。

袷　衣無絮。此對以絮曰襺，以緼曰袍言也。从衣，合聲。

襌　衣不重。此與重衣曰複爲對。从衣，單聲。

衵　日日所常衣。衵服見宣九年《左傳》从衣，从日，日亦聲。

褻　私服。私褻疊韵。《論語》曰「紅紫不以爲褻服」。引伸爲凡昵狎之偁，假借爲媟字。从衣，埶聲。《詩》曰：「是褻袢也。」《庸風·君子偕老》文。今《詩》褻作紲。按毛傳云：是當暑袢延之服。當暑二字釋褻也。

衷　裏褻衣。褻衣有在外者，衷則在內者也。引伸爲折衷，假借爲中字。从衣，中聲。《春秋傳》曰：「皆衷其衵服。」宣九年《左傳》文。

袈　敝衣。敝各本作弊，誤。今正。袈者敝衣，帤者敝巾，絮者敝絮，各依所从而解之。《易·既濟六四》「繻有衣袽」。虞翻曰：袽，敗衣也。然則袽即袈字。《糸部》引《易》「需有衣絮」。又見袈與絮可通用也。晁説之曰：袽又作袈。玉裁謂，袽袈皆袈之誤字耳。从衣，奴聲。

裋　豎使布長襦。豎與裋疊韵。豎使謂僮豎也。《淮南》高注曰：豎，小使也。顏注《貢禹傳》曰：裋褐謂僮豎所著布長襦也。方言曰：襜褕其短者謂之裋褕。韋昭注《王命論》云：裋謂短襦也。本《方言》。从衣，豆聲。

褔　編枲衣。謂取未績之麻編之爲衣，與艸雨衣相類，衣之至賤者也。一曰頭褔。《月下》曰：小兒蠻夷頭衣也。頭褔蓋即頭衣，僅冒其頭耳。一曰次裹衣。《方言》曰：繄袼謂之褔，郭曰：即小兒次衣也。翳洛嘔三音。次裹，今俗語尚如此，小兒服之衣外，以受次者。从衣，區聲。

褐　編枲韤。取未績之麻編之爲足衣，如今艸韤之類。一曰粗衣。《文選·藉田賦》注作麁衣。《廣韵》及《孟子》正義作短衣，誤也。趙注《孟子》曰：褐以毳織之，若今馬衣者也。或曰枲衣也。一曰粗布衣。按趙云以毳，與《豳風》鄭箋云毛布合，馬衣即《左傳·定八年》之馬褐也。枲衣，亦謂編枲爲衣，褐，賤者之服也。从衣，曷聲。

衰　艸雨衣。雨衣有不艸者。《左傳》成子衣製杖戈。杜曰：製，雨衣。按言製則非艸爲，若今油布衣。秦謂之萆。《艸部》曰：萆，雨衣。一曰衰衣。此則著萆爲秦語也。《小雅》「何蓑何笠」。傳曰：蓑所以備雨，笠所以禦暑。《公羊傳》「不蓑城也」。何云：若今以艸衣城。《齊語》注云：襏襫，蓑襞衣也。襞或萆字亦作薜。《六韜》蓑薜簦笠。衰俗从艸作蓑，而衰遂專爲等衰、衰絰字。衰絰本作縗，衰其假借字也，以艸爲雨衣，必層次編之，故引伸爲等衰。後世異其形，異其音，古義茫昧矣。从衣，象形。□，古文衰。

製　裁衣也。从衣，制聲。

袚　蠻夷衣。左衽衣。从衣，犮聲。一曰蔽厀。《方言》曰：蔽厀，江淮之閒謂之褘，或謂之袚。郭音沸。

褮　鬼衣也。鬼衣猶魂衣，明器之屬也。《鬼部》曰：魃，鬼服也。引《韓詩》傳鄭交甫逢二女魃服。《釋器》曰：衹謂之褮。郭云：衣開孔。非許義也。从衣，熒省聲。讀若《詩》曰「葛藟縈之」。一曰「若静女其祩」之祩。之祩當作之静。

許慎《說文》八篇上《裘部》　裘　皮衣也。从衣，象形。各本作从衣求聲，一曰象形，淺人妄增之也。裘之制毛在外，故象毛文。與衰同意。皆从衣而象其形也。凡裘之屬皆从裘。

許慎《說文》一三篇上《糸部》 纀 常削幅謂之纀。《爾雅·釋器》文也。郭云：削殺其幅，深衣之裳也。按許書之削當作消，纀之言僕也，僕之言附也。从糸，僕聲。

絝 脛衣也。今所謂套袴也，左右各一，分衣兩脛，古之所謂絝，亦謂之褰，亦謂之襗，見《衣部》。若今之滿當袴，則古謂之幝，亦謂之幒，見《巾部》。此名之宜別者也。从糸，夸聲。按此字疑當同胯，跨作絝，今皆作袴。

繑 絝紐也。紐者，系也，脛衣上有系，系於幝帶曰繑。从糸，喬聲。

緥 小兒衣也。《衣部》曰：褓，緥也。《斯干》「載衣之裼」，傳曰：裼，褓也。褓，緥之俗字。古多云小兒被也。李奇曰：小兒大藉。師古曰：即今小兒綳，古多假借保葆字。从糸，保聲。

縛 蕺貉中女子無絝，己帛爲脛空，用絮補核，名曰縛衣，狀如襜褕。無絝者，無左右各一之絝也。帛，依《急就篇》當作布。空、腔古今字，核當作覈。果覈之引中也。帛爲脛腔，褚以絮而裹之，若今江東婦之卷胖。胖音如滂去聲，是名縛衣，亦曰母縛。《急就篇》曰：襌衣蔽膝布母縛。蓋蔽厀、縛衣、襜三者相似，故曰狀如襜。《衣部》曰：襜衣蔽前也。又曰：直裾謂之襜褕。此當曰狀如襜，不當有褕字。从糸，尊聲。

縗 喪服衣。喪字各本無，今補。凡服上曰衣，下曰裳。《禮》衰裳連言，即衣裳也。以衰統負板辟領等爲言也。長六寸，博四寸，直心。《禮·喪服記》曰：「衰長六寸，博四寸。」注云：廣袤當心也，前有衰，後有負板，左右有辟領。孝子哀戚無所不在。按縗，經典多假借衰爲之。从糸，衰聲。

許慎《說文》一四篇上《金部》 鎧 甲也。甲本十干之首，从木戴孚甲之象，因引申爲甲胄字。古曰甲，漢人曰鎧，故漢人以鎧釋甲。从金，豈聲。 釬 臂鎧也。管子戒曰：弛弓脫釬。房注：釬所以扞弦。按房非也，禮射時箸左臂者謂之遂，亦謂之拾，若戰陣所用臂鎧謂之釬，兩臂皆箸之，又非無事時所箸臂衣謂之韝也。从金，干聲。

劉熙《釋名》卷五《釋衣服》 凡服，上曰衣。衣，依也。人所依以芘寒暑也。下曰裳。裳，障也。所以自障蔽也。畢沅曰：《說文》「衣，依也。上曰衣，下曰裳。象覆二人之形也。」又曰：「常下帬也，从巾尚聲。又或从衣。」《白虎通》曰：衣者，隱也。裳者，障也。所以隱形自障閉也。《說文》有庇無芘。案：《莊子·人間世篇》用芘字，與庇同。《玉篇》芘爲古文比字。

裾，倨也。倨倨然直，蘇輿曰：《方言四》袿謂之裾。郭注：裾衣，後裾也。《荀子·宥坐篇》楊注：裾與倨同。又《子道篇》注：裾裾，衣服盛貌。裾裾即倨倨。先謙曰：吳校直下補也字。亦言在後常見踞也。畢沅曰：人坐則裾常在身下，爲人蹲踞也。

玄端，其袖下正直端方，與要接也。畢沅曰：端，《說文》作褍。《衣部》云：「褍，衣，正幅。从衣耑聲。」先謙曰：吳校玄端下補玄衣也三字。袖作幅。案：玄端，見《司服》、《士昏禮》端，即玄衣也。《樂記》云：端冕。《論語》云：端章甫。

素積，素裳也。辟積其要中使蹙因以名之也。畢沅曰：《儀禮·士冠禮》「皮弁服素積」，鄭君注：積猶辟也。以素爲裳，辟蹙其要中。說與此同。蹴字《說文》云：「行平易也。」與此義不合。《論語》「踧，踖如也。」則有蹙縮之義。蹙字乃《說文》新附字。徐鉉謂李善《文選》注：通蹴字，皆當讀子六反。

王后之上服曰褘衣。先謙曰：吳校作王后之六服有褘衣。畫翬雉之文於衣也。伊洛而南，雉素質，五色皆備成章曰翬。畢沅曰：素今本與下青字互譌，據《爾雅》及《周禮·內司服》注改。正本又脫皆字、成章字。案下文有之，此亦當有。亦據二書補之。搖翟，畢沅曰：《周禮》作揄狄。鄭康成注：作搖翟，聲近字通也。諸本竝從《爾雅》，搖字作鷂，俗書也。畫搖雉之交於衣也。江淮而南，青質，五色皆備成章曰遙。畢沅曰：五色諸本作五采，雖本《爾雅》然不應與上互異，今據《周禮》注改。闕翟，畢沅曰：《周禮》作闕狄。《禮記·玉藻》及《喪大記》皆作屈狄。鄭仲師注《周禮》引《喪大記》文而云屈者，音聲與闕相似。翦闕繒爲翟雉形以綴衣也。鞠衣，黃如鞠華色也。襢衣，畢沅曰：今《周禮》作展衣。案本字當作襄。襢，坦也，坦然正白無文采也。畢沅曰：鄭仲師注《周禮》云：展衣，白衣也。襢音聲與展相似，此即用鄭說。案《說文》「襄，丹縠衣」，與此異。褖衣，畢沅曰：《周禮》本作緣。鄭康成改作褖。此書從之。《說文》無褖字。緣亦以彖爲聲，似不必改。褖然黑色也。畢沅曰：《周禮·內司服》「掌王后之六服。褘衣、揄狄、闕狄、鞠衣、展衣、緣衣、素沙。」鄭康成曰：狄當爲翟。翟，雉名。伊雒而南，素質，五色皆備成章曰翬。江淮而南，青質，五色皆備成章曰搖。王后之服，刻繒爲之形，而采畫之綴於衣以爲文章。褘衣畫翬者，揄翟畫搖者，闕翟刻而不畫，此三者皆祭服。鞠衣，黃桑服也。色如鞠塵，象桑葉始生。《月令》「三月薦鞠，衣於先帝，告桑事」。展衣，以禮見王及賓客之服。字當爲襢。襢之言亶，亶誠也。《雜記》曰：「夫人復稅衣揄狄」。又《喪大記》曰：「士妻以褖衣。」言褖者甚衆。字或作稅。此緣衣者，實作褖衣也。褖衣御於王之服，亦以燕居男子之褖衣黑，則是亦黑也。六服備於此矣。素沙者，今之白縳也。六服皆袍制，以白縳爲裏，使之張顯。沅案：此康成之說善矣。而猶有未是者，何以言之？《說文》有襄無襢。蓋襢字起於漢世，非古字也。襄字从衣琵聲，展字从屍襄省聲，今仍作展者，以便讀耳。《爾雅·釋詁》展、亶同詁誠。然則展亦有誠義，奚必改爲襢而取亶誠之義乎？據《周禮》「緣衣」，則可知褖字非古。故《說文》不改。緣从糸彖聲，固自有土段反之音，不必改从衣也。然則當改《禮記》之襢爲襄，褖、稅皆爲緣，乃反據《禮記》以改《周禮》之字，則改是从非矣，甚不可也。然則茲猶録鄭注，何也？以其説與此書説合，録以疏證此書耳。

韍，韠也。韠，蔽膝也。所以蔽膝前也。畢沅曰：今本作韠，蔽也。所以蔽膝前也。《御覽》引作韍，韠所以蔽前也。案《説文》「巿，韠也。上古衣蔽前而已。巿以象之。韍，篆文巿，从韋，[从]犮[聲]」，然則此當云韍，韠也。韠，蔽膝也。所以蔽膝前也。蓋本名蔽膝。急言之，則兩音合一遂名韠矣。蔽膝乃爲韠之反語矣。蘇輿曰：《禮·玉藻》鄭注：韠之言蔽也。凡韠以韋爲之。又云：韍之言亦蔽也。是韍、韠同有蔽義。韍又與紼通。《白虎通》紼者，蔽也。行以蔽前者爾。有事因以別尊卑，彰有德也。韍、韠、蔽从疊韻爲訓。《御覽·章服八》引《五經異義》云：韍者，大帶之飾，非韠也。與此異。婦人蔽膝亦如之。蘇輿曰：《漢書·東方朔傳》館陶公主迎武帝，蔽膝登階。又《王莽傳》母病，公卿列侯遣夫人問疾，莽妻迎之，衣不曳地，布蔽膝。見之者以爲僮使，問知爲夫人，皆驚即此。齊人謂之巨巾，田家婦女出至田野，畢沅曰：至今本作自，據《御覽》引改。以覆其頭，故因以爲名也。王先慎曰：《禮·玉藻》「韠，下廣二尺，上廣一尺，長三(寸)[尺]，其頸五寸，肩革帶，博二寸」，故婦女以覆其頭。《方言》蔽厀，江淮之間謂之褘，或謂之袚，魏宋南楚之間謂之大巾，自關東西謂之蔽厀，齊魯之郊謂之袡。《方言》隨時變易，故揚、劉所説不同。巨巾、大巾其義一也。先謙曰：《小爾雅》大巾謂之幂。正謂覆頭之物也。又曰跪襜，跪時襜襜然張也。畢沅曰：案《爾雅》「衣蔽前謂之襜。」郭景純云：今蔽膝也。

襦，㬉也。言温㬉也。畢沅曰：《説文》襦字後一解曰㬉衣，㬉亦温㬉之義。

絝，跨也。兩股各跨別也。先謙曰：《説文》「絝，脛衣也」。故云兩股跨別也。疑若今俗之套褲。

褶，襲也。畢沅曰：《説文》褺，重衣也。从衣執聲。此褶字乃俗作。皮錫瑞曰：《周禮·買師》注：故書襲爲習。杜子春云：當爲襲。《儀禮·士喪禮》「襚者以褶則必有裳」注：古文褶爲襲。《左傳·哀十年》：「卜不襲吉。」或晉《古文尚書》作習。《玉篇》戳，古襲字。覆上之言也。先謙曰：覆，疑當作複，複亦重也。

禪衣，言無裹也。畢沅曰：《説文》「禪，衣不重也。」葉德炯曰：《方言》四(灼)[袀]禮謂之禪。郭注：今又呼爲凉衣也。案：《玉篇·衣部》袀禪衣纏下云：約纏謂之禪，約纏即袀禮之異文。則《方言》之禮是禪之誤矣。

襡，畢沅曰：此俗字也。衣裳上下聯屬即謂其衣爲屬。世俗以其是衣名，輒加衣旁。類如此者，不一而足。今雖仍之，亦必加以舉正。使古文不盡泯云。葉德炯曰：此《禮經》「續衽」之類也。《深衣》「續衽」注：續，猶屬也。衽，在裳旁者也，屬連之不殊裳前後也。據注云云。其制略與襡合。蓋《禮經》有衽名無襡名，成國分疏，就當時語作釋。其實襡字不見於《説文》，亦不見於經典。畢説以爲俗字，是也。蘇輿曰：《廣雅·釋器》襡，長襦也。王氏念孫疏證云：或作襡。案《御覽·章服八》引亦作襡。《晉書·夏統傳》服袿襡，《音義》引《字林》云：襡連要衣也。屬也，衣裳上下相聯屬也。畢沅曰：一本裳作服，非。荆州謂禪衣曰布襡，亦曰襜褕。畢沅曰：亦曰，今本誤作亦是，據義改。褕，今本作襦，據顔師古《急就篇》注引改。先謙曰：吴校亦曰作亦是。以襜褕字下屬別爲一條，當從之。言其襜襜宏裕也。吴翊寅曰：《説文》「直裾謂之襜褕。」《玉篇》襜褕，直裾也。《急就篇》顔注：襜褕，直裾禪衣也。謂之襜褕者，取其襜襜而寬裕也。《玉篇》襜襜，摇動貌，襜褕爲直裾衣，襡爲連腰衣。《漢書》襜褕屢見，注皆不云即襡也，畢連上爲條，誤。

韝，畢沅曰：亦俗字也。本韋旁作。《説文》「韝，射臂決也。」《儀禮·鄉射》「袒決遂」鄭注：遂，射韝也。所以斂衣，然則韝者著於左臂，韜袖使直者也。因而謂直袖之衣爲韝，言若著韝然也。先謙曰：《漢書·東方朔傳》董君緑幘傅韝。注：韝即今之臂韝也。《後漢·馬皇后紀》李賢等注韝，臂衣，今之臂韝，以縛左右手，於事便也。《集韻》亦從巾，作幬。禪衣之無胡者也。言袖夾直形如溝也。先謙曰：《説文》「胡，牛顄垂也。」《漢書·郊祀志》有龍垂胡顔。顔師古注：胡謂頸下垂肉也。本書《釋形體》：胡，互也。在咽下垂能斂互物也。《禮·深衣》「袂圜以應規」。鄭玄注：謂胡下也。《釋文》下垂曰胡，蓋胡是頸咽皮肉下垂之義，因引伸爲衣物下垂者之稱。古人衣袖廣大，其臂肘以下，袖之下垂者亦謂之胡。今袖緊而直，無垂下者，故云無胡也。

中衣，言在小衣之外，大衣之中也。先謙曰：晉·繁欽《定情詩》：「何以結愁悲，白絹雙中衣。」

裲襠，畢沅曰：據下云一當胸一當背，此兩當之義也。亦不當有衣旁。其一當胸，其一當背也。畢沅曰：《一切經音義》引也上有因以名之四字。皮錫瑞曰：《儀禮·鄉射禮》韋當。鄭玄注：直心背之衣曰當，以丹韋爲之。聶氏引《舊圖》楅長二尺，有足，置韋當於背，韋當長二尺，廣一尺，置楅之背上以藉前。據此，則裲襠字古作兩當。先謙曰：案即唐宋時之半背，今俗謂之背心。當背、當心，亦兩當之義也。

帕腹，横帕其腹也。畢沅曰：《説文》有帊無帕，蓋後人移帛上之白置於旁爾。《説文》新附有帞字，云「帛(二)[三]幅也。」今人謂與帕同，莫駕反。先謙曰：《晉書·齊王冏傳》時謡曰：著布袙腹，爲齊持服。梁·王筠詩：「裲襠雙心共一襪，袙腹兩邊作八襊」，合成國此釋，猶可揣其遺製。《南史·周迪傳》作袜腹。

抱腹，上下有帶抱裹其腹上，無襠者也。畢沅曰：襠本字應作當。

膺，畢沅曰：今本脱此字。案《楚詞·悲迴風》云「糺思心以爲纕兮，編愁苦以爲膺。」王逸注：膺，絡胸者也。則知此必當有下，乃爲之釋。心衣，抱腹而施鉤肩。鉤肩之間，施一襠以奄心也。先謙曰：奄掩同。案此製蓋即今俗之兜肚。

衫，畢沅曰：此俗字。《説文》新附字乃有之。芟也。芟，末無袖端也。畢沅曰：

蓋短袖無袪之衣。故曰芟末，無袖端。《初學記》引作衣無袖端也。兹不從。葉德炯曰：衫亦名偏禪。《方言四》偏禪，謂之禪襦。郭注即衫也。

有裏曰複，無裏曰禪。葉德炯曰：《説文》「複，重衣（也）〔皃〕」。「禪，衣不重也。」吴翊寅曰：此二句當在前禪衣條下，衣、襦皆有禪複，不專言衫也。畢依元本各爲條，非。

反閉，襦之小者也。御向著之領含於項，畢沅曰：今本脱含於項三字。據《御覽》引補。王啟原曰：《漢書・萬石君傳》石建取親中帬厠牏，身自浣洒。顔師古注：晉灼曰：今世謂反閉小袖衫爲侯牏。**反於背，後閉其襟也。**

婦人上服曰袿。畢沅曰：上服，上等之服也。鄭注《周禮・内司服》云：今世有圭衣者蓋三翟之遺俗。案，三翟王后六服之上也。故圭衣爲婦人之上服。今本圭字加衣旁，俗也。孫楷曰：《漢書・元后傳》衣絳緣諸于。師古注：諸于，大掖衣，即袿衣之類。又《續漢志》云：自皇后以下，皆不得服諸古麗圭襂閨緣加上之服。此蓋袿衣之制。**其下垂者，上廣下狹如刀圭也。**皮錫瑞曰：《方言》袿謂之裾。郭注：衣後裾也。《文選・思（元）〔玄〕賦》「揚雜錯之袿徽」。《漢書・江充傳》曲裾後垂交輸。如淳曰：交輸，割正幅，使一頭狹若燕尾，垂之兩旁，見於後。是《禮・深衣》「續衽鉤邊」。賈逵謂之「衣圭」。蘇林曰：交輸，如今新婦袍上掛全幅繒角割，名曰交輸裁也。此言下垂者，上廣下狹，其制蓋同。先謙曰：《釋器》注釋文：袿，重繒爲飾。刀，泉刀也。鋭上方下曰圭。言割繒飾。袿，其下垂者，或如泉刀形，或如圭形也。

裙，下裳也。裙，羣也。聯接羣幅也。畢沅曰：今本作裙，下羣也。連接裙幅也。文有脱誤。據《御覽》及《廣韻》參訂補正之。裙亦本作帬。**緝下橫縫，緝其下也。**畢沅曰：今本緝下云云，提行別起。據《御覽》引併入裙下。《御覽》所引此下猶有緝裙之施緣也。句似申説緝下之義，疑下緣裙一條有誤字，意欲據引以改之，而併合於此。然以緣襹一條例緣裙，則緣裙又似不誤。姑仍今本不敢遽改。孫詒讓曰：畢校緝下併入裙下是也。《方言》云：繞袷謂之帬。郭注：俗人呼接下，江東通言下裳。緝下即接下，漢晉俗語同也。

帔，披也。披之肩背，不及下也。葉德炯曰：潛確《類書》引《二儀實録》云：三代無帔説，秦有披帛，以縑帛爲之。漢即以羅。晉永嘉中，制縫暈帔子。是披帛始於秦，帔始於晉也。愚按：《説文》「帔，宏農謂帬帔也」。非此物。此云披之肩背，則是今之披肩矣。然則帔實始於漢末，不得云始於晉。

直領，邪直而交下，亦如丈夫服袍方也。

交領，就形名之也。皮錫瑞曰：案《深衣》「曲袷如矩以應方」。鄭玄注：袷，交領也。古者方領，如今小兒衣領。孔穎達正義曰：古者方領，似今擁咽。《後漢書・馬援傳》朱勃衣方領能矩步。李賢等注引《前書音義》：頸下施衿，領正方，學者之服也。《儒林傳》曰：服方領，習矩步者，委蛇乎其中。李賢等注：方領則直領也。故成國分別言之。

曲領，在内所以禁中衣，領上橫壅頸，其狀曲也。畢沅曰：禁中衣，今本作中襟，誤也。顔師古注《急就篇》曲領者，所以禁中衣之領，恐其上壅頸也。蓋本諸此，兹據以改正。

禪襦，如襦而無絮也。畢沅曰：禪則無裏，安得有絮？不必言無絮矣。禪當爲袷。《説文》袷衣無絮也。

要襦，蘇輿曰：要襦即腰襦。《御覽・章服十二》引《晉令》云：旄頭羽林著韋腰襦。又《舊唐書・倭國傳》婦人衣純色帬，長腰襦。白居易詩：「妾有繡腰襦，葳蕤自生光。」即此要正字。**形如襦，其要上翹，下齊要也。**

半袖，其袂半襦而施袖也。蘇輿曰：《晉書・五行志》魏（武）〔明〕帝著繡帽披縹紈半袖，常以見直臣楊阜，諫曰：此禮何法服也？《唐書・車服志》半袖裙襦者，東宫女史當供奉之服也，即此。又《酉陽雜俎》載楚國寺内有楚哀王等身金銅像。哀王繡襖半袖猶在，則半袖其來已久。

留幕，冀州所名大褶。畢沅曰：此褶亦當作褺。**下至膝者也。留，牢也，幕，絡也。言牢絡在衣表也。**先謙曰：留牢雙聲。《淮南・本經訓》高誘注：楚人讀牢爲霤，霤从留聲。《士喪禮》鄭玄注：牢，讀爲樓。樓，留聲近，皆其證也。絡幕疊韻。

袍，丈夫著下至跗者也。袍，苞也。苞内衣也。先謙曰：《淮南子》楚莊王裾衣博袍。《續漢志》或曰：周公抱成王宴居，故施袍。**婦人以絳作衣裳，上下連四起施緣亦曰袍。義亦然也。**畢沅曰：鄭注《周禮・内司服》云：婦人尚專一，連衣裳不異其色。先謙曰：《後漢・馬后紀》朔望，諸姬朝請，望見后袍衣疏麤。《續志》公主、貴人、妃以上重（緑）〔緣〕袍，又不僅以絳作。

齊人謂如衫而小袖曰侯頭。侯頭猶言解瀆，臂直通之言也。畢沅曰：解，奚買反。侯與解、頭與瀆皆聲之轉。王啟原曰：靈帝初嗣，封解瀆亭侯。《北堂書鈔》百四十五引《續漢書》靈帝好胡服、胡飯。侯頭之制小袖，則胡服也。民間效之，詭名侯頭。【略】

汗衣，近身受汗垢之衣也。《詩》謂之澤，受汗澤也。畢沅曰：《詩・秦風・無衣》「與子同澤」。鄭箋：澤，褻衣，近汗垢。皮錫瑞曰：《周禮・玉府》注：燕衣服者，巾絮寢衣袍襗之屬。賈疏引《詩》「與子同襗」。《説文》「襗，絝也」。《廣雅》襗袍長襦也。《廣韻・十六鐸》：襗，褻衣。《曲禮》疏引崔靈恩《三禮義宗》云：凡衣近體有袍襗之屬。**或曰鄙袒，或曰羞袒。作之用六尺裁足，覆胸背，言羞鄙於袒而衣此耳。**畢沅曰：《説文》「袒，衣縫解也。从衣旦聲」。

褌，貫也。貫兩腳上繫要中也。畢沅曰：《説文》「幝，从巾軍聲。重文作褌从衣。」葉德炯曰：《史記・司馬相如傳》相如自著犢鼻褌。《集解》引韋昭曰：今三尺布作，形如犢鼻矣。

幅，所以自偪束，畢沅曰：幅，今本作偪，譌。案《詩·采菽》「邪幅在下」。毛傳：幅，偪也，以自偪束也。據此改。先謙曰：吴校句末有也字。今謂之行縢，先謙曰：以本書例推之，上文幅下當有偪也二字。此處亦當有縢騰也三字。言以裹腳，可以跳騰輕便也。畢沅曰：鄭箋《采菽詩》邪幅，如今行縢也。偪束其脛，自足至膝。葉德炯曰：《吴志·吕蒙傳》爲兵作絳衣行縢。此軍容取其輕便。《古樂府》有雙行纏詞。雙行纏即行縢。是古女子亦用之。蓋歌舞時必跳騰，裹此則輕便耳。

張揖《廣雅》卷七下《釋器》 衣，隱也。

《白虎通義》云「衣者，隱也，裳者，障也，所以隱形自障蔽也。」【略】

覆綷、縱襍，禪衣也。

禪之言單也。《説文》「禪，衣不重也。」《玉藻》「禪爲絅」。鄭玄注云：有衣裳而無裏。《急就篇》顔師古注云：禪衣似深衣而褒大。《方言》云「禪衣，江淮南楚之間，謂之襍，關之東西，謂之禪衣，古謂之深衣」。又云「覆綷謂之禪衣」。襍，亦作褋。《説文》「南楚謂禪衣曰褋」。《楚辭·九歌》「遺余褋兮醴浦」。王逸注云：褋，襜襦也。《潛夫論·浮侈篇》云「麞麂履舄，文組綵褋」。

襜褣、袛裯，襜褕也。

《説文》「直裾謂之襜褕。」《漢書·外戚恩澤表》武安侯恬「坐衣襜褕入宮不敬，免」。顔師古注云：襜褕，直裾禪衣也。《方言》「襜褕，江淮南楚，謂之襜褣，自關而西，謂之襜褕」，襜褣，《小爾雅》作童容。任氏幼植《深衣釋例》云「《釋名》襜褕，言其襜襜宏裕也」。《方言》「或謂之童容。童容之名，即是襜襜宏裕之義」。《詩》「漸車帷裳」。鄭玄箋云：帷裳，童容也。《周禮·巾車》「皆有容蓋」。鄭司農注亦云：容，謂幨車，山東謂之裳幃，或曰幢容。《後漢書·劉盆子傳》「乘軒車大馬，赤屏泥，絳襜絡」。李賢注云：「襜，帷也。」帷謂之襜，亦謂之童容。直裾禪衣，謂之襜褕，亦謂之童容，其義一也。《説文》「袛裯，短衣也」。《方言》云「汗襦，自關而西，或謂之袛裯。」《楚辭·九辯》「被荷裯之晏晏兮」。王逸注云：裯，袛裯也，若襜褕矣。《後漢書·羊續傳》云「唯有布衾敝袛裯」。【略】

直衿謂之幆。

說見下條。

袒飾、褎明、襗袍、袿、襡，長襦也。

袿 《内則》云「衣不帛襦袴」。《説文》「襦，短衣也。一曰㬻衣」。《釋名》云「襦，耎也，言温耎也」。《急就篇》顔師古注云：「長衣曰袍，下至足跗，短衣曰襦，自膝以上。一曰短而施要者曰襦。」《深衣釋例》云《吴越春秋》「越王夫人衣無緣之衣，施左關之襦」。襦下有裳，則襦爲短衣可知，其似襦而長者，則特别之曰長襦。《史記·匈奴傳》云「繡袷長襦」是也。直衿，亦作直領。《釋名》云「直領，邪直而交下，亦如丈夫服袍方也」。《漢書·景十三王傳》「刺方領繡」。晉灼注云：今之婦人直領也，繡爲方領，上刺作黼黻文。《方言》「袒飾謂之直衿」。郭璞注云：婦人初嫁所著上衣直衿也。《方言》又云「褎明謂之袍。」《爾雅》「袍，襺也」。《玉藻》云「纊爲襺，縕爲袍」。《釋名》云「袍，丈夫著下至跗者也」。袍，苞也，苞内衣也，婦人以絳作衣裳上下連，四起施緣，亦曰袍，義亦然也。《深衣釋例》云「《喪大記》『袍必有表，謂之一稱』。鄭玄注：袍，褻衣，必有以表之，乃成稱也。蓋袍爲深衣之制，特燕居便服耳，故云褻衣，若無衣以表之，則不成稱」。《續漢書·輿服志》云「或曰周公抱成王燕居，故施袍」。是袍爲古人燕居之服，自漢以後，始以絳紗袍早紗袍爲朝服矣。念孫案，《周官·玉府》鄭玄注云：燕衣服者，巾絮寢衣袍襗之屬。《論語》「紅紫不以爲褻服」。《秦風·無衣》孔穎達正義引鄭玄注云：褻服，袍襗。此皆袍爲褻衣之明證也。班固《竇車騎北征頌》云「勞不御輿，寒不施襗」。襗，通作澤。《釋名》云「汗衣，近身受汗垢之衣也」。詩謂之澤，受汗澤也。或曰鄙袒，或曰羞袒，作之用六尺，裁足覆胷背，言羞鄙於袒而衣此耳。《秦風·無衣篇》「與子同袍」、「與子同澤」。鄭玄箋云：澤，褻衣，近汗垢。襡或作襹。《晉書·夏統傳》「服袿襹」。《音義》引《字林》云「襹，連要衣也」。《釋名》云「襹，屬也，衣裳上下相連屬也」。荆州謂禪衣曰布襹，亦曰襜褕，言其襜襜宏裕也。《雜記》鄭玄注：繭衣裳者，若今大襹也。正義云：謂衣裳相連而以綿纊著之。《釋名》云「婦人上服曰袿，其下垂者上廣下狹，如刀圭也」。宋玉《神女賦》云「袿繡衣，被袿裳」。枚乘《梁王菟園賦》云「袿裼錯紆，連袖方路」。《廣韻》、《爾雅》疏並引《廣雅》「袿，長襦也」。今本脱袿字。

襌襦謂之襜。

《方言》「汗襦，陳魏宋楚之間，謂之襜襦，或謂之襌襦。」郭璞注云：今或呼衫爲襌襦。又「偏襌謂之襌襦」。郭璞注云：即衫也。《釋名》云「襌襦，如襦而無絮也」。《漢書·來歙傳》注引《東觀記》云：光武解所被襜襦以衣歙。《集韻》、《類篇》引《廣雅》「襌襦謂之襜裿」連下文，裿字爲句，失之。

裿作襦謂之裨襦。

此條有脱誤，未詳其義。

複襦謂之𧝓。

《説文》「複，重衣，一曰褚衣」。重衣，謂袷衣也。褚衣，謂衣之有絮者，此云複襦是也。《釋名》「禪襦，如襦而無絮也。」然則有絮者謂之複襦矣。《急就篇》「襜褕袷複褶袴褌」。顔師古注云：褚之以緜曰複。古辭《孤兒行》云「冬無複襦，夏無單衣」。是也。《方言》「複襦，江湘之間，謂之𧝓」。又云「襜褕，其短者謂之裋褕」。《説文》「裋，豎使布長襦也」。裋長於襦而短於襜褕，故裋褐亦曰短褐。古謂僮僕之未冠者曰豎，亦短小之意也。《列子·力命篇》「朕衣則裋褐」。《釋文》引許慎《淮南子》注云：楚人謂袍爲裋。《荀子·大畧篇》作豎褐。裋、豎並與𧝓同。

複襂謂之裀。

此《說文》所謂重衣也。襂，與衫同。《釋名》云「衫，芟也，芟末無袖端也」。《方言》郭璞注以衫爲禪襦，其有裏者，則謂之裯裯，猶重也。

裲襠謂之袙腹。

裲襠，蓋本作兩當。鄭玄注《鄉射禮》云：直心背之衣曰當。《釋名》云「裲襠，其一當胷，其一當背也」。帕腹，橫陌其腹也。帕，與袙同。

繞領、帔，帬也。

《說文》「帬，下裳也。或作裠」。《釋名》云「裠，羣也，連接羣幅也」。案帬之言圍也，圍遶要下也，故又謂之繞領。《方言》「繞衿謂之帬」。郭璞注云俗人呼接下，江東通言下裳。衿，與領同。帔之言披也。《方言》「帬，陳魏之間謂之帔」。《說文》云「宏農謂帬帔也」。

大巾、褘、袡、襜、祓，蔽厀也。韍謂之韠。

《方言》「蔽厀，江淮之閒，謂之褘，或謂之祓，魏宋南楚之閒，謂之大巾，自關東西，謂之蔽厀，齊魯之郊，謂之袡」。《釋名》云「韠，蔽也，所以蔽膝前也」。婦人蔽膝亦如之，齊人謂之巨巾，田家婦女出至田野，以覆其頭，故因以爲名也。又曰跪襜，跪時襜襜然張也。袡，襜，一字也。《爾雅》「衣蔽前謂之襜」。《釋文》襜，《方言》作袡。同昌占反。《小雅·采綠篇》「不盈一襜」。毛亨傳與《爾雅》同。孔穎達正義引李巡《爾雅》注云：「衣蔽前，衣蔽膝也」。凡言襜者，皆障蔽之意，衣蔽前謂之襜，牀前帷謂之襜，車裳帷謂之幨，幰謂之幨，其義一也。《漢書·東方朔傳》「館陶公主自執宰敝膝」。敝膝，與蔽厀同。祓，韍，一字也。《說文》作巿，云「從巾，象其連帶之形」。《易》作紱，《詩》作芾，《禮記》作韍，《左傳》作黻，《方言》作祓，《易乾鑿度》作茀，《白虎通義》作紼，竝字異而義同。韠，本作韠，即蔽膝之合聲。蔽，韠，韍，又一聲之轉。《說文》「篳，藩落也」。引襄十年《左傳》「篳門圭窬」。《爾雅》「畢，堂牆」。李巡注云「厓似堂牆曰畢」。其謂之畢者，皆取障蔽之意，與韠同也。《齊風·載驅篇》「簟茀朱鞹」。毛亨傳云車之蔽曰茀。義亦與韍同。《小雅·采菽篇》「赤芾在股」。鄭玄箋云：芾，太古蔽膝之象也。冕服謂之芾，其他服謂之韠，以韋爲之。孔穎達正義引《乾鑿度》注云：古者田漁而食，因衣其皮，先知蔽前，後知蔽後，后王易之以布帛，而猶存其蔽前者，重古道，不忘本也。《明堂位》云「有虞氏服韍，夏后氏山，殷火，周龍章」。鄭玄注云韍，冕服之韠也，舜始作之以尊祭服，禹湯至周，增以畫文，後王彌飾也。《玉藻》云「韠，君朱，大夫素，士爵韋。下廣二尺，上廣一尺，長三尺，其頸五寸，肩革帶博二寸」。鄭玄注云：此(元)〔玄〕端服之韠，韠之言蔽也。《玉藻》又云「一命緼韍幽衡，再命赤韍幽衡，三命赤韍葱衡」。鄭玄注云此(元)〔玄〕冕爵弁服之韠，尊祭服異其名耳。韍之言亦蔽也。《白虎通義》云「天子朱紼，諸侯赤紼，大夫葱衡，士韎韐」。【略】

襣謂之絝。

絝，或作袴。《內則》云「衣不帛襦袴」。《說文》「絝，脛衣也」。《釋名》云「袴，跨也，兩股各跨別也」。《方言》「袴，齊魯之閒，謂之襣，或謂之襱，關西謂之袴」。《說文》「褰，絝也」。引昭二十五年《左傳》「徵褰與襦」。褰、襣、褲，竝同。

其袴謂之襱。

《方言》郭璞注云：今俗呼袴踦爲襱。又「無祠之袴謂之褌」，郭璞注云：祠亦襱。字異耳。《說文》「襱，絝踦也」。徐鍇傳云：踦，足也。案今人言袴腳，或言袴管，是也。管，與襱同，各本脱去襱字。《集韻》、《類篇》竝引《廣雅》「絝，其袴謂之襱」。今據補。

袑、衳、褌，幝也。

《說文》「幝，幒也。或作褌」。《釋名》云「褌，貫也，貫兩腳上繫要中也」。《急就篇》「襜褕袷複褶袴褌」。顔師古注云：袴合襠謂之褌，最親身者也。《易林·否之小畜》云「載車無褌，裸裎出門」。《漢書·朱博傳》「褎衣大袑」。《太平御覽》引孟康注云：袑，大袴也。《方言》「褌，陳楚江淮之閒，謂之衳」。《說文》「幒，幝也。或作帐」。字竝與衳同。《方言》「無祠之袴，謂之褌」。郭璞注云：袴無踦者，即今犢鼻褌也。《史記·司馬相如傳》裴駰集解引韋昭《漢書注》云：犢鼻褌以三尺布作，形如犢鼻。

幝無襠者謂之襣。

今之開襠袴也。襣之言突。突者，穴也，故竈窗亦謂之突。

褯謂之褓。

《說文》「緥，小兒衣也」。《漢書·宣帝紀》「曾孫雖在襁緥」。孟康注云：緥，小兒被也。被，亦衣也，故《論語》謂被爲寢衣。《大戴禮·保傅篇》「周成王在襁褓之中」。《史記·魯世家》作「强葆」，《漢書·賈誼傳》作「繦抱」，《司馬相如傳》作「繦保」，竝字異而義同。褓之言保也。保，亦衣也，故衣甲者謂之保介。《月令》「措之于參保介之御閒」。鄭玄注云：保，猶衣也。《說文》「褯，緥也」。引《小雅·斯干篇》「載衣之褯」。今本作裼。毛亨傳云：裼，褓也。《釋文》裼，《韓詩》作褯，竝字異而義同。

緊袼、褔，次衣也。

《方言》「緊袼謂之褔」。郭璞注云：即小兒次衣也。次，即今涎字。《說文》「褔，次裹衣也」。

襩、祓、䙊，褯也。

《玉篇》「褯，小兒衣也」。李奇注《漢書·宣帝紀》云：緥，小兒大藉也。藉，與褯通。《說文》「襩，䙊也」。《玉篇》又作幘，云「藉也」。《說文》「䙊，帔也」。䙊、帔、與䙊、祓同。《廣韻》「䙊，小兒藉也」。

顧野王《玉篇》卷一四《巿部》 巿 甫味切，蔽巿。

顧野王《玉篇》卷一五《臼部》 臿 胡耽切，鎧也。

顧野王《玉篇》卷一八《金部》 鎧 口代切，甲也。

鋌 乙加切，鋌鍜，頸鎧也。

鍜　下如切，錏鍜也。

釬　何旦切，《説文》曰臂鎧也。

顧野王《玉篇》卷二六《毛部》　毼　古牙切，毼毿，胡衣也。

毿　所加切，毼毿。

顧野王《玉篇》卷二六《毳部》　毳　鹵芮切，罽衣。

顧野王《玉篇》卷二六《甏部》　𪅅　子徇切，羽獵韋袴。

顧野王《玉篇》卷二六《革部》　䩜　除霤切，今作胄。【略】

鞲　恪侯切，射鞲，臂扞也。又古侯切。

顧野王《玉篇》卷二六《韋部》　韠　卑蜜切，所以蔽前也。【略】

韝　古侯切，拾也，臂沓也。【略】

韣　扶豆切，又扶武切，尻衣。又作韤。【略】

韍　甫勿切，今作市。【略】

韐　古荅切，韎韐也。亦作袷。又古洽切。【略】

鞋　音注，皮袴。

顧野王《玉篇》卷二七《糸部》　絝　口放切，脛衣也。又絆絡也。

原本　口故反。《淮南》短衣不絝，以便涉游。野王案：《説文》「脛衣也」。相如《上林賦》「絝白虎」。《漢書》音義曰：絝，絆絡之也。

緥　布老切，小兒衣，亦作褓。

原本　補道反。《淮南》成王在繦緥之中。《説文》「小兒衣也」。或爲褓字，在衣部。

繜　子昆切，布衣名。

原本　子昆反。《説文》「蕺貉民女子無絝，以帛爲脛空，用絮補核，名曰繜衣，狀如襜褕也」。《倉頡篇》毋繜，布名也。

纀　希本切，裳削幅也。亦作襆。

原本　纀　補木反。《爾雅》「裳削幅謂之纀」。郭璞曰：削殺其幅，深衣之裳也。《字書》爲襆字，在衣部。

繄　於兮切，【略】

原本　於奚反。【略】《方言》繄絡謂之褔。郭璞曰：即小兒次裹衣也。

縗　七回切，喪服也。

原本　且雷反。《周禮》「凡喪，爲天王斬縗，爲王后齊縗。王爲三公六卿錫縗，爲諸侯緦縗，爲大夫〔士〕疑縗」。《喪服傳》「縗長六寸，博四寸」。鄭玄曰：凡服，上曰縗，下曰裳。廣當心，前後有縗負版，左右有辟領，孝子哀戚，無不在心也。

繵　自連切，約繵謂之褌也。

原本　直連反。《方言》約繵謂之褌。郭璞曰：今亦呼涼衣也。

緆　去月切，緆狄衣也。亦作闕。

原本　去厥反。《埤倉》緆狄衣也。野王案：王后文服也。今禮家並爲闕字。

顧野王《玉篇》卷二八《巾部》　帔　披僞切，在肩背也。又音皮切，披也。

原本　鈹議反。《左氏傳》「靈王翠帔以見子革」。杜預曰：以翠羽飾帔也。《方言》陳楚之間謂裠帔。《説文》：「弘農謂帬曰帔。」《釋名》帔，披也，披肩背不及下也。又音濞皮反。《山海經》有獸毫如帔蓑。野王案：帔之於背上也。《楚辭》「惟桀紂之昌帔」。王逸曰：昌帔，衣不帶之貌也。又曰：「帔明月兮珮寶璐。」王逸曰：在背曰帔也。

帴　所黠切，又恩旦切，帬也，帔也。

常　市羊切，【略】下帬也。今作裳。

幝　古魂切，幒也，又作褌。

帪　且勇、職茸二切，裩也。　幒　同上。

幱　力甘切，無緣衣也。亦作襤。

幓　公了切，幓脛行縢也。

帬　音群，與裙同。

顧野王《玉篇》卷二八《市部》　市　甫勿切，韠也。亦作韍。

顧野王《玉篇》卷二八《衣部》　衣　於折切，上曰衣，下曰裳。衣者隱也。又依也，所以依形體也。又於氣切，以衣被人也。

衮　古本切，衣畫，爲龍文。

原本　古本反。《周禮》「享先王則衮冕」。鄭衆曰：卷龍衣也。野王案：鄭玄(箋)箋《毛詩》云：玄衣而畫以龍也。《爾雅》「衮，黻也」。郭璞曰：衮衣有黻文也。《説文》「从衣，㕣聲。」云音胡湎反。《左氏傳》「譬如農夫，是穮是衮」。杜預曰：壅苗耘爲衮也。

襢　知彦切，丹縠衣也。又王后衣也。　襢　同上。又與袒同。

褕　余招切，畫翟雉於王后之服。又襜褕，直裾也。
袗　之忍、之刃二切，玄服也，褖也。又單也。　裖　同上。
繈　居兩切，繈褓，負兒衣也。織縷爲之，廣八寸，長二尺，以負兒於背上也。
襕　公殄切，袍也。
褋　徒頰切，襌衣也。　襍　同上。
襲　似立切，左衽袍也，入也，重衣也。【略】古文作戳。　𧟌　籀文。
褘　許韋切，畫翬雉於王后之服也，蔽膝也。
褧　苦迥切，衣無裏也。《詩》云「衣錦褧衣」。
衹　丁兮切，衹裯、襜褕也。
裯　丁勞切，衹裯。
襤　力三切，衣無緣也。
裺　他卧切，又徒卧切，衣無袂也。　褯　同上。
袍　薄褒切，長襦也。
裦　同上。
襜　尺占切，蔽膝也。【略】　襝　裧　二同上。
衺　尤夫切，衣袍也。　衧　同上。
褰　起焉切，袴也，又褰衣也。　襃　同上。
襗　余石切，又除革切，袴也。《說文》「大各切」。
祒　市兆切，袴也，襠也，袴上也。
襡　市欲切，長襦也，連腰衣也。　襩　同上。
襱　除龍、力公二切，袴襠也，踦袴也。　裥　同上。
褍　丁丸、丁火二切，正幅衣也。
褩　徒頰切，重衣也。
複　方復切，重衣也，厚也，衣有著也。
襛　女容切，厚衣也。
衯　孚云切，長衣也。
裑　丁了切，短衣也。
襡　大口、上局二切，短衣也。
襦　人朱切，短衣也。　褟　同上俗。

袷　古洽切，衣無絮也。　夾　同上。
襌　多安切，衣不重也。
衵　女秩切，近身衣也，日日所著衣。
褻　思列切，私服也。
袈　女加切，敝衣也。
褔　於侯、於部二切，頭衣也，次衣也。
裋　市主切，裋褕也，豎所衣布長襦。　襏　同上。
褐　何葛切，抱也。【略】粗衣也。
衰　先和切，雨衣也，今作蓑。
袚　芳末切，蔽膝也，蠻夷衣也。　襏　同上。
衺　烏幺切，衺衣。又蠻夷衣也。
襚　似醉切，【略】死人衣也。
襣　毗二切，犢襣，以全三尺布作，形如牛鼻，相如所著也。
䘹　子憒切，襌衣也。
襸　子孕切，汗襦也。
裗　尺終切，襌衣也。
䘿　渠物切，裗䘿也。
袼　力各切，緊袼，褔也，即小兒次衣也。
䘨　古鳥切，䘨衦，小袴也。
衦　力鳥切，䘨衦。
褖　他亂切，褖衣。見《周禮》。
褶　徒頰切，衣有表裏而無絮也。又似立切，袴褶也。
袡　如廉切，緣也，婦人上服也。
襬　彼皮切，關東人呼裙也。
袧　口豆切，喪服也。
褈　市容、尺容二切，褈褣，襜褕也。
褣　以恭切，褈褣。
衿　力井切，衣衿也，直衿，婦人初嫁所著上衣直衿也。
袽　女居切，【略】袾袽，敝衣也。
袨　胡絢切，黑衣也。

祹 居純切，戎服也。
襆 布木切，裳削幅也。
褯 才夜切，小兒衣。
褠 古侯切，襌衣。
襹 力賀切，女人上衣也。
褜 仁全切，褐也。
褓 布老切，小兒衣。
褷 且勇切，褌也。或作幒。
裳 市羊切，障也，所以自障蔽也。
裀 於人切，衣身。 褈 同上。
襠 多郎切，裲襠也，其一當背，其一當胷。又袴襠也。
䙞 步各切，襌衣也。
褚 古禴切，衣上襹。 䙓 同上。
褣 公緩切，袴襱也。
䘼 方結切，敝衣也。
衦 竹與切，敝衣也。
縱 子冢切，襌衣也。
袿 古攜切，裾也，婦人上服也，袪。
袀 之若切，襌衣。
衼 章移切，衹衼，胡衣也。
襳 所銜、所炎二切，【略】小襦也，襌襦也。 衫 同上。
裠 巨云切，裳也。亦作裙。
袴 口護切，脛衣也。亦作絝。
襴 音闌，衫也。
袦 况于切，大裕衣。
衳 音鍾，小褌。 衳 同上。又息拱切，小袴也。
袈 古牙切，袈裟，胡衣也。亦作毠毞。
裟 所加切，袈裟。
袵 户溝切，褑衫，小衫也。
褽 千到切，衣也。

襛 莫紅切，衣也。
褁 音猥，垢衣。
襖 烏老切，袍襖也。
褖 音據，衣也。
衱 音受，衣也。
袖 直勇切，袴也。
襀 芳未切，服也。
襯 初覲切，近身衣。
褹 女介切，紩布襦。又牛祭切，複襦也。
褟 丁塔切，衣。
褐 居緣切，褊也。
衩 以力切，衫也。
衦 古莧切，衣也。

顧野王《玉篇》卷二八《裘部》 裘 巨留切，皮衣也。 求 同上。

玄應《一切經音義》卷四《大灌頂經第三卷》 襌衣多安反。《説文》「衣不重也」。《廣雅》襌，薄也。有衣而無裏也。曰袷古洽反。《説文》衣無絮也。《廣雅》袷，重也。經文作袂，古洽反。帽也。帙非用此義，又作袂，非。

玄應《一切經音義》卷一四《四分律第二卷》 吹毳充芮反，《字林》細羊毛也。《詩》有「毳衣」。古者天子大夫服之，循行邦國也。

芻摩測俱反，或云蘇摩，或言讖摩，此云麁布衣，應言麁草衣。案，《外國傳》云彼少絲麻，多用婆叔迦果及草羊毛，野蠶綿等爲衣也。鉢耽嵐婆或作鉢耽婆婆，此是國名也，從國名衣也。案，嵐，力舍反。《字書》無此字，唯應璩詩云「嵐山寒折骨」作嵐也。炘曰案已見前。

頭頭衣或言頭求羅衣，亦云頭鳩羅衣，此云細布也。

玄應《一切經音義》卷一四《四分律第四十卷》 著褶時入反，謂大袖衣也。《禮記》「君爲褶衣」。鄭(元)[玄]曰：褶，袷也。《釋名》褶，襲也。言覆上之名也。袷音工洽反。

玄應《一切經音義》卷一四《四分律第四八卷》 衹衼《字苑》巨兒、之移反，法服也。或作竭支，或作僧迦支，或作僧迦鵄，梵言訛轉也，正言僧脚崎，此名覆腋衣也。或言瞿修羅，此云圖也，像其衣形立名也。此二衣彼國亦著，但作净耳。

玄應《一切經音義》卷一五《十誦律第二七卷》 縗衣麁雷反。《釋名》死三日生者成服曰縗。縗，摧也，言傷摧也。縗有錫縗，有疑縗，有繐縗也。繐，音歲。

馮贄《雲仙雜記》卷二《隱士衫》　成芳隱麥林山，剥苧織布，爲短襴寬袖之衣，著以酤酒，自稱隱士衫。梁福《廬陵記》。

丁度《集韻》卷一《東韻》　幪、峒幪裙，夷服也。或从峒。【略】

襱祠《方言》齊魯之閒謂之襱，關西謂之袴，一曰裙也。或从同。【略】

褈褈襠衣。【略】

褷、襚《博雅》褷、褋，襌衣也。或作襚。【略】

褕褸褕，衣名。【略】

裞襌衣。《方言》襜褕布而無緣，關西謂之裞襹。

丁度《集韻》卷一《鍾韻》　幒、帉、衳、松《說文》「幝也」。或作帉、衳、衿。【略】

襱、褈《博雅》襱褣，襜褕也。或从重。【略】

褣《方言》南楚謂襜褕曰襱褣。

丁度《集韻》卷一《江韻》　褈短衣。【略】

襱衣也。

丁度《集韻》卷一《支韻》　衼毛衣也。一曰，褱裟謂之衹衼。【略】

裝複襦。【略】

帔《方言》帬，陳魏之間謂之帔。一曰，巾也。【略】

襬、擺、帔《方言》帬自關而東謂之襬。或从罷从皮。

衹褱裟謂之衹衼。

丁度《集韻》卷一《脂韻》　衹衹裯，單衣。【略】

褌衣也。【略】

襹衣也。

丁度《集韻》卷一《之韻》　袻裝也。

丁度《集韻》卷一《微韻》　衣於希切。《說文》「依也，上曰衣，下曰裳」。《世本》胡曹作衣。衣，隱也。

丁度《集韻》卷一《魚韻》　裾《說文》「衣裒也」。一曰，衣後裾。

丁度《集韻》卷二《虞韻》　衺、衧一曰，大掖衣。或作衧，亦書作袴。【略】

褔褱頭衣。【略】

襦短衣。【略】

襦、褕《說文》短衣也。一曰，㬎衣。《方言》襦自關而西謂之衹裯。或作褕。【略】

褕《說文》「翟羽飾衣。一曰，直裾謂之襜褕」。一曰衣美也。

丁度《集韻》卷二《齊韻》　裬衣名，襧襠也。

丁度《集韻》卷二《諄韻》　袀《博雅》複襂謂之袀。

丁度《集韻》卷二《文韻》　帬、裠《說文》「下裳也」。或从衣。亦書作䘿、裙。

丁度《集韻》卷二《元韻》　褑、褤衣也。或从袁。

丁度《集韻》卷二《魂韻》　幝、褌、帍、裩《說文》「幒也」。或作褌、帍、裩。【略】

褔褔褐衣也。【略】

縳《說文》「蠻貉中女子無絝，以帛爲脛，空用絮補核，名曰縳衣，狀如襜褕」。

丁度《集韻》卷二《寒韻》　帴帬也，帔也，婦人脅衣也。【略】

襌《說文》「衣不重」，通作單。【略】

幱、襴衣與裳連曰襴。或省。

丁度《集韻》卷二《桓韻》　襮胡衣。

丁度《集韻》卷三《仙韻》　褰、褼、褗、襪《說文》「絝也」。引《春秋傳》「徵褰與襦」。或作褼、褗、襪。

丁度《集韻》卷三《蕭韻》　褟、裯、褘《說文》「短衣也」。引《春秋傳》「有空褟」。或作裯、褘。

丁度《集韻》卷三《宵韻》　褕、揄褕翟，王后之服。刻畫鷂羽以爲飾。或作揄。

丁度《集韻》卷三《豪韻》　袍蒲褒切。《說文》「襺也」。引《論語》「衣弊緼袍」。亦書作褒。文六。【略】

丁度《集韻》卷三《戈韻》　襬衣也。宋玉敬如婢，著青紋袊襬。

褿、幒《博雅》褿，帔，褯也。或从巾。【略】

褿《說文》帴也。一曰衣失浣。

丁度《集韻》卷三《麻韻》　袈、毠毛衣謂之袈裟。或从毛。【略】

裟《說文》「敝衣」。【略】

褱、毠、袈毛衣謂之褱裟。或作毠、袈。

丁度《集韻》卷三《陽韻》　常、裳辰羊切。《說文》「下帬也。或从衣」。

丁度《集韻》卷三《唐韻》　襠裲襠，衣名。

丁度《集韻》卷三《登韻》　襘楚人謂襦曰襘。

丁度《集韻》卷三《諄韻》　袀戎衣也。偏裻謂之袀。通作均。

丁度《集韻》卷四《庚韻》　鉎鐵衣也。

丁度《集韻》卷四《青韻》鉒、鍟鐵衣。或从星。
丁度《集韻》卷四《清韻》袏袏衳，小兒衣也。
丁度《集韻》卷四《蒸韻》襘汗襦。
丁度《集韻》卷四《侯韻》裺裺褕，短衫。【略】
褔衞涎衣謂之褔。一曰，編枲頭衣。或从歐。【略】
褠、幬單衣。或从巾。【略】
衮、襆長衣。籒作襆。【略】
丁度《集韻》卷四《談韻》襤、繿衣名。《說文》「裯謂之襤」。或从糸。【略】
褕幨褣褕，短袖。一曰，近身衣。或从巾。
丁度《集韻》卷四《鹽韻》幨帔也。【略】
緂充甘切，女衣。
襜、韂、袡、襝蚩占切。《說文》「衣蔽前」。一曰，襌襦，謂之襜。或从韋，亦作袡、襝。
袡、絹《博雅》褘、袡，蔽厀也。一曰衣下襈。或从糸。
袡蔽膝。
丁度《集韻》卷四《銜韻》衫師銜切，小襦。通作襂。
丁度《集韻》卷五《董韻》裥衣短袖。
丁度《集韻》卷五《腫韻》褣襌衣。【略】
幒、帪楚人謂幝曰幒。或作帪。
丁度《集韻》卷五《紙韻》裿《博雅》襌襦謂之襜裿。
丁度《集韻》卷五《語韻》裋、襡《方言》襜褕自關而西，其短者謂之裋褕。或从豎。
丁度《集韻》卷五《薺韻》祇祇裯，短衣。
丁度《集韻》卷五《蟹韻》帹小衫曰帹。
丁度《集韻》卷五《準韻》蕣、䑕韋绔。或作䑕。
丁度《集韻》卷五《隱韻》褞衣也。
丁度《集韻》卷五《阮韻》絻、絻【略】一曰，纁色衣。或省。【略】
褰《字林》袴也。
【略】
丁度《集韻》卷五《阮韻》絻服也。
丁度《集韻》卷五《緩韻》繵襌也。
幝幝帴，喪之輕服。【略】

裋布襦。【略】
裋短襦。
丁度《集韻》卷六《銑韻》襺《說文》「袍衣也。以絮曰襺，以緼曰袍」。
丁度《集韻》卷六《獮韻》帴帬也。【略】
褻、褏羽獵韋袴。或作褏。【略】
褰、襢丹縠衣。或作襢。【略】
襚、褰绔也。或省。
丁度《集韻》卷六《筱韻》褟短衣。
丁度《集韻》卷六《小韻》表、襮外也。一曰，上衣。或从麃。【略】
表、衰、襮、㯹彼小切。《說文》「上衣也。从衣，从毛。古者衣裘，以毛爲表」。【略】古
作衰、襮、㯹。
丁度《集韻》卷六《巧韻》袨袨衧，小袴。
丁度《集韻》卷六《晧韻》襖袍也。【略】
綵、褓《說文》「小兒衣也」。或从衣。
丁度《集韻》卷六《馬韻》帹、袙小衫曰帹。或作袙。
丁度《集韻》卷六《養韻》𧙖衣名，《博雅》𧙖襠謂之袹腹。
丁度《集韻》卷六《静韻》裎深衣。【略】
裎【略】《方言》襌衣，趙魏之間無褎者謂之裎。
丁度《集韻》卷六《厚韻》襡【略】一曰，短衣。
丁度《集韻》卷六《■韻》裧毳衣謂之裧。
丁度《集韻》卷七《用韻》䘪鬼衣。
丁度《集韻》卷七《至韻》襣幝也。一曰，無襠之袴爲襣。
丁度《集韻》卷七《未韻》袚、紱、芾、襏蠻夷衣也。一曰，蔽厀。或作紱、芾、襏。
【略】
韍蔽膝也。
丁度《集韻》卷七《遇韻》靺戎服蔽厀也。一曰韋绔。【略】
裋、襡《說文》「豎使布長襦」，或从豎。【略】
襡短衣。
丁度《集韻》卷七《御韻》靺戎服，蔽厀也。一曰，韋绔。
丁度《集韻》卷七《莫韻》袨短衣。【略】

綺、袴、鞜《說文》「脛衣也」。或从衣，从革。

丁度《集韻》卷七《霽韻》　緊【略】一曰緊裕，小兒次衣。

丁度《集韻》卷七《祭韻》　喝直衿謂喝。

丁度《集韻》卷七《代韻》　鎧《廣雅》（鍤）〔鍤〕、甲、介、鎧也。

丁度《集韻》卷七《怪韻》　禴、襤上衣也。或从蓋。

丁度《集韻》卷七《怪韻》　褹女介切，複襦也。江湘之間謂之箭褹。或書作褻。

丁度《集韻》卷七《隊韻》　禬、緭襦也。或从糸。【略】

裨單衣。【略】

裨副衣也。【略】

裨《方言》單衣謂之裨。

丁度《集韻》卷七《震韻》　袗、裖玄服也。一曰衣前襟。或作裖。

丁度《集韻》卷七《稕韻》　褎、裒韋袴也。或作裒。【略】

襯近身衣。

丁度《集韻》卷七《換韻》　帴【略】一曰，帬也。一曰，婦人脅巾名。【略】

稅黑衣，王后之服。或作稅。

丁度《集韻》卷八《綫韻》　帴褰也。一曰，婦人脅衣。

丁度《集韻》卷八《嘯韻》　衧袨衧，小袴。【略】

袨袨衧，小袴。

丁度《集韻》卷八《箇韻》　袔夾衣。【略】

袨襌衣也。趙魏之間謂之袨。【略】

襬女上衣也。

丁度《集韻》卷八《過韻》　褙、襨《說文》「無袂衣謂之褙」。或從隋。褙《方言》無緣衣謂之褙。

丁度《集韻》卷八《禡韻》　衸吳人謂衣曰衸。【略】

禘慈夜切，小兒衣。

丁度《集韻》卷八《禡韻》　衩【略】一曰，襢衣。

丁度《集韻》卷八《徑韻》　絅口定切，襌衣也。《禮》「衣錦尚絅」。徐邈讀。

丁度《集韻》卷八《證韻》　襘《方言》汗襦，江淮南楚謂之曰襘。

丁度《集韻》卷八《候韻》　襤次衣也。

丁度《集韻》卷八《候韻》　鍬【略】一曰，鐵上衣。

鍽鍬鍽，鐵生衣。

丁度《集韻》卷八《豔韻》　韂韂也。通作襜、幨。

丁度《集韻》卷九《屋韻》　複《說文》「重衣也。一曰，褚衣」。

丁度《集韻》卷九《渼韻》　裘皮衣。【略】

褥小兒衣。

丁度《集韻》卷九《燭韻》　襡長襦。一曰，短衣。【略】

襡、襩、襩《說文》「短衣也」。或作襩、襩。【略】

襩長襦。

丁度《集韻》卷九《覺韻》　襡短衣。

丁度《集韻》卷九《質韻》　袓《說文》「日日所常衣」。【略】

袓婦人近身衣。

褋衣也，褐謂之褋。【略】

丁度《集韻》卷九《勿韻》　袚蠻夷衣。

丁度《集韻》卷九《月韻》　緄、屈緄狄，后夫人之服。或作屈。

丁度《集韻》卷九《曷韻》　褐、褹《說文》【略】。一曰粗衣」或从歇。【略】

褐、褐粗衣。或从葛。

丁度《集韻》卷九《末韻》　袚、袹《說文》「蠻夷衣。一曰，蔽厀」。或作袹。

丁度《集韻》卷九《黠韻》　帴《說文》「帬也。一曰，帗也。一曰，婦人脅衣」。

丁度《集韻》卷九《黠韻》　褹複襦。

褹人奴衣。

丁度《集韻》卷九《屑韻》　褉襦也。【略】

褹衣也。或書作褻。

丁度《集韻》卷九《薛韻》　褻《說文》「私服。引《詩》是褻袢也」。【略】

襪小衣。

丁度《集韻》卷一〇《鐸韻》　縛衫短袂謂之縛。

丁度《集韻》卷一〇《陌韻》　（袙）〔袹〕《廣雅》裲襠謂之（袙）〔袹〕腹。【略】

襗袴也。

丁度《集韻》卷一〇《昔韻》　褯袯、襏，褯也。

丁度《集韻》卷一〇《昔韻》　襗襗，袍襦。

丁度《集韻》卷一〇《錫韻》　衬襌衣。

丁度《集韻》卷一〇《職韻》 衻黑衣。

丁度《集韻》卷一〇《緝韻》 褶【略】一曰，袴褶，騎服。

丁度《集韻》卷一〇《合韻》 韐、袷、帢韎韐，士服制如韍。或作袷、帢。

丁度《集韻》卷一〇《盍韻》 裓裓𧝑，婦人袍。【略】

⿰韋曷皮服。

丁度《集韻》卷一〇《葉韻》 衱交領謂之衱。

丁度《集韻》卷一〇《帖韻》 褺《説文》「重衣也」。

襍、褋《説文》「南楚謂襌衣曰襍」。或省。

褶襲也。《儀禮》「襚者以褶」。一曰，褶衣之在上者也，短身廣袖。一曰，左衽之袍。

丁度《集韻》卷一〇《洽韻》 袷、裌《説文》「衣無絮也」。或从夾。

丁度《集韻》卷一〇《狎韻》 袙《廣雅》襦也。

司馬光《類篇》卷八《革部》 鞨苦故切，脛衣也。

司馬光《類篇》卷九《皮部》 皸壁吉切，韍也。文一。

司馬光《類篇》卷一五《韋部》 韂余廉切，衣蔽也。又昌豔切。文一，重音一。

【略】

韍方未切，蔽膝也。【略】

韎朱戍切，戎服。蔽厀也，一曰韋絝。文一。【略】

韨扶富切，皮衣也。文一。【略】

韠分物切，韠也。文一。【略】

韐託合切，指衣。又達合切，縫指揩也，一曰韜也。文一，重音一。【略】

韒德盍切，皮服。文一。

司馬光《類篇》卷二一《巾部》 幒、⿰巾同他東切，幒裙，夷服也，或从同。文二。

幒、⿰巾松諸容切，《説文》「幝也一曰帙」或作⿰巾松。又並筍勇切，楚人謂幝曰幒。又並取勇切，襌幝也。文一，重音二。

⿰巾俞徒侯切，裋褕，短袖襦。或从巾。

幝⿰巾昆公渾切，《説文》「幒也」。或作⿰巾昆。

⿰巾免謨奔切，⿰巾昆服。

帔攀糜切，《方言》帬陳魏之間謂之帔。一曰巾也，又班糜切，又披義切。

⿰巾戔川千切，帬也，帔也，婦人脅衣也。

幱郎干切，衣與裳曰幱。

常市羊切，下帬也。

⿰巾冓居侯切，單衣。

幱郎干切，衣與裳連曰幱。文一。

⿰巾僉、幨、⿰巾炎昌豔切，帔衣也。⿰巾僉，又千廉切，帔也。

⿰巾夸枯買切，小衫曰⿰巾夸，又苦瓦切。

幞博木切，裳削幅謂之纀，或作幞。

⿰巾亶蕩旱切，⿰巾亶⿰巾免喪之輕服。

⿰巾罷彼義切，帬也。

⿰巾同大迴切，幝也。

司馬光《類篇》卷二一《㡀部》 敝毗祭切，帗也，一曰敗衣。

司馬光《類篇》卷二三《衣部》 褸謨蓬切，襪襠衣。

⿰衤童、褈昌容切，《博雅》「⿰衤童、褣，襜褕也」。或从重。【略】⿰衤童，又傳江切，衣也。

⿰衤春株江切，短衣。又祠不恭謂之⿰衤春。又抽江切。

⿱此衣將支切，複襦。又争義切，衣不伸。又平義切，又才詣切，衣交衿。

褞烏昆切，褞褐衣也。又委隕切。

⿰衤翁烏公切，褸⿰衤翁，衣名。

⿰衤充昌嵩切，襌衣。《方言》襜褕，布而無緣，關西謂之⿰衤充⿰衤容。

衼章移切，毛衣也。褱裟謂之衼。

衹翅移切，褱裟謂之衹。

衹蒸夷切，衹裯，單衣。又都黎切，《説文》「衹裯，短衣也」。《方言》「汗襦，自關而西謂之衹裯」。又曲禮切。

襦、⿰衤需汝朱切，短衣也，一曰[illegible]衣。《方言》「襦，關西謂之衹裯」。或作⿰衤需。襦，又詢趨切。

裯重株切，牀帳。又丁聊切，短衣也。又都勞切，《説文》「衣袂〔衹〕裯」。《方言》「汗襦，自關而西謂之衹裯」。

褕容朱切，《説文》「翟羽飾衣，一曰直裾謂之襜褕」。一曰衣美也。又餘招切，褕翟，王后之服。又徒侯切，裋褕，短袖襦，一曰近身衣。

袧規倫切，戎衣也，偏裂謂之袧。

⿰衤尼陳尼切，衣也。

⿰衤遺夷佳切，衣也。又徐醉切，衣死人也。

袡人之切，裧也。又而宣切，衣縫襵也。

裾斤於切，《說文》「衣袌也」。一曰衣後裾。

袁衧雲俱切，《說文》「諸袁也」。一曰大掖衣。或作衧。

褔邕俱切，梟頭衣。又春朱切，又烏侯切，涎衣謂之褔。又委羽切，編枲衣。又於口切。《博雅》「絡、褔，次衣也」。又居候切。

襦、襦汝朱切，短衣也，一曰㬎衣。《方言》「〔汗〕襦，關西謂之祇裯」。或作襦襦。又詢趨切。

裯工聊切，短衣也。【略】裯，《方言》「汗襦自關而西謂之祇裯」。

褕餘招切，褕翟，王后之服。又徒侯切，䙊褕，短袖襦，一曰近身衣。

裱田黎切，衣名，褵襠。

䙶研奚切。《爾雅》「衣梳謂之䙶」。一曰女上服。

䘻升人切，《博雅》「䘻、衻，䘻也」。

䄄伊真切，《博雅》「複襂謂之䄄」。

袀規倫切，戒衣也。偏裻謂之袀。

襴郎干切，衣與裳連曰襴。

䙱衢云切，下裳也。

裟師加切，毛衣謂之袈裟。

褁、袈居牙切，毛衣謂之褁裟，或作袈。

褑、褤于元切，衣也。或从袁。褑，又于願切，佩紟。又于眷切，佩絞也。

褌、裩公渾切，幒也。或作裩。

襌多寒切，《說文》「衣不重」。

襕郎于切，衣與裳曰襕。

褞謨官切，胡衣。

襢澄延切，衻(禮)〔襢〕褌也。【略】又知輦切，丹縠衣。又唐干切，《爾雅》「襢裼，肉袒也」。又時戰切，去下上服也。又陟扇切，又蕩旱切。

羅良何切，衣也。【略】又郎佐切，女上衣也。

袈女加切，《說文》「敝衣」。

裟師加切，毛衣謂之袈裟。

褁、袈居牙切，毛衣謂之褁裟。或作袈。

襠都郎切，裲襠，衣名。

襜、袡、裧蚩占切，《說文》「衣蔽前」。一曰襌襦謂之襜，亦作袡。又如占切，《博雅》「襜、袡，蔽厀也」。一曰衣下襈。又尼占切。裧，又離鹽切，裧襜衣垂皃。襜，又昌豔切，披衣也。

衫師銜切，小襦，通作襂。

衽諸盈切，衽衳，小兒衣也。

裎丈井切，深衣。又丑郢切，袒也。又直正切。

䙡慈陵切，汗襦。又徂稜切。楚謂襦曰䙡。又子孕切，又子鄧切，複也。

褋胡溝切，褋褕，短衫。

䙮烏侯切，涎衣。

袧墟侯切，辟兩側空中央曰袧。《儀禮》「喪服，裳幅三袧」又居侯切，又丘候切，《博雅》「襞也」。又居候切。

褠居侯切，單衣。

袤、褮迷浮切，長衣。籀作褮。又並莫候切，《說文》「衣帶以上」。

襳思廉切，小襦。【略】又子列切，小衣。

襤盧甘切，衣名，《說文》「裯謂之襤」。

褫取勇切，褌幝也。

衿展吕切，敝衣也。

褚止野切，衣赤也。

裧吐敢切，毳衣謂之裧。

衫師銜切，小襦。通作襂。

襩殊玉切，短衣也。又神燭切。

裋古玩切，韋袴。

襖烏浩切，袍也。

褒知輦切，丹縠衣。又陟扇切。

校吉了切，校衧，小袴。又下巧切，又吉弔切。

襖烏浩切，袍也。

褓補抱切，小兒衣也。

褐都果切，大衣也。

襁、褓舉兩切，負兒衣。或省。

裲里養切，衣名。《博雅》「裲襠謂之袙服」。

褐徒口切，短衣。

衸戎用切，鬼衣。

襣毗至切，幝也，一曰無祠之袴爲襣。

袚、䘿、袜、襏方未切，蠻夷衣也，一曰蔽厀，或作䘿、袜、襏。【略】襏，又分物切，襏襫，雨衣。

襆博木切。《説文》「裳削幅謂之襆」。或作襆。

袥胡故切，短衣。

襶、𧞣居拜切，上衣也。或从蓋。

褙補妹切，襦也。或从糸。

䘹蘇對切，單衣。又取内切，副衣也。又祖對切。

襯初覲切，近身衣。

褖吐玩切，黑衣，王后之服。

衦居覓切，衣名。

袨、袀熒絹切，好衣也。或作袀。

袔口箇切，夾衣。

袏子賀切，禪衣也，趙魏之間謂之袏。

𧞤詞夜切，吴人謂衣曰𧞤。

褯慈夜切，小兒衣。

裌檄頰切，衽也，一曰，褋裌藏也。又訖洽切，衣無絮也。

䘚朔律切，衣也。

袜北末切，蠻夷衣。袚或作袜。

𧞗顯結切，襦也。

襒蒲結切，衣也。或書作𧝯。

𧙑夷益切，長衣也。

𧘇逸職切。黑衣。

𧞫克盍切，𧞫襠，婦人袍。

褶達協切，襲也。《儀禮》「襚者以褶」。一曰褶衣之在上者也，短身廣袖。一曰左衽之袍。又席入切，袷也，襲也。一曰袴褶騎服。又寔入切。

袷訖洽切，衣無絮也。

司馬光《類篇》卷二三《毛部》 毠居牙切，毛衣謂之毠毟。或作毠。

司馬光《類篇》卷三七《糸部》 絺展几切，箴縷所紩衣。文一，重音一。

緊煙奚切，《説文》「戟衣也，一曰赤黑繒」。【略】又壹計切，歎聲，一曰語助。一曰緊袼，小兒次衣。

絅欽熒切，又户茗切，〔襌〕〔禪〕也。又犬迥切，又口定切，〔襌〕〔禪〕衣也。《禮》「衣錦尚絅」。

緂充甘切，女衣。

綩、紌委遠切，【略】一曰纁色衣。

縵蕩旱切，禪也。

緳居隘切，故衣也。

䋔補妹切，襦也。

縩倉代切，〔綷〕〔綷〕縩，鮮衣。

緆九勿切，翟衣。【略】又丘月切，緆，狄后夫人之服。

《海録碎事》卷五《衣冠服用部・衣服門》 下裳古詩：緗綺爲下裳，紫綺爲上襦。　重繭楚使子蓋子憑爲令尹，遂以疾辭，重繭衣裘，鮮食而寢。注：繭，綿衣。《左傳》　淳制《周官》：壹其淳制。淳，廣狹也；制，長短也。　促衿謝靈運《西射堂》詩：撫鏡華緇鬢，攬帶緩促衿。言老瘦，緩其促衿。　麗服嵇康《贈秀才入軍》詩：良馬既閑，麗服有暉。注：麗服，軍戎之服。　衣化緇京洛多風塵，素衣化爲緇。言塵染衣黑也。陸士衡詩　輕襟涼颸自遠集，輕襟隨風吹。潘安仁詩　衡門衣捨我衡門衣，更被縵胡纓。注：野服也。張景陽詩　振衣平明振衣坐，重門猶未闢。謝玄暉詩　端委端委，《漢書》注：禮衣也。　衵服王宏遣吏科檢婦人衵服。女秩反，蓋近身衣也。　石榴裙金鈿正舞石榴裙。耿緯詩　弊貂裘《史記》：蘇秦説秦，不用，黑貂之裘弊。　鷫鸘裘司馬相如與文君還成都，以所服鷫鸘裘就市貰酒。《西京雜記》　冰練大婦裁霧縠，中婦疊冰練。古樂府　翠雲裘《諷賦》：主人女翳承日之華，披翠雲之裘，被白縠之單衫，垂珠步摇，來排臣户。　白縠衫見上。　腰衱衱，居業反，裙也。珠壓腰衱穩稱身。杜詩　池飾池飾，邊緣飾也。左思云：「衣被皆垂池飾。」蓋因其形如池沼四周以名之。　衣一稱衣一稱。尺證反。衣裳單複相副曰稱。　吉光裘漢武時西國獻之。入水不沉，入火不燋。《西京雜記》　真珠裙李賀《二月詞》：薇帳逗煙生緑塵，金翅峨髻愁暮雲，沓颯起舞真珠裙。　萬通衣裴之高每誓云：「我得州刺史，必作萬通衣。」後在潁川而遂其半。　浮光裘唐寶曆中，南昌國獻浮光裘，即紫海水所染。以五色彩蹙成龍鳳，觀者目眩。《杜陽編》　一襲《後漢》：大臣賜衣一襲。注：單複具曰襲。

三褚　龍綃衣龍綃衣一襲無一二兩。元載以龍姬瑤不勝重衣，故求之外國。　三褚衣三褚衣，漢文帝遺尉佗上褚五十衣，中褚五十衣，下褚五十衣。注：以綿裝衣曰褚。上中下，厚薄之差。　濯墨凡墨浣衣，閉氣於水上作「白」字，急濯之，不過七遍，墨蹟即净。《廣陵官下記》　黃盤雕國初以來，賜翠毛錦長襖子，太宗改賜黃盤雕。《金城遺事》　魚子纈魚子纈，水波紗。言衣服之美。　楚製叔孫通儒服，漢王憎之，乃變其服，服短衣，楚製。　白𧝐裘《吳書》曰：陸遜破曹休，上大會，命遜舞，解所著白𧝐子裘賜之。　鬱金堂沈佺期詩：羅家小婦鬱金堂。　雲衣仙裾齊王融《謝賜裘啓》：雲衣降授，仙裾曲委。昔漢帝解裘，不復前寵，曹王褫帶，復降今恩。　諸于更始諸將皆冠幘，而服婦人衣，諸于繡䌌。諸于，大掖衣也，如婦人之袿衣。䌌，其物反。《光武紀》　衣緋褌刑部侍郎辛亶常衣緋褌，俗云利於官。高祖以爲厭蠱，將斬之。趙綽力争而免。　含碧滋五雲裘，輕如松花落金粉，濃似苔錦含碧滋。李白　紫綺裘李白《翫月金陵城西孫楚酒樓，達曙歌吹，日晚，乘醉著紫綺裘烏紗巾與酒客數人棹歌秦淮，往石頭訪崔四侍郎》　貂襜褕披君貂襜褕，對君白玉壺。雪花酒上滅，頓覺夜寒無。李白　青毛錦《上元夫人》詩：裘披青毛錦，身著赤霜袍。　烏納裘皮日休詩：不知何事迎新歲，烏納裘中一覺眠。烏納裘，出王筠文。　岑牟楊文公詩：禰狂無自屈岑牟。《漢書》：「衡著岑牟單絞之服。」鼓角士冑也。　羊腸裙燉煌俗：婦人作裙，攣縮如羊腸，用布一疋。皇甫隆禁改之。《後漢》　麻枲貯衣桂陽俗：女不蠶，以麻枲頭貯衣。　裙衩裙衩芙蓉小，釵茸翡翠輕。李義山詩　枲著《語》：衣敝緼袍。注：敝，敗也。緼，枲著也，言以碎麻著裘也。　二三尺衣後漢劉昭論王子封建云：職充論道，未離保母之養；續侯賦政，而服二三尺衣。　魚文並乘驥子，兼服魚文。注：引象弭魚服。《蜀都賦》　御袷衣御袷衣，袷衣無絮也。潘安仁《秋興賦》　襞積美襞積以酷烈。良曰：重疊也。衡曰：衣縫也。《思玄賦》　新衣翠粲新衣翠粲。鮮色也。《琴賦》　輕紈緇坐見輕紈緇。劉休玄　被文裘被文裘。文狐之裘也。《七啓》　被華袿被文縠之華袿。音圭，婦人上服也。《楚詞》　阿縞衣阿縞之衣。齊之東阿出繒帛。李斯書　葛帔練裙劉孝標見任昉諸子西華兄弟冬月著葛帔練裙，莫有收卹，於是作《廣絶交論》。到溉見其文，抵几於地。　雲裘大婦擘雲裘，中婦卷羅幬，少婦多妖艷，花鈿繫石榴。古樂府　繫石榴見上。

俞琬《席上腐談》卷上　古之素積，即今之細摺布衫也。《荀子》云：「皮弁素積。」楊倞注云：素積爲裳，用十五升布爲之，蹙其腰中，故謂之素積。一升八十縷，十五升千二百縷，蓋細布也。

戴侗《六書故》卷四《地理一》　鎧　鎧苦亥切，甲也。

鉀鍜　鉀烏加切，鍜乎加切。《說文》曰：「鉀鍜，頸鎧也。」

戴侗《六書故》卷一四《人七》　披　披甫羈切，撥開也。《史記》曰：披山通道。因之爲披衣之披。又普靡切，披靡，風之所吹披散偃靡也。別作旇。《說文》曰：「旇旗旇靡也。」又披義切。《記》曰：「飾棺，君纁戴六，纁披六。」康成曰：披，柩行夾引棺者。婦人之服，披於表者曰披。別作帔。《說文》曰：「弘農謂帬帔也。」飾棺之披與婦人帬帔義同。陸氏讀彼義切，非。

戴侗《六書故》卷一八《動物二》　韠　韠卑吉切，市也。《記》曰：「韠，君朱，大夫素，士爵韋。圜，殺，直。天子直。公侯〔前〕後方。大夫前方，後挫角。士前後正。韠，下廣二尺，上廣一尺，長三尺。其頸五寸，肩革帶，博二寸。一命緼韍幽衡，再命赤韍幽衡，三命赤韍葱衡。」康成曰：韠之言蔽也。《說文》曰：「所以蔽前。」《士冠禮》「皮弁，服素韠，玄端，爵韠。」

韐　韐古合切。《士冠禮》「爵弁，服韎韐。」鄭康成曰：韐，合韋爲之，韐韍之制似韠。《說文》「(韐从)士(帶)(無)市有韐，制如榼，(缺)四角。爵弁服，其色韎」。別作韐《傳》曰：「有韎韋之跗注，君子也。」跗注，韐也。戎服注下於跗，故謂跗注。

戴侗《六書故》卷三〇《工事六》　絅　絅口迥切。《記》曰「褌爲絅。」《中庸》曰：「衣錦尚絅，惡其文之著也。」又作顈。《士昏禮》女從者被顈黼。康成曰，褌也。又作褧。詩曰衣錦褧衣，裳錦褧裳。康成曰，衣裳用錦而上加褌縠焉。

戴侗《六書故》卷三一《工事七》　衣　衣於希切，上服也。象衣之領、袷、袂。

衰　衰蘇禾切。【略】

借義三，盛衰之衰，雙佳切，減殺也。別作㾵。等衰之衰，楚危切，物有差級也。衰麻之衰，倉回切，喪服之衣，通謂之衰。衣之上又表以布爲衰。《喪服》曰：「衰長六寸，博四寸。」或曰：「五服輕重有衰，故謂之衰。」別作縗，非衰。以麻不以絲。

衮　衮古本切，冕服也。《說文》曰：天子享先王，衮龍繡於下，幅，一龍蟠阿上鄉。《周官》「享先王，則衮冕，公之服自衮冕而下，如王之服。」康成曰：龍衣也。《詩》云：「玄衮及黼。」蓋玄衣而畫龍也。王之衮升龍、降龍，公之衮無升龍，通作卷。《記》曰：「天子龍卷。」別作裷。

褘　褘許歸切。《周官》「王后之六服：一曰褘衣。」《記》曰：「夫人副褘。」鄭司農曰：畫衣也。康成曰：畫翬者，刻繒爲翬形而采畫之綴於衣，因以爲名。六服皆袍制，襌衣蓋玄，祭服也。通亦作翬。《爾雅》曰：「婦人之褘謂之縭。」詳具縭下。

褖 吐亂切。《記》曰：「君命屈狄，再命褘衣，一命襢衣，士褖衣。」《士喪禮》「襲皮弁服褖衣」。康成曰：黑衣裳赤緣謂之褖。褖之言緣也，所以表袍者也。亦通作緣。《周官》「后之六服：六曰緣衣。」康成曰：緣衣，實褖衣也。褖衣，御于王之服，亦以燕居。男子之褖衣黑則是亦黑也。又借用稅字。《記》曰：「夫人稅衣揄狄。」又曰：「子羔之襲也，繭衣裳，與稅衣(墨)〔纁〕袡爲一。」康成曰：《禮》言褖者甚衆，字或作稅。稅衣若玄端而連衣裳者也，繭衣裳，表以稅衣爲一稱。

展 知扇切。《周官》「六服：五曰展衣。」今作展。《詩》云：「瑳兮瑳兮，其之展也。」毛氏曰：以丹縠爲之。《說文》同。又作襢。《記》曰：「一命襢衣。」鄭司農曰：展與襢聲相近。

袗 止忍切，又平聲。《士冠禮》曰：「兄弟畢袗玄。」康成曰：古文袗爲均衣裳皆玄也。監本、蜀本，及徐鍇皆作袨。《說文》曰：「玄服也。」別作袗。漢郊祀服皆袀玄。蔡邕曰：袀，紺繒也。《吳都賦》曰：袀，皂服也。《漢儀注》大夫郎諸屬官守令丞皆皂衣。京兆尹張敞自稱備皂衣二十餘年。說者謂秦以水德尚黑，漢因之，然觀趙左師觸龍欲以子補皂衣之缺以衛王宮，則衣黑非由秦始矣。侗謂皂近於玄，乃玄之變也。古人上衣皆玄以象天，《禮》言袗玄，漢言袀玄，袗與袀相近，必有一誤。《語》曰：「當暑袗絺綌。」康成曰：單也。《孟子》曰：「舜爲天子被袗衣。」

袡 如占切。《昏禮》「女純衣纁袡」。康成曰：緣也，袡之言任也，以纁緣其衣也。《記》曰：「子羔之襲也，繭衣裳，與稅衣纁袡爲一。」曾子曰：「不襲婦服。」康成曰：大夫而以纁爲之緣，非也，惟婦服纁袡。《記》又曰：「婦人復不以袡。」康成曰：袡，嫁時上服。陸氏曰：又作衻，裳下襈士戀切。也。王肅曰：婦人蔽膝也。《方言》曰：江淮南楚之間謂之褘，或謂之祓，魏宋南楚之間謂之大巾，自關以東謂之蔽厀，齊魯之郊謂之袡。

褕 羊朱切。《說文》曰：「翟羽飾衣，一曰，直裾謂之襜褕。」《漢書》一男子衣黄襜褕。顏師古曰：直裾，襌衣也。

袿 古攜切。《釋名》曰：女上服曰袿，其下垂上簣，下陿如刀圭。《廣雅》曰長襦也。

襦 人朱切。《說文》曰：「短衣也。一曰，㬈衣也。」《射禮》「公袒朱襦以射，大夫與士射袒纁襦」。《記》曰「衣不帛襦袴」。按，自褘至袿七字，於古爲衣名，今蓋不知其物。

袍 薄衺切。《記》曰「纊爲繭，緼爲袍」。康成曰，緼謂纊及舊絮。又曰：「袍必有表，不禪。」康成曰：袍褻衣必有以表之。按，今謂戎衫曲領者爲袍。

襖 鄔浩切，今以夾衣爲襖。

衫 所銜切，今以單衣爲衫。

裋 常句切。《漢書》曰：裋褐不完。《說文》曰：「豎使布長襦也。」師古曰：童僕所衣，布長襦也。《方言》曰：襜褕，自關以西，其短者謂之裋褕。

裳 市羊切，衣下曰裳。又見常下。

襴 郎干切，裳之用横幅者，今謂之襴。又作䙓。

袴 苦故切，著兩跨之服也。《記》曰：「衣不帛襦袴。」《說文》作絝，脛衣也。

褌 公渾切，袴有當曰褌。司馬相如著犢鼻褌，褌之短者也。或作幝。《說文》曰：「幝，幒也。」或作褌。「幒，職茸切。幝也」。或作帪。顏師古曰：褌，今之衳也。衳之容切。

襠 都郎切，窮袴也。今以袴有當，而旁開者爲襠。本單作當。《漢書》曰：爲窮袴多其帶。服虔曰：有前後當不得交通也。《釋名》曰：裲襠，一當匈，一當背。《古詩》曰：「單衫繡裲襠。」

褐 胡葛切。《說文》曰：「編枲韈也。」或曰，短衣。按《孟子》曰：「許子衣褐。」婁敬曰：臣衣帛，衣帛見。衣褐，衣褐見。顏師古曰：織毛布是也。蓋以縷撚毛而織之。

被 平義切。【略】《傳》曰：「楚靈王皮冠翠被。」似又爲衣名。又音披。《楚辭》曰：「靈衣兮被被。」

裯 陳留切。【略】《楚辭》曰：「被荷裯之晏晏。」王逸曰：祗裯也。《方言》曰汗襦，自關以西謂之祗裯。《說文》曰：「祗裯，短衣也。」祗，都兮切。裯，都牢切。又曰：「衣(被)〔袂〕祗裯」，又曰：「裯謂之襤褸。」襤，無緣衣也。」孫氏魯曰切。

襌 都寒切，單衣之合稱，亦會意。《記》曰：「襌爲絅。」康成曰：衣裳無裏也。

褶 特獵、徒合二切，疊帛爲衣，如今納衣也。《記》曰：「帛爲褶。」康成曰：有表裏而無著也。《士喪禮》曰：「襚者以褶，則必有裳。」又作䙝。

複 房六切，夾衣，衣有裏也。《記》曰：「小斂，君大夫士複衣複衾。」大斂，君褶衣褶衾。」複褶之辨，蓋如此。

袨 袨 熒絢切。《說文》曰：「盛服也。」

袀 袀《漢書》王莽紺袀服。師古曰：純也。音均。又弋旬切。《傳》曰：「均服振振。」陸氏曰：字書作袀。一說，戎衣也。偏裻謂之袀。又見衫下。

褻 褻 私列切。《說文》曰：「私服也。」徐鉉曰：從熱省。乃得聲。唐本《說文》從切，曰從埶非。《語》曰：「褻裘長，短右袂。」因之爲褻，瀆、褻狎。別作媟。

衵 衵 人質切，親身衣也。

裨 裨 賓彌、婢支二切，衣之次也。《說文》曰：「接益也。」《覲禮》「侯氏裨冕墨車以朝。」康成曰：裨之言埤也。天子六服，大裘爲上，餘爲裨，諸侯亦服焉。按，裨之義，引之爲裨益，爲裨附，爲將帥之偏裨。裨冕，冕服之次也，諸侯玄卷爲上服，朝於天子則降而服其次。公當卷，則服鷩冕，猶當棄路而墨車以朝也。鄭氏謂大裘而下爲裨，未然。

衷 衷 陟隆切，中衣也。《左氏傳》「宋之盟，楚人衷甲。」上服、裏服之中曰衷，衷之曰衷去聲。《傳》曰：「衷戎師。」

襲 襲 似入切。襲 籀省聲。內裘外衣爲襲。襲與沓聲相通，故單複稱謂之一襲。引之爲襲藏，爲掩襲，爲仍襲。潛師以掩敵者，因謂之襲。

裼 裼 先的切，袒衣見裘爲裼。《記》曰「犬羊之裘不裼，不文飾也。裘之裼也，見美也。服之襲也，充美也。弔則襲，不盡飾也。是故尸襲，執玉龜，襲。無事則裼弗，敢充也。」裼言裘見其裘也，襲言服襲上服也。《記》曰：「君衣狐白裘錦衣以裼之。」襲衣所以爲裼也，袒衣爲裼，肉袒爲袒，故袒裼並言。《詩》云：「袒裼暴虎。」《孟子》曰：「袒裼裸裎。」康成曰：君衣狐白裘，以素錦爲衣覆之使可裼也。此說是也。又曰：袒而有衣曰裼，必覆之以衣者裘褻也。誤矣。說者因謂裘之上有裼衣，裼之上有襲衣，誤矣。衣之裼襲，猶戶之開闔也，豈有二物哉。又《詩》云：「乃生女子，載衣之裼。」毛氏曰：褓也。康成曰：褓，夜衣也。《韓詩》作禘。他計切。《說文》禘音同「緥也」。引《詩》「載衣之禘」。按，繈褓乃小兒男女衣之通名，男衣以裳，女衣以裼，非褓也。方書言衣小兒，當以父母舊衣。《詩》所言裼，雖不知其爲何物，蓋舊衣也。

襢 襢《記》曰「一命襢衣」。康成曰：即展衣也。

市 市 紛勿切，蔽厀也。從巾，上象其肩系於革帶。韠、韐，市一也。又作韍、紱，亦借用芾。市與市亂，故借用芾字。孔氏曰：祭服謂之芾，他謂之韠。或作祓、紼、袚、韍。

常 常 市羊切，上衣下帬也。又作裳。

帬 帬 渠云切，裳也。別作裠、裙。

李時珍《本草綱目》卷三八《服器部·褌襠》【釋名】褌綱目犢鼻綱目觸衣綱目小衣〔時珍曰〕褌亦作裩，褻衣也。以渾復爲之，故曰褌。其當隱處者爲襠，縫合者爲褌，短者爲犢鼻。犢鼻，穴名也，在膝下。

曹學佺《蜀中廣記》卷五八 蔽膝，西南蜀漢謂之曲領，或謂之襦褌。出《方言》。

張自烈《正字通》卷二《韋部》 韍之樹切，音注，戎服。蔽膝一曰皮袴。通作注。《左傳》「有韎韋之跗注，君子也」。杜預曰：韎，赤色。跗注，戎服若袴屬干跗與袴連者。《說文·韋部》闕韍。

韐古盍切，音閤，韎韐，戎服。《說文》本作韐，亦作韐。又音夾，義同。《集韻》或作韐，互詳前韍註。

張自烈《正字通》卷三《巾部》 幍舊註音誇，上聲，小衫。按：巾，首飾，袴，股服，當从衣，作袴，或作絝。袴之爲幍，與裙之从君，其繆一也。

幒俗幒字。

幒同褌。《說文》「幝也」。袴屬。

張自烈《正字通》卷五《月部》 服房六切，音伏，衣服，身所佩服也。又冠曰元服。又喪服，三年朞，杖朞大功，小功緦，以尊卑親。疏爲等差，詳見《禮記》。

張自烈《正字通》卷八《糸部》 紂同緇。《檀弓》「天子之哭諸侯也，爵弁絰，紂衣」。註爵弁之色如爵也。紂衣，絲衣也。鄭氏曰經衍字也。互見後緇註。

納乃八切，南入聲，衣敝補紩也。又納衣。史劉裕徽時，伐荻有納布衣襖以付公主。

【略】又釋流覇絹綴紩者爲納頭，隋煬帝嘲戒師有鴉納袈裟偏衫俗作衲。

紋同紋《集韻》紋本作紋。舊註音肴，綠色嫁者衣也。一曰黃色。分二字，非。

紩彌葛切，音抹，紩肚。

紱敷勿切，音拂，印組。又朱紱，朱裳也。《易·困》「九二，朱紱方來」。又寶韻，音費。張衡《西京賦》「降尊就卑，懷璽藏紱，更旋閭閻，周觀郊遂」。

緥博考切，音保。《說文》「小兒衣」。緥、褓通。《正韻》緥亦作褓。舊註俗作褓非，泥。本作緥，篆作緥。

練力見切，連去聲。【略】又小祥服也。《檀弓》「練練衣黃裏，縓緣」。孔穎達疏曰：小祥而著練冠，練中衣，故曰練也。練衣者，以練爲中衣，黃爲中衣裏也。正服不可變，中衣非正服，但承衰而已。縓，淺絳色，緣謂中衣領及褎之緣也。

縗倉雖切，音催。《喪服》鄭玄注：上曰縗，下曰裳。縗之言摧也，中摧痛也。《禮記》借衰，義同。《集韻》作㯢，泥。

縩博木切，音卜。《説文》「裳削幅也」。深衣之裳，削殺其幅篆作[illegible]。

張自烈《正字通》卷九《衣部》

衦光小切，音了，小袴也。《方言》脛衣，大者曰倒頓，小者曰袨衦。郭璞注：倒頓，今雹袴。袨衦，今襣袴。附見《亅部》了註。

表比矯切，標上聲。《説文》「上衣也」。

衦同袥，今俗以貼襯長衣者爲衦衫。舊註泥。《篇海》開衣令大，誤。

衵職略切，音勺，單衣也。《方言》關東西曰襌。衵通謂之單直身，即今長衣也。今俗以短衣有袖襯，長衣者爲衵。衵無的音，舊註又音的，非，與衵別。

祓祓字之譌，舊註重出，見後祓註。

衳之雍切，音鍾，襌也。師古曰：襌，今之衳也。別作衶，俗从巾作㡝。舊註又音悚，𠦄非。

衵大質切，音日。《説文》「日日所常衣也」。《六書故》親身衣也。《左傳》「衷其衵服，以戲于朝」。凡男女近體褻衣皆曰衵，非女人内衣而謂之衵也。舊註泥。《左傳》夏姬衵服，增女人近身衣，誤。

衼同袾。舊註音樗，朱衣。誤分爲二，見後袾註。

衶俗字。舊註直隴切，音仲，袴也。音訓與襱義近，譌作衶，非。一説，衷俗作衶。

衷之雍切，音中。【略】《説文》泥《左傳》衷衵服，專訓「裏褻衣」，不知褻衣即衵也，非衷義也。篆作[illegible]，俗作衷，衰，𠦄非。

衼與支通，衹支即今僧家覆腋衣，遁園考金陵雜志隋煬覗戒師聖種納袈裟一緣，黄紋舍勒一腰，鬱泥南絲布袈裟一緣，瑪納袈裟一領，絲布衹支二領。譯云舍勒，内衣也。鬱泥謂鬱多羅泥也。據此説，衹支與袈裟爲二物甚明。《集韻》袈裟謂之衹衼，舊註衼尼洹衣，即袈裟，𠦄非。

袀規熏切，音均，戎服也。《晉·輿服志》秦人除棄六冕，以袀玄爲祭服。又純也。《漢書·王莽》〔絳〕〔紺〕袀服，帶璽韍。顔師古註：〔絳〕〔紺〕，深青揚赤色。袀，純爲紺服也，通作均。《左傳》「均服振振」。杜預註：戎事，上下同服。一説，偏裻謂之袀。

袈居沙切，音嘉，袈裟，僧衣。與毠毟同。唐武后賜僧法朗等紫袈裟，僧之賜紫，自武后始。互見《毛部》毠註。

袌乃遐切，音拏。《説文》「敝衣也」。袽與袈音義别。《六書故》洳又作袌，非是。

衭同褚，舊註音主，敝衣，亦作紵。按《説文》「紵緐屬。細者爲絟，粗者爲紵」。或从緒省，【略】」。俗作苧，紵與衭别。衭通作褚，亦通作緒。《文選·齊竟陵王行狀》華衮與組緒同歸。今以衭同褚者，與紵溷，非是。《韻會小補》引《廣韻》紵或作衭，亦非，互見後褚註。

袗之深切，音征，袗衳小兒衣。見《字林》。

袦舊註音指，縩也。

袦俗袚字，舊註訓與《説文》袚同，重出改音費，誤。蔽膝通作韍，不必借用袦。

袦俗字，舊註音甲，引《廣雅》襦也。又音匣，衿也。一説，衿與襦不必别立袦名。

袙袙腹，即今之裹肚。《韻會小補》袙，音陌，引《集韻》袙腹。

衯而隴切，音冗，長衣也。

袾千昔切，音戚。【略】又《藥韻》音捉，短衣也。

袽而遇切，音茹絮縕，所以塞舟漏。《易·既濟》〔六〕四〔爻〕「繻有衣袽」。《説文》「絮，絮縕也」，引《易》改作絮。又古《易》作茹，京房作絮。《韻會》引《黄庭經》通作帤。一説，从今《易》袽爲正。

袿古威切，音規。《釋名》婦人上服曰袿。其下垂者，上廣下狹，如刀圭也。又《相如賦》「襳褵」註。張揖曰：袿也。師古曰：婦人長帶。

裀伊卿切，音因，近身衣也。《廣雅》複襂謂之裀。

袸俗袸字，袸裷附見後裷註。舊本譌作袸，尺終切，音充，汎云襌衣，𠦄非。

裎稱人切，音呈，裸裎，露體也。《方言》襌衣。趙魏之間謂之裎。又梗韻，音逞，義同。《韻會》訓深衣。《廣雅》訓佩帶，𠦄非。

裖同袗，本作裖。《説文》袗重文作裖。㐱同音，辰異音，故通用袗。

裷舊註音問，喪服五服外最輕者，亦作絻。按，袒免之免讀若問，贅作絻。裷𠦄非。詳《子集儿部》免註。

裟所加切，音沙，袈裟。又歌韻，音娑。晉東據難沙門，全髮膚，去袈裟，釋胡服，被綾羅。

裠《説文》帬重文作裠，舊本闕。

裨同綷，本作辭，舊註音翠，副衣。又音醉，襌衣，𠦄泥。

裋俗字，舊註音受，衣也。按，衣者通稱也。不必别立裋名。一曰裋字之譌。

裼思積切，音昔，袒衣，見裘爲裼。又《增韻》裘單曰裼，重曰褱。

裾同𧝇。《集韻》省作袖。《方言》無緣之衣謂之裾。裾，俗名裾掖，詳《長部》𧝇註。

裿杜卧切，音惰。《説文》「無袂衣」。漢以無袖衣曰裿。戎衣有蔽甲，所謂重衣扗上而短者，前似袿衣。或肩有袖至臂臑而止，今口齊肩，邊關號曰裿裸。裿音朵，亦曰褂子，俗呼爲罩甲。別作褙，非。

複房六切，音福。《説文》「重衣，一曰褚衣」。【略】本作複，篆作[illegible]、[illegible]。《六書故》作複，夾衣，衣有裏也。《喪服大記》曰：「小斂，君大夫士褱衣，複衾，大斂，君褶衣褶衾。」複與褶别。

褋他協切，音疊，禪衣。《楚辭》「遺余褋兮澧浦」。註：襟褋，襜褕事神所用。

褌昆本字，袴也。無襠之袴謂之襣，合襠謂之褌。阮籍《大人先生論》「如羣蝨處褌中」。又褌短者爲犢鼻。《史·相如傳》「著犢鼻褌」。李時珍云：犢鼻，穴名也，杜膝下。一説，袴裁至膝也。别从巾作幝，泥。

䘹吐骨切，音突。《廣雅》褌無襠謂之䘹。

褍而宣切，音堧，褐也。

褽烏魁切，音威，垢衣也。

褙邦妹切音背，襦也。

褗何樓切，音侯，褗褕，小衫。

⿰衤咸俗縿字。《集韻》縿或作⿰衤咸。襂衫舊註音衫，旌旗斿，與《説文》縿訓同。誤分爲二。

褞俗緼字，舊註音温，褐衣也。引晉·王沈《釋時論》衮龍出于褞褐，卿相起于匹夫。按本作緼，譌作褞。

䙏俗字，舊註音博，短袖衫。又弼角切，音薄，襌衣。㐬非。

褠古謳切，音鉤，巾褠，巾幘、襌衣也。江南人士交際以爲盛服，蓋次于朝服，雷次宗以巾褠侍講是也。又《宥韻》音媾，義同。

䙡俗字，舊註音渴，䙡襠婦人袍。誤。

褣以紅切，音容。《方言》南楚謂襜褕曰襜褣。

褭俗衰字。《説文》衰專訓艸雨衣。喪衣加糸作縗，分爲二。《左傳》俗本晏嬰麤衰作縗。《集韻》縗亦作褭。《禮記》皆作衰。从衣，象褭𠂹形，加系加衣，贅。

褮于𥎊切，音縈。《説文》「鬼衣」。與《爾雅》「衿謂之褮」義别，見前衿註。《説文》「熒省聲，讀若《詩》『葛藟縈之』之縈，一曰讀若『静女其袾』〔之袾〕」。按，熒省聲相近，袾音無可諧，當是奴訓錯簡。《詩》今本作姝，譌作袾，亦非。

褰苦堅切，音牽。《説文》「絝也」。引《左傳》徵褰與襦」。

褶他協切，音牒，衣之扗上者。《玉藻》「帛爲褶」。鄭玄註：有表裏而無著。今夾衣也。又《喪大記》「君褶衣褶衾」。鄭玄註：袷也，君衣尚多厷其著也。又緝韻，音集，袴褶，騎服也。

褔烏鉤切，音謳。《説文》「編枲衣。一曰，頭褔。一曰，次裹衣」。《長箋》區从匸，㐬有藏匿意。枲衣藏其絮。會意，即用區聲。又《語韻》迂上聲，義同。俗别作襒，非。

褷息勇切，音聳，禪衣也。

褹同袂。又複襦謂之箭褹。本作𧜟。

褺作協切，音牒。《説文》「重衣也」。本作褺，十二畫，篆作[illegible]。

褻先結切，音屑。《説文》「私服也」。《廣韻》衷衣也。《增韻》衣破壞之餘曰褻。【略】《説文》引《詩》「是褻袢也」。《詩》本作紲，無褻義。徐鉉但知從熱省，乃得聲，不明正。《説文》引經之誤。《韻會》載《説文》入褻註，㐬非。《同文備考》从執服，以樹藝爲私褻意，亦非。本作褻，省作褻，俗作褻褻，㐬非。

䙎舊注音率，裾䙎，短衣。一説短衣不必别作䙎。

裯丁幺切，音凋。《説文》「短衣也」。本作裯，篆作[illegible]。

褒博高切，保平聲，衣博裾也。又褒衣，上所加賜之衣也。作□，今作褒，譌作褎，互見前褎註。

襹褡譌字。舊註襹音池，衣也。褡音莊，短衣。㐬非。

襄息匡切音相，又織文也。《小雅》「跂彼織女，終日七襄」。或曰：七襄，織數也，詩言跂望織女終日織文，至七襄之多，終不成報我之章也。

襌都干切，音單，衣無裏。《禮·玉藻》「襌爲絅」。《漢書》蓋寬饒，斷其襌衣。唐侍御史六人，衣朱纁裳白沙中襌。宋人通稱内衣曰中襌。《集韻》通作單。

襒俗字，舊註居月切，音厥，【略】又音掘，引《博雅》短衣。㐬非。

襘昌中切，音充，襘褣，或作童，亦曰幢容，見前褣註。

襢同裼。《説文》「緥也」。引《小雅》「載衣之裼」改作襢。今《計》从裼，訓同。

襩側并切，音甑。《方言》汗襦，江淮南楚之間謂之襩。

襢展本字。《説文》「丹縠衣也」。《周禮》「王后六服，五曰襢衣」。今作展，或作襢。《禮·玉藻》「一命襢衣」。註疏：襢，展也。鄭氏曰：展與襢聲相近。子男大夫一命，其妻服展衣也。

襖烏考切，奥上聲。《説文》「裘屬」。又金俗婦人衣曰大襖子，不領，如男子道服。《六書故》今以夾衣爲襖，俗作袄。

襗徒各切，音鐸。《説文》「袴也」。

襐俗字，舊註音據，衣也。誤。

襙俗字，舊音造，衣也。誤。

襍與褋同。《説文》作襍。南楚謂襌衣曰襍。从衣葉聲。今襌衣，衣不重也。《備考》重衣也。从葉者，以葉有重疊，意與《説文》反，今不從。

襡俗字舊註音朶，好也，又大衣。誤。

襠都昌切，音當。《六書故》窮袴也。今以袴有當，而旁開者爲襠。本單作當。一説，袴之當隱處者爲襠。互見前襠註。
襡神六切，音蜀。《廣韻》長襦連要衣。《晉隱逸・夏統傳》賈充使妓女服袿襡，炫金翠，統危坐如故。《字林》云：袿，婦人上衣。襡連要衣也。《説文》「襡，短衣」。誤。或作𧞅。
褌舊註音避，犢褌褌以三尺布作，形如牛鼻，相如所著。按《相如傳》本作鼻，加衣誤，俗字宜删。
襦人余切，音如。《説文》「短衣。一曰，𧜵衣」。《方言》汗襦自關而東謂之甲襦，陳魏宋楚之間謂之襜襦，或謂之襌襦。
襩舊註：《説文》同襱。《海篇》同襡。按《説文》本作襩，襱或作襩。《長箋》襱聲不近。《篇海》襩、襡同，是也。《説文》以襩爲襱，重文，非。
䙝七接切，音截，小衣也。
襬布非切，音卑，帬也。《方言》帬，關東謂之襬，陳魏謂之帔。今衣裓下幅有襞積者皆曰襬，讀若擺。
襯初艮切，音櫬，近身衣也。凡施與亦曰襯。
襱盧容切，音龍。《説文》「袴踦也」。徐鍇曰：踦袴足也，今俗呼袴之兩股曰襱。楊慎曰：如南夷關頭衣。《韻瑞》、《方言》齊魯曰襱，關西曰袴。又董韻音隴，義同。
襲思集切，音習，重衣也。《樂記》「周(旋)[還]裼襲，禮之文也」。註：袒而見裘曰裼，揜而充裘曰襲。又衣單複具曰一襲。《叔孫通傳》賜衣一襲。顔師古註：一襲，上下皆具也，今俗呼爲一副。

張自烈《正字通》卷一一《韋部》 韛韝字之譌，舊註【略】。又扶古切，音附，屍衣。
襬郎佐切，音邏，女人上衣。
襼袂、褹丛同。晉・潘岳《藉田賦》「躡踵接肩，掎裳連襼」。《唐・劉文静傳》奮襼大呼。舊註音詣，訓袂，分袂、襼、褹爲三。本作褹，十二畫，俗書作襼、褹。《舉要》訓複襦，丛非。
韎俗韐字。韐有閤、夾二音。舊註韎韐，韋蔽膝，分爲二，非。《毛詩》本作韐，《舉要》韐與韎同，亦非。
韐韘、韘同，舊註音塔，指衣也。與韘義近，分爲二，誤與《革部》韘別。
韜他刀切，音叨【略】《集韻》或作韜，別作縚。又效韻，音套。元微之《陰山道詩》「從騎愛仮絲布衫，臂鷹小兒雲錦韜。羣臣利己要僭差，天子臨軒空惆悵」。又《集韻》臂衣也。《説文》韜專訓劍衣，弢專訓弓衣，泥。
韝古謳切，音鉤。《説文》「射臂决也」古人以韋韜袖，取其便執事也。《陳餘傳》趙王朝夕袒韝蔽，自上食。蔡邕《獨斷》曰：董偃青韝緑幘。崔豹《古今注》曰：厮徒之服，乘輿進食者服之。《東方朔傳》緑幘傳韝。韋昭曰：韝形如射韜。又宥韻音遘，義同。本作韝，篆作[illegible]。

焦竑《焦氏筆乘續集》卷四《水田衣》 王少伯詩「手巾花氈净，香帔稻畦成」，王右丞詩「乞食從香積，裁衣學水田」，稻畦帔，水田衣，即袈裟也。內典：袈裟字作毠毟，蓋西域以毛爲之。一名逍遥服，又名無塵衣。

黄生《字詁》卷上 裏 《説文》訓「衣內」，猶內衣也。絝謂之內衣。《詩・邶風》「緑衣黄裏」，《小雅》「不離於裏」，皆謂此屬。毛，言處胎時體氣與母相屬也；離裏，則直指出腹而言。爲難言下體，故以下體所服爲言耳。《詩注》並誤。古者上曰衣，下曰裳，皆在表，惟絝在裏，故《説文》訓「衣內」。

襮 《吕氏春秋・忠廉篇》：「狄入衛，食懿公之肉，舍肝。宏演啼曰：『臣請爲襮。』」按：襮當即古表字。表，外衣也。宏演剖胸納公之肝，言不忍使其暴露，如以衣襲之也。《詩・唐風》「素衣朱襮」，蒲沃切。疑朱爲表衣，而素則其裏。毛云：「領也。諸侯繡黼，丹朱中衣。」《説文》訓黼領，亦引此《詩》。按：毛語出《禮・郊特牲》，彼文無襮字，似不得引以爲解。且曰中衣，則與宏演納肝之意相左，又豈可言「臣請爲領」乎？

裼 《玉藻》云：「裘之裼也，見美也；服之襲也，充美也。」鄭玄《注》「袒而有衣曰裼」，則似今之背心，以加於裘外，故仍見裘之美。《論語》「緇衣羔裘」節《集註》「衣以裼裘，欲其相稱」，蓋是衣與裘一色，則裘之美不爲衣所掩也。若服之襲，則是以全衣加其外，其色即不顯。予向未明裼衣之制，故《緇衣》節不作衣裘一色解。今覩《玉藻注》始知裼是露臂，則是裘外加半臂審矣。

黄生《義府》卷下 諸于繡镼 《後漢書・光武紀》：「冠幘而服婦人衣，諸于繡镼。」李賢等《注》：「字書無镼字，司馬彪《續漢書》作[衤屈]。並音其物反。」按：本書《五行志》亦載此事，云「皆幘而衣婦人衣，繡擁𩬍」。此镼即𩬍之誤，《注》並不解，而前《注》第云「或繡下有擁字」而已。以意度之，字既從髟，疑是婦人衣領。領後承髮，故惟婦人則加繡以飾之，若男子而服此，是服妖矣。又按：《通雅》云：「《廣記》載，韓晉公見少年單練𩬍，即段成式之單練𩬍，與镼同謂今之半臂也。」予謂此字當作[衤屈]，蓋[衤屈]從屈，有短義，半臂之式必短也。今作𩬍者，意《廣記》與成式喜用僻字耶？

厉荃《事物異名録》卷一六《服飾部》

衣

身章　《左傳》「衣，身之章也」。

袷褶　褐襦　《古今注》隋朝天子則曰袷褶，公卿則曰褐襦。按，袷褶，褐襦皆袍名。以下袍

褒明　《方言》褒明謂之袍。

半衣　《古今注》女人衣裳相連。始皇詔宫人皆服衫子，亦曰半衣，蓋取便於侍奉。以下衫

單襦　《海篇》衫，小襦也，一名單襦。

四褛衫　《綱目集覽》開骻者名缺骻衫，庶人服之，即今四褛衫。

逢掖　《禮記》「孔子曰：邱少居魯，衣逢掖之衣。」鄭玄註：逢，大也。逢掖　大袂禪衣也。大袂衣。

諸于　《漢書·元后傳》衣絳緣諸于。師古註：諸于，大掖衣，即袿衣之類。大掖衣。

襜褕　《漢書·雋不疑傳》男子衣黄襜褕。師古註：襜褕，直裾禪衣。以下直裾衣。

襜褣　《方言》南楚謂襜褕曰襜褣。

通裁　《儀禮·士喪禮》賈公彦疏：布單衣，漢時名爲通裁。布單衣

覆袆　《方言》覆袆謂之禪衣。以下禪衣。

縱、褋　《博雅》縱、褋，禪衣也。

直掇　《畫論》晉處士馮翼，衣(巾)〔布〕大袖，周緣以皁，下加襴，前繫二長帶，隋唐朝野服之，謂之馮翼之衣，今呼爲直掇。大袖衣。

海青　《秕言》吴中方言稱衣之廣袖者曰海青。廣袖衣。

半塗　《韻府》隋時内官多服半塗，即今長袖。長袖衣。

偏裻　《綱目集覽》偏裻謂之袀。《庶物異名疏》偏裻，戎衣名。《左傳》「晉獻公使太子申生衣之偏裻」。戎衣。

袴褶　《類篇》袴褶騎服，《晉書·輿服志》弓弩隊各五十人。黑袴褶。騎衣。

袢延服　《詩》「蒙彼縐絺，是紲袢也」。毛亨註：絺之靡者爲縐，是當暑袢延之服也。孔穎達疏：袢延，去熱之名。葛衣。

衩衣　《表異録》唐史王凝及第，衩衣見崔彦昭。衩衣，便服也。便衣。

袀纏　《方言》袀纏謂之禪。郭璞註：今又呼爲涼衣。涼衣。

頭褊　《說文》「編枲衣。一曰，頭褊，一曰，次裏衣」。枲衣。

褸衣　《中華古今注》厨人褸衣，厮徒之服也，取其便於用耳。厨人衣。

黄羅襬　《宋書》黄羅襬，乳母服。乳母衣。

繈褓　《漢書·宣帝紀》曾孫雖在繈褓，猶坐收繫郡邸獄。師古註：繈褓，即今小兒綳也。以下小兒衣。

綳縚　《肯綮録》小兒衣曰綳縚。

䘝松　《正字通》䘝松，小兒衣。見《字林》。

褩袼　次衣　《方言》褩袼謂之褊。郭註：即小兒次衣也。按，次古涎字。涎衣，如今小兒圍嘴者是。

臂褠　《後漢·馬皇后紀》蒼頭衣緑褠。李賢等註：褠，臂衣。今之臂褠，以縛左右手於事便也。按，此如今所謂窄袖是也。袖套

襯衣

中衣　《逸雅》中衣，言在小衣之外，大衣之中也。

中帬　《漢書》師古註：中帬，若今言中衣。

中單　《中華古今注》襯衣。《禮》曰：中單。漢高祖改名汗衫。

近身衣

袓服　《左傳》「衷其袓服以戲于朝」。杜預註：袓服，近身衣。

汗衣　鄙袓　羞袓　《逸雅》汗衣，近身受汗垢之衣也。《詩》謂之澤，受汗澤也。或曰鄙袓，或曰羞袓。作之用六尺裁足覆胸背，言羞鄙于袓而衣此耳。

厠牏　侯牏　《庶物異名疏》漢石建取親中帬厠牏，身自浣滌。晉灼云：今世謂反閉小袖衫爲侯牏，此最近厠近身之衣也。《釋名》反閉襦之小者也，却向着之領，反於背，後閉其襟也。又侯牏，《類篇》作褑牏。

侯頭　《逸雅》齊人謂如衫而小袖曰侯頭。侯頭，猶言解瀆臂直通之言也。

短衣

襹衣　《說文》「襦，短衣也。一曰，襹衣。」按，襦今之綿襖。

尉解　《南史》新羅呼其襦曰尉解，百濟國曰複衫。

簫襶　筩褣　《方言》複襦，江湖之間謂之簫襶，輶軒絶代語，江湘之間謂複襦曰筩褣。

祇裯　《庶物異名疏》、《方言》汗襦自關而西(域)謂祇裯。郭璞云：亦呼爲掩汗也。按，襦有禪，有袂。禪者爲汗襦，即汗衫之類，袂者爲複襦，袂而有著

者，即綿襖也。製皆從短。

裗襬　襬掖　《方言》襜褕其短者謂之短褕，自關而西謂之裗襬。郭註：俗名襬掖。又輶軒絶代語，秦晉間謂無緣之衣曰裗襬。

裾襗　《集韻》裾襗，短衣也。

貉袖　《因話録》衣制，有一種長不過腰，兩袖僅掩肘，以帛爲之夾裏，其中用綿，名曰貉袖。起于御馬苑圉人短前後襟者，坐鞍上不妨脱著短袖者，以其便於控馭耳。

搭護

半臂　背子　《名義考》古者有半臂、背子。半臂在手臂之間，如今搭護相似。背子在脊背之間，如今披風相似。

綽子　《實録》半臂，今背子也，江淮之間或曰綽子。

半袖　《綱目集覽》半袖，短袂衣也。

裲襠　《詞林海錯》兩當，其一當背，其一當胸，故云。按，此即今背心是也。又《博雅》裲襠謂之袹腹，即帕腹也。

襜襠　罩甲　《逸雅》襜襠，言兩當之蓋，其外如罩甲然也。

假兩　《南史·齊和帝紀》百姓及朝士皆以方帛填胸，名曰假兩。

齊肩　褙裸　褂子　《正字通》漢以無袂衣曰褙，所謂重衣在上而短者，或肩有袖至臂臑而上，今曰齊肩，邊關號曰褙裸，亦曰褂子，俗呼爲罩甲。

裘

燠質　暄肌　《拾遺記》周昭王爲二裘：一曰燠質，一曰暄肌，常以禦寒也。

破衣

鳳尾袍　《清異録》桑維翰時未仕緼衣，謂其襤褸穿結類乎鳳尾也。

疊垛衫　《清異録》疊垛衫謂補衲，蓋掩之多。

百結衣　《逸士傳》董威在洛陽，隱居白社，以殘絮縷帛爲衣，號百結衣。

藍縷　《方言》布而無緣，敝而紩之，謂之襤褸。

襰褖　裉褖　《集韻》襰褖，衣破也。裉褖亦衣敝也。

須捷　挾斯　《方言》楚人衣被醜敝謂之須捷，亦謂之挾斯。又器物弊亦曰挾斯。

袾袇　《玉篇》袾袇，敝衣也。又《字典》袾襦，短衣。

衱褲　衱褳　裂褯　衧襒　《類篇》衱褲，衣敝也。一作衱褳。又裂褯、衧襒，皆敝衣也。

了鳥　《表異録》董尋疏曰：面目垢黑，衣冠了鳥。了鳥，摧敝之貌。

褸裂　《字林》南楚人貧，衣被醜敝，謂之藍縷，又謂之褸裂。

征鍾　《晉書》安帝初，童謡：征鍾落地桓迸走。註：征鍾，至穢之服也。

耳衣

暖耳　《丹鉛録》唐人《邊塞曲》「錦縫耳衣寒」。耳衣，今之暖耳也。

護領

固項　《溪蠻叢笑》朱漆牛皮以護頭頸，名固項。

披肩

賈哈　《續編珠》遼俗有一製圍於肩背，名曰賈哈。鋭其兩隅，其式如箕，垂於兩肩，以錦貂爲之。按此若今之披肩。

帔

披帛　《事林廣記》三代無帔，秦時有披帛，以縑帛爲之，漢即以羅，晉制絳暈帔子。霞帔，名始於晉矣。

裳

繞衿　接下　《方言》繞衿謂之裙。郭璞註：俗人呼接下，江東通言下裳。

襬　《方言》裙，關東謂之襬，陳魏謂之帔。

千漫　都漫　《南史·林邑國傳》男女皆以横幅古貝繞腰以下，謂之千漫，亦曰都漫。按，如今之所謂裙也。

韍

蔽膝　《唐韻》韠，朝服蔽膝。《説文》曰：「韍也，所以蔽前也。」

大巾　曲領　《方言》蔽膝，魏宋南楚之間謂之大巾，西南蜀漢謂之曲領。

褘袡　《集韻》褘袡，蔽膝也。

巨巾　《逸雅》蔽膝，齊人謂之巨巾。

袜

心衣　抱腹　帕腹　《逸雅》心衣，抱腹而施鉤肩。鉤肩之間施一襠以掩心也。抱腹上下有帶，抱裹其腹，上無襠者也。帕腹，横帕其腹也。

脇衣　《丹鉛總録》袜，女人脇衣也。

腰巾　腰綵　齊襠　《中華古今注》袜肚，文王所制也，謂之腰巾，宫女以綵爲之，名曰腰綵，至漢名曰袜肚，亦名齊襠。

袴

褰　襱　芙蓉衫　《方言》齊魯之間，袴謂之褰，或謂之襱，關西謂之袴，小袴謂之芙蓉衫，楚通語也。

褶　《古今注》袴，周武王以布爲之，名曰褶。

褌　松　襗　《疑耀》褌，即袴也。《身章撮要》褌，褻衣，小袴。《說文》云：「亦曰松。」又「襗，袴也」。

脛衣　《說文》「袴，脛衣也」。

弊衣　良衣　《中華古今注》裩，三代不見所述，周文王所制。裩長至膝，謂之弊衣，賤人不下服曰良衣，蓋良人之服也。至魏文帝賜宫人緋交襠，即今之袴也。按，裩與褌同。

柯半　《南史》新羅國呼其袴曰柯半。

留幕　《詞林海錯》袴謂之留幕，冀州所名。

觸衣　小衣　《正字通》袴，一名觸衣，俗呼小衣。

倒頓　校衵　《急就篇》顏師古註：脛衣大者曰倒頓，小者曰校衵。又《大唐新語》漁服總曰校衵。

大袑　《漢書·朱博傳》功曹官屬多褒衣大袑。顏師古註：袑，大袴也。

梢子　《留青日札》犢鼻褌，以三尺布爲之，形如牛鼻。蓋前後各一幅，中裁兩尖襠交輳，即今之牛頭子褌，一名梢子。又蝅亦名梢子。

不及秋　《青箱雜記》天祐末，廣陵人競服短袴，謂之不及秋。後徐知訓爲朱瑾所殺，則不及秋之應也。

窮絝　《漢書》師古註：窮絝，即今之緄襠袴也。

跗注　《庶物異名疏》跗注，戎服也。《左傳》有韎韋之跗注，赤皮爲之，若袴而屬于跗，與袴連。

厲荃《事物異名録》卷二二《武器部》

甲

介　函　《釋名》甲亦曰介，亦曰函。又口下名函。

人鎧　《宋史·儀衛志》甲，人鎧也。

金翅將軍　《清異録》葛從周有鐵甲，嘗以候克岬，其驗如神，號曰金翅將軍。

千金使　《清異録》蜀王建軍中隱語甲曰千金使。

鐵室　《留青日札》鐵室，即今渾身鐵甲，言如室之蔽身也。出《韓非子》。

浴鐵　《表異録》侯景浴鐵數千葉，翼衛左右。註：言鐵甲堅滑，若以水浴之也。見《梁紀》。

釬　《說文》臂鎧謂釬。臂鎧

厲荃《事物異名録》卷二七《佛釋部》

僧衣

無垢衣　忍辱鎧　覆髆　掩衣　《說原》袈裟一名無垢衣，一名忍辱鎧。又名覆髆，又名掩衣，謂覆左髆而掩右腋也。

迦羅沙曳　《象教史編》迦羅沙曳，僧衣也。省羅曳字，止稱迦沙。葛洪撰《字苑》添衣作袈裟。

水田衣　稻畦帔　逍遥服　無塵衣　《丹鉛録》袈裟名水田衣。又名稻畦帔。《内典》作毠毟，蓋西域以毛爲之。又名逍遥服，又名無塵衣。

去穢　離染服　出世服　離塵服　消瘦服　蓮華服　間色服　《說畧》：《大浄法門經》云：袈裟者，在晉名去穢。《大集經》名離染服。《賢愚經》名出世服。《真諦雜記》云：袈裟是外國三衣之名。或曰離塵服，或名消瘦服，或名蓮華服，或名間色服。

僧祇支　僧迦鵄　覆腋衣　《說畧》褊衫，梵言僧祇支。《西域記》云：正名僧迦鵄，此云覆腋衣。

僧迦梨　《山堂肆考》漢魏之世，出家者多著赤布僧迦梨。按，僧迦梨，僧大衣也。

衲衣　《智度論》佛言應著衲衣。

揆敘《隙光亭雜識》卷四　麗服，雜色服也。

袒服，婦人内衣也。

衣製，雨衣也。

諸于，大掖衣也。

厠牏，近身小衫也。

跗注，戎服，若袴而屬於跗，與袴連。

汪啟淑《焠掌録》卷下　布單衣，漢時名爲通裁。見《士喪禮》注及疏。

桂馥《札樸》卷一　韋當　《鄉射》記福，韋當。鄭玄注云：直心背之衣曰當。

濟陽張蒿庵說云：韋當者，以韋束福之中央，如人心背之衣也。馥謂即兩當。《釋名》其一當胷，其一當背。是也，今謂之背心。

劉堅《修潔齋閒筆》卷六　衩衣　《唐史》王凝及第，衩衣見崔彦昭。衩衣，便服也。

史夢蘭《止園筆談》卷四　陳養吾《象教史編》云：迦羅沙曳，僧衣也。省羅曳字，止稱迦沙。葛洪撰《字苑》，添衣作袈裟。或從毛，作毠毟。《秋林伐山》云：袈裟名水田衣，又名稻畦帔。王維詩「乞食從香積，裁衣作水田」。王少伯詩「手巾花氎淨，香帔稻畦成」。

綜述

《詩・邶風・緑衣》　緑兮衣兮，緑衣黄裏。

毛亨傳：緑，間色。黄，正色。

鄭玄箋：褖兮衣兮者，言褖衣自有禮制也。諸侯夫人祭服之下鞠衣爲上，展衣次之，褖衣次之。次之者，衆妾亦以貴賤之等服之。鞠衣黄，展衣白，褖衣黑，皆以素紗爲裏。今褖衣反以黄爲裏，非其禮制也，故以喻妾上僭。

孔穎達正義：緑蒼黄之間色。黄，中央之正色。故云緑間色，黄正色，言間，正者，見衣正色不當用間，故《玉藻》云：衣正色，裳間色。王肅云：夫人正，嫡而幽微，妾不正而尊顯是也。

褖衣黄裏爲非制，明褖兮衣兮，言其自有禮制也。禮制者，素紗爲裏是也。

緑兮衣兮，緑衣黄裳。

毛亨傳：上曰衣，下曰裳。

鄭玄箋：婦人之服不殊，衣裳上下同色。今衣黑而裳黄，喻亂嫡妾之禮。

孔穎達正義：毛以爲間色之緑今爲衣而在上，正色之黄反爲裳而處下，以興不正之妾今蒙寵，而尊正嫡夫人反見疏而卑。前以表裏興幽顯，則此以上下喻尊卑，雖嫡妾之位不易，而莊公禮過有薄厚也。鄭以婦人之服不殊。裳，褖衣當以黑爲裳，今反以黄爲裳，非其制，以喻賤妾，當以謙恭爲事，今反上僭爲事，亦非其宜。

言不殊裳者，謂衣裳連，連則色同，故云上下同色也。

《詩・衛風・碩人》　碩人其頎，衣錦褧衣。

毛亨傳：頎，長貌。錦，文衣也。夫人德盛而尊，嫁則錦衣加褧襜。

鄭玄箋：碩，大也。言莊姜儀表長麗俊好頎頎然。褧，禪也。國君夫人翟衣而嫁，今衣錦者在塗之所服也，尚之以禪衣，爲其文之大著。

孔穎達正義：毛以爲有大德之人，其貌頎頎然長美，衣此文錦之服，而上加以褧襜之禪衣，在塗服之。

《王制》云：錦文珠玉《書》傳云：衣文錦。故知錦文衣也。以碩爲大德，錦衣爲在塗之服，故云夫人德盛而尊，嫁則錦衣，經言衣錦褧衣，上衣謂衣，著下衣爲衣服。

《丰》云：衣錦褧衣，對裳錦褧裳。裳非著名，故箋云裳用錦，與此異也。襜亦禪而在上，故云加之以褧襜。

《玉藻》云：禪爲絅，故知褧禪衣也。又解國君夫人當翟衣而嫁，今言錦衣非翟衣，則是在塗之所服也。錦衣所以加褧者，爲其交之大著也，故《中庸》云：衣錦尚絅，惡其文之大著也。此夫人錦衣爲在塗之服。《丰》云錦衣錦裳，庶人之妻嫁時之服，非爲在塗與夫人異也。《士昏禮》云：女次純衣纁袡，士禮故不用錦衣，庶人之妻得與夫人同者，賤不嫌也。

《詩・王風・大車》　大車檻檻，毳衣如菼。

毛亨傳：大車，大夫之車。檻檻，車行聲也。毳衣，大夫之服。菼，鵻也，蘆之初生者也。天子大夫四命其出封，五命如子男之服，乘其大車檻檻然，服毳冕以決訟。

鄭玄箋：菼，薍也。古者天子大夫服毳冕，以巡行邦國而決男女之訟，則是子男入爲大夫者。毳衣之屬，衣繢而裳繡，皆有五色焉，其青者如鵻。

孔穎達正義：菼鵻。《釋言》文。郭璞曰：菼，草色如鵻，在青白之間。傳以經云如菼，以衣冠比菼色，故先解菼色，又解草，言菼是蘆之初生。

《釋草》云：葭蘆菼薍。孫炎、郭璞皆以蘆、薍爲二草。李巡、舍人、樊光以蘆薍爲一草。此傳菼爲蘆之初生則意同李巡之輩，以蘆菼爲一也。《春官・司服》曰：子男之服，自毳冕而下，卿大夫之服，自玄冕而下，則大夫不服毳冕。傳又解其得服之意，天子大夫四命其出封，五命如子男之服，故得服毳冕也。

《詩・鄭風・出其東門》　出其東門，有女如雲。雖則如雲，匪我思存。縞衣綦巾，聊樂我員。

毛亨傳：縞衣，白色男服也。綦巾，蒼艾色女服也。願室家得相樂也。

孔穎達正義：《廣雅》云：縞，細繒也。《戰國策》云：彊弩之餘，不能穿魯縞。然則縞是薄繒，不染故色白也。《顧命》云：四人綦弁。注云：青黑白綦。《説文》云：綦，蒼艾色也。然則綦者，青色之小别。《顧命》爲弁色，故以爲青黑，此爲衣巾，故爲蒼艾色。蒼即青也，艾謂青而微白，爲艾草之色也。知縞衣男服，綦巾女服者，以作者既言非我思存，故願其自相配合，故知一衣一巾，有男有女，先男後女，文之次也。傳以聊爲願，故云願室家得相樂。室家，即縞衣綦巾之男女也。

《詩・秦風・無衣》　豈曰無衣，與子同袍。

毛亨傳：袍，襺也。上與百姓同欲，則百姓樂致其死。

孔穎達正義：袍，襺。《釋言》文《玉藻》云：纊爲襺，緼爲袍。注云：衣有著之異名也。

縕謂今纊及舊絮也。然則純著新緜名爲襺，雜用舊絮名爲袍，雖著有異名，其制度是一，故云袍，襺也。

豈曰無衣，與子同澤。

毛亨傳：澤，潤澤也。

鄭玄箋：襗，褻衣。近汙垢。

孔穎達正義：衣服之煖於身，猶甘雨之潤於物，故言與子同澤，正謂同袍裳，是共潤澤也。箋以上袍下裳，則此亦衣名，故易傳爲襗。《說文》云：襗，袴也。是其褻衣近汙垢也。襗是袍類，故《論語》注云：褻衣，袍襗也。

《詩·檜風·羔裘》羔裘逍遥，狐裘以朝。

毛亨傳：羔裘以遊燕，狐裘以適朝。

鄭玄箋：諸侯之朝服，緇衣，羔裘，大蜡而息民，則有黄衣狐裘。今以朝服燕，祭服朝，是其好絜衣服也。先言燕，後言朝，是君之志不能自强於政治。

孔穎達正義：《玉藻》云：諸侯朝服以日視朝於内朝，是諸侯視朝之服，名曰朝服也。《士冠禮》云：主人玄冠朝服，緇帶素韠。注云：玄冠委貌朝服者，十五升布衣而素裳，不言色者，衣與冠同色，是朝服衣色玄。玄即緇色之小别。《論語》説孔子之服云：緇衣羔裘。《玉藻》亦云羔裘緇衣以裼之。是羔裘裼用緇衣，明其上正服亦緇色也。《論語》又曰：羔裘玄冠不以弔，是羔裘所用配玄冠，羔裘之上必用緇布衣爲裼，裼衣之上正服亦是緇色，又與玄冠相配，明是朝服可知，故云諸侯之朝服，緇衣羔裘也。人君以歲事成孰，搜索羣神而報祭之，謂之大蜡。又臘祭先祖五祀，因令民得大飲，農事休息謂之息民。於大蜡之後作息民之祭，其時則有黄衣狐裘也。大蜡之祭與息民異也。息民用黄衣狐裘，大蜡則皮弁素服，二者不同矣。以其大蜡之後，始作息民之祭，息民、大蜡同月，其事相次，故連言之耳。知者《郊特牲》云：蜡也者，索也。歲十二月合聚萬物而索饗之也。皮弁素服而祭，素服以送終也，葛帶榛杖喪殺也，是大蜡之祭用素服也。《郊特牲》既説蜡祭，其下又云：黄衣黄冠而祭，息田夫也。注云：祭謂既蜡，臘先祖五祀也，於是勞農以休息之，是息民之祭用黄衣也。《論語》説孔子之服云：黄衣狐裘。《玉藻》云：狐裘黄衣以裼之。以此知大蜡息民則有黄衣狐裘也。案《玉藻》云：君衣狐白裘，錦衣以裼之。又曰：錦衣狐裘，諸侯之服，然則諸侯有狐白裘矣。又曰：君子狐青裘豹褎玄綃衣以裼之，則禮又有狐青裘矣。此經直云狐裘，何知非狐白狐青而必知是黄衣狐裘者，以諸侯之服狐白裘，唯在天子之朝耳，在國視朝之服則素衣麑裘，無狐白裘矣。若檜君用狐白以朝則違禮僭上，非徒好絜而已。序不應直云好絜，以此知非狐白也。《玉藻》言君子狐青裘者，注云：君子大夫士也。《天官·司裘》云：季秋獻功裘，以待頒賜。注云：功裘，人功微麤，謂狐青麑裘之屬，然則狐青乃是人功麤惡之裘，檜君好絜，必不服之矣。孔子仕魯朝《論語》説孔子之服緇衣羔裘，與黄衣狐裘其文相對，明此羔裘、狐裘亦是緇衣、黄衣之裘，故知羔裘是視朝之服，狐裘是息民祭服也。檜君志在遊燕，祭服尊於朝服，既用祭服以朝，又用朝服以燕，是其好絜衣服也。逍遥翺翔，是遊戲燕樂，故言燕耳，非謂行燕禮與羣臣燕也。《禮記》云：燕朝服於寢。若依法設燕則服羔裘可矣。今用以遊燕，故大夫刺之。遊燕之服，於禮無文，不過用玄端深衣而已，必不得用朝服，故刺其服羔裘也。事有大小，今朝事重，燕事輕，作者先言燕，後言朝，見君之志不能自强於政治故也。

《詩·檜風·素冠》庶見素衣兮，我心傷悲兮，聊與子同歸兮。

毛亨傳：素冠，故素衣也。

鄭玄箋：除成喪者，其祭也朝服縞冠，朝服緇衣、素裳，然則此言素衣者，謂素裳也。

孔穎達正義：以冠衣當上下相稱，冠既練則衣亦練，故云素冠故素衣，謂既練之後，服此白布喪服。箋亦以素非布，故以易傳也。除成喪者，其祭也朝服縞冠。《喪服小記》文。彼注云：成，成人也。縞冠未純吉是祥祭，當服朝服。《士冠禮》云：主人玄冠朝服，緇帶素韠。韠從裳色，故大祥之祭，其服以素爲裳。此言素衣者，謂素裳也。裳而言衣，衣是大名。《曲禮》云：兩手摳衣謂摳裳緝也。是裳得稱衣，故取衣爲韻。《喪服小記》唯據諸侯，若天子除喪則無文，亦當服皮弁服。

庶見素韠兮，我心蘊結兮，聊與子如一兮。

鄭玄箋：祥祭朝服素韠者，韠從裳色。

《詩·曹風·蜉蝣》蜉蝣掘閲，麻衣如雪。

鄭玄箋：麻衣，深衣。諸侯之朝，朝服朝夕則深衣也。

孔穎達正義：言麻衣，則此衣純用布也。衣裳即布，而色白如雪者，謂深衣爲然，故知麻衣是深衣也。鄭又自明己意，所以知麻是布。深衣者，以諸侯之朝夕則深衣故也。《玉藻》説諸侯之禮云：夕深衣祭牢肉是諸侯之服。夕深衣也，深衣，布衣，升數無文也。《雜記》云：朝服十五升，然則深衣之布亦十五升矣。故《間傳》云：大祥素縞麻衣。注云：麻衣十五升布深衣也，純用布，無采飾。是鄭以深衣之布爲十五升也，彼是大祥之服，故云無采飾耳。而《禮記·深衣》之篇説深衣之制云：孤子衣純以素，非孤子者皆不用素純。此諸侯夕服當用十五升布深衣，而純以采也。以其衣用布，故稱麻耳。

《詩·曹風·候》彼其之子，三百赤芾。

毛亨傳：彼，彼曹朝也。芾韠也。一命緼芾黝珩，再命赤芾黝珩，三命赤芾葱珩，大夫以上赤芾乘軒。

孔穎達正義疏：桓二年《左傳》云：衮冕黻珽。則芾是配冕之服。《易·困卦》：九五困于赤芾。知用享祀則芾服，祭祀所用也。《士冠禮》陳服皮弁，素韠。玄端，爵韠。則韠之所用不施於祭服矣。《玉藻》説韠之制云：下廣二尺，上廣一尺，長三尺，其頸五寸，肩革帶博二寸。書傳更不見芾之别制，明芾之形制亦同於韠，但尊祭服，異其名耳。言芾、韠者，以其形制大同，故舉類以曉人其禮。別言之則祭服謂之芾，他服謂之韠，二者不同也。一命緼芾黝珩，再命赤芾黝珩，三命赤芾葱珩，皆《玉藻》文。彼注云：玄冕爵弁服之韠，尊祭服，異其名耳。韍之言蔽也，緼，赤黄之間色，所謂韎也，珩，珮玉之珩也。黑謂之黝，青謂之葱。《周禮》公侯伯之卿三命，下大夫再命，上士一命。然則曹爲伯爵，大夫再命，是大夫以上皆服赤芾，於法又得乘軒，故連言之。定十三年《左傳》云：齊侯斂諸大夫之軒。哀十五年《傳》稱衛太子謂渾良夫曰：苟使我入國，服冕乘軒。是大夫乘軒也。閔二年《傳》稱齊桓公遺衛夫人以魚軒。以夫人乘軒，則諸侯亦乘軒，故云大夫以上也。傳因赤芾遂言乘軒者，僖十八年《左傳》稱晉文公入曹數之，以其不用僖負羈而乘軒者三百人也，且曰獻狀。杜預云：軒大夫之車也。言其無德而居位者多，故責其功狀，彼正當共公之時，與此三百文同，故傳因言乘軒以爲共公近小人之狀。

《詩·豳風·九罭》 我覯之子，衮衣繡裳。

毛亨傳：所以見周公也。衮衣，卷龍也。

鄭玄箋：王迎周公，當以上公之服往見之。

陸德明音義：衮，古本反。六冕之第二者也。畫爲九章，天子畫升龍於衣，上公但畫降龍。字或作卷，音同卷，卷冕反。

孔穎達正義：衮衣繡裳是禮之上服，知此句當喻以禮往迎，故易傳以取物各有其器，喻迎周公當有禮，傳解詩言衮衣繡裳者，是所以見公之服也，畫龍於衣謂之衮，故云衮衣卷龍。

《詩·小雅·采菽》 又何予之，玄衮及黼。

毛亨傳：玄衮，卷龍也。白與黑謂之黼。

鄭玄箋：玄衮，玄衣而畫以卷龍也。黼，黼黻，謂絺衣也。諸公之服自衮冕而下，侯伯自鷩冕而下，子男自毳冕而下，王之賜維用有文章者。

孔穎達正義：《玉藻》云：龍卷以祭，即卷龍也。白與黑謂之黼，《冬官·繢人》文。

傳雖云玄衮卷龍，而義未明，故申之。玄衮者，玄衣而畫以衮龍。《玉藻》注云：龍衮畫龍於衣。卷字或作衮。然則以龍首卷然謂之衮龍，衮是龍之狀也。黼，黼黻者，引類以明之，非黼黻爲一也。謂絺衣，絺謂刺之，言此黼黻絺刺之於衣，衮黼之在衣也，衮則畫之，黼則刺之，故言謂絺衣以對衮畫衣故也。絺在裳，言衣者，衣總名也。諸公之服，自衮冕而下，侯伯自鷩冕而下，子男自毳冕而下，皆《春官·司服》職文，引之者，明衮黼非一衣，君子摠諸侯也，故彼注云：九章初一曰龍，次二曰山，次三曰華蟲，次四曰火，次五曰宗彝，皆畫以爲繢，次六曰藻，次七曰粉米，次八曰黼，次九曰黻，皆絺以爲繡，則衮之衣五章裳四章，凡九也。鷩畫以雉謂華蟲也，其衣三章裳四章，凡七也。毳畫虎蜼謂宗彝也，其衣三章裳二章，凡五也。絺衣粉米無畫也，其衣一章，裳二章，凡三也。玄冕者，衣無文裳刺黻而已，是以謂之玄焉。凡冕服皆玄衣纁裳，由此言毳冕、絺冕，其裳皆以黼爲首，唯玄冕無文耳。言子男自毳冕而下，則通及絺冕，此黼宜絺冕之裳矣。箋言謂絺衣者，自取絺繡之義，非謂冕名，但差失偶同耳，裁以爲衣，舉衮裳舉黼正是衮冕之服，知不然者，以經言及則非一之辭。又君子來朝，非獨上公一人，何得獨言衮龍之衣乎，故知黼文下及絺冕之裳也。

《詩·小雅·瞻彼洛矣》 韎韐有奭，以作六師。

毛亨傳：韎韐者，茅蒐染草也。一曰韎韐，所以代韠也。

鄭玄箋：韎韐者，茅蒐染也。茅蒐韎韐聲也，韎韐祭服之韠，合韋爲之，其服爵弁，服紂衣纁裳也。

孔穎達正義：韎韐者，衣服之名。奭者，赤貌。傳解言奭之，由以其用茅蒐之草染之，其草色赤故也。一曰韎韐，所以代韠者，案《爾雅》云：一染謂之縓，再染謂之赬，三染謂之纁，此曰韎韐，即一入曰韎韐，是縓也。定本云：一入曰韎韐，是以他服謂之韍，祭服則謂之韎韐，以此韎韐代他服之韠。大夫以上祭服謂之韍，士無韍名謂之韎韐，士言韎韐亦猶大夫以上之言韍也，若然《玉藻》云：一命緼韍黝珩。注云：侯伯之士一命，則士亦名韍矣。言韎韐者，彼注亦云子男大夫一命，則一命緼韍，以子男大夫爲文故言韍耳，其實士正名韎韐，《士冠禮》爵弁服韎韐，不言韍是也。

傳言韎韐茅蒐染，故解之云茅蒐韎韐聲也，言古人之道茅蒐，其聲如韎韐，故名此衣爲韎韐也。《士冠禮》注云：韎韐者，緼韍而黝珩，合韋爲之，士染以茅蒐，因以名焉。今齊人名蒨爲韎韐，又駁異義云：韎，草名，齊魯之間言韎韐，聲如茅蒐，字當作韎。陳留人謂之蒨，是古人謂蒨爲茅蒐，讀茅蒐，其聲爲韎韐，故云茅蒐、韎韐聲也。又解代韠之意，士朝服謂之韠，祭服謂之韎韐，駁異義云：有韎韐無韠，有韠無韎韐，是韎韐必代韠也。其躰合韋爲之，此韎韐是蔽膝之衣耳。《士冠禮》陳服於房中云：爵弁服纁裳紂衣，緇帶韎韐，是韎韐配爵弁服也。彼注云：爵弁者，冕之次也。其色赤而微黑如雀頭然，其布三十升。纁裳，淺絳裳也。紂衣，絲衣朝服皆用布，唯冕與爵弁服用絲耳。先裳後衣，欲令下近緇，明衣與帶同色，此引之以衣在裳上，故先云紂衣耳。

《詩·小雅·采菽》 赤芾在股，邪幅在下。

毛亨傳：諸侯赤芾邪幅，幅，偪也，所以自偪束也。

鄭玄箋：芾，大古蔽膝之象也。冕服謂之芾，其他服謂之韠，以韋爲之，其制上廣一尺，下廣二尺，長三尺，其頸五寸，肩革帶，博二寸。脛本曰股。邪幅如今行縢也，偪束其脛，自足至膝，故曰在下。

孔穎達正義：以赤芾對朱爲異，故云諸侯赤帶也。桓二年《左傳》曰：帶裳幅舄。《内則》亦單云偪，則此服名偪而已。杜、鄭皆云：今之行縢，然則邪纏於足，謂之邪幅，故傳辨之云：邪幅，正是偪也，名曰偪者，所以自偪束也。

箋本其有芾之由，故言太古蔽膝之象。《易·乾鑿度》注云：古者田漁而食，因衣其皮，先知蔽前，後知蔽後，後王易之以布帛而猶存其蔽，前者重古道不忘本，是亦説芾之元由也。《繫辭》云：包犧氏之王天下，作結繩而爲網罟，以佃以漁。則佃漁而食，伏犧時也。《禮運》

曰：飲其血，茹其毛，衣其羽，皮是因衣其皮也。以人情而論，在前爲形體之褻，宜所先蔽，故先知蔽前，後知蔽後。且服芾於前，明是重其先蔽而存之也。《禮運》又曰：後聖有作，治其絲麻以爲布帛。《繫辭》又云：黄帝堯舜垂衣裳而天下治，則易之以布帛自黄帝以後，推此則太古蔽膝，伏犧時也。後王爲芾，象太古之蔽膝，故云芾太古蔽膝之象，垂衣裳服布帛必始於黄帝，其存此象，未知起自何代也。《明堂位》曰：有虞氏服韍。注云：舜始作之，以尊祭服。言始尊祭服，異其名，未必此時始存象也，知冕服謂之芾，其他服謂之韠者，以士之有爵弁，猶大夫以上有冕也。士有韎韐，猶大夫以上有芾也。《士冠禮》陳服於房中，爵弁韎韐，皮弁素韠，玄端爵韠。《雜記》云：士弁而祭於公，即爵弁也。士服爵弁以韎韐配之，則服冕者以芾配之，故知冕服謂之芾，士服皮弁玄端皆服韠，是他服謂之韠，以冕爲主，非冕謂之他也。韍韠俱是蔽膝之象，其制則同，俱尊祭服，異其名耳。古者衣皮，此存其象，故知以韋爲之。故《禮記・玉藻》韠，君朱，大夫素，士爵韋。上云韠，下捴以韋結之，故知以韋。上廣一尺，下廣二尺，長三尺，其頸五寸，肩革帶博二寸。此《玉藻》文也。彼論韠，此言韍，而引之者，明此二者色異而制同也。又言脛本曰股者，明邪幅在下，在股之下，古今名異，欲以今曉人，故云邪幅，如今行縢。《説文》云：縢，緘也。名行縢者，言行而緘束之，故云偪其脛也。又解在下之義，故云自足至膝，故曰在下，因在下之文，從下而上言之，故云自足，足即脚跗也。

《詩・小雅・都人士》 彼都人士，狐裘黄黄。

鄭玄箋：城郭之域曰都，古明王時，都人之有士行者，冬則衣狐裘黄黄然，取温裕而已。

孔穎達正義：《月令》孟冬天子始裘，故知冬則衣狐裘也。以古之衣裘其上必有裼衣，故知取其温裕而已。《禮記・緇衣》引此詩彼注云：黄衣則狐裘，大蜡之服也。詩人見而説焉。以爲大蜡之裘，則是有衣裼矣。言取温裕者，以注記之時未詳此詩之意，以狐裘黄者，實大蜡時息民所服，服則黄衣，故以言焉。至此鄭經爲解，故不與彼同也。若然息民之祭服，此狐裘則是尊貴之服矣。庶人而得服之者，彼狐之黄者多，黄狐之衣非貴服也。息人臘祭服之者，於是草木黄落，象其時物之色，故服之耳。《郊特牲》云：野夫黄冠，黄冠，草服也。注云：言祭以息民，服象其時物之色。季秋草木黄落，是順時而服，非同於常祭，其實爲輕，又不衣裼，故庶人所得衣也。若然《玉藻》云：犬羊之裘不裼。注云：質略，亦庶人無文飾，則庶人止服犬羊，此衣狐裘者，以禮不下庶人，其制不可得曲而盡。此言狐裘，則庶人得衣狐裘明矣。《禮》云犬羊，舉一以言之。《七月》云一之日于貉。箋云：于貉，往捕貉以自爲裘，是庶人又以貉裘，而《禮》無明文，《禮》之所記不能盡也。《七月》又云：取彼狐狸，爲公子裘。則非公子不得衣狐裘，言庶人狐裘者，以狐色不等，若狐白非君不服，狐青及小而美者，則可以供公子，而庶人避其文，故言于貉，若黄狐及麤惡者不廢，庶人亦服之，且孔子云狐貉之厚以居，狐連貉言之，貉既庶人所服，狐亦服之明矣。以庶人服犬羊不裼，故此狐裘亦不裼，取其温裕而已。

《詩・周頌・絲衣》 絲衣其紑，載弁俅俅。

毛亨傳：絲衣，祭服也。

鄭玄箋：弁，爵弁也。爵弁而祭於王士服也。

孔穎達正義：此述祭事，故知絲爲之，故云絲衣。祭服傳雖不解弁，亦當以爲爵弁，爵弁之服玄衣纁裳。皆以絲爲之，故云絲衣也。絲衣與紑共文，故爲絜鮮貌也。載弁，謂人戴弁也。戴弁者捄捄，則俅俅人貌，故爲恭順貌也。

《周禮・天官・玉府》 〔玉府〕掌王之燕衣服。鄭玄注：燕衣服者，巾絮寢衣袍襗之屬，皆良貨賄所成。 孫詒讓【疏】「掌王之燕衣服【略】」者，賈疏云：「謂燕寢中所有衣服之屬。」【略】注云「燕衣服者，巾絮寢衣袍襗之屬」者，明非燕居上服玄端服也。賈疏云：「巾絮者，案《内則》『左佩紛帨』，紛帨即巾也。又婦事舅姑佩有線纊，此絮則纊也。寢衣者，《論語・鄉黨》云：『必有寢衣，長一身有半。』鄭注云『今小卧被』是也。袍襗者，案《毛詩》云，豈曰無衣，與子同袍，與子同襗是也。」王念孫云：「絮與帤通，帤亦巾也。《説文》：『帤，巾帤也。』巾帤即巾絮也。《方言》：『幏，巾也。大巾謂之帤，嵩嶽之南陳潁之閒謂之帤。』郭璞音奴豬反。《漢書・周勃傳》『太后以冒絮提文帝』。應劭注曰：『陌額絮也。』晉灼曰：『巴蜀異物志》謂頭上巾爲冒絮。』《説苑・正諫篇》『吴王蒙絮覆面而自刎』，謂以巾絮覆面也。亦通作挐，《風俗通義・怪神篇》『以挐巾結兩足幘冠之』是也。疏以絮爲纊，失之。《釋文》不爲絮字作音，蓋誤以爲絲絮之絮矣。」案：王説是也。《説文・衣部》云：「被，寢衣。袍，襺也。襗，絝也。」《玉藻》云：「玉藻」原訛「禮器」，據楚本改。「纊爲繭，緼爲袍，襌爲絅，帛爲褶。」《廣雅・釋器》云：「襗，袍，長襦也。」襗亦作澤。《釋名・釋衣服》云：「袍，丈夫著下至跗者也。袍，苞也，苞内衣也。汗衣，近身受汗垢之衣也。《詩》謂之澤，受汗澤也。」《秦風・無衣篇》「與子同澤」，箋云：「澤，褻衣，近汗垢。」案：澤襗字通。《詩箋》、《襍記》注及《論語・鄉黨》皇疏引《聘禮》疏云：「凡服四時不同，假令冬有裘，襯身襌衫，又有襦袴，襦袴之上有裘，裘上有裼衣，裼衣之上又有上服皮弁祭服之等。若夏則以絺綌，絺綌之上則有中衣，中衣之上復有上服。若春秋二時，則衣袷褶，袷褶之上加以中衣，中衣之上加以上服也。」案：賈説四時衣法甚覈。此注襗即襯身襌衫，袍即襦之長者。通言之亦得爲襗，故《廣雅》襗袍並訓長襦，而《説文》又訓襗爲絝也。凡中衣以内之衣，通爲褻衣。燕居容有不加上衣，或并不加裼衣、中衣，若《玉藻》所謂振絺綌表裘者，故亦通謂之燕衣服。自裘爲司裘所掌外，餘中衣及絺綌襌褶袍繭等，此官盡共之矣。中衣、裼衣，互詳司裘疏。

《周禮・天官・内宰》 中春，詔后帥外内命婦始蠶于北郊，以爲祭服。 孫詒讓【疏】云「以爲祭服」者，《月令》説親桑云「以共郊廟之服」是也。《穀梁》桓十四年傳云：「王后親蠶以供祭服。」《孟子・滕文公篇》云：「夫人蠶繅以爲衣服。」《詩・豳風・七月》毛傳云：「祭服，玄衣纁裳。」任大椿云：「經傳言祭服者，多據冕弁服。《内宰》、《祭義》祭服謂冕服也。《士喪禮》『祭服次，散衣次』，《喪大記》『小斂之衣，祭服不倒』，謂爵弁、皮弁也。」賈疏云：「《禮記·祭義》亦云：『蠶事既畢，遂朱緑之，玄黄之，以爲祭服。』此亦當染之以爲祭服也。」

《周禮·天官·司裘》 司裘掌爲大裘，以共王祀天之服。鄭玄注：「大裘，黑羔裘，服以祀天，示質。」孫詒讓【疏】「掌爲大裘」者，與司服爲官聯也。云「以共王祀天之服」者，祀天，據冬至圜丘祀昊天天神之最尊者言之。夏正南郊，祀受命帝，及春祭蒼帝，冬祭黑帝，亦服大裘，故《司服》云「祀昊天上帝，則服大裘而冕，祀五帝亦如之」。此經言祀天，以晐五帝，互文以見義也。其夏祭赤帝，季夏祭黄帝，秋祭白帝，揆之時月，皆不得服裘。賈謂通四時祭天皆共之，不限六天之大小，非也。又祭地之服，經注並無文。賈疏云：「案《孝經緯·鉤命決》云：『祭地之禮與天同。』牲玉皆不同，言同者，唯據衣服，則知崑崙神州亦用大裘可知。」案：《郊特牲》孔疏引王肅《聖證論》說，謂祭天地皆大裘；又崔靈恩說，謂崑崙神州亦則祭地亦用大裘，故《孝經援神契》云『祭地之禮與祭天同』，亦據衣服同也。」案：孔亦從王、崔說。《通典·吉禮》說同。陸佃云：「大裘，冬裘也，冬日至然後服以祀天。若夏祀天，則惟衮而已。其祭地蓋亦如之，故曰『凡四時之祭祀，以宜服之』。先儒謂崑崙神州亦服大裘。按《司裘》曰『掌爲大裘以共王祀天之服』，則祀地不服大裘，以夏日至不可服裘故也。」案：陸説是也。方丘祭大地，在夏至北郊，依賈《典瑞》疏説在七月，皆不得服裘。《孝經緯》雖説祭天地同禮，然無祭地服大裘明文，鄭亦無是義，王、崔、賈、孔並馮肊推測，不足據也。注鄭司農云「大裘，黑羔裘」者，《司服》先鄭注及《玉藻》後鄭注義並同。《唐郊祀録》引《三禮義宗》云：「祭天所以用大裘者，則黑羔裘也。黑者象天色之玄，大者擬覆燾垂蓋。」《隋書·禮儀志》引《禮圖》云：「大裘之服，羔正黑者爲之。」並本二鄭義。賈疏云：「裘言大者，以其祭天地之服，故以大言之，非謂裘體侈大，則義同於大射也。祭服皆玄上纁下，明此裘亦羔裘之黑者，故知大裘黑羔裘。」詒讓案：大裘用黑者，取其與冕服玄衣相稱；用羔者，取其質也。凡冕服、弁服、冠服並有裘，經唯云掌爲大裘而不及衮冕以下之裘者，《玉藻》「狐青裘」注以爲玄衣之裘，孔疏引熊氏云，謂六冕及爵弁也。案：熊以彼注通晐六冕，則是謂大裘亦爲狐青裘，與鄭義顯違。孔氏墨守注義，不宜從而不糾，揆之義疏恒例，皆不可通。竊疑熊説「六冕」，當作「五冕」。蓋推鄭意，王六冕，自大裘外，餘五冕服皆不服羔裘。此乃申《玉藻》注義，其與此注義，仍不相硋也。《詩·召南·羔羊》孔疏引劉焯、劉炫則云：「《司服職》云『王祀昊天上帝則服大裘而冕』，以下冕不復云裘；《司裘職》云『掌爲大裘以共王祀天之服』，亦不别言衮冕以下之裘：明六冕與爵弁同用大裘之羔裘矣。」案：二劉謂六冕同羔裘，與《玉藻》注不合，《玉藻》疏亦申熊難劉，而《羔羊》疏轉從劉説，自相違伐，亦孔氏之疏也。賈後疏以《玉藻》注玄衣，爲指玄端服，則賈意亦與劉同。金榜云：「大裘以共王祀天之服。《節服氏》『掌祭祀，衮冕六人，維王之大常。郊祀，裘冕二人執戈，送逆尸，從車』。自衮冕九章以下，不得服大裘可知也。」案：金説是也。據先鄭後注，以示質爲釋，是專屬祀天而言。若它祭祀，當備文采，以明差次，無爲皆取示質之義，何必與祀天同用黑羔裘乎？互詳《司服》及後疏。又案：《玉藻》疏引皇氏云：「凡云冕及爵弁，無裘。」孔疑其文無所出。今攷六冕内明有大裘，而云無裘，皇侃必不至蒙固如是。竊疑皇説「無裘」當作「羔裘」。蓋即二劉説所本。《玉藻》注「狐青玄衣」，皇亦謂玄端，與劉説同，即其墒證也。孔氏所見皇義，字已譌互，故不可通耳。云「服以祀天示質」者，謂羔色純黑，不及狐裘之華縟也。賈疏云：「以其衮已下皆有采章，惟此大裘更無采章，故云質。案《鄭志》，大裘之上又有玄衣，與裘同色，亦是無文采。」《玉海·車服》引《三禮義宗》云：「大裘其服無章，其冕無斿，天道至尊，難可比擬，舍去雕飾，服以其質。」金榜云：「玄衣更有上衣。《玉藻》『大裘不裼』，言不得免上衣見裼衣也。大裘上衣十二章。」案：金説是也。《左傳》哀十年孔疏云：「裘上裼衣，裼衣之上乃有朝祭正服，裘上有兩衣也。」依孔説，是凡裘上有裼衣，裼衣之上有上服，亦謂之襲衣。《鄭志》謂大裘上有玄衣者，《玉藻》注云「凡裼衣象裘色」是也。但審後鄭意，蓋謂裼衣及上衣，並純玄無文；先鄭示質之義，或亦如此。今攷大裘固裼玄衣，而上衣則當以衮龍十二章爲襲，冕則十二斿，不得如鄭、崔、賈説也。詳《司服》、《弁師》疏。中秋，獻良裘，王乃行羽物。鄭玄注：良，善也。中秋鳥獸毨毨，因其良時而用之。鄭司農云：「良裘，王所服也。行羽物，以羽物飛鳥賜羣吏。」玄謂良裘，《玉藻》所謂黼裘與？此羽物，小鳥鶉雀之屬，鷹所擊者。中秋鳩化爲鷹，中春鷹化爲鳩，順其始殺，與其將止，而大班羽物。孫詒讓【疏】「中秋獻良裘」者，《唐石經》誤作「仲秋」，今從宋本正。凡經四「仲」字並作「中」，《釋文》亦不誤。良裘謂王冕弁冠服之裘，次於大裘者也。《玉藻》云：「君衣狐白裘，錦衣以裼之。君子狐青裘，豹褎，玄綃衣以裼之。麛裘，青豻褎，絞衣以裼之。羔裘，豹褎，緇衣以裼之。狐裘，黄衣以裼之。」注云：「天子狐白之上衣，皮弁服與？狐青裘，蓋玄衣之裘。」「黄衣，大蜡時臘先祖之服也。」金榜云：「凡冕服、爵弁服，皆玄上纁下。《玉藻》『狐青裘』，注云『玄衣之裘』。熊氏謂五冕及爵弁也。君用純狐青，大夫士雜以豹褎。近得其實。狐白裘錦衣，麛裘絞衣，皮弁服之裘也。羔裘緇衣，冠弁服之裘也。韋弁服韎韋衣裳，韎者赤黄之閒色，故《羔羊正義》云『兵事既用韎韋衣，則用黄衣狐裘，《春秋傳》：臧之狐裘，敗我于狐駘』是也。鄭疑黄衣狐裘爲蜡時臘祭先祖之服，與《郊特牲》黄衣黄冠而祭爲一事。榜謂黄衣黄冠，庶人之祭服也，故曰『野夫黄冠』。黄冠，草服也。」案：金綜合鄭、孔及皇、熊説冕弁冠諸服之裘，致塙。張惠言、宋緜初説並同。此良裘即通晐彼諸裘言之也。云「王乃行羽物」者，此官掌裘，又兼掌羽物，與羅氏爲官聯也。注云「良，善也」者，《宰夫》注義同。云「仲秋鳥獸毨毨」者，此即《書·堯典》「中秋鳥獸毛毨」之異文。賈疏引鄭《書注》云：「毨，理也，毛更生整理。」惠棟云：「《釋文》云：『毨音毛。』案：毨當爲毴字之誤也。《尚書》云：『中秋鳥獸毴毨，中冬鳥獸氄毴。』涉下而誤耳。」案：惠説是也。説文毛部云：「毴，毛盛也。从毛隼聲。虞書曰：『鳥獸毴毴。』毨，仲秋鳥獸毛盛，可選取以爲器用。」《説文》之毴，即今書鳥獸氄毛之氄字。此注毴字，與毴形近，惠謂涉彼而誤，近是。鳥獸毴毴，惟見《説文》。鄭注《尚書》，與許本同異，今無可攷。此毛毨之爲毴毨，蓋鄭君涉筆之誤，非鄭所讀《堯典》如是也。毴，傳寫又誤作「毴」，後人不敢輕易，而依今書讀之，故陸音毛，亦非謂毴即毛字。《玉燭寶典》引此注作毛毨，蓋六朝舊讀如是。《集韻・六豪》云：「毛或作毴。」又誤采陸音，古實無是字也。云「因其良時而用之」者，此中秋季秋兩獻裘，並謂獻已成之裘。凡皮以乾久爲良，必非新取即獻。而鄭言此者，蓋謂前年中秋取裘材，次年中秋裘成，乃獻而用之。用與取時正相應，亦得取毛毨爲良之義。《掌皮》云：「秋斂皮，冬斂革，春獻之。」注云：「皮革踰歲乾久，乃可用。獻之，獻其良者於王，以入司裘，給王用。」彼秋斂皮，即取裘材之時；至次年春，皮乾久，始獻之入司裘。既入司裘，乃頒與裘氏，制之成裘，至中秋季秋而獻之。以兩職經注合校，可以得其義也。鄭司農云「良裘王所服也」者，先鄭意此良裘不辨何裘，但是王所服，凡冕服弁服之裘皆是。以尊者所親御，當擇毛物純縟、人功密致者獻之，故稱良裘，對下功裘爲卿大夫所服也。云「行羽物，以羽物飛鳥賜羣吏」者，《羅氏》「行羽物」，注云「行謂賦賜」，義與此同。云「玄謂良裘，《玉藻》所謂黼裘與」者，彼文云「唯君有黼裘以誓省，大裘非古也。」鄭彼注云：「黼裘，以羔與狐白雜爲黼文也。省當爲獮。獮，秋田也。國君有黼裘誓獮田之禮。」賈疏云：「案彼文云『唯君有黼裘以誓獮』，獮是仲秋田獵之名。彼獮田用黼裘，與仲秋獻良裘同時，皆不爲寒設，故知此良裘則與彼黼裘一也。」案：賈說非鄭指也。注以黼裘說此良裘，亦因黼裘唯天子諸侯誓省得服，其文最縟；《玉藻》與大裘同舉，明視它裘爲特尊，故舉以爲釋，非謂此專爲仲秋獮田而獻，不爲寒設也。但五冕祭服之裘，與黼裘同爲大裘之次，不宜不在良裘之列，此經之義，自以先鄭說爲最晐。又黼裘，鄭《玉藻》注謂以羔與狐白雜爲黼文。然羔之與狐，麤縟迥殊，相雜爲文，恐非所宜。孔廣森謂錯白黑羊皮爲之，於義可通，而終嫌其太樸。竊疑當以狐白雜狐青爲之，乃得相稱耳。且黼裘珍貴，固宜與五冕之裘同用狐也。又案：《玉藻》之「誓省」，鄭讀爲「誓獮」，於經無徵。且依其說，則上服當爲冠弁服，是降於五冕爵弁、韋弁、皮弁服之裘，不得爲尤善矣。陳祥道讀「省」如字，謂祭祀服以聽誓命，省牲鑊。其說近是，惠士奇、戴震、孔廣森、宋緜初說同。竊謂黼裘蓋天子諸侯齊服之裘，祭前誓省服齊服，與正祭不同，互詳《司服》疏。至《家語・郊問篇》說郊禮云：「天子大裘以黼之。」王注云：「大裘爲黼文也。」此以黼裘爲即大裘，其說殊謬。蓋王肅采《郊特牲》文私定，不足辯也。云「此羽物，小鳥鶉雀之屬，鷹所擊者」者，賈疏云：「案：《夏官・羅氏》『仲春，羅春鳥，行羽物』。彼注云：『羽物，若今南郡黃雀之屬。』彼黃雀即此雀之屬，此鶉與雀亦是鷹所擊，故連言鶉也。」云「中秋鳩化爲鷹，中春鷹化爲鳩」者，《月令》「仲春鷹化爲鳩」，無中秋鳩化爲鷹之文。惟《王制》云「鳩化爲鷹，然後設罻羅」，不著時月。鄭知爲仲秋者，以春生秋殺，鷹鳩因時氣而化，二仲爲春秋之中，經雖無文，可互相推定也。《大戴禮記・夏小正》云：「正月鷹則爲鳩，五月鳩爲鷹。」此與《月令》文乖，鄭所不用。故《月令》「季夏鷹乃學習」，孔疏引《鄭志》：「焦氏問云：『仲秋乃鳩化爲鷹。仲春鷹化爲鳩，此六月，何言有鷹學習乎？』張逸荅曰：『鷹雖爲鳩，亦自有真鷹可習矣。』」《玉燭寶典》引《月令章句》云：「鷹以中春化爲鳩，中夏陰氣起，而復爲鷹。」此兼據《小正》爲說，非鄭義也。云「順其始殺與其將止，而大班羽物」者，通釋此經中秋行羽物及羅氏中春行羽物，一年二次行羽物，並順始殺與止殺之時也。

季秋，獻功裘，以待頒賜。鄭玄注：功裘，人功微麤，謂狐青麛裘之屬。鄭司農云：「功裘，卿大夫所服。」孫詒讓【疏】「季秋獻功裘」者，《國語・周語》云：「單襄公曰：隕霜而冬裘具。」韋注云：「孟冬天子始裘，故九月可以具。」案：彼冬裘蓋兼此良裘功裘言之。具裘之時始於中秋，盡於季秋；言隕霜者，舉其最遲之期限也。《大戴禮記・夏小正》云「九月王始裘」，則季秋天子已衣裘矣。賈疏云：「按《詩》云『七月流火，九月授衣』，此季秋則是九月授衣之節。」云「以待頒賜」者，頒謂常賜，若宮伯掌宮中士庶子，云「以時頒其衣裘」是也。賜謂好賜，非常賜也，詳《膳夫》疏。賈疏云：「功裘之內，有羣臣所服之裘，故言以待頒賜。」注云「功裘，人功微麤」者，謂攻皮之工，裘氏作之，功有精麤，猶《典婦功》有良功苦功。上文良裘之功最精良，此裘功微麤苦，則亞次於彼者，故直謂之功裘也。云「謂狐青麛裘之屬」者，賈疏云：「案《玉藻》『君子狐青裘，豹褎；麛裘，青豻褎』。彼云君子，鄭云君子，大夫士也。以其彼云豹褎、青豻褎，褎用雜，故爲大夫士。若君則用純。引此者，證功裘中有此狐青麛裘，以待頒賜。《玉藻》仍有羔裘、狐裘，亦是臣之所服裘，不引之者，『之屬』中含之矣。若然，狐青裘者，鄭《玉藻》注云『蓋玄衣之裘』。天子下至士玄端之服皆服之。又云麛裘者，鄭彼注引孔子素衣麛裘，謂是君臣視朔之服。」案：《玉藻》狐青裘玄衣，孔疏引皇氏云：「玄衣謂玄端也。」劉氏同。賈說即本於彼。孔又引熊安生說，謂玄衣即指冕服、爵弁服是也。詳前疏。劉氏之意，蓋以五冕之裘，同黑羔裘，則狐青裘玄衣，不得復爲五冕之衣，故必易爲玄端，而後可申其說，亦以玄端衣與狐青色足相配也。《詩・邶風・旄丘》孔疏說亦同。金榜云：「《玉藻》『狐青裘，玄綃衣以裼之』。皇氏以玄衣爲玄端，則玄綃衣以裼，爲以帛裏布矣。」案：金說足證熊、劉之誤，賈氏從之，疏矣。《詩・召南・羔羊》孔疏，又謂鄭意功裘以待頒賜大夫士，明狐青非冕服之裘，以申劉氏之說，亦非也。賈又以麛裘爲視朔之服者，《玉藻》疏云：「天子視朝，服皮弁服，狐白錦衣；士不衣狐白，熊氏云『用麛裘素裼』也。諸侯在國視朔，則素衣麑裘。卿大夫士亦皆然，故《論語》注云『素衣麑裘，視朔之服』是也。」又案：賈謂此功裘內，含有諸狐裘及羔裘是也。但據經以待頒賜之文，則不關王自服之裘可知。然則狐羔諸裘，皆宜屬諸侯及卿大夫士所服言之。後鄭上良裘注，不及狐青裘，則似王所服裘，自黼裘外，皆入此功裘，恐非經義也。鄭司農云「功裘，卿大夫所服」者，先鄭以良裘爲王所服，故此功裘爲卿大夫所服，赤通冕服、弁服、玄端服之裘而言也。其說亦較後鄭爲長。

大喪廞裘，飾皮車。鄭玄注：皮車，遣車之革路。故書廞爲淫。鄭司農云：「淫裘，陳裘也。」玄謂廞，興也，若《詩》之興，謂象似而作之。凡爲神之偶衣物，必沽而小耳。孫詒讓【疏】「大喪」者，賈疏云：「謂王喪。」詒讓案：亦當關后、世子喪，詳宰夫疏。云「廞裘」者，亦與司服爲官聯也。賈疏云：「謂明器中之裘，即上良裘功裘等。」云「飾皮車」者，與巾車、車僕、司常、校人爲官聯也。賈疏云：「亦謂明器之車以皮飾之。」注云「皮車，遣車之革路」者，《巾車》王五路有革路，注云：「革路，輓之以革而漆之。」天子遣車，亦備五路。此革路亦稱皮車，皮革散文通。《新序・雜事篇》云「中行穆子皮車十乘」，謂兵車也。《車僕》云：

「大喪廞革車。」彼注云：「言興革車，則遣車不徒戎路，廣闕苹輕皆有焉。」則此飾皮車，亦通晐五戎車，蓋皆司裘飾訖，與車僕廞之。《巾車》又云「大喪飾遣車」，則此官所飾者，唯革路而已；餘玉金象木四路，並巾車飾之也。云「故書廞爲淫，鄭司農云淫裘，陳裘也」者，《司服》、《大師》、《司兵》注義並同。徐養原云：「廞之爲淫，蓋聲之誤。然先鄭直訓淫爲陳，是不必改從廞也。《說文・广部》：『廞，陳輿服於庭也。』字從今書，義同先鄭，然則淫與廞皆可訓爲陳也。『爾雅・釋詁』：『廞，熙，興也。』此後鄭所本，而不能通其義於淫。」曾釗云：「淫與陳聲近。《詩・行葦》『以引以翼』，引本或作淫。《爾雅》『引，陳也』。則司農訓爲陳，正合古義。」詒讓案：《司服》、《司兵》先鄭注並云「淫讀爲廞」，則先鄭亦不從故書也。此與《大師》注獨無讀爲廞之文，疑所引不備。陳裘謂爲明器之裘，將葬則與明器遣車等同陳之。《既夕禮》，葬前一日，於祖廟載飾柩訖，云「陳明器于乘車之西」，即廟之中庭。許君以「陳輿服於庭」解廞，即隱據彼經也。其葬日至壙，亦當如《既夕》云「陳器于道東西」，既窆，則亦與司服廞衣服同藏於椁中也。云「玄謂廞，興也」者，《爾雅・釋詁》文。《大司樂》、《大師》、《笙師》、《典庸器》、《巾車》、《司兵》注並同。後鄭亦以廞裘爲明器之裘，而訓義則與先鄭異。段玉裁云：「此鄭君不從故書作淫司農訓陳也。書或作廞，故鄭君從之，爲之說如此。《說文》所據周禮亦作廞，與後鄭同。」詒讓案：全經五篇，大喪言廞者十有六職：此司裘，廞裘也；司服，共廞衣服也；大司樂，涖廞樂器也；大師，帥瞽而廞也；小師，與廞也；眡瞭、笙師、鎛師、籥師，廞樂器也；典庸器，廞筍虡也；司干，廞舞器也；巾車，飾遣車遂廞之行之也；車僕，廞革車也；司常，建廞車之旌也；司兵，廞五兵也；圉人，廞馬也。先鄭皆訓爲陳，後鄭皆訓爲興，謂作之。賈《司兵》疏云：「先鄭廞皆爲陳，後鄭皆不從，以爲廞興解之者，見《司服》云『大喪，共其復衣服、斂衣服、奠衣服、廞衣服，掌其陳序』，《圉人職》云『凡賓客、喪紀牽馬而入，陳廞馬亦如之』。以此言之，廞陳既別，則廞不得爲陳，以興象爲義也。」姜兆錫申先鄭說云：「廞即陳也，爲王喪異其文耳。《笙師》云『大喪廞樂器，大旅陳樂器』，《眡瞭》則云『大喪廞樂器，大旅亦如之』，是廞陳異文同義也。《巾車》云：『大喪飾遣車，遂廞之行之。』飾而遂陳，其義甚明。若遣車既飾矣，而又云遂興似而作之，義可通乎？」王引之說同。案：姜、王說是也。凡廞者陳而不用之名。《司服》之陳序，冢上復斂奠廞四者衣服而言，故廞衣服之外，復言掌其陳序。《圉人》所云「凡賓客、喪紀牽馬而入陳」者，指駕車之真馬而言。故鄭注云「啓後所薦馬，以其陳而不用，與塗車芻靈異」。故下別言廞馬亦如之也。要之，凡器物之陳而不用者謂之廞，亦可謂之陳，故《大旅》之廞，《笙師》謂之陳，《既夕禮》言陳明器而不言廞，明言陳猶言廞也。其用者則謂之陳，而不可謂之廞，故《圉人》云「陳馬」，又云「廞馬」，明兩文不相涉也。後鄭以《爾雅》有廞興之訓，遂據以易先鄭之說，而於巾車注，仍云「廞，興也，謂陳駕之」。則自知其不可通，而兼用先鄭之義，亦足徵其非達詁矣。云「若《詩》之興，謂象似而作之」者，後鄭意此廞訓興，與六詩比興之興同義。《釋名・釋典藝》云：「興物而作謂之興。」《荀子・禮論篇》云：「明器，貌而不用。」是明器雖不用，亦象似生時所用之物而作也。云「凡爲神之偶衣物，必沽而小耳」者，孔廣森云：「偶，寓也，請作假物寄寓其象。《史記》『見木偶人與土偶人相與語』。《索隱》音寓。《韓延壽傳》曰：『賣偶車馬下里僞物者，棄之市道。』漢郊祀有木寓龍一駟，木寓車馬一駟。寓車馬即偶車馬也。」案：孔說是也。偶衣物謂明器，賈疏讀偶衣句斷，失之。《既夕記》說明器云：「弓矢之新沽功。」注云：「沽示不用。」又《喪服》注云：「沽猶麤也。」《荀子・禮論篇》云：「具生器以適墓，略而不盡，貌而不功，明不用也。」爲偶衣物麤略而小，亦示不用之義。**凡邦之皮事，掌之。歲終則會，唯王之裘與其皮事不會。**孫詒讓【疏】「凡邦之皮事掌之」者，凡聘享庭實及弁冠、舄帶、席褥諸器服用皮革者皆是。后亦當有裘，經不言者，文略。云「歲終則會」者，正裘及凡皮事之歲會，司裘之官成也。歲終謂夏之季冬，周之二月也。鄭《宰夫》注謂是周之季冬，失之，詳彼疏。

《周禮・天官・内司服》 内司服掌王后之六服，褘衣，揄狄，闕狄，鞠衣，展衣，緣衣，素沙。鄭玄注：「褘衣，畫衣也。《祭統》曰：『君卷冕立于阼，夫人副褘立于東房。』揄狄，闕狄，畫羽飾。展衣，白衣也。《喪大記》曰：『復者朝服，君以卷，夫人以屈狄，世婦以襢衣。』屈者音聲與闕相似，襢與展相似，皆婦人之服。鞠衣，黄衣也。素沙，赤衣也。」玄謂狄當爲翟。翟，雉名，伊雒而南，素質，五色皆備成章曰翬；江淮而南，青質，五色皆備成章曰摇。王后之服，刻繒爲之形而采畫之，綴於衣以爲文章。褘衣畫翬者，揄翟畫摇者，闕翟刻而不畫，此三者皆祭服。從王祭先王則服褘衣，祭先公則服揄翟，祭羣小祀則服闕翟。今世有圭衣者，蓋三翟之遺俗。鞠衣，黄桑服也，色如鞠塵，象桑葉始生。《月令》：「三月薦鞠衣于上帝，告桑事。」展衣，以禮見王及賓客之服，字當爲襢，襢之言亶，亶，誠也。《詩・國風》曰「玼兮玼兮，其之翟也」，下云「胡然而天也，胡然而帝也」，言其德當神明。又曰「瑳兮瑳兮，其之展也」，下云「展如之人兮，邦之媛也」，言其行配君子。二者之義與禮合矣。《雜記》曰：「夫人復稅衣、揄狄。」又《喪大記》曰：「士妻以褖衣。」言褖者甚衆，字或作稅。此緣衣者，實作褖衣也。褖衣，御于王之服，亦以燕居。男子之褖衣黑，則是亦黑也。六服備於此矣。褘、揄、狄、展，聲相近，緣，字之誤也。以下推次其色，則闕狄赤，揄狄青，褘衣玄。婦人尚專一，德無所兼，連衣裳不異其色。素沙者，今之白縳也。六服皆袍制，以白縳爲裏，使之張顯。今世有沙縠者，名出于此。孫詒讓【疏】「掌王后之六服」者，此辨后服名物尊卑之差，即此官之官法也。六服者，一褘衣，二揄狄，三闕狄，四鞠衣，五展衣，六緣衣是也。《玉海・車服》引《三禮義宗》云：「陽爻九，故王服有九；陰爻六，故后服惟六。天子九服，祭服有六；王后六服，祭服有三。陽色尚文，故有章數等級之别；陰色尚質，故無殊章之品。」云「緣衣」者，《釋文》云：「緣或作褖。」案：經注緣字並當作褖，後鄭改爲褖，或本依鄭義改，非其舊也。詳後。云「素沙」者，賈疏云：「此非服名。六服之外别言之者，此素沙與上六服爲裏，使之張顯。但婦人之服不殊裳，上下連，則此素沙亦上下連也。王之吉服有九，韋弁已下，常服有三，與后鞠衣已下三服同。但王之祭服有六，后祭服唯有三翟者，天地山川社稷之等，后夫人不與，故三服而已。必知外神后夫人不與者，案《内宰》云：『祭祀裸獻則贊。』天地無裸，言裸唯宗廟。又《内宗》、《外宗》佐后皆云宗廟，不云外神，故知后於外神不與。是以《白虎通》云『《周官》祭天，后夫人不與者，以其婦人無外事」。孔廣森云：「禮，婦人從夫之服位。男子冕弁之服凡有九等，婦服此唯見六服者，外祀武甸非后所有事，故不備其服。今差次之：蓋褘衣視衮冕，揄狄視鷩冕，闕狄視毳冕，鞠衣視希冕，襢衣視玄冕，税衣視爵弁，錫衣視冠弁，宵衣視玄端。何以明之？《記》曰：『君衮冕立於阼，夫人副褘立於房中。』是褘衣視衮冕也。《玉藻》曰：『王后褘衣，夫人揄狄，君命屈狄，再命褘衣。』鄭曰：『侯伯之夫人揄狄，子男之夫人闕狄。』是揄狄視鷩冕，闕狄視毳冕也。鄭曰：『其夫孤也，則服鞠衣。』孤之服自希冕而下，是鞠衣視希冕也。《喪大記》曰：『復，大夫以玄赬，世婦以襢衣。』玄上赬下，冕服之色，大夫一命而冕，世婦一命而襢，故《玉藻》曰『一命襢衣』，是襢衣視玄冕也。《喪大記》曰：『復，士以爵弁，士妻以税衣。』《雜記》曰：『諸侯以襃衣、冕服、爵弁服，夫人以税衣揄狄，狄税素沙。』亦以狄比冕服，税比爵弁服，是税衣視爵弁也。《少牢饋食禮》：『主婦被錫衣侈袂。』錫衣者，緆衣也。主人朝服，主婦緆衣亦布，是錫衣視冠弁也。《特牲饋食》主人冠端玄，主婦纚笄宵衣，是宵衣視玄端也。」案：孔分配男服，自鞠衣以上與鄭義同。襢衣視玄冕，税衣視爵弁，亦依鄭《禮記注》義。《喪大記》之襢衣，即此展衣，税衣即此褖衣也。綜而論之，展衣以上，鄭義差次甚當。其褖衣，依鄭此職及追師注義，服次者視弁服、冠弁服，服纚笄者亦曰宵衣，則視玄端服，並未盡精析。今依孔説，參之《禮經》，蓋女子次褖衣，視男子之爵弁、皮弁服；女子被錫衣，視男子之冠弁朝服；女子纚笄宵衣，視男子之玄端服。宵衣即錫衣而以綃爲領者，與褖衣實不同，此經無者，亦文不具也。又依鄭義，此王后六服當皆侈袂，然於經無文，未知是否。詳《追師》疏。　注鄭司農云「褘衣，畫衣也」者，賈疏云：「先鄭意褘衣不言狄，則非翟雉。知畫衣者，以王之冕服而衣畫，故知后衣畫也。」呂飛鵬云：「説文衣部云：『周禮曰王后之服褘衣，謂畫袍。』説與先鄭合。」詒讓案：許云袍者，即後注所謂六服皆袍制也。褘衣，後鄭謂「以繒刻翬雉爲飾」，則自當與揄翟、闕翟同名。今不名翟而名衣，明與二翟異制。賈疏謂「以其衣是服之首，故自言衣」，蓋曲説也。竊謂當以先鄭及許畫衣之説爲長。《穆天子傳》云：「天子大服冕褘。」冕褘者，蓋衮冕之服。后之褘衣視王之衮冕服，衮衣有畫章，故亦謂之褘衣，猶婦人有褖衣，《士喪禮》及《雜記》名男子玄端服之連衣裳者亦曰褖衣也。此可證司農畫衣之説。或當如《釋名》説衣畫翬雉之形，若九章之有華蟲耳。儻云「繒刻雉形」，則不可通於男子之衮衣矣。郭璞注《穆傳》云：「褘衣，蓋王后之上服，今帝服之，所未詳。」殆未達其義。引《祭統》曰「君卷冕立于阼，夫人副褘立于東房」者，證褘衣與男子衮冕相當也。賈疏云：「彼據二王後夫人助祭服褘衣，與后同也。」云「揄狄、闕狄，畫羽飾」者，《廣雅·釋器》云：「狄，羽也。」呂飛鵬云：「《説文·衣部》云：『褕，褕翟，羽飾衣。』據此則褕爲正字，揄爲假借。《毛詩·鄘風·君子偕老》傳云：『褕翟、闕翟，羽飾衣也。』毛、許皆不言畫，與先、後鄭異。」詒讓案：先鄭蓋亦讀狄爲翟，但以狄爲雉羽，而揄非雉名。毛、許説亦略同。依後鄭説則揄爲摇之段字，依許説則自有本字，此許、鄭説字之異。畫羽飾，蓋謂以采色畫鳥羽，綴之衣以爲飾。毛、許止云羽飾衣不言畫者，文省。三君説實同也。但衣以羽飾，於制未協。《君子偕老》孔疏引孫毓云：「自古衣飾山、龍、華蟲、藻、火、粉米及《周禮》六服，無言以羽飾衣者。羽施於旌旅則可，施於衣裳則否。蓋附人身，動則卷舒，非可以羽飾故也。鄭義爲長。」案：孫説是也。陳啓源據《左（傳）》昭十二年傳，有「秦復陶翠被」，胡承珙據《樂師》先鄭注云「翌舞者衣飾翡翠之羽」，《説苑·善説篇》「襄成君衣翠衣」，證古衣服有用羽飾者。然彼皆非禮法之服，不可以釋此經。《詩·君子偕老篇》又以二翟爲象服，孔疏謂以象骨飾服，尤謬。云「展衣，白衣也」者，後鄭《詩·邶風·緑衣》、《鄘風·君子偕老》箋及《釋名·釋衣服》義並同。《説文·衣部》云：「衺，丹縠衣也。」案：許以衺爲正字，則展爲同聲假借字。《君子偕老》毛傳亦云：「禮有展衣者，以丹縠爲衣。」《詩釋文》云：「襢衣，毛氏、馬融皆云色赤。」説並與鄭異。孔廣森云：「《詩》言『瑳兮瑳兮，其之展也』。《説文》曰：『瑳，玉色鮮白。』以玉之白喻衣之白，則展衣白信矣。」案：孔説是也。引《喪大記》曰「復者朝服，君以卷，夫人以屈狄，世婦以襢衣」者，證屈襢文異。云「屈者音聲與闕相似，襢與展相似，皆婦人之服」者，明此經與《禮記》文異義同。屈、闕、襢、展，古音並同部，故云音聲相似。屈，《玉篇·系部》又作「䌔」，則俗字也。云「鞠衣，黄衣也」者，《緑衣》箋義同。云「素沙，赤衣也」者，蓋釋沙爲丹沙也。《周書·王會篇》云：「卜人以丹沙。」先鄭意素沙别爲一服，以生帛爲之而以丹沙染其色也。然經傳凡言素者並爲白，不當爲赤。且經明言六服，如先鄭説素沙爲一服，則有七服，故後鄭不從。云「玄謂狄當爲翟」者，據《詩·鄘風》字作翟，明狄爲段字，翟爲正字也。《巾車》后路重翟、厭翟，翟車亦並作翟，翟狄聲近字通。《書·禹貢》「羽畎夏翟」，《染人》注及《漢書·地理志》引並作「夏狄」是也。云「翟，雉名」者，《爾雅·釋鳥》云：「鷂，山雉。」彼《釋文》鷂作翟，郭注云：「鷂，長尾者。」《説文·羽部》亦云「翟，山雉尾長者」。是翟爲雉名也。案：依《爾雅》，則翟與翬、摇各爲十四雉之一種。後鄭之意，則翟爲雉之大名，翬、摇爲翟之種别，故此咸通言翟也。《染人》注亦以夏狄爲六雉總名，與此注義同。《唐郊祀録》引《三禮圖》云：「婦人祭服所以用雉爲飾者，取其專一之德，復有文采之華，故用之以飾衣也。」云「伊雒而南，素質五色皆備成章曰翬，江淮而南，青質五色皆備成章曰摇」者，亦《釋鳥》文。今本《爾雅》雒作洛，五色作五采，摇作鷂。《説文·隹部》説十四雉之名，亦作摇。鷂爲鷙鳥，非雉名，當從摇爲正。伊雒字亦不當作洛，詳《職方氏》疏。《釋鳥》郭注云：「翬亦雉屬，言其毛色光鮮，王后之服以爲飾。鷂即鷂雉也，亦王后之服以爲飾。」郭即本鄭義。云「王后之服，刻繒爲之形而采畫之，綴於衣以爲文章」者，此統褘衣、揄翟二服而言。《説文·刀部》云：「刻，鏤也。」謂鏤繒爲雉形，而復畫之，備五采以綴衣也。今案：褘衣疑不當以繒刻雉形，後鄭説未塙。云「褘衣畫翬者，揄翟畫摇者，闕翟刻而不畫」者，《玉藻》褘衣、揄狄、屈狄注云「褘讀如翬，揄讀如摇，翬摇皆翟雉名也。刻繒而畫之，著於衣以爲飾，因以爲名也。後世作字異耳。屈，《周禮》作闕，謂刻繒爲翟，不畫也」。案鄭意，褘揄皆畫文，如其雉，闕狄不箸翟名，故謂不畫也。《襍記》説楛飾有揄絞，注亦謂「絞繒，畫翟雉」，與此義同。《釋名·釋衣服》云：「王后之上服曰褘衣，畫翬雉之文於衣。摇翟，畫摇雉之文於衣。闕翟，翦闕繒爲翟雉形以綴衣也。」《北堂書鈔·衣冠部》引《三禮圖》云：「褕翟，刻青翟形，采畫雉，綴於衣。闕翟，刻赤繒爲翟形，而不采畫，綴於衣也。」依《禮圖》述鄭義，則三翟褘玄、揄青、闕赤皆如其色，刻繒爲之。《詩·君子偕老》之

「象服」，鄭箋謂指揄翟、闕翟。象褖字通。史游《急就篇》云：「褖飾刻畫無等雙。」是女服有刻畫爲飾。但劉以翦闕釋闕翟。《玉藻》孔疏則謂取直刻雉形，闕其采畫。未知孰是。劉釋褘衣揄翟皆不云綴繒，亦與鄭義小異。陳祥道云：「三翟蓋皆畫之於衣，如王冕服。」崔靈恩謂三翟數皆十二，王者之後諸侯夫人、三公而下夫人，雉數如命數。於理或然。」案：陳蓋兼采先鄭及劉氏說。其引《三禮義宗》王后以下翟數之說，亦未知然否。云「此三者皆祭服」者，賈疏云：「對鞠衣以下非祭服也。」云「從王祭先王則服褘衣，祭先公則服揄翟，祭羣小祀則服闕翟」者，《舊唐書・儒學傳》引《三禮義宗》、《書鈔》引《三禮圖》說並同。賈疏云：「鄭言此者，欲見王后無外事，唯有宗廟分爲二，與王祀先王衮冕、先公鷩冕同差，羣小祀王玄冕，故后服闕翟。」《唐書》引《義宗》又云：「王后無助祭天地五嶽，故自先王以下，無助祭天地四望之服。」案：凡婦人從夫行禮，服次必相配，此注以后褘衣視王衮冕，后揄翟視王鷩冕是也。惟闕翟依後注說內外命婦服次及《喪大記》注義，則當視毳冕。今祭羣小祀，王玄冕則后當展衣，而鄭嫌展衣非三翟，不可以爲祭服，故徑以闕翟當之。然於差次，究嫌錯互。又據此注及《屨人》疏引《鄭志》，說此三祭皆從王。今攷《司服》注云：「羣小祀，林澤墳衍四方百物之屬。」彼皆外祭，王后所不與。唯女祝，王后有內祭祀、內禱祠，注以內祭祀爲宮中竈、門、户，內禱祠爲疾病祈報。此注所云，疑即據彼言之。但宮中諸祀其禮甚殺，疑皆后自主之，王似不必與祭，不審鄭意果何指也。又《司服》「王饗射鷩冕」，《唐書》引《義宗》云：「揄狄，祭先公及饗諸侯則服之。」蓋崔氏雖不違鄭義，而仍以揄狄視鷩冕，故據《司服》王服，正後注后展衣見賓客之說，明三翟不能當六冕也。云「今世有圭衣者，蓋三翟之遺俗」者，孔廣森云：「《續漢・輿服志》曰：『自皇后以下，皆不得服諸古麗圭襂闈褕加上之服。』圭襂即圭衣也。」林頤山云：「注所舉以況三翟者，當舉圭衣中離袿有襳者言之也。《釋名・釋衣服》：『婦人上服曰袿。其下垂者，上廣下狹如刀圭。』圭衣實由是而得名。又《漢〔書〕・江充傳》：『充衣紗縠單衣，曲裾，後垂交輸。』張晏注：『曲裾如婦人衣。』蘇林注：『交輸，如今新婦袍上挂全幅繒角割，名曰交輸裁。』如淳注：『交輸，割正幅，使一頭狹若燕尾，垂之兩旁，見於後。是《禮・深衣》續衽鉤邊，賈逵謂之衣圭。』蓋自其所垂偏旁而言，交輸裁一頭狹，故《釋名》云『形如刀圭』，賈逵又云『衣圭』。自其垂之兩旁而言，兩旁尖長，中尖漸殺而短，故蘇林云『交輸裁』，如淳又云『若燕尾』。凡漢制，圭衣中離袿有襳。《文選》司馬長卿《子虛賦》『蜚襳垂髾』。郭璞注：『司馬彪曰：襳，袿飾。髾，燕尾。』燕尾即圭衣。《漢〔書〕・司馬相如傳》張揖注：『襳，離袿。』即司馬彪所云『袿飾』。『離袿襳』又即《續漢志》『麗圭襂』。」案：林說甚覈。圭衣即衣圭。如淳引賈景伯說，疑即此經注文，鄭說或本於賈也。《後漢書・光武紀》「諸于繡镼」，李注引《前書音義》云：「諸于，大掖衣，如婦人之袿衣。」袿衣亦即圭衣也。蓋漢時圭衣制最華麗，其刻繒爲飾者謂之髾，亦謂之襳離。《文選》傳毅《舞賦》：「華袿飛髾而雜纖羅。」纖羅亦即襳離。李注引司馬〔彪〕〔相如〕《〔上林〕〔子虛〕賦》注云：「髾，燕尾也。衣上假飾。」據此諸文，知漢圭衣刻繒爲假飾，亦畫而綴之衣以爲華者，故鄭以爲三翟之遺俗也。至江充曲裾後垂交輸，蓋效婦人衣爲之，本非法服。如淳以爲即《深衣》之續衽，非也。《喪服》鄭注云：「婦人不殊裳，衰下無衽。」是婦人衣亦無衣旁垂如燕尾之衽，則圭衣削幅之與衽不相涉明矣。云「鞠衣，黃桑服也，色如鞠塵，象桑葉始生」者，《月令》鄭注亦云「鞠衣，黃桑之服」也。案：黃桑服即後世之緗色。《釋名・釋采帛》云：「緗，桑也，如桑葉初生之色也。」《急就篇》：「鬱金半見緗白勬。」顏注云：「緗，淺黃也。」依鄭說，則「鞠衣」鞠爲⿱𥫗匊之借字，即《地官・敘官》注之「麴麩」，《易緯・稽覽圖》云「黃之色悖如麴塵」是也。故賈疏及《詩・君子偕老》孔疏並謂鞠麴字通。然漢唐人說鞠衣，多謂取秋華之⿱𥫗匊同色。《呂氏春秋・季春紀》：「天子乃薦鞠衣于先帝。」高注云：「《內司服》，王后之六服有菊衣，衣黃如菊花，故謂之菊衣。」《玉燭寶典》引《月令章句》云：「鞠衣，衣名，春服也。蓋菊華之色。」《釋名・釋衣服》云：「鞠衣，黃如鞠華色也。」《月令》孔疏亦云：「菊者，草名，花色黃。故季秋之月云『菊有黃華』，是鞠衣黃也。與桑同色，又當桑生之時，故云黃桑之服也。」與《詩疏》說異。王聘珍云：「孔本劉熙說，與鄭所云鞠塵者不合，其說非是。鞠即麴櫱之麴，古無麴字，《說文》作⿱𥫗匊，古與麴通。《齊民要術》說作麴之法，以青蒿上下弆之，置牀上三七二十一日，開看偏生黃衣乃止。《釋名・釋飲食》云：『麴，朽也，鬱之使生衣』。」案：王說是也。黃華之鞠，見《蟈氏》，其字借蘜爲之。既不作鞠，又不可以言塵。陸氏《周禮》、《毛詩》、《禮記釋文》並兩存其音，而不能決，蓋咸未達鄭指矣。云「《月令》三月薦鞠衣于上帝，告桑事」者，引證鞠衣爲桑服。今《禮記》「上帝」作「先帝」，鄭彼注云：「爲將蠶求福祥之助也。先帝，太皞之屬。」《唐書》引《三禮義宗》云：「鞠衣以采桑則服之。」《書鈔》引《三禮圖》云：「鞠衣，王后親桑之服也。」賈疏云：「謂季春將蠶，后服之，告先帝養蠶之服。」案：據崔、賈說，蓋薦之於神以告桑，遂服以親桑親蠶，故《追師》注亦謂編服之以桑，與此衣正相配也。云「展衣以禮見王及賓客之服」者，《詩・君子偕老》箋亦云「展衣，此以禮見於君及賓客之盛服也。」《唐書》引《三禮義宗》、《書鈔》引《三禮圖》說亦同。賈疏云：「知義然者，以其鞠衣在上告桑之服，褖衣在下御於王之服，展衣在中，故以爲見王及賓客之服。但后雖與王體敵，夫尊妻卑，仍相朝事與賓同，諸侯爲賓客於王，后助王灌饗賓客，則后有見賓客之禮，是以亦服展衣也。若然，《內則》注夫人朝於君次而褖衣也者，彼注謂御朝也。」孔廣森云：「王以皮弁爲朝服，后以展衣爲朝服，取其色與皮弁素積相應。」案：鄭意蓋當如孔說。此注以展衣爲后以禮見王之服，猶《巾車》注謂安車爲后朝見於王所乘，皆指常朝言之。賈後疏引《大傳》注，謂后夫人朝服同展衣，而《內則》世子生則君沐浴朝服，夫人亦如之。鄭彼注則云「諸侯夫人朝於君次而褖衣也」與此注及《大傳》注義異。《追師》注謂「后見於王首服次」，然次褖衣乃燕見之服，《內則》明云朝服則與燕見服異。今以男女二服差次推之：天子朝服皮弁，則后當次褖衣；諸侯朝服冠弁，則夫人當纚笄宵衣。《毛詩・齊風・雞鳴》傳謂夫人纚笄而朝，其說甚塙。鄭《三禮注》及《大傳》注說，並與次不合。賈疏謂《內則》注次褖衣爲御朝；彼孔疏亦謂當御於君，故服進御之服。然后御見亦當纚笄宵衣，二說並非也。互詳《追師》疏。又賈釋見賓客爲從王灌饗賓客，蓋與《巾車》注謂厭翟爲后從王賓饗諸侯所乘同。《內宰》「凡賓客之祼，獻瑤爵」，注謂「后亞王禮獻」，即其事也。但依崔靈恩說，后從饗賓客當服揄狄，亦不當服展衣。鄭、賈說未塙。詳前。云「字當爲襢，襢之言亶，亶，誠也」者，亦依《玉藻》、《雜記》、《喪大記》破展爲襢，與司農説同。《君子偕老》箋亦云「展衣字誤，《禮記》作襢衣」。亶誠，《爾雅·釋詁》文，鄭述之以明名襢之義。馬瑞辰云：「《玉藻》櫛用樿櫛」，孔疏：『樿，白理木也。』《説文》：『黫，白而有黑也。』《廣雅》：『白馬黑脊，驒。』古字从單、旦、亶聲者，多有白義。襢之色白，取義正同。《釋名》『襢衣，襢，坦也，坦然正白無文采也』。是矣。」案：馬説亦通。《釋名》説與鄭微異而字亦從襢，《説文》則展衣字作衰而不收襢字，許、鄭説亦異也。云「《詩·國風》曰『玼兮玼兮，其之翟也』」下云『胡然而天也，胡然而帝也』，言其德當神明」者，並《鄘風·君子偕老》文。《釋文》云：「玼音此。劉倉我反。本亦作瑳，與下瑳字同倉我反。」阮元云：「《詩釋文》『玼音此，本或作瑳，此是後文瑳兮。然舊本皆前作玼，後作瑳』。按玼瑳聲相近。《説文》：『瑳，玉色鮮白。玼，玉色鮮也。』義亦同。然一書之中不當玼瑳錯出，《毛詩》『瑳兮』下，傳箋、王肅皆無説，明與前章同作玼也。此注玼亦作瑳。劉昌宗音倉我反。蓋《毛詩》前後皆作玼，《禮注》據《魯》、《韓》前後皆作瑳。今本合并爲一，以前後區別之，非也。」案：阮説是也。馬瑞辰説同。陸所見或本不誤。毛傳亦以二翟爲釋，又云：「玼，鮮盛貌。尊之如天，審諦如帝。」鄭箋云：「胡，何也。帝，五帝也。」鄭引彼者，證三狄字當作翟，且爲祭服，故云德當神明也。云「又曰瑳兮瑳兮，其之展也，下云展如之人兮，邦之媛也，言其行配君子」者，毛傳亦以展衣爲釋，又云：「展，誠也。美女爲媛。」鄭箋云：「媛者，邦人所依倚以爲援助也。」此注引以證展衣爲以禮見王之服，故云行配君子也。云「二者之義與禮合矣」者，謂《詩》言天帝見二翟之爲祭服，言邦媛見展衣之爲禮見服，二義並與《禮》合也。引《雜記》曰「夫人復税衣揄狄」，又《喪大記》曰「士妻以褖衣」者，證緣衣當爲褖衣。《夏采》注引《喪大記》褖作税。阮元云：「今本《雜記》、《喪大記》皆作税衣。據此注所引，知本作褖衣。下云字或作税，當兼《雜記》、《喪大記》言之。賈疏云『或《雜記》文』，蓋賈所據《雜記》已作税矣。《雜記》『其餘如士』，注云：『其餘如士之妻，則亦用税衣。』《正義》本税衣作褖衣，與此注正合，税褖皆聲相近。」云「言褖者甚衆，字或作税，此緣衣者實作褖衣也」者，吕飛鵬云：「《毛詩·緑衣》箋云：『緑當爲褖，字之誤也。褖衣黑。』《雜記》、《喪大記》皆作税衣，康成破税爲褖。此經緣衣，康成亦作褖，則鄭以褖爲正字。然注《士喪禮》褖衣云『古文褖爲緣』，則古無褖字審矣。《説文》、《衣部》無褖字。」詒讓案：經注緣衣字並當從《詩·邶風》孔疏引作緑衣。鄭所見《雜記》、《喪大記》税衣字蓋並作褖，故定褖爲正字，而據以讀此經。《士喪禮》、《玉藻》亦並作褖衣，此不備引，故云言褖者甚衆也。云「褖衣，御于王之服，亦以燕居」者，于，亦當作「於」。《唐書》引《三禮義宗》、《書鈔》引《三禮圖》説同。賈疏云：「案尚書多士傳云：『古者后夫人侍於君前，息燭後，舉燭至於房中，釋朝服，襲燕服，然後入御於君。』注云：『朝服，展衣。君在堂。』又云：『大師奏鷄鳴于簷下，然後后夫人鳴珮玉於房中，告去。』以此而言，云釋展衣朝服以燕服，然後入御，明入御之服與燕服同褖衣，以其展衣下唯有褖衣，故知御與燕居同褖衣也。以其御與燕居同是私褻之處，故同服。」案：賈所引《大傳》舊本，譌捝不可讀，今據《詩·召南·小星》疏、《御覽·皇親部》、《儀禮經傳通解·内治篇》所引補正。依鄭此注及《追師》注，則王后御於王服次褖衣，燕居服纚笄褖衣。張惠言云：「后燕居宜宵衣。」案：張説是也。《玉藻》云：「天子玄端而居。」注謂玄端爲王燕居之服，后燕見燕居之服，當與王燕衣相配，自宜服纚笄宵衣。鄭以褖衣、宵衣爲一，亦非也。互詳《追師》疏。云「男子之褖衣黑，則是亦黑也」者，鄭《士喪禮》注云：「黑衣裳赤緣謂之褖，褖之言緣也。」又《雜記》注云：「税衣，若玄端而連衣裳者也。」《釋名·釋衣服》云：「褖衣，褖然色黑也。」賈疏云：「男子褖衣黑，禮雖無文，案：《士冠禮》，陳服於房，爵弁服、皮弁服、玄端服；至於《士喪禮》，陳襲衣于房，亦云爵弁服、皮弁服、褖衣。褖衣當玄端之處，變言之者，冠時玄端衣裳别，及死襲時，玄端連衣裳，與婦人褖衣同，故雖男子之玄端，亦名褖衣。又見子羔襲用褖衣纁袡，譏襲婦服，纁袡與玄衣相對之物，則男子褖衣黑矣。男子褖衣既黑，則是此婦人褖衣亦黑可知。鄭言此者，以六服之色無文，欲從下而上推次其色，以此爲本，故言之也。」案：褖衣男女皆有之，男子褖衣，即玄端服之連衣裳者。《春秋緐露·度制篇》云：「大夫衣褖，士不以燕。」蓋即指玄端服與？依賈《士喪禮》疏，以赤緣專釋婦人服，則赤緣即纁袡。纁爲赤之淺者，散文通稱。又案：男子褖衣即玄端服之别制，玄端布衣，則褖衣亦用布可知。女子六服皆絲衣，與彼不同，褖衣又視男子弁服，不視玄端，蓋亦黑繒爲之，故《士昏禮》謂之純衣，鄭注亦釋爲絲衣，明與男子褖衣色同質異也。況《玉藻》云「以帛裏布，非禮也，此衣服通例，男女所同。後六服皆以素沙爲裏，沙縠以絲爲之，若褖衣表布而裏素沙，則是以帛裏布矣，足明其不然也。《士昏禮》又有纚笄宵衣，又云「女從者畢袗玄」。賈彼疏推鄭義，謂純衣、綃衣、袗玄皆是褖衣，「褖」原訛「緣」，據《儀禮·士昏禮》賈疏改。而《少牢》疏則云「綃衣者，六服外之下者」。今以經注攷之，惟純衣當爲褖衣，其宵衣及袗玄並以配玄端，與純衣配爵弁服不同，鄭、賈説非是。詳前及《追師》疏。云「六服備於此矣」者，先鄭以素沙爲一服，鄭不從其説，明自褘衣至褖衣，六服已備，不當如先鄭説更數素沙也。云「褘、揄、狄、展，聲相近」者，謂與翬、摇、翟、襢，聲類相近也。《玉藻》注「褘揄讀同」。惠士奇云：「揄，古摇字。《素問·骨空論》云：『揄臂齊肘。』注云：『揄音摇。』」段玉裁云：「褘與翬聲近。后服刻繒爲翬形，而采畫之綴於衣。鄭意翬是正字，褘是假借字。《説文》亦以褘爲蔽膝正字，而王后褘衣特假借此字也。揄與摇聲近，揄衣刻繒爲摇形而采畫之。鄭意摇是正字，揄是假借。《説文》作褕字，從衣俞聲，字不從手，亦不謂爲摇之假借。狄與翟聲近，鄭意《禮經》翟是正字，狄是假借。展與襢聲近，鄭意從《喪大記》、《玉藻》作襢爲正字，作展爲假借。《説文》字作衰，從衣㠭聲，今《詩》、《禮》皆無其字。」云「緣，字之誤也」者，緣亦當爲緑。《詩·邶風緑衣序》箋云：「緑當爲褖，故作褖，轉作緑，字之誤也。」孔疏云：「此緑衣與《内司服》『緑衣』字同。内司服掌王后之六服，五服不言色，唯緑衣言色，明其誤也。」段玉裁云：「賈疏云：『緑與緣不得爲聲相近，但字相似，故云字之誤』《毛詩正義》云此緑衣與《内司服》緑衣字同，則《周禮》經文作緑甚明，故鄭定爲字形之誤。若本是褖字，則緣褖皆彖聲，當與褘揄狄展皆爲聲相近，或當云聲之誤，不得别爲字之誤矣。」孫志祖云：「蓋賈氏所見本猶不誤。然《釋文》云：『緣或作褖，同，吐亂反。』沿譌久矣。」案：段、孫説是也。蓋此經自是形誤，與《士喪禮》褖衣古文作緣爲聲誤不同。《大戴禮記·夏小正》八月「玄校」，傳云：「校也者，若緑色然。」傳崧卿本亦誤爲緣色，與此正同，云「以下推次其色，則闕狄赤，揄狄青，禕衣玄」者，狄，依前破字當作「翟」，各本並誤。賈疏云：「王后六服，其色無文，故須推次其色。言推次者，以鞠衣象鞠塵，其色黃；褖衣與男子褖衣同，其色黑。二者爲本，以五行之色從下向上以次推之，水色既黑，褖衣象之；水生於金，褖衣上有展衣，則展衣象金色白，故先鄭亦云展衣白衣也。金生於土，土色黃，鞠衣象之。土生於火，火色赤，鞠衣上有闕翟，則闕翟象之赤矣。火生於木，木色青，闕翟上有揄翟，象之青矣。五行之色已盡，唯有天色玄，禕衣最在上，象天色玄。是其以下推次其色也。」詒讓案：六服之色，依後鄭説，則禕衣玄，揄翟青，闕翟赤，鞠衣黃，展衣白，褖衣黑。依先鄭説，則展衣白，鞠衣黃，素沙赤，禕衣爲畫衣，二翟則畫羽飾，不詳何色。《詩·君子偕老》毛傳以展衣用丹縠，則色赤，餘五服無説。孔疏云：「孫毓推之以爲，禕衣赤，褕翟青，闕翟黑，鞠衣黃，展衣赤，褖衣黑。鞠名與麴同，雖毛亦當色黃。褖衣與男子之褖衣名同，則亦宜黑。然則六服逆依方色，義或如毓所言。以婦人尚華飾，赤爲色之著，因而右行以爲次，故禕衣赤，褕翟青，闕翟黑；次鞠衣，鞠衣宜白，以爲疑於凶服，故越取黃；而展衣同亦，因西方闕其色，故褖衣越青而同黑也。」段玉裁云：「毛、許、馬融皆云展，丹縠衣，仲師始云白衣，而鄭君從之。蓋舊説《周禮》鞠衣黃，緑衣緑，素沙白，則展衣丹矣。」案：孫、孔所推六服之色，緟復雜亂，無所取法。段説雖依據故書，而緑爲間色，不宜以爲法服；素沙別爲一服，亦與經不合。鄭君所説，推次精當，不可易也。云「婦人尚專一，德無所兼，連衣裳不異其色」者，《緑衣》箋亦云：「婦人之服，不殊衣裳，上下同色。」賈疏云：「案《喪服》，上云『斬衰裳』，下云『女子髽衰三年』，直言衰不言裳，則連衣裳矣。又《昏禮》云『女次純衣』，亦不言裳，是其婦人連衣裳。裳衣既連，則不異其色。必不異色者，爲婦人尚專一，德無所兼故也。」黃以周云：「婦連衣裳，裳亦別爲之，而連綴於衣，非裳與衣同幅爲之也。俗儒據《詩》「緑衣黃裳」，以爲婦人亦殊裳，殊謬。」云「素沙者，今之白縳也」者，《釋文》云：「縳，《聲類》以爲今作絹字。」案：《説文·素部》云：「素，白緻繒也。」《糸部》云「縳，白鮮卮也。絹，繒如麥稍。縞，鮮卮也。」《聘禮》「束紡」，注云：「紡，紡絲爲之，今之縳也。」段玉裁云：「據許則縳與絹各物，音近而義殊。二《禮》之鄭注，自謂縳不謂絹也。」案：段説是也。依許説，則縳即縞，與絹小異。後注又舉沙縠爲比。《廣雅·釋器》云：「鮮支，縠絹也。」《一切經音義》引《纂文》云：「白鮮支，絹也。亦名縞。」則漢之縳，即魏晉以後之絹矣。云「六服皆袍制，以白縳爲裏，使之張顯」者，《説文·衣部》以禕衣爲畫袍，與鄭義同。《詩·緑衣》云：「緑衣黃裏。」鄭箋云：「諸侯夫人祭服之下，鞠衣、展衣、褖衣皆以素紗爲裏。今緑衣反以黃爲裏，非其禮制也。」《雜記》注亦云：「六服皆袍制，不禪，以素紗裏之，如今袿袍襈重繒矣。」孔疏云：「皆袍制謂連衣裳有表裏似袍，漢時有袿袍，其袍下之襈，以重繒爲之。」詒讓案：據《雜記》云：「夫人税衣揄狄，狄税素沙。」重言狄税而總云素沙，明此經先舉六服而終以素沙，素沙即衣裏，通六服言之，猶《屨人》云「赤舄黑舄，赤繶黃繶，青句素屨」，繶絇即爲舄屨之飾也。《釋名·釋衣服》云：「袍，丈夫著下至跗者也。袍，苞也，苞內衣也。婦人以絳作衣裳，上下連，四起施緣，亦曰袍，義亦然也。」則漢時婦人衣亦上下連名袍，與六服同。凡古男女袍制，並連衣裳，有表裏。賈疏據《雜記》云「子羔之襲繭衣裳」，繭即是袍，謂「男子袍有衣裳，今婦人衣裳連則非袍而云袍制者，正取衣複不單與袍制同，不取衣裳別爲義」，非也。《雜記》繭衣裳，孔疏謂亦連衣裳，足正賈説之誤。又案：古制布帛表裏必相應，此六服皆以繒爲之，故以素沙爲裏，沙亦繒帛也。若六服之下，更有錫衣、宵衣，以布爲之，則不得以素沙爲裏，以帛不裏布也。此經不及錫衣、宵衣，或以是與？云「今世有沙縠者，名出于此」者，于，亦當作「於」。鄭《雜記》注亦云「素沙若今紗縠之帛也」。沙紗古今字。《大戴禮記·曾子制言篇》云：「白沙在泥，與之皆黑。」《論衡·率性篇》云：「白紗入緇，不練自黑。」白沙即此素沙也。惠棟云：「《釋名·釋采帛》曰：『縠，粟也，其形足足而踧，視之如粟也。』又謂沙縠亦取踧踧如沙也。《説文·糸部》曰：『縠，細縳也。』與鄭説合。」呂飛鵬云：「古無紗字，至漢時始有之。《漢書·江充傳》：『充衣紗縠禪衣。』注：『師古曰：紗縠，紡絲而織之也。輕者爲紗，縐者爲縠。』則紗與縠有別。」任大椿云：「《江充傳》注曰『縐者曰縠』，《釋名》所云如沙如粟，皆縐之狀，蓋縠即今之縐紗也。」案：任説是也。依鄭義，六服皆以繒爲之，而別以沙縠爲裏。段玉裁據《毛詩傳》云『展丹縠衣』，推此經舊説，蓋謂言衣言沙者，互見，則鞠衣等皆以縠爲之。舊師説或然，然非經義也。

辨外內命婦之服，鞠衣，展衣，緣衣，素沙。

鄭玄注：內命婦之服：鞠衣，九嬪也；展衣，世婦也；緣衣，女御也。外命婦者：其夫孤也，則服鞠衣；其夫卿大夫也，則服展衣；其夫士也，則服緣衣。三夫人及公之妻，其闕狄以下乎？侯伯之夫人揄狄，子男之夫人亦闕狄，唯二王後禕衣。

孫詒讓【疏】「辨外內命婦之服，鞠衣，展衣，緣衣，素沙」者，緣亦當爲禒，注當爲禒，各本並誤。賈疏云：「上言王后六服，此論外內命婦不得有六服，唯得鞠衣已下三服，尊卑差次服之而已。亦以素沙爲裏，故云素沙也。」注云「內命婦之服，鞠衣，九嬪也，展衣，世婦也，緣衣，女御也」者，緣當作「禒」，賈疏述注不誤，下同。內宰注云：「內命婦謂九嬪、世婦、女御。」賈疏云：「鄭以內命婦無過三夫人已下，外命婦無過三公夫人已下。但經云鞠衣以下，則三夫人、三公夫人同，皆得闕狄以下，則此命婦之中，無三夫人及三公夫人矣，故內命婦從九嬪爲首也。鄭必知九嬪以下服鞠衣以下者，但九嬪下有世婦、女御三等，鞠衣已下服亦三等，故知鞠衣以下九嬪也，展衣以下世婦也，禒衣女御也。」王應電謂世婦當服鞠衣，女御當服展衣。金榜云：「鄭君以九嬪、世婦、女御當內命婦，因以差三夫人宜服闕狄。榜謂玉藻『王后禕衣，夫人揄狄』。注云：『夫人，三夫人，亦侯伯之夫人也。』據夫人揄狄差之，則九嬪屈狄，世婦鞠衣，女御展衣可知也。《喪大記》『復者夫人以屈狄，世婦以襢衣』。注謂爲子男夫人，則侯伯夫人以褕狄者，世婦宜以鞠衣可知也。《追師》『爲九嬪及外內命婦之首服』，明內命婦不數九嬪。《玉藻》『唯世婦命於奠繭，其他皆從男子』，注云：『天子之后夫人、九嬪及諸侯之夫人，夫在其位，則妻得服其服。』明內命婦數自世婦以下。鞠衣，黃桑服也。《月令》季春『薦鞠衣于先帝』，爲將蠶求福祥之助；及奠繭，命世婦以其服。世婦服鞠衣，此其著也。內司服所辨內外命婦之服，更有緣衣，爲外命婦言之耳。」案：金説甚精，足正此注之誤。云「外命婦者，其夫孤也則服鞠衣，其夫卿大夫也則服展衣，其夫士也則服緣衣」者，此以婦人鞠衣對男子之絺冕，婦人展衣對男子之玄冕，婦人褖衣對男子之弁服也。《北堂書鈔·衣冠部》引《三禮圖》云：「鞠衣，孤之妻服，以從助祭；展衣，卿大夫妻服之，以助君祭；褖衣，士妻服以從君助祭者也。」與鄭義同。賈疏云：「此約司服孤絺冕、御大夫同玄冕、士皮弁三等而言之。孤已下妻，其服無文，故以此三等之服配三等臣之妻也。孤妻亦如九嬪三服俱得也，卿大夫妻亦如世婦展衣、褖衣俱得也，士妻褖衣而已。但司服孤卿大夫士文承諸侯之下，皆據諸侯之臣而言。若然，諸侯之臣妻，亦以次受此服。是以《玉藻》云『君命闕狄，再命禕衣，一命襢衣，士褖衣』。注云：『此子男之夫人及其卿大夫士之妻命服也。禕當爲鞠。諸侯之臣皆分爲三等，其妻以次受此服。』若然，五等諸侯之臣命雖不同，有孤之國，孤絺冕，卿大夫同玄冕；無孤之國則卿絺冕，大夫玄冕。其妻皆約夫而服此三等之服。其天子之臣服無文，亦得與諸侯之臣服同，是以此外命婦亦得與諸侯臣妻服同也。」詒讓案：鄭《玉藻》注云：「公之臣，孤爲上，卿大夫次之，士次之。侯伯子男之臣，卿爲上，大夫次之，士次之。」據鄭此説，則王臣與公國之臣同服，皆孤一等，卿大夫共一等。如司服所説，侯伯子男之國，無孤，則卿大夫異等，妻服亦如之。《雜記》云：「內子以鞠衣、褒衣，素沙，下大夫以襢衣，其餘如士。」注云：「此復所用衣也。內子，卿之適妻也。下大夫謂下大夫之妻。卿妻自鞠衣而下，大夫妻自展衣而下，士衣稅衣而已。」又《喪大記》云：「復，大夫以玄赬，世婦以襢衣，士以爵弁，士妻以稅衣。」注云：「赬，赤也。玄衣赤裳，所謂卿大夫自玄冕以下之服也。其世婦亦以襢衣。」此二文並據無孤之國而言。如其説則侯伯子男之卿得服絺冕，妻服鞠衣，而天子及公之卿反服玄冕，妻服展衣，於次不順，故《大戴禮記·諸侯遷廟篇》盧注駁其誤云：「《玉藻》曰君命屈狄再命禕衣者，謂其夫爲君，則命其妻以屈狄；加再等之命，則上公夫人乃禕衣。孫、鄭等改鞠衣，非也。又云一命展衣者，此則申子男臣妻之服耳。玄又分公卿大夫及其妻爲三等，而升降其服。經云『孤絺冕，卿大夫玄冕』，何爲易之？又令小國之卿及內子，更同列國之卿孤，絺冕與鞠衣錯易，尤非宜也。」據盧説，則侯伯子男之卿，亦與大夫同一等，皆服玄冕，妻皆服展衣，其説似是。《大宗伯》「再命受服」，注云：「此謂受玄冕之服。列國之大夫再命，於子男爲卿。」亦不言子男之卿當絺冕，或鄭亦自知其説之未安，而更定之乎？若然，《雜記》內子鞠衣之文，疑當指孤之妻言之，卿之妻自同下大夫襢衣。記文詳略互見，遂失其義耳。又案外命婦之服，依鄭義，自大夫妻褖衣以上皆侈袂，其士妻褖衣則不侈袂，其説亦不盡塙。詳《追師》、《司服》疏。云「三夫人及公之妻，其闕狄以下乎」者，狄亦當作翟，下並同。賈疏云：「婦人之服有六，從下向上差之；內命婦三夫人當服闕狄，外命婦三公夫人亦當闕狄。若三夫人，從上向下差之則當揄狄。是以《玉藻》云『王后禕衣，夫人揄狄』，注『夫人，三夫人』。若三公夫人，不得過闕狄。知者，《射人》云『三公執璧』，與子男執璧同，則三公亦毳冕。《玉藻》『君命屈狄』，據子男夫人，則三公之妻當闕狄。三夫人其服不定，三公夫人又無正文，故總云『乎』以疑之也。」案：依賈説，則三夫人服有兩説。據《玉藻》注義，則三夫人得衣揄狄；鄭此注以九嬪及孤之妻鞠衣遞加之，則三夫人及公之妻當服闕狄，與《玉藻》注不合。其説非也。陳祥道云：「《王制》言三公一命衮，則三公在朝鷩冕，其妻揄狄可知也。《玉藻》言夫人揄狄，則三夫人揄狄可知也。」金鶚云：「三夫人尊與三公同，則三公夫人亦揄狄，同於侯伯夫人。」案：陳、金兩説是也。姜兆錫、蔣載康、黃以周説同。依鄭、賈義，則天子三公服毳冕，妻服闕狄；天子孤服絺冕，妻服鞠衣。公之孤侯伯子男之卿及妻服同。天子之卿大夫服玄冕，妻服展衣，公之卿大夫侯伯子男之大夫及其妻服同。天子及諸侯之士同服弁服，妻服褖衣。差次淆舛，殆不可通。今通校諸經及陳、金諸家説，攷定王臣服次：天子三公當鷩冕，妻當揄狄，則孤卿當毳冕，妻當闕狄；大夫當絺冕，妻當鞠衣；士當玄冕，妻當展衣。侯國之臣則當如盧景宣説，乃合其次耳。鄭、賈説之誤，互詳司服疏。云「侯伯之夫人揄狄，子男之夫人亦闕狄，唯二王後禕衣」者，《玉藻》注及《詩·君子偕老》箋義同。《書鈔》引《三禮圖》及《通典·吉禮》引崔靈恩説，亦並依鄭義。鄭既以鞠衣以下衣，對男子絺冕以下，差而上之，則婦人闕狄對男子之毳冕，婦人揄狄對男子之鷩冕，婦人禕衣對男子之衮冕也。故《喪大紀》云「復，君以卷，夫人以屈狄」。注云：「君以卷，謂上公也，夫人以屈狄，互言耳。上公以衮，則夫人用禕衣；而侯伯以鷩，其夫人用揄狄；子男以毳，其夫人乃用屈狄矣。」又《明堂位》云「君卷冕立于阼，夫人副禕立于房中」。注云：「禕，王后之上服，唯魯及王者之後夫人服之，諸侯夫人則自揄翟而下。」則魯夫人得同二王後夫人服也。賈疏云：「玉藻云：『夫人揄狄。』夫人，三夫人，亦侯伯之夫人。鄭必知侯伯夫人揄狄者，以《玉藻》云『君命闕狄，再命鞠衣，一命襢衣』，夫並是子男之國，闕狄既當子男夫人，以上差之，侯伯夫人自然當揄翟，二王後夫人當禕衣矣。案喪大記云『復，君以卷』，注云：『上公以衮則夫人用禕衣。』又案：隱五年《公羊》云：『諸公者何？天子三公稱公。』若然，天子三公有功，加命服衮冕，其妻亦得服禕衣矣。此注直云二王後，不云三公之內上公夫人者，以其八命則毳冕，夫人服闕翟，不定故不言。若然，《喪大紀》注云『公之夫人』，容三公夫人兼二王後夫人矣。《明堂位》云『夫人副禕』，是魯之夫人亦得禕衣，故彼鄭注『副禕，王后之上服，唯魯及王者之後夫人服之』。以此而言，則此注亦含有九命上公夫人，與魯夫人同也。」詒讓案：侯國內命婦之服，經注無文。《詩·綠衣》箋云：「諸侯夫人祭服之下，鞠衣爲上，展衣次之，褖衣次之。次之者，衆妾亦以貴賤之等服之。」孔疏云：「衆妾亦分爲三等，蓋夫人下姪娣鞠衣，二媵展衣，其餘褖衣也。」張惠言別依金榜説，又以意推之，謂上公侯伯世婦從君祭鞠衣，從夫人見賓客展衣，以禮見君褖衣，御於君宵衣；御妻從夫人祭、賓客並展衣，餘與世婦同；妾從王祭、賓客並褖衣，見於君、入御並宵衣。子男世婦從夫人祭祀、賓客展衣，以禮見君褖衣，御於君宵衣；御妻妾從夫人祭祀、賓客並褖衣，見於君、入御並宵衣。其所推未知是否，附著以備攷。

凡祭祀、賓客，共后之衣服；及九嬪世婦凡命婦，共其衣服。共喪衰亦如之。鄭玄注：凡者，凡女御與外命婦也。言「及」言「凡」，殊貴賤也。《春秋》之義，王人雖微者，猶序乎諸侯之上，所以尊尊也。臣之命者，再命以上受服，則下士之妻不共也。外命婦，唯王祭祀、賓客，以禮佐后，得服此上服，自於其家則降焉。孫詒讓【疏】「凡祭祀、賓客，共后之衣服」者，賈疏云：「婦人無外事，言凡祭祀，惟據宗廟大小祭祀。賓客，謂后助王灌饗諸侯來朝。祭祀共三翟，賓客共展衣。」

案：后從王饗賓客當衣揄狄，鄭、賈謂服展衣，未塙，詳前疏。云「及九嬪世婦凡命婦，共其衣服」者，賈疏云：「謂助后祭祀賓客時。云凡命婦者，兼外內命婦也。」詒讓案：王姬之服，經注並無文。攷《毛詩・召南・何彼禯矣》敘云：「王姬亦下降於諸侯，車服不繫於其夫，下王后一等。」鄭箋謂服揄狄。此官當亦共之，經文不具也。云「共喪衰亦如之」者，謂喪紀則共衰，此通關后以下及內外命婦言之也。《說文・糸部》云：「縗，服衣，長六寸，博四寸，直心。」經典通段衰爲之。《喪服》注云：「凡服，上曰衰，下曰裳。婦人不殊裳，衰如男子衰，下如深衣。深衣則衰無帶，下又無衽。」是婦人喪衰之制也。賈疏云：「外命婦喪衰，謂王服齊衰，於后無服。若九嬪已下及女御，於王服斬衰，於后服齊衰也。」莊有可云：「喪衰，斬衰、齊衰也。后當更有錫衰、緦衰、疑衰。嬪婦以下大功小功等私服，司服不共也。」　注云「凡者，凡女御與外命婦也」者，賈疏云：「鄭知凡中內命婦唯有女御者，據上文外內命婦服唯有鞠衣已下，此經上已云九嬪、世婦，則內命婦中唯有女御也。其外命婦中則有孤妻以下。」云「言及，言凡，殊貴賤也」者，明九嬪、世婦亦即內命婦，以其貴故冡后爲文，言「及」以示殊異。其女御外命婦等名位較賤，則別言「凡」爲綜括之辭，明其與后等差縣絶也。云「《春秋》之義，王人雖微者，猶序乎諸侯之上，所以尊尊也」者，據《公羊》僖八年「公會王人、齊侯、宋公、衞侯、許男、曹伯、陳世子款、鄭世子華盟于洮」傳義。鄭以外命婦中，三公夫人及孤卿之妻，其服或加於九嬪、世婦，而經必先九嬪、世婦，次及凡命婦者，明以尊王內官，合於《春秋》尊尊之義也。云「臣之命者，再命以上受服，則下士之妻不共也」者，明夫受服於司服，則妻亦受服於內司服也。賈疏云：「此約《大宗伯》男子之服。彼云『一命受職，再命受服』，則天子上士三命、中士再命乃受服，天子下士一命則不受，故鄭云下則不共也。」云「外命婦唯王祭祀賓客以禮佐后，得服此上服，自於其家則降焉」者，《追師》注義同。賈疏云：「案此上經，士妻襐衣，大夫妻展衣。案《特牲》『主婦纚笄綃衣』，《少牢》『主婦髲鬄衣侈袂』，士妻不衣緣衣，大夫妻侈綃衣袂，不衣展衣。如其夫自於家祭降服，是自於其家則降。上經祭祀、賓客共后之服，是外命婦助后祭祀賓客乃服上服也。」互詳《追師》疏。

《周禮・春官・司服》　司服掌王之吉凶衣服，辨其名物與其用事。　鄭玄注：用事，祭祀、視朝、甸、凶弔之事，衣服各有所用。　孫詒讓【疏】「掌王之吉凶衣服」者，此皆王執大禮、臨大事之服。自六冕至冠弁服爲吉服，吉禮吉事服之，服弁服至素服爲凶服，凶禮凶事服之。凡服尊卑之次，繫於冠，冕服爲上，弁服次之，冠服爲下。　王之燕衣服，別藏於玉府，此官當亦兼掌其法，與彼爲官聯也。故《月令》云：「仲秋，乃命司服，具飭衣裳，文繡有恒，制有小大，度有長短，衣服有量，必循其故，冠帶有常。」彼注亦兼祭服、朝燕服爲釋是也。云「辨其名物」者，即辨冕弁冠諸服之名與物色也。　注云「用事，祭祀、視朝、甸、凶弔之事，衣服各有所用」者，並據下文。不數兵事者，文不具。　王之吉服，祀昊天、上帝，則服大裘而冕，祀五帝亦如之。　享先王則衮冕，享先公、饗、射則鷩冕，祀四望、山、川則毳冕，祭社、稷、五祀則希冕，祭羣小祀則玄冕。　鄭玄注：六服同冕者，首飾尊也。先公，謂后稷之後，大王之前，不窋至諸盩。饗射，饗食賓客與諸侯射也。羣小祀，林澤、墳衍、四方百物之屬。鄭司農云：「大裘，羔裘也。衮，卷龍衣也。鷩，神衣也。毳，罽衣也。」玄謂《書》曰：「予欲觀古人之象，日、月、星、辰、山、龍、華蟲作繢，宗彝、藻、火、粉米、黼、黻希繡。」此古天子冕服十二章，舜欲觀焉。華蟲，五色之蟲。《繢人職》曰「鳥獸蛇雜四時五色以章之謂」是也。「職」原訛「織」，「鳥」原訛「島」，據楚本改。希讀爲絺，或作「黹」，字之誤也。王者相變，至周而以日月星辰畫於旌旗，所謂三辰旂旗，昭其明也。而冕服九章，登龍於山，登火於宗彝，尊其神明也。九章，初一曰龍，次二曰山，次三曰華蟲，次四曰火，次五曰宗彝，皆畫以爲繢；次六曰藻，次七曰粉米，次八曰黼，次九曰黻，皆希以爲繡。則衮之衣五章，裳四章，凡九也。鷩畫以雉，謂華蟲也，其衣三章，裳四章，凡七也。毳畫虎蜼，謂宗彝也，其衣三章，裳二章，凡五也。希刺粉米，無畫也，其衣一章，裳二章，凡三也。玄者衣無文，裳刺黻而已，是以謂玄焉。凡冕服皆玄衣纁裳。　孫詒讓【疏】「王之吉服」者，以下辨王及諸侯卿大夫士吉凶諸服之差，即此官之官法也。《鄉師》注云：「吉服者，祭服也。」此王之吉服，統冕服六、弁服三而言，兼有饗射及戎服、朝服等，蓋與服弁弁絰等吉凶相對爲文，不純爲祭服也。《初學記・帝王部》引《尸子》云：「君天下者，黻衣九種。」即謂六冕三弁之服。弁服無黻，《尸子》蓋冡冕服通言之。《玉海・車服》引《三禮義宗》云：「王吉服有九。一曰大裘而冕，二曰衮冕，三鷩，四毳，五希，六玄，六者祭祀之服也。皮弁素積，玄衣素裳，緇衣玄端，此又三服，所謂吉服也。玄衣朱裳，燕樂之服，非廟祭之服，故不入九服之數。韋弁，戎服，亦不入吉服之例。」案：崔說王吉服有九，似亦本此經，然於下文三弁，去其韋弁不數，而別舉玄端以充其數；至玄衣朱裳，即鄭說天子玄端之服，而崔云燕服，不入九服之數：皆與此經不合。或展轉援引，文有譌易與？云「祀昊天上帝則服大裘而冕，祀五帝亦如之」者，依鄭義，王祀天玄冕無旒，玄衣纁裳無章，朱市赤舄，冬則黑羔大裘，王冕服之最尊者也。今案：裘冕當十二旒，衣裳十二章，詳後疏。宋緜初云：「大裘爲冬至祀天之服，其時必裘，故特言之。若他祭，則有春秋四時，故變文言衮服；儻值冬月，裘可知也。禮不表裘，大裘不裼，則大裘之上被以龍衮可知。經於祀天不言衮，享先王不言裘，互相備也。祀五帝亦如之，承上文言，與祀昊天同服；儻值夏月，則衮冕而已。」案：宋說是也。經昊天，指冬至圜丘，上帝指夏正南郊及大旅言之。上帝，即受命帝也。五帝當指冬祀黑帝，春祀蒼帝。蒼帝雖即爲受命帝，然迎氣五郊，禮秩平等，與南郊大祀異也。《月令》：「孟冬，天子始裘。」夏秋及中央所祀三帝，皆非服裘之時，則亦唯被龍衮而已。　經云五帝，渾舉之辭耳。　昊天、上帝及五帝，詳《大宰》、《大宗伯》、《大司樂》疏。　其祭地之服，此經無文。以天地同禮推之，蓋亦當服衮冕十二章。賈《司裘》疏依王肅、崔靈恩說，謂崑崙、神州亦服大裘，則非其時服，不足據也。又此經唯見大裘，自衮冕以下裘，並無文。《玉藻》孔疏云：「劉氏云：『凡六冕之裘，皆黑羔裘也。故《司服》云「祭昊天，大裘而冕」。以下冕，皆不云裘，是皆用羔裘也。』劉氏以六冕皆用大裘。按《鄭志》大裘之上有玄衣，則與玄冕無異，是以小祭與昊天服同。此則劉氏之說，非也。」案：孔所引即劉焯、劉炫說，亦見《詩·召南·羔羊》疏。依鄭《玉藻》注說，王衮冕以下五冕，當服狐青裘，二劉說與鄭不合，孔氏庠之是也。互詳後及《司裘》疏。云「享先王則衮冕，享先公饗射則鷩冕」者，衮冕服亦玄衮衣而九章，鷩冕服玄鷩衣七章。冕旒裳市舄與裘冕同，冬則狐青裘。戴震云：「王大祭，服衮冕，中祭服鷩冕。享先公亦大祭，而鷩冕何也？《士虞禮記》曰：『尸服卒者之上服。』天子廟享，尸服有衮冕鷩冕之殊，則天子不敢一服衮冕。」案：戴說是也。周先王先公，自文王以上，至后稷，皆在夏商之世，尸上服當以夏收殷冔，今周既易以冕服，故享先王服九章之衮冕，降於祀天之服，享先公又降之，則服鷩冕也。王大朝覲會同亦服衮冕，經不言者，文略，詳後疏。云「祀四望、山川則毳冕」者，玄毳衣五章，以下冕旒裳市舄裘，並與鷩冕同。云「祭社稷、五祀則希冕」者，《釋文》云：「希本又作絺。」案：作「絺」，非也，詳後疏。玄希衣三章，爲希冕服。《酒正》注以此王服大裘、衮冕祭者爲大祭，服鷩冕、毳冕祭者爲中祭，服絺冕、玄冕祭者爲小祭。《禮器》注亦據此定祭祀獻數降殺之差，謂祭羣小祀一獻，祭社稷五祀三獻，祭四望山川五獻，祭先公七獻。孔疏謂鄭據此職五冕章數，釋彼獻數。又云：「案此社稷三獻，卑於四望山川，而《大宗伯職》云『以血祭祭社稷五嶽』。又《大司樂》祭社稷奏大蔟，祀四望奏姑洗。又《禮緯》云『社稷牛角握，五岳四瀆角尺』。以此言之，則社稷尊於四望山川，而獻與衣服卑者，熊氏云：『獻與衣服，從神之尊卑。其餘處尊者，以其有功，與地同類，故進之在上。從國中之神，莫貴於社稷之類，直以功見尊，其實卑也。以是地別神，故不爲尊也。』」金鶚駁鄭《禮器》注云：「社稷之尊，非四望所可等也。《大司樂》云：『奏大蔟，歌應鍾，舞《咸池》，以祭地示；奏姑洗，歌南吕，舞《大磬》，以祀四望。』此地示實該社稷在内。大蔟先姑洗，《咸池》先《大磬》，可知社稷尊於四望。《曲禮》云：『天子祭天地，祭社稷，祭四方。』此四方當有四望，是社稷次於天地，豈四望所得駕出其上乎？小宗伯大師與祭軍社，使有司將事於四望，四望卑於社稷可知。《大宗伯》云：『以血祭社稷、五祀、五嶽。』五嶽即四望，是四望次於五祀，五祀又次於社稷，社稷尊於四望甚明。《周官》一經，皆社稷尊於四望，而《司服》獨不然，何其自相矛盾乎？夫天子大社祭九州地示，王社祭畿内地示，是亦祭地也，故北郊亦通謂之社。《中庸》言郊社之禮，所以事上帝，《仲尼燕居》、《曾子問》皆言郊社，而《郊特牲》明言社所以神地之道，社通於地明矣。九州地示，最爲廣大，彼五嶽能與之争乎？」案：金說甚辯。此職冕服之差，社稷在四望山川下，與《大宗伯》、《大司樂》諸職文不同。熊安生以爲社稷神實卑，而以功進之與地類，《酒正》賈疏又以王人在諸侯之上爲比，皆不足以申經義。惠士奇云：「《司服》毳冕祀山川，希冕祭社稷，此社在山川下者，王社也。《大宗伯》血祭祭社稷，貍沈祭山川，此社在山川上者，大社也。」黄以周云：「社稷五祀均有大小，《大宗伯》以血祭祭社稷、五祀，文列五嶽之上，即《詩》所稱之『冢土』，《周書·作雒》、《禮記·郊特牲》所稱之『大社』是也。其五祀，《左傳》所謂句芒、祝融、蓐收、玄冥后土之神，祭宜五獻。《司服》以希冕祭社稷、五祀，禮次四望山川之下，如王社州社及社稷之在都邑者是也。其五祀則《月令》、《祭法》所謂户、竈、中霤、門、行之神，祭宜三獻。」案：惠、黄說於此及《大宗伯》兩經，似皆得通。《晉書·禮志》傅咸表謂《祭法》七祀，亦此羣小祀之屬。黄說與彼略同。但王社亞於大社，王容有親祀，而七祀五祀，則禮甚輕，王未必親與其事，於此經究未甚合，疑事無質，宜從蓋闕也。云「祭羣小祀則玄冕」者，玄衣纁裳一章也。據《玉藻》、《祭義》，王聽朔耕藉皆服玄冕，經不言者，亦文略也。 注云「六服同冕者，首飾尊也」者，《弁師》所謂皆玄冕是也。賈疏云：「六服服雖不同，首同用冕，以首爲一身之尊，故少變同用冕耳。」下經五服同名弁，亦首飾尊，鄭不言者，義可知也。冕名雖同，其旒數則亦有異，但冕名同耳。《唐郊祀録》引《三禮義宗》云：「凡六冕之服，皆玄上纁下。冕既大同，無以爲别，故不得用冕名服，取畫章之義異以立名，故用服名冕也。」【略】云「饗射饗食賓客與諸侯射也」者，賈疏云：「饗食，則《大行人》云上公三饗三食之等是也。但饗食在廟，故亦服鷩冕也。與諸侯射者，此大射在西郊虞庠中，亦服鷩冕也。若燕射，在寢，則朝服。若賓射，在朝，則皮弁服。」《王制》孔疏云：「賓射燕射時亦皮弁也。案：《射人職》賓射在朝，故知用朝服也。《燕禮記》云『燕朝服於寢』，明天子燕亦以朝服。故知賓射燕射亦皮弁也。」任大椿云：「諸侯在朝朝服，在路寢亦朝服，《玉藻》經文可據。以諸侯例天子則天子在朝皮弁，明在路寢亦當皮弁。燕射在寢，其爲皮弁明矣。賈疏誤。」案：孔、任說是也。陳祥道、金鶚、黄以周說並同。《詩·小雅·頍弁》箋云天子燕亦用皮弁，皮弁即天子之朝服也。賈謂燕射朝服，説本不誤，而以彼朝服别於賓射皮弁，則謬，蓋偶忘天子朝服與諸侯異也。凡王大射當在大學辟雍，賈謂在虞庠，亦誤。詳《司裘》疏。又案：王養老亦兼用饗食禮，故《文王世子》説天子養老，冕而總干，親在舞位。冕即玄冕。 注唯言賓客者，文不具也。云「羣小祀，林澤、墳衍、四方百物之屬」者，賈疏云：「此據地之小祀。以血祭社稷爲中祀，埋沈已下爲小祀也。若天之小祀，則司中、司命、風師、雨師，鄭不言者，義可知。」鄭司農云「大裘，羔裘也」者，《司裘》先鄭注義同。此唯大裘爲然，其裘冕以下五冕服，並當狐青裘。皇侃、劉焯、劉炫説謂六冕皆黑羔裘，非也。又，王安石、陳祥道、王昭禹、鄭鍔、方苞、姜兆錫並謂祀天服大裘，更襲龍衮。陸佃、戴震又據《禮記》謂大裘之衮十二章，冕十二旒。金榜亦云：「《鄭志》大裘之上又有玄衣。榜謂玄衣更有上衣，《玉藻》『大裘不裼』，言不得免上衣見裼衣也。大裘上衣十二章，《郊特牲》王被衮以象天，戴冕璪十有二旒，則天數也。旗十有二旒，龍章而設日月，以象天，天之大數不過十二，王者祀天之服象焉。十二章九章之服通名衮，故於祀天言大裘，以示殊異。《司裘》『掌爲大裘，以共王祀天之服』。《節服氏》『掌祭祀衮冕，六人維王之大常；郊祀衮冕，二人執戈，送逆尸從車』。是衮冕九章以下，不得服大裘可知也。」案：陸、戴、金説是也。江永、宋綿初、金鶚、莊有可、黄以周説並同。 蓋自鄭誤謂大裘不襲衮，其服無章，冕又無旒，與《郊特牲》文迕。王肅私定《家語·郊問篇》遂云『郊之日，天子大裘以黼之。既至泰壇，王脱裘矣，服衮以臨燔柴，戴冕璪十有二旒』。《郊特牲》孔疏引《家語》作『臨燔柴，脱衮冕，著裘』。又引張融説云『王至泰壇，乃脱衮，服大裘』。諸義略同，皆肊造不經，不爲典要。其以大裘爲即黼裘，尤王肅之謬也。又，王弁服以下亦皆有裘。凡韋弁服服狐黄裘，皮弁服服狐白裘，玄冠服黼裘，並詳《司裘》疏。云「衮，卷龍衣也」者，《詩·豳風·九罭篇》「衮衣繡裳」，毛傳云：「衮衣，卷龍也。」《玉藻》「天子龍卷以祭」，注云：「龍卷，畫龍於衣。字或作衮。」《詩·大雅·采菽篇》「玄衮及黼」，箋云：「玄衮，玄衣而畫以卷龍也。」《釋名・釋首飾》云：「衮冕，衮，卷也，畫卷龍於衣也。」案：卷龍者，謂畫龍於衣，其形卷曲，其字《禮記》多作「卷」，鄭《王制》注云：「卷俗讀也，其通則曰衮。」是衮雖取卷龍之義，字則以衮爲正；作卷者，借字也。《覲禮》注説衮冕云：「繢之繡之爲九章，其龍天子有升龍，有降龍，衣此衣而冠冕。上公衮無升龍。」此注云卷龍，即所謂升龍降龍也。賈《覲禮》疏云：「《白虎通》引傳曰『天子升龍，諸侯降龍』。以此言之，上得兼下，下不得僭上，則天子升降俱有，諸侯直有降龍而已。」案：依鄭、賈説，衮龍唯繪龍於衣。徐鍇本《説文・衣部》云：「衮，天子享先王，卷龍繡於下裳，幅一龍，蟠阿上鄉。」是謂卷龍繡於裳，與鄭異。徐鉉本則無「裳」字，鍇本或誤衍也。云「鷩，裨衣也」者，以鷩衣爲衮衣之次也。《覲禮》云「天子衮冕，負斧依」。又云「侯氏裨冕」。注云：「衮衣者，裨之上也。裨冕者，衣裨衣而冠冕也。裨之爲言埤也。天子六服，大裘爲上，其餘爲裨，以事尊卑服之，而諸侯亦服焉。上公衮無升龍，侯伯鷩，子男毳，孤絺，卿大夫玄。此差《司服》所掌也。」《曾子問》、《玉藻》注及《家語・辨樂篇》王注義並同。淩廷堪云：「《覲禮》注裨冕兼衮冕言之。蓋據《司服》公之服自衮冕而下如王之服也。考《覲禮》經文，既云衮冕，又云裨冕，則衮冕而上謂之衮冕，鷩冕而下謂之裨冕，明矣。鄭司農以鷩爲裨衣，蓋統鷩冕而下言之，非專釋鷩冕也。」案：先鄭意或當如淩説，但後鄭以裨埤同詁，賈《覲禮》疏謂取裨陪之義，則是亞次上服之通名，非指一服言之。王六服，大裘而冕最上，不爲裨；衮衣以下五服，通謂之裨。此外依鄭義，上公衮，侯伯鷩，子男毳，孤絺，卿大夫玄，在諸侯及諸臣雖爲上服，而亦冡王裨衣之名，非於本身爲次服也。《覲禮》注以衮爲裨之上，亦謂王裨衣有五，衮最爲上耳。若然，此注主王言，裨衣亦當自衮冕以下。《覲禮》爲侯氏服，則可自鷩冕以下。《曾子問》記君薨告世子生之禮，大宰、大宗、大祝皆裨冕。《荀子・大略篇》云「大夫裨冕」。彼並諸侯卿大夫禮，則當自玄冕以下。先鄭訓鷩冕服爲裨衣，止可以釋《覲禮》，與此經及《禮記》皆不相當也。裨，《荀子・禮論篇》作「卑」，段借字，楊倞注據彼謂裨之言卑，爲冕服之最卑者，非也。云「毳，罽衣也」者，《爾雅・釋言》云「氂，罽也」。書禹貢孔疏引舍人云：「氂謂毛罽也，胡人績羊毛作衣」。《爾雅・釋文》引李巡本，「氂」作「毳」。是先鄭所本。罽者，𦃃之借字。《説文・糸部》云：「𦃃，西胡毳布也。」又《毛部》云「璊，以毳爲𦃃，色如虋，故謂之璊」，引《詩》曰「毳衣如璊」。案：《詩・王風・大車》之毳衣，即毳冕服，疑許亦以毳冕爲𦃃衣，與先鄭説同也。賈疏云：「罽，續毛爲之，若今之毛布。」案：賈義與許同。但五冕之衣同用絲，斷無以西胡毛布爲衣之理，先鄭説不經，故後鄭不從。引《書》者，《虞書・皋陶謨》文，僞古文入《益稷》。繢，今《書》作「會」。《左傳》昭二十五年，孔疏引鄭《書注》讀爲「繢」，故此注引之徑作「繢」，今本《書疏》及《釋文》並謂鄭讀爲繪，非也。《説文・糸部》引作「繪」，云「繪，會五采繡也」。許、鄭説不同，互詳《畫繢》疏。云「此古天子冕服十二章，舜欲觀焉」者，《書》孔疏引鄭《書注》云：「會讀爲繪。宗彝，謂宗廟之鬱鬯樽也。故虞夏以上，蓋取虎彝、蜼彝而已。粉米，白米也。絺讀爲黹，黹，紩也。自日月至黼黻凡十二章，天子以飾祭服。凡畫者爲繪，刺者爲繡。此繡與繪，各有六，衣用繪，裳用繡。」案：「繪」當作「繢」。孔疏云：「鄭意以華蟲爲一，粉米爲一，加宗彝謂虎蜼也。此經所云凡十二章，日也，月也，星也，山也，龍也，華蟲也。六者畫以作繪，施於衣也。宗彝也，藻也，火也，粉米也，黼也，黻也，此六者紩以爲繡，施之於裳也。」孔又引馬融説，與鄭略同。賈疏云：「古人必爲日月星辰於衣者，取其明也。山取其人所仰，龍取其能變化，華蟲取其文理。作繢者，繢畫也。衣是陽，陽至輕浮，畫亦輕浮，故衣繢也。宗彝者，據周之彝尊有虎彝蜼彝，因於前代，則虞時有蜼彝虎彝可知。若然，宗彝是宗廟彝尊，非蟲獸之號，而言宗彝者，以虎蜼畫於宗彝，則因號虎蜼爲宗彝，其實是虎蜼也。但虎蜼同在於彝，故此亦并爲一章也。虎取其嚴猛。蜼取其有智，以其卬鼻長尾，大雨則懸於樹，以尾塞其鼻，是其智也。藻，水草，亦取其有文，象衣上華蟲。火亦取其明。粉米共爲一章，取其絜，亦取養人。黼謂白黑，爲形則斧文，近刃白，近上黑，取斷割焉。黻，黑與青，爲形則兩已相背，取臣民背惡向善，亦取君臣有合離之義、去就之理也。希繡者，孔君以爲細葛，上爲繡；鄭君讀希爲黹，黹，紩也，謂刺繒爲繡次。但裳主陰，刺亦是沈深之義，故裳刺也。」黄以周云：「《續漢書・輿服志》云：『乘輿服從歐陽氏説，公卿以下從大、小夏侯氏説，衣裳備章采，乘輿刺繡，公侯九卿以下皆織成。』案：漢代乘輿刺繡不用畫，衣裳章采不用繡，從歐陽家説。《説文》繪訓會五采繡，引《虞書》作『繪』，衮字下亦云『卷龍繡』，從大、小夏侯説。鄭注蓋從古文説。」詒讓案：十二章之義，衆説紛異。《禮書》引《尚書大傳》云：「山龍，青也。華蟲，黄也。作繢，黑也。宗彝，白也。藻火，赤也。天子服五，諸侯服四，次國服三，大夫服二，士服一。」又云：「天子衣服，其文華蟲、作繢、宗彝、藻火、山龍，諸侯作繢、宗彝、藻火、山龍，子男宗彝、藻火、山龍，大夫藻火、山龍，士山龍，故《書》曰『天命有德，五服五章哉』。」此謂天子服止五章，日、月、星辰、粉及米、黼、黻，皆不爲章，是一説也。僞孔傳云：「日月星爲三辰。華象草華。蟲，雉也。畫三辰、山、龍、華、蟲於衣服、旌旗，會五采也，以五采成此畫焉。宗廟彝樽，亦以山、龍、華、蟲爲飾。藻，水草有文者。火爲火字。粉若粟冰，米若聚米，黼若斧形，黻爲兩已相背。葛之精者曰絺。五色備曰繡。天子服日月而下。」此謂天子服有十三章，分華蟲粉米爲二，去宗彝不在章數，是又一説也。今案：《伏傳》分配五色既錯亂無義，差次五服復傎到失敍，且不及日、月、星辰、粉米、黼、黻，尤爲疏屚，故《禮書》引鄭彼注，亦以爲疑。僞孔十三章之説，於古無徵，且不數宗彝，而云「宗廟彝尊亦以山、龍、華、蟲爲飾」，則《書》方論服章，何以忽涉彝尊，於文例亦不可通。《孟子・盡心篇》説舜被袗衣，趙注云：「袗，畫也。爲天子被畫衣黼黻絺繡也。」此以黼黻絺繡並爲畫，又與漢晉《書》家説絶異，亦不足據。反覆推繹，鄭義精備，不可易也。云「華蟲，五色之蟲」者，蟲謂羽蟲也。鄭言此者，明華蟲爲一章。《左傳》昭二十五年杜注云：「華若草華。」案：杜與《益稷》僞傳説略同，蓋亦分華蟲爲二章，與鄭義異，孔疏謂孔亦以華蟲爲雉，非僞傳指也。彼疏引顧彪説及《左傳》昭二十五年疏説，並不誤。云「《繢人職》曰，鳥獸蛇雜四時五色以章之，謂是也」者，《考工記・畫繢之事》文。此稱繢人者，鄭所省改。鄭注鳥獸蛇云：「所請華蟲也。在衣蟲之毛鱗有文采者。」則鄭謂鳥獸蛇即十二章之華蟲也。然其説未塙，詳《畫繢》疏。云「希讀爲絺，或作黹，字之誤也」者，段玉裁謂絺黹二字當互易，云：「此鄭君易希爲黹，而辨之曰，書或作絺者，乃字之誤，不可從也。僞孔傳作絺，云『細葛上爲繡」，是鄭君所謂誤者。既易其字爲黹，則下文皆作黹，《説文》黹下云『箴縷所紩衣』，正與鄭合。今本《周禮注》黹絺互换，遂不可通。賈作疏時已誤，而其約舉《尚書》鄭注云『鄭君讀絺爲黹，黹，紩也』，固未嘗誤《尚書》《周禮》二注同也。」案：段校是也。鄭破絺爲黹，故《廣韻·五旨》引此經云「祭社稷、五祀則黹冕」，即依鄭讀也。今本黹絺誤易，故《釋文》「或本作絺」，蓋其誤在陸氏以前矣。云「王者相變，至周而以日月星辰畫於旌旗」者，鄭意虞夏時衣章有三辰，周制冕服九章則無之，而桓二年《左傳》有三辰旂旗之文，明易衣章而畫之旌旗也。《益稷》疏引鄭《書注》説十二章，亦云「至周而變之，以三辰爲旂旗，謂龍爲袞，宗彝爲毳，或損益上下，更其等差」。《書》、《禮》注義同。孔氏駁之云：「《郊特牲》云『祭之日，王被袞冕以象天也』。又云『龍章而設日月以象天也』。鄭云：『謂有日月星辰之章，設日月畫於衣服旌旗也。』據此記文，袞冕之服亦畫日月。鄭注《禮記》，言《郊特牲》所云謂魯禮也，要其文稱王被服袞冕，非魯事也。」劉彝本陸佃説，謂天子袞冕十二章云：「鄭見《司常》云『日月爲常』，則謂周人以日月星辰畫於旌旗，而冕服九章，登龍於山，登火於宗彝，非也。交龍爲旂，周之衣不去龍，熊虎爲旗，周之衣不去虎蜼，何獨日月爲常而去衣章日月星辰乎！案《典命職》上公九命爲伯，其國家、宫室、車旗、衣服、禮儀皆以九爲節，其衣裳九章，推而上之，天子袞冕十有二章明矣。」楊復、鄭鍔、易祓、敖繼公、李光坡、方苞、莊存與、林喬蔭説並同。戴震云：「周之祭服，宗廟所用，九文而止耳。至於郊祀，何必廢古之十二章不用也。《玉藻》曰：『天子玉藻十有二旒，前後邃延，龍卷以祭。』《郊特牲》曰：『祭之日，王被袞以象天，戴冕璪十有二旒，則天數也。』禮文雖闕，天子郊祀袞冕，見於此矣。衣之舉袞，猶裳之舉黼黻，皆以其文特顯，而龍章爲至焕，則加日月於上，無嫌以袞目之。大裘不言袞，其餘冕服不言裘，互文錯見也。」金鶚云：「蓋天子有十二章之袞衣，有九章之袞衣。享先王袞冕，九章之袞也；祭昊天服大裘而冕，十二章之袞也。王與公侯伯子男差等，王皆十二，公皆九，侯伯皆七，子男皆五，如圭璧旂常之類，不可枚舉。然則公服九章，天子必服十二章，以爲尊卑之别。若同服九章，是尊卑無别也。且周禮尚文，則監二代而損益者，大抵損質而益文也。況冕服尤重文章，夏禹不尚文，猶且致美，而以尚文之周王，乃反損十二章而爲九章，此必無之事也。」金榜、宋綿初、莊有可説同。案：諸説皆駁鄭之誤，陸佃、劉彝謂王袞冕十二章，公袞冕九章，與《續漢書·輿服志》漢明帝所定冕服制同，而戴震、金鶚同謂天子有十二章及九章之袞，説尤精覈矣。賈疏謂天子冕服九章爲大章，其小章則十二，五等諸侯及内外公卿大夫冕服小章，各如其命數。其説不足據，詳《典命》疏。云「所謂三辰旂旗，昭其明也」者，《左》桓二年傳，臧哀伯語。賈疏云：「引之者，證周世日月星畫於旂旗之意也。」案：大常畫日月星，詳《司常職》。云「而冕服九章」者，鄭謂周服章去三辰冕服，最盛者不逾九章也。云「登龍於山，登火於宗彝，尊其神明也」者，賈疏云：「鄭知登龍於山者，周法皆以蟲獸於章首，若不登龍於山，則當以山爲章首，何得猶名袞龍乎？明知登龍於山，取其神也。又知登火於宗彝者，宗彝則毳也，若不登火在於宗彝上，則毳是六章之首，不得以毳爲五章之首，故知登火於宗彝，取其明也。」詒讓案：此鄭《書注》所謂損益上下更其等差者也。於經無文，鄭以意定之，欲以傅合卷龍虎蜼之義，殆不然也。孔廣森云：「袞衣，王者之服，唯上公以王者之後亦得服之，故於文从衣从公，言公之上衣也。袞爲正字，作卷者，假借字。鄭君乃以卷象龍首卷然，遂升龍以爲九章之首，又退宗彝於火下，欲使毳冕得取虎蜼爲義，廣森疑焉。《荀子·大略篇》曰『天子山冕』，則袞冕首山不首龍矣。禮有言龍袞者，自袞以下無龍章，故袞獨以龍名耳。《禮器》曰『天子龍袞，諸侯黼，大夫黻』。言龍下不及諸侯，黼下不及大夫。若龍袞首龍，豈得又謂諸侯以黼首衣乎！」案：孔謂袞衣不首龍，則不必改《虞書》十二章之次，其説自通。《説苑·脩文篇》云：「士服黻，大夫黼，諸侯火，天子山龍。」亦以天子服章爲首山，足證《荀子》之説，但説諸侯以下服章，與《禮器》乖異。金鶚謂《説苑》指王朝大夫士言，《禮器》指侯國大夫士言，其説近是。蓋王朝大夫絺冕，有黼無火；士玄冕，唯有黻，而後文侯國大夫之服，自玄冕而下，故與王朝士服同也。云「九章初一曰龍，次二曰山，次三曰華蟲，次四曰火，次五曰宗彝」者，明畫繢五章之次。云「皆畫以爲繢」者，以配《書》之作繢也。《説文·糸部》云：「繪，會五采繡也。《虞書》曰：山龍華蟲作繪。」則許謂山龍等皆繡而不畫，與鄭義異。云「次六曰藻，次七曰粉米，次八曰黼，次九曰黻」者，明黹繡四章之次。《唐郊祀録》云：「案《三禮圖》云：『凡章文參錯，滿衣裳而已，不拘其數。』崔靈恩云：『略畫十二焉，亦取法則天之大數。』」案：崔説與《禮圖》不同，蓋即賈疏小章如命數之説所本，於古無徵，未足信也。又案：粉，《説文·黹部》作黺，云「畫粉也」。米，《糸部》作絲，云「繡文如聚細米也」。則分粉米爲二，與書僞孔傳説略同。又以爲一畫一繡，並與鄭説大異，未知是否。云「皆希以爲繡」者，以配《書》之希繡也。段玉裁，謂「希」亦當作「黹」，下同。《月令》注云：「祭服之制，畫衣而繡裳。」孔疏云：「畫色輕，故在衣以法天；繡色重，故在裳以法地也。」云「則袞之衣五章，裳四章，凡九也」者，衣五章，龍、山、華蟲、火、宗彝；裳四章，藻、粉米、黼、黻，合之爲九。《左》昭二十五年傳所謂九文是也。賈疏云：「以其衣是陽，從奇數，裳是陰，從偶數。」案：今依戴震、金鶚説，天子有十二章與九章之袞，又依孔廣森説，不改《虞書》十二章之次，則大裘之袞，衣裳皆從偶數，衣六章，日、月、星辰、山、龍、華蟲也；裳六章，宗彝、藻、火、粉米、黼、黻也。原脱「火」，據楚本補。其九章之袞，衣五章，山、龍、華蟲、宗彝、藻也；裳四章，火、粉米、黼、黻也。皆不如鄭、賈所説。云「鷩畫以雉，謂華蟲也」者，《説文·鳥部》云：「鷩，赤雉也。周禮曰『孤服鷩冕』。」又云「鵔鸃，鷩也」。《爾雅·釋鳥》云「鷩，雉」。郭注云：「似山雞而小冠，背毛黄，腹下赤，項緑色鮮明。」《左傳》昭十七年，孔疏引樊光云：「丹雉也。」案：依許、樊説，則鷩雉色赤，《山海經·北山經》亦謂之赤鷩。依鄭義，華蟲五色，則不爲純赤，或當如郭氏説也。《漢書·司馬相如傳》顔注説鵔鸃形色，亦與郭略同。冕服畫鷩者，《釋名·釋首飾》云：「鷩，憋也，性急憋，不可生服，必自殺，故畫其形於衣，以象人執耿介之節。」《唐郊祀録》引《三禮義宗》云：「雉言鷩者，取文章采著者以爲稱也。」云「其衣三章，裳四章，凡七也」者，依鄭義，衣三章，華蟲、火、宗彝；裳四章與袞冕服同。今依《書》服章舊次，則衣三章華蟲、宗彝、藻也；裳四章亦火、粉米、黼、黻也。云「毳，畫虎蜼謂宗彝也」者，《廣雅·釋器》云：「毳，毛也。」鄭意虎蜼並毛蟲之屬，故曰毳冕。《王制》孔疏云：「宗彝者，謂宗廟彝尊之飾，有虎蜼二獸，虎有猛，蜼能辟害，故象之。《周禮》

當毳冕，虎蜼淺毛細毳故也。」孔廣森云：「毳冕五章，自藻而下。《釋名》云：『毳，芮也。畫藻文於衣，象水草之毳芮温暖而潔也。』是以《虞書》之次爲説。」案：孔説是也。黄以周説同。云「其衣三章，裳二章，凡五也」者，依鄭義，衣三章宗彝、藻、粉米，裳二章黼、黻也。今依服章舊次，則衣三章，藻、火、粉米也，裳二章與鄭同。云「希，刺粉米無畫也」者，賈疏云：「衣是陽，應畫。今希冕三章，在裳者自然刺繡；但粉米不可畫之物，今雖在衣，亦刺之不變，故得希名，故鄭特言粉米也。然則毳冕之粉米亦刺之也。」案：鄭意黹冕服以黹爲名，明衣裳皆用繡，與它服衣畫裳繡異，非謂粉米必不可畫也。毳冕之粉米，自畫而不繡。賈説非鄭指。畢沅、吴志忠校本《釋名》云：「黹冕，黹，紩也，紩粉米於衣也。」義與鄭同。云「其衣一章，裳二章，凡三也」者，衣一章即粉米，裳二章黼、黻也。鄭説五冕服之章，惟此與舊次同。云「玄者，衣無文，裳刺黻而已，是以謂玄焉」者，賈疏云：「以其祭服衣本是玄，今玄冕一章，仍以玄爲名，明衣上無畫，一章者刺黻於裳而已。」孔廣森云：「冕之制，以麻衣延，玄表纁裏，故《弁師》言王之五冕皆玄冕。自希以上，各有取義，唯玄冕從其正名，非以玄衣故也。玄冕一章，猶升黻於衣。《詩·終南》曰：『君子至止，黻衣繡裳。』此黻有在衣者，非玄冕之服而何？《左》宣十六年傳，晉侯以黻冕命士會。黻冕者，玄冕也。」案：孔據《詩》「黻衣」及《左傳》「黻冕」之文，謂玄冕一章猶升黻於衣。而《秦風》孔疏則謂黻皆在裳，言黻衣者，衣大名，與繡裳異其文耳。與孔説異。今攷《大戴禮記·五帝德篇》云：「黄帝黼黻衣，大帶，黼裳。」《晏子春秋·諫上篇》云：「景公衣黼黻之衣，素繡之裳，一衣而五采具焉。」《孟子·盡心》趙注亦謂天子畫衣有黼黻。則古書説黼黻在衣者甚多，孔説不爲無徵，姑存以備一義。《左傳》孔疏又以「黻冕」之黻，爲蔽膝，則不塙也。云「凡冕服皆玄衣纁裳」者，明六冕之通制也。《玉藻》云：「衣正色，裳閒色。」鄭注云：「謂冕服玄上纁下。」《染人》注云：「玄纁者，天地之色，以爲祭服。」是冕服玄衣纁裳者，法天地之色也。《喪大記》云「大夫以玄赬」。玄赬即玄衣纁裳。《書·顧命》云「太保、太史、太宗彤裳」。赬、彤、纁，色並相近，得通稱也。凡冕服玄纁者，皆謂染絲織成帛爲之，《書》僞孔傳釋絺爲葛，則似謂用布，非也。孔廣森云：「《大戴禮·哀公問五義》曰：『端衣玄裳，冕而乘路者，志不在於食葷。』此冕謂玄冕也，《郊特牲》曰『玄冕齊戒』。《顧命》曰『卿士邦君麻冕蟻裳』，蟻名玄駒，故玄裳謂之蟻裳，豈得言冕服唯有纁裳乎？」案：孔謂冕服不必皆纁裳是也。但古書説冕服裳不一色，而衣則皆玄無異色。唯《管子·輕重己篇》説四時服絻，各依方色，此與月令五時衣略同。《禮經》無文，恐非古制。《荀子·富國篇》又云「天子袾褭衣冕，諸侯玄褭衣冕」。楊注云：「袾，古朱字，褭與衮同。畫龍於衣謂之衮，朱衮，以朱爲質也。」然則朱衮亦衹是於畫龍處，先施朱爲質，而後布以它章，不硋其仍爲玄衣也。至《顧命》「王麻冕黼裳，卿士邦君麻冕蟻裳」，《御覽·服章部》引鄭《書注》云「蟻謂色玄也」。僞孔傳説亦同，與《大戴禮》、《荀子》端冕玄裳文正相應。此與王麻冕黼裳者，蓋皆玄冕玄端齊服。書孔疏引鄭書注云「黼裳者，冕服有文者也」。孔申其義，以爲衮冕之裳黼，即十二章之一。金鶚據畫繢黑與白謂之黼，謂此裳黑白相閒，故謂之黼，又舉《玉藻》黼裘爲證，其説甚塙。竊謂《顧命》爲康王即位柩前之禮，於喪中而行即位之吉禮，王爲喪主，不可以無改於常，故服齊服玄冕，而易玄裳爲黼裳；卿士邦君無事陪位，則服正齊服，玄冕玄裳；惟太保、太史、太宗以方有册命之盛儀，不得不服吉服，則玄冕而彤裳，此其精義也。凡齊服必袀玄，而後經齊服又有素端，故《顧命》王黼裳，明以喪中變禮，黼之色黑白相閒，亦兼取玄端素端之色，不純吉也。王及諸侯齊服皆玄冕玄端服，詳後疏。

凡兵事，韋弁服。鄭玄注：韋弁，以韎韋爲弁，又以爲衣裳。《春秋傳》曰「晉郤至衣韎韋之跗注」是也。今時伍伯緹衣，古兵服之遺色。孫詒讓【疏】「凡兵事韋弁服」者，以下記弁服也。孔廣森云：「兵事，謂凡祠兵命將之事，非必戰服也。《聘禮》卿韋弁歸饔餼，則韋弁固亦禮服。」任大椿云：「韋弁爲天子諸侯大夫兵事之服。戎服用韋者，以韋革同類，服以臨軍，取其堅也。《晉志》韋弁制似皮弁，頂上尖，韎草染之，色如淺絳。然則形狀似皮弁矣。」案：任説是也。依鄭義，王韋弁戎服，韎韋衣裳，禮服則韎布衣裳，亦云朱裳，或云素裳，非也，赤市白舄，狐黄裘。今案：當爲纁屨，詳《屨人》疏。又案：兵事雖服韋弁服，臨戰則韋弁服上又蒙甲胄，故成十六年《左傳》説郤至服韎韋跗注，而復有見楚子免胄之文，斯其證矣。注云「韋弁以韎韋爲弁，又以爲衣裳」者，《釋名·釋首飾》云：「弁如兩手相合抃時也。以韎韋爲之，謂之韋弁也。」《説文·韋部》云：「韎，茅蒐染韋也。一入曰韎。」《詩·小雅·瞻彼洛矣》云「韎韐有奭」，毛傳云：「韎韐者，茅蒐染韋也。一入曰韎。」鄭箋云：「韎者，茅蒐染也。茅蒐，韎聲也。」孔疏引《駁異義》云：「韎，草名，齊魯之間言韎聲如茅蒐，字當作韎，陳留人謂之蒨。」《士冠禮》注云：「今齊人名蒨爲韎。」《國語·晉語》韋注云：「茅蒐，今絳草也。急疾呼茅蒐成韎也。」案：毛、許、鄭、韋並以韎茅蒐染者，釋其染草之名。毛、許又以爲一入。《晉語》韋注引賈逵、虞翻、唐固亦並云「一染曰韎」者，釋其色深淺之度也。《爾雅·釋器》云「一染謂之縓」，郭注云：「縓今之紅也。」《説文·糸部》云：「縓，帛赤黄色。」《玉藻》注云：「緼，赤黄之閒色，所謂韎也。」然則韎與縓、紅、緼並同色，但以韋帛異名。此韋弁服，即染熟皮爲紅色，以爲弁及衣裳。韎爲一入，與朱四入色淺深不同，散文亦得通稱，故《詩·小雅·采芑》箋云「天子之服，韋弁服，朱衣裳也」。孔疏謂韎是朱之淺者，故以朱表之是也。其引别本作「朱衣纁裳」，則誤。云「《春秋傳》曰，晉郤至衣韎韋之跗注，是也」者，賈疏云：「《左氏傳》成十六年，楚子曰『韎韋之跗注，君子也』。使工尹襄問郤至以弓。若賈、服等説，跗謂足跗，注，屬也。袴而屬於跗。若據鄭《雜問志》，則以跗爲幅，注亦爲屬，以韎韋幅如布帛之幅，而連屬以爲衣，而素裳。既與諸家不同，又與此注裳亦用韎韋有同異者，鄭君兩解，此注與賈、服同，裳亦用韎韋也。至彼《雜問志》裳用素者，從白舄之義。若然，案《聘禮》云『卿韋弁歸饔餼』。注云：『韋弁，韎韋之弁，蓋韎布爲衣而素裳。』與此又不同者，彼非兵事，入廟不可純如兵服，故疑用韎布爲衣也。言素裳者，亦從白屨爲正也。以其屨從裳色，天子諸侯白舄，士大夫白屨，皆施於皮弁故也。」詒讓案：賈、服以跗注爲袴屬，鄭則讀跗爲幅，衣與裳皆制韋屬幅爲之，與《喪服記》袂屬幅義略同。《左傳》杜注云：「韎，赤色。跗注，戎服，若袴而屬於跗，與袴連。」《晉語》韋注云：「跗注，兵服，自要以下注於跗。」並與賈、服説同。任大椿云：「戎事用韋，聘異於戎，故不用韋。」

《聘禮》正服皮弁，或以朝服，衣皆十五升布。此韋弁亦用十五升布爲衣，特以韎染，異於皮弁、朝服之布耳。」又云：「《司服》注以韎韋爲裳，與《雜問志》及《聘禮》注所云『素裳』均異，賈疏以爲兩解。竊疑《詩》『朱芾斯皇』箋云『天子之服，韋弁服，朱衣裳』，特別曰天子之服，惟天子得朱裳耳；非天子則素裳，故《聘禮》『卿韋弁歸饔餼』，注云『素裳』，以其爲卿，故下天子也。《雜問志》釋韎韋之跗注，以爲素裳，亦據郤至晉卿，與《聘禮》之卿同也。然則韋弁服，天子朱裳，卿大夫素裳。但攷《屨人》疏引《鄭志》趙商問《司服》王后六服之制，荅曰『韋弁衣以韎，皮弁衣以布，此二弁皆素裳白舄，據此志釋《司服》韋弁，則專據天子之韋弁矣，而云素裳白舄，是鄭又明以天子之韋弁爲素裳矣。《雜問志》或鄭未定之説，要當以《司服》注及《采芑》箋爲正。」案：任説是也。黄以周又據《詩·羔羊》孔疏，謂韋弁韎衣，當黄衣狐裘。《都人士》「狐裘黄黄」，《賈子新書·等齊篇》引作「狐裘黄裳」，謂韋弁服當黄裳，其説亦有據。今攷韎爲赤黄之閒色，故《詩箋》云朱裳，賈子云黄裳，其實通也。唯《詩·采芑》疏以韋弁素裳爲戎服之正，則非是。又案：《詩·小雅·六月》孔疏引《孝經》注云「田獵戰伐冠皮弁」，又引《援神契》云「皮弁素積，軍旅也」。《白虎通義·三軍篇》亦云：「王者征伐，所以必皮弁素積何？伐者凶事，素服示有悽愴也。」與《援神契》説同。孔氏謂皮韋同類，以皮統韋言之，《王制》及《左傳》昭十二年疏，竝以皮弁爲韋弁之通稱，然則彼所云皮弁，即此韋弁也。又《荀子·富國篇》云「士皮弁」，而《大略篇》則云「士韋弁」，任大椿謂《大略篇》之韋弁即皮弁。據此諸文，則韋弁皮弁對文雖異，散文可通。然《孝經緯》及《白虎通義》竝云「素積」，則與兵事韋弁韎裳仍不合。且《白虎通義·紼冕篇》云：「皮弁征伐田獵，此皆服之。」《公羊》宣元年，何注以皮弁爲武冠，又昭二十五年注云：「禮皮弁以征不義，取禽獸行射。」以上諸文，與經「甸冠弁服」「饗射鷩冕」之文，竝不相應。此蓋今文家之異説，彼所云軍旅皮弁素積者，自指皮弁服而言，不必謂韋弁素裳。《孝經緯》及班、何諸説，與此經本不相謀，而孔强合爲一，不可通也。云「今時伍伯緹衣古兵服之遺色」者，《説文·糸部》云：「緹，帛丹黄色。」任大椿云：「《漢書·鼂錯傳》『四里一連，連有假五百』。服虔曰：『五百，帥名也。』《後漢書·宦者傳》『曹節弟破石爲越騎校尉，趙騎營五百妻有美色』。注：韋昭《辨釋名》曰：『五百，字本爲「伍伯」。伍，當也；伯，道也。使之導引當道陌中，以驅除也。』案：今俗呼行杖人爲五百也。又攷《古今注》：『伍百，一伍之伯也。五人曰伍，伍長爲伯，故稱伍伯。漢制，兵吏五人一户，竈置一伯，故户伯亦曰火伯，以爲一竈之主也。漢諸公行，則户伯率其伍以導引也。古兵士服韋弁，今户伯服赤幘纁衣。』則以户伯爲古之兵士也。《西京賦》『武士赫怒，緹衣韎韐』。武士即注所云伍百也。」眡朝，則皮弁服。鄭玄注：視朝，視内外朝之事。皮弁之服，十五升白布衣，積素以爲裳。王受諸侯朝覲於廟，則衮冕。孫詒讓【疏】「眡朝則皮弁服」者，聶氏《三禮圖》引《舊圖》云：「皮弁，以鹿皮淺毛黄白者爲之，高尺二寸。」案：依鄭義，王皮弁服，鹿皮弁，白布衣，素積，素韠，白舄，狐白裘。今案：當爲素帛衣，白屨，詳後及《屨人》疏。皮弁，《書·顧命》又謂之綦弁，詳《弁師》疏。注云「視朝視内外朝之事」者，亦注用今字作「視」也。《玉藻》云：「天子皮弁以日視朝，遂以食諸侯。皮弁以聽朔於大廟。朝服以日視朝於内朝，退適路寢聽政，然後適小寢，釋服。」彼云内朝，即路門外之正朝。云路寢聽政，即謂視路寢廷之燕朝。諸侯視正朝燕朝同朝服，則天子視正朝燕朝亦同皮弁服也。其視皋門内三詢之外朝，所服經無文，當亦與視正朝同，故賈疏云「天子三朝，外朝二，内朝一，二皆用皮弁，故經總云眡朝則皮弁服也」。戴震云：「天子日視朝皮弁服，諸侯以爲視朔之服。凡諸侯相朝聘亦如之。」詒讓案：皮弁爲天子之朝服，《論語·鄉黨篇》「吉月必朝服而朝」，《集解》孔安國云：「吉月，月朔也。朝服，皮弁服。」《曾子問》孔疏引鄭《論語注》同。蓋以彼月吉諸侯視朔當服皮弁，而皮弁爲天子之朝服，故亦通稱朝服，與《禮經》凡朝服爲玄冠素裳異也。云「皮弁之服，十五升白布衣，積素以爲裳」者，《白虎通義·紼冕篇》云：「皮弁者何謂也？所以法古至質，冠之名也。上古之時質，先加服皮，以鹿皮者，取其文章也。《禮》曰『三王共皮弁素積』，素積者，積素以爲裳也。言腰中辟積，至質不易之服，反古不忘本也。」《釋名·釋衣服》云：「素積，素裳也。辟積其要中，使蹙，因以名之也。」《士冠禮》「皮弁服，素積，緇帶，素韠」。注云：「皮弁者，以白鹿皮爲冠，象上古也。積猶辟也，以素爲裳，辟蹙其腰中。皮弁之衣，用布亦十五升，其色象焉。」賈彼疏云：「素者，謂白繒也。《襍記》云『朝服十五升』，此皮弁亦天子之朝服，故亦十五升布也。然《喪服》注云『祭服朝服辟積無數』，則祭服皮弁皆辟積無數。餘不云者，舉皮弁可知，不竝言也。惟喪服裳三袧有數耳。」案：依鄭、賈説，則皮弁服白布衣，而以素繒爲裳也。《史記·禮書》則云「皮弁布裳」是謂裳亦用布。敖繼公又云「皮弁亦絲衣，而色如其裳」，則謂衣亦用繒。二説竝與鄭義不同。戴震申敖説云：「皮弁服，舊説曰其衣十五升布，此據諸侯朝服以爲言，殆非也。《玉藻》曰：『君衣狐白裘，錦衣以裼之，士不衣狐白。』又曰：『錦衣狐裘，諸侯之服也。』《論語》曰：『素衣麑裘，狐白裘麑裘。』鄭皆以皮弁服爲之上衣。記不云乎，『以帛裏布，非禮也』，然則皮弁服之衣以素明矣。異於重素者，其領緣采也。」褚寅亮云：「《論語》云『緇衣羔裘，素衣麑裘』。夫羔裘裼以緇布之衣，而外加朝服，仍用緇布衣；則麑裘裼以素衣，而外加皮弁服，意必仍用素絲矣。」金鶚云：「祭服最重，天子諸侯祭服皆必絲衣。皮弁服非特用於視朝聽朔，亦祭服也。大學始教，皮弁祭先聖先師。大蜡之祭，皮弁素服。又月朔朝享於廟，亦必以皮弁。蓋告朔於廟中，既以皮弁，則朝享亦皮弁可知。時祭冕服，月祭殺於時祭，故服皮弁也。皮弁既爲祭服，豈有不用絲而用麻哉！天子朝服絲衣，諸侯朝服故用布衣，禮之等殺也。《郊特牲》云：『朝服以縞，自季康子始。』縞者生絹也，素則熟絹，縞衣即素衣也。是康子僭天子之朝服，與《八佾》「《雍》徹」一類也。夫禮以康子之朝服縞衣爲僭，可知天子之朝服皮弁，必絲衣矣。」黄以周云：「冕服絲衣，冠服麻衣，爵弁皮弁次於冕，其衣仍用絲。凡上衣用絲，中衣用帛，上衣用麻，中衣用布，故曰『以帛裏布非禮也』。鄭注《玉藻》謂皮弁服麻，中衣布，而《詩箋》以錦衣狐裘爲皮弁服，《論語》又以素衣麑裘爲皮弁服。錦衣，絲衣也，素衣亦絲衣也。上衣布，中衣帛，君子以爲失禮意。」案：以上諸家説，並足輔敖義。故《詩·周頌》「絲衣其紑，載弁俅俅」，鄭箋以爲爵弁，而《通典·吉禮》載《五經通義》引《詩》作「絲衣其紑，會弁俅俅」，與《衛風·淇奧》「會弁」文同，則《通義》以《絲作「絲衣」，然以紑爲白色，則正皮弁服之衣也。蓋西漢經師必有釋絲衣爲皮弁服者，斯亦皮弁非布衣之一證矣。依敖說，皮弁服素衣，而《禮經》云素積者，凡禮服之裳無不辟積，而素積則唯皮弁爲然，故《禮經》於皮弁特言素積，敖說與經亦無牾也。又案：鄭《聘禮》注云：「皮弁時或素衣。」是鄭謂皮弁服亦有素衣，但爲殊吉之變服。《郊特牲》說蜡祭送終之服，云「皮弁素服而祭」，注云：「素服，衣裳皆素。」《文王世子》，公族在辟，「公素服不舉」，注云：「素服亦皮弁矣。」孔疏謂衣裳皆素。是鄭意皮弁服衣不用白布而用素者，爲變服。不知皮弁正服，亦衣裳皆素，其異於變服者，加以采緣，故無重素之嫌，戴氏所辨甚析，固不慮其淆棍也。至《史記》布裳之說，與《玉藻》皮弁裘裼亦不合，蓋不足據。又案：《雜記》「子羔之襲也，素端一，皮弁一」，孔疏引盧植釋素端云：「布上素下皮弁服。」彼素端皮弁，二者並襲，而盧專以布上素下爲素端，其說雖未當，而可證盧說皮弁正服不布上，必素衣矣，是或亦皮弁素衣義證之一與？云「王受諸侯朝覲於廟則衮冕」者，明皮弁爲天子常朝服，非大朝覲之服也。賈疏云：「案《覲禮》云：『天子衮冕，負黼扆。』《節服氏》云『祭祀朝覲衮冕，六人維王之大常』。注云：『服衮冕者，從王服。』故知朝覲在廟，王服衮冕。若然，春夏受贄在朝，則是眂朝皮弁服也。」賈謂春夏受贄於朝，乃沿《曲禮》注之誤，詳《大宗伯》疏。又大會同在壇，王亦衮冕。《周書·王會篇》云：「天子南面立，絻無繁露，朝服。」案：王會天子絻，即衮冕十二斿，不當無繁露，彼蓋文誤。又彼大會同之服，通稱朝服，與此經皮弁朝服亦不相應也。凡甸，冠弁服。鄭玄注：甸，田獵也。冠弁，委貌，其服緇布衣，亦積素以爲裳。諸侯以爲視朝之服。《詩·國風》曰「緇衣之宜兮」，謂王服此以田。王卒食而居則玄端。孫詒讓【疏】「凡甸冠弁服」者，此王四時常田之服，蓋玄冠而加弁也。此弁與爵弁、韋弁、皮弁不同，即所謂皮冠。《孟子·萬章篇》：「萬章曰：『敢問招虞人何以？』曰：『以皮冠。』」趙注云：「皮冠，弁也。」孔廣森云：「《左傳》：責衛侯不釋皮冠；楚靈王雨雪皮冠，右尹子革夕，王見之，去冠。皮冠可釋可去，則必別有一物加於冠上矣。」案：皮冠蓋猶方相氏之蒙熊皮，孔謂別有一物加於冠上，其說近是。趙氏以弁釋皮冠，蓋即據此經。凡王田服玄冠，而加以皮冠，不可云以冠加冠，故段弁以爲稱，以弁本冠之大名，亦以皮冠舉首蒙之，與弁制略相似也。以弁加於冠上謂之冠弁服，猶下文以経加弁上謂之弁経服也。田事玄冠，上加皮冠，有所敬則釋之，猶兵事韋弁，上加胄，有所敬則免之矣。冠弁服，依鄭義，委貌冠即玄冠，緇布衣，素裳素韠，白舄羔裘。今案：當爲白屨，詳《屨人》疏。注云「甸，田獵也」者，《小宗伯》注云「甸讀曰田」，《敘官·甸祝》注云「甸之言田也」，甸田同聲段借字。此不改讀者，文略。云「冠弁，委貌」者，《士冠禮》「主人玄冠」，注云：「玄冠，委貌也。」又《士冠記》云「委貌，周道也」。注云：「或謂委貌爲玄冠，委猶安也，言所以安正容貌。」《白虎通義·紼冕篇》云：「周統十一月爲正，萬物始萌小，故爲冠飾最小，故曰委貌。委貌者，言委曲有貌也。」《郊特牲》注說同。《釋名·釋首飾》云：「委貌，冠形委曲之貌，上小下大也。」案：鄭不知冠弁之弁爲皮冠，故謂冠弁即委貌，其說未析；而此冠爲委貌，則當如鄭義。《續漢書·輿服志》劉注引《石渠論》戴聖說，以玄冠爲委貌，鄭《士冠》注從之。此注以委貌釋冠弁，即謂冠弁爲玄冠，則朝服與玄端服，裳異而冠同。聶氏《三禮圖》引《張鎰圖》云：「諸侯朝服之玄冠，士之玄端之玄冠，諸侯之冠弁，此三冠與周天子委貌形制相同。」案：《張圖》亦從鄭義。而《續漢書·輿服志》則云：「委貌冠、皮弁冠同制，長七寸，高四寸，制如覆杯，前高廣，後卑鋭，所謂夏之牟追，殷之章甫者也。」《聶圖》又引《舊圖》云：「委貌以漆布爲殼，以緇縫其上，前廣四寸，高五寸，後廣四寸，高三寸。」案：玄冠有梁有武而著纓，與韋弁皮弁制異。依《續漢志》及《舊禮圖》說，則委貌似弁而非冠，與鄭義不同。戴震又據《國語·晉語》范文子退朝，武子擊之以杖，折委笄，彼朝服而有委笄，明其爲弁制，疑朝服大夫以上委貌，士玄冠。孔廣森、金鶚、宋緜初、黃以周說並同。案《士冠記》云：「委貌，周道也。章甫，殷道也。毋追，夏后氏之道也。」周弁，殷冔，夏收。」彼於委貌之外，別云周弁，明委貌自與弁不同。彼記又云「三王共皮弁素積」，是委貌尤不得與皮弁同制，司馬彪說殆不甚塙。若然，委貌是冠非弁，則不得有固冠之笄。故《墨子·公孟篇》云：「昔者楚莊王鮮冠組纓，絳衣博袍，以治其國。」即朝服玄冠有纓無紘之明證。竊疑《晉語》之委，當如《雜記》「委武」之委，鄭注云：「委武，冠卷也。」笄當爲固髮之笄，蓋范武子以杖擊文子之玄冠，折其冠卷并及卷内之笄，非固冠之笄也。若然，自天子下達於士，玄冠通爲卷武之制，亦同用玄帛，故通謂之玄冠。舉其故名，則亦通謂之委貌，鄭從小戴以委貌爲玄冠，其說自塙，不可易也。至《續漢志》說委貌制，雖不足據，而謂以皂絹爲之，則自不誤。蔡氏《獨斷》、《晉書》、《宋書》、《輿服志》並謂委貌即緇布冠，《論語·子罕》皇疏、《郊特牲》孔疏亦並謂委貌以三十升緇布作之，《聶圖》引《舊圖》又謂漆布爲殼，皆謬說也。又案：凡玄冠朝服，有繫冠言之者，《穀梁》哀十三年傳云「冠端」是也；有繫委貌言之者，《左》昭元年、十年、哀七年傳及《國語·周語》並云「端委」，《穀梁》僖三年傳云「委端」是也；有繫章甫言之者，《論語·先進篇》云「端章甫」，《集解》引鄭注云「衣玄端，冠章甫，諸侯日視朝之服」，是也。章甫亦即玄冠，故又爲儒士之服。《儒行》孔子荅哀公問儒服曰「冠章甫之冠」，《墨子·公孟篇》云「公孟子戴章甫，搢忽，儒服而以見子墨子」，《大戴禮記·哀公問五義篇》亦以章甫句屨爲古服，是孔門師弟以章甫爲常服，斯亦足證章甫、委貌、玄冠三者同物，故通於貴賤。段令是弁非冠，則必大夫以上乃得服之以朝，儒者安得以此爲常燕之服乎！云「其服緇布衣，亦積素以爲裳」者，《續漢·輿服志》劉注引《石渠論》云：「玄冠朝服，戴聖曰：『玄冠，委貌也。布上素下，緇帛帶，素韋韠。』」案：鄭亦本小戴說，布上即謂緇布衣也。故《雜記》云「朝服十五升」，《晏子春秋·内篇雜下》云「晏子衣緇布之衣以朝」。《王制》云「周人玄衣而養老」，注云：「玄衣素裳，其冠則委貌也。」彼云玄衣者，緇玄色略同，得通稱。《戰國策·楚策》云「令尹子文緇帛之衣以朝」，此楚之變禮，非朝服之正也。賈疏云：「《士冠禮》云『主人玄冠朝服，緇帶素韠』，注云：『朝服者，十五升布衣而素裳也。衣不言色者，衣與冠同。』裳又與韠同色，是其朝服緇布衣，亦如皮弁積素以爲裳也。」云「諸侯以爲視朝之服」者，明此冠弁服即諸侯以下所謂朝服也。《玉藻》云「諸侯朝服，以日視朝於内朝」。鄭彼注云：「朝服，冠玄端素裳也。」引《詩·國風》曰「緇衣之宜兮」者，《鄭風·緇衣篇》文。毛傳云：「緇，黑色。卿士聽朝之正服也。」此引以爲諸侯朝服緇衣之證。云「謂王服此以田」者，賈疏云：「言凡甸冠弁服，據習兵之時。若正田時，則當戎服。是以《月令》『季秋，天子乃教於田獵，以習五戎。司徒搢扑，北面以誓之，天子乃厲飾，執弓挾矢以獵』。注云：『厲飾，謂戎服，尚威武也。』以此觀之，習五戎，司徒誓之，不戎服，著冠弁可知。是以襄十四年《左傳》云『衛獻公戒孫文子、甯惠子食，而射鴻於囿，二子從之，公不釋皮冠』。則皮弁韋弁同，但色異耳，故以韋弁爲皮弁，是以正田用韋弁也。」案：賈意正田服用韋弁，亦即《左傳》之皮冠，《月令》天子習田獵，教五戎時，先冠弁服，厲飾之後乃易服韋弁服。然鄭注但以厲飾爲戎服，無先冠弁後韋弁之義。《吕氏春秋·季秋紀》「厲飾」作「厲服」，高注引此經「凡甸冠弁服」爲釋，則仍以爲甸服。《月令》孔疏又引熊安生云：「戎服者，韋弁服也。以秋冬之田，故韋弁服；若春夏，則冠弁服，故《司服》云『凡甸冠弁服』。」熊氏謂一年四田，分用戎服、甸服，又與賈不同。竊謂此經著凡田之文，自通四時大小田獵言之。《月令》記天子田獵，亦當依此經冠弁服爲正，高誘説得之。其云厲飾，無由定其必爲戎服，鄭《月令》注蓋偶誤釋，熊、賈兩家曲爲申證，遂强生分別，非經義也。《左傳》襄十四年孔疏又謂「諸侯之禮，皮冠以田獵，《司服》是天子之禮，故以諸侯朝服而田」，皆肊説不足馮。至韋弁、皮弁並尊於冠服，賈謂《左傳》皮冠即韋弁，《王制》孔疏説同，是諸侯田服反盛於天子，無是理也。《白虎通義·紼冕篇》及《公羊》昭二十四年何注、《詩·小雅·六月》孔疏引《孝經注》，並謂田獵皮弁，此別説，不足以證冠弁即皮弁也。詳前。云「王卒食而居則玄端」者，《玉藻》云「卒食玄端而居」。鄭彼注云：「天子服玄端燕居也。」案：鄭言此者，欲見委貌緇衣而不素裳者，專稱玄端，而不得稱朝服，非天子田獵所用也。賈疏云：「案《玉藻》云『韠，君朱，大夫素，士爵韋』。鄭注云：『天子諸侯玄端朱裳。』以其云朱韠，韠同裳色故也。鄭因朝服而説玄端者，以朝服與玄端大同小異。以其玄冠緇布衣，皆有正幅爲端則同，但易其裳耳，故因説玄端也。若然，大夫素韠則素裳。其士韠言爵韋，爵是不純之名，以其《士冠禮》上士玄裳，中士黄裳，下士雜裳者，前三幅玄，後四幅黄，故言爵韠也。」金榜云：「《士冠禮》、《特牲饋食記》鄭注皆云上士玄裳，中士黄裳，下士雜裳。榜謂玄端三裳，主論列其服，非差次所服之人。『可也』云者，謂其唯所服服之，不定之辭也。此玄端玄裳、黄裳、雜裳，不專爲士設，經記説玄端服唯此三裳，然則服玄端者無異裳，蓋可知也。」金鶚云：「朝服素韠，玄端則爵韠。《玉藻》云『韠，君朱，大夫素，士爵韋』。此但泛言韠制，安見必爲玄端服之韠乎？夫朱裳，裳之最貴者，惟冕服有之，玄端爲禮服之下者，豈得與冕服同朱裳乎？況冕服、皮弁、朝服，大夫士之裳皆與天子諸侯同，何獨至玄端而君與大夫士別爲三乎？然則自天子至於士，玄端皆玄裳也。《士冠禮》雖並列玄裳、黄裳、雜裳，而以玄裳爲首舉，是玄端以玄裳爲正，故有袀玄之稱。」詒讓案：凡天子甸服，諸侯大夫士朝服，皆玄冠緇衣素裳。玄端，則天子以下至士，皆玄冠緇衣玄裳，故《士冠禮》云「兄弟畢袗玄」，注云「袗，同也；玄者，玄衣玄裳也」。袗亦作袀，《淮南子·齊俗訓》云「尸祝袀袨」，高注云：「袀，純服；袨，黑齊衣也。」蓋玄端上緇下玄，與素端上白下素，制正相儗。宋緜初亦謂《士冠禮》玄裳爲玄端服之正義，又言黄裳雜裳可也，乃緣類許可之辭，尤足與二金説相輔。至鄭説玄端，天子諸侯朱裳，於經無文，陳祥道、張惠言、宋緜初並庰其誤，而二金説尤詳塙，足爲定論矣。又依鄭義，王玄端，朱韠，黑舄，羔裘。今案：當爲緇韠黑屨，互詳後疏。

凡凶事，服弁服。鄭玄注：服弁，喪冠也。其服，斬衰、齊衰。孫詒讓

【疏】「凡凶事服弁服」者，凶事即喪紀之事。喪禮自王以下，通以厭冠爲首服。厭冠爲冠制，而云服弁者，《夏官·敍官》注云「弁者古冠之大稱」是也。爾君喪禮未成服前，子服麻弁經。《曾子問》説君出疆薨，已大斂入國之禮，云「子麻弁經，疏衰，菲杖。」注云：「麻弁經者，布弁而加環經也。布弁如爵弁而用布。」又《喪大記》云「君將大斂，子弁經，亦即麻弁經也。彼注則以爲如爵弁而素。《喪服小記》孔疏引《喪服變除》亦云「小斂之後，大夫以上冠素弁」，是又有素弁矣。林喬蔭據彼謂此服弁及弁經，與厭冠不同，亦足備一義也。互詳後疏。　注云「服弁，喪冠也」者，《喪服》斬衰三年經云：「斬衰裳，苴經，杖絞帶，冠繩纓，菅屨者。」傳云：「斬者何？不緝也。苴經者，麻之有蕡者也。絞帶者，繩帶也。冠繩纓，條屬右縫，冠六升，外畢，鍛而勿灰。衰三升。菅屨者，菅菲也，外納。」注云：「屬猶著也。通屈一條繩爲武，垂下爲纓，著之冠也。布八十縷爲升。《雜記》曰『喪冠條屬，以別吉凶，三年之練冠，亦條屬右縫。小功以下，左縫』。外畢者，冠前後屈而出縫於武也。」又衰齊三年經云：「疏衰，裳齊，牡麻經，冠布纓，削杖，布帶，疏屨。」傳云：「齊者何？緝也。牡麻者，枲麻也。冠者，沽功也。疏屨者，藨蒯之菲也。」注云：「疏猶麤也，沽猶麤也。冠尊加其麤，麤功，大功也。」又記云：「斬衰，衰三升、三升有半，其冠六升；以其冠爲受，受冠七升。齊衰四升，其冠七升；以其冠爲受，受冠八升。」此喪服斬衰齊衰冠衰裳經之差。《弁師》注云「服弁，自天子以下，無飾無等」，則喪冠法通尊卑。明此天子服弁服與《喪服經傳》所説同。云「其服斬衰齊衰」者，下文説卿大夫士凶服，云加以大功小功，故知此王正凶服止有斬衰齊衰也。《中庸》云：「期之喪，達乎大夫；三年之喪，達乎天子。」鄭彼注云：「期之喪達於大夫者，謂旁親所降在大功者。其正統之期，天子諸侯猶不降也。大夫所降，天子諸侯絶之不爲服，所不臣乃服之也。」賈疏云：「天子諸侯絶傍期，正統之期猶不降，故兼云齊衰。其正服大功亦似不降也。《大功章》曰『適婦』，注云『適子之婦』。傳曰『何以大功也？不降其適也』。既無指斥，明關之天子諸侯也。又《服問》云：『君所主夫人、妻、大子、適婦。』既言君所主，服不降也。如是則爲適孫之婦，又當小功。今注止云斬衰、齊衰，以其正服齊衰，是不降之首。然則王爲適子斬衰，其爲適孫、適曾孫、適玄孫、適來孫，則皆齊衰。《不杖章》云『適孫』，傳曰『何以期也？不敢降其適也。有適子者無適孫，孫婦亦如之』。玄謂『凡父於將爲後者，非長子皆期』，然則王禮亦適子死有適孫，適孫死有適曾孫，向下皆然也。又案《喪服傳》云：『始封之君，不臣諸父、昆弟；封君之子，不臣諸父而臣昆弟。』天子之義亦當然，若虞舜之與漢高，皆庶人起爲天子，蓋亦不臣諸父昆弟而有服也。」案：《中庸》孔疏引熊安生云：「天子爲正統喪，適婦大功，適孫之婦小功。」此賈説所本。又《喪服經·大功章》云：「君爲姑姊妹、女子子嫁於國君者。」《通典·凶禮》引馬融云：「君，諸侯也。爲姑姊妹女子子之嫁於國君者服也，不言諸侯者，關天子元士

卿大夫也。上但言君者，欲關天子元士卿大夫嫁女諸侯，皆爲大功也。』《通典》又引魏田瓊云：「天子不降其祖父母、曾祖父母、后、太子、嫡婦、姑姊妹嫁於二王後，皆如都人。」據此，是王服大功不降絶者，尚有姑姊妹女子子適二王後者，賈氏所舉，殊未盡也。凡弔事，弁絰服。弁絰者，如爵弁而素加環絰。《論語》曰：「羔裘玄冠不以弔。」絰大如緦之絰。其服錫衰、緦衰、疑衰。諸侯及卿大夫亦以錫衰爲弔服。《喪服小記》曰「諸侯弔必皮弁錫衰」，則變其冠耳。喪服舊説，以爲士弔服素委貌冠，朝服，此近庶人弔服，而衣猶非也。士當事弁絰疑衰，變其裳以素耳。國君於其臣弁絰，他國之臣則皮弁。大夫士有朋友之恩，亦弁絰。故書弁作「絣」。鄭司農絣讀爲弁。弁而加環絰，環絰即弁絰服。【疏】「凡弔事弁絰服」者，王弔諸侯諸臣，喪主未成服，則服玄衣纁裳，已成服則服三衰，皆冠爵弁而加絰也。《喪服記》注約引此經云「凡弔，當事則弁絰服」。當事，謂當大小斂及殯時，明居與出不弁絰也。《漢書・賈山傳・至言》云：「故古之賢君於其臣也，疾則臨視之亡數，死則往弔哭之，臨其小斂、大斂，已棺塗而後爲之服，錫衰麻絰而三臨其喪。」義與《禮經》合。金榜云：「爵弁服，大夫士之祭服，天子以爲弔服。《弁師》『王之弁絰，弁而加環絰』，《檀弓》『天子之哭諸侯也，爵弁絰，紂衣』。故王之吉服凡九，而爵弁服不與焉。」注云「弁絰者，如爵弁而素加環絰」者，《喪服記》及《雜記》、《服問》注説並同。《喪服》注云：「麻在首在要皆曰絰。絰之言實也，明孝子有忠實之心，故爲制此服焉。首絰象緇布冠之缺項，要絰象大帶。」《説文・糸部》云：「絰，喪首戴也。」《釋名・釋喪制》云：「絰，實也，傷摧之實也。弁絰，如爵弁而素加絰也。」案：喪服有首絰，有要絰，此環絰加於弁，謂首絰也，其要絰則糾之，不如環，詳《弁師》疏。賈疏云：「爵弁之形，以木爲體，廣八寸，長尺六寸，以三十升布染爲爵頭色，赤多黑少。今爲弁絰之弁，其體亦然，但不同爵色之布，而用素爲之，故云如爵弁而素。」又賈《弁師》疏云：「案《曾子問》云『麻弁絰』，鄭云『麻弁絰者，布弁而加環絰也。布弁，如爵弁而用布』。此不言麻者，皆素爲之。」《檀弓》孔疏云：「鄭知如爵弁者，見《檀弓》云『殷人冔而葬』，又云『弁絰葛而葬，與神交之道』。冔是祭冠也，故知弁絰是爵弁也。」任大椿云：「弔服弁絰，漢魏六朝諸儒皆以弁爲素爵弁。《通典・凶禮》：漢戴德曰：『君弔臣，疑衰，素弁加絰。』吴射慈曰：『始聞喪，去吉冠，著素弁。』魏博士杜希議：『《論語》曰「羔裘玄冠不以弔」。周人去玄冠，代以素弁。又禮，自天子下達於士，臨殯斂之事，去玄冠以素弁。君子臨喪必有哀素之心，是以去玄冠，代之以素。』據此諸説，弁絰用素之義，皆可與鄭注相證。」又云：「弁絰者，《檀弓》疏云『用素絹』，蓋弔服之素弁與凶服之縞冠同，均以白絹爲之。《檀弓》注『素服者，縞冠也』。」詒讓案：鄭素爵弁説，本於大戴。然戴止云素弁。鄭據《檀弓》『弁絰葛而葬』及『周人弁而葬，殷人冔而葬』兩文參互推定，以爲如祭服爵弁而素，故《檀弓》注云『周弁殷冔，俱象祭冠而素，禮同也』。然其説於經無徵，殆非也。金榜云：「弔服錫衰、緦衰、疑衰，皆有絰帶。弔者加絰與衰，咸視主人爲節。未小斂，吉服而往。天子爵弁服，諸侯卿大夫皮弁服，士玄冠朝服。既小斂，天子爵弁加絰，諸侯卿大夫皮弁加絰，謂之弁絰；士則易玄冠爲素委貌冠，加絰焉。凡弁絰，各以其等爲之，弁師掌其禁令。《雜記》曰：『小斂，環絰，公大夫士一也。』謂此。主人既成服，則弔者亦服衰而往。天子爲三公六卿錫衰，爲諸侯緦衰，爲大夫士疑衰；諸侯卿大夫弔服錫衰，士弔服疑衰，其尊卑之差也。《雜記》『大夫之哭大夫弁絰，大夫與殯亦弁絰』，明聞喪哭者與殯同服。《檀弓》『天子之哭諸侯也，爵弁絰紂衣』，是天子與殯亦爵弁加絰，所謂王之弁絰弁而加環絰者也。《服問》『公爲卿大夫錫衰以居，出亦如之，當事則弁絰，大夫相爲亦然』。《喪服小記》『諸侯弔，必皮弁錫衰』。凡弔衰未有不絰者，故錫衰、緦衰、疑衰名爲弁絰服。謂皮弁錫衰爲不加絰者，誤。然則諸侯、卿大夫弔服，亦皮弁加絰明矣。當事，謂當斂殯之事。時主人未成服，弔者亦不錫衰，故曰當事則弁絰。天子、諸侯、卿大夫弁絰異等如此。士禮異者，於小斂改服素委貌。《喪大記》『主人即位，襲經帶，踊，乃奠，弔者襲裘，加武，帶絰，與主人拾踊』。言加武者，明其改冠。禮家舊説，士弔服素委貌冠朝服，此小斂後弔服也。又曰布上素下，鄭君謂即疑衰，此既殯弔服也。是謂羔裘玄冠不以弔矣。禮文散逸，學者推士禮致于天子，謂大夫以上弔服皆素弁，失其傳矣。爵弁爲大夫士祭服，天子以爲弔服，蓋尊卑異禮。《檀弓》『弁絰葛而葬，與神交之道也，有敬心焉。周人弁而葬，殷人冔而葬』。以《士冠禮記》『周弁殷冔夏收』證之，則弁絰葛者，亦爵弁加絰，可互明矣。」孔廣森云：「弁絰有加爵弁者，《檀弓》『天子之哭諸侯，爵弁絰紂衣』是也。有加皮弁者，《小記》『諸侯弔必皮弁錫衰』是也。羔裘玄冠，夫子不以弔，言不以朝服而弔也。諸侯與其臣以冠弁爲朝服，其弔服自可皮弁環絰。天子與其臣皆以皮弁爲朝冠，故弔服更用爵弁絰，避朝服也。庶人無朝服，乃得通以素委貌弔矣。弁絰而衰者，成服以後之弔服也。爵弁絰紂衣者，既小斂，未成服，往哭則服之，或始聞其赴，遥爲位而哭，亦服之。」案：金、孔説是也。張惠言説亦同。絰以弁絰爲弔服者，其弁在天子即爲爵弁，在諸侯則爲皮弁，弁與常服同，但以加絰爲異，故《弁師》云「王之弁絰，弁而加環」，加，明非别爲之弁也。於《檀弓》見王弔之弁絰，爲爵弁加絰，於《喪服小記》見諸侯弔之弁絰，爲皮弁加絰。記文甚明，無勞推測。鄭素爵弁之説，雖本大戴，而與《禮記》不合。其注《檀弓》『爵弁絰紂衣』，則删『絰』字，云「服士之祭服以哭之，明爲變也。天子至尊，不見尸柩不弔服，麻不加於采。此言『絰』，衍字也，時人聞有弁絰，因云之耳」。《周禮》王弔諸侯，弁絰緦衰也」。金榜云：「《雜記》『麻不加於采』，釋上麻者不紳、執玉不麻之義。大帶與執玉繅藉，皆有五采、三采、二采之等。既小斂，以要絰易大帶，爲麻者不紳。《聘禮》『遭喪，主人長衣練冠受玉』，爲執玉不麻。其義皆爲麻不加於采，與爵弁加絰異義。」案：金説亦是也。如鄭説，既分哭弔爲二冠，違於《雜記》大夫哭弔同冠之例，而又必删『絰』字而後可申其説，明其非達詁矣。《白虎通義・喪服篇》引《檀弓》亦無「絰」字，則疑後人依鄭義删之，非其舊也。又案：爵弁服，依鄭義，赤黑布弁，玄衣纁裳，韎韐赤舄，羔裘。《士冠禮》云：「爵弁服，纁裳，純衣，緇帶，韎韐。」注云：「爵弁者，冕之次，其色赤而微黑，如爵頭然，或謂之緅，其布三十升。」又云：「爵弁者，制如冕，黑色，但無繅耳。」《公羊》宣元年何注亦謂爵弁加旒曰冕。此即賈疏所本。《書・顧命》又作「雀弁」，孔疏引鄭《書注》，阮諶《三禮圖》及《獨斷》説，竝與《士冠禮》注義同。依鄭義，則爵弁亦以布爲延武，皆不用韋爲之。劉氏《釋名》、《顧命》

僞孔傳並釋爲爵韋弁，蓋兼取兵服韋弁爲説，非爵弁之本制也。又鄭、賈説爵弁爲冕制，異於韋弁、皮弁，其説亦不甚塙。江永云：「弁字上鋭，象形。爵弁與皮弁同名弁，而爵弁有覆版，何以名弁？」任大椿云：「爵弁既以弁名，則其狀當似弁。攷《釋名》，弁如兩手相合抃時也。以爵韋爲之謂之爵弁，以鹿皮爲之謂之皮弁，以韎韋爲之謂之韋弁也。然則此三弁皆作合手抃狀矣。」案：江、任説本陳祥道，是也。吴廷華、金鶚説亦同。劉説爵弁，雖未得其制，而謂三弁同形，則足正鄭説之誤。爵弁既爲合抃之形，則無上延，與冕制迥異，鄭、賈説並誤。又鄭説爵弁赤舃羔裘，當爲纁屨狐青裘，詳《屨人》、《司裘》疏。環經，詳《弁師》疏。引《論語》曰「羔裘玄冠不以弔」者，《鄉黨篇》文。《穀梁》僖三年楊疏引鄭《論語注》云：「玄冠委貌，諸侯視朝之服。」賈疏云：「彼謂小斂之後，主人已改服，客則不用玄冠羔裘朝服以弔之。引之者，證凡弔服及弁經，皆施之於小斂已後也。」案：賈説非鄭恉也。鄭引《論語》者，欲見玄冠朝服不以弔。天子朝服皮弁，故弔服亦不用皮弁，而用素爵弁。此與《喪服》注引《論語》破士弔朝服之意同。云「經大如緦之經」者，《弁師》注義同。《通典・凶禮》引戴德説弔服云，「經大與緦麻經同」，即鄭所本。《喪服》斬衰傳云：「苴經大搹，去五分一以爲帶。齊衰之經，斬衰之帶也，去五分一以爲帶。大功之經，齊衰之帶也，去五分一以爲帶。小功之經，大功之帶也，去五分一以爲帶。緦麻之經，小功之帶也。」甄鸞《五經算術》云：「緦麻之經，三寸六百二十五分寸之四百二十九。」賈疏云：「弔服環經，大小無文。但五服之經，緦經最小，弔服之經，亦不過之，是以約同緦經，故云經大如緦之經也。」孔廣森云：「《漢書・王莽傳》，詔議功顯君服，劉歆等稱《周禮》曰，『王爲諸侯緦縗，弁而加環經，同姓則麻，異姓則葛』。今經無文，據記弁經葛而葬，則弁經固有葛者，其用之别，或當如歆所説。《太平御覽》、《皇覽》、引《逸禮》曰：『君使大夫弔於國君，錫衰裳弁經，下大夫爲介亦如之。士介者、將命者，緦麻裳弁經。異姓葛，同姓麻。』」云「其服錫衰、緦衰、疑衰」者，據下文弔服有此三衰，明異衰同冠。今攷弁經衰，乃主人已成服後之弔服；其未成服已前弔服，則弁經或爵弁，或皮弁，咸如其本服，不皆服衰也。云「諸侯及卿大夫亦以錫衰爲弔服」者，據《服問》及《雜記》文，明諸侯弔卿大夫及卿大夫自相弔，其服同，詳前。《通典・凶禮》引戴德云：「大夫相弔，錫縗，素冠加經。」依其説，則大夫以素委貌爲弔服，與《服問》、《雜記》説不合，不足據也。云「《喪服小記》曰，諸侯弔必皮弁錫衰，則變其冠耳」者，賈疏云：「不言君而言諸侯，則是弔異國之臣法。不著弁經而云皮弁，故云變其冠耳。」金榜云：「記言必皮弁錫衰，兼舉内外之詞。疏謂弔異國臣，誤。」案：金説本陸佃，是也。孫希旦説同。鄭《喪服》注云：「諸侯卿及大夫亦以錫衰爲弔服，當事乃弁經，否則皮弁，辟天子也。」據鄭彼注，則天子弔服三衰，無論當事與否，悉素弁加經，故此經無以皮弁爲弔服之文。若諸侯以下，則當事亦弁經，與天子同；不當事則改著皮弁，無經；其諸侯弔異國之臣，則當事亦皮弁無經：皆所以相變，示辟天子也。今依陸、金説，《小記》文兼内外，不專指弔異國臣；又皮弁錫衰即諸侯之弁經服，《小記》不言經者，文不具耳。鄭、賈説並非。又案：《通典・凶禮》引戴德云「諸侯會遇相弔，則錫縗，皮弁加經」。又引譙周云「國君弔他國卿大夫，皮弁錫縗而經」。此似亦隱據《小記》義，而並以弁經爲皮弁加經，足證鄭説之誤。《通典》又引譙周云「國君爲卿大夫，皮弁錫縗以居，其弔則皆錫縗布弁而經」。案：布弁即《曾子問》之麻弁經，彼爲國君子未成服之服，而譙以爲弔卿大夫之服，則與《小記》不合，殆未足馮也。云「喪服舊説，以爲士弔服，素委貌冠朝服」者，此欲見士弔亦素弁加經，故引舊禮家説而破之。《喪服》注亦云：「舊説以爲，士弔服布上素下，或曰素委貌冠加朝服。《論語》曰『緇衣羔裘』，又曰『羔裘玄冠不以弔』。何朝服之有乎？」《通典》引戴德云：「同國之士，相爲朝服加經。」鄭述舊説，疑即大戴義也。攷委貌朝服，即上文之冠弁服，玄冠緇布衣，積素以爲裳；弔服則易玄冠爲素冠。《通典》又引戴説『親死既襲，服素章甫冠』，亦即此也。《喪服》舊説，蓋謂士以朝服爲弔服，但易其冠，布上素下即謂緇衣素裳也。鄭意朝服禮不以弔，故《喪服》注復引《論語》以證其誤。今依金氏説，素冠朝服乃士禮主人小斂後弔服，禮家舊説不誤，鄭破之非也。云「此近庶人弔服而衣猶非也」者，賈疏云：「庶人首服素冠而素裳，其衣當疑衰，故《喪服》注云『庶人不爵弁，則其弔冠素委貌』也。」案：賈説是也。《檀弓》孔疏説同，又引或説庶人布深衣，則非。案：鄭意謂《喪服》舊説云「士弔服，素委貌冠朝服」者，實非士弔服；惟庶人不得服爵弁，故弔服不服弁經，而正冠素委貌；又素裳與朝服之裳同，然衣則疑衰，仍與朝服緇衣異，故云「近庶人弔服而衣猶非也」。云「士當事弁經疑衰，變其裳以素耳」者，此破《喪服》舊説，明士弔服首服弁經，同諸侯及卿大夫；身服則疑衰素裳，同於庶人也。《喪服》「朋友麻」，注云：「士以緦衰爲喪服，其弔服則疑衰也。其弁經皮弁之時，則如卿大夫，然又改其裳以素，辟諸侯也。朋友之相爲服，即士弔服疑衰素裳，冠則皮弁加經。」據彼注，是士弔服當事則弁經，不當事則皮弁，與《服問》説諸侯卿大夫弔服並同，惟衣不用錫衰，又辟正喪服，不用緦衰而服疑衰，其裳則又辟諸侯弔異姓士疑衰，變爲素裳也。今依金氏説，士不得以弁經爲弔服，鄭説亦非。云「國君於其臣弁經，他國之臣則皮弁」者，此兼據《服問》、《喪服小記》，明諸侯弁經亦爲素弁加經，與皮弁爲二也。《喪服小記》云「諸侯弔於異國之臣，則其君爲主」，下即云「諸侯弔必皮弁錫衰」。孔疏云：「一云此句因前而發，謂弔異國臣也。若自弔己臣，則素弁環經錫衰也。一云此亦爲自弔己臣，而未當事則皮弁錫衰，至當事乃弁經耳。」詒讓案：鄭意《小記》所説，是不問當事不當事，並徒服皮弁，不加經，自指諸侯弔異國之臣言；若《服問》説，弔己臣當事弁經，明不當事皮弁不加經，必兼此二義乃備。此注前引《喪服小記》，故云他國之臣則皮弁；《喪服》注專據《服問》爲説，故云當事則弁經，否則皮弁。二注各偏舉一端爲説。今依金氏説，則諸侯弔己臣與弔異國臣，同皮弁加經。弔服皮弁未有不加經者，鄭分爲二，非也。《小記》皮弁錫衰之文，與上弔異國之臣文不相冡，孔氏前一説雖得鄭恉，然非經義也。云「大夫士有朋友之恩亦弁經」者，此亦誤謂士弔服亦弁經也。賈疏云：「《喪服記》云『朋友麻』，故知大夫於士、士自相於有朋友之恩者，服麻也。大夫相於不假朋友恩，以其《服問》卿大夫相爲亦錫衰弁經，不言朋友也。凡弔服，天子之服於此上下文具矣。其諸侯弔服，亦應三衰俱有，知者，以天子自大裘以下至素服，上公自袞冕以下如王之服，侯伯自鷩冕而下如公之服，子男自毳冕而下如侯伯之服，皆相如，明諸侯三衰皆有。但所用據文，唯有《服問》云『爲卿大夫錫衰以居，出亦如之，當事則弁經』。其用緦衰疑衰，則《文王世子》注『同姓之士緦衰，異姓之士疑衰』。以其卿大夫已用錫衰，故以二衰施於同姓異姓之士也。案：《士喪禮》注云『君弔必錫衰』者，蓋士有朋友之恩者，加之與大夫同用錫衰耳。大夫相於必用錫衰者，以大夫雖已降服，仍有小功降至緦麻，則不可以緦衰爲弔，緦衰既不弔，明疑衰亦不可爲，故以錫衰爲弔服也。士之弔服不用錫衰者，避大夫。疑衰不用疑裳者，鄭注《喪服》云避諸侯也。凡弔服，皆既葬除之。其大夫妻亦與大夫同，故《喪服》云『大夫弔於命婦錫衰，命婦弔於大夫亦錫衰』，注云『弔於命婦，命婦死也』是也。《服問》云『爲其妻，出則不服』，與大夫小異耳。」云「故書弁作絣，鄭司農絣讀爲弁」者，「司農」下疑脱「云」字。徐養原云：「《說文·糸部》：『緐，或从弁，作緶。弁，籀文弁。』是絣即緶字。《玉篇》絣同繁。弁絣音同，古字通用，弁爲正字，絣爲假借。」云「弁而加環絰，環絰即弁經服」者，「環絰」二字於文義不當重出，疑衍。先鄭亦據《弁師》爲説，與後鄭同。

凡喪，爲天王斬衰，爲王后齊衰。鄭玄注：王后，小君也。諸侯爲之不杖期。孫詒讓【疏】「凡喪爲天王斬衰，爲王后齊衰」者，天王即王也。《曲禮》云：「崩，曰天王崩。告喪，曰天王登假。」經例單稱王，唯此稱天王，蓋亦依告喪諸侯爲文也。《春秋》隱元年經云：「天王使宰咺來歸惠公仲子之賵。」《公羊》何注云：「言天王者，時吳、楚上僭稱王，王者不能正，而上自繫於天也。」案：此經爲周初禮典，時未有吳、楚僭王之事，何説不可通於此經。《曲禮》孔疏引《五經異義》、《古春秋左氏説》及許慎、服虔，並云「施於諸夏稱天王」，於義亦通，詳《典命》疏。《喪服·斬衰三年》經云「諸侯爲天子」。傳云：「天子，至尊也。」《昏義》云：「天子之與后，猶父之與母也。故爲天王服斬衰，服父之義也；爲后服資衰，服母之義也。」鄭注云：「『資』當爲『齊』，聲之誤也。」《白虎通義·喪服篇》云：「諸侯爲天子斬衰三年何？普天之下，莫非王土，率土之賓，莫非王臣。臣之於君，猶子之於父，明至尊臣子之義也。」賈疏云：「凡喪者，諸侯諸臣皆爲天王斬衰，王后齊衰，故云『凡』以廣之。」案：賈專舉諸侯諸臣言者，明此服不關庶民也。《喪服·齊衰三月》經云：「疏衰，裳齊，牡麻絰，無受者，庶人爲國君。」注云：「天子畿內之民，服天子亦如之。」《白虎通義·喪服篇》亦云：「禮，庶人爲國君服齊衰三月。王者崩，京師之民喪三月何？民賤而王貴，故恩淺，故三月而已。」據班、鄭説，則畿內民服王不斬衰也。其畿外侯國之大夫，據《喪服經》於王服繐衰，既葬除之；士民於王則無服。侯國大夫於王后服無文，《通典·凶禮》引庾蔚之云：「無服於理近是。」喪衰制，詳《內司服》、《閽師》疏。

注云「王后，小君也」者，《白虎通義·嫁娶篇》云：「天子之妃謂之后何？后者君也。天子紀至尊，故謂后也。明配至尊，爲海內小君，天下尊之，故繫王言之曰王后也。」《公羊》莊二十二年何注云：「言小君者，比於君爲小，俱臣子辭也。」案：鄭言此者，釋爲王后齊衰降於王之義。又《喪服傳》云：「君之母、妻，則小君也。」此王后蓋亦關王之母、妻言。其王母若非王后，則諸侯諸臣皆無服，故《服問》云：「君之母非夫人，則羣臣無服，唯近臣及僕、驂乘從服，唯君所服服也。」王母非后，當與彼同。云「諸侯爲之不杖期」者，賈疏云：「案《喪服·不杖章》云『爲君之母、妻』。傳曰：『何以期也？從服也。』但諸臣亦爲王斬衰，爲后期，鄭特言諸侯者，以《喪服·斬衰章》云『臣爲君，諸侯爲天子』。及至《不杖章》，直云『爲君之母、妻』，不別見諸侯爲后之文，故鄭解之。本不見諸侯爲后者，以其諸侯爲后，與臣爲之同，故不別見也。其卿大夫適子爲君夫人，亦與諸臣同。士之子賤，無服，當從庶人禮。《服問》云：『諸侯之世子不爲天子服。』注云：『遠嫌也。與畿外之民同不服。』《服問》又云：『大夫之適子，爲君夫人、大子，如士服。』注：『大夫不世子，不嫌也。士爲國君斬，小君期。大子，君服斬，臣從服期。』天子卿大夫適子亦當然，故云如士服也。」

王爲三公六卿錫衰，爲諸侯緦衰，爲大夫士疑衰，其首服皆弁絰。鄭玄注：君爲臣服弔服也。鄭司農云：「錫，麻之滑易者，十五升去其半，有事其布，無事其縷。緦亦十五升去其半，有事其縷，無事其布。疑衰，十四升衰。」玄謂無事其縷，哀在內；無事其布，哀在外。疑之言擬也，擬於吉。孫詒讓【疏】「王爲三公六卿錫衰，爲諸侯緦衰，爲大夫士疑衰」者，此三衰並成服以後之弔服也。凡弔衰，亦有衰、適、負版，制與端衰同，但以侈袂爲異。故《雜記》云「凡弁絰，其衰侈袂」。注云：「侈猶大也。弁絰服，弔服也。其衰，錫也，緦也，疑也。」賈疏云：「天子臣多，故三公與六卿同錫衰，諸侯五等同緦衰，大夫與士同疑衰。不見三孤者，與六卿同。又不辨同姓異姓，亦以臣故也。」云「其首服皆弁絰」者，賈疏云：「三衰同，皆弁絰。凡弔皆不見婦人弔服者，以婦與夫同，故《喪服》云『大夫弔於命婦錫衰，命婦弔於大夫錫衰』，是婦與夫同。其首服，即鄭注《喪服》云『凡婦人弔服，吉笄無首，素總』是也。」《通典·凶禮》及《御覽·禮儀部》引射慈《喪服圖》云：「天子弔三公及三孤六卿弁絰錫縗，弔大夫士皆弁絰疑縗，弔畿內諸侯弁絰緦縗。」案：依賈説，則弔諸侯通內外五等而言。射氏謂弔諸侯專爲畿內諸侯，蓋以王無出畿而弔之事。然畿外諸侯或來朝，薨於王國，及王巡守殷國，至畿外侯國，遇有弔事，則亦弁絰緦衰可知，賈説是也。

注云「君爲臣服弔服也」者，賈疏云：「欲見臣爲君斬，君爲臣無服，直弔服，既葬除之而已。」鄭司農云「錫，麻之滑易者，十五升去其半，有事其布，無事其縷，緦亦十五升去其半，有事其縷，無事其布」者，《喪服傳》云：「錫者何也？麻之有錫者也。錫者，十五升抽其半，無事其縷，有事其布，曰錫。」又云：「緦者，十五升抽其半，有事其縷，無事其布，曰緦。」鄭彼注云：「謂之錫者，治其布使之滑易也。」《雜記》云：「朝服十五升去其半而緦，加灰錫也。」注云：「緦，精麤與朝服同，去其半則六百縷而疏也。又無事其布，不灰焉。」《説文·糸部》云：「錫，細布也。緦，十五升布也。」錫即緆之借字。《釋名·釋喪制》云：「錫縗。錫，易也，治其麻使滑易也。緦，麻也，績麻細如絲也。」賈疏云：「有事其縷及有事其布者，皆謂以水濯治，去其垢者也。」詒讓案：鄭《深衣》注云：「深衣者，用十五升布，鍛濯灰治，純之以采。」蓋凡以縷爲布，必有兩次鍛濯灰治，所謂有事也。無事者，謂不鍛濯灰治。但依鄭説，則緦錫之布並止六百縷，依許説，緦布十五升，則錫布亦當同。二説不合。金榜云：「五服皆以升數多寡爲輕重之差，故自斬衰三升遞降至小功十二升，升數少者服重，升數多者服輕，無緣至緦麻而減其升數爲七升半，與大功等也。《雜記》：『朝服十五升，去其半而緦，加灰錫也。』緦者，謂治其縷細如絲，於上加灰爲錫。是錫之縷與緦同矣。去讀如『萬入去籥』之去，藏也。十五升之布，盡治其縷爲朝服；藏去其半，治之爲緦。是緦與朝服異者，在於縷之半無事，不在布之升數，故《説文》云『緦，十五升布也』。然則緦衰錫衰皆用十五升，治其縷者唯七升半。傳曰『緦者，十五升抽其半，有事其縷』，則其半爲無事可知；『錫者，十五升抽其半，無事其縷』，則其半爲有事可知。緦衰以縷得名，錫衰以布得名，咸据其有事者，以明人功遞加。緦衰加灰爲錫，故緦列五服之内，以著其重；錫爲弔服，以著其輕。《司服》王爲三公六卿錫衰，爲諸侯緦衰。周制，王之三公六卿出封，皆加一等，以緦衰服諸侯，亦伸之也。」案：金申許義是也。依《雜記》義，則未加灰之錫布，即已有事其縷之緦布。故《通典·凶禮》引譙周云：「錫衰用緦麻布，而灰理之曰錫。」明錫緦同布，錫布之縷非全無事者可知。蓋緦錫與朝服布皆十五升，惟朝服則縷布皆有事，錫則縷半有事，布全有事，緦則縷半有事，布全無事，吉凶輕重之差如是而已。許、譙之説與《雜記》義合，殆不可易。若如二鄭説，緦錫並止六百縷，則《喪服傳》何不云七升有半，而必云十五升抽其半，此於文例亦未允協，非徒緦疏於小功於輕重之差不合也。云「疑衰十四升衰」者，降於朝服一升也，凡一千一百二十縷。云「玄謂無事其縷衰在内，無事其布衰在外」者，《喪服傳》注義同。織縷成布，縷在布内，故以衰在内者則不治其縷，衰在外者則不治其布也。賈《喪服》疏云：「以其王爲三公六卿，重於畿外諸侯故也。」云「疑之言擬也，擬於吉」者，《漢書·食貨志》「遠方之能疑者」，顔注云：「疑讀曰擬。」《釋名·釋喪制》云：「疑縗，疑，儗也，儗於吉也。」賈疏云：「以其吉服十五升，今疑衰十四升，少一升而已，故云擬於吉者也。」《通典·凶禮》引譙周云：「士弔服以疑縗，用錫布爲衣而素裳，擬於吉也。」案：依許君説，緦衰至重爲十五升布，則疑衰不當爲十四升布。依譙説，緦錫疑三衰同布，則似皆十五升不減者，但縷則仍是半有事者耳。譙云士弔服素裳，則專據士禮而言，與鄭前注同，非以此概天子諸侯疑衰之裳也。竊謂王疑衰，衰裳皆當以十五升布，布縷皆有事，與吉布同，其異於吉服者，以爲衰制耳。譙説尚未得其義。又《御覽·禮儀部》引《禮記外傳》云：「疑衰者，疑其布是絲也。」案：成伯璵説又與鄭、譙異，亦通。

大札、大荒、大烖，素服。鄭玄注：大札，疫病也。大荒，饑饉也。大烖，水火爲害。君臣素服縞冠，若晉伯宗哭梁山之崩。

孫詒讓【疏】「素服」者，《雜記》注云：「素，生帛也。」《説文·素部》云：「素，白緻繒也。」案：素本爲白繒，引申之，凡布帛之白者，通謂之素。後「素端」注云「變素服言素端者，明異制」。鄭於彼注唯辨袂制之侈否，不著絲麻之異，則鄭意素服與素端，同爲白布衣而素繒裳，渾言不別，通謂之素服。若然，素服正法，蓋縞冠、白布衣、素裳、素屨、麑裘，其異於素端者，凡素服素緣，素端齊服，不純凶，當用采緣也。素服布衣，故《玉藻》「年不順成，君衣布」。《周書·大匡篇》云：「惟周王宅程三年，遭天之大荒。及期日，質明，王麻衣以朝，朝中無采衣。」即此大荒素服也。《論語·鄉黨篇》「素衣麑裘」，皇疏云：「素衣，謂衣裳並用素也。麑，鹿子也。鹿子色近白，與素微相稱也。」謂國有凶荒，君素服，則羣臣從之。」案：《論語》素衣，本據皮弁服言之，皇似誤謂即此素服，殊爲失攷。但經自有素衣之素服，蓋亦變禮，故《曲禮》説大夫士去國，素衣，素裳，素冠，徹緣，鞮屨，彼記亦謂之重素是也。禮又有皮弁素服，《郊特牲》以爲蜡祭之服，鄭注云「衣裳皆素」。又《文王世子》説公族有刑，公素服，注云「素服亦皮弁」。則緣皮弁錫衰之文推之，並與此遇災素服衣冠並異。又依後注義，則此素服衣侈袂，於經無文，未知塙否。注云「大札，疫病也」者，《大司徒》注義同。《説苑·脩文篇》云：「古者有菑者謂之厲，君一時素服，使有司弔死問疾。」厲與癘同，即疫病也。云「大荒，饑饉也」者，《爾雅·釋天》云：「穀不熟爲饑，蔬不熟爲饉，果不熟爲荒。」此通云饑饉，散文得通也。云「大烖，水火爲害」者，《大宗伯》「以弔禮哀禍烖」，注云「禍烖，謂遭水火」。案：散文則荒札及天地大變皆爲大烖，此上文已有大荒大札，故唯據水火爲釋也。互詳《小宗伯》、《大司藥》疏。《昏義》云：「日食則天子素服。」《左》昭二十五年傳「日過分而未至，三辰有災，於是乎百官降物」。杜注云：「降物，素服。」則大烖當亦含天地大烖，注文不具耳。云「君臣素服縞冠，若晉伯宗哭梁山之崩」者，《春秋》成五年，梁山崩。《穀梁傳》云：「梁山崩，壅遏河，三日不流。晉君召伯尊而問焉。伯尊曰：君親素縞帥羣臣而哭之，既而祠焉，斯流矣。」范注云：「素衣縞冠，凶服也。」「尊」《左傳》作「宗」，故此云「伯宗」。《説文·糸部》云：「縞，鮮卮也。」《小爾雅·廣服》云：「繒之精者曰縞，縞之麤者曰素。」《王制》孔疏云：「縞，白色生絹，亦名爲素。」案：素服之冠，經無文，故鄭據《穀梁》義補之。山崩川壅，亦得爲大烖也。《檀弓》云：「軍有憂，則素服哭於庫門之外。」注亦云「素服者，縞冠也」。縞素散文通稱，故《詩·檜風》「素冠」，箋以爲縞冠。賈疏云：「此言素服，案：《玉藻》云：『年不順成，則天子素服，乘素車，食無樂。』義與此合。彼又云『年不順成，大夫不得造車馬，君衣布搢本』，義與此違者，彼衣布謂常服，謂禱祈，義與此同也。」案：賈意此及《玉藻》之素服，並爲絲衣，彼又云「君衣布」，則別爲白布衣，即後齊服素端。與鄭義不合。《玉藻》孔疏則謂素服與下文「君衣布」爲互文，是孔意素服即白布衣，故得與衣布文相互。二説不同，孔説爲允。又《間傳》云「大祥素縞麻衣」，注云：「素縞者，《玉藻》所云『縞冠素紕，既祥之冠』。麻衣，十五升，亦深衣也。謂之麻者，純用布而無采飾也。」案：彼文素縞之下別云麻衣，故知素縞專屬冠言之，與《穀梁》以素屬衣，縞屬冠不同。彼麻衣爲深衣，與此素服麻衣絲裳亦異也。

公之服，自衮冕而下如王之服；侯伯之服，自鷩冕而下如公之服；子男之服，自毳冕而下如侯伯之服。孤之服，自希冕而下如子男之服，卿大夫之服，自玄冕而下如孤之服，其凶服加以大功小功；士之服，自皮弁而下如大夫之服，其凶服亦如之。其齊服有玄端素端。鄭玄注：自公之衮冕，至卿大夫之玄冕，皆其朝聘天子及助祭之服。諸侯非二王後，其餘皆玄冕而祭於己。《雜記》曰：「大夫冕而祭於公，弁而祭於己。士弁而祭於公，冠而祭於己。」大夫爵弁自祭家廟，唯孤爾，其餘皆玄冠，與士同。玄冠自祭其廟者，其服朝服玄端。諸侯之自相朝聘，皆皮弁服，此天子日視朝之服。《喪服》，天子諸侯齊斬而已，卿大夫加以大功小功，士亦如之，又加緦焉。士齊有素端者，亦爲札荒有所禱請。變素服言素端者，明異制。鄭司農云：「衣有襦裳者爲端。」玄謂端者，取其正也。士之衣袂，皆二尺二寸而屬幅，是廣袤等也。其袪尺二寸。大夫已上侈之。侈之者，蓋半而益一焉。半而益一，則其袂三尺三寸，袪尺八寸。孫詒讓【疏】「公之服自袞冕而下，如王之服」者，此大國諸侯之服也。《典命》云：「上公九命，其衣服以九爲節。」袞冕而下，謂九章以降也。上公袞無升龍，餘與王同。《禮器》説冕服之章，云「諸侯黼」。孔疏引熊氏云「諸侯九章，七章以下其中有黼」；又引《詩·采菽》「玄袞及黼」是也。賈疏云：「自此以下，陳諸侯及其臣之服，貴賤不同之事也。但上具列天子之服，此文以上公自袞冕以下差次如之，上得兼下，下不得僭上也。」云「侯伯之服自鷩冕而下，如公之服」者，此次國諸侯之服也。《典命》云：「侯伯七命，其衣服以七爲節。」鷩冕而下，謂七章以降也。孔廣森云：「侯伯之服，以鷩爲上，而《詩·韓奕》曰『王錫韓侯，玄袞赤舄』者，則加賜之也，乃《雜記》所謂襃衣也。」云「子男之服自毳冕而下，如侯伯之服」者，此小國諸侯之服也。《典命》云：「子男五命，其衣服以五爲節。」毳冕而下，謂五章以降也。《詩·王風·大車》云「毳衣如菼」，毛傳以爲子男之服，與此經合。孔廣森云：「《春秋》許男新臣卒。《左傳》曰：『凡諸侯薨於朝、會，加一等，死王事，加二等，於是有以袞斂。』許男本毳衣，故加二等而後袞。」詒讓案：此經五等諸侯之服，區爲三等，皆據本服言之。其加等之襃衣，則視恩禮之隆殺，唯王所命，其差次不得豫定也。又此經公服袞冕以下如王，侯伯而下以次遞降，皆轉相如。然依鄭義，則尊卑服章與斿飾並自不同，故《覲禮》注云「上公袞無升龍」。《弁師》注亦謂五等諸侯及孤卿大夫士，冕弁斿飾並異，詳彼疏。云「孤之服自希冕而下，如子男之服」者，此孤卿大夫士之服，文承五等諸侯之下，鄭、賈並謂據侯國諸臣之服，故《典命》説王臣命數，首三公，而此經無之，則當指侯國之臣可知。《左》宣十六年傳：「晉侯請于王，以黻冕命士會將中軍，且爲太傅。」此所謂孤之服自希冕而下。又《禮器》説服章云「大夫黻」，孔疏引熊氏云「孤絺冕以下，其中有黻」，又引《詩·終南》「黻衣繡裳」是也。云「卿大夫之服自玄冕而下，如孤之服」者，此卿大夫同服，無大國及次小國之異。而《玉藻》注云：「諸侯之臣，皆分爲三等。公之臣，孤爲上，卿大夫次之，士次之；侯伯子男之臣，卿爲上，大夫次之，士次之。」故賈《内司服》、《大宗伯》疏及《王制》孔疏並推鄭義，謂有孤之國，孤絺冕，卿大夫玄冕；無孤之國，卿絺冕，大夫玄冕。《玉藻》孔疏亦謂司服此文爲上公之臣，以其有孤，而卿大夫爲一等也。依鄭、賈、孔説，則侯伯子男之卿得服絺冕，而天子及公之卿反止服玄冕，差次乖舛，似不可通。《大戴禮記·諸侯遷廟篇》盧注駁鄭説，謂五等侯國臣，同卿大夫玄冕，不以有孤無孤而異，實較鄭義爲長。今攷《大宗伯》「再命受服」注，亦引此經，不著無孤國卿大夫異服之義，則疑鄭已自易其前説，與《玉藻》注不必同也。互詳《内司服》、《大宗伯》疏。云「其凶服加以大功小功」者，家上王云「凡凶事服弁服」，爲止有斬衰齊衰，明孤卿大夫於大小功無絶降也。云「士之服自皮弁而下，如大夫之服」者，侯國士不得服冕也。《荀子·富國篇》云「士皮弁」，亦據侯國士言之。《大略篇》又云「士韋弁」者，任大椿謂皮韋通稱是也。賈疏云：「士之助祭服爵弁，不言爵弁者，以其爵弁之服，惟有承天變時，及天子哭諸侯乃服之，所服非常，故列天子吉服不言之。今以次轉相如，不得輒於士上加爵弁，故以皮弁爲首，但皮弁亦是士助君視朔之服也。」案：賈謂爵弁承天變，本《書·金縢》鄭注義，見《書》孔疏。天子哭諸侯，據《檀弓》文，詳前疏。云「其齊服有玄端素端」者，《士冠禮》云：「玄端，玄裳，黄裳，雜裳可也。緇帶，爵韠。」注云：「玄端，即朝服之衣，易其裳耳。」案：素端者，如玄端而素也。此通冢王以下至大夫士爲文，吉事齊則玄端服，凶事齊則素端服也。鄭則謂此專屬士之齊服，故《特牲饋食禮》云「唯尸、祝、佐食玄端玄裳，黄裳、雜裳可也」。注云：「《周禮》士之齊服有玄端素端，然則玄裳上士也，黄裳中士，雜裳下士。」彼注亦以此玄端素端，專屬士服。然《玉藻》孔疏推鄭義，又引皇侃、熊安生，則謂諸侯以下皆以玄端齊。陳祥道則謂天子齊服玄冕玄衣，此經玄端當通晐端冕。惠士奇又謂齊服有玄端素端，自天子達士是一。其説並與鄭異，而義實較長。戴震云：「《文王世子》曰：『若内豎言疾，則世子親齊玄而養。』於此見玄端玄冠，諸侯以下齊服也。」金榜云：「經所言齊服，文承公侯伯子男及孤卿大夫士，不專主於士。《雜記》『子羔襲五稱』，爲大夫禮，其襲有素端一，又公襲有玄端一。《玉藻》『玄冠丹組纓，諸侯之齊冠也；玄冠綦組纓，士之齊冠也』。諸侯與士，皆服玄冠齊。《荀子·哀公篇》：『端衣玄裳絻而乘路者，志不在於食葷。』《郊特牲》『玄冕齊戒』，此齊服玄冕者，天子諸侯禮也。」金鶚云：「此文雖在士凶服下，其實非專承士言。句在一節末，是總結法，謂自王以至於士，齊服皆有玄端素端也。王之祭祀、兵事、眂朝、凶事、弔事，服皆詳舉，惟齊服不見，可知此句齊服包王在内也。《玉藻》云：『玄冠丹組纓，諸侯之齊冠也。』諸服惟玄端玄冠，是諸侯齊服亦玄端矣。《郊特牲》云：『齊之玄也，以陰幽思也。』玄色陰幽，故齊必服玄端，無貴賤之異。《郊特牲》言天子之祭，可知『齊之玄』數字，即天子亦在内也。鄭注《旅賁氏》云『王齊服袞冕』。不知齊祭必異服，自天子以至於士皆然，以祭重於齊，不可無別；又齊服取陰幽之義，不尚文飾，祭貴盛服，必致其華美也。袞冕甚文，齊服豈宜此乎？」案：陳、惠及金誠齊説是也。綜而論之，凡冕弁冠諸服，並繫冠爲名，唯玄端素端是服名，非冠名，蓋自天子下達至於士，通用爲齊服；而冠則尊卑所用互異，有玄冕之玄端，有爵弁之玄端，有玄冠之玄端，有緇布冠之玄端。它服各自有常冠，故以冠名服。玄端則冠本無定，故專舉服名矣。天子諸侯大事齊，當用玄冕，小事齊則用玄冠。《書·顧命》「王麻冕黼裳，邦君卿士麻冕蟻裳」，即齊服玄冕玄端。《玉藻》云「玄端而朝日於東門之外，聽朔於南門之外」。注云：「『端』當爲『冕』，字之誤也。玄衣而冕，冕服之下。」記又云「卒食，玄端而居」。注云：「天子服玄端燕居也。」案：彼天子朝日聽朔，蓋服玄冕玄端，燕則服玄冠玄端，二者冠異而服同，故記文不别，似不必破上「玄端」爲「玄冕」也。其諸侯卿大夫齊服，或用玄冕，或用玄冠，戴、金諸家，舉證略備。此外公冠，别有爵弁玄端，士冠又别有緇布冠玄端，則不必齊服矣。至素端之冠，以玄端例之，亦當有麻冕、皮弁、縞冠之異，互詳前後疏。天子齊服，互詳《旅賁氏》疏。又案：此經不著王臣之服者，《典命》云：「王之三公八命，其卿六命，其大夫四命，其衣服亦如之。」是王臣命數皆降於諸侯一等，則衣服亦約略相儗，其差次可推校而得，經固有此詳略互見之例也。鄭意則謂王臣之服與侯國之臣同，故《覲禮》注説裨冕，云「孤絺，卿大夫玄」，不辨王朝邦國之異。又《内司服》注説外命婦之服，云「其夫孤也，則服鞠衣；其夫卿大夫也，則服展衣；其夫士也，則服褖衣」。蓋鄭意男女服相配，鞠衣當希冕，展衣當玄冕，褖衣當弁服，故《大宗伯》注亦謂王之中士再命服爵弁，明不得服冕也。然《説文·鳥部》引《周禮》曰「孤服鷩冕」，此蓋賈逵等説王國孤服如是，而許沿用之，足證漢時禮家舊説，亦謂王臣不與侯國之臣同。又《詩·王風·大車》毛傳云：「天子大夫四命，其出封五命，如子男之服，服毳冕。」依毛説，大夫加命服毳冕，則其本服當爲希冕而非玄冕矣。《内司服》賈疏則謂三公執璧與子男同，當亦毳冕，《王制》及《詩·唐風》孔疏説同。鄭、毛、許、賈、孔衆説，差迕難合。王昭禹云：「王之三公，當與侯伯同服鷩冕。三公八命而服鷩，則卿六命與子男同服毳冕。大夫四命則服希冕，與諸侯之孤同服。王之上士三命，中士再命，當同服玄冕。」孫希旦説同。吴廷華云：「據經言卿大夫玄冕。《典命》公侯伯之卿三命，大夫再命，子男大夫一命，是一命再命三命同玄冕也。鄭以天子之上士三命，中士再命，下士一命，則亦同玄冕可知。」金鶚亦駁賈、孔説云：「三公，王臣之最貴者也。《典命》云『三公八命，侯伯七命，子男五命』。《大宗伯》云『五命賜則，七命賜國，八命作牧』。是三公尊加子男三等，與外諸侯之州牧同。且《射人》云『三公北面，諸侯在朝則皆北面』，鄭注以爲從三公位，蓋在三公之後也。《明堂位》言三公中階北面，侯伯位於東西階，子男則位於門東西。由此觀之，三公之尊，雖諸侯不得與之抗也，豈子男所可同哉！《王制》云『三公一命卷』，鄭注云：『三公八命矣，復加一命則服龍衮，與王者之後同。』夫加一命即得服衮冕，則其本服鷩冕可知也。《禮器》言韠冕之制，上大夫七，下大夫五，士三，此王朝之大夫是也。五冕以玄冕爲下，三旒則玄冕也。士玄冕，則下大夫希冕，上大夫毳冕，三公宜服鷩冕矣。《玉藻》云『王后禕衣，夫人揄狄』。鄭注云：『三夫人，亦侯伯之夫人也。王者之後，夫人亦禕衣。』三夫人尊與三公同，則三公之夫人亦揄狄，同於侯伯夫人，而三公宜與侯伯同服鷩冕可知。」案：王、吴、金説是也。鄭鍔、孔廣森、陳奂亦並謂王之士得服冕，依次推之，王三公鷩冕，加一命則衮冕；卿毳冕，孤即冢卿，加一命則亦鷩冕；大夫希冕，士玄冕。侯國臣服，卿與大夫同；王臣之服，則卿與大夫不同，亦内外尊卑之異。許引此經舊説，以鷩冕爲孤服，其義甚允，不可易也。王朝士得服冕，互詳《大宗伯》、《典命》疏。注云「自公之衮冕至卿大夫之玄冕，皆其朝聘天子及助祭之服」者，此鄭所謂裨冕也。《玉藻》云「諸侯裨冕以朝」。注云：「朝天子也。裨冕，公衮，侯伯鷩，子男毳也。」賈疏云：「此上公衮已下，既非自相朝聘之服，又非己之祭服。案：《曾子問》云『諸侯裨冕出視朝』。鄭云：『爲將廟受，謂朝天子時也。』是受朝之事及助祭在廟，理當裨冕也。若卿大夫聘天子，受之在廟，及助祭，亦用冕服可知，故鄭君臣朝聘並言也。」《王制》孔疏云：「凡此諸侯所著之服，皆爲助祭於王。若助王祭天地及祭先王大祀之等，皆服已上之服。若其從王祭祀小祀，雖有應著上服，皆逐王所著之服，不得踰王也。」云「諸侯非二王後，其餘皆玄冕而祭於己」者，欲見諸侯非助祭，不得申上服也。賈疏云：「案《玉藻》云『諸侯玄端而祭』，注云『端』當爲『冕』，是諸侯玄冕自祭於己也。案《玉藻》注云『諸侯祭宗廟之服，惟魯與天子同』。此注云『諸侯非二王後，其餘皆玄冕祭於己』。彼不言二王後，此不言魯者，彼此各舉一邊而言，其實相兼乃具也。魯雖得與天子同，惟在周公、文王廟中得用衮冕，故《明堂位》云『季夏六月，以禘禮祀周公於太廟』，云天子之禮是也。若餘廟，亦玄冕，或可依《公羊傳》云『白牡周公牲，騂犅魯公牲，羣公不毛』。魯公既與羣公別牲而用騂犅，則其服宜用鷩冕可也。其二王後，惟祭受命王，得用衮冕，其餘廟亦得用玄冕。」《玉藻》孔疏引熊安生釋《明堂位》「君衮冕，夫人副禕」之義云：「此謂祭文王、周公之廟，得用天子之禮。其祭魯公以下，則亦玄冕。二王之後祭其先王，亦是用以上之服。二王之後不得立始封之君廟，則祭微子以下亦玄冕。」案：熊説謂魯祭魯公玄冕，而二王後祭先王亦服上服衮冕，則不止祭受命王，並與賈義小異。《大戴禮記·諸侯遷廟篇》盧注云：「《司服職》曰『公之服自衮冕而下如王之服，侯伯之服自鷩冕而下如公之服，子男之服自毳冕而下如侯伯之服，孤之服自絺冕而下如子男之服，大夫之服自玄冕而下如孤之服』。《玉藻》曰『君命屈狄，再命禕衣』。《内司服職》曰『辨内外命婦之服，鞠衣、展衣、緣衣、素紗，其於祭也，君與夫人皆申其服』。《祭統》曰『公衮冕立于阼，夫人副禕立于東房』是也。臣及命婦助祭於君，皆盡其服；自祭於家，咸降一等，陰爵不敢申也。《雜記》曰『大夫冕而祭於公，弁而祭於己；士弁而祭於公，冠而祭於己』。《特牲饋食禮》曰『主婦纚笄宵衣立於房中』是也。然鄭氏頓貶公侯，使一同玄冕以祭於己，非其差也。且諸侯專國，禮樂車服，王命有之，何獨抑其服乎！《玉藻》曰『玄端以祭，裨冕以朝』。孫炎云：『端當爲冕，玄冕，祭服之下也。其祭先君亦裨冕矣。』孫説爲合。」案：盧從孫叔然説，謂諸侯祭先君裨冕，即公衮冕，侯伯鷩冕，子男毳冕，以遠尊得申上服，揆之禮意，其説實較鄭爲允。《公羊》昭二十五年何注云：「禮，諸侯裨冕以朝天子，以祭其祖禰。」此亦謂諸侯朝祭同服裨冕，蓋即孫氏所本。但《玉藻》「玄端以祭」，祭對朝言之，不宜專舉下服，孫説於彼似有難通。要諸侯祭先君，與朝同服，何、孫義不可易也。引《雜記》曰「大夫冕而祭於公，弁而祭於己，士弁而祭於公，冠而祭於己」者，證孤以下祭服之差，欲見孤卿大夫士非助祭，亦不得申上服也。鄭彼注云：「弁，爵弁也。冠，玄冠也。祭於公，助君祭也。」孔疏云：「大夫，謂孤也。冕，絺冕也。」又引崔氏云：「孤不悉絺冕，若王者之後及魯之孤，則助祭用絺；若方伯之孤，助祭則玄冕，以其君玄冕，自祭不可踰之也。」案：崔、孔並申鄭義，然其説未塙。今攷方伯自祭得用鷩冕，則其孤助祭不妨服絺冕矣。《公羊》僖二十四年，何注云「士爵弁黻衣裳以助公祭」，亦謂侯國之士也。義與鄭同。云「大夫爵弁自祭家廟，唯孤爾」者，《雜記》注義亦同。鄭言此者，欲見《雜記》之大夫即孤也。云「其餘皆玄冠與士同」者，賈疏云：「諸侯除孤用爵弁之外，卿大夫祭皆用玄冠，與士同，故《少牢》是上大夫祭，用玄冠朝服，《特牲》是士禮，用玄冠玄端，是其餘皆玄冠與士同也。其天子大夫四命，與諸侯之孤同，亦以爵弁自祭；天子之士宜與諸侯上大夫同用朝服也。」案：鄭據《少牢》玄冠朝服，爲侯國卿大夫之通禮，與《特牲》士禮異服同冠，故云餘皆玄冠，賈説深得鄭指。《雜記》孔疏説同。而《王制》疏又謂公之卿亦爵弁自祭，與《雜記》疏自相違牾，非也。至天子孤卿大夫士自祭之服，經無明文，賈謂天子大夫爵弁自祭，士朝服自祭，説本《深衣》、《目録》及熊安生説，孔《郊特牲》、《玉藻》、《深衣》疏同。若皇侃説，則謂天子大夫皮弁朝服自祭，孔《王制》疏同，其説皆非也。互詳《旅賁氏》疏。其三公孤卿自祭之服，賈氏無説，《王制》疏據《玉藻》注説「諸侯玄冕自祭」推之，謂天子孤卿之等當爵弁。張惠言又據孔説推之，謂天子三公亦當同爵弁自祭。蓋鄭、孔意，王臣與侯國之臣上服並同，或當如張説，然非經義也。今攷定，此經孤卿大夫士之服，專爲侯國之制。其王臣上服，從許君及王昭禹、金鶚説，三公孤當鷩冕助祭，自祭疑當以希冕；卿當毳冕助祭，則自祭疑當以玄冕；大夫當與諸侯卿同希冕助祭，則自祭自當同以爵弁；士與諸侯大夫同玄冕助祭，則自祭自當同以玄冠朝服。如此，則於差次較合，而大夫自祭用爵弁，與鄭注及《雜記》文亦無迕，儻得其正也。天子士助祭服，互詳《大宗伯》疏。云「玄冠自祭其廟者，其服朝服玄端」者，謂大夫則玄冠朝服，士則玄冠玄端也。凡朝服玄端，服異而冠同。《少牢》主人朝服，爲大夫禮。《特牲》士禮，云「主人冠端玄」，注以爲玄冠玄端。然彼記又云：「特牲饋食，其服皆朝服玄冠，唯尸、祝、佐食玄端。」注以朝服爲賓及兄弟之服。敖繼公謂「皆」兼主人説，士祭亦朝服，金榜亦謂主人與賓兄弟不當異服，冠端玄即士朝服，金鶚、黄以周説略同，皆深得經義。然則士玄冠自祭，亦仍是朝服，而非玄端。蓋士助祭服雖降於大夫，但士齊既用玄端，自祭又不可降服深衣，故仍與大夫同朝服，不降，亦禮窮則同，不必如鄭所説也。云「諸侯之自相朝聘皆皮弁服」者，降於朝聘天子用冕服也。賈疏云：「欲見此經上服惟施於入天子廟，不得入諸侯廟之意。必知諸侯自相朝聘用皮弁者，見《聘禮》主君及賓皆皮弁，諸侯相朝其服雖無文，《聘禮》主君待聘者皮弁，明待諸侯朝亦皮弁可知。且《曾子問》云『諸侯朝天子，冕而出視朝』，爲將高廟受；及彼下文諸侯相朝云『朝服而出視朝』，鄭云『爲事故』。據此上下而言，明自相朝不得與天子同，即用皮弁可知也。」云「此天子日視朝之服」者，即上云「眡朝則皮弁服」是也。鄭言此者，欲見諸侯以天子之朝服爲自相朝聘之服也。云「喪服，天子諸侯齊斬而已」者，賈疏云：「欲見大夫言大功小功，天子諸侯不言之意也。天子諸侯絶旁期，此云齊者，據爲后夫人而言。若然，天子於適孫承重，亦期。周之道，有適子無適孫，若無適子，自然立適孫，若無適孫，立適曾孫，亦期，及至適玄孫皆然也。既爲適孫有服，而適子之婦大功，若於適孫已下之婦承重者，皆小功矣。今特言齊者，舉后夫人重者而言。」案：天子期功喪服不絶者，已詳前疏。諸侯喪制，則《喪服傳》云：「始封之君，不臣諸父、昆弟；封君之子，不臣諸父而臣昆弟。」又《喪服小記》孔疏謂「兄弟俱爲諸侯，依本服期」。是諸侯期服之不絶者。又《喪服經・大功章》云：「公爲適子之長殤、中殤。」又云：「君爲姑姊妹女子子嫁于國君者。」是諸侯大功之不絶者。賈所舉亦未盡也。云「卿大夫加以大功小功」者，《喪服・大功章》經云：「大功布衰裳，牡麻絰，纓，布帶，三月受以小功衰，即葛九月。」鄭彼注云：「大功布者，其鍛治之功麤沽之。」又《小功章》云：「小功布衰裳，牡麻絰，即葛五月。」此大小功之正服也。賈疏云：「卿大夫加以大功小功，謂本服大功小功者，其降一等，小功降仍有服緦者，其本服之緦則降而無服。」云「士亦如之，又加緦焉」者，《喪服經》云「緦麻三月」。注云：「緦麻，布衰裳而麻絰帶也。」賈疏云：「亦如大夫有大功小功，但士無降服，則亦有緦服，故鄭增之也。」云「士齊有素端者，亦爲札荒有所禱請」者，鄭以經齊服著士喪服之下，又據《玉藻》以玄端綦組纓爲士之齊冠，是士常齊服玄端，而經別有素端，則非常齊所用，故謂亦如上王大禮大荒大烖素服，皆爲札荒有所禱請之齊服也。吴廷華云：「祭必有齊，不特禱請荒札，之外如虞祔祥禫齊時，有服者固服其服，若服除及無服者亦應素服，則不第禱請也。」案：吴説亦足補鄭義。又案：鄭《玉藻》注云「四命以上，齊祭異冠」。孔疏推鄭義，謂諸侯玄冕祭，玄冠齊，則鄭謂玄端亦爲諸侯卿大夫齊服，而此注以玄端素端專爲士齊服者，以經文正冢士服下也。攷《玉藻》云「齊則績結佩而爵韠」，孔疏云：「熊氏、皇氏並謂諸侯以下，皆以玄端齊，而爵韋爲韠，同士禮，以其齊故不用朱韠素韠也。」依孔引熊、皇説，亦以此齊服當通諸侯以下言之。實則此齊服，當上關天子，不徒諸侯也。云「變素服言素端者，明異制」者，欲見素端即上之素服，以侈袂不侈袂爲異，明士服與王別也。賈疏云：「上文已云素服，士既轉相如，已有素服矣。今於經別云玄端素端爲士設文者，以其大夫以上侈袂同，惟士不得侈袂，以端爲之，故經別見端文也。」案：鄭、賈謂素端不侈袂是也。而謂惟士服不侈袂，則非。素端與玄端相儗，惟色異耳。其服通於王侯卿大夫，其爲不侈袂一也。蓋齊服二端，禮侔制等。凡玄端皆玄冠、緇布衣、玄裳、黑屨，素端則縞冠、白布衣、素裳、素屨，此玄端素端之正服也。唯天子諸侯有玄冕玄端服，凡冕服皆絲衣，則當玄冕玄繒衣，與玄冠玄端服不同，其素端當亦有麻冕素帛衣，可例推也。二端又各有弁服，蓋玄端則冠爵弁。《大戴禮記・公冠篇》云：「公玄端與皮弁皆韠，朝服素韠，四加玄冕。」《士冠禮》賈疏釋彼經，謂公冠四加，緇布冠、皮弁、爵弁、玄冕。是賈以彼玄端爲爵弁，朝服爲緇布冠也。此與《諸侯遷廟》、《釁廟》二篇之玄服，盧注據《雜記》謂即爵弁服，可以互證。而《公冠》盧注以玄端與朝服爲一，則非也。素端則冠皮弁，《雜記》「素端」，孔疏引盧植云「布上素下皮弁服」，又賀瑒云「以素爲衣裳也」。盧説素端布上素下，與玄冠玄端正服合，而謂冠用皮弁，疑隱據《郊特牲》蜡服有皮弁素服，其説可通。賀謂衣裳皆素，則與皮弁本服無異，亦非經義也。黄以周云：「《曲禮》言去國素衣，《國風》言棘人素衣，皆謂白色，不必繒。素端與玄端多對舉，當以色言。玄端用布，素端亦布也，故素端與皮弁服異。《雜記》子羔之襲，素端皮弁並陳。《司服》玄端素端亦別於皮弁服。皮弁服絲衣，吉事用之；素端布衣，凶烖齊禱用之。」案：黄説是也。互詳前疏。鄭司農云「衣有𧞤裳者爲端」者，《釋文》云：「𧞤，本亦作襦。」案：𧞤即襦之俗字。《羅氏》、《弓人》注並作「襦」，當改正。《説文・衣部》云：「襦，短衣也。」《急就篇》顔注云：「短衣曰襦，自膝以上。」此襦即謂上衣之短者，與《鄉射》、《大射記》纁襦朱襦爲内衣異。先鄭意，端者，以有上襦下裳得名，其上衣不連裳而短，與深衣連裳而長者不同也。金榜云：「衣以端名者有二。仲師云『衣有𧞤裳者爲端』，對深衣以下連裳削幅者得名，乃冕弁服、朝服玄端，通稱冕服爲端冕，朝服玄端爲委端，爲端委、爲冠端。《特牲》冠端言玄者，以服緇韠也，此與玄端爲服名者殊異。」案：金説是也。先鄭以襦與裳不相連屬爲端，乃冕弁諸服之通制，雖亦得備一義，然非此玄端素端之本訓，故後鄭不從。又案：衣或以有襦裳者爲端，因之凡冕弁服之玄衣者，亦通稱玄端。《國語・楚語》「聖王正端冕」，韋昭釋端爲玄端，此據冕服而言。《論語・先進篇》「端章甫」，《集解》引鄭注，《穀梁》僖三年傳「委端」、哀十三年傳「冠端」范注，《左傳》哀七年「端委」孔疏引王肅注，又《玉藻》、《大戴禮記・公冠》之「朝服」鄭、盧注，並釋爲玄端，此皆據冠服而言，與此齊服袀玄異也。云「玄謂端者取其正也」者，《廣雅・釋詁》云：「端，正也。」《釋名・釋衣服》云：「玄端，其袖下正直端方，與要接也。」正字作「褍」，《説文・衣部》云：「褍，衣正幅。」端即褍之借字。《墨子．非儒下篇》云：「取妻親迎，袨褍爲僕。」袨褍即此玄端也。金榜云：「鄭君謂玄端對朝服以上侈袂者得名，猶喪衰對弁絰服侈袂爲端衰，乃次於朝服之服。《雜記》公襲『玄端一，朝服一』，又襚者『自西階受朝服，自堂受玄端』是也。天子燕居之服，諸侯以下齊服，大夫士私朝服之。又士暮夕於朝及入廟之服。」案：金説甚覈。《左傳》昭元年，孔疏引服虔云：「禮衣端正無殺，故曰端。」《大戴禮記．保傅篇》「端冕」，盧注云：「端，正也。冕服之正。」此雖不用不侈袂之義，而訓端爲正，並與後鄭義略同。賈《士冠禮》疏云：「以其俱正幅，故朝服亦得端名。」然六冕皆正幅，故亦名端，是以《樂記》云「魏文侯端冕而聽古樂」。又《論語》云「端章甫」，鄭云「端，玄端，諸侯視朝之服」。則玄端以朝，得名爲玄端也。云「士之衣袂皆二尺二寸而屬幅，是廣袤等也」者，賈疏云：「《喪服記》云『衣二尺有二寸』。注云：『此謂袂中也。言衣者，明與身參齊。』是玄端之身，長二尺二寸。今兩邊袂亦各屬一幅，幅長二尺二寸，上下亦廣二尺二寸，故云屬幅廣袤等，袤則長也。言『皆』者，皆玄端素端，二者同也。」案：屬幅者，《喪服記》云「袂屬幅」，注云：「屬猶連也。連幅謂不削。」賈彼疏云：「屬幅者，謂整幅二尺二寸。凡用布爲衣物及射侯，皆去邊幅一寸爲縫殺。今此屬連其幅，則不削去其邊幅，取整幅爲袂。必不削幅者，欲取與下文衣二尺二寸同，縱橫皆二尺二寸正方者也。」云「其袪尺二寸」者，《喪服記》亦云「袪尺二寸」。注云：「袪，袖口也。」《玉藻》云：「深衣，袪尺二寸。」鄭彼注云：「袪，袂口也。」孔疏云：「謂口之外畔，上下尺二寸也。」云「大夫已上侈之，侈之者，蓋半而益一焉，半而益一，則其袪三尺三寸，袂尺八寸」者，葉鈔《釋文》「已」作「以」，「侈」作「移」。案：已以字同，此注例作「以」，詳《考工記．總敘》疏。移侈字通，《追師》注引《少牢饋食禮》亦作「移袂」，葉本是也。《説文．衣部》云：「移，衣張也。」移侈並移之借字。鄭以《少牢禮》大夫妻衣侈袂推之，士玄端衣袂二尺二寸，大夫已上侈之，半而益一，則益一尺一寸，爲三尺三寸。士袪尺二寸，大夫半而益一，則益六寸，爲尺八寸也。賈疏云：「此亦無正文。案：《禮記．雜記》云『凡弁經服，其衰侈袂』。《少牢》主婦綃衣，亦云侈袂。侈，大也。鄭以侈爲大，即以意爲半而益一以解之也。孔子大袂單衣，亦如此也。」任大椿云：「吉凶服，皆大夫以上侈袂。侈袂而猶稱端，但據衣身廣長皆二尺二寸言之。若衣與袂皆正方，惟士耳。《王制》『一命卷』，疏謂之端者已外之服，其袂三尺三寸，其袪尺八寸，其玄端則二尺二寸，袪尺二寸。而不知鄭《司服》注謂士之玄端，衣袂皆二尺二寸，大夫以上玄端，半而益一，則是玄端一服，其袪袂已有大夫士之異，不特玄端已外之服始袂三尺三寸、袪尺八寸也。」案：後鄭意，蓋謂凡天子諸侯卿大夫，無論冕弁冠服，皆侈袂，唯士不然，任説深得其恉。《王制》疏謂玄端服皆不侈袂，而《樂記》疏釋端冕，又謂冕服正幅不侈袂，兩疏相迕，並非鄭意也。孔廣森云：「凡冕服皆正幅，故曰端冕。唯皮弁冠弁服，乃有侈袂。吉事則冠冕之服端弁服侈袂，《少牢饋食》主婦被錫衣侈袂，知主人朝服亦侈袂也。凶事則喪服端弔服侈袂。《雜記》曰『端衰喪車皆無等』，又曰『凡弁經，其衰侈袂』。凡端與侈袂，取其相變而已。」黄以周説同。案：依鄭説，大夫以上，朝祭服無不侈袂，玄端則大夫以上侈袂，士不侈袂。依孔説，則冕服冠服並不侈袂，惟弁服侈袂。以經攷之，冕服皆正幅，孔説固是，但弁服則不必皆侈袂，《雜記》弁經，特其一端耳。委貌朝服，亦實不爲弁制。《墨子．公孟篇》説，楚莊王鮮冠組纓，絳衣博袍。絳逢字通，亦玄冠朝服侈袂之證，是侈袂又不徒弁服也。竊謂凡諸服之侈袂，皆同服而特示别異，似與尊卑之等絶不相關。如弔服侈袂以别於端衰；《少牢》主婦錫衣侈袂，以别於《特牲》士妻之宵衣，以宵衣即錫衣綃領也。又《儒行》「哀公問於孔子曰：『夫子之服其儒服與？』孔子曰：『某少居魯，衣逢掖之衣，長居宋，冠章甫之冠。』注云：『逢，大也。大掖之衣，大袂襌衣也。』」彼疏謂即大袂深衣。賈疏引孔子大袂單衣釋侈袂，即據彼文。若然，深衣得有侈袂，蓋亦儒者以此自表異，故章甫縫掖，通於士庶，則侈袂非大夫以上之專制明矣。

凡大祭祀、大賓客，共其衣服而奉之。鄭玄注：奉猶送也。送之於王所。孫詒讓【疏】「凡大祭祀、大賓客，共其衣服而奉之」者，賈疏云：「大祭祀，則中兼有小祭祀，以其皆是王親祭，故舉大而言。賓客言大者，據諸侯來朝也。王者不敢遺小國之臣，則其臣來聘，亦有接待之法。亦略舉大而言，皆當奉衣服而送之於王，王服之以祭祀及接賓客也。」注云「奉猶送也」者，天府注同。云「送之於王所」者，謂司服共衣服，徑送之於王所，以俟王服之也。

大喪，共其復衣服、斂衣服、奠衣服、廞衣服，皆掌其陳序。鄭玄注：奠衣服，今坐上魂衣也。故書「廞」爲「淫」。鄭司農云：「淫讀爲廞，廞，陳也。」玄謂廞衣服，所藏於椁中。孫詒讓【疏】「大喪共其復衣服」者，此與玉府爲官聯也。《宰夫》注云：「大喪，王、后、世子也。」賈疏云：「大喪，王喪，其中兼小喪也。」復衣服，謂始死招魂復魄之服。案：《雜記》云復者升屋西上，則皆依命數，天子則十二人，諸侯九人、七人、五人，大夫士亦依命數，人執一領。天子衮冕已下，上公亦皆用助祭之上服。」詒讓案：《喪大記》云：「小臣復，升屋東榮，中屋履危，北面三號，捲衣投于前，司服受之。」注云：「司服以篋待衣於堂前。」則司服不徒共復衣服，亦與復也。云「斂衣服」者，賈疏云：「小斂皆十九稱。大斂，天子蓋百二十稱。」案：斂衣服稱數，互詳《小宗伯》疏。云「皆掌其陳序」者，序，經例當作「敘」，《石經》及各本並誤，詳《小宰》疏。自復衣服以下，並陳而後用，皆以尊卑次第序列之也。注云「奠衣服，今坐上魂衣也」者，賈疏云：「案下《守祧職》云『遺衣服藏焉』。鄭云：『大斂之餘也。』至祭祀之時，則出而陳於坐上，則此奠衣服者也。」案：《大戴禮記．諸侯遷廟篇》云：「成廟，將遷之新廟，徙之日，君至于廟，祝告將徙，請導，奉衣服者皆奉以從祝。至于新廟，筵于户牖間。奉衣服者入門左，升堂，奠衣服于席上。」此即喪紀奠衣服之事。奠者奠於席上，即坐上也。賈謂至祭祀之時，出而陳於坐上，蓋亦專指喪祭言之。常時吉祭，當無奠衣坐上之事。《中庸》「設其裳衣」，注亦止以授尸爲釋，是其證也。孔廣森云：「漢大喪儀，尚衣奉衣，登容根車，詣陵，奉衣就幄坐，大祝進醴獻如禮。既葬，容根車游載容衣，藏於便殿。此鄭所謂魂衣矣。周之奠衣服，亦藏於寢，其事又相類。《賈誼傳》『植遺腹，朝委裘』。孟康曰：『委裘，若容衣，天子未坐朝，事先帝裘衣也。』」云「故書廞爲淫，鄭司農云，淫讀爲廞，廞，陳也」者，《司裘》注義同。陳明衣服者，與司裘廞裘爲官聯，皆謂葬前一日，則陳於祖廟之庭，葬日至壙，則陳於墓道也。並詳《司裘》疏。段玉裁云：「《司裘》、《大師》注皆不云淫讀爲廞，但云淫，陳也，與此詳略互見。」云「玄謂厥衣服，所藏於椁中」者，二鄭並以厥衣服爲明器之衣服，而訓義則異。凡全經言厥者，後鄭並讀爲輿，與先鄭義別，當以先鄭爲長，亦詳《司裘》疏。知藏椁中者，《喪大記》云「棺椁之閒，君容柷，大夫容壺，士容甒」。注云：「閒可以藏物，因以爲節。」又《既夕禮》云：「乃窆，藏器于旁，加見。」然則天子椁中所容當益廣，厥衣服之藏，亦當與用器燕器等同在椁中見內也。

《周禮・冬官・函人》

函人爲甲，犀甲七屬，兕甲六屬，合甲五屬。鄭玄注：屬讀如灌注之注，謂上旅下旅札續之數也。革堅者札長。鄭司農云：「合甲，削革裏肉，但取其表，合以爲甲。」孫詒讓【疏】「函人爲甲」者，亦以所作之器名工也。《孟子・公孫丑篇》亦有函人，趙注云：「函，甲也。」詳《夏官・敘官》疏。云「犀甲七屬，兕甲六屬」者，《説文・牛部》云：「犀，南徼外牛，一角在鼻，一角在頂，似豕。」《冢部》云：「冢，如野牛而青，重文兕，古文从儿。」《爾雅・釋獸》云：「犀似豕，兕似牛。」郭注云：「犀形似水牛，豬頭，大腹，庳脚，脚有三蹏，黑色。三角，一在頂上，一在額上，一在鼻上。鼻上者，即食角也，小而不橢。好食棘。亦有一角者。兕一角，青色，重千斤。」《國語・晉語》云：「唐叔射兕於徒林，殪，以爲大甲。」又《越語》云「衣水犀之甲」，韋注云：「犀形似象而大。今徼外所送，有山犀，有水犀。水犀之皮有珠甲，山犀則無。」《一切經音義》引《南州異物志》云：「兕角長二尺餘，其皮堅，可爲鎧甲。」七屬、六屬，甲每旅連屬之數也。云「合甲五屬」者，江永云：「犀甲、兕甲皆單而不合。合甲則一甲有兩甲之力，費多工多而價重。」詒讓案：《荀子・儒效篇》云「定三革」，楊注云：「三革，犀也，兕也，牛也。」亦引此經三種甲。疑楊倞即以合甲爲牛革所爲。今攷牛革雖亦可爲甲，然甲材究以犀兕爲最善。此三甲以合甲爲尤堅，當亦以犀兕爲之，但材良而工精耳，非別用他革也。《荀子・議兵篇》注又説楚人以鮫魚皮爲甲，則非恒制也。注云「屬讀如灌注之注」者，匠人「水屬不理孫」，注亦云「屬讀如注。」《司服》賈疏引鄭志釋《左傳》「韎韋之跗注」，以跗爲幅，注爲屬，謂以韎韋幅如布帛之幅，而連屬以爲衣。此屬讀如注，義亦與彼同。段玉裁云：「屬者，連屬附著之義。讀如注者，重言之也。」云「謂上旅下旅札續之數也」者，賈疏云：「謂上旅下旅皆有札續。一葉爲一札，上旅之中，續札七節、六節、五節，下旅之中亦有此節，故云札續之數也。」惠士奇云：「《大玄・玄棿》曰：『比札爲甲。』比猶屬也。凡皮皆曰札。《淮南子・齊俗訓》『羊裘解禮』，言裘敝也。合爲屬，散爲解。」案：惠説是也。惠又據成十六年《左傳》「養由基蹲甲而射之，徹七札焉」，《呂氏春秋・愛士篇》「晉惠公之右路石奮投而擊繆公之甲，中之者已六札矣」，未徹者特一札耳，謂古甲皆七札，亦塙。《韓詩外傳》及《列女傳》説齊景公、晉平公射事，並云穿七札，足與《左傳》、《呂覽》互證。但札與屬不同制，革片謂之札，爲甲則以組帛綴屬之，所謂組甲被練也。《左傳》所云七札者，甲內外層厚薄複疊之數。此經云七屬、六屬、五屬者，札上下層長短連屬之數也。云「革堅者禮長」者，釋兕甲、犀甲、合甲屬数遞減之義。江永云：「甲續札爲之，節節相續，則一札而表裏有兩重。不甚堅者，續欲密，札稍短而多；堅則可稍長而少也。如第一札之半，第二札續之，第二札之半，第三札續之，則第三札之上端，當第一札之盡處，故一札有兩重。」惠士奇云：「《荀子・議兵》曰：『魏氏武卒衣三屬之甲。』《漢刑法志》注如淳謂上身一，髀褌一，脛繳一。蘇林謂兜鍪、盆領、髀褌爲三屬。『褌』原訛『裨』，據楚本改。兜鍪，冑也。以冑爲甲固非，以脛繳爲甲尤非。上旅甲，下旅裳，甲裳三屬，其甲更長於合甲矣，革之最堅者歟？」案：江、惠説是也。《荀子》甲屬與此經義同。若如如、蘇二説，則此經云七屬、六屬、五屬甲裳上下旅之外，不得有屬數如此之多，足明其非也。鄭司農云「合甲，削革裏肉，但取其表合以爲甲」者，戴震云：「合之爲言取重堅相并。」惠士奇云：「革裏肉者，革之敗蔵，去之則材良，所謂視其裏而易，則材更也。《戰國策・燕策》：『燕王思欲報齊，身自削甲札，妻自組甲絣。』削甲札者，司農所謂削其裏而取其表也。《管子・小匡》『輕罪入蘭盾、鞈革、二戟』，注云：『鞈革，重革當心，著之可以禦矢。』鞈省爲合，古今文。鞈猶堅也。《荀子・議兵》曰：『楚人鮫革犀兕以爲甲鞈，原『爲』誤重，據《荀子・議兵篇》刪。如金石。』楊注云：『鞈，堅貌。』武億云：『鞈即合』，《士喪禮》注云『古文鞈爲合』也。然則合或從韋，或從革，均一字耳。《函人》『合』，《管子》及《荀子》『鞈』，從今文。」犀甲壽百年，兕甲壽二百年，合甲壽三百年。鄭玄注：革堅者又支久。孫詒讓【疏】注云「革堅者又支久」者，冢上注「革堅者札長」爲文，故云又支久也。

凡爲甲，必先爲容。鄭玄注：服者之形容也。鄭司農云：「容謂象式。」孫詒讓【疏】注云「服者之形容也」者，《説文・頁部》云：「頌，皃也。」容，頌之借字。賈疏云：「凡造衣甲，須稱形大小長短而爲之，故爲人之形容，乃制革也。」江永云：「甲片片而爲之，非若裁衣之易，故必爲人身之形容，而後裁制之。「後」原訛「從」，據楚本改。爲甲甚多，其容亦當有大小長短，服時以身合之，非先擬一人之身，而後制甲爲此人服也。」鄭司農云「容謂象式」者，此直謂甲之通式，不爲人之形容，説與後鄭微異。

然後制革。鄭玄注：裁制札之廣袤。孫詒讓【疏】「然後制革」者，以下明制甲之尺度也。注云「裁制札之廣袤」者，《説文・刀部》云：「制，裁也。」《衣部》云：「裁，制衣也。」制甲與制衣相似，故亦言裁制。《淮南子・兵略訓》云：「割革爲甲。」制即割也。賈疏云：「節數已定，更觀人之形容，長大則札長廣，短小則札短狹，故云裁制札之廣袤。廣即據横而言，袤即據上下而说也。」

權其上旅與其下旅，而重若一，鄭玄注：「上旅謂要以上，下旅謂要以下。」孫詒讓【疏】「權其上旅與其下旅，而重若一」者，此權甲之輕重也。戴震云：「合言之，上旅下旅通謂之甲。分言之，上旅謂之甲，又名爲盤領；下旅謂之髀褌。甲之札有七屬、六屬、五屬，髀褌之札屬與甲等。」案：戴説本蘇林《漢書注》。江永云：「甲自要半上下相等，故權之而重若一。」　注鄭司農云「上旅謂要以上，下旅謂要以下」者，《説文・臼部》云：「要，身中也。」甲與衣同，亦上衣下裳。《左》宣十二年，晉楚戰于邲，傳云：「趙旃弃車而走林，屈蕩搏之，得其甲裳。」杜注云：「下曰裳。」賈疏云：「上旅謂衣也，下旅謂裳也。」呂飛鵬云：「先鄭以要釋旅，旅當爲膂。《説文》：『呂，膂骨也。』篆文从肉从旅。要以上、要以下，猶言膂以上、膂以下也。經文蓋省膂作旅，疏訓旅爲衆，非。」案：呂説是也。不永説亦同。

以其長爲之圍。鄭玄注：圍謂札要廣厚。孫詒讓【疏】「以其長爲之圍」者，此度甲之要圍也。江永云：「以其長爲之圍，文承權其上旅下旅之後，必通計上旅下旅之長。蓋甲裳當下蔽脛及跗。中人長八尺，自肩及跗，約六尺五六寸，計上旅下旅，正合人身之要圍。」又云：「深衣裳計要半下七尺二寸者，彼禮服欲寬博，又有帶束之。甲欲貼身緊束，故要圍當殺數寸。」案：江説是也。戴震説同。賈疏謂止取一旅之長，則圍必太小而與甲不稱，不可從。　注云「圍謂札要廣厚」者，長謂甲旅札上下之直度，故圍即指上下旅之間要圍之横度也。

凡甲鍛不摯則不堅，已敝則橈。鄭玄注：「鍛，鍛革也。摯謂質也。鍛革大孰，則革敝無强，曲橈也。」玄謂摯之言致。孫詒讓【疏】「凡甲鍛不摯則不堅」者，此記治甲之法。　注鄭司農云「鍛，鍛革也」者，《廣雅·釋詁》云：「鍛，椎也。」《韓非子·外儲説右篇》云：「椎鍛者，所以平不夷也。」案：鍛，段之借字。此與段氏之段義略同，謂椎擊皮革使純孰也。《喪服》記斬衰冠，《深衣》注説衣布，並有鍛。此鍛革與鍛布事同。云「摯謂質也」者，摯質字通。《左》昭十七年傳「少皞摯」，《周書·嘗麥篇》摯作「質」，是其證。《論語·雍也》皇疏云：「質，實也。」鍛不摯亦謂鍛之不實，故不堅也。云「鍛革大孰則革敝無强，曲橈也」者，《説文·木部》云：「橈，曲木也。」引申之，凡物曲弱並謂之橈。《廣雅·釋詁》云：「橈，曲也。」治革鍛過其度，則革理傷敝，故曲弱不强韌也。《御覽·兵部》引此注作「橈曲也」，亦通。云「玄謂摯之言致」者，《弓人》注同。此以聲類爲訓也。致即今緻字，詳《大司徒》疏。鍛不摯，謂椎鍛不精緻也。

凡察革之道，眡其鑽空，欲其窸也；鄭玄注：「窸，小孔貌。窸讀爲『宛彼北林』之宛。」孫詒讓【疏】「凡察革之道」者，以下記相甲之法。云「眡其鑽空，欲其窸也」者，《説文·金部》云：「鑽，所以穿也。」又《穴部》云：「空，竅也。」鑽空，謂以組縷綴甲所穿之空竅，《燕策》所謂「組甲絣」，是穿甲用組之事。惠士奇云：「《左襄》三年傳『組甲三百，被練三千』，孔疏引賈逵注：『組甲，以組綴甲。被練，帛也，以帛綴甲。』而有盈竅半任力、盡任力之説。其説本於《吕氏春秋·去尤篇》云：『邾之故法爲甲裳以帛。公息忌謂邾君曰：「不若以組。凡甲之所以爲固者，以滿竅也。今竅滿矣，而任力者半耳。且組則不然，竅滿則盡任力矣。」邾君以爲然。』然則察革之道，先視其竅，竅大則難盈，故任力半；竅小則易滿，故任力全。合甲者，任力全之謂也。而組練實爲之助焉，故曰隨繩而斲，因鑽而縫。竅者鑽空，所謂視其鑽空而窸，則革堅者以此，合甲之堅亦以此。」　注鄭司農云「窸，小孔貌」者，《説文·宀部》云：「宛，屈艸自覆也。重文窸，宛或从心。」《詩·小雅·小宛》，毛傳云：「宛，小貌。」是窸有小義也。空孔古今語。云「窸讀爲宛彼北林之宛」者，段玉裁改「爲」爲「如」云：「此擬其音也。今本作『讀爲』，誤。」案：段校是也。宛彼北林，《詩·秦風·晨風》文。今《毛詩》「宛」作「鬱」。此所引蓋出三家「詩」。宛鬱古通用，《内則》「兔爲宛脾」，鄭注云：「宛或作鬱。」依先鄭説，則窸宛非一字，與許説異。

眡其裏，欲其易也；鄭玄注：無敗蔵也。孫詒讓【疏】「眡其裏，欲其易也」者，戴震云：「易，治也。治除革裏敗蔵，犀甲兕甲皆然，若合甲，則用功尤多，但存其表。」詒讓案：《弓人》「冬析幹則易」，注謂理滑致。此易亦謂革裏滑致也。　注云「無敗蔵也」者，《釋文》云：「蔵，本或作䵺。」案：䵺即蔵之俗，詳《蜡氏》疏。《文選·西都賦》李注引《字書》云：「䵺，不潔清也。」革有敗蔵者，即前注云「革裏肉」是也。

眡其朕，欲其直也；鄭玄注：鄭司農云：「朕謂革制。」孫詒讓【疏】「眡其朕，欲其直也」者，江永云：「甲縫欲正直，不可斜枉。《深衣篇》：『負繩及踝以應直。』深衣背縫直中繩，此縫甲亦欲如是也。」　注鄭司農云「朕謂革制」者，據下制善爲釋，謂裁制革之縫也。江永云：「朕爲目縫，則朕謂甲之縫也。」戴震云：「舟之縫理曰朕，故札續之縫亦謂之朕。」

櫜之，欲其約也；鄭玄注：鄭司農云：「謂卷置櫜中也。《春秋傳》曰：櫜甲而見子南。」孫詒讓【疏】「櫜之欲其約也」者，《廣雅·釋詁》云：「約，少也。」謂卷束藏之櫜中，約少易持載也。　注鄭司農云「櫜謂卷置櫜中也」者，武億云：「甲衣謂之櫜。《檀弓》『赴車不載櫜韔』，注：『櫜，甲衣。』《樂記》『鍵櫜』，注：『兵甲之衣曰櫜。』《少儀》『祖櫜』，注：『弢鎧衣也。』《吕氏春秋·悔過篇》：『櫜甲束兵。』」引《春秋傳》者，證甲之有櫜也。賈疏云：「按昭元年傳，鄭公孫黑與子南争徐吾犯之妹，適子南氏，子皙怒，既而櫜甲而見子南，欲殺之。彼以衣裏著甲謂之櫜，此以甲衣藏甲爲櫜，相似，故引以爲證也。」

舉而眡之，欲其豐也；鄭玄注：豐，大。孫詒讓【疏】注云「豐大」者，《易彖》下傳文。《矢人》、《弓人》注並同。

衣之，欲其無齘也。鄭玄注：鄭司農云：「齘謂如齒齘。」孫詒讓【疏】注鄭司農云「齘謂如齒齘」者，王聘珍云：「《方言》云『齘，怒也』，郭注云：『言噤齘也。』《説文》云：『齘，齒相切也。』欲其無齘也者，謂札葉不欲其相摩切，如人之怒而切齒也。」案：王説是也。賈疏謂「人之齒齘前卻不齊，札葉參差，與齒齘相似」，非經注之義。

眡其鑽空而窸，則革堅也；眡其裏而易，則材更也；眡其朕而直，則制善也；櫜之而約，則周也；舉之而豐，則明也；衣之無齘，則變也。鄭玄注：周，密致也。明，有光耀。鄭司農云：「更，善也。變，隨人身便利。」【疏】「眡其鑽空而窸，則革堅也」者，此下總論察革六事備具之善。　注云「周，密致也」者，《説文·口部》云：「周，密也。」《白虎通義·號篇》云：「周者，至也，密也。」致亦即緻字。云「明有光耀」者，《賈子·道德説》云：「光輝之謂明。」鄭司農云「更，善也」者，俞樾云：「更之爲善，猶易之爲善也。《周易·繫辭傳》：『辭有險易。』《釋文》引京房曰：『易，善也。』易與更同義。變謂之更，亦謂之易；善謂之易，亦謂之更：正古訓之展轉相通者。」案：俞説是也。云「變，隨人身便利」者，謂隨人屈申不萎牾也。

《禮記·曲禮上》　童子不衣裘、裳。孫希旦集解　《釋文》：衣，於既反。

鄭氏曰：裘大温，消陰氣，使不堪苦，不衣裘、裳便易。　孔氏曰：衣猶著也。童子體熱，不宜著裘，大温，傷陰氣也。又應給役，若著裳，則不便。故童子並緇布襦袴也。《内則》曰：「二十可以衣裘帛。」愚謂不衣裘，謂褻服也。成人褻服，冬有裘，夏有葛，春秋有繭、袍、絅、褶之屬。童子雖冬不衣裘，服繭袍而已。不衣裳，謂外服也。下文云：「兩手摳衣去齊尺。」《玉藻》云：「童子緇布衣，錦緣。」《弟子職》云：「振衽歸席。」童子之衣，有齊、有緣、有衽，則深衣之制也。成人燕居深衣，其禮服則有玄端、朝服之屬。童子惟服深衣，衣裳相連，無殊衣裳之服也。蓋玄端、朝服之屬，衣服相配，冠乃服之；童子未冠，自無服裳之法，非徒欲使其便易也。

《禮記·月令》〔季春之月，〕是月也，天子乃薦鞠衣于先帝。孫希旦集解 《釋文》：鞠，居六反，又去六反。

鄭氏曰：爲將蠶，求福祥之助。鞠衣，黄桑之服。先帝，大皞之屬。 愚謂鞠衣色黄，蓋季夏所衣之黄衣也。先帝，謂軒轅氏。蠶事始於軒轅氏之妃西陵氏，后之功統於帝，故祈蠶之祀主於先帝。薦，謂因祭而薦之，若獻之於神然也。軒轅氏乘土德而王，而配食於黄帝，薦黄衣者，所以象其德也。

〔孟秋之月，〕乃命司服，具飭衣裳，文繡有恒，制有小大，度有長短，衣服有量，必循其故，冠帶有常。孫希旦集解 《釋文》：量音亮，下「度量」同。《呂氏春秋》「恒」作「常」。

司服，春官之屬也。 鄭氏曰：文繡，祭服也。文，畫也。祭服之制，畫衣而繡裳。衣服，謂朝、燕及他服。凡此爲寒益至也。《詩》云「七月流火，九月授衣」，於此作之可也。冠帶，因制衣服而作之。 愚謂量，即大小長短之齊限也。故，謂制度及所用采色之成法也。祭服重，故言之詳；餘服輕，故言之畧。

《禮記·曾子問》諸侯相見，必告于禰，朝服而出視朝。命祝、史告于五廟、所過山川，亦命國家五官道而出。反必親告于祖、禰，乃命祝、史告至于前所告者，而后聽朝而入。

孫希旦集解 告于禰，謂親告之。不言祖者，使祝、史告之也。朝服，諸侯之朝服玄冠、緇衣、素裳，冕弁，皆以冠名服，而朝服與玄端同冠，故因以其所用以爲服名。凡經典言「朝服」，皆謂此服也。諸侯相朝亦冕服，此將出視朝，不冕服。祖廟不親告，山川僅告於所過，皆所以貶於朝天子之禮也。反則祖、禰皆親告者，告反之禮重於告出也。朝、聘之服不同：朝以冕，聘以弁。諸侯朝天子裨冕，其自相朝亦然。熊氏謂「諸侯相聘皮弁服，相朝亦皮弁服」，非也。

《禮記·玉藻》朝玄端，夕深衣。孫希旦集解 《釋文》：朝，直遥反。今按：朝如字。

此謂大夫士燕居之服也。玄端，玄冠端衣也。端，正也。玄端之衣，以十五升布緇而爲之，前後各二幅，其長二尺二寸，幅廣亦二尺二寸，長與幅廣正等故曰「端」。深衣以十五升白布，連衣裳爲之，以其被體深邃，故曰「深衣」。天子皮弁視朝，遂以食，卒食，服玄端；諸侯朝服視朝，退適路寢，釋服，服玄端，又朝服以食，卒食，服深衣；大夫士朝服以朝，退朝，服玄端以食，卒食，服深衣也。若大夫士視私朝，亦朝服也。凡禮服，皆端也。《樂記》「端冕而聽古樂」，《大戴禮》「端衣玄裳，絻而乘輅」，此冕服謂之端也。《左傳》「晏子端委立於虎門之外」，又劉定公曰「吾與子弁冕端委，以治民臨諸侯」，又子贛曰「大伯端委以治周禮」，此朝服謂之端也。而玄端獨以端爲名，蓋深衣連衣裳爲之，玄端乃禮服之下，衣之端者自此始，故專以端名焉。玄端之衣，雖與朝服以上同制，而其袂則異。《雜記》：「凡弁絰，其衰侈袂。」弁絰之衰侈袂，則吉時皮弁、爵弁之服侈袂可知。《少牢禮》：「主人朝服，主婦錫衣侈袂，則主人朝服侈袂可知。《特牲禮》「主人玄端」，不言「侈袂」，則袂不侈也。玄端之制，雖不可考，而《喪服記》言喪衰之制云：「袂屬幅，衣二尺有二寸，袪尺二寸。」士之喪衰，與玄端同制者也。是玄端之袂屬於衣爲二尺二寸，至袖口而圜殺爲尺二寸，與深衣同。若朝服以上，則其袂不殺，不殺故侈，殺之故不侈。此端衣與朝服以上之異制也。自此以下至「弗敢充也」，明衣服之制。

深衣三袪，縫齊倍要，衽當旁，袂可以回肘。孫希旦集解 《釋文》：深衣三袪，起魚反，本或無「衣」字。縫音逢。齊音咨，本或作「齎」。要，一遥反。衽，而審反，又而鴆反。袂，面世反。肘，竹丑反。鄭註：縫或爲「逢」，或爲「豐」。

此詳深衣之制也。袪，袂口也。三袂，謂其要中之度也。要，謂裳之上畔也。深衣三袪者，深衣袪尺二寸，圍之爲二尺四寸，而其要中七尺二寸，三倍於其袪之數也。縫，紩也。齊，裳之下畔也。縫齊倍要者，言裳之下畔縫紩之，而其度一丈四尺四寸，又倍於要中之數也。此二句，言裳之制也。衽，衣襟也。禮衣之衽在中，而深衣之衽掩於旁，與禮衣異也。袂可以回肘者，袂廣二尺二寸，肘長尺二寸，故可以回肘。此二句，言衣之制也。凡衽者，皆所以掩衣裳之交際者也。然有禮衣之衽，有深衣之衽，有在衣之衽，有在裳之衽。鄭氏之註既未晰，而後之説者或混衣之衽於裳，或混禮衣之衽於深衣，或又即指深衣之裳幅爲衽，是以其説愈繁而愈亂也。古之禮衣，皆直領而對襟，其衽在左襟之上。若舒其衽以掩於右襟之内，謂之襲；摺其衽於左襟之内，謂之裼。此禮衣在衣之衽也。禮衣之裳，前三幅，後四幅，前後不屬。而其衽二尺有五寸，屬於衣而垂於裳之兩旁，以掩其前後際，此禮衣在裳之衽也。深衣之衣，爲曲領相交，其衽亦在左襟之上，而恒以掩於右襟之外，此深衣在衣之衽也。其裳則前六幅，後六幅，皆交裂之，寬頭在下，狹頭在上，於前裳之左爲衽而縫合於後裳，於前裳之右爲衽而不縫合，至衣時則交於後裳，此深衣在裳之衽也。在裳之衽，禮衣與深衣皆在兩旁，唯在衣之衽，則禮衣之衽狹而又掩於襟内，其襲而見於外，則當心而直下；深衣之衽稍濶，又緣其旁而掩於襟外，以交於右腋之側。此言「衽當旁」，以見其異於禮衣，乃指在衣之衽，而非指在裳之衽也。至小要之取名於衽，則當獨指深衣在裳之衽，而其在衣之衽與禮服之衽皆無與焉。《喪服記》云「衽二尺有五寸」，鄭註云：「上正一尺，燕尾二尺五寸，凡用布三尺五寸。」賈疏云：「取布三尺五寸，廣一幅，留上一尺爲正。一尺之下，旁入六寸，乃邪向下一畔一尺五寸，去下畔亦六寸，横斷之，留下一尺爲正，則用布三尺五寸，得兩衽，衽各二尺五寸。」蓋禮衣在裳之衽，其制若此。深衣之衽，在裳之左右者亦然。濶頭在上，狹頭在下，其所交後裳之幅，則濶頭在下，狹頭在上。如此則上下相交，正如小要之形，故《深衣記》謂之「鈎邊」，而鄭氏喻之以「曲裾」也。

長、中，繼揜尺，袷二寸，袪尺二寸，緣廣寸半。 孫希旦集解 《釋文》：袷音劫。
緣，尹絹反。廣，徐公曠反，後放此。
鄭氏曰：其爲長衣、中衣，則繼袂揜一尺，若今褎矣。深衣則緣而已。孫希旦集解 袷，
曲領也。袪，袂口也。緣，飾邊也。 愚謂長衣、中衣，皆衣於上服之内者也。吉服謂之中
衣，喪服謂之長衣。蓋吉服之中衣恒服在内，凶服之中衣則如遭喪受聘之大夫，大夫筮葬之
史，皆釋衰而即用爲外服，故不謂之中衣，而因其袂之長，謂之長衣也。繼揜尺者，更以一尺
續於袂口，而揜覆於手也。長、中之制，悉與深衣同，其異於深衣者唯此也。蓋深衣用之燕
居，故袂短，反屈之及肘而已。長、中在禮服之内，禮服袂長，故長、中之袂亦長，欲其與上服
稱也。「袷二寸」以下，兼承深衣、長、中言之也。深衣用十五升白布爲之，長、中則各視其上
服之所用焉。

以帛裹布，非禮也。 孫希旦集解 鄭氏曰：中外宜相稱也。冕服，絲衣也，中衣用素。皮弁服、朝服、玄端，
麻衣也，中衣用布。 愚謂裹，謂中衣之裹也，長、中與深衣同制。然深衣禪而長中有裹，
《檀弓》「練衣黄裹」是也。中衣之所用與上服同：皮弁服、爵弁服，冕服，中衣用帛，其裹亦同
帛；玄端、朝服，中衣用布，其裹亦宜用布也。鄭氏以裹爲中衣，非是。又中衣所用之色，亦
並與上服同，祭服之中衣用玄，下言「玄綃衣」是也。鄭氏謂「冕服中衣用素」，亦非也。

士不衣織。無君者不貳采。 孫希旦集解 《釋文》：衣，於既反。織音志。
鄭氏曰：織者，染絲織之。士衣染繒。大夫去位，宜服玄端玄裳。 孔氏曰：織者，
染絲織之，功多色重，士賤，不得衣也。大夫以上衣織。無君者不貳采，是有采色，但不貳耳。
大夫士去國，服素衣素裳，三月之後，服玄端玄裳。 愚謂染絲織之，若今之緞。染繒，織
成而染之，若今之綾綢。

衣正色，裳間色。 孫希旦集解 《釋文》：間，「間廁」之間。
鄭氏曰：謂冕服，玄上纁下。 孔氏曰：玄是天色，故爲正，纁是地色，赤黄之雜，故
爲間色。皇氏云：「正，謂青、赤、黄、白、黑，五方正色也。不正，謂五方間色，緑、紅、碧、紫、
騮黄是也。青是東方正，緑是東方間。東爲木，木青，克土，土黄，並以所克爲間，故緑色青黄
也。赤是南方正，紅是南方間。南爲火，火赤，克金，金白，故紅色赤白也。白是西方正，碧是
西方間。西爲金，金白，克木，木青，故碧色青白也。黑是北方正，紫是北方間，北方水，水黑，
克火，火赤，故紫色赤黑也。黄是中央正，騮黄是中央間。中央土，土黄，克水，水黑，故騮黄
之色黄黑也。」愚謂正色，五方之純色。衣在上爲陽，故用正色，所以法陽之奇也。間猶雜也，
謂兼雜二色。裳在下爲陰，故用間色，所以法陰之耦也。祭服上玄象天，下纁象地。纁兼赤
黄之色，黄爲土之正色，而赤色屬火，火者土之母，故兼二色以象地焉。

非列采不入公門，振絺、綌不入公門，表裘不入公門，襲裘不入公門。 孫希旦
集解 《釋文》：振，依註爲「袗」，之忍反。
鄭氏曰：列采，正服。振讀爲袗，禪也。表裘，外裘色。二者形且褻，皆當表之乃出。襲
裘不入公門，衣裘必當裼也。 孔氏曰：袗絺、綌，其形露見。表裘在衣外，可鄙褻也。
愚謂非列采，若衛渾良夫紫衣是也。絺、綌，夏之褻衣，裘，冬之褻衣，其上必有中衣與禮衣
焉。袗絺、綌，表裘，皆謂以裘葛爲外服也。但絺、綌輕涼，故據其不加餘服而曰「袗」，裘有文
采，故據其在外露見而曰「表」，其實則一也。朝君以裼爲敬，故襲裘不入公門。

纊爲繭，緼爲袍，禪爲絅，帛爲褶。 孫希旦集解 《釋文》：纊音擴。緼，紆粉反，又
紆郡反。絅，苦迥反，徐又音迥。褶音牒。 鄭氏曰：繭、袍，衣有著之異名也。纊，今之新綿
也。緼，今之纊及舊絮也。絅，有衣裳而無裏。褶，有表裏而無著。 愚謂纊與緼，皆漬繭
擘之，新而美者爲纊，惡而舊者爲緼。衣以纊著之者謂之繭，《雜記》子羔襲有「繭衣裳」，《左
傳》楚薳子馮「重繭衣裘」是也。衣以緼著之者謂之袍，《論語》「衣敝緼袍」是也。衣之無裏者
謂之禪，《詩》言「衣錦絅衣，裳錦絅裳」，此絅之加於禮服之外者也。此言「禪爲絅」，與袍、繭
爲類，此絅衣之服於中服之内者也。衣之有表裏而無著者謂之褶，《喪大記》「君褶衣、褶衾」，
《士喪禮》曰「禭者以褶，則必有裳」是也。絅與潁同。《雜記》「如三年之喪，則既潁，其練、祥
皆行」，鄭云：「潁，草名。無葛之鄉，去麻則服潁。」是絅者麻、葛之類。禪以絅爲之，故曰「禪
爲絅」。褶則表裏皆用帛爲之，故曰「帛爲褶」。褶既用帛，則袍、繭表裏用帛可知。裘與絺、
綌，冬夏之褻衣也。此四者，春秋之褻衣也。四者之外，則有中衣，中衣之外，則有上服。袍、
繭，褶服於稍寒之時，故皆用帛，貴其煖也。禪衣服於温煦之候，故用絅，貴其輕涼也。

朝服之以縞也，自季康子始也。孔子曰：「朝服而朝，卒朔然後服之。」
孫希旦集解 凡在朝，君臣同服。天子朝服皮弁服，衣以素，諸侯朝服玄冠緇衣。縞，色
與素同而惡於素，康子以此爲朝服，蓋僭天子大夫朝服之衣，而又不敢盡同也。卒朔，謂卒視
朔之事也。孔子言諸侯視朔用皮弁服，卒視朔之事，然後服朝服以朝。記者引此，以明朝服
以縞之非禮也。

曰：「國家未道，則不充其服焉。」
孫希旦集解 鄭氏曰：謂若衛文公者。未道，未合於道。 愚謂國政治曰有道，國政
亂曰無道。此曰「未道」者，言非國政之失而所值之時未平也。蓋或承喪亂之後，或值凶札之
時，則君不充其服，自貶損以足用也。此上蓋有脱文。

唯君有黼裘以誓省，大裘非古也。 孫希旦集解 《釋文》：省，依註作「獮」，息典
反。今按：省當讀爲社。
鄭氏曰：大裘，僭天子也。天子祀上帝，則大裘而冕。黼裘，以羔與狐白雜爲黼文也。
省當作「獮」，秋田也。國君有黼裘誓獮田之禮。 愚謂《夏小正》季秋始裘，《月令》孟冬始
裘，獮在仲秋，未可服裘也。《郊特牲》「君親誓社」，鄭註：「社或作省。」此「誓省」亦當作「誓
社」，誓社，爲社田而誓衆也。誓衆尚嚴斷，故服黼裘。大裘，天子祭天之服。謂之大裘者，尊
其稱，猶祭天之車謂之大路也。大裘之所用不可考，今裘以玄狐爲最尊，大裘蓋用玄狐爲之

與？時魯僭郊禮，故服大裘以祭天。記者言諸侯唯得服黼裘以誓社，若服大裘，則非古禮也。先儒謂大裘爲黑羔裘，蓋以祭服必玄，故據以推裘之所用耳。然羔裘自諸侯以下皆服之，而大裘則唯天子服以祀天，若大裘即羔裘，何以言「大裘非古」乎？

君衣狐白裘，錦衣以裼之。孫希旦集解　《釋文》：衣，於既反，下「不衣」同。

鄭氏曰：君衣狐白毛之裘，則以素錦爲衣覆之，使可裼也。袒而有衣曰裼。必覆之者，裘褻也。然則錦衣復有上衣明矣。天子狐白之上衣，皮弁服與？凡裼衣，象裘色也。　孔氏曰：天子視朝，服皮弁服，内有狐白錦衣，諸侯在天子朝亦然。凡在朝，君臣同服。天子卿大夫及諸侯卿大夫，在天子之朝，亦狐白裘，其裼不用錦衣，當用素衣。士不衣狐白，天子之士及諸侯之士在天子之朝，當麛裘素裼也。諸侯朝天子，受皮弁之賜，歸國則亦錦衣狐裘以告廟，《秦詩》云「君子至止，錦衣狐裘」是也。其在國視朔，則素衣麑裘，卿大夫亦然。　愚謂錦衣及下「玄綃衣」之屬，皆中衣也。中衣之内，冬則有裘，夏則有絺、綌，春秋則有繭、袍、絅、褶，其外則有冕服、皮弁服、朝服之屬。舒上服之衽以掩中衣則爲襲，褶上服之衽而露其中衣則爲裼。中衣之所用與其色，皆隨禮服爲變易，若褻衣則絺、綌用葛，襌用絅，袍、繭、褶用帛，皆無異物者也。唯裘之取材不一，先王制禮，因別其貴賤輕重而服之，而又辨其色，使畧與外服相稱，故此篇詳言之。鄭氏謂「袒而有衣曰裼」，又謂「錦衣上有上衣」，皆是也。然不能明錦衣之屬之即爲中衣，且又誤立裼衣之名，故於經義未晰。《曲禮》曰：「天子視不上於袷。」又此篇云：「凡侍於君，視帶以及袷。」袷者，中衣之交領，則在外服之内，裼而露見者即爲中衣明矣。裘褻，不露見，故服中衣於裘外，裼時則露見，此「衣裼」非衣名也。狐白裘，人君皮弁服之裘也。錦衣者，皮弁服以素爲中衣，而以朱錦爲之領緣也。以領緣名其衣，猶《郊特牲》之言「黼繡丹朱中衣」也。此不用黼繡丹朱中衣，而用錦衣者，以狐白裘華美，故異其領緣以表之。以人君中衣領用丹朱，故知此錦亦朱錦也。狐白裘、麛裘，皆皮弁服之裘。士不衣狐白，則大夫以上皮弁服兼用二裘。其所用之異不可考，孔氏之所區別，未知是否也。

君之右虎裘，厥左狼裘。

孫希旦集解　鄭氏曰：衛尊者宜武猛。　愚謂右、左，虎賁氏、旅賁氏之屬也。《虎賁氏》「掌先後王而趨，以卒伍」，《旅賁氏》「掌執戈盾夾王車而趨，左八人，右八人」。虎裘、狼裘，象其威猛以衛君也。

士不衣狐白。

孫希旦集解　鄭氏曰：辟君也。狐之白者少，以少爲貴也。

君子狐青裘豹褎，玄綃衣以裼之；麛裘青豻褎，絞衣以裼之；羔裘豹飾，緇衣以裼之；狐裘，黄衣以裼之。孫希旦集解　《釋文》：綃音消。麛音迷。豻音岸，胡地野犬。絞，户交反。

鄭氏曰：君子，大夫士也。綃，綺屬也，染之以玄，與狐青裘相宜。狐青裘，蓋玄衣之裘。豻，胡犬也。絞，蒼黄之色也。孔子曰：「素衣麑裘，緇衣羔裘，黄衣狐裘。」孔氏曰：皇氏云：「玄衣，謂玄端也。畿内諸侯用緇衣，畿外用玄衣。此狐青，是畿外諸侯朝服之裘。凡六冕及爵弁無裘。」熊氏云：「六冕皆有裘。此云『玄』，謂六冕及爵弁也。天子諸侯皆然，而云『大夫士』者，君用純狐青，大夫士雜以豹褎。内外諸侯朝服皆緇衣，以羔爲裘，不用狐青也。」劉氏云：「凡六冕皆黑羔裘，故《司服》云『祭昊天大裘而冕』，以下冕皆不云『裘』，是皆用羔裘也。」劉氏以此玄衣爲玄端，與皇氏同。今按《詩》箋云：「羔裘豹袪，卿大夫之服。」《檜風》云：「羔裘逍遥。」《論語》云：「緇衣羔裘。」唐、檜、魯非畿内之國，何得云「畿内諸侯緇衣，畿外諸侯玄衣」？若此玄衣爲畿外諸侯，鄭註此何得云「君子，大夫士也」？又祭服無裘，文無所出，皇氏之説非也。六冕皆用大裘，是以小祭與昊天不異，劉氏之説非也。熊氏之説，踰於二家。《聘禮》「公裼降立」，註引《玉藻》云：「麛裘青豻褎，絞衣以裼之。」又引《論語》云「素衣麑裘」。皮弁時或素衣。如鄭此言，則裼衣或素或絞不定也。熊氏云：「君用素，臣用絞。」皇氏云：「素衣爲正，記者亂言絞耳。」愚謂君子狐青裘豹褎，此希冕、玄冕、爵弁服之裘也。麛，鹿子，其色白。麛裘青豻褎，皮弁服之裘也。羔裘豹飾，朝服、玄端服之裘也。豹飾，猶《詩》言「豹褎」也。狐裘玄端服，用於燕居之裘也。黄中衣不與上服同色者，以其用於燕居而畧其制也。《論語》曰「褻裘長，短右袂」，「狐貉之厚以居」。褻裘，深衣之裘也。大夫士朝玄端則服狐裘，夕深衣則服貉裘。《旄邱》之詩曰：「狐裘蒙戎，匪車不東。」《都人士》之詩曰：「狐裘黄黄。」晉士蔿言「狐裘蒙茸，一國三公」，以指獻公與二公子。魯人言「臧之狐裘」，以譏武仲。是狐裘者，自人君以下至於大夫士之所常服也。鄭氏云「黄衣，大蜡時臘祭先祖之服」，誤矣。《郊特牲》「黄衣黄冠以祭」，乃謂蜡祭時野夫之服，與此言「黄衣」不同。若如鄭氏之説，則黎人自賦其流離之狀，魯人作歌於敗北之餘，而乃獨舉臘祭之服以爲言，果何義乎？且周本無臘祭，説已見《月令》。

錦衣狐裘，諸侯之服也。

孫希旦集解　鄭氏曰：非諸侯則不用錦衣爲裼也。　愚謂錦衣狐裘，謂狐白裘以錦衣裼之也。士不衣狐白，大夫雖得衣狐白，但用素衣裼之，不得用錦衣也。

犬羊之裘不裼，不文飾也不裼。

孫希旦集解　鄭氏曰：犬羊之裘質畧，亦庶人無文飾。　愚謂此下三節，雜明裼、襲之義。犬羊之裘，庶人之所服也。不裼者，賤而畧之也。不文飾也不裼者，大夫士服裘雖裼，若非行禮之地，無事乎文飾者，亦不裼也，不裼則襲也。

裘之裼也，見美也。弔則襲，不盡飾也。君在則裼，盡飾也。孫希旦集解

《釋文》：見，賢遍反。

孫希旦集解　鄭氏曰：君子於事，以見美爲敬。弔則襲，喪非所以見美。　孔氏曰：弔襲，謂主人既小斂之後。若未斂之前，則裼裘弔，《檀弓》「子游裼裘而弔」是也。凡敬有二體：子於父以質爲敬，故父母之所不敢袒裼；臣於君以文爲敬，故於君所則裼。若平敵以下亦襲，以其質畧故也。　愚謂凡中衣之領緣，皆華於外，服裼則露其中衣之領緣，故謂之見

美。見美，所以致飾也。弔主哀，故去飾。君在主敬，故盡飾。

服之襲也，充美也。是故尸襲，執玉、龜襲。無事則裼，弗敢充也。

孫希旦集解　鄭氏曰：充，覆也。尸襲，尸尊也。執玉、龜襲，重寶瑞也。無事則裼，謂已致龜、玉也。　孔氏曰：凡執玉得襲，故《聘禮》執圭璋致聘則襲，若執璧琮行享則裼。此「執玉」或容非聘、享，尋常執玉則亦襲也。龜是享禮庭實之物，執之亦裼，若尋常所執及卜則襲，敬其神靈也。無事則裼，謂行禮已致龜、玉之後則裼，不敢充覆其美，亦謂在君前故裼也。若不在君所，無事則襲。　愚謂上文言「裘之裼」，此變言「服之襲」者，以明裼、襲四時皆有，不專屬於裘也。充者，足乎內而無待於外之意。裼以見美，凡以致敬而已，而襲則義非一端。犬羊之裘不裼，以其人之賤而不足見美也。不文飾也不裼，以其事之輕而不必見美也。弔則襲，以其主於哀戚而不當見美也。尸襲，執玉、龜襲，一則以其象鬼神之尊嚴而德充於內，一則以其執國家之重器而敬存於中，而無待於見美也。襲即不裼，而《記》或言「不裼」，或言「襲」者，據其禮之輕則見不裼之義，據其禮之重則見當襲之義也。凡行禮以裼爲常，其襲者皆有爲爲之也。

韠，君朱，大夫素，士爵韋。　孫希旦集解　《釋文》：韠音必。

鄭氏曰：此玄端服之韠。韠之言蔽也。凡韠，以韋爲之，必象裳色，則天子諸侯玄端朱裳，大夫素裳。唯士玄裳、黄裳、雜裳也。皮弁服皆素韠。　孔氏曰：祭服玄衣纁裳。知此朱韠非祭服者，若祭服則君與大夫士無別，何得云「大夫素，士爵韋」？且祭服名韍，不名韠也。　愚謂韠，蔽膝也。上古衣皮，先知蔽前，後知蔽後。後世聖人易之以布帛，而猶存其蔽前，以示不忘古之意，而因備其飾，以爲尊卑之别焉。凡衣服之色，衣從冠，韠、屨從裳，各因其上下之類也。玄端服上下通以燕居，諸侯以下又用以齊，士又用以祭。齊服必玄，上下通用爵韠。此君朱，大夫素，燕居之韠也。大夫玄端、素裳、素韠，則與朝服同，但朝服侈袂，自别於玄端耳。《特牲記》：「玄端爵韠。」是士齊、祭服爵韠。此燕居玄端亦爵韠者，士賤，禮畧也。自此以下至「三命赤韍葱衡」，明韠韍之制。

圜、殺、直：天子直，公侯前後方，大夫前方後挫角，士前後正。　孫希旦集解

《釋文》：圜音圓。挫，作卧反。

鄭氏曰：圜、殺、直，目韠制。天子四角直，無圜、殺。公侯殺四角，使之方，變於天子也。所殺者去上下各五寸。大夫圜其上角，變於君也。韠以下爲前，以上爲後。士前後正，士賤，與君同，不嫌也。正，直、方之間語也。天子之士則直，諸侯之士則方。　吳氏澄曰：韠之制長三尺，上廣一尺，下廣二尺。天子之韠，自上之左右角，斜裁至下之左右角，直而無所屈，故曰「直」。諸侯上下左右角各正裁五寸，自上之左右角五寸，下斜裁至下之左右角不盡五寸止，上下各有五寸不斜裁，故方。大夫下之左右角亦正裁五寸，其上端不方，剡其兩角，故圜。士下端亦裁方，上端不剡圜，前方而後直，故曰「前後正」。　愚謂士前後正，吳氏之説爲是。鄭氏以直、方爲天子諸侯之士之别，無所據也。孔氏曰：經云「前後方」，是殺四角也。

上下各去五寸，所去之處，以物補飾之使方，變於天子也。按《雜記》云「韠會去上五寸」，是上去五寸。又云「紕以爵韋六寸，不至下五寸」，是去下五寸。鄭註《雜記》：「會，謂上領縫也。」又云：「純、紕之所不至五寸。」然則上去五寸，是領也；下去五寸，是純也。若然，唯去上畔下畔，而云「殺四角」者，蓋四角之處別異之，使殊於餘邊也。　愚謂韠之會去上五寸，其紕不至下五寸，則其上下所殺，當以此爲度。故鄭氏云「所殺者去上下各五寸」，謂所殺之度離上畔下畔各五寸而止也。孔疏乃云「上下各去五寸，以物補之」，則以註中「去」字爲上聲讀之，與經、註之義皆不合。且鄭註此文，本以解「公侯前後方」之義，若韠之上有會，下紕以爵韋，純以素，則爲韠之通制，非獨公侯矣。疏乃謂「上去五寸是領，下去五寸是純」，其説尤混，不可曉也。

韠下廣二尺，上廣一尺，長三尺，其頸五寸，肩，革帶，博二寸。　孫希旦集解

《釋文》：頸，吉井反，又吉成反。

鄭氏曰：頸五寸，亦謂廣也。頸中央，肩兩角，皆上接革帶以繫之，肩與革帶廣同。凡佩，繫於革帶。孔氏曰：韠、佩並繫於革帶者，以大帶用組約，其物細小，不堪繫韠、佩故也。

一命緼韍幽衡，再命赤韍幽衡，三命赤韍葱衡。《釋文》：緼音温。韍音弗。幽讀爲黝，出註幼糾反。

鄭氏曰：此玄冕爵弁服之韠，尊祭服，異其名耳。韍之言亦蔽也。緼，赤黄之間色，所謂韎也。衡，佩玉之衡也。幽讀爲黝。黑謂之黝，青謂之葱。　孔氏曰：他服稱韠，祭服稱韍。《詩》毛傳云：「天子純朱，諸侯黄朱。」黄朱色淺，卿大夫赤韍，色又淺耳。　愚謂緼韍，即韎韐也。衡，佩上之珩也。珩在上而横，故曰「衡」。此據公侯伯之國，卿三命，大夫再命，士一命者言之。若子男之國，則卿再命而赤韍葱衡，大夫一命而赤韍幽衡，士不命而緼韍幽衡也。孔疏謂「子男大夫服緼韍」，非也。《司服》於諸侯卿大夫之服，其差降但以爵而不以命數，則其於韍必不以命數爲差也。【略】

王后禕衣，夫人揄狄，君命屈狄。《釋文》：禕音翬，許韋反。揄音摇，羊消反。屈音闕。

孫希旦集解　鄭氏曰：禕讀爲翬，揄讀爲摇，翬、摇皆翟名也。刻繒而畫之，著於衣以爲飾，因以爲名也，後世作字異耳。夫人，三夫人，亦侯伯之夫人也。王者之後，夫人亦禕衣。君，女君也。屈，《周禮》作「闕」，謂刻繒爲翟，不畫也。此子男之夫人也。禮，天子諸侯命其臣，后夫人亦命其妻以衣服，所謂「夫尊於朝，妻榮於室」也。　孔氏曰：翬，謂畫翬於衣，六服之最尊也。夫人，謂三夫人及侯伯夫人也。狄讀如翟，摇翟，謂畫摇翟於衣。王者之後，祭其先王，夫人亦禕衣，《禮記》每云「君衮冕，夫人副禕」，若祭先君則降焉。魯祭文王周公，其夫人亦禕衣，故《明堂位》云「夫人副禕立于房中」。君，謂女君，子男之妻也。被后所命，故曰「君命」，或可女君謂后也。屈，闕也。直刻雉形，闕其采畫，故云「闕翟」。按鄭註《內司服》，引《爾雅・釋鳥》：「伊、雒而南，素質五色皆備成章曰翬。江、淮而南，青質五色皆備成

章曰搖。」王后之服，刻繒爲之形，而采畫之，綴於衣，以爲文章。褘衣，畫翬者；揄翟，畫搖者；闕翟，刻而不畫。此三者，皆祭服。鞠衣，色如鞠塵，服之以桑。展衣，以禮見王及賓客之服。褖衣，御於王之服。闕翟赤，揄翟青，褘衣玄，鞠衣黄，展衣白，褖衣黑。其六服皆以素紗爲裏，故《内司服》陳六服之下云「素沙」，鄭註云：「六服皆袍制，以白縳爲裏。」愚謂夫人，謂侯伯之夫人也。《内司服》：「辨外内命婦之服，鞠衣、展衣、褖衣。」是王之外内命婦無服三狄者矣。原其意，蓋於内命婦深防其並后之端，故於其服章使遠降於后，而外命婦則又欲其與内命婦相準，故孤、卿服冕，而其妻不服三狄，以此與？鄭此註於「夫人」兼言「三夫人」，《周禮》註又謂「三夫人闕狄」，恐皆未然也。君命，當作「五命」，字之誤也。婦人從其夫之爵位，故夫尊於朝，則妻榮於室，無别受爵命之法。《内宰職》所言贊王后之禮事者詳矣，而無贊王后爵命之事，是王后亦無爵命人之事。註疏謂君命爲受王后之命，非也。且如其言，則夫人及再命、一命之妻，孰非受命者，何獨於子男之妻言之？自此以下至「其他則皆從男子」，明王后、夫人及命婦之服。

再命褘衣，一命襢衣，士褖衣。孫希旦集解 《釋文》：褘，依註音鞠，居六反，又曲六反。襢，張戰反。褖，吐亂反。鄭註：褖或作「税」。

鄭氏曰：褘當爲「鞠」。子男之卿再命，而妻鞠衣，則鞠衣、襢衣、褖衣者，諸侯之臣皆分爲三等，其妻以次受此服也。公之臣，孤爲上，卿大夫次之，士次之。侯伯子男之臣，卿爲上，大夫次之，士次之。 孔氏曰：再命，謂子男之卿也。褘當爲「鞠」，謂子男卿妻服鞠衣也。襢，展也，子男大夫一命，其妻服展衣也。士褖衣者，子男之士不命，其妻服褖衣也。鄭註《士喪禮》：「褖之言緣，黑衣裳以赤緣之。」 愚謂諸侯之臣之服爲三等：孤希冕，卿大夫皆玄冕，士皆爵弁也。其妻之服亦爲三等：孤、卿皆鞠衣，大夫皆展衣，士皆褖衣也。如鄭氏之説，則有孤之國，孤鞠衣，卿大夫皆展衣；無孤之國，則卿鞠衣，大夫展衣。孔氏又通其例於男子，謂有孤之國，孤希冕，卿大夫玄冕；無孤之國，卿希冕，大夫玄冕。然《司服》「卿大夫之服，自玄冕以下」，非專爲有孤之國言也。《雜記》復「内子以鞠衣」，「下大夫以展衣」，非專爲無孤之國言也。

唯世婦命於奠繭，其他則皆從男子。孫希旦集解 自「君命屈狄」以下至此，舊在「紳、韠、結三齊」之下，鄭氏云：「宜承『夫人揄狄』。」

世婦，謂諸侯之内世婦也。奠繭，猶獻繭也。諸侯有公桑蠶室，卜於三宫夫人、世婦之吉者使蠶，既成則從夫人而獻之於君也。世婦之尊視大夫，服展衣。凡夫尊於朝，妻榮於室，故卿大夫之妻皆得隨夫而服其服，唯世婦乃諸侯之妾，必因奠繭命之，乃得服其服，明君不以私寵加賜也。天子之内命婦蓋亦如此。

《禮記・深衣》

孫希旦集解 《别録》屬《制度》。 鄭氏曰：深衣，用十五升布，鍛濯灰治，純之以采。 孔氏曰：諸侯、大夫、士夕時之服也。故《玉藻》曰：「朝玄端，夕深衣。」庶人吉服亦深衣，皆著之在表也。餘服上衣、下裳不相連，深衣衣、裳相連，被體深邃，故謂之深衣。 愚謂禮衣上衣、下裳，深衣連衣、裳爲之，以其用於燕私，尚簡便也。自深衣之外，與深衣同制而其用不同者有三：一曰中衣，衣於禮服之内者，《玉藻》所言「錦衣」、「玄綃衣」、「絞衣」、「緇衣」之屬是也。中衣之所用，與禮服同。祭服皮弁用繒，朝服玄端用布，故《玉藻》曰：「以帛裏布，非禮也。」而别以華美之物爲之領緣，故《郊特牲》言「黼、繡、丹朱、中衣」。大夫士亦以采色爲之，故裼謂之見美，謂見此中衣之領緣也。一曰長衣，喪服之中衣也。中衣、長衣之袂皆繼揜尺。《聘禮》：「遭喪，將命於大夫，主人長衣、練冠以受。」《雜記》：「如筮，則史練冠、長衣以筮。」蓋喪中因事而脱衰，則不復加餘服，而即以中衣爲上服，故喪服之中衣不謂之中衣，而謂之長衣，以其袂名其衣也。《檀弓》：「練，練衣黄裏、縓緣。」又曰：「袪，裼之可也。」蓋練中衣始用縓緣，故可裼以見美，然則自練以前未有飾也。一曰麻衣，大祥之所服也。麻衣用十五升布爲之，而亦緣以縓，《喪服記》「公子爲其母，練冠，麻衣縓緣」，是也。縓緣者，布也。麻衣即深衣。大祥既除衰，故服麻衣以居。深衣之緣，或以績，或以青，或以素，皆繒也。而麻衣仍小祥之縓緣，則猶未離乎凶也。此篇專明深衣之制。由深衣之制以推之，則中衣、長衣、麻衣之制亦可見矣。

古者深衣蓋有制度，以應規、矩、繩、權、衡。孫希旦集解 《釋文》：應，於證反。

鄭氏曰：言聖人制事必有法度。 愚謂此爲一篇之綱，其説在下。

短毋見膚，長毋被土。孫希旦集解 《釋文》：見，賢遍反。被，彼義反。

鄭氏曰：毋見膚，衣取蔽形。毋被土，爲汙辱也。 愚謂此總言衣、裳長短之制也。人身雖有長短，而深衣皆以及踝爲度也。

續衽鉤邊，要縫半下。孫希旦集解 《釋文》：鉤，古侯反。要，一遥反。縫，扶用反。鄭注：續或爲「裕」。要或爲「優」。

此言裳之制也。 鄭氏曰：續猶屬也。衽，在裳旁者也。屬連之，不殊裳前後也。鉤邊，若今曲裾也。三分要中，減一以益下，下宜寬也。 愚謂深衣之裳，用布六幅，而斜裁爲十二幅：前六幅，後六幅。於前幅左右之兩旁，用布續之，以掩其前後際，謂之衽。衽之在左者，續於前幅，而縫著於後幅；其在右者，但續於前幅而不縫著，至衣之，則掩於後幅也。鉤，曲也。邊，即衽之交掩處也。深衣之裳，幅上狹而下廣，其衽之掩於後幅者則上廣而下狹，二者相交，上下皆廣，而中央獨狹，則其形鉤曲矣。勉齋黄氏與朱子論深衣之制云「曲裾，以一幅布交解之爲兩條，上闊下狹，綴之兩旁，如燕尾然」，是也。禮衣之衽，垂於裳之兩旁，而不屬於裳。其裳用正幅而襞積之，與衽相值之處亦無鉤邊之象，故續衽鉤邊惟深衣之制爲然。要縫，謂要中所縫紩之度也。下，謂齊也。深衣之裳，用布六幅，斜裁爲十二幅。布廣二尺二寸，除四寸爲縫，餘布一尺八寸，三分之：狹頭得一分，爲六寸，合十二幅，則爲七尺二寸也；闊頭得二分，爲一尺二寸，合十二幅，則爲一丈四尺四寸也。以七尺二寸爲要，以一丈四尺四寸爲齊，是要縫之度，半於齊縫之度也。

袼之高下，可以運肘；袂之長短，反詘之及肘。孫希旦集解 《釋文》：袼，本亦作「胳」，音各。肘，竹九反，又張柳反。袂，彌世反。詘，邱勿反。鄭注：肘或爲「腕」。

此言衣之制也。袼之高下，可以運肘，言袂之寬隘之度也。袂之長短，反詘之及肘，又言其長短之度也。　鄭氏曰：肘不能不出入。袼，衣袂當掖之縫也。袂屬幅於衣，詘而至肘，當臂中爲節。臂骨上下各尺二寸，則袂，肘以前尺二寸。　孔氏曰：袼，謂當臂之處，宜稍寬大，可以運動其肘。袂二尺二寸，肘尺二寸，是可運肘也。袂之長短，反紐之及肘者，袂長二尺二寸，并緣寸半，爲二尺三寸半，除去其縫之所殺各一寸，餘有二尺一寸半在，從肩至手二尺四寸。今二尺一寸半之袂，得反詘及肘者，以袂屬於衣，幅闊二尺二寸，自脊至肩但尺一寸，從肩覆臂又尺一寸，是衣幅之畔覆臂將盡，今又屬袂於衣又二尺一寸半，故反屈其袂，得及於肘也。　劉氏曰：古者布幅二尺二寸，深衣裁身用布八尺八寸，中屈而四疊之，則正方。袖本齊之，而漸圜殺以至袪，則廣一尺二寸，故下文云「袂圜應規」也。衣四幅，而要縫七尺二寸，又除負繩之縫與領旁之屈積各寸，則兩腋之餘，前後各三寸許，續以二尺二寸幅之袖，則二尺有五寸也。然周尺二尺五寸，不滿今舊尺二尺，僅足齊手，無餘可反屈也，曰「反屈及肘」，則接袖初不以一幅爲拘矣。經言「短無見膚，長無被土」，及「袼可運肘」，「袂反及肘」，皆以人身爲度，而不言尺寸者，以人身有大小長短之殊故也。朱子云「度用指尺，中指中節爲寸」，則各自與身相應矣。　愚謂反屈及肘，劉氏與鄭、孔之説不同，以人情言之，劉氏爲近是。

帶，下毋厭髀，上毋厭脅，當無骨者。　孫希旦集解　《釋文》：厭，於甲反。髀，卑婢反。脅，許劫反。當，丁郎反。

此言束帶之法也。大夫以上有雜帶，深衣之帶也。士無雜帶，則深衣亦用大帶矣。髀與脅皆有骨，脅之下，髀之上，無骨之處也。　鄭氏曰：帶當骨，緩急難爲中也。

制十有二幅，以應十有二月，袂圜以應規，曲袷如矩以應方，負繩及踝以應直，下齊如權，衡以應平。故規者，行舉手以爲容，負繩、抱方者，以直其政，方其義也。故《易》曰：「《坤》六二之動，直以方也。」下齊如權、衡者，以安志而平心也。五法已施，故聖人服之。故規、矩取其無私，繩取其直，權、衡取其平。故先王貴之。　孫希旦集解　《釋文》：應，「應對」之應。圜音圓。袷音劫。踝，胡瓦反。齊音咨，亦作「齋」。鄭注：政或爲「正」。

此總言深衣制度，以釋首節之義也。　鄭氏曰：制十有二幅，裳六幅，幅分之，以爲上下之殺也。袂圜，謂胡下也。袷，交領也。古者方領，如今小兒衣領。繩，謂裻與後幅相當之縫也。踝，跟也。齊，緝也。行舉手，謂揖讓。引《易》者，言深衣之直，方，應《易》之文也。心平志安，行乃正，或低或昂，則心有異志者與？五法已施，聖人服之，言非法不服也。　孔氏曰：鄭以漢時領皆向下交垂，故云「古者方領」；似今擁咽，故云「若今小兒衣領」，但方折之也。衣之背縫，及裳之背縫，上下相當，如繩之正，故云「負繩」。負繩，背之縫也。抱方，領之方也。直其政，解「負繩」；方其義，解「抱方」也。　愚謂五法，謂規、矩、繩、權、衡也。言「聖人服之」，則天子或亦服之與？

故可以爲文，可以爲武，可以擯相，可以治軍旅。完且弗費，善衣之次也。　孫希旦集解　《釋文》：相，息亮反。費，芳貴反。

此又言深衣之所用也。治軍旅，謂若卿大夫以下作民師田、行役之事也。擯，相，謂大夫士相見而爲之接賓、相禮也。擯，相，文事；軍旅，武事。言深衣不獨施於燕私也。　鄭氏曰：完且弗費，言可苦衣而易有也。善衣，朝、祭之服也。自士以上，深衣爲之次，庶人吉服，深衣而已。　吕氏大臨曰：深衣之用，上下不嫌同名，吉凶不嫌同制，男女不嫌同服。諸侯朝朝服，夕深衣；大夫士朝玄端，夕深衣；庶人吉服深衣。此上下同也。有虞氏深衣而養老；將軍文子除喪受弔，練冠、深衣；親迎，女在途，壻之父母死，深衣、縞，總以趨喪。此吉凶、男女同也。推其義類，則非朝、祭皆可服之，故曰「可以爲文，可以爲武，可以爲擯、相，可以治軍旅」也。

具父母、大父母，衣純以績。具父母，衣純以青。如孤子，衣純以素。純袂、緣，純邊，廣各寸半。　孫希旦集解　《釋文》：大音太。純，之允反。績，户對反。緣，悦絹反。廣，古曠反。孔疏：「緣讀爲緆。」音錫，又以鼓反。

此言純，緣之法也。　鄭氏曰：尊者存，以多飾爲孝。純，謂緣之也。績，畫文也。三十以下無父，稱孤。緣袂，謂其口也。緣，緆也。緣邊，衣，裳之側。廣各寸半，則表、裏共三寸矣。唯袷廣二寸。　孔氏曰：具父母、大父母，所尊俱在，純以績。若其不具，一在一亡，不必純以績也。有父母而無祖父母，以爲吉不具，故飾少而純以青，降於績也。若無父母，唯祖父母在，亦當純以青。純，緣也。純袂，謂純其袂口也。緣讀爲緆。《既夕禮》云明衣「縓綼，緆」，鄭注云：「在幅曰綼，在下曰緆。」此云「緆」，則深衣之下緣也。純邊，謂深衣之旁側也。深衣外衿之邊有緣，裳雖前後相連，然外邊曲裾掩處，其側亦有緣也。廣各寸半者，言純袂口及裳下之緆，并純旁邊，其廣各寸半。　陳氏祥道曰：純以績，備五采以爲樂也。純以青，體少陽以致敬也。純以素，存凶飾以致哀也。　愚謂績、青、素，皆繒也。朝、祭之服，其飾有一定，深衣用於燕居，故其飾有是三者之異。上云「具父母，衣純以青」，下言「孤子，衣純以素」，則是無父者皆孤也。鄭云「三十以下無父爲孤」，非也。家無二尊，父没母存，則純當以素；母没父存，純猶以青也。大父母亦然。孔概云「一在一亡，不得純以績」，亦非也。

《孝經·親喪》　子曰：「孝子之喪親也，哭不偯，禮無容，言不文，服美不安。」

玄宗注：不安美飾，故服縗麻。

邢昺注疏：案《論語》孔子責宰我云：「食夫稻，衣夫錦，於汝安乎？」美飾謂錦繡之類也，故《禮記·問喪》云：「身不安美是也。」孝子喪親，心如斬截，爲其不安美飾，故聖人制禮，令服縗麻，當心麄布，長六寸，廣四寸。麻爲腎絰、首絰，俱以麻爲之。縗之言摧也，絰之言實也。

孝子服之，明其心實摧痛也。章昭引《書》云：成王即崩，康王冕服即位。既事畢，反喪服。據此則天子諸侯但位定，初喪是皆服美，故宜不安也。

《孟子・梁惠王上》 五畝之宅，樹之以桑，五十者可以衣帛矣。【趙岐注】廬井邑居，各二畝半以爲宅，冬入保城二畝半，故爲五畝也。樹桑牆下。古者年五十，乃衣帛矣。【略】焦循正義曰：任氏大椿《深衣釋例》云：「《大司徒》『六曰同衣服』，鄭玄注：『民雖有富者，衣服不得獨異。』按《雜記》注：『麻衣，白布深衣。』《深衣》注：『庶人吉服深衣。』《管子・立政篇》云：『刑餘戮民，不敢服絻。』然則非刑餘戮民，可以服絲矣。《春秋繁露・服制篇》：『散民不敢服采，刑餘戮民不敢服絲。』然則散民不敢服采耳，絲得服也。又《繁露・度制篇》：『古者庶人衣縵。』縵，無文帛也。《尚書大傳》：『命民得乘飾車駢馬，衣文駢錦。未有命者，不得衣，不得乘。庶人墨車單馬，衣布帛。』然則命民亦得衣文，不命之民亦得衣帛，與鄭注庶人白布深衣異説。今考《士昏禮》注：『士而乘墨車，攝盛。』蓋士庶人往往有攝盛之事，鄭注深衣爲庶人之服，言其常服皆布也。若行盛禮，或當攝盛則衣絲也。刑餘戮民，並不得攝盛矣。《周禮・閭師》『凡庶民不蠶者不帛』，疏引《孟子》曰：『五十可以衣帛。』以不蠶故，身不得衣帛。然則不蠶雖五十不得衣帛，蠶而未五十亦不得衣帛，則庶人布深衣，其常也。《鹽鐵論》：『古者庶人，耋老而後衣絲，其餘則麻枲而已，故命曰布衣。』」五畝之宅，樹之以桑，五十者可以衣帛矣。雞豚狗彘之畜，無失其時，七十者可以食肉矣。百畝之田，勿奪其時，八口之家可以無飢矣。謹庠序之教，申之以孝悌之義，頒白者不負戴於道路矣。老者衣帛食肉，黎民不飢不寒，然而不王者，未之有也。

《孟子・盡心下》 孟子曰：「舜之飯糗茹草也，若將終身焉。及其爲天子也，被袗衣，鼓琴，二女果，若固有之。」【趙岐注】糗飯，乾糒也。袗，畫也。果，侍也。舜耕陶之時，飯糗茹草，若將終身如是。及爲天子，被畫衣，黼黻絺繡也。鼓琴，以協音律也。以堯二女自侍，亦不佚豫，如固自當有之也。焦循正義曰：任氏大椿《深衣釋例》云：「《孟子》『被袗衣，鼓琴』，趙岐注：『袗，畫也。黼黻絺繡也。』夫鼓琴，宴居時也。舜於養老朝燕，僅服白布深衣，而燕居則服黼黻絺繡，非所以明質，故袗衣當非畫衣也。《史記》『堯乃賜舜絺衣與琴』，與舜被袗衣鼓琴事適相會。然則袗衣或即絺衣與？賜予止用絺葛布衣，可知當時之質。」孔氏廣森《經學卮言》云：「袗非畫也。義如『袗絺綌』之袗。《史記・本紀》『堯賜舜絺衣與琴』是也。」孔氏、任氏引《史記》説之，是也。絺綌爲袗，故孟子謂之袗衣。得被袗衣者，以堯賜絺也。得鼓琴者，以堯賜琴也。二女所以侍者，帝釐降二女也。以耕夫一旦膺天子之知，賜賚若此，明其榮顯也。若徒袗絺綌而鼓琴，則不過習爲山人耳。趙氏以袗衣黼黻絺繡，本《尚書・皐陶謨》，乃鄭氏讀絺爲黹，此以絺繡爲「袗絺綌」之絺，與鄭氏異。以袗訓畫，則以繪與繡互見，非袗有畫義也。段氏玉裁説《文解字注》云：「衣部：『袗，禪衣也。』一曰盛服。裖，袗或從辰。』彡本訓『稠髮』。凡彡聲字多爲濃重，《上林賦》『磐石裖崖』，孟康曰：『裖，袗致也。以石致川之廉也。』是裖與彡積字義同。《孟子》『被袗衣』，袗衣亦當謂盛服，趙云畫衣者，不得其説，姑依《皐陶謨》作繪言之耳。」錢氏大昕《養新録》云：「錢塘梁侍講同書嘗告予云：『古書袗訓單，又訓同，皆無盛服之意。』《三國志・魏文帝紀》注有云：『舜承堯禪，被珍裘，妻二女，若固有之。』此必用《孟子》之文，袗衣當是珍裘也。」

《論語・子罕》 子曰：「衣敝緼袍，與衣狐貉者立，而不恥者，其由也與？」【注】孔安國曰：「緼，枲著。」 劉寶楠正義曰：《釋文》云：「弊，本今作敝。」皇侃本及《説文・衣部》亦作「弊」。釋文引鄭玄注：「緼，枲也。」《藝文類聚》三十五、《御覽》四百八十二引鄭玄注「枲」並作「絮」。盧氏文弨《釋文考證》以作「絮」爲正。蓋鄭與孔異，故《釋文》引之。若亦訓「枲」，則與孔無甚異矣。《禮・玉藻》：「纊爲繭，緼爲袍。」鄭玄注云：「衣有著之異名也。」纊謂今之新綿也，緼謂今之纊及舊絮也。」李氏惇《羣經識小》：「古無木綿，著皆以絮爲之。絮，絲餘也。《玉藻》鄭玄注所云『今』者，指漢末而言。古以新綿爲纊，舊絮爲緼。漢則以精者爲綿，而粗者爲纊，古今語異也。」案：《韓詩外傳》：「士褐衣緼著，未嘗完也。」又云：「曾子褐衣緼絮，未嘗完也。」《漢書・東方朔傳》：「衣緼無文。」師古注：「緼，亂絮也。」皆以「緼」爲「絮」。《説文》：「絮，敝緜也。」「袍」者，《説文》：「袍，襺也。」《爾雅・釋言》：「襺，袍也。」互相訓。《釋名・釋衣服》云：「袍，丈夫著下至跗者也。袍，包也；包，内衣也。」任氏大椿《深衣釋例》：「《喪大記》：『袍必有表，謂之一稱。』鄭玄注：『袍，褻衣。』蓋袍爲深衣之制，特燕居便服耳，故云『褻衣』。《周官・玉府》鄭玄注云：『燕衣服者，巾絮寢衣袍襗之屬。』《論語》『紅紫不以爲褻服』，鄭玄注云：『褻服，袍襗。』此『袍』爲褻衣之明證也。」案：「袍」是春秋二時之服，若袷褶之類。於時人已服裘，子路猶衣敝袍也。「狐貉」，二獸名。《汗簡》引《古論語》「貉」作「貈」。《説文》：「貈，似狐，善睡。」引《論語》「狐貈之厚以居」。段氏玉裁注謂：「凡『狐貉』連文者，皆當作貈。今字作貉，皆假借。」「貉」，《説文》以爲北方豸種。先鄭《職方》注：「北方曰貉。」是貉乃夷狄之名，別一義也。《詩・七月》：「一之日于貉，取彼狐狸，爲公子裘。」「貉」、「狐」、「狸」，皆公子之裘，《詩》文參互。鄭玄箋以「于貉」爲邠民自取，非也。《春秋繁露・服制篇》：「百工商賈，不敢服狐貉。」則「狐」、「貉」並貴者所服。江氏永《鄉黨圖考》謂「狐貉之裘爲褻裘」。則此文「狐貉」與「緼袍」並爲燕居之服矣。注：「緼，枲著。」劉寶楠正義曰：「枲」者，麻之異名。孔安國注與鄭玄異，亦通。《説文》：「緼，紼也。紼，亂系也。」又「襺」下云：「以絮曰襺，以緼曰袍。」別絮言緼，則「緼」是「枲」可知。《漢書・蒯通傳》：「束緼請火於亡肉家。」師古注：「緼，亂麻也。」「著」，猶言藏也。《士喪禮》：「著組繫。」鄭玄注：「著，充之以絮也。」

《論語・鄉黨》 君子不以紺緅飾：【注】孔安國曰：「一入曰緅，飾者不以爲領袖緣也。紺者齊服，盛色以爲飾衣，似衣齊服。緅者，三年練，以緅飾衣，爲其似衣喪服，故皆不以爲飾衣。」紅紫不以爲褻服。【注】王肅曰：「褻服，私居服，非公會之服，皆不正。褻尚不衣，正服無所施。」劉寶楠正義曰：君子謂孔子，變言之者，見凡君子宜然也。鄭玄注云：「紺緅，紫玄之類也。紅纁之類也。玄纁所以爲祭服，等其類也。紺緅木染，不可爲衣飾，紅紫草染，不可爲褻服而已。飾謂純緣也。」褻衣，袍襗也。案：《說文》：「紺，深青而揚赤色也。」《釋名・釋采帛》：「紺，含也，青而含赤色也。」許慎、劉熙義同。廣雅・釋器：「紺，青也。」不兼赤言，略也。《漢書・王莽傳》：「時莽紺袀服。」蔡邕《獨斷》：「袀，紺繒也。」袀者，玄也。紺者，青赤之色。但深青近黑，故訓紺者又爲黑。《考工記・鍾氏》賈公彥疏引《淮南・說山訓》：「以涅染紺，則黑於涅。」涅，即今皁礬之類。《墨子・節用篇》：「黚，黑也。」《說文》：「黚，淺黃黑也。從黑，甘聲，讀若染繒帛束緅黚。」「黚」與「紺」同。淺黃即近赤之色，黑即近深青之色也。段氏玉裁《說文》注謂「紺即今之天青，又名紅青，以《考工・鍾氏》賈公彥疏『纁入黑汁爲紺』之義爲非」。其說良是。但深青近黑，故此注以紺爲玄類也。《說文》無「緅」字，「纔」下云：「帛爵頭色也。從糸，毚聲。一曰微黑色如紺。纔，淺也。讀若讒。」許慎以纔微黑，比於紺者，紺色深青，與黑相近故也。《鍾氏》言染羽法：「以朱湛丹秫，三月而熾之，淳而漬之。三入爲纁，五入爲緅。」鄭玄注：「染纁者三入而成，又再染以黑則爲緅。緅，今《禮》俗文作爵，言如爵頭色也。」又鄭玄注《士冠禮》云：「爵弁者，其色赤而微黑，如爵頭然，或謂之緅。」鄭以「爵」爲俗文，則以「緅」爲正字。許以「纔」爲正字，意「爵」即「纔」之或體矣。《士冠禮》鄭玄注云「赤而微黑」，而《巾車》鄭玄注又云：「雀，黑多赤少之色」，辭不同者，五入之黑，比玄緇爲淺，故爲微黑，而於赤爲多，是爲黑多赤少矣。《廣雅》云：「緅，青也。」《字林》云：「緅，帛青色，深青之色近黑也。」《說文》又云：「紫，帛青赤色也。」段注謂「青當作黑」，甚是。然許意或以青亦近黑矣。紺、緅、紫，皆近黑色，故鄭玄此注以爲玄類。《毛詩・七月》毛亨傳：「玄，黑而有赤也。」《說文》云：「黑而有赤色者爲玄。」《鍾氏》言「五入爲緅，七入爲緇」，不言六入，鄭玄注云：「凡玄色者，在緅緇之閒，其六入者與？」是鄭義與毛、許合。金氏鶚《禮說》：「玄色是黑而兼青，非赤黑之色。」引六證以明之。其尤可據者，則《周髀經》云：「天青黑，地黃赤。玄以象天，則必黑而兼青。」其說固是。然非毛、許、鄭氏義也。《說文》又云：「紅，帛赤白色也。」段玉裁注謂「如今之粉紅桃紅」。案：《爾雅・釋器》：「一染謂之縓，再染謂之赬，三染謂之纁。」縓、赬、纁皆赤色，故說者謂縓即紅，而此注亦以紅爲纁類。《說文》云：「纁，淺絳也。絳，大赤也。」是也。《玉藻》鄭玄注：「冕服玄上纁下。」《詩・七月》：「我朱孔陽，爲公子裳。」毛亨傳云：「朱，深纁也。祭服玄衣纁裳。」《周官・方相氏》：「玄衣朱裳。」皆謂衣用玄，裳用纁也。鄭以玄纁是祭服之色，而紺緅紫爲玄類，紅爲纁類，亦是相等，故云「等其類也」。既與祭服色類，則亦不得用之矣。「紺緅用木染，紅紫用草染」者，案：《大司徒》：「土會之法：山林，其植物宜皁物。」先鄭以爲柞栗之屬，今世閒以柞實爲皁斗。《說文》：「栩，其實皁，一曰樣。」陸機《詩》疏：「徐州人謂櫟爲杼，或謂之爲栩，其子爲皁，或言皁斗。其殼爲汁，可以染皁。」案：皁即黑色。《掌染草》鄭玄注所云「象斗」，即皁斗也。此木染之可考者，紺緅所用當取此。又《爾雅・釋草》：「葝，鼠尾。」「欔，烏階。」郭璞注並云：「可以染皁。」但爲草類，當非紺緅所用也。又《釋草》：「蒤，虎杖。」郭璞注：「可以染赤。」「茹藘，茅蒐」，郭璞注：「今之蒨也，可以染絳。」絳、赤皆紅類也。又「藐，茈草」，郭璞注：「可以染紫，一名茈莀。」《掌染草》鄭玄注作「紫茢」，此紅紫爲草染也。陳氏壽祺《左海經辨》引此注解之云：「《染人》『掌染絲帛。凡染，春暴練，夏纁玄，秋染夏』。鄭玄注云：『《考工記・鍾氏》則染纁術也。』是鄭意以染絲帛如染羽法，用朱湛丹秫，不用草木。蓋草木染者，可施之他物，祭服等則當以丹秫染也。」今案：陳說非是。蓋木染草染，乃言紺緅四者所受之色，其色與祭服相似而不可用，非謂其爲草木染而不可用也。《士冠禮》「爵弁服」有「韎韐」，「爵弁」是祭服，鄭君以「爵」爲「緅」俗文，而「韎」爲祭服之韠，茅蒐所染，則鄭以祭服得有草木染矣。《墨子・節用篇》：「冬服紺緅之衣，輕且暖。」則後世俗變，且以紺緅爲衣，不獨用爲飾也。江氏永《圖考》曰：「飾必用正色。《深衣篇》云：『具父母、大父母，衣純以繢，具父母衣純以青。』孔子少孤，母存，宜純以青。母沒，則惟純以素。紺緅不飾，猶之紅紫不服耳。」案：《曲禮》云：「爲人子者，父母存，冠衣不純素。孤子當室，冠衣不純采。」亦說深衣之制。江意夫子不以爲飾，當指深衣，其義足裨鄭氏所未言。但以紺緅爲閒色，則爵弁用爲冠服，冠重於衣，衣用正色，冠必不用閒色。又爵韠亦用爵爲飾，則紺緅絕非閒色而可知。鄭義以爲類祭服者，信而有徵矣。《圖考》又曰：「按孔子言『惡紫之奪朱』，當時尚紫亦有漸。玄冠紫緌，自魯桓公始。《戰國策》曰：『齊紫，敗素也，而賈十倍。』蓋齊桓公有敗素，染以爲紫，下令貴紫，人爭買之，賈十倍，其貴紫有由來矣。哀十七年：『衛渾良夫紫衣狐裘，太子數其三罪殺之。』紫衣居一。杜預注：『紫衣，僭君服。』可見當時君服紫。」王氏鎏《正義》：「服紅者雖鮮聞，亦必有爲褻服者。」此皆謂當時褻服用紅紫也。皇侃疏以紅紫爲閒色，引穎子嚴說：紅是赤白，爲南方閒；紫是黑赤，爲北方閒。解者據之，因謂「閒色不可用」。案：《玉藻》云：「衣正色，裳閒色。」《荀子・正論》言天子「衣被則服五采，雜閒色」，則謂「閒色不可用」者，誤也。「飾謂純緣」者，《爾雅・釋器》：「純謂之緣。」郭璞注：「衣緣飾也。」《說文》：「緣，衣純也。」《玉藻》云：「緣廣寸半。」《深衣》云：「純袂、緣、純邊，廣各寸半。」鄭玄注：「純，謂緣之也。緣袂，謂其口也。緣，緆也。緣邊，衣裳之側。廣各寸半，則表裏共三寸矣。」《釋文》引鄭玄注《既夕禮》云：「飾衣領袂口曰純，裳邊側曰綼，下曰緆也。」是言衣裳飾也。又冠、屨、帶、韠、矢服、席亦有飾，《論語》此文，當兼有之。鄭君止說衣裳，舉其重者以例之耳。「褻衣爲袍襗」者，《說文》：「褻，私服。」《字林》：「褻，衷衣也，又云重衣也。」《喪大記》鄭玄注：「袍，褻衣。」《詩・無衣》云「與子同袍」，「與子同澤」，袍在外，澤在內，皆爲褻也。毛亨傳：「澤，潤澤也。」鄭玄箋：「澤，褻衣，近污垢。」《釋名・釋衣服》：「汗衣近身，受汗垢之衣也。《詩》謂之澤，受汗澤也。或曰鄙袒，或曰羞袒，作之用六尺布，裁足覆胸背。」《方言》：「汗襦，江、淮、南楚之閒謂之䄖。」郭璞注云：「即衫也。」《說文》：「襦，短衣也。袴，脛衣也。褰，袴也。」皆褻服之類。注「一入」至「飾衣」。劉寶楠正義曰：《鐘氏》言「五入爲緅」，無「一入爲緅」之文。錢氏大昕《潛研堂文集》：「孔氏安國經文當是『縓』字，《爾雅》云『一染謂之縓』，即孔所云『一入』也。《檀弓》云：『練，練衣黃裏縓緣。』鄭玄注云：『小祥練冠、練中衣，以黃爲內，縓爲飾。』即孔所云『三年練以飾衣』者也。然則孔本經注皆當作縓，不作緅矣。」錢氏坫《後録》：「《論語》此有兩本，古文作『紺縓』，今文作『紺緅』，孔本古文，鄭本今文也。今《集解》乃後人妄改。」今案：二錢說是也。但孔本非真古文，此說稍誤。《喪服記》：「公子爲其母練冠麻，麻衣縓緣。」與《檀弓》同。《士喪禮》「公子爲其妻縓冠」，又《記》有「縓綼」，則「縓」爲喪飾。《説文》云：「縓，赤黄也。」廣雅云：「縓謂之紅。」紅赤色相近也。「三年練」者，謂三年之喪有練祭也。練即小祥之祭。《喪服四制》云：「父母之喪，十三月而練」是也。孔安國謂「縓」即是紅，不可爲飾，又不可爲褻服。縓舉其名，紅舉其色，説與鄭玄異，則孔所傳本異也。至以紺爲齊服，《禮》無明文。《玉藻》云「齊則爵韠」，「爵」即「緅」，或孔以緅紺色近，得比同之也。　劉寶楠正義曰：「褻」訓「私居」者，引申之義。私居之服，即是深衣，故曰「非公會之服」，與下文稱「褻裘」同。此義亦通。　正服謂朝祭諸服，在外者也。

當暑，袗絺綌，必表而出之。【注】孔安國曰：「暑則單服。絺綌，葛也。必表而出之，加上衣。」　劉寶楠正義曰：「當暑」者，謂當暑時也。《釋名·釋天》：「暑，煮也。熱如煮物也。」「袗」，《釋文》及《唐石經》、《五經文字》皆作「袗」，皇侃本作「縝」，邢昺本作「袗」。段氏玉裁《説文》注以「袗」爲正，「袗」爲段借，「縝」爲俗。《御覽》八百十九引鄭玄此注云：「縝，單也。暑月單衣葛，爲其形褻也。」案：「縝、單」者，《玉藻》：「振絺綌不入公門。」鄭玄注云：「振讀爲袗。袗，單也。」單謂衣無裏，對袷褶之有裏者言之也。「單衣葛」者，以葛爲絺綌，用爲單衣也。《毛詩·葛覃》毛亨傳：「葛所以爲絺綌。精曰絺，麤曰綌。」《説文》：「葛，絺綌草也。絺，細葛也。綌，麤葛也。」段玉裁注謂「緝績之一如麻枲。其粗者，則如今之黄草葛也。」「形褻」者，絺綌近親身之衣，形或露見，故言褻也。《喪大記》鄭玄注引此文説之云：「亦爲其褻也。」是也。《御覽》引鄭玄注又云：「必表而出之，若今單衣也。」案：單衣，即褐衣。褐衣在絺綌外，故稱表其衣，亦是單衣無裏。鄭據目見，故以「今」明之。《喪服大記》「袍必有裏，不禪。」鄭玄注云：「袍，褻衣，必有以表之，乃成稱也。」「禪」與「單」同。古人之服，先著親身之衣，次則春秋加袷褶，夏加絺綌，冬加裘，又次各加褐衣，又次上加禮服。此文「必表而出」，與下文緇衣、素衣、黄衣，皆論褐衣。褐者，所以充美，燕居不褐，故可單衣葛也。《玉藻》「振絺綌」與「表裘」連文，鄭玄注云：「二者形且褻，皆當表之乃出。」是鄭以出爲出門。皇侃疏云：「在家無别加衣，若出行接賓，皆加上衣。當暑絺綌可單，出則不可單，必加上衣，故云『必表而出』也。」即鄭義也。云「出之」者，「之」是語辭，皇本無「之」字。注：「必表而出之，加上衣。」劉寶楠正義曰：《説文》：「表，上衣也。」上衣謂衣之在外加於上者，即褐衣也。又謂之中衣，其外又加禮服。禮服對中衣言，亦稱上衣。

緇衣，羔裘；　劉寶楠正義曰：鄭玄注云：「緇衣羔裘，諸侯視朝之服，亦卿大夫士祭於君之服。諸侯之朝服，其服緇布衣而素裳，緇帶素韠。諸侯之朝服羔裘者，必緇衣爲褐。卿大夫朝服亦羔裘，唯豹袪，與君異耳。」案：《士冠禮》：「玄冠朝服。」鄭玄注云：「諸侯與其臣，朝服以日視朝。」又《司服》：「凡甸，冠弁服。」鄭玄注云：「冠弁，委貌，諸侯以爲視朝之服。」然則玄冠朝服，即冠弁服。《司裘》賈公彦疏以爲冕服者，弁、冕得通稱也。玄冠是黑色，其上衣及中衣皆用緇布爲之。緇亦黑色，所謂「衣與冠同色」也。《説文》：「緇，帛黑色也。」《釋名·釋采帛》：「緇，滓也。泥之黑者曰滓，此色然也。」是也。《詩·羔羊》毛亨傳：「小曰羔，大曰羊。」《説文》：「羔，羊子也。」經傳凡言「羔裘」，皆謂黑裘，若今稱紫羔矣。緇衣羔裘爲朝服，又爲卿大夫士祭於君之服者，《玉藻》鄭玄注：「冕服，絲衣也。中衣用素。」素即帛。任氏大椿《弁服釋例》謂「用緇帛」，是卿大夫助祭於君，用緇衣爲褐也。《司裘》賈公彦疏引鄭此注解之云：「卿大夫助祭用冕服，士用爵弁。君祭服冕服羔裘，卿大夫弁冕用羔裘，至於朝服，亦用羔裘，即是君臣祭服同服羔裘也。」是也。《玉藻》賈公彦疏解此注謂「助君祭用朝服」，誤矣。　鄭玄又云「諸侯之朝服，其服緇布衣而素裳，緇帶素韠」者，此緇布衣謂上服也。《詩》「緇衣之宜兮」，即謂朝服上衣。《雜記》云：「朝服十五升，去其半而緦。」故知上衣是布也。《士冠禮》：「主人玄冠朝服，緇帶素韠。」即此注所本，惟不言裳色。而鄭玄云「素裳」者，《士冠禮》又云：「素韠，韠從裳色。」此朝服既用素韠，知裳亦是用素。《詩·素冠篇》所云「素衣」者，謂素裳也。「緇帶」者，鄭玄注《士冠禮》云「黑繒帶也」。「韠」者，蔽膝，以韋爲之。鄭玄注《士冠禮》云：「素韠，白韋韠也。」《特牲饋食記》言「朝服緇韠」，鄭玄注云：「緇韠者，下大夫之臣。」孔氏穎達《詩·緇衣》疏謂「士助祭，則韠用緇」，亦由朝服之緇韠推之，是謂士韠不與裳同色也。鄭此注不言士韠有異者，略也。秦氏蕙田《五禮通考》不用鄭説，謂《特牲饋食》之「緇韠」，疑當爲素，涉上「緇帶」而誤，其説亦通。「朝服羔裘用褐」者，《玉藻》云：「裘之褐也，見美也。」鄭玄注云：「袒而有衣曰褐，必覆之者，裘褻也。」「卿大夫朝服亦羔裘，唯豹袪，與君異」者，禮，朝服，君臣同服。但君用純物，臣下之，故用豹袪。《玉藻》云：「羔裘豹飾，緇衣以裼之。」鄭玄注云：「飾猶褎也。」《詩·鄭風》云：「羔裘豹飾。」毛亨傳云：「豹飾，緣以豹皮也。」又《唐風》云：「羔裘豹袪。」毛亨傳云：「袪，袂末也。」鄭玄箋云：「在位卿大夫之服也。」其下章云：「羔裘豹褎。」毛亨傳云：「褎猶袪也。」陳氏奂疏云：「袂口之緣，是爲袂末。深衣袂末，續緣廣寸半。長衣、中衣袂末揜餘一尺，裘制如長中，袂末亦宜揜餘一尺。此餘一尺，乃用豹皮與？」案：卿大夫朝服羔裘用豹袪，則祭服羔裘亦豹袪可知。

素衣，麑裘；　劉寶楠正義曰：鄭玄注云：「素用繒。素衣麑裘，諸侯視朔之服。其臣則青豻褎絞衣以裼之。」案：「繒」者，《説文》云：「繒，帛也。」《詩·素冠》孔穎達疏：「凡經傳之言素衣，皆謂白絹也。」此素衣，是皮弁服之裼衣。《司服》鄭玄注云：「皮弁之服，十五升白布衣。」上服用布而裼用帛，與狐青裘用玄綃衣爲裼、狐白裘用錦衣爲裼同。若然，《玉藻》云：「以帛裏布，非禮也。」彼謂袷褶，不得用帛爲布衣之裏，不謂裼衣。《檀弓》云：「練，練衣黄裏。」鄭玄注云：「練中衣，以黄爲内。」賈公彦疏云：「黄裏者，黄爲中衣裏也。」又云：「故小祥而爲之黄袷裏也。」此稱「裏」，爲袷褶之衣也。鄭玄注《玉藻》誤以裏爲中衣，而「以帛裏布」與「玄綃」、「錦衣」諸文不可通矣。《爾雅·釋獸》：「鹿，牡麚，牝麀，其子麛。」《説文》：「麛，鹿子也。」《論語》字當作「麛」，段「麑」字爲之。《説文》云：「麑，狻麑獸也。」别一義。鄭君《玉藻》、《聘禮》注引《論語》俱作「麛」。此注出《詩·羔裘》疏孔穎達引作「麑」，或後人據今本改之也。《玉藻》云：「皮弁以聽朔於太廟。」皮弁以白鹿皮爲之，衣與冠同色，故用白布衣爲上服，而裼衣用白絹，亦與上服相稱矣。麛裘之色，當亦近白，君服麛裘用純物，臣下之，用青豻爲褎。《玉藻》：「君子麛裘青豻褎，絞衣以裼之。」鄭玄注云：「君子，大夫士也。豻，胡犬也。絞，蒼黄之色也。」又《聘禮》鄭玄注引《玉藻》、《論語》文説之云：「皮弁時，或素衣，其裘同，可知也。」素衣專説君視朔之服，其裘同，則謂君臣凡視朔聘享，同服麑裘也。江氏永《圖考》謂「夫子無麑裘，記者廣言諸侯禮」，則與鄭義不合。《玉藻》疏引賈公彦皇氏侃云：「素衣爲正，記者亂言絞耳。」任氏大椿《弁服釋例》謂「絞衣經不多見，記者不應亂言絞，疑絞衣或爲春秋時制，不能如古，故夫子仍用素衣爲裼」。其説視皇爲勝。若然，則《論語》「素衣麑裘」，實爲夫子之服，其用素衣，正以矯時人絞衣之失耳。皮弁服，兼有視朔聘享，鄭君止言「視朔」，是舉一端。皇侃疏云：「謂國有凶荒，君素服，則羣臣從之，故孔子魯臣，亦服之也。喪服，則大鹿爲裘也。《檀弓》云『鹿裘，横長袪』是也。此凶荒之服既輕，故裘用鹿子，鹿子文勝於大鹿也。或云大蜡祭百物之神，皮弁素服也。故《郊特牲》云：『皮弁素服而祭，以送終也。』鄭玄注云：『素服，衣裳皆素也。』」案：皇侃疏二説亦通。但《郊特牲》「素服」，是皮弁上衣，不指裼衣，當補云「素服爲上衣，其裼衣亦得用素」，斯爲得之。　黄衣，狐裘。【注】孔安國曰：「服皆中外之色相稱也。」　劉寶楠正義曰：鄭玄注云：「狐裘，取温裕而已。」温，煖也。裕，厚也。《詩·都人士》鄭玄箋亦云：「都人之有士行者，冬則衣狐裘黄黄然，取温裕而已。」案：鄭此注不言爲何服，文有佚也。《玉藻》：「狐裘，黄衣以裼之。」鄭玄注云：「黄衣，大蜡時臘先祖之服也。孔子曰：『黄衣狐裘。』」又《郊特牲》言歲十二月，天子大蜡既畢，「黄衣黄冠而祭，息田夫也。野夫黄冠，黄冠，草服也」。鄭玄注云：「祭謂既蜡臘先祖五祀也，於是勞農以休息之。《論語》云：『黄衣狐裘。』黄冠草服，言祭以息民，象其時物之色，季秋而草木黄落。」是也。臘祭黄衣，其上更無上服。據鄭玄《禮》注二文，則固謂黄衣狐裘爲息民之祭矣。《都人士》詩「狐裘黄黄」，謂長民者之服。此文狐裘配上衣，裼衣則亦狐黄矣。皇侃疏云：「孔子爲臣助蜡祭，亦隨君著黄衣也。《禮運》云『昔者仲尼預於蜡賓』是也。」邢昺疏云：「息民用黄衣狐裘，大蜡則皮弁素服。二者不同，以其事相次，故連言之耳。」二疏並暗據鄭氏玄，邢昺謂「皮弁素服連言」者，即指素衣麑裘爲蜡祭服也。但《玉藻》言「黄衣以裼之」，有裼衣必有上衣，而《郊特牲》鄭玄注「臘祭黄衣」，其上更無上服，未必然也。金氏鶚《禮説》：「緇衣羔裘，素衣麑裘，其用皆最廣，又多係大禮。而黄衣狐裘止有息民之祭一用，而其禮又甚輕，何得與緇衣素衣等服並列乎？竊謂黄衣狐裘，韋弁服也，玄端服亦用之。《周官·司服》云：『凡兵事韋弁服。』鄭玄注云：『以韎韋爲弁。』又以爲衣裳韎爲赤黄色。《玉藻》云：『一命緼韍。』鄭玄注：『緼，赤黄之閒色，所謂韎也。』兵事象火，故其服上下皆赤。上服赤黄，其内之裘，宜用狐黄，裼之宜黄衣。《詩·羔羊》孔穎達疏云：『兵事韎韋衣，則用黄衣狐裘，象衣色故也。』裏四年《傳》云：『臧之狐裘，敗我于狐駘。』是也。然則韋弁以黄衣狐裘，有確證矣。《聘禮》：『君使卿韋弁歸饔餼。』鄭玄注：『韋弁，兵服也。』而服之者，皮韋同類，取相近耳。其服蓋韋布以爲衣而素裳。』是聘禮亦用黄衣狐裘也。」今案：以黄衣狐裘爲韋弁服，淩氏廷堪《禮經釋例》先有此説，但止言兵服，未言聘事，則夫子卻未主兵，《鄉黨》無爲記之。然則金氏之據《聘禮》，實較淩説爲確。但鄭氏玄主蜡祭之服，宜亦兼存。蓋此言夫子雜服，不必以輕重相衡，又且「與於蜡賓」明見《禮運》，則謂爲息民之服，非無據也。《雜記》云「子貢觀於蜡」，夫子告以「一張一弛，文武之道」。先王重視此禮，黄衣黄冠，祭於先祖五祀，亦不得疑爲鄙賤矣。注：「服皆中外之色相稱也。」劉寶楠正義曰：外是上服，中即裼衣也。中外色相稱者，示表裏當如一也。《論語》止言中衣，以言中，則外可知。　褻裘長，短右袂。【注】孔安國曰：「私家裘長主温，短右袂，便作事。」　劉寶楠正義曰：《説文》「紶」下引《論語》「紶衣長，短右袂」，此當出《古論》。段氏玉裁注謂「《玉篇》：『紶，堅也。』《廣韻》注：『堅紶。』皆本《説文》古本。」因補「衣堅也」三字於「紶」篆下，又謂「《論語》自訓私服作『紶』者，同音段借。」江氏永《圖考》：「褻裘，即狐貉裘。《玉藻》云：『犬羊之裘不裼。』鄭玄注謂『庶人無文飾』。然則犬羊是庶人之裘，非君子所服也，唯宜狐貉而已。禮服之狐裘，欲其文與褻服之狐裘異。褻裘長，則禮服之裘宜短，以其行禮時，有升降上下，長則不便於行禮也。褻裘之外，當服深衣。深衣所以襲裘者，犬羊之裘不裼，褻裘亦不裼也。」「袂」者，《説文》云：「袂，褎也。褎，袂也。」凡衣之制，袂皆二尺二寸，而屬幅與身正方，又加緣寸半，爲二尺三寸半。《深衣》曰：「袂之長短，反詘之及肘。」《玉藻》曰：「長中繼揜尺。」謂長衣、中衣又繼深衣之袂揜一尺，此袂之定制也。胡氏紹薰《拾義》：「《説文·口部》：『右，助也。从又口。』《又部》亦有『右』字，解義略同。古有『右』字，無『佑』字，『右』字之右，古止作『又』。猶左手之左，古止作ナ也。言又可兼ナ。《説文》：『又，手也。象形。』單言手不言右手者，明又爲兩手之統詞，不分ナ、又，即以《又部》他字證之。如：『秉，禾束也。從又持禾。叔，拾也。從又，尗聲。汝南名收芋爲叔。取，捕取也。從又耳。』不分ナ、又矣。竊意『右袂』之『右』，當讀爲『又』，『右』本從又聲。『右袂』之『右』，即『又』之同音借字。『袂』獨短者，或較禮服之裘稍短，或因褻裘之長而適形其短。孔安國注泥於右字立説，遂使後人疑夫子衣不中度。」夏氏炘《景紫堂文集》極取胡説，又申其義云：「右袂，即世俗所謂手褎也。褻裘即深衣之裘，短右袂，對長中繼揜尺，與禮服之褎而言。《玉藻》鄭玄注云：『長衣、中衣繼袂揜一尺，若今褎矣。深衣則緣而已。』然後知古人之褎，繼袂之末揜餘一尺，另用裘與布爲之，若今袍之有褎頭也。惟深衣有緣無褎，若今人之齊褎袍，故襲裘亦無褎，其制較有褎之裘爲短，故曰『短右袂』。今案《深衣》本有定制，春秋時或不如禮，故夫子正之。」孔安國注以短右袂爲便作事。夫人之作事，兩手皆欲其便，豈有單用右手之理？或又謂卷右袂使短。案：《弟子職》：「凡拚之道，攘袂及肘。」即謂卷袂使短。然無事時，必仍舒之，人作事皆是如此，《論語》不應記之。緣情測義，胡、夏爲長。　必有寢衣，長一身有半。【注】孔安國曰：「今之被也。」　劉寶楠正義曰：「寢衣」，鄭玄注云：「今小卧被是也。」案：《説文》：「被，寢衣也。長一身有半。衾，大被也。」此處寢衣之制，解者多端，惟許、鄭義得之。古人衣不連裳，夫子製此寢衣，較平時所服之衣稍長，寢時著之以卧。《周官·玉府》：「掌王之燕衣服。」鄭玄注：「燕衣服者，巾絮寢衣袍襗之屬。」鄭解燕衣服爲近身之衣，巾絮袍襗，晝所服，寢衣，夜所服，故此注以寢衣爲小卧被也。「小卧被」者，對衾爲大被言之。凡衣可曰被，如《左傳》「被組練三千」，「楚靈王翠被」，《孟子》「被袗衣」，皆是。鄭以衣被通稱，恐人不曉，故言「卧被」以明之。王氏引之《經義述聞》解「寢衣」亦誤，而解「長一身有半」最確。其説云：「人自頂以下，踵以上，總謂之身。《考工記・廬人》：『凡兵無過三其身。』鄭玄注曰：『人長八尺，與尋齊，進退之度三尋。』是也。頸以下，股以上，亦謂之身。《艮》六四『艮其身』，在『艮趾』、『艮腓』之上，『艮輔』之下，則舉中而言矣。故《象傳》曰：『艮其身，止諸躳也。』躳亦舉中而言。《渙》六三『渙其躳』，荀爽注『體中曰躳』是也。以今尺度之，中人頸以下，股以上，約有一尺八寸，一身之長也。再加九寸，爲一身之半，則二尺七寸矣。以古六寸爲尺計之，得四尺又五寸，一身又半之長也。」案：如王説，寢衣當至膝。《急就篇》顔師古注：「短衣曰襦。」自膝以上，然則寢衣略如襦與？注：「今被也。」劉寶楠正義曰：孔亦本鄭。然不言小被，則與衾混。《廣雅・釋器》：「寢衣，衾被也。」與孔安國注同。狐貉之厚以居。【注】鄭玄曰：「在家以接賓客。」劉寶楠正義曰：《説文》引此文作「狐貈」，「貈」正字，「貉」段借字。鳳氏韶《經説》：「《論語》『居，吾語女』，《孝經》『坐，吾語女』，《孟子》『坐，吾明語子』，居坐互出，則居字有坐義。」閻氏據此及《小戎》詩「文茵」，謂「狐貉之厚以居爲坐褥」，良是。案：鳳説是也。古人加席於地，而坐其上，大夫再重。至冬時氣寒，故夫子於所居處，用狐貉之厚者爲之藉也。注：「在家以接賓客。」正義曰：鄭以「居」爲燕居，「狐貉」爲燕居之裘，即上所稱「褻裘」也。《繁露・服制篇》：「百工商賈，不敢服狐貉。」《豳詩・七月篇》：「一之日于貉，取彼狐狸，爲公子裘。」知狐貉是貴服。夫子燕居，亦不服此裘，故鄭以「接賓客」解之，明未接賓客時亦但服犬羊之裘矣。皇侃疏云：「既接賓客，則其上亦應有衣也。」

《論語・憲問》 子曰：「管仲相桓公，霸諸侯，一匡天下，民到于今受其賜。微管仲，吾其被髮左衽矣。」【注】【略】「左衽」者，《説文》：「衽，衣裣也。裣，交衽也。」《蒼頡解詁》：「衽，衣襟也。」「裣」、「襟」一字。《聲類》：「襟，交領也。」「交領」即交衽，蓋衣領下屬於衣前右幅，通稱爲衽、爲裣、爲襟。必言「交」者，謂領兩頭相交，周人頸也。領右，則衣前幅掩向右；領左，則衣前幅掩向左。中夏禮服皆右衽，深衣則用對襟，封襟用直領，故《鹽鐵論・散不足篇》及《釋名・釋衣服》所云「直領」，即指深衣而言。戎狄無禮服，亦無深衣，止隨俗所好服之，而多是左衽，故夫子舉爲言也。毛氏奇齡《四書改錯》、江氏永《鄉黨圖考》皆據《玉藻》「衽當旁」釋此文。彼「衽」是掩縫之用，長二尺五寸，綴之右腋之裳端，以垂於下，此深衣之制。然江考朝服、祭服、喪服，左右皆有衽，即深衣之裳左旁亦有衽。《玉藻》所云「續衽鉤邊」者，江謂「在左旁縫之以合前後」。則凡裳無不左衽，而何夷夏之别乎？是知《玉藻》之「衽當旁」，與《論語》「左衽」名同實異，《論語》當用《説文》、《蒼頡》、《聲類》諸訓解之矣。《漢書・韋賢傳》引劉歆説謂：「周自幽王後，南夷與北夷交侵，中國不絶如綫。《春秋》紀齊桓南伐楚，北伐山戎，孔子曰：『微管仲，吾其被髮左衽矣。』是故弃桓之過而録其功，以爲伯首。」案：被髮左衽，乃戎狄之俗，楚雖南夷，未有此制，歆之言亦趍辭耳。

《墨子・辭過》 古之民未知爲衣服時，衣皮帶茭，畢沅云：「『衣皮』，《藝文類聚》引作『衣皮毛』，非。《説文》云：『茭，乾芻。』」王引之云：「乾芻非可帶之物，畢沅説非也。《説文》『茭，竹索也』，其草索則謂之茭。《尚賢篇》曰：『傳説被褐帶索』，謂草索也。此言帶茭，猶彼言帶索矣。」詒讓案：《禮運》説上古，云：「未有麻絲，衣其羽皮。」帶茭，疑即喪服之茭帶。《傳》云：「絞帶者，繩帶也。」冬則不輕而温，《長短經》作「煖」。案：下文輕煖常見，似是。夏則不輕而清。《曲禮》「冬温而夏清」，《釋文》云：「清，七性反，字從冫，秋冷也。本或作水旁，非也。」《説文・仌部》云「清，寒也。」聖王以爲不中人之情，「情」，《治要》作「温清」二字，誤。故作誨婦人《長短經》「作」上有「聖人」二字，與下文同。但上已云聖王，則此不當重復，恐不足據。治絲麻，畢沅云：「『治』下舊有『役脩其城郭』云云四十八字，今移前。」梱布絹，畢沅云：「『梱』字當爲『稇』。《説文》云：『稛，束也。』」詒讓案：《非樂上》作「綑布縿」，《非命下》作「捆布縿」，此「梱」或當爲「捆」，亦「稛」之段字。「絹」當爲「綃」，綃與繰通，故彼二篇又誤「縿」，詳《非樂篇》。以爲民衣。爲衣服之法：『冬則練帛之中，《説文・糸部》云：「練，湅繒也。繒，帛也。」畢沅云：「中讀去聲。」案：畢説非也，中即中衣，凡上服以内之衣，通稱中衣。《深衣鄭玄目録》云：「大夫以上，祭服中衣用素」，練帛即素也。《詩・唐風・揚之水》，孔穎達疏云：「中衣者，朝祭服之裏衣也，其制如深衣。」《儀禮・聘禮》賈公彦疏云：「凡服四時不同，假令冬有裘，襯身有襌衫，又有襦袴，襦袴之上有裘，裘上有裼衣，裼衣之上有上服，皮弁祭服之等。若夏以絺綌，絺綌之上則有中衣，中衣之上加以上服也。」案：裼衣，亦通謂之中衣。冬或服裘，或服袍襽，皆有中衣。「中」，經典亦作「衷」。《説文・衣部》云：「衷，裏褻衣。」《穀梁》宣九年《傳》云：「或衣其衣，或衷其襦」，范甯注云：「衷者，襦在裏也。」是對文衷爲裏衣，散文則通言衣，故《節用中篇》云：「冬服紺緅之衣，足以爲輕且暖。」足以爲輕且煖，畢沅云：「《文選注》引作『爂』。」詒讓案：後文「爂」字兩見。《説文・火部》煖、爂並訓温也。《長短經》仍作「煖」。夏則絺綌之中，《説文・糸部》云：「絺，細葛也。綌，粗葛也。」《禮》家説以絺綌上加中衣，此即以絺綌爲中衣，則内衣通得謂之中也。足以爲輕且清。』舊本脱「煖」至「且」十二字，畢本據《北堂書鈔》增「煖夏則絺綌輕且」七字。王引之云：「『夏則絺綌輕且清』，本作『夏則絺綌之中，足以爲輕且清』，與『冬則練帛之中，足以爲輕且煖』對文。《北堂書鈔・衣冠部》三，引作『冬則練帛輕且煖，夏則絺綌輕且清』，省文也。若下二句内，獨少『之中足以爲』五字，則與上二句不對矣。《羣書治要》所引上下皆有此五字，當據補。」案：王校是也。《長短經》引云：「夏則絺紘，足以爲輕清」，亦有「足以爲」三字。謹此則止。故聖人之爲衣服，舊本脱「之」字，今據《治要》補。適身體，和肌膚畢云：「《北堂書鈔》引云：『以適身體，以和肌膚。』」而足矣，非榮耳目而觀愚民也。《長短經》「非」下有「以」字。當是之時，堅車良馬不知貴也，刻鏤文采不知喜也。何則？其所道之然。故民衣食之財，家足以待旱水凶饑者何也？得其所以自養之情，而不感於外也。「感」，《治要》同。案：當爲「惑」之誤。「也」字，《治要》無。是以其民儉而易治，《長短經》引「儉」上有「用」字。其君用財節而易贍也。畢云：「《吕氏春秋・適音》云：『不充則不詹』，高誘曰：『詹，足也。詹讀如澹然無爲之澹』。《文選注》云：『許君注《淮南子》云：澹，足也。古無，从貝字，此俗寫』。府庫實滿，足以待不然，不然，謂非常之變也。《漢書·司馬相如傳》「發巴蜀之士各五百人以奉幣，衛使者不然」，顏師古注引張揖云：「不然之變也。」《治要》作「不極」，蘇時學云：「『不然』疑當作『不時』」，並誤。兵革不頓，襄四年《左傳》「甲兵不頓」，杜預注云：「頓，壞也。」士民不勞，足以征不服，故霸王之業可行於天下矣。當今之主，舊本作「王」，《長短經》同，今據《治要》正，與上下文合。其爲衣服，則與此異矣。冬則輕煗，《治要》作「煖」，下同。夏則輕清，皆已具矣，必厚作斂於百姓，《長短經》無「作」字。暴奪民衣食之財，以爲錦繡文采靡曼之衣，舊本倒作「衣之」。俞越云：「『衣之』當作『之衣』，此十字一句讀。」詒讓案：《長短經》正作「以爲文彩靡曼之衣」，今據乙。《小爾雅·廣言》云：「靡，細也。」《漢書·韓信傳》「靡衣媮食」，顏師注云：「靡，輕麗也。」《文選·七發》，李善注云：「曼，輕細也。」鑄金以爲鉤，珠玉以爲珮，《大戴禮記·保傅篇》云：「玉佩上有葱衡，下有雙璜，衝牙蚍珠，以納其間，琚瑀以雜之。」「珮」，《治要》作「佩」，《長短經》同。畢沅云：「當爲『佩』，古無此字。」女工作文采，男工作刻鏤。以爲身服。《治要》作「以身服之。」此非云益煗之情也，單歸之於無用也。以此觀之，其爲衣服，非爲身體，皆爲觀好。是以其民淫僻而難治，其君奢侈而難諫也，夫从奢侈之君御好淫僻之民，欲國無亂，不可得也。君實欲天下之治而惡其亂，當爲衣服不可不節。

古者聖王制爲衣服之法曰：『冬服紺緅之衣，輕且暖，畢沅云：「《說文》云『紺，帛深青揚赤色』。《玉篇》『紺古憾切』。」案：「緅」非古字，當爲「纔」。《考工記》云「五入爲緅」，鄭君注云「今禮俗文作爵，言如爵頭色」。《說文》「纔」云「帛雀頭色」，與鄭注「緅」義合，《說文》無「緅」字，是知當爲「纔」。夏服絺綌之衣，輕且清，則止。』諸加費不加於民利者，聖王弗爲。古者聖人爲猛禽狡獸，暴人害民，於是教民以兵行，日帶劍，爲刺則入，擊則斷，旁擊而不折，此劍之利也。甲爲衣則輕且利，動則兵且從，此甲之利也。

《荀子·議兵篇》 楚人鮫革犀兕以爲甲，鞈如金石。楊倞注：鞈，堅貌。以鮫魚皮及犀兕爲甲，堅如金石之不可人。《史記》作「堅如金石」。鞈，古洽反。《管子》曰：「制重罪入以兵甲，犀脅二戟；輕罪入蘭盾，鞈革二戟。」犀兕堅如金石之狀也。王念孫曰：楊本作「鞈如金石」，與《史記》不同。然鞈訓堅貌，諸書未有明文。《說文》「鞈，防扞也」，（今本「扞」譌作「汗」，據《玉篇》、《廣韻》改。）尹注《管子·小匡篇》曰「鞈革，重革，當心著之，可以禦矢」，皆不訓爲堅貌。《史記》而外，《韓詩外傳》亦作「堅如金石」。《文選·三月三日曲水詩序》注引《荀子》正作「堅」，《太平御覽·兵部》八十七同。鈔本《北堂書鈔·武功部》九引作「牢如金石」，（陳禹謨本改爲「堅」。）此是避隋文帝諱，故改「堅」爲「牢」。然則虞所見本正作「堅」，與楊本異也。俞樾曰：《史記·禮書》作「堅如金石」，故楊注訓鞈爲堅貌，即引《史記》爲證。然鞈之訓堅貌，諸書皆無明文，殆非也。《說文》「鞈」有二：其一見《革部》，爲正篆；其一見《鼓部》，爲「鼛」，篆之古文。「鼛，鼓聲也。」故《文選·上林賦》「鏗鎗闛鞈」，李善注曰：「鏗鎗，鐘聲也。闛鞈，鼓聲也。」此文「鞈如金石」，當以聲言，不當以貌言，謂扣之而其聲鞈然如金石也。必以鼓聲相況者，鼓是革所爲。上云「鮫革犀兕以爲甲」，則亦革所爲也，正見其屬辭之密。《史記》作「堅」，自與《荀子》異，不得竝爲一談也。

《韓非子·五蠹》 堯之王天下也，【略】冬日麑裘，夏日葛衣，雖監門之服養不虧於此矣。

《呂氏春秋·孟春》 孟春之月。天子居青陽左个。高誘注：青陽者，明堂也。中方外圓，通達四出，各有左右房，謂之个。个猶隔也。東出謂之青陽，南出謂之明堂，西出謂之總章，北出謂之玄堂。是月天子朝日告朔，行令於左个之房東向堂北頭室也。畢沅案，明堂之制，中外皆方，不得如注所云。个猶隔也，舊本缺一个字，今補。乘鸞輅，駕蒼龍。高誘注：輅，車也。鸞鳥在衡，和在軾，鳥相應和，後世不能復，致鑄銅爲之飾，以金謂之鸞輅也。《周禮》馬八尺以上爲龍，七尺以上爲騋，六尺以上爲馬也。畢沅案，鸞字與《月令》同，唯劉本作鑾，注鸞鳥在衡作鑾柅鑣，案《詩·蓼蕭》毛傳：柅鑣曰鸞。鄭於《駟驖》箋云：置鸞於鑣，異於常車，若依鄭說，則劉本是。但《說文》鑾字從金云：人君乘車四馬，鑣八鑾鈴，象鸞鳥聲。高氏之解或異於鄭，未可知也，亦不得竟以劉本爲非。載青旂，衣青衣，服青玉。旂，旗名。交龍爲旂載者，若今之雞翹車是也。服，佩也，所衣服佩玉皆青者，順木色也。案，蔡邕《獨斷》云：鸞旗車，編羽毛列繫幢旁，俗人名之雞翹車，非也。《續漢·輿服志》同。劉昭引胡廣曰：以銅作鸞鳥車衡上，則與高誘注合。

《呂氏春秋·仲春》 〔仲春之月，〕天子居青陽太廟，高誘注：青陽東向堂，太廟，中央室。乘鸞輅，駕蒼龍，載青旂，衣青衣，服青玉，食麥與羊，其器疏以達。

《呂氏春秋·季春》 〔季春之月，〕天子居青陽右个，高誘注：右个，南頭室也。乘鸞輅，駕蒼龍，載青旂，衣青衣，服青玉，食麥與羊，其器疏以達。是月也。天子乃薦鞠衣于先帝。高誘注：《周禮·司服章》曰：王祀昊天上帝則服大裘而冕，祀五帝亦如之。又《內司服章》王后之六服有菊衣。衣黃如菊花，故謂之菊衣。春，王東方色皆尚青，此云薦菊衣，誘未達也。畢沅案《內司服》鄭玄注云：鞠衣，黃桑服也，色如麴塵，象桑葉始生，蓋后妃服以躬桑者。

《呂氏春秋·孟夏》 〔孟夏之月，〕天子居明堂左个，高誘注：明堂，南鄉堂。左个，東頭室。乘朱輅，駕赤騮，順火德也，騂馬黑尾曰騮。載赤旂，衣赤衣，服赤玉，高誘注：皆赤順火也。食菽與雞，其器高以觕。高誘注：菽，豆也。觕大也，器高大以象火性。

《呂氏春秋·仲夏》〔仲夏之月,〕天子居明堂太廟。高誘注:明堂,南向堂也。太廟,中央室也。乘朱輅,駕赤騮,載赤旂,衣朱衣服赤玉,食菽與雞,其器高以觕,養壯狡。高誘注:壯狡,多力之士,養之慎陽施也。蓋所謂旱則資舟,夏則資皮,備之也。

《呂氏春秋·季夏》〔季夏之月,〕天子居明堂右个,高誘注:明堂,向南堂。右个,西頭室。乘朱輅,駕赤騮,載赤旂,衣朱衣,服赤玉,食菽與雞,其器高以觕。是月也,令漁師伐蛟取鼉,升龜取黿。乃命虞人入材葦。乘大輅,駕黄騮,載黄旂,衣黄衣,服黄玉,高誘注:土色黄,故尚黄色。食稷與牛,高誘注:稷,牛皆屬土。其器圜以揜。高誘注:揜象土含養萬物。畢沅按《月令》作圜以閎。舊校云:一作揜以閎。

《呂氏春秋·孟秋》〔孟秋之月,〕天子居總章左个,高誘注:總章,西向堂也。西方總成萬物,章,明之也,故曰總章。左个,南頭室也。乘戎路,駕白駱,高誘注:戎路,白路也,白馬黑鬣曰駱。載白旂,衣白衣,服白玉,高誘注:白順金也。食麻與犬,其器廉以深。高誘注:犬金畜也,廉,利也。象金斷割,深象陰閉藏。

《呂氏春秋·仲秋》〔仲秋之月,〕天子居總章太廟,高誘注:總章,西向堂,太廟,中央室也。乘戎路,駕白駱,載白旂,衣白衣,服白玉,食麻與犬,其器廉以深。是月也,養衰老,授几杖,行,糜粥飲食。乃命司服,具飭衣裳,文繡有常,制有小大,度有短長,衣服有量,必循其故,冠帶有常。高誘注:司服,主衣服之官,將飭正衣服,故命之也。上曰衣,下曰裳。青與赤五色備謂之繡。《周禮·司服》掌王之吉服,祀昊天上帝則大裘而冕,祀五帝亦如之。享先王則衮冕,享先公饗射則鷩冕,祀四望山川則毳冕。祭社稷五祀則絺冕。羣小祀則玄冕。凡兵事韋弁服,視朝則皮弁服。皮者,鹿皮冠,服者,素積也。故曰小大短長冠帶有常也。畢沅按:舊注多脱誤,今攷《禮》注補正。

《呂氏春秋·季秋》〔季秋之月,〕天子居總章右个,高誘注:右个,北頭室也。乘戎路,駕白駱,載白旂,衣白衣,服白玉,食麻與犬,其器廉以深。【略】

《呂氏春秋·順民》是月也,天子乃教於田獵,以習五戎,獀馬,高誘注:五戎,五兵,謂刀劍矛戟矢也。獀,擇也。爲將田,故習肄五兵,選擇田馬,取堪乘也。畢沅按:獀馬,《月令》作班馬政。舊本獀下有一作蒐三字,乃校者之辭,此無政字,避始皇諱,而《月令》不諱,則《月令》之非秦制益明矣。命僕及七騶咸駕,載旍旐,輿受車以級整設于屏外,司徒搢扑,北嚮以誓之。天子乃厲服厲飭,執弓操矢以射,高誘注:是月天子尚武,乃服猛,厲其所佩之飭,以射禽也。《周禮·司服章》凡田冠弁服,戎服,垂衣也。畢沅案《月令》作天子乃厲飾執弓挾矢以獵。古飾、飭亦或通用。注戎服,垂衣也,亦似有訛。《月令》孔穎達正義引熊氏云:春夏田,冠弁服,秋冬韋弁服。韋弁服即所謂戎服也。鄭玄云以韎韋爲弁,又以爲衣裳,然則垂衣乃韋衣之誤也。命主祠祭禽於四方。高誘注:主祠,掌祀之官也。祭始設禽獸者於四方,報其功也,不知其神所在,故博求於四方。

《呂氏春秋·孟冬》〔孟冬之月,〕天子居玄堂左个,高誘注:玄堂,北向堂也。左个,西頭室也。乘玄輅,駕鐵驪,高誘注:玄輅,黑輅。鐵驪,亦黑,象北方也。載玄旂,衣黑衣,服玄玉,高誘注:玄黑,順水色。食黍與彘,高誘注:彘,水屬也。其器宏以弇。高誘注:宏,大,弇,深。象冬閉藏也。

《呂氏春秋·仲冬》〔仲冬之月,〕天子居玄堂太廟,高誘注:太廟中央室也。乘玄輅,駕鐵驪,載玄旂,衣黑衣,服玄玉,食黍與彘,其器宏以弇。

《呂氏春秋·季冬》〔季冬之月,〕天子居玄堂右个,高誘注:玄堂,北向堂。右个,東頭室也。乘玄駱,駕鐵驪,載玄旂,衣黑衣,服玄玉,食黍與彘,其器宏以弇。

《史記》卷八七《李斯列傳》堯之有天下也,堂高三尺,采椽不斲,茅茨不翦,雖逆旅之宿不勤於此矣。冬日鹿裘,夏日葛衣,粢糲之食,藜藿之羹,飯土匭,啜土鉶,雖監門之養不轂於此矣。

《史記》卷一三〇《太史公自序》墨者亦尚堯舜道,言其德行曰:堂高三尺,土階三等,茅茨不翦,采椽不刮。食土簋,啜土刑,糲粱之食,藜藿之羹。夏日葛衣,冬日鹿裘。

《漢書》卷五《景帝紀》〔中元六年〕五月,詔曰:「夫吏者,民之師也,車駕衣服宜稱。吏六百石以上,皆長吏也,亡度者或不吏服,出入閭里,與民亡異。令長吏二千石車朱兩轓,千石至六百石朱左轓。車騎從者不稱其官衣服,下吏出入閭巷亡吏體者,二千石上其官屬,三輔舉不如法令者,皆上丞相御史請之。」先是吏多軍功,車服尚輕,故爲設禁。

《漢書》卷六二《司馬遷傳》墨者亦上堯舜,言其德行曰:【略】夏日葛衣,冬日鹿裘。

劉安《淮南子》卷六《覽冥》千里之外,家老羸弱悽愴於內,廝徒馬圉,軵車奉饟,道路遼遠,霜雪亟集,短褐不完。高誘注:短褐,處器物之人也。褐,毛布,如今之馬衣也。不完,言民窮也。陶方琦云:《後漢書·王望傳》注引,短作裋。《後漢書》注《列子釋文》又引許注：「楚人謂袍曰裋。」按：《説文》：「裋，豎使布長襦也。从衣，豆聲。」徐廣曰：「裋，一作短，小襦也。」《廣雅》「袍，長襦也。」《説文》以襦爲短衣，玆曰長襦，乃稍長于襦，因别言之。袍與裋皆長于襦，故《漢書・貢禹傳》注：「裋者，謂僮豎所著布長襦也。」與《説文》裋訓長襦同。文典謹按：裋本字，短段字也。《史記・孟嘗君列傳》「而士不得短褐」，《索隱》「短音豎，豎褐，謂褐衣而豎裁之，以其省而便事也。」《文選・王命論》「思有短褐之褻」，《漢書》短作裋，蓋短、裋皆從豆得聲，故得通用也。

班固《白虎通》卷九《衣裳》 聖人所以制衣服何？以爲絺綌蔽形，表德勸善，别尊卑也。《淮南・主術訓》「人主好黼黻文章，絺綌綺繡」，高誘注：「白與黑爲黼，青與赤爲黻。絺綌，葛也。精曰絺，粗曰綌。五采具曰繡。」是絺繡即絺綌之有文繡者，則此之絺綌，即《書》之絺繡也。案此以絺繡爲衣服皆有，蓋用今文《書》説。《御覽》引《書大傳》：「天子衣服，其文華蟲，作繪，宗彝，藻火，山龍，諸侯作繢，宗彝，藻火，山龍，子男宗彝，藻火，山龍，大夫藻火，山龍，士山龍。」故《書》曰：「天命有德，五服五章哉。」又曰：「山龍，青也。華蟲，黄也。作繢，黑也。宗彝，白也。藻火，赤也。天子服五，諸侯服四，次國服三，大夫服二，士服一。」是伏生所説五服升降之次，不言粉米黼黻絺繡，意以粉米黼黻，衣裳並刺，故《五帝紀》言「堯賜舜絺衣」，即此也。史公説有日月星辰，自山龍至藻火謂之文，自粉米以下謂之繡，與今文説同。惟《書》疏引鄭玄注，讀絺爲黹，讀會爲繪，謂「自日月至黼黻凡十二章，此繡與繪各有六，衣用繪，裳用繡」。案《大戴・五帝德篇》：「黄帝黼黻衣，大帶，黼裳。」《御覽》引《尸子》云：「君天下者，黼衣九種，而堯大布。」是黼黻亦爲衣，不必如鄭氏專以黼黻爲裳也。《孟子・盡心篇》云「舜被袗衣」，趙岐注：「袗，畫也，被畫衣黼黻絺繡也。」《孟子》之袗衣，即《史記》之絺衣，以絺爲之，故或亦以袗衣爲單衣也。以上古始制衣服，以絺綌蔽形，後人雖極文，猶以爲飾，亦始冠用布之義也。別尊卑，即山龍等五章也。故《漢書・董仲舒傳》：「臣聞制度文采玄黄之飾，所以明尊卑，異貴賤，而勸有德也。」所以名爲裳何？衣者，隱也。裳者，彰也。所以隱形自障閉也。《易》曰：「黄帝、堯、舜垂衣裳而天下治。」「裳」上應脱「衣」字。《廣雅・釋器》云：「衣，隱也。」衣、隱一音之轉，故《中庸》「壹戎衣」鄭玄注：「衣讀如殷，聲之誤也。齊人言殷聲如衣。虞、夏、商、周氏多矣，今姓有衣者，殷之冑與？」殷、隱同聲，《釋名・釋衣服》云：「衣，依也。人所依以芘寒暑也。」《説文・衣部》：「衣，依也。」皆望文生義。《釋名》又云：「裳，鄣也。所以自障蔽也。」所引《易》曰者，《易繫詞傳》文。何以知上爲衣，下爲裳？以其先言衣也。《詩》曰「褰裳涉溱」，所以合爲下也。李鼎氏作《易傳》引《九家易》注：「衣取象《乾》，居上覆物，裳取象《坤》，在下含物。」又虞翻注：「乾爲治在上爲衣，坤在下爲裳，乾坤萬物之蘊，故以象衣裳。」《續漢・輿服志》：「乾巛有文，故上衣玄，下裳黄。」是上爲衣，下爲裳也。所引《詩》，《鄭風・褰裳》文，以言涉，知裳在下也。《弟子職》言「摳衣而降」也。名爲衣何？上兼下也。《管子・弟子職》云：「已食者作，摳衣而降。」又《禮記・曲禮》云：「兩手摳衣。」又云：「摳衣趨隅。」「摳衣」即《論語・鄉黨》之「攝齊」，是皆謂裳也。得名之衣者，以衣、裳對則别，散則通，故《鄘風・素冠》云「庶見素衣兮」，鄭玄箋：「素衣者，謂素裳也。」上得兼下故也。

右總論衣裳

裘，所以佐女功助温也。舊本脱，盧文弨據《初學記》補。《詩・七月》「取彼狐狸，爲公子裘」，鄭玄箋云：「言此者，時寒，宜助女功也。」古者緇衣羔裘，黄衣狐裘。禽獸衆多，獨以狐羔何？取其輕煖，因狐死首邱，明君子不忘本也。羔者，取其跪乳遜順也。舊本自「禽獸衆多」上亦脱，盧据《初學記》補。《論語・鄉黨篇》云：「緇衣羔裘，素衣麑裘，黄衣狐裘。」《詩》疏引鄭玄注：「羔裘，諸侯視朝之服，狐裘温裕而已。」案五冕之服，同用羔裘。《周禮・司服》云「王祀昊天上帝，則服大裘而冕」，賈公彦引鄭衆注：「大裘，黑羔裘也。」「天子以下，田獵亦用黑羔裘。」《司服》云「凡田，冠弁服」，注：「冠弁，委貌，與諸侯朝服同。」知亦用諸侯視朝之服也。其天子視朝，諸侯朝天子，卿大夫聘問，並服狐白裘，士則麛青裘。《禮記・玉藻》云：「君衣狐白裘，錦衣以裼之。」又云：「士不衣狐白。」是也。卿大夫但不得用錦衣耳。其兵事則服黄狐裘，定九年《左傳》「皙幘而衣貍製」，是也。兵事服韎韋之衣，裘象衣色，知服黄也。「狐死首邱」，《檀弓》文。羔跪乳，義具上《瑞贄篇》。但此下言「天子狐白」，則諸侯而下皆不得服狐白裘矣。與《禮經》異制。故天子狐白，諸侯狐黄，大夫狐蒼，士羔裘，亦因别尊卑也。《淮南・説山訓》云：「夫狐白之裘，天子被之而坐廟堂。」又云：「天下無粹白狐，而有粹白之裘，掇之衆白也。」似唯天子得服狐白矣。此亦宜爲成語。《晏子春秋》：「景公時，雨雪三日，公衣狐白之裘。」又云：「景公賜晏子狐白裘，晏子不受。」知當時諸侯亦僭服之矣。考《論語》述孔子之服云「黄衣狐裘」。定九年《左傳》「皙幘而衣貍製」。襄四年《左傳》「臧之狐裘」。兵事用韎韋，衣裘之色必相稱，則黄衣明矣。則黄狐不必諸侯也。《玉藻》「君子狐青裘豹褎」，鄭玄注：「君子，大夫士也。」則狐裘不必大夫也。皆與《禮》文不同，各有所授，無庸强同。皇侃引此文説《玉藻》，宜爲正義所非。「大夫」下「狐」字舊脱，盧文弨据《玉藻》疏補。

右論裘

班固《白虎通》卷一〇《紼冕》 紼者，何謂也？紼者，蔽也，行以蔽前者爾。有事因以别尊卑，彰有德也。「者爾」舊作「紼蔽者小」，盧文弨據《御覽》删正。《爾雅・釋器》「衣蔽前謂之襜」，郭璞注云：「蔽膝也。」《釋名・釋衣服》云：「韍韠所以蔽前也。」《禮記・玉藻》鄭玄注：「韠之言蔽也。」又云：「韍之言蔽也。」韍、韠、紱、紼、市並通用。《説文・韋部》：「韠，所以蔽前者。」鄭玄《禮》注云：「古者佃漁而食之，衣其皮，先知蔽前，後知蔽後，後王易之以布帛，而獨存其蔽前也。」《書鈔》引《要義》云：「太古之時，未有布帛，人食禽獸肉而衣其皮，知蔽前，未知蔽後，至舜，冕服始備，故復制之。」《説文・市部》「市」字下云：「上古衣蔽前而已，市以象之。」是也。紼、蔽疊韻爲訓。案紼，《説文・糸部》云：「亂糸也。」故《采菽》毛亨傳云：「紼，紼也。」義異。紼冕之紼當作韍，即市之重文也。段借作紼耳。《易乾鑿度》云：「紱者，所以別尊卑，彰有德也。」天子朱紼，諸侯赤紼。《詩》曰：「朱紼斯皇，室家君王。」又云：「赤紼金舄，會同有繹。」又云：「赤紼在股。」皆謂諸侯也。《書》曰：「黼黻衣黄朱紼。」亦謂諸侯也。並見衣服之制，故遠別之，謂黄朱亦赤矣。《御覽》引《要義》云：「天子朱紱，諸侯赤紱。」赤，盛色也。所引《詩》者，《小雅・斯干》、《車攻》、《采菽》文。所引《書》者，不知所出。案《顧命》云：「皆布乘黄朱。」蓋今文「布乘」作「黼黻」，解之者以謂黼黻衣黄朱紼也。布、黼聲近，乘、市形近，因市轉韍，即轉韍成黻。祭衣稱黻，故黼黻之衣用朱紼也。天子諸侯同用朱韍，但天子純朱，諸侯不純朱。故《斯干》鄭玄箋云：「天子純朱，諸侯黄朱也。」又《采芑》毛亨傳：「朱芾，黄朱芾也。」黄朱次于朱，則稱赤。故《斯干》、《采菽》並言赤芾。《乾鑿度》云：「《困》九五，文王爲紂三公，故言困于赤紱也。至于九二，周將王，故言朱紱方來，不易之法也。」是也。《乾鑿度》又云：「天子三公九卿朱紱，諸侯赤紱。」「朱紱者，賜大夫之服也。文王方困而有九二大人之行，將賜之赤紱，其位在二，故以大人言之。」蓋天子與其臣純朱，諸侯與其臣黄朱爲異與？祭服之外則稱韠。《采菽》鄭玄箋：「冕服謂之韍，其他服謂之韠。」故《禮記・玉藻》「一命緼韍，再命赤韍」，謂祭服也。鄭玄注：「尊祭服，故變韠言韍。」是也。《說文・韋部》于「韠」字下則云：「一命緼韠，再命赤韠。」謂大夫常服也。其實韠韍同制，殊其名耳。故《說文》于「韠」下云「韍也」，于「韍」下又云「韠也」。用轉注之例也。盧文弨云「此段似有譌脱」，小字本無兩「云」字。大夫葱衡，別於君矣。天子大夫赤紱葱衡，士韎韐。《禮記・玉藻》：「一命緼紱幽衡，再命赤紱幽衡，三命赤紱葱衡。」是再命三命之大夫皆用赤紱，但幽衡、葱衡爲異耳。《說文》「市」字下云：「天子朱芾，諸侯赤芾，大夫葱衡。」謂三命之大夫也。周制，公侯伯之卿三命，其大夫再命，子男之卿再命，此指天子大夫者，蓋天子大夫未出封，其制與外大夫同。或所據《禮》說微異于古禮也。周制，公侯伯之士一命，故用緼韍。鄭玄注：「緼，赤黄之間色。所謂韎也。」《詩・瞻彼洛矣》云「韎韐有奭」，毛亨傳：「韐所以代韠也。」又《說文・市部》「韐」字下云：「士無市有韐，制如榼，缺四角。」《士冠禮》鄭玄注：「韐之制似韠。」則《詩》之「韎韐」，即《玉藻》之「緼韍」。大夫以上祭服用玄冕爵弁服，其韠曰韍，士與君祭用爵弁服，其韠曰韐，其制同，故《玉藻》即通名韍也。朱赤者，盛色也。是以聖人法之，用爲紼服，爲百王不易也。《乾鑿度》云：「赤者，盛色也。是聖人法以爲韍服，欲百世不易也。」鄭玄注：「朱赤雖同，而有淺深之差。」以赤朱同盛色，但有深淺，爲王侯異耳。紼以韋爲之者，反古不忘本也。上廣一尺，下廣二尺，法天一地二也。長三尺，法天地人也。鄭玄《禮》注云：「王者易之以布帛，而獨存其蔽前，示不忘古也。」《禮記・玉藻》鄭玄注：「凡韠以韋爲之，必象裳也。」案《說文・韋部》云：「韋者，獸皮之韋。」以上古之世食肉衣皮，故用韋，以示不忘古也。《玉藻》又云：「韠，天子直。」又云「下廣二尺，上廣一尺，長三尺，其頸五寸。」《說文》亦云：「下廣二尺，上廣一尺，長三尺。」《隋書・禮志》：「虞世基奏：『今依《白虎通》，紼以蔽前，上濶一尺，象天數也。下濶二尺，象地數也。長三尺，象三才也。』」

崔寔《四民月令・二月》 蠶事未起，命縫人浣冬衣，徹複爲袷。其有羸帛，遂爲秋製。

杜臺卿注袷：今案《字林》曰：「袷，衣無絮也；工洽反。」

《北堂書鈔》卷一二八引 董巴《輿服志》云：後世聖人觀翬翟之文，榮華之色，乃染帛以效之，始作五采成以爲服。董巴《輿服志》云：行大射禮於辟雍，公卿諸侯大夫行禮者，冠委貌，衣玄端素裳。執事者冠皮弁，衣緇麻衣，皂領袖。下素裳。董巴《輿服志》云：公卿列侯中二千石夫人助蠶者，縹絹上下，皆深衣制也。董巴《輿服志》云：虎賁騎皆衣虎文單衣，襄邑歲獻織成虎文。《陳留風俗記》云：襄邑縣睢渙之間出文章，故有黻藻綈繡，日月華虫，以奉天子。徐野民《車服雜註》曰：漢明帝始案古禮，備其服章，天子郊廟，衣畫而裳綉，爲日、月、星辰、山、龍、華虫、藻、火、粉米之類。徐野民《車服雜注》云：公卿特進列侯大夫卿世婦佐祭，服皂絹上下。

《北堂書鈔》卷一二八引 摯虞《決疑要注》云：中興後，明帝永平中，使諸儒案古文，依圖書，始復造冕衮，火、龍、黼、黻，以奉祀郊廟。徐野民《車服注》云：天子好禮，釋奠中衣，以緯絳緣其領袖，其朝服皂緣。徐野民《車服雜注》云：元帝召陳郡王隱待詔，着單衣絳幘，朝於著作郎之省。

《北堂書鈔》卷一二九 《漢雜事》云：高祖時，令羣臣議天子所服衣服，以安天下。謁者趙堯舉春，李舜舉夏，倪湯舉秋，貢禹舉冬，四季各職一時。制曰：可。四時衣制蓋始於此。

胡三省《通鑑釋文辯誤》卷二 王莽初始元年　莽母功顯君死，自以居攝踐阼，奉漢大宗之後，爲功顯君緦縗弁而加麻環絰，如天子弔諸侯服，凡壹弔再會。頁一一六五

史炤《釋文》曰：絰，首戴也，以苴麻爲之。謂之環者，言其輕細如環之形。（費本同。）余按喪服以情之輕重爲等，苴麻之絰，重服也。《左傳》「齊晏桓子卒，晏嬰縗麤斬、苴絰帶、杖、菅屨」。杜預註曰：苴，麻之有子者，取其麤也。《周禮》「王爲諸侯緦縗，弁而加環絰，同姓則麻，異姓則葛」。王莽自以居攝踐阼，不爲母服喪，服天子弔諸侯之服，以壹弔再會而已，安肯以苴麻爲絰乎！

《記·檀弓》：「叔仲皮死，其子柳之妻衣繐而繆絰，叔仲衍請繐繐而環絰。」鄭玄註云：繆絰，士妻爲舅姑之服也；環絰，弔服之絰也。時婦人好輕細而多服此者。孔穎達《正義》曰：繆絰，謂絞麻爲絰，繆，謂兩股相交也。五服之絰皆然，惟弔服環絰不繆耳。環絰者一股，所謂纏絰也。此即輕細如環之義。史炤所謂輕細如環者，本顏師古之說。既言輕細，安得以苴麻爲之乎！

更始元年　莽紺袀服。頁一二五〇

史炤《釋文》曰：偏裻謂之袀，戎衣也。紺，青色，以爲袀衣。章懷註：袀，純也。純爲紺服。其説非是。（費本同。）余按裻，衣背縫也。左思《魏都賦》：「襲偏裻以讃列。」偏裻固是戎衣，然非袀服也。《史記·趙世家》：王夢衣偏裻之衣。張守節正義曰：杜預云：偏，左右異色。裻在中，左右異，故曰偏。蓋偏裻，自衣背縫中分左右各一色，《左傳》所謂「太子帥師，公衣之偏衣」者也。袀服之袀，音均。《左傳》所謂「均服振振，取虢之旂」。陸德明曰：均，字書作袀，袀之爲義純也。説有根據，未可厚非。此説乃師古之説。章懷註《後漢書》，《後漢書》不載莽袀服事。以此説爲章懷之説，亦非是。

章帝建初二年　倉頭衣綠褠，領袖正白。頁一四七八

史炤《釋文》曰：褠，臂衣，即臂韝也。余謂史炤因章懷註而誤也。按《字書》，臂韝之韝，旁從「韋」；此所謂綠褠，綠單衣也。下文言領袖正白，則爲單衣之褠而非臂韝之韝明矣。

《西漢會要》卷二四《輿服下》

天子冠服

高皇帝所述書《天子所服第八》天子衣服之制也，於施行詔書第八。曰：「大謁者臣章受詔長樂宮，曰『令羣臣議天子所服』。相國臣何等議曰：『春夏秋冬天子所服，當法天地之數，中得人和。臣請法之。中謁者趙堯舉春，李舜舉夏，兒湯舉秋，貢禹舉冬，四人各職一時。』大謁者襄章奏，制曰：『可。』」《魏相傳》。服虔曰：「主一時衣服禮物朝祭百事。」

百官冠服

景帝中六年，詔曰：「吏者，民之師也，車駕衣服宜稱。亡度者或不吏服，出入閭里，與民無異。令長吏車騎從者不稱其官衣服，下吏出入閭巷亡吏體者，二千石上其官屬，三輔舉不如法令者。」本紀。

直指使者衣繡衣持斧。武紀。

《三國志》卷九《夏侯玄傳》　太傅司馬宣王問以時事，玄議以爲：「【略】今科制自公、列侯以下，位從大將軍以上，皆得服綾錦、羅綺、紈素、金銀餙鏤之物，自是以下，雜綵之服，通于賤人，雖上下等級，各示有差，然朝臣之制，已得侔至尊，玄黄之采，已得通於下矣。欲使市不鬻華麗之色，商不通難得之貨，工不作彫刻之物，不可得也。」

嵇康《嵇康集》卷四《答難養生論》　意足者，雖耦耕甽畝，被褐啜菽，豈不自得。不足者雖養以天下，委以萬物，猶未愜然。

《三國會要》卷六《天運四·五行》　孫休後衣服之制，上長下短，又積領五六而裳居一二。干寶曰：「上饒奢，下儉逼，上有餘，下不足之妖也。至孫皓果奢暴于上，百姓彫困于下，卒以亡國。」

《三國會要》卷九《禮三·讀時令》　魏土德，文帝以建寅月爲正，初踐阼，議改正朔，以辛毗言而止。服尚黄，臘以丑，牲以白，節毛尚赤，節幡尚黄，郊祀朝會四時之服宜如漢制。《宋志》：文帝詔云：「四時季月服黄十八日。」宗廟所服如《周禮》。明帝青龍五年三月，用博士秦静等議，改爲景初元年孟夏四月，以建丑月爲正，服色尚黄，犧牲用白，戎事乘黑首白馬，建大赤之旗，朝會建大白之旗。改《太和曆》曰《景初曆》。其春、夏、秋、冬、孟、仲、季月雖與正歲不同，至於郊祀、迎氣、礿、祠、烝、嘗，巡狩，蒐田，分、至、啓、閉，班宣時令，中氣早晚，敬授民事，皆以正月斗建爲節。又詔曰：「今祭皇皇帝天、皇皇后地、天地郊、明堂、宗廟，牲皆用白，其祭五郊各隨方色，祭日月星辰之類用騂，社稷山川之屬用玄。」三年正月帝崩，齊王立，詔曰：「明皇帝以正日棄天下，永惟忌日之哀，其復用夏正，以建寅之月爲正始元年正月，以建丑月爲後十二月。」

漢儀：太史每歲先立春、立夏、大暑、立秋、立冬，嘗讀五時令，皇帝服各隨五時之色。魏氏但讀四時令，至服黄時獨闕。高堂隆以爲黄於五行中央土也，土王四季各十八日，土生於火，故於火用事之末服黄，三季則否，其令隨四時，不以五行爲令也，是以服黄無令。斯則魏不讀大暑令也。《晉志》。

《三國會要》卷一二《禮六·輿服》　袴褶之制，未詳所起，近世凡車駕親戎，中外戒嚴，服之。服無定色，冠黑帽，綴紫褾。褾以繒爲之，長四寸，廣一寸。中官紫褾，外官絳褾。又有戎服而不綴褾。《江表傳》：吕範釋褠著袴褶執鞭，自稱領都督。（楊晨）【略】

蔽膝，《禮書》曰：「天子赤皮蔽膝。」魏、晉以來用絳紗爲之。引徐廣《車服儀制》。【略】

絳褠始於秦、漢，迄今相仍，朔望正旦，乃具衮舄。曹植《七啓》：金華之舄，動趾遺光。

《晉書》卷二五《輿服志》 袴褶之制，未詳所起，近世凡車駕親戎、中外戒嚴服之。服無定色，冠黑帽，綴紫摽，摽以繒爲之，長四寸，廣一寸，腰有絡帶以代鞶。中官紫摽，外官絳摽。又有纂嚴戎服而不綴摽，行留文武悉同。其畋獵巡幸，則惟從官戎服帶鞶革，文官不下纓，武官脱冠。

晉崔豹《古今注》卷上《輿服》 襪衣，廝役之服也，取其便於用耳，乘輿進食者服襪衣。前漢董偃緑幘青韝，加襪衣以見武帝，廚人之服也。

《北堂書鈔》卷一二九引 裴淵《南海記》云：蠻夷俗不蠶，取穀皮熟槌爲褐。

《趙書》云：裴憲撰《三正東耕儀》，中書令徐光奏請親耕攻服，宜服青絲袴褶。

李軌《義熙起居注》：義熙元年，百官更服，侍官不備采衣袴褶。

《宋書》卷三〇《五行志一》 魏尚書何晏，好服婦人之服。傅玄曰：「此服妖也。」夫衣裳之制，所以定上下，殊内外也。《大雅》云：「玄衮赤舄，鉤膺鏤鍚。」歌其文也。《小雅》云：「有嚴有翼，共武之服。」詠其武也。若内外不殊，王制失叙，服妖既作，身隨之亡。末嬉冠男子之冠，桀亡天下；何晏服婦人之服，亦亡其家。其咎均也。【略】

孫休後，衣服之制，上長下短，又積領五六而裳居一二。干寶曰：「上饒奢，下儉逼，上有餘下不足之妖也。」至孫皓，果奢暴恣情於上，而百姓彫困於下，卒以亡國。是其應也。

晉興後，衣服上儉下豐，著衣者皆厭褼蓋裙。君衰弱，臣放縱，下掩上之象也。陵遲至元康末，婦人出兩襠，加乎脛之上，此内出外也。

《魏書》卷二《太祖紀第二》 〔天賜元年〕五月，置山東諸冶，發州郡徒謫造兵甲。

《周書》卷七《宣帝紀》 大象二年三月庚子，至自同州。詔天臺侍衛之官，皆著五色及紅紫緑衣，以雜色爲緣，名曰品色衣。有大事，與公服間服之。

司馬光《資治通鑑》卷一七二《陳宣帝太建八年》 〔十二月，〕齊主至洪洞，淑妃方以粉鏡自玩，後聲亂，唱賊至，於是復走。先是齊主以淑妃爲有功勳，將立爲左皇后，遣内參詣晉陽取皇后服御褘翟等。胡三省注引《五代志》：梁制：皇后謁廟，服袿襡大衣，蓋嫁服也，皁上皁下；親蠶則青上縹下。齊制：皇后助祭、朝會以褘衣，祠郊禖以褕狄，小宴以闕狄，親蠶以鞠衣，禮見皇帝以展衣，宴居以緑衣。六服俱有蔽膝，織成緄帶。周制：皇后翟衣六：祀郊禖、朝享，則翬衣，素質，五色；祭陰社、朝命婦，則褕衣，青質，五色；祭羣小祀、受獻璽，則鷩衣，赤色；采桑，則鳪衣，黄色；從皇帝見賓客、聽女教，則鵫衣，白色；食命婦、歸寧，則翎衣，玄色。隋制：皇后褘衣，深青，織成爲之，爲翬翟之形，素質五色十二等。先，悉薦翻。褘，許韋翻。袿，涓畦翻。《釋名》：婦人上服曰袿，其下垂者。襡，朱欲翻。縹，匹小翻。褕，音遥。展，與襢同，陟戰翻。沈，將楚翻。緄，古本翻。褕與褕同音。鷩，必列翻，亦雉也。鳪，補抱翻。鵫，敕角翻，雉名。翎，直質翻。至是，遇於中塗，齊主爲按轡，命淑妃著之，然後去。

司馬光《資治通鑑》卷一七四《陳宣帝太建十二年》 〔三月，〕庚子，〔周天元〕還長安。詔天臺侍衛之官，皆著五色及紅、紫、緑衣，以雜色爲緣，名曰「品色衣」，胡三省注引《五代志》，以錦綺繢繡爲緣。有大事，與公服間服之。胡三省注引《五代志》：後周之制，諸命秩之服曰公服，其餘常服曰私衣。隋、唐以下，有朝服，有公服。朝服曰具服，公服曰從省服。

司馬光《資治通鑑》卷一七五《陳宣帝太建十四年》 〔正月，乙卯，〕胡三省注：褶，音習，布褶衣也，今之寬袖。《山海經》註：魏毌丘儉破高句麗，遣王頎窮追，過沃沮千餘里。彼人言，海中有長臂人，近於海中得布褶衣，兩袖各長三丈有餘。則知所謂褶衣，有自來矣。

《隋書》卷一二《禮儀志六》 〔陳制〕袴褶，近代服以從戎。今纂嚴，則文武百官咸服之。車駕親戎，則縛袴，不舒散也。中官紫褶，外官絳褶，腰皮帶，以代鞶革。

《舊唐書》卷三《太宗紀下》 〔貞觀四年〕八月丙午，詔三品已上服紫，五品已上服緋，六品七品以緑，八品九品以青；婦人從夫色。

《新唐書》卷三九《地理志三·河東道》 厥賦：襺。

又《洺州》土貢：油衣。

又卷四一《地理志五·揚州》土貢：水兕甲。

又《湖州》土貢：御服。

玄應《一切經音義》卷一四《四分律第一卷》 袈裟舉佉反，下所加反。《韻集》音加沙。字本從毛，作毠毟二形。葛洪後作字苑，始改從衣。案，外國通稱袈裟，此云不正色也。諸草木中著皮若葉若花等不成五味，難以爲食者，則名迦沙。此物染衣，其色濁赤，故梵本五濁之濁亦名迦沙，天竺比邱多用此色。或言緇衣者，當是初譯之時，見其色濁，因以名也。又案《如幻三昧經》云：晉言無垢穢，又義云離塵服，或言云消瘦衣，或稱蓮華服，或言閒色衣，皆隨義立名耳。《真諦三藏》云袈裟，此云赤血色衣，言外國雖有五部不同，並皆赤色，言青黑木蘭者，但點之異耳。

杜佑《通典》卷六《食貨六》　廣陵郡貢造水牛皮甲千領并袋　今揚州

劉餗《隋唐嘉話》卷中　舊官人所服，唯黄紫二色而已。貞觀中，始令三品以上服紫，四品以上朱，六品七品緑，八品九品以青焉。

貞觀中，揀材力驍捷善持射者，謂之飛騎。上出遊幸，則衣五色袍，乘六閑馬，猛獸皮韉以從。

薛用弱《集異記》卷二《集翠裘》　則天時，南海郡獻集翠裘，珍麗異常。張昌宗侍側，則天因以賜之。遂命披裘，供奉雙陸。宰相狄梁公仁傑時入奏事，則天令昇座，因命梁公與昌宗雙陸。梁公拜恩就局。則天曰：「卿二人賭何物？」梁公對曰：「争先三籌，賭昌宗所衣毛裘。」則天謂曰：「卿以何物爲對？」梁公指所衣紫絁袍曰：「臣以此敵。」則天笑曰：「卿未知此裘價逾千金，卿之所指，爲不等矣。」梁公起曰：「臣此袍乃大臣朝見奏對之衣，昌宗所衣乃嬖倖寵遇之服，對臣之袍，臣猶怏怏。」則天業已處分，遂依其説。而昌宗心赧神沮，氣勢索莫，累局連北。梁公對御就褫其裘，拜恩而出。及至光範門，遂付家奴衣之，乃促馬而去。

蘇鶚《杜陽雜編》卷中　敬宗皇帝寶歷元年，南昌國獻玳瑁盆、浮光裘、夜明犀。其國有酒山、紫海。蓋山有泉，其味如酒。飲之甚美醉，則經月不醒。紫海水色如爛椹，可以染衣。其龍魚龜鼈，砂石草木，無不紫焉。【略】浮光裘即海水染其色也。以五綵蹙成龍、鳳各一千三百，絡以九色真珠。上衣之以獵北苑，爲朝日所照，而光彩動摇，觀者皆眩其目，上亦不爲之貴。一日，馳馬從禽，忽值暴雨，而浮光裘略無沾潤，上方嘆爲異物也。

蘇鶚《蘇氏演義》卷下　今人以朱衣爲朱紱，乃大誤也。夫紱者，必也。韠者，蔽也。鄭玄云：太古蔽膝之象，冕服謂之紱，其他謂之韠，皆以韋爲之，故曰蔽韋韠也。《急就篇》云：禪音單。衣，蔽膝也。顔師古注云：亦謂之襜。《詩》云赤韍在膝之服。徐廣車服儀制曰：古者韍，今之蔽膝也。《明堂位》曰：有虞氏始服韍。鄭云：韍冕服之蔽，舜始作也，以尊祭服。昔先王食鳥獸之肉，衣其羽皮而韍，字遂從于韋，韋者，皮也。《春秋正義》云：戰國時以韍非兵飾乃去之，漢明帝復制韍用赤皮。魏晉以還，易之以絺紗，韍字遂有從糸者。古文芾音紱。一從市，象市有連帶之形。《説文》云：天子朱紱，諸侯赤紱，大夫葱衡，士無紱有帢。音央又音袷帢字從巿，巿或從韋，隸書從巾，非正也。大缺四角謂之帢。帢者，合也，言蔽合於兩膝之間。韍者，謂於膝前紱以爲蔽，然紱既古之祭服，其制度止於皮蔽膝者也。《玉藻》云：韠下廣二尺，上廣一尺，長三尺。韠者，紱也。今蓋於袍上圓領小袖，本類胡服，即趙武靈王好著胡服是始也。後周武帝始令袍下加襴，北齊主好衣朱衣。婁太后崩，高湛不肯去朱袍衣素服是也。隋朝公卿多好著黄袍。武德四年制：令三品衣紫，五品衣緋絳，衣緑袍，與紱制大相類明矣。

《唐會要》卷二四《朔望朝參》常朝日附

貞觀二十二年十月八日，令百寮朔望日，服袴褶以朝。【略】

先天二年十月勑：「文武官朝參，著袴褶珂繖者，其有不著入班者，各奪一月俸。若無故不到者，奪一季禄。其行香拜表不到，亦准此。頻犯者量事貶降。其衣冠珂繖，乃許著到曹司。」【略】

開元二十五年，御史大夫李通奏：「每至冬至，及緣大禮，應朝參官并六品清官，並服朱衣，餘六品以下，許通著袴褶。如有襂故，准式不合著朱衣袴褶者，其日聽不入朝。自餘應合著而不著者，請奪一月俸，以懲不恪。」制曰：「可。」

天寶三載二月三十日勑：「百官朔望朝參，應服袴褶并著珂繖，至閏二月一日宜停。自今以後，每逢此閏，仍永爲常式。」

六載九月二十一日勑：「自今以後，每朔望朝時，于常儀一刻，進外辦。每座喚仗，令朝官從容至閤門，入至障外，不須趨走。百司無事，至午後放歸，無爲守成，宜知朕意。」至十二載十一月十三日，御史中丞吉温奏請京官朔望朝參，著朱衣袴褶，五品以上著珂繖。制曰：「可。」十三載九月，御史中丞吉温奏：「朔望朝參，望自今以後，除仗衛官外，餘官不到兩人以上者，及本司官長，各奪一季禄。五人以上者，奏聽處分。至冬令仍著袴褶并珂繖，若不具者，請准勑彈奏。」從之。【略】

（貞元）七年十一月詔：「常參官入閤，不得奔走。其有周以下喪者，禁襂服，朝會服衣綾袍金玉帶。」初，金吾將軍沈房有弟喪，公服不衣，襂服入門。上問宰臣，董晉對曰：「准式，朝官有周以下喪者，許服絶縵衣，不合淺色。」上曰：「南班何得有之？」對曰：「因循而然。」又曰：「在式，朝官皆以綾爲袍，五品已上服金玉帶，取其文綵華飾，以奉上也。昔尚書郎含香，此意也。」【略】

（貞元）十五年四月，膳部郎中歸崇敬以百官朔望朝服袴褶，非古禮，上疏曰：「按三代典禮，兩漢史籍，並無袴褶之制，亦未詳所起之由。隋代以來，始有服者，事不師古，請罷之。」奏可。

《唐會要》卷三二《輿服下》 異文袍

武德四年八月十六日，勅三品已上，服大料紬綾及羅，其色紫，飾用玉。五品已上，服小料紬綾及羅，其色朱，飾用金。六品已上，服絲布雜小綾，交梭及雙紃，其色黃。六品七品飾銀。八品九品鍮石。流外及庶人服紬絁布，其色通用黃白，飾用銅鐵。

天授三年正月二十二日，內出繡袍，賜新除都督、刺史。其袍皆刺繡作山形，繞山勒回文銘曰：「德政惟明，職令思平，清慎忠勤，榮進躬親。」自此每新除都督、刺史，必以此袍賜之。

延載元年五月二十二日，出繡袍以賜文武官三品已上。其袍文仍各有訓誡，諸王則飾以盤龍及鹿，宰相飾以鳳池，尚書飾以對雁，左右衛將軍飾以對麒麟，左右武衛飾以對虎，左右鷹揚衛飾以對鷹，左右千牛衛飾以對牛，左右豹韜衛飾以對豹，左右玉鈐衛飾以對鶻，左右監門衛飾以對獅子，左右金吾衛飾以對豸。文銘皆各爲八字回文，其辭曰：「忠貞正直，崇慶榮職；文昌翊政，勳彰慶陟；懿沖順彰，義忠慎光；廉正躬奉，謙感忠勇。」

開元十一年六月，勅諸衛大將軍、中軍郎將袍文：千牛衛瑞牛文，左右衛瑞馬文，驍衛虎文，武衛鷹文，威衛豹文，領軍衛白澤文，金吾衛辟邪文，監門衛獅子文。每正冬陳設，朝日著甲，會日著袍。

貞元七年三月，初賜節度、觀察使等新制時服。上曰：「頃來賜衣，文綵不常，非制也。朕今思之，節度使文以鶻銜綬帶，取其武毅，以靖封內；觀察使以鴈銜儀委，取其行列有序，冀人人有威儀也。」

其年十一月九日，令常參官復衣綾袍，金玉帶。至八年十一月三日，賜文武常參官大綾袍。

大和六年六月，勅三品已上，許服鶻銜瑞草、雁銜綬帶及對孔雀綾袍襖。四品、五品許服地黃交枝綾。六品已下常參官，許服小團窠綾及無紋綾、隔織、獨織等。充除此色外，應有奇文異制袍襖綾等，並禁斷。其中書門下省、尚書省、御史臺及諸司三品官，並勅下後，許一月日改易；應諸司常參官，限勅下後兩月日改易。除非常參官及供奉官、外州府四品已上官，許通服絲布，仍不得有花文，一切禁斷。其花絲布及繚綾除供御服外，委所在長史禁毀訖聞奏。其不可服絲布者，勅下後，限一月並須改易。

《唐會要》卷六六《十二衛》 元和十三年十二月，左右金吾引駕仗奏：「以舊例驅儺侲子等，金吾將軍以下，並具襴笏，引入閤門。謹案大儺者，所以驅除羣厲，合資威武，其光儀襴笏之制，常參朝服，舊制未稱。今後請各衣錦繡，具巾襪，帶儀刀，部引出入，則與事合宜。」從之。

《唐會要》卷七二 《京城諸軍》

羽林軍 貞觀十二年十一月三日於玄武門置左右屯營，以諸衛將軍領之，其兵名曰「飛騎」，中簡才力驍健善騎射者，號爲「百騎」。上遊幸，則衣五色袍，乘六閑馬，賜猛獸衣韉以從之。

司馬光《資治通鑑》卷一九三《太宗貞觀四年》（六三〇） 八月，丙午，詔以「常服未有差等，自今三品以上服紫，四品、五品服緋，六品、七品服綠，八品服青；婦人從其夫色。」胡三省注：自四品以下，緋、綠、青有深淺之異，九品則服淺青。

司馬光《資治通鑑》卷二〇二《唐高宗上元元年》 （八月，）戊戌，敕：「文武官三品以上服紫，金玉帶；四品服深緋，金帶；五品服淺緋，金帶；六品服深綠，七品服淺綠，並銀帶；八品服深青，九品服淺青，並鍮石帶；庶人服黃，銅鐵帶。自非庶人，不聽服黃。」胡三省注：非庶人，謂工商雜户。

司馬光《資治通鑑》卷二五八《唐昭宗龍紀元年》 十一月，上將祀圜丘。故事，中尉、樞密皆襆衫侍從；僖宗之世，已具襴笏，胡三省注：襆，睽桂翻，衣裾分也。襴，音闌，即今之袍也。下施横幅，因謂之襴。《新志》曰：唐初士人以棠苧襴衫爲上服，貴女功之始也。一命以黃，再命以黑，三命以纁，四命以綠，五命以紫。中書令馬周上議：禮無服衫之文，三代之制有深衣，請加襴袖褾襈，爲士人上服，開骻者爲缺骻衫，庶人服之。長孫無忌又議，服袍者下加襴，緋紫皆視其品。從，才用翻。至是，又令有司制法服。胡三省注：法服，謂冕服劍佩也。孔緯及諫官、禮官皆以爲不可，上出手札諭之曰：「卿等所論至當。事有從權，勿以小瑕遂妨大禮。」於是宦官始服劍佩侍祠。司馬光《考異》曰：按田令孜、楊復恭雖威權震主，官不過金吾衛上將軍，則其餘宦官必卑矣，但諸書不見當時宦官所欲衣者何品秩之法服也。

胡三省《通鑑釋文辯誤》卷一一 僖宗乾符元年 王凝、崔彥昭同舉進士，凝先及第，嘗衩衣見彥昭。頁八一七一

史炤《釋文》曰：衩衣，楚懈切。《博雅》：裧袺衽謂之褸袘。余按史炤此釋全不可曉。質以《字書》，裧，袑也。袺，執衽也。衽，衣襟也，裳際也。褸，亦

衣襟裳際也。秘無其字，今祕密之「祕」，從「示」不從「衣」。《爾雅》：衣裗謂之裿，郭璞註曰：衣縷也，齊人謂之攣。或曰：袿衣之飾。孫奭等釋曰：此郭氏兩解。一云衣縷也，本亦作「褸」。《方言》曰：褸謂之衽，即衣衿也，與《字書》略同。又《類篇》曰：《方言》：袑謂之袩。《博雅》，袩衽謂之褸裓。而史炤之所引，既誤以袩爲袺，裓爲秘，又於裓衣之義無所發明。炤於四十二卷漢光武建武六年引《博雅》以釋槽櫪，一百三十六卷齊武帝永明三年引《博雅》以釋毦，與此釋裓衣，不過務求艱僻以罔世耳。何則？裓衣二字，今人所常言也。凡交際之間，賓以世俗之所謂禮服來者，主欲從簡便，必使人傳言曰：「請裓衣。」客於是以便服進。又有服宴褻之服而遇服交際之服者，必謝曰：「裓袒無禮。」可見裓衣之語，起於唐人而通行於今世也。袑袩衽謂之褸裓，豈裓衣之謂乎！

《唐大詔令集》卷三《改元光宅詔》 夫五行遞用，列代相承，欲崇其德，先遵所尚，故夏以金運，乘驪而尚玄，周以木行，貴騂而尚赤，將隆母德，必欲子扶，近者地不藏珍，山無秘寶。皇家土德，勝氣彌彰，宜從白賁之象，以輔黃中之運。自今以後，旗幟皆從金色，仍飾之以紫，畫以雜文，其應合改者，所司詳依典故。供奉帷幙，咸用紫色。自録府衛所旗並改以皂。八品已下舊服青者，並改以碧。其在京諸司文官職事五品已上清官，并六品七品清官，並每日入朝之時，常服袴褶，諸州縣長官，在公衙亦准此。自餘官，朔望朝參依舊，其色皆依本品。

葉夢得《石林燕語》卷三 服色，凡言賜者，謂於官品未合服而特賜也。故執事官服紫，雖侍從以上官，未當其品，亦皆言賜；若官當其品，雖非侍從，如磨勘告便不帶賜矣。告不帶賜，則亦不當入銜。近見士大夫有誤以賜爲正服之名，雖官及品，而銜猶沿習言賜，此不惟不知所應服，亦自讀其告不審也。

給事中、中書舍人雖皆四品，給事中自服緋，除受告日，便自易服，蓋品應得也。惟中書舍人必俟後殿正謝面賜，乃易服。後殿不常坐，或待數日，則或緋或緑，猶仍其舊服。祖宗時，知制誥皆然，而亦有不賜者。李憲成公諮自知制誥出守荆州，尚服緋，以學士召還併賜紫，而後服金帶是也。

葉夢得《石林燕語》卷六 國朝既以緋紫爲章服，故官品未應得服者，雖燕服亦不得用紫，蓋自唐以來舊矣。太平興國中，李文正公昉嘗舉故事，請禁品官緑袍，舉子白紵，下不得服紫色衣；舉人聽服皂，公吏、工商、伎術，通服皂白二色。至道中，弛其禁令，胥吏寬衫，與軍伍窄衣，皆服紫，沿習之久，不知其非也。

《攷異》：太平興國七年，詔詳定車服之制。李昉等奏，中外官及舉人不得緋緑白袍内服紫，仍許通服皂衣白袍，非李公自爲此請也。

郎瑛《七修類稿》卷一《天地類》 唐德宗因暮秋微寒，謂侍臣曰：九月衣衫二月袍，與時不同，欲遷一月。羣臣李吉甫等皆云：聖人上順天時，下盡物理，請降旨。惟李程特以爲《月令》玄宗所定，恐不可易，遂止。

《舊五代史》卷三一《唐書・莊宗紀五》 〔同光二年二月己巳朔，〕宣制【略】近年已來，婦女服飾，異常寬博，倍費縑綾。有力之家，不計卑賤，悉衣錦繡，（悉衣錦繡，原本作「悉依綿繡」，今據文改正。（影庫本粘籤））宜令所在糾察。」

《舊五代史》卷三八《唐書・明宗紀七》 〔天成二年春正月辛巳詔：〕「諸都軍將衙官使下係名糧者，只得衣紫皂，庶人商旅，只著白衣，此後不得參雜。」

馬縞《中華古今注》卷上 武臣缺胯襖子 隋文帝征遼詔：武官服缺胯襖子，取軍用如服，有所防也。其三品已上，皆紫。至武德元年，高祖詔：其諸衛將軍，每至十月一日，皆服缺胯襖子，織成紫瑞獸襖子，左右武衛將軍，服豹文襖子，左右翊衛將軍，服瑞鷹文襖子。其七品已上陪位散員官等，皆服緑無文綾襖子，至今不易其制。又侍中馬周請於汗衫等，上常以立冬日加服小缺襖子，詔從之，永以爲式。

廚人禳衣 廚人禳衣，厮徒之服也。取其便於用耳，乘輿進食者有服禳衣。前漢董偃緑幘青褠加禳衣以見武帝，廚人之服也。

馬縞《中華古今注》卷中 衫子背子 衫子，自黃帝無衣裳，而女人有尊一之義，故衣裳相連。始皇元年，詔宫人及近侍宫人皆服衫子，亦曰半衣，蓋取便於侍奉。背子，隋大業末，煬帝宫人、百官母、妻等，緋羅蹙金飛鳳背子，以爲朝服及禮見賓客、舅姑之長服也。天寶年中，西川貢五色織成背子。玄宗詔曰：「觀此一服，費用百金，其往金玉珍異，並不許貢。」

裙襯裙 古之前制，衣裳相連。至周文王令女人服裙裙，上加翟衣，皆以絹爲之。始皇元年，宫人令服五色花羅裙，至今禮席有短裙焉。襯裙，隋大業中，煬帝制五色夾纈花羅裙，以賜宫人及百僚母妻。又制單絲羅以爲花籠裙，常侍宴供奉宫人所服。後又於裙上，剪絲鳳綴於縫上，取象古之褕翟。至開元中，猶有制焉。

宫人披襖子 蓋袍之遺象也。漢文帝以立冬日，賜宫侍承恩者及百官披襖子，多以五色繡羅爲之，或以錦爲之，始有其名。煬帝宫中有雲鶴金銀泥披襖子。則天以赭黃羅上銀泥襖子以燕居。

汗衫 蓋三代之襯衣也。《禮》曰：中單。漢高祖與楚交戰，歸帳中汗透，遂改名汗衫。至今亦有巾單，但不緶而不開。

半臂　尚書上僕射馬周上疏云：「士庶服章，有所未通者，臣請中單上加半臂，以爲得禮。其武官等諸服長衫，亦謂之判餘，以别文武。」詔從之。

袜肚　蓋文王所制也。謂之腰巾，但以繒爲之，宫女以綵爲之，名曰腰綵。至漢武帝以四帶，名曰袜肚。至靈帝，賜宫人蹙金絲合勝袜肚，亦名齊襠。

裩　裩，三代不見所述。周文王所製裩，長至膝，謂之弊衣。賤人不下服，曰良衣，蓋良人之服也。至魏文帝賜宫人緋交襠，即今之裩也。

袴　蓋古之裳也。周武王以布爲之，名曰袴。敬王以繒爲之，名曰袴。但不縫口而已，庶人衣服也。至漢章帝以綾爲之，加下緣，名曰口。常以端午日，賜百官冰紋綾袴，蓋取清慢而理人。若百官母及妻妾等承恩者，則别賜羅紋勝袴，取其白勝。今太常二人服紫絹袴褶，緋衣，執永籥以舞之。又時黄帝講武之臣近侍者，朱韋袴褶，已下屬於鞋。

袍衫　袍者，自有虞氏即有之。故《國語》曰：「袍以朝見也。」秦始皇三品以上，緑袍深衣，庶人白袍，皆以絹爲之。至貞觀年中，左右尋常供奉賜袍。丞相長孫無忌上儀，於袍上加襴，取象於緣，詔從之。

緋綾袍　舊北齊則長帽、短靴、合胯襖子，朱紫玄黄，各從所好。天子多著緋袍，百官士庶同服。隋改江南，天子則曰帢帽，公卿則巾褐襦。北朝雜以戎狄之制，北齊貴臣多著黄文綾袍，百官士庶同服之。

布衫　三皇及周末庶人服，短褐襦服深衣。秦始皇以布開胯，名曰衫。用布者，尊女工之尚不忘本也。侍中馬周取深衣之造加襴衫，爲庶人之禮見之，表至仕官服之。

《五代會要》卷六《内外官章服》　周顯德元年正月一日敕節文：「今後升朝官，四任以上著緑，十五周年者與賜緋。凡州縣官歷任内曾經五度參選者，雖未及十六考，與授朝散大夫階，年七十已上合授優散官者並賜緋。非時特恩，不拘此例。」

《五代會要》卷六《雜録》　後唐天成二年正月敕：「今後三京及諸道州使職員名目，是押衙兵馬使、指揮使已上，騎馬得有暖坐。諸都將衙官使下係名糧者，祇得衣紫皂衣。庶人商旅，衹著白衣。庶人有富户或投名於勢要，以求影庇；或希假於攝貴，以免丁徭：如此色人，仰所在禁勘，以肅姦欺。」

《五代會要》卷八《服紀》　後唐同光三年七月，貞簡皇太后遺令曰：「皇帝以萬機至重，八表所尊，勿衣粗衰，勿居諒闇，三年之制，以日易月，過三日便親朝政。皇后、諸妃及諸王、公主，並制齊衰本服，以日易月，十三日除。中書門下、翰林院學士、在朝文武百官、内諸使司，及諸道節度觀察防禦使、刺史、監軍，及前資官并寮佐官吏、士庶、僧道、百姓，並准本朝故事，降服施行，勿使過制。皇帝釋服後，未御八音，勿廢羣祀，勿斷屠宰，勿禁宴遊，園陵喪制，皆從簡省。故申遺令，奉而行之。」其月，太常禮院奏：「案故事，中書門下、翰林學士、在朝文武百官、内諸使司供奉官已下，從成服三日，每日赴長壽宫朝臨，自後不臨。其服，以日易月，三十日除。至小祥，合釋服。每至月朔月望，小祥大祥，釋服日，未除服者縗服臨，已除服者則素服不臨，並赴長壽宫，先拜靈詑，移班近東，進名奉慰。又准奏：故事，文武前資官及六品已下未升朝官并士庶等，各於本家素服一臨。禁衛諸軍使已下，各於本軍廳事素服一臨。僧尼道士，各於本寺觀一臨。外命婦，各於本家素服朝臨三日。諸道節度、觀察、防禦、團練、刺史及寮佐等，聞哀後當日成服，三日改黲，十三日除。」從之。

清泰三年二月，太常禮院奏：

據尚書兵部侍郎馬縞上疏言：「古禮嫂叔無服，蓋推而遠之。案《五禮精義》，貞觀十四年，魏徵等議，親兄弟之妻請服小功五月。今所司給假差謬爲大功九月。」太常博士段顒稱：「自來給假，元依令式。若云違古，不獨嫂叔一條。舊爲親姨服小功，令式今服大功；爲親舅舊服小功，今服大功；妻父母緦服，今服小功；爲女壻爲外甥緦服，今並服小功。此五條，在令式與古不同，未審依馬縞所奏，爲復且依令式？」

右贊善大夫趙咸乂議曰：

臣聞三代之制，禮無降減之文；五服之容，喪有寧戚之義。此蓋聖人隨時設教，稱情立文，沿革不同，吉凶相交，或服由恩制，或喪以禮加。太宗文皇帝弘被至仁，推大其義，因覽同爨有緦之義，遂制嫂叔小功之服，列尊聖賢已爲故事，傳於令式，加以大功。今馬縞奏論以爲錯謬，況縞昔事本朝，暨至梁室，曾爲博士，累歷歲年，今始奏陳，未爲允當。謹按儀禮，凡制五服，或以名加，或以尊制，或推恩而有服，或引義而當喪。故嫂叔大功，良有以也。其如叔以嫂之子爲猶子，爲猶子之妻，叔服大功，今嫂氏猶子之母，安可卻服小功。若以名加，嫂豈疎於猶子之婦；若以尊制，嫂豈卑於猶子之妻。論恩則有生同骨肉之情，引義則有死同宅兆之理，若以推而遠之爲是，即令式兼無小功，既有稱情制宜之文，何止大功九月？請依式令，永作彜倫。

敕下尚書省集議。尚書左僕射劉昫等議曰：

伏以嫂叔服小功五月，《開元禮》、《會要》皆同，其令式正文内，元無喪服制度，只一本編在假寧令後，又不言奉敕編附年月。除此一條，又檢七八條令式，與《開元禮》相違者，所司行已多年，固難輕改。若當議事，須按舊章。今若鄙宣父之前經，紊周公之往制，隳太宗之故事，廢開元之禮文，而欲取差誤之近規，行編附之新意，稱制度且爲大典，言令式又非正文，若便改更，恐難經久。臣等集議：嫂叔服并諸服紀，請依《開元禮》爲定，如要給假，即請下太常依《開元禮》内五服制度，録出一本，編附令文。

從之。

周廣順元年正月敕：「漢高祖爲義帝舉喪，魏明帝正禪陵尊號，一時達禮，千古所稱。況朕久事前朝，常參大政。雖遷虞事夏，見奪於羣情；而四海九州咸知予宿志。宜令所司擇日爲故主舉喪，仍備山陵葬禮。」有司上言：「皇帝爲故主舉喪日，服縞素、直領、深衣、腰絰等。成服畢，祭奠，不視朝七日。坊市禁音樂，文武内外臣寮成服後，每日赴太平宫臨，三日止，七日釋服。至山陵啓攢塗日，仍服初服，送輴車出城，班辭釋服。」從之。

聶崇義《新定三禮圖・弓矢圖》卷八　韍，天子已下皆用朱韋爲之。《明堂位》曰：「有虞氏服韍，夏后氏山，殷火，周龍章。」鄭注云：韍，冕服之韠也，舜始作之，以尊祭服。禹湯至周，增以畫文，後王彌飾也。山取其(人)〔仁〕可仰也，火取其明也，龍取其變化也。天子備焉，諸侯火而下，卿大夫山，士韎韋而已。其制下廣二尺，上廣一尺，長三尺。其頸五寸，肩革帶，博二寸，天子四角直，公侯殺四角使之方，大夫前方後挫角，士前後正。韠制同隨裳色，無山火龍之飾。

凡韠韍以下爲前，以上爲後。

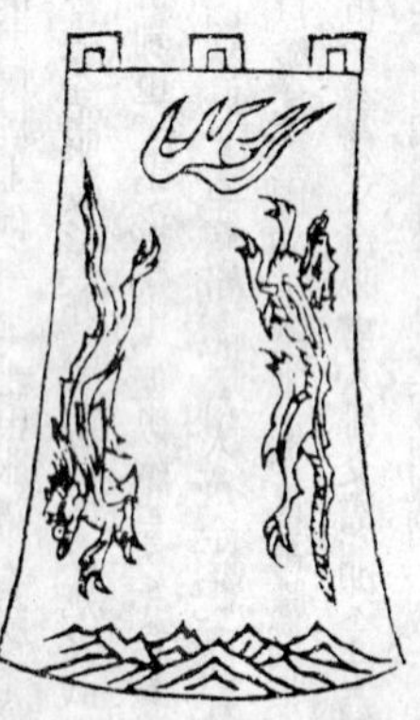

韍

樂史《太平寰宇記》卷五八《河北道七・洺州》　土産：油衣。

樂史《太平寰宇記》卷一六四《嶺南道八・梧州》　風俗：《南越志》：「新寧縣多俚、獠，善爲犀渠。左太沖所謂『户有犀渠』。又云暘夷之甲，以錫箔飾之，雜以丹漆，昭輝昱晃，左思所謂『暘吏勃盧』。」

李覯《李覯集》卷一四《周禮致太平論五十一篇・教道第七》　典命「上公九命爲伯，其國家、宫室、車旗、衣服、禮儀皆以九爲節。侯伯七命，其國家、宫室、車旗、衣服、禮儀皆以七爲節。子男五命，其國家、宫室、車旗、衣服、禮儀皆以五爲節。王之三公八命，其卿六命，其大夫四命，及其出封皆加一等。其國家、宫室、車旗、衣服、禮儀亦如之。公之孤四命，其卿三命，其大夫再命，其士一命，其宫室、車旗、衣服、禮儀各眂其命之數。侯伯之卿大夫士亦如之。子男之卿再命，其大夫一命，其士不命，其宫室、車旗、衣服各眂其命之數。

夫宫室取以待風雨，是則蓬茨足矣。衣服取以禦寒暑，是則紵絮足矣。車馬取以代勞，是則柴轂足矣。器物取以利用，是則瓦釜足矣。然而耳目之欲，雖窮壯極麗，猶未足以厭之也。先王因人之情而制之，以爲貴賤等級，使貴者得以逞，賤者無所覦，則上下有體，而朝廷以尊；費用有節，而財力不乏。至于庶民亦有以防之，故大司徒「以本俗六安萬民」，六曰「同衣服」。謂民雖有富者，衣服不得獨異也，不然則人人可以僭上。上下一體，則朝廷不尊。家家可以大費，費用無節，則財力乃乏。亂患所以作，禮讓所以衰也。

沈括《夢溪筆談》卷二《故事二》　近歲京師士人朝服乘馬，以黲衣蒙之，謂之「涼衫」，亦古之遺法也。《儀禮》「朝服加景」是也。但不知古人制度章色如何耳。

沈括《夢溪筆談》卷一九《器用》　青堂羌善鍛甲，鐵色青黑，瑩徹可鑒毛髮，以麝皮爲綇旅之，柔薄而韌。鎮戎軍有一鐵甲，匱藏之，相傳以爲寶器。韓魏公帥涇、原，曾取試之，去之五十步，强弩射之，不能入。嘗有一矢貫札，乃是中其鑽空，爲鑽空所刮，鐵皆反卷，其堅如此。凡鍛甲之法，其始甚厚，不用火，(令)〔冷〕鍛之，比元厚三分減二乃成。其末留筯頭許不鍛，隱然如瘊子，欲以驗未鍛時厚薄，如浚河留土筍也，謂之「瘊子甲」。今人多於甲札之背隱起，僞爲瘊子，雖置瘊子，但元非精鋼；或以火鍛爲之，皆無補於用，徒爲外飾而已。

沈括《夢溪筆談・補筆談》卷一《故事》　故事，初授從官、給諫未衣紫者，告謝日面賜金紫。何聖從在(陜)〔陝〕西就任除待制，仍舊衣緋，後因朝闕，值大宴，殿上獨聖從衣緋，仁宗問所以，中筵起，乃賜金紫，遂服以就坐。近歲許沖元除知制誥，猶著緑，告謝日，面賜銀緋；後數日別因對，方賜金紫。

沈括《夢溪筆談・補筆談》卷一《辯證》 唐以來，士人文章好用古人語而不考其意。凡説武人，多云「衣短後衣」，不知短後衣作何形製？短後衣出《莊子・説劍篇》，蓋古之士人，衣皆曳後，故時有衣短後之衣者。近世士庶人衣皆短後，豈復更有短後之衣！

王闢之《澠水燕談録》卷五《官制》 升朝官，每歲誕辰、端午、初冬賜時服，止于單袍，太祖訝方冬猶賜單衣，命易以夾服。自是，士大夫公服，冬則用夾。

《事物紀原》卷一《朝廷注措部》

御袍

《二儀實録》曰：唐武德初，用隋制，天子常服黃袍及衫後漸用赤黃，遂禁止士庶不得服，其事自唐神堯始也。後又曰：赭黃。王建《宮〔中三臺〕詞》曰：日色赭黃相似。謂赤黃也。今俗又以天子常服淺黃爲赭黃也。

服御

《唐會要》曰：天寶七年正月二十八日，韋韜奏，御案牀褥，望去紫用赤黃，制可。然則天子服御之以黃，自韋韜之請也。

《事物紀原》卷一《治理政體部》

賜服

呂夷簡《三朝寶訓》曰：建隆三年十月，賜近臣冬服，有司言累朝故事，止賜將相學士、諸軍大校，太祖曰：「不賜百官，甚無謂也，宜並賜之。」自是文武常參官悉及。蓋唐已來，品官在職，即有衣俸，罷即隨住，太祖始通給也。王沂公《筆録》曰：公服，舊制冬亦單。嘗賜單製，太祖訝，詰有司以前代之典，上特命改製。今有夾服自此始也。【略】

借緋

《通典》曰：開元八年二月，勅都督、刺史品卑者，借緋及魚袋。《唐會要》曰：二月二十日也。又曰：舊制，凡授都督、刺史階未及五品，並聽著緋佩魚，離任則停。則借緋之制，自唐明皇始也。宋朝賜緋者亦借紫，而相承不佩魚。

《事物紀原》卷三《衣裘帶服部》

衣裳

《通典》曰：上古衣毛，後代以麻易之，先知爲上以制衣，後知爲下以制裳。《易》曰：黃帝垂衣裳而天下治。《世本》曰：胡曹作衣。宋衷曰：黃帝臣。《呂氏春秋》亦云。《淮南子》曰：伯余初作衣。〔許慎〕〔高誘〕注云：黃帝臣也；一云伯余黃帝也。《世本》又云：伯余制衣裳。孟詵《錦帶前書》曰：十紀合雒紀四，始教人食鳥獸，衣其皮毛。《家語・五帝德》孔子曰黃帝始垂衣裳。

袞衣

《事始》曰：黃帝作畫象日月星辰于衣上，以似天，故有袞龍之頌。《黃帝内傳》曰：帝伐蚩尤，乃服袞冕，至舜始備十二章。《書》稱「予欲觀古人之象、日、月、星辰、山、龍、華蟲，作會，宗彝、藻、火、粉、米、黼、黻，絺繡，以五采彰施于五色，作服」是也。周登日月於太常九章而已，餘五服俱周制也。

裘

《黃帝出軍決》曰：帝伐蚩尤未克，夢西王母遣道人披玄狐之裘，以符授帝。然則彼時已有裘之名。《説文》曰：裘，皮衣。蓋上古衣毛冒皮之遺象也。

袴褶

《唐書・歸崇敬傳》曰：代宗時，百官朝朔望皆服袴褶，崇敬非之，建言：「三代逮漢無其制，隋已來始有服者。」干寶《搜神記》亦或言其物，蓋晉以來有其制也。《通典》晉衣服制有之。云：袴褶之制，未詳所起，近代服之無定色。

朝服

《晉書・輿服志》曰：漢制，五郊，天子與執事服各如方色，百官不執事者服常服絳衣以從。魏秦靜曰：「漢氏承秦，改六冕之制，但玄冠絳衣而已。」魏以來名朝服。

公服

《筆談》曰：中國衣冠，自北齊已來，乃全用胡服，窄袖緋緑。唐武德、貞觀時猶爾，開元之後，稍裒博矣。《通典》曰：宇文護始袍加下襴，遂爲後制，即今公服之制也。此蓋原矣。

襴衫

《唐志》曰：馬周以三代布深衣，因于其下著襴及裙，名襴衫，以爲士之上服。今舉子所衣者，襴衫是也。

衫

《輿服志》曰：馬周上議：「禮無服衫之文，三代有深衣。請襴、袖、褾、襈，爲士人上服。開骻者名缺骻衫，庶人服之。即今四袴衫也，蓋自馬周始云。《續事始》曰：後周以枲紵爲衫，貴女功始也。

汗衫

《實録》曰：古者朝燕之服有中單，郊饗之服又有明衣。漢祖與項羽戰爭之際，汗透中單，遂有汗衫之名也。

半臂

《實録》又曰：隋大業中，内官多服半臂，除即長袖也。唐高祖減其袖，謂之半臂，今背子也。江、淮之間或曰綽子，士人競服。隋始制之也。今俗名搭護。

襖子

《舊唐書・輿服志》曰：讌服，古褻服也，今亦謂之常服。江南以巾褐裙襦，北朝雜以戎夷之制。至北齊，有長帽短靴，合袴襖子，朱紫玄黄，各任所好。若非元正大會，一切通用。蓋取于便事。則今代襖子之始，自北齊起也。

涼衫

《筆談》曰：近歲京師士人朝服乘馬，以黲衣蒙之，謂之涼衫，亦古遺法也。《儀禮》曰朝服加景。但不知古人制度何如耳。

大衣

商、周之代，内外命婦服諸翟。唐則裙襦大袖爲禮衣，開元中，婦見舅姑，戴步摇，插翠釵。今大衣之制，蓋起于此。《實録》：大袖在背子下，身與衫子齊而袖大，以爲禮服。疑即此也。

長裙

《實録》曰：隋煬帝作長裙十二破，名仙裙，今大衣中有之，隋制也。

帔

又《實録》曰：三代無帔説；秦有披帛，以縑帛爲之；漢即以羅；晉永嘉中，制絳暈帔子；開元中，令三妃以下通服之。是披帛始于秦，帔始于晉矣。今代帔有二等，霞帔非恩賜不得服，爲婦人之命服；而直帔通用於民間也。唐制，士庶女子在室搭帔帛，出適披帔子，以別出處之義，今仕族亦有循用者。

背子

又曰：秦二世詔衫子上朝服加背子，其制袖短于衫，身與衫齊而大袖。今又長與裙齊，而袖纔寬於衫。蓋自秦始也。

裙

又曰：古所貴衣裳連下有裙，隨衣色而有緣；堯、舜已降有六破及直縫，皆去緣；商、周以其太質，加花繡，上綴五色。蓋自垂衣裳則有之，後世加文飾耳。

衫子

又曰：女子之衣與裳連，如披衫，短長與裙相似，秦始皇方令作衫子，長袖猶至於膝。宜衫、裙之分，自秦始也。又云：陳宮中尚窄衫子，纔用八尺。當是今制也。

偏衫

僧尼之上服也。《僧史略》曰：後魏宮中，見僧自恣，偏袒右肩，乃施一邊衣，號偏衫，全其兩肩衿袖，失祇支之體。此疑其始也。【略】

韍

《五經要義》曰：韍，舜所製。《禮・明堂位》曰：有虞氏服韍，夏后山，商火，周龍章。鄭康成注曰：韍，舜所作之，以尊祭服，三代增以畫文。蓋冕服之韠也。周諸臣所服，又有緼赤之別。《蘇氏演義》曰：昔先王食鳥獸之肉，衣其羽皮，韍字遂從韋。韋，皮也。《春秋正義》云：戰國以韍非兵飾去之，漢明復制用赤皮，魏、晉以還，易以絳紗，字遂有從系者也。蓋太古蔽膝之法象，冕服謂之韍，朝服謂之韠也。

袴

《中記》：屠岸賈滅趙氏，趙朔之妻有遺腹，生男，賈索之，夫人置其袴中。其稱始見諸此。《實録》曰：上古食肉衣皮，遂以爲袴名袴褶；今武士大口袴褶，是魏文上馬袴也。

褌

《實録》曰：西戎以皮爲之，夏后氏以來用絹，長至於膝；漢、晉名犢鼻，北齊則與袴長短相似，而省犢鼻之名。【略】

雨衣

《事始》曰：凡雨具，周已有，《左傳》云陳成子衣製杖戈。杜預注曰「製，雨衣也」是矣。《炙轂子》曰：帷絹油製之，及油帽，陳始有之也。馮鑑又引《左傳》「楚子次於乾谿，雨雪，王皮冠，秦復陶」以證雨衣。按虞開父爲周陶正，注曰：陶，復陶。白氏取爲尚衣之職，杜預又以復陶爲油衣。蓋若晉武所焚雉頭裘，唐太平公主所服百鳥毛裙，今世駝褐之類也，不得爲雨衣云。

《事物紀原》卷四《官爵封建部》

章服

《唐・車服志》曰：高祖初入長安，罷隋竹使符，班銀菟符，後改銅魚，貴賤應召命，隨身，盛以袋。三品已上飾以金，五品已上飾以銀。開元時，中書令張嘉貞奏致仕官佩魚終身，自是賞緋、紫者必以魚，謂之章服。

服色

《隋禮儀志》曰：大業元年，煬帝詔牛弘、宇文愷等創造章服差等。五品已上通著紫袍，六品已下兼用緋緑，胥吏以青，庶人以白，屠商以皁，士卒以黄。《二儀實録》曰：隋煬帝詔牛弘等衣冠皆有等差，三、四品通著紫，五品朱，六品已下緑，胥吏青，庶人白，商皁。服色之分，疑自此始。而《唐書・馬周傳》云：品官舊止黄紫，周於是建白三品服紫，四五品朱，六七品緑，八九品青。則又其別爲自馬周始矣。筆談曰：中國衣冠，自北齊全用胡服，窄袖緋緑。此蓋其始也。

《事物紀原》卷五《祕殿掌貳部》

尚衣

周有司服，爲禮官之屬。戰國始有尚衣、尚冠之職。北齊制主衣，隋復曰尚衣也。左氏曰：昔虞閼父爲周陶正。杜預注云：陶，復陶也，陶正主君上之衣服。此尚衣之始也。

《事物紀原》卷六《東西使班部》

尚衣

又曰：宋朝初置内衣庫使，後省内字。又云：大中祥符二年七月，改内衣物曰尚衣。疑取此義也。

《事物紀原》卷七《道釋科教部》

僧紫

《事始》云：《代宗實録》曰：「大曆三年，僧惠崇内賜紫袈裟。」記以爲僧賜紫衣之始。按贊寧《僧史略》曰：則天朝，僧法郎譯《大雲經》，陳符命言，法朗等皆賜紫袈裟。則僧之賜紫，自武后始也。不然，《唐會要》安得開元二十年波斯王遣僧及烈至唐，勑賜紫袈裟還國之事也。蓋僧賜紫，不起於代宗明矣。

僧褐

《僧史略》曰：漢、魏之世，出家者多著赤布僧伽梨，又秣陵諸僧，衣色倣西竺。後周忌聞黑衣之讖，悉屏黑色，著黄色衣。謂今僧衣褐起於宇文周制。然則注：按北齊忌黑，文宣殺弟焕，以「七」近「漆」，屬黑，後果敗於宇文黑獺。非後周也。

《事物紀原》卷九《吉凶典制部》

慈母服

《淮南子》曰：魯昭公有慈母而愛之，死爲之練冠，故有慈母之服。高誘注云：父所命已者。《禮記》曰：練冠而喪慈母，自魯公始也。故今五服勅有慈母服。

易月

《五代會要》曰：後唐同光三年十一月，禮儀使奏曰：「粤自漢文，益尊神器，徇至公絶私之義，行以日易月之制。」《宋朝會要》曰：漢文帝酌變禮之宜，創易月之制。按《前漢書・文帝紀》：後元七年六月，遺詔曰：「其令天下吏民，令到三日釋服。殿中當臨者，皆以旦夕各十五舉音，服大紅十五日，小紅十四日，纖七日，釋服。」應劭曰：「凡三十六日而釋服。此以日易月也。」顔師古曰：「紅與功同。此喪制者，文帝自率己意創爲之，非有取於《周禮》也，何以日易月乎？三年之喪，其實二十七月，豈有三十六月之文！禫又七月也。應氏既失之於前，而近代學者因循謬説，未之思也。」

含襚

凡始死，以珠玉實口中曰含，以衣衾贈死者曰襚，襚即今俗謂搭衣架是也。《穀梁》曰：貝玉曰含，衣衾曰襚。後漢趙咨《遺書》曰：周室制兼二代，重以殯葬之期，衣衾稱襲衣之數。然則襚周制也。《禮》曰：商王綴重。《三禮圖》云：以飯含餘粥，盛之以鬲，名曰重。然則含商制也，周人加以珠玉爾。

面帛

今人死以方帛覆面者。《呂氏春秋》曰：夫差誅子胥，數年，越報吳，踐其國，夫差將死，曰：「死者如其有知也，吾何面目以見子胥於地下？」乃爲幎以冒面而死。此其始也。《風俗通》曰：吳王羞見子胥，以帛幕面而死，故後人因之制面衣。《説苑》亦曰：越襲吳，吳王將死，曰：「吾不用子胥之言至於此，死者有知，吾何面以見子胥也。」遂蒙絮覆面而死。

明衣

三代以來，襲有明衣，唐改用生絹單衣，今但新衣而已。段成式《酉陽雜俎》曰：明衣起於左伯桃也。

《事物紀原》卷九《戎容兵械部》

衣甲

《世本》曰：杼作甲。「杼」或作「與」，少康子也。《墨子》亦云。《太白陰經》曰：蚩尤割革爲甲。《管子》亦云。《黄帝内傳》曰：玄女請帝制甲冑以備身也。

龐元英《文昌雜録》卷四 《晉志》云：袴褶之制，未詳所起。近代車駕親戎，中外戒嚴則服之。唐制，三品以上紫褶，五品已上緋褶，通用細綾。七品已上緑褶，九品已上碧褶，通用小綾。《玉藻》云：「禪爲絅。」音扃。引急也，帛爲褶，今袷也。鄭云單爲絅，有衣裳而無裏者也。帛爲褶，有表裏而無著者也。周遷《輿服雜事》云：趙武靈王縵胡之纓。戎服有袴褶之制，始有漢武，近世服以從戎。隋制纘嚴，文武百官咸服之，車駕親戎，則縛袴使不舒散。皇朝導駕官袴褶，蓋馬上之服也。

范成大《桂海虞衡志・志器》 蠻甲惟大理國最工，甲冑皆用象皮。胸背各一大片，如龜殼，堅厚與鐵等。又綴聯小皮片爲披膊護項之屬，製如中國鐵甲，葉皆朱之。兜鍪及甲身，内外悉朱地間黄黑，漆作百花蟲獸之紋，如世所用犀毗，器極工妙。又以小白貝纍纍絡甲縫及裝兜鍪，疑猶傳古貝冑朱綅遺制云。

黎兜鍪，海南黎人所用，以藤織爲之。

王栐《燕翼詒謀録》卷一 國初，選人有服緋紫，或加階至大夫，故人以爲榮，雖老於選調不悔。乾德二年六月庚寅，中書詳定陶穀等議：防禦團練軍事推官、軍事判官，今從事郎。三考加將仕郎，試祕書省校書郎。留守、兩府、節度推官，今文林郎。三考加承奉郎，試大理評事。掌書記、防禦團練判官，今儒林郎。二考加宣德郎，依前試大理評事兼監察御史。留守、兩府、節度、觀察判官，今承直郎。一考加朝散大夫，試大理司直，依前監察御史，又轉而爲諸府少尹，申奏加檢校官或加憲銜。觀察判官以上服緋，又十五年服紫，但不佩魚，謂之「階緋」、「階紫」，有勞績而歷任無過失者，並不改官，故改官之法亦優。

舊制，借緋、借紫皆不佩魚。王韶爲刑部侍郎，上奏云：「與胥吏無別，非所以示觀瞻，乞與賜服人同佩魚。」從之。然既許其佩魚袋，則當改其銜爲借紫金魚袋、借緋魚袋，今尚仍舊銜，此有司失於申明也。詔，化基之孫，舉元之子，終工部尚書，享年七十九。

舊制，縣尉捕盜無改官者。乾德六年三月庚寅詔：「尉逐賊被傷，全火，賜緋；三分之二者，減三選、加三階；五分之二者，減二選、加二階；三分之一者，減一選、加一階。縣令獲全火，陞朝人，改服色。餘如尉賞。身死者，録用的親子弟。」【略】

國初，進士尚仍唐舊制，每歲多不過二三十人。太平興國二年，太宗皇帝以郡縣闕官頗多，放進士幾五百人，比舊二十倍。正月己巳，宴新進士吕蒙正等於開寶寺，賜御製詩二首。故事，唱第之後，醵錢於曲江爲聞喜之飲。近代於名園佛廟，至是官爲供帳，歲以爲常。先是進士參選方解褐衣緑，是歲錫宴後五日癸酉，詔賜新進士并諸科人緑袍、靴、笏。自後以唱第日賜之，惟賜袍、笏，不復賜靴。【略】

前代賜時服，惟將相、翰林學士至諸軍大校而止。建隆三年，太祖皇帝謂宰相曰：「時服不賜百官，甚無謂也，宜並賜之。」乃以冬十月乙酉朔，賜文武常參官時服，自後遂爲定制。

唐制，爲刺史者並借緋。太平興國二年二月戊戌，詔常參官知節鎮並借紫，防禦、團練、刺史州借緋，候回日依舊服色。其服緋人任諸州亦借紫，惟軍壘則否。【略】

舊制品官服緋、紫，皆以品格，故選人久次多服緋、紫，京朝遷轉之速者，反多服緑。太平興國六年十一月冬至，郊祀赦文：「令常參官衣緋、緑二十年，於吏部投狀，具履歷以聞。」始以實歷。後以應格者少，改用莅事日爲始，遂爲定制。【略】

國初仍唐舊制，有官者服皂袍，無官者白袍，庶人布袍，而紫惟施於朝服，非朝服而用紫者，有禁。然所謂紫者，乃赤紫，今所服紫謂之黑紫，以爲妖，其禁尤嚴。故太平興國七年詔曰：「中外官并貢舉人或於緋、緑、白袍者，私自以紫於衣服者，禁之。止許白袍或皂袍。」至端拱二年，忽詔士庶皆許服紫，所在不得禁止。而黑紫之禁，則申嚴於仁宗之時，今虜中之服，乃是國初申嚴之制，此理所不可曉也。

王栐《燕翼詒謀録》卷四 江南初下，李後主朝京師，其羣臣隨才任使，公卿將相多爲小官，惟任州縣官者仍舊。至於服色，例令服緑，不問官品高下，以示别於中國也。

太宗淳化元年正月戊寅赦文：「應諸路僞授官，先賜緋人止令服緑，今並許仍舊。其先衣紫人，任常參官亦許仍舊。」遂得與王朝官齒矣。

李心傳《建炎以來朝野雜記》甲集卷一八《御前軍器所》 今軍器所拋降諸道木羽箭動輒數百萬枝黄牛皮亦數十萬張佗需稱此。郡邑多以煩民。凡軍器所造甲，每副用甲葉一千八百二十五，約重五十斤，分四等，披膊葉重二錢六分，凡五百四片。甲身葉重四錢七分，三百三十二片。腿裙葉重四錢五分，六百七十九片。頭鍪葉重二錢半，三百一十片。頭鍪眉子共重二斤十二兩，皮線結頭事件重五斤十二兩五錢一分。紹興四年正月癸丑軍器所定直。【略】朱馬甲一副費錢四十千一百，朱馬甲當胸一副，費錢十七千三百，皆有奇。紹興三年六月丁亥，神武右軍所定直。凡弓甲物料，荆湖福建浙西四路諸州軍計數，赴殿司及沿江諸軍製造。温婺等八州計數，赴馬司。江台等八州計數，赴步司。惟明信等九州弓甲，隆興、慶元府，贛、撫、袁、信州，臨江、興國、南安軍。昇宣等七州建康、甯國府，大建、昌平、筠衢州、廣德軍。紹興府甲皆造成，赴内軍器庫，而諸道羽箭亦皆造成。紹興二十九年夏，郡國多以乏人匠爲言，遂命計料輸之，惟荆州軍及信州造箭如故。四月己酉。【略】

《四川作院》

自休兵之後有旨，而成都、潼川、遂寧府及嘉、邛、資、渠共七州，自作院日造甲。興元府，興、閬、城州，大安軍、仙人關六處，作院日造神臂弓、甲皮氈，其器械山積，今並屬總領所給之。有軍庫馬弓、弩弓，多至數十萬，箭數百萬枝。

周去非《嶺外代答》卷六《器用門・蠻甲胄》 諸蠻甲胄，皆以皮爲之。猺人以熊皮爲甲胄，其土有木葉似漆，以之塗飾，亦復堅善。猺人之剽掠，介胄者止數人，以爲前行，其餘悉袒裼，亦足見其易與矣。而静江鄉民未嘗有甲，所以望風而遁，其間一二團聚有皮甲者，猺人亦且避之。自猺人而西南，如南丹州、邕州、左右江峒溪，至於外夷，則甲胄盛矣。諸蠻唯大理甲胄以象皮爲之，黑漆堅厚，復間以朱縷，如中州之犀毘器皿，又以小白貝綴其縫，此豈《詩》所謂「貝胄朱綅」者耶？大理國之製，前後掩心，以大片象皮如龜殼，其披膊以中片皮相次爲之，其護項以全片皮捲圈成之，其他則小片如中國之馬甲葉，皆堅與鐵等，而厚幾半寸，苟試之以弓矢，將不可徹，鐵甲殆不及也。

周去非《嶺外代答》卷六《服用門・婆衫婆裙》 欽州村落，土人新婦之飾，以碎雜綵合成細毬，文如大方帕，各衫左右兩箇，縫成袖口，披著以爲上服。其長止及腰，婆娑然也，謂之婆衫。其裙四圍縫製，其長丈餘，穿之以足而繫於腰間。以藤束腰，抽其裙令短，聚所抽於腰則腰特大矣，謂之婆裙。頭頂藤笠，裝以百花鳳，爲新婦服之，一月雖出入村落虚市，亦不釋之。

王楙《野客叢書》卷一八《漢臣僕衣皁白》 漢官吏著皁，其給使賤役著白。按谷永曰：「擢之皁衣之吏。」張敞曰：「敞備皁衣二十餘年。」注云：雖有四時服，至朝皆著皁衣。《兩龔傳》曰：「聞之白衣戒君勿言。」注：白衣給使官府趨走賤人，若今諸司亭長掌内之屬。晉陶淵明謂「白衣送酒」是也。又觀《戰國策》，左師公謂「臣有賤息，願令補黑衣之數，以衛王宫」，知官吏著皁舊矣。

王楙《野客叢書》卷二六《唐言金印》 歐公《集古録》曰：「《崔能神道碑》，李宗閔撰。有云『拜御史丞，持節觀察黔中，賜紫服金印者。』隋唐有隨身魚，而青紫爲服色，宗閔謂賜金印者，謬也。」僕謂唐人言金印者甚多，不但宗閔而已。《劉禹錫集・高陵令碑》亦曰：「充渠堰副使，錫朱衣銀章。」《王公碑》曰：「攝御史中丞，紫衣金章。」《史孝章碑》曰：「兼監察御史，賜朱衣銀印。」《柳子厚集・陽道州碣》曰：「皇帝以銀印赤紱，即貶所起陽公。」《柳公墓表》曰：「遷大理評事，加朱裳銀印。」《張燕公集・郭知運碑》曰：「嗣子英傑，假紫服金章。」似此不一，蓋以當時服色言之，非真所謂漢印綬者。

《唐袍服用花綾》

唐人袍服用花綾，僕觀白樂天《謝裴常侍贈鶻銜瑞草緋袍魚袋》詩曰：「魚綴白金隨步躍，鶻銜紅綬繞腰飛。」《弟行簡賜章服》詩曰：「榮傳錦帳花聯萼，彩動綾袍鴈趁行。」注：緋多以鴈銜瑞莎爲之。《喜劉蘇州賜金紫》詩曰：「魚佩葺鱗光照地，鶻銜瑞草勢沖天。」方鎮詩曰：「通犀排帶胯，瑞草勒袍花。」白詩多言此。按《唐會要》，德宗詔：頃來賜衣，文綵不常，非制也，今宜有定制。節度使宜以鶻銜綬帶，取其武毅，以靖封内。觀察使宜以鴈銜威儀，取其行列有序，牧人有威儀也。威儀，委瑞草也。《唐志》亦詳。

王楙《野客叢書》卷二七《唐階官之制》 唐制服色不視職事官，而視階官之品。至朝散大夫，方換五品服色，衣銀緋，封贈蔭子，未至朝散，雖職事官高，未許易服色。封贈之制，雖宰相，只許封一代，其封二代，非特恩不可。光禄大夫許門設棨戟，吏三十考轉銀青，此其大略也。僕觀白樂天爲中書舍人知制誥，元簡爲京兆尹，官皆六品，尚猶著緑。其詩所謂「鳳閣舍人京兆尹，白頭猶未脱青衫。」南宫啓請無多日，朝散何時復入銜。」劉夢得《賀給事加五品》詩曰：「八舍郎官換緑衣。」元微之作《武儒衡陞朝散大夫制》曰：「今由是級，則服色驟加，誠足貴矣。」樂天《授朝散大夫制》曰：「蔭子封妻，豈惟腰白金而已。」權德與罷相，爲檢校尚書興元節度使，改葬其父，因表納檢校尚書，請回贈祖官，不許納官，特贈祖倕禮部郎中。呂温《代鄭相公谢戟十二枝表》曰：「吏考三十，始秩銀青，戰動十二，乃號柱國。」

葉紹翁《四朝聞見録》卷一《大臣衩衣見百官》 大臣見百官，主賓皆用朝服。時暑伏甚，丞相淮體弱不能勝悶至絶。上亟詔醫疾，有間，復有詔許百官以衩衣見丞相自淮始。

《小學紺珠》卷九《制度類》 章服四等唐

三品以上服紫 四品五品以上服緋 六品七品以緑 八品九品以青 貞觀四年。 八品九品衣碧龍朔二年。 紫金玉帶 緋金帶 緑銀帶 青鍮石帶 上元元年。 衣紫者魚袋飾以金 衣緋者飾以銀謂之章服永徽二年給魚袋以防召命之詐。 隋大業六年詔：從駕者，文武官皆戎衣，五品以上紫袍，六品以下緋緑。

五冕服章

衮冕之章九 鷩冕之章七 毳冕之章五 希冕之章三 玄冕衣無章裳刺黻

爵弁緇衣纁裳 宋元豐元年詳定禮文。

命服三等

鞠衣 襢衣 褖衣 《玉藻》注：卿大夫士之妻命服分爲三等。襢，張戰反。褖，吐亂反。

羅大經《鶴林玉露》卷一

紫窄衫

渡江以來，士大夫始衣紫窄衫，上下如一。紹興九年，詔公卿長吏毋得以戎服臨民，復用冠帶。論者以爲擾，於是士大夫皆服涼衫。乾道中，李獻之上言：「會聚之際，顔色可憎，今陛下上承兩宮，宜服紫衫爲便。」上從之。蓋人情樂簡便久矣。昔節孝先生徐仲車事母至孝，一日，竦然自省曰：「吾以襴幞謁貴人，而不以見母，是敬母不如敬貴人也，不可。」乃日具襴幞揖母，人皆笑之。節孝行之終身。近時静春先生劉子澄，朱文公高弟也，守衡陽，日以冠裳莅事。憲使趙民則嘗紫衫來見，子澄不脱冠裳見之。民則請免冠裳，子澄端笏肅容曰：「戒石在前，小臣豈敢！」民則皇恐，退具冠裳以見，然由是不相樂。夫襴幞揖母，冠裳臨民，常事也，而世俗且笑之，且難之。至於紫窄袖衫，乃戎服也，出於兵興一時權宜，而相承至今不能改，然則古道何時而可復乎？

羅大經《鶴林玉露》卷二

野服

朱文公晚年，以野服見客，榜客位云：「滎陽呂公，嘗言京洛致仕官與人相接，皆以閒居野服爲禮，而歎外郡之不能然。其旨深矣！某已叨誤恩，許致其事，本未敢遽以老夫自居，而比緣久病，艱於動作，遂不免遵用舊京故俗，輒以野服從事。然上衣下裳，大帶方履，比之涼衫，自不爲簡。其所便者，但取束帶足以爲禮，解帶足以燕居，且使窮鄉下邑，得以復見祖宗盛時京都舊俗如此之美也。」余嘗於趙季仁處，見其服上衣下裳。衣用黃白青皆可，直領，兩帶結之，緣以皂，如道服，長與膝齊。裳必用黃，中及兩旁皆四幅，不相屬，頭帶皆用一色，取黃裳之義也。别以白絹爲大帶，兩旁以青或皂緣之。見儕輩則繫帶，見卑者則否。謂之野服，又謂之便服。

文天祥《文山先生全集》卷一〇《深衣吉凶通服説》 《深衣篇》大槩三節：第一節言其制，「短無見膚，長無被土」以下是也。第二節言其義，「規者，行舉手以爲容」以下是也。第三節言其用，「可以爲文，可以爲武」以下是也。此雖三節，然畢竟義爲之主，故篇首曰「以應規矩，繩權衡」。其文坦易明白，前輩解之悉矣。獨吉凶通服，猶有可疑。或謂考之本篇曰「可以爲文，可以爲武，可以擯相，可以治軍旅」，而不曰可以弔喪，可以受弔，曰「善衣之次」，而不曰喪服之次，雖其間有「孤子則純以素」一語，近於喪服，則又曰鄭氏注年三十以下無父稱孤，則是無父而服此衣，當用素純耳，非孤子於居喪之中，可以此代喪服也，其必以爲吉服之説如此。然愚嘗參互經傳，博采旁證，則此雖吉服，未見其不可通於凶事。按《檀弓》「將軍文子之喪，既除服而後越人來弔。主人深衣練冠，待于廟，垂涕洟」，鄭玄注云：「深衣練冠凶服變也。」蓋既除喪，則不當復衣喪服，故以深衣受弔，以喪服一變，而即用深衣，則深衣雖謂之喪服之次，可也，雖與善衣之次之説相反，正足以見其互相發明耳。按曾子問「親迎女在塗，而壻之父母死，如之何」。孔子曰：「女改服，布深衣，縞總，以趨喪」。鄭玄注云：「婦人始喪，未成服之服」。蓋成乎歸，則成乎婦服，惟其未成婦也，不可以衰，故趨喪以深衣，然則比亦凶服之變也。今世女子，未聞有服深衣者，然以此事考之，凶事而可服，其服於吉事，可知也。注云：禮教久廢故女遂廢此衣耳。按《雜記》「大夫卜宅與葬(曰)〔日〕，有司麻衣布衰」。鄭玄注曰：「麻衣白布，深身而著衰焉。」此服非純吉，亦非純凶也。夫衰凶服也，深衣吉服也，衰之下有深衣焉，故非純凶，深衣之上有衰焉，故非純吉。由此論之，深衣不專用於吉事，又可見也。按《間傳》「大祥，素縞麻衣」。鄭玄注云：「麻衣十五升布，深衣謂之麻者，純用布無采飾也。」蓋大祥已除衰杖，本須服吉，然使便用采飾之服，則孝子之餘哀未忘，必不安於此，故「魯人朝祥而暮歌，子路笑之」。有子既祥，而絲屨組纓，記禮者譏之，此所以用深衣者，蓋在不衰不采飾之間也。按《喪服記》「公子爲其母，麻衣縓緣」。鄭玄注云：「麻衣小功布深衣。」以麻爲小功布者，以大功降云公子之庶昆弟爲其母，若父卒，爲母大功，父在，降大功一等，用小功布深衣。以此證之，深衣固爲大祥之服，而亦爲小功之服，但大祥緣以布，小功緣以縓耳。夫以《深衣》正篇，本專爲吉服而言，然略以此數節推之，其於凶服，亦自可通。大槩喪服皆用布，而以精粗爲輕重之等。鄭氏云：深衣用十五升布，鍛濯灰治，升八十縷，則是千二百縷爲經，此今世極細之布也。然則深衣之所以爲吉服者，以其布之精密。又布易得而難損，取其貴賤可以通服，經所謂完且弗費，注所謂可苦衣而易有者也，而揆之喪服，則用布適同，而爲色又相似，且經鍛濯灰治，故止可用於服之輕者耳。非如他衣服，用繒帛采色，則專當施於吉，而不可通於凶也，此正如近世涼衫耳。阜陵以前，士大夫皆以爲會聚之常服，其後遂於弔喪用之，則亦以其顔色可通之故，正此類也。但是深衣之制，領緣不同，其間純以縝者，乃是以盡飾爲美，此恐專爲吉服，而不當與凶服通。至於用素用縓，自是喪服本色，獨用青者，則通於吉凶之間，皆無舛耳。若夫冠屨一節，卻欠商議。今人謂服深衣，必須用某冠某屨，此恐未明。蓋冠屨之制，《深衣》正篇，既不曾見明言，而其散見於他傳者，其冠亦各有變，如將軍文子之喪，主人深衣練冠，是受弔之時，方用練冠也。其施之吉，則固有他冠矣。如女用深衣之縞總，則趨喪而後變用縞總也，其在平時，必他有以爲之總者矣。又如漢制，乘輿服深衣，則用通天冠，高九寸，是天子而後有此冠也。推而下之諸侯大夫士，以至庶人，豈當拘於一冠矣乎？切意深衣，有一定不易之制，而本篇所以不載冠屨者，恐冠屨當是從時耳。何以辯之，夏之冠曰毋追，殷之冠曰章甫，周之冠曰委貌，又曰(元)〔玄〕冠。三代之冠，其制已各不同，有虞氏深衣而養老，則深衣自虞氏已有之，此時自須用虞氏之冠，尚不及有三代之冠也，又安得所謂某官者。以是推之，深衣則古矣，而冠履則無定制也。孔子少居魯，衣逢掖之衣，長居宋，冠章甫之冠，衣少所居之服，冠長所居之冠。二者參用，各隨其宜，初不必曰魯服則魯冠，宋冠則必宋服也，以聖人之於時且然，況今世而服深衣者，其爲冠履也，既不載於經，則其隨時也爲得矣，必欲用某冠某屨，則恐又失之泥也。然則所謂隨時者宜何如，其以深衣爲吉服，則今之緇冠爲不必易也，如其以爲凶服，則受吊者，固當以《檀弓》練冠爲法，而往吊者，亦須如之，玄冠不以吊故也。嗚呼，禮之時義，大矣哉。器數之精微，制度之詳密，雖以夫子之聖，不敢自謂生知，而屈意於一問，區區何人，乃敢率其胸臆，評論千載之上，多見其不知量也，雖然，亦識其所見云爾，尚以俟有考者。

黎靖德《朱子語類》卷六四《中庸三・第三十三章》 問絅衣之制。曰：「古注以爲禪衣，所以襲錦衣者。」又問「禪」與「單」字同異。曰：「同。沈存中謂絅與檾同，是用檾麻織疏布爲之，不知是否。」輔廣。

問：「禪家『禪』字甚義？」曰：「他們『禪』字訓定。」「『尚絅』，鄭玄注謂『禪衣』，是甚衣？」曰：「此『禪』字訓單。古人朝服必加絅，雖未能曉其制，想只如今上馬著白衫一般。裘以皮爲之，袍如今夾襖。」徐寓

黎靖德《朱子語類》卷八七《禮四・小戴禮》 「曾子襲裘而弔，子游裼裘而弔。」裘，似今之襖子；裼衣，似今背子；襲衣，似今涼衫公服。襲裘者，冒之不使外見；裼裘者，袒其半而以禪衣襯出之。「緇衣，羔裘；素衣，麑裘；黄衣，狐裘。」緇衣、素衣、黄衣，即裼衣，禪衣也。欲其相稱也。沈僩。

深衣

「具父母，衣純以青。」偏親既無明文，亦當用青也。縝者，可以青純畫雲。「雲」字，見沈存中《筆談》。吴必大。

深衣用虔布，但而今虔布亦未依法。當先有事其縷，無事其布。方未經布時，先研其縷，非織了後研也。衣服當適於禮。康節向温公說：「某今人，著今之服。」亦未是。胡泳。

馬端臨《文獻通考》卷一一一《王禮考六》 有虞氏服韍，夏后氏山，殷火，周龍章。韍，或作黻，音弗。韍，冕服之韠也。舜始作之，以尊祭服。禹、湯至周，增以畫文，後王彌飾也。山取其仁可仰，火取其明，龍取其變化，天子備焉。諸侯火而下，卿大夫山，士韎韋而已。韎，莫拜反。疏曰：飾冠禮：士韎韐，是士無飾，推此即尊者飾多有此四等，天子至士亦爲四等，故知卿大夫加山，諸侯加火，天子加龍。韠，君朱，大夫素，士爵韋。韠音必。此玄端服之韠也。韠之言，蔽也。凡韠，以韋爲之，必象裳色。則天子、諸侯玄端朱裳，大夫素裳，唯士玄裳、黄裳、雜裳也。皮弁服皆素服。疏曰：知此玄端服之韠也者，案《士

冠禮》：玄端：玄裳、黃裳、雜裳，爵韠，謂士玄端之韠。此云爵韋，故知玄端之韠也。皆素弁服皆素韠者，案《士冠禮》皮弁服，素韠。云皆者，君與大夫、士皮弁皆然，故云皆也。圜、殺、直。目韠制。圜音圓。　疏曰：經云圜，則下文大夫前方後挫，角則圜也。經云殺，則下文公、侯前後方則殺也。經云直，則下文天子直，是目韠制也。　天子直，四角直，無圜、殺。公侯前後方，殺四角，使之方，變於天子也。所殺者去上下各五寸。　疏曰：云所殺者去上下各五寸者，案《雜記》云：韠會去上五寸，是上去五寸。又云：紕以爵韋六寸，不至下五寸，是去下五寸。　大夫前方，後挫角，圜其上角，變於君也。韠以下爲前，以上爲後。挫，作卧反。　士前後正。士賤，與君同，不嫌也。正，直、方之閒語也。天子之士則直，諸侯之士則方。　疏曰：正謂不衺也，直而不衺謂之方正，而不衺亦謂之正，故云正、直、方之閒語也。　韠，下廣二尺，上廣一尺，長三尺，其頸五寸，肩革帶，博二寸。　頸五寸，亦謂廣也。頸，中央肩，兩角，昔上接革帶以繫之。肩革帶廣同。凡佩，繫於革帶。《玉藻》。《雜記》：韠長三尺，下廣二尺，上廣一尺，會去上五寸，紕以爵韋六寸，不至下五寸，純以素，紃以五采。注曰：會，謂領上縫也。領之所用，蓋與紕同。在旁曰紕，在下曰純。素，生帛也。紕六寸者，中執之，表裏各三寸也。純，紕所不至者五寸，與會去上同。紃施諸縫中，若今時縫也。疏曰：韠長三尺，與紳齊也。下廣上狹，象天地數也。會，謂韠之領縫也。此縫去韠上畔廣五寸，紕以爵韋六寸者，謂會縫之下兩旁縫以爵韋，闊六寸，倒攝之，兩廂各三寸也。不至下五寸者，謂紕韠之兩邊不至韠之下畔闊五寸。純以素者，素謂生帛，謂紕所不至之處横純之以生帛，此帛上下亦闊五寸。紃條者，謂五采之條，置於諸縫之中。　一命緼韍黝衡，再命赤韍，幽衡，三命赤韍葱衡。　此玄冕、爵弁服之韠，尊，祭服異其名耳。韍之言亦蔽也。緼，赤黃之閒色。所謂韎也。衡注見後佩玉條。《周禮》：公、侯、伯之卿三命，其大夫再命，其士一命。子、男之卿再命，其大夫一命，其士不命。疏曰：以上經云君朱，大夫素。士爵韋，是玄端服之韠，故云此玄冕爵弁服之韠，言異於上也。此據有孤之國，以卿大夫雖三命，再命，皆著玄冕。若無孤之國，則三命、再命之卿大夫，皆著絺冕，不得爲玄冕也。爵弁，則士所服。云一命緼韍者，一命公、侯、伯之上，士冠爵弁韎韐，此緼韍則當彼韎韐。《毛詩》云：「韎韐茅蒐」，茅蒐則蒨草也，以蒨染之，其色淺赤，則緼爲赤黃之閒色。

《陳氏禮書》曰：韠之作也，在衣之先，其服也，在衣之後，其色則視裳而已。《禮記》言「君朱、大夫素、士爵韋」者，祭服之韠也；蓋君祭以冕服，冕服玄衣纁裳，故朱韠；大夫祭以朝服，緇衣素裳，故素韠；士祭以玄端，玄裳、黃裳、雜裳可也，故爵韠；《周官·典命》「公、侯、伯之士一命」，而士之助祭以爵弁，弁而祭於公。爵弁纁裳故緼韍，緼赤黃之閒色。所謂「一命緼韍」是也。「公、侯、伯之卿三命、大夫再命」，而卿大夫助祭聘王以玄冕，《司服》：孤之服自希冕而下，鄭氏以爲卿大夫之服，自玄冕而下，鄭氏以爲助祭聘王之服，蓋孤希冕祭於公，弁而祭於已，卿大夫玄冕祭於公，冠而祭於己。玄冕纁裳，故赤韍，所謂「再命、三命赤韍」是也。韠之爲物，以其蔽前則曰韍，以其一巾足矣，故曰韠，以色則曰緼，以緼質則曰韎韐。古人謂蒨爲茅蒐，謂茅蒐爲韎韐。　考之《士冠禮》於皮弁玄端皆言韠，特於爵弁言韎韐，《詩》於素韠、於朱芾、赤芾，乃書芾。是韠者，芾之通稱，而芾與韎韐異其名，所以尊祭服也。君韠雖以朱，而諸侯朝王亦赤芾，「在股赤芾、金舄」是也。士雖以爵，几君子之齋服皆爵韠。《記》曰：齋則綪結佩而爵韠是也。采芑言方叔之將兵韍亦以朱，《瞻彼洛矣》言作六師而韍以韎韐者，蓋兵事韋弁服，纁裳，故貴者以朱芾，卑者以韎韐。　韎韐，即所謂緼韍。長三尺，所以象三才；頸五寸，所以象五行。下廣二尺，象地也；上廣一尺，象天也。會去上五寸，紕以爵韋六寸，不至下五寸，純以素，紃以五采。會，猶書所謂作會也。紕，稗其上與旁也；純，緣其下也。　去會與純合五寸，則其中餘二尺也。紕六寸，則表裏各三寸也。　天子之韠直，其會龍、火、與山；諸侯前後方，其會火以下。大夫，前方挫角，其會山而已。鄭氏謂山取其仁，火取其明，龍取其變，天子備焉。諸侯火而下，卿大夫山，士韎韋。以禮推之，周人多以近世之禮待貴者，遠世之禮待卑者，則鄭氏之説是也。周以虞庠爲小學，以夏序、商學爲太學，以成人棺槨喪長殤，以夏之聖周葬中殤，以虞氏之瓦棺葬無服之殤，皆待卑者以質略也。　自頸肩而下則其身也。

《全宋文》卷一一　魏仁浦　《議婦服制奏》乾德三年十二月　謹按，《禮·内則》云：「婦事舅姑，如事父母。」則舅姑與父母一也。而古禮有期年之説，至于後唐始定三年之喪，在理爲當。況五服制度，前代增益甚多。按《唐會要》，嫂叔無服，太宗令服小功。曾祖父母舊服三月，增爲五月。嫡子婦大功，增爲期。衆子婦小功，增爲大功。父在爲母服期，高宗增爲三年。婦爲夫之姨舅無服，玄宗令從夫服，又增姨舅同服緦麻及堂姨舅袒免，至今遵行。況三年之内，几筵尚存，豈可夫處苫塊之中，婦被綺紈之飾？夫婦齊體，哀樂不同，求之人情，實傷理本。況婦爲夫有三年之服，于舅姑止服期年，乃是尊夫而卑舅姑也。況孝明皇后爲昭憲太后服喪三年，足以爲萬世法。欲望自今婦爲舅姑服，并如後唐之制，其三年齊、斬，一從其夫。《宋史》卷一二五《禮志》二八。又見《續資治通鑑長編》卷六。

《全宋文》卷一一　范質　《導駕官袴褶制度議》建隆四年八月十六日　導駕官服袴褶衣制度所起，先儒並無其説，惟《開元禮》：五品已上通用細綾及羅，六品以下服小綾；褶衣之色隨本品綬色。注：褶衣即複衣也。又案：諸王朱綬，四采：赤、黃、縹、紺。赤即朱也，以純朱爲地，更次地輕入黃白青汁内染之，共爲四采，亦謂之朱褶。一品綠綟綬，四采：綠、紫、黃、赤。綟即綠也，是草之綠色，以純綠爲地，亦謂之綠綟褶。二品三品紫綬，三采：紫、黃、赤，謂之紫褶。其衣身領袖袂，請依令制。又案令文，武弁，金飾平巾幘，簪導，紫褶白袴，玉梁珠寶鈿帶，鞾，騎馬服之。金飾，即金附蟬也。詳此，即是二品、三品所配弁之制也。附蟬之數，蓋一品九蟬，二品八蟬，三品七蟬，四品六蟬，五品五蟬。又令文，武弁平巾幘，侍中、中書令、散騎常侍加貂蟬，侍左者左珥，侍右者右珥。又《開元雜禮》，導駕官並朱衣，冠履依本品。此朱衣，今朝服也。然自一品至三品，並用四入之朱爲衣，乃叶上下之文，異絳繒之色。又令文，三品以上紫褶，五品以上緋褶，七品以上綠褶，九品以上碧褶，并白大口袴，起梁帶，烏皮鞾。竊詳籠冠平巾幘，與武弁大冠，其名雖殊，本是一物，製同而飾別，蓋以官品爲差。其幘亦戴在籠冠下。今請造袴褶如令文之制。其起梁帶形製，檢尋未獲，望以革帶代之。《太常因革禮》卷二五。又見《宋會要輯稿》輿服四之一七（第二册第一八〇二頁）、《宋朝事實》卷一一、《宋史》卷一五二《輿服志》四。

又《三公祭服及裲襠制度議》建隆四年九月二日

三公祭服舊皆畫升龍，裲襠有緋紫之制，請令禮官檢尋故事。按三《禮》，三公毳冕，無龍章；上公衮冕，無龍；二品鷩冕。又《周禮》言：上公衮冕九旒，以五采繩貫五采珠；旒長九寸，每寸以珠玉瑱。其衣玄色，五章：山、龍、華蟲、火、宗彝，畫于衣。其裳朱色，四章：藻、粉米、黼、黻，繡于裳。又按令文，旒並貫青色珠，青纊。其珠及黈纊，今請依令文青色之制。又按《開元禮》，武官陪立大仗，加螣蛇裲襠，如袖，無身，以覆其髆胳音各，蓋掖下縫也。從肩領覆臂髆，共一尺二寸。又按《釋名》、《玉篇》相傳云，其一當胸，其一當背，謂之「兩當」。今詳裲襠之制，其領連所覆髆胳，其一當左髆，其一當右髆，故謂之「起髆」。今請兼存兩説，擇而用之。《宋會要輯稿》輿服四之一八（第二册第一八〇二頁）。又見《太常因革禮》卷二六、《宋朝事實》卷一一、《宋史》卷一四八《儀衛志》六。

《全宋文》卷三六　竇儀　《君臣服冕議》建隆二年

謹案，《周禮》弁師：「掌王之五冕，皆玄冕朱裏延紐，五采繅十有二就，皆五采玉十有二，玉笄朱紘。諸侯之繅斿九就，瑉玉三采，其餘如王之事，繅斿皆就，玉瑱、玉笄。」注：「侯當作公，字之誤。其餘謂延紐，皆玄覆朱裏，與王同也。玉瑱，塞耳者。」疏云：「王不言玉瑱，于此言之者，王與諸侯，互見爲義。是以王言玄冕朱裏延紐及朱紘，明諸侯亦有之；諸公言玉瑱，明王亦有之。是其互有也。」詳此經注疏之文，則是本有充耳。今請令君臣衮冕已下，並畫充耳，以合正文。《太常因革禮》卷二三。又見《宋史》卷一五一《輿服志》三、《續通典》卷五六。

《全宋文》卷六九　宋太宗　《大理寺詳斷檢法直官給時服詔》淳化元年九月

大理寺詳斷檢法直官，自今十月一日及端午，并給時服。同《宋會要輯稿》上職官二四之二（第三册第二八九三頁）。

《全宋文》卷一六五　李坦　《乞改正祭服奏》咸平五年二月

臣聞禮行于郊而百神受職焉，禮行于社而百貨可殖焉。是故禮者治國之柄，飾身之儀，前代成規，後王不易。臣昨差郊壇助祭，竊見助祭之官所服六冕衣裳畫繡之等，多不依古制，又慮後來增減不同。然按《尚書·皋陶》云：「予欲觀古人之象：日、月、星辰、山、龍、華蟲，作會；宗彝、藻、火、粉米、黼、黻，絺、繡。」此十二章也，六章畫于衣，象天也；六章繡于裳，象地也。夏、商無文，至周，三辰畫于旌旂，惟九章在于衣裳之上。周有六冕。按《司服》云：「王祭昊天上帝，則大裘而冕，祭五帝亦如之。享先王則衮冕，享先公則鷩冕，祀四望山川則毳冕，祭社稷五祀則絺冕，祭群小祀則玄冕。」鄭司農云：「大裘，羔裘也。」所以知羔裘者，祭天尚質，故用之象天色也。衮冕之旒，天子則十二旒，升龍于山，升火于宗彝。若上公則九旒，自山、龍而下九章。侯伯鷩冕七旒，自華蟲而下七章。子、男即毳冕五旒，自宗彝而下五章。孤卿即絺冕三旒，三章，無畫，皆繡。凡奇數在衣，偶數在裳。今具六冕祭服異同，乞行改正。《宋會要輯稿》輿服四之一八（第二册第一八〇二頁）。

《全宋文》卷二〇二　釋遵式　《三衣辨惑篇》

佛制法衣但三，一曰安陀會，二曰鬱多羅僧，三曰僧伽梨。此三法衣，定是出家之服，非在家者所被。僧祇云三衣者，賢聖沙門標識，非俗人所爲。《智論》云佛聖弟子住于中道，故著三衣。外道裸形無恥，白衣多貪重著。《雜阿含》云修四無量者，并剃髮服三法衣而出家也。據斯以知，定非俗服。世云《梵網經》有通俗著者，人見彼經廣列王臣道俗，盡得受戒，應教身所著袈裟等言，便令士女受菩薩戒者，著七條衣。觀彼經文，未心全爾。袈裟正翻爲染，或翻卧具。據翻染者，祇是通制。道俗受戒，須服壞色，恐其染同特艷，乖于法制，乃云應教身所著染，皆使壞色。或有風俗不可盡制，而出家菩薩必須染壞，故復文云比丘應與俗服有異，何曾通俗著七條衣？或翻卧具者，南山云三衣總名，《梵網經》云被九條七條五條袈裟，即其文也。若爾者，又何妨袈裟之語，別在出家，亦即文云比丘皆應與俗服有異。尋天台及藏法師章疏，俱作染壞義釋，并無通俗三衣之説。雖《方等經》中通俗，修懺入道場時，許著三衣，但是單縫，不許卻剌。佛言此三衣者，一名單縫，二名俗服。荆溪師云，若卻刺者，即是大僧受持之衣，是故此衣應須別造。世有借出家人衣，深爲未可。故知雖三衣，非出家服。信其《梵網》若已許著，《方等》何故要須單縫，乃至《阿含》佛令取阿難、鬱多羅僧，與婆四吒女著等？此出自聖意，暫爾赴機，滅後下凡，須依定制。一切戒律，《涅槃》重宣，最後之言，方爲揩定。三衣許俗，彼經無文。餘或云攘災免厄，許與小片。至如戲女暫挂，獵師假被，或云得四寸而飲食斯充，挂一片而羅刹不噉。蓋顯三衣之功用，非許四民之受持。出家閑邪之人，尚昧持衣之軌；在塵煩雜之衆，寧知奉法之儀？南山云：「若受用有方，則不在罪戾；必領納乖式，便自陷深愆。一生無衣覆身，一死自負聖責，何慮無惡道分！」觀斯之言，自坐深過，忍將非法，誤累在家。更有愆妄，不能緘默，多見道俗，競挂絡子。濫觴久矣，滋彰近矣。且三衣五納，制聽二典；絡子名狀，出自何文？設以三衣破片而迴作者，比丘衣損祇合補治，令不失受持，豈容被其破片，更立異名，何殊遭賊失衣比丘乎？或云院内執作，暫挂無妨者，安陀會正是院内之衣，何不著耶？至于俗家弟子，若免災厄，不應常挂袈裟之片。若許常挂，何不全許三衣，而但許一片耶？南山引僧祇龍著袈裟，免金翅難，乃云必不順教，則所被無力。袈裟違教尚云無力，況今絡子持新裁染，公然製造，若名若體，全是非法，驗知被挂，得罪無福。今略書三種違教之咎，庶幾讀之，宥過無大，必改爲善。一者絡子名體，都無所載。制聽二教，一切所無。既乏五功，濫參三賤，違教之責，冥報非虚。二者制聽二教，唯佛一人。自菩薩、聲聞，述而不作。今既自制絡子，仁者便是佛耶？三者隨外道輩，非佛者流。南山云以雜色線縫于衣上作條幅者，是外道法，結偷蘭遮。況乎造非法衣，殊乖先制，非外道輩，斯何人哉？幸願四方道人行大乘者，讀文尋意，莫守己情。擔麻棄金，殊非智者；革弊從正，斯則達人。應知無上佛乘，解無道俗傳持之軌。誠在律儀，涅槃，扶律談常，正在于此。律範若壞，法假誰傳？豈生爲人，不護眼目，斷常住命，非旃陀羅耶？昔静靄法師值周武行虐，自恨不能護法，出家奚爲，乃坐石奮刀，徧身剖肉，引腸挂樹，以手捧心而卒。嗚呼，古賢護法其若是乎！我等既斆未能，宜守法制，莫致毀損，殃墜自他矣。景德四年丁未十月二十二日，東掖山傳天台教觀沙門遵式撰述。《金園集》卷下。

《全宋文》卷九五六　宋仁宗《乾元節度僧道賜紫衣師號名額詔》景祐元年閏六月壬申　乾元節度僧道及賜紫衣、師號，皆以一百人爲額，仍令入内内侍省置簿拘轄之。《續資治通鑑長編》卷一一四。

《全宋文》卷九七二　宋仁宗《禁士庶著胡人衣裝詔》慶曆八年二月二十七日

聞士庶倣效胡人，衣裝裹番様頭巾，著青緑，及乘騎番鞍轡；婦人多以銅緑兔褐之類爲衣。宜令開封府限一月内止絶，如違，并行重斷，仍仰御史臺、閤門彈糾以聞。《宋會要輯稿》輿服四之七（第二册第一七九七頁）。

王惲《秋澗集》卷五八《大元故正議大夫浙西道宣慰使行工部尚書孫公神道碑》　公諱公亮，字繼明，世家渾源横山里。魯祖諱伯大，父諱慶文，咸勤力務本，不耀其光，顯禰諱威，爲人跅弛不羈，早以功名自憙。少有巧思，肆函人業，繕治堅密，出新意於法度之中。方太祖皇帝聖武經略中夏，總攬豪傑，貯儲戎具爲急，廼挾所業投獻，上賞其能，應時需賜名伊克烏蘭，錫佩金符，充諸路甲匠總管。太宗朝，從征秦晉，惻民被屠戮，屢以蒐簡工匠爲言，賴全活者衆。顯妣杜氏，主内務有綱紀。嘗辯雪工徒貿逆之誣，因之脱死。公生漠北，年十許歲，總匠君挈之入覲，太宗異其風骨，曰：「此兒他日必大享用。」蒙賜御饌，自是得出入禁闥矣。及長，資英明，多藝能，慷慨有大志，練習國典，通曉譯語，所交皆一時豪俊，衆亦以通材許之。庚子歲，襲父職，佩銀符。定宗朝，換金符，歲進課精，例賜錦幣。憲宗特賚貂裘，仍勅繼稱父賜名。世祖皇帝在潛邸，上命歲輸百鎧，有中七矢而不貫者，其堅完如此。及南征果獲用。中統建元，授都總管。上北征，駐苦没敦，公出私財，置甲冑六十襲以獻，天顔喜甚，錫銀笏，闕忠甲闕，命領諸路雜色一闕【略】江浙平，上諭中書省，造作事重，當選能者主之。（至元）十六年冬，授正議大夫浙西道宣慰使兼行工部事，籍人匠四十二萬，立局院七十餘所，每歲定造幣縞，弓矢、甲冑等物。十八年，上命左丞相阿嚕罕等征日本，給辦艨艟戰具，繕製堅完，都將以聞，上曰：「伊克烏蘭豈有誤耶？」

王惲《秋澗集》卷八九《論成造衣甲不宜責辦附餘物料事狀》　伏見國家，即日征伐四出。所除甲器，最爲重事。緣甲不如法，所係人心勇怯，勝負關於一時，故晁錯有云：甲不堅密，與袒裼同。今體察得在都甲局并外路，今年納到至元六年常課，皮甲斤重不同者，在都局有三十五斤及三十七八斤者，真定、順天、東平等處，却重四十斤、四十一二斤者。斤重既是爭懸，生活不無好弱。又體知得省部遍下隨路四十餘局取要，排年附餘數目，似有未使者，若上司原降物料，一切合宜，不當取要附餘，既取附餘，是原降物料，上司不曾確實計料有無，相應致有多餘之數，若此是在有司，立法當與不當耳。至如弓局舊例，每弓一張，物料錢鈔兩貫。又有呼圖克告減作一貫二百文。聖旨爲久遠生活，上定作一貫四百文造弓一張。上司既無打筭，工匠又甚便當。卑職參詳，今後亦合將衣甲事理，再行定奪實用酌中物料，使一切合宜。及甲之斤兩，定擬畫一體例，管得成造如法，其稍有不中程度者，嚴行究治可也，不宜責辦附餘，以致官匠兩難。兼衣甲難比其餘器械，所貴堅良精緻，乃主者之功，匠民之能也。若專以要取附餘爲功，不以甲之好弱爲念，一旦用之陣敵，斷不能遮護身體，有悞人命，是有司以附餘爲重，以人命爲輕也。據此合行具呈。

王惲《秋澗集》卷八九《彈甲局官裕嚕等抵搪造甲皮貨》 欽奉聖旨，條畫内一款節，該造作不如法者，委監察糾察，欽此。又照得上司原料，每甲一副舉吊，并裁線古狸皮一十張四分。前制府劄付下甲局總管府，該依年例計料，鳖勒人匠如法成造，無致用別色低歹皮貨，抵搪成造。卑職于今年八月内體察得中都管甲局官裕嚕楊三合，自今年二月内造作，至元五年常課，已造訖甲一百二十副，依已料關訖古狸皮一千二百四十八張，於内却用馬項子抵搪，即問得裕嚕等，招説爲闕少古狸皮上，是用馬項子作線是實，却問得守支古狸皮人高廷傑、熟皮提控菜榮稱：自至元六年六月内收支成造五年皮甲古狸皮，至七年八月内計收到古狸皮一千二百五十三張，俱係甲局王知事支訖。又問得王知事名居實稱：實關訖古狸皮一千二百三十張，據已造了的甲數，内委的四次用訖，馬項子八十五箇，折訖古狸皮一百七十張是實。今來卑職參詳，既知事王君實依料節次關支訖上項古狸皮貨，裕嚕等不合却用馬項抵搪，事屬違錯，合行糾呈。

于敏中等《日下舊聞考》卷三〇《宮室》 元正受朝儀，【略】朝畢，宴饗殿上。預宴之服，衣服同制，謂之濟遜。《元史禮樂志》 按：濟遜，蒙古語。濟遜即濟蘇，顏色也，舊作質孫。今譯改。

原濟遜，華言一色衣也，濟遜宴俗呼曰詐馬宴。《近光集》

原濟遜，宴服者，貴臣見饗於天子則服之，今所賜絳衣是也。貫大珠以飾其肩背間，膺首服亦如之。《輟耕録》

陶宗儀《南村輟耕録》卷七《賢孝》 前至元間，杭州有鄭萬户者，天性峻急，不能有所容，而奉事母夫人備極孝道。母誕日垂至，預市文繡氈段，製袍爲壽。鍼工持歸，縫綴既成，爲油所污，時估貴重，工莫能償，自經不死。鄰婦有識其母者，潛送入白之。至日，臥不起。子至，候問安否，見有憂色，請其故，曰：「昨暮偶視新袍，適几上油缶翻，溅漬成玷，我情思殊不佳耳。」子告曰：「一袍壞，復製一袍可也，夫人何重惜乃爾。」母陽爲自解，遂起受子孫拜賀，如常歲儀，人咸以此爲賢母，而益見萬户之孝。國朝婦人禮服，達靼曰袍，漢人曰團衫，南人曰大衣，無貴賤皆如之。服章但有金素之別耳，惟處子則不得衣焉。今萬户有姓者而亦曰袍，其母豈達靼與？然俗謂男子布衫曰布袍，則凡上蓋之服或可槩曰袍。

王罃《羣書類編故事》卷二一《冠服類》

朝服本戎服

今之朝服，乃戎服。蓋自隋煬帝數出幸，因令百官以戎服從。一品紫，次朱，次青。皂靴乃馬鞋也。後世循襲，遂爲朝服。然唐人朝服猶着禮服。幞頭，圓頂軟脚，今之吏人所冠者是也。桶頂帽子乃隱士之冠。京師士人行道間猶着衫帽。至渡江，戎馬乃變爲白涼衫。紹興二十年間，士人猶是白涼衫。至後來軍興，又變爲紫衫，皆戎服也。《朱子語録》

服制之變

因言服制之變，前輩無着背子者，雖婦人亦無之。士大夫家居常服紗帽、皂衫、束帶，無此則不敢出。背子起殊未久，或問婦人：不着背子則何服？曰：大衣。問：大衣，非命婦亦可着否？曰：可。或舉胡德輝《雜志》云：背子，本婢妾之服，以其行直主母之背，故名背子。後來習俗相承，遂爲男女辨貴賤之服。曰：然。然嘗見前輩雜説中載之，上御便殿着紗帽，背子。則國初已有背子矣，皆不可曉。《朱子語録》

陸容《菽園雜記》卷九 《癸辛雜識》云：「官品有金紫銀青之目，蓋金至於紫，銀至於青，爲絶品也。」此説殆非。蓋金銀謂印，青紫謂綬，或謂所佩魚袋及服色耳。古人有金章紫綬紫袍，今時文武極品官，俱無金印，印亦無綬。又紫爲禁色，臣下無敢服者，惟四品以上，緋袍金帶，七品以上，青袍銀帶。此即金紫銀青之遺制也。

郎瑛《七修類稿》卷九《國事類・衣服制》 洪武二十三年三月，上見朝臣衣服多取便易，日至短窄，有乖古制，命禮部尚書李源名等參酌時宜，俾有古義。議凡官員衣服，寬窄隨身。文官自領至裔，去地一寸，袖長過手，復回至肘，袖椿廣一尺，袖口九寸。公侯駙馬與文職同，耆民生員亦同，惟袖過手復回，不及肘三寸。庶民衣長去地五寸，武職官去地五寸，袖長過手七寸，袖椿廣一尺，袖口僅出拳。軍人去地七寸，袖長手五寸，袖椿七寸，袖口僅出拳。頒示中外。嗚呼，今婦人之衣如文官，其裙如武職，而男子之制迥殊於此，是時制耶？

郎瑛《七修類稿》卷二一《辯證類·袍笏》 《禮記》曰：袍必有表。鄭玄注曰：褻衣也。又《輿服志》周公抱成王宴居。故施袍如范雎綈袍之類，其來遠矣。《事物紀原》以爲始於宇文護，《困學紀聞》以爲始於隋大業，皆不知始也。

郎瑛《七修類稿》卷二四《辯證類·僧衣》 僧舊着黑衣，元文宗寵愛欣笑隱，賜以黄衣，其徒後皆衣黄，故歐陽原元《題僧墨菊詩》云：苾蒭元是黑衣郎，當代深仁始賜黄。今日黄花翻潑墨，本來面目見馨香。又薩天錫《贈欣笑隱詩》云：客遇鐘鳴飯，僧披御賜衣。正謂是也。今制禪僧衣褐，講僧衣紅，瑜伽僧今赴應僧也。衣葱白。

郎瑛《七修類稿》卷二六《辯證類·牛頭褌》 今之牛頭褌，即古之犢鼻褌也，其來最遠。《史記列傳》云：相如身自着犢鼻褌。韋昭曰：以三尺布爲之，形如犢鼻。自漢已有之矣，然猶未也。《二儀實録》云西戎以皮爲之，夏后氏以來用絹，長至于膝，漢、晉名犢鼻，北齊則與袴長短相似。考犢鼻之名，是則起于西戎，變于三代，而折中于北朝。孰可謂小人之服，而不出于古耶？

郎瑛《七修類稿》卷二六《辯證類·襴衫》 生員之服，自宋至我國初，皆白衣也，至洪武壬午二十四年，方命易此玉色，故宋時嘲生員十七字詩云：聖駕臨辟雍，諸生盡鞠躬。頭烏身上白，米蟲。又《世説》以白接䍦即今之襴衫，正謂是耳，俗言白衣秀士。又士子出身後則曰脱白掛緑，正謂是也，然白色非吉服，豈士子所宜哉。太祖易之，可謂卓然之見也，然其制度所以，已具於《國事類》矣。

楊慎《升菴集》卷六〇《寶袜腰綵》 袜，女人脇衣也。隋煬帝詩「錦袖淮南舞，寶袜楚宫腰」。盧照鄰詩「倡家寶袜蛟龍被」是也。或謂起自楊妃，出於小説僞書，不可信也。崔豹《古今注》謂之腰綵。注引《左傳》衵服謂日近身衣也。是春秋之世已有之，豈始於唐乎？沈約詩「領上蒲桃繡，腰中合歡綺」。謝偃詩「細風吹寶袜，輕露濕紅紗」。

楊慎《升菴集》卷六九《繡裾》 《後漢書·光武紀》諸(子)〔于〕繡裾。李賢注云：繡裾，半臂也。又云字書無「裾」字，當作襦。慎按，《酉陽雜俎》盜俠類有單練髻之説，「練髻」與「繡裾」同一類也。裾，疑半臂羽衣，故字從髟。《漢書》作「裾」。《酉陽雜俎》作「髻」，寫有繁省也。古有此字，字書偶遺之爾，何必强改爲「襦」字。又薛女都臨陣，著絳衲兩當衫，亦半臂也。

楊慎《升菴集》卷七三《水田衣》 袈裟名水田衣，又名稻畦帔。王維詩「乞飯從香積，裁衣學水田」。王少伯詩「手巾花氎浄，香帔稻畦成」。袈裟，《内典》作氅毛，蓋西域以毛爲之。又名逍遥服，又名無塵衣。

《古今事物考》卷一《喪禮》 〔明衣〕三代以來，襲有明衣，唐改用生絹單衣，今但新衣而已。《酉陽雜俎》曰：明衣起于佐伯桃。

《古今事物考》卷六《武備》 〔衣甲〕《太白陰經》曰：蚩尤割革爲甲。《黄帝内傳》曰：玄女請帝制甲冑以備身也。

《古今事物考》卷六《冠服》 〔衣裳〕《通典曰》上古衣毛，後代以麻易之，先知爲上，以製衣，後知爲下，以製裳。《易》曰：黄帝垂衣裳而天下治。《世本》曰：胡曹作衣。《淮南子》曰伯余初作衣高誘注云：皆黄帝臣。一云，伯余，黄帝也。

〔袞〕《内傳》曰：黄帝伐蚩尤，乃服袞冕。至舜始備十二章，周登日月于太常，九章而已，餘五服俱周制也。大明諸司職掌云：皇帝袞十二章，玄衣六章，織日月星辰山龍華蟲，纁裳六章，織宗彝藻火粉米黼黻。中單以素紗爲之。蔽膝、革帶、大帶、佩綬、韍舄。東宫袞九章，玄衣五章，織山龍華蟲宗彝火，纁裳四章，織藻粉米黼黻。親王袞九章，但上袞用青。世子袞九章，青衣三章，織華蟲火宗彝，纁裳四章，織藻粉米黼黻。郡王袞五章，青衣三章，織粉米藻宗彝，纁裳二章，織黼黻。

〔朝服〕《晉輿服志》曰：漢制，五郊，天子與執事服各如方色。百官不執事者，服常服縫衣以從。魏秦静曰：漢氏承秦，改六冕之制，但無冠縫衣而已。魏以來，名朝服。《大明諸司職掌》云：文武官朝服，亦羅衣，白紗中單，俱用青飾領緣，青羅裳，青緣，蔽膝，革帶，大帶，佩綬，韍履。凡遇大祀慶成，正旦冬至聖節，及頒降開讀詔赦進表傳制，則服。未入流官，照九品官具朝服行禮。

〔公服〕《筆譚》曰：中國衣冠，自北齊以來，全用胡服，窄袖緋緑，唐武德真觀間猶爾，開元後，稍袞博矣。《通典》曰：宇文護始袍加下襴，遂爲後制，即今公服也。大明諸司職掌云：文武官公服，用盤領右衽袍，或紵絲、紗羅、絹，從宜製造，袖寬三尺。在京官朝見奏事謝辭，及在外官清晨公座，則用公服幞頭。

〔祭服〕《大明諸司職掌》云：文武官陪祭服，一品至九品，青羅衣，白紗中單，俱用皂領緣，赤羅裳，皂緣，赤羅蔽膝，方心曲領，其冠帶佩綬等第，並同朝服。【略】

〔蔽膝〕《明堂位》曰：有虞氏服韍。鄭康成注曰：冕服之韠也。《蘇氏演義》曰：昔先王衣羽皮韍，字遂從韋。韋，皮也。《春秋正義》云：魏晉以還，易以絳紗，字遂從系。蓋太古蔽膝之法象，冕服謂之韍，朝服謂之韠也。《大明諸司職掌》云：皇帝袞冕，紅羅蔽膝。上廣一尺，下廣二尺，長三尺，織火龍山三章。弁服，絳紗衣，蔽膝隨衣色。東宮親王袞冕，蔽膝隨裳色，織火山二章。弁服，絳紗袍，紅裳蔽膝，隨裳色。世子郡王袞冕，赤蔽膝，弁服同。文武官朝服，赤羅蔽膝。【略】

〔服御〕《二儀實録》曰：唐高祖初用隋制，天子常服，黄袍及衫，後漸用赤黄，謂之赭黄。《唐會要》曰：玄宗時，韋韜奏，御案牀褥去紫用赤黄。自武德時，禁止士庶不得服，而天子服御之以黄，自韋韜之請也。【略】

〔服色〕《二儀實録》曰：隋煬帝詔牛洪等造章服差等，三四品紫，五品朱，六品以下緑，官吏青，庶人白，商皂，服色之分，疑自此始。唐《馬周傳》曰：三品紫，四五品朱，六七品緑，八九品青。大明諸司職掌云：文武官公服，一品至四品緋袍，五品至七品青袍，八品九品緑袍，未入流雜職官，袍與八九品同。【略】

〔襴衫〕《唐志》曰：馬周以三代布深衣，因于其下着襴及帬，名襴衫，以爲上士之服。今學子所衣襴衫之始也。

〔衫〕《輿服志》曰：馬周上議，禮無服衫之文，三代有深衣，請襴袖褾襈爲士人上服，開骻，名缺骻衫，庶人服之。即今四袴衫也，蓋自馬周始云。

〔汗衫〕《實録》曰：古者朝燕之服有中單，郊享之服有明衣。漢高與項羽戰争，汗透中單，遂有汗衫之名。

〔涼衫〕《筆譚》曰：近歲，京師士人朝服乘馬，以黪衣蒙之，謂之涼衫，亦古遺法也。《儀禮》曰：朝服加景，但不知古人制度何如耳。

〔襖子〕《舊唐書・輿服志》曰：燕服，古褻服也，亦謂之常服。江南以巾褐裙襦，北朝雜以戎夷之制，至北齊，有長帽短靴，合袴襖子，朱紫玄黄，各任所好，若非元正大會，一切通用，蓋取于便事。則今代襖子自北齊起也。

〔半臂〕《實録》曰：隋大業中，内官多服半臂，除去長袖也。唐高祖減其袖，謂之半臂。今背子也，江淮之間，或曰綽子，士人競服。隋始制之，今俗名搭護。

〔袴褶〕《唐書》曰：德宗時，百官朔望皆服袴褶。歸崇敬逮〔進〕言：三代逮漢無其制，隋以來，始有服者。《通典》曰：晉衣服制有之。云袴褶之制，未詳所起，近代服之，無定色。《實録》曰：上古食肉衣皮，遂以爲袴名袴褶。今武士大口袴褶，是魏文上馬袴也。按《史記》，屠岸賈滅趙氏，趙妻朔有遺腹生男，武賈索之，夫人置袴中，其稱始見諸此。

〔裘〕黄帝出軍訣曰：帝伐蚩尤，未克，夢西王母遣道人，披玄狐之裘，以符授帝。則是時已有裘名。《説文》曰：裘，皮衣。蓋上古衣毛帽皮之遺象也。

〔褌〕《實録》曰：西戎以皮爲之，夏后氏以來用絹，長至于膝，漢晉名犢鼻，北齊則與袴長形相似，而省犢鼻之名。【略】

〔雨衣〕《事始》曰：凡雨具，周已有之。《左傳》云：陳成子以製仗戈。杜預注曰：製，雨衣也。《炙轂子》曰：惟絹油製之，及油帽，陳始有之也。

〔僧衣〕《僧史略》曰：後魏宫中，見僧自恣，偏袒右肩，乃施一邊衣，號偏衫。全其兩肩衿袖，失祇枝之禮。《大明會典》云：禪僧茶褐常服青條五色袈裟，講僧五色常服，緑條，淺紅袈裟，教僧，皂常服，黑條，淺紅袈裟，僧官如之，惟僧録司袈裟緑紋，飾以金。

〔道衣〕《援神契》曰：禮記有侈袂，大袖衣也。道衣，其類也。唐李泌爲道士，賜紫，後人因以爲常。直領者，取蕭散之意。《大明會典》云：道士常服青，法服，朝服皆用赤色，道官亦如之。惟道録司官法服朝服皆緑紋，飾以金。【略】

〔大衣〕商周之代，内外命婦服諸翟，唐則裙襦大袖爲禮衣。《實録》曰：大祖制命婦服，身與衫子齊，而袖大，以爲禮服。疑即此也。國朝命婦大袖衫真紅色，五品以上，用紵絲綾羅，六品以下，用綾羅紬絹。

〔裙〕《實録》曰：古所貴衣裳連，下有裙，隨衣色而有緣。堯舜已降，有六破及直縫，皆去緣。商周以其太質，加花繡，上綴五色。蓋自垂衣裳則有之，後世加文飾爾。又曰，隋煬帝作長裙，十二破，名僊裙。今大衣中有之。

〔帔〕《實録》曰：三代無帔説，秦有披帛，以縑帛爲之。漢即以羅。晉永嘉中，制絳暈帔子，是披帛始于秦，帔始于晉也。唐令王妃以下通服之。士庶女子，在室搭披帛，出適披帔子，以別出處之義。宋代帔有三等，霞帔非恩賜不得服，爲婦人之命服，而直帔通于民間也。國朝命婦帔霞帔，皆用深青段疋。公侯及三品，金繡雲霞翟文。三四品，金繡雲霞孔雀文。五品，繡雲霞鴛鴦文。六七品，繡雲霞練鵲文。

〔褙子〕《實録》曰：秦二世詔衫子上朝服加褙子。其制袖短于衫，身與衫齊而大袖。宋又長與裙齊，而袖纔寬于衫，自秦始也。

〔衫子〕《實録》曰：女子之衣與裳連，如披衫，長短與裙相似。秦始皇方令短，作衫子，長袖猶至于膝。宜衫裙之分自秦始也。

《古今事物考》卷八《道釋》　〔僧紫〕唐武后以僧法明譯《大雲經》、《陳符命》，皆賜紫袈裟，則僧之賜紫此其始也。

〔僧褐〕漢魏之世，出家者多著赤布僧迦梨。又秣陵諸僧衣色倣西竺，後周忌聞黑衣之讖，悉易黑色著黃色衣。其僧衣褐，起于宇文周制。

李詡《戒庵老人漫筆》卷一《罩甲》　罩甲之制，比甲稍長，比披襖減短，正德間創自武宗，近士夫有服者。

焦竑《焦氏筆乘》卷一《深衣》　深衣方領，正經曰：「曲袷如矩。」後世不識矩，乃匠氏取方曲尺，强以斜領爲方，而疑其多添襟，制度遂失。若裁作方盤領，即應「如矩」之義。續衽，所添兩襟也，更加鉤，起於肩上，即是鉤邊。若以斜爲方，豈聖人正心之意？朱子只作直領，而下裳背後六幅，正面六幅，分兩旁。若交其領，無乃背闕而後狹。又肋下兩縫向前。或翦圓裳旁曰鉤邊，尤可笑。只按《深衣》、《玉藻》二篇，正經制度自見，世儒自不考耳。出元吾子行《閒居録》。

徐復祚《花當閣叢談》卷一《衣制》　高皇見朝臣，衣服多取便易，乃定衣制。凡官員衣服寬窄隨身。文官自領至裔，去地一寸，袖長至手，復回至肘，袖樁廣一尺，袖口九寸。公侯、駙馬與文職同，耆民、生員亦同，惟袖過手，復回不及肘三寸。庶民衣長去地五寸。武職官去地五寸，袖長過手七寸，袖樁廣一尺，袖口僅出拳。軍人去地七寸，袖長手五寸，袖樁七寸，袖口僅出拳。頒示天下，乃今婦人之衣，如文官，去地寸許，裙與衣等，而男子之制迥殊，古昔袖之廣，幾於金疋帛，男女盡然，殊不耐觀。

王圻、王思義《三才圖會・衣服》卷一

褘衣，色玄，刻繒爲翚。后從王祭先王之服。

褘衣

揄狄，色青，刻繒爲揄。后從王祭先公之服。

揄狄

闕狄，色赤，刻繒爲翟。后從王祭群小祀之服。

闕狄

鞠衣，色黃。后告桑之服。

王圻、王思義《三才圖會・衣服》卷一

衣

鞠衣

展衣

展衣，色白。后以禮見王及賓客之服。

褖衣

褖衣，色黑。后進御見王之服。

衣，上體之服。古者朝服有玄衮，有毳衣，有黻衣，有繡衣，有錦衣，有深衣，其制多相似。

裳

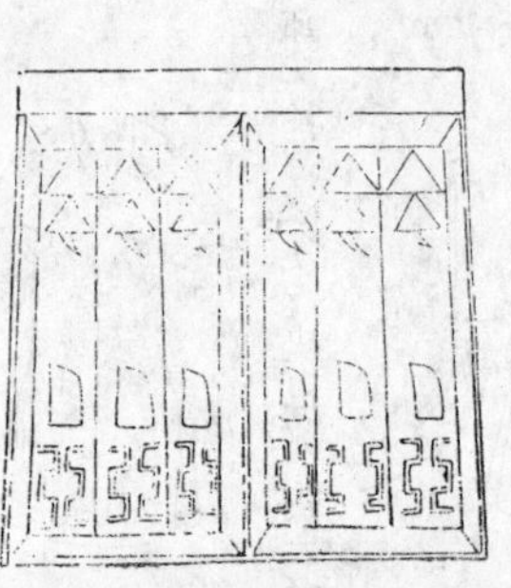

裳，下體之服。古者綉裳五色備，前三幅，後四幅，以纁爲之，刺綉於其上。

虞書十二

日

月

晨

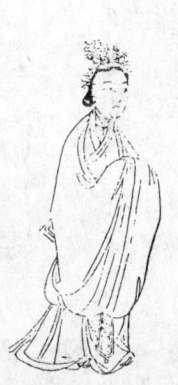

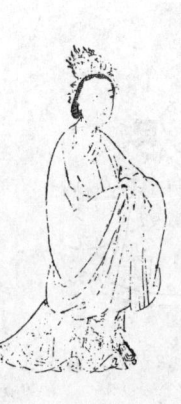

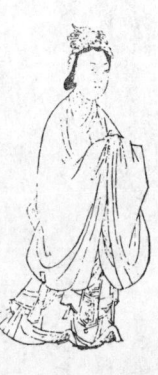

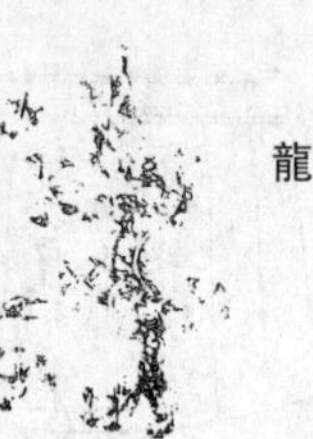

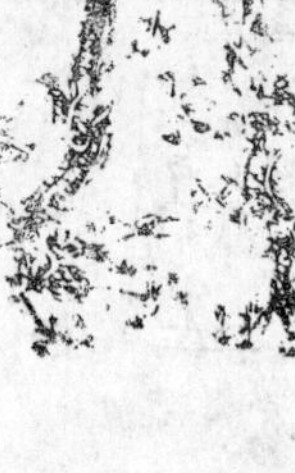

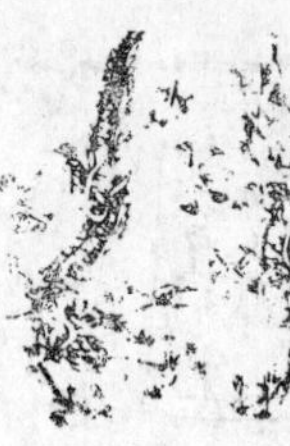

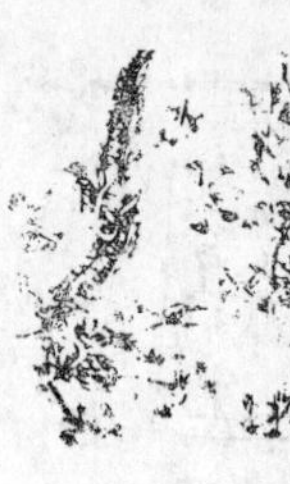

山

龍

華蟲

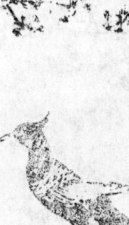

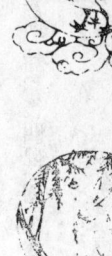

章服之圖

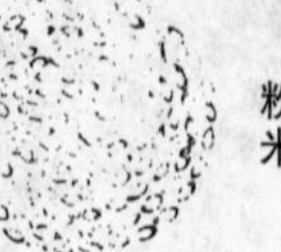
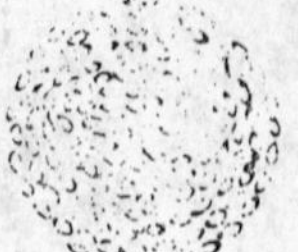
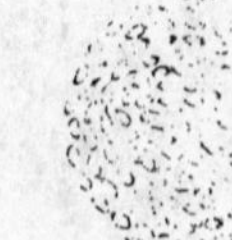
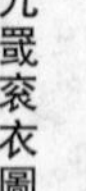

宗彝　藻　火

粉米　黼　黻

九罭衮衣圖

繪龍、山、華蟲、火、宗彝五章。天子之龍一升一降，上公但有降龍，龍首卷然，故謂之衮。

九罭繡裳圖

五色備謂之繡，前三幅，後四幅，繡以藻、粉米、黼、黻四章。

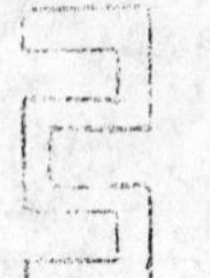

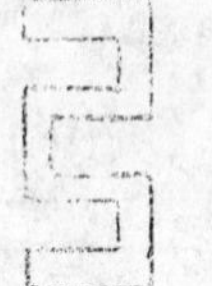
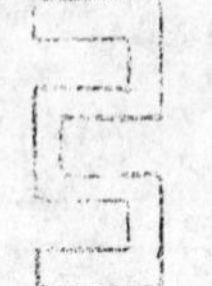

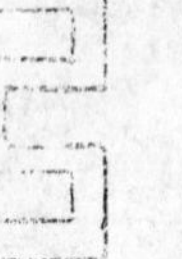

狐裘圖

錦衣狐裘，朝天子之服。蘇氏曰：此狐裘，狐白裘也。

羔裘圖

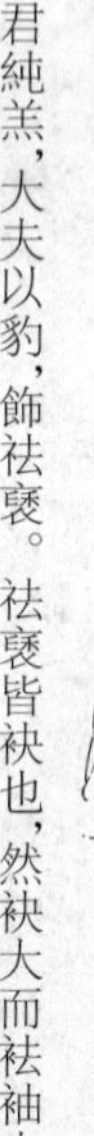

中單圖

君純羔，大夫以豹，飾袪褎。袪褎皆袂也，然袂大而袪袖小。

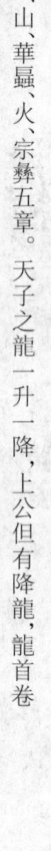

中單,祭服。其内明衣,加以用朱刺綉文,以榅領丹者,取其赤心奉神也。

蔽膝圖

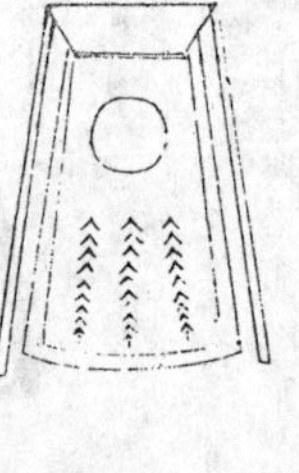

蔽膝,以羅爲表,絹爲裹。其色纁,上下有純,去上五寸,所繪各有差,大夫芾士曰𥿊。

芾韠圖

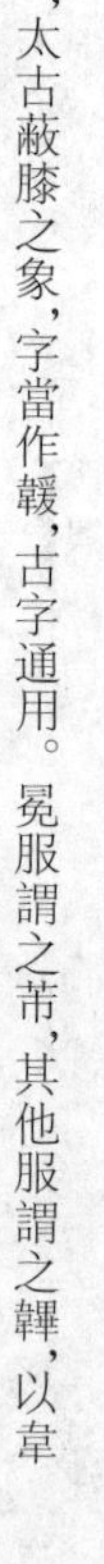

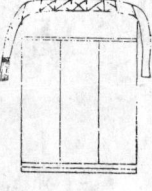

芾,太古蔽膝之象,字當作韍,古字通用。冕服謂之芾,其他服謂之韠,以韋爲之。

邪偪圖

邪幅,偪也。邪纏於足,如今行縢,偪束其脛。

非帷裳圖

凡裳,前三幅,後四幅,象陰陽也。非帷裳,則斜裁,倒合腰半,下齊倍腰,無襞積而有殺縫也。

帷裳圖

帷裳是禮服,取其方正,故用正幅。如帷帳,即今之腰裙也。襞是摺,積是叠,即今之所謂裙殺。

深衣掩袷圖 方袷

深衣前圖 袷

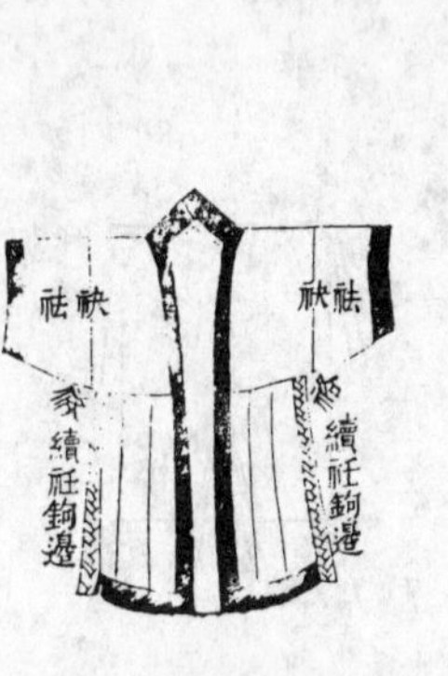

深衣後圖 袷

新擬深衣圖

按《玉藻》：袷二寸，緣半寸。今《家禮》、《深衣制度》，不言袷尺度幾何，止言袂緣廣二寸。今擬宜如古禮，用布濶二寸，長如衣身，爲袷而加緣寸半於其上，庶全一衣之制云。按《家禮》卷首圖有裁衣前後法，今併入衣前後圖。按《深衣制度》乃温公攄《禮·深衣篇》所新製，非古相傳者也。愚于考正，疑其裳制于《禮·〔樂〕〔深〕衣篇》文勢不倫，固已著其説矣。後文得靈興敖繼公説曰：衣六幅，裳六幅，通十二幅。吴草廬亦謂裳以六幅布裁爲十二片，不可言十二幅，又但言裳之幅，而不言衣之幅尤不可，良以敖説爲是。蓋衣裳各六幅，象一歲十二月之六陰六陽也。愚因参以白雲朱氏之説，衣身用布六幅，袖用兩幅，别用一幅裁領，又用一幅交解，裁兩片爲内外襟，綴連衣身則衣爲六幅矣。裳用布六幅裁十二片，後六片如舊式，前四片綴連外襟，二片連内襟。上衣下裳，通爲十二幅，則于深衣本章文勢順矣。舊製無襟，故領微直而不方，今以領之兩端各綴内外襟上，穿着之際，右襟之末斜交於左脅，左襟之末斜交于右脅，自然兩領交會，方如矩矣。或謂不連裳不殊，通一幅布爲之，如此則無腰矣。《玉藻》謂齊倍腰者何也。

裳制

後四幅前三幅

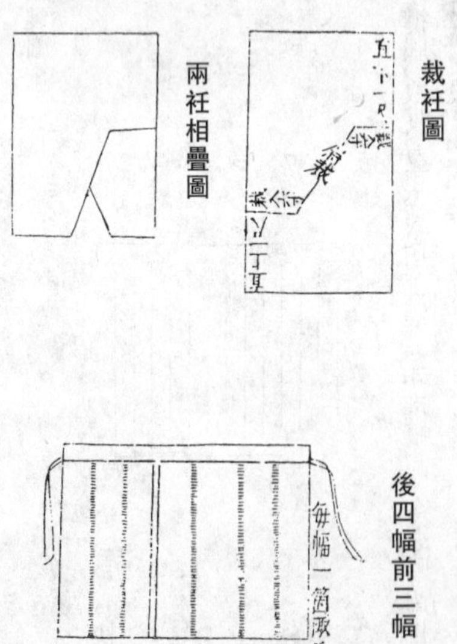

裁衽圖

兩衽相疊圖

裁辟領圖

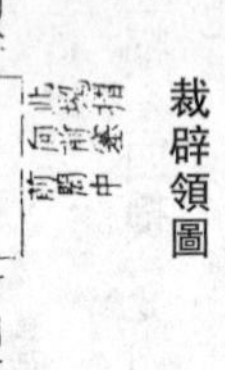

屈指量寸法圖

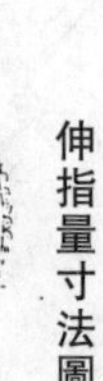
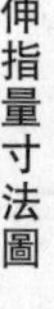

伸指量寸法圖

《家禮》裁深衣及衰服，皆用中指中節爲寸，蓋以人身有長短，雖周尺準以貨泉者，楊氏亦謂其於中人中指之寸長短略同，然終不可爲定法也。指節人人殊，與人身相爲短長，鍼經以之定俞穴無有差爽者，況用以裁衣，豈有不稱體也哉？但世人往往昧於取法，今取《鍼經》圖刻于其上，而以其定法，著之於下，使裁衣者有所據依云。《鍼經》云：中指第二節内度兩横文，相去爲一寸。又云：中指中節横文，上下相去長短爲一寸，謂之同身寸。注云：若屈指，即旁取指側中節上下兩文，角相去遠近爲一寸。若伸指，即正取指中自上節下横文，至中節中從上第二條横文，長者相去遠近爲一寸，與屈指之寸長短亦相符合。然人之身手指或有異者，至于指文亦各不同，更在詳度之也。

王圻、王思義《三才圖會·衣服》卷三

襴衫

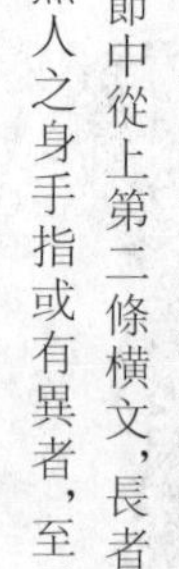

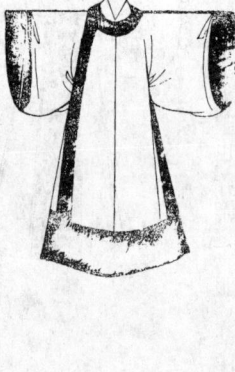

《唐志》曰：馬周以三代布深衣因于其下著襴及裾，名襴衫，以爲上士之服，今舉子所衣者即此。

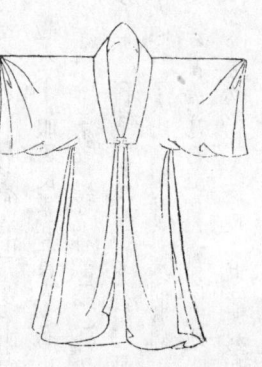

褙子

即今之披風。《實録》曰：秦二世詔朝服上加褙子。其制，袖短于衫，身與衫齊而大袖。宋又長與裙齊而袖纔寬于衫。

半臂

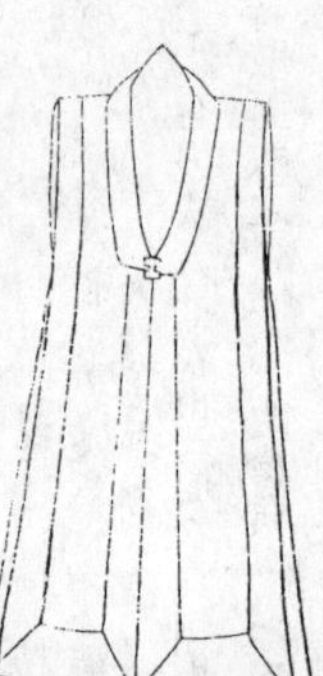

《實録》曰：隋大業中，内官多服半臂，除即長袖也。唐高祖減其袖，謂之半臂。今背子也，江淮之間或曰綽子，士人競服，隋始制之也。今俗名搭護，又名背心。

衫

《輿服志》曰：馬周上議，禮無服衫之文，三代有深衣，青襴袖褾襈，爲士人上服。開骻名缺骻衫，庶人服之，即今四袴衫也，蓋自馬周始云。

褙子

《舊唐書·輿服志》曰：燕服古褻服也，亦謂之常服。江南以巾褐裙襦，北朝雜以戎夷之制，至北齊有長帽短靴，合袴襖子，朱紫玄黄，各任所好。若非元正大會，一切通用，蓋取于便。是則今代襖子，自北齊起也。【略】

霞帔

帔　《實録》曰：三代無帔説，秦有披帛，以縑帛爲之。漢即以羅。晉永嘉中，制縫暈帔子。是披帛始于秦，帔始于晉也。唐令三妃以下通服之，士庶女子在室搭披帛，出適披帔子，以別出處之義。宋代帔有三等，霞帔非恩賜不得服，爲婦人之命服，而直帔通于民間也。國朝命婦霞帔補皆用深青段疋，公侯及二品金繡雲霞翟文，三四品金繡雲霞孔雀文，五品繡雲霞鴛鴦文，六七品繡雲霞練鵲文。【略】

僧衣

僧衣　《僧史略》曰：後魏宮中見僧自恣，偏袒右肩，乃施一邊衣，號偏衫，故其兩肩衿袖失祇支之體。《大明會典》云：禪僧茶褐常服，青條五色袈裟。講僧五色常服，緑條淺紅袈裟。教僧皂常服黑條淺紅袈裟，衆僧如之。惟僧録司袈裟，緑紋餙以金。

道衣

道衣　《援神契》曰：《禮記》有侈袂大袖衣也，道衣其類也。唐李泌爲道士，賜紫後，人因以爲常，直領者取蕭散之意。《大明會典》云：道士常服青，法服朝服皆用赤色，道官亦如之。惟道録司官，法服朝服皆緑紋飾以金。

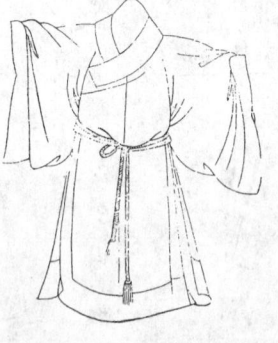

田藝衡《留青日札》卷二二《褌袴松》　褌，幒也，褻衣也。漢司馬相如着犢鼻褌。晉阮咸曬犢鼻褌。以三尺布爲之，形如牛鼻。蓋前後各一幅，中裁兩尖襠交輳，即今之牛頭子褌，一名梢子。乃爲農夫田衣，而士人無復服之者矣。蓋起于西戎，以牛皮爲褌，故名。今所謂皮褌是也。夏始用絹，長至膝。周文王製裩，長至膝，謂之弊衣。賤人不下服曰良衣，蓋良人之服也。北齊與袴，均袴脛衣也。漢《外戚傳》窮絝注：今之緄襠絝。有前〔後〕襠不得交通。周仁溺袴注：尿袴也，爲小袴以藉尿。晉謝尚刺紋袴。又《晉書》動不敢出褌襠，古詩所云鐵裲襠。今吴中婦人尚有穿大脚開襠褌者，獨浦城婦人皆不穿袴，此尤淫風薄俗，而廣西土官婦女亦不着袴，乃着裙五六層，後曳地四五尺，此又蠻夷之習也。師古注：犢鼻褌，即今之松。松，之容反。此字甚紗。

田藝衡《留青日札》卷二二《獨力衣》　槃瓠負帝女入山，女解去衣裳，爲僕鑒之結，着獨力之衣。又云：好五色衣服，製裁皆有尾形，蓋槃瓠原五彩毛故也。注：僕鑒、獨力皆未詳。流俗本或有改鑒字爲竪者，妄穿鑿也。于寶《晉紀》曰：俗稱赤髀横裙，即其子孫，言連接裙幅也。中裙貼身之衣，漢有禿裙。

田藝衡《留青日札》卷二二《布衣》 周制：五十方衣帛。《范子》曰：古者庶人老耄而後衣絲，其餘則麻枲而已，故曰布衣。今富者，綺繡羅紈素綈冰錦也。隋文帝焚綾文布，即今花雲布。鄱陽王恢焚筩布，即今細布、飛花布之類。細穀曰阿，細布曰錫。

《禽獸之飾》

《禮記》狼臅膏皮，可爲表。又曰：君之右虎裘，左狼裘。 夫天地間，最貴者人，最賤者莫如禽獸。故曰鳥獸不可與同羣，君子遠之。然而古之人，飲血可也，茹毛不可也，猶可委曰上古無衣，至于中古則衣裳之制興矣，文章之度備矣。繪以五龍，飾以五雉，吾猶鄙之，而况手所執者象之牙，足所踐者牛馬之革，體所被者犬芉狐貉狼犴之皮。是笏也，履也，裘也，無之，果何害也，而必欲以人身而易禽獸，何所取也。以爲美觀，則觀未必美也。以爲寒乎，則貧人不服裘，未聞皆凍死，無唯類者矣。夫褐乃毛布，而説者猶以爲賤者之服，况皮毛乎？《唐書》：驃國，古朱波國也。民衣用白氎朝霞，以蠶帛傷生，不敢衣之，此雖夷俗，然禮失而求之野，有足取焉。作俑之後，乃有翡翠爲冠者，鶴翎、雉頭、獺鼠爲裘爲領者，犀象、魚魫，爲貂，爲帶，爲簪者，氂牛、馬尾爲巾帽者，麇、鹿、驢、騾之革爲靴韈者，是六尺之軀，無非禽獸之類。嗚呼，形既獸矣，尚何恠其心之不獸也哉。夫龍、鳳、麒麟既可以飾服，則龜亦四靈之一也，何不用之邪？

周祈《名義考》卷一〇《獬豸鵕鸃》 今製品官服色，法官服獬豸，七品官服鵕鸃，而鵕鸃又諫垣獨服之。《説文》獬豸似山羊，一角。古者決獄令觸不直者。《埤雅》鵕鸃性食短狐，蓋鳥之㓨邪逐害者。法官與諫垣上則弼違，下則癉惡，有觸不直，㓨邪逐害之義，故服之。脱有不然，是仗馬，是窮奇矣。

周祈《名義考》卷一一《緼袍》 《玉藻》「纊爲繭，緼爲袍」。鄭玄注：纊新綿，緼舊絮。《廣韻》繹繭爲絲，不繅爲綿，繅餘爲絮。以蠶繭繹而出之曰繅，繅之所累曰絲，以爲黼黻文章，不繅而成之曰綿。《書》纖纊，《莊子》洴澼絖是也。以褚繭繅餘爲絮，繭内衣護蛹者，與其外膜雜爲之，《易》「繻有衣袽」是也。以褚袍襺，《春秋傳》所謂重襺，衣之貴者。袍即《論語》所謂緼袍，衣之賤者，貧者又不可得絮，於是雜用枲褚、枲䋈也。以褚袍亦曰緼袍，編而爲粗短衣，即《孟子》所謂褐寬博以爲禪縠，以行道禦塵，即《詩》所謂褧衣，《記》所謂絅。師古曰：以綿裝衣曰褚。《論語》注作著。襺音簡，繅音騷。絖與纊同。䋈、褧、絅俱音頃。

褐寬博

褐，《説文》編枲韈也。馬絡頭也，亦謂之馬衣，賤者編枲爲衣，寬大有似於韈，故曰褐寬博。毛布以禦寒，何取於寬博哉？今士子出身曰釋褐，言去賤而將貴也，若毛布則罽也，亦謂之毼，其字从毛，康成、杜預諸人皆誤釋。罽音計，毼音曷。

《褧衣》

褧，《説文》「䋈也」。《爾雅翼》䋈葉似苧而薄，今人績爲布以爲衣，不重曰禪縠。《詩》「衣錦褧衣」是也，亦作絅。《玉藻》「禪爲絅」。《中庸》「衣錦尚絅」，通作頴。《士昏禮》「女從者畢袗玄纚頴黼」。《雜記》「三年之喪既頴」。又作景。《儀禮》「婦乘以几姆加景乃驅」。絅、頴、景、褧通，皆嫁時在途禦塵之衣也。

《端章甫》

端與玄端，即緇布衣。古者卿士聽朝之服，以其正幅不衺殺，故曰端章甫，視母追，其飾漸大，故曰章甫，亦以緇布爲之。所謂玄冠也。母音牟，追音堆。

《冕服》

黄帝垂衣裳，有冕服。虞舜觀古人之象，日、月、星辰、山、龍、華蟲，作會。宗彝、藻、火、粉米、黼、黻，絺繡，有十二章之制。周去三辰爲旂，常九章，自山、龍而下謂之衮冕。龍，阿曲也。七章，自華蟲而下謂之鷩冕。鷩，朱雉，即華蟲也。五章，自宗彝而下，無火謂之毳冕。虎蜼，毛氄也。三章，粉米、黼、黻，謂之希冕，所存者少也。一章唯黻而已，曰(元)〔玄〕冕，衣玄也，此皆自服而言。

【略】

《韍韠韐韎》韍音弗，韠音必，韐音閤。

《説文》「韍，韠也」。「韠，韍也，所以蔽前以韋，下廣二尺，上廣一尺，其頸五寸」。「帶博二寸」。鄭云：韐，合韋爲之，以茅蒐染之，一曰韎韐，以代韠。是韍、韠、韐三者，皆蔽膝之衣，制同名異。韐乃合韋，韍、韠不合，此其異耳。朱子曰：冕服謂之韍，他服謂之韠，此大夫以上之服，韐則士服也。《玉藻》云：「君朱，大夫素，士爵韋。天子直，公侯前後方，大夫前方，後挫角，士前後正。」陳氏曰：以其芾前曰韍，以其一巾足矣，曰韠以色則曰緼，以緼質則曰韎韐。《詩》疏：古者佃漁，因衣其皮，先知蔽前，後知蔽後，後王易以絺繡，黑與白相次，畫爲弗，謂之韍，以韋从韋作韍，以絲从黹作黻。一曰，古者席地而坐，以臨俎豆，設蔽膝以備濡漬。韎音抹，蒐音搜，絺音止，與黹同。弗古弗字。【略】

《帔》

《說文》「弘農謂帬爲帔」。《玉篇》在肩背也。今命婦衣外以織文一幅，前後如其衣長，中分而前兩開之，在肩背之間，謂之霞帔，即古之帔也。

《褘褕褘音輝，褕音俞。》

按，王后六服，褘衣，褕狄。褘衣，畫翬也，褕狄，畫鷂也。狄本作翟，雉名，翬，鷂皆雉也。《爾雅》伊雒而南，素質五采，皆備成章曰翬，江淮而南，青質五采，皆備成章曰鷂。是褘、褕皆畫翟，但質有青、素之殊。《說文》謂翟羽飾衣曰褕羽，不可以飾衣十二章，華蟲作會。華蟲爲鷩，繪爲畫，帝服用鷩，后服用翟，皆畫也。【略】

《六服》

《周禮·內司服》「掌王后之六服，褘衣、褕狄、闕狄、鞠衣、展衣、褖衣」。褘當爲翬。褕狄讀爲搖翟，搖本作鷂。闕狄一名屈狄，言屈於二翟也。是謂三翟，唯褘言衣者，爲六服之首，以衣目之也。翬其色玄，褕狄青，闕狄赤，皆刻繒爲雉形，五采兼之，綴於衣上，數皆十二。鞠衣黃色如鞠塵，展衣白褖衣黑。祭先王服褘衣，祭先公服褕狄，祭羣小祀服闕狄，蠶則服鞠衣，以禮見王及賓客服展衣，燕見及御於王，服褖衣。衣與裳，其色同，舄亦如其衣之色，謂之六服。六者，陰數之中也。褖音彖。

《襦》

《說文》「襦，短衣也」。《方言》汗襦自關而西謂之衹裯。此說非。《劉弘傳》持更者羸疾無襦，給韋袍複帽。謝朓過江革，時大雪，見革敝絮单席，耽學不倦，眺脱所著襦并手割半氈與革充臥席而去。顧協冬服單薄，蔡法度欲解襦與之，懼其清嚴，不敢發口。觀此則襦當是纊襺縕袍之類，可以禦寒者，非短衣汗衫也。衹音低，裯音稠。

《半臂、背子》

古者有半臂背子《事物紀原》：隋大業中，內官多服半臂，除即長袖也。又曰：秦二世詔衫子上朝服加背子。其制，袖短於衫，身與衫齊而大袖。按《方言》襜褕，其短者自關之西謂之統裾。郭璞云：俗名裾掖，一曰襤褸。即是諸于上加繡裾，如今半臂。《漢書音義》云：諸于，大掖衣也。此可見大掖衣外加半臂，在手臂之間，如今搭護相似，脱去半臂，即大掖衣，故曰除即長袖也。又衫子外加背子，在脊背之間，如今披風相似，所謂其制袖短於衫，身與衫齊而大袖也。【略】

《禅冕副褘禅音卑。》

禅之言偏也，天子大裘爲上，公衮，侯伯鷩，子男毳，偏於天子者也。《玉藻》「諸侯禅冕以朝」是也。副之言貳也，王后褘衣，上公如天子之服，則上公夫人如后之服，貳於后也。《禮記》「夫人副褘」是也。

《裼襲裼音錫。》

裼衣乃半袖襌衣，加于裘之上以見美。襲衣乃有袖全衣加于裼之上以充美。《曲禮》鄭玄注：古人近體衣有袍襗，其外有裘葛，裘葛皆有裼衣，裼衣上有襲衣，襲衣上有常著之服，則皮弁服與深衣之屬也。【略】

《窮袴、犢鼻褌》

《漢昭記》霍光欲后擅寵，左右皆阿意，雖宮人使令皆爲窮袴。顔師古注：窮袴，有前襠，不得交通。《列傳》司馬相如家徒四壁立，自著犢鼻褌。顔師古注：小褌形如犢鼻。《玉篇》三尺布作，如牛鼻。

余繼登《典故紀聞》卷二　太祖嘗命製軍士戰衣表裏異色，令各變更服之以新軍號，謂之鴛鴦戰襖。

余繼登《典故紀聞》卷一一　正統十二年春，英宗謂工部臣曰：「官民服式舊有定制，今聞有僭用織繡蟒、龍、飛魚、斗牛及違禁花樣者，爾工部其通諭之，此後敢有仍蹈前非者，工匠處斬，家口發充邊軍，服用之人，重罪不宥。」

余繼登《典故紀聞》卷一三

天順初，禁服大雲、柳黃、江黃、明黃等服，京衛指揮等官李春等服大雲、柳黃紵絲衣，爲錦衣衛所捕獲，命各追紵絲二十匹，然後罪之。

余繼登《典故紀聞》卷一六　國朝品官服色無蟒衣之制，蓋蟒蛇屬無角無足，乃其後內外官多乞蟒衣，大類龍形。弘治元年，允都御史邊鏞奏，始禁不許再乞。【略】

內閣舊無賜蟒者，弘治十六年，特賜大學士劉健、李東陽、謝遷大紅蟒衣各一襲。賜蟒自此始。

沈德符《萬曆野獲編》卷一《列朝·蟒衣》　今揆地諸公多賜蟒衣，而最貴蒙恩者，多得坐蟒，則正面全身，居然上所御袞龍。往時惟司禮首璫常得之，今華亭、江陵諸公而後，不勝紀矣。按正統十二年上御奉天門，命工部官曰：官民服式，俱有定制。今有織繡蟒、龍、飛魚、斗牛、違禁花樣者，工匠處斬，家口發邊衛充軍。服用之人，重罪不宥。弘治元年，都御史邊鏞奏禁蟒衣云：品官未聞蟒衣之制，諸韻書皆云蟒者大蛇，非龍類，蟒無足無角，龍則角足皆具。今蟒衣皆龍形，宜令内外官有賜者俱繳進，内外機房不許織，違者坐以法。孝宗是之，著爲令。蓋上禁之固嚴，但賜賚屢加，全與詔旨矛盾，亦安能禁絶也。

沈德符《萬曆野獲編》卷一四《禮部・比甲只孫》 元世祖后察必宏吉剌氏，創製一衣，前有裳無衽，後長倍于前，亦無領袖，綴以兩襻，名曰比甲，蓋以便弓馬也。流傳至今，而北方婦女尤尚之，以爲日用常服，至織金組繡，加于衫襖之外，其名亦循舊稱，而不知所起。又有所謂只孫者，軍士所用。今聖旨中，時有製造只孫件數，亦起于元。時貴臣，凡奉内召宴飲，必服此入禁中，以表隆重。今但充衛士常服，亦不知其沿勝國胡俗也。只孫，《元史》又作質遜，華言一色服也，天子亦時服之，故云。

宋應星《天工開物》卷上《乃服第二卷》

裘

凡取獸皮製服統名曰裘。貴至貂狐，賤至羊、麂，值分百等。貂産遼東外徼建州地及朝鮮國。其鼠好食松子，夷人夜伺樹下，屏息悄聲而射取之。一貂之皮方不盈尺，積六十餘貂僅成一裘。服貂裘者立風雪中，更煖于宇下。眯入目中，拭之即出，所以貴也。色有三種，一白者曰銀貂，一純黑，一黯黄。黑而毛長者，近值一帽套已五十金。凡狐、貉亦産燕、齊、遼、汴諸道。純白狐腋裘價與貂相倣，黄褐狐裘值貂五分之一，禦寒温體功用次于貂。凡關外狐取毛見底青黑，中國者吹開見白色，以此分優劣。羊皮裘母賤子貴。在腹者名曰胞羔，毛文略具。初生者名曰乳羔，皮上毛似耳環脚。三月者曰跑羔，七月者曰走羔，毛文漸直。胞羔、乳羔爲裘不羶。古者羔裘爲大夫之服，今西北搢紳亦貴重之。其老大羊皮硝熟爲裘，裘質癡重，則賤者之服耳，然此皆綿羊所爲。若南方短毛革，硝其鞹如紙薄，止供畫燈之用而已。服羊裘者，腥羶之氣習久而俱化，南方不習者不堪也。然寒涼漸殺，亦無所用之。麂皮去毛，硝熟爲襖褲禦風便體，襪靴更佳。此物廣南繁生外，中土則積集楚中，望華山爲市皮之所。麂皮且禦蝎患，北人製衣而外，割條以緣衾邊，則蝎自遠去。虎豹至文，將軍用以彰身。犬豕至賤，役夫用以適足。西戎尚獺皮，以爲毳衣領飾。襄黄之人窮山越國射取而遠貨，得重價焉。殊方異物，如金絲猿，上用爲帽套，扯里猻，御服以爲袍，皆非中華物也。獸皮衣人，此其大略，方物則不可殫述。飛禽之中，有取鷹腹、鷹脇毳毛，殺生盈萬乃得一裘，名天鵝絨者，將焉用之？

《新鐫古今事物原始全書》卷四《君道》

御袍

《二儀實録》曰：唐武德初用隋制，天子常服黄袍及衫，後漸用赤黄，遂禁止士庶不得服。其事自唐神堯始也。後又曰：赭黄，王建《宫詞》曰：日色赭相似。謂赤黄也。今俗又以天子常服淺黄爲赭黄也。

服御

《唐會要》曰：天寶七年正月二十八日韋韜奏：御案床褥望去紫用赤黄。制：可。然則天子服御之以黄自韋韜之請也。

《賞賜》

《書》曰：車服以庸。自唐虞即然，商功懋懋賞，周有車馬器服之等，此賞賜之始也。

《賞服》

吕夷簡《三朝寶訓》曰：建隆三年十月，賜近臣冬服。有司言：累朝故事，止賜將相、學士、諸軍大校。太祖曰：不賜百官，甚無謂也，宜並賜之。自是文武常參官悉及。蓋唐以來，品官在職，即有衣俸，罷即隨住，太祖始通給也。王沂公《筆録》曰：公服，舊制冬亦單，嘗賜單製。太祖訝詰，有司以前代之典，上特命改製。今有夾服，自此始也。

《借緋》

《通典》曰：開元八年二月勅：都督、刺史品卑者，借緋及魚袋《唐會要》曰：二月二十日也。又曰：舊制，凡授都督、刺史，階未及五品，並聽着緋、佩魚，離任則停。則借緋之制，自唐明皇始也。宋朝賜緋者，亦借紫而相承，不佩魚。

《借紫》

按《通典》曰：唐武后天授二年八月，右羽林大將軍建昌王攸寧借紫衫金帶。九月二十六日除納言，依舊着紫帶金龜，則借紫之制，自則天時武攸寧始也。

《新鐫古今事物原始全書》卷四《文職》《章服》 《唐車服志》曰：唐高祖令三品以上飾以金，五品已上飾以銀。開元時，中書令張嘉正奏：致仕官佩魚終身。自是賞緋紫者必以魚，謂之服章。隋朝儀志曰：大業元年，煬帝詔牛洪、宇文愷等創造章服差等，五品以上通着紫袍，六品以下兼用緋緑，胥吏以青，庶人以白，屠商以皂，士卒以黄。而《唐書・馬周傳》云：三品服紫，四五品朱，六七品緑，八九品青。自馬周始也。

《尚衣》

周有司服，爲禮官之屬。戰國始有尚衣、尚冠之職，北齊制主衣，隋復曰尚衣也。左氏曰：昔虞閼父爲周陶正。注云：陶，復陶也。陶正，主君上之衣服。此尚衣之始也。

《新鐫古今事物原始全書》卷五《禮制》

喪

《通典》曰：喪期無數者，謂黄帝時心喪終身也，三王乃制喪服。則衰絰之起，自三代始也。

《五服》

《淮南子》曰：三月之服，夏后氏之禮也。而五縗之服，三年、朞年、五月、九月、三月，謂之五服也。五服之等原于夏而備于商周。

《母服》

三代之制，父在母死，止服齊衰朞年。唐武后始詔同父三年之喪。

《新鐫古今事物原始全書》卷一四《服御》

帔

《實録》曰：三代無帔，秦時有披白，以縑帛爲之，漢以羅。晉永嘉中，制絳暈帔子。唐開元令三妃以下通服之。是披帛始于秦，帔始于晉矣。今代帔有二等，霞帔非恩賜不得服，爲婦人之命婦，而直帔則通用于民間也。唐制，士庶女子在室搭披帛，出嫁披帔子，以別出處之義。今仕族亦有循用者。

衮

《易》曰：黄帝堯舜，垂衣裳而天下治，蓋取諸乾坤。《書》曰：予欲觀古人之象，日月星辰，山龍華蟲，作會宗彝，藻火〔粉米〕，黼黻絺綉，以五采彰施于五色作服，汝明。《事始》曰：黄帝作畫像于衣上以似天，故有衮龍之頌，至舜始備十二章。按《書》曰：予欲觀古人之象，日月星辰，山龍華蟲，作會宗彝，藻火粉米，黼黻絺綉，以五采色施于五色服，是上衣下裳之制始于黄帝，而成于舜。注云：日月星辰，取其照臨也。山，取其鎮也。龍，取其變也。華蟲，取其文也。宗彝者，乃虎蜼音受也，取其孝也。藻乃水草，取其潔也。火取其明也。粉米乃白米也，取其養也。黼若斧形，取其斷也。黻兩已相背，取其辨也。絺者亦綉也。日月星辰，山龍華蟲，六者會之于衣。會，繪也。宗彝藻火粉米黼黻，六者綉之于裳，所謂十二章也。華蟲，雉也。黼者，白與黑相次文也。其畫形作斧，取其威斷也。以絳帛爲質，白黑爲文。《家語》云：黄帝始作衣裳。《世本》曰：黄臣之臣伯余作。《淮南子》曰：伯余作。《説文》云：皆黄帝臣也。

朝服

《晉〔與〕〔輿〕服志》曰：《漢志》五郊，天子賜各執事服，各如其方色。百官不執事服常服絳衣以從。

韍韠

《明堂位》曰：韍，舜所作以尊祭服，三代增以畫文，蓋冕服之韠也。《春秋正義》云：戰國以韍，非兵設則去之。蓋太古蔽膝之法象也。冕服謂之韍，朝服謂之韠。

袍

周公燕居，抱成王而施袍始。戰國須賈贈范雎以綈袍。唐時服袍者，下始加襴袍，色用緋紫緑，皆視其品之高下，庶人以白。陳慶之攻魏，麾下悉着白袍，所向披靡，謡曰：千軍萬里避白袍。李白夜月乘舟于采石江，衣宫錦袍。武后賜狄仁傑紫袍，又自製金字袍十二領，以旌其忠。狄仁傑自製紫駝袍，以舊絮兼枲麻爲之者，名曰緼袍。

公服

《筆談》曰：中國衣冠，自北朝以來，全用胡服，窄袖，大抵緋緑，唐武德、貞觀中猶爾，至開元後稍博矣。《通典》曰：周宇文護于袍下始加襴，遂爲後制。

裘

黄帝出軍訣曰：帝伐蚩尤未克，夢西王母始遺以道服，并玄狐之裘。蓋上古衣帽皮之遺象也。孟嘗君有狐白裘。李代遺蘇秦黑貂裘以游秦。周昭王以青鳳之毛爲裘。《有子》曰：晏子一貂裘衣三十年。嚴子陵披羊裘，王恭雪中披鶴氅裘。《西京雜記》：司馬相如初貧，以鷫鷞裘貫酒。晉時有雉頭裘，武帝焚之。李白衣紫綺裘。宋時有氈裘。坡詩：提戈入市畏氈裘。武則天賜張昌宗以集翠裘，武后令狄仁傑與賭此裘，狄以所衣紫駝袍爲敵。后曰：不等價。狄曰：此大臣朝見奏對之服也，昌宗累局褫裘，謝恩而出。董威得殘繒敗帛，結以爲裘，名百結裘。魏文侯見負芻者反衣裘，問其故曰：惜其毛也。文侯曰：汝不知裏壞而表何存。《淮南子》曰：天下無粹白之狐，而有粹白之裘，取諸衆白也。

大袖衣

商周時，宫内世婦服之。至唐武后，襦裙大袖，爲行禮之始。開元中，婦見舅姑，戴步摇，插翠釵，今大袖之制蓋起于此。

襖子

《唐輿服志》襖子，燕服也。即古之褻服，亦謂之常服，江南以巾、褐、裙襦，北朝雜夷狄之制，乃有長帽、短靴、合袴、襖子之類。朱紫玄黄雜色，各從所好。若非元旦大會，一切通用，蓋取其便于作事。今時襖子，自北齊始。

背子

秦二世詔衫子上朝服加背子。其制，袖短于衫，身與衫齊而大袖。今又長與裙齊，而袖寬於衫，蓋自秦始。

衫

《輿服志》曰：唐馬周上儀禮無服衫之文，三代有深衣，謂襴袖褾爲士人之上服。開骻者名缺骻衫，庶人服之。即今四袴衫也，蓋自馬周始。《實録》曰：汗衫，即古之中單也。古者朝宴之服，必有中單。郊饗之服，必有明衣。至漢高祖與項羽戰，汗透中單，遂名汗衫之始。《唐志》曰馬周以三代布深衣，因於其不着襴及裾，名襴衫，以爲士服。今舉子所衣者，即襴衫之始也。

裙

梁簡文詩：羅裙宜細襇。先是，廣西婦人衣裙，其後曳地四五尺，行則以兩婢前攜，簡多而細，名曰馬牙簡，或古之遺制也，與漢文帝后宫衣不曳地者不同。《韻書》曰襉裙，幅相攝也。今北方尚有貼地者，蓋謂不纏足之故，欲裙長以掩之也。杜牧《詠襪》詩云：五陵年少欺他醉，笑把蒼前出畫裙。蓋唐時裙長亦可以掩足也。畫裙，今俗盛行。

衫子

三代女之衣與裳，連如披襖，短長與裙相似。秦始皇方令短作衫子長袖，猶至于膝，宜衫裙之分，自秦始也。又云：陳宫中尚窄衫子，繞用八尺，當是今制也。

半臂

《實録》曰：隋大業中，内官多服半臂，餘皆長袖。唐高祖減其袖，謂之半臂，一名背子。來子珣迁遊擊將軍服錦半臂。今士人兢服之，隋始制之也。

抹胷

一名襴裙，或曰即合歡帶也。隋煬帝詩：錦袖淮南舞，寶抹楚宫腰。謝偃詩：細風吹寶抹，輕露濕紅紗。盧照鄰詩：娼家寶抹蛟龍被，然則抹者，女人之脇衣也。崔豹謂之腰綵，引《左傳》以爲衵服，陳靈公衵服而戲于朝。蓋衵者，近身衣也，疑即唐時訶子之類。寶抹在外以束裙腰者，視畫圖古美人之妝可見矣。古詩所謂「楚宫腰抹細風吹」是也。若以爲貼身之衵衣，則風不能吹矣。其制，自後而圍向前，今時之合歡帶明矣。沈約詩：領上蒲犮綉腰中。合歡綺是也。

訶子

貴妃私禄山，禄山狂悖，以爪傷妃胷乳間，遂作訶子之飾以蔽之。今婦人用以蔽乳。方言名曰襴裙，乃其遺事也。事見《唐宋遺史》。

襟裾

《説文》云：襟，交衽也，或作衿。《論語》者，五經之管轄，六藝之襟喉，裾衣褏也。人不通古今，馬牛而襟裾。

衽袂弥弊切

《説文》云：兩襟衣交接之處。《張良傳》楚必斂衽而朝其左衽，乃夷俗也。袂者，袖屬。蕭鳳使玉門關，其弟頻頻勸酒，謂兄曰：醉中分袂不悲。今朋友相別曰分袂。

袴

干寶《搜神記》：晉時始有袴。按漢《外戚傳》：(霍)〔上官皇〕后令宫人皆爲窮褲。顏師古注云：即今之裩襠袴。多用帶，有前襠，不得交通，齊魯謂之襱，關西謂之袴。唐婁師德爲豐州都督，以皮爲褲，率軍屯田，積谷百萬。又按《史記》屠岸賈滅趙氏，趙朔之妻有遺腹生男，賈索之，夫人置之袴中，置自此始也。今時武士大口袴，是魏文止馬袴也。

褌

褌，褻衣也。漢司馬相如著犢鼻褌，晉阮咸七夕曬犢鼻褌。以三尺布爲之，前後各一幅中裁兩尖襠交湊之，今之牛頭子褌，乃農衣也。如于西戎，以牛皮爲之今之皮褌亦然。夏時用絹，長至膝。周文王制褌，長于膝。今吴中婦女，多穿大脚開襠褌，獨浦城婦人不穿褌。廣西土官婦女亦不穿褌，著裙五六層，其後曳地四五尺，蓋夷倍也。唐人以蒼上髏褌爲殺風景。

褚

顔師古曰：以綿裝衣曰褚。《史記》漢賜南粤上中下三褚。古詩著以長相思，亦爲著絮也。李主國用不足，民間鵞生雙子，柳條結絮皆税之。出邵訥《聞見録》。

雨衣

《事始》云：凡雨具大抵始于周：《左傳》陳成衣製，杜預注曰：製者，雨衣也。《炙轂子》曰：以油絹製之。及油帽，後世易之油紙，乃春秋陳所製始。

偏衫

史記云：後魏宫中常作佛事，見僧尼自恣，偏袒右肩，乃賜一邊衣，與之名曰偏衫，全其兩肩也。

談遷《北游録·紀聞下》【貂裘】甲午正月晦，上生日，先後三日，禮部傳貂裘，否則狐裘。夫貧仕薄宦，免于飢寒幸矣，一旦比華津膴，不亦難乎？聞上御玄狐裘，直三千金，諸臣玄裘最下者千金。

談遷《國榷》卷四六《武宗正德元年》〔五月〕禁官吏服玄黄紫，下民衣紗紵。

黄宗羲《深衣考》以白細布爲之，度用指尺。

以各人中指中節爲寸，羲嘗以錢尺較今車工所用之尺，去二寸則合錢尺。

衣二幅，屈其中爲四幅。

布幅濶二尺二寸。用二幅，長各四尺四寸，中屈之，亦長二尺二寸，此自領至要之數，大略居身三分之一，當掖下裁入一尺，留一尺二寸以爲袼，其向外則屬之于袂，其向内則漸殺之。至于要中，幅濶尺二寸矣。衽二幅。

其幅上狹下濶，濶處亦尺二寸，長與衣等。内衽連于前右之衣，外衽連于前左之衣。

裳六幅。

用布六幅，其長居身三分之二交解之，一頭濶六寸，一頭濶尺二寸，六幅破爲十二，狹頭在上，濶頭在下。要中七尺二寸，下齊一丈四尺四寸，蓋要中太廣則不能適體，下齊太狹則不能舉步，而布限於六幅，兩者難乎兼濟，古之人通其變，所以有交解之術也。世儒不察，以爲顛倒破碎，思以易之，于是黄潤玉氏有無裳之制，則四旁盡露，不得不賛以裾衽，王廷相氏增裳爲七幅以求合乎下，則要中曠蕩又假于辟積，何如交解之爲得乎？

續衽。

續衽者，衣與裳相連屬之也。鄭玄氏曰：凡衽者，或殺而上，或殺而下，是以小要取名焉。鄭氏亦既明乎衽之説矣。而乃連合裳之前後以爲續衽，何也？蓋衣裳相合，則上下大而中小，斯成爲衽，不合故不可以爲衽也。衣六葉，每葉廣尺二寸，裳十二葉，每葉廣六寸，故裳二葉屬衣一葉，裳二葉乃一幅也，衣六幅，裳六幅，經文所謂制十有二幅者是也。或曰：續衽者，以内外衽續之於衣也，後世失深衣之制，至爲無衽之衣，則此續衽正足爲有衽之証。羲曰：不然，深衣之所以得名，由其衣與裳續也。經言其制度，不應于得名之由，終篇不及，舉末而遺本，有以知其不然矣。若夫有衽之証，則裳之不可爲十二幅也。袷之所以能方，衽之當旁也。

鉤邊。

鉤邊謂縫合其前後也，蓋衣裳殊者，衣則從袼下連其前後幅而不盡者數寸以爲袴裳，則前三幅後四幅各自爲之。深衣乃自袼下以至裳之下畔盡縫合之，左右皆然，鄭氏謂不殊裳前後，是鉤邊也，而以之解續衽，誤矣。蓋續衽其横，而鉤邊其直也。今之制衣者，其禮，衣四旁以裾衽贅之而不縫合，其去裾衽而縫合者，反謂之褻衣，去古遠矣。

袪二幅。

用布二幅，各中屈之如衣之長。屬于衣之左右，從袼下漸圓以至袂末而後縫合之，留其不縫者一尺二寸以爲袪，其袂末仍長二尺二寸也。

袷二寸。

衣之兩肩各剪開寸許，另用布一條闊二寸加於其上，一端盡内衽之上，一端盡外衽之上，兩衽交揜則其袷自方。

緣寸半。

用黑繒三寸，領也，袖口也，兩衽之邊也，下齊也，内外夾縫之則緣寸半。

帶四寸。

用白繒四寸，夾縫之，其長圍要，而結於前，再屈爲兩耳，垂其餘爲紳，下及於齊，以黑繒一寸緣其紳之兩旁，及下亦夾縫之，謂之辟。壁又以色絲繩貫其耳而約之，其實，帶濶二寸辟半寸。

緇冠。

糊紙或烏紗加漆爲之。裁長條圍以爲武，其高寸許。又裁一長條，辟積左縫以爲五梁，廣四寸，長八寸，跨頂前後，著於武，外反屈其兩端各半寸向内，武之兩旁半寸之上，竅以受笄，笄用象。

幅巾。

用黑繒六尺。中屈之，分爲左右刺。左五寸，右五寸，作巾。額當中，作幓幓者，從裏提其兩畔之繒相湊而縫之，其中空，乃以左葉交於右，右葉交於左，線綴之。其頂突起，乃屈其頂之繒藏於裏，使巾頂正圓而後縫之。兩旁三寸許各綴一帶，廣一寸長二尺，以巾額當前，裹而繫於帶於後垂之。

黑履。

用皁布作履，以絲條二條爲雙鼻，綴於履頭，謂之絇。履面亦綴以絲條，謂之繶。履口周圍緣以絹，謂之純。履後繫帶，前穿於絇，謂之綦。四者皆用白色。

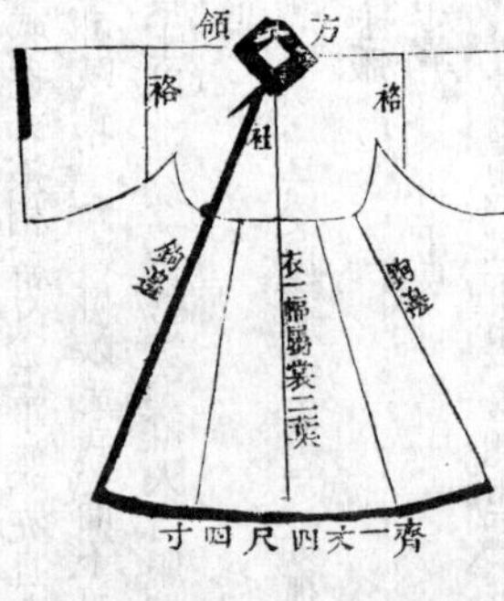

經

《深衣》曰：古者深衣，蓋有制度，以應規矩繩權衡。

古之禮服，上衣下裳不相連。此衣裳相連，被體深邃，故謂之深衣。五者之應，則見下文。

短毋見膚，長毋被土。

此言裳之下際隨人之身而定。其長短太短則露見其體膚，太長則覆被於地上，皆不可也。

續衽鉤邊。

衽者，小要之名。凡布幅廣二尺二寸，衣之上際連袂四幅爲八尺八寸，除去其縫之所費各二寸，存八尺。在其下際，周圍七尺二寸，重之爲三尺六寸，此衣之殺而下也。裳之下際，周圍一丈四尺四寸，重之爲七尺二寸，其上際亦得三尺六寸，此裳之殺而上也。兩者相屬連之，則小要之形成矣，故曰續衽。衣分四衿，裳有前後，今於其邊皆鉤連爲一，故曰鉤邊。

要縫半下。

《玉藻》曰：「深衣三袪。」鄭玄注：「袪尺二寸，圍之爲二尺四寸，三之七尺二寸。」此要縫之數也。裳六幅，每幅交解爲二，以二尺二寸之布，四寸爲縫，其一尺八寸，三分之，狹頭一分，六寸；廣頭二分，一尺二寸，狹頭在上爲七尺二寸，廣頭在下爲一丈四尺四寸，故要縫半於下也。衣二幅，屈之爲四幅，自掖而下殺之，每幅留一尺二寸，加衽二幅亦各一尺二寸，其要縫之數與裳同，七尺二寸，蓋衣每一幅屬裳狹頭者二也。

袼之高下，可以運肘。

袼，當掖之縫也。從此而圓之爲袂，從此而削之爲要，故須量度肘之出入以爲高下。

袂之長短，反詘屈之及肘。

臂骨上下，各尺二寸，又身脊至肩尺一寸，共三尺五寸，衣袂相屬，二幅爲四尺四寸，故詘之可及肘，此言其大槩也。

帶，下毋厭髀，上毋厭脅，當無骨者。

此言衣帶高下之度。無骨，謂腹間也。以上皆言深衣之尺度。

制：十有二幅以應十有二月。

衣二幅，袂二幅，内外衽各一幅，共六幅在上，猶日之陽也；裳六幅在下，猶月之陰也。

袂圜以應規。

衣長二尺二寸，袂屬之，亦如其長，既從掖下裁之至要，使其廣止一尺二寸，又從掖下裁入一尺留其一尺二寸可以運肘，而後以漸還之，至於袂末，仍得二尺二寸。《玉藻》言「袪尺二寸」，乃袂口之不縫者，非謂袂末止尺二寸也。如是則左右袂相合斯成規矣。

曲袷刼如矩以應方。

衣之兩肩上，各剪開寸許，以袷二寸加之，其兩端斜絡於左右衽之幅，右衽之末交於左脅，左衽之末交於右脅，兩領交會自如。矩之方，謂之曲袷。

負繩及踝以應直。

衣之背縫與裳之後縫，上下相當如繩之直，非謂真負繩也。

下齊帟如權衡，以應平。

下齊，裳末緝處，其齊一如衡之平也。以上皆言深衣之法象。

故規者，行舉手以爲容；負繩抱方者，以直其政，正方其義也。故《易》曰：「坤，六二之動，直以方也。」下齊如權衡者，以安志而平心也。五法已施，故聖人服之。故規矩取其無私，繩取其直，權衡取其平，故先王貴之。

舉手爲容者，應接之恭，外無圭角也。負直于後者，宅心之正，而無斜倚也。抱方于前者，制事之義，外無虧缺也。安志平心者，存主之定，内無低昂也。聖人服之。又言先王貴之者，謂貴此規矩繩權衡五者，非深衣也。

故可以爲文，可以爲武，可以擯相，可以治軍旅，完且弗費，善衣之次也。

端冕可以爲文，而不可以武；介冑可以爲武，而不可以文。兼之者，唯深衣。善衣，朝祭之服也，自士以上，深衣爲之次，庶人吉服，深衣而已。以上言深衣之所以爲善也。

具父母、大父母，衣純以繢；具父母，衣純以青；如孤子，衣純以素。

純，緣也。喜戚皆衷于服。

純袂、緣、純邊，廣各寸半。緣，悦絹反。

緣，緆錫也，裳下曰緆。袂口也，裳下也，邊側也，三者之飾，各廣寸半。純雖以爲飾，然古人之意于沿邊之處，防其易損，故重之，純以爲固。

《玉藻》曰：深衣三袪，區縫齊倍要。平

袪，袖口也。三袪者，言腰中之數三倍于袖口也。袪尺二寸，圍之爲二尺四寸，三其袪爲七尺二寸，齊又倍之則丈四尺四寸也。

衽當旁。

衽，襟也。此之爲衽，單指左右襟而言，在左右故曰當旁，與續衽之衽異。

袂可以回肘。

此指掖下肘長尺二寸，衣長二尺二寸，從腋下裁入一尺，留尺二寸，以便肘之出入。

長、中、繼揜尺。繼爲紬之誤。

古者布幅二尺二寸，除二寸爲殺縫，止剩二尺，故身材背縫左右各二尺外，接袂幅二尺二寸，通計四尺二寸，所以袂之長、中、紬掩臂之尺，若長衣、中衣之制，豈宜渾入深衣，故知鄭説非也。

袷二寸，袪尺二寸，緣廣寸半。

袷，領也，以交而合，故名袷，二寸言其廣。袪尺二寸，言其不縫者，統縫不縫，則袂末二尺二寸也。緣即純也。

諸家

朱子曰：裁用細白布，度用指尺。中指中節爲寸。衣二幅不裁，其長過脇，下屬于裳。用布二幅中屈而下垂之，如今之直領衫，但不裁破。掖下每幅之下屬裳三幅。

裳交解十二幅，上屬于衣，其長及踝。用布六幅，每幅裁爲二幅，一頭廣，一頭狹，狹頭當廣頭之半，以狹頭向上而聯其縫，以屬于衣，每三幅屬衣一幅。

圓袂。用布二幅，各中屈之如衣之長，而漸圓殺之以至袂口，則其徑一尺二寸。

方領。兩襟相掩，衽在掖下，則兩領之會自方。

曲裾。用布一幅如裳之長，交解裁之，疊兩廣頭，並令向上，布邊不動但稍裁其内旁大半之下，令漸如魚腹末如鳥喙，内向而緝之，相沓綴于裳上之右旁，以掩裳際。右幅在下，左幅在上，布邊在外，裁處在内。

衣裳皆緣。緣用黑繒，表裏各二寸，裳下及邊表裏各一寸半，皆就布緣，袂口表裏亦各寸半，布外接出大帶。帶用白繒，廣四寸，夾縫之，其長圍要，再繚之爲兩耳，垂其餘爲紳，下與裳齊，以黑繒緣其紳之兩旁及下，表裏各半寸，復以五綵條，廣二分，約其相結處，長與紳齊。

義按：朱子制度，有因孔氏而失之者，有不因孔氏而失之者。曲裾之説，因孔氏錯解鉤邊，朱子後亦知其難用矣。衣二幅不裁破掖下，因孔氏袂二尺二寸，肘尺二寸，是容運肘之言，不知經文袼之高下可以運肘，蓋以人肘有長短，故商度其高下而後裁之，若不裁破而定于二尺二寸，則又何煩著之于經也。袂本之廣如衣之長，而漸圓殺之以至袂口，亦因孔氏前言袼下二尺二寸，既不容殺，則所殺者在袂末也。不知袂末尖削，則兩手相合不成乎圓，此皆因孔氏而失之者。孔氏云深衣外衿之邊，有緣，則衣之有衽明矣。今前後四幅而無衽，倣直領衫爲之，則兩衿安得相掩，兩領亦不相會，其説亦自矛盾矣。孔氏言深衣，裳一旁則連之，相著一旁則有曲裾掩之，與相連無異。今裳三幅屬衣一幅，衣既對衿，則兩裳之際所謂曲裾者，亦將掩之于前，而不及乎旁矣，此又不因孔氏而失之者。然「方領」之條又云：「衽在掖下，則兩領之會自方」，若將有事乎衽者，而集中所載之圖，其領又直垂，則此其未定之制與？

孔氏曰：鄭以漢時領皆向下交垂，故云古者方領，似今擁咽，故云若今小兒衣領，但方折之也。今按朱子所圖，正孔氏所謂漢時領也，非方領可知。然孔氏云擁咽者，長不過數寸至咽下而止，即今之俗云牌領也。其謂方折之者，從脰眼異其方圓耳，亦非正式。

曲裾成制

曲裾縫制

一尺二寸　一尺二寸

曲裾裁制

一尺四寸八寸　八寸一尺四寸

按曲裾，于孔氏雖無明制，然謂所以掩裳者，則兩裳交會之所，必每裳一幅，而後可以相鉤相掩。今乃兩幅相沓綴于一旁，則不足以爲鉤矣。鄭氏鉤讀如鳥喙必鉤之鉤，以字義而言，謂其交結也，乃令末如鳥喙以當之，豈非視指爲月乎？

吳草廬曰：深衣之衣，用布二幅，袂用布四幅，布幅廣二尺二寸，凡縫合處每幅削其兩邊各一寸，止留二尺，衣袂之左右，各布三幅，自背縫至袂口廣六尺。臂骨上下各尺二寸，身脊至肩又尺一寸，總之不過三尺五寸。衣一幅，袂一幅，廣四尺四寸，每幅削邊雖云各一寸，其實不過總一寸，兩幅去二寸，四尺二寸，在于手長七寸，而手有長短，隨人加減，不礙反屈及肘之文也。若增袂一幅則三幅，廣六尺六寸，除削幅三寸，餘六尺三寸，較之于手實長二尺八寸，而反屈之過肩矣，無乃鮑老郎當乎？

朱白雲右曰：以白織布爲之。

度用指尺。

衣二幅，屈其中爲四幅。前後長居身三之一，强自領至要。王氏謂：衣二尺二寸則恐傷太長，當掖下則裁至袼，外屬于袂。

衽二幅。衽，《説文》曰：「衣衿。」(注)(又)(爲)「衿。交衽。」《爾雅》：「衣衽爲衿。」通作(衿)(裣)。《正義》云：深衣外衿之邊有緣，則深衣有衽明矣。宜用布一幅交解裁之，上尖下濶，内連衣，爲六幅，下屬于裳。

裳十二幅，用布六幅，斜裁上廣六寸，下廣尺有二寸，上屬于衣。

袪與袼平。袼，衣袂當掖之縫也。袪，袂口也。

袂中及齊，沓與身參而圓之。齊謂袂下當縫處。

要七尺二寸。

袷二寸交而方。

鉤邊續衽。邊謂邊縫也。衽，邊斜幅，既無旁屬別裁直布而鉤之，續之衽下，若今之貼邊。經曰「續衽鉤邊」，正以鉤邊續于衽也，後人不察，至有無衽之衣，或有衽亦如鉤邊，則于袷領相妨，身服不宜，姑正之以俟知者。馮氏謂鉤邊乃要間當縫處，亦非也。

緣廣寸半。

帶廣四寸。

紳三尺餘二寸。

約用組三寸。

冠用緇布。

幅巾加于冠。古冠無巾，今人加以巾覆之，巾用烏紗，方幅似今頭巾，但直縫其頂而殺其兩端爾。

履用白。《士冠禮》曰「玄端黑屨」，「素積白屨」。則深衣屨宜用白絇、繶，純用緇。

按，深衣之制，至宋儒而始復之，至朱氏而始正之。然尚有未盡者二：其一，以貼邊爲續衽，貼邊有無，無關于大義，况緣既夾縫又贅之貼邊，則中只單層，外乃四層，厚薄不均，服之不宜。其二，袪與袼平，謂袂之本末各尺二寸，其中則二尺二寸也，與應規之義亦不相合。

黄南山潤玉曰：其度用人左臂脈關外寸内尺，酌人肥瘠而裁之。蓋古者朝祭，衣短有裳，惟深衣長，遂無裳。其法用十五升布，度身自肩至踝，疊作身材四幅，合後兩幅，直縫爲負繩，開前兩幅，衿上度四寸，斜裁向上四寸爲袷領。另用布如身材，一斜裁尖幅二，續前兩衿旁爲内外衽，又用布半身材二斜裁尖幅四，續腰下四旁爲裾衽，仍將前身材四幅，度腋下可容轉肘直接袂處，裁入衽裾，曲裁其邊至腰圍約七尺二寸三分，衽居一，正俞氏所謂曲裾也。又度衣下齊約圍一丈四尺四寸，即《玉藻》所謂「齊倍要」也。又度布二幅，疊如袼爲袂，從袼圓殺至袪，袪一尺二寸。袖之長，中屈袂幅掩臂之尺。帶用素繒博四寸，當脇無骨處，圍腰四尺八寸餘，紐兩耳，垂紳三尺，結組兩齊。

此即今世所常服之衣也，其始亦原于深衣，逮後日趨簡便，遂使衣裳不分，合併而裁。其要下四旁另設裾衽者，上下潤狹既同，難于舉步，則不得不以此廣之，蓋流俗所謂擺拜上也。若即以此爲古制，則内外之衽一事也，四旁之裾又一事也。經言「續衽」，寧有兼義，衽是衽，裾是裾，裾衽之言，南山一人之私言也。衽之續衽也，以衽續之于衣，裾之續衽也，以裾續之于衽，經言「續衽」，寧有異義。有衣無裳，則無要縫去經言「要縫半下」，將何所指？故以今世所服爲從深衣而失之者，則可以今爲得而古爲失，則不可也。

王浚川廷相曰：制袵，當以布一幅斜裁爲二片，一施于内，一施于外，狹皆在上，廣皆在下。以本布直邊續屬于衣，上以承袷，下以綴裳。旁之斜邊，乃剪裂者，不可不鉤法之，非若裳之邊，乃本布之邊，雖不鉤亦可也。

裁衣之法，先量度人身，自肩至踝爲尺幾何，以三停分之，要以上用一分，要以下用二分，如長有五尺，則衣之長當用一尺六寸七分，裳之長當用三尺三寸四分。裳七幅，不用交解裁法，屬于衣上，每幅三辟積，十二幅，以衣裳通言之也。衣身二幅，内外袵一幅，袂二幅，裳七幅，前三後四也。

浚川于深衣爲三論，其一《續衽鉤邊論》，大槩本于朱白雲，其所異者，云貼邊而但鉤結耳。其二《要縫半下論》，謂要之半于下者，以縱言非以横言也。然《玉藻》之深衣三袪，此七尺二寸者，亦可以縱言乎？是背經文矣。其三《裳削幅論》，謂裳幅辟積而不交解。夫裳不連于衣，故可辟積，若衣裳相連，一辟積，一不辟積，則其相屬之處齟齬而不合，豈所宜服。且云每幅三辟積，衣五幅餘，裳七幅，多寡不能相符，則續屬參差，即勉强爲之，豈可通行乎？

方以智《通雅》卷三六《衣服》 衣有龍文曰衮，鳥文曰鷩，獸文曰毳，雜文曰希，無文曰玄 郝京山于十二章有二十二疑，《周禮》既僞，而鄭玄又附會之《虞書》觀古人之象，日、月、星辰、山、龍、華、蟲七者，以作繪于宗廟之彝，此器之象也。華即花，與蟲爲二，藻、火、粉、米、黼、黻六者，皆薄繪刺繡成五采，施五色作服，此服之章也。象言形，色言彩，文義甚明，此説近是。智按，繡用絺，通作希，其納錦用紗之意乎？或古人呼繡曰絺繡，謂其鍼紩交織之狀曰絺，未可知也。器不可繡，故畫，服不可畫，故繡。凡器物宜飾者皆畫，此象不定爲宗廟之彝，言彝，先宗廟也，曰藻，言其華。曰火，言其明。曰粉、米，言其細。黼、黻，言其繡黹之文也。未嘗不可以七象繡之于服，特《虞書》非如玄之分定耳。歷代之制，皆沿鄭玄之説，後或稍變，終不能明其臆誤也。按孔安國注華謂草，華蟲，雉也，作會宗彝句注云：宗廟彝器，亦以山、龍、華蟲畫之。鄭司農注《考工·畫繢》則直謂華與蟲，康成乃專以雉爲華蟲，以宗彝爲虎蜼，虎彝蜼彝，亦是二者，不知置山罍龍勺雞彝鳥彝於何處乎？六尊六彝有黄彝、斝彝、黄目畫稼也。

深衣猶摺子也　《深衣篇》曰「應規矩繩權衡」。陸氏曰：連衣裳而純之以采也，有表謂之中衣，以素純謂之長衣。孔穎達正義曰：長衣、中衣及深衣，其制度同。《玉藻》曰「長、中，繼揜尺」。若深衣，則緣而已。京山曰：長即袂之長，中猶齊也，長與肘齊，而外又繼續使揜過肘一尺。智謂中者，言袂之中，寬可回肘也，不必訓齊。藍田吕氏曰：深衣之用，上下不嫌同名，吉凶不嫌同制，男女不嫌同服。智謂此古人常服在外者，通名深衣，猶後世曰通裁，曰長衣，曰直身，曰道袍也。考其制，則十二幅合素積終辟之説，即謂細襞折而疊縫之，逢掖即此類。荀子曰：其衣逢不必解。逢爲大也。吾衍《閒居(記)〔録〕》曰：深衣方領，即方盤領。鉤邊鉤于肩。續衽，所添兩襟。若以斜爲方，豈聖人之意，朱子非是。智以朱子直領而下，亦是折衷温公、康節之意耳，舊解以「衽當旁」定爲裙衽，而不知有襟衽。鄭注曰：鉤邊，若今曲裾。前曰襟，後曰裾。此亦分説，大抵領會曰襘，交領曰衣眥。眥下，即(襟)〔襟〕之下，皆可曰裾，故曰曳裾，謂磬折則前幅先垂曳也。《爾雅》「衣眥謂之襟，衱謂之裾」。此明證也。衱與袷皆音劫。子謙引衱謂之裙，誤矣。直翁引「杜珠壓腰衱，穩稱身入聲」。智按，此詩當讀平聲，裾當與裳幅四衲之衲同，衱即升庵所云褲衱近作一撒者同，曳裾之裾，衽、衿通，而衿謂之袸，則專指衣之小帶矣。「曲袷如矩以應方」，自是方領。袷，則《説文》之襲衽也。總之，襟衽在腰以上，「衽當旁」，謂結小帶在旁耳。襟與交領也，蓋袷之言合，猶絡之言各也。袂當掖縫，故曰絡，音各。夾衣曰袷，而領用袂，故亦曰袷。大抵細分之，其説如此，而統言之，則名亦互通。古人既有勾領爲圓領，則應方之領當是直領，常服深衣取其便耳。子行之言，庸詎是乎。近世摺子衣，即直身而下幅皆襞積細折如裙，更以絛環束要，正古深衣之遺。温公居獨樂園而後服之，吕滎陽、朱子必休致而後服之。温公訪于康節，康節曰：雍今人也，亦服今之服而已。智聞吾鄉三十年前士夫多服。

襜褕，敝衣也。　禪衣，單直身也。袷複，夾衣也。褶袴，戎服也。

蔽膝，韠也　直裾，襌音丹。衣也。《記》曰「襌爲絅」。通作褧，單衣也。襜褕，音占俞。取其襜。襜，寬裕。《小爾雅》謂之童容，《方言》作襜褣。《詩》「漸車帷裳」。孔穎達疏：容蓋謂之童容，四垂曰襜。所謂黿甲緣邊之裧也，衣似之，故亦曰襜褣。武安侯衣襜褕入宫，不敬。顔師古注云：若婦人服。智以爲襜褕大敞，無兩腋襞積，故曰似婦人服也。黄氏因《小爾雅》注與小顔説韠亦謂之襜，直以襜褕爲蔽膝，此特拘衣蔽前謂之襜耳。孔文舉以邊文禮爲九州被則不足，爲襜褕則有餘，言遮一身也，豈蔽膝乎。《漢書》蓋寬饒斷其襌衣，江充衣紗縠單衣，馬援都布單衣，陸閎越布單衣。《方言》江淮曰褋，關東西曰襌衲。今吾鄉謂之褻子，即褋音也。通曰長衣，或曰直身，故兩京通稱道袍，即漢之通裁也。《士喪禮》「浴衣於篋」。鄭玄注：浴(之)〔衣〕，已浴所衣之衣，布爲之，其制如今通裁。《方言》褒明謂之袍。漢謂長衣爲褒，魏明半褒，言半大也。唐德宗在梁洋，隋唐謂之馮翼。今呼直裰，即縫掖也。袷，音夾。夾衣無絮也。郭若虚《畫記》尚服袷。褚之以綿曰複。褚，裝衣也。《南越傳》上褚五十衣。顔師古注：綿裝也。褶徒頰切，黄氏音習。袴也。《唐韻》袷也。《玉藻》「帛爲褶」。鄭玄注：有表〔裏〕而無著。袷，一作襲。《説文》「襲，左衽袍」。此則又近乎吾鄉之所謂褻矣。宋太祖製海青截褶，效南蠻也。今吴中呼直身曰海青，恐是借其色，則截褶亦謂褻也。許慎既以袴褶解襲，而孫愐又以袷釋褶，太淆混矣。褶自可訓袷衣，因袴《説文》但以袴褶爲戎服，而不知與褶通之襲，別自有義，寧非誤乎。《物原》曰：褶立名，遂有左衽袍之目耳。師古曰：褶謂重衣之罩在上者，其形若袍，短身而廣袖。一曰左衽之袍也。袴，脛衣也。大者曰倒頓，小者曰校衫，皆上聲，此引《方言也》。《方言》止言袴，未言袴褶，恐師古亦誤。郭璞曰：倒頓，今雹袴也。校衫，今褳袴也。袴之兩股曰襱。龍、隴二音。郭璞曰：今俗呼袴踦爲襱袴，一作絝。朱博褒衣大袑。音紹。袴也。《方言》曰褸，曰襱。《左傳》「褰與襦」。杜預注：褰，袴也。無襇之袴，謂之襣，今犢鼻褌，合襠謂之褌。《漢外戚傳》窮絝。顔師古注：即今之裩襠。相如犢鼻。顔師古注：今之(衸)〔衳〕也。姚令威云：醫書膝上二寸爲犢鼻穴，褌長才至此。此解未確，智按，古袴上連衣，故戎衣謂之袴褶。吕範自請爲孫策都督，出便釋褠著袴褶。師古所解重衣在上，正謂今之罩甲半臂而短戎衣也。戎衣，或從邊塞之制，故有曰左衽者，若單著袴而不著裙襦，則脚口象犢鼻耳。《開元禮》皇太子正至受羣臣賀，若服袴褶，羣官及宫臣皆袴褶。太宗視朝，衣白練裙襦，常服則有袴褶與平巾幘，通用翼善冠。其後朔望視朝，仍用弁服。《三朝志》云：窄袍烏紗帽，便坐視事服之。開元李適之奏：冬至朝參并六品清官服朱衣，以下通服袴褶。【略】貞元十五年，歸崇敬以百官朔望朝服袴褶非古禮罷之。奏可。蔽膝者，於衣裳上著以蔽前也。《詩》曰「赤芾」。鄭玄箋云：冕服謂之芾，其他謂之韠。一曰韍。《方言》曰褘，曰袚，曰袖襦，曰曲領，曰袦，曰絜襦，皆漢時四方之語。近朝服以金織之，前後二服曰黼黻，以加襟裾，其遺制也，古人則莊服常服皆用之。《方言》曲領于蔽膝不切，或是圓領相近之他稱。《説文》「幝，幒也」。「幒或作㡜」。師古曰：褌，今之袦也。子雲隨手記之，亦未切耳。

務而句領，謂冒而圓領也　《通典》成王問舜冠，周公曰：古之人有帽而句領。《荀子·哀公篇》魯哀公問舜冠于孔子，三問不對。曰：古之王者有務而句領者。楊倞注：務讀爲冒，拘與句同，曲領也。《尚書大傳》冒而句領。康成注：冒覆項也。句領，繞頸也。《唐志》天子白羅方心曲領。非圓領乎。《艸木子》曰：紗帽圓領，唐服也，仕者用之。巾笠襴衫，宋服也。中環襈領，金服也。帽子繫腰，元服也。庶民用之矣。

方折領曰擁咽　《禮記》曲袷。鄭玄注：謂方領也。孔穎達疏曰：如今擁咽，若小兒衣領，但方折之。宋曰涎衣，俗名嚵袷。《説文》「褔，編枲衣。一曰頭褔，音歐。一曰次音前。裹衣」。次裹衣，即涎衣也。分裾曰褛襴衣，言下有襴緣也。襞積之掖幅謂之褷。

上馬衣分裾曰四褛　褛音桂切。唐宦者褛衫，侍從是也。裳幅之屈曰袧，古侯切。亦可通裾。襞，裳摺襞積也。師古曰：今謂之襈。《説文》曰：「𧜀衣也。𧜀音券。鉉曰：革中辨也。」省作𢍉。裳用横幅謂之襴衣。李昉言：禁舉子白襴下服紫。唐初士人以棠苧襴衫爲上服，貴女功之始也。其開䯒者曰缺䯒衫。朱子《君臣服議》曰：上領有襴者，今禮也，國恤有大袖襴衫。朱子謂布襴者，服直領布衫，則兼服布裙也，亦是揣度語。今生員襴衫，謂有襴緣也。《方言》帬，陳魏曰帔，關東或謂之襬。襬音碑。智按，今呼碑乃切至元十年言祭先聖，宜變常服，陪位亦合襴衫戴唐巾。

以不上船爲襟穿者，誤也　《續演繁露》曰：范傳正作《李白墓碑》云：玄宗泛白蓮池，白不在宴，皇歡既洽，召作序。白已被酒于翰苑中，命高力士扶以登舟。按，此即杜詩謂「天子呼來不上船」者也。或者謂方言以衣襟爲船，誤矣。智按，以不上船爲衣者，《冷齋夜話》也。蜀人呼衣繫帶爲穿，好奇者以穿作船。《冷齋》附會奇説，故取之。吴曾曰：始于王玄之《詩話》，以夏彦剛云：蜀以襟頭爲船，無據。

襤襠，言裲襠之蓋其外也　六朝《樂府》有繡裲襠、鐵裲襠，解者但以爲袴裩，此蓋襣褶之外如罩甲類也。唐大仗有裲襠、螣蛇，朝集從事立，外州品子服之。有大口袴，紫附褠，文武官騎馬服之，則去裲襠、螣蛇，以此知爲罩甲也。唐文武郎黄紗袍、黑領襈，白練襤襠、布大口袴。後晉定樂八佾，有白練襤襠，正謂襤其上也。《元史》裲襠制如衫。吴處厚曰：天祐末，廣陵人服短袴，謂之不及秋。

布母縛，小衣也，棉胎曰核　黄山谷曰：江東謂鵖鵯爲布母。布母縛，祖昆切。小衣也，猶犢鼻耳。《方言》郭璞注：鵖鵯，江東呼爲布母。《説文》「蔑貉中女子無絝，以帛爲脛空，用絮補核，名曰縛衣」。蔑貉，音穢陌，夫餘國也。智見粤猺及南楚苗婦人皆無袴，惟以布一幅斜輓其體，自脛以下露之。南丹及貴州赤溪以西之苗，則婦著裙，富者衣數裙，織絨爲錦緣之。

諸于繡镼，半臂也　《光武紀》三輔吏士東迎更始，見諸將過，皆冠幘而服婦人衣，諸于繡镼，莫不笑之。《元后傳》獨衣絳緣諸于。師古曰：諸于，大掖衣，即袿衣之類。是今之披風敞袖也。《説文》因作「諸衦」。繡镼，師古注：字書所無。智按《廣記》載韓晉公見少年單練䘿，即段成式之單練。䘿與镼同，謂今之半臂也。《方言》無緣之衣謂之統䄡。亦謂下無繞衿之帬緣，非長衣也。戎衣有罩甲，所謂重衣在上而短者，前似袿衣，或肩有袖，至臂臑而止，今曰齊肩，邊關號曰褙褋，褙音朵。又謂之褂子。漢以無袂衣曰褙，則今呼正自合古。魏明帝常被縹綾半褎，楊阜諫。其制正與諸于半臂近，更始將一時掠取裁著之耳。鶡衣亦帽罩於外也，後周后服鶡衣。鳩衣則蘇綽所造，因鳩名而立字。

唐隋尚半除，宋尚背子　《炙轂子》曰：隋内官多服半除，即今長袖，唐減爲半臂。智以宋之背子即半除也。陸務觀云：成都大家子弟著蘆心布衣、紅勒帛，狹如一指大。又云：往時執政簽書文字，率著帽，衣盤領紫背子，至宣和猶不變也。童子時，見前輩猶繫頭巾，帶於前作胡桃結背子，背及掖下皆垂帶，率以紫勒帛繫之，散腰則謂之不敬。《石林燕語》云：大父時，及家居燕見賓客，率多頂帽，而繫勒帛猶未甚服，皆於帽下戴小冠，簪以帛作横幅約髮，號額子。處室中，則去帽見冠，簪或用頭巾也。古者士皆冠，帽乃冠之遺製，頭巾賤者不冠之服耳，勒帛亦有垂紳之意，雖施之外不爲簡。背子本半臂，武士服，何取于禮乎。或云勒帛不便於搢笏，故稍易背子，然須用上襟掖下與背皆垂帶。大觀間，見宰執接堂吏，押文書，猶冠帽用背子，今亦廢矣，而背子又引爲長袖，與半臂製亦不同。馬貴與曰：今朝服之禮，非巾單，乃不經之服，如紫袍皁褙之類。又言禁衛班直等緋緑紅盤雕背子。褙即背也，元以來，女服褙子，樂妓惟皁褙子是也。今命婦用霞帔背子，元之命婦服金答子，即帔也。霞帔之名，起于肅宗賜司馬承禎紅霞帔。程大昌以背子即襌，中襌即江充之襌衣，誤矣。襌衣對複袍而言也，正如今之單直身而内有襯衣，故曰中襌。背子面直襟而下掖無襬，宋時或有以之襯公服者，豈可以背子、中襌、襌衣爲一乎。宋晉陽王楙言婦人衫襬，謂複衣也。

團花曰只遜，因元之質孫也　政和七年正月，禮制局請墨車駕士衣皂，夏縵皂質繡五色團花錦衣。校尉自擡輦以至持扇鍠幡幢鳴鞭者，衣皆紅青玄紡絹地織成團花五綵，名曰只遜，其帽曰腦包。按，元大宴服質孫，冬則納石寶里，夏則鈸笠都納。質孫，漢言一色服也，無定制，上下皆服，精粗不同，同稱只遜。今單以衣校尉而書作只遜耳，其腦包即五代時之鬅頭也。

豎褐因名短褐，賤士之服也　小顏云：裋，音豎。僮僕所衣布長襦也。猶豎褐也。《方言》自關以西，襜褕短者曰裋褕。《漢書》裋褐不完。後人多誤爲短褐，今見人論杜詩，凡短褐皆改爲裋褐，此又拘矣。《方言》複襦曰襂。郭亦音豎。或曰筩褹，今筩袖之襦也。音豎，必從襂。鄺作襡。

假鐘，今之一口鐘也　用弘正著繡假鐘，蓋今之一口鐘也。凡衣掖下安襬，襞積殺縫，兩後裾加之。世有取暖者，或取冰紗暎素者，皆略去安襬之上襞，直令四圍衣邊與後裾之縫相連如鐘然。

復陶，羢褐也　《左傳》楚靈王皮弁，秦復陶。杜預注：秦所遺羽衣也。一作毳衣。又爲主衣服之官，絳縣老人使爲君復陶。《説文》曰：「褐，編枲韤也。一或曰（短）［粗］衣。」師古始解爲織毛布，然則叔慎止知有氈韤乎？今精者曰姑姑羢，出蘭州曰蘭羢，蓋倣吐嚕織法也。元美《答于鱗寄姑姑羢詩》曰「我欲報之吴縞帶，何以遺予秦復陶」。

古以黑爲羔裘，今以白爲羔　《周禮》祀天。鄭曰：服黑羔裘。馮嗣宗曰：朱子以羔裘爲大夫燕居服，其注《檜風》又曰諸侯朝服，則矛盾矣。陳祥道以羔裘爲禮服，燕居必狐貉。智以爲古人偶用之。羅願曰：羔裘用白素絲，亦羔色，此因近日羔裘白而言也。

褻服曰衩衣　僖宗乾符元年，王凝、崔彦昭同舉進士。凝先及第，嘗衩楚駕切。衣見彦昭。《博雅》袩衽謂褸衩。又有服宴褻之服而遇服交際之服者，必謝曰：衩袒無禮。言便人袖短也，可見衩衣之語起於唐人。《李陵傳》便衣。師古曰：謂著短衣小褏也。黄魯曾博聞本誤刻作小褎。

帖領曰偃領　《禮記》「被潁黼」。鄭玄注：卿大夫之妻刺黼以爲領，如今偃領矣。《爾雅》「黼領謂之襮」。刺黼文以褗領。孔穎達曰：偃領之制，亦無可知。《説文》「褗，褔，領也」。箋未詳。智按，謂偃領也。領以繡緣，二十年前大家皆尚之。《方言》帍領謂之被巾。郭璞注：婦人領巾也。帍，方廟反。言文也，必曰繡斧文。非矣。

襌襂，中單也　《儀禮》「中帶」。鄭玄注：若今之襌襂。蓋襯通裁之中衫也。今吴人謂之衫，北人謂之褂，襌襂正今兜袖單衣無襬者也。《會典》朝服祭服内單衣皆曰中襌，本古名也。唐侍御史六人，衣朱纁裳，白紗中襌。宋人通稱内衣曰中襌，則中襌即汗衫矣。孔平仲曰：漢高與項羽戰，汗透中單，改名汗衫，程大昌以中單爲襌衣，而非汗衫。辨之。按，汗衫謂其近身，中單謂其在中，理本可通。今以中單爲公服，而汗衫爲褻稱，安知古不通稱乎。成國曰：汗衣，《詩》謂之澤衣。或曰鄙袒，或曰羞袒。羞袒，即今貼身小背心，杭人曰搭脊。

衣圭，交輸裁也　《江充傳》曲裾後垂交輸。如淳曰：交輸，割正幅使一頭狹，若燕尾垂之，旁見於後。《禮·深衣》「續衽鉤邊」。賈逵謂之衣圭。蘇林曰：如今新婦袍上掛，全幅繒角割名曰交輸裁。《禮記》「素紗」。鄭玄注：如今袿袍。襈，重繒也。孔穎達疏曰：漢有袿袍，其袍下之襈，以裡繒爲之。

宵衣，薄絹也　《士昏禮》曰：「姆纚笄宵衣」。康成曰：宵如素衣朱綃之綃。姆亦玄衣，以綃爲領，因以爲名。《饋食禮》曰「主婦纚笄宵衣」，康成曰：綃，綺屬。此衣染之以黑，其繒本名曰綃。《詩》有「素衣朱綃」，《記》有「玄宵衣」。按，《詩》無「素衣朱綃」康成二處一作綃，一作宵，必有一誤，一以爲領，一以爲衣，亦自相舛矣。綃又作綅。《記》曰：「綅幕，魯也」。鄭玄注：讀如綃。生絲薄繒也。

加景即幪　《儀禮·士昏禮》「加景」。鄭玄注：景之制如明衣，加之以行道御塵。智謂非禦塵以爲蔽也。北齊納后，禮有所謂加幪、去幪，即此字。今俗親迎，羃其首曰蓋頭。《詩》「絅衣」，一作潁衣、檾衣，景衣加幪，亦尚絅之遺。

李漁《閒情偶寄》卷七《聲容部·治服第三》

衣衫

婦人之衣，不貴精而貴潔，不貴麗而貴雅。不貴與家相稱，而貴與貌相宜。綺羅文綉之服，被垢蒙塵，反不若布服之鮮美，所謂貴潔不貴精也。紅紫深艷之色，違時失尚，反不若淺淡之合宜，所謂貴雅之貴麗也。貴人之婦宜披文采，寒儉之家，當衣縞素，所謂與家相稱也。然人有生成之面，面有相配之衣，衣有相稱之色，皆一定而不可移者。今試取鮮衣一襲，令少婦數人先後服之，定有一二中看，一二不中看者，以其面色與衣色有相稱不相稱之別，非衣有公私向背于其間也。使貴人之婦之面色不宜文采而宜縞素，必欲去縞素而就文采，不幾與面爲讐乎，故曰不貴與家相稱，而貴與面相宜。大約面色之最白最嫩與體態之最輕盈者，斯無往而不宜。色之淺者顯其淡，色之深者愈顯其淡，衣之精者形其嬌，衣之麤者愈形其嬌，此等即非國色，亦去夷光王嬙不遠矣，然當世有幾人哉。稍近中材者，即當相體裁衣，不得混施色相矣。相體裁衣之法，變化多端，不應膠柱而論，然不得已而强言其略，則在務從其近而已。面顔近白者，衣色可深可淺，其近黑者，則不宜淺而獨宜深，淺則愈彰其黑矣。肌膚近膩者，衣服可精可麤，其近糙者則不宜精而獨宜麤，精則愈形其糙矣。然而貧賤之家，求爲精與深而不能，富貴之家，欲爲麤與淺而不可，則奈何。曰：不難。布苧有精麤深淺之別，綺羅文采亦有精麤深淺之別，非謂布苧必麤而羅綺必精，錦繡必深而縞素必淺也。紬與緞之體質不光，花紋突起者即是精中之麤，深中之淺，布與苧之紗線緊密，漂染精工者，即是麤中之精，淺中之深。凡予所言，皆貴賤咸宜之事，既不詳綉户而略衡門，亦不私貧家而遺富室。蓋美女未嘗擇地而生，佳人不能選夫而嫁，務使得是編者，人人有裨，則憐香惜玉之念，有同雨露之均施矣。

邇來衣服之好尚，有大勝古昔，可爲一定不移之法者，又有大背情理，可爲人心世道之憂者，請並言之。其大勝古昔，可爲一定不移之法者，大家富室，衣色皆尚青是已。青非青也，元也，因避諱故易之。記予兒時所見，女子之少者，尚銀紅桃紅，稍長者尚月白，未幾而銀紅桃紅，皆變大紅，月白變藍，再變則大紅變紫，藍變石青。迨鼎革以後，則石青與紫皆罕見，無論少長男婦，皆衣青矣，可謂齊變至魯，魯變至道，變之至善而無可復加者矣。其遞變至此也，並非有意而然，不過人情好勝，一家濃似一家，一日深于一日，不知不覺遂趨到盡頭處耳。然青之爲色，其妙多端，不能悉數，但就婦人所宜者而論面白者衣之，其面愈白，面黑者衣之，其面亦不覺其黑，此其宜于貌者也。年少者衣之，其年愈少，年老者衣之，其年亦不覺甚老，此其宜于歲者也。貧賤者衣之，是爲貧賤之本等，富貴者衣之，又覺脱去繁華之習，但存雅素之風，亦未嘗失其富貴之本來，此其宜于分者也。他色之衣，極不耐污，略沾茶酒之色，稍侵油膩之痕，非染不能復着，染之即成舊衣。此色不然，惟其極濃也，凡淡乎此者，皆受其侵而不覺，惟其極深也。凡淺乎此者，皆納其污而不辭，此又其宜于體而適于用者也。貧家止此一衣，無他美服相襯，亦未嘗盡現底裏以覆其外者，色原不艷，即使中衣敝垢，未甚相形也。如用他色于外，則一縷欠精，即彰其醜矣。富貴之家，凡有錦衣綉裳，皆可服之于內，風飄袂起，五色燦然，使一衣勝似一衣，非止不掩中藏，且莫能窮其底藴。《詩》云：「衣錦尚絅。」惡其文之著也，此獨不然，止因外色最深，使裏衣之文越著，有復古之美名，無泥古之實害。二八佳人，如欲華美其制，則青上灑綿青上堆花，較之他色更顯，反覆求之，衣色之妙，未有過于此者，後來即有所變，亦皆舉一廢百，不能事事咸宜，此予所謂大勝古昔，可爲一定不移之法者也。至于大背情理，可爲人心世道之憂者，則零軿碎補之服，俗名呼爲水田衣者是已。衣之有縫，古人非好爲之，不得已也。人有肥瘠長短之不同，不能像體而織，是必製爲全帛，剪碎而後成之，即此一條兩條之縫，亦是人身贅瘤，萬萬不能去之，故强存其迹，贊神仙之美者，必曰天衣無縫，明言人間世上，多此一物故也。而今且以一條兩條，廣爲數十百條，非止不似天衣，且不使類人間世上，然則愈趨愈下，將肖何物而後已乎？推原其始，亦非有意爲之，蓋由縫衣之奸匠，明爲裁剪，暗作穿窬，逐段竊取而藏之，無由出脱，創爲此制以售其奸，不料人情厭常喜怪，不惟不攻其弊，且羣然則而傚之，毁成片者爲零星小塊，全帛何罪，使受寸磔之刑，縫碎裂者爲百衲僧衣，女子何辜，忽現出家之相，風俗好尚之遷移，常用關於氣數，此制不昉于今而昉于崇禎末年，予見而詫之，嘗謂人曰：衣衫無故易形，殆有若或使之者，六合以内，得無有土崩瓦解之事乎？未幾而闖氛四起，割裂中原，人謂予言不幸而中。方今聖人御世，萬國來歸，車書一統之朝，此等制度，自應潛革，倘遇同心，謂蒭蕘之言，不甚詆謬，交相勸諭，勿效前顰，則予爲是言也，亦猶雞鳴犬吠之聲，不爲無補于盛治耳。

雲肩以護衣領，不使沾油，制之最善者也，但須與衣同色，近觀則有，遠視若無，斯爲得體，即使難于一色，亦須不甚相懸。若衣色極深而雲肩極淺，或衣色極淺而雲肩極深，則是身首判然，雖曰相連，實同異處，此最不相宜之事也。予又謂雲肩之色，不惟與衣相同，更須裡外合一。如外色是青，則夾裹之色，亦當用青，外色是藍，則夾裹之色，亦當用藍。何也，此物在肩，不能時時服貼，稍遇風飄，則夾裏向外，有如颶吹殘葉，風捲敗荷，美人之身不能不現歷亂蕭條之象矣。若使裏外一色，則任其整齊顛倒，總無是患，然家常則已，出外見人，必須暗定以線，勿使與服相離，蓋動而色純，總不如不動之爲愈也。

婦人之粧，隨家豐儉，獨有價廉功倍之二物必不可無。一曰半臂，俗呼背褡者是也。一曰，束腰之帶，俗呼鸞絛者是也。婦人之體，宜窄不宜寬，一着背褡，則寬者窄，而窄者愈顯其窄矣。婦人之腰，宜細不宜麄，一束以帶，則麄者細，而細者倍覺其細矣。背褡宜着于外，人皆知之。鸞絛宜束于内，人多未諳，帶藏衣内，則雖有若無，似腰肢本細，非有物縮之使細也。

裙製之精麄，惟視折紋之多寡，折多則行走自如，無纏身礙足之患，折少則往來局促，有拘攣桎梏之形。折多則湘紋易動，無風亦似飄飄，折少則膠柱難移，有態亦同木强。故衣服之料，他或可省，裙幅必不可省。古云：裙拖八幅湘江水。幅既有八，則折紋之不少可知。予謂八幅之裙，宜于家常，人前美觀，尚須十幅。蓋裙幅之增，所費無幾，況增其幅必減其絲，惟細縠輕綃，可以八幅，十幅厚重，則爲滯物，與幅減而折少者同矣，即使稍增其值，亦與他費不同。婦人之異于男子，全在下體，男子生而願爲之有室，其所以爲室者，只在幾希之間耳，掩藏秘器，愛護家珍，全在羅裙幾幅，可不豐其料而美其制，以貽采葑采菲者誚乎。近日吴門所尚百裥裙，可謂盡美，予謂此裙宜配盛服，又不宜于家常，惜物力也。較舊制稍增，較新制略減，人前十幅，家居八幅，則得豐儉之宜矣。吴門新式，又有所謂月華裙者，一裥之中，五色俱備，猶皎月之現光華也。予獨怪而不取，人工物料，十倍常裙，暴殄天物，不待言矣，而又不甚美觀。蓋下體之服，宜淡不宜濃，宜純不宜雜。予嘗讀舊詩，見「飄颺血色裙拖地，紅裙妒殺石榴花」等句，頗笑前人之笨，若果如是，則亦豔粧村婦而已矣，烏足動雅人韻士之心哉？惟近製彈墨裙，頗饒别致，然猶未獲我心，嗣當别出新裁，以正同調，思而未製，不敢輕以誤人也。

顧炎武《日知録》卷二八《雜事》

衩衣

《通鑑·唐僖宗乾符元年》：王凝、崔彦昭同舉進士，凝先及第，嘗衩衣見彦昭，衩楚懈反。《廣雅》裿袺袛謂之襀衩，一曰褌衣。李義山詩：芙蓉作裹衩。又曰：裹衩芙蓉小。

對襟衣

《太祖實録》洪武二十六年三月，禁官民步卒人等服對襟衣，惟騎馬許服，以便於乘馬故也。其不應服而服者罪之。今之罩甲，即對襟衣也。《戒庵漫筆》云：罩甲之制，比甲稍長，比襖減短。正德間，創自武宗，近日士大夫有服者。按《説文》無袂衣謂之褙。趙宧光曰：半臂衣也。武士謂之蔽甲，方俗謂之披襖，小者曰背子，即此製也。《魏志·楊阜傳》：阜嘗見明帝著〔繡〕帽，被縹綾半袖。問帝曰：「此於禮何法服也。」則當時已有此製。

左衽

宋·周必大《二老堂詩話》云：「陳益爲奉使金國，屬官過滹沱光武廟，見塑像左衽」。岳珂《桯史》云：「至漣水宣聖殿，像左衽。泗州塔院設五百應真像，或塑或刻，皆左衽。」此制蓋金人爲之，迄於明初而未盡除，其見於《實録》者，永樂八年撫安山東給事中王鐸之奏，宣德七年河南彰德府林縣訓導杜本之奏，正統十三年山西絳縣訓導張幹之奏，屢奉明旨而未即改正。

《喪大記》：「小斂大斂，祭服不倒，皆左衽。」鄭玄注：左衽，衽鄉左，反生時也。孔穎達正義曰：衽，衣襟也。生鄉右，左手解抽帶便也，死則襟鄉左，示不復解也。〔沈氏曰〕：此爲第二條。

黄生《義府》卷上《衣裘異色》 《論語》「緇衣羔裘，素衣麑裘，黄衣狐裘」。《傳》云「五色比象，昭其物也」。故古人雜施五采於服器，必相間成文，然後爲致飾之道。五色不宣，不足悦于目，猶五音均一，不能諧於耳也。若衣黑裘黑衣，黄裘黄衣，白裘白〔衣〕，表裏如一，何以相稱，是以羔不必定黑，麑不必定白，鹿色斑駁，故曰文鹿。狐不必定黄。語曰：豐狐文豹。豐亦文也。《玉藻》狐白裘，裼以錦衣。狐青裘，裼以玄綃衣。麑裘，裼以絞衣。此衣裘異色之証。

黄生《義府》卷上《裼》 《玉藻》云「裘之裼也，見美也」。「服之襲也，充美也」。注：袒而有衣曰裼。則似今之背心以加於裘外，故仍見裘之美。《論語》「緇衣羔裘」節，《集注》衣以裼裘，欲其相稱。蓋是衣與裘一色，則裘之美不爲衣所掩也，若服之襲，則是以全衣加其外，其色即不顯。余向未明裼衣之制，故《緇衣》節不作衣裘一色解，今覩《玉藻》注，始知裼是露臂，則是裘外加半臂審矣。

黄生《義府》卷下《諸于繡䯺》 《後漢書》光武紀冠幘而服婦人衣諸于繡䯺。注：字書無䯺字。司馬彪《續漢書》作襹，並音其勿反。按本書《五行志》亦載此事云：皆幘而衣婦人衣繡擁䘿。此䘿即䯺之誤，注並不解，而前注第云或繡下有擁字而已。以意度之，字既從髟，疑是婦人衣領，領後承髮，故惟婦人則加繡以飾之，若男子而服此，是服妖矣。䯺字字書亦無。又按《通雅》云：《廣記》載韓晉見少年單練䯺，即段成式之單練䯺，與䘿同，謂今之半臂也。予謂此字當作襹，蓋䘿從屈，有短義，半臂之式，必短也。今作䯺者，意《廣記》與成式喜用僻字耶。

西湖散人《新鐫雅俗通用珠璣藪》卷七《衣服》 金袍御袍也。蟒袍蟒龍袍。

緋袍百官緋袍、皂袍。綠袍進士綠袍、青袍。紫袍百官紫袍。藍袍秀才藍袍即藍衫。練袍戰袍也。黼黻白與黑相雜曰黼，形若斧，黑與青相次文曰黻。《周禮》注云：斧謂之黼，裳繡斧形，以絳帛爲質，白黑爲文，白西方之色，黑北方之色，西北白黑之交，乾陽位，剛健能斷，故畫斧以白黑爲文。朝服《語録》曰：今之朝服乃戎服，蓋自煬帝數出幸，因令百官以戎服從，一品紫，次朱，次青。朱紱朝服也。《易》曰「朱紱方來」。象服法度之服也，《詩》曰「象服是宜」。毳衣天子大夫之服也。《詩》云「毳衣如菼」。圓領　衮龍袍禮也，加于常服之上，天子着衮龍袍。赭黄袍赭，赤色。天子着赭黄袍。赤芾金舄諸侯之服。芾，冕服之韠也。韠，音必，韍也，所以蔽膝也。又曰，大夫以上赤芾乘軒。袂袖也。裩(昆)褻衣。襠(当)袴襠也。襦短衣。袪衣前襟。

衣裳上曰衣，下曰裳。裲襦　襯襬　直襬　直裰　褶子衣分上下截也。海青　深衣上古深衣者，蓋有制度，應規矩，準繩權衡，短毋見膚，長毋曳土。幅巾　直身　褡䙃　披風　鶴氅敞晉·王恭雪中披鶴氅衣而行。狐裘狐皮爲裘，取其輕暖，以狐死守丘，明君子不忘本之意也。羊裘羊羔皮爲裘者，羔取跪乳之意。背褡　褡背　料膝　裲身　袷(夾)衣　綿襖　布衫　禿袖　汗衫　褻服私居服也。裙袴　領袖　襟裾衣之交託處也。衿衽即襟裾。揚尾　裙幅　袥(托)肩　護領　襁褓小兒之衣。襴嘴小兒涎衣。肚兜　褡膊　袿(圭)肋　臂鞲臂衣結手以便作事。衣敝　補衣貧服也。授衣霜降始寒，而授人以衣，使禦寒也。《詩》曰「九月授衣」。一襲衣一襲，上下皆具，又云一副。

陽明衣

褪脱衣也。服着衣曰服。

嘉服吉服。逢掖肘掖寬大之衣也。孔子居魯，衣逢襲之衣。褒衣大裾也。山服居士野人之服。袪服美人華麗之衣。緗裙緗者，黄色綺也。雲裾仙衣也。褰裳摳衣也。冶服美女之艷服也。輕服細好之服。游服游戲之服。蕉葛葛衣也。纖絺細葛衣也。便衣《李陵傳》曰：陵便衣獨步出營。短衣小袖也。卸衣脱衣也。勩著衣服耐久不破。穿著衣加于身。穿空着破衣也。裋褐裋者，童竪所着布長襦也，褐毛布之衣也。《貨殖傳》曰：貧者裋褐不完。

著故脱新換衣也。綿纊(孤)〔狐〕貉富者衣也。綺襦紈袴白綺之襦，冰紈之袴，貴戚子弟之服也。冰謂布帛之細，其色鮮潔如冰也。

襲狐貉之暖冬衣服也。

西湖散人《新鐫雅俗通用珠璣藪》卷七《女服》　霞帔婦人服也。秦時始有，開元間令王妃以下通服之，今代霞帔非恩賜不得服。雲肩　長襖　褠衫　裙拖　膝褲　膝襴　袿裳總言婦人服也，婦人上服曰袿。抹胸唐楊妃與安禄山私通，禄山佯狂無禮，爪傷其乳，故作抹胸遮之。

被文穀之華袿婦人華麗之服。

徐乾學《憺園文集》卷一五《祀天地皆服大裘辨》　章服之有大裘，絺繡也，亦曰冬裘夏葛而已。《周禮·司裘》「掌爲大裘，以共王祀天之服」。「祭五帝亦如之」。鄭玄注：鄭司農曰，大裘，黑羔裘，服以象天示質。是經與注俱無祀地服大裘之文也。賈公彦疏引《孝經緯·鉤命訣》云：祭地之禮與天同，崑崙神州亦用大裘可知。《王制》「三公一命卷」疏云：祭地之服無文。案《詩》「昊天有成命」，郊祀天地也。天地相對，則祭地亦用大裘，故《孝經·援神契》云：祭地之禮與天同。亦據衣服也，是爲鄭學者附益之，而孔穎達、賈公彦皆承用其説，所引《緯書》，又一以爲《鉤命訣》，一以爲《援神契》也。《司服》「祀昊天上帝則服大裘而冕，祀五帝亦如之」。亦不言地也。《郊特牲》「祭之日，王被衮以象天，戴冕璪十有二旒，則天數也」。爲鄭學者據此以爲郊丘之異，王子雍之徒紛紛難辨，而獨不言祀地服大裘之非。夫以盛夏之月而服大裘以行禮，何其不知寒暑哉。長樂陳氏謂内服大裘，外被龍衮，近之矣，然而曰有文以示外心之勤，有質以示内心之敬，則是不識所以服大裘之故也。夫以冬日至祀天圜丘，當此嚴寒之時，則服大裘，其爲祀天地之常服，則皆衮冕而已。裘者，非爲祀天而設，爲冬至而設也，豈以夏至祀地而服大裘哉，自郊丘之辨不明，而祀大裘之謬無以正之矣。今先爲參互考訂於諸儒之説，而從王炎晦叔之議，曰南郊也，圜丘也，泰壇也，其名有三，其實一也。澤中方丘，此冢土也，古所謂大社者也，《詩》謂之冢土，《禮》謂之方丘，而戴記謂之泰折，其名有三，其實亦一也，然後引《司服》之文而終讀之云祭社稷五祀則絺冕曉然，於此社稷之爲祭，方丘大社而言，夏至而祭則服絺繡爲宜也，冬月而裘可以襲衮，夏月而絺加之以衮，猶苦其熱也，繡五色於其上，亦所以爲盛飾也。凡《司裘》、《司服》之文以言乎服，其時服而已，其曰五帝五祀者，謂當其月令之五帝，五祀，而蒙上裘絺云，然鄭注乃行禱于五祀，曰博言之士二祀，曰門，曰行，此以知古人之文類如是，知祀黄帝決當服絺，祀行決當服裘也，不寧惟是仲夏大雩，帝亦當服絺，仲春祭王社於庫門之内，尚當服裘祖迎於坎壇。祭寒暑，祭寒當服裘，祭暑當服絺必矣。當其寒，凡祭必裘，當其暑，凡祭必絺也，則祭天神亦有時可絺，祭地祇亦有時可裘，自餘非寒非暑，則祀天衮冕，而祀地之禮與天同也。《王制》「天子將出征，類(于)〔乎〕上帝，宜(于)〔乎〕社」。

祭天地在一時，則惟其時服而已，宋人習見天地合祭，不復行夏至方丘之禮，故不覺祀地服大裘之非，甚至反引祀天地皆服大裘之説，以證合祭之爲有考於古者。嗚呼，聖人亦人耳，盛夏之月不服絺繡而服大裘，豈人情也哉。

《事物攷》卷六《武備》　衣甲　《太白陰經》曰：蚩尤割革爲甲。《黄帝内傳》曰：玄女請帝制甲胄，以備身也。

《事物攷》卷六《冠服》　蔽膝　《明堂位》曰：有虞氏服韍，鄭康成注曰：冕服之韠也。《蘇氏演義》曰：昔先王衣羽皮韍，字遂從韋。韋，皮也。《春秋正義》云：魏晉以還，易以絳紗，字遂從系。蓋太古蔽膝之法，象冕服謂之韍，朝服謂之韠也。

《事物攷》卷六《冠服》　襴衫　《唐志》曰：馬周以三代布深衣，因于其下着襴及裙，名襴衫，以爲上士之服。今學子所衣襴衫之始也。

衫　《輿服志》曰：馬周上議，《禮》無服衫之文，三代有深衣，請襴袖褾襈爲士人上服，開骻名缺骻衫，庶人服之。即今四袴衫也，蓋自馬周始云。

汗衫　《實録》曰：古者朝燕之服有中單，郊享之服有明衣，漢高與項羽戰争，汗透中單，遂有汗衫之名。

涼衫　《筆談》曰：近歲京師士人朝服乘馬，以黲衣蒙之，謂之涼衫，亦古遺法也。《儀禮》曰：朝服加景。但不知古人制度何如耳。

《事物攷》卷六《冠服》　襖子　《舊唐書·輿服志》曰：燕服古褻服也，亦謂之常服，江南以巾褐裙襦北朝雜以戎夷之制。至北齊，有長帽短靴，合袴襖子，朱紫玄黄，各任所好。若非元正大會，一切通用。蓋取于便事，則今代襖子自北齊起也。

《事物攷》卷六《冠服》　半臂　《實録》曰：隋大業中，内官多服半臂，除即長袖也。唐高祖減其袖，謂之半臂。今背子也，江淮之間或曰綽子，士人競服，隋始制之，今俗名搭護。

《事物攷》卷六《冠服》　裘　黄帝出軍決曰：帝伐蚩尤未克，夢西王母遣道人披玄狐之裘，以符授帝。則是時已有裘名。《説文》曰：「裘，皮衣。」蓋上古衣毛冒皮之遺象也。

《事物攷》卷六《冠服》　褌　《實録》曰：西戎以皮爲之，夏后氏以來用絹，長至于膝。漢晉名犢鼻，北齊則與袴長短相似，而省犢鼻之名。

《事物攷》卷六《冠服》　袴褶　《唐書》曰：德宗時，百官朝朔望，皆服袴褶。歸崇敬（逮）〔進〕言：三代逮漢無其制，隋以來始有服者。《通典》曰：晉衣服制有之，云袴褶之制，未詳所起，近代服之，無定色。《實録》曰：上古食肉衣皮，遂以爲袴，名袴褶。今武士大口袴褶，是魏文上馬袴也。按《史記》屠岸賈滅趙氏，趙朔妻有遺腹生男（女）。賈（素）〔索〕之，夫人置袴中。其稱始見諸此。

《事物攷》卷六《冠服》　雨衣　《事始》曰：凡雨具，周已有之。《左傳》云：「陳成子衣製仗戈。」杜預注曰：製，雨衣也。《炙轂子》曰：惟絹油製之，及油帽，陳始有之也。

《事物攷》卷六《冠服》　僧衣　《僧史略》曰：後魏宫中，見僧自恣偏袒右肩，乃施一邊衣號偏衫。全其兩肩衿袖，失祇枝之體。《大明會典》云：禪僧，茶褐常服青條五色袈裟，講僧五色常服緑條淺紅袈裟，教僧皁常服黑條淺紅袈裟，僧官如之，惟僧録司袈裟緑紋，飾以金。

道衣　《援神契》曰：《禮記》有侈袂，大袖衣也。道衣，其類也。唐李泌爲道士，賜紫，後人因以爲常。直領者取蕭散之意。《大明會典》云：道士常服青，法服、朝服皆用赤色，道官亦如之，惟道録司官法服、朝服皆緑紋，飾以金。

《事物攷》卷六《冠服》　大衣　商周之代，内外命婦服諸翟，唐則裙襦大袖爲禮衣。《實録》曰：大袓在背子下身與衫子齊，而袖大以爲禮服。疑即此也。國朝命婦大袖衫，真紅色，五品以上用紵絲、綾、羅，大品以下用綾、羅、紬、絹。

《事物攷》卷六《冠服》　金訶子　唐明皇貴妃楊氏，私安禄山，因以指爪傷貴妃胷乳間，遂作訶子之飾以蔽之。

《事物攷》卷六《冠服》　帔　《實録》曰：三代無帔説，秦有披帛，以縑帛爲之。漢即以羅。晉永嘉中，制縫暈帔子。是披帛始于秦，帔始于晉也。唐令三妃以下通服之。士庶女子在室搭披帛，出適披帔子，以别出處之義。宋代帔有三等，霞帔非恩賜不得服，爲婦人之命服，而直帔通于民間也。國朝命婦霞帔禙，皆用深青段疋，公侯及三品金繡雲霞翟文，三四品金繡雲霞孔雀文，五品繡雲霞鴛鴦文，六七品繡雲霞練鵲文。

《事物攷》卷六《冠服》　衫子　《實録》曰：女子之衣與裳連，如披衫，長短與裙相似。秦始皇方令短，作衫子，長袖猶至于膝。宜衫裙之分，自秦始也。

《事物攷》卷六《冠服》　褙子　《實録》曰：秦二世詔衫子上朝服加褙子。其制，袖短于衫，身與衫齊，而大袖。宋又長與裙齊，而袖纔寬于衫，自秦始也。

《事物攷》卷六《冠服》　裙　《實録》曰：古所貴衣裳連，下有裙，隨衣色而有緣，堯舜已降，有六破及直縫，皆去緣。商周以其太質，加花繡，上綴五色。蓋自垂衣裳則有之，後世加文飾耳。又曰：隋煬帝作長裙，十二破，名仙裙。今大衣中有之。

褚人穫《堅瓠集》甲集卷一《僧衣》　僧舊着黑衣，元文宗寵愛欣笑隱，賜以黃衣，其徒後皆衣黃。薩天錫《贈欣笑隱》詩云：「客遇鐘鳴飯，僧披御賜衣。」正謂此也，今制禪僧衣褐，講僧衣紅，瑜珈僧赴應僧衣葱白。歐陽原元《題僧墨菊詩》云：「苾蒭元是黑衣郎，當代深仁始賜黃。今曰黃花翻潑墨，本來面目見馨香。」

褚人穫《堅瓠集》丙集卷一《袜》　袜，婦人脇服也。沈約詩：「領上蒲桃繡，腰中合歡綺。」隋煬帝詩「錦袖淮南舞，寶袜楚宮腰」。盧照隣詩「媚家寶袜蛟龍被」。謝偃詩「細風吹寶袜，輕露濕紅紗」。意俗所謂抹胸也。崔豹《古今注》袜謂之腰綵。引《左傳》「衵服戲于朝」。近身衣也。腰綵，疑即煖腰之類。段成式云：「見說自能裁衵肚，不知誰更着帩頭。」注：衵肚，今之裹肚也。

褌袴，褌即袴也。古人袴皆無襠，女人所用有襠者，其制起自漢昭帝時。上官皇后爲霍光外孫，欲擅寵有子，雖宮人使令皆爲有襠之袴，多其帶，令不得交通，名曰窮袴。《樂府》所云「愛惜加窮袴，防閑托守宮」是也，今男女皆服之矣。

褚人穫《堅瓠集》廣集卷二《秀才襴衫》　明初秀才襴衫，前後用飛魚，補騎驢有傘，絹用青色，止一圍門斗隨之。後因秀才醉臥道傍，高皇見之，大怒曰：「此命服也，污瀆如此。今以後，秀才居常出入，不用襴衫，止許常服。」

張自烈《正字通》卷三《巾部》　巿與韍同，音拂，蔽膝也。古未有裳，但以一幅蔽前體，後代雖有裳，猶存其製爲巿，借用芾。《詩·曹風》「三百赤芾」。毛亨注：冕服之韠也，大夫以上赤芾乘軒。《小雅·斯干章》「朱芾斯皇，室家君王」。毛亨注：芾，天子純朱，諸侯黃朱。《禮記》作韍，詳見《玉藻》，義同。

帔兵謎切，音轡，帔子也。元以來女服帔子，樂妓惟皁帔子。帔省作背，以其覆肩背也。朱尚背子，隋內官服半除，唐減爲半臂，宋之背子即半除。元制，命婦服金答子，即帔也。明制，命婦用霞帔。霞帔之名，始于唐肅宗賜司馬承禎紅霞帔。又天帔，虹別名。杜甫詩「斷虹天帔垂」。《說文》「帔，弘農謂帬帔也」。《韻會》又波爲切，本作襬，關東人呼裙。《集韻》或作襬。帔，《正韻》、《舉要》帔訓裙屬，㒰非。揚雄《方言》帬謂之襬，陳魏曰帔。方俗語音各別，雖呼裙爲帔，考其實，帔非裙之通稱也，舊注引《廣韻》、《玉篇》未詳汎訓裙屬，亦非。

帬渠云切，音羣。《說文》「下裳也」。《釋名》帬連接羣幅也。緣帬帬，施緣也。《方言》陳魏之間謂帬爲帔。又先韻，音權。《黃庭經》腦髮相扶亦俱鮮，九色錦衣綠華帬。《說文》帬重文作裠。按：君尊稱巾上飾，帬下服。从君从巾，無義。今循用不改，舊注俗作裙，非，不知帬亦非古也。　帬舊注同帬。按：帬，君在巾上，非。俗書君巾㒰列，作帬，尤非。

幝俗字。《說文》「幝，幒也」。重文「从衣作褌」。孫愐古渾切。按，褌即今俗所謂袴。巾，首飾。褌，褻衣，當作褌。《說文》从巾，非。舊注引周伯温曰：俗作裩，非，不知裩，雖俗菁，聲義通，必从巾，作幝，傅會《說文》則誤也。

幱離寒切，音闌，衣與裳連也。《廣韻》幱衫，幱裙也。《韻會》本作幱，今省作幱，俗作襴。按此說未詳幱，贅作襴。襴與幱通，裳與衣皆衣屬也。迂謬與《正韻》幱注同。

張自烈《正字通》卷五《毛部》　毠舊注音加，毠毛，毛衣。按《西域記》僧祇支正云：僧迦鵄，此云覆腋衣。竺道祖云：魏時請僧于內，作此衣，因綴于左邊祇支上，今號兩袖曰偏衫。七條曰：鬱多羅僧用三種壞色青黑木蘭。青謂銅，青黑謂雜泥，木蘭即樹皮色。應法師舊作毠毛，葛洪改袈裟，具云迦羅沙曳，此云不正色。據諸說，當从衣，作袈裟。《正韻》㡨引內典毠毛，以毛爲之。按今袈裟㒰用布，釋氏戒殺必不緝毛爲衣，況僧服名離塵衣，無垢衣，毛則不能無垢塵也。㡨不達物理，故承譌如此。

張自烈《正字通》卷八《糸部》　絅涓熒切，音扃。《說文》「急引也」。又梗韻，音頃，禪縠也。《禮·玉藻》「禪爲絅」。鄭玄注：有表無裏。禪音丹，亦作褧。《詩·衛風》「衣錦褧衣」。毛亨注：錦文衣，衣用錦，而上加禪縠，爲其文著也。亦作潁。《士昏禮》「女從者畢袗玄，（袗）〔纚笄被〕潁黼」。鄭注：潁，禪也。又作景。《儀禮》「婦乘以几姆加景乃驅」。鄭注：景如明衣，加之爲行道禦塵。今文作幜。《詩詁》曰：詳詩之褧記之絅。《昏禮》之潁。景音義通，皆嫁時在塗之衣也。舊注又與褧同，之前不詳切音，連上平聲，涓熒切，以平聲混上聲，非。

絻舊注與冕同。又文運切，音同。始發喪之服。哀公二年，衛靈公卒，大輒。晉趙鞅納衛太子蒯聵于戚，使太子絻。按，衮冕，《管子》作緷絻，譌，與俗本《荀子》《汲冢書》冕作絻同。喪服免音問，皆傳注沿襲之誤，非本音，別詳子集《儿部》免注。

䋿舊注丘月切，音闕，后服，刻繒爲衣不畫也。按《禮·玉藻》「王后褘衣，夫人揄狄。君命屈狄。」注：此言后夫人以下六等之服。褘讀爲翬。揄狄讀爲搖翟，翬、翟皆雉，二衣皆刻繒爲雉形而五采畫之。屈讀爲闕，刻形而不畫，故云闕，謂子男之妻受王后之命得服屈狄也。據此說，王后、夫人二衣，刻雉形皆畫，所不畫者，子男之妻之服，與后、夫人別者也。《正韻·五屑》闕注云：闕，翟后服刻繒爲衣不畫，亦作屈，䋿蓋誤以子男之妻之服爲后服，以后服之畫采者，下同于屈翟之刻而不畫也，舊注不詳考禮經本文，沿襲《正韻》泥。《廣韻》䋿同屈，㒰非。

縛祖昆切，音尊。《說文》「薉貉巾女子無袴，以帛爲脛空，用絮補核，名曰縛衣，狀如襜褕」。或曰：薉貉，夫餘國也。綿胎謂之核。又黃庭堅曰：江東謂鵜鶘爲布母。布母縛，小衣也。又轸韻，尊上聲。《正韻》縛引《荀子》恭敬而縛。亦作傳。傳，舊注不詳，考《說文》本訓，汎云同傳，非。

張自烈《正字通》卷九《艸部》 芾芳未切，音費。【略】又質韻，方勿切，音拂，與紱、韍、韨通。裳之小者，以帛一幅遮蔽，前後謂之韍，孔氏曰：古者佃漁而食，因衣其皮，先知蔽前，後知蔽後，後王易以布帛，猶存其蔽，前者不忘本也。《詩·曹風》「三百赤芾」。《小雅》「朱芾斯皇」。《孔叢子》魯人誦孔子麑裘而芾。言芾小而裘大，譏不稱也。《正韻》芾、韍、韨、祓、紱並同。古單作市。

張自烈《正字通》卷九《衣部》 衣于欺切，音伊，上體服也。《釋名》衣，依也，身所依也。《白虎通》衣者，隱也，所以隱形也。《易·繫辭》「黄帝堯舜垂衣裳而天下治」。又古有深衣。《玉藻》「朝玄端，夕深衣」。詳見《禮記》。【略】又耳衣。唐人《邊塞曲》「金裝腰帶重，錦縫耳衣寒」。注：今之煖耳。又佛有三衣，一安陀會五條下品衣，行道作務著，二鬱多羅僧七條中品衣，入衆說法著，三僧伽黎九條至二十五條上品衣，入城乞食著。製像水田見者生福亦名福田衣。又天衣。《法華經》梵天王等與無數，天子亦以天妙衣供着于佛所，散天衣，住虛空中，而自迴轉。注：几供養多，以衣言者，示歸依也。【略】又著衣，讀平聲。《史淮陰侯傳》漢王解衣衣我。二衣字音同，舊注泥《增韻》改去聲，於戲切，音意，亦非。篆作□，《說文》古文篆作□，象覆二人之形。《同文備考》曰：一象領袖，衣象衽，从左拚右，順天左旋形，篆作□。《說文》覆二人，謬甚說近理，俗作。 衧舊注音余，衣袍也。按《說文》本作衧，「諸衧也」，義未詳。諸衧即諸于，今俗呼披風、敞袖是也。《漢光武紀》三輔吏士東迎更始，見諸將過，皆冠幘而服婦人衣諸于繡𧝓，莫不笑之。《元后傳》獨衣絳緣諸于。師古曰：諸于，大掖衣，即袿衣之類。肰則，《說文》諸衧之解，非憑臆大義明甚。《長箋》云：當是方言，今無其語。此趙氏淺陋，不考古制之過也。舊注汎云衣袍，非。 衩舊注楚懈切，音瘥，引《博雅》稍結衽謂之褸衩，又衣袒也。按，褻服謂之衩衣。唐僖宗乾符元年，王凝、崔彦昭同舉進士。凝先及第，嘗衩衣見彦昭。宋太祖召竇儀入禁闈問事，儀行至屏障間，覘見上衩衣，因卻退。中官趣出，見儀曰：聖上衩衣，必未知儀來，但奏云：宣到翰林學士竇儀。太祖聞之，起索衫帶，著後方召見之。據此說，衩在禡韻，讀若咤，舊本音訓並非。 衫師參切，音杉，衣之通稱。《庚·車服志》士人以枲苧襴衫爲上服，貴女工之始也。一命以黄，再命以黑，三命以纁，四命以緑，五命以紫。士服短褐，庶人以白。中書令馬周議《禮》無服衫之文，三代之制有深衣。請加襴、袖、褾、襈，爲士人上服，開骻者名曰缺骻衫，庶人服之。又古者短襦爲衫，有汗衫，即中單。王叡《炙轂子》云：漢王與項羽戰，汗透中單，改名汗衫，或曰汗衣。《詩·秦風》「與子同澤」。澤，即汗衣也。或又名鄙袒，名羞袒，用六尺裁，足覆胸背，言羞鄙袒形，故衣此耳。今俗長衣曰長衫。白居易詩「江州司馬青衫溼」。明制，生員有藍衫，絹爲之。上下及袖端緣以青。釋氏有鵮納偏衫，皆與小襦別。《說文》衫汎訓衣。《六書故》今以單衣爲衫。舊注專訓小襦。引《釋名》衫，芟也，衣無袖端也。說未詳，故分别言之。 衰桑柯切，音梭。《說文》「艸雨衣，秦謂之萆」。《詩·小雅》「何衰何笠」。石經作蓑，《春秋公羊傳》「仲幾之罪何，不衰城也」。何休注：若今以艸衣城是也。【略】又喪服，斬衰父服，齊衰母服。《禮·喪服記》「衰長六寸，博四寸」。一說，五服輕重有衰，故謂之衰，别作縗。非，衰以麻不以絲。或曰《禮》「衰長六寸，博四寸」者，蓋獨指當領下拭淚佩巾，非衰服之制也。【略】本作衰，篆作□，俗作衰，借義三通借衰，轉趙古則言衰字具九音，詳《六書本義》及《唐韻》。今唐詩一字二音，入韻者如衰差車涯之類：凡數十字。漢以前無此亂則，古人有定見也。又《精蘊》喪服之衰，篆作□，象其衣中正口而不緝形，雨衣之蓑，篆作□，象左右兩肩交結于匈，此貧者所服。貴者雨衣，謂之製，亦後世始有之。按，古雨簑即借衰，必分爲二，泥。《舉要》衰作□，□别作□、衷，簑篆作□□，並非。《字學》三正盛衰之衰，俗譌作衰。古聯句云：陳亞有心終是惡，蔡襄無口便成衰。襄字去口即盛衰字。按衰作衷，無義，以諧語定□爲衷，尤非。

袍蒲豪切，音庖。《說文》「袍，襺也」。《禮·玉藻》注：謂衣有著之異名，純著新緜爲襺，雜用舊絮爲袍。又曰：袍必有表不禪。鄭注：袍，褻衣必有以表之。又粉袍。唐士子入試，皆著白衣，故有「白袍子，何太紛紛」之語。宋時亦肰。冉居常詩「粉袍切勿笑冬烘，且踏燒殘鳳尾蹤」。又尤韻，音裒。《詩·秦風》「豈曰無衣，與子同袍」。叶下矛、仇。袍者，表衣之通稱，俗曰直身，兩京稱道袍。朝服亦曰袍。《方言》褒明謂之袍。漢謂長衣爲褒，魏謂半褒言半大也。隋唐謂之馮翼，今呼直裰，即古逢掖也。康成以袍爲褻衣，戴侗謂今戎衫曲領者爲袍，皆偏隅之說也。《六書統》篆作□，古文作□，袁加衣旁作褭。《集韻》作麇，與古文袁作襛溷，並非。《舉要》作□，亦非。 袗章引切，音軫。《說文》「玄服也」。又單也，與袗别。《六書故》曰：《士冠禮》「兄弟畢袗玄」。康成曰：古文爲袀，衣裳皆玄也。監本、蜀本及徐鍇皆作玄，漢郊祀服皆袀玄。蔡邕曰：袀，紺繒也。《吳都賦》注：袀，阜服也。《漢儀》注：大夫郎諸屬官守令丞皆阜衣。京兆尹張敞自稱被阜衣二十餘年，說者謂秦以水德尚黑，漢因之，肰觀趙左師觸龍欲以子補阜衣之缺以衛王宫，則衣黑非自秦始也。侗謂阜近于玄，乃玄之變也。古人上衣皆玄以象天，《禮》言袗玄，漢言袀伭，袗與袀相近，必有一誤。 祗都妻切，音低。《說文》「祗裯，短衣也」。《長箋》曰：《說文》裯訓祗裯，爲袂，而此訓先言祗裯，又曰短衣，二義雜出，當因从氏，故用短衣以釋之，是亦聲兼意也。又《後漢書·羊續傳》其資藏惟有布衾敝祗裯。注：《廣雅》云即襜褕也。按《廣雅》說非，别見後褕注。《正譌》从氏聲，俗用作祇敬字，非。 祓北末切，音鉢。《說文》「蠻夷衣，一曰蔽膝」。六書有祓無祓，舊本四畫，祓音鉢，祓改音拂分。《說文》祓訓一入，祓注一入，祓注，不知祓有二聲，一音鉢，一音拂，非。袯，北末切，爲蠻夷衣。袯，敷勿切，爲蔽膝也。舊注分切，非，四画袯宜删。袜俗袯字。袜舊注音襪，腳衣。又音末，襪肚也。按，襪爲女人脇衣。隋煬帝詩「錦袖淮南舞，寶袜楚宫腰」。盧照鄰詩「倡家寶袜蛟龍被」。崔豹《古今注》謂之腰綵。謝偃詩「細風吹寶袜，輕露溼紅紗」。今吴人謂之袜肚，據諸説，舊注以襪爲韈，明·孫雲翼注，宋·李廷忠《四六》謂襪，亦作袜，竝非。　衮古本切，褌上聲，冕服也。《周禮》王「享先王則衮冕」，「公之服，自衮冕而下，如王之服」。又《王制》「三公一命卷，若有加則賜也，不過九命」。注：卷音衮，命數止于九，天子之。三公八命，著鷩冕，若加一命，則爲上公，與王者之後同而著衮冕，故云一命卷，若爲三公而有加衮者，是出于特恩之賜，非例當肰，故云若有加則賜也。人臣無過九命者，太宗伯再命受服與此不同也。又《詩·豳風·九罭》首章「衮衣繡裳」，東人美周公也。《小雅·采菽》首章「玄衮及黼」。天子錫來朝諸侯也。古者天子服十二章，會繡各六，衣用會，裳用繡，共爲十二以象天數。公則自山而下，以次遞殺，説見《虞書》。至周以日、月、星辰，畫于旌旗爲大常服，止九章稍變其序，登龍于山，登火于宗彝，尊其神明也。九章，初一曰龍，次二曰山，三華蟲，四火，五宗彝，六藻，七粉米，八黼，九黻。龍取其變，山取其鎮，華蟲取其文，火取其明，宗彝取其孝，藻取其潔，粉米取其養，黼取其斷，黻取其别。公之服與王同，衣五章，自龍至宗彝，裳四章，自藻至黼。侯伯則衣三章，自華蟲至宗彝，裳四章，與公同几七。子男亦衣三章，起宗彝，而升藻、粉米于衣，裳止黼黻二章几五。以上衣皆用會，裳皆用繡。降是孤衣，止一章，刺粉米，無畫裳二章，同子男几三。又降是卿大夫衣無文，裳刺黻而已。《同文備考》衮專指上公九章之服。舊注汎引九章，不詳所自，竝非。又衮與卷同音。鄭玄云：卷龍，衣也。孔云：衮之言卷也，謂龍首卷肰。《禮·玉藻》曰「龍卷以祭」。《説文》云：「天子享先王，卷龍繡于下幅，一龍蟠阿上鄉。」按龍本衣之章，《説文》「一龍蟠阿上鄉」乃正解衮之義，其云卷龍繡于下幅則誤也。王服卷，公亦服卷，王九章，公亦九章，或疑其無别，考《白虎通》引傳云：天子升龍，諸侯降龍。陸德明云：天子畫升龍于衣，上公但畫降龍。王制一命卷。注：馬氏云三公衮服有降龍，無升龍。鄭玄注《覲禮》亦云上公衮無升龍。可見卷，衮同是畫龍，升降有等，後世傳譌兩溷，罕所考正，舊注承襲《九罭詩》傳謂天子龍一升一降，上公但有降龍，以龍首卷肰，故謂之衮。《六書故》云：王之衮，升龍降龍。《精薀》云：天子衮龍，一升一降。《長箋》不辨正《説文》卷龍下幅之誤，又妄疑蟠蟲名當用䘒，阿當用嬰，叠當用㲲，本訓未明，僅别字形，淺陋類如此。又衮與冕分爲二，一爲衮衣，一爲首服。漢儒説《禮》謂周制天子被衮以爲首服，非是。本从公作衮，舊本以衮爲俗字，沿《正韻》改作衮，《舉要》从㕣，篆作□，别作□、□，竝非。又王純景《謁者孟郁碑》衮作袞。《精薀》篆作□，今不必從。

袴苦故切，音庫，脛衣也。一名觸衣，俗呼小衣。古人袴無襠，女人所用。有襠者，始漢昭帝時，上官皇后爲霍光外孫，欲擅寵有子，雖宫人使令袴前後皆襠多其帶，令不得交通，名曰窮袴，今男女皆服之。史韓昭侯有敝袴，命藏之，曰：吾聞明主愛一嚬一笑，今袴豈特嚬笑哉，吾必待有功者。又《唐·食貨志》初，德宗居奉天，帑藏空窘。遣卒視賊，以苦寒乞襦袴，上剔親王帶金鬻袴與之。《説文·糸部》作絝，義同。别从巾，作幍，俗作袴，非。又兩股間曰胯，通作跨，不必借用袴。《史·韓信傳》袴下，《漢書》作跨。雖少年辱信曰：出我跨下。與袴下事同，肰袴自是脛衣，非跨即袴，袴即跨，如必謂袴與跨同，則是首戴之冠，即首足衣之，襪即足，古今無此事理也。舊注沿《正韻·十五禡》跨作胯、袴，汎云袴與跨同，亦非。　袷古洽切，音夾。《説文》「衣無絮」徐曰：夾衣也。或曰：無絮重衣，表裏相合也。《史·匈奴傳》服繡袷綺衣。注：繡表綺裏。或作裌。杜甫詩「地偏初衣裌」，與袷同。王曾《筆録》每歲誕節、端午、初冬，各賜時服有差。内公服，舊制，雖冬賜亦止單製，太祖以方冬不宜賜單衣，詰諸有司。對云：遵用已久，于是特命改制。今公卿大夫有裌公服，自此始。注：裌亦作袷。又葉韻，音劫，朝服、祭服之曲領也。《曲禮》「天子視不上于袷，不下于帶」。又《禮記》「曲袷如矩以應方」。鄭玄注：方領也。孔穎達疏云：如今擁咽，若小兒衣領，但方折之。宋曰涎衣，今俗名瀺袷。《通雅》曰：袷，交領也。袷之言合，猶袼之言各也。袂當腋縫故曰袼，夾衣曰袷，領用夾，故亦曰袷。舊注汎云幃涎，非。

袾專於切，音諸，袾襦，短衣也。《説文》「好佳也」。《長箋》曰《説文》引《詩》「静女其袾」。今《詩》作姝。《石經》通本竝用妷。《説文·女部》妷亦引此詩。袾、妷、姝音切同，當即一字異體。又《字統》、《集韻》袾，朱衣。《韻會》或作祋，妷。《荀子》袾裷。注：即朱衮，純朱衣曰袾。按，袾祋同，竝訓衣好。静女之姝，宜从姝。《説文》作袾，非赤色之朱，宜从朱。《荀子》作袾。《説文·糸部》作絑，竝非。《長箋》合姝、袾、妷爲一，尤非。

裋而遇切，音孺。《説文》「竪使布長襦也」。《史·始皇紀贊》寒者利裋褐。《漢·貢禹傳》穅豆不贍，裋褐不完。《方言》襜褕，自關以西其短者曰裋褕。俗譌作短褐，非。又《語韻》樹上聲，義同。或作裋，别作襡。一説，《説文》豆，非聲，當从壴省聲。又《説文》襦訓短衣，裋訓長襦，義與襦反，當是短襦譌作長。又裋褐雖竪使之服，亦士人貧賤衣不完好之通稱。如杜甫《冬日懷李白詩》「裋褐風霜入」是也。俗作襡。《荀子》省作竪褐，義同。

裘渠尤切，音求，皮衣。《周禮·司裘》「掌爲大裘以共王祀天之服」。《家語》郊之日，天子大裘以黼之。被裘象天，既至泰壇，王脱裘服衮以臨燔柴，大裘以黼之者，言先服大裘，後服黼衣。黼衣即衮衣也。又《玉藻》「惟君有黼裘以誓省，大裘非古也」。注：君，國君也。黼裘以黑羊皮雜狐白爲黼文以作裘，大裘黑羔裘也。天子郊服，國君可衣黼裘以誓，軍旅省，耕斂僭服大裘則不可，其後皆用天子大裘，故譏之云非古也。又衣裘各有裼，庶人犬羊裘，不裼不文飾也。詳《玉藻》注。又箕裘。《學記》「良冶之子，必學爲裘」。喻自易至難，自粗至精，習之有漸也。【略】

裙同帬。《史·萬石君傳》石建白首，萬石君尚無恙。每歸取親中裙身自浣滌。司馬貞注：中裙，親身衣也。又漢明帝馬后居宫，謙肅，常服大練，裙不加緣，諸姬望見以爲綺縠，就視，乃練也。其儉素如此。又金俗婦人裳曰錦裙，裙左右各闕二尺許，鐵條爲圈，裏以繡帛，上以單裙襲之。【略】一說，裙、帬雖君聲，从巾从君無義，今相承不改也。裈布非切，音悲。【略】又《禮·玉藻》「諸侯裨冕以朝」。又《儀禮》覲禮「侯氏裨冕墨車以朝」。鄭注：裨之言埤也。天子六服，大裘爲上，餘爲裨，諸侯亦服焉。戴侗曰：諸侯玄衮爲上服，朝于天子則降而服其次。公當衮，則服鷩冕，猶當乘路而墨車以朝也。鄭氏謂大裘而下爲裨，未肰。裲良獎切，音兩。《釋名》裲襠，一當胷，一當背。古詩「單衫繡裲襠」。《通雅》曰：褡襠言裲襠之蓋其外也。六朝《樂府》有繡裲襠、鐵裲襠，解者但以爲袴裩，此蓋褖褶之外如罩甲類也。唐大仗有裲襠、螣蛇朝集從事大外州品子服之。有大口袴，紫附褠，文武官騎馬服之，則去裲襠、螣蛇，以此知爲罩甲也。唐文武郎黄紗袍，黑領襈，白練褡襠，布大口袴。後晉定樂八佾，有白練褡襠，皆謂蓋其上也。《元史》裲襠制如衫。吴處厚曰：天祐末，廣陵人服短袴，謂之不及秋。裳神芊切，音常，上曰衣，下曰裳。《白虎通》裳者，障也，所以自障蔽也。《曲禮》「諸母不漱裳」。注：諸母，父妾之有子者。漱，浣也。裳，賤服，不使浣，亦以敬父也。《說文》衣裳字本作常，旂常亦作常。《正譌》常，下帬也，从巾象形，尚聲，借爲常久，字别作裳，非。《精藴》衣裳之裳作常，篆作常，从市从尚，取尚之以市爲義，言加市于常也。俗别作裳，或借用常，常久之常從尚从巾，篆作常。《周官》九旗之物名日月爲常，有功則銘書于王之大常，欲其與國同久也。从巾象屬幅，从尚崇德報功也。一从巾，一从市，義各有取也。按二説或从常廢裳，或分常、常爲二，丛泥。裻都禄切，音篤，衣背縫。一曰偏衣。《左傳》、《晉語》衣之偏裻韋昭注：言申生衣偏裻之衣，裻在中，左右異色，故謂之偏衣也。左思《魏都賦》「齊被練而銛戈，襲偏裻以讀列」。注：襲，著也。偏裻，戎衣，名讀，音會。讀列或正或列也。又《史·佞幸傳》文帝夢一黄頭郎，推之上天，顧見其衣裻帶後穿，覺而以夢中陰目求推者郎，即鄧通，夢中所見也。注：衫襦之横者。說文「裻，新衣聲。一曰，背縫。」又禱衣䏎縫，讀若督。孫愐丛冬毒切。裻，禱音義通。禱當爲裻字重文，分爲二，誤也。《廣韻》裻亦作禱，合爲一。按經史皆作裻，別作褶，《方言》作襩，泥。

褐呼葛切。音曷，毛布，織毛爲之，可禦寒。《漢·張良傳》良遊下邳，圯上有一老父衣褐。陸佃云，黄黑色，今俗謂之茶褐色。又士初入仕謂之釋褐。揚雄《解嘲》「或釋褐而相」。又《國家會要》興國二年始賜吕蒙正等釋褐，後遂爲例。【略】又寘韻音戲。《詩·豳風》「無衣無褐，何以卒歲」。又質韻音乾。白居易《洛陽叟詩》「閒將酒壺出，醉向人家歇。野食或烹鮮，寓眠多擁褐」。褐，一名復陶。《左傳》「楚靈王皮(弁)〔冠〕，秦復陶」，杜預注：秦所遺羽衣也。一作毼衣，精者曰姑姑絨，出蘭州曰蘭絨，蓋倣吐嚕織法也。舊注汎云毛布，賤者所服，其說未盡。《說文》專訓「編枲韈。一曰，粗衣」。丛泥。褕羊劬切，音余。《說文》「翟羽飾衣。一曰，直裾謂之襜褕」。又《漢書》一男子衣黄襜褕。顔師古注：謂直裾禪衣也。《禮·玉藻》「夫人褕狄」。今作揄狄。注：衣色青。揄狄讀爲摇翟。翟，雉也，刻繪爲雉形，五采畫之。據此說，褕當讀摇，按本義，當从褕。《禮記》从揄，非是。《正韻》僅云翟羽飾衣。《禮記》作揄，似揄與褕通，合爲一字，未詳褕之譌爲揄也。又《玉藻》「王后褘衣，夫人揄狄」。一爲王后本服，一爲夫人本服，一色玄，一色青，分二等。《正韻牋補》引徐按王后六服，褘衣、褕狄專屬后服。言失考正。褕俗作袇，非。又《舉要·缶部》鷂讀若遥，雉青質，五采褕同，未詳鷂、雉同類，褕鷂異義，强合爲一，謂鷂同褕，尤非。褖土玩切，音彖，黑衣。《禮·玉藻》「士褖衣」。鄭玄注：士乃子男之士，諸侯之臣皆分爲三等，其妻以次受此服也。又《儀禮·士喪禮》襲皮弁服褖衣。注：黑衣裳赤緣之謂褖。褖之言緣也，所以表袍也。或作緣。《周禮》后之六服，六曰緣衣。注：緣衣實褖衣也。褖衣御于王之服，亦以燕居男子之褖衣亦黑也。《周禮》褖借用稅，非。

褉古惠切，音桂，上馬衣。分裾曰褉，如今邊將士卒箭衣也。唐·馬周《疏》：三代深衣，青襴袖襈褾爲士人上服，開骻者名缺骻衫，庶人服之。注：今四褉衫，褉衣裾分也。唐制，中尉樞密皆褉衫侍從。僖宗時，具襴笏。昭宗時，有事于南郊，宦官始服劍佩侍祠。嚴遵美爲軍容使，歎曰：北司供奉官以骻衫給事，今執袍笏過矣。骻衫即褉衫也。

褘呼杯切，音揮，王后祭服也。《周禮·内司服》「掌王后之服，褘衣」。鄭注：畫衣也。疏云：褘當爲翬，翬即雉，刻繒爲翬形，五采畫之，綴于衣，因以爲名。包氏補義改作禕，非是。又《爾雅》「婦人之褘謂之縭。縭，緌也」。郭璞注：即今之香纓也。褘邪交落帶繫于體，因名爲褘。緌，繫也。又《方言》江淮之間謂之褘，或謂之祓，魏宋南楚之間謂之大巾，關東之間謂之蔽膝。又《玉藻》「再命褘衣」。鄭玄注：褘讀爲鞠，色如鞠塵，子男之卿再命其妻得服鞠衣也。一說，服以辨名分，自王后以下各有等差，褘衣惟王后服之，再命之妻之服豈得與王后褘衣同名。陳澔《集説》从陸德明《釋文》。褘音菊，不知鞠譌爲褘，非褘讀如鞠也。舊注沿《韻會》褘音曲，非。

褧去潁切，音頃，禪縠也。《詩·衛風》「衣錦褧衣」。朱熹曰：錦衣加褧，爲其文之大著也。褧，《儀禮》作景，《禮記》作絅，古注以爲禪衣，所以襲錦衣者。嚴粲曰：褧以縠爲之。景、絅、潁與褧通。褧與檾音同，義别。《說文》「褧，檾也」。引《詩》褧衣」與褧本義相背。又「檾，枲屬」，引《詩》「檾衣」復與詩本文相背，詩有褧衣無檾衣，溷檾、褧爲一，此《說文》誤也。《長箋》曰：檾訓亦引此詩當即一字，褧爲重文，後人所加，此又傳會《說文》，不詳考詩傳而誤也。沈括謂褧與檾同，或以褧衣是用檾麻織布爲之，不知縠乃紡之精者，非檾布也。嚴說是，舊注載沈說，非。

襁居仰切，姜上聲，負兒衣也，今俗織縷爲之，廣八寸，長二尺，以約小兒于背。《通雅》曰焦氏《刊誤》言襁緥别作繈褓，非。智按《說文》「襁，緥也」。徐鉉曰：緥即襁，緥今俗别作褓，非。弱侯守徐說，徐守《說文》者也。然《說文》有繈字，犓類也，包兒衣或用粗絁爲之。古通用强葆，《說文》之从衣从糸，原屬分别絫加之字，可以襁緥即可繈褓也。

襴離寒切，音闌，裳之用横幅者謂之襴。又襴衫。宋·李昉言禁舉子白襴下服紫。唐初士人以枲苧襴衫爲上服，貴女工之始也。明制：生員襴衫用藍絹，裾袖緣以青，謂有襴緣也。俗作襤衫，因色藍改爲藍衫，皆非本義。襴與幱通。《韻會小補》衣與裳連曰幱。今文省作幱，俗作襴。按襴非俗字，必从巾，加艸作幱，泥。

繭九輦切，音繭，新綿著衣。《六書》統絮衣也。繭猶絮也。以繒爲表裏，置絮于中，以禦冬也。

張自烈《正字通》卷一一《韋部》 韍市、韨、芾、紱同，蔽膝也。《詩》「朱芾赤芾」。《漢·東平王蒼傳》引《詩作》赤韍。《家語》魯人歌孔子靡裘而韠，投之無戾。注：韍小裘大，以裘爲韠，言不稱也。《孔叢子》韠作芾。《左傳》「袞冕韍珽」。杜預曰：韋韠也。【略】《説文·韋部》無韍，《市部》「市，韠也」。篆文作韍。」《韋部》「韠，市也」。韠、韍、市，音別義通。《禮·玉藻》「韠」注：韠之言蔽，韍之言亦蔽。其爲蔽一也。舊注泥《詩》鄭箋、朱傳，冕服謂之韍，他服謂之韠，分爲二，非。又引《詩·采菽》「赤芾」。注：韍、軩、韠，俱蔽膝之象，制同名異。韍軩乃合韋，韍、韠不合，有不同者。按《詩·小雅》「韎軩」之軩，即所以代韠，天子公侯大夫士有前後正直方圜之等，皆合韋爲之，未可謂韍韠非合韋也。

韠補密切，音必。《説文》「韍也，所以蔽前」。以韋爲之。《禮·玉藻》「韠，君朱，大夫素，士爵韋。圜，殺，直。天子直，諸侯前後方，大夫前方，後挫角，士前後正。韠，下廣二尺，上廣一尺，長三尺，其頸五寸。肩革帶，博二寸」。注：玄端服之韠，象裳色。天子諸侯朱裳朱韠，大夫素裳素韠，中士黄裳用爵色韋。圜，殺，直，三者韠之形制也。天子之韠直，四角無圜無殺者，示直道于天下也。韠下爲前，上爲後，諸侯上下各去五寸，所去之處各補飾之，使方所謂殺也，別于天子也。大夫方其下，折其上角，所謂圜也，讓于諸侯也。前後正者，正即直與方之義，士雖賤，不敢忘直方也。帶者束于胷以繫韠，頸與兩肩皆上繫于革帶，下接于韠。在中謂之頸，在兩旁謂之肩。舊注汎引《禮·雜記》韠制，未詳。又居喪既祥之冠，用縞素，衣素韠，不忘餘哀也。《詩·檜風》「庶見素韠兮」。傷當時不行三年之喪，不得見此服也。《韻會》通作畢，引《荀子》共艾畢注，與韠同。或曰，荀本作韠，譌省作畢，从韠爲正。篆作□，互見前韍注。

劉仲達《劉氏鴻書》卷七七《衣帛部·袞》 古制：衣裳十二章，日、月、星辰，取其照臨也。山，取其鎮也。龍，取其變化也。華蟲雉，取其文也。六者繪之於衣。宗彝，虎蜼，取其孝也。藻，取其潔也。火，取其明也。粉米，取其養也。黼若斧形，取其斷也。黻爲兩相背，取其辨也。六者繡之于裳。《彙苑》

葉夢珠《閱世編》卷八《内裝》 命婦之服，繡補從夫，外加霞帔、環珮而已。其他便服及士庶婦女之衣如紵、絲、紗、緞、綢、絹、綾、羅，一概用之，色亦隨時任意，不大逕庭也。然余幼見前輩内服之最美者，有刻絲、織文。領袖襟帶，以羊皮金鑲嵌。若刺綉則直以綵線爲之，粗而滯重，文錦不輕用也。其後廢織文、刻絲等，而專以綾紗堆花刺綉。綉仿露香園體，染彩絲而爲之，精巧日甚。時惟大紅爲禮服而不輕用。未幾，遂以爲常服。甚而用錦緞，又甚而裝珠翠矣。然惟縉紳之家用之。寖淫至于明末，擔石之家非綉衣大紅不服，婢女出使非大紅裏衣不華。今則田家村婦介之于青衫裙布之間矣。夏日細葛、紗羅，士大夫之家常服之，下而婢女不輕服也。崇禎之間，婦婢出使服之矣。良家居恒亦服之矣。自明末迄今，市井之婦，居常無不服羅綺，娼優賤婢以爲常服，莫之怪也。袖初尚小，有僅盈尺者，後大至三尺，與男服等。自順治以後，女袖又漸小，今亦不過尺餘耳。綉初施于襟條以及看帶袖口，後用滿綉團花，近有灑墨淡花，衣俱淺色，成方塊，中施細畫，一衣數十方，方各異色，若僧家補衲之狀，輕便瀟灑，恐非象服。守禮之家，不必效之也。本朝女服，無異丈夫，公私皆同，可以通用。

内裝領飾，向有三等：大者裁白綾爲雲樣，披及兩肩，胸背刺綉花鳥，綴以金珠、寶石、鐘鈴，令行動有聲，曰宫裝。次者曰雲肩。小者曰階髻。其綉文綴裝則同。近來宫裝，惟禮服用之，居常但用階髻而式樣亦異，或剪綵爲金蓮花，結線爲纓絡樣，扣于領而倒覆于肩，任意裝之，尤覺輕便。

【略】

裳服，俗謂之裙。舊制：色亦不一，或用浅色，或用素白，或用刺綉，織以羊皮，金緝于下縫，總與衣衫相稱而止。崇禎初，專用素白，即綉亦衹下邊一、二寸，至于體惟六幅，其來已久。古時所謂裙拖六幅湘江水是也。明末始用八幅，腰間細褶數十，行動如水紋，不無美秀，而下邊用大紅一線，上或綉畫二、三寸，數年以來，始用淺色畫裙。有十幅者，腰間每褶各用一色，色皆淡雅，前後正幅，輕描細繪，風動色如月華，飄颺絢爛，因以爲名。然而守禮之家，亦不甚效之。本朝無裙制，惟以長布没履，無論男女皆然。

劉獻廷《廣陽雜記》卷五 《邠風》曰：「無衣無褐。」鄭氏云：「褐，毛布也。」此説非是。褐乃編絮短衣，不黄不皁，賤者之服，非毛布也。《孟子》曰：「若刺褐夫。」以褐夫對萬乘，亦言貴賤之殊耳。鄭氏誤以褐爲毼，遂云褐，毛布也，不知褐字從衣，毼字從毛，乃今之斜毼，價貴于苧麻多矣，豈賤者服乎？

劉獻廷《廣陽雜記》卷五 《史記·始皇本紀》曰：「夫寒食者利裋褐。」《漢書·貢禹傳》：「裋褐不完。」班彪《王命論》「思有裋褐之襃」。注：裋褐之裋，音樹，謂僮竪所著布長襦也。褐，毛布之衣也。荀卿、淮南諸子亦有之，皆音樹，絶無言短褐者。杜詩「顛倒在短褐」，應是誤刻。

查慎行《人海記》卷下《舉人衫》 新舉人朝見着青衫，不着襴衫，聞始於宣宗朝，謂其異於歲貢生耳。及其下第，送國子監，則仍着襴衫，蓋國學自有成規也。

查愼行《人海記》卷下《只孫衣》 元時有只孫衣，周伯琦《詐馬行序》曰：華言一色衣也。周憲王《元宫詞》健兒千隊足如飛，隨從南郊露未晞。鼓吹聲中春色曉，御前咸着只孫衣。吳郡皇甫庸《近峰聞略》云：元親王及功臣侍宴者，則賜冠衣謂之只孫。今儀從所服團花，只孫當是也。按《元史世祖本紀》只作質。

劉廷璣《在園雜誌》卷一 朝衣、公服俱用補子，繡仙鶴、錦鷄之類，分品級大小，即以鳥紀官之義。常見福清葉相國向高集内有「欽賜大紅紵絲斗牛背胸一襲」。「背胸」，或即補子也，如婦人之首飾曰頭面，半臂窄衣曰背心。不然，則「補子」二字何所取義。

衣服上所織四爪者謂之蟒，民間通用五爪者謂之龍，非奉欽賜暨諸王賞賚不得擅用，此定例也。又紅絨結頂之帽，四面開衩之袍，俱不得自製。近見五爪龍，四衩袍穿者頗多，人少爲注目，即曰某王所賜，無從稽考，聽之而已。【略】

古裘有五：大裘、黼裘、良裘、功裘、褻裘。大裘，用黑羔皮爲之，王者祀天之服。緇衣羔裘，朝覲用之。《鄭風》云：「羔裘豹飾」，大夫燕居之服。近日不獨不以豹飾，而大夫多不羔裘矣。間或服之，惟領與袖或飾貂，或飾狐，或飾銀鼠之類，而晏子一狐裘三十年，疑用全狐。今服全狐者少。千羊之皮不如一狐之腋，近之狐腋盡人而裘矣。當年孟嘗君之狐白裘，即集狐之白腋也，俗名天馬皮。又集項下細毛深温黑白成文者，俗名烏雲豹，甚煖。其腿裏一塊黄黑雜色者，集以成裘，俗名麻葉子，亦煖。至於全白狐皮，則粗冗不堪。又有元狐一種，雖名元狐，其實蒼白色者居多也。如高昌國貢唐太宗元狐裘，今亦難得。蘇季子黑貂裘敝，古人貴重貂裘，近日稍豐裕者即衣之，定例四品以上始用，何其僭越也。若上元夫人之青毛錦裘，漢武帝之吉光裘，程據之雉頭裘，張昌宗之集翠裘，南昌國進浮光裘，司馬相如之鷫鸘裘，慶安世之紫綈裘，止存其名，不知爲何物矣。更有猞猁猻一種，輕煖華美，貂裘之外無出其右，所謂胭脂雪者，想即此耶。侍衛製爲朝衣，諸王製爲坐褥，而定例亦四品以上始服，近亦僭越矣。又灰鼠一種，最宜於秋末冬初及南方不甚苦寒之地，邇來頗多；至于毛之白者名銀鼠，康熙初年尚少，其價甚昂，近不獨多，而且賤矣。又以獺皮爲深衣，可禦雪，可當衾裯，粗而重賤者之服，亦褻裘類也。「緇衣羔裘」「黄衣狐裘」，取其表裏如一。「羔裘玄冠不以弔」，言衣冠俱黑色，古之吉服也。是古之羔皆用黑者，而今則純白矣。何古之黑者多，而今之黑者少也。或曰：「當日之黑羔，安知非如今日之染狐皮，染銀鼠耶？」爲之一笑。羊皮貴羔而賤老，人皆知之，獨口外則不然。有皮軟而毛長者，俗名麥穗子，言其毛長如麥穗也，口外風高，非此不足以禦之。雖公卿貴官至彼，貂裘之上亦必覆此一件，取其毛大壓風也。内地亦有此種，不如口外者佳。

沈自南《藝林彙考·服飾篇》卷五《袍衫類》 《紀原》 《世本》胡曹作衣，《淮南子》伯余作衣，皆黄帝臣。

《七修類稿》 《禮記》曰「袍必有表」。鄭玄注曰：褻衣也。又《輿服志》周公抱成王宴居故施袍。如范雎綈袍之類，其來遠矣。《事物紀原》以爲始於宇文護，《困學紀聞》以爲始於隋大業，皆不知始也。

《説略》 晉處士馮翼衣巾大袖，周緣以皁，下加襴，前繫二長帶，隋唐朝野服之，謂之馮翼之衣，今呼爲直掇。《禮記·儒行》鄭玄注：逢，大也，大掖，大袂襌衣也。逢掖与馮翼音相近。

《秇言》 吳中方言稱衣之廣袖者謂之海青。按太白詩云「翩翩舞廣袖，似鳥海東來」。蓋東海有俊鶻名海東青，白言翩翩廣袖之舞，如海東青也。

《鶴山雅言》 陸農師《陶山集》辯大裘，康成謂黑羔裘者，非云王有六冕而五裘，其一恐是大裘。此裘不可以通四時服之。

《丹鉛録》 馬周上議，三代深衣，青襴袖，襈襟，爲士人上服，開骻者名缺骻衫，庶人服之。即今之四䙆衫。襈襟，衣袂有緣也。䙆，衣裾分也。按，唐制中尉、樞密皆䙆衫，侍從僖宗之世，已具襴笏。昭宗時，嚴遵美爲軍容使，歎曰：北司供奉官以袴衫給事，今執袍笏過矣。後隱青城山。袴衫，即䙆衫也。䙆音悸，史昭音睽。

《演繁露》 襦者，短衫也。《莊子》曰未解裙襦。《廉范傳》曰昔民無襦今五袴也。褐者，裾垂至地。《張良傳》有老父衣褐至良所。師古曰：褐制若裘，今道士所服者是也。裘，即如今之道服也，斜領交裾，與今長背子略同，其異者，背子開胯，裘則縫合兩腋也。然今世道士所服，又略與裘異，裘之兩裾交相掩擁，而道士則兩裾直垂也。師古略舉其槩，故不能詳也。長背子，古無之，或云，近出宣政間，然《小説》載蘇文忠襌衣襯朝服，即在宣政之前矣。詳今長背既與裘制大同小異，而與古中單又大相似，殆加減其制而爲之耳。中單掖下縫合，而背子則離異其裾，中單兩腋各有帶穴，其掖而互穿之，以約定裏衣，至背子則既悉去其帶，惟此爲異也。至其用，以襯藉公裳，則意制全是中單也。今世好古而存舊者，縫兩帶綴背子掖下，垂而不用，蓋放中單之交帶也。雖不以束衣而遂舒垂之，欲存古也。《太平御覽》有仙公請問經，其文曰：太極真人曰學道，當潔净衣服，備巾褐制度，名曰道之法服也。巾者，冠中之巾也，褐者，長裾通冒其外衣也，巾褐皆具，乃巾道家法服之制。今世衣直掇爲道服者，必本諸此也。又傳授經曰：老子去周，左慈在魏，竝葛巾單裙不著褐，則是直著短衫，而以裙束其上，不用道家法服也。晉・王獻之書羊欣練裙，朱公叔《絶交論》謂西華之子，冬月葛衣練裙。蓋古人不徒衣袴必以裙襲之，是正上衣下裳之制也。

《名義考》《説文》「襦，短衣也」。《方言》汗襦，自關而西謂之衹音低裯。此説非。《劉弘傳》持更者羸疾無襦，給韋袍複帽。謝朓過江革，時大雪，見革敝絮單席，耽學不倦。朓脱所著襦，并手割半氈與革，充卧席而去。顧協冬服單薄，蔡法度欲解襦與之，憚其清嚴，不敢發口。觀此則襦當是纊襴緼袍之類，可以禦寒者，非短衣汗衫也。

《丹鉛録》《後漢書・光武紀》諸于繡𧞠。李善等注云：繡𧞠，半臂也。一云：更始諸將服婦人衣繡𧞠。黄公紹云：字書無𧞠字，當作裾。慎按，《西陽雜俎》盜俠類有單練髻之説。練髻與繡𧞠同一類也，𧞠疑半臂羽衣，故字從彡。《漢書》作𧞠，《西陽雜俎》作髻，寫有繁省也，古有此字，字書偶遺之爾，何必强改爲裾字。又薛女都臨陣著絳衲兩當衫，亦半臂也。

《秇林伐山》《廣記》云：韓晉公在浙西，瓦官寺無遮齋會中，有一少年請弄閣，乃投蓋而上，單練髻，履膜皮，猿掛鳥跂，捷若鬼神。髻與𧞠字小不同，義則一也。字從彡，蓋羽衣毰毸之類。

《名義考》古者有半臂、背子，《事物紀原》隋大業中，内官多服半臂，除即長袖也。又曰，秦二世詔：衫子上朝服加背子，其制袖短於衫，身與衫齊而大袖。按《方言》襜褕，其短者自關之西謂之裗襤。郭璞云：俗名襤掖。一曰襤褸，即是諸于上加繡襤，如今半臂。《漢書音義》云：諸于，大掖衣也。此可見大掖衣外加半臂，在手臂之間，如今搭護相似，脱去半臂，即大掖衣，故曰除即長袖也。又衫子外加背子，在脊背之間，如今披風相似，所謂其制袖短於衫，身與衫齊而大袖也。

《名義考》裼衣，乃半袖，襌衣加于裘之上以見美。襲衣，乃有袖全衣加於裼之上以充美。《曲禮》鄭玄注：古人近體衣有袍襗，其外有裘葛。裘葛皆有裼衣，裼衣上有襲衣，襲衣上有常著之服，則皮弁服與深衣之屬也。

《談苑》古者朝宴，衮服中有白紗中單，百官郊享，服中有明衣，皆汗衫之狀。

《演繁露》今人服公裳，必衷以背子。背子者，狀如單襦袷襖，特其裾加長，直垂至足焉耳，其實古之中襌也。襌之字或爲單，皆音單也。古之法服朝服，其内必有中單。中單之制，正如今人背子，而兩腋有交帶横束其上，今世之慕古者，兩腋各垂雙帶以準襌之帶，即本此也。《江充傳》衣紗縠襌衣。師古曰：襌衣，若今之朝服中襌也。《漢官儀》曰：虎賁中郎將衣紗縠襌衣。《事物紀原》曰：漢高帝與項羽戰，汗透中單。且曰中單即今汗衫，非也。

《名義考》《説文》「弘農謂帬爲帔」，《玉篇》在肩背也。今命婦衣外以織文一幅，前後如其衣長，中分而前兩開之，在肩背之間，謂之霞帔，即古之帔也。

《演繁露》唐睿宗召司馬承禎問道，遂賜絳霞紅帔以還，公卿賦詩送之。今世之謂霞帔者，殆起此耶？

《演繁露》王章卧牛衣中。注：龍具也。龍具之制，不知何若。按《食貨志》董仲舒曰：貧民常衣牛馬之衣而食犬彘之食。然則牛衣者，編草使暖，以被牛體，蓋蓑衣之類也。

《讕言長語》襴衫，馬周以三代布深（文）〔衣〕因于其下及裾名襴衫，以爲上士之服。今舉子所衣之服是也。

《余氏辨林》今之朝衣，乃戎服也。蓋自隋煬帝數出幸，因令百官以戎服從。一品紫，次朱，次青，後世循襲爲之。皁靴亦胡俗馬鞋，趙武靈王好胡服，因著之，後效爲之也。

《演繁露》《南粤王傳》陸賈往賜尉佗上中下褚衣。師古（音）〔注〕云：綿裝衣，以綿多少分三品。

《席上腐談》今之蒙衫，即古之毳衣。蒙謂毛之細軟貌，如《詩》所謂「狐裘蒙茸」之蒙，谷作毪，其實即是毛衫，毛訛爲蒙，蒙又轉而爲毪。

《演繁露》徐常侍鉉入中原，以織毛衣制本出胡人，不肯被服，寧忍寒至死，信其有守。然古固以狐羔麑爲裘，聖人服之矣。若謂古人不以織毛之衣襲朝服者，則今貂蟬亦古乎？若其篤古堅毅，死且不易，上於人多矣。

《同話録》近歲衣制，有一種如旋襖，長不過腰，兩袖僅掩肘，以最厚之帛爲之，仍用夾裏，或其中用綿者，以紫皁緣之，名曰貉袖。聞之起於御馬苑圉人，短前後襟者，坐鞍上不妨脱著，短袖者以其便於控馭耳。

《名義考》《玉藻》「纊爲繭，緼爲袍」。鄭玄注：纊，新綿，緼，舊絮。《廣韻》繹繭爲絲，不繅爲綿，繅餘爲絮。以蠶繭繹而出之曰繅，繅之所累曰絲，以爲黼黻文章，不繅而成之曰綿。《書》「織纊」，《莊子》「洴澼絖」是也。以緒繭繅餘爲絮，繭内衣護蛹者與其外膜雜爲之。《易》「繻有衣袽」是也。以緒袍繭，《春秋傳》所謂「重繭」，衣之貴者，袍即《論語》所謂緼袍，衣之賤者貧者，又不可得絮，於是雜用枲褚枲緂也。以褚袍亦曰緼袍，編而爲粗短衣，即《孟子》所謂「褐寬博」，以爲襌縠用以行道禦塵，即《詩》所謂「褧衣」，《記》所謂「絅」。師古曰：以綿裝衣曰褚。《論語》注作著。

《席上腐談》《豳詩》云「無衣無褐，何以卒歲」。鄭氏云：褐，毛布也。貴者無衣，賤者無褐，何以卒歲。愚按，孟子云「視刺萬乘之君，若刺褐夫」。褐夫對萬乘之君，亦言貴賤之殊耳。褐乃編枲粗短衣，不黄不皂，賤者之服，非毛布也。褐字從衣，毼字從毛，鄭氏誤以褐爲毼，遂云毛布。毛布乃今之斜毼，價貴於苧麻多矣，豈賤者之服？

《名義考》褐，《説文》「編枲韤也」。馬絡頭也，亦謂之馬衣，賤者編枲爲衣，寬大有似於韤，故曰「褐寬博」。毛布以禦寒，何取於寬博哉？今士子出身曰釋褐，言去賤而將貴也，若毛布則罽也，亦謂之毼，其字从毛。康成、杜預諸人皆誤釋。罽音計。

《名義考》褧，《説文》「檾也」。《爾雅翼》檾葉似苧而薄，今人績爲布以爲衣。不重曰襌縠。《詩》「衣錦褧衣」是也，亦作絅。《玉藻》「襌爲絅」，《中庸》「衣錦尚絅」，通作潁。《士昏禮》「女從者畢袗玄袗潁黼」，《雜記》「三年之喪既潁」，又作景。《儀禮》「婦乘以几姆加景乃驅」。絅、潁、景、褧通，皆嫁時在途禦塵之衣也。

《席上腐談》古之素積，即今之細摺布衫也。荀子云「皮弁素積」。楊倞注云：素積爲裳，用十五升布爲之，蹙其腰中，故謂之素積。一升八十縷，十五升千二百縷，蓋細布也。

《名義考》端與玄端，即緇布衣，古者卿士聽朝之服，以其正幅不衺殺，故曰端。章甫視母追，音牟堆。其飾漸大，故曰章甫，亦以緇布爲之，所謂玄冠也。

《秕言》《周禮》「鞠衣」。賈公彦疏：云色如麴塵，不爲麴者，古通用云。凡云者，疑辭，此以意解，故疑之。按《釋名》鞠衣，黄如菊花色也。《月令》「鞠有黄華」。鞠，菊也，菊以黄爲正色。《釋名》説是。

《西溪叢語》劉禹錫「龍墀遥望麴塵絲」。使「麴塵」字者極多。

《禮記・月令》「薦鞠衣于上帝，告桑事」。鄭玄注云：如鞠塵色。《周禮・内司服》「鞠衣」。鄭司農云：鞠衣，黄桑服也，色如鞠塵，象桑葉始生。乃知用麴，蘖字非是。【略】

《丹鉛録》《金石録・太公碑》引《周志》曰：文王夢天帝服玄禳以立於令狐之津，帝曰：賜汝望玄禳，殆天人之衣也。趙明誠曰：禳作示傍，字書所無，當作衣。

《長安夜話》我朝見下工部旨，造只遜八百副，皆不知只遜何物。後乃知爲上直校鵞帽錦衣也。

《丹鉛録》毦，音珥。績羽爲衣也。《三國志》劉先主好結毦，庾信詩「金羈翠毦往交河」。

《丹鉛録》唐人邊塞曲「金裝腰帶重，錦縫耳衣寒」。耳衣，今之暖耳也。

《丹鉛録》孝文夢欲上天不能，有一黄頭郎從後推之上天，顧見其衣裻。慎按：裻，衣之中也。今人製衣猶曰裻縫，醫家曰督脈人之中，梓人曰督線室之中也。

《兼明書》陸士衡《贈弟詩》云「寤言涕交纓」。臣銑曰：纓，衣領也。明曰：纓，帶也。雖文章用字與經稍疎，詁訓釋名安可臆斷。

《代醉編》襟紐爲衣船，杜詩「天子呼來不上船」。

《史記考要》《司馬相如傳・賦》「揚袘卹削」，《漢書》、《文選》作戌削。下文云「眇閻易以戌削」，《漢書》、《文選》作卹削，二字音同亦通用耳。

《丹鉛録》《周禮》王后褘衣。謂畫袍也，一曰衺，交絡帶繫於體者。音爲，又音徽。《説文》「蔽厀也」。屈狄亦《周禮》王后衣也。

《名義考》按「王后六服，褘衣、揄狄」。褘衣，畫翬也，揄狄，畫鷂也。狄本作翟，雉名。翬、鷂皆雉也。《爾雅》「伊雒而南，素質，五采皆備，成章，曰翬。江淮而南，青質，五采皆備，成章，曰鷂」。是褘揄皆畫翟，但質有青素之殊。《説文》謂「翟羽飾衣」。曰褕羽，不可以飾衣。十二章華蟲作繪，華蟲爲鷩，繪爲畫，帝服用鷩，后服用翟，皆畫也。

《名義考》副褘，副之言貳也。王后褘衣，上公如天子之服，則上公夫人如后之服，貳於后也。《禮記》夫人謂禕是也。

《丹鉛録》後周皇后服制，受繭則服鷩衣，聽女教則服鶾衣，音翬。歸寧則服鳪衣。音秋。鶾、鳪字惟見此，蓋蘇綽所制也。

《名義考》楊用修，後周皇后聽女教則服鶾衣，歸寧則服鳪衣。鶾鳪字惟見此，蘇綽所制，用修其亦未讀《爾雅》邪？《爾雅》「秩秩，海雉、鸐雉，鶾雉」。郭璞云：秩秩似雉而黑，鶾雉今白鶾也。是鶾鳪已見《爾雅》，但鳪作秩，古字通用。《廣韻》鳪讀若益，鋪豉鳥。未知即秩秩否，而云鶾鳪惟見此，已非是。又云蘇綽所制，尤非。

《丹鉛録》仙女天衣有金縷單絲錦縠，銀泥五暈羅裙，見《許老翁傳》。《博異志》天女衣六銖，又曰五銖。《北里志》玉肌無軫五銖輕。

《丹鉛録》自漢魏六朝至唐，宫中衣皆尚窄，非惟便於趨承，亦以示儉，爲天下先也。觀馮緄墓石闕，刻美人可見。吴曹不興畫美人衣，僅束身，畫家曹衣出水，吴帶當風。唐人垂帶多飄揚，而衣仍古制。韓偓詩「長長漢殿肩，窄窄楚宫衣」。李賀詩「禿衫小袖調鸚鵡」，又「越羅小袖新香蒨」可證也。嘉靖中，四方婦人與男子無異，直垂至膝下，去地僅五寸，袖闊至四尺餘，時有謔詩云「碧羅舞袖雙垂地，籠卻纏頭無處尋」，亦近服妖也。【略】

《説略》袈裟，薩婆多，云臥具者，三衣之名。《大净法門經》云：袈裟者，晉名去穢。《大集經》名離染服，《賢愚經》名曰世服，《真諦雜記》云：袈裟是外國三衣之名。名含多義，或名離塵服，由斷六塵故，或名消瘦服，由割煩惱故，或名蓮華服，服者離著故，或名間色服，以三如法色所成故，言三色者，律有三種壞色，青黑木蘭青，謂銅青，黑謂雜泥木蘭，即木皮也。應法師云：韻作毠毟，音加沙。葛洪字苑，始改從衣。又梵言僧祇，此云三衣者，賢聖之幖幟也，一曰僧伽梨，即大衣也，一曰鬱多羅，僧即七條也，一曰安陀會，即五條也，此是三衣，若呼三條，褊衫裙爲三衣，誤也。褊衫，梵言僧祇支。《西域記》云：正名僧迦鵄，此云覆腋衣，用覆左肩，右開左合。竺道祖云：魏時請僧於内，自恣宫人，見僧偏袒不以爲善，遂作此衣，施僧因綴於左邊祇支上，因而受稱，即褊衫右邊，今隱祇支名，通號兩袖曰褊衫也。

《丹鉛録》袈裟名水田衣，又名稻畦帔。王維詩「乞飯從香積，裁衣學水田」。王少伯詩「手巾花氎净，香帔稻畦成」。袈裟，《内典》作毠毟，蓋西域以毛爲之。又名逍遥服，又名無塵衣。

《説原》袈裟一名無垢衣，又名忍辱鎧，又名覆膊，又名掩衣，謂覆左膊而掩右腋也。褊衫謂偏袒左肩，而拖其衣，故製爲褊衫，而全其兩肩也。析鳥羽而爲裘，謂之鶴氅。

《演繁露》僧衣環。《唐會要》吐蕃官章飾有五等，一瑟瑟，二金，三以金飾銀，四銀，五熟銅，各以方圓三寸，褐上裝之，安膊前，以辨貴賤。今僧衣謂之袈裟者，當胷有環，環中著鍵，横紐上下，牙角銀銅，隨力爲之，其源流殆出此乎？

沈自南《藝林彙考·服飾篇》卷七《裩袴類》

《紀原》唐歸崇敬言三代無袴褶之制，隋已來始有服者。

《天中記》説文「袴，脛衣也」。《釋名》袴，跨也，兩股各跨別也。留幕，冀州所名大褶下至膝者也。留，牢也，幕，絡也，言牢落在衣表也。《方言》齊魯之間，袴謂之褰，或謂之襱，關西謂之袴。大袴謂之倒頓，小袴謂之芙蓉衫，楚通語也。

《文昌雜録》《晉志》云：袴褶之制未詳，所起近代車駕親戎，中外戒嚴則服之。唐制，三品已上紫褶，五品已上緋褶，通用細綾，七品已上碧褶，通用小綾。《玉藻》云：「襌爲絅。」音扃。引，急也。白爲褶，褶，袷也。鄭云：襌爲絅，「有衣裳而(無)裏」者也。帛爲褶，「有表裏而無著」者也。周遷《輿服雜事》云：趙武靈王緌胡之纓，戎服有袴褶之制，始自漢武，近世服以從戎。隋制，纘嚴，文武百官咸服之。車駕親戎，(制)[則]縛袴，使不舒散。皇朝導駕官袴褶，蓋馬上之服也。

李本寧曰：按《隋書·禮儀志》袴褶服以從戎。今纂嚴，則文武百官咸服之。車駕親戎，則縛袴，不舒散。中官紫褶，外官絳褶，腰皮帶，以代鞶革。又黄布袴褶，赤罽帶，青布袴褶，絳綾帶，白布袴褶，皆賤者之服。三國吕範，釋褠著袴褶，執鞭詣閣。晉桓宣武與殷劉談不如甚，唤左右取黄皮袴褶，上馬舞矟數回，或向殷，或擬劉，意氣始得雄。宋王曇首年十四五便歌，謝靈運欲聞之，無由得聞，後出東府，土山作妓，王時作兩丸髻，著袴褶，騎馬往土山下庾家墓林下作一曲歌。張暢著黄袴褶，出射堂簡人。梁清家見人著平上幘，烏衣袴褶。齊永明十年，魏主宏于平城侍中省，見一鬼衣黄褶袴，當户欲入，叱之不退。此其來已久，南朝承用而褚緭以嘲魏，亦不可曉。褚緭與陳伯之降魏，元日作詩曰：帽上著籠冠，袴上著朱衣。《北堂書抄》有袴褶一類，直是袴事又不可曉。餘杭令顧颺以郭文山行須皮衣，贈以韋袴褶一具，文不納，置室中而去，乃至爛於户内。疑即袴也，王曇首所著或即此。《綱目》齊寶卷著織成袴褶，王幼學《集覽》云：騎服也。隋煬帝時，武官馬加珂戴幘服袴褶。又以百官從駕，皆服袴褶，於軍旅間不便，詔皆戎衣。馮知舒《質釋》云：小衣名。注釋皆不甚了然，而袴褶又何爲不便也？

《疑耀》　褌即袴也。古人袴皆無襠，女人所用，皆有襠者，其制起自漢昭帝。時上官皇后爲霍光外孫，欲擅寵有子，雖宫人使令皆爲有襠之袴，多其帶，令不得交通名曰窮袴。今男女皆服之矣。

《冷齋夜話》　予嘗館州南客邸，見破篋中有詩，編寫本字多漫滅，皆晉簡文時名公卿而詩，語工甚，有《樂府》曰「繡幕圍春風，耳節朱絲桐。不知理何事，淺立經營中。護惜加窮袴，隄防託守宫。今日牛羊上丘壠，當時近前面發紅」云云。前輩多全用其句，老杜曰「意象慘淡經營中」，李長吉曰「羅幃繡幕圍春風」，山谷曰「朱羊今日上丘壠，當時近前左右瞋」。窮袴，漢時語也，今襠袴是也。

《娱書堂詩話》　《古樂府》云「愛惜加窮袴，防閑託守宫」。《冷齋夜話》云：窮袴，漢時語，今襠袴也。然未詳所出。按西漢《上官后傳》宫人使令皆爲窮袴，多其帶。服虔曰：窮袴，有前後襠，不得交通也。師古云：即今之裩襠袴也。

《丹鉛録》　犢鼻褌，犢，《説文》作「襱，絝踦也。又作襩」。俱音統，如南夷關頭衣。

《秕言》　《相如傳》相如身自著犢鼻褌。師古曰：即今之衳也，形似犢鼻，故以名云。今俗因謂之牛頭褌，然其形與犢鼻不似。姚令威曰：膝上二寸爲犢鼻穴，言褌之長財至此。此説得之。衳，之容反。

《名義考》　（《漢昭記》）〔《李昭上官皇后》〕霍光欲后擅寵，左右皆阿意，雖宫人使令皆爲窮袴。服虔注：窮袴，有前後襠，不得交通。《史記・列傳》司馬相如家徒四壁立，自著犢鼻褌。韋昭注：小褌，形如犢鼻。《玉篇》三尺布作，如牛鼻。

《七修類稿》　今之牛頭褌，即古之犢鼻褌也，其來最遠。《史記・列傳》云相如身自著犢鼻褌。韋昭曰：以三尺布爲之，形如犢鼻。《二儀實録》云：西戎以皮爲之。夏后氏以來用絹，長至於膝。漢晉名犢鼻。北齊則與袴長短相似，考犢鼻之來甚古。

《留青日札》　褌，幒也，褻衣也。漢・司馬相如著犢鼻褌，晉阮咸曬犢鼻褌，以三尺布爲之，形如牛鼻。蓋前後各一幅，中裁兩尖襠交湊，即今之牛頭子褌，一名梢子袴，脛衣也。《漢・外戚傳》窮袴，服虔注：今之裩襠袴，有前後襠，不得交通。周仁溺袴。注：尿袴也，爲小袴以藉尿，晉謝尚刺紋袴。又《晉書》動不敢出褌襠，古詩所云「鐵裲襠」。

《留青日札》　獨力衣槃瓠負帝女入山，女解去衣裳，爲僕鑒之結，著獨力之衣。又云：好五色衣服，製裁皆有尾形。蓋槃瓠原五彩毛故也。

《丹鉛録》　韠，韍也，以韋爲之。古者席地而坐，以臨俎豆，故設蔽厀以備濡漬。韠之爲言蔽也，今之蔽厀也。韠之作也，在衣之先，其服也在衣之後，有命服之韠，有祭服之韠。《詩》曰「庶見素韠」，是祥祭有韠。劉熙曰：韠以蔽前，婦人蔽厀亦如之，曰香衩。是婦人有韠也。《荀子》曰：共艾韠。説者曰：蒼白之韋。是罪人有韠。今之訟者，勒短裙見官，俗曰衫枷。《通典》曰：戰國連兵以韠非兵制，去之。此説非是，唐人畫古將帥象，多有緑錦戰裙，是兵亦有韠。《宋史》丞相食品庖吏具脂韠。是貴賤雖殊，韠之用一也。

《名義考》　《説文》「韍，韠也」，「韠，韍也」。所以蔽前，以韋，下廣二尺，上廣一尺，其頸五寸」。帶博二寸。鄭云：韐，合韋爲之，以茅蒐染之，一曰韎韐，以代韠。是韍、韠、韐三者皆蔽膝之衣，制同名異。韐乃合韋，韍、韠不合，此其異耳。朱子曰：冕服謂之韍，他服謂之韠。此大夫以上之服，韐則士服也。《玉藻》云「君朱，大夫素，士爵韋。天子直，公侯前後方，大夫前方，後挫角，士前後正」。陳氏曰：以其芾前曰韍，以其一巾足矣，曰韠，以色則曰緼，以緼質則曰韎韐。《詩》疏古者佃漁，因衣其皮，先知蔽前，後知蔽後，後王易以絺音止，與黹同。繡，黑與白相次畫爲弫古弗字。謂之黻。以韋，从韋作韍，以絺，从黹作黻。一曰古者席地而坐，以臨俎豆，設蔽膝以備濡漬。

《雋言》　《王莽傳》莽受緑韍衮冕。師古曰：此韍謂蔽膝也，或謂韍〔韠〕。

《鶴山雅言》　衣裳之制，先始於韠韐，亦名紱。蓋揜前後者，以皮爲之。朱《漢上》云：古者衣裳相連，乾坤相依，君臣上下同體也。至秦，始取女之衣裳离之。昔人謂禮失則求諸野，今瀘叙間，獠俗多衣統裠，上下相連，猶古法。及到靖州，土俗祭祀皆有尸，重喪則戴片帛，而齋戒不茹葷腥三年。此古三苗舊國也。

日、月、星辰、山、龍、華蟲，作會爲衣，宗彝、藻、火、粉米、黼黻，絺繡爲裳。堯舜衣裳十二章，周以日、月、星辰畫於太常之旂，謂之三辰旂旗，登龍於山，升火於宗彝，爲九章，尊其神明也。一龍，二山，三華蟲，四火，五宗彝爲繢，六藻，七粉米，八斧，九弫爲絺繡。

《名義考》古者以緇布爲冠，止於斂髮，魏武帝裁縑帛以爲帢。音恰。按頭使下，今帽是也。古以皮爲履，止於拘足。趙武靈王作胡服，變履爲鞮，音提。連脛服之，今靴是也。古上衣下裳，以隱形自蔽障，後魏陋俗，欲便於鞍馬，施帬於衣，爲横幅而綴於下，謂之襴，音闌。今長衫是也。帢本軍容，鞮與襴皆戎服，古人冠裳之制，於是盡變矣。

《天中記》《釋名》裙，下裳也，連接裙幅也，緝下横縫，緝其下也。緣裙，裙施緣也。又裙，裏衣也。古服裙不居外，皆有衣籠也。《方言》陳魏之間謂裙爲帔，繞衿謂之裙。

劉馮《事始》古者婦人始見舅姑，每持香纓以拜，五色采爲之。隋牛弘議以素絹八尺，中擗名曰帛拜，以代香纓。

雋言《石奮傳》取親中帬厠牏。師古曰：中帬，若今言中衣。厠牏者，近身之小衫，若今汗衫也。晉灼曰：今世謂反門小袖衫爲侯牏。

雋言《馬援傳》施衿結褵。《説文》曰：「衿，交衽也。」毛萇注曰：褵，婦人之褘也。

《秇林伐山》《説文》「蔑貉中女子無絝，恒以帛爲脛，空用絮補，核名曰縛衣，狀則如襜」。按，此即今之裩也。襜，祖昆切。

《丹鉛總録》袜，女人脇衣也。隋煬帝詩「錦袖淮南舞，寶袜楚宫腰」。盧照隣詩「倡家寶袜蛟龍被」是也。或謂起自楊妃，出於小説僞書，不可信也。崔豹《古今注》謂之腰綵，注引《左傳》「衵服」。謂日日近身衣也。是春秋之世已有之，豈始於唐乎。沈約詩「領上蒲桃繡，腰中合歡綺」。謝偃詩「細風吹寶袜，輕露溼紅紗」。

《留青日札》今之袜胸，一名襴裙。隋煬帝詩「錦袖淮南舞，寶袜楚宫腰」。謝偃詩「細風吹寶袜，輕露溼紅紗」。盧照鄰詩「倡家寶袜蛟龍被」。袜，女人脇衣也。崔豹引《左傳》「衵服」。衵，日日近身衣也。即唐訶子之類，寶袜在外以束裙腰者，視圖畫，古美人妝可見，故曰楚宫腰，曰細風吹者，此也。若貼身之衵，則風不能吹矣。自後而圍向前，故又名合歡襴裙。沈約詩「領上蒲桃繡，腰中合歡綺」是也。其繡帶亦名袜帶，今襴裙在内，有袖者曰主腰。領襟之上繡蒲桃花，言其花朵朵如蒲桃也。又觀胡侍《墅談》云：建炎以來，《朝野雜記》乾道邸報，臨安府浙漕司所進成恭后御衣之目，有粉紅紗抹胸、真紅羅裹肚，乃知抹胸、裹肚之製，其來不近世紀楊太真私安禄山，爲禄山爪傷胸乳，爲訶子束胸者，或妄傳矣。

雋言《後漢·和帝后紀》倉頭衣緑褠領袖正白。李賢等注云：褠臂衣，今之臂鞲以傳左右手於事便也。又《尹賞傳》被鎧扞。師古曰：鎧，甲也。扞，臂衣也。

《留青日札》裙襉，梁簡文詩「羅裙宜細襉」。先見廣西婦女衣長裙，後曳地四五尺，行則以兩婢前攜之。襉多而細，名曰馬牙襉，或古之遺制也。漢文後宫衣不曳地，其貼地者，以不纏足欲裙蓋之也。又杜牧《詠韈詩》「五陵年少欺他醉，笑把花前出畫裙」，是唐之裙亦足隱足也。

《秇林伐山》宋徽宗宫人，多以麝香色爲鏤金羅爲衣裙，故元裕之有詩云「北去穹廬千萬里，畫羅休鏤麝香金」，此證也。

《丹鉛雜録》白樂天詩「柘枝隨畫鼓，調笑從香毬」。又云「香毬趂拍迴環匝，花盞拋巡取次飛」。皆紀管弦酒席中事，但不知香毬何用，如今人詞中用金鏤字，亦竟不知金縷於歌何關。

《秇林伐山》按，衵、袺、衽謂之褸衩，或即女飾之香衩也。李義山詩「十歲去踏青，芙容作裙衩」。《集韻》注作襢衣。

《宫詞編》注王建詩「每到日中重掠鬢，衩衣騎馬繞宫廊」。《廣雅》衵、袺、衽謂之褸衩，一曰襢衣。按《舊唐書·王氏傳》氏衩衣坐胡床受粲云。又唐禧宗嘗衩衣見崔彦昭。史炤《釋文》云：衩，楚懈切。凡交際間所謂禮服來者，主人欲從簡，便傳言曰：請衩衣。於是以便服進。又有服宴褻之服而遇服交際之服者，必謝曰：衩袒無禮。可見衩衣起於唐，而通行於今也。褸衩，豈衩衣之謂乎？

《丹鉛總録》裼袒衣，蓋近身之衣，《孟子》所謂「袒裼裸裎」也。《左傳》陳靈公與孔寧儀行父通於夏姬，衷其衵服以戲於朝。杜預注：衵服，日日近身之衣。然不若袒服之爲順，衵與袒字畫相似，毫釐之差耳。

吴楚材《彊識略》卷二七《服飾部上》　衣　《白虎通》云：衣者，隱也。裳者，鄣也。所以隱，引行自鄣蔽也。《釋名》曰：衣者，依也。人所依以庇寒暑也。《爾雅》衣梳謂之梲。黼領謂之襮，緣謂之純(枕)〔衸〕謂之裳，衣〔眥〕謂之襟，袚謂之裾，衿謂之袸，佩衿謂之褑，執衽謂之(結)〔袺〕扱衽謂之襭，衣蔽前謂之襜，婦人之褘謂之〔縭〕縭，緌也。裳削幅謂之纀，《通典》曰：上古衣毛，後代以麻易之。又垂衣裳，見《易》。伯余作衣，黄帝臣也，見《淮南子》。又胡曹作衣裳，見《吕氏春秋》，又見《世本》。黄帝臣乾卦巛有文，故上衣玄，下裳黄，見《輿服志》。高辛帝堯黄黼黻衣，又堯純衣，舜袗衣。又堯賜舜絺衣。《周禮》云王之吉服。

衮　《書》日、月、星辰、山、龍、華蟲，六者上衣。宗彝、藻、火、粉米、黼、黻，六者下裳。凡十二章，象天數也。衣服繪，裳用繡。天子服日、月而下，諸侯自龍袞而下至黼黻，士服藻火，大夫加粉米，上得兼下，下不得僭上也。袞者，以龍爲首，龍首卷然。《内傳》曰：黄帝伐蚩尤，乃服袞冕。至舜始備十二章。周登日、月于太常，九章而已，餘五服俱周制也。鷩衣，山雉也。毳衣，見《詩》，畫藻文於衣，象水草之毳，温暖而潔也。絺衣，繡刺粉米。玄衣，即緇衣。褘衣，畫翬雉之文，王后上服，所謂副褘是也。褕狄，王后服，畫鷂雉之文於衣也。闕翟，翦闕繒爲翟雉形，以綴衣，《詩》象服也。鞠衣，王后蠶桑之服，色如菊花。展衣，白衣，后見王與賓客之服也。禒衣，黑色，御於王者之服也。袷衣，《傳》毋服紗縠。單衣，虎賁中郎衣單衣，言無裏也。中衣，即今中單也。曲領，上横壅頸，其狀曲也。袷曲領，古者方領，婦人上服曰袿，其下垂者，上廣下狹如刀圭也。褵屬也，衣裳上下相連屬也。皇后謁廟，服袿襡大衣。《大明諸司職掌》云：皇帝袞十二章，玄衣六章，織日、月、星辰、山、龍、華蟲，纁裳六章，織宗彝、藻、火、粉米、黼、黻。中單以素紗爲之，蔽膝，革帶，大帶，佩綬，襪，舄。東宫袞九章，玄衣五章，織山、龍、華蟲、宗彝、火，纁裳四章，織藻、粉米、黼、黻。親王袞九章，但上袞用青。世子袞九章，青衣三章，織華蟲、火、宗彝。纁裳四章，織藻、粉米、黼、黻。郡王袞五章，青衣三章，織粉米、藻、宗彝，纁裳二章，織黼、黻。

朝服　朝服立阼階，已見《論語》。晉《輿服志》曰：漢制，五郊天子與執事，服各如方色，百官不執事者，服常服，絳衣以從。魏秦静曰：漢氏承秦，改六冕之制，但無冠，絳衣而已。魏以來名朝服。《大明諸司職掌》云：文武官朝服赤羅衣，白紗中單，俱用青飾領緣。青羅裳，青緣。蔽膝，革帶，大帶，佩綬，襪，履。凡過大祀、慶成、正旦、冬至、聖節及頒降、開讀詔赦、進表、傳制則服。未入流官，照九品官朝服行禮。

公服　《筆談》曰中國衣冠，自北齊以來，全用胡服，窄袖緋緑。唐武德、貞觀間猶爾，開元後稍褒博矣。《通典》曰：宇文護始袍加下襴，遂爲後制，即今公服也。《大明職掌》云文武官公服用盤領，右衽袍，或紵絲、紗、羅、絹從宜製造，袖寬三尺。在京官朝見、奏事、謝辭及在外官清晨公座，則用公服，幞頭。《會典》公服花樣，一品大獨科花，徑五寸，二品小獨科花，徑三寸，三品散答花，無枝葉，四品、五品、六品、七品小雜花，八品以下無紋。

祭服　《大明諸司職掌》云：文武官陪祭服，一品至九品青羅衣，白紗中單，俱用皁領，緣赤羅，裳皁緣赤羅，蔽膝，方心曲領。其冠帶佩綬等第並同朝服。《大明集禮》品：官家用祭服，三品以上去方心曲領，四品以下，並去佩綬。

吏巾服　洪武四年，定各衙門掾史、令史、書吏、司典吏穿皂盤領衫，繫絲縧，戴四方平定巾。十四年皂衣改用青色，三十年吏巾樣不與庶民同。

士庶巾服　《大明集禮》士庶初戴四帶巾，今改四方平定巾。雜色盤領，衣不許用黄。執伏之士首服，鏤金額交脚幞頭，服諸色辟邪寶相花裙襖，銅葵花束帶，皂紋靴，刻期冠，方頂巾，衣胸背鷹鷂花腰線襖子，諸色闊絲匾縧，象牙雕花環，行縢八帶鞋。皂隸冠圓頂巾，衣皂衣。洪武三年，令庶民男女衣服，並不得僭用金繡錦、綺、紵絲、綾、羅，許用紬、絹、素紗。其首飾釧鐲並不許金玉珠翠，止用銀。靴不得裁製花樣金線粧飾。六年，令庶民巾環不得用金、玉、瑪瑙、珊瑚、琥珀，未入流品者並同。十四年，令農家許穿紬、紗、絹、布，商賈止許絹、布，農家但有一人爲商亦不許穿紬、紗。各衙門祗禁原穿皂衣，改用淡青。二十二年，令鄉村農夫許戴斗笠、蒲笠，出入市井。不親農業者不許。二十五年，令穿靴違例不許，止穿皮扎𩋾。其北平等處地寒，人民許穿牛皮直縫靴。二十六年，禁官民步卒人等，不許服對襟衣，惟騎士不拘，並見《大明會典》。

樂人巾服　《大明集禮》樂藝冠卍字頂巾，繫紅緑褡膊。樂妓則戴明角冠，皂褙子，不許與庶民妻同。洪武十二年，令教坊司伶人常服緑色巾以別士庶之服。二十二年，令不許戴冠，穿褙子。凡御前供奉俳長、色長，皆服鼓吹冠，歌工皆服弁冠，皂皮琴鞋。提調女樂，歌章女樂，俱服黑漆唐巾，皂靴。見《會典》。

【略】

蔽膝　《釋名》云：韍韠所以蔽前，婦人蔽膝亦如之。《爾雅》衣蔽前，謂之襜。《明堂位》曰：「有虞氏服韍。」鄭康成注曰：冕服之韠以皮爲之。《演義》曰：昔先王衣羽皮，韍字遂從韋。韋，皮也。舜制韍。戰國建兵以韍，非兵飾去之。漢明帝復製韍。正義云：魏晉以還，易以絳紗，字遂從系。蓋太古蔽膝之法，象冕服謂之韍，即《詩》赤芾，《易》朱韍。朝服謂之韠也。《大明諸司職掌》云：皇帝袞冕，紅羅蔽膝，上廣一尺，下廣二尺，長三尺，織火、龍、山三章。弁服，絳紗衣，蔽膝隨衣色。東宫親王袞冕，蔽膝隨裳色，織火、山二章。弁服，絳紗袍，紅裳，蔽膝隨裳色。世子郡王袞冕，襍赤韍。弁服同文武官。朝服赤羅蔽膝。《易》朱紱，《詩》赤芾，俱韍字。

【略】

服色　《二儀實録》云：隋煬帝詔牛洪等造章服差等：三四品紫，五品朱，六品以下緑，官吏青，庶人白，(商)〔商〕皂。唐《馬周傳》云：三品紫，四五品朱，六七品緑，八九品青。《大明職掌》云：文武官公服：一品至四品緋袍，五品至七品青袍，八九品緑袍，未入流雜職官同。又品官常服，用雜色紵絲、綾、羅、綵繡，庶民止用紬、絹、紗、布，不許别用。

花樣 《大明會典》：公侯、駙馬、伯麒麟、白澤，文官一二品仙鶴、錦鷄，三四孔雀、雲鴈，五白鷴，六七鷺鷥、鸂鶒，八九黄鸝、鵪鶉、練鵲。風憲官用獬豸。武官一二品獅子，三四虎、豹，五熊，羆，六七彪，八九犀牛、海馬，儀賓視武官。

【略】

裘 《説文》「皮衣也」。《白虎通》云：禽獸衆多，獨取狐羔，取首丘不忘本，跪乳遜順之義也。《周官·司裘》「[掌]爲大裘，黑羔羊裘，示質。供王祀天[之服]」。仲秋，獻良裘，鳥獸毦毛，用功最善。季秋，獻功裘」。狐青麛裘，用功微麄。《五經要義》云：諸侯黼裘以誓田，雜羔狐爲黼文也。古者著裘於内而以繒衣覆之，乃加以朝服。袒其朝服見裘。裏覆衣謂之裼，所以示美呈好而爲餙。加朝服謂之襲。黄帝伐蚩尤，未克。夢西王母遣道人披玄狐之裘，以符授帝。則裘不始自《周官》，蓋上古衣毛冒皮之遺象也。

袍 《説文》「長襦也」。《玉藻》「纊爲襺，緼爲袍」。注：緼謂舊絮，純着新綿曰襺，雜用舊絮曰袍，其制一也。至唐服袍者下始加襴，緋紫緑皆視其品，庶人以白。今之有襴袍，自唐始。然襖與褐亦袍也。特不襴襞耳。又周公抱成王燕居故施袍。又孔子居魯逢掖袍也。又子路，子思但緼袍。至唐高祖始以赭黄袍爲常服。貞元間常參官服本色綾袍，又賜有錦袍、新羅紫繡紋袍、金銀字袍。又晉謝安鶴氅。

深衣 古聖人法服也。自有虞氏始王，制深衣而養老。製用十五升布濯灰而爲之。《禮記》五法已施，聖人服之。故規矩取其無私，繩取其直權衡，取其中。餘見《玉藻》，及家禮有制度，服深衣則大帶、緇冠、幅巾、黑履。

衫 釋名云：芟也。衣無袖端也。《方言》謂之襜，或謂單襦。《輿服志》云：馬周上議，禮無服衫之文，三代有深衣。請[加]襴、袖褾、襈，爲士人上服。開骻名缺骻衫，庶人服之。即今四脚衫也。今按晉已有白絹衫，魏有火浣衫。

襴衫 《唐志》士人以棠苧襴衫爲上服，貴女工之始也。一命以黄，再命黑，三命纁，四命緑，五命紫。士服短褐，庶人以白。至馬周建議，始以深衣加襴爲上士之服。國朝洪武二十四年，定生員襴衫用玉色布絹爲之，寬袖皂緣，皂縧，軟巾，垂帶。見《會典》蓋取青出於藍之義，然制亦照公服式。不用辟積斜縫深衣。【略】

汗衫 古朝燕之服有中單，郊享有明衣。漢高與項羽戰，汗透中單，遂有汗衫之名。甯戚短布單衣，又都布單衣。

涼衫 《筆談》曰：近歲京師士人朝服乘馬，以黲衣蒙之，謂之涼衫。亦古遺法也。《儀禮》朝服加景。但不知古制度何如耳？按《朱子語録》云：戎服，自隋煬帝始，後循襲爲朝服。宋南渡乃變爲白涼衫，後又變爲紫衫，皆戎服也。

褐 短衣也。褐寬博見《孟子》。褐之父見《左傳》。婁敬衣褐，王孫被褐，古士者服也。故今南宫登第，謂之釋褐。

襖 古褻服也，亦謂之常服。宋武帝微時，有衲布衣襖。北齊有長帽、短靴、合袴襖子。非元正大會，一切通用。

背子 隋大業中，内官多服半臂除即長袖也唐高祖減其袖，謂之半臂，今背子也。江淮間或曰綽子。士人競服，今俗名搭護。按《合璧撮要》云：背子，本半臂，武士服。古禮：士人只繫勒帛，蓋有垂，紳之意。後勒帛不便，搢笏稍易背子。然須上襟，掖下與背皆垂帶，後又引爲長袖。士人人而衣武士服，恬不爲異。又婦人背，子本婢妾之服，以其行直主母之背，故名。今男女貴賤用之矣。

吴楚材《彊識略》卷二八《服飾部下》 袴 《釋名》脛衣也，亦謂之褶。又跨也。兩股各袴别也。《方言》大袴謂之倒頓，小袴謂之𧞣𥜠。《唐書》德宗時，百官朝朔望皆服袴褶。歸崇敬建言：三代逮漢，無其制。隋以來始有服者。《通典》曰：晉衣服制有之，云袴褶，未詳所起，近代服之，無定色。《釋名》褶，襲也，覆上之言也。《實録》曰：上古食肉衣皮，遂以爲袴，名袴褶。今武士大口袴褶是魏文上馬袴也。按《史記》趙朔夫人置遺腹男(女)于袴中。袴始見此。又周仁溺袴，小袴也。又窮袴有前襠，不得交通也。

褌 褻衣小袴。《説文》「一曰衳」。《實録》云：西戎以皮爲之。夏后氏以來用絹，長至于膝，漢晉名犢鼻。北齊則與袴長短相似，而省犢鼻之名，又相如着犢鼻褌。見《史記》。【略】

大衣 商周之代，内外命婦服諸翟。唐則裙襦大袖爲禮衣。皇后禮服，服褘衣，深青爲質，畫翟，赤質，五色，十二等。素紗中單，黼領，朱羅縠，褾，襈，(裾)蔽[膝]，隨衣色以緅爲領緣，用翟爲章，三等。大帶隨衣色，朱裏紕其外，上以朱錦，下以緑錦，紐約用青組，玉革帶，青襪，青舄，以金餙。常服，金繡龍鳳真紅大袖衣，霞帔，紅羅長裙，紅褙子。皇妃、東宮妃、親王妃禮服，翟衣，青質，編次於衣及裳，重爲九等，青紗中單，黼領朱[羅]縠褾、襈，(裾)蔽膝隨裳色，加文繡。重雉爲章二等，以緅爲領緣。大帶隨衣色，玉革帶，青襪，舄，佩綬。世子、郡王妃，大衫，霞帔，用大紅金繡雲鳳文，金翟頭褙子。鞠衣，金繡雲鳳文，大帶，用青羅或用紅玉穀，圭玉革帶，玉綬，花玉珮，青羅襪，青紵絲描金雲鳳舄，上加珠六顆，餘各有差。命婦一品至四品霞帔，用雲霞文，鈒花金墜子，褙子用雲霞文。五品鍍金鈒花銀墜子。六品銀墜。七品以下霞帔，用繡纏鈒花墜子。洪武二十四年，定命服冠服，公侯伯與一品同大袖衫，真紅色。一品至五品紵絲、綾、羅隨用，六品至九品綾、羅、紵、絹隨用，霞帔褙子皆用深青段疋。公侯及一品二品金繡雲霞翟文，三品四品金繡雲霞孔雀文，五品繡雲霞鴛鴦文，六品七品繡雲霞練鵲文。常服用顏色圓領衫，士庶妻首飾用銀鍍金，耳環用金珠，釧鐲用銀。服淺色團衫，許紵絲、綾、羅、紬、絹。洪武五年，令禮服惟用紫染色絁，不用金繡袍衫，止用紫、緑、桃紅，不許用大紅、鴉青、黄色。成化十年，禁用渾金衣服，寶石首飾，並見《大明集禮會典》。

裙　即裳。《釋名》羣也，連接羣幅而爲之。緣裙，裙施緣也。《古樂府》羅敷以「緗綺爲下裳」。《楚辭》「桗薜荔以爲裳」。《方言》繞衿謂之裙。制凡七幅，前三後四。漢明德太后禿裙不緣，蓋古衣裳連下有裙，隨衣色而有緣。堯舜已降，有六破及直縫皆去緣。商周以其太質，加花繡上綴五色，至隋煬作長裙十二破，名仙裙。

帔　三代無帔。秦有披帛，以縑帛爲之，漢即以羅，晋永嘉中，制縫暈帔子。是披帛始于秦，帔始于晉也。唐令三妃以下通服之。士庶女子在室搭被帛，出適披帔子，以別出處之義。宋代帔有三等：霞帔，非恩賜不得服，爲婦人之命服。而直帔，通于民間也。國朝制見上注。

褙子　秦二世詔：衫子上朝，服加褙子。其制：袖短于衫，身與衫齊，而大袖。宋又長與裙齊，而袖纔寬于衫，自秦始。

衫子　女子衣與裳連，如披衫，長短與裙相似。秦始皇方令短衫、長袖。猶至于膝衫，與裙之分，疑自秦始。【略】

蓋頭　唐初宫人(幕䍦)〔羃䍦〕，雖發自戎夷，而全身障蔽。王公之家亦用之。高宗之後，用幃帽。後又戴皂羅，方五尺，亦謂之幞頭，今曰蓋頭。凶服者，亦以一幅爲之。《卮言》云：天寶初，貴族及士民好爲胡服、胡帽。婦人則簪步搖釵，衫袖窄小。楊貴妃常以假賓爲首飾，好服黄裙，近服妖也。時人語曰：義髻拋河裏，黄(河)〔裙〕逐水流。

膝褲　婦女下體之飾，縛膝下，褲脚上。《朱子語録》秦太師死，高宗云：「朕免得膝褲中帶匕首」。豈男子亦着此邪？出《餘冬序録》【略】

雨衣　《事始》曰：凡雨具，周已有之。《左傳》云：陳成子衣製伏戈。注：製，雨衣也。又絹油製及帽，見《炙轂子》。洪武三年，勅百官入朝遇雨、雪，皆許服雨衣。

僧衣　《僧史略》云：後魏宫中，見僧自恣，偏袒右臂，乃施一邊衣，號偏衫。全其兩肩衿袖，失祇枝之體。《大明會典》禪僧，茶褐常服，青條五色袈裟。講僧，五色常服，緑條淺紅袈裟。教僧，皂常服，黑條淺紅袈裟。僧官如之。惟僧録司官袈裟緑文飾以金。袈裟當胷有環，環中著鍵，横紐上下牙角銀銅隨力爲之，蓋吐蕃官章飾也。見《演繁露》。

道衣　《援神契》曰：《禮記》有侈袂大袖衣，道衣其類也。羽裳自張昌宗始，乃王子晉後身。唐李泌爲道士，賜紫，後人因以爲常。直領者，取蕭散之意。《會典》道士常服青，法服、朝服皆用赤色。道官亦如之。惟道録司官法服朝(服)皆緑紋，飾以金。

襁褓　小兒衣也。見周公輔成王。

藍縷　敝衣也。見《左傳》。【略】襏襫，草衣以禦雨也。並見《六帖》。【略】太元中，忽不徹名，短積領五六而裳居二，上有餘下不足也。魏晉武太始初，衣上儉下豐，著衣者皆厭褄下掩上也。元康末婦人衣出兩襠，加乎交領之上，内出外也。漢梁冀作平上軿車，埤幘，狹冠，折上巾，擁身扇狐尾，單衣。妻孫壽作愁眉粧，墮馬髻，折腰步，齲齒笑。周弘正着紅褌錦絞髻，踞開善寺門聽經。又着緑絲布袴，繡假種錢，劉顯皆所謂服妖也。

《學齋佔僤》云：【略】至如上衣下裳各爲長短之制。衣纔至膝，裳乃裙也，今之祭服是也。後魏胡服便於鞍馬，遂施裙於衣，爲横幅而綴於下謂之襴，今之公裳是也。戎狄之服也。

虞兆漋《天香樓偶得・披帛》　《(中華)古今注》云：女人披帛，古無其制。開元中，詔令(一)〔二〕十七世婦及寶林御女良人等，尋常宴參侍令披帛，至今然矣。按此則，今時畫工凡畫唐明皇以前女人用披帛者，皆失欵也，且開元之制，亦但施之内官，今世俗婚娶，不論男婦皆披絳帛，亦流傳之失耳。

虞兆漋《天香樓偶得・稱衣》　杜預曰：衣單複具曰稱，謂一單衣一複衣。複猶今俗言夾也。稱字讀作去聲。又《禮記・喪大記》云：「衣必有裳，謂之一稱。」小斂、大斂，君、大夫、士衣，各有稱數。今俗，始死取斂衣往橋上用稱稱之，蓋因誤解稱字之義耳。

金埴《不下帶編》卷四　衣惟稱去體，何用寬綽爲？國朝服式，最超前古，如今之韋裘，全裏皆毳，獨餘膝以下雖去地之邊減短一二寸或三四寸，用帛代之，使裘之下邊不露毛毳，名之曰和襶。始于康熙初間，而今則盛行矣。崇儉示朴，得古人製衣之義。且裘本貴輕，尤便于趨，其盛行固宜。塡有《咏和㲲》二首：「韋袍尚華，和㲲若素。君子藏鋒，又作内有修藏。不欲盡露。」「代綴以繒，少短其毳。適可爲宜，冗長去葛貴。」按《傳燈録》僧問大茅和尚曰：「何者是？」大茅境曰：「不露鋒。」今裘之全露毛毳者，俗名爲出鋒裘。和㲲下不露毳，宜更名曰藏鋒裘。亦即大茅之旨也。

方苞《方苞集·集外文補遺》卷二《讀書筆記》 五有不可以君位言者，《旅》與《明夷》之類是也。《坤》，純陰，五不可以君位言明矣。然或遭時之變，君方沖幼，天下事皆聽於攝主，雖居人臣之位，實執人君之權，故周公特取象於「黃裳」。黃，色之貴也。裳，衣之下也。象以黃者，執人君之權，而又有君人之大德，義取於位之尊，德之中也。象以裳者，守人臣之分，而常存事君之小心，義取於性之柔，地之道也。孔子復以「黃中通理正位居體」釋之，而義益顯矣。黃中義取於德之中，正位義取於位之尊，通理義取於德之順，居體義取於地之卑也。「美在其中」以下，又合「黃裳」之義而極贊之。盡此義者，其惟伊、周乎？霍光則剛而不中，亢而不下，禍災無所避矣，失「黃裳」之義故也。此條，單本標題《讀易偶筆》。先生是書已佚，蓋説《易》之僅存者耳。 鈞衡識。

王應奎《柳南續筆》卷三《罩甲》 今人稱外套亦曰「罩甲」。按「罩甲」之制，比甲則長，比披襖則短，創自明武宗，前朝士大夫亦有服之者。

邁柱等《九卿議定物料價值》卷三《襖》 老羊皮襖，無面，每件舊例銀壹兩叁錢，今核定銀壹兩貳錢。

江永《深衣考誤》 鄭玄氏曰：深衣，連衣裳而純之以采者。孔穎達氏正義曰：所以稱深衣者，以餘服，則上衣下裳不相連，此深衣，衣裳相連，被體深邃，故謂之深衣。

永案：深衣之義，鄭注孔疏皆得之，獨其裳衽之制，裁布之法，與「續衽鉤邊」之文，鄭氏本不誤，而疏家皇侃氏、熊安生氏、孔穎達氏皆不能細繹鄭説，遂失其制度，後儒承譌襲舛，或以臆爲之，考辯愈詳而誤愈甚，其失自《玉藻》疏始，今爲考訂如左。

《玉藻》曰：「深衣三袪，縫齊倍要。」縫音逢，齊音咨，要，一遥反。

鄭玄氏曰：三袪者，謂要中之數也。袪尺二寸，圍之爲二尺四寸，三之七尺二寸。縫，紩也，紩下齊倍要中，齊丈四尺四寸。

孔穎達疏曰：袪，謂袂末，言深衣之廣，三倍於袂末。齊謂裳之下畔，要謂裳之上畔，言縫下畔之廣，倍於要中之廣。謂齊廣一丈四尺四寸，要廣七尺二寸。又曰，云三之七尺二寸者，案《深衣》云幅十有二以計之，幅廣二尺二寸，一幅破爲二，四邊各去一寸，餘有一尺八寸，每幅交解之，濶頭廣尺二寸，狹頭廣六寸，此寬頭嚮下，狹頭嚮上，要中十二幅，廣各六寸，故爲七尺二寸，下齊十二幅，各廣尺二寸，故爲一丈四尺四寸。

永案：深衣者，聖賢之法服，衣用正幅，裳之中幅亦以正裁。惟衽在裳旁，始用斜裁。古者布幅闊二尺二寸，深衣裳用布六幅，裁爲十二幅。其當裳之前後正處者，以布四幅正裁爲八幅，上下皆廣一尺一寸，各邊去一寸爲縫，一幅上下皆正，得九寸，八幅七尺二寸，其在上者既足要中之數矣。下齊當倍於要，又以布二幅斜裁爲四幅，狹頭二寸，寬頭二尺，各去一寸爲縫，狹頭成角，寬頭得一尺八寸，皆以成角者向上，以廣一尺八寸者向下，則四幅，下廣亦得七尺二寸，合於齊，得一丈四尺四寸，此四幅連屬於裳之兩旁，別名爲衽，下文「衽當旁」是也。深衣裳裁縫之法本如此，玩下文鄭注，可見疏家不得其説，妄謂六幅皆用交解，狹頭去邊縫廣六寸，濶頭去邊縫廣一尺二寸，於是裳之前後，惟中縫正直，其餘皆成奇衺不正之縫，可謂服之不衷，曾謂聖賢法服而有是哉。下文「衽當旁」疏及「續衽鉤邊」諸説之紛拏，皆由六幅皆交解之説誤之耳。

衽當旁。

鄭氏曰：衽謂裳幅所交裂也。凡衽者，或殺而下，或殺而上，是以小要取名焉。衽屬衣，則垂而放之，屬裳，則縫之以合前後，上下相變。

永案：衽者，斜殺以掩裳際之名。深衣裳前後當中者，不名衽。唯當旁而斜殺者名衽。故經云「衽當旁」，明其不當中也，當中則前襟而後裾是也。鄭云：「衽謂裳幅所交裂也。」玩「所」之一字，明其唯在裳旁而名衽者交裂，其餘幅不交裂也。交裂者，以布二幅，交解爲四幅，狹頭二寸，去邊縫成角，寬頭二尺，去邊縫一尺八寸也。又云「凡衽者，或殺而下，或殺而上」，此廣解凡裳之衽也。衽有二，朝服、祭服、喪服皆用帷裳，前三幅後四幅，裳際不連，有衽掩之，用布交解，寬頭在上，合縫之，狹頭在下，如燕尾之形，即《喪服篇》「衽二尺有五寸」是也，此衽之殺而下者也。深衣之衽當裳旁，亦交解，而以狹頭向上，寬頭向下，此衽之殺而上者也。云「是以小要取名焉」者，謂棺上合縫之木亦名爲衽也。《喪大記》曰：「君蓋用漆，三衽三束。」鄭注云：「衽，小要也。」蓋小要之形，上下廣而中狹，以椀棺蓋，合縫之際，上半則殺而下，下半則殺而上，似衣衽之上殺下殺以掩裳際，是以有衽之名。此借衣衽名小要，故鄭連及之也。云「衽屬於衣，則垂而放之」，謂朝祭、喪服之衽。云「屬裳，則縫之以合前後」，即此深衣之衽也。其縫之以合前後者，唯左旁爲然，若右旁，則不能縫合，别有鉤邊，見《深衣篇》，鄭亦略言之耳。此經與鄭注甚明，又以他文證之，《問喪》云「扱上衽」，謂裳之兩角插於帶間也。《鄉黨圖考》此下又有《爾雅》云「執衽謂之袺，扱衽謂之襭」。謂以兩裳角執之手，插之帶，而貯物於裳也。凡三十字，疑此本有脱文。《論語》云「左衽」，謂夷俗衽掩於左，其縫合者在右也，皆衽當旁之證也，而疏家忽之，并失小要之義。

孔穎達疏曰：衽謂裳幅所交裂也者，裳幅不廣尺二寸，上闊六寸，狹頭嚮上，交裂一幅而爲之。按，裳幅不皆交裂，孔氏誤謂十二幅皆交裂，是未繹「所」字之意。云「凡衽者，或殺而下，或殺而上」者。皇侃氏云：言凡衽，非一之辭，非獨深衣也。或殺而下，謂喪服之衽，廣頭在上，狹頭在下。按，朝、祭服亦如喪服之制。皇氏不及朝、祭服，非也。或殺而上，謂深衣之衽，寬頭在下，狹頭在上。云「是以小要取名焉」者，謂深衣與喪服相對，爲小要兩旁皆有此衽。按，小要者，棺上合縫之木也，皇説誤。熊安生氏大意與皇氏同，或殺而下謂朝祭之服耳。按，熊氏又不及喪服，亦非也。合皇、熊二説乃備。云「衽屬衣，則垂而放之」者，謂喪服及熊氏朝祭之衽。按，此説是。云「屬裳，則縫之以合前後」者，謂深衣之衽。云「上下相變」者，上體是陽，陽體舒散，故垂而下，下體是陰，陰主收斂，故縫而合之。按，此皆得之。今刪定深衣之上，獨得衽名，不應假他餘服相對爲衽。何以知之，深衣衣下屬幅，而下，裳(下)[上]屬幅而上，相對爲衽。按，《喪服篇》明言「衽二尺有五寸」，孔氏乃謂深衣「獨得衽名」，何耶？殺下殺上，明是與他服相對。孔氏乃謂「深衣衣下屬幅而下，裳(下)[上]屬幅而上，相對爲衽」。衣下屬幅，何以謂之殺耶？且下文「衽屬衣則垂而放之」，豈得謂是深衣之衽耶？刪定之説，大失鄭注之意。鄭注《深衣》「鉤邊，今之曲裾」，則宜兩邊而有也。按，鉤邊别是一物，此經未及深衣，疏一旁有曲裾，此云宜兩邊有，與彼疏亦自相牴牾。但此等無文言之，且從先儒之業。

《深衣》云：續衽鉤邊。

鄭玄氏曰：續猶屬也。衽，在裳旁者也。屬連之，不殊裳前後也。鉤，讀如烏喙必鉤之鉤，鉤邊若今曲裾也。

永按：續衽，謂裳之左旁縫合其衽也，鉤邊謂裳之右旁别用一幅布斜裁之，綴於右後衽之上，使鉤而前也。漢時謂之曲裾，蓋裳後爲裾，綴於裾，曲而前，故名曲裾也。所以必用鉤邊者，裳之右畔前後衽不合，若無鉤邊，則行步之際露其後，衽之裏有鉤邊而後可以揜裳際也。鄭氏特引《孝經援神契》「烏喙必鉤之鉤」讀如之，明其爲鉤曲之義，使非别綴一幅曲而前，不得謂之鉤也。裳十二幅象十二月，又有鉤邊，其以象閏歟。鄭氏不言左續衽右鉤邊者，衣裳自左揜右，左可連，右不可連，其事易明，故不必言左右也。續衽鉤邊之義，鄭注分明，疏家汨之，後儒之説并鉤邊失之，詳見後。

孔穎達疏云：衽爲深衣之裳，以下濶上狹，謂之爲衽。按，裳幅不皆下濶上狹，説已見前。按，續此衽而鉤其旁邊，即今之朝服有曲裾而在旁者是也。按，此説似合「續衽鉤邊」而一之，若兩旁皆續衽而鉤邊者，其説誤矣。又曰：「衽當旁」者，凡深衣之裳十二幅，皆寬頭在下，狹頭在上。按，此説甚誤，前已辨之。皆似小要之衽。按，小要，上半殺而下，下半殺而上，須合他衽之殺而下者方似小要。是前後左右皆有衽也。今云「衽當旁」者，謂所續之衽當身之一旁，非謂餘衽悉當旁也。按，裳幅當前後者不名衽，安得有餘衽。經明言「衽當旁」，安得謂前後左右皆有衽。云「屬連之，不殊裳前後也」，若喪服，其裳前三幅，後四幅，各自爲之，不相連也。今深衣，裳一旁則連之相著，一旁則有曲裾掩之，與相連無異，故云「屬連之，不殊裳前後也」。按，一旁連之相著，謂衽左者也，一旁有曲裾掩之，謂在右者也。此二句分明最爲得之，然又云與相連無異，故云屬連之不殊裳前後，恐非鄭注之意。「續衽鉤邊」，鄭氏分别言之，右邊曲裾掩裳際，不可謂屬連之也。云「若今曲裾也」，鄭以後漢之時，裳有曲裾，故以「續衽鉤邊」似漢時曲裾。今時朱衣朝服從後漢明帝所爲，則鄭云今曲裾者，是今朝服之曲裾也。按，孔氏《玉藻》疏謂曲裾兩邊宜有似唐時朝服，有兩曲裾，然以經文繹之，一邊既續衽，則曲裾唯宜施於右耳。

《家禮·深衣制度》云：衣全四幅，其長過脇，下屬於裳。

注云：用布二幅，中屈，下垂，前後共爲四幅，如今之直領衫，但不裁破腋下，其下過脇而屬於裳處，約圍七尺二寸，每幅屬裳三幅。

永按，深衣之領，自左而掩於右，前襟亦自左掩右，右襟有表有裏，則前後當有五幅，如後世之袍制，而《家禮》謂衣前後四幅，如今之直領衫，恐誤矣。《家禮·深衣圖》亦是兩襟相掩，既相掩則領不直，而衣不止四幅，豈朱子未定之説乎？又云「每幅屬裳三幅」，亦沿舊説之誤。前後四幅，每幅屬裳二幅，而衽之四幅在兩旁，衽之上頭但有角，屬於衣，前襟之裏一幅則有曲裾屬之耳。

裳交解十二幅，上屬於衣，其長及踝。

注云：用布六幅，每幅裁爲二幅，一頭廣，一頭狹，狹頭當廣頭之半，以狹頭向上而連其縫以屬於衣，其屬衣處約圍七尺二寸，每三幅屬衣一幅，其下邊及踝處，約圍丈四尺四寸。

永按：孔氏誤釋《玉藻》裳幅皆交解，《家禮》遂承其誤，當以《玉藻》「衽當旁」鄭玄注爲正。又按《深衣篇》「制十有二幅，以應十有二月」。鄭注云：裳六幅，幅分之以爲上下之殺。此注亦略言裳以六幅分爲十二幅，下齊廣於要中耳，其爲上下之殺者，在當旁之衽，非謂十二幅皆殺也。

又云方領。

注云：兩襟相掩，衽在腋下，則兩領之會自方。

永按：《深衣》云「曲袷如矩以應方」。鄭玄注：袷，交領也，古者方領如今小兒衣領。孔穎達疏云：鄭以漢時領皆向下交垂，方領似今擁咽，故云若今小兒衣領，但方折之也。司馬溫公引《後漢·馬援傳》「朱勃衣方領，能矩步」注謂，頸下別施一衿，映所交領，使之方正。又引《後漢·儒林傳》「服方領」注：方領，直領也。《左傳》「衣有禬」注：禬，領會也。《曲禮》注：袷，交領也。謂領之交會處自方，即謂袷，疑更無它物。朱子此說，蓋從溫公後說也。鄭氏謂如今小兒衣領，豈漢時小兒衣領亦但曲之而自方，非如孔氏擁咽之說乎？但領既交會，則不直，而在右之前襟必有表裏，前謂布四幅，不知何以制之也。

曲裾。

注云：用布一幅如裳之長，交解裁之，如裳之制，但以廣頭向上，布邊向外，左掩其右，交映垂之，如燕尾狀。又稍裁其内旁太半之下，令漸如魚腹而末爲鳥喙，向内綴於裳之右旁。《禮記·深衣》「續衽鉤邊」，鄭注鉤邊，若今曲裾。

永按：曲裾別用一幅布裁之，綴於裳之右旁，是已然謂交解裁之。廣頭向上，左右交映垂之如燕尾狀，則似朝服、祭服、喪服之衽，非鉤邊之制也。鄭注讀如鳥喙必鉤之鉤，此引《孝經》緯文，明鉤字之義，非謂末爲鳥喙也，此條朱子後自有說。

蔡氏淵曰：司馬所載「方領」與「續衽鉤邊」之制，引證雖詳而不得古意，先生病之，嘗以理玩經文與身服之宜，而得其說。謂「方領」者，只是衣領既交，自有如矩之象，謂「續衽鉤邊」者，只是連續裳旁，無前後幅之縫，左右交鉤，即爲鉤邊，非有別布一幅裁之如鉤而綴於裳旁也。「方領」之說，先生已修之《家禮》矣，而「續衽鉤邊」則未及修焉。

永按：「續衽鉤邊」，朱子前後有三說：謂別布一幅裁之如鉤綴於裳之右旁，此《家禮》之說也；謂左邊既合縫了，再覆縫，以合縫者爲續衽，覆縫爲鉤邊，此《衣圖》之說也；謂只是連續裳旁，無前後幅之縫，左右交鉤即爲鉤邊，此蔡氏所聞之說也。三說似皆未確，其源皆由孔氏釋《玉藻》誤之，使其不謂六幅皆交解，則當旁之衽，左邊連屬之，右邊必須有別布一幅爲曲裾以掩之，非如合縫覆縫，左右交鉤之說矣。其有別布一幅也，亦但綴於裳之後裾，鉤曲而前，非如交裁爲燕尾之說矣。楊氏復曰：深衣制度，唯「續衽鉤邊」一節難考。按《玉藻·深衣》疏，皇氏、熊氏、孔氏三說皆不同，皇氏以喪服之衽，廣頭在上，深衣之衽，廣頭在下，喪服與深衣，二者相對爲衽。孔氏以衣下屬幅而下，裳上屬而上，衣裳二者相對爲衽，此其不同者一也。按，二說孔氏失之，皇氏但失不兼朝祭服耳。皇氏以衽爲裳之兩旁皆有，孔氏以衽爲裳之一邊所有，此其不同者二也。按，孔氏謂所續之衽當身之一旁，非謂衽爲裳之一邊所有也。皇氏所謂廣頭在上，爲喪服之衽者，熊氏又以此爲朝祭服之衽，一以爲吉服之衽，一以爲凶服之衽，此其不同者三也。按，此非不同也，皇、熊各舉一邊耳。《家禮》以深衣續衽之制，兩廣頭向上，似與皇氏喪服之衽、熊氏朝祭服之衽相類，此爲可疑。是以先生晚歲所服深衣，去《家禮》舊說曲裾之制而不用，按，鄭氏解鉤邊爲曲裾，分明別有一物，但非如燕尾下垂耳。去而不用，恐乖鄭義。蓋有深意，恨未得聞其說之詳也。及得蔡淵所聞，始知先師所以去舊說曲裾之意，復又取《禮記·深衣篇》熟讀之，始知鄭注「續衽」二字文義甚明，特疏家亂之耳。按，「續衽」與「鉤邊」是二事，鄭注分言之，而楊氏即以續衽當鉤邊，是誤讀鄭注耳。按鄭注曰：續猶屬也，衽在裳旁者也，屬連之不殊裳前後也。按，鄭注別解鉤邊爲曲裾，此獨刪去，何也。鄭注之意，蓋謂凡裳前三幅後四幅，夫既分前後，則其旁兩幅分開而不相屬。唯深衣裳十二幅交裂裁之，皆名爲衽。按，此沿孔疏之誤。見《玉藻》「衽當旁」注。按，鄭注衽，謂裳幅所交裂也。言唯衽之四幅交裂，其餘八幅則不交裂也。楊氏亦未細繹鄭注耳。所謂「續衽」者，指在裳旁兩幅言之，謂屬連裳旁，兩幅不殊裳前後也。按，屬連之者，裳之左旁也，若右旁，兩幅各開，是以別有曲裾以掩裳際。楊氏但言裳旁，不辨左右，則右邊豈可屬連乎？疏家不詳考其文義，但見衽在裳旁一句，意謂別用布一幅裁之，如鉤而垂於裳旁，妄生穿鑿，紛紛異同，愈多愈亂。按，孔疏深衣，裳一旁連之相著，一旁則有曲裾掩之，二句最分明的確，鄭注既解鉤邊爲曲裾，則安得混鉤邊於續衽而謂非別用一幅布爲之乎？自漢至今二千餘年，讀者皆求之於別用一幅布之中，而注之本義爲其掩蓋而不可見。按，鉤邊別用一幅布，正得鄭注之意，唯《玉藻》疏誤謂深衣裳皆名衽，十二幅皆交解，於是注之本義爲其掩蓋而不可見耳。大疏，所以釋注也。今推尋鄭注本文，其義如此，而皇氏、熊氏等所釋其謬如彼，皆可以一掃而去之矣。按，皇、熊之說未嘗謬。先師晚歲知疏家之失而未及修定，愚故著鄭注於《家禮》深衣曲裾之下，以破疏家之謬，且以見先師晚歲已定之説云。

永按：楊氏之説，雖謂以鄭注破疏家之謬，而《玉藻》「衽當旁」之經文，及鄭注衽謂裳幅所交裂也「所」字之意未嘗細玩，又引《深衣》「續衽鉤邊」之注，但及其釋續衽者而遺其曲裾之説，於是疏説本不誤者以爲誤，而其真誤如孔氏所謂裳幅皆交解者，反忽之甚矣。注疏亦未易讀也，深衣裳之誤已久，以聖賢法服而反類於奇衺不正，是以詳爲之考，俟當世君子論定焉。近世萬斯大之説尤誤，亦不必辯。

深衣裁布圖

裁衣正身圖

闊二尺二寸 長約四尺四寸 中屈之

布一幅，闊二尺二寸，長約四尺四寸，中屈而下垂，爲衣之左畔。前後幅兩邊各去一寸，爲縫下亦各去邊，縫右畔布幅亦如之。

裁袂與袪圖

闊二尺二寸 長約四尺四寸 中屈之 斜殺 斜殺

又布一幅，亦如衣左右畔之長，闊中屈之，皆各去邊縫，屬於衣之左幅，其外漸殺之，以爲左袂，袂之口爲袪，徑一尺二寸，兩面二尺四寸，右袂與袪亦如之。

裁前右外襟圖

又布一幅，長約二尺二寸，闊二尺二寸，其上漸殺之，皆各去邊縫以爲右前之外襟。《家禮》衣以二幅中屈爲四幅，右前無此，外襟其何以掩内襟乎。

又有曲袷廣二寸，兩面四寸，又衣之右邊與袪裳之右旁及下邊，皆有緣蓋，以繒爲之，用績、用青、用素，詳見《深衣篇》。

深衣裳裁布圖

裁裳前襟後裾圖

布一幅，正裁爲兩幅，上下皆闊一尺一寸，兩邊各去一寸，爲縫，每幅上下皆闊九寸。凡用布四幅，裁爲八幅，各去邊縫一寸，八幅上下皆闊七尺二寸，爲裳之前襟。

裁鉤邊圖

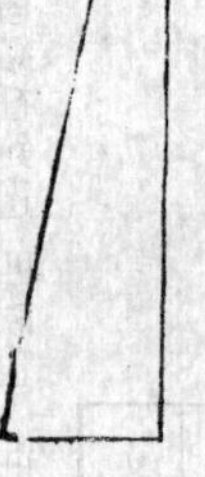

鉤邊無明文，大約如此裁之，各去邊縫，其斜殺一邊，綴于右後衽，上頭狹處縫著于衣之右内襟。

後裾

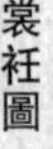

裁裳衽圖

布一幅，交解爲兩幅，狹頭闊二寸，寬頭闊二尺，兩邊各去一寸，爲縫狹頭成角。寬頭一尺八寸。凡用布二幅，裁爲四幅，各去邊，縫一寸以成角，一頭向上，一尺八寸，一頭向下爲兩旁之衽。

附小要圖

棺上合縫之木曰小要，亦名衽，上半殺而下象帷，裳之衽，下半殺而上象深衣裳之衽。

深衣前圖

袪尺二寸　圍之二尺四寸

緣袪緣衣裳皆廣一寸半

深衣後圖

舊說深衣裳裁布圖

六幅裁爲十二幅，皆如此交解之，各去邊一寸，狹頭六寸，寬頭一尺二寸，縫爲裳。

舊說深衣裳圖

前後皆如此縫之，裳幅皆奇衺不正。

又誤謂裳幅皆名衽。

《家禮》深衣前圖圖有五誤，裳幅斜裁不與焉。

按，此衣裳未掩之圖也。然而圖之誤有五：衣右畔有外襟、内襟，其内襟不連裳，外襟連裳，與衽并左共六幅。而此圖左襟三幅，右襟三幅，則中開不能掩右，一誤也；裳後中幅不開而此離之，二誤也；衣裳内邊不緣而此緣之，三誤也；兩邊皆續衽鉤邊，四誤也；曲袷直上後懸空不著背，五誤也。

《家禮》深衣後圖

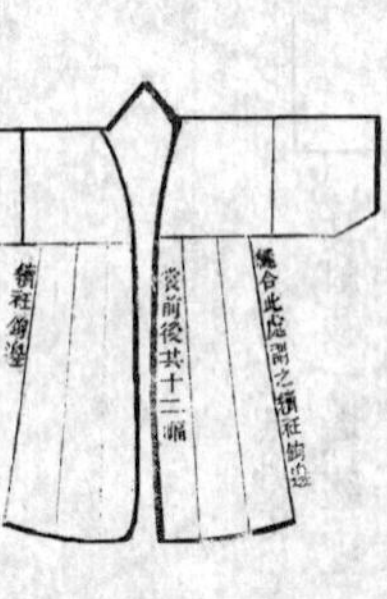

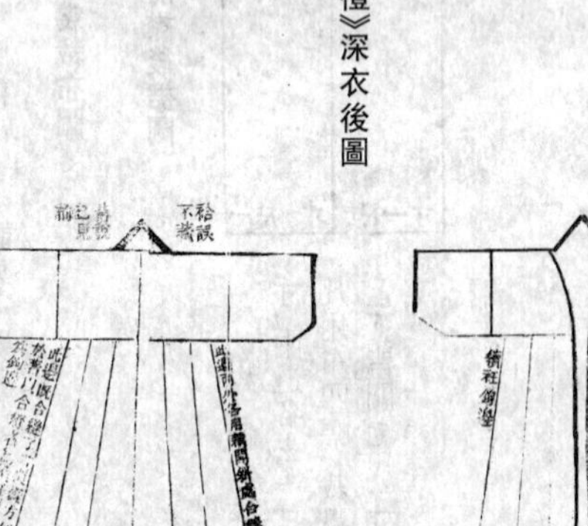

按「鉤邊」之説非鄭義，詳見考誤。

《家禮》著深衣前兩襟相掩圖

按，此圖甚誤。裳後既有六幅，則前襟之左掩右也，亦必有六幅，此謂左襟三幅，在外則右襟三幅，重疊掩於內，通前後計之，要中只有五尺四寸，下齊只有一丈八寸矣。前圖幅狹，此圖幅忽闊，亦無是理也。

王棠《燕在閣知新録》卷一七《鎧》、《甲》

鎧

鎧開上。聲鐵甲也，兜鍪、鞮鍪，皆首鎧也。少康子杼始作甲。《費誓》曰：「善(穀)[敹]乃甲。」謂穿徹之甲有斷絶，當使穀理穿之，言細縫如穀之相連也。《考工記》「函人爲甲」。以革爲之，經典皆言甲冑，秦漢以來始有鎧，有兜鍪，用鐵爲之。《王莽傳》禁民不得挾弩鎧。

甲

《考工記》曰：「函人爲甲，犀甲七屬，兕甲六屬，合甲五屬。函，包含也，謂上旅下旅之中皆有札，續一葉爲一札。以犀兕之革爲甲，堅者其札長，故其屬少，革之短者其屬多，故有七六五之分。合者，以革裏肉取其裘合之。犀甲壽百年，兕甲壽二百年，合甲壽三百年。凡爲甲，必先爲容，服者之形容。然後制革，權其上旅，札，葉也。與其下旅而重若一，以其長爲之圍。凡甲，鍛不摯則不堅，鍛，鍛治也。摯，熟也。已敝則撓。敝者，過於熟也。撓，曲也。凡察革之道，眂其鑽空，欲其惌也，眂，視也。惌，小孔也。眂其裏，欲其易也，易和易孔小，則縫小而不寬散。眂其朕，欲其直也，欲其條直而不撓曲也。櫜之，欲其約也，櫜者，夜藏甲于內，使有約束也。舉而眂之，欲其豐也，衣成復舉視，欲其豐滿也。衣之，欲其無齘也。齘，齒不齊之復。眂其鑽空而惌，則革堅[也]，眂其裏而易，[則]財更也，財，材也。更，能歷也。眂其朕而直，則(置)[制]善也。櫜之而約，則周也，舉之而豐，則明光明也。也，衣之無齘，則變隨人身變動。也。」棠攷古之甲，其壽能至三百年，後世用銅，用鐵，用革者少矣。銅鐵質重，又易澀鏽，又與衣性不相合，且易裂綻，不耐久，不審後人何以不遵《考工》也。

王棠《燕在閣知新録》卷二五《訶子》 訶子即今之抹胸也，貴妃私安禄山，禄山以指爪傷妃胸乳，妃即作訶子以蔽之。事見《宋遺史》。

王棠《燕在閣知新録》卷二六《毦》 毦，羽衣，一名兜鍪。劉備好結毦，見《羣碎録》。

王棠《燕在閣知新録》卷二六《服色貴賤》 朱子曰：隋煬帝一品賜紫，次朱，次緑，後世遂爲朝服之制。按，唐三品以上紫，四五服緋，六七服緑，八九服青。宋因唐製，不改。棠查青紫雖起於隋煬帝，然漢夏侯勝謂明經取青紫，如拾芥。楊子雲亦言「紆青拖紫」。則青紫在漢亦爲貴者之服，而孔子言「紅紫不以爲褻服」。朱子謂紅紫，閒色不正。褻服，私居之服。則不爲朝祭之服可知。歷代相承，衣冠禮服，各隨時所尚，無復上衣下裳之製，不獨服色不正而已也。至明洪武時，製朝服尚赤，始革去紫不用。

《錦衣》

宋太祖給中書門下、皇親大將以上天下樂暈錦，皇親將軍簇四盤鵰細錦，三司副使等黄獅子大錦，防禦使、刺史翠毛細錦，權中丞、知開封府、銀臺司審刑院及待制金吾大將軍紅錦，諸班及諸軍將校亦賜窄錦袍，有翠毛宜男雁細錦，獅子練鵲寶照中錦，凡七等，應給錦袍皆五事。明代品官各有花樣，文官用飛鳥象其文彩，武官用走獸象其猛鷙，一品至九品各有花樣，蓋不用金紫之賜，所以辨章服者，在花樣也。本朝有袍，有套，有賜蟒，其花樣自一品至九品，貴賤各有不同，其朝服亦不尚紫。【略】

《赭黄》

《月令》季春之月，天子薦鞠衣於先帝。謂衣如菊花之黄，此則薦衣以祈蠶也。《後漢志》注：光武建武元年，復設金璽綟綬，金印紫綬，銀印青綬，銅印黑綬，四百石、三百石、二百石則銅印黄綬。是黄色爲品之最微者，斯時不重黄色也。隋文帝始服黄，百官常服同於庶人，皆著黄袍，則是隋文帝儉約之過與，庶人同其色也。唐太宗貞觀四年詔：三品以上服紫，四品、五品服緋，六品、七品緑，八品、九品青，不言黄則亦爲賤者服可知矣。高宗上元元年勅：文武一品至三品紫，金玉帶，四品、五品緋，金帶，六〔品〕、七品緑，銀帶，八品、九品青，鍮石帶，庶人黄，銅鐵帶。此則庶人仍服黄也。乃宋太祖黄袍加身，則爲天子之服，是天子之服黄，起於五代時。按《三禮圖》云：諸侯之士，有三等之裳。上士玄裳，中士黄裳，下士雜裳。前玄後黄，但玄是天色，黄是地色，天尊地卑，故上士玄裳，中士黄裳，下士雜裳，還用伭黄者，以前陽後陰，故知前玄後黄也。據此則知黄色原非所重。《二儀實録》曰：唐高祖初用隋帝天子常服黄袍，後漸用赤黄，遂禁止士庶不得服。據此則當時所禁者，赤黄也，赤黄者，赭黄也。【略】

裙

古人上衣下裳。按裙，《釋名》云：下裳也。然則今日之裙，即古人之裳乎。古人不論男婦，皆上衣下裳，今則男只衣，而不用裳，至於裙，獨女子服之。《實録》曰：古所貴衣裳連，下有裙，隨衣色，而緣商周，以其太質，加花綉。秦始皇時，始令短，作衫子長袖，猶至於膝，則衣裙之分，當自秦始也。梁簡文詩「羅裙宜細襇」。《韻書》「襇，裙幅相攝也」。自古以來，婦人衣皆曳地，獨漢文帝後宫衣不曳地，故稱之也。或傳明時，廣西婦人衣裙曳地四五尺，行則以兩婢前携，襇多而細，名曰馬牙襇。予笑謂章侯畫其衣，曳地數尺餘，其有見於廣西而云然乎。

袴

袴音庫，脛衣也，一名濁衣。古人男女袴無襠，漢昭帝時，上官皇后爲霍光外孫，擅寵，宫人使前後有襠，多其帶，令不得交通，名曰窮袴，令男女皆服之。《史記·韓信傳》少年辱信，使出袴下。此袴當作跨，故《漢書》作跨。按袴，即褌也，若犢鼻褌，有前幅無後幅，便於執事以蔽汙耳。今日本國皆無襠。【略】

半臂

半臂，古謂之帔，音轡即褙子也，俗謂之背心，隋内官服半除，唐名爲半臂，宋名爲背子。元以來女服褙子，其命婦則服金谷子，明制命婦用霞帔。金谷子、霞帔，皆半臂之類，而采飾不同也。按霞帔之名，起於唐肅宗賜司馬承禎紅霞帔，然後世獨用於婦人也。

雨衣、油帽

《左傳》曰：「陳成子衣製杖戈。」杜預注曰：製，雨衣也。《炙轂子》曰：帷絹油製之及油帽，陳始有之也。馮鑑又引《左傳》「楚子次於乾谿，雨雪，王皮冠，秦復陶」以證雨衣。按，虞開父爲周陶正。注曰：陶，復陶。白氏取爲尚衣之職，杜預又以復陶爲油衣，蓋若晉武帝所獻楚雉頭裘，唐〔太平〕〔安樂〕公主所服百鳥毛裙，今世所謂羽毛緞，可以禦雨，不得謂之雨衣也。

窄袖袍、襴衫

《筆談》曰：中國衣冠自北齊已來，乃全用胡服窄袖，唐太宗時猶爾，玄宗時始褒博矣。《通典》曰：宇文護始袍加下襴，遂爲後制。馬周以三代深衣，因於其下著襴及裙，遂名襴衫。

開骻

《輿服志》曰：開骻者名缺骻衫。即今四袴衫也，自馬周始。棠按，今之缺襟，便于上馬，當亦缺骻遺意也。

程哲《蓉槎蠡説》卷四　詩人多用襆被，事姑舉一二：蘇昌容爲揚州大都督府長史，單衣襆被自將。以襆被對單衣，則襆被爲三幅被，二字連而讀之。沙門曇永匿王歞幼子華，使提衣襆自隨。注：帊也，以裹衣物，直以三幅帛爲帊。王筠《詠裁衣》：「裲襠雙心共一抹，袙幅兩邊作八攝。」袙腹，裹肚也。袙，同帊，三幅帛也。大約長其帛則爲被，短其被則爲袙，散其幅以裹物，斂其幅以裹肚也。

王鳴盛《蛾術編》卷七〇《説制八》

黄衣狐裘

《論語》「黄衣狐裘」。邢疏：大蜡息民之祭服。案《郊特牲》「蜡也者，索也。合聚萬物而索饗之也。」又云「黄衣黄冠而祭，息田夫也」。此蜡，後臘祭也。蜡祭先嗇、司嗇、〔饗〕農、郵、表畷、猫、虎、坊庸、昆蟲凡八，臘祭先祖五祀，蜡以息物，臘以息民。蜡用皮弁素服，爲物老而將終，臘用黄衣狐裘，象草木黄落，同在十二月，而各不同，但蜡與臘對言之，則有别，總言之，則皆蜡，故疏云：大蜡息民之祭服。鶴壽案：黄衣狐裘，息民之服也，與大蜡無涉，大蜡用皮弁服。皮弁者，以白鹿皮爲冠，以十五升布爲衣，以素爲裳，緇帶，素韠，白屨。若息民之祭則用韋弁服。《聘禮》注云：韋弁，韎韋之弁。蓋韎布以爲衣而素裳。《司服》注云：韋弁以韎韋爲弁，又以爲衣裳。《春秋傳》曰：「晉郤至衣韎韋之跗注」是也，與《聘禮》注互異，故疏以爲無正文也。《采芑》箋云：韋弁服，朱衣裳。亦不言素裳，陳用之謂《周禮》有韋弁無爵弁，《禮記》有爵弁無韋弁。士之服，止于爵弁，而荀卿曰：士韋弁。梅賾曰：雀韋弁也。劉熙曰：以爵韋爲弁，謂之韋弁，則爵弁即韋弁耳。觀《弁師》、《司服》韋弁先于皮弁，《尚書》雀弁先于綦弁，《士冠禮》次加皮弁，三加爵弁，而以爵弁爲尊。《聘禮》服皮弁及歸饔餼服韋弁。而以韋弁爲敬，則皮弁之上非爵弁即韋弁，故知其爲一物也。敖繼公謂韋弁服，純衣纁裳，韎韐，纁屨。然則爵弁之曰韋弁，猶之皮弁之曰綦弁也。而亦有微異，爵弁用緇衣，韋弁用韎衣。爵弁、韋弁之衣不同，猶之朝服(元)〔玄〕端之裳不同，故有二名耳。《玉藻》云：「狐裘黃衣以裼之。」注云：黃衣，大蜡時臘先祖之服也。《周禮》以歲十有二月，合聚萬物而索饗之謂之蜡，其服皮弁素服，既蜡，則臘先祖五祀勞農以休息之謂之臘，亦謂之息民，其服黃衣黃冠。又《司服》云：「凡兵事，韋弁服。」《詩・羔羊》疏云：兵事韎韋服則用黃衣狐裘。《春秋傳》「臧之狐裘敗我于狐駘」是也。黃衣狐裘當兼二者言之。

表而出之

《論語》「袗絺綌，必表而出之」。古者袗絺綌不入公門，嫌于褻也，故著絺綌于內，外加襌衣表而出之。朱子謂表絺綌而出之，于外反以絺綌爲美觀乎。若云不見體，則外加襌衣更不見也。鶴壽案：「緇衣羔裘」一節，是記冬日之裼衣，「當暑」一節，是記夏日之裼衣。古人服絺綌與服裘同，皆先著親身之裏衣，其外冬則加裘，夏則加絺綌，春秋則加袷褶，又其外加裼衣。裼衣即中衣也，平時則但衣中衣，有事則再加正服。袗絺綌者，未有無親身之裏衣，亦未有無中衣者也。孔安國曰：表而出之，加上衣也。上衣即指裼衣，不是指正服，蓋謂以裼衣表絺綌而著其色如絺綌，黑則加緇衣，絺綌白則加素衣，絺綌黃則加黃衣，表裏相稱，故曰出之。《玉藻》云：「振絺綌不入公門，表裘不入公門。」可知絺綌對裘言，不是對裼衣言，振與表皆指不加裼衣也。何以知絺綌有緇、有白、有黃。曰：夏日而朝祭則宜緇，夏日而聘與祀朔則宜白，夏日而即戎則宜黃，蓋朝祭用爵弁服，聘與視朔用皮弁服，即戎用韋弁服，冬夏所用，則絺綌之色亦必與之相稱。

吉服

《春官・司服》「掌王之吉服」。吉服有九冕服，六弁服。「祀昊天則大裘而冕，享先王則袞冕，享先公饗射則鷩冕，祀四望山川則毳冕，社稷五祀則絺冕，羣小祀則(元)〔玄〕冕，兵事韋弁服，眡朝皮弁服。凡甸冠弁服，對喪言故云吉，非指吉禮。九者中，有兵事、眡朝、凡甸，皆師田之事，非吉禮。自祀天至羣小祀，六服不同而冕同，首飾尊也，然冕名雖同，旒數則異。《夏官・弁師》注：大裘之冕無旒。而聶崇義云：袞冕十二旒，鷩冕九旒，毳冕七旒，絺冕五旒，(元)〔玄〕冕三旒。疏云：凡冕服皆(元)〔玄〕衣纁裳者，六服皆然，故云凡以該之。《易・繫辭》「黃帝堯舜垂衣裳，蓋取諸乾坤」。乾爲天，其色(元)〔玄〕坤爲地，其色黃，但士無正位，託于南方。火，赤色，赤與黃即是纁色，故以纁名之。《夏官・弁師》「掌王之五冕」。注：冕服有六，而言五冕者，大裘之冕無旒。馬貴與曰：冕之無旒者，乃一命之服，子男之大夫服之，其秩至卑，以天子祀天之冕而下，同子男之大夫可乎？不知先王制禮，推移變化，不可執一。鄭司農法《司裘》謂服黑羔裘以祀天，示質也，則無旒亦示質之意。陳用之曰：《司服》之服六，而《弁師》之冕五者，大裘袞衣同冕，猶后首飾同副也。其意以爲祭天亦服龍袞，特內襲大裘，而宗廟之祭則龍袞，內無裘，故以大裘而冕在袞冕之前，但如此則大裘袞衣不可分爲二服，而服與冕皆止五矣。王明齋曰：五冕者，五服之冕，非冕有五也。案賈疏云：冕名雖同，旒數有異。彼《屨人》掌服屨之制甚詳，豈冕爲首服反混焉無別乎。貴與則曰：《郊特牲》「祭之日，王被袞以象天」。《玉藻》「天子龍袞以祭」。《家語》曰：郊之日，天子大裘以輔之被裘，象天。既至泰壇，王脱裘矣，服袞以臨燔柴，戴冕，藻十有二旒，象天數也。案，龍袞以祭，自指祭先王之服，《郊特牲》所言被袞象天，康成以爲魯以日至之月郊天之事，周衰禮廢，儒者見《周禮》在魯，因推魯禮以言周事耳。《家語》大裘以輔之，本係黼字，故王肅注云：大裘爲黼文也。貴與誤讀爲輔，遂謂大裘乃輔此龍袞者，因創爲脱裘服袞之説，陋矣。終當從鄭無旒之説。鶴壽案：冕服之制，諸儒不以鄭注爲然。戴東原曰：虞夏以來，冕服十二章，鄭謂王者相變，至周而以日、月、星辰畫于旌旂，而冕服九章登龍于山，登火于宗彝，余以爲周之祭服，宗廟所用，九章而止至于郊祀，何必廢十二章也。衣之舉袞，猶裳之舉黼黻，皆以其文特顯而龍章爲至焕，則加日、月于上，無嫌以袞目之大裘，不言袞，其餘冕服不言裘，互文錯見也。《玉藻》疏云：六冕之裘，皆黑羔裘也。余以爲祭服自天子至于士同羔裘，其裘之裼衣以(元)〔玄〕，舊説大裘之冕無旒，《司裘》疏引鄭志，大裘之上有(元)〔玄〕衣，與裘同色，而以爲其服無章，失其傳也。《記》稱「大裘不裼」，其有裼衣而加裘明矣。是故冕服十有二章，繅十有二旒，是爲大裘之冕。冕服九章，繅九旒，謂之袞冕。冕服七章，繅七旒，謂之鷩冕。冕服五章，繅五旒，謂之毳冕。冕服三章，繅三旒，謂之希冕。冕服一章，在裳謂之(元)〔玄〕冕，無旒。《周禮》稱公之服，自袞冕而下，如王之服。侯伯之服，自鷩冕而下，如公之服。子男之服，自毳冕而下，如侯伯之服。孤之服，自希冕而下，如子男之服。卿大夫之服，自(元)〔玄〕冕而下，如孤之服。經遞言相如明冕服之章，冕繅之旒不異也。凡諸侯受爵命于王，王賜之服，因得以如其命數自爲之，所謂裨冕，其以事受褒賜，則有褒衣不過袞冕。《覲禮》侯氏裨冕，天子袞冕。《玉藻》諸侯(元)〔玄〕端以祭，裨冕以朝。端讀爲冕。鄭謂諸侯非二王後，其餘皆(元)〔玄〕冕而祭。于已孫叔然謂(元)〔玄〕冕祭服之下也，其祭先君亦裨冕矣。余以爲王之大祭，服大裘袞冕。中祭，服鷩冕、毳冕。小祭，服希冕、(元)〔玄〕冕。享先公亦大祭而鷩冕，何也。《士虞記》云：尸服卒者之上服，天子廟享尸服，有袞冕、鷩冕之殊，則天子不敢一服衮冕，諸侯君其國，宜得伸上服，然尸服有弁冕之殊者，亦不敢一服裨冕可知也。冕爵弁之衣皆(元)〔玄〕，抑當云(元)〔玄〕衣以祭乎。弁服之制，先生前既引之，何以後不復言之。韋弁服即爵弁服也。周制，大夫以上冕，士爵弁，皆絲衣，所謂純服亦曰(元)〔玄〕服。《士冠禮》「爵弁服，纁裳純衣，緇帶，韎韐」。韎韐，緼韍也，冕服則赤韍。《士昏禮》「主人爵弁纁裳，緇袘士弁而親迎」。然則大夫以上親迎以裨冕與。或曰：袘亦韠之異名也。《論語》「加朝服袘紳」是也。蓋不可一同祭服之韍，故以相別異耳。《聘禮》「君使卿韋弁」。鄭謂其服蓋韎布以爲衣而素裳。《周禮》「凡兵事韋弁服」。鄭謂以韎韋爲弁，又以爲衣裳。如鄭君説，色取于韎，無明文，蓋傅合《春秋傳》言之。《詩》稱「韎韐有奭，以作六師」。《春秋傳》「韎韋之跗注」。即韎韐也。天子日視朝皮弁服，諸侯以爲視朔之服，凡諸侯相朝聘亦如之。《記》曰「三王共皮弁素積」。《士冠禮》「皮弁服素積，緇帶，素韠」。舊説其衣十五升布，此據諸侯朝服以爲言，蓋非也。《玉藻》「君衣狐白裘錦衣以裼之」。《論語》「素衣麑裘」。鄭皆以皮弁服爲之上衣。《記》曰「以帛裏布，非禮也」。然則皮弁服以素明矣，異于重素者，其領緣采也。《郊特牲》「祭之日，王皮弁以聽祭報」。天子諸侯前祭親聽誓命及待白祭事，其裘蓋黼裘，天子之黼裘皮弁服，諸侯其朝服，與冠弁服，即朝服也。緇衣，十五升布而積素裳，諸侯日視朝服之，大夫以爲祭服，其冠委貌，王服以田燕養老亦如之。《士冠禮》「主人(元)〔玄〕冠朝服，緇帶，素韠」。《特牲饋食禮》「其祭也，賓及兄弟皆朝服(元)〔玄〕冠，緇帶，緇韠」。經于士之朝服言(元)〔玄〕冠，士以冠異于大夫以上弁也。《玉藻》「羔裘豹飾緇衣以裼之」。鄭以羔裘爲卿大夫之朝服，惟豹袪與君異。

戴震《戴震集·上編文集》卷二

記冕服

《虞夏書》：「帝曰：『予欲觀古人之象，日月星辰，山龍華蟲，作會宗彝，藻火粉米，黼黻絺繡，以五采彰施于五色，作服。』」鄭氏曰：「宗彝，謂虎蜼也。」宗廟之中鬱尊，虞、夏以上，蓋虎彝蜼彝而已。自日月至黼黻，凡十二章，天子以飾祭服，此繡與繢各六，衣用繢，裳用繡。《考工記》曰：「畫繢之事，青與白相次也，赤與黑相次也，玄與黄相次也。」鄭氏以爲繢之次。《記》又曰：「青與赤謂之文，赤與白謂之章，白與黑謂之黼，黑與青謂之黻。」鄭氏以爲繡之次。《周官經》：「祀昊天上帝，則服大裘而冕，祀五帝亦如之。享先王則衮冕，享先公饗射則鷩冕，祀四望山川則毳冕，祭社稷五祀則希冕，祭羣小祀則玄冕。」鄭氏曰：「王者相變，至周而以日月星辰畫於旌旗，所謂三辰旂旗，昭其明也。而冕服九章，登龍於山，登火於宗彝。九章初一曰龍，次二曰山，次三曰華蟲，次四曰火，次五曰宗彝，次六曰藻，次七曰粉米，次八曰黼，次九曰黻。則衮之衣五章，裳四章，凡九也。鷩畫以雉，謂華蟲也。其衣三章，裳四章，凡七也。毳畫虎蜼，謂宗彝也。其衣三章，裳二章，凡五也。希衣一章，裳二章，凡三也。玄者衣無文，裳刺黻而已，是以謂玄焉。凡冕服皆玄衣纁裳。」服章之次，經無明文，鄭君合校《尚書》、《周官》、《左氏春秋》而爲是説。

余以謂周之祭服，宗廟所用九章而止耳。至於郊祀，何必廢古之十二章不用也。《玉藻》記曰：「天子玉藻，十有二旒，前後邃延，龍卷以祭。」《郊特牲》記曰：「祭之日，王被衮以象天，戴冕璪十有二旒，則天數也。」禮文雖闕，天子郊祀衮冕，見於此矣。衣之舉衮，猶裳之舉黼黻，皆以其文特顯，而龍章爲至焕，則加日月於上，無嫌以衮目之。大裘不言衮，其餘冕服不言裘，互文錯見也。《玉藻》正義劉氏曰：「六冕之裘，皆黑羔裘也。」余以謂祭服自天子至於士，同羔裘與裘之裼衣以玄。舊説曰：「大裘之冕蓋無旒。」《司裘》疏引鄭志：「大裘之上，有玄衣，與裘同色。」而以爲其服無章，失其傳也。記稱大裘不裼，其有裼衣而加裘明矣。是故冕服十有二章，繅十有二旒，是爲大裘之冕。冕服九章，繅九旒，謂之衮冕。冕服七章，繅七旒，謂之鷩冕。冕服五章，繅五旒，謂之毳冕。冕服三章，繅三旒，謂之希冕。冕服一章在裳，謂之玄冕，無旒。《周官經》：「公之服自衮冕而下，如王之服；侯伯之服自鷩冕而下，如公之服；子男之服自毳冕而下，如侯伯之服；孤之服自希冕而下，如子男之服；卿大夫之服自玄冕而下，如孤之服。」經遞言「相如」，明冕服之章、冕繅之旒不異也。

凡諸侯受爵命於王，王賜之服，因得以如其命數自爲之，所謂裨冕。其以事受褒賜，則有褒衣，不過衮冕。《覲禮》：「侯氏裨冕。」又「天子衮冕負斧依」。《玉藻》記曰：「諸侯玄端以祭，裨冕以朝。」鄭氏、孫氏皆讀「端」爲「冕」。鄭氏曰：「諸侯非二王後，其餘皆玄冕而祭於己。」

案此所引，出《周官經·司服》注，非《玉藻》注。

孫叔然曰：「玄冕，祭服之下也，其祭先君亦裨冕矣。」余以謂王之大祭，服大裘衮冕；中祭，服鷩冕毳冕；小祭，服希冕玄冕。享先公，亦大祭，而鷩冕何也？《士虞禮》記曰：「尸服卒者之上服。」天子廟享，尸服有衮冕鷩冕之殊，則天子不敢一服衮冕。諸侯君其國，宜得伸上服，然尸服有弁冕之殊者，亦不敢一服裨冕可知也。冕、爵弁之衣皆玄，抑當云玄衣以祭乎？凡朝祭之服，上衣下裳幅正裁，故冕服曰端冕，朝服曰委端，裳前三幅後四幅，褄辟積無數，所謂帷裳者也。前後不合，有衽以掩之，交裁如燕尾而後垂。

記皮弁服

天子日視朝，皮弁服，諸侯以爲視朔之服，凡諸侯相朝聘亦如之。《記》曰：「三王共皮弁素積。」《士冠禮》：「皮弁服，素積，緇帶，素韠。」舊説曰：「其衣十五升布。」此據諸侯朝服以爲言，殆非也。《玉藻》記曰：「君衣狐白裘，錦衣以裼之。士不衣狐白。」又曰：「錦衣狐裘，諸侯之服也。」《論語》曰：「素衣麑裘。」狐白裘、麑裘，鄭氏皆以皮弁服爲之上衣，《記》不云乎：「以帛裹布，非禮也。」然則皮弁服之衣以素，明矣。異於重素者，其領緣采也。《郊特牲》記曰：「祭之日，王皮弁以聽祭報。」天子諸侯前祭親聽誓命，及待白祭事，其裘蓋黼裘，故曰：「惟君有黼裘以誓省，大裘非古也。」鄭氏謂「黼裘以羔與狐白雜爲黼文」，天子之黼裘。皮弁服，諸侯朝服歟？

記爵弁服

周之制，大夫以上冕，士爵弁，皆絲衣，所謂純服。《士冠禮》：「爵弁服，纁裳，純衣，緇帶，韎韐。」韎韐，緼韍也，冕服赤韍。《士昏禮》：「主人爵弁，纁裳緇袘。」士弁而親迎。然則大夫以上親迎裨冕歟？或曰：「袘，亦韠之異名也。」《論語》「加朝服袘紳」是也，蓋不可一同祭服之韍，故以相别異耳。《檀弓》記曰：「天子之哭諸侯也，爵弁，紂衣。」言雖非臨其喪必爲之變也。《聘禮》：「君使卿韋弁。」鄭氏曰：「其服蓋韎布以爲衣而素裳。」《周官經》：「凡兵事，韋弁服。」鄭氏曰：「以韎韋爲弁，又以爲衣裳。」如鄭君説，色取於韎，無明文，蓋傅合《春秋傳》言之。《詩》稱「韎韐有奭，以作六師」，《左氏春秋》韎韋之不注，案《詩·六月》正義引《雜問》志云：「韎韋之不注，不讀如幅。」今成十六年傳作「跗注」。即韎韐矣。爵弁服，禮又謂之玄服。

記朝服

諸侯日視朝，緇衣，十五升布而積素裳，是謂朝服。大夫以爲祭服。其冠委貌，所謂冠弁也。王服以田燕，養老亦如之。《士冠禮》：「主人玄冠朝服，緇帶素韠。」《特牲饋食禮》，其祭也，賓及兄弟，「皆朝服，玄冠，緇帶，緇韠。」經於士之朝服言玄冠，士以冠，異於大夫以上弁也。《玉藻》記曰：「羔裘豹飾，緇衣以裼之。」鄭氏以羔裘爲卿大夫之朝服，惟豹祛與君異。《毛詩》曰，古者素絲以英裘，言織之爲紃，施諸縫中者也。

記玄端

玄端，玄冠，士以爲祭服。《特牲饋食禮》「主人冠端玄」是也。《士冠禮》曰：「服玄冠，玄端，爵韠，奠摯見于君。」又曰：「玄端，玄裳，黄裳，雜裳可也。」《玉藻》記曰：「韠，君朱，大夫素，士爵韋。」鄭氏以爲玄端之韠，因而推次其裳色，則天子諸侯玄端朱裳，大夫素裳。天子諸侯冕服赤舄，素積白舄，玄端黑舄，凡冕服皆舄。大夫士爵弁、纁屨，素積，白屨，玄端，黑屨。素積者，皮弁服，朝服同也。大夫士聽私朝，玄端。《世子》之記曰：「若内豎言疾，則世子親齊玄而養。」於此見玄端玄冠，諸侯以下齊服也。玄端之裘，蓋羔裘，狐青裘，麛裘。士入廟宜羔裘，天子諸侯玄端以居，狐青裘歟？故《玉藻》記曰：「君子狐青裘，豹褎，玄綃衣以裼之。麛裘青豻褎，絞衣以裼之。」絞衣則非用之皮弁服者，大蜡，皮弁素服，或絞衣麛裘乎？喪用鹿裘無祛。《檀弓》記曰：「練，鹿裘，衡長祛，祛，裼之可也。」謂練而爲裘，視初喪横廣之又長之，有祛飾，又可加以裼衣。鄭氏以爲鹿裘之裼衣，亦以絞，絞，蒼黄色也。綃者綺屬，則天子諸侯玄端以綃，可知也。士玄端若深衣，狐黄及雜裘，宜無不可用之。《論語》「黄衣狐裘」，舊説「息田夫黄衣黄冠而祭」之裘也。《詩》「狐裘黄黄」，玄端深衣之裘也。

記深衣

深衣，連衣裳殺幅而不積。鄭氏曰：「深衣，連衣裳而純之以采者，素純曰長衣，有表則謂之中衣。」《詩》「麻衣如雪」，言深衣也，此其純采者。布純亦曰麻衣，大祥，素縞麻衣是也。公子爲其母及妻練冠麻衣縓緣，鄭氏以爲如小功布。《深衣》記曰：「具父母，大父母，衣純以繢。具父母，衣純以青。如孤子，衣純以素。」《曲禮》曰：「爲人子者，父母存，冠衣不純素。孤子當室，冠衣不純采。」《論語》曰：「君子不以紺緅飾。」古者，布幅廣二尺有二寸，謂之中量，凡削幅減寸者，二齊亦寸。衣裒左右，終幅屬袂，終幅減削幅，中人之手八寸，是其度也。長衣中衣過之，揜尺袂之圜四尺四寸，自胡下殺，而前袂末謂之祛，圜二尺四寸，規胡下剡衣之幅。《記》曰：「袂圜以應規。」又曰：「袼之高下，可以運肘。」袼，胡下也。剡之要中之圍七尺二寸，所謂深衣三袪也。裳以布六幅，幅分之尺一寸，正者八，減削幅則八九七尺二寸，與衣相屬，旁屬交裁，殺幅一端二寸，一端二尺，在下減削幅則尺八寸，殺而上如是者四，是爲深衣之衽，所謂衽當旁也。衣裳之左前後續，右有曲裾鉤之，故曰「續衽」。鉤邊合十二幅，則下齊丈四尺四寸，倍於要中衣。交領謂之袷，廣二寸。緣謂之純，純邊謂之緆，裳下緣謂之緆與純袂廣各寸半。

記中衣裼衣襦褶之屬

中衣，凡絲衣以素，其餘以布。《郊特牲》記曰：「繡黼丹朱中衣，大夫之僭禮也。」《爾雅》：「黼領謂之襮。」孫叔然曰：「繡刺黼文以褊領。」《詩》「素衣朱襮」是也。言丹朱以爲純襦，君朱，大夫纁。凡襦褶之屬，其外中衣，中衣之外上衣。若裘則有裼衣，裼衣之外上衣。夏則絺綌之外上衣。近體禪衣曰明衣，《玉藻》記曰：「裘之裼也，見美也，弔則襲，不盡飾也。君在則裼，盡飾也。服之襲也，充美也，是故尸襲，執玉龜，襲。無事則裼，弗敢充也。」鄭氏曰：「裼者，免上衣，見裼衣。」凡當盛禮者，以充美爲敬；非盛禮者，以見美爲敬。禮尚相變也。凡袒裼者左，《論語》當「暑袗絺綌，必表而出之」，無上衣曰袗。《記》曰：「振絺綌不入公門，表裘不入公門，襲裘不入公門。」然則固有不服上衣而袗絺綌表裘者矣。犬羊之裘不裼，不文飾也。不裼，則有雖裘而不以衣裼之者矣。君子之於褻，蓋亦無嫌質略也。

蔣良騏《東華録》卷九《康熙六年》 康熙六年正月，定王、貝勒等執事人役衣服俱用緑色。

阮葵生《茶餘客話》卷四 康熙三十三年，刑科魏象樞奏，屬員謁上臺，不許穿朝服頂帽。部議：凡朝賀祭祀及到任，許著朝服，其餘皆不許。所云祭祀，指與祭郊壇非私祀也。康熙五十一年，准吏科潘錦奏：外官到任、拜牌、開印、封印、丁祭入壇着朝服，其送迎上臺，止穿補褂。雍正八年奉旨：蟒袍乃華燦之衣，組織非易，衣著之日太多，非愛惜物力之道，嗣後元旦、萬壽節，仍穿七日，上元節仍穿三日。又微員奉有不必蟒袍，但穿補褂亦可之。【略】

《明會典》：禮部題百官衣服自十月初四日至次年三月初三日穿紵絲，自三月初四日至四月初三日穿羅，自四月初四日至九月初三日窄紗，自九月初四日至十月初三日穿羅。【略】

順治十年題准教坊司樂人衣服，中和樂用紅補服四十領，丹陛樂用紅百花袍三十領。十二年定女樂四十八名，衣服用緑緞單長袍、紅緞月牙夾背心，俱用寸金花樣，金髮箍青帕首。十六年停止女樂，改用太監。

汪啟淑《焠掌録》卷下 鄭(玄)注《喪服傳》云：婦人不殊裳，衰如男子衰，下如深衣。深衣則衰如帶下，又無衽。又曰：衽，所以掩裳際也。賈公彦疏云：婦人之服連衣裳。今世婦人言斂衽，非也。

錢大昕《潛研堂文集》卷三《冕衣裳説》 《論語》「子見齊衰者、冕衣裳」者，又云「見冕者與瞽」者，《魯論》「冕」皆作「絻」。按《士喪禮》「衆主人免於房」，《喪服記》「朋友皆在他邦，袒免」，先儒以爲免，象冠，廣一寸，用麻布爲之。「免」亦作「絻」。齊衰，服之重者；絻，服之輕者。舉其至重與至輕者，而五服統之矣。先言齊衰，後言絻，言之序也。古者「冕」「絻」二字多相亂。《説文》，「冕」，或作「絻」。《管子》「衣服緷絻，盡有法度」，《荀子》「乘軒戴絻，卑絻黼黻」，《史記・禮書》「郊之麻絻」，《文選》李善注引《大戴禮》「絻而前旒，所以蔽明也」，是「冕」之訛爲「絻」也。《論語》「冕衣裳者」，是「絻」之訛爲「冕」也。包咸乃以冕爲大夫之服。大夫冕而祭於公，弁而祭於己，非助祭於公，無服冕之時。且不獨大夫也，天子視朝以皮弁，田獵以冠弁，諸侯視朝以玄冠，非朝覲祭祀會同不冕也。夫子不助祭於公，何爲見冕衣裳者乎？《經》以「冕衣裳」與「齊衰」與「瞽者」並舉，則「冕」之爲「絻」，審矣。《古論》又作「弁」，弁亦大夫士之祭服，非燕居之服。惟《周禮》司服職云：「凡弔事，弁經服。」鄭玄注：「弁經者，如爵弁而素，加環經。」此以「弁衣裳」與「齊衰」同言，意者其弁經乎？弁之與絻，制雖不同，其爲凶服一也。

周廣業《過夏雜録》卷六《袴》 自山東蘭山以北，婦女有袴無裙，已載之《冬集紀程》矣。此風不知始何時，案莊綽《鷄肋編》云：燕地諸倡皆以「子」爲名，若香子、花子之類。無寒暑必繫(錦)〔綿〕裙。然則宋時諸倡尚裙，況在良家。《漢書・外戚傳》孝昭上官皇后，霍光外孫。「光欲(皇)后擅寵有子，帝時體不安，左右及醫皆阿意，言宜禁內，雖宫人使令皆爲窮絝，多其帶，後宫莫有進者。」顔師古注(引)服虔曰：「窮絝有前後當，不得(相)〔交〕通也。」師古曰：「絝，古袴字(也)。窮絝，即今之緄襠袴也。」史但言窮絝，則單複裙不待言矣。《晉書・王宏傳》太康中，宏爲司隸校尉，時制庶人不得衣紫絳及綺繡錦繢。宏目遣吏科檢婦人袒服，至褰發于路。由是獲譏，則袒服之不當暴露明矣。《魏書・禮志》論戴記：童子不衣裳，謂童子未就外傅，往來父母慈乳之前，故許其無裳，以便易之。若志學之後，將冠之初，年居二九，質並成人，受道成均之學，釋奠上庠之內，將命孔氏之門，執燭曾參之室，而唯有掩身之衣，無蔽下之裳，實所未安。是則元魏時，男子十五以上，便不可無，豈有朱粉其面，綺羅其襦，而獨可不蔽下者。《鹽鐵論》稱匈奴無裙褌曲襟之制。《淮南子》九疑之南，民人短綣不絝，以便涉游。《説文》濊貊中，女子無絝，着縛衣，狀如襜褕。《溪蠻叢笑》犵狫以裙代褌。蓋皆囿于俗使然，齊魯燕趙不應有是也。

姚鼐《惜抱軒筆記》卷三　徵褰與襦　注云：褰，袴也。蓋袴與襦對，即是裳也。其異於裳者，分衩在面，不同裳之分在兩旁耳，以其分衩可褰揭，故又名之褰也。《漢書·昌邑王傳》衣短衣大絝，絝即袴字。惠文冠。《朱博傳》官屬多褒衣大袑。師古曰：此大絝也。又《叙傳》綺襦紈絝之間。此皆以襦袴相對，並即是裳之面分衩者。《説文》「絝，脛衣也」。古自股以(上)[下]可通名曰脛，故有脛衣之名。六朝時人猶上衣下裳，而武人乘騎於下裳不便，則另以帛縛之，謂之袴褶。《江表傳》言吕範釋韝(看)[着]袴褶。此如今戰帬矣。隋煬帝大業六年，以臣下從巡游，禮服爲不便，又以袴褶不宜見君，乃去袴褶而衣袍，無上衣下裳之制，此是古今一大變革，自是衣不分上下，而世遂疑褌爲袴，不知袴之即褰，而非褌也，褌、褌是一物，袴、帬、袑是一物。

鄭康成謂惟裳正幅，如帷非帷。裳者，謂深衣削其幅縫齊倍要。《朱子集注》用康成説，而略加字云：其餘若深衣。蓋深衣乃以上衣下裳縫合爲一，其殺削何待言，古蓋有非朝祭禮服，而燕服亦分衣裳爲二者，如黄衣狐裘之類，此不得即謂之深衣，但削幅若深衣耳。

姚鼐《惜抱軒筆記》卷四　《漢書·叙傳》言綺襦袴。《昌邑王傳》言衣短衣大袴。袴之制，世或未明，今爲考之。蓋裳，袴、褌、褌三者，各異物也。周人上衣下裳者，禮服也。袴者，幼童不裳者之衣。《内則》曰衣不帛襦袴。其制似裳而小，裳前後交掩在旁，而袴左右交掩在中也，本非成人士君子之服，而無貴賤衣之。其在戰國之季，騎興車謝時乎，其形固便於騎也。《左傳》「徵褰與襦」，褰，袴也。魯昭公時未必士遽衣袴，戰國造飾爲是謡耳，吾固疑《左傳》多後附之書也。漢始承秦，其禮服皆袀(元)[玄]，無衣裳之别，故當時朝廟服，惟用單衣。至東漢明帝，乃復古衣裳上(元)[玄]下纁之制，然止用於三雍及大祭祀，其曰朝亦循西漢之單衣。單衣乃周人之深衣，其制連上衣下裳而合之，腰中有横縫無襄，斯以别於襜襦袍製，以爲禮服而已。漢人分上下衣而二之者，上襦下袴，袴非禮服，不可見君，第可以接賓，昌邑王以接張敞之類是也。《急就篇》云襜襦袷複褶袴褌縛。袴爲褶，在外曰袴，近體乃褌，袴非褌也。若東漢後所云帬者，本正是袴，但帬寬廣，《漢書》所謂大袴，大袑也，所專稱袴者，則制狹耳。故《南史·何尚之傳》云裂帬爲袴。袴褶乃軍中服也，或云家居執事役者亦衣之。《魏志》言管甯布襦袴。布帬隨時，單複要之，帬袴是一類，而分廣狹，皆是便服，不可爲禮服，故管甯親薦饋饌則必改衣白布單衣也。大抵單衣雖減於古之衣裳，要必寬博而交掩在左右，不便乘騎。至隋開皇時，又以羣臣從巡游，騎馬袴褶見君，如單衣爲不便，乃變單衣而爲袍，自是祭祀，君臣賓客相見皆袍，古人腰中横縫猶分上下之深衣遂不得見，而男子亦無衣袴者矣。單衣元可以加袴之上以見君，故宋武時諸王入内脱單衣，只用帬帽，如家人禮也。梁元帝子方矩入朝，公服中符碧絲帶。布袴符者，猶今言襯也，單衣内襯袴可也，而碧絲帶則非正人所當著，故摳衣見之，而元帝以爲惡也。

桂馥《札樸》卷二《丹漆若何》　《宣二年傳》「役人曰：從其有皮，丹漆若何」。案：華元《驂乘歌》「牛則有皮，犀兕尚多，棄甲則那」。故役人云「縱有皮，其如無丹漆何」。蓋甲以丹漆爲飾也。《襄三年傳》「使鄧廖帥組甲三百」。杜預注云：組甲，漆甲。孔穎達正義云：漆甲成組文，今時漆甲有爲文者。

桂馥《札樸》卷七《藍衫》　學官弟子服藍袍，呼爲藍衫。此誤也，當爲襴衫。唐制，士人以棠苧襴衫爲上服。馬周議，禮無服衫之文，三代有深衣，請加襴袖褾襈。長孫无忌議，服袍者，下加襴，緋紫皆視其品。馥謂今秀才袍加青邊，是其遺製。

桂馥《札樸》卷七《襠》　阮籍《大人先生傳》動不敢出褌襠。案，襠本作當，遮也，遮前後也。上古有韍，但知蔽前，不知蔽後，故復作褌而加當其上。

孫志祖《讀書脞録續編》卷一《緣衣》　《周禮》「内司服掌王后之六服」，有緣衣。鄭(玄)注：「此緣衣者，實作褖衣也。緣，字之誤也。」案：《詩·緣衣》，鄭玄《箋》云「緣當爲褖」。孔穎達正義云：「此緣衣與《内司服》緣衣字同。『内司服掌王后之六服』，五服不言色，惟緣衣言色，明其誤。彼緣衣宜爲褖衣，故此緣衣亦爲褖衣也。」據此，則《周禮》經文本作「緣」字，鄭破「緣」爲「褖」，云字之誤，而賈公彦疏以爲「緣」與「褖」不得爲聲相近，但字相似，故爲字之誤也。若「緣」與「褖」何得云聲不相近乎？蓋賈氏所見本猶不誤也，然《釋文》云：「緣或作褖，同吐亂反」，沿譌久矣。

奕賡《侍衛瑣言·補》　宗室例穿四開衩袍，繫金黄腰帶，若穿缺襟袍，仍用二開衩。其腰刀縧絆撒袋縧絆及配囊縧繫，俱不用金黄，仍用藍色。

續辨事章京兼班領及二等侍衛兼侍衛班，領遇隨扈時，俱穿黄馬褂，委署侍衛班領則否。

奕賡《括談》卷下　賜莫臣工、隨扈官員，例换元青褂。請轎校尉，於駕衣上套元青褂。

王念孫《讀書雜志·墨子》卷三《非儒下·祇褍》 「取妻，身迎祇褍。爲僕，秉轡授綏」。畢云：「《說文》『祇，敬也』。『褍，衣正幅』。則褍亦正意，與端同。」

念孫案：畢説非也。祇當爲袨，隸書祇字作衹，與袨相似，故袨誤爲衹。袨褍，即(元)〔玄〕端也。《周官·司服》其齊服有(元)〔玄〕端、素端。鄭注曰：端者，取其正也。服虔注：昭元年《左傳》曰禮衣端正無殺，故曰端。端與褍同，故《說文》以褍爲衣正幅也。《玉篇》袨，黑衣也。《淮南·齊俗篇》尸祝袀袨。蔡邕《獨斷》曰：祠宗廟，則長冠袀(元)〔玄〕袀(元)〔玄〕與袀袨同。袀，亦黑色也。《文選·閑居賦》注引服虔《左傳》注曰：袀服，黑服也。大夫端冕。高注曰：袀，純服。袨，黑，齋衣也，即《周官》所云齊服(元)〔玄〕端也。《莊子·達生篇》祝宗人(元)〔玄〕端，即淮南所云尸祝袀袨也。

王念孫《讀書雜志·墨子》卷四《公孟·絳衣》 「昔者楚莊王鮮冠組纓，絳衣博袍」。哀十四年《公羊傳》「反袂拭面，涕沾袍」。何注曰：袍，衣前襟也。 引之曰：絳，當爲絳，字之誤也。絳，與縫同。《集韻》縫或省作絳。《漢丹陽太守郭旻碑》彌絳袞口。絳，即縫字，字從夆，不從夅。 縫衣，大衣也。字或作逢，又作摓。《洪範》「子孫其逢」。馬注曰：逢，大也。某氏傳以子孫其逢吉爲句，訓逢爲遇，皆非是，説見《經義述聞》。《儒行》「衣逢掖之衣」。鄭注曰：逢，猶大也。大掖之衣，大袂禪衣也。《莊子·盜跖篇》摓衣淺帶。向秀注曰：儒服寬而長大。見《列子·黃帝篇》釋文。《釋文》曰：摓，本又作縫。《荀子·非十二子篇》其冠進，其衣逢。《儒效篇》逢衣淺帶，解果其冠。楊倞注竝曰：逢，大也。《列子·黃帝篇》曰：女，逢衣徒也。縫、絳、逢、摓，字異而義同。絳衣與博袍連文，絳、博，皆大也。《淮南·齊俗篇》作裾衣博袍。高注曰：裾，褒也。褒，亦大也。《氾論篇》又云：褒衣博帶。

王念孫《讀書雜志·荀子》卷五《議兵·鞈》 「楚人鮫革犀兕，以爲甲，鞈如金石」。楊注曰：鞈，堅貌，以鮫魚皮及犀兕爲甲，堅如金石之不可入。《史記》作堅如金石。《禮書》鞈古洽反。《管子》曰：制重罪，入以兵甲犀脇二戟，輕罪入蘭盾鞈革二戟。《小匡篇》念孫案，楊本作鞈如金石，與《史記》不同，然鞈訓堅貌，諸書未有明文。《說文》「鞈，防扞也」。今本扞譌作汗，據《玉篇》、《廣韻》改。尹注《管子》曰：鞈革重革，當心箸之，可以禦矢。皆不訓爲堅貌。《史記》而外，《韓詩外傳》亦作堅如金石。《文選·三月三日曲水詩序》注引《荀子》正作堅。《太平御覽·兵部》八十七同，鈔本《北堂書鈔·武功部九》引作牢如金石，

陳禹謨本改爲堅。此是避隋文帝諱，故改堅爲牢，然則虞所見本正作堅，與楊本異也。

王念孫《讀書雜志·漢書》卷一五《叙傳·短褐之褻》 《王命論》：「夫餓饉流隸，飢寒道路，思有短褐之褻，儋石之畜。」(顔)師古曰：褻，謂親身之衣也，音先列反。念孫案：「褻」與「褻」不同字：「褻」，親身衣也，從衣埶聲，讀若漏泄之泄。先列反。「褻」，重衣也，字本作「褺」，從衣，執聲，讀若重疊之疊。大篋反。其執字或在衣中作「褻」，轉寫小異耳，與「褻衣」之「褻」字從埶者不同。此言短褐之褻，謂飢寒之人，思得短褐以爲重衣，非謂親身之褻衣也。《漢紀》及《文選》竝作「短褐之襲」。李善曰：《說文》曰襲，重衣也，《字林》曰「襲，大篋反」，舊本反譌作也，據宋祁引蕭該音義改。此即褺之俗字也。何以明之？《說文》「褺，重衣也，從衣，執聲」。《一切經音義》十五：「褺，與褺同。徒俠反」，引《通俗文》曰「重衣曰褺」。宋祁引蕭該音義曰：《字林》曰：褺，重衣也，舊本「重衣」作「衷衣」，乃後人誤以爲褻衣而改，之今據《說文》、《玉篇》、《廣韻》可正。大篋反，舊本「大」譌作「丈」，據《文選》注引改。正與李善所引同，則「襲」爲「褺」之俗字明矣。《說文》以「襲」爲左衽袍，以「褺」爲重衣。今經史中重衣之字皆作「襲」，而「褺」字遂廢，唯此一處作「褻」，與「褺」同。乃古字之僅存者，而師古云褻，謂親身衣也，先列反，是直不辨「褻」、「褻」之爲兩字矣。《廣韻》「褻」在《十七薛》，「襲」在《二十六緝》，「褺」在《三十怗》。「褺」與「襲」聲相近，故《漢紀》、《文選》皆作「襲」。若褻與「襲」，則聲遠而不可通矣。

趙紹祖《讀書偶記》卷二《緇衣羔裘》 邢昺疏云「緇衣羔裘」謂朝服也。《玉藻》云諸侯「朝服以日視朝于内朝」。《士冠禮》云：主人(元)〔玄〕冠朝服，緇帶素韠」鄭玄注：「不言色，衣與冠同色」。是朝服色元。《玉藻》亦云「羔裘緇衣以裼之」。明其上正服亦緇色也，是羔裘用緇衣爲裼，裼衣之上正服，亦是緇色，故知是君臣日視朝之服也。先君子曰：邢疏言緇衣未兼祭服，於義不備。《王制·三公一命卷》孔穎達疏云：諸侯大夫士自祭，士則元端，大夫則朝服。故《儀禮·特牲》士祭元端，少牢，大夫祭朝服。《少牢饋食》「筮於廟門之外，主人朝服」。「明日，主人朝服即位於廟門之外」。故知祭服即朝服也。

《素衣麑裘》

邢昺疏云「素衣麑裘」在國視朔之服也，其受外國聘享，亦素衣麑裘，故《聘禮》云「裼降立」鄭玄注引《玉藻》云「麛裘，青豻褎，絞衣以裼之」。又引此云「素

衣麛裘，皮弁時或素衣」。如鄭此言，則裼衣或絞或素不定也。熊氏曰「臣用絞，君用素」。皇侃氏曰「素衣爲正，記者亂言絞耳」。近出皇氏《論語疏》曰「麛，鹿子也。鹿子色近白，與素稱也。謂國有凶荒，君素服，則羣臣從之。裘服，則大鹿爲裘也，故《檀弓》曰鹿裘横長袪是也。凶荒之服既輕，故裘用鹿子，鹿子文勝於大鹿也。或云大蜡祭百物之神，皮弁素服也。故鄭玄氏注《郊特牲》云『皮弁素服而祭，以送終也』。注云：素服，衣裳皆素也」。余案，皇侃氏此疏何以不言素衣爲視朔聘享之服，且邢昺疏所引皇氏素衣爲正之説，正是論聘享之服而此顧遺之耶。《玉藻》云「年不順成，則天子素服」。正義曰：「天子素服，與下文諸侯年不順成，君衣布與此互文也」。《周禮·司服》「大札大荒大烖，素服」。鄭玄注曰「素衣縞冠，則非皮弁服也」。皇侃氏不應引此凶荒之服以釋「素衣麑裘」也。余疑此疏非皇氏之舊本也。

《黄衣狐裘》

邢昺疏曰：「黄衣狐裘」謂大蜡息民之祭服也。人君以歲時成熟，搜索羣神而報祭之謂之大蜡。又臘祭先祖五祀。因令民得大飲，農事休息謂之息民。其時則有黄衣狐裘也。息民用黄衣狐裘，大蜡則皮弁素服，與息民異也。先君子曰：「黄衣狐裘」，兵事用之。《詩·羔羊章》孔疏詳引裘制，及此云若兵事，既用韎韋衣則用黄衣狐裘及貍裘，象衣色故也。《襄四年傳》云「臧之狐裘，敗我於狐駘」。《定九年傳》云「晳幘而衣，貍製是也」。

《吉月必朝服而朝》

何氏集解曰孔安國曰：「吉月，月朔也。朝服，皮弁服。」邢昺疏曰《士冠禮》云：「皮弁服素積，緇帶素韠。」鄭玄注云「此與君視朔之服也」。魯自文公不行視朔之禮，孔子恐其禮廢，故於月朔，必衣此視朔之服而朝於君，所謂「我愛其禮」也。先君子曰：孔安國曰「朝服，皮弁服」邢昺疏知其誤，乃云「視朔之服」，然本文言朝服，何得云視朔服也。《玉藻》云孔子「朝服而朝，卒朔然後服之」。孔穎達疏謂「朝服緇衣，告朔禮終，脱去皮弁，而後服朝服」。是此節的注，紹祖按邢疏云云，所謂又從而爲之辭也。天子視朝皮弁服，《周禮·司服》文及《玉藻》「皮弁以日視朝」是也，諸侯則元端緇衣，《玉藻》「朝服以日視朝於内朝」是也。《玉藻》又云天子(元冕)〔玄端〕聽朔於南門之外，諸侯皮弁以聽朔於太廟。視朝則天子皮弁，而諸侯(元)〔玄〕端聽朔。則天子元冕而諸侯皮弁者，皆下天子也。視朝聽朔，君臣同服，孔子魯臣，若服皮弁服以朝，是意欲感君之廢禮而自蹈非禮之譏，何以爲孔子？

陳鱣《簡莊疏記》卷三《詩》 《君子偕老》云「是紲袢也」。毛亨傳：是當暑袢延之服也。孔穎達疏：袢延是熱之氣。按，《説文》云：「褻，私服。从衣，埶聲。《詩》曰『是褻袢也』。」袢無色也，从衣，半聲，讀若普，是詩本作褻，紲爲假借。袢爲無色衣。《釋名》云：汗衣。近身受污垢之衣。詩謂之澤，受污澤也。

陳鱣《簡莊疏記》卷三《詩》 《大車》云：「毳衣如菼。」毛亨傳：菼，鵻也，蘆之初生者也。鄭玄箋云：菼，薍也。古者天子大夫服毳冕以巡行邦國，而決男女之訟，則是子男入爲大夫者。毳衣之屬，衣繢而裳繡，皆有五色焉，其青者如鵻。按《釋言》云：「菼，鵻也。」「菼，薍也。」郭注引《詩》曰「毳衣如菼」，艸色如鵻，在青白之間。《釋艸》云：「菼，薍。」《詩》疏引李巡云：蘆、薍，其爲一艸。孫炎以蘆、薍爲二艸。毛、鄭釋詩俱本雅訓。《説文》云：「菿，雈之初生，一曰薍，一曰鵻。从艸，剡聲。」重文「菼」云：「菿或从炎。」「緂，帛騅色也。从糸，剡聲。《詩》曰『毳衣如緂』。」是本有此帛名緂，而毳衣之色如之。《説文》引《詩》與毛異，毛傳，蘆之初生。戴吉士云：蘆字譌，當作雈。

陳鱣《簡莊疏記》卷三《詩》 《出其東門》云：縞衣綦巾。毛亨傳：縞衣，白色男服也。綦巾，蒼艾色女服也。鄭玄箋云：縞衣綦巾，所謂作者之妻服也。綦，綦文也。按，《説文》云：「綥，帛蒼艾色。从糸，畀聲。《詩》曰『縞衣綥巾』，未嫁女所服。一曰，不借綥。」蓋綥从畀。畀，舉也，从丌，甶聲。杜林吕爲麒麐，字與丌部之畀不同，與箕部之古文其又不同，隸書其、畀相溷，故作綨，或作綦，實即此綥字耳。徐鼎臣不察，謂《説文》脱綦字，妄加于綥字下，爲重文。王伯厚《詩攷》又出「縞衣綨巾」句，爲《説文》夬畀从甶，乃東楚名缶曰甶，與鬼頭之由又異也。《説文》云「未嫁女所服」，與傳分爲男女二服不同，與箋言作者之妻服相合，言此女猶服未嫁之衣，正願室家得相樂也。

趙慎畛《榆巢雜識》卷上《紅雨衣》 諸王以外，惟一品大臣及御前行走之御前侍衛准穿紅雨衣。乾隆八年九月特旨定。

趙慎畛《榆巢雜識》卷下《朝服》 國制：親、郡王，世子、長子乃服五爪團龍補及五爪龍緞滿翠四團龍服。貝勒、貝子服四爪團龍補及蟒緞妝緞服。國公服四爪蟒補。將軍以下，按品級服麒麟、獅、豹、虎補，餘同貝子。公主如親王，郡主以下，各以次差。四團列於胸、背、兩肩，以五色絲間二色金組織成文。衣下邊際，綴以五色緑鬚龍，有三爪、五爪，以賜臣下，例剔去一爪服之。

洪頤煊《讀書叢録》卷三《纁袡》　女次純衣纁袡。鄭注：袡亦緣也，袡之言任也，以纁緣其衣，象陰氣上任也。凡婦人不常施袡之衣，盛昏禮爲此服。《喪大記》曰：「〔婦人〕復（衣）不以袡。」明非常。頤煊案：《方言》蔽厀，齊魯之郊謂之袡。《禮記·雜記上》「纁袡」，《釋文》王肅云：婦人蔽膝也。《周禮·内司服》王后褘衣，《説文》「褘，蔽厀也」。故袡亦爲婦人之上服。

洪頤煊《讀書叢録》卷一五《短褐》　賈誼《新書·過秦下篇》「夫寒者利短褐」。頤煊案，《史記·始皇本紀》作「裋褐」，《集解》徐廣曰：一作短，小襦，音豎。《方言》襜褕其短者，謂之裋襦。《廣雅·釋器》複襦謂之襏。襏即裋字。《列子·力命篇》「衣則裋褐」，《釋文》「裋，複襦也，楚人謂袍爲裋」。有本作短褐者，誤。

洪頤煊《讀書叢録》卷二一《袨服》　《酈陽傳》武力鼎士袨服叢臺之下者一旦成市。師古曰：袨服，盛服也。頤煊案，《淮南·齊俗訓》尸祝袀袨。高誘注：袨，黑齋衣也。《左氏·僖五年傳》均服振振。服虔注：袀服，黑服也。袀、袨同色，皆爲兵士之服。《梁丘賀傳》宣子章夜玄服入廟，居郎間，執戟立廟門。《文選·豪士賦序》李善注：引《漢書》作「袨服」。袨、玄字通用。

錢泳《履園叢話》卷二四《雜記（下）·紅裙》　婦人無貴賤，母以子貴，妻以夫貴，古之定禮也。至於服色，無有一定。今作妾者，不許著紅裙，此妬婦之立論，不可遂爲典。據杜少陵《納涼遇雨詩》「越女紅裙濕」、白香山《琵琶行》「血色羅裙翻酒污」、東坡詩云「更將文字惱紅裙」，則紅裙者，唐、宋時妓女所用，無所爲貴賤也。

今大小百家皆服之，青樓之假冒良家者，亦服之，又誰爲之分辨耶？按《大清會典》，婦女之服飾，惟八旗有定制，然今亦不用，況民間耶？

昭槤《嘯亭續録》卷一《金黄蟒袍》　定制，皇子服金黄蟒袍，諸王特賜者，始許服用。乾隆初，諸王蒙賜者過半，實稱一時之盛。及其末年，惟定、怡二王特賜之，時以爲榮。今上親政後，惟榮恪郡王蒙賜服焉。

《香色定制》

古之東宫皆服絳紗袍，蓋次明黄一等。國初定制，皇太子朝衣服飾皆用香色，例禁庶人服用，其後儲位久虚，漸忘其制。近日庶民習用香色，至于車幃巾帨無不濫用，有司初無禁遏者，亦未習典故也。

《朝服龍團》

定制，惟皇上御服朝衣，於腰闌下前後繡龍團各四，諸王以下皆用素緞數則，以爲辨别。近日南中所繡朝服衣料，無論品級皆用龍團各四，初無以素褶沾者，余常購市料服之。成王見而責曰：「君素稱守禮者，亦濫爲服用耶？」先輩之知定制若此。

《四團龍補褂》

舊制，親王服四正龍補服，郡王服二正二行龍補服。乾隆中，傅文忠公以爲與御服無别，乃奏改親王服二行龍二正龍補服，郡王服四行龍補服以爲定制。諸王有特賜四正龍者，許服用焉。異姓初無賜四團龍者，雍正中，年大將軍羹堯特賜四正龍補服，不久即以驕敗。乾隆中，傅文忠公以椒房優寵，兆文毅公惠以平定西域功，阿文成公桂以平定兩金川功，福文襄王康安以平定臺灣功，皆賜四團龍補服。孫文靖以入安南功賜之，未浹旬即以潰兵聞，遂繳還成命焉。惟文忠公每入署辦事及其家居，仍用公爵補服以示謙云。

《大臣賜紫》

國初諸勳臣以開創大功賜紫者，不乏其人。乾隆中，閣臣則傅文忠恒、福文襄王康安、阿文成桂、和相珅，勳戚則福駙馬隆安、福尚書長安、超勇親王拉旺多爾濟、海超勇蘭察皆賜紫色輿服。嘉慶中，慶文恪公桂、德繼勇楞泰、額威勇爾登保以平定三省教匪功，亦賜紫焉。

《宗室公賜紫》

舊制，親、郡王用金黄輿服，貝勒、貝子用紫色輿服，宗室公與大臣同。乾隆五十二年，特賜宗室鎮國公、輔國公紫色輿服，其未入八分公仍舊制云。

《黄馬褂定制》

凡領侍衛内大臣，御前大臣、侍衛，乾清門侍衛，外班侍衛，班領，護軍統領，前引十大臣，皆服黄馬褂。凡巡幸，扈從鑾輿以爲觀瞻。其他文武諸臣或以大射中侯，或以宣勞中外，上特賜之，以示寵異云。

昭槤《嘯亭續録》卷三《服飾沿革》　國初尚沿明制，套褂有用紅緑組繡者，先良親王有月白繡花褂，先恭王少時猶及見之。今吉服用紺，素服用青，無他色矣。花樣，康熙朝有「富貴不斷」、「江山萬代」、「歷元五福」諸名目。又有暗紋蟒服，如宫制蟒袍而卻組繡者，余少時猶服之。袍褂皆用密線縫紉，行列如繪，謂之實行，袖間皆用熨摺如線，滿名爲「赫特赫」。今惟蟒袍尚用之，他服則無矣。

又燕居無著行衣者，自傅文忠征金川歸，喜其便捷，名「得勝褂」，今無論男女燕服皆著之矣。色料初尚天藍，乾隆中尚玫瑰紫，末年福文襄王好著深絳色，人争效之，謂之「福色」。近年尚泥金色，又尚淺灰色。夏日紗服皆尚棕色，無貴賤皆服之。褻服初尚白色，近日尚玉色。又有油緑色，國初皆衣之，尚沿前代緑袍之義。純皇帝惡其黯然近青色，禁之，近世無知者矣。近日優伶輩皆用青色倭緞、漳絨等緣衣邊間，如古深衣然，以爲美飾。奴隸輩皆以紅白鹿革爲背子，士大夫尚無服者，皆一時所尚之不同也。

昭槤《嘯亭續録》卷四《油緑衣》　雍正中行油緑服，無王公貴賤皆著之。後純皇帝惡其黯潰，相戒不服，余少時猶及見之。乃近年優伶輩盛行，至於褻衣，無不用之，士大夫尚未有服者。亦一時之風氣使然。

張聰咸《經史質疑録》第一册《釋韎韐》　施於爵弁服曰韎韐，其他服曰韍，曰韠。

《詩·瞻洛》傳韎韐，所以代韠也。箋云：韎韐，祭服之韠。《士冠禮》韎韐，緼韍也。而許叔重旨爲「士無市《説文》市爲韍之正體。有韐」《説文》韐爲韐之正體。者，謂無「天子朱韍，諸侯赤韍，大夫葱衡」，士但有緼韍耳，緼韍則韎韐矣。《説文》解韐之「制如榼，缺四角，爵弁服。」《禮·玉藻》士韠制「冉後正」。鄭注：士賤與君同不嫌也。韠以下爲前，以上爲後，鄭旨正在直方之間，天子之士則直，諸侯之士則方，此與許氏如榼之訓亦合。云「缺四角」者，謂使前後方正，蓋一命之服也。公侯韠亦殺冉後，使之方，但變於天子之直，而又不旨士之正耳。此本鄭義。鄭又云韍之制侶韠者，旨《士冠禮》爲與君祭之服，故其名曰韍。《士冠禮》疏，《明堂位》正義引《易·困》云云。非實有别於韠也。《説文》「韠，韍也。所旨蔽前，（以）韋下廣二尺，上廣一尺，其頸五寸。一命緼韠，再命赤韠」。此本《玉藻》引韍正作韠，又市韠也。篆文从韋从犮。《詩》「朱市斯（黄）（皇）」之市，《易·困》正作韍，是韍與韠、與市本不異也，在他服則易其名耳。鄭駁異義曰：有韎韐無韠，有韠無韎韐。賈疏旨爲韍與韠制同飾異，所引衆經言韠、言韍、言市者，義皆得同而乃彊爲分疏，誤在繆解鄭注侶字耳。鄭氏未嘗旨爲制同飾異也。

施於兵服曰韎韋。

《周禮·司服》「（凡）兵事，韋弁服」。《儀禮·聘禮》「君使卿韋弁」。鄭氏兩注皆以爲韋弁、韎韋之（韋）（弁），兵服也。成公十六年《左傳》「有韎韋之跗注」。鄭（志）（玄）旨跗爲幅，謂旨韎韋幅如布帛之幅而連屬旨爲衣，而素裳是裳，不用韎韋甚明。而鄭于彼注又旨韎韋爲裳，引成十六年傳云云，是事涉猶豫，不若賈、服等旨跗爲足跗之切直矣。詳見聰咸所述《左傳·辨杜》。《明堂位》韍制注：士韎韋而已，正義謂無飾，此對赤韍諸等殺而言，非戎服也。

官修《續文獻通考》卷一三四《兵一四》　〔明太祖洪武〕十三年正月，置軍器局，專典應用軍器。【略】

盔甲之屬有抹金甲、織金裙襴魚鱗葉明甲、趄頭葉明甲、各項齊腰明甲、有緣絨、紅絨、緑線縧穿不同。丁釘齊腰甲、有鍍金、黄銅、漆丁及用紵絲絨縧，青布、紫花布、縧縧繩穿不同。丁釘圓領甲、銅鏡馬甲、大葉明甲。

官修《清文獻通考》卷一九四《軍考》　甲制：上衣下裳，左右護肩，左右袖，左右護腋，裳間分遮襠、左襠。甲衣長二尺二寸，幅四，下廣一尺一寸。護肩二，各長一尺一寸，廣一尺三寸。袖二，各長一尺二寸，上圍一尺二寸，下圍九寸。護腋二，各長一尺，上廣九寸，凹其中以承腋，其末鋭。遮襠一，方八寸。左襠一，方六寸。甲裳長二尺六寸，幅二，每幅上廣一尺二寸，下廣一尺五寸。其表，官用錦緞，或施錦繡，兵用布，無定式。甲衣用鐵葉一百三十六，每葉長二寸五分，廣二寸。甲裳用鐵葉一百十六，護肩、甲袖、護腋、遮襠、左襠，均用小鐵葉，長一寸六分，廣一寸四分，步兵甲衣長二尺，甲裳長二尺六寸，間有無裳者。餘制並同。其敷棉者曰棉甲，施鐵鍱於外者曰明甲，其采飾制各有差。

凡親王以下至八分公甲，用石青鎖子錦，表月白綢裏，青繒緣。裳幅、護肩，皆露鐵鍱，飾珊瑚、緑松、青金石、鋄金雲龍，中敷鐵，外布金頂，前懸護心鏡，勒以縧。親王、郡王金黄色，貝勒以下石青色，固倫額駙、同領侍衛內大臣、都統領内大臣、散秩大臣公侯伯子男、宗室將軍、縣主額駙以上、文武一品、文二品、副都統，直省總兵，均石青綺表，藍布裏，青繒緣，通繡蟒十。護肩露鐵鍱，文三品以下及驍騎參領、郡君額駙以下、直省副將，均通鏽蟒六。侍衛、鑾儀衛官，前鋒護軍、參領、侍衛、王府長史、護衛、典儀，均通繡蟒四。裳幅露鐵鍱，皆鍍金雲龍，中敷銕，外布銀釘。前鋒校、護軍校，素綺，表繡蓮花。裳幅露鐵鍱，無袖，外布黄銅釘。前鋒護軍、緑旗營軍士，均青布表加緣，有白裏，不加繡，餘與校同。驍騎校，驍騎，表各從旗色，校以綺，兵以布，均繡蓮花。

順治十七年，奉上諭：領侍衛内大臣、都統盔，頂仍令上插鵰鴿，下垂貂尾，餘皆去雕翎貂尾。定議具奏：議准親王、郡王盔，三角起花，金頂嵌緑松石、珊瑚、寶石者聽，不得擅用東珠。下垂熏貂二十四條爲氅。貝勒、貝子盔，起花，金頂、氅同入八分公盔。插密鼠尾。領侍衛内大臣、都統盔，插鶡翎二，作燕剪形，垂貂尾十二條爲氅。和碩額駙、郡主額駙、散秩大臣等盔，插密鼠尾，垂朱氅。統領、副都統等盔，插熏獺尾，垂朱氅。上三旗、侍衛、鑾儀衛官盔，插貂尾。下五旗、王府官盔，插猞猁孫尾。王府長史，垂黑氅，餘垂朱氅。前鋒護軍、參領、副參領等盔，插獺尾，垂黑氅。驍騎參領以下官盔，插獺尾，垂朱氅。親軍校、前鋒校、護軍校、前鋒護軍盔，鐵頂，垂朱氅。領催驍騎，垂黑氅。其鐵頂，各旗異制，以示別。

康熙五年奏准，八旗前鋒校、護軍校，甲以白緞爲表。前鋒護軍，繡甲以藍布爲表。侍衛、護衛、前鋒護軍，均用明甲。八旗驍騎，甲以繡布爲表，各如其旗之色。

又定直省督撫，提鎮盔，插鶡翎，垂貂尾。副參以下盔，插熏獺尾，垂朱氅。馬步兵盔，槍鐵頂，朱氅。甲之式與八旗同。

雍正十一年奏准，官員盔甲，區爲三等。一二品官爲一等，盔之護頂、護耳、護頸，甲衣前後，甲裳左右、護肩、護腋、遮襠、左襠，共繡團蟒十有五。三品至五品官爲二等，繡團蟒十有一，護腋及遮襠、左襠不繡。六品至八品官爲三等，甲衣、甲裳、護肩，繡團蟒六，餘皆不繡。

乾隆二十一年，欽定棉胄之制，以革髹漆頂，植護頂、護耳、護頸，均敷棉，護軍校、前鋒護軍，垂紅纓，護頂以下石青色。驍騎校、驍騎鹿角兵、礮手，垂黑纓，護頂以下各從旗色，甲亦敷棉。護軍校、驍騎校、前鋒護軍，均全身。驍騎無左右袖，鹿角兵、礮手無裳，及左右袖，左襠色如胄制。官用綺表紬裏，外布黄銅釘鋄金，兵用紬表布裏，外布白銅釘鋄銀。

二十三年奏定，兩翼前鋒統領、護軍統領，盔頂均插鶡翎二，垂貂尾。

又定親王、郡王，盔頂垂熏貂纓，均十有八。貝勒、貝子，均十有四。固倫額駙、縣主額駙、郡君額駙、縣君額駙、鄉君額駙，子、男，甲胄各視其品。

又定親王、郡王，甲縧用金黄色。貝勒以下，用石青色。

欽定工部則例造盔甲式。乾隆二十一年定。

馬兵繡蟒鐵盔

步兵繡蟒鐵盔

馬兵刻絲補鐵盔

步兵刻絲補鐵盔

銅虎頭盔

鐵虎頭盔

鐵梁棉盔

棉盔

鐵椀盔

有盔尾護耳鐵椀盔

有盔檐絮羊毛鐵椀盔

皮高盔

皮椀盔

盔襯

馬兵有裙袖繡花蟒鐵甲

步兵有裙袖繡花蟒鐵甲

有裙無袖繡花蟒鐵甲

有袖無裙繡花蟒鐵甲

無裙袖繡花蟒鐵甲

馬兵繡團蟒鐵甲

步兵繡團蟒鐵甲

馬兵繡團飛虎鐵甲

步兵繡團飛虎鐵甲

馬兵刻絲補鐵甲

步兵刻絲補鐵甲

步兵有裙袖錠勇字素布鐵甲

步兵有裙無袖錠勇字素布鐵甲

步兵有袖無裙錠勇字素布鐵甲

有裙袖鐵釘棉甲

有裙無袖鐵釘棉甲

有袖無裙鐵釘棉甲

無裙袖鐵釘棉甲

無裙袖鑲邊實行鐵梁棉甲
鐵梁實納棉甲
錠銅護心鏡銅釘棉甲
錠鐵護心鏡實行棉甲
綴團蟒刻絲補銅釘銅鏡棉甲
繡花蟒鐵釘棉甲
繡團蟒棉甲
繡飛虎銅釘實行棉甲
繡團花虎藤牌甲
綴刻絲補鐵釘棉甲
刻絲補棉甲
有戰腰套褲鐵釘棉甲
安布胸牌錠護心鏡鐵梁棉甲
錠擺錫鐵釘錫泡勇字棉甲
錠勇字絮紙布甲
前胸安鐵葉絮紙布甲
錠胸釘布軟甲
鑲邊錠鐵護心鏡鐵釘棉甲褂
錠擺錫鐵釘鐵梁棉甲褂
襯甲
戰裙
收拾盔甲皮包
夾號褂
單號褂
夾號袍
單號袍
夾號衣
夾布滾布
夾布虎衣
單布虎衣
鷹膀褂

梁紹壬《兩般秋雨盦隨筆》卷一《五時衣》 今江南人嫁娶新婦，必有五時衣。按《齊明帝紀》：「武陵王閱太后遺物，命留五時衣各一襲。」五時者，謂春青、夏赤、季夏黄、秋白、冬黑也。江南沿六朝之遺，故猶有此名。

梁紹壬《兩般秋雨盦隨筆》卷三《補子》 品級補子，定于洪武，行于嘉靖，仍用至今。汪韓門《綴學》言之詳矣。劉若愚《蕪史》稱宫眷内臣，臘月廿四日祭竈後，穿葫蘆補子；上元，燈景補子；五月，艾虎毒補子；七夕，鵲橋補子；重陽，菊花補子；冬至，陽生補子：此則在品服之外，隨時戲爲之者。至李闖制補服，以雲爲品，一品一雲，九品九雲，僞相牛金星所定，真槐國衣冠也。

梁紹壬《兩般秋雨盦隨筆》卷八《袍》 《逸雅》：「袍，丈夫著，下至跗者也。」《事物紀原》以爲「始于宇文護」，《困學紀聞》以爲「始于隋大業」，皆非也。漢《輿服志》：「周公抱成王燕居，故以袍。」《物原》：「傅説作袍。」《古今注》：「袍者，有虞氏即有之。」則其制由來遠矣。

汪汲《事物原會》卷二五《皮衣》 《前編》古初之人，卉服蔽體。辰放氏作，教民擇音蹇木茹皮以禦風霜，命之曰衣皮之民。有巢氏教民飲禽獸之血，而茹其毛，先取其皮蔽前，後取而蔽後。

《衣裳》

《物原》黄帝命胡曹、伯余二臣，專治衣裳之事。唐堯加以絺苧、木綿、草布、毛罽，音計。虞舜加以錦繡，秦始皇作夾襴。《採蘭雜誌》衣服，神名厭多。

《定服色》

《帝王世紀》黄帝始去皮服，垂衣裳，作黼黻，定服色，上元衣以象天，下黄裳以象地。凡人君所尚服色，各依五運更之。《綱目》隋文帝開皇元年辛丑，秋七月，始制天子專服黄。煬帝大業七年辛未詔：百官戎服從駕，五品以上通着紫袍，六品以下兼用緋緑，胥吏以青，庶人以白，屠商以皂。唐太宗貞觀四年庚寅秋詔：定常服差等，三品以上服紫，四品、五品服緋，六品、七品服緑，八品服青，婦人從其夫色。

《補制》

明太祖初定文武補服之制，公侯、駙馬、伯用麒麟白澤。文職一品仙鶴，二品錦雞，三品孔雀，四品雲鴈，五品白鷴，六品鷺鷥，七品鸂鶒，八品鵪鶉，九品練雀，未入流黄鸝，風憲皆用獬豸。武職一二品獅子，三四品虎豹，五品熊羆，六七品彪，八九品犀牛、海馬。

《襴衫》

郭思《畫論》「三代之際，皆衣襴衫」。《事物原始》「唐馬周定襴衫爲士服」。此士服襴衫之始也。

《生員巾服》

《明會典》太祖洪武二十三年庚午，詔定生員巾服。

《裘》

《物原》「伏羲作裘」。田休子曰：少昊氏都于曲阜，鞬鞮毛人獻羽裘。

《褡褳》

王士正《居易録》今語謂皮衣之長者曰褡褳，此語最古。郭一經曰：半臂衫也，起于隋時，內官服之，今謂之端罩。

《袍》

《〔中華〕古今注》「袍者，自有虞氏即有之，故《國語》曰：袍以朝見也」。《物原》「傳説作袍」。《漢輿服志》「周公抱成王宴居，故施袍」。《中華古今注》「秦始皇三品以上緑袍深衣，庶人白袍，皆以絹爲之」。

《缺襟袍》

《北史》「周武帝着短衣享二十四軍督」。《中華古今注》隋文帝征遼，詔武官服缺胯襖子，三品以上皆紫。《唐書》高祖武德元年戊寅詔諸衛將軍，每至十月一日皆服缺胯襖子。是缺襟之制，亦起于五代隋唐也。《輿服志》開胯同跨者名缺胯衫，即今四衩衫也。自唐馬周始。

《馬褂》

《説文》「無袂衣謂之褙」。音惰。趙宧光以爲即半臂，此説非是。既曰半臂，則其袖必及臂之半，正如今之馬褂。其無袖者，乃背子也，是馬褂實始于隋大業間也，唐高祖減其袖，則謂之半臂耳。

《襖》

《物原》「伊尹作夾襖」。《〔中華〕古今注》襖子「蓋袍之遺象也，漢文帝以立冬日賜宫侍承恩者及百官披襖子，多以五色繡羅爲之，或以錦爲之，始有其名」。

《襦》

《物原》「夏禹作襦」。《演繁露》「襦者，短衫也」。

《汗衫》

《〔中華〕古今注》汗衫，蓋三代之襯衣也。《禮》曰中單，漢高祖與楚項羽戰于滎陽，歸帳，汗透中衣，遂改名汗衫。

《霞帔》

《物原》「秦始皇制霞帔」。《名義考》、《説文》謂帬爲帔。《玉篇》謂在肩背。今命婦衣外以織文一服，前後如其衣長，中分而前兩開之在肩背之閒謂之霞帔，即古之帔也。

《衫》

《逸雅》「衫，芟也，衫末無袖端也」。《〔中華〕古今注》「衫子，自黄帝（爲）〔無〕衣裳而女人有尊一之義，故衣（與）裳相連」。《事物原始》秦始皇方令短作衫子長袖，猶至于膝。蓋衫裙之分，自秦始也。

《裙》

《〔中華〕古今注》「周文王始令女人服裙，裙上加翟衣，皆以絹爲之」。

《半臂》

《身章撮要》婦人背子，本婢妾之服，以其行直主母之背，故名焉。《名義考》古者有半臂背子。《事物紀原》隋大業中，內官多服半臂，除即長袖也。又曰，秦二世詔：衫子上朝服加背子，其制袖短于衫，身與衫齊而大袖。按此可見，大掖衣加半臂，在手臂之閒，如今褡褳相似，脱去半臂，即大掖衣，故曰除即長袖也。

《袖》

《物原》「伊尹始制婦人大袖，隋煬帝作長袖」。《事物原始》「秦始皇方令短作衫子長袖，猶至于膝」。由此觀之，長袖不但非作于隋，且並非創于秦也明矣。

《袴》

《物原》「夏禹作袴」。《〔中華〕古今注》「袴，蓋古之裳也。周武王以布爲之，名曰裙。敬王以繒爲之，名曰袴，但不縫口而已，庶人衣服也」。明張萱《疑耀》「古人袴皆無襠，女人所用，皆有襠者，其制起自漢昭帝時上官皇后，今男女皆服之矣」。

《袜肚》

《〔中華古今注》「袜肚，文王所制也，謂之腰巾，但以繒爲之，宫女以綵爲之，名曰腰綵，即女人脇衣也。至漢武帝以四帶名曰袜肚，至靈帝賜宫人蹙金絲合勝袜肚，亦名齊襠」。《宋遺史》「唐楊貴妃私安禄山，禄山指爪傷妃胸乳，始作袜胸蔽之，一名訶子，又名包肚」。《留青日札》「今之袜胸，一名襴裙，自後而圍向前，故又名合歡襴」。

《袴褶》

《輿服雜事》趙武靈王有袴褶之制，漢武時亦有此服，隋制文武百官咸服之。車駕親戎，制縛袴使不舒散，蓋馬上之服也。《急就篇》注：「袴，脛衣也。」《釋名》「袴，跨兩股各跨別也」。《玉藻》「帛爲褶」注：「有表裏而無著者也。」

《廚人褸衣》

《[中華]古今注》廚人褸衣，厮徒之服也，取其便于用耳。乘輿進食者，有服褸衣。前漢董偃緑幘青褠加褸衣，以見武帝，廚人之服也。

汪汲《事物原會》卷二六《韍》　有虞氏始作韍以尊祭服。按，上古蔽膝之法，象冕謂之韍，朝服謂之韠。韠，一作芾，音縣夏后氏用山，殷用火，周用龍章。

福格《聽雨叢談》卷一　【四䘿袍】滿漢士庶常袍，皆前後兩開䘿，便於乘騎也。御用袍、宗室袍，俱用四開䘿，前後䘿開二尺餘，左右則一尺有餘。若缺襟袍惟御用四開䘿，宗室亦用兩䘿。

按明季庶人非騎馬，不准穿對襟褂，以其便於乘騎云云。然則前後開䘿之袍，勝國固已行之，且非仕官不准濫用矣。

又按今喪服，惟御用者四開䘿，宗室亦兩開䘿。【略】

【黄馬褂】巡行扈從大臣，如御前大臣、内大臣、内廷王大臣、侍衛什長，皆例准穿黄馬褂，用明黄色。正黄旗官員兵丁之馬褂，用金黄色。勳臣軍功有賞給黄馬褂，賞穿黄馬褂之分，賞給只所賜一件，賞穿則可按時自做服用，亦明黄色。

【黄面褂】賞給御用貂褂，須拆下黄面恭繳，若有賞給御用黄面褂字樣，即不必拆繳。

【元狐褡褳】褡褳之製，與褂同。身袖長，旁裾各綴緞飄帶，下豐而鋭，均與袍齊，如古之鶴氅也。元狐褡褳貴重，雖親郡王亦須賞賚方許服用，繼爵者於承襲後具疏恭繳，有仍賞還者，方准留於私第。按王漁洋《居易録》言褡褳之名最古。郭一經曰「半臂衫也，起於隋時，内官服之」。愚臆恐非今之褡褳。

福格《聽雨叢談》卷二　【皮裘】經傳所記，古人衣裘，皆毳外革内，从世毳内之制，未考始於何時，本朝惟外掛之毳向外，若袍襖皆向内也。親王郡王而外，不准服用黑狐，文職一二三品，許服毳外貂鑲朝衣，武職三品弗及也。文四品，武三品，准服貂鼠、猞猁猻。五品至七品筆帖式、護軍校，准用貂皮領袖帽沿。八九品官，不許穿貂鼠、猞猁猻、白豹、天馬、銀鼠。若侍衛、翰詹科道、軍機章京，無論品級，均照三品服色，其往口外寒冷地方出差之滿洲、蒙古、漢軍官員，均准照常穿用貂鼠、猞猁猻，不拘品級也。外毳之褂公趨只准穿貂鼠、海龍。每歲十一月朔爲始，二月朔止。雜色皮只充便服。

福格《聽雨叢談》卷六　【軍機坎】軍機坎，製如馬褂，而右襟袖與肘齊，便於作字也。道光初年，刱自軍機處，因軍機入直，最早最晏，襯於長褂之内，寒易著，煖易解，故又曰褂襯，又曰半袖。以雜色緞帛皆可爲之，不必定如馬褂之用青色也。數十年來，士農工商，皆效其製，以爲燕服。鑲緣愈華，益失其義。按魏武作軍幍，以軍中服之輕便，或作五色以表方面，得毋軍機坎之先聲歟。

按《綱目集覽》曰：半袖，短袂衣也。《晉書・五行志》「魏明帝披縹綾半袖」云云，皆有合於軍機坎之製。

【羔裘】羔裘爲諸侯視朝之服，又不以爲弔服，其貴重可知矣。《檜風》曰「羔裘逍遥」、「羔裘翱翔」。輕煖可知矣。曰「羔裘如膏，日出有曜」。《玉藻》云「羔裘豹飾，爲卿大夫助祭於君之服」。其華可知矣。按此數説，皆非近日羊皮麤重之毳。或曰：古人羔裘用貴而價賤，狐裘用賤而價貴，總覺此解穿鑿。愚以爲誤於《説文》釋羔爲羊子也。若必以字傍從羊，則應爲羊，然則從犭之字，皆可謂之犬乎？按大祀用太牢，祭天則用犢，取其元氣未剖，玉璞不雕，如太羹元酒之可貴也。以此類推，羔裘用以朝祭，必是狐狢之雛，決非羊皮也。

按北人謂狐兔之雛，皆曰崽子、羔子，是羔子爲獸類之雛，不必專屬於羊，如今之狐崽裘也。

又元遺山《種松》詩「百錢買松羔」。注云：小松也。按此説是草木之穉者，亦可曰羔，不獨於禽獸矣。

福格《聽雨叢談》卷七　【喇嘛】中國之崇信番僧，非自本朝始也。元季番僧稱帝師、國師，王公大臣皆敬謹摩拜。明季永樂時，有宗喀巴喇嘛，傳習紅教，封帝師、國師，梵字琳宫，窮極宏壯，番經廠作佛事，宫眷亦往頂祝，此皆本朝所無也。初在關外，禁止滿蒙人爲喇嘛，誦經典，自明朝遣李喇嘛往來□□議和，始與番僧交接，其後西北各蒙部，皆因章嘉胡圖克圖等，前往説降，曉以天生聖人，撫一涵宇，是其僧衆曾立大勳於國，理宜酬錫帶礪，至轉世之説，亦如中國世襲褒忠之典。乾隆年間，雍和宫建有崇碑，碑高丈餘，厚薄寬廣皆三尺餘，四面分勒滿漢蒙番四體書，御製序文，極言番佛功績，以明非漢明帝崇信釋教之意。大哉王言，不闢不佞，以成我朝郅治之宏也。按西僧有紅黃兩教，講經典與中土之釋氏同，紅教能作法術，有類羽流。考西域紅黃二教，婆羅佛衣黃，剎利佛衣紅，其剎利釋迦文佛繼婆羅門者，始衣壞色，迨今之緇衣乎？又《法苑珠林》云：袈裟，秦言染衣是也。《魏書·釋老志》云：漢世沙門皆衣赤布，後乃易以雜色。牟融《理惑論》：今沙門剃頭髮，衣赤布，謂漢世西僧依其本法，其後雜色，則中土學佛者服也，黃衣則第六法門之徒，觀世音一脈之正宗也，凡諸説所見，是漢時僧服，與今紅黃教無異，是以世繪達摩之裝，頗似今之喇嘛。或云，今之禪僧寬袍大袖，是效明季衣冠，喇嘛之袍褂，是效蒙古及本朝衣冠，皆非其本來面目，似亦近之。

按今之黃教，祇准服黃色，紅教祇准服紅紫黃三色，其他雜色，皆弗准用。暖帽黃胎，安紅結，不綴纓，袍無前後開禊，此皆別於士人者也。夏日涼笠似鈸鐃，不綴纓，亦與士人緯帽不同。其做法事時，又有桃兒帽及如魚翅之黃氈帽，如漁婆之風笠，種目甚多。

又大喇嘛准穿貂褂，亦用黃裏，蟒袍無前後開禊。

福格《聽雨叢談》卷八　【禁止服飾】禁止服色，辨其等威可耳。若使富人悉服布素，必致令有不行，令既不行，又難治以峻法，枉事更張，毫無利益。如其果行，則商賈不通衣冠襬襪，更失中華文物之盛，徒使慳吝富兒，遂其鄙陋之欲矣。雍正三年八月，諭曰：覽諸臣所奏，欲將官員軍民服用，一概加以禁約。朕試問諸臣，照此定制，以申禁約，能管束令其必改乎，斷不能也。法令者，必其能禁而後禁之，明知法不能勝而禁之，則法必不行，亦何爲哉！從前屢禁而不能，豈可復禁乎？且照此禁令，各按等秩將緞疋及貂鼠猞猁猻等細裘悉行禁止，如許物件，俱不准服用，轉令大臣官員，得以賤價購而服之，是乃富室獲其利也。兵丁等概令更換，則布疋等物，一時價值交騰，反致貧乏兵丁，難以爲生，有何益哉！其家資殷實之人，隨所得而服之，至不肖家奴，有越分服用以事奢靡者，聽其作孽致困可也，何必禁之？朕視諸大臣，亦惟視其品行，並不觀其服飾，即如都統巴拜所戴涼帽，殊不鮮明，亦有何關礙？爾諸臣視屬下兵丁，猶朕之視爾等也，惟當愛恤教誨以成就之，見有服用僭越之人，則誡飭之，約束之，曉諭而訓導之，凡以爲伊等之生計耳，漸至醒悟，數年之後，自然悛改，一遵儉樸矣。但典禮所關，官員朝服及軍士器械等項，不可使之無色，理宜修整，令其鮮明。尤有要者，我朝滿洲等喜事，尚不必論，惟父母之喪，但恐無以飾觀，有傷顏面，人或謂之不孝，每多勉强逾分費用，此皆無知之所致耳。夫孝者，在於誠心，並不在於躐等，糜費本自各有定分也。大臣等應將此留意，時加嚴禁，其定服色制度，不必紛擾，過於煩細，但將護軍領催馬甲及閑散滿洲人、護軍校、驍騎校、筆帖式等服色，定爲制度之處，大臣等詳究議奏。特諭。

陳宗起《丁戊筆記下》《直裾曲裾》　《爾雅》「衱謂之裾」。郭璞注：「衣後（裾）〔襟〕也。」《釋名》「裾，倨也。倨倨然直亦言在後常見踞也」。案，此裾之本制在後而直。《漢書·雋不疑傳》「元始五年，有一男子乘黃犢車，建黃旐，衣黃襜褕，著黃冒，詣北闕」。師古注「襜褕，直裾單衣」。即謂此也。《史記·魏其武安列傳》「武安侯坐衣襜褕入宫，不敬」。司馬貞索隱曰：「若婦人服也。」張守節正義曰：「《説文》、《字林》並謂之短衣。」今案《説文》「襜，衣蔽前」。「褕，翟羽飾衣。一曰直裾謂之襜褕。」武安所衣當即直裾衣也。正義所引未知所出。

《禮·深衣》「續衽鉤邊」鄭玄注「鉤讀如鳥喙必鉤之鉤。鉤邊，若今曲裾也」。孔穎達疏云「今深衣裳一旁則連之相著，一旁則有曲裾掩之，與相連無異。今時朱衣朝服，從後漢明帝所爲，則鄭云今曲裾者，是今時朝服之曲裾也」。案，此則古深衣之制，漢唐以爲朝服之制者，其制自後曲而鉤，向前以掩裳際也。至《雋不疑傳》「褒衣博帶」師古注「褒，大裾也」。此自是當時之制，倣古朝祭之服。古者正幅之裳，前三幅後四幅，則後裾大矣。

馮桂芬《校邠廬抗議》下卷　奢儉之端，無過宫室、車馬、飲食、衣服四者。宫室、車馬逾制者尚少，飲食無可禁，是禁奢以衣服爲第一義。帝堯冬日麑裘，夏日葛衣。《韓非子》衛文公大布之衣、大帛之冠。漢文帝身衣弋綈。《漢書·文帝紀》、《東方朔傳》同。又《賈誼傳》今帝之身自衣（皁）〔皂〕綈。文既屢見，自是實事。我朝世崇儉德，度越前代，上方服御不能更爲抑損。今議王公以下大小百官，一概衣布，錦繡纂組，或爲褻衣，或爲賤者之服，不得爲公服。或曰：得無非國體乎！夫衛文國君猶布衣，廷臣何害！漢文天子僅弋綈，廷臣可知，貴人衣布，則俗必重布，重布則一切文飾皆不稱，不言儉而自歸於儉矣。又衣之可奢莫裘，若千金萬金無底止，宜禁反裘。《玉藻》「表裘不入公門」。疏言表裘在衣外，可鄙褻。《詩》「彼都人士，狐裘黃黃」。詩意乃一望而見之詞，皆古反裘之證。然秦漢以下即無之，似可禁斷，並貂裘之制亦從刪，此亦崇儉一善術也。

俞樾《茶香室叢鈔》卷六《舉人著青衫》　國朝查慎行《人海記》云：新舉人朝見，著青衫，不著襴衫，始于宣宗朝，謂其異於歲貢生耳。及其下第，送國子監，仍著襴衫。今生員著襴衫，舉人著青衫，猶沿明制。

《禁服黄自唐始》

宋王楙《野客叢書》云：唐高祖武德初，用隋制，天子常服黄袍，遂禁士庶不得服。服黄有禁，自此始，至明皇天寶間，因韋韜奏：御案牀褥，去紫用黄，而臣下一切不得用黄矣。

紫爲閒色，聖人不服，而唐宋以來，朝服尚之，不知其義。偶見宋·王達《蠡海集》有一條云：「天垣稱紫微者，紫之爲色，赤與黑相合而成也，水火相交，陰陽相感，而後萬物以生，故爲萬物之主宰。」觀此則尚紫亦非無義，今黄色猶重，而紫則不尚矣。

《忌純白》

宋蔡絛《鐵圍山叢談》云：「掖庭宮嬙，歲給帛，多色綵爾。遇支賜倖，稍絹應生白者多，即一束十端，必間有一端爲紅生絹，蓋忌其純白故也。」按此知宋人已以純白爲忌。【略】

俞樾《茶香室叢鈔》卷六《背胸》 國朝劉廷璣《在園雜識》云：朝衣、公服，俱用補子，繡仙鶴，錦雞之類，即以鳥紀官之義。常見福清葉相國《向高集》內有欽賜大紅紵絲，斗牛背胸一襲。背胸，或即補子也。按補子之名，殊無意義，宜稱背胸爲是。

俞樾《茶香室叢鈔·續鈔》卷二二《古衣裳遺制》 國朝張爾岐《蒿庵閒話》云：「古人上衣下裳，後世以有衣無裳爲男子之服，殊衣裳爲女子之服，不知始自何時。四五十年前，野老聚會，猶有上著短衣下曳布裳者，自道袍盛行，而此種遂不見矣。」

按，張稷若入國朝而卒，顧亭林曾與之友，則其所云四五十年前者，當在明季也。

《續漢書·五行志》云：「獻帝建安中，男子之衣好爲長躬而下甚短，女子好爲長裙而上甚短。時益州從事莫嗣以爲服妖，是陽無下，而陰無上也。」按此當是變更古制之始，然《明德馬皇后紀》云：「裙不加緣。」則婦人之裙由來久矣。

《婦女以著裙爲重》

宋程頤《家世舊事》云：曾祖母崔夫人與從曾祖母雷氏，奉祀二叔舅姑，晨夕敬畏，平居必著長裙。

《明初衣服制》

明郎瑛《七修類稿》云：洪武二十三年三月，上見朝臣，衣服多取便易，命禮部尚書李源名等參酌時宜。凡官員衣服，寬窄隨身，文官自領至裔，去地一寸，袖長過手，復回至肘，袖椿廣一尺，袖口九寸。耆民生員亦同，惟袖過手，復回不及肘三寸。庶民衣長去地五寸。武職官去地五寸，袖長過手七寸，袖椿廣一尺，袖口僅出拳。軍人去地七寸，袖長手五寸，袖椿七寸，袖口出拳。【略】

《蟒衣始於明》

明沈德符《野獲編》云：「蟒衣爲象龍之服，與至尊所御袍相肖，但減一爪耳。正統初，始以賞虜酋，其賜司禮大璫不知起自何時，想必王振、汪直諸閹始有之，自宏治十六年二月，孝宗久違豫獲安時，內閣爲劉健、李東陽，謝遷俱拜大紅蟒衣之賜，輔弼得蟒衣自此始。」按此知今之蟒袍，尚襲明制也。

《裘非臣服》

吴謝承《會稽先賢傳》云：「魏朗字少英，爲郡功曹，佐正旦掾史顧龕被裘以加朝服，朗以裘非臣服，龕不敬，敕卒撤去，龕恚不聽，郎右手鳴鼓，左手撤裘以聞。府君遂退龕以朗代之，辭病不就。」按古朝服不禁裘，不知何以言非臣服也。

《胸背》

明尹實《北征事蹟》云：陸續賜大紅織金紵絲蟒龍并各色織金胸背衣服。

按《叢鈔》第六卷引國朝劉廷璣《在園雜識》疑背胸即補子，讀此知明人已有胸背之名。胸背、背胸，當即一物，但不知是否補子耳。

《獺皮飾袖口》

宋寇宗奭《本草衍義》云：「獺皮，西戎將以飾毳服領袖，云垢不著，如風霾翳目，即就袖口拭目中即出，又毛端果不著塵，亦一異也。」按今人尚以獺皮飾袖口，然不知有此用也。【略】

《以樹葉爲衣》

國朝陳鼎《滇黔紀遊》云：「夷婦紉葉爲衣，飄飄欲仙，葉似野栗，甚大而柔，故耐縫紉，且可御雨。」按此條言騰越事，以葉爲衣，亦殊有別致，惜無宦遊其地者爲購覓一二襲也。

俞樾《茶香室叢鈔三鈔》卷一一《歷代服色》 宋郭若虛《圖畫見聞誌》云：「三代之際，皆衣襴衫，秦始皇時，以紫緋綠袍爲三等品服，庶人以白。」按此則紫袍爲公卿上服，自秦已然矣。

又云：「唐高祖朝，敕品官紫服金玉帶，深淺緋服並金帶，深淺綠服並銀帶，深淺青服並鍮石帶，庶人服黄銅鐵帶。」按：宋·王楙《野客叢書》云：「唐高祖武德中用隋制，天子常服黄袍，遂禁士庶不得服。」與此歧異，當考。

按唐張彦遠《法書要録》載唐・何延之《蘭亭記》叙蕭翼計取蘭亭事云：「改冠微服，隨商人船下至越州，又衣黄衫，極寬長潦倒，得山東書生之體。」可見當時不以黄爲貴，其尚黄者，必中葉以後事也。

俞樾《茶香室叢鈔三鈔》卷一四《卉服》 明鄺露《赤雅》云：「南方草木可衣者，曰卉服。績其皮者，有句芒布、紅蕉布，績其花者，有桐花布、瓊枝布、娑羅布，其精者，曰娑羅龍段、吉貝布、桃花布。南中千葉桃花似牡丹，穗長尺許，織穗成布，但過冬則散。」按，禹時卉服，尚未必有此，要亦其濫觴也。

俞樾《茶香室叢鈔三鈔》卷一四《馮翼衣即逢掖衣》 宋郭若虛《圖畫見聞誌》云：「晉處士馮翼，衣布，大袖周緣以皁，下加襴，前繫二長帶，隋唐朝野服之，謂之馮翼之衣，今呼直綴。」注云：「《禮記・儒行篇》『衣逢掖之衣』。逢，大也，大掖，大袂禪衣也。逢掖與馮翼音近，按今人知有逢掖，不知有馮翼。

俞樾《茶香室叢鈔三鈔》卷二五《罩甲》 國朝王應奎《柳南續筆》云：「今人稱外套曰罩甲，罩甲之制，比甲則長，比披襖則短，創自明武宗，前朝士大夫亦有服之者。」按今吴中猶有馬甲之稱，當即由罩甲而得。

《月白繡花褂》

國朝禮親王《嘯亭襍録》云：「國初尚沿明制，套褂有用紅緑組繡者。先良親王有月白繡花褂，先恭王猶及見之，今吉服用紺，素服用青，無他色矣。」按此知今之外褂，即明之罩甲也。

《得勝褂》

國朝禮親王《嘯亭續録》云：「燕居無著行衣者，自傅文忠征金川歸，喜其便捷，名得勝褂。」今無論男女燕服，皆著之矣。

俞樾《茶香室叢鈔四鈔》卷二四《唐制庶人服黄》 宋陳昉《潁川語小》云：「國朝之令，非婦女小兒不許衣純紅黄，唐制庶人服黄，繫銅鐵帶，非庶人不服黄，與本朝之制不同。岳陽有吕洞賓像，烏帽革帶麻履而服黄袍，或云御賜服，非也，其庶人之服乎。」

按宋王楙《野客叢書》云：唐武德初，禁士庶不得服黄，與此説異，詳見《叢鈔》卷六、《三鈔》卷十一。

宋李上交《近事會元》云：「大業元年，煬帝始制詔，自天子逮于胥吏，章服皆有等差。六年復詔，五品以上通著紫袍，六品以下兼用緋緑，胥吏以青，庶人白，屠商皁，士卒黄。武德初因隋制，天子燕服惟以黄袍及衫，後漸用赤黄，遂禁士庶不得以赤黄爲衣服襍飾。」按此條頗詳，録此可與前參觀也。

《禁服紫色衣》

宋葉夢得《石林燕語》云：「國朝既以緋紫爲章服，故官品未應得服者，雖燕服亦不得用紫，蓋自唐以來舊矣。太平興國中，李文正公昉嘗舉故事，請禁品官緑袍，舉子白紵，下不得服紫色衣，舉人聽服皁，公吏工商伎術通服皁、白二色。」

按，禁服黄自唐始，已載於《叢鈔》卷六，觀此知自唐以來，并禁服紫也。

《古不忌白》

宋程大昌《演繁露》云：《隋志》宋齊之間，天子宴私著白高帽，士庶以烏。太子在上省則帽以烏紗，在永福省則白紗。隋時以白帢通爲慶弔之服，國子生服白紗巾。《唐六典》天子服有白紗帽，其下服如裙襦、韈皆以白，視朝聽訟、燕見賓客，皆以進御，則猶存古制也。然其下注云：亦用烏紗。則知古制雖存未必盡用，多以烏紗代之，則習見忌白久矣。

愚按，《詩》「有女如荼」。傳曰：「皆喪服也。」則毛公在六國時已以白爲喪服，忌白久矣，然實非古制，愚詳辨之，見《茶香室經説》。

又按，如《隋志》，則宋齊間貴白而賤烏矣，亦如漢制三公黄閤，謂不敢洞開朱門，以别於人主，故黄其閤焉，使以後世之制言，則人主宜黄，人臣宜朱耳等。此烏、白、黄、朱四色，古今異宜，不可一概，泥古之士可以鑒矣。【略】

《公服不得用紗》

宋趙與旹《賓退録》云：「故人楊晉翁天桂嘗語予，昔爲瀧水令。初謁郡時，盛暑，德慶林守會衣紗公服，出延客，謂退陬僻郡，敢於縱肆。」其野如此。後閲《初寮外制集》「有朝散郎劉繹，朝見著紗公服，特降一官」。蓋政和間。又江鄰幾休復《嘉祐襍誌》云：「一朝士五月起居，衣緋紗公服，爲臺司所糾。三司使包拯亦衣紗公服，閤門使易之。」按此知宋時公服，不得用紗也。

按《周禮・内司服》「素紗」，鄭玄注：「素沙者，今之白縳也，六服皆袍制，以白縳爲裏，使之張顯。今世有紗縠者，名出於此。」是紗亦古人禮服所用，但以爲裏耳。《漢書・江充傳》「請以常被服冠見上。許之。充衣紗縠襌衣」。可知紗縠惟便服用之，若公服宜絺綌，不宜紗縠也。然《宋史・輿服志》有「絳紗袍，大祭祀、致齋、正旦、冬至、五月朔、大朝會、大册命、親耕耤田，皆服之。」則天子且服紗矣，何不可以爲公服乎，此未詳也。

明廖道南《殿閣詞林記》云：「洪武元年，陶安等奏，定天子冕服之制。上曰：古禮太繁，今祭天地、宗廟則衮冕，社稷等祀，則服通天冠、絳紗袍，餘不用。」是明制亦有絳紗袍也。

《明制每年衣服之制》

國朝孫承澤《春明夢餘録》云：百官衣服，自十月初四日至次年三月初三日穿紵絲，自三月初四日至四月初三日穿羅，自四月初四日至九月初三日穿紗，自九月初四日至十月初三日穿羅，俱司禮監豫題以中旨行之。【略】

《褐即直掇》

宋程大昌《演繁露》云《張良傳》「有老父衣褐」。師古曰：褐制若裘，今道士所服者是也。《太平御覽》有仙公請問經，其文曰：太極真人曰「學道當潔静衣服，備巾褐制度，名曰道之法服」。巾者，冠中之巾也，褐者，長裾通冒其外衣也。今世衣直掇爲道服者，必本諸此。又傳授經曰「老子去周，左慈在魏，並葛巾單裙，不著褐」。則是直著短衫，而以裙束其上，不用道家法服也。古人不徒衣袴，必以裙襲之，是正上衣下裳之制。按，鄭箋以褐爲毛布，《孟子》云許子衣褐，即毛布是也。張良所遇老父衣褐，疑亦謂此，是以《史記》無注，師古注《漢書》乃有此解，則是褐有二説矣。至上衣下裳，古之定制。婦人連衣裳不異色，見《周禮·内司服》注，今則男女之衣，適與古反。觀晉時羊欣白練裙，則晉時猶上衣而下裳，疑後來崇尚老莊，故多著道袍，至今循之，士大夫皆衣褐矣。《續鈔》二十二論古衣裳一條，可與此參观。

《中華古今注》云：「始皇元年，詔宫人及近侍宫人皆服衫子，亦曰半衣，蓋取便於侍奉。」按，此乃婦人衣裳不連之始。【略】

《衩衣》

明曹安《讕言長語》云：「賓以禮服來，主欲從簡，使傳之曰：請衩衣。」按，此殆明代之方言，今不聞矣。

《嫁服有襂衣》

宋王得臣《麈史》云丁晉公三十六事，載「某氏女子嫁時之服，而篋有襂衣一襲。問其故，曰：若歸夫家，遇私忌，服此慰舅姑耳。」今亡此禮，蓋晉公時已廢不用。

按，所謂私忌，蓋夫家之私忌舅姑於此日，必變服，故新婦亦襂服以慰之，此可見宋初風氣之厚也。

《荻花衣》

宋陸務觀《入蜀記》云：「過陽山磯，始見九華山，岸傍荻花如雪。舊見天井長老彦威，云廬山老僧用此絮著衣。威少時在惠日亦爲之，佛燈珣禪師大嗔云：汝年少，輒求温煖若此，豈有心學道邪？退而問兄弟，則堂中百人有荻花衣者財三四，皆年七十餘矣，愧恐除去。」按，世傳閔子衣蘆花事，今知蘆荻真可著衣，在苦行猶不輕著也。

平步青《霞外攟屑》卷四《襻肩紅》 《天香樓偶得·披帛》條，《古今注》云：女人披帛，古無其制。開元中，詔令二十七世婦及寶林御女，良人等，尋常宴參侍令披帛，至今然矣。按，此則今時畫工，凡畫唐明皇以前女人用披帛者，皆失款矣，且開元之制，亦但施之内官，今世俗婚娶，不論男婦，皆披絳帛，亦流傳之失耳。庸按，今越中童生，初入學，鼓樂迎送，投謁親族，襴衫之上必披絳帛，呼曰「襻肩紅」，不知昉於何時，婚時亦有用之者，婦則否。據虹升，此條則亦非法之服，不用可也。

平步青《霞外攟屑》卷九《翻衣》 《教坊記》聖壽樂舞，衣襟皆各繡一大窠，皆隨其衣本色。製純縵衫，下纔及帶，若短汗衫者以籠之，所以藏繡窠也。舞人初出，樂次皆是縵衣，舞至第二疊，相聚場中，即於衆中從領上抽去籠衫，各納懷中，觀者忽見衆女，咸文繡炳煥，莫不驚異。今優人演《浣紗記·西施采蓮劇》，宫女四人，咸衣翻衣，即其遺製，特易抽爲翻，彼二衣今特一衣爲異耳。

陸心源《儀顧堂集》卷二《補服考》 補服，明制也，本朝因之，而微有更定。考《明史·輿服志》文武官常服，洪武二十四年，定公侯、駙馬、伯服繡麒麟白澤，文官一品仙鶴，二品錦雞，三品孔雀，四品雲雁，五品白鷴，六品鷺，七品鸂鶒，八品黄鸝，九品鵪鶉，雜職練雀，風憲官獬豸，武官一品二品獅子，三四品虎豹，五品熊羆，六七品彪，八品犀牛，九品海馬。恭讀《大清會典事例》順治九年題准，親王補服，用五爪團龍文四，郡王同貝勒、貝子、固倫額駙，用四爪團龍文二，鎮國公、輔國公用四爪方蟒，公、侯、伯或用麒麟，或用方蟒，文官一品仙鶴，二品錦雞，三品孔雀，四品雲雁，五品白鷴，六品鷺鷥，七品鸂鶒，八品鵪鶉，九品練雀，武官一二品獅子，三品虎，四品豹，五品熊，六七品彪，八品犀牛，九品海馬，都察院按察使官，不論官級，皆用獬豸。康熙元年題准，公、侯、伯用四爪方蟒，武一品麒麟。三年題准，武三品用豹，四品用虎。雍正六年，覆都察院都事經歷筆帖式，按察使、經歷等官，均用本身品級，不得用獬豸。又案《皇朝禮器圖式》親王補服，前後正龍，兩肩行龍，郡王前後皆行龍，貝勒四爪正蟒，貝子、固倫額駙四爪行蟒，鎮國、輔國公、和碩額駙四爪正蟒方補。愚案，漢以前，羣臣朝祭之服，皆以九章、七章、五章爲別，其常服大抵以裳之元、素、黄、雜爲別。唐宋祭服仍古制，朝服概用絳紗，而以佩綬爲別，其常服之別，三品以上紫，五品以上朱，七品以上緑，九品以上青。明制朝祭之服，參酌唐宋舊制，常服以繡補爲別，則自太祖始也。但明人施之於袍，我朝用之於褂爲小異耳。

陳偉《愚慮録》卷一　《儀禮・既夕(記)〔禮〕》「設明衣，婦人則設中帶」。鄭玄注：「中帶，若今之褌襂。」賈公彦疏：「設明衣者男子，其婦人則設中帶。」偉按，《欽定義疏》謂男婦皆設明衣裳，而婦人又多中帶，則疏説非也。襂即衫字，褌襂婦人褌内褻衣，今時婦人小斂猶設，此謂之帶者須帶繫之。【略】

江慎修《鄉黨圖攷》立説精當，惟解「非帷裳，必殺之」。指孔穎達疏深衣裳説爲誤，則未爲得。按，孔氏《玉藻》疏「幅廣二尺二寸，一幅破爲二，四邊各去一寸，餘有一尺八寸。每幅交解之，闊頭廣尺二寸，狹頭廣六寸，比闊頭向下，狹頭向上，要中十二幅，廣各六寸，爲七尺二寸，下夵十二幅，廣各尺二寸，爲一丈四尺四寸」。江氏駁之，謂十二幅皆成偏邪之形，恐非法服之制，其自爲説則云：布一幅正裁爲兩幅，上下皆闊一尺一寸，兩邊各去一寸爲縫，每幅上下皆闊九寸，凡用布四幅，裁爲八幅，各去邊縫八幅，上下皆闊七尺二寸，爲裳之前後。又布一幅交解爲兩幅，狹頭二寸，寬頭二尺，兩邊各去一寸爲縫，狹頭成角，寬頭一尺八寸。凡用布二幅，裁爲四幅，各去邊縫，狹頭向上，寬頭向下，爲兩旁之衽，江之以深衣裳證非帷裳必殺者如此。偉按，衣取適體，不能無殺，亦猶宮室器用之不能無殺也。古人正於各殺処見其正，必如江説，則屋之椽車之蓋，皆無一不殺，又將皆以偏邪目之乎。且既謂之偏邪，則無一而可，即如江説，而兩衽何以獨可偏邪乎。又帷裳七幅，必幅幅有襞積，則成裳之後，幅幅皆上狹下寬，是亦幅之殺也。帷裳爲朝祭正服，可幅幅皆殺，而深衣之裳，何獨不可乎。且裳之爲制，要縫半下，必幅幅皆殺，然後衣之於身乃皆正，偉所以謂古人正於各殺処見其正也。如江説，則衣之於身，惟前後中縫正耳，餘縫則真無一不偏邪矣。又深衣裳惟幅幅皆殺，故須交解爲十二幅。如江説，前後中四幅皆正裁，則幅布而既裁爲二，復縫爲一，又何爲者乎。又如江説，前後中四幅下夵僅九寸，而兩衽下夵則尺八寸，鑲闊衽於狹幅之旁，其上則又成角，尚成法服乎，且何以應十有二月也。又鑲衽與正幅敵，至衣之必齗，此則縫人皆知之矣，然此猶論深衣之裳耳，若非帷裳之裳，則必如帷裳之式，爲前三後四可知。然則江所謂下寬尺八寸，上成角之衽，又將何所施乎，此尤不辨而明者也，故竊謂江之説深衣裳誤，其以此證非帷裳之裳則尤誤。朱子从孔疏，故云其餘若深衣，要半下夵，倍要無襞積，而有殺縫，不誤。

陳偉《愚慮録》卷一　《禮・深衣》「續衽鉤邊」。説者紛如，偉按，「鉤邊」鄭玄注謂「若今曲裾」。江氏永申之，謂用布綴於右後内衽，使其鉤曲而前以掩裳際，按，當通衣而下不獨裳也。得之續衽者，按《説文》「衽，衣裣也」。裣字亦作衿，作襟。續者謂以布續前左裣，知續在左者，以衽之掩処須當右旁。上爲曲領，下與左裣連，下通裳，以掩右旁鉤邊之外。按朝服近裳処，亦略相掩。蓋古者朝服皆直領，直領則直裣，觀生則右衽，死則左衽，可見但大致爲直耳。其裳不連深衣，裳須連衣，左右衽不得直下，故必續其左衽，使掩至右胳下，然後要不可屬前六幅之裳。衽既續而右掩，故其領不得不曲，故深衣之領獨名袷，見與朝服之直領異也。續衽之領曲而向右，則其近右肩，欲轉向胳下処，勢不得不作方形，故云曲袷如矩，以應方朝服之衽與領直下，則衽在前中，深衣之衽既續之右掩，則衽自在右旁矣。故《玉藻》云「衽當旁也」。唯衽當旁，故掩右者，不能更使掩左，是以襲尸不用深衣，以不能如朝服之可爲左衽也。然則深衣之制，大似今之長衫，惟前後下裣各爲六幅，裳形爲小異。鉤邊即今之小裣，續衽即今之大裣。續或爲裕見注續其衽，故此衽獨見爲裕，裕衽即大裣義也。朝服之直衽，即今所謂對裣，但近裳処則互相掩，爲不同耳。

文廷式《純常子枝語》卷二一　郭若虚《圖畫見聞誌》論衣冠異制云：三代皆衣襴衫，秦始皇時以紫緋緑袍爲三等品服，此條俟攷。庶人以白。《國語》曰「袍者，朝服也」。古公卿上服也，至周武帝時，按，沈存中以爲多沿於北齊，此書言沿於後周。下加襴。《隋志》云「保定四年，百官始執笏，宇文護始命袍加下襴」。唐高宗朝給五品以上隨身魚，又敕品官紫服，金玉帶，深淺緋服竝金帶，深淺緑服竝銀帶，深淺青服竝鍮石帶，庶人服黄銅鐵帶。一品以下文官帶手巾，算袋刀子，礪石，武官亦聽。睿宗朝制武官五品已上帶七事鞊韘原注：佩刀、刀子、磨石、契苾真、噦厥針筒、火石袋也。按鞊韘即《筆談》之鞢䩞。開元初復罷之。晉處士馮翼衣布大袖，周緣以皁，下加襴，前繫二長帶，隋唐朝野服之，謂之馮翼之衣，今呼爲直裰。原注《禮記・儒行篇》逢掖與馮翼音相近。又《梁志》有袴褶，以從戎事。【略】

《隋志》自晉左遷，中原，禮儀多缺。後魏天興六年，詔有司始制冠冕，然未得舊制。太和中，方攷故實，正定前謬，更造衣冠。至熙平二年，定五時朝服，準漢故事，五郊衣幘，各如方色。後齊因之。河清中，改易舊物，著令定制。後周設司服之官，掌皇帝十二服。焦廷琥《冕服考》卷四云：本周禮設司服之官，而有山冕、方冕、火冕之名，則非古六冕制也。《遼史》云「終遼之世，郊丘不建大裘冕服」。《金史》云「皇帝服通天絳紗袞冕、偪舄，即前代之遺制」。按前代謂北宋。《元史・禮樂志》「憲宗二年三月，命東平萬户嚴忠濟立局製冠冕」。《祭祀志》「憲宗即位之二年八月，始以冕服拜天於日月山」。按元太常集禮，元時天子冕服悉與金同。至元十二年，博士擬袞冕制用白珠九旒，紅絲組爲纓青纊充耳，犀簪導，青衣朱裳，九章，五章在衣，山、龍、華蟲、火、宗彝，四章在裳，藻、粉米、黼、黻。曰紗中單、青褾襈裾，革帶塗金銀，鉤艓、蔽膝，隨裳色，爲火、山二章，瑜玉雙佩，四采織成大綬，間施玉環，三白襪，朱舄，舄加金塗銀釦。大德十一年九月，照擬前代制度，已擬其制未果造。

隋文帝將改後周制度，太常少卿裴正奏曰「後魏以來，法度咸闕。天興草創，多參胡制，周氏因襲不可以訓，今采東齊之法」云云，然則宇文氏雖名用《周禮》，實多沿襲後魏耳。《朱子語類》九十一「今上領衫與靴皆胡服，本朝因唐，唐因隋，隋因周，周因元魏。隋煬帝有游幸，遂令臣下服戎服，三品以上服紫，五品以上服緋，六品以下服緑，皆戎服也」。【略】

宋人朝衣，内有襯衣，無制度，與今日同。釋惠洪《冷齋夜話》卷七云哲宗問右璫陳衍，蘇軾襯朝章者何衣。衍對曰：是道衣。哲宗笑之。邵伯温《聞見前録》卷十云文潞公至北京，李稷謁見，坐客次久之，公著道服出，是宋人閒居可著道服。又卷十八云司馬温公一日著深衣，自崇德寺書局散步洛水堤上。又卷十九云温公依《禮記》作深衣冠簪幅巾搢帶，入獨樂園則衣之。常謂康節曰：先生可衣此乎。康節曰：某爲今人，當服今時之衣。温公歎其言合理。

俞蔭甫《茶香室四鈔》二十四云，宋程大昌《演繁露》云《張良傳》「老父衣褐」。師古曰「褐若裘，今道士所服是也」。《太平御覽》有仙公請問經，太極真人曰：學道當潔浄衣服，備巾褐制度，名曰道之法服。巾者，冠中之巾也。褐者，長裾通圍其外衣也。今世衣直裰爲道服者，必本諸此。又《傳授經》曰老子去周，左慈在魏，並葛巾單裾，不著褐，則是直著短衫而以裘束其上，不用道家法服也。古人不徒衣袴必以裘襲之，正上衣下裳之制。鄭玄箋以褐爲毛布，《孟子》「許子衣褐」，即毛布也。《張良傳》「老父衣褐」，疑亦謂此。《史記》無注，師古注《漢書》乃有此解，是褐有二説矣。至上衣下裳，古之定制，婦人連衣裳不異色，見《周禮・内司服》注。今則男女之衣，適與古反，觀晉時羊欣白練裓，則晉時猶上衣而下裳，疑後來崇尚老莊，故多著道袍，至今循之士大夫，皆衣褐矣。

邵博《聞見後録》卷五曰：程伊川説黄裳元吉，婦居尊位。女媧氏武氏是也。非常之變不可言也，故有黄裳元吉之戒。如武氏之變固也，女媧不見于書，果有煉石補天之事，亦非變也。不言漢吕氏，獨非變耶？蘇仲虎則曰：伊川在元祐時，以罷逐故爲此説，以詆垂簾之政，予不敢以爲然。余按伊川此傳乃非常之大義，必非有恩怨於其間，亦不容以章句測也。范蔚宗《後漢書・皇后紀・論》曰：「貪孩童以久其政，抑明賢以專其威，任重道悠，利深禍速。」夫東都馬、鄧，世所稱賢，而范之所論不爲軒輊，良史垂戒，又得以爲恩怨乎！

范文正乞章獻太后還政疏云：握乾綱而歸坤紐，非黄裳之吉象。立説在伊川之前。

文廷式《純常子枝語》卷二一　王伯厚《漢制攷》卷二云：《周禮・司服》韋弁服鄭玄注：「韋弁，以韎韋爲弁，又以爲衣裳。今時伍伯緹衣，古兵服之遺色。」賈公彦疏：「鄭〔取〕韎爲赤色，韋，猶以爲疑，故舉漢事爲況，言伍伯者，伍，行也，伯，長也，謂宿衛者之行長見服纁赤之衣，是古兵服赤色遺象，至漢時，是其兵服赤之驗也。」

《癸辛雜識後集》云：近客章服有花紗綾絹或素紗者，或譏笑之。余嘗見《演繁露》載樂聞白行簡《服緋詩》云「綵動綾袍爲趁行」之句，注云「緋多以雁行瑞紗爲之」。則知唐章服以綾織花。又《舊聞證誤》云：「今宗室外戚之新貴者，或賜花羅公服，宣和間又有紗公服。」然則此亦不足異也。

劉錦藻《清續文獻通考》卷六三《國用一》　道光十四年　諭：近日朕看八旗前鋒護軍各營章京步射，見其一體穿用藍色袍服，由此觀之，率多競尚虚文，何所取義。夫八旗營員，惟期技藝嫻熟，衣服無關緊要，著管理八旗各營大臣等，明白曉諭所屬官兵，嗣後遇有射布靶及引見人員，惟期騎射嫻熟，弓箭齊整，所穿袍服，細布俱可，不必再拘顔色，縱使不甚鮮明，亦無不合之處。該管大臣等，務令所屬章京兵丁，各期騎射精强，操練衣服，毋尚奢華，以副朕敦本崇實之意。

十五年　諭，前已有旨，閲看八旗兩翼兵丁步射，朕思滿洲兵丁，首重技藝，衣服樸素，方稱本分，斷不可徒尚虚文，著曉諭該營，此次駕前步射人等，俱著穿用布袍，布韡，倘仍有任意穿用紬緞者，惟該營之前鋒，統領等是問。

十九年，諭，令八旗兵丁射箭，俱穿用布衣、布韡，並因引見八旗兩翼官兵，仍穿紬緞，將該管大臣傳旨申飭。自降旨以後，各旗營引見六品以下旗員，均能恪遵諭旨，連日兵部帶領引見王公護衛各員，亦無穿用紬緞之人，甚合朕崇實黜華之意。惟本日貝勒緜譽門上護軍校四人，竟有三人仍穿紬緞，本應嚴懲示儆，姑念緜譽見值臥病在家，著加恩暫行寬免，嗣後六品以下旗員仍當懍遵前旨，穿用布衣、布韡，如再有穿用紬緞者，除將本身斥革外，必將該管大臣嚴行懲處。

富察敦崇《燕京歲時記·翻褂子》　冬至月初一日，臣工之得著貂裘者，均於是日一體穿用，謂之翻褂子。

官修《清會典則例》卷一七八《前鋒統領前鋒營》〔康熙二十二年〕又定前鋒護軍統領，著黄色馬褂。八旗護軍叅領、副叅領，馬褂各隨本旗之色。鑲黄、正黄旗用金黄色。

官修《清工部續增則例》卷七八《都水司》

紅紬裌駕衣做法

每件身長肆尺貳寸，袖長叁尺肆寸，袖口寬柒寸，擡肩寬壹尺壹寸，腰褃寬壹尺貳寸，下踏寬壹尺玖寸。用紅紬面，藍三梭布裏成做。

每駕衣壹件，隨做緑紬夾帶壹條，長陸尺伍寸，寬肆寸。

每裌駕衣拾件，用黄布包袱壹箇，長寬各肆尺。每紬縫長壹丈，用絹線貳分，布縫長壹丈，用棉線貳分。每紬、布縫長壹丈，均用木炭肆錢。每鉤針紬縫長貳丈玖尺，直紬縫長拾肆丈，直布縫長拾伍丈，各用裁縫匠壹工。

用料

每駕衣壹件，核用幅寬貳尺，長貳丈肆尺紅紬衣片壹疋，幅寬壹尺壹寸藍三梭布叁丈肆尺叁寸伍分。　銅鈕肆箇。

每緑紬帶壹條，核用幅寬壹尺陸寸緑紡絲叁尺貳寸伍分。　每黄布包袱壹箇，核用幅寬壹尺陸寸黄三線布壹丈。

每成做駕衣壹件，帶壹條，包袱壹箇，共鉤針紬縫長壹丈叁尺肆寸，直紬縫長叁丈陸尺柒寸，直布縫長伍丈柒尺。　核用絹線壹錢，棉線壹錢壹分肆釐，木炭肆兩貳錢捌分。

用工

鉤針紬縫長壹丈叁尺肆寸，核用裁縫匠肆分陸釐貳毫。

直紬縫長叁丈陸尺柒寸，核用裁縫匠貳分陸釐貳毫。

直布縫長伍丈柒尺，核用裁縫匠叁分捌釐。

前件成做紅紬裌駕衣，每件裁下灣子伍箇，内除壹箇作滚領鈕襻應用，餘剩肆箇，每積玖箇，抵裁縫匠壹工核算。

紅紗單駕衣做法

每件身長肆尺貳寸，袖長叁尺肆寸，袖口寬柒寸，擡肩寬壹尺壹寸，腰褃寬壹尺貳寸，下踏寬壹尺玖寸，貼邊寬壹寸壹分。用紅紗單做，托領見方壹尺伍分，襯袖各長壹尺壹寸捌分，折寬壹尺肆寸，用標布成做。

每駕衣壹件，隨做緑紬夾帶壹條，長陸尺寬肆寸。

每單紗駕衣貳拾件，用黄布包袱壹箇，長寬各肆尺。

每紗縫長壹丈，用絹線貳分，布縫長壹丈，用棉線貳分，每紗、布縫長壹丈，均用木炭肆錢。每鉤針紗縫長貳丈玖尺，净紗縫長柒丈，直紗縫長拾肆丈，直布縫長拾伍丈，各用裁縫匠壹工。

用料

每駕衣壹件，核用幅寬貳尺，長貳丈肆尺紅紗衣片壹疋，幅寬壹尺壹寸藍標布肆尺。　銅鈕肆箇。

每緑紬帶壹條，核用幅寬壹尺陸寸緑紡絲叁尺。

每黄布包袱壹箇，核用幅寬壹尺陸寸黄三線布壹丈。

每成做駕衣壹件，帶壹條，包袱壹箇，共鉤針紗縫長壹丈叁尺肆寸，净紗縫長叁丈伍尺玖寸，直紗縫長貳丈叁尺陸寸，直布縫長壹丈陸尺，核用絹線壹錢肆分伍釐捌毫，棉線叁分貳釐，木炭叁兩伍錢伍分陸釐。

用工

鉤針紗縫長壹丈叁尺肆寸，核用裁縫匠肆分陸釐貳毫。

净紗縫長叁丈伍尺玖寸，核用裁縫匠伍分壹釐貳毫。

直紗縫長貳丈叁尺陸寸，核用裁縫匠壹分陸釐捌毫。

直布縫長壹丈陸尺，核用裁縫匠壹分陸毫。

緑布單駕衣做法

每件身長肆尺，袖長貳尺柒寸，袖口寬柒寸，擡肩寬壹尺，腰褃寬壹尺伍分，下踏寬壹尺伍寸。　掐韭菜邊用沙緑布單做衣面，描畫團花前面拾箇，背面拾貳箇，各徑貳寸叁分，用銀硃彩黄定粉、廣膠彩畫。

每駕衣壹件，隨做紅布夾帶壹條，長陸尺寬貳寸伍分。

每掐韭菜邊淨縫鉤針每長壹丈，用棉線叁分，直縫長壹丈，用棉線貳分，每縫長壹丈，用木炭肆錢。每鉤針布縫長叁丈，掐韭菜邊布縫長伍丈，淨縫長捌丈，直縫長拾伍丈，均用裁縫匠壹工。每畫衣而拾伍件，用描畫匠壹工。

用料

每駕衣壹件，核用幅寬壹尺壹寸沙綠布貳丈玖尺。錫鈕肆箇。

每紅布夾帶壹條，核用幅寬壹尺壹寸紅三梭布叁尺。

每成做駕衣壹件，帶壹條，共鉤針縫長貳尺捌寸，掐韭菜邊縫長壹丈玖尺伍寸，淨縫長玖尺叁寸，直縫長叁丈叁尺貳寸。核用綠棉線壹錢陸分壹釐貳毫，木炭貳兩伍錢玖分貳釐。

描畫衣面團花壹件，核用銀硃貳錢，彩黃貳錢壹分，定粉壹錢，廣膠壹錢伍分。

用工

鉤針縫長貳尺捌寸，核用裁縫匠玖釐叁毫。

掐韭菜邊縫長壹丈玖尺伍寸，核用裁縫匠叁分玖釐。

淨縫長玖尺叁寸，核用裁縫匠壹分壹釐陸毫。

直縫長叁丈叁尺貳寸，核用裁縫匠貳分貳釐壹毫。

描畫衣面團花壹件，核用描畫匠陸釐陸毫陸絲。

官修《清工部續增則例》卷一二一《製造庫》

大蟒緞棉朝衣做法

每件身長肆尺。　上身長貳尺叁寸，袖長貳尺捌寸，袖口寬伍寸，擡肩高壹尺貳寸，腰褃寬壹尺貳寸。下身裙高壹尺柒寸，伍幅熨摺。藍大蟒緞面，紡絲裏，絮棉花。蟒幅腰襴，跳三針行做。披領用蟒幅面，紅雲緞裏襯布合褙。披領寬貳尺叁寸，進深壹尺叁寸。披領、袖口、襟幅、裙邊，週圍并上下腰襴貳道，俱用藍片金鑲邊，湊長叁丈肆尺壹寸，淨寬壹寸，掐紅金線貳道，黃金線肆道成做。

用料

每朝衣披領壹副，核用織就幅寬貳尺長肆丈藍大蟒緞壹疋，幅寬壹尺陸寸藍紡絲貳丈伍尺，幅寬貳尺藍片金貳尺叁寸，幅寬貳尺紅雲緞壹尺叁寸，幅寬壹尺壹寸白布肆尺捌寸，紅金線肆鈕，黃金線捌鈕，圈金紅絨壹錢，棉花捌兩。

共接裙綴摺鉤針縫長陸丈伍尺陸寸，紬直縫長貳丈捌寸，鑲邊并綴腰直縫共長叁丈肆尺壹寸，行縫跳三針長拾叁丈貳尺肆寸。核用藍二珠線貳錢肆分，藍衣線貳錢陸分，白炭拾兩貳錢，綴銅鈕伍箇。

用工

每副裁縫匠工，照例核給。前件蟒緞壹疋，除裁取做朝衣披領外，應餘剩蟒幅叁塊，每塊長柒寸，寬貳尺。又幅寬貳尺藍緞，長壹丈肆尺，應裁剩長壹尺伍分，上寬伍寸壹分，下寬柒寸伍分灣子貳箇，照例貯庫存，俟別工取用。

補緞棉朝衣做法

每件身長肆尺。　上身長貳尺叁寸，袖長貳尺捌寸，袖口寬伍寸，擡肩高壹尺貳寸，腰褃寬壹尺貳寸。下裙高壹尺柒寸，伍幅熨摺。藍補緞面，紡絲裏，絮棉花，跳三針行做。披領用妝緞面，紅雲緞裏襯布合褙。披領寬貳尺叁寸，進深壹尺叁寸。披領、袖口、襟幅、裙邊，週圍并腰襴壹道，俱用藍倭緞鑲邊，湊長貳丈玖尺叁寸，淨寬壹寸，掐紅金線貳道，黃金線肆道成做。

用料

每朝衣披領壹副，核用織就幅寬貳尺長肆丈藍補緞壹疋，幅寬壹尺陸寸藍紡絲貳丈伍尺，幅寬壹尺伍寸藍倭緞貳尺陸寸，幅寬壹尺捌寸藍倭緞貳尺伍寸，幅寬貳尺紅雲緞壹尺叁寸，幅寬壹尺壹寸白布肆尺捌寸，紅金線叁鈕，黃金線陸鈕，圈金紅絨捌分，棉花捌兩。

共接裙綴摺鉤針縫長陸丈柒尺陸寸，紬直縫長貳丈捌寸，鑲邊并綴腰直縫長貳丈捌尺玖寸，跳三針行縫長拾叁丈貳尺肆寸。核用藍二珠線貳錢叁分，藍衣線貳錢陸分，白炭玖兩玖錢，綴銅鈕伍箇。

用工

每副裁縫匠工，照例核給，前件補緞壹疋，除裁取做朝衣外，應餘剩雲緞貳丈，應裁剩長貳尺貳寸伍分，上寬叁寸伍分下寬捌寸伍分灣子貳箇，照例貯庫存，俟別工抵作雲緞朝衣應用。

雲緞棉朝衣做法

每件身長肆尺。　上身長貳尺叁寸，袖長貳尺捌寸，袖口寬伍寸，擡肩高壹尺貳寸，腰褃寬壹尺貳寸。下裙高壹尺柒寸，伍幅熨摺。藍雲緞面，紡絲裏，絮棉，跳三針行做。披領用倭緞面，紅雲緞裏襯布合褙。披領寬貳尺叁寸，進深壹尺叁寸。襟幅、腰襴、裙邊，週圍用藍倭緞鑲邊，湊長壹丈玖尺叁寸，淨寬壹寸，掐紅金線貳道，黃金線肆道成做。

用料

每朝衣披領壹副，核用幅寬貳尺藍雲緞貳丈，幅寬壹尺陸寸藍紡絲貳丈伍尺，幅寬壹尺伍寸藍倭緞肆尺伍寸，幅寬貳尺紅雲緞壹尺叁寸，幅寬壹尺壹寸白布肆尺捌寸，紅金線貳紐半，黃金線伍紐，圈金紅絨柒分，棉花捌兩。

共接裙綴摺鉤針縫長陸丈柒尺陸寸，紬直縫長貳丈捌寸，鑲邊并綴腰直縫長壹丈玖尺叁寸，跳三針行縫長拾叁丈貳尺肆寸。核用藍二珠線貳錢壹分，藍衣線貳錢陸分，白炭玖兩陸錢，綴銅鈕伍箇。

用工

每副裁縫匠工，照例核給。前件倭緞披領朝衣，每件應裁剩長壹尺伍分，上寬伍寸壹分，下寬柒寸伍分灣子貳箇，照例貯庫存，俟別工取用。如有補緞朝衣裁剩材料，即行抵用，如無存貯，始動整料。

素緞棉朝衣做法

每件身長肆尺。上身長貳尺叁寸，袖長貳尺捌寸，袖口寬伍寸，擡肩高壹尺貳寸，腰褃寬壹尺貳寸。下裙高壹尺柒寸，伍幅熨摺。藍緞面，紡絲裏，絮棉，跳三針行做。披領用蟒幅面，紅雲緞裏襯布合褃。披領寬貳尺叁寸，進深壹尺叁寸。披領、袖口、襟幅、裙邊，週圍并腰襴壹道，用藍倭緞鑲邊，湊長貳丈玖尺叁寸，淨寬壹寸，掐紅金線貳道，黃金線肆道成做。

用料

每朝衣披領壹副，核用幅寬貳尺雲緞貳丈，幅寬壹尺陸寸藍紡絲貳丈伍尺，幅寬壹尺伍寸藍倭緞貳尺陸寸，幅寬貳尺藍蟒幅貳箇，幅寬貳尺紅雲緞壹尺叁寸，幅寬壹尺壹寸白布肆尺捌寸，紅金線叁紐，黃金線陸紐，圈金紅絨捌分，棉花捌兩。

共接裙綴摺鉤針縫湊長陸丈柒尺陸寸，紬直縫鑲邊綴腰直縫長肆丈玖尺柒寸，跳三針行縫長拾叁丈貳尺肆寸。核用藍二珠線貳錢叁分，藍衣線貳錢陸分，白炭玖兩玖錢，綴銅鈕伍箇。

用工

每副裁縫匠工，照例核給。前件素緞朝衣，每件應裁剩長壹尺伍分，上寬伍寸壹分，下寬柒寸伍分灣子貳箇，照例貯庫存，俟別工取用。

土客山蟒緞棉朝衣做法

每件身長肆尺。上身長貳尺叁寸，袖長貳尺捌寸，袖口寬伍寸，擡肩高壹尺貳寸，腰褃寬壹尺貳寸。下裙高壹尺柒寸，伍幅熨摺。蟒緞面，白杭細裏，絮棉，跳三針行做。披領用妝緞面，紅雲緞裏襯(布)合褃。披領寬貳尺叁寸，進深壹尺叁寸。披領、袖口、襟幅、裙邊，週圍并腰襴用藍片金鑲邊湊長叁丈肆尺壹寸，淨寬壹寸成做。

用料

每朝衣披領壹副，核用織就幅寬貳尺長貳丈土客山蟒緞壹疋，幅寬壹尺捌寸白杭細貳丈貳尺貳寸，幅寬壹尺捌寸藍妝緞貳尺伍寸，幅寬壹尺藍片金貳尺叁寸，幅寬壹尺紅雲緞壹尺叁寸，幅寬壹尺壹寸白布肆尺捌寸，棉花捌兩。

共鉤針縫湊長陸丈柒尺陸寸，紬直縫長貳丈肆寸，鑲邊縫長叁丈肆尺壹寸，跳三針行縫長拾叁丈貳尺肆寸。核用藍二珠線貳錢肆分，藍衣線貳錢陸分，白炭拾兩貳錢，綴重貳分銀鈕伍箇。

用工

每副裁縫匠工，照例核給。前件土客山蟒緞朝衣，每件應裁剩長壹尺伍分，上寬伍寸壹分，下寬柒寸伍分灣子貳箇，有因身材尺寸大小，情願折領材料，自行成做者，免其交回灣子，不准開銷炭線裁縫，如係做成給與者，照數交回灣子，貯庫存，俟別工取用，照例准銷線炭裁縫工料。

小蟒緞棉朝衣做法

每件身長肆尺。上身長貳尺叁寸，袖長貳尺捌寸，袖口寬伍寸，擡肩高壹尺貳寸，腰褃寬壹尺貳寸。下裙高壹尺柒寸，伍幅熨摺。藍小蟒緞面，白杭細裏，絮棉，跳三針行做。披領用妝緞面，紅雲緞裏襯(布)合褃。披領寬貳尺叁寸，進深壹尺叁寸。披領、袖口、襟幅、裙邊，週圍并腰襴用藍片金鑲邊，湊長貳丈玖尺叁寸，淨寬壹寸成做。

用料

每朝衣披領壹副，核用織就幅寬貳尺長貳丈藍小蟒緞壹疋，幅寬壹尺捌寸白杭細貳丈貳尺貳寸，幅寬貳尺藍片金貳尺伍分，幅寬壹尺捌寸藍妝緞貳尺伍寸，幅寬貳尺紅雲緞壹尺叁寸，幅寬壹尺壹寸白布肆尺捌寸，棉花捌兩。

共鉤針縫湊長陸丈柒尺陸寸，紬直縫長貳丈肆寸，鑲邊縫長貳丈捌尺玖寸，跳三針行縫長拾叁丈貳尺肆寸。核用藍二球線貳錢叁分，藍衣線貳錢陸分，白炭玖兩玖錢，綴重貳分銀鈕伍箇。

用工

每副裁縫匠工，照例核給。前件小蟒緞朝衣，每件應裁剩長壹尺伍分，上寬伍寸壹分，下寬柒寸伍分彎子貳箇，有因身材尺寸大小，情願折領材料，自行成做者，免其交回彎子，不准開銷線炭裁縫，如係做成給與者，照數交回彎子，貯庫存，俟別工取用，照例准銷線炭裁縫工料。

官修《清工部續增則例》卷一二二《製造庫》

麒麟補褂做法

每件身長叁尺叁寸伍分，袖長貳尺伍寸，袖口寬捌寸，擡肩高壹尺，腰褙寬壹尺壹寸，下踏寬壹尺陸寸。緞面，紬裏，絮棉，跳三針行做。

用料

每補褂壹件，核用織就幅寬貳尺長壹丈叁尺伍寸麒麟補緞褂料壹件，幅寬壹尺陸寸藍紡絲壹丈肆尺陸寸，棉花伍兩。

共鉤針縫長肆丈，跳三針行縫長肆丈。核用石青二珠線捌分，石青衣線捌分，白炭叁兩貳錢，綴重貳分銀鈕伍箇。

用工

每件裁縫匠工，照例核給。前件補褂，每件應裁剩長貳尺貳寸伍分，上寬叁寸伍分，下寬捌寸伍分石青緞彎子貳箇，照例貯庫存，俟別工取用。

小蟒緞棉袍做法

每件身長肆尺，袖長貳尺捌寸，袖口寬伍寸，擡肩高壹尺壹寸，腰褙寬壹尺壹寸，下踏寬壹尺捌寸。蟒緞面，紡絲裏，絮棉，跳三針行做。用藍妝緞鑲領袖襟頭，藍片金緣邊，湊長肆尺肆寸，浄寬陸分，掐紅金線貳道，黄金線肆道成做。

用料

每蟒袍壹件，核用織就幅寬貳尺長貳丈藍小蟒緞壹疋，幅寬壹尺陸寸藍紡絲貳丈叁尺，幅寬壹尺捌寸藍妝緞壹尺貳寸，幅寬貳尺藍片金貳寸伍分，幅寬壹尺壹寸白布貳寸伍分，紅金線半紐，黄金線壹紐，圈金紅絨壹分，棉花陸兩。

共鉤針縫長伍丈肆尺肆寸，紬直縫長肆丈柒尺，跳三針行縫長拾壹丈叁尺柒寸。核用藍二珠線貳錢，藍衣線貳錢貳分，白炭捌兩陸錢，綴銅鈕伍箇。

用工

每件裁縫匠工，照例核給。

前件小蟒袍，每件應裁剩長貳尺玖寸，上寬壹寸伍分，下寬捌寸五分彎子叁箇，照例貯庫存，俟別工取用。

天文生狐尾領做法

每條用狐尾貳箇接做。

用料

每領壹條，核用狐尾貳箇，棉線壹分。

用工

照例核給。

藍紡絲單褂做法

每件身長肆尺貳寸，袖長叁尺貳寸，袖口寬柒寸，擡肩高壹尺貳寸，腰褙寬壹尺壹寸，下踏寬壹尺捌寸。白綾護領，單紡絲成做。貼邊湊長貳丈肆尺肆寸，浄寬壹寸。琵琶帶貳條，各長壹尺，折寬陸分成做。

用料

每單褂壹件，核用幅寬壹尺陸寸藍紡絲貳丈柒尺，幅寬壹尺陸寸白綾壹尺。

共鉤針縫長貳丈捌尺肆寸，掐韭菜邊縫長叁丈肆尺，浄縫長壹丈柒尺捌寸。

核用藍二珠線壹錢陸分，白炭叁兩貳錢。

用工

每件裁縫匠工，照例核給。前件單褂，有因身材尺寸大小，情願折領材料，自行成做者，不准開銷線炭裁縫，如係做成給與者，照例准銷線炭裁縫工料。

官修《清工部續增則例》卷一二三《製造庫》

羊羔皮袍成綿緞面做法

每件身長肆尺，袖長貳尺伍寸，袖口寬肆寸，擡肩高玖寸叁分，腰褙寬玖寸捌分，下踏寬壹尺陸寸叁分。藍緞面，白布貼邊，絮棉，跳三針行縫成做。

用料

每成綿袍面壹件，核用幅寬貳尺藍緞貳丈，幅寬壹尺壹寸白布壹尺柒寸伍分，棉花貳兩。

共直縫長貳丈伍尺肆寸，綿面浄縫長貳丈伍尺肆寸，鉤針縫長壹丈捌尺伍寸，跳三針行縫長拾壹丈壹尺柒寸。核用藍二珠線壹錢叁分，藍衣線貳錢貳分，白炭柒兩貳錢，綴銅鈕伍箇。

用工

每件裁縫匠工，照例核給。前件緞面，每件應裁剩長叁尺壹寸，上寬叁寸伍分，下寬壹尺藍緞灣子叁箇，有因身材尺寸大小，情願折領材料自行成綁者，免其交回灣子，不准開銷布線裁縫炭鈕，如係綁成給與者，照數交回灣子，貯庫存，俟別工取用，准銷布線裁縫炭鈕工料。

羊羔皮裌成綁緞面做法

每件身長叁尺貳寸，袖長貳尺貳寸，袖口寬捌寸，擡肩高壹尺，腰褙寬壹尺，下踏寬壹尺伍寸伍分。素緞面，白布貼邊，絮棉，跳三針行縫成做。

用料

每成綁緞面壹件，核用幅寬貳尺青衣素緞壹丈叁尺叁寸，幅寬壹尺壹寸白布壹尺伍寸，棉花壹兩伍錢。

共直縫長貳丈肆尺貳寸，净縫長貳丈肆尺貳寸，鉤針縫長壹丈陸尺，跳三針行縫長拾丈陸尺貳寸。核用青二珠線壹錢貳分，青衣線貳錢壹分，白炭陸兩捌錢，綴銅鈕伍箇。

用工

每件裁縫匠工，照例核給。前件緞面，每件應裁剩長貳尺貳寸，上寬肆寸，下寬玖寸伍分青緞灣子貳箇，有因身材尺寸大小，情願折領材料，自行成綁者，免其交回灣子，不准開銷布線裁縫炭鈕，如係綁成給與者，照數交回灣子，貯庫存，俟別工取用，准銷布線裁縫炭鈕工料。

天文生老羊皮襖成綁布面做法

每件身長肆尺，袖長貳尺陸寸，袖口寬肆寸伍分，擡肩高玖寸伍分，腰褙寬玖寸伍分，下踏寬壹尺伍寸伍分。藍布面，白布貼邊，絮棉，跳三針行縫成做。

用料

每成綁布面壹件，核用幅寬壹尺壹寸藍油墩布貳丈柒尺，幅寬壹尺陸寸白三線布伍尺，棉花陸兩。

共直縫長貳丈肆尺伍寸，净縫長貳丈肆尺伍寸，鉤針縫長叁丈捌尺肆寸，跳三針行縫長拾壹丈壹尺柒寸。核用藍二珠線壹錢柒分，藍衣線貳錢貳分，白炭柒兩玖錢，綴銅鈕伍箇。

用工

每件裁縫匠工，照例核給。

大監校尉等粗羊皮襖成綁布面做法

每件身長叁尺捌寸，袖長貳尺陸寸，袖口寬肆寸伍分，擡肩高玖寸伍分，腰褙寬玖寸伍分，下踏寬壹尺伍寸伍分。毛青布面，白布貼邊，絮棉，跳三針行縫成做。

用料

每成綁布面壹件，核用幅寬壹尺壹寸毛青布貳丈陸尺，幅寬壹尺壹寸白布壹尺伍寸，棉花陸兩。

共直縫長貳丈叁尺叁寸，净縫長貳丈叁尺叁寸，鉤針縫長叁丈柒尺貳寸，跳三針行縫長拾丈捌尺壹寸。核用青二珠線壹錢陸分，青衣線貳錢壹分，白炭柒兩陸錢，綴銅鈕伍箇。

用工

每件裁縫匠工，照例核給。

王玉樹《經史雜記》卷六《章服尊卑之制》 諸儒解《尚書》五服五章，皆以意説經，竝無所據，就其説攷之，鄭説爲長。據伏生《大傳》天子衣服，其文華蟲，作繪宗彝，璪火，山龍。諸侯作繪，宗彝，璪火，山龍。子男宗彝，璪火，山龍。大夫璪火、山龍。士山龍。山龍，青也。華蟲，黄也。作繪，黑也。宗彝，白也。璪火，赤也。天子服五，諸侯服四，次國服三，大夫服二，士服一。此説上遺日、月、星辰，下遺粉米、黼、黻，以五色爲五章，既非虞之十二章，又非周之九章，不分衣裳繪繡，以作繪爲一章，以璪火、山龍合爲一。鄭注《大傳》亦云：華蟲，五色之蟲而以爲黄；璪，水艸，蒼色而以爲赤元或疑焉。《大傳》之説，其謬可知。孔於五服則以天子、諸侯、卿大夫、士之服，於作服則以爲天子服日、月而下，諸侯自龍衮而下至黼黻，士服璪火，大夫加粉米，上得兼下，下不得僭上。《正義》天子日、月至黼、黻十二章，諸侯龍至黼、黻八章，士璪、火二章，大夫加粉米四章，五服，卿大夫不同，當加黼、黻爲六章，孔不言略之也。孔以日、月、星辰、山、龍、華蟲，尊者在上，璪、火、粉米、黼、黻，尊者在下。黼、黻尊于粉米，粉米尊于璪、火，故以尊卑差之。衣在上爲陽，陽統于上，故所尊在先；裳在下爲陰，陰統于下，故所尊在後。天子、諸侯下至黼、黻，大夫粉米兼服璪、火，是上得兼下；士不得服粉米，大夫不得服黼、黻，是下不得僭上也。此説遺去宗彝，以粉、米爲二章。服之制，專爲欲辨尊卑，三等諸侯豈無分別，《正義》雖以《雜記》天子九虞，諸侯七虞，天子七月而葬，諸侯五月而葬，證諸侯同爲一等，究屬牽强。帝王之制相因，周卿大夫爲一，此分爲二，古者尊卑降殺，以兩諸侯自龍以下八章，則較天子少四章，大相縣絶，必無此理。衣從上數，裳從下數，鑿空無據，孔説不足信也。惟鄭云：作服者，十二章爲五服，天子備有焉，公自山龍而下，侯伯自華蟲而下，子男自璪火而下，卿大夫自粉米而下，攷《周禮・春官・司服》云：公之服，自衮冕而下，如王之服；侯伯之服，自鷩冕而下，如公之服；子男之服，自毳冕而下，如侯伯之服；孤之服，自希冕而下，如子男之服；卿大夫之服，自元冕而下，如孤之服。鄭意謂周制，王以大裘代三辰，衮即龍，鷩即華蟲，毳即宗彝，希即粉米。又登龍于山，登火于宗彝，則虞周之制，損益相因，即降殺以兩配合，甚爲有理，故知鄭説是也。惟上公置孤卿一人，周道尚文其服，與卿大夫又別。虞時質樸，孤與卿大夫無別，皆服粉米而下，以此推之，則虞時士當服元冕，而下衣無文，裳刺黻而已。

《韋弁非爵弁》

案宋陳祥道之説，謂《周禮》之韋弁，即爵弁。其説甚新，不可信。攷《士冠禮》「爵弁服」注曰：爵弁者，冕之次，其色赤而微黑，如爵頭然。或謂之緅，其布三十升。《周禮》「凡兵事韋弁服」注曰：韋弁以韎韋爲弁，又以爲衣裳。此爵弁、韋弁顯異者也。惟《書》云「二人雀弁執惠」。僞孔傳云：雀韋弁，似即以爵弁爲韋弁者。然孔穎達疏云：據阮諶《三禮圖》雀弁以布爲之。此傳言雀韋弁者，此人執兵，宜以韋爲之，然下言冕，執兵者，不可以韋爲冕，未知孔意如何。則孔疏於此傳原不深信，且即以爵韋爲之，要止得名曰爵弁，不得通名韋弁。故《釋名》曰：以爵韋爲之，謂之爵弁。韎韋爲之謂之韋弁。二語極爲分晰，不容相混。至于《周禮・司服》有韋弁無爵弁。賈疏云：爵弁之服，惟有承天變及天子哭諸侯乃服之，所服非常，故天子吉服不列之。此義頗得，如必謂韋弁即爵弁，《司服》未嘗遺爵弁，則王之吉服自大裘至冠弁。其等殺，凡八公之服，自衮冕以下，大裘不得服。侯伯之服，自鷩冕以下，衮冕不得服。以次殺之，士之服，自皮弁以下，韋弁不得服。其制甚明，如韋弁即爵弁，士于禮已不得服矣。何以《士冠禮》曰爵弁服纁裳乎？且《儀禮・士昏禮・士喪禮》既有爵弁服，而《聘禮》曰君使卿韋弁歸饔餼。又曰：夕夫人使下大夫韋弁歸。《禮》則是既有爵弁，又有韋弁明矣。又安得以《司服》不載爲疑也。蓋祥道與陸佃皆王安石客，安石説經，既剏造新義，務異先儒，故祥道與陸佃亦皆排斥舊説，由一時風氣所趨，無庸深詰也。

《深衣之制》

深衣之制，衆説糾紛。江永據《玉藻》「深衣三袪，縫齊倍要，衽當旁」云：如裳前後當中者爲襟，爲裾，皆不名衽，惟當旁而斜殺者乃名衽。今以永説求之訓詁，諸書雖有合有不合，而衷諸經文，其義最當。攷《説文》云：「衽，衣裣也。」裣即襟，永以裳之前爲襟，而旁爲衽，《説文》乃以衣襟爲衽，則不獨旁爲衽矣。又《爾雅》云：「執衽謂之袺，扱衽謂之襭。」李巡曰：衽者，裳之下也。云下則裳之下皆名衽，不獨旁矣。然《方言》曰：「褸謂之衽。」郭璞注云：衣襟也。與《説文》前襟名衽，義正同。而郭注又云：或曰，衽，裳際也。云裳際，則據兩旁矣。永之所攷，蓋據郭璞後説也。又劉熙《釋名》云：「襟，禁也。交于前，所以禁禦風寒也。」「裾，倨也。倨倨然直也，亦言在後當見倨也。」「衽，襜也，在旁襜襜然也。」證以永説，謂裳前襟後裾皆直幅不交裂，即《釋名》所云倨裾然直也。謂在旁者乃名衽，則即《釋名》在旁襜襜之義也。其釋經文「衽當旁」三字，實非孔疏所能及，至後辨「續衽鉤邊」一條，謂續衽在左，前後相屬，鉤邊在右，前後不相屬。鉤邊在漢時謂之曲裾，乃別以裳之一幅斜裁之，綴于右後衽之上，使鉤而前，孔疏合續衽、鉤邊爲一，其説亦攷證精核，遠勝前人矣。

官修《清工部續增則例》卷一二四《製造庫》

狐皮長端罩成絣紬裏做法

每件身長肆尺伍分，袖長貳尺伍寸，袖口寬陸寸，擡肩高壹尺伍分，腰褙寬壹尺壹寸伍分，下踏寬壹尺玖寸伍分。藍潞紬裏襯白布，貼邊，跳三針行縫成做。

用料

每成絣紬裏壹件，核用幅寬壹尺伍寸藍大潞紬貳丈，幅寬壹尺壹寸白布貳尺。

用工

共直縫長壹丈捌尺叁寸，净縫長壹丈捌尺叁寸，鉤針縫長貳丈貳尺柒寸，跳三針行縫長玖丈貳尺伍寸。核用藍二珠線壹錢壹分，藍衣線壹錢捌分，白炭陸兩，綴銅鈕肆箇。

每件裁縫匠工，照例核給。

貉皮端罩成絣布裏做法

每件身長肆尺伍分，袖長貳尺柒寸，袖口寬陸寸，擡肩高壹尺伍分，腰褙寬壹尺壹寸伍分，下踏寬壹尺玖寸伍分。絣藍布裏襯白布，貼邊，跳三針行縫成做。

用料

每成絣布裏壹件，核用幅寬壹尺壹寸藍三梭布貳丈柒尺，幅寬壹尺壹寸白布貳尺。

共直縫長壹丈捌尺叁寸，净縫長壹丈捌尺叁寸，鉤針縫長貳丈捌尺陸寸，跳三針行縫長玖丈貳尺伍寸。核用藍二珠線壹錢叁分，藍衣線壹錢捌分，白炭陸兩叁錢，綴銅鈕肆箇。

用工

每做皮統壹件，核用毛毛匠壹工伍分。

每件綁布裏裁縫匠工，照例核給。

狐皮短端罩成綁紬裏做法

每件身長叁尺陸寸，袖長貳尺伍寸，袖口寬捌寸，擡肩高玖寸，腰褃寬壹尺，下踏寬壹尺伍寸。綁藍潞紬裏襯白布，貼邊，跳三針行縫成做。

用料

每成綁紬裏壹件，核用幅寬壹尺伍寸藍大潞紬壹丈伍尺貳寸，幅寬壹尺壹寸白布壹尺伍寸。

共直縫長壹丈陸尺肆寸，净縫長壹丈陸尺肆寸，鉤針縫長壹丈肆尺肆寸，跳三針行縫長柒丈陸尺柒寸。核用藍二珠線玖分肆釐，藍衣線壹錢伍分，白炭伍兩，綴銅鈕肆箇。

用工

每件裁縫匠工，照例核給。

虎皮端罩成綁布裏做法

每件身長肆尺伍分，袖長貳尺柒寸，袖口寬陸寸，擡肩高壹尺伍分，腰褃寬壹尺壹寸伍分，下踏寬壹尺玖寸伍分。綁紅布裏襯白布，貼邊，跳三針行縫成做。

用料

每成綁皮統壹件，核用大毛虎皮叁張。每成綁布裏壹件，核用幅寬壹尺陸寸紅三線布壹丈捌尺伍寸，幅寬壹尺壹寸白布貳尺。成做皮統照老羊皮每件，核用棉線壹錢伍分陸釐。

共綁裏直縫長壹丈捌尺叁寸，净縫長壹丈捌尺叁寸，鉤針縫長貳丈貳尺柒寸，跳三針行縫長玖丈貳尺伍寸。核用紅二珠線壹錢壹分，紅衣線壹錢捌分，白碳陸兩，綴銅鈕肆箇。

用工

每綁皮統壹件，核用毛毛匠壹工伍分，每件綁布裏裁縫匠工，照例核給。

官修《清工部續增則例》卷一二五《製造庫》

貢使彭緞棉袍做法

每件身長肆尺，袖長貳尺捌寸，袖口寬伍寸，擡肩高壹尺，腰褃寬壹尺壹寸，下踏寬壹尺捌寸。緞面，紡絲裏，絮棉，跳三針行縫成做。

用料

每棉袍壹件，核用幅寬貳尺藍緞壹丈捌尺，幅寬貳尺陸寸藍紡絲貳丈叁尺貳寸，棉花捌兩。

共直縫長玖尺，鉤針縫長陸丈肆寸，跳三針行縫長拾壹丈叁尺柒寸。核用藍二珠線壹錢叁分，藍衣線貳錢貳分，白炭柒兩肆錢，綴銅鈕伍箇。

用工

每件裁縫匠工，照例核給。

金壽字藍緞袷袍做法

每件身長肆尺壹寸，袖長叁尺，袖口寬伍寸，擡肩高壹尺壹寸，腰褃寬壹尺壹寸，下踏寬壹尺捌寸。金壽字藍緞面，山西熟絹裏，袖裏襯藍三梭布，藍妝緞鑲領、袖、襟頭，藍片金緣邊，用白布襯裏，掐紅金線貳道，黄金線肆道，跳三針行縫成做。

用料

每壽字袷袍壹件，核用織就幅寬貳尺金壽字藍緞貳丈，幅寬貳尺藍山西熟絹壹丈柒尺陸寸，幅寬壹尺捌寸藍妝緞壹尺，幅寬貳尺藍片金貳寸伍分，幅寬壹尺壹寸藍三梭布貳尺肆寸，幅寬壹尺壹寸白布貳寸伍分，紅金線半紐，黄金線壹紐，紅絨壹分。

共直縫長肆丈捌尺陸寸，鉤針縫長伍丈陸尺，跳三針縫長拾壹丈叁尺柒寸。

核用藍二珠線貳錢壹分，藍衣線貳錢貳分，白炭捌兩柒錢，綴銅鈕肆箇。

用工

每件裁縫匠工，照例核給。

綠緞繡花駕衣做法

每件身長肆尺貳寸，袖長貳尺捌寸，袖口寬陸寸，擡肩高壹尺壹寸，腰褃寬壹尺壹寸，下踏寬壹尺玖寸。綠彭緞面，上繡團獅子叁拾陸箇，藍三梭布裏，跳三針夾做隨做紅布夾帶，每條長陸尺寬貳寸。

用料

每緣(緑)緞繡花氅衣[壹]件，核用幅寬貳尺長貳丈緑彭緞壹疋，幅寬壹尺壹寸藍三梭布叁丈貳尺，綴銅鈕肆箇。

共面縫湊長伍丈壹尺壹寸，裏縫湊長叁丈柒尺貳寸，跳三針縫長拾丈貳尺柒寸。核用緑二珠線壹錢貳釐，緑衣線貳錢伍釐，藍棉線柒分肆釐，白炭叁兩伍錢。其繡活用料照例核給。

每造紅布夾帶壹條，核用幅寬壹尺壹寸紅三梭布貳尺伍寸，棉線壹分貳釐，白炭貳錢肆分。

用工

每件裁縫匠工，照例核給。

緞棉袍做法

每件身長肆尺，袖長貳尺捌寸，袖口寬伍寸，擡肩高壹尺，腰褃寬壹尺壹寸，下踏寬壹尺捌寸。緞面，紡絲裏，絮棉，跳三針行縫成做。

用料

每棉袍壹件，核用幅寬貳尺藍緞貳丈，幅寬壹尺陸寸藍紡絲貳丈叁尺貳寸，棉花捌兩。

共直縫長玖尺，鉤針縫長伍丈壹尺肆寸，跳三針行縫長拾壹丈叁尺柒寸。核用藍二珠線壹錢貳分，藍衣線貳錢貳分，白炭陸兩玖錢，綴銅鈕伍箇。

用工

每件裁縫匠工，照例核給。

前件緞面，每件應裁剩長叁尺，上寬壹寸伍分，下寬捌寸伍分藍緞灣子叁箇，有因身材尺寸大小，情願折領材料，自行成做者，免其交回灣子，不准開銷線炭裁縫。如係做成給與者，照數交回灣子，貯庫存，俟別工取用，准銷線炭裁縫工料。

緞棉褂做法

每件身長叁尺叁寸，袖長貳尺伍寸，袖口寬捌寸，擡肩高壹尺壹寸，腰褃寬壹尺壹寸，下踏寬壹尺伍寸。青衣素緞面，紡絲裏，絮棉，跳三針行縫成做。

用料

每棉褂壹件，核用幅寬貳尺青衣素緞壹丈叁尺叁寸，幅寬壹尺陸寸藍紡絲壹丈肆尺伍寸，棉花陸兩。

共直縫長陸尺，鉤針縫長肆丈壹尺叁寸，跳三針行縫長拾丈陸尺貳寸。核用青二珠線玖分肆釐，青衣線貳錢壹分，白炭陸兩壹錢，綴銅鈕伍箇。

用工

每件裁縫匠工，照例核給。

前件褂面，每件應裁剩長貳尺貳寸，上寬肆寸伍分，下寬捌寸伍分青衣素緞灣子貳箇，有因身材尺寸大小情願折領材料，自行成做者，免其交回灣子，不准開銷線炭裁縫。如係做成給與者，照數交回灣子，貯庫存，俟別工取用，准銷線炭裁縫工料。

單紗袍做法

每件身長肆尺，袖長貳尺捌寸，袖口寬伍寸，擡肩高壹尺，腰褃寬壹尺，下踏寬壹尺柒寸，貼邊單做。

用料

每單紗袍壹件，核用幅寬貳尺深藍硬紗貳丈。

共淨縫長陸丈陸尺貳寸。核用藍絹線壹錢叁分，白炭貳兩陸錢，綴銅鈕伍箇。

用工

每件裁縫匠工，照例核給。

前件單紗袍，每件裁下灣子，即作接袖、托肩、週身貼邊、滚領之用，有因身材尺寸大小，情願折領紗片，自行成做者，准其照數給與紗片，不准開銷線鈕裁縫。如係做成給與者，照數准銷線鈕裁縫工料。

單紗褂做法

每件身長叁尺叁寸，袖長貳尺伍寸，袖口寬柒寸，貼肩高壹尺，腰褃寬壹尺，下踏寬壹尺伍寸，貼邊單做。

用料

每單紗褂壹件，核用幅寬貳尺青硬紗壹丈叁尺叁寸。

共淨縫長陸丈肆尺伍寸。核用青二珠線壹錢貳分，白炭貳兩伍錢，綴銅鈕伍箇。

用工

每件裁縫匠工，照例核給。

前件單紗褂，每件裁下灣子，即作接袖、托肩、週身貼邊、滚領之用，有因身材尺寸大小，情願折領紗片，自行成做者，准其照數給與紗片，不准開銷線鈕裁縫。如係做成給與者，照數准銷線鈕裁縫工料。

官修《清工部續增則例》卷一二六《製造庫》

藍緞棉袍做法

每件身長肆尺，袖長貳尺捌寸，袖口寬伍寸，擡肩高壹尺壹寸，腰褃寬壹尺壹寸，下踏寬壹尺捌寸。藍緞面，白杭細裏，藍妝緞鑲領、袖，藍片金緣領、袖、襟頭，絮棉，跳三針行縫成做。

用料

每棉袍壹件，核用幅寬貳尺藍緞壹丈捌尺，幅寬壹尺捌寸白杭細貳丈肆寸，幅寬壹尺捌寸藍妝緞壹尺貳寸，幅寬貳尺藍片金貳寸伍分，幅寬壹尺壹寸白布貳寸伍分，棉花陸兩。

共鉤針縫湊長伍丈柒尺壹寸，直縫長壹丈柒尺肆寸，跳三針縫湊長拾叁丈柒尺玖寸。核用藍二珠線壹錢肆分玖釐，藍衣線貳錢柒分，白炭捌兩伍錢，綴貳分重銀鈕肆箇。

用工

每件裁縫匠工，照例核給。

青衣素緞棉袍做法

每件身長肆尺，袖長貳尺捌寸，袖口寬伍寸，擡肩高壹尺壹寸，腰褃寬壹尺壹寸，下踏寬壹尺捌寸。青衣素緞面，白杭細裏，絮棉，跳三針行縫成做。

用料

每棉袍壹件，核用幅寬壹尺捌寸青衣素緞貳丈，幅寬壹尺捌寸白杭細貳丈肆寸，棉花陸兩。

共鉤針縫長肆丈壹尺陸寸，直縫長壹丈柒尺肆寸，跳三針行縫長拾叁丈壹尺玖寸。核用青二珠線壹錢貳分，青衣線貳錢陸分，白炭柒兩捌錢，綴重貳分銀鈕肆箇。

用工

每件裁縫匠工，照例核給。

毛青布棉袍做法

每件身長肆尺，袖長貳尺捌寸，袖口寬伍寸，擡肩高壹尺壹寸，腰褃寬壹尺壹寸，下踏寬壹尺捌寸。毛青布面，白三線布裏，絮棉，跳三針行縫成做。

用料

每(件)〔棉〕袍壹件，核用幅寬壹尺壹寸毛青布叁丈叁尺捌寸，幅寬壹尺陸寸白三線布貳丈叁尺，棉花陸兩。

共直縫長捌丈伍尺玖寸，跳三針行縫長拾叁丈壹尺玖寸。核用青二珠線壹錢陸分，青衣線貳錢陸分，白炭捌兩柒錢，綴銅鈕肆箇。

用工

每件裁縫匠工，照例核給。

藍緞棉褂做法

每件身長叁尺叁寸伍分，袖長貳尺伍寸，袖口寬捌寸，擡肩高壹尺，腰褃寬壹尺壹寸，下踏寬壹尺陸寸。藍緞面，白杭細裏，絮棉，跳三針行縫成做。

用料

每棉褂壹件，核用幅寬貳尺藍緞壹丈叁尺伍寸，幅寬壹尺捌寸白杭細壹丈叁尺伍寸，棉花伍兩。

共直縫長肆丈，跳三針行縫長肆丈。核用藍二珠線捌分，藍衣線捌分，白炭叁兩貳錢，綴重貳分銀鈕肆箇。

用工

每件裁縫匠工，照例核給。

前件藍緞棉褂，每件應裁剩長貳尺貳寸伍分，上寬肆寸伍分，下寬捌寸伍分灣子貳箇，有因身材尺寸大小，情願折領材料，自行成做者，免其交回灣子，不准開銷線炭裁縫。如係做成給與者，照數交回灣子，貯庫存，俟別工取用，准銷線炭裁縫工料。

青衣素緞棉褂做法

每件身長叁尺叁寸伍分，袖長貳尺伍寸，袖口寬捌寸，擡肩高壹尺，腰褃寬壹尺壹寸，下踏寬壹尺陸寸。青衣素緞面，白杭細裏，絮棉，跳三針行縫成做。

用料

每棉褂壹件，核用幅寬壹尺捌寸青衣素緞壹丈叁尺伍寸，幅寬壹尺捌寸白杭細壹丈叁尺伍寸，棉花伍兩。

共直縫長肆丈，跳三針行縫長肆丈。核用青二珠線捌分，青衣線捌分，白炭叁兩貳錢，綴重貳分銀鈕肆箇。

用工

每件裁縫匠工，照例核給。

緞襯襖做法

每件身長叁尺，袖長貳尺柒寸，袖口寬陸寸，擡肩高壹尺腰褙寬壹尺，下踏寬壹尺陸寸。藍緞面，白杭細裏，絮棉，跳三針行縫成做。

用料

每襯襖壹件，核用幅寬貳尺藍緞壹丈伍尺，幅寬壹尺捌寸白杭細壹丈伍尺，棉花伍兩。

用工

共直縫長伍丈貳尺貳寸，鉤針縫長肆尺，跳三針行縫長拾丈伍尺陸寸。核用藍二珠線壹錢壹分，藍衣線貳錢壹分，白炭陸兩肆錢，綴重貳分銀鈕肆箇。

每件裁縫匠工，照例核給。

前件緞襯襖，每件應裁剩長貳尺，上寬壹尺，下寬肆寸緞灣子壹箇，有因身材尺寸大小，情願折領材料自行成做者，免其交回灣子，不准開銷線炭裁縫。如係做成給與者，照數交回灣子，貯庫存，俟别工取用，准銷線炭裁縫工料。

紬襯襖做法

每件身長叁尺，袖長貳尺柒寸，袖口寬陸寸，擡肩高壹尺，腰褙寬壹尺，下踏寬壹尺陸寸。藍潞紬面，白杭細裏，絮棉，跳三針行縫成做。

用料

每襯襖壹件，核用幅寬壹尺伍寸藍潞紬壹丈柒尺，幅寬壹尺捌寸白杭細壹丈伍尺，棉花伍兩。

用工

共直縫長伍丈柒尺肆寸，跳三針行縫長拾丈伍尺陸寸。核用藍二珠線壹錢壹分，藍衣線貳錢壹分，白炭陸兩肆錢，綴重貳分銀鈕肆箇。

用工

每件裁縫匠工，照例核給。

布襯襖做法

每件身長叁尺，袖長貳尺柒寸，袖口寬陸寸，擡肩高壹尺，腰褙寬壹尺，下踏寬壹尺陸寸。毛青布面，白三線布裏，絮棉，跳三針行縫成做。

用料

每襯襖壹件，核用幅寬壹尺壹寸毛青布貳丈陸寸，幅寬壹尺陸寸白三線布壹丈捌尺貳寸，棉花伍兩。

共直縫長陸丈伍尺玖寸，跳三針行縫長拾丈伍尺陸寸。核用青二珠線壹錢叁分，青衣線貳錢壹分，白炭陸兩捌錢，綴銅鈕肆箇。

用工

每件裁縫匠工，照例核給。

官修《清工部續增則例》卷一二七《製造庫》

太監紬道袍做法

每件身長肆尺貳寸，袖長叁尺肆寸，袖口寬貳尺，擡肩高壹尺貳寸，腰褙寬壹尺壹寸下踏寬壹尺捌寸。青潞紬面，白杭細裏，夾青潞紬擺貳塊，各尖長叁尺貳寸，下寬玖寸，絮棉，跳三針行做，綴琵琶帶貳條，各長壹尺，折寬陸分。

用料

每道袍壹件，核用幅寬壹尺伍寸青潞紬叁丈伍尺柒寸，幅寬壹尺捌寸白杭細貳丈伍尺伍寸，幅寬壹尺捌寸青衣素緞肆寸，棉花拾貳兩伍錢。

共直縫長叁丈玖尺貳寸，鉤針縫長陸丈捌尺伍寸，跳三針行縫長拾叁丈貳尺玖寸。核用青二珠線貳錢壹分，青衣線貳錢陸分，白炭玖兩陸錢。

用工

每件裁縫匠工，照例核給。

太監布道袍做法

每件身長肆尺貳寸，袖長叁尺肆寸，袖口寬貳尺，擡肩高壹尺貳寸，腰褙寬壹尺壹寸，下踏寬壹尺捌寸。毛青布面，白杭細裏，夾毛青布擺貳塊，各尖長叁尺貳寸，下寬玖寸，絮棉，跳三針行做，綴琵琶帶貳條，各長壹尺，折寬陸分。

用料

每道袍壹件，核用幅寬壹尺壹寸毛青布伍丈，幅寬壹尺捌寸白杭細貳丈伍尺伍寸，幅寬壹尺捌寸青衣素緞肆寸，棉花拾貳兩伍錢。

用工

共直縫長叁丈玖尺貳寸，鉤針縫長陸丈捌尺伍寸，跳三針行縫長拾叁丈貳尺玖寸。核用青二珠線貳錢壹分，青衣線貳錢陸分，白炭玖兩陸錢。

用工

每件裁縫匠工，照例核給。

番僧紅緞裌袍做法

每件身長肆尺貳寸，上身長貳尺叁寸，袖長叁尺，袖口寬陸寸，擡肩高壹尺壹寸，腰褙寬壹尺壹寸伍分，下裙高壹尺玖寸，伍幅熨摺。紅緞面，紅山西熟絹裏，袂做長領，襟幅、袖口、腰襴、下踏鑲藍片金，內襯白布，湊長貳丈叁尺貳寸，淨寬壹寸陸分，掐摺鑲邊成做。

用料

每袂袍壹件，核用幅寬貳尺紅雲緞貳丈貳尺，幅寬貳尺紅山西熟絹貳丈貳尺，幅寬貳尺藍片金貳尺陸寸，幅寬壹尺陸寸白布貳尺伍寸。

共鉤針縫湊長叁丈貳尺，直縫連鑲邊共長柒丈伍尺陸寸，淨縫長壹丈叁尺壹寸。掐細摺子叁拾箇，各長伍寸。核用紅二珠線貳錢肆分，白炭叁兩伍錢，綴銅鈕伍箇。

用工

每件裁縫匠工，照例核給。

番僧袈裟做法

每件長叁尺叁寸，用紅緞面，絹裏，陸幅跳三針袂做。

用料

每袈裟壹件，核用幅寬貳尺紅雲緞貳丈，幅寬貳尺紅山西熟絹貳丈。

共直縫長陸丈叁尺陸寸，跳三針綴縫拾壹道長叁丈陸尺貳寸。核用紅二珠線壹錢貳分，紅衣線柒分，白炭肆兩。

用工

每件裁縫匠工，照例核給。

番僧紅緞單筒裙做法

每條高叁尺，橫寬拾幅，淨縫掐韭菜邊成做。

用料

每單筒裙壹條，核用幅寬貳尺紅緞叁丈肆寸。

共淨縫長貳丈柒尺，掐韭菜邊長壹丈陸尺。核用紅二珠線捌分，白炭壹兩柒錢。

用工

每條裁縫匠工，照例核給。

小喇嘛紅布袂袍做法

每件身長肆尺貳寸，袖長叁尺，袖口寬陸寸，擡肩高壹尺壹寸，腰褃寬壹尺壹寸伍分，下踏寬壹尺捌寸。紅三線布袂做。

用料

每袂袍壹件，核用幅寬壹尺陸寸紅三線布肆丈陸尺。

共直縫湊長伍丈柒寸，鉤針縫湊長貳丈貳尺貳寸。核用紅二珠線壹錢伍分，白炭叁兩壹錢。

用工

每件裁縫匠工，照例核給。

《欽定工部續增則例》卷一二八《製造庫》

緞袂裙做法

每條身圍捌尺，高叁尺。上截用藍紡絲面，下截用藍緞面，週圍用藍倭緞緣邊，掛藍左右線。上截用深藍三梭布裏，下截用藍紡絲裏，紅三線布裙腰。跳三針袂做。

用料

每緞袂裙壹條，核用幅寬貳尺藍緞陸尺，幅寬壹尺陸寸藍紡絲壹丈貳尺，幅寬壹尺壹寸深藍三梭布壹丈貳尺，幅寬壹尺伍寸藍倭緞壹尺伍寸，幅寬壹尺壹寸白布壹尺伍寸，幅寬壹尺陸寸紅三線布叁尺伍寸。

共直縫長柒丈玖尺肆寸，跳三針行縫長壹丈玖尺陸寸。核用藍左右線藍絨伍錢，藍二珠線壹錢陸分，藍衣線肆分，白炭肆兩。

用工

每條裁縫匠工，照例核給。

布袂裙做法

每條身圍捌尺，高叁尺。上截用深藍三梭布面，下截用毛青布面，深藍三梭布裏，紅三線布腰。跳三針袂做。

用料

每布袂裙壹條，核用幅寬壹尺壹寸毛青布壹丈貳寸，幅寬壹尺壹寸藍三梭布貳丈捌尺捌寸，幅寬壹尺陸寸紅三線布叁尺伍寸。

共直縫長柒丈伍尺貳寸，跳三針行縫長壹丈玖尺陸寸。核用青二珠線壹錢陸分，青衣線肆分，白炭肆兩。

用工

每條裁縫匠工，照例核給。

各色緞、紬、布、綿袴做法

每條通長叁尺叁寸，腰圍長叁尺捌寸，寬伍寸身，長貳尺捌寸，腳口寬捌寸袴襠尖長壹尺伍寸，寬壹尺伍寸。絮棉。跳三針行做。

用料

緞袴每條，核用幅寬貳尺藍緞玖尺貳寸伍分。

紬袴每條核用，幅寬壹尺伍寸藍潞紬壹丈壹尺。

緞紬袴裏，每條核用幅寬壹尺捌寸白杭細玖尺貳寸。

布袴每條，核用幅寬壹尺壹寸布壹丈伍尺，幅寬壹尺陸寸三線布壹丈叁寸。

緞紬布袴每條，核用棉花陸兩。

共直縫長肆丈貳尺捌寸，跳三針行縫長伍丈陸尺。每條核用二珠線捌分，衣線壹錢，白炭肆兩。

用工

每條裁縫匠工，照例核給。

藍紡絲單袴做法

每條通長叁尺叁寸，腰圍長叁尺捌寸，寬伍寸身，長貳尺捌寸，腳口寬捌寸，袴襠尖長壹尺伍寸，寬壹尺伍寸。單紡絲成做。

用料

每單袴壹條，核用幅寬壹尺陸寸藍紡絲壹丈貳尺。

共浄縫長壹丈捌尺肆寸，掐韭菜邊長捌尺貳寸。核用藍二珠線伍分叁釐，白炭壹兩。

用工

每條裁縫匠工，照例核給。

官修《清實録・世祖實録》卷六四 〔順治九年四月〕庚申，定諸王以下文武官民輿馬服飾制。【略】民公侯伯准用貂鑲朝衣、貂褂、貂袍及蟒緞、粧緞、金花緞、各樣補緞、倭緞、花緞、素緞等項，除朝服外，或尋常進衙門，或往各本王以下等府，服蟒緞袍、花素緞鑲領袖袍，其長短外褂，俱用麒麟補。一品、二品官，准用貂鑲朝衣、貂褂、貂袍及蟒緞、粧緞、金花緞、各樣補緞、倭緞、花緞、素緞等項，除朝服外，或尋常進衙門，或往各本王以下等府，服蟒緞袍、花素緞鑲領袖袍。其長短褂，在部院等衙門，一品官用仙鶴補，二品官錦雞補，不在部院等衙門，一品、二品官用獅子補。其在外任文武一二品官同未入八分内閒散宗室三品四品官、三等侍衛，准服貂褂、貂袍及蟒緞、粧緞、金花緞、各樣補緞、倭緞、花緞、素緞等項，除朝服外，或尋常進衙門，或往各本王以下等府，服蟒緞袍、花素緞鑲領袖袍。其長短褂，在部院等衙門，三品官用孔雀補，四品官用雲鴈補，不在部院等衙門，三品官用虎補，四品官用豹補。其外任文武三四品官同一等侍衛。滿洲啓心郎、甲喇章京理事官、二等侍衛、三等侍衛，准服貂鑲朝衣，如上賜許穿。無職任阿達哈哈番牛録章京、拜他喇布勒哈番以下，不許穿貂鑲朝衣。民公、侯、伯，一品、二品、三品、四品等官，凡五爪、三爪滿水緞，圓補黄色秋香色，黑狐皮，俱不許穿，如上賜許穿。閒散覺羅五品、六品、七品官，金花緞、倭緞、各樣花緞、素緞俱准用，不許穿蟒緞、粧緞，除貂皮、猞猁猻外，別項皮衣俱准用，貂鼠止許製帽。或朝衣，或尋常進衙門，或往各本王以下等府，服花素緞鑲領袖袍。其長短褂，在部院等衙門，五品官用白鷴補，六品官用鷺鷥補，七品官用鸂鶒補，不在部院等衙門，五品官用熊補，六品、七品官用彪補。外任文武五、六、七品官同八、九品官，各色素緞俱准用，除貂皮、猞猁猻、白豹皮外，別項皮衣俱准用，貂鼠止許製帽。或朝服，或尋常進衙門，或往各本王以下等府，服素緞鑲領袖袍。其長短褂，在部院等衙門，八品官用鵪鶉補，九品官用練雀補，不在部院等衙門，八品官用犀牛補，九品官用海馬補。其披肩接袖，許用蟒緞、粧緞、金花緞鑲邊。外任文武八、九品官，同都察院按察使司官，不論品級，俱穿獬豸補。其衣服等項，仍各照品級穿用。公、侯、伯、一品官以下，滿漢有頂帶官以上，其妻俱從夫。

徐珂《清稗類鈔・詼諧類・齊脱貂裘猞猁猻》 國初定制，三品以上，得衣貂及猞猁猻，乃任葵尊爲御史時所疏定也。王漁洋戲爲詩曰：「京堂銓翰兩衙門，齊脱貂裘猞猁猻。昨夜五更寒透骨，舉朝誰不怨葵尊。」

王懋德、陸鳳儀纂修〔萬曆〕《金華府志》卷七《貢賦》

額辦胖襖褲鞋六百八十一副，銀八百八十五兩三錢。

金華縣

額辦胖襖銀一百四十四兩六錢九分八厘。

蘭谿縣

額辦胖襖銀一百七十五兩八錢一分一厘。

東陽縣

額辦胖襖銀一百四十五兩四錢七分六厘。

義烏縣

額辦胖襖銀一百九兩六分一厘。

永康縣

額辦胖襖銀九十一兩二分。

武義縣

額辦胖襖銀七十二兩三錢四分九厘。

浦江縣

額辦胖襖銀七十九兩三錢五分一厘。

湯溪縣

額辦胖襖銀六十六兩九錢四厘。

謝啓昆、胡虔等〔嘉靖〕《廣西通志》卷二〇《田賦志下》 梧州府陸川縣正德十二年，貢胖襖共九十二件。

紀事

《禮記・檀弓上》 將軍文子之喪，既除喪而后越人來弔，主人深衣、練冠，待于廟，垂涕洟。子游觀之曰：「將軍文氏之子，其庶幾乎！亡於禮者之禮也。其動也中。」孫希旦集解 《釋文》：涕，他計反。洟音夷。自目曰涕，自鼻曰洟。亡音無。中，竹仲反。

鄭氏曰：主人，文子之子簡子瑕也。深衣、練冠，凶服變也。待于廟，受弔不迎賓也。中，中禮之變。

愚謂除喪，蓋禫除吉祭之後，新主已遷於廟，故就廟而受弔也。深衣，十五升布，連衣裳爲之，其服在吉凶之間。練冠，小祥之冠也。時文氏喪服已除，吉服又不可以受弔。《聘禮》：「遭喪，大夫練冠長衣以受。」彼凶中受吉禮，此吉中受凶禮，故放其服而略變焉。祥而外無哭者，禫而内無哭者，故但垂涕洟以致其哀而已。庶幾，近也，言其近於禮也。蓋除喪受弔，乃禮之所未有，文子之子處禮之變，酌乎情文之宜而行之，而能不失乎禮意，故子游善之。案《士喪禮》：「君使人弔、襚，主人迎於寢門外。」若異國君之使，其敬之當與己君之使同。此主人待于廟不迎者，蓋弔者非越君之命與？

《禮記・檀弓下》 季康子之母死，陳褻衣。敬姜曰：「婦人不飾不敢見舅姑。將有四方之賓來，褻衣何爲陳於斯？」命徹之。孫希旦集解 鄭氏曰：褻衣非上服，陳之，將以斂。四方之賓，嚴於舅姑。敬姜，康子從祖母。

愚謂《喪大記》君小斂用複衣，大斂用褶衣。複衣、褶衣，即袍、褶之屬，皆褻衣也。君斂用褻衣，則大夫可知。而敬姜命去褻衣者，蓋婦人之褻衣雖用以斂而不陳，季氏但欲以多陳衣爲榮，并陳褻衣，故敬姜非之。

《左傳・襄公三年》 春，楚子重伐吴，爲簡之師。克鳩茲，至于衡山。使鄧廖帥組甲三百、被練三千以侵吴。杜預注：組甲，漆甲成組文。被練，練袍。

《左傳・襄公二十一年》 楚子使薳子馮爲令尹，訪於申叔豫。叔豫曰：「國多寵而王弱，國不可爲也。」遂以疾辭。方暑，闕地，下冰而牀焉。重繭，衣裘，鮮食而寢。

《管子・大匡》 既已封衛。明年，桓公問管仲將何行。【略】管仲又請賞於國，以及諸侯。君曰：「諾。」行之。管仲賞於國中，君賞於諸侯。諸侯之君，有行事善者，以重幣賀之。從列士以下有善者，衣裳賀之。列士，謂齊之列士。管仲自以衣裳賀之。

《管子・小匡》 桓公曰：「卒伍定矣，事已成矣，吾欲從事於諸侯，其可乎？」管子對曰：「未可。若軍令則吾既寄諸内政矣。夫齊國寡甲兵，吾欲輕重罪而移之於甲兵。」公曰：「爲之柰何？」管子對曰：「制：重罪入以兵甲犀脅二戟，輕罪入蘭盾鞈革二戟，鞈革，重革，當心著之，所以禦矢。小罪入以金鈞，三十斤白鈞。分宥薄罪入以半鈞，無坐抑而訟獄者，正三禁之而不直，則入一束矢以罰之。美金以鑄戈劍矛戟，試諸狗馬。惡金以鑄斤斧鉏夷鋸欘，試諸木土。」桓公曰：「甲兵大足矣，吾欲從事於諸侯，可乎？」管仲對曰：「未可。治内者未具也，爲外者未備也。」故使鮑叔牙爲大諫，王子城父爲將，弦子旗爲理，甯戚爲田，隰朋爲行，曹孫宿處楚，商容處宋，季勞處魯，徐開封處衛，匽尚處燕，審友處晉。又游士八千人，奉之以車馬衣裘，多其資糧，財幣足之，使出周游於四方，以號召收求天下之賢士，飾玩好使出游於四方，鬻之諸侯，以觀其上下之所貴好，擇其沈亂者而先政之。

《韓非子・外儲説左上》 齊桓公好服紫，一國盡服紫。當是時也，五素不得一紫。桓公患之，謂管仲曰：「寡人好服紫，紫貴甚，一國百姓好服紫不已，寡人奈何？」管仲曰：「君欲何不試勿衣紫也，謂左右曰：吾甚惡紫之臭。」於是左右適有衣紫而進者，公必曰：「少卻，吾惡紫臭。」公曰：「諾。」於是日，郎中莫衣紫；其明日，國中莫衣紫；三日，境内莫衣紫也。

一曰，齊王好衣紫，齊人皆好也。齊國五素不得一紫。齊王患紫貴。傅説王曰：「《詩》云：『不躬不親，庶民不信。』今王欲民無衣紫者，王以自解紫衣而朝。羣臣有紫衣進者，曰『益遠，寡人惡臭』。」是日也，郎中莫衣紫；是月也，國中莫衣紫；是歲也，境内莫衣紫。

《吕氏春秋·貴生》魯君聞顔闔得道之人也，使人以幣先焉。顔闔守閭，鹿布之衣，而自飯牛。魯君之使者至，顔闔自對之。使者曰：此顔闔之家邪？顔闔對曰：此闔之家也。使者致幣，顔闔對曰：恐聽繆而遺使者罪，不若審之。高誘注：恐繆誤致幣得罪，故勸令審之。使者還反審之，復來求之，則不得已。高誘注：顔闔踰坯而逃之，故不得。故若顔闔者，非惡富貴也，由重生惡之也。

《吕氏春秋·去尤》邾之故法，爲甲裳以帛，高誘注：以帛綴甲。公息忌謂邾君曰：不若以組。凡甲之所以爲固者，以滿竅也。今竅滿矣，而任力者半耳，且組則不然，竅滿則盡任力矣。邾君以爲然。曰：將何所以得組也？公息忌對曰：上用之，則民爲之矣。邾君曰：善。下令，令官爲甲必以組。公息忌知説之行也，因令其家皆爲組。人有傷之者曰：公息忌之所以欲用組者，其家多爲組也。邾君不説，於是復下令，令官爲甲無以組。此邾君之有所尤也，爲甲以組而便，公息忌雖多爲組，何傷也？以組不便，公息忌雖無組，亦何益也？爲組與不爲組，不足以累公息忌之説，用組之心，不可不察也。

《吕氏春秋·慎人》趙簡子病，召太子而告之曰：我死，已葬，服衰而上夏屋之山以望。高誘注：趙簡子，晉大夫趙景子成之子鞅也。太子趙無恤，襄子也。服衰，謂朞年勿復三年也。夏屋山，代之南山也。觀望，欲令取代也。太子敬諾。簡子死，已葬，服衰，召大臣而告之曰：願登夏屋以望。大臣皆諫曰：登夏屋以望，是游也。服衰以游，不可。襄子曰：此先君之命也。寡人弗敢廢，羣臣敬諾。襄子上於夏屋以望代俗，其樂甚美。於是襄子曰：先君必以此教之也。及歸，慮所以取代，乃先善之。

《吕氏春秋·不屈》宋有澄子者，亡緇衣，求之塗。見婦人衣緇衣，援而弗舍，欲取其衣，曰：今者我亡緇衣。婦人曰：公雖亡緇衣，此實吾所自爲也。澄子曰：子不如速與我衣，昔吾所亡者，紡緇也，今子之衣，禪緇也，以禪緇當紡緇，子豈不得哉？高誘注：得猶便也。澄子横認路婦緇衣，計其禪與紡以爲便，非其理也。言宋亂無法也。

《吕氏春秋·分職》衛靈公天寒鑿池，宛春諫曰：天寒起役，恐傷民。公曰：天寒乎？宛春曰：公衣狐裘，坐熊席，陬隅有竈，是以不寒。今民衣弊不補，履決不組，畢沅案：《新序》作苴。君則不寒矣，民則寒矣。公曰：善，令罷役。

《史記》卷三五《管蔡世家》昭侯十年，朝楚昭王，持美裘二，獻其一於昭王而自衣其一。楚相子常欲之，不與。子常讒蔡侯，留之楚三年。蔡侯知之，乃獻其裘於子常；子常受之，乃言歸蔡侯。蔡侯歸而之晉，請與晉伐楚。

《史記》卷七五《孟嘗君列傳》孟嘗君名文，姓田氏。【略】

文承閒問其父嬰曰：「子之子爲何？」曰：「爲孫。」「孫之孫爲何？」曰：「爲玄孫。」「玄孫之孫爲何？」曰：「不能知也。」文曰：「君用事相齊，至今三王矣，齊不加廣而君私家富累萬金，門下不見一賢者。文聞將門必有將，相門必有相。今君後宫蹈綺縠而士不得（短）[裋]褐，僕妾餘粱肉而士不厭糟糠。今君又尚厚積餘藏，欲以遺所不知何人，而忘公家之事日損，文竊怪之。」於是嬰迺禮文，使主家待賓客。賓客日進，名聲聞於諸侯。諸侯皆使人請薛公田嬰以文爲太子，嬰許之。嬰卒，謚爲靖郭君。而文果代立於薛，是爲孟嘗君。【略】司馬貞索隱：（短）[裋]亦音豎。豎褐，謂褐衣而豎裁之，以其省而便事也。

齊湣王二十五年，復卒使孟嘗君入秦，昭王即以孟嘗君爲秦相。人或説秦昭王曰：「孟嘗君賢，而又齊族也，今相秦，必先齊而後秦，秦其危矣。」於是秦昭王乃止。囚孟嘗君，謀欲殺之。孟嘗君使人抵昭王幸姬求解。幸姬曰：「妾願得君狐白裘。」此時孟嘗君有一狐白裘，直千金，天下無雙，入秦獻之昭王，更無他裘。孟嘗君患之，徧問客，莫能對。最下坐有能爲狗盜者，曰：「臣能得狐白裘。」乃夜爲狗，以入秦宫臧中，取所獻狐白裘至，以獻秦王幸姬。幸姬爲言昭王，昭王釋孟嘗君。孟嘗君得出，即馳去，更封傳，變名姓以出關。

劉向《説苑》卷四《立節》子思居於衛，緼袍無表，二旬而九食。田子方聞之，使人遺狐白之裘，恐其不受，因謂之曰：「吾假人，遂忘之，吾與人也，如棄之。」子思辭而不受。子方曰：「我有子無，何故不受？」子思曰：「伋聞之，妄與不如遺棄物於溝壑；伋雖貧也，不忍以身爲溝壑，是以不敢當也。」

劉向《説苑》卷九《正諫》 晉平公使叔向聘於吳，吳人拭舟以逆之，左五百人，右五百人，有繡衣而豹裘者，有錦衣而狐裘者。叔向歸以告平公。平公曰：「吳其亡乎？奚以敬舟？奚以敬民？」叔向對曰：「君爲馳底之臺，上可以發千兵，下可以陳鍾鼓，諸侯聞君者亦曰：奚以敬臺？奚以敬民？所敬各異也。」於是平公乃罷臺。

趙曄《吳越春秋》卷一《王僚使公子光傳》 〔吳王僚十三年〕王僚乃被棠鐵之甲三重，使兵衛陳於道，自宮門至於光家之門，階席左右皆王僚之親戚，使坐立侍皆操長戟交軹。酒酣，公子光佯爲足疾，入窋室裹足，使專諸置魚腸劍炙魚中進之。既至王僚前，專諸乃擘炙魚，因推匕首，立戟交軹倚專諸胸，胸斷臆開，匕首如故，以刺王僚，貫甲達背。王僚既死，左右共殺專諸。衆士擾動，公子光伏其甲士，以攻僚衆，盡滅之。遂自立，是爲吳王闔閭也。

趙曄《吳越春秋》卷六《勾踐伐吳外傳》 〔勾踐十五年〕越王會軍列士而大誡衆，而誓之曰：「寡人聞古之賢君，不患其衆不足，而患其志行去聲。之少恥也。今夫差衣水犀甲者十有三萬人，徼外有山犀，有水犀。水犀之皮有珠甲，山犀則無。吳以水犀皮飾甲也。《周禮》：「犀甲壽百年。」不患其志行之少恥也，而患其衆之不足。今寡人將助天威。吾不欲匹夫之小勇也，吾欲士卒進則思賞，退則避刑。」於是越民父勉其子，兄勸其弟，曰：「吳可伐也。」【略】

〔勾踐二十一年〕於是，吳悉兵屯於江北，越軍於江南。越王中分其師以爲左右軍，皆被兕甲。《爾雅》：「兕，似牛。」注：「一角，青色，皮堅厚可制鎧。」鎧即甲也。《周禮》：「兕甲，壽二百年。」【略】

〔勾踐二十五年〕越王既已誅忠臣，霸於關東，從瑯琊起觀去聲。臺，臺，周七里以望東海，死士八千人，戈船三百艘。居無幾，射求賢士。孔子聞之，從弟子奉先王雅琴禮樂奏於越。越王乃被唐夷之甲，上卷《王僚傳》：「被棠銕之甲。」帶步光之劍，杖屈盧之矛，出死士以三百人爲陣關下。

袁康、吳平《越絶書》卷三《越絶吳内傳》 蔡昭公南朝楚，被羔裘，囊瓦求之，昭公不與。即拘昭公南郢，三年然後歸之。昭公去至河，用事，曰：「天下誰能伐楚乎？寡人願爲前列！」楚聞之，使囊瓦興師伐蔡。昭公聞子胥在吳，請救蔡。子胥於是報闔廬曰：「蔡公南朝，被羔裘，囊瓦求之，蔡公不與，拘蔡公三年，然後歸之。蔡公至河，曰：『天下誰能伐楚者乎？寡人願爲前列。』楚聞之，使囊瓦興師伐蔡。蔡非有罪，楚爲無道。君若有憂中國之事意者，時可矣。」闔廬於是使子胥興師，救蔡而伐楚。

應劭《風俗通·佚文·四夷》 昔高辛氏有犬戎之寇，帝患其侵暴，而征伐不克，乃訪募天下有能得犬戎之將吳將軍頭者，購黄金千鎰，邑萬家，又妻以少女。時帝有畜狗，其毛五采，名曰槃瓠，下令之後，槃瓠遂銜人頭，造闕下。羣臣怪而診之，乃吳將軍首也。帝大喜，而計槃瓠不可妻之以女，又無封爵之道，議欲有報，而未知所宜。女聞之，以爲帝皇下令，不可違信，因請行；帝不得已，乃以女配槃瓠。槃瓠得女，負而走，入南山，止石室中，所處險絶，人跡不至。於是女解去衣裳，爲僕鑒之結，著獨力之衣。帝悲思之，遣使尋求，輒遇風雨震晦，使者不得進。經三年，生子一十二人，六男六女，槃瓠死後，因自相夫妻，織績木皮，染以草實，好五色衣服，製裁皆有尾形。其母後歸，以狀白帝，於是使迎諸子，衣裳斑蘭，語言侏離，好入山壑，不樂平曠；帝順其意，賜以名山廣澤。其後滋蔓，號曰蠻夷，外癡内黠，安土重舊，以先父有功，母帝之女，田作賈販，無關梁符傳租稅之賦，有邑君長，皆賜印綬，冠用獺皮，名渠曰精夫，相呼爲姎徒。《後漢書·南蠻傳》文注云：「此已上，並見《風俗通》。」

司馬光《資治通鑑》卷三《周赧王一七年》 或謂秦王曰：「孟嘗君相秦，必先齊而後秦，秦其危哉！」秦王乃以樓緩爲相，囚孟嘗君，欲殺之。孟嘗君使人求解於秦王幸姬，姬曰：「願得君狐白裘。」胡三省注：狐白裘，緝狐掖之皮爲之，所謂千金之裘非一狐之掖者也。孟嘗君有狐白裘，已獻之秦王，無以應姬求。客有善爲狗盜者，入秦藏中，盜狐白裘以獻姬。姬乃爲之言於王而遣之。

司馬光《資治通鑑》卷五《周赧王四九年—五十年》 魏王使須賈聘於秦，應侯敝衣間步而往見之。須賈驚曰：「范叔固無恙乎！」留坐飲食，取一綈袍贈之。胡三省注：綈，田黎翻，厚繒也。袍，步刀翻，長襦也。《記·玉藻》曰：纊爲繭，緼爲袍。孔穎達曰：純著新綿者爲繭，雜用舊絮者爲袍。遂爲須賈御而至相府，曰：「我爲君先入通於相君。」須賈怪其久不出，問於門下，門下曰：「無范叔，鄉者吾相張君也。」須賈知見欺，乃膝行入謝罪。應侯坐，責讓之，且曰：「爾所以得不死者，以綈袍戀戀尚有故人之意耳！」乃大供具，請諸侯賓客；坐須賈於堂下，置莝、豆於前而馬食之，使歸告魏王曰：「速斬魏齊頭來！不然，且屠大梁！」須賈還，以告魏齊。魏齊奔趙，匿於平原君家。

曹學佺《蜀中廣記》卷六八《方物記第一〇》 《帝王世紀》云：禹治水畢，西戎渠搜國獻其珍裘。

《經濟類編》卷一《帝王類一》 衛靈公天寒鑿池。宛春諫曰：天寒起役，恐傷民。公曰：天寒乎？宛春曰：公衣狐裘，坐熊席，陬隅有竈，是以不寒。今民衣弊不補，履決不組，君則不寒矣，民則寒矣。公曰：善。令罷役。

《劉氏鴻書》卷七七《衣帛部·服制》 田贊，楚人，嘗衣儒衣而見王。王曰：「先生衣，何惡也？」贊曰：「有甚于此者，夫衣無惡于甲，冬則寒，夏則熱。王好衣人以甲，臣竊不取意者，爲其義耶！甲兵折人首，刳人腹，墮人城郭，繫人子女，其名尤甚不榮，意者爲其貴耶！苟慮害人，人必害之；苟慮危人，人必危之。」王無以應。《姓譜》

《史記》卷一二《孝武本紀》 上遂郊雍，至隴西，西登空桐，幸甘泉。令祠官寬舒等具泰一祠壇，壇放薄忌泰一壇，壇三垓。五帝壇環居其下，各如其方，黄帝西南，除八通鬼道。泰一所用，如雍一時物，而加醴棗脯之屬，殺一犛牛以爲俎豆牢具。泰一祝宰則衣紫及繡。五帝各如其色，日赤，月白。

《史記》卷九九《劉敬列傳》 劉敬者，齊人也。漢五年，戍隴西，過洛陽，高帝在焉。婁敬脱輓輅，衣其羊裘，見齊人虞將軍曰：「臣願見上言便事。」虞將軍欲與之鮮衣，婁敬曰：「臣衣帛，衣帛見；衣褐，衣褐見：終不敢易衣。」於是虞將軍入言上。上召入見，賜食。

司馬貞索隱 上音仙。鮮衣，美服也。

《史記》卷九九《叔孫通列傳》 漢二年，漢從五諸侯入彭城，叔孫通降漢王。漢王敗而西，因竟從漢。叔孫通儒服，漢王憎之；迺變其服，服短衣，楚製，漢王喜。

司馬貞索隱 案：孔文祥云「短衣便事，非儒者衣服。高祖楚人，故從其俗裁製」。

《史記》卷一一〇《匈奴列傳》 孝文皇帝前六年，漢遺匈奴書曰：「皇帝敬問匈奴大單于無恙。使郎中係雩淺遺朕書曰：『右賢王不請，聽後義盧侯難氏等計，絶二主之約，離兄弟之親，漢以故不和，鄰國不附。今以小吏敗約，故罰右賢王使西擊月氏，盡定之。願寢兵休士卒養馬，除前事，復故約，以安邊民，使少者得成其長，老者安其處，世世平樂。』朕甚嘉之，此古聖主之意也。漢與匈奴約爲兄弟，所以遺單于甚厚。倍約離兄弟之親者，常在匈奴。然右賢王事已在赦前，單于勿深誅。單于若稱書意，明告諸吏，使無負約，有信，敬如單于書。使者言單于自將伐國有功，甚苦兵事。服繡袷綺衣、繡袷長襦、錦袷袍各一，比余一，黄金飾具帶一，黄金胥紕一，繡十匹，錦三十匹，赤綈、緑繒各四十匹，使中大夫意、謁者令肩遺單于。」

司馬貞索隱 案：小顔云「服者，天子所服也，以繡爲表，綺爲裏」。以賜冒頓。《字林》云「袷衣無絮也。音公洽反」。

《史記》卷一一七《司馬相如列傳》 文君夜亡奔相如，相如乃與馳歸成都。家居徒四壁立。卓王孫大怒曰：「女至不材，我不忍殺，不分一錢也。」人或謂王孫，王孫終不聽。文君久之不樂，曰：「長卿第俱如臨邛，從昆弟假貸猶足爲生，何至自苦如此！」相如與俱之臨邛，盡賣其車騎，買一酒舍酤酒，而令文君當鑪。相如身自著犢鼻褌，與保庸雜作，滌器於市中。

裴駰集解 韋昭曰：「今三尺布作形如犢鼻矣。」

《漢書》卷四《文帝紀贊》 孝文皇帝即位二十三年，宫室苑囿車騎服御無所增益。有不便，輒弛以利民。嘗欲作露臺，召匠計之，直百金。上曰：「百金，中人十家之産也。吾奉先帝宫室，常恐羞之，何以臺爲！」身衣弋綈，所幸慎夫人衣不曳地，帷帳無文繡，以示敦樸，爲天下先。

《漢書》卷七《昭帝紀》 〔元鳳元年〕三月，【略】詔曰：「朕閔勞以官職之事，其務修孝弟以教鄉里。令郡縣常以正月賜羊酒。有不幸者賜衣被一襲，祠以中牢。」

《漢書》卷三一《項籍傳》 項籍字羽，下相人也。【略】羽乃屠咸陽，殺秦降王子嬰，燒其宫室，火三月不滅；收其寶貨，略婦女而東。秦民失望。於是韓生説羽曰：「關中阻山帶河，四塞之地，肥饒，可都以伯。」羽見秦宫室皆已燒殘，又懷思東歸，曰：「富貴不歸故鄉，如衣錦夜行。」

《漢書》卷四〇《張良傳》 良嘗閒從容步游下邳圯上，有一老父，衣褐，至良所，直墮其履圯下，顧謂良曰：「孺子，下取履！」良愕然，欲歐之。爲其老，乃彊忍，下取履，因跪進。父以足受之，笑去。

師古曰：「褐制若裘，今道士所服者是。」

《漢書》卷四三《叔孫通傳》 漢二年，漢王從五諸侯入彭城，通降漢王，通儒服，漢王憎之，乃變其服，服短衣，楚制，漢王喜。

《漢書》卷四五《江充傳》　初，充召見犬臺宮，自請願以所常被服冠見上。上許之。充衣紗縠襌衣，師古曰：「襌衣，制若今之朝服中襌也。《漢官儀》曰武賁中郎將衣紗縠襌衣。襌音單，字從衣。次下亦同。」曲裾後垂交輸，張晏曰：「曲裾者，如婦人衣也。」如淳曰：「交輸，割正幅，使一頭狹若燕尾，垂之兩旁，見於後，是《禮深衣》『(績)〔續〕衽鉤邊』。賈逵謂之『衣圭』。」蘇林曰：「交輸，如今新婦袍上挂全幅繒角割，名曰交輸裁也。」師古曰：「如、蘇二説皆是也。」冠襌纚步搖冠，飛翮之纓。充爲人魁岸，容貌甚壯。帝望見而異之，謂左右曰：「燕趙固多奇士。」既至前，問以當世政事，上説之。

《漢書》卷四六《石奮傳》　奮長子建，次甲，次乙，次慶，皆以馴行孝謹，官至二千石。於是景帝曰：「石君及四子皆二千石，人臣尊寵乃舉集門。」凡號奮爲萬石君。【略】

建老白首，萬石君尚無恙。每五日洗沐歸謁親，入子舍，竊問侍者，取親中帬廁牏，身自澣灑，復與侍者，不敢令萬石君知之，以爲常。

晉灼曰：「今世謂反(門)〔閉〕小袖衫爲侯牏。」師古曰：「中帬，若今言中衣也。廁牏者，近身之小衫，若今汗衫也。」

《漢書》卷六四上《朱買臣傳》　上拜買臣會稽太守。上謂買臣曰：「富貴不歸故鄉，如衣繡夜行，今子何如？」買拜頓首辭謝。

《漢書》卷六五《東方朔傳》　上臨山林，〔館陶公主〕自執宰敝膝，道入登階就坐。

師古曰：爲賤者之服。

《漢書》卷七一《雋不疑傳》　始元五年，有一男子乘黄犢車，建黄旐，衣黄襜褕，著黄冒，詣北闕，自謂衛太子。公車以聞，詔使公卿將軍中二千石雜識視。長安中吏民聚觀者數萬人。

《漢書》卷七七《蓋寬饒傳》　寬饒初拜爲司馬，未出殿門，斷其襌衣，令短離地。

《漢書》卷八三《朱博傳》　遷琅邪太守，【略】敕功曹：「官屬多褒衣大袑，不中節度，自今掾衣皆令去地三寸。」

《漢書》卷九五《南粵傳》　〔文帝元年，賜南粵王趙佗書曰：〕「願與王分棄前患，終今以來，通使如故。故使賈馳諭告王朕意，王亦受之，毋爲寇災矣。上褚五十衣，中褚三十衣，下褚二十衣，遺王。願王聽樂娱憂，存問鄰國。」

師古曰：「以綿裝衣曰褚。上中下者，綿之多少薄厚之差也。褚音竹吕反。」

《漢書》卷九九上《王莽傳上》　母病，公卿列侯遣夫人問疾，莽妻迎之，衣不曳地，布蔽膝。見之者以爲僮使，問知其夫人，皆驚。

《後漢書》卷一〇上《皇后紀上・和熹鄧皇后》　每有讌會，諸姬貴人競自修整，簪珥光采，袿裳鮮明，〔注〕而后獨著素，裝服無飾。其衣有與陰后同色者，即時解易。

李賢等注：《釋名》曰：「婦人上衣曰袿。」

《後漢書》卷一一《劉玄傳》　更始納趙萌女爲夫人，有寵，遂委政於萌，日夜與婦人飲讌後庭。【略】趙萌專權，威福自己。郎吏有説萌放縱者，更始怒，拔劒擊之。自是無復敢言。萌私忿侍中，引下斬之，更始救請，不從。時李軼、朱鮪擅命山東，王匡、張卬横暴三輔。其所授官爵者，皆羣小賈豎，或有膳夫庖人，多著繡面衣、錦袴、襜褕、諸于，駡詈道中。長安爲之語曰：「竈下養，中郎將。爛羊胃，騎都尉。爛羊頭，關内侯。」

《後漢書志》卷一三《五行一・服妖》　靈帝數遊戲於西園中，令後宫采女爲客舍主人，身爲商賈服。行至舍，采女下酒食，因共飲食以爲戲樂。此服妖也。其後天下大亂。

獻帝建安中，男子之衣，好爲長躬而下甚短，女子好爲長裙而上甚短。時益州從事莫嗣以爲服妖，是陽無下而陰無上也，天下未欲平也。後還，遂大亂。

《後漢書》卷二〇《祭遵傳》　遵爲人廉約小心，克己奉公，賞賜輒盡與士卒，家無私財，身衣韋絝，布被，夫人裳不加緣，帝以是重焉。及卒，愍悼之尤甚。

《後漢書》卷二四《馬援傳》　朱勃衣方領，能矩步。

李賢等注引《前書音義》曰：「頸下施衿領方正，學者之服也。」

《後漢書》卷三一《廉范傳》　建初中，遷蜀郡太守。【略】成都民物豐盛，邑宇逼側，舊制禁民夜作，以防火災，而更相隱蔽，燒者日屬。范乃毁削先令，但嚴使儲水而已。百姓爲便，乃歌之曰：「廉叔度，來何暮？不禁火，民安作。平生無襦今五絝。」

《後漢書》卷三一《羊續傳》　〔中平〕六年，靈帝欲以續爲太尉。時拜三公者，皆輸東園禮錢千萬，令中使督之，名爲「左騶」。其所之往，輒迎致禮敬，厚加贈賂。續乃坐使人於單席，舉緼袍以示之，曰：「臣之所資，唯斯而已。」左騶白之，帝不悦，以此故不登公位。

《後漢書》卷四二《東平憲王蒼傳》 〔建初〕六年冬，蒼上疏求朝。明年正月，帝許之。特賜裝錢千五百萬，其餘諸王各千萬。帝以蒼冒涉寒露，遣謁者賜貂裘，及太官食物珍果，使大鴻臚竇固持節郊迎。帝乃親自循行邸第，豫設帷牀，其錢帛器物無不充備。

《後漢書》卷三九《王望傳》 王望字慈卿，客授會稽，自議郎遷青州刺史，甚有威名。是時州郡災旱，百姓窮荒，望行部，道見飢者，裸行草食，五百餘人，愍然哀之，因从便宜出所在布粟，給其(廩)〔稟〕糧，爲作褐衣。

李賢等注：許慎注《淮南子》曰：「楚人謂袍爲短褐。」

《後漢書》卷四二《東平憲王蒼傳》 建初三年，帝饗衛士於南宫，因從皇太后周行掖庭池閣，乃閲陰太后舊時器服，愴然動容，乃命留五時衣各一襲，及常所御衣合五十篋，餘悉分布諸王主及子孫在京師者各有差。

李賢等注：五時衣謂春青，夏朱，季夏黄，秋白，冬黑也。衣單複具曰襲。

六年冬，蒼上疏求朝。明年正月，帝許之。特賜裝錢千五百萬，其餘諸王各千萬。帝以蒼冒涉寒露，遣謁者賜貂裘，及太官食物珍果，使大鴻臚竇固持節郊迎。帝乃親自循行邸第，豫設帷牀，其錢帛器物無不充備。

李賢等注：《説文》曰：「貂，鼠屬也，大而黄黑，出丁零國。」

《後漢書》卷七九上《儒林傳序》 建武五年，乃修起太學，稽式古典，籩豆干戚之容，備之於列，服方領習矩步者，委它乎其中。

李賢等注：方領，直領也。

《後漢書》卷八〇下《文苑傳・禰衡》 〔孔〕融既愛衡才，數稱述於曹操。操欲見之，而衡素相輕疾，自稱狂病，不肯往，而數有恣言。操懷忿，而以其才名，不欲殺之。聞衡善擊鼓，乃召爲鼓史，因大會賓客，閲試音節。諸史過者，皆令脱其故衣，更著岑牟單絞之服。次至衡，衡方爲《漁陽》参撾，蹀躞而前，容態有異，聲節悲壯，聽者莫不慷慨。衡進至操前而止，吏訶之曰：「鼓史何不改裝，而輕敢進乎？」衡曰：「諾。」於是先解衵衣，次釋餘服，裸身而立，徐取岑牟、單絞而著之，畢，復参撾而去，顔色不怍。操笑曰：「本欲辱衡，衡反辱孤。」

李賢注：《文士傳》曰：「魏太祖欲辱衡，乃令人録用爲鼓史。後至八月朝普天閲試鼓節，作三重閣，列坐賓客，以帛絹製作衣，一岑牟，一單絞及小褌。」《通史志》曰：「岑牟，鼓角士冑也。」鄭玄注《禮記》曰：「絞，蒼黄之色也。」

杜預注《左傳》曰：「衵，近身衣也。」音女一反。

孔融退而數之曰：「正平大雅，固當爾邪？」因宣操區區之意。衡許往。融復見操，説衡狂疾，今求得自謝。操喜，勑門者有客便通，待之極晏。衡乃著布單衣、疎巾，手持三尺棁杖，坐大營門，以杖捶地大罵。吏白：外有狂生，坐於營門，言語悖逆，請收案罪。操怒，謂融曰：「禰衡豎子，孤殺之猶雀鼠耳。顧此人素有虚名，遠近將謂孤不能容之，今送與劉表，視當何如。」於是遣人騎送之。

虞世南《北堂書鈔》卷一二八引 《梁冀别傳》云：冀作狐尾單衣，上短下長。

虞世南《北堂書鈔》卷一二九引 《漢雜事》云張倉，高祖時有罪當斬，身體長大，肥白如玉，帝一見而美之，與衣，服甚鮮，遂赦。

虞世南《北堂書鈔》卷一二九引 袁山松《後漢書》云：靈帝欲羊續爲太尉，時拜三公者，輸東園禮錢千萬，令中使督之。續乃坐使者于單席，舉緼袍以示之，云臣之所資，唯斯而已。補《古今善言》曰：靈帝用南陽太守羊續爲三司而求賂，續乃出葛袍以示使者。

《西漢會要》卷二四《輿服下》

天子冠服

文帝身衣弋綈。《本贊》。又賈誼云：「帝之身自衣皁綈。」

孝文身衣弋綈，足履革舄，以韋帶劍，莞蒲爲席，兵木無刃，衣緼無文。《東方朔傳》。

聖文躬服節儉，綈衣不敝，革鞜不穿。《揚雄傳》。

昭帝元鳳四年，帝加元服。《本紀》。師古曰：「元，首也。冠者，首之所著，故曰元服。」

皇太后賜御府衣迎宣帝。《宣紀》。按：少府屬官有御府令，主天子衣服。

百官冠服雜録附

皁衣。《谷永傳》曰：「陛下擢之皁衣之吏。」蕭望之曰：「張敞備皁衣二十餘年。」如淳曰：「雖有五時服，至朝皆著皁衣。」

雜録

武安侯田恬坐衣襜褕入宫，不敬，免。《外戚表》。師古曰：「襜褕，直裾襌衣也。」

朱博爲刺史，敕功曹：「官屬多褒衣大祒，不中節度，自今掾史衣皆令去地三寸。」《本傳》。

叔孫通儒服，漢王憎之，乃變其服，服短衣，楚製。《本傳》

婁敬見高祖，虞將軍欲與鮮衣，敬曰：「臣衣帛，衣帛見，衣褐，衣褐見，不敢易衣。」《婁敬傳》。

《三國志》卷五四《吴志·吕蒙傳》（孫）權統事，料諸小將兵少，而用薄者，欲并合之。蒙陰賒貰，爲兵作絳衣行縢，及簡日，陳列赫然，兵人練習，權見之大悦，增其兵。

曹植《曹植集》卷一《説疫氣》 建安二十二年，癘氣流行。【略】夫罹此者，悉被褐茹藿之子，荆室蓬户之人耳！若夫殿處鼎食之家，重貂累蓐之門，若是者鮮焉！

《北堂書鈔》卷一二九引《魏氏春秋》云：高柔爲刺姦令史，處法平允，又夙夜匪懈，至擁抱文書而寢。太祖常夜微出觀察諸吏，見而哀之，徐解裘覆柔而去，自是而辟焉。案《魏志》：太祖以高柔爲刺姦令史，處法允當，獄無留滯，辟爲丞相倉曹屬。補。

《北堂書鈔》卷一二九引《魏舊事》云：楊平善裁袴，以官絹百疋，作小袴百枚。

《北堂書鈔》卷一二九引《魏略》云：賈逵世爲著姓，少孤家貧，冬常無袴。過其妻兄柳孚宿，及明，無何著孚袴去，故時人謂之通健。補。

《北堂書鈔》卷一二九引《魏略》云：趙岐避難北海，着絮巾布袴賣餅。

《晉書》卷三《武帝紀》 咸寧十一月辛巳，太醫司馬程據獻雉頭裘，帝以奇技異服典禮所禁，焚之於殿前。

《晉書》卷二七《五行志上》 魏明帝著繡帽，披縹紈半袖，常以見直臣楊阜，諫曰：「此禮何法服邪！」帝默然。近服妖也。夫縹，非禮之色。褻服尚不以紅紫，況接臣下乎？人主親御非法之章，所謂自作孽不可禳也。帝既不享永年，身没而禄去王室，後嗣不終，遂亡天下。【略】

尚書何晏好服婦人之服，傅玄曰：「此妖服也。夫衣裳之制，所以定上下殊内外也。《大雅》云『玄衮赤舄，鉤膺鏤鍚』，歌其文也。《小雅》云『有嚴有翼，共武之服』，詠其武也。若内外不殊，王制失叙，服妖既作，身隨之亡。末嬉冠男子之冠，桀亡天下；何晏服婦人之服，亦亡其家，其咎均也。」【略】

孫休後，衣服之制上長下短，又積領五六而裳居一二。干寶曰：「上饒奢，下儉逼，上有餘下不足之妖也。」至孫晧，果奢暴恣情於上，而百姓彫困於下，卒以亡國，是其應也。

武帝泰始初，衣服上儉下豐，著衣者皆厭褄，此君衰弱，臣放縱，下掩上之象也。至元康末，婦人出兩襠，加乎交領之上，此内出外也。爲車乘者苟貴輕細，又數變易其形，皆以白篾爲純，蓋古喪車之遺象也。夫乘者，君子之器。蓋君子立心無恒，事不崇實也。干寶以爲晉之禍徵也。及惠帝踐阼，權制在於寵臣，下掩上之應也。至永嘉末，六宫才人流冗没於戎狄，内出外之應也。及天下撓亂，宰輔方伯多負其任，又數改易不崇實之應也。【略】

孝懷帝永嘉中，士大夫競服生箋單衣。識者指之曰：「此則古者繐衰，諸侯所以服天子也。今無故服之，殆有應乎！」其後遂有胡賊之亂，帝遇害焉。【略】

元帝太興中，【略】是時，爲衣者又上短，帶纔至于掖，著帽者又以帶縛項。下逼上，上無地也。爲袴者直幅爲口，無殺，下大之象。尋而王敦謀逆，再攻京師。【略】

晉末皆冠小而衣裳博大，風流相放，輿臺成俗。識者曰：「上小而下大，此禪代之象也。」尋而宋受終焉。

《晉書》卷九五《藝術傳·麻襦》 麻襦者，不知何許人也，莫得其姓名。石季龍時，在魏縣市中乞丐，恒着麻襦布裳，故時人謂之麻襦。

《單道開》

單道開，敦煌人也。常衣粗褐，或贈以繒服，皆不著，不畏寒暑，晝夜不臥。

《北堂書鈔》卷一二九引《晉中興書》云：中宗嘗幸鄭夫人，衣無文繡。

《北堂書鈔》卷一二九引《晉中興書》云：郭文舉避亂上餘，杭山縣令顧颺親近文舉。歸贈一無所受，颺以文舉山行，或須皮衣，與韋袴褶一具，文舉不納。

《北堂書鈔》卷一二九引王隱《晉書》云：董威輦至洛陽，止宿白社中，于市得殘碎繒，輒結以爲衣，號曰百結衣。補。

《北堂書鈔》卷一二九引虞譚《筆記》云：泰寧二年，詔贈大夫碧紗袍。

《北堂書鈔》卷一二九引《四王遺事》云：惠帝與成都王自鄴還洛陽，既至，賜中書監盧志雲鶴綾袍一領。

《北堂書鈔》卷一二九引《晉咸寧起居注》云：大司馬程據上雉頭裘一領，

詔曰：「據此裘，非常衣服，消費功用，宜於殿前燒之。」

《北堂書鈔》卷一二九引 南郊斑繡《北疆記》云：虜主南郊，着皁斑褶繡袴。

《初學記》卷二二《甲》 《晉建武故事》曰：王敦死，祕不發喪。賊水南北渡，攻宫壘柵，皆重鎧浴鐵，都督應詹等出精鋭距之。

《初學記》卷二二《甲》 車頻《秦書》曰：苻堅使能逖造金銀細鎧，金爲綖以緤之。

《初學記》卷二六《裙》 《晉宋舊事》曰：崇進皇太后爲太皇太后，有絳碧絹雙裙、絳絹褵屬裙、紬絳紗複裙、白絹裙。

許嵩《建康實録》卷八《晉・廢皇帝》 〔太和五年〕冬十一月癸卯，桓温自廣陵屯于白石。用郗超謀，將詣闕，以圖廢立。丁未，諷奏崇德太后。己酉，太后下令廢帝爲東海王，還第，供衛一如漢昌邑故事。于是，百官入太極前殿，即日温使散騎侍郎劉享收帝璽紱。帝著白袷單衣，步下西堂，乘犢車出神獸門。羣臣拜辭，莫不歔欷。

許嵩《建康實録》卷九《晉・烈宗孝武皇帝》 〔韓〕伯字康伯，潁川人。母殷浩姊，賢明有行。伯早孤，少酷家貧。年數歲，母爲作襦子，令康伯捉熨斗，謂曰：「且著，尋爲汝作袴。」伯曰：「已足，不復煩母。」母問其故，答曰：「如火在熨斗中，而柄亦熱，今既著襦，皆當暖也。」母異之。

許嵩《建康實録》卷一〇《晉・安皇帝》 〔王〕恭美姿儀，人多愛悦，或目之云：「濯濯如春月柳。」嘗冬月披鶴氅裘涉雪而行，孟昶見之，歎曰：「此真神仙中人也！」

《南齊書》卷三一《荀伯玉傳》 世祖在東宫，專斷用事，頗不如法。任左右張景真，使領東宫主衣食官穀帛，賞賜什物，皆御所服用。景真於南澗寺舍身齋，有元徽紫皮袴褶，餘物稱是。於樂遊設會，伎人皆著御衣。世祖拜陵還，景真白服乘畫舴艋，坐胡牀，觀者咸疑是太子。内外祇畏，莫敢有言。伯玉謂親人曰：「太子所爲，官終不知，豈得顧死蔽官耳目。我不啓聞，誰應啓者？」因世祖拜陵後密啓之。上大怒，檢校東宫。

《南齊書》卷四一《張融傳》 太祖素奇愛融，爲太尉時，時與融款接，見融常笑曰：「此人不可無一，不可有二。」即位後，手詔賜融衣曰：「見卿衣服贏故，誠乃素懷有本；交爾藍縷，亦虧朝望。今送一通故衣，意謂雖故，乃勝新〔也〕。是吾所著，已令裁減稱卿之體。并履一量。」

《陳書》卷三五《周迪傳》 迪性質樸，不事威儀，冬則短身布袍，夏則紫紗袜腹，居常徒跣，雖外列兵衛，内有女伎，挼繩破篾，傍若無人。

《魏書》卷一九上《樂浪王忠》 出帝汎舟天淵池，命宗室諸王陪宴。忠愚而無智，性好衣服，遂著紅羅襦，繡作領，碧紬袴，錦爲緣。帝謂曰：「朝廷衣冠，應有常式，何爲著百戲衣？」忠曰：「臣少來所愛，情存綺羅，歌衣舞服，是臣所願。」帝曰：「人之無良，乃至此乎！」

《北齊書》卷八《幼主紀》 宫掖婢皆封郡君，宫女寶衣玉食者五百餘人，一裙直萬疋，鏡臺直千金，競爲變巧，朝衣夕弊。承武成之奢麗，以爲帝王當然。【略】

又於華林園立貧窮村舍，帝自弊衣爲乞食兒。又爲窮兒之市，躬自交易。寫築西鄙諸城，使人衣黑衣爲羌兵，鼓噪淩之，親率内參臨拒，或實彎弓射人。自晉陽東巡，單馬馳騖，衣解髮散而歸。

《北齊書》卷四〇《唐邕傳》 邕少，明敏，有治世才具。【略】顯祖又嘗對邕白太后云：「唐邕分明强記，每有軍機大事，手作文書，口且處分，耳又聽受，實是異人。」一日之中，六度賜物。又嘗解所服青鼠皮裘賜邕，云：「朕意在車馬衣裘與卿共弊。」

《南史》卷三四《顔竣傳》 竣自散騎常侍、丹陽尹加中書令，表讓中書令，見許。【略】復代謝莊爲吏部尚書，領太子右衛率，未拜，丁父憂。裁踰月，起爲右將軍，丹陽尹如故。竣固辭，表十上不許。遣中書舍人戴明寶抱竣登車，載之郡舍。賜以布衣一襲，絮以綵綸，遣主衣就衣諸體。

《北史》卷一〇《周紀下・武帝宇文邕》 〔建德三年春正月〕丙子，初服短衣，享二十四軍督將以下，試以軍旅之法，縱酒盡歡。

《北史》卷一七《魏康王萬忠傳》 孝武帝汎舟天泉池，命宗室諸王陪宴。忠愚而無智，性好衣服，遂著紅羅襦，繡作領，碧紬袴，錦爲緣。帝謂曰：「朝廷衣冠，應有常式，何爲著百戲衣？」忠曰：「臣少來所愛，情存綺羅，歌衣舞服，是臣所願。」帝曰：「人之無良，乃至此乎！」

《北史》卷三一《高允傳》 高允拜中書令，司徒陸麗曰：「高允雖蒙寵待，而家貧布衣，妻子不立。」帝怒曰：「何不先言？今見朕用之，方言其貧。」是日，幸允第，唯草屋數間，布被緼袍，厨中鹽菜而已。帝歎息曰：「古人之清貧，豈有此乎！」即賜帛五百疋，粟千斛。

《北史》卷八五《節義傳·王玄威》 王玄威，恒農北陝人也。獻文崩，玄威立草廬於州城門外，衰裳蔬粥，哭踴無時。【略】及至百日，乃自竭家財，設四百人齋會。忌日，又設百僧供。至大除日，詔送白紬袴褶一具與玄威釋服，下州令表異焉。

《初學記》卷二六《衫》 《宋起居注》曰：太始二年，御史中丞羊希奏：山陰令謝沈，親憂未除，常著青絳納兩襠衫，請免沈前所居官也。

許嵩《建康實録》卷一四《宋·徐湛之傳》 高祖微時，自於新洲伐荻，有納布衫襖，是敬皇后手自作也。後文帝時害彭城王義康等，長公主擲殿前以示上曰：「汝家本賤貧，此是我母爲汝父作此納衣。今日有一頓飽食，便欲殘害我兒子。」上亦號哭，湛之由此得全。

許嵩《建康實録》卷一四《宋·殷孝祖傳》 先有諸葛亮筩袖鎧鐵帽，二十五石弩射之不能入，上悉以賜孝祖。

許嵩《建康實録》卷一五《齊·高宗明皇帝》 上初有疾，信道術，身衣絳衣，服飾皆赤，以厭之。

許嵩《建康實録》卷一七《梁·高祖武皇帝》 〔天監二年〕三月丙子，勑太醫不得以生類爲藥；公家織宫紋錦飾，並斷仙人鳥跡之形，以爲褻衣，裁翦有乖仁恕。於是祈告天地宗廟，以去殺之理，欲被之含識。郊廟牲牷，皆代以麵，其山川諸祀則否。時以宗廟去牲，則爲不復血食，雖公卿異議，朝野喧嚣，竟不從。

司馬光《資治通鑑》卷一七一《陳宣帝太建六年》 五月，庚申，周葬文宣皇后於永固陵，周主跣行至陵所。辛酉，詔曰：「三年之喪，達於天子。但軍國務重，須自聽朝。衰麻之節，苫廬之禮，率遵前典，胡三省注引《喪服小記》：斬衰括髮以麻，寢苫居廬。以申罔極。百僚宜依遺令，既葬而除。」胡三省注：除服也。公卿固請依權制，帝不許，卒申三年之制。五服之内，亦令依禮。胡三省注：五服者，斬衰三年服，齊衰期年服，大功九月服，小功五月服，緦麻三月服。

司馬光《資治通鑑》卷一七二《陳宣帝太建七年》 〔二月〕齊主言語澀吶，不喜見朝士，自非寵私昵狎，未嘗交語。性懦，不堪人視，雖三公、令、録奏事，莫得仰視，皆略陳大指，驚走而出。承世祖奢泰之餘，以爲帝王當然，後宫皆寶衣玉食，一裙之費，至直萬匹；競爲新巧，朝衣夕弊。盛脩宫苑，窮極壯麗；所好不常，數毁又復。【略】於華林園立貧兒村，帝自衣藍縷之服，行乞其間以爲樂。胡三省注：衣服穿弊如懸鶉者爲藍縷。又寫築西鄙諸城，使人衣黑衣攻之，帝自帥内參拒鬭。胡三省注：寫築者，寫諸城之形而築以象之。黑衣者，象周之戎衣。内參者，諸閹宦也。

《南朝宋會要·輿服·遺服器》 初，武帝微時，貧陋過甚，嘗自往新洲伐荻，有納布衫襖等衣，皆敬皇后手自作，帝既貴，以此衣付會稽公主曰：「後世若有驕奢不節者，可以此衣示之。」《徐湛之傳》

《南朝宋會要·職官·衛尉》 孝武踐阼，沈伯玉爲衛尉丞。舊制車駕出行，衛尉丞直門，常戎服。張永謂伯玉曰：「此職乖卿志。」上於是特聽伯玉直門服玄衣。《自序》

《隋書》卷三《煬帝上》 上尤自矯飾，當時稱爲仁孝。嘗觀獵遇雨，左右進油衣，上曰：「士卒皆霑濕，我獨衣此乎！」乃令持去。

《北堂書鈔》卷一二九引 王韶《孝子傳》云：竺彌字道倫，本外國人，居吳興，父母亡，哀痛瘠毁，冬不衣襦袴。

《舊唐書》卷八三《張士貴傳》 從平東都，授虢州刺史，高祖謂之曰：「欲卿衣錦晝遊耳。」

《舊唐書》卷一四九《歸崇敬傳》 崇敬以百官朔望朝服袴褶非古，上疏云：「按三代典禮，兩漢史籍，並無袴褶之制，亦未詳所起之由。隋代已來，始有服者。事不師古，伏請停罷。」從之。

《舊唐書》卷一八四《宦官傳》 〔光化三年正月〕詔曰：【略】其第五可範已下，並宜賜死。其在畿甸同華、河中，並盡底處置訖。諸道監軍使已下，及管内經過並居停内使，勑到並仰隨處誅夷聞奏。已令準國朝故事，量留三十人，各賜黄絹衫一領，以備宫内指使，仍不得輒有養男。其左右神策軍，並令停廢。

《新唐書》卷八三《肅宗七女》 代宗以主和政公貧，詔諸節度餉億，主一不取，親紉綻裳衣，諸子不敢服紈綺。

《新唐書》卷八三《順宗十一女》 文宗尤惡世流侈，因漢陽公主入，問曰：「姑所服，何年法也？今之弊，何代而然？」對曰：「妾自貞元時辭宫，所服皆當時賜，未嘗敢變。元和後，數用兵，悉出禁藏纖麗物賞戰士，由是散於人間，内外相矜，忸以成風。若陛下示所好于下，誰敢不變？」帝悦，詔宫人視主衣製廣狹，徧諭諸主。

《新唐書》卷一一五《狄仁傑傳》 萬歲通天中，契丹陷冀州，河北震動，擢仁傑爲魏州刺史。前刺史懼賊至，驅民保城，修守具。仁傑至，曰：「賊在遠，何自疲民？萬一虜來，吾自辦之，何預若輩？」悉縱就田。虜聞，亦引去，民愛仰之，復爲立祠。俄轉幽州都督，賜紫袍、龜帶，后自製金字十二於袍，以旌其忠。

《新唐書》卷一五一《董晉傳》 晉爲相也，【略】金吾將軍沈房有期喪，公除，常服入閤，帝疑以問晉，對曰：「故事，朝官期以下喪，服緦縗，不復衣淺色，南班亦如之。」又問晉冠冕之制，對曰：「古者服冠冕，以佩玉節步。堂上接武，堂下布武，君前趨進而已。今或奔走以致顛仆。在式，朝臣皆綾袍，五品而上金玉帶，所以盡飾以奉上。故漢尚書郎含香，老萊采服，君父一也。若然，服緦縗，亦非禮也。」帝然其言。詔入閤官毋趨走，期以下喪不得以慘服會，令羣臣衣本品綾袍，金玉帶，自晉而復。

《新唐書》卷一五五《馬燧傳》 遷河東節度留後，進節度使。太原承鮑防之敗，兵力衰單，燧募廝役，得數千人，悉補騎士，教之戰，數月成精卒。造鎧必短長三制，稱士所衣，以便進趨。

《新唐書》卷一六四《歸崇敬傳》 代宗幸陝，召問得失，崇敬極陳：「生人疲敝，當以儉化天下，則國富而兵可用。」時百官朝朔望，皆服袴褶，崇敬非之，建言：「三代逮漢無其制，隋以來，始有服者，事不稽古，宜停。」詔可。

《新唐書》卷一六九《韋綬傳》 德宗時，以左補闕爲翰林學士，密政多所參逮。帝嘗幸其院，韋妃從，會綬方寢，學士鄭絪欲馳告之，帝不許，時大寒，以妃蜀襭袍覆而去，其待遇若此。

《新唐書》卷一八五《鄭畋傳》 （唐）弘夫取咸陽，以桴濟兵渭水。賊伏甲僞走，弘夫與（程）宗楚乘勝入都門，爲賊所覆。畋數敕無輕進，二人不聽，果敗。以鄜、夏兵屯東渭橋。再進司空、兼門下侍郎、京城四面行營都統，賜御袍犀帶。拜而不賀。

《新唐書》卷一八八《楊行密傳》 嘗過楚，行密寬易，善遇下，能得士死力。【略】州，臺濛盛供帳之，行密一夕去，遺衣臥內，皆經補浣。濛還之，行密曰：「吾興細微，不敢忘本。君笑我耶？」濛大慚。

《新唐書》卷一九四《卓行傳・元德秀》 玄宗在東都，酺五鳳樓下，命三百里縣令、刺史各以聲樂集。是時頗言帝且第勝負，加賞黜。河內太守輦優伎數百，被錦繡，或作犀象，瓌譎光麗。德秀惟樂工數十人，聯袂歌《于蒍于》。《于蒍于》者，德秀所爲歌也。帝聞，異之，歎曰：「賢人之言哉！」謂宰相曰：「河內人其塗炭乎？」乃黜太守，德秀益知名。

《新唐書》卷一九六《隱逸傳・張志和》 嘗欲以大布製裘，嫂爲躬績（織），及成，衣之，雖暑不解。

《新唐書》卷一九七《羅珦傳》 擢廬州刺史。民間病者，捨醫藥，禱淫祀，珦下令止之。脩學官，政教簡易，有芝草、白雀。淮南節度使杜佑上治狀，賜金紫服。

《新唐書》卷二〇七《宦者傳上・魚朝恩》 養息令徽者，尚幼，爲內給使，服緑，與同列争忿，歸白朝恩。明日見帝曰：「臣之子位下，願得金紫，在班列上。」帝未答，有司已奉紫服于前，令徽稱謝。帝笑曰：「小兒章服，大稱。」滋不悦。

《北堂書鈔》卷一二九引 薛用弱《集異記》云：唐則天時，南海貢集翠裘，后以賜張昌宗。狄仁傑奏事，命與昌宗雙陸，則天曰：賭何物？仁傑曰：以臣紫絁袍爲對，賭昌宗翠裘。則天曰：此裘價踰千金。仁傑曰：臣袍乃大臣朝見之衣，翠裘乃嬖臣寵遇之服，對臣之袍，臣猶快快。昌宗神沮氣索，累局連北。仁傑對御褫裘，謝恩而出。及光範門，遂付家奴衣之，縱馬而去。

吴兢《貞觀政要》卷六《杜讒邪》 貞觀七年，太宗幸蒲州，刺史趙元楷課父老服黄紗單衣，迎謁路左，盛飾廨宇，修營樓雉以求媚。又潛飼羊百餘口，魚數千頭，將饋貴戚。太宗知，召而數之曰：「朕巡省河、洛，經歷數州，凡有所須，皆資官物。卿爲飼羊養魚，雕飾院宇，此乃亡隋弊俗，今不可復行。當識朕心，改舊態也。」以元楷在隋邪佞，故太宗發此言以戒之。元楷慚懼，數日不食而卒。

韓愈《韓昌黎文集》卷四《故中散大夫河南尹杜君墓誌銘》 公諱兼，字某，郎中第三子。舉進士第。司徒北平王燧戰河北，掌書記，累官至監察御史。其後佐徐泗州軍，遂至濠州刺史。徐泗州軍亂，以兵甲三千人防淮道不絶，有功，加御史中丞，賜紫衣金魚。

李翱《卓異記・門生先爲座主佩金紫》 李石。按石元和十三年及第，後二年賜緋，後二年賜紫。自釋褐，四年之內，服金紫，量之前輩，實無其比。至長慶二年，

馮贄《雲仙雜記》卷二《九華半臂》 闞文衍爲散騎常侍，畫九華山圖於白綾半臂，號九華半臂。自云：令吾此身常在雲泉之內。時逢《青陽記》

馮贄《雲仙雜記》卷四《斂衣》 伊處士從衆人求尺寸之帛，聚而服之，名曰斂衣。《搔首集》

馮贄《雲仙雜記》卷七《諱衣》 穆宗以玄綃白書，素紗墨書爲衣服，賜承幸宫人，皆淫鄙之詞，時號諱衣。至廣明中，猶有存者。《史諱録》

李昉等《太平廣記》卷二一六《溱州筮者》 杜景佺，信都人也。本名元方，垂拱中更爲景佺。剛直嚴正，進士擢第，後爲鸞臺侍郎平章事。時内史李昭德以剛直下獄，景佺庭稱其公清正直。則天怒，以爲面欺。左授(湊)[溱]州刺史。初任(湊)[溱]州，會善筮者於路，言其當重入相，得三品而不着紫袍，至是夏終，服紫衫而終。出《御史臺記》

李昉等《太平廣記》卷二二二《尚衡》 御史中丞尚衡童幼之時遊戲，曾脱其碧衫，唯著紫衫。有善相者見之曰：「此兒已後，當亦脱碧著紫矣。」後衡爲濮陽丞，遇安禄山反，守節不受賊官。將軍某乙使衡將緋衣魚袋，差攝一官，衡不肯受曰：「吾當脱碧著紫，此非吾衣。」曾未旬月，有有字上原有未字。據許本刪。敕命改官賜紫，於是脱碧著紫。衡自又云：「當作七十政，今歷十餘政，已爲中丞大夫矣。」出《定命録》

司馬光《資治通鑑》卷一八五《唐高祖武德元年》(六一八) 〔六月，丙申〕，萬年縣法曹武城孫伏伽上表，以爲：「隋以惡聞其過亡天下。陛下龍飛晉陽，遠近響應，未期年而登帝位；徒知得之之易，不知隋失之之不難也。臣謂宜易其覆轍，務盡下情。凡人君言動，不可不慎。竊見陛下今日即位而明日有獻鷂雛者，此乃少年之事，豈聖主所須哉！又，百戲散樂，亡國淫聲。近太常於民間借婦女裙襦五百餘襲以充妓衣，擬五月五日玄武門遊戲，此亦非所以爲子孫法也。凡如此類，悉宜廢罷。」

司馬光《資治通鑑》卷一八八《唐高祖武德四年》 〔春，正月，丙戌〕，秦王世民選精鋭千餘騎，皆皂衣玄甲，分爲左右隊，使秦叔寶、程知節、尉遲敬德、翟長孫分將之。每戰，世民親被玄甲帥之爲前鋒，乘機進擊，所向無不摧破，敵人畏之。行臺僕射屈突通、贊皇公竇軌引兵按行營屯，猝與王世充遇，戰不利。秦王世民帥玄甲救之，世充大敗，獲其騎將葛彦璋，俘斬六千餘人。世充遁歸。

座主庾公内難服闋，除尚書右丞，始賜紫綬，石乃選紫衫金印以獻，議者榮之。

劉肅《大唐新語》卷二《極諫》 武三思得幸於中宗，京兆人韋月將等不堪憤激，上書告其事。中宗惑之，命斬月將。黄門侍郎宋璟執奏，請按而後刑。中宗愈怒，不及整衣履，岸巾出側門。

趙璘《因話録》卷三《商部下》 劉司徒玄佐，滑州匡城人。【略】是時鄉里姻舊，以地近，多投之，司徒不欲以私擢居將校之列，又難置於賤卒，盡署爲將將上疑有散字。判官。此職例假緋衫銀魚袋，外示榮之，實處散冗。

李濬《松窗雜録》 〔玄宗〕誡何皇后始以色進，及上登位不數年，恩寵日衰。后憂畏之狀，愈不自安。然撫下有恩，幸免讒謗共危之禍。忽一日泣訴于上曰：「三郎獨不記何忠脱新紫半臂，更得一斗麪，爲三郎生日湯餅會耶？何忍不追念於前時！」上聞之戚然改容，有憫皇后之色。由是得延其恩者三更秋。嘗終以諸妃恩遇日盛，皇后竟見黜焉。后無罪被擯，六宫共憐之。何忠，何后自呼其父名也。

佚名《玉泉子》 趙悰妻父爲鍾凌大將，悰以久隨計不第，窮悴愈甚，妻族益相薄，雖妻父母不能不然也。一日，軍中高會，州郡謂之春設者，大將家相率列棚以觀之。其妻雖貧，不能無往。然所服故弊，衆以帷隔絶之。設方酣，廉使忽馳吏呼將，將且懼，既至，廉使臨軒手持一書笑曰：「趙悰得非君之婿乎！」曰：「然。」乃告之：「適報至，已及第矣。」即授所持書，乃牓也。將遽以牓奔歸呼曰：「趙郎已及第矣。」妻之族，即撤去帷帳，相與同席，竟以簪服而慶遺焉。

孟棨《本事詩·情感第一》 開元中，頒邊軍纊衣，製於宫中。有兵士於短袍中得詩曰：「沙場征戍客，寒苦若爲眠。戰袍經手作，知落阿誰邊。蓄意多添綫，含情更着綿。今生已過也，結取後身緣。」兵士以詩白於帥，帥進之。玄宗命以詩遍示六宫，曰：「有作者勿隱，吾不罪汝。」有一宫人自言萬死。玄宗深憫之，遂以嫁得詩人。仍謂之曰：「我與汝結今身緣。」邊人皆感泣。

馮贄《雲仙雜記》卷一《梅粧閣》 郭元振落梅粧閣，有婢數十人。客至，則拖鴛鴦襭裙衫，一曲終，則賞以糖雞卵，明其聲也。宴罷，散九和握香。《叙聞録》

馮贄《雲仙雜記》卷二《隱士衫》 成芳隱麥林山，剥苧織布，爲短襴寬袖之衣，著以酤酒，自稱隱士衫。梁福《廬陵記》

司馬光《資治通鑑》卷二〇四《唐則天后天授元年》〔秋七月〕壬申，敕兩京諸州各置大雲寺一區，藏《大雲經》，使僧升高座講解，其撰疏僧雲宣等九人皆賜爵縣公，仍賜紫袈裟、銀龜袋。胡三省注：西域胡僧衣毛衣，謂之袈裟；流入中國以繒帛爲之。常僧皆衣緇，惟賜紫者乃得衣紫。袈，音加；裟，音沙。

司馬光《資治通鑑》卷二五八《唐昭宗大順元年》八月乙丑，〔孫〕揆發晉州，李存孝聞之，以三百騎伏於長子西谷中。揆建牙杖節，褒衣大蓋，擁衆而行；胡三省注：凡節度使，其行前建牙旗，杖所賜節。褒衣，大袖博裾之衣。大蓋，即今之清涼繖。存孝突出，擒揆及賜旌節中使韓歸範、牙兵五百餘人，追擊餘衆於刁黄嶺，盡殺之。

司馬光《資治通鑑》卷二六三《唐昭宗天復三年》〔春，正月〕甲子，車駕出鳳翔，幸〔朱〕全忠營。全忠素服待罪；命客省使宣旨釋罪，去三仗，止報平安，以公服入謝。胡三省注：唐章服之制，有朝服、公服。朝服，具服也；公服，從省服也。全忠見上，頓首流涕；上命韓偓扶起之。上亦泣，曰：「宗廟社稷，賴卿再安；朕與宗族，賴卿再生。」親解玉帶以賜之。

司馬光《資治通鑑》卷二六四《唐昭宗天復三年》八月丁丑，〔劉鄩〕始出降。

〔葛〕從周爲具齎裝，送鄩詣大梁。鄩曰：「降將未受梁王寬釋之命，安敢乘馬衣裘乎！」乃素服乘驢至大梁。胡三省注：素服，囚服也。全忠賜之冠帶，辭；請囚服入見，不許。全忠慰勞，飲之酒，辭以量小。全忠曰：「取兗州，量何大邪！」以爲元從都押牙。

王讜《唐語林》卷一《政事上》武宗將賜杜悰之子無逸衣，所司條列其目衫色奉進。上曰：「不可賜白衣。又其年幼未有官，不可假以服色，但賜青衣無衫可也。」

王讜《唐語林》卷一《政事》盧元公鈞鎮北都，推官李璋幕中飲酒醉，決主酒軍職衙前虞候。明日，元公出赴行香，其徒百八十人横街見公，論無小推巡決得衙前虞候例。元公命收禁責狀。至衙，命李推官所決者更決配外鎮，其餘虞候各罰金。内外不測。璋惶恐，衣公服求見。公問：「何事公服？請十郎袴衫麻鞋相見。」璋欲引咎，公語皆不及。臨去，曰：「十郎不決衙前虞候，只決所由。假使錯誤，亦不可縱。況太原邊鎮，無故二百虞候横攔節度使，須當挫之。」璋後爲尚書右丞。

王讜《唐語林》卷二《文學》或有朝客譏宋濟曰：「近日白袍子何太紛紛？」濟曰：「蓋因緋袍子、紫袍子紛紛化使然也。」

《白孔六帖》卷一二 蘸碧衣《鳳池編》李紳爲相時，俗尚輕綃紫蘸碧爲婦人衣，紳自爲小君裁剪。

司馬光《資治通鑑》卷二六七《後梁太祖開平四年》匡國節度使長樂忠敬王馮行襲病篤，表請代者。許州牙兵二千，皆秦宗權餘黨，帝深以爲憂。六月庚戌，命崇政院直學士李珽馳往視行襲病，曰：「善諭朕意，勿使亂我近鎮。」珽至許州，謂將吏曰：「天子握百萬兵，去此數舍；馮公忠純，勿使上有所疑。汝曹赤心奉國，何憂不富貴！」由是衆莫敢異議。行襲欲使人代受詔，珽曰：「東首加朝服，禮也。」胡三省注：《論語》曰：「疾，君視之，東首，加朝服拖紳。」受詔如見君，天威不違顏咫尺之意。乃即臥内宣詔，謂行襲曰：「公善自輔養，勿視事，此子孫之福也。」行襲泣謝，遂解兩使印授珽，使代掌軍府。

司馬光《資治通鑑》卷二六八《後梁太祖乾化元年》燕王〔劉〕守光嘗衣赭袍，胡三省注：赭袍，唐世天子之服。顧謂將吏曰：「今天下大亂，英雄角逐，吾兵强地險，亦欲自帝，何如？」孫鶴曰：「今内難新平，公私困竭，太原窺吾西，契丹伺吾北，遽謀自帝，未見其可。大王但養士愛民，訓兵積穀，德政既脩，四方自服矣。」守光不悦。

葉隆禮《契丹國志》卷二《太宗嗣皇帝上》晉高祖將發潞州，契丹帝舉酒相屬之，曰：「我若南向，河南之人必大驚駭。汝宜自引漢兵南下，我令大相温將五千騎衛送汝至河梁。余且留此，俟汝音問，有急，則下山救汝。若洛陽既定，吾即北返矣。」因執手而泣別，解白貂裘以衣晉高祖。【略】

《紀異録》曰：契丹主德光嘗晝寢，夢一神人，花冠，美姿容，輜軿甚盛，忽自天而下，衣白衣，佩金帶，執鞘鞢，有異獸十二隨其後，内一黑色兔入德光懷而失之。

《宋史》卷六《真宗紀》〔咸平二年十二月〕壬戌，賜近臣甲胄弓劍。幸浮橋，登臨河亭，賜澶州父老錦袍、茶帛。

《宋史》卷一二《仁宗紀贊》仁宗恭儉仁恕，出於天性，一遇水旱，或密禱禁廷，或跣立殿下。有司請以玉清舊地爲御苑，帝曰：「吾奉先帝苑囿，猶以爲廣，何以是爲？」燕私常服澣濯，帷帝衾裯，多用繒絁。

《宋史》卷四九六《蠻夷傳四・西南諸夷》 景德元年，詔西南牂牁諸國進奉使親至朝廷者，令廣南西路發兵援之，勿抑其意。先是，龍光進等來朝，上矜其道遠，人馬多斃，因詔宜州自今可就賜恩物。至是，懇請詣闕，從之。二年，詔羈縻保、霸州刺史董紹重、董忠義歲賜紫綾錦袍。

《宋史》卷四九六《蠻夷傳四・黎州諸蠻・邛部川蠻》 邛部州亦蠻，亦曰大路蠻，亦曰勿鄧，居漢越嶲郡會無縣地。其酋長自稱「百蠻都鬼主」。開寶三年六月，都鬼主阿伏白黎州，期以十月令王子入貢，成都府以聞，詔嘉納之。四年，黎州定遠兵士構叛，聚居鹿角溪，阿伏令弟遊擊將軍卑吠等率衆平之。詔賜阿伏銀帶、錦袍，并賜其衆銀帛各百，以爲歸德將軍。

樂史《太平寰宇記》卷五五《河北道四・相州》 鄴縣石虎故城。【略】又虎每獵，著金線織成合歡袴。

李昉等《太平廣記》卷一四五《頓金》 袁州刺史頓金，罷郡還都。有人以紫襆包一物，詣門遺之。開視，則白襴衫也。遽追其人，則亡矣。其年金卒。出《稽神録》

司馬光《涑水記聞》卷四《孫奭》 孫奭字宗古，博平人。幼好學，博通書傳，善講説。太宗端拱中九經及第，再調大理評事，充國子監直講。太宗幸國子監，詔奭説《尚書・説命》三篇。奭年少位下，然音讀詳潤，帝稱善，因嘆曰：「天以良弼賚商，朕獨不得邪？」因以切勵輔臣，賜奭緋章服。累遷都官員外郎，侍諸王講，賜紫章服。

洪邁《容齋隨筆・容齋三筆》卷五《緋紫假服》 唐宣宗重惜服章，牛叢自司勳員外郎爲睦州刺史，上賜之紫，叢既謝，前言曰：「臣所服緋，刺史所借也。」上遽曰：「且賜緋。」然則唐制借服色得於君前服之，國朝之制，到闕則不許。乾道二年，予以起居舍人侍立，見浙西提刑姚憲入對，紫袍金魚。既退，一閤門吏躡其後囁嚅。後兩日，憲辭歸平江，乃緋袍。予疑焉，以問知閤曾覿曰：「聞臨安守與本路監司皆許服所借，而憲昨紫今緋，何也？」覿曰：「監司惟置局在輦下則許服，漕臣是也；若外郡則否，前日姚誤紫，而謁吏不告，已申其罰，且備牒使知之，故今日只本色以入。」姚蓋失於審也，然考功格令既不頒於外，亦自難曉。文惠公知徽州日，借紫，及除江東提舉常平，告身不借。予聞嘗借者當如舊，與郎官薛良朋言之，於是給公據改借。後於江西見轉運判官張堅衣緋，張嘗知泉州，紫袍矣，予舉前説，張欣然即以申考功，已而部符下不許，扣其故，曰：「唯知州借紫而就除本路，雖運判、提舉皆得如初，若他路則不可。」竟不知法如何該説也。若曾因知州府借紫，而後知軍州，其服亦借，不以本路他路也。近吳鎰以知郴州除提舉湖南茶鹽，遂仍借紫，正用前比云。

洪邁《容齋隨筆・容齋四筆》卷一二《仕宦捷疾》 唐傅游藝以期年之中，歷衣青、緑、朱、紫，時人謂之「四時仕宦」，言其速也。國朝惟緑、緋、紫三等。而紫袍者，除武臣外，文官之制其別有六：庶僚黑角帶，佩金魚；未至侍從，而特賜帶者，爲荔枝五子，不佩魚；中書舍人、諫議、待制、權侍郎，紅鞓黑犀帶，佩魚；權尚書、御史中丞、資政、端明殿閣學士、直學士、正侍郎，給事中，金御仙花帶，不佩魚，謂之横金；翰林學士以上正尚書，御仙帶，佩魚，謂之重金；執政官宰相，方團毬文帶，俗謂之笏頭者是也。其叙如此。若猛進躐得者則不然。紹興中，宋樸自侍御史遷中丞，施鉅自中書檢正、鄭仲熊自右正言，並遷權侍郎，三人皆受告日易服，以正謝日拜執政。樸、鉅以緋，仲熊以緑，服紫之次日，而賜毬文帶。蓋侍從以下，俟正謝乃易帶，而執政命才下，即遣中使賫賜，遂服之而赴都堂供職，可謂捷疾矣。若李綱則又異於是，宣和七年十二月二十九日，自太常少卿除兵部侍郎，未謝間，靖康元年正月四日，胡騎將至京城，綱以邊事求見。宰執奏事未退，綱語知閤門事朱孝莊曰：「有急切公事，欲與宰執廷辯。」孝莊曰：「舊例，未有宰執未退而從官求對者。」綱曰：「此何時，而用例邪！」孝莊即具奏。詔引綱立於執政之末。時宰執議欲奉鑾輿出狩襄、鄧，綱請固守，上曰：「誰可將者？」綱曰：「願以死報；第人微官卑，恐不足以鎮服士卒。」白時中乞以爲禮部尚書，綱曰：「亦只是侍從。」即命除尚書右丞。綱曰：「臣未正謝，猶衣緑，非所以示中外。」即面賜袍帶并笏，綱服之以謝，且言：「方時艱難，臣不敢辭。」此爲不經緋紫而極其服章，未之有也。

洪邁《容齋隨筆・容齋五筆》卷二《官階服章》 唐憲宗時，因數赦，官多泛階；又帝親郊，陪祠者授三品、五品，不計考；使府軍吏以軍功借賜朱紫，率十八；近臣謝、郎官出使，多所賜與。每朝會，朱紫滿庭，而少衣緑者，品服太濫，人不以爲貴，帝亦惡之，詔太子少師鄭餘慶條奏懲革。淳熙十六年，紹熙五年，連有覃霈，轉官賜服者衆。紹熙元年，予自當塗徙會稽，過闕，遇起居舍人莫仲謙於漏舍，仲謙云：「比赴景靈行香，見朝士百數，無一緑袍者。」又朝議、中奉皆分製。拱董順天、河間甲匠，先期畢工，且象虎豹異獸之形，各殊其制，皆稱旨。

沈德符《萬曆野獲編補遺》卷一《内監・陪臣飛魚服》 正德初年横賜，如武弁自參遊以下，俱得飛魚服。此出劉瑾右武，已爲濫恩。至湖廣荆州知府王綬者，貪暴一方，遇朝覲時，都察院署其考曰：「兩司畏其脅制，而考語欺天，百姓苦其誅求，而怨聲動地，」時以爲實録，然爲劉瑾所厚，終不敢去也。綬自陳有捕盗功乞恩，上命賜以飛魚服，日衣以坐堂，愈肆其虐，以郡守得此，真異事矣。其時有日本國使臣宋素卿者入貢，賂瑾黄金千金，亦得飛魚，則本朝外夷陪臣未有賜者，尤奇之奇者也。素卿名朱縞，本浙之鄞人，至嘉靖間，遂啓倭賊入犯之禍。

談遷《國榷》卷五四《世宗嘉靖八年》〔五月〕庚子，更定冕弁及羣臣朝祭服制。上問張璁以革帶。對：陳祥道《禮書》，古革帶大帶曰鞶帶，以繫佩韍，然加一大帶，笏搢于二帶之間。上遂改祖制，衣裳各六章，復古，蓋自來衣八章，裳四章。

談遷《國榷》卷五五《世宗嘉靖十年》〔六月〕辛酉，壽王祐榰請青衣纁裳，禮部求内織，不得私作。從之。

傅維鱗《明書》卷一四《世宗本紀二》〔嘉靖十八年三月〕戊子，上相度顯陵及山川，乃宣諭羣臣，遂寢遷陵議。時侍讀學士廖道南居憂，以緋衣朝上，獻《南巡江漢賦》及《慶雲頌》。上怒其居喪衣緋，奪其官不叙。後四獻箴頌，不報。

王士禛《池北偶談》卷二《談故二・賜衣》《翰林記》載洪武十四年，賜翰林官羅衣各一襲。永樂中，賜内閣七人二品織金紵絲衣。康熙中，每冬賜内閣及學士、日講起居注官貂裘，人一襲。自癸丑後，滇、黔用兵，輟賜。

王士禛《池北偶談》卷六《談獻二・李太守》近日廉吏，以松江知府李正華爲第一。【略】後以考成不及格，鐫級去。行之日，囊無一錢，松江人醵金數百，强投舟中，復人製一衣獻之，凡數千領，正華一無所受。松人走白巡撫，中丞下檄使受之，移書慰勉，乃量受爲行李之費。

查慎行《人海記》卷下《閣臣賜蟒》 閣臣賜蟒服，始宏治十五年十二月乙巳。

愛新覺羅・玄燁《康熙文集》卷一五《諭大學士伊桑阿阿蘭泰》 江南、浙江、山東、江西四省，所製鯀甲，一有造竣者，即接續解京。此額數之外，再支正帑，量其工力竭歷製造，於三月初旬内，可速送至。特諭。康熙三十五年正月二十七日。

鈕琇《觚賸》卷四《服禁》 宜興任葵尊弘嘉，性儉樸而貌恭謹，玉峯相國最器直轉行，故五品官不勝計，頗類元和也。

羅大經《鶴林玉露》卷一

黄綿襖

何斯舉云：壬寅正月，雨雪連旬，忽爾開霽，閭里翁媪相呼賀曰：「黄綿襖子出矣！」因作歌以紀之。此名甚新，但所以作歌未甚愜人意。乃更爲補作一絶句云：「范叔綿袍暖一身，大裘只蓋洛陽人。九州四海黄綿襖，誰似天公賜予均。」白樂天詩云：「安得大裘長萬丈，與君都蓋洛陽人。」

確庵、耐庵《靖康稗史》之二〔靖康二年二月〕二十九日，虜索朱勔家書畫及架庫油衣什物，生藥、玳瑁。

《靖康要録》卷一六：靖康二年二月二十九日，「虜遣使入普净寺，取朱勔家書畫，取油衣庫什物」。

許自昌《捧腹編》卷一《披油衣食餳》 紹聖中，有王毅者，文貞之孫，以滑稽得名，除知澤州，不稱其意。往别，時宰章子厚曰：「澤州油衣甚佳。」良久，又曰：「出餳極妙。」毅曰：「啟相公，待到後，當終日坐地，披着油衣食餳也。」子厚啟齒。

《元史》卷一二《世祖紀九》〔至元十九年二月〕戊午，賜雲南使臣及陜西僉省八八以下銀鈔、衣服有差。

《元史》卷二〇三《方技傳・孫威》 孫威，渾源人。幼沉鷙，有巧思。金貞祐間，應募爲兵，以驍勇稱。及雲中來附，守帥表授義軍千户，從軍攻潞州，破鳳翔，皆有功。善爲甲，嘗以意製蹄筋翎根鎧以獻，太祖親射之，不能徹，大悦。賜名也可兀蘭，佩以金符，授順天安平懷州河南平陽諸路工匠都總管。從攻邠、乾，突戰不避矢石，帝勞之曰：「汝縱不自愛，獨不爲吾甲冑計乎。」因命諸將衣其甲者問曰：「汝等知所愛重否？」諸將對，皆失旨意。太〔祖〕〔宗〕曰：「能捍蔽爾輩以與我國家立功者，非威之甲耶！而爾輩言不及此，何也？」復以錦衣賜威。每從戰伐，恐民有横被屠戮者，輒以蒐簡工匠爲言，而全活之。【略】贈中奉大夫、武備院使、神川郡公，謚忠惠。

子拱，爲監察御史，後襲順天安平懷州河南等路甲匠都總管。巧思如其父，嘗製甲二百八十襲以獻。至元十一年，别製疊盾，其製，張則爲盾，斂則合而易持。世祖以爲古所未有，賜以幣帛。丞相伯顔南征，以甲冑不足，詔諸路集匠民愛之。丙辰成進士，館選有期矣，葵尊猶然藍縷。相國謂曰：廷見天子，衣冠不在華侈，然亦須楚楚。葵尊曰：敬依夫子命，當借之同舍生。相國哂焉。嗣以考選爲監察御史，多所建白，獨《請定服制》一疏，滿漢大臣意頗不愜，京師爲之謡曰：九卿六部兩衙門，盡脱貂狐猞猁孫。待漏五更寒徹骨，人人致怨任葵尊。

《康熙起居注·康熙十二年》 〔正月〕十九日庚寅。辰時，上服圓補黄袍，詣太皇太后宫問安畢，遂以大閲幸南苑。内大臣、侍衛及元旦來朝外藩王、貝勒等俱服蟒袍。

朱亦棟《羣書札記》卷一五《霞帔》 程大昌《演繁露》唐睿宗召司馬承禎問道，遂賜絳霞紅帔《唐書》作霞文帔，《列仙傳》作花帔。以還，公卿賦詩送之。今世之謂霞帔者，殆起此耶。按《宋史·樂志》女弟子隊，五曰拂霓裳隊，衣紅仙砌衣碧霞帔，戴仙冠，紅繡抹額。九曰彩雲仙隊，衣黄色道衣紫霞帔，冠仙冠，執幢節鶴扇。又陸游《南唐書》耿先生者，少爲女道士，玉貌鳥爪，常著碧霞帔，自稱比邱。蓋始以爲道家之裝，而後遂以爲婦人之服也。

《白日衣繡》

《演繁露》云：《東觀漢記》建武二年，封景丹爲櫟陽侯。上謂曰：富貴不歸故鄉，如衣錦夜行，故以封卿。按《前漢》皆言衣繡，見《項羽本紀》及《朱買臣傳》惟此言衣錦，《漢書·項羽傳》亦作衣錦。按《蘇武書》，語云：夜行被繡不足爲榮。又《風俗通義》江夏張遼字叔高。爲兖州太守，以二千石尊，過鄉里，白日衣繡，榮羡如此。按《唐書·張士貴》虢州人，授虢州刺史。帝曰：顧令卿衣錦晝遊耳。此亦一白日衣繡也。

洪頤煊《讀書叢録》卷二〇《短衣》 《叔孫通傳》通儒服，漢王憎之，迺變其服，短衣，楚製。頤煊案，《蓋寬饒傳》斷其禪衣，令短離地。《朱博傳》又敕功曹：官屬多褒衣大袑，不中節度，自今掾史衣皆令去地三寸。《文帝紀》所幸慎夫人衣不曳地。《王莽傳》母病，公卿列侯遣夫人問疾，莽妻迎之，衣不曳地。是時男女禮服尚長，故短者特言之。

史夢蘭《止園筆談》卷二 康熙時，吴逆叛兵逼建城，鎮帥怯，欲降。其屬張遊擊者請戰，數卻賊。張好著羊絨絳袍，單馬入陣，戰酣輒袒露半袖，軍中因號曰半邊紅。鎮帥忌之，誣陷以死，一軍皆哭。後人弔以詩曰：楚歌千古怨蘭叢，漢將空餘一騎雄。何事茅檐諸父老，負暄閒説半邊紅。

余金《熙朝新語》卷五 關中李天生因篤、仁和吴志伊任臣，俱寓益都相國邸中。一日會飲李閣學天馥家，天寒，天生衣短貉裘而來，毛色粗惡。李曰：是當内其毛而衣之。天生怫然曰：是反衣也。獨不聞反裘而負薪者乎？傳曰：「皮之不存，毛將焉附」，是内毛者反裏也。李曰：然則羊裘如何？曰：羊裘賤服，恐負薪者所衣即此，但毛色所尚，古無明文，然定無從内向者。時毛大可奇齡在座，李以問之。大可曰：毛色不内向極是，但羊裘用純黑，《論語》「羔裘(元)〔玄〕冠」，「緇衣羔裘」，以冠衣黑色表毛色也。《詩》曰：「羔羊之皮，素絲五紽。」惟黑毛向外，當用白絲五條嵌之。使黑白分明以爲飾，此非外向乎？至狐羊貴賤不可考，然《禮記》「黼裘(以)誓省，大裘非古〔也〕。」解者謂以黑羊雜狐白，相間而成文者，謂之黼裘，純黑羊裘謂之大裘，是天子用純黑羊裘，諸侯用之，即謂之非古，是非尊黑羊而賤狐白乎？李以問志伊。志伊曰：觀黼裘誓省，狐裘祭臘。《論語》「狐貉之厚以居」，則狐用卑褻，自不如羊裘祀天之尊也。且《檜詩》曰：「羔裘逍遥，狐裘以朝。」則羊裘狐白雖皆可用爲朝服，然狐多羊少，則詩人譏之，此亦羊貴狐賤之一驗也。天生乃笑曰：田文以一狐白脱秦患，而五羊之皮，則秦人薄之。《國策》曰「千羊之皮，不如一狐之腋」。若此，果何貴何賤也。志伊曰：羊之價焉得如狐，然歷觀羣書，似乎羊裘價賤而用貴，狐裘價貴而用反賤也。坐客皆是其言。

丁柔克《柳弧》卷四《大吏諸相》 又有一大吏，亦以禮(理)學自命。一日過某處，眷口皆在舟中，忽被竊。大吏大怒，雷動風行，摘某縣頂戴緝。令大懼。無何案破，而贓物中有大吏繡花春宫褲一條，復有貂皮四腿褲一條。賊堅指爲大吏之物，而大吏之禮(理)學遂敗。

藝文

《初學記》卷二六《裙》 《楚辭》曰：「青雲衣兮白蜺裳，舉長矢兮射天狼。」

《編珠》卷三《補遺》引 《楚詞》曰：「魚鱗衣兮白霓裳。」注：「魚鱗衣，雜五采爲衣，如鱗文也。白霓裳，素練也。」

張衡《張衡詩文集·愁詩》 美人贈我貂襜褕，何以報之明月珠。

張衡《張衡詩文集·二京賦》 緹衣、韎韐，睢盱拔扈。

《建安七子集》卷三《王粲集·神女賦》 戴金羽之首飾，珥照夜之珠璫。襲羅綺之黼衣，曳縟繡之華裳。錯繽紛以雜佩，袿褶爚而焜煌。退變容而改服，冀致態以相移。［登筵對兮倚牀垂］，税衣裳兮免簪笄，施華的兮結羽儀。

《北堂書鈔》卷一二一引 李尤《鎧銘》云，甲鎧之施，扞禦鋒矢，尚其堅剛，或用犀兕。補。

《初學記》卷二二《甲第六》 李尤《鎧銘》：甲鎧之施，扞禦鋒矢。尚其堅剛，或用犀兕。内以存身，外不傷害。有似仁人，厥道廣大。好德者寧，好戰者危。專智恃力，君子不爲。

《藝文類聚》卷六七《衣裳》 魏曹毗《夜聽擣衣詩》曰：寒興御紈素，佳人治衣襟。冬夜清且永，皓月照堂陰。纖手疊輕素，郎杵叩鳴碪。清風流繁節，迴飈灑微吟。嗟此嘉運速，悼彼幽滯心。二物感余懷，豈但聲與音。

《藝文類聚》卷六七《衣裳》 晉劉謐之《與天公牋》曰：體戰身噤，脱衣凍坐，賴公借袍，南越送火。

《全晉文》卷五九成公綏《錢神論》 路中紛紛，行人悠悠。載馳載驅，唯錢是求。朱衣素帶，當塗之士。愛我家兄，皆無能已。

《王臺新詠》卷九王筠《行路難一首》 猶憶去時腰大小，不知今日身短長。裲襠雙心共一抹，袙一作袹。複兩邊作八襵。《通雅》禙襠，言裲襠之蓋其外也。《宋起居注》大始二年，御史中丞羊希奏之陰令謝沈親憂未除，常著青絳納裲襠衫，請免沈前所居官也。《讀曲歌》「裲襠別去年，不忍見分題。」又「竹簾裲襠題，知子心情薄。」《爾雅》裲襠謂之袙複。楊慎《韻藻》袙腹，即今之裹肚。

《藝文類聚》卷六七《衣裳》 宋謝惠連《擣衣詩》曰：衡紀無淹度，晷運倏如催。白露滋園菊，秋風落庭槐。肅肅莎雞羽，烈烈寒螿啼。夕陰結空幕，宵月皓空閨。美人戒裳服，端飾相招攜。簪玉出北房，鳴金步南階。簷高碪響發，楹長杵聲哀。微芳發兩袖，輕汗染雙題。

梁柳惲《擣衣詩》曰：孤衾引思緒，獨枕悵憂端。深庭秋草緑，高門白露寒。思君起清夜，促柱奏幽蘭。不怨飛蓬苦，徒傷蕙草殘。行役滯風波，遊人淹不歸。亭皐木葉下，隴首秋雲飛。鶴鳴勞永歎，採緑傷時暮。念君方遠遊，賤妾理紈素。秋風吹渌潭，明月懸高樹。軒高夕杵散，氣爽夜碪鳴。瑶筆隨步響，幽蘭逐袂生。

梁劉孝威《賦得香出衣詩》曰：香出衣步近，氣逾飛博山。登高用鄴錦，含情動廬比。洛妃香纓麝，帶逢金縷瓊。花玉勝綴珠，微蘇合故年。微恨歇都梁，路遠恐非新。猶賢漢君芳千里，尚笑荀令止三旬。

周庾信《夜聽擣衣詩》曰：秋夜擣衣聲，飛度長門城。今夜長門月，應如畫日明。小鬟宜粟瑱，圓腰運織成。秋碪調急節，亂杵變新聲。石燥砧逾響，桐虚杵絶鳴。鳴石出華陰，虚桐採鳳林。北堂細腰杵，南市女郎砧。並結連枝縷，雙穿長命針。倡樓驚別怨，征客動愁心。又曰：擣衣明月下，静夜秋風飄。錦石平砧面，連房接杵腰。急節迎秋韻，新聲入手調。寒衣須及早，將寄霍嫖姚。

梁費昶《華光省中夜聽城外擣衣詩》曰：闔閭下重關，丹墀吐明月。秋氣城中冷，秋砧城外發。浮聲繞雀臺，飄響度龍闕。宛轉何藏摧，當從上路來。藏摧方未已，定自乘軒里。乘軒盡世家，佳麗似朝霞。員璫耳上照，方繡領間斜。衣熏百和屑，鬢插九枝花。昨暮庭槐落，今朝羅綺薄。拂席卷鴛鴦，開緼舒鶗鴂。金波正容與，玉步依砧杵。紅袖往還縈，素腕參差舉。徒聞不得見，獨夜空愁佇。

梁王僧孺《詠擣衣詩》曰：足傷金管遽，多愴緹光促。露團池上紫，風飄庭裏緑。散度廣陵音，摻寫漁陽曲。別鵠悲不已，離鸞斷還續。尺素在魚腸，寸心憑鴈足。

《袍》

梁庾肩吾《謝東宫賚内人春衣啓》曰：階邊細草，猶推綟葉之光。户前桃樹，反訝藍花之色。遂得裾飛合燕，領鬭分鸞，試顧採薪，皆成留客。

陳江揔《山水衲袍賦》曰：皇儲監國餘辰，勞謙終宴，有令以衲袍降賜，何以奉揚恩德，因題此賦。濫時來之寵沐，振長纓以祗肅，奉性與之文章，侍相娱之絲竹，解女羅之山帶，佩流霞之羽服，裁縫則萬壑縈體，針縷則千巖映目。圖島嶼之削成，寫淪漣之徑復，埒符采於雕焕，並芬芳於蘭菊。惆四選之徂遷，軫百慮之迴邅，霜飛空而浸霧，鴈照月而猜弦，聽風鍾之易近，對水雷之踈懸。若董衣之百結，同衛服之十年，嗟班鬢之已颯，愧冶袖之爲妍，謝衛珠之有報，荷墜履之無捐。

陳周弘正《謝東宫賜縠袍啓》曰：或儔名麗辭，等質輕霧，或色華少海，用寶叢臺，或粲彼三英，縫玆五緎，品頒歲襲，緑奪春耕，蒿席可充，緼袍易足。

《裙襦》

梁任孝恭《謝裙襦啓》曰：加以庭闕桑麻，室空機杼，牀無暖席，桁靡懸衣。值蓬卷北郊，鴈飛南浦，雪闇河陰，冰生海岸。而繩帶屢盡，苦風霜之切，弊履恒穿，踐泥沙之凍。自憐袖短，雖内手而猶寒，每恨衣輕，徒斂襟而彌愴。

《裘》

齊王融《謝敕賜御裘等啓》曰：雲衣降授，仙裾曲委，榮振素里，澤駭蓬心。昔漢帝解裘，不獨前寵，曹王褫帶，復降今恩。又《謝竟陵王賜納裘啓》曰：降飾自尊，垂榮及賤，玄玉不純，曾波奪采。南陸方永，北風日壯，無衣無褐，發念聖衷，而挾纊之閒，每流解裘之賜偏委。

梁簡文帝《謝東宫賜裘啓》曰：物華雉毳，名高燕羽，才慙齊相，愧白狐之飾德，謝漢蕃均黑貂之賜。地卷朔風，庭流花雪，故以裾生惠氣，袖起陽春。

《初學記》卷二六《裘》 宋謝莊《謝賜貂裘表》臣莊言：主衣黄達宣敕賜臣貂裘，甋發衽開，玄華有曜，靡毫柔毳，黯鑑自凝，固以綵越綴翬，光逾緝燕。臣聞嚬笑不忘，韓棠勿假，績以昭庸，楚纊爰建，臣歡忭自歌，而同委衮之澤。勤劬未報，而叨解裘之寵。空荷榮施，徒賁微軀，承殊恩必識，服以淪生，銘悦之情，罔知所寘，臣受假無由躬拜，謹遣表。

《初學記》卷二六《裙》 陳蕭鄰《詠裙複詩》晶晶金紗净，離離寶縫裙。腰非學楚舞，寬帶爲思君。

《全梁文》卷五一王僧孺《與何炯書》 顧惟不肖，文質無所底，蓋困於衣食，迫於飢寒，依隱易農，所志不過鍾庾。久爲尺板斗食之吏，以從皁衣黑綬之役，非有奇才絶學，雄略高謨，吐一言可以匡俗振民，動一議可以固邦興國。全璧歸趙，飛矢救燕，偃息藩魏，甘卧安郢，腦日逐，髓月支，擁十萬而横行，提五千而深入，將能執圭裂壤，功勒景鍾，錦繡爲衣，朱丹被轂，斯大丈夫之志，非吾曹之所能及已。

《梁詩》卷六沈約《洛陽道》 洛陽大道中，佳麗實無比。燕裙傍日開，趙帶隨風靡。領上蒲萄《樂府》作桃。繡，腰中合歡綺。佳人殊未來，薄暮空徙倚。《樂府詩集》二十三、《詩紀》七十二。

《梁詩》卷二四王筠《行路難》 千門皆閉夜何央，百憂俱集斷人腸。探揣箱中取刀尺。拂拭機上斷流黄。情人逐情雖可恨，復畏邊遠《文苑》作道遠。注云：一作傷畏邊遠。乏衣裳。已繰《文苑》作繩。一繭催衣縷，復擣《文苑》作搗。百和裛《樂府》作薰。《詩紀》同。衣香。猶憶去時腰大小，不知今日身短長。裲襠雙心共一襪，《文苑》作袜。袙《玉臺》作袓。《文苑》作帞。複兩邊作八撮。《文苑》作撮。襻帶雖安不忍縫。《文苑》作繫。注云：一作縫。開孔裁穿猶未達。胸前却月兩相連。本照君心不照天。願君分明得此意，勿復流蕩不如先。含悲含怨判不死，封情忍思待明年。《玉臺新詠》九。《文苑英華》二百。《樂府詩集》七十。《詩紀》八十六。

《續玉臺新詠》隋煬帝《喜春游歌二首》之二 步緩知無力，臉慢動餘嬌。錦袖淮南舞，寶袜楚宫腰。

《隋詩》卷三隋煬帝楊廣《喜春遊歌二首》之二 步緩知無力，臉曼《樂府》作慢。動餘嬌。錦袖淮南舞，寶袜楚宫腰。《樂府詩集》七十七、《詩紀》百二十。

王梵志《王梵志詩》卷一《他家笑吾貧》 他家笑吾貧，吾貧極快樂。無牛亦無馬，不愁賊抄掠。你富户役高，差科並用却。吾無呼唤處，飽喫常展脚。你富披錦袍，尋常被纏縛。窮苦無煩惱，草衣隨體著。

王梵志《王梵志詩》卷二《世間慵懶人》 世間慵懶人，五分向有二。例著一草衫，兩膊成山字。出語觜頭高，詐作達官子。草舍元無床，無氈復無被。

王梵志《王梵志詩》卷二《家貧無好衣》 家貧無好衣，造得一襖子。中心禳破氈，還將布作裏。清貧常快樂，不用濁富貴。白日串項行，夜眠還作被。

盧照鄰《盧照鄰集》卷二《行路難》 娼家寶襪蛟龍帔，公子銀鞍千萬騎。

盧照鄰《盧照鄰集》卷三《過東山谷口》 日暮餐龜殼，天寒御鹿裘。

王維《王摩詰詩集》卷五《過盧員外宅看飯僧共題七韻》 三賢異七賢，青眼慕青蓮。乞飯從香積，裁衣學水田。

李白《李太白全集》卷六《君馬黄》 共作遊冶盤，雙行洛陽陌。長劍既照曜，高冠何赩赫。各有千金裘，俱爲五侯客。

李白《李太白全集》卷六《子夜吴歌四首》其四 明朝驛使發，一夜絮征袍。素手抽針冷，那堪把剪刀。裁縫寄遠道，幾日到臨洮。

李白《李太白全集》卷七《鳴皋歌奉餞從翁清歸五崖山居》 身披翠雲裘，袖拂紫煙一作雲。去。

李白《李太白全集》卷八《秋浦歌十六首》其七 醉上山公馬，寒歌寧戚牛。空吟白石爛，淚滿黑貂裘。

李白《李太白全集》卷八《訓殷明佐見贈五雲裘歌》 我吟謝朓詩上語，朔風颯颯吹飛雨。謝朓已没青山空，後來繼之有殷公。粉圖珍裘五雲色，曄如晴天散綵虹。文章彪炳光陸離，應是素娥玉女之所爲。輕如松花落金粉，濃似錦苔含碧滋。遠山積翠横海島，殘霞飛丹映江草。凝毫採掇花露容，幾年功成奪天造。【略】相如不足誇鸘鷞，王恭鶴氅安可方。瑶臺雪花數千點，片片吹落春風香。爲君持此淩蒼蒼，上朝三十六玉皇。下窺夫子不可及，矯手相思空斷腸。

李白《李太白全集》卷九《贈嵩山焦鍊師》 鍊魄棲雲幄，霓裳何飄飖。鳳吹轉綿邈，願同西王母，下顧東方朔。紫書儻可傳，銘骨誓相學。

李白《李太白全集》卷一二《博平鄭太守【略】》 多君重然諾，意氣遥相託。五馬入市門，金鞍照城郭。都忘虎竹貴，且與荷衣樂。

李白《李太白全集》卷一二《贈歷陽褚司馬【略】》 北堂千萬壽，侍奉有光輝。先同稚子舞，更著老萊衣。因爲小兒啼，醉倒月下歸。人間無此樂，此樂世中稀。

李白《李太白全集》卷一二《贈閭邱處士》 賢人有素業，乃在沙塘陂。竹影掃秋月，荷衣落古池。閑讀《山海經》，散帙卧遥帷。且耽田家樂，遂曠林中期。

李白《李太白全集》卷一八《江夏送友人》 雪點翠雲裘，送君黄鶴樓。黄鶴振玉羽，西飛帝王州。

李白《李太白全集》卷二〇《尋魯城北范居士失道》 城壕失往路，馬首迷荒陂。不惜翠雲裘，遂爲蒼耳欺。入門且一笑，把臂君爲誰。

李白《李太白全集》卷二二《奔亡道中五首》其二 亭伯云安在，李陵降未歸。愁容變海色，短服改胡衣。

李白《李太白全集》卷二二《上元夫人》 上元誰夫人，偏得王母嬌。嵯峨三角髻，餘髮散垂腰。裘披青毛錦，身著赤霜袍。手提嬴女兒，閑與鳳吹簫。眉語兩自笑，忽然隨風飄。

李白《李太白全集》卷二三《金陵江上遇蓬池隱者》 共語一執手，留連夜將久。解我紫綺裘，且换金陵酒。

崔顥《崔顥集·古遊俠呈軍中諸將》 少年負膽氣，好勇復知機。仗劍出門去，孤城逢合圍。殺人遼水上，走馬漁陽歸。錯落金鎖甲，蒙茸貂鼠衣。

杜甫《杜工部詩集》卷六《寄裴施州》 幾度寄書白鹽北，苦寒贈我青羔裘。

杜甫《杜工部詩集》卷七《錦樹行》 自古聖賢多薄命，奸雄惡少皆封侯。故國三年一消息，終南渭水寒悠悠。五陵豪貴反顛倒，鄉里小兒狐白裘。

杜甫《杜工部詩集》卷一二《西山三首》之二 風動將軍幕，天寒使者裘。

杜甫《杜工部詩集》卷一二《王閬州筵奉酬十一舅惜别之作》 吾舅惜分手，使君寒贈袍。

杜甫《杜工部詩集》卷一三《渡江》 渚花兼素錦，汀草亂青袍。

杜甫《杜工部詩集》卷一三《至後》 冬至至後日初長，遠在劍南思洛陽。青袍白馬有何意，金谷銅駝非故鄉。

杜甫《杜工部詩集》卷一五《更題》 羣公蒼玉珮，天子翠雲裘。同舍晨趨侍，胡爲淹此留。

杜甫《杜工部詩集》卷一五《村雨》 挈帶看朱紱，開箱覩黑裘。

杜甫《杜工部詩集》卷一六《宗武生日》 熟精《文選》理，休覓綵衣輕。

杜甫《杜工部詩集》卷一七《奉賀陽城郡王太夫人恩命加鄧國太夫人》 遠傳冬筍味，更覺綵衣春。

杜甫《杜工部詩集》卷一八《暮秋將歸秦留别湖南幕府親友》 大府才能會，諸公德業優。北歸衝雨雪，誰憫弊貂裘。

岑參《岑參集》卷五《太白胡僧歌》 聞有胡僧在太白，蘭若去天三百尺。一持《楞伽》入中峯，世人難見但聞鐘。窗邊錫杖解兩虎，牀下鉢盂藏一龍。草衣不針復不綫，兩耳垂肩眉覆面。

盧綸《盧綸詩集》卷一《送吉中孚校書歸楚州舊山中孚自仙官入仕》 青袍芸閣郎，談笑揖侯王。舊籙藏雲穴，新詩滿帝鄉。

盧綸《盧綸詩集》卷一《送曇延法師講罷赴上都》 金縷袈裟國大師，能銷壞宅火燒時。復來擁膝説無住，知向人天何處期。

盧綸《盧綸詩集》卷一《送道士郄彝素歸内道場》 病老正相仍，忽逢張道陵。羽衣風淅淅，仙貌玉稜稜。

盧綸《盧綸詩集》卷四《同耿湋宿陸澧旅舍》 當軒雲月開，清夜故人杯。擁褐覺霜下，抱琴聞雁來。

王建《王建詩集》卷六《和蔣學士新授章服》 五色箱中絳服春，笏花成就白魚新。看宣賜處驚迴眼，著謝恩時便稱身。瑞草唯承天上露，紅鸞不受世間塵。

翰林同賀文章出，驚動茫茫下界人。

王建《王建詩集》卷九《贈人二首》之二　多在蓬萊少在家，越緋衫上有紅霞。朝回不向諸餘處，騎馬城西檢校花。

王建《王建詩集》卷九《花褐裘》　對織芭蕉雪毳新，長縫雙袖窄裁身。到頭須向邊城著，愁殺秋風射獵塵。

《王建詩集》卷一〇《宮詞一百首》　御前新賜紫羅襦，不下金堦上軟輿。宮局總來爲喜樂，院中新拜内尚書。

韓愈《韓昌黎文集》卷一《復志賦 并序**》**　愈既從隴西公平汴州，其明年七月，有負薪之疾，退休於居，作《復志賦》。其辭曰：「居悒悒之無解兮，獨長思而永歎；豈朝食之不飽兮，寧冬裘之不完。」

韓愈《韓昌黎文集》卷四《詩 洛字**》**　相公倦台鼎，分正新邑洛。才子富文華，校讎天禄閣。壽觴佳節過，歸騎春衫薄。

韓愈《韓昌黎詩集》卷一《馬厭穀》　士被文繡兮，士無短褐。

白居易《白居易集》卷第二七《偶詠》　㬥熱蕉衣健，扶羸竹杖輕。

白居易《白居易集》卷第二七《晚歸府》　晚從履道來歸府，街路雖長尹不嫌。馬上涼於牀上坐，緑槐風透紫蕉衫。

白居易《白居易集·外集》卷上《壽安歇馬重吟》　春衫細薄馬蹄輕，一日遲遲進一程。

柳宗元《柳宗元集》卷四二《同劉二十八院長述舊【略】》　禮容垂琿琫，戎備響鉦鍜。

元稹《元稹集》卷九《六年春遣懷八首》之一　傷禽我是籠中鶴，沈劍君爲泉下龍。重纊猶存孤枕在，春衫無復舊裁縫。

元稹《元稹集》卷二六《小胡笳引》　何時窄袖短貂裘？臙脂山下彎明月。

元稹《元稹集》卷二七《白衣裳二首》之二　藕絲衫子柳花裙，空著沈香慢火熏。閒倚屏風笑周昉，枉抛心力畫朝雲。

元稹《元稹集》卷二八《春分投簡陽明洞天作》　果實經千歲，衣裳重六銖。

賈島《長江集》卷五《崇聖寺斌公房》　近來惟一食，樹下掩禪扉。落日寒山磬，多年壞衲衣。白鬚長更剃，青靄遠還歸。仍説遊南嶽，經行是息機。

杜牧《樊川文集》卷三《揚州三首》之一　煬帝雷塘土，迷藏有舊樓。誰家唱《水調》，明月滿揚州。煬帝鑿汴河，自造《水調》。駿馬宜閑出，千金好暗遊。喧闐醉年少，半脱紫茸裘。

杜牧《樊川文集》別集《偶見黃州作》　朔風高緊掠河樓，白鼻騧郎白罽裘。有箇當壚明似月，馬鞭斜揖笑回頭。

鮑溶《鮑溶詩集》卷一《霓裳羽衣歌》　玉煙生窗午輕凝，晨華左耀鮮相凌。人言天孫機上親手迹，有時怨別無所惜。遂令武帝厭雲韶，金針天絲綴飄飄。五聲寫出心中見，拊石喧金栢梁殿。此衣春日賜何人，秦女腰肢輕若燕。香風閒旋衆彩隨，聯聯珍珠貫長絲。眼前意是三清客，星宿離離繞身白。鸞鳳有聲不見身，出宮入徵隨伶人。神仙如月只可望，瑶華池頭幾惆悵。喬山一閉曲未終，鼎湖秋驚白頭浪。

李商隱《李商隱詩集·贈孫綺新及第》　長樂遥聽上苑鐘，彩衣稱慶桂香濃。陸機始擬誇《文賦》，不覺雲間有士龍。

韋莊《浣花集》卷四《贈漁翁》　草衣荷笠鬢如霜，自説家編楚水陽。滿岸秋風吹枳橘，繞陂烟雨種菰蔣。蘆刀夜鱠紅鱗膩，木甑朝蒸紫芋香。曾向五湖期范蠡，爾來空闊久相忘。

《全唐詩》卷三八謝偃《踏歌詞三首》之三　夜久星沉没，更深月影斜。裙輕纔動珮，鬟薄不勝花。細風吹寶袂，輕露濕紅紗。相看樂未已，蘭燈照九華。

《樂府新歌應教》　青樓綺閣已含春，凝妝豔粉復如神。細細輕裙全漏影，離離薄扇詎障塵。

《全唐詩》卷三八四張籍《和左司元郎中秋居十首》之一　選得閒坊住，秋來草樹肥。風前卷筒簟，雨裏脱荷一作生衣。

《全唐詩》卷三八五張籍《送枝江劉明府》　老著青衫爲楚宰，平生志業有誰知。

《全唐詩》卷三八六張籍《贈李司議》　漢庭誰問投荒客，十載一作歲天南着白衣。秋草茫茫惡谿一作溪路，嶺頭遥送北人稀一作歸。

《全唐詩》卷五八四段成式《嘲飛卿七首》之四　柳煙梅雪隱青樓，殘日黃鸝語未休。見説自能裁袙腹，不知誰更著帩頭。

《全唐五代詞》卷六孫光憲《謁金門》　留不得，留得也應無益。白紵春衫如雪色，揚州初去日。

《全唐五代詞》卷七《柳青娘》　青絲髻綰臉邊芳，淡紅衫子掩酥胸。出門斜撚同心弄，意恒惶，故使横波認玉郎。　叵耐不知何處去，教人幾度挂羅裳。待得歸來須共語，情轉傷，斷却妝樓伴小娘。

碧羅冠子結初成，肉紅衫子石榴裙。故着胭脂輕輕染，淡施檀色注歌脣，□□含情喚小鶯。　只問玉郎何處去，纔言不覺到朱門。扶入錦□□□□，□殷勤，因何辜負少年人。

《全唐五代詞》卷七《浣溪沙》　却挂緑襴用筆章，不藉你馬上弄銀槍。罷却龍泉身解甲，學文章。　你取硯筒儂捻筆，叠紙將來書兩行。將向殿前報消息，爲君王。

《全唐五代詞》馮延巳《陽春集·謁金門》　聖明世，獨折一枝丹一作香。桂。學著荷衣還可喜，春狂不啻□。　年少都來有幾，自古閑愁無際。滿盞勸君休惜醉，願君千百歲。

又　楊柳陌，寶馬嘶空無迹。新著荷衣人未識，年年江海客。

王禹偁《小畜集》卷五《黑裘》　野蠶自成繭，縹密爲山紬。此物産何許，萊夷負海州。一端重數斤，裁染爲褻裘。守黑異華侈，崇儉非輕柔。燻香則無取，風雪曾何憂。朝可奉冠帶，夜以爲衾裯。晏嬰三十年，庶幾跡相侔。季子嘆貂弊，吾服已爲優。不恥狐貉者，亦當師仲由。況我屢遷謫，行採耕歌謳。映髮垂鷺頂，植杖昂鳩頭。袖寬可以舞，老農即爲儔。不曳銀臺門，任爾争封侯。

王禹偁《小畜集》卷九《和送道服與喻宰》　朝客吟詩送羽衣，應知彭澤久思歸。三年官滿誰留得，領鶴攜琴賦式微。

王禹偁《小畜集》卷二一《謝衣襖表》　臣某言：今月十七日，供奉官閤門祇候景元到州，伏奉聖恩，賜臣勅書一道，紫敂正綿旋襴一領者，臣當時與官吏軍員將校等，望闕謝恩訖，遠降王人，遍頒時服，捧如綸而增懼，對挾纊以知榮。中謝伏念臣素乏藝文，猥塵清近，雖罷金鑾之職，尚分銅虎之符，而自移理藩宣，始踰旬浹，莫著袴襦之詠，空慚凋瘵之民。此者伏遇尊號皇帝陛下，政在宵衣，恩加露冕，特有祁寒之賜，俾無卒歲之虞。開緘併集於榮光，宣詔更增於和氣。飾之瑞獸，空傾率舞之心，徵乃維鵜，難免彼其之刺。伏限權司郡事，不獲躬拜闕庭，臣無任云云。

《事類賦》卷一二《服用部·衣》　黄帝垂衣裳而天下治，蓋取諸乾坤。出《易》韓康伯注云：上衣下裳，乾坤之象。若夫縞衣綦巾，聊樂我員。出《詩》毛亨注云：縞，色白，男服也。綦，蒼艾色，女服也。或以取睢涣之麗，《陳留風俗傳》曰：襄邑睢涣之水出文章，故曰黼黻、藻錦、日、月、華、蟲，以奉天子宗廟御服焉。或以象翬翟之文。《漢輿服志》曰：聖人觀翬翟之文，榮華之色，乃染帛以効之，始作五采以爲服，凡十二章。無褐而寧能卒歲，《詩》曰：一之日觱發，二之日栗烈。無衣無褐，何以卒歲。不衷而還復災身。《左傳》曰：鄭子臧奔宋，好聚鷸冠，鄭伯使盜誘而殺之。君子曰：服之不衷，身之災也。蜉蝣之羽，衣裳楚楚。出《詩》又曰：蜉蝣之翼，采采衣服，蜉蝣掘閲，麻衣如雪。纊爲繭而緼爲袍，《禮》曰：非列采不入公門，振絺綌不入公門，素裘不入公門，襲裘不入公門。纊爲繭，緼爲袍，禪爲絅，帛爲褶。袂應規而袷如矩。《禮·深衣》曰：袂圜應規，曲袷如矩。中山則悟其顛倒，《説苑》曰：魏文侯封太子擊於中山，使不往來。舍人趙倉唐奉使，文侯問：子之君長大，孰與寡人？倉唐曰：君賜之外府之衣，則能勝之。文侯遣倉唐賜太子衣一襲，令倉唐雞鳴時至，太子迎拜，賜發篋，衣盡顛倒，太子趣具駕曰：賜之衣非以爲寒也，欲召擊也。無誰與謀，故遺子以《詩》曰：東方未明，顛倒衣裳。顛之倒之，自公召之。若敖則始於藍縷。見《車賦》篳開楚子注。《左傳》曰：若敖、蚡冒篳路藍縷以啓山林。杜預注：若敖，蚡冒，楚之先。篳路，柴車。藍縷，敝衣。短毋見膚，長毋被土。《禮·深衣》曰：古者深衣，蓋有制度，短毋見膚，長毋被土。襜則蔽前，《爾雅》曰：衣蔽前謂之襜。郭璞注：今蔽膝也。幅開在下。《詩》曰：亦芾在股，邪幅在下。毛亨注：芾，大帶，古蔽膝之象也。周瑜既荷於百領，《吴書》曰：孫權每賜周瑜衣，寒暑皆百領，諸將莫有及者。南粤亦蒙於三褚。《漢書》曰：帝賜南粤王佗，上褚五十衣，中褚三十衣，下褚二十衣。顔師古注：以綿裝衣曰褚。驚耿恭之穿決，《後漢書》：耿恭自疏勒迴，衣屨穿決，形容枯槁。訝張融之贏故。《齊書》曰：高帝手詔賜張融衣曰：見卿衣服贏故，誠乃素懷有本。久雨繿縷，亦虧朝望。今送一通故衣，意謂雖故，乃勝新也。是吾所着，已令裁減稱卿之體。范曄致思以精微。《宋書》曰：范曄性精微，有思致。衣裳器服，莫不增損制度，世人皆法之。到溉顯名於率素。《南史》曰：到溉性率儉，不好聲色。虚室單牀，旁無姬侍，冠履十年一易，朝服或至穿補。襄此黼領，《爾雅》曰：衣裓謂之袛，黼領謂之襮。被兹繡裳。《詩》曰：君子至止，黻衣繡裳。我載兮子佩。《莊子》曰：祝牧謂其妻曰：天下有道，我載子佩。天下無道，我負子戴。上玄兮下黄。《輿服志》曰：黄帝堯舜垂衣裳而天下治，蓋取諸乾坤，故上衣玄而下衣黄也。笑何容之焦背，《南史》曰：何敬容爲吏部尚書，性矜莊，衣冠鮮麗。梁武帝雖衣浣衣，而左右衣必須鮮潔。嘗有侍臣衣冠卷摺，帝怒曰：卿衣帶如繩，欲何所縛。敬容希旨，常以膠清刷鬢，衣裳不整，伏牀熨之，或暑月背爲之焦。驚陳暄之上堂。《陳書》曰：徐陵爲吏部尚書，精簡人物。縉紳之士，皆嚮慕焉。陳暄以玉冒簪插髻，紅絲布裹頭，袍拂踝，靴至膝，不陳爵里，直上陵坐。陵不之識，命吏持下。暄徐步而出，舉止自若，竟無怍容，作書謗陵，甚病之。楚莊既見於博袍。《墨子》曰：楚王絳衣博袍。沈慶俄聞於急裝。《宋書》曰：沈慶之領隊防東門。劉湛被收之夕，〔上〕開門召慶之。慶之戎服履靺縛絝入，上見而驚曰：卿何意乃爾急裝。慶之曰：夜半召隊主，不容換服。爾其更始諸于，《後漢書》曰：更始時，授官爵，皆羣小賈豎，膳夫庖人，多著繡面衣、錦袴、襜褕、諸于。時智者見之，以爲服之不衷也。李賢注曰：諸于，大掖衣也，如婦人之袿衣。《方言》曰：襜褕，其短者，自關西謂之祝屈。郭璞云：俗名褊掖，據此，即是諸于上加繡裾，如今之半臂也。祝音充，裾音屈。申生偏裻。《國語》曰：晉獻公使太子申生伐東山，衣之偏裻。音篤。衯袆戌削，紆徐委曲。《子虛賦》曰：雜纖羅，垂霧縠，紆徐委曲，鬱撓谿谷，衯衯袆袆，揚袘戌削。注云：言衣文理如谿谷。衯袆，衣長貌。揚，舉也。袘，衣袖。戌，削裁制也。被以曳婁，《詩》曰：子有衣裳，弗曳弗婁。樂茲安燠。《詩》曰：豈曰無衣七兮，不如子之衣安且吉兮。豈曰無衣六兮，不如子之衣安且燠兮。戴《禮》既明於五法，《禮·深衣》曰：制十有二幅，以應十有二月。袂圜以應規，曲袷如矩以應方，負繩及踝以應直，下齊如權衡以應平。故規者行舉手以爲容，負繩抱方者以直其政，方其義也。下齊如權衡者，以安志而平心也。五法已施，故聖人服之。齊國亦供其三服。《漢書》曰：齊國有三服官，奉獻冠幘縰爲首服，紈素爲冬服，輕綃爲夏服。至於彦回羅襹，《宋書》曰：明帝疾，召褚彦回入。帝坐帳中，流涕曰：吾近危篤，故召卿，欲使著黃羅襹耳。指牀頭大函曰：文書函內，冀此函不復開。彦回亦悲不自勝。黃羅襹，乳母服也。襹，來可切。邊讓襜褕。《邊讓別傳》曰：讓才辨俊逸，孔融薦於魏武曰：邊讓爲九州之被則不足，爲單衣襜褕則有餘。聊以旃禮，《春秋左氏傳》曰：服以旃禮。期之煖膚。《〔南〕〔商〕君書》曰：上世之人，衣不煖膚，食不滿腹。美朱勃之方領，《後漢書》曰：朱勃字叔陽，年十二，能誦《詩》、《書》。嘗候馬援兄況，勃衣方領，能矩步。李賢注：頸下施衿領正方，學者之服也。偉江充之曲裾。《漢書》曰：江充初召見犬臺宮，衣紗縠單衣，曲裾後垂交輸，冠蟬纚步摇冠，飛翮之纓，容貌甚壯。帝謂左右曰：燕趙固多奇士。顔師古注云：交輸若燕尾，垂之兩旁，見於後也。冠蟬纚，故步則摇。又以鳥羽作纓。意惻西華之葛，見《冬賦》西華練裙注。《梁書》曰：任昉素清貧。卒後，其子西華，冬日著葛帔練裙，道逢劉孝標，孝標泫然矜之，乃著《廣絶交論》，譏其舊交也。價騰王導之練。《晉書》曰：蘇峻平，後帑藏空竭，庫中唯有練數千疋，賣之不售，而國用不足。導與朝賢俱制練布單衣，於是士庶翕然競服之。練遂貴，端至一金。至夫法圭刀之形，《釋名》曰：婦人上服曰袿。其下垂者，上廣下狹，如刀圭也。襹，屬也。衣裳上下相連屬。列雕鴈之制。《唐書》曰：德宗賜節度觀察使時服，尚方織作呈閱所宜。上曰：頃來賜衣，文采不常，非制也。朕今思之，節度使以雕銜綬帶，取武毅以靖封內。觀察使以鴈銜威儀委，取其行列有序，牧人有威儀也。威儀委，瑞草也。刺彼維鵜，《詩》曰：維鵜在梁，不濡其翼。彼己之子，不稱其服。戒其在笥。《書》曰：惟衣裳在笥。既順序而有文，《左傳》曰：狄伐衛。衛懿公與石祁子玦，與寗莊子矢，使守曰：以此贊國，擇利而爲之。與夫人繡衣曰：聽於二子。杜預注：取其文章順序。亦從容而不貳。《禮·緇衣》曰：長民者，衣服不貳，從容有常，以齊其民，則民聽一。或被之而象天，《禮》曰：郊祭之日，王被衮以象天，戴冕藻十有二旒，則天數也。或斷之而離地。《漢書》曰：蓋寛饒左遷衛司馬，未出殿門，斷其單衣令離地。尹范則互爲出入，謝承《後漢書》曰：陳留尹苞與同郡范史雲善，二人俱貧，出入共一單衣。到人門外，苞年長，常先着衣入。須臾出，解與史雲。僑札則交相贈遺。《左傳》曰：吴季札聘鄭，見子產，如舊相識。與之縞帶，子產獻紵衣焉。三命有葱衡之錫，《禮》曰：一命緼韍黝衡，再命赤韍黝衡，三命赤韍葱衡。鄭玄注：緼，赤黃色。一篋慰寒泉之思。《後漢書》曰：章帝嘗幸南宮，閱陰太后器服，愴然動容，乃留五時衣各一襲，及常所御衣五十篋，餘悉分佈賜諸王。上賜東平王蒼及琅邪王京書曰：間饗衛士於南宮，因閱視舊時衣物，恩惟王孝友之德，今送光烈皇后假髻、帛巾各一，及衣一篋，可時奉瞻，以慰《凱風》寒泉之思。又欲令從生子孫，得見先后衣服之製。則有顯宗之嘉郭賀，《後漢書》曰：郭賀爲荆州刺史，有殊政。顯宗巡狩到南陽（時），特見嗟歎，賜以三公之服，黼黻冕旒。勑行部去幨帷，令百姓見其容服，以彰有德。宋高之喜超宗。《宋書》曰：謝超宗嘗詣東府，門自通。其日風寒，高帝謂四座曰：此客至，使人不衣自煖。或挂神武之門上，《齊書》曰：陶弘景永明十年，脱朝服，挂神武門上，表辭禄。詔許之。或爛郭文之户中。《晉書》曰：高士郭文字文舉，居大辟山，常著鹿裘葛巾。餘杭令顧颺與葛洪造之。颺使致韍衣，文不納，使置室中，乃爛於户內，竟不服用。伏儉德於晏子，《韓子》曰：晏嬰相齊，妾不衣帛，馬不食粟。又《禮記》曰：晏子一狐裘三十年。挹清節於祭彤。《後漢書》曰：祭彤在遼東，幾三十年，衣無兼副。顯宗美其清約，賜之衣被什物，無不悉備。載寢而暗驚持玉，《魏略》曰：文昭甄后始生，每寢寐，家中髣髴見有人持玉衣覆其上。長裾而乍喜陵風。《拾遺記》曰：員嶠山南有池移國人，長三尺，壽萬歲。茅爲衣，衣服皆長裾大袖，因風以升烟霞，若鳥用羽毛。豈曰無衣，與子同澤。《詩》曰：豈曰無衣，與子同袍。豈曰無衣，與子同澤。豈曰無衣，與子同裳。毛亨注：澤，褻衣。莊子之對魏王，《莊子》曰：莊子衣大布之衣而過魏王。魏王曰：何先生德之憊耶？莊子曰：士有道德，不能行憊也。衣弊履穿，貧也，非憊也。豫讓之報智伯。《春秋後語》曰：趙襄子滅智伯。智伯之臣豫讓，變姓名入宫塗厠，以刺襄子，襄子覺而赦之。後讓伏於橋下，襄子至橋，馬驚，使視之，復得讓。襄子歎曰：嗟乎，豫讓之爲智伯，名既成矣，寡人赦子，亦足矣，子自爲計，寡人不釋子矣。讓固伏誅，願得君之衣而擊之，襄子義之，脱附身之衣以與之。讓拔劍三躍呼而擊之，曰：吾可以下報智伯矣。遂伏劍而死。聞美管寧之儉，《魏志》曰：明帝徵管寧，辭不就，詔問青州刺史程喜，寧守節高乎，審老疾尪頓耶？喜上言：寧常著皁帽、布襦袴、布裙，出入閨庭，能自拄杖，不須扶持。四時祭祀，輒自力彊，改著絮巾，故在遼東所有白布單衣，親薦饋饌，跪拜成禮。歎王允之清。《魏氏春秋》曰：王允爲吏部郎，選郡守，明帝疑其所用非次。召入，乃釋遣出，望其衣敗，曰：清吏也。識滎啓之縣蓑，《淮南子》曰：林類滎啓期，衣若縣蓑。見董威之結繒。王隱《晉書》曰：董威輦至洛陽，止宿白社中，於市得殘碎繒，輒結以爲衣，號曰百結衣。若夫展白無文，《釋名》曰：展衣，展，坦也，坦然正白，無文采也。展或作襢。緑黑有裏。《詩》曰：緑兮衣兮，緑衣黄裏。毛亨注：鞠衣黄，展衣白，褖衣黑，皆以素紗爲裏，今非其制，以喻妾上僭。授之九月，《詩》曰：七月流火，九月授衣。戒其三褫。《易》曰：或錫之鞶帶，終朝三褫之。象曰：以訟受服，亦不足敬也。在齊國而曾聞至骭，見《歌賦》寧生飯牛注。《淮南子》曰：齊桓公郊迎客，夜開門，寧戚飯牛車下，望見桓公而悲，擊牛角而疾爲商歌曰：南山矸，白石爛，生不逢堯與舜禪，短褐單衣適至骭。從昏飯牛薄夜半，長夜漫漫何時旦。桓公聞之曰：異哉，歌者非常人也。命後車載之。入漢宮而未嘗曳地。《史記》曰：文帝衣綈衣，所幸慎夫人衣不曳地。子夏既困於縣鶉，孫卿子曰：子夏家貧，衣若縣鶉。人曰：子何不仕？曰：諸侯之驕我者，吾不爲臣。大夫之驕我者，吾不復見。林既亦傳於衣葦。《説苑》曰：齊林既者，衣葦朝景公。公曰：何服小人衣耶？林既曰：衣狗裘者，不必狗吠，服羊裘者，不必羊鳴。今君衣狐裘，能狐鳴乎？紱見方來，《易·困》九二曰：朱紱方來。繡聞直指。《漢(書)》曰：武帝末，郡國賊盗群起，暴勝之爲直指使者，衣繡衣持斧捕之。覩采錯於張嵊，《南史》曰：張嵊少敦孝行，年三十餘，猶斑衣。受父穆杖，動至數百，收淚歡然。喜爛斑於萊子。《孝子傳》曰：老萊子年七十，父母猶在。萊子常服斑衣，爲嬰兒戲。復有袁忠之詣王朗，謝承《後漢書》曰：袁忠乘船戴笠詣王朗，見朗左右僮從皆著青絳彩衣，非其侈麗，即辭疾發而退。魏文之待楊彪。《楊彪别傳》曰：魏文帝令彪著布單衣，待以賓客之禮。江湛浣之而稱疾，《宋書》曰：江湛字徽深，爲吏部尚書。無兼衣餘食，嘗爲上所召，遇澣，稱疾經日，衣成然後起。子服言之而見囚。《國語》曰：季文子相宣、成，無衣帛之妾，無食粟之馬。仲孫他諫曰：人其以子爲愛，且不華國乎。文子告孟獻子，獻子囚之七日，自是，子服之妾衣不過七升之布。韋昭注：仲孫他，獻子之子，子服也。愛，恡也。至若朱博大詔，《漢書》曰：朱博爲瑯邪太守，敕官屬多作褒衣大詔，不中節度，自今掾吏衣令去地三寸，詔，袴也。音紹。雋生盛服。見《劍賦》：雋生佩櫑具注。《漢書》曰：暴勝之爲直指使者，巡郡國，素聞雋不疑賢，至渤海，遣吏請與相見。不疑冠進賢冠，帶櫑具劍，盛服至門上謁。顔師古注曰：櫑具，木標首之劍也。櫑謂磊落壯大。齊桓惡紫，《尹文子》曰：齊桓好服紫，國人盡服之，公患之。管仲曰：君謂左右甚惡紫臭。於是三日，境内莫有衣紫者。晉文矯谷。《尹文子》曰：昔晉國苦奢，文公以儉矯之，乃衣不重帛，食不兼肉。無幾時，國人皆大布之衣，脱粟之飯。析淪之綱，《拾遺記》曰：西方析淪國，其俗淳和，人壽三百歲。綴草毛爲綱，衣如羅紈者。元狩六年，獻綱一襲。帝懼後世徵求之，焚於九達之道，煙如金石之氣。頻斯之玉。《拾遺記》曰：晉太始初，頻斯國人來朝，以五色玉爲衣，如今之鎧。宋景之於翡翠，《拾遺記》曰：宋景公懸四時之衣，春夏以珠玉爲飾，秋冬以翡翠爲温。田文之譏綺縠。《春秋後語》曰：田文謂其父靖郭君曰：君後宫蹈綺縠之衣，而士不得短褐。乘大車者如菼，《詩》曰《大車》，聽男女之訟也。大車檻檻，毳衣如菼。大車啍啍，毳衣如璊。毛亨注：天子、大夫服毳冕以巡行。菼，蘆始生也。璊，赬色。祭先蠶者如鞠。《周禮》曰：内司服掌王后六服。鞠衣，鄭玄注：鞠衣，黄桑服也。色如鞠塵，象桑葉始生。鞠，又丘六切。委委蛇蛇，象服是宜。《詩》曰：委委蛇蛇，象服是宜。毛亨注曰：象服者，謂褕狄、闕狄也。狐尾虎文之飾，《梁冀别傳》曰：冀作狐尾單衣，上短下長。《輿服志》曰：虎賁武騎，皆衣虎文單衣。雉頭火浣之奇。《晉書》曰：武帝時，太醫司馬程據獻雉頭裘，帝以奇技異服，典禮所禁，焚之殿前。《傳子》曰：梁冀作火浣布單衣，會賓客行酒，失盃而汙之，僞怒，解衣而燒之，垢盡火滅，粲然潔白。正色間色之異，《禮》曰：衣正色，裳間色。執衽扱衽之儀。《爾雅》曰：執衽謂之袺，扱衽謂之襭。商火夏山之制，《禮》曰：有虞氏服韍，夏后氏山，殷火，周龍章。鄭玄注曰：韍，韠也，舜始作之，以尊祭服。禹湯至周，增以畫文。前方後剉之規。《禮》曰：韠，君朱，大夫素，士爵韋。圜，殺，直。天子直，公侯前後方，大夫前方後剉角，士前後正。韠，蔽也，以韋爲之。識唐帝之三浣，《唐書》曰：肅宗性節儉，嘗出袖示近臣，曰：此衣三浣也。辨漢高之五時。《漢雜事》曰：高祖時，大謁者臣章受詔長樂宫，令羣臣議天子所衣服以安天下。謁者趙堯舉春，李舜舉夏，兒湯舉秋，貢禹舉冬，五時衣始於此。逢山甫而見補，《詩》曰：袞職有闕，仲山甫補之。遇武公而改爲。《詩》曰《緇衣》，美鄭武公也。緇衣之宜兮，敝予又改爲兮。緇衣之(衣)〔好〕兮，敝予又改造兮。緇衣之席兮，敝予又改作兮。毛亨注：席，大也。商紂投火以蒙寶，《六韜》曰：武王伐紂，紂蒙寶衣投火而死。宋明憎風而用皮。見《風賦》宋明令史注。《宋書》曰：明帝體肥，憎風，夏月常着小皮衣。拜左右二人爲司風令史，風起方面，輒先啓聞。三世方知其被服，《魏志》曰：文帝詔曰：三世長者知被服，五世長者知飲食。言被服飲食難曉也。五采則見其彰施。《書》曰：予欲觀古人之象，日、月、〔星辰、〕山、龍、華蟲，作會，宗彝、藻、火、粉米、黼、黻、絺繡，以五采彰施於五色，作服，汝明。馬援都布，《後漢書》曰：馬援爲隗囂使公孫述，述盛陳陛衛以延援入，交拜禮畢，使出就館，更爲援制都布單衣。李賢注：《東觀記》作答布。答布，白氎也。仲尼逢掖。《禮》曰：孔子對魯公曰：丘少居魯，衣逢掖之衣。長居宋，冠章甫之冠。鄭玄注曰：逢猶大也，大袂禪衣，君子有道藝者所衣也。巖疎既訝於馬后，《後漢書》曰：明德馬后常衣大練裾，不加緣。朔望，諸姬主朝請，望見后袍衣疎巖，反以爲綺縠，既視乃笑。后辭曰：此繒特宜染色，故用之耳。六宫莫不歎息。李賢注：大練，厚繒也。鮮明復稱於王吉。《漢書》曰：王吉字子陽，好車馬衣服，自奉養極爲鮮明，而遷徙所載，不過囊衣。天下服其廉而怪其奢，世傳子陽能作黄金。或振之而因浴，《離騷》曰：新沐者必彈冠，新浴者必振衣也。或題之而見易。《拾遺記》曰：任末年十四，好學觀書，有合意處，則題其衣裳及掌，裏以記其事，門徒悦其勤學，更以净衣易之。王敦脱故而自如，《晉書》曰：石崇以奢豪矜物，厠常有十餘婢列侍，有客如厠，皆易新衣而出。客多羞脱故，而王敦脱故著新，意氣無怍。婢相謂曰：此必能作賊。桓冲怒新而理屈。《世説》曰：桓冲不好著新衣，浴訖，妻送新衣。冲怒，催使將去婦，遣持還語云：衣不經新，何緣得故。冲大笑而服之。既韜文而尚褧，見《錦賦》顧人褧衣注。《詩》曰：碩人其頎，衣錦褧衣。《禮》曰：衣錦尚絅，惡其文之著也。亦用兵而去戟。《漢輿服志》曰：五霸迭興，戰兵不息，戟非兵飾，於是去戟。斯蓋後聖有作而治其麻絲，變上古羽皮之質。《禮》曰：孔子曰：昔先王未有麻絲，衣其羽皮，後聖有作，治其麻絲，以爲布帛。

馮贄《雲仙雜記》卷二《九華半臂》 闕文衍爲散騎常侍，畫九華山圖於白綾半臂，號九華半臂。自云：令吾此身常在雲泉之内。時逢《青陽記》

羅隱《羅隱集·甲乙集·賀淮南節度盧員外賜緋》 儉蓮高貴九霄閒，粲粲朱衣降五雲。驄馬早年曾避路，銀魚今日且從軍。御題彩服垂天眷，袍展花心透縠紋。應笑當年老萊子，鮮華都自降明君。

羅隱《羅隱集·甲乙集·上鄂州韋尚書》 蘭省换班青作綬，柏臺前引絳爲鞲。都緣未負江山興，開濟生靈校一秋。

羅隱《羅隱集·甲乙集·重過隨州憶故兵部李侍郎恩知，因抒長句》 莊周高論伯牙琴，閑夜思量淚滿襟。四海共誰言近事，九原從此負初心。鷗翻漢浦風波急，雁下郢溪霧雨深。慚愧蒼生還有意，解歌襦袴到如今。

羅隱《羅隱集·甲乙集·漢江上作》 漢江波浪渌於苔，每到江邊病眼開。半雨半風終日恨，無名無跡幾時迴？雲生岸谷秋陰合，樹接帆檣晚思來。對此空慚聖明代，忍教纓上有塵埃。

羅隱《羅隱集·甲乙集·淮南送盧端公歸臺》 鸞凰勢逸九霄寬，北去南來任羽翰。朱紱兩驂王儉府，繡衣三領杜林官。道從上國曾匡濟，才向牢盆始重難。應笑張綱謾生事，埋輪不得在長安。

羅隱《羅隱集·甲乙集·送進士臧濆下第後歸池州》 賦成無處换黄金，却向春風動越吟。天子愛才雖仄席，諸生多病又沾襟。柳攀灞岸狂遮袂，水憶池陽渌滿心。珍重彩衣歸正好，莫將閒事繫升沉。

羅隱《羅隱集·甲乙集·贈滈先輩令狐補闕》 花迎彩服離鶯谷，柳傍東風觸馬鞭。應念凄涼洞庭客，夜深雙淚憶漁船。

羅隱《羅隱集·甲乙集·東歸》 仙桂高似有神，貂裘弊盡取無因。難將白髮期公道，不覺丹枝屬別人。

羅隱《羅隱集·甲乙集·寄第五尊師》 苕溪煙月久因循，野鶴衣裘獨繭綸。只説泊船無定處，不知攜手是何人？

羅隱《羅隱集·甲乙集·送劉校書之新安寄吴常侍》 狂思下國千場醉，病負東堂兩度春。他日酒筵應見問，鹿裘漁艇隔朱輪。

羅隱《羅隱集·甲乙集·感弄猴人賜朱紱》 十二三年就試期，五湖煙月奈相違。何如買取胡孫弄，一笑君王便著緋。

羅隱《羅隱集·甲乙集·上亭驛》 細雨霏微宿上亭，雨中因感雨淋鈴。貴爲天子猶魂斷，窮著荷衣好涕零。

皮日休《皮子文藪》附録一《庚寅歲十一月，新羅弘惠上人與本國同書請日休爲靈鷲山周禪師碑，將還，以詩送之》 三十麻衣弄渚禽，豈知名子徹雞林。勒銘雖即多遺草，越海還能抵萬金。鯨鬣曉掀峯正燒，鼇睛夜没島還陰。二千餘字終天别，東望辰韓淚灑襟。

皮日休《寒日書齋即事三首》之二 不知何事有生涯，皮褐親裁学道家。深夜數甌唯柏葉，清晨一器是雲華。盆池有鷺窺蘋沫，石版無人掃桂花。江漢欲歸應未得，夜來頻夢赤城霞。

崔致遠《桂苑筆耕集》卷一八《謝衣段狀》 某啓：伏蒙恩慈，賜及生衣段一十匹者。伏以風雖解愠，日可畏威，始當蒸鬱之時，忝受鮮華之賜。敢效八公之侶，欲銜六銖；但隨百姓之歡，同歌五袴。況乃某幸趨臺陛，榮託德門，實資千載之遭逢，每濟四時之服飾。愍念而情踰父母，稱揚而禮異賓僚。今者輕縠衫材，細練襌制，俾趨儉幕，許曳鄒裾。雖恩耀遠人，足呈妍於鮫室；而名慙奇士，甘致刺於鵝梁。下情無任感戴之至。

鄭谷《鄭谷詩集》卷四《短褐》 閑披短褐杖山藤，頭不是僧心是僧。坐睡覺來清夜半，芭蕉影動道場燈。

柳永《樂章集》中卷《巫山一段雲》其三 清旦朝金母，斜陽醉玉龜。天風搖曳六銖衣，鶴背覺孤危。

柳永《樂章集》中卷《少年遊》其五 淡黄衫子鬱金裙，長憶個人人。文談閒雅，歌喉清麗，舉措好精神。當初爲倚深寵，無個事、愛嬌瞋。想得别來，舊家模樣，只是一作恁。翠蛾顰。

范仲淹《范文正别集》卷四《道服贊》 平海書記許兄製道服，所以清其意而潔其身也，同年范仲淹請爲贊云。

道家者流，衣裳楚楚，君子服之，逍遥是與。虛白之室，可以居處，華胥之庭，可以步武，豈無青紫，寵爲辱主，豈無狐貉，驕爲禍府。重此數師，畏彼如虎，旌陽之孫，無忝於祖。

張先《張子野詞》補遺上《菩薩蠻》之二 藕絲衫剪猩紅窄，衫輕不礙瓊膚白。緩鬢小横波，花樓東是家。

宋祁《景文集》卷三〇《謝對衣金腰帶鞍轡馬狀》 右，臣伏蒙聖慈，以臣加前件職，特賜對衣金腰帶一條，金鍍銀鞍轡馬一匹者，經幄詳延，甫塵於祕職，規庭需賚，更藉於殊私，内撫肝膺，舉臻榮腆。竊以解衣示寵，莫美於漢臣，錫馬從遊，最榮於唐世，而臣仰丁盛旦，早服華階，因摛句之備員，侈除書之在始。方其伏謝，敕以頒分，焕紋襲於襜裳，爛鏐環於搢帶。材駒半漢，釘轡玲瓏，惟賜予之兼常，實芻微之增詫。誓當夙夜祗力，造次爲仁，俯觀珮璲之長，參惕乘軒之貴，有如皎日，無忘茂恩。

梅堯臣《梅堯臣集》卷一《田家》之四 今朝田事畢，野老立門前。拊頸望飛鳥，負暄話餘年。自從備丁壯，及此常苦煎，卒歲豈堪念，鶉衣著更穿。

梅堯臣《梅堯臣集》卷二《依韻和載陽登廣福寺閣》 過聞聯騎出，登覽思踰清。曉漲林煙重，春歸野水平。始看僊杏發，已愛袂衣輕。誰見吟餘處，殘陽上古城。

梅堯臣《梅堯臣集》卷二《留守相公新刱雙桂樓》 藻棟起霄間，芳條俯可攀。晚雲談次改，高鳥坐中還。日映城邊樹，虹明雨外山。唯應謝池月，來照袞衣閑。

梅堯臣《梅堯臣集》卷二《太尉相公中伏日池亭宴會》 何言避徂暑，清宴水軒閑。竹氣陰池鳳，雲峰照袞山。玳簪方映座，彩服亦承顔。樂奏寒波上，杯香緑芰間。瓜浮五色爛，簾捲半鉤彎。今日賓裾盛，袁劉豈足攀。

梅堯臣《梅堯臣集》卷二《送臧尉》 藹藹神僊尉，西風躍馬歸。離羣賦黄鵠，拜慶著斑衣。雨氣連關黑，槐花上路飛。同爲洛陽客，今日故人稀。

梅堯臣《梅堯臣集》卷二《季父知并州》 雁歸汾水緑，城壓代雲黄。土屋春風峭，氊裘牧騎狂。闗山寧久駐，剩宴柳溪傍。

梅堯臣《梅堯臣集》卷三《客鄭遇曇穎自洛中東歸》 禪衣本壞色，不化洛陽塵。獨有烟霞染，況將山水親。

梅堯臣《梅堯臣集》卷三《武陵行》 厖眉髫髻人，倏遇心顔喜。尚作秦衣裳，那知漢名氏。

梅堯臣《梅堯臣集》卷四《望夫山》 亭亭千古質，曾是念征夫。一作山頭石，畏看天際途。猶如託蘿蔓，不似采蘼蕪。時有江雲近，僊衣挂六銖。

梅堯臣《梅堯臣集》卷五《春陰》 濃淡雲無定，淒微氣宇寒。鳩鳴桑葉吐，村暗杏花殘。客子行裘薄，春塘野水寬。輕雷欣已發，謬作採茶官。

梅堯臣《梅堯臣集》卷七《山村行》 征馬去不息，幽禽隨處聞。深源樹蓊鬱，曲塢花芬蒀。澹澹平田水，濛濛半嶺雲。長鬟弄春女，溪上自湔裙。

梅堯臣《梅堯臣集》卷八《宿州河亭書事》 新衣尚穿束，舊服變褒博。我今貧且賤，短褐隨宜著。

梅堯臣《梅堯臣集》卷八《送王紫微北使》 天子命儒臣，遐方重專對。持書下西閣，擁節來窮塞。貂服紫蒙茸，虎旗光彩綷。將迎走氈騎，衛從羅金鎧。

梅堯臣《梅堯臣集》卷八《送邵夢得永康軍判官》 輕袍遊宦去，匹馬度闗年。若過君平肆，窮通可問焉。

梅堯臣《梅堯臣集》卷九《送新安張尉乞侍養歸淮甸》 天兵出塞日，西尉去官初。却衣老萊服，曾無梅福書。春郊欲迴雁，寒水正沉魚。任意歸舟駛，風烟亦自如。

梅堯臣《梅堯臣集》卷九《襄城對雪》二首之二　登城望密雪，浩浩川野昏。誰思五原下，甲色千里屯。凍禽立枯枝，饑獸齧陳根。念彼無衣褐，愧此貂裘温。

梅堯臣《梅堯臣集》卷一〇《聞尹師魯赴涇州幕》　胡騎犯邊來，漢兵皆死戰，昨聞衛將軍，賢俊多所薦。知君慮不淺，求對未央殿，天子喜有言，軺車因召見。籌畫當冕旒，袍魚賜銀茜，曰臣豈身謀，而邀陛下睠。青衫出二崤，白馬如飛電，關山冒風露，兒女泣霜霰。軍客壯士多，劍藝匹夫衒，賈誼非俗儒，慎無輕寡變。

梅堯臣《梅堯臣集》卷一一《仲春同師直至壠山雪中宿穰亭》　與子乘羸馬，夜投山家宿。風雪滿綈裘，燈火深竹屋。烹雞賴主人，吠犬憎倦僕。明發到巖前，春荑凍雲木。

梅堯臣《梅堯臣集》卷一一《依韻和師直仲春雪中馬上》　自倚春風暖，輕袍犯雪來。過塘迷緑水，拂樹雜芳梅。山蔽峯難辨，樵通徑易開。野行方有味，緩轡不須催。

梅堯臣《梅堯臣集》卷一一《寄謝師直》　傍瞻禹湯迹，競信廟貌靈。邀我陟巉巉，宿霧方冥冥。暗霑衣裘濕，時襲草木馨。

梅堯臣《梅堯臣集》卷一二《吊石曼卿》　獨哦秋露中，豈顧衣裘濕。

梅堯臣《梅堯臣集》卷一四《謝師厚歸南陽效阮步兵》　弊裘一以縫，征塵一以澣。而我客大梁，衣垢自悲歎。

梅堯臣《梅堯臣集》卷一五《寄汶上》　大第未嘗身一至，人猜巧宦我應非。彈冠不讀《先賢傳》，説劍休更短後衣。瘦馬青袍三十載，故人朱轂幾多違。功名富貴無能取，亂石清泉自憶歸。

梅堯臣《梅堯臣集》卷一五《王龍圖知江陵》　捧詔出荆州，天心寄遠憂。行車踐殘雪，寒色犯輕裘。

梅堯臣《梅堯臣集》卷一七《同道損、持國訪孔旼處士》　高廬當大道，節士不肯過。窮巷獨秉德，車馬一何多。勢力走諛諂，禮義服委佗。是以被褐人，長甘北山阿。曰今豈有愧，漁上有行歌。

梅堯臣《梅堯臣集》卷一七《答顯忠上人》　或有袖中詩，語熟氣頗全。曾不類縕褐，始可令勉旃。京師百許寺，知幾相差肩。

梅堯臣《梅堯臣集》卷一七《送韓仲文奉使》　前車渡冰河，後騎鳴金鑣。行行至穹廬，尊我不敢囂。玉爵親獻酬，名裘進狐貂。禮成復命日，苑抑舒楊條。

梅堯臣《梅堯臣集》卷一七《送王宗説寺丞歸南京》　晏歲欲飛雪，滿天含凍雲。犯寒單騎速，獵吹紫裘薰。

梅堯臣《梅堯臣集》卷一八《賜緋魚》　蹉跎四十七，腰間始懸魚。茜袍雖可貴，髮短齒已疎。兒女眼未識，競來牽人裾。不知外朝衆，君恩慙有餘。

梅堯臣《梅堯臣集》卷一八《送陶太博通判廣信軍》　平時易水頭，不復起邊愁。壯士去來久，寒波空自流。臨塘移鷺羽，隔戍見氈裘。半似江南美，軍和臘宴游。

梅堯臣《梅堯臣集》卷一八《聞學士院試含桃薦寢廟詩擬作》　露顆明朝日，朱光逼赭袍。《戴經》傳自久，漢令著方高。天子從玆食，羣臣賜亦叨。

梅堯臣《梅堯臣集》卷一八《和欲雪二首》之一　貂裘著不暖，牙帳曉初開。朔氣還先及，流風亦屢催。

梅堯臣《梅堯臣集》卷一八《再送蒙寺丞赴郢州》　身輕拋馬轡，地暖厭狐裘。慣見顔如玉，江邊問莫愁。

梅堯臣《梅堯臣集》卷一九《澄虚閣》　箘圃隔囂紛，閑來衣練裙。檻邊生静意，水底見微雲。斜照迴晴景，幽芳襲薄薰。主人多賦詠，不減沈休文。

梅堯臣《梅堯臣集》卷一九《行路難》　途路無不通，行貧足如縛。輕裘誰家子，百金負六博。蜀道不爲難，太行不爲惡。平地乏一錢，寸步隣溝壑。

梅堯臣《梅堯臣集》卷一九《詠嚴子陵》　不顧萬乘主，不屈千户侯。手澄百金魚，身被一羊裘。借問此何耳，心遠忘九州。

梅堯臣《梅堯臣集》卷二一《啼禽》　盆蠒未成絲，破袴勸可脱。安知增羞顔，赤脛衣短褐。

梅堯臣《梅堯臣集》卷二一《送許州知録王殿丞》　霜花如鵠毛，萬里點枯槁。曉入蓬池道，寒侵蘇合袍。

梅堯臣《梅堯臣集》卷二二《東城送運判馬察院》　我今出城勤送子，沽酒不惜典弊袍。

梅堯臣《梅堯臣集》卷二二《送邵户曹隨侍之長沙》　青袍會稽掾，采服湘江行。水館魚方美，犀舟枕自清。

梅堯臣《梅堯臣集》卷二二《聞高平公殂謝述哀感舊以助挽歌三首》之二 京洛同逃酒，單袍跨馬歸。明朝各相笑，此分不爲稀。

梅堯臣《梅堯臣集》卷二二《送陸介夫學士通判泰州》 從來戎馬地，饗士日椎牛。介青奉儒服，詩書參將謀。

《送徐君章秘丞知梁山軍》 蒼壁束江流，孤軍水上頭。蛟龍驚鼓角，雲霧裛衣裘。午市巴姑集，危灘楚客愁。使君才筆健，當似白忠州。

梅堯臣《梅堯臣集》卷二二《十一月十三日病後始入倉》 曾非雀與鼠，何彼大倉爲。狐裘破不温，黄狗補其皮。

《閔尚衣盜袴》 昔聞廉叔度，能使民多袴。多袴非或貪，持新不忘故。嗟嗟亦王官，奚自門閾汙。中府中紋綾，袖之呼馬去。左右即其私，邀索乃就捕。三公出死狗，訓導能有素。今同竊鈇者，見爾皆此趣。

梅堯臣《梅堯臣集》卷二三《送樂職方知泗州》 長堤凍柳不堪折，窮臘使君單騎行。蘇合輕裘霜莫犯，銅牙大弩吏先迎。

梅堯臣《梅堯臣集》卷二三《十一日垂拱殿起居聞南捷》 二月雪飛雞狗狂，錦衣走馬回大梁。入奏邕州破蠻賊，絳袍玉座開明堂。腰佩金魚服金帶，榻前拜跪稱聖皇。朝嚴氣變和氣，初令漏泄飛四方。

梅堯臣《梅堯臣集》卷二三《送陳殿丞知韶州》 至今南方熱，臘月裘服輕。事外共廢酒，曲江風物清。

梅堯臣《梅堯臣集》卷二四《送楊辯青州司理》 儒者服褒衣，氣志輕王公。落該網中，折節長俯躬。

梅堯臣《梅堯臣集》卷二七《蘇明允木山》 蘇夫子見之驚且異，買於溪叟憑貂裘。因嗟大不爲梁棟，又歎殘不爲薪櫝。侵蘚澀得石瘦，宜與夫子歸隱丘。

《哀國子黄助教》 儒者務欲博，誦説窮冬秋。裙未及解，含珠以見求。【略】昨日大官薦，青袍變綈裘。朝爲異物，寸禄與命讎。

梅堯臣《梅堯臣集》卷二八《次韻和王景彝十四日冒雪晚歸》 記取明朝朝謁去，毳裘重戴冷寥寥。

梅堯臣《梅堯臣集》卷二九《送劉元忠學士歸陳州省親》 芸香閒秘秩，蘇合著新裘。公子言歸日，天王賜問優。治分周太宰，禮重漢諸侯。拜慶無如樂，黄金作酒舟。

文同《丹淵集》卷一《秦王卷衣》 咸陽秦王家，宫闕明曉霞。丹文映碧鏤，光采相鉤加。銅螭逐銀猊，壓屋矜蟠拏。洞户鎖日月，其中光景賒。春風動珠箔，鸞額金窠斜。美人却扇坐，羞落庭下花。閒弄玉指環，輕冰扼紅牙。君王顧之笑，爲駐七寶車。自卷金縷衣，龍鸞蔚紛葩。持以贈所愛，結歡期無涯。

文同《丹淵集》卷一三《仙人二首》其一

身著青羅緋衣裙，口誦白羽黑翮文。半空欲下復不下，回首翩然歸五雲。

栢枝石

紫蘚裝花帽，紅藤纏臂韝。被誰留斷拍，長舞不教休。

沈括《長興集》卷一《除翰林學士謝賜對衣鞍轡馬表》 臣某言：伏蒙聖慈，賜臣衣一襲，金腰帶一條，銀鞍轡馬一疋者。司服在庭，校人致命。被眷私之安燠，傳顯飾死之有階，非没身而不已。循踐此語，灰粉爲期，臣某無任瞻天荷聖，激切屏營之至，謹奉表稱謝以聞。

沈括《長興集》卷二《謝賜衣襖表》 臣某言：今月一日，左侍禁倪詢到延州，伏蒙聖慈，特降勅書，賜臣翠毛細錦綿旋襴一領，兼賜就糧本城諸軍員寮等初冬衣襖，餘從宣命指揮者。臣等已於當日各祇受訖。使人即詔，筒服將恩，發命之初，心已踰於挾纊，拜榮之日，氣驟劇於噓枯。顧無荷戟之勞，越受解衣之賜，捐身爲誓，力報唯期，臣某中謝。伏惟皇帝陛下，躬聖神之欽明，並天地之化育，旁修補發之令，下及封疆之臣，興篚錫以鈞休，授使華而致寵。服而視事，敢忘都士之有常，被以書行，深懼梁鵜之不稱。期於顛隕，莫踰榮恩。臣與本路將佐諸軍等無任感天荷聖，激切屏營之至，謹奉表稱謝以聞。

沈括《長興集》卷三《謝賜戎服表》 臣某言：今月初八日，準御前封遞到賜目一道，賜臣戎服紫緊絲陷銀線花襖子一領，紅罽錦陷金銀勒帛一條，烏漆和泥金陷蚌裝花鞘手刀一口，豹皮襦裹韄靬一副，金線烏梢細弓一張，射甲長箭五十隻，銀纏桿槍二條，繡門旗二面者，二矛交輾，先王所以謀有功，淑旗大綏，燕師所以席嘉寵。壯戎昭之美耀，煥武服之華章，敢圖之才，過叨眷渥。臣某中謝，此蓋皇帝陛下，貫道命以端本，兼權實以趣方，恢不世之奧區，紹格天之峻烈。大錫師中之命，申嚴閫外之威，顧無方叔之壯猷，越受武公之分命。賜書出道，馳騎傳呼，駭衆目以衆觀，舉一軍而皆賀。匈奴未滅，誓摩壘以先登，玁狁於裏，嬰前疑而敢避，益堅素志，圖報異恩。臣某無任感天荷聖，激切屏營之至，謹奉表稱謝以聞。

沈括《長興集》卷三《謝賜對衣表》 臣某言：凖都進奏院遞到中書劄子一道，伏蒙聖慈，賜臣衣一副，金腰帶一條者。悸帶異章，粲衣被體，仰天威之咫尺，對命節之光華。臣某中謝，伏念臣降才鯫愚，趣學卑陋，獎進幸逢於樂育，提攜獨出於聖知。誤忝榮塗，對襲内衣者四詔，一辭魏闕，不侍清光者六年。西殿叙班，爲陳迹之已久，兼金在笥，感舊物之復還。追故步以驚心，拜深恩而涕泣，此蓋皇帝陛下，廓兩儀之度，總萬化之原，灼三宅以興民，差六章而疇績，賁仙花之美飾，副威鳳之彌文。瞻篚錫之來，猶記尚衣臚句之節，望宸居而拜，如聞内朝鐘皷之音。異數屢頒，此生難報，惟畢忠勤之誓，少伸螻蟻之誠。臣某無任感天荷聖，激切屏營之至，謹奉表稱謝以聞。

蘇轍《欒城集第三》卷一《上元不出》 春寒未脱紫貂裘，燈火催人夜出遊。老厭歌鍾空命酒，病嫌風露怯登樓。擁袍坐睡曾無念，結客追歡久已休。試問西鄰傳法老，此時情味似儂不？

王珪《華陽集》卷二九《撫問韓絳等禦寒衣服口宣》 有敕，敵祲未夷，王師在外，惟風霜之所薄，固夙夜之多廑，特致恩頒，更爲寒禦。

黄庭堅《山谷集》卷八《顔徒樂貧》其一 衡門低首過，環堵容膝坐。四旁無給侍，百衲自纏裹。論事直如絃，觀書曲肱卧。飢來或乞食，有道無不可。

賀鑄《東山詞》卷一《翦征袍》 拋練杵，傍窗紗。巧翦征袍鬭出花。想見隴頭長戍客，授衣時節也思家。

賀鑄《東山詞》卷一《醉厭厭 南歌子》 紫陌青絲鞚，紅塵白紵衫。誰憐繡户閉香奩，分付一春心事、兩眉尖？ 怯冷重熏被，羞明半捲簾。歡歸斜□□□□，□□□□□□、醉厭厭。

賀鑄《東山詞》卷一《暈眉山》 鏡暈眉山，囊熏水麝，凝然風度長閒暇。歸來定解鷫鸘裘，换時應倍驊騮價。

賀鑄《東山詞》卷二《菩薩蠻》之一〇 朱甍碧樹鶯聲曉，殘醺殘夢猶相惱。薄雨隔輕簾，寒侵白紵衫。 錦屏人起早，惟見餘妝好。眉樣學新蟾，春愁入翠尖。

賀鑄《東山詞》卷二《雨中花》 回首揚州，猖狂十載，依然一夢歸來。但覺安仁愁鬢，幾點塵埃。醉墨碧紗猶鎖，春衫白紵新裁。認鳴珂曲裏，舊日朱扉，閑閉青苔。

賀鑄《東山詞》卷三《減字浣溪沙》之一〇 宫錦袍熏水麝香，越紗裙染鬱金黄，薄羅依約見明妝。 繡陌不逢攜手伴，綠窗誰是畫眉郎？春風十里斷人腸。

晁補之《雞肋集》卷一四《漫成呈文潛五首》其三 十年閉户不作舞，爲客一整紅羅裙。莫倚琵琶解寫怨，朱簾垂下阿誰聞。

晁補之《雞肋集》卷二一《仲光寄紵袍》 手裁白紵製新袍，犢鼻應憐犬子勞。倚仗衡門聊服此，良人身不屬臨洮。

晁補之《雞肋集》卷五四《謝賜春衣表》 臣補之等言：勾萌畢奮，慶賜可行，土牛久飾於送寒，幽籥未歌於逆暑。迺眷造庭之彦，爰開在笥之良，肆有等差，均於覆被。中謝恭惟皇帝陛下，宣人布政，育物爲功，卉皮自適於陰陽，罽毯同和於天地，既陶無外之化，亦需咸若之恩。織篚亂流，豈惟加五百里之遠，女工同燎，故復半三十日之收。矧是具僚，與之同體，適及風雩之後，大頒帑帛之珍。君賜足榮，不嘆無衣之七，王章有分，庶逃終褫之三。誓各糜捐，以圖報稱。

《代北京留守謝冬衣表》 涼風退暑，流火戒寒，爰開在笥之良，式厚兼衣之寵，居然被服，同此恩榮。臣某等中謝恭惟皇帝陛下，至健體元，大明燭隱。室灰爲候，載先栗冽之期，帑帛用頒，肆有等差之賚。臣等均雨露重霄之施，忘冰霜瀕朔之勞，誓竭愚忠，仰酬聖造。

陳師道《後山集》卷一九《談叢》 夏英公伏日，供帳温室，戒客具夾衣，客皆笑之。既坐，體寒生粟，乃以漆斛漬龍皮也。酒半，取瓦礫蘸藥水爲黄金以娱客。

周邦彦《清真集》補遺《鵲橋仙令》 浮花浪蕊，人間無數，開遍朱朱白白。瑶池一朵玉芙蓉，秋露洗、丹砂真色。 晚涼拜月，六銖衣動，應被姮娥認得。翩然欲上廣寒宫，横玉度、一聲天碧。

洪适《盤洲文集》卷二五《代邊將謝賜春衣表》 聖主疇勞，載錫春成之服。戎亭拜命，咸叨天賜之恩。稽首歡呼，省躬感厲。中謝切以楚人挾纊，彰拊循士卒之能，漢祖解衣，得駕馭英雄之術。蓋君之視臣，尚思於足體，則下之報上，當務於捐軀。洪惟清朝，高視前古，既九月舉授衣之典，復三春施賜帛之仁。駐韡聞詩，常有及時之喜，與袍同澤，深懲偕作之非，遂致無庸，亦霑大賚。茲蓋伏遇皇帝陛下，握乾立極，乘震當陽，服光武之大冠，久茲得衆，愛韓昭之弊袴，必以旌功，方陽律之始。回念征夫之在遠，爰出有司之幣，以爲公子之裘。萬里乘邊，未著七擒之績，十行頒札，遂膺一襲之恩。拜貺甚優，論疇何有。臣敢不書紳佩德，斂衽思忠，揭竿爲旗，誓奮犀渠之勇，何戈與祋，庶逃鵜翼之譏。

洪适《盤洲文集》卷四四《辭免賜衣帶劄子》 臣今月十九日正謝伏蒙聖慈，例賜臣對衣、金帶、魚袋鞍馬。緣臣於今月初九日，已蒙聖慈，特降中使，賜臣笏頭、金帶、魚袋、牙簡、鞍馬。今來儻或疊冒寵私，在臣愚分，不遑安處，伏望睿慈將例賜金帶、魚袋等特行寢罷，庶遵彝典，不勝幸願。取進止。

洪适《盤洲文集》卷七九《浣溪紗餞范子芬行》 整頓春衫欲跨鞍，一杯相屬少開顔，愁蛾不似舊時彎。 未見兩星添柳宿，忍教三疊唱陽關，相思空望會稽山。

洪邁《容齋隨筆》卷一《唐人重服章》 唐人重服章，故杜子美有「銀章付老翁」，「朱紱負平生」，「扶病垂朱紱」之句。白樂天詩言銀緋處最多，七言如：「大抵著緋宜老大」，「一片緋衫何足道」，「暗淡緋衫稱我身」，「酒典緋花舊賜袍」，「假著緋袍君莫笑」，「腰間紅綬繫未穩」，「朱紱仙郎白雪歌」，「腰佩銀龜朱兩輪」，「便留朱紱還鈴閣」，「映我緋衫渾不見」，「白頭俱未著緋衫」，「緋袍著了好歸田」，「銀魚金帶繞腰光」，「銀章暫假爲專城」，「新授銅符未著緋」，「徒使花袍紅似火」，「似挂緋袍衣架上」。五言如：「未換銀青綬，唯添雪白鬚」，「笑我青袍故，饒君茜綬新」，「老逼教垂白，官科遣著緋」，「那知垂白日，始是著緋年」，「晚遇何足言，白髮映朱紱」。至於形容衣魚之句，如：「魚綴白金隨步躍，鵠銜紅綬繞身飛。」

陸游《劍南詩稿》卷六《自小雲頂上雲頂寺》 素衣雖成緇，不爲京路塵，躍馬上雲頂，欲呼飛仙人。飛仙不可呼，野僧意甚真，煎茶清樾下，童子拾墮薪。我少本疎放，一出但坐貧。縛袴屬櫜鞬，哀哉水雲身。此地雖暫寓，失喜忘吟呻。故溪歸去來，歲晚思鱸蓴。

陸游《劍南詩稿》卷一〇《贈楓橋化城院老僧》 老宿禪房裏，深居罷送迎。爐紅豆萁火，糝白芋魁羹。毳衲年年補，紗燈夜夜明。門前霜半寸，笑我事晨征。

陸游《劍南詩稿》卷二二《晚興》 白布裙襦退士裝，短籬幽徑獨相羊。莎根蟋蟀催秋候，稗穗蜻蜓立晚涼。屈子所悲人盡醉，酈生常謂我非狂。知心賴有青天在，又炷中庭一夕香。

陸游《劍南詩稿》卷二三《題湖邊旗亭》 春色初回杜若洲，佳人又典鷫鸘裘。八千里外狂漁父，五百年前舊酒樓。

陸游《劍南詩稿》卷二三《晚秋農家》 東鄰稻上場，勞之以一壺；西鄰女受聘，賀之以一襦。誠知物寡薄，且用交里閭。努力畢農功，租賦勿後輸。

陸游《劍南詩稿》卷二四《戲詠村居》 馬跡車聲斷已無，隣翁笑語自相呼。衣裁大布如亭長，船設低篷學釣徒。愍物欲師僧施食，畏人愁報吏催租。陳蕃壯志消磨盡，一室從今却掃除。

陸游《劍南詩稿》卷二五《老將》 百戰西歸變姓名，悲歌擊筑醉湖城。貂裘換得金鴉觜，種藥南山待太平。

陸游《劍南詩稿》卷二八《霜天雜興》 萬鼓風聲吼屋邊，老人裘絝旋裝綿。晨梳墮髮知衰甚，夜枕聞雞尚慨然。身後文章空飽蠹，眼前交舊半沉泉。飯蔬飲水平生慣，恥向天公更乞憐。

陸游《劍南詩稿》卷二九《賽神曲》 擊鼓坎坎，吹笙嗚嗚。綠袍槐簡立老巫，紅衫繡裙舞小姑。

陸游《劍南詩稿》卷三二《上巳書事》 單衣初著下湖天，飛蓋相隨出郭船。得雨人人喜秧信，祈蠶户户斂神錢。黄雞煮臛無停筯，青韭淹葅欲墮涎。丞相傳聞又三押，衡茅未改日高眠。

陸游《劍南詩稿》卷三二《春夏之交風日清靈欣然有感》 天遣殘年脱馽羈，功名不恨與心違。綠陂細雨移秧罷，朱舫斜陽擘紙歸。花市丹青賣團扇，象牀刀尺製單衣。白頭曳杖人爭看，共歎浮生七十稀。

陸游《劍南詩稿》卷三八《立冬日作》 室小財容膝，牆低僅及肩。方過授衣月，又遇始裘天。寸積篝爐炭，銖稱布被綿。平生師陋巷，隨處一欣然。

陸游《劍南詩稿》卷五四《村居》 遊子從來念故鄉，我歸仍得值豐穰。粗繒裁製襜褕暖，肥羜烹調餺飥香。對客不妨依几杖，呼兒時與話畊桑。却慚未解真齊物，猶揀山村静處藏。

陸游《劍南詩稿》卷六〇《大雪》 海天黯黯萬重雲，欲到前村路不分。烈風吹雪深一丈，大布縫衫重七斤。

陸游《劍南詩稿》卷六四《感遇》 仕宦五十年，終不慕熱官。年齡過八十，久已辦一棺。結廬十餘間，著身如海寬。此外皆長物，簡去心始安。稱意多怒嗔，易可出艱難。我無狐白裘，短褐亦禦寒。

陸游《劍南詩稿》卷七四《新春感事八首終篇因以自解》(之七) 梁州陌上女成羣，銅緑春衫罨畫裙。相喚遊家園裏去，鞦韆高挂欲侵雲。

陸游《劍南詩稿》卷七八《村女》 白襦女兒繫青裙，東家西家世通婚。采桑餉飯無百步，至老何曾識别村！

陸游《劍南詩稿》卷八三《劉道士贈小葫蘆》 短袍楚製未爲非，況得藥瓢相發揮。行過山村傾社看，絶勝小劍壓戎衣。

陸游《渭南文集》卷二《文武百僚謝冬衣表》 霜露既降，著孟冬始裘之文，法制具存，舉九月授衣之令。進趨襜翼，拜舞光華。中謝恭惟皇帝陛下，大度并包，至仁滲漉。及是月也，初有祁寒之虞，念無衣兮，俾膺好賜之厚，疏恩榮於在列，斥府庫之餘藏。臣等誤荷選掄，獲霑錫予，覩萬里農桑之業，共樂時平，誦羣臣幣帛之詩，誓圖忠報。

楊萬里《誠齋集》卷四〇《曬衣》 亭午曬衣晡褶衣，柳箱布襆自携歸。妻孥相笑還相問，赤脚蒼頭更阿誰。

張綱《華陽集》卷三七《次韻周伯謝綿襖長篇》 最宜爲誥唐仲舒，《上林》、《子虛》漢相如。喜君萬事懶著眼，獨尚文章情未疎。家貧肯戀儋石儲，船漏則已那復袽。素志蹉跎雪侵鬢，青衫匍匐塵滿裾。可憐虞翻屯骨相，相逢呼我丈人行。夜聞抵掌論開邊，怒髮衝冠亦何壯。鷫裘典盡終諱寒，忍寒悲歌行路難。綈袍恐貽范叔怒，長篇忽掃烏絲闌。辭章典要古所尚，餘子碌碌何足仰。願君回筆頌皇猷，偃武修文答靈貺。天子亟欲聞盡言，前席還應虚黈纊。

范浚《香溪集》卷四《賀茂寛兄賜緋》 褒功傳紫詔，賜服下丹墀。朱紱榮書記，銀章付拾遺。鳬鳬隨步趾，象笏映鬚眉。更卜垂三組，它年佩陸離。

辛棄疾《稼軒詞》卷一《水調歌頭》 落日古城角，把酒勸君留。長安路遠，何事風雪敝貂裘？散盡黄金身世，不管秦樓人怨，歸計狎沙鷗。明夜扁舟去，和月載離愁。

辛棄疾《稼軒詞》卷一《水調歌頭》舟次揚州，和楊濟翁、周顯先韻。 落日塞塵起，胡騎獵清秋。漢家組練十萬，列艦聳層樓。誰道投鞭飛渡，憶昔鳴髇血污，風雨佛貍愁。季子正年少，匹馬黑貂裘。

辛棄疾《稼軒詞》卷二《鷓鴣天》送廓之秋試。 白苧新袍入嫩涼，春蠶食葉響迴廊。禹門已準桃花浪，月殿先收桂子香。 鵬北海，鳳朝陽，又攜書劍路茫茫。明年此日青雲上，却笑人間舉子忙。

辛棄疾《稼軒詞》卷二《鷓鴣天》游鵝湖，醉書酒家壁。 春入平原薺菜花，新耕雨後落羣鴉。多情白髮春無奈，晚日青簾酒易賒。 閒意態，細生涯，牛欄西畔有桑麻。青裙縞袂誰家女，去趁蠶生看外家。

辛棄疾《稼軒詞》卷二《江神子》 梅梅柳柳鬭纖穠。亂山中，爲誰容？試着春衫，依舊怯東風。何處踏青人未去？呼女伴，認驕驄。 兒家門户幾重重。記相逢，畫樓東。明日重來，風雨暗殘紅。可惜行雲春不管，裙帶褪，鬢雲鬆。

辛棄疾《稼軒詞》卷二《水調歌頭》題永豐楊少游提點一枝堂。 萬事幾時足，日月自西東。無窮宇宙，人是一粟太倉中。一葛一裘經歲，一鉢一瓶終日，老子舊家風。更着一杯酒，夢覺大槐宫。

劉克莊《後村集》卷一《題寺壁二首》 栢子薰衣眉暈銷，女垣榆影冷蕭蕭。屏山一枕遊方夢，橫錫飄然過石橋。

素練寛裁白社衣，普陀煙裏現幽姿。日長讀徹楞伽了，閒折柑花供祖師。

劉克莊《後村集》卷八《苦寒行》 十月邊頭風色惡，官軍身上衣裘薄。押衣勑使來不來，夜長甲冷睡難著。長安城中多熱官，朱門日高未啓關。重重幃箔施屏山，中酒不知屏外寒。

劉克莊《後村集》卷八《寄衣曲》 征夫去時著紵葛，征夫未回天雨雪。夜呵刀尺製寒衣，兒小却倩人封題。上有淚痕不教洗，征夫見時認針指。殷勤著向邊城裏，莫遣寒風吹朘理。江南江北一水間，古人萬里戍玉關。

劉克莊《後村集》卷一〇《環碧寒甚移宿客邸》 香歇朝衣嫩更熏，夢殘宫漏遠難聞。漫郎不稱青綾被，退士唯堪白布裙。

劉克莊《後村集》卷四二《擬謝衣帶鞍馬表》 蕪辭奚取，掌中禁之絲綸，殊渥有加，輟尚方之服御。寵綏攸逮，捧戴曷勝。臣中謝臣藍縷寒蹤，虺隤暮齒，向也錫之鞶帶，竟招三褫之尤政，惟範我馳驅，未有一禽之獲，敢圖朽質，復玷恩光。茲蓋伏遇皇帝陛下，藩飾治功，攬收威柄，解衣以待士，尤感於招徠，持策而臨材，一歸於駕馭。不然衰悴，曷致輕肥。臣綿力雖疲，丹心尤壯，願言補衮，輔時政之闕遺，未忍執鞭，求此生之富貴。

《宋詩紀事》卷一七陳舜俞《騎牛歌》 布袍葛帶烏接䍦，山家裝束不時宜。

《全宋文》卷三二〇彭齊《謝賜衣表》 墨詔明奎，如對象天之衮；御香暗襄，俄驚在笥之衣。遥望龍顔，伏增鼇抃。恭惟陛下憂勤庶政，樂育英才。候甫届於初冬，禮特頒於時服。歌《蓼蕭》而行麗澤，雨沛堯言；詠《皇華》而遣使臣，星馳漢傳。齊忝三司之外寄，處萬里之邊防。久遇時平，莫展飛絲之效；再迎君使，愈慚挾纊之恩。頓回大蕤之春，未脱扶桑之椹。襟裙色動，冠帶光增。齊敢不恪守官箴，精求民瘼。下以免素餐之誚，上以符洪覆之仁。几杖盤盂，刻魯史災身之戒；出處語默，免詩人無褐之嗟。光緒《吉水縣志》卷四九，光緒元年刻本。

（向以鮮校點）

《全宋文》卷三八七范仲淹《道服贊》 平海書記許兄製道服，所以清其意而潔其身也。同年范仲淹請爲贊云：

道家者流，衣裳楚楚。君子服之，逍遥是與。虚白之室，可以居處。華胥之庭，可以步武。豈無青紫，寵爲辱主。豈無狐貉，驕爲禍府。重此數師，畏彼如虎。旌陽之孫，無忝於祖。《范文正公别集》卷四。又見《鐵網珊瑚》卷二、《停雲館帖》卷六、《大玉煙堂帖》卷二〇、《聚仁堂帖》卷三、《大觀録》卷三、《三希堂法帖》。

《全宋文》卷八六田錫《謝賜冬衣狀》一 右臣今月十三日祗候内品任延保到州，伏蒙聖慈賜臣紫敧正縧旋襴一領，并敕書撫問，兼賜屯駐本城諸軍員寮等衣襖，已準宣俵散訖。伏以江國祈寒之際，金門慶賜之初，瑞雪纔飛，早梅方拆，俯閲出綸之詔，拜手知榮；跪承挾纊之恩，撫躬增感。竊以臣忝分憂寄，豈著微勞？揮涕淚以霑襟，寧酬玄造；對衣裘之在笥，益勵丹衷。《咸平集》卷二六。

又《謝賜冬衣狀》二 右臣今月二十三日教閲内品林延壽至，伏奉敕書賜臣紫敧正縧旋襴一領，兼賜屯駐本城員寮衣襖，已準宣俵散訖。歡呼拜恩，俯僂跪受。詔以出綸之命，宸獎難勝；頒之在笥之衣，戎容共悦。伏念臣久違近侍，繼忝分憂。美服爲榮，敢忘益恭之訓；撫躬知感，寧酬慶賜之恩。同上。

又《謝賜冬衣狀》三 右臣今月四日翰林待詔王祐至，伏蒙聖慈賜臣敕書一道勉諭，并賜紫敧正綿旋襴一領，兼賜就糧諸軍員寮等衣襖，尋準宣俵散訖。伏以祈寒之節，初戒於霜嚴；慶賜之恩，普覃於天下。守方猛士，衛社勳臣，宜挾纊以頒宣，表出綸之渥澤。臣忝分朝寄，叨布藩條。慚無襦袴之謡，亦荷衣裘之賜。俯伏拜慶，歡呼戴恩。喜動連營，春色先歸於細柳；職拘守土，夢魂徒繞於禁林。同上。

又《謝賜冬衣狀》四 右臣正月二十八日翰林藝學、光禄寺丞郝承惠到，伏蒙聖慈賜臣紫敧正綿旋襴一領，并賜敕書撫問，兼賜員寮衣襖，已準宣俵散訖。臣忝分憂寄，未展微勞；爰及祁寒，例霑慶賜。俯僂聽出綸之命，歡呼承在笥之衣。禮厚頒裘，省躬靡稱；恩深挾纊，撫己難勝。唯堅忠恪之心，上報照臨之德。同上。

又《謝賜冬衣狀》五 右臣今月八日使臣後苑打毬祗候、三班奉職張珏押衣襖到，伏蒙聖慈賜臣敕書一道，并紫敧正綿旋襖一領，及軍員冬衣等，已依宣命俵散訖。伏以祁寒初戒，慶賜咸均。星使降於禁闈，時服頒於郡國。竊以臣素無才術，叨奉詔條，歲月再周，勞效未著。承出綸之問諭，荷挾纊之恩榮。捧圭而既覺難勝，束帶而益知靡稱。歡呼就列，拜聖君臨照之私；感激於懷，愧微臣尸素之幸。敢不恪居官次，慎守公方，冀伸絲髮之微勞，上答君親之厚施。同上。

又《謝賜冬衣狀》六 右臣今月日秋官正趙昭益到州，伏蒙聖慈賜臣敕書一道撫問，并紫敧正綿旋襴一領者。伏以祁寒初届，慶賜遂行。天人降自於禁闈，時服頒宣於外郡。臣忝分憂寄，恭守詔條，愧無勞能，亦荷寵錫。俯僂閲出綸之詔，歡呼承挾纊之恩。輕暖在躬，禦風霜之凜冽；兢慚省己，霑雨露之涵濡。唯勵丹誠，上酬玄造。同上。

《全宋文》卷一〇六張詠《謝賜衣襖狀》 右臣今月日某官至，伏奉詔書，賜臣簇四雕兒細錦綿旋襴一領、大綾夾襪頭袴一腰，并屯駐駐泊本城軍員等初冬衣襖者。祗荷寵靈，不任感懼。恭以聖主推恩，本期於均物；下臣宣力，貴在於報功。臣素昧政材，謬膺朝寄。風猷未著，徒煩求瘼之心；頒賚忽臨，但覺華身之幸。彼其有刺，履薄是虞。此蓋皇帝陛下秉道惟微，納隍是則。端居密殿，念分命之勞；式御重裘，思切肌之冷。用使司衣藏事，中府掄官，遍走列城，第賜新服。彩紋綷錯，與麗日以爭光；詔旨隱憂，擬陽春之并照。臣得不徇其所自，勵乃寸誠，更求鎮靜之方，少贖冒榮之咎。云云。《乖崖先生文集》卷一一。

《全宋文》卷一一一吴淑《衣賦》 黄帝垂衣裳而天下治，蓋取諸乾坤。若夫縞衣綦巾，聊樂我員，或以取睢涣之麗，或以象翬翟之文。無褐而寧能卒歲，不衷而還復災身。蜉蝣之羽，衣裳楚楚。續爲繭而緼爲袍，袂應規而袷如矩。中山則悟其顛倒，若敖則始於藍縷。短毋見膚，長毋被土，襜則蔽前，幅聞在下。周瑜既荷於百領，南粤亦蒙於三褚。驚耿恭之穿決，訝張融之粗故。范曄致思以精微，到溉顯名於率素。襲此黼領，被茲繡裳。我韍兮子佩，上玄兮下黄。笑何容之焦背，驚陳暄之上堂。楚莊既見於博袍，沈慶俄聞於急裝。爾其更始諸于，申生偏裻，袷袢戍削，紆餘委曲。被以曳婁，樂茲安燠。戴《禮》既明於五法，齊國亦供其三服。至於彦回羅襦，邊讓襜褕，聊以旌禮，期之暖膚。美朱勃之方領，偉江充之曲裾。意惻西華之葛，價騰王導之練。至夫法圭刀之形，列雕雁之制，刺彼維鵜，戒其在笥。既順序而有文，亦從容而不貳。或被之而象天，或斷之而離地。尹、范則互爲出入，僑、札則交相贈遺。三命有葱衡之錫，一篋慰寒泉之思。則有顯宗之嘉郭賀，宋高之喜超宗。或挂神武之門上，或爛郭文之户中。伏儉德於晏子，挹清節於祭彤。載寢而暗驚持玉，長裾而乍喜陵風。「豈曰無衣，與子同澤。」莊子之對魏王，豫讓之報智伯。亦聞美管寧之儉，歎王允之清。識榮啓之縣衰，見董威之結繒。若夫展白無文，緑黑有裏，授之九月，戒其三褫。在齊國而曾聞至骭，入漢宫而未嘗曳地。子夏既困於縣鶉，林既亦傳於衣葦。綫見方來，繡聞直指。觀采錯於張嵊，喜爛斑於萊子。復有哀忠之詣王朗，魏文之待楊彪。江湛浣之而稱疾，子服言之而見囚。至若朱博大袑，雋生盛服，齊桓惡紫，晉文矯俗。析淪之綱，頻斯之玉。宋景之於翡翠，田文之譏綺縠。乘大車者如菼，祭先蠶者如鞠。委委蛇蛇，象服是宜。狐尾、虎文之飾，雉頭、火浣之奇。正色、間色之異，執衽、扱衽之儀。商火、夏山之制，前方、後剉之規。識唐帝之三浣，辨漢高之五時。逢山甫而見補，遇武公而改爲。商紂投火以蒙寶，宋明憎風而用皮。三世方知其被服，五采則見其彰施。馬援都布，仲尼逢掖。粗疏既訝於馬后，鮮明復稱於王吉。或振之而因浴，或題之而見易。王敦脱故而自如，桓沖怒新而理屈。既韜文而尚褧，亦用兵而去韍。斯蓋後聖有作而治其麻絲，變上古羽皮之質。《事類賦》卷一一，嘉靖十六年秦汴刊本。

《全宋文》卷一四一王禹偁《謝衣襖表》 臣某言：今月十七日，供奉官、閤門祗候景元到州，伏奉聖恩，賜臣敕書一道、紫欹正綿旋襴一領者。臣當時與官吏軍員將校等望闕謝恩訖。遠降王人，遍頒時服，捧如綸而增懼，對挾纊以知榮。中謝。伏念臣素乏藝文，猥塵清近，雖罷金鑾之職，尚分銅虎之符。而自移理藩宣，始踰旬浹，莫著袴襦之詠，空慚凋瘵之民。此者伏遇尊號皇帝陛下政在宵衣，恩加露冕，特有祁寒之賜，俾無卒歲之虞。開緘併集於榮光，宣詔更增於和氣。飾之瑞獸，空傾率舞之心；微乃維鵜，難免彼己之刺。伏限權司郡事，不獲躬拜闕庭，臣無任云云。《小畜集》卷二一。

《全宋文》卷四九二宋祁《謝對衣金腰帶鞍轡馬狀》一 右臣伏蒙聖慈以臣加前件職，特賜對衣金腰帶一條，金鍍銀鞍轡馬一匹者。經幄詳延，甫塵於祕職；規庭需賚，更藉於殊私。内撫肝膺，舉臻榮腆。竊以解衣示寵，莫美於漢臣；錫馬從游，最榮於唐世。而臣仰於盛旦，早服華階。因摘句之備員，侈除書之在始，方其伏謝，敕以頒分。焕紋襲於襜裳，爛鏐環於搢帶。材駒半漢，釘轡玲瓏。惟賜予之兼常，實努微之增詫。誓當夙夜祗力，造次爲仁。俯觀珮璲之長，參惕乘軒之貴，有如皎日，無忘茂恩。《宋景文集》卷三〇。

《謝對衣金腰帶鞍轡馬狀》二 右臣伏蒙聖慈，以臣入院，特賜衣一對，金腰帶一條，金鍍銀鞍轡馬一匹者。近司被召，錫品需華。祗受寵頒，叢臻媿緒。恭以命賜之設，眷厚是將。安吉美於詩人，蕃庶表於侯象。洪惟聖世，務尚前猷。美禁署之始除，焕儒林之新式。因其衆謝，侑以多儀。笥服裁鮮，鐶金飭具。斥衛鞍之寶鉸，解材駟於天閑。下拜神墀，爛盈私室。而臣猥從末至，甫望清光。視書詔以未能，假器章而太甚。人斯誤舉，已無收汗之期；賞復冒叨，安逭濡鵜之誚？誓堅盡瘁，少答詳延。《宋景文集》卷三〇。

《謝對衣金腰帶鞍轡馬狀》三 振擢云初，頒分有典。恩雖將意，媿不容顔。伏念臣久去嚴深，弗專辭贊。蒙收還於玉署，復修潤於緡言。而佁儗塵容，支離病骨，謀無故勇，貌有新衰。方深舊貫之慚，更侈多儀之貺。襲衣聯褚，梁帶横金。侑以材驄，副之寶鉸。雖朝稽成式，本優待於畯良；而士有冒居，迺例蕃於錫予。仰循異渥，内揆無堪。服以光軀，慶揖私之有焕；乘而致寇，惕觀象以蒙譏。荷寵兼常，撫衿充感。《宋景文集》卷三〇。

《謝對衣金腰帶鞍轡馬狀》四 右臣伏蒙聖慈，以臣前件職，特賜衣一對，金腰帶一條，金鍍銀鞍轡馬一匹者。侈袂光軀，寶釘照笥。斥内閑之半漢，副釘鉸之精良。并侑茂恩，庸褒近職。胡寧韜懵，遂忝頒分。伏念臣本以避親，特蒙换秩。始踐鳳阿之祕，方陳梟藻之歡。而朝循舊草，賜存成式。匪爲人而廢禮，姑異數以勸能。麗服横金，爰重寘行之寵；材駼耳轡，居爲執御之華。被錫於兹，撫躬何幸。儻屯愚之可勉，圖尺寸以爲酬。《宋景文集》卷三〇。

《定州謝對衣金帶鞍馬狀》 右臣準中書劄子，以臣除前件職，奉聖旨，賜臣對衣金腰帶鞍轡馬，仍差殿直李宗偉就定州給賜者。寵名冒進，賜品臨頒。使者發齎，邦人改觀。伏念臣年塗衰遠，襟府塵蒙，違去清厢，保障窮塞，報政無日，待罪再兹。本緣假節以非真，宜與過更而皆罷。迺蒙皇帝陛下垂矜久戍，特改近班。因加秩之命云初，舉有分之錫惟舊。褒衣圍帶，釘轡名駒。本三朝之餘珍，重兩驂之私駕。曳焉稱體，知露冕以非榮；乘以按屯，遂據鞍而忘老。撫恩云厚，有殞爲酬。《宋景文集》卷三〇。

《全宋文》卷八〇〇張方平《除翰林學士謝賜對衣腰帶鞍轡馬狀》 伏蒙聖慈以臣入院，特賜衣一對，金腰帶一條，金鍍銀鞍轡馬一匹者。宸檢開榮，禁扉傳召，亟承蕃錫，彌惕愚襟。伏以車服以庸，名器不假。漢儒被寵，用彰稽古之能；唐制踵華，仍集拜嘉之始。限分職秩，沿著儀章。臣猥以菲才，遘於熙旦，方翔省户，遽踐鑾坡。祇命有初，頒恩薦及。天閑駔駿，飾以金鑣，御府衣稱，副之釘帶，備陳榮觀，曷稱孱軀？期罄樸忠，仰裨褒遇。《樂全集》卷三〇。

又《兼侍讀學士知秦州謝賜對衣腰帶鞍轡馬狀》 伏蒙聖慈以臣授兼翰林侍讀學士，特賜衣一對，金腰帶一條，金鍍銀鞍轡馬一疋者。進職經筵，靡容於讓避；推恩禁坐，仍厚於頒宣。異數并隆，危衷增愧。竊以服惟章德，名器當慎於假人；馬以錫侯，負乘或譏於致寇。豈宜孱瑣，優獲寵華？臣學術空疏，材謀譾薄。乏論思之奥，塵從橐以横經；昧節制之長，委分符而授鉞。豈期恩賚，更累皇明，詔典臬以出衣，敕司閑而班駿。萬釘鏤寶，既華索帶之圍；六轡織文，仍賁鳴珂之馭。載思非稱，何路爲酬？期師志士之忠，少塞風人之刺。《樂全集》卷三〇。

又《服除再授端明殿學士龍圖閣學士給事中謝賜對衣腰帶鞍轡馬狀》 伏蒙聖慈以臣授前件官并職，特賜衣一對，金腰帶一條，金鍍銀鞍轡馬一匹。笥衣織麗，廐馬桓閑。九環增鞙璲之容，六轡副鏤衢之飾。荷恩殊渥，揣報奚勝？伏念臣久去禁嚴，甫周服紀，遽被綈封之召，趣還藻幄之華，逮此拜嘉，復爾載錫，上沿儀秩，下辨等威。服表身章，安吉既榮於動色；乘資體養，驅馳式遂於代勞。祇愧便蕃，顧慚孱陋。稽古之力，敢援桓榮之言？受寵若驚，惟思老氏之訓。《樂全集》卷三〇。

《全宋文》卷一一二二王珪《賜韓絳御寒衣服詔》 敕韓絳：比將使指，出護邊虞。屬歲景之嚮窮，冒關程之正邈。埃塵薄於四野，雨雪犯於重裘。適懷征軼之勤，特解御衣之賜。寵知加厚，報欲圖深。《華陽集》卷一九。

《賜夏國主中冬時服詔》一 詔夏國主：愛景流空，寒威厲物。緬念西垂之守，嗣推累世之忠。飭使驛之於行，頒冬裘之載燠。益肩順節，永報恩華。今差某官賜中冬時服。具如别録，至可領也。《華陽集》卷一九。

《賜夏國主中冬時服詔》二 賜夏國主：農入場功，虞歸澤賦。逖念西陲之守，肇迎北陸之寒。馳遣使軺，往頒恩篚。既安且吉，宜厲而忠。《華陽集》卷一九。

《賜夏國主中冬時服詔》三 詔夏國主：紹封西土，述貢中邦。眷塞路之阻遐，方寒威之率厲，爰命乘軺之使，特頒在笥之衣。兹示寵私，以褒忠嚮。《華陽集》卷一九。

《賜夏國主中冬時服詔》四 詔夏國主：趨遵朝矩，慎守世封。顧迅晷之易遷，屬寒風之又至，特命乘軺之使，往頒在笥之衣。尚體眷勤，益昭忠瘁。《華陽集》卷一九。

《全宋文》卷一一二七王珪《敕諸路節度并逐路總管已下遺留衣物詔》 敕：朕疾大漸惟幾，恐不獲寤興，今有遺惠，以頒諸在外臣。爾其懋乃心於王家，或亦慰朕之有知也。《華陽集》卷二三。

《賜前兩府大臣兩省已上知州初冬衣襖詔》一 敕：申霜應辰，列鎮分守。持命乘軺之使，爰將賜服之儀。茂宜素勞，庸荷嘉寵。今差某官賜卿初冬衣襖，具如别録，至可領也。《華陽集》卷二三。

《賜前兩府大臣兩省已上知州初冬衣襖詔》二 敕：卿早被朝掄，薦均藩寄。適戒隕霜之候，特頒在笥之衣。無忘服休，其勉恭事。《華陽集》卷二三。

《賜前兩府大臣兩省已上知州初冬衣襖詔》三 敕：卿德林邦煇，任勞藩劇。方屬迎寒之候，宜遵賜服之常。式厚眷恩，用均安燠。《華陽集》卷二三。

《賜前兩府大臣兩省已上知州初冬衣襖詔》四 敕：卿去國馳思，臨蕃勞慮。薦履嚴凝之氣，首均安吉之衣。聊卒歲陰，用遵邦式。《華陽集》卷二三。

《全宋文》卷一三一〇蘇頌《賜諸路屯駐駐泊就糧本城諸軍員寮等初冬衣襖敕書》 敕某州諸軍員寮等：冬律方升，良裘始獻。爰念扞城之旅，特推賜服之恩。被此衣章，毋忘固圉。今賜汝等初冬衣襖，餘從宣命指揮。故兹詔示，想宜知悉。冬寒，汝等各比好否？遺書，指不多及。《蘇魏公文集》卷二四。

虞集《道園學古録》卷三《送袁伯長扈從上京》　日色蒼涼映赭袍，時巡毋乃聖躬勞。天連閣道晨留輦，星散周廬夜屬櫜。白馬錦韉來窈窕，紫駝銀甕出蒲萄。從官車騎多如雨，祇有揚雄賦最高。

張翥《蛻菴集》卷一《前出軍五首》其一　前軍紅衲袍，朱絲繫彭排。後軍細鎧甲，白羽攢鞲韌。輜車左右馳，萬馬擁長街。送行動城郭，斗酒飲同儕。壯士當報國，毋爲故鄉懷。

張翥《蛻菴集》卷二《送鄭喧宣伯赴赤那思山大斡耳朵儒學教授四首》其二　絶漠同文軌，提封振古稀。犬牙開武帳，元老秉天威。白馬紫駝酒，青貂銀鼠衣。那思山下水，曾覩六龍飛。

楊維楨《東維子集》卷二三《裘生裼齋銘有序》　古者衣制，凡裘必有裼，裼以抑裘之露，而見乎美者也。裘而無裼，與反衣狐白者等，犬羊之裘不裼，以其無文也，則裼主有文飾之事，故曰「君在則裼」，謂施於君所也。吾門裘生某，韜晦於一室，而以裼名齋，毋乃不類歟？蓋有志於事君之文者矣，雖然裼非徒表文也，表敬也，敬有二：父也，君也。而體異也，子於父以質爲敬，故父母之所不裼，臣於君以文爲敬，故君之所裼，某人父母俱蚤亡，質之以爲敬者，痛無所於施，而文之以爲敬者，將移之於君焉耳。抑又聞裼必象裘文，裘狐白則裼以錦之素，裘狐青則裼以綃之方，喻諸内也。有大人之文則大人文裼之，有細人之文則細人文裼之，由中達外，各以象比，不可誣也。然則裼也者，其又由外以卜内之徵歟，君無輕肆其裼也。銘曰：

錦而絅，非文之屏，惟絅而後文益炳。裘而裼，非文之的，惟裼而後文彌穡。惟的日亡，惟穡日章，惟裼齋氏，敬之勿忘。

楊維楨《鐵崖古樂府》卷四《賣鹽婦》　賣鹽婦，百結青裙走風雨，雨花灑鹽鹽作鹵，背負空筐淚如縷。三日破鐺無粟煮，老姑飢寒更愁苦。道旁行人因問之，拭淚吞聲爲君語。妾身家本住山東，夫家名在兵籍中。荷戈崎嶇戍閩越，妾亦萬里來相從。年來海上風塵起，樓船百戰秋濤裏，良人賈勇身先死，白骨誰知填海水。前年大兒征饒州，饒州未復軍尚留，去年小兒攻高郵，可憐血作淮河流。中原音信絶，官倉不開口糧闕。空營木落烟火稀，夜雨殘燈泣嗚咽。東隣西舍夫不歸，今年嫁作商人妻。繡羅裁衣春日低，落花飛絮愁深閨。妾心如水甘貧賤，辛苦賣鹽終不怨，得錢糴米供老姑，泉下無慙見夫面。君不見，繡衣使者浙河東，采詩正欲觀民風，莫棄吾儂賣鹽婦，歸朝先奏明光宮。

薩都拉《雁門集》卷一《敗裘》　襲爾亦已久，風霜雙鬢穿。甘從稚子笑，未受故人憐。雅志逾前古，深期及暮年。素絲今化盡，念汝獨依然。

薩都拉《雁門集》卷六《上京即事五首》其五　五更寒襲紫毛衫，睡起東窗酒尚酣。門外日高晴不得，滿城濕露似江南。

薩都拉《雁門集》卷一三《姑蘇臺奉别侍御王繼學》　驄馬霜臺好使君，碧羅衫色透春雲。簾垂綬帶蝦鬚細，燭剪金釵燕尾分。四海名高瞻北斗，五絃調古和南薰。姑蘇臺下人無數，争看門生拜主文。

黄溍《金華黄先生文集》卷二《敗裘》　襲爾亦已久，霜風雨袖穿。甘從稚子咲，未受故人憐。雅製餘前古，深期在暮年。素絲今化盡，念汝獨依然。

高啓《高青丘集》卷二《寄衣曲》其二　賜一作成。袍非不煖，《本事詩》：「開元中，賜邊軍纊衣，製於宫中。又僖宗朝，自内出袍千領，賜塞外吏士。」妾製稱郎身。寄去龍堆遠，端愁到已春。王駕《古意》：「寒到君邊衣到無？」

高啓《高青丘集》卷八《太白三章》其二　太白正高北斗低，行人出關雞亂啼。他鄉無人是知己！欲歸未歸東復西，敝裘愧見家中妻。

文徵明《文徵明集》卷二《處士沈公周》　東南有一士，蘭帶芙蓉裳。瓊珠雜瑶玦，皎然明月光。

文徵明《文徵明集》卷七《製紬襖》　出篋吴紬百剪霜，軟勾着體燦生光。雅情未害寬裁領，時樣重教細叠裳。飽暖深恩期未負，肥輕餘習愧難忘。樂天漫有憂民志，那得吾裘萬丈長。

文徵明《文徵明集》卷八《春寒》　十日春寒擁毳袍，簾幃漠漠與風鏖。

文徵明《文徵明集》卷一一《賜長命彩縷》　紫宸朝下錫靈絲，金水橋邊拜命時。文繡自天騰五色，光華約臂結雙螭。重慚潦倒隨恩澤，還忝班行覩盛儀。願得君王千萬壽，日華常照衮衣垂。

《實録成蒙恩賜襲衣銀幣》　雙銀爛爛出朱提，稠疊文繒五色絲。天子不遺牛馬走，侍臣還忝鳳凰池。青霄寵渥兼金重，白首遭逢補衮遲。狼藉天香攜滿袖，春風湛露寫新詩。

焦竑《焦氏筆乘續集》卷六《募疏》　豐城吴天祐者，寄食於杭之陳氏，冬無衣絮，主人戲之曰：「能作疏文，當爲化主。」乃作疏曰：

伏以捉衿露肘，誰憐子夏之貧？冬暖號寒，不免昌黎之嘆。含羞在己，貽笑於人。切念天祐，平生若蟻，一拙如鳩。身常苦饑寒，頗類吟詩之賈島；志不在溫飽，媿非及第之王曾。雖字頗能識而書頗能讀，然饑無所食而寒無所衣。灞橋踏雪，難堪手足之淩兢；剡水乘舟，無奈身心之顫掉。鄴侯萬卷亦徒耳，范叔一寒如此哉！幸托身依桑柘之鄉，而長者擅絲綿之利。深筐大簿，價輕千鎰之黃金；溫繭柔綿，色瑩三冬之白雪。眼見之而忽熱，心欲之而難言。既民胞物與之同然，豈推食解衣而不可？惠而好我，實爲道誼之交；勉爾求人，不覺言辭之拙。分我一團和氣，耐他千載歲寒。高誼難忘，服之於膺，而佩之於背；衆輕易舉，與不傷惠，而取不傷廉。袁安免僵卧於洛陽，師道不忍寒於郊祀。若肯結緣秀士，也勝布施山僧。十謁朱門，何畏滿頭之風雪；一吹鄒律，頓回幽谷之陽春。徧告斯文，圖成善事。謹疏。

陳氏遂爲之占籍仁和，膺甲子鄉薦。

陳子龍《陳子龍詩集》卷三《采桑渡》四首其四　牽衣桑樹巔，墮下紫羅襦。但令歡相拾，莫惜見還無。

陳子龍《陳子龍詩集》卷八《寄衣曲》　吴蠶素絲絲入繭，吴姬手中金錯翦。可憐夜半銀釭微，起對明月縫征衣。停鍼添線不能語，手量心揣徒依稀。飛霜萬里陽關路，胡雁平沙雜征戍。巧將沈水透紅綿，香到君邊君莫誤。知君素愛芙蓉花，織成並蒂當胸斜。邊庭年少多輕薄，酒酣莫使他人誇。昨夜交河方合戰，官家敕使如飛電。蜀錦萬疋金麒麟，殷紅照耀軍中見。歸來繡帶五文章，此衣不御無輝光。願君還妾妾自藏，見之不覺淚沾裳。

吴偉業《吴梅村全集》卷二一《南鄉子・春衣》　玉尺剪裁工，鬬色衣衫巧樣縫。深淺配來纖手綻，重重，蒲紫蒲青雅澹中。　斜領叩金蟲，透肉生香寶襪鬆。茜袖半垂鴉襪淺，從容，百折羅裙細細風。

池上餐華生《詩笑》卷上儲遇《無袴》　西風吹雨聲索索，這雙大腿没下落。朝來出膀在街頭，借與有袴人家看。

寧借腿不借袴，畢竟是自在性兒。

池上餐華生《詩笑》卷下金星白《破衣》　破衣覆體實堪嗟，背冷肩寒臂不遮。曬處恰如漁網罟，脱來猶似佛袈裟。補時謾有千條線，拆下全無半寸紗。最恨不堪忙裏着，十回伸手九回差。

白眼横看一絮虱定復不免。

鄭燮《鄭板橋全集・偶然作》　口讀《子虛賦》，身著貂錦裘。

袁枚《小倉山房詩集》卷三〇《香亭贈松鼠裘》　戲言松鼠爲裘好，豈料端州竟有他。野色蒙茸身上動，故山來往樹頭多。曾偷仙果遊三島，不羨《羔羊》賦五紽。喜汝相貽最相稱，教人遠看似煙蓑。

袁枚《小倉山房詩集》卷二三《謝南浦太守贈芙容汗衫雨前茶葉》　夫容裳賜野人家，當作吹綸敢拜嘉。周勃永教無浹背，西施何必浣輕紗？解襦粒粒珠猶濕，衷甲層層暑不加。吩咐柔荑好裁剪，晚風披看白蓮花。

袁枚《小倉山房詩集》卷二三《謝書巢太守贈羊裘》　我自黑貂敝，便作青山遊。山中朔風時，詩骨寒颼颼。東昌太守賢，遠寄三英裘。慮我高卧僵，牛衣淚暗流。得毋釣澤中，少人物色不？特加尺素書，星飛千里郵。其色白如霜，稱我雪滿頭；其氄深而温，勝於姹女柔。我乃招縫人，配以朝霞紬。鍼袓一以畢，吃吃笑不休。我本陰重客，而兼陽虛侯。常苦鼽嚏累，敵寒如敵仇。忽然毛羽豐，堅冰吾何憂。縱與狐貉立，不忮亦不求。曹交九尺身，晏子三十秋。俱蒙使君管，春風生衣褠。昔者輕裘共，聖門稱仲由。又聞曹夫人，官綿貽楊彪。較此將毋同，高情尤綢繆。報君無寸芹，勉君敢一謳。願持《羔羊》節，善把魯民鳩。願推白傅心，長裘覆九州。會見五羖相，賢名重山丘。

袁枚《小倉山房詩集》卷一三《奉和揚州盧雅雨觀察紅橋修禊之作》　紫竹亭西歌吹聞，傾城車鬬笛紛紛。楊花風散春隄雪，水面燈涼日暮雲。蕩子黄驄《金縷曲》，女兒高髻藕絲裙。人間此後論明月，未必揚州只二分！

袁枚《小倉山房詩集》卷八《意有所觸得詩三首》之三　我衣宮錦袍，方歌合沓詞。其時同婚者，惟有徐文煜。與伊。興阿。今徐爲異物，挂劍空涕洏。伊亦謫蓬萊，鬖鬖大有髭。惟我十年來，吏隱兩得之。

袁枚《小倉山房詩集》卷八《寄聰娘》　杏子衫輕柳帶飄，江南正是可憐宵。無端接得西征信，定與樵青話寂寥。

袁枚《小倉山房詩集》卷七《題張憶娘簪花圖并序》　康熙初，蘇州倡張憶娘色藝冠時，好事者蔣繡谷爲寫《簪花圖》，一時名宿尤西堂、汪退谷、惠紅豆諸公題裲襠裙褶幾滿。亡何，圖被盜，迹之，在揚州巨賈家。繡谷子盤猗以他畫贖還。余至蘇州，事隔五十餘年，開卷如生，惜無留墨處矣。爲五絶署之紙尾。

百首詩題張憶娘，古人比我更清狂。青衫紅袖都零落，但見真珠字數行。

五十年前舊舞衣，丹青留住彩雲飛。開圖且自簪花笑，不管人間萬事非。

想見風華一坐傾，清絲流管唱新聲。國初諸老鍾情甚，袖角裙邊半姓名。

身後揚州又往還，芳魂應唱《念家山》。《蘭亭》肯换崔徽畫，贖得文姬返漢關。

當日開元全盛時，三千宫女教坊司。繁華逝水春無恨，只恨遲生杜牧之。

袁枚《小倉山房詩集》卷二《到家》 遠望蓬門樹彩竿，舉家相見問平安。同欣閬苑榮歸早，尚説長安得信難。壁上泥金經雨淡，窗前梅柳帶春寒。嬌癡小妹憐兄貴，教把宫袍著與看。

《催粧》

春明池上緑衣郎，曾被紅裙看欲狂。今日月宫真個到，金蓮圍住合歡床。

袁枚《小倉山房詩集》卷二《釋褐》 學著宫袍體未安，藍衫轉覺脱時難。呼

荆釵微緑布裙紅，自檢青箱有愧容。只好告身親手寫，替卿端正紫泥封。

僮好向空箱叠，留作他年故舊看。

袁枚《小倉山房詩集》卷三二《裁袍》 閒居無所事，緩步自逍遥。底事裁袍短，平生怕繫腰。

袁枚《小倉山房詩集》卷三二《謝方伯贈春衣》 清遊已届嫩涼天，未帶春衣意惘然。偶漏一言緣酒後，竟蒙雙襲賜尊前。輕華似挹浮丘袖，長短剛宜子貢肩。惹得山人忘歸去，披來又泛五湖煙。

袁枚《小倉山房詩集》卷三三《謝奇方伯賜裘》 兩度輕裘遠寄將，客冬賜猞猁。餘温分到水雲鄉。傳觀鄭服三英粲，剛稱曹軀九尺長。鶴氅同披堪踏雪，天衣無縫不知霜。袍前後不開衩。老身着慣忘恩重，轉説今冬暖異常。

袁枚《小倉山房詩集》卷三三《謝張莒亭觀察賜裘》 千里狐裘一介馳，開箱先有好風吹。蒙茸不信毛如活，輕暖方知老更宜。愛著忙呼刀尺製，貪披忘却夜眠遲。從今五體應投地，都是慈雲覆庇之。

袁枚《小倉山房詩集》卷三四《正月二十七日出門二月十四日還山》 衰年興比少年豪，酒緑燈紅送晚潮。風雪一天江萬里，自披鶴氅上金焦。

《廣事類賦》卷二七《服飾部》

裘

御於季冬之時，《禮》季冬之月，天子始裘。貢自渠搜之國。《世紀》禹治水畢，天錫元龜，渠搜國獻珍裘。裼襲異其宜，《禮》裘之裼也，見美也，裘之襲也，充美也。良功分其職，《周禮·司裘》掌爲大裘以供王祀天之服，仲秋獻良裘，王乃行羽物，季秋獻功裘，以待頒賜。鶴氅風流，《世説》王恭常乘高輿，披鶴氅裘。雉頭光澤。《晉起居注》太醫程據上雉頭裘，上以損費功用，於殿前焚之，禁造異服。青鳳禦寒，《拾遺記》周昭王以青鳳毛爲二裘，一名燠質，二名暄肌，以禦寒。黑貂爲客。《國策》蘇季子黑貂之裘敝，黄金百斤盡。褎有豻青，《禮》麛裘青豻褎，絞衣以裼之。腋名狐白。《禮》君衣狐白裘，錦衣以裼之。君子狐青裘，豹褎(元)[玄]綃衣以裼之。《史記》秦囚孟嘗君求救於秦王幸姬，姬願得狐白裘。裘已獻昭王，有客能爲狗盗者，入秦宫藏内盗得，獻之，遂得歸。德比三英，《詩》羔裘晏兮，三英粲兮。《注》三英，三德也。直踰千鎰。《墨子》千鎰之裘，非一狐之白。若乃爲羔爲鹿，爲虎爲狼，《詩》羔裘如膏。又羔裘如濡。《史記·李斯傳》堯冬日鹿裘。《晏子》晏子緇布之衣，麛鹿之裘。《禮》君之右虎裘，厥左狼裘。熊羆之飾，《詩》熊羆是裘。鸘子之裝。《吴志》吴主解所著鸘子裘賜陸遜。《晉令》山鹿白豺遊毛，狐白貂領，黄貂斑白鸘子渠搜裘，皆禁物。紫綺應同紫綈，李白詩：倒披紫綺裘。《西京雜記》慶安年十五，爲成帝侍郎，善鼓琴，趙后悦之。白上，得出入御内，絶見愛幸，常著紫綈裘，與后同居。吉光可似浮光。《十洲記》漢武帝時，西域獻吉光裘，色黄。蓋神馬之類，入水不濡，入火不焦。《杜陽編》唐敬宗時，南昌國進浮光裘，即紫海水所染，以五采蹙成龍鳳，綴以五色寶珠，上衣之，獵於北苑，日照光彩動摇，忽值暴雨，略無沾濕。狄梁公贏來集翠，《唐書》則天賜張昌宗集翠裘，令與狄仁傑賭此裘。狄指所衣紫絁袍，后曰：不等。狄曰：此大臣朝見奏對之服也。昌宗累局連北，公褫裘，拜恩而出。馬相如典去鸘鷞。《西京雜記》司馬相如初與文君還成都，居貧愁懣，以所著鸘鷞裘就市貰酒爲歡。一之日觱風初取，《詩》一之日於貉，取彼狐狸，爲公子裘。三十年晏子如常。《禮》晏子一狐裘三十年。釣澤嚴陵樂。《後漢書》光武物色嚴光，齊國上言，有一男子，披羊裘釣澤中。還家季子傷。見上注。貴客千金苟反披而奚益。《漢書》楊興謂史高曰：將軍所舉，不過門下賓客，而烈士不舉，是有狐白之裘而反衣之也。賢人百結雖並立而何妨。《列仙傳》董威得殘繒帛，結以爲衣，號百結裘。杜甫詩敝裘何啻聯百結。《論語》與衣狐貉者立。

袍

赭黄之色，《唐書》天子袍衫皆用赤黄，遂禁臣民服。慘紫之衣。《朝野雜記》大臣奪情者，服慘紫袍。赤霜偏貴，《漢武内傳》上元夫人著赤霜袍，雲彩亂色，非錦非綉，不可名字。按，赤霜，一作青霜。青草何卑。白居易詩：青草如袍位尚卑。山水初縫日，江總《山水衲袍賦》裁縫則萬壑縈體，針縷則千嵒映目。流霞乍著時。《真人傳》太上丈人著流霞羽袍，芙蓉之冠。贈綈猶念友，《史記》范雎謂須賈曰：所以得無死者，以綈袍戀戀有故

人之意也。奪錦爲吟詩。《雞跖集》宋之問獻詩，武后奪東方虬錦袍以賜之。杜甫詩：詩成奪錦袍。狎客寶雞麗，《酉陽雜俎》安禄山所賜品目有金鸞、紫羅、緋羅、元馬、寶雞袍。一名玉雞。山人野繭宜。《程氏外書》伊川常服繭袍。金字則製從武后，《合璧事類》狄仁傑轉幽州都督，武后賜紫袍龜帶，自製金字十二於袍，以旌其忠。蜀襭則覆自韋妃。《唐書》韋綬德宗時爲翰林學士。帝嘗幸其院，韋妃從。會綬方寢，學士鄭絪欲馳告之。帝不許，時大寒，以妃蜀襭袍覆之而去。帝后親縫感中興之戰士，《合璧事類》肅宗廢后張氏，駐靈武，産子。三日起，縫戰士袍。太子止之，后曰：今豈自養時耶。宮人添線賜三邊之健兒。《本事詩》開元中，賜邊衣，製自宮中。有軍校袍中得一詩云：蓄意多添線，含情更著綿。今生已過也，重結後生緣。持詩白帥，帥以聞，明皇徧示六宮，有一宮人自言萬死，即以嫁得詩者，曰：與汝結今生緣。誰同李白乘舟去，坐著宮袍采石磯。《唐書》李白嘗乘舟，與崔宗之自采石至金陵，著宮錦袍，坐舟中，旁若無人。

襦《説文》短衣也，一曰羅衣。《釋名》襦，煖也，單襦則無絮。按，襦今之綿襖。

紫綺羅文，《古詩》紫綺爲上襦。《語林》謝鎮西着紫羅襦，據胡牀彈琵琶。絳紗繡縠。《東宮舊事》太子納妃，有紫縠襦，絳紗繡縠襦。蘇軾詩：海上仙人絳羅襦。金縷千絲，白居易詩：紅樓富家女，金縷繡羅襦。鴛鴦雙宿。《西京雜記》趙飛燕爲后，其娣合德上襚三十五條，有鴛鴦襦。解處微香，《史記》羅襦衿解，微聞薌澤。賜來同玉。《漢書》哀帝以東園秘器，珠襦玉匣，賜董賢。持熨斗以新裁，《晉書》韓康伯數歲，母爲作襦，令持熨斗，曰：且作襦，尋當作褌。伯曰：不復須。火在熨斗中，柄亦熱，今既作襦，下亦當煖。作佳人之上服。《夢書》婦人夢上襦得賢夫。

裳《方言》繞衿謂之裙。

若乃湘江六幅，李羣玉詩：裙拖六幅湘江水。繡幄四圍，《潛确類書》長安士女春遊，競解裙，四圍謂之裙幄。妬榴花之焰焰，萬楚詩：紅裙妬殺石榴花。共芳草之萋萋。李易安詞：記得緑羅裙，處處憐芳草。薜茘芙蓉之飾，羅隱詩：薜茘衣裳木蘭楫。《楚詞》製芰荷以爲衣兮，集芙蓉以爲裳。白蜺青羽之輝。《楚詞》青雲衣兮白蜺裳。《真人内傳》南極夫人被錦服青羽裙。丹霞雲錦，李白詩：文帳丹霞裳。蘇軾詩：天孫爲織雲錦裳。白練霓衣。《合璧》唐明皇覽《飛燕傳》，以飛燕體輕，能爲掌上舞，置七寶避風臺。謂妃子曰：爾則任吹多少，妃子曰：霓裳一曲，足以高掩前世。《世説》羊欣嘗著新練裙晝寢，王獻之來，書數幅而去。悵仙乎之欲去，且擘縐而留之。《飛燕外傳》后歌《歸風送遠》之曲，風起，后揚袖曰：仙乎仙乎，去故而就新，寧忘懷乎。帝令左右持其裙，風止，裙爲之縐，宮人因襞裙爲縐，號留仙裙。

袴《説文》脛衣也。《方言》大袴謂之倒頓，小袴謂之芙蓉衫。

紫褶白綾，《唐六典》天子紫褶白袴，又有白綾袴。繭緯文綺。《雲仙散録》李白遊慈恩寺，僧用水松牌乞詩。題訖，僧獻繭緯袴。《晉東宮舊事》太子納妃，有絳直文羅袴，文綺袴。漢后爲窮，《漢書》上官后欲擅寵，宮人皆令爲窮袴，多其帶，後宮無進者。韓侯藏敝，《韓子》韓昭侯藏敝袴。曰：必待有功者。威帶虎文，《漢官儀》虎賁中郎將衣紗縠虎文單衣錦袴。高懸犢鼻。《史記》司馬相如着犢鼻褌。《世説》俗以七夕曬衣，阮咸以長竿挂大布犢鼻褌於中庭。合歡最是玲瓏，《鄴中記》石虎獵，着金縷合歡袴。元稹詩：玲瓏合歡袴。負販酷無裁製。《世説》孫襲公云：曹毘才如白地明光綺，裁爲負販袴，非無文彩，酷無裁製。碧絲何怪，《梁書》愍懷太子公服中着碧絲袴，元帝怪責之。斑繡堪誇。《北疆記》虜主南郊著皁斑褶繡袴。趙孤藏焉而不哭，《史記》屠岸賈攻趙朔，朔妻有遺腹生男，賈索於宮中，夫人置兒袴中。及索兒，竟無聲。淮陰俯出而何嗟。《史記》淮陰少年侮韓信，曰：能刺我，不能出我袴下。信孰視之，俛出袴下。媚子故衣其溺，《漢書》周仁常衣敝補衣溺袴，故爲不潔清，以此得幸景帝。劉伶以此爲家。《世説》劉伶縱酒，脱衣裸形在屋中，人譏之。伶曰：吾以天地爲棟宇，屋舍爲褌衣，諸君何爲入我褌中。但休令鑿爲孔耳，《韓子》鄭縣人卜子使妻爲袴，妻問曰：今袴何如？夫曰：象我舊袴，妻因鑿新袴爲孔。安可使婦無褌耶？《世説》韓豫章遺范宣絹百匹，不受。減至一匹，終不受後與范同載就車中，裂二丈與范，云：人寧可使婦無褌耶？乃笑受之。

錢大昕《潛研堂詩集》卷一《擬古七首》〔之四〕 挾彈少年子，杖劍羽林郎。大冠鐵鉅鉾，錦衣繡裲襠。出入衛承明，車騎何輝煌！

錢大昕《潛研堂詩續集》卷二《贛州》 繞郭青流碧玉函，風帆駐泊尾交銜。灘聲夜落儲潭廟，雲氣晴升馬祖巖。地近炎州無瘴癘，路穿絶磴自嶄嵒。南來真訝暄寒别，脱却羊裘换夾衫。

愛新覺羅・弘曆《乾隆詩集》卷二一《鶴氅裘》 翩翩鶴氅如披銀，望之直是仙中人。可憐落魄籬邊者，中心歆羨良艱屯。君不見仙人不住人間世，瀛洲方丈誰能濟。長安比户豪富家，朝坐華堂暮空第。吁嗟仙人不若此，豈如垂釣披裘學嚴子。

愛新覺羅・弘曆《乾隆詩集》卷二三《寄衣曲》 絳河西亘天欲秋，聲聲砧杵雜風流。誰家少婦傷離别，并剪裁衣明月樓。新棉絮罷開香笈，手把金針燈下泣。舊衣棉少不禁寒，新衣棉多線縫澀。線縫澀，衣寄遲。夢中識得龍堆遠，衣到愁過沍凍時。

愛新覺羅・弘曆《乾隆詩集》卷二九《鎧》 細鎧攢金綫，蛇鱗鎖玉環。唐夷已穿破，未入玉門關。

《袍》 三軍温挾纊，天府製將來。何似家鄉寄，伊人手自裁。

阮元《揅經室續集》卷八《狐裘》 一白狐裘廿四年，南邊天暖久相捐。今朝河朔當風雪，温厚何曾减却前。

王培荀《聽雨樓隨筆》卷五 清溪庫藏牛皮甲甚多，討瞻對時獲諸蠻人。輕而堅，甚便於體，咏之云：犀甲輕矯奮争先，鐵甲耀日軍容鮮。有客來談牛皮甲，清溪縣庫堆百千。片片刀截僅方寸，漬以生漆年復年。繩貫若銜尾，片綴如連錢。蓑可比其輕，鐵未等其堅。下不掩骭上披肩，矛刺不入矢不穿。夷匪奔走履山川，横突堅陣仰射天。有甲足深恃，那肯輕棄捐。何故爲我獲，客云聽吾宣。堂堂對陣無與敵，操刃挫折似空拳。蠻人赤脚走如飛，誘入深谷争向前。深谷徧布鐵蒺藜，鋒利刺足踣且顛。捆縛如豕逃無路，蹈藉死亡溝壑填。出奇决勝善用權，破其所長攻其偏。知彼知己計萬全，能戰能守可防邊。吁嗟乎，良醫無定藥，牛溲疾可痊。良將無定律，制敵謀如淵。伊昔劉綎守斯地，誘之出巢聚殲旃。及兹瞻對破狂寇，策定不懼道路艱。始知大帥貴智不在勇，用衆那如威令專。不信請看清溪庫，欲將皮甲城門縣。

丁柔克《柳弧》卷三《補服詩》 《文官補服》詩：「一二仙鶴與錦鷄，三四孔雀雲雁飛。五品白鷴惟一樣，六七鷺鷥鸂鶒宜。八九品官與雜職，鵪鶉練雀與黄鸝。」《武官補服》詩：「公侯駙馬伯，輝煌補用虬。一品麒麟服，二品獅滾毬。三四豹同虎，五六熊與彪。七品彪堪羡，八爲海馬表。若君詢九品，花樣有犀牛。」文官正一品只有太師、太傅、太保、大學士，武官正一品只有領侍衛内大臣一缺。文官五品以上皆授大夫，五品以下皆爲郎。武官二品以上授將軍，三品四品授都尉，正五品騎尉，從五品佐騎尉，六品正從亦一騎、一佐，八九品正從皆校尉、佐校尉。河南省武官無題缺。總督八缺，提督十六缺，總漕一缺，總河一缺，巡撫十五缺，總兵六十四缺，布政司十九缺，副將一百二十缺，按察司十八缺，參將一百六十四缺，學院十八缺，糧道六缺，守巡河鹽四道共八十八缺，遊擊三百七十三缺，織造三缺，運使四缺，知府一百八十三缺。直隸州六十五缺，同知共二百二十五缺，通判一百六十六缺，都司四百二十五缺，守備八百二十五缺，知州一百四十七缺，知縣二千三百四缺，千總一千六百四十九缺，把總三千五百二十一缺，巡檢九百六十九缺，典史一千三百四缺

雜録

《大戴禮記・曾子立事第四九》 君子入人之國，不稱其諱，不犯其禁，不服華色之服，不稱懼惕之言，故曰：與其奢也，寧儉；與其倨也，寧句。

《墨子》卷一《親士第一》 千鎰之裘，畢沅云：「鎰，从金，俗寫。本書《貴義》云：『待女以千益』，只作『益』。《文選注》云：『賈逵《國語注》曰：一溢，二十四兩。』《漢書・食貨志》云：『黄金以溢爲名』，孟康曰：『二十兩爲溢也。』」案：《貴義篇》本作「千益」，非「益」字，畢誤。非一狐之白也。《玉藻》云：「君衣狐白裘。」《淮南子・説山訓》云：「天下無粹白之狐，而有粹白之裘，掇之衆白也。」《晏子春秋・外篇》云：「景公賜晏子狐白之裘，玄豹之茈，其貲千金。」《漢書・匡衡傳》，顔師古注云：「狐白，謂狐腋下之皮，其毛純白，集以爲裘，輕柔難得，故貴也。」

陸賈《新語・道基》 民人食肉飲血，衣皮毛；至於神農，以爲行蟲走獸，難以養民，乃求可食之物，嘗百草之實，察酸苦之味，教人食五穀。

崔寔《四民月令・五月》 以灰藏旃、裘、毛毳之物。以竿挂油衣，勿襞藏。

崔寔《四民月令・七月》 七日遂作麴。及磨。是日也，可合藥丸及蜀漆丸；曝經書及衣裳，作乾糗，采葸耳也。

補本注 曝經書及衣裳：習俗然也。

《建安七子集》卷一《孔融集・與曹公書薦邊讓》 邊讓爲九州之被則不足，爲單衣襜褕則有餘。《北堂書鈔》一三四引《邊讓别傳》、《太平御覽》六九三。

崔豹《古今注》卷下《雜注》 魏文帝宫人絶所愛者，有莫瓊樹、薛夜來、田尚衣、段巧笑四人，日夕在側。瓊樹乃制蟬鬢，縹緲如蟬，故曰蟬鬢。巧笑始以錦衣絲履作紫粉拂面，尚衣能歌舞，夜來善爲衣裳，一時冠絶。

《北堂書鈔》卷一二九引 《吴録》云：選曹令史劉卓病，夢見一人白越單衫，與之言曰：汝着衫污，火燒便潔。

《初學記》卷二六《衫第九》 《魏文帝列傳》曰：吴選曹令史劉卓病荒，夢見一人以白越單衫與之，言曰：汝著衫汙，火燒便潔也。卓覺，果有衫在側，汙輒火浣之。

《晉書》卷二七《五行志上》 尚書何晏好服婦人之服，傅玄曰：「此妖服也。夫衣裳之制，所以定上下殊内外也。《大雅》云『玄衮赤舄，鉤膺鏤鍚』，歌其文也。《小雅》云『有嚴有翼，共武之服』，詠其武也。若内外不殊，王制失叙，服妖既作，身隨之亡。末嬉冠男子之冠，桀亡天下；何晏服婦人之服，亦亡其家，其咎均也。」

孫休後，衣服之制上長下短，又積領五六而裳居一二。干寶曰：「上饒奢，下儉逼，上有餘下不足之妖也。」至孫晧，果奢暴恣情於上，而百姓雕困於下，卒以亡國，是其應也。

武帝泰始初，衣服上儉下豐，著衣者皆厭褄，此君衰弱，臣放縱，下掩上之象也。至元康末，婦人出兩襠，加乎交領之上，此内出外也。

太康中，又以氊爲絈頭及絡帶袴口。百姓相戲曰，中國必爲胡所破。夫氊毳産於胡，而天下以爲絈頭、帶身、袴口，胡既三制之矣，能無敗乎！

孝懷帝永嘉中，士大夫競服生箋單衣。識者指之曰：「此則古者繐衰，諸侯所以服天子也。今無故服之，殆有應乎！」其後遂有胡賊之亂，帝遇害焉。

干寶《搜神記》卷四 吴餘杭縣南有上湖，湖中央作塘。有一人乘馬看戲，將三四人至岑村飲酒，小醉，暮還。時炎熱，因下馬入水中，枕石眠。馬斷走歸，從人悉追馬，至暮不返。眠覺，日已向晡，不見人馬。見一婦來，年可十六七，云：「女郎再拜。日既向暮，此間大可畏。君作何計？」因問：「女郎何姓？那得忽相聞？」復有一少年，年十三四，甚了了，乘新車，車後二十人，至，呼上車。云：「大人暫欲相見。」因迴車而去。道中繹絡把火，見城郭邑居。既入城，進廳事上，有信幡，題云「河伯信」。俄見一人，年三十許，顔色如畫，侍衛繁多。相對欣然，敕行酒笑，云：「僕有小女，頗聰明，欲以給君箕箒。」此人知神，不敢拒逆。便敕備辦，會就郎中婚。承白已辦。遂以絲布單衣及紗袷、絹裙、紗衫褌、履屐，皆精好。又給十小吏，青衣數十人。婦年可十八九，姿容婉媚。便成。三日，經大會客拜閤。四日，云：「禮既有限，發遣去。」婦以金甌、麝香囊與婿別，涕泣而分。又與錢十萬，藥方三卷，云：「可以施功布德。」復云：「十年當相迎。」此人歸家，遂不肯別婚，辭親，出家作道人。所得三卷方：一卷脈經，一卷湯方，一卷丸方。周行救療，皆致神驗。後母老兄喪，因還婚宦。

干寶《搜神記》卷一八 山陽王瑚，字孟璉，爲東海蘭陵尉。夜半時，輒有黑幘白單衣吏，詣縣叩閤，迎之則忽然不見。如是數年。後伺之，見一老狗，白軀猶故，至閤便爲人。以白孟璉，殺之乃絶。

干寶《搜神記》卷一八 魏齊王芳正始中，中山王周南爲襄邑長。忽有鼠從穴出，在廳事上，語曰：「王周南，爾以某月某日當死。」周南急往，不應。鼠還穴。後至期復出，更冠幘皂衣而語曰：「周南，爾日中當死。」亦不應。鼠復入穴。須臾復出，出復入，轉行數語如前。日適中，鼠復曰：「周南，爾不應死，我復何道。」言訖，顛蹶而死，即失衣冠所在。就視之，與常鼠無異。

陶潛《搜神後記》卷六 廬江杜謙爲諸暨令。縣西山下有一鬼，長三丈，著赭衣袴在褶，在草中拍張。又脱褶擲草上，作《懊惱歌》。百姓皆看之。

陶潛《搜神後記・佚文》 宗淵字叔林，南陽人。晉太元中，爲尋陽太守，有數十頭龜付厨，敕旦且以二頭作臛，便着潘汁，甕中養之。其暮夢有十丈夫，並着烏布袴褶，自反縛，向宗淵叩首，若求哀。明旦，厨人宰二龜。其暮復夢八人求哀如初。宗淵方悟，令勿殺。明夜還夢見八人來，跪謝恩。於是驚覺。明朝自入廬山放之，遂不復食龜。

《北堂書鈔》卷一二一引 王隱《晉書》云：陶侃夢有司馬與侃鎧者，長史陳協以爲司馬者，國姓也，鎧者扞國之器也，節下當進位。俄轉湘州刺史。

《北堂書鈔》卷一二九引 張敏《神女傳》云：班義起感神女智瓊，智瓊去，賜義起織成裙衫。

《北堂書鈔》卷一二九引 《劉昆列傳》云：親故有窮老者，每見之，拜起甚恭，或脱袴以與之者，或單衣裳而坐，其天性如此。

《北堂書鈔》卷一二九引 《西河記》云：西河無蠶桑，婦女着碧纈裙，加細布裳。

《北堂書鈔》卷一二九引 《真人三君内傳》云：南極夫人被錦服，青羽裙。

《北堂書鈔》卷一二九引 《志怪録》云：建康小吏曹著爲廬山使君所迎，配以文婉，著意不安，屢求請退，婉潸然垂涕，賦詩叙别，并贈織成單衫。

《初學記》卷二六《衫》 車灌《晉脩復山陵故事》曰：梓宫衣物，練單衫五領，練複衫五領，白紗衫六領，白紗縠衫五領。

劉晝《劉子》卷六《適才章》 物有美惡，施用有宜；美不常珍，惡不終棄。紫貂白狐，製以爲裘，鬱若慶雲，皎如荆玉，此毳衣之美也。蘪菅蒼蒯，編以蓑笠，葉微疎纍，黯若朽穰，此卉服之美也。裘蓑雖異，被服實同；美惡雖殊，適用則均。今處繡户洞房，則蓑不如裘；被雪沐雨，則裘不及蓑。以此觀之，適才所施，隨時成務，各有宜也。

賈思勰《齊民要術・雜説第三〇》 五月：芒種節後，陽氣始虧，陰慝將萌；煖氣始盛，蟲蠹並興。乃弛角弓弩，解其徽絃；張竹木弓弩，弛其絃。以灰藏旃裘毛毳之物及箭羽。以竿挂油衣，勿辟藏。暑濕相著也。

《編珠》卷二引 《述異記》曰：「乾羅者，慕容廆十一世祖也。忽一夕，見一神著金銀襦鎧，自天而墜，蓋鮮卑神也。」

《北堂書鈔》卷一二九引 《齊地記》云：餘杭縣有民家近山，嘗一夕，其民與父同入山，至更餘，忽見一人著絳綾袍，云是闕山王。

《北堂書鈔》卷一二九引 《述異記》云：乾羅者，慕容廆十一世祖也。忽一夕，見一神著金銀襦鎧，乘白馬金銀鞍勒，自天而墜，蓋鮮卑神也。

《北堂書鈔》卷一二九引 《朱雀傳》云：男子著細葛小衫。

張鷟《朝野僉載》卷三 安樂公主造百鳥毛裙，以後百官、百姓家效之，山林奇禽異獸，搜山盪谷，掃地無遺，至於網羅殺獲無數。開元中，禁寶器於殿前，禁人服珠玉、金銀、羅綺之物，於是採捕乃止。

封演《封氏聞見記》卷四《運次》 自古帝王五運之次凡有原無「有」字，據《唐語林》引補。二説：鄒衍則以五行相勝爲義，劉向則以五行相生爲義。漢、魏共遵劉説。

國家承隋氏火運，故爲土德。衣服尚黄，旗幟尚赤，常服赭赤也。此句《説郛》本《聞見記》作「裳服赭赤色」。赭黄，《唐語林》引無此「黄」字。黄色之多赤者，或謂之柘木染，義無所取。

蘇鶚《蘇氏演義》卷上 開元中，封東岳後各賜緋，時人因謂泰山緋。

李綽《尚書故實》 〔盧元〕公自言四世祖河東公爲中書令著緋。綽安邑宅中，曾有河東公任中書令著緋真。又説傳遊藝居相位著緑。

王讜《唐語林》卷七 唐末士人之衣色尚黑，故有紫緑，有墨紫。迨兵起，士庶之衣俱皂，此其讖也。本條不知原出何書。

《白孔六帖》卷一二 通身袴 樸子蠻以青娑羅爲通身袴。

陸游撰《老學庵筆記》卷八 白樂天詩云：「四十著緋軍司馬，男兒官職未蹉跎。」「一爲州司馬，三見歲重陽。」本朝太宗時，宋太素尚書自翰苑謫鄜州行軍司馬，有詩云：「鄜州軍司馬，也好畫爲屏。」又云：「官爲軍司馬，身是謫仙人。」蓋此音「司」字作入聲讀。

故事：謫散官雖别駕司馬，皆封賜如故。故宋尚書在鄜時詩云：「經時不巾櫛，慵更佩金魚。」東坡先生在儋耳，亦云「鶴髮驚全白，犀圍尚半紅」是也。至司户參軍，則奪封賜。故世傳寇萊公謫雷州，借録事參軍緑袍拜命，袍短纔至膝。又予少時，見王性之曾夫人言，曾丞相謫廉州司户，亦借其姪緑袍拜命云。

王楙《野客叢書》卷二五《王建宫詞》 王建《宫詞》曰：「叢叢洗手繞金盆。旋拭紅巾入殿門。」又曰：「縱得紅羅手帕子，當心畫出一雙蟬。」知唐禁中用紅手巾、紅帕子。又曰：「聖人生日明朝是，私地先須屬内監。自寫金花紅牓子，前頭先進鳳凰衫。」知聖節内人通寫金花牓子，進鳳凰衫。又曰：「天寶年來勤政樓，每年三日作千秋。」又知當時以三日爲千秋節，可見其盛。按《會要》千秋節，咸令宴樂休假三日。

《全宋文》卷二一三宋真宗《監庫使給散軍衣服詔》咸平元年三月 新衣庫支配軍衣服，委監庫使逐領印記給散。《宋會要輯稿》食貨五二之二四（第六册第五七一一頁）。

《全宋文》卷二一九宋真宗《受納衣服庫併入新衣庫詔》咸平四年 先置受納衣服庫，掌諸司丁匠、諸軍服，自今併入新衣庫。《宋會要輯稿》食貨五二之二四（第六册第五七一一頁）。

《全宋文》卷二二六宋真宗《新衣庫納裁造院衣服事詔》景德二年十一月 新衣庫納裁造院衣服，如小可不對，可以相兼支遣，亦令納下；若大段配破，不堪支遣，即劾罪施行，退付本院，仍不得更拆充積尺送官。《宋會要輯稿》食貨五二之二四（第六册第五七一一頁）。

《全宋文》卷二三八宋真宗《在京諸軍賣所請春冬衣等勿税詔》大中祥符三年閏二月 在京諸軍賣所請春冬衣絹帛者，自今勿收税。《宋會要輯稿》食貨一七之一五（第六册第五〇九一頁）。

《全宋文》卷九五〇宋仁宗《大禮畢諸色人所借法物儀注衣服等依限送納詔》天聖七年十二月二十七日 每遇大禮，諸軍及行事官從人等於朝服法物、内衣物、新衣庫支借出法物、儀注衣服等，自今後禮畢日，諸軍、諸司職掌并太常樂部并限五日、餘限十日送納，如違限及損壞官物者，令本庫檢舉。《宋會要輯稿》食貨五二之一六（第六册第五七〇七頁）。

《全宋文》卷九五一宋仁宗《臣僚從人等遇大禮不得支借衣服詔》天聖八年八月 朝服法物、内衣物、新衣庫，自今大禮除諸司職掌係應奉祀事及儀仗内祗應人合請儀注衣服，其臣僚從人、諸色人等，并不得支借衣服，如有違犯，閤門、御史臺覺察以聞。《宋會要輯稿》食貨五二之一六（第六册第五七〇七頁）。

郎瑛《七修類稿》卷二六《辯證類・衣火》 余里人王宗海，一日會宴於友人朱來鳳家，宗海指身之絨衣曰：昔在京都，一夕，其衣遍流火星，爍爍有微聲，過日亦然，客皆駭之。又見黄門張静之《文集》載云：某新製綾衣，偶因婢妾拂摺間，火星隨衣飛地，未知何也。予後讀《博物志》，戰鬬死傷人馬血積年久，化爲燐，觸着人衣，便有光，拂拭隨散無數，有細聲如炒豆，惟静住良久乃滅，始知前日欠學之故，張亦未見其書也。

楊慎《升庵集》卷六九《宫衣尚窄》 自漢魏六朝至唐，宫中衣皆尚窄，非唯便於趨承，亦以示儉爲天下先也。觀馮緄墓石闕刻美人，可見吴曹不興畫美人衣僅束身，畫家曹衣出水，吴帶當風，唐人垂帶多飄揚而衣，仍古制。韓偓詩「長長漢殿眉，窄窄楚宫衣」，李賀詩「禿衫小袖調鸚鵡」，李賀詩「越羅小袖新香蒨」可證也。嘉靖中，四方婦人與男子無異，直垂至膝下，去地僅五寸，袖闊至四尺餘，時有謔詩云「碧羅舞袖雙垂地，籠却纏頭無處尋。」亦近服妖也。

楊慎《升庵集》卷六九《粉袍》 唐人士子入試，皆著白衣，故有「白袍子何太紛紛」之語，宋時亦然，冉居常詩「粉袍切勿笑冬烘，且踏燒殘鼠尾蹤」。

王世貞《弇山堂别集》卷一一《皇明異典述六》

賜禁衣

嘉靖庚申，上敕南京織閃黄補麒麟仙鶴紗衣各一副，賜分宜，閃黄色惟上得用之。甲子賜華亭教子升天蟒衣一件，上手擇有珠者。萬曆甲戌，上以江陵辭功賞，特賜坐蟒，已後賜皆如之，而最後武靖侯李偉以太后父沾焉。坐蟒者，惟司禮大璫掌印久爲上所重者得此賜，然累代不數人，即勛舊所不與也。

賜衣文武互異

嘉靖中，内閣嚴、徐、李皆賜服麒麟，麒麟公侯服也，而成國公朱希忠、京山侯崔元、左都督陸炳等，以玄壇供事，特賜服仙鶴，仙鶴文臣一品服也。成化以後，文臣賜麟不爲異，而公侯伯武臣賜鶴則異矣。六公出入朝行，殆不可復辨。

五品鶴袍

嘉靖中，學士嚴訥、李春芳、董份以五品撰玄詞，特賜仙鶴袍，既而上悔之，下諭謂玄壇供事可用鶴，餘則不可，意蓋爲三臣也。而尚書皆自疑，不敢衣鶴，亟市錦鷄爲飾，而三學士之衣鶴自若也。

賜土官服色

正德中，賜播州宣慰使楊斌麒麟衣一襲，陞四川按察使，後以宣慰致仕，復賜麒麟衣一襲，最後賜蟒衣玉帶。以貢物厚故也。賜永順宣慰使致仕彭世麒大紅蟒衣三襲，陞都指揮使，其子宣慰明輔大紅飛魚服三襲，給正三品散官誥命。以進大木故也。嘉靖末，復以進大木，賜致仕宣慰彭明輔蟒衣，進湖廣都指揮使，致仕。子宣慰翼南飛魚衣一襲，進雲南右布政使。正德賜日本使臣宋素卿大紅飛魚服一襲。中人瑾受其黄金故也。素卿閩人，至嘉靖中，始以争貢事論死。

焦竑《焦氏筆乘》卷一《烏工衣》 沈約《竹書紀年注》：「舜父母憎舜，使其塗廪，自下焚之。舜服烏工衣服飛去。又使浚井，自上填之以石。舜服龍工衣，自旁而出。」不知何據？豈因萬章語而影撰之乎？

焦竑《焦氏筆乘續集》卷七《金陵舊事上》 《十八高賢傳》：曇叡晚居建康烏衣寺，彭城王義康遺之貂裘，叡以爲褥。義康陰使人以錢三十萬買之，不從。謝靈運常就問叡經中奇字。

焦竑《焦氏筆乘續集》卷七《金陵舊事上》 建康小吏曹著，爲廬山君迎至廟。廟門外置一大甕，可受數百斛，嘗有風雲出其中。廬山君夫人呼其女婉出見著，容色甚麗，著大悦。夫人命婢瓊林取琴，命婉鼓之。婉撫琴而歌曰：「登廬山兮鬱嵯峨，晞陽風兮拂紫霞。招若人兮濯靈波，欣良運兮暢雲柯。彈鳴琴兮樂莫過，雲龍會兮登太和。」歌畢，即趨入。廬山君因以婉妻著。居頃之，著求還，婉泫然，賦詩爲别，贈以織成衫袴。

田藝衡《留青日札》卷二二《盛服先生》 《禮記》：「齊明盛服。」《左傳》：「盛服將朝。」《漢・路温舒傳》：故盛服先生，不用於世云云。此乃秦之所以亡天下也。注：盛服先生，謂儒紳也。故前言秦之時羞文學，好武勇云云。

又《貢服》 《周官》：九貢有服貢。《左傳》則云：「諸侯不貢車服。」若今之絲葛錦紵，出於方物，諸侯安得不貢。苟不貢，則天子將自織之邪？我朝蘇之致仕，朱隆希以獻太極衣於今上而遂被寵，何其謟佞也。夫以文彦博而獻燈籠錦，則尚何怪於小人也哉。不貢者，命之貢也。

又《鸘鷞裘》 鸘鷞裘，即翡翠裘之類，乃神鳥也。東方曰發明，西方曰鸘鷞，南方曰焦明，北方曰幽昌，中央曰鳳皇。鷞或作鷫。《淮南子》言長頸緑色，似鴈。段成式言：如燕稍大，足短，趾似鼠。未嘗見下地，常止林中。偶失勢控地，不能自振，及舉，上淩青霄。出涼州，即西方也。

沈德符《萬曆野獲編》卷五《勳戚・服色之僭》 天下服飾，僭擬無等者，有三種。其一則勳戚，如公侯伯支子勳衛，爲散騎舍人，其官止八品耳，乃家居或廢罷者，皆衣麟服，繫金帶，頂褐蓋，自稱勳府。其他戚臣，如駙馬之庶子，例爲齊民，曾見一人，以白身納外衛指揮空銜，其衣亦如勳衛，而衷以四爪象龍，尤可駭怪。其一爲内官，在京内臣稍家温者，輒服似蟒，似斗牛之衣，名爲草獸，金碧晃目，揚鞭長安道上，無人敢問。至於王府承奉，曾奉旨賜飛魚者不必言，他即未賜者，亦被蟒腰玉，與撫按藩臬往還宴會，恬不爲怪也。其一爲婦人，在外士人妻女，相沿襲用袍帶，固天下通弊，若京師則異極矣，至賤如長班，至穢如教坊，其婦外出，莫不首戴珠箍，身被文繡，一切白澤麒麟、飛魚、坐蟒，靡不有之，且乘坐肩輿，揭簾露面，與閣部公卿，交錯於康逵，前驅既不呵止，大老亦不詰責，真天地間大災孽，嘉靖間霍南海，近年沈商邱，俱抗疏昌言，力禁僭侈，而獨不及此三種，何耶？

沈德符《萬曆野獲編補遺》卷三《兵部・武弁僭服》 今武弁所衣繡胸，不循欽定品級，概服獅子，自錦衣至指揮僉事而上，則無不服麒麟者。人皆謂起於嘉靖間，後乃知事在景泰四年，錦衣指揮同知畢旺，疏援永樂舊例，謂環衛近臣，不比他官，概許麟服，亦猶世宗西苑奉玄，諸學士得衣鶴袍，猶爲有説。至於獅子補，又不特卑秩武人，今健兒荷刀戟者，無不以爲常服，偶犯令輒和衣受縛，宛轉於鞭撻之下，少頃，即供役如故。孰知一二品采章，辱褻至此。

沈德符《萬曆野獲編補遺》卷四《嗤鄙・大臣異服》 馬尾裙者，不知所起，獨盛行於成化年間，云來自朝鮮國。其始閣臣萬安服之，既而六卿張悦輩俱效之，獨禮部尚書周洪謨至重服二腰，尤爲怪事。萬眉州亦何足責，如洪謨素以理學自命，哆口談天下大事，服之不衷，下僚且不可，况司風化重寄，何以示四方，雖遭彈射，直至弘治初元始去位，亦靦顔甚矣。似此服妖，與雉頭裘、集翠裘何異。今中國已絶無之，向在都見高麗陪臣出館，袍帶之下摺四張，蓬然可笑，意其尚服此裙耶？

李漁《閒情偶寄》卷三《詞曲部・賓白第四》

少用方言

填詞中方言之多，莫過於《西廂》一種，其餘今詞古曲，在在有之。非止詞曲，即《四書》之中《孟子》一書，亦有方言。天下不知，而予獨知之。予讀《孟子》五十餘年不知，而今知之，請先畢其説。兒時讀「自反而縮，雖褐寬博，吾不惴焉。」觀朱註云：褐，賤者之服，寬博，寬大之衣。心甚惑之，因生南方，南方衣褐者寡，間有服者，强半富貴之家，名雖褐而實則羢也。因訊蒙師，謂褐乃貴人之衣，胡云賤者之服，既云賤矣，則當從緜。短一尺，省一尺購辦之資，少一寸，免一寸縫紉之力，胡不窄小其製，而反寬大其形，是何以故。師默然不答，再詢則顧左右而言他，其此狐疑，數十年未解。及近游秦塞，見其土著之民，人人衣褐，無論絲羅罕覯，即見一二衣布者，亦類空谷足音，因地寒不毛，止以牧養自活，織牛羊之毛以爲衣，又皆麁而不密，其形似毯，誠哉其爲賤者之服，非若南方貴人之衣也。又見其寬則倍身，長復掃地，即而訊之，則曰：此衣之外，不復有他衫裳襦袴，總以一物代之，日則披之當服，夜則擁以爲衾，非寬不能周遭其身，非長不能盡覆其足。《魯論》必有寢衣，長一身有半，即是類也。予始幡然大悟曰：大史公著書，必游名山大川，其斯之謂歟？蓋古來聖賢多生西北，所見皆然，故方言隨口而出，朱文公南人也，彼烏知之，故但釋字義，不求甚解，使千古疑團，至今未破，非予遠遊絶塞，親覯其人，烏知斯言之不謬哉。

張煌言《張蒼水集》第一編《曹雲霖中丞從龍詩集序》 予自丙戌夏，浮海抵昌國。未幾，曹子雲霖從雲間來，葛衣芒屩，不問而知其爲晉處士、宋逋臣矣。

黄生《義府》卷上《衣裘異色》 《論語》：「緇衣羔裘，素衣麑裘，黄衣狐裘。」《傳》云：「五色比象，昭其物也。」故古人襍施五采於服器，必相間成文，然後爲致飾之道。五色不宣不足悦於目，猶五音均一不能諧於耳也。若衣黑裘黑，衣黄裘黄，衣表裏一色，何得相稱。是故羔不必定黑，麑不必定白，鹿色班駁，故曰文鹿。狐不必定黄。語曰：「豐狐文豹。」豐，亦文也。《玉藻》：狐白裘褐以錦衣，狐青裘褐以元綃衣，麑裘褐以絞衣。此衣裘異色之証。

徐昂發《畏壘筆記》卷二《布衣》 《鹽鐵論》曰：古人庶人耋老而後衣絲，其餘則麻枲而已，故命曰布衣。

蔣良騏《東華録》卷七《順治十二年》 〔正月〕副理事官彭長庚言：「諸王俱樹勳勞，而睿王之功爲冠。」【略】「至於私匿帝服及御用等物，必由彼傳諭織造，早晚齎送進御，彼時暫停王府，豈可與一切私匿御用者同例而議爲不軌也？方今水旱相繼，似同風雷之警，或其中不無冤抑，乞賜昭雪。」命王大臣密議。

程哲《蓉槎蠡説》卷七 江湛爲吏部尚書，遇澣衣輒稱疾，經日衣成，然後起。北人澣衣不似南人草草，必細拆開，治去緣邊垢穢，故詩有《擣衣》篇，成之所以須經日也。董京拾殘繒結成，號「百結」，不知作何浣濯？嗟乎！安得生頻斯國，以五色玉爲衣，煇如有光哉！

阮葵生《茶餘客話》卷一 盛京實勝寺藏 太祖所御甲冑，數人舉之，弗能勝。又藏 太宗所貽弓，壯士弗能開，矢長四尺餘。 太宗體豐鎧重，乘小白行百里，乘大白止行五十里。今昭陵前肖其形，立石馬二，呼曰小白、大白。

趙慎畛《榆巢雜識》卷上《會試皮衣》 乾隆十年會試，奉諭停止皮衣去面、氈衣去裏之例。

于敏中等《日下舊聞考》卷一四六《風俗》 增京師宴中有爬竿戲，即古尋橦戲也。其制用二橦，衣花裲襠、紅袴褶，緣竿而上，顛倒翔舞，最奇者但以臍拄竿而張其手足若鷹翔然，或以手揸竿而離其踵趾，若猿躍然。

于敏中等《日下舊聞考》卷一四六《風俗》 原古詩：「燕趙多佳人，美者顔如玉。被服羅裳衣，當户理清曲。」然燕中婦女雖曰穠麗，大約調朱殺粉，塗飾爲多，十三輒嫁，至三十而顦顇矣。此如蕣華易落，何如玉之有？至於青樓之伎，多著窮袴，其被服羅裳者亦鮮矣。《析津日記》

梁章鉅《歸田瑣記·縫人》 縫人通稱裁縫，以能裁，又能縫也。而吾鄉之學操官音者，因縫與房音近，訛而爲裁房，衆口同音。【略】縫人之拙者，莫過於浦城；其倨傲無禮，亦莫過於浦城。浦人風尚節儉，士大夫率不屑豐食美衣，即素封家亦然，惟長年製衣不倦。余常往來一二知好家，廳事無不有裁衣棚架者。縫人見客過，皆堅坐不起。余偶以語門徒詹捧之，捧之曰：「某嘗呼此間縫匠爲大王。」蓋亦嫉其倨傲，且言家中婦女輩，每奉之如上賓，惟所指揮，此風殆不可化也。余歸爲兒女輩述之，無不匿笑，因合家亦呼縫人爲大王，而裁房之稱，終不肯改。其偷竊衣料及皮絮之屬，又極巧而實拙，迥不在意計之中。余宅中偶製新衣，使僕輩督之，輒至喧呶不止。適余換製一皮馬挂，用月色綢爲裏，甫製成，即擲出，令換鈕釦，且斥之曰：「一鈕釦尚且釘錯，似此本領，何喧呶爲！」渠狠目熟視再四，大作京腔曰：「並無釘錯，何以冤我。」余指身上一翻穿馬褂斥之曰：「若爾所釦不錯，則我之舊衣俱錯矣！此係以月色綢爲裏，非以爲面也，自應照常左釦右絆，何得右釦左絆！」因使僕輩盡出翻穿之長褂及馬褂示之，並厲聲色痛斥一番，渠乃嗒然不敢辯。自是之後，凡縫人之氣少衰，至余家者，始稍謹默。夫一技雖細，而既專司其事，即未可掉以粗心。憶蔣伊臣《鑒録》中有一條云：「嘉靖中，京師縫人某姓者，擅名一時，所制長短寬窄，無不合度。常有御史令裁公服，跪請入臺年資。御史曰：『你裁衣何用知此？』曰：『公輩初任雄職，意高氣盛，其體微仰，衣當後短前長。任事將半，意氣微平，衣當前後如一。及任久欲遷，内存冲挹，其容微俯，衣當前短後長。不知年資，不能相稱也。』此雖諷言，却有至理。」又豈此間大王所與知乎！

李光庭《鄉言解頤》卷三《衣工》 織紝者，婦人之事也。《詩》曰：「摻摻女手，可以縫裳。」賦儉也。《禮·内則》：婦事舅姑，右佩箴、管、線、纊，衣裳綻裂，紉箴請補綴，勸孝也。古樂府云：「蠶桑苦，女工難，得新捐故後必寒。」質言之也。唐人《貧女》詩云：「苦恨年年壓金線，爲他人作嫁衣裳。」喻言之也。總之，不離乎女工。自男作衣工，俗只謂之裁縫。而踵事增華，日甚一日。七十年前，吾鄉有吕五福者，於瓜葛中爲晚輩，人頗誠實，工亦堅緻。其時只裙袖偶用鑲邊，且裁翦之餘，一絲不苟。嘗言以男子爲婦人之事，已不如人，尚敢作孽以留後世因乎！今京師之衣工，一衣自三鑲以至五鑲，其工費數倍於本身，即幼孩之衣亦然，則真作孽矣。鄉人效之，謂之三圓五滾。昔年與趙象莽親家憤激言之。象莽曰：「以足下之才之學，而能禁其不三圓五滾乎？」男子耳食，婦人目衣。入眼印心，圓圓滾滾。蓋性命依之矣。因誦人一絶云：「授衣時節又寒號，補綴搜尋布縷條。甕底尚餘半升米，且賒三尺狗牙絛。」

陳其元《庸閒齋筆記》卷九 唐以金紫、銀青光禄大夫，皆爲階官，此沿襲漢制金印紫綬、銀印青綬之稱也。漢丞相、太尉皆金印紫綬，御史大夫銀印青綬，此三府官之極崇者。夏侯勝曰：「經術苟明，取青紫如拾地芥。」蓋謂此也。自顔師古誤以青紫爲卿大夫之服，今人言取青紫如拾芥，事多因之，殊不知漢卿大夫，蓋未有服青紫者也，故言青紫，當指綬不當指服。

徐鼒《讀書雜釋》卷五《黑羔裘》 羊皮裘，古有貴有賤。《周禮》「掌爲大裘，以共王祀天之服」。鄭司農云：「大裘，黑羊裘，服以祀天，示質。」又黑羊裘，通乎上下，諸侯視朝及卿大夫等同用黑羔裘。《玉藻》云「羔裘緇衣以裼之」。（鄭）（邢）昺注《論語》云「緇衣羔裘，諸侯視朝之服」是也。是古以黑羊裘爲重也。《爾雅》「牂羒」郭璞注謂「吴羊白羝牝牂」。毛傳「牂羊，牝羊也」。《説文》云「羒，牂羊也。牂，牝羊也。」許氏以白羊統名牂羊，故以羒爲牂羊也。古以牂羊之裘爲惡衣，故《墨子·兼愛篇》云「晉文公好士之惡衣，故文公之臣皆牂羊之裘。」是古以黑羊裘爲貴，白羊裘爲賤。今吏胥牙儈臧獲之人，皆服黑羊裘，是以古朝祭之服，爲賤者衣也。

俞樾《春在堂隨筆》卷九 問：展衣之色，是白是赤。余謂《正義》言之詳矣，然孫敏推衍毛義，未免淩亂，不如鄭説之有條理。且《詩》云：「瑳兮瑳兮，其之展也。」以瑳擬展色，必相同。許書云：「瑳，玉色鮮白。」又云：「襄，丹縠衣。」則是以白玉擬丹縠，語意不倫，毛誤，許亦誤，不如從鄭，則白衣白玉，適相稱也。

俞樾《茶香室叢鈔三鈔》卷二五《教子升天蟒衣》 國朝章有謨《景船齋襍記》云：「嘉靖甲子賜公謂徐文貞階也。教子升天蟒衣一襲，係上手擇有珠者。」按宋玉杯有名教子升天者，亦見《景船齋襍記》，余已載於《叢鈔》二十矣，蟒衣亦有此名，未詳其製。

《游魯望布袍》

國朝朱彝尊《静志居詩話》云：「墨布袍者，宋咸淳進士福建提刑德清游汶魯望所服。元初以遺老薦授福州總管，固辭不就，題袍背云前宋遺民，今爲百姓。雖雨晴寒暑，未嘗解脱，卒葬果山。」按，墨布袍乃陳聲伯霆《水南集》中詩題，聲伯亦德清人也，因其爲吾邑鄉賢，故録之，今邑人尚有游姓者，當即其裔。

《紙衣》

宋蘇易簡《文房四譜》云：「山居者常以紙爲衣，蓋遵釋氏，云不衣蠶口衣也。然服甚煖，衣者不出十年，面黄而氣促，絶嗜慾之慮，且不宜浴，蓋外風不入，而内氣不出也。」亦嘗聞造紙衣法，每一百幅，用胡桃、乳香各一兩煮之，不爾，蒸之亦妙，陰乾，用箭幹横卷而順蹙，然患其補綴繁碎，今黟歙中有人造紙衣段，可如太門闔許，近士大夫征行亦有衣之者，蓋利其拒風於陰沍之際焉。陶隱居亦云：武陵人作穀皮衣，甚堅好。

平步青《霞外攟屑》卷七《裁衣者説》 《歸田瑣記》卷七引蔣伊《臣鑒録》云：嘉靖中，京師縫人某姓者，擅名一時，所制長短寬窄，無不合度。嘗有御史令裁公服，跪請入臺年資，御史曰：你裁衣何用知此。曰：公輩初任雄職，意高氣盛，其體微仰，衣當後短前長。任事將半，意氣微平，衣當前後如一。及任久欲遷，内存冲挹，其容微俯，衣當前短後長。不知年資，不能相稱也。按《明文授讀》卷十三周容《裁衣者説》云：崇正初，京師尚恬熙也，其矜體貌，有厲成者，以裁衣名著，非赫然右職，不能得其一日暇。又云，成乃曰：予固未嘗爲冗員外僚治衣也，治必右職，右職各有體，不止修短肥瘠閈也，須審其資。衆曰：何資。曰：官資。衆愕然。成曰：凡人初登右職，其氣盛，盛則體仰，衣須前嬴於後。久之漸平矣，又久之，心營遷擢，思下人，衣乃前殺於後。故衣之適體，當審官資之淺深，資之淺深，即觀其人之俯仰，予能一見而知之也。此本一事，而所言各殊，《臣鑒録》採座右編，乃明人撰《見寄園寄所寄》卷十二引《敝帚齋餘談》載裁縫問答略同，而遺其名。茂山以爲崇正中，殆傳聞偶誤，諷言譏刺，却中情事，文筆之殊，則《春涵堂集》較爲簡古耳。

平步青《霞外攟屑》卷一〇《裁縫》 《麗濾萫録》卷二世呼成衣匠爲裁縫，六朝已然。鮑照《代陳思王贈白馬篇》僑裝多闕絶，旅服少裁縫。《右臺仙館筆記》卷二則云：《唐六典》有裁縫之名，蓋裁之縫之而後成衣，較《周官·縫人》其義爲備。《越諺》卷中本《通俗編》卷二十一云：見《周禮·内司服》《縫人》兩注，蓋未見蔣俞二家書也。按《士相見禮》下大夫相見，以雁飾之，以布纏之，以索注飾之，以布謂裁縫衣其身也。則康成注《禮》已有此二字。

陳康祺《郎潛紀聞·二筆》卷三《于清端之廉儉》 國朝賢臣，必以于清端爲清廉第一。【略】諸子冬衣褐，或木棉袍，未嘗製一裘。官楚時，長公子將歸，署中偶有醃鴨，刳半與之。民間有「于公豆腐量太狹，長公臨行割半鴨」之謡。公卒之日，僚吏見牀頭敝笥中，惟綈袍一襲，靴帶二事，瓦甕中粗米數斛，鹽豉數器而已。

陳康祺《郎潛紀聞·二筆》卷一一《宣宗節儉》 宣宗中年，尤崇節儉，嘗有御用黑狐端罩，襯緞稍闊，令内侍將出四周添皮。内府呈册需銀千兩，乃諭勿添。明日，軍機大臣入侍，諭及茲事，自是京官衣裘不出風者，十有餘年。

陳康祺《郎潛紀聞·三筆》卷一〇《行裝佩荷包飄帶之原始》 今士大夫奉使行役，多著缺襟袍，即《會典》所謂行袍也。行裝多佩荷包飄帶，亦曰風帶，《會典》稱爲帉。行袍之帉，宜以素布爲之，視常服帶微闊而短。滿洲松湘圃相國嘗於扈從時語同列曰：「君等知荷包佩帉所由始乎？我朝初以馬上得天下，荷包所以儲食物，爲中途充饑之用，佩帉所以代馬絡帶，恐帶偶斷，則以帉續之。其初皆用布，今施之禮服，乃飾以綢耳。」觀此，知行裝荷包，亦應用布，而開國諸臣，披荆斬棘，櫛風沐雨之勤勞，即一物一名，已堪觀感也。

崇彝《道咸以來朝野雜記》 每歲元旦賀年，男客於初一日例應著白風毛蟒袍補褂，挂珠拜賀，示鄭重也。如有花衣不備之人，須穿藍袍或醬色袍灰、駝二色不用。補褂。在初五日以内，須將應賀之家拜畢。初六日，則女客出而拜年，不帶鈿子，不穿補褂，只以敞衣代禮服。向例如是，以敞衣有繡花挽袖加卷領爲恭。敞衣無領，隨時必加卷領，隨時者，皮、絨、緞、紗之别。如有父母服者，未過小祥，上元節後始出賀年，以其不能穿補褂，而藍袍石青褂恐戚家見忌；如逾小祥，初六日賀年，雖著素服，賀年而不叩頭，此風蓋亦久矣。

崇彝《道咸以來朝野雜記》 故事：引見官員，例由吏部帶領，應著藍袍天青褂，挂朝珠，每逢朔、望，及五日、十日，著補褂。遇夏季，穿亮紗，或伏日，穿葛紗期，亦照例著藍實地紗袍，以亮、葛二紗皆不足蔽體也。朝珠不準用有節者。

即每個珠顆以緑圈界之。若有花翎、藍翎人員，其翎管只準用白玉，其翡翠或帶皮子玉者，皆以違例論。至召見，大致服色略同。惟長袍不一例，藍者、深駝色、淺醬色者，皆可著，亦配忠孝帶。俗稱荷包手巾帶。

顧清等纂〔正德〕《松江府志》卷四《風俗》　習俗奢靡，見於《舊志》，大率指宋元時。入國朝來，一變而爲儉樸。天順、景泰以前，男子窄袖短躬衫，裾幅甚狹，雖士人亦然。婦女平髻寬衫，制甚樸，古婚會以大衣，俗謂長襖子。領袖緣以圈金或挑線爲上飾，其彩繡織金之類，非仕宦家，絶不敢用。燕會果殽，以四色至五色而止。成化來漸侈靡，近歲益甚，然其殷盛，非前日比矣。

鞋襪部

题解

《易・序卦》物畜然後有禮，故受之以履。韓康伯注：履者，禮也。禮所以適用也，故既畜則宜用，用則須禮也。

《詩・豳風・狼跋》公孫碩膚，赤舄几几。

毛亨傳：赤舄，人君之盛屨也。

孔穎達正義：《天官・屨人》掌王之服屨爲赤舄、黑舄。注云：王吉服有九，舄有三等。赤舄爲上，冕服之舄，下有白舄、黑舄然則赤舄是舄之最上，故云人君之盛屨也。《屨人》注云：服屨者，著服各有屨也。複下曰舄，單下曰屨。古之人言屨以通於複，今世言屨以通於單，俗易語反，然則屨、舄對文有異，散則相通，故傳以屨言之。

《詩・小雅・車攻》赤芾金舄，會同有繹。

毛亨傳：舄，達屨也。

鄭玄箋：金舄，黃朱色也。

孔穎達正義：箋云：金舄，黃朱色，加金爲飾，故謂之金舄。【略】云達屨，言是屨之最上達者也。此舄也而曰屨，屨通名，以舄是祭服，尊卑異之耳。

《左傳・僖公四年》申侯見〔齊侯〕曰：「師老矣，若出於東方而遇敵，懼不可用也，若出於陳、鄭之間，共其資糧屝屨，其可也。」齊侯説，與之虎牢。

杜預注：屝，草屨。

孔穎達正義：屝、屨俱是在足之物，善惡異名耳。

史游《急就篇》卷二 履、舄、鞜、裒，鞜，音踏，他匝反。裒，一作褏，音壁。單底謂之履，或以絲爲之。複底而有木者謂之舄。鞜，生革之履也。黃氏曰：鞜，革履也。裒謂鞜之深大者也。

靸、鞮、卬角、褐韤巾。靸，速沓反。鞮，的齊反。卬，顏當反。韤，勿發反，从韋，俗作韈，非是。

靸一作靸。謂韋履頭深而兑平底者也，今俗呼謂之跣子。鞮，薄革小履也。黃氏曰：靸，鞮，革履。揚雄《方言》履禪者謂之鞮，粗者謂之屨。他回反。卬角，屐上施也，形若今之木履而下有齒焉，欲其下不蹶，音厥。當卬其角舉足乃行，因爲名也。黃氏曰：《方言》東北謂之卬角，卬履頭也。下邳謂漆履有齒者曰靳角。褐，織毛爲衣也，或曰麤衣也。韤，足衣也。一曰褐謂編枲爲韤也。巾者，一幅之巾，所以裹頭也。一曰裹足之巾，若今人褒足布也。

裳韋不借爲牧人。

不借者，小屨也，以麻爲之，其賤易得，人各自有，不須假借，因爲名也。言著韋裳及不借者，卑賤之服，便易於事，宜以牧羊也。易，並弋豉反。著，竹略反。便，頻綿反。黃氏曰：《方言》絲作者謂之履，麻作者謂之不借。

屐、屩、綦、麤、羸窶。貧屩，居勺反。綦，方孔反，一作索，一作素。麤，一作蔍，平表反。窶，其羽反。

屐者以木爲之而施兩齒，所以踐泥。屩即今之鞋也。綦，圓頭掩上之履也。麤者，麻枲雜履之名也。南楚江淮之間通謂之麤。黃本作蔍。羸，困弱也。窶，無禮者一作之名。也，貧無財者也，言羸窶貧人無有華飾也。

旃裘、鞣䩖、蠻夷民。旃，一作氈。鞣，先各反。䩖，大合反。

鞣䩖，胡履之缺前雍者也，昔氏曰：音索鞜，胡履也。言蠻夷之人唯以氈爲裘，而足著鞣䩖也，今西羌其服尚然。

許慎《説文》三篇下《革部》 鞔，履空也。小徐曰：履空猶履㲉也。按空腔古今字。履腔如今人言鞵幫也。通旁切。《呂氏春秋》曰：南家工人也，爲鞔者也。高曰：鞔，履也，作履之工也。高不云履空者，渾言之也。《三蒼》鞔，覆也。《考工記》注飾車，謂革鞔輿也。此鞔引伸之義，凡鞔皆如綴幫於底。从革，免聲。

靸，小兒履也。《急就篇》有靸《釋名》曰：靸，韋履深頭者之名也。从革，及聲。

鞙，鞙角，逗。鞮屬。《方言》禪者謂之鞮，絲作之者謂之履。麻作之者謂之不借，麤者謂之屨，東北朝鮮洌水之間謂之鞙角，南楚江沔之間總謂之麤，西南梁益之間或謂之屩，或謂之扉，履其通語也，徐土邳圻之間大麤謂之鞙角。按末句郭注今漆履有齒者。顏注《急就篇》曰：卬角，形若今之木履而下有齒，《釋名》則曰：仰角，屐上施履之名也，當仰履角，舉足及行也。从革，卬聲。

鞮，革履也。《周禮》《釋文》云：許慎曰鞮，履也。吕忱曰：鞮，革屨也。與今本異。徐堅、玄應引與今本同。《曲禮》鞮屨注：無絇之菲也。《周禮・鞮鞻氏》注：鞮鞻，四夷舞者所屝也。《王制》「西方曰狄鞮」注：鞮之爲言知也。胡人履連脛，謂之絡鞮。各本無此九字，《韵會》引有，《釋名》曰：鞾本胡服，趙武靈王所服也。从革，是聲。

鞅，鞮鞅沙也。謂鞮之名鞅沙者也。鞙角、鞅沙皆漢人語，《廣雅》之鞈鞆也，鞈古匣切，鞆音沙。鞈鞆、鞣䩖、靸履也。《集韵》履與鞾同，《廣韵》鞈鞆、索䩖，胡履也。《釋名》鞣鞸，鞸之缺前壅者，胡中所名也。从革，夾聲。

鞿，鞮屬。从革，徙聲。

鞵，生革鞮也。生革各本作革生，今正。从革，奚聲。

靲，鞮也。鞮，革履也。《玉篇》靲下云：靲，鞻也。《周禮·鞮鞻氏》音義，吕忱云：鞮者，革履也。鞻者，靲鞻。按鞮鞻《走部》作趧婁，故《革部》無鞻。《字林》有鞻，釋之曰靲鞻，則靲字亦《字林》始有之。《説文》靲字殆後人所增，不與鞠鞮鞅等爲伍。从革，今聲。

許慎《説文》三篇上《糸部》　扉，履也。履者，足所依也。《方言》曰：絲作之者謂之履，麻作之者謂之不借。或謂之屨，或謂之鞔角，或謂之屩，或謂之履，或謂之扉，履其通語也。一曰青絲頭履也。上義謂麻作之，此義謂青絲爲頭。讀若阡陌之陌。許書無阡陌，蓋當作什佰也。一曰以下十三字當在从糸户聲之下。从糸，户聲。

紺，枲履也。枲者，麻也。《急就篇》屐屩絜麤。今俗語履之判合爲幫。讀如邦。从糸，封聲。

緉，履兩枚也。《齊風》「葛屨五兩」。履必兩而後成用也，是之謂緉。一曰絞也。一曰猶一名也。《方言》緉練，絞也，關之東西或謂之練，絞通語也。按緉之言兩也，練之言雙也，絞之言交也。从糸兩，兩亦聲。

劉熙《釋名》卷五《釋衣服》　幅，所以自偪束，畢沅曰：幅今本作偪，譌。案《詩·采菽》「邪幅在下」，毛傳：幅，偪也，以自偪束也。據此改。先謙曰：吴校句末有也字。今謂之行縢，先謙曰：以本書例推之，上文幅下當有偪也二字，此處亦當有縢騰也三字。言以裹脚可以跳騰輕便也。畢沅曰：鄭箋《采菽詩》邪幅如今行縢也。偪束其脛，自足至膝。葉德炯曰：《吴志·吕蒙傳》爲兵作絳衣行縢。此軍容取其輕便。《古樂府》有《雙行纏詞》，雙行纏即行縢，是古女子亦用之，蓋歌舞時必跳騰，裹此則輕便耳。

韈，末也，在脚末也。畢沅曰：《説文》「韈，足衣也。从韋，蔑聲。」《一切經音義》引作襪。案《玉篇》云：襪，脚衣。故後人亦以襪代韈也。

履，禮也，畢沅曰：《周易·序卦》「物畜然後有禮，故受之以履。」是履之義，禮也。飾足所以爲禮也。畢沅曰《初學記》引無以字。亦曰屨。屨，拘也，所以拘足也。畢沅曰：今本無亦曰屨三字，《御覽》引作亦曰拘也，所以拘足也。合此比校則其拘字乃拘字之譌，即可知亦曰拘也亦曰下脱兩屨字爾，因據以增之。又今本舄在履後，屨在舄後，各提行別起。《御覽》引亦曰云云承爲禮也之下，複其下云云承拘足也之下。案鄭注《周禮·屨人》複下曰舄，禪下曰屨。然則舄是屨之複者，此複其下曰舄，謂複屨之下也，自當承所以拘足也之下，遂據以更正之。王先慎曰：《屨人》「青句」注：句當爲絇聲之誤也。絇謂之拘，著舄屨之頭以爲行戒。《士冠禮》「黑絇」注：絇之爲言拘也，以爲行戒。正成國所本，明此當爲拘字。複其下曰舄。舄，腊也，行禮久立地或泥溼，蘇輿曰二句御覽服章十四引作久立地溼故複其下使乾腊也。畢沅曰：今本作故複其末下，據《御覽》引刪末字。《古今注》云：舄以木置履下，乾腊不畏泥溼也。説與此同。齊人謂草屨曰扉。畢沅曰：今本草作韋。《初學記》引作草，從之。《方言》扉，粗屨也。絲作之曰履，麻作之曰扉。《左·僖四年》杜注：扉，草屨。則作草是。今本齊人以下提行別起。案《説文》「扉，履屬」。則屨、舄、扉同類，不應分異。據《御覽》引此上下文皆合爲一，遂從之併焉。又案同方同物不合有異名下有齊人云搏腊，此齊人謂三字蓋衍也，不敢擅刪，識疑可也。扉，皮也，以皮作之，或曰不借，畢沅曰：扉皮也三字，文有誤，當云或以皮作之。又今本無下或曰字，無則上下文不屬，故以意增之。孫楷曰：《儀禮·喪服》「傳繩菲」注：今時不借也。《孟子》「猶棄敝蹝也」。趙岐注：蹝，草履。敝喻不惜。《齊民要術》引《四民月令》云：十月作白履不惜。惜、借古音同。《方言》菲屨，麻作之者，謂之不借。《急就章》云：裳韋不借爲牧人，又漢文帝履不借視朝。第諸説或云草履，或云麻作之，惟《潛夫論》云：以皮作之，與此同。言賤易有，宜各自蓄之，不假借人也。畢沅曰古今注不借者草履也以其輕賤易得故人人自有不假借於人故名不借也葉德炯曰不借屨之合聲也此如爾雅不聿謂之筆之例下云簿腊則不借之輕讀此皆方音轉變之故成國就文求義耳齊人云搏腊，畢沅曰：今本齊人又提行別起亦據御覽引併合孫楷曰周禮弁師玉璂鄭讀如薄借綦之綦綦古文作絲説文綼不借綼許所言不借綼猶鄭所云薄借綦文異實同薄借即搏腊之轉音鄭君成國皆籍北海古齊地也搏腊，猶把作，麤兒也。畢沅曰：搏腊，猶言不借，聲少異爾。恐非，把作之義，一本作把鮓，當亦音之轉。荆州人曰䕬，畢沅曰：今本作麤，不從艸。《説文》「䕬，艸履也。从艸，麤聲。」絲麻韋草皆同名也。畢沅曰：今本脱絲字，據御覽引增。䕬，措也，言所以安措足也。葉德炯曰：《方言》扉屨，麤履也。徐兖之郊謂之扉，自關而西謂之屨，中有木者謂之複舄，絲作者謂之履，麻作者謂之不借，南楚江沔之間總謂之麤。成國諸義皆本此，但《方言》舉齊、兖、關西、南楚、江沔，此則兩舉齊人，以雄所采者絶國之離詞，劉所録者近鄉之古音也。

屩，草屨也。先謙曰：吴校無此句。屩，蹻也，出行著之蹻蹻輕便，畢沅曰：《説文》「蹻，舉足行高也」。故曰輕便。因以爲名也。畢沅曰：《御覽》引作屩，草屨也，出行著之云云。今本作屩，蹻也，出行著之云云。兩者一釋其物，一釋其名，義當備存之，乃無歉。葉德炯曰：《戰國策》蘇秦贏縢履蹻。蹻即屩也。古字本通，縢、蹻皆輕便之物。

屐，榰也，爲雨足榰以踐泥也。畢沅曰：今本雨作兩，誤也，據《御覽》引改。案，榰者柱砥，所以承柱使不陷入地中。屐以榰足，使可踐泥，雖雨甚泥濘，不陷入泥中也，故曰屐，榰也，爲雨足榰以踐泥也。榰，从木，不从手。諸本輒作手旁，者非也。

鞾，跨也，畢沅曰：《説文》無鞾字，新附有之，云「鞮屬」。兩足各以一跨騎也。本胡服，趙武靈王服之。畢沅曰：下九字今本脱。《北堂書鈔》、《廣韻》、《御覽》引皆有，今據補。蘇輿曰：《御覽·服章部》作鞾，本胡名也，趙武靈王始服之。

𩌏𩎟，畢沅曰：兩字皆《説文》所無。韡之缺前壅者，胡中所名也。𩌏𩎟，猶速獨，畢沅曰：音亦相似。足直前之言也。孫詒讓曰：《説文》無𩌏𩎟二字。《皇象碑》本《急就篇》作索擇，較爲近古，疑漢人本如此作也。《逸周書·太子晉篇》云：師曠束躅其足。孔注：束躅，踏也。悚，本誤束，據《北堂書鈔·政術》、《御覽·人事部》校正。此速獨當即束躅，足踏向前，故云足直前之言。

鞵，解也，著時縮其上如履然，解其上則舒解也。葉德炯曰：《説文·革部》「鞵，革生鞮也。」《淮南·齊俗訓》不亟於爲文句疏短之鞵作鞵與此同。先謙曰：吴校鞵作鞋。

帛屐，以帛作之如屩也。畢沅曰：《説文》「屩，屐也」。「屐，屩也」。王啓原曰：如屩也。吕本作如屩者。不曰帛屩者，屩不可踐泥也，屐可以踐泥也。畢沅曰：今本作屐，踐泥者也。據《御覽》引改。此亦可以步泥而浣之，故謂之屐也。蘇輿曰：《御覽·服章十二》引云：帛屐，以帛作屐如屩者也。不曰帛屩而曰帛屐者，屩不可以踐泥，屐可以踐泥也，故謂之屐。

晚下，畢沅曰：當作鞔下。《方言》云：自關而東謂之複履，其下單者謂之鞔下。如晚下晚晚而危，畢沅曰：晚晚當作宛宛。婦人短者著之，可以拜也。

鞁，韋履深頭者之名也。鞁，襲也，以其深襲覆足也。畢沅曰：《説文》「鞁，小兒履也」。義與此異。

仰角，畢沅曰：仰，《説文》作卬，云：「卬角，鞮屬也。从革，卬聲。」《方言》大麤謂之卬角。郭注：今漆履有齒者。屐上施履之名也，行不得蹶，當仰履角，舉足乃行也。王啓原曰：《方言》已云卬角，《説文》引楊雄説，故亦云卬角。史游《急就章》鞁鞮卬角褐韤巾。假卬爲仰，是有仰角之名。如成國所言，則今湘中之屐即其遺制。

張揖《廣雅》卷七下《釋器》　屝、屨、麤、舄、屧、鞨、不借、卬角、鞮、屜、薄平、鞮，履也。《説文》「履，足所依也。」《方言》「屝屨，麤履也。徐兗之郊，謂之屝，自關而西，謂之屨，中有木者，謂之複舄，自關而東，謂之複履，其庳者謂之鞔下，禪者謂之鞮，絲作之者謂之履，麻作之者謂之不借，粗者謂之屨，東北朝鮮洌水之閒，謂之卬角，南楚江沔之閒，緫謂之麤，西南梁益之閒，或謂之屩，或謂之家履，其通語也，徐土邳沂之閒，大麤謂之履角」。《釋名》云「齊人謂草履曰屝」。僖四年《左傳》「共其資糧屝屨」。杜預注云：屝，草屨也。《喪服傳》「菅屨者，菅菲也」。菲，與屝通。《釋名》云「屨，拘也，所以拘足也」。《周官·屨人》「掌王及后之服屨，爲赤舄黑舄素屨葛屨」。鄭玄注云：複下曰舄，禪下曰屨。凡屨舄，各象其裳之色。《士冠禮》曰「(元)[玄]端黑屨，素積白屨，爵弁纁屨」。是也。《説文》「蘼，艸履也」。蘼，與麤通。《釋名》云「履，荆州人曰麤，絲麻韋草皆同名也」。麤，措也，言所以安措足也。《急就篇》「屐屩絜麤羸窶貧」。顔師古注云：麤者，麻枲雜履之名也。王褒《僮約》云「織履作麤」。《廣韻》「履有頸曰屧」。《方言》郭璞注云：屧字或作屧。《喪服傳》「繩屨者，繩菲也」。鄭玄注云：繩菲，今時不借也。《鹽鐵論·散不足篇》云「枲下不借，鞔鞮革舄」。《急就篇》云「裳韋不借爲牧人」。《釋名》云「不借，言賤易有，宜各自蓄之，不假借於人也」。齊人云：搏腊。搏腊，猶把鮓，麤貌也。案《釋名》以搏腊爲麤貌，是也。搏腊，疊韻字，轉之則爲不借，非不假借於人之謂也。《説文》緋字注云：一曰不借緋。《周官·弁師》鄭玄注作薄借綦。薄借，即搏腊也。《齊民要術》引《四民月令》云「十月作白履不借」。不借，即不借也，《説文》「卬角，鞮屬也」。《方言》郭璞注云：卬角，今漆履有齒者。《釋名》云「仰角，屐上施履之名也，行不得蹶，當仰履角舉足乃行也」。《急就篇》云「鞁鞮卬角褐韤巾」。仰、卬，竝與卬通。鞨，《玉篇》「音似足切，鞮也」。《廣韻》云「白鞨，鞮也」。《説文》「鞨，鞮屬也」。「躧，舞履也。或作𩌦」。《孟子·盡心篇》「舜視棄天下，猶棄敝蹝也」。趙岐注云：蹝草履可蹝者也。《吕氏春秋·長見篇》「視釋天下若釋躧」。《觀表篇》作「舍屣」，竝字異而義同。《説文》「鞮，革履也」。《急就篇》顔師古注云：鞮，薄革小履也。《周官·鞮鞻氏》鄭玄注云：鞻，讀如屨，鞮屨，四夷舞者所屝也，今時倡蹋鼓沓行者自有屝，《曲禮》鄭玄注云：鞮屨，無絇之菲也。【略】

鞜鞡、𩌏𩎟、鞁，履也。屐，或作韡。《釋名》云「韡，跨也，兩足各以一跨騎也，趙武靈王始服之。鞜鞡、𩌏𩎟，皆疊韻字也。《玉篇》鞜字注云：「鞜鞡，履也」。鞜，各本譌作鞳，今訂正。《釋名》云「𩌏𩎟，韡之缺前壅者也」。𩌏𩎟，猶速獨足直前之名也。《急就篇》云「旃裘𩌏𩎟」。《釋名》云「鞁，韋履深頭者之名也」，鞁，襲也，以其深襲覆足也。《急就篇》「鞁鞮卬角褐韤巾」。顔師古注云：鞁，謂韋履頭深而兑，平底者也，今俗呼謂之跣子。

屄、屐、屜，屩也。《説文》「屩，履也」。「屐，屩也」。《釋名》云「屩，蹻也，出行著之，蹻蹻輕便，因以爲名也」。「屐，㮨也，爲兩足㮨以踐泥也」。《史記·平準書》裴駰集解引韋昭《漢書》注云：屩，草履也。《衆經音義》卷十四引《三倉》云「屐，木屩也」。《莊子·天下篇》「以跂蹻爲服」。跂蹻，與屐屩同。《方言》「屩，西南梁益之閒，或謂之屄」。《説文》「屄，履也，一曰青絲頭履也，讀若阡陌之陌，從系戸聲」。各本屄作屄，因屐、屜、屩，諸字而誤，今訂正，屜已見上文。

崔豹《古今注》卷上《輿服》　履者，屨之不帶者也。

舄，以木置履下，乾腊不畏泥溼也。天子赤舄，凡舄色皆象於裳。

顧野王《玉篇》卷一一《戸部》　屝　扶沸切，草屩也。

履　力几切，皮曰履。又踐也，禄也。《詩》云「福履將之」。履　《説文》履。

屨　居芋切，履屬，麻作謂之屨也。

屐　渠戟切，履屐也。

屩　居略切，草履也。《史記》云「躡屩」。

屧　他回切，履也，西南梁益謂履曰屧。屧　同上。

顧野王《玉篇》卷一三《艸部》　蘼　青五切，草履也。

顧野王《玉篇》卷二四《烏部》 舄 思亦切，今爲履舄字。

顧野王《玉篇》卷二六《革部》 鞁 先盍切，履也。或作靸。

鞮 丁奚切，單履也。

鞆 午唐切，絲履也，鞮屬。

䩡 公洽切，鞮屬。

䩥 所綺、所解二切，鞮屬。鞋同上。韆同上。

鞵 胡街切，革鞮也，革底麻系。鞋同上。

䩒 巨今切，䩒鞻也。

鞜 他帀切，鞮也。

鞢 先各切，鞢韈，履也，韈之缺前雍者。

韈 大各切，鞢韈履。

鞈 古狎切，鞈靸，履也。

靸 所加切，鞈靸。

鞨 似足切，鞮也。

靴 盱戈切，鞁也，亦履也。鞾同上。

䩞 思亦切，履也。亦作舄。

鞔 於阮切，履也。

韇 莫佳切，鞋也。

鞜 户皆切，履也。

靿 於孝切，靴靿也。

韈 亡伐切，屩韈也。

二六《韋部》

韤 亡發切，足衣，亦作袜。

韍 蘇納切，屬也。亦作靸。

韗 吁萬切，又于問切，靴也。

顧野王《玉篇》卷二七《糸部》原本 屩，乎瓦切，屝屜也。

原本 胡瓦反。《方言》屩、屨、麤，履也，西南梁益或謂之屩。《説文》「一曰，素絲繩履也」。

紨 方孔切，枲履也，小兒履也。

原本 方孔反。《説文》「枲履也」。《倉頡篇》小兒履也。

繫 方孔切，小兒履也。又布茫切。

卷二八《衣部》

袜 亡月切，脚衣。

裷 於阮切，襪也。

玄應《一切經音義》卷二《大般涅槃經第七卷》 革屣古文鞮韆，二形同，所綺、所解二反。爲屣巨逆反。《説文》「(履屬)(屐，屬)也」。屐有草有帛者，非止木也。

玄應《一切經音義》卷一一《正法唸經第二八卷》 革屣所綺反，皮履也。經文作鞋，非也。

玄應《一切經音義》卷一四《四分律第二一卷》 木屐下律文有革屐、欽婆羅屐等，《莊子》竹跂同，渠戟反。《説文》「屐，屬也」。《釋名》帛屐，以帛爲之。然則屐，屬古時同類也。《漢書》袁盎屐行七十里是也。《三蒼》木屬也。《孔叢》曰：孔穿曳長裾，振方屐，見平原君。

玄應《一切經音義》卷一四《四分律第三九卷》 鞾鞮疑爲靸鞮。《字苑》素合都奚反。《急就篇》靸鞮，卬角也。今江南謂靴無頸者爲靸。《廣雅》鞮，履也。又《説文》云「鞮，革履也」。

玄應《一切經音義》卷一四《四分律第四〇》 行縢徒登反《禮記》注云：幅，行縢也。江南廝役皆有此物，亦謂之行纏。《釋名》云：言以裹脚可跳騰輕便也。

馬縞《中華古今注》卷上 靴者，昉古西胡也。昔趙武靈王好胡服，常服之。其制：短靿、黄皮，閒居之服。至馬周改制，長靿以殺之，加之以氈及絛，得著入殿省敷奏，取便乘騎也，文武百僚咸服之。至貞觀三年，安西國進緋韋短靿靴，詔内侍省分給諸司。至大曆二年，宫人錦靿靴，侍於左右。

舄 舄者，以木置履下，乾腊不畏泥濕也。天子赤舄，凡舄色，皆象裳也。《禮》云：「解屨不敢當階，就屨跪而舉之」。春申君客三千，皆珠履也。漢制：功臣閣老四賜曰：入朝不趨，贊拜不名，劍履上殿，肩輿入宫。淳于髡諫楚王曰：「若堂上燭滅，男女雜坐，履舄交錯，髡當此之時，一飲一石」。晏子諫齊王曰：「今履賤而踴貴也」。言齊王好刖人之足，微諫之也。

馬縞《中華古今注》卷中 麻鞋 起自伊尹，以草爲之，草屩。周文王以麻爲之，名曰麻鞋。至秦，以絲爲之，令宫人侍從著之，庶人不可。至東晉，又加其好，公主及宫貴皆絲爲之。凡娶婦之家，先下絲麻鞋一緉，取其和鞋之義。

襪 三代及周著角襪，以帶繫於踝。至魏文帝吴妃及改樣，以羅爲之，後加以綵繡畫，至今不易。至隋煬帝，宫人織成五色立鳳朱錦襪靿。

鞋子　自古即皆有，謂之履，絇繶皆畫五色。至漢有伏虎頭，始以布鞔繶，上脱下加以錦爲飾。至東晉以草木織成，即有鳳頭之履、聚雲履、五朵履。宋有重臺履，梁有笏頭履、分捎履、立鳳履，又有五色雲霞履。漢有繡鴛鴦履，昭帝令冬至日，上舅姑。

靸鞋　蓋古之履也。秦始皇常靸望僊鞋，衣藂雲短褐，以對隱逸，求神僊。至梁天監年中，武帝解脱靸鞋，以絲爲之，今天子所履也。

丁度《集韻》卷一《東韻》　鞝吴人謂鞾靿曰鞝。

丁度《集韻》卷一《鍾韻》　鞲、鞰、鞴鞾靿。或从邕，亦作鞴。

丁度《集韻》卷一《模韻》　鞣屦鞾也。

襛、䙅襪袎，吴俗語。或从邕。

丁度《集韻》卷二《支韻》　躧、韊舞履也。一曰，步也。或作韊。

丁度《集韻》卷二《齊韻》　鞮、䩚《説文》「革履也」。或从氏。

家履也。

丁度《集韻》卷二《佳韻》　鞵、鞋《説文》「革生鞮也」。或作鞋。

鞼鞼鞖，履也。

丁度《集韻》卷二《灰韻》　屡、屦《方言》履粗者謂之屡。一曰，履有頸者。或从委。

屡、屦粗履，不借也。或作屦。

丁度《集韻》卷三《皆韻》　鞵履也。

丁度《集韻》卷三《仙韻》　鞬鞮也。

丁度《集韻》卷三《宵韻》　屩屐也。

丁度《集韻》卷三《戈韻》　屦屦屬。

丁度《集韻》卷三《麻韻》　鞎、韋段、鍜《説文》「履也」。一曰，履根後帖。或从革，从系。

鞾、靴、鞨、屦、屦呼肥切。《説文》「鞮屬」。或作靴、鞨、屦、屦，文十。

丁度《集韻》卷四《青韻》　屦子垌切，不借之粗者曰屦。

丁度《集韻》卷四《侵韻》　鈐鞮也。

丁度《集韻》卷五《董韻》　琫、鞛、鞛、琣補孔切。【略】或作鞛、鞛、琣、鞛。一曰，皮履。

紂、䩬、䋴一曰，小兒皮履。或作䩬、䋴，亦書作綦。

丁度《集韻》卷五《腫韻》　踊、踴【略】一曰，刖足者履。或从勇。

丁度《集韻》卷五《講韻》　紂、䩬補講切，小兒皮履。一曰，枲履。或从皮，亦書作綦。

丁度《集韻》卷五《紙韻》　躧、韊、蹝所綺切。《説文》「舞履也」。或从革，从徙。

鞿《説文》「鞮屬」。謂革履也。

丁度《集韻》卷五《旨韻》　履、屨、顈、頣、復、屦兩几切。《説文》「足所依也」。或作履，古作顈、頣、復、屦。

屝、屝赤舄。或作屝，通作几。

丁度《集韻》卷五《止韻》　屐履也。《方言》西南梁益之間謂之屐。

丁度《集韻》卷五《語韻》　屛履屬。

屛、屦《説文》「履屬」。或从攵。

丁度《集韻》卷五《姥韻》　𧄍艸履。

丁度《集韻》卷五《蟹韻》　韊、鞵、鞋履也。或作鞵，亦省。

丁度《集韻》卷五《阮韻》　𧝮鞾也。

綣襪謂之綣。

綣襪也。

丁度《集韻》卷六《筱韻》　𢅡、繳行縢謂之𢅡。或从系。

丁度《集韻》卷六《馬韻》　家、屦履也。《方言》西南梁益之間謂之家。一説，青絲頭履。或作屦。

丁度《集韻》卷六《養韻》　鞅履也。《方言》東北朝鮮洌水之間謂之鞅。

丁度《集韻》卷七《用韻》　韊、䩕鞾靿，或从邕。

襛、䙅襪靿，或从邕。

丁度《集韻》卷七《寘韻》　鞋、韊所寄切，鞮屬。或从麗。文九。

丁度《集韻》卷七《未韻》　扉父沸切。《説文》「履也」。或通作非。

丁度《集韻》卷七《御韻》　屐履也。

屝履也。

丁度《集韻》卷七《遇韻》　鞻四夷舞者所（扉）〔屝〕也。

屦鞻也。

鞻鈐鞻也。

丁度《集韻》卷七《卦韻》　家履也。《方言》西南梁益之間謂之家。

丁度《集韻》卷七《稕韻》 鞇木屨有足。

丁度《集韻》卷八《嘯韻》 幧行縢。

丁度《集韻》卷八《效韻》 靿於教切。【略】俗謂靴𩎟曰靿。

丁度《集韻》卷九《燭韻》 韣鞮也。

鵲韣《博雅》履也，或作韣。

丁度《集韻》卷九《月韻》 韤、韈、襪、𧞟、韎、絑、妺、袜、帓勿發切。《説文》「足衣也」。或从革，从衣，从皮。亦作韎、沬、妺、袜、帓。

丁度《集韻》卷九《曷韻》 鞨《博雅》屨、鞨，履也。

丁度《集韻》卷一〇《陌韻》 絈《説文》「履也。青絲頭履」。屐屩也。

丁度《集韻》卷一〇《昔韻》 舄、𩋰、䩉履也。或作𩋰、䩉。

䩮素䩮，履也。

丁度《集韻》卷一〇《職韻》 幅行縢也。《春秋傳》「帶裳幅舄」。

丁度《集韻》卷一〇《緝韻》 靸、𩋲息入切。嬰兒履謂之靸。或从韋。

丁度《集韻》卷一〇《合韻》 鞜革履。

丁度《集韻》卷一〇《盍韻》 䪏䪏靸，革履。

䪏䪏靸，履也。

丁度《集韻》卷一〇《洽韻》 鞅、䪏《説文》「鞮鞅沙也」。或从盍。

司馬光《類篇》卷八《革部》 鞥烏公切，吴人謂𩎟靿曰鞥。

𩎟、䩼於容切，𩎟靿，或从邕。䩼，又於用切。

鞋户佳切，革生鞮也。

鞮抽延切，鞮也。

鞵户佳切，革生鞮也。又雄皆切，履也。文一，重音一。

韥莫佳切，韥鞵，履也。文一。

鞮抽延切，鞮也。

鞎何加切，履也，一曰履根後帖。文一。

鞇魚剛切《説文》鞇角，鞮屬，又語兩切，屨也。《方言》東北朝鮮洌冰之間謂之鞇角文。

韆所綺切，舞履也。又所蟹切，履也。又所寄切，鞮屬。

靲居吟切，鞮也。

䩖所綺切，《説文》「鞮屬」，謂革履也。又所蟹切，又所寄切。

䩖所蟹切，履也。

鞇伊刃切，木屨有足。

靿於教切，曲也，俗謂靴𩎟曰靿。

韣神蜀切，鞮也。又松玉切，履也。

𩋰、䩉思積切，履也。或作䩉。

䩮夷益切，素䩮，履也。

靸息入切，嬰兒履謂之靸。又悉合切。

鞜託合切，革履。

韤勿發切，足衣也。

䪏克盍切，䪏靸，革履。又谷盍切，又訖洽切。

司馬光《類篇》卷九《皮部》 𤿭補孔切，枲履也。又補講切，小兒皮屨。又悲江切，皮裹屨。

司馬光《類篇》卷二一 𧞟、妺勿發切，足衣。或作妺。

司馬光《類篇》卷二二 帓勿發切，足衣也。又莫葛切，帶也。又莫轄切。

司馬光《類篇》卷二三《衣部》 䙃補孔切，枲履也。一曰小兒皮履。

裷委遠切，韤也。一曰袖耑屈。

司馬光《類篇》卷二四 履，足所依也。从尸从彳从夂舟，象履形。一曰尸聲，凡履之類皆从履。或作䪨，古作頿、蹞、𨓆、屩。兩几切，履又里弟切，踐也。文六，重音一。

𡲢、𡲣舉履切，赤舃。或作屐。文二。屦、屡徂回切，粗履，不借也。或作屧。屡又呼肥切，屦又子扁切，又户瓦切。文二，重音三。屦呼肥切，鞮屬。文一。𡳐、屦徐呂切，履屬。从履省，予聲。或从夂。𡳐又演女切。文二，重音一。屨九遇切，履也，从履省，婁聲，一曰鞮也。文一。屧遲據切，履也。文一。屩居勺切，屐也，从履省，喬聲。文一。屐奇逆切，屩也，从履省，支聲。文一。

屝父沸切。《説文》履也。絈莫白切，履也，青絲頭履。又牀史切，又胡卦切，又户瓦切。

司馬光《類篇》卷三七《糸部》 絇洪孤切，履也。又户瓦切。

緺何加切，履也，一曰履根後帖。

紺補孔切，枲履也，一曰小兒皮屨。又補講切。

絈牀史切，履也。《方言》「西南梁益之間謂之絈」。又胡卦切，又户瓦切，又莫白切，《説文》「青絲頭履」。

絉勿發切，《説文》足衣也。

戴侗《六書故》卷一八《動物二》 鞵 鞵户皆切，革履也。《説文》曰：「革生鞮也。」別作鞋、𩊚、𩋈。《説文》「𩊚，履也」。𩋈，足所履也。

鞮 鞮丁兮切。《説文》曰：「革履也。」《記》曰：「大夫士去國，鞮履。」康成曰：無絇之屝也。《周官·鞮鞻氏》「掌四夷之樂」。康成曰：鞻讀如屨。鞮履，四夷舞者所屝也。揚雄賦曰：「鞮鍪生蟣蝨。」按《禮》言鞮屨，則鞮非屨矣。又作䩞𩌏，《説文》「𩌏婁，四夷之舞」。又通西戎之言語者曰狄鞮，見《王制篇》。

鞻 鞻郎侯切，又去聲，又俱遇切。鄭康成以爲即屨字。吕忱曰：鞥，鞻也。《説文》曰：「鞥，鞮也。」

靸 靸悉合切。《説文》曰小兒履也。按今人以履無踵，直曳之者爲靸。別作靸。

鞾 鞾呼戈切，革履有翁及骭也。《説文》新附，古無此字。按北方馳逐草閒，故履皆長其翁，中國因之，爲馬上之服。自周隋氏以戎服爲朝服，故今之朝服皆鞾，習而不察之過也，別作靴、𩌉。

韈 韈亡發切，足衣也。別作韤、襪、袜、絉。《淮南子》曰：絉，則踩履也。

戴侗《六書故》卷三一《工事七》 幅 幅方六切。【略】又音逼。《傳》曰：「帶裳幅舄。」又作偪。《記》曰：「偪屨著綦。」康成曰：若今行縢。杜氏同。

戴侗《六書故》卷三三《工事九》 履 履良止切，屨也。因之爲踐履。《説文》曰：「足所依也。从尸，从彳，从夂，舟象履形。一曰，尸聲。」[古文字形]古文。」

屨 屨九遇切，履之精疏通曰屨。《説文》：「履也。一曰，鞮也。」

屩 屩居勺切，疏屨也。通作蹻。

屐 屐奇逆切，履下有齒曰屐。《説文》曰：「屩也。」通作跂。莊周曰：墨以跂蹻爲服。李氏曰：木曰屐，麻曰屩。

屣 屣所履切，履不跟也。鄭漁仲曰：履不躡跟也。通作蹝、躧、縰。《孟子》曰：「舜視棄天下，猶棄敝蹝也。」莊周曰：「曳縰而歌商頌。」

屧 屧蘇協切。又作屟。《説文》曰：「履中薦也。」《類篇》又他計切，後人以此爲屨。

周祈撰《名義考》卷八《倒屣》 徐氏曰：躧履，謂足跟不正納履。躧通作屣，倒屣，既不着跟，又倒曳。蔡邕倒屣迎王粲。

董斯張《廣博物志》卷三八 張衡《同聲歌》「鞮芬以狄香」。鞮，履也。狄香，外國之香也，謂之香薰履也。

張自烈《正字通》卷三《尸部》 屝芳未切，音費。《説文》「履也」。《左傳》「共(有)[其]資糧屝屨」。與扉屝別。

履良徙切，音里。《説文》足所依也。《爾雅》「履，禮也」。郭璞註：禮可以履行也。《釋名》履，飾足以爲禮也。又以履加足亦曰履。《史·留侯世家》良嘗閒從容，步游下邳圯上，有一老父，至良所，直墮其履圯下，顧謂良曰：孺子，下取履。父曰：履我。良業爲取履，因長跪履之。父以足受，笑而去。又《韓非子》鄭人有且置履者，先自度其足，而置之其坐，及之市而忘操之。已得履，乃曰：吾忘持度，歸取之。及反，市罷，遂不得履。人曰：何不試之以足？曰：寧信度，毋自信也。又卦名，又踐也。《詩·小雅》「君子所履」。又「牛羊勿踐履」。《爾雅》「履，福也，禄也」。《周南》「福履綏之」。毛亨傳曰：履，禄也。㕥似而非。一説福履，猶言福所踐履之實地，如足之依地，無顛仆，非履即福禄也。从尸，从復。復行必進也，一作履。履履本字《説文》作履。从尸，从彳，从舟，从夂。徐曰：履行，故从彳夂足也。毛氏曰：从舟，載也。舟能載物，履能載足。《六書本義》从尸，躡履人彳夊，所以行，履形似舟，能載人，故又从舟。按凡器有底皆能載履，形不類舟，舟會行意，諸説㕥非。

屨居御切，音踞，履別名。《釋名》屨，拘也，所以拘足也。杜甫《雨》詩「消中日伏枕，卧久塵及屨」。叶趣顧。又誅屨，《左傳·莊八年》齊侯田于貝丘，見大豕，從者曰：公子彭生也。公怒，射之，豕人立而啼。公懼，隊于車，傷足，喪屨。反，誅屨于徒人費，弗得，鞭之見血。註：桓十八年，公及文姜如齊，襄公使公子彭生乘桓公，拉公幹而殺之。魯人告于齊，齊殺彭生。誅責也。屩吉岳切，音覺。《説文》「屨也」。又屋韻，音菊。《莊子音義》屩以藉鞋下也。

張自烈《正字通》卷三《巾部》 帓【略】《集韻》韈亦作帓、袜、帓。按：韈，足衣，以帓爲韈，泥。

張自烈《正字通》卷八《竹部》 簻舊註音極，竹簻。一説，通用屐，雖竹木皮革差殊，其爲屐一也。俗作簻，非。

張自烈《正字通》卷八《糸部》 絈莫白切，音陌。《説文》「履也，一曰青絲頭履也」。舊本《尸部》譌作屎。

紊俗字，舊註鉏里切，音侍，緇履。俗誤作紊，不知紊紊皆贅文也。

絉楊慎奇《字韻》絉，古襪字。見《烈女傳》：通作絉。

絜方勇切，風上聲。《説文》「枲履也」。一曰小兒皮屨。紨同絜，俗誤以絜同幫。

張自烈《正字通》卷九《衣部》 䘨俗字，舊註音宛，襪也。泥。

䙀舊註云小兒皮屨，與《説文》紨訓同，誤分爲二。

褲余頌切，雍去聲，襪靿。

鞞註。

張自烈《正字通》卷一一《革部》 鞥其吟切，音琴。《說文》「鞮也」又鞮鞻詳後

鞾俗韡字，梵言亟縛屣，此云靴。又富羅，正言腹羅，譯云短靿靴。

鞸俗韠字，舊註音必，【略】非。又音避，鞋也。誤。韍桑轄切，糝入聲，履也。《釋名》韍者，襲也，履頭深襲覆足也。《六書故》今人以履無踵，直曳之者爲跋。舊註輕舉貌，非。《說文》專訓小兒履，讀若沓，忲非。通作靸，从及，篆作韍。俗作靸，非。鞆烏郎切，音昂，絲履。又履頭。 靿俗字，舊註與靿同，履也，誤。 鞥，《說文》訓鞮。

靴鞔字之譌，舊註於阮切，音遠，訓履也，誤。

靿烏到切，音拗，鞾靿。

鞅譌字，舊註亡八切，蠻入聲，皮鞨。非。

鞇鞇字之譌，舊註音印，木履有足，誤。

鞋與鞵同。

鞈通吾切，音徒，鞾鞈，屣也。

鞮徒覽切，音亶，【略】又先韻，音廛，鞮也。

鞡所加切，音沙，鞈鞡，履也。或省作鞡，舊本四畫，鞡同鞡。

鞋俗字，舊註音避，鞋鞋。又音米，義同。忲非。

鞜思積切，音昔，履也，以木置履下，乾腊不畏泥溼。

鞨伊昔切，音亦，素鞨履。

鞜徒荅切，音沓，皮履。揚子雲《長楊賦》「革鞜不穿」。

鞜舊註口戒切，楷去聲，鼓名。《篇海》雄皆切，音諧，履也。又楷去聲，鼓名。按，訓履與鞵聲義近，鞜即俗鞵字，鼓名非。

鞨呼葛切，音曷。《博雅》鞨，履也。

鞔鞔字之譌，舊註音滿，補也，又鞋履，忲非。

鞧舊註音捧，【略】按《舉要》鞾、鞾同，皮履也。

鞾同幫，以皮爲履。

鞮都妻切，音低。《說文》「革履也」。張衡《同聲歌》「洒埽清枕席，鞮芬以狄香」。註：狄香，外國之香，以香熏履也。俗狄譌作秋。又胡人履，連脛謂之絡鞮。又鞮鞻，四夷樂人革履也。《周禮》掌樂官曰鞮鞻氏。《樂書》作鞮韄。

鞣俗字，舊註音索，韗履。泥。

鞤俗幫字，舊註音幇，鞤，鞋重出。

韆俗字，舊註雍去聲，靴靿。泥。

韐古洽切，音甲，韐鞡，胡履。又履跟。又合韻音榼，義同。

韄雄來切，音骸，革履，亦作鞋。《釋名》鞋者解也，縮其上易舒解也。舊註引《正譌》以鞋爲俗字。泥。 鞥俗字，舊註烏紅切，音翁，靴鞥。泥。

鞲同韄。《說文》「鞮屬」。篆作鞾。

鞻鞻字之譌。【略】《訂正篇海》音續，又音捉，履也。亦非。

鞻盧侯切，音樓，四夷舞者之屝。又御韻音據，義同。《增韻》通作屨，互見前鞮註。

鞼俗字，舊註謨皆切，音埋，鞋履。按，鞋履異名同實，亦作鞋。舊本鞵、鞋皆音骸，訓履。 鞼改音埋，尤非。

鞽與橇同，泥行所乘。又藥韻，音脚，艸履。鞽俗舄字，本借舄。《集韻》舄或作鞽、韉。

鞾毀遮切，音靴，鞮屬。又歌韻，音訶。梁簡文帝《馬詩》「任俠稱六輔，輕薄出三河。風吹鳳凰袖，日映織成鞾」。【略】

鞽俗字，舊註同鞾，非。

鞸同韆，忲俗字，舊註鞸，於容切，音雍，鞸韆。韆，於用切，雍去聲，靴靿誤分爲二。

韈韈字之譌，舊註似足切，音續，白韈鞮也。誤。

韈無發切，音襪，足衣。《釋名》韈，末也，在脚末也。《史·張釋之傳》爲王生結韈。又宋·文同善畫竹，或以絹乞畫。同曰：吾將以爲韈。又屑韻，音蔑。韓愈《送釋文暢詩》「三年竄荒嶺，守縣坐深樾。徵租聚異物，詭制恒巾韈。」《說文·韋部》作韤。徐鉉曰：今俗作韈。按，从韋，从革，其爲足衣，一也，徐說泥。通作襪。《集韻》亦作韎、絉。袜别从巾作帓。从皮作皺，俗譌作韈，忲非。

張自烈《正字通》卷一一《韋部》 韍與韍同音遐。《說文》「履也」。按，履不必别大韍名。

韊余頌切，雍去聲，靴靿也。俗讀甕，義同。

韈韈、襪同，舊註引《正譌》俗作韈、襪，忲非。與《革部》韈註矛盾。《正譌》泥，詳前韈。

西湖散人《新鐫雅俗通用珠璣藪》卷七《衣服》 履鞋之總名鞋與鞵同屝不履跟日屣幫鞋革皮履屨中薦屮鞝縫鞋 履鞋 鑲鞋 套鞋 靸鞋 麻鞋 蒲鞋 秧鞋 釘鞋 雲履 屣履 文履美人文綉之花鞋。 納履着鞋也。 躧履履不着跟也，納履未正曳之而行，言匆遽也。暴勝之聞雋不疑賢，躧履起迎。 望履《莊子》曰：望履幕下，言一見于幕下而望其履也。 拖靸無跟鞋。 革鞜皮鞋也，又曰革履。 菅屨草鞋也，又曰菲屨、不借，又曰屩，音橋。 絲屨 赤舄朝鞋也，周公赤舄几几。 履空着破鞋也。 革舄皮鞋。 方

舄　踵快鞋跟所也。𧙢底　充𩌦　縫綻　木屐　苴履苴者，履中之藉也。《賈誼傳》曰：冠雖敝不以苴履。楦頭履法也。昆亭鞋　陳橋鞋　牢韌可服言靴鞋好而耐穿也。㘬訛襪㘬也。皂靴　釘靴　油靴　暑襪　氈襪　羢襪　紗襪　綾襪　皮襪　足纏裹脚也。護膝　翰鞋

周廣業《過夏雜録》卷六《鞊鞨韄釋》　韄蘇各反。釋，徒各反。胡履也。並見《龍龕手鑑》。

厲荃《事物異名録》卷一六《服飾部》

襪

足衣　《説文》「襪，足衣也」。

十指倉　《清異録》曹翰常着錦襪，有嘲之者詩曰：「不作錦衣裳，裁爲十指倉」。

膝袴

半襪　《留青日札》唐世婦人皆著襪，今婦人纏足其上，亦有半襪罩之，謂之膝袴。

藕覆　《致虚閣雜俎》太真著鴛鴦並頭蓮錦袴襪，上戲曰：貴妃袴襪上乃真鴛鴦蓮花也，不然，其間安得有此白藕。貴妃由是名袴襪爲藕覆。註云：袴襪，今俗稱膝袴。

裹脚

邪幅　《詩》「邪幅在下」。鄭玄箋：如今行縢也。偪束其脛，自足至膝。

行縢　《逸雅》偪所以自偪束，今謂之行縢，言以裹脚，可以跳騰輕便也。

行纏　《筆叢》行纏，婦人以襯襪中者，即今俗談裹脚也。

足紈　《謝華啓秀》足紈，脚紗也。

鞋

履　舄　屨　屩　靸　屐　《山堂肆考》單底曰履，複底曰舄。屨亦履也，麻作謂之屨，亦謂之扉。又朝服謂之履，祭服謂之舄，燕服謂之屨。屩，蹻也。又草履之輕便者，出行著之。小兒屣曰靸，底下有齒曰屐。

屐　㞜　鞮角　《方言》或謂之屐，或謂之㞜，大粗謂之鞮角。又複履，其庳者謂之靴下。

跣子　鞮角　《急就篇》顔註：靸爲韋履，頭深而兑，平底也，今俗呼爲跣子。又膝履有齒者，曰鞮角。

露卯　陰卯　《晉書・五行志》舊爲屐者，齒皆達徧上，名曰露卯。太元中忽不徹名曰陰卯。

跕躧　《漢書・地理志》女子彈弦跕躧。師古曰：躧與屣同，謂小履之無跟者。跕謂輕躡之也。

芒屩　《南史》范縝從沛國劉瓛學，芒屩布衣並無愧。以下草鞋

不借　《五總志》不借，草履也，謂其易辦，人人自有，不待假借，故名。又《丹鉛録》作薄借。

繩扉　《謝華啓秀》繩扉，草鞋也。見《儀禮》。

靸鞋　《輟耕録》西浙之人以草爲履而無跟，名曰靸鞋。

弓鞋　《筆叢》弓鞋屬之婦人。以下女鞋

韄釋　《唐書・西域傳》東女足曳韄釋。韄釋，履也。

錦綦　《山堂肆考》女人繡鞋曰錦綦。

錯到底　《老學菴筆記》宣和末，婦人鞋底尖，以二色帛合成，名錯到底。

獨見鞻　《采蘭雜誌》徐月英卧，履皆以薄玉花爲飾，内散以龍腦諸香屑，謂之玉香獨見鞻。

顃推履　《庶物異名疏》顃推之履。見《吕氏春秋》高誘云敝履也。敝鞋

靴

革華　《庶物異名疏》革華，皮靴也。韓退之作革華傳封下邳侯。

護臘　《事物原始》今遼東軍人著靴，名曰護臘。

亟縛屣　《正字通》梵言亟縛屣，此云靴也。

洗　《南史新羅國》呼靴曰洗。按，洗本承水器，此借名也。

俞樾《茶香室續鈔》卷二二《翁鞋》　國朝朱點《東郊土物詩》注云：北人冬月履納綿絮，臃腫粗坌，謂之翁鞋。李《崆峒集》中用之。

綜述

《周禮・天官・屨人》　屨人掌王及后之服屨。爲赤舄、黑舄，赤繶、黄繶；青句，素屨；葛屨。鄭玄注：屨自明矣，必連言服者，著服各有屨也。複下曰舄，禪下曰

履。古人言履以通於複，今世言履以通於禪，俗易語反與？舄履有絇，有繶，有純者，飾也。鄭司農云：「赤繶黄繶，以赤黄之絲爲下緣。《士喪禮》曰：『夏葛屨，冬皮屨，皆繶緇純。』禮家説繶亦謂以采絲礫其下。」玄謂凡屨舄，各象其裳之色。《士冠禮》曰玄端、黑屨，青絇繶純，素積，白屨，緇絇繶純，爵弁，纁屨，黑絇繶純是也。王吉服有九，舄有三等。赤舄爲上冕服之舄。《詩》云「王賜韓侯，玄衮赤舄」，則諸侯與王同。下有白舄、黑舄。王后吉服六，唯祭服有舄。玄舄爲上，褘衣之舄也。下有青舄、赤舄。鞠衣以下皆屨耳。句當爲絇，聲之誤也。絇繶純者同色，今云赤繶、黄繶、青絇，雜互言之，明舄屨衆多，反覆以見之。凡舄之飾，如繢之次。赤繶者，王黑舄之飾；黄繶者，王后玄舄之飾；青絇者，王白舄之飾。言繶必有絇純，言絇亦有繶純，三者相將。王及后之赤舄皆黑飾，后之青舄白飾。凡屨之飾，如繡次也。黄屨白飾，白屨黑飾，黑屨青飾。絇謂之拘，著舄屨之頭以爲行戒。繶，縫中紃。純，緣也。天子諸侯吉事皆舄，其餘唯服冕衣翟著舄耳。士爵弁纁屨，黑絇繶純，尊祭服之屨飾，從繢也。素屨者，非純吉，有凶去飾者。言葛屨，明有用皮時。」孫詒讓【疏】「掌王及后之服屨」者，賈疏云：「但首服在上，尊，又是陽，多變，是以追師與弁師男子婦人首服各別官掌之。屨舄在下，卑，又是陰，少變，故男子婦人同官掌之也。」云「爲赤舄黑舄，赤繶黄繶，青句素屨」者，此辨二舄一屨色及采飾之別，即此官之官法也。賈疏云：「謂掌而營造之，故云爲也。赤舄者，男子冕服、婦人闕翟之舄也。黑舄者，天子諸侯玄端服之舄。赤繶已下云繶云句者，欲言繶絇以表見其舄。赤繶者，是天子諸侯黑舄之飾；黄繶者，與婦人爲玄舄之飾也。青句者，與王及諸侯爲白舄之飾。凡屨舄皆有絇繶純三者相將，各言其一者，欲互見其屨舄，故多舉一邊而言也。素屨者，大祥時所服，去飾也。」案：舄屨之差見於經者，唯此職及《士冠》、《士喪》二禮，文皆不具。此經雖有互文錯見之例，然如鄭賈所説，前後參差，絶無義例，殆不足據。林喬蔭云：「王與后蓋皆二舄，一赤舄，一黑舄。赤繶以飾赤舄，黄繶以飾黑舄。燕居則王及后皆不服舄而服屨，是爲素屨。」案：林説較長。王昭禹亦謂赤舄赤繶，黑舄黄繶，即林氏所本。莊有可説同。史浩釋赤繶黄繶亦從林説，又謂青句即以飾素屨，亦近是。今依據《禮經》，參以諸家之義，竊謂此經赤舄、黑舄，王與后通得服之。赤舄則赤絇繶純，黑舄則黄絇繶純，素屨則青絇繶純。蓋赤舄最尊，故即以赤爲飾，不以他采間之，亦謂之金舄，以赤兼黄朱，近於金色也。《小爾雅·廣服》云：「履尊者曰達履，謂之金舄而金絇也。」是即金舄絇同色之塙證。《士冠》三屨並繶絇同色，而此赤繶黄繶之下别出青絇，明青絇自與素屨爲一屨，素屨即《士冠禮》之白屨，林本孔廣森説，謂非凶屨是也。王之白屨青絇繶純，與士白屨緇絇繶純小異。其必曰青絇素屨者，嫌與上赤繶黄繶連文無別也。其不曰青繶素屨者，別於凶屨無絇。要之此經二舄一屨，與《士冠》禮三屨之色正同。唯王及后仍當有纁屨、黑屨，與士三屨同。經不著者，以舄尊屨卑，舉赤舄黑舄足以晐纁屨黑屨。卿大夫及王之命士得服冕服者，亦得服赤舄。侯國之士服自爵弁以下，則惟服纁、黑、白三屨。蓋服屨之内本無青黄二色，經文敍次自明析也。云「葛屨」者，《説文·艸部》云：「葛，絺綌材也。」賈疏云：「自赤舄以下，夏則用葛爲之，若冬則用皮爲之。在素屨下者，欲見素屨亦用葛與皮故也。」案：《詩》、《禮》諸經止有葛屨無葛舄。竊意舄尊，雖夏亦當用皮，葛襲，止可用以爲屨，不以爲舄也。賈説恐未塙。賈疏又云：「《鄭志》：趙商問：『《司服》王后之六服之制，目不解，請圖之。』答曰：『大裘、衮衣、鷩衣、毳衣、絺衣、玄衣，此六服皆纁裳赤舄。韋弁衣以韎，皮弁衣以布，此二弁皆素裳白舄。冠弁服黑衣裳而黑舄。冠弁玄端。褘衣玄舄，首服副，從王見先王。揄翟青舄，首服副，從王見先公。闕翟赤舄，首服副，從王見羣小祀。鞠衣黄屨，首服編，以告桑之服。禮衣白屨，首服編，以禮見王之服。禒衣黑屨，首服次，以御於王之服。后服六翟，三等三舄，玄、青、赤。鞠衣以下三屨，黄、白、黑。婦人質，不殊裳，屨舄皆同裳色也。』」案：賈引《鄭志》所定王及后服舄屨之差，亦未塙，詳後。《初學記·履部》引《賈子》云：「天子黑方履，諸侯素方履，大夫素圓履。」此説履制，與《禮經》不合，尤不足據也。注云「屨自明矣，必連言服者，著服各有屨也」者，明服別則屨別也。賈疏云：「屨舄從裳色，裳既多種，故連言服也。」云「複下曰舄，禪下曰屨」者，《隋書·禮儀志》引《禮圖》同。《説文·履部》云：「履，足所依也。屨，履也。」《釋名·釋衣服》云：「履，禮也，飾足所以爲禮也。亦曰屨，屨，拘也，所以拘足也。複其下曰舄，舄，腊也，行禮久立地或泥溼，故複其下使乾腊也。」賈疏云：「下謂底。複，重底。重底者名曰舄，禪底者名曰屨也。」惠士奇云：「《方言》：『中有木者謂之複舄，自關而東複履，其庳者謂之鞮，下禪者謂之鞮。』郭注云：『今韋鞮也。』然則禪以皮而複加木矣。《隋志》云，近代或以重皮而不加木，隋制復古，以木重底。舄，冕服著之，屨則通用。」任大椿云：「《釋名》：『複其下曰舄，複其末下使乾腊也。』《古今注》：『舄以木置屨下，乾腊不畏泥溼也。』蓋舄以革爲底，而以木爲重底，置在屨下，故《釋名》謂複其末下，《古今注》亦云木置屨下也。革柔故以革親足，木堅可以禦泥溼，故以木著地也。」云「古人言屨以通於複，今世言屨以通於禪，俗易語反與」者，賈疏云：「首直云屨人不言舄，及經舄屨兩有，是言屨通及舄。漢時名複下者爲屨，并通得下禪之屨，故云俗易語反與。」詒讓案：鄭謂周時本以複下曰舄，禪下曰屨，然此經服屨内兼有三舄，是複下亦通名屨也。《毛詩·豳風·狼跋》傳云：「赤舄，人君之盛屨也。」又《小雅·車攻》傳云：「金舄，達屨也。」此並古義之以屨通舄者也。至漢時俗語則無復舄名，而以屨爲複下之正稱。其禪下者，蓋別稱鞮。《方言》所云，即漢時語也。禪下者雖亦或稱屨，則以爲假借之通語，不爲正名，是與周時語正相反也。云「舄屨有絇有繶有純者，飾也」者，舄屨，鼻飾謂之絇，牙底相接縫中之飾謂之繶，繞口之飾謂之純。純，見《士冠禮》及《士喪禮》。此經有絇繶而無純者，文不具。鄭司農云「赤繶黄繶，以赤黄之絲爲下緣」者，謂織赤黄之絲爲絛紃，以緣牙底相接之縫中。云下緣者，對繞口之緣爲上緣也。先鄭説與後鄭同。引《士喪禮》曰「夏葛屨，冬皮屨，皆繶緇純」者，今《儀禮》「冬皮屨」作「冬白屨」，又「緇純」作「緇絇純」。陸氏《儀禮釋文》亦無絇字，蓋先鄭所見本異。鄭彼注云：「冬皮屨，變言白者，明夏時用葛亦白也。」《士冠禮》亦云：「屨，夏用葛，冬皮屨可也。」賈疏云：「引《士喪禮》者，證繶爲下緣。云皆繶緇純者，葛屨皮屨皆有繶也。緇純純用緇，則繶絇亦用緇色也。」云「禮家説繶亦謂以采絲礫其下」者，漢時禮家説《士冠》義也。礫蓋與擽同。《釋名·釋首飾》云：「導，所以導擽髮，使入巾幘之裏也。」履繶亦以采絲擽入屨牙底接縫中爲飾，故云礫其下。繶於屨牙底之間爲飾，猶《士虞禮》爵口足之間爲篆飾，謂之繶爵也。《說文·糸部》云：「緰，以絲介履也。」疑即此繶。又《履部》別有屨字，訓履下，蓋即履下底之名。徐鍇《說文繫傳》謂此注之礫即屨字之假借，誤。云「玄謂凡屨舄各象其裳之色」者，《士冠禮》注亦云「屨者順裳色」。蓋凡禮之通例，衣與冠同色，帶與衣同色，裳與韠同色，屨與裳同色。賈疏云：「屨舄與裳俱在下體，其色同。」淩廷堪云：「亦有屨與裳不同色者，玄端用黑屨，而裳則有玄裳、黃裳、雜裳之異是也。」注蓋舉其多者言之耳。引《士冠禮》曰「玄端黑屨，青絇繶純，素積白屨，緇絇繶純，爵弁纁屨，黑絇繶純」是也者，此《士冠》三加玄端、皮弁、爵弁服之屨也。鄭彼注云：「玄端黑屨，以玄裳爲正也。絇繶純三者皆青。爵弁屨以黑爲飾。」引此者，證屨象裳色之義。玄端、皮弁、爵弁服，並詳《司服》疏。云「王吉服有九，舄有三等」者，賈疏云：「則《司服》六冕，與韋弁、皮弁、冠弁是也。舄有三等，謂經赤舄、黑舄、白舄也。」云「赤舄爲上冠服之舄」者，天子吉服以六冕爲上，此經二舄先赤後黑，亦以赤舄爲上。凡冕服皆玄衣纁裳，故同赤舄也。赤舄亦謂之金舄，鄭《詩·小雅·車攻》箋云：「金舄，黃朱色也。」孔疏謂金舄者，即《禮》之赤舄是也。云《詩》云王賜韓侯，玄衮赤舄，則諸侯與王同」者，《詩·大雅·韓奕》文。《毛詩》「賜」作「錫」，俗本多依《詩》改作錫，非。又《車攻》云：「赤芾金舄，會同有繹。」毛傳亦云諸侯赤芾金舄。賈疏云：「玄衮者，冕服皆玄上纁下，而畫以衮龍。赤舄者，象纁裳故也。引之者，證諸侯得與王同有三等之舄，赤舄爲上也。」案：《詩·豳風·狼跋》亦說周公服赤舄。但依鄭、賈說，則諸侯吉事無不服舄者。今攷《左傳》及諸子述諸侯事涉屨者甚多，疑諸侯弁服、冠服亦止服屨也。詳後。云「下有白舄、黑舄」者，賈疏云：「白舄配韋弁、皮弁，黑舄配冠弁服。案《司服》注：『韋弁，以韎韋爲弁，又以爲衣裳。』則韋弁其裳以韎之赤色韋爲之。今以白舄配之，其色不與裳同者，《鄭志》及《聘禮》注韋弁服，皆云以素爲裳。以無正文，鄭自兩解不定，故得以白舄配之。冠弁服則諸侯視朝之服，是以《燕禮記》云『燕朝服』，鄭云：『諸侯與其羣臣日視朝之服也。』謂冠玄端、緇帶、素韠、白屨也。白屨即與皮弁素積白屨同，今以黑舄配之不與裳同色者，朝服與玄端大同小異，皆玄端緇布衣而裳有異耳。若朝服，則素裳白屨。若玄端之裳，則《玉藻》云『韠，君朱，大夫素，士爵韋』。是韠從裳色，則天子諸侯朱裳，大夫素裳，皆不與裳同色者，但天子諸侯舄有三等，玄端既不得與祭服同赤舄，若與韋弁、皮弁同白，則黑舄無所施。故從上士玄裳爲正而黑舄也。大夫玄端素裳，亦從玄裳黑屨矣。」案：鄭、賈說非也。王及諸侯弁服冠服，禮無服舄之正文。又此經本無白舄，而鄭以青絇爲白舄，謂經舉飾以明舄，其說本屬牽强。韋弁服韎裳，當以《司服》注爲正。《鄭志》云素裳，乃鄭未定之論，不足據。依賈又謂冠弁玄端服黑舄，亦本《鄭志》說。《任大椿》云：「冠弁即朝服也。天子諸侯朝服皆素裳，舄從裳色。《燕禮記》疏謂諸侯朝服當白舄，則天子冠弁亦當白舄。」案：任說是也。宋緜初說同。今依此經及《士冠禮》攷之，王舄實止有赤黑二種，屨則當有纁黑素三種。赤舄以配五冕服之纁裳，纁屨以配韋弁服之韎裳，素屨以配皮弁冠弁服之素裳，黑屨以配玄端服之玄裳，惟黑舄無所施。今攷《司服》齊服玄端，上通於天子。《書·顧命》載康王即位之禮，云「王麻冕黼裳，卿士邦君麻冕蟻裳。」蟻裳即玄裳，黼裳黑白相間爲變服，黑舄者殆即玄冕玄裳黼裳之舄也。如是則於經文既合，而二舄配冕服，素屨配弁服，於尊卑敘次，尤絶無捍躐；較之以青句爲白舄，橫增經外之服名，以黑舄配冠弁，復乖朝服之裳色，不遠勝乎！王齊服玄冕玄端，亦詳《司服》疏。云「王后吉服六，唯祭服有舄」者，《內司服》注云褘衣、揄狄、闕狄「此三者皆祭服」是也。賈疏云：「以王舄有三，后舄不得過王，故知后舄亦三等。但冕服有六，其裳同，故以一舄配之。后翟三等，連衣裳而色各異，故三翟三等之舄配之。」云「玄舄爲上，褘衣之舄也，下有青舄、赤舄，鞠衣以下皆屨耳」者，《御覽》引《三禮六服圖》云：「王后翬衣玄舄，揄狄青舄，闕狄赤舄，鞠衣黃屨。」並依鄭義。賈疏云：「玄舄配褘衣，則青舄配揄翟，赤舄配闕翟，可知六服三翟既以三舄配之，且下文命夫命婦唯言屨不言舄，故知鞠衣以下皆屨也。」又云：「上公夫人得服褘衣者，亦得玄舄也。」案：鄭、賈說亦未安。玄舄、青舄經文所無，鄭以意增之，以配褘衣、揄狄，誤亦與王服增白舄同。但后之舄屨所配，經無明文，今以屨順裳色推之，竊謂唯闕狄赤服赤舄當如鄭說，餘服則褘衣玄，揄狄青，玄青與黑色並相近，當同服黑舄；鞠衣黃，當服纁屨；展衣白，當服素屨；褖衣、宵衣黑，則當同服黑屨。但《禮經》闕略，無文可證耳。云「句當爲絇，聲之誤也」者，段玉裁云：「此依《士冠禮》作絇，定爲聲之誤。實則古假借字也。」案：段說是也。《漢書·王莽傳》亦作句。云「絇繶純者同色」者，賈疏云：「案《士冠禮》，三冠絇繶純各自同色故也。」云「今云赤繶黃繶青絇雜互言之，明舄屨衆多，反覆以見之」者，賈疏云：「以其男子有三等屨舄，婦人六等屨舄，若具言其屨舄，於文煩，故雜互見之，明其衆多也。」案鄭、賈意，經以赤繶爲黑舄之飾，又以黃繶見后有玄舄，以青絇見王有白舄，而赤舄當黑繶，則又無文，故云雜互言之。其說亦非也。今據《小爾雅》推定，赤繶即赤舄之飾，則黃繶亦即黑舄之飾，而青絇又當別爲素屨之飾，無白舄、玄舄，經文敘次並不雜互，鄭自誤釋耳。云「凡舄之飾如繢之次」者，《畫繢之事》：「雜五色，東方謂之青，南方謂之赤，西方謂之白，北方謂之黑，天謂之玄，地謂之黃。青與白相次也，赤與黑相次也，玄與黃相次也。」注云：「此言畫繢六色所象及布采之第次，繢以爲衣。」此所謂繢次也。賈疏云：「無正文，此約皮弁白屨黑絇繶純，白黑比方爲繡次；爵弁纁屨黑絇繶純，黑與纁南北相對，尊祭服，故對方爲繢次也。以此而言，則知凡舄皆不與屨同，而爲繢次可知。」詒讓案：此亦鄭以意說之，蓋不足據。以金舄絇同舄色證之，則無繢次之說可知。云「赤繶者，王黑舄之飾」者，賈疏云：「以其舄飾從繢之次，赤是南方火色，與北方黑對方，更無青屨取赤爲繶，知是王黑舄之飾也。」案：鄭、賈說亦非也。今定赤繶即赤舄之飾，赤繶則赤絇，《小爾雅》所謂金絇是也。云「黃繶者，王后玄舄之飾」者，賈疏云：「以其天玄與地黃，相對爲繢次，故知是王后玄舄之飾也。」案：鄭、賈說亦非也。今定黃繶爲黑舄之繶，非繢次也。云「青絇者，王白舄之飾也」者，賈疏云：「亦以對方飾之，亦得與褖衣黑屨爲飾。但據舄尊者而言，王亦與諸侯白舄爲飾也。」案：鄭、賈說亦非也。今定青絇即素屨之絇，亦非對方色也。云「言繶必有絇純，言絇亦有繶純，三者相將」者，賈疏云：「以《士冠禮》三冠各有絇繶純，故知三者相將。但經互見，故各偏舉其一耳。」案：鄭、賈說是也。絇繶純同色，故經不一一備詳。但鄭謂舉繶絇以見舄屨，則非耳。云「王及后之赤舄皆黑飾，后之青爲白飾」者，賈疏云：「以舄皆對方以繢次爲飾，故知義然也。」案：鄭、賈説亦非也。今定王赤舄赤飾，后無青舄。云「凡屨之飾如繡次也」者，《畫繢之事》云：「青與赤謂之文，赤與白謂之章，白與黑謂之黼，黑與青謂之黻，五采備謂之繡。」注云：「此言刺繡，采所用繡以爲裳。」所謂繡次也。鄭以《士冠禮》黑屨青絇繶純，白屨緇絇繶純，與畫繢黼黻繡次正合，故云如繡次。此説亦非，詳前。云「黄屨白飾，白屨黑飾，黑屨青飾」者，賈疏云：「此據婦人之屨，鞠衣已下之屨，故有黄屨、黑屨也。以屨從繡次爲飾，故知義然也。」詒讓案：黄屨當云纁屨，白屨即素屨也。云「絇謂之拘」者，《釋文》拘作「救」，云「戚如字，劉音拘」。段玉裁從《釋文》作救，云：「作拘者誤。絇謂之救者，《爾雅·釋器》文。《司救》注云：『救猶禁也。禮防禁人之過者也。』《儀禮》注『絇之言拘也』，鄭自爲説故云『之言』。此引《爾雅》，云『謂之』。」案：段説是也。云「著舄屨之頭，以爲行戒」者，賈疏云：「絇謂屨頭以條爲鼻，鄭注《士冠》亦云『絇之言拘也，以爲行戒，狀如刀衣鼻，在屨頭』。言拘取自拘持爲行戒者，謂使抵目不妄顧視也。」詒讓案：絇形制，鄭《士冠》、《士喪禮》注並云「如刀衣鼻」。《漢書·王莽傳》「句履」，句即絇之段字。宋祁校本引韋昭云：「句，履頭飾，形如刀鼻。」與鄭説同。顔注引孟康云：「今齊祀履舄頭飾也，出履二寸。」師古云：「其形岐頭。」顔説岐頭之形，未知其審。據孟康説，出履二寸，蓋屈絛條，著履頭爲小紐，如刀衣鼻，可以穿繫，故《士喪禮》襲時「乃屨，綦結于跗，連絇」。賈彼疏謂以刀衣鼻，況絇在屨頭上，以其皆有孔，得穿繫於中而過。《曲禮》孔疏引《禮記隱義》，亦言「古者屨頭鼻，綦繩相連結之」是也。又《穀梁》襄二十七年傳，衛侯之弟專出奔晉，織絇邯鄲。楊士勛疏引麋信云：「絇，著履舄之頭，即《周禮》絇繶及純是也。」然則絇蓋染絲織成著之。至《内則》「屨著綦」，注云：「綦，屨繫也。」屨繫著於踵謂之綦，與屨飾著於頭謂之絇異。《内則》孔疏引皇氏云「屨頭施繫以爲行戒」，又引《士冠禮》青絇注説爲證，則誤以綦絇爲一，非也。《晏子春秋·諫下篇》云：「景公爲履，黄金之綦，飾以組，連以珠，良玉之絇，其長尺。」綦絇並舉，足證其非一物。彼絇有玉，又甚長，蓋非常制。依法出履二寸如刀衣鼻，即至長亦不得盈尺也。又絇廣度，經注無文。《曲禮》疏引《士冠禮》「絇博寸」解者，云「用繒一寸，屈之爲絇」。然《士冠禮》博寸專屬純，則與絇廣無涉，孔説亦誤。云「繶，縫中紃」者，《士冠禮》注同。賈疏云：「繶是牙底相接之縫，綴絛於其中。」詒讓案：「《廣雅·釋器》云：」編、緒、繶、紃，絛也。」《説文·糸部》云：「紃，圜采也。絛，扁緒也。」《淮南子·説林訓》云：「絛可以爲繶，不必以紃。」高注云：「紃亦繶也。」《雜記》「韠紃以五采」，注云：「紃施諸縫中，若今時絛也。」故賈以絛釋紃。《内則》疏云：「薄闊爲組，以繩爲紃。」然則繶者，織采絲爲紃繩，以飾舄屨縫中，與韠以采紃綴縫略同。《鹽鐵論·散不足篇》説履云「紈裏紃下」。凡繶以紃綴牙底之縫，故謂之紃下矣。又《荀子·富國篇》云：「布衣紃屨之士。」楊注云：「紃，絛也。謂編麻爲麤繩之屨也。」彼紃屨即繩屨，乃賤者所服，與此屨繶異。云「純，緣也」者，《士冠禮》三屨並云「純博寸」，彼注及《司几筵》注並同。《説文·糸部》云：「緣，衣純也。」賈疏云：「謂以絛爲口緣。」詒讓案：禮，服凡緣邊口，並謂之純，若衣之領袂、筵席之邊並有純是也。此純亦謂舄屨繞口之緣，與綴縫之緣異。《漢書·賈誼傳》云：「爲之繡衣絲履，偏諸緣。」顔注引服虔云「加牙條以作履緣」也。偏諸，即《説文》之「扁緒」，《廣雅》之「編緒」。又《廣雅·釋器》説履云：「其緣謂之無繰。無繰，綵也。」則履緣亦以采絲條爲之，與繶同。云「天子諸侯吉事皆舄」者，即上云王吉服有九，諸侯吉服各依爵命爲差。鄭意天子諸侯冕弁冠諸服，凡吉事並服舄也。任大椿云：「天子諸侯自冕服外，雖朝服玄端，皆用舄，惟天子爵弁當用屨。《屨人》注：『天子諸侯吉事皆舄。』爵弁爲天子哭諸侯及承天變之服，非吉事也，似不當舄。諸侯未遇爵命，服士服而來，則服爵弁，雖非凶事，但既服士服，似亦當從士屨。」案：任推鄭義，深得其指。若然，諸侯爵弁用之吉事，依鄭義仍得服舄矣。《燕禮記》「燕朝服於寢」，注謂諸侯與羣臣朝服白屨。是諸侯吉事亦有著屨者。賈彼疏則謂鄭據《士冠禮》成文，其實諸侯當白舄，其臣則白屨也。依賈説，則諸侯朝服玄冠亦服舄也。今攷天子諸侯弁服冠服，無論吉凶，似皆當服屨。鄭、賈謂皆服舄，恐非。云「其餘唯服冕衣翟著舄耳」者，此兼釋后、夫人、内外命婦服屨之差也。依鄭《典命》、《司服》、《内司服》注義，服冕，謂王之三公服毳冕、孤服絺冕、卿大夫服玄冕者，並得服赤舄；士服爵弁，則服纁屨，不得服舄也。衣翟，謂后以下至三公夫人服三翟者，並得服舄；其九嬪、世婦、御妻及卿大夫之妻不得服翟者，皆服屨也。今攷天子士得服冕而不得服舄，九嬪孤卿之妻並宜得服舄，皆不如鄭所説，詳後疏。云「士爵弁纁屨，黑絇繶純，尊祭服之屨飾，從繢也」者，補釋《士冠禮》義。依鄭前説，舄飾從繢次，屨飾從繡次，士爵弁纁屨若從繡次，則宜白飾；今《士冠禮》黑絇繶純，與繡次不合，故鄭以爲因祭服特尊之，得與舄同從繢次，《士冠禮》注亦云「爵弁尊，其屨飾以繢次」是也。云「素屨者，非純吉，有凶去飾者」者，賈疏云：「下經注散屨與此素屨同，是大祥時；則大祥除衰杖後，身服素縞麻衣，而著此素屨，故云非純吉。經素屨不云絇繶純，故知去飾無絇繶純也。」孔廣森云：「素屨如素積之素，非凶履也。」陳奂云：「素者，白也。素屨，白屨，即皮屨。」案：孔、陳説是也。此即《禮經》之白屨，詳前。云「言葛屨，明有用皮時」者，以先鄭引《士喪禮》云「夏葛屨，冬皮屨」，而此經止云葛屨不云皮屨，明此職所掌自葛屨外，諸舄屨皆以皮爲之，故《士喪禮》直言「冬白屨」。是凡屨舄之以色别者，並皮爲可知。《詩·魏風·葛屨》孔疏云：「凡屨，冬皮夏葛，則無用絲之時。而《少儀》云『國家靡弊，君子不履絲屨』者，謂皮屨以絲爲飾也。夏日之有葛屨，猶絺綌所以當暑，特爲便於時耳，非行禮之服。若行禮之服，雖夏猶當用皮。鄭於《周禮注》及《志》，言朝祭屨舄各從其裳之色，明其不用葛也。」案：孔謂禮屨皆用皮是也。但依《士喪禮》注，謂夏用葛，屨亦白，則無論皮葛並同裳色，是葛屨亦爲禮屨。若如孔説，則冠喪大禮乃用不禮之屨，其可通乎？但葛屨止夏時服之，餘三時則皆當皮屨。賈《士冠禮》疏謂「春宜從夏，秋宜從冬」，非也。凡皮屨以韋革爲之，不存毛。《左》昭十二年傳，説楚靈王服豹舄，杜注云：「以豹皮爲履。」非禮服也。

辨外内命夫命婦之命屨、功屨、散屨。鄭玄注：命夫之命屨，纁屨。命婦之命屨，黄屨以下。功屨，次命屨，於孤卿大夫則白屨、黑屨；九嬪、内子亦然；世婦、命婦以黑屨爲功屨。女御、士妻命屨而已。士及士妻謂再命受服者。散屨，亦謂去飾。孫詒讓【疏】「辨外内命夫命婦之命屨、功屨、散屨」者，賈疏云：「上明王及后等尊者爲屨訖，此明臣妻及嬪已下之屨也。言外内命夫，案《肆師職》云：『禁外内命男女之衰不中法者。』鄭彼注『外命男，六鄉以出也。内命男，朝廷卿大夫士也。其妻爲外命女』。彼外命男，則此外命夫。若然，此外命夫，其妻爲外命婦，鄭雖不注，亦與彼同也。内命婦自是九嬪以下也。」案：賈説是也。互詳《内宰》、《肆師》疏。　注云「命夫之命屨，纁屨」者，賈疏云：「以其經不云舄，唯云屨，大夫以上衣冠則有命舄，無命屨，故知命屨中唯有屨而已。士之命服爵弁則纁屨，故云命屨纁屨而已。」詒讓案：鄭以命夫命屨爲纁屨，專指士爵弁服言也。然此命夫當通公孤卿大夫士言之，經舉屨以晐舄，互文以見義，猶上文王后之服屨亦不舉舄也。依鄭、賈説，王之三公服毳冕，孤服絺冕，卿大夫服玄冕，並得服舄。今攷定王三公服鷩冕，孤卿服毳冕，大夫服絺冕。又依《禮器》説，王之命士亦得服冕，與鄭注小異。竊謂《毛詩傳》赤舄爲人君之盛屨，則赤舄唯人君乃得服之。天子三公孤卿，或以外諸侯爲之，或食大小都，亦有人君之道，自得服赤舄。其大夫士爵秩較卑，疑雖得服冕而仍服纁屨，與其妻服纁屨，白屨亦適相稱也。王三公以下之服，詳《大宗伯》、《司服》疏。云「命婦之命屨，黄屨以下」者，内自九嬪至女御，外自孤卿内子下及士之妻，通稱命婦也。賈疏云：「以其外命婦孤妻已下，内命婦九嬪已下，不得服舄，皆自鞠衣以下，故云黄屨以下。言以下者，兼有卿大夫妻及二十七世婦，皆展衣白屨，士妻與女御皆褖衣黑屨，故云以下以廣之。」案：鄭、賈説亦非也。以差次攷之，外内命婦，王三公夫人當服揄狄，九嬪及孤卿之妻並當服闕狄，則皆得服赤舄。世婦及大夫之妻當服鞠衣，並當服纁屨。御妻及士之妻服展衣，並當服白屨，無黄屨也。詳前及《内司服》疏。云「功屨次命屨，於孤卿大夫則白屨、黑屨」者，功屨猶《司裘》之功裘，亦人功微麤者也。命屨，人功最精；功屨次於命屨，故微麤。次命屨謂降一等也。賈疏云：「案《司服》，孤希冕，卿大夫玄冕，皆以赤舄爲命舄，以下仍有韋弁白屨、冠弁黑屨，故云次命屨。命屨據婦人而言，其實孤卿大夫身則功屨，次命舄也。」云「九嬪、内子亦然」者，《雜記》云：「内子以鞠衣。」注云：「内子，卿之適妻也。」此注則專據孤之妻言之，不含卿妻也。賈疏云：「九嬪與孤妻内子既以黄屨爲命屨，功屨之中有禮衣白屨、褖衣黑屨，故云亦然。」案：九嬪及孤妻當以赤舄爲命舄，鄭、賈説亦非。云「世婦、命婦以黑屨爲功屨」者，此命婦專據卿大夫妻言之。賈疏云：「以其皆以禮衣白屨爲命屨，其功屨唯有褖衣黑屨也。」案：卿妻當與孤妻同，世婦及大夫之妻當以纁屨爲命屨，白屨爲功屨，鄭、賈説亦非。云「女御、士妻命屨而已」者，賈疏云：「以二者唯有褖衣黑屨爲命屨，故云命屨而已。」案：女御及士妻當以白屨爲命屨，鄭、賈説亦非。云「士及士妻謂再命受服者」者，此據《大宗伯》云「再命受服」，明王之下士及妻皆不得受命屨也。詳《大宗伯》及《内司服》疏。云「散屨亦謂去飾」者，賈疏云：「據臣言散，即上之素，皆是無飾，互換而言，故云謂去飾者也。」案鄭、賈意，此散屨猶上素屨，皆凶服。又《士冠禮》云：「不屨繐屨。」注云：「繐屨，喪屨也。縷不灰治曰繐。」亦其類也。但此説亦非是。今攷此功屨、散屨，猶《巾車》言良車、散車，蓋尋常燕居之屨，降於功屨者。其人功尤麤，凶屨去飾，或亦在其内，然必非專指凶屨也。鄭《巾車》注以功沽詁良散，其義最允。凡此經言散者，並取麤沽猥雜，亞次於上之義。詳《鹽人》、《巾車》疏。凡四時之祭祀，以宜服之。鄭玄注：祭祀而有素屨散屨者，唯大祥時。孫詒讓【疏】「凡四時之祭祀以宜服之」者，此專據祭服爲屨而言，不關王后素屨、外内命夫命婦散屨也。注云「祭祀而有素屨、散屨者，唯大祥時」者，《檀弓》云：「有子蓋既祥而絲屨組纓。」注云：「譏其早也。禮，既祥白屨無絇。」孔疏謂據《戴德喪服變除禮》文。賈疏云：「鄭知此經四時祭祀含有素屨散屨者，以此經四時祭祀，總結上文諸屨，故知有此二屨也。云唯大祥時者，此據外内命夫命婦爲王斬衰而言。初死著菅屨，卒哭與齊衰初死同疏屨，既練與大功初死同繩屨，大祥與小功初死同吉屨，無絇繶純。是以上經注云非純吉，故云唯大祥時也。但上經據卑云散，散與素一也。」案：鄭、賈説並非經義。又素屨、散屨亦非凶屨，詳前疏。

《禮記·曲禮》　侍坐於長者，屨不上於堂，解屨不敢當階。孫希旦集解　《釋文》：上，時掌反。

鄭氏曰：不上於堂，屨賤，空則不陳於尊者之側。不敢當階，爲妨後升者。孔氏曰：屨不上於堂者，長者在堂，而侍者屨賤，故解於階下，不著上堂。若長者在室，則侍者得著屨上堂，而不得入室也。解，脱也。愚謂安坐必先脱屨，侍者統於長者，當就主人之階。解屨不敢當階，則當解於東階之東也。

就屨，跪而舉之，屏於側。

孫希旦集解　鄭氏曰：謂獨退也。就猶著也。屏亦不當階。愚謂此侍者退而長者不送之者也。解屨固不當階矣，又必跪而舉之，屏於側者，長者在堂，不敢對尊者著屨，故必跪而舉之，而轉就旁側乃著屨也。側，謂堂下東序之東，長者所不見之處。《玉藻》「隱辟而後屨」是也。

鄉長者而屨，跪而遷屨，俯而納屨。孫希旦集解　鄭註：遷，或爲「還」。

鄭氏曰：謂長者送之也。不得屏，遷之而已。俯，俛也。納，内也。孔氏曰：内屨不跪者，若跪則足向後，不便也。雖不並跪，亦坐左納右，坐右納左。愚謂侍者退而長者送之，則當鄉長者著屨。屨不當階，必遷之轉就階側，乃得鄉長者而屨也。

劉向《説苑》卷一九《脩文》　夏，公如齊逆女。何以書，親迎禮也。其禮奈何？曰：諸侯以屨二兩加琮，大夫、庶人以屨二兩加束脩二。曰：「某國寡小君，使寡人奉不珍之琮，不珍之屨，禮夫人貞女。」夫人曰：「有幽室數辱之産，未諭於傅母之教，得承執衣裳之事，敢不敬拜。」祝，答拜，夫人受琮，取一兩屨以履女，正笄衣裳而命之曰：「往矣，善事爾舅姑，以順爲宫室，無二爾心，無敢回也。」女拜，乃親引其手，授夫乎户。夫引手出户，夫行女從，拜辭父於堂，拜諸母於大門。夫先升輿執轡，女乃升輿，轂三轉，然後夫下先行。大夫、士庶人稱其父曰：「某之父，某之師友，使某執不珍之屨，不珍之束脩，敢不敬禮某氏貞女。」母曰：「有草茅之産，未習於織紝紡績之事，得奉執箕箒之事，敢不敬拜。」

《廣博物志》卷三八　軒轅臣于則，作屨制襪，周公造偪履屧舄，晉文帝造屐，趙武靈王始效北蕃造靴。

《實録》曰：履，夏商皆以草爲之，周以麻，晉永嘉中以絲。或云：馬周始以麻爲之，名鞋也。《古今注》曰：魏文帝絶寵段絲，猶以之爲履，則非晉始以絲爲鞋矣。按《禮・少儀》云：國雖靡敝，君子不履絲。屨則周人已用爲屨也。

《文子》曰：文王伐崇，襪繫解。則其物已見於商代。《實録》曰：自三代有之，謂之角襪，前後兩隻相承，中心繫帶。魏文帝吴妃始裁縫，以綾羅紬絹爲之。《洛神賦》「羅襪生塵」是也。

秦始皇有望仙鞋，漢有伏虎頭履、繡鴛鴦履，東晉有鳳頭履、聚雲履、五朶履，南宋有重臺履，梁有笏頭履、分稍履、立鳳履、五色雲霞履。漢履，婦人圓頭，男子方頭。晉太康後，婦人皆方頭。

天子黑方履，諸侯素方履，大夫素圓履。《賈子》

木履起於晉文公。時介之推逃禄，自隱抱樹而死。公撫木哀歎，遂以爲履，每思從亡之功，輒俯視其履曰：「悲乎足下。」足下之稱，亦自此始也。東方朔《瑣語》

褚人獲《堅瓠集》王集卷四《木屐》　東方朔《瑣語》載：木屐起於晉文公，介子推從亡歸國，逃禄隱迹綿上，抱樹燒死。文公拊木哀歎，伐以製屐。每懷推從亡之功，輒俯視其屐曰：「悲乎，足下。足下之稱始此。」按，推姓王，名光，字推。介休人，故稱介子推。

桓寬《鹽鐵論》・《卷六》・《散不足第二十九》　古者，庶人麁菲草芰，縮絲尚韋而已。及其後，則綦下不借，鞔鞮革舄。今富者革中名工，輕靡使容，紈裏紃下，越端縱緣。中者鄧里閒作蒯苴。蠢豎婢妾，韋沓絲履。走者茸芰約綰。

崔寔《四民月令・十月》　作白履，不借。

崔寔《四民月令・八月》　涼風戒寒，【略】及韋履賤好，豫買以備隆冬栗烈之寒。

應劭《風俗通・佚文・服妖》　延熹中，京師長者，皆著木屐。婦女始嫁至，作漆畫屐，五采爲系。謹案：黨事始發，傳詣黄門北寺，臨時惶恐，不能信天任命，多有逃亡不就考者，九族拘繫，及所過歷，長幼婦女，皆被桎梏，應木屐像矣。《原本玉篇・系部》、《書鈔》一三六、《北户録》三、《御覽》六四四、又六九八、《倭名類聚鈔》四、《天中記》四八

《北堂書鈔》卷一二八引　陸續《裳衣經》云：冬服純青裘，履文舄。

曹操《曹操集》卷三《内誡令》　吏民多製文繡之服，履絲不得過絳紫金黄絲織履。前于江陵得雜綵絲履，以與家，約當著盡此履，不得效作也。《御覽》六百九十七

《三國會要》卷一二《禮六・輿服》　太子劍履上殿，《晉書・慕容儁載記》。申胤上言：漢以蕭、曹之功，有殊羣辟，故劍履上殿，入朝不趨。至於東宫，體此爲儀，魏，晉因循，制不納舄。《禮書》云：「漢、魏以後，朝祭皆跣韈。」《初學記》引《輿服雜事》曰：「漢諸臣殿階解劍，晉始以木。」

《實録》云：三代以來有角襪，前後兩隻相成，中心繫帶。魏文帝吴妃乃裁綾羅爲之。《説郛》引宋：劉存《事始》。又《炙轂子》。

《晉書》卷二七《五行志上》　初作屐者，婦人頭圓，男子頭方。圓者順之義，所以别男女也。至太康初，婦人屐乃頭方，與男無别。此賈后專妬之徵也。

嵇含《南方草木狀》卷中　荆，寧浦有三種：金荆可作枕，紫荆堪作牀，白荆堪作履，與他處牡荆蔓荆全異。

抱香履，抱木生於水松之旁，若寄生然，極柔弱，不勝刀鋸，乘濕時刳而爲履，易如削瓜，既乾，則韌不可理也。履雖猥大而輕者若通脱木，風至則隨飄而動，夏月納之可禦蒸濕之氣，出扶南、大秦諸國。泰康六年，扶南貢百雙，帝深歎異，然哂其制作之陋，但置諸外府以備方物而已。按東方朔《瑣語》曰：木履起於晉文公，時介之推逃禄自隱，抱樹而死，公撫木哀歎，遂以爲履。每懷從亡之功，輒俯視其履曰：「悲乎，足下。」足下之稱，亦自此始也。

《隋書》卷一二《禮儀志七》　履，舄，案《圖》云：「複下曰舄，單下曰履。夏葛冬皮。」近代或以重皮，而不加木，失於乾腊之義。今取乾腊之理，以木重底。冕服者色赤，冕衣者色烏，履同烏色。諸非侍臣，皆脱而升殿。凡舄，唯冕服及具服著之，履則諸服皆用。唯褶服以靴。靴，胡履也，取便於事，施於戎服。

《宋書》卷三〇《五行志一》　昔初作履者，婦人圓頭，男子方頭。圓者，順從之義，所以别男女也。晉太康初，婦人皆履方頭，此去其圓從，與男無别也。

《新唐書》卷三七《地理志一・同州》　土貢韡。

又《靈州》　土貢：吉莫韡。

又卷四一《地理志五・蘇州》　土貢：鞵。

又卷四三《地理志七上・辯州》　土貢：竹鞵。

又《桂州》　土貢：麖皮韡。

李吉甫《元和郡縣圖志》卷二《關内道》二　《同州》元和貢：皺紋靴。

馮贄《雲仙雜記》卷一《飛雲履》 白樂天燒丹於廬山草堂，作飛雲履，玄綾爲質，四面以素絹作雲朵，染以四選香，振履則如烟霧。樂天著示山中道友曰：「吾足下生雲，計不久上升朱府矣。」

馮贄《雲仙雜記》卷二《半月履》 趙廷芝安成人，嘗作半月履，乃裁千紋布爲之，更托以精銀，縝以絳蠟。唐輔明過之，因奪取以貯酒，已乃自飲。廷芝問之，輔明笑曰：「公器皿太微，此履有滄海之積耳。」妙豐居士《安成記》

馮贄《雲仙雜記》卷八《桃花絲》 青齊間，有一種桃花，盛開時，垂絲至二三尺，採之練以松脂，遞相纏結，織成鞋履，寄往都下，人皆不辨何物。《青州雜記》

司馬光《資治通鑑》卷二八二《後晉高祖天福六年》 唐主性節儉，常躡蒲履，盥頮用鐵盎，胡三省注：躡，尼輒翻。織蒲爲履，江、淮之人多能之。頮，呼內翻。澡手爲盥，滌面爲頮。暑則寢於青葛帷，左右使令惟老醜宮人，服飾粗略。

《宋史》卷一五三《輿服志五》 鞾。宋初沿舊制，朝履用鞾。政和更定禮制，改鞾用履。中興仍之。乾道七年，復改用鞾，以黑革爲之，大抵參用履制，惟加勒焉。其飾亦有絇、繶、純、綦，大夫以上具四飾，朝請、武功郎以下去繶，從義、宣教郎以下至將校、伎術官并去純。底用麻再重，革一重。裏用素衲氈，高八寸。諸文武官通服之，惟以四飾爲別。服緑者飾以緑，服緋、紫者飾亦如之，倣古隨裳色之意。

樂史《太平寰宇記》卷二八《關西道四·同州》 土産：皺文鞾。今貢。

樂史《太平寰宇記》卷三七《關西道一三·會州》 土産：靴。貢。

樂史《太平寰宇記》卷八七《劍南東道六·遂州》 土産：鞁鞋。

聶崇義《新定三禮圖·弓矢圖》卷八 《屨人》「掌王及后之服屨，爲赤舄、黑舄，赤繶、黃繶、青句。」鄭玄注云：複下曰舄，單下曰屨。舄、屨有絇有繶有純者飾也。賈釋云：下謂底也，複，(下)重底也。重底者名舄，單底者名屨。繶者是(采)[牙]底相接之縫，綴絛於其中，后用黃繶。句讀曰絇，絇之言拘，狀如刀衣鼻拘著舄屨之頭，取自拘持爲行戒，使常低目不妄顧視也。純謂以絛爲口緣，屨舄各象裳色，王舄有三，冕服則赤舄，韋弁、皮弁則白舄，冠弁之服則黑舄。王后亦三舄，配褘衣青舄，配榆翟赤舄，配闕翟鞠衣已下皆屨。

舄

《事物紀原》卷三《衣裘帶服部·韈》 《文子》曰：文王伐崇，韈係解。則其物已見於商代。《實録》曰：自三代以來有之，謂之角韈，前後兩相承，中心繫之以帶。洎魏文帝吴妃，乃始裁縫爲之，即今樣也，以綾爲之。《洛神賦》「羅韈生塵」是也。

《事物紀原》卷三《衣裘帶服部·履舄》 《世本》曰：于則作屝履。宋衷曰：黃帝臣。草曰屝，麻皮曰履。《實録》曰：三代皆以皮爲之，單底曰履，復底曰舄。《古今注》曰：舄，以木置履下，乾腊不畏泥溼；履乃屨之不帶者。蓋祭服謂之舄，朝服謂之履，燕服謂之屨也。《周禮·屨人》有赤、黑二舄，素、葛、命、功等四屨，亦通名耳。《續事始》曰：宋元嘉元年，始有鳳頭履。故今人亦有鳳頭鞋也。

《事物紀原》卷三《衣裘帶服部·靴》 《釋名》曰：本胡服，趙武靈王所作。《實録》曰：胡履也，趙武靈王好胡服，常短勒，以黃皮爲之，後漸以長勒，軍戎通服之。唐馬周以麻爲之，殺其勒，加以靴氈；開元中，裴叔通以羊皮爲之，隱麖加以帶子裝束。《筆談》曰：北齊全用胡服，長靿靴也。《續事始》曰：故事胡虜之服，不許著入殿省，至馬周加飾，乃許也。

《事物紀原》卷三《衣裘帶服部·屨》 草履也，《詩》「糾糾葛屨」是也。《唐韻》曰：屝，草屨，黃帝臣于則所造《世本》亦曰于則作屝屨。宋衷云草屨爲屝《實録》謂：始皇二年，始以蒲爲履。馮鑑《續事始》引《古今注》云屨亦履也，以謂有帶者，此説非也。

《事物紀原》卷三《衣裘帶服部·鞋》 古者草謂之屨，皮謂之履。《實録》曰：鞵，夏、商皆以草爲之，周以麻，晉永嘉中以絲。或云馬周始以麻爲之，名鞋也。《古今注》曰：魏文帝絕寵段巧笑始製絲履。則非晉永嘉中始以絲爲鞋矣。按《禮·少儀》云：國雖靡敝，君子不履絲屨。則周人已用絲爲屨也。

《事物紀原》卷三《衣裘帶服部·屐》 《異苑》：介子推抱木燒死，晉文公伐以製屐。蕭子顯《齊書》曰：襄陽有發楚王冢，獲王屐。《論語隱義》曰：孔子至蔡，有取孔子屐者。按晉文公之時已有製屐之事，而孔子亦有其物，則是屐之爲物，春秋之間已見於世矣，至司馬晉，遂爲常服也。《古今注》曰：屐即舄之制，而木匠曰齒也。

陸游《老學庵筆記》卷二 禁中舊有絲鞋局，專挑供御絲鞋，不知其數。嘗見蜀將吴珙被賜數百緉，皆經奉御者。壽皇即位，惟臨朝服絲鞋，退即以羅鞋易之。遂廢此局。

周去非《嶺外代答》卷六《器用門·皮履》 交阯人足躡皮履，正似今畫羅漢所躡者。以皮爲底，而中施一小柱，長寸許，上有骨朵頭，以足將指夾之而行。或以紅皮如十字，倒置其三頭於皮底之上，以足穿之而行。皆燕居之所履也。地近西方，則其服飾已似之矣。

《宋會要輯稿·輿服四》 乾道重修儀制式：履用黑革，以絇、繶、純、綦飾之，各隨服色。學生履以綦、純、繶，純用青，減繶者，亦名履，減繶純者，名屨。絇，履上飾。繶，飾底，純，緣也。綦，履帶。改修下條，靴用黑革，以麻底一重，皮底一重，白絹袦氈爲裏，自底至韈口高八寸，以絇、繶、純、綦飾之，各隨服色。學生絇，純並用青。詔從之。【略】重和元年十一月二十九日詔：令禮制局先自冠服討論以聞。其見服韡，先改用履，禮制局奏履有絇、繶、純、綦，請倣古制，皆隨服之色，從之。

十二月三日，編類御筆所禮制局奏：今討論到履制度，下項絇，履上飾也。繶，飾底也。純，緣也。綦，履帶也。古者舄、履各隨裳之色，有赤舄、白舄、黑舄，今履欲用黑革爲之，其絇、繶、純、綦，並隨服色用之，以倣古隨裳色之意。從之。仍自來年正月一日改用，在外自三月一日。二十三日禮制局奏：履隨其服色，而武臣服色一等，當議差別。詔文武官大夫以上，具四飾。朝請郎、武功郎以下，去繶，並稱履。從義郎、宣教郎以下，至將校伎術官，去繶、純，並稱屨。【略】

徽宗重和元年，詔禮制局自冠服討論以聞，其見服韡，先改用履。禮制局奏：「履有絇、繶、純、綦，古者舄履各隨裳之色，有赤舄、白舄、黑舄。今履欲用黑革爲之，其絇、繶、純、綦，並隨服色用之，以倣古隨裳色之意。」詔以明年正旦改用。禮制局又言：「履隨其服色。武臣服色一等，當議差別。」詔文武官大夫以上具四飾，朝請郎、武功郎以下去繶，並稱履。從義郎、宣教郎以下至將校、伎術官去繶、純，並稱屨。當時議者以韡不常用之中國，實廢釋氏之漸云。

曹學佺《蜀中廣記》卷六八《方物記第一〇》 敘州出竹麻屨，以慈竹絲爲之。竹當秋，笋高數丈，尾甚柔，即鈎絲竹也。歷冬及春始葉，葉左右並列如鳥翎狀。初歲極嫩，土人破爲篾，裂以成麻。

官修《元典章·工部》卷一《造作一·雜造》 鞍轡靴箭休用金 至元八年十一月，中書右三部承奉中書省劄，付欽奉聖旨，鞍、鞊、鞦、轡、靴子、箭頭，休教用金者，這般省會了，後頭拿住呵，便教拿住的人要者。欽此。省府合下據在先造下金鞍等，各處官司拘收，印烙了畢，分付元主，已後違犯之人，欽依聖旨事意施行。

靴鞊上休使金 至元十九年八月二十五日，中書省奏，已前靴子上、鞊子上，步葫蘆雜帶、鞦轡上，休使金着。麽道。聖旨，有來如今。又那般使金賣，有麽道奏呵，如今行文書再休做金着，今後那般使金呵，無疑惑要了着麽道。聖旨了也，欽此。

馬端臨《文獻通考》卷一一一《王禮考六》 屨人掌王及后之服屨，爲赤舄、黑舄、赤繶、黃繶、青句，素屨、葛屨。屨必連服言者，著服各有屨也。複下曰舄，禪下曰屨，古人言屨以通於複，今世言屨以通於禪。俗易語反。舄屨有絇、有繶、有純者，飾也。鄭司農云：赤繶、黃繶，以赤、黃之絲爲下緣。《士喪禮》曰：夏葛屨，冬皮屨，皆繶緇純。禮家說繶，亦謂以采絲礫，其下。元謂凡屨舄各象其裳之色。(王)(士)冠禮曰：(元)端黑屨，(赤)絇繶純；素積白屨，緇絇繶純，爵弁纁屨，黑絇繶純。是也。王吉服有九，舄有三等，赤舄爲上，冕服之舄也。詩云：王錫韓侯，元衮赤舄。則諸侯與王同。下有白舄黑舄句，當爲絇聲之誤也。絇，繶純，同色，今云赤繶、黃繶、青絇，雜互言之，明舄屨衆多，反覆以見之。凡舄之飾，如繢之次。赤繶者王黑舄之飾，青絇者王白舄之飾，言繶必有絇純，言鈎亦有繶純，三者相將。王及后之赤舄，皆黑飾。凡屨之飾如繡，次也黃屨白飾，白屨黑飾，黑屨青飾。絇謂之拘著舄屨之頭，以爲行戒。繶，縫中。紃，純緣也。天子、諸侯吉事皆舄。其餘唯服冕衣翟者著舄耳。士爵弁纁屨，黑絇繶純，尊祭服之屨，飾也。繢也，素屨者非純吉，有凶去飾者言，葛屨，明有用皮時。正義：下，謂底也。重底者名曰舄，禪底者名曰屨。古人，周人也。言屨以通於舄，故直言屨，下言舄。今人，漢人也。以複者爲屨，并禪者亦爲屨，俗易語反也。繶，牙底相接之縫，綴絛於其中，絇屨頭以絛爲鼻，純以絛爲口緣。經不云純者，文略也。舄屨與裳俱在下，故與裳同色。素屨即下經散屨，大祥時除縗，杖，後身服素縞麻衣而著此素屨，去飾無繶絇純，故經不言繶絇純也。葛屨自赤舄以下，夏則用葛爲之，冬則皮爲之，在素屨下者欲見素屨亦用葛與皮。赤舄者，男子冕服，婦人闕狄之舄，黑舄者天子諸侯元端服之舄。赤繶以下曰繶，曰絇，以表見其舄。赤繶者，是天子、諸侯黑舄之飾，黃繶者與婦人爲元舄之飾，青鉤者與王及諸侯爲白舄之飾。凡屨舄皆有絇繶純，三者相將，各舉其一以互見也。辨外内命夫命婦之命屨、功屨、散屨。命夫之命屨纁屨，命婦之命屨黃屨，以下功屨，次命屨，於孤卿大夫則白屨、黑屨也。嬪内子亦然。世婦命婦以黑屨爲功屨，女御士妻命屨而已。士及士妻謂再命，受服者散屨，亦謂去飾。正義曰：大夫以上衣冠則有命舄，無命屨。外命婦孤妻以下，内命九嬪以下，不得服舄。自鞠衣黃屨，展衣白屨，禄衣黑屨以下，以廣之矣。

《陳氏禮書》曰：詩云：「赤舄几几」，「元衮赤舄」，「赤芾金舄」。周公及諸侯冕服之舄也。赤舄謂之金舄者，鄭氏謂金舄，黃朱色也。考之於禮，周尚赤，而灌尊黃彝，纁裳赤黃，馬黃朱，而諸侯之芾亦黃朱，鄭氏釋《斯干》詩曰：芾，天子純朱，諸侯黃朱。則舄用黃朱宜矣。唐制以金飾屨，與鄭氏之所傳異也。

楊氏曰：愚按，《屨人》言王后之舄屨惟有赤舄、黑舄，素屨、葛屨，其爲飾不過赤繶、黃繶、青絇而已。鄭氏則以爲王之舄有三，赤、黑、白，后之舄有三，元、白、黑。又有黄屨、白屨、黑屨之異，外、内命夫命婦之命屨，惟有功屨、散屨而已。鄭氏又有纁、黄、白、黑之屨，皆是經外推説，恐難據信。

右屨

俞樾《茶香室叢鈔·續鈔》卷二二《明初禁庶民服靴》 國朝趙吉士《寄園寄所寄》引《臣鑒録》云：崑山王英，洪武初，授山東監察御史。上特命署都御史事。嘗微服入郡城，時禁庶民服靴，門者縛英。英笑曰：「吾官人也。」取舟中冠帶示之，始得釋，亦不色怒，按此知明初庶民不得著靴也。

《南村輟耕録》卷一八《靸鞵》 西浙之人，以草爲履而無跟，名曰靸鞵。婦女非纏足者，通曳之。《炙轂子雜録》引《實録》云：靸鞵，舄。三代皆以皮爲之，朝祭之服也。始皇二年遂以蒲爲之，名曰靸鞵。二世加鳳首，仍用蒲。晉永嘉元年用黄草，宫内妃御皆著，始有伏鳩頭履子。梁天監中，武帝易以絲，名解脱履，至陳、隋間吴、越大行，而模様差多。唐大曆中進五朵草履子，建中元年進百合草履子。據此，則靸鞵之製，其來甚古。然《北夢瑣言》載霧是山巾子，船爲水靸鞵之句，抑且咏諸詩矣。靸，悉合切。在颯字韻下，今俗呼與罨同音者，誤。

《南村輟耕録》卷三〇《履舄屨考》 屨、舄、履，《屨人》註：襌下曰屨，複下曰舄。說文無舄字，舄本鵲字，今借爲履舄字也。陸佃云，舄通爲履之舄，古人居欲如燕，行不欲如鵲，故借爲舄字，所以爲行戒也。然借鵲爲舄，作思積反者，蓋舄履也。古今注，以木置履下，乾腊，不畏泥濕，故曰舄。以是知舄履之下，必再用木矣。《士喪禮》：夏葛屨，冬皮屨。《屨人》注又謂，凡屨，舄各象其裳之色。引《士冠禮》曰：玄端黑屨，青絇繶純。純，准。素幘白屨，緇絇繶純，爵弁纁屨，黑絇繶純是也。絇，《説文》：纑繩絇也。《玉藻》注：屨頭飾也。韻會，狀如刀衣鼻在屨頭。言拘者，取自拘持，使低目，不暇顧視。一曰，用繒一寸。屈爲之頭，著屨頭，以受穿貫。繶，《屨人》注：縫中紃也。《博雅》紃絛也。純，《屨人》注：緣也。言繶必有絇純。言絇必有繶純。三者相將，則屨、舄皆有絇、繶、純矣。凡絇、繶、純皆一色。又按《屨人》注，舄有三等，赤舄、白舄、黑舄也。赤舄爲上。冕服之舄，《詩》曰：王錫韓侯，玄衮赤舄。則諸侯與王同矣。所謂玄舄青舄，王后祭服之舄也。凡屨之飾，如繡次也，黄屨白飾，白屨黑飾，黑屨青飾。天子諸侯，吉事皆舄，其餘服冕著舄耳。士爵弁纁屨，黑絇繶純，尊祭服之屨，飾從繢也。至若履者，《説文》：足所依也，從尸，從彳攵，從舟，象履形。毛氏曰：舟能載物，履能載人。又草曰扉，芳未反。麻曰屨，凡布皆可謂之麻。皮曰履。按履無別制。《説文》：屨，履也，从履省，婁聲，又鞮也。徐曰：鞮，革履也。舄，《韻會》：履也。《古今》：以木置履下，乾腊，不畏泥濕，故曰舄。以是知履、舄、屨之異名也。但有襌下、複下、用木之異耳。古人舄、屨、履，至階必脱，唯著韤而入。《禮》：户外有二屨。是脱屨而入者也。漢賜劍履上殿，是不賜則不敢著履上殿明矣。諫不行則納履而去。納，結也。言納履，則在外明矣。是脱履而入者也。王喬入朝，雙舄化鳧先至。是脱舄而入者也。古者，堂上皆有席，所以著韤爲宜，況韤又从韋乎？又按《鄉飲酒》云：説屨，揖讓如初，升堂。疏云：凡堂上揖行禮不脱屨，坐則脱屨。理固然也。由是觀之，凡宗廟堂室之間行禮，亦必不脱屨矣。夫降而脱屨，然後升坐，禮也。其後賓與主人酬酢之時，皆在兩階之間，又須降而著屨，復升于階。酬酢之禮畢，又降而脱屨，復升于坐也。古人禮繁如此，今何略也。

《新鐫古今事物原始全書》卷一四《服御·靴一作鞾》 《事始》云：《釋名》本胡履。始于趙武靈王，好胡服，乃始作短靿，以黄皮爲之，後漸爲長靿，軍民通服之。梁蕭琛着虎皮靴，其女靴，亦趙武靈王所制，初用以黄皮短靿，後漸以長靿。唐馬周殺其靿，加以靴氈。裴叔以羊皮爲之，隱麖加以帶子裝束，今遼東軍人着之名曰護臘，而并州婦人臨水浣衣亦着此靴。古時有舞靴，太白詩：青黛畫眉紅錦靴。楊廉夫詩：綉靴蹴踘勾驪様，羅帕垂收女直腰。

又《襪》 《實録》曰：三代時有之，謂之角襪，前後兩相承，中心繫之以帶。至魏文帝吴妃，乃始裁縫以綾羅爲之，即今之襪也。《炙轂子》曰：足衣也。文王伐崇，而襪繫帶已見于商時。馬嵬媪得貴妃錦襪一隻，每遇過客，一玩出百錢，獲錢數萬。出《太真外傳》。

又《女襪》 《炙轂子》曰：三代謂之角襪今名膝褲。曹子建《洛神賦》曰：「凌波微步，羅襪生塵。」楊貴妃錦拗襪，杜牧詩云：「鈿尺裁量減四分，纖纖玉筍裹輕雲。五陵年少欺他醉，嘆把蒼前出畫裙。」今婦人有不著女襪者，李白詩云：「屐上足如霜，不著鴉頭襪。」唐時亦然。

又《脚帶》 古無此物，群書無載。或云妲己乃雉精足猶未變，故裂帛以裹之。後習俗既久，以爲女子足小而美也。

又《鞋》 《實録》曰：古云鞵以艸爲之，謂之屨。以皮爲之，謂之履。夏時以草，周時以麻，晉永嘉中以絲，唐時馬周始以布爲之，乃名曰鞋。注云：鞵，古鞋字。杜詩：黄帽青鞋歸去來。注云：即芒鞋也。山谷詩：桐帽棕鞋稱老夫。然則芒鞋見于唐，而棕鞋見於宋矣。

又《屧》 《事始》曰：步屧一曰舞屧。吳王宮中有響屧廊，以楩梓板鋪于地上，西施行則有聲，故名響屧廊，婦人通服之。唐韓偓《屧子》詩云：六寸膚圓光緻緻。唐尺雖短，言六寸想亦不纏足也。梁簡文詩：畫屧重高墻。注云：畫者，繪以五彩。高墻者，澗頰也。今之高底鞋類之，屧即屐之類。

又《屣》 《釋名》曰：靸乃小兒履也。一曰舞履也。《爾雅》云：單底曰履。三代以皮爲之，亦有以葛爲之。《詩》云：「糾糾葛履」是也。始皇時以蒲爲之，名靸鞋。二世加以鳳頭，即今無後跟之凉靸也。晉永嘉時用黄艸，宮中妃御皆著之，即今黄草鞋也。梁武帝易以絲，名曰解脱履。至陳隋間，吳越大行而樣差多。詩云：足下絲履五文章，平頭雙子提履霜。《唐書》：東女國名曰蘇䩺履，今靸鞋，不纏足者曳之。今纏足者以絲爲鞋，乃梁制也。以羊皮銷金箔爲之，極其奢巧，是三代之遺意也。以蒲葛麻草爲之，則古今之通用也。鞋頭上用以鳳頭伏鳩，則仿于秦漢，綉以雲露花艸，則昉于唐大曆間。五朵百合及高低鞋，即古之重臺鞋也。琴面鞋即笏頭履也，婦人之鞋底以二色帛，前後二節合成，則元時名曰錯到底，但不知始于何代爾。革履謂之鞮，即今皮鞋之類。《禮記》向長者履，(則)跪而遷履，(跪)〔俯〕而納履，侍坐于長者，履不上于堂，解履不敢當階。

徐炬《新鐫古今事物原始全書》卷一九《器用》 屐

《事始》曰：以木爲之，上用韋，周時始有之。晉武時庫火，得漢高帝斬蛇劍，王莽頭，孔子屐等物，盡焚之。謝安着屐登東山，宋高祖好着連齒木屐，即今之拖屐也，而齒屐則始于梁時。

又《舄》 《實録》曰：單底曰履，復底曰舄。三代皆以皮爲之。崔豹《古今注》曰：舄者，以木置履下，(水温)〔泥溼〕不畏，古者祭服則用之。故朝服謂之履，燕服謂之屨也。

楊慎《升菴集》卷六九《履考》 古篆舄字，象鵲形，以爲履飾也。履象取諸鵲，鵲知太歲，欲人行履知方也。《周禮》有鞮鞻氏，舞四夷之樂。故以革爲履，取其舞蹈之便，至漢世總章伶人服之，唐世名蠻靴，故伎人從良詩有「便脱蠻靴入鳳幃」之句。崔豹云：古履絇繶，皆畫五色。秦始皇令宮人靸金泥飛頭鞋，徐陵詩所謂步步生香薄履也。漢有伏虎頭鞋，加以錦飾，曰繡鴛鴦履。東晉以草木織成，有鳳頭履、聚雲履、五朵履，宋有重臺履，梁有分梢履、立鳳履、五色雲霞履。隋煬帝令宮人靸瑞鳩頭履，謂之仙飛履。又伏琛《齊記》曰：青州有一種桃花，盛開時採之，煉以松脂，遞相纏織成鞋履，寄往都下人，皆不辨爲何物。稽含《南方草木狀》云：晉太康中，扶南國進抱香履，以抱香木爲之，木輕而堅韌，風至則隨飄而動。

《留青日札》卷二二《烏皮六縫》 烏皮六縫，靴也。唐有此名，故曰高力士終以脱烏皮六縫爲深恥。又：阿耆茶國名靴曰函縛屣，于闐國有石鞾。南唐元宗嘗謂馮權曰：我富貴日爲爾置銀靴焉。及保太初，因擊鞠賜銀三十斤。權命工鍛靴穿之，人皆癡笑。元人有鵝頂靴，以爲華靡。

焦竑《焦氏筆乘》卷一《纏讀如戰》 《淮南子》：「纏以朱絲。」纏讀如戰。《古樂府》有「雙行纏」，謂行縢，即足衣也。宋人詩「青羅包髻白行纏，不是凡人不是仙」，以平聲讀之矣。

王圻、王思義《三才圖會·衣服卷三》 橇，輸芮切泥行具也。《史記》禹乘四載，泥行乘橇。孟康曰：橇形如箕，擿行泥上。東坡《秧馬歌叙》云：橇豈秧馬之類與，以康言考之，非秧馬類也。嘗聞向時河水退灘淤地，農人欲就泥裂漫撒麥種，柰泥深恐没，故制木板爲履，前頭及兩邊昂起如箕，中綴毛繩，前後繫足，底板既濶，則舉步不陷，今海陵人泥行及刈過葦泊中，皆用之切。詳本字，從木從毛，即其義也。

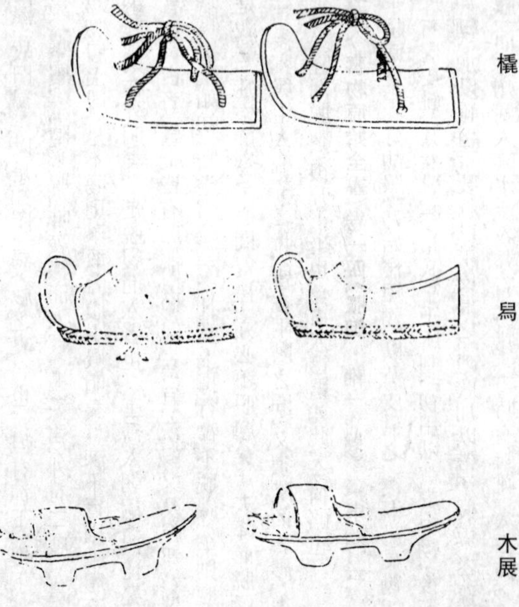

橇　舄　木展

皆屨。《周禮・屨人》所掌有舄有屨。鄭氏謂複下曰舄，單下曰屨，唯服冕舄，其餘《異苑》曰：介子推抱木燒死，晉文伐以製屐。則春秋時已有是物矣，至司馬晉，遂爲常服。

顧起元《客座贅語》卷一《巾履》 南都服飾，在慶曆前猶爲朴謹。官戴忠靜冠，士戴方巾而已。近年以來，殊形詭製，日異月新，【略】足之所履，昔惟雲履、素履，無它異式。今則又有方頭、短臉毬鞋，羅漢靸，僧鞋。其跟益務爲淺薄，至拖曳而後成步。其色則紅、紫、黄、緑，亡所不有，即婦女之飾，不加麗焉。

劉仲達《劉氏鴻書》卷七七《衣帛部》鞋 鞋，古作鞵，即履也。古者以草爲屨，以帛爲履，周人以麻爲鞋。劉熙《釋名》云：鞋者，解也。縮其上易舒解也。履者，禮也，飾足爲禮也。靸者，襲也。履頭深襲，覆足也。皮底曰屝。屝者，皮也。木底曰舄，乾腊不畏濕也。《全雅》

吴楚材《彊識畧》卷二八《服飾部下》 履 《釋名》履，禮也，飾足以爲禮用。緋羅表皮裏，頭飾以絢，縫中紃且純且緣，不帶口，兩旁各着帶，用以縛足。草履曰屝，麻履曰不借，言賤易有，宜各自蓄，不假借也。見《方言》。又宋元嘉中有鳳頭履，故今有鳳頭鞋，見《續事始》。天子黑方履，諸侯素方履，大夫素圈履，見《賈子》。

舄 赤舄、金舄，見《詩》。《實録》云：三代皆皮爲之，單底曰履，複底曰舄。《古今注》以木置履下，取乾腊不畏泥濕也。

屨 《釋名》屨，拘也。所以拘足也。《周禮・(履)〔屨〕人》「爲赤舄、黑舄、赤繶，〔黄繶，〕青絇素屨葛屨」。注：赤繶，赤絲爲緣也。命屨，命夫婦(履)〔屨〕也。功屨去飾。士及妻(履)〔屨〕、散屨、及素屨，大祥時(履)〔屨〕。《古今注》履，乃屨之不帶者。蓋祭服謂之舄，朝服謂之履，燕服謂之屨也。又用麻爲之，亦曰屝。

屩 《釋名》草履也。出行着之，屩輕便，因以爲名。《實録》曰：始皇二年，始以蒲爲履。宋衷曰：黄帝臣于則作屝履。又夏商以草爲屩。左氏菲絲爲之，宫中妃嬪皆着。見《炙轂子》。

徙 鞮屬革履，舞人所服之履不躡跟也。屧，履中薦也，靸小兒履也。

護膝 《餘冬序録》云：男子跪用之，冬寒亦然。驛馬遠行用護臁。

鞋 亦履屬。秦始皇有望仙鞋。謂自馬周始，非也。絲履自周已然，見上「履」注。《古今注》謂：魏文帝絶寵段巧笑始制絲履，亦非也。《鹽鐵論》古者庶人麄屝草履，今富者韋沓絲履。《青州雜記》青齊間，有桃花絲鞋。《朝野僉載》鄭仁凱紿吏竊鞋。又唐李泌宿内院，旦起，竊鞋送帝所。帝曰：鞋，諧也，當爲弼諧。

屐 《釋名》楮以踐泥，亦履屬。底下有齒者。《異苑》云：介子推抱木燒死，晉文伐以製屐。自禹已有之，至司馬晉遂爲常服。

韡 即靴字，一作鞾。《釋名》曰：本胡服，趙武靈王所作。

《實録》曰：胡屨也。趙武靈王好胡服，常鞾以黄皮爲之。北齊全用長鞾，軍戎通服之。唐馬周以麻爲之，殺其鞾加以靴氊。裴叔通以羊皮爲之，隱麖加以帶子裝束。《續事始》曰：故事，胡虜之服，不得入殿。至馬周裝飾乃許也。又皂靴，馬鞋也。隋煬帝令百官戎服。後世循襲爲朝服。見《朱子語録》。又《孔帖》云：崔戎爲華州刺史，徙海沂觀察使，民擁留不得行，乃休傳舍，民抱持脱其靴。蓋後世脱靴始此。

襪 足衣也。見《釋名》。「羅襪生塵」見《洛神賦》。又蹲蹀容與，三代有之。以緋羅爲表，緋絹爲裏，着以穿履，有帶與今製不同。按文王伐崇，襪繫帶。又三代謂之角襪，前後相承，中心繫帶。魏文帝吴妃始裁縫以綾羅紬絹爲之。陸龜蒙《雜記》云：武王罷朝而襪系絶，顧左右無可使結者。衛褚師呼聲子結襪而登席。漢廷尉張釋之爲王生結襪。襪之有帶尚矣，今獨亡之。嗚呼，古之制亡者十八九，奚襪帶之足云。又李台段言韓八座事業，如拆襪線，無一條長者。八座謂韓昭。

謝肇淛《五雜組》卷二《天部二》 傳記載，冬至日當南極，晷景極長，故有履長之賀，非也。【略】其曰履長即履端之意，非謂晷景之長也。晉、魏宫中女工，至後日長一線，故婦於舅姑，以是日獻履、襪，表女工之始也。魏崔浩女獻襪，謂「陽升於下，日永於天；長履景福，至於億年」，可謂得之矣。

謝肇淛《五雜組》卷一二《物部四》 漢中山王來朝，成帝賜食，及起而襪係解，成帝以爲不能也，於是定陶王得立。然文王伐崇，至鳳凰之墟，而襪係解；武王伐紂，行至商山，而襪係解；晉文公與楚戰，至黄鳳之陵，而履係解。古之聖王、霸主皆有然者，何獨中山王耶？

古人以跣爲敬，故非大功臣，不得劍履上殿。諸師聲子襪而登席，而衛侯怒。至於見長者必脱履於户外。曹公令曰：「議者以祠廟當解履。」則漢末猶然矣。

漢王喬爲葉縣令，每朝會，雙舄飛來，網之得雙舄。盧耽爲州治，中元會不及朝，化爲白鵠，迴翔威儀，以帚擲之，得雙履。南海太守鮑靚嘗夜訪葛洪，達旦乃去。人訝其往來之頻，而不見車騎，密伺見雙燕飛來，網之，得雙履。此三事絶相類，而人但知雙舄事也。

漢時着屐尚少，至東京末年始盛。應劭《風俗通》載：「延嘉中，京師好着木履。婦人始嫁，作漆畫屐，五色采爲系。後黨事起，以爲不祥。至晉而始通用。阮孚至自蠟之。謝靈運登山陟嶺，未嘗須臾離也。」想即以此當履耳。《晉書·五行志》云：「初作屐者，婦人頭圓，男子頭方。至太康初，婦人屐乃頭方，與男無別。」此亦古婦人不纏足之一證。今世吾閩興化、漳、泉三郡，以屐當靸，洗足竟，即跣而着之，不論貴賤男女皆然，蓋其地婦人多不纏足也。女屐加以彩畫，時作龍頭，終日行屋中，閣閣然，想似西子響屧廊時也，可發一笑。

古者，婦人皆着襪穿履，與男子原無分別也。唐李郢詩：「高歌一曲劉郎醉，脱取明金壓繡鞋。」則當時始有繡者。至纏足之制興，而男女之履，始迥别矣。今之婦女亦罕有着襪者，楊用修以屨人掌后之服屨爲周公病，蓋未之深思也。

周祈《名義考》卷一一《履舄》 草曰扉，又謂之屨，又謂之不借。麻曰屨，葛亦謂之屨。皮亦曰履，又謂之鞮，又謂之鞢。又禪下曰履，複下曰舄。蓋舄有三等，赤舄爲上，冕服最上達者，下有白舄，皆履之複底者。《古今注》曰：祭服謂之舄，朝服謂之履，燕服謂之屨，亦得。凡履下置木曰屐，履中薦曰屧，履不著跟曰屣，小兒履曰靸。屣音費。

《綦緤韈縢綦音其，緤音屑，縢音滕。》 《七林》云：文綦、綵緤、緰韈、羅縢。綦，《廣韻》履飾也。文綦，履之有文者。緤與紲同，《廣韻》繫也。綵緤，韈繫之有采色者。緰，《説文》貲布也。緰韈，以貲布爲韈也。縢，《增韻》約也，纏也，偪束其足令小，男子行縢，自足至膝，此則施之足。羅縢，以羅爲之。四者皆婦人足飾。

方以智《通雅》卷三六《衣服·彩服》 行縢偪也 《詩》「邪幅在下」。幅，偪也，偪束其脛，自足至膝。《内則》「單作偪」，杜、鄭皆曰如今行縢也。唐府兵，人且行縢，有胡禄、大（鑴）〔觿〕、氈帽、氈裝、行縢，皆一。唐鹵簿服餙有赤綦襖、紫誕帶行縢，吴下曰脚帶。

方以智《通雅》卷三六《衣服·彩服》 鞜衺，生革履也。 絨鞎，緣履圓條也。 靸，跣履也。 絡緹，長翁鞾也。 䩞韤，革履之缺前者也 單底曰履，或絲爲之，複底而有木者曰舄。 鞜，音踏。生革履也。《急就》履舄鞜裒絨緞紃。顔本作鞜裒，謂鞜之深大者也。《長楊賦》聖人革鞜不穿絨音越。 織綵爲之。《説文》「絨，采章也」。《廣韻》絨，紵布也。則《潛夫論》葛子升越之越矣。 緞，手加切。履跟之帖也，以絨爲帖也。黄氏當作鍛，音段。《會典》品官居家服履，亦有紃作結，而復長垂之玄履紃緣。即古絇繶也。 靸，音颯。今跣而著之鞮，的齊切。薄革小履也。《周禮·鞮鞻氏》鄭玄注：鞮鞻，四夷舞者所扉也。今時倡蹋鼓沓行，自有扉鞻。讀履徐鍇曰：今鞮亦履也。外國履連脛，謂之絡緹，即今長翁鞾也。《儀禮》賈公彦疏：無絇謂之鞮屨。鞮屨欲下不蹶，當卬其角，舉足乃行。《説文》「鞠角，鞮屬」。 鞠，顔當反。 鞾、靴、鞾，實一字，古無之。《説文》新附鞾字。呼戈切。 自周隋以戎服爲朝服，故今朝服皆鞾，習而不察之過也。 隋文帝聽朝，以赭黄文綾袍，烏紗帽，折上巾，主合鞾，與貴臣通服。德宗謂陸贄受靴鞭是也。《新唐書·西域傳》足曳䩞韤。音索鐸。〔䩞韤，〕履〔也〕。《説文》鞢、鞾、鞠、軩、韉，并有鞮訓。 鄭崇用革履古以皮爲履者多。 宋有《燕北雜禮》，言契丹興宗禁國人服金玉犀帶，及黑斜喝里皮、紅虎皮靴，道宗弛此禁。 泰之言有徐吕皮，即黑斜喝里，謂回紇野馬皮也。 紅虎皮者，回紇獐皮也。

木舄曰屐，草履曰屩，苞枲織曰絜蔴。 屐奇逆切。以木爲之，兩齒以踐泥也。屩，音覺。《廣韻》鞒、屩，即今鞋也。 馮驩躡屩見孟嘗，虞卿躡屩擔簦。徐廣注：屩，草履也。 絜，方孔反。圓頭掩上之履也。《説文》「紺，枲履」。《廣韻》絜，小兒皮屨。 音莑，又巴講反。 智以爲今之鞋幫，升菴所云高墻也。 蔴，平袠反。麻枲雜履之名。《曲禮》「苞屨」，鄭玄注：凶服，苞蔴也。

薄借，不借，乃舄之轉聲 漢文帝履不借臨朝，陸放翁詩「穿林雙不借，取水一軍持。」子謙與京山皆引作唐人詩，遂曰艸鞋人人所有，可不借而得此，因小顔注《急就》也。 果爾，則不律爲筆，何以解乎？古人用不字爲發語聲，正如夫字，如夫襓爲劍衣也，借字古少家麻音，亦讀爲昔，昔與鵲、腊、錯通聲。《周禮》「玉瑅」，鄭玄注有薄借綦，即不借也。《儀禮·喪服》「繩屨」鄭玄注：今時不借也。

李漁《閒情偶寄》卷七《聲容部·治服第三》

鞋襪

男人所着之履，俗名爲鞋，女子亦名爲鞋。男子餙足之衣俗名爲襪，女子獨易其名而曰褶，其實褶即襪也。古云：凌波小襪。其名最雅，不識後人何故易之。襪色尚白，尚淺紅，鞋色尚深紅，今復尚青，可謂制之盡美者矣。鞋用高底，使小者愈小，瘦者越瘦，可謂制之盡美而又盡善者矣。然足之大者，往往以此藏拙，埋沒作者一段初心，是止供醜婦傚顰，非爲佳人助力。近有矯其弊者，窄小金蓮，皆用平底，使與僞造者有別，殊不知此制一設，則人人向高底乞靈，高底之爲物也，遂成百世不祧之祀。有之則大者亦小，無之則小者亦大。嘗有三寸無底之足，與四五寸有底之鞋，同立一處，反覺四五寸之小，而三寸之大者，以有底則指尖向下，而禿者疑尖，無底則玉筍朝天，而尖者似禿故也。吾謂高底不宜盡去，祇在減損其料而已。足之大者，利于厚而不利于薄，薄則本體現矣，利于大而不利于小，小則痛而不能行矣。我以極薄極小者形之，則似鶴立鷄羣，不求異而自異，世豈有高底如錢，不扭捏而能行之大脚乎？

古人取義命名，纖毫不爽，如前所云，以蟠龍名髻，烏雲名髮之類是也。獨于婦人之足，取義命名，皆與實事相反，何也？足者，形之最小者也，蓮者，花之最大者也，而名婦人之足者，必曰金蓮，名最小之足者，則曰三寸金蓮，使婦人之足，果如蓮瓣之爲形，則其濶而大也，尚可言乎？極小極窄之蓮瓣，豈止三寸而已乎？此金蓮之義之不可解也。從來名婦人之鞋者，必曰鳳頭，世人顧名思義，遂以金銀製鳳，綴于鞋尖以實之。試思鳳之爲物，止能小于大鵬，方之衆鳥，不幾洋洋乎大觀也哉。以之名鞋，雖曰贊美之詞，實類譏諷之跡，如曰鳳頭二字，但肖其形，鳳之頭銳而身大，是以得名，然則衆鳥之頭，儘有銳于鳳者，何故不以命名，而獨有取于鳳，且鳳較他鳥，其首獨昂，婦人趾尖，妙在低而能伏，使如鳳凰之昂首，其形尚可觀乎？此鳳頭之義之不可解者也。若是則古人之命名取義，果何所見而云然，豈終不可解乎？曰：有説焉。婦人裹足之制，非由前古，蓋後來添設之事也，其命名之初，婦人之足亦猶男子之足，使其果如蓮辦之稍尖，鳳頭之稍銳，亦可謂古之小脚，無其制而能約小其形，較之今人，殆有過焉者矣。吾謂鳳頭金蓮等字，相傳已久，其名未可遽易，然止可呼其名，萬勿肖其實，如肖其實，則極不美觀，而爲前人所誤矣。不寧惟是，鳳爲羽蟲之長，與龍比肩，乃帝王餙衣餙器之物也，以之餙足，無乃大褻名器乎？嘗見婦人綉襪，每作龍鳳之形，皆昧理僭分之大者，不可不爲拈破。近日女子鞋頭，不綴鳳而綴珠，可稱善變。珠出水底，宜在淩波襪下，且似粟之珠，價不甚昂，綴一粒于鞋尖，滿足俱呈寶色，使登歌舞之氍毹，則爲走盤之珠，使作陽臺之雲雨，則爲掌上之珠，然作始者見不及此，亦猶衣色之變青，不知其然而然，所謂暗合道妙者也。予友余子澹心，向作《鞋襪辨》一篇，考纏足之從來，覈婦履之原製，精而且確，足與此説相發明，附載于後。

《婦人鞋襪辨》　余懷

古婦人之足，與男子無異。《周禮》有「屨人，掌王及后之服屨，爲赤舄、黑舄，赤繶、黄繶，青勾素履，葛屨。辨外内命夫命婦之功屨、命屨、散屨。」可見男女之履，同一形製，非如後世女子之弓彎細纖，以小爲貴也。考之纏足起于南唐李後主，後主有宫嬪窅娘，纖麗善舞，乃命作金蓮高六尺，餙以珍寶綱帶纓絡，中作品色瑞蓮，令窅娘以帛纏足，屈上作新月狀，着素襪，行舞蓮中，迴旋有凌雲之態，由是人多效之，此纏足所自始也。唐以前未開此風，故詞客詩人，歌詠美人好女，容態之殊麗，顔色之天姣，以至面粧首餙衣褶裙裾之華靡，鬟髮眉眼唇齒腰肢手腕之婀娜秀潔，無不津津乎其言之而無一語及足之纖小者，即如《古樂府》之《雙行纏》云：「新羅綉白脛，足趺如春妍。」曹子建云：「踐遠遊之文履。」李太白詩云：「一雙金齒屐，兩足白如霜。」韓致光詩云：「六寸膚圓光緻緻。」杜牧之詩云：「鈿尺裁量減四分。」《漢雜事秘辛》云：足長八寸，脛跗豐妍。夫六寸八寸，素白豐妍。可見唐以前婦人之足，無屈上作新月狀者也，即東昏潘妃作金蓮花帖地，令妃行其上曰：此步步生金蓮花。非謂足爲金蓮也。崔豹《古今注》東晉有鳳頭重臺之履，不專言婦人也。宋元豐以前，纏足者尚少，自元至今將四百年，矯揉造作，亦泰甚矣。古婦人皆着襪，楊太真死之日，馬嵬媪得錦拗襪一隻，過客一玩百錢，李太白詩云：「溪上足如霜，不着鴉頭襪。」襪一名膝褲，宋高宗聞秦檜死，喜曰：今後免膝褲中插匕首矣。則襪也，膝褲也，乃男女之通稱，原無分別，但古有底，今無底耳。古有底之襪，不必着鞋，皆可行地，今無底之襪，非着鞋，則寸步不能行矣。張平子云：「羅襪淩躡足容與。」曹子建云：「淩波微步，羅襪生塵。」李後主詞云：「剗襪下香堦，手提金縷鞋。」古今鞋襪之製，其不同如此。至于高底之製，前古未聞，于今獨絶。吳下婦人，有以異香爲底，圍以精綾者，有鑿花玲瓏，囊以香麝，行步霏霏，印香在地者，此則服妖。宋元以來，詩人所未及，故表而出之，以告世之賦香奩，詠玉臺者。襪色與鞋色相反，襪宜極淺，鞋宜極深，欲其相形而始露也。今之女子，襪皆尚白，鞋用深紅深青，可謂畫制，然家家若是，亦忌雷同。予欲更翻置色，深其襪而淺其鞋，則脚之小者更露。蓋鞋之爲色，不當與地色相同。地色者，泥土磚石之色是也，泥土磚石，其爲色也多深，淺者宜于其上，則界限分明，不爲地色所掩，如地青而鞋亦青，地緑而鞋亦緑，則無所見其短長矣。脚之大者則應反此，宜視地色以爲色，則藏拙之法，不獨使高底居功矣。鄙見若此，請以質之金屋主人，轉詢阿嬌，定其是否。

孫承澤《天府廣記》卷一六《禮部下》 〔洪武〕八年十一月，定於郊祀廟享前期一日，有司以席藉地，設御幕於壇東南門外，及設執事官脱履之次於壇門外西階側。祭日，大駕臨壇入，幕次脱舄升壇，執事導駕，贊禮讀祝，并分獻，陪祀官皆脱舄於外，以次升壇供祀。協律郎樂舞生依前跣襪就位，祭畢降壇納舄。

《事物考》卷六《冠服》

襪 《文子》曰：文王伐崇，襪繫解。則其物已見于商代。《實録》曰：自三代有之，謂之角襪。前後兩隻相承，中心繫帶。魏文帝吴妃始裁縫，以綾、羅、紬、絹爲之。《洛神賦》「羅襪生塵」是也。

靴 《釋名》曰：本胡服，趙武靈王所作。《實録》曰：胡履也。趙武靈王好胡服，常短勒以黄皮爲之，後漸以長勒，軍戎通服之。唐馬周以麻爲之，殺其勒加以靴氈。裴叔通以羊皮爲之，隱麖加以帶子裝束。《筆談》曰：北齊全用胡服。長勒，靴也。《續事始》曰：故事，胡虜之服，不許着入殿省。至馬周加飾乃許也。《朱子語録》曰：靴乃馬鞋也。

履、舄 《實録》曰：三代皆皮爲之。單底曰履，複底曰舄。《古今注》曰：舄，以木置履下，乾腊不畏泥濕。履，乃屨之不帶者。蓋祭服謂之舄，朝服謂之履，燕服謂之屨也。《續事始》曰：宋元嘉元年，始有鳳頭履，故今人亦有鳳頭鞋也。

鞋 《實録》曰：夏商皆以草爲之，周以麻。晋永嘉中，以絲。或云：馬周始以麻爲之，名鞋也。《古今注》曰：魏文帝絶寵段巧笑，始制絲履。則非晋始以絲爲鞋矣。按《禮・少儀》云「國雖靡敝，君子不履絲屨」，則周人已用爲屨也。

屐 《異苑》曰：介子推抱木燒死，晋文伐以製屐。則春秋時已有是物矣，至司馬晋遂爲常服。

撬 《正義》曰：撬形如船而短小，兩頭微起。曲一脚泥上，摘進用拾泥之物。今海邊有也，自禹始之。

撵 《正儀》曰：按上山，前齒短，後齒長；下山，前齒長，後齒短，山行往來以鐵施屐下是也，自禹有之。

《明會要》卷七《禮二・親郊》 〔洪武〕八年十一月，學士樂韶鳳等奏：定大祀祭壇脱舄之儀。謂古者以履不上堂爲敬。漢魏朝祭皆洗韈。惟蕭何劍履上殿，以爲異數。宋南郊，皇帝至南階脱舄升壇。入廟脱舄升殿。所以崇敬也。今議於郊祀廟享前期一日，有司以席藉地，設御幕於壇東南門外，設執事官脱履之次於壇門外西階側。祭日大駕入幕次，脱舄始升壇殿。行禮分獻陪祀官皆脱舄於外，協律郎樂舞生皆洗韈上。詔行之。《實録・春明夢餘録》

顧炎武《日知録》卷二八《雜事》

行縢

《詩》「邪幅在下」。鄭玄箋云：邪幅，如今行縢也。偪束其脛，自足至膝。《左傳》「帶裳幅舄」。杜預注同，亦作偪。《禮記》「偪屨著綦」。《釋名》「偪所以自逼束，今謂之行縢，言以裹脚可以跳騰輕便也」。《戰國策》「蘇秦嬴縢，負書擔囊」。《吴志》吕蒙「爲兵作絳衣行縢」。《舊唐書》德宗入駱谷，值霖雨，道塗險滑，衛士多亡歸，朱泚東川節度使李叔明之子昇，及郭子儀之子曙，令狐彰之子建等六人，恐有姦人危乘輿，相與齧臂爲盟，著行縢釘鞵，更鞚上馬，以至梁州，它人皆不得近。及還京師，上皆以爲禁衛將軍，寵遇甚厚。

古人之襪，大抵以皮爲之。《春秋左氏傳》杜預注曰：「古者臣見君解韈。」既解韈則露其邪幅，而人得見之。《采菽》之詩所以爲詠，今之村民往往行縢而不韈者，古人之遺制也。吴賀邵爲人美容止，坐常著韈，〔原注〕始从衣字。希見其足，則漢魏之世不韈而見足者多矣。

葉夢珠《閲世編》卷八《内裝》 今世所稱包頭，意即古之纏頭也。古或以錦爲之。前朝冬用烏綾夏用烏紗，每幅約闊二寸，長倍之。予幼所見，皆以全幅斜褶闊三寸許，裹于額上，即垂後，兩杪向前，作方結，未嘗施裁剪也。高年媪媪尚加錦帕，或白花青綾帕單裹纏頭，即少年裝矣。崇禎中，式始尚狹，遂截半爲之，即其半復分爲二幅，幅方尺許，斜褶寸餘闊，一施于内，一加于外，外者稍狹一二分，而别裝方結于外幅之正面，纏頭之製一變。今裁幅愈小，褶愈薄，體亦愈短，僅施面前兩鬢，皆虚以線暗續于鬢内而屬後結之，但存其意而已。或用黑線結成花朵，于烏綾之上，裁剪如式，内施硬襯亦佳，至有上用紅錦一線爲緣，而下垂于兩眉之間者，似反覺俗。

葉夢珠《閲世編》卷八《内裝》 膝襪，舊施于膝下，下垂没履。長幅與男襪等，或綵鑲，或綉畫，或純素，甚而或裝金珠翡翠，飾雖不一，而體制則同也。崇禎十年以後，製尚短小，僅施于脛上，而下及于履。冬月，膝下或别以綿幅裹之，或長其褲以及之。考其改製之始，原爲下施可以揜足，豐趺者可以藏拙也。今概用之纖履弓鞋之上，何哉？綉畫灑線與昔同，而輕淺雅淡，今爲過之。

弓鞋之製，以小爲貴，由來尚矣。然予所見，惟世族之女或然。其他市井僕隸，不數見其窄也。以故履惟平底，但有金綉裝珠而無高底筍履。崇禎之末，閭里小兒，亦纏纖趾，于是内家之履，半從高底。窄小者，可以示美；豐趺者，可以揜拙。本朝因之，滿裝則否。康熙之初，禁民間女子，不許纏足，然奉行者固多而習俗相陳，亦一時不能遽變者。迨八年己酉，復除其禁。至今日而三家村婦女，無不高跟筍履，纖趾愈多而藏拙者亦復不少。惟生長田間，老成持重者則仍舊耳。

周象明《事物攷辯》卷六〇《冠裳》

舄履屨

《續筆叢》：《事物紀原》云：《世本》云於則黄帝臣名。作扉履。草曰扉。又云：草謂之屨，皮謂之履。《古今注》曰單底曰履，複底曰舄。《古今註》曰舄，以(本)[木]置履下，乾腊不畏泥濕。履乃屨之不帶者。蓋祭服曰舄，朝服曰履，燕服曰屨也。

蒲履

《寔録》始皇二年，始以蒲爲履。

絲履

《寔録》鞋，夏商皆以草爲之，周以麻，晉永嘉中以絲。《古今註》云：魏文帝寵段巧笑，始製絲履。按《禮·少儀》云：「國雖靡敝，君子不履絲屨。」則周人已用絲爲履矣。

變履爲靴

《學齋佔嗶》古有履無靴，趙武靈王乃變履爲靴。

飛雲履

《雲仙雜記》白樂天製飛雲履，以玄綾爲質，四面以素綃作雲朵，染以四選香，振履則如烟霧。

明按，胡應麟云：六朝前率以草爲履，古稱芒屩，蓋賤者之服，大抵皆然。唐·張志和以椶爲履至五代，蒲履盛行。《九國志》云江南李昇常履蒲靸是也。

鸞靴

《藝林學山》《周禮》有鞮鞻氏，舞四夷之樂，故以革爲履，取其舞蹈之便。至漢，則總章伶人服之，唐世名鸞靴，故妓人從良詩有「便脱鸞靴入鳳幃」之句。

明按，胡應麟云履也，屣也，屐也，舄也，四者小異而大同，古男子婦人共之。自唐宋五代，婦人躧足，遂專以弓鞋屬之婦人，而履、屣、屐、舄，皆歸之男子耳。

扉履

《鄰幾雜誌》《釋名》齊人謂韋屨曰扉。扉，皮也，以草爲之亦曰扉屨。

明按《升菴外集》云：《方言》曰扉，麄屨也。絲作曰扉，麻作曰扉。扉，符費切。然此以皮爲之，以麻爲之，以草爲之皆曰扉屨。

沈自南《藝林彙考·服飾篇》卷八《履舄類上》《紀原》《世本》曰：於則作扉履。宋衷曰：黄帝臣。【略】

《楊公筆録》卜式爲郎中，蹻而牧羊上林中。蹻，即今草鞋也，古人謂之不借，言人人有之，不待假借也。

《致虚雜俎》昔有仙人鳳子者，欲有所度，隱於農夫之中。一日大雨，有鄰人來借草履。鳳子曰：他人草履則可借，吾之草履乃不借者也。其人怒詈之，鳳子即以履擲與，化鶴飛去，故名草履爲不借。沈子曰：此本誕妄，姑存其説。

《輟耕録》履、舄、屨。《履人》鄭玄註：禪下曰履，複下曰舄。《説文》無舄字，舄本鵲字，今借爲履，舄字也。陸佃云：舄通爲舄履之舄，古人居欲如燕，行不欲如鵲，故借爲舄字，所以爲行戒也。然借鵲爲舄，作思積反者，蓋舄履也。《古今注》以木置履下，乾腊不畏泥濕，故曰舄。以是知舄履之下，必再用木矣。

《士喪禮》「夏葛屨，冬皮屨」。《屨人》註又謂，凡屨青絇劬繶億純，準素幘白屨，緇絇繶純，爵弁纁屨，黑絇繶純是也。絇，《説文》「纑繩絇也」。《玉藻》鄭玄注：屨頸飾也。《韻會》狀如刀衣，鼻在屨頭，言拘者，取自拘持使低，目不暇顧視。一曰用繒，一寸屈爲之頭著屨頭，以受穿貫。繶，《屨人》鄭玄注：縫中紃也，絛也。純，《屨人》注：緣也。言繶必有絇繶純矣，凡絇繶純皆一色。又按《屨人》注：舄有三等，赤舄、白舄、黑舄也。赤舄爲上冕服之舄。《詩》曰「王錫韓侯，玄衮赤舄」。則諸侯與王同矣。所謂玄舄、青舄，王后祭服之舄也。凡屨之飾，如繡次也。黄屨白飾，白屨黑飾，黑屨青飾。天子諸侯吉事皆舄，其餘服冕著舄耳。士爵弁纁屨，黑絇繶純，尊祭服之屨，飾從繢也。至若履者，《説文》「足所依也。從尸從彳從舟，象履形」。毛氏曰：舟能載物，履能載人。又草曰扉，芳未反。麻曰屨，凡布皆可謂之麻。皮曰履。按，履無別制。《説文》「屨，履也。從履省，婁聲，又鞮也」。徐曰：鞮，革履也。舄，《韻會》履也。《古今注》以木置履下，乾腊不畏泥溼，故曰舃。以是知(屨)舃，屨之異名也，但有禪下複下用木之異耳。古人舃、屨、履，至階必脱，唯著韈而入。《禮》「户外有二屨」。是脱屨而入者也。漢賜劒履上殿，是不賜則不敢著履上殿明矣。諫不行，則納履而去。納，結也，言納履，則在外明矣，是脱履而入者也。王喬入朝，雙舃化鳧。先至，是脱舃而入者也。古者堂上皆有席，所以著韈爲宜，況韈又從革乎。又按《鄉飲酒》云「説屨揖讓，如初升堂」。賈公彦疏云：凡堂上揖行禮不脱屨，坐則脱屨。理固然也，由是觀之，凡宗廟堂室之間，行禮亦必不脱屨矣。大降而脱屨，然後升坐，禮也。其後賓與主人酬酢之時，皆在兩階之間。又須降而著屨，復升於階，酬酢之禮畢，又降而脱屨，復升於坐也。古人禮繁如此，今何畧也。

《名義考》　草曰扉，又謂之履，又謂之不借。麻曰屨，葛亦謂之屨。皮亦曰履，又謂之鞮，又謂之𩌦。又禪下曰履，複下曰舃。蓋舃有三等，亦舃爲上，冕服最上，達者下有白舃，皆履之複底者。《古今注》曰：祭服謂之舃，朝服謂之履，燕服謂之屨，亦得。凡履下置木曰屐，履中薦曰屧，履不著跟曰屣，小兒履曰鞁。扉音費。【略】

《炙轂子》　麻𩌦，夏殷皆以草爲之。屩，《左氏》謂之菲履也，至周以麻爲之，謂麻𩌦，貴賤通著之。晉永嘉中，以絲爲之，宫禁内貴妃以下皆著之。

《炙轂子》　靸𩌦爲三代皆以皮爲之。靸𩌦，禮云：單底曰履，重底曰舃，朝祭之服。自始皇二年遂以蒲爲之，名曰靸𩌦，至二世加以鳳首，尚以蒲爲之。西晉永嘉元年，始用黄草爲之，宫内妃御皆著之，始有伏鳩頭履子。梁天監中，武帝以絲爲之，名鮮脱履。至陳隋間，吴越大行而模樣差多。及唐大曆中，進五朶草履子，至建中元年，進百合草履子，至今其樣轉多差異。

《輟耕録》　西浙之人，以草爲履而無跟，名曰靸𩌦，婦女非纏足者通曳之。《炙轂子・雜録》引《實録》云云，則靸𩌦之制其來甚古，然《北夢瑣言》載霧是山巾子船，爲水靸𩌦之句，抑且咏諸詩矣。靸，悉合切，在颯字韻下，今俗呼與𩌦同音者誤。

《宛委餘編》　今世總稱履曰鞋，或稱履鞋。按古方言云謂之不借。朝鮮洌水之上謂之卬角，南方江淮之間總謂之麤，徐上邳沂之間謂之卬角，或爲屣，或爲㢝，下凡反。或爲緉，或爲緀，其不同如此。

《湘烟録》　温庭筠《錦鞋賦》「闌裏花春，雲邊月新。耀粲織女之(東)〔束〕足，嫵婉嫦娥之結璘。碧繶緗絇，鸞尾鳳頭。鞾稱『雅舞』，履號『遠遊』。若乃金蓮東昏之潘妃，寶屧臨川之江姬。匍匐非壽陵之步，妖蠱實苧蘿之施。羅襪紅蕖之豔，豐趺(蹻)〔嶠〕錦之奇。凌波微步瞥陳王，既蹀躞而容與；花塵香跡逢石氏，倏窈窕而呈姿。擎箱回津，驚蕭郎之始見；李文明練，恨漢后之未持」。董斯張曰：結璘嫦娥，別名絇履，頭飾也。《周禮》黄繶青絇鞮鞻之舞，以革爲履，取舞蹈之便也。繁欽《定情詩》「何以消滯憂，足下雙遠遊」。《洛神賦》「踐遠遊之文履」。妖蠱之蠱，古冶字。梁武《東飛伯勞歌》平頭奴子擎履。箱仙鑑云：漢・南陽公主慕道入華山，駙馬王咸追至嶺上，見朱履一雙，所謂蕭郎始見也。李文當作杯文，古有杯文綺。漢后云者，馮無方於太液池持飛燕履也。閔子京曰：《飛燕外傳》合德衣，故短繡裙，小袖李文襪。飛卿當即引此。

《留青日札》　屧，履中薦也，曰步屧，曰舞屧。吴王宫中有響屧廊，以楩梓板藉地，西子行則有聲，故名響屧，是婦女通服之。韓偓《屧子詩》「六寸膚圓光緻緻」。唐尺雖短，謂之六寸膚圓，想亦不纏足也。梁詩「畫屧重高墻」。畫之者，當是繪以五采。高墻者，想是濶頰耳，今之高底鞋類。履底曰舃，以皮爲之，舃以木置履下，乾澀不畏，古者祭服用之。屐以木爲之，即今之木屐，古婦女亦著之。李白《浣沙石上女詩》「一雙金齒屐，兩足白如霜」。今廣東婦女雖晴天亦穿木屐，余攷《樂府》有「雙行纏」，今南海可謂雙行屐矣，因作《雙行屐詩》。

《留青日札》　著屐登山，乃謝康樂事，而謝安木屐，則登山去前齒，下嶺去後齒。宋高祖則好著連齒木屐，見《南史》，蓋即今之拖屐也。

《宛委餘編》　舊爲屐者，齒皆達楄上，名曰露卯。太元中，忽不徹名曰陰卯。

《五雜俎》　漢時著屐尚少，至東京末年始盛。應劭《風俗通》載延嘉中，京師好著木屐，婦人始嫁，作漆畫屐，五色采爲系。後黨事起，以爲不祥，至晉而始通用，阮孚至自蠟之。謝靈運登山陟嶺，未嘗須臾離也，想即以此當履耳。《晉書・五行志》云：初作屐者，婦人頭圓，男子頭方，至太康初，婦人屐乃頭方，與男無別，此亦古婦人不纏足之一證。

《丹鉛録》　《儀禮》「青絇繶純絇」。其于反，絇之爲言拘也，以爲行戒，鼻在屨頭。繶，縫中紃也。純，緣也。　紃音旬，純音衮，今云衮邊。

《丹鉛録》　《吉禮》「履絇黄繶青」。句，今文作絇。鄭玄註：絇謂拘，著舃履鼻在屨頭，用繒一寸，屈爲之以受穿貫。張正見《履賦》「采絇繡繶，寶屧香綦」。宋詞有「鸞絇鳳繶」之句。繶，紃縧也，履縫中緣。按絇，古云鞋鼻，今之鞋量當作兩。《詩》「葛屨五兩」是也。無名氏《踏莎行詩》末云「夜深著輛小鞋兒，靠着屏風立地」。輛、兩，蓋古今字也。小詞用《毛詩》字亦奇。【略】

《留青日札》　烏皮六縫靴也，唐有此名，故曰高力士終以脱烏皮六縫爲深恥。又于闐國有石鞾，南唐・元宗嘗謂馬權曰：我富貴日，爲爾置銀靴焉。及保大初，因擊鞠賜銀三十斤。權命工鍛靴穿之。

《留青日札》　女靴，趙武靈王戎服作靴，初短靿，後漸以長靿。唐馬周殺其靿，加以靴氊。裴叔通以羊皮爲之，謂之隱麖，加以帶子裝束，婦人皆可服。古人有舞靴，李太白詩「青黛畫眉紅錦靴」，楊廉夫詩「繡靴蹴踘勾驪樣，羅帕垂鬟女直妝」。《説畧》唐初天子服六合靴，未知其制。《菽林伐山》舒元輿《詠妓從良詩》曰「湘江舞罷却成悲，便脱蠻靴出鳳幃，誰是蔡邕琴酒客，曹公懷舊嫁文姬。」可考唐世妓女舞飾也。按《説文》鞮，段玉裁注引《周禮》四夷舞人所著(屨)〔扉〕也。《周禮》有「鞮鞻氏」，亦是四夷之舞，今之樂部舞妝皆出四夷，唐人舞妓皆著靴，猶有此意。今按，《中華古今注》天寶中，士人之妻著丈夫靴衫鞭帽，内外一體也。盧肇《柘枝舞賦》「靴瑞錦以雲匝，袍蹙金而鴈欹」。《樂府歌》「錦靴玉帶舞回雲」杜牧之《贈妓詩》曰「舞靴應任傍人看，笑臉還須待我開」。黄山谷《贈妓詞》云「風流太守，能籠翠羽，宜醉金釵，且留取垂楊掩映庭階，直待朱輪去後，便從伊窄韈弓鞋」。則汴宋猶似唐制，至南渡後，妓女窄韈弓鞋如良人也。故當時有蘇州頭杭州脚之諺云。蠻靴，一作鸞靴，盧《賦》以鸞對鴈，當是。併識於此。

沈自南《藝林彙考・服飾篇》卷九《履舄類下》　《丹鉛録》　古篆舄字，象鵲形，以爲履飾也。履象取諸鵲，鵲知太歲，欲人行履知方也。

《秇林伐山》　古人以革爲履。按《周禮》有「鞮鞻氏」，舞四夷之樂，故以革爲履，取其舞蹈之便。至漢世總章伶人服之。唐世名鸞靴，故妓人《從良詩》有「便脱鸞靴入鳳幃」之句。崔豹云：古履絇繶，皆畫五色。秦始皇令宮人靸金泥飛頭鞋，徐陵詩所謂「步步生香」，薄履也。漢有伏虎頭鞋，加以錦飾，曰繡鴛鴦履。東晉以草木織成，有鳳頭履、聚雲履、五朵履，宋有重臺履，梁有分梢履、立鳳履、五色雲霞履。隋煬帝令宮人靸瑞鳩頭履，謂之仙飛履。又伏琛《齊記》曰：青州有一種桃花，盛開時采之，煉以松脂，遞相纏織成鞋履，寄往都下，人皆不辨爲何物。嵇含《南方草木狀》云：晉太康中，扶南國進抱香履，以抱香木爲之。木輕而堅韌，風至則隨飄而動。

結，是其遺像。繶則俗云鎖線也。

《丹鉛録》　《周禮》「玉璂」。鄭玄注：璂讀如「薄借綦」之綦。綦，結也，皮弁之縫，每貫結五采玉十二以爲飾，謂之綦。《詩》云「其弁伊綦」，賈公彦疏云：薄借之語未聞。按《古今注》云：草履名不借。

《丹鉛録》　《左傳》「扉屨」。扉，符費切。《方言》曰：扉，麄屨也，絲作之曰屨，麻作之曰扉。不借，麄者謂之扉。《喪服傳》曰「疏屨」者，藨蒯之菲也。

《丹鉛録》　宋蔣捷詞「裙鬆翠裙，鞋膩紅幫」。幫，女履墻也。梁簡文帝詩「舞屣動高墻」。

《焦氏筆乘》　《淮南子》纏以朱絲。纏讀如戰。《古樂府》有「雙行纏」，謂行縢，即足衣也。宋人詩「青羅包髻白行纏，不是凡人不是仙」。以平聲讀之矣。

《丹鉛録》　王符《潛夫論》組必文采，飾韈必緰。魏文帝吴妃改韈様，以羅爲之，後加以采繡畫，至今不易。至隋煬帝，宮人織成五色立鳳朱錦韈靿。

【略】

《名義考》　《七林》云：文綦音其綵緤，音屑緰韈羅縢。音滕。綦，《廣韻》履飾也。文綦，履之有文者。緤與紲同，《廣韻》繫也。綵緤，韈繫之有采色者。緰，《説文》「貲布也」。緰韈，以貲布爲韈也。縢，《增韻》約也，纏也。偪束其足令小，男子行纏，自足至膝，此則施之足。羅縢，以羅爲之。四者皆婦人足飾也。

《致虚雜俎》　太真著鴛鴦竝頭蓮錦袴韈，上戲曰：貴妃袴韈上，乃真鴛鴦蓮花也。太真問：何得有此稱？上笑曰：不然，其間安得有此白藕乎？貴妃由是名褲韈爲藕覆。註云：袴韈，今俗稱膝袴。

升菴曰：緤，足衣也。

《留青日札》　女韈韈，足衣，今之膝袴。《炙轂子》曰：三代謂之角韈，前後兩隻相成，中心繫帶，至魏文帝吴妃始以綾羅裁縫爲之。曹子建《洛神賦》曰「凌波微步，羅韈生塵」。唐楊貴妃錦拗韈，杜牧《詠韈詩》云「鈿尺裁量減四分，纖纖玉筍裹輕雲。五陵年少欺他醉，笑把花前出畫裙」。今婦人有不著韈者，太白詩「屐上足如霜，不著鴉頭韈」。則唐時已然。

《餘冬序録》　男子跪用護膝，冬寒亦用護膝，驛馬遠行用護臁，若膝袴縛膝下袴脚上，今日婦女下體之飾。《朱子語録》秦太師死，高宗告楊郡王云：朕免得膝袴中帶匕首矣。豈當時男子亦或著膝褲邪，抑袴兩脚曰膝褲邪？

《丹鉛録》　高文惠妻《與夫書》曰：今奉織成韈一量，願著之，動與福并。

《胡氏筆叢》六朝前，率草爲履，古稱芒屩，蓋賤者之服，大抵皆然。唐張志和以椶爲履，至五代蒲履盛行。《九國志》云：江南李昇常履蒲鞾是也，然當時婦人履亦用蒲者。劉克明常賦詩云「吳江江上白蒲春，越女初挑一樣新。纔自繡窓離玉指，便隨羅韈步香塵。石榴裙下從容久，玳瑁筵前整頓頻。今日高樓鴛瓦上，不知拋擲是何人。」此詩通篇詠婦人履，殊不見弓纖意，知五代女子尚不皆纏足也。劉仕湖南馬氏，此詩見《郡閣雅談》。今世蒲鞵盛行海內，然皆男子服，婦人以纏足，故絶無用之者矣。

《演繁露》《地理志》趙地倡優女子，彈弦跕它頰反。躧，游媚富貴。臣瓚注：躡跟爲跕，(掛)[拄]指爲(躡)[躧]。師古曰：屣謂小履之無跟者也。跕謂輕躡之也。按，今人夏月以生帛爲屧，其三面稍隆起，惟當脚跟處正低，即師古所指也。躧音屣。

《留青日札》屣本作躧，舞履也，足跟不正納。《莊子》原憲華冠縰履。《史記》女子則鼓鳴瑟，跕屣。集解引瓚注曰：躡跟爲跕。不著跟爲屣。似今鞁鞋。《釋名》鞁，小兒履也。鞋，履也。《爾雅》曰「單底曰履」。飾足以爲禮也，三代以皮爲之，朝祭之服也，亦有以葛爲之者。《詩》「糾糾葛屨」是也。秦始皇以蒲爲之，二世加以鳳頭，晉用黃草，始有伏鳩頭履子，梁武帝易以絲，名解脱履。古有遠遊履，又詩云「足下絲履五文章，平頭奴子提履箱」。唐大曆進五朶草履子，建中進百合草履子，大和吳越間織高頭草履，如綾縠。又麻履曰屨，草曰扉。屨乃不帶者，名解脱履。履，朝服。屨，燕服。《荀子》紃屨之士。楊倞注：編麻爲之。《禮記》鄭玄注：紃，施縫中若今時絛也。今之纏足者，以絲爲鞋，則梁製也。以羊皮銷金箔爲之，則三代之遺意，而極其奢巧也。以蒲草麻葛爲之，則古今之通用也。首以鳳頭、伏鳩、鴛鴦則昉於秦，晉繡以雲露花艸，則昉於五朶百合而其高底鞋，即古之重臺履也。琴面鞋，即笏頭履也，其婦人鞋底，以二色帛前後半節合成，則元時名曰錯到底，不知起於何代。至若飾以金寶珠玉，則淫風極矣。

《宛委餘編》春申君客躡珠履，秦始皇有望僊鞋，漢有伏虎頭履、繡鴛鴦履，東晉有鳳頭履、聚雲履、五朶履，南(朝)宋有重臺履，梁有笏頭履、分梢履、立鳳履、五色雲霞履。漢履婦人圓頭，男子方頭，晉太康後婦人皆方頭。

《説郛》唐文德皇后遺履，爲米元章寫圖，左方有小跋，是元章爲畫學博士，時筆跋云：右唐文德皇后遺履，以丹羽織成，前後金葉裁雲爲飾，長尺，底向上三寸許，中有兩繫，首綴二珠，蓋古之岐頭履也。臣米芾圖并書。此履不知何緣流傳宋朝，又入秘府，或元章别摹它本皆未可知。履類有屣，有舃，有屐，有屧，有鞋，有韡，有屩，男子貴賤皆躡之，而婦人見於記籍者頗少。《史記·貨殖傳》云趙女鄭姬，揄長袂，躡利屣。此婦人屣也。東昏侯宫人皆作緑絲屩，此婦人屩也。戴良嫁女布木屐，延嘉中，京師婦人始作漆畫屐，五色采爲系，襄陽盜發楚王冢，得婦人玉屐。《異苑》云麻姑能著屐行水上。張祐嘲李端，端云「穿著一雙皮屐子」，此婦人屐也。江泌跅屧爲業，則屧亦屐類。西施響屧廊，臨川王宏妾江無畏寶屧，直千萬，此婦人屧也。石虎皇后出，女騎千人，皆著五采織成韡。北齊王諧爲并州刺史，有婦人臨汾水浣衣，有乘馬人换其韡而去，此婦人韡也。段成式詩云「知君欲作閒情賦，應願將身作錦鞋」。李郢詩云「一聲歌罷劉郎醉，脱取明金壓繡鞋」。唐無名子詩云「薄倖檀郎斷音信，驚嗟猶夢合歡鞋」。王涯《宫詞》云「春來新插翠雲釵，尚著雲頭踏殿鞋」。奇章公有真珠之惑，或作詩以諷云：「神女初離碧玉階，彤雲自擁牡丹鞋。應知子建憐羅襪，顧步褰衣拾墮釵。」此婦人鞋也。漢武元封二年七月七日，西王母降於殿前，履鳳文舃。唐楊貴妃每十月從帝幸華清宫，五宅車騎皆從，遺鈿墮舃，狼籍於道，此婦人舃也。徐乾撰《履儀》，或駁之曰：古無履，但有舃。不知履人掌王及后之服者，黄繶青絇素履葛履，已見於《周官》。太子妃絳地絞履，已見於《東宫舊事》。同心七寶綦履，又成帝命馮無方持后履，已見於《趙飛燕傳》。龍虎組緹履，已見於秦淑《與婦書》。「願在絲而爲履，附素足以周旋」，已見於陶潛賦。「足下黄金履，手中雙莫邪」，已見於張華《輕薄篇》。「足躡承雲履，豐趺縞春綿」，已見於甄述女詩。而謂古有舃無履，然與否與？據文德履長尺，底向上三寸，唐尺不可考，獨杜牧之詩「鈿尺裁量減四分」，合之文德履，似唐履皆以尺計也，尺中惟周尺，當省尺七寸五分弱，元章或以周尺衡履耳。

《輟耕録》張邦基《墨莊漫録》云：婦人之纏足，起於近世，書傳皆無所自。《南史》齊東昏侯爲潘貴妃鑿金爲蓮花以帖地，令妃行其上曰：此步步生蓮花，然亦不言其弓小也。如《古樂府》、《玉臺新咏》皆六朝詞人纖豔之言，類多體狀美人容色之姝麗，及言妝飾之華，眉目脣口要支手指之類，無一言稱纏足者，如唐之杜牧之、李白、李商隱之輩，作詩多言閨幃之事，亦無及之者。韓偓《香奩集》有《咏屧子詩》云「六寸膚圓光緻緻」。唐尺短，以今校之，亦自小也，而不言其弓，惟《道山新聞》云：李後主宫嬪窅娘，纖麗善解，後主作金蓮，高六尺，飾以寶物細帶纓絡，蓮中作品色瑞蓮，令窅孃以帛繞足，令纖小屈上作新月狀，素韈舞雲中，回旋有凌雲之態。唐鎬詩曰「蓮中花更好，雲裏月常新」。因窅孃作也，由是人皆效之，以纖弓爲妙，以此知札脚自五代以來方爲之。如熙寧、元豐以前，人猶爲者少，近年則人人相效，以不爲者爲耻也。

《丹鉛録》《六朝樂府·雙行纏》，其辭云「新羅繡行纏，足趺如春妍。他人不言好，獨我知可憐」。唐杜牧詩云「鈿尺裁量減四分，碧琉璃滑裹春雲。五陵年少欺他醉，笑把花前出畫裙」。段成式詩云「醉袂幾侵魚子纈，彯纓長戛鳳凰釵。知君欲作閒情賦，應願將身作錦鞋」。《花間集》詞云「慢移弓底繡羅鞋」，則此飾不始於五代也明矣，或謂起於妲己，亦非。

《胡氏筆叢》《樂府·雙行纏》，蓋婦人以襯韈中者，即今俗談裹脚也。唐以前，婦人未知札足，勢必用此，與男子同。男子以帛，婦人則羅爲之，加文繡爲美觀，以蔽於韈中，故他人不言好，獨所懽知之，語意明甚。考《御覽·屨詩》云「足躡承雲履，豐趺皜春綿」。夫足趺不言小而言豐，則古婦人不纏札可決矣。人纏杜牧之詩「纖纖玉笋裹春雲」，見《合璧事類》，楊作「碧琉璃滑」，誤矣婦。人纏足，實當起於此時，并楊所引花間詞，商隱絶可證，然《合璧》引杜詩乃入襪類，恐唐人自以足指爲玉笋，非必以弓纖也，牧之集亦作《詠韈詩》，楊誤。唐以前，婦人足與男子無異，則足之服製可知。子建所稱羅襪，成式所賦錦鞋，大槩與男子同，或加文繡耳。自昔人以羅韈詠女子，六代相承，唐詩尤衆，至楊妃馬嵬所遺，足徵唐世婦人皆著韈無疑也。然今婦人纏足其上，亦有半韈罩之，謂之膝褲，恐古羅韈或此類。載考唐人雜説云：崔彦昭與王凝中表有隙，後彦昭相，其母勑婢多製韈履，曰：吾妹必與子皆逐，吾將共行。彦昭因不敢爲怨。夫男子之韈行多則敝，使如今之膝褲，即遠行何以多爲。據崔母所言，則唐世婦人之韈，誠與男子無異，而兩京六代皆瞭然矣。玉階生白露夜，久侵〔濕〕羅韈。渌水不沾衣，香塵惜羅韈。皆唐詩，餘尚衆。曹子建賦「踐遠遊之文履」，又繁欽詩「足下雙遠遊」，蓋魏晉間，履名遠遊也。夫今之婦人，足尚弓小，即跬步難之，豈宜以遠遊名履哉。藉令婦人纖足善走，然深居壼閣，亦不宜名履遠遊，蓋即男子履名，婦人共之，繁詩曹賦因寄之題咏耳。又《御覽》云：昔製履，婦人圓頭，男子方頭，蓋作意欲別男女也。太康婦人皆方頭履，男子無異，若此則六代前婦人之履斷可識矣。

《丹鉛録》《墨莊漫録》考婦女弓足，起於李後主。予按《樂府·雙行纏》，知其起於六朝。張禺山云《史記》云臨淄女子，彈弦躧屣，又云摇脩袖，躡利履。意古已有之，再考《襄陽耆舊傳》云盜發楚王家，得宫人玉履。張平子賦云「金華之舄，動止遺光」，又云「履躡華英」，又「羅韈躡蹀而容與」，曹子建賦「羅韈生塵」，《焦仲卿妻詩》「足躡花文履」，繁欽詩「何以釋憂愁，足下雙遠遊」，梁武帝《莫愁歌》「足下絲履五文章」，卞蘭《美人賦》「金葉承華足」，陶潛賦「願在絲而爲履，附素足以周旋」，崔豹《古今注》晉世履有鳳頭、重臺、分梢之制，唐詩「便脱鸞靴出翠帷」，又《麗情集》載章仇公鎮成都，有真珠之惑，或上詩以諷云「神女初離碧玉階，彤雲猶擁牡丹鞋，應知子建憐羅韈，顧步裹衣拾墜釵」。李義山詩「浣花牋紙桃花色，好好題詩詠玉鈎」。陶南邨謂唐人題詠罕不及之，蓋亦未之博考也。按《史記·貨殖傳》倡優女子，鼓鳴瑟，跕屣。必趙衛女子揄長袂，躡利屣，楊所引皆小異。

《胡氏筆叢》履也，屣也，舄也，屐也，四者小異而大同，古男子婦人共之，蓋其形製不甚懸絶。自唐宋五代纏足，遂專以弓鞋屬之婦人，而履屣屐舄皆歸之男子。考用脩所引秦漢六朝語，躧、屣、利履、玉屐、鸞靴、金華、遠遊、花文、重臺諸製，並男子同，無一及於弓纖者，當時婦人足可槩見，雖鳳頭、牡丹等號，類今女子所爲，然率是履上加以文繡花鳥，作此名耳。惟義山詩較似近之，實温、杜一時事也。《樂府·焦仲卿》本云「足下躡絲履」，卒章又有「絲履」與前相應，楊作花文履誤。又《御覽》末引陳思《七啓》云「金華之舄，動止遺光」，非張衡也。金蓮，始六朝潘妃步步生蓮花事，然非言鞋履也，後世相承，皆失考。

《説郛》《漢雜事秘辛》保林吴姁奏，言乘氏忠侯梁商女足長八寸，踁跗豐妍，底平指斂，約縑收束，微如禁中。楊用脩謂漢尺小，婦人纏足始此，其來古矣。

《留青日札》婦人札脚纏足，古未嘗有，俗傳起於西施，然莫可考也。《洛神賦》「凌波微步」，趙飛燕能爲掌上舞緑珠，步香塵無跡，皆喻其體輕，未始顯言足小也，然稱其步微，掌上無跡，則纖細亦可想見矣。自南唐李後主令窅孃以帛繞脚，令纖小屈上作新月狀，則今之遺風。紫注：纏，束也，纏弓把也。今之脚小者，香奩褻詠必曰筍芽，曰半叉，俚語則曰三寸三分，誠雅緻也。《説郛》至理宗朝，宫妃束足纖直，名快上馬，則又不以屈上爲貴矣。

《代醉編》《古今事物考》謂商妲己，狐精也。或曰，雉精，猶未變足以帛裹之，宫中效焉。其説近誕，似未可據。纏足不始五代，唐人詩多可據，偶觀《麗情集》載唐郭華吞鞋而死，店主於喉中拔出紅繡鞋一隻，此唐事也。使如男子之鞋，安能入於喉中耶？ 又《浮休子》載唐某王極淫，諸官妻美者，無不嘗徧。時典籤魏簡妻鄭氏，取一隻履擊王，頭破抓面流血。據此，隻履能擊頭流血，非弓鞋明矣。用脩謂纏足起於後世，此或一證。

《丹鉛録》 李白詩「東陽素足女，會稽素舸郎。相看月未墜，白地斷肝腸」。按謝靈運有《東陽道中詩》云「可憐誰家婦，渌流洗素足。明月在雲間，迢迢不可得」。荅云「可憐誰家郎，渌流乘素舸。但問情若爲，月就雲中墮」。太白全祖之，而注不知引。

《筆叢》 按，謝李之題素足，又皆本陶「願在絲而爲履，附素足以周旋」也，即此知晉唐婦人不纏足無疑。夫足素則不纖，纖則不素，未有既纏之足，濯諸渌流者也。 昔題婦人足，不曰素潔，則曰豐妍，「豐趺皜春綿」「足趺如春妍」是也。夫今婦人纏足，美觀則可，其體質乾枯，腥穢特甚，使謝、李輩舍其弓纖而誣以潔素，一何舛哉！

《丹鉛録》《周禮·屨人》「掌王及后之服屨」。以王后之屨而使人造之，不亦褻乎？古之婦工何所用也？夫爲絺爲綌，服之無斁，周之所以興也。婦無公事，休其蠶織，周之所以亡也。曾謂周公制禮而設一官，爲婦女作屨乎？曹操猶使妾賣履，周公不如曹操乎？

《胡氏筆叢》按《周禮·太宰》有「内司服奄一人，女御二人，奚八人」，凡王后之六服皆掌之。蓋王有外司服，而后則有内司服也。首服則弁人、追師分掌，獨屨人王與后共，意頗疑之，既歷考漢唐五代，得婦人纏足所自，始載讀《周禮·屨人》所掌王與后及命夫命婦屨名號形色俱同，因釋然頓悟，三代以前男女屨、舃無大異者，屨人並掌，職此之由，且古人履以配冠，其階級斬然，非内飾下裳比也。 楊不深考，以晚近世弓纖狀律之，故極言其褻，而周公不免矣。《周禮·屨人》「掌王及后之服屨，爲赤舃，黑舃，赤繶，黄繶，青絇素屨葛屨。辯外内命夫命婦之命屨、功屨散屨，凡四時之祭祀，以宜用之」。 蓋古者婦人屨與男子同，自后妃以至命婦，制度質采咸有等差，不得踰僭，故成周特設官掌之。 後世驕寵恣行，倡優后飾，以此職廢也。《史記》男女同席，屨舃交錯。 亦似不甚別也。 又《追師》「掌后之首服，爲副編次追衡」。 賈公彦疏曰：掌后首服對弁師掌男子之首服也。 夫首服，男子婦人異，故二官分掌之，履舃婦人男子同，故屨人並掌之云。疏第以弁尊舃卑爲解，蓋疏出唐人，其時女子未有纏札之俗，屨之同異亡從知也。 又《内司服》「掌后之六服，褘衣、揄狄、闕狄、鞠衣、展衣、緣衣，素沙。辯外内命婦之服」。夫衣視冠則稍褻，視屨則較殊，故自有内司服掌之。然每條之下，必繫以祭祀賓客則用之者，明各司所掌，非燕居之服也。使婦人屨猶今世，則其事自當職之縫人，而内司服且弗與矣。夫典絲、典枲，皆太宰官屬，以考婦工者甚密也，孰謂休其蠶織哉！

《五雜俎》 古者婦人皆著韈穿履，與男子原無分別也。唐李郢詩「高歌一曲劉郎醉，脱取明金壓繡鞋」。則當時始有繡者，至纏足之制興，而男女之履始迥別矣。今之婦女亦罕有著韈者，楊用脩以「屨人掌〔王〕后之服屨」爲周公病，蓋未之深思也。

王棠《燕在閣新知録》卷二六《香薰履》 張衡《同聲歌》「鞮芬以狄香」。鞮，履也，狄香，外國之香也，謂之香薰履也。近今揚州市有香鞋，即其遺制。《玉臺新詠》及《樂府》改爲「秋香」，謬矣。

《靸鞵》 履無根曰靸鞵。《炙轂子》云：靸鞵，舄三代皆以皮爲之，朝祭之服也。始皇以蒲爲之，亦名靸鞵。梁武帝易以絲，名解脱履。梁武好佛，以「解脱」二字號靸鞵，取意雅甚。今履此者甚少，惟嫁女必製一雙與壻，不識何意。靸，悉合切。

《履、舄、屨、扉、鞋、屐》 《世本》曰：子則作扉履。宋衷曰：黄帝臣草曰扉，麻皮曰履。《實録》曰：三代皆以皮爲之，單底曰履，復底曰舄。履乃屨之不帶者，祭服謂之舄，朝服謂之履，燕服謂之屨也。《實録》云：鞵亦夏商所造，周以麻，晉懷帝以絲。或云：馬周始以絲爲之，名鞋也。《古今注》曰：舄以木置履下，不畏泥濕，屐即舄之制也。棠按：《舊唐書》云：三代已前，人皆跣足，三代已後，始服木屐。宋衷言起於黄帝，非耶？攷周末時，履韈不登席，蓋跣足者多耳。

《邪幅》 邪幅，即行縢也，自足至膝，以幅帛邪纏之，即今之所謂纏足布也。《詩》「邪幅在下」。註所以束脛，利趨走也。《集韻》作緆。邪幅，幅字音偪。《禮記》偪屨偪舄之偪，即邪幅也。《書》作偪，當是幅字轉寫之訛，從幅爲正。

邁柱等《九卿議定物料價值》卷三《鞋襪》 白布襪，每雙夾的照舊例，今核定銀壹錢陸分。

布鞋，每雙舊例銀貳錢伍分，今核定銀壹錢捌分。

氈襪，每雙照舊例，今核定銀貳錢柒分。

緞靴，每雙舊例銀壹兩叁錢伍分，今核定銀壹兩貳錢壹分伍釐。

馬股皮靴，每雙舊例銀壹兩肆錢肆分，今核定銀壹兩叁錢玖分。

翰鞋每雙，今核定銀貳錢貳分伍釐。

毛鞋每雙，今核定銀肆錢伍分。

馬皮靴，每雙今核定銀壹兩壹錢柒分。

汪景祺《讀書堂西征隨筆・婦人襪》 婦人纏足，大率以帛纏之，如東昏侯以帛纏潘妃足是也。《樂府》新羅繡行纏雙足，趺如春妍，則似以羅纏足。《洛神賦》凌波微步，羅襪生塵。《李後主詞》剗襪步香階，手提金縷鞋。崔浩《禮儀》近古，至日上履襪於舅姑。《太真外傳》馬嵬嫗得貴妃錦襪，每遇過客，一翫百錢。不似近日所謂脚帶矣，抑脚帶之外，更加一小襪耶？西北女子往往貼足尚有軟鞋，纏或即軟鞋也。此等無關重輕，然亦格物之一端，不可不考。五月二十六日。

《古今圖書集成・職方典》卷七〇〇《松江府部・物産考》 蒲鞋 《顧志》云：出東門三里汀，有極細巧者。又有作長鞠如靴者，甚惜足，野老多以禦冬。

木屐 較他處堅緻華美。

《古今圖書集成・職方典》卷七一九《常州府部・物産考》

江陰縣特産

草屨 採蒲及稻稈織屨，俗呼蒲鞋，雖敝而不寬，故名，爲遠近所尚，西鄉人尤以爲專業。

汪啓《焠掌録》卷上 詩人用不借爲艸屨，亦未爲安。鄭（玄）注：《儀禮・喪服傳》「繩菲，今時不借也。」賈（公彦）疏云：「此凶荼屨，不得從人借，亦不得借人。」然則非有喪者，不得云不借也。

張渠《粵東聞見録》卷下《屐》 粵地古稱裸壤，今則彬彬乎衣冠文物矣。然鄉村男婦尚多跣足行路，城鎮則喜穿屐。屐以抱木爲之。抱木生水松之旁，與松相抱若寄生然。甚香。質柔弱，不勝刀鋸。乘濕刳之，易如削瓜；既干而韌，不可理也。士人名爲抱香屐。男女多散足着之，無冬夏晴雨皆然。聞士夫褻居亦雅尚此，山縣子衿見師長止穿拖屐，習尚然也。良賤至异其制以別之。新會尚朱漆屐，東莞尚花綉屐，潮州尚拖皮散屐，以輕爲貴。昔謝鯤謂未知一生當着幾兩屐，若粵人之于屐，蓋不可以兩計矣。吴非熊詩：「居民晴着屐，市女夜簪花。」信哉。

李調元《南越筆記》卷一《婦女足不襪》 粵俗婦女尚高髻短裙，春時以踏青鬬草爲戲，非士大夫家，大抵足皆不襪。唐人咏句云：細尺裁量減四分，碧琉璃滑裹春雲。五陵年少欺他醉，笑把花前出畫裙。後人指此詩爲婦人裹足之證。

李調元《南越筆記》卷六《粵中多尚屐》 粵中婢媵多著紅皮木屐，士大夫亦皆尚屐，沐浴乘凉時，散足著之，名之曰散屐。散屐以潮州所製拖皮爲雅，或以抱木爲之。抱木附水松根而生，香而柔韌，可作履，曰抱香履。潮人刳之爲屧，輕薄而爽，是曰潮屐。或以黄桑苦楝亦良，香山土地卑溼，尤宜屐，其良賤至異其製以別之。新會尚朱漆屐，東莞尚花綉屐，以輕者爲貴。廣州男子輕薄者多長裙散屐，人皆呼爲裙屐少年以賤之。

桂馥《札樸》卷四《綦》 綦有四義：一曰履。《廣雅》「綦，履」是也。二曰履飾。《漢書・揚雄傳》「履欃槍以爲綦」。顔注：綦履下飾也。《晏子》「景公爲履，黄金之綦」。《西京雜記》趙飛燕女弟遺七寶綦履。《後漢書・劉盆子傳》「俠卿爲制直綦履」。章懷注：綦，履文也。蓋直刺其文以爲飾是也。三曰履系。《士喪禮》「夏葛屨，冬白屨，皆繶緇絢純組綦，繫於踵」。鄭玄注：綦，屨系也，所以拘止屨是也。四曰履迹。班婕妤賦：「俯視兮丹墀，思君兮履迹。」晉灼曰：綦，履迹也。張景陽雜詩「庭無貢公綦」是也。

汪汲《事物原會》卷二五《膝袴》 《筆叢》自昔人以羅襪詠女子，六代相承，唐詩尤衆，至楊妃馬嵬所遺，足徵唐世婦人皆著襪也。然今婦人纏足，其上亦有半襪罩之，謂之膝袴。按，古羅襪或此類。

汪汲《事物原會》卷二六《襪》 《身章撮要》襪，足衣，自三代有之，以緋羅爲表，緋絹爲裏，著以穿履，有帶，與今之制不同。《中華古今注》三代（及周），著角襪以帶繫于踝，至魏文帝吴妃始以羅爲之，後加以綵繡，隋煬帝宫人織成五色立鳳朱錦襪靿。

《邪幅》 《詩》云：「赤芾在股，邪幅在下。」毛亨注：邪幅，偪也。鄭玄箋：脛本曰股。邪纏于足，如今之縢，所以束脛，在股下也。此裹脚所自始與？

汪汲《事物原會》卷二六《履》 《世本》「黄帝臣于則作扉音濆。履」。宋衷注云：草曰扉，麻皮曰履。《實録》曰：三代皆以皮爲之，單底曰履，複底曰舄。蓋祭服曰舄，朝服曰履，燕服曰屨也。《炙轂子》夏商以草爲屨。左氏曰：非絲爲之，宫中妃嬪皆著。

《鞋》 《中華古今注》「鞋子，自古即有，皆謂之履，絢音劬。繶音億。皆畫五色，至漢有伏虎頭，始以布鞔，音瞞。緼上脱下，加以錦爲飾。」麻鞋起自伊尹，以草爲之，曰草屩。音脚。周文王以麻爲之，名曰麻鞋。至秦以絲爲之，令宮人侍從著之，庶人不可。至東晉，又加其好，公主及宮貴皆絲爲之。凡娶婦之家，先下絲麻鞋一緉，取其和偕之義。或云，馬周始以麻爲之名鞋也。

《鞾》靴同。宋・史繩祖《學齋佔畢》「古有舄有履有屨而無靴，故靴字不見于經。至趙武靈王好戎服，常着短靿靴，北齊全用戎服長靿」。《朱子語録》「隋煬帝數出幸，因令百官以戎服從，後世循襲，遂爲朝服」。《綱目》載變服騎射，即其事也。一説，始于周穆王時。

《皮靴》《(南史)梁書》蕭琛年少，「著虎皮靴，策桃枝杖，直造王儉坐」。皮靴其肇于此與？厥後唐裴叔通以羊皮爲靴。《留青日札》「烏皮六縫，靴也。唐有此名，故曰高力士終以脱烏皮六縫爲深恥」。《隋書》「帝王貴臣多服烏皮六合靴」。

《尖頭靴》周燀音闡。《北轅録》「金俗無貴賤，皆著尖頭靴」。

《屐》《晝論》「三代以前，人皆跣足，三代以後，始服木屐」。《晉書・宣帝紀》「關中多蒺藜，帝使軍士二千人著軟材平底木屐前行，蒺藜悉著屐，然後馬步俱進」。《筆叢》《御覽》云：晉製屐，婦人圓頭，男子方頭，意欲别男女也。太康婦人皆方頭屐，男子無異。

《釘鞵》《前漢書・溝洫志》禹治水，「山行則梮」。居六切。如淳曰：梮謂以鐵爲椎頭，長半寸，施之履下，以上山，不蹉跌也。《舊唐書》「德宗入駱谷，值霖雨道滑，衛士多亡歸朱泚，惟李叔明之子昇，郭子儀之子曙，令狐建之子彰六人，恐有姦人危乘輿，相與嚙臂爲盟，著釘鞵行縢，與縢同。更控上馬，以至梁州」。釘鞵之名，始見于此。

王念孫《讀書雜誌・淮南内篇》卷一三《汜論・乃爲靻蹻》「乃爲靻蹻而超千里，肩負儋之勤也，而作爲之揉輪建輿，駕馬服牛，民以致遠而不勞」。高注曰：靻蹻，粗鞁也。念孫案：靻，皆當爲靼，字從旦，不從且。《説文》「靼，柔革也」。《玉篇》多達、之列二切。「屩，履也」。「鞁，小兒履也」。《釋名》云鞁，韋履深頭者之名也。今正文言靼蹻，與屩同。注文言靼鞁，皆是韋履之名，則字當從旦。《廣韻》靻，則古切，靻，勒名，字從且，兩字聲義判然。茅一桂不知靻爲靼之誤，輒加音祖二字，其失甚矣。下文「蘇秦靻蹻嬴蓋」，靻亦靼字之誤。

陳鱣《簡莊疏記》卷一三《春秋穀梁傳》《襄二十七年》「織絢邯鄲」。按《釋器》云：「絢謂之救。」郭注：救絲以爲絢，或曰亦羂名。《説文》云：「絢，纑繩絢也。从糸句聲，讀若鳩。」《天官・屨人》云：「青句。」鄭注：絢謂之拘，著舄屨之頭以爲行戒。是織絢，猶言織屨也。

陳錫路《黄嬭餘話》卷二《不惜二則》崔豹《古今注》云：「不惜，草履也，以其輕賤易得，人人自有，不假借於人，故名〔不借也。又〕漢文帝履不藉以視朝。」〔是也〕按，「不借」二字，爲詩家所常用。嘗見賈思勰《齊民要術》記崔寔《四民月令》「十月可拆麻，緝績布縷，作白履不惜。」注云：草履之賤者，曰不惜。頗疑「惜」與「借」字形相近，文帝之履不借，或是不惜之訛，則豹爲臆説矣。且稱草履之賤者曰不惜，意尤明曉也。

小説中載有仙人鳳子者，隱于農。一日，鄰人來借草履。鳳子曰：他人草履可借，吾之草履乃不借者也。其人怒詈之。鳳子即以草履擲與，化爲鶴飛去，故後世名草履爲不借。此尤附會可笑。揚子《方言》「自關而東，絲作之者謂之履，麻作之者謂之不借」。劉熙《釋名》亦因之。《方言》在崔氏《月令》之前，似屬可信，但以「不借」名履，殊費曲解，正不如「不惜」之義爲長。

俞正燮《癸巳存稿》卷一〇《不借》《周官・弁師》注云：「璂讀如薄，借綦之綦。」《儀禮・喪服》「繩菲」。鄭玄注云：「今時不借也。」賈公彦疏云：「周時謂之屨，子夏時謂之菲，漢時謂之不借。〔此〕凶茶〔履〕〔屨〕不得從人借，亦不得借也。」《釋名》云「齊人謂韋屨爲菲，以皮作之，亦曰不借，言賤易有，宜各自蓄之，不假借於人也。齊人曰搏腊」，是皮屨。《方言》云「絲作者謂之屨，麻作者謂之不借」。《急就章》「裳韋不借爲牧人」。顔師古注云：「小屨也，以麻爲之。」是麻屨。崔豹《古今注》云：「不借，草屨也。」漢文帝履不借視朝，是草屨三説不同。案《東方朔傳》云：孝文皇帝「足履革舄」注：顔師古云：革，生皮也。革舄不用柔韋，言儉率。《貢禹傳》云「孝文皇帝衣綈履革」。《揚雄傳》云「綈衣不敝，革鞜不穿」。蓋天子本有皮屨，漢文不求精麗，臣下以不借目之謂是草屨，不近情也。《鹽鐵論・散不足》云「古者庶人鹿菲草芰，縮絲尚韋，後則綦下不借，鞔鞮革舄。今富者革中名工，紈裏紃下，越端縱緣，中者鄉里閒作，而婢妾韋沓絲履」。依此則不借非草、非革、非韋、非絲之專名，四者皆可名之。有綦而苴薄，今之薄底鞵耳。

俞正燮《癸巳類稿》卷一三《書舊唐書輿服志後》劉昫等作志，肯言婦人貴賤履舄及靴，略本《開元禮》，序例下及《唐六典》。內官尚服注謂：皇后、太子妃，青韈爲加金飾，開元初或著丈夫靴，又言武德來，婦人著履規制重，開元來，線鞵輕妙便事，惟侍兒乃著履。《通典·禮八十二》云：外命婦朝會，至西階脫舄升。又云：量設脫履席於東西階下，命婦應升者，至階就席，脫舄升。又云：司賓引降，各納舄。此本《開元禮》。《開元禮》云：皇后正日、冬至，受外命婦朝賀，西階下脫舄升其會，儀設脫舄席於東西階下，脫舄升，酒行畢，降納舄，是脫去複下履也。迨後婦人足弓，於南唐漸成風俗，此爲實書矣。南唐裹足亦僅聞窅娘，《道山新聞》言之最詳。至明人忽有異説，謂古亦弓足，其説有二：一者言《孝堂山漢畫》女人足前鋭。今審石刻，男足亦前鋭，前鋭乃側畫體，且畫惟方履，則見稜，婦人至晉始方履，漢畫宜前鋭也。古鏡鑄舞女像，足亦前鋭。舞用利屣，屣前鋭，非足鋭也。一者無智之人妄説古書。晉人詩云：「霧露隱芙蓉，見蓮不分明」，廋辭不憐也，乃遠附之金蓮。謝靈運詩云：「可憐誰家婦，緣流濯素足。明月在雲中，迢迢不可得。」白足濯溪，而引窅娘雲裹月常新。《南史》言：齊東昏「鑿金爲蓮花貼地，令潘妃行其上，曰：此步步生蓮花也」。乃寵異神明之如以金蓮花盆濯足之意，而僞增云，使以帛纏足行蓮花上。《古樂府》云：「新羅繡行纏，足趺如春妍。」杜牧詩云：「鈿尺裁量減四分，碧琉璃滑裹春雲。」温庭筠《錦鞵賦》云：「粲耀織女之束足，燕婉常娥之結璘。」行纏、裹春雲、束足，結璘，皆足飾而云裹足。杜牧「鈿尺」、「琉璃」，則七寸五分之青履。韓渥六寸圓膚，已是五代而云唐時皆然。杜甫詩云：「羅韈紅蕖豔」，乃青履紅韈。而楊慎云：古本《麗人行》有「足下何所有，紅蕖羅韈穿鐙銀」，誤以紅蕖爲金蓮足，且造漢《雜事祕辛》云：足長八寸，底平，指斂約縑迫，韈收束微，如禁中。《大唐新語》、《太真外傳》、《國史補》竝云，馬嵬店媪收得楊妃錦勒韈一隻，而明·桑懌《瑯環記》造姚鶯尺牘，言楊妃雀頭履，長僅三寸。《誠齋雜記》言天寶時，桃源女子吳寸趾，以足小得名。爲調停之説者，則曰某言古弓足，某書古不弓足，鷄鳴狗吠與人聲相亂。其執《孝堂山畫》者，則無一文可證，又不視男足，自使疑惑。《吳志·諸葛恪傳》注引《恪別傳》云「母之於女，恩愛至矣，穿耳附珠，何傷於仁」。若時裹屈其女之足者，何假穿耳以爲説哉。弓足之事，宋以後則實有可徵。《鶴林玉露》云：建炎四年，柔福帝姬至，以足大疑之。顰蹙曰：金人驅迫，跣行萬里，豈復故態。上爲惻然。徐積《雎陽蔡張氏》詩云：「手自植松柏，身亦委塵泥。何暇裹兩足，但知勤四支。」已以足大不裹爲異。《老學庵筆記》云：「宣和末，婦人鞵底尖，以二色合成，名曰錯到底」，元時亦有之。張翥《多麗詞》云：「一尖生色合歡鞵」是也。《侯鯖録》云：京師婦人莊飾與脚，皆天下所不及。《墨莊漫録》云：婦人之纏足，起於近世，又其時詠唐崔鶯鶯者商調《蝶戀花》云：「繡履彎彎未著，離朱户」，以宋式追況之也。然蘇軾《減字木蘭花·贈君猷家姬》云：「兩足如霜挽紵衣」，又云「蓮步輕飛」。《夢溪筆談》云：王綸家紫姑，神謂其女履下有穢土，雲不能載，女子乃襪而登雲。李清照《點絳脣》云：「見客入來，襪剗金釵溜。」則北宋亦自有不裹足者。《藝林伐山》云：諺言「杭州脚者，行都妓女皆穿窄韈弓鞵如良人」。言如良人者，南渡流人謂北方舊式。《道山新聞》云：「窅娘以帛纏足，令纖小屈上，作新月狀。」《揮麈餘話》云：建炎時，樞密計議官向宗厚纏足，極彎，長於鉤距。王佾戲之，謂脚似楊貴妃。言朝鞵過彎上，似其時婦人脚也。《鬼董》云：紹興末，臨安樊生遊湖上寺閣，得女子履，絶弓小，張循王妾履也。《夷堅志·丙集》云：慶元時，湖州南門外一婦人，著皂弓鞋。見侯君素《旌異志》。《遊宦紀聞》云：「永福鄉一張姓僧，有富室攜少女求頌。僧曰：好弓鞋敢求一隻，裂其底襯紙，乃佛經也。其時鞵前彎上，故謂之弓。《宋史·五行志》云：理宗朝，宫妃束足纖直，名快上馬」。則束足令直，始理宗時，直則不弓矣，弓小當別言之。《花間集》蜀毛熙震《浣溪沙》云：「捧心無語步香階，緩移弓底繡羅鞵」，是底前向上。吳自牧《夢粱録》云：小脚船專載賈客，小妓女荒鼓板，燒香婆嫂則但言其小，宋時幾以爲婦人通稱。《輟耕録》云：「元豐以前猶少裹足，宋末遂以大足爲恥。」此南宋時事，而《嶺外代荅》云：「安南國婦人足加鞋韈遊於衢路，與吾人無異。」所謂吾人，今廣西人，是宋時嶺外皆不弓足。《輟耕録》云：「程鵬舉宋末被擄，配一宦家女，以所穿鞋易程一履。」是其時宦家亦有不弓足者。至金元之制，《楓窗小牘》云：「汴京閨閣宣和以後，花靴弓履，窮極金翠。今虜中閨飾復爾，瘦金蓮方瑩面，丸偏體香，皆自北傳南者。」是金循舊俗，而元時南人亦有不弓足者。《湛淵静語》云：「伊川先生後人居池陽，其族婦人不纏足。」蓋言其族女子不肯隨流俗纏足也。《野獲編》則云：「明時浙東丐户，男不許讀書，女不許裹足，是反以裹足爲貴。」今徽州寧國，小户亦然，積習所以難反，今知其所由起，則唐以前之制宜爲理董之。《周官·屨人》職有后及外内命婦之服，舄屨繶絇純。自後遺文散見，以推得古婦人履，禮服則圓頭高底，底向上。《晉書·五行志》、《宋書·五行志》、《搜神記》、《開元占經》竝云，初作屐，婦人頭圓，男子頭方。圓者順從之義，所以別男女也。是履頭圓也。《玉臺新詠》梁皇太子聖製《戲贈麗人》詩云：「輕裾宜細襇，畫屧重高墻。」《藝文類聚》此首作簡文帝。《和湘東王名士悅傾城》詩云：「履高疑上砌，裾開特畏風。」《藝文類聚》此首昭明大子。王訓《奉賀率爾成詠》詩和簡文帝云：「簪叙新輾翠，試履逆填墻。」徐君蒨《初春攜內人行戲》詩云：「草短猶通屧，梅香漸著人。」鮑泉《南苑看遊者》詩云：「履高含響佩，襪輕半隱羅」，「草短」通「屧高」，疑上砌是底高也。《見只編》明姚士麟撰，刻在《海鹽志林》中。云：米嶽《唐文德皇后遺履圖跋》曰：「以丹羽織成，前後金葉裁雲飾，長尺，底向上三寸許，中有兩系，首綴二珠。」蓋古岐頭履也，是高底，底向上也。向上則底下窄，漢人謂之晚下。《釋名》云：「晚下如舄，其下晚，晚而危婦人，短者著之可以拜也。」拜謂俯也，其非高底者曰遠遊履。魏曹植《洛神賦》云「踐遠遊之文履」是也。其非高底，圓頭則前銳，後無跟名曰屣。《史記·貨殖列傳》云：「鼓鳴瑟，跕音沓。屣」，《文選·魏都賦》劉淵林注引《史記》作跕躍躧。又云「揄長袂，躡利屣」。《漢書·地理志》云：「彈弦跕躧。」左思《魏都賦》云：「邯鄲躧步。」躧即屣。《漢書》注師古云：「屣謂小履之無跟者。」所謂小履，對禮服履言之。跕者，《史記集解》臣瓚云：「躡跟爲跕。」以無跟，故躡之。又跕之，文言通曰屣。《漢書·雋不疑傳》云：「屣履起逆。」《後漢書·王符傳》云：「屣履出迎。」二文皆言跕履也。《炙轂子·雜録》云：靸鞵，晉宮內妃御皆著之。唐武德間，婦人多曳履，亦跕也。唐明皇楊妃韈銘云：「細細圓圓，窄窄弓弓，脫履露纖妍。」跕履脫則韈露，婦人足自較男子小，故韈細圓。《唐書·車服志》云：文宗制「婦人青碧纈，平頭小花屮履、彩帛縵成履，而禁吳越高頭草履」。草履皆靸之。明初《輟耕録》云：「浙西之人，以草爲履而無跟，名曰靸鞵。婦人非纏足者，通曳之。」今猶然也。古詩《孔雀東南飛》云：「足下躡絲履，纖纖作細步。」躡履故步細，蓋曳而緩行，所謂躧步也。又云「新婦識馬聲，躡履相逢迎」。則急起迎之，所謂跕利屣也。其男女常服履，皆前銳者曰靸鞵，曰武靴。《孝堂山石刻漢畫》，男女足皆前銳。郭若虛《圖畫見聞志》云：「唐代宗朝，令宮人侍左右者穿紅錦靿靴。」則女靴履前銳。《北夢瑣言》云：「王迪車轍輾靴鼻逾寸而不傷脚指。三日後入拜翰林。」《聞見近録》云：「宋神宗開潁邸時，近侍以弓樣靴進。韓維曰：王安用武靴。」按《隋書·禮儀志》云：「長靿靴，田獵遊豫則服之。」是男武靴，亦弓而銳也，其弓向上者，謂之鼻，漢《釋名》謂之卬角。其靴缺前鞴者，《釋名》謂之鞢韈，皆男女有之。其膝以下飾有行幐結束，《詩》所謂「邪幅在下。」《釋名》云：「幅所以自偪束，今謂之行幐，言以裹脚，可以跳騰輕便。韈，末也，在脚末。然則行幐裹腓，韈覆髁跌，古人所謂束足裹脚者如此。《後漢書·董祀妻傳》云：「蓬首跣行，賜以頭巾履韈」，與男子同。宋高宗於秦檜死曰：吾今膝袴中，可不帶匕首。則男子韈上及膝不用行幐，此古今之異也。其禮服履，方圓改者，《宋書·五行志》云：「晉太康初，婦人皆履方頭，此去其員從，與男無別也。」又云：「孝武之世，倖臣戴法興，權亞人主，造員頭履，世人莫不效之。其時員進之俗大行，方格之風盡矣。」是男女之式互易，女子惟大足，故履頭員可改方。《抱朴子》云：「吳景帝於苑中架小屋，施牀帳，以婦人屐履著其上以試巫。」則未改時員頭履也，其非禮服，則男女靴履同。《史記·滑稽列傳》云：「男女同席，履舄交錯。」是其時男女履同也。《北齊書·任城王湝傳》云：「天統(二)〔三〕年，拜太保、并州刺史。有婦人臨汾水浣衣，有乘馬人換其新靴，馳而去，婦人持故靴，向州言之。」足同，故靴可換。《新唐書·車服志》亦言中宗後，宮人胡帽，海內效之，衣丈夫衣而靴。《大唐新語》云「天寶中，士流之妻或衣丈夫服，靴衫鞭帽，內外一貫」。天寶以前事如此。《唐書·滕王元嬰傳》云：「典籤崔簡妻以履抵元嬰面血流。」《唐詩紀事》云：段成式光風亭夜晏，伎有醉毆者，詩「擲履仙鳧起，撦衣蛺蝶飄」。可脫履擲抵人，是唐以前男女履同也。古丈夫貴者履朱，婦人貴者履青，有綵色。《三輔黃圖》云：鉤弋夫人棺中，但有綵履。《列仙傳》作絲履。《西京雜記》云「趙合德上飛燕同心七寶綦履」。秦嘉《與婦書》云「今致龍虎組緹履一緉」。陸機《織女賦》云「足躡刺繡之履」。魏高允《羅敷行》云「脚著花文履，耳穿明月璫」。梁武帝《河中之水歌》云「足下絲履五文章，平頭奴子擎履箱」。沈約《少年新婚爲之詠》云「錦履竝花文，繡帶同心苣」是也。惟《南齊書》云：高祖素儉，宮人盡令著紫絲履，其他婦人非貴者，履亦有綵色。《漢書·賈誼傳》云：「絲履編諸緣」注：服虔云「(加)〔如〕牙條以作履緣」。師古云「編諸，若今之織成」。而爲庶人孽妾之履。張衡《南都賦》云「侍者履躡華英」。至唐時，則《新唐書·車服志》云：文宗時，婦人「平頭小花屮履、綵帛縵成」〔履〕。《和凝〔采桑子〕詞》云「叢頭鞵子〔紅〕編細，(綦)羃(綷)〔窣〕金絲」。即《漢書·王莽傳》所謂「句履」，岐頭出履二寸者。五代時猶有「叢頭」之名。以及「岐頭」、「平頭」，可因以見。晉「後頭方」、「晉前頭圓」之制，非盡便服利屣前銳也。古婦人貴富者，衣長不見足。漢承古制，婦人袍旁有曲裾。《江充傳》注蘇林云「今新婦袍上掛全幅繒角〔割〕，名曰交輸裁」。《元后傳》「絳緣諸于」注師古云：「諸于，大掖衣，即袿衣之類(此)〔也〕。」寬衣大襬，唐謂之燕尾，明曰插襬，其燕服則窄。庾肩吾詩云「細腎宜窄走馬之什，古今如合符節也。

梁紹壬《兩般秋雨盦隨筆》卷一《不惜》　草履名「不惜」，其來已久。按《齊民要術》作「不惜」。黄扶孟云：「當以不惜爲是，謂此物極賤，雖履泥濕棄之，亦不愛惜也。」

梁紹壬《兩般秋雨盦隨筆》卷八《尖頭靴》　《釋名》：「靴，本武服，趙武靈王所制，常短靿，以黄皮爲之，後漸以長靿。」唐馬周以麻爲之，殺其靿，加以氈。開元中，裴叔通以羊毛爲之。《筆談》曰：「北齊全用長靿靴。」《續事始》曰：「故事，皮靴不許著入殿省，馬周加飾，乃許也。」周煇《北轅録》：「淳熙中，張子政往賀金國生辰，其俗無貴賤，皆著尖頭靴。」又，釘靴見《明史·禮志》：「百官入朝遇雨，皆躡釘靴，聲徹殿陛。太祖令爲軟底皮鞋，冒于靴外，出朝則釋之。」

富察敦崇《燕京歲時記·溜冰鞋》　冰鞋以鐵爲之，中有單條縛於鞋上，身起則行，不能暫止。技之巧者，如蜻蜓點水，紫燕穿波，殊可觀也。

謹按，《日下舊聞考》：太液池冬月陳冰嬉，習勞行賞，以簡武事而修國俗云。

文廷式《純常子枝語》卷二一　郭若虚《圖畫見聞誌》論衣冠異制云：三代以前人皆跣足，三代已後，始服木屐。按，此未必然。伊尹以草爲之，名曰履。秦世參用絲革靴，本胡服趙靈王好之，制有司衣袍者，宜穿皂靴。唐代宗朝，令宫人侍左右者，穿紅錦靿靴。

俞樾《茶香室叢鈔》卷六《以著靴爲敬》　《太平廣記》引《乾𦠆子》云：「郎中李丹典濠州，蕭復處士謁之，無傭保，惟領一丱歲女僮。時方寒，女僮門外求火燎手，且持其靴去。客吏忽云：郎中屈處士，復即芒屩而入。丹揖之坐，復忽悟足禮之闕，矍然乃起。丹曰：靴與履，皆一時之禮。古者解韈登席，即徒跣以爲禮。靴，胡服也，始自趙武靈王，有何典據，此不足介懷。」按此則唐人已以著靴爲敬矣，蕭復後爲宰相，氣度宜必不凡，乃以不靴而履，遂至矍然，其時靴之重可見，而李丹所以解之者，則又甚婉切矣。

俞樾《茶香室續鈔》卷二二《明初禁庶民服靴》　國朝趙吉士《寄園寄所寄》引《臣鑒録》云：「崑山王英，洪武初授山東監察御史，上特命署都御史事。嘗微服入郡城，時禁庶民服靴，門者縛英。英笑曰：吾官人也。取舟中冠帶示之，始得釋，亦不色怒。」按此知明初庶民不得著靴也。

俞樾《茶香室續鈔》卷二二《履𡳐》　宋吴曾《能改齋漫録》云：「政和八年十

衣，長釵巧扶鬟」。庾信詩云「小衫才裹臂，纏弦恰抱胷」。古男子上衣下裳，婦人則不殊裳衣，窄褏長，裳連衣，言從一也。《明史·輿服志》云「婢使長襖長裙，小婢使長袖短衣、長裙短衣」。見裙爲賤人之服，古婦人衣曳地，其不曳地，則史表著之，若漢文帝中人，王莽妻，美惡皆爲口實。衣曳地則覆履惟見底，故底高，順從人，故頭圓。其弓足小而鋭者，求之於古亦有所出，出於古之舞服。《史記》「躡利屣」集解徐廣云「利屣，舞屣也」。足容重舞則見屣，舞屣赤色花文，薄底，頭利鋭，綴珠。張衡《西京賦》云「振朱屣於盤樽」。《文選·舞賦》注引卞蘭《許昌賦》云「振華足而却蹈」。顧野王《舞賦》云「頓珠履於瓊筵」。曹植《妾薄命》云「妙舞僊僊，體輕解裳，遺履絶纓」。梁昭明太子《舞詩》云：「入行看履進」，《藝文類聚》作簡文帝。簡文帝《舞詩》云「巾度履行，踈小垂手」。云頓足轉雙巾。沈約《詠脚下履》云「裾開臨舞席」。沈君攸《伎詩》云「頓履鳴珠珮」。劉孝儀《和舞云「迴履裾香散」。又云「頓履赴絃餘」。劉遵《應令詩》：「履度開裾襵」。《藝文類聚》作劉緩。殷芸《詠舞》云「頓足有餘情」。庾信《詠舞》云「頓足隨踈節」。江洪《舞女》云「頓足復含姿」。李翱《嫁柘枝妓》云「湘江舞罷忽成悲，便脱蠻靴出絳帷」。蓋舞先見足，故言屣、履、靴，利屣本纖，因而裹之。窅孃裹足者，舞人也。《南唐書》言「小周后剗韈步香階，手提金縷鞋」。是南唐貴人不弓足，弓足出舞，利屣明也，大足利屣，則屣前鋭利，有鼻而弓。古弓靴履不弓足，南唐弓足束指就屣，鼻利處而纖向上。宋理宗時，纖直後乃纖向下，此其大略也。然《金史·輿服志》云「皇后舄，青羅製，白綾裏，明金黄羅，準上用玉鼻仁、如意頭，真珠裝綴繫帶。韈青羅表裏，綴繫帶」。其舄如意頭、玉鼻仁飾珠，與皇帝舄同。《明史·輿服志》云「皇后青韈舄，飾以描金雲龍皁純，每舄首加珠五顆。皇妃、皇嬪及内命婦青韈舄，皇太子妃韈舄同。命婦九品青韈舄，宫人則弓樣鞋，上刺小金花」。是貴人不以裹足入制，而宫人弓鞋爲利屣，蓋搬尖靸鞋。沈德符《野獲編》云「向聞禁掖中被選之女入内，皆解去足紈，別作弓樣。後遇埽雪人從内拾得宫婢敝履，始信其説不誣」。黄道周《三事紀略》云「宏光選婚懿旨，以國母須不束足」。則明時制度過南宋遠矣。而劉若愚《酌中志略》云「番經廠跳步叱神廟時，教宫女數人做法事」。惟弓足不能跳步叱，宫禁中已不能守先法。

昭槤《嘯亭雜録》卷八《盛京先朝舊物》　盛京清寧宫貯文皇帝時糠燈，屢見純皇帝之詩。又崇謨閣藏高皇帝舊履，以牛皮爲之舄，護以緑皮雲頭。又有先朝登山負物木架，所持拐杖，皆白木爲之，制甚樸素。想見祖宗開創之艱，公劉二月奉聖旨，文武官大夫以上四飾全，朝請武功郎以上減去一繶，並稱履，從義宣教郎以下至將校伎術官，減去二繶、純，並稱屨。」按四飾者，絇也，繶也，純也，綦也，減去繶、純，則止有二飾矣，絇履上飾，繶飾底，純緣，綦履帶。又《按周禮·屨人》王與后皆稱屨，乃以屨爲賤稱，足見宋制之不考矣。

福格《聽雨叢談》卷一【綠壓縫靴】御用尖靴，皆綠皮壓縫，其柔細如綢。方靴用天青緞爲之，以别於衆也。親郡王亦准用綠壓縫靴，惟靴幫兩旁少立柱耳，方靴仍用元青緞。凡遇巡行，内廷王公、御前大臣、領侍衛内大臣、内大臣、軍機大臣、内務府大臣，皆准用綠壓縫靴。其時御用又别有雙雲巡行靴之制。

福格《聽雨叢談》卷七【裹足】婦人纏足，不知伊始。沈約《宋書》云：昔初作履者，婦人員頭，男子方頭。晉太康初，婦人皆履方頭。李太白詩云「一雙金屐齒，兩足白如霜」。又「溪上白如霜，不着鴉頭襪」。《秘辛雜志》寫女瑩身體云：足長八寸，脛跗豐妍，底平指斂，古云利屣，乃舞屣，錦纏乃行纏，裹脛亦非纏足之謂。

福格《聽雨叢談》卷七《裹足》　杜牧之詩云「玉笋裹輕雲」，當是今之男子裹脚帛布之類，若如今之纏足，則指骨枯疊，何有玉笋。白樂天詩云「小頭鞋履窄衣裳」，人多疑之。余曾見明季朝靴，皆瘦長而鋭，又見朝鮮人，其足皆裹束甚瘦，底寬寸餘，更可證古女之舄矣。錢梅谿《叢談》辯此甚晰，大意謂裹足則兩儀不完，有關氣運，紛紛聚訟，自元至今，究未悉自何作俑。窅娘乃舞女，利屣不足爲據也。今舉中夏之大，莫不趨之若狂，惟八旗女子，例不纏足，京師内城民女不裹足者十居五六，鄉間不裹足者十居三四，東西粵、吴、皖、雲、貴各省，鄉中女子多不纏足，外此各省女子無不纏足，山、陝、甘肅，此風最盛，甚至以足之纖鉅，重於德之美凉，否則母以爲恥，夫以爲辱，甚至親串里黨，傳爲笑談，女子低顔，自覺形穢，相習成風，大可怪也。黟縣余正燮著《癸巳彙〔類〕稿》一編，辯之甚博，今節録梗概於左，云劉昫等作志，肯言婦人貴賤履舄及靴，略本《開元禮·序例》，下及《唐六典》内官尚服，注謂皇后、太子妃青韈，舄加金飾，開元初或著丈夫靴，開元末，線鞵輕妙便事，惟侍兒乃著履。《通典·禮八十二》云：外命婦朝會，至〔西〕階，脱舄升，量〔設〕脱履席於東西階下，命婦應升者，至階〔下〕就席脱舄〔升〕。南唐裹足，亦僅聞窅娘，《道山新聞》言之最詳。至明人忽有異説，謂古人亦有弓足，其説有二：一者言孝堂山漢畫，女人足前鋭。今審石刻，男子足亦前鋭也，前鋭，乃側畫體，且畫惟方履則見稜，婦人至晉〔始〕方履，漢畫宜前鋭也。又古鏡鑄舞女像，足亦前鋭，舞用利屣，屣前鋭，非足鋭也。謝靈運詩云「可憐誰家婦，臨流濯素足」。《晉書》言成帝時，有晉寧人詣車門言王和之女，足下有七星，星毛長三寸，當爲天子后。《南史》云，齊東昏侯鑿金蓮花貼地，令潘妃行其上，曰步步生蓮花。此乃寵異神明之詞，如以金蓮花盆濯足之意，後增僞乃云以帛纏足，令行蓮花上，古樂府云「新羅繡行纏，足趺如春妍」。杜牧詩云「鈿尺裁量減四分，碧琉璃滑裹春雲」。韓偓詩云「六寸膚圓光緻緻」。《吴志·諸葛恪傳》注引《恪别傳》云，母之於女，恩愛至矣，穿耳附珠，何傷於仁。若時有裹足，何暇以穿耳爲喻，弓足之事，宋以後則實有可徵。建炎四年，柔福帝姬至，以足大疑之。帝姬曰：金人驅迫，跣行萬里，豈復故態。上爲惻然。《老學菴筆記》云：宣和末，婦人鞵底尖，以二色合成，名曰錯到底。《墨莊漫録》云：婦人之纏足，起於近世，蘇東坡《減字木蘭花·贈君猷家姬》云「兩足如霜挽紵衣」，又云「蓮步輕飛」。《夢溪筆談》云：王綸家紫姑神，謂其女履下有穢土，雲不能載，乃襪而登雲。然則北宋尚有不裹足者也。《道山新聞》云：窅娘以帛纏足，令纖小屈上，作新月狀，是其纖小彎屈向上，非今之弓足向下矣。又《揮麈餘話》云：建炎時，樞密計議官向宗厚纏足極彎，長於鉤距，王佾戲之，謂脚似楊妃，言朝鞵過彎上，似其時婦人脚也。《宋史·五行志》云：理宗朝，宫妃束足纖直，名快上馬。豈束足之令始自理宗歟？然既纖直，則不弓矣。《輟耕録》云：元豐以前，猶少裹足，宋末遂以大足爲恥。此南宋時事。而《嶺外代答》云：安南國婦人，足加鞵韈，與吾人無異。所謂吾人，今廣西人也，是南宋時嶺外仍不弓足。《輟耕録》又云：程鵬舉宋末被擄，配一官女，以所穿鞋易程一履。是其時官家亦有不弓足者。《楓牕小牘》云：汴中自宣和以後，閨閣花靴弓履，窮極金翠，今北蕃閨飾復爾。瘦金蓮方，遍體香瑩面丸，皆自北傳南者，是金季循舊俗，而元時南人亦有不弓足者也。《湛淵静語》云：伊川先生後人居池陽，其族婦人皆不纏足。蓋言其族女子不隨流俗也。周朝婦人禮履，圓頭高底，底向上。《晉書·五行志》、《宋書·五行志》、《搜神記》、《開元占經》並云初作婦人履頭圓，男子履頭方，圓者順從之義，所以别男女也。《玉臺新詠》梁皇太子《戲贈麗人》詩云「輕裾宜細襇，畫屧重高墻」。王訓《和簡文帝率爾成詠》詩云「履高疑上砌，裾開特畏風」。《和湘東王名士悦傾城》詩云「簡釵新輾翠，試履逆填墻」。鮑泉詩云「履高含響佩，韈輕半隱羅」。皆侈言履屧底高，應非弓足之製矣。明姚士麟撰《見只編》云：在《海鹽志林》中，米芾有《唐文德皇后遺履圖》，跋曰：以丹羽織成，前後金葉裁雲飾長尺，底向上三寸許，中有兩系，首綴二珠，蓋古岐頭履也。是高底底向上之證，向上則底下窄，漢人謂之晚下。《釋名》云晚下如舄。其下晚晚而危，婦人短者著之，可以拜也，拜謂俯也，其非高底者曰遠游履。魏・曹植《洛神賦》「踐遠遊之文履」是也，其非高底圓頭，則前鋭後無跟，名曰屣。《史記・貨殖傳》云「鼓鳴瑟跕音沓屣」。《漢書・地理志》云「彈弦跕躧」。左思《魏都賦》云「邯鄲躧步」。躧皆〔即〕屣也。《漢書》師古注云：屣謂小履之無跟者，唐武德間，婦人多曳屣，亦跕也。唐明皇《楊妃襪銘》云「細細圓圓，窄窄弓弓，脱履露纖妍」。跕屣脱故露襪，婦人足較男子小，故曰纖細圓。《聞見近録》云：宋神宗開穎邸時，近侍以弓様靴進。韓維曰：王安用武靴。《隋書・禮儀志》長靿靴，田獵遊豫則服之。是男子武靴亦弓而鋭也，其弓向上者謂之鼻。漢《釋名》曰：卬角，其靴缺前鞾者。《釋名》曰鞣釋。皆男女有之。《北夢瑣言》云，王迪被車輾靴鼻逾寸，而不傷脚指，三日後入拜翰林。是靴鼻尖鋭而空前也。《宋書・五行志》云：晉太康初，婦人皆履方頭。又云：孝武之幸，倖臣戴法興，權亞人主，造圓頭履，世人莫不效之。是男女之履式互易，女子惟大足，故履頭可以改方。《北齊書・王浩傳》云：有婦人臨汾水浣衣，有乘馬人換其新靴，馳而去，婦人持故靴向州言之，足同。故靴可換，古婦人衣長不及足，漢承古制，婦人袍旁有曲裾。《元后傳》「絳緣諸于」。師古注：諸于大掖衣，即袿衣類。此寬衣大襬，唐謂之燕尾，明曰插擺，燕服則窄矣。庾信詩云「小衫纔裹臂，纏弦恰抱腰」。古男子上衣下裳，婦人則不殊裳，衣窄褒長裳連衣，言從一也。《明史・輿服志》云：婢使長襖長裙，小婢使長袖短衣長裙，短衣長裙，爲賤人之服。古婦人衣曳地，其不曳地，則史表著之，若漢文帝貴人、王莽妻，美惡皆爲口實，衣曳地則覆履，惟見底，故底高，順從人，故頭圓，其弓足小而鋭者，求之於古，亦有所出，出於古之舞服。徐廣云：利屣，舞屣也。窅娘裹足者，亦舞人也。《南唐書》言：小周后剗襪步香階，手提金縷鞋。是南唐貴人不弓足，弓足出舞利屣明也。南唐弓足，束指就履鼻利處，而纖鋭向上，履弓，足不弓也。宋理宗時，束使纖直，其後乃向下，此大略也。《明史・輿服志》云：皇后青韈，舄飾以描金雲龍，皁純，每舄首加珠五顆，皇妃、皇嬪及内命婦青韈舄。皇太子妃命婦九品同，宫人則弓様鞋，上刺小金花。是貴人不以裹足入制，而宫人弓鞋爲利屣，蓋搬尖鞁鞋耳。沈德符《野獲編》云：向聞禁掖中被選之女，入内皆解去足紈，别作弓様。後遇掃雪人從内拾得宫婢敝履，始信其説不誣。黄道周《三事記略》云：弘光選婚，懿旨以國母須不束足，則明時制度過南宋遠矣。或言前代宫眷，皆不選纏足之女，是以民間爭相裹足，以避選美之令，其説似近理。

按前説，古婦人服飾之制，與本朝悉合。八旗婦人履底厚三四寸，圓其前，外衣通長掩足，輕裾大擺，亦與古裝無異。崇德三年七月，詔禁有效他國裹足重治其罪之制，嗣又定順治二年以後所生女子禁裹足。康熙六年，王文簡士正任禮部員外郎時，條陳時事六件，上之所司，其中弛禁裹足、請復八比兩事。轉奏准行，以王文簡之通達，尚不悟北宋已前無八比取士之制。時海内人材，何等茂蔚，更未考勝國宫中有解釋足紈之制，不尚矯揉奈何。習俗移人，賢者不免。又何怪閨闥女子不可以言語爭論也。嗚呼，以取士之制與女子裹足並陳，謬亦甚矣。

又按古女子冒爲男裝者，自花木蘭而外，《南史・崔慧景傳》東陽女子婁逞，變服爲丈夫，偏游公卿間，仕至議曹從事。《北史・楊大眼妻潘氏》戎服從獵，大眼指謂諸將曰：此潘將軍也。《太平廣記》載張詧爲郭汾陽所任使，詧没，其妻冒爲詧弟，仕至御史大夫。五代西蜀女子黄崇嘏，亦詐爲男子入仕。凡此冒充男子者甚多，亦可證古之宦族皆不裹足矣。

蔣超伯《南漘楛語》卷六《冠履》 晉制市儈以白巾帖額，書所賣及姓名，一足白履，一足黑履。見《廣韻》儈字注。唐制里胥徒役皆著黄衣，見李觀《代人上蘇州韋使君論戴察書》。金制省院令史懸掛書袋，用紫絲爲之，臺部各司以黑斜皮爲之，寺監下至州縣，並黄皮爲之。長七寸，闊二寸，厚半寸。《金史・輿服志》。履底塗粉，自古已然。《士冠禮》「白屨以魁柎之」。鄭玄注「魁，蜃蛤。柎，注也」。蓋以蛤灰柎注于屨，取其潔素。

陳康祺《郎潛紀聞二筆》卷八《軍機大臣穿緑牙縫鞾》 軍機大臣穿緑牙縫鞾，自嘉慶二十一年特旨賞托津、盧蔭溥始，並諭嗣後軍機大臣俱準穿用。

《欽定工部續增則例》卷一二九《製造庫》 三道牙縫一等二等馬皮靴做法

每雙靴筩前高壹尺柒寸，後高壹尺肆寸，上口寬柒寸伍分，下灣口寬陸寸伍分，底長玖寸伍分，折寬貳寸捌分。熟馬股皮面，藍三線布裹，斜皮緣，鑲牙縫座條共湊長壹丈柒尺捌寸，熏牛皮底叁層，斜皮包緣托底壹層，線麻絨做。

用料

每皮靴壹雙，核用熟馬股皮折見方尺陸尺陸寸，緑斜馬皮折見方尺貳尺陸寸柒分，幅寬壹尺陸寸藍三線布叁尺肆寸，長伍尺寬肆尺熏牛皮壹分。

黏連合縫上蠟，核用水膠叁兩，線麻貳兩，黃蠟伍錢。

用工

照細絨皮什件例。

皮靴每雙取用馬皮壹張陸分，除取用外，餘剩馬皮貯庫，別工應用。

單道牙縫三等馬皮靴做法

每雙尺寸做法與一、二等馬皮靴同。熟馬股皮面白三線布裏，嵌馬皮牙縫座條，熏牛皮底叁層，馬皮鑲緣托底壹層，線麻絨做。

用料

每皮靴壹雙，核用熟馬股皮折見方尺柒尺肆寸玖分，幅寬壹尺陸寸白三線布叁尺肆寸，長伍尺寬肆尺熏牛皮壹分。

黏連合縫上蠟，核用水膠叁兩，線麻貳兩，黃蠟伍錢。

用工

照細絨皮什件例。

皮靴每雙取用馬皮壹張陸分，除取用外，餘剩馬皮貯庫，別工應用。

單道牙縫四等馬皮靴做法

每雙尺寸做法與一、二等馬皮靴同。熟牛皮面，白三線布裏，嵌牛皮牙縫座條，熏牛皮底叁層，牛皮包緣托底壹層，線麻絨做。

用料

每皮靴壹雙，核用長伍尺寬肆尺熟牛皮叁分柒釐，幅寬壹尺陸寸三線布叁尺肆寸，長伍尺寬肆尺熏牛皮壹分。

黏連合縫上蠟，核用水膠叁兩，線麻貳兩，黃蠟伍錢。

用工

照細絨皮什件例。

番僧三鑲蟒幅棉襪做法

每雙前高壹尺柒寸，後高壹尺肆寸，上口寬柒寸，下灣口寬陸寸，底長玖寸，折寬貳寸伍分。上截用藍蟒幅，下截用藍緞，緣口用藍倭緞，折長叁尺玖寸貳分，淨寬壹寸叁分，鑲用淨寬伍分金黃片金，掐紅左右線藍三梭布裏，絮棉三鑲行做，實納藍三梭布襪底成做。

用料

每三鑲襪壹雙，核用幅寬貳尺藍緞壹尺肆寸，幅寬貳尺長伍寸藍蟒幅壹箇，幅寬壹尺伍寸藍倭緞肆寸肆分，幅寬貳尺金黃片金壹寸伍分，幅寬壹尺陸寸白布肆寸，幅寬壹尺壹寸藍三梭布陸尺伍寸，紅絨壹錢，棉花伍兩。

共鉤針縫長貳丈柒尺貳寸，緣鑲直縫長壹丈壹尺伍寸，行縫長貳丈肆尺捌寸，實納襪底折見方尺肆寸伍分。核用藍二珠線壹錢壹分，藍衣線柒分肆釐，藍棉線貳分貳釐，白炭叁兩叁錢。

用工

每雙裁縫匠工，照例核給。

緞棉襪做法

每雙前高壹尺柒寸，後高壹尺肆寸，上口寬柒寸，下灣口寬陸寸，底長玖寸，折寬貳寸伍分。面用藍緞，緣口用藍倭緞，共折長叁尺玖寸貳分，淨寬壹寸叁分，掐藍左右線藍三梭布裏，絮棉行做，實納藍三梭布襪底成做。

用料

每棉襪壹雙，核用幅寬貳尺藍緞壹尺玖寸，幅寬壹尺伍寸藍倭緞肆寸肆分，幅寬壹尺壹寸藍三梭布陸尺伍寸，藍絨壹錢，棉花伍兩。

共鉤針縫長壹丈捌尺，緣鑲直縫長柒尺捌寸肆分，行縫長貳丈捌尺肆寸，實納襪底折見方尺肆寸伍分。核用藍二珠線伍分，藍衣線柒分，藍棉線貳分貳釐，白炭貳兩玖錢。

用工

每雙裁縫匠工，照例核給。

小喇嘛布棉襪做法

每雙前高壹尺柒寸，後高壹尺肆寸，上口寬柒寸，下灣口寬陸寸，底長玖寸折寬貳寸伍分。用藍布面，白布裏，絮棉行做。

用料

每棉襪壹雙，核用幅寬壹尺壹寸藍三梭布陸尺伍寸，幅寬壹尺陸寸白三線布叁尺肆寸，棉花伍倆。

用工

共鉤針縫長壹丈伍尺貳寸，行縫長貳丈肆尺捌寸，實納襪底折見方尺肆寸伍分。核用藍二珠線叁分，藍衣線柒分肆釐，白棉線貳分貳釐，白炭貳兩貳錢。

用工

每雙裁縫匠工，照例核給。

穆彰阿等《清一統志》卷二三二《陝西・西安府六》　土產　按《舊志》土產

內載《唐書·地理志》京兆府貢氈。今氈則各處皆能製造，故刪之。謹附記。

卷二四五《陝西·同州府三》　土産　韡見《皮革總部》。

卷二六五《甘肅·寧夏府二》　土産　韡見《皮革總部》。

卷三二六《江西·袁州府》　土産　竹鞋《寰宇記》袁州土産。

卷四〇七《四川·潼川府二》　土産　靸鞋《寰宇記》遂州産。

卷四六二《廣西·桂林府二》　土産　見《皮革總部》。

顧清等纂〔正德〕《松江府志》卷五《土産》　蒲鞋出東門三里汀者佳，有極細巧者。又有作長靿如靴者，甚惜足，耆老多服以禦冬。

曹一麟、徐師曾等〔嘉靖〕《吴江縣誌》卷九《食貨志一·物産》　貨之屬十七：【略】曰蒲鞋宋劉章詩：「吴江浪浸白蒲春，越女初挑一樣新。纔自繡窗離玉指，便隨羅襪上輕塵。石榴花下從容久，玳瑁筵前整頓頻。今日高樓鴛瓦上，不知拋擲是何人。」按此詩，則所製極精，今皆粗惡，時不同也。

王鏊等〔弘治〕《姑蘇志》卷一四《造作》　蒲鞋吴人以蒲爲鞋，草爲屨。杜荀鶴詩云：草屨隨舡賣。

牛若麟纂修〔崇禎〕《吴縣誌》卷二九《物産》　冠履之屬　靴
緝履　蒯厞有綫經、草經二種。　秧鞋
釘靴　釘鞋　木套
木屐　鞝鞋　襪有紗、綾、紬布、綿、夾、單各種。

紀事

《左傳·哀公二十五年》　褚師聲子韈而登席，公怒。辭曰：「臣有疾，異於人，若見之，君將嗀之，是以不敢。」公愈怒。大夫辭之，不可。褚師出，公戟其手，曰：「必斷而足！」

《戰國策》卷三《秦策一》　〔蘇秦〕説秦王書十上而説不行。黑貂之裘弊，黄金百斤盡，資用乏絶，去秦而歸。羸縢履蹻，負書擔橐，形容枯槁，面目犂黑，狀有歸色。

《呂氏春秋》卷二〇《召類》　司馬子罕曰：南家，工人也，爲鞔者也。高誘注：鞔，履也，作履之工也。一曰，鞔，靷也。作車靷之工也。畢沅案：者也，舊本作百也，訛今改正。《説文》云：鞔，履空也。徐曰：履靸。吾將徙之。其父曰：吾恃爲鞔以食三世矣。今徙之，是宋國之求鞔者不知吾處也，吾將不食，願相國之憂吾不食也，爲是故，吾弗徙也。

《韓非子》卷一一《外儲説左上》　鄭人有且置履者，先自度其足而置之其坐，至之市而忘操之。已得履，乃曰：「吾忘持度。」反歸取之。及反，市罷，遂不得履。人曰：「何不試之以足？」曰：「寧信度，無自信也。」

《韓非子》卷一二《外儲説左下》　文王伐崇，至鳳黄虚，韈繫解，因自結。太公望曰：「何爲也？」王曰：「君與處皆其師，中皆其友，下盡其使也。今皆先君之臣，故無可使也。」

晉文公與楚戰，至黄鳳之陵，履係解，因自結之。左右曰：「不可以使人乎？」公曰：「吾聞上君所與居，皆其所畏也；中君之所與居，皆其所愛也；下君之所與居，皆其所侮也。寡人雖不肖，先君之人皆在，是以難之也。」

《史記》卷七六《平原君虞卿列傳》　虞卿者，游説之士也。躡蹻檐簦，説趙孝成王。一見，賜黄金百鎰，白璧一雙；再見，爲趙上卿，故號爲虞卿。

裴駰集解徐廣曰：「蹻，草履也。」

《史記》卷七八《春申君列傳》　趙平原君使人於春申君，春申君舍之於上舍。趙使欲夸楚，爲瑇瑁簪，刀劍室以珠玉飾之，請命春申君客。春申君客三千餘人，其上客皆躡珠履以見趙使，趙使大慙。

《史記》卷一二六《滑稽列傳·淳于髡》　〔齊〕威王大説，置酒後宫，召髡賜之酒。問曰：「先生能飲幾何而醉？」對曰：「臣飲一斗亦醉，一石亦醉。」威王曰：「先生飲一斗而醉，惡能飲一石哉！其説可得聞乎？」髡曰：【略】日暮酒闌，合尊促坐，男女同席，履舄交錯，杯盤狼籍，堂上燭滅，主人留髡而送客，羅襦襟解，微聞薌澤，當此之時，髡心最歡，能飲一石。」

《廣博物志》卷三八　景公爲履，黄金之綦飾，以銀連以珠良玉之絇，其長尺，氷月服之以聽朝。晏子朝公，迎之，履重僅能舉足。問曰：天寒乎？晏子曰：君奚問天之寒也。古聖人製衣服也，冬輕而煖，夏輕而清。今君之履，氷月服之，是重寒也。履重不節，是過任也，失生之情矣，故魯工不知寒温之節，輕重之量，以害正生，其罪一也。作服不常，以笑諸侯，其罪二也。用財無功，以怨百姓，其罪三也。請拘而使吏度之。公苦請釋之。晏子曰：不可。嬰聞之，苦身爲善者其賞厚，苦身爲非者其罪重。公不對。晏子出，令吏拘魯工，令人送之

境，吏不得入。公撤履不復服也。《晏子》

《史記》卷五五《留侯世家》 良嘗閒從容步游下邳圯上，有一老父，衣褐，至良所，直墮其履圯下，顧謂良曰：「孺子，下取履！」良鄂然，欲毆之。爲其老，彊忍，下取履。父曰：「履我！」良業爲取履，因長跪履之。父以足受，笑而去。良殊大驚，隨目之。

《史記》卷一〇二《張釋之馮唐列傳》 王生者，善爲黄老言，處士也。嘗召居廷中，三公九卿盡會立，王生老人，曰「吾韈解」，顧謂張廷尉：「爲我結韈！」釋之跪而結之。既已，人或謂王生曰：「獨柰何廷辱張廷尉，使跪結韈？」王生曰：「吾老且賤，自度終無益於張廷尉。張廷尉方今天下名臣，吾故聊辱廷尉，使跪結韈，欲以重之。」諸公聞之，賢王生而重張廷尉。

《史記》卷一二六《滑稽列傳・東郭先生》 東郭先生久待詔公車，貧困飢寒，衣敝，履不完。行雪中，履有上無下，足盡踐地。道中人笑之，東郭先生應之曰：「誰能履行雪中，令人視之，其上履也，其履下處乃似人足者乎？」

《漢書》卷六三《戾太子劉據傳》 太子之亡也，東至湖，臧匿泉鳩里。主人家貧，常賣屨以給太子。

《漢書》卷七一《雋不疑傳》 武帝末，郡國盜賊羣起，暴勝之爲直指使者，衣繡衣，持斧，逐捕盜賊，督課郡國，東至海，以軍興誅不從命者，威振州郡。勝之素聞不疑賢，至渤海，遣吏請與相見。不疑冠進賢冠，帶櫑具劍，佩環玦，褒衣博帶，盛服至門上謁。【略】勝之開閤延請，望見不疑容貌尊嚴，衣冠甚偉，勝之躧履起迎。

師古曰：履不著跟曰躧。躧謂納履未正，曳之而行，言其遽也。

《後漢書》卷四九《王符傳》 後度遼將軍皇甫規解官歸安定，鄉人有以貨得鴈門太守者，亦去職還家，書刺謁規。規臥不迎，既入而問：「卿前在郡食鴈美乎？」有頃，又白王符在門。規素聞符名，乃驚遽而起，衣不及帶，屣履出迎，援符手而還，與同坐，極歡。時人爲之語曰：「徒見二千石，不如一縫掖。」言書生道義之爲貴也。

《後漢書志》第一三《五行一》 延熹中，京都長者皆著木屐；婦女始嫁，至作漆畫五采爲系。此服妖也。到九年，黨事始發，傳黄門北寺，臨時惶惑，不能信天任命，多有逃走不就考者，九族拘繫，及所過歷，長少婦女皆被桎梏，應木屐之象也。

劉仲達《劉氏鴻書》卷七七《衣帛部》屣 後漢王粲有異才，聞望人多敬之，蔡邕與之爲友。一日，粲來訪邕，邕慌忙倒屣迎之入户。粲笑曰：「屣倒矣。」邕曰：「見客才高，予愚，惟知致禮，不知屣矣。」時邕才學顯著，貴重朝廷，常車騎填巷，賓客紛然。聞粲及門，竟不知其屣之顛倒。《後漢書》

《廣博物志》卷三八 後漢江夏劉勤，家貧，作屩供食。嘗作一兩縷斷，勤置不賣，出行，妻賣以糴米，勤歸責妻，欺取其直，因棄不食。

《三國志》卷二一《魏志・王粲傳》 獻帝西遷，粲徙長安，左中郎將蔡邕見而奇之。時邕才學顯著，貴重朝廷，常車騎填巷，賓客盈坐。聞粲在門，倒屣迎之。粲至，年既幼弱，容狀短小，一坐盡驚。

《北堂書鈔》卷一三六引 魏武《内式令》云：前于江陵得雜綵絲履，以與家人約，當著盡此履，不得效作也。

《北堂書鈔》卷一三六引《會稽典録》曰：賀劭爲人美容止，與人交，久益敬之。在官府，左右莫見其洗沐，坐常著韈，希見其足。

《北堂書鈔》卷一三六引《汝南先賢傳》云：戴良嫁女，布裳木屐，以備炊爨。

《婁承先別傳》云：自云征討常著戎服，未嘗脱屩。

《北堂書鈔》卷一三六引 王隱《晉書》云：温嶠討蘇峻，參軍毛寶爲箭所傷，貫股徹鞌。及歸營，使人拔箭，血流滿靴。

《北堂書鈔》卷一三六引《杜祭酒傳》曰：君治家清貧困窮，學作屐，以資供養之費，屐爲實價，或誤得多直，輒解而還之。

《北堂書鈔》卷一三六引《晉惠帝起居注》曰：愍懷太子賜典兵中郎將複紵韈一緉。

《北堂書鈔》卷一三六引《荆州記》曰：桓司空臨州，與上佐遊於靈溪，劉盛公詣市還，着皂蓋布裙，以杖荷屐詣司空。

《北堂書鈔》卷一三六引《秦記》曰：苻健皇始十年，新平有長人見，語百姓張靖曰：苻氏應天受命，今當太平。新平令以聞，健以爲妖，下靖獄。會大雨霖，河渭溢，蒲津監寇登得一屐于河，長七尺三寸，人跡稱之，指長尺餘，文深一寸。健歎曰：覆載之中，何所不有，張靖所見，定不虚也，赦之。

《廣博物志》卷三八 江州刺史王弘造淵明，無履，弘從人脱履以給之，語左右爲彭澤作履。左右請履度，淵明於衆坐伸脚，及履至，着而不疑。《續陽秋》

《宋書》卷六七《謝靈運傳》 靈運因父祖之資，生業甚厚。奴僮既衆，義故門生數百，鑿山浚湖，功役無已。尋山陟嶺，必造幽峻，巖嶂千里，莫不備盡。登躡常著木履，上山則去其前齒，下山則去其後齒。

《梁書》卷二六《蕭琛傳》 琛少而朗悟，有縱横才辯。起家齊太學博士。時王儉當朝，未爲儉所識，負其才氣，欲候儉。時儉宴于樂遊苑，琛乃著虎皮靴，策桃枝杖，直造儉坐，儉與語，大悦。

《南史》卷七六《沈麟士傳》 沈麟士字雲禎，吴興武康人也。【略】嘗行路，隣人認其所著屐，麟士曰：「是卿屐邪？」即跣而反。隣人得屐，送前者還之，麟士曰：「非卿屐邪？」笑而受之。

《魏書》卷三八《王遵業傳》 嘗著穿角履，好事者多毁新履以學之。

《南史》卷四七《虞玩之傳》 高帝鎮東府，朝廷致敬，玩之爲少府，猶躡屐造席。高帝取屐親視之，訛黑斜鋭，蔑斷以芒接之。問曰：「卿此屐已幾載？」玩之曰：「初釋褐拜征北行佐買之，著已三十年，貧士竟不辦易。」高帝咨嗟，因賜以新屐。玩之不受。帝問其故，答曰：「今日之賜，恩華俱重，但著簪弊席，復不可遺，所以不敢當。」帝善之。拜驃騎諮議參軍。

《北堂書鈔》卷一三六 《俗説》云：劉真長少時，與母任氏寓居京口，家貧，織芒屩以爲養，往市賣之。時方回數出南射堂射，過人無不看，劉初不回顧，方回異而問之，答曰：老母朝未得食，至市貨屩，不得展詣。補

《建康實録》卷十六《齊下·虞玩之傳》 虞玩之字茂瑶，會稽人。祖宗，晉庫部郎。父玫，通直常侍。玩之少閑刀筆，涉書史，官至左丞，上表陳府庫錢帛，器械用度，慮不支月。太祖輔政，鎮東府，朝廷致敬，玩之猶躡屐造席。太祖取屐視之，訛黑斜鋭，蔑斷以芒接之。問曰：「卿此屐已幾載？」玩之曰：「三十一年矣！初拜征北行佐所買，貧士未辦易之。」太祖善之，因賜新屐，不受。曰：「著精日久，弊不可捐，所以不當殊賜。」累位驍騎將軍、黄門侍郎。

《舊唐書》卷一六二《崔戎傳》 改華州刺史，遷兖海沂密都團練觀察等使。將行，州人戀惜遮道，至有解鞾斷鐙者。

《舊唐書》卷一九〇下《文苑傳中·李白》 白既嗜酒，日與飲徒醉於酒肆。玄宗度曲，欲造樂府新詞，亟召白，白已臥於酒肆矣。召入，以水灑面，即令秉筆，頃之成十餘章，帝頗嘉之。嘗沉醉殿上，引足令高力士脱靴，由是斥去。

《新唐書》卷一五九《崔戎傳》 出爲華州刺史，【略】徙兖海沂密觀察使，民擁留于道不得行，乃休傳舍，民至搶持取其鞾。

《新唐書》卷一八三《崔彦昭傳》 與王凝外昆弟也。凝大中初先顯，而彦昭未仕。嘗見凝，凝倨不冠帶，嫚言曰：「不若從明經舉。」彦昭爲憾。至是，凝爲兵部侍郎。母聞彦昭相，敕婢多製履襪，曰：「王氏妹必與子皆逐，吾將共行。」彦昭聞之，泣且拜，不敢爲怨。

《新唐書》卷一九六《隱逸傳·朱桃椎》 朱桃椎，益州成都人。澹泊絶俗，被裘曳索，人莫能測其爲。長史竇軌見之，遺以衣服、鹿幘、麂鞾，逼署鄉正。委之地，不肯服。更結廬山中，夏則羸，冬緝木皮葉自蔽，贈遺無所受。嘗織十芒屩置道上，見者曰：「居士屩也。」爲鬻米茗易之，置其處，輒取去，終不與人接。其爲屩，草柔細，環結促密，人争躡之。

《新唐書》卷二〇二《文藝傳中·李白》 有詔供奉翰林。白猶與飲徒醉于市。帝坐沈香子亭，意有所感，欲得白爲樂章，召入，而白已醉，左右以水頮面，稍解，授筆成文，婉麗精切，無留思。白嘗侍帝，醉，使高力士脱鞾。力士素貴，恥之，擿其詩以激楊貴妃，帝欲官白，妃輒沮止。白自知不爲親近所容，益驁放不自脩，【略】懇求還山，帝賜金放還。

張鷟《朝野僉載》卷一 鄭仁凱爲密州刺史，有小奴告以履穿。凱曰：「阿翁爲汝經管鞋。」有頃，門夫著鞋者至，凱廳前樹上有鴷巢，鴷，啄木也。遣門夫上樹取其子。門夫脱鞋而緣之，凱令奴著鞋而去，門夫竟至徒跣。凱有德色。

李肇《唐國史補》卷上 韋陟有疾，房太尉使子弟問之。延入臥内，行步悉籍茵毯。房氏子弟韈而後登，侍婢皆笑。舉朝以爲韋氏貴盛，房氏清儉，俱爲美談。

李肇《唐國史補》卷上 玄宗幸蜀，至馬嵬驛，使高力士縊貴妃于佛堂前梨樹下。馬嵬店媪收得錦靿一隻。相傳過客每一借翫，必須百錢，前後獲利極多，媪因至富。

馮贄《雲仙雜記》卷一《飛雲履》 白樂天燒丹於廬山草堂，作飛雲履，玄綾爲質，四面以素絹作雲朵，染以四選香，振履則如烟霧。樂天著示山中道友曰：「吾足下生雲，計不久上升朱府矣。」《樵人直説》

杜光庭《録異記》 隱士朱君記《靈池縣圖經》云：朱桃椎者，隱士也。以武德元年，於蜀縣白女毛村居焉。草服素冠，晦名匿位，織屨自給。口無二價。

李昉等《太平廣記》卷一九一《公孫武達》 唐左武衛大將軍公孫武達有膂

力，嘗遇賊，盡刼其衣物，逼武達索靴。武達授足與之，賊俯就引靴，武達毆之，死於手下，以其兵仗禦餘寇，獲免。出《譚賓録》

李昉等《太平廣記》卷一七〇《李丹》 郎中李丹典濠州，蕭復處士寄家楚州白田，聞丹之義，來謁之，且無傭保，棹小舟，唯領一丱歲女僮。時方寒，衣復單弊，女僮尤甚。坐於客次，女僮門外求火燎手，且持其靴去。客吏忽云：「郎中屈處士。」復即芒屩而入。丹揖之坐，略話平素，復忽悟足禮之闕，矍然，乃啓原作起。據陳校本改。丹曰：「某爲飢凍所迫。高堂慈母處分，令入關投親知，無奴僕，有一小女僮，便令將隨參謁，朝至此，僮駭恐懼公衙，失所在，客吏已通，取靴不得，去就踈脱，唯惶悚而已。」丹曰：「靴與履，皆一時之禮。古者解襪登席，即徒跣以爲禮。靴，胡服也。始自趙武靈王，又有何典據，此不足介君子懷，但請述所求意。」遂留從容，復頤旨趣。乃云：「足下相才，他日必領重事。」於是遺使於白田，饋遺復母甚厚，又餞復以匹馬束帛，復後竟爲相。出《乾𦠆子》

朱勝非《紺珠集》卷八《百合履》 《二儀録》云：大歴中進五朶草履，建中間進百合履。

《白孔六帖》卷一二 《唐實録》：大歴中進五朶履。

劉仲達《劉氏鴻書》卷七七《衣帛部》鞋 佛法初入中國，學佛者皆袒肩、跣足，苦行自脩。因僧馮懷義，得幸武氏，恥其跣足，始置鞋，起於唐。《原始秘書》

劉仲達《劉氏鴻書》卷七七《衣帛部》襪 高力士，於妃子臨刑遺一襪，取而懷之。後玄宗夢感，詢力士曰：「妃子遺一襪，汝收乎？」力士因進之，玄宗作銘，有曰：「羅襪羅襪香塵生，不絶細細團團。地下得瓊鉤窄窄，弓弓手中弄新月。又如脱履露纖圓，恰似同衾見時節，時知清夢事非虚，暗引相思幾時歇！」《玄宗遺録》

王棠《燕在閣新知録》卷二六《靴鼻》 《唐書》張説前爲并州刺史，諂事特進王毛仲，餉致金寶，不可勝數，後毛仲巡邊，會説於天雄軍，大宴酒酣，恩敕忽降，授兵部尚書同中書門下三品。説拜謝訖，便把毛仲手起舞，嗅其靴鼻。

《白孔六帖》卷十二 江南李昇常履蒲鞁出。出《九國志》。

王棠《燕在閣新知録》卷二六《銀靴》 《南唐近事》云：元宗幼時，馮權常給使左右，深所親幸，嘗曰：我富貴，爲爾置銀靴。保太初，權言及此事，即日賜銀三十斤，以代銀靴，遂命工鍛靴着之，人皆笑焉。

司馬光《涑水記聞》卷一 太祖性節儉，寢殿設布緣葦簾，嘗出麻屨布衫以示左右，曰：「此吾故時所服也。」右出《聖政録》

蘇軾《東坡志林》卷一《夢中作靴銘》 軾倅武林日，夢神宗召入禁中，宮女圍侍，一紅衣女童捧紅靴一雙，命軾銘之。覺而記其一聯云：「寒女之絲，銖積寸累；天步所臨，雲蒸雷起。」既畢進御，上極歎其敏，使宮女送出。

魏泰《東軒筆録》卷五 翰林故事，學士每白事於中書，皆公服鞁鞋坐玉堂，使院吏入白，學士至，丞相出迎，然此禮不行久矣。章惇爲知制誥直學士院，力欲行之。會一日，兩制俱白事於中書，其中學士皆鞾足秉笏，而惇獨散手繫鞋。翰林故事，十廢七八，忽行此禮，大諠物議，而中丞鄧綰尤肆詆毁。既而罷惇直院，而鞁鞋之禮，後亦無肯行之者。

魏泰《東軒筆録》卷一一 熙寧新法行，督責監司尤切，兩浙路張靚、王庭老，潘良器等因閱兵赴妓樂筵席侵夜，皆黜責。又有因借同寮般家而坐計傭者，有作絲鞋而坐剩利者，降斥紛紛。是時孔嗣宗爲河北路提點刑獄，求分司而去。嗣宗性滑稽，作啟事，叙其意，略曰：「弊屋數椽，聊避風雨；先疇二頃，粗足衣糧。這回自在赴筵，到席不妨聽樂。借得王郎伴舅，且免計傭；賣了黑黍新絲，不憂剩利。」蓋謂是也。

王楙《野客叢書》卷二二《楊妃韈事》 李肇《國史補》注言楊妃死於馬嵬梨樹下，店媪得錦韈一隻，過客傳玩，每出百金，由此致富。《玄宗遺録》又載，高力士於妃子臨刑遺一韈，取而懷之，後玄宗夢妃子云云，詢力士曰：「妃子受禍時遺一韈，汝收乎？」力士因進之，玄宗作《妃子所遺羅韈銘》。有曰：「羅韈羅韈，香塵生不絶。」二説雖不同，皆言妃子有遺韈事。僕始疑其附會，因讀劉禹錫《馬嵬行》，有曰：「履綦無復有，文組光未滅。不見巖畔人，空見淩波韈。郵童愛踪跡，私手解鞶結。傳看千萬眼，縷絶香不歇。」乃知當時果有是事，甚合《國史補》注之説。

談遷《北游録・紀聞上》 新安洪孝廉某計偕，道臨清，值雨後，躡油鞾游于平康見薄。妓攝衣而寢，問之，曰：「我寢衣也。」洪因納鞾衾中，妓作色曰：「何汚我錦衾芳裀乎？」洪曰：「此吾寢鞾也。」遂閧，始知爲孝廉也。乃引謝。

金埴《不下帶編》卷二 李泌宿内院，旦起，或竊泌鞋送帝所，帝曰：「鞋者諧也，當爲弼諧，事宜諧矣。」今人家嘉禮答采，必設絳絲鞋。新婦過平門，進舅姑及諸姑伯姊，必具乾鞋坤鞋諸儀，亦取夫婦諧好去偕老之義，事或本於唐。

王應奎《柳南隨筆》卷二 邵青門善詩，楊子鶴善畫，葉佩蕙善度曲，並居邑之西郊，予嘗目爲「西郊三絶」。一友謂予曰：「西郊本有四絶，奈何遺其一乎？」余訝而問之，友人曰：「沈皮工革履是也。」予爲絶倒。

汪啟淑《水曹清暇録》卷一二　唐崔戎爲華州刺史，徙兗海，百姓遮留，不得行，抱持其韡泣。崔戎棄韡，單騎而遁。今之良吏臨去，民人脱韡，想其遺意也。

英和《恩福堂筆記》卷上　嘉慶甲子秋，隨扈灤陽，蒙恩賞穿緑皮押縫靴，特恩也。逾數年後降旨：御前大臣、軍機大臣、内務府大臣，每遇隨扈，俱準穿緑皮押縫靴。遂爲例。

英和《恩福堂筆記》卷下　余向得明帝二靴，一爲五色皮戰靴，其製略與今同，惟方頭耳。一爲篆底皁靴，製甚工，而其靿以天青地圓金爲之。不知常用者，抑係禮服，俟考。又見明臣朝服，與梨園部演蔡伯喈《辭朝》一齣所著者同。

俞樾《茶香室叢鈔・續鈔》卷二二《孔子履》　明沈德符《野獲編》云：孔子履在晉武庫中，元康中已與斬蛇劍同焚矣。至宋靖康，金人擄去古物，又有女媧琴、孔子履，何邪？豈宣尼行滕尚留二緉邪？又唐宣宗令有司倣孔子履，名魯風鞋，宰相以下俱效之，號遵王履，則似孔子履未焚也。

按，元楊瑀《山居新話》云：大都鐘樓街富民家藏宣聖履，余已載於《叢鈔》卷二十矣。

丁柔克《柳弧》卷四《靴》　都中僕人皆着靴，蓋伶人之僕則着鞋，以示區別也。昔有一京官忽用一外省僕，癡而拙，竟着鞋伺主赴友飲。至則羣譁然，命僕歸去易靴。僕衣服藍縷，不願去，主人訶之歸而易之。去良久而來，來則衆人鬨堂大笑，蓋渠已着主人之方靴來矣。

昔有一笑話云：一老爺衙參，誤着尖靴一、方靴一，至官廳始看出，駴急殊甚。命僕速至家取而更之，而此守候愈急不可耐，蓋恐傳呼而進見也。忽其僕去良久方回，依舊空手。問：「何以不取至？」伊怒對曰：「家中之靴也是一方一尖，取來做甚！」

丁柔克《柳弧》卷四《署門掛靴》　又有某令最畏熱，夏日皆跣足着靴。一日值炎夏，令問一案，怒不可遏，遂下堂親以足踢之。踢者乃一生員也，生員趁其來勢以手脱其靴，狂奔而去，而令之赤足出矣，觀者譁然。令遂退堂，跣而入。有人勸此生以靴掛署門，生從之。不知者至署觀之，鮮不以爲清官之遺愛也。昔有一鄉人至城門，見籠懸盗首，鄉人駭而問人。人曰：「此强盗頭也。」鄉人又至衙前，見掛一靴，忽大悟曰：「我知之矣。」旁人問之，鄉人曰：「城門乃懸强盗之頭，此處乃懸强盗之脚也。」想亦即此令之靴也已。

藝文

張衡《張衡詩文集・同聲歌》　灑掃清枕席，鞮芬以狄香。

張衡《張衡詩文集・南都賦》　於是暮春之禊，元巳之辰。方軌齊軫，祓于陽瀕。【略】於是齊僮唱兮列趙女，坐南歌兮起鄭儛。白鶴飛兮繭曳緒，脩袖繚繞而滿庭，羅韈躡蹀而容與。

徐幹等《建安七子集》卷七《劉楨集・魯都賦》　纖纖絲履，燦爛鮮新。

《藝文類聚》卷七〇《襪》　銘後漢・崔駰《襪銘》曰：機衡建子，萬物含滋。黄鍾育化以養元基。長履景福，至於億年，皇靈既祐，祉禄來臻，本枝百世，子子孫孫。

《初學記》卷二六《履第七》　後漢李尤《文履銘》乃製兹履，文質武斌，允顯明哲，卑以牧身，步此堤道，絶彼埃塵。

曹植《曹植集》卷二《洛神賦》　凌波微步，羅襪生塵。

《編珠》卷三《補遺》引　劉楨《魯都賦》曰：纖纖絲履，燦爛鮮新，表以文綦，綴以朱蠙。

《初學記》卷二六《履第七》　後梁宣帝《詠履詩》雙見應聲宣，並飛時表異。處卑彌更妍，常安豈悲墜。

杜甫《杜工部詩集》卷一三《春日江村五首》之二　過懶從衣結，頻遊任履穿。

杜甫《杜工部詩集》卷一四《秋野五首》之三　稀疏小紅翠，駐屐近微香。

杜甫《杜工部詩集》卷一六《七月一日題終明府水樓二首》之一　看君宜著王喬履，真賜還疑出尚方。

《孟倉曹步趾領新酒醬二物滿器見遺老夫》　楚峯通秋屐，胡牀面夕畦。

杜甫《杜工部詩集》卷一八《祠南夕望》　百丈牽江色，孤舟泛日斜。興來猶杖屨，目斷更雲沙。

白居易《白居易集》卷二八《行香歸》　出作行香客，歸如坐夏僧。牀前雙草屨，簷下一紗燈。

盧綸《盧綸詩集》卷三《渾贊善東齋戲贈陳歸》　長裾珠履颯輕塵，閑以琴書列上賓。公子無譽可邀請，侯嬴此坐是何人。

韓愈《韓昌黎文集》卷一《後漢三賢贊》三首之二　皇甫度遼，聞至乃驚，衣不及帶，屣履出迎，豈若鴈門，問鴈呼卿。不仕終家，吁嗟先生！

李商隱《李義山詩集》卷上《襪》　嘗聞宓妃襪，渡水欲生塵。好借嫦娥著，清秋踏月輪。

元稹《元稹集》卷一二《酬樂天東南行詩一百韻》　鯨吞近溟漲，猿鬧接黔巫。芏屩泅音囚，泳也。牛婦，了頭蕩槳夫。

元稹《元稹集》卷二七《夢遊春詩七十韻》　叢梳百葉髻，金蹙重臺履。

溫庭筠《溫飛卿詩集》附録二《錦鞵賦》　闌裏花春，雲邊月新。耀粲織女之束足，嬿婉嫦娥之結璘。碧繶緗鉤，鸞尾鳳頭。鞾稱「雅舞」，履號「遠遊」。若乃金蓮東昏之潘妃，寶屧臨川之江姬。匍匐非壽陵之步，妖蠱實苧蘿之施。羅韈紅蕖之豔，豐跗皜錦之奇。凌波微步瞥陳王，既蹀躞而容與；花塵香跡逢石氏，倏窈窕而呈姿。擎箱回津，驚蕭郎之始見；李文明練，恨漢后之未持。重爲系曰：瑶池仙子董雙成，夜明簾額懸曲瓊。將上雲而垂手，顧轉盼而遺情。願綢繆於芳趾，附周旋於綺楹。莫悲更衣床前棄，側聽東晞珮玉聲。

許渾《丁卯集·京口津亭送張崔二侍御》　愛樹蒲西津，津亭墮淚頻。素車應度洛，珠履更歸秦。水接三湘暮，山通五嶺春。傷離與懷舊，明日白頭人。

羅隱《羅隱集·甲乙集·得宣州竇尚書書因投寄二首》之二　醉裏舊游還歷歷，病中衰鬢奈蕭蕭。遺簪墜履應留念，門客如今只下僚。

羅隱《羅隱集·甲乙集·暇日有寄姑蘇曹使君兼呈張郎中郡中賓僚》　融酒徒誇無算爵，儉蓮還少最高枝。珊瑚筆架真珠履，曾和陳王幾首詩？

羅隱《羅隱集·甲乙集·途中獻晉州孟中丞》　太平天子念蒲東，又委星郎養育功。昨日隼旟辭闕下，今朝珠履在河中。

羅隱《羅隱集·甲乙集·春日憶湖南舊遊寄盧校書》　旅榜前年過洞庭，曾提刀筆事甘寧。玳筵離隔將軍幕，朱履頻窺處士星。恩重匣中孤劍在，夢餘江畔數峯青。金貂見鵬嘉賓散，迴首昭丘一涕零。

羅隱《羅隱集·甲乙集·尚父偶建小樓特摛麗藻絶句不敢稱揚三首》之二　玳簪珠履愧非才，時凭闌干首重迴。只待淮妖翦除後，别頃巵酒賀行臺。

羅隱《羅隱集·甲乙集·寄鍾常侍》　一從朱履步金臺，蘗苦冰寒奉上台。峻節不由人學得，遠途終是自將來。風高漸展摩天翼，幹聳方呈構厦材。應笑樟亭舊同舍，九州無驗滿爐灰。

張祜《張承吉文集》卷一《題曾氏園林》　十畝長堤宅，蕭疎半老槐。醉眠風卷簟，棊罷日移堦。斫樹遺乘斧，澆花濕笋鞋。還將濟物論，終歲自安排。

段成式《酉陽雜俎》前集卷一《忠志》　安禄山恩寵莫比，錫賚無數，其所賜品目有：緑白平細背席

皮日休《皮子文藪》附録一《屧步訪魯望不遇》　雪晴墟里竹攲斜，蠟屐徐吟到陸家。荒徑掃稀堆柏子，破扉開澀染苔花。壁閒定欲圖雙檜，廚静空如飯一麻。擬受《太玄》今不遇，可憐遺恨似侯芭。

《全唐詩》卷一一九崔輔國《長信草》一作《長信宫》、一作《婕妤怨》　長信宫中草，年年愁處生。故一作時侵珠履跡，不使玉階行。

《全唐詩》卷三八四張籍《送從弟戴玄往蘇州》　乘舟向山寺，着屐到漁一作人家。

《全唐詩》卷三八四張籍《題李山人幽居》　無事焚香坐，有時尋竹行。畫苔藤杖細，踏石笋鞋輕。

《全唐詩》卷三八四張籍《贈太常王建藤杖笋鞋》　蠻藤剪爲杖，楚笋結成鞋。稱與詩人用，堪隨禮寺齋。

《全唐五代詞》卷五薛昭蘊《醉公子》　慢綰青絲髮，光砑吴綾襪。床上小熏籠，韶州新退紅。

梅堯臣《梅堯臣集》卷一《觀理稼》　稂莠日已長，忽忽芟薙初。來時露霑屩，歸去月侵鋤。一腹餒猶甚，百骸勤有餘。吾無力耕苦，謬讀古人書。

梅堯臣《梅堯臣集》卷二《和永叔柘枝歌》(原注)留守相公南莊按舞。　金貂大尹宴清池，綺茵繡幄粲輝映，玳簪珠履何委蛇。

梅堯臣《梅堯臣集》卷一六《寄送謝師厚餘姚宰》　我從淮上歸，君向海濱去。安知無幾舍，邂逅不相遇。頗知飛空雲，到月不得附。月行既不留，雲亦値風故。誠知會合難，豈是忘所赴。我雖躡新屩，心不捨舊屨。誰謂若世人，食瓜思棄瓠。君南我赴北，日見陽雁度。兹欲遠寄音，雁行高且鶩。但誦金石言，於時儻無忤。

梅堯臣《梅堯臣集》卷一八《朧月》　夜晴初見月，雲薄未分明。高樹尚無

影，遠鴻時有聲。下階嫌履濕，閉户認苔生。寂寂牆陰暝，更長已漸傾。一

梅堯臣《梅堯臣集》卷一八《泥》 一夜添春雨，中衢長舊泥。屐黏憂折齒，馬滑畏顛蹄。

《梅堯臣集》卷一八《夜泊虹縣，同施景仁太博河上納涼書事》 與君愛清風，移榻就明月。月落見星繁，星繁如晝熱。霑衣輕露墜，響岸崩湍囓。坐思都城時，誰許脚不韈。

梅堯臣《梅堯臣集》卷二〇《朝天行》 大車高蓋徐方來，天子雙日延英開。犀靴踏玉陞東陛，從臣賜對論宫市。

梅堯臣《梅堯臣集》卷二二《自和》 絮輕遞吹卷，蒲嫩匝堤幽。落果知禽入，行莎覺履柔。

梅堯臣《梅堯臣集》卷二二《十二月十三日喜雪》 三日朔風吹暗沙，蛟龍卷起噴成花。花飛萬里奪曉月，白石爛堆愁女媧。大明廣庭踏朝駕，雉尾不掃黏宫靴。

梅堯臣《梅堯臣集》卷二四《依韻和昭亭山廣教院文鑑大士喜予往還》《宛陵文集》卷四十。下同。 山暖春煙重，林昏古寺藏。谿流過曉漲，嶺樹見新行。馬去侵雲蹟，風來襲野芳。禪衣頻斗藪，蠟屐莫趨蹌。

梅堯臣《梅堯臣集》卷二五《逍遥堂》 江東有賢守，好客似春申。自構杏梁地，不生珠履塵。

晏幾道《小山詞·浣溪沙》之十二 幾摺湘裙煙縷細，一鈎羅襪素蟾彎。紅窗一作綠窗，又作綠箋。紅豆憶前歡。

柳永《樂章集》中卷《荔枝香》 甚處尋芳賞翠，歸去一作來。晚。緩步羅襪生塵，來繞瓊筵看。金縷霞衣輕褪，似覺春遊倦。遥認，衆裏盈盈好身段。

柳永《樂章集》下卷《臨江仙引》其三 羅襪淩波成舊恨，有誰更賦驚鴻？想媚魂香信，算密鎖瑶宫。遊人漫勞倦□，奈何不逐東風。

蘇軾《東坡樂府》卷一《臨江仙》 細馬遠馱雙侍女，青巾玉帶紅韡。溪山好處便爲家。誰知巴峽路，却見一作是。洛城花。

王珪《華陽集》卷五《宫詞》 侍輦歸來步玉堦，試穿金縷鳳頭鞋。堦前摘得宜男草，笑插黄金十二釵。

王珪《華陽集》卷五《宫詞》 數騎紅粧曉獵還，銷金羅韈縷金環。伴伴走馬穿花過，拂拭雕弓對御彎。

黄庭堅《山谷詞》卷一《兩同心》 巧笑眉顰，行步精神。隱隱似朝雲行雨，弓弓樣，羅韈生塵。罇前見玉檻雕籠，堪愛難親。 自言家住天津，生小從人。恐舞罷隨風飛去，顧阿母教穿珠裙。從今去，惟願銀缸莫照離罇。

賀鑄《東山詞》卷一《豔聲歌·太平時》 蜀錦塵香生韈羅，小婆娑。箇儂無賴動人多，是横波。 樓角雲開風捲幕，月侵河。纖纖持酒豔聲歌，奈情何！

賀鑄《東山詞》卷四補遺《望湘人·春思》 須信鸞絃易斷，奈雲和再鼓，曲終人遠。認羅韈無蹤，舊處弄波清淺。青翰棹艤，白蘋洲畔。儘目臨皋飛觀。不解寄、一字相思，幸有歸來雙燕。

蘇過《斜川集》卷三《道中買得草屨》 買得芒鞋拄杖挑，心先向足躡雲霄。山林本是吾歸處，不待移文辱見招。

張元幹《蘆川詞》卷上《沁園春》 功高今古，總蹈危機吞禍胎。争知我，辦青鞋布韈，雁蕩天台。

陸游《劍南詩稿》卷三二《買屐》 一雨三日泥，泥乾雨還作。出門每有礙，使我慘不樂。百錢買木屐，日日繞村行。東阡與北陌，不問陰與晴。青鞋豈不佳，要是欠耐久。何當踏深雪，就飲湖橋酒？

楊萬里《誠齋集》卷九《午熱登多稼亭》 芒鞋葵扇頗蕭然，倦倚胡床不是眠。避暑無藏身去處，追涼行盡竹旁邊。

吕祖謙《東萊集》卷一《題劉氏綠映亭二首》其一 涼葉飄飄不受塵，芒鞵藤杖及清晨。開窻小放前溪入，澄綠光中獨岸巾。

吴文英《夢窗詞》上編《燭影摇紅·元夕雨》 碧澹山姿，暮寒愁沁歌一作蛾。眉淺。障泥南陌潤輕酥，燈火深深院。入夜笙歌漸暖。綵旗翻，《宜男》舞遍。恣遊不怕，素韈塵生，行裙紅濺。

王沂孫《花外集·南浦·春水》 柳外碧連天，漾翠紋漸平、低蘸雲影。應是雪初消，巴山路，蛾眉下窺清鏡。綠痕無際，幾番漂蕩江南恨。弄波素襪知甚處，空把落紅流盡。

王沂孫《花外集·水龍吟·白蓮》 三十六陂烟雨，舊凄涼、向誰堪訴。如今謾說，仙姿自潔，芳心更苦。「羅襪初停，玉璫還解，早淩波去。」試乘風一葉，重來月底，與修花譜。

《全宋詞》王炎《木蘭花慢》 緗桃花樹下，記羅韈、昔經行。至今日重來，人惟獨自，花亦凋零。青鳥杳無信息，遍人間、何處覓雲軿。紅錦織殘舊字，玉簫

吹斷餘聲。

薩都拉《雁門集》卷一《題畫二首》其二　百重樹濕飛瀑，千朵峯欒斷霞。漫著青鞋布韈，來尋石髓胡麻。

薩都拉《雁門集》卷八《寄朱舜咨王伯循了即休》其三　飄飄鶴林僧，布韈青鞋雙。長江飛鉢渡，海磬魚龍撞。遠來作偈別，楚雨鳴秋窗。振錫獨歸去，天花飛滿江。

薩都拉《雁門集》卷一一《雪中妃子》　梁王宴罷下瑶臺，窄窄紅靴步雪來。疑是陽和三月暮，楊花飛處牡丹開。謹案：首句用謝惠連《雪賦》。《明一統志》：梁園在開封府城東南，一名梁苑，漢梁孝王游賞之所。

文徵明《文徵明集》卷一《秋夜懷昌國二首》（壬戌）　初秋雨時霽，夕景斂炎痾。躡屐遵廣除，矯首睇明河。白露浣衣帶，商飈振庭柯。縞月升雲闕，照我東牆阿。

郎瑛《七修類稿》卷三四《詩文類・元末僧》　嘗記元僧有詩云：百丈巖頭掛草鞋，流行坎止任安排。老僧脚底從來闊，未必骷髏就此埋。又一云：殘年節禮送紛紛，盡是豪門與富門。惟有老僧堦下雪，始終不見草鞋痕。

郎瑛《七修類稿》卷三七《詩文類・咏物詩》　咏物之詩，即古賦物之體之變也。【略】謹録明人之詩數首於左，以啓好事者。蘇平《繡鞋》云：幾日深閨繡得成，着來便覺（明本「覺」作「却」）可人情。半灣羅襪凌波小，兩瓣金蓮落地輕。南陌踏青春有跡，西廂立月夜無聲。掃花偶濕蒼苔露，曬向窗前趁晚晴。

談遷《北游録・紀詠上・子夜冬歌四首》之一　霜氣侵玉階。羅襪不堪著。輕紅躡雙鴛。約略三寸弱。

談遷《北游録・紀詠上・自君之出矣》　自君之出矣，朱華零秋霜。芳氣終未殘，薄冰凝餘香。人生非麋鹿，安得拘南岡。宛洛異全盛，長安遂滄桑。言念平生歡，道遠不及詳。絲履五雜組，華裘名驌驦。衣履安素賤，難入少年場。五陵多游冶，輕薄過寥倉。拭我青銅鏡，照膽馳君旁。

談遷《北游録・紀詠下・望邳州諸山》　青山前入望，眉宇頓澄鮮。少見心爲口，長驅路稍偏。孤峯融傲骨，遠水急飛仙。若入邳州道，芒鞋不厭穿。

張煌言《張蒼水集》第二編《閒居》　揮手歸鴻望已乖，風塵依舊兩芒鞋。人居閒處非佳境，事到難時且放懷。無限興亡看越絶，何妨奇怪説齊諧。孤踪轉覺支離甚，一任蒼苔自上階。

褚人穫《堅瓠集》壬集卷二《楊妃襪》　顧俠君秀野草堂詩社有分和元人詠物題内楊鐵崖《詠楊妃襪》云：「天寶年來窄襪留，幾隨錦被煖香篝。月生簾影初絃夜，水浸蓮花一瓣秋。塵點翠盤思亂滾，香拈金鐙憶微兜。懸知賜浴華清日，花底綳兒碧眼偷。」余叔蒼書曰：楊妃襪以馬嵬遺事傳，不得作宮中淫褻語，因爲詩云：「馬嵬遺襪窄勾傳，蓮瓣輕紅尚宛然。天子蒙塵曾共走，諸姨墮翠不同憐。空悲隻錦難尋對，賸有多情爲奉錢。一自亂離收拾得，再回宮寢是何年。」俠君大爲歎服。《堯山堂》載越中詩社鐵崖《題楊妃襪》有「安危豈料關天步，生死猶能繫俗情」之句，詩集不載。

華希閔《廣事類賦》卷二七《服飾部》　韈《説文》足衣也。《唐六典》王公一品朱韈，六品至九品白韈。

龍縞仙材，《幽怪録》巴卭人家，橘中二叟相對象戲。一叟曰：君輸我瀛洲，玉塵九斛，龍縞韈八緉。鴉頭巧製。（李白詩）：履上足如霜，不著鴉頭韈。玳瑁聯輝，班固《與竇憲牋》：將軍憐固，乃賜以玉躬所著瑇瑁韈三具。鴛鴦交綺。《瑯嬛記》太真着鴛鴦並頭蓮錦袴韈。艷取緋羅。《元輿服志》緋羅錦韈一兩。光生複紵。《晉起居注》愍懷太子賜典兵中郎將複紵韈一緉。憐錦袎之餘香，《太真外傳》妃子死之日，馬嵬媼得錦袎韈一隻。每過過客，一翫百錢，前後獲錢無數。浥紅蕖之鮮麗。（杜甫詩）：羅韈紅蕖艷。爾乃凌波步去，《洛神賦》凌波微步，羅韈生塵。細布貽來。秦嘉《與婦徐淑書》奉細布韈二兩。誰識凌雲之舞。《輟耕録》李後主令窅娘以帛繞脚，素襪舞《雲中曲》，回旋有凌雲之態。空多畫竹之材。《蘇集》：文與可厭畫竹，投絹曰：吾將以爲韈，東坡曰：韈材將萃於子矣。不遇張廷尉，王生徒爾爲。《漢書》王生謂張釋之曰：我韈解，爲我結韈。釋之跪結之。王生曰：張廷尉天下名臣，吾欲以重之。

履《合璧事類》單底爲履，以木置履下爲舄，用麻爲屨，亦曰屝。舞人所服爲屣鞋，亦履屬。屨者，履中薦也。小見履曰靸屐，底下有齒。《釋文》履，草屨也。麻曰屩，木曰屐。《説文》鞮，草履也。屣，鞮屬。

緑華金薄，《鄉嬛記》季女贈賢夫，以緑華尋仙之履。張華《金薄篇》足下金薄履，手中雙黄邪。絳地青絲。《東宮舊事》太子納妃，有絳地紋履一緉。《列仙傳》胡母班爲太山府君，齎書請河伯，河伯貽以青絲履。杜甫詩：細軟青絲履。《齊書》高祖儉素，宮人盡令著紫（絲）（皮）履。五文散采，梁武帝詩：頭上金釵十二行，足下絲履五文章。七寶爲綦。《西京襍記》趙合德遺飛燕同心七寶綦履。爾乃赤舄烏皮，《詩》赤舄几几。《唐六曲》凡百官弁服烏皮履。青句黄繶。《周禮・履人》掌王及后之服屨，爲赤舄、黑舄、赤繶、黄繶、青舊爲屐者，齒皆達楄上，名曰露卯。太元中忽不徹，名曰陰卯。識者以爲卯，謀也，必有陰謀之事。至烈宗末，驃騎參軍袁悅之始攬搆內外，隆安中遂謀詐相傾，以致大亂。

《北堂書鈔》卷一二八引《風土記》云：衣美爽之輕裘，躡華光之龍舄。

《宋書》卷三〇《五行志一》 孝武世，幸臣戴法興權亞人主，造圓頭履，世人莫不效之。其時圓進之俗大行，方格之風盡矣。

段成式《酉陽雜俎》前集卷一《禮異》 北朝婦人，常以冬至日進履襪及韡。

《全後魏文》卷二二崔浩《女儀》 近古婦人，常以冬至日上（一作進。）履襪于舅姑，踐長至之義也。（《御覽》二十八，又六百九十七。）

劉昫等《舊唐書》卷四五《輿服志》 武德來，婦人著履，規制亦重，又有線靴。開元來，婦人例著線鞋，取輕妙便於事，侍兒乃著履。

段成式《酉陽雜俎》前集卷三《貝編》 波斯屬國有阿傘荼國，城北大林中有伽藍音佛，於此聽比丘着函縛屣。函縛，此言靴也。

方以智《通雅》卷二八《禮儀》 鞁鞋白事中書，此學士躡履禮也。《夢溪》曰：學士舍人躡履見丞相，用平狀扣階乘馬，近歲多用靴簡。《東軒筆録》曰：故事，學士白事于中書，皆公服鞁鞋。章惇直院，人皆鞹足秉笏，而惇散手繫鞋，怒行此禮，中丞鄧綰怒之。

《廣博物志》卷三八 昔有仙人鳳子者，欲有所度，隱於農夫之中。一日大雨，有隣人來借草履。鳳子曰：他人草履則可借，我之草履乃不借者也。其人怒，詈之。鳳子即以草履擲與，化爲鶴飛去，故後世名草履爲不借。（《致虛閣雜俎》）

談遷《北游録·紀程》 （順治十年閏六月，丁卯，）是夕，酒間聞越中巨室婦締詩社詞社，衣飾詭異。理鬢訖，復揉爲亂絲，垂垂紛紛，笄不加首，俾青衣持之。衣長内而短外，遞襲遞短，弓履本窄，特長若干寸，綿貫其前，貴其直而不纖。噫，真妖服也。晉太康時，婦人皆方頭履，與男子亡異，今書之，備《五行志》之闕。

王有光《吴下諺聯》卷二《靴裏無襪自得知》 靴所以華其外，襪所以實其中，乃是表裏相副，二者不可得兼，舍靴而取襪者也。蓋有襪無靴，跌撲不破，有靴無襪，寸步難行。彼猶謂人之不知也，人雖不知，己自得知。大當己自得知之境，最難爲情，謂爲無襪，則生愧心，謂爲有襪，則生欺心。噫，其不至脱空靴也幾希！

顧禄《清嘉録》卷一二《過年鞋》 新婦度歲必先日整治潔履，至是以獻於舅姑，謂之過年鞋。

案，段成式《酉陽雜俎》北朝婦人以冬至日進履襪及韡。又崔浩《女儀》冬至，上履襪于舅姑。謂古人履長之義，吴俗以除夕。又婦女繡履，年尾必更製一新以度歲，亦名過年鞋。吴縠人詩云：「料理年頭事，花鞋取樣工。雙彎履新吉，一梭試春紅。鏡檻徐行處，鐙簾淺立中。往時呵凍繡，玉指記匆匆。」又家景文詞云「杏子紅幫鵝兒黄，袖一尖新窄過年鞋。」

俞樾《茶香室叢鈔四鈔》卷二四《明李文正小朱履》 國朝孫承澤《春明夢餘録》云：「懷麓堂，李文正第堂名也。公名東陽，字賓之，四歲舉神童，六歲、八歲兩召見。公殁後，故第業已易主。嘉靖乙酉，耿公定向贖回，構一小祠，塑公遺像，其中有一櫝貯公紵衫及小朱履。」蓋公幼時著以見上者，櫝上耿公刻銘。

俞樾《茶香室叢鈔四鈔》卷二四《楊妃韈》 元西域辛文房《唐才子傳》云：「李遠初牧湓城，求天寶遺物，得秦僧收楊妃韈一裲，珍襲呈諸好事者曰：僕自獲凌波片玉，軟輕香窄，每一見，未嘗不在馬嵬下也。」按，《太真外傳》「妃死之日，馬嵬媪得錦靿韈一隻，每遇過客，一翫百錢。」則楊妃之韈，爲馬嵬媪所得，而李遠又得之於秦僧，一韈二韈。又有「軟輕香窄」之語，豈唐宫已纏足乎？

繆荃孫《藝風堂文續集》卷四《婦女裹足考》 《道山新聞》云：窅娘以帛纏足，令纖小屈上，作新月狀。《揮麈餘話》云：建炎時，樞密議官向宗厚纏足極彎，長於鉤距。王俏戲之，謂腳似楊貴妃，言朝鞖過彎，上似其時婦人腳也。鬼董云：紹興末，臨安樊生遊於湖上寺閣，得女子履，絶弓小，張循王妾履也。《游宦紀聞》云：永福鄉有一張姓僧，有富室攜少女求頌，僧曰：好弓鞋，敢求一隻，裂其底，襯紙乃佛經也。其時鞋前彎，故謂之弓。《宋史·五行志》云：理宗朝，宫女束足纖直，名快上馬。則束足令直，始理宗朝，時直則不弓矣。吴自牧《夢粱録》云：小腳船專載賈客小妓女，荒鼓板燒香婆嫂。宋時幾以爲婦人通稱。《輟耕録》云：元豐以前猶少裹足，宋末遂以大足爲恥，此南宋時事。而《嶺外代答》云：安南國婦人足加鞋韈，游於衢路，與吾人無異。所謂吾人，今廣西人，是宋時嶺外皆不裹足。《輟耕録》云：程鵬舉宋末被擄，配一宦家女，以所穿鞋易程一履。是其時宦家亦有不裹足者，至金元之制。《楓窗小牘》云：汴京閨閣，宣和以後花鞾弓履，窮極金翠，今虜中閨飾復爾，瘦金蓮，方瑩面，丸徧體香，皆自北傳南者。是金循舊俗，而元時南人亦有不弓足者。《湛淵靜語》云：伊川先生後人居池陽，其族人婦人不纏足。蓋言其族女子不肯隨流俗纏足也。今《野獲編》則云：明時浙東丐户，男不許讀書，女不許裹足，是反以裹足爲貴。今徽州甯國小户亦然，積習所以難反。然《明史·輿服志》云：皇后青韈舄，飾以描金雲龍，皁純，每舄首加珠五顆。皇妃、皇嬪及内命婦青韈舄，皇太子妃韈舄同命婦九品青韈舄，宫人則弓樣鞋，上刺小金花，是貴人不以裹足入制，而弓爲利屣，蓋般尖靸鞋。沈德符《野獲編》云：向聞禁掖中被選之女入内，皆解去足紈，别作弓樣，後遇掃雪人，從内拾得宫婢敝履，始信其説不誣。黄道周《三事紀略》云：弘光選婚，懿旨以國母須不束足，則明時制度過南宋遠矣。是始於南唐，盛於南宋初，則賤者裹之，繼則縉紳效之，七百餘年寖成風俗，至有據武梁祠畫象謂上古即弓足，據《古樂府·雙行纏曲》謂齊梁即弓足，前人已辨之，不贅。

李昉等《太平廣記》卷四八五《東城老父傳》 今北胡與京師雜處，娶妻生子，長安中少年有胡心矣。吾子視首飾韡服之制，不與向同，得非物妖乎？

附一：編織總部

《附一：編織總部》提要

我國古代編織業向稱繁盛，許行「其徒數十人，皆衣褐，捆屨，織席以爲食」（《孟子・滕文公上》）。可見早在先秦時期，便有以織草鞋、席子爲生者。編織産品品種繁多，涉及生活、生産等各方面；古人重祭祀，一些祭品便是裝在筐筥中以供奉神靈祖先。

本總部全力收録了我國古代編織手工業的有關資料，下不設經目，緯目有題解、綜述、紀事、藝文、雜録。

目録

題解

《**書・顧命**》牖間南嚮，敷重篾席，黼純。孔安國傳：篾，桃枝竹，白黑雜繒緣之。

孔穎達疏：此篾席與《周禮》次席一也。鄭注：彼云次席，桃枝席，有次列成文。鄭玄不見孔傳，亦言是桃枝席，則此席用桃枝之竹，必相傳有舊説也。鄭注此下則云：篾，析竹之次青者。王肅云：篾席，纖蒻苹席，並不知其所據也。

《**書・顧命**》西序東嚮，敷重底席，綴純。孔安國傳：底，蒻苹。

孔穎達疏：《禮》注謂蒲席爲蒻苹，孔以底席爲蒻苹，當謂蒲爲蒲蒻之席也。史游《急就篇》云：蒲蒻藺席，蒲蒻謂此也。王肅云：底席，青蒲席也。鄭玄云：底，致也，篾纖致席也，鄭謂此底席亦竹席也。凡此重席，非有明文可據，各自以意説耳。綴者，連綴諸色。席必以彩爲緣，故以綴爲雜彩也。

《**書・顧命**》東序西嚮，敷重豐席，畫純。孔安國傳：豐，莞。彩色爲畫。

孔穎達疏：《釋草》云：莞，苻蘺。郭璞曰：今之西方人呼蒲爲莞，用之爲席也。又云：莀，鼠莞。樊光曰：《詩》云下莞上簟。郭璞曰：似莞而纖細，今蜀中所出莞席是也。王肅亦云：豐席，莞。鄭玄云：豐席，刮凍竹席。《考工記》云：畫繢之事雜五色，是彩色爲畫。蓋以五彩色畫帛以爲緣。鄭玄云：似雲氣畫之爲緣。

《**書・顧命**》西夾南嚮，敷重筍席，玄紛純。孔安國傳：筍，蒻竹。玄紛，黑綬。

孔穎達疏：《釋草》云：筍，竹萌。孫炎曰：竹初萌生謂之筍。是筍爲蒻竹，取筍竹之皮以爲席也。紛則組之小別。鄭玄《周禮》注云：紛如綬，有文而狹者也。然則紛、綬一物，小大異名，故傳以玄紛爲黑綬，鄭於此注云：以玄組爲之緣。

《**詩・周南・兔罝**》肅肅兔罝，椓之丁丁。毛亨傳：兔罝，兔罟也。孔穎達正義：《釋器》曰：兔罟謂之罝。

《**詩・衛風・碩人**》施罛濊濊，鱣鮪發發。毛亨傳：罛，魚罟。孔穎達正義曰：《釋器》云魚罟謂之罛。李巡曰：魚罟，捕魚具也。

《**詩・王風・兔爰**》有兔爰爰，雉離于羅。毛亨傳：鳥網爲羅。

孔穎達疏：《釋器》云：鳥罟謂之羅。李巡曰：鳥飛張網以羅之。

《**詩・齊風・敝笱**》敝笱，刺文姜也。毛亨傳：笱，取魚器也。

《**詩・齊風・載驅**》載驅薄薄，簟茀朱鞹。毛亨傳：簟，方文席也。車之蔽曰茀。

孔穎達正義曰：《斯干》説鋪席燕樂之事云：下莞上簟。簟字從竹，用竹爲席，其文必方，故云方文席也。車之蔽曰茀，謂車之後户也。《説文》云：鞹，革也。獸皮治去毛曰革，鞹是革之別名。

《**詩・豳風・七月**》晝爾于茅，宵爾索綯。毛亨傳：宵，夜。綯，絞也。

鄭玄箋：爾，女也。女當晝日往取茅歸，夜作絞索，以待時用。

《**詩・豳風・九罭**》九罭之魚，鱒魴。毛亨傳：九罭，緵罟小魚之網也。鱒魴，大魚也。

鄭玄箋：設九罭之罟，乃後得鱒魴之魚，言取物各有器也。

陸德明音義：罟，音古。今江南呼緵罟爲百囊網也。

孔穎達正義曰：《釋器》云：緵罟謂之九罭。九罭，魚網也。孫炎曰：九罭謂魚之所入有九囊也。郭朴曰：緵今之百囊網也。

《**詩・小雅・鹿鳴**》吹笙鼓簧，承筐是將。毛亨傳：筐，篚屬。

《**詩・小雅・斯干**》下莞上簟，乃安斯寢。鄭玄箋：莞，小蒲之席也。

陸德明音義：莞，音官。徐又九完反。草叢生水中，莖圓，江南以爲席，形似小蒲而實非也。

孔穎達正義曰：《釋草》云：莞，苻蘺。某氏曰：《本草》云：白蒲，一名苻蘺，楚謂之莞蒲。郭璞曰：今西方人呼蒲爲莞蒲，今江東謂之苻蘺，西方亦名蒲，用爲席。言小蒲者，以莞蒲一草之名，而《司几筵》有莞筵蒲筵，則有大小，爲席精麤，故得爲兩種席也。知莞用小蒲者，以《司几筵》設席皆麤者在下，美者在上，其職云：諸侯祭祀之席，蒲筵繢純，加莞席紛純，以莞加蒲，明莞細而用小蒲，故知莞小蒲之席也。

《**詩・小雅・鴛鴦**》鴛鴦于飛，畢之羅之。

孔穎達正義曰：《釋器》云：鳥罟謂之羅。《月令》云：羅網畢翳。注云：罔小而柄長謂之畢。

《**詩・小雅・采菽**》汎汎楊舟，紼纚維之。毛亨傳：紼，繂也。

孔穎達正義曰：《釋水》云：紼，繂也。孫炎曰：繂，大索也。李巡曰：繂竹爲索，所以維持舟者。孫炎曰：舟止繫之於樹木，戾竹爲大索。然則紼訓爲繂，繂是大緪。

《**詩・大雅・行葦**》肆筵設席，授几有緝御。毛亨傳：設席，重席也。

孔穎達正義：既言肆筵，上又設席，故知重席也，不過下莞上簟而已。《春官・司几筵》注云：筵亦席也。鋪陳曰筵，籍之曰席。然則言之筵席通矣。彼以在下爲鋪陳，在上人所蹈籍，故在下者稱筵，在上者稱席，此當與之同也。

《**周頌・良耜**》序　良耜，秋，報社稷也。毛亨傳：耜，田器也。

其饟伊黍，其笠伊糾。毛亨傳：笠所以禦暑、雨也。孔穎達正義曰：笠之爲器，暑、雨皆得禦之，故兼言也。

《周禮・天官・籩人》 籩人掌四籩之實。鄭玄注：籩，竹器如豆者，其容實皆四升。孫詒讓【疏】注云「籩，竹器如豆者」者，《論語・述而》皇疏云：「竹曰籩，木曰豆。豆盛菹醢，籩盛果實，並容四升。柄尺二寸，下有跗也。」案：籩與豆形制大同，蓋亦有校有鐙，但編竹作之爲異，故《爾雅・釋器》謂之竹豆。

《周禮・天官・玉府》 〔玉府〕掌王之【略】衽席。鄭玄注：鄭司農云：「衽席，單席也。」孫詒讓【疏】「掌王之衽席」者，賈疏云：「衽席者，亦燕寢中臥席。」鄭司農云「衽席，單席也」者，賈疏云：「案《曲禮》云：『請衽何趾。』鄭注云：『衽，臥席。』又案：《斯干詩》云『下莞上簟』，《内則》云『斂枕篋，簟席，襡器而藏之』。司農云單席，則臥之簟席。」案：賈説是也。《曲禮》云：「請席何鄉，請衽何趾。」彼文以衽爲臥席，對席爲坐席言之。此經衽席與牀笫並舉，則衽席並爲寢臥之席可知。《士昏禮》：「御衽于奥，媵衽良席在東，北止。」是臥席稱衽，亦稱席也。《既夕記》云：「設牀笫當牖，衽下莞上簟。」此士禮遷尸之席，與生時臥席同。《禮器》孔疏引熊氏云：「天子臥席則亦下莞上簟，《詩・斯干》所云是也。」《詩・小雅》疏亦謂寢臥之席，自天子以下莞簟同。依熊、孔説，則此經衽席即下莞上簟之臥席也。先鄭云單席者，《禮器》云：「天子之席五重。」此臥席蓋下鋪莞席五重，而上加簟席不重，不重即單席也。先鄭意，經衽爲親身之簟席，席則在下之莞席，衽席異物，猶《内則》簟席對文。鄭注亦云「簟，席之親身也。」若然，衽席單席乃專釋衽字，因文便，連言席，猶《酒正》注澄酒三酒，專釋酒字而連言澄也。凡《禮經》同席而累設之謂之重，異席則謂之加。上席有再加，而皆止一席，故曰單，單者不重之謂，非無加之謂也。詳《司几筵》疏。

《周禮・夏官・羅氏》 羅氏掌羅烏鳥，蜡則作羅襦。鄭玄注：鄭司農云：襦，細密之羅。

《周禮・夏官・挈壺氏》 挈壺氏掌挈壺以令軍井，挈轡以令舍，挈畚以令糧。鄭玄注：畚，所以盛糧之器。

《周禮・冬官・筐人》 筐人。闕。孫詒讓【疏】「筐人」者，《説文・匚部》云：「匡，飯器筥也，重文筐，匡或从竹。」此工文闕，職事無攷。《毛詩・小雅・鹿鳴》傳云：「筐，篚屬，所以行幣帛也。」《書・禹貢》記九州地貢，又別有篚爲織文絲纊之屬，僞孔傳謂盛於筐篚而貢焉。則此有筐人，疑亦治絲枲布帛之工，故與畫繢、㡛氏相次也。

《儀禮・大射》 小射正奉決拾以笥。鄭玄注：笥，萑葦器。

《儀禮・聘禮》 夫人使下大夫勞以二竹簋方。鄭玄注：竹簋方者，器名也。以竹爲之，狀如簋而方，如今寒具筥。筥者圜，此方耳。

《禮記・曲禮上》 助葬必執紼。《釋文》：紼音弗。

鄭氏曰：葬，喪之大事。紼，引車索。　孔氏曰：繩屬棺曰紼，屬車曰引。

《禮記・曲禮上》 奮衣由右上，取貳綏跪乘，孫希旦集解　孔氏曰：綏，登車索。綏有二：一是正綏，擬君之升；一是副綏，擬僕右之升。故取貳綏而升也。執策分轡驅之，五步而立。孫希旦集解　孔氏曰：轡，御馬索也。車一轅而四馬駕之，中兩馬夾轅者名服馬，兩邊名騑馬，亦曰驂馬。每一馬有兩轡，四馬八轡。驂馬内轡繫於軾前，餘六轡分置兩手，一手執杖，以三轡置空手中，以三轡置杖手中，故曰「執策分轡驅之」。

《禮記・月令》 季春之月，【略】田獵罝罘，羅罔畢翳，餧獸之藥，毋出九門。鄭玄注：獸罟曰罝罘，鳥罟曰羅。小而柄長謂之畢。是月也，【略】具曲植籧筐。鄭玄注：時所以養蠶器也。曲，薄也。　孫希旦集解　《釋文》：方曰筐，圓曰筥。

《左傳・隱公三年》 筐筥錡釜之器。杜預注：方曰筐，員曰筥。

《左傳・宣公二年》 寘諸畚。杜預注：畚以草索爲之，莒屬。

《左傳・宣公十一年》 稱畚築。杜預注：畚，盛土器。

《禮記・曲禮上》 請席何鄉，請衽何趾。鄭玄注：衽，臥席也。

《論語・雍也》 一簞食，一瓢飲。孔曰：簞，笥也。

《孝經・親喪》 陳其簠簋而哀慼之。　玄宗注：簠簋，祭器也。陳奠素器而不見親，故哀慼也。

邢昺注疏：簠簋，祭器也者，《周禮・舍人職》云：凡祭祀，共簠簋實之陳之，是簠簋爲器也。故鄭玄云：方曰簠，圓曰簋。盛黍稷、稻粱器云。陳奠素器而不見親，故哀慼也者，下《檀弓》云：奠以素器，以生者有哀素之心也。又案：陳簠簋在衣衾之下，哀以送之上，舊説以爲大斂祭是不見親，故哀慼也。

《爾雅・釋詁弟一》 貉、縮，綸也。郭璞注：綸者，繩也。謂牽縛。縮、貉之今俗語亦然。

郝懿行義疏：《釋名》云：綸，倫也。作之有倫理也。《説文》云：綸，青絲綬也。綬亦繩。故《詩》「言、綸之繩」。《説文》繩索也。《釋器》云：繩之謂之縮之，即《詩》「縮版以載」也。貉，讀爲貊，其德音之貊。貉縮，謂以縮牽連緜絡之也。聲轉爲莫縮。《檀弓》云：今一日而三斬板。鄭玄注：斬板謂斷莫縮也。莫縮即貉縮。謂斬斷束板之繩耳。又轉爲摸蘇。《淮南・俶真篇》云：以摸蘇牽連物之微妙。高誘注：摸蘇猶摸索，又變爲落索。《顔氏家訓》引諺云：落索阿姑餐。落索蓋緜聯不斷之意。今俗語猶然。又變爲莫落。《新序雜事・二》云：翡翠珠璣，莫落，連飾。又爲幕絡。《釋名》云：幕，膜也。幕絡一體也。又云幕絡也。言牢絡在衣表也。又云：煮繭曰莫。莫，幕也。貧者著衣可以幕絡絮也。或謂之牽離煮熟爛牽引使離散，如絲然也。凡此諸文皆與《爾雅》「貉縮」義近。

《爾雅・釋宮弟五》 屋上薄，謂之筄。郭璞注：屋笮。

郝懿行義疏：薄即簾也。以葦爲之，或以竹屋上薄亦然。謂之筄者，《玉篇》云：筄屋，危也。屋棟爲危，以至高而得名。郭璞云屋笮者，《説文》笮，迫也。在瓦之下，棼上。《釋名》

云：笮，迮也。編竹相連迫，迮也。《匠人》注云：重屋複笮也。蓋凡屋皆有笮，重屋故複笮矣。

《爾雅·釋器弟六》 緵罟謂之九罭。九罭，魚罔也。郭璞注：今之百囊罟是亦謂之罽，今江東謂之緵。 嫠婦之笱謂之罶。《毛詩》毛亨傳曰：罶，曲梁也。謂以薄爲魚笱。 罺謂之汕。 郭璞注：今之撩罟。 篧謂之罩。 郭璞注：捕魚籠也。 槮謂之涔。郭璞注：今之作槮者，聚積柴木於水中，魚得寒，入其裏藏隱，因以薄圍捕取之。

郝懿行義疏：罔者，《説文》云：庖犧所結繩以漁九罭者。《詩》毛亨傳云：九罭緵罟，小魚之網也。孔穎達正義引孫炎曰：九罭謂魚之所入有九囊也。按囊所以持魚，即今之網口。罭之言域也，所以囊括爲界域。緵之言總也，孟子所謂「數罟」，言其網目細密，故毛亨以爲小魚之網。《御覽》八百卌四引《韓詩》曰：九罭取蝦芘也。《文選·西京賦》云：布九罭，揔鯤鮞。與韓毛義合。李善注：罭與緎古字通。按罭緎俱非古字。蓋《文選》本作緎，今從《詩》改作罭矣。笱者，《説文》云：曲竹捕魚笱也。罶曲，梁寡婦之笱魚所留也。《釋訓》云：凡曲者爲罶。《詩·魚麗》孔穎達正義引孫炎曰：罶曲，梁其功易，故謂之寡婦之笱。今按孫義未免望文生訓。蓋寡婦二字合聲爲笱，嫠婦二字合聲爲罶，正如不來爲貍，終葵爲椎，古人作反語，往往如此。孫炎以義求之，鑿矣。今河上人曲竹爲笱，其口可入而不可出，故《淮南·兵略篇》云：發笱門是其制也。罺者，樔之或體也。《詩·南有嘉魚》毛亨傳：汕汕，樔也。鄭玄箋云：樔者，今之撩罟也。是罺古作樔，或作罺。《御覽》引舍人曰：以薄罺魚曰罺者也。《詩》孔穎達正義引李巡曰：汕，以薄汕魚。孫炎曰：今之撩罟。按：撩罟，今謂之抄網也。汕者，《説文》以爲魚游水貌，引《詩》「烝然汕汕」與《爾雅》異也。篧者，籗之或體也。《説文》作籗，或省作篧，云罩魚者也。罩，捕魚器也。《詩》毛亨傳云：罩，罩篧也。孔穎達正義引李巡曰：篧，編細竹以爲罩，捕魚也。孫炎曰：今楚罩也。然則罩以竹爲之，無竹則以荆，故謂之楚罩。今按，此義亦非。蓋楚罩二字合聲爲篧也，今魚罩皆以竹，形似雞罩，漁人以手抑按，於水中以取魚。故《淮南·説林篇》云：罩者抑之。抑即按也。槮者，糝之誤字也。《釋文》槮，《爾雅》舊文并《詩》毛亨傳竝米旁作。《小爾雅》木旁作。郭因改米從木。《詩潛》《釋文》大意同。按毛亨傳：潛，糝也。然則槮古本作糝。故《御覽》引舍人曰：以米投水中養魚爲涔也。《詩》正義引李巡同唯米作木，爲異。今萊陽人編楚爲篅笆，沈之水底，投米其中，候魚入食舉而取之，是即《爾雅》所謂糝也。後人不知糝字之義，改米從木，因生積柴之説。故《詩》正義引孫炎曰：積柴養魚曰槮是。郭璞注本孫炎特暢其説，陸德明謂郭璞始改米从木，非也。槮乃罧之段音。《説文》云：罧積柴水中，以聚魚也。《淮南·説林篇》云：罧者扣舟。高誘注：罧者，以柴積水中以取魚，魚聞擊舟聲藏柴下，壅而取之。然則《説文》罧字義本《淮南》而非《爾雅》之義。《爾雅》自以作糝，爲是矣。涔者，潛之段音也。《毛詩》作潛，《韓詩》作涔，故《釋文》引《韓詩》云：涔，魚池。《小爾雅》作橬。云：橬，槮也。今亦改作潛矣，《釋文》可證。

《爾雅·釋器弟六》 鳥罟謂之羅。謂羅絡之。 兔罟謂之罝。罝，猶遮也。見《詩》。 麋罟謂之罞。郭璞注：冒，其頭也。 彘罟謂之羉。郭璞注：羉，幕也。 魚罟謂之罛。郭璞注：最大罟也。今江東云。 繴謂之罿。罿，罬也。 罬謂之罦。罦，覆車也。郭璞注：今之翻車也。有兩轅，中施罥以捕鳥。展轉相解，廣異語。

郝懿行義疏：《説文》云：罟，网也。羅，以絲罟鳥也。古者芒氏初作羅。《詩·兔爰》毛亨傳：鳥網爲羅。孔穎達正義引李巡曰：鳥飛張網以羅之。按《方言》云：羅，謂之離，離謂之羅。是羅、離聲轉義同。故《詩》「魚網之設，鴻則離之」。離即羅矣。罝者，《説文》云：兔网也。《詩·兔罝》孔穎達正義引李巡曰：兔自作徑路，張罝捕之也。按罝之言阻也。兔性狡而善逸，張者必於要路阻之也。《説文》罟，兔罟也。是罝又名罟。罟，省作罘。《月令》鄭玄注：獸罟曰罝罘。是也。顧氏炎武《日知録》云：得兔忘蹏。蹏，古罘字通，《玉篇》罘，徒犂切，兔罔。兔罥也。然則罘又罝之異名矣。罞者，冒也。郭璞云：冒其頭。蓋網麋者必罥其角也。《御覽》八百卌二引舍人曰：麋有難制，張罞也。《釋文》：罞本或作茅，又音蒙。蓋茅段借蒙聲轉也。羉者，郭璞云幕也。謂幕絡之。《釋文》羉，又莫潘反，此音是也。羉、幕一聲之轉。《釋文》又云：羉本或作罠。亡巾反，罠、羉亦聲轉也。網彘者，必罥其足。《孟子》云：又從而招之。趙岐注：招，罥也。亦謂罥其足也。《文選·吴都賦》云：罠蹏連綱。劉逵注：罠麋網。《廣雅》云：罠，兔罟。《説文》又云：罠，釣也。其不同如此。張協《七命》云：布飛羉，張修罠。李善注引《爾雅》云：羉或作罠，又云羉，或爲羅。按：羉音力端反，則與羅聲轉。《御覽》引舍人曰：彘剛惡齕人，故張網而羅之也。然則舍人本羉蓋作羅矣。罛者，《魯語》云：講罛罶。《説文》云：魚罟也。《詩·碩人》孔穎達正義引李巡曰：魚罟，捕魚具也。郭璞云：最大罟(者)[也]。以上云緵罟，是其小者，此罛最大，故別言之。繴者，《説文》用《爾雅》又云：罿，罬也。罬，捕鳥覆車也。俱本《爾雅》罿、罬，讀若衝拙，亦聲相轉也。《詩》兔爰。《釋文》引《韓詩》云：施羅於車上曰罿。罦者，《説文》作罬，或作罦，云覆車也。引《詩》「雉離于罦」。《詩》孔穎達正義引孫炎曰：覆車網可以掩兔者也。一物五名，方言異也。郭璞云：今翻車有兩轅，中施罥者。《月令》孔穎達正義引孫炎云：覆車是兩轅網。

《爾雅·釋器弟六》 絇，謂之救。郭璞注：救絲以爲絇，或曰亦罥名。

郝懿行義疏：絇者，《説文》云：纑繩，絇也。讀若鳩。《玉篇》云：又音衢。履頭飾也。《周禮·屨人》青句。鄭玄注云：絇謂之拘，著舃屨之頭以爲行戒。《士冠禮》青絇。鄭玄注云：絇之言拘也，以爲行戒。狀如刀衣，鼻在屨頭。然則鄭玄本《爾雅》作絇，謂之拘。拘、救聲轉。郭璞本作絇，謂之救。救，蓋借聲，救之言糾也。糾繚，斂聚之意。《穀梁·襄廿七年傳》云：織絇邯鄲。是絇織絲爲之也。《爾雅釋文》絇，苦侯、其俱二音。郭蓋苦侯反，與救相韵。絇、拘竝从句聲。古讀句若鉤。此皆以聲爲義也。郭引或説亦罥名，蓋舊注之文。

《爾雅·釋器弟六》 蓐謂之兹。郭璞注：《公羊傳》曰：屬負兹。兹者，蓐席也。

【略】簀謂之笫。郭璞注：牀版。

郝懿行義疏：蓐者，席薦之名。《一切經音義》引《三蒼》及《華嚴經音義》引《聲類》竝云：蓐，薦也。《左氏·文七年傳》：秣馬蓐食。《宣十二年傳》軍行右轅，左追蓐。皆以蓐爲草薦也。其有著者，則謂之茵。《少儀》云：茵席。鄭玄注：茵，箸蓐也。茲者，草也。《素問·五藏生成篇》云：色見青如草，茲者死。蓋以茲爲草席也。郭璞引《公羊·桓十六年傳》云：屬負茲。《史記·周本紀》云：衛康叔封布茲。裴駰集解引徐廣曰：茲者，藉席之名。諸侯病曰「負茲」。其以龍鬚草爲席者，謂之龍茲。《荀子·正論篇》楊倞注：龍茲，即今之龍鬚席。其以草薦馬者，謂之馬茲。《周禮·圉師》：春除蓐。鄭玄注：蓐，馬茲也。【略】○簀者，《說文》云：牀棧也。《檀弓》鄭玄注：簀，牀笫也。笫者，《說文》云：簀也。按簀以竹爲之，許慎云牀棧，郭璞云牀版，皆謂分析竹片施於牀榦之上，故《易》剝牀以辨。《釋文》引黄云：辨，牀簀也。蓋辨爲分析之名，施於牀上辨辨然。其義與許、郭合矣。本以竹片爲簀，因而竹席亦名簀。故《史記·范雎傳》云：卷以簀置厠中。蓋謂竹席耳。司馬貞索隱以簀爲「葦荻之薄」，非也。既以牀薦爲簀，因而牀亦名簀。故《方言》云：牀，齊魯之閒謂之簀。陳楚之閒，或謂之笫。《左氏·襄廿七年傳》牀笫之言。孔穎達正義引孫炎曰：牀也，蓋直以笫爲牀之通名，雖義本《方言》而乖於雅訓。何以明之，《喪大記》云：設牀襢笫。鄭玄注：襢笫，袒簀也。既言牀又言笫，可知以笫爲牀，非也。《周禮·玉府》云：衽席牀笫。既言席又方笫，可知以簀爲席，亦非矣。

《爾雅·釋草弟一三》 蓆，鼠莞。亦莞屬也，纖細似龍須，可以爲席。蜀中出好者。

郝懿行義疏：《說文》：莞，艸也，可以作席。《書》孔穎達正義引樊炎曰：《詩》云「下莞上簟」。郭璞注云：似龍須者。《中山經》云：賈超山多龍修。郭璞注：龍須也。似莞而細，出山石穴中，可以爲席。是鼠莞，即龍須之屬。龍須，《本草》名石龍芻，一名草續斷。《一切經音義四》引《爾雅》作蓽鼠莞。今从宋本作蓆，疑書寫之誤，宜據以訂正。

《爾雅·釋草弟一三》 勤，鼠尾。郭璞注：可以染皁。

郝懿行義疏：勤，一名鼠尾。吳普《本草》名山陵翹。陶注：田野甚多，人採作滋染皁。《蜀本》注云：葉如蒿莖，端夏生。四、五穗，穗若車前。華有赤、白二種。按今蔓草，野人呼鴝子觜。結莢鋭長，形如鳥觜，亦似鼠尾也。《御覽》九百九十五引孫炎云：勤，巨盈切，可染皁。

《爾雅·釋草弟一三》 孟，狼尾。郭璞注：似茅，今人亦以覆屋。

郝懿行義疏：孟，《玉篇》作莔，俗。《御覽》九百九十四引《廣志》云：狼尾子可作黍。《子虛賦》云：其卑溼則生藏莨、蒹葭。《史記》裴駰集解引《漢書音義》云：莨，莨尾草也。是莨尾，即狼尾。郭璞注：《子虛賦》云：藏莨，草中牛馬芻。按今狼尾，似茅而高人以苫屋，俗名蘆稈莛。

《爾雅·釋草弟一三》 藾，薡董。郭璞注：似蒲而細。

郝懿行義疏：《說文》：董，鼎董也。《繫傳》云：今人以織屨。《廣雅》：云藾，茅蔽也。《廣韻》云：蔽，茅類。藾，草名。似蒲，一云似茅。然則藾亦菅蔽之屬。今俗名藾絲莛。野人刈取爲索，柔韌難斷，其葉如茅而細長，有毛而澀。莛藾聲相轉也。《龍龕手鑑》云：藾草，一名鼎童，似鳥尾，可食。《說文》又引杜林，以董爲藕根，竝與此異。

《爾雅·釋草弟一三》 菡，蘆。郭璞注：作履。苴草。

郝懿行義疏：《說文》：蕾或作菡。云：艸也，可以束。蘆作苴，云：履中艸。《繫傳》云：履中屈也。《釋文》引《字苑》云：麤苴履底。然則菡之言藾也。藾又名蔽，可以織履。苴之言麤也，草履爲麤。麤與苴菡，與藾竝，一聲之轉也。《漢書·賈誼傳》云：冠雖敝，不以苴履。

《爾雅·釋草弟一三》 薃侯莎，其實媞。郭璞注：《夏小正》曰：薃也者，莎蔏〔也〕。媞〔也〕者，其實〔也〕。

郝懿行義疏：《說文》莎，鎬侯也。是莎一名鎬侯。徐鍇斷侯莎爲句，非也。《廣雅》云：地毛，莎蔏也。《本草別録》：莎，一名夫須。須，莎蔏，俱雙聲，其根名香附，其實名媞。《夏小正》云：正月緹縞。縞也者，莎蔏也。緹也者，其實也。縞，鎬。隋，蔏。緹，媞。竝聲借字也。夫須即臺，臺古讀如緹。《廣雅》又云：其蒿青蓑也。蒿亦鎬之聲借，莎可以爲衰，故因名青蓑。蓑即莎矣。今驗莎有二種：一種細莖直上，一種麤而短莖，頭復出數莖，其葉俱如韭葉而細，莖有三稜，實在莖端，其色赤緹，故曰緹矣。

《爾雅·釋草弟一三》 莞，苻蘺。其上蒚。郭璞注：今西方人呼蒲爲莞蒲。蒚，謂其頭臺首也。今江東謂之苻蘺，西方亦名蒲中莖爲蒚，用之爲席，音羽翮。

郝懿行義疏：莞，《說文》作莀，云：夫蘺也。蒚，夫蘺上也。《楚辭》王逸注：莞，夫離也。《詩·斯干》鄭玄箋：莞，小蒲也。孔穎達正義引某氏曰：《本草》云：白蒲，一名苻蘺。楚謂之莞蒲。《類聚》八十二引舊注云：今水中莞蒲可作席也。今按莞與藺相似，莖圓而中空，可爲席。蒲葉闊而不圓，其細小者亦可爲席，所謂蒲苹者也。是蒲莞非一物。《爾雅》之莞乃蒲屬，非藺屬。故《說文》莞訓艸，與藺相屬。又別出莀，與蒲爲類。《爾雅》借莞爲莀。舊注及郭俱云莞蒲，可知此乃蒲之別種。細小於蒲，爲形纖弱，故名蒲蒻。作席甚平，故曰蒲苹。鄭玄箋以莞爲小蒲之席，是矣。《釋文》猶以莞草莖圓，非蒲爲疑，不知此乃似蒲之莞。非似藺之莞也。此莞似蒲故亦抽莖作臺，謂之爲蒚。《本草》蒲黄。陶注謂之蒲釐，釐蒚聲轉也，似藺之莞，但有莖而無臺，今江南席子草是矣。又詳王夫王下。《本草》白芷。《別録》一名白茝，一名蘺，一名莞，一名苻蘺。葉名蒚麻，蓋因苻蘺、江蘺，相涉而誤耳。

《爾雅·釋草弟一三》 望，椉車。郭璞注：可以爲索，長丈餘。

郝懿行義疏：《說文》萉字解云：栟萉，可以作縻綆。《繫傳》云：芒之屬，可爲汲綆也。按：栟萉即望椉。芒與望古同聲，今黄縣人謂麥芒爲望。文登人謂望爲芒，證知芒、望聲同也。芒即莣，杜榮。說見下文。《唐韻》：萉，女庚切。《釋文》椉本又作乘，居本亦作車。

《爾雅・釋草弟一三》 芏，夫王。郭璞注：芏草生海邊，似莞藺。今南方越人采以爲席。

郝懿行義疏：《釋文》夫孫音苻莞，名苻蘺。此名夫王，夫與苻同也。《釋文》又云：今南人以此草作席，呼爲芏，音杜。按：陸德明即南方人，其言此草作席，呼爲芏。則席即名芏也。今燈草席即芏草席。杜、燈一聲之轉，其草圓細，似莞。

《爾雅・釋草弟一三》 桃枝，四寸有節。郭璞注：今桃枝節間相去多四寸。

郝懿行義疏：桃枝者，《春官・司几筵》云：加次席黼純。鄭玄注：次席，桃枝席，有次列成文。《竹譜》云：桃枝皮赤，編之滑勁可以爲席，《顧命篇》所謂篾席者也。《吴都賦》云：桃笙象簟。劉逵注：桃笙，桃枝簟也。又可爲杖。《蜀都賦》云「靈壽桃枝」是也。其類又有鉤端。《西山經》嶓冢之山中，《山經》騎山、高梁之山、龍山，竝云多桃枝、鉤端。郭璞注：鉤端，桃枝屬也。【略】簢者，《釋文》云：或作篾荼者。《說文》云：析竹筤也，筤竹膚也。《方言》云：荼，析也。析竹謂之荼。然則荼筤皆析竹之名。筤、簢字，異音同聲轉爲篇。《說文》篇，荼也。又轉爲篾。《顧命》云：敷重篾席。孔穎達正義引鄭玄注《周禮》：篾，析竹之次青者。是簢、荼皆析竹，析竹必須中空者，因以爲竹名焉。贊寧《筍譜》云：簢筍皴而節爽薄，信乎。簢中空矣。《初學記》引沈懷遠《南越志》云：博羅縣東蒼州足簟竹，銘曰：簟竹既大薄且空中，節長一丈，其直如松，是簟竹，即簢屬之大者也。

《爾雅・釋草弟一三》 莣，杜榮。郭璞注：今莣草，似茅皮，可以爲繩索、履屩也。

郝懿行義疏：《說文》莣，杜榮也。《釋文》莣字亦作芒，杜舍人作牡。按：芒與莣通。《華嚴經音義上》云：芒草，一名杜榮。西域既自有之，江東亦多此類。其形似荻，皮重若笋，體質柔弱，不堪勁用。陳藏器云：芒，今東人多以爲箔。六、七月生穗如荻。今按：芒，草葉如茅而長大，其鋒刺人。長莖白華，望之如荼而繁。即上文孟，狼尾也。一名芭芒，一名芭茅。孟、芒古同聲。芒、茅聲又相轉。

《爾雅・釋言弟二》 絢，絞也。郭璞注：糾，絞，繩索。

郝懿行義疏：絞，本切直之義，又爲繩索之名。《喪服傳》云：絞帶者，繩帶也。是繩爲絞。絞者，交也。《雜記》孔穎達疏云：兩股相交謂之絞，是其義也。絢者，《詩》「宵爾索絢」，孔穎達正義引李巡曰：絢，繩之絞也。是絢爲繩。《方言》云：車紂，或謂之曲絢。郭璞注：絢亦繩名是也。此注糾、絞失之。

《孟子・盡心下》 舜視棄天下猶棄敝蹝也。趙岐注：蹝，草履也。

《大戴禮記・夏小正第四七》 虞人入梁。虞人，官也。梁者，主設罔罟者也。虞人，掌水之官，水虞、漁師是也。《王制》曰：「虞人入澤梁。」鄭注云：「梁，絶水取魚者。」傳云「罔罟」者，《爾雅》曰：「緵罟，謂之九罭。九罭，魚罔也。」

《史記》卷四《周本紀》 衛康叔封布茲。集解引徐廣曰：茲者，籍席之名。諸侯病曰「負茲」。

《史記》卷二三《禮書》 大路越席。裴駰集解服虔曰：「大路，祀天車也。越席，結括草以爲席也。」王肅曰：「不緣也。」張守節正義按：括草，蒲草。越，户括反。

《史記》卷五七《絳侯周勃世家》 勃以織薄曲爲生。裴駰集解蘇林曰：「薄，一名曲。《月令》曰『具曲植』。」司馬貞索隱謂勃本以織蠶薄爲生業也。韋昭云「北方謂薄爲曲」。

許慎注《淮南》云「曲，葦薄也」。郭璞注《方言》云「植，懸曲柱也」。音直吏反。

《漢書》卷二二《禮樂志第二》 郊祀歌十九章，其詩曰：嘉籩列陳，庶幾宴享，滅除凶災，(列)〔烈〕騰八荒。鐘鼓竽笙，雲舞翔翔，招摇靈旗，九夷賓將。

《惟泰元》七 師古曰：「嘉籩，謂祭祀之籩實也。木曰豆，竹曰籩。享字合韻宜(因)〔音〕鄉。」

《漢書》卷二八上《地理志第八上》 泲河惟兗州。【略】厥篚織文。師古曰：「篚與筐同。篚，竹器，筐屬也。」

《漢書》卷七六《王章傳》 初，章爲諸生學長安，獨與妻居。章疾病，無被，臥牛衣中，與妻決，涕泣。師古曰：牛衣，編亂麻爲之，即今俗呼龍具者。

《漢書》卷九九上《王莽傳上》 居攝三年九月，劉歆與博士諸儒七十八人皆曰：「【略】綱紀咸張，成在匱。」師古曰：匱者，織草爲器，所以盛土也。

《後漢書》卷四二《東平憲王蒼傳》 凡匹夫一介，尚不忘簞食之惠，況臣居宰相之位，同氣之親哉！李賢等注：簞，竹器也，圓曰簞，方曰笥。

劉安《淮南子》卷五《時則》 〔季春之月，〕【略】田獵罼弋，罝罘羅罔，餧毒之藥，毋出九門。高誘注：罼，掩罔也。弋，繳射也。《詩》曰：「弋鳧與鴈。」罝，兔罟也。《詩》曰：「肅肅兔罝。」罼，羅鳥罟也。《詩》曰：「鴛鴦于飛，罼之羅之。」罘，麋鹿罟。罔，其總名也。【略】具撲曲筥筐。高誘注：曲，薄也，青、徐謂之曲。員底曰筥，方底曰筐，皆受桑器。

史游《急就篇》卷二 不借爲牧人。

顔師古注：不借者，小屨也。以麻爲之，其賤易得，人各自有，不須假借，因爲名也。言著韋裳及不借者，卑賤之服，便易於事，宜以牧羊也。易(並)〔音〕弋豉反。著，竹略反。便，頻綿反。黄氏曰：《方言》：絲作者謂之履，麻作者謂之不借。

史游《急就篇》卷三 竹器簦、笠、簟、籧、篨，簦，音登。籧，巨於反。篨，直於反，音渠儲。篨，叶籌韻。《詩・羔裘》濡叶侯。《漢・敘傳》車叶侯。

竹器，總言織竹爲器也。簦、笠皆所以禦雨也。大而有把音覇。手執以行謂之簦，小而無把首戴以行謂之笠。虞卿躡屩擔簦丁甘反。簦，即謂此也。黄氏曰：簦，長柄笠也。織竹爲席謂之簟，織葦而麤文者，籧篨也。黄氏曰：籧篨，蘆蓆。

笹、篅、篗、筥、箕、箅、篝笹，徒本反。篅，市緣反，又市專反。篗音編，婢連反。筥，居呂反。箕，於六反。箅，必至反，又博計反。篝，古侯反。

笹、篅，皆所以盛米穀也。以竹木簟席若泥塗之則爲笹，笹之言屯也，物所屯聚也。織草而爲之則曰篅，取其圓團團然也。黄氏曰：笹，音鈍。篅，音遄。竹器之盛飯者，大曰篗，不曰筥。筥一名籍，受五升。一曰篗者，織竹之輿也。籍，一作筲，山交反。輿，弋庶反。黄氏曰：篗，音鞭，竹輿。箕，炊之漉米箕也，或謂之縮，或謂之篗，或謂之匴。音還。《方言》音旋。漉，音鹿。篗，音叟。黄氏曰：箕可以漉米。箅，蔽甑底者也，其字從畀。畀，音必寐反。黄氏曰：箅，音卑，取魚器。又音閉，甑箅。篝，一名客，盛杯器也，亦以爲薰籠，楚人謂之墙居。客，音落。薰，許云反。黄氏曰：篝，熏籠也。

篵、箄、箕、帚、筐、篋、簍篵，山奇、所綺二反。箄，并弭反，音俾。筐，音匡。簍，洛侯反，音婁。

篵，所以籭去麤細者也，今謂之篩，大者曰篵，小者曰箄，其字從卑。卑下之卑，必彌反。黄氏曰：篵，竹籭。箕可以簸揚及去糞。帚所以埽刷，古者杜康作箕帚。簸，波我反，又甫佐反。去，並丘呂反。筐亦筥屬也，筥圓而筐方。篋，長笥也，言其狹長篋篋然也。笥，先寺反。簍者疏目之籠，亦言其孔樓樓然也。黄氏曰：簍，竹籠。

纍、繘、繩、索、絞纍，力追反，一作縲。繘，音橘，一作綃。

顔師古注：纍，大索也。黄氏曰：索也。繘，汲索也，一名綆。汲，音急。綆，音梗。繘，黄氏本作綃。注曰：音梢，帆維也。又音宵。《廣韻》作綃。繩謂紨兩股以上，總而合之者也。索，總謂切撚乃典反。之令緊工忍反。者也。一曰麻絲曰繩，艸謂之索。絞即糾也。

蒲、蒻、藺、席顔師古注：蒻，謂蒲之柔弱者也。藺，艸名也，亦莞音完又音官之類也。蒲蒻可以爲薦，藺艸可以爲席。

許慎《説文》一篇下《艸部》 芧 艸也。《上林賦》「蔣芧青薠」。張揖曰：芧三稜也。郭樸音杼。按三稜者，蘇頌《圖經》所謂葉似莎艸極長，莖三稜如削，高五六尺，莖端開花是也。江蘇蘆灘中極多，呼爲馬芧。音同宁。莖可繫物，亦可辮之爲索。《南都賦》「蘪芧薠莞」。李注引《説文》芧可以爲索。蓋賦文本作芧。《文選·上林賦》亦作芧。芧者，芧之別字。从艸，予聲。直吕切。五部。可㠯爲繩。

茅 菅也。按統言則茅菅是一，析言則菅與茅殊。許菅茅互訓，此從統言也。陸璣曰：菅似茅而滑澤，無毛，根下當作上五寸中有白粉者，柔韌宜爲索，漚乃尤善矣。此析言也。从艸，矛聲。可縮酒爲藉。各本無此五字，依《韻會》所引補。縮酒見《左傳》爲藉見《周易》。此與蓛可以香口，蒻可以爲苹席一例。

菅 茅也。《詩》「白華菅兮」。《釋艸》曰：白華野菅。毛傳足之曰：已漚爲菅。按《詩》謂白華既漚爲菅，又以白茅收束之。菅別於茅，野菅又別於菅也。从艸，官聲。

莞 艸也，可㠯作席。《小雅》「下莞上簟」。箋云：莞，小蒲之席也。《司几筵》「蒲筵加莞席」，正義：以莞加蒲，麤者在下，美者在上也。《列子》「老韭之爲莞」，殷敬順曰：莞音官，似蒲而圓，今之爲席者是也。楊承慶《字統》音關。玉裁謂：莞之言管也，凡莖中空者曰管，莞蓋即今席子艸，細莖，圓而中空，鄭謂之小蒲，實非蒲也。《廣雅》謂之葱蒲。从艸，完聲。

藺 莞屬，可爲席。依《韻會》所引補三字。《急就篇》有藺席。从艸，閵聲。蒲 水艸也，或㠯作席。《周禮》祭祀席有蒲筵。从艸，浦聲。此當云從艸水，甫聲。蒻 蒲子。句可㠯爲平席。蒲子者，蒲之少者也。凡物之少小者謂之子，或謂之女。《周書》蔑席，《苜部》曰：纖蒻席也，馬融同。王肅曰：纖蒻，苹席也。某氏《尚書傳》曰：底席，蒻苹也。鄭注《閒傳》曰：苄，今之蒲苹也。《釋名》曰：蒲苹，以蒲作之，其體平也。苹者，席安隱之偁，此用蒲之少者爲之，較蒲席爲細。《攷工記》注曰：今人謂蒲本在水中者爲弱，弱即蒻，蒻必媆，故蒲子謂之蒻，非謂取水中之本爲席也。世謂蒲蒻。《太平御覽》有此四字。从艸，弱聲。

薄 林薄也。一曰蠶薄。《月令》季春「具曲植籧筐」。注：時所以養蠶器也。曲，薄也，植，槌也。《方言》云：宋魏陳楚江淮之閒謂之苗，或謂之麴，自關而西謂之薄。《周勃傳》勃以織薄曲爲生。从艸，溥聲。

荐 薦席也。薦見《廌部》艸也，不云艸席，云薦席者，取音近也。席各本誤薦，薦席爲承藉，與所藉者爲二，故《釋言》云荐，原、再也，如且爲俎几，故亦爲加增之詈，《易》作洊。从艸，存聲。荐與薦同音，是以承藉字多假借爲之。如《節南山》傳：薦，重也。《説文》云：且，薦也。皆作薦乃合。《左傳》云：戎狄荐居，外傳荐處。服云：荐，艸也。此謂荐同薦，韋云：荐，聚也。此與《爾雅》再訓近。藉 祭藉也。稭字下禾稾去其皮，祭天以爲藉也，引伸爲凡承藉，蘊藉之義。又爲假藉之義。一曰艸不編狼藉。此別一義。从艸，耤聲。

莜 耘田器。舊作艸田器，今依《韻會》《論語》疏作芸田器。毛傳曰：芸，除艸也。

孔安國曰：蓧艸曰芸。故其字從艸。《匚部》有匬字，《金部》有銚字，皆云田器，疑皆此字之古文也。从艸，攸聲。舊作條省聲，乃淺人所改。條亦攸聲也。《論語》曰：「以杖荷莜。」見《微子篇》謂子路見丈人，手用杖，莜加於肩，行來至田，則置杖於地，用莜芸田，植杖者，置杖也，云以杖荷莜，置杖而芸，則莜爲芸田器明矣。《集解》包曰：莜，竹器。此有脱誤。

萆　雨衣，一曰衰衣。謂萆一名衰也。韋昭注《齊語》曰：襏襫，蓑薜衣也。薜或作襞，皆即萆字。《廣雅·釋器》曰：萆謂之衰。从艸，卑聲。

苴　履中艸。《賈誼傳》冠雖敝，不以苴履，引伸爲苞苴。从艸，且聲。䕆　艸履也。《方言》曰：以絲作之者謂之履，以麻作之者謂之不借，麤者謂之屨，東北朝鮮洌水之閒謂之䩓角，南楚江沔之閒總謂之麤。《急就篇》屐屩絜麤。《儀禮·喪服傳》「疏屨」注云：疏猶麤也。按《禮》注、《方言》、《急就》之麤字皆䕆字之省。疏屨者，藨蒯之菲，則是艸爲之。从艸，麤聲。蕢　艸器也。《孟子》曰：「不知足而爲屨，我知其不爲蕢也。」知蕢是盛物之器。从艸，貴聲。臾古文蕢，象形。《論語》曰：「有荷臾而過孔氏之門。」此古文《論語》也。《憲問篇》。

苗　蠶薄也。《豳風》毛傳曰：豫畜萑葦，可以爲曲也。《月令》季春「具曲植筥筐」注曰：曲，薄也。《方言》薄，宋魏陳楚江淮之閒謂之苗，或謂之麴。自關而西謂之薄，南楚謂之蓬薄。案曲與苗同。《曲部》云：或説曲，蠶薄也。是許兼用此二形。从艸，曲聲。蕉　生枲也。枲麻也。生枲謂未漚治者，今俗以此爲芭蕉字。楚金引《吳都賦》「蕉葛竹越」。按《本艸圖經》云：閩人灰理芭蕉皮令錫滑，緝以爲布，如古之錫衰焉。左賦之蕉，正謂芭蕉，非生枲也。从艸，焦聲。

許慎《説文》五篇上《竹部》　筡　析竹笢也。析各本譌折，今正。《方言》筡，析也，析竹謂之筡。郭云：今江東呼篾竹裹爲筡，亦名筡之也。按此注謂已析之篾爲筡，人析之亦偁筡之。从竹，余聲，讀若絮。

笢　竹膚也。膚，皮也，竹膚曰笢，亦曰筍。見《禮器》，俗作筠。已析可用者曰篾。《禮》注作篾。《士喪禮》謂之幹，析之謂之筡，亦謂之篾。从竹，民聲。

簾　堂簾也。小徐曰：此《書》及《釋名》簾帷皆作㡘，疑㡘或與簾别，或者此簾字後人所加之乎，所不能決也。按《巾部》曰：「㡘，帷也。」又曰：「在旁曰帷。」《周禮·幕人》「掌帷幙幄帟綬之事。」注曰：王出宫則有是事，在旁曰帷，在上曰幕。帷幕皆以布爲之，四合象宫室曰幄。帟者，王在幕若幄中坐上承塵。幄帟皆以繒爲之，然則㡘施於次以蔽旁，簾施於堂之前以隔風日而通明，㡘以布爲之故从巾，簾析竹縷爲之故其字从竹。其用殊，其地殊，其質殊，學者可以無疑矣。从竹，廉聲。按韋昭注《國語》曰：薄，簾也。薄今字作箔。

笮　迫也。疊韵。《説文》無窄字。笮、窄古今字也。屋笮者本義，引伸爲逼窄字。在瓦之下棼上。棼，複屋棟也。《釋宫》「屋上薄謂之筄」。郭云：屋笮也。《考工記》注曰：重屋複笮也。按笮在上椽之下，下椽之上，迫居其閒故曰笮。《釋名》曰：笮，迮也，編竹相連迫迮也。以竹爲之故从竹。从竹，乍聲。

簀　牀棧也。《衛風》「綠竹如簀」。毛曰：簀，積也。此言假借也，《韓詩》傳亦同。从竹，責聲。笫　簀也。見《釋器》。《左傳》「牀笫之言不踰閾」。《周易》「噬乾胏」，鄭曰：胏，簀也。此言假胏爲笫也。《士喪禮》古文笫爲茨。从竹，𠂔聲。

筵　竹席也。《周禮·司几筵》注曰：筵亦席也。鋪陳曰筵，藉之曰席。然其言之筵席通矣。按司几筵掌五几五席之名物，筵席不别也。五席不用竹，惟後鄭説次席是桃枝席。又説《顧命》蔑席、底席、豐席、筍席皆爲竹席。許釋筵爲竹席者，其字从竹也。从竹，延聲。《周禮》曰：「度堂以筵。」《匠人》職曰：「室中度以几，堂上度以筵。」筵一丈。」此釋《周禮》也。《周禮》曰：「度九尺之筵。」此不合，未詳。

簟　竹席也。《毛詩》箋曰：竹葦曰簟。从竹，覃聲。

籧　籧篨，逗。粗竹席也。《方言》曰：簟，宋魏之閒謂之笙，或謂之籧苗，自關而西或謂之簟，或謂之㯤，其麤者謂之籧篨。自關而東或謂之篕棪。郭云：江東呼籧篨爲籧。音廢。按此云粗者，與上筵簟别言之，筵簟其精者也。《晉語》、《毛詩》皆云：籧篨不可使俯。此謂捲籧篨而豎之，其物不可俯，故《詩》風以言醜惡。《爾雅》以名口柔也。从竹，遽聲。

篨　籧篨也。从竹，除聲。

籭　竹器也，可目取麤去細。俗云簁籮是也。《廣韵》云：籭，盪也，能使麤者上存，細者盪下。籭、簁古今字也。《漢賈山傳》作篩。从竹，麗聲。

籓　大箕也。《廣雅》曰：籓，籮，箕也。从竹，潘聲。一曰蔽也。《艸部》曰：藩，屏也。《尸部》曰：屏，蔽也。是則籓與藩音義皆同。

籅　漉米籔也。《方言》曰：炊籅謂之縮。或謂之𥯥，或謂之㔲。郭注：漉米籅。江東呼淅籤。按《史記》索隱引《纂要》云：籅，淅箕也。此注籤字正箕之誤，今江蘇人呼淘米具曰溲箕是也。从竹，奧聲。

籔　炊籅也。本漉米具也。既浚乾則可炊矣，故名炊籅。《方言》𥯥同籔。縮即籔之入聲也。《毛詩·伐木》傳曰：以筐曰釃，以籔曰湑。籔即今之溲箕也。今誤从艸作藪。筐者，盛飯之器，較細，籔者，滰淅之器，較麤，皆可以漉酒者。从竹，數聲。

箅　蔽也。此户護也，門閘也之例。所目蔽甑底。甑者，蒸飯之器。底有七穿，必以竹席蔽之米乃不漏。雷公《炮炙論》云：常用之甑中箅能淡鹽味，煑昆布用弊箅。《哀江南賦》曰：敝箅不能救鹽池之鹹。从竹，畀聲。

䈰　飯筥也，受五升。《方言》曰：箄南楚謂之䈰。郭曰：盛餅筥也。按箄即筥字，筲即箱字也。《論語》「斗筲之人」。鄭曰：筲，竹器，容斗二升。與許説受五升異。从竹，稍聲。秦謂筥曰箱。

箱 陳留謂飯帚曰箱。飯帚者，所以埽殘餘之飯。从竹，捎聲。一曰飯器容五升。此説謂箱與箱同字也。一曰宋魏謂箸筩爲箱。箸筩者，所以盛飯敊之筩也。《方言》曰：箸筩，陳楚宋魏之間謂之筲，或謂之籝。自關而西謂之桶檧。按筲即箱字。郭云：音鞭鞘。

筥 箱也。箱當作筲。《方言》：簇，南楚謂之筲，趙魏之郊謂之去簇。《禮經》鄭注云：筓形蓋如今之筥筴籚。按筴籚即筴簇也。从竹，吕聲。

笥 飯及衣之器也。《禮記·曲禮》注曰：圓曰簞，方曰笥。《禮經·士冠禮》注曰：隋方曰篋。許曰：簞，笥也。又《匚部》曰：匧，笥也。許渾言之，鄭別言之也。《曲禮》注曰：簞笥，盛飯食者。此飯器之證。《禮記》引（兊）［説］命》曰：「惟衣裳在笥」。此衣器之證。从竹。《大射儀》曰：「小射正奉決拾以笥」。注：笥，萑葦器。按此蓋笥之小者也，大者以竹爲之。司聲。

簞 笥也。《論語》孔注同。皇侃曰：以竹爲之，如箱篋之屬。《左傳》夫差以一簞珠問趙孟。蓋亦簞之小者也。从竹，單聲。《漢律令》簞，小匡也。匡俗作筐。《匚部》曰：「匡，飯器，筥也。」按筥者，箱也，容五升。《漢律令》之簞，謂匡之小者也，與經傳所云簞謂笥者異。蓋匡簞皆可盛飯，而匡筥無蓋，簞笥有蓋，如今之箱盒，其制不同，故小匡爲別一義。傳曰：簞食壺漿。《孟子》及他儒家書皆有此言，故約之以傳曰也，此證前一義。

篠 篠簞，逗。竹器也。按篠簞器名，以上下文例之，是盛物之器，而非可以取麤去細之器也。可以取麤去細之器，其字作籭，不作篠，若《廣韵·支韵》云：篠，下物竹器，《紙韵》曰：篠，籭也。《皆韵》曰：篮，篮籭，古以玉爲柱，故字从玉，今俗作篠，此皆用篠爲籭，古今字變，非許意也。小顔注《急就篇》誤。从竹，徙聲。

箄 篠箄也。綜呼曰篠箄，單呼曰箄。《方言》箄、籔、篡、筥，籧也。籧小者，自關而西秦晉之間謂之箄，郭云：今江東呼小籠爲箄。按許意篠箄與籧各物。从竹，卑聲。按《考工記》注：鄭司農云：綆讀爲關東言餅之餅，謂輪箄也。玄謂輪雖箄爪牙必正也。箄，劉昌宗薄歷反，李軌方四反。箄謂偏僻，漢人語也，與箅字絶異。江氏慎修改爲甑箅字，亦千慮之一失也。果是从畀，則不得反以薄歷矣。

篿 圜竹器也。盛物之器而圜者，篿與團音同也。《離騷》王注曰：楚人名結草折竹卜曰篿，別一義也。从竹，專聲。

籔 竹籠也。《方言》籔，籧也。籧小者，南楚謂之籔。从竹，婁聲。

筤 籃也。《廣雅》筤謂之笶。《廣韵》曰：筤，車籃，一名笶。笶音替。按許不言車籃，汎言籠下之器耳。从竹，良聲。

籃 大篝也。今俗謂熏篝曰烘籃是也。从竹，監聲。𥫣 古文籃如此。未詳。

篝 笿也，可熏衣。按也字衍文。當云笿可熏衣者。《廣韵》曰：熏籠。从竹，冓聲。宋楚謂竹篝墻居也。各本墻居之間誤衍以字。《方言》曰：篝，陳楚宋魏之間謂之墻居。《廣雅》篝，籠也。薫篝謂之墻居。

笿 桮笿也。《方言》桮落，陳楚宋衛之間謂之桮落。又謂之豆筥，自關東西謂之桮落。郭云：盛桮器籠也。按引伸爲籠絡字，今人作絡，古當作笿，亦作落。从竹，各聲。箸 桮笿也。《廣雅》曰：箸，桮落也。从竹，夅聲。或曰盛箸籠。箸筩曰箱，亦曰箸也。

籢 鏡籢也。《玉篇》引《列女傳》曰：置鏡籢中。別作匳，俗作奩。《廣韵》云：盛香器也。从竹，斂聲。

篿 竹器也。《廣雅》、《方言》注皆曰：篿，箸筩。从竹，贊聲，讀若纂。

籯 笭也。笭字下曰：一曰籯也。《漢書》遺子黄金滿籯，不如教子一經。竹籠也。《廣雅》曰：籯，箸筩也。从竹，贏聲。

籣 竹器也。《玉篇》曰：似箱而麤。从竹，删聲。

簠 黍稷方器也。《周禮·舍人》注曰：方曰簠，圓曰簋，盛黍稷稻粱也。《掌客》注曰：簠，稻粱器也。簋，黍稷器也。《秦風》傳曰：四簋，黍稷稻粱也。按毛意言簋可以該簠。鄭注則據《公食大夫禮》分別所盛也。許云簋方簠圜，鄭則云簋圜簠方。不同者，師傳各異也。《周易》「二簋可用享」。鄭注云：離爲日，日體圓。巽爲木，木器圓。簋象。《聘禮》「竹簋方」注云：竹簋方者，器名，以竹爲之，狀如簋而方。賈疏云：凡簋皆用木而圓，此則用竹而方，故云如簋而方。宋刻單行疏内簋字凡四見，今本依《釋文》改經注疏皆作簠字，非也。已上可證鄭確謂簋爲圓器。《周禮》疏云：《孝經》「陳其簠簋」注云：内圓外方受斗二升者，直據簠而言，若簋則内方外圓。《孝經》鄭注，説者謂鄭小同之注也。賈所引文亦不完，則無用深求矣。而《秦風》、《釋文》有内圓外方曰簠，内方外圓曰簋之文，蓋本《孝經》注。《聘禮》、《釋文》則又方圓字皆互易之，自相乖剌。聶崇義曰：《舊圖》云内方外圜曰簋，外方内圜曰簠。與《秦風》音義合。《廣韵》曰：内圓外方曰簠。歐陽氏《集古録》曰：簠外方内圓，與《聘禮》音義合，攷圜器之内爲之，方方器之内爲之圜，似以木以瓦以竹皆難爲之，他器少如是者，恐《孝經》注不可信，許鄭皆所不言也。鄭注《禮》曰：飾蓋象龜。蓋者意擬之詞。注《禮器》云：大夫刻爲龜形可證也。聶氏、陳氏《禮圖》皆於蓋頂作一小龜，誤解一蓋字耳。見《考工記圖》。从竹皿皀。合三字會意。按簠古文或从匚，或从木。蓋本以木爲之，大夫刻其文爲龜形，諸侯刻龜而飾以象齒，天子刻龜而飾以玉，其後乃有瓦簠，乃有竹簠方，因製从竹之簠字。木簠、竹簠禮器，瓦簠常用器也，皀，穀之馨香，謂黍稷也。匭古文簠，从匚食九。𠥩古文簠，从匚軌。按許説簠爲方器，蓋以古文從匚也，軌聲，各本作从匚飢，飢非聲也。

古音簋軌皆讀如九也。《史記·李斯傳》曰：飯土匭。《公食大夫禮》注曰：古文簋皆作軌。《易·損》「二簋」。蜀才作軌。《周禮·小史》故書簋或爲九。大鄭云：九讀爲軌，書亦或爲軌，簋古文也，今本《周禮》脱誤，爲正之如此。軌九皆古文假借字也。匭古文本字也，匭之字後世用爲匭匣字。《尚書》「苞匭菁茅」。鄭曰：匭，纏結也。鄭意謂匭爲糾之假借字。《吴都賦》注用之。朹亦古文簋。簋以木爲之，故字从木也。惠氏棟《九經古義》曰：《易》「涣奔其机」。當作朹，宗廟器也。

簠　黍稷圜器也。簠盛稻粱，見《公食大夫禮經》文，云左擁簠粱是也。此云黍稷者，統言則不别也。如毛傳云四簋黍稷稻粱，亦是統言。云圜器，與鄭云方器互異。从竹皿，甫聲。医古文簠，从匚夫。夫聲也。

籩　竹豆也。豆，古食肉器也。木豆謂之梪，竹豆謂之籩。《周禮·籩人》「掌四籩之實」。注曰：籩，竹器如豆者，其容實皆四升。从竹，邊聲。□籀文籩。□者，籀文匚也。

⿱竹屯　篅也。《廣韵》⿱竹屯，篕也。按今俗謂盛穀高大之器曰土篕。从竹，屯聲。

篅　㠯判竹，圜㠯盛穀者。用竹籬圜其外，殺其上，高至於屋，蓋以盛穀，近底之處爲小户，常閉之，可出穀。今江蘇謂之土篕是也。古曰⿱竹屯，今江蘇編稻艸爲之，容數石，謂之⿱竹屯。《淮南書》曰：與守其篅⿱竹屯。注：篅⿱竹屯，受穀器也。篅讀顓孫之顓，按别作圌。从竹，耑聲。

簏　竹高匧也。匧之高者，竹爲之。从竹，鹿聲。箓簏或从录。

箯　竹輿也。《公羊傳》曰：「脅我而歸之，筍將而來也。」何曰：筍者，竹箯。一名編輿，齊魯以北名之曰筍。將，送也。《釋文》曰：筍音峻。《史(漢)〔記〕·張耳傳》曰：貫高箯輿前。服虔曰：箯音編，編竹木如今峻，可以糞除也。韋昭曰：輿如今輿牀，人舁以行。按《公羊》、《史記》、《説文》輿皆去聲，亦作轝，作舉。从竹，便聲。

笯　鳥籠也。《方言》籠，南楚江沔之閒謂之篣，或謂之笯。《懷沙》曰：「鳳皇在笯。」洪興祖補注引《説文》「笯，籠也」。南楚謂之笯，豈洪氏所見本異與。从竹，奴聲。

籱　罩魚者也。《网部》曰：「罩，捕魚器也。」《小雅》傳曰：「罩，籗也。」《釋器》曰：籗謂之罩。李巡云：籗，編細竹以爲罩，捕魚也。孫炎云：今楚籗也。从竹，靃聲。籗籱或从隺。鉉本篆作籗，云籱或省。

筊　竹索也。謂用析竹皮爲繩索也，今之篾纜也。《漢·溝洫志》曰：搴長茭兮湛美玉。如淳曰：茭，草也，一曰竿也。臣瓚曰：竹索緪謂之茭，所以引置土石也。師古曰：瓚説是也，茭字宜从竹。《風俗通》、《後漢·禮儀志》皆言葦茭，謂葦索也。从竹，交聲。

筰　筊也。《廣韵》曰：笮、筰二同，竹索也。西南夷尋之以渡水。按西南夷有筰縣，在越巂，其名本此。或从艸作莋，非也。从竹，作聲。

⿱竹沾　潎絮簀也。潎，各本作蔽，今正。《廣韵》曰：⿱竹沾，漂絮簀也。漂與潎同義。《水部》曰：「潎，於水中擊絮也。」潎絮簀，即今做紙密緻竹簾也。潎絮，《莊子》所謂洴澼纊，即做紙之事。《糸部》曰：紙，絮一⿱竹沾也，謂絮一⿱竹沾成一紙也。紙之初起用敝布魚网爲之，用水中擊絮之法成之。紙字、⿱竹沾字載於《説文》則紙之由來遠矣。从竹，沾聲，讀若錢。

箑　扇也。《户部》曰：「扇，扉也。」扉可開合，故箑亦名扇。《方言》扇，自關而東謂之箑，自關而西謂之扇。郭曰：今江東亦通名扇爲箑。按今江東皆曰扇，無言箑者，凡江東方言見於郭注者今多不同，蓋由時移世易，士民遷徙不常故也。《士喪禮下》注曰：翣，扇也。此言經文假翣爲箑也。从竹，疌聲。箑或从妾。

籠　舉土器。《木部》曰：「梠，一曰徙土輂，齊人語也。」一作梩。《手部》曰：「捄，盛土於梩中也。」是則籠即梩也。一曰笭也。《笭下》云：「一曰籯也。」《周禮·繕人》「凡乘車充其籠箙」。注云：充籠箙者以矢。从竹，龍聲。

䉶　裹也。《衣部》曰「裹，褭也」。此謂竹器可以中藏一切者，音義如瓜瓤之瓤，篇韵皆云：䉶篼盛米竹器。从竹，襄聲。

⿱竹互　可㠯收繩者也。者字今補，收當作糾，聲之誤也。糾，絞也。今絞繩者尚有此器。从竹，象形，謂其物像工字。中象人手所推握也。謂ㄐ像人手推之持之。互⿱竹互或省。或字當作古文二字，故柾以爲聲。唐玄度云：⿱竹互古文，互隸省，誤也。《周禮》「牛牲之互」注云：縣肉格也。

簝　宗廟盛肉竹器也。《牛人》「共盆簝以待事」。注：盆所以盛血，簝受肉籠也。从竹，尞聲。《周禮》「供盆簝㠯待事」。供當依《周禮》作共。

⿱竹豦　食牛匡也。食各本作飤，誤。《韵會》作飯。按萎下曰食牛，飤下曰食馬，今正作食。《匚部》曰：「匡，飯器，筥也。」⿱竹豦，匡之圜者，飯牛用之。今字通作筥。許⿱竹豦與筥别。从竹，豦聲。方曰匡，圜曰⿱竹豦。《召南》傳：方曰筐，圓曰筥。筥當作⿱竹豦。《月令》「具曲植⿱竹豦筐」。或譌作籧。

篼　食馬器也。《方言》飤馬橐，自關而西謂之裺囊，或謂之裺篼，或謂之樓篼，燕齊之閒謂之帳。从竹，兜聲。

簦　笠蓋也。笠而有柄如蓋也，即今之雨繖。《史記》躡屩擔簦。按簦亦謂之笠，渾言不别也。《士喪禮下篇》「燕器杖笠翣」。注曰：笠，竹簩蓋也，云蓋則簦也。又按疏云：簩，竹青皮。恐非是，簩疑同篛，竹箬也，今人謂之箬帽。从竹，登聲。

笠　簦無柄也。汪氏龍曰：笠本以御暑，亦可御雨，故《良耜》傳：笠所以御暑雨。

《無羊》傳：蓑所以御雨，笠所以備暑。《都人士》傳：臺所以御雨，笠所以御暑。三傳相合。今《都人士》暑雨互譌，以「南山有臺」疏、《文選》注正。从竹，立聲。

箱　大車牝服也。《考工記》大車「牝服二柯，又參分柯之二」。注云：大車平地載任之車。牝服長八尺，謂較也。鄭司農云：牝服謂車箱。服讀爲負。《小雅》傳曰：服，牝服也。箱，大車之箱也。按許與大鄭同。箱即謂大車之輿也。毛二之，大鄭一之，要無異義，後鄭云較者，以左右有兩較，故名之曰箱，其實一也，假借爲匧笥之稱，又假借爲東西室之稱。《禮經》箱字俗改爲廂字，非也。从竹，相聲。

篚　車笭也。《釋器》曰：輿，革前謂之鞎，後謂之茀，竹前謂之禦，後謂之蔽。按此對文則別之，散文則不別。《詩》言「簟茀」。毛曰：簟，方文席也。茀，車之蔽也。《周禮·巾車》蒲蔽棼蔽等，蔽即茀也，故鄭引「翟茀以朝」作「翟蔽以朝」。竹前竹後許所謂車笭也。《廣雅》曰：笸謂之笶。又曰：陽門篺篂、雀目，蔽簹也。皆謂車笭。笭之言櫺也，言其昤曨也。《廣雅》茀，《詩·碩人》从艸，《載驅》从竹，从竹者誤也。茀之言蔽也，篚是正字，茀是假借字，如《儀禮》今文作匪，古文作茀，匪茀同字。从竹，匪聲。按依許匡匪之匪不从竹，在《匚部》从竹者專謂車笭。

笭　車笭也。从竹，令聲。一曰笭，逗。籯也。竹籠。

籣　所㠯盛弩矢，人所負也。《信陵君列傳》曰：平原君負韊矢。韊即籣字，《字林》作韊，《玉篇》作韊。索隱曰：如今之胡鹿而短。胡鹿，《廣韵》作弧簶，箭室也。按《西京》、《吳都》、《魏都賦》皆云蘭錡。劉逵曰：受他兵曰蘭，受弩曰錡。蘭字皆當从竹。从竹，闌聲。

箙　弩矢箙也。《司弓矢》曰：「中秋獻矢箙」。注曰：箙，盛矢器也，以獸皮爲之。按本以竹木爲之，故字从竹。《國語》檿弧其服。韋昭曰：其，木名。服，房也。《小雅》「象弭魚服」，皆假服爲箙。从竹，服聲。《周禮》「仲秋獻矢箙」。經文仲作中。

⿱竹朱　㭘雙也。㭘雙見《木部》，《廣雅》篷篗謂之⿱竹朱。《廣韵四·江》曰：㭘篗者，帆未張也。又曰：篗者，帆也。按以篷席爲帆曰㭘雙，故字或皆从竹，今大船之帆多用篷席是也。从竹，朱聲。

篳　藩落也。藩落猶俗云籬落也。篳之言蔽也。从竹，畢聲。《春秋傳》曰：「篳門圭窬」。見襄十年《左傳》杜曰：篳門，柴門。《廣韵》曰：織荊門也。

許慎《説文》五篇上《箕部》　箕　所㠯簸者也。所㠯者三字今補，全書中所㠯字爲淺人刪者多矣。《小雅》曰：「維南有箕，不可以簸揚。」《廣韵》引《世本》曰：箕帚，少康作。按簸揚與受棄皆用箕。从竹甘，象形，丌其下也。凡箕之屬皆从箕。甘古文箕。象形不用足，今之箕多不用足者。□亦古文箕。下象竦手。囟亦古文箕。此象箕之哆口。□籀文箕。依大徐作籀。按經籍通用此字爲語詞。渠之切。或居之切。□籀文箕。从匚。

許慎《説文》七篇上《禾部》　稭　禾稾去其皮，祭天㠯爲席也。《禮器》曰：「莞簟之安，而稾鞂之設。」鄭注穗去實曰鞂。

許慎《説文》七篇下《网部》　网　庖犧氏所結繩㠯田㠯漁也。以田二字依《廣韵》、《太平御覽》補。《周易·繫辭傳》文。从冖，冪其上也。下象网交文。㐅象网目，文紡切，在十部。《五經文字》曰：《説文》作网，今依石經作罒。凡网之屬皆从网。或加亡。亡聲也。网或从糸。以結繩爲之也。古文网，從冖，亡聲。籀文，从冂。罕也。《蜀都賦》曰：「罨翡翠。」从网，奄聲。

罕　网也。謂网之一也。《吳都賦》注曰：罼、罕皆鳥網也。按罕之制蓋似畢，小网長柄，故《天官書》畢曰罕車，經傳段爲尟字，故《釋詁》云：「希、寡、鮮，罕也。」从网，干聲。《五經文字》曰：經典相承隸省作罕。

⿱罒繯　网也。网之一也。从网繯，繯亦聲。俗作罥。一曰綰也。此別一義。《糸部》綰下曰：「絹也。」絹即⿱罒繯字，俗書段借也。《周禮·冥氏》注曰：弧張罿罦之屬，所以扃絹禽獸。《翨氏》注曰：置其所食之物於絹中，鳥來下則掎其脚。亦皆假絹爲⿱罒繯，綰之言絆也。下文云⿱罒異者⿱罒繯獸足，是其義。

⿱罒每　网也。网之一也。篇韵皆曰雉网。从网，每聲。

⿱罒異　网也。网之一也。从网，異聲。⿱罒異或从足巽。《逸周書》曰：不卵不蹼，㠯成鳥獸。《周書》文，傳解曰：山林非時不升斤斧，以成草木之長。川澤非時不入罔罟，以成魚鱉之長。不麛不卵，以成鳥獸之長。許所據有不蹼二字。⿱罒異者⿱罒繯獸足，故从足。

⿱罒米　网也。各本作周行也。《詩釋文》引作冒也，乃涉鄭箋而誤，今尋上下文皆网名，篇韵皆云：⿱罒米，罟也。更正。蓋⿱罒米亦网名，其用主自上冒下，故鄭氏箋《詩·殷武》改毛之突入其阻爲⿱罒米入，云冒也，就字本義引伸之，此鄭箋之易舊，非經本有作⿱罒米者也。各本米聲下有《詩》曰⿱罒米入其阻六字，似許用鄭本，恐後人所增，今刪。从网，米聲。⿱罒米或从歺。歺者，列骨之殘也。从歺亦网罟殘害之意也。

罩　捕魚器也。《小雅·南有嘉魚》「烝然罩罩」。《釋器》曰：「籗謂之罩。」毛傳曰：罩，籗也。劉逵《吳都賦》注曰：「罩，籗也，編竹籠魚者也。」按竹部曰籗罩魚者也。从网，卓聲。

罾　魚网也。文穎曰：罾，魚網也。師古曰：形如仰繖，蓋四維而舉之。从网，曾聲。

罪　捕魚竹网。竹字蓋衍，小徐無竹网二字。从网，非聲。聲字舊缺，今補。秦㠯爲辠字。《文字音義》云：始皇以辠字似皇，乃改爲罪。按經典多出秦後，故皆作罪，罪之本義少見於竹帛。《小雅》「畏此罪罟」、《大雅》「天降罪罟」，亦辠罟也。

罽　魚网也。《廣雅》罽，罔也。从网，𠜋聲。𠜋，籀文銳。見《金部》。

罛　魚罟也。《衛風·碩人》曰：「施罛濊濊。」《釋器》：毛傳皆曰：罛，魚罟。从网，瓜聲。《詩》曰：「施罛濊濊。」按此可以正今本《水部》濊濊、《大部》奯奯之譌。

罟　网也。《小雅·小明》傳曰：罟，网也。按不言魚网者，《易》曰：「作結繩而爲网罟，以田以漁。」是网罟皆非專施於漁也。罟實魚网，而鳥獸亦用之，故下文有鳥罟、兔罟。从网，古聲。

罶　曲梁寡婦之笱，魚所留也。《釋訓》曰：凡曲者爲罶。《釋器》曰：嫠婦之笱謂之罶。《小雅·魚麗》《苕之華》傳合之曰：罶，曲梁也，寡婦之笱也。許説本之。按《邶風》傳云：梁，魚梁。《衛風》傳曰：石絶水曰梁。《曹風》傳云：梁，水中之梁。《邶風》傳云：笱所以捕魚也。《句部》云：笱，曲竹捕魚也。蓋曲梁別於凡梁，寡婦之笱別於凡笱。曲梁者，僅以薄爲之，寡婦之笱，笱之敝者也。魚麗，美物盛多能備禮也。故言此曲梁寡婦之笱，而魚之多如是。苕之華，大夫閔時也，師旅並起，因之以飢饉，言「三星在罶」，則無魚可知也。梁與笱相爲用，故《詩》云「敝笱在梁」。言逝梁必言發笱，若《魯語》曰：古者大寒降，土蟄發，水虞於是乎講罛罶，取名魚。則非止曲梁寡婦之笱矣。从网留，留亦聲。罶或从婁。《春秋》、《國語》曰：溝罛𦋺。《魯語》文。溝疑誤，古本蓋作冓，冓猶交加也，今魯語作講。

罜　罜䍡，逗。小魚罟也。《魯語》曰：鳥獸成，水蟲孕，水虞於是禁罝罜䍡，設穽鄂，以實廟庖，畜功用也。韋曰：罝當作罛。罜䍡，小網也。《西京賦》曰：「設罜䍡。」从网，主聲。

䍡　罜䍡也。从网，鹿聲。

罧　積柴水中吕聚魚也。从网，林聲。《毛詩》「潛有多魚」。《韓詩》潛作涔。《釋器》曰：槮謂之涔。毛傳曰：潛，槮也。《爾雅》、《毛傳》槮本从米。舍人、李巡皆云：以米投水中養魚曰涔。从米是也。自《小爾雅》改作槮，改米爲木云橬，改水爲木槮也，積柴水中而魚舍焉。郭景純因之云：今之作槮者，聚積柴木於水，魚得寒入其裏藏隱，因以薄圍捕取之。槮非古字，至若罧字，雖見《淮南鴻烈》，然與槮皆俗字也。《毛詩》、《爾雅》音義皆云《字林》作罧，不云出《説文》，疑或取《字林》羼入許書，古本當無此篆。

罠　所吕釣也。所以二字今補。《召南》曰：「其釣維何，維絲伊緡。」傳曰：緡，綸也。箋云：以絲爲之綸。則是善釣也。按《糸部》曰：「緡，釣魚繁也。」此曰罠，所以釣也。然則緡罠古今字，一古文，一小篆也。《吴都賦》注曰：罠，麋網。《廣韵》曰：罠，彘網。則又古今義殊。《釋器》「彘罟謂之羉。」本或作罠。張載《七命》「布飛羉，張修罠」。則羉與罠非一字也。从网，民聲。自罾至此十一篆皆謂以漁者也。

羅　吕絲罟鳥也。《釋器》「鳥罟謂之羅。」《王風》傳曰：鳥網爲羅。从网，从維。古者芒氏初作羅。蓋出《世本·作篇》。

罬　捕鳥覆車也。《釋器》曰：「繴謂之罿。罿，罬也。罬謂之罦。罦，覆車也。」郭云：今之翻車也，有兩轅，中施罥以捕鳥。展轉相解，廣異語，按又見《糸部》。从网，叕聲。罬或从車作。按《車部》有輟篆，義殊。

罿　罬也。《王風》毛傳同。从网，童聲。

䍖　覆車也。《王風》「雉離于䍖」。傳曰：䍖，覆車也。从网，包聲。《詩》曰：「雉離于䍖。」今毛傳作罦。䍖或从孚作。

⿱罒互　罟也。《廣韵》曰：兔網。从网，互聲。

罘　兔罟也。郭璞注《子虚賦》曰：罘，罝也。从网，否聲。

罝　兔网也。《周南》「肅肅兔罝」。《釋器》、毛傳皆曰：兔罟也。从网，且聲。罝或从組作。籀文，从虘。虘聲。自羅至此八篆皆以田者也。

許慎《説文》七篇下《巾部》　席　藉也。此以疊韵爲訓，户護、門聞之例也。藉本祭藉，引伸爲凡藉之偁。《竹部》曰：竹席曰筵，實通偁耳。禮謂《周官經》。天子諸侯席有黼繡純飾。此約《周禮·司几筵》之文。莞筵粉純，次席黼純。从巾，其方幅如巾也。庶省聲。

許慎《説文》一三篇上《糸部》　纗　維綱中繩也。綱者，网之紘也，又用繩維之，左右皆有繩，而中繩居要，是曰纗。《思玄賦》舊注云：纗，系也。蓋引申之爲凡系之偁。《思玄賦》曰：「纗幽蘭之秋華。」李善引《通俗文》曰：繫幃曰纗。幃者，今之香囊也。《通俗文》各本作《説文》，今以意改。从糸，巂聲，讀若畫，或讀若維，維疑當作絓。

綱　网紘也。各本作維紘繩也。今依棫樸《正義》正。紘者，冠維也，引申之爲凡維系之偁。孔穎達云：紘者，网之大繩。《商書》曰：「若网在綱，有條而不紊。」《詩》曰：「綱紀四方。」箋云：以网罟喻之，張之爲綱，理之爲紀。从糸，岡聲。

縜　綱紐也。紐者，結而可解也，大曰系，小曰紐。綱之系网也，必以小繩母大繩而結於网，是曰縜，引申爲凡紐之偁，梓人爲侯，上綱與下綱出舌尋，縜寸焉。注云：綱，所以繫侯於植者也，縜籠綱者。按綱繩麤大，故以小繩母大繩爲紐連於侯，其用與网一也。从糸，員聲。

纍　【略】一曰，大索也。《論語》作縲，字之誤。注云：黑索也。亦誤作累。如《孟子》係累其子弟是，亦作羸。如《易·大壯》羸其角。馬云：大索也。鄭虞作纍，引申之，不以罪死曰纍。見楊雄《反離騷》注。从糸，畾聲。

紉　單繩也。單各本及《集韵》作繟，非其義。李文仲《字鑑》作繟，今依《廣韵》佩觿作單，《太平御覽》引《通俗文》曰：合繩曰糾，單展曰紉，織繩曰辮，大繩曰絙。釋玄應引《字林》單繩曰紉。單對合言之，凡言綸言糾皆合三股二股爲之，紉則單股爲之。《玉篇》曰：紉，繩縷也，展而續之。《方言》曰：擱、剿、續也，楚謂之紉。蓋單股必以他股連接而成。《離騷》曰：紉秋蘭以爲佩。注：紉，索也。《内則》紉鍼請補綴。亦謂綫接於鍼曰紉。从糸，刃聲。

繩　索也。索下云：繩也。艸有莖葉，可作繩索也，故从木糸。繩可以縣，可以束，可以爲閑，故《釋訓》曰：兢兢、繩繩，戒也。《周南》傳曰：繩繩，戒慎也。从糸，蠅省聲。

䋫　紆未縈繩。未縈繩，謂未重疊繞之如環者。紆者，詘也，少少詘曲之而已。將縈繩先詘曲之，引申爲凡紆曲之偁。《士喪禮》陳襲事于房中，西領南上不綪。注云：綪讀爲䋫。䋫，屈也。江沔之閒謂縈收繩索爲䋫。按許紆下一曰縈也。此即江沔之閒語也。此云紆未縈繩，用詘訓也。凡器物曲陳之皆曰䋫。从糸，爭聲。讀若旌。

縈　收卷也。卷居轉切，各本作眷，非也。今依《韵會》、《玉篇》正。凡舒卷字，古用𢍏曲之卷，今用氣勢之捲，非也。收卷長繩，重疊如環，是爲縈。於營切，今俗語尚不誤。《詩·周南》「葛藟縈之」。傳曰：縈，旋也。从糸，熒省聲。

絇　纑繩絇也。纑者，布縷也。繩者，索也。絇，糾合之謂。以讀若鳩知之，謂若纑若繩之合少爲多皆是也。《廣韵》絇，九遇切，絲絇也。《唐會真記》崔氏書曰：奉寄采絲一絇。元稹詩曰：棼絲不成絇。正讀九遇切，是唐人多用此語。若屨絇，《禮經》及《禮記》，皆作絇。《周禮》作句。鄭云：箸舄屨之頭以爲行戒。句當爲絇，聲之誤也。玉裁按：許不言屨飾，但言纑繩絇。許意屨絇字當從《周禮》作句爲正，取拘止之意。从糸，句聲，讀若鳩。

縋　㠯繩有所縣也。縣者，系也，以繩系物垂之是爲縋。縋之言垂也。玄應引縣下有鎮。《春秋傳》曰：「夜縋納師。」見《左傳·襄十九年》。从糸，追聲。

絭　纕臂繩也。纕各本作攘，今正。纕者，援臂也。臂褏易流，以繩約之，是繩謂之絭。絭有段絭爲之者。《史記·滑稽列傳》絭韝鞠跽。徐廣云：絭，收衣袖也，又有段卷爲之者。《列女傳》趙津女娟攘卷操檝。卷即絭也。《禾部》曰：穲，絭束也。《冖部》曰：冠，絭也。是引申爲凡束縛之偁。从糸，𢍏聲。

繮　馬紲也。《釋名》曰：韁，疆也，繫之使不得出疆限也。从糸，畺聲。

絆　馬馽也。《馬部》馽下曰：馬絆也。與此爲轉注。《小雅》「縶之維之」。傳曰：縶，絆、維，繫也。《周頌》曰：「言授之縶，以縶其馬」。箋云：縶，絆也。按縶謂繩，用此繩亦謂之縶，此凡字之大例，有客其冣明者也，引申爲凡止之偁。从糸，半聲。

䋣　絆䋣网足也。《莊子·馬蹏篇》連之以羈䋣。崔云：絆前兩足也。《吳都賦》「䋣麇麖」。劉注同。从糸，須聲。

紖　牛系也。牛系，所以系牛者也。《周禮·封人》作絼。鄭司農云：絼，箸牛鼻繩，所以牽牛者，今時謂之雉，與古者名同。後鄭云：絼字當以豸爲聲。按絼讀如豸，池爾切。漢人呼雉即絼也。絼變作紖，而讀丈忍切，仍絼雉之雙聲。今人讀紖余忍切，則非也。《少儀》曰：「牛則執紖。」从糸，引聲，讀若矤。

縼　㠯長繩系牛也。《玉篇》云：以長繩系牛馬放之也。从糸，旋聲。

縻　牛轡也。轡本馬轡也，大車駕牛者則曰牛轡，是爲縻。潘岳賦曰：「洪縻在手。」凡言羈縻勿絶，謂如馬牛然也。从糸，麻聲。縻或从多。

紲　犬系也。犬字各本無，今補。《少儀》「犬則執緤，牛則執紖，馬則執靮」。注曰：緤、紖、靮皆所以繫制之者。按許以此篆次於牛系、牛轡之後，其爲用《少儀》顯然也。緤本犬系，引申之，馬亦曰紲，故上文繮下曰馬紲也，若紲本謂馬，則宜次於繮篆後矣。从糸，世聲。《春秋傳》曰：「臣負羈紲。」《春秋·僖廿四年》、《左傳》文。服虔注曰：一曰犬韁曰紲，古者行則有犬。按如服說，則紲之本義也，如杜說紲馬韁，則紲引申之義也。服云犬韁，許云馬紲，文意正同。緤或从枼。枼亦世聲也。

纆　索也。《易》「係用徽纆」。劉表曰：三股曰徽，兩股曰纆。《字林》曰：兩合曰糾，三合曰纆。从糸，黑聲。

縆　大索也。《通俗文》大索曰縆。从糸，恒聲。

繘　綆也。《易·井卦》「汔至亦未繘井，羸其瓶」。鄭云：繘，綆也。《方言》曰：繘，自關而東周洛韓魏之閒謂之綆，或謂之絡，關西謂之繘。从糸，矞聲。古文从絲，籒文繘。从絲又从臼也。臼者，叉手也。

綆　汲井綆也。汲者，引水於井也。綆者，汲水索也。何以盛水，則有缶。《缶部》曰：罋，汲缾也是也。何以引缾而上，則有綆。《春秋傳》「具綆缶」是也。从糸，更聲。

繴　繴謂之罿，罿謂之罬，罬謂之罦，捕鳥覆車也。見《釋器》及《网部》。从糸，辟聲。

緶　交枲也。謂以枲二股交辮之也。交絲爲辮，交枲爲緶。从糸，便聲。

許慎《説文》一三篇《素部》　𦃃　素屬。素當作索，索見《宋部》，繩索也。从素之字，古亦从糸，故𦃃字或作𦃃，或作繂。《采尗》毛傳曰：紼，繂也，謂麻繩也。今《説文》譌作素屬，乃不可通矣。从素，猶从糸也。率聲。

許慎《説文》一三篇上《絲部》　率　捕鳥畢也。畢者，田网也，所以捕鳥，亦名率。按此篆本義不行，凡衛訓將衛也，達訓先導也皆不用本字而用率，又或用帥，如《繇》傳云：率，循也。《北山》傳云：率，循也。其字皆當作達是也。又詳帥下。《左傳》「藻率」。服虔曰：《禮》有率巾，即許書之帥也。象絲网，謂𢆶。上下其竿柄也。上其竿之露者，下其柄也。畢网長柄。凡率之屬皆从率。

劉熙《釋名》卷六《釋牀帳》 席，釋也，可卷，可釋也。畢沅曰：《説文》「席，籍也」。案鄭注《周禮・春官・敘官》云：鋪陳曰筵，藉之曰席。則籍之義優於釋。王啓原曰：釋亦藉也。《説文》「藉，祭藉也」。《儀禮・聘禮》(記)〔注〕「出祖釋軷」，《禮記・月令》「習舞釋菜」，皆祭藉之義。《楚辭・惜誦》「欲釋階而登天兮」，言藉階登天也。王逸訓釋爲置，非。 簟，覃也，布之覃覃然，平正也。葉德炯曰：《説文》衍長行也，覃，長味也。簟之訓覃，與筵之訓衍皆取長義。

薦所以自薦藉也。蘇輿曰：薦，蓋草席之名，即《釋器》所云蓐謂之兹也。《一切經音義》引《三蒼》及《華嚴經音義》引《聲類》竝云：蓐，薦也。《史記・周本紀》集解引徐廣云：兹者，藉席之名。此以薦爲薦藉，即所云藉席也。《説文》薦，獸之所食艸，从廌，从艸。薦以草爲之，故取名焉。其有著者則謂之茵。《少儀》鄭注所云茵，著席是也。 蒲平畢沅曰：今本作蒲草也，誤，據《御覽》引改。《説文》蒻，蒲子可以爲平席。鄭注《禮記・閒傳》云：苄，今之蒲苹也。鄭又注《周禮・車僕》云：故書苹作平。則平、苹古今字，此作蒲平極是。以蒲作之，其體平也。

劉熙《釋名》卷七《釋車》 笭，横在車前，織竹作之，孔笭笭也。畢沅曰：《説文》「笭，車笭也。从竹，令聲。」《御覽》引孔作空，音誼。

劉熙《釋名》卷七《釋船》 引舟者曰筰。畢沅曰《説文》「筰，筊也」。「筊，作索也」。皮錫瑞曰：《詩・采菽》「紼纚維之」。《釋文》纚，《韓詩》云：筰也。《文選・元皇后哀策文》注引《韓詩》纚，繫也。繫謂以筰繫之也。劉向《九歎》云：「濟楊舟於會稽兮。」注：楊木之舟，輕而易浮，必竹筰維繫以制其行。筰作也，作起也，起舟使動行也。畢沅曰：《御覽》引作筰，作也，起舟使動作也。案筰字誼別，當云筰，作也，作舟使動行也，不必用起訓。

舟中牀以薦物者曰笭，言但有簣如笭牀也。蘇輿曰：《御覽・車部四》笭作筌，其嫖目爲筌，篷下慮作篷。南方人謂之笭突，言溼漏之水突然從下過也。畢沅曰：《御覽》引無南方以下十八字。案，今船底上有襯版，水或浸滛而入，其最低者曰水倉，常時去之名曰刮潮。與此誼合，故不據刪。王啓原曰：吕本突字作寏。其上板曰覆，言所覆慮也。畢沅曰：今本作言所覆衆枕也，非《御覽》引作覆衆慮，衍衆字，亦非當云覆慮。首篇《釋天》云：露，慮也，覆，慮物也。其上屋曰廬，象廬舍也，其上重屋曰飛廬，在上故曰飛也。成蓉鏡曰：《方言》九船首謂之閤，閤郭注閤閭今江東呼船頭屋謂之飛閭是也。閭、廬通。皮錫瑞曰：《漢書音義》李斐曰：艫船前頭刺櫂處也。艫、廬義同。又在其上曰爵室，於中候望之，如鳥爵之警視也。畢沅曰：視今本作示。《北堂書鈔》、《藝文類聚》、《御覽》皆引作若鳥雀之驚視也。案，警字是。軍行在前曰先登，登之向敵陳也。成蓉鏡曰：《初學記》引《晉令》水戰有先登。

外狹而長曰艨衝。畢沅曰今本脱外字，據《北堂書鈔》、《初學記》、《藝文類聚》、《御覽》引增。以衝突敵船也。畢沅曰：《三國吴志》董襲討黄祖，祖横兩蒙衝夾守沔口。

《海録碎事》卷五《衣冠服用部・衣服門》 龍具《漢書》：王章病，卧牛衣中。注云：牛衣，編亂麻爲之。今呼爲龍具。

張揖《廣雅》卷七下《釋器》 嵠岟筥，⿱竹旅也。⿱竹旅，即筥字也。《衆經音義》卷十五云：「筥，又作⿱竹旅。同力與紀與二反。古者筥⿱竹旅同聲。」《周官・掌客》鄭玄注云：筥，讀如棟梠之梠。《大雅》「以遏徂旅」。《孟子》作「徂莒」，皆其證也。《方言》「⿱竹旅，南楚謂之筲，趙魏之郊謂之笶⿱竹旅」。郭璞注云：盛餅筥也。餅與飯同。《説文》「筥，䈰也」。《周頌・良耜篇》云：「載筐及筥，其饟伊黍」，是筥以盛飯也，餘見下文箕筥箄籅簾也下。簾，亦與筥同。《太平御覽》引《纂文》云：嵠岟，大筥也。《方言》注云：今建平人呼筥爲筲。《説文》䈰，飯筥也，受五升，秦謂筥爲䈰。又云：䈰，飯器，容五升。䈰、䈰，竝與筲同。《士喪禮》下篇：筲三，黍稷麥。鄭玄注云：筲，畚種類也，其容蓋與簋同一觳。《論語・子路篇》「斗筲之人」，鄭玄注云：筲，竹器，容斗二升。與《説文》異義，未知孰是。《論語》斗筲竝言，則筲與斗不同量。《文選・王命論》李善注引《漢書音義》筲受一斗，失之。【略】

笄籅篓匧，籅也。《方言》「炊籅謂之縮，或謂之篓，或謂之匧」。郭璞注云：漉米籅也。《説文》「籅，漉米籔也」，《太平御覽》引《纂文》云：「籅，淅箕也。一曰籔，魯人謂之淅箕。」《急就篇》云：「笔篅篗筥籅箅篝。」《玉篇》「笄，盪米具也。」「箕籅，漉米竹器也。」漉與盪同，亦作盝。《説文》「籔，炊籅也」，《玉篇》「籔或作箵，篓」。《方言》又作縮。縮箵篓籔四字，古聲竝相近，篓之言縮也，漉米而縮去其汁，如漉酒然。鄭興注《周官・甸師》云：束茅立之祭前，沃酒其上，酒滲下去，若神飲之，故謂之縮。縮，浚也。《郊特牲》「縮酌用茅」，鄭玄注云：泲之以茅，縮去滓也。義竝與箵同。《周官・大宰》鄭玄注云：澤無水曰藪。《澤虞》注云：水希曰藪。義與籔亦相近。《説文》「匧，盝米籔也」。《集韻》匧或作匧。《方言》郭璞注云：江東呼匧爲淅籤，匧之言浚也。卷二云「浚，盝也」。《周官》鄭玄注云：縮，浚也。縮籔匧，一聲之轉。籔之轉爲匧，猶數之轉爲算矣。

籓籮，箕也。箕，所以簸揚米而去其糠也。《方言》「箕，陳魏宋楚之閒謂之籮」。《説文》「箕，簸也」。「籓，大箕也」。

畉畹𠥓畊，畚也。《説文》「畚，蒲器也，畊屬，所以盛種」。《周官・挈壺氏》「掌挈畚以令糧」。鄭衆注云：畚，所以盛糧之器。宣二年《左傳》「寘諸畚」，杜預注云：畚，以草索爲之，筥屬。十一年《傳》「稱畚築」注云：畚，盛土器。襄九年《傳》「陳畚梮」注云：「畚，蕢籠。」《士昬禮》「婦執笲棗栗」，鄭玄注云：笲，竹器有衣者，其形蓋如今之筥笶籚矣。《三禮圖》引《舊圖》云：「笲，讀如皮弁之弁。」畚、笲，竝從弁聲，畚爲筥屬，而笲形如筥笶籚，則其命名之意亦同矣。《玉篇》「畉，小畚也」。《晉書·天文志》「天棓東七星曰扶筐，盛桑之器，主勸蠶也」。扶與畉通。𥫱，之庶反。《廣韻》「𥫱，筐𥫱也。𥫱之言貯也，所以貯米也」。《說文》「㡾，幡也，所㠯盛米」。㡾與𥫱，聲近義同。《說文》「㔸，田器也」。又云：「莜，艸田器。」引《論語》「㠯杖何莜」。今本作蓧，包咸注云：蓧，竹器。皇侃疏云：籮籠之屬也。《釋文》「蓧，本又作條」。又作莜，竝字異而義同。《說文》「㡊，蒲席㡾也」「𥫱，㡊皮」。杜林以爲竹筥，揚雄以爲蒲器，讀若軿車。《急就篇》「笔，箒篌筥箯箅篝」，顏師古注云：竹器之盛飯者，大曰篌，小曰筥。篌與軿，亦聲近義同。【略】

箹匠匴，笥也。《說文》「笥，飯及衣之器也」。《曲禮》「凡以弓劒苞苴簞笥問人者」。鄭玄注云：簞笥，盛飯食者，圜曰簞，方曰笥。《緇衣》引《兑命》云「惟衣裳在笥」。《說文》「箹，竹器也」。《玉篇》所閒蘇千二切，云：竹器似箱而贏。曹憲音素管反。《士冠禮》「爵弁皮弁緇布冠，各一匴」，鄭玄注云：匴，竹器名，今之冠箱也。古文匴爲篹。《釋文》匴篹竝素管反。《衆經音義》卷十五引《聲類》云：「筥，箱也。」《喪大記》「食粥於盛不盥，食於篹者盥」。注云：篹，竹筥也。《史記·鄭當時傳》「其餽遺人，不過算器食」。徐廣音義云：算音先管反，竹器也。匴篹算，竝與箹同，是箹爲簞笥之屬也。《玉篇》匠，又作笲。《士昏禮》鄭玄注云：「笲，竹器有衣者，其形蓋如今之筥筊籚矣」。《士昏禮記》云：「笲，緇被纁裏」。案笲以盛棗栗服脩，亦以盛菜。《聘禮》「賓釋幣于禰，用以盛幣埋之」。《喪禮》「用以盛貝及沐浴巾」，具見經文。匴通作簞，簞與笥對文則異，散文則通。《說文》「簞，笥也。漢律令，簞，小筐也」。簞以盛食，亦以盛巾櫛。《士冠禮》云：「櫛實于簞。」《士虞禮》云：「匜水錯于槃中，簞巾在其東。」

篝、筌謂之笓。《廣韻》「笓，取鰕竹器也」。《太平御覽》引《韓詩》云「九罭之魚」。罭取鰕笓也，又引《纂文》云「簞，流水中張魚器也」。簞與笓同。《玉篇》「筌，捕魚笱也」。字亦作荃。《莊子·外物篇》云：「荃者，所以在魚，得魚而忘荃。」左思《吴都賦》「筌鯝鱨」。劉逵注云：筌，捕魚器，今之斗回也。

曲梁謂之罛。《邶風·谷風篇》「毋逝我梁，毋發我笱」。毛亨傳云：梁，魚梁。笱，所以捕魚也。《周官·獻人》「掌以時獻爲梁」。鄭衆注云：梁，水偃也，偃水爲關空，以笱承其空。《說文》「笱，曲竹捕魚笱也」。「罶，曲梁寡婦之笱，魚所留也。或作䍡」。引《魯語》「講罛罶」。今本作罶。韋昭注云：罶笱也。《爾雅》云「凡曲者爲罶」。又云「嫠婦之笱謂之罶」。《釋文》罶本或作罛。罶、罛、䍡竝同。今人謂取魚具爲魚簍，聲亦相近也。《小雅·魚麗篇》「魚麗于罶」。《召之華篇》「三星在罶」。傳竝云：罶，曲梁也，寡婦之笱也。曲，各本譌作典，今訂正。

篧、籗、䉵，箄也。《說文》「罩，捕魚器」。罩與箄同。凡自上籠下謂之罩，故《淮南子·說林訓》云「罩者抑之，罾者舉之」。《說文》「罩，覆鳥令不得飛也」。《玉篇》音竹教切。義與罩同。《說文》「籗，罩魚者也」。或作篧，作籗。《爾雅》「籗謂之罩」。李巡注云：籗，編細竹以爲罩捕魚也。孫炎注云：今楚篧也。楚篧，謂以荆爲之。

潀、涔，栫也。《說文》「栫，㠯柴木壅水也」。郭璞《江賦》云「栫澱爲涔」。栫者，叢積之名。哀八年《左傳》「囚諸樓臺，栫之以棘」。杜預注云：栫擁也。《釋文》栫本又作荐，栫之言荐也。韋昭注《晉語》云：荐，聚也。《小爾雅》云「魚之所息謂之槮。槮，椮也，積柴水中，而魚舍焉」。《爾雅》「槮謂之涔」。郭璞注云：今之作槮者，藂積柴木於水中，魚得寒入其裏藏隱，因以薄圍捕取之。《周頌·潛篇》「潛有多魚」。毛亨傳云：潛槮也。韓詩作涔，云「涔，漁池也」。《淮南子·說林訓》「罧者扣舟」。高誘注云：罧者，以柴積水中以取魚。扣，擊也，魚聞擊舟聲，藏柴下，壅而取之也。今兖州人積柴水中捕魚爲罧，幽州名之爲涔。罧，與槮、椮同。涔，與潛槮同。潀、涔皆壅積之意。卷二云：潀，漬也。《說文》「涔，漬也」。漬、積，聲相近，雨水漸漬謂之潀，亦謂之涔。柴木壅積謂之涔，亦謂之潀，其義一也。

罔謂之罟。此罔魚及鳥獸之通名。《繫辭傳》云「作結繩而爲罔罟，以佃以漁」是也。罔，《說文》作网。又作網。

罽、罾，魚罔也。此專謂魚罔也。各本罽下衍罟、罽二字，罔上又脱魚字。《莊子·胠篋》、《釋文》引《廣雅》「罾，魚罔也」。《太平御覽》引《廣雅》「罽、罾，魚罔也」。今據以訂正。《說文》「罽，魚网也」，「罾，魚网也」。《楚辭·九歌》「罾何爲兮木上」。王逸注與《說文》同。《莊子·胠篋篇》云「鉤餌網罟罾笱之，知多，則魚亂於水矣」。《太平御覽》引《風土記》云「罾樹四木而張網於水車，輓之上下，形如蜘蛛之網，方而不圓」。

罼、罕図、旃，率也。案《爾雅》於釋諸羅罔之後，即云「絢謂之救，律謂之分」，二者蓋亦羅罔之屬。絢，蓋即下文軥謂之輗、律，即此率字也。《說文》「率，捕鳥畢也，象絲网，上下其竿柄也」。率與律，古同聲。《說文》「紛，馬尾韜也」。《釋名》云「紛放也，防其放弛以拘之也」。紛與分義相近，郭璞注云：律管可以分氣，則義近於鑿，且於文不類矣。《說文》「畢，田网也」。《小雅·大東篇》「有捄天畢」，毛亨傳云：畢所以掩兔。《月令》「罝罘羅網畢翳」，鄭玄注云：小而柄長謂之畢。《呂氏春秋》「畢翳作罼弋」。《太平御覽》引蔡邕《月令章句》云「掩飛禽曰旃」。《齊語》「田狩畢弋」，韋昭注云：畢，掩雉兔之網也。《說文》「罕，罔也」。《史記·天官書》云「畢曰罕車，主弋獵」。宋玉《高唐賦》云「弓弩不發，罘罕不傾」。揚雄《羽獵賦》云「罕車飛揚，武騎聿皇」。《說文》「図，下取物縮藏之。讀若籥」。《廣韻》「図，女滅切，捕魚網也」。図與図，聲義相近。旃，亦図也。《玉篇》音於業、於儼二切。《廣韻》「旃，掩翳也」。《說文》「罨，罕也」。徐鍇傳云：網從上掩之也。司馬相如《子虛賦》「揜翡翠」。左思《蜀都賦》作罨，字竝與旃通。罨以捕鳥，亦以捕魚。《太平御覽》引《風土記》云「罨，如罾而小，斂口，從水上掩而取之也」。

罝、罟，兔罟也。罠《說文》「罝，兔罟也」。罝，曹憲音互。《玉篇》、《廣韻》竝同。各本罝譌作罣，音內，互字又譌作牙。《集韻》、《類篇》「罣，牛加切，兔罔也」。則宋時《廣雅》本已誤，考《說文》、《玉篇》、

《廣韻》皆作罛，不作罦，今據以訂正。《玉篇·网部》末有罦字，音牙，兔罔也，乃宋人依誤本《廣雅》增入者，不可引以爲據。劉攽《中山詩話》云「唐人書互爲㸦，㸦似牙字，因譌爲牙」。凡經史諸子中互字多譌作牙，從互之字亦然，顧氏《音學五書》辨之詳矣。罟之言覆也，《說文》「𦊝，覆車网也」。引《王風·兔爰篇》「雉離于𦊝」。或作罦。又云「罟，兔罟也」。《爾雅》「罬謂之罦。罦，覆車也」。孫炎注云：覆車，網可以掩兔者也。郭璞注云：今之翻車也，有兩轅，中施罥以捕鳥。《月令》「罝罘羅網畢翳」。鄭玄注云：獸罟曰罝罘。高誘《淮南子》注云：罘，麋鹿罟也。《莊子·胠篋篇》「削格羅落罝罘之知多，則獸亂於澤矣」。《釋文》罘本又作罦。罦、𦊝、罟、罘，竝同。罟，各本譌作器，惟影宋本、皇甫本不譌。《爾雅》「㲋罟謂之羉」。郭璞注云：羉，幕也。《釋文》羉，力端反。又莫潘反。本或作罠，亡巾反。案罠亦幕也。羉、罠，幕一聲之轉。左思《吴都賦》「罠蹏連綱」。劉逵注云：罠，麋網也。張協《七命》「布飛羉，張脩罠」。李善注引《廣雅》「罠，兔罟也」。今本脱罠字。《集韻》引《廣雅》「罠，兔㲋罟也」。㲋字因與《爾雅》相涉而衍。

其罥謂之繴。罥之言綰也，挂也。《說文》「繯，网也，一曰綰也」。《玉篇》「罥，挂也」。或作羂。《周官·冥氏》「掌設弧張」。鄭玄注云：弧張，罿罦之屬，所以扃絹禽獸。《文選·上林賦》「羂騕褭」。李善注引《聲類》云「羂，係取也」。《史記·司馬相如傳》作罥。《吕氏春秋·上農篇》云「繯網罝罦，不敢出於門」。《太(元)〔玄〕·翕次八》「揮其罦，絶其羂」。《釋文》云「羂，挂也，網引獸也」。竝字異而義同。繴之言羅也。《漢書·司馬相如傳》注云：羂，謂羅繫之也。《初學記》云「繴者，以綸爲之」。見《環濟要略》。案今本「其罥謂之繴」，在兔罟也之下，則是兔罟之罥謂之繴也。考諸書言罥繴者，皆所以係取鳥獸，不專施於兔罟，且此句與下句軥謂之輗，文同一例，則罥上不當有其字明矣。《太平御覽》引《廣雅》「其罥謂之繴」。《集韻》、《類篇》繴字訛作撆，云：「兔罥也」，則宋初《廣雅》本已誤。然考《初學記》云「繴者，以綸爲之」，《廣雅》曰「罥謂之繴」。則唐時《廣雅》本尚不誤也。又案《說文》「罬，网也」。《玉篇》「罬音侮，雉罔也」。「罺音某，罔也」。《廣韻》「罬音侮，又音媒，雉罔也」。《集韻》「罺音某，罔也。或作罬」。《玉篇》、《廣韻》、《集韻》之訓，多本《廣雅》，疑今本「其罥謂之繴」上脱去「罬，雉罟也」四字，其字乃某字之譌，某字即罬字之音，既譌爲其字，又誤入正文也。但諸書未引《廣雅》，不敢以意增損耳。

軥謂之輗。軥之言鉤也，拘也。卷一云「軥、輗、牽，引也」。軥，曹憲音衢，字或作絇。《爾雅》「絢謂之救」，郭璞注云：救絲以爲絢，或曰亦罥名。罥名之説，與上下文相合，説見上文罼罕罔旍率也下。救與拘，聲亦相近，絢謂之救，猶云絢謂之拘。

張揖《廣雅》卷七下《釋器》　簦謂之笠。《說文》「笠，簦無柄也」。「簦，笠蓋也」。《吴語》「簦笠相望於艾陵」，韋昭注云：簦笠，備雨器也。《史記·虞卿傳》云「躡屩擔簦」。簦與笠對《急就篇》顔師古注云：大而有把，手執以行，謂之簦。小而無把，首戴以行，謂之笠。文則異，散文則通，故《士喪禮》下篇鄭玄注云：笠，竹簦蓋也。《淮南子·說林訓》云「或謂笠，或謂簦，名異實同也」。

張揖《廣雅》卷七下《釋器》　萆謂之衰。《說文》「衰，艸雨衣，秦謂之萆」。《越語》云「譬如衰笠，時雨既至，必求之」。經傳或從艸作蓑。《說文》「萆，雨衣，一曰衰衣」。《齊語》「身衣襏襫」，韋昭注云：襏襫，蓑薜衣也。薜，與萆同。《六韜·農器篇》云「蓑薜簦笠」。

縢、絭、緘、紲、紘、纜、緝、紩、緪、絃、縻、紖、縋、綸、繏、徽、纆、絇、筊、纍、繩，索也。《說文》「縢，緘也」。鄭玄注《金縢》云「縢，束也」。《秦風·小戎篇》「竹閉緄縢」，毛亨傳云：縢約也。《魯頌·閟宫篇》「朱英緑縢」，毛亨傳云：縢繩也。《莊子·胠篋篇》「攝緘縢」，《釋文》縢，向崔本作幐。《急就篇》「纍繘繩索絞紡纑」。繘，一作綃。綃，與絭同義。《文選·海賦》「維長綃，挂帆席」，張銑注云：「綃連帆繩也」。義與絭亦相近。《說文》「緘，束篋也」。《喪大記》「大夫士封以咸」，鄭玄注云：「咸，讀爲緘。今齊人謂棺束爲緘繩」。咸，或爲椷，竝字異而義同。《釋名》云「棺束曰緘」，緘，函也，各本緘下衍也字。《莊子·胠篋》、《釋文》引《廣雅》「緘，縢繩也」。《衆經音義》卷十六引《廣雅》「縢，繩也」。卷十一、十六竝引《廣雅》「緘，索也」。今據以訂正。紲、紖二字，説見卷二紲紖係也下。紘，説見卷三紘束也下。《廣韻》「縗，綱繩也」。《集韻》云「荆州謂帆索曰縗」。《方言》「車枸簍，其上約或謂之箕」，郭璞注云「即牽帶也」。音覓，箕，與縗同義。《玉篇》「紩，索也」。古作鉄。《方言》「車下鉄」。陳宋淮楚之閒謂之畢」。《玉篇》「鉄，帆索也」。義亦與紩同。緪之言亘也。《說文》「緪，大索也」。卷二云「縻，係也」。《後漢書·魯恭傳》李賢注引《倉頡篇》云縻，牛繮也。《說文》「縻，牛轡也。或作紖」。《史記·司馬相如傳》「羈縻勿絶」，司馬貞索隱引《漢官儀》云：馬曰羈，牛曰縻。《漢書·匈奴傳》作羈靡，竝字異而義同。《說文》「縋，以繩有所縣鎮也」。引襄十九年《左傳》「夜縋納師」。又僖三十年《傳》「夜縋而出」，杜預注云「縋，縣城而下也」。今俗語亦謂以繩有所縣鎮曰縋，縋之言重膇也。成六年《傳》「於是乎有沈溺重膇之疾」，杜預注云：重膇，足腫也。《方言》郭璞注云：「槌，縣蠶薄柱也」。義與縋，竝相近。《方言》云「槌之横者，宋魏陳楚江淮之閒，謂之㮇，所以縣㮇，關西謂之㮇，東齊海岱之閒，謂之繏」。卷三云「徽束也」。《說文》「徽，三糾繩也」，「纆，索也」。《坎·上六》「係用徽纆」。馬融注云：徽纆，索也。劉表注云：三股曰徽，兩股曰纆。揚雄《解嘲》云「免於徽索」。《莊子·駢拇篇》云「約束不以纆索」。《史記·南越·尉佗傳》云「成敗之轉，譬若糾墨」。纆、纆、墨，竝通。《豳風·七月篇》「宵爾索綯」。《爾雅》「綯，絞也」。絞，亦索也。《急就篇》云「纍繘繩索絞紡纑」是也。《方言》「車紂自關而東，周洛韓鄭汝潁之閒，或謂之曲綯」，郭璞注云：綯亦繩名。《小爾雅》「綯索也」。綯，與絢同，索謂之絢，猶編絲繩謂之絛矣。筊，亦絞也。《說文》「筊，竹索也」。《漢書·溝洫志》「搴長茭兮湛美玉」，薛瓚注云：「竹葦絙謂之茭」。茭，與筊通，其草索亦謂之茭。《墨子·尚賢篇》云「傅説被褐帶索」。《辭過篇》云「古之民未知爲衣服，時衣皮帶茭」。茭，亦索也。纍之言係纍也。《說文》「纍，大索也」。《論語·公冶長篇》「雖在縲紲之中」，孔安國傳云：縲，黑索也。《史記·仲尼弟子傳》作纍。《漢書·司馬遷傳》作纍，竝字異而義同。

繘、絡，綆也。《方言》「繘，自關而東，周洛韓魏之閒，謂之綆，或謂之絡，關西謂之繘」。郭璞注云：汲水索也。《説文》「綆，汲井繩也」，「繘，綆也」。襄九年《左傳》云「具綆缶，備水器」，《士喪禮》云「管人汲」。不説繘。【略】

箹、篔，犙帶也。《方言》「車枸簍，其上約謂之箹，或謂之篔」。郭璞注云「即犙帶也」。箹亦約也，篔之言纜也，上文云「纜，索也」。高誘注《淮南子·原道訓》云：小車蓋四維謂之紘繩，即犙帶也。

綯、紂、緧也。《方言》「車紂，自關而東，周洛韓鄭汝潁之閒，謂之緻，或謂之曲綯，或謂之曲綸，自關而西，謂之紂」。郭璞注云：綯亦繩名。引《豳風·七月篇》「宵爾索綯」。《説文》「紛，馬尾韜也」。《小爾雅》「縚，索也」。韜、縚，竝與綯通。《説文》「紂，馬緧也」，「緧，馬紂也」。《釋名》云「鞧，遒也，在後遒迫，使不得卻縮也」。《考工記·輈人》「必緧其牛後」。鄭衆注云：「關東謂紂爲緧」。鞧、緻、緧，竝同。綯與紂、緧，古聲亦相近。【略】

羈、鞥，勒也。《説文》「勒，馬頭絡銜也」。《釋名》云「勒，絡也，絡其頭而引之也」。《周官·巾車》云「革路龍勒」。《説文》「䩭，馬絡頭也，或作羇」。經傳省作羈。《釋名》云「羈，檢也，所以檢持制之也」。竝字異而義同。《玉篇》「鞥，古核切勒也」。亦作革。鞥，《廣韻》「鞥，轡首也」。《爾雅》「轡首謂之革」，郭璞注云：轡，靶勒。《小雅·蓼蕭篇》「鞗革沖沖」，毛亨傳云：「鞗，轡也。革，轡首也」。鞥、鞥、革竝同。勒與鞥、革，古亦通用。錢氏曉徵《焦山鼎銘跋》尾云：「古器銘多用鋚勒字，石鼓及寅簋文作鋚勒，《伯姬鼎》作攸勒，《宰辟父敦》作攸革」。此文亦但作攸，蓋古文之鋚勒，即《詩》所云鞗革也。案《小雅·斯干篇》「如矢斯棘」，《韓詩》棘作朸。《神農本草》云「天門冬，一名顛勒」。《博物志》云「天門冬，一名顛棘」。古者革、鞥、棘，三字同聲，棘之通作朸，勒猶革，鞥之通作勒矣。

靮謂之韁。《説文》「韁，馬紲也」。《釋名》云「韁，疆也，繫之使不得出疆限也」。《漢書·敘傳》「繫名聲之韁鎖」。韁，與繮同。《檀弓》「則執羈靮而從」，鄭玄注云：靮，紖也。《少儀》云「犬則執緤，牛則執紖，馬則執靮」。緤、紖、靮，皆引也。緤之言曳，紖之言引，靮之言扚也。《玉篇》云「扚，引也」。【略】

縶、纈，絆也。《説文》「絆，馬縶也」。又云「䩭，絆馬也」。引成二年《左傳》「韓厥執䩭前」。今本作「執縶馬前」。《小雅·白駒》毛亨傳亦云：縶，絆也。《説文》「纈，絆前兩足也」。《莊子·馬蹄篇》「連之以羈䩭」。《釋文》䩭，司馬、向、崔本竝作纈。崔云：絆前兩足也。左思《吴都賦》「纈麋麐」。劉逵注與崔譔同，引《莊子》亦同。

張揖《廣雅》卷八上《釋器》

笹謂之篅。《衆經音義》卷四引《倉頡篇》云「篅，圓倉也」。《説文》「笹，篅也」。「篅，判竹圜吕盛穀也」。篅笹，或作圌囤。《釋名》云「囤，屯也，屯聚之也」。「圌，以草作之團團然也」。《淮南子·精神訓》「守其篅笹」，高誘注云：「篅笹，受穀器也」。《急就篇》云「笹篅箯筥籅箅篝」。笹之言沌沌然圜也。《管子·樞言篇》云「沌沌乎博而圜」。《孫子·兵勢篇》云「渾渾沌沌，形圓而不可敗」。

箵、篣、筊、簝、籯、篝、笭，籠也。《説文》「籠，舉土器也。一曰，笭也」。《論語·子罕篇》「譬如爲山，未成一簣」，包咸注云：簣，土籠也。《漢書·王莽傳》「綱紀咸張，成在一匱」。匱，與簣通。《方言》「籠南楚江沔之閒，謂之篣，或謂之筊」，郭璞注云：「今零陵人呼籠爲篣」。篣，各本譌作篣，惟影宋本、皇甫本不譌。《説文》「筊，鳥籠也」。《楚辭·九章》「鳳皇在筊兮」，王逸注云：筊，籠落也。《説文》「簝，宗廟盛肉竹器也」。《周官·牛人》「共其牛牲之互，與其盆簝」，鄭衆注云：簝，受肉籠也。《説文》「籯，笭也」。《漢書·韋賢傳》「遺子黄金滿籯」，如淳注云：籯，竹器，受三四斗，今陳留俗有此器。顔師古云：今書本籯字，或作盈，竝與籯同。籯之言贏也，盛受之名也。襄三十一年《左傳》「以隸人之垣以贏諸侯」，賈逵注云：贏，受也。《方言》「箸筩，陳楚宋魏之閒或謂之籯」，郭璞注云：「盛朼箸籫也」。義亦與籯籠之籯同。《史記·陳涉世家》「夜篝火」，《滑稽傳》「甌窶滿篝」，徐廣音義竝云：篝，籠也。《龜策傳》「以篝」，與篝同。篝者，籠絡之名。《楚辭·招魂》「秦篝齊縷」，王逸注云：「篝，絡也。縷，綫也」。義與篝籠之篝亦相近。《説文》「笭，籯也」。

熏篝謂之墻居。《方言》「篝，陳楚宋魏之閒，謂之墻居」，郭璞注云：「今薰籠也」。薰，與熏同。《説文》「篝，笿也，可熏衣，宋楚謂篝墻居也」。

箄、籚、籃，筐也。《説文》「匡，飯器也，筥也。或作筐」。《召南·采蘋》毛亨傳云：「方曰筐，圓曰筥」。匡者，方正之名，故《爾雅》云：「匡，正也」。對文則筐與筥異，散文則通，故《説文》又訓筐爲筥也。《周南·卷耳》傳云頃筐，畚屬也。《小雅·鹿鳴》毛亨傳云筐，篚屬所以行幣帛也。《月令》鄭玄注云：曲植籧筐，皆所以養蠶器也。《聘禮記》「凡餼，大夫黍粱稷筐五斛」，鄭玄注云「器寡而大略」也。是筐之所用不同，而大小亦異矣。箄，説見上文匴，笥也下。匴，與箄同。籚，或作盧。《説文》「盧，飯器也」。又云「凵盧，飯器，吕柳爲之」。凵，或作𥬪。《方言》「簇，趙魏之閒謂之𥬪簇」。郭璞注云：「盛餅筥也」。𥬪簇，今通語也。《士昏禮》鄭玄注云：「筭，竹器有衣者，其形蓋如今之筥𥬪籚矣」。𥬪籚，與凵盧同。簇，亦籚也。𥬪簇，亦𥬪籚也，古者盧，旅同聲。《士冠禮》鄭玄注云：古文旅作臚。《周書》「盧弓」，《左傳》作「玈弓」，皆其例矣。《説文》「籃，大篝也。古文作[illegible]」。

籅、箈、箄、簍，篆也。《説文》「篆，飲牛筐也。方曰筐，圜曰篆」。義與毛傳同。又云「籍，飯筥也。受五升」。《聘禮》云「米百筥，筥半斛」。《吕氏春秋·季春紀》「具栚曲篆筐」，高誘注云：員底曰篆，方底曰筐，皆受桑器也。《月令》作籧筐。《淮南子·時則訓》作筥筐。《方言》「栝落，陳楚宋衛之閒，謂之豆筥」，郭璞注云：「盛栝器籠也」。以上諸筥，異用而同名，皆筐之圜者也。《方言》「箄，簍籅，箈，篆也」。江沔之閒，謂之籅，趙代之閒謂之箈，淇衛之閒，謂之牛筐。篆其通語也。篆小者，南楚謂之簍，自關而西，秦晉之閒，謂之箄，籅之言輿也」。卷二云「輿，載也」。箈之言韜也，自上覆物謂之韜，自下盛物亦謂之韜。《方言》郭璞注云：「箈音弓弢」。蓋得其義矣。箄之言卑小也。《方言》郭璞注云：今江東亦名小籠爲箄。《説文》「簍，竹籠也」。《急就篇》云「篧箄箕帚筐篋簍」，簍之言婁也，斂聚之名也。《小雅·角弓》鄭玄箋云：妻，斂也。《方言》「飤馬橐，自關而西，或謂之幭兜」。幭與篾義相近。

笛謂之薄。《說文》「薄，蠶薄也」。《方言》「薄，宋魏陳楚江淮之閒，謂之苖，或謂之麴，自關而西，謂之薄，南楚謂之蓬薄」。《說文》「苖，蠶薄也」。又云「曲，蠶薄也」。曲、苖、笛，竝同。《月令》「具曲植籧筐」。鄭玄注云：曲，薄也。高誘注《吕氏春秋》云：青徐謂薄爲曲。《史記・絳侯世家》「勃以織薄曲爲生」。司馬貞索隱引許慎《淮南子》注云：曲，葦薄也。《豳風・七月》毛亨傳云：「豫畜萑葦，可以爲曲薄。」各本譌作薄，惟影宋本不譌。

佯篖、倚陽，笒篖也。《方言》「笒篖，自關而東周洛楚魏之閒謂之倚佯，自關而西，謂之笒篖，南楚之外，謂之篖」，郭璞注云：似籧篨，直文而粗，江東呼笪。倚佯，與倚陽同。

笙、䈴、蕟、簟、籧笛、筵、因、薦、蔣、篌，席也。《說文》「席，藉也」。「筵，竹席也」。席與藉，古同聲而通用。《漢書・劉向傳》「吕産、吕禄席太后之寵」。席，猶藉也。《賈捐之傳》「民衆久困，相枕席於道」，如淳曰：席音藉。筵之言延也。《爾雅》「延，陳也」。《周官》「司几筵」鄭玄注云：「筵，亦席也。鋪陳曰筵，藉之曰席，然其言之筵席通矣。」古者席以九尺爲度，短不過尋，長不過常。《考工記・匠人》「明堂，度九尺之筵」，《公食大夫禮》「蒲筵常，加萑席尋」，是也。《方言》「簟，宋魏之閒，謂之笙，或謂之籧苖，自關而西，或謂之簟，或謂之䈴」，郭璞注云：今江東通言笙。左思《吳都賦》「桃笙象簟」，劉逵注云：「桃笙，桃枝簟也，吳人謂簟爲笙。」案笙者，精細之名。《方言》云自關而西，秦晉之閒，凡細貌謂之笙，簟爲籧篨之細者，故有斯稱矣。䈴之言曲折也。《方言》郭璞注云：「今云䈴篾篷也。」又云：「江東呼籧篨爲䉐。」䉐，與蕟同。漢祝睦後碑「垂誨素棺，幣以葭蕟」。葭蕟，即今人所謂蘆䉐也。《說文》「簟，竹席也」。《釋名》云「簟，覃也，布之覃覃然正平也」。《齊風・載驅》毛亨傳云：簟，方文席也。《小雅・斯干篇》「下莞上簟」，鄭玄箋云：「莞，小蒲之席也，竹葦曰簟。」籧苖，猶拳曲，語之轉也，簟可卷，故有籧苖之名，關西謂之䈴，亦此義也。各本籧苖二字之閒有篨字，蓋後人以意加之。籧篨自見下條，乃竹席之粗者，與籧苖不同，今據《方言》删。因，曹憲音天念反。《說文》「因，舌貌」。義與席不相近。曹云，亦有本作茵字。《說文》「茵，車中重席也」。則作茵者是，茵之言因也，說見上文鞇韉謂之鞇下。鞇，與茵同。《釋名》云「薦，所以自薦藉也」。晏子《春秋雜篇》云「布薦席，陳簠簋」。薦、蔣，一聲之轉。蔣，通作蔣。《夏小正・四月》「取茶」。傳云：茶也者，以爲君薦蔣也。《七月》「灌茶」，傳云：茶，萑葦之秀，爲蔣褚之也。《韓非子・十過篇》云「縵帛爲茵，蔣席額緣」。王褒《僮約》云「編蔣織薄」。是蔣爲席也。

篕筱謂之籧篨。《說文》「籧篨，粗竹席也」。《淮南子・本經訓》「若簟籧篨」，高誘注云：籧篨，葦席也。《鹽鐵論・散不足篇》云：「庶人即草蓐索經單藺籧篨而已。」《方言》「簟之粗者，自關而西，謂之籧篨，自關而東，或謂之篕棪」。棪，與筱通。

蓐謂之茇。《爾雅》「蓐謂之兹」，郭璞注云《公羊傳》曰「屬負兹」。兹者，蓐席也。《衆經音義》卷三引《三倉》云「蓐，薦也」。《說文》「茇，蓐也」。

張揖《廣雅》卷一〇上《釋草》

蘋、芀，蔽也。《廣韻》「蔽，茅類，蘋草名，似蒲，一云，似茅」。《爾雅》「蘋，藨蕫」，郭璞注云：似蒲而細。邢昺疏云：可爲屩，亦可綯以爲索。《說文》「蕫，藨蕫也」。杜林曰藕根，徐鍇傳云：似蒲而細，今人以織屨。《西京賦》「草則葴莎菅蔽」，李善注引《聲類》云蔽草，中爲索。《玉篇》同。成九年《左傳》「雖有絲麻，無棄菅蔽」，孔穎達正義云：陸機《毛詩疏》「菅，似茅滑澤無毛，筋宜爲索」。蔽亦菅之類。《喪服傳》云「疏屨者，藨蔽之菲也，可以爲屨，竝可代絲麻之乏」。然則蔽爲索爲屨與蘋同，是一物也。遼・釋行均《龍龕手鑑》云「蘋草，一名鼎童，似鳥尾可食」。

龍木，龍須也。龍須，莞屬。《中山經》云「賈超之山，其中多龍脩」，郭璞注云：「龍須也，似莞而細，生山石穴中，莖倒垂，可以爲席。」龍脩，龍須，聲之轉也。須，一作鬚。《神農本草》云「石龍芻，一名龍鬚，一名草續斷，一名龍珠」。《御覽》引吳普本草云：龍芻，一名龍鬚，一名龍木，一名草毒，一名龍華，一名懸莞，生梁州。龍須似莞，斯有懸莞之稱矣。《名醫別録》云「石龍芻九節多味者良」，陶注云：莖青細相連，實赤，今出近道水石處，似東陽龍鬚以作席者，但多節爾。《蜀本圖經》云「莖如綖，叢生，俗名龍鬚草，今人以爲席者，所在有之，別一種名鼠莞」。【略】

其表曰筤。竹外青皮也。《說文》「筤，竹膚也」，徐鍇傳云：竹青也，筤之轉聲爲篾。《衆經音義》卷十引《埤倉》云「篾，析竹膚也」。《顧命》「敷重蔑席」，鄭玄注云：「蔑，析竹之次青者。」今順天人呼竹篾爲竹筤，聲如泯，又轉而爲簢，音彌。《說文》「簢，筡也」。「筡，析竹筤也」。《衆經音義》卷十引《聲類》云「簢，篾也」。又云「今蜀土及關中皆呼竹篾爲簢」。又名筠。《禮器》云：「如竹箭之有筠也」。孔穎達正義云：筠是竹外青皮。《顧命》云「敷重筍席」。鄭玄云：筍，析竹青皮也。引《禮記》曰「如竹箭之有筠」。筠通作緼。鄭衆注《考工記・梓人》云：緼，讀爲竹中皮之緼，又名篣。《士喪禮》下篇鄭玄注云：笠，竹篣蓋也。賈公彦疏云：篣竹之青皮。《集韻》音敷，聲與膚相近，即《說文》所云「筤，竹膚也」。又名竹茹。《名醫別録》云「竹皮茹微寒」。【略】

篙䈊、筠篛，桃支也。筠篛，與鉤端同。支，與枝同。《爾雅》云「桃枝四寸有節」，郭璞注云：今桃枝節閒相去多四寸。《廣韻》云「篛，竹名，出南嶺」。《西山經》云「嶓冢之山，其上多桃枝鉤端」，郭璞注云：「鉤端，桃枝屬。」鉤端爲桃枝之屬，因而亦得稱桃枝矣。又《中山經》云「驕山，其木多桃枝鉤端，龍山，其草多桃枝鉤端」。或以爲木，或以爲草者，以桃枝是竹，竹之爲物，亦草亦木也。《竹譜》云「篔簹射筒，䈀箊桃枝，數竹皮葉相似，桃枝是其中最細者，皮赤編之滑勁，可以爲席」。案《周官・司几筵》「加次席黼純」，鄭玄注云：次席，桃枝席，有次列成文。《御覽》引《東觀漢紀》云「馬棱爲會稽太守，詔詰會稽，車牛不務堅强，車皆以桃枝細簟」。是也。又可爲杖。《御覽》引魏武帝《與楊彪書》云「今賜足下銀角桃杖一枚」。左思《蜀都賦》云「靈壽桃枝」，劉逵注云：「桃枝，竹屬也，出墊江縣，可以爲杖。」是也。【略】

莞，藺也。《爾雅》云「莞，苻蘺」。《小雅・斯干》孔穎達正義引某氏注云，《本草》云「白蒲，一名苻蘺，楚謂之莞蒲」。《藝文類聚》引舊注云：今水中莞蒲，可作席也。郭璞注。云：今西方人呼蒲爲莞蒲，江東謂之苻蘺。《說文》云「蔇，夫蘺也」，「莞，艸也，可以作席」。「藺，莞屬也」。《玉篇》云「莞，似藺而圓，可爲席」。藺似莞而細，可爲席。《鹽鐵論·散不足篇》云「大夫士蒲平單莞，庶人單藺蘧蒢」。是莞與藺異也，但二者形狀相似，爲用又同，故亦得通名耳。《御覽》引范子計然云「六尺藺席出河東」。《急就篇》云「蒲蒻藺席帳帷幢」。是藺席人所常用，而古經傳多言莞席，少言藺席，豈非莞之名足以兼藺與。《小雅·斯干篇》「下莞上簟」，鄭玄箋云：莞，小蒲之席也。《釋文》云「莞草叢生水中，莖圓，江南以爲席」。形似小蒲而實非也，莞草性堅，故《周官·司几筵》「諸侯祭祀席，蒲筵繢純，加莞席紛純」，鄭玄注云：「不莞席加繅者，繅柔嚅不如莞清堅，又於鬼神宜也。」莞又名葱蒲，下文云「葱蒲，莞也」。《穆天子傳》云「珠澤之藪，爰有萑葦莞蒲」，郭璞注云：莞，葱蒲，或曰莞蒲，齊名耳，關西云莞。《漢書·東方朔傳》云「莞蒲爲席」，顔師古注云：莞，夫離也，今謂之葱蒲。《衆經音義》云「莞草外似葱，内似蒲而圓」。今亦名莞子。

崔豹《古今注》卷上《輿服》 不借者，草履也。以其輕賤易得，故人人自有，不假借於人，故名不借也。又漢文帝履不借視朝。

顧野王《玉篇》卷一三《艸部》 莞 古桓、胡官二切，似藺而圓，可爲席。《詩》曰：「下莞上簟」。

蔇 胡緄、胡官二切。《爾雅》曰：「蔇夫離，其上萵」。

藩 輔園切，蕃芫藩。又甫煩切，屏也，籬也。

蔽 苦怪切草中爲索。《左氏傳》「無棄菅蔽」。蒯 同上。

蔍 平表切，蒯屬，可爲席。

蘆 千古切。《爾雅》曰：「菌，蘆」。郭璞云：作履苴草。

蓑 素和切，草衣也。

薄 蒲各切，【略】一曰蠶薄。

苧 直與切，草可以爲繩。苎 同上。

蕒 狃庚切，牂蕒，可以作縻綆也。

萆 婢亦切，雨衣，一曰蓑。

蘼 青五切，草履也。

苫 舒鹽切，茅苫也。

茨 疾資切，以茅覆屋也。

葠 舒鹽切，葠猶苫也，草自藉也。或作苫。

莜 徒叫切。《論語》「以杖荷莜」。草器名。

蕢 奇愧切。【略】又草器也。又枯怪切。

萴 丘玉切，萴植也，養蠶器也。

蓒 補位、補婢二切，蓒，鼠莞也，纖細似龍須，可爲席。

藺 旅進切，似莞而細，可爲席。

芏 他護、徒扈二切，生海邊，似莞藺，越人以爲席也。

蓽 補密切，以荆爲户謂之蓽。

蔂 力戈切，盛土草器也。或作虆。

蘵 才帀切，户簾也。

蔉 以遮切，枲屬，皮可以爲索。

蒊 音祛，草器。

苴 七閭切，苴麻也。又子閭切，苞苴也。又苴杖。又子旅切，履中薦也。

蒩 資都切，茅蒩，藉封諸侯，蒩之言藉也。

顧野王《玉篇》卷一四《蓐部》 蓐 乳屬切，厚也，薦也。《説文》曰：「陳草復生也。一曰，蔟也。」

顧野王《玉篇》卷一四《竹部》 篝 古侯切，籠答也。

簀 側革切，牀簀。

簾 力占切，編竹帷也。

笫 壯几切，牀簀也。

筵 餘旃切，席也。

簟 徒點切，竹席也。

籧 距於切，籧篨，竹席也，江東呼籧也。

篨 直於切，籧篨。

籭 所街、所飢二切，竹器也，可以除麤取細。簁同上。篩同上。

簁 山奇、所綺二切，簁箄，竹器也。

籓 甫袁切，蔽也。亦箕也。䉒 同上。

籅 於六切，炊籅，所以漉米也。

箅 補計切，甑箅也。

䈰 所交切，飯帚也。筲同上，又斗筲，竹器。

簇 力渚切，盛飯器也。篋 同上。

筥 九呂切，盛米器也，方曰筐，圓曰筥。

笥 思吏切，盛飯器，圓曰簞，方曰笥。

簞 丁安切，葦器也。《論語》曰：一簞食。

箄　必匙、必是二切，江東呼小籠爲箄。
筿　口各切，栝筿也，籠也。
筝　古弄切，栝筿也。
箸　除庶切，筴也。飯具也。又陟慮切。
篿　之緣切，【略】亦圓竹器也。
篔　力桑切，籃也。
籃　力三切，大籠也，筐也。
籯　弋成切，箸筩謂之籯。《漢書》云：遺子黄金滿籯。竹器也，亦作籝。
箾　所閒、蘇干二切，竹器也，似箱而麤。
簠　方武、甫娛二切，黍稷圜器。
簋　古美切，黍稷方器。
籩　補堅切，竹器也。
笹　徒本切，篅也。
篅　市規、市專二切，笹也。《說文》曰：「以判竹，圜以盛穀也。」
簏　力木切。《説文》曰：「竹高篋也。」箓　同上。
篡　徒黨切，竹器也，可以盛酒。
筊　女家切、乃胡二切，籠筊也。《楚辭》云：「鳳皇在筊兮，雞鶩翔舞。」
篧　苦郭、陟角二切，魚籠也。《爾雅》云：「篧謂之罩。」又仕角切。籗　同上。
籠　力公切，竹籠也，又力董切。
笮　才各切，竹索也，引舟竹笮也。又作筰。
筊　胡交切，【略】又竹索也。筊　同上。
笠　胡故切，可以收繩也。
箈　才田、子田二切。《說文》曰：「蔽絮簀也。」又昨鹽切。籤　同上。
籑　如張切，籑箕，漉米竹器也。
篋　居渚切，養蠶器也。又飢牛筐也。亦作筥。
篼　丁侯切，飼馬器也。
簍　力甫切，車弓也，籠也。又落侯切。
籚　力胡切，筐也，籃也。
箱　思羊切，車箱也，竹器也。

等　力丁切，籯也，籠也。
笪　【略】又丁達切，麤籧篨也。
篙　呼擊切，籮屬，形小而高。
篳　布質切，荆竹織門也，蔽也，藩也。《春秋傳》曰：篳門圭窬。亦作蓽。
籔　先后切，十六斗曰籔。又炊箕也。箬　同上。窶　同上。
籮　力多切，竹器也。
箣　力之、力兮二切，織竹爲箣笓障也。
篷　步公切，船連帳也，亦夆也。𥰛　同上。
箵　先鼎切，笭也。
䇲　莊雅切，炭籠，束炭爲䇲也。又音艖。
篗　所江切，桻篗也。
䈲　補丹切，篋也。又捕魚笱也。
笈　楚洽、奇立二切，負書箱也。
笐　胡庚切，笐篖，竹笪。
篖　徒當切，笐篖。
簗　徒郎切，罩也。
𥮜　之茗切，盪米具。
篣　步庚切，籠也。
䈰　山樞切，《說文》曰：飯筥也，受五升，秦謂筥曰䈰。
筐　去王切，蠶筐，方曰筐。
簂　公誨切，筐也。亦作槶。筷同上。
篋　口叶切，笥也。
箌　豬效切，捕魚具也。又作罩。
箽　都總切，竹器也。
笓　毗利切，次也。又裨之、步雞二切，箣也。
筁　去玉切，養蠶具也。
簙　蒲各切，筁也。又裴古切。
笲　蒲變切，竹器也。
笶　丘於切，【略】又飯器也。
䇮　音任，單席也。

筌　且沿切，捕魚笱。

簒　先管切，器名。

籉　徒來切，笠子。

籬　力支切，藩籬。

簝　力彫切，宗廟盛肉竹器也。又竹籠也。

篘　初婁切，酒籠。

箤　才恤切，笭也。

籚　辭爲切，籠也。

箈　蒲洄切，簾也。

簦　都滕切，籉也。

簪　慈棱切，簦簪，笠也。

篢　古紅切，笠名。

籠　盧冬切，筐也。

篵　殂紅切，籠也。

箆　蒲彌切，籠也。

䉬　甫吠切，籧篨。

篙　莫伴切，竹器也。

笠　力及切，簦笠，以竹爲之。

篁　直經切，筳也。

篚　方尾切，筐篚。

笄　之厲切，箄也。

篕　胡蕩切，籧篨也。

笆　丘已切，箄也。

筭　息亂切，器也。

笊　反校切，笊籬。

箌　陟孝、貞角二切，捕魚具。

簣　其貴切，土籠也。

篨　失御切，筐也。

簾　詰殮切，籠也。

䕹　殂匝切，簾也。

籆　王縛切，取魚具。籰　同上。

穀　古木切，籠也。

斛　胡谷切，箱也。

篩　所力切，篩籭。

笀　余織切，竹索。

笅　普末切，箄也。

顧野王《玉篇》卷一四《箕部》　箕　居宜切，簸箕也。甘　兾　匃　巽　竝　古文。其　籀文。

顧野王《玉篇》卷一四《朩部》　鉄　除栗切，帆索也。

鎭　尺人切，纑也。

顧野王《玉篇》卷一五《网部》　网　無倣切，羅罟總名。罔　同上，今網。罔、冈竝同上。网　古文。

罟　放户切，魚网也。或爲罟。

罨　烏荅、於檢二切，罕也，以网魚也。

羉　公縣切，羉，网也。一曰絹也。

罕　呼旱切，网也。

罽　居厲切，魚网也。亦作繝。

罞　亡支切，罟也。

罜　亡乳切，雉网也。

罥　先卷切，网也。

罩　都教切，取魚具。

罦　縛牟切，兔罟也。罘　同上。

罾　子登切，取魚网。

罛　公胡切，魚罟也。

罶　力九切。《詩》云「魚麗于罶」，毛亨注：罶，曲梁也。罶　同上。罪　同上。

罜　徒木切，罜麗，魚网。

麗　力谷切，罜麗也。

罿　尺容切，翻車网。

罧　力金切，積柴於水中取魚。又所禁切。

罠 亡巾切，釣也。

羅 力多切，鳥罟也。

叕 竹劣、已劣二切，連也，翻車上覆罔。

罦 扶游切，覆車罔。罬 同上。

罻 於貴切，小罔也。

罟 胡故切，罔也。

罝 子邪切，兔罔也。䍡 同上。𦋷 籒文。

䍢 亡娛、亡矩二切，牖中罔也。

𦌏 補革切，罿也。

羈 居猗切，羈旅也，寄止也。又馬絡頭。䍶《說文》同上。

罺 壯交切，今之撩罟也。又初教切。

罥 古泫切，挂也，係取也。羂 同上，又罔張獸。

𦉪 他領切，𦉪䍅，小空皃。

䍅 力項切，𦉪䍅。

罭 爲逼切，九罭，魚罔也。

罼 卑密切，罔小而長柄也。

𦊓 渠與切，罟也。

䍀 力官切，𦋔罟也。

罤 徒犂切，兔罔。

罍 落槌切，罍也。

罛 古吳切，舟上罔。

罞 莫聾、莫交二切，麋罟也。

𦋊 居廉切，罔也。

𦊰 古横切，罔滿也。

𦋗 徒犂切，罔繩也。

罱 女感切，夾魚具。

䍒 莫厚切，罔也。

𦉲 音牙，兔罔。

䍚 郎據切，罔也。

䍦 息鸞切，罔也。

𦌾 千面切，魚罔。

罧 所禁切，罔也。

𦌴 徒穀切，魚罔。𦊂 同上。

罩 知校切，小罔。

𦋺 普革切，罔也。

𦊕 房脂切，篝笭。

顧野王《玉篇》卷一五《凵部》 凵 丘於切，飯器也。

顧野王《玉篇》卷一六《匚部》 匡 去王切，飯器也，筥也。亦作筐也。匩 同上。

匴 先管切，盝米籔。

匜 似沿切，盝米奠也。

匪 甫尾切，竹器，方曰匪。

𠤭 皮變切，又作算。

𠥩 補堅切，竹豆，亦作籩。𠥱 籒文。

𠥓 居疑切，籒箕。

匰 補足切，籠也。今作箄。

匲 力占切，盛香器。亦作籢。匳 同上。

𠥰 且緣切，竹器也。

顧野王《玉篇》卷一六《曲部》 㽯 丘玉切，蠶簿也。或作笛。

顧野王《玉篇》卷二六《革部》 韁 居羊切，馬紲。亦作繮。

靮 丁狄切，韁也，所以制馬。

顧野王《玉篇》卷二七《糸部》 繻 汝俱切，細密之羅也。

原本 汝俱反。《周禮·羅氏》「掌蜡則作羅繻」，鄭衆曰：羅繻，細密之羅也。

緄 古本切，織成章也，繩也。

原本 古本反。《毛詩》「竹閉緄縢」，毛亨傳曰：緄，繩也。《說文》「織成帶也」。

繣 允恚、胡卦二切，維紘中繩也。

原本 尤恚、胡卦二反。《說文》「維紘中繩也」。

縜 于貧切，維持繩紐細者。

原本 禹貧反。《考工記》「上綱〔與〕下綱出舌尋，縜寸焉」。鄭衆曰：縜，籠綱也。《説文》「維持綱紐」者也。

纍 力隹切，【略】黑索也。又力僞切，【略】亦作累。

原本 力隹反。【略】《論語》「雖在纍紲之中」，孔安國曰：纍，黑索也。【略】《説文》「一曰，大索也」。累 《字書》亦纍字也。

䌙 方結切，編繩也。

紫 普蔑切，結。

原本 䌙方結反。《説文》「編繩也」。

徽 許非切，【略】大索也。

原本 虚歸反。《周易》「係用徽纆，寘于叢棘」。野王案：徽纆所以繫也。【略】《説文》「一曰，參糾繩也。一曰大索也。

紉 女巾切，又女鎮切，繩縷也，展而續之。

原本 女巾、女鎮二反。《禮記》「衣裳綻裂，紉針請補綴」。野王案：紉，繩縷也。《楚辭》「紉秋蘭以爲佩」，王逸曰：紉，索也，展而續之也。《方言》：剿，續也，楚謂之紉。郭璞曰：今亦以綫貫針爲紉。《説文》「禪繩也」。《廣雅》紉，韈也。紉，也。柔紉之紉爲韌字，在韋部。

繩 市升切，索也。【略】繩 同上，俗。

原本 視升反。【略】野王案：《説文》「繩，索也」。

絭 祛緩切，臂繩。

原本 祛媛反。《説文》「攘臂繩也」。

緘 古咸切，束篋也，索也。

原本 古咸反。《莊子》其厭也如緘。《説文》「束篋也」。《廣雅》緘，索也。

縢 達曾切，繩也，約也。

原本 達曾反。《尚書》「以啟金縢之書」，孔安國曰：縢，緘也。《毛詩》「竹閉緄縢」。毛亨傳曰：縢，約也。又曰「朱英緑縢」。毛亨傳曰：縢，繩也。

編 卑緜切，又必典切，編織也，繩編以次物也，連也。

原本 卑緜、蒲典二反。《周禮·追師》「掌王后之首飾爲編」。鄭玄曰：編，編列髪爲之，其遺象若今之假髻也，服之以桑。《公羊傳》春秋編年，劉兆曰：編，比連也。《莊子》或編曲鼓琴而歌。野王案：《倉頡篇》編，織也。《楚辭》「糾思心以爲纕，編愁苦以爲膺」是也。《淮南》編户齊民。野王案：編猶列也。《漢書》「諸將故与帝爲編户齊民是也。《説文》「次簡也」。野王案：《史記》「孔子讀《易》，韋編三絶」是也。《聲類》以繩編次物也。

維 翼隹切，紘也。

原本 翼錐反。【略】《楚辭》「斡維焉繫」，王逸曰：維，紘也。

繮 居羊切，馬緤也。

原本 居羊反。《説文》「馬緤也」。或爲韁字，在革部。

紖 直忍切，索也。絼絁 竝同上。

原本 直忍反。《禮記》「迎牲，君執紖」，鄭玄曰：所以牽牲也。《周禮》作絼。又曰：「牛則執紖」，鄭玄曰：所以繫制之也。《廣雅》紖，索也。

絼 《周禮》「祭祀飾牛置絼」，鄭衆曰：著牛鼻繩，所以牽牛者也，今謂之雉。鄭玄曰：字當以豸爲聲也。《字書》亦紖字也。絁 《字書》亦紖字也。

縼 夕絹切，以長繩繫牛馬放之。

原本 詞絹反。《説文》「以長繩係牛也」。《字書》或爲旋字，在手部。

縻 亡爲切，牛縻也。

原本 靡知反。《説文》「牛轡也」。《倉頡篇》牛繮也。《廣雅》縻，繫也。野王案：《史記》「羈縻勿絶」是也。又曰：縻，小也。縻，微也。縻，索也。散失之縻爲靡字，在麻部。

纆 亡北切，索也。纆 同上。

原本 纆 文勒反。《周易》「係用徽纆，寘于叢棘」。野王案：《説文》「纆，索也」。《淮南》「共擔纆採薪」是也。纆 《聲類》亦纆字也。

紲 思列切，馬韁也，凡繫緤牛馬皆曰紲。緤 同上。

原本 思列反。《左氏傳》「臣負羈紲」。杜預曰：紲，馬繮也。野王案：凡所以繫制畜牲者皆曰紲。《禮記》「犬則執紲」是也。《論語》「雖累紲之中」。孔安國曰：紲，攣也，所以拘罪人也。《考工記》「弓人爲弓，恒角而達，譬如終紲，非弓之利也」，鄭玄曰：紲，弓(㧗)〔鞑〕也，送矢不疾，則若見紲於(㧗)〔鞑〕者，爲發弦時備(頓)〔頻〕傷也。《詩》云「竹(㧗)〔閉〕緄縢」是也。《楚辭》「登閬風而紲馬」。王逸曰：紲，繫也。《方言》紲，緒也，南楚曰紲。《廣雅》紲，索也。

緤 《説文》亦紲字也。

絙 公曾切，【略】或作恒。

原本 公曾反。【略】《説文》「絙，索也」。亦與拒字同。

繘　居律切，綆也，用以汲水也。索也。

原本　居律反。《周易》「汔至亦未繘井」。《方言》關西謂綆爲繘，郭璞曰：汲水索也。古文爲𦃞字，在絲部。

綆　古杏切，汲繩也，繘也。絎　同上。

原本　格杏反。《左氏傳》「陣畚挶，具綆缶」，杜預曰：綆，汲繩也。《方言》繘，自關而東，周洛韓魏之間謂之綆。《考工記》「望其轂，欲其眼也」「視其綆，欲其爪之正」，鄭玄曰：爪謂輻入牙中者也。鄭衆曰：綆讀爲關東言餅，謂輪箄也。音補管反。鄭玄曰：輪雖箄，爪牙必正也。

紼　甫勿切，引棺索也，亂麻也。𦆿　同上。綍　同上。

原本　甫物反。《周禮》「及葬，帥而屬六紼」，鄭玄曰：舉棺索也。鄭玄注《儀禮》引棺在軸輴曰紼。《禮記》「助葬必執紼」，鄭玄曰：挽車索也。《爾雅》「紼，䋿也」，郭璞曰：謂索也。野王案：凡索皆曰紼，不止於舉柩引車也。《毛詩》「汎汎揚舟，紼纚維之」是也。《韓詩》君子至止，紼衣繡裳，異色繼袖曰紼。《說文》「亂麻也」。《倉頡篇》組枲也。《字書》一曰，挽船索也。𦆿　《字書》亦紼字也。綍　《字書》亦紼字也。

繴　北激切，罿也。今作翻車網以捕鳥。或作罼。

原本　補戟反。《爾雅》「繴謂之罿，罿謂之罬」，郭璞曰：今幡車也，有兩轅，中施罔以捕鳥也。《字書》或爲辟字，在罔部。

綯　大刀切，糾絞繩索也。綹　古文。

原本　徒高反。《毛詩》「宵爾索綯」，毛亨傳云：綯，絞也。《爾雅》亦云。郭璞曰：糾絞繩索也。《方言》自關而東，周洛韓鄭汝潁而東，或謂車紂爲曲綯。郭璞曰：亦繩名也。

綹　《字書》古文綯字也。

紉　忽切，索也。

原本　且骨反。《字書》紉，索。

纆　思縣切，懸掊索。

原本　纆　思懸反。《方言》所以懸㩉，東齊海岱之間謂之纆。《廣雅》纆，索也。

緵　子公切，縷也。

原本　子公反。《爾雅》「緵罟謂之九罭。九罭，魚網也」，郭璞曰：今之百囊網也。

綌　才各切，亦笮字，竹繩。

原本　組各反。《山海經》綌姑之水出陽華山，東注于門水。《字書》亦笮字也。笮，竹繩也，在竹部。

網　無兩切，亦作罔，羅也。

網　無仰反。《字書》亦冈字也。冈，羅也，在冈部。

緭　亡狄切，索也。

原本　亡狄反。《廣雅》緭，索也。《埤倉》颿索也。荆州云。

纜　力暫切，維舟也。

原本　力蹔反。《吴志》更增舸纜。野王案：纜，維船也。

繂　力出切，井索也。

原本　力出反。《聲類》舟索也。亦綍也。《字書》亦䋿字也。䋿，索也。在素部。或爲䋿字，在素部。

綱　古郎切，大繩也。

䊭　徒郎切，大繩也。

絉　音術，繩也。

絊　音昨，索也。

顧野王《玉篇》卷二七《素部》　䋿　力出切，紼也，索也。或作䌤、繂。

原本　力出反。《左氏傳》「藻䋿鞞鞛」，杜預曰：藻䋿，以韋爲之，所以藉玉者。王五采諸侯三采，子男二采也。《禮記》「率帶，諸侯大夫皆五采，士二采」，鄭玄曰：此謂襲尸大帶也。率，繂也，繂之不加箴功也。《爾雅》「紼，䋿也」，郭璞曰：謂索也。《說文》「素屬也」。《字書》或爲繂字，在索部。或爲繂字，在糸部。

顧野王《玉篇》卷二七《絲部》　轡　碑愧切，馬轡也。

原本　碑愧反。《毛詩》「執轡如組」。野王案：所以制馭車中馬也。《字書》馬縻也。

𦃞　古遹切，汲綆也。亦作繘。𦃞　同上。

原本　古遹反。《說文》「籀文繘字也」。「繘，汲綆也」。在糸部。𦃞《說文》古文繘字也。

顧野王《玉篇》卷二七《率部》　率　山律切，【略】《說文》云「捕鳥畢也。象絲綱，上下其竿柄也」。又力出切。

原本　山律反。【略】《説文》「捕鳥畢也」。

顧野王卷二七《索部》　索　先各切。【略】又糾繩曰索。

原本　蘇各反。【略】《毛詩》「宵爾索綯」。野王案：糾繩曰索。《淮南》衣褐帶索。《楚辭》「并紉絲以爲索」竝是也。【略】《説文》「草木有莖葉可爲繩索也」。《廣雅》縢：綃、緎、紲、絃、縜、緝、紩、絙、縻、紖、繥、繏、徽、纆、綯、筊、累，索也。

𦆔　力出切，舉船索也。或作繂、𦆔。

原本　力出反。《字書》舉棺索也。或爲𦆔字，在素部。或爲繂字，在糸部。

顧野王《玉篇》卷二八《巾部》　席　似赤切，牀席也。

𢁼　音沙，細網也。

顧野王《玉篇》卷二九《句部》　笱　古後切，所以捕魚也。

顧野王《玉篇》卷二九《丩部》　糾　居黝切，【略】絞也，【略】三合繩也。

玄應《一切經音義》卷一《大方等大集經第一五卷》　鞦、紖又作絼、𦈈二形，同。直忍反。謂牛鼻繩也。《廣雅》紖，索也。經文從革，作靷。餘振反。《説文》「靷，軸也」。非此義也。炘曰：説文云「引軸也」，此脱一字。

玄應《一切經音義》卷七《正法華經第二卷》　縶、紲又作緤，同知立反。下又作緤，同息列反。縶，絆也，拘執也。紲，馬韁也，所以縶制畜牲者皆曰紲。紲，繫也。

玄應《一切經音義》卷七《度世經第三卷》　鞲絆又作羈，同居猗反，革絡馬頭曰羈。羈，檢也。下音半，馬絆也。

玄應《一切經音義》卷九《大智度論》第五卷　轡勒碑愧反，字書馬縻也，所以制收車馬。《釋名》云：轡，𦁐也，牽引𦁐戾以制馬。字體从絲，从軎聲。勒，馬頭鑣御也。《釋名》云：勒，絡也，絡其頭而引之也。星衍曰：《説文》「轡，从絲从軎，與連同意」。此云軎聲，疑誤。

玄應《一切經音義》卷一五《十誦律第六〇卷》　挽紖古文緣、絼二形，同。丈忍反。《説文》「牛(索)[系]也」。

徐應秋《玉芝堂談薈》卷二八《桃笙》：《方言》簟，宋、魏之間謂之笙，乃悟桃笙，以桃竹爲簟也。梁簡文帝《答湘南王獻簟書》云：五離九折，出桃枝之翠筍。乃謂桃枝竹簟也。桃竹出巴、渝間，杜子美有《桃竹杖歌》。《詩話》云：余按唐萬年尉段公路《北户録》云：瓊州紅藤簟《方言》謂之笙，或曰籧篨，亦曰行唐。沈約奏彈歙令仲文秀恣横云：令吏輸六尺笙四十領。何東坡忘此耶？又左思太冲《吴都賦》云：桃笙象簟，韜於筒中。注云：桃笙，桃枝簟也。吴人謂簟爲笙。劉夢得亦有詩云：蕙風香麈尾，月露濡桃笙。

丁度《集韻》卷一《東韻》　籠盧東切。《説文》「舉土器。一曰笭也」。一曰，所以畜鳥。

籠筐也。

篷、筝、韃《方言》車簍，南楚之外謂之篷。或省，亦作韃。

艀、竼織竹編箬以覆船。或作竼。

罞《爾雅》「麋罟謂之罞」。

緵《爾雅》「緵罟謂之九罭」，郭璞曰：今百囊罟。

篊籠篊，取魚器。

簣笠名。

緃戎人呼簏曰緃。

丁度《集韻》卷一《鍾韻》　罿捕鳥罔。《爾雅》「繴謂之罿」。

罿《説文》「罬也」。用以捕鳥。

丁度《集韻》卷一《江韻》　筌筌篗，酒篘也。

篗《博雅》筌篗謂之筞。一曰，酒篘。

丁度《集韻》卷一《支韻》　絨《字林》繂絨，挽舟繩。

籭、簁、篩、簛《説文》「竹器也，可以取粗去細」。或作簁、簛。

箷箘也。或作圖。

纗維綱中繩。

篪籠也。

篱笊篱，竹器。

縻、絼《説文》「牛轡也」。【略】或作絼，亦書作緍。

革【略】一曰，蓑衣。

箄捕魚器。

罳、羈、羈、覊居宜切。《説文》「馬絡頭也」。从网，从馽。馽，馬絆也。或从革，或作羈、䩭。

丁度《集韻》卷一《脂韻》　籭、簁竹器，可以除麤取細。或作簁，通作篩。

蓷艸器。

箬竹器。

箹筂箹，織竹爲障也。

纍、縲倫追切。《説文》【略】一曰，大索」。或作縲。

虆、蔂盛土籠。或作蔂。

維《説文》「車蓋維也」。一曰，綱也。

笓、篦、罷取鰕具。《博雅》篝、筌謂之笓。或作篦、罷。

罟、罘兔(同)(罟)也。或省。

丁度《集韻》卷一《之韻》 笥竹器。

檕木名，條可爲大索。

丁度《集韻》卷一《微韻》 羈馬絡頭。一曰羈在口。

丁度《集韻》卷一《魚韻》 厶、筶、䇢、芸《説文》厶[凵]盧，飯器，以柳爲之。象形」。或作筶、䇢、芸。

籧《説文》「籧篨，粗竹席也」。通作蘧。

篨《説文》「籧篨也」。

苧艸名，可爲繩。

篢、筫《博雅》「簍也」。或作算。

丁度《集韻》卷二《虞韻》 絇纑繩絇也。

絇、屙、帕、絽《説文》「纑繩絇也」。鄭康成曰：絇謂之拘，著舄屨頭以爲行戒。或作屙、帕、絽。

罦、罠、罟《爾雅》「罦，覆車也」，郭璞註：今曰翻車，有兩轅，中施(骨)(罥)以捕鳥。或从包，从否。

綒纙網也。

罦、罟覆車罔也。或从否。

羉、羅罟屬或省。

簿魚笱。

箱《説文》「飯筥也，受五升，秦謂筥曰箱」。

笨《博雅》笨篗謂之笨。

繻一曰細密網。

丁度《集韻》卷二《模韻》 簫、箬蒲箷，小竹網。或作箬。

籚、籚【略】一曰筐也。大曰籚，小曰籃。或作籚。

筊籠也。

丁度《集韻》卷二《齊韻》 罠罔也。

罤兔網。通作蹄。

籩、筳竹名。一曰竹器。

莉艸名。一曰茈莉，織荊障。

笓取蛙器。

丁度《集韻》卷二《佳韻》 籭簁具。

篵竹器。

丁度《集韻》卷二《皆韻》 篵竹器。

丁度《集韻》卷二《灰韻》 檲、籚筐也。或从竹。

罍、罍網百囊者。或从雷。

縗編鷺羽爲衣。

丁度《集韻》卷二《咍韻》 薹笠也，可以禦雨。

丁度《集韻》卷二《真韻》 紉合縷也。

丁度《集韻》卷二《諄韻》 茵、鞇、筃《説文》「車重席。司馬相如説茵从革」。或作筃，通作裀、絪。

筍弱竹，可爲席。

丁度《集韻》卷二《臻韻》 籸篳也。

丁度《集韻》卷二《元韻》 藩、樊方煩切。《説文》「屏也」。也作樊，通作蕃。

藩、篇、簭《説文》「大箕也。一曰蔽也」。或从巾，亦省。

笲竹器。婦贄棗脩者。

丁度《集韻》卷二《魂韻》 罽罔也。

丁度《集韻》卷二《寒韻》 篇竹器。

簞《説文》「笥也。《漢律令》簞，小筐也。引《傳》曰：簞食壺漿。

繵繩也。

丁度《集韻》卷二《桓韻》 芄、雚《説文》「芄蘭，莞也」。引《詩》「芄蘭之枝」。《爾雅》作雚。

莞《説文》「艸也，可以作席」。

蔰艸名。《説文》「夫蘺也」。郭璞曰：今西方人呼蒲爲莞蒲，江東謂之苻蘺。通作莞。

華、籓《説文》「箕屬，所以推棄之器也」。官溥説。吕静作籓。

箛箛籛，竹名。一曰捕魚笱，入而不可出。

箛箓竹筤，一曰捕魚笱。

篿筵《説文》「圜竹器也」。或省。

丁度《集韻》卷二《刪韻》 莞、蔙艸名，可以爲席。或从晥。

丁度《集韻》卷三《先韻》 轃、輤大車簀。或作輤。

箈、箳、籛蔽絮簀也。或作笆、籛。

籩、匴、匲《説文》「竹豆也」。或笆，籒作匲。

編《字林》以繩次物曰編。

緶、編《説文》「交枲也」。或作編。

鞙馬勒。

丁度《集韻》卷三《仙韻》 篟《博雅》㮽輿也。

篟《説文》「竹輿也」。

筌取魚竹器。

綥所以縣持也。

匽《方言》簙或謂之匽。一曰，竹器。

匲箧也。

匳箕也。

篿【略】一曰，竹器。

丁度《集韻》卷三《蕭韻》 莜艸田器。

箸轡也。

篅、圌《説文》「判竹，圜以盛穀也」。一曰，竹器。或作圌。

丁度《集韻》卷三《爻韻》 筊、笅、筱《説文》「竹索也」。【略】或从爻，从骹。

綃帆維。

箱、筲《説文》「陳留謂飯帚曰箱。一曰，飯器容五升。一曰，宋魏謂箸篇爲箱」。或从肖。

罺、橾、篛(接)〔撩〕罟也。或作橾、篛。

丁度《集韻》卷三《豪韻》 綯絞也。《詩》「宵爾索綯」。

簝竹器，所以受肉。

丁度《集韻》卷三《戈韻》 簻筥屬。

蘆薗蘆，艸名，可苴履。

衰、蓑、衰蘇禾切。《説文》「艸雨衣。秦謂之草」。或从艸，古文作衰。

縗編鷺羽爲衣也。

羅良何切。《説文》「以絲罟鳥也。古者芒氏初作羅」。

籮《方言》箕，陳魏宋楚之間謂之籮。一説，江南謂筐底方上圜曰籮。

蘽、蘽、㯮盛土籠。或作蘽、㯮。

縲大索也。

丁度《集韻》卷三《麻韻》 笆竹之有刺者。一曰，管也。

笣笮也。通作笆。

罝、罝、罝《説文》「兔网也」。古从糸，籒作罝。

筊、簑籠也。或从袋。

葮、葮枲屬，皮中索。亦从木。

罗兔罟。

丁度《集韻》卷三《陽韻》 箱《説文》「(大)〔大〕車牝服」。一曰，竹器。

箵席也。

簇《説文》「褒也」。一曰，漉米竹器。

丁度《集韻》卷三《唐韻》 簾箬簾，竹席，直文而粗者。

簗革也。

篔篔謂之笑。一曰，籃也。

蘘、蘘牂蘘，艸名，皮可作綆。古作蘘。

篣箕屬。

丁度《集韻》卷四《庚韻》 簗笮也。

丁度《集韻》卷四《清韻》 箐笭箐，小籠。

箳盛絮籠。

篣舟車篷。

丁度《集韻》卷四《青韻》 篺吳人謂蠶曲爲篺。

罕笭罕，小罔。

箵笭箵，竹器。

罕罕笭，罔也。

軨《説文》「車笭」。一曰，笭，籝也」。或从軨。

笭、籦竹名。一曰竹器。或从靈。

罫罟笭，罔也。

丁度《集韻》卷四《登韻》 簦《説文》「笠蓋也」。

籐竹器。

罶《説文》「魚罔也」。

簹簦簹，笠也。

緪、絙《説文》「大索也。曰，急也」。或省。

鞥一憎切，馬轡也。

丁度《集韻》卷四《尤韻》 筞小籠。

箛《爾雅》「屋上薄謂之箛」。

罞捕鳥獸具。

籔取魚器。

罦、罟《説文》「覆車也。引《詩》雉離于罦」。或从孚。

罯、罘《説文》「兔罟也」。

丁度《集韻》卷四《矦韻》 篕竹器。吴人以息小兒。

篕吴人謂育蠶竹器曰篕。

篝、篝《説文》「笿也，可熏衣。宋楚謂竹篝牆以居也」。一曰蜀人負物籠，上大下小而長，謂之篝笭。或作篝。

篼《説文》「飤馬器也」。

緰紶縷囊。

簍《説文》「竹籠也」。

罬罷罬，罔也。

丁度《集韻》卷四《侵韻》 罧罔名。

丁度《集韻》卷四《覃韻》 韼轡屬。

丁度《集韻》卷四《鹽韻》 笅將廉切。《説文》「絶也。一曰，田器」。

箈《説文》「蔽絮簀也」。

簾《説文》「堂簾也」。

丁度《集韻》卷四《沾韻》 罷絲網曰罷。

丁度《集韻》卷五《董韻》 篕、篕竹器。一曰，竹名。或从重。

籠魯孔切，竹器。

丁度《集韻》卷五《腫韻》 緝《博雅》索也。

丁度《集韻》卷五《紙韻》 簃《博雅》簃篙，笭篖也。

簑竹器。

箄《説文》「篵，箄也」。《博雅》箄、簍，簏也。

蓆、萆《爾雅》「蓆，鼠莞」。可以爲席。或作萆。

匣籠也。

丁度《集韻》卷五《止韻》 笥竹器。

笆簞也。

丁度《集韻》卷五《尾韻》 篚筐也。

丁度《集韻》卷五《語韻》 筥《説文》「箱也」。

簏《説文》「飤牛筐也。方曰筐，圜曰簏」。俗作簏，非是。

罟魚罟。

匽簿也。

篆、筥、籚飯器，或作筥、籚。

丁度《集韻》卷五《噳韻》 褔編枲衣。

罭雉罔。

罜《説文》「罜麗，魚罟也」。

簍《博雅》【略】一曰，竹籠。

丁度《集韻》卷五《姥韻》 罭罔也。

篰竹器。

蘆利五切，艸名，可作履。

蘳艸履。

蘆艸名，可爲履。

芏艸名，《爾雅》「芏，夫王」，郭璞注：生海邊，似莞藺，越人以爲席。

丁度《集韻》卷五《姥韻》 笘籔也。

篕取魚竹罔。通作楃、滬。

楃藉書具。一曰，取魚具。

丁度《集韻》卷五《薺韻》 罠罘也。

丁度《集韻》卷五《蠏韻》 簩杜買切，取魚竹器。

箣箣笓，織荆。

丁度《集韻》卷五《駭韻》 箕、簣徙駭切，竹器。或从買。

丁度《集韻》卷五《準韻》 笱此忍切，筊也。

笫簀也。《周禮》「衽席牀笫」。徐邈讀。

罠罔密也。

紖、緌文忍切。《説文》「牛系也」。或作緌。

笉筊謂之笉。通作听。

丁度《集韻》卷五《隱韻》　緼【略】紼也。

丁度《集韻》卷五《阮韻》　綩、綄【略】一曰，罔也。或省。

筦竹器。

夆、桻父遠切，車上〔蓬〕〔篷〕。或作桻。

笲竹器，所以盛棗脩。

丁度《集韻》卷五《緩韻》　篹、籑籩屬。一曰，竹木素器。或作簋，通作匴。

箯《博雅》筣謂之箯。

丁度《集韻》卷五《潸韻》　箕竹器。《禮》「食於箕」。徐邈讀。

丁度《集韻》卷五《産韻》　箯竹器。

丁度《集韻》卷六《銑韻》　箯《博雅》筣謂之箯。

編絞也。

丁度《集韻》卷六《獮韻》　罬、蹼、罿《説文》「网也」，引《逸周書》「不卵不蹼以成鳥獸」。罬者，羉獸足也，故或从足。亦作罿。

罬、蹼罔也。或从足。

罬式撰切，罔也。

匴、匫筩也。一曰，漉米籔。一曰，竹盤。或作匫。

綄紖也。

丁度《集韻》卷六《巧韻》　筊竹索。

丁度《集韻》卷六《晧韻》　箕移蠶具。

栲、筊栲，栲，柳器。或从竹。

簝受肉籠。

丁度《集韻》卷六《馬韻》　筡灰籠。長沙語。

丁度《集韻》卷六《養韻》　箹【略】一曰，席也。

緉《博雅》緉緉，絞也。一曰，履底繩。

簑【略】一曰篹也。

网、罔、網、冂、罔、它、罔、罔文紡切。《説文》「庖犧所結繩以漁」。或作罔、網、冂，籀作𦉪，古作它、罔、罔。

丁度《集韻》卷六《梗韻》　罟罟罟，罔也。

丁度《集韻》卷六《静韻》　箐笭箐也。

丁度《集韻》卷六《迥韻》　罣罟罣，小網。

丁度《集韻》卷六《厚韻》　笱、罶《説文》曲竹捕魚笱也。或作罶。

籔、籔、箸《説文》「炊箕也」。或从妥，亦作箸。

蒲艸名。一曰，編艸坐具。

丁度《集韻》卷六《寑韻》　槮、罧積柴水中取魚。或作罧。

筰罩席。通作衽。

槮積柴水中以取魚。

丁度《集韻》卷六《敢韻》　罽魚罔。

丁度《集韻》卷六《琰韻》　綾《方言》所以縣榻關西謂之綾。一曰，索也。

丁度《集韻》卷六《忝韻》　簟徒點切，竹席。

丁度《集韻》卷六《豏韻》　罶、罶魚網。或从衔。

丁度《集韻》卷七《送韻》　縵、罬、總《爾雅》「縵罟謂之九罭」。一曰，百囊罟。或作罬、總。

鞚馬勒也。

箸【略】一曰，盛箸籠。

丁度《集韻》卷七《寘韻》　澌《説文》「水索也」。

繻【略】一曰維網中繩。

丁度《集韻》卷七《至韻》　蔉、篨、篴蘧篨也。或作篨、篴。

罻於位切。《説文》「捕鳥罔也」。

覊馬繮也。

簣、簣土籠也。或省。

蕢、臾、蕢《説文》「艸器也。古象形」，引《論語》「荷臾而過孔氏之門」。或作蕢。

覊馬繮也。通作轡。

蓆艸名。《爾雅》「蓆鼠莞」。可爲席。

轡、鞴《説文》「馬轡也」，引《詩》「六轡如絲」。或作鞴。

葦織艸也。《莊子》「葦蕭而食」。

丁度《集韻》卷七《未韻》　綍大索。

罻《説文》「捕鳥網也」。

韇馬繮。

丁度《集韻》卷七《御韻》　篨箕屬。

箬籭屬。

罯罔也。

丁度《集韻》卷七《遇韻》　絇繿繩。

紨、縛縛繩也。或从専。

罜小魚罟。

丁度《集韻》卷七《莫韻》　筊籠也。《方言》南楚謂之筊。

筊奴故切。《説文》「鳥籠也」。

罿圖罟，取魚具。

擭、篧捕魚器。或作篧。

艻艸名，可爲繩。

罜《説文》「罟也」。

篳籠也。

罟罟圄，取魚具。

丁度《集韻》卷七《霽韻》　罼鳥罔。

箄捕鳥具。

丁度《集韻》卷七《祭韻》　箭大篳也。

罽《説文》「魚网也」。

筻箄也。

丁度《集韻》卷七《太韻》　筷海隅謂籃淺而長者曰筷。

簣篡篼，竹器。

簋籧篨也。

丁度《集韻》卷七《隊韻》　罻網也。

丁度《集韻》卷七《代韻》　簺【略】一曰，編竹木斷水取魚也。

丁度《集韻》卷七《廢韻》　簸、蔽、簸、蕟籧篨也。或作蔽、簸蕟。

茇竹葦（組）〔絙〕也。

丁度《集韻》卷七《稕韻》　引牽車紼也。

紉合絲爲繩。

丁度《集韻》卷七《焮韻》　縕【略】紼也。

丁度《集韻》卷七《願韻》　絭攘臂繩。

簕竹器。

縋、綄引舟縴。或省。

丁度《集韻》卷七《換韻》　篇《説文》「竹器」。

竿、篔竹器。或作篔。

笪箬也。【略】一曰，笭箵，以籧篨直文而粗，江東呼爲笪。

丁度《集韻》卷七《諫韻》　罠魚網。

柵、箣、闌、冊編竹木爲落也。或从竹，从門，亦省。

冊編竹木補籬謂之冊。

丁度《集韻》卷八《霰韻》　荐才甸切。《説文》「薦席也」。也通作洊。

轃【略】一曰，蠶簇。

罥罔也。

絃繩也。

羂、罥《説文》「罔也」。一曰，綰也」。或作罥。

櫋、牑屋簀。或作牑。

丁度《集韻》卷八《綫韻》　罬魚罔。

罠、選、蹼罔也。或从選、从足。

纀、繏《博雅》繳、纀，索也。或从選。

柵籬也。

絭攘臂繩。

蹼罔也。

匨、笲《博雅》筩也。或从竹。

丁度《集韻》卷八《嘯韻》　莜、蓧、匜、匧、傜《説文》「艸田器」。引《論語》「以杖莜」。或从條，亦作匜、匧、傜。

罺魚罟。通作橑。

丁度《集韻》卷八《效韻》　罩小網。

笊笊籬，漉器。

罩、箌陟教切。《説文》「捕魚器」。或从竹。

丁度《集韻》卷八《過韻》　籮簀也。

丁度《集韻》卷八《禡韻》　杷木名。皮可爲索。

丁度《集韻》卷八《宕韻》　筥屋簀。

丁度《集韻》卷八《徑韻》　箮竹器。

筳笭筳，車中篷也。

笭笭筳，車中篷。

丁度《集韻》卷八《證韻》　繩徽也。

丁度《集韻》卷八《隥韻》　絙索也。

丁度《集韻》卷八《宥韻》　罶罔也。

籭捕魚器。

丁度《集韻》卷八《候韻》　篝竹器。

溇罧也。積草水中以取魚。

罜獸罔。

丁度《集韻》卷八《沁韻》　衽臥席也。通作妊。

罧、槮、罧積柴水中以取魚也。或作槮、罧。

丁度《集韻》卷八《闞韻》　纜維舟絙。

丁度《集韻》卷八《栝韻》　簟《説文》「竹席也」。

総引舟繩也。

簓、篕竹索。或从総。

簾籠也。

丁度《集韻》卷九《屋韻》　簸篚也。

簏大箱也。

觳觳篚，器名。

轐絡髮謂之轐。一曰，牛絡頭。

罜、罣罜罷，小罟。或作罣。

篷笪也。

篱漉米籔。

轐、轐逋玉切，牛首絡。或省。

籙篚也。

絭攘臂繩。

丁度《集韻》卷九《覺韻》　篧、篧笮也。或作篧。

篧篧謂之罩。

罩、箪、笱、箪捕魚器。或作箪、笱、箪。

丁度《集韻》卷九《質韻》　率、繂朔律切。《説文》「捕鳥畢也。象絲罔上下其竿柄也」。【略】古作繂，通作衔。

華箕屬。

紩、鉄【略】一曰，索也。或从金。

紩驅索。

繘其律切，綆也。

丁度《集韻》卷九《術韻》　繘綆也。

罬雉罟。

緈、繂索也。或从糸。

丁度《集韻》卷九《勿韻》　紼引車索。

襏襏襫，雨衣。

茇竹葦絙也。

丁度《集韻》卷九《迄韻》　罻網也。

丁度《集韻》卷九《没韻》　紇索也。

簗竹器。

丁度《集韻》卷九《曷韻》　笪【略】一曰，覆舟簟。

笪籧篨也。

丁度《集韻》卷九《末韻》　筙捕魚竹器。

襏襏襫，雨衣也。

筊笮也。

丁度《集韻》卷九《屑韻》　罬罔名。《爾雅》「罿，罬也」。郭璞讀。

絜編繩。

丁度《集韻》卷九《薛韻》　笄《博雅》笙、笄，席也。

丁度《集韻》卷一〇《藥韻》　籗取魚竹器。

丁度《集韻》卷一〇《鐸韻》　箔蠶具。

簙、箔蠶具。或从搏。

轉、輔《説文》「車下索也」或从車。

箔簾也。

箬竹絙也。

緍大絢。

莋、笮、筰《説文》「筊也」。或作笮、筰。

䋏、䋏絢䋏，艸絙。或作乍。

筶籠也。

篗、篧取魚器。或作篧。

籗、篧、篧箄也。或省，亦作篧。

丁度《集韻》卷一〇《陌韻》 貉、貊【略】一曰，縮綸也，即綸繩也，謂牽縛貉之。郭璞説。或从百。

杔杔櫨，盪酒具。

笮、筰、筵《説文》「迫也。在瓦之下棼上」。一曰，矢筩，皮曰箙，竹曰笮。或作筰、筵。

笮筄也。

丁度《集韻》卷一〇《麥韻》 簀《方言》車枸簍謂之簀。

繴、䍶捕鳥罔。或作䍶。

繴、䍶薄革切。《説文》「繴謂之罿，罿謂之罬，罬謂之䍐，捕鳥覆車也」。或作䍶。

策、筴、莿測革切，【略】一曰，小箕，曰筴。

丁度《集韻》卷一〇《昔韻》 筰、䋏引舟筊。或作䋏。

䙜襏䙜，蓑襞也。

繴、䍶罿也。或作䍶。

丁度《集韻》卷一〇《錫韻》 繴鳥罔。《爾雅》「繴謂之罿」。

緶《博雅》索也。一説，荆州謂帆索曰緶。

䔾《説文》「雨衣。一曰，蓑衣」。

丁度《集韻》卷一〇《職韻》 篙箕篙，竹器。

篙籠屬。

瀝牀簀。

靮繮也。

箄簿也。

笓竹索。

䩞馬勒。

罭罔也。

罭魚罔。

丁度《集韻》卷一〇《德韻》 勒歷德切。《説文》「馬頭絡銜也」。一説，馬轡。有銜曰勒，無曰羈。

丁度《集韻》卷一〇《緝韻》 笈負書箱。

笸捕魚器。

丁度《集韻》卷一〇《合韻》 帢《説文》「蒲席䵂也」。一曰，車籍。

罨網也。

韐《説文》「䩞韐。一曰，龍頭繞者」。

䕸、䈕户簾也。或从竹。

罯罔也。

箵竹冒也。

丁度《集韻》卷一〇《盍韻》 蓋青齊人謂蒲席曰蒲蓋。

簭簭榼，籧篨也。

笝、笚維舟竹索。或从甲。

丁度《集韻》卷一〇《葉韻》 㢟手網。《博雅》罼、罒囚、㢟，率也。

㢟手網。

罨罔也。

䈉竹器。

丁度《集韻》卷一〇《帖韻》 牒、楪牀簀也。或从木。

籋作筥也。

笘竹索。

筴箸也。一曰，小箕。

䕸、䌕疾協切，艸簾。或从捷。

丁度《集韻》卷一〇《洽韻》 笝竹維舟謂之笝。一曰，補籬也。

司馬光《類篇》卷二《艸部》 草賓彌切，草，䕯藥艸，一曰蒿類，一曰蓑衣。又頻爾切，艸名。又補弭切，又必袂切，又補八切，又毗亦切，草，藨艸。又蒲歷切，《説文》：雨衣。又艸似烏韭。文一，重音六。

司馬光《類篇》卷二《艸部》 蓳、蔂倫追切，盛土籠。或作蔂。蔂，又盧戈切。文二，重音一。

苧陳如切，艸名，可爲繩。又丈吕切。文一，重音一。

蓑蘇禾切，艸雨衣，秦謂之萆。文一，重音三。

蕆居諧切，禾稾去皮頴。又下八切，麻莖。又訖黠切，禾稾去皮祭天以爲席。文一，重音二。

萆于貴切，織艸也。

蔙胡昆切，蔙蒲，艸名。又胡官切。《説文》「芙蘺也」。郭璞曰：「今西方人呼蒲爲蔙、蒲，江東謂之芙蘺」。又沽丸切，又姑還切，艸名，可爲席。又户衮切，又户管切。文一，重音五。

莞胡官切，《説文》「艸也，可以作席」。【略】又户衮切，又户管切，芙蘺也。

蒤余遮切，木名，皮可爲席。文一。

莜他彫切，艸田器。又田聊切，又徒弔切，《論語》「以杖荷莜」。又亭歷切，盛種於器。文一，重音三。

蘆才何切，蔮蘆，艸名，可苴履。

司馬光《類篇》卷三《艸部》 蓲徒口切，艸名，一曰編艸坐具。文一。

蓋轄臘切，青齊人謂蒲席曰蒲蓋。

司馬光《類篇》卷三《艸部》

蔢、蕟放吠切，蘧篨也。或作蕟。蕟又方伐切，艸名。文二，重音一。

蔡蒼案切，艸名，可爲席。文一。

芨放吠切，竹葦組也。

蘸昨合切，户簾也。又疾協切。文一，重音一。

捷疾葉切，編艸障户。又疾協切，艸簾。文一，重音一。

司馬光《類篇》卷一三《竹部》 篢沽紅切，笠名。又古覃切，箱類。

笐蒲蒙切，織竹編箬以覆舩。

篵徂聰切，籠簝，取魚器。

籠盧東切，筐也。

箳蘇叢切，俗呼小籠爲桶搃，或作箳。又千弄切，竹名。

篟旬爲切，籠也。

篢古覃切，箱類。

篗之戎切，戎人篋曰篗。

箵胡江切，箵篗酒簬也。又古送切，《説文》箸也，一曰盛箸籠。

篗踈江切《博雅》箵篗謂之笨，一曰酒簬。

箹、篬是爲切，困也。或作篬箹。【略】又淳沿切，《説文》「判竹圜以盛穀也」。一曰竹器，又市緣切。

篱鄰知切，笊篱，竹器。

箄賔彌切，捕魚器。又邊迷切，箳笭謂之箄，箄或作箄。

箟、篦頻脂切，取蝦具。

篘詢趨切，魚笱。

笭商居切，籧笭，竹筐也。

箳、篷蓬逋切，蒲箳，小竹網。或作篷。

籚龍都切。【略】一曰筐也，大曰籚，小曰籃。

笯農都切，籠也。又女加切，又乃故切。《説文》「鳥籠」。

箬抽遅切，竹器。

篪田黎切，竹名，一曰竹器。或省。又大計切。

笆邦加切，簣也。

筃伊真切，竹名，一曰車重席。

筍于倫切，弱竹，可爲席。

箖䟽臻切，篳也。

簸逋潘切。【略】一曰捕魚笱，入而不可出。

筌逡緣切，取魚竹器。

篋枯回切，筐也。

籓孚袁切，蔽也。又方煩切，大箕也。

籓箸方煩切，《説文》「大箕也」。一曰蔽也。亦省籓，又逋潘切，箕屬。

笲符袁切，竹器，婦贄棗脩者。又父遠切，竹器。又皮變切，笥也。

篣資良切，席也。

簹徒郎切，筜篖，竹席，直文而粗者。

笐寒剛切，笐篖，織竹也。又何庚切，《方言》笐篖，籧篨直文者。

篛莊交切，撩罟也。又側角切。

篖徒郎切，箄也。又除庚切。

篸女加切，籠也。

箱思將切。【略】竹器

筹蒲光切，箕屬。又蒲庚切《博雅》籠也。

筶他刀切，飲牛器。《方言》「篋，趙岱之間謂之筶」。

籑如陽切。【略】漉米竹器。又汝兩切，一曰箕也。

籔甾尤切，取魚器。又側救切。文一，重音一。

篝、𥶡居侯切，《説文》笿也，可熏衣，宋楚謂竹篝牆以居也。一曰蜀人負物籠，上大下小而長謂之篝笭。或作𥶡。篝又居侯切，竹器。

箂渠尤切，小籠。

笭郎丁切，《説文》車笭。一曰，笭籯也。或从軨笭又朗鼎切，笭箵也。又郎定切，笭，篂，車中筵文。

箳卑盈切，盛絮籠。

箐咨盈切，笭箐，小籠。

篣滂丁切，舟車蓬。

䈂滂丁切，吴人謂蠶曲爲䈂。

篕烏侯切，吴人謂育蠶竹器曰篕。

篂馳貞切，《博雅》笭篂，竹席。湯丁切，笭篂，竹器。

䈖、䉹郎丁切，竹名，一曰竹器。或从靈。

籐徒登切，竹器。

篕烏侯切，竹器，吴人以息小兒。

簍朗口切，竹器。

箽、筻覩動切，竹器。

䉝語綺切，竹器。

箉、簤徒駭切，竹器。或从賈。箉又徒蓋切。文一，重音二。

笉此忍切，筊也。又擬忍切，筊之笉。又羽敏切。

箬、筶苦果五切，籔也。

䈑後五切，取魚竹罔。

篣杜買切，取魚竹器。

筥苟許切，《説文》箱也。又兩舉切，飯器。

篑羽鬼切，篚也。

笸口已切，簞也。

簙白各切，蠶具。

篢朗鼎切，篢籯，籯也。

篢乃挺切，篢籯，籯也。

篹、簒損管切，籩屬。

篗損果切，《博雅》篛篗，席也。一曰箄也。

箵息井切，笭箵也。又銑挺切，箵，車笭也。

篕都感切，篋類。

笪得案切，筥也。

篢朗鼎切，篢籯，籯也。文一。

篢乃挺切。篢籯，籯也。文一。

篕都感切，篋類。

笊側絞切，笊離，竹器。又阻教切。

篕扶萬切，竹器。

筭、篹蘇貫切，竹器。或作算。

籄、簣求位切土籠也。或省簣。又苦怪切。

笥相吏切。《説文》飯及衣之器也。又新兹切，竹器。

篨章恕切，籚屬。

篬莫故切，竹筥。

篣荒故切，籠也。

篗胡故切，捕魚器。

筤以制切，箄也。又羊列切，校縫箄也。文一，重音一。

篕先代切，【略】一曰編竹木斷水取魚也。

篕商署切，箕屬。

蔽必袂切，簟衣，車户也，一曰簙籌。

篕良據切，舟中簀也。

箌征例切，大簟也。又之列切，《博雅》筀箌，席也。又食列切，竹席。

篕、篕徐醉切，籧篨也。或作篕。

篕居太切，籧篨也。又鞋臘切。

篕、篕放吠切，籧篨也。或作篕。

篕盧臥切，簀也。

篕莫浪切，屋簀。

篕陟教切，捕魚器。又竹角切，又敕角切。

篕篕朔角切，捕魚器。或作篕。

篕莫葛切，捕魚器。

簾詰念切，籠也。
猝昨律切，笭也。
簸古禄切，簏也。
箛胡谷切，箱也。
籙龍玉切，簏也，一曰籍也。
箕居六切，《説文》「漉米籔」。又乙六切，又烏酷切，又烏浩切，移蠶具。
笮疾各切，筊也。
箞蔠奴店切，竹索。或从簽、笿。又諾叶切。
篅昔各切，竹絙。又色窄切。
筰、筰疾各切。《説文》「筊也」。一説西南夷尋以渡水，益州有筰橋。或作筰。【略】筰，又秦昔切，引舟絞。
笮逸織切，竹索。
箹諾荅切，竹索。
筸諾盍切，維舟竹索。
篼諾盍切，維舟竹索。
篗王縛切，取魚竹器。
篕乙及切，捕魚竹器。
筶克各切，籠也。
笈極入切，負書箱。又極曄切，又極業切，又測洽切。
箔白各切，簾也。
籍昨合切，户簾也。或从竹。

司馬光《類篇》卷二〇《米部》 䊵勑栗切，驅索也。

司馬光《類篇》卷二一《网部》 罿徒東切，捕鳥罔。又諸容切，《爾雅》「罿謂之罿」。又昌容切，《説文》「罬也」。 罞謨蓬切，《爾雅》「麋罟謂之罞」。 羅【略】又良何切，《説文》「以絲罟鳥也」。 罵、羈、羇居宜切，《説文》「馬絡頭也。从网从馬。馬馬絆也」。或从革，亦作羈。 罷頻脂切，取鰕具。 罟、罘貧悲切免罔也，或省罟。又芳無切，覆車也。又並房尤切，《説文》「兔罟也」。 罝、罝咨邪切，兔网也。 罦、罦芳無切《爾雅》郭璞注：「罦，覆車也」「今曰翻車，有兩轅，中施罥以捕鳥」。或从包罦。 罬、䍖微夫切，罟屬。或省又並罔甫切，《説文》「庸中网。罬，又土遇切」。 罛、罛攻乎切，《説文》「魚罟也」。引《詩》「施罛濊濊」。或从孤。 罠都黎切，罔也。又典禮切，罘也。 罤田黎切，兔網。文一。 罍、罍盧回切，網百囊者。或从雷。 罦謨杯切，《説文》「罔也」。又罔甫切，雉罔。又蒲補切，又莫后切，又莫佩切。 罠眉貧切，《説文》「釣也」。《博雅》「兔䍖罟」。 罻公渾切，罔也。文一。 羉謨官切。《爾雅》「彘罟謂之羉」。 罝咨邪切，《説文》「兔网也」。 罗牛加切，兔罔。 罜、罜姑横切，罔滿也。或作罜。 罜，又乎萌切。 罜當經切，罜罜，小罔。又湯丁切，又他頂切。 罜郎丁切，罜罜，罔也。又百猛切，又朗鼎切。 罾咨騰切，《説文》「魚罔也」。 罦力求切，捕鳥獸具。

罭郎侯切，罭罭罔也。又力九切，寡婦之笱魚所留也。 罧疏簪切，《説文》「積柴水中以聚魚也」。 罧鉏簪切，罔名。 罬堅嫌切，絲網曰罬。 罝曰許切，魚罟。 罜腫庚切，《説文》「罜麗，魚罟也」。又朱戍切，又徒谷切，罜麗，小罟。

罪粗賄切，捕魚竹网。文一。 罷美隕切，罔密也。 罕許旦切，《説文》「罔也」。 罥、羂、羂又扃縣切，《説文》「罔也」。

罝、罝須兗切，《説文》「网也」。亦作罝。 罝，又鶵免切，又式撰切，又所晏切，魚網也。又須絹切。 罶、罶力九切，《説文》「曲梁寡婦之笱，魚所留也」。 罟舉后切，曲竹捕魚笱也。 罘、罞莫後切，罔也。或从母。 罱乃感切，取魚具。 罧吐敢切，魚罔。 罨衣檢切，罕也，所以罔魚。又遏合切，網也。又憶笈切，又乙業切。 罠、罠女減切，魚網。或从衔。 罬作弄切，罬罟謂之九罭，一曰百囊罟。 罻於位切，《説文》「捕鳥罔也」。 罟良據切，罔也。 罟魯故切，罟、路，取魚具。 罟胡故切，《説文》「罟也」。 罟古慕切，罟，罟，取魚具。 罤蒲計切，鳥罔。 罽居例切，《説文》「魚网也」。 罠區願切，罔也。 罡熒絹切，罔也。 罬私箭切，魚罔。 罥須絹切，罔也。 罧力弔切，魚罟。 罺楚教切，小網。又莊交切，撩罟也。 罩陟教切，《説文》「捕魚器」。又竹角切，罩魚者也。 罩陟教切，覆鳥令不飛走也。 罧所禁切，積柴水中以取魚。 罯徒谷切，罜麗，小罟。或作罯。 麗、罜盧谷切《説文》「罜麗也」。 罼壁吉切，田罔也。 罬竹律切，雉罟。又古穴切，罔名。《爾雅》「罿，罬也」。郭璞讀又株劣切，罔名。《説文》「捕鳥覆車也」。又紀劣切。 罼博厄切，捕鳥罔。又匹麥切，又薄革切，又毗亦切，罿也。 罭越逼切，罔也。又忽域切，魚罔。 罯託合切，罔也。一曰罯，罯，覆也。

司馬光《類篇》卷二二《巾部》 帉彌遥切，網細者帉。 帢葛合切，【略】一曰車籍。

司馬光《類篇》卷二三《衣部》 衰、衰並蘇禾切，艸雨衣，秦謂之萆衰。

司馬光《類篇》卷三七《糸部》 縗蘇回切，編鶩羽爲衣。 紋章移切，《字林》「縴紋挽舟繩」。

繿津垂切，維綱中繩。
徽、𦅾吁韋切【略】一曰三糾繩也。古作𣁋。
維夷佳切，《説文》「車蓋維」。一曰網也。
綒芳無切，𦀌網也。文一。
繻汝朱切，細密網。
紋章移切，《字林》「綷紋，挽舟繩」。
繿津垂切，維綱中繩。
綱居郎切，《説文》「維紘繩也」。
絣必幸切，急絚也。
綄以轉切，紖也。
繵唐干切，繩也。
緉所兩切【略】曰履底繩。
絚孤等切，急也，一曰大索。
纜盧瞰切，維舟絚。
綌奴念切，引舟繩也。
繘厥律切，綆也。又其律切，又食律切，又允律切，又決律切，又古穴切。
繂劣戌切，索也。
綍分物切，引車索。又方未切。
紃蒼没切，索也。又千結切。
縎昔各切，大絢。
綃、綼疾各切，絢綃艸絚。或从乍。綃，又秦息切，引舟筊。
縨莫狄切，《博雅》「索也」。一説并州謂帆索曰縨。
繴博厄切，捕鳥罔。又匹麥切，又薄革切，《説文》「繴謂之罿，罿謂之罬，罬謂之罦，捕鳥覆車也」。又毗亦切，又必歷切。
䌞劣戌切，索也。
繘、繘允律切，綆也。籀从臼繺。又訣律切，《博雅》「繘，絡，綆也」。
轡兵媚切，馬轡也。从絲从軎，與連同意。《詩》曰六轡如絲。

戴侗《六書故》卷二三《植物三》 篳卑聿切。《傳》曰：「若敖蚡冒，篳路藍縷以啟山林。」杜氏曰：柴車也。又曰「篳門圭竇之人」。杜氏曰：柴門也。鄭康成曰：荆竹織門也。《説文》曰：「藩落也。」按，篳，竹也，織爲車爲門也。或曰：篳，織竹也，故有籬落之説。

筍舒隕切，竹萌也。《周書》曰「敷重筍席」。蓋析子竹以爲席也。馬氏曰：箬也。徐氏曰：竹子爲席。别作笋、箏。

籩卑眠切，竹豆也。籩以盛果脯糗餌，凡乾物。豆以盛菹醢，凡澤物。[籀]籀文。

簞多寒切，盛器也。《語》曰「一簞食」。《士冠禮》「櫛實于簞」。《漢律令》簞，小匡也。

筥巳吕切，盛器也。《周官》「餼氣米百有二十筥」。《聘禮》曰「四秉曰筥」。筥半斛。《詩》云「采蘋采蘋，筐之筥之」。又曰「于以盛之，維筐及筥」。

筲所交切。《語》曰「斗筲之，人何足算也」。《説文》曰：「箱，飯筥也。受五升，秦謂筥曰箱。」孫氏，山樞切，箱，陳留謂飯帚。一曰，飯器容五升。一曰，宋魏謂箸筩爲箱。孫氏，所交切。

笄附袁切。《士昏禮》「婦執笄棗栗」。鄭氏曰：竹器而衣者。

篹祖管切。《記》曰：「食粥於盛不盥，食於篹者盥。」康成曰：竹筥也。又曰「薦用玉豆雕篹」。鄭氏曰：籩屬。或作簨。陸氏本又作歷，亦息緩切。《説文》「簪，竹器也。讀若纂，一曰叢」。

籔素口、色縷二切。《聘禮》「門外米三十車，車秉有五籔」。鄭氏曰：今文籔或爲逾。十斗曰斛，十六斗曰籔。伯氏曰：按韋昭注《國語》引《聘禮》十六斗爲庾，然則籔即庾。鄭氏謂今文作逾。庾本倉庾之庾，逾與庾皆假借也，當作籔。《説文》曰「炊䉂也」。「䉂，漉米籔也」。於六切。

簝洛早切，受盛器也。《周官·牛人》「共〔其〕牛牲之互，與其盆簝」。盆受血，簝受肉。鄭司農曰：受肉器也。按，俗有筹、筌、栲、栳文。

箅必至切，蔽甑底器也。亦作箄。

笭連丁切。《説文》曰：「車笭也。一曰，笭，籯〔也〕。」《博雅》曰：笭、筐，竹席也。又曰：車中筵。劉氏曰：舟中簀曰笭箵。笭箵，亦作笭箐。

筵以然切，竹席。以藉席者，其度長於席。《周官·司几筵》王位斧依莞筵，加繅席，次席，諸侯祭祀席、蒲筵，加莞席。《公食大夫禮》「蒲筵常，加萑席尋」。《考工記》曰：「周人明堂，度九尺之筵。」

簟徒念切，筵之精者也。

簀阻戹切，編竹以藉也。凡牀先用簀，乃加薦席。又作笮。《説文》曰：「迫也，在瓦下棼上。」按，椽上必設笮，然後安瓦，今人謂之棧。厭酒者亦用笮。又讀側嫁切，與榨通，本作沛，見《水部》。

笫阻史切，簣也。簣、笫、榨同聲。

笣羊昭切。《爾雅》曰：「屋上薄謂之笣。」釋曰：今之屋笮也。

籧篨彊魚切。蕣直魚切，織竹如席，規以爲囷。

簾離鹽切，織竹垂之以障也。

箔步各切，簾屬。古單作薄。

篣滂丁切。《類篇》曰：舟車蓬也。粗箔也。篣，片聲，義相邇。

籋力涉切，織竹爲篣也。

篘初尤切，漉酒器也。別作醙、篘、篓。

簁所宜、所皆二切，竹器，所以治粒物別粗細。又作篩、籭、簛。又所倚切。《說文》曰：「簁箄，竹器也」。「籭，可以取粗去細」。

篿【略】又徒官切。《說文》曰：「圜竹器也。」

箯婢篇切。《說文》曰「竹輿也」。《漢書》曰：箯輿切。

笠力入切，戴以禦雨者。

簦丹增切，吴語曰：蓤笠相望。从草。唐尚書曰：夫須也。韋昭曰：備雨具也。《史記》躡蹻儋簦。徐廣曰：笠有柄謂之簦。按，簦以儋，言有柄是也。

簍七接切，箕類。

籠來充切，織竹器也。或以盛土石，或以畜魚鳥，大槩籠之爲器空疏，故因之爲靈籠。籠葱、籠鬆，日月之初出童籠然。別作瓏、曨、朧、櫳。又上聲，今人不言篋笥，而言箱籠，淺者爲箱，深者爲籠也。

籯怡成切。《說文》曰：「(笿)(筡)也」。《漢書》曰：遺子黄金滿籯。如淳曰：竹器，受三四斗。

筊農姑切，籠也。《楚辭》曰「鳳皇在筊」。

籃籠三切，疏籠也。

篰薄苦切，籃類。《說文》曰：「滿爰也。」《博雅》篛爰，篰也。徐鍇曰：按字書，滿爰，簡牘也。侗謂未然。

篝古侯切，籠火具也。《史記》曰：陳勝夜篝火狐鳴。《漢書》借用構字。又熏衣籠也。《說文》曰：「篝，笿也，可熏衣」。「笿，杯笿也」。盧各切。

籮洛戈切，籮之爲言羅也，織之密，以盛穀米，筥、籔類也。按，今浙又謂之筐。《方言》曰：其魏宋楚之間謂之籮。

笥息吏切，盛衣器也。篋笥，所以藏衣服幣帛。筐篚，所以奉而將之。鄭氏曰：圜曰簞，方曰笥。

笈測洽、極業二切，匧類也。

簏虚木切。《說文》曰：「竹高篋也。」別作簶，今人作盝。

箱脩翔切，盛器之大者也。《詩》云「睆彼牽牛，不以服箱」。毛氏曰：服，牝服也。箱，大車之箱也。鄭氏曰：不可用於牝服之箱。《說文》曰：「箱，大車牝服也。」又曰：「乃求千斯倉，乃求萬斯箱。」鄭氏曰：萬車以載之。孔氏曰：兩較內謂之箱，謂車內容物之處爲箱。按，毛、鄭皆以服與箱爲二物。《說文》徑以箱爲牝服，似誤仞。毛說詳詩人辭意，服如服牛服、鹽車之服，謂星雖有牽牛而不可用之以服車箱也。箱从竹，乃大車盛輜重之器也，故因以爲箱篋之類。又屋亦有箱，《公食大夫禮》曰「公揖退于箱」。《覲禮》曰：「几俟于東箱。」康成曰：東夾之前。《漢書》曰：吕后側耳於東箱聽。顔師古曰：正寢之東西室皆曰箱。言似箱篋形。侗謂顔氏蓋習聞後來箱篋之説，本其得名，乃取於車箱也，後世別制廂字。今《史記》亦改作廂，惟《漢書》古字多存，猶可考耳。

笱古厚切，捕魚籠也。《詩》云「敝笱在梁」。施於魚梁之下。

筌七全切。莊周曰：筌者，所以在魚，得魚忘筌。

戴侗《六書故》卷二七《工事三》

曲丘玉切。《説文》曰：「象器曲受物之形。」古文又作[illegible]。《說文》「骫曲也」。按，此本曲直之曲，生義于巨从玉者，又諧以玉聲也。曲能有容，故爲受物之器，爲曲簿之曲。《月令》季春「具曲植筥匚」。《漢書》曰：織薄曲。康成曰：曲，簿也。許氏曰：葦薄爲曲也。蓋所以盛蠶，別作苖、笛。

匡去王切，受盛方器也。《詩》曰：「于以盛之，維匡及筥。」毛氏曰：方曰匡，圓曰筥。《易》曰：「女承匡。」《詩》云：「承匡是將。」別作筐。因之爲匡正、匡輔。《書》曰：「臣下不匡其刑墨」。又曰：「尚賴匡救之德」又曰：「匡其不及。」

匧苦劦切，藏衣笥也。

匪非尾切，匡類也。別作篚。《說文》曰：「車笭也。」按《説文》似以爲箱。匡、匪如今所謂箱，皆以奉器幣相授受，匧、笥則有蓋，以藏借義之用，匪與非同。

匰都寒切。《周官·司巫》「祭祀共匰主。」《說文》曰：「宗廟藏主器也。」

匱求位切，藏器也。《說文》曰：「匱，匣也」。「匣，匱也」。匵亦匱也，別作櫃、鐀。

按今通以藏器之大者爲匱，次爲匣，小爲匵。《語》曰：「虎兕出于柙，龜玉毁于櫝中。」匱之借義爲匱竭。《詩》云「孝子不匱」，《傳》曰：「勤則不匱。」

匣胡甲切，藏器也，亦作柙。又作柗。《説文》曰：「柗，劒柙也。」

匵辻谷切，盛器也。亦作櫝。《説文》又曰：「大椃也。」

甌居洧切，匱也。

匽蘇管切。《士冠禮》「爵弁、皮弁、緇布冠，各一匽」。康成曰：古文作纂。《説文》曰：「(盝)[淥]米(器)[籔]也。」

戴侗《六書故》卷三〇《工事六》 率劣戌切，伯曰：大索也。上下兩端象所用絞，率者中象率，旁象麻枲之餘。別作繂、䋈。《類篇》曰：索也。

緊紆約忍切，絙急也。

紉女鄰切【略】《説文》曰：「紉，繟繩也。」

纚所綺、所買二切。【略】《詩》曰「汎汎揚舟，紼纚維之」。舅氏曰：小索也。

緄右渾、古本二切。《詩》云：「竹閉緄縢。」毛氏曰：繩也。

紲息列切，所以繫犬馬者也。《説文》「系也」。《士喪禮》「乘車革紲」。康成曰：韁也。又作絏。《傳》曰：「臣負羈絏。」杜氏曰：馬韁也。又作緤。《記》曰：「犬則執緤。」康成曰：所以繫制之者。《楚辭》曰：「登閬風而緤馬。」引之則凡羈縶者皆曰紲。《語》曰：「在縲紲之中。」《考工記・弓人》(居角)「恒角而達，(引)[譬]如終紲，非弓之利」。別作雗。

韁居良切。《説文》曰：「馬紲也。」又作韁。

轡必媚切，馭馬轡也。按，今所謂靶，即轡也。轡、靶同聲。

縶陟立切，繫馬韁也。又作䮄。《説文》「䮄絆馬也。從馬口其足」。引《傳》「(韓厥)執䮄馬前」。或作縶。《詩》云：「皎皎白駒，縶之維之。」毛氏曰：絆也。《傳》曰：韓厥執縶「馬前」。杜氏曰：縶，馬絆也。

纍力追切，索類所用以纏縛也。《語》曰：「在纍絏之中。」《傳》曰：「不以纍臣釁鼓。」《詩》曰：「葛藟纍之。」又作[glyph]。《説文》「纍，綴得理也，一曰，大索也」。

糾居黝切，丂合絲縷緊急也，故爲糾，合糾繆、糾慝。

紖直几切，《周官》「飾其牛牲，置其紖」。鄭司農曰：著牛鼻繩，所以牽牛者。今時謂之雉。康成曰：以豸爲聲。陸氏曰：本亦作絼。持忍切。

繩食陵切，緡合絲枲以爲繩也。小曰繩，大曰索。引之聯屬不絶之義曰繩繩。又《詩》云：「繩其祖武。」循也。

徽許歸切，繩類也。《説文》曰：「衺幅也。一曰，三糾繩也。」按徽從系，三丩説是。《易》曰：「係用徽纆。」劉氏曰：三股曰徽，兩股曰纆。

纆莫北切，索類，説具徽下。賈誼曰：禍之與福何異糾纆。別作纏。

絰徒結切，喪服也。在首爲首絰以象領，在要爲要絰以象大帶，以麻葛爲之。

綍分物切，大索也。《記》曰：「君葬用四綍。」「凡封用綍。」康成曰：在廟中曰綍，在塗曰引，將窆又曰綍。亦作紼。《説文》曰：「亂絲也。」《周官》「大喪屬六紼」。康成曰：舉棺索也。《記》曰：「助葬必執紼。」《詩》云：「汎汎楊舟，紼纚維之。」毛氏曰：綍也。

絙胡官切，大索也。

綆古杏切，索類也。又作絖。《漢書》曰：單極之絖斷幹。晉灼曰：絖，古綆字。

繘余律切，綆下垂爲繘，謂其可以矞取也。《易》曰：「汔至亦未繘井」。《士喪禮》曰：「管人汲，不説繘。」《説文》[glyph]，古文。[glyph]，籀文。

纜盧瞰切，率索之以攬結者也，今俗謂維引舟索爲纜。

綯徒刀切，繩類。《詩》云：「晝爾于茅，宵爾索綯。」綯所以編茅也。

綱居郎切，舉網長繩也。《書》云：「若網在綱。」《説文》曰：「維紘繩也。」射侯亦有綱。

紀苟擬切，網目所麗也。又疑爲綜。《説文》曰：「絲別也。」《詩》云：「綱紀四方。」鄭氏曰：張之爲綱，理之爲紀。凡爲網者，必先有紀，衆目紀焉，然後設綱以舉。

縜于貧切。《説文》曰：「持綱紐也。」《考工記》曰：「梓人爲侯，上綱與下綱出舌尋，縜寸焉。」鄭司農曰：籠綱者也，讀爲竹中皮之縜。

繯胡畎切。《説文》曰：「落也。」今人作絡。謂以繩爲環設機，伺獸投足其中而取之。莊周所謂蹄所以在兔也。《呂氏春秋》曰：繯網罝罦。又去聲。別作纙。

緱區侯切，刀劍柄當把處，以索纏之，爲其血染漬而滑也。《説文》曰：「刀劍緱也。」《史記》曰：馮驩有一劍，耳右蒯緱。裴駰曰：言其劍把無物可裝，以蒯纏之也。今人言緱桶。亦作絿。

紐女久切《説文》曰：「系也。一曰，結而可解。」繩之以丑者也。

絭居願切。《説文》曰：「攘臂繩也。」絭取其可卷。

縆居曾切，索之弦急也。別作絙。

綪側莖切，縈收繩索也。徐本《説文》曰：「紆未縈繩。」蜀本曰紆。木縈，索也。二本俱有誤。又作綪。《士喪禮》「陳襲事(于房中，西領)南上不綪」。斂衣西上綪。康成曰：綪讀爲綪。綪，屈也。江(淮)[沔]之間謂縈收繩索爲綪。古文綪皆爲精。

戴侗《六書故》卷三一《工事七》 衰蘇禾切，緝草爲雨衣也。古文。《説文》曰：「秦謂之萆。」

衽如甚切。【略】又爲衽席。《士昏禮》曰：「御衽于奥，媵衽良席，皆有枕。」《記》曰：「父母將坐，奉席請何鄉。將衽，長者奉席請何趾。少者執牀與坐，御者舉几。」康成曰：衽，卧席也。良席者，良人之席。按，此衽乃布寢席之名，故曰將衽請席何趾。又曰：媵衽，良席，衽非席也。

襏襫北末切，施隻切。《齊語》曰：農衣襏襫。韋昭曰：衰薜也。

罔武紡切，結繩爲目以掩取禽魚也。又作𠕞，古文。籀文。又作網、罠。

罟公戸切，獸網也。《周官·獸人》「掌罟田獸」。《中庸》曰：「驅而納諸罟擭陷阱之中。」因之爲罪罟，謂離于罪戾也。《詩》云：「畏此罪罟。」

罪徂賄切。《説文》曰：「捕魚竹網也。秦以爲辠字。」按罪本網罟之類，因以爲罪戾之罪，謂離于刑法也。亦作辠。

罻於位、紆勿二切，鳥網也。《記》曰：「鷹化爲鳩，然後設罻羅。」康成曰：小網也。

罦乎表切。《詩》云：「雉離于罦，我生之初，尚無造。」《爾雅》曰：「罬謂之罦。」毛氏曰：覆車也。郭璞曰：今之翻車也。又作罿。《説文》曰：「覆車也。」引《詩》「雉離于罿」。或作罦。孫氏並縛牟切，陸氏音孚。按《詩》罦與造合韻，乃葆音。《説文》作罿，包、葆一音，孚音非也。《説文》誤，以巢爲孚。

罬陟劣切。《説文》曰：「捕鳥覆車也。」或作輟。

罿昌容切。《詩》云「雉離于罿」。毛氏曰：罬也。《韓詩》曰：施羅于車上曰罿。

罘芳無切，網類。《説文》曰：「兔罟也。」又作[古文]。又縛牟切。又作罦。

罝子邪切，網類。《詩》云「肅肅兔罝」。毛氏曰：兔罟也。《説文》曰：「兔網也。」籀文作罝，或作䍡，從糸。

罳息茲切，罘罳，網也。《釋名》曰：罦罳在門外。《博雅》曰：罦罳謂之屏。漢未央東闕罘罳災。顔師古曰：罘罳謂連闕曲閣也，以覆重刻垣墉之處如罘罳然。一曰，屏也。

罭于逼切。《詩》云：「九罭之魚。」《爾雅》曰：「緵罟謂之九罭。」毛氏曰：小魚網也。孫炎曰：魚所入有九囊也。郭氏曰：今之百囊罟。亦謂之罽。力回切。按，如孫説，罭，網下囊。

罶力久切。《詩》云：「魚麗于罶。」又曰：「三星在罶。」《魯語》曰：講罛罶取名魚。毛氏曰：魚梁也，寡婦之笱也。《説文》曰：「寡婦笱，魚所留也。」別作罶。孔氏曰：以薄取魚易成，故號寡婦笱，非寡婦所作也。按，笱以竹爲之，罶以網爲之，罶非笱也。《詩》言「三星在罶」，則罶非甚大之具，語稱取名魚，則亦非小魚網矣。

罽居例切，又作繝。《説文》「罽，魚網也」。

羈居宜切。《説文》曰：「馬絡頭也。」《説文》曰：「從䩻。」䩻，馬絆也。按，䩻乃絆其足，絡頭不當從䩻，亦未可曉。

㡘力兼切，門薄可卷，舒開闔者也。《説文》曰：「帷也。」亦以竹爲之，故又作簾。見《竹部》。

席祥易切，坐卧所藉也。《説文》曰：從庶省。[古文]古文，從后省。徐鉉曰：席以禮賓客，賓客非一人，故從庶。按此説甚曲而不通。蹠、摭、蟅皆從席爲聲，遮與度、鷓亦以庶爲聲。

徐光啓《農政全書》卷二四《農器·圖譜四》【麥籠】盛芟麥器也。判竹編之，底平口綽，廣可六尺，深可二尺。載以木座，座帶四碣，用轉而行。芟麥者腰繫鉤繩牽之，且行且曳。就借使刀，前向綽麥，乃覆籠内。籠滿則舁之積處，往返不已。一籠日可收數畝，又或謂之腰籠。

【麥綽】抄麥器也。篾竹編之，一如箕形，稍深且大。旁有木柄，長可三尺，上置釤刃，下横短拐，以右手執之。復於釤旁，以繩牽短軸，近刃處，以細竹代繩，防爲刃所割也。左手握而掣之。以兩手齊運，芟麥入綽，覆之籠也。嘗見北地芟取蕎麥，亦用此具，但中加密耳。夫籠、釤、綽，三物而一事，繫於人之一身，而各周於用。信乎人爲物本，物因人而用也。

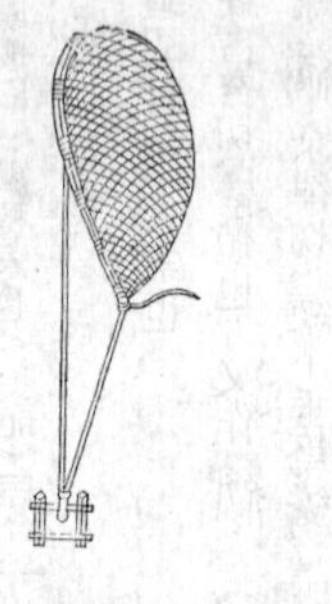

麥綽

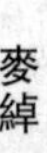

麥綽

【蓑】雨衣。《無羊詩》云：「何蓑何笠？」《毛註》曰：蓑，所以備雨；笠，所以禦暑。《唐韻》云：蓑，草名。可爲雨衣。又名𧝓襪。《説文》云：「秦謂之草。」《爾雅》曰：薃侯莎，蓑衣以沙草爲之，故音同莎。又名薜。《六韜・農器篇》曰：蓑，薜，簦，笠，今總謂之蓑。雨具中最爲輕便。圖不載。

【笠】戴具也。古以臺皮爲笠，《詩》所謂「臺笠緇撮」。今之爲笠，編竹作殼，裹以籜箬。或大或小，皆頂隆而口圓，可芘雨蔽日，以爲蓑之配也。圖不載。

【扉】草履也。《左傳》曰：共其資糧扉屨。《説文》曰：「扉，草屨也。」孔疏云：扉屨俱是在足之物，善惡異名耳。

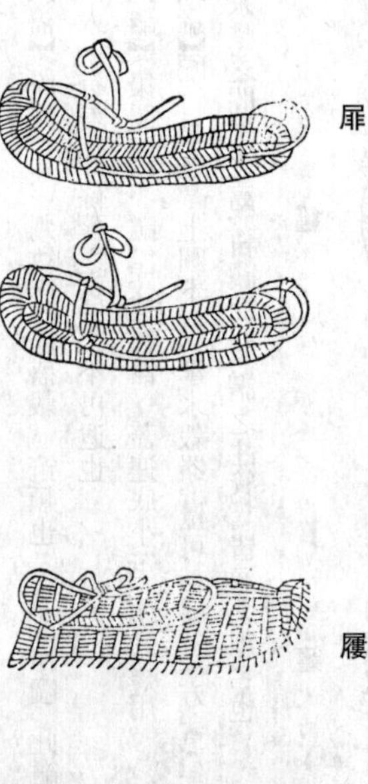
扉　屨

【屨】麻履也。傳云：屨滿户外。蓋古人上堂，則遺屨於外。此常履也。今農人春夏則扉，秋冬則屨，從省便也。《方言》：扉，麄屨也。徐兖之郊謂之扉，自關而西謂之屨。中有木者謂之複舃，自關而東謂之複履。其卑者謂之鞔。音婉。下禪謂之鞮。絲作者謂之履，麻作者謂之不借，麄者謂之屨，東北朝鮮洌水之間謂之鞩，或謂之㾊。徐土邳沂之間，大麄謂之䩕角。皆屨之別名也。

【橇】泥行具也。《史記》：禹乘四載，泥行乘橇。孟康曰：橇形如箕，擿行泥上。嘗聞向時河水退灘淤地，農人欲就泥裂，漫撒麥種，奈泥深恐没，故制木板爲履，前頭及兩邊，昂起如箕，中綴毛繩，前後繫足底。板既闊，則舉步不陷。今海陵人泥行，及刈，過葦泊中，皆用之。

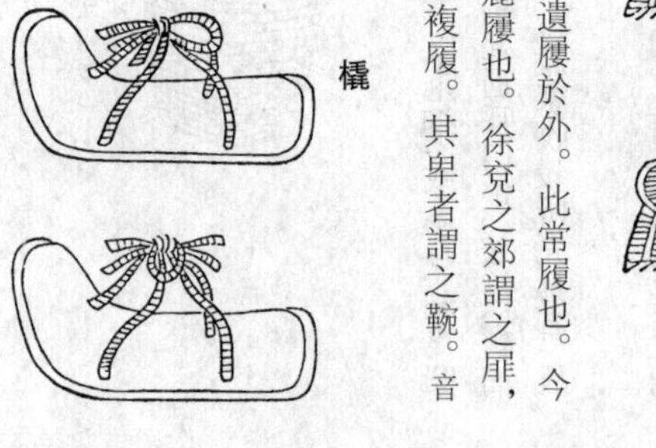
橇

【覆殼】一名鶴翅，一名背蓬。篾竹編如龜殼，裹以籜箬，覆於人背，繩繫肩下。耘蕩之際，以禦畏日，兼作雨具。下有卷口，可通風氣，又分雨溜。適當盛暑，田夫得此，以免曝烈之苦，亦「一壺千金」之比也。

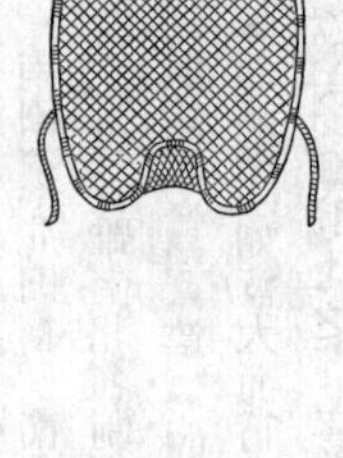
覆殼

篠

【篠】許慎《説文》曰：耘器也。或曰盛穀種器。南方盛稻種，用篿，以竹爲之。北方藏粟種，用簍，多以草木之條編之。篠，蓋是類也。

【臂篝】狀如魚笱，篾竹編之。又呼爲臂籠。江淮之間，農夫耘苗，或刈禾，穿臂於内，以卷衣袖。猶北俗芟刈草禾，以皮爲袖套，皆農家所必用者。

【蕢】草器，所以盛穀也。《集韻》作簣。

蕢

【筐】竹器之方者。《三禮圖》曰：大筐以竹，受五斛，以盛米，致饋於聘賓。小筐以竹，受五升，以盛米。又曰：「筐以盛熬穀。」

【筥】亦作簴，竹器之圓者。注曰：「筥圓而長，但可實物而已。」《三禮圖》曰：「筥，受五升，盛饔餼之米，致於賓館。」《良耜詩》曰：「載筐及筥。」《左傳》：「筐筥錡釜之器。」《字説》云：筐筥一器，特方圓之異云耳。江沔之間謂之簍，趙岱之間謂之筥，淇衛之間謂之牛筐。小者，南楚謂之簍。自關而西，秦、晉之間謂之箄。筥，其通語也。

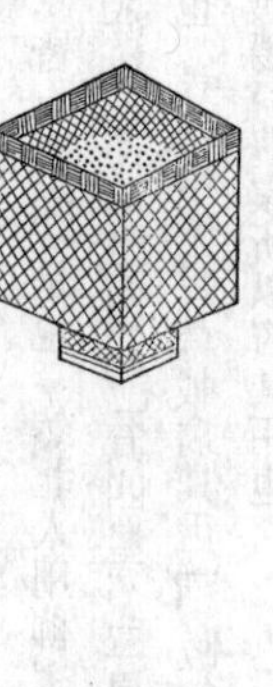
筐

筥

【畚】土籠也。《左傳》：樂喜陳畚梮。注云：畚，簣籠。《集韻》作畚。《晉書》：

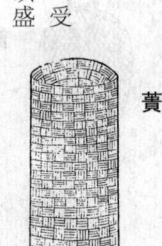

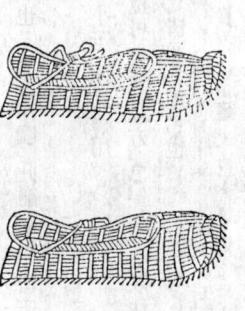

王猛少貧賤，嘗鬻畚爲事。《説文》云：畚，䶩屬，又蒲器也，所以盛種。杜林以爲竹筥，揚雄以爲蒲器。然南方以蒲竹，北方用荆柳。或負土，或盛物，通用器也。

畚

笹

【笹】《集韻》云：「盛穀器。或作囤。又篴也。」北方以荆柳，或蒿卉，制爲圓様。南方判竹編草，或用篴篨，空洞作圍，各用貯穀。南北通呼曰笹，兼篅、籭而言也。然笹多露置，可用貯糧，篅籭在室，可用盛種。皆農家收穀所先具者，故併次之。

【篅】《説文》云：判竹，圓以盛穀。笹類也。篅或作圌，此籭與篅，皆笹之別名，但大小有差，亦蓧蕢之舊制，不可遺也。

【籭】《集韻》云：籭筐，盛種器。蓋連底小笹，便於移用。

【籮】匠竹爲之。上圓下方，挈米穀器，量可一斛。《方言》：籮，所以注斛：陳魏宋楚之間謂之篝，自關而西，謂之注箕。皆籮之別名也。

籮

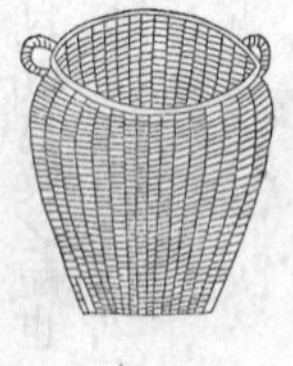
筌

【筌】亦籮屬。比籮稍匾而小，用亦不同。筌則造酒造飯，用之漉米，又可盛食物，蓋籮盛其粗者，而筌盛其精者。精粗各適所受，不可易也。

籃

【籃】竹器。無繫爲筐，有繫爲籃。大如斗量，又謂之笭箵。農家用採桑柘、取蔬果等物，易挈提者。《方言》：篭，南楚江沔之間謂之簩，或謂之笯。郭璞云：亦呼籃。蓋一器而異名也。

【箕】簸箕也。《説文》云：簸，揚米去糠也。《莊子》云「箕之簸物，雖去粗留精，然要其終，皆有所除」是也。然北人用柳，南人用竹，制雖不同，用則一也。《詩》云：「哆兮侈兮，成是南箕。」箕四星：二星爲踵，二星爲舌。哆侈，謂踵已大而舌又廣也。又「維南有箕，載翕其舌」。故箕皆有舌，易播物也。諺云「箕星好風」，謂主簸揚。農家所以資其用也。

【帚】今作箒，又謂之篲。《集韻》云：少康作箕帚。其用有二：一則編草爲之，潔除室内，制則匾短，謂之條亦作苕。帚；一則束篠爲之，擁掃庭院，制則叢長，謂之掃帚。又有種生掃帚一科可作一帚，謂之獨掃。農家尤宜種之，以備場圃間用也。圖不載。

【簁】竹器。内方外圓，用篩穀物。《説文》曰：可以除粗取精。《集韻》作簛，又作篵，或作篩。其制有疎密大小之分，然皆粒食之總用也。圖不載。

箕

籅

【籅】漉米器。《説文》云：「淅箕也。」又云：「漉米籔」，又「炊籅也」。《廣雅》曰：「淅籔、匠籅。」《方言》云：炊籅，謂之縮，或謂之萸，或謂之匠。江東呼爲淅籤也。蓋今炊米，日所用者。

【筲】飯筲也。《説文》：陳留謂飯帚曰筲。从竹，捎聲。一曰飯器，容五升。今人亦呼飯箕爲筲箕。南曰籅，北曰筲。南方用竹，北方用柳。皆漉米器，或盛飯，所以供造酒食。農家所先。雖南北名制不同，而其用則一。故附類之。

【篩穀箉】竹器。箉與袋同音。《篇》《韻》俱各不收，蓋土俗所呼，傳寫於文字者如此。其制比籭疎而頗深，如籃大而筲淺，上有長繫可挂。農人撲禾之後，同稃穗秄粒，旋旋貯之於内，輒篩下之。上餘穰藁，逐節棄去。其下所留穀物，須付之揚籃，以去糠粃。嘗見於江浙農家。

【揚籃】揚，《集韻》：謂風飛也。籃形如簸箕而小，前有木舌，後有竹柄。農夫收穫之後，場圃之間，所蹂禾穗，糠粃相雜。執此攤而向風擲之，乃得浄穀。不待車扇，又勝箕簸，田家便之。

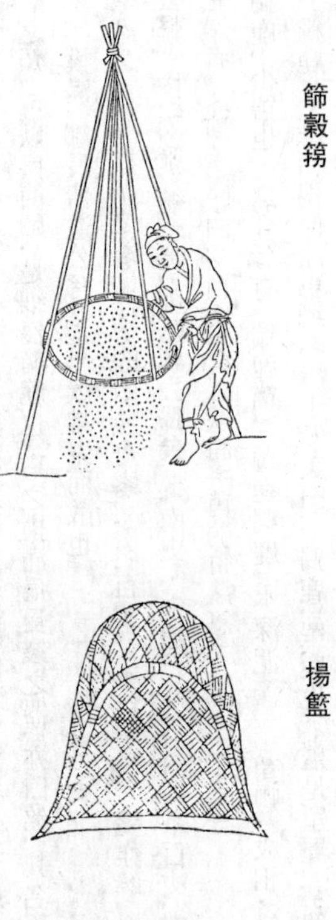

篩穀箉

揚籃

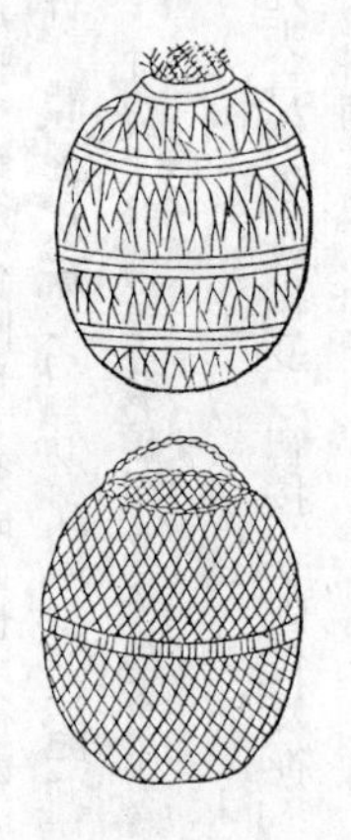

種箄

【種箄】盛種竹器也。其量可容數斗。形如圓甕，上有篭口。農家用貯穀種，庋之風處，不致鬱浥，勝窖藏也。古謂脩箄窖。《論語》「一箄食」之「箄」，食器，與此字雖同，然制度有大小之殊，作用有彼此之效。《齊民要術》云：「藏稻者必用箄。」蓋稻乃水穀，宜風燥之。種時就浸水內，又其便也。

【曬槃】曝穀竹器。廣可五尺許，邊緣微起，深可二寸。其中平闊，似圓而長。下用溜竹二莖，兩端俱出一握許，以便扛移，趂日攤布穀實曝之。蠶時農家兼用爲筐，但底密而不通風，終非蠶具。圖如蠶槃式，已見，故不載。

【攅稻箄】攅，抖擻也。箄，承所遺稻也。農家禾有早晚，次第收穫，即欲隨手得糧，故用廣箄展布，置木物或石於上，各舉稻把攅之，子粒隨落，積於箄上。非惟免污泥沙，抑且不致耗失。又可曬穀物，或捲作笆，誠爲多便。南方農種之家，率皆制此。圖不載。

玄扈先生曰：不如攅床爲便。今農家所用棧條，即箄也。

徐光啓《農政全書》卷三三《蠶桑·蠶事圖譜》【蠶箔】曲薄，承蠶具也。《禮》「具曲植」，曲，即箔也。「周勃以織薄曲爲生。」顏師古注云：「葦薄爲曲。」北方養蠶者多。農家宅院後，或園圃間，多種萑葦，以爲箔材，秋後芟取，皆能自織。方可四丈，以二椽棧之，懸於槌上。至蠶分擡去蓐時，取其卷舒易用。南方萑葦甚多，農家尤宜用之，以廣蠶事。

蠶箔

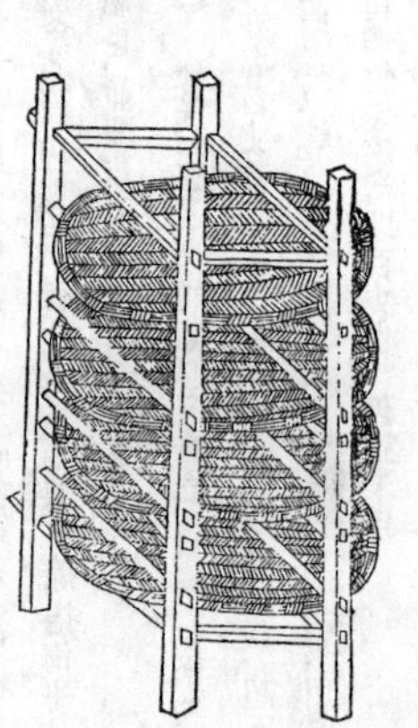

蠶筐

【蠶筐】古盛幣帛竹器，今用育蠶，其名亦同。蓋形制相類，圓而稍長，淺而有緣，適可居蠶。蟻蠶及分居時用之，閣以竹架，易於擡飼。梅聖俞（前）《蠶箔詩》云：「相與爲蠶曲，還殊作筥筐。」北箔南筐，皆爲蠶具。然彼此論之，若南蠶大時用箔，北蠶小時用筐，庶得其宜，兩不偏也。

蠶網

【蠶網】擡蠶具也。結繩爲之，如魚網之制。其長短廣狹，視蠶盤大小制之。沃以漆油，則光緊難壞，貫以網索，則維持多便。至蠶可替時，先布網於上，然後洒桑。蠶聞葉香，皆穿網眼上食。候蠶上葉齊，手共提網，移置制別槃，遺除拾去。比之手替，省力過倍。南蠶多用此法，北方蠶小時，亦宜用之。

徐光啓《農政全書》卷三四《蠶桑·桑事圖譜》【桑籠】《集韻》云：「籠，大篝也。」即今謂有繫筐也。桑者便於提挈。古樂府云：「羅敷善採桑，採桑城南頭，青絲爲籠繩，桂枝爲籠鉤。」今南方桑籠頗大，以擔負之，尤便於用。

桑籠

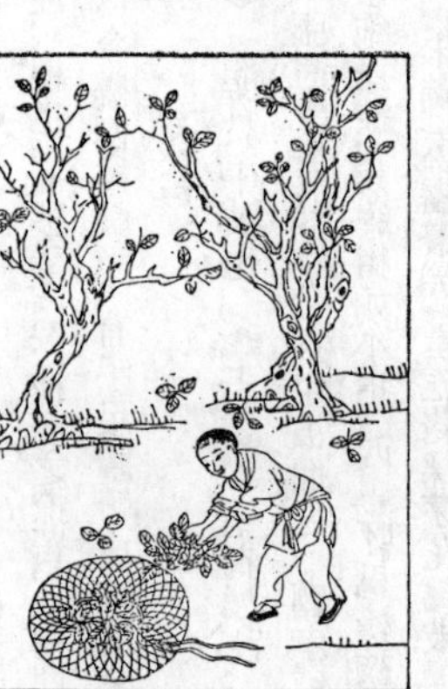

桑網

【桑網】盛葉繩兜也。先作圈木，緣圈繩結網眼，圓垂三尺有餘，下用一徽紀爲網底。桑者挐之，納葉於內。網腹既滿，歸則解底繩傾之。或人挑負，或用畜力馱送，比之筐盤，甚爲輕便。北方蠶家多置之。

方以智《通雅》卷首一《音義雜論》 罜鹿《樂苑》有《獨漉篇》，荀《成相辭》曰：獨鹿棄之江。楊倞注：網也。元美作罜鹿，訛。蓋罜从中土之㞷得聲，訛爲主，罜則音卦。鄭箋曰：樔，今撩罟殆獨漉類。然，不必定執經戴。

方以智《通雅》卷首一《音義雜論》 搔勢隋帝覗戒師銅搔勢一口，南榴夾膝桃。按，搔勢，籆籬也。明皇作銀漉籬與祿山其類也，《漢書》窶籔音摟搜。凡呼郎當摟揪之物皆不落不音桮。《説文》「篰，滿爰也」。「匵，〔小〕桮也」。「箁〔桮〕答也」。「簍，答也」「檳盝，負戴器也」。檳、匵同。《方言》桮落謂之豆筥。筥，《周官》笄篢類。則《説文》以藍籠爲桮落，古郘即部，皆不之音。滿爰，竹盛器如土器，名撲滿也。香山詩「銀花不落從君勸」。開運馮相水晶不落，退之用鑿落，則竟指酒器。

方以智《通雅》卷三四《器用》 墻居，薰籠也。 即篝也，篝一名答。答，音落。《楚辭》「秦篝齊縷鄭綿絡」。注：篝，落也，又籠也，可薰衣。《方言》陳楚宋衛謂之墻居。注：今薰籠。桮落，又曰豆筥。蓋又爲盛桮器籠。《説文》「篝，答也，可薰衣」。《史記》「篝火」注：以籠覆火也。鏡籢，鏡匣也。籢即奩也。後漢明帝視太后鏡奩中物，和凝托名韓偓「香奩體」當从籢。力鹽切。《唐韻》作匳。注：俗作簽。《韻會》或作奩幣。《南史·江夏王鋒傳》大發桓温女冢，得金巾箱，織金篋爲嚴器，即籢器也。 极即笈 《説文》「极，驢上負也」。凡夫言懷素，改作笈。智按，李固負笈從師。何至唐始有笈乎。《廣韻》因此訓笈爲書箱。 滿爰，竹器，言滿而易援也。撲滿，土器，言滿然後撲也。《説文》曰：「篰，滿爰也」。《博雅》曰：「滿爰，篰也」。徐鍇曰：滿爰，簡牘也。或非之，蓋今虎林呼竹莊之類，可以盛簡牘，是細篋箱籠也，猶之撲滿爲受錢之器，亦曰銘，其名不可解耳。 撲滿，鄒長倩遺公孫弘者，欲其聚而散也。 牽謂之百丈，亦謂之箞 《增韻》曰挽舟索，一名百丈。本作縴長。箋作縴，今俗呼去聲。按《國策》纏牽長，則已讀去聲矣。《南史·朱超石傳》沿河南牽百丈，有漂度北岸者。《演繁露》曰：白樂天《入峽詩》「苒蒻竹篾箞」。箞即百丈也。 獨鹿，小罟也 《樂苑》有《獨鹿篇》「獨鹿獨鹿，水深泥濁」。荀卿《成相》雜辭曰：獨鹿棄之江，楊倞注爲網名。王元美曰：獨鹿，罜鹿也。蓋是罜麗，字罜當从艸土之㞷，得聲訛爲主，字若罜，則音卦，罜音獨。張位《問奇集》朱光家指南皆作麗罜，音六獨，則其誤更過于元美十倍矣。 撩罟謂之樔 毛亨傳「汕汕」注：樔也。郭玄箋曰：樔今之撩罟，殆獨鹿之類。 覆車，翻車網也 罦爲覆車，今擲倒技戲中，有手足躍轉成輪者名曰翻車網，至今稱之。

方以智《通雅》卷三六《衣服》 龍具，牛被也 《王尊傳》牛衣。注：編麻爲之，俗呼爲龍具。蓋敝之襆被也，張思光脱衣贈人，披牛被而返。劉孝綽笑到溉黄臥具謂被也。今猺人惟織粗絮絁爲被，其緯粗如小指，西粤呼爲榜被，當是毲被，增韻毲罽，或方文斜文，音榜。朱黼《溪蠻叢笑》言犵狫揉茅花爲被。

方以智《通雅》卷三五《器用賦器》 漢人呼轡爲龍頭統，即羈靮也。《説文》韅，箸掖鞥也。鞥，轡鞥，一曰龍頭繞。智按，即今所呼籠頭也。鞧，勒靼也。鞅，頸靼旨熱切。也。鞣，革也。則鞧彌沇切。正今之繮也《左傳》曰「臣負羈靮」。靮音的，其實勺聲當音約。

西湖散人《新鐫雅俗通用珠璣藪》卷七《衣服》 徽纆索也，三股爲徽，四股爲纆。

西湖散人《新鐫雅俗通用珠璣藪》卷八《日用》 半月蓐葉草高五丈，形如半月之勢，故名。半月草無花無實，其質温柔，可以爲布爲席。 五香石季龍作席，以錦裹五香，雜以五采綫，編蒲皮緣之以錦。 越席結草爲席也。《書》曰：「大路越席，昭其儉也。」 藤簟其蘄簟湖廣蘄州竹席。 籧篨粗竹席。 棕薦 稿蒿薦草薦也。 秧薦 椅子椅有太師椅一字椅醉翁椅交倚圈椅靠老椅胡床即交椅也藤棚藤床也責慮簀篴床簀也。 衣架 火箱 氍毹毛席也 橱櫃 箱籠 皮箱 帽盝 筐筥竹箱也。方曰筐，圓曰筥。 衣篝俗呼熏籠，焙籠、烘籃。 網罟古罟，魚網總名。 争罾罩罾，取魚網，有機者。 罩，竹籠取魚具。 魚笱苟取魚竹器。 簽蹄簽捕魚笱也，蹄兔網也。 伶笭省笞山籠也。 網箱蒲取魚具。 撩搵海平户撩取魚者。 魚義 斷簾 筌扈户斷簾之屬也，並取魚之具。 捻罱頭竹器。

張自烈《正字通》卷八《竹部》 箞舊註音聶，竹索。又音念，義同。按，箞一作牽，俗作縴，今俗呼去聲。《增韻》挽舟索，亦名百丈。《南史·朱超石傳》宋武北伐，超石董舟師入河陽，軍人緣河南牽百丈，有漂度北岸者。註：百丈以巨竹四破之，大如人臂，用麻索連貫爲牽舟具。《演繁露》云：白居易詩「苒弱竹篾箞」，即百丈也。舊註未詳。

張自烈《正字通》卷八《竹部》 笝乃八切，音納，維舟竹索。一曰補籬。《正韻》曰竹維。

笙所爭切，音生。【略】簫名，左思《吴都賦》：「桃笙象簟，韜于筒中。」蘇軾曰：子厚詩「桃笙葵扇安可常」，偶閲《方言》簟謂之笙，乃悟桃笙以桃竹爲簟也。桃竹，出巴渝間。

笠里習切，音立。《説文》「簦，無柄也」。《北户録》越人結交盟曰：卿乘車，我戴笠，他日相逢下車揖。《晉·天文志》天形如笠，中央高，而四方低。又《穹天論》天形如笠，而冒地之表，故《本草》呼破笠爲敗天公。燒灰酒服，治鬼疰。又《三國志》吴吕蒙出師，有取民家一笠覆官鎧者，大斬之。又李白詩「飯顆山頭逢杜甫，頭戴笠子日卓午」。《詩》「臺笠」，謂以夫須艸爲之，今俗用竹箬。本作笠，篆作笠，與苙別。

笪當拔切，音妲，笪也。又覆舟簟。又籧篨竹席。郭璞曰：江東謂籧篨，直文而麤者爲笪，斜文爲篾，一名笇簾，或用蘆織。 笫祖此切，音子。《説文》「牀簀也」。《左傳》「牀笫之言，不踰閾」。《禮·喪大記》「設牀襢笫」。《晉語》牀笫之不安。《大玄》閑黄埃席金笫。註：簀同，或曰笫，即簀字。

笭與軨通。《説文》「笭，車笭也，一曰籯也」。《六書故》劉氏曰：舟中簣，一曰笭。《博雅》笭篂，竹席也。又笭、箵互詳後箵註。

笥息漬切，音四，竹器，箱篋屬，可以藏物。《説文》「飯及衣之器」。迂泥，衣用笥，飯不必笥也。 笥簞殊形異用，非以方圓分二名。舊註圓曰簞，方曰笥，不知今竹笥或方或圓無定形也。

笱古偶切，音苟，竹器，承梁之空以取魚者。《莊子·胠篋篇》網罟罾笱之智多，則魚亂于水。《爾雅》「嫠婦之笱謂之罶」。《詩詁》古者川澤之利，以時取之，非其時有禁，惟嫠婦家上所矜閔，使爲笱得取魚，若遺秉滯穗之意。按《詩》「敝笱在梁」「魚麗于罶」，皆所以取魚，非嫠婦獨有之。《邶風》「無逝我梁，無發我笱」，雖棄婦託言以戒新昏，足證未棄以前有笱，非夫亾而後有罶也。《爾雅》笱專屬嫠婦，泥。《詩詁》曲附《爾雅》立説，尤泥。舊註引《爾雅》非。

笯農圖切，音孥，鳥籠。屈原《懷沙賦》「鳳凰在笯，雞雉翔舞」。又麻韻，音拏。又暮韻，音怒，義同。

笿歷各切，音洛。《説文》「桮，笿也」。簈一名笿。互詳後簈註。

筝古送切，音貢。《説文》「桮筝，一曰盛箸籠」。篆作䈬。

笵弋照切，音曜。《爾雅》「屋上薄謂之笵」。郭璞註：屋笮也。

笲符頑切，音煩，竹器，所以盛婦贄棗脩者。《禮·昏義》「婦執笲」，一作匥。《通鑑》唐貞觀中，王珪子敬直尚南平公主。先是公主下嫁，皆不以婦禮事舅姑。珪曰：今主上動循禮法，吾受公主謁見，豈爲身榮，所以成國家之美。乃與妻就席坐，令公主執笲行盥饋禮。《集韻》或作匥。

笛同曲，舊註音曲，養蠶具。分爲二，本作曲，俗加竹。

筏房押切，音罰。桴也，編竹渡木曰筏。郭璞曰：木曰簰，竹曰筏，小筏曰泭。《方言》泭謂之簰，簰謂之筏。郭説泥。又船與筏形制別，舊註訓筏爲船非。 筐苦炎切，音匡，竹器。《詩·召南》「于以盛之，維筐及筥」，毛亨註：方曰筐，員曰筥。《小雅》「承筐是將」，毛亨註：承奉也，筐以盛幣帛。又《三國志》吴主孫皓聞人多言祥瑞，以問侍中韋昭。昭曰：此家人筐篋中物耳。又凡盛物之器曰筐，舊註專屬飯器，誤。古作匚，亦作匡，省作匡。《史記·天官書》斗魁戴匡。今文作筐。

笐呼郎切，音杭，竹笪，一曰笐簾。《本艸綱目》云：笐簾，竹簾別名。

箾舊註音三，竹器，似箱。又音山，引《博雅》箾謂之籣。按《博雅》前本作箾。籣即《説文》飯器之箾。 箾籣字異義同，與籣別。箾譌爲籣，非。又籣爲箾之別名，似笘，與箱不同類。舊註笘譌爲箱，亦非，互見後箾註。

篂思今切，音星。篂篂，車蔽當也。亦作屏星，又梗韻，音醒，義同。 篅重圓切，音椽。《説文》「判竹圜以盛穀也」。《淮南子》守其篅笹。註：囤同梵言佉勒迦，此云著穀麥篅。 篊湖同切，音洪，取魚具。《酉陽雜俎》云：晉時錢塘有人作篊，年取魚億計，號萬匠篊。陸龜蒙詩「到頭江畔尋漁事，織作中流萬尺篊」。楊慎曰：篊字从洪，石梁絶水曰洪，射洪、吕梁洪是也。洪加竹爲篊，蓋以竹爲魚梁，此字《唐韻》不收。 篋乞協切，音愜。《説文》「（械）藏也」。《學記》「入學鼓篋，遜其業也」，註：入學擊鼓，召學士，學士至則發篋以出書籍等物。齊沈士麟年過八十，手抄書數十篋。唐柳璨，公卿託爲牋奏，名譽日洽。以爲博奧，時號柳篋。又質韻，音翕。張翰《豆羹賦》「是刈是濩，充簞盈篋，香鑠和調，周急赴疾」。通作匧。 篹俗籯字。

篕俗字籧篨，不必別作篕。 篖台郎切，音唐，笐簾，竹笪。 篘楚蒐切，音搊。釀酒具。 篗俗篘字。 篪同笘。舊註誤分爲二。《集韻》笘木作篪，經史㒰从。

篚敷尾切音非，筐屬，通作匪。《漢志》作棐，《説文》訓車笭，泥。

篋他刀切，音叨，竹筐。《集韻》牛篋。

篣【略】《廣韻》篣，籠也。本作篣搒。

篕倉多切，坐平聲，筥屬。《廣韻》籠屬，《同文舉要》專指炭籠，非。

篏器厭切，音欠，龍也。

篝古謳切，音鉤。《説文》「笿也，可熏衣」。今俗呼熏籠，然火而籠罩其上也。《方言》秦楚宋衛謂之墙居。郭璞註：今熏籠。《史記·陳涉世家》間令吴廣之次近所旁叢祠中，夜篝火，狐鳴呼曰：大楚興，陳勝王。註：以籠覆火也。《漢書》作構火，非。

篩山釵切，曬平聲，【略】竹器，有孔以下物，去粗取細。韓愈詩「春雪墮如篩」，王平翁詩「夜帷夢墮空中篩」。又《傳燈録》六祖舂米，五祖問米熟未。荅曰：未經篩。本作簁，亦作簛。

篘同筪，維舟竹索也。舊註誤分爲二，別作篘。

箈隱起切，音倚。《博雅》箈䈽，竹席。

篢俗字，舊註音感，箱類。或曰：六書無篢，今讀扛，去聲義同。

篨直如切，音除，竹席。見後籧註。

䈲補彎切，音般。【略】捕魚笱，入不可出。

篼當鉤切，音兜，竹輿也，篼之別名，俗謂之篼子。《說文》訓飲馬器，泥。

篵之雍切，音中，戎人呼篋曰篵。

簄呼誤切，音户，海中取魚器。

篷蒲紅切，音蓬，編竹夾箬覆舟車者。《方言》車篓南楚之外謂之篷，俗呼舟帆爲篷。或作筌、笐，俗作韄解。

篹同撰，有上、去二音。又竹笪，《禮·明堂位》「薦用玉豆雕篹」。鄭玄註：邊屬。

簴居許切，音舉，筥也，《方言》江沔之間謂之籅，南楚謂之簍，自關而西秦晉之間謂之箄篋。

篾彌列切，音滅。《埤倉》析竹層也。又《書·顧命》「敷重篾席」。孔安國註：桃竹枝席也。

簚與篾同。《禮·喪服》「繫用幹」。鄭玄註：幹竹篾也。音篾。賈公彦疏：謂竹之青可爲繫。

簁籭、篩同。韓愈《喜雪詩》「宿雲寒不卷春雪墮如簁」，叶「下池窺危吹」。又《正韻·六皆》簁，所皆切，下物竹器。簁，籭也。古作簁，今作篩。《說文》作籭。

箾箾、箾通。《說文》「箾，陳留謂飯帚曰箾。一曰飯器，容五升。一曰，宋魏謂箸筩爲箾」。所交切。「箾，飯筥也，受五升。泰謂筥曰箾」。山樞切。按，箾、箾實一字，《說文》分訓，孫愐異切，丛非。山樞切，與箾音不協，尤非。舊本分箾、箾爲二，引《正譌》俗不當作箾，亦非。

箾箾，箾、筲同。

箳比井切，音丙。箳篂，車蔽簹，車上竹席障塵者，前曰籓，後曰箳，旁曰翰，總曰茀，亦作屛星。又庚韻，音瓶，義同。

箶簏、篵丛同。

簌蘇谷切，音速，篩也。

簸芳未切，音費，籧簸籧篨，本作籧，互見後籧註。

籓方萬切，音範。《集韻》竹作車上篷。

篴丘容切，音穹，車蓋棱也。又《方言》車枸簍，宋魏陳楚間謂之篴籠。

簍郎斗切，樓上聲，竹器。《說文》「竹籠也」。又《語韻》音吕，又尤韻，音樓，義同。舊註所武切，數上聲，與藪同。按《廣韻》簍籔四足几註：簍或作簍、數，通作藪，蓋言簍與簍通，藪與籔通。信如舊註，簍同籔合簍籔言之，讀如籔。籔音遒，則義亦亂，簍與籔分可也，別見後籔註。

簟蕩見切，音電。竹席。《釋名》簟者，布之覃狀平也。又象簟出安南，明制入貢，几象齒之中，逐條縱擘于内，用法煮軟，牙逐條抽出，柔韌如線，織爲席。今横截牙心，有花紋即是也，見祝允明《野記》。又會稽竹簟供御，號爲流黄簟。唐詩「珍簟冷流黄」。又寝韻，音廪。《詩·小雅》「下莞上簟，乃安斯寢」。朱傳：簟，徒檢、徒錦二反。寢，于檢、于錦二反。按古韻，當以簟之徒錦切諧。寢本音二切兼存，泥。簟，孫愐徒念切。舊本沿《正韻》簟，徒點切，載上聲，琰韻，闕去聲，尤泥。

簣菑格切，音讁，牀棧。又簣也《檀弓》「華而睆，大夫之簣與」。《史·范睢傳》睢佯死即卷以簣。

·簝連喬切，音聊。《說文》「宗廟盛肉竹器」。《周禮·牛人》「凡祭祀，共其盆簝以待事」。鄭玄註：盆以盛血，簝以受肉。本作簝篆作簝。

簏力竹切，音六。《說文》「竹高篋也」。晉·傅迪書簏。

簞都干切，音丹，盛飯器，以竹爲之，圓曰簞，方曰笥。

簢莫盤切，滿平聲，竹名。《續博物志》簢竹青皮，内白如雪，輭韌可爲索。又翰韻音幔，義同，舊本闕。

簾零年切，音廉，箔也，障蔽内外者。《禮》大夫以簾。《釋名》簾，廉也，自障爲廉恥也。又乘簾，宋乾興初，先帝遺制，皇太后權處軍國重事，聽斷儀式久未定。尋采用東漢故事，上在左，母后在右，同殿乘簾坐，中書密院而下，以次奏事如儀，迄明道末，不收其制。漢故事本蔡邕《獨斷》也。又唐尚書左丞相李廙有清節，其妹劉晏妻。晏方束權，嘗造廙，延至寢室，見其門簾甚弊，令人潛度廣狹，以鹿竹織成，加緣飾，將以贈廙。三攜至門，不敢發言而去。

簿藥韻，音泊，簾簿，亦作箔。又蠶簿。

簴居許切，音舉。《說文》「飼牛筐也」。

籃離寒切，音藍，大篝也，今俗稱竹筐。《說文》「[illegible]，古文籃」。今不從。

籫箬字之譌，籠屬。無籫名。

籅羊劬切，音余，筥也。

籗呼郭切，音鑊，取魚竹器。

篧譌字，舊註音照，取魚籠誤。

篝俗篝字，舊註與篝同。按《史·龜策傳》《陳涉世家》本作篝，譌作構、篝，丛非，附見前篝註。

簹漾韻，當去聲，車簹。

篿徒桓切，音團。《說文》「圜竹器」。又先韻，音專，楚人謂結艸折竹卜曰篿。互見前筵註。

篍余六切，音郁。《說文》「漉米籔也」。篆作。

籋譌字，舊註音雜，廉也，泥。

籠盧容切，弄平聲，竹名。《說文》「舉土器，一曰笭也」。又鳥檻曰籠。《莊子·庚桑楚篇》湯以庖人籠伊尹，秦穆公以五羊皮籠百里奚，是故非以其所好籠之而可得者無有也。

籅籅字之譌。《方言》筐，江沔之間謂之籅。俗作籅，因聲近而誤。或曰，復名筍輿，俗加竹作籅。舊註音俞，汎云竹名，非。

篗疏莊切，音雙。楊慎雜字篗，帆也。《南越志》南海有盧頭木葉如甘蔗，織以爲帆，名曰篗。故帆不从巾。

籧其余切，音渠。《說文》「籧篨，粗竹席也」。今俗織竹爲席，規以爲囷以貯米穀，或用以障水取魚，人擁腫不能俯者似之，故借爲疾名。《詩·邶風》「籧篨不鮮」。《晉語》籧篨不可使俯，戚施不可使仰。又《語韻》音舉，筥也。《月令》「具曲植籧筐」。《方言》江東稱籧篨爲䕸。䕸，葦類，可爲席。《類篇》曰：籧，篨也。竹與䕸所爲粗席皆謂之籧篨，通作篴。《說文》分籧、篴爲二，與艸部籧別。

籩悲堅切，音邊竹豆，面徑尺，柄尺，其實容四升，祭祀燕饗皆用之。《左傳·昭六年》季孫宿如晉，晉平公享之，有加籩。季孫退，使行人告曰：小國之事，大國苟免于討，不敢求貺，得貺不過三獻，固請徹加而後卒事，晉人以爲知禮。

張自烈《正字通》卷八《糸部》

紖同纆。徐鉉曰：俗作紖，非。亦作紖，舊註與紖同。又索也，𠀤誤。

約弋灼切，秧入聲。【略】繩也。《左傳·哀十一年》「公會吳伐。齊齊公孫揮命其徒曰：人尋約」。杜預註：八尺曰尋，令人具八尺之繩，謂吳人髮短，欲以貫其旨也。

紉如禁切，音刃。《說文》「紉，繟繩也」。《禮·內明》「紉箴請補綴」。《方言》楚謂緊爲紉。郭璞曰：以線貫鍼也。《離騷》「紉秋蘭以爲佩」。《六書故》合絲爲紉。舊本四画譌作紉，《正韻》刃、靭、仞、軔、牣、訒，从刃者載厺聲八震，紉載平聲八真音，尼鄰切。沿《禮記》舊音誤，歸震韻刃部爲正。

紌紌字之譌，綆或省作紌。篆作。舊註音耿，非索，訓同綆，改作紌，非。

紨俗字，舊註村人聲，索也。又音切，義同，𠀤泥。

紋俗字，舊註音支，縴紋，挽船繩也，泥。

紩莫卜切，音木，繩也，亦作縏。

紖以忍切，寅上聲。《說文》「牛系也」。今著于牛鼻所以牽牛。《禮·少儀》「牛則執紖」。又《祭統》「迎牲，君執紖，卿大夫從」。又挽車紼。又震韻音孕，義同。紖，《禮記》亦作引，音義同。有上厺二音。《正韻》引，以忍切，紖，直忍切，分二切，非。《說文》讀若矤，舊註陳上聲，𠀤非。又紖，索類，或以繫牛，或以挽車引柩，其爲紖一也。𠀤讀如引，非。上聲爲牛系，厺聲爲車紼。舊註沿《正韻·上聲八軫》紖牛系，厺聲。《八震》紖，牽車紼。分二音二義，尤非。

紞都感切，耽上聲，懸瑱之繩，用雜綵線織之。

索蘇各切，桑入聲，繩索。

紙眉平切，音民，雉網，亦作罠。

紲先結切，音屑。《說文》「系也」。《士喪禮》「乘車革紲」。康成曰：繮也，凡羈縶之者皆曰紲。《考工記·弓人》(居角)「恒角而達，(引)〔譬〕如終紲，非弓之利」。鄭玄註：紲，弓䩭也。舊註專訓馬韁，非。篆作，亦作絏。緤，別作韘。音義𠀤同。

絊扯各切，音昨，索也。

紼敷勿切，音祓。【略】又引柩索。《曲禮》「助葬必執紼」。《檀弓》「弔于葬者必執引，若從柩及壙皆執紼」。別作綍，非。又與芾通，《說文》汎訓亂絲，泥。

絡歷各切，音落。《方言》關東謂汲水綆曰絡。又籠絡，馬羈靮也。《莊子》絡馬首。

綦涓願切，音絹。《說文》「攘臂繩也」。

綆古很切，音梗。《說文》「汲井綆也」。《莊子·至樂篇》綆短者不可以汲深。韓愈《秋懷詩》「歸儒識夷塗，汲古得修綆」。本作綆，篆作。

絹涓願切，音眷。【略】又與罥通。《周禮·翨氏》鄭玄註：置其所倉之物于絹中，鳥來下則(絹)〔掎〕其足。

縿舊註與紖同，引《周禮》「設其福衡，置其縿」。按，縿、紖音別義通，非同一字。縿，丈几切。康成曰：以豸爲聲。陸氏曰：亦作紖，以忍切。紖，又單作引，義與紖同，字有分音同義者，義可合音未可混也，舊註槩云與紖同，非，从紖爲正。

綅絵、縴、牽同，舊註音念，挽船筬，不知綅即絵，當云挽船筬索。从竹从糸，義通。

維無肥切，音微。【略】又網綱也。

綯徒勞切音陶，絞繩索也。《詩·豳風》「晝爾于茅，宵爾索綯」。言糾茅爲繩索，備治室之用也。綯，亦糾絞也。朱傳：索，絞也。綯，索也。以索爲絞，以綯爲索，分二義，泥。

網巫紡切，妄上聲，罟屬。庖犧氏始結網罟，教佃漁。《史·殷本紀》湯出，見野張網四面。湯曰：嘻，盡之矣。乃厺其三面。祝曰：欲左左，欲右右，不用命乃入吾網。本作罔。《史記·太史公自序》网羅天下放失舊聞。从罔當作網，九画，俗省作網。

綱居康切，音罔。《說文》「維紘繩」。《書·盤庚》「若網壯綱，有條而不紊」。註：綱舉則目張，喻下從上，小從大也。又射侯亦有綱，又君父夫爲三綱，言以道統御子臣妻使無越踰也。本作綱，篆作□。《説文》古作□。《舉要》作栙。今不從。

綪千昔切，音籍，引舟竹索。又藥韻，音昨，草繩。亦作筰。

緄户倫切，音魂，【略】又《軫韻》音袞，繩也。《詩・秦風》「竹閉緄縢」。又織帶。《後漢・南匈奴傳》遺佩刀緄帶。

緱莫侯切，音謀，縛也。又屋韻，音木，繩也。

緪古亨切，音更，大索。本作緪，恒从月作恒，非。从舟，《説文》緪篆作□，因互恒𠀤从舟而譌。《韻會小補》緪通作恒。《詩》「如月之恒」。陸德明《釋文》恒本作緪。合緪恒爲一，非。舊註闕去聲，亦非。

緤紲、絏同。《禮・少儀》「犬則執緤」。註康成曰：所以繫制之者。又《賈誼傳》係緤之。《楚辭》「登閬風而緤馬」。又姓《戰國策》緤錯。凡繩繫謂也緤，所繫之物不同，共爲緤一也。左思《詠史詩》「臨組不肯緤，對珪寧肯分」。註：組，綬屬，緤，繫也。舊註：紲，馬韁。緤，大繩。分屬非。絏註同紲。今緤音義同紲，分緤、紲爲二亦非，俗作絭。

緶蒲眠切，辨平聲。《説文》「交枲也。【略】」。本作緶。《集韻》緶或作編、緼，泥。

緦俗緧字，別作鞧、緧、緧。《正韻》緦註引鄭司農曰：緦讀爲緧，關東謂紂爲緧。蓋未詳緦即緧，非緦別爲一字讀緧也。舊註汎云同鞦，非。

糖台郎切，音唐，車糖。《玉篇》大繩。

緵祖冬切，音宗，魚網《爾雅》「緵罟謂之九罭」。郭註：九罭，百囊罟也。

縤俗索字，索本从糸旁加糸，舊註音索，分二字，非。

緝從荅切，音塔，以索罥物《唐書》〔《通鑑》卷二〇五〕。契丹將李楷固善用緝索，飛索緝唐將張（元）〔玄〕遇、麻仁節，生獲之。

縲俗纍字，纍省作累，从累加糸，無意義。縲紲本作纍紲。《史記・孔子世家》起纍紲。司馬遷《自序》幽于縲紲，傳寫誤也，前後不宜自矛盾。《魯論》作縲絏，《漢書》作累紲，从纍爲正。舊註縲紲。又索也，又黑索。按索皆謂之纍，分二索，分縲纍爲二，𠀤非。

縸譌字，舊註索也，網繩也，與繩索同義。改作縸，音覓，非。

繂䋞、総、繂同。舊註音牽，惡絮，非。附見竹部䋞註。

緛疏朗切，音爽，履中絞繩。

繂力述切，音律，以竹爲索，用維舟。又挽繂。何易于爲益昌令，刺史崔朴與賓僚乘春泛舟出益昌，索民挽繂。易于身引舟前，朴驚問故。易于曰：方春百姓耕且蠶，惟令不事，可任其勞。朴慙，疾驅去。本作率，大索也。上下兩端象其絞索之具，中象索，旁象麻枲之餘。別作綷，俗作縡，非。

繘以律切，音聿。《説文》「綆也」。《方言》關東謂之綆，關西謂之繘。郭云：汲水索也。

繴必列切，音鼈，編劒帶。又綜繩也。

繩涍人切，音神。《説文》「索也」。

繬俗字，舊註音色，【略】繩也。泥。

繮居章切，音姜。《説文》「馬紲也」。通作韁。

纍舊註音菊，索屬。按《説文》本作纍，篆作□，《總要》从糹，諧臼聲。篆作□，小篆譌从収，作纍，楷作緰。一説素屬，贅作纍，泥舊註省作纍。《總要》作纍，𠀤非。

纚舊註音計，魚網。按《説文》魚罔本作罽，纚即罽之譌文，《説文》毳布本作纚。《集韻》或作罽、罽、纚。即《集韻》之罽，今又誤指爲《説文》之罽，彼此錯互，𠀤非。

纆莫白切，音墨，索也。三股曰徽，兩股曰纆。《字林》又曰：三合繩。《易・坎》「上（爻）〔六〕繫用徽纆」。賈誼《長沙賦》「禍之與福兮，何異糾纆」。

繴丙昔切，音碧，捕鳥具。《爾雅》「繴謂之罿。罿，罬也，罬謂之罦。罦，覆車也」。一物五名，方言異也。

繂俗綷字，別作繂，舊註引《爾雅》「紼，繂也」。誤。

繂舊註音率，絥也，竹索也。

纗呼杯切，惠平聲。《説文》「維綱中繩」。又張衡《思玄賦》「纗幽蘭之秋華兮，又綴之以江離」。註：纗者繫囊之繩，言佩夜光瓊枝繫以香草也。

纚鄰其切，音黎，索類。《詩・小雅》「汎汎楊舟，紼纚維之」。言以索繫舟也。

纜盧汗切，音濫，維舟索。歐陽修《送胡學士詩》「武平天下才，四十滯鉛槧。忽乘使君舟，歸捞不可纜」。槧，七豔切，扗豔韻，古與勘、翰通，舊註讀如覽，非。

張自烈《正字通》卷八《网部》

网網本字，結繩取魚具，羅禽獸亦用之。从冂中二，又象交文。篆作网，或从亾作罔，从糸作□，古文作罔，籀文作罒。《同文舉要》別作网、□、□、□，𠀤非。此字俗有三，譌本作网，譌作网，亦作冈，譌作内，亦作門，譌作皿。皿乃横目，罧罘罠等字从之。𠔿字下横扗兩旁之中，凡罝罘罦羅等字从之。

罒當經切，音丁，罒罟，小網。

罡罟字之譌。

罔同罔，俗省。

罔罔本字，巫紡切。【略】本網罟字，餘皆借義，亦有不互借者，如欺罔，誣罔，不思則罔，民之罔極，必不可借網是也。舊本罔註汎言與網同。泥。

罕俗罕字，漢上聲，兔網。

罘罘字之譌。《説文》本作罟。隸省作罘，舊註兔罟，音得，非。

罷頻迷切，音皮，取鰕具。

罛牛霞切，音牙，兔網。

罘同罦。又灰韻，音裴。楊雄《羽獵賦》「荷乘天之畢，張竟埜之罘，靡日月之朱竿，曳彗星之飛旗」。

罟呼誤切，音互，罟也。

罜户萌切，音横，網綱。楊雄賦「遥噱虖罜中」。通作紘。

罧鉏林切，音岑，網名。

罘舊註音

某，張網。或曰罘，譌作罘，誤。與四画罘同。罻同罻俗省。罝居許切，音舉，罟也。罬罶字之譌，本作罒。罠罠字之譌，罜與網同類，音低，訓網。音邸，訓罜。㚒非。罖力錦切，音領，罖罕，小網也。又真韻音零，義同。罛攻呼切，音姑，魚罟。《詩·衛風》「施罛濊濊」。傳曰：罛，魚罟施設也。濊濊，罟入水聲也。罝乃典切，念上聲，捕魚網。

罛同罛。《說文》罛重文，作罜。罜之與切，音主，罜麗，魚罟也。張衡《西京賦》「布九罭，設罜麗，樔鯤鮞，殄水族」。《說文》篆作□。罝咨邪切，音嗟，兔罔。《詩·周南》「肅肅兔罝」。《禮·月令》「季春月，田獵罝罘，羅網，畢翳，餧獸之藥，毋出九門」。註：生氣方盛，故命司空，凡捕鳥獸之具，皆不得出皐、庫、雉、應、路、城、郭、郊、關九者之門，所以順生氣也。舊註節刪本文下二語，誤也。罝同罝，俗省。罞莫紅切，音蒙。《爾雅》「麋罟謂之罞」。郭註：冒其頭也。又爻韻，音毛，義同。罟公虎切，音古，網之總名。《詩·大雅》「罪罟不收」。言以刑罪爲人之罟也。罠眉平切，音民，罟也。左思賦「罠蹄連罔」。註：罠麋網，蹄兔網。又釣罠。杜甫詩「遲暮堪帷幄，飄零且釣罠」。又先韻，音眠。張協《七命》「布飛羉，張修罠，陵黄岑，挂青巒」。巒音攣。罠、罞通。罠亦音蒙，舊註引左賦訓麋罟，即《爾雅》之罞也，分爲二，非。杜詩釣與罠別，罠專訓釣，亦非。罯五葛切，暗入聲，鳥罔。又克盍切，音渴，義同。罧舊註罧與罙同。又罟也。《米部》粟註與罧同。《說文》「罧，周行也。引《詩》罧入其阻」。【略】舊註罟也，不誤。謂罧與罙粟同，罙音迷，引《詩》罙入，誤也。罛俗字，舊註古横切，音觥，網漏。《舉要》作網滿。㚒非。䍒罛字之譌，舊註音孤，船上魚網。與罛義近，分二字，非。从衣，無孤音，别作罛，亦非。罛罛字之譌。冢冡字之譌，舊註音蒙，覆網，非。一曰，罞譌作冡。罦莫裴切，音梅，雞網。又姥韻，音武義同。本作罦，《說文》篆作□。罦縛謀切，音浮，兔罟。徐鉉曰：隸書作罘。《說文》篆作□。罤梯尼切，音題，兔網。通作蹄。《莊子》註：兔弶也，繫其脚也。罥同羂。罠郎宕切，音浪莽罠，張網廣大貌。罦撫孤切，音孚，卑上網。《爾雅》「罬謂之罦」。郭璞註：今之翻車（也）。（人網）有兩轅，中施罥以捕鳥。又尤韻，音浮，義同。又嘯韻，標去聲。《詩·王風》「有兔爰爰，雉罹于罦」。叶下造、憂、覺。憂音要，覺音教。《說文》□或从孚，作罦，篆作□。《正韻》罦通作罘。罧所臻切，音森。《說文》「積柴水中(以)聚魚也」。通作槮。《集韻》亦作罧。罛俗罛字，舊註與罛同。又舟上網，不知舟上網即罛也。增又字，分二物，非。罟公悟切，音固，罜罟，取魚具也。罨五合切，音姶，網從上掩。左思《蜀都賦》「罨翡翠」。又張泌詩「罨岸春濤打船尾」。註：魚網遮岸也。罩職教切，嘲去聲。《說文》「捕魚器」。《詩·小雅》「烝然罩罩」。《爾雅》「籗謂之罩」。李巡曰：編細竹以爲罩，無竹則以荊，謂之楚籗。《淮南子》罩者抑之，罾者舉之，爲之有難易，得魚一也。《說文》篆作圓。《集韻》或作篧，亦作箌、篧。罩同罩。罹與罩通。《說文》「覆鳥使不能飛」。《集韻》罩亦作翟。䍐倉殿切，音茜，魚網别名。又先見切，音線，義同。罪同皐。《說文》「捕魚竹罔。秦以爲皐字」。改作罪。罠房六切，音服，網衣人所著也。罬質說切，音拙，捕鳥具。《爾雅》「罬謂之罦」。郭璞曰：今之翻車。《說文》篆作□，重文从車，作輟。泥。罭營逼切，音域，緵罟也。《爾雅》「緵罟謂之九罭」。郭註：今之百囊網。《詩·豳風》「九罭之魚，鱒魴」。註：魚之所入，有九囊也。罱乃感切，音湳，夾魚具。又魯敢切，音覽。《廣韻》罱网。罬同緵。《爾雅》罬罟作緵罟。《集韻》緵或作罬，義同。罔同网。《說文》网重文从糸，篆作□。罛俗罛字。《毛詩》、《爾雅》皆作罛，舊註网也，與罛訓魚网近改。芋舒切，音于，非。《集韻》罛或作罛。泥。罶力九切。音柳，以曲簿爲笱，承梁之空以取魚曰罶。《詩·小雅》「魚麗于罶」。又《小雅》「三星在罶」。註：罶中無魚，則水静，故止見星光。時當饑饉，百物彫耗如此。本作罶，亦作罶。《集韻》或作窶，舊本从留，非。又《說文》訓罶爲寡婦笱，泥。舊註引《說文》、《詩詁》亦非，互見竹部笱註。罶籀文，罝篆作□。曹才豪切，音曹，罾網，捕魚具。罾同曹。《說文》曹或从婁，作窶。篆作□。罩職交切，音朝，撩罟。《爾雅》「罩謂之汕」。《同文》鐸罩亦作篧，非。六書無篧，本作罩。罝同罝。《說文》罝重文作罝。罻烏貴切，音畏，捕鳥網。《禮·王制》「鳩化爲鷹，肰後設罻羅」。又於勿切，音鬱，義同。篆作□。罼補密切，音必，兔罟。一曰網，小柄長，執以掩物。鳥網謂之羅，則張以待物。本作畢，田獵之網，故从田从畢，象形，後人加网于其上。《說文》終畢之畢與罔畢同字二義。罼十二画，舊本省作畢，非。罹力竹切，音六，罜鹿，小罟。罺同罺俗省，舊註音無，罟屬。罺改音武，分二音、二字，非。罧力弔切，音料，魚罟。罽同罽。【略】又魚網。《說文》篆作□。罥蘇典切，先上聲。《說文》「網以繯獸足」。又霰韻，音線義同本从巽作罥篆作□。舊本沿俗作罥，列十二画，誤。《說文》或从足，作蹼。罾咨登切，音增，魚網有機者。郭璞《江賦》「罾罶比船」。杜甫詩「林居看蟻穴，野食待魚罾」。韓愈詩「其下古湫水，有蛟寒可罾」。篆作□，俗作罾，非。罟魯故切，音路，罟罟，見前罟註。罿昌中切，音充，捕鳥網。《爾雅》「罬謂之罿」。《詩·王風》「雉離于罿」。叶庸聰。《汯言》或問鄒陽曰：未信而忼辭，免罿幾矣。註：罿猶人之縲絏幾危也。又徒紅切，音童，義同。罷俗字，細網。不必别作罷。罤俗罤字，音題，網繩，非。羂罥、羉㚒同。【略】舊本七画，罥同羂。今羂，涓上聲，罟也。又去聲，吉券切，義同。十九画羉音眷，罟也。分羉、羂爲二，非。《正韻·十一霰》收罥、羂，關羉羂。註：引《周禮》註，誤以絹爲古罥字，亦非。羅同罹，又小網。羅郎何切，音贏，網罟。《說文》「以絲罟鳥也」。古者芒氏初作羅」。羃罔甫切，音武。《說文》「牖中網也」。篆作□。罍盧回切，音雷，百囊魚網。一曰罾。羈古奚切，音雞，馬絡頭。《釋名》羈檢也，所以檢持制之也。又不羈之士，言才高識遠不可羈係也。

張自烈《正字通》卷九《艸部》 芻楚租切，音初，■艸。又石龍芻，生山谷溼地，狀如莞，莖苗直上，無枝葉，莖端開小穗花，結細實，吴人栽時以爲席，一名龍珠，一名懸莞，一名方賓，一名西王母簪，一名草續斷，即龍須草也。《本草》明言龍芻一名龍須。陶弘景言：龍芻似龍須，但多節，分爲二物，非是。

苫屍詹切，音㨯。《説文》「蓋也」。徐曰：編茅也。《廣韻》茅覆屋也。又凶服者以爲寢席。

兹津私切，音咨，艸名。《荀子》琅玕龍兹以爲實。註：龍兹即龍須。又艸木盛貌。又艸蓐之席。《爾雅》「蓐謂之兹」。《史記》武王入商，康叔封布兹。註：兹，蓐也。《公羊傳》「屬負兹」。註：蓐，席也。天子有疾，稱不豫，諸侯稱負兹，謂負事繁多故致疾。《白虎通》作負子，非是。 茵伊卿切，音因。《説文》「車重席也」。《詩·秦風》「文茵暢轂」。毛亨註：文茵，車中所坐虎皮也。俗作絪、裀，亦作鞇。又茵所以藉棺入壙。《儀禮》、《既夕》「茵，苞二」。

張自烈《正字通》卷九《衣部》 褯舊註音藉，引《廣韻》小兒席。《青箱録》小兒衣曰綳褯。一説，本作席，加衣旁，非。

袡尼帶切，音柰，袡襶，避暑笠也。竹胎蒙以帛，若涼繖簷戴之以遮日。

襏北末切，音鉢，襏襫，雨衣也。《管子》農夫首戴茅蒲，身服襏襫。註：即蓑衣。唐·劉禹錫《高陵令劉君德政碑》烝徒讙呼奪襏而舞。又勿韻音拂，義同。

襫施職切，音釋。襏襫見前襏註。

襶都耐切，音戴，見前袡註。

張自烈《正字通》卷一一《革部》 靮丁歷切，音的。《説文》「馬羈也」。《檀弓》「執羈靮」。註：羈以絡馬，靮以控馬。鄭氏曰：靮，引也。《類篇》曰：繮也。

靶必架切，音霸。《説文》「轡革也」。御人所把處，《前漢·王褒傳》王良執靶。 鞶俗字，舊註與鞶同。又音盤，皮繩。

靻音祖，靻，勒也。

靼元列切，音浙。【略】《六書故》韋繩因謂之靼。又《説文》「鞞，勒靼也」。俗謂韁繩。

䩛舊註同轡。按《説文》「䩛，車東也」、《絲部》轡無重文，䩛與䩛通，䩛非同轡。《集韻》轡或作䩛，誤。

鞗田聊切，音迢，轡也。《詩·小雅》「鞗革沖沖」。《詩詁》曰：御者所執，以絲曰轡，以革曰鞗。本作鋚，篆作[seal-script form]。《詩》言「鞗革」非一，《蓼蕭章》「鞗革(忡忡)」。毛氏曰：鞗，轡也，革轡首也。《采芑章》「鉤膺鞗革」。鄭氏曰：轡首垂也。《韓奕章》「鞗革金厄」。鄭氏曰：轡也。按鞗、革一物，毛鄭屢變其説，獨郭璞云：轡所把之外有餘而垂者謂之革鞗，皮爲之謂之鞗革。从郭説爲正。 鋚同鞗。

䩭鞿、羇㕛同。《馬援傳》上銅馬式表：「臣謹依儀氏䩭」。註：馬絡頭也。

鞙圭淵切，音涓。【略】又馬勒。

鞚苦貢切，空去聲，馬勒也。

鞦取幽切，音秋。【略】又鞦韆，繩戲也。《古今藝術圖》曰：鞦韆，北方山戎戲，以習輕趫者。 張有《復古編》曰：詞人高無際作《鞦韆賦》。漢武帝後庭繩戲，本云千秋祝壽詞也，語譌轉爲秋千，後人譌爲鞦韆。

䩂彌演切，音免。《説文》「勒，靼也」。

䩬秦入切，音集，車䩬。《博雅》䩬謂之韉。

鞥烏各切，諳入聲。《説文》「轡鞥，一曰，龍頭繞」。俗呼籠頭。篆作[seal-script form]。

䩻舊註具位切，音匱馬韁，按韁即轡也。《集韻》轡或作䩛，未有从鬼者。《説文》靶訓轡革(鬼)者，巴之譌，改音鬼，非。

䪇伯各切，音博。《説文》「車下索也」。《韻會》車上囊。《增韻》縛也。

䪁博木切，音卜，絡頭繩。

韁居章切，音江，馬紲。《釋名》韁，疆也，不出疆限也。韁即轡之別名，俗作繮。

䪎俗字，舊註音械，鞙也。泥。

䪊盧容切，音龍，馬䪊頭也。《泝原》通作籠。

𩏁俗字，舊註以貴切，音衛，絲繩。又以追切，音維，義同，㕛誤。

張自烈《正字通》卷一二《韋部》 韍同韍。《集韻》韍或作韍。《增韻》作祓誤。又與紼同，引棺繩也。

周象明《事物考辯》卷五五《器用》 **王伯厚《急就篇注》索綯** 麻絲曰繩，草謂之索綯絞也。

厲荃《事物異名録》卷一六《服飾部》 雨衣

䙚帬　㡚帽　《廣雅》䙚帬，雨衣也。又《類篇》䙚帬謂之㡚帽。

襏襫　《庶物異名疏》《管子》農夫身服襏襫。襏襫，簑草結衣，御雨之具也。

牛衣　龍具　《演繁露》王章臥牛衣中。註：龍具也。龍具之制，不知何若。按《食貨志》董仲舒曰：貧民嘗衣牛馬之衣。然則牛衣者，編草使暖以被牛體，蓋簑衣之類也。

兹　《爾雅》「蓐謂之兹」。郭璞註：《公羊傳》「屬負兹」。兹者，蓐席也。

厲荃《事物異名録》卷一七《舟車部》

帆

篷　《廣雅》篷，帆名。王世貞詩「細雨滯吴篷」。

縴

笮　《纂文》竹索謂之笮。按，笮所以引舟，今縴纜是也。

辮　《爾雅》「紼，縭維之紼，辮也。縭，綏也」，邢疏：紼訓爲辮，辮是絙。縭訓爲綏，綏又爲繫，正謂舟之止息，以絙繫而維持之也。

百丈　《南史·朱超石傳》軍人緣河南牽百丈，註：百丈以巨竹四破之，大如人臂，用麻索連貫爲牽舟具。

篾簽　《演繁露》白居易詩：「苒弱竹篾簽。」即百丈也。

彈子　《齊東野語》牽船之索曰彈子。又謂之笪。註：彈，平聲。笪，音彈。

笭牀

笭突　《釋名》舟中牀以薦物者曰笭，言但有簣如笭牀也。南方人謂之笭突，言濕漏之水突然從下過也。

馬具

金匼匝　《山堂肆考》金匼匝，馬絡頭也。又駝背以錦帕蒙之，謂之錦模糊。

金盤陀　唐詩「白馬金盤陀」。按，金盤陀猶金匼匝也。

羈靮　前鞦　後鞦　《卓氏藻林》羈靮，即馬籠絡也，羈以絡馬之頭。靮以絆其足也，今所謂前鞦、後鞦。

轡

靮　䩞　《埤蒼》靮，馬韁也。《山堂肆考》韁在口曰䩞。

鞗革　《詩》「鞗革金厄」，鄭言箋：鞗革，轡也。孔穎達疏：轡首謂之革，故知鞗革爲轡也。

鞲勒　《正字通》鞲勒，靶也，俗謂韁繩。

厲荃《事物異名録》卷一九《器用部》　帽箱

匴　《儀禮》「爵弁皮弁緇布冠各一匴」，註：匴，竹器名，今之冠箱也。

篚

避秦　《因話録》雲水人以小竹揉之，下爲方逯，上爲方蓋，逯之中置衣衾之屬，蓋之下藏藥物之屬，負之於背以行，名曰避秦。按，此如今人出行所負行箱是也。

笥

篋衍　《庶物異名疏》莊子盛以篋衍，笥也。按《說文》「笥，盛飯及衣之器也」。然則今之食箱、衣箱皆名爲笥。

屏擋　《正字通》箱爲屏擋。

箳篂　《集韻》箳篂，籯也。《篇海》籯，箱屬。又《方言》謂笥爲籯。

籠

篣　筊　《方言》籠，江沔之間謂之篣，或謂之筊。郭註：亦呼爲籃。

篆　箄　《方言》篆，小者，南宋謂之簍，自關而西謂之箄。註：今江東呼籠爲箄。又名篼，一名笞。又甑底蔽名箄。

籚　箄　筐　《廣雅》籃一名籚，一名箄，一名筐。

笭箵　《唐書·元結傳》帶笭箵。小籠也。又漁具，總曰笭箵。

笭箵　《集韻》笭箵，小籠也。

畚挶　《左傳》「陳畚挶」註：畚，簣籠。挶，土轝。《庶物異名疏》畚挶，舁土之器也。

聚僂　《莊子》聚僂之中則爲之，註：曲而可以聚物曰聚僂，畚莒之類是也。

栲栳　《正字通》栲栳，盛物器，即古之簝，屈竹爲之。

捘敘《隙光亭雜識》卷四　釋繩，屩也。扉屨，草履也。

桂馥《札樸》卷二《貍製》　《定九年傳》「衣貍製」。杜注：製，裘也。案，裘當爲衰字之誤也。《哀二十七年》「陳成子救鄭及濮。雨，成子衣製杖戈」。杜注：製，雨衣也。《說文》「衰，艸雨衣」。衰、裘，形似，故誤也。同一製字，此訓雨衣，彼訓裘，杜氏不應矛盾，後人因貍可爲裘，妄改之。

綜述

《易·繫辭下》　古者包犧氏之王天下也，【略】作結繩而爲罔罟，以佃以漁。

《書·禹貢》　厥篚織文孔安國傳：織文，錦綺之屬，盛之筐篚而貢焉。

《詩·魏風·葛屨》　糾糾葛屨，可以履霜。

毛亨傳：夏葛屨，冬皮屨。葛屨非所以履霜。

鄭玄箋：葛屨賤，皮屨貴。魏俗至冬猶謂葛屨可以履霜，利其賤也。

《周禮·春官·司几筵》　司几筵掌五几五席之名物，辨其用與其位。鄭玄注：五几，左右玉，彫，彤，漆，素。五席，莞，藻，次，蒲，熊。用位，所設之席及其處。孫詒讓【疏】注云【略】云「五席，莞、藻、次、蒲、熊」者，《釋文》云：「藻，本又作繅。」阮元云：「經作『繅』，司農讀爲『藻』，鄭君則仍用『繅』字，今本作『藻』，非。」案：阮說是也。《敘官》注云「其言之筵席通」，故此五席亦通莞蒲二筵數之。賈疏云：「亦數出下文。仍有葦萑席，不入數者，以喪中非常，故不數，直取五席與五几相對而言耳。」詒讓案：《書・顧命》又有篾席、底席、豐席、筍席，鄭彼注以爲非生時席，故此經亦無之，詳後疏。又，王臥寢衽席，掌於玉府，非此官所共設，詳《玉府》疏。云「用位，所設之席及其處」者，賈疏云：「即下凡大朝覲已下是也。云及其處者，王受朝覲，席在廟牖閒，大射在虞庠，祀先王在廟奧及堂，酢席在廟室西面。自諸侯已下，亦皆在廟，惟熊席漆几設在野所征之地耳。」案：大射在辟雍，賈謂在虞庠，誤。亦詳後疏。凡大朝覲、大饗射，凡封國、命諸侯，王位設黼依，依前南鄉設莞筵紛純，加繅席畫純，加次席黼純，左右玉几。鄭玄注：斧謂之黼，其繡白黑采，以絳帛爲質。依，其制如屏風然。於依前爲王設席，左右有几，優至尊也。鄭司農云：「紛讀爲豳，又讀爲『和粉』之粉，謂白繡也。純讀爲『均服』之均。純，緣也。繅讀爲『藻率』之藻。次席，虎皮爲席。《書・顧命》曰：『成王將崩，命大保芮伯、畢公等將冕服，馮玉几。』」玄謂紛如綬，有文而狹者。繅席，削蒲蒻，展之，編以五采，若今合歡矣。畫，謂雲氣也。次席，桃枝席，有次列成文。孫詒讓【疏】「凡大朝覲」者，賈疏云：「此經及下文，見王有事設席三重之義。言凡大朝覲，非四時常朝。常朝則春夏受贄於朝，秋冬受贄於廟，不常在廟也。此朝覲言大，則因會同而行朝覲之禮，謂春秋來時；若冬夏來，則曰大宗遇也。」案：大朝覲即《司儀》所云「合諸侯之事」，賈謂非常朝是也。但謂「常朝春夏受贄於朝」，則非，詳《大宗伯》疏。云「大饗射」者，賈疏云：「謂王與諸侯行饗禮於廟，即《大行人》云上公三饗之屬是也。大射，謂王將祭祀，擇士而射於西郊小學虞庠中。」案：王大射在大學辟雍，亦設黼依，與在廟同也。賈謂大射在西郊小學虞庠中，《射義》孔疏又引此經，謂大射之射宮在廟，並失之，詳《諸子》疏。又王春與邦國貢士大射於東郊，則爲壇壝宮，當亦設黼依，詳《司裘》疏。云「凡封國命諸侯」者，並謂策命諸侯於廟也，詳《大宗伯》疏。云「王位設黼依，依前南鄉」者，此冢上朝覲以下諸事言之。《覲禮》云：「天子設斧依于户牖之閒，左右几，天子袞冕負斧依。」即大朝覲廟中之位。又《明堂位》亦云「天子負斧依，南鄉而立」，是大朝覲或在明堂，其設位並同。林喬蔭云：「《大射儀》言『公席于阼階上，西鄉；賓席於户西，南面』，而《司几筵》云『大射王位設黼依，依前南鄉』，則王之席在户牖閒，賓不得有户西南面之席，蓋西階而東鄉矣。」云「設莞筵紛純」者，以下並此官共設筵席之官法也。「筵」《唐石經》作「席」。案：此鋪陳之筵不當作「席」，阮元云「涉下文誤」是也。《詩・小雅・斯干》云「下莞上簟」，鄭彼箋云：「莞，小蒲之席也。」《釋文》云：「莞草叢生水中，莖圓，江南以爲席，形似小蒲而實非也。」孔疏云「《釋草》云：『莞，苻蘺。』某氏曰：『《本草》云：白蒲，一名苻蘺，楚謂之莞蒲。』郭璞曰：『今西方人呼蒲爲莞蒲，今江東謂之苻蘺，西方亦名蒲，用爲席。』」言小蒲者，以莞蒲一草之名，而《司几筵》有莞筵蒲筵，則有大小爲席精麤，故得爲兩種席也。知莞用小蒲者，以《司几筵》設席，皆麤者在下，善者在上。其職云：『諸侯祭祀之席，蒲筵繢純，加莞席紛純。』以莞加蒲，明莞細而用小蒲，故知莞小蒲之席也。」郝懿行云：「莞，説文作『䓈』，云『夫蘺也』。按：莞與藺相似，莖圓而中空，可爲席。蒲葉闊而不圓，其細小者亦可爲席，所謂蒲苹者也。是蒲莞非一物。《爾雅》之莞，乃蒲屬也，非藺屬。《爾雅》借莞爲䓈，舊注及郭俱云『莞蒲』，可知此乃蒲之別種，細小於蒲，爲形纖弱，故名蒲蒻，作席甚平，故曰蒲苹。鄭箋以莞爲小蒲之席是矣。《釋文》猶以莞草莖圓非蒲爲疑，不知此乃似蒲之莞，非似藺之莞也。似蒲之莞，『蒲』原訛『郝』，據楚本改。今江南席子草是矣。」案：郝説深得鄭恉。《説文・艸部》云：「莞，艸也。可以作席。」依鄭《斯干》箋義，則莞艸雖自可以爲席，然凡《詩》、《禮》之言莞筵莞席者，莞並䓈之段字，乃小蒲之席，與莞艸席不同。《列子・天瑞篇》云：「老韭之爲莞。」䓈葉扁而不圓，故與韭相似，若莞則不似韭也。《漢書・東方朔傳》：「莞蒲爲席。」顔注云：「莞，夫蘺也。今謂之葱蒲。」與《詩箋》義同。《書・顧命》「豐席」，僞傳及孔疏引王肅並釋爲莞，蓋欲以當此莞筵，鄭所不從，不足據也。云「加繅席畫純，加次席黼純」者，所謂加席也。賈疏云：「以席三重也。凡敷席之法，初在地者一重，即謂之筵，重在上者即謂之席，已下皆然。故鄭注《序官》云：『敷陳曰筵，藉之曰席。』」案：賈説非也。依《禮器》説，此王位設莞筵，蓋五重，上加繅席、次席，皆不重。凡《禮經》通例，同席謂之重，異席謂之加，詳後。注云「斧謂之黼，其繡白黑采」者，采，賈疏述注作「文」，明閩注疏本同。斧謂之黼，《爾雅・釋器》文。郭注云：「黼文畫斧形，因名云。」《覲禮》「斧依」，注云：「依，有繡斧文，所以示威也。」賈疏云：「案《禮記・明堂位》云：『天子負斧扆。』彼及諸文多爲斧字者。據《繢人職》則云『白與黑謂之黼』，據采色而言之。若據繡於物上，則爲金斧文。近刃白，近銎黑，則曰斧，取金斧斷割之義，故鄭以斧釋黼。」詒讓案：《畫繢職》黼爲繡采。鄭《覲禮》注亦以斧依爲采繡斧形。古書多云畫斧，蓋所聞之異。又下次席黼純，黼亦爲繡。故《説文・巾部》云「禮，天子諸侯席有黼繡純飾」是也。《書・顧命》「蔑席黼純」，僞孔傳則云：「白黑雜繒緣之。」彼專據繒色言之，無繡斧與黼依異也。云「以絳帛爲質」者，言以絳帛爲地，而復以白黑繡之。賈疏云：「《鄉射記》云：『凡畫者丹質。』此黼畫之，故知絳帛，絳帛即丹質也。」王鳴盛云：「周人尚赤，黼扆當天子之位，當用所尚正色，故知以絳帛爲之。絳，正赤色也。」云「依，其制如屏風然」者，據漢制爲釋。《覲禮》注云：「依，如今綈素屏風也。」《明堂位》注云：「斧依，爲斧文屏風於牖户之閒。」《釋名・釋牀帳》云：「扆，倚也，在後所依倚也。」《書・顧命》「狄設黼扆綴衣」，僞孔傳云：「扆，屏風，畫爲斧文，置户牖閒。」《爾雅・釋宮》云：「牖户之閒謂之扆。」郭注云：「窗東户西也。」禮云斧扆者，以其所在處名之。《顧命》孔疏引郭璞又云：「禮有斧扆，形如屏風，畫爲斧文，置於扆地，因名爲扆。」案：《禮經》之依，《尚書》、《爾雅》皆作「扆」，《隸釋》《漢石經尚書》又作「衣」。《説文・户部》云：「户牖之閒謂之扆，从户衣聲。」則扆爲正字，依、衣皆同聲假借字。《魏書・李謐傳・明堂制度論》引鄭氏《禮圖》及《北堂書鈔・屏風門》引《三禮弓矢圖》並云：「扆，從廣八尺，畫斧文而無柄，設而不用，有畫飾，今之屏風則遺象也。」《禮圖》及郭璞、僞孔傳並依鄭義，惟以繡爲畫小異。漢屏風制，詳《掌次》疏。賈疏云：「案《爾雅》，牖户之閒曰扆。於扆之處設黼，黼即白黑文而爲斧形。此斧以大版爲邸，即《掌次》『皇邸』一也。故鄭彼注云『邸，後版』。以此斧版置於扆，即以黼扆爲揔名也。」案：依者屏風之名，唯其飾爲斧形。賈以斧爲屏風名，《書》及《詩・大雅・篤公劉》孔疏説並同，誤也。又賈以依爲皇邸者，蓋因大朝覲在壇不在廟，則無户牖之閒，不可以言依。經總云「王位設黼依」，不可以通於此，故取《掌次》之皇邸以爲釋。如其説，則「依」與「邸」同物，在廟則曰黼依，在壇則曰皇邸，因地而異其名。不知經典説黼依，未有飾以皇羽者。《掌次》皇邸設於次，不設於壇廟；此職黼依設於壇廟，不設於次，二者迥異，不可并爲一也。至大朝覲在壇，無户牖；在明堂，則王位正當大室中户，而兩窗夾之，亦不得在户牖之閒，然皆未嘗不可設黼依。金榜云：「宫廟之中設斧扆，皆在牖户之閒，故《爾雅》云：『牖户之閒謂之扆。』此以其所在處名之者也。《司几筵職》：『凡大朝覲、大饗射，凡封國命諸侯，王位設黼依，依前南鄉。』則黼依所設非一地。故謂牖户閒爲扆則可，謂依必設於牖户閒則不可。」案：金説足釋此經之疑。蓋扆本屏風之名，因其多設於户牖之閒，故即以扆名其地，非屏風因置於扆地得名，亦不得謂非牖户閒即不得設扆也。黄以周云：「《士虞禮記》『佐食出户負依』，注云：『户牖之閒謂之依。』是自天子下至士皆有依，其異者繡斧耳。」案：黄説是也。賈《聘禮》疏又謂「諸侯扆無屏風」，亦非。云「於依前爲王設席」者，依前即户牖閒，省文亦云「牖閒」。《顧命》云：「牖閒南嚮敷重篾席黼純，華玉仍几。」僞孔傳云：「此見羣臣覲諸侯之坐。」孔疏謂彼牖閒即此依前是也。凡廟寢皆五架，後楣以前爲堂。室南嚮，東爲户，西爲牖，依當室外户牖之閒。依前即堂後楣前正中之位也。云「左右有几，優至尊也」者，賈疏云：「此經所云王皆立不坐，既立又左右皆有几，故鄭注《大宰》云『立而設几，優至尊』，據立而言。此據『左右皆有』而言，故注相兼乃具也。」詒讓案：凡几皆設於席上，《少牢饋食禮》云「司宫筵於奥，祝設几于筵上」是也。此玉几，謂以玉飾几，即《顧命》之「華玉几」，僞孔傳云：「華，彩色。華玉以飾憑几。」孔疏引鄭《書注》云：「華玉，五色玉也。」此玉几不言色者，文不具。鄭司農云「紛讀爲豳」者，段玉裁云：「豳與份、彬、虨三字同，文貌。《公冠篇》『邠彧』即『彬彧』。《上林賦》『玢豳』音『紛彬』。」云「又讀爲和粉之粉，謂白繡也」者，先鄭爲兩讀，以後讀爲正，故釋其義。段玉裁云：「粉色白，如《尚書》粉米，取其潔也。紛、豳、粉三字，古音同部。」丁晏云：「《尚書》鄭注：『粉米，白米也。』故此注謂白繡。」云「純讀爲均服之均」者，賈疏云：「案僖五年《左傳》卜偃云：均服振振，取虢之旂。」賈、服、杜君等皆爲均，均，同也。但司農讀爲均，均即準，音與純同。」段玉裁改「讀爲」爲「讀如」，云：「此『讀如』，擬其音耳。今本作『讀爲』，轉寫之誤也。假令易其字爲『均』，則當云『均緣也』，而不云『純緣也』矣。如下文『敦讀曰燾，燾，覆也』，『乃讀爲仍，仍，因也』，皆可證。賈云『《左傳》「均服」，賈、服、杜君等皆爲袀，袀，同也』。今本疏『袀』字譌『均』。案：《吴都賦》『六軍袀服』，劉逵注引《左氏傳》『袀服振振』，袀，同也。《士冠禮》『袀玄』注『袀，同也。古文袀作均。』今《儀禮》『均』誤爲『袗』，杜《左傳》『袀』誤『均』，皆非古本。《士冠禮》注『古文袀作均』，則袀均通用，此司農引《左傳》作均之故乎。」案：段校是也。云「純，緣也」者，《屨人》注同。凡此經諸筵席有黼畫紛繢四等之純，皆以尊卑爲次。《書·顧命》有「底席綴純」，僞孔傳云：「綴，雜彩。」此經無之，亦文不具。《鄉飲酒》、《公食大夫記》又有「蒲筵緇布純」、「萑席玄帛純」。彼緇玄用純色無文，蓋大夫以下之殺禮，非王侯所用，故經亦不著也。云「繅讀爲藻率之藻」者，《弁師》「繅斿」先鄭注亦云：「繅當爲藻。繅古字也，藻今字也，同物同音。」賈疏云：「讀從桓二年臧哀伯云『藻率鞞鞛，鞶厲游纓』，此並取彼義也。」段玉裁云：「《儀禮》注云『今文繅作璪』，然則繅是古文。故司農恐人不識，易爲藻字，藻謂畫水藻文也。鄭君云：『繅席，削蒲蒻，展之，編以五采，若今合歡。』編以五采正釋繅義，不易爲藻字。《説文》云：『璪，玉飾，如水艸之文。』蓋許君從《儀禮》今文，不從《周禮》故書，《儀禮》古文矣。」云「次席，虎皮爲席」者，據《司裘》故書云：「王大射，則共熊侯、虎侯。」以虎侯爲熊侯之次。先鄭見此下有熊席爲熊皮席，以彼文例此，則熊席之次當爲虎皮席，故云次席虎皮爲席也。引《書·顧命》以下者，《顧命篇》云：「惟四月哉生魄，王不懌。甲子，王乃洮頮水，相被冕服，憑玉几，乃同召太保奭、芮伯、彤伯、畢公、衛侯、毛公、師氏虎臣、百尹御事。」此檃括引之，證大朝覲王馮玉几之事。馮，今書作「憑」，即馮之俗。《釋文》及賈疏述注亦同。今從嘉靖本。云「玄謂紛如綬，有文而狹者」，《顧命》「筍席玄紛純」，僞孔傳云：「玄紛，黑綬。」孔疏引鄭《書注》云：「以玄組爲之緣。」惠棟云：「《漢官儀》云：『綬長一丈二尺，闊三尺。』故云有文而狹。」詒讓案：《續漢書·輿服志》説綬制云：「凡先合單紡爲一系，四系爲一扶，五扶爲一首，五首爲一文，文采淳爲一圭，皆廣尺六寸。」紛之制蓋與彼相類。鄭《書注》以紛爲組者，《説文·糸部》云：「組，綬屬。」《文選》張衡《東京賦》「次席紛純」，薛綜注云：「紛純，謂以組爲緣。」與鄭同也。云「繅席削蒲蒻展之，編以五采，若今合歡矣」者，《弁師》注云「繅，雜文之名也」。《典瑞》注云：「繅有五采文。」《説文·艸部》云：「蒲，水艸也，可以作席。蒻，蒲子，可以爲平席。」《釋名·釋牀帳》云：「蒲平，以蒲作之，其體平也。」《淮南子·主術訓》云：「匡牀蒻席。」《鹽鐵論·散不足篇》説席有蒲子露林，即此。鄭意繅席即削蒲爲席，惟以五采合編之。漢時席蓋有爲合歡文者，鄭據目驗爲況也。《顧命》「底席」，僞孔傳云：「底，蒻苹。」《釋文》引馬融、孔疏引王肅並云「青蒲席」也。僞傳之意，蓋以彼底席當此繅席。又彼「篾席」，《釋文》引馬融云「纖蒻」。孔疏引王肅云「纖蒻苹席」，《説文·首部》作「莧席」，説與馬同。案：馬、王、僞孔諸説，並鄭所不從，與此繅席、蒲筵等，並不相當也。蒲蒻，互詳《醢人》疏。云「畫謂雲氣也」者，《顧命》「豐席畫純」，僞孔傳云：「彩色爲畫。」孔疏引鄭《書注》亦云「以雲氣畫之爲緣」，與此注同。畫雲氣，詳《幕人》疏。云「次席，桃枝席，有次列成文」者，《周書·器服篇》有桃枝蒲席。《文選·東京賦》薛注云：「次席，竹席也。」《顧命》「篾席」，僞孔傳云：「篾，桃枝竹。」《文選》左思《吴都賦》「桃笙象簟」，劉逵注云：「桃笙，桃枝簟也。」《爾雅·釋艸》云：「桃枝，四寸有節。」戴凱之《竹譜》云：「桃枝皮赤，編之滑勁，可以爲席，《顧命篇》所謂篾席者也。」案：《顧命》篾席亦黼純，孔傳釋爲桃枝竹，蓋欲以當此經之次席黼純。孔疏説同。《禮器》疏引鄭《書注》云：「不用生時席，新鬼神之事故也。」又《顧命》疏引鄭注云：「篾，析竹之次青者。」則鄭説與僞孔異。蓋《顧命》四席與此經五席，純略同而席異，不可以彼説此。《覲禮》賈疏謂篾謂竹青，據竹而言，次謂次列，據文體而説，孔與鄭同，非也。又《顧命》底席、豐席、筍席，孔疏引鄭注云：「底，致也，篾纖致席也。豐席，刮凍竹席。筍，析竹青皮也。」僞孔傳云：「筍，蒻竹。」《釋文》引馬融云：「筍，箬箬也。」彼諸席雖皆用竹，然亦皆非生時席，不足相證。次列，謂削竹次第編之，自成文章，與上繅席編以五采異。黄以周云：「知繅蒲蒻席次桃枝席者，《詩》曰『下莞上簟」，與此下莞上次正同，故次席爲桃枝竹席，則繅席爲蒲蒻之織緻者矣。」祀先王、昨席亦如之。鄭玄注：鄭司農云：「昨席，於主階設席，王所坐也。」玄謂「昨」讀曰「酢」，謂祭祀及王受酢之席。尸卒食，王酳之，卒爵，祝受之，又酌授尸，尸酢王，於是席王於户內，后、諸臣致爵，乃設席。孫詒讓【疏】「祀先王昨席亦如之」者，「昨」，《唐石經》初刻作「胙」，磨改作「昨」，詳後。賈疏云：「祀先王，謂宗廟六享皆用上三種席。酢席，謂王酳尸，尸酢王，王受酢之席。亦如上三種席，故云亦如之。」又云：「案《禮記·禮器》云：『天子之席五重。』今天子唯三重者，彼云五重者，據天子大祫祭而言；若禘祭當四重，時祭當三重，皆用此三種一席耳，故此唯見三種席也。」《禮器》孔疏引熊氏云：「天子祫祭席五重，禘則宜四重也。時祭三重，《司几筵》職是也。受神酢席亦然，大朝覲、大饗食、封國、命諸侯皆然。其平常朝覲及燕，蓋亦三重席。知者，以諸侯燕禮有加席故也。」案：賈即本熊説，然非經義也。此大祭爲神所設之席，則莞筵加繅席次席，並不重，《禮器》所謂鬼神之祭單席也。其王酢席，則莞筵五重，加繅席、次席，皆不重，與朝覲、饗射等同，此《禮器》所謂天子之席五重也。張爾岐云：「重席，但一種席重設之。故《燕禮》鄭注云：『重席，重蒲筵緇布純也。』加席，則於席上設異席，如《公食大夫記》云『蒲筵常，緇布純，加萑席尋，玄帛純』是也。」案：張説甚析。綜校《禮經》筵席陳設之例，凡同席而重絫設之者曰重，不重則曰單，《禮器》所云是也。異席而增益設之則曰加，此經及《儀禮》所云是也。重席止一種席，若《燕禮》之重席，及《書·顧命》「敷重篾席」，亦即以篾席重絫設之，不加他席是也。加席則非一種席，若此經莞筵加繅席，復加次席之類是也。下鋪之筵有重有單，上藉之席有加無重。《禮器》所記天子席五重、諸侯席三重、大夫席再重者，並指重筵而言。而熊、孔、賈諸儒乃雜引加席以釋之，遂謂此經莞筵加繅次二席，爲止三重席，又以爲時祭先王之法，禘祫則以次遞加。不知此繅次爲加席，本不入重數，而莞筵則自有單重之別，其有加則一也。若如熊説，以單席爲無加席，則此經天子祭先王，莞筵上有繅席次席之加，下文諸侯祭祀，蒲筵上亦有莞席之加，明是不單之席，不幾與《禮器》之文相違乎？是知重席單席，非有加無加之謂也。鄭注《燕禮》釋重席爲重蒲筵，又注「卿辭重席」云：「重席非加，猶爲其重累，去之辟君也。」其分別重席加席甚明。而注《鄉飲酒禮》「大夫辭加席」云：「加席，上席也。大夫席再重。」注《鄉射禮》「大夫辭加席，主人對，不去加席」云：「不去者，大夫再重，正也。賓一重席。」是又以有加席爲再重，無加席爲一重，與《燕禮》注自相抵牾。蓋鄭亦未通校《禮經》，故其説游移不定，此熊、賈諸家所由誤也。注鄭司農云「昨席，於主階設席，王所坐也」者，賈疏云：「此約《鄉飲酒禮》，主人在阼階，賓在户牖，主人受酢。王行飲酒禮亦然。此酢文承『祀先王』下，即是祭禮受尸酢，不得爲凡常飲酒禮，故後鄭不從也。」段玉裁云：「依司農注，似『昨』本作『阼』，從自不從日也。」丁晏云：「《唐石經》原刻作『胙席』。先鄭云『主階』，則讀爲阼，古胙與阼通。《荀子·哀公篇》『登自胙階』，注『胙與阼同』。《曹騰碑》『踐胙之初』，亦以胙爲阼。昨胙酢皆从乍聲，古或假借。」案：段、丁兩説近是。《公食大夫記》云：「不授几，無阼席。」彼食禮，輕，公不坐，故無阼席；若饗禮，重，則當有阼席，故先鄭據以爲説。《膳夫》「胙俎」亦即《少牢》、《特牲禮》之「阼俎」也。云「玄謂昨讀曰酢」者，《司尊彝》注義同。云「謂祭祀及王受酢之席」者，明祀先王及王受酢，二者並有二加席也。云「尸卒食，王酳之，卒爵，祝受之，又酌授尸，尸酢王，於是席王於户內」者，《特牲饋食禮》於「尸九飯告飽」之後云：「主人洗角，升酌酳尸，拜受卒爵，祝酌授尸，尸以醋主人，主人拜受角，啐酒聽嘏，主人酌獻佐食。主婦洗爵於房，酌，亞獻尸，獻祝及佐食如初。賓三獻如初。席於户內，主婦洗爵，酌，致爵於主人，主人拜受爵，卒爵，主婦受爵，醋，卒爵，主婦出，反於房。主人降洗，酌，至爵於主婦，席於房中，南面，主婦拜受爵，主人更爵醋，卒爵，降復位。」彼經之「醋」，即此經之「酢」。天子祭禮亡，故鄭依彼士禮推而致之。鄭彼注云：「席於户內，爲主人鋪之，西面。」又彼禮於陰厭未迎尸之先，云「祝入，主人從，西面于户內」。是户內西南爲主人之常位，故設席于彼。王席蓋亦設於户內西面也。賈疏云：「案《特牲》、《少牢》，主人受酢之時未設席，夫婦致爵乃設席。今王於受酢即設席者，優至尊，與大夫士禮異。知席王在户內者，約《特牲》主人受酢時在户內之東，西面也。」云「后諸臣致爵乃設席」者，賈疏云：「此亦約《特牲》夫婦致爵之時有席。若然，王於酢有席與彼異，至於后即與彼同者，禮有損之而益，故后不得與王同，宜同士禮。案《特牲》無致爵於賓長之法，而此言諸臣致爵者，此王於諸臣亦無致爵禮，此致爵，謂酳尸訖，主人獻賓長於西階之上，謂之致爵也。《特牲》主人致爵於主婦，席於東房中，此后亦然。其諸臣，案《特牲》，獻賓長於西階上，無席，獻訖以薦俎降，降設於西階下，亦無席；此諸臣有席者，亦是王之臣尊，宜設席，乃以薦俎降設於席東也。」江永云：「《特牲》：賓長三獻尸，爵止，於是主婦入户，致爵於主人，受爵酢，主人入房，致爵於主婦，更爵酢。人君禮亦當諸臣獻尸，尸止爵，「尸」原訛「二」，據楚本改。而後夫婦致爵也。」諸侯祭祀席，蒲筵繢純，加莞席紛純，右彫几；鄭玄注：繢，畫文也。不莞席加繅者，繅柔𦃇，不如莞清堅，又於鬼神宜。孫詒讓【疏】「諸侯祭祀席，蒲筵繢純，加莞席紛純」者，《禮運》説祭宗廟用越席，鄭注云：「越席，翦蒲也。」孔疏云：「即蒲席。」蓋記者襍陳夏殷之禮。」詒讓案：《郊特牲》云：「莞簟之安，而蒲越稾鞂之尚。」蒲越即越席，亦即此蒲筵也。蒲爲蒲之大者，與莞爲小蒲，精麤不同。此諸侯宗廟時祭及殷祭爲神所設之單席，蓋蒲筵加莞席，並不重。《禮器》孔疏引熊安生説，謂此諸侯祭祀席，蒲筵加莞席，即爲二重。不知此祭席爲鬼神設，不當有重，重席亦非有加之謂，熊説並誤，詳前。諸侯祭席，下蒲上莞，降於天子下莞上簟。《公食大夫記》云：「蒲筵加萑席。」彼大夫禮下蒲上萑，又降於諸侯也。《公食》注云：「今文萑皆爲莞。」則與此諸侯祭席同，非其差次，故鄭彼注不從也。云「右彫几」者，《少牢饋食禮》云：「司宮筵于奥，祝設几于筵上，右之。」注云：「布陳神坐也。席東面，近南爲右。」案《士昏禮》、《士虞禮》，凡爲神布席設几，皆云右几。又《有司徹》云：「尸還几北面尊于筵上，左之。」注云：「左之者，異於鬼神。生人陽長左，鬼神陰長右。」此几亦爲鬼神設，故在右也。彫几者，《説文·彡部》云：「彫，琢文也。」又《几部》引《周禮》五几作雕几。段玉裁云：「《説文》作雕，假借字。今《周禮》作彫，正字。」案：段説是也。彫者，漆而刻畫爲文。

「漆」楚本作「礲」。《書・顧命》有「雕玉几」，僞孔傳云：「雕，刻鏤。」此彫几，諸侯所用，或刻鏤而不用玉與？ 注云「繢，畫文也」者，《巾車》注同。《説文・糸部》云：「繢，織餘也。」《古今韻會舉要》引《説文》云：「繢，畫也。」《禮運》孔疏云：「初畫曰畫，成文曰繢。」賈疏云：「上文畫純者畫雲氣，此云繢，即非畫雲。案《繢人職》：『對方爲繢。』是對方爲次畫於繒帛之上，於席爲緣也。」王引之云：「畫雲畫文，皆畫繢之事，不得以畫雲爲畫，畫文爲繢。今案：《文選・神女賦》李注引《蒼頡篇》曰：『繢似纂，色赤。』《急就篇》：『承塵户簾條繢總。』顔注曰：『繢亦條組之屬也，似纂而色赤。』《説文》：『纂，似組而赤。』蓋以此爲席緣。上文『莞筵紛純』，紛亦組也。但繢爲赤色之組，與紛不同耳。《深衣》曰：『具父母、大父母，衣純以繢。』蓋亦以赤組爲緣，與蒲筵繢純同。又《玉藻》：『緇布冠繢緌，諸侯之冠也。』繢亦組也。《吕氏春秋・離俗篇》：『白縞之冠，丹繢之袀。』高注曰：『袀，纓也。』蓋以赤組爲纓。又《漢書・王莽傳》：『侍郎王盱見人衣白布單衣，赤繢方領。』謂以赤組爲方領也。」案：王説亦通。又《説文・糸部》云：「繪，會五采繡也。」繢繪古字多通用，則繢純或當爲繡緣，亦未可知。要繢畫不得重用，鄭義自不塙耳。云「不莞席加繅者，繅柔襦，不如莞清堅，又於鬼神宜」者，葉鈔《釋文》云：「襦本或作懦，又作擩，同如兖反。」段玉裁云：「『襦』當是本作『碝』，假借爲『偄』字。凡隸書從『耎』之字，多誤爲從『需』，故《説文》揳祭字，今本竝篆文誤作『擩』。」案：段説是也。《詩・陳風・澤陂》箋云：「蒲，柔滑之物。」此繅席編蒲蒻爲之，故柔碝也。 柔碝猶《鮑人》注云「柔需」，互詳彼疏。 賈疏云：「案上文天子祭祀席與酢席同，此下文諸侯受酢席，下莞上繅，今諸侯祭祀席，下蒲上莞，不亦如下莞席加繅者，以其繅柔襦不如莞清堅，於鬼神宜，即於生人不宜，故下文生人繅在上爲宜也。又不以繅在莞下者，繅尊不宜在莞下，故用蒲替之也。」詒讓案：鄭言此者，以下文昨席莞筵尊於蒲筵，加繅席亦尊於莞席，嫌昨席尚於祭祀，故特釋之，明生人席取柔碝，鬼神則不妨清堅，非尊卑之次也。

昨席莞筵紛純，加繅席畫純，筵國賓于牖前亦如之，左彤几。 鄭玄注：昨讀亦曰酢。 鄭司農云：「《禮記》：國賓，老臣也。爲布筵席於牖前。」玄謂國賓，諸侯來朝，孤卿大夫來聘。 後言几者，使不蒙「如」也。 朝者彫几聘者彤几。

孫詒讓【疏】「昨席莞筵紛純，加繅席畫純」者，「昨」《唐石經》初刻亦作「胙」，後磨改作「昨」。 此昨及筵國賓竝冢上諸侯爲文。 賈疏云：「諸侯酳尸，尸酢主君，亦於户内之東，西面設此二席。」云「筵國賓于牖前亦如之」者，賈疏云：「亦如同二種席也。」又云：「《禮器》云『諸侯三重』，今諸侯二重者，諸侯三重，上公當四重，亦謂大祫祭時。 若禘祭，降一重，諸侯二重，禘與時祭同。卿大夫已下，《特牲》、《少牢》唯見一重耳。 若爲賓饗，則加重數，非常法，故不與祭祀同也。」案：此疏亦誤以加席爲重席之數也。《禮器》説諸侯之席三重，孔疏謂三重則四席，其説是也。而引熊安生説，則以此諸侯酢席莞筵紛純加繅席爲二重，即賈氏所本。 今以《禮器》及《禮經》通例攷之，此諸侯祭祀酢席及筵賓之席，並當莞筵三重，加繅席不重，酢席亦無禘祫時祭之異，熊、賈説並誤。 又案：諸侯饗賓亦當莞筵三重，加繅席不重。《郊特牲》所謂大饗君三重席而酢者，蓋專據莞筵而言。 孔疏引皇氏云：「三重者，有四席爲三重，謂鋪莞筵三，上加繅席一。」是爲《禮經》重席之的解。 賈從熊氏説，諸侯朝饗三重，爲有二加席，故云加重數非常。不知諸侯席有三重，無三加。 若如熊、賈説，則諸侯祭祀酢席止加一繅席，何以饗賓乃有二加，多於祭祀乎？且天子饗祭加席數同，而諸侯獨異，於禮例亦不協也。 其孤祭祀酢席，當用莞筵再重，加繅席不重；大夫祭祀酢席，當依《公食大夫記》，用蒲筵再重，加萑席不重。 今《少牢禮》不言加席者文不備也。 其神坐之席亦不重也。若大國之孤四命，謂之諸公，亦得三重席，多於大夫。《燕禮》所謂諸公席三重者，蓋用莞席三重，加繅席不重。 賈謂《少牢》唯一重席，亦非也。 云「左彤几」者，賈疏云：「几席雖同，但上文鬼神則右几，此文生人則左几也。 又別云左彤几者，謂國賓之中，有諸侯來朝，亦有孤卿大夫來聘，若朝者則彫几，聘者彤几，故別云『左彤几』，使不蒙如也。」 注云「昨讀亦曰酢」者，段玉裁云：「亦者，亦上文。」鄭司農云「《禮記》國賓，老臣也」者，賈疏云：「案《禮記・王制》有四代養國老、庶老於學之事。 彼國老謂卿大夫致仕，庶老謂士之致仕者，先鄭據此文而云國賓老臣也。 後鄭不從者，未見朝聘之賓，而言己國老臣，於義不可，故不從也。」案先鄭引《禮記》，賈謂據《王制》「國老」，未塙。 此似據成語。 今二戴記並無其文，惟《喪大記》云：「君之喪未小斂，爲寄公國賓出。」又云：「君拜寄公國賓于位。」鄭彼注云：「國賓，聘大夫。」疑禮家舊説謂彼國賓爲老臣，故先鄭引之也。《通典・賓禮》引此經説之云：「國賓，王公之所不臣者，馬融以爲二王後。」則馬謂國賓在王國爲賓恪之國來朝者，與二鄭説並異，於義亦通。《左》僖二十四年傳云：「宋於周爲客，天子有喪，拜焉。」與《喪大記》「君拜國賓」之文相應。 若然，國賓在王國則當爲二王後，在侯國則當爲他國之君來朝及王人來聘者。《喪大記》國賓同。 若鄰國聘大夫，卑，君當喪時，不當爲出及拜之與寄公等也。云「爲布筵席於牖前」者，太室前南鄉之牖也。《説文・片部》云：「牖，穿壁以木爲交窻也。」凡天子諸侯宗廟路寢，皆有東西房，其中爲室，房室皆南向開户。 東房則户近西，西房則户近東，而皆無牖。 室則户牖俱有，户在東，牖在西。 此牖前，即當室中偏西，室牖之前爲位也。黄以周云「凡賓主人行禮，東面者以西序爲正位。 其南面者，或在户西，如《士冠》筵于户西，《記》以爲醮于客位是也。 或在牖前，如《司几筵》王位設黼依于户牖閒，而國賓之筵則在牖前是也。《鄉飲酒義》云：『坐賓於西北。』是賓席在牖前，不在户西明矣。」案：黄説是也。 凡王侯廟寢室，皆東户西牖，户牖之閒爲堂之正中，東西距户牖正等。 户西則在堂中微東，距户近而距牖稍遠；牖前則在堂中之西，正當牖而距户甚遠。 故《鄉飲酒》注云「賓席牖前南面」，而《鄉飲酒義》則謂「坐於西北」。 此經之「扆前」「牖前」立文不同，明地亦異也。《顧命》「牖閒」，即户牖之閒，與此「牖前」異，詳前。 云「玄謂國賓諸侯來朝，孤卿大夫來聘」者，後鄭意，國賓於侯國當廣晐朝聘賓客。 賈疏云：「案《大》、《小行人》及《司儀》，賓謂諸侯，客謂其臣。 今此經唯云賓，而兼云孤卿大夫者，對文賓客異，通而言之賓客一也。 以《大司徒》云『大賓客令野脩道委積』，《小司徒》云『小賓客令野脩道委積』，是賓客通用之義也。」 案：《公食大夫禮》云『司宫具几與蒲筵，加萑席』，又云『上大夫蒲筵加萑席，其純皆如下大夫』。 彼注云：『謂公食上大夫，孤爲賓，則莞筵紛純，加繅席畫純。』《聘禮》將禮賓，宰夫徹几改筵。 注云：『徹神几，改神席，更布也。賓席東上。』又引《公食大夫》，云『此筵上下大夫也』。又引此『筵國賓』下至『彤几』，云『筵孤彤几，卿大夫其漆几與』？以此而言，則筵諸侯與孤用莞筵繅席，而卿大夫則用蒲筵萑席。今揔云國賓孤卿大夫同莞繅者，此廣解國賓之義，其實如《公食大夫》及《聘禮》之注也。」案：賈據《公食》、《聘禮》注推鄭意是也。《聘禮》疏說同。《司儀》、《象胥》國客並專主臣言，則此國賓自以主君言爲正。鄭以孤亦得用此席，牽連及卿大夫耳。又依後鄭此注說，諸侯待朝聘賓客皆莞筵加繅席，則天子之禮當亦然。故《禮器》孔疏引熊氏云：「天子待諸侯則莞筵紛純，加繅席畫純。待諸侯之孤亦然，故《公食大夫禮》注云『孤爲賓則莞筵紛純，加繅席畫純』是也。待諸侯之卿大夫，則《公食》云『上下大夫蒲筵，常，緇布純，加萑席，尋，玄帛純』，注云『謂三命大夫』是也。《公食大夫》雖是諸侯之法，然天子待之亦然也。天子於己臣子孤卿以下，蓋亦然。若其燕此上等之人，皆單席，故《燕禮》賓無加席，注云：『燕私禮，臣屈也。』然天子燕臣亦然也。諸侯相朝亦二重也。」案：熊說亦申《儀禮》注義，賈此疏及《聘禮》疏說略同，鄭意或當如是。惟諸侯相朝，當莞筵三重，加繅席不重，熊氏謂止以莞繅爲二重，則誤。云「後言几者使不蒙如也」者，筵賓之席及加席，並與酢席同，故經云亦如之。惟几有左右之異，又彫几之外更有彤几，故特别言於後，明几不如酢也。云「朝者彫几，聘者彤几」者，說文、彡部云：「彤，丹飾也。」《博物志》引董仲舒云：「彤者，赤漆。」賈疏云：「彤几亦謂孤也。依《聘禮》注卿大夫用漆几者，以其天子用玉，諸侯用彫，孤用彤，卿大夫用漆几，差次然也。」甸役則設熊席，右漆几。鄭玄注：謂王甸有司祭表貉所設席。孫詒讓【疏】「甸役則設熊席」者，「甸」當依《小宗伯》注，讀曰田。即《大宰》、《鼓人》之田役，詳彼疏。此熊席無加又不重，《禮器》孔疏引熊安生，謂即《禮器》所云「鬼神之祭單席」是也。云「右漆几」者，漆，桼之借字，詳《載師》疏。段玉裁云：「《說文・几部》曰：『《周禮》五几：玉几、彫几、彤几、髤几、素几。』《說文》作『髤』，則香牛切。《桼部》曰：『髤，桼也，從桼髟聲。』與桼字義同而音别。攷《巾車》故書『軟飾』，杜子春云：『軟讀爲漆垸之漆，直謂髤漆也。』玄謂髤赤多黑少之色韋也。《鄉射記》注亦曰『髤，赤黑漆也』。據此知《司几筵職》本作漆，而易爲髤字，亦當是杜子春、賈侍中、衛次仲等說，而許從之，爲鄭君所失載。猶《巾車》本作『軟』，子春用其聲類讀爲『漆』，釋爲『髤』，而鄭君從之。二經皆以髤定其色。髤几赤多黑少，以别於上下文彤几、素几。髤飾以别於疏飾、素飾、革飾、雀飾，但言漆則色不顯也。鄭君於此不從髤者，鄭意漆几黑几，如《巾車》之漆車黑車，言漆則色已明，不同漆飾之必當訓爲髤，以别於下文漆車之色也。從鄭爲長。」案：段說是也。《書・顧命》亦有漆几，許作「髤」，不足據。注云「謂王甸有司祭表貉所設席」者，此特言王者，明不冢上諸侯爲文也。甸亦當讀爲「田」，田役即謂王大田起徒役，與《大宗伯》大田大役分屬二事不同。大功役王不親與，又無表貉之祭，故知唯王田有此事也。賈疏云：「甸役謂天子四時田獵。案《大司馬》，大閱禮教戰訖，入狩田，既陳，有司表貉於陳前，是時設熊席，右漆几也。」案：依鄭、賈說，則田役之熊席，爲表貉之神設也。《呂氏春秋・分職篇》云：「衛靈公天寒鑿池，宛春曰：公衣狐裘，坐熊席，是以不寒。」是生人坐席亦有用熊者。鄭知此熊席非王所坐者，以經云右漆几，知爲鬼神設也。表貉，詳《肆師》疏。凡喪事，設葦席，右素几。其柏席用萑黼純，諸侯則紛純，每敦一几。鄭玄注：喪事，謂凡奠也。萑，如葦而細者。鄭司農云：「柏席，迫地之席，葦居其上。或曰柏席，載黍稷之席。」玄謂柏，椁字磨滅之餘。椁席，藏中神坐之席也。敦讀曰燾。燾覆也。棺在殯則椁燾，既窆則加見，皆謂覆之。周禮，雖合葬及同時在殯，皆異几，體實不同。祭於廟，同几，精氣合。孫詒讓【疏】「設葦席，右素几」者，葦，詳《澤虞》疏。《巾車》「素車」，注云：「以白土堊車也。」此素几當與彼同，喪事略，故不漆也。云「其柏席用萑黼純」者，萑，《唐石經》初刻作「藋」，磨改作「萑」。」案：萑席正字當作「萑」。《說文・艸部》云：「萑，艸多貌。」又《雀部》云：「雀，小爵也。」並非此萑席之義。

注云「喪事謂凡奠也」者，賈疏云：「以其言『凡』，非一之義。《士喪禮》始死之奠，乃至小斂之奠，亦設於地，未有席。至大斂奠乃有席。殯後則有朝夕奠，朔月奠，大夫已上兼有月半奠，并有薦新奠。葬時又有遷奠、祖奠、大遣奠。葬乃廢奠而虞祭也。故鄭云謂凡奠也。」案：《曾子問》記君薨而世子生之禮云：「祝升，奠幣于殯東几上。」注云：「几筵于殯東，明繼體也。」孔疏云：「皇氏云：『《周禮》天子下室，喪奠有素几，不云殯宮有几。而諸侯雖無文，當與天子同。而大夫士葬前下室並無几，降於人君也，並葬後殯宮皆有几。人君未葬前，而於下室有素几，其殯宮無几。今世子生，既告，權移下室之几於殯東，告於繼體，異常日。』庾氏云：『未虞，施几筵常於下室，然殯宮几筵爲朝夕之奠，常在不去。今更特設几筵於殯宮東者，特異其事，以爲世子之生，故鄭云几筵於殯東明繼體也。』今按：《既夕禮》『燕養饋羞如他日』，則下室所供之物如平常，皆用吉物，即今之告靈不得有素几。又《司几筵》云『凡喪事右素几』，注云：『喪事謂凡奠也。』又云『凶事仍几』，注云：『凶事，謂凡奠几，朝夕相因，喪禮略。』以此推之即素几。是殯宮朝夕設奠之几，不在下室，而庾、皇等以爲素几設於下室，未審何以知之，其義非也。熊氏以爲天子諸侯在殯宮則有几筵，大夫士大斂有席，虞始有几。然殯宮几筵，爲朝夕之奠，常在不去。今更特設几於殯東，當明世子是繼體之貴，故於常几筵之外，别特設之。考三家之說，熊以爲是，皇、庾以爲非。」今案：依皇侃說，則此素几唯下室之奠有之，其殯宮，則自天子至士並葬後始有素几，此注云凡奠，乃專指下室言之也。依庾蔚之說，則下室殯宮未葬以前皆有素几，此注乃通殯宮下室二者言之也。依熊安生說，則天子諸侯殯宮有素几葦席，大夫士大斂始有席，虞始有几。孔穎達從熊氏，又謂凡下室奠用吉几，殯宮則天子諸侯有素几。賈後疏亦用熊義，又謂天子諸侯始死即有几筵，是此注乃專指殯宮始死大小斂及殯後諸奠言之也。其大夫士，則大斂奠始有席，虞乃有素几，故《士喪禮》大斂云「奠席在饌北」，《士虞禮》云「素几葦席在西序下」。又《檀弓》云：「虞而立尸，有几筵，卒哭而諱，生事畢而鬼事始已。」注云：「謂不復饋食於下室，而鬼神祭之。」孔疏引謝茲云：「下室之饋，器物几杖如平生。」又引《鄭志》荅張逸云：「未葬，以脯醢奠於殯，又於下室設黍稷，曰饋。下室，內寢也。」是下室有饋無奠。此注云奠，自不兼下室，足證皇、庾二說之非。孔謂下室用吉几，亦即本謝茲說也。陳祥道云：「《士虞禮》素几葦席在西序下，則虞亦喪事也。」云「萑如葦而細者」者，萑當爲「萑」，《說文·艸部》云：「萑，薍也，从艸雈聲。」又云：「蒹，萑之未秀者。薍，䓘也，八月薍爲萑，葭爲葦。䓘，萑之初生，一曰薍，一曰鵻，或作菼。葦，大葭也。」段玉裁云：「蒹、菼、萑一也，今人所謂荻也。葭、葦一也，今人所謂蘆也。萑一名薍，一名菼，一名蒹，葦一名華。《釋艸》曰『葭華、蒹蘼』，每二字爲一物；又曰『葭蘆、菼薍』，亦每二字爲一物。葭蘆即葭華也，菼薍即蒹蘼也。《夏小正傳》、毛公、許君說皆同此。舍人、李巡、樊光則云蘆薍爲一艸，陸璣、郭璞則又兼葭菼爲三矣。《夏小正》『七月秀萑葦』，傳曰：『未秀則不爲萑葦，秀然後爲萑葦。』又曰：『萑未秀爲菼，葦未秀爲蘆。』按已秀曰萑，未秀則曰蒹，曰薍，曰菼也。」案：段說分別萑葦二艸最精。《爾雅·釋艸》：「菼，薍。」郭注云：「似葦而小，實中，江東呼爲烏蓲。」鄭此注謂萑似葦而細，猶郭謂菼似葦而小矣。陳祥道云：「萑似葦而小，則葦席麤於萑矣。故喪禮葦席。」鄭司農云「柏席，迫地之席」者，丁晏云：「柏迫聲相近。《漢書·溝洫志》『魚弗鬱兮柏冬日』，師古曰：『柏讀與迫同。』」詒讓案：《公羊》文二年傳云：「柏者，迫也。」《史記·張耳傳》云：「柏人者，迫於人也。」《白虎通義·宗廟篇》云：「柏者，所以自迫促。」並以迫訓柏，故先鄭以爲釋。然此經迫地之席並稱筵，其加席乃稱席，分別甚明，則柏席不可云迫地之席，故後鄭不從。云「葦居其上」者，先鄭既以柏席爲迫地之席，意上仍有葦席，猶上文諸筵上並有加席也。云「或曰柏席、載黍稷之席」者，此先鄭引別說，挨下每敦爲義也。孔廣森云：「或說是也。敦本盛黍稷器名，《士虞禮》曰：『饌黍稷二敦于階間，西上，藉用葦席。』《特牲饋食》曰：『盛兩敦陳于西堂，藉用萑。』是此之柏席矣。唯士直措敦于席，人君尊，席上有几，几上庪敦耳。柏讀當如今之『箔』，後世謂萑葦所織作者曰箔，《玉篇》始有其字，古或通作『薄』，此經則借作『柏』也。」案：依孔說，則或讀敦如槃敦之敦。項安世、王應電亦舉《玉府》「玉敦」，證或義是也。後鄭則以此職諸几皆人馮之几，與庪器之案不同，故亦不從也。云「玄謂柏，椁字磨滅之餘」者，段玉裁云：「鄭君謂椁字磨滅成柏，亦字之誤也。」王念孫云：「柏者，椁之借字。注以柏爲椁字磨滅之餘，非也。椁柏聲相近，故字相通。《莊子·齊物篇》『南郭子綦』，《徐無鬼篇》作『南伯子綦』，是其例也。」案：王說亦通。云「椁席藏中神坐之席也」者，賈疏云：「謂於下帳中坐設之。」云「敦讀曰燾」者，段玉裁云：「敦在古音諄文欣魂痕部，燾在尤幽部，聲類不同；而敦弓即彫弓，鷻即雕，皆於雙聲求之。敦之讀燾，蓋亦以雙聲也。」詒讓案：《喪大記》「大夫殯以幬」，注云：「幬或作錞，或作焞。」即此敦燾通借之例。云「燾，覆也」者，《小爾雅·廣詁》文。云「棺在殯則椁燾」者，《檀弓》：「顏柳曰，天子龍輴而椁幬。」鄭彼注云：「幬，覆也。殯以椁覆棺而塗之。」又云：「天子之殯也，菆塗龍輴以椁。」注云：「菆木以周龍輴，如椁而塗之。」案：燾與幬同。云「既窆則加見」者，《既夕禮》「乃窆，藏器于旁，加見。」注云：「見，棺飾也。更謂之見者，加此則棺不復見矣。」賈彼疏云：「飾則帷荒，以其與棺爲飾。是以《喪大記》云：『飾棺，君龍帷黼荒，大夫畫帷畫荒，士布帷布荒。』此柩入壙，還以帷荒加於柩，以其唯見此帷荒，故名帷荒爲『見』，是棺柩不復見也。」云「皆謂覆之」者，明「椁」與「見」皆所以覆棺，故經謂之敦也。云「周禮，雖合葬及同時在殯，皆異几，體實不同」者，明經云「每燾」，是爲兩喪同時在殯設文，異几則亦異席也。賈疏云：「《檀弓》云：『古者不合葬，周公蓋附。』附謂合葬，是周禮合葬也。《曾子問》云『父母之喪偕』，鄭云：『同月死。』是同時在殯也。皆異几體實不同者，解經每敦一几之義。」云「祭於廟，同几，精氣合」者，《祭統》云：「鋪筵，設同几，爲依神也。」鄭彼注云：「同之言詷也。祭者以其妃配，亦不特几也。」孔疏云：「詷，共也。言人生時形體異，故夫婦別几，死則魂氣同歸于此，故夫婦共几。席亦共之，必云同几者，筵席既長，几則短小，恐其各設，故特云同几。」賈疏云：「言祭於廟者，謂吉祭時。以其禫月吉祭猶未配，故知至二十八月乃設同几也。」

《周禮·夏官·羅氏》 中春羅春鳥，獻鳩以養國老，行羽物。

《禮記·文王世子》 凡侍坐於大司成者，遠近間三席，可以問，終則負墻，列事未盡不問。孫希旦集解 《釋文》：問，如字，猶容也，徐古辨反。

孔氏曰：席制廣三尺三寸三分寸之一，三席則函一丈，可以指畫而問也。問終則退就後席，負墻而坐，辟後來問者。若問事之時，尊者序列其事，未得終盡，則不可錯亂尊者之言，輒有咨問爲不敬也。

《禮記·禮器》 天子之席五重，諸侯之席三重，大夫再重。孫希旦集解

《釋文》：重，直龍反，下同。

陸氏佃曰：天子之席五重。《書》曰「敷重篾席」、「敷重筍席」，則凡王席重設，《行葦》傳曰：「設席，重席也。」《周官·司几筵》：「設莞筵紛純，加繅席畫純，加次席黼純。」席皆重設，是以謂之五重。凡禮，對文則別，散文則通，筵或謂之席，席亦謂之筵也。又天子五重，諸侯三重，筵皆單設，席則重也。大夫再重，有筵則席亦單設，無加席，則筵蓋重爾。《公食大夫禮》「蒲筵常，緇布純，加萑席尋，玄帛純」，萑席蓋亦單設。《大射儀》曰「司宫兼卷重席，設于賓左」，此筵亦重設也。是以謂之重席。而鄭謂「《公食大夫》孤爲賓則莞筵紛純，加繅席畫純」，是不知《司几筵》「加繅席」重設，主諸侯三重言之，《公食大夫》「加萑席」，主大夫再重言之，萑席單設而已。愚謂凡席以一爲一重，《司几筵》王「莞筵紛純，加繅席畫純，加次席黼純」，繅席、次席皆重設，并莞筵爲五重也。《書》言「敷重篾席」，篾席即次席也。據其在上之席而言重，則繅席亦重可知。又《司几筵》諸侯「莞筵紛純，加繅席畫純」，繅席亦重設，則三重也。大夫之席，則《公食記》云「蒲筵常，緇布純，加萑席尋，玄帛純」，筵與席皆單設，則再重也。《鄉飲酒》、《鄉射禮》「蒲筵布純」，《士冠禮》「蒲筵二在南」，是士席蒲筵而已。熊氏謂天子之席五重爲大祫之席，以《司几筵》言「三重」爲時祭之席。是不知《司几筵》之繅席、次席皆重設，而强爲區別也。然《司几筵》云「凡大朝、覲、大饗、射，凡封國，命諸侯」，「設莞筵紛純，加繅席畫純，加次席黼純。祀先王昨席亦如之」。此皆重禮而設席如此，其餘事當有差降。《顧命》有篾席、底席、豐席、筍席，蓋天子之席，其加於上者有此四種，各因禮之重輕而用之也。天子如此，則諸侯之席，以莞筵加繅席爲三重者，亦惟祭、祀、饗、射大禮用之，而其餘當有所降也。又《公食大夫禮》蒲筵加萑席爲再重，《大射禮》賓有加席，蓋與《公食禮》同。至

《燕禮》之賓，《大射》及《燕禮》之卿大夫，則無加席。又《鄉飲酒禮》「大夫再重」，再重者，一種席而重設之也。是大夫之席隆殺有三等，則天子諸侯設席之重數亦必以禮之輕重爲隆殺矣。《司几筵》諸侯「昨席莞筵紛純，加繅席畫純。筵國賓于牖前，亦如之」。國賓，謂諸侯爲賓者。鄭氏兼諸侯來朝、孤卿大夫來聘者言之，非也。大夫之席，蒲筵加萑席，《公食禮》有明文。孤卿之席，蓋亦與此同，以五等諸侯無異席推之可知也。然大夫席再重，而《鄉飲酒禮》「公三重」者，蓋以一種席爲三重，與諸侯之三重不同。《鄉飲酒》又云「公升，辭一席，使一人去之」，則不過暫設以優之，而究亦止於再重而已。

《論語·雍也》　子曰：「賢哉，回也！一簞食，一瓢飲，在陋巷，人不堪其憂，回也不改其樂。賢哉，回也！」【注】孔安國曰：「簞，笥也。顔淵樂道，雖簞食，在陋巷，不改其所樂。」注「簞笥」至「所樂」。劉寶楠正義曰：鄭玄注云：「簞，笥也。」此僞孔所本。《説文》：「簞，笥也。《漢律令》：『簞，小筐也。』笥，飯及衣之器也。」其字從竹，是簞、笥以竹爲之。亦有用葦者。《士喪禮》「櫛於簞」，鄭玄注：「簞，葦笥也。」笥兼大小，「簞」則止是小者，故許慎引《漢律》以「簞」爲小筐也。《説文·匚部》：「匡，飯器，筥也。」筥者，筲之一名，容五升，則此小筐亦容五升矣。《廣雅·釋器》：「簏、匧、匴，笥也。簞、籚、籃，筐也。」「匴」與「簞」同。《曲禮》：「凡以弓劍、苞苴、簞笥問人者。」鄭玄注：「簞笥，盛飯食者，圜曰簞，方曰笥。」對文「簞」、「笥」別，散文通稱。

《論語·子罕》　子曰：「譬如爲山，未成一簣，止，吾止也。」【注】包咸曰：「簣，土籠也。此勸人進於道德。爲山者其功雖已多，未成一簣而中道止者，我不以其前功多而善之，見其志不遂，故不與也。」「譬如平地，雖覆一簣，進，吾往也。」劉寶楠正義曰：鄭玄此注云：「簣，盛土器。」與包注互備。《廣雅·釋器》：「簣，篣、筊、簝、籯、箕、笭，籠也。」皆異名同物。顔師古《王莽傳》注：「匱，織竹爲器，所以盛土。」又《禮樂志》注：「織草爲器。」「草」疑「竹」之誤。

《論語·鄉黨》　席不正，不坐。劉寶楠正義曰：《説文》云：「席，藉也。」謂以席藉之於地也。凡先設迫地者爲筵，後加者爲席。故《春官·序官》鄭玄注云：「鋪陳曰筵，藉之曰席，然其言之筵席通矣。」謂散文筵席得通稱也。《禮器》云：「諸侯三重，大夫再重。」據《司几筵》，天子亦三重，則天子諸侯制同。天子諸侯同是三重，則士與大夫亦同是再重可知。凡席之名，《司几筵》有莞、繅、次、蒲、熊，又有葦、柏。莞者，蒲類。繅者，削蒲蒻展之，編以五采。次者，桃枝席有次列成文。柏者，鄭司農謂「迫地之席」，康成謂「椁字磨滅，藏中神坐之席」，不言席身所用。又《禮器》有越席，《郊特牲》有蒲越、槀鞂，《玉藻》有蒯席，《尚書》有篾席、底席、豐席、筍席，《玉府》有衽席。越即蒲越。槀鞂者，用禾穰爲之。蒯者，草名。篾者，析竹之次青爲之。底席，即蒲席。豐者，刮凍竹席。筍者，析竹青皮。衽者，臥席，其字從衣，疑以布爲之，加於席上。凡皆諸席異稱也。「不正」者，謂設席有所移動偏斜也。下文云「君賜食，必正席，先嘗之」。《曲禮》云：「主人跪正席，客跪撫席而辭。」可知凡坐時，皆有正席之禮。夫子於席之不正者，必正之而後坐也。

《孟子·梁惠王上》　數罟不入洿池，魚鼈不可勝食也。【趙岐注】數罟，密網也。密細之網，所以捕小魚鼈者也，故禁之不得用。魚不滿尺不得食。焦循正義曰：《毛詩·豳風》「九罭之魚」，毛亨傳云：「九罭，緵罟，小魚之網也。」《釋文》云：「緵，又作『總』。」《小雅》「魚麗于罶」，毛亨傳云：「庶人不數罟，罟必四寸，然後入澤梁。」《釋文》云：「數，七欲反。又所角反。」陳氏云：「數，細也。」孔穎達正義云：「庶人不總罟，謂罟目不得總之使小，言使小魚不得過也。集本總作『緵』，依《爾雅》定本作『數』，義俱通也。」按《詩·召南》「素絲五總」，毛亨傳云：「總，數也。」《陳風》「越以鬷邁」，毛傳云：「鬷，數也。」《商頌》「鬷假無言」，毛傳云：「鬷，總也。」鬷、緵同聲，緵、總、數三字同。趨數即迫促。文公十六年《左傳》云「無日不數於六卿之門」，杜預注云：「數，不疏。」不疏是密也。説文糸部云：「總，聚束也。」聚束即促速，促束即趨數也。倪氏思寬《二初齋讀書記》云：「《周禮》言『羅襦』，猶《孟子》言『數罟』。蠟則作羅襦，明非蠟則不用羅襦矣。《周禮》取禽，《孟子》取魚，其實是一例。」《韓非子·説林》云：「君聞大魚乎，網不能止，繳不能絓也。」是繳所以取小魚。《鹽鐵論·散不足篇》：「賢良曰：鳥獸魚鼈，不中殺不食，故繳網不入於澤。」《説文》糸部云：「繁，生絲縷也。」蓋以生絲縷作網，則其目小，繳網即數罟也。今俗猶以細密者爲絲網是也。

《孟子·滕文公上》　其徒數十人，皆衣褐，捆屨織席以爲食。【趙岐注】捆，猶叩椓也。織屨欲使堅，故叩之也。

《孟子·告子上》　故龍子曰：「不知足而爲屨，我知其不爲蕢也。」【趙岐注】龍子，古賢者也。雖不知足大小，作屨者猶不更作蕢。蕢，草器也。以屨相似，天下之足略同故也。焦循正義曰：《禮記·曲禮》云：「天子之六工，曰土工、金工、石工、木工、獸工、草工，典制六材。」鄭玄注云：「惟草工職亡。」蓋謂作萑葦之器，蕢爲草器，蓋即草工所職，凡葦竹所編者是也。《論語·憲問篇》有「荷蕢」，《太平御覽》引鄭氏注云：「蕢，草器也。」《説文》艸部云：「蕢，草器也。臾，古文蕢，象形。《論語》曰：『有荷臾而過孔氏之門。』」又《子罕篇》云「譬如爲山，未成一簣」，何晏集解引包曰：「簣，土籠也。」簣與蕢通。草器蓋即盛土之籠，於臾之象形，可知其狀矣。《晉書音義》云：「蕢，本作『蒯』。」蕢本與蒯通，《檀弓》「杜蕢」，《左傳》作「屠蒯」是也。今俗呼竹籃之小者爲蒯子，猶古之遺稱也。

《孟子·盡心上》　舜視棄天下猶棄敝蹝也。【趙岐注】孟子曰舜視棄天下如捐棄敝蹝。蹝，草履可蹝者也。敝喻不惜。焦循正義曰：《文選·北山移文》注引劉熙注云：「蹝，草履可履。」趙氏云草履可蹝，可蹝猶可履也。《説文》履部云：「屨，履也。」「履，足所依也。」故可稱草履，亦可稱草屨。《毛詩·大雅·生民》「履帝武敏歆」，傳云「履，踐也」。以其可踐，故名履。《吕氏春秋·長見篇》云「視釋天下若釋躧」，高誘注云：「釋，棄也。」《觀表篇》云「視舍天下若舍屣」，高誘注云：「屣，弊履也。」《莊子·讓王篇》云「原憲華冠縰履杖藜而應門」，又云「曾子曳縰而歌《商頌》，聲滿天地」，《釋文》云：「縰，《三蒼解詁》作『躧』」，云：「『躧也。』《聲類》或作『屣』。《通俗文》云『履不著跟曰屣』，李云：『縰履，謂履無跟也。』王云：『體之能躧舉而曳之也。」然則躧、屣、踺三字同。《説文》足部云：「躧，舞履也。」革部云：「鞻，鞮屬。」「鞮，革履也。」《周禮・春官・鞮鞻氏》注云：「鞻讀如屨。鞮屨，四夷舞者所扉也。今時倡蹋鼓沓行者自有扉。」《史記・貨殖傳》云「躡利屣」，徐廣云：「舞屣也。」段氏玉裁《説文解字注》云：「躡，一作『跕』。跕，吐協反。《地理志》『跕躧』，臣瓚曰：『蹋跟爲跕。』按舞不納履，故凡不著跟，曳之而行曰躧履，如《雋不疑傳》、《長門賦》皆是也。《西京賦》説舞曰『振朱屣於盤樽』，辪曰：『朱屣，赤絲履也。』」謹按：《説文》躧、鞻雖分兩字，而鞻爲「鞮屬」，鞮爲「舞者所扉」，躧爲「舞履」，則躧與鞻原爲一物，故《吕氏春秋》同載。僕謂吳起之言，一云躧，一云屣。屣即是鞻，爲舞者無跟之履。蓋舞履名鞻，以其無跟，履之敝壞者不可以納，但爲躡舉而曳之，如原憲之「縱履」，曾子之「曳縱」，不必爲舞履，以其無跟而亦稱縱。此高誘所以訓屣爲「敝履也」，而皆非草履之名。乃劉、趙並以草履釋之者，劉熙《釋名・釋衣服》云：「齊人謂草履曰扉。」於是杜預注僖公四年左傳「扉屨」云：「扉，草屨。」因《鞮鞻氏》注言「舞者所扉」，扉既爲草履之稱，鞻既是踺，故以屣爲草履耳。閻氏若璩《釋地又續》云：「踺，其實止解履也，與《史記》虞卿『躡蹻』之蹻别。徐廣曰：『蹻，草履也。』又扉亦草履。」按扉爲齊人稱草履之名，而屣實無此稱。《釋名》又云：「屩，草屨也。」「屩，蹻也。」出行著之，蹻蹻輕便，因以爲名也。然則草履名屩，舞履名屣，閻氏謂其有别是也。趙氏云敝喻不惜者，《釋名》於「齊人謂草履曰扉」之下又云：「不借，言賤易有宜各自蓄之，不假借人也。齊人云搏腊，搏腊猶把作麤貌也。荆州人曰麤絲麻韋草皆同名也。」《古今注》云：「不借者，草履也。」《説文・糸部》云：「緋，一曰不借緋。」《儀禮・喪服傳》：「繩屨者，繩菲也。」鄭玄注云：「繩菲，今時不借也。」《齊民要術・雜説》第三十引崔寔《四民月令》云：「十月可拆麻緝績布縷作白履不借。」注云：「草履之賤者曰不借。」然則不借即不借，不借即扉。趙氏既以踺爲草履，故以其稱敝者爲喻不惜也。

《荀子》卷一二《正論》 乘大路，趨越席以養安。楊倞注：越席，結蒲爲席。養安，言恐其不安，以此和養之。按，禮以大路、越席爲質素，此云養安以爲盛飾，未詳其意。或曰：古人以質爲重也。先謙案：《史記・禮書》正義云：「蒲草爲席，既潔且柔，潔可以祀神，柔可以養體也。」

《荀子》卷一三《禮論篇》 疏房、檖貌、越席、牀笫、几筵，所以養體也。楊倞注：越席，翦蒲席也，古人所重。

《吕氏春秋・尊师》 凡學，必務進業，心則無營。營惑。【略】治唐圃，疾灌寖，務種樹，高誘注：唐，隄以壅水。圃，農圃也。樹，稼也。織萉屨。畢沅案：萉疑萉字之誤。《説文》「萉，枲實也。」或作䕐。蓋萉屨，即後人所謂麻鞵耳。案《晏子問》下篇有治唐園，考菲履之語。萉音與菲亦相近，益明爲萉字無疑。結罝網，捆蒲葦，之田野，力耕耘，事五穀。高誘注：事，治也。如山林，入川澤，高誘注：如，往也。川澤有水，故言入也。取魚鼈，求鳥獸，此所以尊師也。

《山海經》卷一《南山經》 凡䧿山之首，自招摇之山，以至箕尾之山，凡十山，二千九百五十里。其神狀皆鳥身而龍首，其祠之禮：毛用一璋玉瘞，糈用稌米，一璧，稻米，白菅爲席。

《山海經・西山經》 凡《西次二經》之首，自鈐山至于萊山，凡十七山，四千一百四十里。其十神者，皆人面而馬身。其七神皆人面牛身，四足而一臂，操杖以行：是爲飛獸之神，其祠之，毛用少牢，白菅爲席。【略】

凡《西次四經》自陰山以下，至于崦嵫之山，凡十九山，三千六百八十里。其神祠禮，皆用一白雞祈。糈以稻米，白菅爲席。

《史記》卷一二九《貨殖列傳》 通邑大都，【略】旃席千具，【略】此亦比千乘之家。

劉安《淮南子・説山》 好魚者先具罟與罛。高誘注：罟，細网。傳曰：「數罟不入汙池。」罛，大网。《詩》曰「施罛濊濊，鱣鮪潑潑」是也。未有無其具而得其利。

崔寔《四民月令・十月》 是月也，【略】作「白履」、「不借」。

《藝文類聚》卷九《簟》 盧毓《冀州論》曰：常山爲林，大陸爲澤，兼葭蒲葦，雲母御席。

《太平御覽》卷七〇九《服用部一一》 盧毓《冀州論》：常山爲林，大陸曰澤，兼葭蒲葦，雲母御席，地産不爲無珍也。

《舊唐書》卷四五《輿服志》 兜籠，巴蜀婦人所用，今乾元已來，蕃將多著動於朝，兜籠易於擔負，京城奚車、兜籠，代於車輿矣。

《新唐書》卷二二二下《南蠻下・環王》 以二月爲歲首，稻歲再熟，取檳榔瀋爲酒，椰葉爲席。

《新唐書》卷三七《地理志一・關内道》 厥貢：席。

《京兆府》厥貢：粲席。

《鳳翔府》土貢：龍鬚席。

《隴州》土貢：龍鬚席。

《涇州》土貢：龍鬚席。

《原州》土貢：龍鬚席。

《寧州》土貢：龍鬚席。

《鄜州》土貢：龍鬚席。

《坊州》土貢：龍鬚席。

《丹州》土貢：龍鬚席。

卷三八《地理志・二・河南道》厥貢：席。

《滑州》土貢：蘆席。

《許州》土貢：蘆席。

《登州》土貢：水葱席。

《萊州》土貢：水葱席。

《新唐書》卷三九《地理志三・河東道》厥貢：席。

《汾州》土貢：龍鬚席。

《沁州》土貢：龍鬚席。

《石州》土貢：龍鬚席。

《河北道》厥貢：鳳翮葦席。

《相州》土貢：鳳翮席。

《澶州》土貢：鳳翮席。

《滄州》土貢：柳箱、葦簟。

《景州》土貢：葦簟。

《新唐書》卷四〇《地理志四・山南道》《澧州》土貢：竹簟。

《朗州》土貢：紵練簟。

《忠州》土貢：蘇薰席。

《秦州》土貢：龍鬚席。

《渭州》土貢：龍鬚席。

《岷州》土貢：龍鬚席。

《凉州》土貢：龍鬚席。

《新唐書》卷四一《地理志五・淮南道》《揚州》土貢：殿額莞席。

《蘄州》土貢：簟。

《新唐書》卷四一《地理志・江南道》《常州》土貢：龍鳳席。

《蘇州》土貢：白角簟、草席。

《睦州》土貢：簟。

《宣州》土貢：簟。

《歙州》土貢：簟。

《饒州》土貢：簟。

《新唐書》卷四二《地理志六・劍南道》《劍州》土貢：蘇薰席。

《新唐書》卷四三上《地理志七上・嶺南道》《廣州》土貢：藤簟、竹席。

《循州》土貢：五色藤盤。

《振州》土貢：五色藤盤。

《賓州》土貢：藤器。

《象州》土貢：藤器。

《桂州》土貢：簟。

《峯州》土貢：藤器。

原題唐玄宗《唐六典》卷三《尚書户部》 郎中、員外郎掌領天下州縣户口之事，凡天下十道，任土所出而爲貢賦之差。李林甫等注：其物産，經不盡載，並具下注。【略】

一曰關内道【略】厥貢龍須席。李林甫等注：京兆府粲草席，岐隴、涇、寧、鄜、坊、丹等州龍鬚席。【略】

二曰河南道【略】厥貢水葱、蘆心席。李林甫等注：許州蘆心席，登州水葱席。【略】

三曰河東道【略】厥貢龍鬚席。李林甫等注：晉、汾二州龍鬚席。【略】

四曰河北道【略】厥貢鳳翮、葦席。李林甫等注：相州鳳翮席，滄州葦席、柳箱。【略】

五曰山南道【略】李林甫等注：忠州蘇薰席。【略】

六曰隴右道【略】李林甫等注：岷、秦二州龍鬚席。【略】

七曰淮南道【略】李林甫等注：揚州莞席。【略】

八曰江南道【略】李林甫等注：澧州五人簟。【略】

九曰劍南道【略】李林甫等注：劍州蘇薰席。【略】

十曰嶺南道【略】李林甫等注：廣州竺席、籐簟，循、振二州五色籐盤。

杜佑《通典》卷六《食貨六》 京兆府貢葵草席。

扶風郡貢龍鬚席十領。今岐州。

安定郡貢龍鬚席十領。今涇州。

彭原郡貢五色龍鬚席十領。今寧州

汧陽郡貢龍鬚席六領　今隴州

中部郡貢龍鬚席六領　今坊州

洛交郡貢龍鬚席六領　今鄜州

西河郡貢龍鬚席十領　今汾州
陽城郡貢龍鬚席六領　今沁州
潁川郡貢蓆心席六領　今許州
東牟郡貢水葱席六領　今登州
鄴郡貢鳳翮席六領　今相州
景城郡貢細簟四領　細柳箱八十合　今滄州
廣陵郡貢莞蓆十領　今揚州
天水郡貢龍鬚席六領　今秦州
和政郡貢龍鬚席六領並青黄色　今岷州
澧陽郡貢五入簟四領　今澧州
南賓郡貢蘇薰席四領　今忠州
新定郡貢竹簟一合　今睦州
新安郡貢竹簟一合　今歙州
鄱陽郡貢簟一合　今饒州
普安郡貢蘇薰席六領　今劍州
南海郡貢藤簟二合　竹簟五領　今廣州
延德郡貢藤盤一　今振州

杜佑《通典》卷六《食貨六》　海豐郡貢五色藤鏡匣一具　今循州

杜佑《通典》卷一八六《邊防二》　〔流求〕織籐爲笠，飾以毛羽。兵有刀、矟、弓、箭、劍、鈹之屬。編紵爲甲，或以熊豹之皮。

李吉甫《元和郡縣圖志》卷一《關内道》一

《京兆府》開元貢：葵草席。

李吉甫《元和郡縣圖志》卷二《關内道》二

《鳳翔府》開元貢：龍鬚席。

《隴州》開元貢：龍鬚席五領。

李吉甫《元和郡縣圖志》卷三《關内道》三

《涇州》開元貢：龍鬚席。

又《寧州》開元貢：龍鬚席。

又《鄜州》開元貢：龍鬚席。元和貢同。

又《坊州》開元貢：龍鬚席。元和貢同。

又《丹州》開元貢：龍鬚席。元和貢同。

李吉甫《元和郡縣圖志》卷八《河南道》四

《許州》開元貢：蔗心席。元和貢：蔗心席六領。

李吉甫《元和郡縣圖志》卷一一《河南道》七

《登州》開元貢：水葱席。

李吉甫《元和郡縣圖志》卷一三《河東道》二

《汾州》開元貢：龍鬚席。

又《沁州》開元貢：龍鬚席。

《石州》開元貢：龍鬚席五領。

李吉甫《元和郡縣圖志》卷一四《河東道》三

《磁州》開元貢：鳳翮席。

李吉甫《元和郡縣圖志》卷一五《河東道》四

《相州》開元貢：鳳翮席。

李吉甫《元和郡縣圖志》卷一六《河北道》一

《滄州》開元貢：柳箱，葦簟。

又《景州》貢、賦(與滄州同)〔元和貢：葦簟。〕

李吉甫《元和郡縣圖志》卷一八《河北道》三

《睦州》元和貢：竹簟。

李吉甫《元和郡縣圖志》卷二五《江南道》一

《衢州》元和貢：簟，龍鬚席。

李吉甫《元和郡縣圖志》卷二六《江南道》二

《饒州》元和貢：竹簟。

李吉甫《元和郡縣圖志》卷二八《江南道》四

又《歙州》元和貢：竹簟。

李吉甫《元和郡縣圖志》卷三三《劍南道》下

《劍州》開元貢：蘇薰席。元和貢：蘇薰席六領。

李吉甫《元和郡縣圖志》卷三四《嶺南道》一

《循州》開元貢：藤器。元和貢：藤箱。

李吉甫《元和郡縣圖志》卷三九《隴右道》上

《岷州》開元貢：龍鬚席。

樊綽《雲南志》卷七《雲南管内物産》　孟滩竹，長傍出。其竹節度三尺，柔細可爲索，亦以皮爲麻。

馬縞《中華古今注》卷中　孫興公稱皇帝龍鬚草　孫綽，字興公也。作《天台賦》擲地作金聲。孫興公問曰：「世稱皇帝鑿峴山，得僊乘龍上天。羣臣援龍鬚，鬚墜地而生草，世名曰龍鬚，有之乎？」答曰：「非也。有龍鬚草，一名縉雲草，故世人爲之傳非也。今草有龍鬚者，江東亦織爲席，曰西王母席。可復是西王母騎虎而墜其鬚乎。」

司馬光《資治通鑑》卷二八三《後晉高祖天福七年》　楚王（馬）希範作天策府，極棟宇之盛；【略】地衣，春夏用角簟，胡三省注：角簟，剖竹爲細篾，織之，藏節去筠，瑩滑可愛；南蠻或以白藤爲之。

《宋史》卷八五《地理志一》　開封府　貢蔗席。
穎昌府　貢蔗席。

《宋史》卷八六《地理志二》　開德府　貢莨莠席。
滄州　貢大柳箱。
開德府　貢莨莠席。
永静軍　貢簟。

《宋史》卷八七《地理志三》　京兆府　貢席。
坊州　貢席。
寧州　貢席。
秦州　貢席。
鳳翔府　貢席。
隴州　貢席。

《宋史》卷八八《地理志四》　平江府　貢花席。
常州　貢席。
建德府　貢簟。
揚州　貢莞席。
蕲州　貢簟。
饒州　貢竹簟。
澧州　貢竹簟。

《宋史》卷九〇《地理志六》　廣州【略】元豐貢藤簟。
循州【略】貢藤盤。

聶崇義《新定三禮圖・后服圖》卷二　《士昏禮》「質明，贊見婦於舅姑。婦執笲棗、栗，自門入，升自西階進拜，奠于（舅）席」。又「降階受笲腶脩，外進，北面拜奠于（姑）席」。下記云「笲緇被纁裏」。注云：被，表也。笲有表者，婦見舅姑以飾爲敬。賈又釋上注云：笲，竹器而衣者，以字從竹，故知是竹器也。其形蓋如今之筥篆蘆矣。音墟盧。漢時有筥篆蘆，故舉之以況笲也。但漢法去今遠，其狀無以知之，或見圖中如筥狀，其口微弇而稍淺，今取以爲法。笲音煩，又舊圖讀如皮弁之弁，以繒衣之容一斗。

笲

聶崇義《新定三禮圖・冠冕圖》卷三　《士冠禮》云：「櫛實于簞。」鄭玄注云：簞，笥也。又《曲禮》鄭玄注云：圓曰簞，方曰笥。笥與簞方圓有異，此云簞，笥也，共爲一物者，鄭舉其類也。

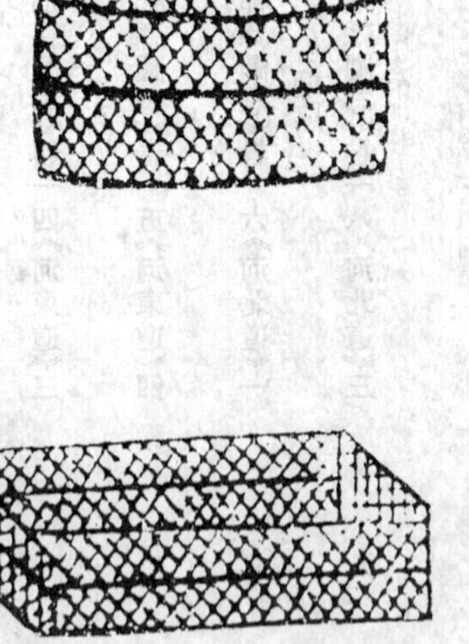

簞

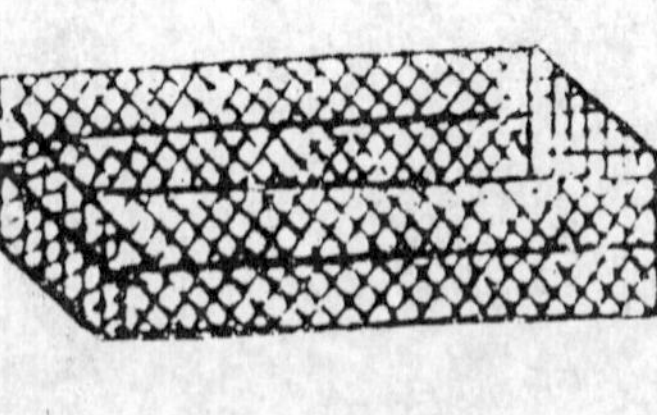

匴

《士冠禮》云：「爵弁皮弁，緇布冠各一匴，執此待於西坫南。」鄭玄注云：匴，器名，今之冠箱也。《舊圖》畫而圓，梁正改而方。舊匴在爵弁之下，今依經次於簞後。

聶崇義《新定三禮圖・匏爵圖》卷一二　《舊圖》云：篚以竹爲之，長三尺，廣一尺，深六寸，足高三寸，如今小車笭。臣崇義又桉《士冠禮》云：「篚實、勺觶、角柶。」注云：篚，竹器如笭者。」《少牢禮》亦云：「勺爵觚觶實于篚。」又《鄉飲酒記》云：上篚有三爵，初，主人獻賓及介，又獻衆賓，獻酬訖，乃以爵奠于上篚，又于上篚取他爵獻與笙訖，乃奠爵于下篚。或有大夫來，乃于上篚取大夫爵而獻大夫訖，亦奠于上篚。又《燕禮》及《大射》説君臣異篚，其單言篚者，臣也；言膳篚者，君篚也。注云：膳篚者，君象觚所饌也。此明非獨君篚名膳，其觚亦用象飾也。又有玉幣之篚。又《士虞禮》有盛食之篚，錯于户左，屍飯播餘于篚。古者飯用手，若吉時食，則播餘于蓋；又佐食以魚、豬肺脊皆實于篚。以此言之，篚亥有蓋也。

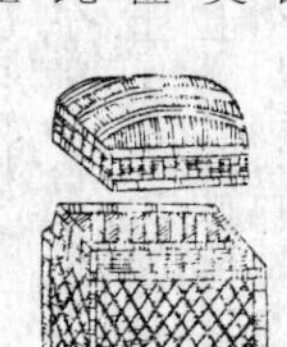
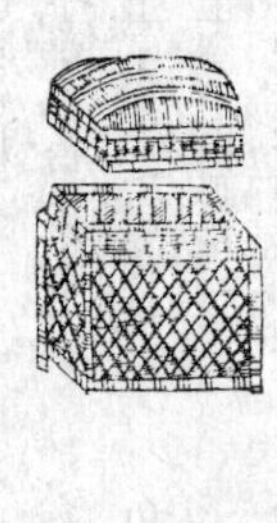

篚有蓋

大篚

筥

《詩·采蘋》毛亨傳曰：圓曰筥。受半斛，主君致饔餼於賓與大夫上介，皆以筥盛米，故《聘禮》云：「米百筥，筥半斛，設于中庭，十以爲列。(北)[比]上，黍粱稻皆貳行，稷四行」是也。

《詩·采蘋》毛亨傳曰：方曰筐。《舊圖》説筐受五斛。案《聘禮》云：「大夫餼賓，大牢米八筐」。鄭玄注云：陳於門外黍粱各二筐，稷四筐。「上介亦如之，衆介皆少牢米六筐。」鄭玄注云：又無粱也。下記云：凡「餼，大夫，黍粱稷筐五斛」。鄭玄注云：謂大夫餼賓上介也，器寡而大略也。賈疏云：上經米八筐，米六筐，不辨大小，故此記之辨之，云筐五斛也，鄭云器寡而大略也者，以其君歸饔餼于賓與大夫介米百筥，而筥盛半斛是器小而多也。以尊者所致，以多器爲榮，今大夫致禮於賓介惟八筐、六筐，而筐盛五斛，是器寡而大略之於早者也。

籩

臣崇義案鄭注《籩人》及《士虞禮》云：籩以竹爲之，口有縢緣，形制如豆，亦受四升，盛棗、栗、桃、梅、菱芡、脯修、膴鮑、糗餌之屬。有巾，案《儀禮·鄉射》脯長尺二寸，横於籩上。

聶崇義《新定三禮圖·喪器圖》卷一八 《既夕禮·記》云：「稾車載蓑笠」。鄭玄注云：稾猶散也。《周禮·司常》斿車以田以鄙。與此散車同是木輅也。蓑笠備雨服，笠亦以禦暑。

蓑

笠

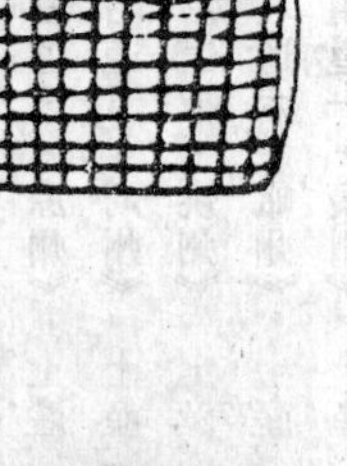

筲

《既夕禮》云：「筲三，黍稷麥。」鄭玄注云：筲，畚種類也，其容蓋與簋同，一縠也。賈釋六畚器所以盛種。此筲與畚盛種同類，故舉爲況也。又下記云：「菅筲三，其實皆瀹。」音藥。鄭玄注云：米麥皆湛之以湯，未知神之所享，不用食道，所以爲敬。

樂史《太平寰宇記》卷七《河南道七·許州》 土産：蓆心席。

樂史《太平寰宇記》卷九《河南道九·鄭州》 土産：鳳翮席尤佳，舊貢。

樂史《太平寰宇記》卷二〇《河南道二〇·登州》 土産：水葱音聰。席，今貢。

樂史《太平寰宇記》卷二五《關内西道一·雍州》 土産：粲席。貢。

樂史《太平寰宇記》卷三〇《關西道六·鳳翔府》 土産：龍鬚席，貢。

樂史《太平寰宇記》卷三二《關西道八·隴州》 土産：龍鬚席。

樂史《太平寰宇記》卷三二《關西道八·涇州》 土産：龍鬚席。

樂史《太平寰宇記》卷三三《關西道九·慶州》 土産：龍鬚席。

樂史《太平寰宇記》卷三五《關西道一一·鄜州》 土産：龍鬚席，貢。

樂史《太平寰宇記》卷三五《關西道一一·坊州》 土産：龍鬚席，貢。

樂史《太平寰宇記》卷三五《關西道一一·丹州》　土産：龍鬚席，貢。

樂史《太平寰宇記》卷三七《關西道一三·會州》　土産：白角簟。

樂史《太平寰宇記》卷三八《關西道一四·振武軍》　土産：白角簟。

樂史《太平寰宇記》卷三八《關西道一四·麟州》　土産：同振武。

樂史《太平寰宇記》卷四一《河東道二·汾州》　土産：龍鬚席，貢。

樂史《太平寰宇記》卷四二《河東道三·石州》　賦：龍鬚席。

樂史《太平寰宇記》卷四六《河東道七·蒲州》　土産：藺席。

樂史《太平寰宇記》卷四八《河東道九·隰州》　土産：龍鬚席，出温泉縣。

樂史《太平寰宇記》卷五五《河北道四·相州》　土産：鳳翮席，貢。

樂史《太平寰宇記》卷五七《河北道六·澶州》　土産：鳳翮席。

樂史《太平寰宇記》卷六三《河北道一二·冀州》　土産：草履子。

樂史《太平寰宇記》卷六五《河北道一四·滄州》　土産：五色柳箱、莞席，水葱席，細文葦簟。

樂史《太平寰宇記》卷六八《河北道一七·定遠軍》　土産：舊貢：水葱席，茅簟。

樂史《太平寰宇記》卷七三《劍南西道二·漢州》　土産：芩根鞋，合簟。

樂史《太平寰宇記》卷八四《劍南東道三·劍州》　土産：蒀鞋，舊貢蘇薰席，《圖經》云：「蘇家三陵草席。」

樂史《太平寰宇記》卷八七《劍南東道六·遂州》　土産：簟子。

樂史《太平寰宇記》卷八八《劍南東道七·瀘州》　土産：花竹簟。

樂史《太平寰宇記》卷九一《江南東道三·蘇州》　土産：席，出虎丘。草履。

樂史《太平寰宇記》卷九二《江南東道四·常州》　土産：龍鳳細席，出晉陵、無錫二縣。

樂史《太平寰宇記》卷九二《江南東道四·江陰軍》　土産：同常州。

樂史《太平寰宇記》卷九五《江南東道七·睦州》　土産：竹簟。

樂史《太平寰宇記》卷九五《江南東道七·秀州》　土産：同蘇州。

樂史《太平寰宇記》卷九七《江南東道九·衢州》　土産：簟，號曰生子簟。

樂史《太平寰宇記》卷一〇〇《江南東道一一·福州》　土産：簟，白藤箱。

樂史《太平寰宇記》卷一〇二《江南東道一四·泉州》　土産：白藤箱。

樂史《太平寰宇記》卷一〇二《江南東道一四·興化軍》　土産：與泉州同。

樂史《太平寰宇記》卷一〇七《江南西道五·饒州》　土産：簟。

樂史《太平寰宇記》卷一〇八《江南西道六·虔州》　土産：竹梳箱。

樂史《太平寰宇記》卷一〇九《江南西道七·袁州》　土産：竹鞋。

樂史《太平寰宇記》卷一一六《江南西道一四·道州》　風俗：織造麻葛、竹簟、草席。

樂史《太平寰宇記》卷一一六《江南西道一四·全州》　土産：貢斑竹簾簟。

樂史《太平寰宇記》卷一一八《江南西道一六·朗州》　土産：五入簟。

樂史《太平寰宇記》卷一二〇《江南西道一八·涪州》　土産：席。

樂史《太平寰宇記》卷一二三《淮南道一·揚州》　土産：莞席。

樂史《太平寰宇記》卷一二七《淮南道五·蘄州》　土産：竹簟。

樂史《太平寰宇記》卷一三〇《淮南道八·建安軍》　土産：同揚州。

樂史《太平寰宇記》卷一三六《山南西道四·渝州》　土産：段氏《蜀記》云：「渝州出花竹簟，爲時所重。」

樂史《太平寰宇記》卷一四九《山南東道八·忠州》　土産：蘇薰席。按段氏《遊蜀記》云：「忠州墊江縣以蘇薰爲席，絲爲經，其色深碧。」

樂史《太平寰宇記》卷一五〇《隴右道一·秦州》　土産：龍鬚席。

樂史《太平寰宇記》卷一五一《隴右道二·渭州》　土産：龍鬚席。

樂史《太平寰宇記》卷一五二《隴右道三·涼州》　土産：龍鬚席。

樂史《太平寰宇記》卷一五四《隴右道五·河州》　土産：同洮州。

樂史《太平寰宇記》卷一五四《隴右道五·洮州》　土産：同岷州。

樂史《太平寰宇記》卷一五五《隴右道六·岷州》　土産：龍鬚席。

樂史《太平寰宇記》卷一五七《嶺南道一·廣州》　土産：席，簟。

樂史《太平寰宇記》卷一六〇《嶺南道四·惠州》　土産：藤花箱。

樂史《太平寰宇記》卷一六〇《嶺南道四·英州》　土産：與廣州同。

樂史《太平寰宇記》卷一六一《嶺南道五·賀州》　土産：龍鳳花紋簟。新貢。

樂史《太平寰宇記》卷一六二《嶺南道六·桂州》　土産：簟。

樂史《太平寰宇記》卷一六三《嶺南道七·新州》　風俗：巧作木疊藤帽、五色藤箱、席。

李昉等《太平廣記》卷五五《伊用昌》　伊用昌者，不知何許人也。其妻甚少，有殊色。音律女工之事，皆曲盡其妙。夫雖饑寒丐食，終無愧意。或有豪富子弟，以言笑戲調，常有不可犯之色。其夫能飲，多狂逸，時人皆呼爲伊風子。

多遊江左廬陵宜春等諸郡，出語輕忽，多爲衆所毆擊。愛作《望江南》詞，夫妻唱和。或宿於古寺廢廟間，遇物即有所詠，其詞皆有旨。【略】江南有芒草，貧民採之織屨。緣地土卑濕，此草耐水，而貧民多着之。伊風子至茶陵縣門，大題云：「茶陵一道好長街，兩畔栽柳不栽槐。夜後不聞更漏鼓，只聽鎚芒織草鞋。」

李昉等《太平廣記》卷六二《何二娘》 廣州有何二娘者。以織鞋子爲業。

《事物紀原》卷八《舟車帷幄部》

兜子 兜籠，巴蜀婦人所用，乾元以來，蕃將多著勳於朝，兜籠易於檐負，京師先用車轝，後亦以兜籠代之。即今之兜子。蓋其制起於巴蜀，而用於中朝自唐乾元以來也。

簾 《莊子》曰：有張毅者，高門懸箔，無不走也。而《談藪》有户下懸簾，明知是箔，則懸箔即簾矣。《荀子》有「局室蘆簾」之文，由此推之，疑三代物。《禮》曰：天子外屏，諸侯内屏，大夫以簾，士以幃。

席 《淮南子》曰：席先萑葦。高誘注云：席之先所從生，出於萑與簟葦也。《拾遺記》曰：軒皇使百辟羣臣，列圭玉於蘭蒲席上。以蘭蒲爲席，而薦圭玉之重器，不嫌其陋，初有此物故也。韓子曰：禹爲蔣席頳緣，此彌侈矣。蓋至禹始加純緣之飾也。至周司几筵掌五席，有莞藻次蒲熊之名，其純有紛畫黼之別也。

簟 《詩·斯干》曰：下莞上簟。鄭玄箋：竹葦曰簟。《説文》曰：簟，竹席也。以竹爲席謂之簟，則是因席遂爲簟也。故周成王之《顧命》曰：敷重篾席。孔安國注謂：篾，桃竹。其物雖已見於周初，而猶以竹名號席，則簟之名，當出於周之中葉，故宣王之《雅》始見簟名焉。

薰籠 《晉東宫舊事》曰：太子納妃，有衣薰籠。當亦秦、漢之制也。

《事物紀原》卷九《農業陶漁部》

羅 《世本》曰：庖犧臣句芒作羅。羅，鳥罟也。

網 《古史考》曰：伏犧氏觀蒙面而作網。《世本》曰：句芒作。《易·繫辭》曰：包犧結繩爲網罟。《抱朴子》曰：太昊師蜘蛛而結網。網，魚罟也。孟詵《錦帶前書》：伏犧始爲網罟。《高氏小史》曰：太昊作罟網，以取禽獸。

《事物紀原》卷一〇《布帛雜事部》

繩 《易》曰：上古結繩而治。《書·序》曰：伏犧造書契，以代結繩之政。則是繩出於太昊之前。《高氏小史》曰：燧人氏時，結繩刻木以記事。則繩自燧人氏始也。

王存《元豐九域志》卷一《四京·東京，開封府》 土貢蘆席一十領。

王存《元豐九域志》卷一《京西路·潁昌府》 土貢薦席一十領。

王存《元豐九域志》卷二《河北路·澶州》 土貢席二十領。

卷二《河北路·滄州》 土貢柳箱一千枚。

王存《元豐九域志》卷二《河北路·永静軍》 土貢簟一十領。

王存《元豐九域志》卷三《陝西路·京兆府》 土貢席一十領。

王存《元豐九域志》卷三《陝西路·鄜州》 土貢席一十領。

王存《元豐九域志》卷三《陝西路·坊州》 土貢席一十領。

王存《元豐九域志》卷三《陝西路·鳳翔府》 土貢席一十領。

王存《元豐九域志》卷三《陝西路·秦州》 土貢席二十領。

王存《元豐九域志》卷三《陝西路·隴州》 土貢席二十領。

王存《元豐九域志》卷四《河東路·汾州》 土貢席一十領。

王存《元豐九域志》卷五《淮南路·揚州》 土貢莞席一百領。

王存《元豐九域志》卷五《淮南路·蘄州》 土貢簟一十領。

王存《元豐九域志》卷五《兩浙路·蘇州》 土貢席二十領。

王存《元豐九域志》卷五《兩浙路·常州》 土貢席三十領。

王存《元豐九域志》卷五《兩浙路·睦州》 土貢簟一十領。

王存《元豐九域志》卷六《江南路·饒州》 土貢簟一十領。

王存《元豐九域志》卷六《荆湖路·澧州》 土貢簟一十領。

王存《元豐九域志》卷九《廣南路·廣州》 土貢藤席二十領。

王存《元豐九域志》卷九《廣南路·循州》 土貢藤盤一面。

王存《元豐九域志》卷九《廣南路·惠州》 土貢藤箱一枚。

王存《元豐九域志》卷九《廣南路·象州》 土貢藤器一十事。

王存《元豐九域志》卷九《廣南路·賓州》 土貢藤器一十事。

《海録碎事》卷五《衣冠服用部·氈席門簟附》 桃笙 宋魏之間方言謂簟爲笙。梁簡文《謝簟書》云：未若五離九折，生桃笙之翠筍。 象簟 王隱《晉書》：車永爲廣州，其子溢多使工作象牙細簟。 珍簟 珍簟清夏室，輕扇動凉颸。楚緇切。謝玄暉 雙文簟 王縉詩云：玉枕雙文簟，金盤五色瓜。 冰簟 吴融詩：露牀冰簟落秋河。 流黄簟 會稽獻竹簟，號流黄簟。 疏霜 李賀《六月詞》：裁生羅，伐湘竹，帔拂疏霜簟秋玉。炎炎紅鏡東方開，暈如車輪上徘徊，啾啾赤帝騎龍來。簟秋玉 見上。花簟 李賀《七月詞》：僅厭舞衫薄，稍知花簟寒。鬼吹 康真人《氣訣》云：牀席須厚軟，脚稍令高。《真誥》云：牀高三尺，即鬼吹不及矣。蓋因地氣以吹之而爲祟矣。犀簟 《洞冥記》：跂勒國貢文犀，織以爲簟。鳳窠斜 御牋銀沫冷，長簟鳳窠斜。李賀詩織成金簟 庾肩吾《謝銅筆硯格》：西域胡人，臥織成之金簟；隨仙童子，隱芙蓉之行幢。金簟 侯君集破高昌得之。蛩氈 瑶席夏冷，蛩氈冬暖。沈佺期《七引》薜荔席 靡薜荔而爲席，折瓊枝以爲芳。《甘泉賦》單席 《周禮》注：衽席，單席也。

范成大《桂海虞衡志・志香》 零陵香，宜、融等州多有之。土人編以爲席，薦坐褥，性煖宜人。零陵，今永州，實無此香。

趙與旹《賓退録》卷一〇 《禹貢》以來，歷代史志及地理之書，但載土貢之目，而不書其數。惟《元豐九域志》爲詳。嘗最一歲所貢，凡爲【略】席一百七十領，常三十領，澶、秦、隴、蘇各二十領，京兆、鄜、寧、坊、鳳翔、汾各一十領。藨席二十領，開封一十領，潁昌一十領。莞席一百領，揚。簟四十一領，永静、蘄、睦、饒各一十領，澧一領。藤簟二十領，廣。漆器五十事，湖三十事，襄二十事。瓷器三百一十事，河南二百事，耀、越各五十事，邢一十事。石器二十事，登一十事，萊一十事。水晶器一十事，信。藤器二十事，象一十事，賓一十事。藤盤一面，循。藤箱一枚，惠。柳箱一十枚，滄。

周去非《嶺外代答》卷六《器用門・蠻笠》 西南蠻笠以竹爲身，而冒以魚氈，其頂尖圓，高起尺餘，而四圍頗下垂，視他蓄笠其製似不佳，然最宜乘馬。蓋頂高則定而不傾，四垂則風不能揚，他蓄笠所不及也。交阯有笠如兜鍪，而頂偏似田螺之臀，謂之螺笠，以細竹縷織成，雖曰工巧，特賤夫之所戴爾。

祝穆《方輿勝覽・淮西路・蘄州》 土產蘄簟韓愈《謝鄭羣贈簟》詩：蘄州笛竹天下知，鄭君所寶尤瑰奇。携來當晝不得臥，一府争看黄琉璃。體堅色净又藏節，滿眼凝滑無瑕疵。法曹貧賤衆所易，腰腹空大何能爲。自從五月困暑濕，如坐深甑遭蒸炊。手磨袖拂心語口，慢膚多汗真相宜。日暮歸來獨惆悵，有賣直欲傾家貲。誰謂故人知我意，卷送八尺含風漪。呼奴掃地鋪未了，光彩照耀驚童兒。青蠅側翅蚤蝨避，肅肅疑有清風吹。倒身甘寢百疾愈，却顧天日常炎曦。明珠青玉不足報，贈子相好無時衰。白居易《寄簟與元九》詩：笛竹出蘄春，霜刀劈翠筠。織成雙人簟，寄與獨眠人。卷作筒中信，舒爲席上珍。滑如鋪薤葉，冷似臥龍鱗。清潤宜乘露，鮮華不受塵。通州炎瘴地，此物最關身。

馬端臨《文獻通考》卷三一七《輿地三》 澶州【略】貢莨莠席。

滄州〔貢〕柳箱。

景州【略】貢簟。

馬端臨《文獻通考》卷三一八《輿地四》 南兗州【略】貢莞席。

蘄州【略】貢簟。

饒州【略】貢竹簟。

又

常州【略】貢席。

平江府【略】貢花席。

又

嚴州【略】貢簟。

馬端臨《文獻通考》卷三一九《輿地五》 澧州【略】貢竹簟。

馬端臨《文獻通考》卷三二〇《輿地六》 開封府【略】貢藨席。

又

許州【略】貢藨席。

馬端臨《文獻通考》卷三二二《輿地八》 鳳翔府【略】貢席。

隴州【略】貢席。

寧州【略】貢席。

懷德軍【略】貢席。

坊州【略】貢麻席。

又

秦州【略】貢席。

又

涼州【略】貢龍鬚席。

馬端臨《文獻通考》卷三二三《輿地九》 廣州【略】馬鈴轄兼本路經略安撫使貢藤簟。

循州【略】貢藤盤。

惠州【略】貢甲香、藤箱。

賓州【略】貢銀、藤器。

繡州【略】貢金、藤器。

峰州【略】貢藤器。

《宋會要輯稿・蕃夷七・歷代朝貢》 〔熙寧五年四月五日，〕大食勿巡國遣使辛毗陁羅奉表，貢薔花簟。

王禎《王禎農書・農器圖譜集之七・蓑笠門》

《傳》曰，首戴茅蒲，身服襏襫，此謂之農。今田家蓑笠，以莎以篛爲之者是也。後之禦雨蔽日等具，由此增其巧，便爲田農必用之物，是可尚也。復以牧笛、葛燈籠等附之，愈賁飾於《圖譜》矣。

蓑

蓑，雨衣。《無羊詩》曰「何蓑何笠」，毛註曰，蓑所以備雨，笠所以禦暑。《唐韻》云，蓑，草名，可爲雨衣，又名「襏北末切。襫。施隻切。」《説文》云，秦謂之「萆」。方歷切。又婢赤切。《爾雅》曰「薃，侯莎」。蓑衣以莎草爲之，故音同「莎」。又名「薛」。《六韜・農器篇》曰，蓑薛簦笠。今總謂之「蓑」，雨具中最爲輕便。

王荆公詩云：「采采霜露下，披披煙雨中。蒲茅以爲衣，袒褐相與同。勿妒市門人，綺紈被奴僮。當慚邊城戍，擐甲徂春冬。」

笠

笠，戴具也。古以臺皮爲笠，《詩》所謂「臺笠緇撮」。今之爲笠，編竹作殼，裹以箨篛，或大或小，皆頂隆而口圓，可芘雨蔽日，以爲蓑之配也。

王荆公詩云：「耕有春雨濡，耘有秋陽暴。二物應時需，九州同我欲。孰能生少慕，得此云自足。君思周伯陽，所願豈華轂。」

扉

扉，草履也。《左傳》曰：「共其資糧扉屨。」《説文》曰，扉，草履也。孔《疏》云，扉、屨，俱是在足之物，善惡異名耳。《喪服・傳》曰，疏屨者，粗劣之扉也。是扉用草爲之。注云「草屨」者，「屨」「履」通言耳。今云「扉屨」，相形以曉人也。

詩云：蒯菅柔韌自編成，不換仍呼不借名。長向緑蓑衣底著，雨行偏稱去聲。野夫情。

屨

屨，麻履也。《傳》云，屨滿户外，蓋古人上堂則遺屨於外，此常屨也。今農人春夏則扉，秋冬則屨，從省便也。《方言》：扉，粗屨也，徐、兖之郊謂之「扉」，自關而東謂之「複履」，其卑者謂之「鞔」，音婉。下禪謂之「鞮」，今韋鞮也。絲作者謂之「履」，麻作者謂之「不借」，粗者謂之「屨」，東北朝鮮冽水之間謂之「鞇」，音印。或謂之「㢋」，下瓦切。一音「畫」。徐土邳沂之間，大粗謂之「鞇角」。今漆履有齒者。皆履之别名也。

詩云：織麻成屨足相容，嗜好殊非蠟屐同。未擬平生著幾緉，且憑踐履有深功。

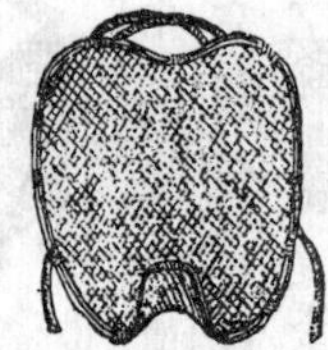

橇

橇輴芮切。泥行具也。《史記》，禹乘四載，泥行乘橇。孟康曰，橇形如箕，擿行泥上。東坡《秧馬歌叙》云，橇豈秧馬之類歟？以康言考之，非秧馬類也。嘗聞向時河水退灘淤地，農人欲就泥裂漫撒麥種，奈泥深恐没，故制木板以爲履，前頭及兩邊高起如箕，中綴毛繩，前後繫足底；板既闊，則舉步不陷。今海陵人泥行及刈過葦泊中皆用之。竊詳■字從「木」從「毛」，即其義也。

詩云：大禹平水土，泥行即乘橇。後人相地宜，彷像資種藝。材寛一屐餘，跡認雙梟蜕，豈知千載後，翻免足胝弊。

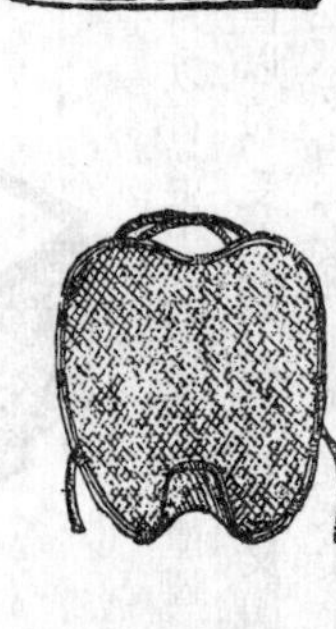

覆殼

覆殼，一名「鶴翅」，一名「背蓬」。篾竹編如龜殼，裹以箨篛，覆於人背，繩繫肩下；耘薅之際，以禦畏日，兼作雨具。下有卷口，可通風氣，又分雨溜。適當盛暑，田夫得此，以免曝烈之苦，亦「一壺千金」之比也。

詩云：田頭赫日曝膚赬，微智能令庇廕清。竹股合編深可覆，篛胎層布薄還輕。製成龜背兼龜兆，俯作鶴軀如鶴行。南北薅鋤人得此，隨身長若片雲生。

臂篝

臂篝，古侯切，籠答也。狀如魚笱，篾竹編之，又名「臂籠」。江淮之間，農夫耘苗或刈禾，穿臂於內，以卷居願切。衣袖，猶北俗芟刈草木以皮爲袖套，皆農家所必用者。

詩云：筠篝編織作中虛，穿臂農夫護若膚。不似舞姬華宴上，巧籠衣袖絡珍珠。

王禎《王禎農書·農器圖譜集之八·蓧蕢門》 蓧、蕢，皆古盛穀器也。《論語》謂「荷蕢」、「荷蓧」，今以名篇，遵古制也。由是類而書之。然穀物別入聲。精粗之異等，故器用隨細大之有差，方俗稱呼，分彼此之名，室家用舍，備盈虛之數，既貯儲之多便，復簸蹂之同資，今總收録，庶不乏用云。

蓧

蓧徒弔切。字從「草」、從「條」，取其象也，即今之盛穀種器。《語》曰，遇丈人以杖荷蓧。蓋蓧器之小者，可杖荷之；既農隱所用，必爲盛穀器也。包氏曰，蓧，竹器。考其字體非從「竹」，若謂竹器，非也。《說文》曰，耘器。稽之書傳，錢、鎛、鉏、耨，皆刃爲之，謂蓧爲耘器，亦非也。當與蕢同類，皆盛穀器，但有大小之差；故因辯之，以袪世惑。南方盛稻種用篅，以竹爲之；北方藏粟種用簍，多以草木之條編之。蓧蓋是此類。

蕢、草器，從「草」，「貴」聲。《論語》有荷蕢而過孔氏之門者。古文作「臾」，象形，盛穀器。《集韻》作「簣」，字從「竹」，舉土籠也。語云，譬如爲山，未成一簣；《書》云，功虧一簣，俱從「竹」。注云土籠。今上文從「草」，以草爲之，即盛穀器也。

詩云：伊昔丈人輩，荷蓧與荷蕢。蓧蕢雖若殊，知皆古農器。視彼隱者流，避世復避地。爲兹身口謀，寧同聖人意。寥寥千載後，猶能覩餘制。因物想遺風，憮然發三喟。

蕢

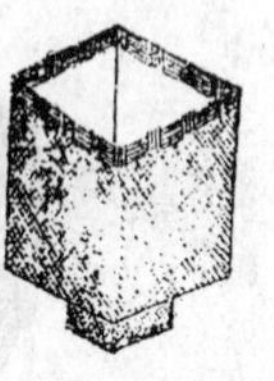
筐

筐、竹器之方者。《詩注》云，筐、篚屬，可以行幣帛及盛物。《三禮圖》曰，大筐以竹，受五斛，以盛米，致饋於聘賓；小筐以竹，受五升，以盛米。又曰，筐以盛熬穀。《詩》曰，「采采卷耳，不盈頃音傾筐」。又曰，「女執懿筐，爰求柔桑」。筐之制，其來已久，今用於農家者多矣。

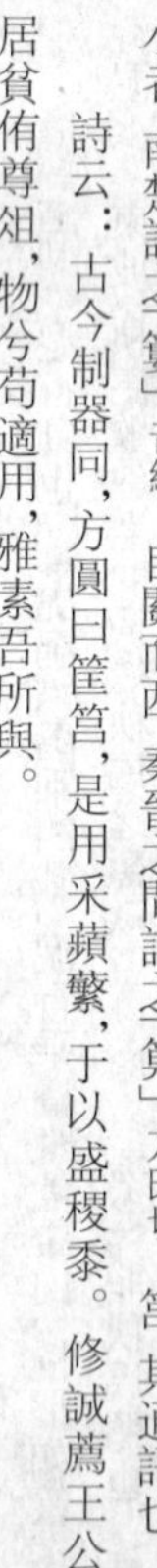
筥

筥、亦作「簴」，竹器之圓者。注曰，筥圓而長，但可實物而已。《三禮圖》曰，筥受五升，盛饔飧之米，致於賓館。《良耜詩》曰，「載筐及筥」。《左傳》，筐筥錡釜之器。《字說》云，筐、筥，二器也，特方圓之異云耳。江沔之間謂之「篼」，音餘。趙代之間謂之「筥」，兮弦切。淇衛之間謂之「牛筐」。小者，南楚謂之「簍」，音縷。自關而西、秦晉之間謂之「箄」，方氏切。筥，其通語也。

詩云：古今制器同，方圓曰筐筥，是用采蘋蘩，于以盛稷黍。修誠薦王公，居貧侑尊俎，物兮苟適用，雅素吾所與。

畚，音本。土籠。力董切。《左傳》，樂喜「陳畚梮」，注云，「畚，簣籠」。《集韻》作「畚」。《晉書》王猛少貧賤，嘗鬻畚爲事。《說文》「畚，㽘音瓶。屬」，又「蒲器也，所以盛種」。「杜林以爲竹筥，揚雄以爲蒲器。」然南方以蒲竹，北方用荊柳，或負土，或盛物，通用器也。

詩云：江南貴蒲竹，漢北取荊柳。致用與簣均，聯名惟畚偶。不辭編織勞，常爲貧賤有。他日興土工，嗟哉須汝負。

畚

笹

笆徒本切。《集韻》云，盛穀器，或作「囤」，又「籧」也。北方以荆柳或蒿卉制成圓樣，南方判竹編草，或用籧篨空洞作圍，各用貯穀；南北通呼曰「笆」，兼「篅」、「䉢」而言也。笆多露置，可用貯糧；篅、䉢在室，可用盛種；皆農家收穀所先具者，故併次之。

篅。市專切。《說文》云，判竹圓以盛穀，笆類也。篅或作「圌」。此「䉢」與「篅」皆笆之別名，但大小有差，亦篠簣之舊制，不可遺也。

䉢。章恕切。《集韻》云，䉢筐，盛種器。蓋連底小笆，便於移用。䉢章恕切。作「蔗」，又作「䉢」。

詩云：農家屯糧元有具，以「笆」爲名須用竹。體圓制密塗塈茨，正則能容傾則覆。南北由來無異名，露置當陽安用屋。樂歲先爲歉歲防，一年耕有三年蓄。但令積粟比任生，未必指囷無魯肅。先民作器兼細巨，下逮人間篅與䉢。篅與䉢笆小毋慮，酌量出納宜朝暮。日計不足月有餘，徙頓東西無定處。家存户置多貯儲，貴可無憂賤無蠹。便當封作富民侯，彼腹緣饑吾腹飫。國不空虛倉廩助，歲歲豐年歌黍稌。

篅

穀匣、盛穀方木層匣也。用板四葉，相嵌而方，大小不等，高下隨宜，下作底足，疊累數層，上作頂蓋，貯穀於內。置穴於下，可以啓閉。用之多在屋室；亦可露置，以瓦覆之。比之囷京，可以移頓，較之篅䉢，可以增減。既無雀鼠之耗，又無溼浥之虞，實穀藏之佳者。

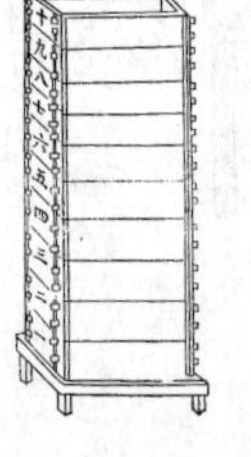

穀匣

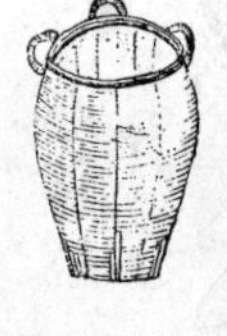

籮

詩云：取制異囷京，初憑梓匠成。虛中元有受，正立乃無傾。封鐍開還濕，方層貯每盈。家家能置此，亦號小「常平」。

籮，析竹爲之，上圓下方，挈米穀器，量可一斛。《方言》：籮所以注斛，陳魏宋楚之間謂之「篙」，自關而西謂之「注箕」。皆籮之別名也。

䈪才何切。亦籮屬，比籮稍匾而小，用亦不同。䈪則造酒、造飯，用之漉米，又可盛食物。蓋籮盛其粗者，而䈪盛其精者，精粗各適所受，不可易也。

䈪

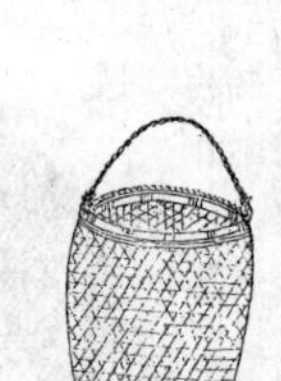

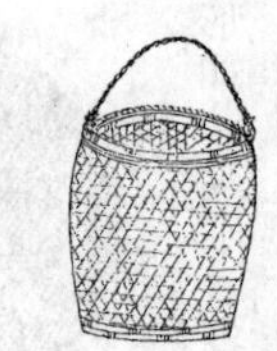

籃

詩云：匾小即云䈪，圓大則爲籮。從「竹」皆盛器，協音豈異科？販夫挑自便，田舍用還多。今歲租糧畢，空虛奈爾何！

籃、竹器。無係爲筐，有係爲籃。大如斗量，又謂之「笭郎鼎切。篣。桑鼎切」。農家用採桑柘、取蔬果等物，易挈提者。《方言》：「籠，南楚江沔之間謂之『篣』，或謂之『笯』。」郭璞云：「亦呼『籃』。」蓋一器而異名也。

詩云：賣花擔上兩相宜，劚藥山前屢挈歸。何似採桑盛葉好，是中還有綺羅衣。

箕

箕，簸箕也。《說文》云：「簸，揚米去糠也」。《莊子》曰，箕之簸物，雖去粗留精，然要其終，皆有所除，是也。然北人用柳，南人用竹，其制不同，用則一也。詩云：「哆兮侈兮，成是南箕。」箕，四星，二星爲踵，二星爲舌，哆、侈，謂踵已大而舌又廣也。又「維南有箕，載翕其舌」故箕皆有舌，易播物也。諺云，箕星好風，謂主簸揚，農家所以資其用也。

王荆公詩云：「精良止如留，疏惡棄如擯。如擯非爾憎，如留豈吾吝？無心以擇物，誰喜亦誰愠？翁乎勤簸揚，可使糠粃盡。」

帚，今作「箒」，又謂之「篲」。《集韻》云，少康作箕帚。其用有二，一則編草爲之，潔治室內，制則匾短，謂之「條亦作苕。帚」；一則束篠爲之，擁掃庭院，制則叢長，謂之「埽帚」。又有種生埽帚，一科可作一帚，謂之「獨埽」，農家尤宜種之，以備場圃間用也。

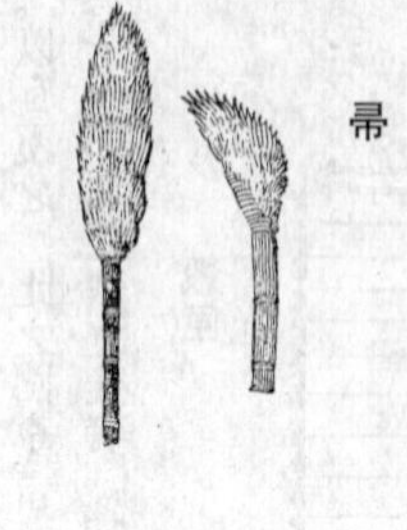

帚

詩云：有星常在天，埽除即名「彗」。觀象者何人？爲帚以潔地。身居百穀後，名擅千金義。能清四海塵，此事乃極致。

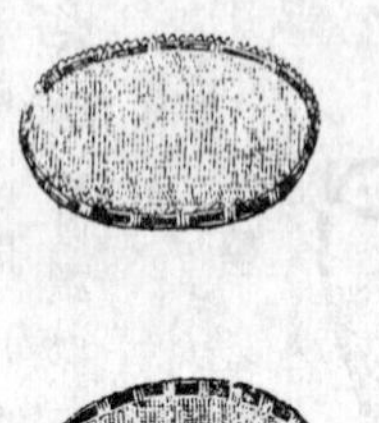

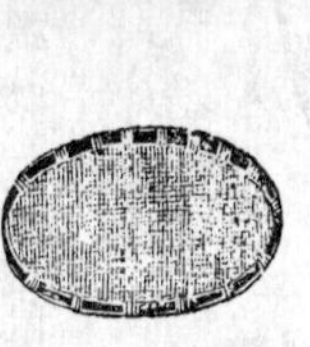

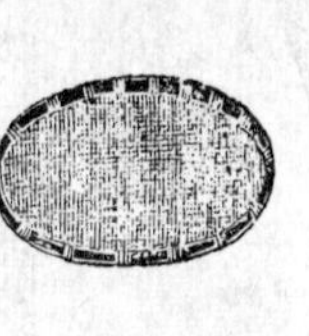

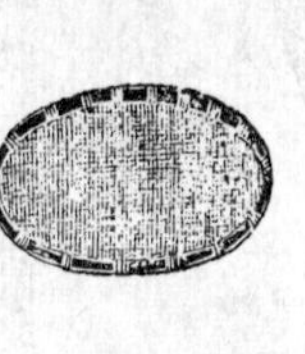

簏

簏，所宜切。竹器，內方外圓，用篩穀物。《說文》云：可以除粗取精。《集韻》作「篩」，又作「簁」，或作「篩」。其制有疎密大小之分，然皆粒食之總用也。《耕織圖詩》云：「茆檐間杵臼，竹屋細簏簸。照人珠琲光，奮臂風雨過。計功初不淺，坐食良自賀。西鄰華屋兒，醉飽正高臥。」

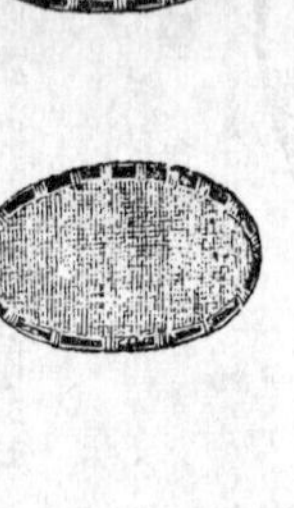

箄

箄，於六切。漉米器。《說文》：淅箕也，又云：漉米籔，蘇后切。又炊箄也。《廣雅》曰：淅、籅、音箱。匠，音旋。箄。一曰籔。《方言》云：「炊箄謂之『縮』，漉米箄也。或謂之『筻』，音籔。或謂之『匠』。江東呼爲淅籤也。」蓋今炊米日所用者。

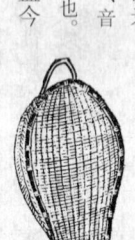

筲，所交切。飯筲也。《說文》：「陳留謂『飯帚』曰筲，從『竹』，『捎』聲。一曰飯器，容五升。」今人亦呼飯箕爲「筲箕」。南曰「箄」，北曰「筲」；南方用竹，北方用柳，皆漉米器，或盛飯，所以供造酒食，農家所先。南北名制不同，而其用則一，故附類之。

箄詩云：筠用亦已多，箄也惟一器。口圓得「匠」名，腹深有「籔」義。漉米本所施，爨炊仍可備。日用有餘功，毋爲飽時棄。

筲詩云：筲器亦名「箕」，筠人織竹爲。朵頤深且哆，便腹大而垂。適應今時用，良由古制遺。令人常飽德，淅玉趁晨炊。

篩穀䈪，竹器「䈪」，與「袋」同音，篇韻俱各不收，蓋土俗所呼，傳寫於文字者如此。其制比簏疎而頗深，如籃大而稍淺，上有長係可掛。農人撲禾之後，同稃穗子粒旋旋貯之於內，輒篩下之，上餘穰藁，逐節棄去；其下所留穀物，須付之颺籃，以去糠粃。嘗見於江浙農家。

節穀䈪

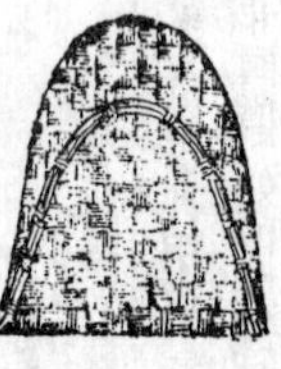

颺籃

詩云：誰編疎器破霜筠，穀物相和聽爾分。待得細捐穰藁盡，颺籃還得効微勤。

颺籃，颺，餘亮切。籃。颺，《集韻》謂風飛也。籃形如北箕而小，前有木舌，後有竹柄。農夫收穫之後，場圃之間所踩禾穗，糠粃相雜，執此攘而向風擲之，乃得淨穀。不待車扇，又勝箕簸，田家便之。

詩云：稃穗離披與穀仝，要憑分別混淆中。柄頭能瀉精糧在，糠粃從渠走下風。

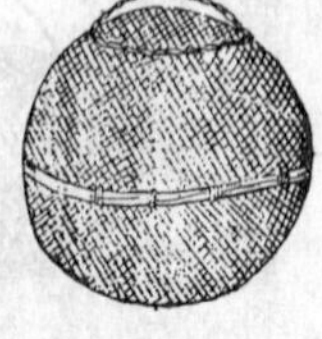

種篅

種，之隴切。篅，盛種竹器也，其量可容數斗，形如圓甕，上有篭口。農家用貯穀種，庋之風處，不致鬱浥，勝窖藏也。古謂「修篅窖」。《論語》「一篅食」之「篅」，食器，與此字雖同，然制度有大小之殊，作用有彼此之效。《齊民要術》云：藏稻必用篅，蓋稻乃水穀，宜風燥之，種時就浸水內，又其便也。

詩云：食器嘗聞陋巷間，田家貯穀亦名「篅」。指期播種雲彌望，好作資生寶藏看。

曬槃，曝穀竹器，廣可五尺許，邊緣微起，深可二寸，其中平闊，似圓而長，下用溜竹二莖，兩端俱出一握許，以便扛移。趁日

曬槃

攤布穀實曝之。蠶時農家兼用爲筐，但底密而不通風氣，終非蠶具。

詩云：平如鋪簟淺于舟，穀實攤來亦易收。嘗笑昔年高鳳麥，漫教平地雨漂流。

穀盅，敕中切。《集韻》云，虛器也。又謂之「氣籠」。編竹作圍，徑可一尺，高或二丈，底足稍大，易於豎立，內置木撐丑孟切。數層。乃先列倉中，每間或五或六，亦量積穀多少、高低大小而制之。

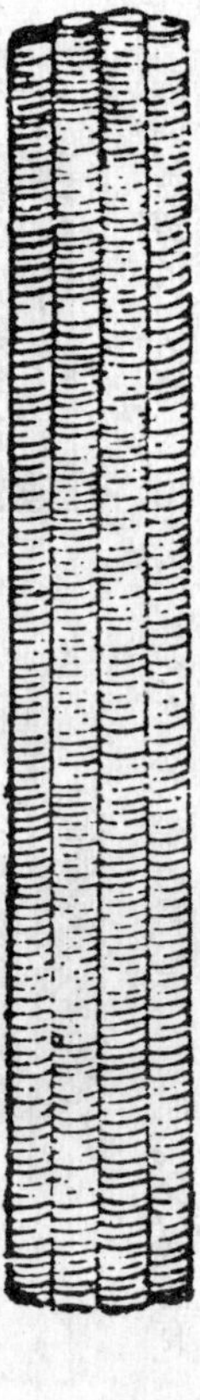

穀盅

嘗見倉、廩、囷、京等，所貯米穀蒸溼，結厚數尺，謂之「曚頭」，以致壓衾變黃，漸成浥腐，往往耗損元數，公私坐致陷害，誠甚可惜。今置此器，使鬱氣升通，米得堅燥，免蹈前弊，實濟物之良法，凡儲蓄之家，不可闕也。

詩云：虛中潔外丈餘身，廁跡囷倉氣可伸。要識有功能積久，陳陳從此更相因。

王禎《農書・農器圖譜一一・鼎釜門》 甑，炊器也。《集韻》云，甑，甗也。籀文作「鬵」。或作「䰝」。《周禮》「陶人」爲甑，實二鬴，厚半寸，脣寸。《說文》曰，「窐，户圭切。甑空也」。《爾雅》曰，「䰝謂之鬵」徐林切。《方言》「或謂之酢餾」。《漢書》，項羽渡河，破釜甑。又任文公知有王莽之變，悉賣奇物，惟存銅甑。以此知古人用甑，雖軍旅及反側之際不可廢者。或謂釜甑舉世皆用，今作農器，何也？蓋民之力田，必資火食，非釜甑不成，以此起農事之始。及穀物既登，爨以釜甑，又爲農事之終。所需莫急於此，故附農器之內。

贊云：日用炊爨，甑也爲先。窐作一空，底或七穿。編箄爲隔，甑帶周纏。覆盆莫照，跨釜能專。中成至味，外示陶埏。餅餌作蒸，饙餾非饘。匪此爲飫，民食曷天？

甑（附箄）

箄，甑箄也。《說文》云，箄，蔽也，所以蔽甑底也。《淮南子》曰，明鏡可以鑑形，蒸食不如竹箄。孔融《同歲論》曰，弊箄徑尺，不能捄鹽池之鹹矣。箄弊可以止鹹故也。又曰，弊箄甑甐，在旃茵之上，雖貪者不搏，此言易得之物也。字從「竹」。或無竹處，以荆柳代之，用不殊也。

詩云：甑或乏七穿，編竹以爲箄。有緣去聲。取象圓，無底此能蔽。巧偷蛛網功，深爲餅餌計。孰謂材有餘？止鹹猶用弊。

王禎《王禎農書・農器圖譜集之一四・利用門》 綆，古杏切。郭璞云，「汲水索也」。易卦云，「汔其迄切。至亦未繘井」。《方言》：繘，自關而東、周洛韓魏間謂之「綌」，關西謂之「繘綆」。或作「絚」，古杏切。俗謂「井索」，下係以鈎，今汲用之家，必有轆轤，爲綆設也。

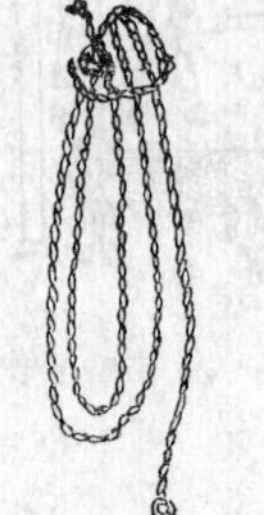

綆

詩云：惟井有綆見于《易》，綆八卦辭名以「繘」。人間鑿飲安可闕，懸缶至今無止日。物本無情偶如智，用舍以時存曲直。正思湔滌此心塵，汲引須憑一輪力。

王禎《王禎農書・農器圖譜集之一五・蓧麥門》 麥籠，力董切。盛芟麥器也。判竹編之，底平口綽，廣可六尺，深可二尺，載以木座，座帶四碢，用轉上聲。而行。芟麥者腰繫鉤繩牽去聲。之，且行且曳，就借使力前向綽麥，乃覆籠內。籠滿則舁之積處。往返不已，一籠日可收麥數畝，又謂之「腰籠」。

詩云：籠具牽來足轉輪，瑞芒滿覆一何頻！不須更問倉箱數，已驗今年早得辛。【略】

麥綽，昌約切。抄麥器也。蔑竹編之，一如箕形，稍深且大。旁有木柄，長可三尺，上置鈐刃，下橫短柺，以右手執之。復于鈐旁以繩牽短軸，近刃處以細竹代繩，防爲刃所割也。左手握而掣之。以兩手齊運，芟麥入綽，覆之籠也。嘗見北地芟取蕎麥亦用此具，但中加密耳。

夫籠、鈐、綽，三物而一事，係于人之一身，而各周于用，信乎人爲物本，物因人而用也。

麥綽詩云：芟麥雖憑利刃功，柄頭須用竹爲籠。勿云褊量容多少，都覆黃雲入籠中。

積資昔切。苫。失廉切。芟麥既積，編草覆之也。《農桑輯要》云，苫須于農隙時備下，以防雨作。《農桑直說》云，作苫用穀草、黃野草

麥綽　麥籠

皆可，但紐作「腰緊」，去聲。一頭留梢者爲「苫」，兩頭齊者爲「薦」。凡露積須苫繳蓋，不爲雨所敗也。嘗見農家有以麻經或草索織之，又可速就。

詩云：紐成「腰緊」草如鋪，禾積苫來若結廬。應是農家有先備，等閒風雨欲何如！

麥綽

積苦

王禎《王禎農書·農器圖譜集之一六·蠶繅門》　蠶箔，曲簿，承蠶具也。《禮》：「具曲植」，「曲」即箔也。周勃以織簿曲爲生。顔師古注云：葦簿爲「曲」。北方養蠶者多，農家宅院後或園圃間多種萑胡官切。葦，以爲箔材，秋後芟取，皆能自織。方可四丈，以二椽棧之，懸于槌上；至蠶分擡去蓐時，取其卷舒易用。南方萑葦甚多，農家尤宜用之，以廣蠶事。

梅聖俞詩云：「河上緯蕭人，女歸又織葦。相與爲蠶曲，還殊作�筐。入用此何多？往售獲能幾？願豐天下衣，不嘆貧服弃。」【略】

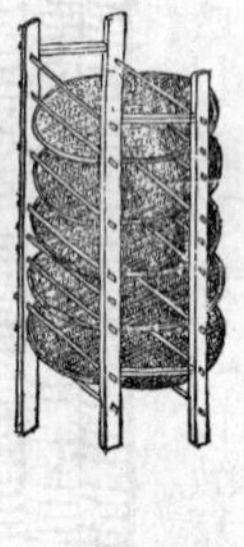

蠶箔

蠶筐

蠶筐，古盛幣帛竹器，今用育蠶，其名亦同。蓋形制相類，圓而稍長，淺而有緣，去聲。適可居蠶。蠶蟻及分居時用之，閣以竹架，易于擡飼。梅聖俞前《蠶箔詩》云：「相與爲蠶曲，還殊作筥筐」；北箔南筐，皆爲蠶具。然彼此論之，若南蠶大時用箔，北蠶小時用筐，庶得其宜，兩不偏也。

詩云：古筐嘗奉幣，爰憑禮意將。今猶同制度，還取飼蠶桑。養視勝居箔，分擡欲擬筐。始終俱可備，仍得薦玄黄。

蠶槃、盛蠶器也。秦觀《蠶書》云：種變方尺，及乎將繭，乃方四丈。織萑葦，範以蒼筤。來唐切。竹，長七尺，廣五尺，以爲筐。懸筐，中間九寸。凡槌十懸，以居食蠶。今呼筐爲「槃」。

又有以木爲框，以疎簟爲底，架以木槌，用與上同。

詩云：範竹作蠶槃，眠起用當倍。寬平一席多，方正四維在。擡替不妨勤，餘閒知有待。拾老或未多，就簇即無悔。【略】

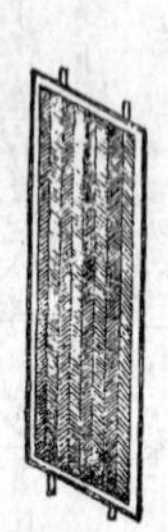

蠶槃

蠶網

蠶網，擡蠶具也，結繩爲之，如魚網之制。其長短廣狹，視蠶槃大小制之。沃以漆油，則光緊難壞；貫以網索，則維持多便。至蠶可替時，先布網于上，然後灑桑；蠶聞葉香，皆穿網眼上食；候蠶上葉齊，共手提網，移置別槃，遺餘拾去，比之手替，省力過倍。南蠶多用此法。北方蠶小時，亦宜用之。

詩云：聖人制網罟，因彼川澤漁。誰知取魚具，解使移蠶居。紀綱用非異，水陸功有餘。兩端誠可詰，生殺意何如？【略】

蠶簇。《農桑直説》云：簇用蒿梢叢柴苫席等也。凡作簇先立簇心，用長椽五莖，上撮一處繫定，外以蘆箔繳合，是爲簇心。仍周圍匀豎蒿梢。布蠶簇訖，復用箔圍及苫繳簇頂如圓亭者，此「團簇」也。又有「馬頭長簇」，兩頭植柱，中架横梁，兩傍以細椽相搭爲簇心，餘如常法。此「横簇」，皆北方蠶簇法也。

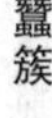

蠶簇

嘗見南方蠶簇，止就屋内蠶槃上布短草簇之；人既省力，蠶亦無損。又按南方蠶書云，簇箔以杉木解枋，長六尺，闊三尺，以箭竹作馬眼槅，插茅疎密得中，復以無葉竹篠縱横搭之，簇背鋪蘆箔，而以竹篾透背面縛之，即蠶可駐足，無跌墜之患。此皆南簇，較之上文北簇，則蠶有多少，故簇有大小難易之不同也。

然嘗論之，南北簇法俱未得中。何哉？夫南簇蠶少，規制狹小，殆若戲技，故獲利亦薄。北簇雖大，其弊頗多。蒿薪積疊，不無覆壓之害；風雨浸浥，於立切，溼潤也。亦有翻倒之虞。謂經雨倒簇也。《蠶桑直説》云：簇蠶時雨被沾溼，纔晴不以成繭，不成繭翻倒別簇。如雨少則曝乾。復内外寒燠之不匀，或高下稀密之易所，以致簇内病生，繭少皆由此故。習俗既久，未能遽革。

今聞善蠶者一法：約量本家育蠶多少，選於院内空去聲。地，就添椽木苫草等物，作連脊厦屋，尋常別用，至蠶老時，置簇於内。隨其長短，先構簇心，空直如洞。就地掘成長槽，隨宜闊狹，旁可人行，以備火候謂用火法也。《蠶書》云，已入簇，微用熟灰火温之，待入網，漸漸加火，不宜中輟。稍冷，游絲亦止，繰之即斷，多貴爛作絮，不能一緒抽盡矣。外則周以層架，隨層臥布蒿梢，以均蠶居。既畢，用重箔圍之。若蠶少屋多，疏開窗户，就内簇之，亦可。如此則上有芘覆，下無溼潤，架既寛平，蠶乃自若。又總簇用火，便於照料。南北之間，去短就長，制此良法，皆宜用之，則始終無慊矣。故梅聖俞《蠶簇詩》云「競畏風雨寒，露置未如屋」，正謂此也。梅聖俞詩云：「冰蠶三眠休，作繭當具簇。漢北取蓬蒿，江南藉茅竹。蒿疎無鬱浥，竹凈亦森束」云云。前二句。

歌云：捲去緑雲桑已少，箔頭有絲蠶欲老，月餘辛苦見成功，作簇不應從草草。南北習俗久不同，彼此更須論拙巧。北簇多露置，積疊仍憂風雨至；南簇俱在屋，施之北蠶良未足。南北簇法當約中，別搆長厦方能容，外周層架蒿草平，内備火候通人行。飼却神桑絲已吐，女灑桃漿男打鼓，作繭直須三日許，開簇團團不勝數。我家多蠶方自慶，得法于今還可證，免似向來多簇病。

桑籠

桑籠。《集韻》云，籠，大篝古候切。也，今謂有係筐也，桑者便於携挈。《古樂府》云：「羅敷善採桑，採桑城南隅。方言叶韻。青絲爲籠繩，桂枝爲籠鉤。」今南方桑籠頗大，以擔負之，尤便於用。

梅聖俞詩云：「采采向桑郊，盈盈自持筥。桂鉤帶月往，稱葉和煙貯。一心恐蠶飢，搔首促儔侶。到家傾嫩緑，刀几爲吹咀。」

桑網

桑網，盛葉繩兜也。先用圈木，緣圈繩結網眼，圓垂三尺有餘，下用一繩紀爲網底。桑者挈之，納葉於内；網腹既滿，歸則解底繩傾之。或人挑負，或用畜力馱送，比之筐籃，甚爲輕便，北方蠶家多置之。

詩云：厥初結網功，豈知兼水陸。制用有異同，隨宜可伸縮。一網作領圈，衆目寛甕腹。蠶家急葉時，歸來傾萬緑。

王禎《王禎農書·農器圖譜集之二〇·麻苧門》 耕索，牛所輓繩也。古名「綯」，牛索也。《爾雅》曰：「綯，絞也」，謂糾絞繩索也。《詩》云「宵爾索綯」。郭注云，綯、繩之別名。《方言》曰，車紂，自關而東謂之「緻」，或謂之「曲綯」，或謂之「曲綸」，自關而西謂之「紂」。農家紉麻合古沓切。之以輓耕犁。按，舊説遼東犁轅長可四尺，回轉相妨。今秦晉之地，亦用長轅犁，其轅端横木如古車之制，以駕二牛。然平田則可，至於山限水曲，轉折費力。如山東及淮漢等處用三牛四牛，大小不等，高下不齊，既難並駕，動作之間，終不若用索之便也。

耕索

詩云：農家藝麻枲，耕繩皆自繹，槃輒憑後先，牛力易回轉，卷去跡若藏，伸來力還展。或者駕長轅，彊直殊未善。

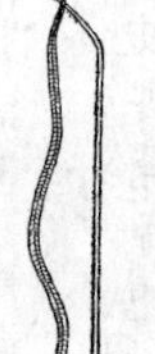

呼鞭

呼鞭，驅牛具也。字從「革」，從「便」。曰「策」，曰「鞓」，曰「鞘」，備則成之。《春秋傳》云，鞭長不及馬腹，此御車鞭也。今牛鞭犁後，用亦如之。農家紉麻合鞭。鞭有鳴鞘，人則以聲相去聲。之，用警牛行，不專於撻；世云「呼鞭」，即其義也。

詩云：何物耕牛服並驅，長鞭輕裊配歌呼。寄聲莫作鳴鞘急，飼養曾添宿料無？

牛衣。顔師古曰，編亂麻爲之，即今呼爲「龍具」者。前漢《王章傳》，嘗臥牛衣中，《晉書》，劉寔好學，少貧苦，口誦手繩，賣牛衣以自給。則牛之有衣，舊矣。於此見古人重畜，不忘農之本故也。今牧養中，唯牛毛疎，最不耐寒；每近冬月，皆宜以冗麻續作紅緊，去聲。編織毯段衣去聲。之，如裋市主切。褐然，以禦寒冽，不然必有凍冽之患，農耕之家不可不預爲儲備。

王荆公詩云：百獸冬自煖，獨牛無氄毛。無衣與卒歲，坐恐得空牢。主人覆護恩，豈啻一綈袍？問汝何以報，䆉䆉滿東皋。

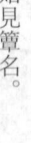

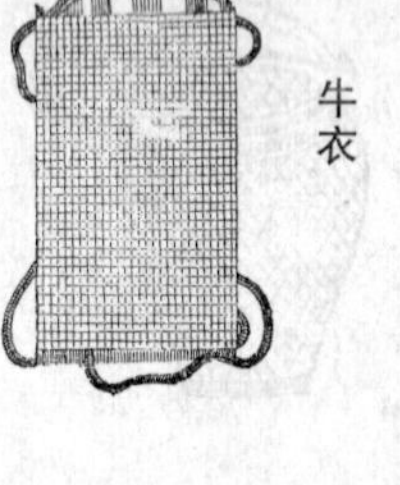
牛衣

魯明善《農桑衣食撮要》卷下《造牛衣》 將蓑草間蘆花如織蓑衣法，上用蓑草結綴，則利水下。用蘆花結絡則温暖。相連織成四方一片，遇極寒，鼻流清涕，腰軟無力，將蓑衣搭在牛脊背，用麻繩絟繫，可以敵寒，免致凍損。

郎瑛《七修類稿》卷二一《辯證類·坐地席上》 古無凳椅，席地而坐，故坐字從土。齊景公問晏子曰：寡人坐地，二三子皆坐地，君子獨搴草而坐是也。今方言曰坐地，亦原於古之意歟。古無桌，（明本作「卓」。下同）燕飲即設於席上。席上，即地上之席也。至於祭先，故曰置之豆間之地。今飲以桌，稱曰席上，亦一原於古之意歟。此禮失求之野，信乎。

《事物攷》卷六《冠服》 屝屨《實録》曰：始皇二年，始以蒲爲履。宋衷曰：黄帝臣子則作屝屨。又《釋名》曰：屩，草履也。出行着之，屩輕便，因以爲名。

《事物考》卷七《器用》 薰籠《晉·東宫舊事》曰：太子納妃，有衣薰籠，當亦秦、漢之制也。

籧篨 《爾雅》曰：竹豆謂之籧，瓦豆謂之登。蓋二物取法于豆，而製也。疑出于有夏之後。

兜子 《唐志》曰：兜籠，巴蜀婦人所用。乾元以來，蕃將多著勳于朝，兜籠易于檐負。京師先用車轝，後亦以兜籠代之，即今之兜子。蓋其制起于巴蜀，而用于中朝，自唐乾元以來也。

席 《拾遺記》曰軒皇使百辟群臣列圭玉于蘭蒲席上，初有是物也。《韓子》曰：禹爲蔣席，緣此彌侈矣。蓋至禹，始加純緣之飾也。

簟 《詩》曰：「下莞上簟」。《周書》曰：「敷重篾席。」孔安國注謂：篾，桃竹，其物雖見于周初，而猶以竹名號席，則簟之名，當出于周之中葉，故宣王之詩，始見簟名。

胡牀 《風俗通》曰：漢靈帝好胡服，景帝作胡床。此蓋其始，今交椅是也。《學林》曰：繩床以繩穿爲坐器，即俗謂之交椅也。《資暇》乃改爲藤床，誤矣。

繩 《書序》曰：伏羲造書契，以代結繩之政。《高氏小史》曰：燧人氏時，結繩刻木以記事。則繩自燧人氏始也。

網 《古史考》曰：伏犧氏觀蒙面而作網。《抱朴子》曰：太昊師蜘蛛而結網。《易·繫辭》包犧結繩爲網罟。網魚罟也。

羅 《世本》曰：包犧臣勾芒作羅。羅，鳥罟也。

焦竑《焦氏筆乘續集》卷四《易簀》 吴幼清《禮記纂言》中，解「曾子易簀」一條，真足正先儒之失，特記之。

《爾雅》以簀爲第，而《疏》釋第爲牀版。按《史記·范雎傳》：「雎佯死，卷以簀，置厠中。」簀可卷屍，非牀版明矣。古者牀第之上有席，席上有簟。簟最在上，故顯而見其美。今之竹簟，或以玄黄赤白諸色間織如錦文，意即童子所謂「華而睆」者也。《禮》寢簟之制原無貴賤之異，但貧者質，富者華。以季孫所賜，與曾子平日所用不同，童子見其華美，必大夫家所造，故曰「大夫之簀歟」，非謂此大夫之簀，非士所當用也。使曾子不易此簀，而終亦無不可。故子春與元、申皆不欲易，而曾子不然之者，蓋禮雖無戾，然不若終於常用質素者之爲正也。君子臨終，其謹有加於平日。平日夜臥在燕寢，將終，必遷正寢，平日有女侍，將終，一切屏去，不死於婦人之手，皆與常時異。故曾子生時，可寢季孫之簀，至終必易之，而用常時之簀也。倘大夫、士簀有差等，則季孫之賜，曾子自不當受，受之亦不當用。今業已用之，至於將死而不易，其於禮制無不可也明矣。若如舊說，是曾子自安於非禮而不知，子春陷師於非禮而不言。當時若無童子一語，曾子竟以非禮終也。是曾子師弟父子之見，皆出一童子下，豈理也哉？其謂德與姑息者，謂因彼一言，得以去華就質，安處吾素者，童子之愛我也。以父病劇不可動，以幸須臾之生者，元之愛我也，其意甚明。

徐光啟《農政全書》卷四二《製造·營室》 造雨衣法：茯苓、狼毒、與天仙，貝母、蒼朮等分全，半夏、浮萍加一倍，九升水煑不須添。騰騰慢火熬乾浄，雨下隨君到處穿。莫道單衫元是布，勝如披着幾重氈。

王圻、王思義《三才圖會·衣服卷三》 笠，戴具也。古以臺皮爲笠。《詩》所謂臺笠緇撮，今之爲笠。編竹作殼，裹以籜箬，或大或小，皆頂隆而口圓，可芘雨蔽日，以爲簑之配也。

蓑，雨衣。《無羊》詩云：何蓑何笠。毛註曰：蓑所以備雨，笠所以禦暑。《唐韻》云：蓑，草名，可爲雨衣，又名襏。比未切。襫。施隻切。《爾雅》曰：薃侯莎。《説文》云：秦謂之䒸。萬歷切，又婢赤切。蓑衣以沙草爲之，故音同莎，又名薜六。《農器篇》曰：蓑薜簦笠，今總謂之蓑，雨具中最爲輕便。

蓑

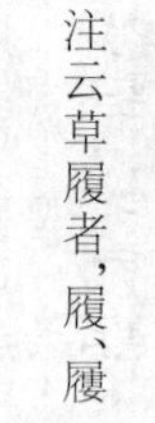

覆殼

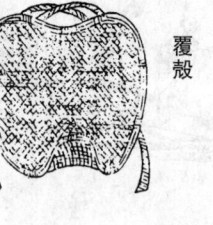

覆殼，一名鶴翅，一名背篷。篾竹編如龜殼，裹以籜箬，覆於人背，絻繫肩下，耘耨之際，以禦畏日，兼作雨具。下有卷口，可通風氣，又分雨溜。適當盛暑，田夫得此以免曝烈之苦，亦一壺千金之比也。

扉，草履也。《左傳》曰：共其資糧扉屨。《説文》曰：扉，草履也。孔疏云：扉、屨俱是在足之物，善惡異名耳。《喪服》傳曰：疏屨者，粗蒯之扉也，是扉用草爲之。注云草屨者，履、屨通言耳，今云扉屨相形以曉人也。

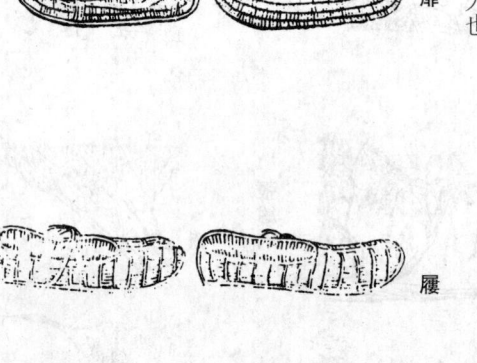

扉

屨

屨，麻履也。傳云：屨蒲户外。蓋古人上堂則遺屨於外，此當履也。今農人春夏則扉，秋冬則屨，從省便也。《方言》扉，粗屨也。徐兖之交謂之扉，自關而西謂之屨。中有木者謂之複舃，自關而東謂之複履。其庳者謂之鞔，音婉不禪謂之䩮，今韋䩮也。絲作者謂之履，麻作者謂之不借，粗者謂之屨，東北朝鮮洌水之間謂之䩨，音印或謂之㢢，下瓦切，一音畫。徐土邳沂之閒大粗謂之䩨角，皆屨之別名也。

王圻、王思義《三才圖會·器用卷五》　旨陶元亮有脚疾，每有遊歷，使一門生與其子舁以籃輿。古無其制，疑即元亮以意爲之者。

籃輿

馬上諸器圖

鞍轡　桓寬《塩鐵論》曰：古者繩鞍革鞮皮薦而已，後代以革鞍而不飾。《釋文》：轡，拂也。言牽引拂類以制馬也。轡之爲飾，有銜勒鑣羈韁鞚之類。銜，銜在口中之義。勒，絡也，絡其頸而引之。鑣，包也，在旁包斂其口也。羈，檢也，所以待制之也。韁，彊也，繫之使不得出彊限也。韁亦曰靮。鞚者，控制之義。

鞭　《説文》：所爲驅遲者也，古用革以爲之，《左傳》雖鞭之長不及馬腹是也。後世代之以竹，故或謂之策，蓋策之以箠馬，太王校馬箠去邠是也。

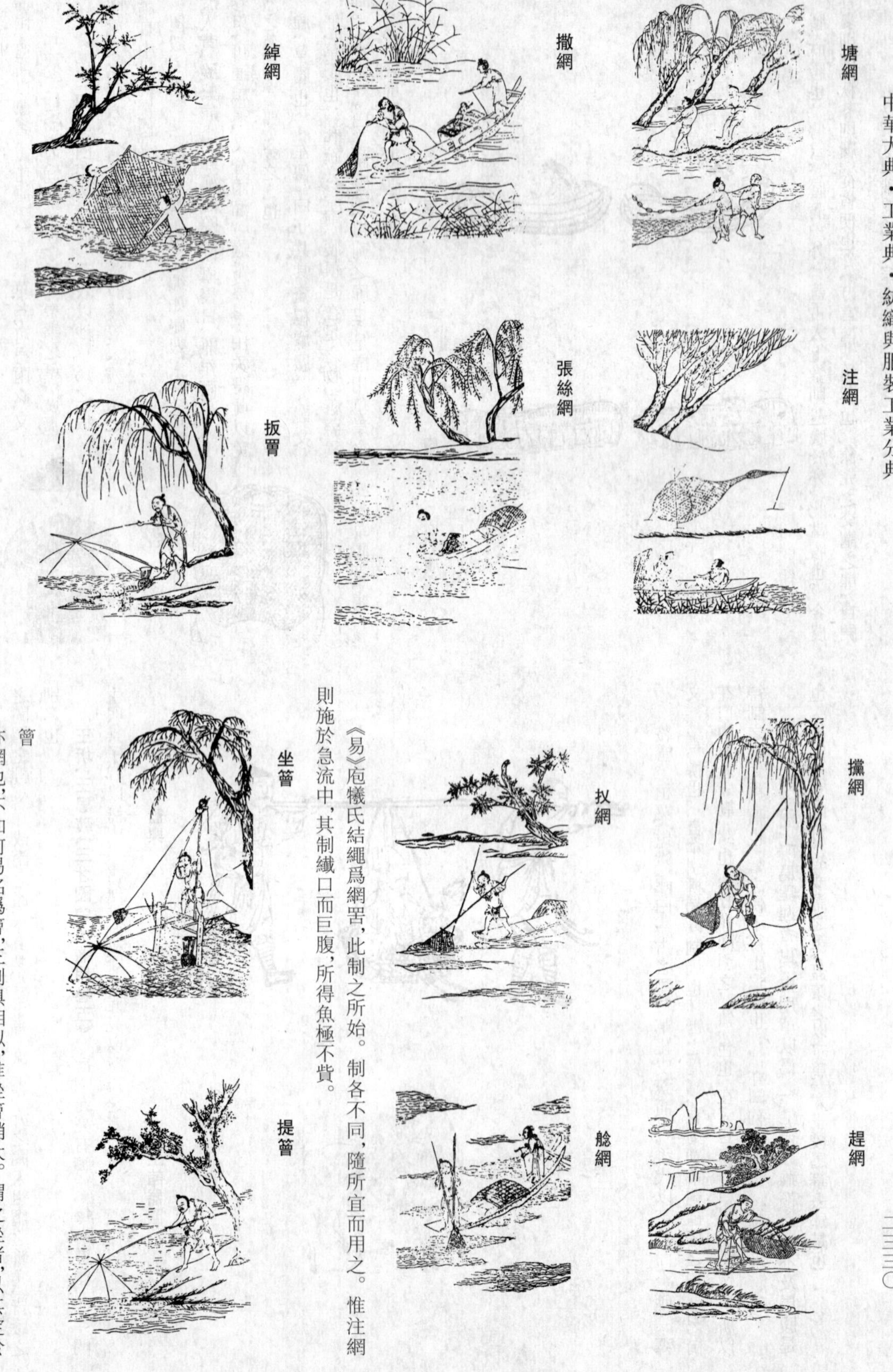

綽網

撒網

塘網

注網

扳罾

張絲網

坐罾

扠網

攙網

罶

提罾

艌網

趕網

《易》庖犧氏結繩爲網罟，此制之所始。制各不同，隨所宜而用之。惟注網則施於急流中，其制纖口而巨腹，所得魚極不貲。

罾

亦網也，不知何易名爲罾，三制俱相似，惟坐罾稍大。謂之坐者，以其定於一處也。按罾字从竹，而其制用繒，恐習俗之誤呼耳。

捕蛙
推簏
打艋艘
罩筌
打笭箵
鮭簖

竹器　皆漁具也。艋艘編細竹爲簏，其口織篾爲蓋，有竈，從口漸約而至竈，使魚能入而不能出。罩則編竹爲巨簏，空其兩頭，圍水而漁。笭帚其形似箕，水寒魚多伏，用此以漁之。簖者斷也，織竹如曲簿，屈曲圍水中，以斷魚蟹之逸，其名曰蟹簖，不專取蟹也。

王圻、王思義《三才圖會・器用卷九》　桑網，盛葉繩兜也。先作圈木，緣繩結網眼，圓垂三尺有餘。下用一繩紀爲網底，桑者挈之，納葉於内，網腹既滿，歸則解底繩傾之。

桑網

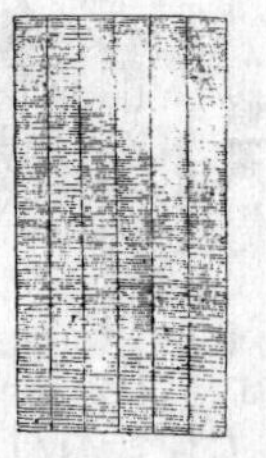
蠶箔

蠶箔、曲簿，承蠶具也。《禮》具曲植。曲即箔也。周勃以織簿曲爲生。顔師古注云：葦簿爲曲。北方養蠶者，多農家宅院後或園圃間，多種萑胡官切葦以爲箔材。秋後芟取，皆能自織。方可四丈，以二椽棧之，懸於槌上，至蠶分擡去蓐時，取其卷舒易用。南方萑葦甚多，農家尤宜用之，以廣蠶事。梅聖俞詩云：河上緯蕭人，女歸又織葦。相與爲蠶曲，還殊作⿱竹鉤筐。入用此何多，往售獲能幾。願豐天下衣，不歎貧服卉。

蠶筐，古盛幣帛竹器，今用育蠶，其名亦同。蓋形制相類，圓而稍長，淺而有緣，去聲適可居蠶，蟻蠶及分居時用之。閣以竹架，易於擡飼。梅聖俞前蠶箔詩云：相與爲蠶曲，還殊作⿱竹鉤筐。北箔南筐，皆爲蠶具，然彼此論之，若南蠶大時用箔，北蠶小時用筐，庶得其宜，兩不偏也。

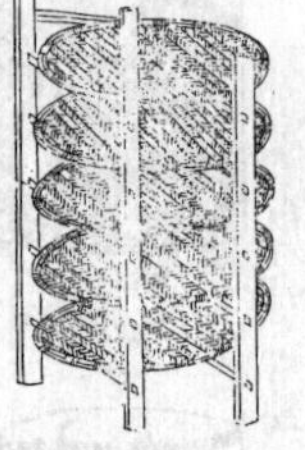
蠶筐

蠶槃

蠶槃，盛蠶器也。秦觀《蠶書》云：種變方尺，及乎將繭，乃方尺四織萑葦，範以蒼莨來唐切。竹。長七尺，廣五尺，以爲筐懸。筐中間九寸，凡槌十懸，以居食蠶。今呼筐爲槃，又有以木爲框，以疎簟爲底，架以木槌，用與上同。

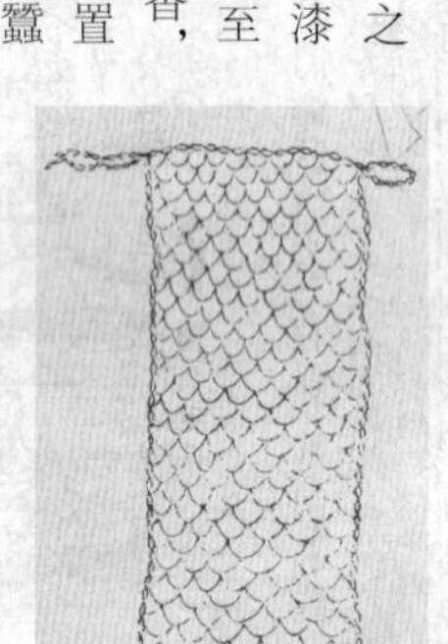
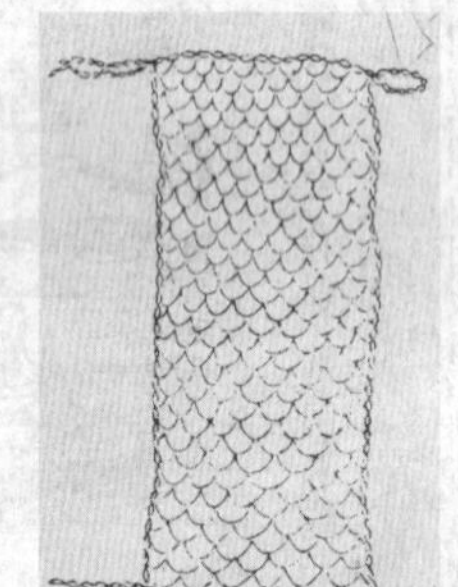

蠶網

蠶網，擡蠶具也。結繩爲之，如魚網之制。其長短廣狹，視蠶槃大小制之。沃以漆油，則光緊難壞。貫以網索，則維持多便。至蠶可替時，先布網於上，然後灑桑，蠶聞葉香，皆穿網眼上食，候蠶上葉齊，手共提網，移置別槃，遺除拾去，比之手替，省力過倍。南蠶多用此法，北方蠶小時，亦宜用之。

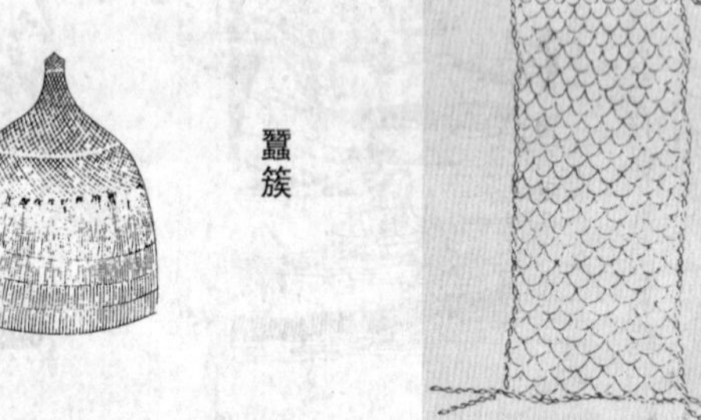

蠶簇

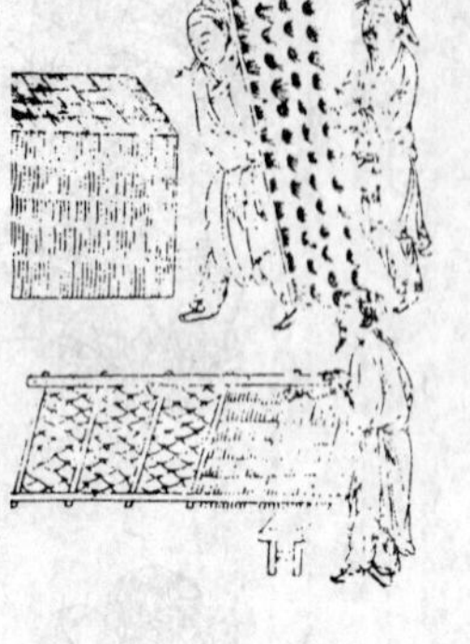
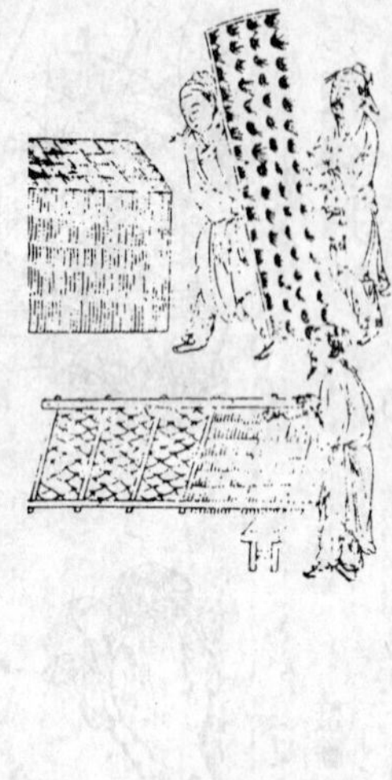

蠶簇

蠶簇，《農桑直說》云：簇用蒿梢叢柴苫席等也。凡作簇，先立簇心，用長椽五莖，上撮一處繫定，外以蘆箔繳合，是爲簇心。仍周圍匀竪蒿梢，布蠶簇訖，復用箔圍及苫繳簇頂，如圓亭者，此團簇也。又有馬頭長簇，兩頭植柱，中架橫梁，兩傍以細椽相搭爲簇心，餘如常法。此橫簇，皆北方蠶簇法也。嘗見南方蠶簇，止就屋内蠶槃上，布短草簇之，人既省力，蠶亦無損。又按南方蠶書云：簇箔以杉木解枋，長六尺，濶三尺，以箭竹作馬眼槅插茅，踈密得中，復以無葉竹篠從橫搭之，簇背鋪以蘆箔，而竹篾透背面縛之，即蠶可駐足，無跌墜之患，此皆南簇，較之上文，北簇則蠶有多少，故簇有大小，難易之不同也。

桑籠

桑籠，《集韻》云：籠，大篝古侯也。也。今人謂有係筐也，桑者便於攜挈。《古樂府》云：羅敷善採桑，採桑城南隅。方吉葉韻青絲爲籠繩，桂枝爲籠鈎。今南方桑籠頗大，以檐負之，尤便於用。

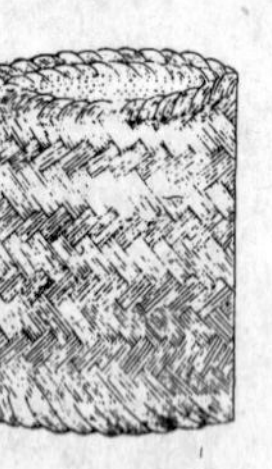

笆

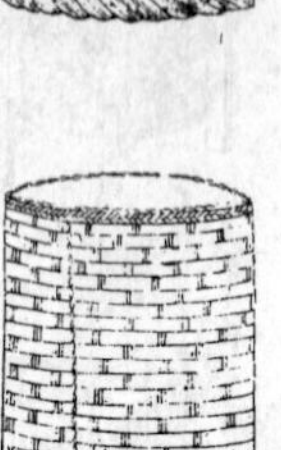
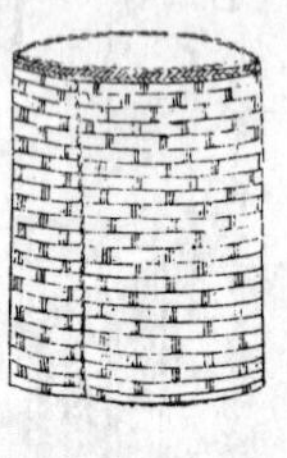

篅

䉛

笆，徒本切。《集韻》云：盛穀器，或作囤。又蘧也。北方以荆柳或蒿卉制成圓樣，南方判竹編草，或用蘧篨，空洞作圍，各用貯穀，南北通呼曰笆，兼篅䉛而言也。然笆多露置，可用貯糧。篅䉛在室，可用盛種。皆農家收穀所先具者，故併次之。

篅，市專切。《說文》云：判竹圓以盛穀，笆類也。篅或作團，此䉛與篅，皆笆之別名，但大小有差，亦蓧簣之舊制，不可遺也。

䉛，章恕切。

籮

籮，匠竹爲之，上圓下方，挈米穀器，量可一斛。《方言》籮所以注：斛，陳魏宋楚之間謂之篙，自關而西謂之注箕，皆籮之別名也。

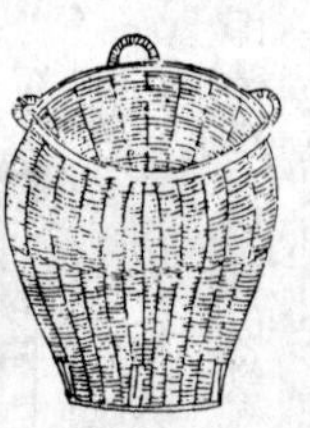

䈉

䈉，才何切。亦籮屬，比籮稍匾而小，用亦不同。䈉則造酒造飯，用之漉米，又可盛食物。蓋籮盛其粗者，而䈉盛其精者。精粗各適所受，不可易也。

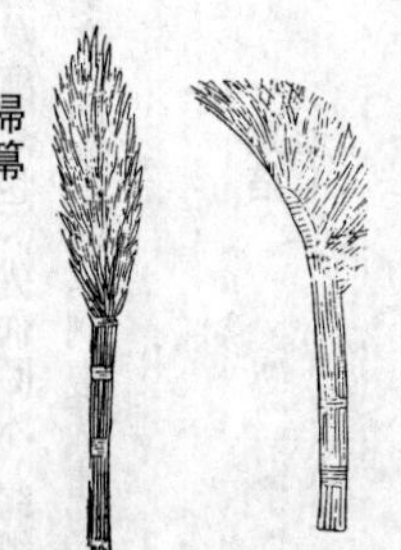

條箒

掃箒

帚，今作箒，又謂之篲。《集韻》云：少康作箕帚，其用有二。一則編草爲之，潔除室内，制則匾短謂之條亦作笤帚。一則束篠爲之，擁掃庭院，制則叢長謂之掃帚。

籭，所宜切。竹器。内方外圓，用篩穀物。《說文》云：可以除粗取精。《集韻》作篩，又作簁，或作篩。其制有踈密大小之分，然皆粒食之總用也。

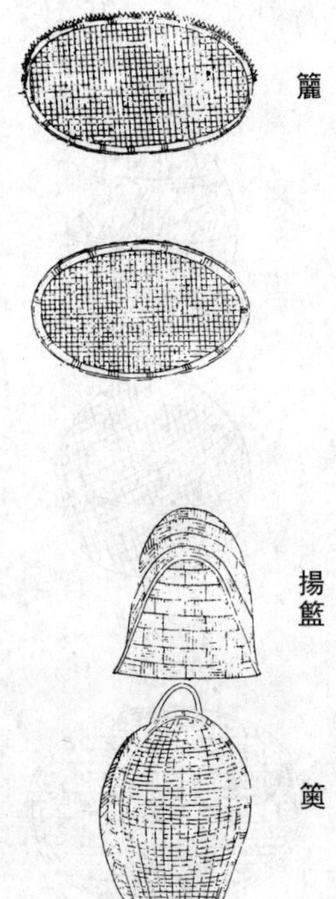

簏　揚籃　籅

揚籃，揚，餘亮切。《集韻》謂風飛也。籃形如北箕而小，前有木舌，後有竹柄。農夫收穫之後，場圃之間，所踩禾穗糠粃相雜，執此揀而向風擲之，乃得浄穀，不待車扇，又勝箕簸，田家便之。

籅於六切。漉米器。《説文》淅箕也，又云漉米藪。蘇冶切。

礱，力董切。礧穀器，所以去穀殼也。淮人謂之礱，力董切。江浙之間謂之礱。盧東切。編竹作圍，內貯泥土，狀如小磨，仍以竹木排爲密齒，破穀不致損米，就用拐木竅貫礱上，掉軸以繩懸檁上，衆力運肘轉上聲之，日可破穀四十餘斛。方謂之木礧，石鑿者謂之石木礧。礱、礧，字從石，初本用石，今竹木代者亦便。又有廢磨，上級已薄，可代穀礱，亦不損米。或人或畜轉之，謂之礱磨。復有畜力輓行大木輪軸，以皮弦或大繩繞輪兩周，復交於礱之上級，輪轉上聲。則繩轉，繩轉則礱亦隨轉，計輪轉一周，則礱轉十五餘周。

礱磨

礱圖

麥綽　麥籠

麥籠，力董切。盛芟麥器也。判竹編之，底平口綽，廣可六尺，深可二尺，載以木座，座帶四碢，用轉上聲而行。芟麥者，腰繫鉤繩牽去聲之，且行且曳，就借使刀，前向綽麥，乃覆籠內，籠滿則舁之積處，往返不已。一籠日可收麥數畝，又謂之腰籠。

麥綽

麥綽，昌約切。抄麥器也。篾竹編之，一如箕形，稍深且大，旁有木柄，長可三尺。上置釤刃，下横短拐。以右手執之，復於釤旁，以繩牽短軸，近刃處，以細竹代繩，防爲刀所割也。左手握而掣之，以兩手齊運芟麥入綽，覆之籠也。夫籠釤綽三物，總一事也。

積苦

積苦，失廉切。芟麥既積，編草覆之也。《農桑直説》云：作苫用穀草、黄野草皆可，但紐作腰緊去聲一頭留稍者爲苦，兩頭齊者爲薦。凡露積須苦繳蓋，不爲雨所敗也。嘗見農家有以麻經或草索織之，又可速就。

石籠，力童切。又謂之臥牛。判竹，或用藤蘿，或木條，編作圈眼。大籠長可三二丈，高約四五尺，以籤椿止之，就置田頭，內貯塊石，用擗暴水。或相接連，延遠至百步。若水勢稍高，則壘作重籠，亦可遏止。如遇限岸盤曲，尤宜周折，以禦奔浪，併作洄流，不致衝蕩埂岸。農家瀕溪護田，多習此法，比於起疊堤障，甚省工力。又有石笆

石籠

王圻、王思義《三才圖會·器用卷一二》　蓧，徒吊切。字從草從條，取其象也，即今之盛穀種器。《語》曰：丈人以杖荷蓧。蓋蓧器之小者，可杖荷之，既農隱所用，必爲盛穀器也。

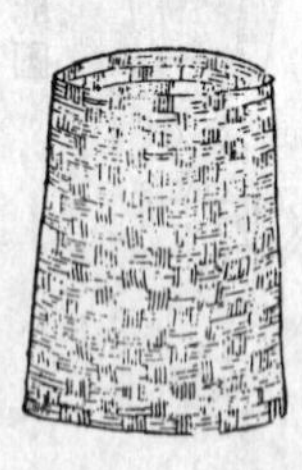

蓧

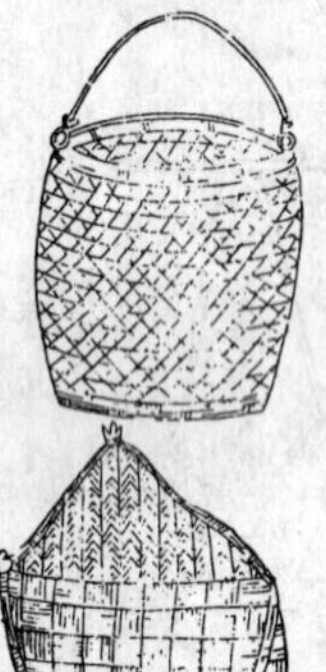

蕢

籃

箕

蕢，草器。從草貴聲。《論語》有荷蕢而過孔氏之門者。古文作臾，象形，盛穀器。《集韻》作籄，字從竹，舉土籠也。

籃，竹器。無係爲筐，有係爲籃。大如斗量，又謂之笭即鼎切。箵，桑鼎切。農家用採桑柘，取蔬菓等物，易挈提者。《方言》籠，南楚江沔之間謂之篣，或謂之笯。郭璞云：亦呼籃。蓋一器而異名也。

箕，簸箕也。《説文》云：簸揚米云糠也。《莊子》曰：箕之簸物，雖去粗留精，然取其終，皆有所除是也。然北人用柳，南人用竹，其制不同，用則一也。

種上聲簟，盛種竹器也。其量可容數斗，形如圓甕，上有篭口。農家用貯穀種，庋之風處，不致鬱浥，勝窖藏也。

種簟

曬槃

曬槃，曝穀竹器。廣可五尺許，邊緣微起，深可二寸。其中平濶，似圓而長。下用溜竹二莖，兩端俱出一握許，以便扛移，趂日攤布穀實曝之。

揨古患切。稻簟，揨，抖擻也。簟，承所遺稻也。農家禾有早晚，次第收穫，即欲隨手得糧，故用廣簟展布。置木物或石於上，各舉稻把揨之，子粒隨落積於簟上，非惟免污泥沙，抑且不致耗失，又可曬穀物，或捲作篅，誠爲多便，南方農種之家，率皆制此。

揨稻簟

穀盅

穀盅，敕中切。《集韻》云：虚器也，又謂之氣籠。編竹作圍，徑可一尺，高或二丈。底足稍大，易於竪立。内置木橕丑孟切數層，乃先列倉中，每間五或六，亦量積穀多少，高低大小而制之。使鬱氣升通，米得堅燥，免蹈前獘，實濟物之良法。凡儲蓄之家，不可闕也。

篩穀箉，竹器，箉與袋同音。其制比籭踈而頗深，如籃大而箱淺，上有長係可挂。

篩穀箉

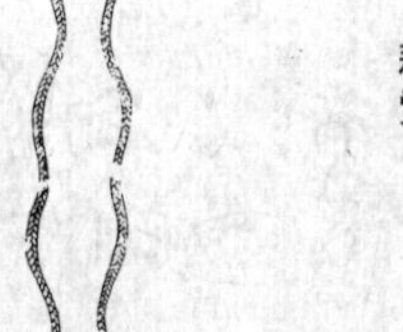

耕索

絞，繩索也。《詩》云：宵爾索綯。農家紉麻合古沓切。之，以輓耕犂。按舊說，遼東耕犂，轅長可四尺，回轉相妨，今秦晉之地，亦用長轅犂，其轅端橫木，如古車之制，以駕二牛。然平田則可，至於山限水曲，轉折費力，如山東及淮漢等處，用三牛四牛大小不等，高下不齊，既難並駕，動作之間，終不若用索之便也。

牛衣，顏師古曰：編亂麻爲之，即今呼爲龍具者。《前漢·王章傳》嘗臥牛衣中。《晉書》劉寔好學，少貧苦，口誦手繩賣牛衣以自給。據牛之有衣舊矣，以此見古人重畜不忘農之本故也。今牧養中，唯牛毛疎，最不耐寒。每近冬月，皆宜以冗麻續作紝緊，去声編織毯段衣去声之，如裋事主切。褐然，以禦寒洌，不然必有壞慄之患。農耕之家，不可不預爲儲備。王荆公詩云：百獸冬自煖，獨牛無氄毛。無衣與卒歲，坐恐得空牢。主人覆護恩，豈啻一綈袍。問汝何以報，黍離蒲東皋。

牛衣

杴，虛嚴切。重屬，但其首方濶，柄無短拐，此與鍬臿異也。煅鐵爲首，謂之鐵杴，惟宜土工。剡木爲首，謂之木杴，可撡初責切。穀物。又有鐵刃木杴，裁割田間塍埂。以竹爲之者，淮人謂之竹揚杴，與江浙揚去声籃少異，今皆用之。

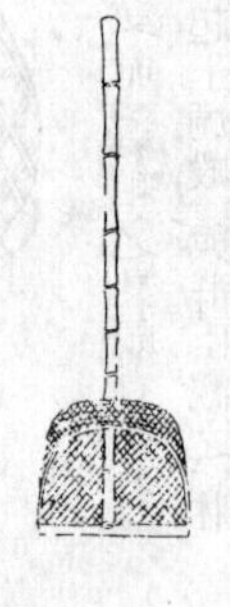
竹揚杴

薅馬薅禾所乘竹馬也侶籃而長如鞍而狹兩端攀以竹系農人薅禾之際乃寘於跨問餘裳斂之於內而上控于腰畔乘之兩股既寬又行壠上不礙苗行胡郎切又且不爲禾葉所絆故得專意摘剔稂莠速勝鋤耨此所乘順快之一助也

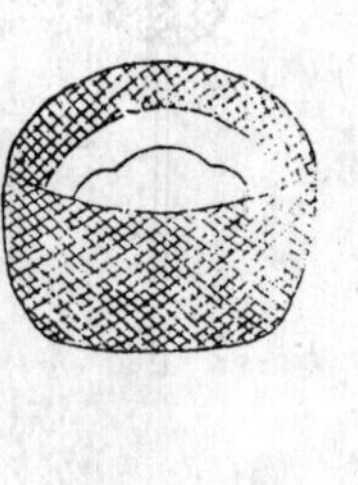
薅馬　畚

畚，音木土籠力董切。也。《左傳》樂喜陳畚梮注云：畚，簣籠。《集韻》作畚。《晉書》王猛少貧賤，嘗鬻畚爲事。《說文》云：畚，𠜱音瓶。屬，又蒲器也，所以盛種，杜林以爲竹筥，揚雄以爲蒲器，然南方以蒲竹北方用荆柳，或負土或盛物，通用器也。

王圻、王思義《三才圖會·器用卷一二》 簾　《莊子》曰：有張毅者，高門懸箔，無不走也。而談藪有戶下懸簾，明知是箔，則懸箔即簾矣。《荀子》有局室蘆簾之文，由此推之，疑三代物。《禮》曰：天子外屏諸侯，內屏大夫以簾，士以幃。

枕　《釋名》：枕，臥所以薦首者也。

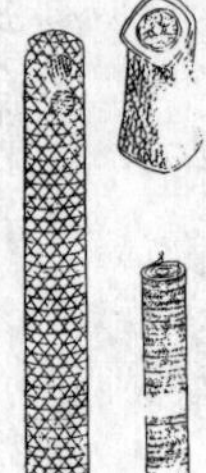

席　《淮南子》曰：席先萑葦。高誘注云：席之先所從出，生于萑與簟葦也。《拾遺記》曰：軒皇使百辟群臣，列圭玉于蘭蒲席上。《韓子》曰：禹爲蔣席頳緣，此彌侈矣。蓋至禹始加純緣之飾也，至周司几筵掌五席，有莞藻次蒲熊之名，其純有紛畫黼之別也。

簟　《詩·斯干》曰：下莞上簟。毛亨注云：竹席曰簟。《說文》曰：簟，竹席也。以竹爲席謂之簟，則是因席遂爲簟也。故周成王之顧命曰：敷重篾席。孔安國注謂篾桃竹，其物雖已見于周初，而猶以竹名號，席則簟之名，當出于周之中禁矣。

竹夫人　俗云竹几，故東坡《寄柳子王》詩：聞道枕頭惟竹几，夫人應不解卿卿。又《送竹几與謝秀才》詩：留我同行木上坐，贈君無語竹夫人。

稍箕　烘籃

飯籮

飯帚

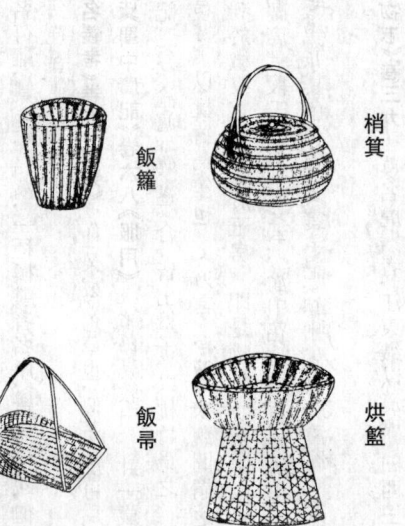

飯帚。許慎云：陳留以飯帚爲箱，今人亦呼飯箕爲梢箕。慎既漢人所記，疑皆秦漢時事，今之飯籮亦飯帚之類耳。

烘籃 《晉東宮舊事》曰：太子納妃有衣薰籠，當亦秦漢之制也。

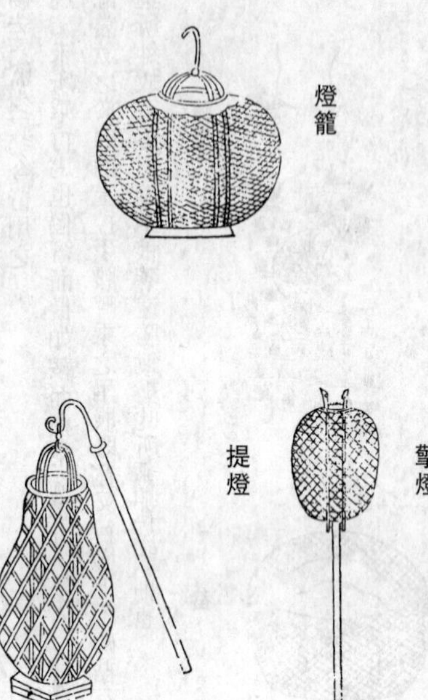
燈籠　擎燈　提燈

葛燈籠，《南史》：宋武祖微時，躬耕於丹徒。及受命，耨耜之具頗有存者，皆命藏之，以示子孫。及孝武帝大明中，壞所居陰室，起玉燭殿，與群臣觀之，牀頭土障壁挂葛燈籠，侍臣盛稱武帝素儉之德。帝曰：田舍翁得此足矣。今農家襲用以憑，暮夜提携，往來照視，有古之遺風焉。

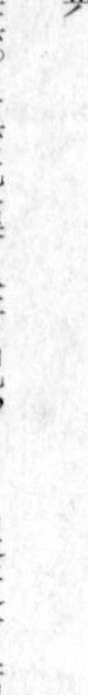

甑，炊器也。《集韻》云：甑，甗也。籀文作鬵，或作䰝。《周禮》陶人爲甑實二，鬴厚半寸脣寸。《説文》曰室户圭切甑空也。《爾雅》曰：䰝謂之鬵，徐林切《方言》或謂之酢餾，《漢書》項羽渡河，破釜甑。又任文公知有王莽之變，悉賣奇物，唯存銅甑，以此知古人用甑，雖軍旅及反側之際，不可廢者。

田藝術《留青日札》卷二二《薄借》 《周禮》玉瑾注：有薄借綦。漢文帝履不借視朝。不借者，草履也。一作薄借。陸游詩：「游山雙不借，取水一軍持。」

周祈撰《名義考》卷八《後席前席》 孔子間居。注：負墻却就後席，商鞅見秦孝公，(公)與語，不自知膝之前席。漢文帝前席賈生。古者坐於地，以莞蒲爲席，天子諸侯則有黼黻純飾，坐則居中，遜避不敢當則却就後席，喜悦不自覺則促近前席，直一席有前後耳。

周祈《名義考》卷八《芄蘭芄音丸》 《爾雅》「雚，芄蘭。」《説文》「芄，蘭莞也」。莞即蒲，一名苻蘺，其上臺名蒚，一種極纖者名蓆，皆可爲席，但有精粗耳。雚，音貫。莞，音官。苻，音蒲。蒚，音歷。

周祈《名義考》卷九《杜榮》 杜榮，今芒草也，似茅，皮可爲繩索履屬。

曹學佺《蜀中廣記》卷六八《服用》 諸葛亮教曰：計一歲運用蓬旅簟千萬具。《寰宇記》云：渝瀘、漢、遂、合，皆出簟子，以桃竹爲之。柳宗元詩：桃笙葵扇安可常。言以桃竹爲笙也。《方言》：簟，宋魏間謂之笙。王褒《竹簟賦》：巴箱列於椒臺，楚簟陳於玉房。即是物矣。《華陽國志》：江州縣北陂池，出蒲蒻藺席。段氏《遊蜀記》云：渝中花竹簟，爲時所重。忠州墊江縣以蘇薰爲席。絲爲經，其色深碧。《寰宇記》劒州舊貢蘇薰席。《圖經》所謂蘇家三稜草席也。

《廣博物志》卷三九 草名虎鬚者，江東織以爲席，曰西王母席也。崔豹《古今注》

又

會稽歲時獻竹簟供御，世號爲流黃簟。《西京雜記》

跂勒國貢文犀，織以爲簟。《洞冥記》

《廣博物志》卷三九 神農作牀席薦蓐枕被，少昊作簀，堯作毯，伊尹制承塵，周公作簟。《物原》

《新鐫古今事物原始全書》卷一九《器用》 籩豆 《爾雅》曰：竹豆謂之籩，瓦豆謂之登。蓋二物取法於豆而制之也。《説文》云：籩，竹器。豆，木器。籩以薦果核，可容四升。豆以盛俎醢，亦容四升。皆始於夏后氏。

簨音珊上声 籩屬，乃竹木之素器。《禮記》云：食於簨者不盥。《明堂位》云：王豆雕簨。

筵 《説文》云：竹席也。又鋪陳曰筵，籍之曰席。《禮記》：在地一重曰筵，重在上曰席。(周)《禮(記)·春官》掌五几五席之名物。

簾一曰箔一曰篰 《禮》曰：天子外屏諸侯，内屏大夫以簾。《荀子》曰：有局室蘆簾之文，則三代已有簾矣。《莊子》曰：有教者高明懸箔。箔即簾也。漢武帝以珠爲簾，箔以玳瑁壓之。招賢閣以翠羽麟毫爲簾，張説用鷄林夜明爲簾。

簈　今車上及轎上之竹簾，用以障面塵者，俗呼爲轎簾，始於周時。

簟　《詩》云：下莞上簟。簟，竹器也。成王顧命曰：敷重篾席。又云：敷重筍席。周初以竹爲席，簟之名出於周之中葉，亦名籧篨。侯君集破高(邑)[昌]。得金簟甚精，出《隋詩話》。《玘户録》云：瓊州有紅藤簟，尚書令王儉門下多名士，隸事多者賞之，惟何憲爲勝，乃賞五花簟，白團扇。坐簟自得，有王摛後至，操筆便成，舉坐稱賞，抽簟取扇竟去。今鄞州出蒓葉簟。

席　《事始》曰：黄帝之臣劉圭玉作蘭蒲之席始。《韓子》曰：禹之席，觞以純緣，此稱侈矣。《周禮・司几筵》：掌五席，乃有莞藻蒲茨熊之名。周成王之篾席，西王母有碧蒲席，老萊子之蓍艾席，漢文帝之白菅席、六采綺席，鄭敬之蒹葭席，漢文帝之麟文席，晉時有龍鬚席，魏有葦席，宋武帝之茄席，朝鮮國出蒲花席，衛靈公之熊席、藤席、雲母席，仲尼之三經席。《新臺編》云：籧篨不鮮。注云：籧篨，粗竹席也。而三代時已有之。

篝　《説文》云：薰衣之竹籠也。一曰薰籠。《玉環記》云：斜倚薰籠坐到明。即此方言謂之焙籠。

篩　桓譚親《(新)論》曰：伏羲制杵臼之利。而米篩簸箕，是時有之。《説文》云：竹器也，可以留穀出米。

箕　《事始》曰：漉飯器也。秦以民頭數斂穀，以箕受之，故云頭會箕斂。去穀之糠粃者，名曰簸箕，自神農氏始。《詩》云：「或簸或揚」是也。

斗筲　筲與筲同。陳留人呼爲飯帚，宋魏謂之箸筩。一曰飯器，以竹爲之。吴人呼爲筲箕，即簞食之類。孔子曰：斗筲之器，何足筭也。按《漢書・律歷志》曰：筭，籌也，數也。筭法用竹，徑(十)[一]分，長六寸，二百七十一枚而成六觚，爲一握，以爲筭法之用，即黄帝時隸首作筭數，得下籌之法是也。夫子言斗筲之器，何足筭者，言盛斗米之筲，不滿竹二百七十一枚之筭數。今之淘籮亦筲箕之類也。

箄箅　甑底蔽也，以竹爲之，用以障米，使米不下水而氣得上通也，《方言》謂之甑箄。

網罟　《史記》云：伏羲作網罟，以佃以漁。而兔網謂之罘音浮，鹿網謂之罞音蒙，捕鳥之網謂之罿，取魚之笱謂之罶。《詩》云：「魚麗于罶」是也。笱者，曲篾爲籠，魚易入而難出笱。音苟。

罩　《説文》云：捕魚器也。《詩》云：烝烝罩罩，南有嘉魚。《淮南子》曰：罩者抑之，罾者揚之，爲之難易，得魚一也。

籠　《事始》曰：籠，畜鳥器也。伏羲時有之。齊使淳于髡献鵠于楚，飛其鵠，揭空籠而見王曰：欲鵠飛亡，吾欲刺腹，恐人謗王。今士自殺，買鵠代之，是欺王也。欲奔亡，痛兩國王使不通，故特來伏過。王曰：信士如此，倍鵠在也。厚賜之。出《史記》。

笥　鄭康成曰：竹器也，用以盛飲食者。方曰笥，即今之方食箱也。圓曰簞，即今之圓食籮也。周時稱爲簞，関西人稱爲籧篨。

籯　《説文》云：箱籠之屬。漢韋賢曰：遺子黄滿籯。即此。

筐筥　《詩》云：于以承之惟筐惟筥。方曰筐，圓曰筥。又曰篚，皆竹器也。今之竹籃，竹籮之類。《詩》云「幣帛筐篚」是也。

罣罳　以竹爲筐，以絹爲幔，以篩米麦之粉，留粗以出細者。

繩綆　《易》曰：上古結繩而治。其來尚矣，始于燧人氏。綆，汲水索也。関西曰繘。短綆不可以汲深井之泉。

繩史記：燧人氏立傳教之臺，作結繩之政。《易・係辭》云：上古結繩而治，後世聖人易之以書契。謂黄帝也。

方以智《通雅》卷三四《器用》　笭篂、笭籯，皆笭箵也。《説文》曰：「笭，車笭也，一曰笭籯。」《博雅》曰：「笭篂，竹席也。」又曰「車中筵」。劉氏曰：舟中簣曰笭箵。音省笭箵，亦作笭箐。智考，笭箵，小籠也。又唐新語曰：漁具，總曰笭箵。《元結傳》載自釋語曰：能帶笭箵，全獨而保生，能學聱齖，保宗而全家。則箵與笭箐之音合，要論之舟中篷箬之席爲笭，又呼笭箵，或作籯、篂、箐，皆其聲相借也。漁具箕網，亦近篷箬，参差之狀，故因而呼之。【略】

聚僂猶之卷婁也，僂、婁借言簍也。《莊子》死得于腞楯之上，聚僂之中。注：聚僂，筐筥也。《無鬼篇》暖姝、濡需、卷婁。三者卷僂者，舜也。羊肉不慕蟻，蟻慕羊肉，舜有羶行，百姓悦之。舊解卷婁，拘攣，此理解耳。《仇池筆記》以卷婁即羊亦非，蓋盛羊肉之器也，合聚僂、筐筥之注觀之，故知是曲簍無疑。

籧篨，今蘆蓆之類也。《廣韻》曰：籧彊魚切。篨，直魚切。蘆蓆也。籧篨織竹如席，規以爲囷，以貯穀粟，或以取魚，擁腫不能俯者似之，故因以名其疾。《晉語》曰：籧篨不可使俯。吴隱之以籧篨爲屏風，可知竹簟、薄曲之類，概可通呼耳。《周勃傳》注：韋薄爲曲。《月令》曰「具曲植」。與竹筬有分，然北方水淀亦有織楷葦成簾以取魚者，裴潛妻子織藜芘孫恤。藜芘，荆籓也。篅音專笆徒本切則竹篿，專爲粟用者。《説文》曰：「以判竹圜以盛穀」。《淮南》曰守其篅笆。本作囤，俗至今呼之。

贊即算器也《史記·鄭當時傳》餽遺人不過算器食。徐廣曰：算，竹器。《漢書》作具器食。算，从竹从具。又作算、竿。蘓貫切。《史記》曰：竿軍食永嘉。引《説文》蜀本[illegible]笰，竝古文《律歷志》引《書》曰：先其算命二百七十枚成六觚爲一握。升菴引作祘。又引垂簾下爲祘。子才曰：古文固象縱横之形也。算加匡爲匴。《儀禮·士冠禮》云：「各一匴」。素管切。注：古文爲篹。《記》曰：「食粥于盛不盥，食于篹者盥」。康成曰：竹筥也。「雕篹」注：篹屬。或作篹。陸氏本義作匴。息緩切。《説文》「贊，竹器也。讀若纂」。孟堅借用論篹，古之撰纂音亦通用。小顔注《急就》曰：贊，盛七箸之籠也。

斗回，取水之筌也。冥筌，笱也。見《文選·吴都賦》注：莊子作筌，一曰積柴取魚則罧也，一曰魚笱，斗回，蓋唐人之方言，今則謂之兆籃，或曰花籃。程大昌言有倒鬚謂之笱，即筌也，因有倒鬚，故謂之回。一曰冥筌。李善引「笱横溪爲梁，開缺而設笱」。

筌蹄，謂魚笱與兔蹄也，後人合稱之，遂以名籃。得兔者忘蹄，得魚者忘筌。筌，笱也，有逆鬚。蹄，係蹄也。《戰國策》魏魁謂建信君曰：人有置係蹄者而得虎，虎没環寸之蹯而走，兔蹄，亦以機繩縻兔者也。段公路《北户録》曰：新州作五色藤筌臺梁。劉孝儀謝太子五色藤筌蹄一枚。按，此乃借筌蹄之稱，其實則織藤爲籃也。筌臺，又筌蹄之訛也，廣人呼蹄爲臺。

扈業，緯蕭也，障魚曰槎頭，障蟹曰蟹斷。《莊子》有緯蕭者，取魚也。《吴都記》曰：江濵竹繩編之，以取魚，謂之扈業。陸龜蒙《蟹志》曰：漁者，緯蕭承其流而障之，名曰蟹斷。劉宋張敬兒奉槎頭編與齊高帝。杜詩「漫寄槎頭縮項鯿」。孫炎以養魚椮爲槎頭。椮謂之涔，亦作罧，非槎義也。高似孫引《襄陽耆舊傳》常禁人捕以槎斷水謂之槎頭編。智按，斷水是也，爲禁人而斷水之槎則支。

屈竹爲器，呼曰筝笔。考老加竹，或作栲栳，言其屈也。即古之簝，洛早切。受盛器也。《周官·牛人》「共牛牲之互，與其盆簝」。盆受血，簝受肉。蓋即笲筥之形，如無柄之笊籬耳，俗作笊籬。明皇爲禄山作銀笊籬。《説文》解箱爲飯筥，受五升。秦謂筥曰箱，即斗筲之筲。孫氏音山樞、所交二切。一曰箕箄，今俗呼甑箄爲箕箄，笊籬即古之所謂箕。於六切。箕，炊之漉米箕也，或謂之縮，或謂之箕，音叟。或謂之匠，音還。江東呼淅籤。《漢書音義》烽如覆米箕。《字林》云漉米籔。《纂要》曰淅箕也。古杜康作箕帚。大率筥圓而筐方。筴，長笥也。簍者，疏目之籠，其孔樓樓然。《方言》之籧，則非盡指簍箄也，如筲、籔、簝，皆謂其形似，常借呼耳。鄭注笲曰：如今之筥莒。即簍字。《廣雅》曰：暇映簏也，即筥。唐·孟棨《本事詩》載中宗時《回波詞》曰「回波爾時栲栳」。《元志》玉輅用栲栳輪。蓋五臺山大尖，是北臺栲栳山，言形曲也。

方以智《通雅》卷三四《器用》 寠籔，竹器也 李石言，寠籔引王叡云：東方朔以爲寄生，賣餅人結茅爲絰，以戴頭上，狀如環。《楊惲傳》鼠不容穴銜寠籔。《東方朔》顔師古注亦云戴于頭者。《廣韻》寠籔，四足几。蓋筥簏套籃之類，或有足，或方，或員，皆是也。所謂不容穴者，言銜竹器則不能入。筥筬之類不論大小，只狀其瑯當樓楸耳。寄生附木而枝葉扶疏，寠籔口大而下小，今以賣餅絰言之，亦指其瑯當樓楸耳。今語摟搜亦云羅娑，亦云摟羅，寠籔正取摟搜之音。

方以智《通雅》卷三四《器用雜用諸器》 蒐白席地隔之類也。《劉宋起居注》元嘉中，爲御史中丞奏，風聞廣州刺史韋朗，于州部作蒐白席三百二十領，請以事追。陳喬生曰：即番舶地隔也。茅蒐染紅，故曰蒐白，姚以式從濠鏡得之，一名嘉文席，即《拾遺記》之蕖席也。又言崑崙有茛，紅色可編爲席。今是染色織作細方勝，兩末有檽星，或乘綏以防蟲蟻。《東宫舊事》太子有獨坐龍鬚席，崔豹謂之虎顋席。即今肇慶金渡之細席也。筬席，則桃枝竹席。古人通稱席，以藉以障則葦席也，後世筵席本此。

方以智《通雅》卷四一《植物》 石龍芻莞之長者，可席者也。莞，燈心艸也，茢席其細者也。草續斷、龍珠、龍鬚、方賓，蜀本以爲一，《山海經》賈超之山，艸多龍修。郭曰：龍須也。鄭緝之《東陽紀》仙姥巖下盡出龍須，《春官》「駹車藿蔽」。藿即萑，音丸。細葦席也。《尚書》「敷重豐席」。莞席、笱席，蒻也。史游《急就篇》蒲蒻藺席。王肅曰：底席，青蒲席。鄭玄又云：蔑纖致席。智謂筍席，乃竹席。《儀禮》鄭玄注所謂桃枝席也。《齊書》三齊茄席。蓋細蒲艸席也。

《詩》曰「下莞上簟」。莞，古丸切，蒲莝中虛白者，今燈草席也。《爾雅》「莞、苻離，蒚鼠」。莞釋曰鼠莞，纖細似龍頣。師古曰：夫離也。今謂葱蒲別作莐，戴氏謂莞即燈心草是也。今見肇慶之龍頣席，則與燈艸有別矣，一類而尤細也。

【略】

蘿摩即羊婆奶白環藤也　《詩》「芄蘭之枝」。胡官切。《爾雅》曰「雚，芄蘭」。《說文》曰「莞也」。陸璣曰：芄蘭，一名蘿藦，幽州謂之雀瓢。《本艸》曰蘿藦似女青，諺云：去家千里，勿食蘿藦。枸杞，蘊恭曰大如棗，禹錫引景純注曰：雚，芄蔓生，斷之有白汁，可啖。如此注，則雚芄一名蘭，或傳誤也，大約雚與芄皆澤艸，音近相誤。自芷一名莞，一名苻離，寧將合而爲一乎。《爾雅注疏》及《廣埤》璣，《說文》、《本艸》牽引多混。

黄生《字詁・絼紖》　《字彙》：「紖，直忍切。牛系也。引《禮・少儀》：「牛則執紖」。「絼，與紖同。」引《周禮・封人》：「設其楅衡，置其絼。」按：《周禮注》云：「絼著牛鼻繩。今時謂之雉，與古者名同。」又云：「絼字當以豸字爲聲。」據此，絼、雉當同音明矣。賈公彦《疏》云：「絼本又作紖。特忍切。」按：《禮・少儀》云：「牛則執紖」，紖則絼之別名。云別名，則二字同義不同音可知。字書止因絼本又作紖，二字遂誤合爲一音，殊屬鹵莽。《字彙》承《篇海》之誤。又《禮疏》申生雉經：「雉，牛鼻繩。謂以牛繩自縊而死。」

傅維鱗《明書》卷四〇《志二一・方域志二》　長沙府，民樸士閑，以網爲業。

張自烈《正字通》卷三《巾部》　席思積切，音夕，坐臥所藉也。稾秸曰薦，莞蒲曰席。又重曰筵，單曰席。《釋名》席，釋也，可卷可釋。《詩・邶風》「我心匪席，不可卷也」。《曲禮》「羣居五人，則長者必異席」。孔穎達（註）〔疏〕：古者地敷横席，容四人，長者居席端，若五人會，則長者一人異席也。又「奉席如橋衡」。註：如橋之高衡之平，奉席之儀也。奉，上聲，橋如字。又「主人跪正席，客跪撫席而辭，客徹重席，主人固辭，客踐席，乃坐」。註：跪面正席，敬客也。撫，以手按止之地。客不敢居重席，故欲撤之，主人固辭，則止，客踐席將坐，主人乃坐也。又「姑、姊、妹、女子子，已嫁而反，兄弟弗與同席」。註：女子子，重言子者，別于男子也。專言兄弟者，达同等之嫌也。又「父子不同席」。註：尊卑之等異也。又「有憂者側席而坐，有喪者專席而坐」。註：憂謂親疾或他禍患，側謂偏設之變于正席也。專，單也。吕氏曰：專席，不與人共坐也。又《史・魏其傳》武安過魏其，飲酒酣，武安起爲壽，坐皆避席伏。（及）〔已〕魏其爲壽，（惟）〔獨〕故人避席（耳）餘半膝席。註：古席地坐斂，避席伏者，皆坐地爲敬之至不敢安席，就伏于地以迎之也。膝席者，一膝著地不離席，一足跂以相迎也。又簟也，《書・顧命》「牖間南嚮，敷重篾席，黼純」。註：此平時見羣臣覲諸侯之坐也。敷設重席，天子之席三重也。篾席，桃竹枝席也。黼，白黑雜繒純緣也。又「西序東嚮，敷重底席，綴純」。註：此旦夕聽事之坐也。東西廂謂之序。底席，蒲席也。綴，雜采也。又「東序西嚮，敷重豐席，畫純」。註：此養國老饗羣臣之坐也。豐席，筍席也。畫，采色也。又「西夾南嚮，敷重筍席，玄紛純」。註：此親屬私宴之坐也，西廂夾室之前。筍席，竹席也。紛，雜也，以玄黑之色雜爲之禄也。將傳先王之命，知神之在此乎，在彼乎，故兼設平生之坐也。又《周禮・（地）〔春〕官・司几（筵）》「掌五几五席之名物」。註：藻席、莞席、次席、蒲席、熊席。又司筵，王位紛純加繅席。司几，凡喪事設葦席。舊註引《顧命》四席闕二，筍譌爲筍，篾譌爲蔑，竝非。又《史・秦紀》穆公與由余曲席而坐。《賈誼傳》文帝召至宣室，問鬼神之本，夜半前席。《宋戴憑傳》憑爲博士，正旦令羣臣説經史相詰難，有不通者輒奪其席以益通者，憑重坐五十餘席。又昔席，猶細席。《尸子》引子夏曰：倚于五兵而辭不懾，臨大事不忘昔席之言。《荀子》曰：臨患難不忘細席之言。楊倞註：細席，講論之席也。轉注，古音昔，字人霽韻，音細。一説，昔席猶言昔日講席之所言，讀本音，亦通。又蒐白席，即地隔之類。《劉宋起居注》元嘉中，爲御史中丞奏：風聞廣川刺史韋朗于州部作蒐白席三百二十領，請以事追。

于敏中等《日下舊聞考》卷三九《皇城》　原自北安門裏街東曰黄瓦東門，門之東街南曰尚衣監街，北曰司設監。【略】

原司設監成造各宫篾簟、蒲席、棕薦及各宫進用龍牀頂架、帳幔、轎椅鋪陳、衣包蓋袱、花毯、地氊、圍幕、油袱、雨繖等物，鋪設宫殿龍簾、走索、席梯。水部備考。

張廷玉等《續文獻通考》卷二九《土貢二》　洪武元年四月詔：四方非朝廷所需者，毋妄獻。

時蘄州進竹簟。帝謂廷臣曰：古者方物之貢，惟服食器用，故無耳目之娱，玩好之失。今進竹簟，固爲用物，但無命來獻，恐天下聞風，急進奇巧，勞民傷財，自兹始矣。卻之，仍下是詔。

顧炎武《肇域志・南直隸・松江府》　風俗　前《志》謂：濱海之地，業漁者多於耕。自斥鹵變爲良田，漁非耕類，然江浦取魚之術，亦多有皮、陸序述所不能盡。今漁於海者，有簾網；漁於江浦者，有罜網，有塘網，編網，扛網，絲網。編竹斷港，曰斷。不出水者，曰横簾。以數百鉤繫餌，一繩牽之，曰張釣，無遺巧矣。

顧炎武《肇域志・山東・東昌府》 臨清，工組帕幔，備極綺麗，轉鬻他方。瀕河村聚，織薄緯蕭爲生。

顧祖禹《讀史方輿紀要》卷五三《陝西二》 〔西安府咸寧縣〕牛首池【略】《黄圖》：「上林中有十池曰初池、麋池、大臺池、郎池、牛首池、蒯池、積草池、東陂池、西陂池、當路池。」《初學記》：「上林有十七池，曰承靈池、昆靈池、天泉池、龍池、魚池、蒯池、困池、鶴池、西陂池、當路池、東陂池、太一池、牛首池、積草池、麋池、舍利池、百子池。」顔師古曰：「蒯，草名也。可以織席，因名。」

周象明《事物攷辯》卷五五《器用》 桃笙 《説略》 蘇東坡云：柳子厚詩云「盛時一失貴反賤，桃笙葵扇安可常」。予初不知桃笙爲何物，偶閲《方言》「宋魏之間，簟謂之笙」。乃悟桃笙爲桃竹簟也。

明按，桃竹出巴渝，杜子美有桃竹杖詩。又戴凱之《竹譜》云：桃枝皮滑而黄，可以爲席。又唐，段公路《北户録》云：瓊州紅藤簟。《方言》謂之笙，則桃笙爲桃竹簟明矣。

篴席莞簟 《禮書》 篴席以桃枝竹爲之，莞簟以小蒲爲之。郭璞曰：西人呼蒲爲莞。

明按，《爾雅》云：「莞，苻離也。」《周禮》王筵有莞而無蒲。是蒲不如莞也。《郊特牲》曰：「莞簟之安。」又曰：「蒲越稾鞂之尚。」是莞非即蒲也，不可混而爲一。越席以草爲之。

周象明《事物攷辯》卷五五《器用》 臺笠 《詩經・小雅》「臺笠緇撮」。毛傳云：臺所以禦暑，笠所以禦雨也。是以臺、笠爲二物也。鄭箋云：臺，夫須也。以臺皮爲笠，古明王之時儉且節也。是以臺笠爲一物也，鄭箋較長。【略】

褦襶 《蓬窓日録》 褦音奈襶，涼笠也。以竹爲胎，蒙以帛，暑時戴之，以遮日。

明按，晉人程曉詩云：「平生三伏時，道路無行車。閉門避暑卧，出入不相過。今世褦襶子，觸熱到人家。主人聞客來，顰蹙奈此何。」故後世謂不曉事者曰褦襶子。

周象明《事物攷辯》卷六〇《冠裳》 龍具 程大昌《演繁露》 王章卧牛衣中。註云：龍具也。按《食貨志》董仲舒曰：貧民常衣牛馬之衣，而食犬彘之食。然則牛衣者，編草以被牛，蓋蓑衣之類也。

明按，王氏《農書》顔師古曰：牛衣，編亂麻爲之，即今呼爲龍具者。前漢王章卧牛衣中，晉劉實好學少貧苦，口誦手繩，賣牛衣以自給。則牛之有衣舊矣。王荆公詩云：百獸冬自煖，獨牛無氄毛。無衣與卒歲，坐恐得空牢。主人覆護恩，豈啻一綈袍。問汝何以報，黍離滿東皐。

邁柱等《九卿議定物料價值》卷二 紅黄線蔴繩，每觔舊例銀玖分，今核定銀捌分。

紅黄蔴蔴連繩叁股繩，每觔舊例銀肆分肆釐，今核定銀貳分柒釐。

紅黄蔴蔴紥繩，每觔舊例銀肆分，今核定銀貳分陸釐。

紅黄錢串，每觔舊例銀柒分，今核定銀伍分。

線蔴繩，每觔照舊例，今核定銀柒分。

細線蔴繩，每觔舊例銀柒分，今核定銀壹錢陸分，細棕繩，每觔舊例銀壹錢伍分，今核定銀壹錢貳分。

烏鎗火繩，長貳丈。每條舊例銀叁分，今核定銀壹分捌釐。

毛緶繩，長肆丈。每根舊例銀肆錢伍分，今核定銀貳錢伍分。

邁柱等《九卿議定物料價值》卷三 竹蓆葦箔無舊例

南細竹蓆，見方陸尺伍寸。每領今核定銀壹兩叁錢。

竹蓆，長陸尺，寬肆尺。每領今核定銀肆錢。

仔兒箔，六根攢一根，見方壹丈。今核定銀叁錢捌分。

大油簍，每個舊例銀肆錢，今核定盛壹百觔銀貳錢。

小油簍，每個舊例銀叁錢伍分，今核定盛伍拾觔銀壹錢肆分。

竹茶簍，每個舊例銀玖分柒釐，今核定銀捌分。

頭號竹筐籮，徑貳尺捌玖寸。每個舊例銀捌錢，今核定銀柒錢貳分。

貳號竹筐籮，徑貳尺。每個舊例銀陸錢，今核定銀伍錢肆分。

叁號竹筐籮，徑壹尺肆伍寸。每個舊例銀肆錢，
今核定銀叁錢陸分。
竹籮，高壹尺伍寸，徑壹尺貳寸。每個舊例銀壹錢，
今核定銀玖分。
筐籮，口徑貳尺伍寸。每個舊例銀貳錢，
今核定銀壹錢陸分。
小筐籮，口徑壹尺伍寸。每個舊例銀壹錢，
今核定銀玖分。
竹篩，口面貳尺捌寸，高叁寸伍分。每個舊例銀伍錢，
今核定銀肆錢。
細米竹篩，每個照舊例，
今核定銀叁錢。
班竹簾條，長壹丈。每根舊例銀壹分肆釐，
今核定銀壹分貳釐陸毫。
竹簾條，每百根舊例銀伍分，
今核定銀肆分伍釐。
裝牛犢荆筐，長柒尺，高叁尺。每個舊例銀貳兩貳分伍釐，
今核定銀捌錢。
裝羊隻荆筐，長伍尺，寬高叁尺。每個舊例銀壹兩伍錢柒分伍釐，
今核定銀伍錢。
裝雜項荆筐，長貳尺伍寸，寬壹尺柒寸，高壹尺捌寸。每個舊例銀肆錢捌分貳釐，
今核定銀貳錢。
荆筐，長叁尺柒寸，口徑壹尺伍寸。每個舊例銀肆錢伍分柒釐，
今核定銀壹錢伍分。
菓筐，每個舊例銀玖分伍釐，
今核定銀捌分。
扭扭筐，每個舊例銀叁分伍釐，
今核定銀叁分。
鷄鵞筐，每個舊例銀壹錢伍分，
今核定銀壹錢貳分。
白柳條筐，每個舊例銀玖分，
今核定銀陸分。
酒筐，每個舊例銀伍分，
今核定銀肆分伍釐。
斗篷，每個今核定銀壹錢肆分肆釐。
竹倒籮，每個今核定銀玖分。
腰子筐籮，長貳尺肆寸，寬壹尺叁寸。每個今核定銀壹錢捌分。
荆條花罩每尺，
今核定銀壹分伍釐。
有蓋荆筐，徑伍尺捌寸，高貳尺陸寸。每個今核定銀叁錢。
有蓋荆筐，長叁尺，寬壹尺捌寸，高貳尺。每個今核定銀壹錢叁分。
有蓋荆筐，長貳尺伍寸，寬壹尺叁寸，深壹尺捌寸。
每個今核定銀壹錢叁分。
有蓋荆筐，長叁尺捌寸，圓徑壹尺。每個今核定銀壹錢叁分。
有蓋荆筐，長貳尺伍寸，寬壹尺陸寸，高壹尺捌寸。
每個今核定銀壹錢陸分。
有蓋荆筐，長貳尺捌寸，寬壹尺叁寸，高壹尺叁寸。
每個今核定銀壹錢壹分。
有蓋荆筐，長壹尺肆寸，寬壹尺，高壹尺貳寸。每個今核定銀陸分。
裝銀荆筐，每個今核定銀壹錢。
有耳荆筐，每個今核定銀叁分貳釐。【略】
大草筐，每個口徑貳尺，高貳尺。今核定銀陸分。
簑衣，每件今核定銀叁錢。
小油簍，盛貳拾伍觔。每個今核定銀壹錢。
小油簍，盛拾觔。每個今核定銀叁錢。

姚培謙、張卿雲《類腋》卷一二《物部・簟席薦附載》 篾席《書》「牖間南嚮，敷重——」。傳：敷設重席，所謂天子之席三重者也。——，桃竹枝席也。底席又「東序西嚮，敷重——」。傳：——，蒲席也。豐席又「西序東嚮，敷重——」。傳：——，筍席也。筍席，竹席也。《宗測傳》少静退，王儉雅重，餉測以蒲褥筍席。皮日休詩「石枕冷入腦，筍席寒侵

肌」。籧篨《詩》「——不鮮」。傳：「——，本竹席之名。莞簟又「下—上—」。傳：「—蒲席，竹葦曰—。王維《苦熱詩》「——不可近，絺綌再三濯」。葦席《禮》「士輤——以爲屋，蒲席以爲裳帷」。注：輤載柩之車，上覆飾也。《羅兮傳》含爲别駕，以官字喧（攘）〔擾〕，於城西小淵上立茅茨之室，伐木爲（牀）〔材〕織—爲—。五席《周禮·春官·司几筵》「掌——之名物，辨其用，與其位」。注：——，莞、藻、次、蒲、熊。莞，音官，一作繅，音早。繅席又「凡大朝覲，大饗射，凡封國命諸侯，王位設黼依，依前南鄉，設莞筵紛純，加——畫純，加次席黼純，左右玉几」。注：——，削蒲蒻展之，編以五采，若今合歡矣。次席，桃枝席，有次列成文。《東京賦》「負斧扆次席紛純」。注：次席，竹席也。紛純，謂以組爲緣。熊席又「甸役，則設——，右漆几」。《呂氏春秋》衛靈公天寒鑿池，宛春諫曰：「天寒起役，恐傷民。」公曰：「天寒乎？」春曰：「公衣狐裘，坐——，陬隅有竈，是以不寒。」《西京雜記》趙飛燕女弟居昭陽殿，中設白象牙簟、緑——。〔席〕毛長二尺餘，入眠而擁毛自蔽，望之者不能見。梁元帝詩「王孫及公子，——復横陳」。瑶席《九歌》「——兮玉瑱」。張羽詩「玉露清瑶簟」。蒻席《淮南子》匡牀——，非不寧也，然民有處邊城澤死暴骸者，明主弗安也。注：蒻，細也。桃笙《方言》簟，宋衛之間謂之笙，或謂之籧苗，其麄者謂之籧篨。《吴都賦》「——象簟」。林翊詩「一壺先醉桃枝簟」。象席《洞冥記》神明臺上有九天道金牀，——琥珀鎮，雜玉爲簟。劉楨賦「有—牙之—」。李白詩「拂試青玉簟」。犀簟又吠靮國貢文—織以爲—，如錦綺之文。《杜陽雜編》同昌公主出降，宅於光化里，堂市設——、牙席。貂席《釋名》——，連—皮以爲—也。紫羅薦《漢武帝内傳》七月七日修除宫掖，設坐大殿，以———地。梁簡文帝《答餉舞簟書》淮南之臺，——爲—竹。蘭席曹植《九詠》「茵薦兮——」。流黄《西京雜記》會稽歲時獻牙簟供御，世號爲——簟。李德林詩「珍簟拂——」。艾席《高士傳》老萊子耕於蒙山之陽，枝木爲牀，著—爲—。梁·安成王《招隱逸教》葭墻——，樂在其中。雙文簟《東宫舊事》太子納妃，有赤花———。錢惟演詩「——桃—碧牙床」。龍鬚席又太子有獨坐———，赤皮花經席一領。楊維楨《王母醉歸圖詩》「歸來笑拂龍髯席，汗濕絞綃睡無力」。《古今注》龍鬚草，一名縉雲草。今有虎鬚草，江東亦織以爲席，號曰「西王母席」。《表異録》龍修——草，可爲—。黄莞薦《拾遺記》周穆王三十六年，西王母來，敷碧蒲之席，——之—。麟文又燕昭王設——之席，使旋娟，提嫫二女舞其上，彌日無跡，體輕故也。——者，錯雜寶以飾席，皆爲雲霞麟鳳之狀。花簟《王擒傳》王儉嘗使賓客隸（字）〔事〕廬江何憲爲勝，乃賞以五——、白團扇。坐簟執扇，容氣甚自得。擒後至，儉以所隸示之，曰：「卿能奪之乎？」擒操筆便成，文章既奥，辭亦華美，舉坐擊賞。擒乃命左右抽憲簟，手自掣取扇，登車而去。庾信賦「玉——上，金蓮帳裡」。文席江淹《燈賦》「照錦地之——」。《鄉嬛記》楊達飲姚氏，酒酣假寐，月華命侍兒進以合歡竹細枕，温凉草——，皆月華閣中物也。湘簟韋應物詩「——瓌瓏透象牀」。李賀詩「裁生羅，伐—竹，帔拂疏霜—秋五」。青琅玕杜甫詩「留客夏簟———」。黄瑠璃韓愈《鄭羣贈簟詩》「蕲州笛竹天下知，鄭君所寶尤瓌奇。携來當晝不得臥，一府專首———」。薤葉白居易詩「簟冷秋生——中」。注：蕲州出——簟，又白如鋪——。陸游詩「方牀展蕲簟」。冰簟温庭筠詩「——銀牀夢不成」。紫茭席《杜陽雜編》———，色紫而類茭葉，光軟香净，冬温夏凉。青玉曹松《白——角簟詩》「角簟功夫已到頭，夏來全占滿牀秋」。《碧角簟詩》「細皮重叠織（雲）〔霜〕紋，滑膩鋪牀勝錦茵。八尺碧天無點翳，〔一〕方—絶織塵」。五花紋戴復古詩「適有揶心簟，殷勤持贈君。來從三嶼國，織作———」。冰紋簟陸游詩「矮榻———」。秋水席《清異録》顯德中書堂設起紋———，色如蒲萄，紫而柔薄，類綿，叠之可置研函中，覆水不能霑濡。芙蓉席鄭琰詩「百和香（董）〔薰〕翡翠衾，九微燈照———」。

姚培謙、張卿雲《類腋》卷一六《物部·屏簾》

蔽景待月《拾遺記》越有美女二人，一名夷光，一名修明，以貢於吴，吴處以椒花之房，貫細珠爲簾幌，朝下以——，夕捲以——。二人當軒並坐，竊視者謂之神人。竹簾《西京雜記》漢諸陵寢皆以—爲—，簾皆爲水紋及龍鳳之像。黄庚詩「梅花應念人孤寂，寒夜吹香入——」。珠簾又昭陽殿織—爲—，風至則鳴如珩珮之聲。《玉臺新咏序》——以玳瑁爲押。李白詩「美人捲——，深坐頻蛾媚」。妓衣《夏侯亶傳》亶不事華侈，晚年頗好音樂。有妓妾十數人，並無被服姿容，每有客，常隔簾奏之，時謂簾爲夏侯——。朱簾江淹賦「——開而留風」。庾信詩「——捲麗日，翠幙蔽重陽」。劉遵詩「——繡户映新（妝）〔粧〕」。蘇軾詞「——白玉鈎」。銀蒜庾信詩「幔繩金麥穗，簾鈎——條。」注：鑄—爲—以押簾也。歐陽修詩「——鈎簾宛地垂」。水精簾宋之問《明河篇》「雲母帳前初汎濫，——外轉逶迤」。蘇軾詩「日高慵捲———」。黄簾韓愈詩「——緑幕朱户開」。珠箔劉禹錫詩「——曲瓊鈎」。古簾又「南宫——暗」。林逋詩「梅影無心上——」。荻簾白居易詩「門稱——垂」。陸游詩「——當户布機鳴」。蘆簾又「明年更算東廂屋，紙閣——著孟光」。蝦鬚陸暢詩「勞將素手捲——，瓊室流光更綴珠」。温庭筠詩「應卷蝦簾看皓齒」。翠簾許渾詩「——疑晚香」。薩都剌詩「翡—垂隔小春」。畫簾杜牧詩「四面朱樓卷——」。韓偓詩「——紋細鳳雙盤」。夜明又《錦鞋詩》「——簾額懸曲瓊」。《採蘭雜志》張説於元宵召諸姬共宴，若於無月，夫人以雞林——簾懸之，炳於白日。夜半月出，惟説宅無光，簾奪之也。香簾李頻《黄雀詩》朱宫晚樹侵鶯語，畫閣——奪燕窠」。秋簾羅鄴詩「酒醒孤館——卷，月滿寒江夜笛高」。却寒簾又同昌公主光化里堂中設——之—，類玳瑁斑，紫色，云却寒之鳥骨所爲也。珠押《記事珠》于授紉時，家以彩真—勝爲簾—。不鈎又徐福爲始皇作自然之簾，懸于宫門。始皇抱文珠置膝上，其簾便下去之，則簾自捲，——事——也，故又名——。話私《雲麓漫抄》紹興末，中官以小竹編睽籠，以衣畫風雲鷺鷥名畫絲，好事者大其制，施於酒席，或野次可障風，易其名曰掛罳。又言出於金中目曰——，言遮蔽可——事。玳簾梅堯臣詩「——捲起香霧排」。湘簾范成大詩「明瓊錦帶——斑」。趙孟頫詩「——踈織浪紋稀」。氈簾汪元亮詩「貂鼠——錦綃標」。薩都剌詩「卷地朔風沙似雪，家家行帳下——」。瑞英簾《清異録》人家畜一簾，青紫色，人在簾間，自外望之，繞身有光，云得于天寶之亂，蓋宮禁物也。後歸於渾咸家，有貴臣識之曰：此——
——耳。

王鳴盛《十七史商榷》卷七九《草席䉾》　《新志》蘇州土貢有草席，䉾。席字逗，䉾字句。䉾而徒以絲縷麻苧爲之，何獨吾吴有之。樂史《太平寰宇記》第九十一卷蘇州土産有席，又有草履。可見席、䉾二物，皆以草爲之，今吴出草席不待言，而草䉾獨出嘉定一邑，有黄黑二色，精雅輕便，最宜暑月，蓋不但製法之妙，此草亦他郡所無。嘉定，在唐崑山地也。

《古今圖書集成·職方典》卷二五五《東昌府部·物産考》　唐宋《地理志》郡屬出莨莠席。【略】

《古今圖書集成·職方典》卷六九六《松江府部·風俗考》　泖澱江浦之間，民多以漁爲業，取魚之術亦備。其結繩持網者，總謂之網，有注網、絲網、塘網。網之流，曰罛、曰罾、曰罺。圓而縱捨曰罩，挾而升降曰罟，緡而竿者總謂之筌。筌之流，曰筒、曰車。橫川曰梁，編竹斷港俗謂之斷，承虛曰笱，編而沉之曰箄，即今橫簾，止可捕蟹。矛而卓之曰䂬，棘而中之曰叉，鏃而綸之曰射，扣而駭之曰根，俗謂之打艋艘。錯薪於水中曰篸，俗謂之叢。以數百鉤繫餌一繩牽之曰張鉤。所載之舟曰舴艋，所貯之器曰笭箵。畜之於池而守之曰神，謂鼈也，或作黿。漁於海者有滂網，有蒲網。列竹於海澨曰滬。其他或術以招之，或藥而盡之，則非先王數罟不入洿池之意也。

《古今圖書集成·職方典》卷七一五《常州府部·風俗考》　無錫縣新安俗輕佻，農隙織席鬻于市，亦不廢業。

《古今圖書集成·職方典》卷七一九《常州府部·物産考》　無錫縣特産

席　新安、開化之間，居民田事稍間，即以織席爲業，成則負而鬻於滸墅、虎丘之肆中，少自賣者。

周廣業《過夏雜録》卷一《斗筲》　《論語》斗筲之人。鄭康成注：筲，竹器，容斗二升者也。皇侃疏：言小人量小，如斗筲。案《方言》著篅，陳楚宋魏之間謂之筲，或謂之籯，自關而西謂之桶，檧又曰簇，南楚謂之筲。蓋盛米之器，以竹爲之，故字從竹。顔師古注《漢書》：桓寬曰：斗筲之徒。云竹器容一斗。注《叙傳》斗筲之子云：斗筲，小器也。亦與注疏略同。《百官表》云：百石以下有斗食佐史之秩。師古注《外戚傳》云：斗食，謂佐史也。言禄少，一歲不滿百石，日食一斗二升。薛宣以大司農斗食屬察(孝)廉，補不其丞。則斗者，食禄之數也。《戰國策》應侯謂昭王曰：今邑中自斗食以上。《史記·始皇紀》：王翦使斗食以下什推二人從軍。據此，則斗筲之人，乃言今之從政者，名爲大夫，寔不過食斗筲之材，禄浮于人，素餐素飽，何足齒數，非言其器小也。後漢郭林宗世貧賤，母令給事縣吏。林宗曰：大丈夫安能下從斗筲之役，乃就屈彦家學，此其明證矣。

周廣業《過夏雜録》卷二《馬衣》　趙岐注《孟子》「皆衣褐」云：褐，以毳織之，若今馬衣也。案《左傳·定八年》公侵齊，攻廩邱之郛。主人焚衝，或濡馬褐以救之。杜注：馬褐，馬衣。近人作《四書逸箋》謂馬衣不經見，誤矣。後漢王章疾病，無被，臥牛衣中。注：牛衣，編亂麻爲之。即今俗呼爲龍具者，已見《別録》。

姚鼐《惜抱軒筆記》卷一　狄設黼扆綴衣　按此事在《周禮》爲司几筵之職。茲云狄設者，司几筵掌其禮法，設者，狄小臣事也。此文總下四處設扆皆同，其異者，下乃言之。篾席，《説文》引作布重莧席云：織蒻席也，讀與蔑同。按《司几筵》王位設黼扆，扆前設莞筵，加繅席畫純，加次席黼純。鄭注：繅席，削蒲蒻展之。次席，桃枝席。鼐按，《顧命》重席祗用一類，《周禮》所用次席亦繅席，次弟加之，故曰次席耳，豈別類乎。《司几筵》掌五席名物，蓋其後文有繅、莞、熊、葦、萑。葦萑以喪用不數，則以《顧命》補之。莧，即繅也。豊，即莞也。底與筍，合爲五矣。僞孔注依鄭桃枝之説，轉莧爲篾，篾是俗字，非經舊也。《尚書》疏引馬融説亦以爲蒻席，與《説文》同，莧讀如蔑，則假借作蔑可也，作篾不可也。

李調元《南越筆記》卷一《粤人多以捕魚爲業》　粤人多以捕魚爲業，其漁具多種，最大者曰罛，次曰罾。罛之類有曰深罛，上海水淺多用之，其深六七丈，其長三十餘丈，每一船一罛。一罛以七八人施之，以二罛爲一朋，二船合則曰罛朋，別有船六七十艘佐之，皆擊板以驚魚，每日深罛二施，可得魚數百石。有曰縩罛，下海水深多用之，其深八九丈，其長五六十丈，以一大緵爲上綱，一爲下綱，上綱間五寸一藤圈，下綱間五寸一鐵圈，爲圈甚衆，貫以縩以爲放收，而以一大船爲罛公，一小船爲罛姥，二船相合，以罛連綴之，乃登桅以望魚，魚大至水底成片如黑雲，是謂魚雲，乃皆以石擊魚使前，魚驚迴以入罛，魚入則二船收綠以闔罛口，徐牽而上，有曰板罛，以小船施之，小船有罛姥，而無罛公，故一名罛姥船。有曰圍罛，製如縤罛而小，深二三丈，廣七八十丈，連合二罛爲一圍，以二船一前一後施之，亦以板驚魚，凡魚首有石者皆驚入罛，無者則否。首有石者曰黄花，曰鯛，曰獅子，曰鯀魚，曰鶬，曰鱸，曰馬鰟，曰鱸，此八者善驚。有曰墻罛，則以縤罛爲之，專以取鰽白，及黄白花魚，亦曰黄花罛，每一船一罛，罛深六七丈，長三十餘丈，相連數百千罛以爲一墻，横截海水，魚觸墻罛不能去，大小壅積，起罛時魚多不可勝取，每割罛之半以放魚。大抵縤罛踈，專以取大魚，春則取鰽白、鯀，冬則取黄花，一歲僅兩用之。圍罛密，以取雜魚，終歲用之，此罛之事也。

罾之類有曰縍罾，其形四方，廣三丈有六尺，以舟施之，以二竹爲罾子竹，長四十丈許，上有多圈，貫繩以爲放收，而爲一罾。椏以架罾，魚至乃下罾，以石擊魚。有曰沉罾，沉音朕，方言也，長十餘丈，口大而尾小，尾旁有一穴，以出水母及鱟魚之屬，而浮二木於水中，以支罾口，又於水中置二水攪木，以繫支罾口之木，是曰罾門，其口廣三丈有六尺，常向上流，潮緩則罾口合，急則口張，而魚大入。凡一沉罾以紵麻十二石爲之，九人舁之，罾之巨者也。有曰知州罾，其廣丈餘，樹二木於水中以綳罾，是曰硬門，常浮而不沉，費人力少，罾之小者也。有曰車罾，其形方，以三石臼置罾竿墜而起之。有曰絞罾，形亦方，周五丈餘，以四角繫於柱中，於之人在岸上離罾十餘丈，魚至則轉轆轤以起之，此罾之事也。大抵罛皆用於海，罾皆用於江，罾之利常不如罛，罛者漁具之可大得志者也。

罾之外有以箔者，以籠者，以塗跳者，以跳白者。箔以堅竹編之，每一箔其崇五尺，廣丈，漁者嘗合五十箔而爲一，其長五十丈，虞其過大，則箔口爲魚房二重以藏魚。歲三月大禾已蒔，魚始上田，漁人以箔三方依田塍，一方依水，潮至則張而大，潮退則卷而小，是爲塞箔。箔亦曰篊，陸龜蒙詩「織作中流萬尺篊」。故凡以石爲梁，絶水者曰洪，以竹爲梁，取魚者曰篊，亦曰滬。皮日休《漁具詩》「列竹於海澨曰滬」，今有滬瀆是也。魚籠長五六尺，寬二尺，口通尾，塞以山藤，繫之，置於上流，魚入，則爲倒叩鬚所罥不能出。又中置樹枝以聚魚，塗跳以木爲之，長三四尺，厚半寸，首尾翹然，狀若上弦之月，前有二木直之，上有一木横之，其底則舟，而兩旁無墻，所謂橇也。當海水乾落，魚蝦蛤鱔之屬，膠黏淺沙，跳踏之，輒深入漸洳不可得。

李調元《南越筆記》卷五《紅藤簟》　《北户録》瓊州出紅藤簟，其色殷紅，瑩而不垢。《志》稱粤東多藤，産於海南者爲最，瓊州有赤黄白青諸藤，又有苦藤、圭藤、土藤，皆堪爲器用。按《方言》謂簟爲笙，亦曰籧篨。紅藤席較嘉紋諸席更屬經用。朱彝尊詞「縠紋細織暹羅席，方花盈尺」。

龍鬚席　《肇慶志》龍鬚草出廣寧，生巖石間，似蒲而細。《通志》云：亦出儋州。工人織作席墊及佩囊，諸色花紋細密，光緻瑩潤，間有裹飾邊稜裝鑲，底面加以紗緞綵繒，曲盡其妙。《志》又稱龍鬚席甚有名，以廣寧金渡村者爲佳，高明長樂亦有之，織手微不及，然猶不及西洋茭文席也。余視學肇慶，以此出題，使諸生作賦，並使作鳳尾蕉詩，皆端州産也。

《西洋茭文席》　粤之席，以西洋茭文者爲上。其艸隨舶而至，澳人得之亦能織，然皆複而不單。單者作細方勝斜紋，惟西洋國人能織。

《東莞席》　有莞席出東莞縣。莞叢生水中，其中莖圓美。《拾遺記》曰：穆王時，西王母來敷黄莞薦。《宋起居注》曰：廣州刺史韋朗作白莞席三百二十領。莞音完，又音官。蓋其爲用最古，東莞人多以作莞爲席業，縣因以名，縣在廣州之東，故曰東莞。

《瓊州席》　瓊有藤席，有定安席，有椰葉席，檳榔席，皆席之美者。檳榔，山檳榔也，葉如蘭，大三指許，長可數尺，淡白中微帶紅紫，績爲布，似葛而輕，亦可作席。人知粤多奇布，不知有檳榔布與檳榔席也。又澄邁染茜艸爲餙，久而愈滑，曰黄村席。又瓊有紅竹籧篨，潮有流黄席。

張渠《粤東聞見録》卷下《藤器》　藤盒，出瓊州。屈藤盤遶成盤盒狀，以漆固護之。

英枕，出英德，亦以藤爲之。以光、細、堅、厚，二三層者爲佳。必定制乃可得。

《席》　茭文席，澳門織者皆復而不單。單者作細方勝斜紋，惟西洋國能織之。

龍須席，出廣西富川縣。亦有單有復，其價甚昂。夏暑，汗體寢臥其上，轉側粘身，反不如高要之賽龍須細滑可人也。

東莞出燈草席，軟厚而温。常染五色如罽。

潮州出流黄席，假虎丘席而柔細過之。若瓊之檳榔席、椰葉席，雖聞其名，實未之見也。

《授時通考》卷五七《蓄聚》　䇡圖說　䇡，《集韻》云：「盛穀器。」或作囤，一也。北方以荆柳或蒿芹制爲圓樣，南方判竹編草，或用籧篨，空洞作圍，各用貯穀，南北通呼曰䇡，兼篅䉛而言也。然䇡多露置，可用貯糧。篅䉛在室，可用盛種，皆農家收穀所先具者，故併次之。篅，《說文》云：判竹，圜以盛穀。䇡類也。篅，或作圌。此䉛與篅，皆䇡之别名，但大小有差，亦篠蕢之舊制，不可遺也。

䇡

䉛

䉛圖說　䉛，《集韻》云：「䉛筐。」盛種器。蓋連底小䇡，便於移用。

蕢圖說　蕢，草器，所以盛穀也。《集韻》作簣。

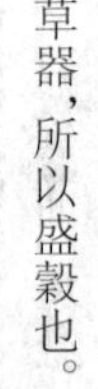
蕢

篠

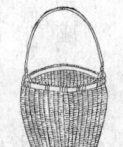

篠圖說　篠，許慎《說文》曰：「耘器也。」或曰盛穀種器。南方盛稻種用簞，以竹爲之，北方藏粟種簍，多以草木之條編之，篠蓋是此類。

筐圖說　筐，竹器之方者。《三禮圖》曰：大筐，以竹受五斛，以盛米，致饋於聘賓。小筐，以竹受五升，以盛米。又曰：筐以盛熬穀。

筐

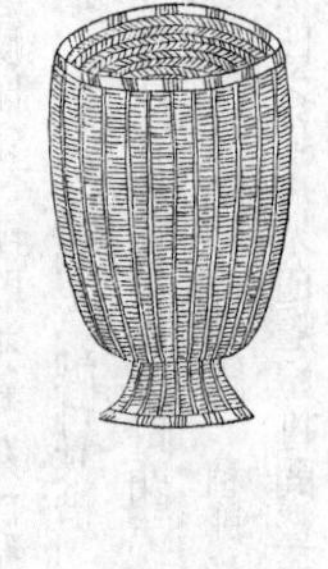
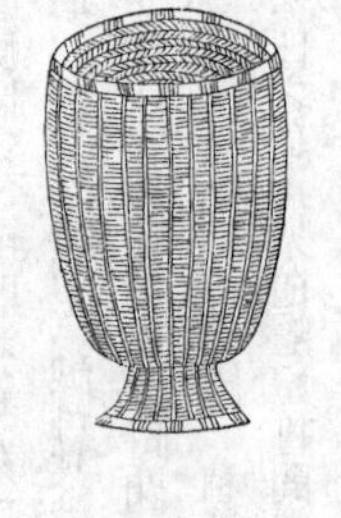
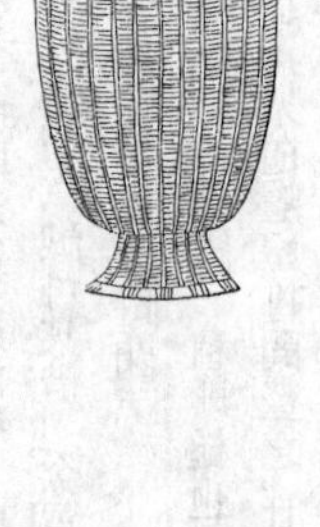
筥

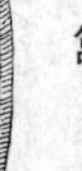

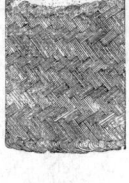

筥圖說　筥，亦作篆，竹器之圓者。注曰：筥圓而長，但可實物而已。《三禮圖》曰：筥受五升，盛饔飧之米，致於賓館。《良耜》詩曰：「載筐及筥。」《左傳》「筐筥錡釜之器」。《字說》云：筐筥一器，特方圓之異云耳。江沔之間謂之䈰，趙岱之間謂之筥，淇衛之間謂之牛筐。小者南楚謂之簍，自關而西，秦晉之間，謂之箄。筥其通語也。

種簞

種簞圖說　種簞，盛種竹器也。其量可容數斗，形如圓甕，上有篭口，農家用貯穀種，庋之風處，不致鬱浥，勝窖藏也。《論語》「一簞食」之簞，乃食器，與此字雖同，然制度有大小之殊，作用有彼此之效。

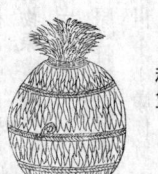

籮

籮圖說　籮，編竹爲之，上圓下方，挈米穀器，量可一斛。《方言》籮，所以注斛，陳魏宋楚之間謂之篙，自關而西謂之注箕，皆籮之别名也。

䇲圖說　䇲，亦籮屬，比籮稍匾而小，用亦不同。䇲則造酒造飯，用之漉米，又可盛食物，蓋籮盛其粗者，而䇲盛其精者，精粗各適所受，不可易也。

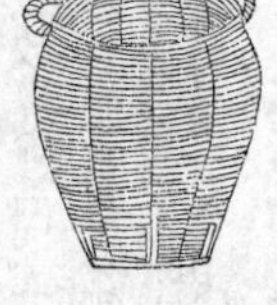
䇲

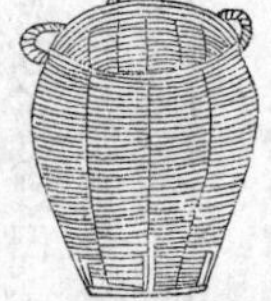
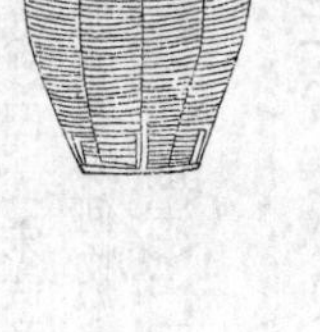
籃

籃圖說　籃，竹器。無繫爲筐，有繫爲籃，大如斗量，又謂之笭箵，農家用採桑柘，取蔬果等物，易挈提者。《方言》䈪，南楚江沔之間謂之篣，或謂之筊。郭璞云：亦呼籃。蓋一器而異名也。

穀盅圖說　穀盅，《集韻》云：「虛器也。」又謂之氣籠。編竹作圍，徑可一尺，高或二丈，底足稍大，易於豎立。內置木樟數層，乃先列倉中，每間或

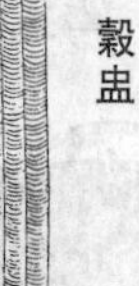

穀盅

五或六，亦量積穀多少高低大小而制之。嘗見倉廩囷京等所貯米穀，蒸溼結厚數尺，謂之曂頭，以致壓醞變黃，漸成浥腐，往往耗損，公私坐致陷害，誠可甚惜。今置此器，使鬱氣升通，米得堅燥，免蹈前弊，實濟物之良法，凡儲蓄之家不可闕。

《授時通考》卷七三蠶事 蠶槌圖說 《禮》「季春之月具曲植」。植即槌也。《務本直言》云：穀雨日豎槌，立木四莖，各過梁柱之高。大槌隨屋每間豎之，其立木外傍，刻如鋸齒而深，各莖掛桑皮，繞繩四角，按二長椽，椽上平鋪葦箔，稍下槌之。凡槌十懸，中間離九寸以居，擡飼之間，皆可移之上下。《農桑直說》云：每槌上中下，閑鋪三箔，上承塵埃，下隔濕潤，中備分擡。

蠶槌

蠶筐圖說 蠶筐，古承幣帛竹器，今用育蠶，其名亦同。蓋形制相類，圓而稍長，淺而有緣，適可居蠶蟻，及蠶分居時用之。閣以竹架，易於擡飼。梅聖俞《前蠶箔》詩云：「相與爲蠶曲，還殊作筥筐。」北簇南筐，皆爲蠶具，然彼此論之，若南蠶大時用箔，北蠶小時用筐，庶得其宜，兩不偏也。

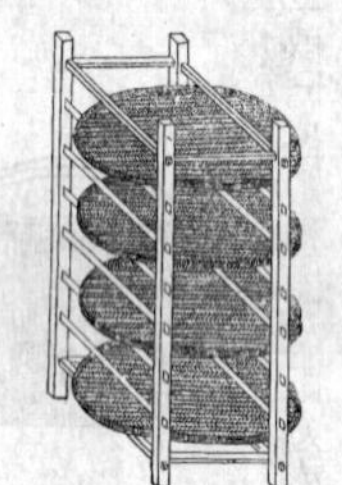
蠶筐

蠶盤圖說 蠶盤，盛蠶器也。秦觀《蠶書》云：種變方尺，及乎將繭，乃方尺四。織萑葦，範以蒼筤竹，長七尺，廣五尺，以爲筐。懸筐中間九寸，凡槌十懸，以居食蠶，今呼爲盤。又有以木爲筐，以疏簟爲底，架以木槌，用與上同。

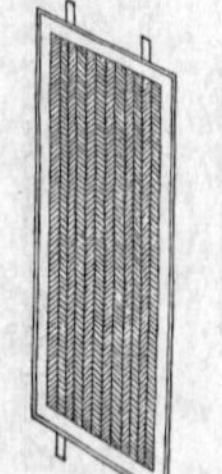
蠶盤

蠶網圖說 蠶網，擡蠶具也，結繩爲之，如魚網之制。其長短廣狹，視蠶盤大小制之，沃以漆油，則光緊難壞，貫以網索，則維持多便。至蠶可替時，先布網於上，然後灑桑，蠶聞葉香，皆穿網眼上食，候蠶上葉齊，手共提網，移置別盤，遺餘拾去，比之手替，省力過倍，南蠶多用此法，北方蠶小時亦用之。

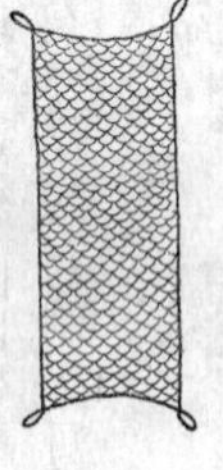
蠶網

桑籠圖說 籠，大篝也，即今謂有係筐也，桑者便於攜挈。《古樂府》云：「羅敷善採桑，採桑城南（頭）〔隅〕。青絲爲籠（繩）〔系〕，桂枝爲籠鉤。」今南方桑籠頗大，以擔負之，尤便於用。

桑籠

孫志祖《讀書脞録續編》卷四《茝席》 楊升菴《丹鉛録》云：「齊崔祖思《政事疏》曰：『宋武帝節儉過人，張妃房唯碧綃蚊幬、三齊茝席、五盞盤桃花米飯。』茝席不知何物，字書亦無茝字。」志祖案：茝音仙。《玉篇》：「艸名，似莞。」《隋書・禮儀志》：「南郊神座，皆用茝席。」皮日休詩：「選勝鋪茝席。」

汪汲《事物原會》卷二六 蓑衣 《庶物異名疏》管子曰：農夫身穿襏襫。襏襫者，以蓑草結衣，爲禦雨之具，即今之蓑衣也。且辰放氏前民皆卉服，已開蓑衣之漸，謂魏劉馥守合肥，編蓑古城，而軍人始效之爲蓑衣者，誤也。

席 《物原》「神農作席」。

簟 《物原》「周公作簟」。

草薦 《拾遺記》周穆王時，西王母來敷黄莞之薦。《物原》「神農作薦」。

汪汲《事物原會》卷二七 繩 《高氏小史》燧人氏時，結繩刻木以記事。則繩自燧人始也。

索 《物原》軒轅作緐索。

箕帚 《世本》少康作箕帚。《集韻》少康，杜康也。

簸箕 《篇海》簸箕揚米去糠之具。一云自神農氏始。

稍箕 《事物紺珠》稍箕，飯具也。始于秦漢。

籮 《方言》陳魏宋楚之閒謂箕爲籮。

笓籬 《事物原始》黄帝命元妃西陵氏養蠶，制笓籬以撈蠶蛹，以竹爲之。

汪汲《事物原會》卷二八 網 《周易》「庖犧氏之王天下也，結繩而爲網罟，以佃以漁」。《古史考》伏羲氏觀蒙面而作網。《抱朴子》太昊師蜘蛛而結網。

羅 《世本》伏羲臣芒氏作羅。或作句芒。

箳音洪 《酉陽雜俎》晉時錢塘人始作箳，年取魚億計，號萬匠箳。

劉堅《修潔齋閑筆》卷一《罘罳》 《博雅》謂之屏。顏師古曰：連闕曲閣也。

二説皆非，或云：宫殿檐栱之間有銅絲網以避飛鳥，亦非。按唐制，夏月以黄絲爲網，自檐及階張之，遇視朝則捲，朝罷復設。故蘇鶚曰：罘罳從罔，乃織絲之文，輕疎虚浮之貌。唐文宗甘露之變，出殿北門，裂斷罘罳而去，即此可證。网，今文作皿，與罔同。

王念孫《讀書雜志·管子》卷一《乘馬·鎌纏》 「葽，鎌纏得入焉」。念孫案：「纏」當從宋本作「纆」。《説文》作縲，云「索也」。《易·坎》上六「係用徽纆」。馬融曰：徽纆，索也。劉表曰：三股曰徽，兩股曰纆。案鎌者，所以刈薪；纆者，所以束之。《列子·説符篇》曰：「擔纆采薪」是也。今本「纆」譌作「纏」，據殷敬順釋文改。「采薪」譌作「薪菜」，據《淮南·道應篇》改。鎌與纆，皆入葽采薪者之所用，故曰：葽，鎌纆得入焉。若纏爲纏繞之義，非繩索之名，不得與鎌竝舉矣。世人多見纏，少見纆，故諸書「纆」字多譌作「纏」。辯見《淮南·道應篇》。

王念孫《讀書雜志·淮南内篇》卷一《原道·罟》 「張天下以爲之籠，《初學記》、《太平御覽》引此竝無之字。因江海以爲罟，又何亡魚失鳥之有哉」。高注曰：罟，魚網也。《詩》云「施罟濊濊」。念孫案：正文、注文内，罟字皆當爲罛。罛、罟聲相近，又涉上文網罟而誤也。凡魚及鳥獸之網，皆謂之罟，而罛則爲魚網之專稱。《爾雅》「鳥罟謂之羅，兔罟謂之罝，麋罟謂之罞，彘罟謂之羉，魚罟謂之罛」。《衛風·碩人篇》「施罛濊濊」。毛傳曰：罛，魚罟。此皆高注所本，若專訓罟爲魚網，則失其義矣。罛字必須訓釋，故引《詩》爲證。若罟字，則不須訓釋，上文網罟二字無注，即其證。且此文失鳥二字，承上籠字言之，亡魚二字，則承上罛字言之。若變罛言罟，則又非其指矣。《吕氏春秋·上農篇》罛罟不敢入於淵。高(彼)[誘]注云：罛，魚罟也。詩云「施罛濊濊」，正與此注同，足正今本之誤。《初學記·武部·漁類》、《太平御覽·資産部·罛類》引此竝作因「江海以爲罛」。

王念孫《讀書雜志·淮南内篇》卷二一《要略·虆垂》 「禹之時，天下大水，禹身執虆垂以爲民先」。莊云《太平御覽》《皇王部》七、《禮儀部》三十四、《器物部》九十皆引此。「虆垂」作「畚插」，爲是，此誤也。念孫案，垂字誤而虆字不誤。虆，謂盛土籠也。垂，當爲臿，臿，今之鍬也。《大雅·緜》毛亨傳云：捄，虆也。鄭玄箋云：築墻者捊聚壤土，盛之以虆而投諸版中。虆，字或作蔂。《説山篇》「蔂成城」。高注云：蔂，土籠也。《韓子·五蠹篇》「禹之王天下也，身執耒臿，以爲民先」。此即淮南所本，耒與虆聲相近。耒臿，即虆臿也。《孟子·滕文公篇》「蓋歸反虆梩而掩之」。趙注云：虆梩，籠臿之屬，可以取土者也。彼言虆梩，亦即此所謂虆臿也。《廣雅》梩，臿也。《管子·山國軌篇》「梩籠纍箕」。纍亦與虆同。《太平御覽》引此，虆作畚，所見本異耳，不得據彼以改此也。垂者，臿之誤，非插之誤，俗書臿字，或作臿，見《廣韻》。垂字或作垂，見漢富春丞張君碑。二形相似，故臿誤爲垂矣。

陳鱣《簡莊疏記》卷八《儀禮》 「以二竹簋方」鄭玄注：竹簋方者，器名也，以竹爲之，狀如簋而方，如今寒具筥。筥者圜，此方耳。按《説文》云：「簋，黍稷圜器也。」與鄭注不同。《淮南·泰族》云：陳簠簋。高注：器方中者爲簋，圜者爲簋。蓋簋形外圜而内方，故鄭注《孝經》云：外方曰簋也。《天官·籩人》云：「朝事之籩。」注鄭司農云：朝事，謂清朝未食先進寒具口實之籩。蓋漢時有寒具，故此注云如今寒具筥疏云：實以冬倉，故謂之寒具，猶今人言點心也。

「車秉有五籔」鄭玄注：籔，讀若不數之數。今文籔或爲逾。按下記云：十六斗曰籔注：今江淮之間，量名有爲籔者。今文籔爲逾。《説文》云「籔，炊箕也。从竹，數聲」。《方言》云：炊箕或謂之箕。蓋籔逾聲近假借，或又作箕耳。此與斞實二斗之斞不同，詳見《周禮》疏記包咸注。《論語》「十六斗曰庾」。蓋誤以籔爲庾耳。

宋翔鳳《過庭録》卷三《周易考異下》

「作結繩而爲網罟」《音義》爲罟。無網字。馬姚云：猶网也。據此知漢魏《易》無網字。黄本作爲网罟云：取獸曰网，取魚曰罟。

黄本驥《湖南方物志》卷三《衡州府》 龍鬚草，生衡山陰巖石上，織爲席甚軟潤。(《南岳志》)

黄本驥《湖南方物志》卷七《桂陽州》 州縣俱出龍鬚草。(《一統志》)臨武工人製席甚佳。(三長物齋長説)

吳其濬《植物名實圖考·隰草》卷一四《蘆》

蘆，《別録》下品。《夢溪筆談》以爲蘆、葦是一物，藥中宜用蘆，無用荻理。然今江南之荻通呼爲蘆，俗方殆無別也。毛晉《詩疏廣要》引證頗核，附以備考。

《雩婁農》曰：强脆而心實者爲荻，柔纖而中虚者爲葦。澤國婦孺瞭如菽麥，但南多荻，北多葦。北人植葦於汙凹曰葦泊，掘其芽爲蔬曰葦笋，織其花爲履曰葦絮，緯之爲簾曰葦箔，縷之爲藉曰蘆席，以藩院曰花障，以幕屋曰仰棚。朽莖則以爇栗，新葉則以裹糉。提之爲籠，圍之爲囤。覆墻以禦雨，築基以避城，皆蘆之功也。大江之南是多荻洲，爲柴爲炭，則竈窑所恃也，其灰可煨可烘。爲防爲築，則隄岸所亟也。其芽可食可飼，幽燕以葦代竹，江湖以荻代薪，故北宜葦，而南宜蘆。又葦喜止水，荻喜急流，弱强異性，固自不同。

吴其濬《植物名實圖考·隰草》卷一四《苘麻》

苘麻，《唐本草》始著録，今作檾麻。作繩索者，北地種之爲業。《雩婁農》曰：《説文》「檾，枲屬」。《周禮·典枲》「掌布緦縷紵麻草之物」。鄭玄注：麻，枲、苴、草、葛、蒷。今枲、苴已不列於穀食，衣棉花，而絺、葛、苧、麻之爲用賤矣，獨檾以捆縛取用，多河濱數百里廣種之，以備隄工之購，與蜀黍之稭並。

吴其濬《植物名實圖考·隰草》卷一四《箬》 箬，古今以爲笠篷，亦呼爲蓻，禦濕所亟。《本草綱目》始著録，棄物有殊功，故備載諸方，以著無棄菅蒯之義。

《雩婁農》曰：箬之用廣矣，笠以禦雨，篷以行舟，裹以避濕，摘以習書。《南史》徐伯珍少孤貧，學書無紙，常以竹箭箬葉甘焦學書。葉如竹與蘆，而用勝於竹蘆，乃字書皆未詳。

吴其濬《植物名實圖考·山草》卷八《莨草》

莨草即小芒草，生岡阜，秋抽莖，開花如蕣而色赤，芒針長柔似白茅，而大其葉，織履頗韌。

福格《聽雨叢談》卷八【罘罳】 罘罳之爲物也，前人釋解不一。顧太初引鄭康成、顔師古、崔豹諸説辨之，以爲宫闕屏間，刻鏤鳥獸雲氣，疏通連綴之狀。唐蘇鶚引《子虚賦》「罘網彌山」，證罘當爲網。王漁洋引柏梁詩云「走狗逐兔張罘罳」。則罘罳之爲網户，正以其象類網而借用耳。余按諸説皆因字從網羅，又用之當窗罨畫，故以爲刻鏤雲氣之狀，其實皆誤也。今大内宫殿廟宇簷下，皆有此物，蓋用銅絲織成細網，冪於簷榱之下，以防雀鴿棲集，工部物料中即作「罘罳」兩字，足以釋古人之聚訟也。

郭柏蒼《閩産録異》卷一《貨屬·藤器》 出興化府城。如籃、筐、藤枕、窗梧、轎簾之類，皆極精緻，又復經久不壞。（其所以經久者，皆用魁藤。魁藤色白，藤之極堅韌者。又一種似藤而白，名「彭安」，不久即壞。福州穿床、穿椅、穿窗梧者，多被所愚。）

《李鴻章全集·奏稿》卷一〇《籌辦椶毛摺》同治五年八月二十日　奏爲籌款派員采辦椶毛，備解部庫，恭摺仰祈聖鑒事。竊臣前准工部咨以成造各壇、廟椶毯，並常朝椶毯，需用椶毛，向例行文兩江總督，飭屬辦解，現在庫無存儲，待用孔亟，所有欠解之十五萬斤，奏請行催辦解等因，經臣飭司查明，産椶之甯國、池州、太平三府，地方久經賊擾，椶樹盡被砍伐，無從采辦，應派員前往江西、湖北産椶處所，酌量辦解。據署安徽布政使吴坤修詳稱，奉取椶毛，向以五萬斤爲一批，兹奉催辦十五萬斤，司庫實係無款可籌，擬即辦解五萬斤，以供支用，其應需正協價值等項，在於司庫正款内動銀一千五百兩，耗羡項下動銀四千九百餘兩，派委幹員，徑赴江西、湖北等省采辦等情，請奏前來。臣查皖省司庫，支絀籌款維艱，而京椶要需未可緩解，應令設法采辦五萬斤備解供用，餘俟地方椶樹興復，庫款稍裕，再行察辦，所有籌款酌辦椶毛緣由，謹會同安徽巡撫臣喬松年合詞具陳，伏乞皇太后、皇上聖鑒。謹奏。

金武祥《粟香隨筆・粟香二筆》卷七　東莞莞草出近海諸鄉，潮田所種，土人以織席，或染作五色如罽，縣之得名以此。

《清户部則例》卷六二《税則・崇文門》用物税則　藤棕草器棕屜，每百個税六錢。蒲席、草凉席，每百領税二錢四釐。草墊，每百個税一錢二釐。枕頭席，每百領税六分。藤席，每十領税四分八釐。芭蕉扇、鞭子，每百把各税三分。蒲扇，每百把税一分二釐。葦席、茸箔，每十領各税六釐。

《清户部則例》卷七〇《税則・臨清關》用物税則　棕籐草器棕韂每十條，秫稭席每百領，各税六分三釐。細蒲席，每百領税四分八釐。葦簾，每百個税三分二釐。棕蒲團，每百斤税二分九釐。葦席、秫稭枕席，每百領各税二分一釐。粗蒲席每百領，棕薦每十條，籐枕席每十領，葵扇每百把，蒲包每百個，各税一分六釐。籐絲托盤、籐絲棋子罐、籐絲茶鍾、籐絲提盒，每十個各税一分五釐。籐席每領，籐絲拜匣每十個，各税一分三釐。燈草席，每十條税一分一釐。籐絲酒鍾每十個，籐鞭子每百根，各税一分。蒲扇每百把，瓢每百個，各税六釐。燈草枕席，每十條税三釐。

《清户部則例》卷七一《税則・淮安關》淮安正關用物税則　籐棕草器鞭杆椰瓢每擔各税一錢七分。籐椅每張，大棕箱每個，草蓆八十條折一擔，芭蕉扇四包折一擔，弔魚包每擔，各税八分。大墊蓆，每百領税七分五釐。中墊蓆、淮條蓆，每百領各税六分。籐春櫈每條，籐屜每張，小墊蓆每百條，各税五分。籐杌子每張，秫稭蓆每擔，各税四分。蒲包每擔，淮蓆每十拑，各税三分。棕屜，每張税二分五釐。大沙蓆，每十拑税一分五釐。小沙蓆每十拑，籐蓆每條，籐枕、蒲椅墊每對，各税一分。

淮倉用物税則　籐棕草器瓢，每千個税七分二釐三毫七絲五忽。籐鞭杆，每擔税六分。草蓆，每百條税五分七釐九毫。棕屜，每張税三分九釐。蒲蓆，每百條税二分八釐九毫五絲。鹽包，每捆計一百個，税一分二釐。芭蕉扇，每千把税一分一釐五毫八絲。米包，每捆計一百個，税一分。果包，每捆計二百五十個，税八釐。蒲椅墊、蒲拜墊，每個各税一釐。

宿遷關用物税則　草器細蓆，每百條税一錢五分。蒲蓆，每百條税八分。芭蕉扇，每百把税一分。蘆蓆，每捐税二釐。

徐州關用物税則　草器蒲蓆，每捆税一錢四分。燈草蓆每十床，棕屜每張，各税三分。蒲包每百個税一分六釐。芭蕉扇，每百把税一分五釐。葦蓆每鈐税二釐。

廟灣口用物税則　草器藤枕每百個税一錢。草蓆，每百條税八分。葫蘆瓢，每千個税七分。大蒲包，每千個税六分。蒲蓆、莞蓆，每百條各税四分。芭蕉扇每百把，小蒲包每千個，各税三分。蘆蓆，每百片税八釐。

《清户部則例》卷七一《税則・淮安關》淮安正關用物税則　簟纜淮安小篾簟、蘇州小攢簟，每十條各税九分。揚州捧簟，每條税六分五釐。蘇州大捧簟，每十條税六分。蘇州中捧簟，每十條税四分五釐。蘇州捧簟、人簟、風簟，每條各税三分七釐五毫。蘇州小捧簟每十條，又大篾纜每條，各税三分。淮安大八皮簟，每條税二分二釐五毫。淮安大攢簟，每條税二分一釐。蘇州大八皮簟、蘇州大攢簟，每條各税一分八釐。淮安中八皮簟、蘇州大篾簟，每條各税一分七釐五毫。蘇州中八皮簟、淮安小八皮簟、淮安大四花簟，每條各税一分五釐。淮安中四花簟、蘇州小八皮簟，每條各税一分三釐五毫。淮安大篾簟，每條税一分二釐五毫。蘇州中篾簟、蘇州中攢簟，每條各税一分二釐。淮安小四花簟，每條税一分五毫。淮安中篾簟，每條税一分。

《清户部則例》卷七二《税則・揚州關》　用物税則　草器藤枕，每擔四十個税一錢。草蓆，每捆四十條，税五分。芭蕉扇每包，竹筷每擔，各税三分。

《清户部則例》卷七四《税則・滸墅關》　用物小販税則　藤草器蒲席每一百四十斤作一擔，凉枕每一百個作一擔，葵扇大包每四包，小包每六包各作一擔，每擔各税一錢二分。草席每四捆作一擔，每擔税七分。蘆席每一百五十張作一擔，蒲包每二百斤作一擔，每擔各税四分。

《清户部則例》卷七五《税則・西新關》　都税司用物税則　藤草器藤蓆每十斤，草蓆每擔，各税二分二釐八毫。藤圈、藤鞭每十斤，藤枕、凉枕每十個，各税一分一釐四毫。

《清户部則例》卷七五《税則・西新關》　龍江、江東二司用物税則　草藤器藤扇每百把，凉枕、藤棍、鞭桿每百斤，各税一錢。椰子瓢，每百斤税五分。滿草枕蓆、枕蓆，每百副各税四分。蒲蓆、葫蘆瓢每百斤，各税二分。龍鬚蓆、細藤簟、椶簟每床，蒿苗帚每百斤，大蒲包每百個，蒲扇每百把，椶蒲團每個，各税一分。大草蓆，每十條税八釐。藤簟每條，中草蓆每十條，各税六釐。大凉枕、藤枕每個，中小蒲包每百個，各税五釐。藤烘籃、藤茶桶每個，小草蓆每十條，各税四釐。藤茶盤每個，藤枕蓆每塊，各税二釐。小藤枕，每個税一釐。

朝陽、聚寶二司用物税則　竹木器粗篾蓆，每條税二釐三毫。

《清户部則例》卷七六《税則・鳳陽關》　鳳陽大關水販用物税則光州商貨税則附　草器蒲蓆每二捆，蒲包每四捆，秫稭蓆每八十條，各税四分。蘆蓆，每五領税三分。

臨淮口旱販用物税則　竹篾棕藤器藤枕，每百個税八分。大草蓆、蒲蓆，每百條各税六分。中草蓆每百條，篾凉枕每百個，各税四分。篾蓆，每百條税二分七釐。小草蓆，每百條税二分。藤蓆每條，枕蓆每百條，各税八釐。蘆蓆，每拑税三釐。

盱眙口旱販用物税則　竹篾棕藤草器蘆蓆，每百領税一錢。藤枕，每百個税八分。大草蓆，每百條稅六分。中草蓆、蒲蓆，每百條，篾涼枕每百個，各稅四分。小草蓆、篾蓆，每百條各稅二分。藤蓆每條，草枕蓆每百條各稅八釐。

亳州口旱販用物稅則　竹篾藤草器藤枕，每百個稅八分。蒲蓆、大草蓆，每百條各稅六分。中草蓆每百條，篾涼枕每百個，掃帚每百捆，各稅四分。篾蓆，每百條稅二分七釐。小草蓆，每百條稅二分。葵扇每包，藤蓆每條，枕蓆每百條，各稅八釐。蘆蓆，每五領稅三釐。藤茶盤，每件稅二釐。棕薦，每床稅一釐四毫。

《清户部則例》卷七七《稅則・蕪湖關》　草藤器蒲扇，每千柄稅二錢。大嘉文蓆，每條稅一錢。蒲蓆每百條，大草蓆每十條，小嘉文蓆每條，各稅五分。中草蓆每十條，草拜蓆每百條，各稅四分。小草蓆每十條，麥桿扇每百把，各稅三分。蒲包每二百個作一擔，廣蓆每條，葵扇每百把，各稅二分。細草簟，每條稅一分。枕蓆每十副，粗草簟每條，龍鬚枕蓆每塊，各稅五釐。緊昌草蓆，每條稅一釐。

《清户部則例》卷八五《稅則・夔關》　用物稅則　竹木草藤器藤蓆每條稅一分二釐。馬札子每架，茶桶每個，弦子琵琶每架，各稅六釐。椰瓢，每個稅三釐六毫。藤枕、羅盆、廣木盆每個，草蓆、蒲蓆每條，竹簾每掛，各稅三釐。江寧蓆、篾蓆每條，算盤每架，各稅二釐四毫。紅毛鞭桿每根，木套每雙，廣盤每個，各稅一釐五毫。紫檀筷，烏木筷每把，燈草蓆每條，各稅九毫。羅篩，每個稅六毫。棕薦每斤，木梳每副，各稅四毫五絲。

《清户部則例》卷八七《稅則・粵海關》　用物稅則　藤草器一等佳紋蓆，每張稅四錢，二等每張稅二錢，三等每張稅一錢。嘜咀蓆，一等每張稅一錢，二等每張稅五分。番花藤蓆，三尺五寸以上者，每張稅二錢，三尺五寸以下者，每張稅一錢。藤鎗桿，每百枝稅一錢二分。粗藤蓆每張，洋鞭桿、藤鞭桿每百斤，各稅一錢。龍鬚蓆，每張粗者兩張作一張，雜用藤桿每百斤，各稅五分。棕杯每十個，稅三分五釐。番单草蓆，每張稅三分。番夾草蓆，每張稅二分五釐。

用物免徵則沿海貿易，小船照數免稅。興販大洋者，仍照則徵收。　藤草竹絲器藤竹絲器，每百斤稅三錢。竹蓆每百條，竹笓每百斤，各稅二錢。竹轎每乘，蒲蓆每百條，雨傘，竹簾、葵扇、粗草蓆，草薦，每百斤各稅一錢。

《清户部則例》卷八八《稅則・太平關》　太平、遇仙兩關橋上水用物稅則　零星竹木器【略】竹蓆，每張稅二釐七毫。藤草器龍鬚蓆，每百條稅一兩四錢四分六釐。草蓆、藤枕，每百斤各稅四分二釐。各色藤器、藤盤、藤棋籮，每百斤各稅二分七釐六毫。葵扇，每包稅一分二釐九毫七絲。散葵扇每二百把稅八釐二毫。藤蓆，每張稅五釐七毫。藤枕蓆，每二塊稅二釐七毫。

太平、遇仙兩關橋下水用物稅則　藤棕草器蘇蓆，每百條稅二錢六分。

滄光廠上水用物稅則　藤草器藤蓆，每十張稅五分。蘇蓆，每十張稅三分。草蓆、葵扇，每百斤各稅一分。

滄光廠下水用物稅則　棕草器蘇蓆，每把稅三分。棕薦，每把稅九釐。

《清户部則例》卷八九《稅則・潯南廠》　用物稅則　草器蘇蓆，每百張寧稅二錢二分，潯稅二錢。光邊蓆，每百張潯稅七分五釐，寧稅二分五釐。橫更蓆，每百張寧稅五分五釐，潯稅五分。包蓆，每百張寧稅二分七釐，潯稅二分五釐。大藤蓆，每張寧稅一分七釐，潯稅一分五釐。綬邊蓆每百張，葵扇每十連，寧稅各一分六釐，潯稅各一分五釐。中藤蓆，每張寧稅一分一釐，潯稅一分。

《清户部則例》卷九〇《稅則・梧州廠》　用物稅則　藤草器藤蓆，每百張稅一錢五分六釐。光邊蓆、橫纏蓆每百張，交紋蓆每十張，各稅七分八釐。藤帽盒每十個，葵扇每百柄，各稅四分六釐八毫。蒲包蓆，每百張稅三分九釐。龍鬚蓆每十張，藤枕每百個，各稅三分一釐二毫。大枕蓆，每百張稅三分一釐二毫，小者稅一分五釐六毫。蘇州蓆，每大張稅一分五釐六毫，每小張稅一分。

《清會典事例》卷九五二《工部・製造庫工作》　宮殿簾扇　原定，宮殿竹簾氈簾，設有簾子庫監督及內監等，於每歲冬夏，將氈竹簾更換收儲，遇有應修，報部覈給錢糧換造。

雍正元年奏准，向例各處宮殿更換門簾，除可挂好簾照舊應用外，其應修理更換者，均係簾子庫監督內監具呈，即照例給予錢糧修理，並無實據，易滋浮冒，製造庫滿漢郎中、員外郎及司庫、司匠庫使等官，所理事務無多，請將簾子庫一應事務，歸併製造庫管理。嗣後安挂竹簾更換氈簾時，令御史一人、內務府官一人，同製造庫官驗看，不可用者若干，應修理者若干，當即公同覈明具題，給發錢糧，交與製造庫豫行辦理備用。其更換竹簾張挂門神之時，亦照此例辦理。

乾隆十三年奏准，製辦宮殿等處氈竹棉夾簾扇各項做法，如承造簾杆簾板，凡氈棉夾等簾，每扇用徑一寸四分簾杆一根，中下二層，各用寬二寸厚五分起綫簾板二塊，每五件用徑四寸五分杉木一料。竹簾每扇用簾杆一根，下用起綫簾板一塊，每六件用徑四寸五分杉木一料。其杆板之長，照簾寬尺寸覈給，杆加徑荒二分，板寬厚各加荒四分，長五尺以內加長荒一寸，長五尺以外加長荒二寸，長一丈以外加長荒五寸。成做氈棉夾布簾，需用綾緞布氈簾心，並腰欄滮水沿邊挂裏，長寬尺寸，各加縫荒二分。綫縫每長一丈，用絹綫四分。棉簾每折見方一尺，用棉花二兩。竹簾圓條，每根徑七釐者，高一丈用圓條八百根，徑一分者，高一丈用圓條六百根，綫經徑七釐者，折見方一尺，用絹綫四錢八分，徑一分者，折見方一尺，用絹綫四錢五分。油飾簾條，每折見方一尺，用桐油一錢八分，銀硃一錢八分，廣膠一錢八分，南片紅土一錢八分。油飾簾板，每折見方一尺，用桐油一錢八分，銀硃一錢八分，南片紅土一錢八分，廣膠一錢八分。劈刮簾條，徑七釐圓條，每九十根用徑四寸毛竹一料，徑一分圓條，每七十根用徑四寸毛竹一料，徑二分圓條，每四十根用徑四寸毛竹一料。又成造簾杆，每折見方尺二十五尺，用木匠一工，起綫簾板，每折見方尺二十尺，用木匠一工，每木匠一百工，加鋸匠二十八工。又成做氈棉夾布簾，每氈簾折見方尺五十尺，用裁氈匠一工，縫匠五工，棉簾折見方尺十四尺，用縫匠一工，夾布簾折見方尺十六尺，用縫匠一工，輓氈夾布簾折見方尺十二尺，用縫匠一工。劈刮簾條連過劍門，徑七釐簾條，長五尺以内，每一百二十根用竹匠一工，長一丈以内，每六十根用竹匠一工，徑一分簾條，長五尺以内，每一百八十根用竹匠一工，長一丈以内，每一百二十根用竹匠一工，長一丈以外，每六十根用竹匠一工，徑二分簾條，長五尺以外，每一百八十根用竹匠一工，長一丈以外，每一百二十根用竹匠一工。竹簾絲經每折見方尺十四尺五寸，用簾匠一工。綾布周圍沿邊並腰欄瀝水，直縫湊長五丈，用縫匠一工。油飾竹簾，每折見方尺五十尺，用油匠一工，油飾簾板，每折見方尺八十尺，用油匠一工。又沿鑲氈竹簾扇、緞面氈竹簾，寬一丈以外，每扇沿鑲腰欄邊托寬一尺，瀝水寬二尺，簾寬七尺以外，沿鑲腰欄邊托寬八寸，瀝水寬一尺六寸，簾寬四尺以外，沿鑲腰欄邊托寬七寸，瀝水寬一尺四寸，簾寬二尺以外，沿鑲腰欄邊托寬六寸，瀝水寬一尺二寸。綾面氈竹簾，寬一丈以外，沿鑲腰欄邊托寬八寸，瀝水寬一尺六寸，簾寬七尺以外，沿鑲腰欄邊托寬七寸，瀝水寬一尺四寸，簾寬四尺以外，沿鑲腰欄邊托寬六寸，瀝水寬一尺二寸，簾寬二尺以外，沿鑲腰欄邊托寬五寸，瀝水寬一尺。布面氈竹簾，沿鑲腰欄邊托寬五寸，瀝水寬一尺。黄銅梅花眼錢，每副重一兩，眼錢二箇，各徑一寸。泡釘一箇，泡頭徑三分，每十六副，用銅匠二工，每眼錢一百五十箇，用鑽眼匠一工，每二百副，用釘鉸匠一工。成造雨搭杆板，每扇用杆一根，下用起綫板二塊，每六件用徑四寸五分杉木一料。雨搭扁條，每高一丈，用寬二分扁條四百四十根編造，每折見方一尺，用白絲七錢，油飾每折見方一尺，用桐油三錢，銀硃一錢八分，南片紅土一錢，廣膠一錢，劈寬二分扁條四十根，用徑四寸毛竹一料。縫釘雨搭上銅滑車，每縫釘十箇，用白絲一兩二錢。劈刮雨搭扁條，每劈寬二分扁條，長二丈以内，每一百根用竹匠一工，長二丈以外，每八十根用竹匠一工。編造雨搭，每折見方尺十六尺五寸，用簾匠一工，綾布周圍沿邊並腰欄瀝水挂裏，直縫湊長六丈，用縫匠一工，縫釘滑車每十六箇，用縫匠一工。油飾雨搭，每折見方尺八十尺，用油匠一工，油飾簾板，每折見方尺八十尺，用油匠一工，餘與簾子做法同。其拴挂滑車白絲辮子，按每滑車一箇，用白絲辮子一條，各長二尺五寸，寬一寸，厚一分，拉扯白絲辮子，有貼心者，用白絲辮子三條，無貼心者，用白絲辮子二條，長按雨搭之高三分，外加拴頭二尺，通寬一寸，厚二分。

十七年奏准，宫殿等處，所有修换雨搭門簾竹簾，向無一定年限，嗣後遇有應行修補更换之處，令直年内務府總管會同工部及都察院滿洲御史查勘確實，分别修理更换。

二十四年奏准，每年宫殿安掛氈竹簾扇，乾清宫、養心殿等處，换掛簾扇一次，往回用夫十四名。乾清宫東路等處，换掛簾扇一次，往回用夫十名。乾清宫西路等處，换掛簾扇一次，往回用夫十二名。寧壽宫等處，换掛簾扇一次，往回用夫十名。壽康宫等處，换掛簾扇一次，往回用夫十四名。十二所並兆祥所等處，换掛簾扇一次，往回用夫六名。

嘉慶三年奏准，修理宫殿等處雨搭氈簾竹簾，每屆應行修换之時，直年内務府大臣、工部堂官、都察院滿御史先期會同逐一詳細查勘，將實在黦損破壞應行修造黏補者，奏明辦理。

四年奏准，簾子庫仍請設無頂戴首領一名，太監十名，其簾子雨搭，著首領太監等安掛，以省冗費，遇安掛摘收簾扇之期，三大殿等處，仍派司員帶領匠役掛收。乾清門以内，並寧壽宫、慈寧宫等處，一切氈竹簾雨搭，俱交首領太監等安掛摘收。

二十五年定，宫殿等處，應掛氈竹簾，每年交進及撤出時，俱查明實數，分别掛籤記明各處以免牽混。修理時，由工部派員逐日查驗，將各作所做活計成數，隨時呈報。换掛時，先期派員輪流會同司庫眼同收發，統限於换戴凉暖帽前十日一律安掛。安掛之日，由司庫設立號簿，登記何日安掛何處，並派製造庫滿漢司員各一員督催，將安掛完竣日期呈明存案。

《清會典事例》卷九五六《工部・製造庫工作》　樓薦　原定，壇、廟、宫殿需用樓薦，照内務府太常寺來文開載尺寸數目，行令江南布政使司成造。

康熙三十七年題准，令江南解送細樓，交門簾庫成造。

雍正元年奏准，門神、門簾二庫，歸併製造庫管理。凡各處樓薦及粗細樓繩，均由庫成造。

乾隆二十四年奏准，壽康宮、午門樓、圓明園、豐澤園、堂子、奉先殿、先蠶壇、正大光明殿，鋪設椶毯，每折寬一尺，長四十丈，用細椶繩三兩，頭號雨點釘四十箇，椶匠一工。收椶毯，每八十丈，用椶匠一工。打造椶毯，每折見方尺十尺，用荒椶十五斤，細椶繩八兩，每折見方尺八尺，用椶匠一工。打造細椶繩，每斤用荒椶一斤十二兩，椶匠一工。撕擇荒椶，每四十斤，用椶匠一工。細椶繩編結胡椒眼椶毯，每尺用細椶繩十二兩，編結匠一工。

嘉慶十三年諭，向來恭逢壇、廟祭祀，以及各殿廷行走之處，地上均用椶毯鋪設，原取其格外虔潔，但地面正平之處，鋪墊固屬合宜，若瓦石本有缺損，礙於行走，則一經椶毯蓋覆，轉無從看出傾敧，屆當行禮之時，進退趨蹌，所關匪細，因思鋪設椶毯各處，如關涉壇、廟制度，非此不足備儀，自當照舊陳設，但亦應將瓦石豫爲平治，便於趨步，若止係爲朕躬行走而設，儘可酌量裁撤，使甎石微有缺損之處，一望而知，更於登降爲便，著工部會同禮部、太常寺並各該衙門，即將各處椶毯應存應撤，詳悉會議具奏。欽此。遵旨奏准，恭查各壇、廟、殿內月臺、祭臺、升輿、降輿處椶毯，均關典禮，應照舊鋪設，其各處緒路，各門洞踏跺上椶毯，及踏跺木，概行撤去。又各壇、廟內更衣幄次椶毯，應請裁撤。奉先殿升輿、降輿處椶毯，照舊鋪設，其各門洞踏跺，並經由緒路上椶毯，應請裁撤。堂子殿前月臺，並升輿降輿處椶毯，照舊鋪設，其甬道上椶毯，及門洞椶毯，並踏跺木，應請裁撤。以上各處，如遇雨雪，所有各緒路、甬路椶毯，及門洞椶毯，並踏跺木，臨期仍照例豫備，再嗣後恭逢皇帝各處拜廟，並臨莅瀛臺等處，經由各門臺階踏跺椶毯，如遇雨雪，照例鋪設。又恭逢祭天壇、社稷壇、先農壇、太廟及升殿、御經筵、閱視祝版，自乾清門至三大殿，並左門各臺階，惟升輿、降輿處椶毯，應照舊鋪設，其餘椶毯應請裁撤。如遇雨雪，由鑾儀衛臨期照例鋪設。以上各處經由地面，如有甎石缺損之處，由各該衙門諮報，豫行修整。

二十四年諭，孫玉庭等奏採辦椶毛，請改由水路運京一摺，安徽省採辦椶毛，向由陸路解京，據該督等查明應發沿途夫價，及委員盤費，需用較多，請改由水路運京。著照所請，嗣後該省應解椶毛，即照解送白麻之例，改用船隻運送，以節勞費，所需運腳，准其於白麻每百斤二兩六錢八分零之外，加給水腳銀一兩。

同治九年奏准，大婚奉迎日，皇后鳳輿經由各門，均應鋪設椶毯，其墊椶毯，應用黑氈子六十塊，每塊長一丈，寬五尺。

《清會典事例》卷九五七《工部·製造庫工作》 額設匠役 製造庫匠役

【略】簾子、門神二庫，額設領催匠役共百十有四名。內簾子庫八十三名，計領催六名，裁縫匠十五名，繖匠二名，扇匠一名，絛匠一名，銷金匠一名，木匠四名，油匠二名，椶匠七名，皮匠一名，鏇匠一名，銅匠一名，簾匠七名，繩匠四名，絆匠一名，絡綫匠三名，纏絨匠一名，染匠二名，釘鉸匠一名，草蓆匠一名，畫匠一名，劈竹匠一名，毯匠二名，糊扇匠一名，錫匠一名，氈匠六名，瓦匠五名，鋸匠三名，石匠一名。門神庫三十一名，計領催二名，畫匠三名，裱匠一名，木匠一名，彩漆匠二名，油匠二名，糊鑾匠二名，絛匠一名，貼金匠一名，繡匠二名，銷金匠一名，戧金匠一名，鐙匠一名，纓子匠一名，裁縫匠一名，結綵匠一名，筋匠一名，籐匠一名，織匠一名，雕鑾匠一名，釘鉸匠二名，銼匠一名，鏇匠一名，銅匠一名。其匠役每名月支米七斗五升，四季支領，按季造册咨送户部給發。庫役六名，每名月支米三斗，四季支領，每斗折銀一錢三分。

雍正元年定，門神、神簾二庫額設一等内監一名，二等内監十有九名，玉匠一名，刻字匠一名，畫匠五名，撥蠟匠一名，鑄匠二名，銅匠三名，銼匠二名，鏇匠二名，釘鉸匠四名，漆匠一名，油匠五名，綵漆匠三名，銷金匠二名，貼金匠一名，鏇金匠二名，戧金匠一名，雕鑾匠二名，糊鑾匠四名，紥綵匠一名，攢竹匠一名，裱褙匠一名，糊扇匠一名，木匠三名，轎匠二名，轎頂匠一名，劈竹匠二名，藤匠二名，簾匠十名，拴簾匠一名，絆匠一名，椶匠七名，繩匠六名，毯匠九名，氈匠七名，纓匠一名，編辮匠二名，絡絲匠四名，纏絨匠二名，絛匠三名，彈花匠一名，裁縫匠二十名，繡匠六名，繖匠五名，扇匠三名，牙匠一名，皮匠二名，筋匠二名，魫鐙匠二名，絲鐙匠一名，琵琶匠一名，鼓匠二名，草蓆匠二名，染匠四名，庫役六名。一等内監每名月支銀一兩五錢，庫丁每名月支米三斗，二等内監及匠役銀米，仍舊，均由部按季造册送户部支領，每米一斗，均折銀一錢三分。

十年奏准，門、簾二庫向設一等内監一名，二等内監十有九名，請每庫各設一等内監一名，爲首領内監，裁二等内監二名，並將玉匠、牙匠、彈花匠各裁汰一名，仍增設木匠三名，以符原額。

琴川居士《皇清奏議》卷五竇光鼐《陳捕蝗事宜已疏》 捕蝗器具，莫善於條拍。其制：以皮編直條爲之，或以麻繩代皮亦可。東省人謂之掛打子，最爲應手，順天各屬向無此物，宜飭發式樣，使預製於平日，以便應用。

李光庭《鄉言解頤》卷三《草帽工》 古人云「首戴茅蒲」,又曰青箬笠,皆以蔽日遮雨也。南人多用竹笠。北方則麥莛編成,謂之草帽子。每當麥秋後,收麥之家,親屬來投,莛桿去根作柴,去粗皮及黄不堪用者,爲滑秸,可以和泥。爬梳之,選擇之,其中最精白者,掐辮子,用絲線編細草帽。圓屋寬簷者,謂之馬連波,高屋窄簷者,則曰香河高。望去無一點瑕疵,若無縫然。尤好在戴久而簷不垂。約值斗酒十千之數,其次遞減。此六十年前之物值,今則無是工,亦無是物矣。粗者家常戴用,併編無屋帽圈,男婦皆可戴用。某作歌曰:「麥子剃了頭,齊把莛桿投。掐成辮子編作帽,賤者賣幾百,貴者賣幾吊。粗粗刺刺不賣錢,編了草帽編帽圈。男戴草帽耕隴畔,婦戴帽圈來送飯。稚子戴了去放牛,老翁戴了上漁舟。歸來共飯黄昏後,數數帽圈轂不轂。」

衛杰《蠶桑萃編》卷三《蠶具類》 蓐薦 南方蠶初生之時,天氣尚寒,預織蓐薦掛門窗,遮蔽風寒。蒲草稻草爲上,麥稈穀草次之,如編葦箔法。北方有布門簾風門更佳,只可用薦遮窗户。

箔曲 曲箔承蠶具也。《禮記》「具曲植」。曲即箔也。顔師古註云:葦箔爲曲,北方養蠶者,多於宅院後或園圃多種葦,以爲箔材,秋後芟取。或細竹,冬時及正二月皆可織。其制,闊五尺,長一丈,以二椽棧之,懸於槌上,至蠶分抬去蓐時,易於卷舒,以廣蠶事。

蠶筐 筐者,古盛幣帛竹器也。今用育蠶,名亦同,蓋形制相類,圓而稍長,淺而有緣,適可居蠶。闊三尺,長五尺,南筐皆縱八尺,闊六尺,以竹編之,或用雞柳木作方筐,經久則底捩不平,又用木作筐架,以葦席作底,周圍用竹篾子壓住葦席四邊,錠在筐架上,底用順木三條,自然挺硬堅久,亦且輕便,蟻蠶及劈分時用之。擱架上,易於抬飼。

蠶盤 蠶盤,盛蠶器也。移蠶上簇,皆可用之。或以竹編,或用木框,以疏篁爲底。長七尺,廣五尺,出入抬用良便。

蠶網 蠶網者,抬蠶除沙之網也,爲蠶事要具。養蠶諸事皆易,惟除沙揀蠶甚是勞苦,揀久則手熱,沾熱則汗出,結薄繭,所以養蠶不多。惟嘉興湖州用網抬蠶,每歲收絲數百斤,其餘各省皆未有也。法以二網輪流抬換,捷便甚妙,即養數百箔無難矣。網之寬窄,視蠶盤之大小,用新細麻織之,或塗以生漆,或塗以豬血和石灰,仍以粗麻繩穿邊,甚足耐久。或用爛魚網照蠶盤裁翦,補綴完好,用細篾絲穿邊亦可。其除沙法,待蠶食葉已盡,將網蓋於蠶上,以桑葉撒在網上,蠶聞葉香,穿網而上,將網抬起,可以掃除下面蠶沙殘葉,即將網輕放勿動,迨飼一晝夜,又將網蓋蠶上,仍如前經理,故除沙必用二網爲便,若一網則費功,尤恐傷蠶。又頭眠時劈分用匙,頭眠後用麻布,孔如豆大,二眠用麻布,孔如小指大,三眠後用網,亦無不可。

葉篩 飼蠶布葉篩也。蠶小時以手撒葉,未免厚薄不均,壓傷小蟻。用竹編小篩,徑五六寸,孔如胡椒大,將葉細切置篩内,匀篩勿過厚,蠶食均匀,自然眠起皆齊。

衛杰《蠶桑萃編》卷一一《圖譜》一

桑網圖

桑網圖説 桑網,盛葉繩兜也。先作圈木,緣圈繩結網眼,圓垂三尺有餘,下用一繩,紀爲網底。桑者挈之納葉於内,網腹既滿,歸則解底繩傾之。或人挑負,或用畜力馱送,比之筐盤,甚爲輕便,北方蠶家多置之。

桑籠圖説 桑籠,《集韻》云:籠大篝也。即今謂有係筐也,桑者便於攜挈。《古樂府》云羅敷善採桑,採桑城南頭。青絲爲籠繩,桂枝爲籠鉤。今南方桑籠頗大,以擔負之,尤便於用。

桑籠圖

蓐薦圖

蓐薦圖説 蓐薦者,蠶初生之時,天氣尚寒,用薦掛門窗,遮蔽風寒。蒲草稻草爲上,麥稻子穀草次之。織法,每稻草十餘根爲一束,如編葦箔法。

箔曲圖説 曲箔,承蠶具也。《禮》:具曲植。曲即箔也。顔師古法云:葦箔爲曲。北方養蠶者,多於宅院後,或園圃間,多種萑葦,以爲箔材,秋後芟取或山中松花細竹子皆可自織。其制闊五尺,長一丈,以二椽棧之,懸於槌上。至蠶分擡去蓐時,取其易卷舒,以廣蠶事。

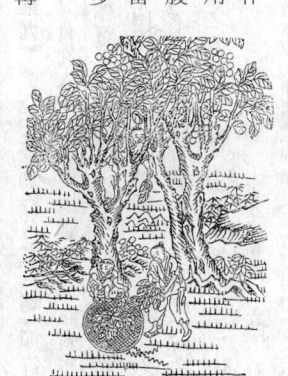

箔曲圖

蠶筐圖

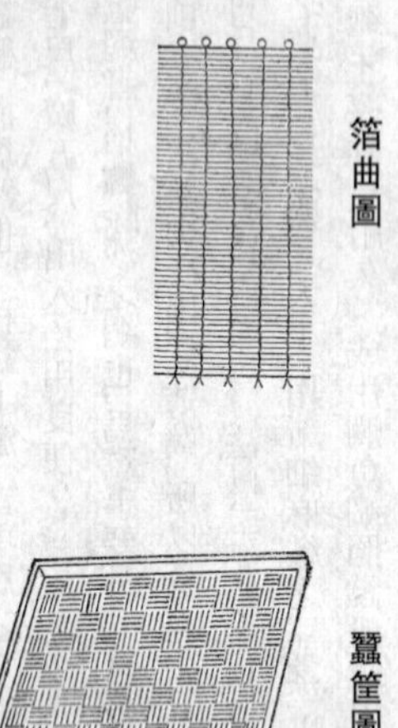

蠶筐圖説　筐者，古盛幣帛竹器也。今用有蠶，闊三尺，長五尺，以竹編之。或用鷄柳木作方筐，闊三尺，長五尺，亦輕便，蟻蠶及劈分時用之。擱於架上，易於擡飼。

蠶盤圖説　蠶盤，盛蠶器也。移蠶上簇，皆可用之。或以竹編，或用木框。以疎簟爲底，長七尺，廣五尺，出入擡便用。

蠶盤圖

蠶網圖

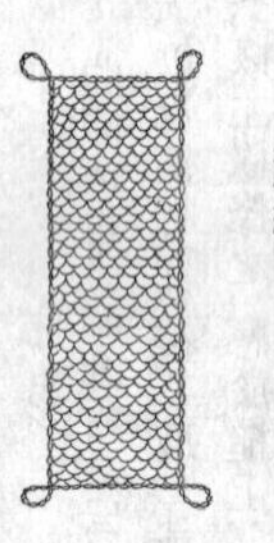

蠶網圖説　蠶網，擡蠶具也。結繩爲之，如魚網之制。其長短廣狹，視蠶盤大小制之。添以漆油，則光緊難壞，貫以網索，則維持多便。至蠶可替時，先布網於上，然後灑桑，蠶聞葉香，則穿網眼上食，候蠶上葉，齊手共提網，移置別盤，遺除拾去，比之手替，省力過倍，南蠶多用此法。北方蠶小時，亦宜用之。

葉篩圖

葉篩圖説　此飼蠶布葉篩也。蠶小時，用手撒葉，未免厚薄不均，壓傷小蟻，宜用竹編小篩，徑五六寸，孔如胡椒大。將葉以利刀切碎置篩內，細細勻篩，不可過厚，須頻頻篩之。蠶食均勻，自然眠起皆齊。

劉錦藻《清續文獻通考》卷三七八《實業一》　光緒二十八年，江蘇巡撫陳夔龍奏：【略】而牧養一道，最爲致富良圖，其所資以餵養之者，往往取人之所棄，於農事有相資之功，無相擠之害而辨種防弊，西人已有經驗專書，可以採用。前史所載，西北逐水草之利，有以山谷畜牛馬者，畜牧可以立國孳息，豈曰小補，今蒙古遊牧，僅存遺意。淮海荒地，詎云不宜，至於麥桿爲帽邊，今爲出洋大宗，蒲麻可以打包，蘆葦可以結屋，柳木宜於筐筥，螺蛤用以煆灰。此皆淮海之可資手藝以食力者。

劉錦藻《清續文獻通考》卷三八四《實業七》　〔宣統元年，又東三省總督徐世昌〕又奏，奉天爲八旗根本之地，滿漢雜處，畛域不分，惟旗人世蒙豢養，素乏恒業，實較艱困。今欲爲八旗籌生計，應以實業教育爲重，爰飭旗務司，捌辦八旗工藝廠，招集旗籍藝徒，設額五百名。分設木工、鐵工、陶工、藤工、漆工、染工、縫工、毛工、紙工等料，附設講堂，授以普通教育，聘募工師，分科傳習。

劉錦藻《清續文獻通考》卷三八四《實業七》　〔光緒三十年〕南豐縣工藝，【略】南鄉能以樓綫製成蓑衣，東鄉能以樓葉分裂漂白，組織成扇，造作不精，不能行遠。草帽，將麥稈編製，惟種麥者少，不敷取用，以樓葉劈裂製之，更覺精緻。

劉錦藻《清續文獻通考》卷三八六《實業九》　吴承洛《調查各業誌略》節録草帽辮業　此爲麥桿所製成。六十年前，有外人在福建傳授製法，爲該省水師製軍帽，是爲我國草帽業之嚆矢。後多作夏季涼帽，遂由福建延及浙江、江蘇，漸向河南、山東、山西、直隸擴張。今以山東爲最盛，古總額百分之七十，天津三分之二來自山東。南方麥稈粗大堅硬，不適製作，北方氣候土壤與此相反，產生柔韌軟薄，色澤亦良之麥稈，以故南方之業爲北所奪，主要産地：（一）山東萊州，平度、海倉、朱橋、白沙市、黄縣，沙河鎮爲集散市場。泰安、新泰、蒙陰、浮邱爲集散市場。甯陽、中莊、大王山，甯陽爲集散市場。郯城、馬頭爲集散市場。壽光、樂安、新城、濰縣、昌邑、陽信、王臺。（二）青縣、興濟、遵化，玉田爲集散市場。開州、南樂、韓張。辛莊爲集散市場。（三）河南柘城、太康、朱橋、歸德。鹿邑爲集散市場。其他黄河沿岸一帶。濟橋爲集散市場。

草帽辮之輸出　我國草帽，辮漂白之技術頗劣，輸出英國之原料，多運至倫敦附近柳登地方，重行漂白。在光緒初年，輸出價值平均約海關銀一百萬兩，十二年增至二百萬兩，次年三百七十三萬餘兩，自後年有增減，光緒三十四年，增至八百六十五萬餘兩，近年最多爲七百七十七萬餘兩。

穆彰阿等《清一統志》卷二三《直隸・河間府六》 土産 簟《唐書・地理志》景州土貢葦簟。《寰宇記》定遠軍土産水葱席、茅簟。《金史・地理志》河間府産藺席。《府志》産葱蒻蒲席，又産蘆花被、蒲花褥。

席帽《府志》河間出席帽，密緻精好，價值頗高。又出柳箕斗之類，唐時土貢柳箱，是其遺業也。

穆彰阿等《清一統志》卷二六《直隸・天津府三》 土産 簟《唐書・地理志》滄州土貢葦簟。《寰宇記》滄州土産水葱蓆、莞蓆、細文葦蓆。

柳箱《唐書・地理志》滄州土貢。《寰宇記》滄州土産，五色柳箱。

穆彰阿等《清一統志》卷三七《直隸・大名府三》 土産 席《唐書・地理志》澶州土貢鳳翮席。《宋史・地理志》開德府貢莨莠席。

穆彰阿等《清一統志》卷八一《江蘇・蘇州府五》 土産 草履《寰宇記》蘇州土産。

土産 席《寰宇記》土産蓆。《姑蘇志》出虎邱者佳。

穆彰阿等《清一統志》卷八九《江蘇・常州府四》 土産 席《唐志》土貢。《寰宇記》晉陵、無錫二縣皆出龍鳳細席。

蒲履。

穆彰阿等《清一統志》卷一〇四《江蘇・太倉直隸州二》 土産 草履出嘉定。

穆彰阿等《清一統志》卷一一四《安徽・徽州府三》 土産 簟出休寧。《唐志》土貢。《元和志》元和貢有竹簟。

穆彰阿等《清一統志》卷一一七《安徽・寧國府三》 土産 簟《唐志》宣州土貢。

穆彰阿等《清一統志》卷一四一《山西・蒲州府二》 土産 《寰宇記》河中府産蒲席。

穆彰阿等《清一統志》卷一六九《山東・東昌府二》 土産 莨莠席《府志》莨莠草似稻，出東昌，可爲席。

穆彰阿等《清一統志》卷一七五《山東・萊州府二》 土産 按《舊志》載《唐書・地理志》萊州貢水葱席。

穆彰阿等《清一統志》卷一九〇《河南・開封府五》 土産 按《寰宇記》鄭州土産鳳翮席。

穆彰阿等《清一統志》卷一九八《河南・彰德府三》 土産 席安陽出。《唐書・地理志》相州土貢鳳翮席。

穆彰阿等《清一統志》卷二一九《河南・許州直隸州》 土産 蔗（布）〔席〕《唐書・地理志》潁川郡土貢蔗（布）〔席〕。

穆彰阿等《清一統志》卷二三四《陝西・延安府二》 土産 席《唐書・地理志》丹州土貢龍鬚席。

穆彰阿等《清一統志》卷二三六《陝西・鳳翔府二》 土産 龍鬚席《唐書・地理志》鳳翔府土貢。《宋史・地理志》隴州貢席。

穆彰阿等《清一統志》卷二四九《陝西・鄜州直隸州》 土産 席《元和志》鄜州、坊州貢龍鬚席。

穆彰阿等《清一統志》卷二六三《甘肅・慶陽府三》 土産 席寧州出。《元和志》寧州貢龍鬚席。

穆彰阿等《清一統志》卷二六八《甘肅・涼州府二》 土産 龍鬚席《唐書・地理志》京州貢。

穆彰阿等《清一統志》卷二七三《甘肅・涇州直隸州二》 土産 龍鬚席涇州出。《元和志》涇州貢。《唐書・地理志》涇州原州貢。

穆彰阿等《清一統志》卷三〇一《浙江・衢州府》 土産 簟《郡縣志》衢州貢。

龍鬚席《郡縣志》衢州貢。

穆彰阿等《清一統志》卷三〇三《浙江・嚴州府二》 土産 竹簟《元和志》睦州土貢。

穆彰阿等《清一統志》卷三四一《湖北・黄州府二》 土産 蘄竹《明統志》蘄州出，以色瑩者爲簟，節疎者爲笛，帶鬚者爲杖。

穆彰阿等《清一統志》卷三八九《四川・重慶府三》 土産 席《寰宇記》涪州産席，渝州産竹簟。

穆彰阿等《清一統志》卷三九二《四川・保寧府三》 土産 席《唐書・地理志》劍州貢蘇薰席。

穆彰阿等《清一統志》卷四〇七《四川・潼川府二》 土産 簟《寰宇記》遂州産簟子。

穆彰阿等《清一統志》卷四一二《四川・瀘州直隸州》 土産 花竹簟《寰宇記》瀘州産。

穆彰阿等《清一統志》卷四一六《四川・忠州直隸州》 土産 蘇薰席《唐書・地理志》忠州貢。段氏《遊蜀記》墊江縣以蘇薰爲席，絲爲經，其色深碧。

穆彰阿等《清一統志》卷四二六《福建·福州府二》 土産 簟《寰宇記》土産。白藤箱《寰宇記》土産。

穆彰阿等《清一統志》卷四四三《廣東·廣州府三》 土産 簟《唐書·地理志》廣州土貢。又貢竹席。

穆彰阿等《清一統志》卷四六二《廣西·桂林府二》 土産 簟《唐書·地理志》俱桂州貢。

穆彰阿等《清一統志》卷四六五《廣西·思恩府》 土産 篾簟九土司俱出。

穆彰阿等《清一統志》卷四六八《廣西·平樂府二》 土産 花簟《寰宇記》賀州貢龍鳳花紋簟。

覺羅石麟、儲大文等《山西通志》卷四七《物産》 汾州府

龍鬚草 唐常貢，西河郡貢龍鬚席十領。《古今注》龍鬚草，一名縉雲草。《晉東宮舊事》太子有獨坐龍鬚席。今無。

澤州府

龍鬚草 唐常貢，陽武歲貢龍鬚席六領。

陸釴等纂修〔嘉靖〕《山東通志》卷八《物産》 東昌府 莨莠席莨莠草也。似稻，出東昌。

萊州府 水葱席出萊州，登亦有之。水葱草也。中虛，似食葱而長硬，生水濱。

成貫等纂〔道光〕《濟南府志》卷一三《物産》 其草木之可爲雜用者，種柳不成樹，使發叢條，歲再伐之，火蒸去皮，大者織之爲囤，爲牛筐，次爲箔籮，爲箕，爲笊籬，爲甑箅，劈之爲籃，爲筥，筐，大爲時用。【略】草有菅，有蒯，可爲索。有茅，可織蓑。

熊元、馬文煒〔萬曆〕《安丘縣志》卷一〇《方産考》 有秫穇二種，亦穀屬最下品者。秫之楷可乘屋織席，貧民賴之以糊口。

包大爟等纂修〔萬曆〕《兗州府志》卷二五《物産》 莞草採之可以稛屨織席。

許協《鎮番縣志》卷三《田賦考·物産》 草惟箕芨，可織席，而蘇山一種尤無節可愛。土人用織涼冠，所謂雖有絲麻，不棄菅蒯。

林庭棉、周廣纂修〔嘉靖〕《江西通志》卷三二《袁州府·土産》 草席。

顧清等纂〔正德〕《松江府志》卷四《風俗》 國朝來斥鹵化爲良田，漁非耕類矣，然江湖泖浦取魚之術亦多有，皮、陸序述所不能盡者。陸龜蒙、皮日休《漁具詩·序》大凡結繩持網者，總謂之〔網罟。〕網罟之流，曰罛，曰罾，曰罺，圓而縱捨曰罩，挾而升降曰〔罟〕〔罛〕，緡而竿者總謂之筌。筌之流，曰筒，曰車。橫川曰梁，承虛曰笱，編而沈之曰箄，矛而卓之曰䂬，棘而中之曰叉，鏃而綸之曰射，扣而〔駭〕〔駭〕之曰根，俗謂之打艋艘。置而守之曰神，龜也。列竹於海澨曰滬，錯薪於水中曰槮，俗謂之叢所載之舟曰舴艋，所貯之器曰笭箵。其他或術以招之，或藥而盡之，皆出於《詩》、《書》雜傳，及今之聞見可考而驗不誣〔也〕。又擇其任詠者，作十五題。其所謂十五題者，曰網，曰罩，曰罛，曰釣筒，曰釣車，曰魚梁，曰叉魚，曰射魚，曰鳴根，曰滬，曰槮，曰種魚，曰藥魚，曰舴艋，曰笭箵。今漁於海者，有簄網，有蒲網，漁於江浦者，有注網，有絲網，塘網，編竹斷港曰斷，不出水者曰橫簾，橫簾止可捕蟹。以數百銘繫餌一繩牽之曰張釣，此數事，又昔人所未及也，可謂無遺巧矣。 貝閑《觀捕魚記》松江産魚非一，取魚者或以罩，或以叉，或以笱，或以罾，巨家則斫大樹置水中爲魚叢，魚大小畢赴之，縱橫盤亘，人亦無敢輒捕者，故萃而不去。天始寒，大合漁者編竹斷東西津口，以防其佚，乃撤樹兩涯，鼓而毆之，魚失其所依，或駭而躍，或怒而突，戢戢然已在釜中矣。於是駕百斛之舟，沉九囊之網，掩其左右，遮其前後，而盈車之族如針之屬，脱此掛彼，損鱗折尾，無一縱者。予觀而歎曰：魚之托於水也，非無九州四海之可歸也，而歸于數畝之陂，朽株之下，以爲至安無患，若登龍門焉，烏知誘之者，將以制之養之者，將以殺之，人之機亦巧且深矣。予又傷其盡而無遺，何其不仁之甚邪。嗚呼，天下之死於盡取者，豈獨魚已乎，豈獨魚已乎，故書爲記。

顧清等纂〔正德〕《松江府志》卷五《土産》 椶笠元時省府曹掾戴之，今無。

顧清等纂〔正德〕《松江府志》卷五《土産》 草席 蘆席並出上海，草席在趙屯。

孫仁、朱昱纂修〔成化〕《重修毗陵志》卷七《食貨·土貢》 唐

常州土貢龍鳳席。

宋

《舊志》云：按《九域志》歲貢席三千領。

趙錦、張袞〔嘉靖〕《江陰縣志》卷六《食貨記·物産》 貨之屬 草屨以草織之，俗名蒲鞋。商販甚多。

申嘉瑞〔隆慶〕《儀真縣志》卷七《食貨攷》 國朝市多罩布襪，多芒屨。

范成大《吴郡志》卷二《風俗》 魚具，吴中水國，夫〔矢〕魚之具尤多。陸龜蒙、皮日休嘗爲《魚具詩》《序》其事：「大凡結繩持網者，總謂之網。罟之流曰罛，曰罾，曰罺，側交反。圓而縱捨曰罩，挾而昇降曰罛，女減切。緡而竿者總謂之筌。筌之流曰筒，曰車。橫川曰梁，承虛曰笱。編而沈之曰箄，音卑。矛而卓之曰䂬，音册，子〔矛〕也。棘而中之曰叉，鏃而綸之曰射，扣而駭之曰根，以薄板置瓦器上，擊之以驅魚。置而守之曰神，鯉魚三百六十歲，蛟龍輒率而飛去。年置一神守之，則不

能去矣，神龜也。列竹於海澨曰滬，吳之滬瀆是也。錯薪於水中曰篠，音槮。所載之舟曰舴艋，所貯之器曰笭箵。其他或術以招之，或藥而盡之。皆出於詩書雜傳及今之聞見，可考而驗不誣。又擇其任詠者作十五題，其所謂十五題者：曰網、曰罩、曰罛、曰釣筒、曰釣車、曰魚梁、曰叉魚、曰射魚、曰鳴桹、曰滬、曰篠、曰種魚、曰藥魚、曰舴艋、曰笭箵。」《松陵集》

王鏊等《姑蘇志》卷一四《造作》 柳箱出吳縣橫塘。髹漆爲粧奩之用。

蓆出虎邱者佳，其次出滸墅。或雜色相間，織成花草、人物爲簾，或坐蓆。又一種闊經者，出甫里。

藤枕治藤爲之，頗精出齊門。

紗帽胎織藤爲之，頗精絶，雖兩京不逮。

聞人詮、陳沂纂修（嘉靖）《南畿志》卷一二《蘇州府》 其物産莞席、蒲屨通於四方。

卷二〇《常州府》 其物産蒲屨。

卷二八《揚州府》 其物産織蒲爲席，爲屨。

卷三六《廬州府》 其物産竹簟。

牛若麟纂修（崇禎）《吳縣志》卷二一九《物産》 杞柳出楓橋及橫塘，其條柔爲栲栳，細者爲箱篋。 蓆草 黄蔴 白蔴 黄草如葛性，緝織爲布。 菅草捆屨織蓆並用。

木造之屬

藤簟 絹篩 烝籠出橫塘。

竹造之屬

箆 籃 籮 箕 罩 卷箱 篾絲器 篾簟 簾 篩 竹夫人 帆 竹轎

籜製之屬

蒲團 蒲簟 箬笠

囷廩之屬

囤皮 蘆蓆 栲栳

雜造之屬

棕韉 秧韉 蓑衣 棕帚

彭澤、江舜民纂（弘治）《徽州府志》卷二《土貢》 唐 竹簟。

郜相、樊深（嘉靖）《河間府志》卷七《物産》 麻履。

郜相等（嘉靖）《河間府志》卷七《風土誌》 土産 服食器用 草大帽，以草莖爲之，或以麥莖爲之。牛尾大帽，俗名纓子大帽。或以牛尾爲之。馬尾小帽、簟、竹葦曰簟，即今之蘆席也。蒲席，又名蒲薦。 藺草、柳箕斗升、水葱草薦、茭草苫蒂、蕈、見上草衫。三稜草所製者。

嵇曾筠、沈翼機等《浙江通志》卷一〇一《物産一》 杭州府

竹簟 《仁和縣志》：桃枝竹皮，滑而黄，可爲席。

卷一〇五《物産五》 台州府

草席 《太平縣志》出渭川莞田。

鐵廂席 萬曆《仙居縣志》仙居之貨，有鐵箱席。

曾才漢、葉良佩（嘉靖）《太平志》卷三《食貨志・物産》 貨之類 草席出渭川、莞田等處。

汪日楨等（光緒）《烏程縣志》卷二九《物産》 蒲鞋 麻履即綵鞋。《湖録》吾鄉蒲鞋，不以蒲爲之，有用莞草者，有用蒠草者，有用稻草者，有用綵麻者。《劉志》綵鞋，《湖婦吟》小婦善織綵，指頭何纖纖。累珠丈夫屨，起粟女兒尖。其製頗堅細價廉。《南潯志》今人用蘆花，蒲鞋用布條者，曰緜鞋，又有箬殼蒲鞋。

佚名（永樂）《樂清縣志》卷三《土産》 貨之品 草席。

施宿等撰（嘉泰）《會稽志》卷九《山》 夏蓋山，在縣北五十里。《舊經》云：山形如蓋，因以爲名。引《輿地志》云：上虞縣北，有夏駕山，在湖中，湖即名夏駕。出莁草，土人織以爲席，甚細密，多接者爲精。

張淏（寶慶）《會稽續志》卷四《竹》 簟竹，《西京雜記》會稽貢竹簟，號流黄簟。

桃枝竹，梁元帝詩「柯亭臨絶澗，桃竹夾細流」。《書》曰「篾席黼純」。孔安國曰：篾，桃枝竹也。

田琯（萬曆）《新昌縣志》卷六《物産》 貨之屬 草席。

汪日楨等（光緒）《烏程縣志》卷二九《物産》 漁具陸龜蒙《漁具詩序》結繩持網者總謂之網罟，網罟之流曰罛、曰罾、曰罺，圓而縱捨曰罩，挾而升降曰罝，緡而竿者總謂之筌。筌之流曰筒，曰車。橫川曰梁，承虛曰笱，編而沈之曰箄，矛而卓之曰矠，棘而中之曰叉，鏃而綸之曰射，扣而駭之曰桹，置而守之曰神，列竹于海澨曰滬，錯薪于水中曰篠，所載之舟曰舴艋，所貯之器曰笭箵。其他或術以招之，或藥而盡之，皆出于詩書雜傳及今之見聞可攷而驗不誣也。蘇轍《欒城集》吳人以長釘加杖頭，以杖畫水取魚謂之畫魚。按蘇軾《東坡集》

有《畫魚歌》自注：湖州道中作。《南潯志》網魚有撒網，有小網，有絲網，有布網，有攀罾，有海兕叉魚，有魚叉，有絲筒釣魚，有釣竿、釣絲、釣鉤，不用餌者曰神仙釣，擊木駭魚曰根，錯薪水中曰叢編竹絕流曰魚簖，亦曰蟹簖，貯魚有簍，有籃，有桶，貯蟹有蟹簖，捕鰕有鰕籠，取蛤蜆則用泥罱，或取畚箕就淺水岸旁以承小魚曰切魚，或袒臂入水以手取魚，或寒月投身入水尋魚穴以取魚並曰摸魚。按：撒網，網邊有鐵俗稱著網，大者曰塘網，又有拖網。

羅濬〔寶慶〕《四明志》卷四《草之品・席》 江東多席草，人業于織，著名四方曰明席。

鄭珍、莫友芝纂〔道光〕《遵義府志》卷一七《物産》 桃笙 《方言》簟宋魏之間謂之笙。《南越志》桃枝，南人以爲笙。《博物志補》桃竹之衣如織可爲簟故曰桃笙。《仁懷志》蓋椶簟也。

草類

燈心草 《仁懷志》無節可編。按，各屬皆有種者，頗獲利。

慈竹 【略】《益部方物略記》性叢生，根不外引，其密間不容笴，生夏秋，閱歲餘，枝葉乃茂，別有數種，節間容八九寸者曰籠竹，一尺者曰苦竹，弱質垂地者曰釣絲竹，或取節脩膚緻者用爲簟笠。贊曰：根不他引，是得慈名，中實外堅，筍不時萌，末或下垂，苒弱綠縈。《蜀語》竹作篾甚柔者曰篾竹，叢生，七月出筍，甚軟可爲繩，惟川産最多，利用最大，別土不産，與江東慈孝竹不同。《田居蠶室録》人家宜種一二十窠，耕穫時用牽用束，視他竹尤柔勁，兼可護墻落。

甘澤、趙士讓〔嘉靖〕《蘄州志》卷二《土産》 貨類 簟《詩・斯干》「下莞上簟」。毛亨註云：竹葦曰簟。又曰：簟，竹席也。以竹爲席。曰簟。是因席謂之簟也。故成王《顧命》曰：「敷重篾席。」孔安國注云：桃竹枝席也。又曰：「敷重筍席。」竹席也。是則周初以竹名席，簟之名，則出於周之中葉也。

王承禧纂〔光緒〕《應城志》卷一《輿地・物産》 黍 一曰蜀黍，俗名高粱。《本草》云：種始自蜀，故名。分粘糯，均可釀酒，爲飯梢，可縛帚，莖可織席編籬，於民最有利。

有椶櫚，棕毛柔韌，葉可爲拂塵，皮可作繩。

竹之屬，有紫竹，以皮色名。有慈竹，叢生不散，有慈愛之意，書室宜種之。有桃枝竹，即水竹，俗多析篾，造器織簟尤佳。

戴璟、張岳纂脩《廣東通志》卷三一《土産》 雜植屬 席草、菅草。夏割爲席，爲包，利束物諸用，産肇慶。

徐學謨〔萬曆〕《湖廣總志》卷一二《方産》 唐 澧州澧陽郡 竹簟。

朗州武陵郡 簟。

蘄州蘄春郡 簟。

宋 澧（水）〔州〕竹簟。

國朝 岳州府竹簟。

鍾崇文纂修〔隆慶〕《岳州府志》卷一一《食貨考》 唐 澧陽郡貢竹簟。

宋 澧州貢竹簟。

鍾崇文〔隆慶〕《岳州府志》卷一一《食貨考》 又有方物

平江縣 竹簟細密類蘄製。

鍾崇文〔隆慶〕《岳州府志》卷一一《食貨考》 慈利縣

又有方物 篾筍輕細可用。

林富、黄佐纂脩〔嘉靖〕《廣西通志》卷二一《食貨志》 器用屬

竹簟 竹籠 馬尾網巾

林富、黄佐纂脩〔嘉靖〕《廣西通志》卷一九《田賦志上》 桂林府灌陽縣

元豐年間，貢蒲草席一百張。

林富、黄佐纂修〔嘉靖〕《廣西通志》卷五一《外志二》 太平府上下凍州

食貨：席草。

郭棐纂脩〔萬曆〕《廣東通志》卷三六《惠州府・土産》 貨 有竹器有草席。

卷四七《肇慶府・土産》 貨 多草席。

黄仲昭〔弘治〕《八閩通志》卷二五《食貨・物産》 建寧府

貨之屬 草席出松溪。

黄仲昭〔弘治〕《八閩通志》卷二六《食貨・物産》 汀州府

貨之屬 簟。

莫尚儉、張岳〔嘉靖〕《惠安縣志》卷五《物産》 貨屬

凡魚，得四時之氣不同，各乘氣候而至，漁人隨時設枝以待之。曰竹編網船，曰旋網船，曰竹編鎗船，曰牽絲縺網，曰拖釣船網，曰沿岸撒網，曰撒網漁船、曰拖紗縺網、曰方網、曰沿岸攀罾、曰拆插竹木繫網，曰扞插扈，曰網斗、曰石扈、曰竹滔、曰扞揪小網、曰手罾、曰手搖釣船、曰步取。凡魚，大者宜薨，小者宜臘。賈人常哀而市之，或由海道以達於三山及延建諸郡。

紀事

《左傳·宣公二年》　初，宣子田于首山，舍于翳桑，見靈輒餓，問其病，曰：「不食三日矣。」食之，舍其半。問之。曰：「宦三年矣，未知母之存否，今近焉，請以遺之。」使盡之，而爲之簞食與肉，寘諸橐以與之。既而與爲公介，倒戟以禦公徒而免之。問何故。對曰：「翳桑之餓人也。」問其名居，不告而退，遂自亡也。

杜預注：簞，笥也。

孔穎達正義：鄭玄《曲禮》注云：「圓曰簞，方曰笥。」然則俱是竹器，方圓異名耳，故以簞爲笥。

《孟子·滕文公上》　有爲神農之言者許行，自楚之滕，踵門而告文公曰：「遠方之人聞君行仁政，願受一廛而爲氓。」文公與之處。其徒數十人，皆衣褐，捆屨，織席以爲食。」

《韓非子》卷七《説林上》　魯人身織屨，【略】而徙於越。或謂之曰：「子必窮。」魯人曰：「何也？」曰：「屨爲履，【略】而越徒跣剪髮。遊不用之國，欲無窮，可得乎？」

《吕氏春秋·異用》　湯見祝網者，置四面，置，設。其祝曰：「從天墜者，墜，隕也。從地出者，從四方來者，皆離吾網。」湯曰：「嘻，盡之矣，非桀其孰爲此也。」孰，誰也。湯收其三面，舊校云：收一作放。孫云李善注《文選》、張平子《東京賦》、揚子雲《羽獵賦》引此收竝作拔，舊校當是一作拔。置其一面，更教祝曰：「昔蛛蝥作網罟，今之人學紓。紓，緩。《賈誼書·諭誠篇》蛛蝥作網。今之人循緒舊本，蝥作蝥，誤。紓疑與杼通，注訓爲緩，非是。欲左者左，欲右者右，欲高者高，欲下者下，吾取其犯命者。」漢南之國聞之，曰：「湯之德及禽獸矣。」漢南，漢水之南。四十國歸之。梁仲子云：李善注《東京賦》作三十國。人置四面，未必得鳥，湯去其三面，置其一面，以網其四十國，非徒網鳥也。徒，猶但也。

原題王嘉《拾遺記》卷四《燕昭王》　王即位二年，廣延國來獻善舞者二人，【略】乃設麟文之席，散荃蕪之香。【略】麟文者，錯雜以飾席也。

阮元《羣書通要》卷四《衣冠門·履類》　仲子織屨　陳仲子，齊人。適楚，楚王欲以爲相。妻曰：「子織履以爲食，恬淡元爲，樂在其中。」乃謝使者。《高士傳》

《史記》卷五七《絳侯周勃世家》　絳侯周勃者，沛人也。其先卷人，徙沛。勃以織薄曲爲生。

裴駰集解：蘇林曰：「薄，一名曲。《月令》『具曲植』。」索隱：謂勃本以織蠶薄爲生業也。韋昭云「北方謂薄爲曲」。許慎注《淮南》云「曲葦薄也」。郭璞注《方言》云「植，懸曲柱也」。

《漢書》卷四〇《周勃傳》　周勃，沛人。其先卷人也，徙沛。勃以織薄曲爲生。

顔師古注引蘇林曰：「薄一名曲。《月令》曰：『具曲植。』」師古曰：「許慎云葦薄爲曲也。」

《漢書》卷七二　嚴君平卜筮於成都市，【略】得百錢足自養，則閉肆下簾而授《老子》。

《漢書》卷八二《史丹傳》　竟寧元年，上寢疾，【略】丹以親密臣得侍視疾，候上間獨寢時，丹直入卧内，頓首伏青蒲上。

顔師古注引服虔曰：「青緣蒲席也。」應劭曰：「以青規地曰青蒲，自非皇后不得至此。」孟康曰：「以青蒲爲席，用蔽地也。」師古曰：「應説是也。」

《漢書》卷八四《翟方進傳》　〔方進〕欲西至京師受經。母憐其幼，隨之長安，織履以給方進讀，經博士受《春秋》。積十餘年，經學明習，徒衆日廣，諸儒稱之。

《後漢書》卷五一《李恂傳》　遷武威太守。後坐事免，步歸鄉里，潛居山澤，結草爲廬，獨與諸生織席自給。

《後漢書》卷七九上《儒林傳·戴憑》　戴憑字次仲，汝南平輿人也。習《京氏易》。年十六，郡舉明經，徵試博士，拜郎中。時詔公卿大會，羣臣皆就席，憑獨立。光武問其意，憑對曰：「博士説經皆不如臣，而坐居臣上，是以不得就席。」帝即召上殿，令與諸儒難説，憑多所解釋，帝善之，拜爲侍中，數進問得失。【略】

正旦朝賀，百僚畢會，帝令羣臣能説經者更相難詰，義有不通，輒奪其席以益通者，憑遂重坐五十餘席。故京師爲之語曰：「解經不窮戴侍中。」

張衡《張衡詩文集·二京賦》　僵禽斃獸，爛若磧礫。但觀罝羅之所羂結，竿殳之所揘畢，叉蔟之所攙捔，徒搏之所撞挑，白日未及移其晷，已獮其十七八。

佚名《西京雜記》卷二 會稽歲時獻竹簟供御，世號爲流黄簟。

佚名《西京雜記》卷五 武帝以象牙爲簟，賜李夫人。

《北堂書鈔》卷一三三 謝承《後漢書》云：戴馮字次仲，汝南郡舉明經，徵博士。正旦，朝賀，帝令羣臣説經史，更相詰難，義有不通，輒奪其席，以益通者。馮遂重坐五十餘席。

《北堂書鈔》卷一三三 《殷氏家傳》云：殷亮爲博士，講學帝前。諸儒論勝者賜席，亮坐以八九重席，帝曰：「學不當如是。」

謝承《後漢書》云：汝南薛惇爲北海長史，家貧，坐無完席。妻曰：「君無奉禄給子孫，復無完席耶？」惇以善席與妻，自坐敗者，妻慙，不敢復言。

《藝文類聚》卷六九《薦席》 謝承《後漢書》曰：戴憑徵博士，詔公卿大會，羣臣皆就席，憑獨立。世祖問其意，對曰：博士説經皆不如臣，而坐居臣上，是以不得就席。帝令與諸儒難説，帝善之。後正旦朝賀，令羣臣説經，更相難詰，義有不通，輒奪其席，以益通者。憑遂重坐五十餘席。故京師語曰：解經不窮戴侍中。又曰：許敬，字鴻卿，其吏有誣君者會於縣令坐。敬拔刀斷其席曰：敬不忍與惡人同席。

《初學記》卷二五《席第六》 戴益五十 殷重八九謝承《後漢書》曰：戴憑，字次仲，汝南郡舉明經，徵博士，拜郎中。正朝朝賀，帝令群臣説經史，更相詰難，義有不通，轉奪其席，以益通者，憑重五十席。《殷氏家傳》曰：殷亮爲博士講學大夫。諸儒論勝者賜席，亮坐八九重席。帝曰：學不當如是耶。

《太平御覽》卷三五八 《漢春秋》曰：大僕公卿奉引，大僕執轡，大將軍陪乘。光武東京郊祀法駕，則河南尹奉引，奉車都尉執轡，侍中祭乘。

《太平御覽》卷七〇九《服用部一一》 謝承《後漢書》曰：戴憑徵博士，詔公卿大會，羣臣皆就席，憑獨立。世祖問其意，憑對曰：博士説經皆不如臣，而坐居臣上，是以不得就席。令與諸儒難説，善之。後正旦朝賀，令群臣説經，更相難詰，義有不通，輒奪其席，以益通者。憑重五十席。京師議曰：解經不窮戴侍中。

又曰：殷亮爲博士，講學，大夫諸儒論勝者賜席，亮重八九席。帝曰：學不當如是也。

又曰：許敬字鴻卿，其鄉吏有誣君者會於縣令坐，敬拔刀斷席曰：敬不忍與惡人同席。

又曰：汝南薛惇字子禮，爲北海長史，家貧，坐無完席。妻曰：君無俸禄給子孫，復無完席耶。惇以善與妻，自坐敗者。又衛良字叔賢，拜尚書令，病罷官，還家，家無完席，賓客省之者，坐桑下談論，飲水去。

《會稽先賢讚》曰：董昆，字文通，爲太農昝丞，坐無完席。

《白孔六帖》卷一四 温席黄香家素貧，盡心孝養，暑則扇牀枕，寒則温席。 茅薦《先賢傳》鄭敬以茅薦爲席。

《白孔六帖》卷一四 織席自給李恂爲武(城)〔威〕太守，步歸，結茅屋，與諸生織席自給，後爲兖州牧。

《天中記》卷四八《簾》 薄埋 范滂被收，曰：「願得一幡簿，埋于首陽山，上不負(黄)〔皇〕天，下不愧夷齊。」《汝南先賢傳》

《天中記》卷四八《簟》 丈二竹簟 尚書令王允奏曰：太史令王立説《孝經》六隱事，能消却姦邪。常以良日，允與立入，爲獻帝誦《孝經》一章，以丈二竹簟畫九宫其上，隨日時入焉。及允被害，乃不復行也。《東觀漢記》

桃枝細簟 馬稜爲會稽太守，詔詰會稽車牛不務堅强，車皆以桃枝細簟。《東觀漢記》

《天中記》卷四八《薦席》 持蒲編席 郭丹師事公孫昌，敬重，常持蒲編席，人異之。《東觀漢記》

《三國志》卷六《袁尚傳》 尚、熙與烏丸逆軍戰，敗走奔遼東，公孫康誘斬之。

裴松之注引《典略》曰：尚爲人有勇力，欲奪取康衆，與熙謀曰：「今到，康必相見，欲與兄手擊之，有遼東猶可以自廣也。」康亦心計曰：「今不取熙、尚，無以爲説於國家。」乃先置其精勇于廐中，然後請熙、尚。熙、尚入，康伏兵出，皆縛之，坐于凍地。尚寒，求席，熙曰：「頭顱方行萬里，何席之爲！」

《三國志》卷二三《魏志·裴潛傳》 〔裴潛〕正始五年薨，追贈太常，謚曰貞侯。裴松之注引《魏略》曰：〔潛〕每之官，不將妻子。妻子貧乏，織藜芘以自供。

《北堂書鈔》卷一三三引 《雜記》云：吴議郎張純詣鎮南將軍朱據。據曰：「爲賦一物，然後乃坐。」純賦席曰：「席爲冬設，簟爲夏施，揖讓而坐，君子攸宜。」

《北堂書鈔》卷一三三引 《汝南先賢傳》曰：鄭欽以茅蒍爲席，常隨杞柳歸舟之日，裝無餘資。及至，數畝小宅，籬垣仄陋，内外茅屋六間，不容妻子。劉裕賜車牛，更爲起宅，固辭。尋拜度支尚書、太常，竹篷屏風，坐無氈席。

《藝文類聚》卷六九《簟》 《晉公卿禮秩》曰：太宰何曾遜位，賜簟褥一具。

王隱《晉書》曰：車永爲廣州刺史，永子溢多使工作象牙細簟，工患之，乃共舉出永。

《東宮舊事》曰：太子納妃有烏韜赤花雙文簟。

《藝文類聚》卷六九《薦席》 魏·周斐《汝南先賢傳》曰：鄭敬以兼葭爲席，常隨杞柳之陰。

晉·張華《雜記》曰：吴議郎張純詣鎮南將軍朱據，據曰：爲賦一物，然後乃坐。純賦曰：席爲冬設，簟爲夏施，揖讓而坐，君子攸宜。

《晉起居注》曰：冠軍將軍王浹表：臣以發許昌城内北人，諸將孫凱等謀，欲逼臣留身軀，遣南人臣。初出城門，乃相纏繞，牽臣馬鞚，臣手刃斬截，僅乃得出。

王隱《晉書》曰：愍懷太子好卑雞，小馬，小牛，令左右騎斷羈勒，使墮地。

《太平御覽》卷七〇〇《服用部二》 《晉東宮故事》曰：簾箔，皆以青布緣純。

《三秦記》曰：明光宫在漸臺西，以金玉珠璣爲簾箔，假龜龍。

《涼州記》曰：吕纂時，胡人發張駿塚，得白珠薄簾。

《汝南先賢傳》曰：范滂被收曰：願得一幡一薄，埋於首陽山，上不負皇天，下不愧夷齊。

謝綽《拾遺》曰：戴明寶曆朝寵倖，家累千金，大兒嬌淫，爲五色珠簾，明寶不能禁之。

《夢書》曰：夢簾，屏風，蔽匿一身也。

《太平御覽》卷七〇五《服用部七》 王隱《晉書》曰：洛陽有尉部小吏，忽有好物，尉疑詰問，云：先行逢一老嫗説有病，師卜，當得城南年，少暫相煩相報。乃土車内着漆簏中，行十餘里，過六七門，開簏，忽見樓閣好屋，問此何處。云是天上見一婦人三十五六，短青黑色，眉後有疵。時賈后疎親聞其狀，知是賈后，慙而去。

《晉書》云：陸納性恡，每自筭料財物。有客入見之，羞忸以身映簏。

《晉中興書》曰：王敦害周顗，籍其家，止見素簏中有故絮。 脩復山陵故事

之陰。

《藝文類聚》卷六九《簟》 《漢獻帝傳》曰：尚書令王允奏曰：太史令王立說《孝經》六隱事，能消却姦邪。常以良日，允與立入，爲帝誦《孝經》一章，以丈二竹簟，畫九宮其上，隨日時而出入焉。及允被害，乃不復行也。

《初學記》卷二五《席第六》 張隱《文士傳》曰：張純與張儼、朱異俱少，往見驃騎將軍朱據。據聞三人才名，欲試之，告曰：吾欲賦一物，純乃賦席曰：席爲冬設，簟爲夏施，揖讓而坐，君子攸宜。

晉環濟《吴紀》曰：大皇帝征合肥，未下，因撤軍還兵，吕蒙等共留津北。魏將張遼奄至，圍數重。蒙等死戰，既破圍，上馬出，外浮橋南已絶丈餘，無板。谷利時爲親近監，白曰：至尊牢攝鞍緩鞚，利當着鞭，以增馬勢，於是得渡。

《太平御覽》卷七〇五《服用部七》 《魏晉世語》曰：武帝欲以臨淄侯植爲嗣，世子患之，以車載簏内，詣朝歌長吴質與謀。楊脩以白，太祖不推。世子懼，質曰：明後簏受絹車内以惑之，脩必復白，推之無人，脩受罪矣。世子從之，脩果白，推而無人，太祖繇是疑焉。

《太平御覽》卷七〇九《服用部一一》 《典略》曰：袁尚，袁熙奔遼東，公孫康先置精勇於厩中，請熙尚，熙尚入，乃縛之，坐於凍地。尚寒，求席。熙曰：頭顱方行萬里，何席之爲。

《文士傳》曰：張儼、朱異、張純三人共詣驃騎將軍朱據，聞三人才名，時各爲賦，然後乃坐。純席曰：席爲冬設，簟爲夏施，揖讓而坐，君子攸宜。

《奩史》卷六二《技藝門》 魏武帝遺令曰：諸夫人諸舍中無所爲，學作履綦賣也。陸機《弔魏武帝文》

《晉書》卷七五《劉惔傳》 惔少清遠，有標奇，與母任氏寓居京口，家貧，織芒屩以爲養，雖蓽門陋巷，晏如也。

《晉書》卷八四《王恭傳》 與王忱齊名友善，【略】忱訪之，見恭所坐六簟，忱謂其有餘，因求之。恭輒以送焉，遂坐薦上。忱聞而大驚，恭曰：「吾平生無長物。」其簡率如此。

《晉書》卷九〇《良吏傳·吴隱之》 廣州包帶山海，珍異所出，一篋之寶，可資數世，然多瘴役，人情憚焉。惟貧窶不能自立者，求補長史，故前後刺史多黷貨。朝廷欲革嶺南之弊，隆安中，以隱之爲龍驤將軍、廣州刺史、假節，領平越中郎將。【略】

曰：武悼皇后玄宮貯衣蝦蟇篦二。

《太平御覽》卷七〇八《服用部一〇》 王隱《晉書》曰：車永爲廣州刺史，永子溢使工作象牙細簟，工患之。

《晉公卿禮秩》曰：太宰何曾遜位，賜簟褥一具。

庾翼《與王書》曰：今致八尺丈二細桃枝簟十枚，黄篾雙文簟二領，黄篾獨坐雙文簟一枚。

《太平御覽》卷七〇九《服用部一一》 《晉中興書》曰：王敦死，裹以席，塗以蠟，埋齋中。

范汪《荆州記》曰：安城郡，今屬江州，出桃枝席。

《成公興内傳》曰：登白鹿山，延成君，入爲敷魚鬐之席。

鍾（玩）〔玩〕《良吏傳》曰：吴隱之字處默，鄄城人也。轉廣州刺史，返舟之日，唯身而已。宅有茅茨六間，坐無完席，以蓬爲屏風。

《白孔六帖》卷一四 象牙細簟王隱《晉書》曰：車永爲廣州刺史，子溢多，使工作象牙細簟，工甚患之。

《白孔六帖》卷一四 求六尺簟王（悦）〔忱〕見王恭六尺簟，謂有餘，求之，恭即送。後（悦）〔忱〕見恭更無簟，恭曰：「平生無長物。」

焦竑《焦氏筆乘續集》卷七《金陵舊事上》 吴均《續齊諧記》：桓玄篡位後，朱雀門中忽見兩小兒，通身如墨，相和作《籠歌》云：「芒籠茵，繩縛腹。車無軸，倚孤木。」路邊小兒從而和之者數十人，聲甚哀楚。日既夕，二小兒入建康縣，至閤下，遂成雙漆鼓槌。明年春，而桓敗。「車無軸，倚孤木」，桓字也。荆州送玄首，用敗籠茵包之，又芒繩縛其屍，沈諸江中，悉如所歌。

《天中記》卷四八《簾》 白珠簾 呂纂時，胡人發張駿冢，得白珠箔簾。段龜龍《涼州記》

《奩史》卷六二《技藝門》 儲福死，妻范氏孝養其姑。一日，范至澗邊浣衣，見其旁草生若席草，因取以織席，售而養姑。姑卒，范亦卒，席草遂不生。《語林》

《羣書通要》卷五《枕席門·枕簟類》 王忱求簟 晉·王忱訪王恭，見恭所坐六尺簟，忱謂其有餘，因求之。輒以送焉，遂坐薦上，忱聞而驚。恭曰：「吾平生無長物。」

《宋書》卷三《武帝紀下》 孝武大明中，壞上所居陰室，於其處起玉燭殿，與羣臣觀之。牀頭有土鄣，壁上挂葛燈籠、麻繩拂。侍中袁顗盛稱上儉素之德。孝武不答，獨曰：「田舍公得此，以爲過矣。」故能光有天下，克成大業者焉。

《南齊書》卷五四《高逸傳·沈驎士》 驎士少好學，家貧，織簾誦書，口手不息。

《南齊書》卷五八《東南夷傳·林邑國》 永明九年，遣使貢獻金簟等物。

《梁書》卷六《夏侯亶傳》 亶歷爲六郡三州，不修産業，禄賜所得，隨散親故。性儉率，居處服用，充足而已，不事華侈。晚年頗好音樂，有妓妾十數人，並無被服姿容。每有客，常隔簾奏之，時謂簾爲夏侯妓衣也。

《梁書》卷四八《儒林傳·范縝》 縝少孤貧，事母孝謹。年未弱冠，聞沛國劉瓛聚衆講説，始往從之，卓越不羣而勤學，瓛甚奇之，親爲之冠。在瓛門下積年，去來歸家，恒芒屩布衣，徒行於路。

《陳書》卷三二《孝行傳·張昭》 張昭字德明，吴郡吴人也。幼有孝性，色養甚謹，禮無違者。父熯，常患消渴，嗜鮮魚，昭乃身自結網捕魚，以供朝夕。

《南史》卷一六《朱超石傳》 義熙十二年北伐，超石爲前鋒入河。時軍人緣河南岸牽百丈。有漂度北岸者，輒爲魏軍所殺略。

《南史》卷三八《柳世隆傳》 世隆善卜，別龜甲，價至一萬。永明初，世隆曰：「永明九年我亡，亡後三年丘山崩，齊亦於此季矣。」屏入，命典籤李黨取筆及高齒屐，題簾箔旌曰：「永明十一年。」因流涕謂黨曰：「汝當見，吾不見也。」

《南史》卷四九《王摛傳》 以博學見知。尚書令王儉嘗集才學之士，總校虚實，類物隸之，謂之隸事，自此始也。儉嘗使賓客隸事多者賞之，事皆窮，唯廬江何憲爲勝，乃賞以五花簟、白團扇。坐簟執扇，容氣甚自得，摛後至，儉以所隸示之，曰：「卿能奪之乎？」摛操筆便成，文章既奥，辭亦華美，舉坐擊賞。摛乃命左右抽憲簟，手自掣取扇，登車而去。儉笑曰：「所謂大力者負之而趨。」

《南史》卷五一《梁宗室傳上·臨川王蕭正德》 天監初，封西豐縣侯，累遷吴郡太守。正德自謂應居儲嫡，心常怏怏，每形於言。普通三年，以黄門侍郎爲輕車將軍，置佐史。頃之奔魏。初去之始，爲詩一絶，内火籠中，即詠《竹火籠》曰：「楨幹屈曲盡，蘭麝氛氲銷。欲知懷炭日，正是履冰朝。」

《南史》卷七四《孝義傳下·張昭》 張昭字德明，吴郡吴人也。幼有孝性，父熯常患消渴，嗜鮮魚，昭乃身自結網捕魚，以供朝夕。

《南史》卷七六《沈麟士傳》 沈麟士字雲禎，吴興武康人也。【略】及長，博通經史，有高尚之心。親亡，居喪盡禮。服闋，忌日輒流淚彌旬。居貧織簾誦書，口手不息，鄉里號爲織簾先生。

《南史》卷七八《夷貊傳上・林邑國》 陽邁初在孕，其母夢生兒，有人以金席藉之，其色光麗。夷人謂金之精者爲陽邁，若中國云紫磨者，因以爲名。宋永初二年，遣使貢獻，以陽邁爲林邑王。

《魏書》卷四二《韓務傳》 郢州刺史韓務獻七寶牀、象牙席。詔曰：「昔晉武帝焚雉頭裘，朕常嘉之，今務所獻亦此之流也。奇麗之物，有乖風素，可付其家人。」

《初學記》卷二五《簾第四》 謝綽《宋拾遺》曰：戴明寶曆朝寵倖，家累千金，大兒驕淫，爲五色珠簾，明寶不能禁。

《舊唐書》卷九九《張嘉貞傳》 張嘉貞，蒲州猗氏人也。弱冠應五經舉，拜平鄉尉，坐事免歸鄉里。長安中，侍御史張循憲爲河東採訪使，薦嘉貞材堪憲官，請以己之官秩授之。則天召見，垂簾與之言，嘉貞奏曰：「以臣草萊而得入謁九重，是千載一遇也。咫尺之間，如隔雲霧，竟不覩日月，恐君臣之道未盡。」則天遽令卷簾，與語大悅，擢拜監察御史。

《舊唐書》卷一〇七《潁王璬傳》 潁王璬，玄宗第十三子也。【略】璬性儉率，將渡綿州江，登州見綵縁席爲籍者，顧曰：「此可以爲寢處，奈何踐之？」命撤去。

《舊唐書》卷一一八《郇謨傳》 大曆八年七月，晉州男子郇謨以麻辮髮，持竹筐及葦席哭於東市。人問其故，對曰：「有三十字請獻於上。若無堪，便以竹筐貯屍，棄之于野。」京兆府以聞。上即召見，館於禁內客省。

《舊唐書》卷一五《王鍔傳》 〔淮南節度使王〕鍔長於部領，程作有法，軍州所用竹木，其餘碎屑無所棄，皆復爲用。掾曹簾壞，吏以新簾易之，鍔察知，以故者付舡坊以替箬，其他率如此。

《新唐書》卷八二《潁王璬傳》 璬濟江，舟中以綵席藉步，命徹之曰：「此可寢，奈何踐之？」

《新唐書》卷一二七《張嘉貞傳》 以五經舉，補平鄉尉，坐事免。長安中，御史張循憲使河東，事有未決，病之，問吏曰：「若頗知有佳客乎？」吏以嘉貞對。循憲召見，咨以事。嘉貞條析理分，莫不洗然。循憲大驚，試命草奏，皆意所未及；它日，武后以爲能，循憲對皆嘉貞所爲，因請以官讓，后曰：「朕寧無一官自進賢邪？」召嘉貞見內殿，以簾自鄣。嘉貞儀止秀偉，奏對偘偘，后異之。因請曰：「臣草茅之人，未覩朝廷儀，陛下過聽，引對禁近。今天威咫尺，若隔雲霧，恐君臣之道有未盡也。」后曰：「善。」詔上簾，引拜監察御史，擢循憲司勳郎中，酬其得人。

《新唐書》卷一四五《李少良傳》 大曆八年，有晉州男子郇謨以麻總髮，持竹笥、葦席，行哭長安東市。人問之，曰：「我有三十字，欲以獻上，字言一事，即不中，以笥貯屍，席裹而棄之。」京兆以聞，帝召見，館內客省，問狀，多譏切〔元〕載。

《新唐書》卷一九六《隱逸傳・朱桃椎》 嘗織十芒屩置道上，見者曰：「居士屩也。」爲鬻米茗易之，置其處，輒取去，終不與人接。其爲屩，草柔細，環結促密，人爭躡之。

李肇《唐國史補》卷上 李廙爲尚書左丞，有清德。其妹，劉晏妻也。晏方秉權，嘗廙宅，延至晏室，見其門簾甚弊，乃令潛度廣狹，以粗竹織成，不加緣飾，將以贈廙。三攜至門，不敢發言而去。

馮贄《雲仙雜記》卷一《涼物》 房壽六月召客，坐糠竹簟，憑狐文几，編香藤爲俎，刳椰子爲盃，擣蓮花製碧芳酒，調羊酪造含風鮓，皆涼物也。《叩頭録》

馮贄《雲仙雜記》卷六《壬癸席》 申王謂猪既供飡，不宜處於穢處，乃以氈龕粟粥待之。取其毛刷浄，令巧工織壬癸席，滑而且涼。《河東備録》

《白孔六帖》卷一四 舉席自障 盧懷謹門不施箔，風雨至，舉席自障。彩席藉步 潁王璬濟江，舟中以綵席藉步，命撤之曰：「此可寢，奈何踐之。」

《白孔六帖》卷一四 金簟 侯君集破高昌，所得金簟甚精，御府所無。唐《盧氏雜記》。

司馬光《資治通鑑》卷二百九一《後周紀二・太祖顯德元年（九五四）》 〔三月，丁酉，〕北漢主自高平被褐戴笠，胡三省注：無柄曰笠，有柄曰簦。乘契丹所贈黄騮，帥百餘騎由雕窠嶺遁歸，宵迷，俘村民爲導，誤之晉州，行百餘里，乃覺之，殺導者；晝夜北走，所至，得食未舉筯，或傳周兵至，輒蒼黄而去。北漢主衰老力憊，伏於馬上，晝夜馳驟，殆不能支，僅得入晉陽。

龐元英《文昌雜録》卷一 禮部王員外言：【略】又云：昔於孫四皓家得七寶簾數尺，皆以七寶縱横編綴，工巧不可名言也。右屯衛將軍孫守彬，家富於財，置酒模於明德坊，常有四老人飲其上，俗有四皓之名。

呂本中《官箴》 范侍郎育作庫務官，隨人箱籠，只置廳上，以防疑謗。凡若此類，皆守臣所宜詳知也。

《奩史》卷六二《技藝門》 施嫺婁年六十，爲人織履。《春渚紀聞》

《事物攷》卷七《器用》 薰籠 《晉東宮舊事》曰：太子納妃，有衣薰籠。當亦秦漢之制也。

余繼登《典故紀聞》卷二 蘄州進竹簟，太祖謂省臣曰：「古者方物之貢，惟服食器用，故無耳目之娛，玩物之失，竹簟固爲用物，但未有命而來獻，若受之，恐天下聞風皆爭進奇巧，則勞民傷財自此始矣。」命却之。仍令四方非朝廷所需，毋得妄有所獻。

褚人穫《堅瓠集》補集卷六《牛衣》 顏師古曰：牛衣，編亂麻爲之。漢王章嘗卧牛衣内。晉劉實家貧好學，賣牛衣以自給。王安石詩云「百獸冬自煖，獨牛無氄毛。無衣與卒歲，坐恐得空牢。主人覆護恩，奚啻一綈袍。問汝何以報，雞黍滿東皋。」

金埴《不下帶編》卷一 有僧住山，或謀攘之。僧乃掛芒屩一雙，於方丈前題詩而去云：「方丈前□掛艸鞋，流行坎止任安排。老僧脚底從來闊，未必骷髏就此埋。」埴謂士□夫去就，亦當如此。東坡《鶴歎》詩：「難進易退我不如。」可以明去就矣。

王應奎《柳南隨筆》卷五 釋石林《寄巢集》有《七護》詩，其序云：「剩道人姓劉，大名人也。爲長洲廣文。鼎革後不復歸，因隱於南沙之畢澤，四壁蕭然，晏如也。爲《七護》詩以寄意。余高其人，和其詩，僅達意而已。」吾友沈确士，嘗作有明學博《劉先生傳》，蓋即剩道人也。傳云：「先生名永錫，字欽爾，號剩庵。中崇禎丙子鄉試。癸未選長洲學教諭，署崇明縣事。未幾遭鼎革，隱居相城，尋移居陽城湖之濱，妻子織席以食，先生攜席市中，見者呼『席先生』。」

藝文

《左傳·成公九年》 詩曰：「雖有絲麻，無棄菅蒯。」杜預注：逸詩也。孔穎達正義：陸璣《毛詩疏》曰：「菅似茅，滑澤無毛肋，宜爲索，漚及曝尤善。」蒯與菅連，亦菅之類。《喪服》疏履者，傳曰「藨蒯之菲也，可以爲屨」。明蒯如菅，並可代絲麻之乏，故云無棄也。

張衡《同聲歌》 思爲莞蒻席，在下比匡牀。

《藝文類聚》卷九《簟》 銘 後漢李尤《席銘》曰：施席接賓，士無愚賢，直時所有，何必羊豕。

《太平御覽》卷七〇五《服用部七》 古詩曰：「交文象牙簏，婉轉青絲繩。」

《初學記》卷二二《轡第八》 後漢李尤《轡銘》轡御在手，急緩必時。賞罰在心，中和是思。馬知良御，進取道里。人知善政，令行禁止。

曹植《曹植集》卷一《七啓》 鏡機子曰：「馳騁足用蕩思，遊獵可以娛情。【略】緣山置罝，彌野張罘。下無漏迹，上無逸飛。鳥集獸屯，然後會圍。【略】翼不暇張，足不及騰，動觸飛鋒，舉掛輕罾。搜林索險，探薄窮阻，騰山赴壑，風厲焱舉。機不虚發，中必飲羽。於是人稠網密，地逼勢脇。哮闞之獸，張牙奮鬣，志在觸突，猛氣不懾。乃使北宫、東郭之儔，生抽豹尾，分裂貙肩，形不抗手，骨不隱拳。批熊碎掌，拉虎摧斑。野無毛類，林無羽羣。積獸如陵，飛翮成雲。於是駭鍾鳴鼓，收旌弛旆，頓綱縱網，罷獠迴邁，駿騄齊驤，揚鑾飛沫，俯倚金較，仰撫翠蓋，雍容暇豫，娛志方外。此羽獵之妙也，子能從我而觀之乎？」玄微子曰：「予性樂恬静，未暇此觀也。」

曹植《曹植集》卷一《野田黄雀行》 高樹多悲風，海水揚其波。利劍不在掌，結友何須多！不見籬間雀？見鷂自投羅。羅家得雀喜，少年見雀悲。拔劍捎羅網，黄雀得飛飛。飛飛摩蒼天，來下謝少年。

《初學記》卷二五《席第六》 晉傅玄銘：銘席之左端曰：閑居勿極其歡。右端曰，寢處毋忘其患。左後曰，居其安無忘其危。右後曰，惑生於邪色，禍成於多言。

《太平御覽》卷七〇八《服用部一〇》 王廙《春可樂》曰：弱簟平端。

王鑒《竹簟賦》曰：楚簟陳於王房，巴箱列於椒臺。

《全晉文》卷七四左思《吴都賦》 國稅再熟之稻，鄉貢八蠶之緜。桃笙象簟，韜于筒中。蕉葛升越，弱于羅紈。【略】峭格周施，置罻普張。罼罕瑣結，罠蹏連綱。【略】鉤餌縱橫，網罟接緒，術兼詹公，巧傾任父。筌魱鰽，鱺鱛魦，罩兩魪，罺鰝鰕，乘鱟黿鼉，同罛共羅。

鮑照《鮑參軍集》卷一《園葵賦》 若乃鄰老談稼，女嫗歸桑，拂此葦席，炊彼穄粱。

《文選》卷一三潘岳《秋興賦》 藉莞蒻若，御袷衣。鄭玄《毛詩箋》曰：莞，小蒲席也，胡官切。《說文》曰：蒻，蒲子以爲華席也。又曰：袷，衣無絮也，古洽切。

《玉臺新詠》卷四邱巨源《雜詩二首之一・詠七寶扇》 卷情隨象簟，舒心謝錦茵。

《藝文類聚》卷六九《簟》 啓 梁劉孝儀《謝始興王賜花紈簟啓》曰：麗兼桃象，周洽昏明，便覺夏室已寒，冬裘可襲，雖九日煎沙，香粉猶棄，三旬沸海，團扇可捐。

《初學記》卷二五《簾第四》 南齊虞炎《詠簾詩》：青軒明月時，紫殿秋風日。曈曨孔光暉，晻暖映容質。清露依檐垂，蛸絲當户密。褰開誰共臨，掩晦獨如失。隋・盧思道《賦得珠簾詩》鑑帷明欲斂，照檻色將晨。可憐疎復密，隱映當窗人。浮清帶遠吹，含光動細塵。落花時屢拂，會待玉階春。

《全梁文》卷三三江淹《别賦》 夏簟清兮晝不暮，冬釭凝兮夜何長。

王績《王無功文集》卷二《春晚園林》 不道嫌朝隱，無情受陸沉。忽逢今旦樂，還逐少時心。捲書藏篋笥，移榻就園林。

王維《王摩詰詩集》卷一《戲贈張五弟諲》 設罝守毚兔，垂釣伺游鱗，此是安口腹，非關慕隱淪。

王維《王摩詰詩集》卷五《田家》 柴車駕羸牸，草屩牧豪豨。

李白《李太白全集》卷一《大獵賦》 雲羅高張，天網密布，罝罘緜原，峭格掩路。蛾蠓過而猶凝，蟭螟飛而不度，彼層霄與殊榛，罕翔鳥與伏兔。

李白《李太白全集》卷四《白頭吟二首》其二 頭上玉燕釵，是妾嫁時物。贈君表相思，羅袖幸時拂。莫捲龍鬚席，從他生網絲。且留琥珀枕，還有夢來時。

李白《李太白全集》卷二四《魯東門觀刈蒲》 魯國寒事早，初霜刈渚蒲。揮鎌若轉月，拂水生連珠。此草最可珍，何必貴龍鬚。織作玉牀席，欣承清夜娱。羅衣能再拂，不畏素塵蕪。

杜甫《杜工部詩集》卷二《述懷》 麻鞋見天子，衣袖露兩肘。

杜甫《杜工部詩集》卷二《野志》 野老籬前江岸迴，柴門不正逐江開。漁人網集澄潭下，賈客船隨返照來。

杜甫《杜工部詩集》卷八《歲晏行》 漁父天寒網罟凍，莫徭射雁鳴桑弓。

杜甫《杜工部詩集》卷九《巳上人茅齋》 巳公茅屋下，可以賦新詩。枕簟入林僻，茶瓜留客遲。

杜甫《杜工部詩集》卷九《陪鄭廣文遊何將軍山林十首之六》 風磴吹陰雪，雲門吼瀑泉。酒醒思臥簟，衣冷欲裝綿。

杜甫《杜工部詩集》卷一六《七月一日題終明府水樓二首》之二 楚江巫峽半雲雨，清簟疎簾看奕碁。

杜甫《杜工部詩集》卷一八《江閣臥病走筆寄呈崔盧兩侍御》 客子庖廚薄，江樓枕席清。

《盧綸詩集》卷二《奉和户曹叔夏夜寓直寄呈同曹諸公并見示》 華月先燈至，清風與簟隨。亂螢光熠熠，行樹影離離。龍臥人寧識？鵬摶鷃豈知！便因當五夜，敢望竹林期。

《盧綸詩集》卷四《題苗員外竹間亭》 高甃絶行塵，開簾似有春。風傾竹上雪，山對酒邊人。

《王建詩集》卷二《水夫謡》 苦哉生長當驛邊，官家使我牽驛船。辛苦日多樂時少，水宿沙行如海鳥。逆風上水萬斛重，前驛迢迢波淼淼。半夜緣堤雪和雨，受他驅遣還復去。夜寒衣原作水，據各本改。濕披短蓑，臆穿足裂忍痛何。

韓愈《韓昌黎詩集》卷四《鄭羣贈簟》 蘄州簟竹天下知，鄭君所寶尤瓌奇。攜來當晝不得臥，一府傳看黄琉璃。體堅色淨又藏節，盡眼凝滑無瑕疵。法曹貧賤衆所易，腰腹空大何能爲。自從五月困暑溼，如坐深甑遭烝炊。手磨袖拂心語口，慢膚多汗真相宜。日暮歸來獨惆悵，有賣直欲傾家資。誰謂故人知我意，卷送八尺含風漪。呼奴掃地鋪未了，光彩照耀驚童兒。青蠅側翅蚤虱避，肅肅疑有清飇吹。倒身甘寢百疾愈，却願天日恒炎曦。明珠青玉不足報，贈子相好無時衰。

歐陽詹《歐陽行周文集》卷三《永安寺照上人房》 草席蒲團不掃塵，松間石上似無人。羣陰欲午鐘聲動，自袁溪疏養幻身。

《白居易集》卷一六《寄蘄州簟與元九，因題六韻》時元九鰥居。 笛竹出蘄春，霜刀劈翠筠；織成雙入簟，寄與獨眠人。卷作筒中信，舒爲席上珍。滑如鋪薤葉，冷似臥龍鱗。清潤宜乘露，鮮華不受塵。通州炎瘴地，此物最關身。

《柳宗元集》卷四二《同劉二十八院長述舊【略】》 屢歎恢恢網，頻摇肅肅罝。〔童曰〕罝，亦網也。《詩》：肅肅兔罝。

《柳宗元集》卷四二《獻弘農公五十韻》 不言縲紲枉，徒恨纆徽長。〔童曰〕《易》：係用徽纆。纆，墨繩。

《柳宗元集》卷四二《商山臨路有孤松，往來斫以爲明。好事者憐之，編竹成援，遂其生植感而賦詩》 援，籬也。音爰。〔韓曰〕公赴柳州道中作，蓋有自況之意。孤松停翠蓋，託根臨廣路。不以險自防，遂爲明所誤。幸逢仁惠意，重此藩籬護。猶有半心存，時將承雨露。

《柳宗元集》卷四三《江雪》 千山鳥飛絶，萬逕人蹤滅。孤舟簑笠翁，獨釣寒江雪。

《柳宗元集》卷四三《行路難三首》其三 飛雪斷道冰成梁，侯家熾炭雕玉房。蟠龍吐耀虎喙張，熊蹲豹躑争低昂。攢巒叢崿射朱光，丹霞翠霧飄奇香。美人四向迴明當，雪山冰谷晞太陽。星躔奔走不得止，奄忽雙燕棲虹梁。風臺露榭生光飾，死灰棄置參與商。盛時一去貴反賤，桃笙葵扇安可當！

《柳宗元集》卷四三《放鷓鴣詞》 楚越有鳥甘且腴，嘲嘲自名爲鷓鴣。徇媒得食不復慮，機械潛發罹罝罦。〔童曰〕罝罦，網也。罝，音嗟。罦，音孚。羽毛摧折觸籠籞，音語。烟火熇赫驚庖厨。

《元稹集》卷七《表夏十首》 初日滿階前，輕風動簾影。旬時得休浣，高卧閲清景。

翩翩簾外鷰，戢戢巢内雛。啖食筋力盡，毛衣成紫襦。

《元稹集》卷七《解秋十首》 新月纔到地，輕河如泛雲。螢飛高下火，樹影參差文。露簟有微潤，清香時暗焚。夜閒心寂默，洞庭無垢氛。

霽麗牀前影，飄蕭簾外竹。簟涼朝睡重，夢覺茶香熟。親烹園内葵，憑買家家麴。釀酒并毓蔬，人來有棊局。

西風冷衾簟，展轉布華茵。來者承玉體，去者流芳塵。

《元稹集》卷九《竹簟》 竹簟襯重茵，未忍都令卷。憶昨初來日，看君自施展。

《元稹集》卷一〇《開元觀閒居酬吴士矩侍御三十韻》 初日先通牖，輕飈每透簾。

《元稹集》卷一四《晚秋》 竹露滴寒聲，離人曉思驚。酒醒秋簟冷，風急夏衣輕。

《元稹集》卷一五《景申秋八首》之二、之三 蚊幌雨來卷，燭蛾燈上稀。啼兒冷秋簟，思婦問寒衣。簾斷螢火入，窻明蝙蝠飛。良辰日夜去，漸與壯心違。

嗢嗢烏骨切，咽也。詹霤凝，丁丁窻雨繁。枕傾筒簟滑，幔颭案燈飜。唤魘兒難覺，吟詩婢苦煩。强眠終不着，閒卧暗消魂。

《元稹集》卷一五《酬樂天寄蘄州簟》 蘄簟未經春，君先拭翠筠。知爲熱時物，預與瘴中人。碾玉連心潤，編牙小片珍。霜凝青汗簡，冰透碧游鱗。水魄輕涵黛，琉璃薄帶塵。夢成傷冷滑，驚卧老龍身。

賈島《長江集》卷五《寄滄州李尚書》 滄溟深絶闊，西岸郭東門。弋者羅夷鳥，桴人思嶠猨。

《李賀詩集・南園十三首》 長巒谷口倚稊家，白晝千峯老翠華。自履藤鞋收石蜜，手牽苔絮長蓴花。

許渾《丁卯集・村舍二首》之一 自翦青莎織雨衣，南峯一作村南煙火是柴扉。萊一作山妻早報一作起蒸梨熟，童子遥迎種豆歸。魚下碧潭當鏡躍，鳥還青嶂拂屏飛。花時未免人來往，欲買嚴光舊釣磯。

羅隱《甲乙集・鸚鵡》 莫恨雕籠翠羽殘，江南地暖隴西寒。勸君不用分明語，語得分明出轉難。

羅隱《甲乙集・西塞山》 波闊魚龍應混雜，壁危猿狖正姦頑。會將一副寒簑笠，來與漁翁作往還。

羅隱《甲乙集・秋寄張坤》 庭樹已黄落，閉門俱寂寥。未知棲托處，空羨聖明朝。酒醒鄉心闊，雲晴客思遥。吾徒自多感，顔子只簞瓢。

《九江早秋》 雨過晚凉生，樓中枕簟清。海風吹亂木，巖磬落孤城。

羅隱《甲乙集・寄處默師》 甘露卷簾看雨脚，樟亭倚柱望潮頭。十年顧我醉中過，兩地與師方外遊。

羅隱《甲乙集・早秋宿葉墮所居》 池荷葉正圓，長曆報時殫。曠野雲蒸熱，空庭雨始寒。蠅蚊猶得志，簟席若爲安。浮世知誰是？勞歌共一歡。

羅隱《甲乙集・簾二首》 疊影重紋映畫堂，玉鉤銀燭共熒煌。會應得見神仙在，休下真珠十二行。

翡翠佳名世共稀，玉堂高下巧相宜。殷勤爲囑纖纖手，捲上銀鉤莫放垂。

羅隱《甲乙集・奉使宛陵别二三從事》 梁王雪裏有深知，偶别家鄉隔路歧。官品共傳勝曩日，酒杯争肯忍當時？豫章地暖矜千尺，越嶠天寒愧一枝。還有釣魚簑笠在，不堪風雨失歸期。

羅隱《甲乙集・旅舍書懷寄所知二首之二》 簟卷兩床琴瑟秋，暫憑前計奈相尤。塵飄馬尾甘蓬轉，酒憶江邊有夢遊。

羅隱《甲乙集·大梁見喬詡》 運命從難合，光陰奈不饒。到頭蓑笠契，兩信釣魚潮。

羅隱《甲乙集·聖真觀劉真師院十韻》 簾下嚴君卦，窗間少室峯。攝生門已盡，混跡世猶逢。

皮日休《皮子文藪》附録一《奉和魯望漁具十五詠》

網

晚挂溪上網，映空如霧縠。閒來發其機，旋旋沈平緑。下處若煙雨，牽時似崖谷。必若遇鯤鮞，從教通一目。

罩

芒鞋下葑中，步步沈輕罩。既爲菱浪颭，亦爲蓮泥膠。人立獨無聲，魚煩似相抄。滿手搦霜鱗，思歸舉輕櫂。

罛

煙雨晚來好，東塘下罛去。網小正星蘺，舟輕欲騰翥。誰知荇深後，恰值魚多處。浦口更有人，停橈一延佇。

滬

波中植甚固，磔磔如蝦鬚。濤頭倏爾過，數頃跳鯆鮃。音逋夫。不是細羅密，自爲朝夕驅。空憐指魚命，遣出海邊租。

簗

伐彼槎蘖枝，放於冰雪浦。遊魚趁暖處，忍爾來相聚。徒爲棲託心，不問庇庥主。一旦懸鼎鑊，禍機真自取。

笭箵

朝空笭箵去，暮實笭箵歸。歸來倒却魚，挂在幽窗扉。但聞鰕蜆氣，欲生蘋藻衣。十年佩此處，煙雨苦霏霏。

皮日休《皮子文藪》附録一《添漁具詩》

蓑衣

一領蓑正新，著來沙塢中。隔溪遥望見，疑是緑毛翁。襟色裛腜直葉切。霽，袖香襹褷風。前頭不施衮，何以爲三公？

篛笠

圓似寫月魂，輕如織煙翠。涔涔向上雨，不亂窺魚思。攜來沙日微，挂處江風起。縱戴二梁冠，終身不忘爾。

背篷

儂家背篷樣，似個大龜甲。雨中跼蹐時，一向聽霎霎。甘從魚不見，亦任鷗相狎。深擁竟無言，空成睡齁䶎。上虛勾切，下虛甲切。

皮日休《皮子文藪》附録一《奉和魯望樵人十詠》

樵徑

蒙蘢中一逕，繞在千峯裏。歇處遇松根，危中值石齒。花穿臬衣落，雲拂芒鞵起。

皮日休《皮子文藪》附録一《酒中十詠之三》

酒篘

翠篾初織來，或如古魚器。新從山下買，静向甔中試。輕可網金醅，疎能容玉蟻。自此好成功，無貽我罍恥。

皮日休《皮子文藪》附録一《茶中雜詠之四》

茶籯

筤篣曉攜去，驀箇山桑塢。開時送紫茗，負處沾清露。歇把傍雲泉，歸將掛煙樹。滿此是生涯，黄金何足數。

皮日休《皮子文藪》附録一《臨頓里名爲吴中偏勝之地，陸魯望居之，不出郛郭，曠若郊墅。余每相訪，欵然惜去，因成五言十首，奉題屋壁之二》 籬疏從緑槿，簷亂任黄茅。壓酒移谿石，煎茶拾野巢。静窗懸雨笠，閒壁挂煙匏。支遁今無骨，誰爲世外交。

皮日休《皮子文藪》附録一《憶洞庭觀步十韻》 校衬音絞了。漁人服，筕篖野店窗。

皮日休《皮子文藪》附録一《奉和魯望新夏東郊閒泛》 水物輕明淡似秋，多情才子倚蘭舟。碧莎裳下攜詩草，黄篾樓中挂酒篘。蓮葉蘸波初轉櫂，魚兒簇餌未諳鈎。共君莫問當時事，一點沙禽一作鷗。勝五侯。

皮日休《皮子文藪》附録一《奉和魯望看壓新醅》 一簣松花細有聲，旋將渠椀撇寒清。秦吴只恐篘來近，劉項真能釀得平。酒德有神多客頌，醉鄉無貨没人争。五湖煙水郎山月，合向樽前問底名。

皮日休《皮子文藪》附録一《苦雨雜言寄魯望》 吴中十日涔涔雨，歘蒸庫下豪家苦。可憐臨頓陸先生，獨自翛然守環堵。【略】兩牀苮席一素几，仰臥高聲吟《太玄》。

陸龜蒙《甫里集》卷二《消夏灣》 日爲籧笛徒，渠曲二音簟之異名分作祇裯雔。低刀二音並罩衣

陸龜蒙《甫里集》卷五《漁具并序》 天隨子斅于海山之顔，有年矣，矢漁之具，莫不窮極其趣。大凡結繩持網者，總謂之網罟。網罟之流，曰罛，曰罾，曰罺。側交反圓而縱捨曰罩，挾而昇降曰罶，女減反緍而竿者總謂之筌。筌之流曰筒，曰車。横川曰梁，承虚曰笱，編而沈之曰箄，音卑矛而卓之曰䈽，音册，矛也。棘而中之曰叉，鏃而綸之曰射，扣而駭之曰根，以薄板置瓦器上，擊之以驅魚。置而守之曰神，鯉魚滿三百六十歲，蛟龍輒率而飛去，年置一神守之，則不能去矣，神龜也。列竹于海澨曰滬，吴之滬瀆是也。错薪于水中曰䈅，槮所載之舟曰舴艋，所貯之器曰笭箵，其他或術以招之，或藥而盡之，皆出于詩書雜傳，及今之聞見可考而驗之不誣也。今擇其任詠者，作十五題以諷。噫，矢魚之具也如此，余既歌之矣，矢民之具也如彼，誰其嗣之，鹿門子有高灑之才，必爲我同作。

網

大罟網目繁，空江波浪黑。沈沈到波底，恰共波同色。牽時萬鬐入，已有千鈞力。尚悔不横流，恐他人更得。

罩

左手揭圓罛，輕橈弄舟子。不知潛鱗處，但去籠烟水。時穿紫屏一作萍破，忽值朱衣起。松江有朱衣鮒。貴得不貴名，敢論魴與鯉。

罛

有意烹小鮮，乘流駐孤棹。雖然煩取捨，未肯求津要。多爲蝦蜆誤，已分鵁鶄笑。寄語龍伯人，荒唐不同調。【略】

陸龜蒙《甫里集》卷五《笭箵》 能編似雲薄，横絶青川口。缺處欲隨波，波中先置笱。投身入籠檻，自古難飛走。盡日水濱吟，殷勤謝漁叟。【略】

滬吴人今謂之簖

萬植禦洪波，森然倒林薄。千顱咽雲上，過半隨潮落。其間風信背，更值雷聲惡。天道亦哀多，吾將移海若。

䈅吴人今謂之叢

斬木置水中，枝條互相蔽。寒魚遂家此，自以爲生計。春冰忽融冶，盡取無遺裔。所託成禍機，臨川一凝睇。【略】

笭箵

誰謂笭箵小，我謂笭箵大。盛魚自足飡，寘璧能爲害。時將刷蘋浪，又取懸藤帶。不及腰上金，何勞問蓍蔡。

陸龜蒙《甫里集》卷五《和添漁具五篇》《蓑衣》山前度微雨，不廢小澗漁。上有青襏襫，下有新腒疎。滴瀝珠影泫，離披嵐彩虚。君看荷製者，不得安吾廬。

《箬笠》 朝攜下楓浦，晚戴出烟艇。冒雪或平簷，聽泉時仄頂。颸移霅然色，波亂危如影。不識九衢塵，終年居下泂。

《背篷》 敏手試江筠，隨身織烟殼。沙禽固不知，釣伴猶初覺。閒從翠微拂，静唱滄浪濯。見説萬山潭，漁童盡能學。

《鄭谷詩集》卷一《採桑》 曉陌攜籠去，桑林路隔淮。何如鬥百草，賭取鳳凰釵。

《全唐詩》卷七一七曹松《白角簟》 角簟工夫已到頭，夏來全占滿牀秋。若言保惜歸華屋，祇合封題寄列侯。學卷曉冰長怕綻，解鋪寒水不教流。蒲桃錦是瀟湘底，曾得王孫價倍酬。

《全唐詩》卷七一七曹松《碧角簟》 細皮重疊織霜紋，滑膩鋪牀勝錦茵。八尺碧天無點翳，一方青玉絶纖塵。蠅行只恐煙黏足，客卧渾疑水浸身。五月不教炎氣入，滿堂秋色冷龍鱗。

《全唐詩》卷一一四丁仙芝《長寧公主舊山池》 平陽舊池館，寂寞使人愁。座卷流黄簟，簾垂白玉鉤。

《全唐詩》卷三三九韓愈《鄭羣贈簟》 蘄州笛竹天下知，鄭君所寶尤瓌奇。攜來當晝不得卧，一府傳看黄琉璃。體堅色净又藏節，盡眼凝滑無瑕疵。

馮延巳《陽春集·憶江南》 人非風月長依舊，破鏡塵箏，一夢經年瘦。今宵簾幕颺花陰，空餘枕淚獨傷心。

張璋、黄畬《全唐五代詞》卷一張志和《漁父》 西塞山前白鷺飛，桃花流水鱖魚肥。青箬笠，緑蓑衣，斜風細雨不須歸。

張璋、黄畬《全唐五代詞》卷四和凝《麥秀兩岐》 涼簟鋪斑竹，鴛枕並紅玉。臉蓮紅，眉柳緑，胸雪宜新浴。淡黄衫子裁春縠，異香芬馥。

張璋、黄畬《全唐五代詞》卷五李珣《南鄉子》其二 蘭棹舉，水紋開，競攜藤

籠采蓮來。回塘深處遥相見，邀同宴，淥酒一巵紅上面。

張璋、黄畬《全唐五代詞》卷五李珣《虞美人》 金籠鶯報天將曙，驚起分飛處。夜來潛與玉郎期，多情不覺酒醒遲，失歸期。

張璋、黄畬《全唐五代詞》卷六毛熙震《南鄉子》其七 袖歛鮫綃，採香深洞笑相邀。藤杖枝頭蘆酒滴，鋪葵席，豆蔻花間趖晚日。

張璋、黄畬《全唐五代詞》卷七《浣溪沙》其六 捲却詩書上釣船，身披蓑笠執魚竿。棹向碧波深處去，幾重灘。 不是從前爲釣者，蓋緣時世掩良賢。所以將身巖藪下，不朝天。

王禹偁《小畜集》卷一一《又和寄惠藤篋絶句》 蠻藤編篋自番禺，錦袋羅囊盡不如。乞與揚州貯詩草，行春誰怕雨隨車。藤篋耐雨。

張先《張子野詞》卷一《菩薩蠻》之五 牡丹含露真珠顆，美人折向簾前過。含笑問檀郎，花强妾貌强？

柳永《樂章集》中卷《夏雲峰》 楚臺風快，湘簟冷、永日披襟。坐久覺、疏絃脆管，時换新音。

《梅堯臣集》卷四《旌義港阻風》 將投古戍迷，偶得孤港泊，下纜寄蘆林，尋村步芒屩。

《梅堯臣集》卷四《僧可真東歸因謁范蘇州》 姑蘇臺畔去，雲壑付清機，野策過寒水，山童護衲衣。松門正投宿，竹笠帶餘暉，誰愛杼山句，使君應姓韋。

《梅堯臣集》卷一一《古相思》 劈竹兩分張，情知無合理，織作雙紋簟，依然淚花紫。淚花雖復合，疑岫幾千里，欲識舜娥悲，無窮似湘水。

《梅堯臣集》卷一二《冬日送暹上人》 霜風刮地如刀鎌，鳥不遠飛魚已潛，何況削髮冷入骨，草履不畏冰雪沾。

《梅堯臣集》卷一五《和張士曹應之晚景》 遠空雲解駁，南陌雨初收，獨鳥去煙外，斜陽明樹頭。涼颸虚枕席，漲潦起汀洲，會有從軍役，將離更暮愁。

《梅堯臣集》卷一八《雜詩絶句十七首》之四 荒水浸籬根，籬上蜻蜓立，魚網挂繞籬，野船籬外入。

《梅堯臣集》卷一八《早發》 吴雞鳴隔山，江月半在水，匼匼出岸潮，霅霅入蒲葦。解䌫泛明鏡，接天知幾里，我家今不遥，正住句溪尾。

《梅堯臣集》卷一八《岸貧》 無能事耕獲，亦不有雞豚，燒蚌㗖槎沫，織蓑依樹根。野蘆編作室，青蔓與爲門，稚子將荷葉，還充犢鼻褌。

《梅堯臣集》卷一八《潁上得鯉魚爲膾，懷餘姚謝師厚》 青蓑潭上老，赬尾網中魚，買作秋盤膾，還思遠客書。

《梅堯臣集》卷一八《和民樂》 歲晚場功畢，野老相經過，有酒自斟酌，適意同笑歌。大兒緝牛衣，小兒護雞窠，困廪見餘積，息戍靡負戈。林間落熟果，屋裏鳴寒梭，會待朔雪時，狐兔生罝羅。飫鮮持作腊，贈乏不言他，是非了莫問，此理當何如。

《梅堯臣集》卷二一《登瓜步山二首》之二 山上濃雲合，江南暴雨來，將歸林下嶺，中路遇風雷。心速灣猶遠，行遲伴屢催，舟師添繫纜，兒女望人迴。

《梅堯臣集》卷二一《四月二十八日記與王正仲及舍弟飲》 孟夏景苦長，與子舟中飲，酒行三四巡，病嘔聊就寢。仲氏又發霍，洞下忽焉甚，湯劑不能勝，悶絶口已噤。我嘔雖未平，驚走豈遑枕，叫號使呼醫，子怪亦莫諗。遽白何至斯，葛巾推小品，且尤食物間，膻腥失調飪。

《梅堯臣集》卷二二《依韻和王中丞憶許州西湖》 負笱漁郎去，將鶵燕子秋，跨橋尋島入，疏竇出城流。

《梅堯臣集》卷二三《送宣州簽判馬屯田兼寄知州邵司勳》 泊船繫纜宿明鏡，昭亭廟古攢瘦松，陰風雨電潭心起，雲遮北嶺如墨濃。

《梅堯臣集》卷二三《觀拽龍舟懷裴宋韓李》 雲蓋迴，彩纜維，明年結客觀未遲。

《梅堯臣集》卷二四《送吴季野太博移蜀靈泉先至輦》 葦箔蠶齊老，桑林葉更生，楚禽多異響，蜀棧未堪行。

《梅堯臣集》卷二五《送才上人還雪竇寄達觀禪師》 春雪滿簑笠，海邊先燕歸，千林新改葉，百衲舊來衣。

《梅堯臣集》卷二六《宿洪澤》 舟子起添纜，夜潮同雨來，寒聲相亂急，遠夢自然迴。水鳥鳴還睡，風燈暗復開，宦遊常作客，未息爲貧催。

《梅堯臣集》卷二六《和表臣河南庾署西軒》 飛鳥欲下蟾生時，斜光冷魄常相隨，右山左水清洗目，虚簷曲檻生揚眉。 白魚甘肥網可得，公酒美滑杯可持，臨淮使君有閑佚，長橋直度來莫遲。

《梅堯臣集》卷二七《和孫端叟寺丞農具十五首·襏襫》　上襏與下襫，青蓑苦能織，曉披春雨來，晚瞰陽坡側。蔽身常自足，衝濕曾爲得，任從野風吹，已敵寒蓬色。

《梅堯臣集》卷二七《臺笠》　力田冒風雨，緝籜爲臺笠，寒蓑相與用，陰野低迷入。足履固易濡，鬢葆何嘗濕，斯須未可去，赫日資乃急。

《梅堯臣集》卷二七《牛衣》　覆牛畏嚴霜，愛之如愛子，朔風吹欄牢，槩凍賴苴枲。惡薄將異韉，貧棲乃同被，重畜不忘劬，老農非可鄙。

《梅堯臣集》卷二七《和孫端叟蠶具十五首·桑筥》　采采向桑郊，盈盈自持筥，挂鉤帶月往，稚葉和煙貯。一心恐蠶飢，搔着促儔侶，到家傾嫩緑，刀几爲吹咀。

《梅堯臣集》卷二七《蠶薄》　河上緯蕭人，女歸又織葦，相與爲蠶曲，還殊作筠篚。入用此何多，往售獲能幾，願豐天下衣，不歎貧服卉。

《梅堯臣集》卷二七《送白鷳與永叔依韻和公儀》　致鷳猶恐鷳飢渴，細織筠籠小瓦缸，玉兔精神憐已久，金鑾人物世無雙。休爭白鶴臨清沼，且伴鳴雞向緑窗，美羽奇毛有多少，爾身高穩勝他邦。

《梅堯臣集》卷二八《送葛都官南歸》　不羨新爲赤縣尹，惟羨暫向江南歸，江南冪冪梅雨時，風帆差差並鳥飛。罾竿夾岸長若桅，水籠畜魚鮮且肥，家在千山古溪上，先應喜鵲噪門扉。

《梅堯臣集》卷二九《次韻和永叔夜聞風聲有感》　虛堂臥竹簟，汗體如露溥，驅蚊爇蒿艾，寧復襲芝蘭。

《梅堯臣集》卷二九《次韻和永叔石枕與笛竹簟》　溪上枕剖龍卵石，蘄匠簟製蛇皮紋，客從東方一持贈，竹色蒸青石抱雲。磨沙斲骨自含潤，飽霜吊節無留塵。京師貴豪空有力，六月耐此炎蒸劇，旱風赤日吹熱來，大廈高簷任雕飾。頭顱汗匝無富貧，雖有頒冰論官職，官高職重冰則多，日永冰消難更得。唯公掃室施枕簟，迎涼自感東方客，東方客應非俗昏，能使賢人心體適。賢人何以偏伏人，天下才名方赫赫。我吟困窮不可聽，晝夜蚊蚋蒼蠅聲，蠅如遠雞耳初感，蚊若隱雷空際鳴。葛廚頂綻屋蝎墮，菅席中裂麻經横，平生賦分只煎炒，安有禄玉琉璃清。猶勝昔年杜子美，老走耒陽牛炙死，因思楊惲廢時言，但願人生行樂爾。公今事業在朝廷，去就尤當慎終始，待公睡足秋風來，去奉高談揮麈尾。

《梅堯臣集》卷二九《次韻和原甫閣下午寢晚歸見示》　殿閣風來夏日長，青林抽嫩見餘芳，筆供五吏詞休敏，簟展雙紋睡正涼。故事早歸何獨晚，舊交新詠尚無忘，不言偃仰中園樂，還愛眉間喜色黄。

《梅堯臣集》卷二九《送韓持正寺丞知餘姚》　君家二仲父，連爲吴越宰，錢唐與蕭山，治跡應無改。魚蝦莫厭腥，網罟從人采，天晴姚江深，縣鼓朝翻海。

《梅堯臣集》卷二九《送周介之學士通判定州》　朔朝及旬望，大校飫酒卮，未若投簞醪，共飲河水湄。

《王安石全集》卷四八《李氏沅江書堂》　沅江水有梁與罾，沅田桑樹可蠶耕。

《王安石全集》卷四九《秋熱》　火騰爲虐不可摧，屋窄無所逃吾骸。織蘆編竹繼檐宇，架以松櫟之條枚。豈惟賓至得清坐，因有餘地蘇陪臺。

蘇轍《欒城集》卷三《題李簡夫葆光亭》　逕草侵芒屩，庭花墮石臺。小庭幽事足，野色向人來。

黄庭堅《山谷外集》卷一二《和李文伯暑時五首·蘄簟》　吾家笛竹簟，舊物最所惜。當年楚山秋，林下千金得。寒光不染著，夐與塵況隔。落日照江波，依稀比顏色。

《李清照集》卷一《南歌子》　天上星河轉，人間簾歷代詩餘作「翠」。幕垂。涼生枕簟淚痕滋。起解羅衣，聊問夜何其？　翠貼蓮蓬小，金銷藕葉稀。舊時天氣舊時衣，祇有情懷、不似舊家時！

《李清照集》卷一《浣溪沙》　小院閒窗春色深，重簾未捲影沈沈，倚樓無語理瑤琴。　遠岫出雲催薄暮，細風吹雨弄輕陰。梨花欲謝恐難禁。

《李清照集》卷一《一翦梅》　紅藕香殘玉簟秋，輕解羅裳，獨上蘭舟。雲中誰寄錦書來，雁字回時，月滿西樓。花自飄零水自流，一種相思，兩處閒愁。

《李清照集》卷一《醉花陰》　東籬把酒黄昏後，有暗香盈袖。莫道不銷魂，簾捲西風，人似黄花瘦。

《李清照集》卷一《訴衷情》　夜來沈醉卸妝遲，梅萼插殘枝。酒醒熏破春睡，夢遠不成歸。　人悄悄，月依依，翠簾垂。更挼殘蕊，更撚餘香，更得些時。

《李清照集》卷一《念奴嬌》　樓上幾日春寒，簾垂四面，玉闌干慵倚。被冷香消新夢覺，不許愁人不起。

李清照集卷一《**永遇樂・元宵**》 中州盛日，閨門多暇，記得偏重三五。鋪翠冠兒，撚金雪柳，簇帶争濟楚。如今憔悴，風鬟霜鬢，怕見夜間出去。不如向，簾兒底下，聽人笑語。

周邦彦《**清真集**》卷上《**丹鳳吟**》 迤邐春光無賴，翠藻翻池，黄蜂遊閣。朝來風暴，飛絮亂投簾幕。生憎暮景，倚牆臨岸，杏靨天邪，榆錢輕薄。晝永惟思傍枕，睡起無憀，殘照猶在庭角。

周邦彦《**清真集**》卷上《**浣溪沙**》 日射敧紅蠟蔕香。風乾微汗粉襟涼。碧紗對掩簟紋光。　自翦柳枝明畫閣，戲抛蓮菂種横塘。長亭無事好思量。

洪适《**盤洲文集**》卷八〇《**生查子** 盤洲曲》之八 七月到盤洲，枕簟新涼早。岸曲側黄葵，沙際排紅蓼。　團團歌扇疎，整整爐烟裊。環坐待參横，要乞珠絲巧。

范浚《**香溪集**》卷三《**四睡次茂載兄韻**》 水亭珍簟卧瑠璃，日暮涼生小雨催。誰刺蓮船過前渚，榜歌聲落枕邊來。夏

陸游《**劍南詩稿**》卷六《**宿彭山縣驛大風隣園多喬木終夜有聲**》 木欲静風不止，子欲養親不留，夜誦此語涕莫收。【略】心冀乘雲反故丘，再拜奉觴陳膳羞。陶盎治米聲叟叟，木甑炊飯香浮浮，芼羹屑桂調甘柔，穉鼈煮臑長魚鱐。夜敷枕席視衾裯，晨起熏籠進衣裘。哀樂此志終莫酬，有言不聞九泉幽。北風歲晚號松楸，哀哉萬里爲食謀。

陸游《**劍南詩稿**》卷七《**席上作**》 緑波畫槳浣花船，清簟疎簾角黍筵。一幅葛巾林下客，百壺春酒飲中仙。散懷絲管繁華地，寄傲江湖浩蕩天。浮世升沉何足計，丹成碧落珥貂蟬。青城山中有孫太古畫碧落侍中范長生舉手整貂蟬像，特妙。

陸游《**劍南詩稿**》卷一一《**芒屩**》 芒屩一雙青，笻枝九節輕。登山猶健在，投檄太遲生。滿意竹風冷，入懷溪月明。清秋故不遠，回首憶蓴羹。

陸游《**劍南詩稿**》卷一三《**蔬圃絶句**》 百錢新買緑蓑衣，不羨黄金帶十圍。枯柳坡頭風雨急，憑誰畫我荷鉏歸？

陸游《**劍南詩稿**》卷一三《**病中絶句**》 酒錢自昔從人乞，詩思出門何處無？青篛織蓬菅織席，此生端欲老江湖。

陸游《**劍南詩稿**》卷一四《**玉局歌**》 玉局祠官殊不惡，銜如冰清俸如鶴。酒壺釣具常自隨，五尺新篷織青篛。

陸游《**劍南詩稿**》卷二二《**登鵝鼻山至絶頂訪秦刻石且北望大海山路危甚人迹所罕至也**》 街頭旋買雙芒屩，作意登山殊不惡。蒼崖無罅竹鞭逸，崩石欲墜松根絡。憑高開豁快送目，歷險崎嶇危著脚。

陸游《**劍南詩稿**》卷二六《**冬夜**》 百錢買菅席，錦茵亦何加；疋布縫麤裘，安用狐腋奢。

陸游《**劍南詩稿**》卷二六《**飲酒**》 六十四民安在哉？千八百國俱煙埃。世人一漚寄巨海，對酒不醉吁可哀！平生清狂今白首，芒屩布裘稱野叟。【略】狂歌起舞君勿嘲，青山白雲終醉死。

陸游《**劍南詩稿**》卷四七《**秋暑夜興**》 寂寂空廊絡緯鳴，消摇岸幘近南榮。閑眠簟作波紋冷，新浴衣如蟬翼輕。微雨已收雲盡散，衆星俱隱月徐行。呼童持燭開藤紙，一首清詩取次成。

陸游《**劍南詩稿**》卷五一《**溪上**》 散髮倚胡牀，風生水面涼。單衣縫白紵，雙屩織青芒。道家有青芒屩。荷葉猶微赤，藤花已半黄。歸來村路晚，漁火取蒼茫。

陸游《**劍南詩稿**》卷五四《**遊山**》 久客喜歸舍，況逢秋氣新。聊乘行䑶子，閑覓住菴人。道士青芒屩，高僧白氎巾。更須苔井水，一爲濯京塵。

陸游《**劍南詩稿**》卷五五《**秋曉**》 菅席多年敗見經，布衾木枕伴殘更。嗈嗈天際雁初度，喔喔舍傍雞亂鳴。貸米未回愁竈冷，讀書有課待窗明。一秋最恨空堦雨，滴破羈懷是此聲。

陸游《**劍南詩稿**》卷五八《**新涼示子遹時子遹將有臨安之行**》 竹簟紗幮事已非，秋清初换熟縑衣。鵲驚山月栖還起，螢避溪風墮又飛。老眼漸昏書嬾讀，壯心雖在事多違。夜窗剩欲挑燈語，日倚柴門望汝歸。

陸游《**劍南詩稿**》卷六四《**病後作**》 歸來稽山下，三食新獲麥。草屨布裙襦，徒步老阡陌。

陸游《**劍南詩稿**》卷六七《**午暑**》 笛材織簟涼如水，霧縠縫幮薄若空。更著高安竹根枕，不妨專享北窗風。

陸游《**劍南詩稿**》卷六九《**晨起**》 小疾蠲除盡，閑愁墾闢空。時光雞唱裏，生計碓聲中。戒婢儲猿果，看奴織鶴籠。老人新得道，處處見神通。

陸游《**劍南詩稿**》卷八三《**晚涼**》 笛簟平鋪八尺床，脱巾高卧對疎篁。近村得雨知何處？此地無風亦自涼。

楊萬里《誠齋集》卷一三《舟中晚酌》 一日寒暄自不同，繡簾下却護輕風。楊花可是多情思，飛入船中落酒中。

楊萬里《誠齋集》卷一三《插秧歌》 田夫拋秧田婦接，小兒拔秧大兒插。笠是兜鍪蓑是甲，雨從頭上濕到脚。喚渠朝餐歇半霎，低頭折腰只不答。秧根未牢蒔未市，照管鵝兒與雛鴨。

辛棄疾《稼軒詞》卷二《鷓鴣天》 着意尋春嬾便回，何如信步兩三杯？山纔好處行還倦，詩未成時雨早催。攜竹杖，更芒鞋，朱朱粉粉野蒿開。誰家寒食婦寧女，笑語柔桑陌上來。

辛棄疾《稼軒詞》卷二《御街行》 闌干四面山無數。供望眼、朝與暮。好風催雨過山來，吹盡一簾煩暑。紗廚如霧，簟紋如水，別有生涼處。

辛棄疾《稼軒詞》卷五《江神子》 簟鋪湘竹帳籠紗，醉眠些，夢天涯。一枕驚回，水底沸鳴蛙。借問喧天成鼓吹，良自苦，爲官哪？

劉過《龍洲詞》卷上《竹香子》 一瑣一作桁窗兒明快，料想那人不在。熏籠脫下舊衣裳，件件香難賽。

朱淑真《斷腸詞・浣溪沙》 小一作滿院湘一作深簾閑不卷，曲房朱户悶長扃。惱人光景又清明。

劉克莊《後村集》卷一九《摸魚兒用實之韻》 便披簑，荷鋤歸去，何須身著宮錦。與誰共話桑麻事，朱老阮生尤稔。篩樣餅，甕樣蕈，長鬚赤髮供樵飪。清流濁品，盡掃去胸中，置諸膜外，對酒莫辭飲。

趙孟頫《松雪齋集》卷五《即事三絕》其一 湘簾疎織浪紋稀，白苧新裁暑氣微。庭院日長賓客退，遶池芳草燕交飛。

張翥《蛻菴集》卷三《廣東帥府掾林德恭餉藤簟》 韜向笥中一握輕，風漪八尺勝桃笙。文編黑白蚺皮滑，漆透丹黄虎魄明。隖上卷將滄海色，嶺南寄與故人情。竹牀柟枕山窗下，從此酣眠夢亦清。

《宋詩紀事》卷九六東湖散人《感興吟桐江》 兒結蓑衣婦浣紗，暖風疎雨趲桑麻。金桃接種連花蘂，紫竹移根帶筍芽。椎鼓踏歌朝祭社，賣薪挑菜晚回家。前村犬吠無他事，不是搜鹽定榷茶。

薩都拉《雁門集》卷一《芒鞋》 東家西家賣芒屨，南州北州多歧路。嚴霜烈日太行坡，斜風猛雨瓜洲渡。南人求名赴北都，北人徇利多南趨。朝朝迎送名利客，身身消薄非良圖。人負屨，屨負人，草從土生復歸土，人兮屨兮不知所。

薩都拉《雁門集》卷二《謝休師惠笋》 棕鞋桐帽走風雨，正是山僧送笋時。夜月不留棲鳳影，春風失却化龍枝。從來不識葛藤味，此去方參玉版師。老子胸中一塵土，歲寒晚節更相期。

沈夢麟《花谿集》卷二《竹枝曲》 練溪女兒美如玉，買棕結帽衣食足。近來却嫌藤價高，日暮江頭斫桃竹。

高啓《高青丘集》卷一二《簟》 蠻藤巧織成，乍展覺涼生。紋蹙寒波細，光搖夜月明。坐令葵扇棄，眠稱石牀平。須信南軒下，炎天夢亦清。

高啓《高青丘集》卷一五《蘆花簾》 茭茸織出緯蕭機，《宋史・列女・劉氏傳》：「嘗緯蕭以自給。」未許蝦鬚獨衒奇。《廣韻》：「鰕鬚大蝦出海中，長二三丈，其鬚長數尺，可爲簾。」馬祖常《琉璃簾》詩：「吳儂巧製玉玲瓏，翡翠蝦鬚迥不同。」寒雪照庭晴不捲，白雲當户晝長垂。恍疑柳絮風穿早，不管梨花月到遲。自是楚江秋一片，移來不使白鷗知。

王世貞《弇州續稿》卷二一《湘竹簟》 玉臂展清輝，輕紋熨柔翠。不道香汗流，道是湘君淚。

《袁宏道集》卷一六《和江進之雜詠其四》 蘄竹細紋如浪滑，吳綃寒緯似雲舒。幽窗一枕騰騰去，煉佛求仙事總虛。

《陳子龍詩集》卷一七《秋宮詞十首其七》 水晶簾捲紫菱殘，七尺屏風畫雨鸞。梧葉一聲秋墮地，湘紋簟子殿頭寒。

《陳子龍詩集》卷一七《初夏絕句十首其九》 圃師初種兔頭瓜，侍女新烹蟬翼茶。自掩綠蕉窗下坐，楚州簟子越州紗。

周亮工《賴古堂集》卷八《次新樂咏葦簾》 先生食力尋常織，一束能留水一方。暗樸黄塵聲瑟瑟，小垂明月影蒼蒼。雪鴻遠拂斜陽翼，漁笛輕傳白露香。竹屋紙窗看歲暮，熒熒燈火意偏長。

華希閔《廣事類賦》卷二七《服飾部》 簟席張純《席賦》席以冬設，簟以夏施。微風乍盪春前縠，秋水平開雨後湘。燕子不來花欲落，輪他繡箔與雕梁。

桃笙宜夏，《吳都賦》桃笙象簟，韜於筒中。注：吳人謂簟爲笙。莛葉照人。劉禹錫詩：莛葉照人呈夏簟。含風八尺，韓愈《湘簟詩》卷送八尺含風漪。王縉詩：玉枕雙文簟。漾水雙文。《東宮舊事》太子納妃，有赤花雙文簟。李益詩：水紋珍簟慈悠悠。五花爭隷事，《南史》王儉常集才(上)(學之士)，總校虛實，類物以隷之，謂之隷事。惟何憲爲勝，乃

雜録

原題王嘉《拾遺記》卷一《虞舜》 冀州之西二萬里，有孝養之國。其俗人年三百歲，而織茅爲衣，即《尚書》：「島夷卉服」之類也。

應劭《風俗通・佚文・釋忌》 五月五日，不得曝床薦席。《白帖》一、《歲華紀麗》二、《記傳淵海》二、《書林事類韻會》五四

段成式《酉陽雜俎》前集卷一《忠志》 安禄山恩寵莫比，錫賚無數，其所賜品目有：

八角花鳥屏風

緑白平細背席

雜袍

銀瓶平脱掏魁織錦筐

洪邁《夷堅志補》卷一二《華亭道人》 紹興二十八年，華亭客商販蘆席萬領往臨安，巍然滿船。晚出西柵，一道人呼于岸，欲附載。商曰：「船已塞滿，上二字明鈔本作「盈塞」。全無宿臥處，我自露立，豈能容爾！」爾字明鈔本作「外人」。道人曰：「與汝千錢，但輟一席地足矣！」商曰：「遇雨明鈔本多一「將」字。奈何！」道人曰：「更與汝葉本無「汝」字，從明鈔本補。百錢，買蘆席一領，遇雨自覆。」此句明鈔本作「遇雨作則用以自覆」。商利其錢，使登舟，坐於席上，僅容膝，不見其飲食便溺，在途亦無雨，到北關，乃辭去，曰：「謝汝載我，使汝多得二十千以相報。」商殊不曉。適是年郊祀大禮，青城用蘆席甚廣，上二字明鈔本作「不勝多」。臨安府懼乏，凡販此物至者，每領額外葉本無上二字，從明鈔本補。增價錢二文，盡買之，遂贏二萬。搬卸既畢，最下一領有墨書六大字，曰「吕洞賓曾附舟」，字畫遒勁，好事者争來觀視，知爲仙翁。

于敏中等《日下舊聞考》卷三〇《宫室》 原大明殿後連爲柱廊十二楹，四周金紅瑣窗，連建後宫，廣三十步，殿半之。後有寢宫，俗呼爲拏頭殿，東西相向。至冬則自殿外一周皆籠護皮帳，夏則黄油絹幕。內寢屏幛重複，帷幄而後裏以銀鼠。席地皆編細簟，上架深紅厚氊，後露茸單。

于敏中等《日下舊聞考》卷六二《官署》 原成化中始賜内閣兩連椅，藉之以賞以五花簟、白團扇。王擒後至，勝而奪之，抽簟掣扇，登車而去。九折却炎蒸。梁簡文《答餉舞簟書》五離九折，生桃枝之翠筍。綺爛霞舒，掣雲母之修竹。南湘點淚，喻此未奇。東宫赤花，擬之非妙。又《答臥簟書》三伏餘炎，九折成用。訝琉璃而傳看，韓愈詩：一府傳看黄琉璃。李益詩：碧琉璃簟井水寒。編犀象而織成。《洞冥記》疎勒國獻文犀角，表裏有光，因名文犀，亦曰影犀，織以爲席，如錦綺之文。《後魏書》郢州刺史韓務獻七寶牀象牙席。若乃捲去龍鬚，《東宫舊事》有獨坐龍鬚席、赤皮席、花席、經席。李白詩：莫捲龍鬚席，從他生網絲。布來熊毳。《西京雜記》昭陽殿設白象牙簟、緑熊席。毛長二尺餘，眠則擁毛自蔽，坐則可以没膝。椰葉香融，《西京雜記》飛燕女弟上椰葉席，出南蠻。桃枝紋細。《合璧事總》安成郡出桃枝席。白莞含煙，《宋起居注》御史劉楨奏，廣州刺史袁朗於所部作新白莞席三百二十領，請追之。碧蒲臨水。《拾遺記》周穆王時，西王母來，敷碧蒲之席，黄莞之薦。《清異録》顯德中書堂，設起紋秋水席。散鳳采以如霞，《地理志》相州貢鳳翮席。耀麟文而若綺。《拾遺記》燕昭王登崇闐臺，設麟文席，散荃蕪香。麟文者，褥寶飾爲雲霧麟鳳者也。可憐玳瑁之光，長映玟璠之几。劉楨《清慮賦》布玳瑁之席，設犄■之牀，馮政瑶之几，對金精之盤。何須仙女始貢生涼，《賈氏説林》謝仙女盛夏上元宗，以生涼之席。更笑申王偏名壬癸。《河東備録》唐申王取猪毛刷浄，令工織壬癸席，滑而且涼。

袁枚《小倉山房詩集》卷一三《二月》 二月湘簾漾曉風，倚闌人對碧芙蓉。春愁不是無形物，但看楊花一萬重。

袁枚《小倉山房詩集》卷二三《以竹葉粽餉客分賦一詩》 山裏行廚事事新，楚臣遺製更清芬。承筐擬造青精飯，采葉剛逢孤竹君。

《尤貢父以歡喜團見餉再與諸客分賦》 蒙贈吴王珠滿簟，離離擘出水精盤。

王棠《燕在閣知新録》卷二六《簟》 會稽竹供御，號爲流黄簟。唐詩「珍簟冷流黄」，韓文公《蘄州簟》詩云：「蘄州笛簟天下知，一府傳看黄琉璃。」

愛新覺羅・弘歷《乾隆文集》卷一八《青玉簟》 贈君青玉簟，薦君玳瑁牀。珠簾繞四闌，布設庭中央。去去夏云半，滿眼秋水光。晚雨滌暑清，肌膚生微涼。夜静人未眠，撲牖花氣香。閒身藉琅玕，曠逸懷蕭湘。

愛新覺羅・弘歷《乾隆詩集》卷七八《題耕作蠶織二圖》 籠

織竹爲圓筐，疎密殊用簸。疎用蠶以前，細用春已過。筲三弗厭精，登倉近堪賀。力作那偷閒，誰肯茅簷臥。

褥；又賜漆牀、綿綺衾褥，以便休息。閣門則夏秋懸朱筠簾，冬春紫氈簾。瑣綴録

富察敦崇《燕京歲時記·惡月》 京師諺曰：善正月，惡五月。

按《荆楚歲時記》：五月俗稱惡月，多禁忌。忌曝牀薦席及修蓋房屋。夫荆楚之與燕京，相去遠矣，而自昔風俗有相同者。

杞廬主人《時務通考》卷一七《商務六·土貨》 草帽鞭 光緒元年出口貨，二一萬九千三百四十一石九斤，價四十二萬三千一百七十七兩。二年出口貨，二萬八百九十四石四十六斤，價四十一萬七千四百五十七兩。三年出口貨，二萬五千九百三十石四斤，價六十一萬九千一百三十五兩。四年出口貨，三萬六千一百十六石六十四斤，價七十九萬五千八十八兩。五年出口貨，三萬五千八百九十八石二十二斤，價九十六萬四千二百八十兩。六年出口貨，四萬八千九百七十石四十六斤，價一百二十三萬七千六百七十兩。七年出口貨，五萬五百一石九十二斤，價一百三十六萬三千九百八十四兩。八年出口貨，五萬五千四百九十八石二十六斤，價一百四十九萬八千五百九十六兩。九年出口貨，五萬八千六百二十七石六十三斤，價一百四十六萬六千二百十九兩。十年出口貨，七萬八千一百六十五石七十四斤，價一百九十五萬三千九百十七兩。十一年出口貨，七萬六千四百九十四石十二斤，價一百八十七萬四千三百四兩。十二年出口貨，八萬二千四百十三石二十九斤，價二百八萬九千一百八十五兩。十三年出口貨，十五萬九百五十二石六十七斤，價三百七十三萬八千三百十兩。

席 光緒元年出口貨，五十二萬一百四十五件，價二十九萬四千七百四十二兩。二年出口貨，二十九萬七千五百七十條，價二十一萬三千四百三十四兩。三年出口貨，三十七萬九千九百十六條，價三十四萬六千八百五十三兩。四年出口貨，四十四萬三千七百三十四條，價三十四萬六千一百六十四兩。五年出口貨，四十八萬二千四百七十九條，價二十九萬二十一兩。六年出口貨，三十八萬四千六百八十條，價五十三萬三千二十七兩。七年出口貨，三十六萬八百二十七條，價三十五萬八千五百三十七兩。八年出口貨，四十九萬八千七十八條，價四十八萬六千三百六十五兩。九年出口貨，四十四萬五千九百九十三條，價五十四萬八千四百四十一兩。十年出口貨，五十九萬九百三十四條，價三十三萬七千四百九十六兩。十一年出口貨，四十三萬四千九百二十六條，價二十八萬六千七百八兩。十二年出口貨，四十八萬一千二百五十條，價五十萬五千六百三十六兩。十三年出口貨，價八十九萬五千六百十六兩。

附二：皮革總部

《附二：皮革總部》提要

皮革肇始於農業出現之前，「古者丈夫不耕，草木之實足食也；婦人不織，禽獸之皮足衣也」（《韓非子·五蠹》）。周時朝廷有「掌皮」、「鮑人」負責皮革材料生産和加工，其産品生産亦有專人管理，如「司裘」負責冬裝，「函人」爲「甲」等，分工細緻，工藝水準亦不低。

本總部竭力收録我國古代有關皮革生産的相關史料，根據文獻材料實際情況，不再延伸經目，緯目則設題解、綜述、紀事、雜録。

目録

題解

《詩・召南・羔羊》 羔羊之革，素絲五緎。毛亨傳：革，猶皮也。孔穎達疏：對文則皮革異，故《掌皮》云：「秋斂皮，冬斂革。」異時斂之，明其別也。許氏《説文》曰：「獸皮治去其毛曰革。革，更也。」對文言之異，散文則皮革通。《司裘》曰：大喪飾皮車。謂革輅也。去毛得稱皮，明是有毛得稱革。故攻皮之工有函、鮑、韗、韋、裘，是皮革通言也。此以爲裘，明非去毛，故云革猶皮也。

《詩・秦風・小戎》 文茵暢轂，駕我騏馵。毛亨傳：文茵，虎皮也。

《爾雅・釋地九》 南方之美者，有梁山之犀象焉。郭璞注：犀牛皮角、象牙骨。郝懿行義疏：《職方》荆州其山鎮，曰衡山。鄭玄注：衡山在湘南。本《漢志》文。《墬形篇》本《爾雅》作梁山。高誘注：梁山，在會稽。長沙湘南是。高據《職方》以梁山即衡山。會稽二字，衍也。或疑衡無梁山之名，非也。會稽古防山，亦曰茅山，又曰棟山，見《水經注》。乃有四名，衡山二名，何足異也？犀象者，《職方》鄭玄注：齒，象齒也。革，犀兕革也。按二物珍貴，爲世要用，故載之禹貢，例於《爾雅》焉。

東北之美者，有斥山之文皮焉。郭璞注：虎豹之屬，皮有縟綵者。郝懿行義疏：斥山，瀕海之山。《隋・地理志》東萊郡文登縣有斥山。《寰宇記》云：即《爾雅》之斥山。《齊乘》云：文登東南六十里，蓋以海濱廣斥得名。按山在今登州府榮城縣南一百二十里矣。文皮者，《墬形篇》高誘注：虎豹之皮也。郭璞注因之。《管子・揆度篇》云：發朝鮮之文皮。按發亦地名。《輕重甲篇》云：發朝鮮，不朝請文皮毤服而以爲幣乎？然則朝鮮亦出文皮。其地與斥山唯限一海，皆古營州之地。因知營州蓋越海而有朝鮮矣。

《事物異名録》卷一六《服飾部》 茵 《詩》「文茵暢轂」。毛亨註：文茵，車中所坐虎皮褥也。

《史記》卷二三《禮書》 皮弁布裳。張守節正義：以鹿子皮爲弁也。

許慎《説文》三篇下《革部》 革 獸皮治去其毛曰革，各本獸皮治去其毛革更之，象古文革之形，文義，句讀皆不可通。今依《召南》、《齊風》、《大雅》、《周禮・掌皮》四疏訂正。革與鞹二字轉注，皮與革二字，對文則分別，如「秋斂皮，冬斂革」是也，散文則通用，如《司裘》之皮車即革路。《詩・羔羊》傳「革猶皮也」是也。革，更也。二字雙聲，治去其毛，是更改之義，故引伸爲凡更新之用。象古文革之形。凡革之屬皆從革。古文革，從卅。上廿下十，是三十也。卅年爲一世而道更也。據此則革之本訓更，後以爲皮去毛之字。

鞹 革也。各本作去毛皮也，今依《載驅》、《韓奕》正義正。《大雅》傳云：鞹，革也。《論語》孔注云：皮去毛曰鞹，此恐人不省詳言之，若《説文》革字下已注明，何庸辭費。《論語》曰：「虎豹之鞹。」《顔淵篇》文。从革，郭聲。苦郭切。五部。

靬 此複舉字删之未盡者。乾革也。从革，干聲。

䩭 生革可以爲縷束也。《小雅》「約之閣閣」。毛曰：約，束也。閣閣猶歷歷也。按閣讀如絡。《秦風・五楘》傳曰，五束歷録，生革縷束曰䩭者，謂束之歷録也。从革，各聲。

鞄 柔革工也。从革，包聲。讀若朴。《周禮》曰柔皮之工鮑氏。鮑即鞄也。鮑、鞄字舊互譌。今正。《考工記》攻皮之工五，函鮑韗韋裘。先鄭云：鮑讀如鮑魚之鮑。《書》或爲鞄。《蒼頡篇》有鞄㼜。又鮑人之事，後鄭云：鮑，故書或作鞄。許云鮑即鞄者，謂《周禮》之鮑即《蒼頡篇》之鞄，鞄正字，鮑假借。

韗 攻皮治鼓工也。《考工記》注：先鄭云：韗《書》或爲鞠，皋陶鼓木也。後鄭云：鞠者以皋陶名官也。鞠則陶字從革，按先後鄭韗鞠兩存，許從韗不從鞠也。从革，軍聲，讀若運。韗 韗或從韋。今《周禮》如此作，《釋文》曰：韗或作韗。

靼 柔革也。柔當作鞣。上文云柔皮之工，謂治之使柔，此云柔革，謂革之柔耎者也。从革，旦聲。古文靼，从亶。

鞼 革繡也。《齊語》管子曰：輕罪贖以鞼盾一戟。韋曰：鞼盾，綴革有文如績也。《後漢・烏桓傳》曰：婦人能刺韋作文繡。从革，貴聲。

鞞 刀室也。《刀部》曰：削，鞞也。削鞘古今字，音肖。《小雅》、《大雅》毛傳不同。説詳《玉部》。从革，卑聲。

轉 車下索也。《釋名》縛在車下，與輿相連縛也。當作轉在車下。从革，專聲。

鞬 所以戢弓矢。《左傳》左執鞭弭，右屬櫜鞬。杜曰：櫜以受箭，鞬以受弓。《方言》弓謂之鞬。《釋名》受矢之器，馬上曰鞬。鞬，建也，言弓矢竝建立其中也。《廣韵》曰：馬上藏弓矢器。从革，建聲。

韇 弓矢韇也。《方言》弓謂之鞬。或謂之皾丸。《左傳》服注云：冰，櫝丸蓋也。《後書・南匈奴傳》引《方言》藏弓爲鞬，藏箭爲韇丸。《廣雅》鞬，弓藏也。皾㪈，矢藏也，皆與今《方言》異。按絫呼之曰韇丸，單呼之曰韇。《士冠禮》筮人執筴抽上韇。注：韇藏筴之器。今時藏弓矢者謂之韇丸也。亦疑《説文》本有丸，淺人删之。从革，賣聲。

許慎《説文》三篇下《皮部》 皮 剥取獸革者謂之皮。剥，裂也，謂使革與肉分裂也。云革者，析言則去毛曰革，統言則不別也。云者者，謂其人也。取獸革者謂之皮。皮柀。柀，析也，見《木部》，因之所取謂之皮矣，引伸凡物之表皆曰皮，凡去物之表亦皆曰皮。

《戰國策》言皮面抉眼。王褒《僮約》言落桑皮椶。《釋名》言「皮瓠以爲蓄」皆是。从又，又手也，所以剥取也。省聲。凡皮之屬皆从皮。古文皮，从竹者，蓋用竹以離之。

甓　柔韋也。柔者，治之使鞣也。韋，可用之皮也。《考工記》注曰：《蒼頡篇》有鞄甓。从北，鉉曰：從北者，反覆柔治之也。从皮省。謂瓦也，非耳，非瓦，今隸下皆作瓦矣。夐省聲。各本無聲，今補。凡甓之屬皆从甓，讀若耎，一曰若儁。儁同俊。《人部》有俊無儁。古文甓。从皮省，从人治之。

劉熙《釋名》卷六《釋牀帳》　貂席，連貂皮以爲席也。葉德炯曰：《西京雜記》云：昭陽殿設緑熊皮席，毛皆長一尺餘。此亦貂席之屬。《御覽·獸部二十四》引《東觀漢記》云：建武二十五年，烏桓國詣闕朝賀獻貂皮。

劉熙《釋名》卷七《釋車》　文鞇，車中所坐者也，畢沅曰：鞇，《一切經音義》引作茵。《説文》「茵，車重席。从艸，因聲」。鞇，司馬相如説茵从革，則鞇、茵異文同字。用虎皮爲之，有文采。畢沅曰今本脱爲之二字。據《一切經音義》引補。《小戎》傳：文茵，虎皮也。鞇，因也。畢沅曰：今本無此三字，據此書體例增。因與下輿相聯著也。

《事物異名録》卷二二《武器部》　步叉　《通俗文》箭服謂之步叉。

顧野王《玉篇》卷二六《皮部》　皮　被奇切，剥得獸革也。　⿱竹皮　古文。

戹　籀文。

皽　之善切，皮也。

皾　徒木切，所以貯弓。或作韇。

皸　匕吉切，皮也。

顧野王《玉篇》卷二六《甓部》　甓　而兖切，柔皮也，韋也。亦作耎，反。

甓　籀文。

顧野王《玉篇》卷二六《毛部》　毯　他敢切，氈毯也。

顧野王《玉篇》卷二六《革部》　革　居核切，猶皮也，青毛也。　革　古文。

鞹　去郭切，皮去毛。

⿰革各　力各切，生革縷。

鞄　普角步、教二切，柔革革工也。

⿰革軍　禹惲、況萬二切，作鼓工也。或作韗。

鞣　如周切，柔革也。

靼　多達、之列二切，柔革也，甓也。　⿰革亶　同上。

鞼　古回、巨住二切，繡革也。亦作韇。

鞻　速侯切，軟皮也。　⿰革欶　同上。

鞞　希頂切。《詩》曰「鞞琫容刀」。上曰鞞，下曰琫也。劍削也，刀室也。又毗移切。

鞛　必孔切，刀下飾。亦作琫。

鞎　乎恩切，輿革前。

鞥　於合切，轡鞥也，籠頭繞者。

鞄　希訝切，轡革也。

韅　呼見切，韅在背。　⿰革㬎　同上。

鞓　丑井切，又丑善切，騎具也。

⿰革官　古緩切，車鞁具。

⿰革屯　徒門切，車鞁具。

靷　佘振切，以引軸。

⿰革臾　籀文。

靳　居覲切，固也，當膺也。

⿰革尃　希各切，車下索也。或作轉。

靬　宇夫切，鞙内環靼也。

⿰革奄　於合、於動二切，車上具也。

鞙　胡畎切，大車縛軛靼也。

鞅　於兩切，頸靼也。

鞬　居言切，以藏矢。　⿰革蹇　同上。

韇　徒木切，以藏矢。或作皾。

鞇　於人切，亦作茵，車中重席。

⿰革菐　補日切，絡牛頭。

靯　他古切，靯⿰革溥，鞇也。

⿰革溥　步谷切，靯⿰革溥也。

靫　楚崖、楚加二切，鞴靫，箭室也。

韔　持亮、丑亮二切，弓衣也。亦作韔。

鞧　七流切，今作緧。

韁　居羊切，馬緤。亦作繮。

靴　旴戈切，靸也。亦履也。　鞾　同上。

鞞 尸仁切，革帶也。亦作紳。
鞄 荆猗切，鞹也。亦古文羇字，馬絡頭也。
鞕 大嬾切，馬帶也。
鞗 大幺切，轡也。亦作鋚。
鞹 古核切，靶也，勒也。亦作革。 鞹 同上。
韊 力丹切，藏弩矢箙也。亦作籣。
鞓 他丁切，皮帶鞓。 鞓 同上。
鞬 去戟切，胥帶鞬。
鞬 居言切，乾革。又去汗切，盛矢器，著弓衣。
韉 音牋，鞍韉也。 韉 同上。
韝 恪侯切，射韝，臂捍也。又古侯切。
鞍 速侯切，軟皮也。 鞍 同上。
韼 盧紅切，韼頭也。
鞤 布剛切，鞋革皮。
鞝 音掌，扇安皮。
鞛 方奉切，軍人皮。
韇 古孔切，生皮也。
靽 音半，与絆同。
鞴 音步，靮也。
韘 思叶切，鞊韘，鞍貝也。
鞼 音伏，箭鞼。
鞚 音室，刀鞚。
韡 素回切，鞍皮。
鞍 户犬切，刀鞍也。

顧野王《玉篇》卷二六《韋部》 韋 于非切。《說文》曰「相背也，獸皮之韋可以束枉戾，相韋背」。𩏑 古文。
韜 他刀切，藏也，寬也，劍衣也。
韔 丑亮切，又持亮切，弓衣也。
韣 徒木切，弓衣也，韜也。又尺欲切。
鞘 私妙切，刀鞘也。

顧野王《玉篇》卷二七《糸部》原本 紂 除柳切，馬緧也。
原本 除柳反。《方言》，車紂，自關而西謂之紂。《說文》「馬緧也」。
緧 七由切，牛馬緧也。亦作鞧。 緅 同上。
原本 且牛反。《考工記》「車下阤，不援其邸，必緧其牛後」。鄭衆曰：緧，紂也。《方言》紂，自關而東，周洛韓鄭汝潁而東謂之緧也。
緅《字書》亦緧字也。或復爲鞧字，在革部。
縚 敕高切，亦作韜。
原本 敕高反。《聲類》亦韜字也。韜，劍衣也，在韋部。《字書》亦弢字也。弢，弓衣也，在弓部。

玄應《一切經音義》卷二《大般涅槃經第四卷》 皮革古核反。去毛曰革，謂變更之，故爲皮革字也。

玄應《一切經音義》卷一三《瑠璃王經》 韅攝又作韅，同呼見反。《左傳》「晉車七百乘，韅靷(鞍)〔鞅〕(絆)」。杜預曰在背曰韅，在匈曰靷，在頸曰鞅，在足曰絆，下之涉反。帶韅又作韅，同火見反，著腋者也。《釋名》曰：韅言横經其腹下也。《蒼頡解詁》韅，馬腹帶也。

玄應《一切經音義》卷一四《四分律第三八卷》 皮革古文革、愅、諽三形同。古核反。《說文》獸去毛曰革。革，更也，獸皮治去毛變更之，故以爲革字也。 革者，更也。字三十從口，口爲國邑，國三十年而法更，別取別異之意也。口音韋。

《事物異名録》卷一六《服飾部》 舍里孫 《廣異記》土豹皮，河州出，土人謂之舍利孫。

丁度《集韻》卷一《東韻》 琫車篸皮箧。

丁度《集韻》卷一《支韻》 皮、笈、㞺蒲糜切。《說文》「剥取獸革者謂之皮」。古作笈、㞺。文十九。
韡 柔革平均也。

丁度《集韻》卷一《脂韻》 鞁韋也。

丁度《集韻》卷一《微韻》 韋、㚏于非切。《說文》「相背也。从舛，口聲。獸皮之韋，可以束枉戾相違背，故借以爲皮韋」。古作㚏。

丁度《集韻》卷一《魚韻》 臚、膚、𪉷凌如切。《說文》「皮也」。省或从皮。

丁度《集韻》卷二《虞韻》 靬《博雅》靬謂之鞶。
軥《字林》鞬也，胡人謂之軥。
膚、肤風無切，皮也。或作肤。

需、䩶韋柔滑貌。或作䩶。

丁度《集韻》卷二《模韻》　鞹鞹䩣，箭室。通作箶。

丁度《集韻》卷二《佳韻》　鞁《埤倉》鞴鞁，箭室。

丁度《集韻》卷二《灰韻》　韇韋繡文。

丁度《集韻》卷二《元韻》　鞱【略】韋平方也。

靬乾革也。

丁度《集韻》卷二《魂韻》　韞韣也。

丁度《集韻》卷二《寒韻》　靬弓衣也。乾革也。

丁度《集韻》卷二《桓韻》　皺皮也。

丁度《集韻》卷三《爻韻》　皺皮堅也。

鞄柔革工。

丁度《集韻》卷三《陽韻》　鞅馬頸革。

丁度《集韻》卷四《尤韻》　鞣、韖《說文》「耎也」。謂柔革。或从革。

鞨、皺革文蹙也。或作皺。

丁度《集韻》卷四《侯韻》　膒久〔脂〕也。一曰，以膒漬皮。

丁度《集韻》卷四　鞍、鞦沿革也。或从秋。

丁度《集韻》卷五《紙韻》　鞞劍削。《方言》自關而西謂之鞞。

丁度《集韻》卷五《語韻》　皻此與切，皻皵也。

丁度《集韻》卷五《姥韻》　靯鞴鞁也。一曰車中薦。

丁度《集韻》卷五《準韻》　皴皮厚也。

丁度《集韻》卷五《緩韻》　靻、韇柔革。或作韇。

丁度《集韻》卷六《獮韻》　皮尼展切，弱也。一曰，柔皮也。

皺皮也。

丁度《集韻》卷六《巧韻》　鞄、鞄、韗柔革工。或从韋，从陶。

丁度《集韻》卷六《有韻》　鞣柔皮也。

鞣韌也。

丁度《集韻》卷七《至韻》　韇繡革。

丁度《集韻》卷七《莫韻》　鞴鞴鞁，箭室。

丁度《集韻》卷七《霽韻》　匰刀鞞。

韢《說文》「囊細也」。一曰，盛繖囊。

丁度《集韻》卷七《泰韻》　韎赤韋。

丁度《集韻》卷七《卦韻》　皡白皮。

丁度《集韻》卷七《怪韻》　韛、鞴、橐吹火韋囊也。或作韝囊。

韎赤韋也。

丁度《集韻》卷七《隊韻》　韇、韇繡韋囊。或作韇。

丁度《集韻》卷七《稕韻》　靷、鞎駕牛具，在胸曰靷。籀作鞎。

丁度《集韻》卷七《願韻》　韗攻皮工也。

鞶革中辨。

丁度《集韻》卷七《翰韻》　皵射韝謂之皵。

丁度《集韻》卷七《換韻》　靽駕牛具，在後曰靽。

丁度《集韻》卷八《霰韻》　鞶，韅駕牛具，或省。

辮革中絕也。

丁度《集韻》卷八《綫韻》　韅韋帶謂之韅。

鞶革中辨。

鞰馬轡當面皮。

丁度《集韻》卷八《笑韻》　鞘、鞘、削、皽刀室。或从革、从刀、从皮。

丁度《集韻》卷八《效韻》　鞄柔皮工。

丁度《集韻》卷八《號韻》　韜叨號切，臂衣。

丁度《集韻》卷八《漾韻》　韔弢也。《詩》「言韔其弓」。沈重讀。

丁度《集韻》卷八《漾韻》　鞅馬駕具。

丁度《集韻》卷八《宥韻》　韇、韝、鞻、轉皮衣車軛也。或作轉，亦並从革。

丁度《集韻》卷八《候韻》　韝射所以韜臂者。

軀胡韇。

韝、鞴革裹車軛也。或省。

丁度《集韻》卷八《映韻》　韹張皮也。

丁度《集韻》卷八《宥韻》　鞣柔革也。

丁度《集韻》卷八《勘韻》　皵柔革。

丁度《集韻》卷九《屋韻》　韇、皾《說文》「弓矢韇也」。今謂之胡鹿。或从皮。

韣、韇弓衣。或作韇。

鞫刀劍室。

丁度《集韻》卷九《屋韻》　簶、䩮、䪇胡簶，箭室，或作䩮、䪇。

簏、箓《説文》竹高篋也。或从录，通作盝。

箙、韛、鞴、箙《説文》「弩矢箙也」。《周禮》「仲秋獻矢箙」。或作韛、鞴、箙。

丁度《集韻》卷九《沃韻》　鞄鞄莞柔革工。

鞄柔革工。

丁度《集韻》卷九《燭韻》　韣弓衣。

韣、韣弓衣。或从革。

丁度《集韻》卷九《覺韻》　皵㲒皵，[皮]乾也。

㲒㲒皵，[皮]乾也。

皫皮破起。

鞄柔革工。

鞄《説文》「柔革工也」。引《周禮》「柔皮之工鮑氏」。鞄即鮑也。

丁度《集韻》卷九《質韻》　鞊刀削謂之鞊。通作室。

鞨、鞨鞨㲒，皮堅也。或作鞨。

皫、皯【略】一曰，皮破。或作皯。

丁度《集韻》卷九《勿韻》　韍輿革後謂之韍。通作第。

丁度《集韻》卷九《月韻》　韤斧衣也。

丁度《集韻》卷九《没韻》　皺皮壞也。

丁度《集韻》卷九《曷韻》　靼、韇柔革。或从亶。

鞊鞅也。

皵皮黑。

丁度《集韻》卷九《末韻》　韎韋赤色。

皵皮起。

被皮也。

丁度《集韻》卷九《黠韻》　韎赤韋也。

丁度《集韻》卷九《鎋韻》　韎赤韋。

丁度《集韻》卷九《薛韻》　㨾撮取皮也。

鞨、剟、碟治皮也。或从刀，亦作碟。

靳刀削。

韏箭室。

鞨、皵、劉治皮也。或作皵、劉。

皺椿劣切，皮剥也。

丁度《集韻》卷一〇《鐸韻》　鞹鞈鞹，皮也。

鞹、鞟《説文》「去毛皮也」。引《論語》「虎豹之鞹」。或省。

丁度《集韻》卷一〇《陌韻》　韄韄韄，刀靶韋也。

丁度《集韻》卷一〇《麥韻》　靼柔革。

丁度《集韻》卷一〇《職韻》　韇、韇乙力切，韋堅也。或从韋。

丁度《集韻》卷一〇《合韻》　龕皮縱。

丁度《集韻》卷一〇《葉韻》　皯【略】一曰，皮皺。

司馬光《類篇》卷八《革部》　鞒居宜切，馬絡頭也。

韉居希切，馬絡頭，曰韉在口。

鞅延知切，韋也。又他計切，馬鞁具。

鞞補弭切，劍削。《方言》自關而西謂之鞞，又補鼎切，刀室也。

韉盧東切，馬被具。

韝邕俱切。《字林》韝也。胡人謂之韝。又於候切。

鞼巨內切，韉也。

肇田聊切，轡也。

鞙圭玄切，馬勒。又呼玄切，又胡犬切，大車縛軛靼也。又葵兗切。

鞚苦貢切，馬勒也。

韉戔將先切，馬被具。或从戔。

鞠洪孤切，鞠箙，箭室。

鞼姑回切，革繡文。

韉、鞖蘇回切，韋邊帶。或作鞖。

鞝升人切，大帶也。

鞮蕩旱切，馬帶。

鞇伊真切，車重席。司馬相如説茵从革。

靬居言切，乾革也。【略】丘寒切，弓衣也。

韊郎干切，所以盛弩矢人所負也。

鞽丘袄切，泥行所乘。

鞄蒲交切，柔革工。又部巧切，又皮教切，又蒲沃切，又匹沃切，又匹角切，又弼角切，引

《周禮》「柔皮之工鮑氏」。鞄，即鮑也。

鞘師交切。《博雅》鞝謂之鞘。又仙妙切，刀室。

韇諸良切，馬韉。

鞣而由切，《說文》「耎也」。謂柔革。

鞦雌由切，鞓車鞦也，又鞦韆，繩戲也。

鞧雌由切，馬紂也。

靲臣禁切，鞮帶也，束物韋也。

鞼丘媿切，馬繮也。又求位切。

韇巨畏切，馬繮。

鞍、鞦先侯切，治革也。或从敕。

鞲、鞴伴姥切，鞋鞲，車茵，亦作鞴鞲。又蒲候切。革裘車軛也。又白各切。《博雅》鞋鞲謂之鞇。

靰統五切，鞴靫也。一曰車中薦。又動五切。

靷、鞍以忍切，《說文》引軸也。籀作鞍。又並羊進切，駕牛具，在胷曰靷。靷，又丈忍切。

靼、韇儻旱切，柔革。或作韇。又並當割切，又並之列切。鞞，又陟革切。

鞚苦貢切，馬勒也。

鞴蒲故切，鞴靫，箭室。

靽博漫切，駕牛具，在後曰靽。

韅、韅呼典切，【略】一曰在背曰韅。或从顯。又並馨甸切，駕牛具。又並輕甸切。

鞗丈九切，馬緧也。

鞢博木切，【略】一曰牛絡頭。

韄逋玉切，牛首絡。

鞾伯各切，車下索也。

鞑兵媚切，馬轡也。

靮丁歷切，繮也。

勒歷德切，【略】一說馬轡，有銜曰勒，無曰羈。

鞥一僧切，馬轡也。又烏含切，轡屬。

鞦房六切，車紴也。紴或从革。

鞨何葛切，《博雅》屧鞨履也。一曰靺鞨，北狄別種。又食列切，治皮也。又士列切。

韔丑亮切，弓衣也。又直亮切。

韝側救切，皺也。

（犢）〔韇〕徒谷切，《說文》「弓矢韇也」。今謂之胡鹿。

韣殊玉切，弓衣。

鞚式質切，刀削謂之鞚。

鞊激質切，鞅也。

鞺末各切，鞊鞺皮也。

韉殺測切，車籍交錯也，一曰重革之蔑，所以覆軨也。

韇詰戰切，韋帶謂之韇。

鞅倚兩切，《說文》頸靼也。又於亮切，馬駕具。又於良切，馬頸革。又於郎切，《博雅》鞅岡。無賴也。

韣、韂盧谷切，胡簶，箭室。簶，或作韣、韂。

韇、鞴方六切，革帶，或作鞴。鞴，又房六切。

司馬光《類篇》卷九《皮部》

皶凌如切，皮也。

皼奴侯切，柔革。

皪、皪而善切，柔皮也。或作皪。

皫仙妙切，刀室。

皲奴紺切，柔革。

皾徒谷切，弓矢韇也。

皵莫葛切，皮也。

皶似絶切，撮取皮也。

司馬光《類篇》卷一五《韋部》

韡吁爲切，柔革平均也。又驅爲切。

韣、韇徒谷切，弓衣，或作韇、韣。又朱欲切，又樞玉切。韇又殊玉切。

韈、韎莫葛切，韋赤色。

韗干分切，鼓工。韗，或从韋。又王問切，《說文》「攻皮治鼓工」。又呼願切，又吁運切。

鞍、韍居肴切，橐也。或从爻。

韗居勞切，車上大橐。

韜他刀切，《說文》「劍衣也」。一曰寬也。又叨號切，臂衣。

韉乳兖切，柔韋也。

鞄部巧切，柔革工。

韇求位切，《説文》「韋繡也」。又胡對切繡韋橐。又巨内切，韁也。

軷平祕切，車紲也。又方未切，蔽膝也。又分物切。音二。

韍莫佩切，赤韋。

鞔此芮切，囊屬。

鞘仙妙切，刀室。

韔丑亮切，《説文》「弓衣也」。引《詩》「交韔二弓」。又直亮切，又力讓切。

韊豬孟切，張皮也。

韣、韇徒谷切，弓衣。或作韇。韣，又朱欲切，又樞玉切。韇，又殊玉切。

鞦房六切，車紲也。

鞴方六切，弩矢箙也。

韍王伐切，斧衣也。

韗方縛切，車上囊。又匹各切，《説文》「軶(裏)〔裹〕也」。又平碧切，又扶富切，皮衣，車輒。

韞乞力切，韋堅也。

韐達合切，韜也。

韐轄夾切，韎韐，紳也。又説洽切。

朱輔《溪蠻叢笑·固項》 牛漆牛皮，以護頭頸，名固項。

戴侗《六書故》卷一八《動物二》 革 古覈切，獸皮也。象形，具四足，首尾完曰革。柔曰韋，通曰皮，借爲更革之革，更革聲相通。别作諽。又借爲革疾之革，與亟通。紀力切。别作輭。

革之會意。

霸 匹各切。《説文》曰：「濡革也。」

革之諧聲。

鞹 去郭切，凡革不去其光張而完暴之謂之鞹。《淮南子》曰：譬之猶鞹革也，大則大矣，列之道也。《詩》云：「鞹鞃淺幭。」以鞹爲鞃，淺爲幭，尚文也。子貢曰：文猶質也，質猶文也。虎豹之鞹，猶犬羊之鞹，言文之不可蔑也。虎豹之鞹無去毛者，犬羊之鞹亦用以爲裘爲裱。

鞄 步教切，又步角切，柔革之工也。《考工記》作鮑。又作鞄。

軒 居言、苦旰二切。《説文》曰：「乾革也。」《漢書》單于弟於軒王。張掖有驪軒縣。顔師古音虔。

靼 多達、之列二切。《説文》曰：「柔革也。」韋繩因謂之靼。别作韃。

鞏 居竦切，以革束固也。

鞶 蒲官切。《説文》曰：「大帶也。」《易》曰：「或錫之鞶帶。」《記》曰：「男鞶革，女鞶絲。」鄭氏曰：鞶，小囊也，所以盛悦巾之屬。亦作縏。《記》又曰：「婦人佩施縏袠。」鄭氏曰：小囊也。傳曰：「帶裳幅舄，昭其度也。縏厲游纓，昭其數也。」杜氏曰：帶，革帶也。鞶，紳帶也。又曰：「王以后之鞶鑑予鄭伯。」杜氏曰：鞶帶而以鑑爲飾也。《東觀書》詔曰：賜鄧遵獸鞶囊。按，鞶或以爲佩橐，或以爲大帶，疑鞶乃佩帶，玉珮、褋佩，非紳帛所能勝，故必以革爲鞶。女子不服革，故以絲組爲鞶。鞶與縏同，出《内則》，疑縏自爲一物也。

鞓 湯丁切，革帶也。今之帶有銙，其革謂之鞓，俗書也。又作鞓、綎。

䩬 苦瓦切，革帶銙也。凡革帶繫佩者必有環，環必有邸，今不佩而猶，仿佛其制。以金犀與角爲之，謂之銙，俗書也。沈存中曰：革帶必有蹀躞，蹀躞有環如馬之鞦根，後雖去蹀躞，猶存其環，即今之帶銙也。今以角爲之，貴者以金玉。又作銙。

鞞 并頂切。《詩》云：「鞞琫容刀。」《説文》曰：「刀室也。」説具琫下。

鞘 私妙切，刀室也，古通作削。又作鞘。又師交切，今乘輿之出，前有鳴鞘以蹕行者。《國朝會要》曰：黄質，紫班文，金銅飾，紫絛帉錯。《博雅》曰：韉，山垂切，謂之鞘，韉綏也。

靫 楚庄切，箭室也。

鞬 居言切，弓衣也。《傳》曰：「右屬櫜鞬。」杜氏曰：櫜以受箭，鞬以受弓。《説文》曰：「所以戢弓矢。」又作韃。

韊 洛干切，弩矢室也。《漢書》作蘭。《韓延壽傳》騎士抱弩負蘭。如淳曰：盛弩箭服也。

韇 徒谷切，以革爲匱也。《士冠禮》曰：「筮人執策抽上韇。」亦作韣，見《韋部》。《説文》曰：「韇，弓矢韇也。」

鞃 苦弘切，以革冒軾也。《説文》曰：「(車)軾也。讀若穹。」孫氏，丘弘切。《詩》云「鞹鞃淺幭」。言以鞹爲鞃，以淺爲幭，尚其文也。毛氏曰：軾中也。孔穎達曰：鞃爲軾中，蓋相傳爲然，以革冒軾中爲固也。顧野王曰：軾中，靶也。孔、顧之説近是。

鞎 許見切。《説文》作韗，曰「著掖鞥也」。鞥，孫氏，烏合切，轡鞥也。《傳》曰：「鞎靷鞅靽。」杜氏曰：在背曰鞎。

靷 余忍切，又去聲。《説文》曰：「引軸也。」𩊨籀文。《詩》云：「陰靷鋈續。」毛氏曰：靷，所以引也。孔穎達曰：驂頸不當衡，横軌之前，别有驂馬二，靷，以皮爲之，前繫驂馬頸，後繫陰版之上。《左氏傳》郵(無恤)〔良〕曰：「〔我〕兩靷將絶，吾能止之。」駕而乘才，兩靷皆絶。杜氏曰：在匈曰靷。 按，古通作引。又作紖。《説文》曰：「〔半〕〔牛〕，系也。」

鞅　倚兩切。《説文》曰：「頸靼也。」杜氏曰：在腹曰鞅。《傳》曰：「御下兩馬，掉鞅而還。」又曰：「太子抽劍斷鞅。」按鞅可掉，欲軔車者，斷鞅，鞅非在腹也。又借爲鞅掌之鞅。莊周曰：鞅掌爲之使。

靽　博漫切。杜氏曰：在後曰靽。《類篇》曰：駕牛具。《集韻》靽靽，羈靽也。 按，靽即絆也，在後爲靽。

靳　居近切。《説文》曰：「當膺也。」《左氏傳》王猛曰：「吾从子，如驂之靳。」杜氏曰：靳，車(巾)〔中〕馬也，言如驂之从服也。詳其辭意，不然。猛，蓋自比於靳猛。借爲靳吝之靳，靳侮之靳。

靮　丁歷切。《説文》曰：「馬羈也。」《記》曰：「執羈靮。」鄭氏曰：靮，引也。《類篇》曰：韁也。

勒　歷德切，馬銜勒也。《周禮》曰：「革路龍勒，厭翟勒面。」《説文》曰：「馬頭絡銜也。」一説，馬轡有銜曰勒，無曰羈。 按，有銜曰勒者，勒所以約勒也。引銜當馬面，故曰勒面。凡約勒之義皆取焉。

鞗　田聊切。《詩》云：「鞗革冲冲。」毛氏曰：鞗，轡也。革，轡首也。又曰：「鉤膺鞗革。」鄭氏曰：轡首垂也。 又曰：「鞗革金厄。」鄭氏曰：轡也。郭璞曰：轡靶。轡所把之外，有餘而垂者謂之革條，皮爲之，謂之鞗革。按，鞗，革一物，而毛鄭屢變其説，郭氏之説似得之。

靶　必駕切。《説文》「轡革也」。 按，此即轡字。

鞁　平義切，駕車馬具也。《漢志》路車駕被，昊罩作被。《説文》曰：「車駕昊也。」別作䩶。《説文》曰：「車䩶也。」或作茯，或作鞴。

鞍　於寒切，鞁馬昊，人所跨者也。《説文》曰：「馬鞁昊也。」

韉　則前切，鞍韉也，今謂障泥。《説文》曰：「馬鞁昊也。」或作韀。

鞭　賓連切，以革爲支也。《説文》曰：「驅也。」[古文字形]古文。 鞭本以革爲之，皮革隨人身圜轉，故鞭背而不傷五藏。按《北史》崔伯謙不忍見血，改用韋鞭。

鞠　居六切，以革裹毛爲毬，蹙蹋爲武戲也，今謂之毬。

韇　求位切。《説文》曰：「韋繡也。」《齊語》曰：「輕罪贖以韇盾一戟。」韋昭曰：綴革，文如繢也。又作鞼。

鞙　圭玄切，又去聲。又狂沇切。《説文》曰：大車縛軛靼。

韄　烏百乙角二切。《説文》曰：「佩刀絲也。」《三蒼》曰：佩刀靶，中韋也。莊周曰：外韄者不可繁而捉。句氏音霍，李氏曰：縛也。

軨　巨禁切。又平聲。《士喪禮》重用二鬲盛鬻，繫用軨。康成曰：竹簭也。 按，軨乃以革爲簭也。

韋　羽非切，革之已柔者也。本韋北之韋，借爲韋革之韋，因而生子，故自爲母，所謂有小宗而爲大宗者也。《説文》曰：「韋，相背也。从舛，囗聲。獸皮之韋可以束，枉戾相韋背，故借以爲皮韋。[古文字形]古文。」

韋之諧聲

韝　古侯切，臂沓也。以韋韜袖，以便執事也，射者用之。又謂之拾，亦謂之遂。《説文》曰：「射臂决也。」《詩》云「决拾既佽，弓矢既調」。毛氏曰：遂也，以皮爲之，著諸臂，所以遂弦也。《鄉射禮》「袒决遂」。鄭氏曰：遂，射韝也，以朱韋爲之，著左臂，所以遂弦。其非射也，則謂之拾。拾，斂也，所以蔽膚斂衣也。射者之服也，漢・董偃緑幘傅韝，執事者厮役之服也。臂鷹者亦以韝。

韘　失葉切，指沓也。以骨骨若木爲之藉之，以韋以韜，指决弦也，故又謂之决。或作弽。《説文》曰：「韘，射决也，所以拘弦，以象骨韋系，著(又)〔右〕巨指。」《詩》云：「童子佩韘。」毛氏曰：决也。

韔　丑亮切，弓衣也。《詩》云：「交韔二弓。」

韜　他刀切，所以幬器者也。《説文》曰：「劍衣也。」又作縚，又去聲。

韣　徒木切，所以韜斂之器也。《説文》曰：「弓衣也。」《記》曰：「帶以弓韣。」又曰：「載弧韣旂，十有二旒。」鄭氏曰：弧，旌旗所以張幅者，其衣曰韣。又作襡。曰「斂簟而襡之」。與韇通。

韞　委隕切，韜韞也。子貢曰：韞匵而藏諸。

韛　皮拜切，韋囊也，鼓之以熾火。

韢　呼桂、乎桂二切。《説文》曰：「櫜紐也。」一曰，盛音成頭櫜也。徐鍇曰：謂戰伐以盛首級，紐所以關櫜。按，今以衣紐之牝環爲韢。或作襘槩。

戴侗《六書故》卷三一《工事七》　帶　當蓋切，革帶所以佩也，芾之所系也。上册象系佩之組。

戴侗《六書故》卷三三《工事九》　㞋　《説文》曰：「柔皮也。從申尸之後。尸或從又。」徐鉉曰：注似闕脱未詳。孫氏，人善切。按，䩢以此爲聲。

周祈《名義考》卷八《皮革》 生曰皮，理之曰革，柔之曰韋，柔之不均謂之皾。皾音虧。

方以智《通雅》卷四九《諺原》 皾 音虧。今消皮家亦曰皾皮，此字見《周禮·鮑人》「卷而摶之，欲其無迤也」。鄭玄注：謂革不皾。今凡皾帽、皾鼓皆謂之皾。

張自烈《正字通》卷七《皮部》 皮頻彌切，音脾。【略】。剥取獸革，生曰皮，理之曰革，柔之曰韋。又《莊子·山木篇》豐狐文豹，棲于山林，伏于巖穴，肰且不免于罔羅。機辟之患，皮爲之災也。

⿱丰皮邦妹切，卑去聲，劈麻苧⿱丰皮頭也。一曰，⿱丰皮皺不伸也。

皵菑格切，音仄，皮皴皵也。

皴皺字之譌，皮堅當謂之堅，不必別太皴字。又皮乾無聲。舊註又音壁，皮乾，聲亦非。

皸戰字之譌，舊註沿《韻書》射韝以皮皸臂。按射拾以皮爲之者，左臂以遂弦，一名遂皸臂，當作戰，通作扞捍，改从皮作皸。

張自烈《正字通》卷八《系部》 緧取幽切，音秋。《說文》「馬紂也」。《考工記》「不援其邸，必緧其牛後」。緧或以革爲之，故从革，通作鞧。《正譌》俗作鞦、鞦丛非，泥。緅同緧。

張自烈《正字通》卷一一《革部》 革各額切，音格，皮生曰革，熟曰韋。《說文》「獸皮治去其毛，革更之象」。【略】人與獸皆曰革。《記·禮運》「膚革」。註：革即膚內厚皮也。《說文》專訓獸革，非。又古文革，篆作革，从三十，三十年而道要也。曰聲，今作革。徐曰：皮去其毛，梁而瑩之曰革，此象古文革而省之也。朱謀瑋曰：革古文，革从芊臼聲。目古肋字，芊體羸，去皮則肋見。按，三說涉臆，徐以染瑩爲革，朱以从芊爲革，尤非。又吕氏曰：革者去毛而未爲韋者也。《詩》「羔羊之革」。毛傳：革猶皮也。正義曰：對文則皮革異，故《周禮·掌皮》云：秋斂皮，冬斂革。散文則皮革通。《司裘》云「大［喪廞］裘飾皮車」。謂革輅也，此以爲裘，明非去毛，故云革猶皮也。

靫初皆切，音差，盛箭室。麻韻，音嗏，義同。

靬克憨切，音刊。《說文》「乾革也」。《正韻》弓衣也。

靰譌字，舊註音桂，革也。誤。

靯俗字，舊註他古切，音土。引《玉篇》靯鞴，鞇也。又音渡，義同。又鞴靫，別名。丛非。

靲俗字，舊註音甲，皮鞲。泥。

靻靻字之譌，舊註音摘，柔革，與靻義近。

靻之列切，音浙。《說文》「柔革也」。

靽博慢切，音半，駕牛馬具，在後曰靽。《集韻》驣靽也。《六書故》靽即絆也。《類篇》駕牛具。舊註駕馬具，分屬馬牛，泥。

靷以正切，寅去聲，駕馬具也。在胸曰靷。《詩·秦風》「游環脅驅，陰靷鋈續」。毛亨註：游環，靷環也。以皮爲環，當兩服馬之背上，游移前卻，無定處，引兩驂馬之外轡，貫其中而執之，所以制驂馬，使不得外出。《左傳》曰「如驂之有靳」是也。靷以皮二條，前繫驂馬之頸，後繫陰版之上也。又《軫韻》，寅上聲，義同。或曰紖、靷，古通。

鞅于兩切，央上聲，馬駕具。《釋名》鞅，嬰也，喉下稱嬰，言纓絡之也。《左傳》齊太子光，抽劍斷鞅。謝朓《京洛夜發詩》「行矣倦路長，無由稅歸鞅」。叶上貫，廣。【略】《說文》「鞅，頸靼也」。未詳。《六書故》引《傳》曰「御下兩馬掉鞅而還」。鞅可掉，欲軔車者斷鞅，鞅非在腹。杜氏曰，在腹曰鞅。誤也。《正韻》及舊註皆云在腹，非。又《釋名》嬰，非叶音。舊註泥。《韻會》叶音映，亦非篆作鞅。

鞁毗意切，音避駕車馬具也。《漢志》路車駕被具。與鞁同。《韻會》引《國語》「兩鞁將絶，轡也能止馬者。合轡鞁爲一，不知《國語》，鞁俗云雙肚帶，非鞁，即轡也。又親吉切，皮也。丛非。

鞄蒲豪切，音庖，鞄人柔革工也。又《巧韻》，庖上聲。又《藥韻》，音朴，義同。俗本《考工記》「鞄人」譌作鮑。註：鮑當作鞄。《說文》鮑即鞄。《正韻》鞄亦作鮑，丛非。

鞆俗字，舊註音餅，皮帶。泥。

鞈俗字，舊註音養，治皮。誤。

鞈歷各切，音洛。《說文》「生革，可爲縷束也」。

鞊俗字，舊註音詰，【略】皮也。又音吉，鞍也。丛泥。

鞓當經切，音丁，革帶。《元詞曲》「角帶傲黄鞓」。《續筆叢》云：傲，黄顔色之名。《丹鉛録》改傲黄爲闊黄。

鞮徒覽切，音亶，馬帶。

鞘先弔切，音笑。《說文》「刀室也」。舊註泥。《廣韻》音梢，訓鞭鞘，誤。

鞞比井切，音丙，刀鞘也。《詩·小雅》「鞞琫有珌」。毛傳：鞞，容刀鞞也。琫，上飾，珌下飾。又紙。韻，音彼，義同。

鞾禹同切，音運。《說文》攻皮治鼓工也。《考工記·韗人》「爲皐鞫，長六尺有六寸，左右端廣六寸，中尺厚三寸，穹者三之一，上三正」。

鞣如由切，音柔。《說文》耎也，謂柔革。

鞆譌字，舊註以聿切，音力，訓皮器。誤。

鞚舊註音室，刀劍削。按，經史本借用室，俗加革，非。

韛房六切，音福，革帶。

鞦取幽切，音秋，馬鞦。

鞧舊註同上，馬鞦。按《説文》本作緧，别作緅。《考工記》緅讀若緧。俗作鞦，唐·楊炯詩「鶴轡赤背鞦」。从緧，爲正。《集韻》又作緅、鞧。

鞺俗字，舊註先侯切，音擻，軟皮。泥。

鞾舊註音捧，車邊皮。按《舉要》鞾，䩬同，皮履也。鞾即鞾字，舊本鞾同幫，分鞾，鞾爲二，非。

鞴與鞁通。又《暮韻》音步，鞴靫，盛箭室。本作鞴，省作鞴，非。

鞹俗鞴字，舊註同上，誤。

韉俗字，舊註古孔切，公上聲，生皮也。誤。

韠俗韠字。

鞹苦郭切，音擴。《説文》「去毛皮也」。《六書故》凡革不去其毛，張而完暴之曰鞹。《詩·大雅》「鞹鞃淺幭」。《淮南子》譬之猶鞹革也，大則大矣，裂之道也。篆作□，省作鞹。《集韻》作鞟，

鞵俗字，舊註音莫，黏鞵皮。泥。

韝俗字，舊註蜀庸切，音戎，革乾。泥。

鞿蘇灰切，音雖，鞍皮。或作鞿。

韅許典切，音顯，駕馬具。《左傳》「晉車七百乘，韅靷鞅靽」。杜預註：在背曰韅，在腹曰鞅。霰韻，音現，義同。《説文》作「韅，著掖韗也」。按，从顯泥。

韇杜谷切，音讀。《説文》「弓矢韇也」。徐鍇曰：韇，所以盛弓矢也。又藏笠筴之器，以皮爲之。《儀禮·士冠禮》「筮人執筴抽上韇」。

張自烈《正字通》卷一一《韋部》

韋羽回切，音爲，柔皮。熟曰韋，生曰革。《説文》「韋相背也。獸皮之韋，可以束，枉戾相違背，故借以爲皮韋」。又脂韋，言其柔如脂，如韋也。

韍俗字，舊註音越，斧衣。誤。

韏古泫切，音卷，車上所用皮。《爾雅》「革中絶，謂之辨。革中辨，謂之韏」。邢昺疏云：皮去毛曰革，中斷之名辨，復中分其辨名韏。又先韻音權，霰韻音倦，義同。《説文》本作韏，篆作□。

韒俗字。《説文》本作鞘。《禮記》、《漢書》作削。音義同。《集韻》作韒，俗作鞘。

韔尺亮切，音唱，弓衣。《詩·秦風》「虎韔鏤膺」。註：虎韔，以虎皮爲弓室。鏤膺，鏤金飾馬當胷帶也。分爲二。舊本合引八韔註，非。又「交韔二弓」。註：交二弓于韔中，謂顛倒安置之，必二弓以備壞也。通作韔。《詩·鄭風》借用鬯。《詩詁》鬯即韔，别作韔。

韍俗字，舊註音負，皮衣車軛也。《篇海》韍與韛、韝同，並非。

韚俗鞔字，舊註而兖切。音軟，柔韋，誤分爲二。

韣杜谷切，音讀。《説文》「弓衣也」。《禮·月令》「帶以弓韣」，通作韣。韇、韥，俗讀若蜀，義同。

韗俗韗字，亦作韗，舊註音楦，攻皮治鼓工也。分爲二，重出。

韖舊註忍九切，柔上聲。《廣韻》韖熟皮也。今改从韋，與《説文》、《廣韻》義相反。

韡枯灰切，音奎，柔革不均。《考工記·函人》註革無韡。

周象明《事物攷辯》卷五五《器用》

皐皮

《升庵外集》　唐·戴叔倫《［寄］禪［師］寺（讀書詩）［華上人次韻三首之二］》「猊座翻蕭（索）［瑟］，皐比喜接連」。皐比，虎皮也。以虎皮爲講席，在唐時已然矣。

周象明《事物攷辯》卷五六《器用》

建櫜

《事物紀原》　《禮·樂記》曰：武王克商，倒載干戈包之以虎皮，名之曰建櫜。建讀曰鞬，凡兵甲弓矢之衣皆曰櫜。

明按：《禮記》注曰：建讀爲鍵。兵甲之衣曰櫜，建櫜言閉藏兵甲也。鍵，籥牝。

箙

程大昌《演繁露》　《重卓傳》卓膂力過人，雙帶兩鞬，左右馳射。注云：《方言》曰：所以藏箭謂之箙，藏弓謂之鞬。《左氏傳》云：右屬櫜鞬。

明按：《小爾雅》曰：矢服謂之弢。《釋名》曰以皮曰箙。

魚服

（唐）［三國吴］陸璣《草木蟲魚疏》　魚服，魚獸之皮也。魚獸似猪，東海有之，一名魚貍。其皮背上斑文，腹下純青，今以爲弓鞬。海水將潮及天將雨，其毛皆起，水潮還及天晴其毛如故。

皮革

《示兒編》　《羔羊》詩曰「羔羊之皮」。又曰「羔羊之革」。毛云：革猶皮也。孔曰：《説文》云：獸皮治去其毛曰革。鄭注《掌皮》曰：皮謂若虎豹熊羆有文章者，革謂無文章者，去毛而獸之。又一説，第三弘稱皮有毛稱革。按，八音中

有革，謂叢鼓也，則革已去毛無疑矣。若《帝王世紀》曰：黄帝殺夔，以其皮爲鼓。即毛傳所云，革猶皮也。蓋對文則皮、革，散文則皮、革通也。

《事物異名録》卷二二《武器部》 鞴靫　張翥詩「後軍紃鎧甲，白羽攢鞴靫」。按，鞴靫，盛箭室。

笭篚　《篇海》笭篚，箭室。

綜述

《書·禹貢》 冀州：島夷皮服。

孔安國傳：海曲謂之島，居島之夷還服其皮，明水害除。

孔穎達疏：孔讀鳥爲島，島是海中之山。《九章筭術》所云海島逖絶不可踐量是也。傳云：海曲謂之島，謂其海曲有山，夷居其上，此居島之夷常衣鳥獸之皮，爲遭洪水衣食不足，今還得衣其皮服，以明水害除也。鄭玄云：鳥夷，東方之民搏食鳥獸者也。王肅云：鳥夷，東北夷國名也。與孔不同。

《周禮·天官·掌皮》 掌皮掌秋斂皮，冬斂革，春獻之。鄭玄注：皮革踰歲乾久乃可用。獻之，獻其良者於王，以入司裘，給王用。孫詒讓【疏】「掌秋斂皮，冬斂革，春獻之」者，賈疏云：「許氏《說文》『獸皮治去其毛曰革』。秋斂皮者，鳥獸毛毨之時，其皮善，故秋斂之。革乃須治，用功深，故冬斂之。乾久成善乃可獻，故春獻之也。」宋綿初云：「凡連毛者曰皮，裘材也。去毛者曰革，練治之革曰韋。此云革，蓋兼韋言之，冠與帶之材也。」注云「皮革踰歲乾久乃可用」者，釋經秋冬斂春乃獻之之義。鄭意凡裘材皆於前年秋取之，故《獸人》「春秋獻獸物」，注云「及狐狸」，即到裘材也。《詩·豳風·七月》云：「一之日于貉，取彼狐狸，爲公子裘。」彼仲冬取者，民間取獸時或略後，與此經不必同也。依經注義，秋斂春獻，並屬裘材。其司裘中秋獻良裘，季秋獻功裘，則獻已成之裘。獻成距斂皮已期歲，其彌乾久可知。其韋革亦以乾久爲善，故《釋名·釋喪制》云：「凡五材，膠漆陶冶皮革，乾槁乃成也。」云「獻之，獻其良者於王，以入司裘，給王用」者，以共尊須擇良者，故特獻之也。皮革兩者皆獻其良者入司裘，皮以爲王裘，革以給帶舄及皮車等之用。遂以式灋頒皮革于百工。鄭玄注：式法，作物所用多少故事。孫詒讓【疏】「遂以式灋頒皮革于百工」者，此冢上春獻爲文，謂既獻之後，遂依式法頒之於百工也。案《叙官》司裘之下無工，則凡皮革之良者，雖獻於王入司裘，仍涖此官頒之於工；其不良者，則此官直頒之於工，不入司裘也。百工者，即《考工記·總叙》云「攻皮之工五，函、鮑、韗、韋、裘」。又彼注說百工云「衆言之」是也。賈疏謂獻良者入司裘，其餘乃入百工，是入司裘者即不復頒工，似非經義。注云「式法，作物所用多少故事」者，此亦注用今字作「法」也。蔣載康云：「式灋即九式之灋，指工事言。」賈疏云：「作，若裘氏作裘，函人作甲胄，謂皮革皆有用物多少之數，有舊法者也。」共其毳毛爲氈，以待邦事。鄭玄注：當用氈則共之。毳毛，毛細縟者。孫詒讓【疏】注云「當用氈則共之」者，氈，詳《掌次》疏。賈疏云：「謂若掌次張氈案，是當其用氈，則掌皮共毳毛與冬官，使作氈與掌次也。」云「毳毛，毛細縟者」者，《說文·毳部》云：「毳，獸細毛也。」《一切經音義》引《三蒼》云：「毳，羊細毛也。」凡氈以毳毛爲之。《淮南子·齊俗訓》云：「越人見毳，不知其可以爲旃也。」旃氈字同。歲終，則會其財齎。鄭玄注：財，斂財本數及餘見者。齎，所給予人以物曰齎。今時詔書或曰齎計吏。鄭司農云：「齎或爲資。」孫詒讓【疏】「歲終」者，亦謂夏之季冬。云「則會其財齎」者，此正皮革之歲會，亦此官之官成也。注云「財，斂財本數」者，賈疏云：「謂四方所有皮革之入掌皮之數，是本數也。」詒讓案：《大宰》注云：「財，泉穀也。」此財蓋謂所斂皮革直泉多少之本數。云「及餘見者」者，餘見謂所用餘皮革見在者也，詳《司書》疏。

《周禮·冬官·鮑人》 鮑人之事，鄭玄注：鮑，故書或作「鞄」。鄭司農云：「《蒼頡篇》有鮑甍。」孫詒讓【疏】「鮑人之事」者，以事名工也。事謂柔治韋革之事。注云「鮑故書或作鞄，鄭司農云，《蒼頡篇》有鮑甍」者，《總叙》注義同。甍字當爲夔，並詳《總叙》疏。望而眡之，欲其荼白也；鄭玄注：韋革，遠視之，當如茅莠之色。孫詒讓【疏】注云「韋革遠視之，當如茅莠之色」者，此亦注用今字作「視」也。賈疏云：「此官主革，不主韋，韋自韋氏爲之。鄭云韋革者，夾句而言耳。」詒讓案：《地官·叙官》注云：「荼，茅莠。」莠者，秀之借字。《毛詩·鄭風·出其東門》傳云：「荼，英荼也。」鄭箋云：「荼，茅莠。」孔疏云：「英是白貌。茅之秀者，其穗色白。」又《國語·吴語》云：「『皆白裳、白旂、素甲、白羽之矰，望之如荼。』」蓋韋革色貴白，遠視之與茅華色同，故經云荼白也。互詳《地官》疏。進而握之，欲其柔而滑也；鄭玄注：謂親手煩撋之。孫詒讓【疏】「進而握之」者，此下當有「引而信之，欲其直也」八字，誤錯著於後，詳後疏。注云「謂親手煩撋之」者，《毛詩·周南·葛覃》「薄污我私」，傳云：「污，煩也。」鄭箋云：「煩，煩撋之，用功深。」彼《釋文》引阮孝緒《字略》云：「煩撋猶挼莏也。」案：煩撋、挼莏並用兩手上下摩挼之謂。《說文·手部》云：「握，搤持也。」謂持革煩撋之。卷而摶之，欲其無池也；鄭玄注：「卷讀爲『可卷而懷之』之卷，摶讀爲『縛一如瑱』之縛。謂卷縛韋革也。池讀爲『既建而池之』之池。無池，謂革不齵。」孫詒讓【疏】注鄭司農云「卷讀爲可卷而懷之之卷」者，段玉裁云：「卷與《論語》卷懷義同。」云「摶讀爲縛一如瑱之縛」者，此易其字也。縛一如瑱，《左》昭二十六年傳文。《釋文》云：「瑱，本或作顛。」段玉裁、阮元並以顛爲瑱之誤，是也。《說文·玉部》瑱，重文䪽，云「瑱或从耳」。云「謂卷縛韋革也」者，《左傳》杜注云：「縛，卷也。」段玉裁云：「易摶爲縛，縛謂卷之緊也。」云

「迆讀爲既建而迆之之迆」者，此引《總叙》文，「迆」下多一「之」字。段玉裁云：「謂與既建而迆之義同，謂不衺也。」云「無迆謂革不齵」者，齵字，唐以前字書未見，《類篇・韋部》始有此字，云「柔革平均也」。案：《釋文》音虧，疑即虧之俗。《小爾雅・廣言》云：「虧，損也。」不虧蓋謂革不縮而減損，則卷之無迆邪不正之患。《類篇》蓋本此注而失其義。　**眡其著，欲其淺也；**鄭玄注：「謂郭韋革之札入韋革，淺緣其邊也。」玄謂韋革調善者鋪著之，雖厚如薄然。孫詒讓【疏】「眡其著，欲其淺也」者，江永云：「言縫合兩皮相著之處，欲淺狹。若太深廣，則革爲厚邊縫皮起，而革不信。」　注鄭司農云「謂郭韋革之札入韋革，淺緣其邊也」者，郭廓聲類同。《淮南子・道應訓》云：「譬之猶廓革者也，廓之大則大矣，裂之道也。」《方言》云：「張小使大謂之廓。」此注言張郭皮革使極伸，則其札之邊緣接入相連著者，乃淺而不厚也。先鄭此説深得經意，後鄭破之，非也。云「玄謂革韋調善者鋪著之，雖厚如薄然」者，此訓著爲鋪著，與先鄭異。《廣雅・釋詁》云：「鋪，陳也。調，和也。」謂革和耎則不暴起，其鋪著之時，雖厚亦如薄也。　**察其線，欲其藏也。**鄭玄注：故書線或作綜。杜子春云：「綜當爲糸旁泉，讀爲絤，謂縫革之縷。」孫詒讓【疏】注云「故書線或作綜，杜子春云，綜當爲糸旁泉，讀爲絤」者，段玉裁云：「泉宗篆相似，正其形之誤，當爲線，而後説線即絤字，蓋子春時多用絤字也。《説文》綫爲小篆綫，與絤同也。線爲古文，謂《縫人》及《考工》故書也。晉灼注《漢書・功臣表》云：『綫，古線字。』則晉時綫爲古字，線爲今字，與許時互易。」徐養原云：「晉世專行線字，故反以綫爲古字，至今猶然。《説文》有綫無絤。然子春不讀爲綫而讀爲絤，則綫字在後漢已不行矣。」云「謂縫革之縷」者，《縫人》先鄭注云：「線，縷也。」**革欲其荼白而疾澣之，則堅；**鄭玄注：「韋革不欲久居水中。」孫詒讓【疏】「革欲其荼白而疾澣之，則堅」者，申論上文五者之義。《説文・水部》云：「瀚，濯衣垢也。」澣即瀚之俗。制革必澣之者，所以去其不潔，猶布帛之有鍛濯灰治也。色既荼白而澣之又疾，則不潔去而無傷其肕，故堅也。　注鄭司農云「韋革不欲久居水中」者，韋革久漸漬水中，則敝而損其堅，故澣之欲疾。　**欲其柔滑而腛脂之，則需；**鄭玄注：故書需作[需刂]。鄭司農云：「腛讀如『沾渥』之渥，[需刂]讀爲『柔需』之需。謂厚脂之韋革柔需。」孫詒讓【疏】「欲其柔滑而腛脂之，則需」者，需，當作「耎」。柔滑者，治革之精；然恐其枯燥而坼，故又以脂潤之，以助其輭也。戴震云：「蓋革宜柔，柔則利於屈伸而能久。」【略】此釋腛脂之則需之義。《廣雅・釋詁》云：「渥，厚也。」段玉裁云：「腛之言厚也，脂之猶《詩》言膏之。」案：段説亦是也。《梓人》注云：「脂，牛羊屬。膏，豕屬。」此散文通言，脂膏皆可以柔韋革，不定用牛羊脂也。　**引而信之，欲其直也。信之而直，則取材正也；信之而枉，則是一方緩、一方急也。若苟一方緩、一方急，則及其用之也，必自其急者先裂。若苟自急者先裂，則是以博爲帴也。**鄭玄注：「帴讀爲翦，謂以廣爲狹也。」玄謂翦者，如俴淺之俴，或者讀爲羊豬戔之戔。孫詒讓【疏】「引而信之，欲其直也」者，王引之云：「此皆先列其目，後乃一一申言之。不應『引而信之』二句不見於前，而見於後。蓋本在『進而握之欲其柔而滑也』下，寫者錯亂耳。」案：王説是也。信與伸同。云「信之而直，則取材正也」者，取材正，謂革裁斷之成札，腠理齊正而不邪絶，其伸之乃得直也。云「信之而枉，則是一方緩一方急也」者，革不直者，郭之必不均，故一方緩一方急。云「必自其急者先裂」者，《説苑・敬慎篇》云：「革剛則裂。」急則必剛，故先裂也。　注鄭司農云「帴讀爲翦」者，帴翦聲近假借字。《既夕禮》「緇翦」，注云：「今文翦作淺。」賈疏云：「翦亦是狹小之意。」云「謂以廣爲狹也」者，訓帴爲狹也。革札以廣爲貴，若有坼裂，則廣者反成狹矣。云「玄謂翦者如俴淺之俴，或者讀爲羊豬戔之戔」者，《釋文》云：「沈云：『馬融音淺，干寶爲殘，與《周易》戔戔之字同，亦音素干反，不知其義。』或云：『字則如沈釋，而羊豬戔之語，未見出處。俗謂羊豬脂爲𦚬，音素干反，豈取此乎？』」案：《周禮注》殘餘字，本多作戔，宜依殘音。【略】**卷而摶之而不迆，則厚薄序也；**鄭玄注：序，舒也。謂其革均也。孫詒讓【疏】「則厚薄序也」者，序，前經例用古字並作「叙」，此作「序」，疑經記字例之異。注云「序，舒也」者，《毛詩・大雅・常武》傳云：「舒，序也。」是序舒可互訓。云「謂其革均也」者，革均則無偏厚偏薄之處，故均平而不迆。　**眡其著而淺，則革信也；**鄭玄注：信，無縮緩。孫詒讓【疏】注云「信無縮緩」者，信亦伸字。《廣雅・釋詁》云：「伸，展也，直也。」革展之直，則平而無縮，急而不緩。　**察其線而藏，則雖敝不甐。**鄭玄注：甐，故書或作鄰。鄭司農云：「鄰讀爲『磨而不磷』之磷。謂韋革縫縷沒藏於韋革中，則雖敝，縷不傷也。」孫詒讓【疏】「察其線而藏，則雖敝不甐」者，《釋文》云：「甐或作鄰。」案：或本蓋涉注疊故書而誤。　注云「甐故書或作鄰，鄭司農云，鄰讀爲磨而不磷之磷」者，磨而不磷，《論語・陽貨篇》文。段玉裁云：「甐與磷同，瓦石皆磨甐之物也。鄰者，古文假借字。」徐養原云：「甐磷俱不見於《説文》，故書借用鄰字。《輪人》『不甐於鑿』，《釋文》：『甐，本又作鄰。』是不特故書爲然矣。」云「謂韋革縫縷沒藏於韋革中，則雖敝縷不傷也」者，《輪人》注云：「甐亦敝也。」此謂線縷深藏於韋革中，則磨甐不能及，故革雖敝，其線終不傷而斷也。

《禮記・禮運》　昔者先王，未有宮室，冬則居營窟，夏則居橧巢。未有火化，食草木之實，鳥獸之肉，飲其血，茹其毛。未有絲麻，衣其羽皮。

《呂氏春秋》卷三《盡數》　〔季春之月，〕是月也，命工師，令百工，審五庫之量，金鐵、皮革筋、角齒、羽箭幹、脂膠丹漆，無或不良，百工咸理。監工日號，無悖於時，無或作爲淫巧，以蕩上心。

《史記》卷二《夏本紀》　冀州：【略】島夷皮服。

裴駰集解：鄭玄曰：「島夷，東（北）〔方〕之民（賦）〔搏〕食鳥獸者。」孔安國曰：「服其皮，明水害除。」

《史記》卷二三《禮書》　楚人鮫革犀兕，所以爲甲，堅如金石。

《漢書》卷二八上《地理志第八上》　冀州既載，【略】島夷皮服。

師古曰：「此東北之夷，搏取鳥獸，食其肉而衣其皮也。一說，居在海曲，被服容止皆象鳥也。」

《韓非子》卷一八《五蠹》 古者丈夫不耕，草木之實足食也；婦人不織，禽獸之皮足衣也。

《史記》卷三〇《平準書》 有司言曰：「古者皮幣，諸侯以聘享。金有三等，黄金爲上，白金爲中，赤金爲下。今半兩錢法重四銖，而姦或盜摩錢裏取鋊，錢益輕薄而物貴，則遠方用幣煩費不省。」乃以白鹿皮方尺，緣以藻繢，爲皮幣，直四十萬。王侯宗室朝覲聘享，必以皮幣薦璧，然後得行。

《史記》卷一二九《貨殖列傳》 合肥受南北潮，皮革、鮑、木輸會也。【略】通邑大都，【略】屠牛羊彘千皮，【略】狐鼦裘千皮，羔羊裘千石，【略】此亦比千乘之家。

《漢書·匈奴傳》 自君王以下咸食畜肉，衣其皮革，被旃裘。

《後漢書》卷九〇《鮮卑傳》 鮮卑者，亦東胡之支也，别依鮮卑山，故因號焉。【略】有貂、豽、鼲子，皮毛柔蝡，故天下以爲名裘。

劉安《淮南子》卷五《時則訓》 〔仲春之月，〕【略】毋竭川澤，毋漉陂池，毋焚山林，毋作大事，以妨農功。大事，戎旅征伐之事，妨害農民之功也。祭不用犧牲，用圭璧，更皮幣。高誘注：是月尚生育，故不用犧牲也。更，代也，以圭璧皮幣代犧牲也。皮謂鹿皮也。幣謂玄纁束帛也。《禮記》曰「幣帛圭皮告于祖禰」者也。

桓寬《鹽鐵論》卷六《散不足第二十九》 古者，鹿裘皮冒，蹄足不去。及其後，大夫士狐貉縫腋，羔麑豹袪。庶人則毛絝衳彤，羝縷皮裤。今富者鼲鼦，狐白鳧翁。中者罽衣金縷，燕鴼代黄。

史游《急就篇》卷四 麇、麈、麖、麀皮給履。

顔師古注：麇，即今之麞也。音章牡者曰麌，牛羽反牝者曰麜。音栗其子曰麆，音助絶有力者曰豣，音牽。黄氏曰：麇，即麏也。麈，似鹿，尾大而一角，談説者飾其尾而執之以爲儀。麖，似大鹿，一角而牛尾。鹿牡者曰麚，音加牝者曰麀。其子麛音迷絶有力者曰麉。音堅皮可以給履舄之用也。

班固《白虎通》卷三《禮樂》 《禮·王制》曰：「東方曰夷，被髮文身。」又曰：「南方曰蠻，雕題交趾。西方曰戎，被髮衣皮。《書·禹貢》「織皮昆侖、析支、渠搜，西戎即叙」，《疏》引鄭玄《注》云：「衣皮之民，居此昆侖、析支、渠搜三山之野者，皆西戎也。」北方曰狄，衣羽毛，穴居。」《漢書·匈奴傳》：「自君王以下，咸食畜肉，衣其皮革，被旃裘。」

劉熙《釋名》卷七《釋兵》 其受矢之器，畢沅曰：今本無矢字，據《初學記》引增。以皮曰服，畢沅曰：此當作箙。《說文》箙，弩矢箙也。从竹，服聲。《周禮·司弓矢》仲秋獻矢箙。亦作服。《采薇詩》云：象弭魚服。毛傳：魚服，魚皮也。箋：服，矢服也。柔服之義也。畢沅曰：今本作謂柔服用之也。據《初學記》引改。步叉畢沅曰：當云亦曰步叉。《通俗文》箭箙謂之步叉。王啓原曰：《文選·七發》注：服，今之步叉也。《晉書·載記》石虎破劉曜，獲馬二百疋，金銀步叉弓鞬三十具。蘇輿曰：步叉即鞴靫。《廣雅·釋器》鞴靫，矢藏也。《集韻》引《埤蒼》鞴靫，箭室也。步、鞴一聲之轉，靫即叉之俗體。人所帶以箭叉於其中也。畢沅曰：今本無此於字及下於字，竝據《初學記》引增。馬上曰鞬，鞬建也。畢沅曰：《說文》鞬，所以戢弓矢。从革，建聲。《禮記·樂記》名之曰建櫜。鄭注：建讀曰鞬。弓矢竝建立於其中也。畢沅曰：《初學記》引句上有言字。《史記·信陵君傳》平原君負韊矢。案《說文》韊所以盛弩矢，人所負也。从竹，闌聲。茲備舉盛矢器之名而不言韊，豈其有闕逸與。

盾，遯也，跪其後，畢沅曰：《御覽》引作跪其下。避刃以隱遯也。畢沅曰：今本無刃字，據《北堂書鈔》、《御覽》引增。《說文》盾，瞂也，所以扞身蔽目。象形，厂聲。先謙曰：吴校以作似。大而平者曰吴魁，本出於吴，爲魁帥者所持也。蘇輿曰：《廣雅》吴魁，盾也。《御覽》引吴魁作吴科。王氏念孫疏證云：《楚辭·九歌》「操吴戈兮被犀甲」，王逸注：或曰操吾科。吾科，盾之名也。吾科與吴魁同，科魁聲相近。故《後漢書》謂科頭爲魁頭。又云：吴者，大也，魁亦盾名也。吴魁猶言大盾，不必出於吴，亦不必爲魁帥所持也。《方言》吴，大也。《吴語》奉文犀之渠。韋注：渠，楯也。渠與魁一聲之轉，故盾謂之渠，亦謂之魁，帥謂之渠，亦謂之魁，芋根謂之芋渠，亦謂之芋魁也。隆者曰滇盾，本出於蜀，蜀滇所持也。畢沅曰：今本滇皆作須，蜀字不重，據《御覽》引增，改蜀滇所持謂蜀滇人所用。或曰羌盾，言出於羌也。成蓉鏡曰：《御覽》三百五十七引張敞《東宫舊事》曰：東列崇福門各羌楯十幡。葉德炯曰：吴魁、滇盾、蜀盾、羌盾，猶《考工記》鄭刀、宋斤、魯削、吴越劍，各以地著名也。約脅而鄒者曰陷虜。畢沅曰：《釋書契篇》鄒，狹小之言也。言可以陷破虜敵也，今謂之曰露見是也。狹而長者曰步盾，步兵所持與刀相配者也。葉德炯曰：《周禮·地官·旅賁氏》「執戈盾夾王車而趨」，此即步兵之盾。狹而短者曰孑盾，車上所持者也。蘇輿曰：《御覽》孑盾上有夾字。孑，小稱也，以縫編版謂之木絡。蘇輿曰：《御覽》引縫作韈云：音逢，編版下有者字，木絡下有盾字。以犀皮作之曰犀盾，以木作之曰木盾，皆因所用爲名也。成蓉鏡曰：韓子、趙簡子犀楯，犀櫓。

甲，畢沅曰：鄭注《周禮・敘官・司甲》云：甲，今之鎧也。似物有孚甲以自禦也。畢沅曰：《説文》甲「从木戴孚甲之象」。亦曰介，畢沅曰：《禮記・曲禮》「介者不拜」。《周禮・旅賁氏》「軍旅則介而趨」。鄭注：介，被甲。亦曰函，畢沅曰：《攷工記》曰：「燕無函。」鄭仲師注：函，鎧也。亦曰鎧，畢沅曰：《説文》「鎧，甲也」。蘇輿曰：《夏官・序官・司甲》賈疏云：古用皮謂之甲，今用金謂之鎧。从金爲字也。皆堅重之名也。畢沅曰：今本及《御覽》引皆作鎧，猶塏也。塏，堅重之言也。或謂之甲，似物孚甲以自禦也。無「亦曰介亦曰函」六字，據《初學記》引增改。

《三國志》卷三〇《魏志・鮮卑傳》　鮮卑即古所謂東胡也。

裴松之注引《魏書》曰：鮮卑亦東胡之餘也，别保鮮卑山，因號焉。其言語習俗與烏丸同。其地東接遼水，西當西城。常以季春大會，作樂水上，嫁女娶婦，髠頭飲宴。其獸異於中國者，野馬、羱羊、端牛。端牛角爲弓，世謂之角端者也。又有貂、豽、鼲子，皮毛柔蠕，故天下以爲名裘。

張揖《廣雅》卷八上《釋器》　韃、韔、橐、韜、韣，弓藏也。

韃之言鞬閉也。《方言》「所以藏弓謂之鞬」。《晉語》「其左執鞭弭，右屬橐鞬」。韋昭注云：橐，矢房。鞬，弓弢也。僖二十三年《左傳》注同。藏弓謂之韔，故弓藏亦謂之韔。《秦風・小戎篇》云「虎韔鏤膺」。又云「交韔二弓」，是也。毛亨傳云：韔，弓室也。《説文》云「弓衣也」。《檀弓》「赴車不載橐韔」。《釋文》作韔。《鄭風・大叔于田》作鬯。《小戎》《釋文》云：韔，本亦作暢，竝字異而義同。《小雅・彤弓篇》「受言橐之」。毛亨傳云：「橐，韜也。」韜弓謂之橐，故弓韜亦謂之橐。昭元年《左傳》「請垂橐而入」。杜預注云「垂橐，示無弓」。是也。《説文》「弢，弓衣也」。弢，與韜同。卷四云「韜，藏也」。成十六年《左傳》「中項伏弢」，《齊語》「弢無弓，服無矢」。韋昭、杜預注竝云：弢，弓衣也。韣之言獨也。《内則》鄭玄注云韣，韜也。《説文》「韣，弓衣也」。又云「韥，弓矢韥也」。韥，與韣同。《覲禮》「載龍旂弧韣」，《少儀》「弓則以左手屈韣執拊」。鄭玄注竝云：「韣，弓衣也。」凡弓藏矢藏之名，各有專屬，而皆可以互通。《説文》「鞬，所以戢弓矢也」。「韜，劒衣也」。「韥，弓矢韥也」。《少儀》云「劒則啓櫝」。又云「戈有刃者櫝」。《左傳》《國語》注竝「以橐爲矢房」。是鞬、橐、韜、韣之名，不獨施於弓也。《少儀》云「甲若無以前之，則袒橐奉胄」。《樂記》云「倒載干戈，包之以虎皮，名之曰建櫜」。則凡兵甲之衣通謂之建櫜矣。建，與鞬同。

張揖《廣雅》卷一〇下《釋獸》　狦，狼也。

《廣韻》「狦，獸名，似狼」。《説文》「狼，似犬，鋭頭白頰，高前廣後」。劉焯《毛詩》義疏云其鳴能小能大，善爲小兒啼聲以誘人，去數十步止，其勇捷者，人不能制，雖善用兵者，不能克之，其膏可以煎和，其皮可以爲裘。【略】

《魏書》卷一〇〇《失韋傳》　失韋國，在勿吉北千里，去洛六千里。【略】頗有粟麥及穄，唯食猪魚，養牛馬，俗又無羊。夏則城居，冬逐水草。亦多貂皮。

《南朝宋會要・嘉禮・婚儀》　明帝泰始五年十一月，有司奏：「按晉江左以來，太子昏，納徵，禮用玉一，虎皮二，未詳何所準況。或者虎取其威猛有彬炳，玉以象德而有温潤。尋珪璋既玉之美者，豹皮義兼炳蔚，熊羆亦昏禮吉徵，以類取象，亦宜並用，未詳何以遺文。晉氏江左禮物多闕，後代因襲，未遑研考。今皇太子昏，納徵，禮合用珪璋豹皮熊羆皮與不？下禮官詳依經紀更正。若應用者，爲各用一？爲應用兩？」博士裴昭明議：「案周禮，納徵，玄纁束帛儷皮。鄭玄注云：『束帛十端也。儷，兩也。兩皮爲庭實，鹿皮也。』晉太子納妃儀注，『以虎皮二』。太元中，公主納徵，以虎豹皮各一具。豈謂婚禮不辨王公之序，故取虎豹皮以尊革其事乎。虎豹雖文，而徵禮所不用。熊羆吉祥，而婚典所不及。珪璋雖美，或爲用各異。今帝道弘明，徽則光闡，儲皇聘納，宜準經誥。凡諸僻謬，並合詳裁。雖禮代不同，文質或異，而鄭爲儒宗，既有明説，守文淺見，蓋有惟疑。兼太常丞孫詵議以爲：『聘幣之典，損益惟義，歷代行事，取制士婚。若珪璋之用，實均璧品，采豹之彰，義齊虎文，熊羆表祥，繁衍攸寄。今儲后崇聘，禮先訓遠，皮玉之美，宜盡暉備。《禮》稱束帛儷皮，則珪璋數合同璧，熊羆文豹，各應用二。』長兼國子博士虞龢議：『案《儀禮》納徵，直云玄纁束帛雜皮而已。《禮記・郊特牲》云虎豹皮與玉璧，非虚作也。則虎豹之皮，居然用兩，珪璧宜仍舊各一也。』參詵、龢二議不異，今加珪璋各一，豹熊羆皮各二，以龢議爲允。」詔可。《禮志》一。

《南朝宋會要・職官・下議》　明帝泰始五年十一月，有司奏，皇太子昏，納徵，禮合用珪璋豹皮熊羆皮與不？下禮官詳依經紀更正。博士裴昭明、兼太常丞孫詵、國子博士虞龢議各云云。以龢議爲允。詔可。《禮志》一。别見《昏儀》門。

《新唐書》卷三七《地理志一・關内道》　厥貢：革。　四册九六一頁

又《同州》土貢：鞹、皺皮吉莫。　又九六五頁

又《靈州》土貢：鹿革、鞹。　又九七二頁

又《會州》土貢：野馬革。　又九七三頁

又《豐州》土貢：野馬胯革。　又九七六頁

又《單于大都護府》土貢：野馬胯革。　又九七六頁

又《安北大都護府》土貢：野馬胯革。　又九七七頁

又卷三九《地理志三・河東道》厥貢：熊鞹。　又九九九頁

又《嵐州》土貢：熊鞹。又一〇〇五頁
又《蔚州》土貢：熊鞹。又一〇〇七頁
又《平州》土貢：熊鞹。又一〇二一頁
又卷四〇《地理志四・涼州》土貢：野馬革。又一〇四四頁
又《瓜州》土貢：野馬革。又一〇四五頁
又《甘州》土貢：野馬革。又一〇四五頁
又《肅州》土貢：野馬革。又一〇四五頁
又卷四一《江南道》厥貢：鮫革。又一〇五六頁
又《温州》土貢：鮫革。又一〇六三頁
又《台州》土貢：蛟革。又一〇六三頁
又《漳州》土貢：鮫革。又一〇六六頁
又卷四三上《地理志七・廣州》土貢：鼊皮。又一〇九五頁
又《循州》土貢：鮫革。又一〇九七頁
又《潮州》土貢：鮫革。又一〇九七頁
又《封州》土貢：鮫革。又一〇九八頁
又《安南中都護府》土貢：鮫革。又一一一二頁
又《陸州》土貢：鼊皮。又一一一二頁

《唐六典》卷三《尚書户部》 郎中、員外郎掌領天下州縣户口之事，凡天下十道，任土所出而爲貢賦之差。李林甫等注：其物産，經不盡載，並具下注。【略】

一曰關内道【略】厥貢野馬皮。李林甫等注：同州鱲文吉莫皮。【略】

六曰隴右道【略】厥貢皮革。李林甫等注：甘、肅、瓜、涼等州野馬皮，瓜州吉莫皮，鄯州野馬皮。【略】

八曰江南道【略】李林甫等注：温、台二州鮫魚皮。【略】

十曰嶺南道【略】李林甫等注：廣州黿鼊皮，安南鮫魚皮，漳、潮等州鮫魚皮，陸州鼊皮。

杜佑《通典》卷六《食貨六》 馮翊郡貢白裏鱲文皮二十一領 今同州
九原郡貢野馬胯皮二十一片 今豐州
單于都護府貢生野馬胯皮總十二片
安北都護府貢生野馬胯皮二十一片
武威郡貢野馬皮五張 今涼州
晉昌郡貢野馬皮 今瓜州
酒泉郡貢野馬皮兩張 今肅州
張掖郡貢野馬皮十張 今甘州
吴郡貢鯔魚皮三十頭 今蘇州
臨海郡貢鮫魚皮百張 今台州
永嘉郡貢鮫魚皮三十張 今温州
漳浦郡貢鮫魚皮二十張 今漳州
潮陽郡貢鮫魚皮十張 今潮州
南海郡貢鼊皮三十斤 今廣州
安南都護府貢鯅魚皮二十斤
玉山郡貢鼊皮六十斤 今陸州
海豐郡貢鯅魚皮三 今循州

杜佑《通典》卷一八七《邊防三》 種姓自相率領，不能統一，土俗與附國同，言語少殊。其人並無姓氏。其地南北八百里，東西千五百里。無城栅，近川谷，傍山險。俗好復讎，故壘石爲礫而居，以避其患。其礫與巢字同。高至十餘丈，下至五六丈，狀似浮圖。於下級開小門，從内上通，夜必關閉。有二萬餘家。弓長六尺，以竹爲弦。妻其羣母及嫂。兒弟死，父兄亦納其妻。好歌舞，鼓簧，吹長笛。有死者，無服制，置屍於高牀上，沐浴衣服，被以牟甲，覆以獸皮。子孫不哭，帶甲舞劍而呼云：「我父爲鬼所取，我欲報冤殺鬼。」〔附國〕其俗以皮爲帽，形圓如鉢，或戴冪䍦。衣多毛毼裘，毼，胡割反。全剥牛脚皮爲鞾。【略】附國水闊百餘丈，並南流，用皮爲舟而濟。

〔鮮卑〕其獸異於中國者，有野馬、原羊、角端牛，以角爲弓，代謂角端弓者也。又貂、豽、鼲子，皮毛柔軟，故天下以爲名裘。

〔室韋〕度水則束薪爲栰，或有以皮爲舟者。馬則織草爲韉，結繩爲轡。寢則屈木爲室，以籧篨覆上，移則載行。以猪皮爲席，編木藉之。【略】俗皆捕貂爲業，冠以狐貉，衣以魚皮。

〔流鬼〕人皆皮服，又狗毛雜麻爲布而衣之，婦人冬衣豕鹿皮，夏衣魚皮，制與獠同。

〔駮馬〕好漁獵，取魚、鹿、獺、貂、鼠等肉充食，以其皮爲衣。

李吉甫《元和郡縣圖志》卷二《關内道》二

《同州》開元貢：緆文吉莫皮二十張。

李吉甫《元和郡縣圖志》卷四《關內道》四

《靈州》開元貢：鹿皮，野馬皮。

《豐州》開元貢：野馬皮。

李吉甫《元和郡縣圖志》卷一四《河東道》三

《嵐州》開元貢：熊皮。

又《蔚州》開元貢：熊皮，豹皮。

李吉甫《元和郡縣圖志》卷二六《江南道》二

《溫州》開元貢：鮫魚皮三十張。　元和貢：鮫魚皮。

又《台州》開元貢：鮫魚皮。　元和貢：鮫魚皮一百張。

李吉甫《元和郡縣圖志》卷二九《江南道》五

《建州》元和貢：偃鼠皮。

又《漳州》開元貢：鮫魚皮。　元和貢：鮫魚皮。

又《汀州》開元貢：偃鼠皮。

李吉甫《元和郡縣圖志》卷三四《嶺南道》一

《廣州》元和貢：鼊皮。

又《循州》開元貢：鮫魚皮。

又《潮州》開元貢：鮫魚皮。　元和貢：鮫魚皮。

李吉甫《元和郡縣圖志》卷三八《嶺南道》五

《安南》開元貢：鮫魚皮。

又《陸州》開元貢：鼊皮。　元和貢同。

李吉甫《元和郡縣圖志》卷三九《隴右道》上

《蘭州》開元貢：野馬皮。

李吉甫《元和郡縣圖志》卷四〇《隴右道》下

《涼州》開元貢：野馬皮五張。

又《甘州》開元貢：野馬皮。

又《肅州》開元貢：野馬皮。

又《沙州》開元貢：野馬皮。

又《瓜州》開元貢：吉莫皮。

樊綽《雲南志》卷七《雲南管內物産》　犀出越賧、麗水。其人以陷阱取之。每殺之時，天雨震雷暴作。尋傳川界、殼弄川界亦出犀皮。蠻排甲並馬統備。馬騎甲仗，多用犀革，亦雜用牛皮。負排羅苴已下，未得係金佉苴者，悉用犀革爲佉苴，皆朱漆之。

大蟲，南詔所披皮，赤黑文深，炳然可愛。云大蟲在高山窮谷者則佳，如在平川，文淺不任用。

《唐會要》卷九六《室韋》　酋帥號餘莫不滿咄。死則子弟代之，無嗣則擇賢豪而立之。盤髮，衣服與契丹同。乘牛車，蘧蒢爲室，如突厥氈車之狀。渡水則束薪爲栰，或有以皮爲舟者。馬則織草爲韉，結繩爲轡。寢則屈木爲室，以蘧蒢覆之，移則載以行。以猪皮爲席，編木藉之。氣候多寒，田收甚薄。無羊，少馬，多猪牛。言語與靺鞨相通。婚嫁之法：二家相許，壻輒盗婦持去，然後送牛馬爲聘。婦人不再嫁，以爲死人之妻，難以共居。部落共爲大棚，人死，置屍其上，居喪三年。其國無鐵，取給於高麗。南室韋北行十一日至北室韋，分爲九部落。其渠帥號乞引莫賀咄。氣候最寒，冬則入山居穴中，牛畜多凍死。饒麞鹿，射獵爲務。鑿冰，没水中而網射魚鼈。地多積雪，懼陷坑穽，騎木而行。俗皆捕貂爲業，冠以狐貉，衣以魚皮。又北行千里至鉢室韋，依胡布山而住，人衆多於北室韋，不知爲幾部落。用樺皮蓋屋，其餘同北室韋。從鉢室韋西四日行，至深末怛室韋，因水爲號也。冬月穴居，以避太陰之氣也。又西北數千里至大室韋。徑路險阻，言語不同，尤多貂及青鼠。北室韋，後魏武定，隋開皇大業中，並遣使貢獻。【略】

開元、天寶中，每數十歲一遣使來朝，及貢貂皮等物。

《舊五代史》卷一一二《周書・太祖紀三》〔廣順二年十一月〕甲戌，詔曰：「累朝已來，用兵不息，至於繕治甲胄，未免配役生靈，多取于民，助成軍器。就中皮革，尤峻科刑，稍犯嚴條，皆抵極典，鄉縣以之生事，姦猾得以侵漁，宜立所規，用革前弊。應天下所納牛皮，今將逐所納數，三分內減二分，其一分於人户苗畝上配定。每秋夏苗共十頃納連角皮一張，其黄牛納乾筋四兩，水牛半斤，犢子皮不在納限。牛馬驢騾皮筋角，今後官中更不禁斷，只不得將出化外敵境。州縣先置巡檢牛皮節級並停。」

《五代會要》卷二五《雜録》　周廣順元年三月二十八日敕：「諸道州府牛皮，今後犯一張，本犯人徒三年，刺配重處色役；本管節級所由，杖九十。兩張以上，本人處死；本管節級所由，徒二年半，刺配重處色役；告事人賞錢五十千。其人户有牛死者，其本户報告本地方所由節級、鄰保人，仰當日内同檢驗過，令本主畫時剥皮，及申報本處官吏，限十日内須送納畢。其筋骨不得隱落。」二年十一月敕：「應天下人所納牛皮，今將逐年所納數，三分内減收二分，其一分于人户苗畝上配定。每秋夏苗共十頃，納連角牛皮一張，其黄牛納乾筋四兩，水牛半斤。犢牸皮不在納限。其皮人户自詣本州送納，所司不得邀難。所有牛馬驢騾皮筋骨，今後官中更不禁斷，並許私家共使買賣，祇不得將出化外敵疆，仍仰關津界首，子細覺察捕捉，所犯人必加深罪。其州縣先置巡檢牛皮節級，及朝廷先降條法，一切停廢。」

司馬光《資治通鑑》卷二八〇《後晉高祖天福元年》 帝將發上黨，契丹主舉酒屬帝曰：【略】與帝執手相泣，久之不能别，解白貂裘以衣帝，胡三省注：貂出於北方。黑貂之裘南方猶可致，白貂之裘南方鮮有之。陸佃《埤雅》曰：貂亦鼠類，縟毛者也。其皮煖於狐貉。衣，於既翻。贈良馬二十匹，戰馬千二百匹，曰：「世世子孫勿相忘。」

司馬光《資治通鑑》卷二九一《後周太祖廣順二年》〔十一月〕癸酉，敕：「約每歲民間所輸牛皮，三分減二；計田十頃，税取一皮，餘聽民自用及賣買，惟禁賣於敵國。」先是，兵興以來，禁民私賣買牛皮，悉令輸官受直。唐明宗之世，有司止償以鹽；晉天福中，并鹽不給。漢法，犯私牛皮一寸抵死，然民間日用實不可無。帝素知其弊，至是，李穀建議，均於田畝，公私便之。

《宋史》卷八八《地理志四》 瑞安府貢鮫魚皮。

台州貢鮫魚皮。

《宋史》卷八九《地理志五》 漳州貢鮫魚皮。

海州貢獐皮、鹿皮。

通州貢獐皮、鹿皮。

《宋史》卷九〇《地理志六》 廣州元豐貢鼊皮。

潮州貢鮫魚皮。

樂史《太平寰宇記》卷三六《關西道一二・靈州》 土産：鹿皮，野馬皮，貢。

樂史《太平寰宇記》卷三七《關西道一三・會州》 土産：野馬皮，貢。

樂史《太平寰宇記》卷四一《河東道二・嵐州》 土産：熊皮，貢。

樂史《太平寰宇記》卷五〇《河東道一一・岢嵐軍》 土産：同嵐州。

樂史《太平寰宇記》卷五一《河東道一二・蔚州》 土産：熊皮。

樂史《太平寰宇記》卷七九《劍南西道八・戎州》 土産：狨皮暖座。按《郡國志》云：「僰道有獸名獑猢，似猿而四足短，一騰一百五十步，如迅鳥之飛，取此皮爲狐白之用，盈百方成。」又段氏《蜀記》云：「戎人進猓㹳褥，皂、褐、碧三色相間，元出馬湖江、石門兩路蠻界内。」

樂史《太平寰宇記》卷九八《江南東道一〇・台州》 土産：鮫魚皮。

樂史《太平寰宇記》卷九九《江南東道一一・處州》 土産：同台州。

樂史《太平寰宇記》卷一〇〇《江南東道一二・南建州》 土産：虎皮。

樂史《太平寰宇記》卷一〇二《江南東道一四・漳州》 土産：沙魚皮。

樂史《太平寰宇記》卷一二二《江南西道二〇・牂州》 土産：熊羆，狐狸之皮。

樂史《太平寰宇記》卷一三八《山南西道六・洋州》 土産：熊羆，狐狸皮。

樂史《太平寰宇記》卷一四四《山南東道三・復州》 土産：鹿皮。

樂史《太平寰宇記》卷一四五《山南東道四・襄州》 土産：丹麖皮。

樂史《太平寰宇記》卷一四六《山南東道五・荆門軍》 土産：並與襄、荆二州同。

樂史《太平寰宇記》卷一五〇《隴右道一・成州》 土産：狨皮。

樂史《太平寰宇記》卷一五二《隴右道三・涼州》 土産：野馬皮。

樂史《太平寰宇記》卷一五二《隴右道三・甘州》 土産：野馬皮。

樂史《太平寰宇記》卷一五二《隴右道三・肅州》 土産：野馬皮。

樂史《太平寰宇記》卷一五三《隴右道四・瓜州》 土産：野馬皮。

樂史《太平寰宇記》卷一五四《隴右道五・階州》 土産：狨皮。

樂史《太平寰宇記》卷一五七《嶺南道一・廣州》 土産：水馬皮，鮫魚皮。

樂史《太平寰宇記》卷一五八《嶺南道二・潮州》 土産：鮫魚皮。

樂史《太平寰宇記》卷一五九《嶺南道三・韶州》 土産：鮫魚皮。

樂史《太平寰宇記》卷一五九《循州》 土産：鮫魚皮。

樂史《太平寰宇記》卷一六〇《嶺南道四・英州》 土産：同廣州。

樂史《太平寰宇記》卷一六二《嶺南道六・桂州》 土産：麖皮。

樂史《太平寰宇記》卷一六四《嶺南道八・康州》 土産：貢鮫魚皮。

《封州》 土産：貢鮫魚皮。

樂史《太平寰宇記》卷一七一《嶺南道一五・愛州》 軍寧縣，猓㹳，土人號曰「歌然」，似獮猴而大，手面目與人無異，皮毛軟毳細滑，堪作褥。

樂史《太平寰宇記》卷一七一《嶺南道一五・陸州》 土産：鼊皮。鼊音壁。

樂史《太平寰宇記》卷一九三《北狄五・鮮卑》 土俗物産：有貂、豽、鼲子，皮毛柔軟，豽，音女滑切。鼲，音胡昆切。貂、鼲並鼠類。豽，猴屬也。故天下以爲名裘。

樂史《太平寰宇記》卷一九四《北狄六・軻比能》 土俗物産：與鮮卑同。

王存《元豐九域志》卷三《陝西路・同州》 土貢韉皮二十張。

王存《元豐九域志》卷五《淮南路・海州》 土貢麞、鹿皮三百張。

王存《元豐九域志》卷五《淮南路・通州》 土貢麞、鹿皮一十張。

王存《元豐九域志》卷五《兩浙路・溫州》 土貢鮫魚皮五張。

王存《元豐九域志》卷五《兩浙路・台州》 土貢鮫魚皮一十張。

王存《元豐九域志》卷九《福建路・漳州》 土貢鮫魚皮一十張。

王存《元豐九域志》卷九《廣南路・廣州》 土貢鼊皮一十張。

王存《元豐九域志》卷九《廣南路・潮州》 土貢鮫魚皮一張。

龐元英《文昌雜録》卷五 禮部林郎中言：昔見宋賜道説唐朝帝王帶雖犀玉，然皆黑鞓，五代始有紅鞓。潞州明皇畫像黑鞓也，其大臣亦然。余昔通判滑州，見州衙設廳東西有賈魏公祠堂，皆黑鞓玉帶，不知紅鞓起於何時也。

趙輿時《賓退録》卷一〇 《禹貢》以來，歷代史志及地理之書，但載土貢之目，而不書其數。惟《元豐九域志》爲詳。嘗最一歲所貢，凡爲【略】韉皮二十張，同。獐鹿皮三百一十張，海三百張，通一十張。鮫魚皮二十六張，台、漳各一十張，溫五張，潮一張。黿殼二十枚，廣。水馬二十枚，廣。鼊皮一十張，廣。翡翠毛二十枚，欽。

舊題宇文懋昭《大金國志》卷一《太祖武元皇帝上》 北方苦寒，故多衣皮，雖得一鼠亦褫皮藏去。婦人以羔皮帽爲飾，至直十數千，敵三大羊之價。不貴貂鼠，以其見日及火則剝落無色也。

舊題宇文懋昭《大金國志》卷二二《東海郡侯上》 又有矇骨國者，在女真之東北，唐謂之蒙兀部，金國謂之蒙兀，亦謂之萌骨。人不火食，夜中能視，以鮫魚皮爲甲，可捍流矢。

馬端臨《文獻通考》卷三一七《輿地三》 海州【略】貢獐皮、鹿皮。

馬端臨《文獻通考》卷三一八《輿地四》 通州【略】貢獐皮、鹿皮。

台州【略】貢鮫魚皮。

潮州【略】貢鮫魚布。

馬端臨《文獻通考》卷三二二《輿地八》 豐州【略】貢野馬胯革。靈州【略】貢麝野馬鹿革、吉莫韉鞹。安北都護府【略】貢野馬胯革。

涼州【略】貢野馬革。

甘州【略】貢野馬革。

肅州【略】貢野馬革。

瓜州【略】貢野馬革。

《文獻通考》卷三二三《輿地九》 廣州【略】貢鼊皮。

陸州【略】貢鼊皮。

安南都護府【略】貢蕉、檳榔、鮫革、蚺蛇膽、翠羽。

張廷玉等《續文獻通考》卷二八《土貢一》〔宋嘉泰以後〕

福建路每年常貢

福州黃牛皮九百四段六十尺、羊皮一千八百一十二張一十丈。認發建寧府黃牛皮四十八段，羊皮八十九張。泛抛每歲兩科甲葉三萬五千片，黃牛皮八百段，羊皮七百張。【略】

漳州鮫魚皮。

〔聖宗統和元年〕

十一月顯州貢綾錦。

〔聖宗統和〕六年五月，詔威裕悦部，自今止進牛馬。

威裕悦部以歲貢貂鼠、青鼠皮非土産，皆于他處貿易以獻。乞改貢，故有是詔。

十五年三月，烏舍烏哲圖以地遠，乞歲時免進鷹馬、貂皮。詔以生辰、正旦貢如舊，餘免。【略】

開泰七年三月，命東北約囉都圖阿里鄂羅木博諾里鐵驪等五部，歲貢貂皮六萬五千、馬三百。

八年七月，詔准卜依舊歲貢馬千七百、駝四百四十、貂鼠皮萬、青鼠皮二萬五千。【略】

天祚帝乾統九年

西夏國進貢物沙狐皮一千張。

《宋會要輯稿・蕃夷七・歷代朝貢》〔太平興國〕三年正月九日，西山野州路蠻首領馬令膜等來朝，貢名馬、犎牛、虎豹皮、麝臍。【略】

〔咸平四年〕六月二十日，上溪州刺史彭文慶等來朝。《玉海》是月，上溪州貢水銀、虎皮。【略】

〔天聖〕三年正月二十九日，知上溪州趙君佐貢虎布。【略】

〔八年〕十二月十三日，高麗國王詢遣御事民官侍郎元穎奉表，貢青鼠皮、豫皮。【略】

〔景祐四年正月九日〕沙州遣使副楊骨蓋靡是貢褐緑黑皮。

《元史》卷八五《百官志一》兵部，尚書三員，正三品；侍郎二員，正四品；郎中二員，從五品；員外郎二員，從六品。掌天下郡邑郵驛屯牧之政令。凡城池廢置之故，山川險易之圖，兵站屯田之籍，遠方歸化之人，官私芻牧之地，駝馬、牛羊、鷹隼、羽毛、皮革之徵，驛乘、郵運、祗應、公廨、皂隸之制，悉以任之。世祖中統元年，以兵、刑、工爲右三部，置尚書二員，侍郎二員，郎中五員，員外郎五員，總領三部之事。至元元年，別置工部，以兵刑自爲一部。【略】其屬附見：

大都陸運提舉司，秩從五品。掌兩部陸運糧斛之事。至元十六年，始置運糧提舉司。延祐四年，改今名。提舉二員，從五品；副提舉一員，從七品。吏目一員，司吏六人，委差一十人。海王莊、七里莊、魏家莊、臘八莊四所，各設提領一人，用從九品印。

管領隨路打捕鷹房民匠總管府，秩從三品。達魯花赤一員，總管一員，副總管二員，經歷、知事各一員，提控案牘一員，吏屬令史六人。初，太祖以隨路打捕鷹房民户七千餘户撥隸旭烈大王位下。中統二年始置。至元十二年，阿八合大王遣使奏歸朝廷，隸兵部。

管領本投下大都等路打捕鷹房諸色人匠都總管府，秩正三品。掌哈贊大王位下事。大德八年始置，官吏皆王選用。至大四年，省併衙門，以哈兒班答大王遠鎮一隅，別無官。

〔工部屬附：〕

大都皮貨所，提領一員，大使一員，副使一員，用從九品印。至元二十九年置。

通州皮貨所，提領一員，大使一員，副使一員，用從九品印。延祐六年置。

《元史》卷八七《百官志三》〔宣徽院屬附：〕圓米棋子局、軟皮局，各置提領一員，同提領一員，副提領一員，俱受宣徽院劄付。

手號軍人打捕千户所，秩從四品。管軍人打捕野物皮貨。至元二十五年始置。設達魯花赤一員，上千户一員，上副千户一員，彈壓一員。上百户七所，各置百户二員。

鍾離縣，定遠縣，真揚州，安慶，安豐，招泗，和州。

漣海，懷遠軍。

下百户二所，各置百户一員。

《元史》卷八八《百官志四》〔將作院〕鞓帶斜皮局，秩從八品。至元十五年置。大使、副使各一員。

《元史》卷八九《百官志五》上都、大都貂鼠軟皮等局提領所，提領二員。至元九年置，受府劄。二十七年，給從七品印，改受省劄。大德十一年，給從六品印，改受敕牒。至治三年，仍改受省劄。其屬附見：

大都軟皮局，使一員，副使一員。至元十三年置。

斜皮局，局使一員，副使一員。至元十三年置。

上都軟皮局，局使一員，副使一員。至元十三年置。

牛皮局，大使一員。至元十三年置。【略】

上都斜皮等局，大使一員，副使一員。至元二十年置，受詹事院劄。

《元史》卷九〇《百官志六》〔大都留守司〕甸皮局，秩正七品。大使一員。管匠三十餘户。至元七年置。十四年，始定品秩。二十一年，改隸留守司。歲辦熟造紅甸羊皮二千有奇。

利用監，秩正三品。掌出納皮貨衣物之事。監卿八員，正三品；太監五員，從三品；少監五員，從四品；監丞四員，正五品；經歷、知事、照磨、管勾各一員，令史八人，譯史二人，通事、知印各一人，奏差六人，典吏三人。至元十年置。二十年罷，二十六年復置。大德十一年，改爲院。至大四年，復爲監。

資用庫，秩從五品。提點二員，從五品；大使三員，正六品；副使五員，正七品；庫子五人。

至元二年置，隸太府。十年，隸利用。

怯憐口皮局人匠提舉司，秩正五品。提舉二員，同提舉一員，提控案牘一員。中統元年置局。至元六年，改提舉司。

雜造雙線局，秩從八品。造内府皮貨鷹帽等物。大使、副使、直長、典史各一員。

熟皮局，掌每歲熟造野獸皮貨等物。大使、副使、直長各一員。至元二十年置。

軟皮局，掌内府細色銀鼠野獸諸色皮貨。大使、副使、直長各一員。至元二十五年置。

斜皮局，掌每歲熟造内府各色野馬皮腭。副使二員。至元二十年置。

貂鼠局提舉司，秩從五品。提舉一員，同提舉、副提舉各一員。至元二十年置。

貂鼠局，副使二員，直長一員。至元十九年立。

染局，副使一員，直長一員，管勾一員。掌每歲變染皮貨。至元二十年始置。

熟皮局，秩從七品。大使一員，副使一員，典史一人，司吏一人。至元六年置。

官修《元典章・户部・户計》 打捕户

壬子年附籍打捕户，應當絲料色銀，替頭裏送納皮貨，到今别無定奪，若有争差户，計經官陳告者，仰照乙未年元籍名色歸着。

壬子年附籍打捕户，送納皮貨，不納斤絲，仰揭照壬子元籍相同，止令應當絲料，如不係打捕户，計即便收係與民一體當差。

手狀指稱打捕户，不納皮貨，亦不當差之人，無問附籍漏籍，收係與民一體當差。

《元文類》卷四二《雜著・皮工》 製皮爲衣，以禦寒也，而大祀之用，禮不可廢。我朝起朔方，都幽燕，皆苦寒之地，故皮服之需尤急，乃設爲寺監司局以專掌之。而其柔治之方，裁製之巧，則又非昔人之所及也。

張廷玉等《續文獻通考》卷二八《土貢一》 〔元世祖至元〕二年正月，布敦奇爾雅蘇來朝，貢銀鼠皮二千。【略】

十三年四月，敕以碩達勒達分地歲輸皮革，自今並入都。【略】

〔十六年六月，〕占城諸國遣使來獻。【略】

二十二年九月，真臘、占城貢樂工十人，及藥材、鰐魚皮等物。【略】

〔英宗至治三年正月，〕征東摩濟地沃濟以貂鼠、水獺、海狗皮來獻。詔存恤三歲。

〔至正二年，〕福州路貢物：

鯊魚皮一百二十張。福清州閩、侯官、懷安、長樂、羅源五縣貢。 鯊魚皮一百五張。福清州閩、侯官、長樂、連江、羅源五縣貢。【略】

福寧州貢物：

鯊魚皮一十五張。

張玉廷等《續文獻通考》卷五三《職官三》 〔元工部，其屬有：〕

提舉右八作司，掌出納内府漆器、紅甆、捎隻等，并在都局院造作鑌鐵、銅鋼、鍮石、東南簡鐵、兩都支持皮毛、雜色羊毛、生熟斜皮、馬牛等皮、騌尾、雜行薩哩圖等物。提舉二人，同提舉、副提舉各一人。中統三年始置。二十九年，以出納委積分爲左右兩司。

張廷玉等《續文獻通考》卷五六《職官六》 〔元〕利用監，掌出納皮貨衣物之事。官有卿八人，太監少監各五人，監丞四人，經歷知事，照磨管勾各一人。至元十年置。二十年罷。二十六年復置。大德十一年改爲院。至大四年復爲監。

所屬：資用庫官有提點二人、大使三人、副使五人。至元二年置。隸太府。十年隸利用。齊哩克昆皮局人匠提舉司，提舉二人，同提舉一人，提控、案牘各一人。中統元年置局。至元六年改提舉司。

雜造雙線局，造内府皮貨、鷹帽等物。大使、副使、直長典史各一人。

熟皮局，掌每歲熟造野獸皮貨等物。大使、副使、直長各一人。至元二十年置。

軟皮局，掌内府細色銀鼠、野獸諸色皮貨。大使、副使、直長各一人。至元二十五年置。

斜皮局，掌每歲熟造内府各色野馬皮腭。副使一人。至元二十年置。

貂鼠局提舉司，提舉、同提舉、副提舉各一人。至元二十年置。副使二人，直長一人。至元十九年置。

染局副使、直長、管勾各一人。掌每歲變染皮貨。至元二十年始置。

張廷玉等《續文獻通考》卷六〇《職官一〇》 中統五年，命招集析居放良、還俗僧道等户習諸色匠藝，立總管府，以司其造作。

所屬【略】

成製提舉司，達嚕噶齊提舉、同提舉、副提舉、吏目各一人。上都、大都貂鼠軟皮等局，提領所提領二人。其屬大都軟皮局、斜皮局、上都軟皮局、牛皮局、金絲子局、畫油局、氊局、材木庫瑪瑙玉局，各有大使，副使並直長等官。大都鄂羅提領所，提領一人。上都鄂囉提領所，提領、同提領各二人。俱掌理人匠詞訟。又有上都異樣毛子局、氊局、斜皮局、蔚州安定等處山場采木提領所。上都隆興等路雜造鞍子局、真定路雜造局、珠翠局，各提領大使、副使直長等官。

臣等謹按：《百官志》所載總管都總管甚屬繁冗，或隸兵部工部，或隸樞密宣政將作徽政儲政等院，俱詳見於各門，兹不贅録。

明不設總管府

李翊《戒庵老人漫筆》卷一《獸皮》 夜閒穿羔兒皮，二更寒透，狐狸皮可過三更，貂鼠皮直至四更，北人試驗如此。貂皮色似鹿，當頸有白毛，儼如衮形，取以爲褥，臥之可醒酒。蘇州許國用一褥，曾求唐子畏畫，遂爲所得。豹以小而文散者名艾葉文，其價尤貴於連錢。

官修《明會典》卷一七九《刑部二一・計贜時估》 虎豹皮每張四十貫

馬皮一張一十六貫

牛皮一張二十四貫

鹿皮一張二十貫

官修《明會典》卷一九一《工部一一・採捕》 洪武二十六年定，凡各處每歲差人起解雜色皮張，及各該軍衛屯田去處，倒死頭匹皮貨，到部，照例關給長單勘合，付解人進納。若熟皮，劄付丁字庫交收。生皮，劄付皮作局。熟造類進，設或成造軍器等項，皮張不敷，須要預爲收買，其收貯在庫之數，務要時常整點，不致腐壞。

國初各處歲辦雜皮，共二十一萬二千張。

江西二萬張

浙江三萬張

河南一萬五千張

福建一萬張

山東一萬五千張

四川一萬張

廣西一萬張

廣東一萬張

湖廣二萬張

陝西二萬張

北平二萬張

山西二萬張

直隸二萬二千張

弘治間各處歲辦雜皮，共三十四萬一千七百六十一張。

浙江三萬三千張

江西三萬三千張

福建二萬張

湖廣三萬三千張

山東二萬五千張

山西三萬二千張

廣東一萬五千張

廣西一萬五千張

四川一萬五千張

河南二萬五千張

陝西三萬張

順天府五千七百八十張

直隸真定府三千七百一十三張

保定府三千七百五十張

河間府二千一百三十六張

永平府□千三百九十張

順德府七百張

廣平府二千二百一十四張

大名府三千七十八張

直隸蘇州府四千張

鎮江府四千張

廬州府二千張

寧國府四千張

揚州府五千張
淮安府四千張
池州府一千張
常州府二千張
安慶府一千張
松江府二千張
太平府四千張
徽州府三千張
和州一千張
廣德州三千張
徐州三千張

宣德以後，陸續改折胖襖，惟麂皮、狐狸皮，照舊不折外，其各處歲辦虎皮、豹皮，每一張，麖皮、鹿皮，每三張，麂皮、羊皮，每五張，雜皮，每七張，各折造胖襖褲鞋一副，五年一次題行。

麂皮見今歲辦三萬四千八百六十九張半。

浙江四千五百三十八張杭州府三百五十五張，嘉興府五十一張，嚴州府二百五張，金華府十張，衢州府一千九百七十三張，處州府四百一十五張，紹興府二十七張，台州府二張，温州府一千五百張。

江西三千三百一十九張南昌府一千一百四十三張，饒州府四百三十張，廣信府二百四十九張，南康府二百八十張，九江府一千三十張，吉安府十九張，建昌府三十二張，贛州府一百三十六張。

湖廣一萬七千七百一十張半武昌府二千六百三十八張，漢陽府一百九十張，襄陽府三十張，鄖陽府二百二十九張，德安府二百六十張，黄州府一千八百二十張，荆州府一千七百六十六張，岳州府八百五十九張，長沙府一千七百六十七張，寶慶府一千七張，衡州府二千二百三十張，常德府四百四十五張，辰州府九百二十三張，永州府一千六百三張，承天府六百六十一張半，靖州八百十六張，郴州四百六十六張。

河南五百八十六張河南府二十六張，汝寧府五百六十張。

山東四十二張東昌府十七張，青州府二十五張。

山西八百九十三張太原府二百五十九張，平陽府二百六張，大同府二百一張，略安府二百二十七張。

直隸松江府六百七十張
常州府四百張
鎮江府五百三十六張
廬州府三百五十八張
淮安府三百十張
揚州府二百三十四張
寧國府四千張
池州府二十七張
太平府七百八十三張
安慶府二百十三張
和州二百五十張

正統十四年奏准，各處解納帶毛銷熟麂皮，每三分爲率，一分作退毛銷熟。

嘉靖四十三年奏准，各處歲額麂皮，照例徵解本色，每年限八月以裏，差官解京。

隆慶六年題准，盡行折銀，每張銀六錢，解部打造軍器支用。

狐狸皮，見今歲辦四千二百二十三張。

浙江十五張紹興府五張，温州府十張。

江西九十二張饒州府十四張，廣信府一張，吉安府七十七張。

福建一百五十一張福州左衛三十六張，福州右衛三十張，福州中衛三十張，興化衛十五張，漳州衛十五張，泉州衛二十五張。

湖廣五十九張武昌府十六張，鄖陽府十四張，黄州府十三張，郴州十六張。

河南二百三張彰德府七十二張，衛輝府六張，開封府六十二張，南陽府六十三張。

山東一千九百七十九張濟南府三百二張，兖州府六百一十四張，東昌府一百八十四張，青州府一百六十八張，登州府六百七十三張，萊州府三十八張。

順天府四十六張
直隸真定府二百九張
保定府二百七十八張
河間府三百十六張
順德府三十三張
廣平府四百二十七張
大名府三百九十三張

直隸池州府五張
安慶府十七張
嘉靖四十等年奏准，內靈臺官及更鼓房官，五年一次，關領狐帽披肩等件，每員給狐狸皮三十五張。
隆慶五年奏准，各處歲額狐狸皮，照例徵解本色，仍間歲派徵折色，每張銀五錢，以備本折兼用。
羊皮四百一十八張，解本色。
河南開封府三十六張
山東萊州府十七張
山西大同府三百六十五張
虎豹皮十四張，解本色。
直隸廬州府虎皮十張，豹皮一張
和州虎皮三張
馬皮，凡進貢馬，及各衛所馬，倒死皮張，俱發皮作局收貯。正德六年奏准，順天府、山東、河南等處，三年一次，該解皮作局煎水膠倒死馬皮，聽令賣銀，每馬皮一張，四錢，駒皮一張，三錢。該府州縣，一年二次解部，召商收買水膠備用，該局煎膠紫炭等項俱免派。

傅維鱗《明書》卷八三《食貨志三》 土貢 天子玉食萬方，而牲犆除戎之備，無不需焉。除四夷之貢，各載於其國。而制【略】

方以智《物理小識》卷六《衣服類》 皮類 貂鼠輕溫，有銀鼠、青鼠、紫鼠、天鼠皮，狐腋有玄白二色，猞猁猻即土豹也，狼皮至煖，羊羔猶透風也，虎、豹、熊、鹿、貂獺可爲韉褥，今更有天馬皮，此皆陸産者也。海獺皮有警則毛毅，膃肭皮取煖，海鼠皮催生，凡風潮時則毛起，此取諸水産者也。擴皮塗硝火熏，皂皮入杏仁，色更光黑。虛舟子曰：麂皮禦蝎，不及水獺。狼皮著體，警亦毛毅黑。狗皮褥辟蝨不越。劉昌縣筍瑣談：四川貢獸皮，有石虎者，似猫而小，正類貂文，所謂鼷鼠。劉客生曰：關外狐毛，見底青黑，內地吹開，即見白色。

王士禛《池北偶談》卷四《談故四·玄狐》 本朝極貴玄狐，次貂，次猞猁猻。玄狐惟王公以上始得服。康熙十一年，重定衣服等威之制，三品以上始得服貂皮猞猁猻。未久，復故。日講官每歲賜貂，自滇中告變停賜。康熙十九年，乃偏賜講官九人。

陸廷燦《南村隨筆》卷五《裘》 夜穿羔皮裘，二更寒透，狐狸裘可過三更，貂裘直至四更，北人試驗如此。貂皮色似鹿，當頸有白毛，儼如錢形，取以爲褥，臥之可醒酒。豹以小而文散者名曰艾葉，其價貴於連錢。《戒菴漫筆》。

張廷玉等《續文獻通考》卷二九《土貢二》 〔明太祖洪武十五年，〕雲南土司入貢。
十六年，曲靖霑益州貢虎皮，尋甸貢虎皮。
〔孝宗弘治元年〕各處歲辦雜色皮張額數
計江西、浙江、湖廣、北平、山西各二萬，河南、山東各一萬五千，福建、四川、廣西、廣東各一萬，直隸二萬二千，共二十一萬二千張。至弘治時，歲辦雜皮三十四萬七百六十二張。【略】
〔世宗嘉靖〕三年四月，魯迷遣使貢獅子、西牛。
給事中鄭一鵬言：魯迷非常貢之邦，獅子非可育之獸，請却之，以光聖德。禮官席書等言：魯迷不列王會，其真僞不可知。近土魯番數侵甘肅，而邊吏於魯迷冊內察有土魯番之人，其狡詐明甚，請遣之出關，治所獲閒諜罪。帝竟納之，而令邊臣察治。【略】四十三年又貢獅子，其貢物有：珊瑚、琥珀、金剛鑽、花瓷器、鎖服、撒哈喇帳、羚羊角、西狗皮、舍利猻皮、鐵角皮之屬。

顧炎武《肇域志·湖廣·寶慶府》 郡邑産皮，有諸獸。

顧祖禹《讀史方輿紀要》卷六五《陝西一四》 銀山，在焉耆城北。【略】亦曰白山。山中嘗有火烟，蓋出硇砂之處。採硇砂者著木底鞋取之，皮者即焦。下有穴生青泥，出穴外即變爲砂石，土人取以治皮。

劉獻廷《廣陽雜記》卷一 麂皮之有圪搭者，乃以粟米壓成者也，余向以爲生成者，茹紫庭言，始知之。

邁柱等《九卿議定物料價值》卷四《皮張》 紅豹皮，每張照舊例，今核定銀貳兩叁錢。
大黄鹿皮，每張舊例銀伍錢，今核定銀捌錢伍分。
白鹿皮，每張舊例銀貳錢，今核定銀壹錢捌分。
生牛皮，每張舊例銀肆錢肆分，今核定銀捌錢伍分。
熟牛皮，每張舊例銀壹兩捌錢，今核定銀貳兩。
燻牛皮，每張照舊例，今核定銀玖錢。
淨血牛皮，每張舊例銀柒錢貳分，今核定銀玖錢。

馬皮，擦連每張照舊例，今核定銀柒錢貳分。

馬皮，擦連連脖股每張照舊例，今核定銀捌錢伍分。

騾皮，擦連每張舊例銀壹兩捌錢，今核定銀壹兩叁錢。

馬脖皮，每張照舊例，今核定銀貳錢。

山羊皮，每張舊例銀叁錢叁分，今核定銀貳錢。

老羊皮，每張照舊例，今核定銀壹錢捌分。

猪皮，每張照舊例，今核定銀貳錢叁分。

皮張無舊例

大鹿皮，每張今核定銀捌錢。

紅鹿皮，每張今核定銀肆錢。

黑羊皮，每張今核定銀叁錢。

無毛羊皮，每張今核定銀壹錢陸分。

驢股皮，每張今核定銀叁錢伍分。

燻花兒牛皮，每張今核定銀壹兩伍錢。

皮張

户部例

狐皮，每張照舊例，今核定銀壹兩柒錢。

蟒皮，方捌寸。每塊照舊例，今核定銀貳錢。

馬皮，斜皮每張照舊例，今核定銀肆錢肆分伍釐。

沙魚皮，每張照舊例，今核定銀捌分。

大騾子擦連斜皮，每張照舊例，今核定銀肆錢捌分。

江昱《瀟湘聽雨録》卷八　龍山縣産飛虎皮，毛色之佳，極類紫貂。其腹脊別作嫩黄色，尤可愛，但皮薄如紙，不中衣裘之用。水獺皮出處甚多，則又皮厚毛捌，有製爲裘者，其墜重不止青州布衫。造物何不薄其賦以與飛虎，令二物皆焜華於章服哉。

檀萃《黔囊五》　貴陽之工善攻皮。以水浸之，欲其浄也，以火烘之，欲其堅也，以木張之，欲其平也，以罨定之，欲其正也。刨之，翦之，錐之，綦之，窨之，以土定其性也，礱之以石發其光也，繪之以采致其飾也。其鑽空則窻也，其裏則易也。其朕則直也，橐之則約也，舉之則豊也，爲奩，爲匣，爲盤，爲杅，爲椀，爲琖，爲杯，爲斝，其最佳者爲皮葫蘆，舉不盈斤，陳則滿席，凡薦饌具者，無不備旅行取便焉。

《古今圖書集成・職方典》卷二五五《東昌府部・物産考》　毛之屬

馬、牛、羊而下，騾、驢、犬、豕、猫、兔、狐狸、狼、獾鼠、獨鹿、麕，不時有。元時東昌路設獵户，今州縣歲進諸皮。

汪啓淑《水曹清暇録》卷八　古人製裘尚貂及狐貉，今之元狐即黑貂也，今之灰鼠即古所爲青鼠也，惟近日所珍洋貂、洋灰鼠暨香貂、香鼠，似古時所無。

白絹，多半楷書，掛用銅絲拴緊於上。

王念孫《讀書雜志・墨子》卷二《節用中・鞼匏》　凡天下羣百工，輪車、鞼匏，陶冶，梓匠。畢云：「鞼，《説文》云『韋繡也』。碑當爲鞄，《説文》云『柔革工也』」。念孫案，鞼即《攷工記》函鮑韗、韋裘之韗，非謂韋繡也，輪車梓匠，爲攻木之工，陶爲摶埴之工，冶爲攻金之工，然則鞼匏即韗鮑爲攻皮之工也。凡文、吻、問與脂、旨、至，古音多互相轉，故韗字或作鞼，鮑之爲匏，亦借字耳，故《攷工記》又借作鮑。

趙慎畛《榆巢雜識》卷下　狐皮種類　千羊之皮，不如一狐之腋。古所謂「狐白裘」，即集狐之白腋，今名「天馬皮」。又集項下細毛，深温黑白成文者，今名「烏雲豹」。其股裏黑黄雜色者，集以成裘，今名「麻葉子」。全白狐皮粗冗，不爲俗所重。至元狐一種，止准官一、二品以上者製爲帽。或製爲端罩，非蒙上賜不敢服。

麥穗子　羊皮貴羔而賤老。獨口外另一種，名「麥穗子」，皮軟毛長，形如麥穗，價值最貴。公卿出差口外，必披此一襲。由口外風高，非此不足以禦之也。

貂皮　貂産烏拉諸山林中。索倫人以捕貂爲恒業，歲有貢額。第其等以行賞，冬時供御用裘冠。毛色以豐厚純黑者爲上，紫次之，黄又次之。毛潤澤而香，由喜食松栗之故也。

張澍《續黔書》卷六《革器》　按《蒼頡》七章有鞄甍一篇，言治皮之事，今其書簡已逸。《韋人》職闕，不復見古人察革之道矣。乃湞逐鬼方，竟擅絶技，不知者疑以爲鬼工，言不能及也。有問於精手者，則告之曰：凡革鍜不摰則易蔵，治不約則易齘，不盠之水摩其魄膜則無以戲澤，不炙之火舒其皷栗則無以㧊張，不礱以石則文理無以細皷，不窨以土則鑽孔無以堅牆，反是而攻焉，而後削之，綦之，繢畫之，以爲鴟夷焉，可以注蘭生也，以爲螭盉焉，可以稐嘉味也，以爲棊局焉，雖無雞腔之清韻而滑膩可翫也。以爲馬韉焉，雖無錦障之光華而柔韌足珍也，以及爲盌，爲壺，爲巵舟，爲鈿盒，皆足潔可尚，不必鐫懸黎而錯麟趾也，不必雕沈檀而燒宣窑也。列於市廛，黑如純漆，赤如雞冠，黄如蒸栗。又或縹緑、葱青、嫣紅、油碧，羊之肝，鵝之血，蝶之粉，鹿蜀之五采，粲然滿目，雖邊鸞之花鳥，崔蚓之蟲魚，不是過也。作僞者以敗紙爲之，飾以漆，敷以采，光澤華麗，猶夫革也。觸之，浸之，不月而潰敗矣，瞢懵者不察，擲青蚨與朱提，是殆以皮相也。

《清文獻通考》卷三三《市糴考二》 康熙二年，停止朝鮮國王開送貨物印文。凡外藩貨物，有該國王印文開送者，准其貿易。朝鮮陪臣、下人應山等，帶貂皮一百張，印文内並未開載。經禮部奏聞，得旨，免其議罪，交易貨物，聽其隨便攜帶，至日報部於會同館交易。該王印文著停，止應禁之物，回時令邊關官員詳細嚴察。

《清文獻通考》卷三八《土貢考》

盛京額辦物産，貂皮，索倫壯丁每名歲納一貂。分三等，頭等貂皮五百張，二等貂皮一千張，餘俱作三等收納。如足數及等，賞給總管以下等人緞疋青布有差。若數目不足，交與理藩院議處。其足數不及等者，免其處分，由黑龍江將軍捕牲總管按數選取輸納。

福建省額解【略】其臺灣所屬合番社生番，歲納鹿皮、獐皮各一張。山豬毛、加走山猫仔、木鹿巴老遠等社，每社歲納鹿皮二張。屋鏊、末毒、獅子等社，生番每社歲納鹿皮四張。

〔哈密〕其附近闢展之羅布綽爾居住回民，歲貢玉石、翎毛、水獺皮諸物，貢道由嘉峪關。

《清文獻通考》卷四〇《國用考二》 〔内府〕皮庫，掌各色獸皮、鳥羽緞紗呢、氊、絨、褐、象牙、犀角、涼簟之屬。

劉錦藻《清續文獻通考》卷六二《土貢一》 光緒十二年，《東三省政略紀·吉林解送貂皮改章》略稱： 吉屬三姓一帶，素以産貂稱，定章令該處按年採捕貂皮貢獻，應其役者，爲赫哲部落，嗣以人煙稠密，松林多被砍伐，貂鼠潛迹，採捕漸難。洎自咸豐年間，與俄分界，赫哲部落大半分屬於俄，僅於音達木河以東，烏蘇哩江口以西三五百户而已，交皮無多，而要貢又未能核減，是以前盛京將軍依克唐阿吉林將軍延茂等，先後奏請以定例年賞之蘇布、烏綾緞帛等物，變價補買足額，按年貢獻，後以貂皮價增，領到年賞各物，變賣復多折耗，自光緒二十五年爲始，將年賞烏綾等物悉請裁撤，由部領款購辦。三十四年，貂價益昂，因請按年採買，准照隨時市價核銷。奉旨允准，敕部立案。【略】

又紀黑龍江貢貂請緩略稱： 江省貢貂，向由布特哈墨爾根、黑龍江、呼倫貝爾等城，各官兵按年入山採捕，照額輸納。近年招墾山荒，榛蕪日闢，山虞歲産日稀，蒐獵既窮，購索匪易，然事關貢品，該官兵等世承恩豢，誼應輸將，十數年來，捕獵愈難，爰輾轉購自鄰省，以求足額，較之内地採辦，騰貴倍之，而各省協餉積欠多年，兵丁俸餉困於供億，歷經各前將軍據實瀝陳所有，光緒二十四年短進貂貢，及二十六年應納貂貢，均經奏准緩納在案。二十八年以後，緩進之請，年復一年，至上年冬，欽奉諭旨，所有各省應貢之品，除祭品外，悉予停罷。當經會同奏請，此項貢物，既非祭品，暫請緩納，一俟休養數年，採捕确有把握，再行遵例貢納，以示體恤。旋奉批諭，暫准緩免三年。此歷年請緩貢貂之大略也。【略】

宣統二年烏里雅蘇台將軍堃岫等奏唐努烏梁海捕貂不足，請以别色皮張抵交略稱： 據唐努烏梁海副都統銜總管棍布多爾濟呈報，本屬烏梁海三旗額定四百六户，每年應納進貢貂皮一千二百十八張，由副都統銜總管棍布多爾濟旗下四佐領實納貂皮二百張，由所屬總管巴勒錦呢嗎四佐領實納貂皮二百張，由總管洛布桑錦巴屬下實納貂皮三十張，餘向以猞猁猻皮、豹皮、水獺、狐狼、灰鼠、沙狐、埽雪等皮抵折交納。見據本旗四佐領暨總管巴勒錦呢嗎洛布桑錦巴等呈稱，本烏梁海人等，此次進貢貂皮，專賴唐努山地方獵獲，近年唐努山産貂稀少，捕獲往往不足，即由各處購覓，勉敷原額，至本年，地遭荒歉，牲畜多有損傷，産貂更形缺乏，不敷實多，雖嚴飭四出尋捕，未能增獲，見值交納臨邇，深懼貽誤，合先據實陳明，可否將本三旗應實納貂皮四百三十張内不敷額數，亦准以别色皮張抵交，祈請體恤辦理等情。前來查烏里雅蘇台所屬唐努烏梁海三旗、奇木奇克河烏梁海一旗、庫布蘇庫勒諾爾烏梁海一旗，額定七百八十六户，每户年交貂皮三張，共應納貂皮二千三百五十八張，向年實納貂皮數，在八百張以上，其餘不足奏明，准以猞猁猻、水獺、豹皮、狐狼、埽雪、沙狐、灰鼠等皮抵交。每年夏季，該總管等親率所屬來烏交納，秋間由臣等派員護送，恭進歷辦在案。茲該總管棍布多爾濟呈報，唐努烏梁海三旗因遭災歉，産貂益稀，捕獲不易，懇請抵交，自係實在情形，惟事關貢獻，且距恭進尚有時日，臣等已飛札該總管，仍飭四處設法尋捕，務期續有捕獲，倘届期實在不能足額，所欠若干，懇恩准其以別色皮張照章抵交，用示朝廷體恤邊氓之處，得旨著照所請。

劉錦藻《清續文獻通考》卷三八四《實業七》（宣統元年，）又東三省總督徐世昌奏：錦州地脈豐腴，交通便利。擬刱設工廠名曰錦州八旗工藝分廠，專取旗丁入廠學習，定額一百名。先就本地所宜，暫設氈毯皮革等科，與奉天工藝廠聯合辦理。【略】

又駐藏大臣趙爾豐奏：關外出産以牛皮爲大宗。見當殖民練兵，皮革之用日廣。擬在巴塘地方設立制革工廠，講求硝製諸法，期於邊地軍民兩受其益。【略】

（貴州巡撫龐鴻書）又奏設勸工陳列所略稱：貴州僻處邊陲，民生困苦，物産無多，百姓囿於聞見，工師又鮮專家，如製革一項，昔稱美品，近加考校，反不如前，固由商民昧於遠圖，亦因無與維持，坐任窳敗。上年奏設勸業道，派員署理，飭仿各處成規，設立商品陳列所，以資觀感。【略】

又伊犂將軍長庚奏刱辦製革有限公司略稱：伊犂物産，皮毛爲最，各部落日用所需各物，亦以皮毛製造之品爲多。然地當邊瘠，人民質樸，講求工藝，每多扞格難通。若不察其所尚，先其所急，不獨招募工匠，傳授藝徒，事事爲難。即工藝辦成，或無原料可供製造，或製出物品不能暢銷。仍屬徒勞無益。以故前由内地調來各項工匠，並在上海訂購紡紗機器。或因籌款維艱，或因事多掣肘，亦皆中止。惟皮革一項，出産既饒，以之製造成物，銷行亦易，辦理較有把握。茲查有纏商玉山係喀什噶爾回民，家本殷實，在新疆各城均有商業。兄弟數人，行商俄國，已歷多年，資本極豐，情形亦熟。因見伊犂刱辦皮毛公司，亦願出資合集官股，專製各項皮張，分運中俄各處銷售。議定成本銀二十五萬兩，官商各半。仿商律合資有限公司辦法，不招外股，既可聯絡商情，又可振興工業，且與皮毛公司相輔而行，利源更不虞外溢。當飭訂立合同，分期撥官本銀十二萬五千兩，俾資開辦。並因皮毛公司總辦額魯特、領隊大臣穆特春通曉言語，熟悉情形，責成兼管。見經該纏商在伊犂寧遠城外修建廠房，由德國機器廠與德商依什盤訂購製革機器、鍋爐全副，並一切什物，歸德商包運。假道俄國，約計七月内可到伊犂。並由德商自派工匠來伊安置機器，仍留一人充當教習。機器安好一月後，始將價銀付清。派來工匠以六個月爲限，如逾限不能安好，每一日由德商認賠俄銀一百盧布。六個月内工價，即包在購價之内。經過俄國，關稅亦經德商呈懇俄皇邀免。較之平日由外洋購運機器辦法，尚屬妥實。惟該纏商語言文字均不相同，且關外情形本與内地互異，應請免其拘牽文法，寬以歲時，堅其嚮慕報效之忱，以收通商惠工之效。【略】

二年，東三省總督錫良等奏設立軍裝製造局略稱：東省素饒皮革，奉、吉地方均産木棉、土靛，祇以工藝夙未講求，成品率多苦窳。前由公家設立硝皮廠一區，原期由官提倡，乃因經費支絀，成效未彰。茲既建設製造專廠，所有原設硝皮廠自應歸併辦理。派委總辦督辦，以一事權。【略】

又吉林巡撫陳昭常奏：吉省設立工藝教養所，計設木工、靴履、皮革、機織、染色、縫紉、印刷、鑲造八科。所出物品及購買原料，請援例免稅。

劉錦藻《清續文獻通考》卷三八六《實業九》　吴承洛調查各業誌略節録

毛皮業　我國北方氣候寒冷，産皮特多，皮有家畜、野獸之分，前者如山羊、綿羊、犬、（家）〔豕〕兔、家貓等，後者如狐、鼬、貂、栗鼠、野兔、野貓、獺、樹狸、貛、猞猁猻、灰鼠、狼、虎、豹等。羊皮以西藏之綿羊爲最佳，山西太原所産亦頗著名。犬多産於東三省及蒙古東部，體巨毛長，瀋陽、錦州爲散集中心，四川亦産犬皮。家兔、家貓産地甚廣，品較野者爲遜，多來自河南之周家口。狐産地亦廣，以北方爲佳，多赤狐，直隸東部及東三省産者，體較矮小，漢口市場中之狐皮，來自湖北、河南、山西、甘肅等省。鼬之種類甚多，有鼬鼠、黄鼬、臭貓等。鼬鼠即黄鼠狼，産地廣。黄鼬俗稱貂，産東三省北部及西藏，價格頗昂，三姓地方亦有少數，近大減。栗鼠産東三省森林中，分暗灰色、褐色、黑色三種。野兔作灰黑色，産地廣。野貓有山貓、大山貓、麝貓等。山貓産東三省及西藏，大山貓、麝貓多産於西南諸省。水獺産地廣，以北方産者爲佳，旱獺來自河南、湖南。樹狸産揚子江上游，及東三省與高麗交界地方，有二種，一身軀較小，體作黑褐色，尾灰白，有黑色之輪五個，尾端黑色。貛之産地廣泛，其毛在歐洲多製畫師毛筆。猞猁猻狀如樹狸而耳大，有長毛，産東三省及蒙古。灰鼠大如小貓，色灰，産東三省等處。熊産東三省、西藏東部，及四川、甘肅。狼産地廣，以河南周家口及懷慶産者著名。虎豹多來自北部諸省，東三省之虎皮，毛長而軟，頗似羊皮，故品質最佳。豹之産地與虎同。

毛皮之製法　以北方爲最盛，所謂白皮鋪、皮襖鋪，爲此種營業之通稱。其製法，先將乾毛皮浸於水中，使之柔軟，用一種如碗形之鏟刀，刮去其附屬之不潔物脂肪等，復將毛皮掛起，用木棍鞭撻毛面，去其附着物，再用抓子梳去粗毛及脱毛，隨將赤土塗於毛面，約二分厚，使肉面向上，晒於日光下，約二三日，乾燥皮質中之脂肪，爲光熱溶出赤土吸收，繼乃用皮硝二十五斤，食鹽十八斤，黃米麪、小米麪各十五斤，水約三百斤，製成鞣液，盛於約直徑四尺，深五尺之圓木桶中攪勻，候桶中温度以指頭試之不覺熱時，將毛皮八九十件浸入，每日翻動二次，約浸十日至十七日，則鞣液浸入皮質内部矣。鞣液混合之比例，各地微有不同，兹將張家口、奉天、赤峰所用者，列表如左：

地名	皮硝斤	食鹽斤	黃米麪斤	小米麪斤	水斤
張家口	三五	一五	一五	一五	適量
奉天	一三	三六	二〇	二〇	三〇〇
赤峰	一五	八	一〇		適量

鞣成後，桶内殘液並不棄去，加皮硝十三斤，食鹽十八斤，黃米麪、小米麪各十斤，及適量之水，仍可使用。毛皮自鞣液内取出後，横置木棒於桶之上部，將皮逐張層置於木棒上，使滴去適度之鞣液，然後兩人相對，各持皮之兩端抖擻之，去其鞣液及皮面之污物，置於屋外晒坪乾之，毛皮乾燥後，再撒潑以水，使含適當之水分，用剷刀刮其肉面，使之柔軟，并整理毛面，手續完畢。東蒙古土人有用牛乳鞣製，亦有用烟燻製者。牛乳製法，係將毛皮浸於水五分牛乳四分之混合液中，四五日後加食鹽，再浸十二三日，取出晒乾，塗溼土於肉面，候柔軟後，刮去肉面而成。

毛皮之輸出　每年價值常在銀一千萬兩以上，兹將近年輸出數及價值列表如左：

毛皮之種類	數量張	價值兩
未硝山羊皮	四·六七九·八七三	三·五三八·九四八
已硝山羊皮	一·一一〇·四二〇	一·七四四·一〇五
已揀羔皮	六三九·五六三	一·〇二八·〇三一
羔皮衣	七五·三二三	四三九·一四六
狐皮	九三·八四四	九一二·〇六一
旱獺皮	二·七七四·四一一	二·〇六三·八三七
黃鼠狼	六三八·八八五	六八九·三七六
其他各細毛皮	三六三〇·七一〇	二·二七八·五〇四
共計	一二·六四三·〇二九	一一·六九四·〇〇八

製革業　革之種類有黃牛、水牛、犛牛、馬、驢、駱駝、鹿等。　黃牛產地爲河南、湖北、湖南、陝西、甘肅、山東、山西、四川、廣東、廣西諸省，河南之信陽，山東之周村，四川之成都，出產尤多。漢口、上海、青島、天津，爲牛革主要市場。烟台、營口次之。　水牛產黃河之南，而以揚子江流域爲主要，湖北之襄陽、樊城、德安，河南之汝南，四川之成都，出產尤多。　犛牛產西藏高原。　馬產以四川、雲南、蒙古、山東、陝西、直隸、東三省爲最盛，大概分口馬、川馬二種。來自張家口吞虎口屬山西之蒙古產爲口馬，川邊打箭爐等處所產者爲川馬。　騾爲驢馬之雜種，產直隸、山東、山西、陝西、甘肅、新疆、河南、湖北、四川等省。駱駝產於北部及東三省、蒙古、新疆。　鹿有家鹿、野鹿，種類甚多，蒙古之葉尼塞河並產拖雪橇之馴鹿。

皮革之輸出輸入　皮之輸出，年約銀一千數百萬兩，革祇數十萬兩，同時皮輸入頗希，革輸入有七八百萬兩。近年革之輸入已增至十五萬六千五百四十三擔，值銀七百六十萬以上矣。

吳振棫《養吉齋叢録》卷二四　山東撫年貢進　佛手九桶，香櫞九桶，恩麪九桶，博粉九匣，鳳尾菜九匣，大俊羊皮一千張，二俊羊皮一千張，三俊羊皮五百張，四俊羊皮五百張。

山西撫年貢進　青白肷皮一千張，天馬皮一千張，珍珠毛皮一千張，羊羔皮一千張，黑朔鼠皮五百張，白朔鼠皮五百張，太原豬胰五十匣，藕粉五十匣，葡萄乾三箱，柿霜五十匣，飛羅白麪四箱，石花冰魚五十尾。

陝西撫年貢進　元狐皮五張，海龍皮五張，羊獺皮二十張，天馬皮一千張，烏雲豹皮一千張，富餅五匣，邠棗五桶，吉利茶五瓶，百合粉五匣。

陝甘督年貢進　紫藏香一千枝，西安掛麪二箱，黃藏香一千枝，同州羊皮八百張，紫氆氌二十捲，寧夏羊皮八百張，黃氆氌二十捲，同州吉利茶三瓶。

陝甘督秋貢進　哈密瓜二百，元西寧青白肷皮一千張，西寧狐膝皮一千張，西寧天馬皮一千張。

程伋菴《野語》卷七《骨種羊》　初不甚重，近時以其皮爲裘制衣帽，惟黑白相間，細而色勻者尤貴，名草上霜。孔平仲《雜説》載楚石大師言，大漠迤西，俗能種羊。初冬未日未時，以羊骨埋地中，至季春上未日，爲吹笳呪語，有羊從土中出，此蓋四生胎外之化也。西域波斯國則以羊脛骨種之，見浦江吳立夫詩。元劉郁《西使記》又云：黑契丹名乞里，彎壠以羊臍種土中，溉以水，聞雷而生，臍系地中，及長，驚以木，系斷便行，至秋可食，是種法不一。今其皮甚多，蓋中土亦能種矣。

崇彝《咸道以來朝野雜記》 貂皮以脊爲貴，本色有銀針者尤佳。普通皆略染紫色，不過有深淺之分。次則貂膆，即下頦皮。次則腋，俗稱曰肷。次則後腿，前腿毛小且狹，不佳。下者貂尾。毛粗而無光彩。若干尖、爪仁、耳絨，皆由匠人綴成爲褂。此小毛便服。狐與猞猁、倭刀，皆以腋爲上，後腿次之，膆次之，俗稱青頦，白頦。脊則最下，只可作斗蓬用。猞猁有羊、馬之别，羊猞猁體小而毛細，馬猞猁既大而毛粗，故行家皆以羊爲貴。倭刀佳者多黄色，間有紅倭刀，珍貴無比，然未之見也。狐肷名目極多，有天馬肷，即白狐。紅狐肷、葡萄肷，即羊猞猁。金銀肷、青白肷等，不勝記矣。海龍雖名貴，只可作外褂，非公服所應用。其下者，如烏雲豹、麻葉子，雖大毛之屬，士大夫不屑穿矣。中毛衣較大毛衣不賤，真羊灰鼠與灰鼠脊子尤價昂，自昔已然也。若雲狐腿、玄狐腿二種，不恒見，其價尤貴；二種皆帶銀針，有旋轉花紋間之，極好看。

席裕福、沈師徐《皇朝政典類纂》卷一一四《市易三》 太祖高皇帝丁亥年，與明通市於撫順、清河、寬奠、靉陽四關口。是時上招徠各路，國勢日盛，明亦遣使通好，歲以金幣聘問。我國所産東珠、人參、紫貂、元狐、猞狸猻諸珍異之物，於撫順、清河、寬奠、靉陽四關口互市，以通商賈。《通考》互見《關税門》。【略】

順治八年停止陝西買辦皮張《通考》

《清會典》卷二三《户部・貴州清吏司》 凡索倫、達呼爾、鄂倫春並興安城之貢貂者，辨其等而給賞。索倫、達呼爾打牲壯丁三千二十八名，興安城壯丁一千名，每名歲納貂皮一張。派打牲總管兵丁解送進京。户部會同内務府照例編等。駐蹕熱河，則解送行在。户部、内務府會同辦理。應交一等貂皮五百張，二等貂皮一千張，其餘聽交三等。如納貂皮足數並及等第者，來京之人，給予賞賜。或足數而不及等第者，停賞免議。數目不足，將來京及不來京之人，交理藩院議處。凡貢貂賞賜，總管賞緞半疋，青標布十疋。兵每名緞半疋，布七疋半。緞每疋折銀四兩七錢五釐，布每疋三錢三分。又齊齊哈爾護送官兵，佐領一員給盤費銀二十兩，兵每名給盤費銀五兩。赫哲費雅喀之納婦者，則給其賞，頒其廪餼。赫哲費雅喀來京求親者，例進元狐皮二張，貂皮一百張。九張合成青狐皮褥二，九張合成黄狐皮褥四十，七張合成貂皮衣料十二。驗明等第，交緞疋庫。由領侍衛内大臣引見後給婚。賞無披領蟒緞、朝衣緞袍、大緞褂各一。紬布襯衣、中衣各一。錠扣攙拴手巾荷包帶子一，弓箭撒袋一副，涼帽一，賞其婦朝衣、緞袍大緞褂各一。緞襯衣、中衣各一，青素緞袍褂、紬襖中衣各一，毛青布袍、襯衣、中衣各一，花涼帽一，扣帶一，緞裙三，布裙二，毛青布八十疋。製帳房七度長白布五疋，鍼五百，綫綹三十，木梳、篦子各十。帶五十，衣裏二十，包頭二十。零緞一箱。緞被褥、小花被褥、布被褥各一。銀項圈一，耳飾五對。夫妻韂鞴各一，馬各一。夾牙縫鞾連韈各一雙，不夾牙縫鞾連韈各一雙。

《清會典》卷九〇《内務府・廣儲司》 掌庫藏出納之政令。設六庫以儲上用。一曰銀庫，二曰皮庫，【略】各稽其出納之數。【略】貂皮，黑龍江額交三千餘張。吉林額交一二千張不等。唐努烏梁海額交貂皮二千餘張。如不足數，以狼、狐、猞猁猻、灰鼠等皮充抵。海龍皮、狐皮、狼皮，每年右屯衛等處打牲户，按丁額交。缺則折銀歸款。【略】

廣儲司掌庫藏出納之政令。設凡匠作之等七，【略】曰皮作。熟洗皮張及成造各鐙，並寶蓋、纓絡、流蘇、氆氇、鷹帽等事。設無品級司匠一人，拜唐阿領催五人，熟皮匠一百十八人，鐙匠十七人，穿珠匠八人，米家匠二人，絲鐙匠三人，繚絲匠一人，牙匠六人，刷尾匠二人，鷹帽匠二人，氆氇匠十人。召募米家匠四人，絲鐙匠一人，繚絲匠一人，堆紗匠一人，彈墨匠一人。各定其額以供令。【略】

皮庫，員外郎，三人。内一人由禮部保送兼攝。司庫，二人。副司庫，二人。庫使，十有三人。

掌羽毛齒革之守藏。皮庫，儲貂、狐、猞猁猻、水獺、銀鼠、羔羊等皮，及哆囉呢、氆氇、絨、褐、羽、緞、象牙、犀角、涼席。每年解到貂皮，除揀選上用及備賞用外，咨取三品以上大臣，及南書房上書房行走之翰林，乾清門侍衛等銜名，奏請欽定等第，准其認買。每等貂皮八十張。給一等者繳銀一百四十兩，給二等者繳銀一百二十兩，給三等者繳銀九十兩。其狼、狐、灰鼠等皮，奏交杭州、蘇州、江寧織造。兩淮長蘆鹽院、淮關監督等變價。狼皮每張銀一兩二錢，狐皮每張銀八錢，灰鼠皮每張銀八分，俱解交銀庫。

《清會典則例》卷一六八《内務府・武備院》 一建置 順治初年置鞍楼，設三旗侍衛三人總理。所屬員外郎四人，筆帖式十有五人，庫掌三人，庫守二十四人。

十一年改鞍楼爲兵仗局。

十八年改兵仗局爲武備院。

康熙十五年分設甲庫、鞍庫、氊庫，增設員外郎二人，庫掌三人，庫守十有八人。【略】三十七年分鞍庫爲二庫，曰北鞍庫、南鞍庫，增設未入流庫掌二人。

乾隆十四年奉旨，武備院卿定爲二人，由侍衛内務府官各簡一人補授，仍簡大臣兼管院事。

一四庫員役 【略】南鞍庫皮作，設領催三名，纓匠十有三名，絛匠三十六名，牛皮匠、黑股皮匠各四十五名，鹿皮匠三十三名，馬皮匠九名，斜皮匠十有二名，縢皮匠三十六名，鞦匠五名，針工四十五名。

氈庫設司弓三人，委署司弓三人，族長三十三人，隨侍弓匠三十六人，內府弓匠六十二名。【略】氈作設領催一名，冠帽匠十有八名，氈匠、韃匠皮匠各六十名，韃底匠三十二名，針工十有五名。又奏准裁沙河氈匠七十四名。

《清會典則例》卷一二九《工部·虞衡清吏司》 一採捕定額 國初，定王以下公以上，許遣壯丁於烏喇地方採捕東珠、貂鼠、人參等物。効力勤勞大臣，許遣壯丁採取人參。

順治二年，定烏喇捕牲每壯丁歲徵貂皮十有五張。

四年，題準上好東珠重八分者，每一分折貂皮十張。重七分五釐及七分者，每一分折貂皮九張。重六分五釐及六分者，每一分折貂皮八張。自五分五釐以至一分，每一分折貂皮五張。每五釐折二張半，照數計算。重五釐東珠折貂皮二張，珍珠一分折貂皮一張。不足半分小東珠，皆算作珍珠。此外黯色有帶東珠，酌量折算。猞猁猻，頭號，每張折貂皮六張。二號，折貂皮五張。三號，折貂皮四張。四號，折貂皮三張。水獺皮，頭號每張折貂皮三張。二號，折貂皮二張半。三號，折貂皮二張。四號，折貂皮一張半。五號，折貂皮一張。末等，每二張折貂皮一張。豹皮，頭號，每張折貂皮五張。二號，折貂皮四張。三號，折貂皮三張。虎皮，頭號，每張折貂皮四張。二號，折貂皮三張。三號，折貂皮二張。四號，折貂皮一張。狐皮，每張折貂皮二張。狼皮，頭號，每張折貂皮三張。二號，折貂皮二張。末等，折貂皮一張。貉皮，每二張折貂皮一張。小毛貂皮，每二張折貂皮一張。豺皮，每張折貂皮一張。上好灰鼠皮，每二十張折貂皮一張。小毛灰鼠皮，每二十五張折貂皮一張。虎斑雕翎芝麻雕翎，每副折貂皮二張。鸛翎團雕翎，每副折貂皮一張。皮翎損傷者，不許解送。每年捕牲壯丁，夏季停止一月，每名除貂皮二張。冬季停止一月，每名除貂皮三張。

又議準東珠重八分以上至一錢，每一分皆折貂皮十張。

五年，定停止大臣採參。

七年，定停止宗室公採捕東珠、貂鼠等物。

十年，議準每壯丁十名內令五名耕種，其五名歲增貂皮五張，共徵二十張。

康熙五年，定烏喇捕牲壯丁，兼捕鱘鰉魚。

八年，題準虎皮不準折算貂皮，折賞布疋。

十年，議準每旗選壯丁十九名，於冬夏二季專捕鱘鰉魚，免捕貂鼠。其捕牲人役在家病故者，準計日扣除貂皮。

十二年，議準次號東珠，及兩面有光中間有帶東珠，三分折算二分。或一面二面微有光東珠，二分折算一分。無光東珠，三分折算一分。

二十一年，覆準豹虎狐貉灰鼠等皮，及雕鸛翎，停其捕送。上好狼皮別議給賞。

二十九年，覆準上三旗每採捕丁十名置珠軒頭目一名，每月給銀二兩，採捕壯丁各一兩。嗣後，五旗採捕東珠、貂皮、鱘鰉魚壯丁，給發錢糧，設立珠軒頭目，皆著照上三旗例行。

四十年，覆準烏喇捕牲壯丁連幫丁每一名額，取貂皮二十張爲數過多。又因二等有光無光東珠折算貂皮，以致議處，嗣後停止折算。除無光東珠及珍珠珠丁不入正額外，珠軒頭目三十三名，即定爲三十三。珠軒每名額定一等二等有光東珠十有六顆。【略】

十九年，諭收撫之烏良海五百八十五户，向屬準噶爾時，每丁歲納貂皮六張。今加恩減去二張，止納貂皮四張。其來年應納之數，亦著寬免，欽此。

一、採捕賞罰 順治十年，議準烏喇捕牲翼長，按壯丁計算，額外多貂皮六十張，賞銀三錢。三十張，賞銀一錢五分。不及三十張，不賞。額內欠三十張至六十張，責一鞭。不及三十張，免責。領催按壯丁計算，額外多貂皮二十張，賞銀三錢。多十張，賞銀一錢五分。不及十張，不賞。額内欠十張至二十張，責一鞭。不及十張，免責。賞罰皆按數遞加計算。

康熙元年，定壯丁額外多交貂皮一張，賞毛青布一疋。闕額者，每一張責三鞭。

二年，議準烏喇捕牲總管以八旗共得貂皮按丁計算，額外多百張，賞銀三錢。額內少百張，罰俸銀三錢。翼長分管四旗壯丁，如額外多得貂皮六十張，賞銀三錢。額內少六十張，罰俸銀三錢。

二十九年，議準嗣後內務府驗看東珠多寡。如上三旗所得數多，總管翼長等應行賞給。許將五旗所採數少之處合算，免其處分。如上三旗所得不在賞例，工部將八旗合算應賞亦著賞給。如不足額，仍行議處。

又定索倫等歲貢貂皮，每壯丁應納貂皮一張。內一等貂皮五百張，二等一千張，其餘應作爲三等收納。如足數及等第者，將送來人賞賜。不及等第者，送來與未來之人，一并交理藩院議處。

三十九年，議準貂皮足數不及等第者，免其處分。若數目不足者，仍行處分。【略】

乾隆六年，奉旨向例索倫地方所貢貂皮及等者，有賞。不及等者，無賞。因連年所貢貂皮不及等者，照常賞賜，是以索倫等並不用心捕捉。著傳諭該將軍今年仍加恩賞賜，嗣後所貢貂皮若仍不及等，則不賞賜。

十七年，奉旨今年索倫所進貂皮雖不及等第，但既已足數，著減半賞給。

【略】

《清會典事例》卷八八九《工部·採捕》　徵額　原定，王以下公以上，許遣壯丁於烏拉地方採捕東珠、貂鼠等物。

順治二年定，烏拉打牲壯丁，每一名歲徵貂皮十有五張。

七年定，停止宗室公採捕東珠、貂鼠等物。

康熙五年定，烏拉打牲壯丁兼捕鱘鰉魚。

十年議准，每旗選壯丁十九名，於冬夏二季，專捕鱘鰉魚，免捕貂鼠。其打牲人役在家病故者，准計日扣除貂皮。

四十年覆准，烏拉打牲壯丁連幫丁，每一名額取貂皮二十張，爲數過多，又因二等有光無光東珠折算貂皮，以致議處，嗣後停止折算，除無光東珠及珍珠不入正額外，現有珠軒頭目三十三名，定爲每珠軒額徵一等二等有光東珠十六顆，歲徵東珠共五百二十八顆。

乾隆十五年議准，密户内有採蔘丁三百名，改編十二珠軒，採捕東珠，每珠軒歲徵東珠十六顆。

十九年諭，收撫之烏梁海五百八十五户，向屬準噶爾時，每丁歲納貂皮六張，今加恩減去二張，止納貂皮四張，其來年應納之數，亦著寬免。

又奉旨，嗣後著將上年送到東珠數目比較具奏。

三十二年議准，採蜜丁一百五十名，改令採捕東珠，歲徵東珠八十顆。

折徵　順治四年題准，上好東珠重八分者，每一分折貂皮十張，重七分五釐及七分者，每一分折貂皮九張，重六分五釐及六分者，每一分折貂皮八張，自五分五釐至一分者，每一分折貂皮五張，每五釐折二張半，照數計算，重五釐東珠，折貂皮二張，珍珠每一分折貂皮一張，不足半分小東珠，俱作珍珠，此外黯色有帶東珠，酌量折算。猞猁猻，頭號每張折貂皮六張，二號折貂皮五張，三號折貂皮四張，四號折貂皮三張。水獺皮，頭號每張折貂皮三張，二號折貂皮二張半，三號折貂皮二張，四號折貂皮一張半，五號折貂皮一張，末等每二張折貂皮一張。豹皮，頭號每張折貂皮五張，二號折貂皮四張，三號折貂皮三張。虎皮，頭號每張折貂皮四張，二號折貂皮三張，三號折貂皮二張，四號折貂皮一張。狐皮，每張折貂皮二張。狼皮，頭號每張折貂皮三張，二號折貂皮二張，末等折貂皮一張。貉皮，每二張折貂皮一張。小毛貂皮，每二張折貂皮一張。豺狼皮，每張折貂皮一張。上好灰鼠皮，每二十張折貂皮一張。小毛灰鼠皮，每二十五張折貂皮一張。虎斑雕翎、芝麻雕翎，每副折貂皮二張。鶴翎、團雕翎，每副折貂皮一張。凡皮翎損傷者不許解送，每年打牲壯丁夏季停止一月，每名除貂皮二張，冬季停止一月，每名除貂皮三張。

又議准，東珠重八分以上至一錢，每一分皆折貂皮十張。

十年議准，每壯丁十名内，令五名耕種，其五名歲增貂皮五張，共徵二十張。

康熙八年題准，虎皮不准折算貂皮，折賞布疋。

十二年議准，次號東珠，及兩面有光中間有帶東珠，三分折算二分，或一面兩面微有光東珠，二分折算一分，無光東珠，三分折算一分。

二十一年議准，豹、虎、狼、狐、貉、灰鼠等皮，及雕鶴等翎，停其捕送，上好狼皮另議給賞。【略】

賞罰　順治十年議准，烏拉打牲翼長，按壯丁計算，額外多貂皮六十張，賞銀三錢，三十張，賞銀一錢五分，不及三十張不賞，額内欠三十張至六十張，責一鞭，不及三十張免責。領催按壯丁計算，額外多貂皮二十張，賞銀三錢，多十張賞銀一錢五分。不及十張不賞，額内欠十張至二十張，責一鞭，不及十張免責。賞罰俱按數遞加計算。

康熙元年定，壯丁額外多交貂皮一張，賞元青布一疋，缺額者，每一張責三鞭。

二年議准，烏拉打牲總管，以八旗共得貂皮按丁計算，額外多百張，賞銀三錢，額内少百張，罰俸銀三錢。翼長分管四旗壯丁，額外多得貂皮六十張，賞銀三錢，額内少六十張，罰俸銀三錢。

二十九年議准，【略】又定，索倫等歲貢貂皮，每壯丁應納貂皮一張，内一等貂皮五百張，二等一千張，其餘應作爲三等，收納時如足數及等第，將送來人賞賚，不及等第，送來人與未來之人，一併交理藩院議處。

三十九年議准，貂皮足數不及等第者，免其處分，若數目不足者，仍行議處。

【略】

〔乾隆〕六年奉旨，向例索倫地方，所貢貂皮及等者有賞，不及等者無賞，因連年所貢貂皮不及等者照常賞賜，是以索倫等並不用心捕捉，著傳諭該將軍令年仍加恩賞賜，嗣後所貢貂皮若仍不及等，則不賞賜。

十七年奉旨，今年索倫所進貂皮，雖不及等第，但既已足數，著減半賞給。

【略】

餉銀　順治十八年奏准，打牲壯丁月給餉銀五錢，由盛京户部支領。

康熙二十九年覆准，上三旗採捕壯丁，每十名置珠軒頭目一名，月給餉銀二兩，壯丁月給餉銀一兩，嗣後下五旗採捕東珠、貂皮、鱏鰉魚壯丁，給發餉銀，設立珠軒頭目，俱照上三旗之例。

《清會典事例》卷九五七《工部・制造庫工作》　支收物料　原定，成造一應器具，所用珠寶、金、銀、銅、鐵、皮革、紬、絹、緞、布、顔料等項，均於内務府、户部取用，外解狐皮，由户部移咨到部，令製造庫赴户部驗收。

雍正十一年題准，令太僕寺每年查明馬羣大小馬皮，行文張家口税務監督，移送到部，交庫備用。馬駒皮每三張抵大馬皮一張，其本庫一年足用外，有餘賸短小馬皮，按時作價，入於節慎庫驗收。

乾隆六年議准，張家口監督每年將所收馬皮數目報部，俟有需用之時，酌數令該監督解送。張家口監督，每年額解大馬皮一千張，製造庫查收，儲庫供用，内長四尺一寸寬二尺八寸馬皮一百二十張，長三尺七寸寬二尺六寸馬皮二百四十二張，長三尺五寸寬二尺五寸馬皮四百五十八張，長三尺四寸寬二尺二寸馬皮一百八十張，照例揀選備用。

同治元年奏准，各路軍營行取火藥鉛丸等項，均係馬皮包裹，張家口額解馬皮，不敷應用，添解大馬皮一千張。

三年奏准，張家口額解並添解馬皮，仍不敷用，續行添解大馬皮一千張。

光緒十三年奏准，令張家口監督每年按四千五百張解交。

額設匠役　製造庫匠役【略】皮作，食糧領催四名，種地領催一名，縫皮匠食糧五名，種地十四名，鍘皮匠食糧三名，種地七名，砍韋匠食糧五名，種地二名，氈匠食糧四名，種地三名，熟皮匠食糧一名，種地三名，粉皮匠食糧一名，縢皮匠食糧二名，種地一名，絛兒匠食糧三名，染皮匠食糧一名，油漆匠食糧一名，熏皮匠食糧一名，纓子匠食糧一名。共六十三名。

《清會典事例》卷一一九〇《内務府・庫藏》　廣儲司六庫　國初統設御用監，嗣分定六庫。銀庫，掌金、錢、珠、玉、珊瑚、瑪瑙，及諸寶石。緞庫，掌龍蟒等緞，紗、紬、絹、布。皮庫，掌貂、狐、猞猁猻、水獺、銀鼠等皮，及哆囉呢、氆氌、羢、毼，羽緞，象牙，犀角，涼席。茶庫，掌茶葉、人薓、香、紙、顔料、絨綫。衣庫，掌朝衣、端罩、各色衣服。瓷庫，掌瓷器、及銅錫器皿。【略】

〔康熙〕二十五年奏准，皮庫備用染色皮張，停其委官前往，令將貂皮、水獺皮，各一百五十張，交與盛京送布來京之司庫攜回，如式染就，於次年送布時，一併解送。【略】

三十九年奏准，染色皮張，不必定數，每年酌量應染之貂皮、水獺皮，令盛京司庫攜回，染就同布解送，其染壞不堪用者，仍令攜回賠補。

又奏准，衣庫所有貂狐碎皮，緝成衣料，以官用緞爲表，並成造荷包二百對，歲交四執事處收藏，以備賞用。

驗收　康熙年間奏准【略】又奏准，每年索倫貢貂、及寧古塔將軍貢進所屬貂皮，暫收銀庫，由總管驗視，選定等次，索倫貂皮，會户部堂官選定，均俟奏准之後，鈐印圖記存皮庫，如盛京等處送到拶獲私貂，亦如之。凡二三等貂皮不敷應用，於四等内選年近色佳者補之，改鈐二三等圖記，裏貂皮不敷，選黄貂皮之年近色佳者補之，改鈐五等圖記。【略】

二十三年奏准，慶豐司每月交送羊皮，皮庫於月終將收數移覆。

又定，每年皮庫鉤下之羊毛，庫官秤收，酌留供織長毛氆氌之用外，餘悉交武備院。

又定，山海關外屯衛等處打牲人，歲輸黄狐、水獺、狼皮，由都虞司轉送廣儲司，堪用者，交皮庫驗收，餘駁回，收過皮數，移覆都虞司折抵錢糧。

三十七年議准，三旗游牧處倒斃之羊，該總管每歲報府，委司官一人，率領匠役，選取羊皮，解京交庫，擇其佳者存庫備用，餘供賞貧窮匠役。【略】

雍正元年又定，圍場總管，歲貢各色皮張，皮庫驗收。

四年奏准，三旗游牧處，停止差委司官，令該總管於羊皮内三分選一輸庫，該庫擇其佳者，存庫備用，餘仍充賞。

乾隆十九年奏准，烏梁海歲貢貂皮，由總管驗定等次存庫。

五十四年奏准，三旗游牧處羊羣，倒斃羊皮，免其交庫，令其兑换羊隻，歸羣牧放。

《清會典事例》卷一二〇六《内務府・畜牧》　交納馬駝皮　康熙年間定，凡倒斃馬贏駝皮，京師各廐，用上駟院左司印送武備院，大淩河牧羣，由總管交錦州城守尉，咨上駟院轉送武備院，商都達布遜諾爾、達里岡愛，由總管交張家口監督，各轉送武備院。

雍正四年定，張家口著每年交馬皮二千張，馬駒皮千張，駝皮百張。

五年定，京師各廐交送馬駝皮，每月終彙數行武備院覈對。

乾隆三十一年定，張家口每歲解交武備院馬皮二千張，内分大馬皮一千二百張，馬駒皮八百張。

《清工部續增則例》卷一三四《製造庫》　皮張尺寸

計開

生牛皮每張長伍尺伍寸，寬肆尺伍寸，

熟牛皮熏牛皮每張長伍尺，寬肆尺，

生馬皮每張長伍尺，寬叁尺，

熟馬皮每張長肆尺伍寸，寬貳尺陸寸，

騾馬擦連皮每張長壹尺伍寸，寬貳尺壹寸，

騾馬股皮每張長壹尺柒寸，寬貳尺貳寸，

緑斜馬皮每張長壹尺肆寸，寬貳尺，

無毛羊皮每張長貳尺陸寸，寬貳尺壹寸，

山羊皮每張長貳尺陸寸，寬貳尺壹寸，

猪皮每張長貳尺捌寸，寬貳尺貳寸。

前項皮張，均係市買，其生馬皮一項，張家口有積存牧馬場馬皮解部，每張内有大小瘡疤，製造庫需用時，或照事案酌用，或由布辦買，均係酌給張數。今按擬定尺寸，其解部皮張，緣有疤痕，不比市買，可以揀選。今擬如動用張家口解部馬皮，照生馬皮尺寸折作柒成應用，如將軍貯馬皮硝熟，按照熟皮尺寸折作捌成應用，如整齊大小馬皮，分別量明實在尺寸動用，其各處取用包裹皮張，仍照原定尺寸，毋庸折給。

鹿皮長叁尺柒寸，寬貳尺玖寸，

大鹿皮長伍尺，寬叁尺伍寸，

麂皮長貳尺陸寸，寬貳尺貳寸。

以上三欵尺寸，係於乾隆十五年九月，准户部傳抄知照。

雜項價直

無面粗羊皮襖每件核定銀壹兩叁錢。

頭長伍寸有鞘帶皮條雙小刀，每把核定銀肆錢伍釐。

牛皮火扇，每把核定銀壹兩叁錢。

長伍尺，寬陸寸帶子熟牛皮，每塊核定銀肆錢伍分。

長貳寸貳分貳號鐵南鎖，每把連匙核定銀肆分伍釐。

長伍尺寬肆尺熟牛皮，每張核定銀壹兩肆錢。

許寶善、永禄等《清户部則例》卷六二《税則・崇文門》　用物税則

皮張沙魚皮，每百斤税一兩二錢。　沙狐皮，每百張税九錢。　海龍皮，每張税八錢。　銀鼠皮、飛鼠皮、竹鼠皮、洋灰鼠皮，每百張各税三錢六分。　下等貂皮每十張，狐肷每百條，次魚皮每百斤，貂鼠爪、猞猁猻爪每百個，各税三錢。　貉子皮、尖毛皮、狎皮，每百張各税二錢四分。　驢騾皮、馬皮，每百張各税二錢四釐。　太平貂皮，每張税二錢。　灰鼠皮、黄鼠皮，每百張各税一錢八分。　貂鼠尾、狐爪，每百個各税一錢五分。　豹皮、虎皮每張，血羊皮，斜緑皮，股子皮，羊羔皮，白眉皮每百張，各税一錢二分。　上等貂皮、猞猁猻皮、元狐皮每張，貓皮、狗皮、雜毛小皮每百張，各税六分。　中等貂皮、洋貂皮，每張各税四分二釐。　黄正牛皮、紅正牛皮、掃雪皮、窩刀狐皮每張，黄鼠尾每千個，各税三分。　獾皮，每十張税二分四釐。　天鵝皮、白鹿麂皮、皂鹿麂皮、海狗皮、海獺皮、水獺皮，每張各税一分八釐。　牛皮、大沙魚皮，每張各税一分二釐。　烏雲豹下嗑皮每個，小沙魚皮、狼皮、土兒猻皮、海巴皮每張，大羊皮、退毛羊皮每二張，各税六釐。　猪兒皮，每張税九毫。　氊毯線毯，每十條税四錢二分。　小氊毯，每十條税三錢八分四釐。　坐氊，每百個税三錢六分。　氊條，每十領税三錢。　長一丈闊一丈五彩氊每條，大毛花毯每牀，各税二錢四分。　長八尺闊五尺五彩氊，每條税一錢八分。　大氊、騷氊每條，中毛花毯每牀，各税一錢二分。　羊毛花氊、毯中氊每條，小毛花毯、納絨毯每牀，棕毯每十條，各税六分。　羊毛毯子，每條税六釐。

許寶善、永禄等《清户部則例》卷六五《税則・山海關》　用物税則

皮張大沙魚皮，每百張税一兩二錢二分。　小沙魚皮，每百張税六錢二分。　狐狄，每百條税三錢一分。　水牛皮底，每百斤税三錢二釐五毫。　海獺皮，每張税三錢二釐。　貉皮，每百張税二錢五分五釐六毫二絲。　騾驢皮、馬皮，每百張各税二錢二分四釐。　豹皮，每張税二錢一分二釐。　水獺皮、灰鼠皮，每百張各税一錢九分五釐六毫二絲。　羊羔皮、血羊皮、斜緑皮，每百張各税一錢四分。　虎皮，每張税一錢二分二釐。　狗皮，每百張税八分。　狐皮，每十張税六分九釐三毫七絲。　上貂皮，每張税六分八釐七毫五絲。　猞猁猻皮，每張税六分二釐。　中貂皮，每張税五分七毫五絲。　下貂皮，每張税三分八釐七毫五

絲。　大羊皮，每十張税三分二釐。　貛皮，每十張税二分五釐五毫六絲。　皂鹿麂皮，每張税一分九釐二毫五絲。　牛皮，每張税一分八釐二毫五絲。　狼皮，每張税六釐二毫。

用物税則

藤草器藤席，每百領税四錢八分四釐。　蒲席，每百領税二錢八釐。　葦席、葦箔，每百領各税七分二釐五毫。

許寶善、永禄等《清户部則例》卷六六《税則・張家口》　用物税則

皮張海獺皮，大號每張税三錢，中號每張税一錢五分。　猞猁猻皮、虎皮、豹皮、狼皮，每張各税五分。　貂皮、水獺皮，每張各税三分。　銀鼠皮、大狐皮、沙狐皮、貛皮、鹿皮、兔兒猻皮、九角紅蟲豹皮、馬皮、牛皮、黑羊皮，每張各税一分。　艾葉土豹皮，每張税六釐。　灰鼠皮、猞兒皮，每張各税五釐。　羊羔皮、緑紅斜皮，每張各税三釐。　老羊皮、兔皮，每張各税二釐。　貛貉皮、野貓皮，每張各税一釐。　又兔皮口袋，每條税五分。

許寶善、永禄等《清户部則例》卷六七《税則・殺虎口》　皮張元狐皮每張税三錢。　貂皮、狼皮、虎皮、豹皮、猞猁猻皮、香牛皮，每張各税五分。　掃雪皮、水獺皮，每張各税三分。　野羊皮，每張税一分五釐。　黑獺皮、狐皮、銀鼠皮，每張各税一分。　沙狐皮、野貓皮、兔兒猻皮、灰鼠皮、沙魚皮、貉皮、牛馬騾皮，每張各税五釐。　獺兒皮、貛皮、羊皮、紅緑斜皮，每張各税三釐。　兔皮，每張税二釐。　氈毯羢氈、大紅氈毯子每條，大達氈每塊，各税三分。　紅氈各條，中達氈每塊，毛苫單每條，各税一分。

《税則・歸化城》　皮張元狐皮，每張税三錢。　貂皮、狼皮、虎皮、豹皮、猞狸猻皮、香牛皮，每張各税五分。　掃雪皮、水獺皮，每張各税三分。　野羊皮，每張税一分五釐。　黑獺皮、狐皮、銀鼠皮，每張各税一分。　沙狐皮、野猫皮、兔兒猻皮、灰鼠皮、貉皮、沙魚皮、牛皮、馬皮、騾皮，每張各税五釐。　獺兒皮、貛皮、羊皮、紅緑斜皮，每張各税三釐。　兔皮，每張税二釐。

許寶善、永禄等《清户部則例》卷六八《税則・坐糧廳》　用物税則

草藤器涼蓆，每百領落地税八分，起京税三分。　廣蒲蓆，每百條落地税四分，起京税一分五釐。　藤枕，每十個落地税二分四釐，起京税九釐。　廣藤蓆，每條落地税六釐四毫，起京税二釐四毫。　蓆枕，每百塊落地税二釐四毫，起京税九毫。　蒲扇，每百把落地税一釐六毫，起京税六毫。　青簟，每張落地税八毫，起京税三毫。　葦蓆每領，葦箔每片，落地各税四毫，起京各税一毫五絲。

許寶善、永禄等《清户部則例》卷六八《税則・坐糧廳》　皮張沙魚皮，整販者每百斤落地税九分六釐，起京税三分六釐。　水牛皮，每張落地税二分四釐，起京税九釐。　熟牛皮，每張落地税二分，起京税七釐五毫。　生牛皮，每張落地税一分二釐，起京税四釐五毫。　沙緑皮，每百斤落地税八釐，起京税三釐。　沙魚皮，零販者每張落地税二釐四毫起京税九毫。　本地倒斃牛皮，每張税二釐。　山羊皮，每張落地税一釐二毫，起京税四毫五絲。　黑羊皮，每張落地税一釐四絲，起京税三毫九絲。　大羊皮，每張落地税九毫六絲，起京税三毫六絲。　粉皮，每張落地税八毫，起京税三毫。　血羊皮、羔羊皮，每張落地各税四毫八絲，起京各税一毫八絲。　黑羊山羔皮、狗皮，每張落地各税四毫，起京各税一毫五絲。　猫皮每張落地税二毫四絲，起京税九絲。【略】

皮革器大皮箱，每十隻，稍包每十個，落地各税六分四釐，起京各税二分四釐。　書箱，每十個落地税五分六釐，起京税二分一釐。　皮跨箱，每十個落地税二分四釐，起京税九釐。　皮帽盒、皮拜匣、皮護書，每十個落地各税二分，起京各税七釐五毫。　皮箭桶、皮盆套，每十個落地各税八釐，起京各税三釐。　二號皮箱，每隻落地税三釐六毫，起京税一釐三毫五絲。　中皮箱，每隻落地税二釐八毫，起京税一釐五絲。　皮梳匣、皮梳包，每十個落地各税二釐四毫，起京各税九毫。　小皮箱，每隻落地税二釐，起京税七毫五絲。

許寶善、永禄等《清户部則例》卷六九《税則・天津關》　用物税則

皮張山猫皮、狼皮，每百張各税一兩。　老羊皮、緑羊皮、緑驢皮、山羊皮，每百張各税五錢。　貛皮，每百張税四錢。　驢馬皮每百張，驢股馬脖子皮每三百張，各税三錢四分。　海龍皮、豹皮、虎皮每張，獺皮每百張，各税三錢。　白狐腿皮，每百塊税二錢五分。　猫皮、羊羔皮、騷鼠皮、灰鼠皮、獺羔皮、黄鼠皮，每百張各税二錢。　上號貂皮、猞猁猻皮每張，狗皮、兔皮、雜毛小猸皮每百張，各税一錢。　中號貂皮，每張税七分。　麂皮、海狗皮，每張各税三分。　牛皮、大沙魚皮，每張各税二分。　小鹿皮、狐皮、貂皮、獐皮、銀鼠皮、小沙魚皮每張，碎狐狄每二塊，狐背子皮每二張，各税一分。

許寶善、永禄等《清户部則例》卷七〇《税則・臨清關》　用物税則

皮張海龍皮，每張税五錢。　猞猁猻皮、海騮皮每張，灰鼠皮每百張，狐狄皮每十方，各税一錢。　帶毛小生毛皮，每百張税六分三釐。　上等貂皮，每張税五分七釐。　中等貂皮，每張税四分一釐。　下等貂皮，每張税三分二釐。　銀鼠皮每十張，兔兒猻皮每張，各税五分。　碎雜皮，每百張税二分六釐。　硝熟大羊皮、硝熟驢皮，每十張各税二分四釐。　虎皮，每張税二分二釐。　貉子皮、驢皮、帶毛大生羊皮，每十張各税一分六釐。　硝熟皂白鹿皮，每張税一分五釐。　硝熟真黄牛皮、緑斜皮，每張各税一分三釐。　貛皮、山猫皮、九節皮、硝熟小羊皮，每十張各税一分一釐。　帶毛鹿皮、豹皮、山馬皮、羚羊皮、硝熟皂白牛、馬皮，每張各税一分。　硝熟皂白麂皮，每張税九釐。　硝熟狗皮，每十張税八釐。　帶毛麂皮、野狸皮、狼皮、山狗皮、帶毛牛皮、硝熟獐子皮每張，鯊魚皮每十張，各税六釐。　驢斜皮，每十塊税五釐。　水獺皮、狐狸皮、帶毛騾馬皮、硝熟皂大羊皮、粉皮，每張各税三釐。

許寶善、永禄等《清户部則例》卷七一《税則・淮安關》　淮安正關用物税則

皮張羊皮、猫皮、貛皮、獺皮、黄鼠皮、雜皮，每擔各税二錢七分。　牛皮、驢犬皮、無毛羊皮，每擔各税八分。　銀鼠皮，每十張税六分。　貂皮，每張税五分。　灰鼠皮，每十張

四分。　大狐皮，每張稅一分。

淮倉用物稅則

皮張貂皮、虎皮、豹皮，每張各稅一分。　花野毛皮、水牛皮、馬皮，每張各稅九釐六毫五絲。　黃牛皮，每張稅七釐八毫。　兔兒猞猁猻皮，每張稅七釐七毫二絲。　麂皮、銀鼠皮，每張各稅五釐七毫九絲。　狐皮、狼皮、灰鼠皮、掃雪皮每張各稅三釐八毫六絲。　黃鼠皮，每張稅二釐。　鹿皮、獾皮、水獺皮、沙狐皮、兔皮、獺皮、黃獺皮、驢皮，每張各稅一釐九毫三絲。　羊、狗皮，每張各稅九毫六絲五忽。

宿遷關用物稅則

皮張羊皮，每騾二百四十斤，稅八錢。　獾雜皮，每騾稅四錢五分。　水牛皮，每張稅二分。　黃牛皮、馬皮、騾皮每張，狗皮每十張，各稅一分。　驢皮，每張稅五釐。　騷鼠皮，每張稅二釐，每騾稅九錢。

徐州關用物稅則

皮張貂皮，每張稅五分。　狼皮，每張稅二分。　牛皮，每張稅一分。　銀鼠皮、驢皮，每張各稅三釐。　灰鼠皮、羊皮，每張各稅二釐。

廟灣口用物稅則

皮張羊皮、狗皮、老羊皮，每百張各稅三錢。　羊羔皮，每百張稅二錢。　牛、馬、驢、騾皮，每十張各稅一錢五分。　牛皮底、熟牛皮，每百斤各稅一錢。

許寶善、永祿等《清户部則例》卷七二《稅則・揚州關》　用物稅則

皮張貂皮，每騾馱稅八兩。　騷鼠皮、狐狸皮、銀鼠皮、灰鼠皮、白羊皮，每馱各稅五錢。　老羊皮、黑羊皮、黃鼠皮、海獺皮，每馱各稅三錢。　牛皮，每大捆稅一錢，每小捆稅五分。　畫皮，每捆稅一錢。

許寶善、永祿等《清户部則例》卷七三《稅則・江海關》　用物稅則

皮張銀鼠皮，每百張稅一兩五錢。　灰鼠皮，每百張稅六錢。　羊皮、狗皮，每百張各稅三錢。　猞猁猻皮每張，羊羔皮每百張，各稅二錢。　豹皮每張，牛、馬、騾、驢皮每十張，各稅一錢五分。　虎皮、狼皮、犀牛皮，每張各稅一錢。　上貂皮，每張稅八分。　獺皮、駱皮，每十張各稅七分。　中貂皮，每張稅五分。　麅皮、鹿皮、山狗皮、獾皮，每十張各稅三分五釐。　下貂皮、狐皮、騷鼠皮，每張各稅二分。

許寶善、永祿等《清户部則例》卷七五《稅則・西新關》　都稅司用物稅則

皮張熟羊皮、熟牛皮、麂皮、鹿皮、獐皮，每百斤各稅四分五釐六毫。　沙狐狸皮、黃鼠狼皮、本色獺皮，每十張各稅三分九釐。　刷黑野猫皮，每十張稅二分九釐二毫五絲。　馬皮、驢皮、狗皮每擔，灰血牛皮每張，沙魚皮每十張，羊皮金每百張，各稅二分二釐八毫。　家猫皮，每十張稅一分九釐五毫。　香袋皮，每十斤稅一分八釐二毫四絲。　背子狐皮，每張稅一分三釐六毫八絲。　綠驢皮，每張稅一分二毫六絲。　生羊皮，每十張稅六釐八毫四絲。

龍江、江東二司用物稅則

皮張猞猁猻皮，每張稅一錢。　虎、豹、象皮、狼皮，每張各稅八分三釐二毫五絲。　天馬皮、狐狸狁皮，每張各稅六分六釐六毫。　舊羊皮、鞋底皮，每百斤各稅六分。　掃雪皮、貂皮、狐皮、蟒蛇皮，每張各稅五分。　兔皮，每百張稅四分。　熟水牛皮，每張稅三分六釐。　天馬皮、碎塊烏雲豹皮、碎塊狐狸狁皮、碎塊每張約方圓一尺，各稅三分三釐三毫。　土鼠皮、熟黃牛皮，每張各稅三分。　水牛皮，每張稅二分四釐。　黃牛皮、羚羊皮、水牛犢皮、銀鼠皮、獺皮每張，沙魚皮每十張，各稅二分。　麂皮、鹿皮，每張各稅一分八釐。　黃牛犢皮、騾馬皮，每張各稅一分六釐。　海巴皮，每十張稅一分一釐七毫。　背子狐皮、背子兔鼠猻皮，黑海獺皮、兔兒猻皮，每張各稅一分。　綠驢皮，每張稅九釐。　騷鼠皮，每張稅八釐三毫二絲五忽。　刷黑狐狸皮，每張稅六釐六毫六絲。　羊皮每十張，驢皮每張，各稅六釐。　黃鼠狼皮、猫皮、獾皮、野猫皮、狗獾皮，每張各稅四釐。　沙狐狸皮、本色獺皮、灰鼠皮，每張各稅三釐三毫三絲。　刷黑野猫皮半截，驢皮每張，各稅三釐。　家猫皮、獐皮，每張各稅二釐。　猪皮、狗皮，每張各稅一釐。

朝陽、聚寶二司用物稅則

皮張水牛皮每張稅二分七釐六毫。　黃牛皮，每張稅二分三釐。　驢皮每張，羊皮每十張，各稅六釐九毫。　半截驢皮，每張稅三釐四毫五絲。

許寶善、永祿等《清户部則例》卷七六《稅則・鳳陽關》　鳳陽大關水販用物稅則光州商貨稅則附

皮張牛皮每五張，驢皮每十張，各稅四分。

鳳陽大關旱販用物稅則

皮張豹皮，每張稅二錢。　虎皮，每張稅一錢。　猞猁猻皮，每張稅六分。　熟驢犬皮，每百斤稅四分。　熟麂皮，每張稅二分六釐八毫。　狐皮，每張稅二分二釐。　狼皮、貂皮每張，生驢犬皮每百斤，各稅二分。　狐皮脊，每張稅一分八釐。　獺皮，每十張稅一分七釐。　生麂皮，每張稅一分六釐。　熟水牛皮，每張稅一分二釐。　紅綠真皮，每張稅一分八毫。　生水牛皮，每張稅八釐。　騷鼠皮，每張稅六釐五毫。　熟黃牛皮，每張稅六釐。　生黃牛皮、沙魚皮，每張各稅四釐。　沙狐皮、貉皮，每張各稅三釐。　驢前截，每張稅二釐。　羔羊皮，每張稅一釐五毫六絲。　老羊皮，每張稅一釐三毫。　黑羊皮，每張稅八毫。

臨淮口旱販用物稅則

皮張獺皮，每騾馱稅七錢，每十張作一棚，稅一分七釐。　羊皮貨，每馱稅六錢。　豹皮，每張稅二錢。　虎皮，每張稅一錢。　猞猁猻皮，每張稅六分。　熟牛皮、熟驢皮、熟羊

皮、狗猫貛免皮張，每百斤各税四分。　水獺皮、熟鹿皮，每張各税二分六釐八毫。　狼皮、貂皮每張，生牛皮、生驢皮每百斤，各税二分。　羊羔皮，每十張税一分六釐。　狐皮，每張税一分二釐。　紅緑真皮，每張税一分一釐。　狐皮脊，每張税一分。　騷鼠皮，每張税六釐五毫。　沙魚皮，每張税四釐。　貉皮，每張税三釐。　白羔羊皮，每張税一釐六毫。　老羊皮，每張税一釐三毫。　黑羔皮，每張税八毫。

長淮口水販用物税則

皮張羊皮每包，亳州載來者税五分。　牛皮每百斤，亳州載來者，税二分。

爐橋口旱販用物税則

皮張雜熟皮，每百斤税二分。

盱眙口旱販用物税則澗溪口同

皮張獺皮，每馱税七錢，每棚十張，税一分七釐。　羊皮貨，每馱税六錢。　銀鼠皮，每百張税四錢。　豹皮每張，灰鼠皮每百張，各税二錢。　虎皮，每張税一錢。　猞猁猻皮，每張税六分。　狗、猫、貛、兔皮，每百張，熟羊皮每百斤，各税四分。　水獺皮、熟鹿皮，每張各税二分六釐八毫。　狼皮、貂皮每張，線靴皮每十張，牛皮、驢皮每百斤，各税二分。　狐皮筒，每張税一分二釐。　紅緑真皮，每張税一分一釐。　狐脊皮，每張税一分。　驢鼠皮，每張税六釐五毫。　沙魚皮，每張税四釐。　貉皮，每張税三釐。　白羔皮，每張税一釐六毫。　老羊皮，每張税一釐三毫。　黑羔皮，每張税一釐。

亳州口旱販用物税則

皮張獺皮，每騾馱税八錢，每驢馱税六錢，每十張税一分七釐。　羊皮貨，每騾馱税六錢，每驢馱税四錢。　猞猁猻皮，每張税六分。　羊皮、兔皮，每百斤各税四分。　貂皮、虎皮、豹皮、狼皮每張，生熟牛、驢、犬皮每百斤，各税二分。　鹿皮、狐皮筒，每張各税一分二釐。　狐皮脊，每張税一分。　沙魚皮，每張税四釐。　銀鼠皮、黑騷鼠皮、貉皮、路塘皮，每張各税三釐。　灰鼠皮、緑斜皮、股子皮每張，犬皮襯每捆，各税二釐。　白羔羊皮、海巴皮，每張各税一釐六毫。　黄鼠皮，每張税一釐五毫。　老羊皮、山羊皮，每張各税一釐三毫。　黑猾皮，每張税八毫。　犬、猫、貛皮，每張各税四毫。

許寶善、永禄等《清户部則例》卷七七《税則・蕪湖關》　用物税則

皮張熟牛皮，每擔税一錢。　貂皮、猞猁猻皮每張，羊皮、驢馬皮、麂皮每十張，各税五分。　狗皮、猪皮每十張，狐狸皮每張，兔皮每百張，各税三分。　虎皮、豹皮，每張各税二分。　鹿皮、沙魚皮、水獺皮、騷鼠皮、緑羊皮，每張各税一分。　黑幼皮、黑獺皮、貛皮、猫皮，每張各税五釐。　黄鼠皮，每張税二釐。

許寶善、永禄等《清户部則例》卷八三《税則・浙海關》　乍浦口用物税則

皮張進口熟鹿皮、熟麂皮，每百張作八十張，各税四錢八分。　進口生鹿皮，每百張作八十張，税二錢四分。

許寶善、永禄等《清户部則例》卷八五《税則・夔關》　用物税則

皮張虎皮、豹皮，每張各税三分。　狐狸皮、水獺皮，每張各税一分五釐。　股子皮、緑斜皮、馬皮、牛皮，每張各税六釐。　沙魚皮每斤，鹿皮、羊皮每張，各税三釐。　畫皮，每斤税一釐八毫。　野猫、貛、兔等雜皮，每張各税一釐五毫。　麂皮，每張税九毫。

許寶善、永禄等《清户部則例》卷八六《税則・打箭爐》　用物税則

皮張猞狸猻皮、虎皮、豹皮，每張税四分五釐。　水獺皮、狼皮，每張税二分四釐。　狐皮，每張税二分一釐。　緑斜皮、牛皮，每張税一分五釐。　狐娃皮，每張税一分五毫。　沙魚皮，每張税六釐。　猞狸猻爪子每個，兔兒猻皮、崖騷皮每張，各税三釐。　羊皮，每張税一釐八毫。　貛皮，每張每一釐五毫。　狐爪子每個，猾子皮每張，各税九毫。

許寶善、永禄等《清户部則例》卷八七《税則・粵海關》　用物税則

皮張象皮犀牛皮，每百斤各税一兩。　山馬皮、麖皮，每百斤各税二錢六分。　鹿皮、小花片獐皮，每百斤各税二錢五分。　銀鼠皮、灰鼠皮、貂貛皮、獺皮，每百張各税二錢四分。　牛皮每百斤，兔皮每百張，各税二錢。　貂皮、虎皮、豹皮，每張各税一錢。　狐皮，每張小者，每兩張作一張，各税五分。　臭皮，每百斤税三分。　沙魚皮、蛇皮每張，土沙魚皮每四張，各税一分。

用物免徵則沿海貿易，小船照數免税。　興販大洋者，仍照則徵收。

許寶善、永禄等《清户部則例》卷八八《税則・太平關》　太平、遇仙兩關橋上水用物税則

皮張象皮，每百斤税一兩四錢四分六釐。　麖麂皮，每百斤税三錢六分六釐。　鹿皮、驢皮、虎皮、獺皮、山馬皮、狐狸皮，每百斤各税二錢三分八釐四毫。　牛皮、紅皮，每百斤各税一錢五分。　雜皮、虬皮、沙魚皮、蛇魚皮，每百斤各税一錢一分七釐。

太平、遇仙兩關橋下水用物税則

皮張牛皮，每百斤税一錢四分八釐。　雜皮，每百斤税一錢一分五釐。

滄光廠上水用物税則

皮張麖皮、山馬皮，每百斤各税一錢五分。　魚皮、雜皮，每百斤各税五分。　飲香皮，每百斤税二分。

滄光廠下水用物税則

皮張牛皮，每百斤税五分。

許寶善、永禄等《清户部則例》卷八九《税則・潯南廠》　用物税則

皮張銀鼠、灰鼠皮，每百張各税五錢，南北同。水牛皮，每張寧税一分六釐，潯税一分四釐。沙牛皮、麂鹿犢皮，每張寧税各一分二釐，潯税各一分。京皮、鹿皮，每張潯税各五釐。

許寶善、永祿等《清户部則例》卷九〇《税則・梧州廠》　用物税則

皮張馬皮、山馬皮、鹿皮、麖皮、牛仔等皮，每百張各税一兩四錢四分。蚺蛇皮，每十張税一錢四分四釐。沙魚皮，每百斤税九分六釐。水牛皮，每張税二分四釐。沙牛皮，每張税一分九釐二毫。

徐珂《清稗類鈔・農商類・商品》　皮貨産直隸、山東、山西、陝西、甘肅、新疆。牛皮：黄牛皮産河南、陝西、四川；水牛皮産湖北、湖南。

徐珂《清稗類鈔・農商類・寧安人易貂以鍋馬》　魚皮韃子不貴貂鼠而貴羊皮，凡貂爪袖合縫鑲邊處，必以黑羊皮一線飾之。寧古塔即寧安。梅勒章京以下，皆著猞猁猻狼皮襖，惟帽則用貂耳。貂鼠喜食松子，大抵一松林中，或土窟，或樹孔，捕者以網布穴口而煙熏之，貂出避，輒入網中。又有縱犬守穴口，伺其出而齧之者。色紫黑而毛平理密者爲上，紫黑而理密者次之，紫黑而疏與毛平而黄者又次之，白斯下矣。康熙初，易一鐵鍋，必隨鍋大小布貂於内，滿乃已。後且以一貂易兩鍋矣。易一馬，必出數十貂，後不過十貂而已。馬良者乃十四五，亦不以上貂易也。上貂歲至寧古塔交易者二萬餘，而貢貂不與焉。寧古塔人得之，七八月間販以鬻京師者，歲以爲常。京師往往賤挹婁而貴索平聲。倫，蓋以索倫貂毛深而皮大也，然不若挹婁之耐久。

徐珂《清稗類鈔・動物類・豹》　豹産亞、非兩洲，似虎而小，毛黄褐色，背有黑色圓斑，俗稱金錢豹。行走迅速，捕食牛羊雞豕等物。其皮甚貴。

徐珂《清稗類鈔・動物類・藍狐金貂》　外興安嶺麓産藍狐、金貂。藍狐爲最上品，金貂次之。藍狐毛潔白，毳毛作紺碧色，光潤柔緻。金貂色赭黄，蒙茸嬌軟，映於日光，微風吹颺，則金光閃目。然率爲俄人販運，由西伯利亞轉載入歐，待價而沽。

徐珂《清稗類鈔・動物類・狨》　狨，一名猱，猿屬也，善援木。産甘肅慶陽山中，隴人呼爲金絲犺。粤東山中亦有之。毛黄如金，細軟温煖，製爲裘，可禦嚴寒，袪溼疾。厥值綦昂，不易得也。其産於四川者，能食猴。鼻孔向上，見雲起，聞雷聲，即趨避隱處，取樹葉覆鼻，雨少滴入，輒死。

徐珂《清稗類鈔・動物類・狐》　狐似犬而小，體瘦，頭尾皆長，以蹠行。性狡猾，穴居山野，盗食食物。生十四五年，皮可爲裘。俗傳狐壽千年能祟人，妄也。

徐珂《清稗類鈔・動物類・九尾狐》　長白山有九尾狐，相傳其地即九尾狐産地之塗山也。

徐珂《清稗類鈔・動物類・玄狐》　玄狐，黑狐也，産奉天等處。色黑，毛暖，其皮爲裘，價最貴。

徐珂《清稗類鈔・動物類・飛狐》　飛狐，形似狐，肉翅連四足及尾，能飛，但能下而不能上。産於口外密樹林中。陝西有飛狐嶺、飛狐口，當時蓋以物産得名也。《續博物志》謂之飛生。

徐珂《清稗類鈔・動物類・狸》　狸，狐屬，與狸之爲貓屬者異。全身黑褐色，背有灰色斑紋，口突出，尾粗而長，四肢甚短，似狐。惟狐身瘦而長，狸身肥而短，蓋以此爲别也。

徐珂《清稗類鈔・動物類・貂》　貂，亦稱鼦鼠，大如獺，尾粗，毛長寸許，色黄或紫黑。産北寒帶之地，三姓、琿春、寧古塔等處山林多有之，獵者每於雪天覓跡逐捕。皮極輕暖，甚珍貴。

徐珂《清稗類鈔・動物類・銀貂》　長白山有銀貂，毛純白，長三寸餘，暖勝紫貂。

徐珂《清稗類鈔・動物類・猞猁猻》　猞猁猻，亦作失利孫，《明一統志》則謂之曰土豹。狀如貍而耳大，有尾毛，可爲裘。有馬猞猁、羊猞猁、草猞猁等名，烏拉諸山皆有之。體輕能升木，滿洲語謂之威呼肯孤爾孤，譯言輕獸，即《廣輿記》所稱天鼠也。至青海所産者，則略大，齒尖，爪不露而鋭，能猱升，食鳥雛，毛細長，灰褐色。毛根紅者爲上，灰色者次之，根白者又次之。

徐珂《清稗類鈔・動物類・紫貓》　紫貓，産西北口，視常貓爲大，毛亦較長而色紫，土人以其皮爲裘。

徐珂《清稗類鈔・動物類・九節貍》　九節貍爲貍之别種，毛黑白相間，眼金色，尾甚長，文有九節，能捕鼠。皮可爲裘，毛可製筆。

徐珂《清稗類鈔・動物類・貓豹子》　青海人呼貍爲貓豹子，色如貍，形似猞猁猻。能食家貓，捕兔鼠。皮亦可製裘。

徐珂《清稗類鈔・動物類・貉》　貉，亦作狢，似貍，鋭頭尖鼻。性好睡，日伏夜出，捕食蟲類。毛色斑駁，其文上圓下方，質深厚温滑，可爲裘。

徐珂《清稗類鈔・動物類・灰鼠》　灰鼠，一名青鼠，深灰色，腹白，尾毛鬆

而長性靈敏，善跳躍，吉林諸山有之。皮以製裘，灰白色者佳，灰黑次之。

徐珂《清稗類鈔・動物類・麝》 麝，似鹿，無角，長三尺許，毛灰褐色，甚長。牡者犬齒突出口外。皮可製物。盛産於青海之南北二境，每年輸出甚巨，角之長者與鹿茸並貴。西藏江拉、希拉之間，皆重巖複澗，深林密箐，野獸種類無數，斑鹿、香麝之類尤多。獵者重披毳裘，著皮帽革韡，負火鎗，腰刀械、藥彈、糗糒，伏處崖谷，風餐露宿，鮮火食。

徐珂《清稗類鈔・動物類・麞》 麞，與獐同，亦名麕，又謂之麇，似鹿而小，無角，毛褐色。其革細軟，用與麂皮同。

徐珂《清稗類鈔・動物類・麂》 麂，麞屬，牡者有短角，毛褐色，脚短力勁，善跳越。其革至柔軟，可製手套、表袋等物。

徐珂《清稗類鈔・動物類・麅》 麅，麞屬，俗謂之麅子，色蒼赤，其毛易落。皮僅供車帷之用，肉味美，供食。

徐珂《清稗類鈔・動物類・犀》 犀較象略小，角生鼻端，爲用甚廣。其皮皺襞極堅厚，古人恒用以製甲。産於青海者，皮厚而無毛，鼻上生前後兩角，後之所産衹有一角，爲奇驗之解熱藥。

徐珂《清稗類鈔・動物類・野山羊》 内蒙盛産野山羊，俗稱黄羊，蒙名羊媽古列惡所。形同山羊，角較長，體較小，身多黄黑斑。雛羊方産即走。惟性野難畜，羣居溝凹地，竄走甚捷，捕之維艱，雖狡黠如狼，亦難以傷害之也。皮可製褥，惟毛脆易折，不能作衣。肉亦可食，味較綿羊爲劣。

徐珂《清稗類鈔・物品類・革囊》 革囊，出蒙古，以皮爲之，代筐筥，巨細之物無不納，行汲時或以貯水，涉川時則挾之肘間，亂流以濟，亦曰皮餛飩。

穆彰阿等《清一統志》卷九五《江蘇・淮安府三》 土産 皮貨府城出。《府志》海内共推淮安皮箱笥莢，以其硝皮最精熟也。皺尤佳。

穆彰阿等《清一統志》卷一七二《山東・青州府三》 土産 《金史・地理志》益都府貢沙魚皮。今未聞。

穆彰阿等《清一統志》卷四四三《廣東・廣州府三》 土産 鼊皮《唐書・地理志》廣州土貢。

穆彰阿等《清一統志》卷四四四《廣東・韶州府三》 土産 鮫魚皮《寰宇記》俱韶州産。

穆彰阿等《清一統志》卷一八四《山東・臨清直隸州》 土産 羊皮州出。舊市張家口皮，及東鹿小羔皮，硝熟之後，改市西皮，較他處特柔而氣不羶，此水土之異也。

穆彰阿等《清一統志》卷二四五《陝西・同州府三》 土産 皮革《元和志》同州開元貢皺文吉莫皮二十張。元和貢皺之靴。《唐書・地理志》同州土貢韡、韉二物。

穆彰阿等《清一統志》卷二六五《甘肅・寧夏府二》 土産 鹿皮、野馬皮《新唐書・地理志》靈州土貢吉莫韡、韉。

穆彰阿等《清一統志》卷二六六《甘肅・甘州府》 土産 野馬皮《唐書・地理志》甘州土貢野馬革。《通志》可爲裘。

穆彰阿等《清一統志》卷二六八《甘肅・涼州府二》 土産 野馬皮《唐書・地理志》涼州貢。

穆彰阿等《清一統志》卷二七七《甘肅・階州直隸州二》 土産 狨皮《寰宇記》州土貢。

穆彰阿等《清一統志》卷二七八《甘肅・肅州直隸州》 土産 野馬皮《元和志》肅州貢。

穆彰阿等《清一統志》卷二七九《甘肅・安西直隸州》 土産 野馬皮《元和志》沙州貢。《唐書・地理志》瓜州貢。

穆彰阿等《清一統志》卷二九八《浙江・台州府二》 土産 鮫魚皮《元和志》台州貢鮫魚皮一百張。貉皮元土貢。

穆彰阿等《清一統志》卷三〇四《浙江・温州府》 土産 鮫魚皮《唐書・地理志》温州土貢鮫革。

穆彰阿等《清一統志》卷三九六《四川・叙州府二》 土産 狨皮暖座《寰宇記》、《郡國志》云：■道有獸名猶猢，似猿而四足，騰如迅馬之飛，取此皮爲狐白之用，盈百方成。又《段氏蜀記》云：戎人進猓猓褥，皂袍碧三色相間，出馬湖江、石門兩路蠻界内。

穆彰阿等《清一統志》卷三九八《四川・夔州府二》 土産 獸皮《唐志》夔州貢熊、羆，鹿皮。《府志》雲陽、開縣、巫山出。

穆彰阿等《清一統志》卷四二二《四川・太平直隸廳》 土産 鹿皮《唐書・地理志》通州貢。

穆彰阿等《清一統志》卷四二九《福建・漳州府》 土産 鮫魚皮《元和志》漳州貢。《寰宇記》漳州土産魬魚皮。《明統志》瀕海各縣出。 麂皮《府志》各縣皆出。

穆彰阿等《清一統志》卷四三一《福建・建寧府》 土産 偃鼠皮《元和志》建州賦。

穆彰阿等《清一統志》卷四三五《福建・汀州府二》 土産 鼹鼠皮長汀縣

出。《元和志》汀州開元貢鼹鼠皮。《寰宇記》汀州土産鼹鼠。

穆彰阿等《清一統志》卷四四六《廣東・潮州府》 土産 鮫魚皮潮州貢，俱見《元和志》。

穆彰阿等《清一統志》卷四六二《廣西・桂林府二》 土産 麖皮韡《唐書・地理志》桂州貢。

穆彰阿等《清一統志》卷五〇一《貴州・安順府》 土産 皮韉《通志》最柔韌耐久。

穆彰阿等《清一統志》卷五〇九《貴州・大定府》 土産 皮器本府出。

穆彰阿等《清一統志》卷五二四《新疆・庫車》 土産 麖皮。

李維楨〔萬曆〕《山西通志》卷八《田賦》

山西等處承宣布政使司 皮張雜色皮折造胖襖褲鞋七千六百八十三副八分零褲鞋八件皮二張。

太原府 皮張雜色皮二千零，折造胖襖褲鞋一千四百八十四副半零，褲鞋二件。

平陽府 皮張雜色皮五千九百零折造胖襖褲鞋二千三百七十六副零褲一件鞋二雙。

潞安府 皮張雜色皮四千九十零，折造胖襖褲鞋九百五副零二件。

汾州府 皮張雜色皮一千零折造胖襖褲鞋七百九十副零褲一件。

大同府 皮張雜色皮二千八百一十四張折造胖襖褲鞋六百一副五分。

遼州 皮張雜色皮折造胖襖褲鞋三百六十二副零，皮二張。

沁州 皮張雜色皮折造胖襖褲鞋三百二十二副。

澤州 皮張雜色皮折造胖襖褲鞋八百三十五副八分。

覺羅石麟、儲大文等〔雍正〕《山西通志》卷四七《物産》

太原府 羊皮 諸屬胥産。

朔平府 馬皮 唐常貢，安北都護府歲貢生野馬胯皮二十一斤。

遼州 羊皮 他地羊多牧於州，故皮特多。

高汝行〔嘉靖〕《太原縣志》卷一 土貢 歲辦各色皮三百張，帶毛硝熟羊皮二百張，羊硝熟粉皮一百。

陸釴纂〔嘉靖〕《山東通志》卷八《物産》

登州府 海牛出文登海中，長丈餘，紫色無角，鼉足鮎尾，性捷疾，見人則飛入於海，其膏可以燃燈，其皮可以爲弓鞬矢房。海驢出文登海中，狀若驢，常於秋月登島産乳，其皮製爲雨具，水不能潤。海豹出寧海，其大如豹，文身五色，叢居水涯，常以一豹護守，如鴈奴之類，其皮可飾鞍韉。

陸釴纂〔嘉靖〕《山東通志》卷八《田賦》

山東布政司 皮張獐鹿羊狐等皮三萬五千八百四十八張。

濟南府 皮張雜色皮八千四百一十三張，折造胖襖褲鞋二千零一副一分，狐狸皮九十一張。

兗州府 皮張雜色皮三千六百四十三張，折造胖襖褲鞋九百一十四副八分五釐，狐狸皮四百五十八張。

東昌府 皮張雜色皮二千四百張，折造胖襖褲鞋五百二十副二分，狐狸皮一百八十四張，鹿皮一十七張。

青州府 皮張雜色皮四千三百五十張，折造胖襖褲鞋一千二百四十九副七分五釐，狐狸皮六十八張，鹿皮二十五張。

登州府 皮張雜色皮一千九百三十六張，折造胖襖褲鞋四百二十二副五分，狐狸皮六百七十三張。

萊州府 皮張雜色皮二千九百六十二張，折造胖襖褲鞋七百五十三副六分。

張峰、陳復亨〔隆慶〕《海州志》卷三《土貢》 按《舊志》：上貢之物，【略】

包大爟等〔萬曆〕《兗州府志》卷二四《田賦》

嵫陽縣土貢：獐皮、羊皮共一百四十五張。

曲阜縣土貢：狐狸皮一十六張，共徵銀八兩。

鄒縣土貢：羊皮一百四十張，狐狸皮四十七張，狢皮二十一張。

泗水縣土貢：獐皮二十張，羊皮一百一十三張，狢皮一十九張，狐皮六張。

滕縣土貢：鹿皮九十張，毛羊皮六十張，貉皮二十一張，白硝羊皮五十張。

嶧縣土貢：狐狸皮三十七張。

金鄉縣土貢：狐狸皮二十三張，獐皮四十張，羊皮四十張，狢皮二十九張。

魚臺縣土貢：獐皮五十七張，狢皮三十七張。

單縣土貢：雜色獐羊皮共二百一十張。

城武縣土貢：狐皮一十一張。

曹州土貢：狐狸皮七十三張。

曹縣土貢：狐狸皮一十八張，獐皮六十張，貉皮七十張，羊皮五十張。

定陶縣土貢：獐、羊皮共三十九張。

濟寧州土貢：各色皮三百八十四張。

嘉祥縣土貢：狐狸皮一十一張。

鉅野縣土貢：狐狸皮二十張。

鄆城縣土貢：狐狸皮二張。

東阿縣土貢：狐狸皮二十一張。

平陰縣土貢：狐狸皮十張。

陽穀縣土貢：狐狸皮三十張。

沂州土貢：狐狸皮一百張。

郯城縣土貢：狐狸皮八張，【略】野味八隻，皮張二百二十張。

費縣土貢：狐狸皮五十二張。

《肅州新志·物産·草類》 芨芨　邊人全賴以作簾箔，蓋房屋，編薦席，紋繩索，悉取足焉。其草兼可餵畜，一名芨芨草。

虞懷忠、郭棐等〔萬曆〕《四川總志》卷一四《龍安府·土産》 麅皮出青川。

虞懷忠、郭棐等〔萬曆〕《四川總志》卷一七《東川軍民府·土産》 麅府治出。

吴潜、傅汝舟〔正德〕《夔州府志》卷三《土産》 貨類

鹿皮、麂皮各縣皆出。

林庭棉、周廣〔嘉靖〕《江西通志》卷二二《臨江府·土産》 雜色皮。

馮曾〔嘉靖〕《九江府志》卷四《職貢》 麂皮一千零三張。德化縣二千五十一張。德安縣一百五十三張。瑞昌縣二百五十九張。湖口縣一百五十四張。彭澤縣一百八十三張。

夏良勝等〔正德〕《建昌府志》卷四《職貢》 國朝舊額：歲貢 雜皮二千一百六十張。南城縣八百三十二張。南豐縣六百三十一張。新城縣四百四十三張。廣昌縣二百五十四張。

今額： 翎毛一十六萬九千根，折鈔解府貯庫。雜皮二千一百六十張，折造解襖解京。

南城縣 雜皮八百三十二張，奉例坐派八百張，內一半折造胖襖袴鞋四十九副，一半折銀七十三兩五錢。每一副該一兩五錢，外本色麂皮三十二張，俱解京。

南豐縣 雜皮六百三十一張，折造胖襖解京。麂皮仍解本色，外一半折銀。

新城縣 雜皮四百三十二張，一半折造胖襖，一半照數計價解京。

廣昌縣 雜皮二百五十四張，一半折造胖襖，一半解銀外，麂皮本色解京。

聞人詮、陳沂〔嘉靖〕《南畿志》卷三《總志》 厥貢 革一萬八千五百三十九。

鳳陽府

革雜皮二千八十四張。

常州府

革雜皮千張。

鎮江府

革各色皮四十張。

淮安府

革雜皮二千六百八十九張。

廬州府

革虎皮十三張，羊皮三百九十六張，水獺皮三張。

安慶府

革鹿皮二百一十張，虎皮一十五張。

池州府

革雜色熟皮三百四十六張。

徽州府

革虎皮九十四張，雜皮八百四十六張。

和州

革雜皮一千三張。

徐州

革二千二百九十四張。

聞人詮、陳沂〔嘉靖〕《南畿志》卷六三《和州》 其物産獐麂、狐狸、織皮。即《禹貢》羽毛、齒革。

胡宗續〔正德〕《安慶府志》卷一四《食貨志》 歲徵虎皮十有五張。

高鶴〔嘉靖〕《定遠縣志》卷三《貢賦》 土貢 硝熟山羊皮六十八張。

朱鈞等〔嘉靖〕《宿州志》卷二 靈璧縣 歲辦雜皮二百六十五張。

彭澤、汪舜民〔弘治〕《徽州府志》卷二《地理·土貢》 元 貍 貉皮元貢玉面貍一十頭，貉皮四百六十一張。歙縣貉皮五十七張，休寧縣玉面貍三頭，貉皮一百九十八張半，婺源州玉面貍五頭，貉皮八十五張，祁門縣貉皮五十九張，黟縣玉面貍二頭，貉皮六十

一張，績溪縣無。

國朝　皮張　翎毛每歲捕獸户九十四，每户辦虎皮一張，雜皮九張，共皮九百四十張。捕禽户九，每户辦翎毛四千根，共三萬六千根。歙縣捕獸户四十七，共辦雜皮四百二十三張，虎皮四十七張，捕禽户五，共辦翎毛二萬根。休寧縣捕獸户十九，每户辦雜皮九張，虎皮一張，共皮一百九十張，捕禽户四，每户辦六稍翎毛四千根，共翎毛一萬六千根。婺源縣捕户，歲辦帶毛退毛雜軟皮二百九十張。祁門縣捕户一十，每户辦虎皮一張，雜皮九張，共皮一百一十張。黟縣捕户十七，每户辦雜皮九張，虎皮一張，共皮一百七十張。績溪縣捕户辦帶毛退毛雜軟皮一百七十張。在洪武九年《郡志》所載如此。按正統年間《續志》。又載，國初土貢：歙縣活麂五隻，活兔七隻，活鵓鳩一百隻，帶毛退毛雜軟皮一千一百九十二張，翎毛二萬九千六百二十枚。休寧縣活玉面貍八隻，活九節貍一十二隻，活□貛貍一隻，活鵓鳩三十隻，帶毛退毛雜軟皮七百二十四張，翎毛二萬三百七十枝。婺源縣帶毛退毛雜軟皮二百九十張。祁門縣活兔十三隻，活玉面貍一隻，活九節貍三隻，香貍一隻，帶毛退毛雜軟皮三百三十張。黟縣活兔十一隻，活玉面貍三隻，九節貍二隻，香貍四隻，帶毛退毛雜軟皮二百八十四張。績溪縣帶毛退毛雜軟皮一百七十張。與洪武九年《郡志》不合，《續志》所載必是洪武以前未定之額。又按《黟縣志》載正統年間捕户耗除，奉工部勘合，准令野味變易價鈔，送府庫交納，皮張減數，止貢帶毛退毛雜軟等皮，其餘五縣志雖不載，要之事同一體。又查得即今各縣捕户每歲止各供應祭祀鹿兔，再無野味價鈔及皮張等貢，但不知何年蠲減。

顧清等〔正德〕《淞江府志》卷八《田賦下・土貢》

元制

歲課貉皮一十五張。華亭十三，上海二地本無貉，虞人轉購輸之。

張寧、陸君弼〔萬曆〕《江都縣志・食貨誌》　貢課　獐皮七千張、羊皮一百九十張，麂皮六十張。

沈明臣、陳大科等〔萬曆〕《通州志》卷四《貢賦》　貢賦之目五：曰歲進，曰歲造，曰歲辦，曰歲派，曰額徵歲進。

歲辦鹿皮一百五十張，獐皮四百七十張，羊皮一百五十張。

海門歲辦鹿皮五張，獐皮一百有六十張，【略】羊皮二百有五張。

申嘉瑞〔隆慶〕《儀真縣志》卷七《食貨攷》　國朝歲派有麂皮。

牛若麟〔崇禎〕《吴縣志》卷二九《物産》　革製之屬

鼓　皮箱

孫仁、朱昱〔成化〕《重修毗陵志》卷七《食貨・土貢》

元

皮貨歲辦八百一十四張。

晉陵縣四百六十八張。

武進縣三百四十四張。

録事司二張。

國朝

歲辦

雜色麞麂等皮二千張。内武進縣四百五十張，無錫縣四百張，宜興縣六百五十張，江陰縣五百張。

楊子器、桑瑜〔弘治〕《常熟縣志》卷三《叙官治》　皮翎

獐皮二百張。雜皮六百張。共皮八百張。起解本色。

林逢春、方鵬〔嘉靖〕《崑山縣志》卷二《土貢》

元　貉皮二十九張、羊皮八尺、羖羊皮二百餘尺。

國朝　雜皮四百張。

唐錦〔正德〕《大名府志》卷三《田賦志・貢賦》

大名府

雜皮三千八百六張，狐狸皮三百九十四張，獐羊皮一千五百二十二張，獾狢狼皮一千張。今唯狐皮輸本色，餘折胖襖五百八十八件，爲銀八百八十二兩。

白真黄牛皮一百二十張。

白硝山羊皮三百七十張。

白甸驢皮前截五十五截。

唐錦〔正德〕《大名府志》卷三《田賦志・貢賦》

元城縣

雜皮二百二十張。

南樂縣

雜皮一百二十張。

魏縣

雜皮八十張。

清豐縣

雜皮一百二十三張。

内黄縣

雜皮一百四十七張。

濬縣
雜皮四百五十八張。
滑縣
雜皮六百一十六張。
開州
雜皮六百六十張。
長垣縣
雜皮四百四張。
東明縣
雜皮一百八十張。

董弦、王訓等〔嘉靖〕《內黄縣志》卷二《田賦·貢賦》 雜皮一百四十七張。

崔銑〔嘉靖〕《彰德府志》卷四《田賦志·貢》
安陽縣貢羊粉皮九百四十五張。
臨漳縣貢雜革三百三十二張。
林縣貢雜皮五百一十七張半。
磁州貢雜革四百九十四張。
武安縣貢白硝羊皮六百一十九張。
涉縣貢羊皮二百五十八張、鹿皮二十張。

沈紹慶、王家士〔嘉靖〕《光山縣志》卷四《田賦志·貢賦》
額辦
歲貢麂皮十張、狐皮三張。

潘庭楠〔嘉靖〕《鄧州志》卷一〇《賦役志·物産》 內浙有狐皮。

魏津、張讓〔弘治〕《偃師縣志》卷一《貢賦》
歲額
雜革二百五十五張。

李錦、周榮等〔正德〕《新鄉縣志》卷二《土貢》 歲辦雜皮共二百三十四張。
鹿皮一十四張、獐皮二十張、羊皮四十張、雜皮一百六十張。

承讓、夏時正〔成化〕《杭州府志》卷一八《土貢》
成化十年歲辦帶辦
雜色毛皮肆千伍佰陸拾張。
仁和縣 雜色毛皮柒百貳拾張。
錢塘縣 雜色毛皮壹千貳百壹拾張。
海寧縣 雜色毛皮捌百伍拾伍張。
富陽縣 雜色毛皮肆百柒拾張。
餘杭縣 雜色毛皮肆百柒拾伍張。
臨安縣 雜色毛皮叁百柒拾張。
新城縣 雜色毛皮玖拾張。
於潛縣 雜色毛皮壹百捌拾張。
昌化縣 雜色毛皮壹百玖拾張。

謝鐸〔弘治〕《赤城新志》卷五《版籍·雜賦》
元 沙魚皮一百六十張。
貉皮一千一百二十四張。
國朝
洪武歲辦額數
皮張
白硝軟皮一千張。
雜色毛皮一千六百八十張。

曾才漢、葉良佩〔嘉靖〕《太平志》卷三《食貨志·貢賦》 歷代土貢 舊貢
【略】唐歲貢《元和郡國志》闔郡鮫魚皮一百張。宋歲貢《元豐九域志》闔郡鮫魚皮一十張。
元歲貢闔郡沙魚皮一百六十七張。貉皮一千一百二十四張。
國朝洪武初歲辦皮張。弘治以來額辦派辦物料。凡民出其土之所有以來供上用，謂之歲辦。今謂之額辦。皆有常數。其或非土所有，則官給價鈔或准折税糧。今民收買送官謂之買辦。後因鈔價多爲吏胥所侵，惠不及民，由是不復支給，故直謂之派辦。皮張雜色皮二十三張，折銀三百九兩七錢九分九釐一毫。

王懋德、陸鳳儀〔萬曆〕《金華府志》卷七《貢賦》
元貢貉皮三十二張半。
額辦 白硝鹿皮十張，銀六兩。
金華縣
額辦 白硝鹿皮銀九錢六分七釐。
蘭谿縣

元貢　貉皮八百一十三張半。

額辦　白硝鹿皮銀一兩二錢五分四釐。

東陽縣

元貢　貉皮三百五十九張。

額辦　白硝麂皮銀九錢七分三釐。

義烏縣

元貢　貉皮一百六十八張。

額辦　白硝麂皮銀七錢二分六釐。

永康縣

元貢　貉皮七十五張。

額辦　白硝麂皮銀六錢五釐。

武義縣

元貢　貉皮五百九張。

額辦　白硝麂皮銀四錢九分六釐。

浦江縣

元貢　貉皮六百十一張。

額辦　白硝麂皮銀五錢三分。

湯溪縣

額辦　白硝麂皮銀四錢四分七釐。

毛鳳韶〔嘉靖〕《浦江志略》卷五《貢賦》　元歲貢之征　貉皮六百一十一張。

大明永樂中歲進歲辦之征　皮張雜色毛皮一千一百四十六張。

〔永樂〕《樂清縣志》卷三《貢賦》　歲辦　較皮五百張，雜色毛皮壹百柒拾張。

王珣、汪翁儀等〔弘治〕《湖州府誌》卷八《稅賦》　歲辦

兔皮一百二十八張。

香狸皮九張。

禽獸皮毛

獐鹿等皮共三千四百五十八張。

張宗敬〔嘉靖〕《溫州府志》卷三《貢賦》　歲派　丁字庫生水牛皮一百三十四張。

麂皮一千五百張。折解銀九百兩。永嘉三百二十一兩七錢五分，瑞安一百五十六兩三錢七分五釐，樂清一百五十兩七錢五分，平陽二百五十七兩六錢二分五釐，泰順一十三兩五錢。

雜色毛皮一百七十張，九節狸野猫香狸等皮二十五張，山羊皮九十有三張，軟皮一千張，硝白軟皮五百張。每五年折造胖襖袴鞋共五百八十五副，共計銀八百七十七兩五錢。永嘉三百一十二兩三錢一分四釐六毫六忽七微四塵，瑞安一百五十二兩二錢七分五釐二毫八絲九微，樂清一百四十六兩七錢九分七釐七毫五絲二忽八微一塵，平陽二百五十一兩九錢六分六釐二毫九絲二忽一微四塵，泰順一十二兩一錢四分六釐六絲七忽四微一塵。

柳琰〔弘治〕《嘉興府志》卷八《嘉興縣·貢》　國朝　歲辦皮張獐鹿麂羊皮七百張。

柳琰〔弘治〕《嘉興府志》卷一一《秀水縣·貢》　歲辦皮張九張，羊皮七十二張，獐皮二百六十張。

柳琰〔弘治〕《嘉興府志》卷一四《嘉善縣·貢》　獐皮一百二十九張，羊皮五十五張。

柳琰〔弘治〕《嘉興府志》卷一七《海鹽縣·貢》　歲辦麂、羊等皮張。

〔至正〕《四明續志·賦役》　皮貨額辦

總計皮貨肆千叁百玖拾貳張半除慈溪鄞縣因飢荒死絶事故皮壹千貳百柒張外實辦皮叁千壹佰捌拾伍張半

鄞縣狢皮壹仟壹佰貳拾肆張半

奉化州狢皮伍佰伍拾玖張

昌國州狸皮貳拾張

慈溪縣狢皮壹仟貳佰捌拾叁張半

定海縣狢皮壹佰貳拾張

象山縣狢皮柒拾捌張半

沙魚皮

總計額辦壹佰陸拾叁張

奉化州貳拾柒張

昌國州玖拾肆張

定海縣肆拾貳張

袁桷〔延祐〕《四明志》卷一二《賦役考》　皮貨額辦

總計貉皮三千七十六張，狸皮二十張。
鄞縣貉皮額辦一千五百一十張，
奉化州貉皮額辦五百五十九張，因饑荒捕户逃亡見辦四百一十張，
昌國州狸皮額辦二十張，
慈溪縣貉皮額辦一千三張，
定海縣貉皮額辦一百二十張，因饑荒實辦七十五張，
象山縣貉皮額辦七十八張。

沙魚皮

本路額辦一百六十三張，
奉化州額辦二十七張，
昌國州額辦九十四張，
定海縣額辦四十二張。

徐學謨〔萬曆〕《湖廣總志》卷二一《貢賦》 湖廣總論

額辦 皮張舊派麂皮一萬七千五百六十一張。每張正銀六錢，共銀一萬五百三十六兩六錢。麂羔皮一百張。每張正銀六錢，共銀六十兩。狐狸皮四十三張。每張正銀五錢，共銀二十一兩五錢。

派辦 每年聽户禮等部勘合坐派【略】水牛皮。

徐學謨〔萬曆〕《湖廣總志》卷二二《貢賦二》 武昌府

額辦 白硝麂皮二千六百三十八張共銀一千五百八十二兩八錢。脚價在內。江夏縣三百四十七張。武昌縣二百三十二張。咸寧縣六十張。蒲圻縣三百一十九張。崇陽縣一百六十張。嘉魚縣一百六十五張。通城縣一百七十二張。興國州八百六十七張。大冶縣二百四十張。通山縣七十六張。

漢陽府

額辦 白硝麂皮一百九十張，共銀一百一十四兩。漢陽縣一百一十張。漢川縣八十張。

黄州府

額辦 白硝麂皮一千七百四十張。共銀一千四十四兩內。帶毛麂羔皮八十張，共銀四十八兩。狐狸皮一十三張，共銀六兩五錢。黄岡縣三百二張。黄陂縣四十九張。麻城縣二百七十一張。黄安縣一百二十三張。羅田縣一百四十張。又熟硝帶毛麂羔皮八十張。狐狸皮一十三張。蘄水縣三百四張。蘄州二百四十八張。黄梅縣二十五張。廣濟縣二百七十八張。

徐學謨〔萬曆〕《湖廣總志》卷二三《貢賦三》

德安府

額辦 白硝麂皮二百六十張，共銀一百五十六兩。安陸縣一十八張。應城縣四十七張。隨州一百張。孝感縣五十二張。應山縣三十二張。雲夢縣一十一張。

荆州府

額辦 白硝麂皮一千六百七十張，共銀一千二兩。江陵縣四百五十張。石首縣二百張。公安縣二百五十張。松滋縣三百六十張。監利縣五十張。夷陵州四十五張。遠安縣二十張。枝江縣二百六十張。宜都縣三十五張。

岳州府

額辦 白硝麂皮八百五十九張，共銀五百一十五兩四錢。巴陵縣一百四十張。平江縣一百二十四張。臨湘縣一十六張。安鄉縣八十張。澧州一百五十五張。石門縣一百七十張。慈利縣一百七十四張。

徐學謨〔萬曆〕《湖廣總志》卷二四《貢賦四》

鄖陽府

額辦 白硝麂皮二百二十九張，共銀一百三十七兩四錢。房縣一百張。上津縣三十四張。竹山縣四十四張。鄖西縣一十一張。竹谿縣四十張。 狐狸皮一十四張。派竹谿縣。

襄陽府

額辦 白硝麂皮三十張，共銀一十八兩。派宜城縣。

衡州府

額辦 白硝麂皮二千二百張，共銀一千三百二十兩。衡陽縣三百八十五張。衡山縣二百六十張。安仁縣一百九十四張。來陽縣三百二十九張。常寧縣九十二張。桂陽州二百九十八張。藍山縣二百二十七張。臨武縣二百六十五張。酃縣一百五十張。

永州府

額辦 白硝麂皮一千六百三張，共銀九百六十一兩八錢。零陵縣二百一張。道州二百四十六張。寧遠縣二百八十八張。江華縣二百八十張。祁陽縣一百七張。永明縣三百九十四張。東安縣八十七張。

長沙府

額辦 白硝麂皮一千七百六十七張，共銀一千六十兩二錢。長沙縣一百三十九張。善化縣一百五張。瀏陽縣一百五十一張。攸縣一百六十一張。湘潭縣一百六十二張。茶陵州一百五十五張。湘陰縣一百六十五張。醴陵縣二百二十張。湘鄉縣一百九十七

張。寧鄉縣九十六張。益陽縣一百二十六張。安化縣九十張。

寶慶府

額辦　白硝鹿皮一千七張，共銀六百四兩二錢。邵陽縣二百七十四張。武岡州三百四十六張。新寧縣八十四張。新化縣一百六十九張。城步縣一百二十四張。

徐學謨〔萬曆〕《湖廣總志》卷二五《貢賦五》

辰州府

額辦　白硝鹿皮九百二十三張，共銀五百五十三兩八錢。沅陵縣三百三十張。沅州九十張。黔陽縣一百二十四張。麻陽縣一百二十張。辰溪縣一百張。盧溪縣六張。溆浦縣一百五十一張。

常德府

額辦　白硝鹿皮四百四十五張，共銀二百六十七兩。武陵縣一百張。桃源縣一百二十五張。龍陽縣一百七十張。沅江縣五十張。

郴州

額辦　白硝鹿皮四百四十六張，共銀二百六十七兩六錢。本州二十張。桂東縣一十張。興寧縣一百一十六張。永興縣三百張。麂羔皮二十張，銀一十二兩。坐派宜章縣。狐狸皮一十六張，銀八兩。坐派桂東縣。

盧濬等〔弘治〕《黄州府志》卷三《貢賦》

本府貢

歲辦　雜皮三千三百五十七張。

黄岡縣貢

歲辦　鹿皮三百五十張，麞皮一百九十張，麂皮四百張。

麻城縣貢

歲辦　雜皮三百三十五張。

黄陂縣貢

歲辦　雜皮九十六張。

蘄水縣貢

歲辦　麂皮三百四張，雜皮一百六十四張。

羅田縣貢

歲辦　野猫皮十三，狐皮十三，黄鼠皮十三，白額狸皮七，黄僂狸皮四，麂皮一百四十，麂羔皮八十。

甘澤、趙士讓〔嘉靖〕《蘄州府志》卷三《貢賦》　歲辦雜皮二百七十張。白硝退毛麂皮二百四十張，白硝退毛獐皮一十八張，硝熟帶毛虎皮二張。

王朝璲、顔本〔嘉靖〕《應山縣志》卷上《土貢》　歲辦皮張、白硝麞麂等皮一百八十二張。

王朝璲、顔本〔嘉靖〕《應山縣志》卷上《徭役》　解户額辦白硝麂皮三十二張。

額辦　白硝麂皮三十二張，價銀一十九兩二錢。

鍾崇文〔隆慶〕《岳州府志》卷一一《食貨考》

貢：　岳州府　白硝麂皮八百五十九，每一代銀六錢。

巴陵縣　白硝鹿皮百六十四，代銀八十四兩。

臨湘縣　白硝鹿皮十六，代銀九兩六錢。

平江縣　白硝鹿皮百二十四，代銀七十四兩四錢。

華容縣　又有方物獾皮出山東。

澧州　白硝鹿皮百五十，代銀九十三兩。

安鄉縣　白硝鹿皮八十，代銀四十八兩。

石門縣　白硝鹿皮百七十，代銀百二兩。

慈利縣　白硝鹿皮百七十四，代銀一百四兩四錢。

陳洪謨〔嘉靖〕《常德府志》卷七《食貨志・土貢》　國朝

本府歲辦　麂皮四百四十五張，雜皮七百張。

武陵縣　麂皮一百張，雜皮二百七十張。

桃源縣　麂皮一百二十五張，雜皮二百張。

龍陽縣　麂皮一百七十張，雜皮一百八十張。

沅江縣　麂皮五十張，雜皮五十張。

林富、黄佐〔嘉靖〕《廣西通志》卷一九《田賦志上》

桂林府灌陽縣　至德二載，貢麖皮。

林富、黄佐〔嘉靖〕《廣西通志》卷二〇《田賦下》

梧州府　國朝所屬州縣歲貢麖鹿皮三千四百二十張，翎毛二萬二千六百根。

嘉靖《廣西通志》卷二〇《田賦志下》

潯州府　國朝所屬州縣，歲辦鹿皮三百七張，麖皮一百七十四張，水獺皮二百五十五張，麂羔皮三十五張。

林富、黄佐〔嘉靖〕《廣西通志》卷二〇《田賦志下》

貴縣　鹿皮一百四十張，麖皮七張，鹿羔皮三十五張，獺皮七十四張。

林富、黄佐纂脩〔嘉靖〕《廣西通志》卷二〇《田賦志下》

桂平縣　鹿、麖、水獺皮，各八十四張。

〔嘉靖〕《廣西通志》卷二〇《田賦志下》

平南縣　鹿、麖、水獺皮，各八十三張。

林富、黄佐〔嘉靖〕《廣西通志》卷二一《食貨志》　皮張、翎毛、黄蠟、麖皮、鹿皮、麂皮、麅皮、牛皮、羊皮、馬皮、麞皮、山羊皮。

郭棐〔萬曆〕《廣東通志》卷一八《廣州府・土産》

貨　多牛皮、有虎皮、有山馬皮。

郭棐〔萬曆〕《廣東通志》卷二九《韶州府・土産》

貨　多牛皮、山馬皮、有石羊皮、多蚺蛇皮。

郭棐〔萬曆〕《廣東通志》卷四七《肇慶府・土産》

貨　多皮張。

郭棐〔萬曆〕《廣東通志》卷五三《廉州府・土産》

貨　有麖皮、有牛皮、有山馬皮、有沙魚皮。

郭棐〔萬曆〕《廣東通志》卷五五《雷州府・土産》

貨　有麖皮、有牛皮、有鯊魚皮。

郭棐〔萬曆〕《廣東通志》卷五九《瓊州府・土産》

貨　有麖皮、有鹿皮、有獺皮、有山馬皮、有蚺蛇皮、有檀蛇皮、有沙魚皮。

何喬遠《閩書》卷三八《風俗誌》　〔延平附郭爲南平〕多養牛，其革以爲履。

陳道、黄仲昭〔弘治〕《閩道志》卷二〇《食貨・土貢》

福州府

唐　上供軍器物料甲葉六萬八千九百一十五片。黄牛皮九百四段六十尺。羊皮一千八百一十二張一十尺。認發建寧府黄牛皮四十八段。羊皮八十九張。泛抛每歲兩料甲葉三萬五千斤。黄牛皮八百段。羊皮七百張。已上並係通判廳收納起發。掃鼠皮一百二十張。福清州閩、候官、懷安、長樂、羅源五縣貢。沙魚皮一百五張。福清州閩、候官長樂、連江、羅源五縣貢。

國朝　閩縣雜皮二百九十張。候官縣雜皮二百二十張。懷安縣雜皮一百六十張。長樂縣雜皮四百七十張。連江縣雜皮二百五十張。福清縣雜皮二百八十張。古田縣雜皮二百張。水福縣雜皮一百二十張。閩清縣雜皮一百一十張。羅源縣雜皮二百四十張。

建寧府

國朝　建安縣雜皮六百五十張。甌寧縣雜皮六百三十張。浦城縣雜皮四百九十張。建陽縣雜皮六百二十張。松溪縣雜皮一百五十張。政和縣雜皮一百二十張。壽寧縣雜皮五十張。

泉州府

國朝　晉江縣雜皮六百二十張。南安縣雜皮四百一十張。同安縣雜皮三百六張。惠安縣雜皮三百五十四張。

漳州府　唐鮫魚皮二十張。宋鮫魚皮

國朝　龍溪縣雜皮一千張。漳浦縣雜皮四百九十張。龍巖縣雜皮三百張。長泰縣雜皮一百八十八張。南靖縣雜皮三百二十二張。漳平縣雜皮三百三十張。

汀州府

國朝　長汀縣水獺狸皮九十三張。黄鷴狸皮一十張。竹狗狸皮一十張。九節狸皮三十五張。香狸皮一十三張。木狗狸皮一十張。花狸皮二百一十九張。寧化縣九節狸皮一十張。九節羔皮三張。花狸皮一十張。花狸羔皮五張。香狸皮二十張。羊羔皮五十張。松鼠皮三十張。獐羔皮二十張。黄鼠皮四十張。猪獾皮、狗獾皮各二十張。白面狸皮三十張。上杭縣雜色皮一百九十七張。武平縣雜皮一百七十張。清流縣雜色皮一百九十五張。連城縣鹿皮一十張。小鹿皮三十九張。斑狸皮二十一張。九節狸皮一十八張。獺皮六十六張。歸化縣水牛底皮四張。木狗狸皮一十張。花狸皮五十二張。香狸皮一十張。黄狸皮一十張。水獺皮二十張。九節狸皮二十張。竹狗皮一十張。永定縣雜色皮九十三張。

弘治《八閩通誌・食貨・土貢》

延平府

國朝　南平縣雜皮七百二十張。將樂縣雜皮四百四十張。尤溪縣雜皮四百六張。沙縣雜皮六百四十三張。順昌縣雜皮四百二十張。永安縣雜皮三百七十一張。

邵武府

國朝　邵武縣雜皮七百六十張。泰寧縣雜色皮二百六張。建寧縣雜色皮三百八十張。光澤縣雜色皮四百張。

興化府

國朝　莆田縣雜皮二千七百八十四張。仙遊縣段二十四疋四分。翠毛六十五箇。水牛底皮一張。白真黃牛皮二張。雜皮二百一十六張。

福寧州

元　沙魚皮一十五張。

國朝　本州雜皮二百張。寧德縣雜皮二百張。福安縣雜皮二百六十張。

鄭慶雲等〔嘉慶〕《延平府志》卷五《土貢》　國朝歲貢雜皮三千二十七張。

南平雜皮七百二十張。將樂雜皮四百四十張。沙縣雜皮六百四十三張。尤溪雜皮四百四十三張。順昌雜皮四百二十張。永安雜皮三百七十一張。

李文袞、田項〔嘉靖〕《尤溪縣志·田賦》卷三

額辦　雜皮四百張。

歲辦　水牛底皮內有白硝麂皮、鹿皮、銅線、鉄線、粽毛、水膠。

折徵價銀隨年高下多至三百餘兩。少或二百或一百五十或一百二十餘兩。

夏玉麟編〔嘉靖〕《建寧府志》卷一四《貢賦》

嘉靖十一年

歲辦

上供雜皮三千張。

建安縣

嘉靖十一年

歲辦

雜皮六百五十張。

政和縣

嘉靖十一年

歲辦

雜皮一百二十張。

壽寧縣

嘉靖十一年

歲辦

雜皮五十張。

徭役

建寧府總數

嘉靖十一年

歲辦

雜皮六百三十張。

浦城縣

嘉靖十一年

歲辦

雜皮四百九十張。

建陽縣

嘉靖十一年

歲辦

雜皮六百二十張。

松溪縣

嘉靖十一年

歲辦

雜皮一百五十張。

崇安縣

嘉靖十一年

歲辦【略】

馮繼科〔嘉靖〕《建陽縣志》卷四《貢賦·賦》

嘉靖三十一年

歲辦

雜皮陸百貳拾張。

紀事

《管子·大匡》　既以封衛，明年，桓公問管仲：「將何行？」更問以所行之政也。管仲對曰：【略】管仲又請曰：「諸侯之禮，請諸侯交聘之禮。令齊以豹皮往，小侯以鹿皮報。齊以馬往，小侯以犬報。」往重報輕，所謂大國善下小國則取小國。桓公許諾，行之。

《管子·輕重戊》桓公問於管子曰：「代國之出，何有？」管子對曰：「代之出，狐白之皮。公其貴買之。」管子曰：「狐白應陰陽之變，六月而壹見。公貴買之，代人忘其難得，喜其貴買，必相率而求之。則是齊金錢不必出，代民必去其本而居山林之中。離枝聞之，必侵其北。離枝侵其北，代必歸於齊。公因令齊載金錢而往。」桓公曰：「諾。」即令中大夫王師北將人徒載金錢之代谷之上，求狐白之皮。代王聞之，即告其相曰：「代之所以弱於離枝者，以無金錢也。今齊乃以金錢求狐白之皮，是代之福也。子急令民求狐白之皮，以致齊之幣，寡人將以來離枝之民。」代人果去其本，處山林之中，求狐白之皮，二十四月而不得一。離枝聞之，則侵其北。代王聞之，大恐，則將其士卒葆於代谷之上。離枝遂侵其北，王即將其士卒，願以下齊。齊未亡一錢幣，脩使三年而代服。

《舊唐書》卷六九《薛萬徹傳》太宗從容謂從臣曰：「當今名將，唯李勣、道宗、萬徹三人而已。李勣、道宗不能大勝，亦不大敗；萬徹非大勝，即大敗。」太宗嘗召司徒長孫無忌等十餘人宴於丹霄殿，各賜以貘皮，萬徹預焉。太宗意在賜萬徹，而誤呼萬均，因愴然曰：「萬均朕之勳舊，不幸早亡，不覺呼名，豈其魂靈欲朕之賜也。」因令取貘皮，呼萬均以同賜而焚之於前，侍坐者無不感歎。

《新唐書》卷八三《憲宗十八女傳》定安公主，始封太和。下嫁回鶻崇德可汗。會昌三年來歸，【略】主次太原，詔使勞問係塗，以黠戛斯所獻白貂皮、玉指環往賜。

司馬光《資治通鑑》卷一九六《唐太宗貞觀十六年》〔八月〕癸亥，薛延陀真珠可汗遣其叔父沙鉢羅泥孰俟斤來請婚，獻馬三千，貂皮三萬八千，馬腦鏡一。

司馬光《資治通鑑》卷二三六《唐順宗永貞元年》吳少誠以牛皮鞵材遺〔李〕師古，師古以鹽資少誠，潛過宣武界，事覺，〔宣武節度使韓〕弘皆留，輸之庫，曰：「此於法不得以私相餽。」師古等皆憚之。

《奩史》卷八七《綺羅門》定安公主嫁回鶻來歸，詔使勞問，以黠戛所獻白貂皮賜之。《唐書》

周密《齊東野語》卷九《李全》淄、青界內有楊家堡，居民皆楊氏，以穿甲製韡爲業。

《康熙起居注·康熙十年》〔九月〕二十四日壬申。上以告祭禮畢，衆軍士秣馬之暇，欲周覽盛京畿內地方形勝，於辰時起行，駐蹕懿路。是日，賜來朝蒙古王、貝子、公、太吉等貂帽袍褂、貂皮齊肩、銀鼠皮褂、天馬皮褂等物。【略】

二十八日丙子。駐蹕牙克薩。是日，上遣侍衛往寧古塔，賜將軍巴海貂帽、貂袍、天馬皮褂、鍍金刀等物。

《康熙起居注·康熙十一年》〔十一月〕初八日己卯。早，上御乾清門，聽部院各衙門官員面奏政事畢，召學士傅達禮至懋勤殿，諭曰：「爾將這貂裘八領、羔裘八件、緞八疋，賜與漢講官熊賜履等八員，每人各一。其羔裘原欲製成給賜，恐於身度未稱，故給羔皮、緞疋，令其自製，以示優眷之意。」達禮遵旨，將貂裘、羔裘、緞疋散給講官熊賜履等。

《康熙起居注·康熙十二年》〔二月初四日〕上以平西親王吳三桂、平南王尚可喜宣力邊疆，歷有年所，特遣一等侍衛伊都額真吳丹、二等侍衛塞扈立，賫御用貂帽一頂、團龍面貂腋裘、青蟒狐腋袍各一襲、束帶一圍，前往雲南頒賜；遣一等侍衛伊都額真古德、二等侍衛米哈納，賫御用貂帽一頂、團龍天馬裘、鑲領藍蟒面狐腋袍各一襲、束帶一圍，前往廣東頒賜。

《康熙起居注·康熙十六年》〔九月初六日〕午時，上御懋勤殿，召翰林院學士喇沙里、陳廷敬、侍講學士張英諭曰：「爾等每日進講，啓導朕心，甚有裨益。嗣後天氣漸寒，特賜爾等及同進講官葉方藹貂皮各五十張、表裡緞各二疋，以示朕重道崇儒至意。」

愛新覺羅·玄燁《康熙文集》卷六《勅諭·諭散秩內大臣公傅爾丹》今日閱射時，兵丁所乘馬，驚逸漸近御仗，諸年少大臣俱效年老大臣，旁觀不動，惟爾直前勒止之，可謂繼武前人矣。特賜爾貂皮褂一領，嗣後益加勉力，勿以身爲大臣而不思奮力向前也。康熙四十二年十月二十九日。

愛新覺羅·玄燁《康熙文集》卷七《勅諭·諭巴林長公主》淑慧長公主體中安否？公主孝敬性成，諸事無不周詳，即至微之物，皆極精美。每年各種油凝乳餅并羊腊等件，進奉太皇太后及朕者，尤極誠恪，故太皇太后聖祖母時增匕箸，朕亦爲之加餐。念姑常從遠處賫送，思特製衣相寄，未有式樣，因將薩哈爾察貂皮外褂、貂皺袍并鈕扣，又製帽黑狐皮一張、文綺內緞表裏各十端，付之來使，若不以輕微，可製衣服之。天氣嚴寒，遣人未便，故詳布朕意，附札以往。康熙十六年十一月二十五日。

愛新覺羅·玄燁《康熙文集》卷二一《北征勅諭·諭皇太子》十三日抵歸

化城，城之老幼男婦數萬人衆，持香迎於郊郭，稽顙奏稱：我兩土默特自太宗皇帝至今五十九載，其所貢賦者馬幾二百匹，部員來時，應馬二匹，其撥什庫應馬一匹，夏捉雉鹿，掘石青，秋則徵雛鷹，冬則獵取野豕兼納狐皮，因賦役甚重，困苦已極。聖主洞鑒，一切賦役盡行豁免，已六年矣。此恩此德，如天地高厚，每思如何得一叩天顔，不意駕臨荒野之地，永增輝光，我等愚氓亦有得瞻天顔之日乎，歡聲大震。康熙三十五年十月十三日。

愛新覺羅・玄燁《康熙文集》卷二二《北征勅諭・諭皇太子》 朕躬安善，汝佳否？此地冬至前後乃大寒冷，不能過京城嚴寒之日，見蒙古之於寒冷甚爲畏怯，大不及吾滿洲漢人。朕躬自朝至暮，操弓而行，蒙古偶射，尚亦不能。朕所衣狐肷裘、銀鼠褂，所戴小暖帽，蒙古衣大皮裘以禦寒。康熙三十五年十一月二十六日。

愛新覺羅・玄燁《康熙文集》卷二三《北征勅諭・諭皇太子》 朕於十二日之晨自宣化府啓行，日中時駐蹕。左衛視事既畢，正封題遣發，適阿南達奏章至，復啓封，將阿南達奏章謄寫發往，照前令，看嗣後。凡有令看之諭，裕親王亦示之。朕此處賞賚需用貂皮，現今四執事橱內有百四十張，照此等貂皮四百張，較此略佳者百張，共五百張。御用緞匹蟒緞、粧緞、倭緞共百端。又黄河冰解，須用簹繩，可將長百丈餘，甚粗新簹繩三副，長百大餘，細新簹繩二副，共載一車，定於二十日送至右衛。康熙三十六年二月十二日。

愛新覺羅・玄燁《康熙文集》卷二六《北征勅諭・諭領侍衛内大臣》 應留大臣一人於歸化城，收養來降之厄魯特完聚。其夫妻給以衣服餱糧等，務皆令其料理，可令内大臣宗室永吉、并乾清門侍衛韓楚哈、員外郎董殿邦、副都統阿第公同商酌而行，支緞皮襖二百領、皮襖一百領，銀三百兩付之，有給食物需用之處，將此銀三百兩應用，註册於歸化城之土墨特，蒙古勿行徵取。厄魯特來降之人，其素有名目者，以緞皮襖給之，其微賤者以皮襖給之。永吉韓楚哈隨朕至湖灘河朔，仍還於歸化城留住。安親王到歸化城時，王與副都統雅圖留住於歸化城。出師日久，其隨從之人俱著回京。康熙三十五年十月二十三日。

《北征勅諭・諭尚書馬奇》 大將軍費揚古所領兵士甚爲勞苦，食用必至缺少，欲將朕所用牲口發去，道路遼遠，牲既瘠瘦，且須時日，可遣人到尚書班第取。沙虎口、大同等處現存銀五千兩，遣官一員送至大將軍費揚古酌量買皮襖牛羊等物，給與軍士。康熙三十五年十月初一日。

蔣良騏《東華録》卷四《崇德七年》〔詔蒙古及朝鮮〕每歲貴國餽黄金萬兩，白金百萬兩，我國饋人參千斤，貂皮千張。

《崇德八年》 七月，阿爾津等凱旋，凡攻克波和里、諾爾噶爾、都里三屯，招降小噶爾達蘇、大噶爾達蘇、綽庫禪、能吉爾四屯，獲男婦二千八百餘口，牲畜四百六十，貂皮千有六百，虎豹等皮六百六十有奇。

阮葵生《茶餘客話》卷八 順治二年五月，定國大將軍和碩豫親王多鐸既定江南，奏疏報捷，其略曰：【略】旋又奏擒獲僞福王朱由松，江南悉平。是年十一月癸亥，以豫親王招降之公侯伯總兵副將參游等官三百七十四員，撥入八旂漢軍，王加封和碩德豫親王，賜黑狐皮帽、貂皮朝衣、金五千兩、銀五萬兩。

杞廬主人《時務通考》卷一七《商務八・内地採光緒二十一年華洋貿易總册》 天津一沿海貿易原出口之貨，此項生意年旺一年，其故因多有土産原赴外洋銷售者，必先繞道上海，然後轉運歐洲並美國。本年此項貨物價值，共關平銀八百六十萬八千餘兩，比去年多漲二成五。查本年煤斤並羊絨出口較去年稍爲減色，而猪鬃毛、山羊皮褥及草帽辮俱有起色，其餘出口之貨，何項漲落，詳載數目清册。至本埠洋商多作出口生意，闖俱獲大利，本關税餉，故因之增多耳。本年猪鬃毛出口，共計有九千一百餘担，比去年多六百担，倘再加細心選紮長短，則外洋銷路，靡所底止。馬鬃毛，比去年多出一千七百担。馬尾毛，前數月稍見滯銷，聞此項貨物，前多爲女服用，今則不行也。狗皮褥出口，比去年更爲出色，惟現因該貨運往太多，銷路頗形積滯。山羊皮並棉羊皮褥出口，仍稱暢旺。黑山羊皮褥，稍爲減色，大約此項貨物，目下外洋不甚合宜。生山羊皮本年出口，共計一百七十萬張，比去年多漲一百萬張，如此飛漲，實屬駭人聽聞。傳聞有一美國人，擬設一會，以施壟斷居奇之術，但此會之成否，現尚未定。溯查前數年上好羊皮，每担不過價值九兩至十兩，現在每担漲至三十四五兩，銷暢仍廣，足見外洋喜用此貨者之争先恐後耳。棉羊皮並灘皮馬褂，生意極旺，商人多獲利益。

徐珂《清稗類鈔・動物類・狼爲胡某所賺》 遼東多狼患，嘗百十羣行於途，行人或遇之，輒飽饞吻，雖寸骸點血，無幸存者。土人設陷阱、置火銃謀捕獲，而狼殊狡詐，每望阱御避，從無蹈其機者。轟以火銃，烟未消而狼已近，捕者反爲所傷。土人雖苦之，顧莫可如何，惟相約途行者必結伴持械而已。有胡棨如者，吉林新城人，以負販爲業。宣統辛亥冬，自新城販鞭爆十餘萬歸，時將日暮，途經雞楓山，遥見狼數十頭，自山中出，伸舌露牙，盤踞於道。胡急反奔，羣狼逐之。胡狂奔十餘里，見道旁有莊院，雙扉虚掩，推入覘之，室無居人，僅一院落，蓋土人堆置新割麥處也。念避此，必爲所困，反身出。見門首有麥團，高六尺許，乃躍登顛而息，伏其奥以覘羣狼之趨向。羣狼既隨胡後，胡左，左之，胡右，右之。逐至此，知被逐者必避於此室也，果相率竄入。胡急由團顛躍下，反闔扉，縛以束鞭爆之繩，手力引之。徐出袋中火柴，燃長鞭萬餘，由牆頭擲入。羣狼竄入室，忽聞此絡繹連珠之聲，烟塵障眼，遂自相踐踏。不一時，數十狼相繼斃於莊院。爆聲罄，胡亦倦，遂倚門而寢。及覺，天已大明，院中杳無聲息。入視之，羣狼枕藉於地，數之，得三十有八，大喜，次第負之歸。時狼革價昂，每具可值十餘金，因分餽其肉，而貨其革，家遂稱小康。

雜録

《史記》卷一〇〇《史記·匈奴列傳》 自君王以下，咸食畜肉，衣其皮革，被旃裘。

《明實録·明英宗實録》卷一五一 〔正統十二年三月丁亥〕巡按山西監察御史白圭奏：「朔州歲辦税課鈔一萬三千二十六貫，羊皮三十二張。近户部移文，鈔增三分之二，皮增四分之三，民實不堪。」事下户部，言：「洪武中定税額，隨物價輕重，每三十分，而取其一。請行朔州隨其物價仍行三十税一之制。」從之。

鈕琇《觚賸續編》卷三《季氏之富》 江南泰興季氏與山西平陽亢氏，俱以富聞於天下。季自滄葦以御史回籍後，尤稱豪侈，其居繞墻數里，中有複道，週巡健兒，執鈴柝者共六十人，月糧以外，每夕犒高郵酒十甕，燒肉三十盤。康熙九年，霖雨連旬，恐霉氣侵浣，命典衣者曝裘於庭，張而擊之，紫貂、青狐、銀鼠、金豹、合利猻之屬，脱毛積地厚三寸許。家有女樂三部，悉稱音姿妙選，閣讌賓筵，更番佐酒，珠冠象笏，繡袍錦靴，一妓之飾，千金具焉。

汪啟淑《水曹清暇録》卷一三 賣皮貨客，每於九月晦夕聚飲，候至宵分交子之時，占驗西北風，急則冬令必嚴寒，皮貨希得善價，交相酬酢，歡呼達旦。

汪啟淑《水曹清暇録》卷一五 西十庫在西安門內，沿明舊制，以天干排號己字以下有不全用者。本朝封錮日久，其人參、貂皮貴重物，則置保和殿後兩小殿中。

昭槤《嘯亭雜録》卷九《和真艾雅喀》 吉林東北有和真艾雅喀部，其人濱海而居，剪魚皮爲衣裙，以捕魚爲業。去吉林二千餘里，即金時所謂海上女真也。

鄭復光《費隱與知録·皮棉之暖由能含氣》 問：皮棉之暖，皆具火性邪。曰：此有二理，一由火性自具，一出蒙茸之質，能含暖氣不散，故新皮與棉，兼斯二者，舊則暖殺矣。舊棉復彈，又略暖者，彈鬆則含暖氣也。舊皮復硝而暖，是灰具火性，而毛又鬆，則兼二理。此論羊及諸小毛耳，若洋貂等皮，雖舊而暖不甚減，則底絨厚耳。曰：天氣既冷，何由得暖氣而含之。曰：人身暖氣外出，身被皮棉乃含之不散耳。

陳康祺《郎潛紀聞二筆》卷一《盛京庫之老熊皮》 盛京大庫，有老熊皮一具，雄烈如生，我太宗文皇帝御鎗所獲也。歷朝藏弆，以示服猛。

杞廬主人《時務通考》卷六《税則一·税目》 各國進口纓皮牙角羽毛類

牛角，每百觔貳錢伍分。生牛皮，每百觔伍錢。熟牛皮，每百觔肆錢貳分。海龍皮，即海虎皮。每張壹兩伍錢。大狐狸皮，每張壹錢伍分。小狐狸皮，每張柒分伍釐。虎皮、豹皮，每張壹錢伍分。貂皮，每張壹錢伍分。獺皮，每百張貳兩。貉貛皮，每百張貳兩。海騾皮，每百張伍兩。灰鼠皮、銀鼠皮，每百張伍錢。馬牙，每百觔貳兩。象牙，不碎的。每百觔肆兩。象牙，碎的。每百觔叁兩。兔皮、麂皮，每百張伍錢。犀皮，每百觔肆錢貳分。翠毛、孔雀毛等類，每百張肆錢。

以上進口貨物按各國註云：均係外國出産。日本註云：由日本運入中國者。

俄國續增税則皮張類羊皮板，每百張貳兩柒錢伍分。色香羊皮，每百張貳兩貳錢伍分。香羊皮，每百張貳兩。牛皮每拾張柒錢伍分。駱駝絨，每拾張壹兩貳錢伍分。狼皮，每拾張叁錢。香鼠皮，照各國税則灰鼠銀鼠例。每百張伍錢。沙狐皮，科爾薩□。每拾張貳錢伍分。太平貂皮，每拾張壹兩貳錢伍分。貓皮，每百張伍錢。野貓皮，每百張柒錢伍分。公達什狐皮，每拾張叁錢。白狐皮，別斯此。每拾張貳錢伍分。月兒熊皮，每拾張叁錢。猞猁猻皮，額里西。每拾張壹兩伍錢。灰粘羢羊皮，每拾張肆錢。黑粘羢羊皮，每拾張貳錢。黑白。白哈喇羊皮，每拾張壹錢捌分，壹□。貂腿皮、掃雪腿皮，每百對伍錢。白狐腿皮，每百對貳錢伍分。黑狐腿皮，每拾對叁錢伍分。紅狐腿皮，每拾對柒分伍釐。海龍尾，每個壹錢貳分。生羊皮、生山羊皮，每百張陸錢。

以上進口貨物。

杞廬主人《時務通考》卷一七《商務六・土貨》 皮貨 光緒元年出口貨，價六千二百六十七兩。二年出口貨，三萬五千九百十六件，價三萬六千八百十兩。三年出口貨，十四萬四千三百四十八件，價六萬九千九百七十五兩。四年出口貨，十九萬一千四百六十五件，價十三萬七千七百九十八兩。五年出口貨，十四萬五千八百五十二件，價九萬六千六百十五兩。六年出口貨，二十四萬四千一百九十三斤，價十五萬二千四百八十六兩。七年出口貨，三十三萬九百二十一件，價二十六萬二千七百八十兩。八年出口貨，五十七萬三千三百二十一件，價四十七萬一千九百四十八兩。九年出口貨，四萬五千六百三十五(石)〔件〕，價一萬四千六百七十四兩。十年出口貨，五十九萬九千五百四十八件，價四十萬一千五百二十四兩。十一年出口貨，六十五萬四千四百四十七件，價三十萬七千八百六十二兩。十二年出口貨，八十六萬二千六百十四件，價六十六萬三千七百三十兩。十三年出口貨，價六十五萬二千一百七十二兩。

皮 光緒元年出口貨。五千一百五十六石，價四萬三千七百十四兩。二年出口貨，一萬四千八百八十一石六十九斤，價十二萬六千四百九十四兩。三年出口貨，五萬六千六百二十七石，價四十五萬三千八十一兩。四年出口貨，四萬一千三百五十九石九十五斤，價三十五萬二千五百五十九兩。五年出口貨，二萬五千五百十四石三十七斤，價二十四萬一千二百七十二兩。六年出口貨，二萬六百二十三石三十三斤，價二十五萬二千九百六十二兩。七年出口貨，三萬八千五百十七石六十五斤，價四十七萬三千五百二十五兩。八年出口貨，三萬四千九百四十五石八十一斤，價三十八萬六千一百四十八兩。九年出口貨，六萬四千十六石八十五斤，價六十七萬八千五百五十三兩。十年出口貨，八萬八千二十二石九十一斤，價九十六萬七百四十九兩。十一年出口貨，九萬四百十一石五十三斤，價九十四萬一千一百十三兩。十二年出口貨，八萬六千七百二十石五十六斤，價九十九萬六千二百四十七兩。十三年出口貨，八萬六千六百四十九石八十六斤，價九十三萬一千四百九十七兩。

中華大典·工業典

紡織與服裝工業分典　引用書目

説　明

一、本書目包括本分典所使用的全部書籍。選書主要依據《中華大典》通用書目，另根據本分典實際情況亦有相當部分不在通用書目中。

二、各書著録順序依次爲書名、作者、作者時代、出版社、出版時間、版本。

三、各書著録儘量吸收現有研究成果，選用新整理本或頗具影響之通行本。

四、本書目按書名第一字筆劃、筆形「横、竪、撇、點、折」排序。第一字筆劃相同者，依筆形，筆劃、筆形均同者，依第二字筆劃、筆形，餘類推。

書　名	作　者	時　代	版　本	備　注
一畫				
一切經音義	玄應	唐	上海古籍出版社續修四庫全書本	又稱衆經音義、玄應音義
二畫				
十七史商榷	王鳴盛	清	復旦大學藏清乾隆五十二年洞涇草堂刻本影印	
十國春秋	吴任臣	清	中華書局一九八三年徐敏霞、周瑩點校本	
丁戊筆記	陳宗起	清	上海古籍出版社二〇〇二年續修四庫全書本	
丁卯集	許渾	唐	北京圖書館二〇〇三年版	又稱丁卯詩、許用晦文集
七修類稿	郎瑛	明	中華書局上海編輯所一九五九年點校本	
〔弘治〕八閩通志	陳道、黄仲昭	明	齊魯書社一九九六年四庫全書存目叢書本	
人海記	查慎行	清	上海古籍出版社二〇〇二年續修四庫全書本	
入唐求法巡禮行記	日・圓仁	唐	上海古籍出版社一九八六年顧承甫、何泉達點校本	
〔嘉靖〕九江府志	馮曾修	明	新文豐出版公司一九八五年天一閣藏明刻本	
九華集	員興宗	宋	文淵閣四庫全書本	
九卿議定物料價值	邁柱等	清	海南出版社二〇〇〇年故宫珍本叢刊本	

九靈山房集	戴良	元	文淵閣四庫全書本	

三畫

〔淳熙〕三山志	梁克家	宋	文淵閣四庫全書本	
三國志	陳壽	晉	中華書局一九五九年點校本	
三國會要	錢儀吉	清	上海古籍出版社二〇〇六年新二版	
三朝北盟會編	徐夢莘	宋	上海古籍出版社一九八七年版	
三輔黄圖	佚名	漢	文淵閣四庫全書本	
大元混一——方輿勝覽		元	四川大學出版社二〇〇三年版	
大元氈罽工物記	官修	元	民國初年版學術叢書本，北京圖書館藏	
〔正德〕大名府志	唐錦	明	新文豐出版公司一九八五年天一閣藏明刻本	
大金國志	舊題宇文懋昭撰	宋	中華書局一九八六年崔文印校證本	節本稱金志
大唐西域記	玄奘、辨機	唐	中華書局一九八五年季羨林等校注本	又稱西域記、西域行傳、玄奘行傳、玄奘別傳、西域志、西域傳
大唐傳載	佚名	唐	文淵閣四庫全書本	
大唐新語	劉肅	唐	中華書局一九八四年許德楠、李鼎霞點校本	原稱唐新語，又稱大唐世説新語或唐世説新語、世説
大雲山房文稿	惲敬	清	上海古籍出版社二〇〇二年續修四庫全書本	
大業拾遺録	杜寶	唐	上海古籍出版社	又稱大業雜記、大業拾遺
大隱居士集	鄧深	宋	文淵閣四庫全書本	
大戴禮記			中華書局一九八三年王聘珍解詁、王文錦點校本	
小山詞	晏幾道	宋	上海古籍出版社一九八八年王根林點校本	
小倉山房詩文集	袁枚	清	上海古籍出版社一九八八年周本淳點校本	包括小倉山房文集、外集、詩集
小畜集	王禹偁	宋	文淵閣四庫全書本	又稱王黄州小畜集，另有王黄州小畜外集
小學紺珠	王應麟	宋	文淵閣四庫全書本	
山中一夕話	李贄	明	上海古籍出版社二〇〇二年續修四庫全書本	

書名	作者	朝代	版本	備注
〔成化〕山西通志	李侃、胡謐纂修	明	齊魯書社一九九六年四庫全書存目叢書本	
〔萬曆〕山西通志	李維楨修	明	中國書店一九九二年稀見中國地方志匯刊本	
〔雍正〕山西通志	覺羅石麟、儲大文等	清	文淵閣四庫全書本	
山谷集	黄庭堅	宋	文淵閣四庫全書本	又稱豫章黄先生文集，包括内集、外集、别集、簡尺、詞等
〔嘉靖〕山東通志	陸釴纂	明	上海書店一九九〇年天一閣藏明方志叢刊續編本	
女誡	班昭	漢	中華書局一九六五年後漢書點校本	

四畫

書名	作者	朝代	版本	備注
王建詩集	王建	唐	中華書局上海編輯所一九五九年版	又稱唐王建詩集、王建詩、王司馬集
王梵志詩	王梵志	唐	上海古籍出版社一九九一年項楚校注本	
王摩詰詩集	王維	唐	光緒五年碧琳瑯重刊本	又稱王右丞詩集
天工開物	宋應星	明	上海古籍出版社續修四庫全書本	
天中記	陳耀文	明	文淵閣四庫全書本	
天水冰山録	佚名	明	知不足齋叢書本	
天史	丁耀元	清	上海古籍出版社二〇〇二年續修四庫全書本	
天府廣記	孫承澤	清	北京古籍出版社一九八三年版	
天香樓偶得	虞兆湰	清	齊魯書社一九九五年四庫全書存目叢書本	
天聖令		宋	中華書局二〇〇六年版	
元中記	郭氏	清	上海古籍出版社二〇〇二年續修四庫全書本	
元文類	蘇天爵輯	元	文淵閣四庫全書本	原稱國朝文類
元史	宋濂等	明	中華書局一九七六年點校本	
元長吴三縣爲花素緞機四業各歸主顧不得任意攙奪碑		清	江蘇人民出版社一九八一年明清蘇州工商業碑刻集	
元典章	官修	元	中國廣播電視出版社一九九八年影印本	原稱大元聖政國朝典章

元和郡縣圖志	李吉甫	唐	中華書局一九八三年賀次君點校本	
元詩選	顧嗣立輯	清	中華書局一九八七年校點本	
元稹集	元稹	唐	中華書局一九八二年冀勤點校本	又稱元氏長慶集
元豐九域志	王存	宋	中華書局一九八四年王文楚點校本	
廿二史考異	錢大昕	清	上海古籍出版社二〇〇四年版	
廿二史劄記	趙翼	清	中華書局一九八四年王樹民校證本	
木棉譜	褚華	清	上海古籍出版社二〇〇二年續修四庫全書本	
五代會要	王溥	宋	上海古籍出版社二〇〇六年版	
五雜組	謝肇淛	明	中華書局一九五九年校訂本	
不下帶編	金埴	清	中華書局一九八二年王湜華點校本	
不繫舟漁集	陳高	元	文淵閣四庫全書本	
〔嘉靖〕太平志	曾才漢、葉良佩	明	新文豐出版公司一九八五年天一閣藏明刻本	
太平御覽	李昉等編	宋	文淵閣四庫全書本	
太平廣記	李昉等	宋	中華書局一九六一年點校本	
太平寰宇記	樂史	宋	中華書局二〇〇七年王文楚等點校本	
太炎文録續編	章太炎		上海書店出版社一九九二年版	
太原縣志	高汝行	明	新文豐出版公司一九八五年天一閣藏明刻本	
〔嘉靖〕尤溪縣志	李文衮修、田頊纂	明	新文豐出版公司一九八五年天一閣藏明刻本	
止園筆談	史夢蘭	清	上海古籍出版社二〇〇二年續修四庫全書本	
日下舊聞考	于敏中等	清	北京古籍出版社一九八一年版	全稱欽定日下舊聞考
日知録	顧炎武	清	上海古籍出版社一九八五年黄汝成集釋本	
中華古今注	馬縞	五代	中華書局四部備要本	
中興小記	熊克	宋	商務印書館民國二十六年版	
〔嘉靖〕内黄縣志	董弦等纂修	明	新文豐出版公司一九八五年天一閣藏明刻本	

刻本

書名	作者	時代	版本	備注
水曹清暇録	汪啟淑	清	上海古籍出版社二〇〇二年續修四庫全書本	
水經注	酈道元	北魏	文學古籍出版社一九五五年版	
午窗随筆	郭夢星	清	上海古籍出版社二〇〇二年續修四庫全書本	
升庵集	楊慎	明	文淵閣四庫全書本	又稱太史升庵全集
〔嘉靖〕仁和縣志	沈朝宣纂修	明	齊魯書社一九九六年四庫全書存目叢書本	
今言	鄭曉	清	中華書局一九八四年李致忠點校本	又稱鄭端簡公今言類編、今言類編
分甘餘話	王士禛	清	中華書局一九八九年張士林點校本	
公羊傳			中華書局一九八〇年十三經注疏本	
丹淵集	文同	宋	文淵閣四庫全書本	
六典通考	閻鎮珩	清	上海古籍出版社二〇〇二年續修四庫全書本	
六書故	戴侗	宋	文淵閣四庫全書本	
六韜			文淵閣四庫全書本	
文山先生全集	文天祥	宋	上海商務印書館一九三六年版	又稱文山先生文集、文文山集、文信國公集、文信國公全集、宋丞相文山先生全集、宋文文山先生全集
文子			文淵閣四庫全書本	又稱通玄真經
文昌雜録	龐元英	宋	文淵閣四庫全書本	
文徵明集	文徵明	明	上海古籍出版社一九八七年周道振輯校本	又稱甫田集
文選	蕭統輯	南朝梁	中華書局一九七七年本	又稱昭明文選
文獻通考	馬端臨	元	文淵閣四庫全書本	
方言	揚雄	漢	文淵閣四庫全書本	全稱輶軒使者絶代語釋別國方言
方苞集	方苞	清	上海古籍出版社一九八三年劉季高校點本	又稱望溪先生文集、望溪集
方輿勝覽	祝穆	宋	文淵閣四庫全書本	
〔光緒〕巴陵縣志	杜貴墀、鄭貴星等	清	江蘇古籍出版社二〇〇二年中國地方志集成本	

五畫

玉泉子	佚名	唐	中華書局上海編輯所一九五八年標點本	又稱玉泉子聞見真録、玉泉筆論、玉泉筆端
玉壺野史	釋文瑩	宋	文淵閣四庫全書本	又稱玉壺清話
玉臺新詠	徐陵編	南朝陳	中華民國二十四年世界書局版	
玉篇	顧野王	南朝梁	上海古籍出版社一九八九年胡吉宣校釋本	
未灰齋文集	徐鼒	清	文海出版社一九八七年近代中國史料叢刊	
正字通	張自烈	明	國際文化出版公司一九九六年廖文英補注本	
世説新語	劉義慶	南朝宋	中華書局一九八三年余錫嘉箋疏本　中華書局一九八四年徐震堮校箋本	又稱世説、世説新書
古今注	崔豹	晉	中華書局四部備要本	
古今圖書集成	蔣廷錫等	清	中華書局一九八六年版	原稱古今圖書彙編
古事苑	鄧志謨	清	上海古籍出版社二〇〇二年續修四庫全書本	
古樂苑	梅鼎祚	明	文淵閣四庫全書本	
本草綱目	李時珍	明	人民衛生出版社一九八二年劉衡如點校本	
札樸	桂馥	清	上海古籍出版社二〇〇二年續修四庫全書本	
可閒老人集	張昱	元	文淵閣四庫全書本	
左文襄公全集	左宗棠	清	文海出版社近代中國史料叢刊續編	又稱左宗棠全集
左傳			中華書局一九八一年楊伯峻注本	
石林奏議	葉夢得	宋	上海古籍出版社一九九五年續修四庫全書本	
石林燕語	葉夢得	宋	中華書局一九八四年侯忠義點校本	
〔嘉慶〕石門縣志	梅嶧纂、蘇益馨修	清	江蘇古籍出版社二〇〇二年中國地方志集成本	
〔光緒〕石門縣志	閻鎮珩纂修	清	江蘇古籍出版社二〇〇二年中國地方志集成本	
石砫廳鄉土志	楊應璣等	清	巴蜀書社二〇〇九年四川大學藏珍稀地方	

			志叢刊本	
石湖詩集	范成大	宋	文淵閣四庫全書本	又稱石湖居士詩集、又有范石湖集
东坡樂府	蘇軾	宋	上海古籍出版社一九八八年恒鶴校點本	
北史	李延壽	唐	中華書局一九七四年點校本	
北堂書鈔	虞世南	唐	文淵閣四庫全書本	
北游録	談遷	明	中華書局一九八一年汪北平點校本	
北夢瑣言	孫光憲	宋	上海古籍出版社一九八一年林艾園校點本	
北牕炙輠録	施德操	宋	文淵閣四庫全書本	
北齊書	李百藥	唐	中華書局一九七二年點校本	
史記	司馬遷	漢	中華書局一九五九年點校本	原稱太史公書或太史公記
(萬曆)四川總志	虞懷忠、郭棐等	明	齊魯書社一九九六年四庫全書存目叢書本	
四民月令	崔寔	漢	中華書局一九六五年石聲漢校注本	
(寶慶)四明志	羅濬	宋	文淵閣四庫全書本	
(延祐)四明志	袁桷撰	元	文淵閣四庫全書本	
(開慶)四明續志	劉錫、梅應發撰	宋	文淵閣四庫全書本	
四朝聞見録	葉紹翁	宋	文淵閣四庫全書本	
四溟集	謝榛	明	文淵閣四庫全書本	又稱四溟山人全集
白下瑣言	甘熙	清	光緒十八年刊本	
白孔六帖	白居易、孔傳	唐 宋	文淵閣四庫全書本	
白石道人詩集	姜夔	宋	文淵閣四庫全書本	又稱白石道人集、白石詩集、姜白石詩、白石詩詞集
白虎通	班固	漢	中華書局一九九四年吴則虞點校本	又稱白虎通義、白虎通德論
白居易集	白居易	唐	中華書局一九七九年顧學頡校點本	又稱白氏文集、白氏長慶集
白雲集	許謙	元	文淵閣四庫全書本	
句曲外史集	張雨	元	文淵閣四庫全書本	又稱句曲外史貞居先生詩集、句曲張外史詩集、貞居先生詩集
册府元龜	王钦若	宋	文淵閣四庫全書本	
玄怪録	牛僧孺	唐	中華書局一九八二年程毅中點校本	
(隆慶)永州府志	史朝富、陳良珍纂修	明	齊魯書社一九九六年四庫全書存目叢書本	

永樂大典	解縉等	明	中華書局一九六〇年版	
皮子文藪	皮日休	唐	上海古籍出版社一九八一年蕭滌非、鄭慶篤重校本	又稱文藪、唐皮日休文藪、皮日休文集，另有皮從事倡酬集
六畫				
老學庵筆記	陸游	宋	中華書局一九七九年李劍雄、劉德權點校本	
耳談類增	王同軌	明	上海古籍出版社二〇〇二年續修四庫全書本	
西京雜記	佚名	晉	中華書局一九八五年程毅中點校本	作者一題漢·劉歆、晉·葛洪或梁·吳均
西河集	毛奇齡	清	文淵閣四庫全書本	
西湖遊覽志	田汝成	明	中華書局上海編輯所一九五八年整理本	
西臺漫紀	蔣以化	明	上海古籍出版社二〇〇二年續修四庫全書本	
西漢會要	徐天麟	宋	上海古籍出版社二〇〇六年版	
在園雜志	劉廷璣	清	上海古籍出版社二〇〇二年續修四庫全書本	
存復齋文集	朱德潤	元	商務印書館一九三四年四部叢刊本	
列子			中華書局一九七九年楊伯峻集釋本	又稱冲虛真經、冲虛至德真經
列女傳	劉向	漢	上海古籍出版社續修四庫全書本	又稱古列女傳、劉向古列女傳
列仙傳	舊題劉向	漢	文淵閣四庫全書本	
(同治)成都縣志	羅廷權，衷興鑑等	清	臺灣學生書局一九七一年版	
夷白齋稿	陳基	元	文淵閣四庫全書本	
夷堅志	洪邁	宋	中華書局一九八一年何卓點校本	全稱校輯補夷堅志
(嘉慶)光山縣志	沈紹慶修、王家士纂	清	新文豐出版公司一九八五年天一閣藏明刻本	
(嘉慶)光山縣志	沈紹慶修、王家士纂	清	新文豐出版公司一九八五年天一閣藏明刻本	
光緒朝硃批奏摺			中國第一歷史檔案館編	中華書局一九九六年編
呂氏春秋			上海古籍出版社一九八九年高誘注本	

書名	著者	朝代	版本	備注
因寄軒文集	管同	清	上海古籍出版社二〇〇二年續修四庫全書本	
因話録	趙璘	唐	上海古籍出版社一九七九年版	
朱子語類	黎靖德	宋	中華書局一九八六年王星賢點校本	
先秦漢魏晉南北朝詩	逯欽立		中華書局一九八三年版	
〔嘉靖〕延平府志	鄭慶雲等	明	新文豐出版公司一九八五年天一閣藏明刻本	
全上古三代秦漢三國六朝文	嚴可均輯	清	中華書局一九五八年影印本	
全宋文			巴蜀書社一九八八年曾素莊、劉琳主編	
全宋詞	唐圭璋		中華書局一九六五年版	
全唐五代詞	張璋、黄畬輯		上海古籍出版社一九八六年校點本	
全唐文	董誥	清	中華書局一九八三年版	
全唐詩	彭定求等輯	清	中華書局一九六〇年版	全稱御定全唐詩
名義考	周祈	明	文淵閣四庫全書本	
多能鄙事	劉基	明	上海古籍出版社二〇〇二年續修四庫全書本	
次山集	元結	唐	文淵閣四庫全書本	又稱元次山集、唐元次山文集、唐漫叟文集
〔嘉靖〕江西通志	林庭㭿、周廣纂修	明	齊魯書社一九九六年四庫全書存目叢書本	
〔萬曆〕江都縣志	張寧、陸君弼纂修	明	齊魯書社一九九六年四庫全書存目叢書	
江陰縣志	趙錦、張衮	明	新文豐出版公司一九八五年天一閣藏明刻本	
江湖集	陳起	宋	文淵閣四庫全書本	
池北偶談	王士禛	清	中華書局一九八二年靳斯仁點校本	
汝水中譜	朱術珣	明	齊魯書社一九九六年四庫全書存目叢書	
〔正德〕汝州志	王榳修、承天貴纂	明	新文豐出版公司一九八五年天一閣藏明刻本	
字詁	黄生	清	中華書局一九八四年版	
〔萬曆〕安丘縣志	熊元、馬文煒	明	齊魯書社一九九六年四庫全書存目本	

書名	作者	朝代	版本	備注
安雅堂集	陳旅	元	文淵閣四庫全書本	
安祿山事迹	姚汝能	唐	上海古籍出版社一九八三年曾貽芬校證本	
(正德)安慶府志	胡纘宗纂修	明	齊魯書社一九九六年四庫全書存目本	
阮嗣宗集	阮籍	三國魏	中華書局一九八七年陳伯君校注本	又稱阮步兵集、阮籍集
七畫				
戒庵老人漫筆	李詡	明	中華書局一九八二年魏連科點校本	又稱戒庵漫筆
攻媿集	樓鑰	宋	文淵閣四庫全書本	又稱攻媿先生文集
(嘉定)赤城志	陳耆卿	宋	文淵閣四庫全書本	
赤城新志	謝鐸纂修	明	齊魯書社一九九六年四庫全書存目叢書本	
赤雅	鄺露	明	文淵閣四庫全書本	
花外集	王沂孫	宋	上海古籍出版社一九八八年吳則虞箋注本	
花間集	趙崇祚编	後蜀		
花當閣叢談	徐復作	明	上海古籍出版社二〇〇二年續修四庫全書本	
花溪集	沈夢麟	元	文淵閣四庫全書本	
杜工部詩集	杜甫	唐	中華書局一九五七年四部備要本	又稱杜甫詩集、杜少陵集、杜工部集
杜陽雜編	蘇鶚	唐	文淵閣四庫全書本	
李太白全集	李白	唐	上海書店一九八八年版	又稱李太白集、李翰林集、李白集
李文公集	李翱	唐	文淵閣四庫全書本	又稱唐李文公集
李賀詩集	李賀	唐	人民文學出版社一九五九年葉葱奇疏注本	又稱李長吉詩集、李長吉歌詩、歌詩編、昌谷集、李長吉詩集、李長吉集
李煦奏摺	故宮博物院編	清	中華書局一九七九年版	
李衛公會昌一品集	李德裕	唐	臺灣藝文印書館景印百部叢書集成本	又稱李文饒文集、會昌一品集、李衛公文集
李覯集	李覯	宋	中華書局一九八一年王國軒點校本	又稱直講李先生文集、李直講文集、盱江集、盱江先生全集、李泰伯先生文集
李鴻章全集	李鴻章	清	海南出版社一九九七年版	又稱李文忠公全集
甫里集	陸龜蒙	唐	文淵閣四庫全書本	又稱唐甫里先生文集、甫里先生集，包括笠澤叢書和松陵集

書名	作者	時代	版本	備注
酉陽雜俎	段成式	唐	中華書局一九八一年方南生點校本	
吴下諺聯	王有光	清	中華書局一九八二年石繼昌點校本	
〔嘉靖〕吴江縣志	曹麟、徐師曾等	明	中國史學叢書三編	
吴郡志	范成大	宋	江蘇古籍出版社一九八六年版	
吴梅村全集	吴偉業	清	上海古籍出版社一九九〇年李學穎集評標校本	又稱梅村家藏稿、梅村集
吴船録	范成大	宋	文淵閣四庫全書本	
吴越春秋	趙曄	漢	文淵閣四庫全書本	
吴越備史	舊題范坰、林禹撰	宋	文淵閣四庫全書本	
〔崇禎〕吴縣志	牛若麟纂修	明	上海書店一九九〇年天一閣藏明方志選刊續編	
〔嘉泰〕吴興志	談鑰纂修	宋	上海古籍出版社二〇〇二年續修四庫全書本	
吹劍録全編	俞文豹	宋	古典文學出版社一九五八年版	
岑參集	岑參	唐	上海古籍出版社一九八一年陳鐵民、侯忠義校注本	又稱岑嘉州詩、岑嘉州集
〔萬曆〕秀水縣志	李培修、黄洪纂	明	江蘇古籍出版社一九九三年中國地方志集成本	
冷廬雜識	陸以湉	清	中華書局一九八四年崔凡芝點校本	
宋大詔令集	宋氏（缺名）	宋	中華書局一九六二年版	原稱本朝大詔令，又稱皇朝大詔令
宋元詩會	陳焯編	清	文淵閣四庫全書本	
宋史	脱脱等	元	中華書局一九七七年點校本	
宋書	沈約	南朝梁	中華書局一九七四年點校本	
宋朝大詔令集	佚名		上海古籍出版社二〇〇二年續修四庫全書本	
宋朝事實	李攸	宋	文淵閣四庫全書本	
宋會要輯稿	徐松輯	清	中華書局一九五七年影印本	
宋詩紀事	厲鶚	清	上海古籍出版社一九八三年版	
宋詩鈔	吴之振等	清	中華書局一九八六年版	

書名	作者	時代	版本	備注
初學記	徐堅	唐	中華書局一九八五年司義祖校點本	
邵氏聞見録	邵伯温	宋	中華書局一九八三年李劍雄、劉德權點校本	
〔嘉靖〕邵武府志	陳讓	明	齊魯書社一九九六年四庫全書存目叢書本	
八畫				
〔嘉靖〕武康縣志	程嗣功修、駱文盛纂	明	新文豐出版公司一九八五年天一閣藏明刻本	
青瑣高議	劉斧	宋	上海古籍出版社一九八三年增補本	
青箱雜記	吴處厚	宋	文淵閣四庫全書本	
長江集	賈島	唐	上海古籍出版社一九八三年李嘉言校點本	又稱唐賈浪仙長江集、賈浪仙長江集
〔萬曆〕長洲縣志	徐必泓、皇甫汸等	明	臺灣學生書局民國七十六年中國史學叢書三編	
長興集	沈括	宋	文淵閣四庫全書本	又稱沈中允集
抱朴子	葛洪	晉	文淵閣四庫全書本	
抱經堂文集	盧文弨	清	上海古籍出版社二〇〇二年續修四庫全書本	
范德機詩集	范梈	元	文淵閣四庫全書本	又稱范德機詩
林和靖集	林逋	宋	文淵閣四庫全書本	又稱宋林和靖先生詩集、林和靖詩集、和靖詩集、林君復詩
林則徐集(日記、公牘、奏稿)	林則徐	清	中華書局一九六二至一九六五年整理本	
〔正德〕松江府志	顧清等纂	明	上海書店一九九〇年天一閣藏明代方志選刊續編	
松桂堂全集	彭孫遹	清	文淵閣四庫全書本	
松雪齋集	趙孟頫	元	文淵閣四庫全書本	
松窗雜録	李濬	唐	文淵閣四庫全書本	
松漠紀聞	洪皓	宋	文淵閣四庫全書本	
〔成化〕杭州府志	陳讓、夏時正纂修	明	齊魯書社一九九六年四庫全書存目本	
杭俗遺風	范祖禹	宋	杭州古籍書店一九八五年小方壺輿地叢鈔本	
述異記	舊題任昉	南朝梁	文淵閣四庫全書本	

東山詞　賀鑄　宋　上海古籍出版社一九八九年鍾振振校注本　又稱賀方回詞
東坡志林　蘇軾　宋　中華書局一九七九年王松齡點校本
東華録　蔣良騏　清　中華書局一九八〇年林樹惠、傅貴九點校本
東華録　王先謙　清　上海古籍出版社二〇〇二年續修四庫全書本　總稱十一朝東華録，又稱十朝東華録
東軒筆録　魏泰　宋　中華書局一九八三年李裕民點校本
東萊集　吕祖謙　宋　文淵閣四庫全書本　又稱東萊吕太史文集、吕東萊先生文集
東漢會要　徐天麟　宋　上海古籍出版社二〇〇六年版
東觀漢記　劉珍等　漢　文淵閣四庫全書本
事物攷　傅巖　明　齊魯書社一九九五年四庫全書存目叢書本
事物攷辯　周象明　清　齊魯書社一九九五年四庫全書存目叢書本
事物紀原　高承　宋　中華書局一九八九年金圓、許沛藻點校本
事物原會　汪汲　清　江蘇廣陵古籍刻印社一九八九年版
事物異名録　厲荃　清　上海古籍出版社二〇〇二年續四庫全書本
事類賦　吴淑　南唐　文淵閣四庫全書本
兩般秋雨盦隨筆　梁紹壬　清　上海古籍出版社一九八二年莊葳點校本
卓異記　李翱　唐　文淵閣四庫全書本
尚書故實　李綽　唐　文淵閣四庫全書本
明大政記　雷禮　明　齊魯書社一九九六年四庫全書存目叢書本　又稱皇明大政紀
明史　張廷玉等　清　中華書局一九七四年點校本
明書　傅維鱗　清　商務印書館一九三七年版
明清山西碑刻資料選　張正明等　山西古籍出版社二〇〇七年版
明清檔案　張偉仁主編　臺北聯經出版事業公司一九八六年版
明清蘇州工商業碑刻集　蘇州博物館等編　江蘇人民出版社一九八一年版
明朝典彙　徐學聚　明　齊魯書社一九九六年四庫全書存目叢書本　又稱國朝典彙
明會典　申時行等　明　江蘇廣陵古籍刻印社一九八九年版　全稱大明會典、萬曆重修會典
明會要　龍文彬　清　上海古籍出版社二〇〇二年續修四庫全書本

明經世文編	陳子龍等	明	中華書局一九六二年影印本	
明實録	官修	明	臺灣中研院歷史語言研究所一九八二年版	
易			中華書局一九八〇年十三經注疏本	又稱周易、易經
(弘治)易州府志	戴銑	明	新文豐出版公司一九八五年天一閣藏明刻本	
典故紀聞	余繼登	明	中華書局一九八一年顧思點校本	
牧齋有學集	錢謙益	清	上海古籍出版社一九九六年錢仲聯標校本	
牧齋初學集	錢謙益	清	上海古籍出版社一九八五年錢仲聯點校本	
物理小識	方以智	明	文淵閣四庫全書本	
侍衛瑣言補	奕賡	清	上海古籍出版社二〇〇二年續修四庫全書本	
(乾隆)岳州府志	黄凝道、謝仲坑等	清	江蘇古籍出版社二〇〇二年中國地方志集成本	
金史	脱脱等	元	中華書局一九七五年點校本	
(萬曆)金華府志	王懋德、陸鳳儀纂修	明	齊魯書社一九九六年四庫全書存目叢書本	
(康熙)金華府志	張藎、沈麟芷	清	江蘇古籍出版社一九九三年中國地方志集成本	
金陵物産風土志	陳作霖	清	廣陵書局二〇〇三年中國風土叢刊	
金臺集	納新	元	文淵閣四庫全書本	
周書	令狐德棻	唐	中華書局一九七一年點校本	
周禮			中華書局一九八七年王文錦、陳玉霞點校、孫詒讓正義本	又稱周官、周官經
(萬曆)兖州府志	包大爟等纂修	明	上海書店一九九〇年天一閣藏明方志選刊續編	
庚巳編	陸粲	明	中華書局一九八七年譚棣華、陳稼禾點校本	
河朔訪古記	納新	元	文淵閣四庫全書本	
(嘉靖)河間府志	郜相修、樊深纂	明	齊魯書社一九九六年四庫全書存目叢書本	
(萬曆)河間府志	杜應芳、陳士彦等	明	中國書店一九九二年稀見中國地方志匯刊	
(嘉慶)河間府志	郜相、樊深纂修	清	齊魯書社一九九六年四庫全書存目叢書本	

泊宅編　宋　方勺　中華書局一九八三年許沛藻、楊立揚點校本
〔嘉靖〕定遠縣志　明　高鶴　齊魯書社一九九六年四庫全書存目本
官箴　宋　吕本中　文淵閣四庫全書本
郎潛紀聞　清　陳康祺　中華書局一九八四年晉石點校本
建安七子集　漢　徐幹等　中華書局一九九〇年褚家偉、張文玲整理本　包括徐偉長集、孔文舉集、王粲集、阮元瑜集、應德璉集、陳孔璋集、劉公幹集
〔正德〕建昌府志　明　夏良勝等　中華書局一九八九年俞紹初輯校本
建炎以來朝野雜記　宋　李心傳　新文豐出版公司一九八五年天一閣藏明刻本　又稱建炎雜記
建炎以來繫年要録　宋　李心傳　商務印書館叢書集成初編本　原稱高宗繫年要録或高宗繫年録，又稱高宗要録、繫年要録
建康實録　唐　許嵩　文淵閣四庫全書本
〔嘉靖〕建陽縣志　明　馮繼科　中華書局一九八六年張忱石點校本
孟子　　新文豐出版公司一九八五年天一閣藏明刻本
孟子　　中華書局一九八〇年十三經注疏本
孟東野詩集　唐　孟郊　中華書局一九八七年趙岐注、焦循正義、沈文倬點校本
〔弘治〕姑蘇志　明　王鏊等　文淵閣四庫全書本
始豐稿　明　徐一夔　文淵閣四庫全書本

九畫

契丹國志　宋　葉隆禮　文淵閣四庫全書本
春在堂隨筆　清　俞樾　上海古籍出版社一九八五年版
春明退朝録　宋　宋敏求　上海古籍出版社二〇〇二年續修四庫全書本
春秋會要　清　姚彦渠　中華書局一九八〇年誠剛點校本
春秋繁露　漢　董仲舒　中華書局一九五五年點校本
　　文淵閣四庫全書本　又稱春秋蕃露、桂巖子春秋繁露、桂巖

子、董子春秋繁露

珊瑚舌雕談初筆	清	許起	上海古籍出版社二〇〇二年續修四庫全書本	
封氏聞見記	唐	封演	中華書局二〇〇五年趙貞信校注本	
括談	清	奕賡	上海古籍出版社二〇〇二年續修四庫全書本	
拾遺記	晉	原題王嘉	中華書局一九八一年齊治平校注本	
拾籜餘閒	清	弘毓埏	上海古籍出版社二〇〇二年續修四庫全書本	
荆川稗編	明	唐順之	文淵閣四庫全書本	
荆楚歲時記	南朝梁	宗懔	山西人民出版社一九七八年宋金龍校注本	
草木子	明	葉子奇	中華書局一九五九年版	
草閣詩集	明	李曄	文淵閣四庫全書本	
茶香室叢鈔	清	俞樾	上海古籍出版社二〇〇二年續修四庫全書本	
茶餘客話	清	阮葵生	上海古籍出版社二〇〇二年續修四庫全書本	
荀子			中華書局一九八八年沈嘯寰、王星賢點校本	又稱荀卿新書、孫卿子
茗柯文編	清	張惠言	上海古籍出版社一九八四年黃立新校點本	
南方草木狀	晉	嵇含	文淵閣四庫全書本	
南史	唐	李延壽	中華書局一九七五年點校本	
南江札記	清	邵晉涵	上海古籍出版社二〇〇二年續修四庫全書本	
南村隨筆	清	陸廷燦	上海古籍出版社二〇〇二年續修四庫全書本	
南村輟耕録	元	陶宗儀	中華書局一九五九年版	又稱輟耕録
南越筆記	清	李調元	中華書局一九八五年版	
南越遊記	清	陳微言	廣東高教出版社一九九〇年譚赤子校點本	
南朝陳會要	清	朱銘盤	上海古籍出版社二〇〇六年版	

南朝梁會要	朱銘盤	清	上海古籍出版社二〇〇六年版
南朝齊會要	朱銘盤	清	上海古籍出版社二〇〇六年版
南齊書	蕭子顯	南朝梁	中華書局一九七二年點校本
南潯楛語	蔣超伯	清	上海古籍出版社二〇〇二年續修四庫全書本
〔嘉靖〕南畿志	聞人詮、陳沂纂修	明	齊魯書社一九九六年四庫全書存目叢書本
柯山集	張耒	宋	文淵閣四庫全書本
柳弧	丁柔克	清	中華書局二〇〇二年版
柳南隨筆	王應奎	清	中華書局一九八三年王彬、嚴英俊校點本
咸道以來雜記	崇彝	清	北京古籍出版社一九八二年版
貞觀政要	吴兢	唐	上海古籍出版社一九七八年版
畏壘筆記	徐昂	清	上海古籍出版社二〇〇二年續修四庫全書本
〔成化重修〕毗陵志	孫仁、朱昱纂修	明	齊魯書社一九九六年四庫全書存目叢書本
思益堂日記	周壽昌	清	上海古籍出版社二〇〇二年續修四庫全書本
幽明録	劉慶義	南朝宋	臺灣新興書局筆記小説大觀叢刊本
香溪集	范浚	宋	文淵閣四庫全書本　又稱范香溪先生文集、香溪先生范賢良文集
秋瑾集	秋瑾	清	上海古籍出版社一九七九年版
秋澗集	王惲	元	文淵閣四庫全書本
修潔齋閑筆	劉堅	清	上海古籍出版社二〇〇二年續修四庫全書本
〔弘治〕保定志	章律修、張才纂	明	新文豐出版公司天一閣藏明刻本
〔萬曆增修〕保定府志	王國楨等	明	中國書店一九九二年稀見中國地方志滙刊本
皇明異典述	王世貞	明	臺灣新興書局一九八四年筆記小説大觀本
皇清奏議續編	琴川居士輯	清	上海古籍出版社二〇〇二年續修四庫全書本

書名	著者	時代	版本	備註
皇清職貢圖	傅恒等	清	廣陵書社二〇〇八年殷偉等點校本	
皇朝政典類纂	席裕福、沈師徐	清	文海出版社一九八七年近代史中國史料叢刊續編	
皇朝經濟文新編	宜今室主人	清	文海出版社一九八七年近代中國史料叢刊本	
〔隆慶〕泉州府志	鍾崇文纂修	明	新文豐出版公司一九八五年天一閣藏明刻本	
追昔遊集	李紳	唐	文淵閣四庫全書本	
後山集	陳師道	宋	文淵閣四庫全書本	又稱後山先生集、後山居士文集
後村集	劉克莊	宋	文淵閣四庫全書本	又稱後村居集、後村先生大全集
後漢書	范曄	南朝宋	中華書局一九六五年點校本	
弇山堂別集	王世貞	明	中華書局一九八五年魏連科點校本	
弇州續稿	王世貞	明	文淵閣四庫全書本	又稱弇州山人續稿
風俗通	應劭	漢	中華書局一九八一年王利器校注本	又稱風俗通義
急就篇	史游	漢	文淵閣四庫全書本	又稱急就章
帝京歲時紀勝	潘榮陸、在廷	清	北京出版社一九六一年版	
〔同治〕施南府志	松林、何遠等	清	臺灣成文出版公司民國六十五年版	
洞冥記	郭憲	漢	文淵閣四庫全書本	又稱漢武帝別國洞冥記、漢武洞冥記
浄德集	吕陶	宋	文淵閣四庫全書本	
宣和遺事	佚名	宋	上海交通圖書館一九二三年俞印民評點本	
客座贅語	顧起元	明	上海古籍出版社二〇〇二年續修四庫全書本	
神異經	舊題東方朔	漢	文淵閣四庫全書本	
韋齋集	朱松	宋	文淵閣四庫全書本	
眉菴集	楊基	明	文淵閣四庫全書本	
姚少監詩集	姚合	唐	文淵閣四庫全書本	
癸巳存稿	俞正燮	清	上海古籍出版社二〇〇二年續修四庫全書本	

十畫

書名	作者	朝代	版本	備注
耕心農話	奚誠	清	上海古籍出版社二〇〇二年續修四庫全書本	
耕織圖詩	樓璹	宋	齊魯書社一九九六年四庫全書存目叢書本	
馬首農言	祁寯	清	上海古籍出版社二〇〇二年續修四庫全書本	
袁宏道集	袁宏道	明	上海古籍出版社一九八一年錢伯城箋校本	
都城紀勝	耐得翁	宋	文淵閣四庫全書本	
華陽國志	常璩	晉	上海古籍出版社一九八七年任乃强校注本	
華陽集	王珪	宋	文淵閣四庫全書本	
華陽集	張綱	宋	文淵閣四庫全書本	又稱張章簡集
莊子			中華書局一九六一年王孝魚整理、郭慶藩集釋本	又稱南華真經、南華經
桂苑筆耕集	崔致遠	唐	臺灣藝文印書館百部叢書集成本	
桂苑叢談	馮翊子	唐	文淵閣四庫全書本	
桂海虞衡志	范成大	宋	四川人民出版社一九八六年胡起望等校注本	
桂海虞衡志	范成大	宋	文淵閣四庫全書本	
桐江續集	方回	元	文淵閣四庫全書本	
〔光緒〕桐鄉縣志	嚴辰	清	江蘇古籍出版社一九九三年中國地方志集成本	
格古要論	曹昭	明	文淵閣四庫全書本	
校邠廬抗議	馮桂芬	清	咸豐十一年刊本	
〔嘉靖〕夏邑志	鄭相修、黃虎臣纂	明	新文豐出版公司一九八五年天一閣藏明刻本	
晉書	房玄齡等	唐	中華書局一九七四年點校本	
時務通考	杞廬主人	清	上海古籍出版社二〇〇二年續修四庫全書本	
恩福堂筆記	英和	清	上海古籍出版社二〇〇二年續修四庫全書本	

倘湖樵書	來集之	清	上海古籍出版社二〇〇二年續修四庫全書本	
島夷志略	汪大淵	元	文淵閣四庫全書本	
〔乾隆〕烏程縣志	杭世駿纂	清	上海古籍出版社二〇〇二年續修四庫全書本	
〔光緒〕烏程縣志	汪日楨等	清	江蘇古籍出版社二〇〇一年中國地方志集成本	
徐正字詩賦	徐寅	唐	文淵閣四庫全書本	
徐孝穆集	徐陵	南朝陳	文淵閣四庫全書本	又稱徐僕射集、徐孝穆全集
徐霞客遊記	徐弘祖	明	上海古籍出版社一九八〇年褚紅唐等整理本	
翁山詩外	屈大均	清	上海古籍出版社二〇〇二年續修四庫全書本	
留青日札	田藝衡	明	上海古籍出版社二〇〇二年續修四庫全書本	
高青丘集	高啓	明	上海古籍出版社一九八五年沈北宗等校點本	
高僧傳	釋慧皎	南朝梁	中華書局一九九二年湯用彤校注本	又稱梁高僧傳、高僧傳初集
席上腐談	俞琬	宋	文淵閣四庫全書本	
唐大詔令集	宋敏求	宋	商務印書館一九五九年版	
唐六典	原題唐玄宗	唐	中華書局一九九二年版	全稱大唐六典
唐風集	杜荀鶴	唐	文淵閣四庫全書本	又稱杜荀鶴文集
唐國史補	李肇	唐	上海古籍出版社一九五七年版	又稱國史補
唐會要	王溥	宋	上海古籍出版社二〇〇六年新二版方詩銘等點校本	
唐摭言	王定保	五代	上海古籍出版社一九七八年版	
唐語林	王讜	宋	中華書局一九八七年周勛初校證本	
剡録	高似孫	宋	浙江省嵊縣縣志編纂委員會辦公室一九八五年版	

〔嘉靖〕浙江通志	胡宗憲修、薛應旂纂	明	上海書店一九九〇年天一閣藏明方志選刊續編本	
〔雍正〕浙江通志	嵇曾筠、沈翼機等	清	文淵閣四庫全書本	
〔嘉靖〕浦江志畧	毛鳳韶	明	新文豐出版公司一九八五年天一閣藏明刻本	
涑水記聞	司馬光	宋	中華書局一九八九年鄧廣銘、張希清點校本	
海內十洲記	舊題東方朔撰	漢	文淵閣四庫全書本	
〔隆慶〕海州志	張峰纂修、陳復亨補	明	新文豐出版公司一九八五年天一閣藏明刻本	
海録碎事	葉廷珪	宋	中華書局二〇〇二年版	
浣花集	韋莊	前蜀	文淵閣四庫全書本	又稱韋莊集
容齋隨筆	洪邁	宋	上海古籍出版社一九八七年版	
書			中華書局一九八〇年十三經注疏本	又稱尚書、書經
陳子龍詩集	陳子龍	明	上海古籍出版社一九八三年施蟄存、馬祖熙標校本	
陳亮集	陳亮	宋	中華書局一九八七年鄧廣銘點校本	又稱龍川文集、龍川集
〔萬曆〕通州志	林雲程修、沈明臣纂	明	臺灣新文豐出版公司民國四十七年天一閣藏明刻本	
通志	鄭樵	宋	中華書局一九八七年版	
通典	杜佑	唐	中華書局一九八八年王文錦等點校本	又稱杜氏通典
通雅	方以智	明	文淵閣四庫全書本	
通鑑釋文辯誤	胡三省	元	中華書局一九五六年資治通鑑・附録	
能改齋漫録	吳曾	宋	中華書局上海編輯所一九六〇年校點本	
純常子枝語	文廷式	清	上海古籍出版社二〇〇二年續修四庫全書本	
紡織圖説	孫琳	清	農學叢書第三集	

十一畫

捧腹集	許自昌	明	上海古籍出版社續修四庫全書本	
授時通考	鄂爾泰等	清	中華書局一九五六年版	

書名	作者	朝代	版本	備注
教坊記	崔令欽	唐	文淵閣四庫全書本	
〔弘治〕黄州府志	盧濬等編	明	新文豐出版公司一九八五年天一閣藏明刻本	
黄嬭餘話	陳錫路	清	上海古籍出版社二〇〇二年續修四庫全書本	
菣厓考古録	鍾褱	清	上海古籍出版社二〇〇二年續修四庫全書本	
菽園雜記	陸容	明	中華書局一九八五年佚之點校本	
乾隆文集	愛新覺羅·弘歷	清	文淵閣四庫全書本	原稱御製樂善堂全集定本
乾隆詩集	愛新覺羅·弘歷	清	文淵閣四庫全書本	
梅堯臣集	梅堯臣	宋	上海古籍出版社一九八〇年朱東潤校注本	又稱宛陵集、宛陵先生集、宛陵先生文集
梅溪集	王十朋	宋	文淵閣四庫全書本	又稱梅溪前集、梅溪王先生文集
梓人遺制	薛景石	元	營造學社一九三三年永樂大典本	
曹植集	曹植	三國魏	人民文學出版社一九八四年趙幼文校注本	又稱陳思王集、曹子建文集、魏曹子建集、曹子建集
曹操集	曹操	三國魏	中華書局上海編輯所一九五九年輯校本	又稱魏武帝集
堅瓠集	褚人穫	清	上海古籍出版社二〇〇二年續修四庫全書本	
盛京典制備考	崇厚	清	上海古籍出版社二〇〇二年續修四庫全書本	
〔嘉靖〕常德府志	陳洪謨	明	新文豐出版公司一九八五年天一閣藏明刻本	
〔嘉慶〕常德府志	應先烈、陳楷禮等	清	江蘇古籍出版社二〇〇二年中國地方志集成本	
野客叢書	王楙	宋	中華書局一九八七年王文錦點校本	
野語	程岱葊	清	上海古籍出版社二〇〇二年續修四庫全書本	
異苑	劉敬叔	南朝宋	文淵閣四庫全書本	

異域志	佚名	元	臺灣新興書局民國十七年筆記小説大觀本	
國朝典彙	徐學聚	明	齊魯書社一九九六年四庫全書存目叢書本	
國榷	談遷	明	中華書局一九五八年版	
國語			上海古籍出版社一九七八年版	又稱春秋外傳
〔嘉靖〕崑山縣志	林逢春、方鵬	明	新文豐出版公司一九八五年天一閣藏明刻本	
崔舍人玉堂類稿	崔敦詩	宋	上海古籍出版社二〇〇二年續修四庫全書本	又稱玉堂類稿
崔輔國詩	崔輔國	唐	上海古籍出版社一九八二年萬竟君注本	
過庭録	宋翔鳳	清	上海古籍出版社二〇〇二年續修四庫全書本	
過夏雜録	周廣業	清	上海古籍出版社二〇〇二年續修四庫全書本	
斜川集	蘇過	宋	文淵閣四庫全書本	
逸周書			文淵閣四庫全書本	原稱周書或周史記，隋書經籍志稱爲汲冢周書
〔嘉靖〕許州志	張良知	明	新文豐出版公司一九八五年天一閣藏明刻本	
康熙文集	愛新覺羅·玄燁	清	文淵閣四庫全書本	
康熙起居注	中國第一歷史檔案館編		中華書局一九八四年點校本	
庸閒齋筆記	陳其元	清	中華書局一九八九年楊璐點校本	
庸盦筆記	薛福成	清	上海古籍出版社二〇〇二年續修四庫全書本	
清一統志	穆彰阿等	清	上海古籍出版社二〇〇二年續修四庫全書本	全稱大清一統志，又稱嘉慶一統志
清工部則例	官修	清	海南出版社二〇〇〇年故宫珍本叢刊本	原稱欽定工部則例
清工部續增則例	官修	清	海南出版社二〇〇〇年故宫珍本叢刊本	原稱欽定工部續增則例
清文獻通考	官修	清	文淵閣四庫全書本	又稱皇朝文獻通考、清朝文獻通考

書名	作者	朝代	版本	備注
清户部則例	載齡等奉敕編	清	海南出版社故宫珍本叢刊	又稱欽定户部則例
〔崇禎〕清江縣志	秦鏞纂修	明	齊魯書社一九九六年四庫全書存目叢書本	
清真集	周邦彦	宋	中華書局一九八一年吴則虞校點本	
清通志	官修	清	文淵閣四庫全書本	
清通典	官修	清	文淵閣四庫全書本	又稱皇朝通典、清通典
清朝掌故彙編	张壽鏞		文海出版社一九八七年近代中國史料叢刊	
清閟閣全集	倪瓚	元	文淵閣四庫全書本	又稱清閟閣集，另有倪雲林先生詩集
清稗類鈔	徐珂輯		中華書局一九八六年標點本	
清會典	官修	清	上海古籍出版社二〇〇二年續修四庫全書本	全稱欽定大清會典，通指光緒會典
清會典事例	官修	清	上海古籍出版社二〇〇二年續修四庫全書本	原稱欽定大清會典事例
清會典則例	官修	清	文淵閣四庫全書本	原稱欽定大清會典則例
清會典圖	官修	清	上海古籍出版社二〇〇二年續修四庫全書本	
清經世文編	賀長齡（實爲魏源代編）	清	中華書局一九九二年版	全稱皇清經文編，又稱皇朝經世文編
清嘉録	顧禄	清	上海古籍出版社二〇〇二年續修四庫全書本	
清實録	清實録館	清	中華書局一九八六年版	全稱大清歷朝實録
清禮部則例	官修	清	海南出版社二〇〇〇年故宫珍本叢刊本	
清續文獻通考	劉錦藻	清	商務印書館民國二十五年萬有文庫本	原稱皇朝續文獻通考，又稱清朝續文獻通考，簡稱清續通考
清鑑	印鸞章	清	上海書店一九八五年版	
淮南子	劉安	漢	中華書局一九八九年馮逸、喬華點校本	又稱淮南鴻烈解
梁書	姚思廉	唐	中華書局一九七三年點校本	
惜抱軒筆記	姚鼐	清	上海古籍出版社二〇〇二年續修四庫全書本	
〔嘉靖〕宿州志	朱鈞等	明	新文豐出版公司一九八五年天一閣藏明	

（嘉靖）尉氏縣志	汪心等纂	明	新文豐出版公司一九八五年天一閣藏明刻本	
尉繚子			文淵閣四庫全書本	
張子野詞	張先	宋	上海古籍出版社一九八八年吳熊和校點本	
張司業詩集	張籍	唐	文淵閣四庫全書本	又稱唐張司業詩集、張文昌文集、張司業集，另有張司業樂府
張承吉集	張祜	唐	上海古籍出版社二〇〇二年續修四庫全書本	又稱張處士詩集、張祜詩集、唐張處士詩集
張蒼水集	張煌言	明	上海古籍出版社一九八五年整理本	又稱張蒼水全集
張衡詩文集	張衡	漢	上海古籍出版社一九八六年张震澤校注本	又稱張河間集
隋唐嘉話	劉餗	唐	中華書局一九七九年程毅中點校本	原稱國朝傳記，又稱國史異纂、傳載
隋書	魏徵等	唐	中華書局一九七三年標點本	
陽春集	馮延巳	南唐	上海古籍出版社一九八八年谷玉校點本	
隆平集	原題曾鞏	宋	文淵閣四庫全書本	
鄉言解頤	李光庭	清	中華書局一九八二年石繼昌點校本	
（萬曆）紹興府志	蕭良幹、張元忭等	明	齊魯書社一九九六年四庫全書存目叢書本	
巢林筆談	龔煒	清	中華書局一九八一年版	

十二畫

越絶書	袁康、吴平	漢	上海古籍出版社一九八五年版	又稱越絶紀
揚州畫舫録	李斗	清	中華書局一九六〇年汪北平、涂雨公點校本	
博物志	原題張華	晉	中華書局一九八〇年范寧校證本	
博物要覽	谷泰輯	明	上海古籍出版社二〇〇三年續修四庫全書本	
揭傒斯全集	揭傒斯	元	上海古籍出版社一九八五年李夢生標校本	
搜神後記	原題陶潛	晉	中華書局一九八一年汪紹楹校注本	
搜神記	干寶	晉	中華書局一九七九年汪紹楹校注本	
葉適集	葉適	宋	中華書局一九六一年劉公纯、李哲夫等點	又稱水心文集、水心集、水心先生文集

			校本	
萬曆野獲編	沈德符	明	中華書局一九五九年版	
朝野僉載	張鷟	唐	中華書局一九七九年趙守儼校點本	
植物名實圖考	吴濬	清	上海古籍出版社二〇〇二年續修四庫全書本	
〔嘉靖〕惠州府志	楊載鳴纂	明	新文豐出版公司一九八五年天一閣藏明刻本	
〔嘉靖〕惠安縣志	黄尚儉、張岳	明	新文豐出版公司一九八五年天一閣藏明刻本	
粟香隨筆	金武祥	清	上海古籍出版社二〇〇二年續修四庫全書本	
雁門集	薩都拉	元	上海古籍出版社一九八二年殷孟倫等點校本	又稱薩天錫詩集
雲仙雜記	馮贄	唐	文淵閣四庫全書本	
雲谷雜記	張淏	宋	文淵閣四庫全書本	
雲南志	樊綽	唐	雲南人民出版社一九九五年向校原校、木芹補注本	又稱雲南記、雲南史記、蠻書、南夷志、南蠻記
雲巢編	沈遼	宋	文淵閣四庫全書本	
雅笑	李贄	明	上海古籍出版社二〇〇二年續修四庫全書本	
開元釋教録	釋智昇	唐	文淵閣四庫全書本	
閒情偶寄	李漁	清	上海古籍出版社二〇〇二年續修四庫全書本	
景文集	宋祁	宋	上海商務印書館一九三八年版	又稱宋景文集、宋景文公集
貴耳集	張端義	宋	文淵閣四庫全書本	
貴州圖經新志	沈庠、趙瓚等	明	齊魯書社一九九六年四庫全書存目叢書本	
剩語	艾性夫	元	文淵閣四庫全書本	又稱艾性夫剩語、艾性夫孤山晚稿
嵇康集	嵇康	三國魏	人民文學出版社一九六二年戴明揚校注本	又稱嵇中散集、嵇叔夜集
程侍郎遺集初編	程恩澤	清	上海古籍出版社二〇〇二年續修四庫全	

書本

傅子　傅玄　晉　浙江人民出版社一九八四年百子全書本

傅與礪詩集　傅若金　元　文淵閣四庫全書本

集異記　薛用弱　唐　中華書局一九八〇年王達津等點校本

集韻　丁度　宋　上海古籍出版社一九八五年影印述古堂藏本

焦氏筆乘　焦竑　明　上海古籍出版社一九八六年李劍雄點校本　又稱筆乘

焦氏類林　焦竑　明　上海古籍出版社二〇〇二年續修四庫全書本

粵東聞見録　張渠　清　廣東高教出版社一九九〇年版

復古詩集　楊維楨　元　文淵閣四庫全書本

循陔纂聞　周廣業　清　上海古籍出版社二〇〇二年續修四庫全書本

須溪詞　劉辰翁　宋　上海古籍出版社一九八八年蕭逸校點本

觚賸　鈕琇　清　上海古籍出版社二〇〇二年續修四庫全書本

觚賸續編　鈕琇　清　上海古籍出版社二〇〇二年續修四庫全書本

遊仙窟　張鷟　唐　書目文獻出版社一九八九年川島校點本

粧樓記　張泌　五代　臺灣新興書局一九七八年筆記小説大觀本

道咸以來朝野雜記　崇彝　清　北京古籍出版社

道園學古録　虞集　元　文淵閣四庫全書本　又有虞文靖公全集，包括詩、文、遺稿

道聽途説　潘綸恩　清　黄山書社一九九八年安徽古籍叢書本

曾鞏集　曾鞏　宋　中華書局一九八四年陳杏珍、晁繼周點校本　又稱元豐類稿、南豐先生元豐類稿

焠掌録　汪啟淑　清　上海古籍出版社二〇〇二年續修四庫全書本

〔弘治〕湖州府志　王珣、汪翁儀等纂修　明　齊魯書社一九九六年四庫全書存目叢書本

〔萬曆〕湖州府志　栗祁、唐樞纂修　明　齊魯書社一九九六年四庫全書存目叢書本

〔同治〕湖州府志　陸心源等　清　江蘇古籍出版社二〇〇一年中國地方志集

			成本	
湖南方物志	黄本驥	清	岳麓書社一九八五年馮天亮、李龍如點校本	
〔萬曆〕湖廣總志	徐學謨	明	齊魯書社一九九六年四庫全書存目叢書本	
湘山野録	文瑩	宋	文淵閣四庫全書本	
湘綺樓全集	王闓運	清	上海古籍出版社二〇〇二年續修四庫全書本	
湯顯祖詩文集	湯顯祖	明	上海古籍出版社一九八二年徐朔方箋校本	包括紅泉逸草、問棘郵草、玉茗堂集，另有湯顯祖戲曲集
〔嘉靖〕温州志	張宗敬	明	新文豐出版公司一九八五年天一閣藏明刻本	
〔萬曆〕温州府志	湯日昭、王光藴纂修	明	齊魯書社一九九六年四庫全書存目叢書本	
渭南文集	陸游	宋	文淵閣四庫全書本	包括文集、入蜀記、詞，又有陸游集，另有劍南詩稿
淵穎集	吴萊	元	文淵閣四庫全書本	又稱淵穎吴先生集
游宦紀聞	張世南	宋	中華書局一九八一年張茂鵬點校本	
湧幢小品	朱國禎	明	中華書局一九五九年版	
補農書	張履祥	清	齊魯書社一九九六年四庫存目叢書本	
費隱與知録	鄭復光	清	上海古籍出版社二〇〇二年續修四庫全書本	
隙光亭雜識	撰叙	清	上海古籍出版社二〇〇二年續修四庫全書本	
幾亭外書	陳龍正	明	上海古籍出版社二〇〇一年續修四庫全書本	
十三畫				
〔嘉靖〕鄢陵縣志	劉訒纂	明	新文豐出版公司一九八五年天一閣藏明刻本	
夢窗詞	吴文英	宋	上海古籍出版社一九八八年校點本	
夢溪筆談	沈括	宋	中華書局一九五七年胡道静校注本	
夢粱録	吴自牧	宋	浙江人民出版社一九八四年版	

蓉槎蠡説　清　程哲　上海古籍出版社二〇〇二年續修四庫全書本

楚辭　漢　劉向編　中華書局一九八三年宋·洪興祖補之，白化文等點校本

榆巢雜識　清　趙慎畛　中華書局二〇〇一年版

揅經室集　清　阮元　上海古籍出版社二〇〇二年續修四庫全書本

愚慮録　清　陳偉　上海古籍出版社二〇〇二年續修四庫全書本

蛾術編　清　王鳴盛　上海古籍出版社二〇〇二年續修四庫全書本

蜕庵集　元　張翥　文淵閣四庫全書本　又稱蜕庵詩集、蜕庵詩

農政全書　明　徐光啟　上海古籍出版社一九七五年石聲漢校注本

農書　元　王禎　農業出版社一九八一年王毓瑚點校本　又稱王禎農書、東魯王氏農書

農桑衣食撮要　元　魯明善　文淵閣四庫全書本

農桑輯要　元　司農司　農業出版社一九八八年繆啟愉校釋本

蜀中廣記　明　曹學佺　文淵閣四庫全書本

蜀錦譜　元　費著　文淵閣四庫全書本

節孝集　宋　徐積　文淵閣四庫全書本

愈愚録　清　劉寶楠　上海古籍出版社二〇〇二年續修四庫全書本

〔嘉泰〕會稽志　宋　施宿等　文淵閣四庫全書本

〔寶慶〕會稽續志　宋　張淏撰　文淵閣四庫全書本

詩　中華書局一九八〇年十三經注疏本　又稱毛詩、詩經

詩笑　清　池上餐華生　上海古籍出版社二〇〇二年續修四庫全書本

詩集傳　宋　朱熹　上海古籍出版社一九八〇年新一版

誠意伯文集　明　劉基　文淵閣四庫全書本　又稱誠意伯劉先生文集、太師誠意伯劉文成公集

誠齋集	楊萬里	宋	文淵閣四庫全書本	包括江湖集、荆溪集、西歸集、南海集、江西道院集、朝天集、退休集等
資治通鑑	司馬光	宋	中華書局一九五六年胡三省音注本	
資暇集	李匡乂	唐	文淵閣四庫全書本	
新元史	柯劭忞			
〔萬曆〕新昌縣志	田琯纂修	明	新文豐出版公司一九八五年天一閣藏明刻本	
〔道光〕新津縣志	陳霽學、葉芳模等	清	臺灣學生書局民國五十七年新修方志叢刊本	
新唐書	歐陽修、宋祁	宋	中華書局一九七五年點校本	
〔正德〕新鄉縣志	李錦、周縈等編	明	新文豐出版公司一九九六年天一閣藏明刻本	
新語	陸賈	漢	中華書局一九八六年王利器校注本	
新論	桓譚	漢		
新鐫古今事物原始全書	徐炬輯	明	上海古籍出版社二〇〇二年續修四庫全書本	又稱古今事物原始
新鐫雅俗通用珠璣藪	西湖散人			
雍正文集	愛新覺羅·胤禛	清	文淵閣四庫全書本	全稱世宗憲皇帝御製文集
義府	黃生	清	文淵閣四庫全書本	
滇畧	謝肇淛	明	文淵閣四庫全書本	
滏水集	趙秉文	金	文淵閣四庫全書本	又稱滏水文集、閒閒老人滏水文集
溪蠻叢笑	朱輔	宋	文淵閣四庫全書本	
滄溟集	李攀龍	明	文淵閣四庫全書本	又稱滄溟先生集
福建通志	郝玉麟等監修	清	文淵閣四庫全書本	
肅州新志		清	蘭州古籍書店一九九〇年中國西北文獻叢書本	
群書札記	朱亦棟	清	上海古籍出版社二〇〇二年續修四庫全書本	
羣書考索續集	章如愚	宋	文淵閣四庫全書本	又稱山堂考索續集

羣書類編故事	明	王罃	上海古籍出版社二〇〇二年續修四庫全書本	
疊山集	宋	謝枋得	文淵閣四庫全書本	
經史質疑録	清	張聰咸	上海古籍出版社二〇〇二年續修四庫全書本	
經史雜記	清	王玉樹	上海古籍出版社二〇〇二年續修四庫全書本	
隙光亭雜識	清	揆叙	上海古籍出版社二〇〇二年續修四庫全書本	
經行記	唐	杜環	中華書局二〇〇四年張一純箋注本	
經濟類編	明	馮琦	文淵閣四庫全書本	
十四畫				
静齋至正直記	元	孔齊	上海古籍出版社二〇〇二年續修四庫全書本	又稱至正直記、静齋類稿
趙恭毅公賸稿	清	趙申喬	臺灣文海出版社一九八九年近代中國史料叢刊續編	
〔至元〕嘉禾志	元	徐碩	文淵閣四庫全書本	
嘉祐雜志	宋	江休復	文淵閣四庫全書本	
嘉慶詩初集	清	愛新覺羅·顒琰	海南出版社二〇〇六年故宫珍本叢刊本	全稱清仁宗御製詩初集
嘉慶詩集	清	愛新覺羅·顒琰	海南出版社二〇〇〇年故宫珍本叢刊	又稱御製詩二集
〔弘治〕嘉興府志	明	柳琬	齊魯書社一九九六年四庫全書存目叢書本	
〔嘉靖〕嘉興府圖記	明	趙瀛、趙文華纂修	齊魯書社一九九六年四庫全書存目叢書本	
〔光緒〕嘉興縣志	清	吴受福等	江蘇古籍出版社二〇〇一年中國地方志集成本	
熙朝新語	清	余金	上海古籍出版社二〇〇二年續修四庫全書本	
奩史	清	王初桐	上海古籍出版社二〇〇二年續修四庫全書本	
爾雅			中華書局一九八〇年十三經注疏本	

裴子語林	裴啟	晉	上海古籍出版社一九九九年漢魏六朝筆記小説大觀本	又稱裴啟語林
閩書	何喬遠	明	齊魯書社一九九六年四庫全書存目叢書本	
閩産録異	郭伯蒼		岳麓書社一九八六年胡楓澤點校本	
稱謂録	梁章鉅	清	上海古籍出版社二〇〇二年續修四庫全書本	
管子			中華書局二〇〇四年黎翔鳳校注、梁運華整理本	
管見所及	奕賡	清	上海古籍出版社二〇〇二年續修四庫全書本	
鳳麓小志	陳作霖	清	全陵瑣記五種光緒乙酉版金陵冶麓山房藏本	
説文	許慎	漢	上海古籍出版社一九八一年景印乾隆嘉慶間段氏經韻樓刻本	全稱説文解字
説苑	劉向	漢	華東師大出版社一九八五年趙善詒疏證本	
〔雍正〕廣西通志	金鉷等監修	清	文淵閣四庫全書本	
〔嘉靖〕廣西通志	林富、黄佐纂修	明	齊魯書社一九九六年四庫全書存目叢書本	
廣志繹	王士性	明	中華書局一九八一年吕景琳點校本	
〔嘉靖〕廣東通志	戴璟、張岳纂修	明	齊魯書社一九九六年四庫全書存目叢書本	
〔雍正〕廣東通志	郝玉麟等	清	文淵閣四庫全書本	
廣事類賦	華希閎	清	上海古籍出版社二〇〇二年續修四庫全書本	
〔嘉靖〕廣信府志	張士鎬、江汝璧等纂修	明	齊魯書社一九九六年四庫全書存目叢書本	
廣陽雜記	劉獻廷	清	上海古籍出版社二〇〇二年續修四庫全書本	又稱劉繼莊先生廣陽雜記
廣博物志	董斯張	明	文淵閣四庫全書本	
廣雅	張揖	三國魏	中華書局一九八三年王念孫疏證本	又稱博雅
彰德府志	崔銑	明	齊魯書社一九九一年四庫全書存目叢書本	

齊民要術　賈思勰　北魏　科學出版社一九五七年石聲漢校釋本
齊東野語　周密　宋　中華書局一九八三年張茂鵬點校本
鄭谷詩集　鄭谷　唐　上海古籍出版社一九九一年黄明箋注本
鄭板橋全集　鄭燮　清　齊魯書社一九八五年卞孝萱編注本　又稱板橋集、鄭板橋集
漢口叢談　范鍇　清　湖北人民出版社一九九九年江浦等校釋本
漢武帝内傳　舊題班固　漢　文淵閣四庫全書本
漢書　班固　漢　中華書局一九六二年點校本
漢魏六朝詩選　余冠英　人民文學出版社一九五八年版
〔光緒〕漳州府志　李維鈺等　清　江蘇古籍出版社一九九三年中國地方志集成本
滬城歲事衢歌　張春華　清　上海掌故叢書本
賓退録　趙與旹　宋　上海古籍出版社一九八三年齊治平校點本
〔嘉靖〕寧國府志　李默、錢照等　明　新文豐出版公司民國七十四年天一閣藏明方志選刊
肇域志　顧炎武　清　上海古籍出版社二〇〇四年譚其驤等點校本
〔嘉靖〕鄧州志　潘庭楠纂修　明　新文豐出版公司一九八五年天一閣藏明刻本

十五畫

增修埤雅廣要　陸佃撰、牛衷增輯　明　上海古籍出版社二〇〇二年續修四庫全書本
蕉軒隨録　方濬師　清　上海古籍出版社二〇〇二年續修四庫全書本
樊川文集　杜牧　唐　上海古籍出版社一九七八年陳允吉校點本　又稱樊川集
歐陽文忠公集　歐陽修　宋　中華再造善本　又稱歐陽文忠公全集
歐陽行周文集　歐陽詹　唐　文淵閣四庫全書本
震川先生集　歸有光　明　上海古籍出版社一九八一年周本淳點校本　又稱震川文集、歸震川先生集
鄴中記　陸翽　晉　文淵閣四庫全書本
閱世編　葉夢珠　清　上海古籍出版社一九八一年

閱微草堂筆記	紀昀	清	上海古籍出版社一九八〇年汪賢度校點校本	
遺山集	元好問	金	文淵閣四庫全書本	又稱遺山先生文集、元遺山先生集、元好問全集
墨子			中華書局二〇〇四年孫詒讓、墨子閒詁、孫啟治點校本	
墨莊漫録	張邦基	宋	中華書局一九八五年叢書集成初編本新一版	
稼軒長短句	辛棄疾	宋	上海古籍出版社一九七八年鄧廣銘箋注本	又稱稼軒詞
〔隆慶〕儀真縣志	申嘉瑞修、李文等纂	明	新文豐出版公司一九八五年天一閣藏明刻本	
儀禮			中華書局一九八〇年十三經注疏本	
儀顧堂集	陸心源	清	上海古籍出版社二〇〇二年續修四庫全書本	
樂章集	柳永	宋	上海古籍出版社一九八八年高建中校點本	
〔永樂〕樂清縣志	佚名	明	新文豐出版公司一九八五年天一閣藏明刻本	
盤洲文集	洪适	宋	文淵閣四庫全書本	又稱盤洲集
劍南詩稿	陸游	宋	上海古籍出版社一九八五年錢仲聯校注本	又稱放翁詩集，又有陸游集，另有渭南文集
劉子	劉晝	北齊	中華書局一九九八年傅亞庶點校本	
劉氏鴻書	劉仲達	明	上海古籍出版社續修二〇〇三年四庫全書本	
劉賓客文集	劉禹錫	唐	文淵閣四庫全書本	又稱劉夢得集、劉禹錫集
論語			中華書局一九八〇年版	十三經注疏本
論衡	王充	漢	中華書局一九九〇年黃暉校釋本	
養吉齋叢録	吴振棫	清	上海古籍出版社二〇〇二年續修四庫全書本	
〔道光〕遵義府志	鄭珍、莫友芝纂	清	上海古籍出版社二〇〇二年續修四庫全書本	
潛夫論	王符	漢	中華書局一九八五年汪繼培箋、彭鐸校正本	

潛研堂文集　錢大昕　清　上海古籍出版社一九八九年吴友仁標校本　又稱潛研堂集，另有潛研堂全集

潛研堂詩集　錢大昕　清　上海古籍出版社一九八九年吴友仁點校本

潛研堂詩續集　錢大昕　清　上海古籍出版社一九八九年吕友仁校點本

潛書　唐甄　清　中華書局一九六三年吴澤民編校本

履園叢話　錢泳　清　中華書局一九七九年张偉點校本

編珠　舊題隋·杜公瞻撰　清·高士奇補遺　文淵閣四庫全書本

十六畫

燕丹子　佚名　上海古籍出版社二〇〇二年續修四庫全書本

燕在閣知新録　王棠　清　上海古籍出版社二〇〇二年續修四庫全書本　又稱知新録

燕京歲時纪勝　潘榮陛、在廷　清　北京出版社一九六一年版

燕京歲時記　富察敦崇　清　北京出版社一九六一年版

燕翼詒謀録　王栐　宋　中華書局一九八一年誠剛點校本

醒世一斑録　鄭光祖　清　上海古籍出版社二〇〇二年續修四庫全書本

〔乾隆〕歷城縣志　李文藻等纂　清　上海古籍出版社二〇〇二年續修四庫全書本

盧溪文集　王庭珪　宋　文淵閣四庫全書本　又稱盧溪集

盧綸詩集　盧綸　唐　上海古籍出版社一九八九年劉初棠校注本　又稱唐盧户部詩集、盧綸集、盧户部詩集

戰國策　上海古籍出版社一九八五年版　又稱國策、國事、事語、短長書

嘯亭雜録　昭槤　清　中華書局一九八〇年何英芳點校本

嘯亭續録　昭槤　清　中華書局一九八〇年何英芳點校本

嘯亭續録　昭槤　清　上海古籍出版社二〇〇二年續修四庫全書本

黔記　李宗昉　清　中華書局一九八五年叢書集成初編本

黔語　吴振棫　清　靈峰草堂叢書貴陽陳氏靈峰草堂刊本

黔囊	檀萃	清	杭州古籍書店一九八五年小方壺齋叢鈔本	
〔康熙〕錢塘縣志		清	上海書店一九九三年版	
録異記	杜光庭	唐	臺灣新興書局《筆記小説大觀叢刊》本	
鮑參軍集	鮑照	南朝宋	上海古籍出版社一九八〇年錢仲聯增補本	又稱鮑氏集、鮑明遠集
〔萬曆〕廣東通志	郭棐纂修	明	齊魯書社一九九六年四庫全書存目叢書本	
塵史	王得臣	宋	文淵閣四庫全書本	
龍雲集	劉弇	宋	文淵閣四庫全書本	
澠水燕談録	王闢之	宋	中華書局一九八一年呂友仁點校本	又稱澠水燕談
禪月集	貫休	唐	文淵閣四庫全書本	
彊識畧	吴楚材	明	上海古籍出版社二〇〇三年續修四庫全書本	
彊識編	朱士端	清	上海古籍出版社二〇〇二年續修四庫全書本	
隱秀軒集	鍾惺	明	上海古籍出版社一九九二年李先耕等標校本	又稱鍾伯敬全集、隱秀軒文集、鍾惺文集
十七畫				
戴名世集	戴名世	清	中華書局一九八六年王樹民編校本	又稱南山全集、戴褐夫集、潛虚先生文集、戴潛虚先生文集
戴震集	戴震	清	上海古籍出版社一九八〇年湯志鈞點校本	
舊五代史	薛居正等	宋	中華書局一九七六年點校本	原稱梁唐晉漢周書，總稱五代史，後因別於新五代史而加舊字
舊典備徵	朱彭壽	清	文海出版社一九八七年版	
舊唐書	原題劉昫	五代	中華書局一九七五年點校本	原稱唐書，後因別於新唐書而加舊字
韓内翰別集	韓偓	唐	文淵閣四庫全書本	又稱玉樵山人集、韓翰林詩集、晚唐韓偓詩、翰林集、韓翰林集
韓非子			上海古籍出版社二〇〇〇年陳奇猷校注本	
韓昌黎文集	韓愈	唐	上海古籍出版社一九八七年馬其昶校注本	全稱五百家注音辨昌黎先生文集，又稱昌黎先生文集、昌黎先生集、韓昌黎集

韓昌黎詩集	韓愈	唐	古典文學出版社一九五七年錢仲聯韓昌黎詩繫年集釋本	
韓詩外傳	韓嬰	漢	中華書局一九八〇年許維遹校釋本	
擊壤集	邵雍	宋	文淵閣四庫全書本	又稱伊川擊壤集
〔隆慶〕臨江府志	管大勛修、劉松纂	明	新文豐出版公司一九八五年天一閣藏明刻本	
〔乾道〕臨安志	周淙撰	宋	文淵閣四庫全書本	
〔咸淳〕臨安志	潛説友撰	宋	文淵閣四庫全書本	
霞外攟屑	平步青	清	上海古籍出版社二〇〇二年續修四庫全書本	
豳風廣義	楊屾	清	農業出版社一九六二年鄭辟疆、鄭宗元校勘本	
嶺外代答	周去非	宋	中華書局一九九九年楊武泉校注本	
嶺表録異	舊題劉恂	唐	文淵閣四庫全書本	
魏文帝集	曹丕	三國魏	人民文學出版社一九五八年黃節注本	
魏書	魏收	北齊	中華書局一九七四年點校本	
魏源集	魏源	清	中華書局一九七六年點校本	又稱古微堂詩集，又有魏源全集
魏鄭公諫録	王方慶	唐	文淵閣四庫全書本	
輿地紀勝	王象之	宋	四川大學出版社二〇〇五年李勇先校本	
〔弘治〕徽州府志	彭澤、汪舜民	明	齊魯書社一九九六年四庫全書存目叢書本	
謝宣城集	謝朓	南朝齊	上海古籍出版社一九九一年曹融南校注本	又稱謝宣城詩集
〔嘉靖〕應山縣志	王朝璲修、顔木纂	明	新文豐出版公司一九八五年天一閣藏明刻本	
〔光緒〕應城志	王承禧纂	清	江蘇古籍出版社、上海書店、巴蜀書社二〇〇一年中國方志集成本	
甕牖閒評	袁文	宋	文淵閣四庫全書本	
〔道光〕濟南府志	成貫等纂	清	臺灣學生書局民國五十七年本	
〔咸豐〕濟寧直隸州志	徐宗幹、盧朝安纂	清	臺灣學生書局民國五十七年版	
禮記			中華書局一九八〇年十三經注疏本	又稱小戴禮記、小戴禮、小戴記

書名	作者	朝代	版本	備注
禮記			中華書局一九八九年孫希旦集解、沈嘯寰、王星賢點校本	又稱小戴禮記、小戴禮、小戴記
十八畫				
藝文類聚	歐陽詢	唐	文淵閣四庫全書本	
藝林彙考	沈自南	清	文淵閣四庫全書本	
藝風堂文集	繆荃孫	清	上海古籍出版社二〇〇二年續修四庫全書本	
題本　採辦織造及各項工程			國立中央研究院社会科學研究所	
簡莊疏記	陳鱣	清	上海古籍出版社二〇〇二年續修四庫全書本	
歸田瑣記	梁章鉅	清	中華書局一九八一年版	
〔嘉定〕鎮江志	盧憲纂	宋	上海古籍出版社二〇〇二年續修四庫全書本	
〔至順〕鎮江志	俞希魯等	元	上海古籍出版社一九九五年續修四庫全書本	
鎮番志	許協	清	蘭州古籍書店一九九〇年中國西北文獻叢書本	
雞肋集	晁補之	宋	文淵閣四庫全書本	
雞肋編	莊綽	宋	中華書局一九八三年蕭魯陽點校本	
濼源問答	沈可培	清	上海古籍出版社二〇〇二年續修四庫全書本	
斷腸集	朱淑真	宋	上海古籍出版社一九八八年澄波校點本	又稱朱淑真斷腸詞，又有朱淑真集
十九畫				
蘆州詞	張元幹	宋	上海古籍出版社一九八八年孟斐校點本	
〔嘉靖〕蘄州志	甘澤纂、趙士讓編次	明	新文豐出版公司天一閣藏明刻本	
蘇氏演義	蘇鶚	唐	文淵閣四庫全書本	
蘇州織造局志	孫珮	清	江蘇人民出版社一九五九年版	
蘇軾文集	蘇軾	宋	中華書局一九八六年孔凡禮點校本	又稱東坡集，或稱東坡全集、蘇文忠公全集

蘇軾詩集	蘇軾	宋	中華書局一九八二年清・王文誥輯注，孔凡禮點校本	
蘇魏公文集	蘇頌	宋	中華書局一九八八年版	
羅隱集	羅隱	唐	中華書局一九八三年雍文華校輯本	包括羅昭諫集、甲乙集、讒書
籀膏述林	孫詒讓	清	上海古籍出版社二〇〇二年續修四庫全書本	
簷曝雜記	趙翼	清	上海古籍出版社二〇〇二年續修四庫全書本	
譚嗣同全集	譚嗣同	清	中華書局一九八一年蔡尚思等增訂本	又稱譚瀏陽全集
韻石齊筆談	姜紹書	清	文淵閣四庫全書本	
類腋	姚培謙、張鄉雲	清	上海古籍出版社二〇〇二年續修四庫全書本	
類篇	司馬光	宋	上海古籍出版社一九八七年版	
瀟湘聽雨録	江昱	清	上海古籍出版社二〇〇二年續修四庫全書本	
繡譜	丁佩	清	上海古籍出版社二〇〇三年續修四庫全書本	
廿畫				
覺非盦筆記	顧堃	清	上海古籍出版社二〇〇二年續修四庫全書本	
釋名	劉熙	漢	上海古籍出版社一九八四年王先謙疏證補本	
寶訓	郝懿行	清	上海古籍出版社二〇〇二年續修四庫全書本	
廿一畫				
鐵崖古樂府	楊維禎	元	文淵閣四庫全書本	又稱鐵崖先生古樂府、復古詩集
鐵圍山叢談	蔡絛	宋	中華書局一九八三年馮惠民、沈錫麟點校本	
〔正德〕夔州府志	吳潛修、傅汝舟纂	明	新文豐出版公司一九八五年天一閣藏明	

鶴林玉露	羅大經	宋	中華書局一九八三年王瑞來點校本
蠡勺編	凌揚藻	清	上海古籍出版社二〇〇二年續修四庫全書本
續文獻通考	張廷玉等	清	商務印書館民國二十五年萬有文庫本
續世説	孔平仲	宋	臺灣新興書局一九八四年版
續通志	官修	清	商務印書館一九三六年版
續通典	官修	清	文淵閣四庫全書本
續資治通鑑長編	李燾	宋	中華書局一九八五年程應繆等點校本
續黔書	張澍	清	臺灣成文出版社一九六八年版
廿二畫			
聽雨樓隨筆	王培荀	清	上海古籍出版社二〇〇二年續修四庫全書本
聽雨叢談	福格	清	中華書局一九五九年汪北平校點本
蘿摩亭札記	喬松年	清	上海古籍出版社二〇〇二年續修四庫全書本
鷗陂漁話	葉廷琯	清	上海古籍出版社二〇〇二年續修四庫全書本
讀史方輿紀要	顧祖禹	清	中華書局二〇〇五年點校本
讀書堂西征隨筆	汪景祺	清	上海古籍出版社二〇〇二年續修四庫全書本
讀書偶記	趙紹祖	清	上海古籍出版社二〇〇二年續修四庫全書本
讀書脞録續編	孫志祖	清	上海古籍出版社二〇〇二年續修四庫全書本
讀書叢録	洪頤煊	清	上海古籍出版社二〇〇二年續修四庫全書本
讀書雜志	王念孫	清	上海古籍出版社二〇〇二年續修四庫全書本

讀書雜釋　清　徐鼒　上海古籍出版社二〇〇二年續修四庫全書本

廿三畫

欒城集　宋　蘇轍　上海古籍出版社一九八七年曾棗莊、馬德富校點本

廿四畫

鹽鐵論　漢　桓寬　天津古籍出版社一九八三年王利器校注本

鹽鐵論　漢　桓寬　中華書局一九九二年王利器校注本

蠶書　宋　秦觀　文淵閣四庫全書本

蠶桑萃編　清　衛杰　中華書局一九五六年版

〔天啟〕贛州府志　明　余文龍、謝詔等　齊魯書社一九九六年四庫全書存目叢書本

《中華大典》辦公室

主　任：于永湛

副主任：伍　傑　姜學中

編　審：趙含坤　崔望雲

秘　書：宋　陽

裝幀設計：章耀達

上海市《中華大典·工業典》工作小組

組　長：王興康

組　員：吕　健　郭子建　占旭東　張旭東

《中華大典·工業典》編輯部

負責人：吕　健

工作人員：占旭東　吕瑞鋒　徐樂帥　王　珺　陳麗娟　張旭東

《紡織與服裝工業分典》責任編輯

李夢生　李祚唐

圖書在版編目(CIP)數據

中華大典·工業典·紡織與服裝工業分典 /《中華大典》工作委員會,《中華大典》編纂委員會編. —上海：上海古籍出版社，2015.10

ISBN 978-7-5325-7136-9

Ⅰ.①中… Ⅱ.①中… ②中… Ⅲ.①百科全書—中國②紡織工業—經濟史—中國③服裝工業—經濟史—中國 Ⅳ.①Z227②F426.86

中國版本圖書館 CIP 數據核字(2013)第 287861 號

中華大典·工業典·紡織與服裝工業分典(全二册)

編纂：《中華大典》工作委員會
《中華大典》編纂委員會

出版：上海世紀出版股份有限公司
上海古籍出版社
(上海瑞金二路二七二號 郵政編碼 二〇〇〇二〇)
(1)網址：www.guji.com.cn
(2)E-mail：guji1@guji.com.cn
(3)易文網網址：www.ewen.co

印刷：上海中華商務聯合印刷有限公司

發行：上海世紀出版股份有限公司發行中心
上海古籍出版社

開本：七八七×一〇九二毫米 十六開

印張：一五六·二五 字數：四七九〇千字

二〇一五年十月第一版 二〇一五年十月第一次印刷

ISBN 978-7-5325-7136-9/Z·433

定價：一一八〇圓

中華大典

上海古籍出版社

中華人民共和國國務院批准的重大文化出版工程

國家文化發展綱要的重點出版工程項目

新聞出版總署列爲「十一五」國家重大工程出版規劃之首

國家出版基金重點支持項目

《中華大典》工作委員會

《中華大典》編纂委員會

總主編：任繼愈

副主編：席澤宗　程千帆　戴　逸　吳文俊　柯　俊
傅熹年

編　委：卞孝萱　任繼愈　李明富　余瀛鰲　林仲湘
郁賢皓　馬繼興　袁世碩　席澤宗　陳美東
黃永年　章培恒　張永言　張晉藩　葛劍雄
董治安　程千帆　傅世垣　曾棗莊　龐　樸
趙振鐸　劉家和　潘吉星　錢伯城　戴　逸
楊寄林　穆祥桐　吳文俊　金正耀　戴念祖
柯　俊　金維諾　白化文　汪子春　周少川
孫培青　朱祖延　傅熹年　李　申　郭書春
熊月之　柴劍虹　吳子勇　寧　可　江曉原
鄭國光　吳征鎰　尹偉倫　魏明孔

《中華大典》前言

《中華大典》是運用我國歷代漢文古籍編纂的一部大型工具書。其目的是爲學術界及願意瞭解中國古代珍貴文化典籍的人士提供準確詳實、便於檢索的漢文古籍分類資料。

中國是世界文明古國之一，幾千年來纂寫和聚集的文化典籍浩如烟海。我國歷代都有編纂類書的優良傳統，具有代表性的《永樂大典》等大多已佚失，現存《古今圖書集成》編就距今也已數百年。爲了適應今天和以後研究和檢索的需要，一九八八年海内外三百多位專家學者和各古籍出版社同仁倡議，在已有類書的基礎上，用現代科學方法編纂一部新的類書《中華大典》。

國務院在關於編纂《中華大典》問題的批覆中指出，編纂《中華大典》「是我國建國以來最大的一項文化出版工程」。本書所收漢文古籍上起先秦，下迄清末，約三萬種，達七億多字，分爲二十四個典，近百個分典，内容廣博，規模宏大，前所未有。

《中華大典》的編纂工作堅持科學態度和百花齊放、百家爭鳴方針。儘量採用古精校精刻本，優先採用我國建國後文獻學和考古學的優秀成果。對傳統文化中重要的不同學派的資料，兼收并蓄。運用現代圖書分類的方法，對收集到的資料，精選、精編，力求便於檢索、準確可信。

這項工作從開始起就受到中共中央、國務院和有關部門的重視和支持。國家主席江澤民、國務院總理李鵬分别爲《中華大典》題詞。江澤民的題詞是：「同心同德群策群力認真編好中華大典爲建設有中國特色的社會主義服務」。李鵬的題詞是：「繼承和弘揚民族優秀傳統文化」。全國政協主席李瑞環、國務委員李鐵映也作了重要指示，要求抓緊辦理。一九九零年五月，國務院批准《中華大典》爲國家重點古籍整理項目。一九九二年九月，正式成立了《中華大典》工作委員會和《中華大典》編纂委員會，召開了《中華大典》工作、編纂會議。自此，《中華大典》的編纂工作由試點轉入正式啓動，逐步鋪開。

編纂《中華大典》，學術性很强，工作量很大，工程十分艱巨，全賴廣大專家學者和全國各有關高等院校、科研院所、圖書館、出版單位的鼎力支持與積極參與。大家本着弘揚中華民族優秀文化的心願，發揚奉獻精神，克服各種困難，團結協作，給這部巨大類書的出版提供了根本保證。在此謹表示誠摯的謝意。

對本書的批評與建議，我們將十分歡迎。

《中華大典》編纂委員會

一九九七年四月

二〇〇六年十一月修訂

《中華大典》編纂通則

一、性質：《中華大典》(以下簡稱《大典》)是對漢文古籍(含已翻譯成漢文的少數民族古籍)進行全面的、系統的、科學的分類整理和匯編總結的新型類書，是在繼承歷代類書優良傳統、考慮漢文古籍固有特點的基礎上，借鑒和參照近代編纂百科全書的經驗和方法編纂而成。編纂《大典》的目的，是爲學術界及願意瞭解中國古代珍貴文化典籍的人士提供各種分門別類的，準確詳細的古代漢文專題資料。

二、規模和體例：《大典》所收古籍的時限，上自先秦，下迄辛亥革命。全書共收各類漢文古籍三萬餘種，七億多字。全書體例，着重汲取清代《古今圖書集成》所採用的經目和緯目相交織這一統一框架結構的模式，同時參照現代科學的學科、目録分類方法，并根據各類學科内容的實際情况，一般將每一大類學科輯爲一典，也有將幾個相關學科共輯爲一典的。對各典名稱，均以現代學科命名，對於所收入的各種古籍資料，亦儘可能納入現代科學分類體系之中。

三、經目：大典共分二十四個典，即哲學典、宗教典、政治典、軍事典、經濟典、法律典、教育典、語言文字典、文學典、藝術典、歷史典、歷史地理典、民俗典、數學典、物理化學典、天文典、地學典、生物學典、醫藥衛生典、農業典、林業典、工業典、交通運輸典、文獻目録典。典以下以分典、總部、部、分部分級，分部之下的標目根據各學科特點由各典自行擬定。

四、緯目：共設置九項緯目，用以包容各級經目的具體内容：

①題解：對有關學科的名稱、概念、涵義、特點等作總體介紹的資料。

②論説：有關理論部份的資料。

③綜述：有關學科或事物的系統性資料，凡有關學科或事物的性狀、制度、範疇、特點及學科地位、發展情况等具體内容均編入此緯目中。

④傳記：有關人物的傳記資料。

⑤紀事：有關學科或事物的具體活動或事例的資料。

⑥著録：重要人物或文獻的有關著作資料，如專集介紹、序跋、藏書題記，以及有關著作的成書經過、版本源流等。

⑦藝文：有關屬於文學欣賞性的散文或韵文。

⑧雜録：凡未收入以上各緯目，而又有較高參考價值的資料，均入雜録。

⑨圖表：根據有關經目的内容需要，圖與表附於相關專題之下，或集中匯總於某級經目之後。

《大典》以内容分類安排各級緯目，各級緯目的正文，一般以原書爲單位，按時代順序排列。每一條資料前標明出處，包括書名或作者名、篇名或卷次，以利讀者核對原書。

五、書目：每分典後附有該分典所收書之書目，書目包括書名、作者、時(年)代、版本等内容。時代以成書時代爲準，成書時代不詳者，以作者主要活動時代爲準，并遵從歷史習慣。

六、版本：《大典》在選用版本時儘量採用古人的精校精刻本，亦採用學術界通用的近、現代整理圈點本及現代學者校點整理本。

七、校點：爲儘可能保存古籍原貌，《大典》祇對底本中明顯的脱、訛、衍、倒進行勘正。古本中的避諱字一般不作改動，祇對缺筆字補足筆畫。後人刻書時避當朝人諱而改動的字，據古本改回。《大典》採用新式標點法。

一九九六年八月

二〇〇六年十一月修訂

《中華大典·工業典》編纂委員會

主　編：魏明孔

編　委（以姓氏筆畫爲序）：

王興文　李紹强　范建鏋　林廣志

胡小鵬　高超群　郭遠英　陳文源

湯開建　趙利峰　趙連穩　蔡　鋒

鄧　堪　劉建麗　盧華語　魏正孔

《中華大典·工業典》序

《工業典》是《中華大典》的一個組成部分，系統地分類彙集上起先秦下迄清末有關中國工業的文獻資料。

中國傳統工業的歷史，可以説就是一部手工業的歷史。現代人類學研究中的一個主流觀點是，人類揖别猿類是從打製第一塊石質工具所體現的勞動開始的，而被打製出來的这第一塊石質工具就是人類的第一件手工業産品，手工業由此濫觴。因而，我們可以認爲，人類是與手工業同時步入歷史舞臺的，而且直到工業革命前，手工業一直是科技乃至生産力進步的主要推動者、承載者和傳播者，而科技和生産力進步對人類文明的綿延和提升的意義則是不言而喻的：農業生産的進步、商業活動半徑的擴大、交通運輸能力的提高、軍事實力的增强、文化内容的豐富、生活水平的提高、劳动强度的降低、居住环境的改善，等等，皆離不開手工業的發展。工業革命濫觴於英倫三島之前，中國之所以能成爲人類文明的主要輸出地之一，很大程度上與中國傳統手工業的領先地位密切相關。當然，當人類基本生産形態因工業革命而徹底换軌之後，雖然中國的手工業並未裹步不前，但是已經無力繼續承擔起助中華文明領先於世界文明之重任。

我國傳統社會的一個重要特點是耕織經濟發達，個體小生産農業及家庭副業手工業經濟構成了當時社會財富的基本來源，「男耕女織」或「晴耕雨織」是廣大農民的基本生産方式。另外一個特點是，官營手工業經濟一直比較活躍。上述特點，對中國傳統工業水準的提升、科學技術的進步乃至社會經濟的發展所造成的影響無疑是多方面的，但是，越到晚近，它的負面影響就越凸顯出來。這無疑決定了我國的國情，且影響深遠。

我國歷史上的手工業技術對於人類的影響是深刻的，「四大發明」對推動人類文明進步的作用是人人皆知的例子，而通過「絲綢之路」向中亞、西亞、歐洲乃至非洲輸送的由中國製造的絲綢、紙張等精美手工業品，更成爲中外文化交流的重要媒介。隨着海上絲綢之路的開通與延伸，我國輸出的手工業品的數量及品種在不斷增加，其中最重要的商品是瓷器，其對世界的影響巨大，以至於英語中「中國」（China）與「瓷器」是同一詞。當然，當時的手工業品的交流是雙向的，並非只是單一的輸出。

除此之外，我國歷史上的彩陶、採礦、冶金、鑄造、造船、漆器、紡織、印染等工藝，亦處於當時世界的領先水準，社會影響亦是具有國際性的。被譽爲古代建築「活化石」的唐代建築山西五臺山南禪寺、佛光寺、芮城廣仁王廟、平順天台庵等榫卯結構建築，經過千餘年的風雨滄桑，依然在向世人展示着中國古代工匠獨特的藝術神韻。

《工業典》就是對包括上述內容在內的資料進行搜集和整理。

我國流傳至今的古籍可謂汗牛充棟，而在傳統的農本主義經濟形態下，在國家制度設計中，手工業作爲「末」而没有得到應有的重視，受此影響，史家對工業的記載或是只言片語，或是在記載其他內容時附帶提及。早在《史記·商君列傳》中就明確提出重本輕末的思想，唐代人司馬貞在《史記索隱》中指出，這里「『末』謂工商也」。一些時期甚至將手工業技術發明視作奇技淫巧而備受限制。正因爲如此，古籍中有關工業的記載非常零散，系統記載者可謂鳳毛麟角。受此影響，手工業方面的資料在後世缺乏必要的整理，即使今天，這種情況也並没有得到多大改觀。這無疑使《工業典》資料的搜集難度非常大，遠遠超過了我們的估計。當然，各種官修典籍和文獻對手工業的輕視，並不意味着手工業不重要。事實上，手工業生產從某種程度上早已成爲中國人文化因子的一部分。例如，中國古代的製陶和冶煉工藝曾被視爲最尖端的工藝，故而人們常用「陶冶情操」來形容提升思想、道德和情趣的艱難過程。另外，刻範是我國古代手工業生產活動中出現較早的工具，而且精準度和標準化應該達到了很高的水準，故而人們用「模範」一詞來指被大家廣泛認同的樣板。凡此種種，不勝枚舉。

《工業典》在編纂過程中，除了不遺餘力地利用傳世文獻外，對於新發現和整理的資料，也儘量給予關注，特别對最近發現和整理的資料費力較多，以體現編纂的時代特點。

《工業典》共計九個分典。根據現代工業主要行業且結合我國傳統手工業自身的特點，《工業典》設置了《陶瓷與其他燒製品工業分典》、《金屬礦藏與冶煉工業分典》、《製造工業分典》、《造紙與印刷工業分典》、《建築工業分典》、《紡織與服裝工業分典》、《食品工業分典》以及《綜合分典》。因爲傳統手工業發展到近代，在内外條件的變化下，出現了近代工業，這具有劃時代的意義。因此，在《中華大典》編委會領導的支持和上海古籍出版社專家的贊許下，《工業典》下設了《近代工業分典》。《近代工業分典》搜集材料時主要遵循兩個方面的原則：一是具有近代工業的生產形式，二是具有近代工業的管理與組織功能。這雖然與其他分典體例不盡一致，卻不失爲一種創新。這是需要説明的。

《工業典》的編纂，對瞭解中國傳統社會的工業佈局和經濟狀況，對發揚壯大手工業技術，對傳承和弘揚傳統文化，具有重要的意義。特別在將實現工業化和推進城鎮化作爲國家戰略的今天，挖掘整理這份文化遺産，無疑具有不可替代的歷史鏡鑒價值。

參加《工業典》編纂的學者分别來自重慶、廣州、蘭州、曲阜和北京以及澳門等地，均是手工業經濟史方面的專家。《工業典》自二〇〇六年啓動以來，已逾九載。《工業典》的編纂工作，自始至終得到了《中華大典》工作委員會和編纂委員會的指導，特别是《中華大典》辦公室的領導和工作人員付出心血頗多，各編纂者所在單位給予諸多方便，上海古籍出版社領導及編輯先生費心良多，在此一併深表謝忱。

我們從事《工業典》的編纂工作，限於水準和時間，難免存在掛一漏萬的問題，特别是在選材、整理方面的錯誤，需要方家和廣大讀者的批評指正。

魏明孔

二〇一五年十月

中華大典·工業典

紡織與服裝工業分典

主編：盧華語　鄧堪

《中華大典·工業典·紡織與服裝工業分典》编纂说明

《中華大典·工業典·紡織與服裝工業分典》（以下稱「本分典」），是《中華大典·工業典》的分典之一。本分典包括紡織和服裝兩個總部，另附編織、皮革，凡四總部。其中紡織、編織、皮革材料均極零星分散，宋以前多屬斷簡殘編，故編纂時，除嚴格執行《中華大典》和《工業典》有關規定外，對材料的收録以及對某些相關問題的處理也略有調整。

一、材料收録

（一）取材範圍。本分典選用歷史文獻，上自先秦，下迄清末（公元一九一一年）。

（二）取材原則。本分典本「古代求全，近代求精」原則。求全，雖不是有見必録，但凡有一定史料價值者，均儘量搜羅。同一事物或史實，多種文獻記述，大同小異，或繁簡有別，或文字各殊，只要多少能提供一定資訊者，不避重複，統統採用。求精，則注重考究其史料價值之大小有所選擇，並力避重複。

二、材料分類

（一）本分典原則上經目設三級：總部、部、分部，另根據材料情況，也有在分部下再延伸一級者，即事物具體名稱；緯目設題解、綜述、傳記、紀事、著録、藝文、雜録。由於各級經目情況不同，緯目設置，不强求一律，各目必備。設與不設，設多設少，全依材料實際而定。

（二）一條材料，涉及兩種或兩種以上不同性質的事物，能分割者，分割；分割後各依其事物的屬性，歸入其相應經目。不便分割者，其分類則根據材料内容，依其檢索方便，或選擇，或綜合。

選擇分類，取事物之價值或事物在該條材料中所處地位，誰價值最高，或誰在該材料中所處地位最重，則依其屬性歸入相應經目。

綜合分類，指兩種或幾種事物，在此層次是異種，在彼層次卻可能爲同類，如錦、綾、羅、絹等，作爲單一事物，各有不同特點，性質不同爲異種，但作爲絲織品，卻性質相同是同類；再如布、帛，原材料不同各有不同性質爲異種，但作爲紡織品，卻又性質相同是同類。因此則依事物性質的不同層次，綜合歸入相應經目，入《布、帛綜合部》；將絲作材料的紡織品入《帛部》等。

（三）叙述性質的材料，是入紀事或綜述，往往難於決斷，參照《古今圖書集成》分類，以「大事入綜述，小事入紀事」。

（四）詩詞曲賦及散文，有涉及本分典相關内容者，其完整篇章，一律收入藝文，其片段或摘句，則依其内容而定。如「三日斷五匹，大人故嫌遲」、「炎洲布火浣，蜀地錦織成」等，均不入藝文而入綜述。

（五）正史中「異域」、「蠻夷」、「外國」等傳以及其他典籍的民族材料，有關紡織産品及其工藝工具，由於各民族情況各異，且多變易，有古屬中國今屬外國者，有今屬中國古屬外國者，一律依當今實際而定。凡今屬外國者，有關材料一律入《紡織産品及工藝工具對外交流部》；凡今屬中國者，一律依材料内容分别置入相應經目。

（六）某些事物由於著眼點不同，可以有不同的分類。如「蓑」（雨衣）、「菲」（草鞋）、「笠」（斗笠），就功用言，屬服裝，就工藝言，則當入編織。本分典屬《工業典》，特重工藝，故將以上事物入編織。其他類似情況仿此。

三、材料編排

原則上以原書爲單位，按作者時代（生卒年、主要活動年代或成書時間）排列，但爲照顧邏輯次序，亦有作適當調整者。

（一）二十四史材料依朝代順序而不依作者時代，故《後漢書》材料列在《三國志》之前，《晉書》材料列在《宋書》之前等。

（二）通史、會要、類書、總集材料，依其内容時代而不依作者時代，如《資治通鑒》紀事，分别編入前朝各代，而不入作者司馬光的宋代，《太平御覽》所録材料，亦依此例而不入宋代等。

（三）後人記前朝事，如宋人王讜撰《唐語林》，其材料入唐代不入宋代。其他類似情況仿此。

（四）先秦文獻，不標作者，故先秦材料，首列「十三經」，其先後順序，依《十三經注疏》順序排列；其餘則依其成書時代。二十四史亦不標作者，故秦漢以下各朝，亦先列正史材料，其餘依作者時代先後。

（五）作者爲無名氏，或作者及成書時代相同者，以書名第一字筆畫多少爲序；第一字筆畫相同，則依筆形（横、竪、撇、點、折），若第一字筆形亦同，則依第二字筆畫和筆形。如《山西通志》列《山東通志》之前，餘類推。

（六）方志材料，以省爲單位（首省志、次府州、次縣志）單獨編排，列各緯目最後。各省順序，亦依書名筆畫和筆形。方志材料之前，首列《一統志》材料。

本分典二〇〇六年八月開始起動，編纂，二〇一五年七月定稿，歷時九年，是西南大學歷史文化學院盧華語、鄧堪及諸多同事和研究生通力合作的成果。

主編盧華語、鄧堪全面負責書稿的編纂及組織工作。根據《中華大典》編纂委員會和《工業典》的有關規定，擬定分典體例、結構和引用書目，統稿全書，審核並參與資料搜集與點校工作等。

副主編鄒芙都、曾海龍（重慶出版社），參與討論分典體例、結構和引用書目，檢索、點校和複印了部分資料。

西南大學漢語言文獻研究所朱華忠、唐光榮，歷史文化學院温翠芳，校圖書館李宏毅等，或參與體例討論，或編排基本文獻，或檢索、點校了部分資料。

博士生胡安徽，碩士生潘林、郭亮、王蓓蓓、夏自金、鄭玉萍、李娜、程東宇、劉昌俊、李清清、宋健、左向陽、常京春、師映紅、蔡利、唐金榮、蘇永霞、趙偉、侯陽、江成志、王静（二〇一〇級）、張紅、王静（二〇一一級）、余海濤、華信輝、王曉等都程度不同地參與了部分文獻檢索、複印及資料核查工作。

《中華大典·工業典·紡織與服裝工業分典》編纂委員會

二〇一五年七月

總目

紡織總部

《紡織總部》提要

古代中國以農立國，男耕女織是社會生産的主要内容。早在原始社會後期，我國的紡織業就已有相當水平，從先秦起在國際上引領風騷直至明末。特别絲綢生産，更是我國先民的偉大發明，爲豐富人類物質生活功勳卓著，中國被譽爲「絲國」（Seres），絲綢成爲全世界寶貴文化遺産之一。

古代紡織品主要爲兩大類，一是以蠶絲爲材料的帛（漢以後稱繒），二是以麻、葛、毛、棉等爲材料的布。紡織總部竭盡所能收録先秦至清末有關布帛的史料，包括紡織工藝工具、紡織材料、紡織産品、紡織産品和工藝工具對外交流以及印染之工藝工具、染料和色譜等，以便讀者檢索利用。

本總部下設經目有五：

一、《紡織工藝工具部》。録紡織生産以及生産過程中涉及的工藝、工具的有關材料。

二、《紡織材料部》。録絲及麻、葛、毛、棉等有關材料。

三、《紡織産品部》。録布、帛有關材料。紡織産品下延伸一級經目設分部：《布、帛綜合分部》，收文獻資料中包括布和帛兩類産品而又不便分割者。《布分部》，收文獻資料僅述布者。《火浣布分部》，收文獻資料僅述火浣布者，不設緯目。《帛分部》，收文獻資料僅述帛者；由於帛的品種繁多，故其下再延伸一級經目述具體産品，如絹、錦、綾、羅、紗等有關材料。

四、《紡織産品及工藝工具對外交流部》。我國古代紡織産品及工藝工具對外輸出輸入，主要是兩種方式：（一）中外商人直接將商品販運到對方境内進行交易，這是純商業性質的經濟行爲。（二）借朝貢和賞賜實現等價交换，這是政治性極强的商業行爲。而我國紡織品等的對外交流，更多是後者。根據資料實際情況，經目部下不再延伸。緯目則將述「朝貢和賞賜」的政策或制度資料入綜述，而將記某一具體「朝貢和賞賜」的事實入紀事。

五、《紡織印染部》。紡織産品能有各種不同色彩，就是經過印染而成。印染涉及材料、工藝和各種顔色，故印染部下延伸一級設三分部：《印染工藝工具分部》、《染料分部》、《色譜分部》。

目録

紡織工藝工具部

題解

《易·姤》 繫于金柅。孔穎達正義：柅之爲物，衆説不同。王肅之徒皆爲織績之器，婦人所用。惟馬云：柅者，在車之下，所以止輪，令不動者也。

《詩·小雅·斯干》 乃生女子，載寢之地。載衣之裼，載弄之瓦。毛亨傳：瓦，紡塼也。

《詩·小雅·大東》 小東大東，杼柚其空。朱熹集傳：杼，持緯者也。柚，受經者也。

《孟子·滕文公下》 彼身織屨，妻辟纑。趙岐注：緝績其麻曰辟，練其麻曰纑。

《漢書》卷二八上《地理志》 豫州：貢【略】紵。師古曰：「紵，織爲布及練也。」

揚雄《方言》卷五 篗，榬也。郭璞注：所以絡絲也。音爰。兖豫河濟之閒謂之榬，絡謂之格。郭璞注：所以轉篗絡車也。

紀昀案：《廣雅》：「榬謂之篗。」本此。曹憲音義：「篗，于縛、榮碧兩反。」《説文》云：「篗，收絲者也。」《玉篇》：「榬，絡絲篗也。」篗即篗之訛。

維車，郭璞注：維，蘇對反。趙魏之閒謂之轣轆車，東齊海岱之閒謂之道軌。

紀昀案：《説文》云：「維，箸絲於筟車也。」「筟，筳也。」「筳，維絲筦也。」轣轆亦通作麻鹿。《廣雅》：「維車謂之麻鹿，道軌謂之鹿車。」本此。《玉篇》云：「維車，亦名軌車。」

史游《急就篇》卷四 飛龍、鳳皇相追逐。逐，叶帛，息韻。《詩·采薇》服叶棘。《小明》福叶直。《文王》服叶億。《楚辭·九章》鞠叶抑。織帛爲飛龍、鳳皇之象，飛翔追逐以成文章，若前章離雲爵之類。《説文通釋》遯者，走也。逐者，追也。豚走而豕追之，此會意也。

許慎《説文》二篇上《止部》 疌，機下足所履者。段玉裁注：疌者，躡也。从止，从又，入聲。

許慎《説文》五篇上《竹部》 篗，所㠯收絲者也。段玉裁注：所㠯二字今補。《方言》曰：「篗，榬也，兖豫河濟之閒謂之榬。」郭云：「所以絡絲也。音爰。」按今俗謂之篗車。从竹，蒦聲。䈅，篗或从角閒。

筳，維絲筦也。段玉裁注：《糸部》曰：「維，箸絲於筟車也。」按絡絲者必以絲耑箸於筳，今江浙尚呼筳。从竹，廷聲。

筦，筟也。从竹，完聲。

筟，筳也。段玉裁注：筳、筦、筟，三名一物也。《方言》曰：「維車，趙魏之閒謂之轣轆車，東齊海岱之閒謂之道軌。」按自其轉旋言之，謂之麻鹿，亦謂之道軌，亦謂之鹿車。自其箸絲之筳言之，謂之維車，亦謂之筟車，實即今之篗車也。从竹，孚聲。讀若《春秋》「魯公子彄」。

許慎《説文》六篇上《木部》 檷，絡絲柎也。段玉裁注：柎，各本作欘，今依《易釋文》、《玉篇》、《廣韻》正。《釋文》作趺，柎、趺古今字。柎，咢足也。絡絲柎者，若今絡絲架子。《姤》初六：「繫於金柅。」《九家易》曰：「絲繫於柅，猶女繫於男，故以喻初宜繫二也。」从木，爾聲。讀若昵。段玉裁注：昵，各本作柅。今依《易釋文》正。昵或暱字，合韻也。

《易》曰：「繫於金檷。」段玉裁注：六字各本無，今依《易釋文》補。

機，主發謂之機。段玉裁注：下文云「機持經者」、「機持緯者」，則機謂織具也。機之用主於發，故凡主發者皆謂之機。檃栝之辭。从木，幾聲。

榺，機持經者。段玉裁注：《三倉》曰：「經所居，機榺也。」《淮南·氾論訓》曰：「後世爲之機杼勝複，以便其用，而民得以揜形御寒。」勝者，榺之假借字。戴勝之鳥首有横文似榺，故鄭云織紝之鳥。《小雅》云：「杼軸其空。」榺即軸也。謂之軸者，如車軸也。俗作柚。謂之榺者，勝其任也，任正者也。从木，朕聲。段玉裁注：詩證切，六部。按《集韻》引《廣雅》「柢謂之榺」，今《廣雅》柢作橯，誤也。

杼，機持緯者。段玉裁注：橯梭皆俗字。从木，予聲。

椱，機持繒者。段玉裁注：繒字不可通。《玉篇》作繪。按當作會。會者，經與緯之合也。緯與經合，慮其不緊，則有椱入經之閒以緊之。魯季敬姜説織曰：「持交而不失，出入不絶者，梱也，梱可以爲大行人也。」持交，正許所云持會也。趙注《孟子》「梱屨」曰：「梱，猶叩椓也。織屨欲（使）堅，故叩之也。」此與敬姜説梱義同，字皆當從木。孫氏《孟子音義》從手，誤。《淮南·氾論訓》云：「機杼勝複。」複即椱之假借字也。从木，复聲。

許慎《説文》一三篇上《糸部》 繅，繹繭爲絲也。从糸，巢聲。段玉裁注：俗作繰，乃帛如紺色之字。

繹，擂絲也。段玉裁注：擂者，引也。引申爲凡駱驛、温尋之稱。《駉》傳曰：「繹繹，善走也。」从糸，睪聲。【略】

維，箸絲於筟車也。段玉裁注：《竹部》曰：「筟，筳也。」「筳，維絲筦也。」筟車亦曰維車。《方言》曰：「維車，趙魏之閒謂之轣轆，東齊海岱之閒謂之道軌。」箸絲於筳謂之維。从糸，崔聲。

經，織從絲也。段玉裁注：從絲二字依《太平御覽》卷八百二十六補。古謂横直爲衡從。《毛詩》云「衡從其畝」是也。字本不作縱，後人妄以代之。从糸，巠聲。

織，作布帛之總名也。段玉裁注：布者麻縷所成，帛者絲所成，作之皆謂之織。許此部別布於絲，自緝篆至絣篆二十六字皆言布也，而有不可分者，如織篆是也。經與緯相成曰織。古段爲識字，如《詩》之織文、微識也。从糸，戠聲。【略】

紝，機縷也。段玉裁注：蠶曰絲，麻曰縷。縷者，綫也。綫者，縷也。《喪服》言縷若干升。《孟子》以「麻縷絲絮」竝言，皆謂麻也。然亦有麻絲竝言縷者，機縷是也。機縷，今之機頭。《内則》曰：「執麻枲，治絲繭，織紝組紃。」紝合麻枲絲繭言之。《左傳》：「魯賂楚以執斲、執鍼、織紝皆百人。」杜曰：「織紝，織繒布者。」从糸，壬聲。絍，紝或从任。

綜，機縷也。段玉裁注：此亦兼布帛言之也。玄應書引《説文》：「機縷也，謂機縷持絲交者也。」下八字蓋庾儼默注。又引《三倉》：「綜，理經也。」謂機縷持絲交者也，屈繩制經令得開合也。从糸，宗聲。

綹，緯十縷爲綹。段玉裁注：此亦兼布帛言之也。故篇韻曰：「緯十絲曰綹。」文互相足也。許言縷不言絲者，言縷可以包絲，言絲不可以包縷也。从糸，咎聲。讀若柳。

緯，織衡絲也。段玉裁注：衡各本作横，今正。凡漢人用字皆作從衡。許曰：「横，闌足也。」不對植者言也。云「織衡絲」者，對上文織從絲爲言，故言絲以見縷。經在軸，緯在杼。《木部》曰：「杼，機之持緯者也。」引申爲凡交會之稱，漢人左右六經之書謂之祕緯。从糸，韋聲。【略】

紡，紡絲也。段玉裁注：紡各本作網，不可通。唐本作拗，尤誤。今定爲「紡絲也」三字句，乃今人常語耳。凡不必以他字爲訓者，其例如此。絲之紡，猶布縷之績緝也。《左傳》：莒婦人「紡焉以度而去之」。蓋緝布縷爲繩，亦用紡名也。《晉語》：「執而紡於廷之槐。」亦謂以紡縷繩縛之也。《聘禮》：「賓裼，迎大夫，賄用束紡。」鄭曰：「紡，紡絲爲之，今之縛也。」縛見下文，白鮮支也。據此是紡絲專用作絹也。从糸，方聲。【略】

緝，績也。段玉裁注：自緝篆至絣篆皆説麻事。麻事與蠶事相似，故亦从糸，凡麻枲先分其莖與皮曰木，因而漚之，取所漚之麻而林之。林之爲言微也，微纖爲功，析其皮如絲，而撚之，而剶之，而續之，而後爲縷，是曰績，亦曰緝，亦絫言緝績。《孟子》曰：「妻辟纑。」趙注曰：緝績其麻曰辟。按辟與擘肌分理之擘同，謂始於析麻皮爲絲也。引申之，用縷以縫衣亦爲緝。如《禮經》云「斬者不緝也」，「齌者緝也」是也。从糸咠聲。

絘，績所未緝者。段玉裁注：各本作績所緝也，今依《廣韻》正。兩縷相接而後爲緝，未撚接之前，豫林纖微諸縷以儲待之，是爲絘，令其次弟可用也。从糸次聲。

績，緝也。段玉裁注：《豳風》「八月載績」。傳曰：載績，絲事畢而麻事起矣，績之言積也。積短爲長，積少爲多。故《釋詁》曰：「績，繼也，事也，業也，功也，成也。」《左傳》曰：「遠績禹功。」《大雅》曰：「維禹之績。」傳曰：績，功也。从糸責聲。【略】

𦂈，織㠯絲毌杼也。段玉裁注：織字下各本衍絹字。《玉篇》又誤緝，今删。以絲各本誤作从糸，毌作貫，今正。杼者，機之持緯者。毌，穿物持之也。以絲貫於杼中而後織，是之謂𦂈。杼之往來，如關機合開也。从絲省，卝聲。

許慎《説文》一四篇上《車部》

軸，所㠯持輪者也。段玉裁注：所以者三字今補。軸所以持輪，引伸爲凡機樞之偁，若織機之持經者亦謂之軸是也。《小雅》「杼軸其空」，今本作柚，乃俗誤耳。若《方言》土作謂之抒，木作謂之軸，亦是引申之義。抒作杼，軸作柚，皆非也。《方言》抒軸與《大東》無涉。从車，由聲。【略】

軖，紡車也。段玉裁注：紡者，紡絲也。凡絲必紡之而後可織。紡車曰軖。《通俗文》曰：「繰車曰軖。」尼心切。別是一物。繰與紡二事也。《木部》曰：「欄者，絡絲柎。」《竹部》曰：「簻，所以收絲者。」《糸部》曰：「維，箸絲於筟車也。」又在繰之後紡之前，俟再攷。此非車也，其偁車者何，其用同乎車也。其物有車名，故其字亦从車。从車，㞷聲。讀若狂。

一曰一輪車。段玉裁注：別一義。

劉熙《釋名》卷四《釋采帛》

布，布也。布列衆縷爲經，畢沅曰：衆，《御覽》引作諸。以緯横成之也。又太古衣皮，畢沅曰：《禮記·禮運》云：食鳥獸之肉，飲其血，茹其毛。未有麻絲，衣其羽皮。女工之始始於是。施布其法，使民盡用之也。【略】

笭辟，經絲貫杼中，一閒并，一閒疏。疏者笭笭然，並者歷辟而密也。王先謙疏證補：葉德炯曰：「案此今之五絲羅、七絲羅也。笭讀如車笭之笭，辟讀如辟析之辟。一閒并猶言一格合并，一閒疏猶言一格稀疏。」《廣雅·釋器》：「笭，籠也。」今織熏籠者，亦是如此。蘇輿曰：本書《釋天》：「歷，辟析也，所歷皆破析也。」亦此歷辟之義，析其絲令細織之，故密也。

紡麤絲織之曰疏。疏，寥也，寥寥然也。先謙曰：與上條言其經緯疏也同意。《説文》寥作廫云。【略】

紬，抽也。抽引絲端出細緒也。畢沅曰：《説文》「紬，大絲繒也。」又謂之絓。絓，挂也。挂於杖端，畢沅曰：杖，直賞反。振舉之也。畢沅曰：今本杖作帳，據《御覽》引改。此皆言繅絲之法也。案《説文》「絓，繭滓絓頭也。」一曰以囊絮練也，从糸圭聲。説與此異。

煮繭曰莫。莫，幕也。畢沅曰：此七字今本作繭幕也。三字據《御覽》引增。貧者著衣，可以幕絡絮也。畢沅曰：《御覽》引無絡字。或謂之牽離。煮熟爛，牽引使離散如緜然也。畢沅曰：《御覽》無然字。案《御覽》引《説文》曰：「絓，繭滓絓頭也。」一曰牽離。然則《說文》之所謂絓，與此同，與上異也。今人以繭之不堪爲絲者，乃爲緜。其作之法，與此所言無異。著衣之著，音竹呂反。《禮記・玉藻》「纊爲繭，縕爲袍」。鄭注：繭袍衣有著之異名也。纊新緜，縕，謂今纊及舊絮也。蓋貧者衣不能純綿，但用新緜幕絡於舊絮之上。又今人以古貝著衣，亦以緜幕絡之，知此古今同也。成蓉鏡曰：王隱《晉書》曰：洛中歌，何德貞二人共披一幡，牽離柰何？見《御覽》八百十九。吳翊寅曰：「或謂之牽離」以下三句當合紬絓爲條，各本皆誤。

《太平御覽》卷八二五《資産部五》

繀車

《通俗文》曰：織繀謂之繀，受緯曰孚。

柅

《通俗文》曰：張絲曰柅也。

梭

《通俗文》曰：梭，織具也，所以行維之椶。

機杼

呂忱《字林》曰：庢，女涉切。機下所履。

張揖《廣雅》卷七下《釋器》 繀車謂之厤鹿，道軌謂之鹿車。《方言》「繀車，趙魏之閒，謂之轣轆車，東齊海岱之閒，謂之道軌」。轣轆，與厤鹿同。《說文》「繀，箸絲於筟車也」。《秦風・小戎篇》「五楘梁輈」。毛亨傳云：楘，歷録也。一輈五束，束有歷録。《墨子・備高臨篇》說連弩車之法云「以磿鹿卷收」。義與繀車謂之厤鹿竝相近。《方言》「車下鐵，陳宋淮楚之閒，謂之畢，大者謂之綦」。郭璞注云鹿車也。戴震疏證云：此言繀車之索也。《考工記・玉人》「天子圭中必」。鄭玄注云「必，讀如鹿車繂之繂，謂以組約其中央」。圭中必爲組，鹿車繂爲索，其約束相類，故讀如之。

張揖《廣雅》卷八上《釋器》 椶。《玉篇》「椶，織椶也，亦作梭」。《太平御覽》引《通俗文》云「所以行緯謂之椶」，各本皆作椶謂之縢。案椶所以行緯，縢所以持經，二者各殊其用，無緣以縢爲椶，此因本條内有脱文，而下條「柢謂之縢」，又脱去「柢」字，遂誤合爲一條，今訂正。

〔柢〕謂之縢。《說文》「縢，機持經者也」。《玉篇》音「詩證切」。《衆經音義》卷十四引《三倉》云「經所居機曰縢」。《方言》郭璞注云「勝所以纏紝」。《淮南子・氾論訓》云「後世爲之機杼勝複以便其用」。王逸《機賦》云「勝複迴轉」。勝，與縢通。複，《說文》作複，云「機持繒者」。《廣韻》「柢，四卦切，縢屬，蜀人以織布，出《埤倉》」。各本脱柢字，縢字又譌作縢。縢，本作縢，故譌而爲縢。《集韻》引《廣雅》「柢謂之縢」。今據以訂正。

棱謂之篗。《方言》「篗，棱也，兖豫河濟之閒，謂之棱」。郭璞注云：所以絡絲也。《說文》「篗，收絲者也。或作䈅。篗，從竹，蒦聲」。各本譌作篗，今訂正。【略】

經梳謂之杓。《玉篇》云「凡織先經以杓梳絲使不亂。出《埤倉》」。杓之言均也，字通作均。《列女傳・魯季敬姜》云「主多少之數者均也」。《太平御覽》引舊注云「均，謂一齒受一縷多少有數」。【略】

軖謂之筐。《說文》「筐，可以收繩也」。「軖，紡車也」。紡車所以收絲，故亦謂之筐。《衆經音義》卷十二引《通俗文》云「繰車曰軖」。

顧野王《玉篇》卷一三《艸部》 䒽 音祇，繰絲鉤緒也。

顧野王《玉篇》卷一四《竹部》 筟，撫于切，筳也。

篗，于縛切，棱也，所以絡絲也。

筳，徒丁切，小破竹也，小簪也，籠也。

筦，古短切，《說文》曰：「筟也」。

筟，直與切，織筟也。亦作杼。

筬，時盈切，竹杼。

篖，甫六切，織篖也。

簑，禹煩切，篗也。亦作棱。

筊，蘇和切，織物。

篟，居遇切，織具。

篗，王縛切，絡絲具。

顧野王《玉篇》卷一五《麻部》 䵝 空木切，未練治纑也。

顧野王《玉篇》卷一八《車部》 軸 除六切，杼本作軸也。

軖 懼王切，紡車也。

顧野王《玉篇》卷二七《糸部》 繅 先刀切，繹繭出絲也。

繰 同上。 繅 古文。

原本 蘇高反。《禮記》「及良日，夫人繅，三盆手」。鄭玄曰：三盆手，三淹也。凡繅，每淹大總而手振以出絲也。【略】

繹 以石切，陳也，抽絲也。

原本 夷石反。【略】野王案：【略】《說文》「抽絲也」。

繀 先對切，繀車，亦名䡏車，亦名軌車，著絲于筟車。

原本 蘇對反。《方言》繀車，趙魏之閒謂之歷鹿車，東齊海岱之閒謂之道軌。《說文》「著絲於筟車」。

經　古丁切，經緯以成繒帛也。

原本　雞庭反。【略】《説文》「經，織也」。

織　之力切，作布之總名。又之異切，織文錦綺之屬。紅　結　立古文。

原本　之力反。《國語》「親織玄紞」。野王案：設經緯以機織繒布也。《禮記》「治絲繭，織紝組〔紃〕是也。又曰「組織地德」。賈逵曰：織，成也。《説文》「作布帛之總名也」。

又音之貳反。《尚書》「厥篚織文」。孔安國曰：錦綺之屬也。又曰：梁州貢「織皮」。孔安國曰：今之罽也。《毛詩》「織文鳥章」。箋云：織文，徽幟也。《禮記》「士不衣織」。鄭玄曰：染絲織之也。旃旗徽織爲幟字，在巾部。紅，《説文》「樂浪挈令織」字也。《字書》古文織字也。結，《字書》亦古文織字也。

紝　如林切，又女林切，機之縷也。紴　同上。

原本　如深、女林二反。《左氏傳》「以執斲執鍼織紝皆百人」。杜預曰：執鍼，女工也。織紝，織繒布者也。《説文》「紝，機上縷也」。紴，《説文》亦紝字也。

綜　子宋切，持絲交。

原本　子宋反。《列女傳》織可以喻治政，推而結引而來者綜也，綜可以爲關內師。野王案：《説文》「機縷持絲交者也」。《太玄經》「乃綜于名」。宋忠曰：所以紀綜之也。

綹　力九切，緯十絲曰綹。

原本　力九反。《説文》「緯十絲爲綹」。

繢　丘謂切，紐繢也。

原本　胡憒反。《禮記》「緇布冠繢緌，諸侯之齋冠也」。《倉頡篇》似纂色赤也。《説文》「織餘也」。

緯　于貴切，横織絲。

〔原本〕禹畏反。《左氏傳》「天地之經緯」。野王案：《大戴禮》東西爲緯，南北爲經。又曰「嫠不恤其緯」。杜預曰：「織者常告緯少，寡婦所宜憂也」。《國語》「經之以天，緯之以地」。賈逵曰：經者道上也，緯者所成經也。《大戴禮·夏小正》「農緯厥耒」。鄭玄曰：緯，束也。《説文》「横織絲也」。

紡　孚往切，紡絲也。

原本　孚往反。《左氏傳》「或託於紀郚紡焉」。杜預曰：因紡纑連所紡以度城也。《國語》「執而紡之」。賈逵曰：紡猶懸也。《儀禮》「賄用束紡」。鄭玄曰：紡，紡絲爲之，今之縛也。《説文》「紡絲也」。

綪　余祝切，青經白緯也。

原本　餘祝反。《説文》「帛青經縹緯也。一曰，綪，陽染也」。

紨　芳主切，治絮也。

原本　匹甫反。《説文》「紨，治敝絮也」。

絡　力各切，繞也，縛也，所以轉篗絡車也。

原本　力各反。《山海經》九丘，「以木絡之」。郭璞曰：絡，繞也。《方言》「自關而東，周洛韓魏之閒，或謂繞爲絡。」《楚辭》「秦篝齊縷鄭緜絡」。王逸曰：絡，縛也。《爾雅》「絡，綸也」。郭璞曰：綸，繩也，謂牽縛縮絡之也。今俗語亦然。《方言》「絡謂之格」。郭璞曰：所以轉篗絡車也。《説文》「絡，絮也。一曰，麻未漚也」。《倉頡篇》未練也，絡布也。或爲貉字，在索部。

絘　七利切，績也，所以緝也。

原本　且利反。《説文》「績之所緝也」。

緝　七入切，績也，續也，亦緶也。

原本　且入反。《毛詩》「授几有緝御」。毛亨傳曰：緝御，踧踖之容也。鄭玄箋云：緝，績也。御，侍也。《國語》「緝，明也」。野王案：《毛詩》「於緝熙單厥心」，「於緝熙敬止」是也。《爾雅》「緝，光也」。《韓詩》「緝緝繽繽，謀欲譖言」。緝緝，往來皃也。《方言》所以懸櫂謂之緝。郭璞曰：繫櫂頭索也。野王案：櫂，楫也。《説文》「緝，績也。齊緝裳下爲緁字，聚會之緝爲咠字，在十部。

績　子狄切，緝也。

原本　子狄反。《國語》「公父文伯退朝，其母方績」。野王案：《説文》「績，緝也」。《穀梁傳》「績，功也」，「功，事也」。《爾雅》亦云，郭璞曰：謂功勞也。野王案：《尚書》「庶績咸熙」是也。《爾雅》又曰「績，繼也。績，事也。績，業也」。郭璞曰：謂功業也。又曰：「績，成也」。郭璞曰：功績有成者也。《聲類》以功績爲勣字，在力部。

緆　先狄切，治麻布也。亦作緆。

原本　先狄反。《喪服傳》「緆者麻之有緆也，十五升布抽其半。無事其縷，有事其布曰緆」。鄭玄曰：治其布使滑易也。或爲緆字，在麻部。

紕　必二、扶規二切，【略】。又匹毗切，【略】。

原本　補寐、扶規二反。《毛詩》「素絲紕之」。毛亨傳曰：紕，所以織組也。總紕於此，成文於彼也。《韓詩》織組器也。【略】

緛　乃心切，緛，織也。

原本　乃心反。《字書》緛，織也。

緙　輕革切，（鉄也），織緯也。

丱　古環切，織絹以絲貫杼也。

原本　古環反。《説文》「織絹以絲貫杼也」。

釋玄應《一切經音義》卷一〇　機杼丈與反。《字林》：杼，機持緯者，今俗呼杼爲筬。筬音成。《埤蒼》：筬，竹杼也。

丁度《集韻》卷一《東韻》　纕合絲織也。

丁度《集韻》卷一《支韻》　齎歎聲。【略】一曰，女功絲枲之事。

葝繰鉤也。

榱、簑簍也。或作簑。

丁度《集韻》卷一《脂韻》　欸績所緝也。

丁度《集韻》卷一《微韻》　機居希切。《説文》「主發謂之機」。一曰，織具也。會也。俗作機，非是。丈二十六。

丁度《集韻》卷二《虞韻》　竽《説文》「筳也」。筳，織緯者。

丁度《集韻》卷二《齋韻》　綼、緙、紕【略】織疏也。或作緙、紕。

丁度《集韻》卷二《元韻》　榱、簑《方言》榱簍所以絡絲者。或从竹。

丁度《集韻》卷三《先韻》　緧織一番也。

丁度《集韻》卷三《戈韻》　椤、篓、梭織具，所以行緯也。或作篓、梭。

丁度《集韻》卷三《陽韻》　軭繅輪也。

丁度《集韻》卷四《清韻》　筬筬筐，織具。

丁度《集韻》卷四《尤韻》　紬引絲緒也。

丁度《集韻》卷四《侵韻》　紝、緳機縷也。或从王，亦書作絍。

紝、緳、緛織也。或作緳、緛。

軖紡車。

丁度《集韻》卷五《紙韻》　檷、鑈絡絲（趺）〔趺〕，所以制動。或作鑈，通作柅。

檷絡絲具。

丁度《集韻》卷五《旨韻》　檷、鑈絡絲（拊）〔跗〕。或从金，通作柅。

丁度《集韻》卷四《止韻》　紸績（苧）〔苧〕一紕謂之紸。

丁度《集韻》卷四《語韻》　杼、筟《説文》「機之持緯者」。或从竹。

丁度《集韻》卷四《隱韻》　縺織紋緻密。

杓絲梳。

丁度《集韻》卷四《混韻》　緄織也。

丁度《集韻》卷六《獮韻》　韅收絲器。一曰驂具。

丁度《集韻》卷七《至韻》　絫理絲也。

欸緝也。

緤卷絲爲緯也。

屎、屎、柅丑二切，篗柄也。或作屎、柅，亦書作柅。

丁度《集韻》卷七《御韻》　竽織所以特緯者。

丁度《集韻》卷七《遇韻》　緋縲絲餘也。

丁度《集韻》卷七《霽韻》　綼緝也。

丁度《集韻》卷七《稕韻》　椈篗也。經絲具。

丁度《集韻》卷七《稕韻》　杓絲梳。

丁度《集韻》卷七《焮韻》　杓絲梳。

丁度《集韻》卷七《諫韻》　丱以絲貫杼爲丱。

丁度《集韻》卷七《襉韻》　䋛【略】一曰，篗也。

丁度《集韻》卷八《霰韻》　鑹瓦器。一曰，紡甎。

丁度《集韻》卷八《綫韻》　緓織也。

丁度《集韻》卷八《徑韻》　經織也。

桱【略】一曰，經絲具。

丁度《集韻》卷八《隥韻》　綜織文。

丁度《集韻》卷八《候韻》　篕織具。

丁度《集韻》卷八《豔韻》　掩、絁縲絲以手振出緒也。或从糸，通作淹。

丁度《集韻》卷九《屋韻》　簸吳俗謂篗爲簸。

轆、録《博雅》〔䡖〕車謂之轣轆。〔謂之鹿車〕。道軌一曰䡖車。或从録。

榎機持繒者。

柚杼柚，織也。亦通作軸。

篙織具。

丁度《集韻》卷一〇《麥韻》　緷織絲帶。

緷織絲爲帶謂之緷。

緙緯也。

丁度《集韻》卷一〇《昔韻》　鑈奴刺切，絡絲具。

丁度《集韻》卷一〇《錫韻》　樀、樀【略】一曰，機上卷絲器，或从適。

纅治絲也。

紴織已經未緯也。

司馬光《類篇》卷二《艸部》　蕿堅靈切，藤類，江淮人經絲用之。文一。

司馬光《類篇》卷七《革部》　鞢丑展切，收絲器。

司馬光《類篇》卷一三《竹部》　筟芳無切，《說文》「筳也」。筳，織緯者。文一。

篧沽九切，竹杼。文一。

篗蘇禾切，所以行緯也。文一。

筬時征切，筬筐，織具。文一。

篙古瓦切，篗篙，收絲具。文一。

篘俱遇切，織具。

篋丘候切，織具。文一。

簐胡谷切，吴俗謂籆爲簐。文一。

籆、籰、篗、箵王縛切，《說文》「收絲者也」。或作籰、篗、箵。箵，又越逼切。竹叢生。文四，重音一。

司馬光《類篇》卷一六《木部》　機居希切，《說文》「主發謂之機」。一曰織具也，會也。文一。

司馬光《類篇》卷三七《糸部》　紗師加切，【略】一曰紡纑。

紬丑鳩切，引絲緒也。【略】又似救切，緒也。

纕徂聰切，合絲織也。文一。

紃津夷切，績所緝也。文一。

經、経、巠堅靈切，《說文》「織也」。一曰常也，又國名。古作経、巠。經，又古定切，織也。文三，重音一。

紝、紾如林切，機縷也。紾，又尼心切，織也。又如鴆切。文一，重音二。

紝、絍尼心切，織也，或作絍。紝，又如鴆切。《說文》「機縷也」。文二，重音一。

紕醜止切，績苧一〔紕〕〔端〕謂之紕。文一。

綑苦本切，織也。文一。

綜子宋切，《說文》「機縷也」。又子鄧切，織文。文一，重音一。

綷資四切，理絲也。文一。

繸雖遂切，卷絲爲緯也。文一。

綼必計切，緝也。文一。

縝儒轉切，織也。文一。

絬敷救切，治敗絮也。又匹候切，又斐父切。文一，重音二。

縿於贍切，繅絲以手振出緒也。文一。

緷博厄切，織絲帶也。

緙克革切，緯也，緙也。又鄂刀切。文一，重音一。

織、紴質力切，《說文》「作布帛之總名也」。【略】又脂利切，織文也。【略】紴，又昌志切、又職吏切，織文也。又說職切，織已經未緯也。

纅狼狄切，治絲也。

織、紴、絿、戠、戴質力切，《說文》「作布帛之總名也」。【略】或作絿，古作戠、戴。織，又脂利切，織文也。紴【略】又昌志切，又職吏切，織文也。又說職切，織已經未緯也。

絆古還切，織絹从絲貫杼也。从絲省，卝聲。又古患切。文一，重音一。

綅即涉切，續縷也。文一。

俞琬《席上腐談》卷上　《玉藻》云：「士不衣織。」鄭氏注云：織，染絲織之。《釋文》云：織音志。今訛爲注，遂稱織絲爲注絲。志、注聲相近也。或寫爲苧絲，則又轉訛矣。

戴侗《六書故》卷二一《植物一》　機　居衣切。《說文》曰「主發謂之機」。按，機有二：織布帛之具。合名曰機弩，則主發者爲機，今人所謂弩牙也。

戴侗《六書故》卷二三《植物三》　籆　王縛切。《說文》曰：「收絲者也。」亦作籰，又作䉀、䉃。

筳　特丁切。《說文》曰：「〔維〕〔繀〕絲筦也。」《楚辭》曰：「索瓊茅以筳篿。」朱子曰：筳，小折竹也，楚人結草折竹以卜曰篿。莊周曰：舉筳與楹，厲與西施。言大小好醜之殊也。按，筳，斷竹之小者。《漢書》曰：以筳撞鐘。

篿　朱遄切。說具筳下。

篝　丘候切，織所以貫經而前卻之者也。

篙　方六切，《類篇》曰：織具也。織所以張其幅也。俗又名榀。

戴侗《六書故》卷三〇《工事六》 繅 繅穌遭切，抽繅取絲也。又子皓切，與繅互用。別作繰。

緒 緒徐呂切，抽絲之端緒也。

統 統他綜切，合衆繭之緒而抽之，繅之，統也。甌人呼他鄧切。引之，則凡統緒皆曰統。《禮》曰：「大宗者，尊之統也。」《孟子》曰：「君子創業垂統。」總統之曰統。上聲。《易》曰「乃統天」。《書》曰「統百官」。《禮》曰「尊者尊統上，卑者尊統下」。《説文》曰：「紀也。」不然。

紬 紬直由切，抽取純緒也。

絡 絡盧各切，既繅而絡之，去其纏類，別其經緯也。引之爲羅絡，爲籠絡。

繹 繹羊益切，重絡也，凡反覆紬繹皆曰繹。《語》曰：「繹如也，以成。」曰「繹之爲貴」。祭之明日再祭，因謂之繹。

紡 紡甫罔切，以車絡絲，欲其緊也。《傳》曰：「紡焉以度而去之。」以紡絲爲繒者，因謂之紡。《聘禮》曰：「賄用束紡。」康成曰：紡，紡絲所爲，今之縛也。《説文》曰：「网絲也。」蜀本作拗絲。按，爲网者，必紡其絲，故許氏云。

維 維穌對切。《説文》曰：「著絲於筟車也。」《説文》釋筳曰：「維絲筦也。」「筦，筟也」。「筟，筳也」。維又取猥切。按，筟車，紡車也。著絲於筳，著筳於車，踏而轉之，所謂紡也。

綜 綜子宋切，合絲爲縷，機，所用提經也。又子鄧切，與繌疑當合。綜之曰綜，上聲。《易》曰：「錯綜其數。」

經 經堅靈切，又去聲，軸所持絲也。經從而緯衡，經長竟而緯可接續。凡爲布帛，必先經而後緯，故經始、經營、經常之義生焉。

緯 緯于貴切，杼所持絲也，經從而緯衡。又羽鬼切。一説，束也。

丱 丱《説文》曰：「織絹以絲貫杼也。丱聲。」孫氏，古還切。

織 織質力切，經之緯之以爲布帛，謂之織。又作紝，《説文》曰：「樂浪挈令織。從式。」染絲織成文采謂之織。即吏切。《書》曰：「厥匪織文。」孔氏曰：錦綺之屬。《周禮》曰：「受文織絲組焉。」《詩》云：「織文鳥章。」《記》曰：「士不衣織。」康成曰：染絲織之也。

給 給居立切，經緯相給足也。《説文》曰：「相足也。」《語》曰：「禦人以口給。」因之爲周給。

緝 緝七入切，又爲緝績麻枲之緝。

綆 綆毗連切，緝也。《説文》曰：「交枲也。」

紕 紕頻脂切，【略】《詩》曰：「孑孑干旄，素絲紕之。」毛氏曰：曰紕，所以織組。總紕於此，成文於彼，願以素絲紕組之法御四馬也。康成曰：素絲爲縷，以縫紕旌旗之旒縿，或以維持之。按，紕，綆聲相近，義相通，康成縫綆之説是也，維持之説與毛氏之説，俱非。又篇夷切，經緯不相持之謂紕，錯亂之謂繆。

績 績則歷切，緝麻也。引之爲功績。《書》曰：「乃言底可績。」又曰：「三載考績。」別作勣。今人以麻之已績者爲績。側吏切。

繅 繅子皓切，五采絲織成也。與藻通。與繅互用。【略】《周禮》曰：「王位加繅席。」康成曰：讀如藻率之藻，削蒲蒻展之，(徧)〔編〕以五采，若今合歡矣。又曰：「王晉大圭，執鎮圭。繅藉五采五就。公侯之圭璧皆繅。」康成曰：繅有五采文。《聘禮》諸侯朝天子，「圭與繅皆九寸，繅三采六等，朱白蒼。」《記》曰：「天子玉藻十有二旒。」康成曰：襍采曰藻，天子以五采藻爲旒。又曰：「天子之冕朱緑藻。」又作璪。

繆 繆迷浮切，【略】又去聲，經緯錯戾也。引之則事物言行之舛戾亦曰繆。別作謬。

緀 緀七四切。《説文》曰：「績所緝也。」孫愐曰：績所未緝者。《集韻》同。

戴侗《六書故》卷三一《工事七》 錦 錦居飲切，織五采成文章曰錦。

《奩史》卷四〇《蠶織門》 梭，一名踟蹰。《女紅餘志》

張自烈《正字通》卷五《木部》 柚屋韻，音逐，杼柚，機具也。杼受緯，柚受經。《詩·小雅》「杼柚其空」。

張自烈《正字通》卷七《疌部》 疌尼葉切，音聶。《説文》「機下足所履者」。篆作疌。

張自烈《正字通》卷八《竹部》 竽同杼，織具。

籆弋灼切，音約，收絲器。《説文》本作籆。篆作籆，重文从角間作䚗。舊註知俗作籰，非，不知譌作籆，亦非。

篾苦候切，音寇，織具。

籆籆本字，《説文》作籆。

張自烈《正字通》卷八《糸部》 絚呼誤切，音互。差互所以收絲。紝與絍同。《説文》「機縷也」。《類篇》織也。或作紝。

紬尤韻，音抽，引絲緒也。

絡歷各切，音落，絲既繅而絡之，夳其顇，別其經緯也。

綑同捆，又織也。

經居欣切，音京，機所持絲也。凡織縱曰經，横曰緯。經長竟而緯可接續，必先經後緯也。《家語》南北爲經，東西爲緯，亦縱横之義。

綜子弄切，宗去聲。《説文》「機縷也」。《三蒼解詁》曰：綜，理經也。又《易・繫辭》「錯綜其數」。《史》《漢》宣帝綜核名實，陶侃綜理微密，皆借織喻人事也。又董韻，音緫，東韻，音宗，義同。

緝秦入切，侵入聲。《説文》「績也」。

緰同紝。《六書故》紝或作緰。紝音義同。舊註音賃，平聲，織也，訓同紝。分紝、緰爲二，誤。《類篇》紝、緰皆紝字重文，从紝爲正。

緯烏貴切，音位，杼所持絲也。《左傳》「嫠不恤其緯，而憂宗國之隕，爲將及焉」。

紡妃罔切，音訪，以車絡絲，欲其緊也，今俗謂紡績。《左傳》齊伐莒，莒共公奔紀鄣，子占伐之。「初，莒有婦人，莒子殺其夫，已爲嫠婦。及老，託于紀鄣，紡焉以度而夳之。（及）師至，則投諸外，或獻之子占齊師夜縋而登，莒共公啓西門出，齊師入紀。杜預註：紀鄣，莒邑。嫠婦因紡纑連所紡以度城而藏之，以待外攻者，欲報其夫仇也。投外，謂投繩城外，隨之而出也。又《聘禮》「賄，用束紡」。康成曰：紡，紡絲所爲，今之縳也。又繼縳亦曰紡。《晉語》執而紡于廷之槐。《説文》紡專訓網絲，泥。

紕匹依切，音批。《六書故》經緯不相持曰紕，錯亂曰繆。《禮・大傳》「五者一物紕繆，民莫得其餐」。註：五者上文治親，報功，舉賢，使能，存愛也。物，事也。紕繆，舛戾也。又寘韻，音避，織組也。《詩・鄘風》「素絲紕之」。鄭註：素絲爲（組）縷以縫旌旗之旒也。

繂俗淹字，傳註於業切，淹上聲，繅絲。又夳聲，於驗切，繅絲以手振出緒也。按《禮・祭義》「夫人繅三盆手」。鄭玄註：三盆手，三淹也。淹有平上夳入四聲，其爲繅絲出緒同。本作淹，今改作繂，入聲爲繅絲，夳聲爲繅絲，分二事二音，誤。

績祭昔切，音迹，緝麻也。

縒須鋭切，音歲。《説文》「著絲于筟車也」。《六書故》曰《説文》釋筳曰維絲筦也，筦，筟也。按，筟車，紡車也，著絲于筳，著筳于車，踏而轉之，所謂紡也。又《賄韻》，崔上聲，義同。《正韻・七賄》收漼、璀、皠、膗。

繅同繅，俗省，舊註引《正譌》別作繰、縿、繸，竝非，不知省作繅亦非，詳後繅註。

紃尺矢切，音齒，績紵一紃謂之紃。

綹力九切，音柳。《説文》「緯十縷爲綹」。沈佺期《七夕曝衣篇》「上有僊人長命綹」，一本作長命縷。篆作□，《六書故》縷綹一聲，實一字。甌人以繅餘粗絲爲綹。《説文》分爲二。

織之石切，音隻。《説文》「作布帛之總名」。《書・禹貢》「厥匪織文」。孔氏曰：錦綺屬。又心織，唐・王勃爲人撰文，人遺之以帛，時稱勃心織而衣。又織路，張衡《思玄賦》「庸織路于四裔兮，斯與彼其何瘳」。註：織者往來道路如織也，言南北皆增愁，彼此無以相愈也。又寘韻，音志。《禮・玉藻》「士不衣織」。註：染絲織者功多，士賤不得衣之也。【略】

《説文》織篆作□，重文省作[糹式]。《集韻》古作戠，《精薀》作□，象織形，今不必從。

繅蘇操切，音騷。《説文》「繹繭爲絲也」。《禮・祭義》「及良日，夫人繅，三盆手，遂布于三宫夫人世婦之吉者，使繅，遂朱緑之，玄黄之，以爲黼黻文章」。註：此所以爲君祭服者，三盆手，置繭盆中以手三次淹之，每淹則以手振之出其緒也。方氏曰：夫人之繅，止于三盆，猶天子之耕，止于三推也。

王應奎《柳南隨筆》卷二 《小雅・斯干章》：「載弄之瓦。」注云：「瓦，紡塼也。」朱子又云：「必紡時所用之物。」舊見人畫《列女傳》云：「室女手執一物，如金銀之樣者，意其爲紡塼也。」此説恐不然。余見今世紡車之式，下有木一縱一横，往往以磚鎮之，或于縱木上，或于横木上，蓋防其摇動也。豈即所謂紡磚乎？《説苑》云：「和氏之璧，價重千金。以之間紡，曾不如瓦磚。」間紡者，介于紡之中間也。此亦足以證余之説矣。

綜述

《詩・周南・葛覃》 葛之覃兮，施于中谷。維葉莫莫，是刈是濩。爲絺爲綌，服之無斁。毛亨傳：濩，煮之也。孔穎達正義：孫炎曰：「煮葛以爲絺綌，以煮之於濩，故曰濩煮，非訓濩爲煮。」

《詩・陳風・東門之池》 東門之池，可以漚麻。毛亨傳：漚，柔也。鄭玄箋：於池中柔麻，使可緝績作衣服。

東門之池，可以漚紵。

東門之池，可以漚菅。

《周禮・天官冢宰・大宰》 大宰之職，【略】以九職任萬民，【略】六曰商賈，阜通貨賄。七曰嬪婦化治絲枲。

鄭玄注：金玉曰貨，布帛曰賄。嬪，婦人之美稱也。

釋曰：七曰嬪婦化治絲枲者，嬪婦謂國中婦人有德行者，治理變化絲枲以爲布帛之等也。

《周禮·地官司徒下·閭師》閭師掌國中及四郊之人民，【略】任嬪，以女事貢布帛。

釋曰：《大宰》云：七曰嬪婦化治絲枲，故還使貢布帛。女即嬪婦也。

凡庶民【略】不蠶者不帛，不績者不衰。

鄭玄注：不帛，不得衣帛也。不衰，喪不得衣衰也。

《禮記·禮運》後聖有作，【略】治其麻絲，以爲布帛。

《管子》卷二四《輕重乙》夫歲有四秋，而分有四時。故曰：農事且作，請以什伍農夫賦耜鐵，此之謂春之秋。大夏且至，絲纊之所作，此之謂夏之秋。而大秋成，五穀之所會，此之謂秋之秋。大冬營室中，女事紡績緝縷之所作也，此之謂冬之秋。故歲有四秋，而分有四時。

《管子》卷二四《輕重丁》桓公曰：「五衢之民衰然多衣弊而屨穿，寡人欲使帛布絲纊之賈賤，爲之有道乎？」管子曰：「請以令沐途旁之樹枝，使無尺寸之陰。」桓公曰：「諾。」行令未能一歲，五衢之民皆多衣帛完屨。桓公召管子而問曰：「此其何故也？」管子對曰：「途旁之樹未沐之時，五衢之民，男女相好往來之市者，罷市，相睹樹下，談語終日不歸。男女當壯，扶輦推輿，相睹樹下，戲笑超距，終日不歸。父兄相睹樹下，論議玄語，終日不歸。是以田不發，五穀不播，麻桑不種，璽縷不治。內嚴一家而三不歸，則帛布絲纊之賈安得不貴？」桓公曰：「善。」

《墨子》卷一《辭過》女子廢其紡織而脩文采，故民寒。

《墨子》卷八《非樂上》農夫蚤出暮入，耕稼樹藝，多聚叔粟比其分事也。婦人夙興夜寐，紡績織紝，多治麻絲葛緒，綑布縿，此其分事也。

《荀子》卷一三《禮論篇》蛟韅，絲末，（楊倞注：末與幦同。《禮記》曰「君羔幦虎犆」，鄭云：「覆苓也。」絲幦，蓋織絲爲幦，亡狄反。）彌龍，所以養威也。

《尉繚子》卷三《治本第一一》凡治人者何？曰：非五穀無以充腹，非絲麻無以蓋形，故充腹有粒，蓋形有縷。夫在芸耨，妻在機杼，民無二事，則有儲蓄。夫無雕文刻鏤之事，女無繡飾纂組之作，木器液，金器腥，聖人飲于土，食于土，故埏埴以爲器，天下無費。今也金木之性不寒而衣繡飾，馬牛之性食草飲水而給菽粟，是治失其本，而宜設之制也。春夏夫出于南畝，秋冬女練于布帛，則民不困。今裋褐不蔽形，糟糠不充腹，失其治也。古者土無肥磽，人無勤惰，古人何得而今人何失耶。耕有不終畝，織有日斷機，而奈何饑寒。蓋古治之行，今治之止也。夫所謂治者，使民無私也。民無私則天下爲一家，而無私耕私織，共寒其寒，共饑其饑，故如有子十人，不加一飯，有子一人，不損一飯，焉有喧呼酖酒以敗善類乎。

《呂氏春秋》卷二六《上農》耕織者，以爲本教也。【略】后妃率九嬪蠶於郊，桑於公田，是以春秋冬夏皆有麻枲絲繭之功，以力婦教也。是故丈夫不織而衣，婦人不耕而食，男女貿功，以長生，此聖人之制也。

《史記》卷一二九《貨殖列傳》故太公望封於營丘，地潟鹵，人民寡，於是太公勸其女功，極技巧，通魚鹽，則人物歸之，繦至而輻湊。故齊冠帶衣履天下，海岱之閒斂袂而往朝焉。

《後漢書》卷八六《南蠻傳》槃瓠得女，負而走入南山，止石室中。【略】經三年，生子一十二人，六男六女。槃瓠死後，因自相夫妻。織績木皮，染以草實，好五色衣服，製裁皆有尾形。

杜佑《通典》卷一八七《邊防三》盤瓠得女，負走入南山，（在國之南，即五溪之中山。）止石穴中，生六男六女，因自相夫妻。織績木皮，染以草實，好五色衣服，製裁皆有尾形，衣裳斑蘭，語言侏離。其後滋蔓，號曰蠻夷。

《太平御覽》卷八一四《布帛部一·絲》《家語》曰：子張問入官。子曰：修身返道。故夫女工必自擇絲麻，良匠完材，賢君選左右。

《太平御覽》卷八二五引《尸子》夫繭合而弗治，則腐蠹而棄，使女工繅之，以爲美錦。

《册府元龜》卷五〇四《邦計部·絲帛》管氏有言曰：一婦不織，天下必有受其寒。然則藉其蠶稅，教以女工，故《夏書》辨絲枲之貢，《周官》述布帛之利，其所由來尚矣。歷漢而下，經制具存，廣狹精粗不中則禁之，錦繡纂組有害則却之。以庸爲名，用抑游惰，兼粟爲貨，以通有無。苟輕重混淆，則良楛雜糅，必在明開塞之術，防巧僞之源。使桑土適均，賦斂不濫，然後數量可一，風俗可齊，致任土之宜，來厥篚之美，五十者可以衣而知榮辱，斯亦商功利之一端也。

周武王時，太公以布爲貨，廣二尺二寸爲幅，長四丈爲疋。後封齊，以其地負海，舄鹵，少五穀，乃勸以女工之業，其後俗漸多織作冰紈綺繡純麗之物。

《廣博物志》卷三七 《白氏帖》：伏羲作布，是以神農有不織之令。《黄帝内傳》云：黄帝斬蚩尤，蠶神獻絲，乃稱織維之功。《路史》

《漢書》卷五《景帝紀》 〔後二年〕夏四月，詔曰：「雕文刻鏤，傷農事者也；錦繡纂組，害女紅者也。農事傷則飢之本也，女紅害則寒之原也。夫飢寒並至，而能亡爲非者寡矣。」

《漢書》卷一一《哀帝紀》 〔綏和二年六月〕詔曰：「制節謹度以防奢淫，爲政所先，百王不易之道也。【略】齊三服官，諸官織綺繡，難成，害女紅之物，皆止，無作輸。」

如淳曰：「紅亦工也。其所作已成未成皆止，無復作，皆輸所近官府也。」師古曰：「如説非也。謂未成者不作，已成者不輸耳。」

《漢書》卷一九《百官公卿表》 少府，秦官，掌山海池澤之税，以給共養，有六丞。屬官有尚書、符節、太醫、太官、湯官、導官、樂府、若盧、考工室、左弋、居室、甘泉居室、左右司空、東織、西織、東園匠十(二)〔六〕官令丞，又胞人、都水、均官三長丞，又上林中十池監，又中書謁者、黄門、鉤盾、尚方、御府、永巷、内者、宦者(七)〔八〕官令丞。【略】河平元年省東織，更名西織爲織室。

《漢書》卷二四上《食貨志四上》 冬，民既入，婦人同巷，相從夜績，女工一月得四十五日。必相從者，所以省費燎火，同巧拙而合習俗也。

服虔曰：「一月之中，又得夜半爲十五日，凡四十五日也。」

《漢書》卷二八下《地理志下》 自合浦徐聞南入海，得大州，東西南北方千里，武帝元封元年略以爲儋耳、珠厓郡。民皆服布如單被，穿中央爲貫頭。男子耕農，種禾稻紵麻，女子桑蠶織績。

《漢書》卷六四上《嚴助傳》 〔建元六年〕淮南王安上書諫曰：【略】男子不得耕稼(種樹)〔樹種〕，婦人不得紡績織紝，顔師古注：「機縷曰紝。」丁壯從軍，老弱轉餉，居者無食，行者無糧。民苦兵事，亡逃者必衆，隨而誅之，不可勝盡，盜賊必起。

《後漢書》卷一〇《皇后紀上·和帝鄧皇后》 舊太官湯官經用歲且二萬萬，太后敕止，(日)〔日〕殺省珍費，自是裁數千萬。及郡國所貢，皆減其過半。悉斥賣上林鷹犬。其蜀、漢釦器九帶佩刀，並不復調。止畫工三十九種。又御府、尚方、織室錦繡、冰紈、綺縠、金銀、珠玉、犀象、瑇瑁、彫鏤翫弄之物，皆絶不作。離宫別館儲峙米糒薪炭，悉令省之。

《後漢書》卷四九《王符傳》 《浮侈篇》曰：

王者以四海爲家，兆人爲子。一夫不耕，天下受其飢；一婦不織，天下受其寒。李賢等注：《文子》曰：「神農之法曰：『丈夫丁壯不耕，天下有受其飢者；婦人當年不織，天下有受其寒者。故其耕不强者，無以養生；其織不力者，無以衣形。』」今舉俗舍本農，趨商賈，牛馬車輿，填塞道路，游手爲巧，充盈都邑，務本者少，浮食者衆。「商邑翼翼，四方是極。」今察洛陽，資末業者什於農夫，虚僞游手什於末業。是則一夫耕，百人食之，一婦桑，百人衣之，以一奉百，孰能供之！天下百郡千縣，市邑萬數，類皆如此。本末不足相供，則民安得不飢寒？飢寒並至，則民安能無奸軌？奸軌繁多，則吏安能無嚴酷？嚴酷數加，則下安能無愁怨？愁怨者多，則咎徵並臻。下民無聊，而上天降灾，則國危矣。【略】

《詩》刺「不績其麻，市也婆娑」。又婦人不修中饋，休其蠶織，而起學巫祝，鼓舞事神，以欺誣細民，熒惑百姓妻女。羸弱疾病之家，懷憂憒憒，易爲恐懼。至使奔走便時，去離正宅，崎嶇路側，風寒所傷，姦人所利，盜賊所中。或增禍重祟，至於死亡，而不知巫所欺誤，反恨事神之晚，此妖妄之甚者也。

《後漢書》卷八四《列女傳·曹世叔妻》 作《女誡》七篇，有助内訓。其辭曰：【略】古者生女三日，卧之牀下，弄之瓦塼，李賢等注引毛萇注曰：「瓦，紡塼也。」鄭玄箋云：「卧之於地，卑之也。紡塼，習其所有事也。」而齋告焉。【略】弄之瓦塼，明其習勞，主執勤也。

《後漢書》卷八六《西南夷傳·哀牢》 土地沃美，宜五穀、蠶桑。知染采文繡，罽毲李賢等注：罽，織毛爲布者。毲，未詳。帛疊，李賢等注：《外國傳》曰：「諸薄國女子織作白疊花布。」蘭干細布，李賢等注：《華陽國志》曰：「蘭干，獠言紵。」織成文章如綾錦。有梧桐木華，績以爲布，李賢等注：《廣志》曰「梧桐有白者，剽國有桐木，其華有白毳，取其毳淹漬，緝織以爲布」也。幅廣五尺，絜白不受垢汙。

韓嬰《韓詩外傳》卷五 繭之性爲絲，弗得女工燔以沸湯，抽其統理，則不成爲絲。

陸賈《新語》卷上《道基》 民知室居食穀，而未知功力。於是后稷乃列封疆，畫畔界，以分土地之所宜；闢土殖穀，以用養民；種桑麻，致絲枲，以蔽形體。

董仲舒《春秋繁露》卷一〇《實性》 繭待繅以綰湯而後能爲絲。

劉安《淮南子》卷一三《氾論訓》 伯余之初作衣也，緂麻索縷，手經指挂，其成猶網羅。後世爲之機杼勝複以便其用，而民得以揜形御寒。

劉安《淮南子》卷一七《説林訓》 黼黻之美，在於杼軸。

劉安《淮南子》卷二〇《泰族訓》 繭之性爲絲，然非得工女煑以熱湯而抽其統紀，則不能成絲。

劉向《列女傳》卷一《母儀·魯季敬姜》 魯季敬姜者，莒女也，號戴己。魯大夫公父穆伯之妻，文伯之母。【略】文伯相魯，敬姜謂之曰：「吾語汝，治國之要，盡在經矣。夫幅者，所以正曲枉也，不可不彊，故幅可以爲將。畫者，所以均不均，服不服也，故畫可以爲正。物者，所以治蕪與莫也，故物可以爲都大夫。持交而不失，出入不絶者，捆也。捆可以爲大行人也。推而往，引而來者，綜也。綜可以爲(開)〔關〕内之師。主多少之數者，(均)〔杓〕也。(均)〔杓〕可以爲内史。服重任，行遠道，正直而固者，軸也。軸可以爲相。舒而無窮者，(摘)〔樀〕也，(摘)〔樀〕可以爲三公。

史游《急就篇》卷二 離雲、爵。

顔師古注：離雲，言爲雲氣離合之狀也。爵，孔爵也，言織刺此象以成錦繡繒帛之文也。自離雲、爵以下至鳧翁濯其義皆同。今時錦、繡、綾、羅及氍毹、毾㲪之屬，氍，巨于反。毹，羊朱反。摹寫諸物無不畢備，其來久矣。一曰：離謂長離也，雲謂雲氣也。長離，靈鳥名也。作長離、雲氣、孔爵之狀也。

乘風、縣鐘、華洞樂。縣音玄，一作懸。洞，一作隤，音瀆。樂，叶音洛。

顔師古注：乘風，一名爰居，一名雜縣，蓋海鳥也，言爲乘風之狀。作簨虡以懸鐘，又爲華藻一作藻之形，兼列衆樂之器，以成文章也。洞猶通也，言遍載其文綵也。簨，息允反，虡，音巨。

豹首、落莫、兔、雙鶴。

顔師古注：豹首，若今獸頭錦。落莫，謂文綵相連，又爲兔及雙鶴之形也。鳥二枚曰雙。

春艸、雞翹、鳧翁濯。翹，渠遥反。鳥尾闕。濯，叶鶴。《孟子》引《詩》「麀鹿濯濯，白鳥鶴鶴」。

顔師古注：春艸，象其初生纖麗之狀也。雞翹，雞尾之曲垂也。鳧者，水中之鳥，今所謂水鴨者也。翁，頸上毛也。既爲春艸、雞翹之狀，又象鳧在水中，引濯其翁也。一曰春艸、雞翹、鳧翁，皆謂染彩而色似之，若今染家言鴨頭緑，翠毛碧云。

王充《論衡》卷一二《程材篇》 齊部世刺繡，恒女無不能。襄邑俗織錦，鈍婦無不巧。

王充《論衡》卷一二《量知篇》 恒女之手，紡績織(經)〔紝〕。如或奇能，織錦刺繡，名曰卓殊，不復與科矣。恒女之手，紡績織經，如或奇能，織錦刺繡，名曰卓殊，不復與恒女科矣。夫儒生與文吏程材，而儒生侈有經傳之學，猶女工織錦刺繡之奇也。【略】繡之未刺，錦之未織，恒絲庸帛，何以異哉？加五綵之巧，施針縷之飭，文章炫耀，黼黻華蟲，山龍日月。學士有文章，猶絲帛之有五色之巧也。

王符《潛夫論》卷一《讚學第一》 是故工欲善其事，必先利其器。【略】朝祭之服，其始也，乃山野之木、蠶繭之絲耳。使巧倕加繩墨而制之以斤斧，女工加五色而制之以機杼，則皆成宗廟之器，黼黻之章，可羞於鬼神，可御於王公。

崔寔《四民月令·正月》 農事未起，【略】命女紅趣織布。

杜臺卿注：女紅，今案《史記》漢文帝遺詔：「大紅十五日，小紅十四日。」服虔曰：「當言『大功』、『小功』，布也。」此據工巧之女。古字多假借，義固取《韓詩外傳》：曰「繭之性，爲絲，弗得女工，紼神統理，不成爲絲。」《禮》子張問入官，曰「工自釋經麻」，即其義也。

崔寔《四民月令·四月》 繭既入簇，趣繰；剖綿，具機杼，敬經絡。

崔寔《四民月令·六月》 是月也，趣耘耡，毋失時。菑麥田。命女紅織縑縛。

本注：織縑縛，《詩》「八月載績」；績，織也；云周八月，今六月也。縛，絹及紗縠之屬也。

杜臺卿注：縛，音升。今案《禮》曰「賵用束紡」，鄭注云：「紡，絲爲之。今之縛。」《說文》曰：「縛，白鮮支也，從『糸』『專』聲。」

崔寔《四民月令·八月》 涼風戒寒，趣練縑帛，染采色。擘綿，治絮，制新，浣故。及韋履賤好，豫買，以備隆冬栗烈之寒。

崔寔《四民月令·十月》 是月也，可析麻，趣績布縷。作「白履」「不借」。賣縑、帛、弊絮。

佚名《西京雜記》卷一 霍光妻遺淳于衍蒲桃錦二十四疋、散花綾二十五疋。綾出鉅鹿陳寶光家，寶光妻傳其法。霍顯召入其第，使作之。機用一百二十鑷，六十日成一疋，疋直萬錢。又與走珠一琲，綠綾百端，錢百萬，黄金百兩，爲起第宅，奴婢不可勝數。衍猶怨曰：「吾爲爾成何功，而報我若是哉！」

佚名《三輔黃圖》卷三　織室在未央宮。又有東西織室，織作文繡郊廟之服。有令史。

暴室，主掖庭織作染織之署，謂之暴室，取暴曬爲名耳。有嗇夫官屬。

《先秦漢魏晉南北朝詩·漢詩》卷一〇無名氏《古詩爲焦仲卿妻作》　十三能織素，十四學裁衣。【略】鷄鳴入機織，夜夜不得息。三日斷五疋，大人故嫌遲。非爲織作遲，君家婦難爲。

《先秦漢魏晉南北朝詩·漢詩》卷一二無名氏《古詩五首》之一　新人工織縑，故人工織素。織縑日一匹，織素五丈餘。

《玉臺新詠》卷一《古詩八首之一·上山採蘼蕪》　新人工織縑，故人工織素。吳兆宜注：《釋名》縑，兼也，其絲細緻，數兼於布絹也。細緻，染縑爲五色，細且緻不漏水也。〔又〕素，朴素也，已織則供用不復加巧飾也。〔又〕物不加飾，皆自謂之素，此色然也。　織縑日一匹，織素五丈餘。吳兆宜注：《小爾雅》倍兩謂之疋，二丈謂倍兩，四丈也。　將縑來比素，新人不如故。

《玉臺新詠》卷一《古樂府六首之二·相逢狹路間》　大婦織羅綺，中婦織流黃。吳兆宜注：《范子》羅出齊郡。〔孔氏《書傳》〕織文錦綺之屬。環濟《略要》間色有五，紺紅縹紫流黃也。

《玉臺新詠》卷一無名人一作氏**《古詩爲焦仲卿妻作》**

十三能織素，十四學裁衣。十五彈箜篌，十六誦詩書。十七爲君婦，心中常苦悲。君既爲府吏，守節情不移。賤妾留空房，相見常日稀。雞鳴入機織，夜夜不得息。吳兆宜注：《古豔歌》夜夜織作，不得下機。《古歌詞·白帝子歌》曰：璇宫夜静當軒織。三日斷五疋，大人故嫌遲。吳兆宜注：《古豔歌》三日載疋，尚言吾遲。　非爲織作遲，君家婦難爲。

《事物攷》卷七《器用》　機竽　《淮南子》曰：伯余之初作衣也，絲麻索縷，手經指絓，後世爲之機竽。體服以便，此機竽之始也。注：伯余，黃帝臣。一曰，伯余，黃帝也。

《三國志》卷三〇《魏志·烏丸等傳論》　評曰：《史》、《漢》著朝鮮、兩越，東京撰録西羌。魏世匈奴遂衰，更有烏丸、鮮卑，爰及東夷，使譯時通，記述隨事，豈常也哉！

裴松之注引《魏略·西戎傳》曰：氐人有王，所從來久矣。自漢開益州，置武都郡，排其種人，分竄山谷間，或在福禄，或在汧、隴左右。其種非一，稱槃瓠之後，或號青氐，或號白氐，或號蚺氐，此蓋蟲之類而處中國，人即其服色而名之也。【略】其俗，語不與中國同，及羌雜胡同，各自有姓，姓如中國之姓矣。其衣服尚青絳。俗能織布，善田種，畜養豕牛馬驢騾。

《三國志》卷六一《吳志·陸凱傳》　臣聞五音令人耳不聰，五色令人目不明，此無益於政，有損於事者也。自昔先帝時，後宫列女，及諸織絡，數不滿百，米有畜積，貨財有餘。先帝崩後，幼、景在位，更改奢侈，不蹈先迹。伏聞織絡及諸徒坐，乃有千數，計其所長，不足爲國財，然坐食官廩，歲歲相承，此爲無益，願陛下料出賦嫁，給與無妻者。如此，上應天心，下合地意，天下幸甚。

《三國志》卷六五《吳志·華覈傳》　時倉廩無儲，世俗滋侈，覈上疏曰：「今寇虜充斥，征伐未已，居無積年之儲，出無應敵之畜，此乃有國者所宜深憂也。夫財穀所生，皆出於民，趨時務農，國之上急。而都下諸官，所掌別異，各自下調，不計民力，輒與近期。長吏畏罪，晝夜催民，委舍佃事，遑赴會日，定送到都，或蘊積不用，而徒使百姓消力失時。到秋收月，督其限入，奪其播殖之時，而責其今年之税，如有逋懸，則籍没財物，故家户貧困，衣食不足。宜暫息衆役，專心農桑，古人稱一夫不耕，或受其飢，一女不織，或受其寒，是以先王治國，惟農是務。軍興以來，已向百載，農人廢南畝之務，女工停機杼之業。推此揆之，則蔬食而長飢，薄衣而履冰者，固不少矣。臣聞主之所求於民者二，民之所望於主者三。二謂求其爲己勞也，求其爲己死也。三謂飢者能食之，勞者能息之，有功者能賞之。民以致其二事而主失其三望者，則怨心生而功不建。今帑藏不實，民勞役猥，主之二求已備，民之三望未報。且飢者不待美饌而後飽，寒者不俟狐貉而後温，爲味者口之奇，文繡者身之飾也。今事多而役繁，民貧而俗奢，百工作無用之器，婦人爲綺靡之飾，不勤麻枲，並繡文黼黻，轉相倣效，恥獨無有。兵民之家，猶復逐俗，内無儋石之儲，而出有綾綺之服，至於富賈商販之家，重以金銀，奢恣尤甚。天下未平，百姓不贍，宜一生民之原，豐穀帛之業，而棄功於浮華之巧，妨日於侈靡之事，上無尊卑等級之差，下有耗財物力之損。今吏士之家，少無子女，多者三四，少者一二，通令户有一女，十萬家則十萬人，人織績一歲一束，則十萬束矣。使四疆之内同心戮力，數年之間，布帛必積。恣民五色，惟所服用，但禁綺繡無益之飾。且美貌者不待華采以崇好，豔姿者不待文綺以致愛，五采之飾，足以麗矣。若極粉黛，窮盛服，未必無醜婦；廢華采，去文繡，未必無美人也。若實如論，有之無益廢之無損者，何愛而不暫禁以充府藏之急乎？此救乏之上務，富國之本業也，使管、晏復生，無以易此。漢之文、景，承平繼統，天下已定，四方無虞，猶以彫文之傷農事，錦繡之害女紅，開富國之利，杜飢寒之本。況今六合分乖，豺狼充路，兵不離疆，甲不解帶，而可以不廣生財之原，充府藏之積哉？」

王嘉《拾遺記》卷八《吴》　吴主趙夫人，丞相達之妹。善畫，巧妙無雙，能於指間以綵絲織雲霞龍蛇之錦，大則盈尺，小則方寸，宮中謂之「機絶」。【略】〔孫〕權居昭陽宮，倦暑，乃褰紫綃之帷，夫人曰：「此不足貴也。」權使夫人指其意思焉。答曰：「妾欲窮慮盡思，能使下綃帷而清風自入，視外無有蔽礙，列侍者飄然自凉，若馭風而行也。」權稱善。夫人乃折髮，以神膠續之。神膠出鬱夷國，接弓弩之斷弦，百斷百續也。乃織爲羅縠，累月而成，裁爲幔，内外視之，飄飄如烟氣輕動，而房内自凉。時權常在軍旅，每以此幔自隨，以爲征幕。舒之則廣縱一丈，卷之則可納於枕中，時人謂之「絲絶」。

《太平御覽》卷八二〇《布帛部七·布》　《南州異物志》曰：五色班衣，以絲布（吉具）〔吉貝〕木所作，此木熟時，狀如鵝毳，中有核如珠珣，公後切，細過絲綿，人將用之，則治出其核，但紡不織，任意小抽相牽引，無有斷絶。欲爲班布，則染之五色，織以爲布，弱軟厚緻上毳毛。外徼人以班布文最煩縟，多巧者名曰城城，其次小麄者名曰文辱，又次粗者名曰烏驎。

《晉書》卷五《孝懷帝孝愍帝論》　其婦女，莊櫛織紝皆取成於婢僕，未嘗知女工絲枲之業，中饋酒食之事也。【略】國之將亡，本必先顛，其此之謂乎！

《晉書》卷九七《東夷傳·肅慎氏》　肅慎氏一名挹婁，在不咸山北，去夫餘可六十日行。【略】無牛羊，多畜猪，食其肉，衣其皮，績毛以爲布。

《晉書》卷一一七《載記第一七·姚興上》　興下書禁百姓造錦繡及淫祀。

《魏書》卷三《太宗紀》　永興三年春二月戊戌，詔曰：「衣食足，知榮辱。夫人飢寒切己，唯恐朝夕不濟，所急者温飽而已，何暇及於仁義之事乎？王教之多違，蓋由於此也。非夫耕婦織，内外相成，何以家給人足矣。其簡宫人非所當御及執作伎巧，自餘悉出以配鰥民。【略】

《魏書》卷一一〇《食貨志》　神瑞二年，又不熟，京畿之内，路有行饉。帝以飢將遷都於鄴，用博士崔浩計乃止。於是分簡尤貧者就食山東。敕有司勸課留農者曰：「前志有之，人生在勤，勤則不匱。凡庶民之不畜者祭無牲，不耕者祭無盛，不樹者死無槨，不蠶者衣無帛，不績者喪無衰。教行三農，生殖九穀；教行園囿，毓長草木；教行虞衡，山澤作材；教行藪牧，養蕃鳥獸；教行百工，飭成器用；教行商賈，阜通貨賄；教行嬪婦，化治絲枲；教行臣妾，事勤力役。」自是民皆力勤，故歲數豐穰，畜牧滋息。

常璩《華陽國志》第三《蜀志》　其道西城，故錦官也。錦（工）〔江〕織錦濯其中則鮮明，濯他江則不好，故命曰錦里也。

陸翽《鄴中記》　石虎中尚方御府中，巧工作錦、織成署，皆數百人。【略】

織錦署在中尚方。錦有大登高、小登高、大明光、小明光、大博山、小博山、大茱萸、小茱萸、大交龍、小交龍、蒲桃文錦、斑文錦、鳳皇朱雀錦、韜文錦、桃核文錦。或青綈，或白綈，或黄綈，或緑綈，或紫綈，或蜀綈。工巧百數，不可盡名也。

《文選》卷四左思《蜀都賦》　闤闠之里，伎巧之家，百室離房，機杼相和。貝錦斐成，濯色江波。李善注：闤，市巷也。闠，市外内門也。貝錦，錦文也。譙周《益州志》云：成都織錦既成，濯於江水，其文分明，勝於初成。他水濯之，不如江水也。

《藝文類聚》卷六五《織》　《搜神記》曰：南海之外有鮫人，水居如魚，不廢績織。

《初學記》卷二七引伍豫《益州記》　錦城在益州南笮橋東流江南岸，蜀時故錦官也，其處號錦里，城墉猶在。

《宋書》卷四一《后妃傳序》　太宗留心後房，擬外百官，備位置内職。列其名品于後。【略】

後宫穀帛治職，置一人。準度尚書。

官品第四

後宫穀帛帥，置二人。

官品第五

後宫穀帛内史，置二人。

綵製帥，置人無定數。

織帥，置人無定數。

官品第六

《南齊書》卷五七《魏虜傳》　僞太子宫在城東，亦開四門，瓦屋，四角起樓。妃妾住皆土屋。婢使千餘人，織綾錦販賣，酤酒，養猪羊，牧牛馬，種菜逐利。

《陳書》卷六《後主紀》 太建十四年夏四月庚子，詔曰：「朕臨御區宇，撫育黔黎，方欲康濟澆薄，蠲省繁費，奢僭乖衷，實宜防斷。應鏤金銀薄及庶物化生土木人綵花之屬，及布帛幅尺短狹輕疎者，並傷財廢業，尤成蠹患。又僧尼道士，挾邪左道，不依經律，民間淫祀祆書諸珍怪事，詳爲條制，並皆禁絶。

《魏書》卷七下《高祖紀下》 太和十有一年冬十月辛未，詔罷起部無益之作，出宮人不執機杼者。【略】十有一月丁未，詔罷尚方錦繡綾羅之工，四民欲造，任之無禁。其御府衣服、金銀、珠玉、綾羅、錦繡，太官雜器，太僕乘具，內庫弓矢，出其太半，班賚百官及京師士庶，下至工商皁隸，逮於六鎮戍士，各有差。

《魏書》卷九《肅宗紀》 熙平二年春正月庚寅，詔遣大使巡行四方，問疾苦，恤孤寡，黜陟幽明。又詔：「【略】工巧浮迸，不得隱藏。絹布繒綵，長短合式。偷竊軍階，亦悉沙汰。籍貫不實，普使糾案，聽自歸首，逋違加罪。」

《魏書》卷一一〇《食貨志》 舊制，民間所織絹布，皆幅廣二尺二寸，長四十尺爲一匹，六十尺爲一端，令任服用。後乃漸至濫惡，不依尺度。高祖延興三年秋七月，更立嚴制，令一準前式，違者罪各有差，有司不檢察與同罪。

《北齊書》卷四七《酷吏傳・畢義雲》 又坐私藏工匠，家有十餘機織錦，並造金銀器物。乃被禁止。

賈思勰《齊民要術》卷三《雜説》 崔寔《四民月令》曰：正旦，【略】命女工趨織布。【略】〔三月〕可糴黍買布。四月蠶既入簇，趨繰，剖線，具機杼，敬經絡，草茂可燒灰。是月也，可作棄蛹，以禦賓客，可糴麪，及大麥弊絮。【略】〔五月〕，收弊絮及布帛。【略】六月，命女工織縑練，絹及紗縠之屬。可燒灰，染青紺雜色。【略】〔七月〕收縑練。八月暑退，【略】擘絲治絮，製新浣故。〔十月〕可拆麻緝，績布縷，作白履不惜，草履之賤者，曰不惜。賣縑帛弊絮。

顔之推《顔氏家訓》卷一《治家》 河北婦人，織紝組紃之事，黼黻錦繡羅綺之工，大優於江東也。

劉晝《劉子》卷一《崇學》 夫繭繅以爲絲，織爲縑紈，績以黼黻，則王侯服之；人學爲禮儀，絲以文藻，而世人榮之。繭之不繅，則素絲蠹於筐籠；人之不學，則才智腐於心胸。

許嵩《建康實録》卷十六《齊下・魏虜傳》 佛狸所居塞居等殿，又立重屋，居其上。太子宮在城東，亦開四門。妃妾住土屋，婢使千餘人，織綾錦販賣逐利。

李冗《獨異志》卷上 梁武帝酷好佛法，然性多含恕，敕天下貢獻綾羅錦綺，不令織鳥獸之形，恐裁剪之時，有傷生物之意也。

《奩史》卷四〇《蠶織門》 仇池（縣）〔郡〕庫下，悉安織婢，綾羅絹布數十張機。《仇池記》

《北史》卷一三《后妃傳序》 隋文思革前弊，大矯其違，唯皇后當室，傍無私寵，婦官位號，未詳備焉。開皇二年著內官之式，略依《周禮》，省減其數。嬪三員，掌教四德，視正三品；世婦九員，掌賓客祭祀，視正五品；女御三十八員，掌女功絲枲，視正七品。【略】〔煬帝〕時又增置女官，準尚書局，以六局管二十四司。【略】六曰尚工局，管：司織，掌織染。

《隋書》卷二九《地理志上》 蜀郡、臨邛、眉山、隆山、資陽、瀘川、巴東、遂寧、巴西、新城、金山、普安、犍爲、越巂、牂柯、黔安，得蜀之舊域。其地四塞，山川重阻，水陸所湊，貨殖所萃，蓋一都之會也。【略】人多工巧，綾錦雕鏤之妙，殆侔於上國。

《隋書》卷三一《地理志下》 豫章之俗，頗同吳中，其君子善居室，小人勤耕稼。【略】一年蠶四五熟，勤於紡績，亦有夜浣紗而旦成布者，俗呼爲鷄鳴布。

杜寶《大業拾遺録》 需支夫善耕，婦人善織。以五色絲稍內口中，兩手引而結之，則成文錦。丈人多力勤稼，一日耡十餘頃之地。

《舊唐書》卷一一《代宗紀》 〔大曆六年夏四月〕戊寅，詔：「纂組文繡，正害女紅。今師旅未息，黎元空虛，豈可使淫巧之風，有虧常制。其綾錦花文所織盤龍、對鳳、麒麟、獅子、天馬、辟邪、孔雀、仙鶴、芝草、萬字、雙勝、透背，及大繝錦、竭鑿、六破已上，並宜禁斷。其長行高麗白錦、大小花綾錦，任依舊例織造。有司明行曉諭。」

《舊唐书》卷一七上《文宗紀上》 大和三年十一月甲申，帝親祀昊天上帝於南郊，禮畢，御丹鳳門，大赦。節文禁止奇貢，云：「四方不得以新樣織成非常之物爲獻，機杼纖麗若花絲布繚綾之類，並宜禁斷。敕到一月，機杼一切焚棄。刺史分憂，得以專達。事有違法，觀察使然後奏聞。」

《舊唐書》卷一七《文宗紀下》 〔大和四年五月〕戊子，敕度支每歲於西川織造綾羅錦八千一百六十七匹，令數內減二千五百十匹。

《舊唐書》卷一八下《宣宗紀》 會昌六年十二月，刑部尚書、判度支崔元式奏：「准七月二日敕，綾紗絹等次弱疋段，並同禁斷，不得織造。臣欲與鹽鐵户部三司同條疏，先勘左藏庫，令分析出次弱疋段州府，即牒本道官搜索狹小機杼，令焚毁。其已納到次弱疋段，具數以聞。」上從之。

《舊唐書》卷三七《五行志》　中宗女安樂公主，有尚方織成毛裙，合百鳥毛，正看爲一色，旁看爲一色，日中爲一色，影中爲一色，百鳥之狀，並見裙中。凡造兩腰，一獻韋氏，計價百萬。又令尚方取百獸毛爲韉面，視之各見本獸形。韋后又集鳥毛爲韉面。安樂初出降武延秀，蜀川獻單絲碧羅籠裙，縷金爲花鳥，細如絲髮，鳥子大如黍米，眼鼻嘴甲俱成，明目者方見之。自安樂公主作毛裙，百官之家多效之。江嶺奇禽異獸毛羽，採之殆盡。

《舊唐書》卷四四《職官志三》　尚功二人，正五品。司製二人，正六品。典製二人，正七品。掌製二人，正八品。女史二人。司珍二人，正六品。典珍二人，正七品。掌珍二人，正八品。女史六人。司綵二人，正六品。典綵二人，正七品。掌綵二人，正八品。女史二人。司計二人，正六品。典計二人，正七品。掌計二人，正八品。女史二人。　尚功之職，掌女功之程課，總司製、司珍、司綵、司計四司之官屬。司製掌衣服裁縫。司珍掌寶貨。司綵掌繒錦絲枲之事。司計掌支度衣服、飲食、薪炭。

《舊唐書》卷五一《后妃傳上·玄宗楊貴妃》　宫中供貴妃院織錦刺繡之工，凡七百人，其雕刻鎔造，又數百人。揚、益、嶺表刺史，必求良工造作奇器異服，以奉貴妃獻賀，因致擢居顯位。

《舊唐書》卷一九八《西戎傳·高昌》　厥土良沃，穀麥歲再熟，有蒲萄酒，宜五果，有草名白疊，國人採其花，織以爲布。

《新唐書》卷五《玄宗紀》　〔開元二年七月〕戊，禁采珠玉及爲刻鏤器玩、珠繩帖縧服者，廢織錦坊。

《新唐書》卷六《代宗紀》　大曆六年四月戊寅，藍田西原地陷。禁大繝、竭鑿六破錦及文紗吴綾爲龍、鳳、麒麟、天馬、辟邪者。

《新唐書》卷八《文宗紀》　大和三年十一月壬辰，朝獻于太清宫。癸巳，朝享于太廟。甲午，有事于南郊。大赦。詔毋獻難成非常之物，焚絲布撩綾機杼。

《新唐書》卷四八《百官志三》　織染署　令一人，正八品上；丞二人，正九品上。掌供冠冕、組綬及織紝、色染。錦、羅、紗、縠、綾、紬、絁、絹、布，皆廣尺有八寸，四丈爲匹。布五丈爲端，綿六兩爲屯，絲五兩爲絢，麻三斤爲綟。凡綾錦文織，禁示於外。高品一人專莅之，歲奏用度及所織。每掖庭經錦，則給酒羊。七月七日，祭杼。監作六人。

有府六人，史十四人，典事十一人，掌固五人。

《新唐書》卷五一《食貨志一》　開元八年，頒庸調法于天下，好不過精，惡不至濫，闊者一尺八寸，長者四丈。【略】　十六年，乃詔每三歲以九等定籍。而庸調折租所取華好，州縣長官勸織，中書門下察濫惡以貶官吏，精者褒賞之。

《新唐書》卷七六《后妃傳上·玄宗貴妃楊氏》　妃每從游幸，乘馬則力士授轡策。凡充錦繡官及冶瑑金玉者，大抵千人，奉須索，奇服祕玩，變化若神。

《新唐書》卷二二一《西域傳上·于闐》　人喜歌舞，工紡績。【略】初無桑蠶，丐隣國，不肯出，其王即求婚，許之。將迎，乃告曰：「國無帛，可持蠶自爲衣。」女聞，置蠶帽絮中，關守不敢驗，自是始有蠶。女刻石約無殺蠶，蛾飛盡得治繭。

《新唐書》卷二二二上《南蠻傳上·南詔上》　祁鮮山之西多瘴歊，地平，草冬不枯。自曲靖州至滇池，人水耕，食蠶以柘，蠶生閲二旬而繭，織錦縑精緻。大和、祁鮮而西，人不蠶，剖波羅樹實，狀若絮，紐縷而幅之。

《新唐書》卷二二二中《南蠻傳中·南詔下》　西川節度使杜元穎治無狀，障候弛沓相蒙，時大和三年也。嵯巔乃悉衆掩邛、戎、嶲三州，陷之。入成都，止西郛十日，慰賚居人，市不擾肆。將還，乃掠子女、工技數萬引而南，人懼自殺者不勝計。救兵逐，嵯巔身自殿，至大度河，謂華人曰：「此吾南境，爾去國，當哭。」衆號慟，赴水死者十三。南詔自是工文織，與中國埒。

玄奘《大唐西域記》卷一二《佉沙國》　佉沙國周五千餘里，多沙磧，少壤土。稼穡殷盛，花菓繁茂。出細氈褐，工織細氎、㲣毹。

玄奘《大唐西域記》卷一二《瞿薩旦那國》　瞿薩旦那國周四千餘里，沙磧太半，壤土隘狹，宜穀稼，多衆菓。出氍毹細氈，工紡績絁紬，又産白玉、瑿玉。氣序和暢，飄風飛埃。俗知禮義，人性温恭，好學典藝，博達技能。衆庶富樂，編户安業。國尚樂音，人好歌儛。少服毛褐氈裘，多衣絁紬白氎。

原題唐玄宗《唐六典》卷一二《内官·宫官·内侍省》　宫官：　李林甫等注：《周禮·宗伯》：「世婦，每宫卿二人，下大夫四人，中士八人，女府二人，女史二人。」鄭玄云：「世婦，后宫官也。王后六宫女府、女史、女奴之有才智者。」《魏略》：「魏明帝遊宴在内，選女子知書可付信者爲女尚書，省奏事。」《晉令》有崇德殿大監、尚衣、尚食大監，並銀章、艾綬，二千石；崇華殿大監、元華食監、都監、上監，銅印、墨綬，千石；女史、賢人、恭人、中使、大使碧綸綬。宋明帝留心後房，擬外百官，備置其職。兩齊、梁、陳不見。後魏、後周亦擬外官置內職。隋文帝置六尚、六司、六典以掌宮官之職，六尚視從九品，六司視勳品，六典視流外二品。煬帝改置六尚局，職掌略同，皆加其品秩。一、尚宮局，管司言，掌宣傳啓奏；司簿，主名録計度；司正，主格式推罰；司闈，主門閤管鑰。二、尚儀局，管司籍，主經史教學；司樂，掌音律；司賓，主賓客；司贊，主贊相導引。三、尚服局，管司璽，主琮璽、符節；司衣，掌衣服；司飾，主湯沐、巾櫛、玩弄等物；司仗，主仗衛戎器。四、尚食局，管司膳，主膳羞；司醖，主酒醴、醯醢；司藥，主醫巫、藥劑；司饎，主廩餼、柴炭。五、尚寢局，管司設，主牀席、帷帳、鋪設、灑掃；司輿，主輿、輦、扇、傘，執持羽儀；司苑，主園囿種植，蔬菜、瓜果；司燈，主燈火。六、尚工局，管司製，主營造、裁縫；司寶，主金玉、錢貨；司綵，掌繒帛；司織，掌織染。六尚十二人，從五品；司二十八人，從六品；典二十八人，從七品；掌二十八人，從九品；女史，流外，量事而置，多者十人。皇朝內職多依隋制。【略】

尚功局：尚功二人，正五品。司製二人，正六品；典製二人，正七品；掌製二人，正八品。司珍二人，正六品；典珍二人，正七品；掌珍二人，正八品。司綵二人，正六品；典綵二人，正七品；掌綵二人，正八品。司計二人，正六品；典計二人，正七品；掌計二人，正八品。

尚功掌女工之程課，總司製、司珍、司綵、司計四司之官屬。

司製掌衣服裁製縫線之事。

司珍掌金玉寶貨之事。

司綵掌綵物、繒錦、絲枲之事。

司計掌支度衣服、飲食、薪炭之事。

原題唐玄宗《唐六典》卷二二《少府·軍器監》 少府監：監一人，從三品；李林甫等注：【略】至隋煬帝大業五年，始分太府爲少府監，置監一人，從三品；少監一人，從四品；丞二人；統左尚、右尚、內尚、司織、司染、鎧甲、弓弩、掌冶等署。其後又改監爲令，少監爲少令，併司織、司染爲織染署，廢鎧甲、弓弩二署。皇朝因爲監。龍朔二年改爲內府監，咸亨元年復爲少府監。光宅元年改爲尚方監，神龍元年復舊。開元初，分甲鎧、弓弩別置軍器監；十一年省軍器監，其作並歸少府；尋又於北都置軍器監。少監二人，從四品下。少府監之職，掌百工伎巧之政令，總中尚、左尚、右尚、織染、掌冶五署之官屬，庀其工徒，謹其缮作；少監爲之貳。凡天子之服御，百官之儀制，展采備物，率其屬以供焉。【略】

織染署：令一人，正八品上；李林甫等注：《周官》九職「嬪婦化理絲帛」。《考工記》：「理絲麻而成之，謂之婦功。」漢少府屬官有東織、西織，成帝河平元年省東織，更名西織曰織室。後漢有織室丞一人，此後無聞。北齊中尚方領涇州、雍州絲局丞，定州紬綾局丞。後周有司織下大夫一人，掌凡機材之工。隋煬帝置司織署令、丞，後與司染署併爲織染署。《周禮》天官有「染人，掌染絲帛。凡染，春暴練，夏纁玄」；冬官有「設色之工五，謂畫、繢、鍾、筐、㡛也」。韋昭《辨釋名》云：「平準令主染，有常平之法，故準而酌之。」兩漢並隸司農。晉平準令有監染吏六人，初隸司農，後屬少府。宋順帝名準，始改曰染署令。齊復爲平準令，梁、陳爲平水令。北齊太府寺有司染署，長秋寺有染局丞。後周有染工上士一人，又有司色下大夫一人。隋初有司染署，隸太府寺，煬帝分屬少府。大業五年，合司織、司染爲織染署，令二人。皇朝置一人。丞二人，正九品上；李林甫等注：漢、魏已來，並具於本署。隋并司織、司染爲一署，丞四人。皇朝因之，置二人。監作六人，從九品下。【略】

凡織紝之作有十，李林甫等注：一曰布，二曰絹，三曰絁，四曰紗，五曰綾，六曰羅，七曰錦，八曰綺，九曰繝，十曰褐。組綬之作有五，李林甫等注：一曰組，二曰綬，三曰絛，四曰繩，五曰纓。紬線之作有四，李林甫等注：一曰紬，二曰線，三曰絃，四曰網。練染之作有六。李林甫等注：一曰青，二曰絳，三曰黄，四曰白，五曰皂，六曰紫。凡染大抵以草木而成，有以花、葉，有以莖、實，有以根、皮，出有方土，採以時月，皆率其屬而脩其職焉。

杜佑《通典》卷第一九六《邊防九》 〔烏桓〕婦人能刺韋作文繡，織氀毼。氀毼，罽也。

杜牧《樊川文集》卷七《唐故江西觀察使武陽公韋公遺愛碑》 〔韋丹〕元和二年二月，拜洪州觀察使。【略】鑿六百陂塘，灌田一萬頃，益勸桑苧，機織廣狹，俗所未習，教勸成之。凡三周年，成就生遂，手爲目覩，無不如志。

李肇《唐國史補》卷下 宣州以兔毛爲褐，亞于錦綺，復有染絲織者尤妙，故時人以爲兔褐真不如假也。

初越人不工機杼，薛兼訓爲江東節制，乃募軍中未有室者，厚給貨幣，密令北地娶織婦以歸，歲得數百人，由是越俗大化，競添花樣，綾紗妙稱江左矣。

樊綽《雲南志》卷七《雲南管內物産》 蠻地無桑，悉養柘蠶繞樹，村邑人家柘林多者數頃，聳幹數丈。二月初蠶已生，三月中繭出。抽絲法稍异中土。精者爲紡絲綾，亦織爲錦及絹。其紡絲入朱紫以爲上服。錦文頗有密致奇采。蠻及家口悉不許爲衣服。其絹極麄，原細入色，制如衾被，庶賤男女，許以披之。亦有刺繡。蠻王并清平官禮衣悉服錦繡，皆上綴波羅皮。俗不解織綾羅。自大和三年蠻賊寇西川，虜掠巧兒及女工非少，如今悉解織綾羅也。

張彥遠《歷代名畫記》卷二 齊紈吳練，校王本作「綀」。冰素霧綃，精潤密緻，機杼之妙也。

《唐會要》卷八三《租稅上》 貞觀十一年，侍御史馬周上疏曰：「自古明王聖主，雖因人設教，寬猛隨時，而大要惟以節儉于身，恩加於人二者是務。今百姓承喪亂之後，比于隋時，纔十分之一，而供官徭役，道路相繼，兄去弟還，首尾不絶，春秋冬夏，略無休時。陛下雖每有恩詔，令其減省，而有司作既不廢，自然須人，徒行文書，役之如故。臣每訪問，四五年來，百姓頗有嗟怨之言，以爲陛下不存養之。今京師及益州諸處，營造供奉器物，并諸王之服飾，議者皆不以爲儉。陛下少處人間，知百姓辛苦，前代成敗，目所親見，而猶如此。而皇太子生長深宫，不更外事，萬歲之後，固聖心所當憂也。凡修政教，當修之於可修之時，若事變一起而後悔之，則無益也。故人主每見前代之亡，則知其政教之所由喪，而皆不知其身之失。是以殷紂笑夏桀之亡，而幽、厲亦笑殷紂之滅。京房云：『後之視今，亦猶今之視古。』此言不可不誡也。往者貞觀之初，率土荒儉，一匹絹纔得一斗粟，而天下帖然。百姓知陛下憂憐之，故人人自安，曾無怨讟。自五六年來，頻歲豐稔，一匹絹得粟十餘石，百姓皆以爲陛下不憂憐之，咸有怨言，以今所營爲者，頗多不急之務故也。自古已來，國之興亡，不由蓄積多少，唯在百姓苦樂。且以近事驗之：隋室貯洛口倉，而李密因之；東都積布帛，而王世充據之；西京府庫，亦爲國家之用，至今未盡。向使洛口、東都無粟帛，則王世充、李密未必能聚大衆。但積貯者固是有國之常事，要當人有餘力而後收之，豈人勞而强斂之，更以資寇，積之無益也。然儉以息人，貞觀之初，陛下以躬爲之，故今行之不難也。若人既勞矣，而用之不息，倘中國被水旱之災，邊方有風塵之警，狂狡因之以竊發，則有不可測之事矣。以陛下之明，誠欲勵精爲政，不煩遠求上古之術，但返貞觀之初，則天下幸甚。」

永淳元年，太常博士裴守真上表曰：「夫穀帛者，非造化不育，非人力不成。一夫之耕，纔兼數口；一婦之織，不贍一家。賦調所資，軍國之急，煩徭細役，並出其中。黠吏因公以貪求，豪强恃私而逼掠，以此取濟，民無以堪。又以征戍闊遠，土木興作，丁匠疲于往來，餉饋勞于轉運。微有水旱，道路遑遑，豈不以課税殷繁，素無儲積故也。夫太府積天下之財，而國用有缺；少府聚天下之伎，而造作不息；司農治天下之粟，而倉庾不充；太僕掌天下之馬，而中廄不足。此數司者，役人有萬數，費損無限極，調廣人竭，用多獻少，奸僞由此而生，黎庶緣斯而苦，此有國之大患也。」

開元八年正月二十日勅：「頃者，以庸調無憑，好惡須準，故遣作様，以頒諸州，令其好不得過精，惡不得至濫，任土作貢，防源斯在。而諸州送物，作巧生端，苟欲副于斤兩，遂則加其丈尺，至有五丈爲匹者，理甚不然。闊一尺八寸，長四丈，同文共軌，其事久行，立様之時，亦載此數。若求兩而加尺，甚暮四而朝三。宜令所司簡閲，有踰于比年常例，丈尺過多，奏聞。」

《唐會要》卷九七《吐蕃》 其俗重漢繒而貴瑟瑟，男女用爲首飾。其君長或居拔布川，或居邏娑川，有小城而不居，坐大氈帳，張大拂廬，其大可容數百人，兵衛極嚴，而衙府甚狹。俗養牛羊，取乳酪供食，兼取毛爲褐而衣焉。

《册府元龜》卷五〇四《邦計部・絲帛》 代宗大曆中詔曰：王制命市納賈，以觀人之好惡，布帛精麤不中度，廣狹不中量，不鬻於市。漢詔亦云：纂組文繡，害女紅也。朕思以恭儉克己，淳朴化人，每尚素玄之服，庶齊金土之價，而風俗不一，踰侈相高，浸弊於時，其來自久。耗縑繒之本，資錦綺之奢，異彩奇文，恣其誇競。今師旅未戢，黎元不康，豈使淫巧之功，更虧常制。在外所織造大張錦，獨軟錦，瑞錦，透背及竭鑿、六破已上錦，獨窠文紗四尺幅及獨窠吳綾、獨窠司馬綾等，並宜禁斷。其長行高麗白錦，雜色及常行小文(子)〔字〕綾錦等，任依舊例造。其綾錦花文所織盤龍、對鳳、麒麟、獅子、天馬、辟邪、孔雀、仙鶴、芝草、萬字、雙勝及諸織羌樣文字等，宜亦禁斷。

憲宗元和九年八月詔：太府奏建州、泉州、壽州所納物麤惡短狹。布帛有幅，制度所存。近日勸課不精，竊濫方甚，遂使女工都棄，國用空虛。若無所懲，何以知懼。刺史宜各罰一月課料，録事參軍、本縣令各罰一季課料，本曹官罰一季課料，仍書下考。

宣宗以會昌六年三月即位。十一月，刑部尚書判度支崔元式奏：准今年七月二日勅，諸道所出次弱綾絹紗等，宜令禁斷。若舊織得行使，仍委所在官中收納，如輒更有織造行(便)〔使〕買賣同罪，須指射出次弱物。州府令户部度支鹽鐵三司同條流聞奏者，省司先牒左藏庫，勘到所出次弱疋帛，州府名額。伏以綾絹紗等，州府所買，機杼織造並合勘充煮練，既不堪衣着，則虛費織功。今欲委諸道節度觀察使、刺史，差清强官，搜獲百姓織造濫惡疋段，狹小機杼焚燬。其惡弱疋段，仍具收納。數聞奏，從之。其向後犯者亦條流有差。

司馬光《資治通鑑》卷二〇九《中宗景龍二年》七〇八 安樂有織成裙，直錢一億，花卉鳥獸，皆如粟粒，正視旁視，日中影中，各爲一色。

《唐大詔令集》卷一一一《勸天下種桑棗制》 敕：《詩》有《豳風》，陳王業也。八月剥棗，以助男功，蠶月條桑，俾修女事。贍人之道，必廣於滋殖；分地之利，非止於耕耘。益之以織紝，雜之以菓實，則寒有所備，儉有所資，如旨蓄之禦冬，豈無衣以卒歲。頃屬多難艱食，必資樹藝，以利於人，庶俾播種之功，用申牧養之化。天下百姓，宜勸課種桑棗。仍每丁每年種桑三十樹，其寄住寄莊，官蔭官家，每一頃地，準一丁例，仍委節度觀察州縣長吏，躬親勉率，不得擾人，務令及時，各使知勸，一一勉諭訖，具數奏聞。

明·馮琦《經濟類編》卷一一《政治類五》 唐明皇以風俗奢靡，制乘輿服御，金銀器玩，宜令有司銷燬，以供軍國之用。其珠玉錦繡，焚於殿前，后妃以下，皆毋得服珠玉錦繡。敕百官所服帶及酒器馬銜鐙，三品以上聽飾以玉，四品以金，五品以銀，自餘皆禁之。婦人服飾從其夫子，其舊成錦繡聽染爲皁，自今天下更毋得采珠玉，織錦繡等物，違者杖一百，工人減一等，罷兩京織錦坊。

《奩史》卷八七《綺羅門》 杜薄國女子作白疊華布。《唐書》

《全唐文》卷七四四盧求《成都記序》 大凡今之推名鎮爲天下第一者，曰揚、益。以揚爲首，蓋聲勢也。人物繁盛，悉皆土著。江山之秀，羅錦之麗，管絃歌舞之多，伎巧百工之富。其人勇且讓，其地腴以善。熟較其要妙，揚不足以侔其半。

《新五代史》卷七三《四夷附録二·契丹》 上京，所謂西樓也。西樓有邑屋市肆，交易無錢而用布。有綾錦諸工作，宦者，翰林，伎術，教坊，角觝，秀才，僧，尼，道士等，皆中國人，而并、汾、幽、薊之人尤多。【略】

室韋，一曰室韋，二曰黄頭室韋，三曰獸室韋。其地多銅、鐵、金、銀，其人工巧，銅鐵諸器皆精好，善織毛錦。

《五代會要》卷二五《雜録》 顯德三年五月敕：「應天下今後公私織造到絹帛紬布、綾羅錦綺及諸色匹帛，其幅尺斤兩，並須合向來制度，不得輕弱假僞，罔冒取價。如有物色以上等，限一百日内，並須破貨了絶。如限外敢有違犯織造貨賣者，仰所在節級所由，擒捉送官。」其年十月敕：「舊制織造絁紬絹布、綾羅錦綺、紗縠等，幅闊二尺。起來年後，公私織造，並須及二尺五分，不得夾帶粉藥。宜令諸道州府，嚴切指揮，來年所納官絹，每匹須及一十二兩。河北諸州，並萊、登、沂、密州，須及一十二兩。絁紬止要夾密停勻，不定斤兩，絁紬絹長，依舊四十二尺。」

《册府元龜》卷五〇四《邦計部·絲帛》 後唐明宗天成二年十二月，中書舍人程遜上言：以民間機杼多有假僞，虚費絲縷，不堪爲衣，請下禁止，庶歸朴素。

漢隱帝乾祐三年，左司員外郎盧振上言：古先哲王之制，布帛不中度不鬻於市，比來組織之物，輕重皆有定規。近年已來，織帛之家，過爲踈薄，徒勞杼軸，無益公私。臣請三京、鄴都、諸道州府，凡織造之家，所織綾羅絁帛諸物，並須斤兩尺度合官定規程，不得輒爲踈薄。所在官吏覺察禁止，不得更然。

周世宗顯德三年五月，詔曰：化民成俗，須務真純，蠹物害能，莫先浮僞。織紝杼軸之製，素有規程，裨販貿易之徒，不許違越。久無條理，漸致澆訛。苟所鬻之或精，則酬直之必重。宜從朴厚，用革輕浮。應天下：今後公私織造到絹帛紬布綾羅錦綺及諸色疋段，其幅尺斤兩，並須合向來制度，不得輕弱假僞，罔冒取價。如有已上物色等，限一百日内，並須破貨了絶。如限外敢有違犯織造貨賣者，即所在節級所由擒捉送官。十月詔曰：舊制，織造絁紬絹布綾羅錦綺紗縠等，幅闊二尺五分，不得夾帶粉藥，宜令諸道州府嚴切指揮。來年所納官絹，每疋須及一十二兩，河北諸州須及一十兩，務要夾密停勻，其長依舊四十二尺。

司馬光《資治通鑑》卷二七四《後唐莊宗同光三年》 初，楚王殷既得湖南，不征商旅，由是四方商旅輻湊。湖南地多鉛鐵，殷用軍都判官高郁策，鑄鉛鐵爲錢，商旅出境，無所用之，皆易他貨而去，故能以境内所餘之物易天下百貨，國以富饒。湖南民不事桑蠶，郁命民輸税者皆以帛代錢，未幾，民間機杼大盛。

馮琦《經濟類編》卷三七《財賦類三》 後梁徐温還鎮金陵，總吴朝大綱，自餘庶政，皆決於知誥。知誥以吴王之命，悉蠲天祐十三年以前逋税，餘俟豐年乃輸之。以宋齊丘爲謀主。先是，吴有丁口錢，又計畝輸錢，錢重物輕，民甚苦之。齊丘説知誥，以爲錢非耕桑所得，今使民輸錢，是教民棄本逐末也。請蠲丁口錢，自餘税悉輸穀帛，紬絹匹直千錢者，當税三千。或曰，如此縣官歲失錢億萬計。齊丘曰：安有民富而國家貧者邪。知誥從之。由是江淮間曠土盡闢，桑柘滿野，國以富强。

吴任臣《十國春秋》卷六七《楚·馬殷世家》 湖南不事桑蠶，「都軍判官高郁勸王令輸税者以帛代錢，由是機杼大盛。

吴任臣《十國春秋》卷七二《楚高郁傳》 開平時，郁復勸王【略】命民輸税者用帛代錢，湖南民素不習蠶桑事，至是機杼遂絜於吳越。

《宋史》卷四《太宗紀一》〔太平興國七年八月〕己卯，詔川峽諸州官織錦綺、鹿胎、透背、六銖、欹正、龜殼等悉罷之，民間勿禁。

《宋史》卷一〇《仁宗紀二》〔景祐元年五月〕丁卯，禁民間織錦刺繡爲服飾。西川歲織錦上供亦罷之。

《宋史》卷一九八《兵志一二》 綾錦院，掌織紝錦繡，以供乘輿凡服飾之用。

《宋史》卷二八四《陳堯叟傳》 咸平初，詔諸路課民種桑棗，堯叟上言曰：「臣所部諸州，土風本異，田多山石，地少桑蠶。昔云入蠶之綿，諒非五嶺之俗，度其所産，恐在安南。今其民除耕水田外，地利之博者惟麻苧爾。麻苧所種，與桑柘不殊，既成宿根，旋擢新幹，俟枝葉裁茂則刈穫之，周歲之間三收其苧。復一固其本，十年不衰。始離田疇，即可紡績。然布之出，每端止售百錢，蓋織者衆，市者少，故地有遺利，民艱資金。臣以國家軍須所急，布帛爲先，因勸諭部民廣植麻苧，以錢鹽折變收市之，未及二年，已得三十七萬餘匹。自朝廷克平交、廣，布帛之供，歲止及萬，較今所得，何止十倍。今樹藝之民，相率競勸；杼軸之功，日以滋廣。欲望自今許以所種麻苧頃畝，折桑棗之數，諸縣令佐依例書曆爲課，民以布赴官賣者，免其算稅。如此則布帛上供，泉貨下流，公私交濟，其利甚博。」詔從之。

《宋史》卷二八八《趙稹傳》 改三司鹽鐵副使，擢右諫議大夫、集賢院學士、知益州。度支市錦六千匹，召工計歲織裁千餘匹，止以歲所織數上供。

《遼史》卷三七《地理志一》 上京 周廣順中，胡嶠《記》曰：上京西樓，有邑屋市肆，交易無錢而用布。有綾錦諸工作、宦者、翰林、伎術、教坊、角觝、儒、僧尼、道士。中國人并、汾、幽、薊爲多。

祖州，天成軍 内南門曰興聖，凡三門，上有樓閣，東西有角樓。東爲州廨及諸官廨舍，綾錦院，班院祗候蕃、漢、渤海三百人，供給内府取索。

樂史《太平寰宇記》卷一一《河南道一一·蔡州》 風俗： 今其俗人性清和，鄉閭孝友，男務墾闢，女修織紝。

樂史《太平寰宇記》卷一一六《江南西道一四·道州》 風俗： 織造麻葛。

樂史《太平寰宇記》卷一二〇《江南西道一八·涪州》 涪陵縣錦繡洲。《周地圖記》云：「銅柱灘東有錦繡洲，巴土盛以此洲人能織錦罽，故以名之。」

樂史《太平寰宇記》卷一二三《淮南道一·揚州》 風俗： 其民織紝稼穡。

樂史《太平寰宇記》卷一二四《淮南道二·和州》 風俗： 同揚州。

樂史《太平寰宇記》卷一三〇《淮南道八·通州》 風俗： 同揚州。

樂史《太平寰宇記》卷一三〇《淮南道八·高郵軍》 風俗： 同揚州。

樂史《太平寰宇記》卷一三〇《淮南道八·天長軍》 風俗： 同揚州。

樂史《太平寰宇記》卷一三〇《淮南道八·建安軍》 風俗： 同揚州。

樂史《太平寰宇記》卷一五九《嶺南道三·端州》 風俗： 有夷、夏，人織蕉、竹、紵、麻、都落等布以自給。

樂史《太平寰宇記》卷一五九《嶺南道三·循州》 風俗： 織竹爲布，人多蠻獠，婦人爲市，男子坐家。

樂史《太平寰宇記》卷一六二《嶺南道六·桂州》 烏滸。《郡國志》云：「陽朔縣有夷人名烏滸，在深山洞内，能織〔班〕文布，以射翠取羽，割蚌取珠爲業。」古縣場有古終藤，俚人以爲布，故《夏書》曰「島夷卉服」，此之謂也。

樂史《太平寰宇記》卷一六五《嶺南道九·象州》 武仙縣，懶婦獸。《異物志》：「昔有懶婦織于機中常睡，其姑以杼打之，恚死，今背上猶有杼文瘡痕。大者得膏三四斛，若用照書及紡織則暗，若以會衆賓歌舞則明。」

樂史《太平寰宇記》卷一六七《嶺南道一一·容州》 風俗： 《十道志》云：「無蠶桑，緝蕉葛以爲布。」

樂史《太平寰宇記》卷一六九《嶺南道一三·雷州》 土産： 不宜蠶桑，唯績葛種紵爲衣。

樂史《太平寰宇記》卷一六九《嶺南道一三·儋州》 風俗： 績木皮爲布。

樂史《太平寰宇記》卷一六九《嶺南道一三·瓊州》 風俗： 績木皮爲布，以木棉爲毯。

樂史《太平寰宇記》卷一六九《嶺南道一三·新崖州》 風俗： 同瓊州。

樂史《太平寰宇記》卷一七一《嶺南道一五·愛州》 土産： 蠶。一歲八績。

樂史《太平寰宇記》卷一七八《南蠻三·獠》 四至： 初出自梁、益之間，自漢中達于邛、筰，川谷之間，所在皆有。

土産： 能爲細布，色至鮮淨。

樂史《太平寰宇記》卷一七九《南蠻四·哀牢》 土〔谷〕〔俗〕物産：《九州記》云：「土地沃美，宜五穀、蠶桑。」知染綵文繡，有蘭干細布，蘭干，獠言紵也。織成文章如綾錦。有梧桐木華，績以爲布。

《廣志》云：「梧桐有白者，剽國有梧木，其華有白毳，取毳淹漬，緝以爲布。」幅廣五尺，潔白不受垢污。

樂史《太平寰宇記》卷一九二《北狄四·烏桓》 土俗物産：婦人能刺韋作文繡，織氍毹。氍毹，罽也。氍，音力于切。毹，音胡達切。

李覯《李覯集》卷五《周禮致太平論五十一篇·内治第三》 自古婦人之賢者，蓋不易得。故其生，則寢之地以教其卑，衣之褐以教其正，弄之瓦以教其事。既十年姆教，婉娩聽從。執麻枲，治絲繭，織紝組紃，學女事以共衣服。【略】如此而後，備於從人之道。

原題曾鞏《隆平集》卷一《官司》 綾錦院，乾德五年置。時已平蜀，所得錦工六百人隸焉。

《天聖令·營繕令》卷第二八 諸造錦、羅、紗、縠、紬、絹、絁、布之類，皆闊二尺，長四丈爲匹，布長五丈爲端。其土俗有異，官司別定長闊者，不用此令。絲綿以兩，麻以斤。【略】右並因舊文，以新制參定。

蘇軾《蘇軾文集》卷七三《五君子説》 齊、魯、趙、魏桑者，衣被天下。蠶既登簇，繅者如救火避寇，日不暇給，而蛹已眉羽矣。故必以鹽殺之，蛹死而絲亦韌。繅既畢緒，蛹亦煮熟，如啖蚳蝝，甕中之液，味兼鹽蛹，投以刺瓜、蘆菔，以爲薺腊，久而助醢，醢亦幾半天下。

秦觀《蠶書》 化治 常令煮繭之鼎，湯如蟹眼，必以筯其緒附于先引，謂之餵頭。毋過三(系)〔糸〕則(系)〔糸〕贏，不及則脆，其審舉之。凡(系)〔糸〕自鼎道「錢眼」，升于「鏁星」。星應車動，以過「添梯」，乃至于車。

錢眼 爲版，長過鼎面，廣三寸，厚九黍，中其厚插大錢一，出其端，横之鼎耳，後鎮以石，緒總錢眼而上之，謂之「錢眼」。

鏁星 爲三蘆管，管長四寸，樞以圓木。建兩竹，夾鼎耳，縳樞于竹，中管之轉以車，下直「錢眼」，謂之「鏁星」。

添梯 車之左端置環繩，其前尺有五寸，當車牀左足之上建柄，長寸有半。匼柄爲「鼓」，「鼓」生其寅，以受環繩。繩應車運，如環無端，鼓因以旋。「鼓」上爲「魚」，「魚」半出「鼓」，其出之中，建柄半寸，上承「添梯」。「添梯」者，二尺五寸片竹也。其上揉竹爲鈎，以防(系)〔糸〕竅。左端以應柄。對「鼓」爲耳，方其穿以(閑)〔閉〕「添梯」，故車運以牽環繩，繩簇「鼓」，「鼓」以舞「魚」，「魚」振「添梯」，故(系)〔糸〕不過偏。

車 臥種如轆轤，必活其兩輻，以利脱(系)〔糸〕。《唐書·百官志》：少府所隸，武后垂拱元年有綾錦坊。《宋朝會要》曰：乾德中，以平蜀所得錦工置綾錦院。疑自此始置使也。太平興國二年分東西。

《事物紀原》卷六《東西使班部·氈毯》 唐有氈坊、毯坊使，五代合爲一使，宋朝因之。

《事物紀原》卷七《庫務職局部·綾錦院》 乾(隆)〔德〕二年，以平蜀所得錦工，置内綾錦院。太平興國二年，分爲東西二院。端拱元年合爲一。

《事物紀原》卷九《農業陶漁部·織》 《黄帝内傳》曰：帝既斬蚩尤，蠶神獻絲，稱織紝之功，因之廣織。於此言廣，明其前有，黄帝廣之爾。一云：《淮南子》言伯余之初作衣，絲麻索縷，手經指挂。蓋織之始也。

機杼 《淮南子》曰：伯余之初作衣也，絲麻索縷，手經指挂，後世爲之機杼，體服以便。此機杼之始也。高誘注：伯余，黄帝臣。一曰伯余，黄帝也。

呂陶《淨德集》卷四《奉使回奏十事狀》 今年夏税畸零布，轉運司並令納估錢，每匹四百二十文足，及至和買，只支二百九十文，顯見侵損税户。臣伏見成都府，每年上供錦帛，原係預俵絲花與百姓織造，往往有貧下機户，已請錢物破用，及其催納，不免騷擾。至元豐六年奏，創上供機院，令軍匠八十人織大料細法錦透背、鹿胎，共七百三十餘匹，其小料綾綺易造之物一千三百餘匹，仍舊俵在民間，後因内臣郝隨齎到御前劄子，添造緊絲等機法一十五色。本府又奏差監官一員，招軍匠三百人，并將小料易造之物一千三百餘匹亦在院織造。既招軍未足，遂雇百姓助工，日逐勾集三四百人，雖支工價，尚有虧損，雖定日限，仍更督促。或無故拘留累日，或每匹又出罰錢。歲月爲常，殊無休已。細民失業，不勝其勞。昨已准聖旨，罷織新俵、緊絲等一十五色，至今猶有監官一員，并軍匠一百七十餘人，費耗甚多，仍更日役百姓，頗見煩擾。臣欲乞將易造之物一千三百餘匹，仍令民間織作，減罷監官，其軍匠止八十人，惟造大料錦，自不闕事，即不許勾集百姓，匪惟裁節冗費，寬假貧民，抑亦防異日作爲淫巧之弊。并漢州綾户造官綾，向因知州席汝明性好刻剥，逐年減絲數，數工錢，以致人户積欠綾四千餘匹，刑箠濫錮，乃至家業併盡，償納未足。現今拘管在綾務織作剋除，臣詳此弊，蓋因官司減物料工直，方致拖欠，亦合依赦蠲放。伏請下所屬施行，仍乞依席汝明未減以前絲工織造。

李攸《宋朝事實》卷三 仁宗景祐元年四月，案《宋史·仁宗本紀》作五月丁卯，此作四月，與史互異。詔曰：織文之奢，不鬻於國市；纂組之作，實害於女工。朕稽若令猷，務先儉化，深維抑末，緬冀還淳。然猶杼軸之家，相矜於靡麗；衣服之制，弗戒於紛華。浮費居多，踰侈斯甚，宜懲俗尚，用謹邦彝。內自掖庭，外及宗戚，當奉循於明令，無因習於媮風。其錦背、繡背及遍地密花透背段子，並宜禁斷。西川歲織上供者亦罷之。

洪皓《松漠紀聞》卷一《回鶻》 婦人類男子，白皙，著青衣如中國道服，然以薄青紗羃首而見其面。其在燕者，皆久居業成，能以金相瑟瑟爲首飾，如釵頭形而曲一二寸，如古之笄形。又善結金線相瑟瑟爲珥及巾環，織熟錦、熟綾、注絲、線羅等物。又以五色線織成袍，名曰尅絲，甚華麗。

李燾《續資治通鑑長編》卷六三《宋真宗景德三年》 初，潤州造羅務工人舊限十二日成一匹，及王子輿爲江、淮制置使，勒減一日。日限既促，工人不能充課，歲終頗多笞箠。上聞之，謂左右曰：「貪功邀進之人，爲國生事，豈可長也。」乃詔復依舊限。仍命劉承珪察京師庫務，有類此不便事，條列以聞。

洪邁《容齋隨筆·續筆》卷七《女子夜績》 《漢·食貨志》云：「冬，民既入，婦人相從夜績，女工一月得四十五日。」謂一月之中，又得半夜，爲四十五日也。必相從者，所以省費燎火，同巧拙而合習俗也。《戰國策》甘茂亡秦出關，遇蘇代曰：「江上之貧女，與富人女會績而無燭，處女相與語，欲去之。女曰，妾以無燭故，常先至掃室布席，何愛餘明之照四壁者？幸以賜妾。」以是知三代之時，民風和厚勤樸如此。非獨女子也，男子亦然。《豳風》「晝爾于茅，宵爾索綯」，言晝日往取茅歸，夜作綯索，以待時用也。夜者日之餘，其爲益多矣。

洪邁《容齋隨筆·三筆》卷一〇《納紬絹尺度》 周顯德三年。敕，舊制織造絁紬、絹布、綾羅、錦綺、紗縠等，幅闊二尺起，來年後並須及二尺五分。宜令諸道州府，來年所納官絹，每匹須及一十二兩，其絁紬只要夾密停勻，不定斤兩。其納官紬絹，依舊長四十二尺。乃知今之稅絹，尺度長短闊狹，斤兩輕重，頗本於此。

陸游《老學庵筆記》卷二 靖康初，京師織帛及婦人首飾衣服，皆備四時。如節物則春旛、燈毬、競渡、艾虎、雲月之類，花則桃、杏、荷花、菊花、梅花皆併爲一景，謂之一年景。

陸游《老學庵筆記》卷六 亳州出輕紗，舉之若無，裁以爲衣，真若煙霧。一州惟兩家能織，相與世世爲婚姻，懼他人家得其法也。云自唐以來名家，今三百餘年矣。

范成大《吳船録》卷上 〔淳熙丁酉歲六月〕壬辰，早發蘇稽，午過符文鎮。兩鎮市井，繁類壯縣。符文出布，村婦聚觀於道，皆行而績麻，無索手者。

莊綽《雞肋編》卷上《定州刻絲與各地工地》 定州織「刻絲」，不用大機，以熟色絲經於木杼上，隨所欲作花草禽獸狀，以小梭織緯時，先留其處，方以雜色綫綴於經緯之上，合以成文，若不相連。承空視之，如彫鏤之象，故名「刻絲」。如婦人一衣，終歲可就。雖作百花，使不相類亦可，蓋緯綫非通梭所織也。單州成武縣織薄縑，修廣合於官度，而重才百銖，望之如霧著，故浣之亦不紕疏。鄜陵有一種絹，幅甚狹而光密，蠶出獨早，舊嘗端午充貢。涇州雖小兒皆能撚茸毛爲綫，織方勝花。【略】蘇州以黃草心織布，色白而細，幾若羅縠。越州尼皆善織，謂之「寺綾」者，乃北方「隔織」耳，名著天下。婺州紅邊貢羅，東陽花羅，皆不減東北，但絲縷中細，不可與無極、臨、棣等比也。

陳均《九朝編年備要》卷二 〔乾德五年〕冬十月，置綾錦院。因平蜀，得錦工數百人而置院。

祝穆《方輿勝覽》卷三《浙西路·嘉興府》 土産： 草布。鄉落間，績此布以爲業。

祝穆《方輿勝覽》卷九《浙東路·瑞安府》 婦勤紡績。《隋志》：永嘉之俗，婦勤於紡績，有夜浣紗而旦成布者，俗謂之雞布。【略】織紝工而器用備。《永嘉志》：溫居塗泥之，鹵土薄艱植，民勤於力，而以力勝，故地不宜桑而織紝工，不宜漆而器用備。

祝穆《方輿勝覽》卷三四《廣東路·廣州》 土産蠻布。《寰宇記》有夷夏人織蕉竹苧麻都落等布以自給。

祝穆《方輿勝覽》卷四〇《廣西路·象州》 地無桑柘。《象郡志》云：民不事蠶作，雖間有之，不能繅絲，第爲綿絮而已。或水熟而紉縷之，以爲粗紬。婦女以緝麻織布爲業。

祝穆《方輿勝覽》卷四一《廣西路·賓州》 野不植桑。《圖經》云： 賓俗工于織布，煮練如雪，縝密可愛。婦不織蠶云云。野蠶乃食楓葉，漁者取其絲以爲綸，或取織紬。採木綿茅花。同上：羅紈絲帛，仰給它郡，俗多云云，採作絮棉以禦冬寒。

馬端臨《文獻通考》卷二〇《市糴考一》 宋朝如舊制，調絹紬布絲綿以供軍需，又就所産折科和市。其織麗之物，則東京有綾錦院。初平蜀，得錦工百人，始置院。所織有錦、鹿胎、花羅、綃縠、綾絁。咸平初，嘗停織機百餘令織絹。西京、真定府、青、益、梓州，亦有場院，主織錦綺、鹿胎、透背。潭州舊有綾錦務，淳化四年廢。江寧府、潤州有織務，江寧歲無定額，潤州萬疋。又婺州歲買萬疋。景德三年詔復舊。潤州務舊十二日爲一疋，王子(與)[輿]制置江淮，疋減一日，歲終不如數，至被笞箠。梓州有綾綺場。又益州市買院亦織熟色綾及彭錦。漢、邛、蜀、眉、陵、簡、遂、資、榮、普州、懷安軍皆織大小絹，畝正花紗。大名府，貝、滄、德、博、棣、杭、越、湖、婺州和市小綾。廬、壽州折科小綾。乾德四年，蓬州請以租絲配民織綾，給其直，詔不許。舊濟州有機户十四，歲受直織綾。開寶三年，詔廩給者送闕下，餘罷之。湖州亦有織綾務，太平興國中，從轉運使能延吉之請，停務女工五十八人，悉縱之。至道元年，杭州置織務，歲市諸州絲給其用，後罷。又亳州市綃紗，大名府織綃縠，廬、壽州亦折科白縠。青、齊、鄆、濮、淄、濰、沂、密、登、萊、衡、永、全州，市平絁。廬、壽、濠、泗、和、泰、光州、高郵、漣水軍，亦折科官絁。又東京榷貨務，歲入中平羅、小綾各萬疋，以供服用，及歲時賜與。諸州折科和市皆無常數，唯內庫所需，則有司下其數，充足而止。

黎靖德《朱子語類》卷六四《中庸三·第三十二章》 問「『經綸皆治絲之事，經者，理其緒而分之；綸者，比其類而合之。』如何？」曰：「猶治絲者，先須逐條理其頭緒而分之，所謂經也；然後比其類而合之，如打絛者必取所分之緒，比類而合爲一，所謂綸也。」

《全蜀藝文志》卷三四呂大防《錦官樓記》 蜀居中國之西南，于卦爲坤，坤有致養致役之義，而風俗肖焉。土地之毛，善利絲枲，爲之繒布，以給上國。負於陸，則經青泥、大散、羊腸九折之坂，航於川，則冒瞿唐、灩澦沈舟不測之淵。日輪月積，以衣被於天下，此之謂致養。織文錦繡，窮工極巧。其寫物也如欲生，其渥采也如可掇。連甍比室，運機弄杼，燃膏繼晝，幼艾竭足以供四方之服玩，此之謂致役。錦官之職也，有致養之順，有致役之恭，上自帝后之服，禁省之用，而下至疆臣戰士之予賜，莫不在焉。官廢久矣，故時貢篚，以絲布散於市民，至期而斂之，或苦惡不中程，或得輒私費，急無以償，則破產而不能贍。元豐二年六月，府言於朝曰：「歲貢錦綺紈羅，度以疋者萬四千，其尤難治者七百三十，上布之費，總二百七十萬，募工而涅籍之，人歲費三十千，八十人而足，則不煩於民而得良物以充貢。」詔可之。乃度府治之東，治室以爲織所，興閣於前，以爲積藏待發之府，所以達風燥而遠卑濕也。明年五月又詔：以其所爲上供機院，特置吏以涖之，凡歲貢之在官民者悉典領之。益治綈錦之精麗者千闕百端，募工滿三百，不足則僦庸以充之。大率設機百五十四，挽綜之工百六十四，用杼之工百五十四，練染之工十一，紡繹之工百一十，而後足役。歲費絲，權以兩者一十二萬五千，紅藍紫茢之屬，以斤者二十一萬一千，而後用足。織室吏舍出納之府，爲屋百二十七間，而後足居。噫，修貢職，供詔用，藩臣之所宜先，而常委於市人之手，蓋繇僞邦苟政利於賤市，遂廢服官之職，因而不能改。今商於籍工置吏之費，則積習流弊，衆爲蠹賊，實有出於公而不入於織紝之家者，蓋亦多矣。恭惟聖制更新，使民不復被其擾，而吏無所容其姦，足以度前古而垂後世矣。大防承假守之乏，實聞其命，輒敘其所以然。

張廷玉等《續文獻通考》卷五六《職官六》 〔金少府監所屬〕織染署。官同。掌織紝、色染諸供御，及宮中錦綺、幣帛、紗縠。

《宋會要輯稿·職官二九·綾錦院》 綾錦院在昭慶坊。乾德四年，以平蜀所得錦工二百人，置內綾院。太平興國二年，分東西二院。端拱元年合爲一，以京朝官、諸司使、副內侍三人，監領兵匠一千三十四人。太宗幸西綾錦院，命近臣張觀織室機杼。咸平元年令改織絹。真宗大中祥符六年十一月詔：綾錦院月供物料帳，除前帳如見在依舊預計外，別立項，具某月日至某日織造若干數於某庫送納，長闊斤量料例不須更椿應在。神宗熙寧七年十月五日詔：減罷綾錦院工匠，仍候額內有闕，即令本院勘會的實，合要造作得力人，却申三司勾抽歸院填闕。如或非汎生活，即須先於差出閑慢處抽那，不足方申三司權抽，造作了日發遣歸本處。

《宋會要輯稿·職官二九·文思院》 文思院，太平興國三年置，掌金銀犀玉工巧之物，金綵繪素裝鈿之飾，以供輿輦、册寶法物及凡器服之用。【略】紹興五年五月七日工部言：近承指揮措置織造官告度牒，綾除已令文思院見行織造，緣今來諸軍功賞，并官員陞改支降，度牒所用綾帛浩瀚，應辦不前，欲乞下逐路轉運司措置織造，每年共造十萬匹，候及二萬匹，逐旋送納，仍自紹興五年秋季爲始。從之。

淳熙十四年四月七日，文思院言：一歲合織綾一千八百匹，用絲三萬五千餘兩。近年止蒙户部支到生絲一萬五千兩或二萬兩，止可織綾八百餘匹。每遇大典禮恩賞，出給告命擁併遂行陳情用雜花綾紙，乞歲支生絲三萬兩，織造綾一千五百餘匹。從之。

《宋會要輯稿·食貨六四·匹帛》 太祖乾德五年十月，命水部郎中于繼徽監視綾錦院。朝廷平蜀，得綾錦工人，乃於國門東南創置機杼院，始命繼徽監領焉。十二月，詔曰：布帛之用，世道攸資，行濫之禁，律文具載，而商賈末奸僞萌生，塗以粉藥，因而規利，瀆亂典刑，無甚于兹。自今宜禁民不得輒以紕疎布帛鬻於市及塗粉入藥。吏察捕之，重寘其罪。開寶四年三月，監綾錦院右拾遺梁周翰言：在院見管户頭，逐人料錢七百文，糧三石五斗，口食米豆六斗，各用女工三四人，每人月糧二石，米豆又六㪷，有一户頭并女工共請一十六石五斗者，或少者一十三石五斗者，每人只管機三四張，供應事褫絲線，染練紡絡。又别破錢并物料，或布帛低弱，即科校匠人，户頭不管。欲乞不置户頭，令工匠自管供機，各與女工一分請受，所貴濟贍，得匠人内有貧者，恐散失物料，即上歷旋給，庶令均濟。又看驗大小(小)錦，並皆顔色淺淡，每匹中錦破深紅線九兩三分，花八斤。昨令匠人當面入染，每匹減下花一斤，比舊顔色鮮好，逐料更有餘剩，花計至年終，極有出剩，所收出剩，乞逐季具數申奏。從之。太宗太平興國六年，廢湖州織綾務，工二十人送京師，女工五十八人悉縱之。七年八月，詔曰：澆巧之蕩人心，載記申乎訓戒；纂組之害女工，漢詔形於深諭。方今務修儉德，以敦俗化，而侈靡猶競，淳素未隆，宜頒畫一之規，以申率下之義。宜令諸處市買場及織造院，除供軍綾、羅、絁、布、紬、絹、綿外，其錦綺、鹿胎、透背、六銖、欹正、龜殼等匹段，不得更買及織造，民間有織賣者勿禁。川陝諸州匹帛絲綿紬布之類，堪備軍裝者，商人不得私市取販鬻。九年十月，詔曰：有帛精粗不中數，幅廣狹不中量，不鬻於市，斯古制也。頗聞民間所織錦綺綾羅及它匹帛，多幅狹不中程式，及紕疎輕弱，加藥塗粉，以欺誑販鬻，因而規利，宜令兩京諸州告諭民所織匹帛，須及程式，賈肆之未售者，限以百日當盡鬻之。民敢違詔復織，募告者三分賞其一。

淳化元年八月詔：川陝諸州，官歲市絲綿紬布絹帛等，不能充舊貫，蓋賈人利市侵其利，自今嚴禁之，限詔到賈人先所市者，悉送所在官，官以市價償之，藏匿者寘於法。初，諸州上供絹，皆常度外長數尺，及西上閤門副使張昭允、内班都知馮守規，類知左右藏庫裂取餘者付染所，上官雜染以備他用，每歲獲羨數甚衆。既而士卒受冬服，度之不及程，昭允等悉坐免。至道元年二月，詔杭州置織室，歲市諸郡絲給其用。真宗咸平元年七月，廣南西路轉運使陳堯叟言：準詔勸課人民，栽種桑棗，切緣嶺外惟産苧麻，望令折數，許官吏書歷爲課，仍許織布，赴官場以錢博市，每匹準錢百五十至二百，仍免其筭税，如私自貿易，不在免限。從之。九月，綾錦院以新織絹上進，是院舊有錦綺機四百餘，帝令停作，改織絹焉。十月，詔揚州折博羅九萬二千三百餘匹，輕弱不中度，三司失於拘撿，合行推鞠，用戒因循，但以歲月稍深，干繫者衆，慮成追擾，特示寬務(矜)。其干繫官吏，更不問罪，儻復有犯，斷訖仍勒備償。二年四月，廢常州羅務。六年正月，户部言：乞令江南、兩浙轉運司，輪轄下州軍人民，今後不得織造短狹縑帛市易，致悮公私使用，如違，乞依法科罪。帝曰：風俗所用已久，官司驟行改革，恐民間不知，悮有犯者，可先行曉諭，限百日内改造，如違方得科罪。景德二年二月，詔：諸路所市上供紬絹，減三分之一。六月，禁造行濫物帛，申舊制也。三年五月，詔：潤州造羅務人工，仍舊限十二日成一匹。時有言舊限如此，王子(如)[輿]制置江淮，減勒一月，日限既促，功課不供，比至年終，頗用笞捶，故有是詔。仍命劉承珪察京師庫務，有類此不便事，條例以聞。

乾興元年十二月，仁宗即位未改元。三司言臣僚奏：兩川遠地，所産雖富，般運實多，收買折科，豈無虧損。織造染記，寧不廢工。押綱衙前，雖有酬奬，户下小客，最受辛勤，俱荷照臨，誠宜軫恤。欲乞益、梓兩路州軍綱運，量與減放三二分，庶便民俗。下三司詳定。三司言：自來計度，聖節、端午、十月一日，内人春冬衣賜，并準備取索，及國信往來，南郊支用綾、羅、錦、綺、鹿胎、透背、欹正、生白大小錦綾、花紗、絹等，下益、梓州兩路織買出染，計綱上京，令除三十五匹(段)全減不織外，餘綾、羅、鹿胎、透背、欹正、生白大小綾、花紗、絹等，欲且依舊，所貴支用不至悮闕。又勘會益、梓、利、夔四路州軍，每年買納紬絹絲綿，除應副陝西、河東、京西州軍及本路衣賜支遣外，餘有剩數，即上京送納，元不曾樁定數目。每年自西川水路起發布帛六十六萬匹赴京，南路轉般上京，並副在京并京西州軍衣賜，難議減省，欲且依舊。從之。

仁宗天聖元年二月，裁造院言，每年所造諸節衣服，萬數甚多，枉費人工，欲望自今逐節除十月一日、端午非泛傳宣造作，料次依舊造成送納，其長寧、乾元兩節，並料段送納支遣。詔今年乾元節合支衣服，依舊縫造送納外，餘從之。七月二十八日，三司鹽鐵副使俞獻可言：川界每年織造錦、綺、鹿胎等，所破物料，倍有損費，欲望似此不急之物，除支賜近上武臣及蕃戎并合要緣飾，只令在京量事織造，其餘權且停止。詔三司會勘以聞。二年四月四日，工部侍郎知池州李虚己言：天下州縣每年春初，預先支官錢和買紬絹，頗聞煩擾，乞不更行均配。詔令後支紬絹價錢，並取人户情願，其不出産州軍，不得一例抑配。三年七月二日，淮南、江浙、荆湖制置都大發運副使方仲荀言：乞斷絶諸州軍短狹、紕疏、粉藥匹帛及新小砂錫錢。帝曰：約束錢帛，前後條目已繁，止令三司下淮南、江浙、荆湖轉運司申明指揮。四年閏五月詔：綾錦院自今不得衷私織造異色花紋匹段及御服顔色機樣，委本院監官覺察，并許人陳首，所犯人當行嚴斷。二月二十八日，中書門下言：益、梓等州，每年織造錦、綺、鹿胎、透背、段子、欹正等，累有臣僚上言，科率勞擾，況錦繡纂組，尤費蠶絲，雖未能全行禁止，欲乞漸次減數織造。帝曰：川西至遠，非惟織造勞費，亦不易津置，令每年數内特減一半。五年正月二十一日，中書門下言：西川益、梓等州，每年織造錦、綺、鹿胎、透背、段子、欹正等，權減一半外，餘生熟黄白大小綾、花紗，元未減省，累據臣僚言，乞下益、梓兩路轉運司，權住織造，一併織絹，應副諸州軍及邊上支費。帝曰：速與行遣宰臣王曾等奏，錦繡纂組，有害無益，約計每錦繡一端，可織絹數匹，如此指揮，實爲至便。八年十月，三司言江南西路轉運使苗稹言：檢會轄下一十州軍，每春冬衣賜數内三衣布，除興國軍支遣得足外，餘洪、虔等九州，年支布五萬匹，自來並從福建路州軍收買，轉般應副。覩其裨布，全然粗疏，不堪裝着，軍人請到貨賣價少。自來於福、泉、漳州、興化軍四處置場收買，每匹價錢并津般往回官錢三百四十九文，軍人出賣得錢三百一十一文省，亦有只得百五十六文足錢去處，以此比倣，實兩虧損。今欲酌中取洪州定支布價每匹三百二十文省，令洪、虔等九州依例給見錢，所是元支破買布價錢，仍乞令本司勘會，酌實貫伯，每年發送，赴當路交納。應副春冬支給布價，省司勘會洪、虔等九州軍分折各情，願乞依洪州例，請領衣布價錢，乞令福建路轉運司，將每買布價錢般運赴江南西路州軍下卸，應副支給軍人布價。又緣見錢脚重，陸路難以津般，今更不行外，仍乞下福建轉運司，今後更不科買綿布，將每年合買賣錢於出産銀貨州軍收買鋌銀，計綱上京送納。從之。十二月三司言：乞依每年例拋數下京東等路轉運司，預支絹紬價及時收買。詔準去年例施行。明道二年十月十二日，詔已令三司將在京庫藏内珠玉、犀牙、閑雜物色物變轉貨賣外，其西川織造上供綾、羅、錦、綺等項議特行減省。詔曰：朕祗膺先訓，寅奉寶圖，發一念必在於政經，舉一事必先於教本，庶惇古治，用澄化源。自惟臨御以來，性崇儉素。慕衣綈之先囑，遵抵璧之令猷。冀厚民風，期臻淳朴，去奢務本，斯爲至懷。乃者昭示攸司，悉索長物，珠璣犀象，減貿貨泉，顧彼坤維，俗善纂組，苟浮靡而呈技，慮紃組之有妨，不戒纖華，將害有益。特頒明命，與時作程，應東西兩川織造上供綾、羅、透背、花紗之類，令今後三分中特令織造一分，其餘二分織造紬絹。如民不願織造紬絹者，不得抑勒，別具壁畫聞奏，及令都進奏院告報上項路分州軍，令出榜曉示。景佑元年四月十二日，青州言：織造錦乞減放一半。從之。所減數目，令在京綾錦院織造。

景祐三年七月九日，龍圖待制張逸言：昨知梓州，本州機織户數千家，因明道二年降勅，每年綾織三分，只賣一分，後來消折，貧不能活，欲乞於元買數十分中許買五分，詔兩川上供綾、羅、錦、透背、花紗之類，依明道二年十月勅，命三分織造一分，餘二分，今後只許織造一分綾、羅、花紗，一分令織紬絹。五年四月九日，三司言：西川織買綾、紗三分内減下一分紬絹，乞依舊織買綾、紗紬支用。從之。慶曆五年六月十三日詔：益州每歲上供物帛數，特減歲額三分之一。益、梓路州軍所織錦、綺、鹿胎等，並減其半。

《宋會要輯稿·刑法二·禁約》〔元豐〕八年四月二十二日，詔成都府織造錦緊絲鹿胎並權罷，從知府吕大防請也。

〔崇寧〕五年二月二十四日詔：河北、京東機户多被知通及以次官員拘占，止給絲織造匹帛，日有陪費侵漁，可詔鹽司常切按察。如敢循舊拘占機户織造，諸色人陳首，將所虧過機户工價等錢，計贓定罪。行下諸路，約束施行。【略】

〔政和二年〕十一月十一日，臣僚言：自今已後，諸在外見任官，如私置機軸，公然織造匹帛者，並科徒二年，仍乞下有司立爲永法。詔依奏，許人告，立賞錢二百貫及許越訴。【略】

〔宣和七年〕八月二日，臣僚言：祖宗以來，天下禁兵皆使之習攻守戰陣之法，挽彊擊刺之利，至於他伎，未嘗學也，故用心專而藝能精。近年以來，帥臣監司與夫守倅將副，多違法徇私，使禁卒習奇巧藝能之事，或以組綉而執役，或以機織而致工，或爲首飾玩好，或爲塗繪文縷，公然占破，坐免教習。名編卒伍，而行列不知，身爲戰士，而攻守不預。至有因緣請託，陞遷階級，或在衆人之上，遂使轅門武功之士，困於差役之勞，末作庇身之人，復享安閑之利，所以兵陣教習之法日廢，工匠技巧之事日多，兵政之弊，一至於此。欲乞除行兵合用工匠外，其末作他技，皆嚴行禁止。從之。

《全宋文》卷九四六宋仁宗《減兩川歲輸錦綺等詔》天聖四年七月辛未　兩川所造錦綺、鹿胎、透背、欹正等歲減上供之半。其大小綾及花紗，仍令改織絹，以供邊費。《續資治通鑑長編》卷一〇四。

《元史》卷八五《百官志一》〔兵部屬附管領隨路打捕鷹房民匠總管府〕其屬東局織染提舉司，秩從五品。【略】

〔工部屬附〕諸司局人匠總管府，秩正三品。達魯花赤一員，總管一員，副達魯花赤一員，同知一員，副總管一員，經歷一員，知事一員，提控案牘一員，令史四人。領兩都金銀器盒及符牌等一十四局事。至元十四年置。二十四年，以八局改隸工部及金玉府，止領五局一庫，掌氈毯等事。其屬有六：

收支庫，秩正九品。大使一員。掌出納之物。

大都氈局，秩從七品。大使、副使各一員。管人匠一百二十有五户。

大都染局，秩從九品。大使一員。管人匠六千有三户。

上都氈局，秩從五品。大使一員，副使一員。管人匠九十有七户。

隆興氈局，大使一員，副使一員。管人匠一百户。

剪毛花毯蠟布局，大使一員，副使一員。管人匠一百一十有八户。【略】

〔工部屬附〕大都人匠總管府，秩從三品。至元六年始置。達魯花赤一員，總管一員，同知一員，經歷一員，提控案牘一員，令史十人，通事一人。其屬四：

綉局，用從七品印。大使一員，副使一員。掌綉造諸王百官段匹。

紋錦總院，提領一員，大使一員，副使一員。掌織諸王百官段匹。

涿州羅局，提領一員，大使一員。掌織造紗羅段匹。

尚方庫，提領一員，大使、副使各一員。掌出納絲金顔料等物。【略】

〔工部隨路諸色民匠都總管府〕其屬五：

織染人匠提舉司，秩從七品。至大二年設。達魯花赤一員，提舉一員，同提舉一員，副提舉一員，吏目一員。

雜造人匠提舉司，秩從七品。設置官屬同上。

大都諸色人匠提舉司，秩從五品。達魯花赤一員，提舉一員，同提舉一員，副提舉一員，吏目一員。

大都等處織染提舉司，秩從五品。管阿難答王位下人匠一千三百九十八户。達魯花赤一員，提舉一員，同提舉一員，副提舉一員，吏目一員。【略】

〔工部屬附〕撒答剌欺提舉司，秩正五品。提舉一員，副提舉一員，提控案牘一員。至元二十四年，以札馬剌丁率人匠成造撒答剌欺，與絲紬同局造作，遂改組練人匠提舉司爲撒答剌欺提舉司。

別失八里局，秩從七品。大使一員，副使一員。掌織造御用領袖納失失等段。至元十三年始置。

晉寧路織染提舉司，提舉一員，照略案牘一員。其屬：

提領所一，係官織染人匠局，一雲内人匠東、西局二，本路人匠局，一河中府、襄陵、翼城、潞州、隰州、澤州、雲州等局七。每局各設提領一員，副提領一員，惟澤州、雲州則止設提領一員。

冀寧路織染提舉司、真定路織染提舉司，各置提舉一員，同提舉一員，副提舉一員，照略案牘一員。其屬二：

開除局，大使一員，副使一員，照略案牘一員。

真定路紗羅兼雜造局，大使一員，副使一員。

南宮、中山織染提舉司，各設提舉一員，同提舉、副提舉一員，照略案牘一員。

中山劉元帥局，大使一員，副使一員。

中山察魯局，大使一員，副使一員。

深州織染局，大使一員，副使一員，照略案牘一員。

深州趙良局，大使一員，副使一員。

弘州人匠提舉司，提舉一員，同提舉一員，副提舉一員，照略案牘一員。

納失失毛段二局，院長一員。

雲内州織染局，大使一員，副使一員，照略案牘一員。

大同織染局，大使一員，副使一員，照略案牘一員。

朔州毛子局，大使一員。

恩州織染局，大使一員，副使一員，照略案牘一員。

恩州東昌局，提領一員。

保定織染提舉司，提舉一員，同提舉一員，副提舉一員，照略案牘一員。

大名人匠提舉司，提舉一員，同提舉一員，副提舉一員，照略案牘一員。

永平路紋錦等局提舉司，提舉一員，同提舉一員，副提舉一員，照略案牘一員。

大寧路織染局，大使一員，副使一員，照略案牘一員。

雲州織染提舉司，提舉一員，同提舉一員，副提舉一員，照略案牘一員。

順德路織染局，大使一員，副使一員，照略案牘一員。

彰德路織染人匠局，大使一員，副使一員，照略案牘一員。

懷慶路織染局，大使一員，副使一員，照略案牘一員。

別失八里局，官一員。

宣德府織染提舉司，提舉一員，同提舉一員，副提舉一員，照略案牘一員。

東聖州織染局，院長一員，局副一員。

宣德八魯局，提領一員，副使一員。

東平路疃局，直長一員。

興和路蕁麻林人匠提舉司，提舉一員，同提舉一員，副提舉一員，照略案牘一員。

陽門天城織染局，提領一員，副使一員，照磨案牘一員。

巡河提領所，提領二員，副提領一員。

《元史》卷八八《百官志四》 將作院，秩正二品。掌成造金玉珠翠犀象寶貝冠佩器皿，織造刺繡段匹紗羅，異樣百色造作。至元三十年始置。院使一員，經歷、都事各一員。三十一年，增院使二員。元貞元年，又增二員。延祐七年，省院使二員。後定置院使七員，正二品；同知二員，正三品；同僉二員，正四品；院判二員，正五品；經歷一員，從五品；都事一員，從七品；照磨管勾一員，正八品；令史六人，譯史、知印各二人，宣使四人。【略】

〔將作院〕異樣局總管府，秩正三品。中統二年，立提點所。至元六年，改爲總管府，總管一員。十四年，置同知、副總管各一員。二十一年，增總管一員。二十九年，置達魯花赤一員。三十年，減同知、副總管各一員。後定置達魯花赤一員，總管一員，並正三品；同知一員，從四品；副總管一員，從五品；經歷一員，從七品；知事一員，從八品。

異樣紋綉提舉司，秩從五品。中統二年立局。至元十四年，改提舉司。提舉一員，從五品；同提舉一員，正七品；副提舉一員，正八品。

綾錦織染提舉司，秩從五品。至元二十四年，改局置提舉司。提舉一員，同提舉一員，副提舉一員，品秩同上。

紗羅提舉司，秩從五品。至元十二年，改局置提舉司。提舉、同提舉、副提舉各一員，品秩同上。

紗金顏料總庫，秩從九品。中統二年置。大使、副使各一員，從九品。【略】

〔中政院江浙等處財賦都總管府〕織染局，局使一員，典史一人。掌織染歲造段匹。

《元史》卷八九《百官志五》〔隨路諸色人匠都總管府，上都、大都貂鼠軟皮等局提領所〕氈局，提領一員，大使一員，副使一員，直長一員。至元十三年，收集人户爲氈匠。二十六年，始立局。

上都異樣毛子局，大使一員，副使一員。至元二十年置，受詹事院劄。

上都氈局，大使一員，副使一員，直長二員。至元二十年置，受詹事院劄。

【略】

管領本投下大都等路怯憐口民匠總管府，國初招集怯憐口哈赤民匠一千一百餘户，中統元年，立總管府。二年，給六品印，掌户口錢帛差發等事。至元九年，撥隸安西王位下。皇慶元年，又屬公主皇后位下。延祐元年，改隸章慶司。天曆二年，又改隸儲政院。達魯花赤一員，總管一員，俱受御寶聖旨；同知一員，副總管一員，俱受安西王令旨；知事一員，令史二人。其屬附見：

織染提舉司，秩正七品。掌織造段匹。提舉一員，受安西王令旨；同提舉一員，本府擬人；副提舉一員，都目一員，俱受安西王傅劄；司吏一人。【略】

又 管領諸路怯憐口民匠都總管府，秩正三品。至元七年，招集析居從良還俗僧道，編籍人户爲怯憐口，立總管府以領之。十四年，以所隸户口善造作，屬中宮。十六年，立織染、雜造二局以司造作，立提領所以司徭役。二十五年，改陞正三品。延祐六年，改繕用司，仍三品。七年，復改府。達魯花赤一員，總管一員，並正三品；同知二員，正五品；副總管二員，從五品；經歷、知事、提控案牘兼照磨各一員，令史五人，譯史一人。其屬附見：【略】

織染局，秩正七品。大使、副使、相副官各一員，典史、司吏各一人。

雜造局，秩正七品。大使、副使、相副官各一員，典史、司吏各一人。

弘州衣錦院，秩正七品。大使、副使、直長各一員，典史、司吏各一人。

豐州毛子局，秩正七品。大使、副使各一員，典史、司吏各一人。

緡山毛子旋匠局，秩正七品。大使一員，典史、司吏各一人。【略】

江淮等處財賦都總管府，秩正三品。達魯花赤、總管各一員，並正三品；同知一員，正五品；副總管二員，從五品；經歷、知事、照磨兼提控案牘各一員，令史十五人，奏差十五人，譯史二人，典吏三人。至元十六年，以宋謝太后、福王所獻事產，及賈似道地土、劉堅等田，立總管府以治之。大德四年罷，命有司掌其賦。天曆二年復立，其賦復歸焉。

儲用庫，提領、大使、副使各一員。

杭州織染局，大使、相副官各一員。

揚州等處財賦提舉司，達魯花赤、提舉、同提舉、副提舉各一員，提控案牘、都目各一員。

其屬附見：

安慶等處河泊所，提領、大使、副使各一員。

建康等處財賦提舉司，達魯花赤、提舉、同提舉、副提舉各一員，提控案牘、都目各一員。

建康織染局，大使、副使、相副官各一員。

黄池織染局，大使、副使、相副官各一員。

建康等處三湖河泊所，提領、大使、副使、相副官各一員。

池州等處河泊所，提領、大使、副使各一員。

平江等處財賦提舉司，達魯花赤、提舉、同提舉、副提舉各一員，提控案牘、都目各一員。

杭州等處財賦提舉司，設官同上。

陝西等處管領毛子匠提舉司，達魯花赤、提舉各一員。國初，收集織造毛子人匠。至元三年，置官二員，皆世襲。【略】

昭功萬户都總使司，秩正三品。都總使二員，正三品；同知一員，從三品；副使二員，正四品；經歷、知事、照磨各一員，令史六人，譯史六人，知印二人，怯里馬赤二人，奏差六人，典吏四人。至順二年立，凡文宗潛邸扈從之臣，皆領於是府。其屬則宫相、膳工等司。

宫相都總管府，秩正三品。達魯花赤二員，都總管一員，副達魯花赤二員，同知二員，副總管二員，經歷、知事，提控案牘承發架閣各一員。至順二年，罷宫相府并鶴馭司，改怯憐口錢糧總管府爲本府。

織染雜造人匠都總管府，秩正三品。達魯花赤一員，總管一員，同知一員，副總管二員，經歷、知事、提控案牘、照磨各一員。至元二十年，爲管領織染段匹匠人設總管府。元貞二年，以營繕浩繁，事務冗滯，陞爲都總管府，隸徽政院。天曆元年，改隸儲慶使司。三年，改屬宫相。

織染局，秩從七品。大使一員，副使一員。至元二十三年，改織染提舉司爲局。

綾錦局，秩從七品。大使一員，副使一員。至元八年置。九年，以招收析居放良還俗僧道爲工匠，二百八十有二户，教習織造之事，遂定置以上官。

紋錦局，秩從七品。大使一員，副使一員。國初，以招收漏籍人户，各管教習立局，領送納絲銀物料織造段匹。至元八年，設長官。十二年，以諸人匠賜東宫。十三年，罷長官，設以上官掌之。

中山局，秩從七品。大使一員，副使一員。國初，以招收隨路漏籍不當差人户，立局管領，教習織造。至元十二年，以賜東宫，遂定置局官如上。

真定局，秩從七品。大使一員。國初，招收户計。中統元年置。掌織染造作。至正十六年，以賜東宫，設官悉如舊。

弘州、蕁麻林納失失局，秩從七品。二局各設大使一員、副使一員。至元十五年，招收析居放良等户，教習人匠織造納失失，於弘州、蕁麻林二處置局。十六年，併爲一局。三十一年，徽政院以兩局相去一百餘里，管辦非便，後爲二局。

大名織染雜造兩提舉司，秩正六品。至元二十一年置。掌大名路民户内織造人匠一千五百四十有奇。各置提舉、同提舉、副提舉一員。三十年，增置雜造達魯花赤一員。

供用庫，秩從九品。大使、副使各一員，受徽政院劄。國初，爲綾錦總庫。至元二十一年，改爲供用庫。【略】

〔繕工司〕大都織染提舉司，提舉二員，同提舉、副提舉各一員，吏目一員，司吏四人。【略】

〔管領保定等路阿哈探馬兒諸色人匠總管府〕管領保定織染局，秩從六品。管匠一百有一户。達魯花赤、提舉、同提舉、副提舉各一員。至元十七年置。

管領豐州捏只局，頭目一員。掌織造花毯。至元十七年置。

〔管領打捕鷹房民匠達魯花赤總管府〕管領涿州成錦局人匠提舉司，秩從五品。領匠二百有二户。達魯花赤、提舉、同提舉、副提舉各一員。至元二十一年置。【略】

〔管領隨路諸色民匠打捕鷹房等户總管府〕管領涿州等處民匠異錦局，秩正五品。掌民匠一百五十户。達魯花赤、提舉、同提舉、副提舉各一員。大德二年置。

管領上用織染局，秩從七品。掌工匠七十有八户。提舉、同提舉、副提舉各

一員。大德二年置。【略】

(管領隨路打捕鷹房諸色民匠怯憐口總管府)管領大都涿州織染提舉司，秩從七品。掌領九十有六户。達魯花赤、提舉各一員。延祐五年置。

《元史》卷九〇《百官志六》 (大都留守司)廣誼司，秩正三品。司令二員，正三品；同知二員，正四品；副使二員，正五品；判官二員，正六品；經歷、知事各二員，照磨一員。總和顧和買、營繕織造工役、供億物色之務。至元十四年，改覆實司辦驗官，兼提舉市令司。大德五年，又分大都路總管府官屬，置供需府。至順二年罷之，立廣誼司。【略】

(中尚監)資成庫，秩從五品。掌造氈貨。提點三員，從五品；大使三員，正六品；副使三員，正七品。至元二年置，隸太府。二十三年，始歸于監。

《元史》卷一二〇《鎮海傳》 己丑，太宗即位，扈從至西京，攻河中、河南、(均)〔鈞〕州。癸巳，攻蔡州。以功賜恩州一千户。先是，收天下童男童女及工匠，置局弘州。既而得西域織金綺紋工三百餘户，及汴京織毛褐工三百户，皆分隸弘州，命鎮海世掌焉。

《元史》卷一五〇《何實傳》 甲申，孛魯征西夏，以實分兵攻汴、陳、蔡、唐、鄧、許、鈞、睢、鄭、亳、潁，所至有功，計梟首一千五百餘級，俘工匠七百餘人。孛魯復命駐兵邢州，分織匠五百户，置局課織。

丁亥，賜金虎符，便宜行元帥府事。邢因武仙之亂，歲屢饑，請移匠局于博，孛魯從之。憫其勞瘁，使勿出征，更檄東平嚴實，與之分治軍民事。博值兵火後，物貨不通，實以絲數印置會子，權行一方，民獲貿遷之利。庚寅，有旨收諸將金符。乙未，孛魯以實子仲澤爲質子。

丁酉，太宗數召入見，實貢金幣紋綺三篚。次陵州，遇寇，實與左右射之，斃二十餘人，生獲十餘人。朝于幄殿，帝歡甚，問遇盜之故，命所獲寇勿殺，仍以賜實。是日，賜坐，與論軍中故事，良久，曰：「思卿效力有年，朕欲授以征行元帥，後當重任。」實叩頭謝曰：「小臣被堅執鋭，從事鋒鏑二十餘年，身被十餘槍，右臂不能舉，已爲廢人矣。臣不敢辱命。願辭監軍之職，幸得元佩金符，督治工匠，歲獻織幣，優游以終其身，於臣足矣。」帝默然不悦，令射以觀其强弱，實不能射。命入宿衛，密使人覘之，實臂果不能舉。固辭十餘，始可其奏。遂錫宴，取金符親賜之，授以漢字宣命，充御用局人匠達魯花赤，子孫世其爵。更賜白貂帽、減鐵繫腰、貂衣一襲，弓一、矢百，遣歸。

費著《蜀錦譜》 蜀以錦擅名天下，故城名以錦官，江名以濯錦。而《蜀都賦》云：「貝錦斐成，濯色江波。」《遊蜀記》云：「成都有九璧村，出美錦，歲充貢。」宋朝歲輸上貢等錦帛，轉運司給其費而府掌其事。元豐六年，吕汲公大防始建錦院於府治之東，募軍匠五百人織造，置官以莅之，創樓於前，以爲積藏待發之所，榜曰「錦官」，公又爲之記。其略云：「設機百五十四，日用挽綜之工百六十四，用杼之工(百)五十四，練染之工十一，紡繹之工百十一，而後足役。歲費絲，權以兩者一十二萬五千，紅藍紫茢之類，以斤者二十一萬一千，而後足用。織室吏舍出納之府，爲屋百一十七間，而後足居。」自今考之，當時所織之錦其別有四：曰土貢錦，曰官告錦，曰臣僚襖子錦，曰廣西錦，總爲六百九十疋而已。渡江以後，外攘之務，十倍承平。建炎三年，都大茶馬司織造錦綾被褥折支黎州等處馬價，自是私販之禁興，又以應天、北禪、鹿院寺三處置場織造。其錦自真紅被褥而下凡十餘品，於是中國織紋之工轉而衣被椎髻鴃舌之人矣。乾道四年，又以三場散漫，遂即舊廉訪司潔己堂剏錦院，悉聚機户其中，猶恐私販不能盡禁也，則倚宣撫之力，建請於朝，併府治錦院爲一，俾所隸工匠各以色額織造。蓋馬政既重，則織造益多，費用益夥，隄防益密，其勢然也。今取承平時錦院與今茶馬司錦院所織造名著於篇，俾後來者各以時考之。

轉運司錦院織錦名色即成都府錦院

(上)〔土〕貢錦三疋花樣

八答暈錦

官告錦四百尺花樣

盤毬錦　簇四金鵰錦

葵花錦　八答暈錦

六答暈錦　翠池獅子錦

天下樂錦　雲鴈錦

臣僚襖子錦八十七疋花樣

簇四金鵰錦　八答暈錦

天下樂錦

廣西錦二百疋花樣

真紅錦一百疋

大窠獅子錦　大窠馬打毬錦

雙窠雲鴈錦　宜男百花錦
青緑錦一百疋
宜男百花錦　青緑雲鴈錦

茶馬司錦院織錦名色

茶馬司須知云：逐年隨蕃蠻中到馬數多寡以用折傳，別無一定之數。

黎州
皂大被　緋大被
皂中被　緋中被
四色中被　七八行錦
瑪瑙錦

敘州
真紅大被褥　真紅雙連椅背
真紅單椅背

南平軍
真紅大被褥　真紅雙窠錦
皂大被褥　青大被褥

文州
犒設紅錦

細色錦名色
青緑瑞草雲鶴錦　青緑如意牡丹錦
青紅宜男百花錦　真紅穿花鳳錦
真紅雪花毬露錦　真紅櫻桃錦
真紅水林檎錦　秦州細法真紅錦
鵝黄水林檎錦　秦州中法真紅錦
紫皂段子　秦州麤法真紅錦
真紅天馬錦　真紅湖州大百花孔雀錦
真紅飛魚錦　四色湖州百花孔雀錦
真紅聚八仙錦　二色湖州大百花孔雀錦
真紅六金魚錦

薛景石《梓人遺制・華機子》

敘事

《淮南子》云：伯余之初作衣也，緂麻索縷，手經指挂，其成猶網羅，後世爲之機杼，勝複以便其用，此伯余之始也。伯余，黄帝臣。

江文通《古别離》云：紈扇如明月，出自機中素。江淹。

唐房玄齡授秦王府記室，居十年，軍符府檄，或駐馬即辦，文約理盡，初不署藁。高祖曰：若人機識，是宜委任，每爲吾兒陳事，千里猶對語。

《拾遺記》：吳王趙夫人巧妙無比，人謂吳宮三絶，機絶、針絶、絲絶。

其機非伯余作，止是手經指挂而已，後人因而廣之，以成機杼。《傳》云：麻冕禮也，今也純儉，麻冕，布冠。純，絲也。吾從衆。純布亦自古有，故知機杼亦起於上古。今人工巧，其機不等，自各有法式，今略叙機之總名耳。

用材

華機子

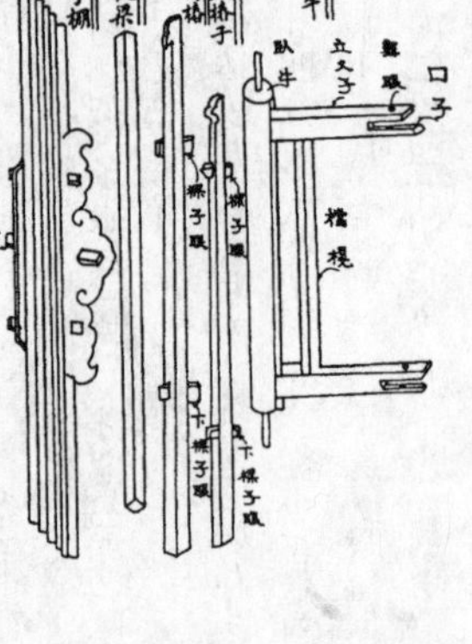
華機子分件

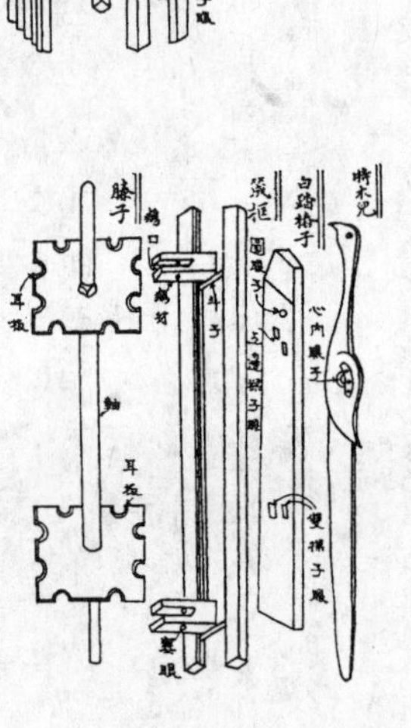
華機子分件

造機子之制，長八尺至八尺六寸，上至龍脊杆子，下至機身，共高八尺至八尺六寸，横廣禠外三尺六寸。

機身徑廣三寸，厚二寸六分，先從機身頭上向裏量八寸，畫前樓子眼，前樓子眼合心至中間樓子眼合心二尺二寸，中間樓子眼合心至兔耳眼合心四尺二寸，兔耳眼合心至後靠背樓子眼合心一尺二寸，內樓子眼各長一寸六分，隨材加減。兔耳眼長四寸。

機樓扇子立頰長五尺二寸，廣隨機身之厚，徑厚一寸六分。從下除機身內卯向上量一尺六寸，畫下樘榥眼，下榥眼上量七寸，心榥眼。心榥上量七寸，是上榥眼。榥眼長一寸六分。上榥上一尺二寸是遏腦，內榥長隨廣徑，廣隨立頰之厚，厚一寸六分。遏腦木長四尺四寸，廣四寸，厚隨樓子立頰之厚。上順絞井口，又謂之井口木。廣厚同遏腦。

衝天立柱長三尺四寸，下卯在外。厚隨遏腦之厚，廣二寸，下卯栓透遏腦心下兩榥。遏腦向上隨立柱量四寸，安文軸子，軸子圓徑一寸至一寸二分，長隨樓子之廣。

龍脊杆子長隨機身之長，厚隨衝天立柱之方廣。樓子合心，向脊杆子上分心各離三寸，安牽拔二個。

機子心扇心榥合心，每壁各量一尺二寸安引手。引手各長一尺五寸，共是六箇眼子。遏腦上絞口向裏兩下各量七寸，是前順樘榥後順棖。栓透前後樓子遏腦，從心扇遏腦上，向後順棖上量四寸，安立叉子一箇，立叉向後又量二尺，更安一箇，各長五寸。上是烏坐木，內穿特木兒。

卷軸長隨兩機身横之外，徑三寸四分，兔耳隨機身之後徑，廣四寸，上訛角。

臥牛子長三尺六寸，隨機身横之廣徑，廣六寸，厚五寸。自立叉子，至臥牛底面禠上，通高三尺，徑廣三寸，厚二寸六分。立叉子頭上向下量五寸開口子。二分中取一分立口。口子合心横鑽塞眼，上安立杆。立杆長八尺。立叉子開口與筬框鵝口廣同。臥牛上隨立叉子向上量三寸，安檔榥一條，廣二寸。

筬框用雜硬木植。長三尺六寸，廣二寸四分，厚一寸二分，內安斗子。其斗子內二尺八寸明逩，高五分，筬口上下離八分至一寸。斗子上是鵝材，長三寸六分，方廣二寸，開口深二寸四分，横鑽塞眼子。

特木兒長三尺四寸，版廣二寸四分，厚八分。從頭上眼子至心翅眼子量九寸五分，是心內眼子。圓七分。心內眼子至後尾眼子二尺一寸，樓子合心。上釘環兒。

弓棚架，子版長一尺二寸，廣三寸，厚一寸。用拴三條，內安弓釘，釘上爲用。弓材長六尺二寸，廣一寸，厚六分。

綹椿子用雜硬木植造。材長二尺五寸，小頭廣一寸，厚六分，大頭廣一寸二分至一寸四分，厚八分至一寸。從小頭上向下量三寸四分，畫樑子眼，長一寸有餘。樑子眼下一尺二寸明，外是下樑子眼，横樑子長二尺六寸四分，廣一寸，厚四分，椿子內二尺四寸明。計六扇一十二條。

蘸椿子長一尺八寸，小頭廣八分，厚六分，大頭廣一寸二分，厚八分。小頭向下量三寸二分畫樑子眼，向下一尺二寸外下樑子眼，廣與搊同。樑子各長二尺八寸，內二尺四寸。

拔樑長隨兩引手之廣，長二尺八寸，徑方廣一寸，計六條，鑽眼子與引手同。

白踏椿子長二尺六寸，上廣二寸，厚六分，下廣二寸二分，厚八分。從頭上向下量三寸二分，心內鑽圓眼子。再從頭上向下量四寸二分，邊上鑿樑子眼一箇。樑子眼各長一寸一分。上眼子下楞齊，向下更畫樑子眼一箇。下眼下量九寸四分外，下是雙樑子眼。從下倒向上量二寸八分合心，又鑽圓眼子一箇。

樑子長二尺八寸，廣一寸一分，厚四分。

滕子軸長三尺八寸，方廣二寸，兩耳內二尺四寸明，耳版厚一寸四分至一寸六分，方廣一尺至一尺二寸。

凡機子制度內，或織紗，則用白踏，或素物，只用梭子，如是織華子什物全用，其機子不等，隨此加減。

功限

機身機樓子共各七功。

臥牛子一箇一功。

筬框一副全一功五分。

特木兒六箇八分功。

弓棚架一功二分。

搊蘸各一副一十二扇，全造三功二分。

拔樑六條四分功。

滕子一箇一功二分。

立竿二條三分五釐功。

解割在外。

薛景石《梓人遺制・泛床子》

用材

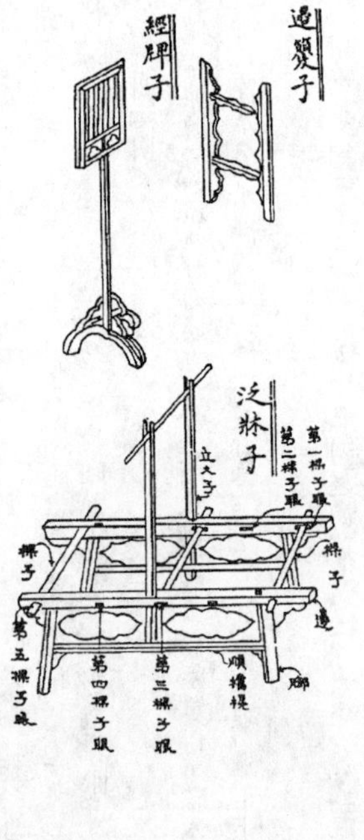

泛床子

造泛床子之制，上至立叉子頭，下至泛床子地，共高二尺一寸三分，兩邊長與高同。

邊俗謂之框。長二尺一寸三分，廣一寸六分，厚八分。先從邊頭上量一寸，邊上留三分，向裏畫第一箇槷子眼。槷子眼長二寸三分。第一箇槷子眼外空二寸二分，畫第二箇槷子眼。眼長一寸八分。第二箇槷子眼外空三寸，畫第三箇槷子眼。眼子長一寸。此眼外楞上側面，鑿立叉子眼。立叉子眼長八分，廣五分。第三箇槷子眼外空三寸三分，畫第四箇槷子眼。眼長一寸八分。第四箇槷子眼外空一寸四分，畫第五箇槷子眼。眼長二寸三分。前後槷子眼長則不同，各廣三分。

脚子槾上高九寸二分，廣一寸三分，厚同邊脚，除上卯向下量三寸，畫順樘棍眼。

順樘棍隨脚順之長，廣隨脚之厚，厚一寸三分。

立叉子邊向上高一尺二寸，廣與邊同厚八分，上開口子深五分，下卯栓透樘棍。

槷子長二尺六寸，廣一寸，厚三分五釐。用三條雜硬木植。

凡泛床子，是華機子內白踏攪蘸椿子打繒線上使用，隨此準用。

功限

一箇全造完備，一功五分。

如有牙口，二功。

薛景石《梓人遺制・掉籰座》

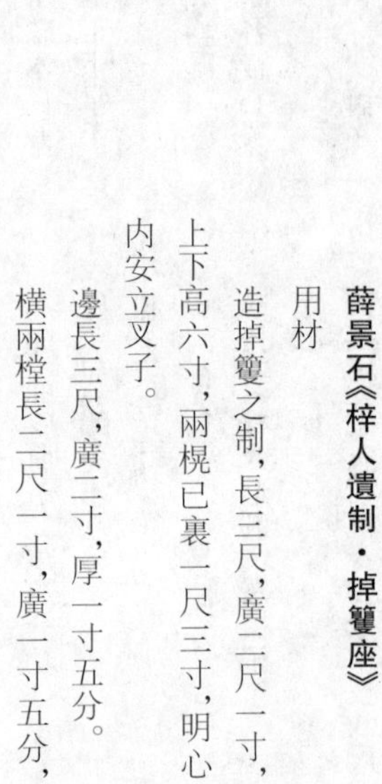

用材

掉籰座

造掉籰之制，長三尺，廣二尺一寸，上下高六寸，兩棍已裏一尺三寸，明心內安立叉子。

邊長三尺，廣二寸，厚一寸五分。

橫兩樘長二尺一寸，廣一寸五分，厚一寸二分。

脚縵上高六寸，廣厚與邊同。立叉子下除卯向上高七寸，上開口子，深一寸，廣厚同邊。

籰軸長隨兩耳之內徑，方廣二寸四分，從軸心每壁各量七寸，外安輻四枝。或六枝減短。

輻枝長一尺六寸，廣一寸二分，厚一寸。

籰枝長一尺七寸，廣一寸二分，厚一寸。

凡掉籰是打紡絲線經上使用，隨此制度加減。

功限

掉籰一箇全造完備，一功一分。

如是上有線子牙口造者，三功五分。

薛景石《梓人遺制・立機子》

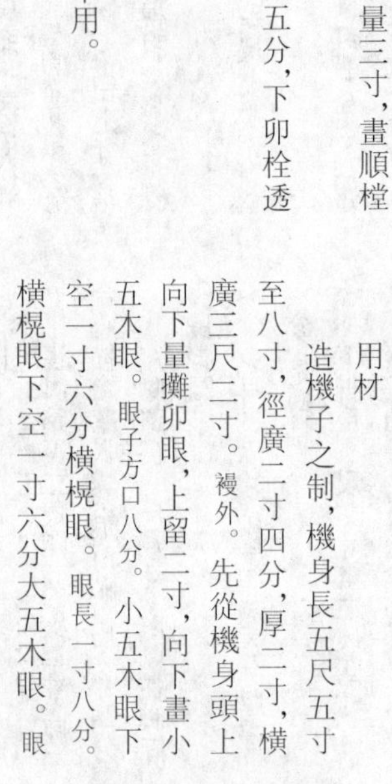

用材

立機子

造機子之制，機身長五尺五寸至八寸，徑廣二寸四分，厚二寸，橫廣三尺二寸。襻外。先從機身頭上向下量攤卯眼，上留二寸，向下畫小五木眼。眼子方口八分。小五木眼下空一寸六分橫棍眼。眼長一寸八分。橫棍眼下空一寸六分大五木眼。眼方圓一寸。大五木眼下順身前面下量二寸外馬頭眼。眼長二寸。馬頭下二尺八寸機肐膝眼。眼長二寸五分。機肐膝上，馬頭下身子合心横榥眼。或雙用單用眼一寸八分。肐膝眼下量六寸，前後順栓眼。眼長二寸。順栓眼下，前脚柱下留七寸，後脚眼下留四寸。前長後短。身子後下脚栓上離一寸，是脚踏五木榥眼。眼長二寸。心内上安兔耳，各離六寸。前脚長二尺四寸。後脚減短二寸。

馬頭長二尺二寸，廣六寸，厚一寸至一寸二分，機身前引出一尺七寸。斫盤在内。除機身内卯向前量二寸二分，鑿高樑木眼。方圓八分。主豁絲木眼斜向上量八寸，鑿豁絲木眼。同前。高樑木眼斜向下五寸二分鵶兒木眼。都主眼子畫。

大五木長隨兩機身外楞齊。徑方廣二寸二分。兩頭除機身内卯向裏量一寸，畫前掌手子眼，下是垂手子眼。相栓五木後，除兩下卯量向裏合心，却向外各量三寸，外畫後頭引手子眼。眼子各長一寸八分。

掌手子通長九寸，廣一寸八分，厚一寸二分。除卯量三寸四分，横鑽塞眼，順鑿子口。口子各長二寸四分。

垂手子長一尺二寸六分，廣厚同前。除卯七寸四分，鑽塞眼，開口子，與掌手子同。後引手子長廣厚開口子與前同，除卯量七寸六分。鑽眼子。

小五木隨大五木之長，廣一寸六分至一寸八分，厚一寸二分。掌手眼與大五木同，長加六分。

機肐膝長一尺五寸，厚一寸二分。機身向前量六寸，外畫捲軸眼。方圓一寸。後卯栓透機身兩脚。

捲軸長隨機肐膝外之齊，徑方廣二寸，上開水槽。長二尺二寸。掌滕木長一尺六寸，廣二寸，厚八分，上開口子，深一寸五分，下除一寸鑽塞眼，隨上下掌手子取其方午。

高樑木、豁絲木、約繒木三條，隨兩馬頭内之長，徑廣一寸六分，各圓混。

鵶兒木長九寸，方廣二寸三分。心向兩壁各量三寸四分，鑽塞眼，各從心殺向兩頭梢得一寸六分，順開口長二寸四分。

曲肐肘子長二尺二寸，廣一寸六分，心内厚八分。從心分停除眼子外，眼子圓八分。前量七寸，後量八寸，鑽塞眼，前安鵶兒木上，後安垂手子上。

懸魚兒長一尺，廣一寸八分，厚八分。下除圓眼子，離六寸鑽塞眼，安於鵶兒木上。

長脚踏長二尺四寸，廣二寸，厚一寸四分。從後頭向前量二寸二分，口子内合心横鑽塞眼，塞眼口順長二寸四分，塞眼向前量六寸轉軸眼，圓八分。

短脚踏長一尺八寸，廣厚長脚同，從轉軸眼向前量五寸，横鑽塞眼，開口子與長脚同。

兔耳長六寸，廣二寸四分，厚一寸。心内一箇厚二寸。下除卯向上量一寸六分，是轉軸眼。

下脚長二尺二寸至二尺四寸，栓上兩機身之上。

滕子軸長三尺六寸，方廣二寸。或圓八楞，造滕耳，徑長一尺，廣三寸，厚一寸二分。滕耳内二尺二寸明。

布絹筬框長二尺四寸，廣一寸四分至一寸六分，厚六分。内鑿池槽，長二尺一寸四分明，塞笓眼在内。塞眼各長五分。

梭子長一尺三寸至四寸，中心廣一寸五分，厚一寸二分。開口子長六寸五分至七寸，心内廣鑿得一寸明，兩頭梢得五分，中心鑽虬蜉眼兒。

凡機子制度内，或就身做脚，或下栓短脚，或馬頭上安高樑、豁絲木，或掌滕木下安羅牀榥曲木，其豁絲木，所以不同，就此加減。

功限

機身、機榥各一功。

大五木、小五木二功三分。

脚踏五木並捲軸一功二分。

馬頭、曲肐肘子二項八分功。

懸魚兒、鵶兒木八分功。

滕子筬框一功八分。

解割在外。

用材

薛景石《梓人遺制·羅機子》

造羅機子之制，機身長七尺至八尺，横禒外廣二尺四寸至二尺八寸。材廣三寸，厚二寸。先從機身後頭向前量四寸，畫後脚眼。眼長三寸。後脚眼盡前量五寸二分，畫兔耳眼。眼長三寸六分。兔耳眼盡前量二尺二寸，畫機樓子眼。眼長一寸

羅機子

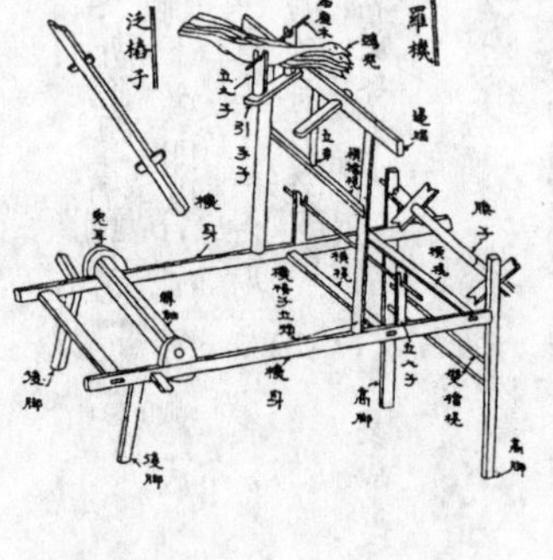

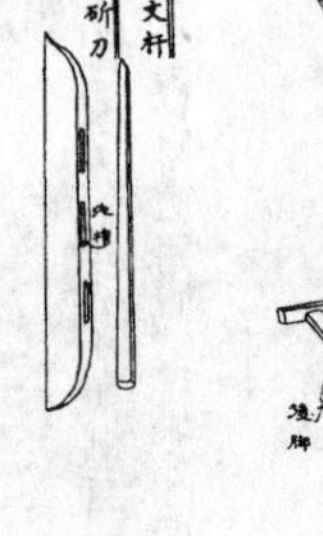

六分。機樓子眼盡前量五寸，畫橫梘眼。眼長一寸六分。橫梘眼盡前量八寸六分立叉子眼。眼長一寸六分。立叉子眼盡前量八寸，側面畫橫梘眼。眼長一寸六分。橫梘眼盡向前量五寸，畫高脚眼。眼長三寸。

機樓子立頰長三尺六寸，廣二寸，厚一寸六分，下除機身外向上高三尺三寸。上除遏腦卯向下量七寸，是橫樘梘眼。眼長八分。樘梘眼合心上下立串眼，栓透遏腦。

遏腦廣三寸，廣同兩立頰。遏腦心內左壁離六寸，是引手子眼。眼長一寸八分。引手子上是兩立叉子，上是鳥座木，上穿鵶兒。引手長一尺二寸。立叉子高七寸，前脚高三尺八寸，廣厚同。

機身上引出卯七寸，卯上開口安滕子。卯下一尺五寸雙樘梘，後脚廣厚同前，高三尺。

捲軸長隨機身之廣，徑廣三寸四分，圓混上開水槽。

立叉子高九寸，徑廣一寸五分，上是高樑木，下是豁絲木，長隨兩機身廣之長。

特木兒長隨機子之廣。心材子廣一寸八分，厚六分加減。

大泛扇樁子長二尺四寸，小頭廣八分，厚六分，大頭廣一寸四分，厚八分。從頭上向下量三寸四分畫眼子，眼長八分。上樑子眼至下樑子眼，褭外通量一尺二寸。

小扇樁子小頭廣六分，厚四分，大頭廣八分，厚六分。上下褭樑子眼外一尺二寸，橫廣二尺四寸明，前後同。

斫刀長二尺八寸，廣三寸六分至四寸，厚一寸二分。背上三池槽各長四寸，心用斜鑽蚍蜉眼兒。

文杆隨刀之長，大頭圓徑一寸，小頭梢得八分。出尖滕子，長隨機身廣之外軸，材方廣二寸，耳長一尺至一尺二寸。

凡機子制度內，或素不用泛扇子，如織華子隨華子，當少做泛扇子。

功限

羅機、斫刀並雜物完備一十七功，如素者一十功。

薛景石《梓人遺制·小布臥機子》

小布臥機子

用材

造臥機子之制，立身子高三尺六寸，臥身子與立身子同，徑廣二寸，厚一寸四分。臥身子前頭褭外橫廣二尺四寸，後頭闊一尺六寸，先從立身子上下量攤卯眼。上鵶兒口，在內。立身子頭上向下量六寸，畫順身前馬頭眼。眼長二寸二分，前斜高向上五分，後低五分。馬頭下五寸四分，後是豁絲木眼。眼圓徑八分，安在機身之後。豁絲木眼下量三寸二分，後橫梘眼。眼長一寸四分。橫梘眼下離一寸六分，是臥機身眼。眼長一寸八分。機身下離二寸順身小橫梘眼。眼長八分。小樘梘眼下離二寸，後樘梘眼。橫樘梘下離一寸二分脚踏關子眼。眼子圓徑一寸。

臥身子除前卯向後量二尺五寸後脚眼。與前脚同。後脚眼上，分心兩壁順身各量二寸，畫橫樘梘眼。橫梘上嵌坐板。

馬頭上一尺三寸，廣二寸，厚與機身同。除卯之外，離九寸開滕子軸口。上更安主滕木，厚一寸。

脚踏子長隨機兩身之廣，褭外闊六寸，內短串二條，徑各廣一寸二分，厚一寸。後短脚褭上一尺二寸，廣厚機身同，下安橫樘兩條。廣一寸，厚八分。

輥軸長隨機兩身之徑廣，方廣一寸六分，圓混。

豁絲木長隨機身外楞齊，圓徑一寸四分，破混同前。

鵶兒木長一尺四寸，廣二寸，厚八分，兩頭各留一寸，已裏釘鐶兒，中心安鵶兒木。

滕子軸長隨機子兩馬頭之外，徑方廣一寸六分。滕耳內一尺七寸明，耳子長一尺六寸，廣一寸二分，厚六分。

筬框長二尺二寸，廣一寸四分，厚六分。

攀腰鐶兒長三寸，廣二寸，厚一寸二分。又謂之耳。

輥軸耳子長二寸四分，厚八分。又謂之懸魚兒。

凡機子制度内，或三串栓，馬頭造，或不三串，機身馬頭底用主角木，有數等不同，隨此加減。

功限

臥機子一箇，勝子筬框輥輪共各皆完備全五功七分，如嵌牙子内起心線，壓邊線，更加一功分。解割在外。

司農司《農桑輯要》卷二《播種》

麻　勃如灰便刈。刈，拔，各隨鄉法。未勃者收，皮不成；放勃不收，即驪。枲古典反，小束也。欲小，稗普胡反。欲薄。爲其易乾。一宿輒翻之。得霜露則皮黃也。穫欲净。有葉者喜爛。漚欲清水，生熟合宜。濁水則麻黑，水少則麻脆。生則難剥，太爛則不任。暖泉不冰凍，冬日漚者，最爲柔韌也。

《氾勝之書》曰：種枲太早，則剛堅、厚皮、多節；晚則皮不堅。寧失於早，不失於晚。夏至後二十日漚枲，枲和如絲。

苧麻　《圖經》：苧根，舊不載所出州土，今閩、蜀、江、浙有之。其皮可以績布。苗高七八尺。葉如楮葉，面青背白，有短毛。夏秋間，著細穗青花。其根黃白而輕虚。二月、八月採。

又有一種山苧，亦相似。

陸璣《草木疏》云：「苧，一科數十莖。宿根在地中，至春自生，不須栽種。荆，揚間，歲三刈。官令諸園種之。剥取其皮，以竹刮其表，厚處自脱，得裏如筋者，煮之，用緝。」今江、浙、閩中，尚復如此。【略】

陶隱居云：苧，即今績麻也。【略】

初年長約一尺，便割一鎌，麻未堪用。再候長成，所割即堪績用。【略】

刈倒時，隨即用竹刀或鐵刀，從梢分批開，用手剥下皮，即以刀刮其白瓤，其浮上皴皮自去。縛作小菓，搭於房上，夜露晝曝。如此五七日，其麻自然潔白，然後收之。若值陰雨，即於屋底風道内搭凉，去聲。恐經雨黑漬故也。

所剥之麻，春、夏、秋温暖時分績，與常法同；若於冬月，用温水潤濕，易爲分擘，不然，乾硬難分。

其績既成，纏作纓子，於水甕内浸一宿。紡車紡訖，用桑柴灰淋下水内浸一宿，撈出。每纑五兩，可用一净水盞細石灰拌勻，置於器物内，停放一宿。至來日，擇去石灰，却用黍稭灰淋水煮過，自然白軟。曬乾。再用清水煮一度，別用水擺拔極净，曬乾。逗成纑鋪，經緯織造，與常法同。

此麻一歲三割，每畝得麻三十斤，少不下二十斤。目今陳、蔡間每斤價鈔三百文，已過常麻數倍。善績者，麻皮一斤，得績一斤。細者，有一斤織布一疋；次，一斤半一疋；又次，二斤、三斤一疋。其布柔韌潔白，比之常布，又價高一二倍。然則此麻，但栽植有成，便自宿根，可謂暫勞永利矣。

木綿　直待綿欲落時爲熟。旋熟旋摘，隨即攤於箔上，日曝夜露。

待子粒乾，取下。用鐵杖一條，長二尺，麤如指，兩端漸細如趕餅杖樣；用梨木板長三尺，闊五寸，厚二寸，做成床子。逐旋取綿子置於板上，用鐵杖旋旋趕出子粒，即爲净綿。撚織毛絲，或綿裝衣服，特爲輕暖。

司農司《農桑輯要》卷三《栽桑》

柘　柘葉飼蠶，絲好。作琴瑟等絃，清鳴響徹，勝於凡絲遠矣。

《博聞録》：柘葉多藂生，榦疎而直，葉豐而厚，春蠶食之。其絲以冷水繅之，謂之「冷水絲」。柘蠶，先出先起而先繭。

司農司《農桑輯要》卷四《蠶事預備》

治蠶具

《齊民要術》：崔寔曰：三月，清明令蠶妾具槌、椽、箔、籠。

《士農必用》：蠶具及繅絲器皿，務要寬廣。槌、箔、椽、切刀、鎌、斧、軖、釜等。熱絲則釜宜大，冷絲則釜宜小，盆欲大。其竈，臨時治之。

司農司《農桑輯要》卷四《簇蠶繅絲等法》

擇繭

《務本新書》：繭宜併手忙擇，涼處薄攤，蛾自遲出，免使抽繅相逼。

繅絲

《士農必用》：繅絲之訣，惟在細圓勻緊，使無褊慢節核，接頭爲節，疙疸爲核。麤惡不勻也。生繭繅爲上；如人手不及，殺過繭，慢慢繅。殺繭法有三：一日曬，二鹽浥，三蒸。蒸最好，人多不會；日曬損繭；鹽浥者穩。

熱釜：可繅麁絲單繳者。雙繳亦可，但不如冷盆所繅者潔净光瑩也。釜要大，置於竈上。如蒸竈法。釜上大盆甑接口，添水至甑中八分滿；甑中用一板欄斷，可容二人對繅也。繭少者，止可用一小甑。水須熱。宜旋旋下繭。多下則繅不及，煮損。

冷盆：可繅全繳細絲，中等繭可雙繳，比熱釜者有精神而又堅韌。雖曰冷盆，亦是大温也。盆要大，先泥其外。口徑二尺五寸之上者，預先翻過，用長粘泥泥底，並四圍至唇，厚四指，將至唇漸薄，日曬乾。名爲串盆。用時添水八九分滿。水宜温暖常匀，無令乍寒乍熱。釜要小。口徑一尺以下者。小則下繭少。繭欲頻下，多下則煮過，又不匀也。

突竈：半破塼坯，圓壘一遭，中空。直桶子樣。其高比繅絲人身一半，其圓徑相盆之大小。當中壘一小臺，徑比盆底小。坐串盆於小臺上，其盆要比圓壘高一唇。靠元壘安打絲頭小釜竈，比圓壘低一半，拚火透圓壘。竈子後火煙過處，名拚火。與拚火相對圓壘匝近上，開煙突口。做一臥突，長七八尺已上，先於安突一面壘一臺，比突口微低；又相去七八尺外，安一臺，高五尺。或就用牆，或用木爲架子。用長一丈椽二條，斜磴在二臺上，二椽相去闊一塼坯許，用塼坯泥成一臥突。二椽上平鋪塼坯一層，兩邊側立，上復平蓋，泥了，便成一臥突也。須與竈口相背，謂如竈口向南，突口向北是也。繅盆居中，火衝盆底與盆下臺，煙焰遶盆過，煙出臥突中，故得盆水常温又匀也。又得煙火與繅盆相遠，其繅絲人不爲煙火所逼，故得安詳也。

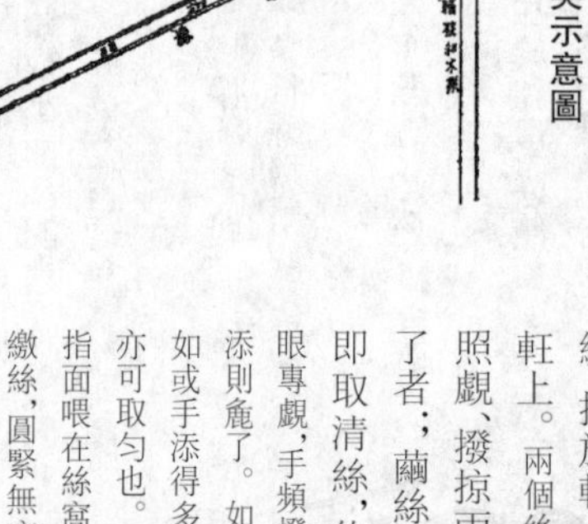
冷盆臥突示意圖

軖車：床高與盆齊。軸長二尺，中徑四寸，兩頭三寸，用榆、槐木。四角或六角；臂，通長一尺五寸。六角不如四角，軖角少則絲易解。臂者，輻條也。或雙輻，或單輻，雙輻者穩。須脚踏。又繅車竹筒子宜細，細似織絹穗筒子。鐵條子串筒，兩樁子亦須鐵也。兩竪樁子上，横串鐵條，鐵條穿筒子，既輕又利也。不如此，則不能成絶妙好絲。古人有言：「工欲善其事，必先利其器。」餘如常法。

打絲頭：用一人。小釜內添水九分滿，竈下燃麤乾柴。柴細旋添，火不匀停。候水大熱，下繭於熱水內，下繭宜少不宜多，多則煮過，繅絲少。用筯輕剔撥，令繭滚轉盪匀，挑惹起囊頭，麄絲頭名囊頭。手捻住，於水面上輕提掇數度，復提起，其囊頭下即是清絲，摘去囊頭。如重手攪撥囊頭，又於手拐子纏數遭，可長五七尺，將繭上好絲，十分中去了二三分，實爲可惜。如輕手剔撥起囊頭，長不過一尺也。一手撮捻清絲，一手用漏杓窃繭，款送入温水盆內。杓底上多鏤眼子，爲「漏杓」。漏瓢更好。將清絲掛在盆外邊絲老翁上。盆邊釘插一橛子，名「絲老翁」。

繅絲：用一人。將絲老翁上清絲約十五絲之上，黄絲麄，减繭數。總爲一處，穿過錢眼，錢下繭攢聚，名絲窩，又名絮盤。繳過簹頭，蛾眉杖子上兩繳，杖子下兩繳，掛於軒上；又取絲老翁上清絲，如前挂於軖上。兩個絲窩，其頭齊行。右脚踏軖右轉，長切照覷，撥掠兩絲窩於內。有繭絲先盡，蛹子沈了者；繭絲斷了，繭浮出絲窩者，其絲窩減小，即取清絲，約量添加，務要兩絲窩大小長均。眼專覷，手頻撥頻添。添不過三四絲，失添則細了，多添則麄了。如或手添不迭，脚慢踏軖，其絲較争細，手脚相應。如或手添得多了，脚緊踏軖，其絲較争麄；亦可取匀也。添絲搭在絲窩上，便有接頭；將清絲用指面喂在絲窩內，自然帶上去，便無接頭也。此名全繳絲，圓緊無疙疸，上等也，中作紗羅，上等疋段。如蛾眉杖上只兩繳，名雙繳絲，不甚圓緊，有小疙疸，中等也，不中紗羅，中中等段疋。如蛾眉杖上只一繳，名單繳絲，又名歇口絲，褊慢有大疙疸，不中疋段，只中絹帛，亦不堅壯。此單繳歇口絲，多只是熱釜中繅也。

北繅車圖

蒸餾繭法

《韓氏直説》：如蠶成繭硬、紋理麄者，必繅快，此等繭可以蒸餾，繅冷盆絲。其繭薄紋理細者，必繅不快，不宜蒸餾，此止宜繅熱盆絲。其蒸餾之法：用籠三扇，用軟草扎一圈，加於釜口，以籠兩扇坐於上。其籠不以大小。籠內匀鋪繭厚三四指許。頻於繭上以手背試之，如手不禁熱，可取去底扇，却續添一扇在上。亦不要蒸得過了，過了則軟了絲頭；亦不要蒸得不及，不及則蛾必鑽了。如手背不禁熱，恰得合宜。於蠶房槌箔上，從頭合籠內繭在上，用手微撥動。如箔上繭滿，打起更攤一箔。候冷定，上用細柳梢微覆了。其繭只於當日都要蒸盡，如蒸不盡，來日必定蛾出。如此，繅絲一月，一般繅快。釜湯內，用鹽一兩，油半兩，所蒸繭不致乾了絲頭。如餾繭多，油鹽旋旋入。

王禎《農書・農桑通訣六・蠶繅篇》《淮南王蠶經》云：黄帝元妃西陵氏始蠶，蓋黄帝制作衣裳，因此始也。其後禹平水土，《禹貢》所爲「桑土既蠶」，其利漸廣。《禮・月令》曰：古者，天子諸侯，必有公桑蠶室。季春之月，具曲植音值。籧筐，后妃齊戒，親東鄉音向。躬桑，禁婦女毋觀，去聲。省婦使，以勸蠶事。蠶事既登，分繭稱絲效功，以供郊廟之服，無有敢惰。及考之歷代皇后與諸侯夫人親蠶之事，昭然可見；況庶人之婦，可不務乎？【略】

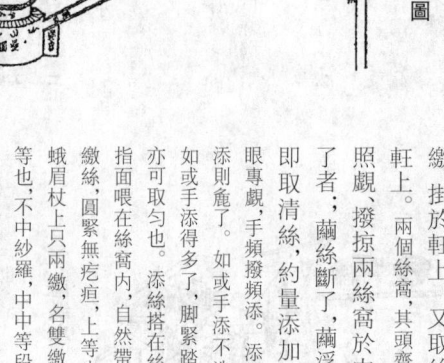

《務本新書》云：凡繭，宜併手忙擇，涼處薄攤，蛾自遲出，免使抽繅相逼。恐有不及，則有瓮浥籠蒸之法。瓮浥、籠蒸並見《農器譜》。《士農必用》云：繅絲之訣，惟在細、圓、勻、緊，使無褊慢節核，麤惡不勻也。繅絲有熱釜、冷盆之異，然皆必有繅車絲軠，然後可用。熱釜要大，置於釜上，接一盆甑，添水至甑中八分滿，甑中用一板欄斷，可容二人對繅也。水須常熱，旋旋下繭，多下則繅不及，煮損。此可繅麄絲單繳者。雙繳者亦可，但不如冷盆所繅潔淨光瑩也。冷盆要大，先泥其外，用時添水八九分。水宜溫煖長勻，無令乍寒乍熱，可繅全繳細絲。中等繭可繅雙繳，比熱釜者有精神而又堅韌也。

水轉大紡車

王禎《農書·農器圖譜集一四·利用門》

水轉大紡車。此車之制，見《麻苧門》，茲不具述，但加所轉上聲。水輪，與水轉輾磨之法俱同。中原麻苧之鄉，凡臨流處所多置之。今特圖寫，庶他方績紡之家傚此機械，比用陸車愈便且省，庶同獲其利。

詩云：車紡工多日百觔，更憑水力捷如神，世間麻苧鄉中地，好就臨流置此輪。

王禎《農書·農器圖譜集一六·蠶繅門》

繭甕。《蠶書》云：凡浥於立切。繭，列「埋大甕地上，甕中先鋪竹箕，次以大桐葉覆之，乃鋪繭一重，以十斤爲率，摻鹽二兩，上又以桐葉平鋪。如此重重隔之，以至滿甕，然後密蓋，以泥封之。七日之後，出而繅之，頻頻換水，即絲明快」。蓋爲繭多不及繅取，即以鹽藏之，蛾乃不出，其絲軟韌如吝切。潤澤，又得勻細。此南方淹繭法，用甕頗多，可不預備？

嘗讀北方《農桑直説》云：「生繭即繅爲上。如人手不及，殺繭慢慢繅者，殺繭法有三：一曰日曬，二曰鹽浥，三曰籠蒸。籠蒸最好，人多不解。日曬損繭，鹽浥甕藏者穩。」

前人《織圖詩》云：「盤中水晶鹽，井上梧桐葉。陶器固封閉，窨繭近旬浹。門前春水生，布穀催畚臿。明朝踏繅車，車輪纏臼氈。徒叶切。」

繭籠，蒸繭器也。《農桑直説》云：「用籠三扇，以軟草扎圈，加於釜口，以籠兩扇，坐於其上。籠內勻鋪繭，厚三指許。頻於繭上以手試之。如手不禁熱，可取去底扇，却續添一扇在上。如此登倒上下，故必用籠也。不要蒸得過了，過則軟了絲頭；亦不要蒸得不及，不及則蠶必鑽了。如手不禁熱，恰得合宜。此用籠蒸繭法也。將已蒸過繭，於蠶房槌箔上，從頭合籠內，繭在上，用手撥動。如箔上繭滿，打起，更攤一箔。候冷定，上用細柳梢微覆了。其繭只於當日都要蒸盡，如蒸不盡，來日定要蛾出。如此，繅絲有一般快，釜湯內，用鹽二兩，油一兩，所蒸繭不致乾了絲頭。如鍋小繭多，油鹽旋入。」

詩云：蠶家有繭如山積，曰恐蛾穿繅不得。鹽浥誠佳能幾何，只有籠蒸人未識。釜湯少沸積繭籠，熱不能禁手爲則。旋抽底扇加上層，走曬中庭趁風日。人在軠車氣少舒，緒縷均停堪絡織。作計何人智者心，濟物不妨聊假力。回看籠也豈筌蹄，依舊人間炊餅食。

繭甕

繭籠

繅車。繅絲自鼎面引絲，以貫錢眼，升於鏁星；星應車動，以過添梯，乃至於軠，去王切，繅輪也。方成繅車。【略】

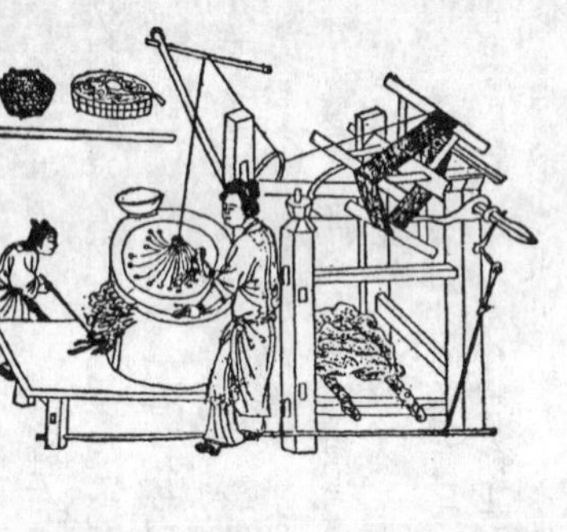

南繅車

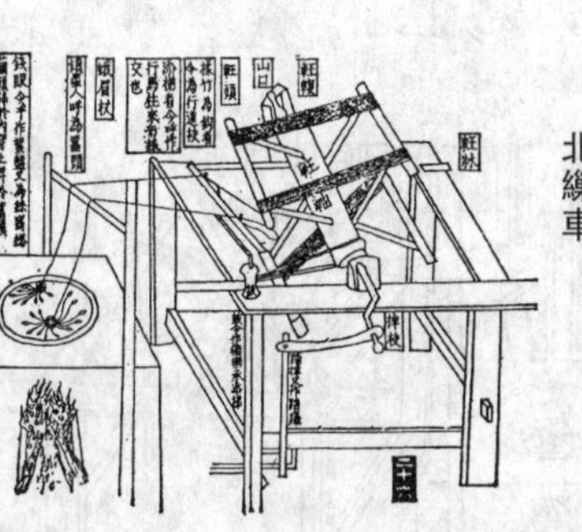

北繅車

竊謂上文云車者，今呼爲軖。軖必以牀，《農桑直説》云：軖牀下鼎一尺，軸長二尺，中徑四寸，兩頭三寸，用榆槐木，四角或六角，輻通長三尺五寸。六角不如四角。軖小則絲易解。以承軖軸。軸之一端，以鐵爲裊掉，復用曲木擐作活軸。左足踏動，軖即隨轉，自下引絲上軖，總名曰繅車。

詠曰：人家育蠶憂不得，今歲蠶收繭如積。滿家兒女喜欲狂，走送車頭趂繅緝。南州誇冷盆，冷盆細繳何輕勻；北俗尚熱釜，熱釜絲圓儘多緒。即今南北均所長，熱釜冷盆俱此軖。軖頭轉機須足踏，錢眼添梯絲度滑。非絃非管聲咿啁，村北村南響相答。婦姑此時還對語，準備吾家好機杼。豈知縣吏已催科，不時揭去無餘紵。迫索仍憂宿負多，車乎車乎將奈何！

熱釜

熱釜。秦觀《蠶書》云繅絲自鼎面引絲直「錢眼」，此繅絲必用鼎也。今農家象其深大，以槃甑接釜，亦可代鼎。故《農桑直説》云：釜要大，置于竈上。如蒸竈法，可繅粗絲單繳者，雙繳者亦可。釜上大槃甑接口。添水至甑中八分滿，可容二人對繅。水須常熱。宜旋旋下繭繅之，多則煮損。凡繭多者，宜用此釜，以趨速效。

詩云：蠶家熱釜趂繅忙，火候長存蟹眼湯。多繭不須愁不辦，時時頻見脱絲軖。

冷盆。《農桑直説》云：「冷盆可繅全繳細絲，中等繭可繅下繳，比熱釜者有精神，又堅韌也。雖曰冷盆，亦是火温之。盆要小，先泥其外，口徑可二尺之上者，預先翻過，用長黏泥〔泥〕底並四圍至唇。泥厚四指，將至唇漸薄，日曬乾，名爲冷盆。用時添水八九分滿，繅之。水宜温暖常勻，無令乍寒乍熱不勻也。」

詩云：瓦盆添水火微然，繭緒抽來細繳全。不似貴家華屋底，空教纖手弄清泉。

冷盆

王禎《農書·農器圖譜集一八·織紝門》 織紝，婦人所親之事。傳曰：「一女不織，民有寒者。」古謂「庶士以下，各衣去聲。其夫。秋而成事，烝而獻功，愆則有辟」，是也。凡紡絡經緯之有數，梭維機杼之有法，雖一絲之緒，一綜之交，各有倫叙，皆須積勤而得，累功而至。日夜精思，不致差互，然後乃成幅匹。如閨閫之屬務之，不惟防閑驕逸，又使知其服被之所自，不敢易也。

絲籰

絲籰，玉縛切。絡絲具也。《方言》曰：「榬，音爰。兖豫河濟之間謂之㡆。」郭璞注云：所以絡絲。《説文》曰：籰，收絲者也。或作䉶，从角，「間」聲。今字从竹，又从矍，竹器；从人執之矍矍然。此籰之義也。然必竅貫以軸，乃適於用，爲理絲之先具也。

《耕織圖詩》云：「兒夫督機絲，輪官趂時節。向來催租瘢，正爲坐踰越。獨來掉籰勤，寧復辭腕脱。辛勤夜未眠，敗屋燈明滅。」

絡車。《方言》曰：「河濟之間，絡謂之(給)〔格〕。」郭璞註曰：所以轉籰給事也。《説文》云：「車柎方無切。爲柅。」《易·姤》曰：「繫於金柅。」柅，女履切。金者，堅剛之物。柅者，制動之主。《通俗文》曰：「張絲曰柅。」蓋以脱軖之絲張於柅上，上作懸鉤，引致緒端，逗於車上。其車之制，必以細軸穿籰，措於車座兩柱之間；謂一柱獨高，中爲通槽，以貫其籰軸之首，一柱下而管其籰軸之末。人既繩牽軸動，則籰隨軸轉，絲乃上籰。此北方絡絲車也。南人但習掉籰取絲，終不若絡車安且速也，今宜通用。

詩云：軖絲張柅復相牽，絡婦車成用具全。座上通槽連簨臼，軸頭引籰逗繩圈。一鉤遞控防偏度，獨縷依循入臥纏。幾向華筵曾誤認，箜篌人坐理冰絃。

絡車

經架，牽絲具也。先排絲籰於下，上架横竹，列環以引衆緒，總於架前經簰，與「牌」同。一人往來，挽而歸之紖軸，然後授之機杼。

前人《織圖詩》云：「素絲頭緒多，羨君巧安排。青鞋胡街切。不動塵，緩步交去來。脉脉意欲亂，眷眷首重回。王言正如絲，亦付經綸才。」

經架

緯織絲也。車。《方言》曰：「趙魏之間謂之歷鹿車，東齊海岱之間謂之道軌，今又謂繀音碎。車。」《通俗文》曰：「織纖謂之繀，蘇内切。受緯曰莩。」其柎上立柱置輪，輪之上近以鐵條，中貫細筒，乃周輪與筒繚環繩。右手掉輪，則筒隨輪轉，左手引絲上筒，遂成絲繀，以充織緯。

緯車

孫德施《賦》云：「惟工藝之多門，偉英麗乎創形。擬老氏之一轂兮，應天運以回行；秉轉屈以成規兮，不辭勞以自傾。故其用同造物，巧參天地，軒轅垂衣，因之以濟。衮冕龍旗，用康上帝，動存王室，惠我阜隸。覩其微風興於軸端，霧雨散于轂輻。制以靈木，絡以奇竹。規朝日以爲圓兮，准暈月以造象；若洪輪之在碓兮，似蜘蛛之結網。爾乃才藝妻妾，工巧是嘉，或織錦組，或匠綾羅一作紗。舒皓腕於輕輪兮，換擬景乎鏡華；絲成妙於指端[兮]，清籟幽而相和。象蟋蟀之鳴户兮，類寒蟬之吟家。」

織機，織絲具也。按黄帝元妃西陵氏曰儽祖，始勸蠶稼。月大火而浴種，夫人副褘而躬桑。乃獻繭稱絲，遂成織紝之功，因之廣織，以給郊廟之服。見《路史》。《傅子》曰：「舊機，五十綜者五十躡，六十綜者六十躡。馬生者，天下之名巧也，患其遺日喪功，乃易以十二躡。」今紅音工。女織繒，惟用二躡，又爲簡要。凡人之衣去聲。被於身者，皆其所自出也。

織機

王逸《賦》曰：「織機功用大矣。上自太始，下迄羲皇。帝軒龍躍，伯余是創。俯覃聖恩，仰覽三光。悟彼織女，終日七襄。爰制布帛，始垂衣裳。於是取衡山之孤桐，南嶽之洪樟。腈復回轉，刻象乾形。大庭淡泊，擬則川平。光爲日月，蓋取昭明。三軸列布，上法台星。兩驥齊首，儼若將征。方圓綺錯，極妙窮奇。兔耳跧伏，若安若危。猛犬相守，竄身匿蹄。高樓雙峙，下臨清池。遊魚銜餌，瀺灂其陂。鹿盧並起，纖纖俱垂。宛若星圖，屈膝推移。」

梭

梭，《通俗文》曰：「織具也，所以行緯之莎。蘇戈切。」《藝苑》曰：「陶侃嘗捕魚，得一梭，還插着壁，有頃雷雨，梭變赤龍躍去。」蓋梭，得魚之象，有化龍之義焉。

梅聖俞詩云：「給給機上梭，往返如度日。一經復一絲，成寸遂成匹。虛腹鋭兩端，素手投未畢。陶家挂壁間，雷雨龍飛出。」

王禎《農書·農器圖集一九·纊絮門》 纊絮禦寒，古今所尚，然製造之法，南北互有所長，故特總輯，庶知通用。近世以來，復以木綿爲助，今附于後。

絮車。構木作架，上控鉤繩滑車，下置煮繭湯甕；絮者掣繩上轉滑車，下徹甕內，鉤繭出没灰湯，漸成絮段。《莊子》謂「洴澼絖」者。疏云：洴，浮也。澼，漂也。絖，絮也。古者纊、絮、綿一也。今以精者爲綿，粗者爲絮。因蠶家退繭造絮，故有此車煮之法，常民藉以禦寒，次于綿也。彼有擣繭爲胎，謂之「牽縭」者，較之車煮，工拙懸絶矣。

詩云：世有洴澼纊，架構以車名。下上輪繩滑，牽聯甕繭烹。濟貧寒可禦，售業價還輕。會遇不龜手，百金爲爾榮。

煮絮滑車

撚綿軸。制作小碢，或木或石，上插細軸，長可尺許。先用叉頭挂綿，左手執叉，右手引綿上軸懸之，撚作綿絲，就纏軸上，即爲細縷。閨婦室女用之，可代紡績之功。

詩云：朶綿高執玉叉頭，細作垂絲撚復收。待得功成付機杼，不知誰解衣去聲。新紬。

撚綿軸

綿矩。以木框方可尺餘，用張繭綿，是名綿矩。又有揉竹而彎者，南方多用之。其綿外圓内空，謂之「猪肚綿」。又有用大竹筒，謂之「筒子綿」，就可改作大綿，裝時未免拖池解切，折物也。裂。北方大小用瓦蓋，各從其便。然用木矩者最爲得法。酈善長《水經註》曰：「房子城西出白土，細滑如膏，可用濯綿，霜鮮雪曜，異于常綿，世俗云『房子之纊』也，亦類蜀郡之錦得江津矣。」今人張綿用藥，使之膩白，亦其理也。但爲利者因而作僞，反害其真，不若不用之爲愈。

綿矩

詩云：有繭盈頃筐，置矩臨清溪。綱維由我張，邊幅須爾齊。用裝身上衣，輕煖衷晴霓。迤邐棄牆角，未可同筌蹄。

木綿攪車。木綿初採，曝之陰，或焙乾。《南州異物志》：班布，吉貝木所生，熟時狀如鵞毳，細過絲綿。中有核如珠珣，公後切。用之則治出其核。昔用輾軸，今用攪車，尤便。夫攪車，四木作框，上立二小柱，高約尺五，上以方木管之。立柱各通一軸，軸端俱作掉拐，軸末柱竅不透。二人掉軸，一人喂上綿英；二軸相軋，則子落于内，綿出于外，比用輾軸，工利數倍。今特圖譜，使民易傚。凡木綿雖多，今用此法，即去子得綿，不致積滯。

詩云：二木相摩運兩端，宛如造物没機關。霜綿山積珠論斗，只在思樞柄用間。

木綿攪車

木綿彈弓。以竹爲之，長可四尺許，上一截頗長而彎，下一截稍短而勁，控以繩絃，用彈綿英，如彈毡毛法。務使結者開，實者虚，假其功用，非弓不可。

詩云：主射由來觳此弓，豈知絃法有他功。却將一掬香綿朶，彈作晴雲滿座中。

木綿彈弓

木綿捲筳。徒丁切。淮民用蜀黍梢莖，取其長而滑。今他處多用無節竹條代之。其法，先將綿毳條于几上，以此筳捲而扦之，遂成綿筒，隨手抽筳。每筒牽紡，易爲匀細，捲筳之效也。

詩云：折得修筳捲毳茸，就憑瑩滑脱圓筒。作綿匠具雖多巧，獨有天然造物功。

木綿捲筳

木綿紡車。其制比麻苧紡車頗小。夫輪動弦轉，莩維隨之，紡人左手握其綿筒，不過二三，續于莩維；牽引漸長，右手均撚，俱成緊去聲。縷，就繞維上。欲作線織，置車在左，再將兩維綿絲合紡，可爲線綿。《南州異物志》曰：吉貝木「熟時，狀如鵝毳。但紡不績，任意外抽牽引，無有斷絶」。此即紡車之用也。

詩云：莩維隨輪共一弦，車頭霜縷入周旋。已知單緊去聲。匀堪愛，更欲雙聯作線綿。

木綿撥車。其制頗肖麻苧蟠車，但以竹爲之，方圓不等，特更輕便。按舊説先將紡訖綿維于稀糊盆内度過，稍乾，然後將綿維頭縷撥于車上，遂成綿紝。

木綿紡車

木綿撥車

詩云：造形隨意作方圓，終日悠悠聽撥旋。待爾紝成足經緯，却教機杼得功全。

木綿軖牀。其制如所坐交椅，但下空一軖，四股，軖軸之末，置一掉枝，上椅竪列八維，下引綿絲。轉動掉枝，分絡軖上；絲紝既成，次第脱卸；比之撥車，日得八倍。始出閩建，今欲傳之他方，同趨省便。

詩云：八維綿絲絡一軖，巧憑坐椅作軖牀。試將觸類深思索，麻苧鄉中用亦良。

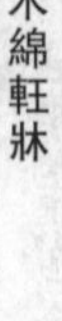

木綿軖牀

木綿線架

木綿線架。以木爲之，下作方座，長闊尺餘，臥列四維；座上鑿置獨柱，高可二尺餘；柱上横木長可二尺，用竹篾均列四彎，内引下座四縷，紡于車上，即成綿線。舊法，先將此維絡于籰上，然後紡合；今得此制，甚爲速妙。

詩云：絲牽臥維上拘聯，雙縷俱成合線綿。便向車頭施捷巧，紡人特喜勝于先。

木綿總具。其法：自撥車、軖牀綿紝既成，用漿糊煮過，仍以木杖兩端掣之。日曬，不時手搓，乾濕得所，絡于籰上；而後經緯制度，一倣紬類。織紝機杼，並與布同。

詩云：綿絲經絡比紬工，織紝機張與布同。既可爲衣代紬布，便知器用兩相通。

王禎《農書・農器圖譜集二〇・麻苧門》 麻苧之有用具，南北不無異同，民俗豈能通變？如南人不解刈麻，北人不知治苧。及有漚浸審生熟之節，車紡分大小之工，凡絺綌繩綆，皆其所出。今並所附類一一條列，庶使南北互相爲法云。

漚池

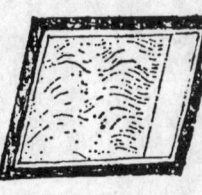

漚烏候切。池。漚，浸漬也；池，猶泓也。《詩》云：「東門之池，可以漚麻。」凡蓺麻之鄉，如無水處，則當掘地成池，或甃以塼石，蓄水於內，用作漚所。

《齊民要術》云：「漚欲清水，生熟合宜。」注說云：「濁水則麻黑，水少則麻脆，生則難剝，太爛則不任。」此漚法也。《氾勝之書》曰：「夏至後二十日漚枲，枲和如絲。」大凡北方治麻，刈倒即㯽之，臥置池內。水要寒煖得宜，麻亦生熟有節，須人體測得法，則麻皮潔白柔韌，可績細布。南方但連根拔麻，遇用則旋浸旋剝，其麻片黄皮粗厚，不任細績。雖南北習尚不同，然北方隨刈即漚於池，可爲上法。

又《詩》云：「東門之池，可以漚苧。」以此知苧亦可漚。問之南方造苧者，謂苧性本難軟，與漚麻不同，必先績苧，已紡成纑，乃用乾石灰拌和累日。夏天三日，冬天五日，春秋約中。既畢，抖去，別用石灰煮熟，待冷，于清水中濯淨，然後用蘆簾平鋪水面，如水遠，則用大盆盛水，鋪簾或草攤纑浸曝，每日换水，亦可。攤纑於上，半浸半曬。遇夜收起，瀝乾，次日如前。候纑極白，方可起布。此治苧池漚之法，須假水浴日曝而成，北人未之省也。今録之，冀南北通用。

竊讀《孟子》，所謂「江漢以濯之，秋陽以曝之，皜皜乎不可尚已」，今漚苧雖曰小技，亦此理歟？

詩曰：解變常麻作雪衣，《詩》云：「麻衣如雪。」好將漚法教民知。若憑地利江南易，是處人家近水湄。

刈刀，穫麻刃也。或作兩刃，但用鐮柄，似咨切。旋插其刃，俯身控刈，取其平穩便易。北方種麻頗多，或至連頃，另有刀工，各具其器，割刈根莖，劖削梢葉，甚爲速效。《齊民要術》曰：麻，「勃如灰便刈，葉欲小，稈欲薄，穫欲淨」。此刈麻法也。南方惟用拔取，頗費工力，故録于此，示其便也。

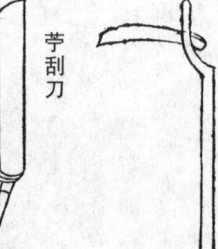

刈刀

詩云：森森麻榦覆陰濃，頃畝方期一掩空。說似吴儂初未信，中原隨地有刀工。

苧刮刀，刮苧皮刃也。煅鐵爲之，長三寸許，捲成小槽，内插短柄，兩刃向上，以鈍爲用。仰置手中，將所剥苧皮横覆刃上，以大指就按刮之，苧膚即蜕。《農桑輯要》云：苧刈倒時，用手剥下皮，以刀刮之，其浮皴七旬切。自去。又曰：苧，「剥去其皮，以竹刮其表，厚處自脱，得裏如筋者，煑之用績」。今制爲兩刃鐵刀，尤便於用。

苧刮刀

詩云：刮苧由來要愈工，柄頭雙刃就爲銎。形模外若無他伎，掌握中能效此功。捲去膚皴見精粹，退餘梗澁得輕鬆。作麻已付金釵績，更爲珍藏用不窮。

績簍，去中切。盛麻績器也。績，《集韻》云：緝也。簍，《說文》曰：籠也，又姑簍也。字从竹，或以條莖編之，用則一也；大小深淺，隨其所宜制之。麻、苧、蕉、葛等之爲絺綌，皆本於此，有日用生財之道也。

績簍

詩云：績麻如之何，以器爲縈蟠。初認飛霰落，次若層雲屯。功成在良室，日新等銘槃。詩人有深刺，勿效南方原。

小紡車。紡，妃兩切。此車之製，凡麻苧之鄉，在在有之。前圖具陳，兹不復述。《隋書》：鄭善果母清河崔氏，恒自紡績。善果曰：「母何自勤如是耶？」答曰：「紡績，婦人之務，上自王后，下至大夫妻，各有所製；若惰業者，是爲驕逸。吾雖不知禮，其可自敗名乎？」今士大夫妻妾衣去聲。被纖美，曾不知紡績之事，聞此鄭母之言，當自悟也。

詩云：膒間荆布踏車人，紡具維持總一身。旋績纏綿分衆縷，各隨莩繀轉上聲。孤輪。無窮運用資生業，不礙繁喧徹近隣。從此輪功到機杼，年年絺綌爲誰新。

大紡車。其制：長餘二丈，闊約五尺。先造地柎木框，四角立柱，各高五尺，中穿横桄，上架枋木。其枋木兩頭山口，臥受捲纑長軒鐵軸，次於前地柎上立長木座，座上列臼，以承轆底鐵簨。大轆用木車成筩子，長一尺二寸，圍一尺二寸，計三十二枚，内受績纏。轆上俱用杖頭鐵環，以拘轆軸；又於額枋前排置小鐵叉，分勒績條，轉上聲。上長軒。仍就左右別架車輪兩座，通絡皮弦，下經列轆，上拶轉軒旋鼓，或人或畜，轉上聲。動左邊大輪，弦隨輪轉，衆機皆動，上下相應，緩急相宜，遂使績條成，緊去聲。纏於軒上。晝夜紡績百斤。或衆家績多，乃集於車下，秤績分纑，不勞可畢。中原麻布之鄉皆用之。特圖其制度，欲使他方之民，視此機栝關楗，倣傚成造，可爲普利。

又新置絲線紡車，一如上法，但差小耳。比之露地桁架合線，特爲省易，因附於此。

詩云：大小車輪共一絃，一輪纔動各相連。績隨衆轆方齊轉，上聲。纑上長軒却自纏。可代女工兼倍省，要供布縷未征前。畫圖中土規模在，更欲他方得共傳。

蟠車，纏纑具也，又謂之撥車，南人謂撥柎，又云車柎。南北人皆慣用習見，已圖於前，兹不必述。

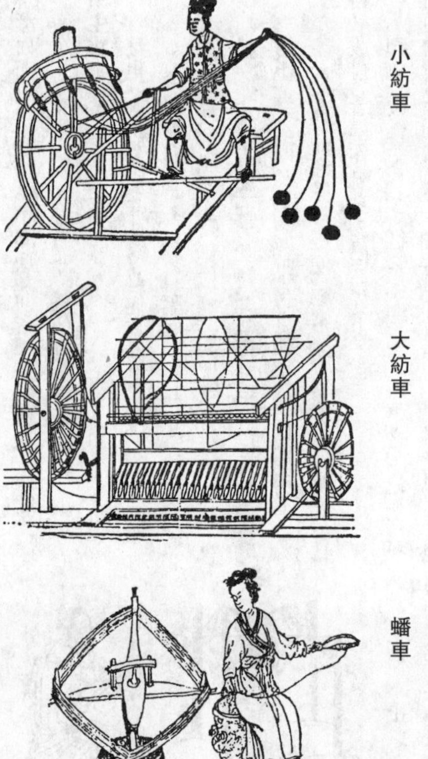

小紡車　大紡車　蟠車

詩云：紡績功纔畢，蟠纑得此車。行桄運樞臬，交轃寄横叉。宛轉荆釵手，周旋里布家。豈知羅綺輩，惟務撥琵琶。

鑪刷

鑪刷，疏布縷器也，束草根爲之。通柄長可尺許，圍可尺餘。其鑪縷、杼軸既畢，加以叉木，下用重物掣之。鑪縷已均布者，以手執此，就加漿糊，順下刷之，既增光澤，可授機織。此造布之器，雖曰細具，然不可闕。

詩云：績麻經紡即爲鑪，功用都歸一刷餘。繞與機頭借光潤，已聞催布有征胥。

布機

布機。《釋名》曰：「布列諸縷。」《淮南子》曰：「伯余之初作衣也，伯余，黃帝臣也。緂他甘切。麻索縷，手經指挂。」後世爲之機杼，幅匹廣長疏密之制存焉。農家春秋績織，最爲要具。

詩云：誰家績紡成，扎扎弄機杼。大布可以衣，絺綌安用許。哀彼度梭人，辛苦織如霧。坐令鄉落間，長歌二東句。

行臺監察御史詹雲卿造布之法印行，今抄附于此：

毛絁布法：揀一色白苧麻，水潤，分成縷，粗細任意，旋緝旋搓。本俗於腿上搓作鑪，逗成鋪，不必車紡，亦勿熟漚，只經生鑪綸帖穿苧如常法。以發過稀糊調細豆麪刷過，更用油水刷之。於天氣溼潤時，不透風處或地窨子中洒地令溼，經織爲佳。若風日高燥，則鑪縷乾脆難織。每織必先以油水潤苧及潤鑪，經織成生布，於好灰水中浸蘸，曬乾再蘸再曬。如此二日，不得揉搓。再蘸溼了，於乾灰內周徧滲浥兩時久，納於熱灰水內浸溼，於甑中蒸之。文武火養二三日，頻頻翻覷。要識灰性及火候緊慢。次用净水滌濯。天晴再三帶水搭曬如前，不計次數，惟以潔白爲度。灰須上等白者，落藜、桑柴、豆稭等灰，入少許炭灰，妙。

鐵勒布法：將揀下褓色苧麻水潤分縷，隨緝隨搓，經織皆如前法，水煮過便是。先將生苧麻折作二尺五寸長，不斷曬乾蒸過，帶溼剥下，去粗皮如常法，水潤，緝搓如前。

麻鐵黎布法：將雜色老火麻帶溼曲折作二尺五寸長，曬乾收之。欲用時，旋於木甑中蒸過，趂溼剥下，曬乾，以木榫子兩個夾麻，順歷數次，至麻性頗軟堪緝爲度。水潤，緝績紡作鑪；生織成布，水煮便是。

此布妙處，唯在不搓揉了麻之骨力，好灰水蘸曬，布子潔白而已。雖曰蘸曬頗煩，而省纏絡熟鑪等工亦多，比之南布，或有價高數倍者，真良法也。縷板印布，與存心治生君子共之。

紝車

紝車。績麻枲想里切。紝俗寫作「麻紝」，《廣韻》並無此字，今姑從俗。紱《廣韻》作仄聲。緊去聲。具也。造作簨虡，簨，思尹切。虡，其舉切。高二尺，上穿橫軸，長可二尺餘，貫以軠轂。左手引麻牽軠，既轉，右手續接麻皮成緊，去聲。縱纏軠上，紝縷既盈，乃脱軠，付之繩車，或作別用。

詩云：形如紉籰却輕便，平聲。麻縷牽來日萬旋。料得紝成付它具，作繩功力已居先。

繩車

繩車，絞合古沓切。紝緊作繩也。其車之制，先立簨虡一座，植木止之。簨上加置橫板一片，長可五尺，闊可四寸。橫板中間，排鑿八竅，或六竅，各竅內置掉枝，或鐵或木，皆彎如牛角。又作橫木一莖，列竅穿其掉枝。復別作一車，亦如上法。兩車相對，約量遠近，將所成紝緊，去聲。各結於兩車掉枝之足。車首各一人，將掉枝所穿橫木俱各攪轉，候紝股匀緊，却將三股或四股撮而爲一，各結於掉枝一足，計成二繩。然後將另制爪木置於所合入聲。紝緊之首；復攪其掉枝，使紝緊成繩，爪木自行，繩盡乃止。凡農事中用繩頗多，故田家習制此具，遂列於《農譜》之內。

詩云：車頭紝縷各牽連，糾索初因匠手傳。一緊去聲。續來通似脉，兩端相掣直如弦。機憑裊掉供旋轉，股入行瓜作緊圓。資爾屈伸功用畢，莫將良器等忘筌。

紉車，紉，尼鄰切。繟繩器也。《通俗文》曰：「單繟曰紉。」揉木作棬，中貫軸柄，長可尺餘。以棬之上角用繫單麻皮，右手執柄轉之，左手績麻股既成緊，去聲。則纏於棬上；或隨繩車用之，以助糾絞紝緊。去聲。又農家用作經，織麻屨、牛衣、簾箔等物。此紉車復有大小之分也。

詩云：身惟軸柄首惟棬，麻縷紉來儘自纏。簾箔織餘仍有用，牛衣經緯輭於氈。

旋平聲。椎，掉麻紱具也。截木長可六寸，頭徑三寸許，兩間斫細，樣如腰鼓。中作小竅，插一鉤簨，長可四寸，用繫麻皮於下。以左手懸之，右手撥旋，麻既成緊，去聲。就纏椎之上；餘麻挽於鉤內，復續之如前。所成經緯，可作麤布，亦可織屨。農隙時老稚皆能作此。雖係瑣細之具，然於貧民不爲無補，故繫於此。

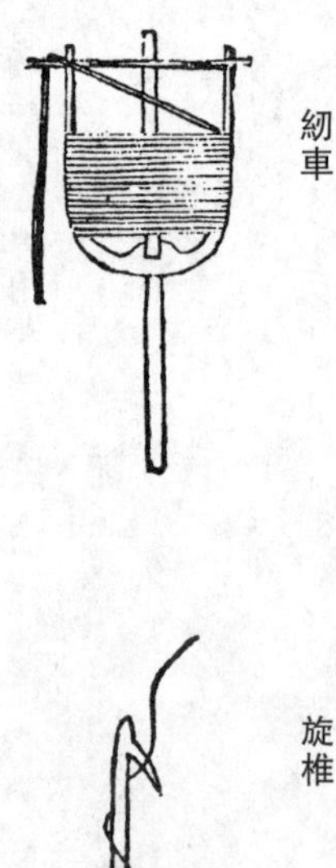
紉車

旋椎

詩云：鉤椎高掣作懸虛，麻緊去聲。成來布有纑。近喜鄉人更他用，却旋毛縷造氈毹。

官修《元典章·工部》卷一《造作一·段疋》 至元新格 十一款諸營造，皆須視其時月，計其工程，日驗月考，毋使有廢。惟夫匠疾病，雨雪妨工者除之。其監造官仍須置簿，常切拘檢，當該上司時至點校，不致虛延月日，久占夫工。

諸 造作物料，須選信實通曉造作人員審較相應，方許申索，當該官司体覆者，亦如之。有冒破不實，計其多少爲罪，已入已者，驗數追償。

諸 造作官物，工畢之日，其元給物料，雖經覆實，而但有所餘者，須限十日呈解納官。限外不納者，從隱盜官錢法科。

諸 局分課定合造物色，不許輒自變移，有上位處分改造者，即以見造生活比筭元關物料，少則從實關撥，多則依數還官。

諸 局分造作局官，每日躬親，遍歷巡視。工部每月委官點檢，務要造作如法，工程不虧，違者隨即究治。其在外局分，本路正官，依上提點，每季各具工程次第，申宣慰司，移關工部照會，工部通行比較，季一呈省，比及年終，俱要了畢，毋致虧欠。行省管下局分准此。【略】

毛段上体織金 中統二年，中書右三部承(奉)中書省劄付：欽奉聖旨，今後應織造毛段子，休織金的，止織素的，或綉的者。并但有成造箭合剌兒，於上休得使金者。欽此。

段疋折耗准除。至元二十三年九月，江西行省近爲織造段疋，內紵絲六托，每用正絲四十兩，得生淨絲三十六兩。八托，用正絲五十三兩，得生淨絲四十七兩七錢。別無除豁續頭剪接，折耗絍線体例。移准都省，咨該送工部，照勘到織造段疋，續頭剪接折耗体例，依數准除相應。仰照驗。

八托，每段折一兩， 六托每段折七錢。

講究織造段疋 元貞元年二月，中書省照得至元三十一年六月初九日，暗都剌參政、魯兒火者尚書奉聖旨：在先老皇后在時節，諸王的常課段七八托家，更寬好有來，如今更短窄歹了有，則你提調整治者。聖旨了也，欽此。劄付工部將作院，講究到造作段疋，不便合行更張事件，於十一月二十六日奏過下項，都省除外，咨請欽依施行。

一件，江南在先七萬疋，六托的常課段子織造，有來於的尚書省官人每，一萬疋交依舊織造，六萬疋交做五托半，和買紵絲呵，增餘二萬疋段子，麼道，交那般行來。如今俺商量得用着和買段子呵，和買也者，則依在先体例裏交織六托常課段子呵，怎生？奏呵，那般者。聖旨了也。

一(件)織造段疋的絲，分付與匠人打絡時分，脚亂絲等，十分中一分折耗，自前至今，數目裏除陪有來。尚書省官人每，忻都等折筭折耗的不合除破，合追陪織造絲紬用度。上位奏了，交那般行來。他每勾當時分，也不曾追得完備，俺也不曾追得盡，雖有些小追不盡的，不成用，空打筭做了拖欠有。工部官人每理會的，每說有十分中一分折耗的，是自前立起定的体例有來。修理機張等用的什物也，那裏頭破出有。匠人每些小費用了的，也不无也者。則交依在先体例裏行呵，怎生？奏呵，那般者。聖旨了也。

一件，一疋紗十兩絲，一疋羅一斤絲物料，是自先立定的有來。前省官人，每一疋紗交做八兩，一疋羅交做十三兩，如今工部官人每并管匠頭目等説稱，比及打絡過折耗了，不勾有。依在先的体例裏行呵，怎生？説有。俺商量來，依着他每的言語行呵，怎生？奏呵，少與呵，不宜。與到者。聖旨了也。

一件，各處有的匠人每裏頭，與民一体差夫，有不交差呵，怎生？工部官人每説有。俺商量來，和雇和買，依軍站体例當者。局院裏造作的匠人每裏頭，依着他每的言語，不交差夫呵，怎生？奏呵，那般者。聖旨了也。

一件，爲分揀應有造作，生活好歹，体覆絲料，盡實使用，不使用的，更官司和買的呵，估計價鈔上，先立着覆實司衙門來。在後尚書省官人每罷了衙門，交工部官人每，就提調着來。如今工部官人每，説用着的衙門有，俺的主事等人每裏減了，交那俸錢，立覆實司衙門呵。工部、户部裏餘剩的人每裏頭減了，立覆實司呵，怎生？奏呵，那般者。聖旨了也，欽此。

織造金段疋例　元貞二年七月，行中書省准中書省咨，欽奉聖旨節該：多人穿的段疋綾上交織金，紵絲上休交織金者。麽道，欽此。都省除外，合行移咨，遍行各處常課局院欽依施行。

綜線機張料例　袁州路申奉到江西行省劄付，坐到機張綜線合用絲線料例，仰更爲照勘，如无重冒，依例放支造作施行。

熟機，每張用泛子一十二片，每片用熟線一兩七錢五分。

花機，每張用熟線一十五兩二錢八分二厘二毛五系。

過線，每副用熟線二兩九錢五分。

墜線，每副用熟線四兩五分四厘。

雲肩襴袖機，一張用熟線七斤三兩二錢。

花渠，一副用熟線一斤一十二兩六錢。

大花渠八板，用熟線一十三兩六錢。

小花渠六板，用熟線一十五兩。

直線，用熟線四斤一十兩。

大花直線八板，每板用熟線六兩五錢。

小花直線六板，每板用熟線三兩。

大花過線八板，每板用熟線一兩二錢。

小花過線六板，每板用熟線六錢。

過線，

關防起納疋帛　大德三年二月，江西行省准中書省咨，户部呈萬億賦源庫申，本庫每年收受各處行省木綿布匹不下五十餘萬，近收到江浙行省木綿布疋，兩頭俱无條印，亦无元收樣製，本庫止是從實收受，切恐沿路以長爲短，以疎爲密，因而作弊。今後各處行省起納木綿布疋，須要疋端兩頭使用條印關防，仍將元收樣製發下本庫，依上收受，於官有益。本部參詳，如准所擬，移咨各省，今後起納疋帛，兩頭用條印關防解納，相應具呈照詳。都省准擬咨請，依上施行。

顏吐絲價　大德五年三月十□日，江西行省據江州路申：匠户蘇德遠告本路大德三年得到顏、吐絲數，坐下價錢。顏絲每斤中統鈔五兩六錢，吐絲每斤中統鈔一兩。每依龍興路價錢，顏絲每斤中統鈔三兩二錢，吐絲每斤中統鈔八錢，回易還官等事。得此，照得先准中書省咨一款，該週歲額造段疋，合有吐顏絲變賣作鈔，以十分價錢內際留八分，修理局院機張，餘者二分，准備年終打筭人吏紙劄燈油支用，若有銷用不盡數目，納官。送工部，照得腹裏局院修補機張什物，風雨簾箔，人匠夜坐燈油、柴炭，行移文字紙劄，自初俱於脚亂絲内公支，收買用度。至元二十五年，尚書省不准支破，盡行追徵，勒令人匠梯己出備。擬自至元三十一年爲始，各局合有脚亂絲數，照依舊例從實用度，年終考較，若有銷用不盡數目，拘收納官，庶免逼迫匠人生受。本部參詳：行省吐亂絲即與腹裏一體，若依已擬從公支破銷用，不盡之數納官相應，都省准呈。已經遍下各路，依上施行去訖。今據見申，省府相度，各處局分顏吐絲價，即係在先各路所申，即目絲價高昂，若不定擬歸一變賣，慮恐其間虧官作弊。今擬依本路元申顏吐絲價行下各路，自大德五年爲始，變賣作鈔，依例施行外，仰依上施行。

顏絲，每斤中統鈔四兩八錢。　吐絲，每斤中統鈔八錢。

選買細絲事理　大德五年十月，湖廣行省准中書省咨：近據工部呈江浙省局院造到大德四年夏季段疋數内，辨驗出粗纇低歹不堪三千八百餘段，已經發回本省取問數提調官并局官，及勒令回易，自備工價，倍償去訖。照得織造段疋，全籍正絲爲本，其次上等顏色，監責手高人匠打絡，變染織造，必无低歹。近年以來，各處局院凡關絲貨，雖令選擇上等細絲，其收差庫官，止是挨陳放支，不令揀選，及有折耗斤重，又知得各處行省和買絲貨去處，官府上下、權豪勢要之家，私下賤買不堪絲料，逼勒交收，高擡時估，取要厚利，和中入官，以致所造段疋低歹。若不嚴行禁治，深爲未便。都省議得，今後局院合關正絲，須要各路官司預爲遍曉人户，令依鄉原例，趁時抽繰冷盆上等細絲納官，庫官另行收頓，以備選揀，關發。行省和買絲料，省官一員，提調監勒深知造作人員，辨驗上好細絲，兩平收買，毋致泛濫。仍照依累行事理，設法拘鈐當該局官人等，如法織造，務要堪好。如官府上下權豪勢要之人，似前私下攬納事發到官，痛行追斷，除已劄付御史臺体察外，咨請依上施行。

段疋斤重　大德七年十二月初二日，江西行省准中書省咨：近爲各處行省并腹裏路分解到諸王百官常課金素段疋，雖稱委官辨驗堪中，別无開封，各該斤重料例，不見有無短少紕線，省會工部，今後應收段疋，依例秤盤比料，開具實收斤重，呈省作收。去後，回呈：除腹裏路分就行照會外，據行省宜從都省移咨，依上施行，具呈照詳。都省除外，咨請照驗，今後令各處提調官督責局官人等，親臨監視人匠，如法織造，無粉糨勻密迭就堪好段疋，開具各各斤重料例，解納施行。

禁織龍鳳段疋　至元七年，尚書刑部承奉尚書省劄付：議得除隨路局院係官段疋外，街市諸色人等，不得織造日月、龍鳳段疋，若有已織下見賣段疋，即於各處管民官司，使訖印記，許令貨賣，如有違犯之人，所在官司，究治施行。

禁治紕薄段帛　至元二十三年三月初九日，中書省奏過事内一件：會驗先欽奉聖旨節該：隨路街市買賣之物，私家貪圖厚利，減剋絲料，添加粉飾，恣意織造紕薄窄短金素段疋，生熟裹絹，并做造藥綿，織造稀疎狹布，不堪用度。今後選揀堪中絲綿，須要清水夾密段疋，各長五托半之上，依官尺闊一尺六寸，并無藥綿中幅布疋，方許貨賣。如是依前成造低歹物貨，及買賣之家，一體斷罪，其物没官。欽此。累經立限，遍行禁治，有司弛廢，不爲時常檢舉，下民因緣滅裂，若不開行定限，明示罪名，切恐諸人枉遭刑憲。都省議得：遍行各路，文字到日，製造不依式樣條印，發付各處税務收掌，限三十日，店鋪之家，即將見有不依式樣、紕薄窄短疋段、鹽絲藥綿等物，須要經由各處税務使訖上項條印，方許發賣。限滿却行拘收，元發條印當官毀壞，仍令機户之家，將見使窄狹苧口，亦依限内，盡要倒换，依式迭幅闊新苧口織造，須要清水夾密迭幅尺綾羅，段疋紬絹，中幅布疋，无藥絲綿等物，仍令本處管民達魯花赤長官，不妨本職，常切用心提調。如限外違犯之人，捉拿到官，決杖五十七下，其物没官，止坐見發之家。親民司縣提調正官禁治不嚴，初犯罰俸一月，再犯各決二十七下，三犯别議。親民州縣與司縣同。仍標注過名，任滿於解由内明白開寫，以憑定奪。外路府州達魯花赤長官，不爲用心提調，致有違犯，罰俸二十日，再犯取招别議定罪。

御用段疋休織　元貞二年二月初二日，中書省准蒙古文字譯該：中書省官人每根底，不花帖木兒言語，上位穿的一般段疋，不揀那裏休織造者。衆人根底都省諭者。麼道。聖旨了也，欽此。

禁織大龍段子　大德元年三月十一日，不花帖木兒奏：街市賣的段子，似上位穿的御用大龍，則少一箇爪兒、四個爪兒的着賣有。奏呵，暗都剌右丞、道(興)尚書兩個，欽奉聖旨：胷背龍兒的段子織呵不礙事，教織着。似咱每穿的段子織纏身上龍的，完澤根底説了，各處遍行文書禁約，休織者。欽此。

禁織佛像段子　大德九年十月十九日，湖廣行省准中書省咨該：宣政院呈：大德九年八月初二日，水晶殿内奏時分，火者小羅有來。本院官阿思蘭宣政院使、乞失迷兒同知、桑哥答思同知、忽都禿忽里副使、闊闊出同簽、謹敦同簽等奏過事内一件，街下織段子的匠人每，織着佛像并西天字段子貨賣有。那般織着佛像并西天字的段子賣與人穿着行呵，不宜的一般有。奏呵，奉聖旨：怎生那般織着賣有？説與省官人每，今後休教織造佛像西天字樣的段子貨賣者。欽此。

禁軍民段疋服色等第　大德十一年正月，江浙行省准中書省咨，户部呈：承奉中書省判送，本部據大都申，街下小民，不畏公法，恣意貨賣紕薄窄短金素段疋，鹽絲藥綿，稀踈紗羅，粉飾絹帛，不堪狹布，欺謾賣主，擬合欽依，已降聖旨禁治。本部呈奉都堂鈞旨，已關刑部、各道宣慰司，并下各路，依上施行外，參詳行省管下路分貨買織造紕薄窄狹段疋等物，宜從都省移咨各處行省，欽依一体禁治，相應具呈照詳。覆奉都堂鈞旨：送户部與工部一同講議明白，擬定連呈。奉此。照得先據大都路申，亦爲前事，會驗到至元二十年，奉户部符文，承奉中書省劄付，欽奉聖旨，隨路街市見紕薄段帛例至别議定罪。已經出榜，依上禁治外，據店鋪見有不依式樣紕薄窄短段疋、鹽絲藥綿等物，合令大都路依已行製造不依式條印於上行使，立限一百日，須要發賣盡絶，督責應有機户之家，將見使窄狹苧口，增添幅闊，織造清水夾密依式樣疋帛，无藥絲綿等物，兩平發賣，違犯者依例斷罪。相應呈奉中書省判送元呈，批奉都堂鈞旨：准呈，連判户部，依上施行，就關刑部照會。奉此。除遵依外，據行省管下路分貨賣織造紕薄窄段疋等物，宜從都省移咨各處行省，准依一體禁治，再行具呈。移准工部關：照得至元十八年十二月十二日承奉中書省劄付，照得先欽奉聖旨節文，隨路織造段疋布絹之家，今後選揀堪中絲綿，須要清水夾密，并无藥綿，方許貨賣。如是成造低歹物貨及買賣之家，一體斷罪外，據諸人見有紕薄窄短段疋布絹，令所在官司，取會見數，立限發賣。限外發賣者，其物没官，仍約量斷罪。欽此。本部講議得，係官段疋，例織造幅闊一尺四寸，長五托之上，准擬禁約。去後，今體知得各處貨賣段疋布絹等物，俱各粉飾低歹窄狹，不依元行織造，蓋是各管官司不爲用心禁約織造，都省除已劄付御史臺，行下各道按察司體覆外，行下各路，多出文榜，嚴加禁約。織造段疋布絹之家，選揀堪中絲線，須要清水夾密織造，每疋各長二丈四尺四寸，並无藥綿，方許貨賣。如是依前成造低歹窄狹短粉飾物貨，及買賣之家，一體斷罪，其物没官，於犯人名下，約量追賞。又至元二十三年三月初九日，奏過事内一件，麥木丁右承錢帛數目省得底言語，奏呵，那般者。麽道，聖旨了也，欽此。都省區議得事内一件，紕薄段疋布帛藥綿等物，會驗至元七年閏十一月十五日，承奉中書省劄付，該議得除路局院即於各處管民官司使訖印記，許令貨賣，如有違犯之人，所在官司就便究治。至元十年五月二十三日中書省咨，照得先爲諸人織造銷金日月龍鳳段疋紗羅，街下貨賣，雖曾禁約，切恐各處官司，禁治不嚴。今議得，若自今街市已有造下挑綉銷金日月龍鳳肩花并段疋紗羅等，截日納官外，實支價。已後諸人及各局人匠私下並不得再行織綉挑銷貨賣。如違，除買賣物價没官，仍將犯人痛行治罪。元貞元年十二月二十七日，承奉中書省劄付，准蒙古文字譯，見織造金段例。照得諸局院造納段疋内，諸王、百官長八托、六托段疋，各幅闊一尺四寸，常課長六托段疋，幅尺闊一尺四寸。照勘得，既是上位用八托六托段疋，各幅闊一尺四寸五分，諸人所用，理應〔減〕等。今既諸局院見造常課，例每疋長二丈四尺，幅闊一尺四寸，亦係諸人服用之物，所據街市段疋紗羅綾絹，擬合一體。仍禁治紕薄窄短，選揀堪中絲線清水織造夾密貨賣，及不許織綉銷金日月龍鳳等花樣顔色，欽依遍行，禁治相應。緣在先欽奉聖旨，每疋各長五托半之上，闊一尺六寸，宜從都省定奪聞奏。今將合禁事理(間)〔開〕坐前去，仰多出文榜，遍行合屬，依上禁治施行。

顔色：　柳芳緑　雞冠紫　迎霜合

梔紅　紅白閃色　胭脂紅

五爪雙角纏身龍　五爪雙角雲袖襴

五爪雙角荅子等　五爪雙角六花襴

禁治花樣段疋　延祐六年九月，行省准中書省咨，工部呈：准將作院關延祐五年十一月二十七日本院官哈颾不華院使、野粟院使、對徽政院官識烈門院使、迷撒迷承旨，敬奉皇太后懿旨，今後但犯、上用穿的真紫銀粧領袖，并天碧織綉五爪雙角龍鳳搭子等花樣，您將作院管着的匠人每根底好生的嚴禁治者，不屬您管着的，與省部家文書，各處禁治者。已先降樣子織造來者，交用者。今後織的匠人每，穿的人每，好生要罪過者。麽道，懿旨了也。敬此。

《元文類》卷四二《雜著・絲枲之工》　國朝治絲之工，始自甲戌年間。有史道安者，精於其藝，遂以御衣、尚衣同爲三局，高麗諸王亦立局焉，如異樣、綾錦、紗羅、三提舉司，又置府以總之。其大都等路諸色民匠，及大都人匠，隨路諸色民匠，又各立府以督之。其外道行省諸局，雖不與此，如御用諸王衆用者，亦各有差。常課之外，不時之需，謂之横造，然其染夏之工，織造之制，刺繡之文，咸極其精緻焉。

陳旅《安雅堂集》卷一〇《韓總管墓碑》　初，〔韓〕治中爲行工部所署時，募工置諸局司，雖謹程度，嚴政令，而撫循有恩，人樂爲用。及佐郡〔江浙〕時，屬有旨，歲增織綾緞五萬。治中公計局工不足辦，藉民間杼軸成之，較官出工物雜費省緡錢數萬，民又利傭直，不逾月五萬綾緞成，遂用爲故事，局工得不重困。

談遷《國榷》卷一《元順帝至正十八年》　〔十二月丙戌〕立觀星樓于分省東偏，置寧越税課司及雜造局、織染局。

張廷玉等《續文獻通考》卷三二《國用三》　〔至正〕三年三月，杭州路火災，給鈔萬錠振之。

《元史・博勒奇爾布哈傳》曰：順帝至正二年，博勒奇爾布哈拜江浙行省左丞相。行至淮東，聞杭城大火燒官廨、民廬幾盡，仰天揮涕曰：杭浙省所治，吾被命出鎮而火如此，是我不德，累杭人也。疾馳赴鎮。即下令録被災者二萬三千餘户，户給鈔一錠，焚死者亦如之。給月米二斗，幼稺給其半。又請日減酒課爲錢千二百五十緡，織坊減原額之半，軍器、漆器權停一年，泛税皆停。事聞，朝廷從之。

張廷玉等《續文獻通考》卷五三《職官三》　〔元工部，其屬有：〕諸司局人匠總管府，領兩都金銀器盒及符牌等一十四局事。達嚕噶齊、總管、副達嚕噶齊、同知、副總管各一人，經歷、知事、提控案牘各一人。至元十四年置。二十四年以八局改隸工部及金玉府，止領五局一庫，掌氈毯等事。其屬六。收支庫，掌出納之物，大使一人。大都氈局，大使、副使各一人。大都染局，大使一人。上都氈局，大使、副使各一人。隆興氈局，大使、副使各一人。翦毛花毯蠟布局，大使、副使各一人。【略】

大部人匠總管府，達嚕噶齊、總管、同知各一人，經歷、提控案牘各一人。其屬四。繡局，掌繡造諸王、百官段匹，大使、副使各一人。紋錦總院，掌織諸王、百官段匹，官同上。涿州羅局，掌織造紗羅段匹，提領、大使各一人。尚方庫，掌出納絲金顔料等物，提領、大使、副使各一人。

薩達克齊提舉司，提舉、副提舉、提控案牘各一人。至元二十四年，以札瑪里鼎率人匠成造，與絲紬同局造作，遂改組練人匠提舉司爲今名。

提舉左八作司，掌出納內府氈貨、柳器等物。置官同上。

巴實伯里局，掌織造御用領袖，納奇實等段。大使、副使各一人，又局官一人。

納奇實毛段二局，院長一人。朔州毛子局，大使一人。和坦巴哩局，大使一人。

隨路諸色民匠都總管府，掌仁宗潛邸諸色人匠。達嚕噶齊、總管、同知、副總管各一人，經歷、知事、提控案牘、照磨各一人。延祐六年，撥隸崇祥院，後又屬將作院。順帝至元三年，歸隸工部。其屬五。織染人匠提舉司，達嚕噶齊、提舉、同提舉、副提舉、吏目各一人。雜造人匠提舉司，官同上。大都諸色人匠提舉司，官同上。大都等處織染提舉司，管何南達王位下人匠，官同上。收支諸物庫，提領大使、副使各一人。【略】

晉寧路織染提舉司，提舉、照磨、案牘各一人。其屬：提領所一，係官織染人匠局一，雲內人匠東西局二，本路人匠局一，河中府、襄陵、翼城、潞州、隰州、澤州、雲州等局七。每局各設提領、副提領一人。惟澤州、雲州止設提領。

冀寧、真定兩路織染提舉司，各提舉、同提舉、副提舉、照磨、案牘各一人。其屬二。開除局，大使、副使、照略案牘各一人。真定路紗羅兼雜造局，大使、副使各一人。

永平路紋錦等局提舉司，南宮、中山、保定、雲州、宣德府五處織染提舉司，弘州大名、興和路、蕁麻林三處人匠提舉司，設官並如上。

深州、雲內州、大同、恩州、大寧路、順德路、彰德路、懷慶路八處織染局，各大使、副使、照磨、案牘一人。

東聖州織染局，院長、局副各一人。

陽門天城織染局，提領、副使、照磨、案牘各一人。

中山劉元帥局、中山察魯局、深州趙良局，各大使、副使一人。

恩州東昌局，提領一人。宣德博囉各一人，副使各一人。

東平路疃局，直長一人。

巡河提領所，提領二人，副提領一人。

張廷玉等《續文獻通考》卷五六《職官六》 元將作院，掌成造金玉珠翠、犀象寶貝、冠佩、器皿，織造刺繡段匹紗羅、異樣百色造作。官有使七人，同知、同僉、院判各二人。又經歷、都事、照磨管勾各一人。

至元三十年始置，後定官如前。

所屬【略】：

異樣局總管府，達嚕噶齊、總管、同知、副總管、經歷、知事各一人。其屬四。異樣紋繡提舉司，中統二年立局，至元十四年改提舉司，提舉、同提舉、副提舉各一人。綾錦織染提舉司，至元二十四年改局，置提舉司。紗羅提舉司，至元十二年改局，置提舉司。官並同上。紗金顔料總庫，中統二年置大使、副使各一人。

張廷玉等《續文獻通考》卷六〇《職官一〇》 （元）諸綾錦院，置於真定、平陽、太原、河間、懷慶。掌織造常課匹緞之事。官有使、副使各一人。

（元）江淮等處財賦都總管府，達嚕噶齊、總管、同知各一人，副總管二人，經歷、知事、照磨兼提控案牘各一人。

至元十六年，以宋謝太后、福王所獻事産，及賈似道、劉堅等田土立總管府以治之。大德四年罷，命有司掌其賦。天曆二年復立，其賦復歸焉。

其屬：【略】織染局三。杭州、建康、黄池三局。各有大使、副使、相副官。

黄本驥《湖南方物志》卷五《常德府》 武陵居民勤于耕織。自崇觀以來，制錦綉爲業，其色鮮明，不在成都錦官下。（《元統志》）

《明史》卷一八五《曾鑑傳》 （正德元年）內織染局請開蘇、杭諸府織造，上供錦綺爲數二萬四千有奇。鑑力請停罷，得減三分之半。

《明史》卷三一五《雲南土司傳三・干崖》 干崖，舊名干賴睒，僰人居之。東北接南甸，西接隴川，有平川衆岡。境內甚熱，四時皆蠶，以其絲織五色土錦充貢。

鄺璠《便民圖纂》卷二《女紅之圖》

繅絲　竹枝詞

貴藹繅絲手弗停，要分粗細用心情。上路細絲增價買，粗絲賣得價錢輕。

絡絲　竹枝詞

絡絲全在手輕便，只費工夫弗費錢。粗細高低齊有用，斷須須要接連牽。

繅絲

絡絲

經緯　竹枝詞

經須成捆緯成堆，織作翻嫌無了時。只爲太平年世好，弗曾二月賣新絲。

織機　竹枝詞

穿篾纔完便上機，手擒梭子快如飛。早晨織到黄昏後，多少辛勤自得知。

經緯

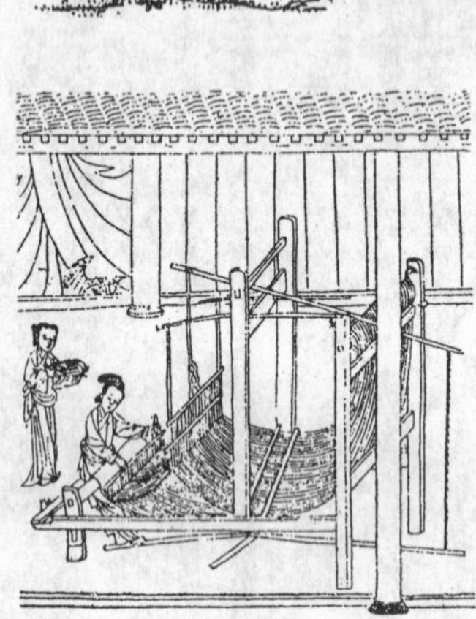

織機

攀花　竹枝詞

機上生花第一難，全憑巧手上頭攀。近來挑出新花樣，見一番時愛一番。

攀花

鄺璠《便民圖纂》卷四《桑蠶類》

擇繭　宜併手忙擇，涼處薄攤，蛾自遲出，免使抽繅相逼。宜絲宜綿者，各安置一處。

繅絲　用小釜，燃粗乾柴，候水熱，旋旋下繭。火宜慢，繭宜少，多則煮過少絲。然繅絲之訣在細、圓、勻、緊，使無褊、慢、節、核，麄惡不勻。

鄺璠《便民圖纂》卷一六《製造類下》

練絹帛　先用醲桑灰或豆稭等灰，煮熟絹帛，次用猪胰練帛之法，伺灰水大滾，下帛，須頻提轉，不可過熟，亦不可夾生，若扭住不散，則帛方熟。用胰法：以猪胰一具，同灰搗成餅，陰乾。用時，量帛多寡，剪用。稻草一莖，摺作四指長，搓湯浸帛。如無胰，瓜蔞去皮，將穰剁碎，入湯化開，浸帛亦可。

絡絲不亂　木槿葉揉汁浸絲，則不亂。

唐順之《荊州稗編》卷四五《諸家三・農・蠶繅》　南方夏蠶，不中繅絲，惟堪絲纊而已。然則夏蠶最不宜多育。《周禮》忌原蠶歲再登，非不利也。然王者法禁之，謂其殘桑也。《務本新書》云：凡繭宜併手忙擇，涼處薄攤，蛾自遲出，免使抽繅相逼，恐有不及，則有甃浥籠烝之法。《士農必用》云：繅絲之訣，惟在細圓勻緊，使無褊慢節核，麄惡不勻也。繅絲有熱釜、冷盆之異，然皆必有繅車絲軠，然後可用。熱釜要大，至於釜上，接一（盔）〔盆〕甑，添水至甑中，八分滿，甑中用一板攔斷，可容二人對繅也。水須當熱，旋旋下繭，多下則繅不及，蠶損，此可繅麄絲單繳者，雙繳者亦可，但不如冷盆所繅潔淨光瑩也。冷盆要大，先泥其外，用時添水八九分，水宜溫暖長勻，無令乍寒乍熱，可繅全繳細絲。中等繭可繅雙繳，比熱釜者，有精神而又堅韌也。南北蠶繅之事，摘其精妙，筆之於書，以爲必效之法。業蠶者，取其要訣，歲歲必得，庶上以廣府庫之貨資，下以備生民之纊帛，開利之源，莫此爲大。

田汝成《西湖遊覽志》卷一五《南山分脈城内勝蹟》 織造府，在旗纛廟西，掌供御用袍服，以中官掌之。洪武二年，初建織染局於斯如坊朱家橋。永樂中，因地卑溼，分撥工料於湧金門，建局織造，遂以舊名南局，此名北局。後南局盡廢，而工料併歸北局。

王圻、王思義《三才圖會・器用卷九》 撚綿軸，製作小碢，或木或石，上插細軸，長可尺許。先用叉頭挂綿，左手執叉，右手引綿，上軸懸之，撚作綿絲，就纏軸上，即爲紬縷。閨婦室女用之，可代績紡之工。

纑刷，疏布縷器也，束草根爲之。通柄長可尺許。圍可尺餘。其纑縷，杼軸既畢，架以叉木，下用重物掣之。纑縷已均布者，以手執此，就加漿糊，順下刷之，即增光澤，可授機織。此造布之器，雖曰細具，然不可闕。

布機，《釋名》曰：「布列諸縷。」《淮南子》曰：「伯餘之初作衣也，伯餘，黄帝臣也。緂他甘切麻索縷，手經指挂。」後世爲之機杼，幅匹廣尺，踈密之制存焉。農家春秋績織，最爲要具。

撚綿軸

纑刷

布機

繩車

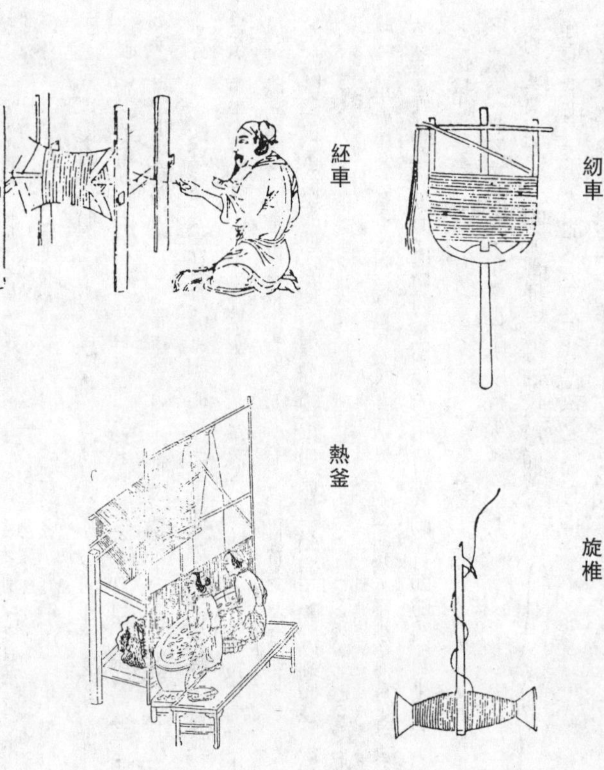

紝車

熱釜

紉車

旋椎

繩車，絞合古沓切紝緊作繩也。其車之制，先立簨虡一座，植木止之。簨上加置横板一片，長可五尺，闊可四寸。横板中閒，排鑿八竅，或六竅。各竅内置掉枝，或鐵或木，皆彎如牛角。又作横木一莖，列竅穿其掉枝。復別作一車，亦如上法。兩車相對，約量遠近，將所成紝緊，去聲各結於兩車掉枝之足。車首各一人，將掉枝所穿横木，俱各攪轉，候紝股匀緊，却將三股或四股撮而爲一，各結於掉枝一足，計成二繩，然後將另制爪木，置於所合入聲紝緊之首，復攪其掉枝，使紝緊成繩，爪木自行，繩盡乃止。

紉車，紉，尼憐切。纆繩器也。《通俗文》曰：「單纆曰紉。」揉木作捲，中貫軸柄，長可尺餘，以捲之上角，用纆麻皮，右手執柄轉之，左手續麻，股既成緊去聲則纏於捲上，或隨繩車用之，以助紉絞紝緊。去聲。又農家用作經織麻履、牛衣、簾箔等物，此紉車復有大小之分也。

旋椎，掉麻紱具也。截木長可六寸，頭徑三寸許，兩間斫細，樣如腰鼓。中作小簸，插一鈎箕，長可四寸，用繫麻皮於下。以左手懸之，右手撥旋，麻既成緊，就纏椎上，餘麻挽於鈎內，後續之如前，所成經緯可作麄布，亦織履。農隙時，老稚皆能作。此雖係瑣細之具，然於貧民不爲無補，故繫於此。

熱釜，秦觀《蠶書》云繅絲自鼎面引絲直錢眼，此繅絲必用鼎也。今農家象其深大，以盤甑接釜，亦可代鼎，故《農桑直說》云：釜要大，置於竈上。如蒸竈法，可繅粗絲單繳者，雙繳者亦可。釜上大盤甑接口，添水至甑中，八分滿，可容二人對繅。水須常熱，宜旋旋下繭繅之，多則煑損。凡繭多者，宜用此釜，以趨速効。詩云：蠶家熱釜趁繅忙，火候長存蟹眼湯。

繭籠

繭籠，蒸繭器也。《農桑直說》云：用籠三扇，以軟草扎圈，加於釜口，以籠兩扇，坐於其上，籠內匀鋪繭，厚三指許。頻於繭上以手試之，如手不禁熱，可取去底扇，却續添一扇在上，如此登倒上下，故必用籠也。不要蒸得過了，過則軟了絲頭，亦不要蒸得不及，不及則蠶必鑽了。如手不禁熱，恰得合宜，此用籠蒸繭法也。將已蒸過繭於蠶房槌箔上從頭合籠內，繭在上，用手撥動。如箔上繭滿，打起更攤一箔。候冷定，上用細柳稍微覆了。其繭只於當日都要蒸盡，如蒸不盡，來日必定蛾出。如此繅絲，有一般快，釜湯內，用鹽二兩，油一兩，所蒸繭不致乾了絲頭，如鍋小繭多，油鹽旋入也。

南繅車

北繅車

採竹爲釣者，今爲行道枝。添梯者，今呼作行馬。俚來布絲交也。蛾眉杖　鎖星人呼爲當頭眼，今平作絮盤，又爲絲窩，總頭絲於內，穿上昇於當頭

繅車，繅絲自鼎面引絲，以貫錢眼，升繅於星，星應車動，以過添梯，乃至於軒，去王切，繅輪也。方成繅車。秦觀《蠶書》：繅車之制：錢眼：爲版長過鼎面，廣三寸，厚九黍，中其厚插大錢一，出其端，橫之鼎耳，後鎮以石。繅星：爲三蘆管，管長四寸，樞以圓木。建兩竹，夾鼎耳，縛樞於竹，中管之，轉以車，下直錢眼，謂之繅星。星應車動，以過添梯。《農桑直說》云：竹筒子宜細，鐵條子串筒，兩捲子亦須鐵也。添梯：車之左端，置環繩，其前尺有五寸，當牀左足之上建柄，長寸有半，匼柄爲鼓，鼓生其寅，以受環繩。繩應車運，如環無端，鼓因以旋。鼓上爲魚，魚半出鼓，其出之中，建柄半寸，上承添梯者，二尺五寸片竹也。其上揉竹爲鉤，以防絲竅。左端以應柄，對鼓爲耳，方其穿以閉添梯，故車運以牽環繩，繩簇鼓，鼓以舞魚，魚振添梯，故絲不過偏。制車如轆轤，必活兩輻，以利脫絲。竊謂上文云車者，今呼爲軒。軒必以床，《農桑直說》云：軒床下鼎一尺，軸長二尺，中經四寸，兩頭三寸，用榆槐木，四角或六角，輻通長三尺五寸。六角不如四角，軒小則絲易解。以承軒軸。軸之一端，以鐵爲裊掉，復用曲木櫦作活軸，右足踏動，軒即隨轉，自下引絲上軒，總名曰繅車。

梭

梭，《通俗文》曰：織具也，所以行緯之莎。樵代切。《藝苑》曰：陶侃嘗捕魚，得一梭，還插著壁。有頃，雷雨，梭變赤龍躍去。梭蓋得魚之象，有化龍之義焉。梅聖俞詩云：「給給機上梭，往返如度日。一經復一絲，成寸遂成匹。虛腹銳兩端，素手投未畢。陶家挂壁間，雷雨龍飛出。」

絡車，《方言》曰：河濟之間，絡謂之給。郭璞註曰：所以轉籰給事也。《說文》云：車柎方無切。爲柅。《易·姤》曰：「繫于金柅。」柅，女履切。金者，堅剛之物。

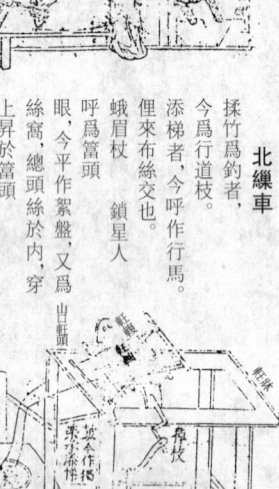

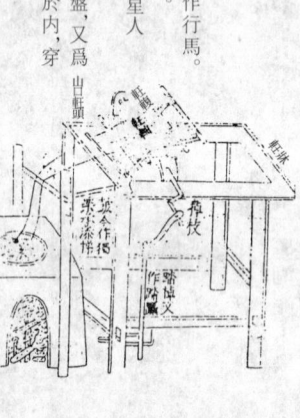

絡車

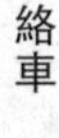

柅者，制動之主。《通俗文》曰：張絲曰柅。蓋以脱軠之絲，張於柅上，上作懸鉤，引致緒端，逗於車上。其車之制，必以細軸穿籰，措於車座兩柱之間，謂一柱獨高，中爲通槽，以貫其籰軸之首，一柱下而管其籰軸之末。人既繩牽軸動，則籰隨軸轉，絲乃上籰，此北方絡絲車也。南人但習掉籰取絲，終不若絡車安且速也，今宜通用。

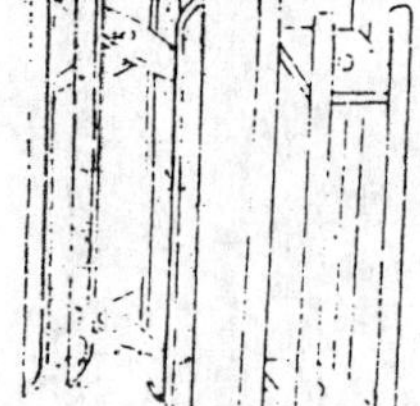
絲籰

絲籰，玉縛切。絡絲具也。《方言》曰：榬，音爰。兖豫河濟之間謂之䡝。郭璞注云：所以絡絲。《説文》曰：籰，收絲者也，或作䈿，從角間聲。今字從竹，又從矍，竹器，從人持之矍矍然，此籰之義也。然必竅貫以軸，乃適於用，爲理絲之先具也。

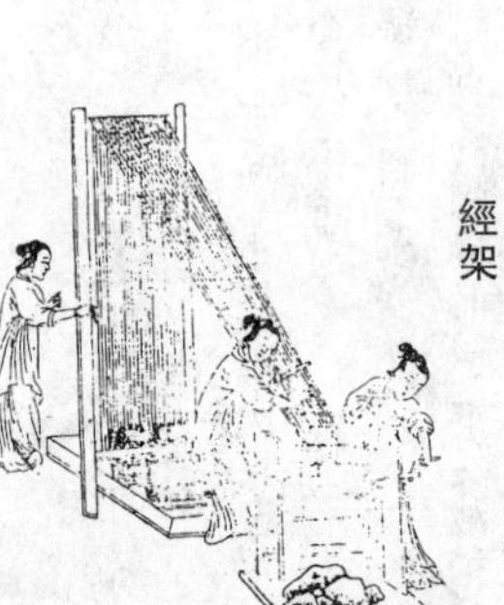
經架

經架，牽絲具也。先排絲籰於下，上架横竹，列環以引衆緒，總於架前經簰，與牌同。一人往來，挽而歸之紖軸，然後授之機杼。

緯車

緯織絲也。車，《方言》曰：「趙魏之間謂之歷鹿車，東齊海岱之間謂之道軌，今又謂繀音卒。車。」《通俗文》曰：「織纖謂之繀，蘇内切。受緯曰莩。」其拊上立柱置輪，輪之上近以鐵條，中貫細筒，乃周輪與筒繚環繩。右手掉輪，則筒隨輪轉，左手引絲上筒，遂成絲繀，以充織緯。

機

機

織機，織絲具也。按，黄帝元妃西陵氏，曰儽祖，始勸蠶稼。月大火而浴種，夫人副褘而躬桑，乃獻繭絲，遂稱織紝之功，因之廣織，以給郊廟之服。見《路史》。《傅子》曰：舊機五十綜者五十躡，六十綜者六十躡。馬生者，天下之名巧也。患其遺日喪功，乃易以十二躡。今紅音工。女織繒，惟用二躡，又爲簡要。凡人之衣去聲。被於身者，皆其所自出也。

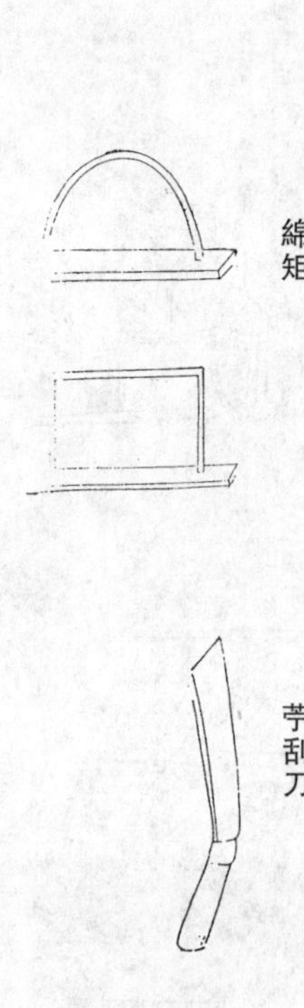
綿矩

綿矩，以木框方可尺餘，用張繭綿，是名綿矩。又有揉竹而彎者，南方多用之。其綿外圓内空，謂之猪肚綿。及有用大竹筒，謂之筒子綿，就可改作大綿，裝時未免拖池解切，折物也。裂。北方大小用瓦，蓋所尚不同，各從其便，然用木矩者最爲得法。

苧刮刀

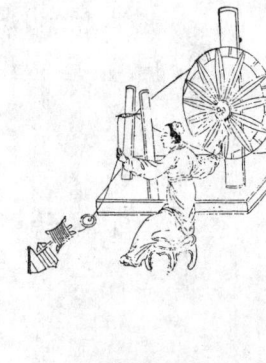

苧刮刀，刮苧皮刃也。煅鐵爲之，長三寸許，捲成小槽，内插短柄，兩刃向上，以鈍爲用。仰置手中，將所剥苧皮横覆刃上，以大指就按刮之，苧膚即蜕。《農桑輯要》云：苧剛倒時，用手剥下皮，以刀刮之，其浮皴皴旬切。自去。又曰：苧，剥取其皮，以竹刮其表，厚處自脱，得裏如筋者，煑之用績。今制爲兩刃鐵刃，尤便於用。

絮車，構木作架，上控鉤繩滑車，下置賁繭湯甕，絮者掣繩，上轉滑車，下徹甕內，鉤繭出没灰湯，漸成絮段。《莊子》謂「洴澼絖」者。疏云：洴，浮也。澼，漂也。絖，絮也。古者纊、絮、綿一也，今以精者爲綿，粗者爲絮。因蠶家退繭造絮，故有此車賁之法。

賁絮滑車

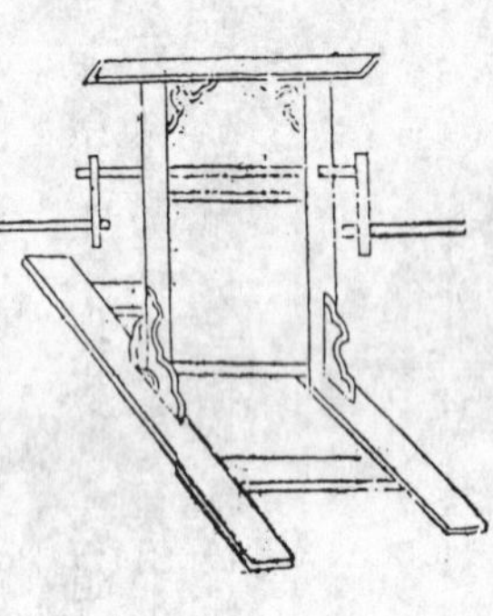
木綿攪車

木綿攪車，木綿初採，曝之陰，或焙乾。《南州異物志》曰：班布，吉貝木所生，熟時狀如鵞毳，細過絲綿。中有核，如珠珣，公後切。用之則治出其核。昔用輾軸，今用攪車尤便。夫攪車用四木作框，上立二小柱，高約尺五，上以方木管之。立柱各通一軸，軸端俱作掉拐，軸末柱竅不透。二人掉軸，一人喂上綿英，二軸相軋，則子落於內，綿出於外，比用輾軸工利數倍。

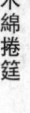

木綿彈弓，以竹爲之，長可四尺許。上一截頗長而彎，下一截稍短而勁，控以繩絃，用彈綿英，如彈氊毛法，務使結者開，實者虚，假其功用，非弓不可。

木綿捲筳

木綿彈弓

木綿捲筳，徒丁切。淮民用薥黍稍莖，取其長而滑。今他處多用無節竹條代之。其法，先將綿毳條於几上，以此筳捲而扞之，遂成綿筒，隨手抽筳。每筒牽紡，易爲匀細，皆捲筳之効也。

木綿紡車，其制比麻苧紡車頗小。夫輪動弦轉，莩繀隨之。紡人左手握其綿筒，不過二三，續於莩繀，牽引漸長，右手均撚，俱成緊去聲。縷，就繞繀上。欲作線織，置車在左，再將兩繀綿絲合紡，可爲線綿。《南州異物志》曰：吉貝木熟時，狀如鵞毳，但紡不績，任意外抽牽引，無有斷絶。此即紡車之用也。

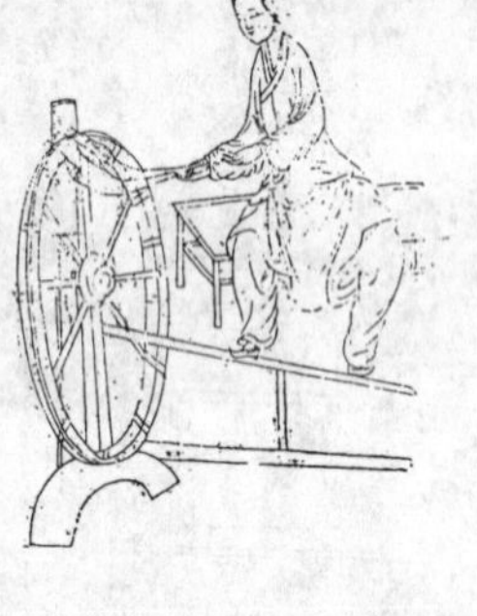
木綿紡車

木綿經牀

木綿軖牀，其制如所坐交椅，但下控一軖，四股。軖軸之末，置一掉枝，上椅豎列八繀，下引綿絲。轉動掉枝，分絡軖上，絲紝既成，次第脱卸，比之撥車，日得八倍。始出閩建，今欲傳之他方，同趨省便。

木綿線架，以木爲之。下作方座，長闊尺餘，臥列四繀。座上鑿置獨柱，高可二尺餘。柱上横木長可二尺，用竹篾均列四彎，內引下座四維，紡於車上，即成綿線。舊法，先將此繀絡於籰上，然後紡合，今得此制，甚爲速妙。

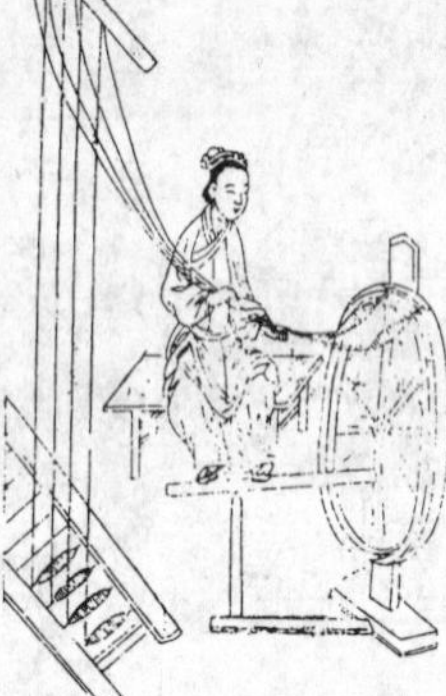
木綿線架

木綿撥車

木綿撥車，其制頗肖麻苧蟠車，但以竹爲之，方圓不等，特更輕便。按舊説，先將紡訖綿繀於稀糊盆內度過，稍乾，然後將綿繀頭縷撥於車上，遂成綿紝。

績筐，去中切。盛麻績器也。績，《集韻》云：緝也。筐，《說文》曰：籠也，又姑簍也。字從竹。或以條莖編之，用則一也。大小深淺，隨其所宜制之。麻苧蕉葛等爲之絺綌，皆本於此。

績筐

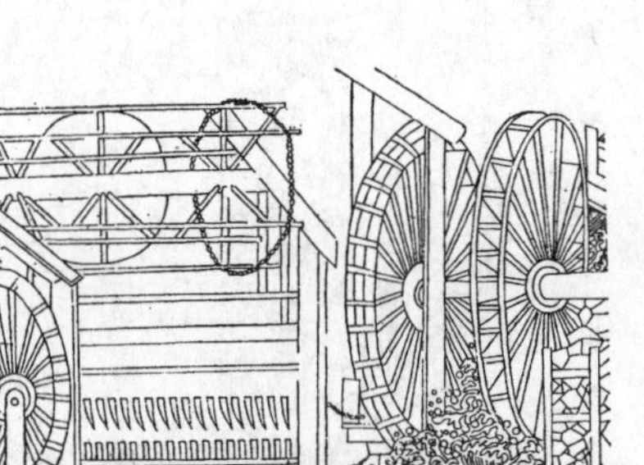

水轉大紡車

徐光啟《農政全書》卷一八《水利》 水轉大紡車 此車之制，但加所轉水輪，與水轉輾磨之法俱同。中原麻苧之鄉，凡臨流處所多置之。今特圖寫，庶他方績紡之家，倣此機械。比用陸車，愈便且省，庶同獲其利。

徐光啟《農政全書》卷三一《蠶桑・養蠶法》 秋蠶，初宜涼，漸漸宜暖，亦因天時漸涼故也。簇與繅絲，法同春蠶。南方夏蠶，不中繅絲，惟堪線纊而已。凡繭，宜併手忙擇，涼處薄攤，蛾自遲出，免使抽繅相逼。恐有不及，則有甕浥籠蒸之法。

《士農必用》云：抽繅之訣，惟在細圓勻緊，使無褊慢節核，麄惡不勻也。繅絲，有熱釜、冷盆之異，然皆必有繅車絲軠，然後可用。熱釜要大，置於竈上，接一盆甑，添水至甑中八分滿，甑中用一板欄斷，可容二人對繅也。水須常熱，旋旋下繭。多下，則繅不及，煮損。此可繅麄絲單繳者，雙繳者亦可，但不如冷盆所繅潔淨光瑩也。冷盆要大，先泥其外，用時添水八九分，水宜溫煖長勻，無令乍寒乍熱。可繅全繳細絲，中等繭可繅雙繳，比熱釜者，有精神而又堅韌也。南北蠶繅之事，摘其精妙，筆之於書，以爲必效之法。業蠶者，取其要訣，歲歲必得。庶上以廣府庫之貨資，下以備生民之纊帛。開利之源，莫大於此。【略】

《士農必用》曰：蠶具及繅絲器皿，務要寬廣。槌、箔、椽、切刀、鍊、斧、軠、釜等。熱絲則釜宜大，冷絲則釜宜小，盆欲大。其竈，臨時治之。春磨米麪。蠶忙時，不及也。【略】

繭長而瑩白者，細絲之繭；大而晦色青葱者，粗絲之繭。皆揭去其蒙戎之衣。其內潰而漬濕者，謂之陰繭；及薄而雜者，綿之繭，可爲粗絲。不可以經日，經日則絲爛而難抽；不可以焚香，焚香則蛆穴而難抽。大者謂之麄工。

繅之不可及也，淹而瘞之泥之，每大缸，用鹽四兩，荷葉包之；於缸甕之口，又塞實荷葉。至七日而蛾死。泥之也，仍數視之；少有隙，則蛾生。凡拈絲綿之線，一分銀是拈一兩。其爲綿也，蛾口爲最，上岸次之，黃繭又次也，繭衣者爲最下。蛾口者，出蛾之繭也；上岸者，繅湯無緒，撈而出者也；繭衣，繭外之蒙茸，蠶初作繭而營者也。【略】

《務本新書》曰：繭宜併手忙擇，涼處薄攤，蛾自遲出，免使抽繅相逼。

《士農必用》曰：繅絲之訣，惟在細圓勻緊，使無褊慢節核，接頭爲節，疙瘩爲核。麄惡不勻也。生繭繅爲上。如人手不及，殺過繭，慢慢繅。殺繭法有三：一、日曬；二、鹽浥；三、蒸。蒸最好，人多不會。日曬損繭，鹽浥者穩。熱釜，可繅粗絲單繳者，雙繳亦可，但不如冷盆所繅者潔淨光瑩也。釜要大，置於竈上。如蒸竈法。釜上大盆甑接口，添水至甑中八分滿。甑中用一板欄斷，可容二人對繅也。繭少者，止可用一小甑。水須熱，宜旋旋下繭。多下，則繅絲不及，煮損。冷盆，可繅全繳細絲，中等繭可繅雙繳，比熱釜者有精神，而又堅韌。雖曰冷盆，亦是大溫也。盆要大，先泥其外。口徑二尺五寸之上者，預先翻過，用長粘泥泥底，并四圍至唇，厚四指，將至唇，漸薄，日曬乾。名爲串盆。用時，添水八九分。水宜溫煖常勻，無令乍寒乍熱。釜要小，口徑一尺以下者。小則下繭少。繭欲頻下，多下則煮過又不勻也。用突竈，半破磚坯，圓壘一遭，中空，直桶子樣。其高，比繅絲人身一半，其圓徑相盆之大小。當中壘一小臺，徑比盆底大。坐串盆於小臺上。其盆要比圓壘高一唇。靠元壘安打絲頭小釜竈，比圓壘低一半，揜火透圓壘。竈子後火烟過處，名揜火。與揜火相對，圓壘匝近上，開烟突口。做一臥突，長七八尺已上。先於安突一面壘一臺，比突口微低。又相去七八尺外，安一臺，高五尺。或就用牆，或用木爲架子。用長一丈椽二條，斜磴在二臺上。二椽相去闊一磚坯許，用磚坯泥成一臥突。二椽上，平鋪磚坯一層，兩邊側立，上覆平蓋，泥了，便成一臥突也。須與竈口相背，謂如竈口向南，突口向北是也。繅盆居中，火衝盆底與盆下臺，烟焰遶盆過，烟出臥突中，故得盆水常温又匀也。又得烟火與繅盆相遠，其繅絲人不爲烟火所逼，故得安詳也。

軖車，牀高與盆齊。軸長二尺，中徑四寸，兩頭三寸。用榆、槐木。四角，或六角。臂通長一尺五寸。六角不如四角，軖角少則絲易解。臂者，輻條也。或雙輻，或單輻，雙輻者穩。須脚踏。又繅車竹筒子宜細，細似織絹穗筒子。鐵條子串筒，兩樁子亦須鐵也。兩竪樁子上，橫串鐵條，鐵條穿筒子，既輕又利也。不如此，則不能成絶妙好絲。古人有言：「工欲善其事，必先利其器。」餘如常法。打絲頭，用一人。小釜內添水九分滿，竈下燃麁乾柴。柴細旋添，火不匀停。候水大熱，下繭於熱水內。下繭宜少不宜多，多則煮過，繅絲少。用筯輕劚撥，令繭滚轉盪匀。挑惹起囊頭，粗絲頭名囊頭。手捻住，於水面上，輕提掇數度，復提起。其囊頭下即是清絲，摘去囊頭。如重手攪撥囊頭，又于手拐子纏數遭，可長五七尺，將繭上好絲，十分中去了三二分，實爲可惜。如輕手劚撥起囊頭，長不過五尺也。一手撮捻清絲，一手用漏杓窃繭，款送入温水盆內。杓底上，多鑽眼子，爲漏杓。漏瓢更好。將清絲掛在盆外邊絲老翁上。盆邊釘插一橛子，名絲老翁。玄扈先生曰：如此，分得極匀爲安詳；故即熱釜，亦宜如此。繅絲，用一人。將絲老翁上清絲，約十五絲之上，黄絲粗，減繭數。總爲一處，穿過錢眼，錢下繭攢聚，名絲窩，又名絮盤。繳過篗頭，蛾眉杖子上兩繳，杖子下兩繳，掛於軖上，又取絲老翁上清絲，如前掛於軖子。兩筒絲窩，其頭齊行。右脚踏軖，右轉；長切照覷，撥掠兩絲窩於內。有繭絲先盡，蛹子沉了者，繭絲斷了，繭浮出絲窩者，其絲窩減小，即取清絲，約量添加。務要兩絲窩大小長均。眼專覷，手頻撥頻添。添得多了，脚緊踏軖，其絲較争細。手脚相應，亦可取匀也。玄扈先生曰：緊慢可爲粗細，卻無此理。添絲，搭在絲窩上，便有接頭；將清絲用指面喂在絲窩內，自然帶上去，便無接頭也。不過三四絲。失添則細了，多添則粗了。如或手添不迭，脚慢踏軖，其絲較争粗；如或手添此名全繳絲，圓緊無疙疸，上等也，中作紗羅，上等疋段。如蛾眉杖只兩繳，名雙繳絲，不甚圓緊，有小疙疸，中等也，不中紗羅，中中等疋段。如蛾眉杖上止一繳，名單繳絲，又名歇口絲，褊慢，有大疙疸，不中疋段，只中絹帛，亦不堅壯。此單繳歇口絲，多只是熱釜中繅也。玄扈先生曰：今各處繅絲，皆只雙繳，亦無蛾眉杖。而秦王諸家，亦并不言全繳、雙繳、單繳之異。蓋古法之廢已久，著書者亦只抄寫節略舊文而已。未見今北繅車，不知有蛾眉杖否？宜索一具觀之。

玄扈先生曰：愚意要作連冷盆，釜俱改用砂鍋或銅鍋，比鐵釜，絲必光亮。以一鍋專煑湯，供絲頭。釜二具，串盆二具，繅車二乘；五人共作。一鍋二釜，共一竈門。火烟入於臥突，以熱串盆。一人執爨，以供二釜二盆之水，爲溝以瀉之，爲門以啓閉之。二人直釜，專打絲頭。二人直盆，主繅。即五人一竈，可繅繭三十斤，勝於二人一車一竈，繅絲十斤也。是五人當六人之功，一竈當三繅之薪矣。并具圖於後。

《韓氏直説》曰：蠶成繭硬，紋理粗者，必繅快。此等繭可以蒸餾，繅冷盆絲。其繭薄，紋理細者，必繅不快，不宜蒸餾，此止宜繅熱盆絲也。其蒸餾之法：用籠三扇，用軟草扎一圈，加於釜口，以籠兩扇坐於上。其籠不以大小。籠內匀鋪繭，厚三四指許。頻於繭上，以手背試之。如手不禁熱，可取去底扇，卻續添一扇在上。亦不要蒸得過了，過了則軟了絲頭；亦不要蒸得不及，不及則蛾必鑽了。如手背不禁熱，恰得合宜。於蠶房椬箔上，從頭合籠內繭在上，用手微撥動。如箔上繭滿，打起，更攤一箔。候冷定，上用細柳梢微覆了。其繭，只於當日卻要蒸盡；如蒸不盡，來日必定蛾出。如此繅絲一月，一般繅快。釜湯內，用鹽一兩，油半兩，所蒸繭不致乾了絲頭。如餾繭多，油鹽旋入。

徐光啓《農政全書》卷三二《蠶桑·栽桑法》　《博聞録》曰：柘葉多叢生，榦疎而直，葉豐而厚，春蠶食之。其絲，以冷水繅之，謂之冷水絲。

徐光啓《農政全書》卷三六《蠶桑廣類·麻》　王禎《麻苧圖譜叙》曰：麻苧之有用具，南北不無異同，民俗豈能通變？如南人不解刈麻，北人不解治苧，及有漚浸審生熟之節，車紡分大小之工。凡絺綌繩縷，皆其所出。今併所附類，一一條列，庶使南北互相爲法云。

附葛　採葛法：夏月葛成，嫩而短者留之；一丈上下者，連根取，謂之頭葛。如太長，看近根有白點者不堪用，無白點者，可截七八尺，謂之二葛。

練葛法：採後，即挽成網，緊火煑爛熟。指甲剥看，麻白不粘青，即剥下，長流水邊捶洗淨，風乾。露一宿，尤白。安陰處，忌日色。紡之以織。

洗葛衣法：清水揉梅葉洗，前夏不脆。或用梅樹葉搗碎，泡湯入磁盆內洗之。忌用木器，則黑。

宋應星《天工開物》卷上《乃服》

老足

凡蠶食葉足候，只争時刻。自卯出蚰，多在辰巳二時，故老足結繭亦多辰巳二時。老足者，喉下兩峡通明，捉時嫩一分則絲少，過老一分又吐去絲，繭殼必薄。捉者眼法高，一隻不差方妙。黑色蠶不見身中透光，最難捉。

結繭　山箔具圖

凡結繭必如嘉、湖，方盡其法。他國不知用火烘，聽蠶結出，甚至叢稈之內，箱匣之中，火不經，風不透，故所爲屯、漳等絹，豫、蜀等紬，皆易朽爛。若嘉、湖産絲成衣，即入水浣濯百餘度，其質尚存。其法析竹編箔，其下横架料木約六尺高，地下擺列炭火，炭忌爆炸。方圓去四五尺即列火一盆。初上山時，火分兩畧輕少，引他成緒，蠶戀火意，即時造繭，不復緣走。繭緒既成，即每盆加火半斤，吐出絲來，隨即乾燥，所以經久不壞也。其繭室不宜樓板遮蓋，下欲火而上欲風涼也。凡火頂上者不以爲種，取種寧用火偏者。其箔上山用麥稻稾斬齊，隨手糾捩成山，頓插箔（土）〔上〕。做山之人最宜手健。箔竹稀疏，用短稾畧鋪洒，妨蠶跌墜地下與火中也。

取繭

凡繭造三日，則下箔而取之。其殼外浮絲一名絲匡者，湖郡老婦賤價買去，每斤百文。用銅錢墜打成線，織成湖紬。去浮之後，其繭必用大盤攤開架上，以聽治絲、擴綿。若用厨箱掩蓋，則浥鬱而絲緒斷絶矣。

物害

凡害蠶者，有雀、鼠、蚊三種。雀害不及繭，蚊害不及早蠶，鼠害則與之相終始。防驅之智，是不一法，唯人所行也。雀屎粘葉，蠶食之，立刻死爛。

擇繭

凡取絲必用圓正獨蠶繭，則緒不亂。若雙繭併四五蠶共爲繭，擇去取綿用，或以爲絲，則粗甚。

造綿

凡雙繭并繅絲鍋底零餘，併出種繭殼，皆緒斷亂不可爲絲，用以取綿。用稻灰水煮過，不宜石灰。傾入清水盆内。手大指去甲浄盡，指頭頂開四箇，四四數足，用拳頂開，又四四十六拳數，然後上小竹弓。此《莊子》所謂「洴澼絖」也。

湖綿獨白浄清化者，總缘手法之妙。上弓之時，惟取快捷，帶水擴開。若稍緩水流去，則結塊不盡解，而色不純白矣。其治絲餘者名鍋底綿，裝綿衣衾内以禦重寒，謂之挾纊。凡取綿人工，難于取絲八倍，竟日只得四兩餘。用此綿墜打線織湖紬者，價頗重。以綿線登花機者名曰花綿，價尤重。

治絲　繅車具圖

凡治絲先製絲車，其尺寸器具開載後圖。鍋煎極沸湯，絲粗細視投繭多寡。窮日之力，一人可取三十兩。若包頭絲，則只取二十兩，以其苗長也。凡綾羅絲，一起投繭二十枚，包頭絲只投十餘枚。

凡繭滚沸時，以竹簽撥動水面，絲緒自見。提緒入手，引入竹針眼，先繞星丁頭，以竹棍做成，如香筒樣。然後由送絲幹勾掛，以登大關車。斷絶之時，尋緒丟上，不必繞接。其絲排匀不堆積者，全在送絲幹與磨不之上。川蜀絲車制稍異，其法架横鍋上，引四五緒而上，兩人對尋鍋中緒，然終不若湖制之盡善也。

凡供治絲薪，取極燥無烟濕者，則寶色不損。絲美之法有六字：一曰「出口乾」，即結繭時用炭火烘。一曰「出水乾」，則治絲登車時，用炭火四五兩盆盛，去車關五寸許，運轉如風時，轉轉火意照乾，是曰「出水乾」也。若晴光又風色，則不用火。

調絲

凡絲議織時，最先用調。透光簷端宇下以木架鋪地，植竹四根于上，名曰絡篤。絲匡竹上，其傍倚柱高八尺處，釘具斜安小竹偃月掛鈎，懸搭絲于鈎内，手中執籆旋纏，以俟牽經織緯之用。小竹墜石爲活頭，接斷之時，扳之即下。

緯絡　紡車具圖

凡絲既籆之後，以就經緯。經質用少而緯質用多，每絲十兩，經四緯六，此大畧也。凡供緯籆，以水沃濕絲，摇車轉鋌而紡于竹管之上。竹用小箭竹。

經具　溜眼　掌扇　經耙　印架皆有圖

山箔圖

調絲

治絲圖

紗緯

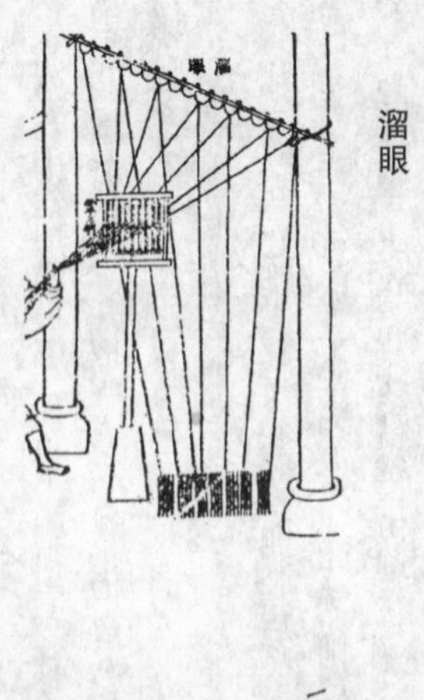
溜眼

經耙

凡絲既簑之後，牽經就織。以直竹竿穿眼三十餘，透過簑圈，名曰溜眼。竿横架柱上，絲從圈透過掌扇，然後纏繞經耙之上。度數既足，將印架綑卷。既綑，中以交竹二度，一上二下間絲，然後扱于簑內。此簑非織簑。扱簑之後，以的杠與印架相望，登開五七丈。或過糊者，就此過糊。或不過糊，就此卷于的杠，穿綜就織。

過糊

凡糊用麵觔內小粉爲質。紗羅所必用，綾紬或用或不用。其染紗不存素質者，用牛膠水爲之，名曰清膠紗。糊漿承于簑上，推移染透，推移就乾。天氣(暗)〔晴〕明，頃刻而燥，陰天必藉風力之吹也。

邊維

凡帛不論綾羅，皆別牽邊，兩傍各二十餘縷。邊縷必過糊，用簑推移梳乾。凡綾羅必三十丈、五六十丈一穿，以省穿接繁苦。每疋應截畫墨于邊絲之上，即知其丈尺之足。邊絲不登的杠，别繞機梁之上。

經數

凡織帛，羅紗簑以八百齒爲率，綾絹簑以一千二百齒爲率。每簑齒中度經過糊者，四縷合爲二縷，羅紗經計三千二百縷，綾紬經計五千、六千縷。古書八十縷爲一升，今綾絹厚者，古所謂六十升布也。凡織花文必用嘉、湖出口、出水皆乾絲爲經，則任從提挈，不憂斷接。他省者即勉强提花，潦草而已。

機式具全圖

凡花機通身度長一丈六尺，隆起花樓，中托衢盤，下垂衢脚。水磨竹棍爲之，計一千八百根。對花樓下堀坑二尺許，以藏衢脚。地氣濕者，架棚二尺代之。提花小廝，坐立花樓架木上。機末以的杠卷絲，中用叠助木兩枝，直穿二木，約四尺長，其尖插于簑兩頭。叠助，織紗羅者視織綾、絹者減輕十餘觔方妙。其素羅不起花紋，與軟紗、綾絹踏成浪梅小花者，視素羅只加桄二扇，一人踏織自成，不用提花之人閒住花樓，亦不設衢盤與衢脚也。其機式兩接，前一接平安，自花樓向身，一接斜倚，低下尺許，則叠助力雄。若織包頭細軟，則另爲均平不斜之機。坐處鬬二脚，以其絲微細，防遏叠助之力也。

花機圖

腰機式具圖

凡織杭西、羅地等絹，輕素等紬，銀條、巾帽等紗，不必用花機，只用小機。織匠以熟皮一方寘坐下，其力全在腰尻之上，故名腰機。普天織葛、苧、棉布者，用此機法，布帛更整齊堅澤，惜今傳之猶未廣也。

腰機式圖

印架

過糊

花本

凡工匠結花本者，心計最精巧。畫師先畫何等花色于紙上，結本者以絲綫隨畫量度，筭計分寸杪忽而結成之，張懸花樓之上。即織者不知成何花色，穿綜帶經，隨其尺寸度數，提起衢脚，梭過之後居然花現。蓋綾絹以浮經而見花，紗羅以糾緯而見花。綾絹一梭一提，紗羅來梭提，往梭不提。天孫機杼，人巧備矣。

穿經

凡絲穿綜度經，必用四人列坐。過簑之人，手執簑耙，先插以待絲至。絲過箴，則兩指執定，足五、七十箴，則絲結之。不亂之紗，消息全在交竹。即接斷，就絲一扯即長數寸，打結之後，依還原度，此絲本質自具之紗也。

分名

凡羅，中空小路以透風涼，其消息全在軟綜之中。衮頭兩扇打綜，一軟一硬。凡五梭、三梭最厚者七梭。之後，踏起軟綜，自然糾轉諸經，空路不粘。若平過不空路而仍稀者曰紗，消息亦在兩扇衮頭之上。直至織花綾紬，則去此兩扇，而用桄綜八扇。凡左右手各用一梭交互織者，曰縐紗。凡單經曰羅地，雙經曰絹地，五經曰綾地。凡花分實地與綾地，綾地者光，實地者暗。先染絲而後織者曰緞。北土屯絹，亦先染絲。就絲紬機上織時，兩梭輕，一梭重，空出稀路者，名曰秋羅，此法亦起近代。凡吴越秋羅，閩廣懷素，皆利搢紳當暑服，屯絹則爲外官、卑官遜别錦繡用也。

熟練

凡帛織就猶是生絲，煮練方熟。練用稻藁灰入水煮，以猪胰脂陳宿一晚，入湯浣之，寶色燁然。或用烏梅者，寶色略減。凡早絲爲經，晚絲爲緯者，練熟之時，每十兩輕去三兩。經緯皆美好早絲，輕化只二兩。練後日乾張急，以大蚌殼磨使乖鈍，通身極力刮過，以成寶色。

龍袍

凡上供龍袍，我朝局在蘇、杭。其花樓高一丈五尺，能手兩人，扳提花本，織過數寸，即换龍形。各房鬬合，不出一手。赭黄亦先染絲，工器原無殊異，但人工慎重與資本皆數十倍，以效忠敬之誼。其中節目微細，不可得而詳考云。

倭緞

凡倭緞制起東夷，漳、泉海濱傚法爲之。絲質來自川蜀，商人萬里販來，以易胡椒歸里。其織法亦自夷國傳來。蓋質已先染，而斮綿夾藏經面，織過數寸，即刮成黑光。北虜互市者見而悦之。但其帛最易朽污，冠弁之上頃刻集灰，衣領之間移日損壞。今華夷皆賤之，將來爲棄物，織法可不傳云。

布衣　趕　彈　紡具圖

凡棉布禦寒，貴賤同之。棉花古書名枲麻，種遍天下。種有木棉、草棉兩者，花有白、紫二色。種者白居十九，紫居十一。凡棉春種秋花，花先綻者逐日摘取，取不一時。其花粘子于腹，登趕車而分之，去子取花，懸弓彈化。爲挾纊温衾襖者，就此止功。彈後以木板擦成長條，以登紡車，引緒糾成紗縷，然後繞籰牽經就織。凡(訪)〔紡〕工能者，一手握三管，紡于鋌上。捷則不堅。

趕棉　火烘

彈棉

凡棉布寸土皆有，而織造尚淞江，漿染尚蕪湖。凡布縷緊則堅，緩則脆。碾石取江北性冷質膩者，每塊佳者值十餘金。石不發燒，則縷緊不鬆泛。蕪湖巨店，首尚佳石。廣南爲布藪而偏取遠産，必有所試矣。爲衣敝浣，猶尚寒砧擣聲，其義亦猶是也。外國朝鮮，造法相同，惟西洋則未覈其質，併不得其機織之妙。凡織布有雲花、斜文、象眼等，皆傚花機而生義。然既曰布衣，太素足矣。織機十室必有，不必具圖。

擦條

余繼登《典故紀聞》卷一一　永樂中，以駝毼温煖，令内官於所出地方素買，且令專業者給官料，織造五十匹，自後歲以爲常。至正統初，陝西右參政年富奏：「本司原造綾絹毯毼九百餘匹，復加造駝毼五十匹，民力不堪，乞免造。」從之。

徐學聚《國朝典彙》卷一九七《工部・織造》　洪熙元年八月，工部奏：内府供用紵絲、紗、羅計九千疋，請下蘇杭等府織造。宣宗曰：「供用之物，雖不可缺，然當念民力。今百姓艱難，可減半造。」又諭尚書吴中等曰：「昔魏徵告唐太宗，每以恤民爲言。卿等其體此意。」

正統元年，上初即位，勑工部曰：洪武、永樂間，各處府縣歲貢綵段，工部驗中方送内庫，且無賄囑及包攬之弊，故皆精密、鮮明，足稱朝廷賞賚，亦不虚費百姓財力。近年以來，徒見糜費民財，而段疋多不堪用。此皆有司通同工匠，侵盜易换，且聽人包攬解納。及至京，該部該庫官吏人等又從而求取賄賂，一得其利，遂不辨美惡，悉送内庫。此積年之弊也。今特命司禮監取洪武、永樂間紵絲、紗羅、綾絹之類與工部及各布政司府縣，務以此爲成式造。其起送至京，令御史同工部官辨驗，仍委司禮監參視，敢有漫不知省，仍蹈前弊者，治以重罪不宥。

十一年九月，户部奏：「內帑各色絹布不多，請出白絹一萬疋、白布四萬疋，令京民染色備用。」上曰：「民可資其力，不可傷其財。當用物料，悉官給之。」

天順三年七月，內織染局言：先遣官往蘇杭等五府，提督織造上供文綺七千疋，未完。今計各項賞賜等用，又合別遣官督併加造七千疋。工部右侍郎翁世資謂東南水潦，民苦艱食，宜撙節以甦疲困，與尚書趙榮、左侍郎霍瑄議減其半。榮、瑄皆有難色。世資曰：「儻得罪，某請以父子三人當之。」疏入，上疑其要譽，推主議者逮世資錦衣獄，謫衡州知府。

四年，太監阮忍奏：蘇杭等處織造上用段疋七千，已完。乞遣內使如舊例督造。以蘇杭等處高手人匠不多，絲料有限，人民艱窘，遂罷之。

弘治五年二月，巡按陝西御史張文言：項司禮監傳出帖子，令甘肅二處守臣如所降圖式織彩粧絨氊、曳撒數百事。竊惟古哲王有惜百金之費者，今織造財物非一方所能辦集，而募工創肆所費不貲，矧陝西歲歉，民病星變地震，正修省之日，可更以華靡爲事乎。宜暫停所織，以其價銀賑濟飢民，或第織十數事，則一方之民可以少安。工部覆奏謂：文言可從命，減所織之半。

九年四月，遣中官南京織造。

十一年七月，浙江守臣請給竹木、銀鈔税爲織造費。户部尚書周經力論：征闗非舊，且浙江大水，民困，乞停織造。從之。

十四年正月，司設監奏改造龍毯、素毯一百四件。工部覆奏謂：此毯雖一事，然所用羊毛則取之山陝，綿紗等料則取之河南，毯匠則取之蘇松，成造則擬式於南京。動經數載，勞費百端，乞特賜停止，以恤民困。不然，亦請俟邊事寧息，民力少蘇議之。有旨令陸續成造。

十六年四月，南京巡撫王恕奏取回織造太監井口，不報。

十八年八月，武宗差太監王瓚、崔杲，往浙直織造，因奏討鹽引。科道諫止，不報。大學士劉健等言止之。詳《中官考》。

正德五年十二月，內承運庫奏：缺賞賜段疋，請令工部如例發官銀收買萬五千疋，以備急用。仍下浙江及蘇松司織造者，催督解納，年終不完者，治罪。工部議：先買五千疋，而分派浙江及蘇松等府亦各五千，差官督解。得旨：工部買納如數。浙江及蘇松地方灾傷，民窮盗起，朝廷已寢差官，其派辦之數，亦併免之，以俟年豐。

八年七月，先是，陝西鎮守太監廖堂稱旨造絨氊、帳幄數百間，料價數十萬，巡撫陳壽至已完解，廉知其贏餘萬兩，欲輸內，權貴檄所司，留以備賑。仍解論：此後不得指進貢有所科取，不然吾且執奏。堂兄弟訴於所佑者，欲圖中傷之，遂乞歸。四入疏，不得請，始復視事。

嘉靖元年五月，內監以缺紗、綾劄等用，奏下諸處買造。已繼相輸納，惟浙江織造生綾八百餘疋未完。巡按御史何鈜以詔書蠲免，奏請停造。工部覆奏，從之。

工部以急缺賞賜夷人衣服段疋，請行各撫按嚴督所屬，查解有侵欺遲悞者，罪之。上曰：賞賜夷人段疋絲料，分兩丈尺長短，俱有定數，邇所司不用心督令，縱容侵剋，以致濫惡不堪賞用，殊失朝廷懷柔至意。該部備查先年罰俸、提問、降調事例，通行各撫按申明禁約。

二年十一月，御用太監刁永，請遣內臣之蘇杭監織綺、繒。工部以地方饑饉，請止。上曰：御用缺乏，仍遣二員前去。因命大學士楊廷和撰勑，給事中張原、章僑、曹懷、解一貫、南京御史吳瀚等各諫止，不報。廷和乃抗疏曰：「蘇杭諸府，今歲四月以後，亢陽爲虐，入秋以來，霖雨不止，災異非常，正賦不辦。若更令織造，非惟逃亡，又恐激成他變。臣叨輔弼，實切警懼，前項勑書，不敢奉詔。」上譴廷和執拗，切責之。廷和復言：「臣非敢執拗，所執者祖宗之法。歷考洪、永下及天順，並無有此，惟成、弘間一行之，可謂織造爲累朝故事乎。」遂移疾，連疏乞休，許之。

十二月，給事中章僑劾浙江太監梁瑶，遣人挾貲管織造，乞下司禮監戒飭。無何，織造太監刁永果稱急用龍袍，勑蘇杭五府提督部，請令鎮巡照花樣造進，勿遣內臣。詔：以督造自故事，第令毋擾九鄉。六科交争，不報。

三年十一月，太監吴勳、少監張志聰，以勑命監織杭州。恃寵驕悍，縱其舍中兒厮養諸役，椎剥工匠，恫愒郡縣，無所顧忌。布政使馬卿憤懣，稍鈐束之，不能制，而絲彩工催悉杭州府帑金給之，有所闕發，其舍中兒厮養輙索羡金什之二三。知府查仲道輙曰卿有所禁沮，勳滋不悦。又以往復儀節，日與卿相搆，譖卿不爲遜。勳遂奏卿等違抗明旨，稽誤工作。上怒，命逮繫卿等詣京考訊。以言官屢疏論捄，卿降鶴慶知府，仲道福建運同。

四年，太監張志聰誣奏長洲知縣郭波阻誤織造。會波陞工部主事，至京，下鎮撫司拷訊，獄上，降布政司照磨。

寧波知府楊最上言：本郡僻處海隅，繒綺薄惡，每歲所貢，皆市自杭嘉充之，乞改貢料值供用。下工部復議，從之。命今歲諸郡歲織諸幣已具者貢幣，未具者貢金。

五年，初，浙江鎮守太監鄧文請易勅書，言官論阻，不報。已而，內織染局太監刁永請勅專官往陝西監織絨服。工部尚書趙璜、給事中張嵩、王科，御史陳察、王朝用，南京御史喬祺等交章論阻，並報聞。陝西提督尚書王憲，巡撫都御史王藎，巡按御史郭登庸、吉棠、王鼎，亦各抗疏論阻。章下工部，璜覆奏，宜如憲、藎等言。下內閣擬旨，大學士一清等議，依部請擬進。已而有命，仍照前旨施行。一清等不從，仍以原擬上請，因抗疏力言陝西生民愁苦，及監織剥害之狀。乞將太監梁玉取還，付鎮守太監晏宏及撫按官督織貢用。上曰：「卿奏具見忠愛，前已諭玉，安靜行事，勿得騷繹地方矣。」

先是，上俞太監梁諫之請，差官往南京織造。工部執奏不可。於是科道張嵩、程啓充等各上言：「陛下初政，節用愛人，一切織造、採運之事，蠲革殆盡，天下仰戴。奈何左右近臣，不知將美輔德，動稱供應不敷，蒙俞允遣官南京織造。即今天象示異，水旱爲災，小民怨咨，江南尤甚。且差去官員，由賄而得，計非貪黷，無以償之，欲責令安靜，難矣。」上曰：「言官以言爲職，既奏乞停止，自令具實進言。如何始爲諛詞，終乃規諫，失言官之體，且不究。」

六年三月，工部言：內庫驗浙江歲解紬段紕薄者，急請悉發退補造。其經管官吏，宜逮治如例。上曰：「歲造段疋，以待四夷。有司玩法，往往不中程度，又或扣減絲價，假公營私，以此不能約束其下，民竭膏脂，官無實用。自今直隸則巡按御史，各省則巡按，會各守巡官，驗中，然後起解。至，先辨驗，親送本庫會收。有仍前紕薄不堪，如例逮京論罪，降級毋貸。」

八年，先是，上從言官請，停止雜派工役。工部移文，停浙江、蘇州織造，而緊要上用袍服，錯行混停。太監吳勳以爲言。上以袍服非雜派工役比，責工部朦朧停止，命尚書劉麟自劾，因責其欺慢，勒令致仕。原任侍郎何詔及營繕司官，俱奪俸五月。

十一年正月，南京織造太監李政以事完，疏請回京。上命支南京承運庫銀三萬兩，照舊織造。

十三年四月，李政奏請添官織造。上罪其狂率煩擾，下南京法司逮問。

二十二年三月，尚衣太監李越疏：乞遣內臣赴蘇杭、福州等處監織御用袍服。從之。給事中蘇應旻等言：「大江以南，賦役煩重，加之災害相仍，海寇竊發，昔擅殷富之名，今實凋敝之極。若遣官監織，騷驛徵需，爲害不小。況嗣後踵遣，萬姓無休息之期矣。乞收成命，移行工部，勅各撫按，如式督造。」不報。

二十四年閏十一月，以徽、寧、蘇、杭解到段疋粗紕，及封識不署撫按職名，詔奪巡按御史張雲路及先任御史胡宗憲、布政使潘恩等俸有差。監造看驗等官，行巡按御史逮問。仍令以後該庫會同工部侍郎一員驗看，織造如法者，方許交收。徇情濫收者，并坐之。

三十五年五月，上諭內閣：朕近取葛布於內司，皆無見貯者。惟祖宗時，左右進御則有之。夫葛爲服，見於經，亦爲可用，其令工部議奏。部覆《禹貢》載豫州厥貢絺、紵，是用葛自虞夏已然。今四方產葛之所，惟兩廣、河南、湖廣可備上用。第一時難猝辦，宜先於京城權鬻百疋。其每年供用者，請下所司定織獻之。得旨，每年進八百疋。

隆慶元年八月，工部以織造事請分別歲辦緩急，循次奏完，以寬民力。上是其言。會織染局太監陳洪連疏督造，上亦是之。給事中馮成能言：頃罷織造之不經者，本出明詔，今不能盡罷，則當以次寬之。部臣言是，從之。

二年正月，命太監李佑督織造於蘇杭。工部尚書雷禮等言：「初，明詔取回督造內臣，詔墨未乾，制使復出，殊駭觀聽。乞罷佑勿遣，第令所司如式以進，毋渝大信而損儉德。」上曰：已有成命，趣與佑勅。給事中孫枝、御史郝杰，言內臣聲勢尊重，有司阿奉渝禮，必致大擾。東南民力疲困，其何以堪。乞如部議便。不聽。既而太監陳洪奏以龍袍紬紵，行令督造。禮復言：「前遣李佑計不下四十萬金，民力已竭。今復加以六十萬，民何以堪。」上乃止。

三年二月，詔以內織染局所呈袍服花樣，行織造太監李佑趣辦一千八百六十疋以進。工部言：曩李佑之遣，已非詔書初意。然臣等猶謂，計日竣事，可以速還。乃今前工未畢，後工復繼，是使佑無還京之期矣。給事中孫枝、御史姚繼可等亦以爲言。上皆不允，於是工部復奏。先是，織造解輸者，該局必索常例。曩李佑之行，上洞燭弊源，特命徑進御前，故太監陳洪以續發花樣爲由，而即增附一千六百疋有奇，意在緣此以媒常例，今即不已，止宜以原發花樣，令其督造，餘悉罷之。上曰：「該局既稱匱乏，然用不可缺，其令佑遵旨織造事畢，即還南京。」給事中岑用賓言：「南京織染局，往年因積負數多，司局長隨陳惠，安以添機僱匠爲名，加派於應天府屬者，踰數萬金之費，非先帝意也。請自今罷工匠之召募，仍免派徵未輸者，以蘇民困。」詔可。

先是，降織造花樣四函，令工部行南京供應機房，照式督造。及遣官齎至，則莫有主者。工部請令南京織染局太監劉安并任其事。上仍命太監趙玢往，部言玢取回未幾，復命之出，是詔令不信也。且該庫既知供應機房無人，不以奏請，而漫令臣等齎送，此其志欲復遣官，而詭計策以欺陛下耳。上曰：「原樣發自御前，何與該庫。且爾等初言供應無人，兹已遣官，何復煩瀆。其令玢遵旨亟去。」給事中陳邦顏疏止。上罪其抗旨瀆擾，奪俸。

尚衣監太監崔敏傳旨：令南京加造段疋數至十餘萬。給事中龍光執奏：「今江南各處大水，飢饉相望，即歲辦猶恐不前，若復重以額外加擾，民何以堪。」工部覆言：加徵不如趣正供之爲易，新派不如責舊逋之爲速。宜命所司，亟查原造之數，立限催徵。庶公用不乏，民困亦舒。上頗善之。乃詔於加派數中，惟供御用者，別造三分之一，其他悉以准歲造之額。

以驗解段匹粗紕不堪，斥浙江巡按御史龐尚鵬爲民，降布政李磐、參政薛天華、按察使徐貢元、僉事王宇二級。

南京給事中李崧言：南京織染局續添機張，增募匠役，皆已奉詔革去，而太監劉安等輒以上供所亟，奏請復之。今南畿水旱相仍，民困日久，又額外加派，將何以堪。且祖宗舊制，額設機三百張，軍民匠三千名，不爲不多。今不論司局之非人，而妄謂機匠之不足。廢舊章，損聖德，安罪不可逭也。惟陛下恤民窮，遵祖制，自今工竣之日，諸所增加，悉行停止，而治安之罪，以懲欺蔽。工部尚書朱衡題覆不明，請加罰治。上以崧等瀆擾，又詆毀大臣，詰責之。衡亦上疏，自劾罷。上慰留，不允。

遣内臣往陝西督造羊羢。工部尚書朱衡及科道諸臣疏止之，詔如前旨。

給事中龍光條陳計處歲辦織造五事：一專督造以嚴責成，一足料價以償工費，一禁市買以防濫惡，一書姓名以待辨驗，一擇運解以絶獘端，一革包攬以塞騙局。章下工部覆奏，如議。上曰：「歲造段疋，乃正供所急。近來積弊多端，撫按官漫不稽查催驗，惟沽節省虚名，其實民不沾惠，徒資貪吏囊槖，奸徒侵盜，以令撫按官加意振飭，清革奸弊。如因循玩愒，不奉詔者，重治不宥。」

六年二月，詔遣内臣往蘇杭織造龍袍、翟服、絨錦、鸞帶。給事中陳行健、御史侯居良疏止，不允。工部言：蘇杭以倭患水旱，府庫虚竭，織造費鉅，勢必加派，民困難支，請大加減免，或去其半。至於差官，尤宜慎重，擇忠謹之人安静行事，庶地方不擾而民獲更生。上可其奏，令會同該局擇最要者先行造進，所遣官務宜安静，毋得擾民。

何喬遠《閩書》卷三八《風俗志》　惠安緝纑織苧，有《葛屨》《蟋蟀》之風焉。北鎮之布，行天下。【略】

冬絺夏葛，以爲女工，同安朱文公之所過化也，其韻猶在。其君子厲節，而其小人任天，男子力穡，是生吉貝之綿，而女善爲布。【略】

郡中有山林陂池苑囿之利，杉木之饒，白苧之布，比弱吴紈。【略】

延平附郭爲南平，山川清明而挺秀，恒燠少寒，地多險阻。纍石爲田，引泉注之，厥土赤墳，厥田下下，其夷衍者厥土黑墳，厥田中下，而俱宜稻，其山宜茶，民憚遠出爲商賈，無他役作而勤耕耨，女雖至貧，紡績不出户，是以不至饑乏，而亦無千金之家。其君子無脂韋之氣，小人朴嗇不敢爲非，此其俗也。將樂巖岫磊砢，溪流清泚，士之所出，女之所績，猶南平也。士有楊龜山之遺風焉。其民多技而好勝，鄉有苧布之利。喜於爲商，或流侈靡而無實。大田重山外盤而中平衍，有種苧紡麻之利。

《新鐫古今事物原始全書》卷一九《器用·機杼》　董巴《輿服志》曰：上古衣毛帽皮，未有衣帛，至黄帝始造機杼而織布帛。機之持緯曰杼。《淮南子》曰：伯余之初作衣也，緂麻索縷，手經指掛，後世爲之機杼。高誘注云：伯余，黄帝臣也。一曰，伯余即黄帝也。

《新鐫古今事物原始全書》卷一九《器用·笐籬》　黄帝始命元妃西陵氏養蠶，制絲車以繅絲，制笐籬以撈蠶蛹。唐明皇賜祿山什物，有銀絲笐籬。古以竹爲之，今亦以竹。出《五運曆年記》。

孫承澤《天府廣記》卷二一《工部》　織造

兩京織染，内外皆置局。内局以應上供，外局以備公用。南京又有神帛堂供應機坊，蘇州、杭州等府亦各有織染局，每歲造解有定數，數内有奉欽降花樣改織者，然未嘗增派。後於歲造之外，奉旨題派織解者曰坐派，一時急缺令部買辦者曰負買，間一行之。

弘治十七年，工部徐恪奏：今之南京並蘇、杭、嘉、湖等府，即古吴越之境。租稅之出，數倍於他州。而綺紈錦繡之貢，歲有常額，上供六宫之用，下充四裔之賞。近又差內臣往彼織造，乘輿服御所用無幾，而工役科派所費不貲。禁闈近侍，勢位尊嚴，府縣奉承，唯恐或後。一應財物，非天降地涌，皆民之膏血也。若不早爲蘇息，誠恐民不堪命，怨讟由之而起，禍福倚伏，不可預測。大禹惡衣，文王卑服，千載之下，猶仰盛德。皇上臨御未久，春秋鼎盛，方當躬行節儉，以身先天下，奈何以服御之故，遠遣內臣，勞東南之赤子？合無將差去織造內臣取回，餘剩絲料發與各府，准作歲造支用，仍令彼處巡撫、巡按咨訪輿情，凡可以輕徭薄稅，息民養兵，及防微杜漸之計，悉聽舉行。不作無益，與民更始。庶幾應天以實，而災異可弭矣。允之。革回織造內官，令鎮巡等官管理。

萬曆五年十二月，御文華殿，講讀畢，諭輔臣張居正曰：頃者星變，占云應在吳地。聖母因念吳地數被水災，小民困苦，欲將織造停免，況宮中袍服不能盡御，徒久貯笥中，殊可惜耳。居正從旁力贊之，即諭户、工二部：朕思東南民力困敝，蘇杭織造病民。前差太監孫隆查已派及在手應織者，織完回京，其未派并應措處錢糧盡行蠲免。地方官仰體朕敬天恤民之意，加意節愛，不許借稱上用，横徵苛擾。居正頓首謝。

崇禎元年二月，諭：朕自御極以來，孜孜民力艱苦，思與休息。惟是封疆多事，征輸重繁，未遑蘇豁。乃有織造錢糧，雖係上供急需，朕痛念連年加派絡繹，東西水旱頻仍，商困役擾，民不聊生，朕甚憫焉。今將蘇杭現在織造錢糧上緊成造，着地方官解進。梁棟不必候代，即着馳驛回京。其改織錢糧仍入歲造內應用，織造員缺暫行停止。朕不忍以衣被組繡之工，重困此一方民。稍加軫念，用示寬仁。俟東西底定之日，方行開造，以稱朕敬天恤民之至意。

談遷《國榷》卷五《太祖洪武六年》〔五月〕丙寅，設四川行省織染、寶泉、雜造三局。

《國榷》卷二三《英宗正統元年》〔閏六月〕己巳，罷陝西續織駝毼。初，永樂中歲進五十匹。陝西布政司右參政年富言：既造綾絹氈毼九百餘匹，又加駝毼，民困。免之。

談遷《國榷》卷二六《英宗正統十一年》〔十一月〕庚午，命浙直織紵絲紗羅綾紬錦九千匹。

談遷《國榷》卷五二《世宗嘉靖元年》五月丙午朔，停浙江歲織生綾八百匹有奇。

談遷《國榷》卷六四《世宗嘉靖四十二年》〔三月〕丁未，禁織玄黄龍鳳色。

談遷《國榷》卷六六《穆宗隆慶三年》〔二月〕辛卯，趣蘇杭織造太監李佑新織千八百六十匹，工部言民力不堪，不聽。【略】

丙申，廣西道監察御史賀一桂，劾內織染局太監陳洪五罪，蓋日者妄請織染五罪事也。

談遷《國榷》卷六六《穆宗隆慶四年》〔三月〕甲申，傳令南京加織十萬匹。工科都給事中龍光執奏，命造供御三分之一，餘准歲額。

談遷《國榷》卷七六《神宗萬曆二十一年》〔八月〕辛卯，減造南京紗衣蟒襴三分之一。

談遷《國榷》卷六九《神宗萬曆四年》〔三月辛亥〕，內承運庫太監崔敏求遣官織造，工科都給事中侯于趙、御史麻永言各疏諫。命上供各減一半，定五萬九千二百六十匹。

〔六月〕庚辰，命司禮太監孫隆往蘇杭織造。

談遷《國榷》卷七〇《神宗萬曆七年》〔十一月〕丁巳，張居正等言：工科都給事中王道成請減織造段匹，原有歲額，萬曆三年派織九萬有餘，爲大婚賞賜，該部設處，今四年方織完，而添織之旨又開七萬三千匹，須四五十萬金，在庫藏已竭，在小民則疲。今浙直水災，蒙恩蠲濟，方撤織又復加派，非聖意所以愛養元元也。近因賞三衛夷人段匹，闕虎豹一色，故請增織，至于上供，已自足用，不必又取辦于歲造矣，乞減其半。從之。

談遷《國榷》卷七一《神宗萬曆九年》〔二月〕工科給事中劉弘誨乞敦儉朴，省織造，將今織造段匹停緩降新様，必不容已，量酌減數。報聞。

〔九月〕戊寅，織染局御馬監太監張奎請三宮及潞王、公主等段匹共十二萬，工科給事中李廷儀言：萬曆四年三月，上供止織二萬九千餘匹，五月織大婚袍服，又減三分之一，止五萬八千，今該監胡爲有額外之請耶。命次第續織以進。

談遷《國榷》卷七四《神宗萬曆十五年》〔六月〕工科給事中□□請減織造，上不懌。閣臣言：萬曆四年有旨減三分之一，七年有旨減半，惟皇上深思邦本，弘惠下之仁。上令仍原減三分之一。【略】

談遷《國榷》卷七六《神宗萬曆二十一年》八月乙未，王錫爵諫催蘇杭織造。不報。

談遷《國榷》卷八四《熹宗天啓元年》〔五月〕戊申，命內織染局下蘇杭織造。

談遷《國榷》卷九二《思宗崇禎六年》〔七月〕癸巳，浙江、江西以段匹濫惡，責有司議處。

談遷《國榷》卷九三《思宗崇禎七年》〔五月〕辛卯，免浙江崇禎三年以前織造段匹。

《明經世文編》卷八五韓文《爲懇乞停止賣鹽織造事》賣鹽織造　先該內承運庫署庫事內官監太監崔杲等，題稱前往南京織造段疋，所用數多。臣等查得成化年間織造，准與長蘆引鹽五萬引，弘治年間織造，准與長蘆引鹽三萬餘引，并兩淮鹽引銀兩，尚且不敷，今若止領前銀六千餘兩，到彼并工織造，使有不足，臨期何由措置。臣等又查得弘治十二年四月十一日，該署庫事尚衣監太監秦文等，奉敕南京織造，孝宗皇帝准與長蘆引鹽二萬引，陸續支過八千引，其餘一萬二千，尚未支領，乞照先年事例准給長蘆未支引鹽一萬二千引，陸續支去，變賣銀兩，隨路收買，併工織造等因具題，奉旨户科參看。爲照鹽法先因織造等項阻壞已極，方行差官整理，又復動支，則邊餉日見缺乏，況近該言官交章論列未已，雖奉前旨，事委窒礙，宜從抄出施行。隨該工科等科右給事中陶諧等，題爲懇乞停止差官賣鹽織造事，工部及臣等，各奏停止。節奉欽依，公用缺乏，只照前旨行，不必來説。臣等仰奉明命，寢食不安。竊謂陛下不宜偏聽左右近習之言，至于若是其信且篤也。古人有言曰：「與衆同欲靡不興，違衆自用靡不廢。」此名言也，惟陛下熟察之。臣等又聞之，君子之事君也，務引其君以當道，志于仁而已。若陛下行不當道，不志於仁，阿諛順旨，當言而默，固非臣等以言爲職之義，亦豈君子事君之道哉。且今供應段疋，固不可缺，而當此之時，差官賣鹽，其於國政甚爲不可，臣等敢歷爲陛下陳之。杭、嘉、蘇、湖、松、應天等處，遞年以來，差官織造，民不堪命。恭遇皇上龍飛，渙頒明詔，停免各處織造內官，方逾一年，而復差官，是蘓息之望方慰，而憔悴之政旋加。此朝廷自違明詔，失信于民，其不可者一也。我國家鹽課之設，專爲給邊，祖宗之時，立法甚嚴，爲例甚博。近年以來，一壞于王府之求討，二壞于內官之織造，三壞于皇親勢要之占種，而法與利有不可言者矣。頃因庫藏空虚，朝廷議差大臣整理，庶幾商賈復通，國用可給。今又准令支鹽變賣，則將來商賈，誰不聞風斂跡。況夫網利之徒，如譚景清輩，又將夤緣附帶，公十私百，姦弊滋蔓，莫之能究。差去大臣，整理何事。此朝廷自壞鹽法，以虧國計，其不可者二也。天下州縣之狼狽，夫役之勞苦，莫甚于河道一帶，況連年北直隸、山東、水潦不絶，飢饉薦臻，揚州迤南等處，當人相食之餘，若前鹽一發，則隨路州縣之供應，夫役之運送，勞費何堪。況所差內官，多不循理，縱使群小虚張聲勢，恐嚇官吏人等，索取分外財物，一不滿欲，非法捆打，生事害人，固難悉數。此重困衰弊地方，其不可者三也。南京祖宗根本之地，陛下所宜軫念者。況近年災異，南京居多，若復差人騷擾，意外之變，難保必無。是輕視根本重地，其不可有四也。先皇帝時，該太監龍綬等題內官趙純支鹽織造，後因陳言修省，先皇帝時降旨停免。皇上即位以來，災異之生，既甚且多，非特陛下修德省身，尤宜汲汲，反差官織造，爲此失信壞法，困民貽患之舉。是不能修德敬天，懋隆大孝，其不可者五也。凡此五不可者，一舉而兼有之，此豈臣等所宜默，陛下所宜深信力行者哉。伏望皇上，特昭宸斷，將差去內官，即與停免，勿謂已行，憚于改更。如果段疋缺乏，敕令該部，作急區處，行令南京工部，及守備衙門，督同織染局，責限成造送用，以昭儉德，則用人媲美堯舜，改過匹休成湯，而天下之幸，有不足言矣。

先該內承運庫題，該內官監太監崔杲等，題稱前往南京織造段疋，乞照先年事例，准給長蘆未支引鹽一萬二千引，陸續領去，變賣銀兩，隨路收買諸城紅花絲料，顧覔織挽等匠，併工織造等因，具題。奉聖旨，引鹽未支過的，准他陸續支用。隨該工科等科右給事中陶諧等又該四川等道監察御史杜旻等各具本俱奏，奉聖旨，該衙門知道。查得先該太監秦文，奏稱織造不敷，要支長蘆引鹽，陸續支領，買補絲料應用等因，節奉孝宗皇帝聖旨，長蘆引鹽准與二萬引，欽此。續爲會計錢糧以足國裕民事，節該本部會同英國公張懋等，議得內一件清鹽法，查得織造段疋，先年原無支鹽事例，今後內臣織造，再不許奏討，違者許户部該科論奏等因具題。弘治十六年四月二十六日，節奉孝宗皇帝聖旨：是，欽此。俱經欽遵外，臣等切惟我朝運司鹽課之設，專備各邊糧草所需，其爲利最多，其得效甚速，是以行鹽各有地方，私販累有厲禁，非邊報之緊急，不許擅開，非商人之正名，不許代支。祖宗立法，至嚴且備。初與工部織造段疋，略無相干。蓋自成化、弘治年來，織造內臣，惟欲圖便己私，却乃夤緣奏討，馴致鹽法大壞，邊餉不充，節經本部論列，及府部科道等官建議，今後不許奏討，荷蒙先帝俞允，俱各停止。陛下登極詔書，又復申明禁例，既將皇親買補殘鹽一切裁革，續命風憲大臣再行清理，內外人心，莫不忻幸，以爲鹽法自此疏通，國計有所仰賴。今織造太監崔杲，又以先年支剩引鹽一萬二千引爲言，欲要陸續支領，隨路變賣，誤蒙聖聽，特與准行。緣滄州迤南，即非長蘆行鹽地方，若果准其越境貨賣，則隨行人役，必至假公營私，無知小人又將乘機附搭，各官以欽命爲名，關津莫敢盤詰，以百而夾帶至千，以千而夾帶至萬，展轉興販，漫無紀極，時價因之低賤，商旅爲之阻塞，萬一各邊聲息不絶，支費芻餉不貲，臨期雖欲開中，誰肯趨赴報納，緩急無備，爲患非細，鹽法之壞，弊正坐此。是前日所布詔書，殆爲虚文，而近日所差大臣，亦爲徒設矣。伏望皇上，克謹天戒，俯念時艱，以群議所當信從，近倖不可偏聽，慎重鹽法，預備邊餉，收回前項成命，停止織造差官，合用段疋，敕令工部另項處治供應，以省勞費，天下臣民，不勝幸甚。其或果如聖諭，公用缺乏，必欲施行，則該部自有班匠抽分等銀，可以支給應用，所據長蘆引鹽，決不宜冒禁支賣，以壞祖宗之法。臣等待罪民曹，叨司國計，事關利害，分當盡言，豈敢曲意奉行，以致僨事誤國，伏乞聖明留意等因，正德元年九月初一日具題。次日奉聖旨，只照前旨行，再不必來説，欽此。臣等聞命自天，措躬無地，夙夜憂懼，寢食弗寧。緣織造賣鹽姦弊多端，難以備述。科道之交章，臣等之覆奏，無非爲朝廷紀綱惜也，顧乃未蒙俞允，且令不必來説。詔旨一頒，舉朝驚愕，咸謂陛下英年睿質，聖德方新，舜之舍己從人，湯之從諫弗咈，正宜取法，以隆政治，豈意陛下未察，一至于此，豈臣等之心，忠誠扞格，而聖明未之信耶。抑豈左右之人，壅蔽掩飾，而陛下未之見耶。臣等猥以凡庸，叨承委任，事關國計，豈敢循默依阿。蓋以織造内臣，支鹽變賣，必自長蘆之北，越過兩淮之南，久慣興販之徒，乘此機會附搭，況許陸續支用，則經年累歲，何有紀極。私鹽盛行，官鹽阻滯，異時變賣，邊儲缺乏，將何所賴。且内臣一出，騷擾地方，撑駕馬快官船，動以數十餘隻，起取沿路夫役，何止數百餘人，漕河軍民，豈勝困苦。及長蘆運司，先年支剩引鹽，各邊奏開，俱已盡絶，今内庫段疋既稱急缺，若使到彼無鹽支給，豈不反爲誤事。所據賣鹽織造，揆之事體，委的窒礙難行，臣等斷不敢曲意奉承，以資奸人無厭之貪，以貽鹽法無窮之害。伏望皇上俯察群情，特昭宸斷，收回前旨。其織造段疋，不必支賣前鹽，所用價銀，本應工部出辦，但今差官事迫，合無本部權宜處置，將長蘆鹽一萬二千引，每引折銀一兩，共銀一萬二千兩，除太倉銀庫，查係專備各邊緊急糧草支用，難以輕動外，暫于本部見收鹽價，并别項銀内那凑前數，給與崔杲等，收領前去，以充買料雇工等項支用。如此庶鹽法可清，邊儲有賴，省軍民挽運之勞，免漕河騷擾之患，而皇上修德弭災之遠圖，經國籌邊之急務，諒亦不出此矣。

《明經世文編》卷一一一楊廷和《請停止織造疏》織造　先年各處織造内臣，仰惟皇上登極之初，各行取回京，以甦民困，天下之人，方稱頌聖德不已。近者不意一時誤聽内織染局所奏，差官前去蘇、杭提督織造，命臣等撰寫勅書。臣等看得南直隸蘇州并松江、常、鎮等府，浙江杭州并嘉、湖、寧、紹等府，今年四月以後，亢陽爲虐，入秋以來，大雨不止，旱澇相繼，災異非常，委的地方十分狼狽，本等錢糧不能辦納，尚要奏求蠲免，若又差官織造，一應物料工匠，何從出辦撥給，非惟逼迫逃亡，抑恐激成他變。又況經過地方，淮、揚等府，邳、徐等州，見今水患非常，高低遠近，一望皆水，軍民房屋田土，盡被淹没。百里之内，寂無一爨煙，流徙死亡，難以數計，所在去處，白骨成堆。幼男稚女，稱斤而賣，十餘歲者，止得銅錢三十餘文，有經數日賣而不得，母子相視痛哭，投水而死者。各該地方官員要賑濟，該部爲因公私匱乏，錢糧無從出辦，方且晝夜憂惶，計無所措。自今至于麥熟之時，尚有數月，各處飢民，豈能俯首枵腹，坐以待斃，其勢必將起而爲盜，傳聞鳳陽所轄泗州地名洪澤，飢民聚集舟中者已不下二千餘人，劫掠過往客商船隻，莫敢誰何。所聞果實，未知何日始得勦平，將來時勢，尚有不可預料者。臣等職叨輔導，實切驚懼，所有前項勅書，臣等決不敢寫，伏望皇上俯從六科十三道各官所言，憫念地方災傷重大，收回成命，停止織造官員不差，宗社生靈不勝慶幸。如果袍服缺乏，止照工部題覆着鎮巡三司官計處物料人匠，鎮守官提督織造，則地方既免重困，而供應亦不至于有誤矣。伏惟聖明留意。

《明經世文編》卷三九五王錫爵《請減免織造錢糧疏》減免織造　該昨文書官杜茂，口傳聖旨，蘇杭織造錢糧，拖欠數多，有司何不催徵。臣等當即將該地方，連歲災傷，民間困苦，有司催辦不前之狀，略節，向杜茂口陳，令其據此回奏，猶恐未確，謹再瀝危誠，備訴皇上之前。臣等謹按江南財賦，甲於天下，相傳國初時太祖高皇帝因憤百姓爲張士誠固守，抗拒天兵，賊平之日，遂將富民租簿，定爲糧額，累朝二百年來，頭緒轉多，如王府糧、練兵銀之類，但有加派，並無寬減。連年以來，雖因水旱頻仍，每下蠲緩之令，而蠲租止於存留，已屬虚名，緩徵併於别年，反滋擾累，此小民之所以貧苦無聊，痛心疾首而嗷嗷思亂也。然外亂不生，則内亂或可潛弭，江北稍熟，則江南尚可息肩。今狡倭窺境，剥膚將及，以至沿海地方，無地不增兵，無兵不添餉，其勢不得不取足於民，而徐、揚之間，方數千里，滔天大水，廬舍禾稼，蕩然無遺，其勢又不得不取償於江南，此如一絲之繫鍾鼎，其危且急何如者。若不及今將養，有如外倭内盜，乘間而交發，其巨萬供億之費，更將于何取之。朝廷雖有粟如山，有金如泉，一時不能救飢民之命，滿驕兵之腹，其禍蓋不可勝諱者。何況今日太倉錢糧，出數倍於入數，如都御史褚鈇所開，更有上下極窮之會，京邊交困之秋，而可不早留此孑遺之民命，以爲緩急支持之計乎。皇上未見其形，請察其影，撫臣朱鴻謨代劉應麒催徵者也，科臣王德完以應麒催徵爲是者也。今緩徵之疏，且一上而再上矣。彼豈其任怨于始，而市恩于終，蓋實有萬分不得已，疾痛慘怛，不得不仰而呼天耳。大抵方今國患在於民窮，民窮由於財盡。其始也有司猶可以箠楚之威，行於小民，撫按猶可以參罰之令，行於有司，今民至困而箠楚無所加，則有司之技已窮，有司窮而奉行不能前，則撫按之技亦窮，至於撫按窮而詔令格而不行，則部院之技亦窮矣。然漕糧金花之類，原係緊要上供，不可以窮爲辭，至於蘇杭之織造，江西之磁器，雲南之取金，在皇上省之，如千箱之失稊米，而在小民得之，如枯胔之獲再肉，爲人父母，又何愛一絲一縷而不以活赤子旦夕之命也。今春臣錫爵之母北來，至天津等處，親見道上纍纍賣男女之民，有索銀五七分，棄子而去者，臣母爲之痛哭，稍施錢周之。觀近京之民如此，則遠京之民可知。觀賦輕之地如此，則賦重之地可知。又況于上有不可忽之天變，下有不可緩之河工，前有不可恃之昇平，後有不可知之事變，誠拯溺救焚，事在至急，浣衣投璧，未足謝民，而何忍更以餘財餘力，責此額外之供也。且臣等又聞上供一分，民費三倍，民出數金，害及數家，天下之勢，岌岌至此，不可不深思，不可不痛念。又今軍興費繁，寧夏之師，已耗去百餘萬，度朝鮮功成，與各處募兵造船之費，又不下百餘萬，群臣束手，計無所出。昨者工部請御庫銀數十萬兩，賑濟淮揚，臣等不敢主張，仍下户部議處。夫内庫久積之銀，外廷猶欲請發，豈有外庫額外之銀，内廷尚可宣索者。伏乞皇上慨然將今歲買辦銀二十萬兩，盡數傳免，以救目前燃眉之急，少俟盜息民安，賦充費省，再行斟酌取之，不特挽回天和，消弭國患，而皇上藏富官民之間，增光恭儉之德，又乘此萬萬壽稱觴之日，以當萬萬人歡頌之聲，真所謂散小儲而成大儲，以惜福而更益福也。

方以智《物理小識》卷六《衣服類》　漳州紗　余賡之師云：懷素是福州薛懷南所織，自出匠心，以鐵柱分綜，故雙映生雲。若瑣服則安海所倣西洋以六霞緞質石砑起雲者也。東陽紅紗染法，它處不及。

花機　筬率千二百齒，度經過糊，齒有兼縷，紗經三千二百縷，綾經五千六百縷。古八十縷爲升，今之綢殆六十升也。嘉、湖出口出水乾絲爲經，則任從提挈，不憂斷接。機長丈六，起花樓，掘地藏足，中托衢盤。用千八百竹條。提花坐樓，以的杠卷絲，用兩疊助木尖插筬，兩頭疊助者，羅空在耎綜衮頭，兩扇結綜，一耎一堅，紗亦在衮頭制定也。織綾綢則去此兩扇，而用桄綜八扇。兩手交織曰縐紗，兩梭輕一梭重曰秋羅，先染絲織者，緞屯絹也。綾絹以浮輕見花，紗羅以糾緯見花。綾絹一梭一提，紗羅來梭提，往梭不提。其獨織者浪梅小花，視素羅加桄二扇，潞油小雲，温州方錦，皆獨織者。倭緞則斮綿夾藏經面，織過刮成黑光者也。白下倣倭緞，先緯鐵絲而後刮之。蜀錦、刻絲與通身盤龍盤枝，則截梭鬭合，節節換法矣。機杼之巧，殆天工乎。治絲提緒入星丁，乃由送絲簽以登大車，調絲用絡篤過竹鈎爲活頭焉，緯絡紡車既籰，有溜眼掌扇輕耙印架，乃扱于筬中，此非織筬。紗于交竹一度然後過糊，糊用小粉。麵筋洗下。其染紗者，用明膠刷之，曰清膠紗。僞重綢分兩者，或糖或粉。絲貴吴絲，日本皆市此，川、楚、閩、廣、齊、豫各有繭。

紡車　一鐵一木，轉圓相背，則棉花出其子矣。絃彈碎而版趕爲條，乃置車輪蹋之，以鐵錠插芒梗，紡絲則縷積矣。有紡雙縷者，有一手勾三縷者，省用天車者，松江、徽、池、台州、九江皆能之。

方以智《通雅》卷三四《器用》　檷、柅、尿，一物也。《説文》曰：「柅，實如黎。」「尿，籰柄也。」「檷，絡絲。」（跌）鄭夾漈曰：「尿，籰柄也。陸氏曰：讀若昵。一曰柅，止車木，《易》『繫于金柅』者，以金爲之，皁地爲固。《孟子》『止或尼之』，其通義也，絡絲（跌）因以爲名。温州至今云絡柅也。《列子》墨尿，亦見《方言》，尿，即尿之省文耳。墨音眉，因其轉滑，寓多詐義。小補引作墨尿，誤矣。檷、柅，實一字，絲之筳，即籰王縛切柄，合溪何疑焉。《説文》收絲者也，《方言》曰籰榬也。亦作籆，又作䈝、䈝、筬。今江南收絲，似小攪車，中有柄，聽絲旋其外，而中軸自轉，總曰絡子。

魏裔介《條陳四事》順治十年　吏科右給事中臣魏裔介，謹題爲聖主虛懷下詢微臣敬抒管見，仰佐睿慮萬一事。臣昨捧讀聖諭，令臣等直諫無隱，諄諄懇懇，敢不竭盡向日之誠，稍補衮衣之闕。【略】謹開列於左：

一節儉之制宜先也。臣觀唐史所載，元宗號爲英主。爾時風俗奢靡，詔乘輿服御金銀器玩，令有司銷毁，以供軍國之用。其珠玉錦繡焚於殿前，后妃以下皆毋得服珠玉錦繡，天下更毋得採珠玉織錦繡等物，罷兩京織錦坊。今天下物力匱乏，恐更甚於唐元宗之時，而風俗奢靡，日甚一日。臣願皇上以身率先天下，蘇杭織造雖未能盡罷，宜減去其半，以所省者發付軍前充餉，而金銀器玩除見在足用外，以後不必打造，若珠玉錦繡之飾，除有職文武許用外，嚴禁士民不許濫用。

谷泰《博物要覽》卷六《論宋錦》 宋時御府所造合錦，其人物、花卉、禽獸，肖生明朗如畫，且兩面俱光采色如一，多有細花盤金線厚於錢者。其紡皆雙絲，故歷年久如新，不朽不腐。亦有一種輕薄者又佳厚者。

傅維鱗《明書》卷三《太祖紀三》 〔洪武二十三年〕十一月，罷天下有司織段疋及造弓矢。

傅維鱗《明書》卷七《宣宗紀》 〔洪熙元年〕八月，減蘇杭織造之半。

傅維鱗《明書》卷八《英宗紀》 〔正統元年〕閏六月，罷陝西織造駝褐。

〔正統十一年〕十一月，加蘇杭織造數。

〔天順四年五月〕，停蘇松織造。

〔天順七年〕夏四月，遣内官如蘇杭織造。

傅維鱗《明書》卷一一《孝宗紀》 弘治四年辛亥，秋七月，北虜遣人貢馬，停織造。五年壬子，春正月，停陝西綵羢之半。

〔弘治〕十四年辛酉，春正月，馬文昇因地震切諫，上報以忠愛，遂撤織羢使臣，及停傳奉。

傅維鱗《明書》卷一二《武宗紀》 〔正德元年〕五月，上始微行，減蘇松織造之半。

〔正德十二年十月〕，命陝西織造龍羢。

傅維鱗《明書》卷一三《世宗紀》 〔嘉靖年六月〕，禁珠池内官干民事，停織龍羢。

〔嘉靖五年三月〕，復遣内官督織龍羢。

傅維鱗《明書》卷一五《穆宗紀》 〔隆慶二年，三月丙子〕，遣内官蘇杭織造。

〔隆慶〕五年辛未，二月，遣内官往陝西督造羊羢。

傅維鱗《明書》卷一六《神宗紀》 〔萬曆〕七年已卯，夏四月，詔停鼓鑄，以大水詔減蘇松織造緞疋。

〔十一年〕秋七月，詔減浙江織造。

十四年丙戌，夏四月，詔減蘇杭織造。

傅維鱗《明書》卷一八《熹宗紀》 〔天啟二年秋七月〕壬子，禁違例越奏，免織造新頒袍式三分之一。八月戊子，詔停杭州織造。

傅維鱗《明書》卷二一《宫闈紀二》 司綵司　司綵，二人。掌綵繒錦枲之事。典綵，二人。掌綵，二人。佐之。女史，六人。

傅維鱗《明書》卷三九《方域志一》 永嘉郡，婦勤紡績。

傅維鱗《明書》卷四〇《方域志二》 建昌府，土地沃衍，俗醇樸，民清智而文，儒術爲盛，小人勤農女紡績，蓋樂區也。

常德府，民務耕織，以漁獵山伐爲業，醇樸簡静。

延平府，士事詩書，民勤耕織。

汀州府，島居者安魚鹽，山居者任耕織。

傅維鱗《明書》卷四一《方域志三》 濟南府，俗多織作，士敦厚闊達多大節。

平涼府，士尚氣略，人以騎射爲業，頗務耕織，悍直其本性也。

陝西行都司，民俗質樸，綽有華風，人性慷慨，崇釋教，習兵事，穴居者甚多，以織褐爲業。

傅維鱗《明書》卷四二《方域志四》 四川，古梁州地，荆之西鄙，中長川沃野，擅山林、竹木、穀粟、蔬果、織作、染練之饒。

鎮雄軍民府，俗愚悍，信巫鬼，男耕女織，生業爲事。

平茶洞長官司，言侏离，好捕獵，以火焙穀，取麻績布。

直隸布政使司田州，俗陋野，禮義粗疏，惟耕織皆華風。

奉議州，俗願而勤，耕種紡績，男青布巾，女戴竹笠。

傅維鱗《明書》卷四三《志二·方域志五》 北勝州，氣樸陋，勤耕織。

傅維鱗《明書》卷六六《職官志二》 府州縣屬各有【略】雜造織染局，各有大使、副使。【略】

織染局典織造，凡歲幣有常數，絲與練絲之費，並給於上司，會其數而稽之。幣成，覆於上司而納於帑。若宣索非局所織造者，市之以供。

傅維鱗《明書》卷八二《食貨志二》 織造　制：兩京内外皆置局，内局應上供，外局備公用。南京設神帛堂供應機房，蘇、杭則有織染局。每歲造解有定額，有奉欽降改織者，然未嘗增派，後於歲造之外，奉命題派，曰坐派，缺而買者，曰召買。若制帛誥敕冠服，皆有定式，大約歲造紵絲、紗、羅諸幣及帛約三萬七千四百餘端。初以内官董其事，弘治十七年革，屬之鎮巡，後復用内官。隆慶元年，諸織造皆停止，而嘉靖中，則有陝西織羊絨，廣東織葛布之官，隆慶亦俱罷之。

國初破吴，獲幣無算，及破元都，亦無算，不假織造。及永樂中，始於陝西織駝毼，歲以爲常。正統初，年富爲陝西參政，奏免，從之。宣德初，工部奏應用幣帛乏甚，下蘇杭織造。上曰：供用之物，雖不可缺，當念民力。今百姓艱難，可減半造。又諭尚書吴中曰：昔魏徵告唐太宗，每以恤民爲言，卿等其體此意。正統十一年，户部奏取内庫白絹布五萬，令京民染色。上咈然曰：民可資其力，不可傷其財，合用物料，官給之。天順初敕織文綺萬四千純。工侍郎翁世資謂東南水潦，民艱食，宜撙節以甦疲困。而尚書趙榮、侍郎霍瑄難之。世資曰：儻得罪，請以父子當之。上疑其要譽，逮謫衡州知府。

弘治五年，令甘肅織彩妝羢毼曳撒。巡按陝西御史張文言奏稱：古帝王有惜百金之費者，今織造財物，非一方所能辦集，而募工創肆，所費不貲。矧陝西歲歉民病，且星變地震，正修省之日，可更以華靡爲事乎。宜停所織，以其資濟貧民。上命特減其半。正德五年，内庫奏缺賞賜段匹，宜召買萬五千。工部議以時正災傷，民窮盜起，昔朝廷已寢差官，而派辦宜并免之，以俟年豐。不報。

嘉靖元年，命織生綾。御史何鉞奏止之。二年，上遣太監刁永之蘇、杭監織務，給事中張原等奏，不聽。命大學士廷和撰敕。廷和上言，以爲江、浙夏月亢陽爲虐，入秋霪雨連緜，災異非常，正賦不辦，若更加以織造之擾，非惟逃亡，又恐激生他變。臣叨輔弼，實切警懼，前項敕書，不敢奉詔。上以廷和執拗，切責之。廷和復言：臣非敢執拗，所執者祖宗之法。歷考祖宗朝，惟成、弘間一行之，可謂織造爲累朝故事乎。不聽。無何，竟遣刁永，蘇杭大擾。給事中章僑等奏劾，痛責之。九卿科道交争，不報。後復益以太監吴勳、張志聰二人，恃寵驕悍，縱其舍中兒厮養諸役椎剥工匠，恫愒郡縣，無所顧忌。布政使馬卿憤懣，稍鈐束之。勳遂奏卿等抗違明旨，稽誤工作。上命逮卿等拷訊。五年，浙江鎮守太監鄧文請易敕書理織造，言官論阻，不報。已而刁永復請陝西織羢服，工尚書趙璜及科道張嵩等切諫，上怒，竟差太監梁玉往，而大學士一清不擬旨，上言監織之害。上曰：朕已諭玉使無驛騷矣。先是梁玉請差内官督南京織，工部執不可，言官程啓充等各上言：陛下初即位，節用愛人，一切織造採運，釐革殆盡，天下仰戴聖明。未幾，左右近臣，不知將美聖德，動稱供應不敷，蒙俞允遣官。今天象示異，水旱爲災，江南尤甚，且差去官員，由賄而得，計非貪黷無以償之，欲得其安静，難矣。上怒，切責之。二十二年，太監李越奏乞遣内臣福州織造，從之。工部以爲上既需用，可敕撫按召買，不報。三十五年，上諭内閣：朕需葛，内庫無貯者。夫葛之爲服，見於經傳，而《禹貢》載豫州「厥貢絺紵」，是用葛自虞、夏已然。今宜於四方産葛之所，如兩廣、河南、湖廣，歲貢八百端。

隆慶即位，工部言：凡織造事，宜分緩急，以寬民力。上是其言。二年，命太監李佑督造於江南諸處，工尚書雷禮切諫，以爲初詔撤回，今詔墨未乾，而制使復出，不便，乞勿遣。既而給事中孫枝等連章上，乃止。三年，復遣佑行。已而尚衣太監崔敏傳旨諸處加造至十餘萬。給事中龍光執奏，而部覆以爲加徵不如趨正供之爲易，新派不如責舊額之爲速，宜查原額敕撫按督解，庶公用不乏，而民困亦蘇。上善其言。

萬曆後，則南京、蘇州、杭州織造皆有内官，至國亡不變。

顧炎武《日知録》卷一〇《紡織之利》　今邊郡之民，既不知耕，又不知織，雖有材力，而安於游惰。華陰王宏譔《著議》，以爲延安一府，布帛之價，貴於西安數倍，既不獲紡織之利，而又歲有買布之費，生計日蹙，國税日逋。〔陳文恭曰〕：陝西爲自古蠶桑之地，今日久廢弛，綢帛資于江浙，花布來自楚豫，小民食本不足，而更賣糧食以製衣，宜其家鮮蓋藏也。非盡其民之惰，以無教之者耳。今當每州縣發紡織之具一副，令有司依式造成，散給里下，募外郡能織者爲師，即以民之勤惰工拙，爲有司之殿最，一二年間，民享其利，將自爲之而不煩程督矣。計延安一府，四萬五千餘户，户不下三女子，固已十三萬餘人，其爲利益，豈不甚多。按《鹽鐵論》曰：「邊民無桑麻之利，仰中國絲絮而後衣之，夏不釋複，冬不離窟，父子夫婦内藏於專室土圜之中。」崔寔《政論》曰：「僕前爲五原太守，土俗不知緝績，冬積草伏臥其中，若見吏，以草纏身，令人酸鼻。〔原注〕：今大同人多是如此，婦人出草則穿紙袴，真所謂倮蟲者也。吾乃賣儲峙，得二十餘萬，詣雁門廣武迎織師，使巧手作機，乃紡以教民織。」〔原注〕《後漢書》采入本傳。是則古人有行之者矣。《漢志》有云：「冬民既入，婦人同巷，相從夜績，女工一月得四十五日。」「八月載績，爲公子裳」，豳之舊俗也，率而行之，富强之效，惇龐之化，豈難致哉。〔唐氏曰〕：吴絲衣天下，聚于雙林，吴越閩番至于海島，皆來市焉。五月載銀而至，委積如瓦礫。吴南諸鄉，歲有百十萬之益，是以雖賦重困，窮民未至于空虚室廬，舟楫之繁庶，勝于他所，此蠶之厚利也。四月務蠶，無男女老幼，萃力靡他，無税無荒，以三旬之勞無農，四時之久而半其利，此蠶之可貴也。大蠶桑之地，北不逾淞，南不逾浙，西不逾湖，東不至海，不過方千里，外此則所居爲鄰，相隔一畔而無桑矣。其無桑之方，人以爲不宜桑也，今楚、蜀、河東，及所不知之方，亦多有之，何萬里同之而一畔異宜乎。桑如五穀，無土不宜，一畔之間，目覩其利，而弗效焉。甚矣，民之惰也。吾欲使桑徧海内，有禾之土，必有桑焉，其在于今，當責之守令，于務蠶之鄉，擇人爲師，教民飼繅之法，而厚其廩給，其移桑有遠莫能致者，則待數年之後，漸近而分之，而守令則省騎時行，履其地察其桑之盛衰，入其室視其蠶之美惡，而終較其絲之多寡，多者獎之，寡者戒之，廢者懲之，不出十年，海内皆桑矣。昔吾行于長子，略著于篇，可以取法焉。

吴華覈上書，欲禁綾綺錦繡，以一生民之原，豐穀帛之業。謂今吏士之家，少無子女，多者三四，少者一二。通令户有一女，十萬家則十萬人。人人織績，一歲一束，則十萬束矣。使四疆之内，同心勠力，數年之間，布帛必積。恣民五色，惟所服用，但禁綺繡無益之飾。且美貌者，不待華采以崇好。豔姿者，不待文綺以致愛。有之無益，廢之無損，何愛而不暫禁以充府藏之急乎。此救乏之上務，富國之本業，使管晏復生，無以易此。方今纂組日新，侈薄彌甚，斲雕爲樸，意亦可行之會乎。〔楊氏曰〕：空言禁敕，無用也。必實有清心寡欲之學者，乃能收還淳返樸之效。

顧炎武《肇域志・南直隸・蘇州府》 長洲縣 編户七百四十一里。【略】撫臺駐劄。有蘇州衛、五千户所、織造府、工部磚廠。

一城中與長洲東、西分治。西較東爲喧鬧，居民大半工技。金閶一帶，比户貿易，負郭則牙儈輳集，胥、盤之内，密邇府縣治，多衙役廝養，而詩書之族聚廬錯處，近閭尤多。城中婦女習刺繡。濱湖近山小民最力嗇，耕漁之外，男婦並工捆屨，緝麻，織布，織席，采石，造器營生。梓人、甃工、埿工、石工，終年傭外境，謀蚕辦官課。湖中諸山，大概以橘、柚等果品爲生，多至千樹，貧家亦無不種。以蠶桑爲務，地多植桑。生女未及笄，教以育蠶。三四月謂之「蠶月」，家家閉户，不相往來。

顧炎武《肇域志・南直隸・松江府》 風俗。《舊志》云：諸州外縣多樸質，附郭多繁華，吾松則反是。蓋東北五鄉，故爲海商馳騖之地，而其南純事耕織，故所習不同如此。【略】

紡織不止鄉落，雖城中亦然。里嫗晨抱綿紗入市，易木棉花以歸，機杼軋軋，有通宵不寐者。田家收穫，輸官、償債外，未卒歲，室廬已空，其衣食全恃此。前《志》云：百工衆技，與蘇、杭等。若花、米踊價，匹婦洗手而坐，則男子亦窘矣。

褚人穫《堅瓠集・秘集》卷五《宋錦》 錦向以宋織爲上，泰興季先生家藏《淳化閣帖》十帙，每帙悉以宋錦裝其前後。錦之花紋二十種，各不相犯。先生殁後，家漸中落，欲貨此帖，索價頗昂，遂無受者，獨有一人以厚貲得之，則揭取其錦二十片，貨于吴中機坊爲樣，竟獲重利。其帖另装他綾，復貨于人，此亦不龜手之智也。今錦紋愈出愈奇，可謂青出於藍而青於藍矣。

《清奏議》卷六劉餘謨《特陳江南蠹民之害疏》 江南水旱頻仍，民困已極，而蠹吏貪官悖旨殃民，巧詐爲奸，有可痛恨，臣請爲皇上陳之。昔年姑蘇織造僉點機户，蘇、松、常、鎮四府波累甚慘。前科臣袁懋功疏稱免派機户，部覆奉旨俞允，命下之日，江南歡聲動地。今年八、九月間，復聞僉派，有一縣至數十名者，如顧成之等以堂長被拘矣，朱鳴虞、張元欽等以管事被拘矣，禍起於一二奸吏，投身入局，自謂情願，陰行詐害，拘拏良民，勒寫情願投狀，又巧避機户名色爲堂長、管事，不知堂長、管事非他，即機户中殷實之尤者耳，非機户外別有堂長、管事也，拏堂長、管事即拏機户也。夫機户之害，一人充當，賠累數百金以至數千金，不至赤貧不止。四郡僉報，扳扯數十名以至數千人，不致蠶食不休，詳見袁懋功原疏，久在聖鑒，不敢再贅。臣不知小民何所利而情願爲之，若非惡棍積蠹，借此遮身，即係奸胥猾吏，因緣爲利，良民必不情願，情願者必非良民。且江寧、杭州，皆有織造，未報機户，何獨蘇州一處有之？若謂錢糧不及應付，試問恩旨停役之後，兩年春秋二運袍船，曾否虧缺，且亦豈有取足機户之理。若謂供役無人，則催儹有所官，登記有管數，烘焙有小甲司，限期者有管工，看花樣者有高手，領銀賣料，僱募織挽者有機匠，移文州縣，弔取錢糧者有承差，何事乏役而必需機户爲也。伏乞皇上勅部移查，督撫果有僉報投充機户、堂長、管事等役，速行停止，嚴立禁諭，違者即時糾處，庶奸人不得肆害而良善得以安全矣。

《奩史》卷四○《蠶織門》 蠶池，明時宫人織錦之所。《瑶華集箋》

張廷玉等《續文獻通考》卷二九《土貢二》 〔熹宗天啟元年〕八月，詔停浙江織造，以火災故也。臣等謹按《食貨志》：天順四年，蘇、松、杭、嘉、湖五府織造常額外增采緞七千匹。至正德元年後，以賞濫日增。萬曆中蘇、松、杭、嘉、湖五府織造之外，又令浙江、福建、常、鎮、徽、寧、揚、廣德諸府州分造，增萬餘匹。陝西織造羊絨七萬四千有奇。南直、浙江紵絲紗羅，綾細絹帛，山西潞紬，皆視舊制加丈尺，而費不貲矣。

張廷玉等《續文獻通考》卷三○《國用一》 孝宗弘治十一年十二月，免陝西織造羊絨。罷福建織造綵布。

張廷玉等《續文獻通考》卷五六《職官六》 明宦官八局【略】内織染局。員同上。掌染造御用及宫内應用緞疋。城西藍靛廠，爲此局外署。

張廷玉等《續文獻通考》卷二四三《四裔七》〔干崖〕明成祖永樂元年，設干崖長官司。

干崖舊名干賴睒，東北接南甸，西接隴川，有平川衆岡。境内甚熱，四時皆蠶，以其絲織五色土錦充貢。

張履祥《補農書》卷下　西鄉女工大概織綿紬素絹，績苧麻黄草以成布疋；東鄉女工或雜農桑，或治紡織；若吾鄉女工，則以紡織木棉，與養蠶作綿爲主，隨其鄉土，各有資息，以佐其夫。女工勤者，其家必興，女工游惰，其家必落，正與男事相類。夫婦女所業，不過麻枲繭絲之屬，勤惰所係，似於家道甚微，然勤則百務俱興，惰則百務俱廢，故曰：家貧思賢妻，國亂思良相。資其輔佐，勢實相等也。且如匹夫匹婦，男治田地可十畝，女養蠶可十筐，日成布可二疋，或紡棉紗八兩，寧復憂飢寒乎？刺繡淫巧，在所當戒。女工。

官修《明實録·明英宗實録》卷一九〔正統元年閏六月〕己巳，詔罷陝西布政司續造駝毼。先是，永樂中以駝毼温煖，令内官於所出地方索買。且令專業者給官料織造五十疋。自後歲以爲常。至是，陝西右參政年富奏：「本司原造綾、絹、毯、毼九百餘疋，復加造駝毼五十疋，民力不堪，乞免造。」從之。

官修《明實録·明英宗實録》卷四三〔正統三年六月〕庚午，陝西布政司言：「本司歲造駝、羊毯段，其絲絨皆出民間。今甘肅、寧夏等處征禦達賊軍需，又令民供給。乞停毯段，俟邊境寧息，仍舊成造。」從之。

官修《明實録·明憲宗實録》卷一〇一〔成化八年二月〕辛未，織染所永樂年間額設軍民匠役七百五十八名，後漸逃、故，僅存其半，惟設大使一員管領。及移本所於内府織染局帶管，止差内臣一員監督，其後歲有添差，監督二人因改別衙門蒞事，遂挾其原隨匠役三十七名以往。至是監督多至九員，役占人匠益多至二百餘名。每作在不過五七人，人少工多，勞苦不息，各匠連名奏乞如舊例，止留内臣二員監督爲便。工部覆奏，不允。

官修《明實録·明孝宗實録》卷六一〔弘治五年三月〕丙子，吏科都給事中張九功言：「邇者工部兩奉旨，將新製各色綵粧絨毼畫圖，下陝西鎮巡、三司并甘肅鎮巡等官織造。今陝西諸司動支帑銀，收買物料，往南京轉雇巧匠，科買湖絲，又於城中創造織房。臣竊惟陛下此舉有五不可：方今民力窮困，一不可也；災異數見，二不可也；邊事相仍，三不可也；既設織房，流弊於後，四不可也；四方倣效，奢靡成風，五不可也。乞追回前命，以光聖德。」得旨：「絨毼近已令減半織造矣。其下所司知之。」

官修《明實録·明孝宗實録》卷一七〇〔弘治十四年正月〕巡撫直隸蘇、松等處都察院都御史彭禮奏：「近奉旨，太倉州織造上供洗白布六千匹。臣等竊見此州新立，又糧役累重，一旦有此科派，小民訴告不已。因量爲處置官價織完。此後伏乞明詔有司，就行停止。若或服用有常，難於即已，乞借本府滸墅鈔關二三年之課，助州縣織造，庶民免逃亡之患。」工部覆奏，從之。

官修《明實録·明孝宗實録》卷一七一〔弘治十四年二月辛巳〕時司設監奏改造龍毯、素毯一百四件。工部覆奏，謂：「此毯雖一事，然所用羊毛，則取之山、陝；綿紗等料，則取之河南；毯匠則取之蘇、松；成造則擬式于南京。動經數載，勞費百端。乞特賜停止，以恤民困。不然，亦請俟邊事寧息，民力少蘇議之。」有旨令陸續成造。

官修《明實録·明世宗實録》卷九三〔嘉靖七年十月乙卯〕工部奏：「各省歲造段疋，自正德十年以後，積負至二十二萬七千餘疋。即今上用不敷，雖奉旨召買，恐終不可繼。宜行各撫按官嚴督有司，依限徵解，庶積負漸完，收買之費漸省。」詔：「收買段疋，已有前旨。各省宿逋，其令撫按官將各掌印官停俸，立限追解；有違慢者，參奏處治。」

官修《明實録·明世宗實録》卷一七二〔嘉靖十四年二月乙巳〕刑科給事中王經奉命往蘇、杭督查段疋，事竣還京，條陳織造十二事：「一、戒那移。各省織造銀兩，多出里甲丁田并無礙官銀。有司往往取充他用，致虧課額。宜計會一歲合用銀若干，某郡縣徵派若干，應於某項取給，當官驗收，轉解司府給散機匠。一、禁分例。往年織造段疋，估價過高。奸胥黠吏扣除關索，無所不至。故機匠僅得其半，而織造濫惡。宜酌定價值，著爲成規。織完驗收，封識之處，明書輕重長短、價值數目，以便稽覈，仍前侵扣者罪之。一、審織户。所司籍機户之貧富，分爲上、中二等，編排甲頭，分派領織，勿使貧猾者蠹其間。一、擇委任。徵派之始，慎選廉幹府佐司其事。織完之後，即委官運解，責令刻期迴銷。一、袪冒領。各省歲造，宜于在官織户，量其産業高下，以爲領織多寡。每十人一連，許其互相覺察。有重名攬，規圖分例，及知而不舉者，罪坐之。一、戒專私。出納料價，郡縣長吏宜協僚佐及專管委官公同該局給散，毋得自專，以滋乾没。一、禁截留。截留之弊，苟紓目前，竟成逋負。宜俟織造通完，方許驗收，依期起解。不得截數零解，以圖拖欠。一、嚴限期。織造銀兩，宜令每歲六月終徵完，七月中解府給散。立限織造，刻期驗納；次年二月終到部。過期者，論治如律。一、處織地。各省如金、衢、温、台、常、鎮諸郡不習挑織者，皆傭他處工匠。宜令諸郡徵價，赴蘇、杭等處機匠領織，官爲督發。一、究抽換。起解段疋，兩頭附織素絲，備書歲月并織役姓名、輕重長短數目，用印鈐記，以防抵易。一、清拖欠。節年段疋銀兩，往往逋負，皆由收頭機户侵牟所致，宜嚴立期限程督之。一、嚴實法。舊例，段疋拖欠及濫惡者，所司皆逮繫論治，或奪俸降級。今法久人玩，宜嚴爲申飭，以示勸懲。」上納其言。

官修《明實録・明世宗實録》卷二八五 〔嘉靖二十三年四月己巳朔〕，承運庫太監任舉請加派浙江等處織造段疋，計費三十萬兩。工部覆言：「織造地方，累年逋負甚多，若再加派，輸納尤難。宜將前派數目，每項析爲三分，限三年作三次完解。」從之。

官修《明實録・明穆宗實録》卷四八 〔隆慶四年八月甲寅〕，南京兵科給事中李崧疏言：「南京織染局續添機張，增募匠役，皆已奉詔革去。而太監劉安等輒以上供所亟，奏請復之。今南畿水旱相仍，民困日甚；又額外加派，將何以堪？且祖宗舊制，額設機三百張，軍民匠三千名，不爲不多。今不論司局之非人，而妄爲機匠之不足，廢舊章，損聖德，安之罪不可逭也。惟陛下恤民窮，遵祖制，自今工畯之日，諸所增加，悉行停止；而治安之罪，以懲欺弊。工部尚書朱衡題覆不明，請加罰治之。」上以崧等瀆擾，又抵毁大臣，詰責之。衡亦上疏自劾罷，上慰留不允。

官修《明實録・明穆宗實録》卷六六 〔隆慶六年二月辛亥〕，詔遣内臣往蘇、杭織造龍袍、翟服、絨錦、鸞帶。都給事中陳行健、御史侯居良疏請停止。上不允。于是工部言：「蘇、杭自倭患之後，瘡痍未起。加以水旱流移，府庫虚竭。而織造之費甚鉅，勢必加派，民困難支。請大加減免，或去其半。至于差官，尤宜慎重。擇忠謹之人，安静行事，庶地方不擾而民獲更生。」上可其奏，令會同該局擇最要者先行造進。所遣官務宜安静，毋得擾民。

官修《明實録・明神宗實録》卷四二 〔萬曆三年九月壬寅〕内承運庫太監崔敏等奏急缺段疋。工部議覆，行應天等處撫按官動支無礙官銀，令有司織造九萬七千九百有奇。南京、湖廣等道御史陳堂等上疏曰：「昔人有言，天地生財，止有此數，不在官則在民，未有無礙官銀之説。無礙之説，起于貪墨之吏，搜括公帑以充之。搜括必加漁獵，漁獵必加科派，科派必加箠楚，此豈陛下所樂聞？兹者每疋估價銀一十二兩云。應天一府計一十二萬兩，則各處該銀一百二十三萬矣。臣謂科派無辜之百姓，不如取足逋負之頑民。查浙江、蘇州等處，拖欠應進京庫金花銀共計一百六十餘萬。又查各撫按贓罰銀兩，有二三年全不解部者。除二分備賑，四分濟邊，四分係工部額數，此固户部數所本無，又係工部所自出者也。至金花銀兩，以上用之歲銀，供上用之段疋，不必解部，通融織造，可無議及加派矣。」奉旨：「這段疋以備供用、賞賜，必不可缺，的著照前旨陸續解運。本内説紵絲羅每疋該價銀十二兩，其實解進的都粗糙不堪，不值原價三分之一。且不分輕重，一例重估，中必有冒破情弊，工部看了來説。」

官修《明實録・明神宗實録》卷九三 〔萬曆七年十一月〕丁巳，輔臣張居正等題：「工科都給事中王道成等請酌減織造段疋。臣等看得歲造段疋，原有定額。祖宗朝計一歲所造，供費有餘。至嘉靖年間，賞賚無時，間以缺乏增織，非可爲常例也。萬曆三年，該庫已稱缺乏，歲造外，添至九萬有餘。時以大婚，賞賜浩繁，該部不得已，遵旨設處。各地方庫藏，搜括已盡。經今四年，方得織完，而添織之旨又下。計開七萬三千疋，所費須銀四五十萬。索之庫藏，則庫藏已竭；加派小民，則民力已疲。今歲南直隸、浙江一帶水災，頃蒙特恩蠲賑，又取回織造太監，罷民稍得安生，乃又重復加派，非聖慈所以愛養元元，增植邦本意也。該庫偶因三衛夷人賞賜段疋缺少虎豹一樣服色，及北虜俺答款貢，當賚歲增，故請添織。至于上供御用等項，則近年南京太監許坤、蘇杭太監孫隆織進者已自足用，不必又取辦于歲造矣。惟獲俯從科臣之言，一槩減半織造。其支費銀兩，勑下户工二部酌處，免役加派小民。」奉旨：「東南地方既有災傷，段疋准減半織造。其支費銀兩，着户工二部措處，毋得加派小民。」

官修《明實録・明神宗實録》卷一二一 〔萬曆十年二月甲寅〕先是，内承運庫以急缺段疋，奏行浙江、南直等司府動支無礙官銀，織造各色紵絲紗、羅、綾、紬、錦、布共十萬七千四百九十五疋。工科都給事中李廷儀争之，言：「萬曆四年，該内織染局題造袍段五萬八千餘疋；八、九兩年，又題造一十三萬餘疋；上用固不缺也。萬曆三、四兩年，該庫坐派段疋一十二萬六千餘疋；七年又坐派三萬六千四百餘疋；供用、賞用又不缺也。且織踰十萬，非銀百五十萬不能辦。錢糧各有正項，庫藏確屬空虚，無礙官銀，何從取給？夫坐派甚易，織造甚難。制用有節，費用無經。如謂九嬪之載幣當增，虜王之加賞踰額，亦宜酌定數處錢糧，分派各省，似不可頻行坐派，使災民無息肩之期。如謂庫貯已竭，則查歲造拖欠，嚴行催督。蓋加征不如催正供之爲易，新派不如完舊欠之爲速耳。仍望遵祖宗之制，定出納之經，賞賚必省，弊蠹必清，無令至于不可繼。」上納其言。因諭該庫以後酌量撙節，非十分缺乏，無得輒題加派，致累小民。

官修《明實録·明神宗實録》卷二八二〔萬曆二十三年二月乙卯〕工部左侍郎沈思孝奏言：「陝西織造羊絨，既奉明旨寬卹，每歲解進一運，以四千爲率，酌工料銀一十萬兩。查隆慶先年傳造羊絨工料，俱屬陝西動支通省庫貯各項銀兩。頃年兵荒殘破，民不聊生，不得不取給于臣部。然所恃以協濟者户部耳。臣與楊俊民酌議處銀三十萬兩，派爲三分，户部九萬兩，工部十一萬兩，該省十萬兩。即户部以户三工七爲辭，而臣部工料銀兩將竭，似難准從。通候工完之日，將織過袍服，用過銀兩數目，造册奏繳。」【略】户部議，織造協濟乞仍照户三工七之例。詔从之。

官修《明實録·明神宗實録》卷二八五〔萬曆二十三年五月〕己亥，工部署部事左侍郎徐作奏：「上供段疋雖係急需，而民力困窮，尤宜軫恤。乞將蘇、杭、應天織造，暫賜停止，不則或大加裁減，容臣等嚴催拖欠之數以濟急用，而民困庶幾稍舒。」不允。

官修《明實録·明神宗實録》卷二八八〔萬曆二十三年八月〕庚申，巡撫陝西兵部右侍郎吕鳴珂奏：「陝西歲用新樣絨袍至四千疋。據停織造二十四年，局作機張，向已傾廢，今始葺修。挑花等匠，見存無幾。蠶絲取之異省，絨線産于臨、蘭，豈能立辦？計開機之時，距解運之日，纔四閱月。爲日幾何，能完四千疋？伏望持賜寬假。乞將今年頭運，止以見完者解進。以後不拘年限，不論多寡，惟以織成者陸續恭進，數完而止。」疏入上，報可。

官修《明實録·明神宗實録》卷二九五〔萬曆二十四年三月〕戊寅，大學士趙志皋等條上修省實政：一下詔罪己。【略】一暫停織造并少緩燒造以蘇困窮。夫段疋、器用皆上供所需，豈能一槩減省？但近年增派數目，日多一日，費至鉅萬。據蘇、松、浙江、陝西、江西各該撫按官俱稱水旱兵荒，徵收不前。一時庫藏，苦無積貯。小民貧困已極，勢難加派。仰望皇上憐念公私兼匱之時，約以恤民，大施恩惠，將江南織造段疋，陝西織造絨紬及江西燒造磁器，暫且停止；或減其數目，寬其解期，以待各該地方稍有蓄積，陸續造進。庶上用不缺而民窮少甦，亦召和之一端也。懇乞聖明留神省覽。」報聞。

官修《明實録·明神宗實録》卷三七四〔萬曆三十年七月庚申〕工部尚書姚繼可疏言：「臣部頻年以來，册立、册封、大工、河工，多方那借，正額尚缺七八十萬。今又值福王婚禮，叢集一時，爲費不貲。實在庫貯止一百零二兩，臣與司屬，正切憂惶。茲值羊絨銀兩，臣部不能如期解發，尚冀户部三萬或可先發接濟。乃户部又稱邊餉窘急，亦在那借。兩部勢窮力詘，于時爲甚。及查已解絨服等物，充斥内庫，積久易蛀，不無可惜。陝西累年土瘠民貧，已搜處二十萬兩。今若再行搜括，民不堪命，釀禍無窮。請將已織在官者解進，其餘未織者停止。俟河工告竣，婚禮俱完，物力少充，再行織解，庶兩部錢糧或得少慰，而關陝疲命可暫息肩矣。」得旨：「上供難缺，已裁減，歲定四千疋。爾户、工二部帑藏空虚，姑准織進三千疋，以示寬省民力。爾各部亦須仰體德意，講求財計，而以待急用。」

官修《明實録·明熹宗實録》卷三〇〔天啓三年正月辛丑〕織造太監李實疏稱：「歲改奉旨歸監，而機户皆姦牘接踵；又以有司移文不行屬體，請旨申飭。」章下工部。工部尚書姚思仁覆言：「今日皇上所與内外臣工共守者，《大明會典》一書耳。《會典》所載，歲改段疋，織造專屬司府正官，印驗專屬巡按御史。此祖宗之定制。一變于魯保之紛更，再變于李實之攘利。撫臣争之不得，按臣争之不得，本部本科争之不得，而國體民情終是不便。均此段疋也，屬于有司則物料精好，運解如期；屬于内監則粗惡不堪，運解缺額。蓋錢糧經一衙門領給，則有一番扣尅；段疋經一衙門印驗，則有一番使費。況織造龍袍，皆在官食糧織染局世役之官匠織造。歲改皆閭閻編户，府州縣召募之民機。有司畏撫按之綜覈，銀兩盡行給發；機户有利，接跡而來。内監挾朝廷之威權，銀兩不免減削；機户無利，掉臂而去。使内監亦如有司之盡給，何故畏避不前？使内監不利錢糧之浸漁，何爲争執不已？至于李實引孫隆之例，欲以屬礼責之有司。孫隆待府縣正官，皆以賓礼，惟織造通判，始行屬礼；然猶周旋委曲，不敢妄自尊大。以故孫隆之自處愈謙愈抑，而有司之相待愈謹愈恭，内外協和，官民悦服。今李實乃爲其名下長隨司房等役所撥置，參鋪商、參機户、參驛遞、參有司，廣行朘削，萬民嗟怨。蘇、杭等府，皆朝廷錢糧之淵藪。邇因賦重役煩，以致民窮財盡，訛言屢興，人心思亂。即使多方撫綏，尚恐變生意外；若再加激變，一旦挺而走險，禍可勝言哉！」得旨：「織造額解不前，全由地方原無專任。歲改歸監，以便責成。仍遵前旨行，不必煩聒。」

《明清檔案》 工部左侍郎佟國胤等謹揭，爲恭進樣段，并陳應行事宜，仰祈聖鑒事。

都水清吏司案呈，奉本部送工科抄出欽命督理蘇杭等處織造、工部右侍郎陳有名等題前事内稱：臣以菲才，備員織造，受事以來，始閲一月，夙夜拮据，惟有竭歷犬馬，仰報皇上、皇叔父攝政王隆眷殊恩。但織造廢弛年久，事事皆須新創，日與督撫按臣會議，設法召募匠役，蓋造機房，查給錁泛，容臣逐項布置，次第舉行，務絶舊時弊端，肅立我朝法制，庶人心警而積玩消矣。今先辨式樣進呈睿覽，除蘇、松等八府州俟臣躬往查閲，另疏具聞外，今將浙江原額錢糧并應行事宜，謹會同督臣張存仁、撫臣蕭起元、按臣王應昌，合詞臚列具奏，伏乞敕下該部速覆，以便遵奉施行，因條奏錢糧字稍逾格，併祈鑒宥。計開：

一總稽織造錢糧。今臣備查錢糧數目，據布政司册開，本省每年留用袍服銀共八萬一千六百有奇，除事例一萬兩，今農民監生俱已停止，無從解納外，其杉板料銀原額四千七百八十二兩五錢，今因商賈未通，一時不能足額，向後自可取盈。運司鹽稅二萬兩，四司工料銀三萬二千四百二十五兩四錢二分三厘二毫五絲，槐花、梔子等銀三百一十一兩八錢九分，松香、光葉書籍紙張等銀四十三兩七錢九分，白豬鬃銀一十五兩，麂狐皮銀二千七百三十六兩，麻課鐵銀二千八百六十四兩七錢，匠班銀八千五百四十八兩，以上數項，每年額該徵銀七萬一千七百二十七兩有奇。今查有前項銀兩，是宜織解以供上用，倘另有新式花樣顔色，合議頒下，以便織解。

一重建織局，製設機張，召募匠役。查得杭州織局，停止二十餘年，機房頹壞無存，匠役逃亡甚多，如無局機工匠，上供何從督辦。臣等議將舊局及改役之局蓋造機房，置辦機張。查得現織内造者食糧官機三百張，民機一百六十餘張，桃花匠一十四名，則内造之機房工匠尚缺供用，而歲造查得舊例，杭、嘉、湖、金、衢、嚴、温、台、寧、紹十府，俱在省城會織，各住私家織染，並無一局，俱係民户，無匠之名，貧者怠玩拖欠，急則現買塞責，以致段疋不濟，油粉糊飾，甚而逋逃。今議添修内造舊局，並蓋歲造機房鋪役，機張不致星散難查，機户便於管理，催儹段疋，可無遲滞也。擬先題請，恐耽時日，臣與督撫按臣計議，暫那布政司貯庫錢糧三千兩，業已備料鳩工，委官蓋造，俟工程完日，查明用過錢糧數目，或即准原借銀内開銷，或仍於織造錢糧抵補，俟旨定奪。

一歲造段疋，原備賞賚，在明時，皆濫惡不堪，無裨實用。究其所由，皆原額價之内扣剋鋪墊陋規，以致機户所得不過三分之一，欲責其如法成造，勢所不能，而積姦機户，拖欠逋逃，種種弊端，難以枚舉。臣蒞任之日，嚴行禁革。第查舊額段疋，如麒麟胷背者，每疋價銀八兩，虎豹大紅者，每疋價銀十兩九錢，礬紅每疋價銀四兩五錢，光素每疋價銀三兩三錢四分三厘八毫，價皆不一，且屬虚糜。今我皇上賞賚，何等鄭重，合備精堅，以昭不朽。其舊式尺數并絲料顔色俱宜更改，議將今進段疋，酌定闊二尺，平花雙料者，每疋長四丈二尺，今議附以五彩糊花領袖二副；單料者，長二丈一尺，附領袖一副，便其遵式成衣。臣等照時估價議定，單料者，價銀三兩五錢，若加織領袖一副，外加銀八錢，雙料者倍之。平花紗單料者，價銀一兩七錢五分，若加織領袖一副，外加銀八錢，雙料倍加。其蟒段、蟒紗俱帶披肩袖口，蟒段每疋價銀十四兩五錢，外加披肩袖口一兩五錢，蟒紗每疋價銀十一兩五錢，外加披肩袖口一兩五錢。然舊弊悉除，其一應段紬綾絹紗羅路費脚價，及包封紙劄、箱櫃等項，俱照前運之例，量減給發，總於年終銷算，造册報部，務使上不耗費公帑，下不虧苦民間。謹將新造式樣，共計雙單料段紗五十疋，蟒段、蟒紗共二疋，明時原存舊段十疋，一併恭進睿覽，則妍媸自別矣。伏候聖裁。

一黄白生絹。查舊額惟杭、嘉、湖、衢、嚴五府織解，共計九萬七千三百餘疋，向多苦累民間。今皇上軫念殘黎，歸臣管理。查舊時每疋價墊一兩一錢三分，亦有一兩二錢者，皆稀鬆粉絹，無濟實用。臣等議以細净絲縷改織呈樣，其白絲單料生絹，每疋價銀一兩零二分五厘，練熟者每疋價銀五分，雙料者倍加。謹進單雙料生熟白絹共八疋，併祈勅部酌定每年應用若干疋，其餘錢糧，改織段疋銷算，伏候聖裁等因。順治三年十一月二十一日題，四年正月初五日奉聖旨，該部知道，欽此。欽遵抄出，到部送司，奉此相應議覆，案呈到部。該職等謹會同户部尚書固山額真公英峩岱會看得督臣條奏四項，職等逐欵酌議。

如袍服銀八萬餘兩，據稱布政司册開，本省每年留用，似宜照例留用，以供袍服之需。

如重建織局，製設機張，暫那布政司銀三千兩。此乃督臣急公之念，合准於藩司貯庫錢糧開銷，工完造册報部，以憑奏銷。

如歲造段疋，酌定每年織造十二幅，蟒段一千疋，内石青三百疋，天藍二百疋，玄青二百五十疋，大紅一百二十五疋，金黄一百二十五疋，糊段五百疋，各長四丈二尺。内石青二百疋，天藍一百五十疋，玄青一百五十疋，平花大段五千疋，各長四丈二尺。内石青二千疋，天藍一千疋，大紅五百疋，玄青一千五百疋，有補段一千疋，各長四丈二尺。内石青四百疋，天藍三百疋，玄青三百疋，玄衣素一千疋，各長四丈二尺。石青素段五百疋，各長四丈二尺。上號各色閃段五百疋，各長四丈二尺。十二幅蟒紗一百疋，内石青四十疋，天藍三十疋，玄青三十疋，大平花紗二百疋，各長四丈二尺。内石青八十疋，天藍六十疋，玄青六十疋，片金二百疋，各長四丈二尺。内石青六十疋，天藍五十疋，玄青五十疋，大紅四十疋。六庹彭段二千六百六十二疋，内石青一千疋，天藍八百疋，玄青八百六十二疋。其領袖披肩及單料者，槩免織造。

如黄白生絹，原係户部錢糧，因欽命督臣料理織造事務，該浙省撫臣蕭起元題歸織造一併料理。原額生絹九萬七千三百餘疋，今止織熟白絹二千疋，藍絹二千疋，金黄絹五百疋，黄絹五百疋，緑絹五百疋，紅絹五百疋除外，尚存九萬一千三百疋，每疋原價一兩一錢三分，共銀十萬三千一百六十九兩，似應改織蟒段二千疋，每疋十四兩五錢，該銀二萬九千兩，有補段四千六百八十疋，每疋八兩，該銀三萬七千四百四十兩，大平花段五千二百四十七疋，每疋七兩，該銀三萬六千七百二十九兩，以足絹價，合應行令遵照改織。至于顏色，務照前開歲造織解可也。既經該司案呈前來，相應覆請，恭候命下，遵奉施行。爲此具揭，須至揭帖者。

順治四年正月

《明清檔案》　欽命招撫江南各省地方總督軍務兼理糧餉内院大學士、太子太保、兵部尚書兼都察院右副都御史今守制洪承疇謹揭，爲微臣織解誥軸式樣差錯，謹束身待罪，仰候聖裁處分事。

順治肆年玖月初柒日辰時，職接捌月拾貳日邸報，内據提塘官張泰稟稱，上年捌月初旬，工部頒有誥軸式樣壹道，泰同齎本舍人沈鶴鳴往領，當交該舍人齎回江南，訖今肆年捌月初拾日，有舍人韋廷杰、陳善押解誥軸到京，工部即送進内院，但所解之軸，俱不如原頒式樣，又無清字，龍樣又差，俱是明時舊式，今内院復行駁出到部，工部差人傳泰云，所頒之式，乃泰不行交送所致，事關大典，見經急需寫發，罪責於泰，適舍人沈鶴鳴見到京，泰隨問已經投送明白，則非泰之誤。今工部見在請聖旨定奪等情。據此，職見稟不勝惶悚，隨將上年捌月叁拾日工部原移職揭帖再加查看，内開有發去誥命式樣壹道甚明，職即將原式樣通行展開細閲，内果有左壹段織就清字樣，右壹段織就漢字樣，職今織解之誥軸，原不相合，職益加驚懼。追憶當日何以不仔細看明織造，蓋緣工部揭帖在上年捌月叁拾日齎到江寧，正值省城内外謀叛，關閉城門，拏審叛黨之時，又有北京差來章京馮世爵等調砲車赴湖廣征勦，同齎本舍人沈鶴鳴齎誥軸式樣到公衙門，職維時正在會審，手口忙亂，將原發誥軸式樣一看，見右邊紅色壹段織有漢字，未加細念文義，以爲係明朝武誥式樣，看至中間青色一段，皂色一段，白色一段，未有字樣，隨行捲收，尚有左邊黄色一段，未即開完，是以織就清字，並未看出。職審事至暮，回公署將誥軸式樣包裹收藏櫃内，未經再看，至商議織造之時，職因初時未看清漢字樣詳悉，即認爲明朝舊樣，遂全未取出看樣織造，惟行文馬政道、盧世揚及同知傅觀光，將誥軸制帛通照明朝式樣顏色織解，只再四講求王誥及文武品級式樣，比明朝必求精美，行令着落工匠儹造肆伍個月方完，即差舍人韋廷杰等起解諡次,今捌月內又差旗尉敖應春等再解壹次,捌日再疏報聞,猶係照前織造,職前疏內尚有大清朝鼎運維新,自有一代制度,必得工部會同禮部，將式樣名色參酌議定額數，乃便織解之請，職竟不自知其差錯，此職先後踈忽實情，絲毫不敢隱飾。今據提塘官張泰稟到，職即再尋工部原發來式樣細看，始知職貳次所織誥軸皆式樣不合，清漢字樣俱無，龍樣俱差，職四顧徬徨，口不能言，惟自恨踈忽之罪。若職先日將誥軸式樣發與委管織造馬政道、盧世揚及同知傅觀光，而貳官不看式樣織造，則今日之錯該道廳皆與有罪，職失於稽查，罪已無辭，今職始則於誥軸式樣既未看明，繼又未發與該道廳查造，只熟商明朝式樣顏色一照織解，以致一錯俱錯，此其罪專在職，實無從推諉於道廳。但職自貳年捌月内到江寧時，當改京爲省，百務紛襍，職日夜拮据，不敢時刻懈怠。至叁年玖月間，已覺精力衰弱，拾壹月内即得右目失明之症，今肆年叁月内，奉聖旨准職銜内守制，勉辦公事。職雖昏瞶之餘，仍不敢毫有怠玩，惟自痛恨一時踈忽，遂違悮大典至於如此。職今將見織誥軸行令道廳官俱改照原發式樣星速織造完報，以便解京，其先解過貳次，除制帛工料未計外，所造誥軸共用過工料價銀叁千陸百餘兩，職不敢開銷正項錢糧，應將職福建原籍産業變價還官，另行造補。職謹席藁待罪，聽候聖裁處分，以爲大臣任事不慎之戒。謹具疏奏請。職不勝惶悚戰慄待命之至，爲此除具奏外，理合具揭，須至揭帖者。

順治肆年玖月　初捌　日

欽命招撫江南各省地方總督軍務兼理糧餉内院大學士、太子太保、兵部尚書兼都察院右副都御史今守制洪承疇謹揭，爲微臣織解誥軸式樣差錯，謹束身待罪等事。

職據提塘官張泰稟帖，隨查工部原發來誥軸式樣，通開細閱，果有織就清漢字樣，職令織解原不相合。追憶當時式樣，差人賫至公衙門，職正在會審叛賊，隨展開一看，見右邊紅色壹段織有漢字，未經細念文義，以爲係明朝武誥式樣，看至中間青色壹段，皂色壹段，白色壹段未有字樣，隨行捲收，尚有左邊黄色壹段，即未開完，是以織就清字並未看出，遂包裹收藏，未經再看，只行文道廳官，照明朝式樣，細加講求織解，將原式樣即未發與道廳看造，以致貳次起解皆錯，職竟不知覺，罪專在職，實無從推諉於道廳。職自恨一時踈忽，有悞大典，今照原發式樣，星速改造，另解其前貳次用過工料價銀叁千陸百餘兩，職不敢開銷正項，應將職福建産業變價還官補造。職謹席藁待罪，聽候聖裁處分，以爲大臣任事不慎之戒。謹揭。

《明清山西碑刻資料選・藍公教織歌》 泠壽陽，春晚無花秋早霜。山農卒歲苦寒逼，但知力耕不知織。自從藍公宰吾縣，男制紡車女紡綫。大布著身衣裝棉，春風一吹三百年。藍公下車初，念民勞且愚。《魏風》曰縫裳，《唐風》曰曳婁。蠶桑雖不事，木棉亦所須。摻摻彼女手，胡爲不織與？民曰無織具，公爲置工作。民曰無織師，公爲置女傅。置傅數百家，置工數十處。十日一張機，五日一匹布。以棉作布易棉，工精布細勞以錢。貧家棉少錢不足，官困更指麥與粟。藍公來自膚施明之季，萬曆時秦中鉅族擁高資。棉萬斤，布萬匹，金多不知幾千鎰。前車載滿後車溢，毁家爲民謀家室。一年織事成，兩年獄訟清，三年機杼不空鳴，篝燈萬户聞書聲。廉叔度，來何莫，昔民無襦今五絝。朱仲卿，葬桐鄉，子孫不如民奉嘗。前人遺愛後人表，藍公去後知者少。若非吾鄉張君手，自記一紙收藏始順治。我公苦心何所寄，邑乘寥寥數行字。馬首老農老更慵，作歌猶能歌我公。公傳宜補循吏中，公祠宜傍泮水宫。大書深刻碑穹隆，要使城鄉市鎮九十有二所，人人歌舞公之功。君不見，韓公亭，月團團，苦説邊城特地寒。藍公衣被在四境，行人莫愁壽陽冷。

余昔輯《馬首農言》，僅據縣誌載藍公政績殊略。兹得鄉先生張君所記，始悉其詳，益嘆我公教澤深遠，不第爲合邑謀生計，於人心風俗培養實多。爰爲詩附於記後刊佈，鄉人僉謂宜建專祠，用崇報祀，屬書斯記並詩勒石祠中。時咸豐六年歲次丙辰十月也。祁寯藻謹識。

邑人宋保泰鐫字

《藍公教織記》 藍公諱尚質，陝西膚施縣人。由選貢萬曆十九年知壽陽縣事。公本膚施望族，甫莅任，睹壽邑地土磽薄，人民貧困，冬無棉衣，夏無布葛，憐此邑不諳紡織也，乃出私財數十餘萬，廣募陝西四方習於耕織之男婦數百户，每村設立一家，給以廪餼。公之親戚住村者，男以官稱之，婦以官眷稱之。男童則延師訓讀，女童亦有婢女侍候。鄉鄰偶有争論者，每爲勸諭，息事和解，不費民間絲毫之力。公之親眷，俱待以官衙之盛設，公之衙署乃與民間勤儉之户相同。公克己恕人，感化親朋，助公施教。公之在任也，男教鄉民造作紡織之器，女教鄉民之婦紡織。公之親眷皆令以花换布（邑人謂棉爲花），每布一匹换花二斤。五日一布，賞錢二百。欲紡織而貧困不能得花者，公另賙之。不三年翕然皆紡織之户矣。士庶人等，感公之德，獄訟一空，治行爲當時之最，至今民賴其利，家有杼機而不知公之遺教也。蓋公德澤及於人者甚深且遠，固不以世數計矣。邑人素不知外出貿易，公教以肇牽服賈，至今雁南生理，公實始之。思公之德，不但宜立祠堂歲時致祭，即合邑人家均宜設主供奉，以報遺愛也。

大清順治六年正月初十日，生員張所賦謹記。

咸豐六年孟冬之月，致仕大學士祁寯藻謹書。

邑人宋保泰鐫。

查慎行《人海記》卷上《省陝西絨褐》 陝西織造絨褐，本朝初年設有專員。順治辛卯始省，以此項錢糧充餉。

趙申喬《趙恭毅公賸稿》卷三《奏疏・奏明請追蘇州織造虧欠辦買青藍官布銀兩摺》 臣查江南青藍布疋，自康熙三十四年歸於蘇州織造領價辦買，三十五年辦解布三十萬疋，三十六年至四十五年俱每年辦解布五十萬疋。内四十三年欠解布一十一萬三百七十疋，四十四年、四十五年其應辦解布一百萬疋，全未解到。按青藍布每疋價銀三錢二分三釐，蘇州織造其欠解布一百一十一萬三百七十疋，其價值銀三十五萬八千六百四十九兩五錢一分。今庫内存貯青藍布甚多，已於四十四年停其采辦，而蘇州織造十年前所辦布疋至今不解，十年前所領布銀至今不還。臣部雖節次行催，總置不應，目擊情形，諒難完結，若再瞻顧不言，則此三十五萬餘兩錢糧必至日久難問，而臣等扶同欺隱之咎百喙奚辭？伏乞皇上敕下督撫嚴催，勒限速解，庶庫項不致空懸，而臣等亦獲免罪戾矣。爲此據實奏明。

趙申喬《趙恭毅公賸稿》卷三《奏疏·奏明追解江蘇兩織造欠解緞紗餘賸銀兩摺》 臣查得江甯織造康熙四十八年、四十九年、五十年、五十一年織解緞紗餘賸工料銀一十四萬二千五百八十二兩二錢七分零，又蘇州織造四十八、九、五十、五十一年織解緞紗餘賸銀一十五萬一千三十三兩二錢九釐零，均係織造巡鹽多得之銀，例應解部，不便遲延。臣部屢催速解，而該織造以無員委解爲詞。臣部隨劄巡鹽御史作速委員解部，而該織造仍不解交運庫轉解。竊此案錢糧至二十九萬有奇，不爲不多，遲延至六載有餘，不爲不久。臣部雖竭力嚴催，而文移往來，徒耽時日，無裨庫帑。若非天語嚴飭，則此項遷延日久，終屬虛懸。伏乞皇上敕下江撫，立催前項餘賸銀兩，委員解部，庶錢糧不至遲誤，而臣部亦得免罪戾矣。爲此具奏，請旨。

（碑存壽陽縣）

沈自南《藝林彙考·服飾篇》卷一〇《繒帛類》《紀原》 漢王逸《機賦》曰：「帝軒龍躍，桑葉是創。仰攬三光，悟彼織女，爰制布帛。」則布帛自黄帝始也。

《香宇詩談》 花綾著油粉，非獨近時有之，自唐已然。（蘇極）〔章孝標〕《織綾詞》「不學鄰〔家〕婦〔事〕慵懶，蠟揩粉拭謾官眼」。所言「鵲鳳闌珊」、「花鳥鮮活」、「張翅鵠」、「折枝梅」，即花樣也。

沈自南《藝林彙考·服飾篇》卷一〇《繒帛類》《丹鉛總録》： 綜理，綜機縷也，所以持經而施緯，使不失條理者也。《三蒼解詁》： 綜理，經也，謂能統理衆務爲綜理。漢宣帝綜核名實，晉陶侃綜理微密是也。

孫珮《蘇州織造局志》卷一《沿革》 蘇郡之有織造，沿革靡常，難以盡考。宋、元之間，其事邈矣。明洪武至啓、禎廢興，恒載史册，可以按籍而稽。皇朝開局以來，或舉或停，悉遵詔諭，固歷歷可數焉。乃詳著於篇。

〔元〕

至正間建織造局於平橋南，遣官督理。

〔明〕

洪武元年，建織造局於天心橋東，着地方官督造。

永樂間，遣奉御蕭月，太監阮禮，督蘇、杭織造。差遣内使自此始。

洪熙間，遣太監劉景、羅玉，駐蘇、杭織造。

宣德間，遣内使陳源，駐蘇、杭織造。

正統間，王振專權，太監韋義督蘇、杭織造，民力告匱，杼柚皆空。

天順至成化，差内官來福、羅政等，照舊督造蘇、杭。

弘治十五年，内官龍綬，請支鹽價以給織造。户部奏鹽課爲邊儲救荒大計，祖宗朝未嘗輕用。從之。

正德間，頻遣太監龔洪等督催織造，有司供給繁苦，民間大擾。

嘉靖間，遣太監吴勛等，照舊督造蘇、杭。

隆慶二年，命太監李佑，督造蘇、杭。

萬曆二十五年，刑部侍郎吕坤，疏陳織造之害，不報。二十九年，織造太監孫隆，督税蘇州。崑山縣民葛成等，毆斃委官。隆懼，駐杭州。四十三年，工部侍郎林如楚，請循祖制，織造停遣内官，以蘇東南民困。

天啓二年，蘇杭織造太監李實疏奏： 松江知府張宗衡，蘇州同知楊姜，派定物價，不行給發。遂奪俸。六年，蘇杭織造太監李實，誣劾直隸巡撫周起元，松江知府張宗衡，同知孫應昆，并劾御史黄尊素、周宗建，編修繆昌期，吏部周順昌，都御史高攀龍爲東林邪黨。疏入，命除周宗建、繆昌期已經逮解，周起元等五人解京究問，俱罹慘禍。崇禎元年，械李實究問，織造停止。

〔皇清〕

順治三年，奉旨遣工部侍郎陳有明，滿洲官尚志等，織造蘇、杭。有明管總織局，志管織染局，僉報蘇、松、常三府巨室，充當機户。八年，奉旨禁革機户買絲募匠造辦，撤回織染局滿洲官員，陳有明專督兩局。十一年，奉旨停止織造。十三年，命理事官馬偏俄，太監鄧秉忠，督理蘇州織造。

康熙十六年，兵餉告匱，奉旨裁省織造，僅支銷工料價銀五萬餘兩。二十一年，云、貴蕩平，奉旨仍復原額，支銷工料價銀，并采買等項，共八萬餘兩。（查舊定正額四萬三千三百三十三兩）。二十四年，南北兩局各裁機二十四張，共裁機四十八張。議減工料價銀二千八百兩，在染匠、車匠、金絨、鋪户四項均扣；惟機匠困苦，照舊不減。二十五年，奉旨裁革起運龍衣船用牲口及黄快船起解，節省州縣浮費，以蘇民困。

孫珮《蘇州織造局志》卷三《官署》 嘗考《月令》所載，命婦官染采，命司服具飭衣裳。其時造作有府，然遠不可考。唐、宋以來，采辦蘇、杭，偶見紀載，亦不能識其處。自元末迄明，始有定所。而我朝創建，尤極其盛，備載無遺。

〔元〕

織造局，在長洲縣平橋南，至正間，即宋提刑司改建，久廢。

日，而五采彰施、宗彝藻火作服之制，則自唐、虞二帝之時，已載在簡册矣。我皇上受命凝圖，頒功詔能，端於是乎有藉。余受任期年，經謀悉力，祈稱乃事，亦何敢勒石叙功，自謂曰能？第恐法久則弛，世遠則玩，而規方丈尺，堂舍房宇四隅基址，或漸有增損，因詳記其地里若干，溝塗幾許，曹署幾許，主政者若而人，襄事者若而人，以永垂不朽云。

織染局至正末在平橋南。明洪武元年，始建於天心橋東。永樂間，奉御蕭月、内侍阮禮葺，洪熙間，太監劉景大修。天順間，太監來福又修。嘉靖二十六年，太監郭秀、宗偉繼葺。萬曆中，太監孫隆更新，規模整麗。天啓六年，太監李實重葺。崇禎元年，停止織造，漸就傾圮。順治三年，遣官織造，工部侍郎陳有明，建總織局於帶城橋東；滿洲官尚志、官代等，相繼駐此，分管織造，鼎新廨宇。十年，工部侍郎周天成并管兩局，再葺大堂三間，頭門、儀門并庫各三間，機房二百十四間，圍墻一百八十七丈，悉行整理，其中祠宇一新。互見祠廟。康熙二十年，廣儲司薩碧漢重葺。二十二年，廣儲司祁國臣增建機房。

文徵明重修織染局記

蘇郡織染之設，肇創於洪武，鼎新於洪熙，載於郡志；雖簡略未詳，而碑文所記，歷歷可考。京師惟尚衣監所司其事，然織染惟建局於蘇、杭者何？夫大江之南，蘇、杭財賦甲他郡，水壤清嘉，造色鮮美，矧蠶桑繁盛，因産絲纊，迄今更盛。局之舊規，歲造常課紵絲一千五百三十四疋，遇閏月該造一千六百七十三疋。往年惟用本局匠役織造，本用民間機户，到府領織。現在各色人匠，計六百六十七名，每名月給食糧四斗；惟蘇衛軍匠一十三名，每名月給本衛食糧八斗，在局工作。

局之基址，共計房屋二百四十五間。内織作八十七間，分爲前、後、中、東、西六堂，又大堂兩傍東西廂房等處，機杼共計一百七十三張。掉絡作二十三間。染作一十四間。打綫作七十二間。大堂并庫厨府局二廳等房五十間。後有避火園池，真武殿、土地堂、碑亭各一座，古井二口。墻堵四立，俱在大堂之左。外局衙二，在局東官街巷。其四址悉載真武廟舊碑甚詳，玆不贅及。

西峯郭公、中山宗公，奉命提督玆事，寬仁慎敬，及事真武甚謹。因復加繪葺，廟爲之一新。於是丐文，詳載歷年職事者題名，畫圖於石，用垂不朽云爾。嘉靖丁未孟夏吉旦立。

〔明〕

織造府，在水利分司西，舊爲公館，嘉靖間，改爲催督内使所居。萬曆間，太監孫隆辟東址，增建廳事亭圃。久廢。

織造館，在女冠子橋西，即舊營繕所。天順五年，知府朱勝，改清軍察院；嘉靖四年，知府胡纘宗，再改織造館。萬曆間，織造内官爲别署，呼爲織造北府。久廢。

〔皇清〕

總織局，在帶城橋東。順治三年，遣工部侍郎陳有明、滿洲官尚志，督理織造。尚志駐北局，有明暫居兵備道署，湫隘不稱。巡撫都御史土國寶，巡按御史盧傳，知府陳服遠等議，以明嘉定伯住房改建。康熙二十三年十月二十六日，皇上臨幸玆署，見廣儲司祁國臣克盡乃職，趨事恪謹，帝大悦，越一宿回鑾。

陳有明建總織局記

余以丙戌秋，謹奉璽書綸命，總理蘇、杭織染事。信宿戒途，至冬駐節吴門，下車兵備舊署，湫隘傾圮，似未可以尊王事，肅使臣之體。行次虎林查按，總織局業爲設法營造，已成一巨模，而姑蘇詎可缺然。且向來機設，散處民居，無監督典事之人，率以澆薄贗貨，塞責報命，上積弛而下積玩，織染之流弊，侵淫已極，皆由無總織局以匯集群工，此明季之所以坐廢也。余計惟昔賢所云，百工居肆，以成其事，將爲朝廷萬年之供，安可不謀一永久之圖？務宜鳩工畢集，共處公所，既力專而物辦，亦心聚而易稽。人選能手，料取精良，任役選敏練謹飭之人，掌管采忠勤敦愨之士。只乏廣堂大廈，爲安置群工地。因與督撫土公，代巡盧公，該屬長吏陳服遠商略，公議以前朝周戚畹遺宅具題，得請興工修改。得堂舍百有餘間，機房以居工作，庫司以貯成物；中設廳事後堂，以馭群户，慎賞罰，稍有定止。第東西夾處民居，猶未舒展，復與督撫周公，相度本署北偏褚氏廢圃空地，別購舊屋，更市新材，聿命匠石，昕夕卒事。今得總織局前後二所，大門三間，驗緞廳三間，機房一百九十六間，鋪機四百五十張，綉緞房五間，局神祠七間，染作房五間，竈厨等房二十餘間。四面圍墻一百六十八丈，開溝一帶，長四十一丈。鳌然成局，燦然可觀。百工受事，星羅棋佈，竭蹶赴功，共欣然有樂於奔命之意。雖然，余何敢自謂曰能，實賴同事協謀於上，庶司百職勤勞於下，始有以夙敦厥成，仰應服御賞賚之用。然是役也，雖經營詳備，盛於今

陳有明重修織染局記

今上（指清世祖福臨——編者）御極之四年，蘇郡重建織染局落成。余實典其事，是烏可以無記。竊惟我皇上應圖開運，撫安方夏，服山龍而垂日月，臨萬邦以馭兆民。天下咸尊如大父，望若神明，則服御之制，不可不振舉也。遴選廷臣，余以司空卿貳，得蒙宸翰，總理蘇、杭織染事。廉得姑蘇舊有織局，在察院南二百武而近，西臨天心橋，東北距圓妙觀者，創自前朝鼎隆之日，至晚季廢閣不舉，而局政壞，局事停，局工散，局舍亦傾圮，不復鳌葺，淪爲曠野矣。所存僅頹房幾間，罄懸零落，衰草芊綿，不堪爲馬厮牧養之地，惡可鋪設上用機張？ 余受事吴門，始經營卜度，與同事者商確，鳩工庀材，整理而增建之。余總領機務頗煩，又分其緒以營辦此局，殆不啻左畫方而右畫圓也。拮据半載，幾殫心計，始得成機房七十六間，染房五間，廚房四間，廳房、局神堂祠，漉綫池塘，悉舉畢備，丹楹刻堊，森樹焕列，業成一開基偉制。今屬采段使公署專司上供袍服，而衮龍黼黻，文施五采，祥光耀斗，曄曄驚眩人目。謹會在事諸公，同景星慶雲，以上賀天子，百工相與慶於堂，庶司相與忭於署。余即不敢德色用以自慰，庶幾不負受任蘇、杭之役，是惡可以不記？ 惟時度地與興制者獨余，經畫綜理者滿洲官尚志、官代、胡格喇、高登，董工者經歷愈忠達暨委官趙璧也。各有成勞，以效忠朝廷，亦以開基立國大經大緯之所在，又安可以無記？ 余不菲，特載筆録事，而勒之石。

南新局在洞橋内，順治四年，即民房改建。所設機張移入兩局。

北新局在顧家橋西，順治四年，即民房改建。所設機張移入兩局。

烏林達筆帖式等公署，二在總織局西，一在總織局東，一在新造橋南塊西，一在帶城橋南塊東，共五處。

孫珮《蘇州織造局志》卷四《機張》 明初遣中官織造蘇、杭，此局之所由設也，只供内府之用，賞給諸項，概隸之府，而局不與焉。故機不繁多，而匠亦甚少。我朝鼎興，上自衮衣黼黻，下逮官府賚予，悉於是乎取之。機之不得不多，勢使然耳。雖其間裁復不一，而八百之數，固爲今日定額云。

〔明〕

織染局

東紵絲堂　即天字號　機四十八張

西紵絲堂　即地字號　機二十四張

紗　堂　即元字號　機四十二張

横 羅 堂　即黄字號　機一十八張

東後羅堂　即宇字號　機二十四張

西後羅堂　即宙字號　機一十七張

已上六堂，共機一百七十三張。每歲令六堂長高手等役，造辦解京。

〔皇清〕

順治八年，奉旨裁革機户。工部侍郎陳有明召募機匠，兩局花素機，題八定百張。

康熙六年，缺機一百七十張。行頭王斗山，倡均機之議。初議民機二十張，均當官機一張；後因賄脱者多，僅以民機九張，均當一張，遍處索貼，城鄉大擾。十二年，巡撫都御史馬祜，會同織造内刑部侍郎雷先聲，按王斗山等罪，革行頭名色，勒石長洲縣花橋東塊，永禁均機津貼，機民始寧。十六年，軍餉告匱，奉旨裁機二百九十一名。二十一年，海内蕩平，奉旨僉補八百額數。二十二年，巡撫都御史余國柱，將原額八百機張口糧，照數咨部報銷。

織染局

天字號　即東紵絲堂　機四十八張

地字號　即西紵絲堂　機二十四張

元字號　即紗堂　機四十八張

黄字號　即横羅堂　機二十四張

宇字號　即東後羅堂　機五十張

宙字號　即西後羅堂　機二十五張

洪字號　機一十八張

荒字號　機一十八張

日字號　機一十八張

月字號　機一十八張

盈字號　機一十四張

昃字號　機一十八張

辰字號　機一十六張

宿字號　機十張

列字號　機八張
張字號　機二十一張
寒字號　機一十四張
來字號　機四張
庫字號今改化成書院　機四張
已上一十九號，共花素機四百張，計匠一千一百七十名，設所官三員，高手等役領之。
總織局
蘇州堂　順治三年僉報蘇州紳袍巨室，充當機户。八年奉旨裁革，令堂名仍舊。
坎字號　機一十四張
艮字號　機二十四張
震字號　機二十四張
巽字號　機二十四張
離字號　機二十四張
坤字號　機二十三張
松江堂順治三年僉報松江紳袍巨室，充當機户。八年奉旨裁革，令堂名仍舊。
金字號　機二十九張
石字號　機二十七張
絲字號　機十張
竹字號　機一十九張
匏字號　機一十四張
土字號　機一十七張
革字號　機八張
木字號　機十張
常州堂順治三年僉報常州紳袍巨室，充當機户。八年奉旨裁革，令堂名仍舊。
仁字號　機一十八張
義字號　機九張
禮字號　機十張
智字號　機八張
信字號　機五張
忠字號　機一十二張
良字號　機十張
乾字號　機三十張
兑字號　機三十一張
已上三堂二十三號，共花素機四百張，計匠一千一百六十名，設所官三員，高手等役領之。
謹按舊例，令機匠赴堂領銀，赴庫領料，以杜所官等役，扣克諸弊；亦不許機匠透領經緯，擅行質當，致誤上供，歷經嚴禁。

孫珮《蘇州織造局志》卷五《工料》　織造錢糧，與州縣等雖則例不同，而報部開銷則一也。條目詳明，纖微具備，固本朝之所最重者，安得而略諸？

〔皇清〕

銷算則例

金鋪户料價　圓金例除紙粘頭一分五厘，扁金例除紙金頭一兩。今圓扁金較舊輕細。

上用

粗圓金一紐，净重六分二厘，算銷銀四分二厘。

闊扁金一萬條，將原數六百均作五百用。净重五兩四錢，算銷銀二兩。內單格梭扁金一萬條，净重四兩五錢算。

官用

赤圓金一紐，净重四分八厘，算銷銀四分。

淡圓金一紐，净重四分八厘，算銷銀三分八厘。

扁金一萬條，净重五兩三錢三分三厘，算銷銀二兩。

小蟒扁金一萬條，净重四兩八錢，算銷銀二兩。

車匠工價　江寧、杭州兩處，俱食糧計工；蘇州因撮耗虧折，匠役包足，故給工價掏摇。

綫經絲九六折净每兩掏摇工銀四分八厘算。

雙經絲九六折净每兩掏摇工銀四分八厘算。

單經絲九六折净每兩掏摇工銀二分四厘算。

緯絲九六折净每兩掏摇工銀一分八厘算。

染匠染價　染價浮重例禁潮粉。

上用

大紅經每兩生染銀三錢六分，八三就算，緯八就算。
石青經每兩生染銀二分五厘，八二就算，緯八就算。
真青經每兩生染銀二分七厘五毫，八五就算，緯八三就算。
明黄經每兩生染銀一分，八三就算，緯八就算。
秋色經每兩生染銀一分，八三就算，緯八三就算。
玉色經每兩生染銀一分，八三就算，緯八就算。
本色經每兩生染銀一分，八三就算，緯八就算。
油緑經每兩生染銀二分五厘，八四就算，緯八就算。
元青經每兩生染銀二分五厘，八五就算，緯八三就算。
官緑經每兩生染銀二分五厘，八三就算，緯八就算。
真紫經每兩生染銀二分，八八就算，緯八二就算。
醬色經每兩生染銀二分，八八就算，緯八二就算。
金黄經每兩生染銀二分，八八就算，緯八二就算。
石藍經每兩生染銀二分五厘，八二就算，緯八就算。
黄色經每兩生染銀二分，八五就算。緯出山東，買照時價算。
豆色經每兩生染銀一分，八一就算，緯八一就算。
砂緑經每兩生染銀一分，八三就算，緯八就算。
沉香色經每兩生染銀一分，八八就算，緯八二就算。
松花色經每兩生染銀一分，八三就算，緯八就算。
米色經每兩生染銀一分，八五就算，緯八就算。
砂藍經每兩生染銀一分，八五就算，緯八就算。
翠藍經每兩生染銀二分五厘，八二就算，緯八就算。

官用

月白經每兩生染銀一分，八三就算，緯八就算。
棕色經每兩生染銀二分，八八就算，緯八二就算。
石青經每兩生染銀二分五厘，八五就算，緯八就算。
真青經每兩生染銀二分七厘五毫，九就算，緯八三就算。
明黄經每兩生染銀一分，八七就算，緯八就算。
玉色經每兩生染銀一分，八五就算，緯八就算。
黑緑經每兩生染銀二分五厘，九二就算，緯八就算。
本色經每兩生染銀一分，八七就算，緯八就算。
官緑經每兩生染銀二分五厘，八九就算，緯八二就算。
元青經每兩生染銀二分五厘，八七就算，緯八三就算。
金黄經每兩生染銀二分，九就算，緯八二就算。
真紫經每兩生染銀二分，九就算，緯八二就算。
醬色經每兩生染銀二分，九就算，緯八二就算。
鮮紅經每兩生染銀二分，九就算，緯八就算。

絨鋪户染價 例禁絨鋪包頭侵扣。

大紅絨每兩生染銀三錢六分，八就算。
南紅絨每兩生染銀一錢八分，八就算。
水紅絨每兩生染銀九分，八就算。
淺色絨每兩生染銀二分五厘，八就算。

紗經緯絲染價 此項另算。

紗經絲每兩生染銀一分二厘五毫，九七淨算。
紗緯絲每兩生染銀二分五厘，九七淨，八就算。

機匠工價

段紗花機每日工銀一錢五分算。上用、官用同。機匠每日工銀六分，挽匠每日工銀三分，織挽匠每日鹽菜銀五分，每日送飯工銀一分。
段素機每日工銀一錢三分五厘。上用、官用同。
帕子絲九七折淨，每兩掉絡工銀一分算。
紗經緯絲九七折淨，每兩掉絡工銀一分算。

段紗加耗

段紗有圓扁金絨織，每兩加耗五分算。
段紗不用金絨，每兩加耗七分算。
段紗每疋加掉絡耗三錢算。
段紗每件加掉絡耗一錢五分算。

捧接邊銀

滿裝袍褂四五段，銀五分算。
花素十身段一疋，銀一錢算。

六庹楊彭段一疋，銀九分算。

紗滿裝袍褂四五身一件，銀三分五厘算。

紗花素十身一疋，銀七分算。

六庹紗一疋，銀五分算。

大手帕五方，小手帕十方一連，每連銀七分算。

查捧經工銀每段四分，滿裝五身折半算。其紗機例無接經，段紗每機工銀八分，打邊綫段紗每疋工銀一分。傘一把，銀二錢。

挑花、倒花、畫匠工價

挑花匠每月給工銀二兩算。

倒花匠每月給工銀五錢算。

畫匠每月給工銀二兩算。

絲價　價照時值。舊制必選乾潔上號好絲貯庫，給發掏摇，不致虧折，并杜上機截換之累。

經緯絨三項，每兩價銀時值算。

花木絨綫，每兩價銀時值算。

襯紙數

直身袍龍襴段一疋，用一百二十張。

蟒水風雲地滿裝袍褂一件，用七十張。

四團八團補一疋，用一百二十張。

寸龍裝一疋，用一百四十張。

圓扁金壽字一疋，用一百二十張。

上用裝段一疋，用一百二十張。

九龍四季芳草傘一頂，用七十張。

九龍四季芳草傘檐兩層，用七十張。

四爪蟒一疋，用六十張。

官用裝段一疋，用六十張。

金牙爪暗蟒一疋，用六十張。

扁金抹絨一疋，用六十張。

方補一疋，用四張。

彩裝蟒被褥裝一件，照裝段減半用。

凡遇真紫段，用青缸紙，照數加倍算。

竹紙每張銀一厘算。

青缸紙每張銀二厘算。

修理機張銀　舊例五年給銀五兩。康熙二十三年，户部復定一兩五錢。

龍衣箱每只價銀一兩五錢

已上本局開銷。其祭祀等項瑣細銀兩概不載。

織造府俸銀八十八兩八錢四分　全裁改解户部。

長洲縣銀二十二兩五錢二分。

吴江縣銀四十一兩三錢二分。

崑山縣銀二十五兩。

織造府薪銀一百一十兩　全裁改解户部。

長洲縣

吴縣各編銀六十兩。

龍衣船修理料價一百一十八兩九分二厘八毫

太倉州

長洲縣

吴　縣

吴江縣

常熟縣

崑山縣

嘉定縣　各編銀一十六兩八錢七分四毫。

龍衣船水手工食銀二百六十二兩八錢八分

長洲縣

吴縣　各編錢一百三十一兩四錢四分。

已上開載蘇州府賦役全書。悉照舊額。

織造府心紅紙張銀一百八兩

華亭縣銀六十八兩。

婁縣銀四十兩。

織造府蔬菜油燭銀一百八兩　全裁改解户部。

華亭縣銀六十八兩。

婁縣銀四十兩。

織造府案衣家伙銀六十兩　全裁改解户部。

上海縣編征。

織造府書役工食銀三百兩

吏書八名，每名廩糧銀六兩，共四十八兩。

上海縣編征。

傳報舍人二名，每名工食銀六兩，共一十二兩。

婁縣編征。

門子二名，每名工食銀六兩，共一十二兩。

婁縣編征。

快手八名，每名工食銀六兩，共四十八兩。

華亭縣編征。

皂隸十六名，每名工食銀六兩，共九十六兩。

婁縣編征。

轎傘夫一十二名，每名工食銀六兩，共七十六兩。

婁縣編征。

鋪兵二名，每名工食銀六兩，共一十二兩。

華亭縣編征。

龍衣船修理料銀三百五十七兩一錢三分

華亭縣銀九十二兩一錢。

婁縣銀八十六兩四錢六分五厘。

上海縣銀一百七兩一錢四分。

青浦縣銀七十一兩四錢二分五厘。

已上開載松江府賦役全書。悉照舊額。

孫珮《蘇州織造局志》卷六《口糧》　口糧之設，所以贍匠，而役亦與焉。夫工價必計日而給，而口糧則以月算，征於州縣，儲於廩庾，以時出之，終歲鮮匱乏之憂，國家之所以養匠役者至矣。【略】

順治八年，奉旨裁革機户。工部侍郎陳有明召募機匠，題定局糧額數。

織染局

花素機共四百張。

機匠共一千一百七十名，每月共該給糧四百六十八石。

局役共一百四十名，每月共該給糧七十七石二斗。

總織局

花素機共四百張。

機匠共一千一百六十名，每月共該給糧四百六十四石。

局役共一百三十二名，每月共該給糧七十一石四斗。

已上二局，每月共計額糧一千八十石六斗；　如遇小建月份，應扣小建米三十六石二升。大月給糧一千八十石六斗，小月給糧一千四十四石五斗八升，按月給放，每年起運報銷。

孫珮《蘇州織造局志》卷一〇《人役》　經制而外，不敢濫設官吏，皇朝定例也。織造局役，載在糧册，織造衙役，載在全書，二者謂之經制。至車匠、染匠等役，悉由募充，名爲額設。因分别志之。

〔明〕

織染局

大使一員

副使二員

司吏

寫字

堂長已上俱不給糧。

高手

扒頭

染手

結綜

掉絡

接經

畫匠

花匠

綉匠

折段匠

織挽匠已上每名每月俱給糧四斗。

（蘇州衛軍匠每名每月給本衛糧八斗。

已上員役自司吏以下名數無考。

〔皇清〕

織染局人役

所官三名

總高手一名

高手一十二名

管工一十二名

管經緯六名

管圓金二名

管扁金二名

管色絨二名

管段數六名

管花本一名

催料六名

揀繡匠八名

挑花匠一十四名

倒花匠一十五名

折段匠五名

結綜匠六名

畫匠一名

看堂小甲二十二名

看局小甲六名

防局巡兵一十名

花素機匠一千一百七十名

已上織染局役局匠，開載報銷糧册，額例每月共給糧五百四十石二斗。

總織局人役

所官三名

總高手一名

高手一十二名

管工一十二名

管經緯六名

管圓金二名

管扁金二名

管色絨二名

管段數六名

管花本一名

催料八名

揀繡匠六名

挑花匠六名

倒花匠一十名

折段匠六名

烘焙匠八名

畫匠一名

看堂小甲二十四名

看局小甲六名

防局巡兵一十名

花素機匠一千一百六十名

已上總織局役局匠，開載報銷糧册，額例每月共給糧五百三十五石四斗。

織造衙門人役

吏書八名

傳報舍人二名

門子二名

快手八名

皂隸一十六名

轎傘夫一十二名

鋪兵二名

已上織造衙役，開載松江府賦役全書，舊例每年除閏，共給工食銀三百兩。巡捕一項，以非經制，不敢濫書。

織造額設人役召募充役

車匠　明制本無車匠，令堂長造辦段疋，雇工掏搖。本朝順治八年，裁革機户，始募車匠掏搖，例不給糧。後有死絶逃亡及改業者，歷經另募補充。

染匠　江寧定例，給糧給料，計工給糧。蘇州例不給糧，值産靛時整頓給銀買料，以供一歲之用。邇來染匠慣用潮粉，日甚一日，致機匠虧折賠補，莫可控吁。康熙二十三年七月初三日，廣儲司祁國臣洞知其害，發示嚴禁，許機匠拿獲告理。闔局相慶，不啻更生。其示全載。

祁國臣嚴禁染匠作奸告示

管理蘇州織造部堂祁，爲嚴飭染匠，以剔弊根事。照得上供錢糧，關係重大。邇來顔色不堪，其陋弊根由，全在染匠一項。染匠勤慎，依期交納貯庫，則機匠得以領料，既無分兩虧損，又無顔色淺深，舉動趁手，何患不精。可恨染匠作奸，整頓領去，竟藐不遵法，如數上庫，甚至對支機匠，私相授受。被迫於虚工，有責罰之虞，奔走守候，即乘其急切，輒以潮濕稱付，及至干折上機，止有八五八折。且故爲刁難，不肯一齊交割，一疋之緯，零星陸續者幾次，濃淡不一，粗細不等。甚至官用絲料加二粉頭，如此大膽。更可異者，串同車匠，换經交納，朦朧搪塞，織手縱好，豈能掩其惡乎？該匠惟知奸利，貽誤不可勝言。向來看段，徒責機匠；機匠代人受過，匪朝伊夕。本部端本窮源，非比往昔。不獨罪一人，合行嚴飭。爲此示仰染匠人等知悉：經緯必盡心染練，曬乾貯庫，五日限交，遲則有罰。或遇陰天，最多不過十日。如仍前故意稽延，使機匠對支帶濕零付，虧折賠補，以致織來段疋身分顔色駁雜不純，及串同車匠，换經搪塞者，許機匠拿獲，從重究處，斷不姑徇。須至示者。

圓金鋪户　例不給糧。

扁金鋪户　例不給糧。

色絨鋪户　例不給糧。大紅、南紅、水紅三項，大紅染匠承值，淺色絨鋪練染。查蘇城絨鋪繁多，最易承值，本局遍給編號招牌懸掛，概免一應差役，所給染價，大半爲絨鋪包頭侵克。

憲革人役

行頭　伏讀織造敕書，機匠缺額，移文巡撫召募，自立行頭名色。凡民間雇募織挽，俱有陋規，一遇局中缺匠，即攘臂而起。康熙六年，缺機一百七十張，行頭王斗山、丁順宇、鈕明陽等，倡均機之議，遍處搜刮，科歛津貼，借端勒索，假公濟私，城鄉大擾。十二年，巡撫都御史馬佑訪聞斗山等惡，檄府正法，革去行頭名色，驅逐出境。勒石長洲縣花橋東堍，永禁民機津貼。但蠹根未斬，衣鉢相傳，改行頭爲呈頭，恣意擾民。其名則殊，其害則一也。

《類腋》卷一三《人部·蠶織》

婦功　《考工記》「治絲麻以成之，謂之婦功。」

分繭稱絲　《禮》季春之月，戴勝（勝）降於桑，具曲植籧筐。后妃齋戒，親東鄉躬桑，以勸蠶事。蠶事既登，分繭稱絲，效功，以供郊廟之服。（注）：戴勝，織紝之鳥。曲薄，植槌也，所以架曲與籧筐者。籧圓而筐方。東鄉，迎時氣也。織紝又，女子執麻枲，治絲繭，織紝組紃，學女事以共衣服。〔注〕：組亦織也。紃之制似條。孟郊詩：雙繭抽作紝。

繅三盆手　又，古者天子諸侯，必有公桑蠶室，近川而爲之。及大昕之朝，夫人世婦入蠶於蠶室，奉種浴於川，桑於公桑，風戾以食之。世婦卒蠶，獻繭於夫人。夫人繅三盆手。〔注〕：公桑，公家之桑。蠶室，養蠶之室。大昕之朝，季春朔之旦。桑，采桑。戾，乾也。蠶惡濕，故葉乾乃以食也。三盆手者，置繭盆中，而以手三次淹之。蔡邕《胡夫人神誥》：採柔桑於蠶宫，手三盆於繭館。《春秋繁露》：繭待繅而成絲。〔舒頔〕《繅絲行》：「小麥褪絲大麥黄，吴姬踏車絲繭香」。

絘麻索縷　《淮南子》伯余之初作衣也，絘麻索縷，手經指挂，其成猶網羅。後世爲之機杼，勝複，以便其用，而民得以掩形禦寒。〔注〕：伯余，黄帝臣。絘，鋭。索，功也。

績紡　《吴隱之傳》：家人績紡以供朝夕。

浴蠶　劉孝威詩：「浴蠶思漆水，條桑憶鄭垌。」庾信銘：「柳園秉杼，桑津浴蠶。」

軋軋　鮑溶詩：「軋軋挑燈織。」杜甫詩：「機絲弄啞軋。」

越婦　李賀詩：「越婦未織作，吴蠶始蠕蠕。」

蠶女　李益詩：「妾本蠶家女，不識貴門儀。」陸游詩：「蠶女採桑至煮繭，何暇膏沐梳髻鬟。」

煮繭　李郢詩：「茅厨煮繭棹車聲。」陸游詩：「采茶歌裏春光老，煮繭香中夏景長。」

朝紡夜織　李子卿《聽秋蟲賦》「不語朝紡，舍頻暮織。」

看蠶　劉克莊詩：「少婦看蠶不畫眉。」顧瑛《竹枝詞》：「陌上採桑桑葉稀，家中看蠶怕蠶飢。」

女及第　《清異録》：蔡魯燕趙之種蠶收繭訖，主蠶者簪通花銀椀謝祠廟，村野指爲女及第。

《抱經堂文集》卷二五《杭州重建機神廟記》　乾隆年月，吾杭重建機神廟成，里人求文於余，以記其事。杭爲《禹貢》揚州之域，厥篚織貝，實與兖之織文，徐之纖縞，荆豫之元纁纖纊竝進。由周而來，齊有紈，魯有縞，楚有練，吴有紵，而越亦以羅著。迨河南褚公，有裔孫名載者，盡得機杼之巧於廣陵，而歸以教其里中，自是吾杭所出，更兼擅衆地之長，而爲天下冠。宋至道元年，始於杭置織務，沿及本朝，因而弗改。享其利者圖其報，杭人之祠褚公舊矣。既又推而上之，思報其始爲機杼者，於是復立機神之廟，其神則厲徵君之記，據《淮南鴻烈》以爲黄帝之臣伯余是也。廟建自國初，在城之東北隅。雍正中，里人稍稍增拓其制。閱四十餘年，日就頽陊。有吴君通海者，慼焉以爲己任，謀諸同業，率費得六千金，撤而新之，再閲春而竣，不戒於火燬焉。又謀所以興復之，衆喻其誠，輸者畢集，鳩工庀材，聿成壯觀。正殿五楹，中祀軒轅氏，而以伯余、褚公左右配焉。軒轅爲伯余之君，始制衣裳，以大機杼之用者也。其後爲會館同業祭享之日，飲福於此，又其後祀西陵氏。西陵，軒轅之元妃，始育蠶以開機杼之功者也。其前有廡有門，又有臺，以奏樂而娱神，此今時所重，以爲不如是，不足以昭事神之虔者也。廟之晨昏啓閉，朔望香火，以道士主之。其教之所祀者，别有室使祀之，而更及於土穀之神，開其爲彼，而後可責其成於此。凡爲機神計，且可以廣福也。嗚乎，杭人之爲是舉，核以三代制祀之典，雖不必盡符，然於先王教民美報之指，可謂周詳而篤摯矣。要非朝廷之仁漸義漬，有以返斯民於惇龐忠厚不至此，則神之所以佑吾杭人者，豈有既哉。説者謂淮南稱伯余始爲衣，手經指挂，成猶網羅，後世始爲之機杼，則作機杼者，當别有人，詩刺婦無公事，休其蠶織，則織本婦人之業，不知機杼不用，衣裳何由而成，織之所出，上供國家服物采章，而下被之士庶，非婦功所得專，所以《周官》典絲主之以下士，而工有内有外，此久爲男子所有之事。且天地之閒，陰主質而陽主文，女成布而男成帛，以目驗之可信也，斯前記所未詳，故并及之。是役也，肇自往年某月，歷若干旬訖功，首事之勇於義，與同業之樂於輸，皆不可以不著，因誌其始末，而備列諸氏名於碑陰云。

阮葵生《茶餘客話》卷一三　和闐亦回部大城，北距葉爾羗七百餘里，南行二十日即後藏。西接外藩，而道路不通，層山阻格，東皆沮洳，再東則星宿海矣。地荒遠，不隣大路，無往來交接之事，駐領隊大臣二員，受葉爾羗大臣節制。其玉籠哈什河、哈琅圭塔什河皆多生玉。子人皆敦實服田，女工亦勤養蠶，織紬絹布繭，他城所無。

《古今圖書集成·職方典》卷二三八《兗州府部·物産考》　府總　地多木棉，以棉爲布。東南山中，亦能采葛，而無苧蔴。山邑以野繭爲紬，他邑捻綿爲紬，婦女務爲蠶桑，織絲爲絹，亦能爲綾。綾甚堅密，不能爲他織文矣。木棉轉鬻四方，其利頗盛。茜草、靛青，可以爲染，田間多種之。【略】

各州縣

滋陽縣　地産文綾，有鏡光、雙距之號，雅稱輕靡，蓋魯縞之遺焉。刺繡女工，雖貴室皆競爲之，他邑不及也。

鄒縣　物産無異他邑。

泗水縣　以畜牧，故氈毳之利居十五焉。

嶧縣　按《縣志》五穀皆美種，與他處不殊。顧邑境西北高亢，宜穀、麻、黍稷、諸豆、木綿，東南地卑下，獨宜秫稻，至二麥，則闔境有之，視他禾十居七焉。麻縷絲絮，及諸蔬菜、芋菁亦皆所在有者。

曹州

貨之屬

棉花　上古韋毳，中古布，麻苧之類也。近世除絹帛外，此一種幾與九穀平分輕重，然無能名之者，或以爲木棉。王世貞詩「短短釵銀壓鬢鴉，圍腰羣捉木棉花。莫嫌村塢行人少，夫壻經商不在家」。或以爲木棉，别自一種。

紬　土人以蠶絮，手捻成縷，而後織之，謂之土紬。

布　棉花所成，俗謂綿布，麤疏不逮定陶。

絹　亦無精者。

定陶縣　按《府志》五穀雞豚之用，無異它邑，惟去河遠少魚。劉向《列仙傳》曰：園客之妻善蠶，故濟陰人世植桑養蠶，設别室焉。所産棉布爲佳，它邑皆轉鬻之。按《州志》其他與各縣同。

嘉祥縣

絲之用，爲絹爲紬。木棉之用，爲布爲繖。紅花藍之用，爲色。鑄鐵、編竹爲器。官鹽額歲撥一千引，私鹽額獲一萬斤，其他一切與他縣同。

鉅野縣

貨之屬

綿花　白一色，近有紫花、湘花、繭花、豆花四種。

靛　大小二種，其餘多同。

鄆城縣　物産與他邑同。

汶上縣

貨之屬

棉花　漕河以西，地多宜之。

布　西鄉人多紡織之。

絹　土人不勤於蠶，僅有之。

靛　大小二種。

東阿縣　按《府志》【略】《水經註》云：東阿出佳繒縑。《史記》秦昭王服太阿之劒，阿縞之衣是也。歲貢阿膠。

《縣志》阿在山水之間，田多磽鹵，無有林澤之饒，生物不殖，大抵所常有與他邑同矣。撮其要者，【略】江南木綿亦有之。邑去臨清、張秋近，民用所給，蓋取諸負販，四方之服食皆具，惟綾與綿紬則土人爲之，而綾頗佳。史云：昭王服太阿之劒，阿縞之衣。徐廣註云：齊之東阿縣，繒帛所出，故曰阿縞。相如《子虛賦》有「曳阿緆，揄紵縞」之句，而《列子》亦曰：鄭衛之處子衣阿緆。大率綾帛類也。

費縣　按《府志》地善畜牧，有氈毳之利。以山繭爲紬，朴而堅密，古所謂檿絲也。

《古今圖書集成·職方典》卷二五五《東昌府部·物産考》　府總

高唐、夏津、恩縣、范縣宜木棉，江淮賈客，列肆齎收，居人以此致富。臨清工組織帕幔，備極綺麗，轉鬻他方。瀕河村聚織薄緯蕭爲生。馬頰之陂，盛有魚蝦，居民以間採捕，非其業也。總之，地寒土疏，獨宜畜牧，氈毳之利，什居六七。闔境桑麻，男女紡績，以給朝夕，三家之市，人挾一布一縑，易儋石之粟。紬纊唯濮州及冠縣之清水稱良，餘産州縣俱同，各識其名於左。

毛之屬

貢皮革。

貨之屬

木棉而下，有靛、蠟、膠、餳蜜、硝、麵、帕絲、綾、絹、紬、布。又有羊裘、氈罽，出自府城，臨清者佳，唐、宋《地理志》郡屬出莨莠席、南粉。

各州縣總

氈　出東昌、臨清者精緻，甲於他處。

平紬　出博州，今東昌也。見唐宋貢物。

綿花　六府皆有之，東昌尤多，商人貿於四方，民賴以利。

《古今圖書集成·職方典》卷二七八《登州府部·風俗考》　蠶桑　農作外，間治蠶桑，其鋪眠分擡之勞，屬之田婦，練絲之役，多男子共事。此外，有野蠶，食槲葉，但蓄之樹杪，無鋪眠勞，然亦勤於看視，防諸鳥雀所傷。

織作　有蠶絲織本色絹，福黄爲多，不能當滕郡之萬一。有山繭絲縷，縷積之織爲山紬，色朴近質，殊有古風，然亦不多得。惟紡績花布，以自衣被，窮鄉山陬，無間男婦，爲之其織作須之工，勤有餘布，亦兼鬻於鄉市，復有市賈，販之城市，庶人在官，及末作游寓者，均需焉。

《古今圖書集成·職方典》卷二七九《登州府部·物産考》　絲枲之屬

檿絲　出棲霞，青、萊亦有之。《禹貢》「厥篚檿絲」。注：檿，山桑也。山桑之絲，其韌中琴瑟之弦。蘇氏曰：惟東萊爲有此絲，以之爲繒，其堅韌異常，萊人謂之山繭，繭生山桑，不浴不飼，居民取之，制爲紬，久而不敝。

綫麻　花麻　棉花

《古今圖書集成·職方典》卷六七六《蘇州府部·風俗考》　本府吳縣、長洲縣附郭。

屬邑逐末者少，皆務農力穡，惟太倉、嘉定東偏，謂之東鄉。土高不宜水稻，農家卜歲而後下種，潦則種禾，旱則種棉花、黄豆。比閭以紡織爲業，機聲軋軋，子夜不休。貿易惟棉花布，頗稱勤儉。郡城之東，皆習機業，織文曰緞，方空曰紗。工匠各有專能，匠有常主，計日受值，有他故則喚無主之匠代之，曰喚代。無主者黎明立橋以待，緞工立花橋，紗工立廣化寺橋。以車紡絲者曰車匠，立濂溪坊，什百爲羣，延頸而望，如流民相聚，粥後俱各散歸。若機房工作減，此輩衣食無所矣。【略】

城中與長洲東西分治，西較東爲喧鬧，居民大半工技。金閶一帶，比户貿易，負郭則牙儈輳集。胥、盤之内，密邇府縣治，多衙役厮養。詩書之族，聚廬錯處，近閭尤多。城中婦女習刺繡，濱河近山小民，最力穡耕漁之外，男婦並工綑履緝麻織布。【略】以蠶桑爲務，地多植桑，生女未及笄，教以育蠶。三四月謂之蠶月，家家閉户，不相往來。

太倉州

婦人勤於紡績，足不履户外，在城者兼工針指，在鄉者兼事耘鋤，殊勝别邑。

《古今圖書集成·職方典》卷六九六《松江府部·風俗考》　本府

女子莊潔自好，知守内則，絶無登山入廟等事，井臼之餘，刺繡旨蓄，靡不精好。至於鄉村紡織，尤尚精敏。農暇之時，所出布疋，日以萬計。以織助耕，女紅有力焉。【略】

俗務紡織，他技不多，而精線綾、三梭布、漆紗、剪絨毯，皆爲天下第一。前志云：百工衆技，與蘇杭等。要之松郡所出，皆切於實用，如綾、布二物，衣被天下，雖蘇杭不及也。

紡織不止鄉落，雖城中亦然。里媪晨抱紗入市，易木棉以歸，明旦復抱紗以出，無頃刻間織者，率日成一疋，有通宵不寐者。田家收穫，輸官償息外，未卒歲，室廬已空，其衣食全賴此。

郊西尤墩布，輕細潔白，市肆取以造襪，諸商收鬻，稱於四方，號尤墩暑襪。婦女不能織者，多受市值爲之縫紉焉。

《古今圖書集成・職方典》卷七〇〇《松江府部・物産考》 府總

布帛屬

木棉布 古名吉貝。《續志》云：出沙岡、車墩間，幅闊三尺餘，緊細若紬。其後織者，狹幅促度，夐殊於前。今所在有之。雙廟橋有丁氏者，彈木棉極純熟，花皆飛起，織布尤爲精輭，號丁娘子布。又一種用紫木棉織成，色赭而淡，名紫花布。

番布 出烏泥涇。元元貞間，有黄道婆者，自厓州來，始教製捍彈紡織之具，至錯紗配色，綜線挈花，各有其法。織成被褥帶帨，其上折枝、團鳳、碁局字樣，粲然若寫，販鬻旁郡，鎮人賴之。其後三紗布滋爲象眼、綾紋、雲朵、膝襴、胷背等樣，蓋出於此。明成化間，鄉人有以餉貴近者，流聞禁庭，下府司織造赭黄、大紅、真紫等色，龍鳳、斗牛、麒麟等紋，一疋有費至百金者。弘治在東宫，深知其弊，即位首罷之。嘗閲内帑，見之曰：「此布一疋，文綺十疋價也。」終身不一御，自是遂絶。又成化間，湘陰宋端知華亭縣，以雲布一端，獻其師華容黎侍郎淳，淳題其外封曰：「昔之縣令，種桑拔茶。今之縣令，錦上添花。」却還不受。

兼絲布 以白苧或黄草兼絲爲之，今不復見。又有絲作經，而緯用棉紗，曰絲布，即俗所稱雲布也。近有兼絲木棉製爲絨布，其顔色花紋各異。

藥班布 俗呼澆花布，今所在皆有之。

織衲 《續志》云：出下沙，其紋如衲。近郡中復有之，名衲布。

綾 一名紵絲綾，自唐有之。天寶中，吴郡貢方紋綾。大曆六年，禁吴綾爲龍鳳、麒麟、天馬、辟邪之紋者。夏竦對策，宦者以吴綾手巾乞題詩，時貴重如此。《續志》云：出泖灣，服舊可浣。今府城東門尤盛，制作之精，吴門不及。一種其上供者，幅廣而長，曰官綾。有素地者，爲光綾，楊鐵崖所謂研光綾也。縝密而輕如縠曰糊窻綾。又有藥綾，因當道求索者衆，紕薄其質，傅藥以緊厚也。

只孫 元時貴臣侍宴之服，今衛士擎執者服之。紵絲地，團花，有青緑紅三色。

紗 《顧志》云：以上三種，今不常見。

紫白錦 《續志》云：多爲坐褥寢衣，雅素異於蜀，今間有織者。

畫絹 張氏倣宋式造。

顧綉 刺綉

木屐 鞋襪

《古今圖書集成・職方典》卷七一九《常州府部・物産考》 府總

布屬

東門闊布 小布

兼絲紵布 劈絲與紵兼而織之，細密難成。

黄草縑 始自延祥，今城中巨室皆習爲之。用黄草擘極細，合絲縷績而成之，佳者出諸名葛之上。

江陰縣特産

繭布 以繭絲綿縷相間爲之，色亦黄白相間，一望如繭紬朴雅，宜士人服。

《古今圖書集成・職方典》卷九六二《嘉興府部・風俗考》 本府

《舊志》：土膏饒沃，風俗淳秀，文賢人物之盛，前後相望，百工衆技，與蘇杭等。《隋志》云：江南之俗信鬼神，多淫祀。川澤沃衍，有海陸之饒，珍異所聚，故商賈並湊。其人君子尚禮，庸庶敦厖，故風俗澄清，而道教隆洽，亦風尚然也。《宋地理志》云：有魚鹽布帛秔稻之産，人性柔慧，尚浮屠之教，俗奢靡無積聚，而厚於滋味之奉。

柳琰志：嘉禾之俗，終歲勤動者，餉給於國，而尺寸之土必耕。衣被他邦，而機軸之聲不絶。人士好文而崇學，歲時讌享，衣冠文物，焕然可觀。

劉應鈳志：春秋之時，吴越遞霸，而檇李當吴越之交，日尋干戈，井里爲墟。自越王甲桑乙黍，丙菽丁粟，非夫人之織不衣而農桑重，吴王鑄山煮海而鹽鐵重，務本節用，寖以富强，顧富者田連阡陌，貧者無立錐之地，婚嫁死喪，競爲侈麗，此則霸國之餘習也。至聲名文物，冠裳濟濟，逡巡揖讓，無少惰容，秉禮之家，不踰矩矱。

正月釀土窖糞絛桑。二月治塍埂。三月選種，立夏蒔秧。四月刈麻麥，遂墾田或牛犂，已而插青，用桔槔灌田，旱入潦出。先是蠶婦浴種，及桑齊養蠶，謂之蠶月。三眠作繭繅絲，次爲綿。四月望至七月望日，謂之忙月，富家倩傭耕作，或長工或短工，佃家通力耦犂，曰伴工。

《嘉善縣志》：嘉善古勾吴地，泰伯創居，季札更化，逡巡有退讓之風。闔閭陰謀，夫差嗣伯，故其君子尚禮，而其小人尚力，界上争桑之習，迄今不少異焉。東近華亭，婦女勤機杼，丈夫好誇靡。南近平湖、海鹽，帶星鬻鹺，往往輕命鬪法。然土瘠而勤，民勞而儉，則足法也。西鄉之習有二，近嘉興者健，近秀水者馴，大都勤穡事，奢譏享。北近蘇，地肥饒，民樂業而訟亦少云

《海鹽縣志》：海鹽古稱望縣，負海控河，素習魚鹽之利。漢以來，顧、陸流風未泯，故今俗朴而好文，儉而知義，有農桑之業，魚鹽之利，故安土而不樂商賈。士大夫婚喪率用古禮，閭閻多化之，間有鬭巧逞奸，崇信二氏者，亦習尚之未淳爾。

《石門縣志》：石邑接壤湖、杭，自宋南渡，士大夫游處，尚文學，習禮義，然射利競華，信鬼重巫，習未盡革也。至重桑麻，勤稼穡，民多淳朴云。

《平湖縣志》：邑本鹽官析壤，故家遺黎，風俗半與相同，重文學而尚氣節，其挾智健訟者往往有之。明宣德初，邑於湖之濆，瀕湖三百户，海壖一聚落耳。民耕織力作，士服布素，縉紳先達，徒步出入里門。迨嘉靖中，置城守，世家大族多内徙，闤闠日盈。萬曆而後，奢麗之風寖作矣。然其境僻，無叢奸，其習朴，無窕貨，其去鄉重，其射利愜，故男不逋畝，女不下機，荷擔佐之，往往不給。至如海濱有豆棉之種，村落無桑麻之收，崇、桐之上，嘉、秀之下乎。

《桐鄉縣志》：按《吴郡志》云：有泰伯辭讓之遺風。《會稽郡志》云：有夏禹勤儉之餘習。桐邑交吴越之疆，積漸使然，彷彿兼而有之，故慕文儒，尚農務勤，身而樂業。然楚越舊染，豪家巨室，往往殖貨相高，其風不少息也。

《古今圖書集成·考工典》卷一〇《織工部》《福州府志》：閩緞機，故用五層，弘治間，有林洪者，工杼軸，謂吴中多重錦，閩織不逮，遂改機爲四層，名爲改機。

汪啓淑《水曹清暇録》卷一 都水司執掌天下海塘、河渠、橋梁、道路、織造、船政、藏冰、器用、關税之事。【略】

凡織造，誥敕制帛，移江寧織造辦理而慎節之。

李調元《南越筆記》卷五《葛布》 粤之葛以增城女葛爲上，然不鬻於市。彼中女子，終歲乃成一疋，以衣其夫而已。其重三四兩者，未字少女乃能織，已字則不能，故名女兒葛，所謂北有姑絨，南有女葛也。其葛産竹絲溪、百花林二處者良，采必以女，一女之力，日采柢得數兩。絲縷以鍼不以手，細入毫芒，視若無有，卷其一端，可以出入筆管，以銀條紗襯之，霏微蕩漾，有如蜩蟬之翼。然日曬則縐，水浸則蹙縮，其微弱不可恒服。惟雷葛之精者，百錢一尺，細滑而堅，顔色若象血牙，名錦囊葛者，裁以爲袍、直裰，稱大雅矣，故今雷葛盛行天下。雷人善織葛，其葛産高凉、碙州而織於雷，爲絺者綌者，分村而居，地出葛種不同，故女手良與沽功異焉。粤故多葛，而雷葛爲正葛，其出博羅者曰善政葛，李賀《羅浮山人與葛篇》云「依依宜織江南空」，又云「欲剪湘中一尺天」，謂此。出潮陽者曰鳳葛，以絲爲緯，亦名黄絲布。出瓊山、澄邁、臨高、樂會者輕而細，名美人葛。出陽春者曰春葛。然皆不及廣之龍江葛，堅而有肉，耐風日，凡此皆絟葛也。絟葛外有新會細苧，蓋左思所謂「筩中黄潤」，又曰「黄潤比筒」者。凡疊布必成筒，一筒十端，而葛之大者率以兩端爲一連，苧則一端爲一連，他布則以六丈爲端，四丈爲疋，此其别也。古時無木綿，皆以細麻爲布，惟粤之苧，則自上古已有。《禹貢》曰「島夷卉服」。傳曰：島夷，南海島上夷也。卉，草也。卉服，葛越也。葛越，南方之布，以葛爲之，以其産於越，故曰葛越也。左思曰「蕉葛升越，弱於羅紈」。正義曰：卉服，葛越，蕉竹之屬。越，即苧祁也。漢徐氏女贈其夫以越布，鄧后賜諸貴人白越是也。《漢書》云粤地多果布之湊。韋昭曰：布，葛布也。顔師古曰：布謂諸雜細布皆是也。其黄潤者生苧也。細者爲絟，粗者爲苧。苧一作紵。《禹貢》曰「厥篚織貝」。傳曰：織，細紵也。疏曰：細紵，布也。《漢志》所謂蘭干細布也。蘭干者，獠言紵也。翁源以爲苧霜布是也。其曰花練，曰縠纑，曰細都，曰弱揩，皆其類。許慎云，南方筩布之屬皆爲荃。荃，絟也，蕉竹之屬皆絟也。蕉布黄白相間，以蕉絲爲之，出四會者良，唐時端、潮貢蕉布，韶貢竹布。竹布産仁化，其竹名曰丹竹，丹亦曰單，竹節長可緝絲，織之名丹竹布，一名竹練。庾翼《與燕王書》曰「竹練三端」是也。《志》稱蠻布，織蕉、竹、苧蔴，都落等麻，有青黄白絡火五種，黄白曰苧，亦曰白緒，青絡曰麻，火曰火麻，都落即絡也。馬援在交阯嘗衣都布單衣。都布者，絡布也。絡者言麻之可經可絡者也，其細者當暑服之凉爽，無油汗氣，煉之柔熟，如椿椒繭綢，可以禦冬，新興縣最盛，估人率以綿布易之，其女紅治絡麻者十之九，治苧者十之三，治蕉十之一，紡蠶作繭者千之一而已。又有魚涷布，莞中女子以絲兼苧爲之，柔滑而白若魚涷，謂紗羅多澣則黄，此布愈澣則愈白云。外有藤布、芙蓉布，以木芙蓉皮績絲爲之，能除熱汗。又有罾布，出新安南頭。罾本苧蔴所治，漁婦以其破敝者翦

之爲條，縷之爲緯，以綿紗線經之，煮以石灰，漂以溪水，去其舊染薯莨之色，使瑩然雪白，布成分爲雙單，雙者表裏有大小絮頭，單者一面有之，絮頭以長者爲貴，摩挲之久，葳蕤然若西氊起毧，更或染以薯莨，則其絲勁爽可爲夏服，不染則柔以禦寒，粵人甚貴之，亦奇布也。諺曰：以罾爲布，漁家所作，著以取魚，不憂風颶，小兒服之，又可辟邪魅，是皆中州所罕者也。粵布自《禹貢》始言，遷、固復言，官其地者往往以爲貨賂。昔孫夲調朱崖廣幅布，蠻不堪役，遂作亂殺夲。而士燮獻吴大帝細葛以千數，粵人苦之。宋恭帝時，廣州獻入筒細布一端八丈，帝惡其精麗，蠹害女紅，卻之，詔嶺南禁作此布。誠慮小民淫巧，風尚侈靡，使貪吏得以爲暴也。雷州婦女多以織葛爲生。《詩》正義云：葛者，婦人之所有事。雷州以之，增城亦然。其治葛無分精粗，女子皆以鍼絲之乾撚成縷，不以水績，恐其有痕迹也。織工皆東莞人，與尋常織苧麻者不同。織葛者名爲細工，織成弱如蟬翅，重僅數銖，皆純葛無絲。其以蠶絲緯之者，浣之則葛自葛，絲自絲，兩者不相聯屬，純葛則否。葛産綏福都山中，以蔓生地上而稚者爲貴，若繚繞樹間，則葛多枝葉，不中爲絲，采者日得觔，城中人買而績之，分上中下三等爲布。陽春亦然，其細葛不減增城，亦以紡緝精而葛真云。蕉類不一，其可爲布者曰蕉麻，山生或田種，以蕉身熟踏之，煮以純灰水，漂澼令乾，乃績爲布。本蕉也，而曰蕉麻，以其爲用如麻，故葛亦曰葛麻也。廣人頗重蕉布，出高要、寶查、廣利等村者尤美，每當墟日，土人多負蕉身賣之。長樂亦多蕉布，所畜蠶惟取其絲，以緯蕉及葛，不爲綢也。綢則以天蠶食烏桕葉者織之，史稱粵多果布之湊，然亦夏布若蕉葛苧蔴之屬耳。冬布多至自吴楚，松江之梭布，咸寧之大布，估人絡繹而來，與綿花皆爲正貨。粵地所種吉貝，不足以供十郡之用也。蕉布與黄麻布，爲嶺外所重，常以冬布相易云。

孫琳《紡織圖説》附黄漱莊先生《設教織局諭》及《章程》　查得縣屬每年買用川布，計價銀二十餘萬兩。由於本地不織布疋，是以大利歸於川省，而我民間，終於瘠苦也。今本縣設局教織，使一人傳十，十人傳百，不獨利歸本屬，歲免出川價銀二十餘萬兩，且令婦女有事，不致淫逸，惹生是非，實屬崇本之務。但設局已久，而來學者甚少，是民間惰嬾成風，不體本縣一片婆心，合行諭飭。諭到該鄉約迅即招選老年婦女，來局學織，計一月即可學成。本縣除日賞給飯食錢六十文外，並每婦奬送織機紡車、銀牌花紅，以示激勸，毋得觀望畏沮，自甘廢棄，切切此諭。

《織局章程》

一派年六十以上書辦爲總管，登掛織婦姓氏、出入日期，發給伙食奬賞等簿按日送核。

一局內派年六十以上差二名，把守門人，按旬更換。

一設誠實老婦一名，總管織器紗布等件，日給工食錢一百文。

一織婦一名，按日賞給伙食錢六十文，學成奬給紅布五尺，銀牌一面，紡車一架，織機一床。

一局內設女教師三人，令一人教牽紗上機，一人巡視教習手足，一人代學織人接抖斷紗，其教師每日給伙食工貲錢二百文。

一局內每日約學織婦二十餘人，靈者一月即可學成，拙者須四五十日成功不等。奬賞幾人，再收幾人，初到局只令閒坐觀看。

一棉花令婦女取保領出，坐家紡紗送署，每觔給工錢一百文。棉花一觔，限折耗一兩，如少至二兩，向保人追賠，紡紗粗者，每觔給工錢八九十文不等。

一鄉間來局婦人，晚間令在城覓寓居住，不可在局內住宿，以防混雜。

一局內設煤爐一座，澆水炮茶，日給茶葉四兩，併備土碗二十個，又設糞茨一所，以免出局走動。

一婦人來局，鄉約務須元開具姓氏，送縣批令日期進局，以免擁擠。

一來局織婦，多係貧苦之人，學成後，依然廢棄，准令取妥保。每婦領棉花三觔作本，令紡織成布送署，按每觔紡錢一百文，每布一丈給織工錢一百文。

一每機稱足毛紗三觔，加漿粉三兩，照川布濶，可成布七丈二尺，計折耗二三兩不等，管局書辦，與總管紗布之婦，務授受分明，不得侵混。

楊屾《豳風廣義》卷中　蒸繭法　繭以生繅爲上，若繅之不及，古人有鹽醃、瓮泥、日晒之法，余試之未善。余家用蒸餾之法最好。其法先將繭外蒙茸之衣扯淨，是蠶初營繭而作者，收此紬衣甚暖。用蒸籠三扇，將繭鋪於籠內，厚四指許，以籠兩扇，安於鍋上，蒸至熱氣透出，頻於繭上以手背試之，如手不禁熱，即扯去底扇，却續添一扇在上，鋪繭如上法。不要蒸得過了，過則軟了絲頭；亦不可不及，不及則蛾仍生。如手背不禁熱，方是蒸得合宜。將蒸下繭子，盡攤於通風涼房內箔上，用鐵刀撥動，厚三、四寸，候冷定，用細柳稍微覆之。若欲久留，時常攪撥陰乾。大約一日之內，須要蒸盡，蒸時須在繭摘六、七日之間。不然恐來日蛾出。如法蒸晾，雖徐徐繅至數月亦無妨。但蒸過之繭，日久必乾，繅時須入油鹽，方得絲頭順利。如繭少者不必用籠，余嘗只用大竹篩一箇，鋪繭於內，亦厚四指許，繭上置鮮椿葉一箇，以布罩覆篩，安鍋上，蒸至椿葉變色爲度，取下攤晾如上法。摘繭蒸餾之法已備，方可以言繅絲矣。【略】

蒸繭圖

歌曰：

摘繭七日蛾自生，
急須蒸餾莫消停。
箔攤風乾猶久待，
月餘繅絲利且輕。

晾繭圖

繅絲法俗呼爲打絲。繅絲法，古今南北甚多，不可盡述，只就余家用過二法言之，冷盆絲爲上，火絲次之，二法詳列於後。

繅水絲法　水絲者，乃冷盆所繅之絲也，精明光彩，堅韌有色，絲中上品，錦繡紗羅之所出也。雖曰冷盆，亦是熱釜。提頭摘去黃絲亂茸，單留清忽，送入溫水盆中，以數忽相合成絲，自然光淨勻細，勝於熱釜。其法用小鍋一口，徑一尺餘者，銅鍋爲上，砂鍋次之，鐵鍋爲下。鍋小則下繭少，旋下旋繅，則絲性不損。若鍋大下繭必多，繅之不及，煮傷絲性，腐爛無力，且成疙瘩粗漫。周圍用土墼泥成風竈，如泥燒鍋油鍋之法。火門向上，如湯碗口大，如不能作風竈者，只照平常泥鍋法，但多用一人燒火。柴往下燒，火焰繞鍋底而後出，鍋後相去六七寸，再安一小鍋。火從下過，鍋水亦熱，以備換鍋內盆中之水。後作長烟洞，用椽二條長一丈，斜安在鍋後，對接煙洞，高四、五尺，二椽相去闊一尺，椽上平鋪土墼一層，兩邊側立磚坯，上復平蓋一層，以泥泥之，便成一長臥煙洞。使烟遠出，免致薰偪線絲之人，鍋高與繅人坐而心齊。坐高一尺。左邊安大水盆一口，較之鍋高二三寸。盆口寬二尺餘，今飲牛磁頂盆最好，如無，即用大瓦瓮一箇，內置溫水九分滿。盆上橫安絲車一箇。古法以竹筒貫一鐵條，或用木輥軸貫鐵環內，轉動沈滯，響甚聒耳，猶未爲善。余製一不響之車，其法用一木樁，削方徑寸半，高過繅盆五六寸，插在盆邊地上。近頂處安一橫杌，亦削方徑一寸三分，長與盆齊，其橫杌當盆之中，豎安兩小柱，高四寸，兩柱相去三寸餘，在近上橫安一細竹條，如簪幹壯，貫一輕匏輥軸。匏即葫蘆皮，其制用匏二員片，徑寸餘，兩片相去三寸，近邊一週，俱插細掃竹幹，亦如簪幹壯，成一圓籠樣，兩匏片當中鑽一孔，棲一竹，筒貫於細竹條上，令其滾轉活動無滯。軸下木杌當中鑽一孔，內棲一小竹筒，孔如豌豆大，杌下露出三四分。此車不用錢眼，繅時將絲頭用掃竹芒子從孔中引過，上軸掏交。此絲車概無銅鐵，滾轉最輕，快利無比，總無響聲。靠盆邊又立插一木棍，名爲絲老翁，以挂清絲頭。繅盆右邊安置絲軠，離繅盆三四寸。軠式最多，有重大繁難者，布交不清，解絲不便。余製一簡便絲軠，一周八交，易於尋頭，一手攪軠，一手添絲頭，遲速由人，較之脚蹈大軠甚便。其制用立木樁一根，徑三寸，高五尺，下作木架，立安其中。頂頭安一橫杌，長三尺五寸，以懸搖絲竿。樁中間安一木軸，徑寸半，軸上貫安絲軠，軠如車輪，有頭有輻，頭徑五寸，周圍栽輻八行，每行二輻，上安平杌，輻高一尺五寸，杌長八寸。安雙輻者七杌，惟一杌只單輻，將單輻中間斜鋸成兩截如馬耳樣，用時相合以麻繩扎緊，待絲滿軠，解去扎繩，其杌自脫，絲遂可卸。頭後邊豎立一圓木墩，高五寸，徑三寸，底微尖如鍋底樣，中間豎安一細柄，高二尺，柄頭安三寸長拐，拐頭平串連搖絲竿。竿以竹片爲之，長三尺五寸，中間錠一銅鈎子以提絲擺交，其橫杌近稍處縛一竹圈，貫搖絲竿於內，合其擺搖，活動無滯。又於輻條中間安一木橛，長四寸，手握攪之，則木墩自轉，搖絲竿自能擺動，其絲根根相爲斜壓，略無分毫紊亂。後日絡車解絲時，頭自在交中，不難尋覓，雖夜間亦可解之。繅時用一人提絲頭，先將鍋下燃粗乾柴，柴細則火忽大忽小，水則忽冷忽熱。燒水至大熱，但不可滾，滾則傷絲。方將繭子一大把投入鍋內，用筯輕輕挑撥，令繭滾轉盪勻。又以筯左右亂攪數次，挑起自然帶出絲頭，以手捻住，於湯面上捉掇數度，如有破頭壞繭不利者，盡行摘去。先提掇起粗頭混絲，不可輕棄，用一木板寬五六寸，以手纏在上面，他日織粗細作緯用。提掇纏攪，清絲已出，將粗頭摘斷，用漏瓢舀繭，送入溫水盆內，瓢用爪籬，將底多鑽孔眼。將清絲挂在盆邊絲老翁上，此時繅人將絲老翁上清絲約十數根，絲之粗細由人，細絲不過十一、二根，粗絲二十餘根，白繭絲細，黃繭絲粗，繅時斟酌上頭，不可不知。總爲一處，穿過絲車下竹筒中扯起，從前面搭過輥軸，從軸下面掏來，於輥軸上拴一迴，再從拴過中掏繳一迴，不可拴成死過，須令扯之滑利活動。成絲全

繅水絲圖

歌曰：

煮繭繅絲乎弗停，
要分粗細用心情。
上好細絲增重價，
粗絲賣得價錢輕。

在此處，絲係散忽，用絲車拴掏成交，如紡車紡綿上𥿄一般，永不散脱。古書所載纅絲之法，多是耳聞，軖圖纅法，俱無纅車，豈能成絲。將絲挂在摇絲竿銅鈎中，又將絲頭拴在絲軖平桄上，此時攪動軖輪，絲車隨之輥轉，摇絲竿自然擺動，其絲匀匀繃在軖上，一手攪軖，一手添續絲頭，其快如風，自然之妙，甚是美觀。軖轉絲上，時時下繭提頭，繼續不絶，常要照看撥掠。絲窠内有繭絲先盡，蛹子沉下者，有絲頭斷了，繭浮出絲窠外者，其絲窠便減少，即取清絲約量添加，務要絲窠常匀。眼專看，手頻撥頻添，添不過三四絲，失添則細了，多添則粗了，如添不及，手攪漫些，如添太過，攪緊些，務要絲條通匀。纅絲貴細圓匀緊，使無匾漫節核麄惡不匀，添絲要訣務將絲窠分開，以手中、食二指，食指係手二指。捻取絲老翁上清絲三四條，以手在絲窠將絲頭向絲眼上猛一提，頭隨絲綸自然夾帶上去，絲頭便在裏邊，外自無接頭疙瘩，此名全繳，圓緊通匀，是爲上等。如將清絲頭纏在絲窠外邊帶上去，便有接頭疙瘩，絲便減價，不可不知。

一軖上絲約有四五兩便可卸，卸時將單輻扎繩解去，其桄自脱，徐徐取下，挂通風處晾乾。每絲一軖用紙撚四條，匀布拴之，不使散亂，輕輕擰成把子，包裹收藏。

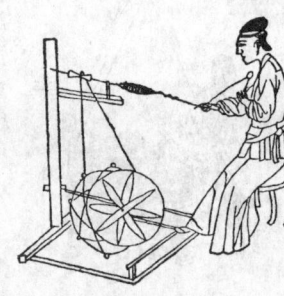

繭多者，作雙頭纅之更好。一軖可纅兩軖之絲，只將軖桄造長一尺四五寸，能擺絲兩行，摇絲竿上並錠二銅鈎，相去三寸餘；絲車亦並造二輥軸，相去三寸餘，並上兩條頭，一人照看撥掠，纅如上法，功必倍之。

纅火絲圖

纅火絲法　安鍋如上法，亦作卧烟洞，使烟氣遠出，纅人自得安詳。鍋上横安絲車一箇，其制亦如上法，鍋右邊安絲軖，亦如上法。纅時將水燒令大熱，不可滾，滾則煮損絲性。將繭投入鍋内，以筯撥攪，提起絲頭，用手捻住，穿過錢眼，纅火絲，頭不用在竹筒中穿過，只將絲車下桄前面，平安一錢令穩，將絲頭從錢眼穿過。扯起搭在輥軸上，又從下面掏過，拴在輥軸之上一迴，又於拴處再掏絞一迴，不可死拴，以致不能滑利輥轉。絞法與纅水絲無異。將絲挂在摇絲銅鈎上，再將絲頭拴在横桄上，一手攪動絲車，隨軖而轉，其絲自然上軖，其快如風。搭頭時頻以筯攪撥，將絲窠分開，以筯挾亂絲，從中向錢眼猛提，其頭自爲衆絲帶上，自無疙瘩，若從絲窠外邊纏繞而帶上，其絲便粗惡不匀。欲作粗絲者，多下繭，鍋宜熱些；欲作細絲者，少下繭，鍋宜温些。時看絲窠，頻以筯撥上頭，斟酌下繭，定住火候，勿使忽粗忽細，以致絲不堪用。新繭生絲爲上，如蒸過日久，恐絲頭乾燥不利者，不論火絲、冷盆絲，俱於初下繭時，入鹽一兩、油半兩於鍋内，須先以枝條一撮打半響，令水與油鹽爲一，然後下繭，如繭多者，斟酌油鹽旋入。

楊屾《豳風廣義》卷下　織紝説　昔黄帝命伯余制帛作布，織紝之功，因之而始，衣冠文物之所出也。傳曰：「一女不織，天下必有受其寒者。」由是觀之，織紝之係於民重矣。故王后親織玄紞，公侯夫人自制紘綖，命婦成祭服，庶士以下各衣其夫。富貴家務之，不惟重本防佚，又使知服被之所自，不敢易也。故農家春秋績織，必有其具，秦中桑蠶久廢，織紝之具盡失，所以衣被不敷，日覺兩艱。予屢事桑蠶，已獲實效，若織紝不講，終屬無衣。因而詢及紡絡經緯之法，梭緯機杼之具，穿絲貫緒，莫不留意，提綜躡交，思之精勤。自製平機、絹機、提花綾機，俱有成式；織爲綾、絹、紗、紬等物，不減南工。爰將紡絡織紝諸法，繪其圖形，解以尺寸，詳述作法，備載於後，庶使資生者一見了然云爾。

脚踏絲車圖

脚踏紡車　纅軖紡車，乃織具之先，上纅軖已備，方可以言紡車矣。凡繭子頭破者，纅絲不利者，並出蛾之空繭，俱宜製造上紡車成線，然後可授機杼。今西安近地亦有紡車，乃紡木棉之車，不可以紡絲綿也。蓋木棉芒短易扯，故一手攪輪，一手扯棉筒，俗名撚子。便可成線。若繭綿力勁芒長，扯之不利，必須用脚踏轉車，一手執繭，一手扯絲，方能成線。此車若紡木棉更好，上並安二定，以兩手並扯棉筒，則成二縴，功加一倍。若紡績成麻縷，上並安三定，以麻縷夾三指縫中紡之，並上三縴，功加二倍。其制用木造成地平方架，長二尺五寸，闊一尺五寸。於二尺五寸中間，安一方木樁，高二尺，徑二寸半。於近上三寸處，安一横木，長五寸，徑一寸五分。此是安定處，若欲紡棉安二定者，横木宜闊三寸，立樁亦宜闊三寸；若欲安三定，横木當闊六寸，樁亦闊六寸。梢頭留寸許，安一立木牌，高二寸，厚七分，闊與横木齊，上刻一小口如豆大，如欲安二定者刻二口。以容鐵定項，對牌口後樁上鑽一孔，内棲細鐵筒，約深三分。以容定尾。定長一尺，中間硬安一木轂轆子，長二寸，徑一寸。周圍刻渠子二道，以承轉絃。椿下離地八寸，安一鐵軸，長九寸，大如小指。軸上貫以車輪。輪制用木版六個，俱長一尺四寸，厚七分，闊一寸二分，以三版正中斜鋸扣子，硬安成輪子，以二輪相去四寸，中安木撑枕六個，便相合成一輪，周圍用皮絃攀緊，以承轉絃。絃用棉線繩一條，用蠟搓過，壯如貫錢繩。將輪與定攀住，令其活轉。又在前面地平木上復安一橫枕，長與地平木等，闊二寸半，厚一寸半，兩頭用立柱，高二寸。枕中間安一鐵橛，大如小指，長六七分，以承脚踏版。形如鞋底，厚一寸，中間刻一小窠，如指頂大，深二分，活安在鐵橛上，令其活動。版一頭中間安一鐵攪杖，壯如細筆，幹長六寸。攙於輪版近軸處孔內，孔係輪上預先鑽下，去軸寸半。脚踏紡之。

綿繭蒸法紡法俗呼爲蛾空子。綿繭以出蛾者爲最，繅之不利，盆中撈出者次之，薄繭並血蠶繭俱不堪用。其法將蛾空子扯净蒙戎，稱足一斤，溫水泡一日，握洗去濁水，盛篩中，以水四升，入蒲鹻四兩，煎滚潑之數十次，鹻湯仍淋鍋內。以手試扯絲開爲度，將篩安鍋內蒸之，如水將乾，再添水一升。約一鍾茶時，如蒸之不及，則生而難紡；如蒸之太過，則絲腐而無筋。取出翻於箸頭上，每箸可套二十個。溫水中手握洗去黄水，乘溼紡之。其法以葦筒帶節安於鐵定上令緊，露出定尖二、三分，右脚踏轉攪版，脚稍向下一踏，輪自轉動，又脚跟在版後一踏，自然一上一下，其快如風，習之三五日自熟。左手執繭箸，右手輕輕橫扯絲頭紡之，指縫夾一箸以上線。如女人脚小，須兩脚踏版，右脚在前，左脚在後，亦甚順便。紡成纙子，約重一兩可卸。如蒸之太多，紡之不及，或在夏月恐腐壞者，可將空子晒乾收藏，臨翻然後溼之。如翻在箸上太多，紡之不及者，亦可晒乾收藏，紡時再以溫水泡洗更好。又煑成張綿，亦可乾紡，其法將好蛾空子，溫水浸溼，翻在箸頭上，口小難翻者剪破。厚者二、三個一套，稍薄者三、四個一套，隨翻隨卸，浸溫水盆中數日，換水數次，揉洗令净，每斤用蒲鹻四兩，滚水三、四升化開，煑之兩鍾茶時取出，再用清水淋去鹻氣，懸乾收貯。臨紡逐個揉扯，令薄如紙，張於綿竿上，左手執之，右手扯紡。凡欲作綿䌷衣者不必翻，只將繭子入鍋內煑如上法，取出用清水淋去鹻氣，晒乾楦過用。凡血蠶繭及最薄繭，俱不堪紡，只宜作綿䌷衣。欲織綿䌷者，如以生絲作經，以所紡者緯之，既省功，且光平，亦更耐久。煉法：每生絲經綿䌷一匹，用蒲鹻三兩，水五大碗化開，入綿䌷在內提掇，煮兩鍾茶時，以䌷柔軟色變爲度，取出，將猪胰子用稻草裹揉成膩汁，將䌷浸入胰汁內一半時，但看䌷上發光明亮即取出，再用清水洗數次，上捲軸輥碾卸下，即光平堅韌，遠勝他省所織。

解絲圖說　解絲惟絡車最便，爲理絲先具，南人皆掉籰解之，終不若絡車之安且速也。其制用二木椿，徑一寸，一長一尺五寸，近頂鑿一通楷，長三寸，以容絡軸之大頭。絡軸俗名絡尖。一長一尺一寸，近頂向裏鑿一孔勿透，以容絡軸之末。二椿下截連安二枕，相去二寸，長一尺二寸，套安板凳一頭，以楔偪緊。將絡軸穿籰令緊，貫於兩柱之間，大頭略高於小頭。大頭椿頂錠一鐵釘，繫一細皮條，麻繩亦可，長二尺餘。纏於絡軸，從裏面自下絞上，以右手牽扯，一縱一扯，則軸籰忽上忽下，隨手旋轉如風，絲自上籰。解時先將軠絲張於四柱，柱角水竹，長三尺餘，各安大甎上，四方分立，將軠絲繃緊。又另置二柱以分交，最易尋頭。二柱以用竹棍同安於一甎，相去五寸。分交法：二人將絲兩邊信手中分，自有交出，安於二柱之中，倘頭緒斷時，只從交中一提自得。上作懸鈎，以竹竿爲之，如遏竿樣，下硾以甎塊，挂絲時將竿繩一扯，頭自下垂，挂畢丢脫，竿自竪立，竿梢錠一鐵絲鈎。以引絲上下，纏於籰上，然後可排籰經縷矣。

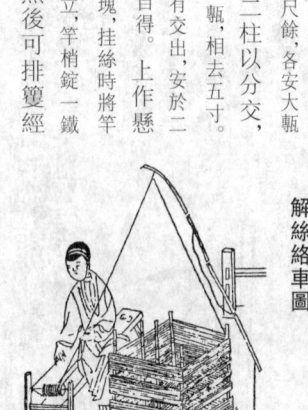

解絲絡車圖

經絲圖說　絲已上籰，方可經縷，而經必有其具。先造經牙一副，用方木椿二根，長八尺，密錠二寸長木橛一行，相去寸餘，每根可錠橛六七十。上下安撑枕二道，闊一丈。左邊木椿外側近頂五寸，錠一木橛，下去地五寸，亦錠一木橛。用時倚牆斜立，經牙之下，近右椿一尺五六寸地上，置交墩一個。用木板一塊，長一尺二寸，闊五寸，中安竹棍一行五根，俱高一尺，以左三根編大交，以右二根挂小交。對經牙相去五尺，用繩懸

經絲圖

經竿，長一丈，上錠小鐵環五十個。略與人肩齊，下置絲篗五十個，密擺二行。將篗上絲頭提起，貫入經竿環內，總收一處，挽成一結，挂在交墩右邊第一竹棍上。一人手牽絲絡，又挂在右邊樁下第一木橛上，復牽挂在左邊樁下第一橛上，如此往來牽挂，層層至頂橛盡處。如經縷只有二三十丈，當間一挂之。又將絲絡牽在左樁外側木橛之外邊，引至樁下橛上，復牽往右行至中間，以左手提住絲絡，以右手大指食指向上，將絲頭在二指虎口內，一左一右拾成交，挂在交墩竹竿上，以左邊三竹棍編大交，以右邊二棍挂拾下的小交。復挂在右樁下第一橛上，如前層層經挂，迴迴拾交，週而復始，以足數而止。絲頭或一千五百，或二千、三千，酌量所織之輕重以爲多少。經畢，在交墩外右邊空處剪斷，將交用絲繩貫在兩邊拴緊，若繩脫交亂，則滿架經縷無用矣。將兩頭俱挽一結，再用繩拴緊。然後用纏篗一個，用木四根，各長二尺，造成方架，闊一尺八寸，內錠一釘。將有交一頭，以壯繩子拴緊釘上，一人執定纏篗，緩緩將經牙上絲絡，旋卸旋纏，纏訖再上紖牀。

紖牀圖說　紖牀之制，用木四根，徑三寸。後二根高二尺六寸，前二根高三尺四寸，從二尺六寸處，順安二大平桄。徑三寸，長三尺五寸。下用撑桄四道，安成方架。長三尺五寸，闊二尺五寸。於前樁平桄以上高出八寸，勒成扁榫，鑽一大孔，以套壓天篗的架子。二大平桄上中間相去三寸，各安二擒齒，以承天篗。天篗者，至大之篗也。將纏篗上經縷復纏於此，然後可以紖刷。其制用木一根，長二尺五寸，徑六寸，削爲八面，每面安輻二條，高八寸，輻上安順桄一道，共八桄十六輻，湊成輪子，放在擒齒內。又於軸上中間，錠一鐵釘子，繫麻繩一條，以拴經縷。將纏篗上收下經縷，無交的一頭，拴繫天篗釘上。一人搬轉天篗，一人兩手執住纏篗，旋放旋纏，緊緊又纏在天篗上，至有交處方止。然後將壓天篗架子，制用木二根，長二尺五寸，於一頭並安二撑桄，成一方架，闊與紖牀齊，一頭鑿四寸長卯，用時套在勒成扁榫上。套在前樁扁榫上，橫貫一細棍，使不上脫，又以石版壓住架尾，方不浮起。交用二竹棍，長二尺，壯如大指。從交兩邊貫過，將交夾在二竹棍之中，竹棍兩頭用繩子繫住，不可令脫。一人撥交，從交棍中，將絲頭一上一下分清白，挂在繩鉤之上。一人執繩貫頭。繩即竹篾縛成，齒眼或八百、或一千、或千五，隨紬輕重，酌量多少。貫法：用薄竹篾刻一鈎搭子，從繩齒眼透過，一人將絲頭二根，如絲綾有用四根五根者，緞有用八根者，惟人所便。掛在繩鉤上，扯過齒眼，收住挽一結，齒齒貫畢，用籰梯一個，其制用木二根，長二尺三寸，一頭子六寸處，安撑桄二道，闊二尺六寸，樁頂刻二圓口。將籰子橫擔其上。籰子用木一根，徑四寸，長二尺七寸，兩頭各安撥橛，四齒長七寸。令籰梯去紖牀三丈，將底桄以繩繫住，再將貫過經縷，以數十絲挽一結，用一竹棍貫住，牽紖至籰梯，將竹棍橫架籰子上。一人搬轉籰子，一人手執撥簪，用扇子邊股將一頭削光如扁簪形。往來在經縷上撥挑，如有粘絡、結絲，俱用撥簪排開。繩齒一過，遂搬轉籰子，容將經縷繃緊。如有鬆漫處，下面用紙一墊，務要平緊一樣，隨撥隨捲，盡捲在籰子上，可以言織矣。

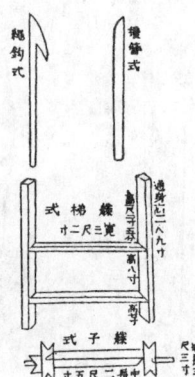

撥簪式

繩鉤式

籰梯式

籰子式

織紝圖說　經縷捲在籰子上，可授之機杼矣。機制甚多，不能盡述，只就余家用過簡便機言之，亦能織提花綾絹紬紗。但其制難以筆罄，故列圖於後，就圖詳解尺寸，業織者自能一見了然。織時將經縷根根穿過綜環，綜俗呼爲繒，綜制用木五根，徑六分，造成方架，闊長各二尺，中安一梁，二人對坐，以綜線二環相套，縛於架上，或一千，或千五，或二千，足數而止。再用細竹竿二根，大如小指，長二尺二寸，將綜線兩邊領起，卸去綜架，挂在機頂羅婀桄之上。每綜一付，下用脚竿棍一根，安在機之中間，以便躡交。若織無花絹縑，只用綜二付；若織提花綾緞，將綜線縛於範架之上，用十付，下用脚竿棍十根，又將渠線從花樣中穿過，挂於花樓之上。花之式樣，隨人所便，乃江南織工以絲線盤結而成者，其價上好花樣三兩有餘，其餘小花不過一兩有餘。織時一人坐在花樓之上，手提渠線，一人坐在捲幅之後，以脚次第躡竿，旋提旋織，自然成花。又將經縷前後二根，相並穿過繩齒，以數絲拴一結，復貫在小竹棍子上。長與捲幅齊。牽引經縷，縛在捲幅之上，兩邊再拴邊線十二根。織不另挂邊線，緯束經線窄小，必不能織，須用雙絲合成壯線，經挂拾交如上法，收在邊篗之上，在後邊樁外側錠一鐵環，將邊線從環中穿過，牽引至前籰子，對高梁上再定一環，復穿過引下，將邊線停分開，用竹片二個，長六寸，上各鑽六孔，將線復穿過孔中，引至綜環，分左右各貫六環，復穿過繩邊齒三眼內，緊繫捲幅上。織時用甎一塊約重斤餘，用繩子挂在邊篗之上，自然邊線繃緊，緯不能束邊，易織。再紬面用撑幅二根，用竹片二個，闊二指，長與幅等，厚二三分，兩頭各錠半截釘三根，長二分。緊撑在幅上。機制經緯，安頓停當，然後推撞拋梭，自然成幅。織具無他奇，惟人自便，智

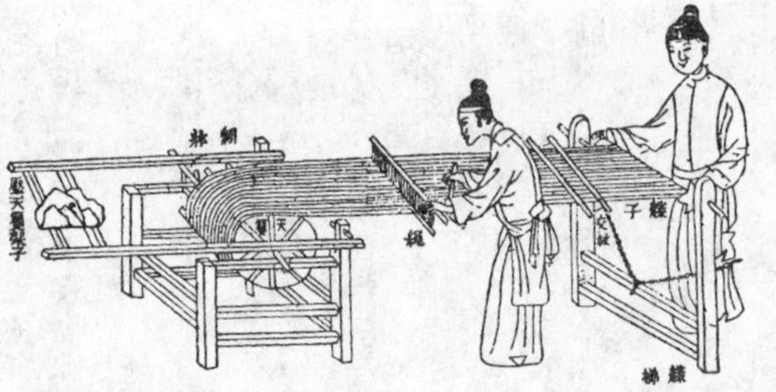
紖絲圖

者斟酌損益而爲之，自見其妙。若肯親身經歷，未有不能者。事雖瑣細，實係資生要務，能耕能織，衣食兩有，世不求人，治生者不可忽焉。

織紝圖

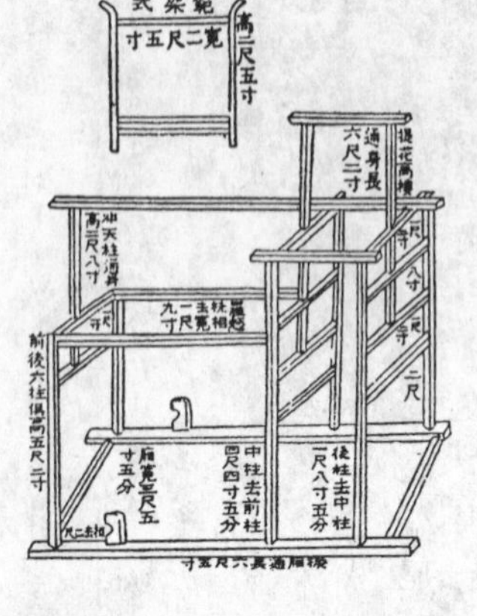

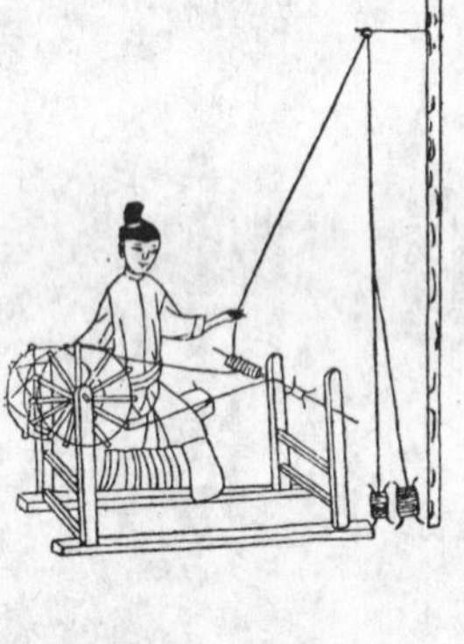

緯車圖

緯車圖説　織必用緯，其法用細竹筒，壯如筯子，長三寸，貫在緯車鐵定之上。用絲籰二個，以水潤溼，將二頭提起，穿過竿上鐵環。以右手攪輪，左手捻摇絲頭，纏在緯筒上，約如大指壯，便可卸下。緯車之制，茲不詳解，見圖自明，但輪徑一尺二寸爲則。前圖脚踏紡車，亦可用之。　緯筒已就，然後貫在鐵梭內，穿經往來，自成錦繡。

紡槲繭法　先將木炭灰，以滾水潑之，淋得極釃，以舌試餂，螫舌甚烈爲度。將繭子盛於竹篩內一斤許，將灰水入鍋內燒滾，匀撥繭上數遍，將繭篩置鍋上，淋入鍋中，再取潑數次，手試扯之，以絲開爲度。又將篩置鍋內，蒸少頃取出，翻於筯頭上，層層相套，一筯可套十數個。浸於净水盆內，以手握洗十餘次，以去其煙垢灰水之氣。於繭外横扯起絲頭，用前所圖紡絲綿脚踏紡車上紡之，層層扯紡，不可亂了色道，若或扯亂，則織成繭紬，遂無色道可觀矣。其法將葦筒貫於鐵定上，以線纏紡於葦筒之上，既成綜取下，候紡數十綜，貫於經板之上，來往牽引經之。經成經縷，收於紉牀之上，撒放二丈餘，中架一梁；如四丈長者，架二梁。將經縷匀擺梁上，手執纑刷，縷刷乃疏布器也，束黄白菅根爲上，或硬草根皆可爲之，縛如大鍋刷樣，柄可長尺許，圍尺餘，其形扁。蘸稀糨水或糯米汁刷之合匀，務要經縷條條疏通。或日晒，或風吹，將乾，須要緄過一遍，庶無糊綹，不至粘連。後用油水相合，芝麻油最好，菜油次之，每水一斤，用油四兩。攪打百餘次，使油水相混不分，用縷刷輕輕蘸而刷於經上，不可太多，多則油大，不堪用矣，但使光滑易織可也。待乾，捲於機滕之上，或平機，或高機，或紬機皆可織，惟人所便。

又有糨線一法更穩：將紡成的繀子，用枴子枴成把子，重四五兩，卸下，用糯米熬汁，無糯米用麪糨子亦可，將線揉糨令匀，挂在椽上，再用石杵子挂在線把一頭，旋扭旋捽，令線乾散爲度，再上絡車，纏在籰子之上。經同上經紬法。

孫琳《紡織圖説》　一手車紡紗，全藉兩手。左手握車肘，右手扯綿條。椗子須安直，放紗指宜鬆。以無名指或小指，擎棉條於拳內，自椗尖上，徐徐扯出，不使歪斜。斷可接續，若一性急，斷頭難接，徒多抛廢，紗更不匀矣。

一脚車紡紗，須兩足圓活。自一椗以至三椗，皆可學成。椗多紗多，法在指平手和，臂曲脚活，指縫夾棉條，更須利便。左手持桿，如紡長三尺，即用攔收椗上，此際脚須緩，若快便斷。紡時坐正，務要眼與手齊，心與脚齊也。

一習學用手脚車紡紗，木椗鐵椗，理同事一。木椗紡紗細而光，鐵椗紡紗慢而粗。木椗本易脆，鐵椗可經久。總以初學時，用木椗，則木椗便益，用鐵椗，則鐵椗便學，而致之皆可精成。

一棉須令彈熟，紡紗首先要務。棉成條子，每條約長八九寸，重在一錢左右，如花生條粗，紡時便不光匀。熟而匀净，紗如蠶絲，織成布疋，品居上等。

一紡紗果屬匀净，則織成之布，自然光細。照後逐條指示，依法行之，即可期成。

一現在織出之布，其名有二：曰刷線，曰漿紗。漿紗之布，與本地通行之湖塘布，略寬一指，每疋長二丈四尺，重一觔一二兩不等。刷線布寬長與漿紗同，緊密而厚重。

織布之法有四：曰捉綜，曰探扣，曰接頭，曰摇紗。

一刷線之法，將紡成紗線，揀選匀細，摇成筒子，或三兩或四兩。如織一機，或三疋或五疋，長短聽從其便。先用經車，經車，木框竹檔，貫紗筒肩負以牽布經也。

排插紗筒二十五箇於其上。左右横穿，量一機布之長短，自頭至尾，依長牽經，折回到頭，是爲一捁。捁者，如以手互相交叉也。每一捁，紗線五十根，或十六捁、二十捁，多寡聽便。如多一捁，則布緊密寬潤。假如十六捁，紗線四百根，上下兩層，共八百根，此直長之布經也。通身經完之後，離三四尺，用捁竹三根，上下互隔，以分清直，再用大竹筒一根，將所經紗線，盤旋其上。每紗重一觔，用乾麪六兩，沖出漿水，勿令過稠。用手漿透，排鋪經竹上，經竹，即竹片僉插地上，左右兩塊，中横一塊，經得在上攤開也。即用扛帚上下一個，扛帚，即竹絲刷也。兩人扛抬，週身刷透，必令紗線光勻，不使毛糙。隨斷隨接，理清捁數，刷乾紗線，接完斷頭，一無舛錯，盤收花摘上。花摘，即機床後架布經滚木也。臨盤之際，扛帚上，宜以猪油塗抹少許，又在經上，從頭至尾扛刷一遍，取其光潔之意。每一機，不過用猪油四五文，若在冬月陰天，紗線不得一時就乾，不可性急，總俟刷乾爲準。風大之際，易乾即斷，不可刷也。

一漿紗布之法，與刷線不同。假如紗線揀選勻細，用豁片摇框紗片，豁片者，係竹爿車架，手轉其軸圖旋以受經者也。或一觔一塊，或十兩八兩一塊，均任其便。先在鍋内煮透，撈放水盆内，打熟漿水沖上。每紗重一觔，用乾麪四兩，小粉二兩，食鹽五分，和勻漿透，晾掛撜竿上。撜竿，即套紗竹也。再用短木棍，套於下環，用手擰絞，漿水乾時，乘勢抖撒掛晾，逐塊如之，乾後仍框豁片上，摇到筒子上。每一筒，或三兩，或四兩，亦聽便。筒子二十五個，插於經架上，經架，直穿紗筒之架也。分作上下兩排，又以一尺長竹片，簽在地上。布經長短，用竹片多寡，如經頭經尾，多加竹片一塊簽釘，所以分捁也。然後以二十五筒紗，每筒抽出一根，總齊在左手，右手將紗分當，間提一根，分半套於經頭竹簽上，是爲一捁。間提者，即二十五筒之數，間一根提一根，共提起十二根，是一半也。又復折回到經尾竹上，調轉折套，彼如五十根，分二十五根爲半，套上即是一機，牽經完畢。遇有斷處即行接續。再盤在滚木上，滚木，即木棍一根，用以收盤分捁也。用行扣，照一路一捁穿上，行扣者，係稀齒竹扣，分清捁數，捉直布經也。慢慢盤到花摘上中間，並不用捁竹，亦不用扛帚。盤時須下寬上窄。如照行扣排清直盤，便寬。若行扣略斜，便窄。漸斜漸窄，逐層而上，即如法矣。

一捉綜之法，將竹扣鑲填扣架之中，兩頭以繩繫於縞縷木上，縞樓木，即機中柱上簷斜撐架木也。兩頭下框，紮在撐臂，直接大腿木上，撐臂者，機床兩傍架欄之木，專主推收。大腿木，係貫撐臂下着機床後腿上，兩木合之，如曲尺然。再將綜兩層，計四扇吊於縞樓木上，横架榻槢上，榻槢者，轉動之木隨綜高下也。任其高下。又用繩繫曲落棒，曲落棒，係彎木棍，用以繫綜，中彎處縛踏脚棒，故踏脚高低，綜即跟隨上下也。布經照綜上相隔處，上下各穿一根，不使夾雜，方可穿過竹扣也。

一探扣之法，須知有緊密粗疎之别，扣即竹絲紮成之扣，穿布經之具也。有捁數之分。自十六捁起，至二十二三捁不等。捁多齒密，出布緊細。捁多齒稀，出布粗鬆。初學者宜捁少，易於織會，手段嫻熟，捁多之扣，用爲利便。假如布經在綜上，已穿過，或三十根紗一結，或五十根紗一結，再用探扣娘，探扣娘，即小竹片鈎是也。在於扣上，對齒縫鈎過兩根，分排上下，照綜上下依位穿過，推收之際，自然上下，中路空虛，所以納梭貫杼也。經扣穿完，收齊在肚前軸上，肚前軸，拖出布軸於上也。以便起機穿梭。梭孔内，填放線杼，杼即緯也。不拘漿紗與刷線，如用杼子，即紡成之紗線摇小管子，填於梭内，即可用也。不用漿刷。不宜過多，總令抽出利便爲要。扣之推收，梭即還復，脚棒起落，綜即上下，漸次而進，可冀成功。機上斷經，隨即接續。分清綜扣，不使差訛，一根舛錯，通機難織。

一接頭之法，假如一機布織完，不令全剪，留三四尺在機上，再將新漿紗，或刷線布經加上，依次逐根接續，穿度綜扣，即可又織，不費重工，爲事省便。

一摇紗之法有二，已漿未漿，各得其宜，如兩手活便，斷亦不多。未漿之紗，係從筒上摇到豁片上，即名布經。手勢緩而豁片轉旋快，或一觔一塊，或十兩八兩一塊，各隨其便。已漿之紗，從豁片上摇到筒上，即係已經。斷頭最多，須耐性接續，或過粗不勻，或紡成太細，均應扯去，不然，織出布疋，有紗線不勻之病矣。每一筒子，或摇三兩四兩皆可。遵照先後法，則織布無難事矣。所用各器具圖式於左：

脚車式

脚車梭式

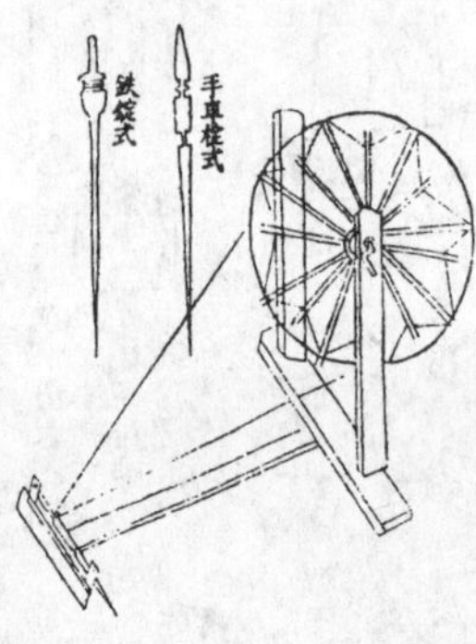

手車式

布機全圖

布機分圖

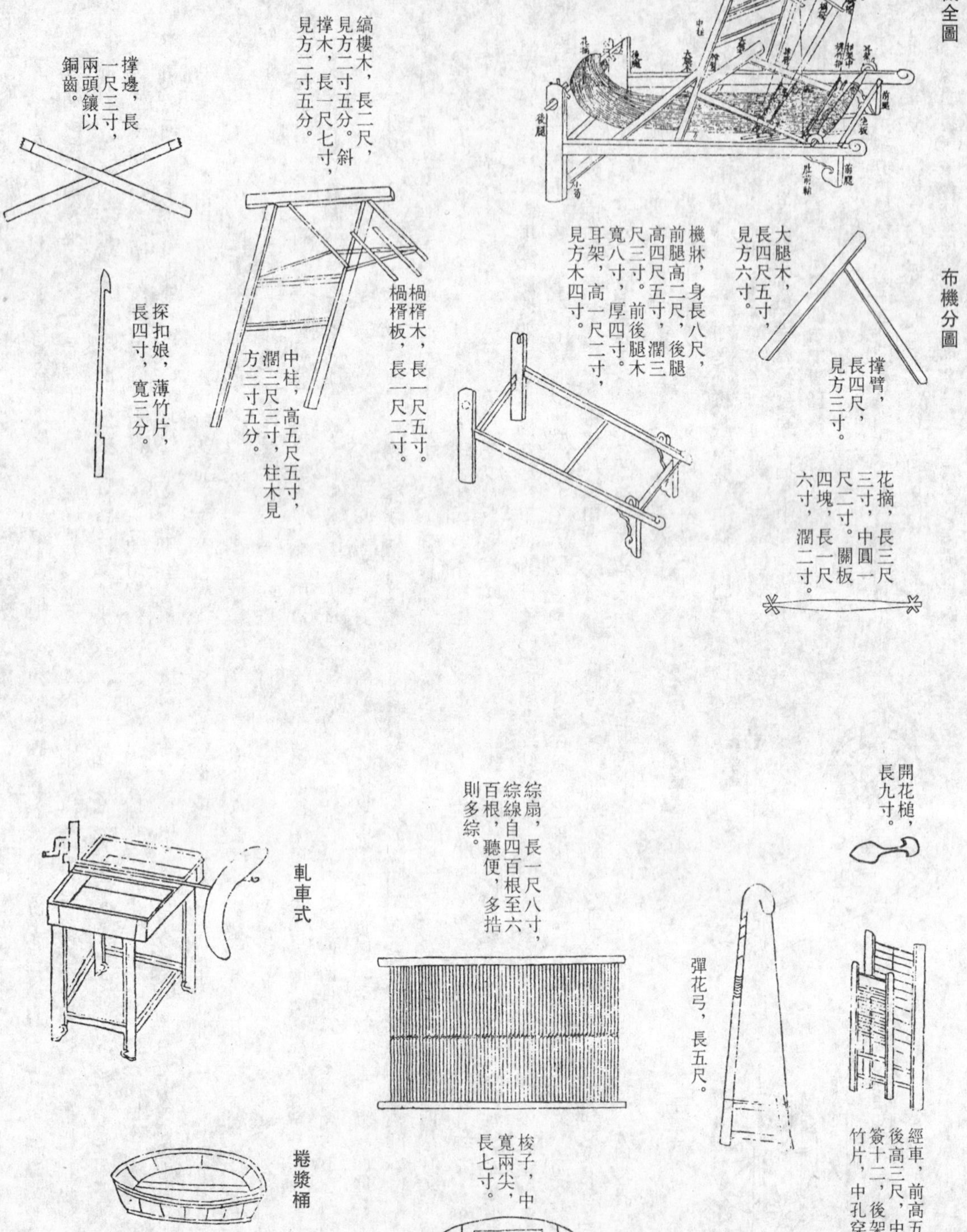
大腿木，長四尺五寸，見方六寸。
機牀，身長八尺，前腿高二尺，後腿高四尺五寸，濶三尺三寸。前後腿木寬八寸，厚四寸。耳架，高一尺二寸，見方木四寸。
縞樓木，長二尺，見方二寸五分。斜撐木，長一尺七寸，見方二寸五分。
撐邊，長一尺三寸，兩頭鑲以銅齒。
撐臂，長四尺，見方三寸。
楇榍木，長一尺五寸。楇榍板，長一尺二寸。
中柱，高五尺五寸，濶三尺三寸，柱木見方三寸五分。
探扣娘，薄竹片，長四寸，寬三分。
花摘，長三尺三寸，中圓一尺二寸。關板四塊，長一尺六寸，濶二寸。
開花槌，長九寸。
綜扇，長一尺八寸，綜線自四百根至六百根，聽便，多指則多綜。
軋車式
彈花弓，長五尺。
經車，前高五尺，後高三尺，中橫竹簽十二，後架排插竹片，中孔穿經線。
梭子，中寬兩尖，長七寸。
搓漿桶

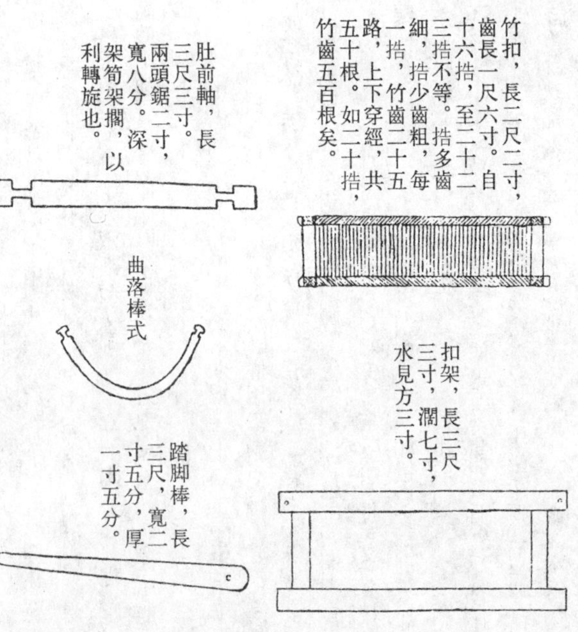

竹扣，長二尺二寸，齒長一尺六寸。自十六揞，至二十二三揞不等。揞多齒細，揞少齒粗，每一揞，竹齒二十五路，上下穿經，共五十根。如二十揞，竹齒五百根矣。
扣架，長三尺三寸，濶七寸，水見方三寸。
肚前軸，長三尺三寸，兩頭鋸二寸，寬八分。深架筍架擱，以利轉旋也。
曲落棒式
踏脚棒，長三尺，寬二寸五分，厚一寸五分。

布機説　機身曰機床，前爲前腿，後爲後腿。後腿之上，架擱花摘，花摘兩頭，横板四塊曰摘關。機身中柱，上簷斜撑木曰縞樓，中架榾楕，榾楕關板，貫繩索而下繫綜扇，接拴曲落棒，轉縛踏脚棒，用以爲高下之樞紐也。後腿下脚，向裏鑲小筍，小筍斜架大腿木大腿，穿插撑臂，直繫扣架，中填竹扣，穿布經而賴推收，往來隙處，便於納梭過杼，布經自花摘上，由中柱鋪匀抬高竹上，度綜穿扣，

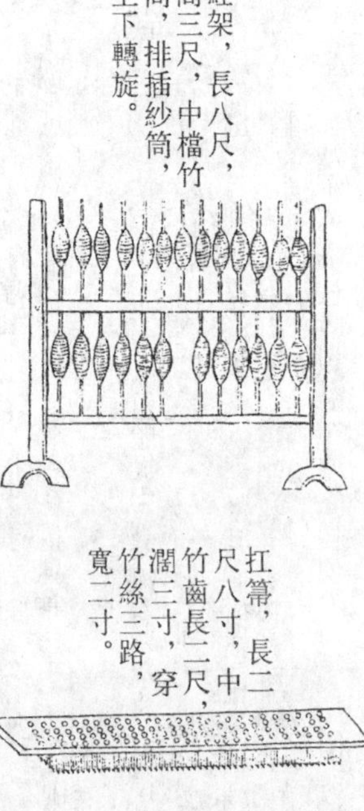

方使推收，往來梭織，織成尺寸，滚於肚前軸上，依次行之，法甚簡便。

機上布經，不限長短，假如經長一丈，漿紗布織成，止八尺五寸，刷線布織成，止八尺，蓋有緊密於漿紗布也。所短尺寸，乃納梭貫杼，因織以縮也。其間用緯無多，而經數倍，如布成一丈，計重八九兩不等，核之杼紗三兩足矣。布出輕重，即竹扣之揞多揞少也。光細緊密，在紗之匀與不匀也。二者兼備，斯善焉。

經架，長八尺，高三尺，中檔竹筒，排插紗筒，上下轉旋。
扛箒，長二尺八寸，中竹齒長二尺，濶三寸，穿竹絲三路，寬二寸。

褚華《木棉譜》　攪車，今謂之軋車，以木爲之，形如三足几，坐則高與胸齊。上有兩耳，卓立。空耳之中，置木軸一，徑三寸。有柄在車之左，以右手運其機。向外，復置鐵軸一，徑半寸。有輪在車之右，以左足運其機，向内，皆用木楔籠緊，中留尺許地。取花塞兩軸之隙，而手足胥運，則子自内落，無子之花自外出，若雲霎氄然，名花衣。

按軋車，古制甚鉅而無足，止高二尺許，軸端俱有掉拐，即柄也，曲而便于推挽。其末皆不透。兩人對坐其旁，一人喂花軸隙，其用力勞而所得不多，故易以四足車。厥工祇一人兼之，然其坐也，一足偏左，而用力不專，所得又不能多，故易以三足車。車制之大小相似，惟四足者，其輪如十字，三足者，只一木段劖其中，隆其兩頭，以摇轉取勢耳。往見一説云，今之攪車，一人可當三人，句容式二人可當四人，或即三足、四足之分。又云，太倉式兩人可當六人者，不知何似。

彈花弓，刻木所爲，長五尺許。上圓而鋭，下方而濶。弦粗如五股線，置弓花衣中，以椎擊弦作響，則驚而騰起，散若雪，輕如煙，名熟花衣。於是約熟花衣作帶形，削細竹一莖爲心，一手執其末，一手執木板如緐矩者，緐矩絶類方敦，蓋背有系可執，用張繭緐。覆之，一推一却，花衣乃捲竹上，即抽出此竹，其狀外員而中空，名條子。

《方言》曰：趙、魏間謂之歷鹿車，東齊海岱之間謂之道軌，或謂之維車，即今紡車也。制(此)[比]紡苧麻者差大，以木爲之，有背有足。首置木鋌三，形鋭而長，刻木爲承，其末以皮絃襻連一輪上，復以横木名踏條者，置輪之轂中，將兩足抑揚運之，取向所成之條子，粘於舊縷，隨手牽引，如繅繭絲，皆繞鋌而積，是名棉紗。

古人稱紡紗者，謂輪動絃轉，續於莩維，皆成緊縷。按《通俗文》曰：織纖謂之維，受緯曰莩。莩，蘆管也。今紡者將就經緯時，始從木鋌上翻紡於蘆管，以去其粗斷不匀之縷，從無所謂續於莩維者。或昔無木鋌之制，故紗有紡成經緯

者，有止賣紗者，夜以繼日，得斤許即可餬口。善紡者能四維三維爲常，兩維爲下，江西樂安人聞能五維，往見四維者，已將棉條併執食指中，不知五維又用何法。

手車有兩耳，疊立矮木牀上，夾一大竹輪於中，其鋌有木承之，然後以粗線環鋌末及輪。輪心有軸，穿耳端出入，以一手摇輪，一手曳棉條，而成一縷，小兒女用以消夜伴織而已。若郡城有紡鐵鋌者，紗極緊細，而價亦甚貴。

以棉紗成紝，古用撥車。持一維，周匝蟠竹方架上，日得無幾。繼用軖牀，制如交椅。其上豎列八維，以掉枝牽引，分布成紝，較便於前。今則取所謂如交椅者，令一人負之而趨，一人隨理其緒，往來數過，頃刻可就，名其所負者曰經車。

成紝後，次乃用漿。漿必須細白好麪，調法不可大熟，熟則令紗色黑，不可太生，生則令紗不緊。在糊盆浸過一夕，值曉露未晞，或天陰不雨時，植竹架於廣場，繂其兩端，以竹帚痛刷，候乾，於分紝處，間以交竹，捲如牛腰，然後上機，此種最貴，名刷紗。次則捲之成餅，列肆賣之，名布經團。燥者多斷，濕者多霉黦。又有以棉紗作絞，入漿水，不復帚刷而成紝，名漿紗，最下。

吾邑以百里所産，常供數省之用，非種植獨饒，人力獨稠，抑亦地氣使然也。蓋北方風日高燥，棉縷斷續，不得成縷，縱能作布，亦稀疏不堪用。南人寓都下者，朝夕就露下紡，或遇日中陰雨亦紡，不則徒業矣。肅寧人穿地窖數尺，作屋其上，檐高於平地二尺許，穿櫺以透陽光，人居其中，借溼氣紡之，始能得南中什之一二。

《傳子》曰：舊機五十縷者五十繦，六十縷者六十繦。馬生者，天下之名巧也。患其遺日喪功，乃易以十二繦。今女紅惟用二繦，又爲簡要。按繦，俗呼踏脚，或一、或二、或三、或四，繦之多寡，視布之花文爲增減，不定二繦也。凡布密而狹短者爲小布，松江謂之扣布。疎而濶長者爲稀布，産邑中。極細者爲飛花布，即丁孃子布，産邑之三林塘。文側理者爲斜文，文方勝者爲整文，文稜起者爲高麗，皆邑産，他處亦間有之。若染成而以刀刮布，有芒如氈毺者爲刮絨，非女紅也。

明季從六世祖贈長史公，精於陶猗之術。秦晉布商，皆主於家，門下客常數十人，爲之設肆收買，俟其將戒行李時，始估銀與布，捆載而去，其利甚厚，以故富甲一邑，至國初猶然。近商人乃自募會計之徒，出銀采擇，而邑之所利者，惟房屋租息而已。然都人士或有多自搜羅，至他處覔售者，謂之水客。或有零星購得，而轉售於他人者，謂之袱頭小經紀。

汪汲《事物原會》卷二四《布帛》

《物原》：「黄帝元妃嫘祖始育蠶緝麻，以興機軸，而成布帛。」《禮記》：「孔子曰：昔先王未有麻絲，衣其羽皮，後聖有作，治其麻絲，以爲布帛。」王逸《機賦》：「帝軒龍躍，桑葉是創，仰攬三光，悟彼織女，爰制布帛。」

汪汲《事物原會》卷二四《蠶絲》

《皇圖要紀》：「伏羲化蠶，繅繭爲絲。」《内傳》：「黄帝斬蚩尤，蠶神獻絲，乃稱織維之功。」

汪汲《事物原會》卷二四《皇后親蠶》

《綱目》：「黄帝元妃嫘祖，始親蠶事，教民治絲繭以供衣服，而天下無皴瘃瘃音斸，手足中寒創也。之患，後世禮爲先蠶。」淮南王《蠶經》云：「西陵氏勸蠶嫁，親蠶始此。」

汪汲《事物原會》卷二四《繅車》

《事物原始》：黄帝元妃西陵氏始教民育蠶，並制車以繅絲，名曰繅車。

汪汲《事物原會》卷二四《機杼》

《輿服志》：「黄帝始造機杼。」《淮南子》：黄帝臣「伯余之初作衣也，緂麻索縷，手經指（緯）〔挂〕，後世爲之機杼。」《山堂肆考》：「杼，機之持緯者。柚，機之受經者。體服以辦，此機杼之始也。杼即梭也。」

鄂爾泰等《授時通考》卷七四《蠶事·擇繭》

《齊民要術》：收取種繭，必取居簇中者，近上則絲薄，近下則子不生。

《農書》：下箔即急剥去繭衣，免致蒸壞，如多即以鹽藏之，蛾乃不出，且絲柔韌潤澤也。藏繭之法，先曬繭令燥，埋大甕地上，甕中先鋪竹簀，次以大桐葉覆之，乃鋪繭一重，以十斤爲率，摻鹽二兩，上又以桐葉平鋪，如此重重隔之，以至滿甕，然後密蓋，以泥封之。

《務本新書》：養蠶之法，繭種爲先。今時摘繭，一概併堆箔上，或因繅絲不及，有蛾出者，便就出種，罨壓熏蒸，因熱而生，決無完好，其母病則子病，誠由此也。今後繭種開簇時，須擇近上向陽，或在苫草上者，此乃强良好繭，另摘出於通風凉房内净箔上，一一單排，月數既足，其蛾自生，免熏罨鑽延之苦。

又：繭宜併手忙擇，凉處薄攤，蛾自遲出，免使抽繅相逼。

黄省曾曰：繭長而瑩白者，細絲之繭，大而晦色青葱者，麤絲之繭，皆掐去其蒙戎之衣。其内潰而漬濕者，謂之陰繭，及薄而雜者，綿之繭，可爲麤絲。不可以經日，經日，則絲爛而難抽。不可以焚香，焚香，則蛆穴而難抽，大者，謂之麤工。

《韓氏直説》：蠶成繭，硬紋理麤者，必繅快，此等繭，可以蒸餾，繅冷盆絲。

其繭薄紋理細者，必繰不快，不宜蒸餾，此宜繰熱盆絲也。其蒸餾之法，用籠三扇，用軟草札一圈，加於釜口，以籠兩扇坐於上，其籠不以大小，籠内勻鋪繭厚三四指許，頻於繭上以手背試之。如手不禁熱，可取去底扇，續添一扇在上，亦不要蒸得過了，過了則軟了絲頭，亦不要蒸得不及，不及則蛾必鑽了。如手背不禁熱，恰得合宜，於蠶房槌箔上，從頭合籠内繭在上，用手微撥動，如箔上繭滿打起，更攤一箔，候冷定，上用細柳梢微覆其繭，只於當日卻要蒸盡，如蒸不盡，來日必定蛾出。

《農桑通訣》：爲繭多不及繰，故即以鹽藏之，蛾乃不出，此南方淹繭法，用甕頗多。嘗讀北方《農桑直説》云：生繭即繰爲上，如人手不及，殺繭慢慢繰者。殺繭法有三：一曰日曬，二曰鹽浥，三曰籠蒸，籠蒸最好。人多不解，日曬損繭，鹽浥甕藏者穩。

繭甕

《農政全書》：鹽著於繭，到底浥濕。今人只於甕中藏繭，另用紙或箬或荷葉，包鹽一二兩置繭上亦可，但只須甕口密封不走氣耳，此必用鹽泥乃可。

繭甕圖説

繭甕，藏繭器也。爲繭多繰不及，稍遲則蛾穿繭出，故藏之以緩蛾變。古詩云：「盤中水晶鹽，井上梧桐葉。陶器固泥封，窖繭過旬浹。」正謂此也。

鄂爾泰等《授時通考》卷七五《蠶事·繰絲》

《淮南子》：繭之性爲絲，然非得工女煮以熱湯而抽其統紀，則不能成絲。

《農書》：藏繭甕中七日之後，出而繰之，頻頻換水，即絲明快，隨以火焙乾，即不黯黕而色鮮潔也。

《蠶書》：常令煮繭之鼎，湯如蟹眼，必以箸，其緒附於先引謂之餵頭，毋過三絲，則絲麤，不及則脆，其審舉之。凡絲自鼎道錢眼，升於鏁星，星應車動，以過添梯，乃至于車錢眼，爲版長。過鼎面，廣三寸，厚九黍，中其厚插大錢一出其端，橫之鼎耳後，鎮以石。緒總錢眼而上之，謂之錢眼。鏁星爲三蘆管，管長四寸，樞以圓木，建兩竹夾鼎耳，縛樞於竹中管之，轉以車，下直錢眼，謂之鏁星。車之左端，置環繩，其前尺有五寸，當車牀左足之上，建柄長寸有半，匼柄爲鼓。鼓生其寅以受環繩，繩應車運，如環無端，鼓因以旋。鼓上爲魚，魚半出鼓，其出之中，建柄半寸，上承添梯。添梯者二尺五寸片竹也，其上揉竹爲鉤，以防絲竅，左端以應柄。對鼓爲耳，方其穿以閑添梯。故車運以牽環繩，繩簇鼓，鼓以舞魚，魚振添梯，故絲不過偏。制車如轆轤，必活其兩輻，以利脱絲。

《士農必用》：繰絲之訣，惟在細圓勻緊，無使褊慢，節核麤惡不勻。熱釜釜要大，置於竈上，釜上大盆甑接口，添水至甑中八分滿，甑中用一板攔斷，可容二人對繰也。繭少者，止可用一小甑，水須熱，宜旋旋下繭。冷盆盆要大，先泥其外，用時添水八九分，釜要小，用突竈半破甎坏，圓壘一遭，中空，其高比繰絲人身一半，其圓徑相盆之大小，當中壘一小臺，坐串盆於小臺上，其盆要比圓壘高一唇，靠圓壘安打絲頭。小釜竈比圓壘低一半，拚火透圓壘，竈後火煙過處名拚火。與拚火相對圓壘匝近上，開煙突口，做一臥突，長七八尺以上。先於安突一面壘一臺，比突口微低。又相去七八尺外安一臺，高五尺。用長一丈椽二條，斜磴在二臺上，二椽相去闊一甎坏許，用甎壞泥成一臥突。二椽上平鋪甎坏一層，兩邊側立，上復平蓋，泥了，便成一臥突也。須與竈口相背，謂如竈口向南，突口向北是也。繰盆居中，火衝盆底，與盆下臺煙焰，遶盆過煙，出臥突中，故得盆水常溫又勻也。又得煙火與繰盆相遠，繰絲人不爲煙火近逼，故得安詳也。

又：熱釜可繰麤絲單繳者，雙繳亦可，但不如冷盆所繰者潔淨光明也。冷盆可繰全繳細絲，中等繭可繰雙繳，比熱釜者有精神而又堅韌，雖曰冷盆，亦是大溫也。

又：軖車牀高與盆齊，軸長二尺，中徑四寸，兩頭三寸，或四角，或六角，臂通長一尺五寸，須脚踏。又繰車竹筒，宜細，鐵條子串筒，兩樁子亦須鐵也。

又：打絲頭，用一人。小釜内添水九分滿，竈下燃麤乾柴，候水大熱，下繭於熱水内，用筯輕剔撥，令繭滚轉盪勻，挑惹起囊頭，手捻住，於水面上輕提掇數度，復提起其囊頭，下即是清絲。摘去囊頭，一手撮捻清絲，一手用漏杓，窃繭款送入溫水盆内，將清絲掛在盆外邊絲老翁上。盆邊釘插一橛子名絲老翁。

又：繰絲，用一人。將絲老翁上清絲，約十五絲之上，總爲一處，穿過錢眼，繳過筲頭蛾眉杖子上，兩繳杖子下，兩繳掛於軖上。又取絲老翁上清絲，如前掛於軖子，右脚踏軖，右轉，長切照覷，撥掠兩絲窩於内。有繭絲先盡，蛹子沉了者，繭絲斷了，繭浮出絲窩者，其絲窩減小，即取清絲約量添加，務要兩絲窩大小長均。

黄省曾曰：繰之不可及也，淹而甕之泥之。每大缸用鹽四兩，荷葉包之於缸甕之口，又塞實荷葉，至七日而蛾死。泥之也，仍數視之，有少罅則蛾生。凡拈絲綿之線，一分銀是拈一兩。其爲綿也，蛾口爲最，上岸次之，黄繭又次也，繭衣者最下。蛾口者，出蛾之繭也。上岸者，繰湯無緒撈而出者也。繭衣，繭外之蒙茸，蠶初作繭而營者也。

《農政全書》：愚意繰絲要作連冷盆，釜俱改用砂鍋，或銅鍋，比鐵釜絲必光亮，以一鍋專煮湯，供絲頭，釜二具，串盆二具，繰車二乘，五人共作一鍋，二釜共一竈門，火煙入於卧突，以熱串盆，一人執爨以供二釜，二盆之水，爲溝以瀉之，爲門以啓閉之；二人直釜，專打絲頭；二人直盆，主繰。即五人一竈，可繰繭三十斤，勝於二人一車，一竈繰絲十斤也。是五人當六人之功，一竈當三繰之薪矣。

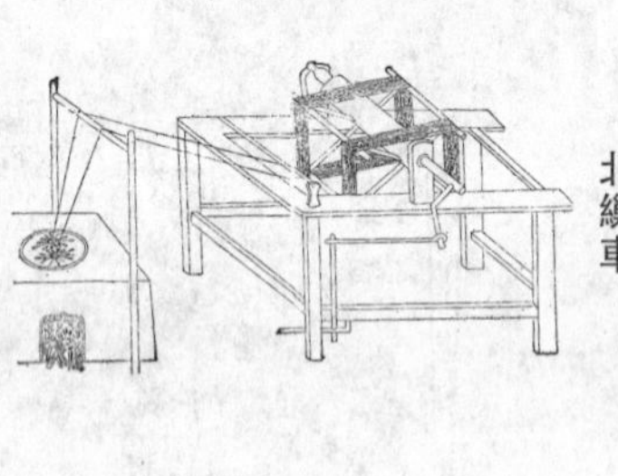

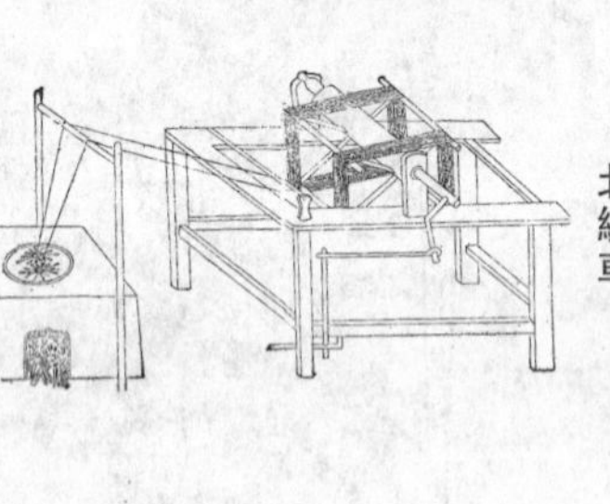

北繅車

南繅車

繅車圖説

繅車，繅絲自鼎面引絲，以貫錢眼，升繅於星，星應車動，以過添梯，乃至於軖，方成繅車。秦觀《蠶書》載繅車之制，今呼車爲軖，軖必以牀，以承軖軸，軸之一端，以鐵爲裊掉，復用曲木擐作活軸。右足踏動，軖即隨轉，自下引絲上軖，總名曰繅車。

熱釜圖説

繅絲自鼎面引絲直錢眼，此繅絲必用鼎也。今農家象其深大，以盤甑接釜，亦可代鼎，故《農桑直説》云：釜要大，置於竈上，釜上大盤甑接口，添水至甑中八分滿，可容兩人對繅。水須常熱，宜旋旋下繭繅之，多則煮損，凡繭多者，宜用此釜，以趨速效。

熱釜

冷盆圖説

冷盆用温水，南北各有所宜。通訣云：「南州誇冷盆，冷盆繳絲何輕勻。北俗尚熱釜，熱釜絲圓儘多緒。即今南北均所長，熱釜冷盆俱此軖。軖頭轉機須足踏，錢眼添梯絲度滑。非絃非管聲咿嚘，村北村南響相答。」

冷盆

鄂爾泰等《授時通考》卷七五《蠶事·織染》

《禮記·月令》：蠶事既登，分繭稱絲效功，以共郊廟之服，毋有敢惰。

鄭玄注：登，成也。分繭，分布於衆婦之繅者。稱絲效功，以多寡爲功之上下。

《漢書·食貨志》：冬，民既入，婦人同巷，相從夜績，女工一月，得四十五日。必相從者，所以省費燎火，同巧拙而合習俗也。

《隋書·地理志》：豫章之俗，頗同吴中。一年蠶四五熟，勤於紡績，亦有夜浣紗而旦成布者，俗呼鷄鳴布。

《管子》：女貢織帛。

又：女有常事。一女不織，民有爲之寒者。

又：善爲國者，使女勤於纖微而織歸於府。

又：一女不織，民或爲之寒。故事再其本，則無賣其子者，事三其本，則衣食足，事四其本，則正籍給，事五其本，則遠近通，死得藏。

《墨子》：婦人夙興夜寐，紡績織紝，此其分事也。

《淮南子》：黼黻之美，在於杼軸。

《齊民要術》：六月，命女工織縑練，可燒灰染青紺雜色。

又：四月繭既入簇，趨繰刮線，具機杼，敬經絡。

崔寔曰：八月擘絲治絮，製新浣故，及韋履賤好，預買以備冬寒。

又：八月涼風戒寒，趣練縑帛，染綵色。

《農桑通訣》：織紝，婦人所親之事。傳曰：一女不織，民有寒者。古謂庶士以下，各衣其夫，秋而賦事，烝而獻功，愆則有辟是也。凡紡絡經緯之有數，梭権機杼之有法，雖一絲之緒，一綜之交，各有倫敍，皆須積勤而得，累工而至，日夜精思，不致差悮。絲絲可成幅疋，如闡闠之屬務之，不惟防閑驕逸，又使知其被服之所自，不敢易也。

絲籰

絲籰圖説

絲籰，絡絲具也。《方言》曰：「援，兖豫河濟之間又謂之轅。」《説文》曰：「籰，收絲者也。或作𧤗，從角間。」今字從竹又從矍，竹器，從人持之矍矍然，此籰之義也。然必竅貫以軸，乃適於用，爲理絲之先具也。

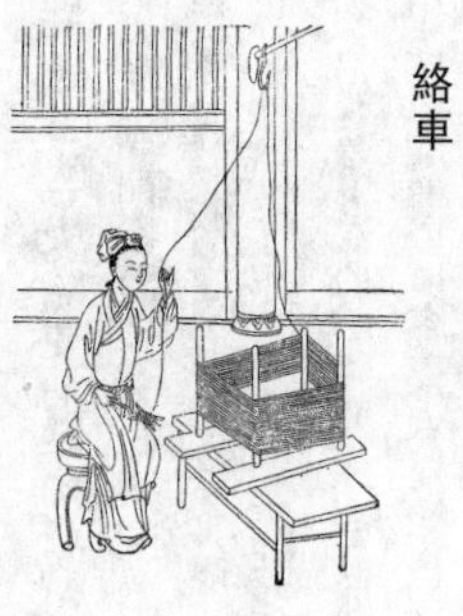

絡車

絡車圖説

絡車，《方言》曰：「河濟之間，絡謂之給。」《説文》曰：「車樹爲柅。」《易·姤》曰：「繫於金柅。」《通俗文》曰：張絲曰柅。蓋以脱軖之絲，張於柅上，上作懸鉤，引致緒端，逗於車上。其車之制，必以細軸穿籰，措於車座兩柱之間，人既繩牽軸動，則籰隨軸轉，絲乃上籰，此北方絡絲車也。南人但習掉籰取絲，終不若絡車安且速也。

經架

經架圖説

經架，牽絲具也。先排絲籰於下，上架横竹，列環以引衆緒，總於架前經簰，一人往來挽而歸之紖軸，然後授之機杼。

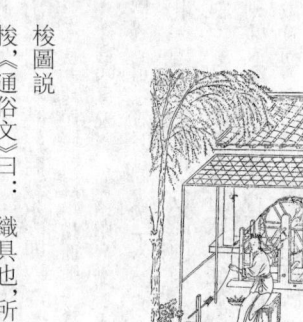

緯車圖説

緯車，《方言》曰：「趙魏之間，謂之歷鹿車，東齊海岱之間，謂之道軌，今又謂繀車。」《通俗文》曰：織纖謂之繀，受緯曰莩。其樹上立柱置輪，輪之上近以鐵條中貫細筒，乃周輪與筒繚環繩，右手掉(綸)〔輪〕，則筒隨輪轉，左手引絲上筒，遂成絲繀，以充織緯。

織機圖説

織機，織絲具也。按黄帝元妃西陵氏曰儽祖，始勸蠶事。月大火而浴種，夫人副禕而躬桑，乃獻繭絲，遂稱織紝之功，因之廣織，以給郊廟之服。見《路史》。

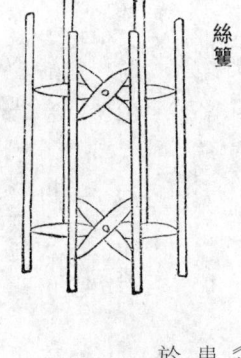

《傅子》曰：舊機五十綜者五十躡，六十綜者六十躡。馬生者，天下之名巧也，患其遺日喪功，乃易以十二躡。今紅女織繒惟用二躡，又爲簡要。凡人之衣被於身者，皆其所自出也。

緯車

織機

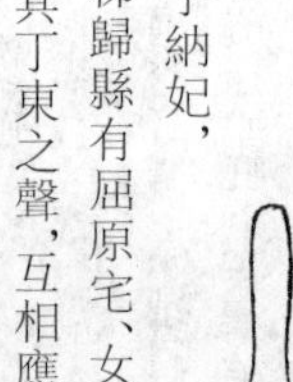

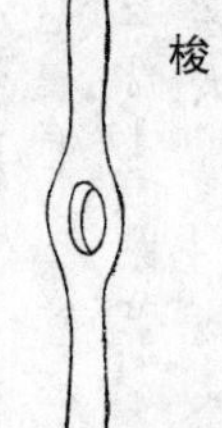

梭

梭圖説

梭，《通俗文》曰：織具也，所以行緯之莎。

砧杵圖説

砧杵，擣練具也。《東宫舊事》曰：太子納妃，有石砧一枚，又擣衣杵十。《荆州記》曰：秭歸縣有屈原宅、女嬃廟。擣衣石，蓋古之女子，對立各執一杵，上下擣練於砧，其丁東之聲，互相應答，今亦作臥杵對坐擣之，又便且速，易成帛也。

砧杵

絮車

絮車圖説

絮車，構木作架，上控鉤繩滑車，下置煮繭湯甕。絮者掣繩，上轉下滑徹甕内，鉤繭出没灰湯，漸成絮段，《莊子》所謂洴澼洸者。古者纊、絮、綿一也。今以精者爲綿，麤者爲絮，因蠶家退繭造絮，故有此車煮之法，常民藉以禦寒，次於綿也。彼有搗繭爲胎，謂之牽縭者，較之車煮，工拙懸絶矣。

王念孫《讀書雜志・淮南内篇》卷一三《氾論・緂麻》 「伯余之初作衣也，緂麻索縷，手經指挂。」高注曰：緂，鋭。索，功也。念孫案：高訓緂爲鋭，則與麻字義不相屬。今案緂者，續也，緝而續之也。《方言》纑，續也。《廣雅》同。秦晉續折木謂之纑。郭璞音剡。《人閒篇》曰：婦人不得剡麻。考縷、纑、剡，竝與緂通。索如「宵爾索綯」之索，謂切撚之也。高云：索，功也。功即切字之誤。顔師古注《急就篇》曰：索，謂切撚之令緊者也。《廣雅》曰：紉，索也。紉，與切通。

郝懿行《寶訓》卷三《蠶桑》 《韓氏直説》：蠶自大眠後，十五六頓即老，得絲多少，全在此數日。葉足則絲多，不足則絲少。見有老者依抽飼斷眠法飼之，後十蠶九老，方可就箔上撥蠶入簇，如是則無簇汗蒸熱之患，繭必早作硬而多絲。語曰：養蠶無巧，食足便老。【略】

《務本新書》：擇繭法繭宜併手忙擇，涼處薄攤，蛾自遲出，免使抽繰相逼。

《士農必用》：繰絲法繰絲之訣，惟在細圓勻緊，使無褊慢節核，接頭爲節，疙疸爲核。粗惡不勻也。生繭繰爲上，如人手不及，殺過繭慢慢繰。殺繭法有三：一日曬，二鹽浥，三蒸。蒸最好，人多不會。日曬損繭，鹽浥者穩。

熱釜： 可繰粗絲單繳者，雙繳亦可，但不如冷盆所繰者潔淨光瑩也。釜要大，置於竈上。釜上大盆甑接口添水至甑中八分滿，甑中用一板攔斷，可容二人對繰也。水須熱，宜旋旋下繭。多下則繰不及煮損。

冷盆： 可繰全繳細絲，中等繭可繰雙繳，雖曰冷盆，亦是大温也。全繳絲上等也，中作紗羅。雙繳絲中等也，中中等緞匹。單繳絲，又名歇口絲，褊慢有大疙疸，只中絹帛，亦不堅壯。歇口絲，多是熱釜中繰也。盆要大，必須先泥其外，口徑二尺五寸之上者，名爲串盆。用時添水八九分滿。水宜温暖常勻，無令乍寒乍暖。釜要小，口徑一尺以下者。突竈半破塼坯，圓壘一遭中空，直桶子様。其高比繰絲人身一半，當中壘一小臺，徑比盆底小。坐串盆於小臺上，其盆要比圓壘高一唇，靠圓壘安打絲頭，小釜竈比圓壘低一半，撁火透圓壘。竈子後火煙過處名撁火。與撁火相對，圓壘匝近上開煙突口，做一卧突，長七八尺已上，先於安突一面壘一臺，比突口微低，又相去七八尺外安一臺，高五尺，用長一丈椽二條，斜磴在二臺上，二椽相去闊一塼坯許，用塼坯泥成一卧突，須與竈口相背，既得盆水常温，又得煙火與繰盆相遠，其繰絲人不爲煙火所逼。

軠： 音狂，紡車。車牀高與盆齊，軸長二尺，中徑四寸，兩頭三寸，四角或六角，臂通長一尺五寸，六角不如四角，軠角少則絲易解。臂者，輻條也，雙輻者穩。須脚踏。又繰車竹筒子宜細，細似織絹穗筒子。鐵條子、串筒、兩椿子亦須鐵也。

打絲頭： 用一人。小釜内添水九分滿，竈下燃粗乾柴，候火大熱，下繭於熱水内，下繭宜少，多則煮過，繰絲少。用筯輕剔撥，令繭滚轉盪勻，挑惹起囊頭，粗絲頭名囊頭，手捻住，於水面上輕提掇數度，復提起其下，即是清絲，摘去囊頭，輕手剔撥起囊頭，長不過一尺也。一手撮捻清絲，一手用漏杓綽繭，款送入温水盆内，將清絲挂在盆外邊絲老翁上。盆邊釘插一橛子，名絲老翁。

繰絲： 用一人。將絲老翁上清絲，約十五絲之上，黄絲粗，減繭數。總爲一處，穿過錢眼，錢下繭攢聚名絲窩，又名絮盤。繳過簹音福。頭蛾眉杖子上，兩繳杖子下，兩繳挂於軠上。又取絲老翁上清絲，如前挂於軠上，兩箇絲窩，其頭齊行。右脚踏軠，右轉長切照覷撥掠兩絲窩於内。有繭絲先盡蛹子沈了者，繭絲斷了繭浮出絲窩者，其絲窩減小，即取清絲，約量添加，務要兩絲窩大小長均。添絲搭在絲窩上，便有接頭，將清絲用指面喂在絲窩内，自然帶上去。

《韓氏直説》： 蒸餾繭法，如蠶成繭硬，紋理粗者，必繰快，此等繭可蒸餾繰。冷盆絲其繭薄，紋理細者，必繰不快，不宜蒸餾，此止宜繰熱盆絲。其蒸餾之法，用籠三扇，用軟草札一圈，加於釜口，以籠兩扇，坐於上籠内，勻鋪繭厚三四指許，頻於繭上以手背試之，如手不禁熱，可取去底扇，卻續添一扇在上。蒸得過了則軟了絲頭，不及則蛾必鑽了。如手背不禁熱，恰得合宜，於蠶房槌箔上從頭合籠内，繭在上用手微撥動，如箔上繭滿，打起更攤一箔，候冷定，上用細柳梢微覆了。其繭只於當日都要蒸盡，如蒸不盡，來日必定蛾出。釜湯内用鹽一兩，油半兩，所蒸繭不致乾了絲頭。如餾繭多，油鹽旋旋入。

范鍇《漢口叢談》卷一 又老官渡集，在城西八十里九真山下。其西五里，有索河集，夏秋水漲，貿遷者甚輻輳，平時則收買白布轉販漢口。鎮市小民，夜成匹，朝則抱布以售焉。

李宗昉《黔記》卷三 宋家苗，在貴陽、安順二屬。男耕女織，今多讀書入泮者。

鍋圈犵狫，在平遠州。男子自織斜紋布爲衣。

披袍犵狫，在黄平州。男女衣外披一袍，前短後長，甃藪爲桶裙，羊毛織成。

犵獞苗，在荔波縣。男子善耕作，婦人工紡織。

八番苗，在定番州。其俗勤，男日出而耕，女日入而織。

谷藺苗，在定番州屬。男耕女織，所織布最精細。諺云：欲作汗衫褲，須得谷藺布。婚姻用媒妁。

洞苗，在天柱、錦屏二屬。擇平坦近水地居之，種棉花爲業。男子衣與漢人同，多依漢人傭工，女人帶藍布角巾，穿花邊衣裙，所織洞帕頗精。通漢語，聽約束。

箐苗，居山箐，在平遠州屬。種山糧爲食，男女衣服均自織。

水家苗，在荔波縣。自雍正十年，由廣西撥隸黔之都勻府屬。男子好漁獵，婦人勤紡織，有水家布之名。

高坡苗，在平遠、黔西等處。着黑衣，喜種山林，婦女以木板尺許綰髮内，故又名頂板苗。婚姻苟合，男婦善染，力耕作，勤紡織。

里民子，在貴陽、黔西、大定、清鎮等處。男子多貿易，婦女穿細耳草鞖，勤儉耕作，閒時則紡毛布作衣。愛養牲畜，常帶入山作活。

洪州苗，在黎平。男子與漢人同，勤耕力作，女子善紡織，棉葛布頗精細，多售於市，故有洪州葛布之名。

六洞夷人，在黎平府屬。短衣色裙，細花尖鞖，未婚男女，翦衣換帶爲憑，卜吉嫁之。【略】母家以苗布數疋爲嫁資，女則紡織勤勞，男亦多讀書識字者。

官修《清文獻通考》卷三九《國用考》 順治八年

諭各處織造，所以供朝廷御服賞賚之用，勢不可廢。但江寧、蘇州、杭州已有專設官員，又差滿洲官并烏林人役督催，不但往來糜費，抑且騷擾驛遞，朕心深爲不忍。嗣後著停止差催陝西織造羢褐糚蟒，殊屬無謂，至買辦皮張之處，亦屬煩擾，著一併停止。

又十一年

諭工部，江寧、蘇、杭等處地方，連年水旱，小民困苦已極，議賑則勢難周，屢蠲又恐國用不足，朕用是惻然於中。念織造衙門，原供御服賞賚之用，前此未能俱罷，近聞甚爲民累。夫民既苦賦稅，又苦織役，何由得安。民既不安，朕豈忍被服美麗不爲之所乎。嗣後織造，除祝帛誥勅等項，著巡撫布政織解外，其餘暫停二年，爾部即行傳諭。

顧禄《清嘉録》卷四《四月・小滿動三車》 小滿乍來，蠶婦煮繭，治車繅絲，晝夜操作。郊外菜花至是亦皆結實，取其子至車坊磨油，以俟估客販賣。插秧之人，又各帶土分科，設遇梅雨泛溢，則集桔槔以救之，旱則用連車，遞引溪河之水，傳戽入田，謂之踏水車。號曰小滿動三車，謂絲車、油車、田車也。【略】

案：徐炬《事物原始》云：西陵氏制繅車以繅絲。《震澤志》：黄繭緒粗，不中織染，另繅以爲絲縛，惟細長而瑩白者留種繭外，乃繅細絲。

鄭履光《費隱與知録・布帛經緯，力有優絀》 問：布帛之屬，經緯相同，而横力不及縱，何也。曰：經緯之線雖同，而經之入機，則絲絲條直，理順勢勻其緯之入經，則藉乎手，一絲一織，則力有輕重。又經本直也，夾緯則經亦微曲，然經之直本勻，其曲亦勻，緯之入經，本不直也，人力逼之，更曲更縐。用其縱力，經既勻直，則經經相共，受人任使，其千絲萬縷，相與偕來，偕則力分，分則任輕，故耐久也。用其横力，緯既彎縐，則緯緯各異，受人任使，斯一絲一縷，次弟獨進，獨則力專，專則任重，靡不傷矣。

嵇璜等《清通典》卷一五《食貨一五》 順治元年，申江寧、蘇、杭各處機房，組織惡薄之禁。

嵇璜等《清通典》卷二九《職官七》 乾隆四十年，以寧壽宫地方緊要，派内務府大臣二人專管，並設立郎中、員外郎、主事、筆帖式内管領等員，以專司其事。其檔籍清册鈐用廣儲司印。四十四年，增設委署主事一人、學習筆帖式四人，織造監督江寧府、蘇州府、杭州府各一人，於内務府司員内簡用，帶原銜管理司庫各一人，筆帖式各二人，庫使各二人，掌分司所駐劄地方供奉上用緞疋及應用官用緞疋，皆監視而督理之。歲終奏銷造册，呈内務府，以副册送廣儲司察覈。順治初年，設三處織造官，監督、筆帖式、庫使各一人，三年更代。十八年，定一年更代。康熙元年，各增庫使一人，二年奏定三處織造，不限年更代。

王有光《吴下諺聯》卷一《十樣錦》 錦，物之美者。質則一而文不同，故取十樣之數。收冰蠶之繭，繅以抽絲；入銀漢之機，績而成匹。朱緑玄黄，考工掌其染采；鉤邊續衽，匠巧製之爲章。摻摻然出天孫之手，一幅雲霞；燦燦乎回蘇蕙之文，十年血淚。寶石堪支，望昭回於牛女；金針得度，看綉出之鴛鴦。擬之曰「十樣錦」，集中嘉言懿行似之。

鄭光祖《醒世一斑録·雜述二·教民紡織》

同邑周公又溪礦，於嘉慶十一年，以捐職主簿發甘肅，補丹噶爾主簿，以軍功陞補高臺縣。十九年涖任，其地西北接嘉峪關，窮民多出口傭食，婦女不知女紅，夫主久不歸，即呈請改適，陋習相沿，恬不爲怪。公見土魯番棉花捆運入關者甚夥，命工照我虞紡具製而試之，果可爲無少異。因招致年老婦女入署，夫人親爲指授，學習既能，各給紡具，並棉半觔爲資本。又募四川機匠製機，募江南善織者，設局教男子織成布，使轉售於他方。創始時，同僚咸笑爲迂，公毅然行之，不二年，民皆踴躍奮興，高臺布竟成一方土産，民爲之謡曰：「高邑民人寡力田，鶉衣百結實堪憐。而今天賜神明宰，脱却羊毛盡著棉。」甘省天氣多寒，而省城較暖。道光元年，公調臯蘭，知近省地土亦宜種棉，乃運高臺棉子，教民播種，亦教以紡織，一如高臺，凡岡阜磽确之地，向種水菸者，無不改種，秋成果獲倍利。後種棉益廣，河北一帶，産布尤佳，有能織印花斜紋者。甘地從未有紡織之利，有之實自此始。余照周公行述録取，因事有可據，故信而著之。

左宗棠《左文襄公全集》奏稿卷七《籌給織造銀兩，請敕部酌議撙節方》 同治二年十二月初四日

再准工部咨開應用誥敕軸制帛駕衣綫羅等項，均係預備典禮要需，經本部陸續奏咨，行文杭州織造，照例趕辦，迄今逾限未解，應請旨嚴諭該織造，將應辦織件，務於文到，趕緊認真設法攢辦，得有成數，星飛解部，并請敕下浙江撫臣速即籌款撥給等因，於同治二年七月初六日具奏，奉旨依議，欽此。當即轉行該織造在案。茲准杭州織造鶴祀咨稱，見已招集書差匠役數名，於十月二十一日移駐紹興，飭承前赴各處，採購各式絲身顔料，擬將刻不可緩之制帛駕衣綫羅，先行趕辦，核計約需銀二萬兩，方敷辦理，其餘所派誥敕軸駕衣等項，俟續後再爲咨行籌款辦解。請飭司先籌銀二萬兩，委員解交，以資造辦。臣以此項經費，向由南北新關税務報銷，兹省城未復，税項無徵，鉅典所關，自應竭力籌墊。惟查工部原奏内稱，制帛等項，并非細巧之物，較繡片工料，尤爲易辦，所需經費，應屬無多，而該織造來咨，則稱採辦各式絲身顔料，即需銀二萬兩，其餘所派誥軸駕衣等項，俟續後再行籌款辦理。是此時浮費既多，日後動支更鉅，實在應需若干，臣亦無從揣測。浙省餉需奇絀，勢難如數撥解，當飭司先行籌給庫平銀四千兩，嗣後應如何辦理，再爲咨請工部示覆，而該織造疊次函致，前項銀兩，不敷購辦，誠恐有誤要需，致干嚴譴。以浙江見在情形而言，此次撥銀四千兩，已屬勉力搜羅，若該織造所稱，每歲需銀十餘萬兩之多，時絀舉贏，萬難爲繼，應否敕下工部酌議撙節之處，伏候聖裁。理合附片具奏，伏乞皇上聖鑒訓示，謹奏。議政王軍機大臣奉旨，工部議奏。欽此。

左宗棠《左文襄公全集》奏稿卷五七《甘肅氣象更新，請將王必達等各員獎敍片》 光緒六年十二月初三日

再臣此次由哈密入關，徑抵蘭州，幸免停滯，沿途察看，民物安阜，較五年以前，大有起色。耕墾日廣，民食漸充，白麪一斤值錢十文，雜糧市價遞減，窖藏甚多，罌粟既禁，以其腴地改種草棉，向之衣不蔽體者，亦免號寒之苦。近更廣植浙桑，關内外設立蠶織局，收買桑葉蠶繭，俾民之不知飼蠶繰絲者，均可獲利。蘭州織呢局，結構宏廠，安設機器二十具，見開織者尚只十具，所成之呢，漸見精緻，中外師匠，及本地藝徒，率作興事，日起有功。途中所見，溝洫橋梁，靡不整飭，水利興焉，道旁所種榆柳，業已成林，自嘉峪至省，除鹻地沙磧外，拱把之樹，接續不斷。行過學塾，時聞誦聲，士庶僉稱承平時所未有也。竊念窮邊，兵燹之後，氣象更新，嗣事復得同心之侶，將來賡其緒而恢張之，邊氓獲福，豈有涯量，是則皇仁廣被西陲，與天無極也。臣此次去隴，較去閩時無回顧之虞，尤爲私幸。按察使銜安肅道王必達、甘涼道鐵珊，於禁種罌粟一事，極爲認真，捕治游勇，興修水利，平治道路，栽植樹株，均能盡心勸督。鐵珊散佈羊種，孳生蕃息，尤覩成效。肅州知州保昌勤恤民隱，有利必興，均爲難得。王必達可否賞給二品頂帶，鐵珊可否賞加按察使銜，保昌可否賞加知府銜，以償前勞，而策後效，出自天恩。此外蠶絲、織呢等局，雇用中外師匠，及辦理局務華洋各員弁，有實在出力，著有成效者，應由劉錦棠、楊昌濬隨時彙案，奏請獎敍，以示激勸，庶幾人心競奮，利無不興矣。謹據實附陳，伏乞聖鑒，訓示施行。謹奏。

軍機大臣奉旨，另有旨。欽此。

左宗棠《左文襄公全集》書牘卷一九《與胡雪巖》 來示新出掘井開河機器，極爲利用，自明已來，泰西水法，既已著稱，前年曾託幼丹制軍代購，迄未見覆。又蘭州製造委員賴長以己意新造水機，試製洋絨呈驗，竟與洋絨相似，質薄而細，甚耐穿著，較之本地所織褐子，美觀多矣。惟以意造而無師授，究費工力，伊擬購辦織呢織布火機全付，到蘭仿製，爲邊方開此一利，希即留意訪購。賴鎮所呈之圖并附覽。蓋此間羊毛駝絨，均易購取，煤亦易得。只要有火機，便省工力也。

左宗棠《左文襄公全集》書牘卷二〇《答胡雪巖》 新疆重定，兵事已簡，而

防務及善後一切，甚費綢繆。得賊遺礮械雖多，然分佈各城則猶覺其少，尊處已允購起運之槍礮火藥，亦要需也，派利之馬鞍礮，可訂買中等者一二尊，試看以答其意。至開河、掘井、織呢機器，請先購其小者解來。哆喱呢所説以舍小用大爲合算，本是實話。然弟意不欲用其大者，一則機器重大，陸運極艱，不如用其小者，令華匠仿製，將來增拓其式，亦可得力。一則弟年已望七，精力智慮，日漸不如，斷難久妨賢路，異時嗣事之人，設或意見各殊，不但廢緒難尋，且恐徒滋口實，而見在西域重定，各省關協餉，難望如前，頻年飽嘗苦況，事後猶爲心寒，正擬及時縮斂規摹，以圖永久，何敢爲恢宏闊大之舉，致無收束。見餉計敷五六月而止，此後又須從新籌策矣。

左宗棠《左文襄公全集》書牘卷二二《上總理各國事務衙門》 間歲以來，連奉三次鈞諭，恩恩未及復陳，緣疾病間作，心緒不清所致，兹幸稍愈，謹條復於左：【略】

甘肅向陽脥地，均宜草棉，亂後荒廢，無人業此。每淨花一斤，市值大錢七八百文，皆由川、陝轉販而至。吐魯番所産，較内地爲佳，向本由哈密行銷内地，亂後無販銷者，民苦無衣，甚於無食，老弱婦女，多不蔽體。數年前，刊發棉書教民種植，近始稍有成效，罌粟禁嚴，加意課種，此後或可有增無減。上年淨花，每斤值錢四百内外而已，吐魯番花價，每斤亦須三百文上下，即内地轉販，亦無甚利，將來或聽外人銷售，并非不可。

羊毛一種，有粗有細，内地人不甚區別，但取以織褐、織氈毯，價不甚高，業之者少。羊毛每斤值銀一錢幾分，每年可翦兩次，民間畜牧之利，以毛爲上，蓋取其毛之利長，非若皮肉利只一次也。近製造局員賴總兵長以意揀好羊毛，用所製水輪機織成呢片，與洋中大呢無殊，但質底微鬆，又織成緞面呢裏之絨緞，亦甚雅觀。自以水輪機不及洋製火輪爲速，意欲購致一具仿造，而苦難驟致。宗棠適以陝、甘旱災，宜思患預防，飭胡道光墉覓開河鑿井諸機器，并雇匠同來，以資教習，遂并致胡道購織呢織布機器，見可到蘭州，須數年後，始覩其利。擬先内地而後關外，與棉利同規久遠，未知能否有成。至西路通商，將來必有議及者，愚見棉花、羊毛似可任外人轉販，於我無所損，而收其出口税釐，亦實有益，但於各城通市之處，立貿易圈於城外，以處外國商旅，不令深入各城腹地，私與本地商民貿易交接，流弊自少。

左宗棠《左文襄公全集》書牘卷二二《答楊石泉》 機器廠就前路後營舊堡爲宜，縱使堡式狹小，豈不容機器一二具耶。如試造有效，何難擴而充之。論者動以閩中機器廠爲比，實則不然，彼仿造輪船百物之所，爲備工繁料鉅，奚止百倍於此，此則開河、鑿井、織呢，只各是一事耳，惡在其闊而侈也。尊論局面不宜大，洋匠不宜多，殊爲中肯，實則局面本不大，洋匠本不多，而先從規摹説起，已錯了路徑也。雪巖與洋商所立合同，前月杪始寄來，俟各項機器運到弟處，再行知其餘，各洋匠每名各一紙，白來牙其一也。德國與英、俄、法、美不同，其敬重中國，用心亦別，不必以尋常辦法處之。惟據鄂臺稟，開河、織呢機器，件數繁多，體式高闊，尋常舟車，不便裝載，擬設法改造，運解來甘，亦未可限以時日。念泰西水器，最利民用，數百年來，有人説過，無人仿造，豈不可惜。局面已定，雖勞費亦不能惜，已批示照辦。若農思慮精密，必可幹到將來。開河機器，擬先留之平涼，治涇川正流，事畢再運解蘭州可耳。織呢機器，則徑解蘭州爲宜，賴鎮專任，必善其事。所部工師，以賴毛爲高，勇丁之聰慧者，蘭洲可留心挑選撥入，將來必有可用之材，正不必於士流中求之。人見西士技巧，卓絶古今，以爲華人學製，必須聰穎俊達之士，不知彼中均由匠人推擇，并非於士類求之，況中華學製，本執柯伐柯，較之天工開物，又自有別，使三千七十之徒，執贄般倕，不亦慎乎。

左宗棠《左文襄公全集》書牘卷二六《與李少荃傅相》 上海織布局此稟，在滬華商，遵案附股入局合辦，似可照准，惟上年禁止機器紡紗，原以華民生計攸關爲言，恐機器一行，失業者多，無從安置，故洋人亦無能相强，然覬覦之心，固未絶也。兹由局稟，請華商附股合辦，洋人得有藉口，必煩詞絮聒，無以折服其心，與其轉圜於後，不若慎之於前。值此嘖有煩言之時，尤不宜多生轇轕，希批示緩辦爲是。愚見如斯，請高明察酌示復。

左宗棠《左文襄公全集》批札卷七《賴鎮長稟，驗收後路糧臺解到各項機器，請委劉道專司局事由》 據稟，請派委總理營務處劉道專司織呢事務等情。查織呢一節，該局已粗具端緒，前據該鎮呈驗織成呢片與洋製差同，如果精益求精，則衣被自饒，不難與《禹貢》織皮諸國媲美，此本大臣爵閣部堂所屬意者。前據該鎮稟稱，須於外洋購覓織造機器，始可節省工力，速觀厥成，特如所請，飭滬局購器，募匠前來，正宜趁此時督率原習織造匠工，相從仿傚，庶事半功倍，業精於勤。今日之學徒，皆異時師匠之選，將來一人傳十，十人傳百，由關内而及新疆，以中華所産羊毛，就中華織成呢片，普銷内地，甘人自享其利，而衣褐遠被各省，不僅如上海黄婆以卉服傳之中土爲足稱也。該鎮素有巧思，當能深領此意，以成濟時實效，毋庸飾詞推諉。總理營務處劉道見飭整理關内各營，正資臂助，軍事殷煩，何能責其分心庶務，如隨時赴該局留心察看，自無不可。所部陝、甘勇丁，有賦性靈敏，堪資學習者，應令其挑赴該局，專心學習，由該鎮派人指示，俾其相觀而善，將來有成，尤爲此邦師匠所自出，不但數世之利也。此次購運之開河、掘井諸機器及雇來之洋匠，已飭由該鎮驗收安頓，仰即遴派妥人經理，商之劉道，派人學習，具報并行知總理營務處劉道遵照辦理矣。

左宗棠《左文襄公全集》批札卷七《賴鎮長稟，請札止續來洋匠，并先行建蓋廠屋情形由》 該鎮前稟，洋匠機器到蘭，妥爲照料安置，并請示織呢各情，當經詳細批示，由該鎮督率工匠，相從仿傚在案。茲據稟，查悉織呢機器，每日成紗數目，有石德洛米一人足資教習，請札止續來織呢洋匠等情，具見該鎮遇事留意撙節，實爲嘉許。惟據上海關道申報，本年二月初四日，繕給德國洋匠克禮克白翁、肯思泰、衛宜格等三名來甘護照三紙，是該工匠業已起行在途，自可毋庸札止。見在織呢機器尚未到齊，且原議先只購其中號機器一副試造，如果合宜，必須續購大號機器仿造，是該洋匠來甘，將來如需推廣，不患無教習之人，亦爲兩便。至蓋造廠屋，廣購精細羊毛兩事，正此時當務之急，所有擇地興工，及如何廣採儲存備用之處，仰即悉心妥議，迅速稟知，聽候核示可也。

左宗棠《左文襄公全集》批札卷七《劉道璈稟，省城東關外地方寬廠，堪以建造機器房屋由》 據稟，滬局所購機器，僅收到開鑛、掘井兩項，其開河、織呢兩項機器，尚未運到。查胡道原稟，其餘洋匠，俟開河、織呢機器運内，陸續起程，此時想已在途，但尚未接胡道續稟耳。【略】再説至織呢機器，原飭胡道先購其中號者試驗製造，如果合用，再購其大號者不遲。開河機器亦然。俟兩項機器運解到，再相其大小設廠立局，亦無不可。

俞樾《茶香室叢鈔・三鈔》卷二五《宋錦》 國朝褚人穫《堅瓠集》云：「錦以宋織爲上，泰興季先生家藏《淳化閣帖》十帙，每帙悉以宋錦裝其前後。錦之花紋二十種，各不相犯。先生殁後，家中落，欲貨此帖，索價甚昂。一人以厚貲得之，取其錦二十片，貨於吳中機坊爲樣，竟獲重利，其帖另裝他紵，復售於人，此亦不龜手之智也。今錦紋愈出愈奇，青出於藍而青於藍矣。」按此知國初吳中猶以織錦爲業，今則無矣，宋錦花紋亦遂成廣陵散。

賀長齡《清經世文編》卷三七郭起元《布帛贏縮説》 江南膏腴之壤植木棉，女紅惟布爲多。漢張騫通西南夷，攜種至中夏，盛於楚、豫、閩、粤，宋初南省始徧植之，而織婦最爲勤苦，碾彈紡織，工亦勞矣，而一布之值，不敵匹帛之什一，工多利少，不足以供口食，季女斯飢，良不免矣。要惟樹桑治蠶之利，可當耕耘也。永嘉有八種蠶，一曰蚖珍，三月績；二曰柘蠶，四月初績；三曰蚖蠶，四月績；四曰愛珍，五月績；五曰愛蠶，六月績；六曰寒珍，七月末績；七曰四出蠶，九月初績；八曰寒蠶，十月績。夫農家四時有暇，而蠶繭八種可成，計至便也。苟能講習其業，俾布帛兼資，以爲水旱凶荒之備，人事之修，可補天行之缺，誠莫善於此者也。南省郡邑，多濱江枕湖，古稱下隰宜桑，得地利也，而諸邑少植之，桑既不足，并蠶不育，遇木棉不登之歲，紡車空懸，女紅歇絶，坐致凍餒，嗟眙無策，其謀生也，拙甚矣，爰爲説以導之。

張春華《滬城歲事衢歌》 晨旭當門一徑遮，秋深景色想田家。東鄰新婦西鄰媪，暖負晴暄共揀花。

田事初畢，女工繼興，取木棉曬而藏者，盛之於筐，曉起天寒，挈女伴就南榮，去其不潔，及所謂僵囊者，名揀花。僵囊實而未坼，或傷雨，其絮如氈者。

轉軸層層捲素霞，蘆簾風緊一燈遮。夜闌何處摇柔櫓，款乃聲中聽軋車。

棉與核交粘，必去其核方可用。去核者名軋車，以木爲之，三足，二向内，一向外，高三尺許。上有板，厚約二寸，板左右有兩耳，空其中，納二軸，一木一鐵。其鐵者長出左耳外尺許，鐵軸盡處，承以木槌，形如藤枕，而長倍之。絡繩於鐵軸，絡板於繩之下垂處，以足踏之，則鐵軸内旋而核墜於内。其木者長出右耳外二三寸，上綴以木，木長三寸餘，一端承軸，一端復綴一圓木，亦長三寸許。以手運之，則木軸外轉，而綿出於外。軋車如櫓聲。

繞地輕雲避曉風，筠竿斜倚想漁翁。絲聲幽細虚簷澈，滚雪飛花寄一弓。

綿必彈之，使如輕雲，謂彈花衣。彈花者名弓，弓以木作圓柱狀，長四五尺，粗盈握。弓上端鑲薄板，方而斜，縱横四寸許，其下端於圓柱之末，刻之使彎，圓而厚，闊二寸餘，以弦施於兩端，弦之餘者繞柱上。擊其弦者爲彈花槌，槌長七八寸，隆其兩端，極光潤。彈花必坐，其坐者如椅而矮，幾及地，名彈花櫈。櫈之背，貫以竹竿如釣魚者，而曲竿之極處懸繩，繩下着弓，以左手執弓，右手持槌，坐擊之，棉着弦而起，輕如柳絮，宜於無風處彈之。弦聲清脆，聞及鄰室。其弓弦以羊腸爲之。

停匀輕重剖瓊瑶，似竹心虚捲練綃。月得女紅四十五，朝來信手雪千條。

以彈之成絮者，分之作棉繩，名搓條子。以竹削如箭幹，較細，長二尺餘，名栅子。捲棉於上而搓之。其搓之器如桶蓋，方而長，名搓花蓋，以左手按其栅子，右手執蓋，向外推之，隨去其栅，宛如玉蒜。

一輪飛捲踏雞娃，不數山家課績麻。莫訾江鄉誇獨擅，問君何處覓三紗。

搓條之後，如麻之待績矣。其器曰紡車，以屈木之連屬者鋸之，下如二股，上如柱，統計約高二尺，竪二股於横木上，木長不及二尺，木兩端之向内者，又横臥二股，長有二尺餘，股之盡處，以木之厚而較方者合屬之。其柱之端空之，舉所謂紡車頭者横貫其内，其形如半月，内外各一，相懸寸許，脊有三齒，安小管於上，以所謂椗子横綴管中。柱之下二股交合處，横圓木長半尺，外木上着輪，另有一木長四尺餘，鋭其一端，竅輪而受之，其一端於合屬臥股之處，作齒承之。以兩足旋運，先於椗上繞紗數尺，黏於條子，隨輪飛動，紬繹而出，名紡紗。紡紗他處皆有，然以巨輪手運祇出一紗，足車出三紗，惟吾鄉倡有之。

隙地晴開一道斜，筠筒箇箇玉無瑕。浣紗濯錦分明似，條理經綸上滴花。

優於紡紗者，日可得八兩。取石葦作管，長六寸許，搬紗使滿，名筒子。有所謂經車者，形如算盤，表裏透漏，取筒子分左右匀列其中，於廣場植竹爲架，以紗繞竹上，遝數十丈，負經車往復數次，理其經綸，以交竹中分之，平如疋練。先以漿漬紗上，取竹箒長二尺餘者，兩人持箒，左右行，刷之使匀，烘以晴日，俾紗燥而不粘，則機口滑潤，紗不中絶，省接續之工，易於成布。如是則以滴花層捲之，便可上機。滴花形如桔槔之軸而短，長二尺有餘，兩端有交木如十字。

篝火連宵遞一梭，機聲朗逐漏聲過。參横月落虚無籟，六頁初成聽刮磨。

機式大象與綢緞機同，而布機較省便，布幅亦較狹。織布皆女工，日可得布一疋，亦有極一日半夜之力得布兩疋者，然亦僅見。織之時，以紫色拈經紗之邊爲捏目，謂織數有眼目也。交竹梗處爲頁，每六頁爲疋。

陳徽言《南越遊記·廣布》 順德居民食蠶桑之利，所織綺羅，其佳者不亞於江、浙。若布類，則番禺之「新造機」與東莞之「花頭機」具，極堅厚適用。紵屬自新會「潮連機」外，惟香山「古鎮機」亦頗細緻。偶閲《廣東新語》中載粤中布産最爲詳盡，獨不及此，豈翁山偶遺之耶？抑或者其時未盛行也？援筆識此，補所未備。

席裕福、沈師徐《皇朝政典類纂》卷一二九《市易一七》 陝西創用機器織布公啓 公啓者，吾陝爲文獻舊邦，伊古以來，人材最勝，近自兵燹頻仍，蓋迥不如前矣。豈天之降材爾殊，固時運有所限耶，抑亦培植者之無其具耶。夫聖門論政，先富後教，蓋衣食足而後禮義興也。關中古稱上腴，自井田湮，水利廢，地方遂因之日削。邇者土産所出，粟麥而外，惟棉爲大宗，自餘日用之需，半取給於南省，而廣布一項，歲費至四五百萬金，視丁糧過之。今以全陝而論，家鮮千倉之資，地無五金之礦，年復一年，所出愈鉅，烏得而不貧且窘也。然以昔日言之，我失其資，而楚受其益，利源猶在中國，硜硜自守，未爲不可。頃自倭人通款，明訂約章，有准其自運機器，至各内地製造土貨一條。夫曰内地，則非專指通商埔頭言也。曰製造，又非僅爲互市有無計也。沿海長江各口，彼族既率其醜類，盤踞而生殖之矣，則今之夙夜覬覦者，舍晉之煤鐵，甘之皮毛，與吾陝之花布，亦奚所求。學使趙悉焉憂之，爰有創設織布局之議。以爲陝俗患貧，儒鮮真修，獎勵無資，聖教將滅，則害在士。終年胼胝，體不蔽膚，尺布寸金，難謀衣褐，則害在農。器物苦窳，技巧日拙，貨殖不通，生計益困，則害在工。異族聚居，長袖善舞，壟斷自營，利權盡失，則害尤在商。使非及時圖維，合官紳商之全力以持之，其後患有不可勝言者。不以某等爲不材，而咨詢及之，以冀挽回全局，吾陝人士類能審時變而達大體者，儻肯集衆力而舉之，則不惟獲利之豐，如操左券，將來辦有成效，上之足以培國家之元氣，下之足以發桑梓之人材，當亦蒙諸君子所心許也。

附集股説略

一此次辦理機器織布，擬官紳商同心合力，一氣共舉。商管銀錢賬項，買賣各事。紳管學習機器，教訓學徒。各事官則主持保護，而不侵利權。即有事涉衙門，有紳承當，決不致貽累商民，無可疑懼。

一此事若全用官本，則爲官辦，利必歸於官，勢將多派委員，致多浮費，故須民間先集股分，以爲根本。倘不足用，再領官本，則事屬民辦，利盡歸於民矣。

一湖北有洋布局，係官辦，用銀三十餘萬兩。官辦則局面大，耗費多。吾陝民辦，費當較減，若用湖北鐵政局之機器，所省尤多。然成本不嫌其過寬，本愈寬，則利愈大。今擬以銀一千兩爲一股，若能集二百股，則有二十萬之本，即可辦矣。

一此股集成，不必即繳出。俟辦有端倪，蓋造房屋，購買機器，延請教師，收買棉花，需用若干，然後照股分陸續繳齊。目下只書一册，以爲後日收銀之據。

一此股集成，每十股舉值年一人，每歲二十人。值年主持一切事故，其局中辦事，即由此二十人公舉，每年一易，五年以後，出股分之人，皆知局中利弊，彼自放心，知官紳未嘗分毫用伊銀兩。

一此事吾陝係創辦，不可冒然舉辦，須派善算及通達買賣之二三人，先往湖北，住居洋布局，細查數月，細觀湖北規矩，及機器織法，用房若干，機器若干，每日紡紗若干，織布若干，需銀若干，使胸中略有規模，然後訪求教師，言明幾年必使陝人自能使用機器，每年需銀若干，陝人學精謝銀若干，立定和同，即與同購機器運以赴陝。陝中房已蓋成，即可安置機器，紡綫織布矣。

一此事辦成，必有大利。何也，湖北棉花常價須二百有零，倍貴於陝西。彼處將布用人織成，運赴陝西，層層釐税，尚能獲利。今以百餘文錢之棉花，用省工之機器，無運脚，無沿路釐税，其獲利豈不顯然可信，不惟獲利，且必大豐。

一此事不辦，必有大害。何也，洋紗一物，其始來自印度，人以其質細無力，滯而不銷。久之，漸有圖其簡便，而購以織布者，既而布行不勝其揀，買主且樂其精，於是甚行。倭人艶之，遂轉購中國之花，至長崎各軋花紡紗機器廠中製造成貨，然後轉運中國銷售，計二十年出口之花，約五十萬擔之多，惟以水脚釐税太重，獲利未能甚豐爲憾。今議款約章，既有准在各内地製造一切土貨之條，將來勢必先以涇原爲下手處，既無運脚關税，又省人力工作，其價自必極賤，誰肯買用貴而不好之土布，而不買用精而極賤之洋布哉。立見陝西所行之湖北布無人買用，陝西布行自然家家倒閉，而每歲數百萬之生意利益，盡被外人奪去，豈非大害。此害顯而易見，凡我陝人，宜惕然自懼，速爲防之，而在布行，尤宜猛醒。

一此事既辦，宜速設機器書院。不能自用機器，雇人代作，仍受制於人，不能全收利權。擬開局即立一書院，凡有股分之人，均選聰穎子弟送入書院，公請教師教訓各樣機器。數年之後，自造機器，不惟洋布全收其利，其他有利之事，既可漸次推行，而人才一經歷練，自必瑰傑輩出矣。

一此次集股，不拘籍貫。此事爲保全中國利權起見，非專爲陝人謀也。陝中商民，舊多外省之人，今一律入股，即應送子弟入院學習，倘學習精通，即由本局出具保結，送憲司面試。其有成者，可咨送總理衙門，以備任使。

一此次集股，不拘官民。中國之弊，全在官民相隔，故諸事受制於外洋，不獨利權也，而利權尤甚。外國合一國之君民謀利，中國則聽民自爲之；外人之力聚，中國之勢散，中國所以貧弱於外洋也。此次集股，欲聯官紳商爲一氣，即當不問官紳商，皆准入股，獲利均分，則官紳商之氣常通，諸事皆可辦矣。其仕宦省分，不准開設市肆之舊例，擬禀請奏聞，此次集股，爲民保利，非與民争利，不在例禁之内，且官爲民倡也，如亂後初行准鹽，官商同辦，方始暢行，可援以爲例。其有效彭剛直公之爲人，辦成得利後，盡以其股本歸公者聽。

一初集股分，不可無歸宿之處。擬即以味經刊書處爲總匯之所，凡有欲入股者，均自書明姓名字號、居址、籍貫，即寫一册，俟有二三十股，即可選人前往湖北，有五六十股及湖北信回，即可開拓廠基，蓋造房屋。購機器歸，即安置織布矣。蓋造房屋，即選人監工，而以工所爲總匯，刊書處之總匯即撤。

一此次創辦集股，及集股已成，推舉值年，無論紳商，不給薪水。其常住局中辦事及往湖北者，則須薪水。

一此事係創辦，凡有官紳商，能晰機器利弊，用法價值，及織布法程利弊，均可來味經面商，或路遠以函相示。局開後，如有弊端，入股之人，均可至局相告。即非入股之人，亦可以函相告。此事爲保我中國利權，凡我中國之人，宜人人竭其才智爲之，某等才智短淺，不敢自以爲是，不樂聞人言也。

一此局既成，織布精而價廉，必能暢銷獲利。將來去路既廣，再爲擴充廠屋，增添機器，第恐本地之人，既知機器之利，或别開一局，以掣利源，殊非同力合作之本意，此風決不可開。中國之勢本散，藉此聚之，若又紛紛私設機器，則利又散而不聚，何能力敵外洋。宜以私設機器機房懸爲厲禁，方能收回利權。

一既能以機器織布，其染法印花亦宜漸次講求，以及洋紬、洋縐、羽毛、洋絨、嗶吉、羽綾呢等類，均宜推廣製造。蓋以上各物，以羊毛爲大用，本省土産所出，購辦尤易，獲利必豐。總之，此局爲開風氣之端，凡西藝之長，足以利國利民者，均須以次漸及，方不負今日立局本心。

一機器織布局，創始於上海。近年以來，沿海長江一帶，相繼仿行，集股創設計已成及將成者，共十五處，以本年各局覈計之，大約統有紡紗車三十六萬架，織布機器約三千軸，軋花機器更難悉數，而日增月盛者，且方興未艾也。使非大有利益，誰復糜數十百萬金之費爲兒戲哉！查海關二十年結賬，洋布之入口者，不及二千四百萬匹，視十六年一千七百四十萬匹，十七年之一千八百六十萬匹，減少甚鉅，此亦可觀其大凡矣。

一湖北機局所織之布，種類甚多。有幅寬一尺五寸者，其用與廣布等。今擬開辦時，多分種數，視何等銷售暢旺，則以全力注之，庶免積滯之弊。

一此次集股，隨發股分票一張。有願入股者，自書籍貫、銀數於票內，持至涇陽味經刊書處，登入底本賬內，迨收銀時，另發執照，存本人處，以後即以另發之票，爲收取利息之據。其願入數股數十股者，或書一票，或書數票、數十票者，各從其便。其力不能入一股者，或入半股，或一二分，亦准集入，止書一票，繳銀獲利，均照分數折算。

一此次集股創設織廠，決無不獲利之理。即或日久利微，或別出事端，均不准致累股主，派認虧折，所用官項，亦均由廠歸還，與民股無異，則入股者，知有利無害，踴躍從事。此次之股既易集，他日推廣煤鐵、皮毛，人皆信服，亦易爲力矣。省鈔

李鴻章《李鴻章全集》奏稿卷四三《試辦織布局摺》光緒八年三月初六日

奏爲招商在上海試辦機器織布局，以擴利源，而辭洋產，恭摺仰祈聖鑒事。竊查光緒四年十月二十四日，奉上諭，御史曹秉哲奏請仿用西法開采，以利器用一摺。據稱近來各省開設機器等局，需用煤鐵甚多，請由內地仿照西法，用機器開采轉運，鼓鑄製造，既省買價，並濬財源等語，所稱招徠股商，聽其開辦，酌量徵收釐稅，是否可行，著李鴻章體察情形，斟酌妥善，奏明辦理，原摺著鈔給閱看，等因。欽此。臣查該御史原奏內稱，方今之務，以海防爲最要，泰西各國，凡織布疋，製軍械，造戰艦，皆用機器，故日臻富强。又謂中國若用機器開采轉運，鼓鑄製造，其價比來自外洋爲賤，更可宏拓遠謨等語，所論均屬切要。臣維古今國勢，必先富而後能强，尤必富在民生，而國本乃可益固。溯自各國通商以來，進口洋貨日增月盛，核計近年銷數價值已至七千九百餘萬兩之多，出口土貨年減，一年往往不能相敵，推原其故，由於各國製造均用機器，較中國土貨成於人工者，省費倍蓰，售價既廉，行銷愈廣，自非逐漸設法仿造，自爲運銷，不足以分其利權。蓋土貨多銷一分，即洋貨少銷一分，庶漏卮可期漸塞。查進口洋貨，以洋布爲大宗，近年各口銷數至二千二三百萬餘兩。洋布爲日用所必需，其價又較土布爲廉，民間爭相購用，而中國銀錢耗入外洋者，實已不少。臣擬遴派紳商，在上海購買機器，設局仿造布疋，冀稍分洋商之利。疊經飭辦，均以經費不充，稅釐太重，相率觀望，久無成議。復飭據三品銜候選道鄭官應、三品銜江蘇補用道龔壽圖，會同編修戴恒妥細籌擬，據稟估需成本銀四十萬兩，分招商股足數，議有合同條規，尚屬周妥，當經批准，先在上海設局試辦，派龔壽圖專辦官務，鄭官應專辦商務，又添派郎中蔡鴻儀、主事經元善、道員李培松會同籌辦。該道等延聘美國織布工師丹科到滬，據稱中國棉花抽絲不長，恐織不如式，必須就花性改製織機，已與訂立合同，令其攜帶華花，赴英美各廠試織，酌購機器，本年夏秋之交，即可回華開辦。查泰西通例，凡新創一業，爲本國未有者，例得界以若干年限，該局用機器織布，事屬創舉，自應酌定十年以內，祇准華商附股搭辦，不准另行設局，其應完稅釐一節，該局甫經倡辦，銷路能否暢旺，尚難預計，自應酌輕成本，俾得踴躍試行，免被洋商排擠。擬俟布疋織成後，如在上海本地零星銷售，應照中西通例，免完稅釐；如由上海逕運內地，及分運通商他口，轉入內地，應照洋布花色均在上海新關完一正稅，概免內地沿途稅釐，以示體恤；如日後運出外洋行銷，應令在新關完一出口正稅。若十年後，銷路果能漸暢，洋布果可少來，再行察酌另議。此係中國自主之事，自可特定專章，無虞洋商藉口。除未盡事宜，再由南北洋大臣隨時督飭辦理外，所有上海招商試辦機器織布以敵洋產緣由，理合恭摺具陳，伏乞皇太后、皇上聖鑒。謹奏。

陳作霖《鳳麓小志》卷三《記機業弟七》 金陵商賈以緞業爲大宗，而皆聚於城西南隅者，以地多岡阜，無潮溼之氣，絲經不致霉爛也。舊制一户所領之機，不得逾百張，以抑兼并，過則有罰。逮曹尚衣寅奏免額稅，其禁遂弛。乾嘉間，通城機以三萬計，其後稍稍零落，然猶萬七八千。北趨京師，東並遼、瀋，西北走晉、絳，逾大河，上秦、雍、甘、涼，西抵巴、蜀，西南之滇、黔，南越五嶺，湖、湘、豫章、兩浙、七閩，泝淮、泗，道汝、洛。冠服韡履，非貢緞，人或目笑之。緞之類，有頭號、二號、三號、八絲冒頭，而以韡素爲至美。其經有萬七千頭者，玄緞爲最上，天青者次之。開機之家，謂之帳房。機户領織，謂之代料。織成送緞，主人校其良楛，謂之讐貨。其織也，必先之以染經，經以湖絲爲之。經既染，分散絡工。絡工，貧女也，日絡三四窠，絲曰片，經曰窠，百窠爲一樁。得錢易米，可供一日食，於傭力之中，寓恤貧之意焉。經籰交齊，則植二竿於前，兩人對牽之，謂之牽經。牽畢即上機接頭，新舊並繫，兩端相續。如新置之機，無舊頭可接，則必先撈箴子，然後從交竹中，縷縷分出，一絲不亂，謂之通交，而織工乃有所藉手矣。語曰：工欲善其事，必先利其器。織緞之機，名目百餘，向於高子安中書處得機器譜，爰循其次序誌之：曰鼎樁，曰跕樁，以石爲之。曰鼎機石，曰馬頭，曰仙人洞，曰豬腳坑，曰腳竹樁，曰腳竹釘，曰腳竹，曰搭馬竹，曰機頭，曰機身子，曰核齒核檔，曰筐門，曰雞冠，曰機頸子，曰江楔，曰坐板，曰蠟尺，竹也。曰蛐槽，曰局

頭，曰襯局，曰拖機布，曰局頭槽，亦名敖口，曰穿札，曰壓伏，曰狗腦，曰海底楔，曰靠山楔，曰千金椿，俗名較門。曰較尺，曰辮，曰辮楔，亦名辮仁，曰遭線，曰遭線管，曰伏辮繩，曰和邊繩，曰蝦須繩，曰腦門，曰三架樑，曰鸚哥架，曰仙橋，曰獅子口，曰鴿子籠，曰牛眼睛，曰穿心竹，曰弓篷，竹也。曰菱角鉤，鐵也。曰鴨子觜，曰楔障板，曰隔板，曰樓柱，曰沖天，曰沖天蓋，曰橫檔，曰千金桶，竹也。曰繂，曰豬腳盆，木也。曰豬腳，竹也。曰豬腳線，在綢機曰渠。曰打絲板，花機用。曰腰機腳，曰腰機橫檔，曰筐匣，曰筐蓋，曰侏儒，曰底條，曰鈎筐繩，曰燕子窩，曰護梭板，以竹爲之，或用銅片。曰筐門，曰筬，曰筬齒，曰筬門，用馬尾縫。曰邊齒，曰渠楔竹，花機弦用。曰雲棒，竹也。曰障，曰範子，曰範子髻，曰障髻，曰範子梁，曰樟桿，曰搭馬，曰鋸子齒，曰釣魚竿，曰過梭板，曰廂板，曰邊闌龍扦竹，小花機用。曰龍骨，生絲筋用。曰脊刺，細竹絲以連四紙爲之。曰合檔竹，亦名八扇竹，曰帶障繩，曰釣障繩，曰絡腳繩，曰肚帶繩，曰釣蔑，竹也。曰拽範繩，曰老鼠尾，曰橫眼竹，曰立人，曰立人釘，曰立人簫，曰立人盤，石也。曰鬼臉，曰撞機石，曰立人椿，石也。曰排雁，曰排雁槽，曰邊鴦眼，曰迪花，曰鎗腳，曰羊角，曰搭角枋，曰鎖鼻，曰包迪布，曰拖泥，曰邊爬，曰絡頭爬，曰緯盆，曰洋燈鉤，鐵也。曰文刀頭，鐵也。曰渠撤竹，花機用。曰仙鶴髻，竹也。曰文刀。竹也。又作場所用之物：曰平尺，曰上經棍，曰絡梭，曰交杖竹，曰提頭，曰挑頭竹，曰釣作線，曰交帶，曰釣枰，曰播竿，曰拉車橙，曰走頭板橙，曰沖天挑頭鈎，曰絡筐竹，曰絡筐盆，亦名蜻蜓，曰舌頭，曰絡筐楔，曰撞絲碼，曰緯車，曰緯車橙，曰車輪，曰麪筋挖，曰將軍柱，曰緯釘，曰緯弦，曰搖手，曰緯盆，曰梭子，曰梭頭，鐵也。曰梭爪，曰梭倉，曰鴦瘤，曰梭門，曰梭棕，曰梭椁。蓋一器而工聚者機爲多，宜其細密精緻，爲海内所取資也。

陳作霖《金陵物産風土志》　金陵之業，以織爲大宗，而織之業，以緞爲大宗。緞之類，有頭號、二號、三號、八絲、冒頭諸名，莫美於韡，素玄色爲上，天青次之。其織各色摹本者，謂之花機，織工多秣陵關人。又有絨機，則孝陵衛人所織，曰衛絨。其淺文深理者，曰天鵞絨。紗機以織西紗、芝地直紗。綢機以織甯綢，則以郡名名之，皆緞機之附庸也。貢緞之箱，北泝淮、泗，達汝、洛，趨京師；西北走晉、絳，逾大河，上秦、隴；西南道巴、蜀，抵滇、黔；南泛湖、湘，越五嶺。舟車四達，悉貿遷之所及耳。開機之家，總會計處謂之帳房。機户領織，謂之代料。織成送緞主人，校其良楛，謂之讐貨。其織也，必先之以染經，經以湖絲爲之。經既染，分散絡工。絡工，貧女也，日絡三四窠，一束爲一窠。繞諸籰，得錢易米，可供一日食。於食力之中，寓恤貧之意焉。經籰交齊，則植二竿於前，兩人對牽之，謂之牽經。牽畢，即上絲接頭，新舊竝繫，兩端相續，如新置之機，無舊頭可接，則必先撈範子，然後從交竹中縷縷分出，謂之通交，而織工乃有所藉手矣。江南婦人，喜妝飾領標襟裾諸緣，有金綫闌干、旗帶花邊之屬，斌璘錯采，類皆出於織工。

王先謙《東華續録・乾隆四一》　〔二十年五月辛丑，〕湖廣總督開泰奏：查荆州素出綾、絹、絲布，其所需之絲，皆取給本省。是楚中風土，非不宜蠶，止緣工匠習業平常，若令江浙工匠教以染造，自能馴致改觀，並可倣織紬、紗。臣與撫臣並在省，司、道公同捐辦，已向江南雇募工匠來楚，復選覓荆州工匠到省設立機局，使之試織。其倣織之宫紬、府紗，頗肖江南，商店聞而購買，得價尚易。察其情形，似堪收效。惟是捐辦不能經久，又未便請動正項。查有惠濟加鑄節省工料錢二千餘串，可以暫借，俟民間學織者衆，即將官局停止，料物變繳完款報聞。

王先謙《東華續録・嘉慶二七》　〔十四年二月，〕丙辰諭：據繇志等奏，查明段庫正庫見存段、紬數目，先行具奏一摺，段庫存貯段、紬、絹、布等項，均應覈較歲用數目，計足敷幾年之需。此内俟何項短缺，再先期行文製備。其支放之時，並應按照存貯年分先後，挨次給發，推陳出新，俱歸適用。今庫内所織大段一項，多至三千五百餘匹，杭紬一項，多至六萬五千餘匹，其他亦皆充羨。乃該庫每年仍向内庫領用，並行文外省織造，源源報解。及支發時，又不按新舊次序，以致陳陳相因，充牣堆積，日久漸成朽蠹。此不但耗費錢糧，且蠶絲、纂組，物力亦屬可惜。至布匹絨斤，雜貯四樓，冊籍並未分析開載，難於查覈，以致守庫兵丁生心竊取，此皆由歷年該管大臣及管庫司員等，平日養尊處優，怠忽疲懈，漫不留意，沿習因循。本應自嘉慶四年以後管庫大臣及司員等俱交部議，但人數衆多，姑免逐一追究，經此次查明之後，應更定章程，覈實稽考所有綿、段紗、羅紗、絹等項，某項應俟庫存若干，方准行文織解。

閻鎮珩《六典通考》卷三二《宫政考・婦職》　典枲，掌布緦縷，紵之麻草之物，以待時頒功而授齎。緦，十五升布抽其半者，白而細，疏而紵。雜言此數物者，以著其類衆多。草，葛䔧之屬。故書齎作資。及獻功，受苦功，以其賈楬而藏之，以待時頒。其良功，亦入於典婦功，以共王及后之用。鄭司農云：苦功，謂麻功布紵。頒衣服授之。

賜予亦如之。授之，授受班者。帛言待有司之政令，布言班衣服，互文。歲終，則各以其物會之。鄭景望曰：典婦功、典絲、典枲皆稿賈。亦日省月試，既廩稱事，以勸勵百工之意。

大宰以九職任萬民。七曰嬪婦化治絲枲。王昭禹曰：絲，繭之已繅者。枲，麻之未緝者。化絲治以爲帛，化枲治以爲布。

閭師任嬪婦，以女事貢布帛。方苞曰：此嬪婦即典婦功職之嬪婦也。以絲枲授之，以時貢其布帛焉。

鄭氏鍔以絲枲頒於内府，非民閒嬪婦所化治。不知女功之事多矣，九嬪世婦能盡共其事乎？黄氏度謂九嬪世婦通乎諸侯夫人、大夫妻，所謂内外工也。諸侯遠在畿外，安能使其夫人歲時奔走千里而效力於王宫。大夫之妻各有職事，日以内人女工責之，亦非所堪，必不然矣。

《考工記》：治絲麻以成之，謂之婦功。布帛，婦官之事。【略】

《昏義》：順婦者，順於舅姑，和於室人，而后當於夫，以成絲麻布帛之事，以審守委積蓋藏。室人謂女妐，女叔諸婦也。當猶稱也。後言稱夫者，不願男姑不和室人，雖有善者，猶不爲稱夫也。【略】

《欽定工部續增則例》卷一〇九《製造庫》 羊羢五彩龍鳳花毯做法

内廷等處，鋪墊五彩龍鳳花卉羊羢毯，用白絲繩經山羊羢織造。正羢分爲五色，内紅色伍成，藍色貳成，黄色壹成伍分，黑色壹成，本色伍分成造。

用料

凡成造龍毯、花毯，按長寬折見方尺，每尺核用白絲繩叁兩貳錢，山羊羢貳觔。每正羢拾觔，核加耗羢叁觔。每正羢壹觔，核用𪏭貳兩，木柴拾肆兩。

凡染各色羊羢

染金黄色羊羢，每觔核用白礬叁兩，蘇木叁兩，槐子叁兩，木柴捌兩。

染雙紅色羊羢，每觔核用白礬叁兩，麸子伍合，蘇木陸兩，茜草陸兩，木柴捌兩。

染藍色羊羢，每觔核用白礬叁兩，廣靛花陸兩，木柴捌兩。

染黑色羊羢，每觔核用白礬叁兩，五棓子叁兩，黑礬叁錢，木柴捌兩。

凡打造絲繩，每毯壹尺，核用白絲叁兩貳錢。

用工

每打造龍毯、花毯，見方壹尺，核用織毯匠壹工。

每羊羢拾肆觔，核用梳毛匠壹工，撣毛匠壹工。

每羊羢陸觔肆兩，核用煮練匠壹工。

每染羊羢拾貳觔捌兩，核用染匠壹工。

每煮練羊羢匠拾工，加挑水夫壹名。

每染匠拾工，加挑水夫壹名伍分。

打造白絲繩，每白絲壹觔拾肆兩，核用繩匠壹工。

凡打造龍毯、花毯，照應用塊數尺寸，用高麗紙畫樣壹分。

用料

每折見方尺陸尺，核用叁號高麗紙壹張。

每拾尺，用香墨壹錢。

用工

每拾尺，核用畫匠壹工。

凡龍毯、花毯，每塊四圍緣邊，應用油墩布貳面，折寬半幅，縫做線縫叁道。

用料

每緣邊長壹丈，核用幅寬壹尺油墩布伍尺。

每雙線縫絨每丈核用絹線肆分。

用工

每絨長壹丈伍尺，核用裁縫匠壹工。

地平氈塊做法

天壇齋宫牀氈、地平氈陸塊，内左右次間紅白牀氈貳鋪，各面寬壹丈貳尺伍寸，進深肆尺。

南梢間紅白牀氈壹鋪，面寬壹丈貳尺，進深伍尺伍寸。

左右次間地平白氈貳塊，各面寬壹丈叁尺，進深貳丈伍尺。

南梢間地平白氈壹塊，面寬壹丈貳尺，進深貳丈伍尺。

以上捍造牀氈、地平氈，俱用山羊羢成造，需用料工，按依尺寸照例核給。

譚嗣同《瀏陽麻利述》

述意　第一

日本之農，以拉美草製絲，坐致厚實。或曰：麻屬也。蔣君伯斧、羅君叔蘊購厥種於日本，歸而植之，以與中國之麻較。中國之麻，吾瀏陽所産者最有名，因屬購麻，並訊所以培練焉。瀏陽家家種麻，獨嗣同未嘗親其事。適同縣邱君菊圃、周君同溪同客金陵，得備詢其法。同溪嘗自種麻，道之尤悉，並著諸器用於圖。嗣同所携僮僕，皆鄉農也，兼采所説，爲麻利述。

既成，述其意曰：自昔吾瀏陽以麻布戰天下之商務，未嘗遇敵，車牛遠賈，南北奔湊，歲售銀百十萬。既竹布興，服者漸夥，麻利稍殺，然猶未甚也。咸、同間，增開五口，互市便利。西人需茶急，茶船入泊漢口，收茶不計值。湘茶轉運近捷，茶者輒底巨富，於是皆舍麻言茶利矣。瀏陽以素所植麻，拔而植茶，麻布既不足供售，乃自轉購於江西，運載出口，謬稱瀏陽産。江西布商亦樂人代其冒之，皆自稱瀏陽産。遠商漸察知其實，遂謂瀏陽麻布卒無異於江西，購麻布者咸不之瀏陽，瀏陽歲入之利驟減六七十萬，前後之相去，若九〇與一五之比。迨茶業敗北，貧不自聊，復思重食麻利，則望實俱喪，又久爲江西所奪，不可復振矣。中國之商，類皆無遠識，見利即趨，不顧其後，甚至並已所本有之利此句據手稿補入。拱手讓之於人，而已轉從而丐其餘焉。各口通商，動爲西人所劫持，罔不由於此，不獨瀏陽之於江西然也。其實江西麻布遠不逮瀏陽，惟萬載所産爲愈，然本縣人久業麻布者，輒能辨識之。大抵瀏陽麻布縷縷皆圓，江西則略扁，莫得而淆也。瀏陽售出之值，每尺貴者錢二百餘而已，皆非其絶精者。絶精者尺四五百，女紅年餘始能成一匹。匹四丈八尺，可爲二衫，一衫之重裁三兩餘，雖本縣人猶不易求得，絶不暇外售。嗣同求之累年，僅於親串家一見之。又聞有更精者，一衫重止二兩，累五六年猶不及匹，則未嘗望見之焉。

辨種第二

麻有三種：曰鷄骨白，曰青麻，曰黄葉麻。鷄骨白爲上，青麻次之，黄葉麻又次之。各有所宜之土，由試種而知之，鄉農莫能言其故也。

種麻第三

擇黄汲間雜鷄冠石之土，掘坎深尺，取老麻之根，斷存尺許，横種之。每坎種三四莖，坎縱横相去各尺五六寸，種訖，覆以土，以後即叢生不絶，不煩種矣。惟十年須一易土，新遺之土，極宜種藷。

地勢第四

麻宜山坡凹曲避風處，蓋大風吹動麻桿，互相摩擊，麻桿受傷，其麻即有紅黑痕，不復堪用。平原多風，故不宜麻；而黏結之土，尤非所宜。

時令第五

不拘四時，皆可栽種。惟本年種者，不得刈，雖種於冬間，爲日甚少，而次年可刈矣。

培壅第六

麻宜瘠土，培壅亦易，生尺許時，壅肥料一次。肥料若人牛糞，或菜豆桐麻等枯餅，不拘何項，皆可。及二尺許時，撒石灰一次。每年冬季，加壅肥料，以新土覆其上一二寸。

去蟲第七

麻長三四尺時，易生毛蟲，宜勤去之，日日省視，見有蟲即以箝箝去。

刈麻第八

鷄骨白一年可刈四次，餘可三次。鷄骨白，小滿前後一二日刈頭次，名頭麻。頭麻最良，餘皆弗及。閱月餘輒刈一次，二次名月麻，三次四次名寒麻。青麻、黄葉麻須芒種後方可刈。

凡刈麻之法，將麻桿横腰折斷，而皮仍連屬如故，從折處將皮撕下，成把携回。所餘無皮之麻桿，取浸水中十數日，漉出晒乾，可代炬燎。刈後數日，幼麻萌生，略施肥料。三次四次皆如之。

刮麻第九

撕下之麻皮，即須浸諸清水盆内，不可令乾，乾則暗燥無色。以右手大指套竹筒（如第一圖）。竹筒上襯箬一片，右手掌抑握刮刀（如第二圖）。左手就清水盆内取麻皮數莖，置諸刮刀之上，大指以竹筒壓之，左手拖麻，將其粗皮刮去。麻尾既净，復倒持刮其麻頭，粗皮皆去，又用刀口將麻數莖，刮成一片，置諸陰涼處。若麻過短，不能成片，謂之散麻。

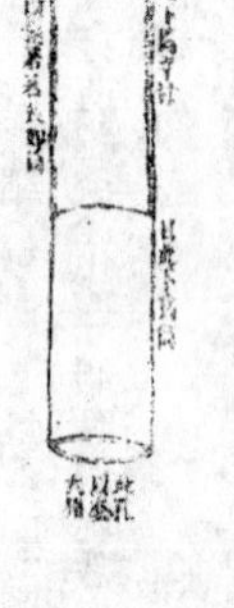

第一圖

第二圖

烘麻第十

以刮成之麻片，安放不透風之室内，用竹竿挑起，掛於四壁，中設煤竈烘之。煤宜用磺重者，麻乃白，火亦不必甚大，以烘乾爲度。

漂麻第十一

置麻近水斜岸有青草處，以清水漂之，曬乾。又漂又曬，日七七次。如此數日，其麻自白，然後提掛高處曬乾。若更求其白，則用些須黄牛糞，浸水漂數次，潔白如雪矣。

開麻第十二

用清水一桶，將麻浸濕，用手破成粗絲，如鐙芯大，合數粗絲，繞成麻圈（如第三圖）曬乾待績。

第三圖

績麻第十三

用清水一椀，將麻圈浸濕，用手破成極細之絲，絲絲勻細如一，以一絲之頭，搭一絲之尾，用手撚接成縷。有不勻者，量其粗細，頭尾互相搭配，自然皆勻矣。績成之麻，謂之窔。

經窔第十四

用寸許徑長三寸之光圓竹筒，一頭略大，一頭略小。筒口微破一絲，以績成之窔頭，夾於破處。右手執窔，左手大指入筒内旋轉，由右至左，横繞筒腰數十周，然後斜上繚繞（如第四圖）。愈繞愈大，繞至飯椀大則已。將本身之窔，從腰輕繞數周，緩緩將竹筒取出，成爲經窔團（如第五圖）。下筒時，毋令窔頭紊亂，將頭紐入窔團眼内，織時方易覓頭。

第四圖

第五圖

漿經第十五

將經窔牽上機後，用早稻米磨粉，熟爲漿汁，不可過清，再用草根名鐵掃把者，做成漿刷（如第六圖）。右手持刷醮漿，左手撥動刷鬚，漿自勻灑於經上。灑畢，復用漿刷輕輕梳之，隨漿隨乾，隨乾隨捲，依次遞漿如上。

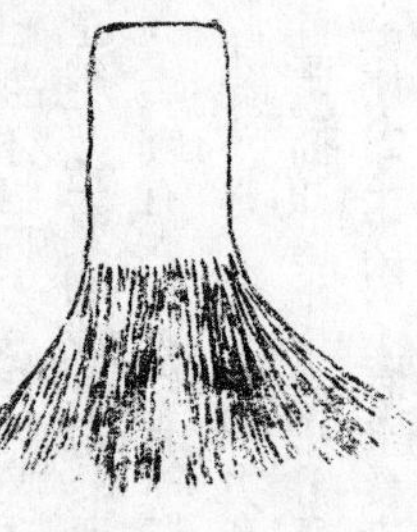

第六圖

第七圖

緯窔第十六

用一二分徑長六七寸之光圓無節竹筒，亦一頭略大，一頭略小，筒口微破一絲，以績成之窔，纏繞其上，與經窔之法同，惟不以大指入筒内耳，繞至小茶杯大則已，將本身之窔，從腰緊繞數周，然後將筒取出，成爲緯窔團（如第七圖）。織布時以水浸濕，然後入梭。

織布第十七

與織棉布同。惟棉布先漿紗，然後上機，此則於上機後，一面梳勻，一面灑漿爲異耳。緯但浸濕，不須用漿。成布下機，微以水噴濕之，懸繫於木棍上，下墜以重物，乾始取下，方無縐紋。織工巧者，並能提花，又能織羅，如五絲、七絲之屬。

漂布第十八

將布數匹，或數十匹，浸於石灰水缸内，浸一晝夜，取出入大甑中，蒸半日，取置河邊流水處，漂去石灰，置沙洲或青草地上曬乾。連漂數次即白，但不必再蒸耳。

四宜第十九

開績織漂宜夏日，爲其腴潤易乾，而色光亮也。績麻宜清潔，宜耐煩，爲其白而勻也。織細布至千三百經以上，宜手法輕靈，爲其易斷而難續也。

春布第二十

以麻窔爲經，以棉紗爲緯，成布薄而堅韌，謂之春布，四時皆可服之。若試以蠶絲爲緯，宜愈精矣。

麻綫第二十一

亦與績紵無異。惟績時以雙紵績成一線，仍繞成紵團，任用多寡而絞之爲線。

麻繩第二十二

散麻長者，仍可爲紵，其次爲線，再次則爲繩索矣。

《題本　採辦織造及各項工程》

順治三年三月二十七日到

順治三年二月二十一日欽差總督浙江福建等處地方軍務兼理糧餉兵部右侍郎兼都察院右副都御使張存仁揭

爲請明歲造段疋，歸併監臣專責成，以速辦解事。竊照浙省每年例有歲造段疋一項，額定杭、温等十府，年織無閏段共壹萬貳千陸百陸拾貳疋，計價墊木櫃等銀共伍萬貳千伍百肆拾壹兩陸錢玖分玖釐，遇閏加織段捌百叁拾捌疋，加銀貳千七百四十六兩八錢三分七釐零，本布政司歲行起解，以供賞用。頃因江東梗化，屬僅杭、嘉、湖三府，扣筭該織段陸千一百六十疋，計價墊等銀，該二萬四千四百二十六兩四錢一分三釐零。其順治二年額徵銀兩，業經措借兵餉給發織造，俟容彙數銷筭外，照今順治三年，見在開徵前項段疋，雖未准有織造之部行，倘或一時需用，誠恐難以猝辦。若仍循舊例，散之各機匠織造，不惟墮侵蝕逋延之弊，且微臣竊見明朝賞賚，悉屬故套，而藩司解進段疋，皆係油粉稀鬆，濫惡不堪之物，徒費公家數萬金錢，而公家終不得寸絲之用。若我清國賞賚，何等鄭重，豈容仍以不堪塞責。職思欲織好段，必先用能臣，而既用能臣，尤必革陋弊。今織造監臣盧九德，見在省城督織上用龍袍，綜核詳明，劃然就理，且各機匠儹織精工，期無愆越，此成效之可稽者。合無即以歲造事務歸併監臣董理，庶冗濫肅清，而錢糧不致糜費。職係皇上豢養舊臣，灼知前項情弊，若不據實入告，職罪滋大。然應否歸併監臣盧九德督造，抑或仍聽藩司分令各機匠照舊織解，出自上裁，非職所敢必也。謹會同撫臣蕭、按臣王，合詞上請，伏乞勑下該部，酌議速覆，行職等遵照。職以國家當鼎造之始，且事關貢賦，立法宜善，庶垂經久。而歸併織造之議，實竭愚衷，非敢臆請，統祈聖明鑒察施行。爲此，除具題外，須至揭帖者。

順治四年九月二十九日到

順治四年七月　日，欽命督理蘇杭等處織造工部右侍郎陳有明揭

爲查報違式段疋事。竊照江南各府歲造錢糧，職於莅任之後，已經查明具疏奏聞矣。如鎮江府前任知府塗廓同、通判吴抱六，於職未任之先，奉有部文，督催段疋，隨將已徵三年，分歲造錢糧三千五百三十六兩，給發舊機户蓋國光等十名領出造辦。迨職至杭頒式行催，不期各役仍循舊轍，織造油粉素段二百五十疋解驗。職再四申嚴，諭令改造去後，續又織解不堪玄色素段七十疋，隨將國光等各加懲治，勒令辦完前項錢糧，一面行文該府，另選勤慎機户，照依新式儹造外，其油粉不堪段疋，若盡行駁退，則奸滑機户必致市賣花費，究竟錢糧逋欠難完，徒費追比，無益於事，不若減其價值，附解進京，以備賞賜之用可也。隨行該府議價，以憑具題。今據申稱，查得明季粉段，每疋三兩八錢。今織辦雙料，猶稱勻淨緊密，若謂雙料而倍其價則又過，宜合照單料舊價量加一兩二錢，每疋議給價銀五兩等因到職。該職揆情酌量，如先織之光素二百五十疋，每疋價銀五兩，原不爲多，似應如議，續織玄色七十疋段幅少寬，經緯稍重，每疋應作價銀六兩，俱准於前給錢糧内銷算。除將段疋起解送部外，理合具題，伏祈聖明，俯從臣議，勑部查收施行。除具題外，理合具揭。須至揭帖者。

順治九年二月初八日到

順治九年正月　日巡按山西監察御史劉嗣美揭

爲機户苦累弗堪，皇紬歲供難繼，籲請聖裁蠲免，以廣皇仁，以蘇民困事。職奉命以來，仰體皇上愛民至意，諸凡地方之利病，職分可以自行者，業已漸次興除，不敢煩瀆聖聽。今有皇紬一事，職初入境時，即有長治縣機户崔進才等，高平縣機户楊國選等數百人，遮路號哭，極訴其苦。職即批行該道府縣，詳申其害，鑿鑿可矜，職以事關上供，未敢遽信。兹巡歷潞安，親行體訪，細查其事，實有困累已極，不容時刻緩者。皇上每以安民爲念，職目覩百姓疾苦，敢不爲民請命也。皇紬織造有例，我朝每疋加價銀五兩，皇仁浩蕩，已屬額外矣。但今昔時勢物價人工，實有大相懸絶者，謹爲皇上陳之。夫明季織造，計數四千九百七十疋，定例十年一造，三年一運，九年解完。彼時長治縣紬機九千餘張，高平縣紬機三千餘張，潞州衛紬機一千餘張，共計三處紬機一萬三千張有奇，夥造此紬，且絲價每斤不過一兩，工匠米食染造物料俱賤，每疋費銀十兩，領價五兩，衆擎易舉，殊不爲難。至明末連遭饑饉，機户餓死，機張已去其半，民不聊生，故數年停止，並無織造。即我朝順治四五年間，户口凋殘，機毀匠逃，兩縣尚有機二千

餘張，雖民亦稱苦，而猶竭力勉供。至六年間，復遭姜逆蹂躪，紬機燒燬殆盡，機户有死於鋒刃者，有避難遠逃者，人工愈少，物力更艱，殘喘孑遺，兩縣機張，僅存三百有奇。況今絲價騰貴，每斤值銀四兩，染價七錢，每疋用絲四斤，已值銀十八兩有餘，工匠米食，費銀五兩，是每疋費銀二十餘兩，載運使費，又不可勝數，雖領價十兩，尚每疋賠銀十餘兩，計數三千疋，則每年賠銀三萬餘兩，以三百張貧窮機户之家，每年有三萬兩賠累之苦，其何能堪。且每年爲例，年復一年，舊數未完，新數又至，民膏有限，供應無窮，雖欲剜肉補瘡，甚至無肉可剜。竊恐見存三百張機户之家，勢必胥至於逃亡，則織造愈無其人，上供民命兩病之矣。況皇上愛養百姓，如織造絨毡、磁器、柑橘等項，大沛皇恩，盡行蠲免，若知民間有如此之苦，亦必爲之惻然者。職職司安民，據實入告，惟祈皇上特恩蠲免，解茲倒懸。如此紬乃上供亟需必不可廢者，亦或減其數目，寬其年限，庶民力少甦，逃亡漸歸，人衆則事易辦，上供常繼，朝野兩便，實長久無弊之道也。職謹會同撫臣劉弘遇，合詞具題。事關民瘼，字稍逾格，統祈聖鑒，裁酌施行。爲此，除具題外，理合具揭。須至揭帖者。

順治　年　月　日

順治十二年五月十六日欽命督理蘇州等處織造工部右侍郎臣陳有明謹題

爲遵旨招匠織造，料價口糧交匱，仰祈聖鑒，勑部速議，以無悞機杼事。臣於本年五月十一日接邸報，該户部議覆刑科都給事中袁懋功題請免用機户一疏，今經部覆，惟照額定錢糧買絲招匠，按式織造等因，覆奉聖旨：是，欽此。欽遵抄傳到臣，微臣遵即出示曉諭外，其蘇州、鎮江三局，見在機户，俱已停工解散，臣即一面另招匠役，但工料匠糧必須齊備應手，則織挽方無曠工，而各匠始無枵腹，兩者無一可容刻緩。今則兩相缺乏，已及半載，臣之檄催，不啻舌敝穎秃，而府縣膜不相關，不得已而咨會撫臣提催，其如有司抗玩如故，雖稍有零星起解，終無濟於事也。第江寧、杭州織造皆駐省城，其錢糧即於布政司支取，移緩就急，似可通融，臣議將各府歲造絹折四司工料錢糧，照例歸併布政司徵催，臣惟照額於該司取用，每歲於三月間凑解一半，以供收絲之用，其餘務於陸月解完，以足歲額，總使各府不能完解，該司亦必於别項挪措，應此急需，臣庶幾得以展布造辦，而無掣肘匱乏之虞也。至於口糧，乃各匠養命之需，況一日不再食則饑，豈有缺糧半載，而欲責其枵腹供役，人豈能堪。今吳地偶值歲兇，石米價至三兩有餘，各匠群聚告苦，臣亦無可奈何，雖設法措貸，不過少濟半月十日之需，究竟終非長法。但屯糧一項，在舊時原屬有名無實，抑且軍弁侵冒，以爲固然，雖日事提比，終屬無益，若不酌議變通，則各匠即使召集，勢必迯散，臣曾具咨户部，議以軍儲一項改給，且杭州各匠所食，原屬軍儲，比例動支，未爲不可也。臣猶有議者。連年絲料騰貴，價值倍增，亦經咨部請議，不謂今歲絲竟無收，而價值又增於往歲。然以絲造段，未有絲貴而段價可循常例者，惟當隨時估值，庶造辦不致於艱苦，而上供亦得以如期完辦矣。停機待織，事不容緩，謹冒昧題請，伏祈聖明裁鑒，勑下該部，速爲議覆施行。緣係遵旨招匠織造，料價口糧交匱，仰祈聖鑒，勑部速議，以無悞機杼事理，未敢擅便，爲此具本，專差官顧純明齎捧，謹題請旨。

硃批　該部知道。

順治十三年八月初十日少傅兼太子太傅、内翰林秘書院大學士管户部尚書事臣車克等謹題

爲清追織造錢糧，以充採買之用事。江南清吏司案呈，奉本部送户科抄出欽差總理糧儲提督軍務巡撫江寧等處地方都察院右僉都御史張中元題，前事内開，順治十三年五月二十九日，准户部咨文，前事内開，江南清吏司案呈，照得蘇州府屬黄白絹一項，明季俱解本色，自順治四年，題准改折充織造之用，八年以前，俱全完無欠，自織造歸工部之後，此項銀兩，收入正項之内銷筭，拖欠遂多，查節年册報，九年至十二年止，除災荒并徵解本色外，共該改折銀五萬七千四百九十四兩九錢四分零，内已完僅四千五百三十一兩七錢九分，未完銀共五萬二千九百六十三兩一錢四分，此皆府州縣官玩視正供，以致積欠如許。目今採買段疋，需用正殷，此項絹折錢糧，亟應勒追抵用。又江寧府每年原充織造銀七萬三百三十七兩零，節年有無未完，未據册報，如有拖欠，亟應追用，相應移咨江南督撫，并照會藩司，嚴督道府州縣各官，勒限速追應用銷筭，限文到一月之内報完，如有怠玩，即指名題參，以憑議處，庶積欠早完，採買有濟等因，呈堂。奉批照行，送司，案呈到部，備咨到臣，准此隨行布政司，復頻檄嚴催去後。續據該司左布政使劉漢祚呈稱，江寧織造銀兩，原無額定項款，向係動支蘆課關稅，并南工屬機房等銀共三千九百餘兩，續奉部文行令於布政司額賦取用，此時織造總

歸户部尚掌，本司遵於户部額賦銀內不拘何項扣留，原數移解江寧户部餉庫收貯，聽候支放織造之用，從未分晰某款某款留充織造也。即查車太監原題敬陳協濟錢糧一疏內開，江寧織造歲用錢糧七萬有奇，前在户部時需用料工，在於户部項下動支，原未扣定數目，亦未坐定款項，俱係通融給銀織造等語，則該太監原題亦未分有定款也。嗣因織造歸還工部，是以工部隨將蘇州并浙江原留織造本屬銀內，分撥江寧、蘇州、杭州三處織造，其先前動户屬銀七萬三百餘兩，仍歸還户部，作户部項下支銷，是此七萬三百餘兩，原係撥動之銀，非專供織造額設也。前織造停止，即歲留工部銀兩亦不動支。今織造復舉，所有應用料工，仍應於工部正賦錢糧內留用，其户部錢糧，原無定額，伏乞咨明户、工二部等因。據此，又據該司呈稱，蘇州府黄白絲絹改折一項，額載正賦京邊項下徵解，節年奏銷。考成册報在案。九、十兩年分，見有滿洲大人守催解京，十一、十二年分，節奉部撥解，充楚粵等餉，經年已來，差役守提，三日一催，不遺餘力，該府屬任催不完。今奉部文，清追此項絹折，以抵採買段疋之用，隨該署司事馮右布政於五月二十六日遵將此項摘出，勒限差提，又經本司節催，延今部限已逾，仍未據完解分釐，事干抵充採買急用錢糧，萬難遲悞，合將九年至十二年分經徵職名完欠數目，造册呈報，伏乞查核指參等因到臣。據此，除江寧府織造錢糧，原係正賦撥用，竝無額設項款外，今該臣看得蘇州府屬九、十、十一、十二年分絲絹改折一項，臣准户部咨文，催抵採買段疋之用，且以二月爲期，何等緊迫，乃臣嚴檄頻催，業已逾限，猶未即應，急需何賴，府州縣各官怠玩之咎，洵難辭矣。惟是蘇州府造報完欠，因有本色絹疋料價，舊額未敷，於折色內通融扣辦，致與藩司完欠互異。然臣以絹照時估計之價，未經報部，難以擅除，除另文咨部外，兹據布政司將經徵職名完欠分數，造册前來，送户部查核外，謹遵指名題參之部文，會同督臣馬鳴珮合詞具題，伏乞勅部議處，并將江寧府織造銀兩，察核明白施行等因。順治十三年六月二十九日題，七月二十三日奉旨：著察核議處具奏，户部知道，欽此。欽遵於七月二十四日抄出到部送司，奉此相應議覆案呈到部。該臣等看得蘇州府絹折銀，自順治四年題准改折充織造之用，八年以前俱全完無欠。自織造歸還工部之後，此項銀兩收入正項內銷算，九年至十二年止，共該銀五萬七千四百九十四兩九錢四分，僅完過銀四千五百三十一兩七錢九分，未完銀五萬二千九百六十三兩一錢四分。臣部因採買緞疋，需用殷繁，移咨江南督撫，嚴限追完濟用去後。今據江寧巡撫張中元將完欠數目，并經徵各官職名造册題參前來，臣等備查册開數目，止續完銀三千三百九十七兩四錢三分，尚欠銀四萬九千五百六十五兩七錢二分，內有吳縣、崑山、嘉定三縣，節年全無完解，其餘州縣，完解無幾，經徵各官何辭怠玩之罪。但册開各官未經分晰十一年十一月內赦前赦後，難以懸議，應請勅該撫確查，分註赦前赦後、已未完分數，造册咨報臣部，以憑核議。其未完銀兩，請勅該督撫責成見任各官，嚴限追解，以濟軍需可也。相應具覆，恭候命下臣部轉行遵奉施行。臣等未敢擅便，謹題請旨。

硃批：依議行。

雍正二年二月初九日內閣下户部

雍正元年十二月十七日巡撫浙江等處地方、提督軍務、都察院右副都御史加三級紀録一次臣李馥謹題

爲咨取絲斤事。據署布政司事按察使王之麟詳稱，奉案驗內開雍正元年三月初五日准户部咨開浙江清吏司案呈准內務府咨稱，據織染局呈稱，雍正二年分織造緞紗等項，需用七里絲五百斤，石門絲九百斤，照例咨部轉行該省，揀選上好絲斤，每束鈐蓋印信，作速解送應用等因前來，應令該撫作速辦買，差委能員，照限解部，以便轉送內務府可也等因呈堂，奉批，照咨送司，案呈到部，咨院行司奉行嘉、湖二府屬採辦，去後。催據石、桐、歸、烏四縣辦解石門七里絲斤到司，隨經前司委令金華縣典史崔恕逐一揀選，稱足裝箱，於雍正元年七月初八日起具批文，詳奉給發咨牌起解在案。今據護理嘉興府事石門縣知縣王以和詳稱，查得石、桐二縣承辦石門絲斤，每兩部定價值六分五厘，雖歲有豐歉，毋庸增減，所有本年分辦過前項絲價，據該二縣循照定價每兩六分五厘詳報前來，卑府覆核無異，相應轉詳請銷等情。又據湖州府知府吳簡民詳稱，查得奉部行取七里絲斤一項，已據歸、烏二縣辦解在案，所有價值，據該二縣詳稱，前項絲斤止產七里小鄉，每於絲成之日，商賈咸集採買，每兩價至一錢之外，緣奉定價，不敢請益，止照歷年允銷，每絲一兩，核定價銀八分五厘，請銷前來，卑府覆核無異，相應轉詳核銷等情各到司。據此，該署布政司事按察使王之麟查得雍正元年分奉准部行採辦石門絲九百斤、七里絲五百斤，行據嘉、湖二府屬之石、桐、歸、烏四縣辦完解司，已經前司詳奉給發咨牌，委官起解在案，所有辦過價值，據嘉、湖二府詳稱，辦完石門絲九百斤，共重一萬四千四百兩，每絲一兩，核定價銀六分五

厘，該銀九百三十六兩；　七里絲五百斤，共重八千兩，每絲一兩，核定價銀八分五厘，該銀六百八十兩。遵照歷年内部允銷之價開報，委無浮冒。又遵照部定，每絲一斤，給車脚長途路費銀一錢三分五厘，計絲一千四百斤，應給銀一百八十九兩。以上通共應銷銀一千八百五兩，於雍正元年地丁銀内動支給發辦解，合將銀數照例造册，詳請題銷等因到臣。據此，該臣看得浙省雍正元年分部行採辦石門、七里絲斤已經辦完解部，所有價值，據署布政司事按察使王之麟詳稱，石門絲九百斤，該銀九百三十六兩，七(百)[里]絲五百斤，該銀六百八十兩，應給水脚銀一百八十九兩，通共應銷銀一千八百五兩，於雍正元年地丁銀内動支辦解，造册請銷前來，臣覆查無異，除册送部外，理合題銷，伏乞皇上睿鑒，勅部核覆施行。臣未敢擅便，謹題請旨。

硃批　該部察核具奏。

乾隆三年六月十六日内閣下户、工二部

乾隆三年四月二十九日管理江寧織造兼管龍江關税務、内務府員外郎加四級臣李英謹題

爲報銷織造錢糧并匠工食米事。該臣看得江寧織造乾隆二年恭解上用緞紗、倭緞、寧紬、糙袍一千四百六十八疋件，官用緞紗一千二百疋并絨纓，及節次解過糙蟒緞紗、倭緞、絨纓等項，共用料工等銀四萬三千三百三十三兩三錢三分。又户部派織正運緞紗二千三百十一疋，共用料工等銀一萬八千二百八十三兩二錢三分九釐七毫。又户部撥給估换挑倒花本色綫五千六百七十七斤八兩，價銀六千八百十三兩。又户部一次添派緞一千四百九十疋，共用料工等銀一萬六百二十兩三錢八分七釐。又户部二次添派蟒倭等緞一千四百七十疋，共用料工等銀一萬四千四百四十五兩六分三毫。又工部派織年例奉先制帛四百段、綫羅十九疋，共用料工等銀一千四百四十四兩九錢二分八釐六毫。又遵照原題給過誥帛綫羅各匠三百七十名，養匠銀二千七百兩。又工部添派誥勅一萬道，共用料工等銀一萬七千一百七十五兩七錢七分七毫。又工部添派白色奉先制帛一千段，黄色告祀帛六十段，共用料工等銀二千五百十三兩三錢二分八毫五絲。又工部派織大紅緞面織龍大皷衣六扇，大紅緞地百花袍六十件，共用料工等銀五百七十四兩四錢五分二釐五絲。又修理袍船并水手工食銀五百兩。以上通共用過銀十一萬八千四百三兩四錢八分九釐二毫，俱奉准部文在於江寧藩庫見存銀内動用。又織造各項匠工，自乾隆元年四月至乾隆二年三月，計十二箇月，應給口糧共米九千七百七十七石一斗九升，俱照例按月於江寧藩司支取散給。以上錢糧米石均係按款動用實數，理合循例繕造黄册，恭呈御覽。臣謹具題，伏乞皇上睿鑒，勅部核覆施行。爲此具本謹題，請旨硃批該部察核，具奏册併發。

乾隆二十四年十月初二日硃批

乾隆二十四年十月初二日經筵講官、太保、保和殿大學士、議政大臣、領侍衛内大臣兼管吏部、户部事務、總管内務府大臣、管理三庫事務一等忠勇公臣傅恒等謹奏

爲奏明請旨事。據蘇州織造安寧呈稱，查乾隆二十年分派辦毛藍布十五萬疋，先經本織造請銷每疋價銀三錢七分，共請銷銀五萬五千五百兩。奉部照乾隆十八、九年每疋銷銀三錢三分，共准銷銀四萬九千五百兩，減追銀六千兩。當經本織造嚴飭該商等，作速完繳，復又催追去後。茲據該商等呈稱，物價低昂，隨時增長，近年布疋非昔可比，且二十年時遇大災，工料食物無不貴至數倍，人所共知，即照三錢七分之價承辦，已屬竭蹶，若照康熙年間賤時價值採買，寔屬不敷等情。查復辦此項布疋，爾時遵照舊例三錢七分飭商承辦，該商等已畏縮不前，本織造飭令勉力遵辦。後奉部減，商困既難力支，今二十年分所辦布疋，奉部比照康熙三十五年頭年給價，次年繳布，機户營運生息之案駁減。切查解部布疋，必須揀選上白棉花紡織，加長放濶，又遵照樣布，精細緊密，染色鮮明，方能解運，寔與民間貿易粗糙短窄市布不同，已蒙部洞悉。至如油敦布價，雍正九年每疋銷銀二錢六分零，至乾隆十六、七等年復辦以來，每疋照時價核銷銀，自三錢九分并四錢至四錢二分零不等銷結各在案，而油敦布與青藍布同一花紗所織，油敦布現今既照時價銷算，較之雍正九年每疋已增至一錢三四分，今青藍布止照康熙三十四年現領現辦三錢七分之成例給發，寔屬撙節飭辦，屢據該商等以乾隆二十年時遇大災，工料倍騰，請照時價發辦，本織造因限於成例，未便遽准，飭商遵照承辦。今又奉部駁減。伏查動用錢糧，自應核寔，而辦商竭蹶，亦宜憫憐。且查二十年委員辦解之油敦布，已奉部照時價增銷，今該商等所辦布疋，未便獨令向隅之泣。本織造目擊情形，再四籌畫，既難向並無浮揑之商重重減追，又未敢以奉部駁減之案堅執請銷，躊躇計算，寔出萬難。仰請俯念二十年時遇災歉，布疋時價，寔屬昂貴，更難採辦，應請照三錢七分之數，即賜核銷，

寔與據情酌予豁銷之恩旨相符，以甦商困，亦以完案牘等因前來。查乾隆二十年分辦解毛青布十五萬疋，先據該織造每疋請銷銀三錢七分，共請銷銀五萬五千五百兩，經臣部令照十八、九等年，每疋准銷銀三錢三分之例核減，嗣據該織造以二十年秋禾被災，花米價騰，倍於往年，屢請照舊准銷，復經臣部以十八、九年既照例減銷，未便逾格請增，因以駁減三次，該織造並不遵照追繳，是以援引乾隆十九年正月內欽奉上諭：外省動用錢糧，嗣後報銷之案符例者，該部不得漫行駁詰，例應駁查者至三次，後該部即具摺聲奏，或按例核減，飭交該督撫查明，經手官員照數追賠完款，或據情酌予豁銷，務令剋期速結，欽此。欽遵在案，所有該織造辦解二十年分毛藍布十五萬疋，應照十八、九年每疋准銷銀三錢三分，共准銷銀四萬九千五百兩，應減追銀六千兩，行令追繳，報部在案。今該織造復以該年時遇災歉，布疋時價，寔屬昂貴，仍請照舊例每疋三錢七分之數給發請銷，但查與從前奏明節省，并乾隆十八、九年辦解減銷之數，均屬浮多，所有核減銀六千兩相應奏明，請旨行令該織造安寧，勒限一年，在於各商名下追完報部可也。爲此謹奏請旨。

硃批　安寧既稱彼處被災，應准其豁銷。

《題本　採辦織造及各項工程》　乾隆二十六年二月二十三日內閣下户部

乾隆二十六年二月十七日經筵日講官、太子少保、東閣大學士仍兼管户部尚書事務兼管翰林院掌院事、世襲一等輕車都尉臣蔣溥等題

爲移付事户科抄出浙江巡撫莊有恭題前事內開，據布政使司布政使明山詳稱，案查雍正十一年二月十五日，奉准户部咨開，浙江清吏司案呈准緞疋庫付稱，每年令浙江省辦解絲綿二百斤，白絲八千五百斤。查絲綿庫存無幾，仍行起解，其飯食銀兩照例隨解。白絲一項，庫中現存七萬餘斤，每年所用一二千斤不等，今停其辦解，自雍正十一年起停辦，俟將近用完之日，再行起解，其所停白絲八千五百斤，每斤價值銀九錢九分二厘，共核銀八千四百三十二兩，扣存藩庫，委員解部。又每年議敘參政道李秉直辦解色絨絹線二項，庫中現有十六萬八千餘斤，每年約用一二千斤至二三百斤不等，理合暫行停解，俟將近用完之日，再行辦解等因摺奏，奉旨：依議，欽此。應移付轉行該撫，將所停色絨絹線二項價值并染價等項銀兩，毋庸給發等因前來，相應行令該督，將停辦色絨絹線價值并染價銀兩停其給發。再絲綿仍行辦解，與飯食銀兩一併照數解部。所停白絲價銀，按數扣存，委員解部可也。爲此合咨前去，查照施行等因，咨院行司，遵奉在案。所有乾隆二十五年分應辦白綿，遵經飭行湖州府屬照數辦解，并將用過價值，詳報去後。今據湖州府知府李堂詳，據安吉、烏程、歸安、長興、德清、武康、孝豐七州縣詳稱，辦解乾隆二十五年分白綿價值，俱係照例採辦，照依各年部定准銷之價，每兩三分九厘六毫，水脚亦照正價加一請銷，並無絲毫浮冒等情到府，卑府覆核無異，詳請核轉等情到司。據此，該布政使明山，查得浙江省乾隆二十五年分辦解白綿，前經照例動支司庫地丁銀兩，飭令湖州府屬辦解報銷。旋據各州縣辦完白綿二百斤，已經詳委仁和縣縣丞楊兆槐驗收附解，循例轉具司批，呈送掛號給解起行訖。所有用過價脚行據湖州府開報辦完白綿二百斤，共該三千二百兩，遵照各年部定價值，每兩三分九厘六毫，應銷正價銀一百二十六兩七錢二分，水脚隨正加一支給，應銷銀一十二兩六錢七分二厘二，共應銷銀一百三十九兩三錢九分二厘，核與原定正價水脚數目相符，擬合轉造清册，呈送察核具題。其用過價脚銀兩，仍於乾隆二十五年地丁錢糧題銷册內彙報合併聲明等情到臣。據此，該臣看得浙省乾隆二十五年分湖州府屬奉文辦解白綿，已經辦完解部，所有用過價值，據布政使明山詳稱，白綿二百斤，計該三千二百兩，每兩正價銀三分九厘六毫，共應銷正價銀一百二十六兩七錢二分，水脚隨正加一支給，應銷銀一十二兩六錢七分二厘，共應銷銀一百三十九兩三錢九分零，造册請銷。其用過價脚銀兩，於乾隆二十五年地丁錢糧題銷册內彙報等情前來。臣覆核無異，除册送部外，理合具題。（下略）

硃批　依議。

乾隆三十六年七月十八日內閣下户部

乾隆三十六年七月十七日經筵講官、議政大臣、户部尚書、鑲白旗滿洲都統，革職留任又從寬免其革任臣素爾訥等謹題

（上略）乾隆三十六年四月二十九日題六月初三日奉旨，該部察核具奏册併發，欽此。欽遵於本日抄出到部。該臣等查得蘇州織造舒文疏稱，陝甘總督奏請勅辦乾隆庚寅年新疆各城應需貿易紬緞，經前任織造臣薩載查照來文，分派蘇州織辦各項紬緞三千七百六十六疋，所需料工價值及解員盤費等項，按照從前撙節核實之數，共該銀一萬五千八百六十二兩七錢六分，循例在於蘇州藩庫動支銀兩，照數織辦齊全，咨明江蘇巡撫委員解送甘肅收明應用，並將實在成本以及運費等項，造册咨送陝甘總督查照，合算交易所需料工價值等項。查照原

報冊開價值核計，共支過銀一萬五千八百六十二兩七錢六分，內據陝甘總督臣明山聲明，揚緞三疋，輕短分兩，共應核減銀二兩四錢三分九釐，實應請銷銀一萬五千八百六十兩三錢二分一釐，其所減銀兩，遵即照數賠補，移還藩庫歸款在案。臣查前項錢糧，例應具題，所有辦解過乾隆三十五年貿易紬緞等項動用錢糧，除核減外，與原報冊開價值數目核對相符，理合造冊題報等因前來。查先據蘇州織造將乾隆二十五、二十六、二十七等年辦解甘肅省貿易紬緞等項造冊題銷，經臣部核與章程案內定價數目無浮者，准其開銷，其浮於章程定價者，議令按數核減等因具奏。奉旨：俱准其開銷，欽此。欽遵在案。今據該織造將乾隆三十五年分辦解甘肅省貿易緞紬等項用過料工價值及解員盤費等項銀兩，造冊題銷，臣部逐一核對，與歷年准銷數目無浮，所有用過價脚等項銀一萬五千八百六十兩三錢二分一釐，俱應准其開銷，至核減銀二兩四錢三分九釐，既經照數歸還地丁原款，應令該撫於地丁奏銷，登覆案內，報部查核可也。臣等未敢擅便，謹題請旨。

硃批　依議。

乾隆四十二年七月初九日內閣下户部

乾隆四十二年七月初七日經筵日講起居注官、太子太保、文華殿大學士、文淵閣領閣事、掌翰林院事、管理户部事務、世襲一等輕車都尉、革職留任臣于敏中等謹題

（上略）乾隆四十二年四月二十日題，六月初一日奉旨：　該部察核具奏冊併發，欽此。欽遵於本日抄出到部。該臣等查得蘇州織造舒文疏稱，陝甘總督勒爾謹奏，准織辦乾隆四十一年新疆各城應需貿易緞紬，分派蘇州應辦各項緞紬四千七百三十三疋，所需料工價值及解員盤費等項，查照從前撙節核定之數，共該銀一萬八千六百八十一兩一分，循例在於蘇州藩庫支銀，照數織辦齊全，咨明江蘇巡撫委員解送甘肅，收明應用，並將實在成本以及運費等項，造冊咨送陝甘總督查照，合算交易在案。臣查前項錢糧，例應具題，所有辦解過乾隆四十一年分貿易緞紬等項動用錢糧，與原報冊開價值數目核對相符，理合造冊具題等因前來。查先據蘇州織造將乾隆二十五、二十六、二十七等年辦解甘肅省貿易緞紬等項造冊題銷，經臣部核與章程案內定價數目無浮者，准其開銷，其浮於章程定價者，議令按數核減等因具奏。乾隆三十年正月二十日奉旨：　俱准其開銷，欽此。欽遵在案。今據該織造將乾隆四十一年分辦解甘肅省貿易紬緞等項支過料工及解員盤費，共銀一萬八千六百八十一兩一分，造具冊結題銷。臣部按冊逐一核對，與歷年准銷數目相符，其解甘緞疋等項，亦據陝甘總督照數查收咨部在案，所有前項用過料工等項銀兩，應准其照數開銷可也。臣等未敢擅便，謹題請旨。

硃批　依議。

乾隆四十四年八月初五日內閣下户部

乾隆四十四年八月初一日經筵日講起居注官、議政大臣、協辦大學士事務、户部尚書、管理三庫事務兼管刑部事務正黃旗滿洲部統、掌翰林院事、教習庶吉士、總管內務府大臣、署步軍統領，革職留任又從寬免其革任臣英廉等謹題

爲欽奉上諭事，户科抄出浙江巡撫王亶望題前事，內開，據署布政使事鹽道陳淮詳稱，准杭州織造徵瑞咨開案准部行每年新絲甫出之時，織造移取銀兩，循照舊例，預行給發採買，無悞織辦，所有乾隆四十五年辦運部派緞疋，需備絲斤錢糧相應循例咨取，希即先移解銀一萬兩，以便及時採買等因到司。准此，該署布政使事鹽道陳淮查得每年織造織辦部派緞疋，向於新絲甫出之時，遵奉部行赴司預領絲斤銀二萬五千兩，動支該年地丁，一面移送，一面詳報請題，節年遵循在案。今准織造徵瑞咨取乾隆四十五年辦運部派緞疋需備絲斤錢糧，先移支銀一萬兩前來備查，乾隆四十四年地丁錢糧，欽奉皇上恩旨蠲免，除經在於司庫乾隆四十三年秋季存庫留協欵內動支移解應用外，擬合詳候察核題明等情到臣。據此（下略）

硃批　依議。

乾隆四十九年五月二十九日內閣下户、工二部

乾隆四十九年四月二十六日管理江寧織造兼龍江西新關税務奏事員外郎兼佐領臣成善謹題

（様本）爲報銷織造錢糧并匠役食米事。該臣看得江寧織造乾隆四十八年分大運并節次先解共織辦過上用緞、紬、紗六百四十三疋、官用緞、紬、紗一千三十疋，緞紗領袖、扇肩一百四十分，紝經一百六十斤，通草片五十斤，綿子五十斤，布二萬疋，共用料工等項銀二萬五千八百三十七兩九分八釐。又户部派織

解過緞、紗一千一百七十疋，共用料工等項銀九千三百四十四兩八錢七分八釐。又工部派織解過年例奉先制帛四百端，共用料工等項銀一千二百八十一兩七錢一分九釐。又工部派織解過時憲書包袱用各色線羅十二疋，共用料工等項銀一百四十二兩四錢一分九釐。又給過誥命神帛線羅各匠三百七十名，養匠銀二千七百兩。又工部添派織解過制帛一千八百端，共用料工等項銀四千二百六十一兩八錢三分二釐。又工部派織解過紗地駕衣二百二十八件，紡絲紬二十三疋，共用料工等項銀六百五十兩一錢七分九釐。又軍機處公派江寧、蘇州、杭州三處織造辦解甘肅備用緞紬六千一百六十疋，內江寧分辦解過緞紬二千五十四疋，共用料工等項銀四千四百四十兩九錢五分。又循例動支解運脚費銀五百兩。以上通共用過銀四萬九千一百五十九兩七分五釐，俱奉部文於江寧藩庫動用。其織辦過上用、官用、部用緞紗等項，所用絲斤，係於乾隆四十七年循例採買，遵照畫一案內定例開銷。又各項匠役，自乾隆四十七年四月至乾隆四十八年三月，計十二個月，應給口糧，循例於江寧藩司按月支過本色倉米一萬一百二石一斗二升二合五勺，折色米一千九百二十石八斗九升八合五勺，每石折銀七錢五分，共折銀一千四百四十兩六錢七分四釐。以上錢糧米石俱係前任織造臣穆騰額任內按款動用，今屆報銷期限，理合循例代題繕造黃册，恭呈御覽。再查歲解上用、官用緞紗等項，年例額支銀四萬三千三百三十三兩三錢三分，今該年派織緞紗等項，祇銷銀二萬五千八百三十七兩九分八釐，計尚存未銷銀一萬七千四百九十六兩二錢三分二釐，經前任織造穆騰額交存在庫，見於乾隆四十九年四月十八日解繳江寧藩庫，合並聲明。臣謹具題，伏乞皇上睿鑒，勅部核覆施行。爲此具本，謹題請旨。

硃批　該部察核具奏册併發。

道光九年三月初八日奴才松齡奏

再杭州織造購買絲斤，因例價不敷，於道光元年經欽差大臣松筠奏准，在運庫商綱項下每引劃出五分，約銀四萬兩，作爲津貼織造絲斤不敷之用。因行銷引目，向係新舊套搭，未能按時應用，運司按月移交，每年總在三萬餘兩不足四萬兩之數。歷年奉派辦綢緞較多，津貼尚有不敷，數在四萬兩以內者，歷任織造均於申餘項下，借款墊用，趁時購買；數在四萬兩以外者，織造自行賠補，間有餘剩，作爲織造衙門辦公之用，向不報銷。本年奉派各項綢緞，較往年減少，通盤約計津貼項下尚有盈餘，現在尚未及新絲上市之時，絲價長落不一，是以未能定數。此項餘剩銀兩，雖向不報銷，但未經奏明，奴才未敢擅便，相應奏明，仍作爲織造衙門辦公之用，出自天恩，爲此附片奏聞，伏乞皇上聖鑒。謹奏。

道光二十五年六月初十日奴才明倫奏

爲接收織造兩關庫貯，查明交代緣由，恭摺奏聞，仰祈聖鑒事。竊奴才蒙恩簡放杭州織造，業將到任日期奏報在案。茲准前任織造恩吉將南北兩關征存稅銀實數及撥解動支各款，造册移交，奴才覆核無異。查南新關本年八月期滿，北新關十月底期滿，例應統年彙核具奏外，其織造庫實存申餘鹽務餘平銀二萬三千七百五十二兩四錢二分。又運司印文應解津貼銀十一萬六千一百五十兩。又存庫單絲六萬五千一百十九兩四錢。一併分款造册移交前來，查對均屬相符。奴才復按册稽核，查得織造應存申餘鹽務餘平銀十二萬七千四百七兩八錢八分五釐，緣向來豫購絲斤，例價不敷，在於商綱項下支領津貼，嗣因鹽運滯銷，新舊引目套搭，未能按時移解，是以歷任織造均經奏明於庫貯申餘等項下先行墊用，以便趕辦新絲，無悮運務。前任織造恩吉接受歷任計墊用銀十萬三千六百五十五兩四錢六分五釐，應以運庫歷年所欠津貼銀兩作抵。奴才咨查運司未解津貼，核與墊用之款數，足敷抵補，應俟積引行銷陸續征解歸還墊款，奴才業經行文咨催鹽運司趕緊籌解，以濟運務。所有接收織造兩關庫貯，查明交代緣由，理合恭摺具奏。

咸豐八年六月十五日硃批

咸豐八年五月二十四日蘇州織造奴才文煃奏

爲織造大運緞紬，所需銀款，通盤籌畫，短少寔多，恭摺請旨飭撥，仰祈聖鑒事。竊查蘇州織造衙門，每年奉內務府暨户部派辦大運緞紬、絲線、布疋等項，例於蘇州藩庫支銀六萬四千五百兩，以爲料工之用。嗣因逆氛不靖，軍餉浩繁，自咸豐四年以來，均經奏明藩關兩庫通融提辦在案。但藩庫支應軍需頗形支絀，滸墅關税又因長江兵阻，商販率皆繞越，征收甚屬寥寥。是以籌辦大運，萬分竭蹶，間有不能辦全。奴才到任後，查悉寔情，不勝焦灼。伏思大運各項，均關內庫所需，必當設法籌辦，不敢不通盤籌畫，以期無悮。查內務府暨户部派辦各項，約計需銀七萬數千兩，近年滸墅關所征正雜各款，年歲稔不過十一二萬兩，除將年例應支辦差並解京各款，及經費養廉等項八萬數千兩，所餘僅有三萬餘兩，堪以提辦大運，即如前任織造毓祺在任，經征連閏十三個月，多征正雜各款，計有萬金，又於藩庫撥銀一萬四千兩，尚且諸形掣肘，不能辦全，而奴才將來一年任滿，經征關税止有十二個月，況當浙省用兵需餉之際，蘇州藩庫又須籌款協濟，能否撥辦運務，更無把握。奴才五内焦勞，難安寢食，若不早爲籌備，勢必不能辦齊，萬不得已，惟有仰懇聖恩，俯念辦運無款，除將所餘關税提辦外，約計尚短銀四萬兩，可否飭下户部，指款撥給，抑或仍令江蘇撫臣於藩庫設法，抽提移解，以備趕緊織辦解京，庶免貽悮之處，恭候諭旨，欽遵辦理。至稽征關税，亦係奴才專責，現在竭力設法整頓，冀杜繞越弊端，倘將來能有多征，辦運之外，或有餘多，自當隨時咨會撫臣，以濟軍餉。所有通盤籌畫，大運亟須撥款緣由，理合據實恭摺請旨，伏乞皇上聖鑒。

咸豐九年三月二十四日硃批

咸豐九年三月初四日蘇州織造奴才文煺奏

爲滸墅關庫年例支款，尚屬不敷，寔無堪撥皖餉銀兩，遵旨奏請改撥，仰祈聖鑒事。竊奉户部文開議覆欽差大臣勝保等奏，請催各省藩司，欠解皖省軍餉銀兩，起限委解一摺。咸豐九年二月十一日具奏，本日奉上諭，前據勝保等奏，各省協餉，懸欠太多，請飭催解，并將浙江、山東藩司從重議處一摺等因，欽此。並單開滸墅關每月協餉一萬兩，咸豐八年十二月止，計欠解銀五萬兩，應令迅速補解，毋任宕延等因，欽遵行知前來。又准欽差大臣勝保鈔摺，咨同前因。查皖省餉需匱乏，係屬寔在情形，關税如果餘多，奴才何敢稍分畛域，遲延不解。無如近年來，所征關税，按月核計，不足一萬兩，除將年例應支辦差，及經費養廉，並解京各款，兼之提辦大運，所短寔多，尚須由藩庫籌撥銀兩，運務方能措辦，竭蹶萬分，寔無堪撥軍餉銀兩。上年八月奉部行催，即經咨會安徽撫臣在案，所有前項協餉，相應請旨改撥，以濟急用，除即咨覆户部暨勝保外，理合恭摺具奏。

同治八年二月二十三日御批

同治八年二月初十日兩江總督臣馬新貽奏

爲叠次傳辦要件工價銀兩，酌議分款籌解，恭摺仰祈聖鑒事。竊查江甯織造奉派傳辦之件，一爲大婚需用活計，前任織造春年估計需銀八萬餘兩，移交織造廣順織辦；一爲萬壽節、端陽節、年節需用緙繡等項，由織造廣順估計需銀九萬二千兩以上，兩項共需銀十七萬二千餘兩。又准淮安關監督連明咨稱，承辦三節各色衣料等，估計需銀八萬七千餘兩，並經户部議覆請旨，敕下臣酌籌款項，奏明撥解等因。合之江甯織造應撥之款，共銀二十六萬有奇，爲數甚鉅，一時實難兼籌，必應酌分緩急，次第籌辦。三者之中，自以大婚活計爲尤重，此項需銀八萬餘兩，前任調任督臣曾國藩飭派藩運兩司，各半分籌，業經解過四萬兩，其餘四萬兩，由臣飭催，趕緊籌解，不敢稍延。其江甯織造奉派緙繡等項，估銀九萬二千兩，現在龍江、西新兩關，俱未開設，該織造無款可籌，亦由臣飭派藩運兩司，照案分認，陸續籌撥。至淮安關監督承辦之項，同係三節要件，如果司庫寬裕，亦應酌籌撥解，何敢稍存推諉，無如藩運兩庫，近因撥款繁多，支絀萬狀。前項應解織造兩款銀兩，業須設法騰挪，搜羅殆盡，再四躊躇，別無可撥之款。查淮安關收數雖少，該監督摺内所稱軍餉等項目，前已可停減，似應以有著之款，爲派辦之需，可否敕下該監督，先就關税收數，酌量趕辦，仍懇天恩寬以時日，俾得從容集事。如臣處款項稍裕，再當與該監督公同商議，量力籌解，以濟要需。所有傳辦工價銀兩，酌議籌撥緣由，謹會同江蘇撫臣丁日昌恭摺具陳。

軍機大臣奉旨：欽此。

光緒三年十月十七日御批

光緒三年十月初四日蘇州織造奴才萬順奏

爲本年運務及另傳活計，亟需織辦，所用絲斤物料，籲懇天恩，准照杭州展緩一年，暫照市價，恭摺仰乞聖鑒事。竊查内務府暨户部派織丁丑年趕運大運綢緞等項，奴才於到任後，遵即查照飭催，慎選經緯絨絲，趕緊織辦，無如例價較市價相去懸殊，正切焦灼，難於措手，准杭州織造舒麟咨稱，現因絲斤物料等項，今昔情形不同，未能統歸舊制，奏請暫照市價一摺，奉旨著照所請，户部知道，欽此。旋經部議，不能漫無限制，請將杭州織辦物料各項價值，暫准展緩一年，仍照市價辦理等因具奏，奉旨依議，欽此。欽遵移行前來。奴才伏查本年蘇州奉派織辦各項，均屬攸關緊要，爲時既迫，無容刻緩，且與杭州應辦織務，事同一律，合無仰懇天恩，俯准奴才衙門，按照杭州所需絲斤物料等項，一體展緩一年，仍照市價辦理，俾運務及另傳活計得以趕速開辦，而免遲誤之處，出自高厚鴻慈，所有請將織務絲斤物料等項，按照杭州展緩一年，暫照市價緣由，恭摺具奏，伏乞皇太后、皇上聖鑒。謹奏。

軍機大臣奉旨：著照所請，户部知道，欽此。

光緒十一年十二月初十日御批

光緒十一年十一月十九日蘇州織造奴才世勳奏

爲織務絲價，户部仍援浙江撫臣七成之説，議減三成，委實難以造辦，謹再瀝陳下情，籲懇天恩俯准，暫照江蘇撫臣議減之價辦理，以免貽誤要工，恭摺仰祈聖鑒事。竊查織務需用經緯絲觔，向按以生煉熟七五折耗申算，並加九分平餘，爲裝盛解費之用。自同治四年開辦織務以來，即經前任撫臣劉郇膏、丁日昌等先後奏明，奉部覆准有案。以經絲一項而論，同治年間奏明生絲每兩銀二錢七八分，按照煉耗平餘申算，計銀四錢二分有奇，迨後絲價稍平，遞有核減。至光緒六年以後，遵奉部文，按照浙江巡撫臣查報經緯價值奏明辦理，經絲每兩已減至二錢有奇，原期絲價漸平，徐圖遞減，詎意光緒九年部臣於核銷杭州織造七年分款項，見織造呈文内銀升任浙江撫臣譚鍾麟咨稱，此項工料大約七成已足之數，遽照七年分奏准價值，將上用核減三成，官用核減四成，奏令未辦者照辦，未銷者照銷。奴才等以所減既多且驟，萬難遵辦，一再陳奏，未蒙核准，不得已於無可核減之中，力求撙節，將經絲減爲二錢八分，緯絲減爲二錢六分，絨絲染金等項，一律酌減，開單具奏，部臣又以一面之詞，未便即行照准奏明，行令江浙督撫臣將譚鍾麟所稱七成可辦情形，確查具覆。詎浙江撫臣劉秉璋奉到部文，即將杭城肥細絲價開報，且謂七成銀餘。奴才初聞之，以杭城絲價何至懸殊若此，甚爲不解，迨經江蘇撫臣衛榮光行司委員赴浙湖一帶確查七、八、九、十等年絲價，則市間生絲價值與浙江撫臣報價不相懸殊，按照煉耗平餘成案申算，則與各年奏定經緯市價不相上下，於是始悟譚鍾麟、劉秉璋先後七成之説，皆以生絲核計，不惟未計煉耗，即平餘亦未計及之誤也。當經撫臣將所查生絲市價及應申煉耗平餘奏明，奉部覆准各成案，聲明浙江撫臣報價未經計及煉耗各緣由，詳晰咨覆户部，並聊體部臣之意，議以自光緒十年分起，照七年分奏准，經緯市價減一成，作爲上用，定價減一成五釐，作爲官用，定價絨絲照緯絲價值減一成二釐，作爲上用，減一成七釐，作爲官用，咨請户部暫照辦理，以重織務，並咨奴才衙門查照。奴才詳加核算，比較目前生絲煉熟之價，短絀甚鉅，辦理實形棘手，正深焦慮，詎昨接奉部文，以江浙督撫臣查報絲價未能一律，仍當援照浙江撫臣七成之説，自光緒十年分起，按照七年分奏准市價，不論上用、官用，絲觔統減三成，十年以前已辦未銷款項，亦應照此報銷，較初次議減三成四成，已屬格外從寬，不得再行瀆請等語，於光緒十一年十月十七日具奏，奉旨依議，欽此。行令遵辦前來，接閱之餘，倍深焦急。奴才竊以江浙督撫臣查報之價，除督臣所報是生是熟，奴才未敢懸斷外，但就江蘇、浙江兩撫臣報價論之，則生絲之價，固無懸殊，特浙江未經計及煉耗平餘，以致歧異，並非絲價之不一律也。夫生絲之不經提煉，不能製爲經緯，以供緞綢之用，人盡知之，提煉而有折耗，理所必然，況煉耗按七五折申算，自開辦織務之初，即經前任撫臣奏明有案，非奴才今日之飾詞，撫臣之瞻徇情面，自屬可信。且奴才聞諸老年織匠云，七五申耗，係按民間尋常經緯定擬，若如上用緞綢之經緯，重提重煉，折耗尤多，此中情形，固如深歷其境者，不能盡悉。今部臣以督撫查報不同，而仍泥於七成可辦之説，議以統減三成，在部臣以官用較初議已加一成，係屬格外從寬，在奴才計之，僅合生絲之價，煉耗平餘，均歸無著，何能遵辦，此奴才不得不再行瀆請之苦衷也。伏念奴才世受國恩，天良具在，當此時事多艱之際，斷不敢不力圖撙節，藉報涓埃，無如部減之價，相去懸殊，委實無從措手，再四籌思，惟有將撫臣議減各項絲價，照繕清單，恭呈御覽，籲懇皇太后、皇上逾格鴻慈，特沛恩旨俯准，自光緒十年分起，暫行照辦，以免貽誤要工，仍請敕下撫臣，以後按年查報，如絲價稍平，再行議減，漸圖復舊。至光緒七、八、九年未銷款項，既在部臣未經議減之前，且各年絲價均係奏奉特旨照准，先後遵照動用無存，礙難一體核減，應懇天恩俯准，照案造報，以免棘手。奴才不勝感激悚惶之至。所有織務絲價，户部議減三成，委實難以遵辦，懇請暫照撫臣議減之價辦理緣由，理合恭摺具奏，伏乞皇太后、皇上聖鑒訓示。謹奏請旨。

軍機大臣奉旨：户部議奏單併發，欽此。

光緒十一年十二月初十日御批

光緒十一年十一月十九日蘇州織造奴才世勳奏

謹將江蘇撫臣原咨户部議減之經緯絨絲價值，照繕清單，恭呈御覽。

計開

查織造衙門光緒七年分按照浙江巡撫查報之價奏准：

值，江、浙督撫查報未能一律，擬請仍照光緒七年奏定市價，統減三成織辦等因，鈔奏恭録諭旨，飛劄欽遵辦理前來。奴才曷敢再行瀆請，惟是江、浙織務因時因地，各有不同，與其貽誤要工，隕越於後，莫若早爲陳請，瀝訴於先。查部臣所奏，祇以前浙江撫臣譚鍾麟七折可辦之言爲據，前經奴才等所減甚鉅，實難遵辦，是以勉力議減，自光緒十年爲始，會銜開單具奏，後經部臣以一面之詞，未便照准，奏令江、浙督撫確查奏報，迨分別查覆到部，而江省所報與浙省不同，部臣以定例絲價向無岐異，仍令三織造照浙江撫臣七成之説，一律統減三成，雖較初次議減，官用絲斤價值少減一成，較之織造報銷絲價仍屬大相逕庭。反復思維，所以懸殊若此者，敬爲我皇太后、皇上縷細陳之。查奴才衙門歷年會奏摺内聲明需用經緯，均按查報市價辦理，是織造銷價，原係按照出糙成熟之經緯開報，非土産生絲價目可比，加以採辦物料，每銀一兩，例扣九分平餘，以爲辦解活計經費及部府飯銀，一切公費之用，不另開支正款。至江甯織辦上官用活計，需用絲斤，非就地向絲商加價選提，即赴浙湖收買。長江遥隔，往返兩千餘里，沿途盤運捐耗，一應需費及釐捐行税等用，均無另款開支，至若鄉産生絲，價值雖平，糙毛較甚，業經兩江督臣查明覆部，不能與奴才衙門所用經緯相提並論。浙江撫臣雖與杭州織造同城而居，究未能深悉織務情形，遂以杭城土産生絲實價爲可辦，殊不知織造係按出糙成熟之經緯核銷，並將例扣九分平餘等款，申算核計於絲價之内，故較浙省查報價值似多，實則不相上下之實在情形也。即如部臣原奏内稱，各督撫等查報情形不同一言，可見已知兩江督臣所查甯城市價原難强合七折之説，而仍令同爲核減者，固屬慎重度支，嚴核報銷起見，惟奴才身膺織務，受恩深重，當此庫藏支絀，解省一分款項即盡一分報效，無如甯城市價本較蘇、浙增昂，部定之價以致萬難遵辦，且七、八、九等年奉傳已辦各項活計，所用絲價均皆遵特照奏，奉特旨允准之案辦理，各工款項，均已照案支放無存，固難遵照核減價值造報，而奉傳未辦活計，又復迭奉嚴催，當兹進退維谷之時，實逼處此，惟有仰懇聖明洞鑒，出自逾格鴻慈，俯准暫照光緒十年奴才前奏核減絲價辦理，俾織造工程得以儹辦，其十年以前奉傳已辦未銷各款，核與已銷各案，事同一體，應請仍按奏定各年市價造報核銷，以清款目。嗣後絲價如能平減，奴才等自當體察情形，奏明核減，斷不敢稍爲姑息，致負高厚。所有報銷絲價，各處情形不同，實難遵奉部議緣由，恭摺具奏。

軍機大臣奉旨：户部議奏，欽此。

經絲每兩銀二錢九分四釐八毫，

緯絲每兩銀二錢七分四釐二毫。

今擬自光緒十年分起，按照此價減一成，作爲上用定價，減一成半，作爲官用定價。計上用經絲減一成，合九折扣，實每兩該銀二錢六分五釐三毫，

内應扣九分平銀二分三釐九毫，

實該銀二錢四分一釐四毫。

上用緯絲減一成，合九折扣，實每兩該銀二錢四分六釐八毫，

内應扣九分平銀二分二釐二毫，

實該銀二錢二分四釐六毫。

官用經絲減一成半，合八五折扣，實每兩該銀二錢五分零六毫，

内應扣九分平銀二分二釐六毫，

實該銀二錢二分八釐。

官用緯絲減一成半，合八五折扣，實每兩該銀二錢三分三釐一毫，

内應扣九分平銀二分一釐，

實該銀二錢一分二釐一毫。

查織造衙門所用絲觔，尚有絨絲一項，向係按照緯絲價值報銷。今查絨絲比較緯絲價值，尚可稍從末減，擬請按照七年分緯絲價值，減一成二釐，作爲上用絨絲定價，減一成七釐，作爲官用絨絲定價。計上用絨絲減一成二釐，合八八折扣，實每兩該銀二錢四分一釐三毫，

内應扣九分平銀二分一釐七毫，

實該銀二錢一分九釐六毫，

官用絨絲減一成七釐，合八三折扣，實每兩該銀二錢二分七釐六毫，

内應扣九分平銀二分零五毫，

實該銀二錢零七釐一毫。

軍機大臣奉旨：覽，欽此。

光緒十一年十二月初十日御批

光緒十一年十一月十九日江南織造奴才貴存奏

爲織務報銷絲價，各處情形不同，實難遵奉部議，瀝陳下情，懇恩暫准前減數目辦理，恭摺仰祈聖鑒事。本年十月内奉户部行咨本部，具奏三織造絲斤價

光緒十五年五月十三日硃批

光緒十五年四月十九日江南織造奴才莊山奏

爲奏銷辦解婚典，需用彩綢及樂部袍料等項活計，動用料工及裝盛銀兩數目，恭摺具奏，仰祈聖鑒事。竊奴才查接管卷内承准工部照會奏派大婚禮需用彩綢，分派江甯織造織辦一萬一千三百匹。又奉樂部來文，派辦石青雲緞、大蟒緞袍料十三件，石青雲緞圓金壽字袍料六十九件，紅緞百花袍一百四十六件并裏綢束帶等項，先後行令迅速辦解前來。當經按照部定絲價估計價值，呈由禮儀處核復照辦。旋奉禮儀處奏准，將三織造承辦彩綢等項活計，即在外用解京二百萬兩，由户部就近撥給。奴才遵即咨明兩江督臣曾國荃，轉飭兩淮運司福裕照數籌撥，計彩綢款内動用料物工價銀四萬七千四百九十五兩六錢三分，樂部袍料款内動用銀八千四百四十五兩二錢七分六毫，除造具細數清册，呈送禮儀處核銷，并報部查核外，敬謹繕簡明黄册，恭呈御覽。理合繕摺具奏，伏乞皇上聖鑒。謹奏。

硃批　該衙門知道，册併發，欽此。

官修《清户部則例》卷九五《廩禄·公費月銀下》　織造衙門役食

一江寧織造衙門役食，聽事吏、門子、皂隸、傳報舍人、軍牢、轎傘扇夫、籠馬夫，每名歲支工食銀六兩。織局書役，庫役，誥帛、制帛機房，額設二十八名，每月共支工食銀二十四兩六錢。緞紗機房額設二十六名，每月共支工食銀二十四兩六錢。倭緞機房額設十名，每月共支工食銀九兩。管事，每名月支米八斗。管工，每名月支米六斗。所管，每名月支米一石。緞紗機高手、摇紡高手、染局高手、接經高手，每名月支米七斗。摇紡匠、打線匠、摺緞匠、雕清花匠、刷經匠、劚花匠，每名日支米一升。機匠，每名月支米四斗。挑花匠，上用、官用機房，額設十八名，每月共支工食銀二十五兩，部派機房額設十二名，每月共支工食銀二十四兩。誥帛、制帛各匠，額設三百六十一名，共歲支工食銀二千六百三十四兩三錢二分四釐有奇。開工每名日支米一升。畫匠，每名日支米一升。裱匠，每名月支銀五錢。糨顔匠、幼匠，每名月支米三斗。散匠、巡役，每名月支米五斗。搜檢，供應機房，每名月支米五斗。倭緞機房，每名月支米四斗。門役、堂役，每名月支米四斗。

一蘇州織造衙門役食，門子、皂隸、傳報舍人、軍牢、轎傘扇夫、籠馬夫，每名歲支工食銀六兩。所管，每名月支米一石。總高匠，每名月支米八斗。高手、管工、管事，每名月支米六斗。催料，每名月支米五斗。倒花匠，每名月支米六斗。揀繡匠、挑花匠，每名月支米五斗。織匠、挽花匠、結綜匠、緯穗、送飯匠、烘焙匠，每名月支米四斗。摺緞匠、畫匠，每名月支米三斗。巡夫，每名月支米六斗。小甲，每名月支米四斗。

一浙江織造衙門役食，聽事吏、門子、皂隸、轎傘扇夫、傳報舍人、庫子、馬夫，每名歲支工食銀六兩。局寫字，每名月支米六斗。所管，每名月支米一石。管工，總織局，每名月支米五斗。織染局，每名月支米六斗。管數，總織局，每名月支米五斗。織染局，十二名，每名月支米六斗，一名月支米四斗。總高手、挑花高手、刺繡高手，每名月支米八斗。辦料、挑花匠、絨繡匠，每名月支米五斗。倒花匠、稱配匠，每名月支米六斗。機匠、紡絡匠、烘焙匠，每名月支米四斗。摺緞匠、蔻匠、板箱油漆銅匠、畫工，每名月支米三斗。染匠，每名月支米二斗。裱匠，每名月支米六斗。庫役，每名月支米四斗。門役，看局門役，每名月支米五斗。西府門役一名，月支米四斗，又二名月支米二斗。跟役、更夫、巡夫、打掃夫、泥水匠，每名月支米四斗。陰陽生，織染局，每名月支米四斗。總織局，每名月支米二斗。挑花等匠。每月支工食銀三十九兩五錢五分五釐一毫。

《清工部則例》卷七九《織造》　查覈誥勅等項

一文武官員請封應用勅書、誥命、勅命、册誥等項，由工部照會織造織辦，解部存庫，内閣中書科行文領取，於每年年終奏銷後，將一年領過誥勅等若干道，撰給若干道，餘存若干道，造具四柱清册，咨送工部查覈，并分咨吏、兵二部，吏、兵二部亦於次年二月，將一年内隨時題咨揭送内閣揭帖若干，發給領軸執照若干，收到内閣咨回，已經給領執照若干，詳造清册，一併移咨工部查覈。

織辦制帛線羅

一江甯織造，每年織辦制帛肆百端，又包裹時憲書應用線羅，預撥工料銀壹千肆百兩，並奉部派織制帛線羅，所需工料銀兩，統俟織辦完竣之日，造册呈送工部覈銷。

紅布蓋袱

一公主行初定禮，需用紅布蓋袱，由工部給發送用。如工部庫存紅布蓋袱，霉舊油漬，不堪領用，准管庫司員呈明另造，以備送用。所需布線等物，行文户部取用。至裁縫工匠，除都水司額設食糧裁縫匠肆名傳用外，其不敷匠工，在於製造庫食糧匠内撥用。

校尉駕衣等項

一東陵、西陵並盛京校尉，應用紅紬駕衣，并緑紬帶、羽翎翎管、纓帽等項，每届拾年更換之期，工部據各該衙門來文，照數給發，仍行各該衙門，俟查收領回之日，即將換下舊衣等項，委員赴部交納，並將查收各項物件數目，咨部備查。

一鑾儀衛咨取請轎校尉，并尚乘轎太監，穿用紅紬駕衣共貳百陸拾件，紅紗駕衣共貳百陸拾件，緑紡絲紬伍拾貳疋，俱係每年行取壹次。工部知照江甯織造織辦，呈解到部，派員會同管庫司員查收，即行成造，送交鑾儀衛供用。

一金輦、玉輦上應用紅紬夾駕衣，并緑紬帶，每届伍年，准鑾儀衛行取壹次，如未届年限，工部即行駁回。

織辦誥軸綵紬駕衣等項

一誥軸綵紬，工部奏派江甯織造織辦，解部存庫備用，所有用過工料銀兩，造報户、工二部覈銷。

一工部庫儲，並鑾儀衛咨取紅紬紗駕衣、緑紡絲紬疋，行令江甯織造織辦解部，所需工料銀兩，准其在於江甯藩庫内動支，俟解交後，將用過銀兩，造報户、工二部覈銷。

織解潞紬

一山西省每年織解潞紬，大潞紬叁拾疋，每疋長捌丈，寬貳尺肆寸，價銀拾貳兩伍錢。小潞紬伍拾疋，每疋長叁丈，寬壹尺柒寸，價銀貳兩柒錢伍分。於九月内起解，限十月内到部，工部轉送内務府查收，所需工料銀兩，俟解交後，照例造册題銷。

定邊左副將軍成造黄緞宂單匣袱

一定邊左副將軍包裹奏事匣，應用黄緞宂單，每年在於庫儲小彭緞内，動用壹疋成造，其成造尺寸數目，造册咨送户、工二部覈銷。

一定邊左副將軍包裹奏事匣袱，如不敷應用，准其在於庫儲緞内，動支黄緞叁丈壹尺，房租銀内動支線工銀陸錢伍分，如式成造，仍造册咨送户、工二部覈銷。

《清工部續增則例》卷一三四《製造庫》 紬緞綾布尺寸

紬緞綾布向無幅寬尺寸，於乾隆十五年九月，准户部傳抄知照。

計開

大蟒緞寬貳尺，長肆庹，
小蟒緞寬壹尺捌寸，
補緞寬貳尺，
各色倭緞寬壹尺捌寸，
各色妝緞寬貳尺，
各色片金寬貳尺，
大紅雲緞寬貳尺，
各色緞寬貳尺，
各色杭紬寬貳尺，
各色綾寬壹尺陸寸，
各色大潞紬寬壹尺伍寸，
各色絹寬貳尺，
紗寬貳尺，
紡絲寬壹尺陸寸，
銀條紗寬壹尺陸寸，
白熟細畫絹寬貳尺，
油墩布寬壹尺壹寸，
三線布寬壹尺陸寸，
三梭布寬壹尺壹寸，
標布寬壹尺壹寸，
細藍布寬壹尺壹寸，
毛青布寬壹尺壹寸，
河南白棉布寬貳尺壹寸，
山東白棉布寬壹尺玖寸，
江南棉布寬壹尺捌寸，
乾線布寬壹尺貳寸，
合線布寬壹尺捌寸，
苧布寬壹尺陸寸，
夏布寬壹尺叁寸。

魏裔介《條陳四事》順治十年 吏科右給事中臣魏裔介，謹題爲聖主虚懷下詢微臣敬抒管見，仰佐睿慮萬一事。臣昨捧讀聖諭，令臣等直諫無隱，諄諄懇懇，敢不竭盡向日之誠，稍補袞衣之闕。【略】謹開列於左：

一節儉之制宜先也。臣觀唐史所載，元宗號爲英主。爾時風俗奢靡，詔乘輿服御金銀器玩，令有司銷毀，以供軍國之用。其珠玉錦繡焚於殿前，后妃以下皆毋得服珠玉錦繡，天下更毋得採珠玉織錦繡等物，罷兩京織錦坊。今天下物力匱乏，恐更甚於唐元宗之時，而風俗奢靡，日甚一日。臣願皇上以身率先天下，蘇杭織造雖未能盡罷，宜減去其半，以所省者發付軍前充餉，而金銀器玩除見在足用外，以後不必打造，若珠玉錦繡之飾，除有職文武許用外，嚴禁士民不許濫用。

《皇朝經濟文新編·蠶桑卷》孔昭朗《种桑育蠶説》　光緒十四年，寧波税務司康發達條陳，請設蠶桑局，攷察防瘟事宜，略曰：法國之里昂城，爲蠶絲薈萃之區，植桑養蠶，冠於各國。前數十年，忽遺蠶瘟，蠶種竟絶，乃購中國、日本蠶子以歸，嗣於此事加意攷求，窺以顯微之鏡，乃知蠶病甚多，惟椒末瘟爲害尤烈。一蠶有病，生子六百，子又生子，傳染無窮，無病之蠶，相延而及，不至絶種不止。蠶雖受病，仍可作繭，不過食葉更少，絲細繭薄，無色無光，久則種類絶矣。法政府乃設立蠶桑局，攷究防病之法，至精至詳，日本仿之，出絲益美。康君推此意，詳攷浙省之蠶，有病者十居六七，深慮日久傳染，將蹈法國覆車，呈由總税務司轉請總署代奏，雖交江浙海關會議，而情形隔膜，迄未舉行，康君一片血誠，付之流水矣。向疑中國自有蠶桑，垂五千載，雖天時人事偶有歉收，然從未有絶種之時，亦無轉購他國蠶子之説，後訪之江浙養蠶之户，始知中國自有火試、雪試、滷試三法，即所以防病蠶之子也。火試者，以蠶紙置之竈上極熱之處烘之，蠶子之無病者不傷，有病者不復出矣。雪試者，置之雪中，滷試者，灑以鹽水，皆以殺病蠶之子而留無病之蠶。然後知中國數千年來，自有秘法流傳，足以保兹美利，而西國防病之法，防之於受病之始，亦宜博采兼收，而不容稍有偏廢者也。此養蠶之應攷求者一也。中國出口之絲，每包百觔，僅值三百餘金，上海西人所設繅絲各廠，購中國蠶繭以機器繅之，每包值七百餘金，高下懸殊，理不可解。後知中國手繅之絲，不匀不净，不合西人織機之用。伊購歸里昂各埠，必以機器再繅，則以三百餘金購之華人者，仍以七百餘金售之西人，此四百餘金者，約爲再繅工本，而彼之獲利無窮矣。中國湖絲出口二三百年，各口通商六七十年，上海西人設立機器繅絲廠，亦一二十年，此項繅機上海鐵廠均能自製，管理機器華人亦已能之，女工人等，一呼可集，而從未聞有人議購一機，安設江浙産絲最盛之區，以收此每包七百餘金之利，中國尚可謂有人乎，抑官吏租税，積習難變有以致之也。此繅絲之應整頓者二也。德人有精究蠶桑之學，在中國、日本數十年，刻尚主持上海繅絲廠務者，談及中國所出蠶絲，光白柔韌，實勝於日本、意大利諸邦，惟中國毫不講求，致大利漸爲外人所奪耳。嘗深究中國蠶桑所以勝於各國者，太湖一水實爲美利之真源，江浙産絲各區近太湖者，桑葉無不沃若，蠶絲無不光柔，遠者則否，若紹興各府，則與意、日諸邦等耳。蓋湖水清澄，性肥而暖。百物停蓄則肥，日光久照則暖，故各種植物皆格外盛大，而桑性尤宜。中國洪澤、巢湖、鄱陽、洞庭、金明、大明、滇池、昆明等湖，不翅數十，誠能推廣此意，徧植蠶桑，以太湖例之，每歲絲綢之利不下一萬萬金，每湖萬萬即數十萬萬金，即云地利人工勢難齊一，得十分之一二，每歲亦數萬萬金，即此蠶桑一宗，已足爲全地球第一大富之國，天下尚有窮民哉。此種桑之應推廣者三也。西人攷察全地球人民約四千兆，衣布者約十分之六，衣綢者十人中不足一人，將來風氣漸開，皆思用布，用布之後，又將改而用綢。西國女子附體之衣，向皆細布，今則必須綢，綢之細滑，實勝於布也，故綢布銷路愈久愈寬，惜中國多用肥絲織成綢緞，西人不喜服用，購去者濮院爲多，取其輕細耳。而彼自用機器綢織，行銷日廣，花樣日新，沿海諸省之民，喜其新異，轉以重價購之於彼，利源坐失，可爲寒心。宜選中國織局中人年少有識者，往英、法攷驗購買機器，回華自行織造。西人於花樣款式，厭故喜新，仍宜歲歲改更，務極中西之美備，投其所好，避其所惡，價廉物美，益廣銷售，而一切始無遺憾矣。此織綢之應仿效者四也。四者畢舉，而蠶桑之利，衣被六洲，將與天地同其悠久，萬變之原，權輿於此，僅僅興利云乎哉。

《皇朝經濟文新編·蠶桑卷》闕名《論絲廠》　中國自古不甚出絲，凡綺紈綿繡之屬，非素封之家不用，然商賈之子，偶一用之，尚爲世所指摘，往往見之於史册。且非特往古爲然也，即今之時，山、陝等處，尚有此風，衆號爲富，而觀其服，御布衣草蹻而已。又非特山、陝爲然也，吾鄉嘉、道時尚復如此，有緞衣者，必一邑之望也。推其故，則由於風氣未開，小民不知蠶桑之利耳。即各處所製之錦，有號爲府綢者，有號爲繭綢者，有號爲某緞某錦者，類皆麤劣不適於體，故亦無以奪布縷之利而振興財源也。江、浙兩省，本駐織造府，專製上用物料，或有貴重精良之品，而居民不以過問，故蠶業終不大興。髮匪平後，各口通商，民俗奢侈，於是浙之嘉、湖踵事增華，桑者大盛，農夫廢耒，不耕而食，比户千金，杭、甯織户既争妍鬬靡，販者雲集，而泰西各國亦來購取，歲入累千萬，隣近艷羡，争相仿效，乃有浙之杭、紹，蘇之無錫，追步而起。而泰西之絲經，以湖産所繅之條太粗，不合於用，初得蒸繭令乾，運回用機器繅絲之法，繼以載運不便，運機來申，繅絲而歸。始創其法者，以中國工價廉，獲利不貲，於是中西各商，聞風興起，滬上一隅，至設絲廠二十餘家，而各都會之踵建者，尚復無已。內地各産蠶諸地，踴躍飼養，自倍於前，論者均翹足抃手，以爲此誠吾國特闢之利源，隱與洋烟相抵制者也，而不知稍得微利，已(愛)〔受〕鉅害，而目論者皆習焉而不察也。今各處産蠶之地，以有乾繭之可售，故向育蠶子一斤者，今可育子二斤，以繭成即可易銀，不用繅絲之勞耳。然向之栽桑一畝者，今必栽桑二畝，且恐或有不敷，必栽至二畝有餘而止。有本不育蠶者，今見利思遷，改而育蠶，則亦必栽桑也。有絶不育蠶者，見桑葉之利，且倍於穀，則有田四五畝者，亦必栽一二畝以嘗試也。然則近來奪五穀之居者，爲不少矣。夫我中國，昔以其穀養其民，皆稍有贏餘，然或遇荒歉，亦不過一年之食耳。今以髮逆之亂，有荒棄不遂不墾闢者，去其十之一；有悮於鶯粟之利，而改種者，去其十之二；今又悮於桑之利，而改種又將去其十之二，蓋較前而地利幾失其半也。復加以户口日增，販運出口，較前銷售之路反(培)〔倍〕之，小民之心志以分於蠶桑之故，疏於講求，又隱損其一二焉。此所以米價日昂，民心思亂，而起居日用之費，誠難爲繼也，不可謂非各絲廠階之厲也。

《皇朝經濟文新編・蠶桑卷》闕名《論上海繅絲廠》 上海自設外國繅絲廠以來，法國、意國之人操是業者，咸若有隱憂焉。查此等絲廠於一千八百九十六年添設驟多，難以省儉辦法，仍未能獲利。現在廠務棘手，中國政府已豁免其應納各税，本館承上海拔難晏行寄來傳單，此等傳單向來不過在美國散分，内叙上海絲廠之刱設及其阻滯之緣故，讀之頗耐尋味，兹將傳單録左： 上海絲廠之設，在二十年前，怡和洋行始爲創，僅及數年，以赴内地辦繭諸多爲難，因即中輟。後有公平與旗昌兩行，各開一廠，繼又有昌記廠，係中國人所開。五年之前，拔難晏又開乾康絲廠，其後專賣與中國人。迨一千八百九十六年，絲廠驟增至二十九家之多，有爲中國人新設者，有與外國行家合開者，然以言獲利，直未多聞。惟一千八百九十二年至九十三年，又九十五年至九十六年，此數年中尚有得利者，餘則無非虧折矣。而此數年得利之故，蓋由絲價大漲，並非廠中所繅之絲能賺錢也。除昌記曾以繅絲獲利，該廠係中國人經理，其絲比外國絲廠所出者較爲公道，此外從未聞能獲贏餘者，良因耗費過鉅耳，是即上海絲廠虧折之大概情由也。欲表其虧折之故，須先論内地情形。買繭，上海絲廠類皆設於租界之内，向來採辦鮮繭，大都羣趨無錫，因係出繭總匯之處，且距上海最近，其本地所出之絲，亦較便宜。夫在一處買繭，而該處絲價僅值二十個佛郎克，或二十五個佛郎克一基洛格楞，繅成絲後，可以售值佛郎克五十個及六十個，準此而思，其理似宜廠務興旺，大有餘利矣。惟是外國人欲往内地造竈烘繭，中國官民每多阻難，即買繭亦然，近雖已能去其阻難之積習，然至今買繭猶費周折。凡内地辦繭，需用人多，先期派往，費用非輕。每届其時，所派此等之人，自往至還，所需食用皆由廠中支銷，此外尚有饋送官場之禮物，付給各掮客之用錢，及應納税項，運繭至上海，沿途釐卡林立，又須逢卡報完釐金，以致赴内地辦繭，各項外費至今尚須加及三成半。内地既無存繭棧房，且有火險竊險，每由此村運至彼村，買齊之後，又須運赴烘繭之處，種種周折煩難，致使買繭之人，皆望交易速成，得早蕆事，加以中國繭户每願自做成絲，不肯售繭，以故收買之人，不能過於挑剔，將繭運至上海，惟速是求。然其裝運，殊不合法，出售之繭，中有四五成已壞，或且霉爛。從前絲廠止有五家，而所辦之繭已攙雜若是，近年絲廠增至三十家之多，另有專做期頭口手謀利之輩，宜其愈趨愈下，有時乾繭從一基洛格楞驟漲至二十個佛郎克。中國人因其價漲，將所有之繭趕運上市，(甚)〔其〕中甚有採摘非時，成僅及半者，即如此類，將來出絲之少，已可知矣。更因採辦之時，連值大雨，繭既受濕，堆積鬱蒸，是年無錫蠶繭比較往歲歉收三成，而上海絲廠之驟增者，實因九十四年至九十五年絲市暢旺，今則皆形竭蹶，以難支恃。大抵絲廠貲本無多，於置地造廠，購辦機器，先已耗其大半，並無存儲之款，以備緩急，本年虧折，無可抵補，所有數家，或已倒閉，或在理帳，經此一挫，上海絲廠興旺之機，必將因而久阻。

至若絲廠設於上海，本已大錯。當試辦之初，設一小廠，猶在情理之中，如以上海爲絲廠總理之所，殊非節省之道，計誠左矣。一則上海距出繭之地相離太遠，二則人工尚少，三則地基房價過昂，四則所用之水取諸黄浦，中有泥沙，必須篩漉，方能適用。今以第一層而論，繭從無錫民船裝運上海，計程須八日而至，亦有從紹興採辦者，更須三禮拜到滬，不獨路遠非便，即其裝運之法，亦甚不相宜。以第二層而論，初時工價每日不過一角六分，現在日工僅做十一點鐘，而工價增四角或四角半不等。上年招工頗不(易)〔容〕易，因新廠每值重出以招，致老廠之工人遂相率舍此而趨彼，致使各廠繅工大減，所出之絲亦多不合式。其實中國之繭，本不甚好，每日繅成之絲，尚不及外國絲廠所出之半。上海繅絲價值每基洛格楞約十八個佛郎克，綜觀其已往而決其未然，吾歐洲之以繅絲爲業者，目前可無過慮也。近時繅工人數有加，工價當可稍減，然彼此相較，猶覺其昂，良因上海需用人工之處甚多，如紡紗廠、織布局之類，加以百物騰貴，食用所費亦較多於内地也。更就第三層論之，所有絲廠大都設於租界之中，上海爲通商之大埠，租界地價本昂，自有絲廠之添設，人益居奇，兩年之内，地價騰漲，倍蓰於前，造屋工料等值，亦同時倍增，上年新設之廠，因此而費實不貲。請再進論第四層，絲廠所用之水，由自來水廠汰濁澄清，然後供其汲用，又不免多一糜費。故爲中國計，莫如開設内地出絲總匯之處，其人工地價，及造屋物料，無不便宜，隨處皆有，河渠水多且潔，所辦鮮繭，可做棧房存儲，非必怱促舟運急不能待矣。果如所論，庶幾絲廠可興，諒有識者當不以吾言爲河漢也。或問開廠之始，何不即照此辦，曰：外國人固不願受華官之欺侮，況各種機器向不准運入内地，即使中國商人在内地設廠，亦必受地方官之抑勒，今雖機器已准内運矣，而華商猶有畏於官，仍未肯輕舉。然而内地設廠，會當有時，現在蘇、杭已有官商新開數廠，以吾度之，遲早之間，終必移設内地，屆時上海當不復有繅絲之廠矣。或又問，近惟廣東人仿照外國繅絲之法，行之於中國，其效立睹，是何故歟。答曰：粤民較長江一帶之更能耐勞，勇於赴事，其地方官無敢估其便宜視同長江一帶者。廣東絲廠，多在内地擇出繭各處，就近分設，使工價不至過昂，且廠由華人股開，每日經理無藉於外國人相助，以故東方繅絲之廠，首推粤人，獨以獨擅其利者，要在工價之廉，而措置得當耳。日本人所辦亦即如是，然則上海華商盍效其良法踵而行之乎。往者不可追矣，及今改圖，則亡羊補牢，猶未爲晚，(奴)[努]力自勉，跂予望之。

《皇朝經濟文新編·蠶桑卷》闕名《中國紡織繅絲情形記》　中國改用機器，興築鐵路，其製造之道，分運之法，自必今昔迥異，工業既更，其他改革之處，如政事、文化、民情之類，當亦將接踵興起。今具報商務，不便牽涉，姑置不論。查商務中已有二三項更張之處，未始非中日所訂《馬關條約》所致。自該約章兩國御批後，滬濱及鄰近各處之軋花廠、織布廠、繅絲廠，紛紛創設，局面爲之一新，其興旺氣象，殆有變爲東方洛活爾(係美國紡紗織布廠最多之地。)之勢。上年年初，滬上紗紡廠已有五六家，其已動工之錠子凡十萬五千枚，其裝工未竣之錠子凡三萬餘枚。此外西商公司招股設廠者，計英公司三，德公司一，共用錠子十四萬五千枚，另有日商紡紗廠二家，議成而中止，其華商紡織廠，終年日夜工作，而獲利頗厚。九十四年，各廠所用印度棉紗，計進口十八萬包，合價銀十兆兩。

九十五年，棉紗自日本進口者(六)[亦]頗不少，每包價銀七十二兩，比印度紗價，每包貴四兩。此項日本棉紗，盡用中國棉花紡成者，其花之運赴日本時，既須付出口税，而紡成後運回中國，復須繳進口税，乃用此項棉紗紡織之人，尚能獲利，足見中國如果能自行紡紗，將來織成疋頭，其貨價之廉，當無出其右者也。加之中國工人夥多，有用之不竭之勢，所得區區工價，實非美國工人所能自給。上海如此，他處尤爲便宜，蓋該口工價已較内地豐厚，恐遠方男女，來謀食者，日繁有徒，雖離家不計也。

上海軋花廠，最大者計八家，所用軋車約五六百兩，大半係日本所造。此外華人之在家中，按設軋車數輛，以(力)[人]力爲之者，亦復不少。内地軋花，仍多用舊法，目睹情形者，莫不訝上海變態之速。凡此皆足以勉勵栽種棉花之業也。政府果能不重税廠業，則紡織繁而栽種多，滬濱既富，國庫自裕矣。查上海一口，棉花運至外洋者，前年約計價銀十兆兩。

上海繅絲廠，亦頗順手，其已開各工廠，約二十五家，新開蘇、杭各口岸，尚有在造未開各工廠數家，此美領事稟報紡織繅絲情形也。上年有美商數人，前來上海謀訂造中國鐵路合同，大半僅恃書信，通謁公使領事人員，並無委係公司派來承訂合同，即能照辦之確據。余非以此等商人所言不足憑信，但凡人之赴中國承辦工程者，應有商人的據，此則一定不易之論也。

上海應設賽貨場，按置美國各種機器出産，以供衆覽，此事尤須亟行開辦，其貨産尤必能迅速承辦。華人購物，每喜先見貨樣，僅示以繪圖知單，不足以使知其詳細，機器貨樣，華人尤求先睹爲快，然則開設賽貨場，此其時矣。

劉錦藻《清續文獻通考》卷三一《征榷三》　光緒二十三年，總理各國事務衙門奏，略稱：准軍機處鈔交司業黄思永片稱：自有加收洋税值百抽十之議，商情瓦解，上海華商，有將自立紡紗、繅絲等廠售與洋人，免虧血本者。紡絲若此，餘可類推。近年仿用機器，改造土貨，原欲以華敵洋，收回利權，華商虧折太甚，必紛紛閉歇，低昂物價之權，盡歸洋商等語。奉諭，著該衙門議奏。查前臣衙門奏請酌定機器製造貨物税章一摺，原因允准洋商製造土貨之後，不能爲中國土貨，隨地征收税釐，若不加重離廠税課，則洋商改造土貨，成本既輕，獲利必厚，中國土貨，必致滯銷，是值百抽十之議，原所以抑洋商之利權，保華商之生計。嗣於光緒二十二年准浙江巡撫廖壽豐電稱，製造征税新章，係爲洋商預立專案，但華商資本支絀，擬請暫緩開辦，以紓商力。臣以此項章程續與日本使臣林董定議，任聽中國征税，卻不能較華商有所增益，是日本從前不允納正税之說，業經争回，此項征收華商章程暫可緩辦，當經電覆浙撫，并電南洋大臣暨札總税司在案。兹據該司業奏請，臣等詳加商酌，自應仍照緩徵原案辦理，操縱可以自如，統俟洋商有開辦機器廠時，華洋一體征税，以免洋商藉口。

又湖廣總督張之洞奏，略稱：總理衙門具奏機器製造貨物酌定税則，奉旨允准，續據總税務司酌擬章程九條，經總署核定，由南北洋大臣通行各國在案。查光緒八年北洋大臣奏：准上海織布局，只完正税一道，概免沿途税釐，此後各省機器紡織，皆援此例。此聖主愛養民生之深仁，即古來通商惠工，以致富强之至計。此次加税之舉，在總署原意，謂華洋一律照加，以免洋商藉口，特是詳察商情，不免有損多益少之病。溯自馬關定約後，臣在南洋通商大臣任内，奉電旨飭令招商，多設織布織綢等局，廣爲製造，臣即宣佈德意招徠，中國商民知外人得來内地設廠造貨，莫不感激奮發，思有以防内蠹外漏之患，其議集股圖先著者，頗不乏人。凡各處稟請購器造貨者，臣多從允准，日爲之籌備廠地，歸併釐税，計畫銷路，江南、湖北紗絲各廠，更屢奏明助給官本，總冀厚集商力，以挽此外溢之利源。數年以來，江浙、湖北等省，陸續添設紡紗、繅絲、烘繭各廠約三十家。此外機造之貨，蘇、滬、江甯等處，有購機製造洋酒、洋蠟、火柴、碾米、自來火者。江西亦有用西法養蠶繅絲之請，陝西亦已集股開設機器紡織局。四川已購機創設煤油，並議立洋燭公司。山西亦集股興辦煤鐵，開設商務公司。至於廣東，十年以前即有土絲、洋紙等機器製造之貨。湖南、湖北兩省，已均有購機造火柴及榨棉油者，湖北見已考得機器造塞門德土之法，勸諭華商興辦，湖南諸紳，見已設立寶善公司，籌議各種機器製造土貨之法，規模頗盛。似此各省氣象日新，必且愈推愈廣，彼洋商雖亦聲稱集鉅資設大廠，而迄今造就者，只上海二三家。無如華商智慮，初開行銷未廣，已成之廠，獲利無多，未成之廠，集貲非易。洋商見我工商競用新法，深中其忌，百計阻抑，勒價停市。上年江浙、湖北等省，繅絲紡織各廠，無不虧折，有歇業者，有推押於洋商者，以後華商有束手之危，洋商成獨攬之勢。兩湖風氣初闢，商力甚薄，尤爲惴惴。臣愚以爲，洋商在内地改造土貨，本於華商生計有妨，是以舊約懸爲厲禁，今迫於時勢，不得已而允之，當就已成之局，熟權利弊，庶免我華商累上加累。竊謂今日各洋廠設否聽之，而華商機器製造之税如故，洋商開一廠，則華工習一法，洋商創一貨，則華民曉一用，華商用度較儉，土産較熟，足可與之相勝。果使華商本輕利穩，愈開愈多，洋商見華商已經充牣，利息愈分愈薄，則續開者自少。即如湖北織布廠一開，而江漢關進口之洋布已歲少千餘萬疋，可爲明證。目前華廠已將十倍於洋廠，是機器製造之利，洋商得其二，華商得其八。且就華洋各廠合計，出貨自多，税額雖輕，税數必溢，即使洋廠因税輕而争開不已，然洋廠所獲之優利，亦華廠之所同沾。且洋廠所在，一切物料工匠，必取之中國，是華商之利雖去其半，而中國農工畋魚之利，仍得其全。華民沾其利，又曉其工，則華商購機製造之廠，必不能絶，從古未有農工盛而商獨衰者。至於華商鼓舞，方見萌芽，遽行加税，則華商困阻於内，洋商抑勒於外，已成者歇業，未開者絶響，是九州之地産物力，萬國之巧法厚利，盡爲洋商壟斷。且洋商之究竟肯加税與否，亦尚不知何時，而華商則已先彫弊矣。合無仰懇天恩，飭下總理衙門，將值百抽十之新章，暫行緩辦，大局幸甚。

劉錦藻《清續文獻通考》卷四七《征榷一九》 光緒十八年，閩浙總督卞寶第奏，略稱：閩省小民種棉織布之法，素未講求，全賴江浙布商販運來閩，歲耗金錢百萬，以致生機日蹙。臣與在籍紳士籌商於省會創立織布局，招集織徒，市購織具，量給火食，限三個月學成，領機歸織，數月之後，每徒每月率能織布二十餘疋，試驗已有成效。經設局兩年，城鄉多仿照辦理，每年約出布四十餘萬疋，從此逐漸推廣，織務可以日盛。據各紳士稟稱，土布爲洋紗所織，貨粗價賤，行銷本滯，見既收其進口之紗税，又征其口内之布釐，是一征再征，價值愈增，銷售必阻，籲請免征進口税釐等情，當飭司道核議。據稟，織布官局所出土布，此時未旺，暫行免征，其民局運往各處土布，請照六折征收等情，具覆。行之將届一年，官局已有利益，民局售布尚少盈餘，似不得不酌減税釐，以示體恤，可否懇恩土布進口，免其再征，其運售出口，減爲四折征收，如所請行。

劉錦藻《清續文獻通考》卷六七《國用五》

劉嶽雲光緒歲出總表

常例	十一年	十二年	十三年	十四年	十五年
織造	六一六、九四六	五三三、四二八	七五三、六九一	八〇四、二九八	五四七、五八一

解京各衙門飯食經費各項支款

常例	十六年	十七年	十八年	十九年	二十年
織造	八七四、三六一	一、〇三一、三五三	一、〇三四、九一五	一、四〇〇、三八八	一、五〇四、〇七八

劉錦藻《清續文獻通考》卷三七八《實業一》 光緒一十八年，江蘇巡撫陳夔

龍奏：自元明以來，丁壯逐河漕之利，河流北徙，漕運改章，向之千指萬插者，今則悉成游手，窮而爲盜，取得幾微，罪至斬梟，其情可憐，非多籌食力之方，使之各有所事，則地方官寬嚴俱難措手。茲擬於江城外設立種植牧養工藝公司，藉以安戢游民，消弭隱患。種植之事，辨其肥料，備其器具，晝其水田溝洫，則天地所生成，小民所勤力者，皆可以學人之心思，而致倍蓰之利。至於通海之種棉，杭湖之種桑，雖不如西國之有專學，亦各以鄉父老所相承者爲祕訣。【略】就蘇省而論，南北一江之隔，樂苦奚啻霄壤，雖地有肥瘠，亦判乎人之勤惰。江北河湖海灘，雖經疊次開領，但閱時已久，復漲者有之，荒棄者有之，民情既惰於力，而復嗇於財，是以利棄於地。公司之設，必官謀所以補助扶提之，而以本地殷實紳商爲之先導。臣督同淮揚海道沈瑜慶設法籌措，先爲倡率。數月以來，仿造洋胰子、洋針、洋手巾各貨，並購地種桑，製機織布。【略】江北向未出絲，茲勸其蠶桑，擬援通海成案，暫免繭捐數年。以上粗具大端。其餘條目仍歸紳委籌議，由臣隨時核定，分別准行。得旨，辦法甚善，著即認真經理，以惠民生。【略】

〔宣統元年〕又農工商部奏：遵奉限期將本管事宜，應辦各要政，詳加釐訂，略分四類：曰調查，曰籌議，曰興辦，曰編制，約一百二十八條，分年列表。第一年，調查中外棉業。籌議各省設立農務總分會。籌辦自來水、京師工業試驗所。開辦京師農事試驗場。重建京師勸工陳列所，推廣內地及海外各埠商會，各處船會。招致華僑剏辦大宗實業。頒佈《農會章程》。晝一度量權衡制度。修訂商標章程。第二年，清釐全國礦山區域。通飭各省，照章檢留最通用之度量權衡舊器各一種，查核報部。調查各國賽會章程辦法。通飭各省，調查商品出入大概數目，商務衰旺情形，編成報告。籌議開墾事宜，林業事宜。通飭各省，籌設漁業公司，水產學校，化分礦質局，舉辦各省農務總會，設立蠶業茶務講習所，開辦京師工業試驗所、勸工陳列所。設立度量權衡官廠，製造新器。編輯《棉業圖説》，釐定獎勵棉業章程。修訂礦務新章，編訂晝一度量權衡各種細章。第三年，調查內地絲茶業及各省出産商品，飭查出入詳細數目，商務衰旺實在原因，編成報告。通咨出使大臣將各埠華商人數、商業册報。通飭各省，籌設農林學堂、農事試驗場，推廣保險辦法，舉辦各省農務分會，推廣蠶業茶務講習所，開辦化分礦質局。施行晝一度量權衡各種細章，頒行度量權衡新器，晝一京外度量權衡。商務總會以次設齊。頒《棉業圖説》、《獎勵章程》、《礦務新章》、《保險規則》、《運輸規則》，編訂《工會規則》。第四年，調查絲茶情形，全國礦務品數、産額、銷場，編製統計全國工藝及製造原料，調查全國著名工藝品。通飭各省，設專門學堂、工廠，研究改良各州縣籌設習藝所。各省會、各商埠，籌設工藝局、勸工陳列所，各省籌設礦務學堂、組織各種工會，研究工業改良法。籌設各省商品陳列館，籌議獎勵海外貿易，通飭商民出洋貿易，海外大埠華商、商會，及商船總會，以次設齊。編定各處酌留度量權衡一種，舊器與新器比較表。統計各省歷年商品出入、商務衰旺，分別列表，籌議改良辦法。頒佈商業登記章程，監督交易行政規則，整頓貨棧規則。第五年，通飭農會，編輯農務統計，列表報部。調查森林區域，籌議改良農業、絲業、茶業事宜。通飭籌議農事半日學堂，農事演説會場，籌議各省勸業會，爲賽會之練習。各省會及通商口岸商品陳列館，以次成立彙齊。各省商務報告，逐年比較列表，統計核定改良辦法，頒示商民。第六年，通飭各勸業道，編輯畜牧漁業統計，列表報部。籌議整理漁界，繪具圖説。籌設獸醫學堂，籌辦農林礦務警察，商團及國內賽會。通飭農會，改良農具，開拓農業，增殖農産，實行開墾辦法。商務分會、商船分會，各省勸業會，以次成立。釐訂振興絲茶辦法。第七年，通飭各勸業道，查明水利事宜，繪具圖説報部。通飭各省，籌設美術學堂。實行改良棉業，振興絲茶辦法。外埠商會各府及大埠商品陳列館，以次成立。編製歷年航業推廣比較表。第八年，考查農會、商會、船會辦理成績。籌議萬國賽會，設立商律，講明所開辦國內賽會。編製實業公司、局、廠逐年增進比較表。編製歷年海外貿易比較表。第九年，通飭報告歷年籌辦森林列表，統計調查改良棉、絲、茶商各業逐年進步列表統計。各州縣商品陳列館，以次成立。開辦萬國賽會，編製全國農産品，水利、森林、畜牧、漁業、礦産圖志，編訂全國工藝商業志，下憲政編查館知之。【略】

又廣西巡撫張鳴岐奏：【略】蠶桑爲農業大端，自梧州開設蠶業學堂以來，容縣、貴縣、隆安縣、左州、鬱林直隸州、那馬通判、馬平縣等處，次第設所講習研究，日起有功。龍州見亦撥款開辦蠶業學堂，以開邊地風氣。各屬出口絲繭，據梧州關税務司呈：到光緒三十四年，貿易册謂歲有增加。桂本宜蠶，提倡果能認真，此事可成大利。【略】臣於光緒三十三年，派員赴日本調查農林畜牧各事，冬間回桂，開辦農林試驗場，並附設農林講習所，去年將講習所改爲中等農業學堂，並派員赴歐訪聘農學技師，以期取法乎上。至講求工藝所關於實業者尤要，見在省城設立藝徒學堂、簡易工藝教員講習所，梧州籌設纈絲廠，各屬遍設習藝所，模範工廠。然以全省之大，工廠僅止此數，固不免萬室一陶，以全省之大，工廠皆由官辦，更不免博施猶病。顧不養成多數教員、技手，以待商民聘用，則雖欲從事工藝，亦無所取材，見正督訪提學司，籌設實業教員講習所，儲多數完美之教材，樹實業前途之模範。【略】

〔二年〕又東三省總督錫良奏辦理農工大概情形，略稱：【略】又奉省柞蠶爲出產大宗，見飭各屬農桑會，組織柞絲公會，研究改良擴充事宜，並飭地方官於新添山場，嚴加保護，不准增收捐項，阻其進步，故各屬柞蠶日見推廣。【略】至於工藝一項，省城則有官辦奉天八旗工藝廠、八旗女工傳習所、奉天第一女工廠、貧民習藝所、罪犯習藝所、造甎廠、官紙局、官商合辦之惠工公司、商辦之軍裝製造局共九處。查八旗工廠所出之各色氈毯，惠工公司所出之地毯，及花絨、木器，布匹，罪犯習藝所所出各種醬品、麪粉、皮件，皆爲特色。至貧民習藝所所出之皮韈，軍刀，及絲絨毯，爲東西國人所樂購，尤足示人步趨。省外各屬工廠，逐年增設。如商辦之錦縣第一工廠，鎮安集義公司，彰武東升城業工司，義州實業工廠，營口等處之機器榨油廠，及官辦之錦縣八旗工藝分廠，皆成效卓著，而出品尤以錦縣民立工廠所織愛國布，最受社會歡迎。前由官紳合議，在安東、蓋平兩處各設一繅絲廠，以塞漏卮。安東廠集股二十萬，商力不足，見由官代借十萬補助之。明年即可開辦，蓋平亦議有端緒。又因奉省游民衆多，易爲盜賊，飭由民政司勸業道擬定簡易籌款辦法，飭各屬籌辦貧民習藝工廠各一所，以消納游民，振興土貨，將來此項工廠若能一律成立，或於奉省工業前途不無起色。此辦理農工之大概情形也。

又農工商部奏彙核各省農林工藝情形，略稱：【略】臣謹案，中國以農立國，農業興而工商因之以起，於是有農工商部之設。乃設立數年，毫無裨益，弊且日滋，其所報各省已辦農林實業清單，空文而已，豈不重可傷哉。【略】

又奏各省見辦農林工藝大概情形，據湖南、湖北、江西、新疆四省，咨送官民荒地圖册，奉天、黑龍江、陝西三省，咨送造林區域圖册，均隨時咨覆，務期迅速籌辦，惟直隸、江蘇、安徽、山東、山西、陝西、福建、浙江、四川、廣東、雲南、貴州十二省尚未造送到部。至各省辦理情形，如設立農業學堂、農林試驗場，暨墾牧樹藝，凡關農林各項公司，及工藝廠、工業學堂、紡織製造，除上年奏陳外，其續報到部者，【略】工藝項下，密雲駐防奏設工廠，奉天奏設八旗工藝廠，並錦州八旗工藝分廠，吉林奏設實業工廠，工藝教養所，黑龍江奏設工藝製造局，福州奏設工藝局，兩江、湖北均奏設刷印局廠，陝西奏設西安駐防傳習所，伊犂奏設皮毛製革各公司。兩江奏設實業學堂，湖南奏設工業學堂，廣西奏設模範學堂、藝徒學堂、簡易工藝教員講習所，浙江奏設織造局藝徒學堂，並於各屬分設工藝局廠，奉天、安徽均奏設電燈廠，四川奏各屬設勸工局七十餘處。此外各省報部及紳商稟辦電燈、火柴、燭、皂、麪粉、紡織各項實業局廠、公司尚有四十餘處，此各省續辦農工之大概情形也。得旨：著該部按照奏定章程，通行各省，切實籌辦，毋任延玩。

又奏，查原單所開第三年農工商籌備事宜，計二十二條。農政項下，其調查內地絲茶事件，業於本年釐訂表式，通飭直省勸業道暨農商各總會，將該境絲茶切實調查，妥議辦法報部。農務總分各會，直省以次舉辦，總計總會奏准設立者十五處，分會一百三十六處。安徽設有柞蠶傳習所、蠶業講習所，福建設有茶業講習所，江西義甯州設有茶業改良公司，仍當通飭，一律推廣。工政項下，設化分礦質局，暫附於臣部。高等實業學堂內，已於本年開辦，俟經費充裕，再行擴充。《礦務新章》，業已修改完竣，計正章十四章八十一款，附章九章四十六條。會同外務部，奏准在案。度量權衡，臣部工廠，業於本年製造，惟各省需用浩繁，見正咨商各督撫酌設分廠，以資推廣，俟籌定辦法，陸續奏陳。《工會規則》亦經飭員分別編訂。【略】

又奏，第三年應行籌辦事宜，業經奏咨在案。查原單尚有頒佈《獎勵棉業章程》，開辦化分礦質局，編訂《工會規則》三項，爲本年應辦事宜。各項章程自應及時釐訂，俾資提倡。臣等督飭員司，採集成法，分別纂輯。以鼓舞誘掖爲獎勵農民之方，以分析化驗爲廣闢地利之原，以合羣研究爲擴張工業之本，計擬訂《獎勵棉業章程》十四條，《化分礦質局章程》十一條，《工會章程》二十五條，均屬農工切要之圖，如蒙俞允，即通行各督撫辦理。從之。

三年，兩廣總督張鳴岐奏籌辦農林工藝，略稱：粵省前於省城東郊創闢農事試驗場，上年復開辦農業講習所，添購地畝，併試林業，并於增步地方創設工藝局，附設家族工藝傳習所，以樹楷模。自光緒三十四年至宣統元年年底止，據各屬報關於農林工藝之事者，共計七十起，業於統計表內，逐項報告。查上年據報，創辦農林局、廠、公司三十二處，承墾荒地二十七處，農業學堂及講習所九處，造林四處，農務分會四十三處，分所十八處。又工藝一項，除工藝局由道籌設外，據各屬報設者，工藝局、廠、公司二十六處，工藝傳習所四處，工業會社三處，學堂五處。此外尚有興修水利未據報齊，其餘正在籌辦未據稟報等情。臣維粵省依山濱海，氣候溫和，土壤饒沃，山林川澤之美，自昔豔稱，且通商最先，人民精於貨殖，百工居肆，出品可觀，徒以服先疇而守舊矱，未能知所改良，力求進步，比年提倡勸導，各屬聞風鼓舞，漸知注重農工。臣到任後，察看情形，財政則異常困難，人民則相習游惰，自非先議禁賭，無以入手，而欲實行禁賭，又非廣興實業，無以爲善後之計。前已飭行工藝局内籌設家族工藝傳習所，並通飭各屬，擇地籌款，延聘技師，趕設家族工藝廠，用資教養，免流匪僻。此外，籌辦森林墾牧，改良製造蠶種，整頓絲業。振興漁業，設立水産學校。調查礦産，化分礦質，開闢市場。凡關於實業之大者，均已擇要，次第推廣，實力進行，務使地無棄利，人自謀生，以仰副朝廷振興實業之至意。

又陝甘總督長庚奏辦理農工暨礦務情形，略稱：農工商礦總局詳稱，甘省地廣人稀，加以兵燹頻經，地多荒蕪，童山彌望。自光緒三十二年設局提倡，即酌定《墾荒種樹章程》，通飭遵辦，年終報局查考。嗣據續報，墾荒地共二十餘萬畝，桃、李、槐、榆、楊、柳、桑、柘各樹，見種成活者，共九十六萬六千七百餘株，刻仍分飭推廣。惟開辦伊始，非切實講求，不足以昭信從，當於局内附設農礦學堂，招募學生，分科教授。旋因農林礦務，事屬兩端，復將農林學堂畫出獨辦，由山西聘訂農林教習，講求種植，研究肥料，即於農業試驗場，按法試種。其省城設立農務總會，每星期必集農民講習。此外，如中衛、張掖、碾伯、會甯、古浪等處，均已設立分會。其餘未設各廳州縣，已飭趕籌。棉業一項，甘省産棉之區，殊不多見，近由局派員在陝採購棉籽，並刊種棉章程，飭各屬具領試種，地氣相宜各處，如秦州、秦安、敦煌、高台等州縣，均已報有成效。此辦理農林之實情也。甘肅僻處西北，工業進化較遲，出産大宗如羊毛及牛羊皮張。就省城南關暢家巷舊有之織呢局，設法整頓，添購機器，僱覓洋匠，織造洋呢、洋毯、洋布，藉塞漏卮。並於總局附設之勸工廠内，區分栽絨、製革、綢布等四廠，及滷漆木銅器、蒲葦各料，由四川調雇技師，招募學徒。講求製造畢業者，已數十名，能織造大布、隴緞、甯綢及洋式花，牛羊皮，並裁絨皮包、皮韃、滷漆木銅各項器物，尚屬適用。各屬亦多聞風興起，甘涼則設有工藝教養局，織布廠，甯夏則設工藝學堂，階州設習藝廠，安化、玉門、鎮原、合水、平涼、成縣、正甯等縣設有工藝局，涇州並設女工藝所，敦煌則於四關各設紙坊。至習藝所，則各州縣相繼設立。其製造成品之最著者，如秦安之褐，肅州之石器，秦州之木器，平番之羽纓，靜甯州之斗紋布，涼州之水磨，馬鐙，西甯之折花刀，甯夏之裁絨毯、灘羊皮，銷售俱暢。其餘所製如帽盒、韡、鞋、絲、棉、腰帶、布疋、綫毯等物，亦各具始基。【略】

臣謹案光緒初年，左宗棠督陝甘，奏稱：鶯粟既禁，腴田改種草棉，廣植柘桑，關内外設蠶織局，收買桑葉、蠶繭，俾民獲利。蘭州織呢局，設機器二十具，所成益見精緻。道旁榆樹成林，自嘉峪關至省，除鹻地沙磧外，拱把之樹接續不斷。甘涼道鐵珊散佈羊種，孳生蕃息，尤覩成效。似當時農林工藝均有基礎，何以三十餘年未見發達，則創造有人，而鮮實心任事者之繼其後也。

又貴州巡撫龐鴻書奏辦理農工情形，略稱：黔省農林工藝，在昔均未講求，固由財力之艱難，亦苦交通之梗塞。自勸業道設立專官，年來農林學堂、蠶桑女學講習所、農事試驗場、勸工商品陳列所、農商各總會，粗具規模，各屬具報如遵義、都勻、黔西、鎮甯、赤水、羅斛、貞豐等屬之工廠，蠶桑學堂，山蠶講習所，蠶桑、艾粉、百合粉各公司，及他屬之茶業、棉業、漆業，均漸有進步。黔省素種罌粟，用力少而收效速，人民趨之若鶩，是爲實業一大障害。比年疊頒禁令，雷厲風行，果能痼疾全除，於振興勸導之方，較易爲力，但不預籌款項，諸事亦徒託空言。見擬就省城設一普通大工廠，擬分織布、製革、漆工、纊絲、軍裝、木工六廠，招徒學習。先由籌辦實業款内撥銀一萬兩作爲基金，餘則勸官紳捐輸。有能捐銀至二千兩以上或一萬兩者，擬請從優獎敘。商股以五十兩爲大股，五兩爲小股，嚴訂章程，以資信用。【略】

又山西巡撫丁寶銓奏辦理農工情形，略稱：上年農工商局會同士紳，照章於省城創設農務總會，其籌辦約分數項，曰提倡蠶桑，查報荒地，編輯農報，調查土壤，講求水利，保護森林。又催各屬設立分會，已報成立者，計太原府並所屬之文水、興縣，岢嵐州，大同府及甯武府屬之偏關縣等處。【略】至工藝一項，省城工藝局經營累年，延訂匠師，分類製造，共爲七科，曰布科、染科、玻璃科，毯科、木科、漆科、帶子科。該局製毯最精，而出貨無多，布匹、木器，銷路較易，玻璃一科，日後擴充，可冀獲利。省外如忻州、絳州、祁縣、襄垣、壽陽、盂縣、洪洞、臨汾、長子、聞喜等處，亦均設工藝局，大率以紡織布匹爲主。其織布廠較大者，計有四五處。歸化、甯武、潞安，向製絨氈，見經設法，改良歸化，所製尤精，前赴南洋勸業會賽會，得有文憑。其工藝學堂，省城有中等實業學堂，内附工業教員傳習所。甯武有初等工業學堂，鳳台有工藝學堂，靈石有藝徒學堂，平定於初等農業學堂内附設藝徒學堂。又太原滿營於光緒三十四年，設農工傳習所，分科教授，爲旗民預籌生計。至各項公司有火柴公司，葡萄酒公司，電燈公司，此辦工藝之大概情形也。

劉錦藻《清續文獻通考》卷三七九《實業二》 傅春官《江西農務紀略》：樂安縣，士人向不紡織綿布，節經勸諭，並諭富户購織機一二架，以開風氣。考取中西成法，撰爲論説，朔望在考棚演講，以開民智。

劉錦藻《清續文獻通考》卷三八三《實業考六》 工務 臣謹案工藝向不甚重，《通考》概未登載。自光緒二十四年設農工商局，工藝逐漸臚陳，礦産原列《征榷考·坑冶》，迨戊戌始立礦務鐵路總局，癸卯設商部省，路礦局入之，丙午更名農工商部。改通藝司爲工務，以鐵路畫歸郵傳部，而礦務屬焉。今遵之，二十四年以前統入坑冶門。

光緒二十四年諭廣興機器，爲製造貨物之權輿，見在開辦農工商總局，並飭各省開設分局，振拓庶務，應用各項機器甚多，著各督撫裁節冗費，籌備的款妥議，迅設局所，分别製造，以擴利源而資民用。

又署兩江總督張之洞札紡紗局改歸官辦文：湖北剏設紡紗局，原爲振興商務，抵制洋銷起見。建議之初，即以官任倡導，商任經營，作爲合辦，當委候補知府盛守春頤總辦，招集商股，訂立合同。本年該局工程將竣，機器安設齊全，不日即可開工，添派奏調廣東候補道王道秉恩駐局督辦，飭與各股商妥議章程，務使商得展布，官得句稽，互盡防維，兩有裨益。初意股本既各半分籌，即事權宜一律分任，而商慮局務或多牽掣，呈遞章程四條，仍以官爲保護，商爲經理爲請，繼議商既不願官分其權，是責成在商，官未便再添股本，祇能就已撥之三十萬兩按年取息，不問盈虧，而商又謂該廠需款繁鉅，力有未逮，堅請官再撥銀二十萬兩，大意但欲官助商貲，而不欲官關辦事，似此成見，難融合辦，諸多窒礙，不能不另籌變通。見據各股商請歸官辦，自應照准，飭盛守會同商董，將經手用款，及所造工程覆核，如果鍼孔相符，驗收屬實，准先撥還商本十五萬兩，給發印票，一年爲期，暫作存項，年息八釐。此外挪用莊款，統候核對清楚，分别歸還。以後應付機價，均由官爲經理。查紡紗局與官布局，地既相接，事復相同，應即以王道總辦紡紗局務，并另札布局稽查馮丞啓鈞坐辦，俟一二年後，辦有成效，再行招商接辦。

又總理各國事務衙門奏，覆給事中褚成博奏，洋商改造土貨，應籌抵制，略稱：原奏稱上年與日本訂約，准在内地改造土貨，各國援照條約，皆可一律仿行，從此華人自有之利權，盡歸外人掌握。查改造土貨，莫大於絲紡兩宗。絲銷外洋，皆由内地運去，紗銷内地，反自外洋販運，如悉就内地改造，則工價較廉，獲利自鉅。日本請於蘇杭設埠，其注意不外乎此，即西人乘機奮起，其肯綮亦不外乎此，若不設法抵制，勢必喧賓奪主，絶我生機。署兩江總督張之洞，深知繅絲、紡紗爲織綢、織布之本，因於蘇州、鎮江、南通州、無錫、金匱等處，勸商開設紗廠。又擬撥款，專在無錫設絲廠。總督劉坤一回任，亦以此爲當務之急。洋人每争一利，必合上下財力，慘澹經營，而華商勢涣情暌，力分財絀，自非官爲護持，壹志齊心，痛除向來官商隔膜錮習，斷難與彼族争權。請旨飭南北洋大臣，各先籌款二三百萬，在内地廣設絲紗機廠，以爲倡導，並飭各將軍督撫，酌度土宜，一體興辦。奉天、直隸等處，宜設織造呢羽氈毯之廠，其緊要關楗，首重得人。應嚴定章程，公舉股實廉幹商人，分任廠務，由官督查，不准絲毫瞻徇，並准大小官紳，量力附股，每届年底，將款目由總廠詳細刊送，如有混弊，不論何人，皆准赴廠辨詰，並許赴京呈控，查實後，除經管之人勒賠重處，並將督轄之大吏，量予處分等語。臣等查絲紡爲土貨大宗，欲設廠製造，抵制洋商，自非官商合力，廣籌鉅款，不能集事。上年奉旨，令多設織布、織綢等局，即據署兩江督臣張之洞、江蘇撫臣趙舒翹電稱，將息借商款銀二百二十六萬兩，移爲開辦商務局之用，先於無錫設繅絲廠，兼開繭行，此外各廠，擬設於上海或蘇州。至織布、紡紗機廠，約費銀一百萬兩，籌款另議。辦理經年，究竟籌款若干，設廠幾處，有無成效，迄未奏咨，即張之洞、趙舒翹擬移息借商款開辦商務局，究竟已否辦成，亦無續報。該給事中請集股設廠，應照行前年議覆御史王鵬運設立商務局，由各商公舉股實穩健之紳，派充局董，仿總税務司貿易總册式，年終由督撫咨送臣衙門通行在案。此次絲紡各廠，應查照辦理，第須附有股本，始能入廠查詢。原奏稱不論何人，皆准赴廠辨詰，恐滋紛擾。至督轄大吏，原當竭力維護，但祇能握其要領，不能瑣屑躬親，似難深悉廠中弊混。若有人舉發而不爲查理，或竟迴護，自應量予處分，以儆玩泄。請飭各省將軍、督撫，各就本省情形，切實籌辦，毋得徒託空言。

臣謹案，衣被之需，綢布爲最，綢布之出，絲紡爲宗。向來絲綢銷售外洋，而紗布則專供國用。自泰東西蠶桑發軔，華絲貿易，一落千丈，至木棉則美洲、印度等處，産品素饒，紗布製成，舶來競市，土貨固已奄奄無生氣。日本絲業雖優於英、意各國，棉業則相形見絀，良以所産不豐，原料率從他購，是其運輸多費，正與西商之水脚虧耗相侔，一旦訂立約章，許彼在通商各埠改造，一國作俑，而諸國援例，就近地選料，則成本既輕，招土人充工，則傭資尤廉，從此華人固有之利權，盡爲外人所占，日本更當制我死命，當軸者詎不知之，其如要盟城下何。【略】

又湖廣總督張之洞等奏：竊維《周禮》六職飭其材，《月令》五庫審其量。是萬物有曲成不遺之妙，百工爲自古政令所關。光緒十六年，臣譚繼洵到任後，會同臣之洞諭飭司道籌款興辦蠶桑。十九年，會銜具奏。近年廣招學徒，添設織機六十張，仿織江浙綢緞各料。精益求精，銷路愈廣，經費足資周轉。見擬擴充規模，就局中委員司事兼管，新募工匠學徒，講求工藝，以備農桑蠶織之不足。伏查内地所產麥草，本非貴重之物，織成草辮，粗細式樣約二百餘種，行銷甚有利益。【略】

又諭：振興商務，爲富强至計，必須講求工藝，設廠製造，始足以保我利權。王文韶面奏：粵東商人張振勳在煙臺刱興釀酒公司，採購洋種葡萄，栽植頗廣，數年之後，當可坐收其利。又北洋出口之貨，以駝絨、羊毛爲大宗，就地購機，仿造呢、羽、毯等物，亦可漸開利源。前經批准道員吴懋鼎在天津籌款興辦等語。著榮禄飭令該員吴懋鼎、張振勳等，即行照案舉辦。但使製造益精，銷路暢旺，自可以暗塞漏卮，以收實效。【略】

〔二十六年，〕又兩江總督劉坤一奏：前署督臣張之洞在兩江任内，疊奉諭旨飭令招商，多設織布、紡紗等局，以收利權。當以通州海門爲產棉最盛之區，奏派在籍紳士翰林院修撰張謇邀集紳商，就地設廠，招股共辦。並以前任湖廣總督任内向上海瑞記及地亞士兩洋行墊款訂購紡紗機器，全部發歸蘇州商務局招商合辦，均各奏明在案。迨臣於光緒二十二年回任後察知，商情觀望，領辦乏人，機器仍在滬棧，應還機價疊又屆期，磅價日昂，息款暗蝕。加之機棧保險以及華洋員匠隨機照管守候，裝配等費，閲時已多，需款更鉅。即飭前辦江甯商務局桂嵩慶籌款清釐，招商分領承辦。當查前項機器原奏内稱，合銀六十萬兩，係就其時磅價，約合庫平核算，且只統計正價，及來華運保各費而言，存滬棧租，尚不在内。又合同十九年在鄂所立，先由該洋行墊款代辦，其墊付銀兩，每年七厘起息。又由洋廠代雇洋匠，隨機到滬，派令經營守候，安放裝配，川資薪費，按約照給，原奏均未聲明。又按合同，機件仍有短缺，兩項續補津貼購價，亦原奏所未及豫計。時閲四載，款分六期，息款亦隨本遞減，磅價則積時愈增。以上各款，共規平銀八十七萬九千七百四十二兩有奇，均於上年付清。至此項紗機，本擬歸蘇州商務局領用，旋因蘇紳陸潤庠承領公款，另行購置，後招商股，屢議屢更。當經桂嵩慶與盛宣懷、張謇等疊次籌商，或以官機估本太重，商款受虧必多爲辭。因變通辦法，請公正行商，照時估值。

光緒二十八年江西巡撫李興鋭奏，江西無業游民，日見其衆，此輩皆逸居無教，專以游蕩爲事，甚者流而爲匪，無所不至。泰西各國，設有教工教正等院，收養無業游民，教以工藝，其法至善。《周禮》民無常業者罰之，蓋所以儆游惰而塞盜源，亦正此意。臣與新任藩司柯逢時再四籌維，擬於省城設工藝院一所，收儲游蕩及曾犯輕罰者，雇派工師教以工藝。院立三廠，一曰粗工廠，一曰細工廠，一曰學工廠。有衆人習藝之地，有每人食息起居之舍，粗工如蒲鞋、麥扇、草帽、麻繩諸事，教愚賤粗蠢之徒。細工則刷書、刻字、織帶、縫衣、製履、結網之屬，凡質地稍好者，使入而習之。學工廠則凡良家之不肖子弟，父兄師友所不能約束者，聽其送院，教以淺近書算，及精緻工藝，禁錮不能出外，以收其放心，以儆其惰行，並購致各種人力小機器，分别教之，各有課程，所習工藝製成發售，除酌量提還料本外，仍酌給本人，隨時察看，已知悔過自新，即行資遣出院，自謀生業。凡院中早作晚息，飯食醫藥，以至避暑給扇，禦寒頒衣，均定有章程，專派委員數人管理。此事見已先籌銀五千餘兩購地建廠，即日開辦，長年經費，由外籌款支銷，一面通飭各州縣就地籌款，各設一院，次第興舉，久之通省無業游民均有託業之所。得旨：收養游民，教以工藝，最爲良法美意，着即認真辦理。

光緒三十年，御史夏敦復奏：自海禁大開，西人以機力代人工，運我生貨製造成物，轉售於我，不特握我商權，抑且侵我工業。日本踵起，灌輸益繁。加以内地徧設製造廠，汽機之能力日增，胼胝之手足無用，以致各省失業者衆。京師爲萬方輻輳之區，游惰尤多。見雖設立工藝廠數處，然均爲抵制洋貨起見，雇工有限，而於無業游民沾被尚鮮。查泰西各國除老弱不任事者，别有專院養濟。餘如瘖聾殘廢，皆有學堂，教成一藝，俾贍其身。比類以觀，豈有爲中國之子民，處輦轂之重地，當膂力方剛之會，負官骸無闕之身，轉可任其閒游貧窘待盡者乎？請旨飭商户二部，會同順天府，廣籌經費，多立廠局，專收無業之民。咸令各習一藝，如紡紗、織布、織蓆、織帶、刻字、印書等事，皆令學習，專尚人工，不藉機器。恤其饑寒，加之董勸，少則一載，多或二年，藝成遣出，使得挾其所業自營生計。【略】

又廣西巡撫柯逢時奏：廣西雖號瘠區，而山澤所産，其輸於他省而取資於外洋者，歲亦數百萬。【略】據程道元將見造之土布、藤器、竹器、草蓆等項，呈驗前來，尚稱適用。較之廣東工作，無甚上下。復飭委員訪查，何地土産最多，何物銷路最暢，隨時改良，實事求是。期本地多一製造即開一利源，民間添一工師即少一游手。於樂事勸工之中寓化暴爲良之意，所需開辦經費，暫由派辦政事處挪款濟用，以資周轉。【略】

光緒三十一年，陝西巡撫夏旹奏：富國恃乎商，通商恃乎工。五行百産轉運者，商也；製造者，工也。陝西民智錮蔽，工皆樸僿，器鮮新奇，毛氈骨角，外洋收之，反手而得鉅金，棉花藥材，鄰省收之，製鍊而求善價。已所有者，一一流於外；已所無者，物物求諸人。一出入間，耗失匪細。固民之性質鈍，亦官之教督疏也。上年藩司樊增祥創設工藝廠，挑選少壯無業者百人，入廠學習，數月以來，若竹工、木工、草工、針工，各得其師傳以成器，雖皆粗淺，頗利行銷，而漸進精良者，則以氈罽爲特出。蓋畜羊翦毛以製氈，本陝人之故技，特工料偷減，製不求精，茲由廠員教督，揀毛務純，壓片務薄，染色務鮮，印花務細，製爲衣物，人争購之，近有訂購至數百牀者。查工藝重在製造，土貨地所不産與産而不豐者，皆可從緩，見定簡章，以氈毯爲首，次則棉花，居土産之多數，而秦人不自紡織，專運川省，近來局中改用洋紗，陝花遂無銷路，見派員赴滬訂購紡紗織布各機，教之織作以屯積之花，作章身之用，既可抵制洋販，并堪銷售鄰封。又次則南山出漆，箱篋、盤盒、几案、椅櫈之屬，可製也。華山多竹，簾、簟、筐、籃、蜀箋、宣紙之屬，可造也。若棉紗織帶，封羊爲裘，牛革打箱，豬鬛製巾，因地取材，因材製器，因器執工，因工謀利，使地無棄物，國無游民，於川招紙匠，於隴雇毯師，於閩覓漆工，分類傳習。於西門外得地一區，籌款興築，俟廠屋落成，機器運到，工師齊集，即添募學徒，日省月試，而秦民不患貧矣。【略】

光緒三十二年，又農工商部奏准通飭各省，研究工藝，並先酌予獎勵。略稱：臣部進呈陳列所貨品，面奉懿旨，應令各省，將製造各品，精益求精，力求進步。查工藝爲商務基礎，是以史遷有言，虞而成之，工而出之，商而通之。工商二者，實有互相維持之益。謹遵諭，通飭各省地方官及商會，將已有之工藝，極力改良，未有之工藝，殫精仿造，每年作爲課程，編成工業進步表，彙送臣部備核。本屆各省咨送陳列所各品，除廣東、浙江尚未解到外，其中如直隸、山東、湖南繡貨，及工藝局所製布疋等件，均係官廠製品，京師砂器、福建漆器、江蘇燙畫等件，均係該工匠自製精品，見在亟求進步，自應酌予獎勵。擬請將官廠製品，由臣部給予扁額，工匠製品，參照功牌式樣，酌給獎牌，藉示觀感。如果製品日精，卓著成效，再按奏定商勳給獎，以示等差，而表寵榮。又奏准工藝局擴充新廠，分設織工、繡工、染工、木工、皮工、藤工、紙工、料工、鐵工、畫漆、圖畫、鑿井等十二科，招集工徒五百名，聘募工師，分科傳習。並附設講堂，授以普通教育；設立成品陳列室，羅列貨品，以資研究；設立考工樓，搜集中外新奇製造，以備參考。擬定試辦簡章三編，計十五章，二百九條，已於十月開辦。計購地銀一萬三千餘兩，新建廠屋宿舍及售品所二處，計房九百七十餘間，需銀八萬八千餘兩，預備各科材料，成本需銀五萬兩，增置新式器具等項，需銀二萬兩，均係核實估計，由臣部如數籌撥。其常年經費，仍應按月核支，以重局務。【略】

光緒三十三年，又農工商部咨各省仿照鄂省機製麻貨，略稱：麻製各貨，爲民生日用大宗，中國各省皆有，惟製法粗疏，未盡其用。今湖北用機器織造，已著成效，各省應仿照辦理，化粗爲精，化賤爲貴，於農工生計，裨益非淺。鈔録原奏，咨行貴督撫查照，無論官商，如願照辦，即逕向鄂省查取章程，迅速開辦，以廣利源。

三十四年，又咨各督撫飭屬行銷土布，略稱：據江蘇海門商務分會總理劉燮鈞稟稱，通海土性宜棉，性輭絲長，推爲中國棉花之冠，除美國木棉莖葉高大，花實肥碩，稍讓一籌外，考諸紀載：棉花一名吉貝，來自印度。迄今比較優劣，通海之棉肥白，柔韌勝於印度孟眉，誠由工作之精良，不僅種類之高下。而通海之棉，亦分優劣，尤以通境東鄉海門西鄉各處爲最良，通海土布向銷東三省，每歲約銷十萬餘件。近年洋布盛行，洋紗充斥，以致土布減銷，倘能推廣土布銷路，俾各營兵士、各局警察、各校學生衣服，全用土布，則利權不致外溢，棉業藉可振興。擬求奏請定章，分咨各省督撫，轉行各局所，非特通海之福，抑亦産布各地之福等情。查近年紗布進口日增，實爲漏卮第一大宗，民間紡織漸至失業，所請係爲推廣土布銷路起見，自應照准。

臣謹案：光緒初元，海關進出口表，頗足相敵，其後洋貨進口，歲歲增加，考其大宗，則布紗實占多數，棉一而已。其博人所好者，華紗出自手工，洋紗出自機器，織成布疋，略判粗細，以此遂爲所奪，不獨通海一隅也。夫法行自上，民乃由之，衛文公大布之衣，以身爲率，衛國於焉中興。晏子謂國奢，則示之以儉。況鈞是布縷，論其堅緻，土布未必弱於洋布，不過時人心理厭故喜新，遂爾舍家雞而愛野鶩，民風之升降，民德之厚薄係焉。使稍具愛國之天良，土物心臧，人人自憬，一切舶來之物，行且吐而棄之矣。

又御史齊忠甲奏請講求工藝，略稱：美之立國，僅百餘年，而工藝之良，與英並駕。日本變法，僅四十年，而製造之物，中國暢銷。考進口之貨，每歲出洋之銀，不下萬萬，若能自行製造，即可塞此漏卮。今雖設農工商部，設勸業道提倡於上，然所謂保商勸業者，全係紙上空談，毫無實際。雖船廠、鎗廠、紗廠，均經設立，然無深明工藝之人，故物不精工而成本亦重。爲今之計，宜多派聰穎子弟，官給費用，往西洋研究專門，俟卒業後，擇優以廣其傳。各省如有能發明新理製造新器者，亦即優給獎勵，與以專利。如此或有振興之一日，而金銀差免外溢矣。

又伊犂將軍長庚奏：伊犂前購英美賓森製造廠紡紗機器，並鍋鑪、電燈機器，運費過鉅，見與直隸所設紡紗織布公司往返電商，以此項機器作爲股本，似於國計民生兩有裨益。得旨：著直隸總督查覆辦理。

劉錦藻《清續文獻通考》卷三八四《實業七》〔宣統元年〕又荊州將軍恩存奏：荊州駐防已設八旗工藝廠，另設女工傳習所，分授紡織、刺繡、裁翦、造花、養蠶各課。【略】

又農工商部奏：工藝爲廣興製造，改良土貨要圖。臣部悉心規畫，先後奏辦工藝局、高等實業學堂、藝徒學堂、勸工陳列所、女子繡工科。又選派滿漢子弟出洋學習工藝。各省所辦工藝事宜，業經報部者，直隸、吉林、四川、河南等處，均設工業學堂。京師、奉天、甘肅、熱河、察哈爾、新疆、荊州、廣州等處，均設工藝廠。京師、天津、荊州等處，均設女工廠。而紡紗織布各公司之報部者，四十餘家。織呢、製革、造紙、製瓷、玻璃、甎瓦、洋灰、火柴、水泥各公司之報部者，三十餘家。類能廣設專科，整理實業。【略】

農工商部《京師勸工陳列所章程總綱》

第一條，本所調取全國工藝出品及天產物，分類庋設，比較參觀，以期工業之改良。

第二條，自管理、總理、幫辦以下，設庶務、文牘、試驗、調查、會計、庋設六課，各設課長一員，課員酌設。

第三條，庋設課長、課員外，招募執事學生，看護物品。

第四條，本所陳列品分：甲調取，乙寄售，丙寄贈，丁寄陳等項。各項約分十部。一、農業附園藝。二、林業。三、水產。四、礦產及冶金。五、化學工業。六、染織工業。七、製造工業。八、機器及器具。九、圖繪寫真及印刷。十、專利品及參考品。

第五條，彙集各處工藝出品，分等加評，查與奏定獎給商勳商牌章程相符者，奏獎或酌獎。

第六條，凡爆發物，只陳列其裝潢模型。

第七條，設圖書室，搜集關於工商業各項圖書、報告、新聞等項，以供衆覽。

第八條，設參考室，選取中外物產可供研究者，特別陳列，以資參考。中國產：甲，重要之輸出品及認定將來之輸出品。乙，凡可與輸入品抵制及競争之物品。丙，凡可爲製造原料之物品。外國產：丁，凡可爲中國製造之模範，或商業上參考之物品。戊，凡外國彼此輸出競争之物品，及認定將來與中國競争之物品。己，外國市場由他國輸入，而爲中國所能製造之物品。庚，輸入中國之重要品，及可供製造原料之物品。

又吉林巡撫陳昭常奏：設實習工廠以當地所出物產爲準，曰機織，曰染色，曰木工，曰習藝。諸科俟成績日彰，逐漸擴充，以期普及。

又密雲副都統德麟奏興辦工藝，略稱：光緒三十三年，在密雲滿城南門外賃商房一所，刱設工藝廠，購置東西洋機器。在京津延聘工師，傳集八旗幼丁入廠學習，期以三年畢業，陸續添換。分設四科：一、織造各等愛國布疋。一、高機、臥機各種絲帶。一、新式衣帽。一、改良靴鞋。共設教習十六名，學生百名。總副會辦三員，監工、科長四員，會計、差遣、行售、採訪七員。委員等均無薪水，各盡義務。自開辦迄今，漸有成效。在事人員，先宜聲明，咨部立案。從前賃租商房，事出權宜，上年在滿城南門內就官有隙地，籌款修理工藝廠一所，計民房四十間，需費一萬餘金，由奴才等設法籌借辦理。

又四川總督趙爾巽奏：推廣農工各事，迭經飭屬籌辦，惟川省風氣閉塞，自奏設勸業道，極力倡導，計農林一項，已設有中小學堂及試驗場二十餘所，其絲、茶、棉三種，皆接踵興辦，漸有成績。工業一項，則分官辦、民辦兩種。官辦者，爲各屬勸工局製革、肥皂、火柴、印刷等專廠，兵工廠，工藝學堂，工藝化學試驗所，共計七十餘處。民辦者，爲造紙、火柴、川瓷、電燈、罐業、甎瓦、織布各公司，電鍍、玻璃、繅絲，機器各工廠。資本少者數千元，多者十餘萬，二三十萬不等，類皆改良土產，以擴行銷，仿製洋貨，以杜外溢。川省困於交通，爲效祇此，

此後民智漸開，自當力圖精進，以興實業，而挽利權。得旨：認真妥速籌辦，農工商部知道。【略】

〔宣統二年〕又陝西巡撫恩壽、西安將軍文瑞、副都統承燕奏：陝省分防較早，生齒最繁。安坐而食，生計日艱。臣等擬於省城設立駐防工藝傳習所，選取八旗聰穎子弟，入所學習，養成工藝人材，爲振興實業初基，即爲旗民自强本計。查有東門大街佐領署一所，地基甚寬，先築講堂廠屋三十餘間，並於臨街添修鋪房，爲銷售出品之地。其工藝暫分四門：曰紡織、曰蠶桑、曰製革、曰毛氈。就地取材，擇民間日用所需物品，研究製造，由淺易而精深。教授之法，則參仿學堂，工場二者之間，理論與實習並施。學額暫定八十名。按八旗四十甲，每甲挑選年齡程度合格者二名，由該旗佐領保送。該所開辦經費已於司庫籌撥銀六千兩，猶恐不敷，查旗庫積存馬廠地租，除放四孤外，尚存大錢一萬五千七百有奇，擬由此項提撥大錢八千五百二十串文，按照時價作銀六千兩，藉資挹注，將來工藝發達，行銷暢旺，仍當陸續歸還。至常年經費，由臣文瑞等率駐防員弁兵丁按月籌銀二百八十兩，臣恩壽飭司每月撥銀二百兩。見已擇定地基，督工建築。一面延訂教員，招募工師，選取學生，置辦應需機器物料等項。俟辦有成效，再圖推廣。【略】

《江西工務紀略》：光緒二十七年，臬司柯逢時改自新所爲工藝院。二十九年，南昌知府江毓昌於進賢門外創工藝廠，仿製西式木器，織造各種洋布。三十二年閒，臬司秦炳直擬設罪犯習藝所，以工藝院基地太狹，議遷蠶桑局內，廣闢工廠而習藝，乃以成立該所。工藝亦製西式木器，並織各色布，柳條布，毛巾等類，與工藝廠足相頡頏。

宜黄縣産夏布，每年約十三四萬疋。有機上白一種，織工極細。【略】

萬載出産，以夏布爲大宗。三十年，張令之鋭集股購基設工藝院。稱本地所織夏布，改良提花。函託浙友雇訂工匠，擬擇簡易可行者試辦。如舊出繡貨，花色甚劣，緣繡匠不識煊染烘托之法，所繡山水人物，不能惟妙惟肖。若用善畫者先爲摹本，再令繡工繡之，教以畫法，必能逐漸改良。且工本無多，不難猝辦。【略】

又上饒縣周令邦翰稱：縣産夏布，其工之細密者，名曰千扣女兒機。如年逾二十之女子，目力不及者，即不能織。惜所出不多，已飭鄉民加工多織，以收利益。【略】

雩都縣以造紙、熬糖爲大宗。城鄉多種苧麻，向俱搓作錢串。三十一年，張令承祖諭紳民仿織夏布，北鄉、青塘一帶已有仿織者。【略】

甯都州産以夏布爲大宗。三十一年，淩牧祖穀諭各機户延雇提花工匠，試織起花夏布，以增價值，而廣銷路。【略】

武甯州素産土絹，惟粗劣不堪，夏布亦織而未精。三十年，王令濬道設立工藝局，購機紡織，力求改良。【略】

臨川縣北鄉民家慣織布，而不善剥麻，遂不種麻。廩生桂汝章等，雇湖北麻師教之，漸知剥麻之法。【略】

三十年，南城縣倪令廷獻建工藝廠，收養游民及輕罪人犯，雇教習四人，教織毛布巾、東洋花布。鄉閒亦漸有仿辦者。【略】

三十年，廣昌縣王令渭濱稱：縣産夏布，粗而不潔，見飭赴甯都延雇工師，教以紡績、漂織諸法，以冀改良。【略】

宜春縣産夏布。【略】

萍鄉縣婦女績麻有極細者，織成夏布，勝過於絹。【略】

三十一年，安仁縣李令瑋堂稱：民務耕種，向無大宗工藝。前擬造竹紙、竹器，緣地瘠民貧，迄無成議。縣屬種麻尚多，惜未諳織夏布。見籌赴廣信雇織工數名，先於城内廟宇設機教徒學織。本地織成棉布粗劣異常，捐廉購買湖北巴河及南昌所織之布，分給四鄉，勸令改良。又稱：種桑育蠶，其利甚厚，業經出示勸辦，擬由農工商務局先爲試養，以開風氣。【略】

〔三十三年〕梁世淮集股在縣城設織布公司，均經立案。【略】

德人《論中國工藝》：東方諸國工藝，初興機器，亦漸推廣。邇來紡織機器自泰西運往者日多，時局關係非輕。今年中日兩國所用之紡紗機不下二百萬副。初興之勢如此其盛，試思中華之大，人民之衆，若能各事殷勤，棄舊從新，進境正未可量。紡紗機其已然者也。又因銀賤金貴，西工更難與東工争勝。不獨今日爲然，將來亦無不然。何也？機器之用，彼已植其根矣。且聞中國新例，寬待創用機器之人，納税從輕。勿謂東方振興工藝無礙於西商也。有占尾臣君著《論中國新興工藝與棉布廠之情形》，預料其將來進止。謂紡織之業必靠棉花，棉實中國之土産，必無欠乏之患。近揚子江口之地，均屬肥美，宜棉。見種棉田不少，尚可增益無窮。一千八百九十五年，中華棉花出口共重二百二十兆磅，運往日本者多。同年進口之棉紗綫，共重一百四十兆磅，多來自印度之孟買。千八九六年，進口棉紗共重二百兆磅。觀其出入之巨數，知就地紡紗必有餘利。試將出口之花與入口之紗各一百兆磅而比較其價，則差至六十萬餘磅，約合華銀四百萬兩。可見每三十磅棉花獲利銀一兩，爲工費與商本所同沾。若中國能將棉自紡爲紗綫，可得厚利。去年中國由日本運來棉紗共重十二兆磅，前年祇二百五十萬磅，增多四五倍。另由日本運來洋布、手巾、面巾之類，亦屬不少。然所增不如棉紗之多。凡此諸項，皆令華商起更變之念。且華商志在與各國争利，非在本國争利也。【略】千八八八年，日本祇有紡紗機十一萬三千副，每年紡棉紗十三兆磅。千八九三年增至八十八萬三千副，紡棉紗一百五十兆磅。今年日本紡紗機器約計已有一百二十五萬副。查千八八三年，織綢緞棉布共爲二十五兆碼，並無出口。至千八九三年，增至六百零五兆碼，出口者得值三兆餘磅。又查千八八六年，其商務之出入合計值銀八十六兆圓。至千八九六年增至二百八十九兆圓。可見日本之興，適當銀價低落之時，然則銀價之賤正爲彼國之益，未見有害於彼也。

劉錦藻《清續文獻通考》卷三八五《實業八》　棉紗業　紡紗織布，乃我國舊時家庭工業，惟棉種自印度傳入後，從未改良，品質日劣，纖維粗短，益以紡績之技術簡陋，産品粗糙，外國棉布輸入，雖耐用未逮土貨，而輕軟則其特色，故國人競購用之。光緒十四年，北洋大臣李鴻章爲挽回利權，始設機器織布局及紡織新局於上海。外人在上海設紗廠，始光緒二十一年，如美之鴻源，德之瑞記，英之怡和老公茂，日之東華等廠，均於此時成立。惟見在祇有英、日二國。自光緒十九年至二十五年，合上海、武昌、無錫、甯波、杭州、蘇州、南通、華洋各廠計之，爲廠十五，爲錠五十六萬五千，頗極一時之盛，嗣後逐增至四十一廠，爲錠一百十四萬五千。歐戰開始，我國紗業局面爲之一變，因英國來貨驟減，價格日昂，不得不自謀發展，於是國内新設紡績工廠，增至一百二十九所，爲錠三百五十三萬七千。茲將近年國人自營之紗廠列表如左：

省別	工場數	錠子枚數
江蘇	四一	一·〇三二·七〇六
直隸	九	二三七·三七〇
湖北	五	二五七·八九〇

（續表）

省別	工場數	錠子枚數
河南	四	一一九·〇〇〇
浙江	三	四九·七六〇
山東	二	五八·〇〇〇
安徽、湖南、山西、奉天、江西	五	一〇四·〇四〇
總計	六九	一·八五八·七六六

上海、包寶山。無錫、通、崇、海、包南通、崇明、海門。武漢、包武昌、漢口。青島、天津，爲我國六大紡織業中心，就中以上海爲最重要，其錠子枚數，占全國百分之五十五。茲將廠錠數目，按股東之國籍，列表如左：

國籍		上海	無錫	通崇海	武漢	青島	天津
華商	廠數	二三	六	六	五	一	六
	錠數	六七七·〇〇〇	一四二·〇〇〇	一七二·〇〇〇	二五七·〇〇〇	三二·〇〇〇	一七四·〇〇〇
日商	廠數	三二			一	九	
	錠數	九三九·〇〇〇			二二·〇〇〇	一九五·〇〇〇	
英商	廠數	四					
	錠數	二〇五·〇〇〇					
總計	廠	五九	六	六	六	一〇	六
	錠	一·八二一·〇〇〇	一四二·〇〇〇	一七二·〇〇〇	二七九·〇〇〇	二二七·〇〇〇	一七四·〇〇〇

近年世界各國紗廠錠子之枚數列表如左：

國別	已裝錠數	在裝置中錠數	吾國已裝錠數與他國比之百分率
英國	五七・一一六・〇〇〇	三〇八・〇〇〇	五・九%
美國	三七・九三七・〇〇〇		八・九%
德國	九・五〇〇・〇〇〇	一六九・〇〇〇	三六・六%
法國	九・二四八・〇〇〇	六四・〇〇〇	三七・六%
印度	八・五〇〇・〇〇〇	一〇〇・〇〇〇	四〇・八%
俄國	七・二四六・〇〇〇		四六・三%
日本	五・二九二・〇〇〇	一六五・〇〇〇	六三・四%
意大利	四・七七一・〇〇〇	一〇九・〇〇〇	七〇・二%
捷克	三・四七一・〇〇〇	五六・〇〇〇	九六・七%
中國	三・三五〇・〇〇〇	一四・〇〇〇	一〇〇・〇%
世界總計	一四六・四三一・〇〇〇	九八五・〇〇〇	二・一%

自表面觀之，國内紗廠錠數華最多，日較遜，英最少，當然華廠占優勢，然事實則不盡然。七八年來，或減少，或停止，或暗借日款，或公然將廠售諸日人，故就實際論，運轉錠子華廠不及日廠之多，雖以金融疲滯，棉貴紗賤爲主因，而主持者之乏遠見，及企業才能殆不可諱。今外籍紗廠，惟日發達最速，緣近年修正關税，棉紗進口，僅徵單一之從價税者，改爲紗之粗細，定徵税多寡之複雜從價税，日本國内紡織業者患之，決議來華設廠製造，以免進口税之重徵，其錠子枚數增至一百十六萬三千餘，蓋已視爲日本紡績業之拓殖地矣。

恒豐紡織新局　由李鴻章在上海剏辦之紡績新局改組而成，初爲半官性質，繼以失敗，改爲商辦，中間迭次改組，最後乃改今名。工場在楊樹浦華盛路，占地三十四畝，分老紗廠、新紗廠、織布廠三部。光緒三十三年，歸湖南聶氏經理。

三新紡織有限公司　由李鴻章在上海剏辦之機器織布局俗稱洋布局改組而成，該局成立於光緒十六年，資本四十萬兩，其出品祇完海關正税一道，釐税概免。籌備三年，猝遭火毁，乃由盛宣懷招股，定商股爲八十萬兩，迄不能達三分之一，由他方籌募開辦，改名華盛紗廠，是與紡織新局，實我國紡織業之權輿。因辦理失敗，迭次改組，曰又新，曰集成，今爲三新。往年聘英人馬賽爾總理，向香港政府註册，有英商名義。失慎被焚，重行規復工場，面積約三百畝，錠子六萬九千枚，織機一千部，規模宏大，在華商紗廠中，無出其右。

申新紡織公司　榮宗敬等所經營，初僅二十萬元資本，旋事擴充，工場增至五所，資本額在一千萬元以上，錠子二十餘萬枚，平均日可出紗一百十餘包，布千餘疋。惟因與茂新及福新麪粉公司有關係，故每日所出布，約四百餘疋爲供製麪粉袋之用。

永安紡織公司　永安公司之附屬公司，爲前澳洲雪梨金山華僑所營之百貨商店，徧設廣州、上海、香港等處，撥盈餘銀六百萬兩，作紡織資本，在上海楊樹浦引翔港購地築廠紡紗，又以一百五十萬兩買吳淞蘊藻浜大中華紗廠爲第二廠，廠地一百五十畝。開辦以來，力求進步，大部份之出品皆由永安及百貨商店代銷，華僑經營之紗業，當以此爲權輿。

内外棉株式會社　日商組織，總公司在大阪，有分廠十七所，工場十八所，第一廠在大阪，第二廠在兵庫，餘十五廠在中國，分佈上海、青島、金州三處。宣統三年設第三廠於上海，進行迅速，愈推愈廣，非我國各廠所能望其項背。

日華紡織株式會社　日人經營，有工場四所，第一廠乃收買英商鴻源紗廠。鴻源初爲美商，後改英商，華人亦有投資，自售與日商，從事改革，半年即獲盈餘，總數三十一萬餘元，可見其營業之發達矣。

日商上海紡織公司　歸三井洋行經營，原在香港註册，名上海紡織有限英國公司，後改在日本註册，遂更今稱。光緒二十六年，三井收買某廠改名三泰，又買華商大純廠，三十四年，二廠合併，名大純爲第一廠，三泰爲第二廠，復添資本，另闢工場，名爲第三廠。

嘉和紗廠　日商買華商寶成紗廠組織而成。寶成原有三廠，錠子數，第一廠四萬一千餘，第二廠六萬九千餘，第三廠二萬四千餘。初尚發達，繼而不利，先後向日商東亞興業株式會社借款五百三十萬元，到期不償，遂爲日華紗廠投標五百六十萬二千元所得。

怡和紗廠　英商經理，乃合怡和公益及楊樹浦三紗廠而成。此與德商瑞記、美商鴻源、英商老公茂等同爲洋商在中國首設之紗廠，成於光緒三十一年，逐漸推廣，遂爲華洋紗廠中最完備之一。分織紗、織布、織氈三部。織氈部出品以棉氈爲主，其緯紗大半爲紡紗部之廢花所紡成，成本較廉，易於銷售。公益廠於宣統二年成立，其初係華人資本，爲無錫祝某等創辦，後利用怡和洋行以推廣銷路，讓一部股份於英人，改爲中英合辦，今全入英人之手。楊樹浦廠又名新怡和紗廠。初設香港，光緒二十四年開辦，名香港織染廠。繼因該處紡紗不宜，移上海。

通崇海大生紗廠　光緒二十一年，兩江總督張之洞以馬關條約許日人在內地設立工場，乃謀自設織布織綢等廠於江南北蘇州、通州各一，蘇任陸潤庠，通任張謇爲設公司，集資提倡。次年張謇與督臣劉坤一議興通州大生紗廠，招商勸股，計定紗錠二萬，股本六十萬，分舉通董、滬董任，通州集股二十萬，上海集股四十萬，張則任通官商之郵，乃廠基相定通州之唐家閘陶朱壩。後董事樊時勳、陳楚濤以集股不易辭職。會劉坤一以南洋紡織局之紗機四萬八百錠，連同鍋鑪引擎存上海楊樹浦三年，日益銹壞，令道員桂嵩慶貶價出賣，於是議用官機，或以官機估價合股，乃請人公估作價五十萬兩，雙方議定以機器作爲官股，另集商股五十萬兩。議粗定而商董郭茂之、潘鶴琴恐加入官股，必多掣肘，翻悔不用，張與之往返辨釋，終於無效，遂與大生脱離關係，乃與盛宣懷議，合領官機作價二十五萬兩，各招商股二十五萬，分設通、滬兩廠，盛任滬，張任通。光緒二十五年四月，通廠開車紡紗，綜計前後五載，集股不足二十五萬兩，而盛之滬廠，則始終並未開工。通廠開車後，幸紗價日長，進行頗利，故基礎亦漸固，至光緒三十年，張以盛所領官機尚擱置在滬，乃復招商股三十三萬兩，增廠以容之，共計前後官本五十萬兩，商本六十三萬兩。近十年來，公司資本總額增至二百五十萬兩，此第就大生第一廠而言。第二廠開辦於光緒三十三年，在歐戰期內，二廠獲利均豐，故張又有第三、第四、第五、第六、第七、第八、第九廠之計畫，繼因歐戰停後，金融停滯，棉貴紗賤，僅第三、第八二廠成立，其餘均無形停頓，且第八廠設備告竣後，曾租與永豐公司開辦，今方收回。

華新紗廠　周學熙等所經營，有工場四所。我國青島之紗廠，多爲日商，華商祇一。華新本擬在青設二工場，後以棉業疲滯，僅設其一，爲提倡國貨起見，准免繳釐税。今四廠資産約值一千萬元以上，錠數約十萬枚以上，北方之有華新，猶南方之有申新也。

天津裕元紗廠　在天津小劉莊。最初僅有錠子二萬五千枚，後以獲利豐，逐漸增加，故該廠近年計有錠子七萬一千八百四十枚，布機五百具。機器均來自美國，廠内各種設備，亦至完善，有彈子房、圖書館、讀書室等。天津紗廠，除華新、寶成外，多用童工，惟該廠藝徒年齡至少須十二歲以上，非若他紗廠漫無限制。

武昌湖北紡織官局　張之洞總督兩湖時所辦，有絲、紗、布、麻四局。絲局建於光緒十七年，紗布局建於二十年，麻局建於二十四年，四局資本估計二三百萬兩，官辦殊鮮成績。光緒季年，租與匯豐銀行買辦某所組織之應昌公司。宣統三年，總督瑞澂與該公司解約，改交大維公司承辦，未幾，因亂停頓，後租與楚興公司，議定押租二十五萬兩，年租十一萬兩，押租撥還應昌官欠，再由每年租金項下扣銀四萬兩，六年後扣清，以抵楚興之押租。紗、布二項，在武漢本地出售，概免税釐，轉運他埠，在江漢關祇完一正税，沿途概免税釐，牌匾仍存湖北官局名義，楚興資本一百三十萬兩，先收六成，據云有四十三萬兩，爲應昌舊股。

織布業　我國衣被，多取之棉，故消費特鉅，距今四五十年前，棉布之輸出歐、美、日本者，爲額頗可觀，今則多限於南洋一帶。海通以後，外棉輸入，日多一日，論者謂國人果能停購外布而貯其款，歷十餘年，其金額可償外債而有餘，良非虚語也。政治家鑒於漏卮之大，亟思補救，如李鴻章之創立新式紡織紗布廠，今廠較當日增百餘倍，而外布輸入仍如潮湧，此固與棉種不改良，及缺乏原料二者有關，織布業之萎靡不振，實爲一大原因。手織、機織生産力之大小，相去甚遠，江蘇、浙江、湖北、江西、四川、福建、廣東、直隸等省，自來織布最盛，故手機較他省爲多，其産品名稱頗多，品質參差，幅長不一，有有色無色之分。自來輸出，以土布爲最著名，多來自天津、廣州、汕頭、漢口等處。近年我國紗廠，多設機械，品質大致彷彿，以上海所製者較優，産亦較富，故可與外來棉布競争。國内所産之棉布，以粗布爲最多，每年約在二百萬疋以上，如直隸之高陽、天津及饒陽等處，諸織造大尺布、提花布、愛國布等之工場，在海關享有洋式貨物製造之免税特權。【略】

據近年聯會報告，各紗廠所設之織布工場，總計四十八所，華商二十七所，布機一萬三千七百七十六架，日商十一所，布機九千五百四十六架，英商四所，布機二千三百四十八架。

劉錦藻《清續文獻通考》卷三九二《實業一五》〔宣統三年〕又諭農工商部奏整頓棉業攙雜水泥諸弊一摺，棉花爲土貨大宗，每年出口爲數甚鉅。亟宜推廣銷場，力圖進步。乃内地商販希圖小利，往往攙雜水泥，致與行銷有礙，於棉業前途，所關匪細。著該部妥訂檢查辦法，明定罰章，通行各省，一律遵辦。上海爲通商巨埠，尤宜加意防維。著督辦稅務大臣飭由滬關，切實查驗。並著南洋大臣飭上海商務總會，遴選通曉棉業人員，幫同經理。果能辦有成效，准由該部奏明給奬，以清積弊而闢利源。

臣謹案，華商之罔顧大局，豈習俗移人耶？仲尼曰：無見小利，見小利則大事不成。此言宜早自猛省也。我華土產大宗，絲與棉號稱伯仲。往者絲業墮落，蓋坐灌絲以水，洋商採購者，輒望望然去之。乃棉花復攙雜水泥，外人詬誶紛來。此後業棉利權，將並爲日本所奪，防杜之法，何可不籌？雖然，經商當以信義爲歸，廉恥爲尚。檢查縱密，弊竇殊多。則不如自檢其身心，商業前途庶有賴乎。

《光緒朝硃批奏摺》第一〇一輯《工業·紡織》杭州織造奴才文治跪奏，爲織務情形，今昔不同，勢難驟復舊制，懇恩暫准援案，仍照市價採買造報，以全要工，恭摺仰祈聖鑒事。

竊於同治十三年十一月二十八日，接准户部文，開本部具奏杭州織造各項緞匹活計，需用絲斤工料等項，援案奏請統照例價報銷，以復舊制一摺，於十一月十五日具奏，奉旨依議，欽此。欽遵行知到浙。查原奏内稱：江甯、蘇州兩織造，近年織辦各項緞匹，需用絲斤工價，按照市價，業經臣部附片奏明，截至同治十三年爲止，以後概不准援照，至辦解貢品，動用銀款，亦自本年截清，嗣後仍不准作正開銷等，因於同治十三年九月初八日具奏，奉旨依議，欽此。

查杭州織造與江甯、蘇州事同一律，相應請旨，飭下該織造，自同治十四年爲始，無論大運趕運，及各處派辦活計，所有應行採辦絲絨金線及煉染花本一切工料等項，悉照例定價值報銷，不得於例外加增。至應辦貢品，仍不准作正開銷。所有每年織務應用銀若干，並飭會同浙撫酌核奏明，作爲定額各等語。奴才接閱之下，細繹部意，係爲節省庫儲起見，自應遵照。惟例價與市價大相懸殊，溯查從前辦理運務，例價本不敷用，全賴兩浙鹽務，按引納銀五分，以資津貼。兵燹後，桑樹伐取爲新，民間育蠶稀少，兼因鹽務改章，津貼無著，經前任織造鶴祉奏請，暫照市價採買，嗣經部議，迭由浙江撫臣飭縣查明價值，奏經部議覆准遵行在案。伏查浙鹽旺銷之時，每年所需津貼三四萬兩不等，其時尚無工部及另傳活計，所籌貼款，係專爲大運趕運而設，所銷運務，正款不過八萬兩左右。蓋因時值民康物阜，物價本極輕微，故辦理尚覺裕如。今則運務所派既增於前，而物價之昂又非昔比，每年據牙釐局解到錢十二萬串，儘數易銀，按照市價發辦，尚不及十成之四，若如户部所奏，概照例價報銷，則不敷之款勢必仍需津貼，無論兩浙鹽務銷數現在能否足額，即照從前額數按引交納，仍屬不敷織辦，且例價之中，尚有坐扣之九分申餘銀兩，以抵裝盛解費，不另作正開銷之款，所餘實銀無幾。

查上用絲斤，經絲名爲雪白，緯絲名爲亮白。以無幾之實銀，購雪亮之絲斤，勢難强令商民必售。此外煉染金工市價，亦未見平減，此辦理運務，萬難驟復例價之實在情形也。至另傳另辦之件，所需工料，較之運務更形繁鉅。如工部派辦誥敕制帛纛衣等件，近因疊逢覃恩慶典，傳辦較多，其内務府造辦處所派各項緙繡活計，均係隨時傳奉特旨派辦，飭令加工細繡，其中所用絲絨金銀各線，必須潔净精純，尤非例價所能購取，若非另籌津貼，亦難措手。然值此庫款支絀之時，遽向撫臣再籌另傳另辦之貼款，亦更難於設法。且每年傳辦並無定數，每年需用銀若干，無從懸擬，此工部派辦暨另傳另辦之難以驟復舊制，并不能拘定銀數之實情也。奴才再四思維，萬分焦灼，與其貽誤於將來，曷若申明於早日。查上年新絲價值稍平，業據德清縣查復，雪白經絲每兩該庫平紋銀二錢九分五釐，亮白緯絲每兩該庫平紋銀二錢七分二釐七毫，核與同治十二年奏咨價值減少二成有奇，已准撫臣楊昌濬咨會附片，奏懇恩施，仍照現查市價分別造報在案。並准江南、蘇州兩織造，先後鈔奏咨會前來，亦以今昔情形不同，難以規復舊制等因，據情具奏各在案。

查杭州情形，與江南、蘇州事同一律，合無仰懇天恩，俯准奴才衙門，承辦運務暨另傳另辦各件，所需絲斤，煉染金線工料，仍准援案，暫照市價採買造報，俾全要工而免掣肘。出自聖主逾格鴻慈，以後新絲登市，仍當咨由撫臣飭屬查明，取具牙行甘結，據實奏報，以杜浮冒。奴才惟有隨時嚴督經承撙節，估計核實造報，斷不敢稍涉虛糜，自負生成，仍俟物料等項價值平減，與例價相等，再請歸復舊制，是否有當，奴才未敢擅便，所有查明織務，今昔情形不同，懇請仍照市價採買造報，各緣由理合恭摺具奏，伏乞皇太后、皇上聖鑒，訓示遵行。再，三節貢品，係開關時呈進之件，向不作正開銷，緣關稅停徵，無可籌辦，因三節貢品係預備內廷應用，及頒賞外藩之需，經內務府奏准，仍按三節恭進，准其作正開銷，行知遵照。惟時交辦活計甚多，庫款支絀，深恐顧此失彼，曾經奴才會同撫臣合詞暫請緩辦，奉旨允准在案，嗣後關稅如能開徵，再行恭辦，合併陳明。謹奏。

軍機大臣奉旨：户部議奏，欽此。

光緒元年正月二十四日

杭州織造奴才文治跪奏爲請旨遵行事。

竊查奴才衙門，陸續奉内務府造辦處傳旨派辦活計，除已辦解完竣不計外，查有同治十三年四月初十日，准造辦處文開奉傳織辦緯絲加大紅壽字龍袍褂三套，緯絲氅衣三十六件，襯衣五十九件，圓金緞二百匹，圓銀緞二百匹，繡花緙紬一百匹，共估銀八萬七千餘兩，據藩庫解過銀四萬兩，已將緯絲龍袍褂面，氅襯衣面，繡花緙紬等項，趕緊辦就，先後具摺解交。奉硃批：知道了，單留中。欽此。欽遵在案。此款計尚有未辦之圓金銀緞四百匹，嗣後未准藩庫續解銀兩到織，故未能一律辦竣。又於十月初十日奉造辦處發交緞樣四匹，飭令照樣每匹各織一百匹，計共圓金銀五彩緞四百匹，並隨鈔奉硃諭一道，飭限次年四月初旬解京等因，欽此。奴才遵即選購工料，一面飭承核實，估需銀二萬五千餘兩，僅據藩庫解過銀一萬兩。又於十一月初一日奉造辦處傳辦大紅緞紗繡花袷衣四百件，隨帶四百條，估需工料銀二萬七千餘兩，據藩庫解過銀一萬兩，均已按照解到銀數，發工織辦。

奴才伏查以上各件，既經造辦處傳奉特旨派辦，立限解交，自應遵照催撥款項，趕辦完竣。且既經發織在工，難以中止，查奉傳各件，除緯絲氅衣一款，業已解交過半，僅餘圓金銀緞四百匹未辦，其續後奉傳圓金銀緞四百匹，又大紅緞紗繡花袷衣四百件，隨帶四百條兩款，按照藩庫解到銀數發辦，尚不及四成。奴才籌思至再，擬請將藩庫解到款項，業經發織各件，儘款辦解外，所有未完各件，現查藩庫尚無續撥銀兩到織，或俟有款，再行接續辦解，抑或暫緩織辦之處，奴才未敢擅便，相應請旨，欽遵辦理，伏乞皇太后、皇上聖鑒訓示。謹奏。

軍機大臣奉旨：著暫緩織辦，欽此。

光緒元年二月初九日

江南織造奴才慶林跪奏，爲恭辦圓金銀萬字緞疋，依限儹織一半工竣，委員解京交納，恭摺仰祈聖鑒事。

竊於同治十三年十月奉造辦處來文傳旨，發交江南織造緞樣六疋，每疋各織一百疋，並奉硃諭，所有傳辦尺頭，俱於明年四月初旬交進一半，於八月初旬交進一半，俱要照此樣辦理，不準奏請緩辦。再，所有交出原樣，俱於明年隨四月初旬發回。欽此。欽遵行知，迅即織辦，依限交進等因。並緞樣六件，劄發前來。奴才欽遵之下，即經覈實，估計料工銀兩，咨明前督臣李宗羲，飭司籌撥款項，奴才嚴督工匠，加工趕緊開織，按照來樣顏色尺寸，敬謹織辦，欽遵諭旨，先交一半，計六色，每色五十疋，共三百疋，派委筆帖式德禄於二月二十四日起程解京，並將原發緞樣六疋附繳造辦處，驗收呈進外，其餘一半三百疋，現接續儹織，俟工竣即行解交，斷不敢稍有遲延。謹將依限報解緞疋緣由，恭摺具奏，伏乞皇太后、皇上聖鑒。謹奏。

軍機大臣奉旨：知道了，欽此。

光緒元年二月二十四日

蘇州織造奴才毓秀跪奏，爲傳辦緞匹，遵限先解五成，恭摺奏聞，仰祈聖鑒事。

竊奴才於同治十三年十月初八日，接奉造辦處行文傳旨，發交緞樣五匹，每匹各織一百匹，並奉硃諭限於明年四月初旬交進一半，八月初旬交進一半，不准奏請緩辦，各等因，欽此。奴才恭閱緞樣，係大紅、果緑、月白五彩花絨錦緞各一匹，均長四丈八尺，大紅、品藍圓金緞各一匹，均長一丈六尺，共計應織絨錦緞三百匹，圓金緞二百匹，照減定經緯絨絲市價覈實，估計料工銀四萬二千二百四十七兩二錢，咨准撫臣飭由蘇藩司、江海關、蘇滬兩釐局分籌撥解。奴才即於上年十月採辦絲絨金線，招僱高手工匠，督令按照原樣顏色、花式、尺寸，敬謹儹織。現已辦得十之八九，約計五月內可期一律告成，惟刻届四月初旬，自應謹遵硃諭先解一半，除其餘一半，容奴才催齊，於六月初旬起解外，所有現解一半計大紅、果緑，月白五彩花絨錦緞各五十匹，大紅、品藍圓金緞各五十匹，並恭繳原發緞樣五匹，分別裝盛，派委筆帖式寶岐督同差役於四月初四日領賫起程，解京交造辦處呈進，理合恭摺奏聞，伏乞皇太后、皇上聖鑒。謹奏。

軍機大臣奉旨：知道了，欽此。

光緒元年四月初四日

杭州織造奴才文治跪奏，爲覆察織務情形，實難驟復舊制，仍懇恩施，暫照市價採買造報，以全要工，恭摺仰祈聖鑒事。

竊查奴才衙門承辦運務暨另傳另辦各件，所需絲斤等項，承准户部照會，援案飭令，統照例價採買造報，以復舊制等因，當經奴才將實在難以驟復情形，縷晰覆陳，奉旨户部議奏，欽此。茲准户部覆稱：杭州織務，准銷價工，向有定例，迭經歷前撫臣奏准，暫照市價採買報銷，原係一時權宜之計，並非著爲成例，飭令仍遵原奏辦理等因，於光緒元年三月十八日具奏，奉旨：依議，欽此。欽遵照會到杭。伏查此案實情，前經縷晰奏陳，現在既經部議，飭令仍遵原奏辦理，奴才曷敢再有伸辦，當即傳諭各經承轉飭各牙行，務須查照部議，一律改歸例價，以期勉循成例。無如奴才衙門，從前承辦運務，例價本不敷用，向藉鹽務津貼，以資採辦，並非竟令商民賠墊。兵燹後，育蠶稀少，絲價昂貴，兼因鹽務改章，津貼無著，始准前撫臣奏請，暫照市價給買，並准飭據德清縣取具牙行切實甘結蓋印，申請撫臣覆核具奏，亦復確切可考。現查上年撫臣奏報價值，每經絲一兩，尚需銀二錢九分有奇，較之例價尚屬懸殊，且運務之外，又有另傳另辦各件，所需絲絨金線等項，必須格外潔白細緻，尤非例價所能購取，雖經奴才向各行商等剴切勸導，而該行商等實以無力承購，紛紛環請奏懇恩施，以示體恤。奴才一再體察，委係實情，勢難强令商民必售。查本年運務，即須開織，而另傳要件，亦當趕辦，如果價值未定，採購必難應手，轉輾思維，深虞貽誤，惟有仰懇天恩，俯准飭下部臣，將奴才衙門承辦運務暨另傳另辦各件，所需絲斤、煉染金線工料，暫准援照市價採買造報，俾全要工而免掣肘。出自聖主逾格鴻慈，如蒙俞允，除上年絲價，業經撫臣楊昌濬奏經部臣議准照辦外，嗣後新絲登市，仍當咨由撫臣飭屬查明，取具牙行甘結，據實奏報，以杜浮冒，仍俟物料價值平減，津貼有著，即請歸復舊制，斷不敢視爲成例。是否有當，奴才未敢擅便，所有覆察織務，實難驟復舊制情形，懇准暫照市價給買造報各緣由，理合恭摺具奏，伏乞皇太后、皇上聖鑒訓示。謹奏。

軍機大臣奉旨：户部議奏，欽此。

光緒元年四月十一日

再前准造辦處傳辦圓金銀緞暨繡花袷衣等件，按照藩司解到銀兩緣發辦尚不及四成，其餘未完各件，應否接續辦解，抑或暫緩織辦，曾經奴才具摺，請旨遵行。茲於光緒元年三月初七日齎回原摺，奉旨：著暫緩織辦，欽此。欽遵。奴才查此項儘款織辦之圓金銀緞暨繡花袷衣等件活計，僅敷織辦三成有奇，業經發織在工，現經該商匠等將大紅緞紗質地織就，稟請查驗後，即行加繡等因前來，竊思此款活計，即如加繡織就，僅止三成有奇，又非待用之件，必須收存在庫，恐日久霉變，難以應用，曷若趁此未加繡工之際，擬請一律暫緩織辦，俟將來應用，再行傳辦，可使一律鮮明，所有織就緞紗質地，與商匠等商酌，堪以别項使用。至解到銀兩，查奴才上年織辦絆繡氅衣等件，藩司尚有欠解各款，擬即劃抵造報，以清款目，而免虛糜。是否有當，奴才未敢擅便，謹附片陳明，伏乞聖鑒。謹奏。

軍機大臣奉旨：知道了，欽此。

江南織造奴才慶林跪奏，爲恭辦圓金銀萬字緞疋，儹織工竣，委員敬謹解京交納，恭摺奏聞，仰祈聖鑒事。

竊於同治十三年十月，奉造辦處來文傳旨，著交江南織造緞樣六疋，每疋各織一百疋，並奉硃諭，所有傳辦尺頭，俱於明年四月初旬交進一半，於八月初旬交進一半，俱要照此樣辦理，不準奏請緩辦。再，所有交出原樣，於明年隨四月初旬發回。欽此。等因行知，迅即織辦，依限交進，並緞樣六疋，劄發前來。奴才欽遵之下，當即咨商督臣，籌撥銀款，開工織辦，已於本年二月將初限一半圓金銀萬字緞三百疋，儹織工竣，委員解京交納，並將原發緞樣六匹，附繳造辦處驗收呈進在案。所有二限應辦圓金銀萬字緞三百疋，即經嚴督工匠，接續儹織，茲已一律工竣。計六色每色五十疋，共三百疋，按照原發緞樣顔色、尺寸，均屬相符，敬謹裝箱封固，派委筆帖式常綿於四月二十四日，由甯起程，解京交造辦處驗收呈進。除將動用料工銀兩數目，另行專摺奏銷外，謹將續辦圓金銀萬字緞疋工竣，解交緣由，恭摺具奏，伏乞皇太后、皇上聖鑒。謹奏。

軍機大臣奉旨：知道了，欽此。

光緒元年四月二十四日

江南織造奴才慶林跪奏，爲覆察織務情形，實難驟歸舊制，仰懇天恩，俯准暫照奏准市價辦理，以全要工，而免貽誤，恭摺仰祈聖鑒事。

竊查前准户部來文，因近年江蘇織務諸多變通，統令歸復舊制等因。當經奴才將絲價等項驟難復舊情形，據實具奏，奉旨：户部議奏，欽此。茲准户部覆稱：一切價工，仍遵定例辦理，以符舊章等因，於光緒元年二月十五日具奏，奉旨：依議，欽此。欽遵劄行前來。伏查江南織務情形，今昔不同，既奉部議，飭遵上年奏案辦理，奴才應即恪遵，曷敢再有陳訴，惟有傳諭各牙商，令其遵照部議，悉遵定例價值購辦，以符舊章。茲據各牙商稟稱：僉以金絨經緯等項，近年價值昂貴，較與從前例價實係懸殊，無力賠累，籲請奏懇恩施，暫照市價採買等情。奴才復又剴切勸導，無如該牙商等，衆情一致，詳加察訪，委係實情，勢難强令商民賠售。伏查自兵燹後，桑株被伐，飼蠶無多，又兼洋商不時採購，是以絲價昂貴，歷經前督臣奏請，暫照市價採買，以免商民賠累。現在本年應辦大運緞綢等項，即須開織，加以户部另傳大緞雲緞各件，均須趕辦，似此商情，絲價不定，採購必難應手。奴才思維至再，深虞貽誤要工，惟有據情仰懇天恩，俯准飭下部臣覈議，需用金絨經緯料工等項，暫准照市價辦理造報，以示體恤，俾全要工，而免貽誤。出自高厚鴻慈，如蒙俞允，嗣後每年新絲出産，取具牙商甘結，將市價先行呈報户部存案，以杜浮冒。至本年應報絲觔市價，已於春間由前兩江督臣李宗羲咨報户部在案，惟俟物料等項價值平減，即行恪遵例價辦理，以期歸復舊制，斷不敢以市價視爲成例。所有覆察織務，實難驟歸舊制緣由，謹恭摺具陳，伏乞皇太后、皇上聖鑒，訓示遵行。謹奏請旨。

軍機大臣奉旨：户部議奏，欽此。

光緒元年六月二十九日

蘇州織造奴才文治跪奏，爲詳查織務情形，委難驟復舊制，籲懇天恩，俯准暫照市價辦理，以全要工，恭摺奏祈聖鑒事。

竊查接管卷内，户部於上年九月具奏織務工料，統令歸復舊制，按照例價報銷，不准援照從前變通市價之案辦理。前任織造毓秀，以織務情形今昔不同，尚難驟復舊制緣由，縷晰陳奏，復經户部議駁，仍令自本年爲始，按照定例辦理各等因，由前任移交奴才覈辦，並詢悉本年大運，因格於部議，迄今未能撥款開工。奴才伏查大運緞紗，爲頒賞外藩暨宫分應用要需。歷年以來，於夏間撥款，採買新絲，開工織辦，九十月間，趕運部庫緞紗一千匹，其餘均儘年内起解，現已秋初，尚無開辦日期，勢將貽誤，何可再事躭延。奴才當即親往市鎮詳加查察，所有上年撫臣奏報經緯絨絲市價，委係實在情形，且本年新絲價值尚復稍有增益，奴才受恩深重，具有天良，如果市價已平，舊制可復，即當遵照辦理，何敢曉曉瑣瀆，無如經緯絨絲市價如此昂貴，例價不及三分之一，其餘料工市價亦均浮於例價，其勢不能以例價强民售賣，實有萬難遵照之苦衷。奴才前於陛辭之日，面奏舊制情形，仰蒙皇太后聖訓，以昔年例價與近年市價懸殊，何能照辦，仰見聖明在上，洞燭無遺，實非臣下所能企及。奴才籌思至再，惟有籲懇天恩，飭下户部，俯准暫照市價辦理，俾得趕緊咨撥大運銀兩，購料開工，以免貽誤，一俟物價平減，漸圖規復舊制，斷不敢視爲永遠成例，辜負高厚恩施。所有奴才詳查織務情形，委難驟復舊制緣由，理合恭摺具陳，伏乞皇太后、皇上聖鑒訓示。謹奏。

軍機大臣奉旨：著照所請，户部知道，欽此。

光緒元年七月初五日

杭州織造奴才文治跪奏，爲覆察織務情形，實難驟歸舊制，據實瀝陳，懇恩仍准暫照市價辦理，以全要工，而免貽誤，恭摺奏聞，仰祈聖鑒事。

竊查奴才衙門，承辦運務暨另傳另辦各件，所需絲觔等項，前因一時難照例價採買造報，曾將覆察情形，於光緒元年四月十一日恭摺具奏，奉旨：户部議奏，欽此。茲准部議：浙省軍務肅清已久，民業早復，桑蠶日盛，絲價自應大見平減，仍自本年爲始，悉遵定例造報，以復舊章等因，照會到杭。伏查此案實情，前經奴才一再體察，縷晰復陳，現在復經部議，飭令仍遵定例辦理，奴才應即恪遵例定價值採辦，以符舊章，又何敢再行瀆請。無如杭州織務情形，今昔實有不同，辦理尤爲棘手。推原其故，蓋因兵燹後桑株補種無多，飼蠶之家稀少，又兼洋商不時採買，是以售者居奇，愈覺昂貴，以致例價與市價大相懸殊，採購維艱，此織務難以驟復舊制之實在情形也。且查奴才衙門承辦運務及另傳各項活計，均關需用要件，奉文即須開織，不容稍緩，而各行商一聞按照例價之言，均畏賠累，裹足不前，勢難强其必售，以致本年運務尚未趕辦齊全，轉輾思維，萬分焦急。正擬核奏間，接准蘇州織造文治咨稱，該織造到任後，親加察訪絲價，實係例價與市價大相懸殊，一時難復舊制，奏懇恩施，仍請暫照市價採買造報等因具奏。奉旨：著照所請，户部知道，欽此。奴才伏讀之下，仰見聖明洞鑒，曲體下情，俯如所請，感激難名。惟查織務情形，蘇杭事同一律，合無仰懇天恩，俯准飭下部臣，將奴才衙門所需絲觔、煉染金線工料等項，仍准暫照市價辦理造報，俾全要工，而免貽誤。出自聖主逾格鴻施，如蒙俞允，所有本年織辦運務絲價，即照上年冬間撫臣楊昌濬奏，經部臣議准價值辦理外，嗣後新絲登場，仍當咨由撫臣飭屬查明，取具牙行甘結，據實奏報，以杜浮冒，仍俟物料價值平減，即行恪遵例價辦理，以期歸復舊制，斷不敢視爲成例。所有覆察織務，驟難復舊，據實瀝陳緣由，謹恭摺具奏，伏乞皇太后、皇上聖鑒訓示。謹奏。

軍機大臣奉旨：著照所請，户部知道，欽此。

光緒元年八月十七日

再查織造衙門，額設司庫等員，例於到任之日起扣足五年，期滿，呈請內務府更换。查前任織造慶林，因司庫松齡老成勤練，工匠咸服，疊經奏請保留，均蒙俞允在案。今該司庫松齡於本年九月又屆期滿，奴才因甫經接任，辦理一切需員。查該員熟習情形，堪爲指臂之助，可否仰懇天恩俯准，將司庫松齡再留二年。出自高厚鴻慈，謹附片陳明，伏乞聖鑒，訓示遵行。謹奏請旨。

軍機大臣奉旨：著照所請，該衙門知道，欽此。

蘇州織造奴才文治、江南織造奴才錫奎、杭州織造奴才文治跪奏，爲奉辦織務，今昔情形不同，料工例價實難敷辦，籲懇天恩飭部，暫緩規復舊制，合詞聯銜恭摺，奏祈聖鑒事。

竊奴才等，先後接奉户部文開，以奴才衙門承辦大運等項活計，奏令規復舊制，一切料工按照例價報銷，恭録諭旨，並抄原奏，分別行知前來。當經前任織造慶林、毓秀暨奴才文治，各以織務尚難驟復舊制緣由，縷晰陳奏在案。奴才錫奎到任後，查訪絲觔市價，實與例價懸殊，前已於摺內陳明，並經蘇州織造奴才文治詳查，織務市價實係昂貴，而本年大運，因難規復例價，秋初尚未開辦，勢將貽誤情形，奏請飭下户部，俯准暫照市價辦理。於七月間具奏，奉旨：著照所請，户部知道，欽此。欽遵正在撥款開辦間，又奉户部來文，聲明價工向有定制，以未便遽准情由議奏，奉旨：依議，欽此。行知到蘇。奴才文治亦因杭州織務例價實難敷辦，據實奏請暫照市價。奉旨：著照所請，户部知道，欽此。即當欽遵辦理，但三處織造，事同一律，設奉部駁，更難措手。奴才等正在焦急無策，接奉內務府文，催以奏派江南、蘇州、杭州三處織辦乙亥年大運緞綢等項，係備敬神，並呈進內庭主位宫分及壇廟活計，應需之項，務於本年十月以前織辦解京等因。且奴才錫奎查接管卷內尚有奉部派辦欠解大緞等項，蘇州織造奴才文治奉户部奏派恭修《穆宗毅皇帝實録》應用綾絹包袱及奉工部派辦敦宜皇貴妃儀仗繡片一分，又奉派辦穆宗毅皇帝孝哲毅皇后升祔奉先殿供奉寶座、寶椅、軟片等項，而杭州織造奴才文治有奉工部派辦奉移山陵需用駕衣，暨致祭壇廟制帛，並覃恩應用誥敕等件，均關緊要，且係大典要需，限期均極緊迫，恐再遲延，責有攸歸。所有蘇杭兩處奉派活計，奴才等未敢拘泥成例，致滋貽誤，不得不暫照市價給發，以資趕辦。查例定價工，昔時物值甚輕，今則百物百工異常昂貴，而奉辦活計又不能以例價强民售賣，歷任江浙督撫臣酌定市價之奏，實由於此。奴才等往返函商，細繹户部原奏，以織造例定價，工部中賴以稽覈，誠恐市價變通，相沿年久，漫無限制，因是急圖規復舊制，係爲節省庫儲起見，奴才等同受國恩，自應恪遵，何敢一再陳訴。惟是江浙軍務肅清十數年來，民間所產物料甚少，而新絲出洋又多，以致經緯金絨各項，價值增昂益甚，即民間日用百物及各匠工值無不昂貴，此乃共聞共見，今昔情形實有不同，奴才等輾轉籌維，目前實無規復舊制良策，又不敢坐誤要需，萬分焦灼，所有本年大運及另派各項，惟有暫請以督撫查奏市價爲準，庶於變通之中仍寓覈實之意。合再據實瀝陳，仰懇天恩，飭下户部，俯察時艱，仍准暫照市價辦理，俾可將大運及另派各項，次第趕緊分別辦解，以全要工。如蒙俞允，即請飭部俯准，暫照市價報銷，嗣後新絲市價，每年由江浙督撫臣確切查明，飭取牙商切結，據實奏報，以杜浮冒，而昭覈實，總期物料逐漸平減，即行規復舊制，斷不敢視爲成例，自負高厚恩施。所有奉辦織務等項，今昔情形不同，料工例價實難敷辦，懇請暫緩規復舊制緣由，謹合詞恭摺聯銜具奏，伏乞皇太后、皇上聖鑒訓示。謹奏請旨。

軍機大臣奉旨：所有本年大運及前派各項活計，准其暫照市價辦理，嗣後均著按照例價報銷。户部知道。欽此。

光緒元年十月二十日

杭州織造奴才文治跪奏，爲恭報奴才卸事日期，並交代緣由，恭摺奏祈聖鑒事。

竊奴才恭閱邸鈔，光緒元年八月二十六日奉旨：杭州織造著舒麟去，欽此。茲新任織造舒麟行抵杭州省城，奴才謹將杭州織造關防一顆，南北新關監督關防二顆，並文卷册檔等件，於十一月初二日委員移交新任織造舒麟接收任事。奴才即於是日卸事，所有任内恭辦活計，動支錢糧，業經造報至同治十三年止在案，至本年所辦活計，前奉部文，自光緒元年起，飭照例價採買造報，而例價與市價大相懸殊，勢難强令商民必售，疊經奏懇恩施，飭部議覆，本應静候部臣議准再行開辦，惟現傳活計，均係恭備奉移山陵要差，不容刻緩，至本年運務，係内廷宫分要需，又經内務府劄催，奴才未敢拘泥成例，致滋貽誤，是以均暫照市價給發，俾得趕緊辦解。本年八月間，復經奴才將覆察絲價驟難復舊情形，據實瀝陳在案，兹於九月十五日齎回原摺，奉旨：著照所請，户部知道，欽此。欽遵。奴才謹將工部派辦駕衣等件，暨趕運緞紬，督飭工匠一律辦就解京，所有大運緞紬，奴才現已交卸，不及開辦，應由後任接續辦解，惟已辦各件，價值雖已奏蒙俞允，尚未奉准部行，奴才未便造册請銷，現已取具各該承領結移交新任織造舒麟接收，統俟價值奏定，再行造報核計。現存正項銀五萬一千八百四兩七錢一分七釐六毫五絲，釐局解到月撥錢一萬串，並藩庫另款撥解項下存銀一千六十二兩七錢九釐五毫二絲，按款分別造册，移交新任。奴才一俟交代清楚，即行啓程回京供職，所有奴才卸事日期，並交代緣由，理合恭摺具奏，伏乞皇太后、皇上聖鑒。再，南北新關，現奉户部議覆兩江督臣摺内，仍令設法啓徵，不准暫請展緩，自須遵照辦理。惟查南北各口，均設有釐局，應否裁撤，有無歸併之處，必須會商妥善，總使釐稅兩無窒礙，無病商民，方與關稅有益，業已咨商撫臣，未准咨覆，所有一切應辦事宜，應由新任織造舒麟接續辦理。至現在關庫，尚未啓徵，並無存款，合併陳明。謹奏。

軍機大臣奉旨：知道了，欽此。

光緒元年十一月初二日

杭州織造奴才舒麟跪奏，爲接辦丁卯大運，按款織就緞紬等項，委員解京，恭摺仰祈聖鑒事。

竊查奴才衙門承辦内務府、户部派辦運務，應需錢糧，經前浙撫臣左宗棠奏請，由牙釐局每年撥解錢十二萬串，按照市價易銀發辦。嗣因撥款不敷辦解全運，歷經前任織造請將釐局一年解到之款，儘數核辦，遵例分爲趕運、大運兩批解送，按年題銷，其未完各件，遞年接辦在案。嗣因庫存物料不敷，承准内務府劄飭，寬爲籌備等因，當經前任織造咨商撫臣飭司籌撥去後。旋據藩司文稱：現時庫款支絀，難以添辦，仍請暫照每年釐局所解錢文儘數辦運，俟庫儲稍裕，即行併籌添辦各緣由，經前任織造於同治十三年三月十二日會同撫臣詞具奏，奉旨：著照所請，該衙門知道，欽此。所有光緒元年接辦運務，仍遵舊章，按照釐局撥到錢十二萬串文，易銀儘數發辦，業於上年十月間，經前任織造文治先行趕運過上用緞紗二百匹，官用緞紗二百八十匹，内用紬綾一百九十五匹，衣線二百斤，部用緞紬一百十九匹，綾紡五百匹，均經批差解送，分交驗收，並將應解大運各件，奏明移交接辦。奴才到任後，當即督飭工匠，接續趕辦，兹又織辦得上用緞紗二百八十匹，官用緞紗一百七十匹，内用紬綾六百三十九匹，衣線紝絨二百斤，細布一千五百匹，部用緞紬四百一十一匹，綾紡五百匹，於二月二十五日委員起程，管解運京，分別交納。統計兩次共解過緞紬綾紡三千一百九十四匹，衣線紝絨四百斤，細布一千五百匹，除督飭承辦經書將用過工料銀兩，遵照奏准各項市價，彙造細册，循例具題外，所有接辦丁卯運務，先後解交並委員起程日期，理合恭摺具奏，伏乞皇太后、皇上聖鑒。謹奏。

軍機大臣奉旨：知道了，欽此。

光緒二年二月十五日

再查奴才衙門織辦各項活計，需用絲斤及一切工料，乙年所用，向係甲年豫購，以故每年辦理運務，有趕運、大運之别，而所用絲斤亦有新絲、陳絲之分。查經撫臣楊昌濬於同治十一、十三等年，先後飭查附片奏請，分晰造報，歷經前織造遵照題報有案。上年絲價屢奉部行飭令規復舊制，因查市價與例價相去懸殊，勢難强令商民必售，疊經前織造奏懇恩施，暫照市價採購，並以江南、蘇州、杭州情形，一律復經聯銜披瀝具陳。奉旨：所有本年大運及前派各項活計，准其暫照市價辦理等因，欽此。欽遵於上年十二月十四日准江南織造錫奎恭録咨會前來，所有此次接辦運務，及前派活計，應歸入光緒元年造報者，自應欽遵按照市價給買造報。惟查本年應解運務，轉瞬即須開辦，其織辦趕運暨一切另派活計，時值三四月間，新絲尚未登場，所購絲斤，皆係上年陳絲，仍須查照上届奏准各項價值給買，嗣後新絲登市，應如何辦理之處，容奴才再當確切訪查，咨商撫臣，另行奏明辦理，總期力求撙節，不敢稍涉虚糜，致滋浮冒。是否有當，謹附片陳明，伏乞聖鑒。謹奏。

軍機大臣奉旨：知道了，欽此。

蘇州織造奴才文治跪奏，爲恭謝天恩，仰祈聖鑒事。

竊奴才恭閱邸抄，本年五月初四日奉旨：蘇州織造仍著文治接管，欽此。當即恭設香案，望闕叩頭謝恩。伏念奴才内府世僕，微末司員，仰蒙皇太后、皇上逾格鴻施，畀以織造差使，三年任滿，未報涓埃，惶悚正殷，復荷恩綸，仍著接管，聞命之下，感悚益深。伏查蘇州織造衙門應辦一切事宜，除乙亥大運等項，已敬謹辦齊，均經奴才先後委派員役，解京交納外，尚有實録館應用綢綾包袱等項，現亦辦有端倪，一俟藩庫錢糧撥齊，即行趕辦解京，不敢草率遲延。至本年大運，新絲甫經出市，查明市價情形，即當陸續接辦，總期款不虚糜，工歸實濟，以期仰副高厚鴻慈於萬一。所有奴才感激下忱，理合繕摺叩謝天恩，伏乞皇太后、皇上聖鑒。謹奏。

軍機大臣奉旨：知道了，欽此。

光緒二年五月二十六日

蘇州織造奴才文治、江南織造奴才錫奎、杭州織造奴才舒麟跪奏，爲織務時價未平，驟難規復舊制，謹查《會典事例》，聯銜恭摺具陳，仰祈聖鑒事。

竊奴才等屢奉部文，以織務報銷變通市價年久，應行規復舊制，奏令光緒元年爲始，一律遵照例價報銷等因，行知前來。經奴才錫奎、奴才文治與前任杭州織造奴才文治，以今昔情形不同，舊制尚難驟復各緣由奏，奉諭旨：所有本年大運及前派各項活計，准其暫照市價辦理，嗣後均著按照例價報銷，户部知道，欽此。並經奴才文治前於到任時察看織務情形，難以驟復例價具奏，奉旨：著照所請，户部知道，欽此。欽遵在案。仰荷聖慈垂鑒，感激難名，所有本年織務，理宜恪遵，況奴才等同受國恩，苟可規復例價，尤當實力奉行，以期撙節款項，當經奴才錫奎剴切曉諭牙商，圖復例價，去後。旋據該牙商禀稱：本年新絲歉收，市價更昂，若照遠年例定價值，今昔情形懸殊，況加洋商廣爲採購，絲捐定章，由鄉民先捐後售，實有萬難勉强之苦衷，紛紛籲請從緩規復前來。奴才接閱後，不勝躊躇，誠恐該商等有所飾混，隨即函詢蘇、杭兩織造，一體諭商辦理，共圖規復，而該商所禀，總以遠年例價相去懸殊，本年時價尚在加增，實難勉强遵照，懇求據實奏請寬緩等因。奴才舒麟查上年絲價，業經浙撫臣飭據德清縣查覆，取具牙行甘結，據實奏報，並經奴才舒麟將所需絲觔分别陳新給買，造報附片陳明各在案。至本年新絲歉收，尚未旺出，容再咨查具報各等情，先後咨會來甯。奴才等復又往返函商，情形一律，惟市價變通年久，此時例價尚難規復，將何以仰對君父，然又未便抑勒商民，强令賤售，轉輾籌思，悚惶實切。因追溯昔年定例，並恭查《大清會典事例》内載，部派緞紗工料，價貴之年，准其加增，如遇價賤年分，即照原定價值採買，仍令浙撫飭産絲地方官，確訪時價，取結報部。又載，上用、官用經緯絲價，如有不敷，通融辦理，實不能通融辦理，准其照産絲地方價值分别經緯據實報銷等語。誠以從前蠶桑茂盛，因原定例價不敷，尚須遞求變通，今則地經兵燹，桑株補種無多，蠶業凋零，産絲甚少，加以洋商之採購，釐捐之抽取，皆昔年所未有之事，價值增昂，人稀工貴，迥非昔比，而欲繩之以例價，商力實有未逮。今奴才等再四思維，一時實無規復良策，惟有據實瀝陳，仰懇天恩，俯察時艱，將織造衙門所需絲觔、煉染工料等項，准照市價辦理，以紓商力，而全織務。如蒙俞允，嗣後經緯絲價遵照《會典》定例，每年仍由浙撫飭令産絲地方官確查時價，取結報部，以昭覈實。一俟將來物價平減，即圖規復舊制，斷不敢稍有虚糜。所有織務時價未平，謹查《會典事例》各緣由，理合聯銜恭摺具奏，伏乞皇太后、皇上聖鑒。謹奏。

軍機大臣奉旨：户部議奏，欽此。

光緒二年七月初六日

蘇州織造奴才文治、江南織造奴才錫奎、杭州織造奴才舒麟跪奏，爲再陳絲價實在情形，謹合詞籲懇天恩，仰祈聖鑒事。

竊奉户部文開，奴才等會奏，絲價未平，驟難規復舊制，請照《會典事例》絲觔價貴之年，由浙撫飭令産絲地方官，確查時價，取結報部等因一摺，奉旨：户部議奏，欽此。經部臣議稱：奴才等所引《會典》，語多截略，應毋庸議。僅聽牙商一面之詞，尤難憑信，仍令欽遵光緒元年十一月所奉諭旨，按照例價辦理，各等因覆奏，奉旨：依議，欽此。欽遵行文前來。奴才等仰荷天恩，畀以織造差使，苟可設法節省，天良具在，何敢再有瀆請，稍事糜費，無如兵燹後，地方實形殘損，至今元氣未復，産絲頗不如昔，且捐釐甚重，先捐後售，又加洋商大宗購買，此昔年定例價時所未有之事。十數年來，不特絲價較昔大昂，即煉染匠工等項及百貨百物無不較昔爲貴，未能按照例價，實由於此。今年頭蠶減收二三成，二蠶更爲減色，早經浙撫臣於絲捐情形摺内具奏在案。況洋商本年購絲較往年尤多，絲價較去年更貴。蓋物少則價昂，物少而銷多則更昂，此商賈之行市，通都大邑共見共聞，非奴才等所敢臆説，亦非僅聽商民一面之詞也。查遠年百貨俱賤，例定絲價爲數本微，今部臣必欲規復舊制，自爲節省帑金起見，奴才等世受國恩，自當仰體，奮勉圖報，奈今昔情形大不相同，《會典》所載，原因歷有情形不同，故絲價歷有變通事例，今例價與市價大相懸殊，若不准其變通，祇有强令商民照例價售賣，又恐非我朝仁厚待民之意。奴才等籌思至再，似此鉅款，實又無力賠償，緣事同一律，往返函商，均屬束手無策，萬分焦急，倘此時緘默不言，將來貽誤要需，即將奴才等從重治罪，於公亦無所補，萬不獲已，惟有再行瀝陳於皇太后、皇上之前，仰求恩施，格外特降諭旨，飭下江浙各督撫臣，訪查絲價及一切工料今昔情形，奴才等所言倘無虚冒，實係高昂，即按年請照《大清會典事例》，仍令浙江撫臣飭産絲地方官確切查明時價，取結報部，並咨會奴才等遵辦，以昭覈實，而免貽誤，奴才等不勝急切屏營之至。所有絲價實情，謹再合詞繕摺瀝陳，籲懇天恩，伏乞皇太后、皇上聖鑒訓示。謹奏請旨。

軍機大臣奉旨：著户部咨行江浙督撫查明現在絲價，再行議奏，欽此。

光緒二年十月初三日

杭州織造奴才舒麟跪奏，爲開辦戊辰大運，按款織就緞紬等項，委員解京，恭摺仰祈聖鑒事。

竊查奴才衙門承辦内務府、户部派辦運務，應需錢糧，經前浙撫臣左宗棠奏請，由牙釐局每年撥解錢十二萬串，按照市價易銀發辦。嗣因撥款不敷辦解全運，歷經前任織造請將釐局一年解到之款，儘數發辦，遵例分爲趕運大運兩批解送，按年題銷，其未完各件，遞年接辦在案。嗣因庫存物料不敷，承准内務府劄飭寬爲籌備等因，當經前任織造咨商撫臣飭司籌撥去後，旋據藩司文稱：現時庫款支絀，難以添辦，仍請暫照每年釐局所解錢文，儘數辦運，俟庫儲稍裕，即行併籌添辦，各緣由經前任織造於同治十三年三月十二日會同撫臣合詞具奏，奉旨，著照所請，該衙門知道，欽此。查丁卯運務，業經陸續辦竣，所有光緒二年運務，自應接辦，戊辰年運所派緞匹等件，仍遵舊章，按照釐局撥到錢十三萬串文，易銀儘數發辦，業於上年七月間，先行趕運過上有緞紬紗三百二十四匹，官用緞紬紗二百四十匹，内用紬綾五百四十匹，衣線二百斤，部用緞綾紡絲九百匹，均經批差解送，分交驗收在案。嗣復督飭工匠，接續趕辦，兹又織辦得上用緞紬紗二百六十四匹，官用緞紬紗二百匹，内用紬綾五百一十匹，衣線二百斤，細布一千五百匹，部用緞二百八十匹，綾紡四百匹，於五月初六日委員起程，管解運京，分別交納。統計兩次共解過緞紬綾紡三千六百五十四匹，衣線四百斤，細布一千五百匹。除督飭承辦經書將用過工料銀兩，遵照奏准各項市價，彙造細册，循例具題外，所有開辦戊辰運務，先後解交，並委員起程日期，理合恭摺具奏，伏乞皇太后、皇上聖鑒。再，此次運務，因上年絲價現於本年四月二十五日甫經户部議准，行知到杭，是以辦解稍遲，合併陳明，謹奏。

軍機大臣奉旨，知道了，欽此。

光緒三年五月初二日

再查奴才衙門織辦各項活計，需用絲斤及一切工料，疊准部行飭令，按照例價採買，緣兵燹後，地方殘損，産絲頗不如昔，兼之洋商購買，價值較昂，曾經奴才會同江南、蘇州織造聯銜具奏，奉旨：著户部咨行江浙督撫查明現在絲價，再行議奏，欽此。旋經浙江撫臣轉飭藩司，委員查復。現准户部議奏，請將光緒二年傳辦各項活計，及該年運務，均遵照光緒元年浙省絲價造銷，此後仍恪遵定例辦理等因，行知到杭。奴才伏查光緒元年浙江撫臣奏報絲價，經絲每兩價銀二錢九分五釐，緯絲每兩價銀二錢七分二釐七毫，核與現在查復上年絲價減少，本不敷辦，惟既奉部行，未敢再請增益，業已捐廉添辦，並嚴飭各該承撙節辦理，所有光緒二年傳辦各項活計，及該年運務，自應遵照部議，查照元年絲價造銷。惟查本年趕運正在開辦之際，並有部派各件，察看絲市情形，新絲尚未旺出，未必即能平減，且距上年查報之期，不過數月，即欲驟復舊制，竊恐勢所不能，所有本年趕運活計，暨部派各件，懇恩可否准援近年歷辦成案，按照陳絲價值採辦，抑或俟新絲登場，再由撫臣查報之處，奴才未敢擅便，謹先附片請旨遵行，伏乞聖鑒。謹奏。

軍機大臣奉旨：户部議奏，欽此。

再查承准内務府派辦緞綾紡絲五百十六匹，料工銀七千七百八十九兩七錢二分七毫，閃緞字緞西番字緞陀羅經被四十四箇，料工銀二千四百二十八兩五錢九分五釐一毫。又承准工部派辦羅緞片金熟絹一百八十三匹件，絹線七十斤七兩五錢，料工銀四千三百五十三兩一錢六分二釐五毫，共銀一萬四千五百七十一兩四錢七分八釐三毫，疊經咨商藩司籌解，未准解到。惟查前項活計，皆係緊要之件，未敢稽延，當經查照歷前任織造辦過成案，暫在奴才衙門辦公申餘項下借支發辦，業於上年七月間辦齊解交在案，自應歸入光緒二年分造銷，所有借支銀兩，應請即由藩司解還歸款，以資公用，除分别咨呈外，謹附片具陳，並繕黄册恭呈御覽，伏乞聖鑒，敕部併案核覆施行。謹奏。

軍機大臣奉旨：該衙門知道，册併發，欽此。

杭州織造奴才舒麟跪奏，爲織務需用絲斤顔料金線價值，今昔不同，懇恩暫緩規復舊制，以全要工，而示體恤，恭摺仰祈聖鑒事。

竊查奴才於本年五月間附陳採買絲斤情形，經户部議覆，仍照本年四月間奏案辦理，並准附奏金線顔料工價等項，請令自光緒二年以後，一併核實撙節，織辦運務，并另傳活計議，令暫照市價造銷，自二年以後，仍請復歸舊制。在部期與絲價統歸舊制之處，奉旨：依議，欽此。欽遵恭録行知到杭。奴才伏查此案，歷經前任織造及奴才訪查確實，先後縷晰覆陳，始准部臣將光緒元、二兩年臣恪守成例，亟圖規復，自係爲節省帑項起見，奴才同受國恩，具有天良，如果稍能周轉，曷敢再行置辯。無如今昔情形大相迥異，溯查從前織務例價，本不敷辦，全賴鹽務津貼，兵燹後，鹽務改章，津貼無著，兼因地方殘損，桑株被伐，補種無多，育蠶稀少，曾准部臣議，令按照市價採買。現在肅清雖逾十年，當時元氣過傷，迄今民業尚未復舊，又兼年歲歉收，加以釐捐抽取，洋商採購，皆昔年所未有之事，以致價值總難平減。本年春夏之交，天氣寒燠不時，蠶收更形減折，現經奴才督飭各承赴市選購，該行商僉稱，例價與市價相去懸殊，難以售賣，且稱織務需用絲斤，係爲織辦上用内用要件，非尋常採買可比，更非例價所能購辦，此絲價難以復舊之實在情形也。至金工顔料等項，除工價早經歸復照例開銷外，查金線有圓扁之分，顔料有淺深之别，産地各殊，名目不一，大半非出於杭地，購辦運腳，一切諸多不易，是以同治五年間，前任織造福善體察情形，酌中定價，奏懇恩施，欽奉諭旨：著照所請，該部知道，欽此。欽遵行知遵辦在案。兹奉部行令自光緒二年以後，統歸舊制，自應遵辦。惟查當初奏定價值之時，已將水腳運費染工併計在内，現今不惟不能平減其中紅花等項，較之往年益加增昂，推原其故，蓋因年來川河艱阻，遠方商賈，究未盛行，來源稀少，辦理本形棘手，若按例價購買，更覺無可設措，此顔金難復舊制之實在情形也。方今時事維艱，百物昂貴，非奴才畏難苟安，憚於平價，實迫於勢之無可如何，若如部議，必欲以例價相繩，深慮各商畏累，裹足不前，價值愈昂，購買愈艱，未免益加掣肘。現查本年内務府、户部奏派運務緞匹，限期緊迫，至另傳活計及工部派辦各件，多係典禮亟需，勢難遲緩。奴才既不能强令商民必售，又恐貽誤要工，思維再四，惟有再行據實瀝陳，仰懇天恩，俯念時艱，將奴才衙門織辦活計所需絲斤顔料金線，仍准暫照市價發辦，以紓商力，而裨要工，一俟物料平減，即行規復舊制，斷不敢視爲成例，自負高厚鴻施。所有織務需用絲斤、顔料、金線等項，懇請暫緩規復各緣由，謹再恭摺具奏，伏乞皇太后、皇上聖鑒，訓示遵行，奴才不勝惶悚待命之至。謹奏。

軍機大臣奉旨：著照所請，户部知道，欽此。

光緒三年七月二十四日

蘇州織造奴才文治跪奏，爲丙子年大運緞紗綢綾等項，織辦已成，委員解京，恭摺奏祈聖鑒事。

竊查近年辦理大運，由藩庫歲撥銀八萬二千兩，將户部緞紗辦理全運，内務府緞紗綢綾等款辦解四成有零，各在案。今奴才辦丙子運，仍由藩庫撥銀八萬二千兩，謹遵部議，按照光緒元年浙撫查報絲價採買經緯，雖較市價尚有不敷，由奴才捐廉添辦，督飭匠役練染開工，先將户部趕運緞紗一千匹，於五月下旬辦齊，解部交納。因此次部派龍蟒糙緞爲數較往年爲多，錢糧亦大，計需銀二萬九千四百餘兩，其餘銀五萬餘兩，辦理内務府大運趕運，仍是四分有餘，所有部派大運緞紗一千匹，尚需銀二萬一千八百餘兩，無款辦理，業經咨請户部指撥，一俟覆到，新任織造萬順將次到任，自應接辦。今將内務府所派大運，仍照成案織辦，計上用官用緞紗三百七十四件，綢綾三千四百匹，大手帕六百箇，衣線八百觔，白絲五百觔，細布三千匹，均已一律告成，分别裝箱，派委庫使文熙帶同承差於七月二十六日領解起程，進京交納。所用銀兩，應俟年終遵照部議絲價，專案題銷外，所有丙子年大運緞紗等項，辦成解交緣由，理合恭摺奏聞，伏乞皇太后、皇上聖鑒。謹奏。

軍機大臣奉旨：知道了，欽此。

光緒三年七月二十六日

江南織造奴才錫奎跪奏，爲織辦丙子大運緞綢及籌撥明黄雲緞料工銀兩，恭摺奏聞，仰祈聖鑒事。

竊奴才前奉户部、内務府來文，派辦丙子大運緞綢，因疊奉部文，飭令按照例價報銷，實緣例價與市價懸殊，急切未能遵辦，迭經會同蘇、杭織造，聯銜專摺奏明在案，嗣奉户部奏，令循照此次酌議杭州織造銷價辦理等因，奴才即將庫存備辦大運料工銀四萬兩，按照浙江撫臣奏咨經緯價值購辦絲觔，分别摇染。奴才隨即派員督飭各匠，先行挑倒花本，諏吉開工，星夜趕織。又户部前派明黄雲緞五百疋，撙節估需銀一萬六千五百四十餘兩，除由江藩庫解過銀一萬兩外，仍欠解銀六千五百餘兩。此項銀兩，節經咨催，昨准江藩司文稱：司庫入不敷出，實屬無從籌措，詳請督撫咨部飭撥鄰省解濟。迄今尚未解到。刻因期限緊迫，勢難停工待款，奴才亦未敢稍涉拘泥，謹由庫存申餘項下，動支銀六千五百四十餘兩，即爲抵用，以全要工，而免延誤。所有織辦丙子運務及籌辦明黄雲緞料工銀兩緣由，謹恭摺具奏，伏乞皇太后、皇上聖鑒。謹奏。

軍機大臣奉旨：該衙門知道，欽此。

光緒三年七月二十七日

江南織造奴才錫奎跪奏，爲織辦丙子大運緞綢等項工竣，委派員役解京交納，恭摺奏聞，仰祈聖鑒事。

竊奴才前奉户部、内務府來文，派辦丙子大運緞綢，並奉户部奏，令循照此次酌議杭州織造銷價辦理等因，曾將開辦緣由，專摺奏明在案。奴才旋即督飭工匠加緊織辦，計户部派織活計内辦得緞綢四百二十六疋，廣儲司緞庫派織活計内辦得緞綢九百疋件，大手帕五十箇，並茶庫派辦紕纓白絲等項，以及内務府派辦各包布疋，現已一律工竣，敬謹裝箱封固，派委筆帖式德禄帶領妥役於十月十四日由甯起解赴京，分别交納。除將動用料工等項銀兩另造清册，循例恭疏具題外，所有織辦丙子大運緞綢工竣解京交納緣由，謹繕摺具奏，伏乞皇太后、皇上聖鑒。謹奏。

軍機大臣奉旨：知道了，欽此。

光緒三年十月十四日

再前奉户部來文，派辦恭備内廷傳辦活計，需用明黄大緞五百疋，飭令趕緊織辦解京等因。奴才查此項緞疋，係前織造慶林任内奉傳未辦之件，奴才接任後，因屢奉部文飭催，隨經籌撥銀款預購絲觔，現已一律織辦完竣，敬謹裝箱封固，派委庫使成基帶領妥役由甯起解，進京交納。除將動用料工等項銀兩敬繕黄册，另行恭摺奏銷外，理合附片陳明，伏乞聖鑒。謹奏。

軍機大臣奉旨：知道了，欽此。

江南織造奴才錫奎跪奏，爲恭報交卸日期並移交庫存銀兩，恭摺奏聞，仰祈聖鑒事。

竊奴才恭閲邸鈔，光緒三年七月初十日奉旨：江南織造著明勳去，欽此。兹於十月二十二日新任織造明勳行抵江南省城，奴才當將織造關防一顆，龍江西新關關防一顆，並册檔文卷等件，委員齎交明勳接收任事。伏查織署庫存，正項銀一千六百三十一兩四錢九分九釐三毫四絲，申餘款内存銀一千二百九十三兩五錢五分五釐五毫一絲六忽，並織局機張花本等項，暨歷任移交關庫存款銀二十三兩八錢六分，除一併造册移交明勳盤查接收辦理外，奴才俟交代清楚後，即行束裝起程回京，謹將交卸日期並移交庫存各款銀兩緣由，恭摺具奏，伏乞皇太后、皇上聖鑒。謹奏。

軍機大臣奉旨：知道了，欽此。

光緒三年十月二十二日

江南織造奴才明勳跪奏，爲恭報接印任事日期，叩謝天恩，仰祈聖鑒事。

竊奴才内府世僕，知識庸愚，仰蒙恩命，簡放江南織造，即經趨詣宫門，叩謝天恩，於九月初六日跪請聖訓，仰荷召見，訓誨周詳，奴才跪聆之下，曷勝感戴。叩辭後，束裝起程，於十月二十二日行抵江南省城，准前任織造錫奎委員將織造關防一顆，龍江西新關關防一顆，並册檔文卷等件，一併移交前來。奴才當即恭設香案，望闕叩頭，祇領任事。伏查江省關税尚未開徵，所有織務應辦大運緞綢等項活計，現因絲觔市價較與例價懸殊，容俟奴才詳查絲價情形，再行奏明辦理。奴才受恩深重，未報涓埃，惟有諸矢慎勤，將應辦活計敬謹覈實織辦，以期仰答高厚鴻慈於萬一。至庫存銀兩及機張花本等項，除俟接收盤查清楚，另行恭摺具奏外，謹將奴才接印任事日期，繕摺具奏，叩謝天恩，伏乞皇太后、皇上聖鑒。謹奏。

軍機大臣奉旨：知道了，欽此。

光緒三年十月二十二日

江南織造奴才明動跪奏，爲織務絲觔物料市價與例價仍屬懸殊，援案籲懇天恩，展緩一年，以全要工，恭摺奏聞，仰祈聖鑒事。

竊奴才查接管卷内前准户部來文，飭令將織造經緯絨絲，按照例價報銷等因，遵將户部、内務府派辦本年丁丑大運緞綢，暨前織造錫奎任内奉傳未辦各項活計，奴才逐一詳查，惟絲觔一項，現年市價與前織造錫奎任内報銷價值，仍屬不相上下，若按例價購買，實屬未能敷辦，惟是奴才甫經到任，一切事宜，無不力求撙節，覈實辦理，似此部府所需及奉傳各項，均係未能緩待，而絲觔物料，今昔情形迥不相同，實未能遽歸舊制。因查奴才衙門需用絲觔，均係購自蘇杭等處，蘇杭織造均因例價較市價懸殊，難於措手，懇恩暫緩仍照市價辦理，均蒙俞允在案。今奴才奉辦運務等項，係與蘇杭事同一律，合無仰懇天恩，俯准奴才衙門需用絲觔物料等項，按照蘇杭織造衙門展緩一年，以全要工，而免遲悮。出自高厚鴻慈。所有織務絲觔物料，請照蘇杭展緩一年，暫照市價緣由，謹繕摺具奏，伏乞皇太后、皇上聖鑒訓示。謹奏。

軍機大臣奉旨：著照所請，户部知道，欽此。

光緒三年十一月二十一日

再查前織造錫奎任内，奉傳未辦各款，内有夏布二萬疋，織大緞二千疋，白絲三千觔，灑金絹三百張，四龍福方一百張，大龍硃紅絹對大小四十副，陀羅經被十五床，西番字緞二十疋。奴才詳加查覈，多係宫府要需，前織造因藩庫支絀，未能辦理。奴才受恩深重，曷敢畏難苟安，合無仰懇天恩，飭部由本省分處指撥銀兩，以資協濟。如蒙俞允，奴才謹當撙節覈實，估計料工銀數，逐款報部以憑籌辦，庶幾緊要傳活，可期清理，而分處指撥，則庫款亦可稍紓。是否有當，謹附片具奏，伏乞聖鑒訓示，謹奏請旨。

軍機大臣奉旨：户部議奏，欽此。

蘇州織造臣萬順、江南織造臣明動，兼管杭州織造浙江巡撫臣梅啓照跪奏，爲織務需用各項物料，價值未平，勢難依限規復舊制，懇恩再展一年，暫照市價辦理，以示體恤，恭摺仰祈聖鑒事。

竊查光緒三年九月十六日，承准户部照會本部，覈復杭州織造奏需用絲觔、顔料，金線價值，今昔不同，懇請暫緩規復一摺，於光緒三年九月初三日具奏，奉旨：依議，欽此。遵經前任杭州織造舒麟恭録，轉咨江南、蘇州織造先後援案奏請，均蒙俞允，准其暫照市價發辦，仰見聖明洞察下情，曲賜矜全，凡屬商民，同聲感戴。臣等具有天良，敢不力求撙節，藉圖規復。惟查户部原奏内稱：織辦物料各項價值，係暫准展緩一年，仍按市價辦理。在部臣恪守成例，綜理度支，自不能不予以限制，而在臣等就地採購，目覩情形，實有不能不再請展限之勢。溯查昔年織務例價，爲數甚微，本屬竭蹶，兵燹後，地方殘損，桑株被伐，補種無多，育蠶稀少，加以釐捐抽取，洋商採購，以致價值愈昂，更非例價所能購買，始准江浙督撫臣奏報，暫照市價採購，原期行之有年，即圖復舊。無如浙省産絲地方，當時被兵較重，元氣過傷，民間日用拮据，倍於尋常，商賈往來貿易，尚多寥落。上年春夏之交，天氣寒燠不時，收成本形減折，迨至冬間，復遭奇冷，蠶子凍裂，春來長養維艱。傳詢各行商，僉稱察看本年情形，無論新絲出價，較前增昂，即所購各色物料，亦因上冬河道凍阻，來源稀少，購辦不易，如欲即以例價相繩，各行商力難賠此鉅款各等語。臣等體察各情，籌思至再，與其迫以時日，使各商有畏累之苦，莫若寬以期限，俾生理有漸復之機。溯查同治四年江浙督撫臣奏報，每兩經絲該價需銀四錢左右，而檢查上年浙江撫臣奏報，每兩經絲需銀僅二錢九分五釐，以視例價，固尚覺懸殊，若較數年前所報市價，已多減少，且查裝盛解費及一切公用，現已一律遵照部議於每兩扣出九分，申餘造報，不另作正開銷，以節糜費，辦理本形掣肘，若以昔年所定之例價，就今日之市價相去過甚，實屬勢所不能。臣等往返函商，意見相同，合無仰懇天恩，俯念時艱，將織造衙門織辦各項物料，准其再展一年，仍照市價採購，以紓商力。每届新絲登市，仍遵向章由浙江撫臣飭屬查取各牙行甘結，據實奏報，以杜浮冒。一俟物料平減，即當隨時請復舊制，斷不敢視爲成例，自負高厚恩施。所有織務需用各項物料，懇再展緩按照市價發辦各緣由，謹合詞恭摺具奏，伏乞皇太后、皇上聖鑒訓示。謹奏。

軍機大臣奉旨：户部議奏片併發，欽此。

光緒四年四月初六日

再近年以來，查報絲價，緣每年新絲登市，須在四五月間，迨經轉輾飭查奏報，已在九十月間，而九月以前絲價未定，所有傳辦各項活計，難以措手，以致歷届大運，本年不及趕辦，直至次年四五月間甫得辦解。至江蘇兩處，隔省採購，程途較遠，尤多周折，辦解更遲。伏查織造衙門需用絲觔，乙年所需，向飭行商於甲年豫儲，以供採買。臣等公同商酌，擬請嗣後本年織辦各項活計所需絲觔，遵照上年奏報價值辦理，庶資周轉，而免遲誤。是否有當，謹會同附片陳明，伏乞聖鑒訓示。謹奏。

軍機大臣奉旨：覽，欽此。

浙江巡撫臣梅啓照、杭州織造臣文桂跪奏，爲遵旨會籌趕辦絨斤、杭綢等項，恭摺覆陳，仰祈聖鑒事。

竊於本年七月初四日，承准軍機大臣字寄光緒四年六月二十二日，奉上諭：管理戶部三庫事務寶鋆等奏請，飭嚴催欠解絨斤等款一摺，杭州織造應辦解龍轄車絨繩，需用絨五千斤，經該衙門疊次奏催，迄今久逾定限，仍未解到，殊屬玩泄，現在需用孔殷，著梅啓照、文桂即將前項絨斤並欠解杭綢均限於七月內一併掃數解交，毋誤要需等因，欽此。遵旨寄信前來，承准此。臣等伏查欠解杭綢五千匹，及絨五千斤，節經先後飭令藩司籌款解辦，並經臣梅啓照於兼管織造任內附片奏請，仍照上年陳絲價值採購，以便趕辦，奉旨：著照所請，該衙門知道，欽此。正飭趕辦，間旋於本年四月十七日承准軍機大臣字寄光緒四年四月初八日奉上諭：工部奏各項典禮需用緞匹紡絲，請飭先期織辦，並請飭部撥款各摺片等因，欽此。時臣梅啓照謹查工部派辦緞匹紡絲，係恭備穆宗毅皇帝、孝哲毅皇后奉安一切要差，工限甚迫，亟需提前趕辦，遵經轉飭，速籌解濟去後。嗣據署藩司升泰文稱，前項工料係動支地丁，無如目下地丁收數未旺，又值籌解三批京餉，並惠陵工需，以及晉豫等省賑捐，暨奉撥一切緊要協餉，在在急如星火，司庫竭蹶情形，不堪言述。擬先將明黃雲緞工料銀兩勉力籌措，所有前項絨綢料工銀兩，刻下實難兼顧，應請俟各屬地丁報解稍旺，即行接續解濟等情具覆，並准先後批解明黃緞料工銀三萬兩前來，經臣梅啓照酌給各工飭令，趕緊攢織，其餘未解工料銀兩，仍行催藩司，接續解濟各在案。欽奉前因，臣等伏查戶部奏催絨斤、杭綢，暨工部奏派明黃緞紡，均關典禮要需，工限緊迫，勢難刻緩。惟訪查本年絲斤價值，有增無減，前經臣梅啓照請照上年陳絲價值採購，雖已仰蒙俞允，尚未奉准部覆，而事關亟需，未敢拘泥成例，致滋貽誤，惟有一律查照上年價值發辦，庶期迅速，除由臣梅啓照嚴飭藩司，尅日籌撥銀三萬兩，餘仍接續趕撥，暨臣文桂嚴督各工，分頭採購，加緊織辦解交外，所有臣等會籌趕辦絨斤、杭綢等項各緣由，謹先合詞恭摺覆陳，伏乞皇太后、皇上聖鑒。再此摺係用織造關防拜發，合併陳明。謹奏。

軍機大臣奉旨：知道了，欽此。

光緒四年七月十六日

蘇州織造奴才萬順、江南織造奴才明動、杭州織造奴才文桂跪奏，爲辦理織務絲觔物料各項價值，今昔情形相去懸殊，恭摺籲懇天恩，再展一年，暫照市價，俾資措手，仰祈聖鑒事。

竊奴才等衙門，承辦織務，察看絲觔物料情形，其價勢難平減，當經奴才明動、萬順，暨兼管杭州織造浙撫臣梅啓照，於本年四月初六日合詞具奏，奉旨：戶部議奏，欽此。茲經部議覆，將例載定數之外上用經絲每兩再加銀二分一釐，緯絨絲每兩再加銀一分六釐，官用經絲每兩再加銀一分二釐，緯絨絲每兩再加銀七釐，其餘別項物價，仍照定例等因議奏，奉旨：依議，欽此。欽遵行知前來。部臣量爲議加原知辦理匪易，未准按照市價，自爲力求撙節起見，奴才等受恩深重，具有天良，當此經費支絀，如可節省一分，則盡奴才等一分心力，何敢再有瀆請。伏查乾隆年間，例定各項價值，正在時世全盛，百物皆賤，辦理裕如，迨道光年間例價，已有不敷，或於關稅，或於鹽務，均予津貼，方能辦理。兵燹後，關稅停徵，鹽務改章，津貼均各無著，兼之地方過形殘損，時事愈艱，較之道光、咸豐年間，又更不同。今雖肅清十有餘年，民氣尚未復元，商業亦未復舊，百物異常昂貴，不特絲觔一項爲然，所以年復一年，請照市價，實出於萬不得已也。況去冬奇冷，蠶子凍裂，今春寒暖不時，蠶絲收成大減，洋商仍事購買，釐捐亦復抽收，查目前市價較諸上年，有增無減，按照部臣所議之數，上用經絲每兩計銀一錢二分四釐，緯絲每兩計銀一錢九釐，絨絲每兩計銀一錢七釐，官用經緯絨絲以次遞減，尚須每兩扣出九分串餘，另作裝盛解費之用。覈計市價實不過十成之四，以之購絲，則價值有虧，商民無力賠墊，若以四成之絲飭匠織辦，而經緯有定，匠役又無所適從，金線、顏料等項情形，亦復相同。奴才等事同一律，再四籌畫，往返函商，實屬無可措手。查本年內務府及部派運務緞綢各項，並另傳活計，爲限均迫，蘇州、杭州並有奉派典禮要需所不能緩者，未敢拘泥遲誤，均有已經發辦之件，又不能不照時價給領，此時若按部議之數，必令行商匠役遵照，力實有所不逮。輾轉思維，萬分焦急，惟有再行據實瀝陳，籲懇皇太后、皇上逾格恩施，俯念時艱，迥非昔年情形可比，所有織務應用絲觔物料，仍准再展一年，暫照市價發辦，仍由浙撫臣查取牙行切結，奴才等均當覈實撙節，斷不敢稍任浮冒。倘以後漸能平減，必當隨時奏聞辦理，以期不負高厚鴻慈。所有織務需用絲觔物料等項，懇請再展一年，暫照市價緣由，謹合詞恭摺具奏，伏乞皇太后、皇上聖鑒訓示。謹奏。

軍機大臣奉旨：著照所請，該部知道，欽此。

光緒四年七月十九日

江南織造奴才明勳跪奏，爲叩謝天恩，仰祈聖鑒事。

竊奴才恭閱邸鈔，光緒四年八月二十一日奉旨：江南織造仍著明勳接管，欽此。欽遵之下，感激莫名。伏念奴才內府世僕，樗櫟庸材，上年七月，蒙恩簡放江南織造，方愧涓埃未報，悚惕滋深，茲復奉命接管，下懷益增感戴，惟有勉竭駑駘，倍加激勵，將應辦大運等項活計，敬謹督工織辦，慎勤將事，以期仰答高厚鴻慈於萬一。所有奴才感激下忱，謹繕摺具奏，叩謝天恩，伏乞皇太后、皇上聖鑒。謹奏。

軍機大臣奉旨：知道了，欽此。

光緒四年九月二十一日

江南織造奴才明勳跪奏，爲補辦丁丑大運緞綢等項工竣，委派員役解京交納，恭摺仰祈聖鑒事。

竊奴才抵任後，當准前任移交户部、內務府來文派辦丁丑大運緞綢等項，遵經咨明督臣轉飭藩司，先後籌撥料工銀四萬兩，即將應行補辦丁丑大運，按照奏定市價購買絲觔，督飭工匠，加緊織辦。計户部派織活計內辦得緞綢二百七十二疋，廣儲司緞庫派織活計內辦得緞綢八百九十一疋件，大手帕五十箇，各色細布五百疋，並茶庫派辦各色紕纓六十五觔，白絲八百觔，通草片五觔，以及內務府另文例派本色細布三千疋。現已一律工竣，敬謹裝箱封固，派委庫使永立帶領妥役於十月十五日由甯起解赴京，分別交納。除將動用料工銀兩另造清册，循例恭疏具題外，所有奴才任內應辦本年戊寅大運緞綢，現按本年奏准市價發款購料開工織辦，約於明年春間一律辦齊解京。合將補辦丁丑大運緞綢工竣解京交納緣由，謹繕摺具陳，伏乞皇太后、皇上聖鑒。謹奏。

軍機大臣奉旨：知道了，欽此。

光緒四年十月十五日

杭州織造奴才文桂跪奏，爲按款辦解絨紬等項情形，恭摺陳明，仰祈聖鑒事。

竊查奴才衙門，承准户部奏催趕辦需用絨五千斤，並欠解杭紬五千匹，於本年七月間承准軍機大臣寄奉上諭，嚴催埽數解交，當經撫臣梅啓照會同奴才將會籌趕辦情形合詞具奏，並一面將前估工料銀數，遵照本年部議絲價，併計需銀十五萬餘兩，先後咨行藩司接續趕撥。至本年十一月初六日止，准藩司陸續解到銀六萬兩，通融趕辦，業經辦有各色絨二千五百斤，大紅杭紬二千五百匹，即於十一月初一日先行專差趕解進京，並呈報户部在案。其餘未解絨紬，需款尚鉅，疊經咨催藩司趕撥清楚，無如庫藏竭蹷，籌撥維艱，經奴才再四晤商，察看情形，未必能大批解濟，年內爲日無幾，轉瞬典禮届期，奴才無米爲炊，深慮貽誤，除再咨商撫臣轉飭藩司，迅將欠解工料銀兩趕撥齊全，以便辦解全完外，所有奴才按款趕辦絨紬等項，已解一半，暨現時撥款支絀情形，理合恭摺具陳，伏乞皇太后、皇上聖鑒，訓示遵行。謹奏。

軍機大臣奉旨：該部知道，片併發，欽此。

光緒四年十一月二十一日

再查部派絨斤，係恭備龍輀車絨繩之用，較之杭紬尤爲緊要，如果藩司續籌有款，奴才酌量緩急，擬請先將絨斤辦解全完後，再行接辦杭紬，以顧要需。謹附片陳明，伏乞聖鑒。謹奏。

軍機大臣奉旨：覽，欽此。

江南織造奴才明勳跪奏，爲遵旨覆查制帛等件，確實覈減，以節糜費，恭摺奏聞，仰祈聖鑒事。

竊奴才於光緒四年八月二十四日接奉工部照會，內開光緒四年六月三十日奏請飭查制帛等件，如何節減一摺，本日奉旨：依議，欽此。抄録原奏行令查明應減確數，分晰覆奏，照會前來。查原摺奏稱，內閣抄出江南織造明勳奏請制帛等款，歸復舊制一摺，奉旨工部知道，欽此。欽遵抄出到部。查江南織辦制誥等件，自改由杭省以來，因絲價昂貴，奏准市價覈辦。據稱江甯土絲價值較廉，其絲質地顏色如何，能否敷用，較杭省現辦價值，如何節省一半，工價如何減成。三局合一，房間機張器具，能否不復添建增製，是否確有把握，不得藉詞偷減，并不得復請加增，務須詳細妥覈，及節省數目，據實覆陳等因。奴才伏查江南所産土絲雖屬無多，豫爲採購，足可敷用。其絲質地匀净，顔色鮮明，加以官井漂練，焚灰潔白，此次復歸舊制後，凡有制帛等件，比較杭省代辦以來，報銷册内奏准價值，覈減十分之五，如杭省銷册每絲一兩值銀三錢者，減爲一錢五分，二錢者減爲一錢，此後並不准藉口不敷，希圖加價。所領工價，凡誥軸制帛、線羅、駕衣、綢疋等件，一律覈減二成。神帛、漢府、倭緞三局，重建時經前織造合而爲一，設有機張、器具、房間綽有餘地，毋庸添建增製。其此項活計，節省總數均以絲經工價爲大宗，其餘摇染開銷，無關出入，以此計算，每年節省實屬甚鉅，須就派到活計多寡，方能覈有定數，應於題銷册時登註，若經歸復之後，固不敢稍有虚糜，亦不得容其偷減。以上各情，遵奉查明應減確數。惟思奴才内府世僕，具有天良，雖屬知識庸愚，亦當竭盡職守，凡於一切織務之中，能於力求節省，焉敢壅於上聞，況當我國家因災修省之秋，帑金支絀之際，豈能任其年復一年，不歸舊制，未免一事兩歧，糜費伊於胡底，況經久奉懿旨，凡有一切事宜，以後均當歸復舊制，且又覈與工部原奏，一俟軍務告竣，仍歸江南製辦，奉旨允准之案，均屬相符，惟有恭請特旨，俯准飭將杭州織造代辦神帛誥軸、彩綢、駕衣、線羅等件，照例更正，傳派江南，以節帑金而符定制。奴才實爲節省度支，慎重典禮起見，理合恭摺覆奏，伏乞皇太后、皇上聖鑒。謹奏。

光緒四年十一月二十七日

軍機大臣奉旨：著照所請，工部知道，欽此。

再查奴才衙門承辦運務，需用各項式樣，花本、線觔，前於乾隆年間，經户部議定，十年更换一次，歷經遵辦在案。溯自兵燹以後，花本遺失，迨至同治四年，復建織局，一切章程，無不撙節變通，所需花本、線觔，均經覈實製辦，早逾十年奉准應照市價更换期内。前奉户部來文，指飭此款花本應歸十年專案更换，毋庸陸續請添，以免轇轕等因在案。兹因存庫花本，均已殘損，不堪應用，應遵部定章程，奏明更换。惟從前所需花本成案，每逢十年更换一次，例應准用絲線二千三百八觔三兩二錢五分，若照從前例價製辦，不敷甚鉅，若按市價開銷，又恐籌款維艱，惟有遵照户部近年議定絲價成案，撙節覈算，飭承購辦，每觔該銀五兩四錢四分二釐，共計需銀一萬二千五百六十一兩二錢四分一釐。查此項應换花線，早經及期，立待籌款製辦，方免貽誤正運，除咨兩江督臣轉飭江藩司，照例迅籌移解製辦外，理合附片具奏，伏乞皇太后、皇上聖鑒訓示。謹奏。

軍機大臣奉旨：知道了，欽此。

杭州織造奴才文桂跪奏，爲接辦戊辰第三次大運，按款織就緞紬等項，委員解京，恭摺仰祈聖鑒事。

竊查承准内務府、户部派辦運務，應需錢糧，經前升撫臣左宗棠奏請，由牙釐局每年撥解錢十二萬串，按照市價，易銀發辦。嗣因撥款不敷辦解全運，歷經前任織造請將釐局一年解到之款，儘數發辦，遵例分爲趕運、大運兩批解送，按年題銷，其未完各件，遞年接辦在案。嗣因庫存物料不敷，承准内務府劄，飭寬爲籌備等因，當經前任織造咨商撫臣飭司籌撥去後，旋據藩司文稱，現時庫款支絀，難以添辦，仍請暫照釐局每年所解錢文，儘數辦運，俟庫儲稍裕，即行併籌添辦各緣由，經前任織造於同治十三年三月十二日會同前撫臣合詞具奏，奉旨：著照所請，該衙門知道，欽此。恭查戊辰年所派運務，尚未辦竣。所有光緒四年運務，自應接辦，戊辰年運所派緞疋等件，仍遵舊章，按照釐局撥到錢十二萬串，易銀儘數發辦，業於上年九月間，先行趕運過上用緞紬紗三百疋，官用緞紬紗一百六十疋，内用紬綾四百一十疋，衣線一百五十斤，部用緞綾紡絲七百四十疋，均經批差解送，分交驗收在案。嗣復接續督工趕織，兹共織辦得上用緞紬紗三百疋，官用緞紬紗二百疋，内用紬綾六百疋，衣線二百五十斤，細布一千五百疋，部用緞二百八十疋，綾紡五百疋，於二月十五日委員起程，管解運京，分別交納。統計兩次共解過緞紬綾紡三千四百九十疋，衣線四百斤，細布一千五百疋。除督飭承辦經書將用過工料銀兩，遵照奏准各項市價，彙造細册，循例具題外，所有接辦戊辰運務，先後解交並委員起程日期，理合恭摺具奏，伏乞皇太后、皇上聖鑒。謹奏。

光緒五年二月十二日

軍機大臣奉旨：知道了，欽此。

再准江南織造明勳咨稱，請將制帛誥軸等項，仍歸江南織辦一摺，奉旨工部知道，欽此。欽遵咨行前來，奴才卷查此案，前經御史世泰具奏，經工部會同户部議覆，擬請仍由杭州織造辦理等因，於光緒四年二月十一日具奏，奉旨：依議，欽此。恭録轉行到杭，即經遵辦在案。嗣准江南織造咨會前由，奴才細繹江南織造原奏，及該處匠人稟詞，大都以杭州係用湖絲，江南可用土絲，價值較賤，且用井水漂練，愈覺鮮潔各等語，當即傳諭遵照去後。旋據神帛堂匠役丁大元等稟稱，匠等向在江南供役，溯自咸豐三年，金陵失守，奏改杭州織辦，蒙前任織造出示招募，來杭設立堂口，建置機張，添造器具，以供傳派。至咸豐十年，杭城淪陷，匠等避亂上海，苦不可言。迨至同治三年，杭垣克復，匠等復陸續投回，仍蒙入册，循舊當差，整理局務，至同治八年，始將機張、器具，置備齊全。現在江南奏稱，改用土絲，價值可省一半等語，匠等查土絲最稱惡劣，雖民間服用，亦所不敢，以之上供壇廟大祭，殊不足以昭誠敬，即匠等從前在江南織辦，亦未用過，不知江南各匠稱用土絲係出何據。歷年以來，杭州恭織制帛等項，所需絲斤與上官服用有别，本係按照奏准市價，減成採購，每兩請銷銀不及二錢，核與江南所稱減半之説，相去無幾。且局近西湖，即用湖水漂練，似與江南井水較爲潔淨，蓋湖水質輕而清，井水重濁味鹹，昭然可辨。至織辦誥軸一項，用絲無多，兼以紙張裱做，向照部頒例價辦理，並無加增之説，現雖江南奏稱，合爲一局，若遇各部庫同時傳派，一局亦難兼顧，勢不能不增修一切，而杭局練熟之機具，概歸無用，豈非糜費轉增。況查匠等工價，向係照例給銷，兵燹後，並未請增，此外，尚有每日應支口糧，到杭以來，亦未請給發，實較江南前辦章程，格外撙節。且匠等供役二十餘年，藉工餬口，共計三百七十名之多，若一時失業，衆口嗷嗷，無以爲生。各等情環，叩請奏前來。奴才詳查該匠等，在杭供織，迄今年久，於一切傳辦各件，並無貽誤，查其所稟各節，尚係實在情形，即所稱歷年購用絲價，減成造報，工價照例開銷，當經奴才檢查歷届銷册，亦屬相符，除將匠稟鈔呈工部外，理合據實瀝陳，合無仰懇天恩，俯賜飭部覆議，以昭覈實而重祭項。是否有當，謹附片陳明，伏乞聖鑒訓示。謹奏。

軍機大臣奉旨：該部議奏，欽此。

蘇州織造奴才萬順、江南織造奴才明動、杭州織造奴才文桂跪奏，爲織務需用各項物料，今昔價值不同，勢難規復舊制，懇恩仍准展緩一年，暫照近年部定絲價辦理，以示體恤而全要工，據實瀝陳，恭摺仰祈聖鑒事。

光緒四年九月間，各承准户部照會本部片奏江浙三織造，會奏承辦織務應用絲觔物料價難平減，仍請再展一年，暫照市價等因，議令暫照光緒元年准銷市價辦理，下届五年即行按照例價報銷，不准再行瀆請等因，於光緒四年九月十四日具奏，本日奉旨：依議，欽此。各照會前來，奴才等遵將應辦各件飭令趕緊辦解，至本年織辦各件，既經部臣議令，按照例價報銷，奴才等世受國恩，具有天良，曷敢再行瀆請，無如揆諸今日時勢，諸多窒礙，有不得不縷陳於聖主之前者。一則昔年承平日久，物阜民豐，今則地方蹂躪之後，元氣未復，民物凋殘，百貨昂貴。一則昔年絲觔向無加抽釐金，今則嘉湖一帶，採購絲觔，先有釐金加收在内。一則昔年所産之絲，僅止内地購買，今則新絲一經出産，洋商不時開莊，加價收買，以致市儈爭趨，絲價陡長。一則昔年織造賴有鹽關津貼，稍資補助，今則鹽務改章，關税未復，無可通融。此皆目前實在情形，實有萬難遵辦之苦。伏查本年新絲登廛，奴才等確實查訪，詢諸商民，僉云：今年雪白經絲，每兩需銀二錢九分有奇，揆之光緒元年浙撫臣確查市價，仍屬不相上下，以此視昔年之例價，則仍屬懸殊。若以例價强令各商遵照，固屬力有未逮，亦非我國家恤商愛民之道。奴才等往返函商，進退維谷，與其游移誤事，何如據實陳情，仰懇天恩，俯念時勢艱難，仍准展緩一年，暫照上年部議市價覈估發辦，斷不敢稍有浮冒，有負高厚鴻慈之至意，一俟絲價稍能平減，容奴才等察度情形，再行請復舊制。所有絲觔用價，目下驟難復舊，懇請暫照市價辦理各緣由，謹合詞恭摺瀝陳，伏乞皇太后、皇上聖鑒，訓示遵行。謹奏。

軍機大臣奉旨：户部議奏，欽此。

光緒五年五月二十日

杭州織造奴才文桂跪奏，爲織務需用絲斤各項價值，驟難平減，懇恩暫緩規復舊制，以全要工，而示體恤，恭摺仰祈聖鑒事。

竊查織造衙門應用絲斤等項價值，今昔不同，前經江南織造明動、蘇州織造萬順，會同奴才懇請再展一年，暫照市價辦理等因，嗣經户部議覆，以上年有奏派典禮要需，是以准照市價辦理，此次需用絲斤，仍飭按照部臣上年奏案，即行規復例價，以示限制等因具奏，奉旨：依議，欽此。欽遵轉行到杭。奴才伏查昔年織務例價，本不敷辦，全賴鹽關津貼。兵燹後，鹽務改章，關税停徵，津貼無著，始准奏請暫照市價採辦，實因時勢使然，非敢故違定例。迨至同治十三年間，部臣即有規復例價之議，然皆年復一年，任復一任，瀝情懇緩，無不仰邀聖明洞鑒，曲賜矜全，凡屬商民，同聲感戴。本年新絲登市，釐捐照常抽收，洋商仍復夥購，價值勢難平減，是以仍懇暫照市價辦理，原出於萬不得已，並非意圖延宕。兹准部臣議奏，仍飭規復例價等語，奴才世受國恩，具有天良，如果力所能行，曷敢再行瀆請，無如訪查本年新絲市價，上用雪白經絲每兩需銀二錢九分有奇，較之光緒元年市價不相上下，核與昔年所定例價，尚覺懸殊，委實無力賠此鉅款。現查本年内務府、户部奏派運務緞匹，業已屆期，必須開辦，且近日又准工部奏派綵紬五千匹，亦係典禮要需，不容遲緩，所需絲斤等項，奴才既不能强以例價抑勒商民，又未敢停工待價，致滋貽誤，思維再四，惟有專摺據實瀝陳，仰懇天恩，俯念時艱，將奴才衙門本年織辦活計所需絲斤等項，仍准暫照市價發辦，以紓商力，而裨要工。一俟物料平減，即行規復舊制，斷不敢視爲成例，自負高厚鴻施。所有織務需用絲斤等項，懇請暫緩規復各緣由，謹再恭摺瀝陳，伏乞皇太后、皇上聖鑒，訓示遵行。謹奏。

軍機大臣奉旨：本年需用絲觔各項，著准其暫照市價辦理，該部知道，欽此。

光緒五年八月初六日

蘇州織造奴才立山跪奏，爲接收前任交代庫款銀兩，稽核相符，恭摺奏聞，仰祈聖鑒事。

竊奴才蒙恩簡放蘇州織造，業將接印任事日期，恭摺奏報在案。今查前任織造萬順移交經辦各項活計，動用各款銀兩收支清册，除光緒三年分大運辦差匠糧申餘等款，均經題奏報銷外，其已解未銷之光緒四年分大運緞紗綢綾，另傳各項活計及匠糧申餘等款，收支各數，並經收五年分大運銀兩數目，逐款稽核，均屬相符。統計大運正款項下應存庫銀五萬九千七百五十二兩六分二釐，申餘項下應存庫銀五千六十六兩二錢，匠糧項下應存庫銀五十七兩四錢四釐，辦差項下應存庫銀二萬七千六百五兩四錢五分八釐。當經奴才盤查庫存銀數，並無短絀，除該前織造已解未銷各款，容奴才分别代爲造報外，所有接收前任交代庫款銀兩，稽核相符緣由，理合恭摺具奏，伏乞皇太后、皇上聖鑒。謹奏。

軍機大臣奉旨：知道了，欽此。

光緒五年十一月初八日

蘇州織造奴才立山跪奏，爲擬請動支平餘銀兩，趕將花本製造足額，以濟大運急需，恭摺奏祈聖鑒事。

竊查奴才衙門額設花本絲線一千九百二十六觔七兩，十年更換一次，乾隆四十七年例價，每觔銷銀二兩三錢七分三釐。同治年間辦理成案，則由撫臣於例價、市價之間，酌中奏定每觔准銷銀四兩七錢四分六釐。自光緒三年，花本十年限滿之後，前織造萬順四次呈請户部查照成案，撥款更换，而户部堅持例價，駁令遵辦，嗣又瀝情具奏，仍復議駁如前，並有不准再行瀆請之語。該前織造不得已，就所准銀數，擇其緊要者，先行製造，以應典禮要需之急，報明户部有案，其餘因值交卸，未及復籌補辦。今奴才到任，因本届己卯大運早逾定限，趕即督匠開工，乃檢查花本式樣未全，顧此失彼，而舊有花本自十年期滿，又閱三年，早經消耗殆盡，無可濟用辦理，實形棘手，焦灼萬分。奴才伏查額設花本，既係必不可少之需，乾隆例價，實有萬難遵照之勢，同治年間准銷之價，本非按照市價定擬，即以現年減定經絲市價而論，每觔尚需銀六兩以外，而成案僅止四兩七錢四分六釐，所短已多，委難再減，此萬順之所以未能遵辦，而奴才有不得不再行瀆請之苦衷也。惟是現值大運，待線甚急之際，若復奏請由部找撥銀兩，即使部臣核准，輾轉行文籌解，必須數月之久，勢難停工以待，致誤内庫要需。因思奴才衙門平餘一款，原爲辦公之用，例不作正開銷，按年造報内務府查核，現有存賸銀五千餘兩，前項花本查照同治年間成案核計，該銀九千一百四十二兩零，除由藩庫遵照部文撥過例價銀四千五百餘兩，尚不敷銀四千五百七十一兩零，合無仰懇天恩，俯念工程緊要，待線甚急，准將前項不敷銀兩就近動支平餘，趕將花本製造足額，以濟急需，而免遲誤。如蒙俞允，擬請將萬順及奴才經辦花本線觔，仍照例價造報，以符户部奏案，所動平餘，作爲撥補花本例價不敷之款，另報内務府查核，以免淆混，致滋轇轕。奴才實爲辦理棘手，權宜濟急起見，是否有當，未敢擅專，伏候命下之日，祗遵趕辦，爲此恭摺具陳，伏乞皇太后、皇上聖鑒訓示。謹奏請旨。

軍機大臣奉旨：著照所請，該衙門知道，欽此。

光緒五年十一月二十五日

江南織造奴才定昌跪奏，爲接收庫存銀兩並機張花本等項，查覈相符，恭摺奏聞，仰祈聖鑒事。

竊奴才恭膺恩命簡放江南織造，於本年十二月初四日接印任事，當即恭摺叩謝天恩，奏明在案。茲准前任織造明勳移交織署庫存正項銀一萬三百九十二兩九錢八分四釐三毫四絲，申餘款内存銀五百九十六兩四錢二分五釐五毫一絲六忽，及歷任移交關庫存款銀二十三兩八錢六分，並織局機張花本等項，一併造册移交前來，奴才即經按册盤查，均屬符合，謹繕摺具奏，伏乞皇太后、皇上聖鑒。謹奏。

軍機大臣奉旨：知道了，欽此。

光緒五年十二月十九日

再本年己卯大運緞綢，前任織造萬順，因絲價未定，至今未能開工，移交奴才辦理。奴才查接管卷内本年五月間江甯、蘇州、杭州三處織造，因本年絲觔各項價值查與上年部議准銷市價不相上下，尚難規復舊制，聯銜奏懇，再展一年，本屆仍照市價辦理，當經户部議駁，奏令規復例價，以示限制。該前織造因例價與市價相去懸殊，無從措手，以致奉傳各項活計，延擱至今，未能開辦。奴才伏查各項工程，均關緊要，已逾定限，勢難再事躭延，至滋貽誤，除一面督飭匠役開工價辦外，第現在絲觔各項市價，奴才詳加諮訪，實與上届准銷市價相同，一時委難核減。奴才世受朝廷豢養之恩，方愧涓埃未報，如果市價平減，萬不敢稍涉欺朦。且查現准杭州織造文桂咨稱，該織造於本年八月初六日具奏織務需用絲觔各項價值驟難平減，懇請暫緩規復舊制一摺，奉旨：本年需用絲觔各項，著准其暫照市價辦理，該部知道，欽此。欽遵咨會查照等因。仰見我皇太后、皇上洞鑒物情，體恤周至，下懷欽感，莫可名言。奴才竊以蘇杭事同一律，銷價亦同，相應援案，籲懇天恩，俯准本年一體暫照市價辦理，以全要工，而免兩歧。來年新絲上市，奴才察看情形，如能價值稍平，即當據實奏聞，漸圖規復舊制，斷不敢視爲成例，致負高厚鴻慈。所有本年需用絲觔各項，援案懇請暫照市價辦理緣由，謹附片具奏，伏乞聖鑒訓示。謹奏請旨。

軍機大臣奉旨：本年需用絲觔各項，著准其暫照市價辦理，該部知道，欽此。

江南織造奴才定昌跪奏，爲織務需用絲觔，訪查市價，仍未平減，恭摺奏聞，仰祈聖鑒事。竊奴才查江甯織局承辦各項緞綢，向係先赴浙省嘉湖産絲之區採購絲觔，發局練染開工織辦。近年三處織造於浙省採買經緯絲觔，各絲行易於居奇，且係先加釐捐後方出售，以致價值驟難平減。奴才到任後，稔知大運緞綢實爲部府要需，本届己卯大運，亟應接續籌辦，以免貽誤，而現在新絲未曾上市，絲價較前仍屬不相上下。奴才身受豢養深恩，涓埃未報，曷敢畏難苟安，惟有據實瀝陳，仰懇天恩，准照蘇杭織造現辦絲價一律辦理。奴才謹當嚴督匠役開工，敬謹織辦，斷不敢稍事虚縻。所有訪查絲價，仍未平減，懇恩准照蘇杭採買市價緣由，謹恭摺具奏，伏乞皇太后、皇上聖鑒訓示。謹奏。

軍機大臣奉旨：著照所請，户部知道，欽此。

光緒六年正月十九日

杭州織造奴才文桂跪奏，爲開辦己巳第一次大運按款織就緞紬等項，委員解京，恭摺仰祈聖鑒事。

竊查承准内務府、户部派辦運務應需錢糧，經前升撫臣左宗棠奏請，由牙釐局每年撥解錢十二萬串，按照市價易銀發辦。嗣因撥款不敷辦解全運，歷經前任織造請將釐局一年解到之款儘數發辦，遵例分爲趕運、大運兩批解送，按年題銷，其未完各件，遞年接辦在案。嗣因庫存物料不敷，承准内務府劄飭寬爲籌備等因，當經前任織造咨商撫臣飭司籌撥去後。旋據藩司文稱，現時庫款支絀，難以添辦，仍請暫照釐局每年所解錢文儘數辦運，俟庫儲稍裕，即行併籌添辦。各緣由經前任織造於同治十三年三月十二日會同前撫臣合詞具奏，奉旨：著照所請，該衙門知道，欽此。恭查前辦戊辰年運務業將辦竣，所餘無幾，不敷辦解，所有光緒五年運務自應循案開辦，己巳年所派緞匹等件，仍遵舊章，按照釐局月撥錢文連閏十三萬串易銀儘數發辦，業於上年十月間先行趕運過上用緞紗二百九十八匹，官用緞紗二百匹，内用紬綾五百四十匹，細布五百匹，衣線二百斤，部用緞三百匹，均經批差解送，分交驗收在案。嗣復接續督工趕織，兹共織辦得上用緞紬紗三百十匹，官用緞紗二百四十匹，内用紬綾七百四十匹，細布五百匹，衣線二百斤，部用緞綾紡絲一千三百匹，於二月二十一日委員起程管解運京，分別交納，統計兩次共解過緞紬綾紡三千九百二十八匹，衣線四百斤，細布一千匹。除督飭承辦經書將用過工料銀兩細數，遵照奏准各項市價核實造報，循例具題外，所有開辦己巳運務先後解交，並委員起程日期，理合恭摺具奏，伏乞皇太后、皇上聖鑒。謹奏。

軍機大臣奉旨：該衙門知道，欽此。

光緒六年二月十八日

蘇州織造奴才立山跪奏，爲動支辦差餘款，添辦内庫已卯大運緞綢，以濟急需，恭摺奏明，仰祈聖鑒事。

竊准内務府來文鈔粘，奏派庚辰大運，原摺内稱，近年三處織造，辦解大運緞綢僅三四成不等，所入不敵所出，遂將庫中舊存款項全行墊放，尚不敷用，屢次撥款採買供應要差，以致銀庫倍形支絀，請旨飭下各該織造，照數織辦。如經費不足，應由該織造自行奏明，籌款辦理。儻再延欠，即由臣等奏叅懲辦各等語，並奉催已卯大運緞綢，趕緊照數辦解，另文行知前來。奴才接閲之下，倍深焦灼。伏查奴才衙門，每屆大運，由藩庫撥銀八萬二千兩，除以三萬兩織辦部派緞紗外，餘銀儘辦内庫緞紗綢綾等項，按照派數核計，僅及四成有奇。奴才於上年十月到任，催撥已卯大運工需，僅准藩司仍照上屆撥銀八萬二千兩，現正督飭匠役，星夜趲辦。兹奉前因，竊念奴才身任織造，責有攸歸，當此内庫十分支絀之時，曷敢置若罔聞，自蹈辜恩溺職之咎。再四籌維，除庚辰大運容奴才與撫臣籌商，能否添撥若干，另行奏明辦理外，所有已卯大運，若並請由藩庫添撥，誠恐一時力難兼顧。今查奴才衙門辦差一款，每年由藩庫撥銀三萬兩，爲奉傳上用活計之需，按年造報内務府核銷，截至光緒四年分報銷止，存賸銀二萬七千餘兩，現傳活計尚有五年分辦差撥款可支。奴才因思前項餘賸銀兩，原爲留備傳辦活計之用，今值内庫空虚，而所派大運緞綢，上關内廷應用，及頒賞各國外藩之需，同一傳辦緊要活計，擬請將此項銀兩從權撥歸已卯大運添辦内庫緞綢，俟將來藩庫款項稍裕，再請撥還歸款。奴才愚昧之見，多辦一分，内庫多得一分之用，銀庫即可少撥一分採買之款，而藩庫目前亦免籌添之難，是一舉而數善俱備。除一面嚴督工匠，撙節動支，趕緊加工織辦，一俟告成，即行解京，以濟急需外，所有擬請動支辦差餘款，添辦内庫已卯大運緞綢緣由，是否有當，理合恭摺奏明，伏乞皇太后、皇上聖鑒訓示。謹奏。

軍機大臣奉旨：著照所請，該衙門知道，欽此。

光緒六年二月二十八日

再准户部奏派本屆庚辰大運緞紗二千匹，並催前欠粃緞、錦緞五百九十匹，又戊寅運各色緞一千二百匹，迅即如數辦解，毋許絲毫拖欠，恭録諭旨，行令遵照前來。除奉派庚辰運緞紗，俟催齊藩庫撥款，即行開辦，其戊寅運欠解緞匹，業經呈明户部，動支已卯大運工需儘款織辦外，奴才卷查光緒三年三月户部專案奏派粃緞、錦緞一千匹，經撫臣吴元炳奏明，騰挪是年應辦户部大運銀三萬餘兩，先其所急，儘款辦解，前任織造萬順遵即儘銀織辦四百一十匹解部交納，餘欠五百九十匹，迄今無款辦理。兹奉奏催，自應趕緊遵辦，按照減定絲價及原辦成案核實估計，共需工料銀四萬六千兩。惟織庫既無存款，本屆大運工需又有本款待用，未便仍前騰挪，致令顧此失彼。奴才伏查此項粃錦緞，本係年例大運之外另奉奏派之款，自應另行籌辦，相應請旨，飭下户部指撥款項，行令撫臣迅速籌解，以便開工，而免貽誤，謹此附片具奏，伏乞聖鑒訓示。謹奏請旨。

軍機大臣奉旨：户部知道，欽此。

再奴才衙門司庫、庫使、筆帖式等員，向例五年任滿，呈報内務府揀員更替。今查庫使文熙，係於光緒元年六月到任，扣至本年六月，已屆五年。又司庫銘佑，前於光緒四年六月任滿，經前任織造萬順奏留二年，扣至本年六月亦已屆滿，均應呈報更替。惟查該員等，在任有年，熟悉織務，當差均各勤謹，司庫銘佑尤能任勞任怨，爲織局工匠所畏服。奴才到任未久，一切情形尚難盡悉，深賴該員等隨同辦理，藉收指臂之助，遽易生手，誠恐難期得力，合無仰懇天恩俯准，將該二員暫留二年，俾資熟手。奴才爲慎重工程起見，是否有當，恭候聖裁，謹此附片具奏，伏乞聖鑒訓示。謹奏。

軍機大臣奉旨：著照所請，該衙門知道，欽此。

江南織造奴才定昌跪奏，爲部府派辦緞綢需用孔急，撥款維艱，統籌酌議，恭摺陳明，仰祈聖鑒事。

竊奴才先後接奉户部、内務府來文，鈔録原奏，派辦庚辰大運，並催欠解大緞，及改派川省緞絹等款，行令依限辦解前來。奴才細繹來文，詞意均甚嚴切，除庚辰大運，應俟將已卯運務銀兩籌齊辦竣，再行籌辦外，至改派川省緞絹，經内務府奏准，於歲撥外，由部籌指專款，容俟覈估價銀，另行咨明辦理，所有欠辦户部大緞，係由光緒二年傳辦遞欠至今，迭奉奏催，需用孔亟，前因藩司迭次請緩，致未辦解。奴才到任後，又復屢次咨催，昨准覆稱已詳，由督臣酌覈奏咨，可否暫從緩辦，如不可緩，則請部撥鄰省實銀協濟等因。伏思内庫連年供應要差，墊放不敷，久形支絀，目前待用，自必更加迫切。奴才職有專司，但能如數撥款，曷敢絲毫拖欠，惟是江省織務籌款，較蘇杭爲尤難，若不縷晰陳明，妥籌酌議，將來歸咎遲逾，雖使吏議森嚴，終於要需無補。溯查江南織造衙門，前自廣順任內辦理大運三節各款，動撥銀二十餘萬兩。忠誠任內辦理妝蟒緞綢、繡花簾幔、地氈、彩綢等款，動撥銀三十餘萬兩。慶林任內派單絡繹撥款至百餘萬兩。或由藩庫專籌，或係分庫協撥，時勢雖有不同，而現蒙聖恩，體察時艱，概從節儉，傳辦並無前此之多，而督撫臣統籌兼顧，竭力經營，斷不稍事推諉。惟藩庫歲撥大運銀兩，全賴地丁蘆課，現值庫儲竭蹷，既屬難籌，而奴才職守攸關，又未敢自安緘默，合無仰懇天恩，俯念京外撥款艱難，變通辦理，將所需銀款，在於江蘇關釐鹽稅各處酌量籌撥，以全要工。如蒙俞允，應請勅下户部，指定專款，飭令撥解，以便遵辦。所有奴才統籌織務，酌議撥款緣由，理合恭摺具奏，伏乞皇太后、皇上聖鑒訓示。謹奏請旨。

軍機大臣奉旨：户部議奏，欽此。

光緒六年五月二十八日

再奴才於上年到任後，應行補辦己卯大運緞綢，當經咨催撥款，准江藩司於本年春間起，陸續籌解銀兩，奴才將需用絲觔顏料金工各款，按照奏准價值，及歷任准銷數目成案，先行發辦開工，一俟銀兩解齊，再行找發工料各款，約在秋間可期完竣。奴才惟有嚴督工匠，敬謹趕辦，斷不敢稍任延緩，理合附片具奏，伏乞聖鑒。謹奏。

軍機大臣奉旨：知道了，欽此。

再查奴才衙門所屬司庫、筆帖式、庫使等員，向例五年任滿，呈請更換。茲查庫使成基，自光緒元年六月二十一日到任，扣至本年六月二十一日，已届五年期滿，例應呈報内務府揀員接替。惟現值開辦大運喫緊之際，催工驗活必需得力之員，庶資臂助。該員襄辦織務，頗稱勤謹，爲此援案仰懇天恩俯准，將庫使成基暫留二年，以資熟手。出自高厚鴻施，謹附片具奏，伏乞聖鑒。謹奏請旨。

軍機大臣奉旨：著照所請，該衙門知道，欽此。

蘇州織造奴才立山、江南織造奴才定昌、杭州織造奴才文桂跪奏，爲本年絲價業經遵照部文，據實查報，本届織務需用經緯，擬請照辦，以昭覈實，恭摺仰祈聖鑒事。

竊奴才等衙門，近年需用絲觔等項，因市價未平，尚難復舊，仰蒙天恩，仍准按照市價辦理。經奴才等遵照户部減定銷價經絲每兩銀二錢九分五釐，緯絲每兩銀二錢七分二釐七毫造報在案。本年新絲登場，正在查訪間，適奴才文桂接准浙江撫臣咨稱，上年十月間，户部行查絲觔等項市價，並令嗣後每年新絲上市，據實開報一次。現届新絲登市，當即行令藩司，派委候補知縣孫壽彭赴産絲最旺之德清縣地方，會同印官程國鈞查明經絲每兩銀二錢九分四釐八毫，緯絲每兩銀二錢七分四釐二毫，取具牙行甘結，由印委加結，詳咨户部查照等因，咨會前來。奴才等伏查本届應辦大運及奉傳各項活計，因絲價未定，迄今未能開工，今新絲經緯價值既經撫臣查明報部，較之上年市價尚屬不相懸殊，自應循照辦理，以重要工，相應籲懇天恩俯准，所請飭部查照，俾得趕緊採購絲觔，將應辦一切活計，開工儹辦，以昭覈實，而免遲誤。所有本年絲價，業經浙江撫臣據實查報，擬請照辦緣由，是否有當，理合聯銜恭摺具奏，伏乞皇太后、皇上聖鑒訓示。謹奏。

軍機大臣奉旨：户部知道，欽此。

光緒六年八月初六日

蘇州織造奴才立山跪奏，爲光緒五年分己卯大運緞紗等項織辦告成，援案由海道解京交納，恭摺奏祈聖鑒事。

竊奴才於上年十月到任，因己卯大運尚未開工，當即催據藩司，仍照上届成案，陸續撥解工需銀八萬二千兩，嗣因内務府奏催籌款辦理全運，經奴才奏請，以庫存光緒四年分辦差項下餘賸銀二萬七千餘兩，撥歸己卯大運，添辦内庫緞綢，奉旨：著照所請，該衙門知道，欽此。欽遵在案。奴才隨即採購經緯絨絲，剔選純潔，加工煉染，督飭匠役開工儹辦。按照内務府原派上用緞三百二十匹件，官用緞紗四百五十四件，綢綾紡絲四千九百二十匹，大手帕一千箇，衣線八百五十觔，弦線二十觔，白絲一千六百觔，細布三千匹，如數辦齊。又户部五年分未派緞紗，令將欠解戊寅運緞紗補辦解納，亦經查照成案，儘款辦得各色糚錦緞、紗八百匹，應即解京交納。惟查己卯大運，因前任未經開辦，以致久逾例限，前奉内務府奏催嚴切，自係待用孔殷，若由陸路運解，既虞風雨阻滯，尤慮此次箱隻較多，王家營車駝難期驟集，致滋延誤。奴才因查同治六年前任織造慶林辦解丙寅大運、十一年前任織造德壽辦解典禮要需，均經奏明由輪船航海運解，以期捷速，所需解費，仍照陸運章程於平餘項下支銷有案，自應援照辦理。除敬謹裝箱封固，遴委筆帖式錫桂督同承差，於九月初四日護解起程，由輪船運至天津，起旱進京交納外，所有已卯大運緞紗等項，織辦告成，援案由海道運解緣由，理合恭摺奏聞，伏乞皇太后、皇上聖鑒。謹奏。

軍機大臣奉旨：知道了，欽此。

光緒六年八月二十五日

江南織造奴才定昌跪奏，爲補辦已卯大運緞綢等項工竣，派委員役解京交納，恭摺仰祈聖鑒事。

竊奴才衙門例辦大運緞綢等項，前於奉文後，即經照案咨明兩江督臣轉飭藩司，籌撥已卯大運緞綢料工銀四萬兩，當經奴才遵照奏報絲價，飭承購買絲觔，督飭工匠加緊織辦，計户部活計内酌辦得各色龍蟒緞綢四百疋，廣儲司緞庫派織活計内辦得緞綢等項一千一百二十五疋件，大手帕六十個。又續派布三千疋，並茶庫派辦紕纓白絲，通草片等項，現已一律工竣，敬謹裝箱封固，派委筆帖式佛保帶領妥役，於十月二十日由甯起解赴京，分別交納。除將動用料工等項銀兩，另造細數清册，循例恭疏具題外，所有補辦已卯大運緞綢工竣，解京交納緣由，謹恭摺具奏，伏乞皇太后、皇上聖鑒。謹奏。

軍機大臣奉旨：知道了，欽此。

光緒六年十月二十日

蘇州織造奴才立山、江南織造奴才定昌、杭州織造奴才文桂跪奏，爲本年織務需用經緯，户部議令按照例價支銷，委難遵辦，籲懇天恩，仍准暫照查報市價辦理，以全要工，恭摺奏聞，仰祈聖鑒事。

竊奴才等先後接准户部文，開本部具奏三織造本年需用經緯一摺，光緒六年九月二十九日奉旨：依議，欽此。鈔録原奏，行令遵照等因。查原奏内稱，各織造歷届承辦織務，皆因絲價驟難平減，奏請暫緩歸復舊制，然必須奉特旨允准，方能遵照辦理，且亦不過暫緩一年，並不准援爲成案。上年杭州織造奏請緩復舊制，奉旨：本年需用絲觔各項，著准其暫照市價辦理，該部知道，欽此。恭繹諭旨，係專指光緒五年，非可以歷年循照也。今該織造等以臣部上年有行令浙江每年開報新絲價值之案，竟云既經撫臣查照報部，較之上年市價不相懸殊，自應援照辦理等因，未免意存取巧，相應請旨，飭下三織造，自光緒六年起，遵照例價織辦，以符舊制等語。奴才等伏查江浙肅清以來，百物騰貴，歷久未平，人所共悉，不獨絲價爲然，即如江浙兩省，年例辦解木植布疋等項，督撫臣等均以例價與市價相去懸殊，或奏請按照市價，實用實銷，或令所屬籌款津貼。奴才等衙門無地方之責，既不能以例價强買於民間，更不能以津貼責成於州縣，然則以三倍之市價，而欲以例價得之，其勢有所難能。在部臣綜司出納，撙節度支，不得不力圖復舊，以濟時艱，在奴才等實逼處此，委無良策，此歷任織造暨奴才等頻年瀆懇天恩，暫照市價辦理，萬不得已之苦衷也。上年十月户部行令浙江撫臣，每年於新絲上市，據實查報。細繹部臣上年來文，亦明知例價與市價大相懸殊，第恐價值虚浮，是以行令地方有司，取結查報，以昭覈實。奴才等既准撫臣以遵查報部之實價，咨會查照，而又覈與上届價值，不相懸殊，自應遵照辦理，曷敢有所取巧。玆奉前因，奴才等往返函商，例價固難遵辦，而撫臣查報之價，係在新絲初出價值稍落之時，數月以來，復有增益，辦理已虞棘手，且瞬届歲暮，本年應辦織務，停工以待，勢將貽誤，倍深焦灼，籌思至再，惟有籲懇皇太后、皇上逾格恩施，本年仍准暫照查報市價辦理，俾得趕緊採購絲觔，開工儹辦，以免貽誤。來年絲價如能平減，奴才等自當據實奏明，以期節省，斷不敢視爲成例，致負高厚鴻慈。所有本届織務需用經緯，懇請暫照市價辦理緣由，理合聯銜恭摺瀝陳，伏乞皇太后、皇上聖鑒訓示。謹奏請旨。

軍機大臣奉旨：著照所請，户部知道，欽此。

光緒六年十一月十四日

蘇州織造奴才立山跪奏，爲照案動支辦差餘款，添辦内庫庚辰大運緞綢，以濟急需，恭摺奏明，仰祈聖鑒事。

竊查奴才衙門大運工需，每届由藩庫撥銀八萬二千兩，以三萬兩辦解部派緞紗，餘銀儘辦内庫緞綢等項，因限於撥款，未能全數辦運，上年十二月内務府以緞庫所入不敵所出，致將舊存款項全數墊放，尚不敷用，屢次撥款採買，致銀庫亦形支絀，奏請勅下各該織造自行籌款，照數全辦，儻再延欠，即行奏參懲辦等因，行知前來。當經奴才查有光緒四年分辦差項下餘賸銀二萬七千餘兩，奏請撥歸已卯大運添辦内庫緞綢，並聲明庚辰大運能否由藩庫添撥若干，另與撫臣籌商辦理，奉旨：著照所請，該衙門知道，欽此。欽遵在案。今庚辰大運，奴才疊與撫臣籌商酌量添撥，無如藩庫支絀異常，委係無款可籌。奴才伏思大運活計上關內廷應用，及頒賞各國外藩之需，當此緞庫奇絀之時，奴才責無旁貸，何敢以藩庫添撥維艱，藉詞諉卸。茲查光緒五年分辦差項下，由藩庫照例運閏撥到銀三萬二千五百兩，除辦解上用各色錦絹等項支銷外，尚有餘賸銀一萬四千四百六十三兩零，應請仍照上屆成案撥歸庚辰大運，添辦內庫緞綢。庶期多辦一分，內庫多得一分之用，銀庫即可少撥一分採買之款。此項銀兩仍俟藩庫款項稍裕，再請撥還，以清款目。除一面督飭工匠星夜趲辦，一俟告成，即行解京交納外，所有照案動支辦差餘款，添辦內庫大運緞綢緣由，理合恭摺奏明，伏乞皇太后、皇上聖鑒訓示。謹奏。

軍機大臣奉旨：知道了，欽此。

光緒六年十二月初三日

江南織造奴才定昌跪奏，爲停派川省緞綢，改歸織造衙門織辦工竣，派委員役解京交納，恭摺奏聞，仰祈聖鑒事。

竊奴才接奉户部、內務府來文奏明，停派川省緞綢，改歸三織造衙門織辦。奴才衙門奉派得上用花素緞四百疋，素綢四百疋，飭即依限趕緊織辦解交等因前來。奴才遵即覈實估計料工銀二萬三千五百兩，咨明督臣轉飭藩司籌撥銀款，購買絲觔，督飭工匠開工趲辦，茲已一律工竣，敬謹裝箱封固，派委庫使永立帶領妥役於十二月二十一日領解北上，赴京交納。除將動用料工等項銀兩，循例繕造黄册奏銷外，合將改派川省緞綢工竣，解京交納緣由，謹恭摺具奏，伏乞皇太后、皇上聖鑒。謹奏。

軍機大臣奉旨：知道了，欽此。

光緒六年十二月二十一日

再查接管卷內光緒二年十月二十日承准造辦處劄行傳派五色灑金絹，四龍硃紅絹，福方硃紅絹，十三言大龍對硃紅絹，大五言龍對。又光緒四年正月二十六日承准造辦處劄行傳派五色灑金絹，硃紅絹，四龍福方硃紅絹，十三言大龍對硃紅絹，大五言龍對等款，飭即趕緊辦解，以備呈進等因，歷經前任移交接辦前來。奴才遵查此項係屬奉旨特傳之件，茲查有前任未及趕辦移交存儲銀款堪以發辦，即經按照歷屆成案及頒發式樣，敬謹辦理，茲已一律告成，裝盛封固，飭委解京呈交。除將動用銀款敬繕黄册奏銷外，理合附片陳明，伏乞聖鑒，謹奏。

軍機大臣奉旨：知道了，欽此。

再查奴才上年承准工部派辦制帛五千端，係爲典禮要需，當將所需工料銀兩咨商籌撥，時值海防緊要，各路需款浩繁，經浙江撫臣譚鍾麟將浙省動用各款，奏請暫緩有案。上年十一月間承准工部奏催，先後准藩司於十月初九日、十一月十八日轉解釐局籌撥工料銀一萬兩，當即督工趕辦，已於上年十一月十六日辦成二千五百端，專差星夜解京。其餘未完二千五百端，業已設法籌款督催齊集，即於本年正月十六日起程，仍遵舊章，專差航海解交，以期迅速。謹附片陳明，伏乞聖鑒。謹奏。

軍機大臣奉旨：知道了，欽此。

杭州織造奴才文桂跪奏，爲接辦己巳第二次大運，按款織就緞紬等項，委員解京，恭摺仰祈聖鑒事。

竊查承准內務府、户部派辦運務，應需錢糧，經前升撫臣左宗棠奏請，由牙釐局每年撥解錢十二萬串，按照市價易銀發辦。嗣因撥款不敷辦解全運，歷經前任織造，請將釐局一年解到之款，儘數發辦，遵例分爲趕運、大運兩批解送，按年題銷，其未完各件，遞年接辦在案。嗣因庫存物料不敷，承准內務府劄，飭寬爲籌備等因。當經前任織造咨商撫臣飭司籌撥去後，旋據藩司文稱，現時庫款支絀，難以添辦，仍請暫照釐局每年所解錢文儘數辦運，俟庫儲稍裕，即行併籌添辦各緣由，經前任織造於同治十三年三月十二日會同前撫臣合詞具奏，奉旨：著照所請，該衙門知道，欽此。恭查上屆所辦己巳年運務，尚未辦竣，所有光緒六年運務，自應循照成案，接辦己巳年未完緞疋等件，仍遵舊章，按照釐局撥到錢十二萬串，易銀儘數發辦，業於上年七月間，先行趕運過上用緞紬紗三百疋，官用緞紗一百八十疋，內用紬綾六百二十疋，細布一千疋，衣線二百斤，部用緞綾紡絲八百疋，均經批差解送，分交驗收在案。嗣復接續督工趕織，茲共織辦得上用緞紬紗二百六十疋，官用緞紗一百八十疋，內用紬綾六百二十疋，衣線二百斤，部用緞綾紡絲八百疋，謹於正月十九日委員起程，管解運京，分別交納。統計趕運、大運兩次共解過緞紬綾紡三千七百六十疋，衣線四百斤，細布一千疋。除督飭承辦經書將用過一切工料銀兩細數，遵照奏准各項市價，核實造報，循例具題外，所有接辦已巳運務，先後解交，並委員起程日期，理合恭摺具奏，伏乞皇太后、皇上聖鑒。謹奏。

軍機大臣奉旨：知道了，欽此。

光緒七年正月十九日

蘇州織造奴才立山跪奏，爲辦差餘賸銀兩，前經奏奉俞旨，撥歸大運添辦內庫緞綢，茲奉造辦處奏提，應俟藩庫撥還解納，恭摺奏祈聖鑒事。

竊奴才於本年三月初五日接准造辦處來文，以辦差餘賸銀兩，應按年儘數解交造辦處，今該織造奏銷光緒四年分册內聲稱，餘賸銀二萬七千五百六十九兩四錢五分八釐，業經奏准撥歸己卯大運添辦內庫緞綢，並未按照定章辦理，奏請飭下該織造於一月內照數解京等因。奴才伏查辦差一項，每年由滸墅關盈餘項下撥銀三萬兩，除動支外，餘賸銀兩解交造辦處，原係舊章，第自兵燹後，改由藩庫撥解，除同治九年以前，藩庫積欠未解銀兩，曾經造辦處逕由藩庫提解外，其業經解交織庫之款，歷經十數年，每有餘賸，未經解過，累年餘積，截至光緒四年分止，共存銀二萬七千餘兩。維時適奉內務府以歷年大運因撥款不敷，辦解僅四五成，致將舊存各項全數墊放，尚不敷用，屢由銀庫撥款採買，銀庫因而倍形支絀，奏請飭下織造自行奏明，籌款全數辦解，儻再延欠，即行嚴參等因。奴才商之撫臣，無款添撥，籌思無策，因念前項辦差餘賸銀兩存儲在庫，而內庫大運緞綢，上關內廷應用要需，當此庫儲奇絀之際，以之從權撥歸己卯大運添辦緞綢，以濟急需，俟將來藩庫稍裕，仍請撥還歸款，一轉移間，兩有裨益。即經奴才恭摺具奏，於光緒六年三月三十日奉旨：著照所請，該衙門知道，欽此。欽遵當將已卯大運內庫緞綢辦足九成以上，解庫收納。嗣因庚辰大運，藩庫仍未能添撥，復經奴才以五年分辦差餘賸銀一萬四千餘兩，照案奏請撥歸庚辰大運添辦內庫緞綢，亦蒙俞允在案。奴才原爲移緩就急，權宜辦理起見，且經奏明，奉有俞旨，非敢擅自挪移。承准前因，奴才查現奉內務府行知，庚辰、辛巳兩運，不容絲毫短少，業經奏准，飭下户部、江蘇撫臣，照數添撥，所有前請撥歸庚辰大運之五年分辦差餘賸銀兩，俟撫臣添撥庚辰工需至日，即行扣還，解交造辦處應用，至撥歸己卯大運之辦差餘賸銀兩，目前藩庫能否併籌歸款，容奴才與撫臣籌商，再行具奏。除呈覆造辦處外，理合恭摺具陳，伏乞皇太后、皇上聖鑒。謹奏。

軍機大臣奉旨：該衙門知道，欽此。

光緒七年三月十五日

蘇州織造奴才立山跪奏，爲光緒六年分庚辰大運緞綢等項，織辦告成，委員解京交納，恭摺奏祈聖鑒事。

竊奴才恭辦庚辰大運，由藩庫仍照成案撥到工需銀八萬二千兩，又循案奏准從權動撥光緒五年分辦差餘賸銀一萬四千餘兩，添辦內庫緞綢，當經採購經緯絨絲，剔選潔淨，加工煉染，督飭匠役，開工儹辦，遵照奏定價值，辦得户部全運緞紗二千匹，又內庫上用官用緞紗三百九十四件，綢綾三千八百四，大手帕一千個，小手帕二千個，絲線六百九十觔，絃線十觔，白絲一千六百觔，細布三千匹，敬謹分別裝盛，派委筆帖式廣治督同承差於四月十四日，領賫護解啓程，運赴户部、內務府各庫交納。奴才查內務府原派庚辰大運各項活計，除現解外，約計尚欠二成有奇，現奉內務府奏催辦理全運，業經户部行令撫臣添撥銀兩，應俟添撥有款，再行補辦解納。除呈明內務府查照外，所有現解庚辰大運緞綢緣由，理合恭摺具奏，伏乞皇太后、皇上聖鑒。謹奏。

軍機大臣奉旨：知道了，欽此。

光緒七年四月十四日

杭州織造奴才廣英跪奏，爲恭報接印任事日期，叩謝天恩，仰祈聖鑒事。

竊奴才恭奉恩命簡放杭州織造，於二月二十四日跪請聖訓，仰蒙召見，訓誨周詳，感激微忱，淪肌浹髓，當即束裝起程，於四月二十四日行抵杭州省城。准前任織造文桂將杭州織造關防一顆，及南北新關監督關防二顆，並文卷册檔等件，委員齎送前來，奴才當即恭設香案，望闕叩頭，祇領任事訖。伏念奴才內府世僕，知識庸愚，前蒙簡任淮關，愧無報稱，茲復仰承寵命，尤切悚惶。伏查織造衙門奉派活計，所有上年運務，業准前任織造文桂辦齊解交，至本年府部派辦緞紬等項，即須開辦，並尚有工部傳派典禮要件，所需絲斤價值尚未查報，轉瞬新絲登市，擬即循照成案，奏明辦理。當此帑項支絀，惟有懔遵聖訓，力求撙節，以培物力，設法開關，以裕庫儲，遇有緊要事件，隨時咨商撫臣籌辦，以期勉竭駑鈍，庶幾仰答鴻慈。除前任織造移交庫存各款銀兩，俟盤驗清楚，並體查開徵詳細情形，另行奏報外，所有奴才接印任事日期，暨感激下忱，理合恭摺叩謝天恩，伏乞皇太后、皇上聖鑒。謹奏。

軍機大臣奉旨：知道了，欽此。

光緒七年四月二十四日

再上年四月，接奉内務府以奏停川省緞綢，改派三處織造辦理，分派蘇州織辦緞錦綢綾紡一千二百一十四，恭録諭旨，行令遵辦。當經奴才飭承查照成案，估需工料銀二萬九千兩，咨由藩庫陸續撥解前來。遵即採購經緯，督飭匠役，加工儹辦，現已一律告成，敬謹裝箱，派委筆帖式廣治督同承差賫解赴京交納。除所用工料銀兩，另行繕造黄册奏銷外，理合附片陳明，伏乞聖鑒。謹奏。

軍機大臣奉旨：知道了，欽此。

再查每年大運活計，例限四月趕運一半，九月掃數清解。邇年以來，絲價一年一查，每年於新絲上市後，查明市價具奏，由部核准，方能開辦，輾轉耽延，遂至甲年之項，遲至乙年春季始能購料開工，及至辦齊起解，逾限已年餘矣。雖蒙天恩，俯鑒下情，不以遲逾置議，然奴才職任所司，僅此織務，既因撥款不足，不能照數織辦，而又不能依期解納，撫衷自問，溺職殊深。本年辛巳大運，早已接奉派文，户部、内務府原奏，均各申明例限，奴才何敢視爲具文，再四思維，惟有飭令承辦書吏，與絲行言定，一俟新絲上市，即將本届大運應用經緯，採買開工，其應發價銀，先行酌給若干，餘俟絲價奏奉户部核准之後，再行找給。如此辦理，即不能按照例限起解，亦可趕於年内交納，以濟内外庫年終之用，其奉傳一切活計，均仿照辦理，庶不至因絲價不定，停工以待，致誤要需。除飭令承辦人等遵照辦理，並咨催撫臣將大運工需，迅速撥解，以資接濟外，理合附片陳明，伏乞聖鑒。謹奏。

軍機大臣奉旨：知道了，欽此。

再前奉户部奏催光緒三年欠解糙緞、錦緞五百九十四，當經奴才奏請勅下户部，行令撫臣，飭由藩庫撥解工需銀四萬六千兩前來，隨即採買經緯金等項，督飭工匠，加工儹辦，現已一律告成，分别裝箱，專派承差於六月十九日領賫起程，由陸路解京交納。除所用工料銀兩另行造册報銷外，相應將起解日期附片奏聞，伏乞聖鑒。謹奏。

軍機大臣奉旨：知道了，欽此。

再查前奉造辦處奏提辦差餘賸銀兩，奴才當將光緒四五兩年分辦差餘款，先後奏奉俞旨，從權撥歸大運添辦内庫緞綢，兹奉奏提應俟藩庫撥還，再行解納各緣由，恭摺覆奏，奉旨：該衙門知道，欽此。欽遵在案。兹准藩庫將光緒五年分辦差餘賸銀一萬四千四百六十三兩七錢二分九釐解還歸墊前來，應即解交造辦處應用。惟查奴才衙門常年並無解京銀款，今起解前項銀兩，既無兵牌勘合，沿途營縣例不撥護，誠恐致有疎虞。因查光緒元年，前織造文治任内起解造辦處恭辦册寶工料銀兩，係由匯票莊兑匯解京，自應援照辦理，以昭慎重。今以庫平銀一萬四千四百六十三兩七錢二分九釐，兑交蘇城協成乾票莊，取具匯票，備具文批，專差家丁賫送至京，協同該京莊商人赴造辦處交收。除咨呈造辦處查照外，相應附片陳明，伏乞聖鑒。謹奏。

軍機大臣奉旨：知道了，欽此。

再奴才衙門庫使文熙，前於光緒六年六月五年任滿，經奴才奏蒙恩准留任二年，嗣該員於光緒七年二月二十二日具報聞訃丁母憂，遵例回旗穿孝百日，至六月二十二日具報回任，共計往返四箇月，例得扣除，計扣至光緒八年十月二年届滿，自應呈請内務府揀員更替。惟念該員當差勤謹，歷次委解大運進京，毫無貽誤，頗著辛勞，且織務情形最爲熟悉，現值儹辦壬午大運及川省改派緞綢，該員隨同經理，正資得力，可否仰懇天恩俯准，將該員再留二年，俾資臂助，出自逾格鴻施。謹此附片具奏，伏乞聖鑒訓示。謹奏。

軍機大臣奉旨：著照所請，該衙門知道，欽此。

再本年六月十七日，由兵部火票遞到户部文開，光緒七年六月初六日，奉上諭户部奏請旨派辦絨觔一摺，孝貞顯皇后梓宫奉移山陵，應備大槓等項絨繩，需用絨觔，必須早爲備辦，著文琳、立山、廣英，每處各辦鮮明黄絨二千觔，限於本年七月間如數解部等因，欽此。飛札行令遵辦前來。奴才查此項絨觔攸關大典待用急需，限期已迫，自應設法趕辦，當即一面咨撥銀兩，一面派人收買。惟本年絲收大歉，三處同時奉傳六千觔之多，均在湖州、盛澤一帶採購，奸商未免居奇，辦理頗形棘手，奴才晝夜督催，刻始就齊，趕緊發染，定於七月二十八日專差星馳解部交納。謹將起解日期，先行附片奏聞，伏乞聖鑒。謹奏。

軍機大臣奉旨：知道了，欽此。

杭州織造奴才廣英跪奏，爲遵旨趕辦絨斤，業已工竣，委員起解日期，恭摺奏聞，仰祈聖鑒事。

竊奴才於光緒七年六月二十二日，准户部照會，光緒七年六月初六日奉上諭户部奏請旨派辦一摺，孝貞顯皇后梓宫奉移山陵，應備大槓絨繩，需用絨斤，必須早爲備辦，著文琳、立山、廣英，每處各辦解黄絨二千斤，限於本年七月間如數解部等因，欽此。奴才當將應需款項咨商撫臣暨藩司，迅速籌撥，旋准陸續撥解工料銀兩前來，遵即督工，晝夜趕辦呈驗，即於七月二十五日，遴委庫使毓榮，督同舍人裝箱起解，循照成案，航海赴京交納。除呈解户部察收外，所有趕辦絨斤，業已工竣，並委員起解日期，理合恭摺具奏，伏乞皇太后、皇上聖鑒。謹奏。

軍機大臣奉旨：知道了，欽此。

光緒七年七月二十五日

蘇州織造奴才立山跪奏，爲恭報奴才遵旨回任日期，叩謝天恩，仰祈聖鑒事。

竊奴才前在蘇州織造任内，丁親父憂，由内務府奏奉諭旨，著回京穿孝百日後，仍行回任。奴才遵於光緒七年閏七月初一日，交卸啓程回京，嗣届穿孝期滿，當經泥首宫門，恭請聖安，旋於十一月初八日請訓後，束裝出都，由陸路南下，今於光緒八年正月十七日行抵蘇城。准兼管織造，護理撫臣譚鈞培將蘇州織造關防、滸墅關監督關防各一顆，並文卷等件，委令司庫銘佑賫送前來，奴才當即恭設香案，望闕叩頭謝恩，祇領任事。伏查奴才前在任内，開辦之光緒七年分大運緞紬，及兼管織造臣譚鈞培任内遵奉催文開辦之御用緙繡龍袍褂等項，現均尚未告成。除由奴才趕緊督催，辦齊起解，以應要需外，所有奴才遵旨回任日期，並感激下忱，理合恭摺具奏，叩謝天恩，伏乞皇太后、皇上聖鑒。謹奏。

軍機大臣奉旨：知道了，欽此。

光緒八年正月二十二日

杭州織造奴才廣英跪奏，爲接辦己巳第三次大運，按款織就緞紬等件，委員解京，恭摺仰祈聖鑒事。

竊查承准内務府、户部派辦運務，應需錢糧經前升撫臣左宗棠奏請，由牙釐局每年撥解錢十二萬串，按照市價易銀發辦。嗣因撥款不敷辦解全運，歷經各前織造請將釐局一年解到之款，儘數發辦，遵例分爲趕運、大運兩批解送，按年題銷，其未完各件，遞年接辦在案。嗣因庫存物料不敷，承准内務府劄飭寬爲籌備等因，當經前任織造咨商撫臣飭司籌撥去後，旋據藩司文稱，現時庫款支絀，難以添辦，仍請暫照釐局每年所解錢文儘數辦運，俟庫儲稍裕，即行併籌添辦各緣由，經前任織造於同治十三年三月十二日會同前撫臣合詞具奏，奉旨：著照所請，該衙門知道，欽此。恭查上届所辦己巳年運務，尚未辦竣，所有光緒七年運務，自應循照成案，接辦己巳年未完緞匹等件，仍遵舊章，按照釐局連閏撥到錢十三萬串，易銀儘數發辦，業於上年八月間，先行趕運過上用緞紬紗三百匹，官用緞紗二百匹，内用紬綾六百匹，衣線二百斤，部用緞綾紡絲八百匹，均經批差解送，分交驗收在案。嗣復接續督工趕織，兹共織辦得上用緞紬紗三百匹，官用紗一百六十匹，内用紬綾九百匹，衣線二百斤，部用緞綾紡絲八百匹，謹於二月二十二日，遴委妥員督同舍人管解運京，分赴内務府、户部逐件交納。統計趕運、大運兩次，共解過緞紬綾紡四千六十匹，衣線四百斤。除督飭承辦經書，將用過一切工料銀兩細數，遵照奏准各項市價，核實造報，循例具題外，所有接辦己巳運務，先後解交並委員起程日期，理合恭摺具奏，伏乞皇太后、皇上聖鑒。謹奏。

軍機大臣奉旨：知道了，欽此。

光緒八年二月十五日

蘇州織造奴才立山跪奏，爲光緒七年分辛巳大運緞綢等項，織辦告成，委員解京交納，恭摺奏聞，仰祈聖鑒事。

竊查奴才衙門大運工需每年由藩庫撥銀八萬二千兩，以三萬兩辦理部派緞紗，餘銀儘辦内庫活計。上年内務府奏奉俞旨，飭由户部行文撫臣按年添撥，歲需辦理全運，而藩庫未能添撥，經前護撫臣譚鈞培於奏請籌還辦差餘款摺内聲明在案。所有辛巳大運，藩庫仍照成案撥銀八萬二千兩，當經奴才採購經緯，煉染開工，現已告成，計户部緞紗一千五百四十匹，内庫上用官用緞紗三百九十匹件，綢綾三千三百匹，大小手帕一千七百箇，白絲五百觔，衣線六百觔，絃線十觔，布三千匹，敬謹分別裝箱，派委庫使文熙督同承差於三月初四日起程，管解進京，赴庫交納。除呈明户部、内務府查照外，所有辛巳大運緞綢等項，辦齊起解緣由，理合恭摺奏聞，伏乞皇太后、皇上聖鑒。謹奏。

軍機大臣奉旨：知道了，欽此。

光緒八年三月初四日

再前因內務府以緞庫支絀，奏催辦理全運，藩庫未能添撥工需，經奴才兩次奏請，以庫存辦差餘賸銀兩借歸己卯、庚辰大運，添辦內庫緞綢，俟藩庫稍裕，再請撥還，仰蒙俞允。嗣因造辦處奏提前項餘款解京應用，當經奴才咨商撫臣籌撥還款，恭摺奏明在案。旋准撫臣飭由藩庫先將庚辰大運借動之光緒五年分辦差餘賸銀一萬四千餘兩，如數撥還，解交造辦處收納。其己卯大運借動之光緒四年以前積存辦差餘賸銀二萬七千餘兩，經護理撫臣譚鈞培奏請自光緒七年起，勻分四年，由藩庫籌撥歸還，並請嗣後免予添撥大運歲需，蓋其時內務府復經奏准由戶部行文撫臣，自庚辰爲始，添撥大運歲需，辦理全運故也。今奴才回任，卷查上年十一月奉到戶部文開，本部議覆江蘇巡撫奏蘇州織造借動辦差餘賸銀兩，由藩庫分年籌還一摺，於光緒七年十月二十日具奏，奉旨：依議，欽此。鈔奏行知等因。查原奏內稱，該織造動用此項餘銀，雖據聲明，俟藩庫稍裕，再請撥還，然未據該撫奏明，另由臣部指撥，豈能因該織造借動於前，轉令藩庫認還於後。惟查光緒五年分辦差餘賸銀兩，已由藩庫撥還，且歸款之時，究在內務府奏請添撥以後，應請准其歸還。其己卯大運借動辦差餘賸銀兩，應令蘇州織造自行籌款歸還。至該撫所請免予添撥一節，查內務府前次奏請添撥大運銀兩，已由臣部咨行該撫酌量添撥，應仍令查照前案辦理各等語。奴才揆諸部臣之意，以己卯大運借款添辦，係在內務府奏請添撥以前，故不准由藩庫歸款。奴才伏查內務府以緞庫入不敷出，奏催辦理全運，並請由藩庫添撥工需，幾於無歲不然，案已成帙，奴才前辦己卯大運，原因內務府奏催嚴急，不准以藩庫無款添撥藉口，而其時海防喫緊，藩庫誠有未能，是以奴才不得已爲此移緩就急之計。今此項銀兩，戶部議令自行籌還。查奴才衙門僅年例大運、辦差二款，仰給於藩庫，各有定額，各有本款待用，此外並無入項，委實無款可籌。伏念奴才兩次借動辦差餘款添辦內庫活計，均係奏准在前，且己卯大運早經造册題報戶部核銷，今庚辰借款戶部既已准其歸還，己卯事同一律，相應籲懇天恩，勅下戶部，准如撫臣所奏，將前項辦差餘賸銀二萬七千五百六十九兩四錢五分八釐由藩庫分年籌還，以便解交造辦處應用。至內務府奏請添撥歲需，辦理全運，核計每年應添銀三萬一千兩，己卯、庚辰兩運，雖經奴才寬爲辦解，若以後不予添撥，誠恐內庫仍有支絀之虞，應請勅下江蘇撫臣，遵照戶部前文，酌籌添撥，以濟內庫差使，是否有當，理合附片具奏，伏乞聖鑒訓示。謹奏。

軍機大臣奉旨：戶部議奏，欽此。

蘇州織造奴才立山跪奏，爲恭摺叩謝天恩，仰祈聖鑒事。

竊奴才接閱邸抄，本年三月初一日奉旨：蘇州織造仍著立山接管，欽此。遵即恭設香案，望闕叩頭謝恩。伏念奴才一介庸愚，仰沐高深，膺茲織篆，於今兩載，報稱毫無，負疚滋深，方殷兢惕，茲復渥荷綸音，仍令接管。跪聆之下，感悚難名。伏查上屆辛巳大運緞綢等項，現已辦齊解納，所有本年壬午大運，奴才即當咨催撫臣速籌撥款，接續開工，提前辦解，務期工歸實濟，費不虛糜，以仰副高厚鴻慈於萬一。所有奴才感激下忱，理合恭摺具奏，叩謝天恩，伏乞皇太后、皇上聖鑒。謹奏。

軍機大臣奉旨：知道了，欽此。

光緒八年三月二十四日

杭州織造奴才廣英跪奏，爲叩謝天恩，恭摺仰祈聖鑒事。

竊奴才恭閱邸鈔，光緒八年三月初九日奉旨：杭州織造仍著廣英接管，欽此。謹即恭設香案，望闕叩頭謝恩。伏思奴才內府世僕，知識庸愚，疊邀簡任之隆，愧乏涓埃之報。茲屆一年期滿，復荷恩垂逾格，仍著接管，自慚駑鈍，屢沐鴻施，聞命自天，悚惶無地，奴才惟有倍加儆惕，益矢慎勤，將應辦事宜，敬謹接辦。查上年運務暨一切另派各件，業經陸續辦解，先後交納。至本年應辦運務，並續派各項，謹當隨時咨商撫臣暨藩司，力籌解濟，暫照上年奏准價值辦理，以期無誤。奴才受恩深重，具有天良，惟有實心實力，不敢稍涉虛糜，以期仰副高厚鴻慈於萬一。所有奴才感激下忱，理合恭摺叩謝天恩，伏乞皇太后、皇上聖鑒。謹奏。

軍機大臣奉旨：知道了，欽此。

光緒八年三月二十四日

蘇州織造奴才立山跪奏，爲遵將分派織辦緞綢等項，現已齊全起解，恭摺奏聞，仰祈聖鑒事。

竊奉內務府將應派四川各款改歸三處織造分辦，光緒七年分援案奏派蘇州織辦用錦十匹，二則緞二百匹，平綢一百件，湖綢四百匹，花綾一百匹，紡絲四百匹，劄飭遵照等因。奴才奉文後，遵查前案，估計料工銀兩，咨會撫臣飭由藩司籌款撥給，一面採購絲觔，慎選經緯，督令工匠，練染摇紡，分別敬謹織辦，現已按款照數一律辦齊，裝箱封固，遴派承差於四月二十五日，自蘇領解起程，赴京交納。所用料工銀兩，容奴才按照上年會銜奏准之數，核實造具細册，照例奏銷外，謹將分派蘇州各項緞綢辦齊起解緣由，恭摺奏聞，伏乞皇太后、皇上聖鑒。謹奏。

軍機大臣奉旨：知道了，欽此。

光緒八年四月二十五日

再奴才衙門筆帖式錫桂，自光緒三年六月到任，扣至本年六月，五年任滿。又司庫銘佑，前經奴才奏准，留任二年，扣至本年六月，又屆期滿。均應呈報內務府，揀員更替。惟查該二員在任有年，織務熟悉，局匠人等，均各畏服，督催工程，最稱得力，現值開辦壬午大運，正賴該員等督催彈壓，遽易生手，恐於工程無益，合無仰懇天恩俯准，將司庫銘佑、筆帖式錫桂各留二年，藉資臂助。奴才爲慎重織務起見，是否有當，伏候聖裁，爲此附片具奏，伏乞聖鑒訓示。謹奏。

軍機大臣奉旨：著照所請，該衙門知道，欽此。

杭州織造奴才廣英跪奏，爲奉派絨斤，懇恩暫照市價採購，以全要工，恭摺仰祈聖鑒事。

竊奴才於本年正月，承准戶部奏派壬午運務案，內附片添派各色絨六千斤。遵即咨商撫臣籌撥款項，趕緊採購，旋於本年四月內，准戶部文稱，所有添派各色絨六千斤，按照例價辦理。又上年六月間，奴才恭辦奉派典禮要需黃絨二千斤，亦於本年六月間，奉准戶部行令按照例價報銷各等因案。查織造衙門採購絲斤，自兵燹後，蠶桑稀少，價值昂貴，例價不敷辦理，經歷任撫臣遵照部行轉飭藩司，遴委妥員，每值新絲登市，飭令會同德清縣查明實在市價，取具牙行甘結，加具印結，申送藩司，轉詳撫臣，咨報戶部，並經三織造會銜奏懇，無不仰邀恩准在案。奴才伏查派辦活計，估核價值，咨籌款項，均係遵照奏准市價購辦。現在奉派絨斤，事同一律，若照例價辦理，實屬不敷採購，再四思維，合無仰懇天恩，俯念工需緊急，暫准仍按市價辦理，出自逾格鴻慈。奴才具有天良，總當力求撙節，斷不敢稍涉虛糜，以期無負恩施。所有奉派絨斤，懇請暫照市價各緣由，理合恭摺具奏，伏乞皇太后、皇上聖鑒，訓示遵行。謹奏。

軍機大臣奉旨：著照所請，戶部知道，欽此。

光緒八年八月初四日

再查奴才衙門所屬司庫、筆帖式等員，向例五年任滿，呈請更換。查司庫廣來、筆帖式錫惠兩員，於光緒六年九月間，經前任織造文桂保留二年在案。茲查司庫廣來保留後，扣至本年十二月二十一日期滿，筆帖式錫惠，扣至九年二月十一日期滿，例應呈報內務府，揀員接替。惟辦解運務，隨同給發庫項，催工驗活，必需諳練之員，庶資臂助。查江南蘇州織造處司庫等員，均因辦公勤慎，疊次保留有案，該員等襄辦有年，尚稱得力，合無仰懇天恩俯准，將司庫廣來、筆帖式錫惠，暫留二年，以資熟手。出自高厚鴻慈，謹附片具奏，伏乞聖鑒。謹奏。

軍機大臣奉旨：著照所請，該衙門知道，欽此。

蘇州織造奴才立山跪奏，爲光緒八年分壬午大運緞綢等項，織辦告成，委員解京交納，恭摺奏聞，仰祈聖鑒事。

竊查奴才衙門大運，工需每年由藩庫撥銀八萬二千兩，以三萬兩織辦部派緞紗，餘銀儘辦內庫緞綢等項。前年內務府以內庫活計不敷供應，奏奉俞旨，飭由戶部行文撫臣，酌度庫款添撥歲需，俾得寬爲辦解。上屆辛巳大運，藩庫未能添撥，仍照成案辦理。此次壬午大運，經奴才商之撫臣，飭由藩司於歲撥八萬二千兩之外，勉籌銀一萬五千兩，爲添辦內庫辛巳、壬午兩運活計之用，共計由藩庫撥到銀九萬七千兩。當即採買絲觔，督飭匠役，煉染開工，計織辦內庫壬午大運上用官用緞紗四百匹件，綢綾三千二百匹，大小手帕三千箇，白絲一千觔，衣線一千一百五十觔，絃線十觔，布三千匹。又補辦辛巳欠解綢綾三百匹，大小手帕一千三百箇，衣線一百觔。又部庫壬午大運緞紗一千八百匹。一律告成，敬謹分別裝箱，派委筆帖式廣治督同承差，於光緒九年三月初二日起程，管解進京，赴庫交納。除呈明戶部、內務府查照外，所有壬午大運緞綢等項，辦齊起解緣由，理合恭摺奏聞，伏乞皇太后、皇上聖鑒。謹奏。

軍機大臣奉旨：知道了，欽此。

光緒九年三月初二日

杭州織造奴才廣英跪奏，爲開辦庚午第一次大運，按款織就緞紬等項，委員解京，恭摺仰祈聖鑒事。

竊查承准內務府、户部派辦運務，應需錢糧經前升撫臣左宗棠奏請，由牙釐局每年撥解錢十二萬串，按照市價易銀發辦。嗣因撥款不敷辦解全運，歷經各前織造請將釐局一年解到之款儘數發辦，遵例分爲趕運、大運兩批解送，按年題銷，其未完各件，遞年接辦在案。嗣因庫存物料不敷，承准內務府劄飭寬爲籌備等因。當經前任織造咨商撫臣飭司籌撥去後，旋據藩司文稱，現時庫款支絀，難以添辦，仍請暫照釐局每年所解錢文，儘數辦運，俟庫儲稍裕，即行併籌添辦各緣由，經前任織造，於同治十三年三月十二日，會同前撫臣合詞具奏，奉旨：著照所請，該衙門知道，欽此。恭查上届所辦運務，業將辦竣，所餘無幾，不敷辦解，所有光緒八年運務，自應循案開辦，庚午年所派緞匹等件，仍遵舊章，按照釐局月撥錢每年十二萬串，易銀儘數發辦，業於上年十月間先行趕運過上用緞紬紗二百八十匹，官用緞紗二百匹，内用紬綾六百二十匹，衣線二百斤，部用緞綾紡絲八百匹，均經批差解送，分交驗收在案。嗣復接續督工趕織，兹共織辦得上用緞紬紗二百六十四匹，官用緞紗一百六十匹，内用紬綾六百匹，細布一千匹，衣線二百斤，部用緞綾紡絲八百匹，謹於三月二十日，遴委妥員督同舍人管解運京，分赴内務府、户部逐件交納。統計趕運、大運兩次，共解過緞紗紬綾三千七百二十匹，細布一千匹，衣線四百斤。除督飭承辦經書將用過一切工料銀兩細數，併手帕料工銀兩，遵照奏准各項市價，核實造報，循例具題外，所有開辦庚午運務，先後解交，並委員起程日期，理合恭摺具奏，伏乞皇太后、皇上聖鑒。謹奏。

軍機大臣奉旨：　該衙門知道，欽此。

光緒九年三月二十日

蘇州織造奴才立山跪奏，爲造辦處奏催辦差餘賸銀兩，遵即委員解京交納，恭摺奏聞，仰祈聖鑒事。

竊查前辦己卯大運，借動光緒四年分辦差餘賸銀二萬七千餘兩，業經奴才奏蒙飭下户部議准，仍照撫臣原奏，由藩庫勻分四年歸還造辦處，以清款目。現准藩司撥到頭批銀六千八百九十二兩三錢六分四釐，正擬解京，適奉造辦處奏催，並令將光緒六年分奏銷辦差餘賸銀九千五百二十二兩三錢三分八釐，及七八兩年辦差餘款，統限四月内解京應用等因前來。奴才伏查七八兩年，藩庫應撥辦差銀兩尚未解齊，奉傳活計亦未竣工，究竟餘賸若干，應請俟收支有數，造册奏銷後，再行解納。至六年分奏銷餘賸銀九千五百二十二兩三錢三分八釐，前經查照成案，於奏銷摺内聲明留存織庫，歸併下届造報。現在既奉造辦處奏提，自應連同藩庫撥到歸還光緒四年辦差餘款頭批銀六千八百九十二兩三錢六分四釐，一併起解。除查照前解光緒五年辦差餘款，奏案由票莊匯兑，派委筆帖式錫桂於四月初三日起程，賫解進京，赴造辦處交納外，理合恭摺奏聞，伏乞皇太后、皇上聖鑒。　謹奏。

軍機大臣奉旨：　該衙門知道，欽此。

光緒九年四月初三日

蘇州織造奴才立山跪奏，爲内廷年常應用一切活計，無分内務府、造辦處行文傳辦，向歸辦差項下支銷，請旨飭下造辦處，仍照成案辦理，恭摺仰祈聖鑒事。

竊奴才於本年四月初九日接奉造辦處文開，本處於光緒九年三月初十日具奏，蘇州織造報銷光緒六年分動用辦差銀兩，内有灑金絹一項無從核銷一摺，奉旨：依議，欽此。鈔録原奏，行令遵辦前來。查原奏内稱，辦差銀兩，係屬造辦處傳辦活計，方准動用，兹據蘇州織造立山咨送到光緒六年分奏銷册列九項，有内務府灑金絹一項，亦由此款動支。查此項活計，非造辦處傳辦，豈得牽混歸併報銷，請旨飭下蘇州織造，將原報存賸銀九千五百二十二兩三錢三分八釐並灑金絹動用銀三千二百十兩七錢，一併解交造辦處應用等語。奴才伏查蘇州織造衙門，每年例定辦差銀三萬兩，原備内廷傳辦年常應用活計之需，向來無分内務府、造辦處行文，概歸辦差項下支銷，由來已久，有案可稽。除同治二年蘇城未復以前，案卷遺失外，其自同治四年，由前任織造錫祉奏准辦差銀兩由藩庫動撥以來，截至光緒五年止，共計報銷年總十四次，其中内務府行文傳旨派辦之件，共有二十一款，每款銷工料等銀，自二萬九千餘兩至數百兩不等，均經造辦處奏准核銷，行知奴才衙門有案，是内務府傳辦内廷活計，向歸辦差項下支銷，成案具在。光緒六年分傳旨派辦上用灑金絹一款，於辦差項下支銷，係屬照例辦理，非敢牽混造報。且查光緒七八等年，尚有奉傳已解之御用朝袍、龍袍褂、灑金絹福方等項，已照例於辦差項下動支，若不准其報銷，奴才衙門別無款項可支，又未便以例動辦差之項奏請由户部另行籌款，奴才再四思維，惟有請旨飭下造辦處，仍照成案辦理，以免棘手。謹此恭摺具奏，伏乞皇太后、皇上聖鑒訓示。再光緒六年分辦差餘賸銀五千五百二十二兩三錢三分八釐，業已委員解交造辦處收納，合並陳明。謹奏請旨。

軍機大臣奉旨：著該衙門查照成案辦理，欽此。

光緒九年四月二十六日

蘇州織造奴才立山跪奏，爲光緒八年分内庫改派緞綢織辦告成，專差解京交納，恭摺奏聞，仰祈聖鑒事。

竊查前奉内務府奏停川省緞綢，自光緒六年起，改派三處織造辦解，歷經遵照在案。所有光緒八年分，奴才衙門奉内務府奏派錦緞綾紡等項一千二百一十匹件，當經循案咨由藩庫撥款，採辦絲絨，加工煉染，督飭匠役，敬謹織辦，現已一律告成，計上用錦十匹，緞二百匹，平縐一百件，湖縐四百匹，花素綾一百匹，紡絲四百匹，分別裝箱，遴派承差於五月十一日賫解起程，赴京交納。除所用工料銀兩另行造册報銷外，所有光緒八年分改派緞綢辦齊，起解緣由，理合恭摺奏聞，伏乞皇太后、皇上聖鑒。謹奏。

軍機大臣奉旨：知道了，欽此。

光緒九年五月十一日

杭州織造奴才廣英跪奏，爲遵旨趕織緯繡納紗龍袍褂面，工竣解京，恭摺仰祈聖鑒事。

竊奴才於光緒九年二月十八日，承准内務府廣儲司衣庫案呈正月二十七日總管劉福奉旨傳織上用黄緯絲五彩朝袍面一件，繡黄江紬五彩朝袍面二件，黄直徑地納紗五彩朝袍面一件，黄緯絲五彩金龍袍面二件，繡黄江紬五彩金龍袍面二件，三藍緯絲金龍袍面一件，黄直徑地納紗五彩金龍袍面一件，黄芝蔴地紗五彩金龍袍面一件，石青緯絲五彩金龍褂面二件，繡石青緞五彩金龍褂面一件，繡石青江紬五彩金龍褂面二件，繡石青實地紗五彩金龍褂面一件，石青直徑地納紗五彩金龍褂面一件，石青芝蔴地納紗五彩金龍褂面一件，俱隨賀特哈伍月即速進到，欽此。等因。奴才遵即咨商撫臣暨藩司籌撥料工銀兩，一面督飭工匠，趕緊晝夜攢織，按照傳出龍袍褂面共十八件，均已織辦完竣，謹擇於五月二十日，遴派妥員督同舍人裝箱起程，航海趕解，到京送交衣庫呈進。所銷料工銀兩，除遵照奏准絲斤暨各項市價造具細册，彙總送部核銷外，所有趕織緯繡納紗龍袍褂面完竣，並起解日期，理合恭摺具奏，伏乞皇太后、皇上聖鑒。謹奏。

軍機大臣奉旨：知道了，欽此。

光緒九年五月二十日

杭州織造奴才廣英跪奏，爲恭報奴才卸事日期，並交代緣由，恭摺仰祈聖鑒事。

竊准撫臣咨准吏部咨開光緒九年三月初十日内閣鈔出，初八日奉旨：杭州織造著連明去，欽此。兹新任織造連明行抵杭州省城，奴才謹將杭州織造關防一顆，南北新關監督關防二顆，並文卷册檔等件，於六月初七日委員移交新任織造連明，接收任事。奴才即於是日卸事，所有任内恭辦活計，動支銀兩，現已造報至本年五月分止，在案核計，現存正項銀三萬三百六十八兩八錢四分九釐二毫九絲五忽，藩庫另撥項下存銀八千一百七十五兩二錢八分一毫二絲八忽，又前織造辦解粤海關分派緞紬報銷，另存銀九兩三錢三分八釐三毫，均經分别造册移交新任織造連明接收。奴才一俟交代清楚，即行起程，回京供職。所有卸事日期，並交代緣由，理合恭摺具奏，伏乞皇太后、皇上聖鑒。再查南北新關，現尚停徵，庫無存款，合併陳明。謹奏。

軍機大臣奉旨：知道了，片二件併發，欽此。

光緒九年六月初七日

再查奴才衙門辦公申餘項下，經前任織造德生、文治動辦誥敕制帛綵紬等項，及墊辦長蘆分派紗匹，先後借支工料銀兩，除解還外，核計浙江藩庫欠解銀一萬六百五十餘兩，長蘆鹽政欠解銀三千七百五兩一錢五釐，舒麟於光緒二年七月間辦解内務府派辦緞綾、紡絲、杭細閃緞、字緞、西番字緞、陀羅經被，及工部派辦羅緞、片金熟絹等件料工銀一萬四千五百七十一兩四錢七分八釐三毫，均因藩庫解款未到，係暫由申餘項下借墊給發，查經歷前織造於移交時奏咨有案。至奴才任内，承准内務府派辦閃緞、字緞、西番字緞、陀羅經被四十匹箇，料工銀二千四百七十兩六錢五分七釐八毫，亦因藩庫未解到織暫在申餘項下借支辦解，應由藩司解還歸款，除分別咨催外，謹附片陳明，伏乞聖鑒。謹奏。

軍機大臣奉旨：覽，欽此。

再查奴才衙門紅門局房設機一百二十張，神帛堂房設機八十五張，同治年間應辦典禮衙門内添設機房九間，長機六張。歷任以來，凡房屋機張，被風雨所侵，年久失修，陸續坍損不少。奴才抵任後，巡視局内所設機張，除倒塌外，尚有餘機，足敷織辦緞匹等件，並於光緒八年八月十二日衙門内坍塌機房三間，半壓損長機三張，本應設法請款興修，惟浙省時值災歉，籌款維艱，故未請撥銀修理，應俟庫儲稍裕，自當趕議興修。除分別呈咨外，謹附片陳明，伏乞聖鑒。謹奏。

軍機大臣奉旨：覽，欽此。

蘇州織造奴才立山跪奏，爲恭報奴才交卸日期，並移交庫存銀款，仰祈聖鑒事。

竊奴才恭閲邸抄，光緒九年五月初四日奉上諭：蘇州織造著世勳去，欽此。兹於七月二十二日新任織造世勳行抵蘇州，奴才謹將管理蘇州織造關防一顆，監督滸墅關税務關防一顆，並文卷册籍，委員賫送接收任事，奴才即於是日交卸。伏查任内經手事件，除滸墅關未經開徵，並無收放款項，織造衙門大運、匠糧、辦差，截至光緒七年分止，内務府改派活計，截至光緒八年分止，業經分別題奏報銷外，所有未經報銷之八九年大運、匠糧、辦差，及九年改派活計動用工料銀兩，應歸新任彙案造報，其已辦未解之九年分趕運改派活計，應由新任代解，計截至交卸日止，織庫應存正項銀二萬六千一百六十九兩八錢一分，辦差銀七千六百四十一兩一錢五分九釐，匠糧銀二百二十二兩八錢四分八釐，平餘銀一千一百三十七兩九錢一分三釐。除分晰造具清册移交世勳盤驗接收外，理合恭摺奏聞，伏乞皇太后、皇上聖鑒。再奴才一俟交盤清楚，即行起程回京，合併陳明。謹奏。

軍機大臣奉旨：知道了，欽此。

光緒九年七月二十二日

再前織造連明任内，於上年正月間，奉旨傳辦緙繡龍袍褂氅襯衣等件四百七十八件，應需料工銀十一萬餘兩，上年九月間，因活計將次辦齊，藩運釐局僅解到銀七萬兩，款不敷用，經該前織造奏明，在於辦運正項内暫行借支銀四萬兩應用，請飭撫臣轉飭藩運司等解還歸款，旋准藩司續撥銀一萬兩，經該前織造先行歸入正項，尚欠三萬兩，尚未解到。嗣於十一月間奉内務府嚴催甲申年運務，連明以緙繡活計借支未解之三萬兩，係專辦運務之用，藩庫解還無期，既奉内府嚴催，未便躭延，爰飭承辦各書轉向號商借墊，共籌銀三萬兩，歸還正項，始將甲申趕運辦解起程。原擬俟藩庫續有解款，再行給還商墊，前織造未及辦理，即已出缺，奴才接印後，據各承辦書聲明前來，覆核無異，所有前織造借用正項銀兩，業經歸還緣由，理合附片具奏，伏乞聖鑒。謹奏。

軍機大臣奉旨，知道了，欽此。

再查奴才衙門辦公申餘項下，經前任織造德生、文治動辦誥敕制帛綵紬等項，及墊辦長蘆分派紗匹，先後借支工料銀兩，除解還外，核計浙江藩庫欠解銀一萬六百五十餘兩，長蘆鹽政欠解銀三千七百五兩二錢五釐，舒麟辦解内務府緞綾紡絲，及工部羅緞等件料工銀一萬四千五百七十一兩四錢七分八釐三毫，廣英辦解内務府閃緞、字緞、西番字緞、陀羅經被等件料工銀二千四百七十兩六錢五分七釐八毫，均因藩庫未解到織，暫由申餘項下借墊給發，歷前織造均於移交時奏咨有案。至連明任内，於光緒九年辦解内務府派辦四川改派緞紬以及另派黄絹，工部駕衣制帛等項，亦因藩庫解款未齊，不敷辦理，暫在申餘項下借支銀二萬二千兩，應俟藩庫解到歸款。前織造未及奏咨，即行出缺，奴才覆查無異，除分別咨催並呈明内務府外，理合附片具陳，伏乞聖鑒。謹奏。

軍機大臣奉旨：知道了，欽此。

杭州織造奴才齊克森布跪奏，爲接辦前任未完活計情形，恭摺陳明，仰祈聖鑒事。

竊查接管卷内，前奉内務府造辦處、户工二部派辦上用緙絲五彩袍褂補子，武英殿修書處應用緞紬，三海各殿座雨搭蓋、黄布凉棚緞布，慶典未完緞紬，上使箋紙，經摺絹福方，各品誥命、誥敕命制帛，請轎應用各駕衣，甲申大運緞紬紗布，添派各色衣線，並前派尚未辦竣之杭紬等項，均經前任織造咨商撥款趕辦各在案。奴才檢查各前項活計，前織造有辦解一半者，有全未開辦者，推原其故，因去年海防吃緊，司局等庫用款繁多，勢難兼顧織務，而絲觔價值，復奉户部行令，暫照七折辦理，雖有款項解到，爲數無多，不敷織辦，是以累次積壓。奴才抵任後，查明各前項活計，均屬要需，屢次奉文嚴催，難於再緩，謹擇其尤爲緊要者，咨商撫臣迅速籌撥料工，以便即時開辦。惟絲觔價值，雖奉部文暫照七折，奴才自當遵照，極力撙節，無如訪查市價，歷年均未平減，採購殊深掣肘。奴才職有專司，深虞貽誤，若一味因循，仍前延玩，勢必報解無期，且奏銷亦難造報，奴才受恩深重，斷不敢昧良若此。現經奴才一面將七折實在不敷情形，呈請户部准免核減，一面咨催撫臣趕緊撥款，旋據將上用緙絲五彩袍褂補子及請輴駕衣料工銀兩解到，奴才趕即開工，督匠織辦，其餘未解料工銀兩，及奴才任内應辦運務等項，需款甚鉅，萬一貽誤，厥咎匪輕。現由奴才咨催，迅即籌撥，一俟銀兩催到，即行嚴飭工匠，趕緊織辦，隨辦隨解，以速補遲，冀答鴻慈於萬一。所有接辦前傳未完活計，及奴才本任運務情形，理合恭摺具奏，伏乞皇太后、皇上聖鑒。謹奏。

軍機大臣奉旨：知道了，欽此。

光緒十一年七月二十八日

再奴才衙門司庫、筆帖式、庫使等員，向例五年任滿，呈請更換。兹查庫使毓榮於光緒六年九月十一日到任，扣至本年九月十一日，五年期滿。又庫使長存於光緒六年九月十一日到任，至十年八月初九日，聞訃丁憂回京，穿孝百日，服滿後，於本年三月初二日回任，照案扣至十二年四月初四日，五年期滿，例應呈報内務府，揀員接替。惟現值接辦上用活計，並各項要需，以及甲申大運，本年大運、趕運，均關緊要，必須諳熟之員，相助爲理。查該二員，襄辦有年，奴才到任雖未及三月，例不出考，溯查江南蘇州織造所屬各員，均因辦公勤慎，疊次保留，即杭州織造司庫、筆帖式等員，亦經各前織造奏留有案，合無仰懇天恩俯准，將庫使毓榮、長存暫留二年，以資臂助之處，出自逾格鴻慈，謹附片具陳，伏乞聖鑒。謹奏。

軍機大臣奉旨：著照所請，該衙門知道，欽此。

杭州織造奴才齊克森布跪奏，爲奉傳緙繡紗龍袍褂面補子織辦工竣，恭摺解交，仰祈聖鑒事。

竊查接管卷内光緒十年九月初八日，承准内務府劄行廣儲司衣庫，案呈七月十一日總管劉福奉旨傳織上用黄緙絲五彩朝袍面一件，繡黄江細五彩朝袍面一件，黄直徑地納紗五彩朝袍面一件，黄緙絲五彩金龍袍面三件，繡黄江細五彩金龍袍面二件，繡藍江細二色金龍袍面一件，藍二色緙絲金龍袍面一件，繡黄芝蔴地紗五彩金龍袍面一件，繡黄直徑地紗五彩金龍袍面一件，繡石青江細五彩金龍褂面二件，石青緙絲五彩金龍褂面三件，繡石青實地紗五彩金龍褂面一件，繡石青直徑地紗五彩金龍褂面一件，繡石青芝蔴地紗五彩金龍褂面一件，石青緙絲五彩補子三副，繡石青江細五彩補子二副，繡石青江細三藍補子一副，石青直徑地納紗五彩補子三副，俱隨賀特哈等因，欽此。奴才抵任後，隨即咨商撫臣藩司，迅即撥款，督飭工匠，加緊趕辦。現已完竣，遴委妥員督同舍人敬謹裝箱，於九月十五日管解起程，航海運京，送交衣庫呈進。除將用過料工銀兩，循例造册，送部核銷外，所有織辦龍袍褂面補子工竣，並解交緣由，理合恭摺具奏，伏乞皇太后、皇上聖鑒。謹奏。

軍機大臣奉旨：該衙門知道，欽此。

光緒十一年九月十三日

杭州織造齊克森布跪奏，爲接辦前任未完甲申大運緞紬，按款織就，委員解交，恭摺仰祈聖鑒事。

竊查奴才衙門承辦内務府、户部派辦運務，歷經各前織造遞年接辦，至庚午第二次大運止在案。兹查接管卷内，於上年正月間，承准内務府派辦甲申運務，行令查照單開織辦解京，欠解庚午以後大運各款，均著毋庸補解，並奉行知以解交庚午運内各項活計，係數年前派辦之項，與現在傳用款目花色，均不相符，嗣後無論能否織辦，全運著照甲申年分單開款項，敬謹織辦各等因，行知前來。當經前任織造連明遵照前升撫臣左宗棠奏准，由牙釐局每月解到錢一萬串内，按照市價儘數易銀發辦，業於本年二月間，先行趕運過上用緞紬紗三百十二匹，官用緞紗一百六十匹，内用紬紡五百四十匹，衣線二百斤，細布一千匹，部用緞四百匹，均經批解分交驗收亦在案。奴才抵任後，接續督工趕織，兹又接辦得上用緞紬紗三百二十匹，官用紬紗一百一十匹，内用紬紡六百匹，衣線二百斤，細布一千匹，部用緞紬五百四十匹，謹擇於十一月初十日，遴委妥員督同舍人管解運京，分赴内務府、户部交納。統計甲申趕運、大運，兩次共解過緞紬紗紡二千九百八十二匹，衣線四百斤，細布二千匹。除將用過料工銀兩，飭承核實造報，循例具題外，所有接辦前任未完甲申大運，並委員起程日期，理合恭摺具奏，伏乞皇太后、皇上聖鑒。謹奏。

軍機大臣奉旨：該衙門知道，欽此。

光緒十一年十一月初八日

杭州織造奴才齊克森布跪奏，爲織務絲價部議七折，實難遵辦，瀝陳下情，懇恩俯准，仍照十年分前織造會奏核減價值辦理，以全要工，恭摺仰祈聖鑒事。

光緒十一年十一月初五日，奉户部行知本部具奏三織造絲斤價值，江浙督撫查報，未能一律，擬請仍照光緒七年奏定市價，統減三成織辦等因，奉旨：依議，欽此。恭録飛咨，遵照前來。奴才曷敢再行瀆陳，惟查奴才於到任之初，即將絲斤價值詳加訪察，近年以來，雪白亮白經緯各絲價，並未平減，而採購絲斤，其中以生煉熟，去糙取精，實需七五折耗，此係人所共見共聞，加以每銀一兩，例扣九分申餘，作爲裝盛盤費之用，通盤核算，所以實不敷辦。當經奴才於上年七月間，將實在情形咨呈户部，請免核減。旋奉部文，仍令按照七年分市價核減三成辦理。奴才復查上年春間，天氣寒燠不齊，蠶絲出産本不甚旺，又因法人就款和約告成，洋人以商務爲重，自秋徂冬，到處搜羅興販，出洋絲價，因而大漲，較之七年分市價，實屬不相上下。今户部行令仍照七成辦理，在部臣慎重度支，理所宜然，而奴才責有專司，何敢顯違部議，無如絲價仍前昂貴，七成委難措手，再四思維，與其遺咎於後，曷若懇恩於前。查前織造連明於光緒十年會同江南、蘇州織造於無可措手之中，將絲斤各價竭力核減，開單聯銜具奏，已屬不遺餘力，合無仰懇天恩，俯賜特旨，准將織務絲斤各價，自十年分爲始，仍准暫照前織造連明等會奏核減價值辦理，俾得勉圖報稱，一俟絲價稍平，即行據實陳請核減。奴才受恩深重，斷不敢稍昧天良，自取罪戾。至光緒七八九等年絲價，早經奏蒙允准，業經遵照動用造銷事，在未奉部議減成之先，尤難一律照減，相應一併籲懇恩施，逾格俯准，照案造報，以示體恤，奴才不勝惶悚待命之至。所有織務絲價，部議七成，實難遵辦，瀝陳下情，籲懇天恩俯准，仍照十年分會奏核減價值辦理緣由，謹恭摺具奏，伏乞皇太后、皇上聖鑒。謹奏請旨。

軍機大臣奉旨：户部議奏，欽此。

光緒十二年二月二十日

杭州織造奴才齊克森布跪奏，爲叩謝天恩，仰祈聖鑒事。

竊奴才恭閱邸鈔，光緒十二年三月十一日奉旨，杭州織造著齊克森布接管，欽此。奴才謹即恭設香案，望闕叩頭謝恩。伏念奴才内府世僕，知識庸愚，上屆渥邀簡任，方愧未報涓埃，兹以一年期滿，復荷恩施，仍留接管，自天聞命，伏地增慚，奴才惟有將應辦事宜，實心實力，認真經理，庶稍伸夫蟻悃，冀仰答夫鴻慈。所有奴才感激下忱，理合恭摺叩謝天恩，伏乞皇太后、皇上聖鑒。謹奏。

軍機大臣奉旨：知道了，欽此。

光緒十二年四月初三日

杭州織造奴才齊克森布跪奏，爲乙酉大運緞紬織辦完竣，委員解京交納，恭摺仰祈聖鑒事。

竊奴才衙門承辦内務府、户部派辦運務，業經接辦，至甲申大運止在案。所有應辦乙酉運務，復經奴才查照内務府、户部單開款目花色，敬謹織辦，並遵照奏准，由牙釐局每月解到錢一萬串内，按照市價儘數易銀發辦。業經奴才於本年四月間，先行趕運過上用緞紬紗二百八十匹，官用緞紬紗一百匹，内用紬紡六百匹，衣線二百斤，細布一千匹，部用緞綾紡絲八百匹，均經批差解送，分交在案。兹復督工接辦得上用緞紬紗二百四十五匹，官用緞紬紗一百匹，内用紬紡四百七十匹，衣線二百斤，細布一千匹，部用緞綾紡絲八百匹，謹擇於九月十三日，遴委妥員督同舍人管解運京，分赴内務府、户部逐件交納。統計乙酉趕運、大運，兩次共解過緞紬紗綾三千三百九十五匹，衣線四百斤，細布二千匹。除將用過料工銀兩，飭承核實造報，循例具題外，所有乙酉大運織辦完竣，並委員起程日期，理合恭摺具奏，伏乞皇太后、皇上聖鑒。謹奏。

軍機大臣奉旨：該衙門知道，欽此。

光緒十二年九月初九日

再奴才衙門司庫、筆帖式等員，向係五年期滿，呈請更换。兹查筆帖式錫惠，於光緒十年閏五月間，復經前任織造連明保留二年，後扣至光緒十三年二月十一日期滿，例應呈請内務府揀員接替。惟查該員諳練織務，辦事實心，疊經保留有案，現值恭辦上用一切緊要活計之時，督工解送，均須熟手助理，合無援案，仰懇天恩俯准，將筆帖式錫惠暫留二年，以資臂助之處，出自逾格鴻慈，謹附片具奏，伏乞聖鑒。謹奏。

軍機大臣奉旨：著照所請，該衙門知道，欽此。

再查奴才衙門辦公申餘項下，經前任織造德生動辦誥敕制帛駕衣綵紬及另傳各項活計，借墊銀二萬九千五百餘兩，除由藩庫解款歸還外，尚欠申餘項下銀一萬六百五十餘兩，經歷前織造奏明，應由藩庫解還歸款。並查有同治十一年准長蘆分派紗匹所需工料銀八萬三千七百五兩二錢五釐，除解過銀八萬兩，尚欠銀三千七百五兩二錢五釐，亦係由申餘項下借墊給發，應由長蘆鹽政解還歸款。均經造報奏咨在案，除分別咨催外，謹附片陳明，伏乞聖鑒。謹奏。

軍機大臣奉旨：知道了，欽此。

杭州織造奴才齊克森布跪奏，爲丙戌大運緞紬，按款織就，委員起程，解京交納，恭摺仰祈聖鑒事。

竊奴才衙門承辦內務府、户部派辦運務，業經接辦，至乙酉大運止在案。所有應辦丙戌運務，復經奴才查照內務府、户部單開款目花色，敬謹織辦，並遵照奏准，由牙釐局每月解到錢一萬串內，按照市價儘數易銀發辦。業經奴才於本年二月間，先行趕運過上用緞紬紗二百八十匹，官用緞紬紗一百匹，內用紬紡六百匹，衣線二百斤，細布一千匹，部用緞綾紡絲八百匹，均經批差解送，分交驗收在案。茲復督工接辦得上用緞紬紗二百八十匹，官用緞紬紗一百匹，內用紬紡六百匹，衣線二百斤，細布一千匹，部用緞綾紡絲八百匹，謹擇於閏四月初十日，遴委妥員督同舍人管解運京，赴內務府、户部分別交納。統計丙戌趕運、大運兩次，共解過緞紬紗綾三千五百六十匹，衣線四百斤，細布二千匹。除將用過料工銀兩細數，謹遵奏准減成新章，飭承核實造報，循例具題外，所有丙戌大運緞紬，按款織就，並委員起程日期，理合恭摺具奏，伏乞皇太后、皇上聖鑒。謹奏。

該衙門知道。

光緒十三年閏四月初七日

再查杭城人煙稠密，時遇火患，奴才衙門設有庫藏，存儲一切活計，理宜慎重，而署前毘連民房，每聞火警，殊屬堪虞。茲由奴才自行捐廉，購備洋式水龍一架，並僱夫役五十名，以期有備無患。設或市廛遇有失慎，立飭隨時救護，既可保衛衙署，並可兼顧地方。所有常年添换機器，暨夫役工食，必須籌定經費，俾垂久遠。查織庫正項無款動支，擬請在於申餘公用項下每月給發銀二十兩，以資應用。奴才爲慎重衙署庫藏起見，除呈明內務府外，謹附片陳明，伏乞聖鑒。謹奏。

該衙門知道。

太子少保、兩江總督、一等威毅伯臣曾國荃跪奏，爲江南織造欠辦大緞所需料工銀兩，遵照部咨酌度現在庫儲情形，仍難籌撥，恭摺據實具陳，仰祈聖鑒事。

竊查前准户部咨奏，派江南織造織辦緞疋，除夏布二萬疋及改織明黄雲緞五百疋，業經辦解外，尚有欠辦大緞一千五百疋，估需料工銀七萬五千兩。前因庫款支絀，經前署督臣吴元炳奏懇暫從緩辦，欽奉諭旨：著照所請，該衙門知道，欽此。欽遵在案。茲於光緒十三年閏四月間，復准户部咨，以緞疋庫奏催欠解大緞一千五百疋，惟所需料工銀兩，經前署督臣吴元炳奏准展緩，現值庫款支絀，該省能否籌撥此項銀兩，應令轉飭酌度庫儲自行奏明辦理等因，經臣飭令遵照酌議詳辦去後。茲據江甯布政使許振禕詳稱，伏查江甯藩庫，每年所入屬解正款錢糧用，以抵支兵餉俸薪養廉等項，織務歲運料工及年例一切額支額解各款，向係不敷，凡遇特出之款，更屬無從籌措，即如江南織造奉傳活計所需料工，多因無款可籌，一再詳請指撥別庫解濟，或請動用司庫應行解部銀兩，支絀情形，可以想見。加以兵餉本有兩淮鹽課協濟之款，無如運庫同一支絀，未能籌應，而額款又難短缺，無非隨時挪湊，移緩就急，遂至羅掘一空。今前項大緞料工銀兩，如果司庫有可設措，何敢稍涉諉延，無如酌度庫款現在存銀無多，應支兵餉等項，尚屬不敷甚鉅，實難再籌此項大緞料工銀兩。詳請酌核奏咨前來。臣查此項欠辦大緞料工銀兩，部臣行令酌度庫儲自行奏明辦理，是司庫現在如前支絀，難以籌撥情形，久爲部臣所深知，自應遵照部咨據實陳明，仰懇天恩，仍准暫從緩辦，一俟庫款稍充，即當趕籌補辦，以完前案。理合恭摺具奏，伏乞皇太后、皇上聖鑒，敕部查照。謹奏。

著照所請，該衙門知道。

光緒十三年六月十一日

杭州織造奴才齊克森布跪奏，爲恭報奴才卸事日期，並交代緣由，恭摺仰祈聖鑒事。

竊奴才恭閱邸鈔，光緒十三年六月初一日奉旨：杭州織造著廷琦去，欽此。茲新任織造廷琦行抵杭州省城，奴才謹將杭州織造關防一顆，南北新關監督關防二顆，並文卷册檔等件，於八月初二日，委員移交新任織造廷琦接收任事。奴才即於是日卸事，所有任内恭辦活計，動支銀兩，現已造報至本年七月分止在案，核計現存正項銀一萬三千一百一十五兩六錢三分一釐六毫一絲五忽，藩庫另撥項下存銀九百一十一兩七錢七分四釐二毫。又前織造辦解粤海關分派緞紬報銷，另存銀九兩三錢三分八釐三毫。均經分别造册，移交新任織造廷琦接收。奴才一俟交代清楚，即行起程回京供職。所有卸事日期，並交代緣由，理合恭摺具奏，伏乞皇太后、皇上聖鑒。再查南北新關現尚停徵，庫無存款，合併陳明。謹奏。

該衙門知道。

光緒十三年八月初二日

再查奴才衙門辦公申餘項下，經前任織造德生、文治動辦誥敕制帛綵紬等項，及墊辦長蘆分派紗匹，先後借支工料銀兩，除解還外，核計浙江藩庫欠解銀一萬六百五十餘兩，長蘆鹽政欠解銀三千七百五兩二錢五釐，舒麟於光緒二年七月間辦解内務府派辦緞綾紡絲等項，及工部派辦羅緞等件料工銀一萬四千五百七十一兩四錢七分八釐三毫，廣英於光緒七年辦解内務府派辦閃緞、字緞、西番字緞、陀羅經被等料工銀二千四百七十兩六錢五分七釐八毫，均因藩庫解款未到，係暫由申餘項下借墊給發，查經歷前織造於移交時奏咨有案。又連明任内，於光緒九年辦解内務府派辦四川改派緞紬，暨另派黄絹工部駕衣等項，因藩庫款未解齊，不敷辦理，援案暫借申餘項下銀二萬二千兩，應俟藩庫解到歸款，經奴才到任時附奏在案。所有此項借用銀兩，業由外傳項下先行歸還銀一萬八千六百七十五兩二錢八分一毫二絲八忽，尚欠銀三千三百二十四兩七錢一分九釐八毫七絲二忽，仍俟藩庫解到再行歸還。除分别咨呈外，理合附片具陳，伏乞聖鑒。謹奏。

該衙門知道。

再查連明任内，於光緒十年十二月初三日，准藩司解到奉内務府派辦上用緙繡金龍朝袍褂面二十件，補子九副，先撥料工銀二千兩到織，當時因款未撥齊，連明任内未及開辦存庫，奴才到任，敬謹辦齊解交在案，所有此款應移歸奴才任内作收造報。除彙案造報外，理合附片陳明，伏乞聖鑒。謹奏。

該衙門知道。

太子少保、兩江總督、一等威毅伯臣曾國荃跪奏，爲勉遵部議，將江南織務價值分别酌減，恭摺具陳，仰祈聖鑒事。

竊准户部咨光緒十三年十二月十二日具奏議覆江南織造廣英等奏，絲價勉遵部議，金染工價實難敷辦一摺，請旨飭下各該省督撫臣，逐款確查，據實開單奏報等因，奉旨：依議，欽此。行令欽遵辦理前來。臣查户部釐定織務章程，所有金染工價，飭照七年分銷價覈減三成，其與例價不甚懸殊者，規復例價，於撙節款項之中，仍寓即事有漸之意，如其有可再減，亟應共體時艱，期收得尺得寸之益。自准部文後，即按照織造原奏各節，逐款確覈，復徧查市中物價，詳訪織匠情形，實緣自覈減絲價後，織務已形竭蹷，而染價一項，復於十年分會奏摺内開單請減，有已減近三成者，有減近二成者，其圓扁金線市價本昂，從前亦經比擬酌減，至織工一款，向係關支熟米，自改發折色銀兩，工匠餬口維艱，開工時全資工價貼補，工竣時折銀不敷日食，是以原定工價不得不照例價稍爲從寬，該織造前摺所陳各情，委無揑飾。茲復經臣再四籌度，除另傳各項絨紝絲線、帽纓、帽緯、帽絨等款，業經該織造力求節省，擬每兩照案覈減一成五釐，仍照案統報，繡緯畫匠，係計工給價，將飯食並計，擬請暫循舊章辦理，方資食用，應懇恩照准，及應俟奉有傳活，届時再行酌辦各件外，所有由臣酌減各款，按照部議，繕列清單，恭呈御覽。伏查近來款項支絀殊常，該織造深悉爲難情形，本屬處處求省，而江南採辦物料，地有遠近，時有先後，實與蘇杭不同，雖銷價略有參差，其中已多掣肘，惟既經部臣請旨，飭臣認真訪察，何敢稍涉瞻徇。此次所減之款，均係於無可再減中代爲酌減，該織造廣英素顧大局，當無異詞，惟仍須籲恩准其劃清界限，擬請十三年以前奉文已辦各款，仍照十年分奏減銷價辦理，此次所減之款，以十四年分爲始，庶前任已銷之款，免致紛更，嗣後動用之款，有所循照，承辦接辦者，均不至無從措手，織務幸甚。所有勉遵部議，將江南織務價值分别酌減各緣由，理合會同江蘇巡撫臣崧駿恭摺具陳，伏乞皇太后、皇上聖鑒，敕部覈覆施行。謹奏。

戶部議奏單併發。

光緒十四年正月二十二日

頭品頂戴四川總督臣劉秉璋跪奏，爲西藏俸緞川省無從採買，應請仍歸江浙織造承辦，恭摺仰祈聖鑒事。

竊查前准戶部咨奏覆清理西藏番官積年欠領俸緞，參酌道光二十年理藩院原奏，稍爲變通，請旨飭下，四川即自光緒十四年起，將前藏應領俸緞三十九疋，改由川省藩庫籌款，按照緞疋名色數目，就近採買，解交駐藏大臣，如數發給，以歸簡易，奉旨：依議，欽此。欽遵到臣，遵即轉行去後。茲據布政使崧蕃詳稱，查西藏番官應領年例俸緞三十九疋，向由江南、蘇、杭各織造籌款分辦，自道光二十一年起，至咸豐二年，係各織造運甘轉解西甯道庫收存備放。咸豐三年以後，因織造停機，西藏貢差又因回匪道梗，改由川省行走，以致積欠頻年，無從承領。茲經駐藏大臣以改復舊例爲請，戶部議令改由川庫籌款採買，解藏給發。如果川中機織合宜，或能採買，自當遵照辦理。乃查核由藏開來清單內載有蟒緞、藍素衣、素彭緞、紗料等項名色，川中從無此等機張，亦無此項織工，藍素衣、素彭緞無人見過，蟒緞與紗間有由江浙遠販來川者，因關稅釐金水脚過重，價值高於江浙倍蓰，若照例價採辦，勢必窒礙難行，且名色仍不能齊，倘依市價報銷，又恐有違成法。伏讀戶部原奏，謂同治年間，南省蕩平，漸復織務，俸緞一項，亦祇能辦解現年之款等因，是青海俸緞既能辦解，則西藏俸緞亦可復舊等情，詳請奏咨前來。臣覆加查覈，西藏喇嘛現雖未走西甯原路，惟此項俸緞名色，川省實在無從採辦，相應請旨飭下江浙織造，自光緒十四年起，照舊承辦解交戶部，一俟有便員解餉到京，即交令帶回川省，轉解西藏，比之採買運辦較易，而名色亦能備齊。是否有當，除咨戶部查照外，理合恭摺具陳，伏乞皇太后、皇上聖鑒訓示。謹奏。

戶部知道。

光緒十四年三月十八日

兩廣總督兼署廣東巡撫臣張之洞跪奏，爲廣東擬設織布官局，購辦織布紡紗等項機器，以興商務，而塞漏卮，恭摺仰祈聖鑒事。

竊自中外通商以來，中國之財溢於外洋者，洋藥而外，莫如洋布、洋紗。洋紗縷細且長，織成布幅，廣闊較之土布，一匹可抵數匹之用。紡紗、染紗、軋花、提花，悉用機器，一夫可抵百夫之力，工省價廉，銷售日廣。考之通商貿易冊，布、紗、毛布三項，年盛一年，不惟衣土布者漸稀，即織土布者亦買洋紗充用，光緒十四年，銷銀將及五千萬兩。查洋藥一項，中國向有絲、茶兩宗，足以相抵，近則日本、印度、意大里等國，起而爭利，徧植茶、桑，所出幾與中國相埒，華貨因之滯銷，是絲、茶本爲中國獨擅之利，今已成爲共分之利。棉布本爲中國自有之利，自有洋布、洋紗，反爲外洋獨擅之利。耕織交病，民生日蹙，再過十年，何堪設想。今既不能禁其不來，惟有購備機器，紡花織布，自擴其工商之利，以保利權。第近年以來，中國殷商大賈，屢有議及此者，徒以資本難集，心志不齊，迄今尚無成效。臣督同善後局司道詳籌熟商，擬在廣東省城開設織布官局，官爲商倡，先行籌款墊辦，以應急需，俟辦有規模，再陸續招集商股，當即電致出使英國大臣新授廣東巡撫劉瑞芬，考究機器價值，及建廠設局辦法。又查洋製之布，式樣衆多，難以徧效，現擇中國最爲通行之布樣七種：曰原色扣布一種，曰原色布上次二種，曰白色布上次二種，曰斜紋布一種，曰提花色布一種。各取布樣，附同棉花寄交英廠，以便照配織機，依式仿製。嗣接劉瑞芬電稱，寄到棉花，經英廠考驗，能織原色扣布、斜紋布、及原色次等布三種，若織上等細布，須參美國棉花各半，紡成細紗，方能合用。臣查中國附近長江各省，均產棉花，以江南通州所產者爲最佳，其次爲嘉定南翔之花，又次爲浙江甯波及江南松江府屬之花，雖非出自粵產，然由上海運粵，價脚甚廉，且其利均在中國。惟各花僅能成布三種，若欲織成上項七種，必須少參洋花。查英法各國棉花，必購之印度與美國，皆非本土所產，然織布紡紗，獲利固已不貲。今中國自有之棉花，已能成布三種，統計成布七種，不過參用洋花十分之三，而工價較之外洋既賤，成布即可出售，又省往返運費，其獲利自當勝於洋人。現計中國織布商局，僅有上海一處，經營十餘年，尚未就緒，若粵省開設官局，營運有效，再能推廣於沿江各省，悉變洋布爲土布，工作之利日開，則漏卮之害日減。且洋布本非中國所有，雖有機器以代人工，並非奪力作小民之利，本務長策，無踰於此。已於本年七月內訂購布機一千張，照配紡紗、染紗、軋花、提花各項機器，及汽爐、鍋爐、水管、汽管、機軸等件，共需價英金八萬四千八百三十二榜外，加運脚保險，以榜價折合共需銀四十餘萬兩。機器分五次運粵，十三箇月在輪墩交清，計來年秋冬之間，可一律運到。出布長短，視紗縷粗細爲定，照每匹二十六榜至三十二榜者合算，每機日可出布一匹。建造廠屋占地縱横約八十丈，除地基外，工料約需銀十萬餘兩。廣東省城，民居稠密，無可設局之地，擬在河南購地填築，約需銀數萬兩，華洋工匠、薪工、煤火等費，現未開局，尚難預計，應俟機器運到，廠屋落成，次第開工，再將各項工費、織辦、銷售情形，詳晰奏聞，以備考核，且備他省仿照開辦。所有廣東擬設織布官局，購辦織布紡紗各項機器緣由，理合恭摺具陳。再廣東巡撫係臣兼署，毋庸會銜，合併聲明，伏祈皇上聖鑒。謹奏。

該衙門議奏。

光緒十五年八月初六日

兩江總督臣曾國荃、江蘇巡撫臣剛毅跪奏，爲遵旨確查上海機器織布局務，據實覆陳，恭摺仰祈聖鑒事。

竊臣等承准軍機大臣字寄，光緒十五年七月二十四日奉上諭：有人奏道員龔壽圖，前於光緒六年在上海設立機器織布局，招合股分銀四十萬兩，至今十年，迄未開辦，去年忽稱資本虧折，改由龔彝圖經理，如不續加銀兩，前票作爲廢紙，以致物論譁然，請飭查辦等語。各省招合股分，原期易於集款，以裨商務，若如所奏各節，假稱虧折，蓄意誆騙，將來招股勢必觀望不前，實屬不成事體，著曾國荃等確切查明，應如何設法勒限清釐，以恤商虧，而儆效尤之處，著即據實覆奏，毋稍徇隱。原片著鈔給閱看，將此諭知曾國荃、剛毅，並傳諭黄彭年知之。欽此。當經密飭江蘇候補道吴承潞明查暗訪，茲據稟覆：遵經嚴密訪察，至該局提取案卷，並調取上海道署、縣署交涉該局卷宗，參稽互證，查得上海所設機器織布局，於光緒六年經北洋大臣李鴻章派委候選道鄭官應、江蘇候補道龔壽圖等，會同招商試辦，旋經奏明有案。龔壽圖以未能常川駐局，稟經札飭鄭官應專管商務，龔壽圖專管官務。鄭官應彼時頗爲衆商所信，凡該局聘雇洋匠，購置機器等事，悉歸經理。定章銀一百兩爲一股，先招四千股，續招一千股，實收到銀五十萬兩，以鄭官應所招之股爲數獨多，公立議據局中一切銀錢帳目，責成一手經理。鄭官應既專利權，竟借衆商之資本，便一己之私圖，不數年間，所有股本五十萬兩，除付機器、基地、棧房、碼頭價值銀兩，其餘盡變爲各項股票，及借紙押據。該道遂於十年二月因前兵部尚書彭玉麟奏調廣東，藉此脱離，龔壽圖稟揭鄭官應擅挪公款，受押股票，利則歸己，害則歸公，經北洋大臣咨調回滬清理，避匿不到。飭據江海關道查覆，該局原招五千股，鄭官應稟敘僅實收銀三十五萬二千八百兩，其餘銀十四萬七千二百兩，全係股票存局，作爲押款，其已收股銀三十五萬餘兩，除付購辦機器等項成本銀二十萬九千餘兩外，其餘銀十四萬三千餘兩，或已放出，或押股票，均無實銀存局，此鄭官應經收股本，並未開辦，先已虧折，與龔壽圖等均無干涉之情形也。先是九年二月龔壽圖稟，請交卸局務，由鄭官應稟請札委郎中龔彝圖接辦，仍稟明專辦官務，迨鄭官應前赴廣東，又稟請移交現任東海關道盛宣懷接辦局務，盛宣懷以總辦輪船、電報兩局，力難兼顧。查覈鄭官應經放期票尚有六七萬兩，稟交主事經元善會同江海關道追繳舊欠，收束前帳，經元善經收欠款共銀三萬四千兩，餘皆股票劃抵，計收回股票四百四十九股，所收現銀除支用外，僅存八百餘兩，連同簿據卷宗、股票於十三年分稟交龔彝圖接管。維時洋匠羈留日久，購存外洋機器及應付薪資，延不付價，勢將興訟，經股商沈善行等另議招股，稟由江海關道轉稟北洋大臣札委龔彝圖接辦，重立規條，名爲新股，以從前股分票爲老股，除陸續收回外，尚存老股二千九百餘股，公議參酌市情，每股加價銀三十兩，以輔助新股，截至十四年六月止，如數加價者共一千六百股，收銀四萬八千兩，其逾限不加之股票，議以三股折作一股換給新票。是年二月，復由沈善行等稟經北洋大臣札委龔壽圖總辦局務，與龔彝圖等收拾殘局，鋭意圖成，所有鄭官應購存機器等項，由上海縣核實勘估，共值銀十二萬餘兩，稟准彙交該局收管。此該局前後輾轉交接之情形也。該局曆而復振，全恃客本經營，今老股加價無多，新股驟難招集，而建造房屋、找付機器價值、添購軋機、電鐙等費，需費不貲，龔壽圖等多方借貸，頗費經營。刻下機器陸續運回，廠屋早經報竣，其機房、牌樓、門樓、公所，亦次第興辦，皆彰彰在人耳目。其籌款之艱難，外人不能盡諒，或持股票索償現定折實銀兩，該局力難照付，致招疑謗，實則從前股本均被鄭官應虧折，衆所共知，擬請嚴催鄭官應到滬，勒限究追前來。臣等復覈原奏各節，以龔壽圖假稱虧折，蓄意誆騙，爲案中最要關鍵。現經派員確查，龔壽圖當創辦之初，即陳明專管官務，並不經手銀錢，委無設詞誆騙情弊。龔彝圖係奉北洋大臣札委接辦局務，亦非私相授受，老股加價三十兩，逾限不加，以三股折作一股，換給新票，經吴承潞查明，稟准有案。且查限滿以後，仍隨時收有加價銀兩，是所謂作爲廢紙者，雖有其説，而無其事。竊思北洋大臣李鴻章，當時刱設是局，誠以洋貨行銷中國，日增月盛，尤以洋布爲大宗，是以特令購買機器，設局仿造布匹，所以敵洋產而杜漏卮，用意至爲深遠。奈開辦之始，不得其人，以致股銀虧短，日久無功，無怪從前附股之户，誘疑突起。但此事爲時局所關，未便中止，朝廷飭令，設法勒限清釐，仰見明燭萬里，非嚴催鄭官應來滬，追出現銀，與從前老股結算清楚，不足以服衆商之心。鄭官應行蹤詭秘，疊經北洋大臣札飭上海道縣，查明該道避匿何處，迄未得其蹤迹。該員籍隸廣東，擬由臣等咨會北洋大臣李鴻章，轉咨兩廣督臣，嚴飭鄭官應到滬，勒限究追，以重商本而儆效尤。以後一切局務，責成龔壽圖等按照重立規條，隨時禀承北洋大臣，實心整頓，認真經理，以期日起有功。所有遵旨確查上海織布局務各緣由，謹合詞恭摺，據實覆陳，伏乞皇上聖鑒訓示。謹奏。

知道了。

光緒十五年十月十四日

頭品頂戴兩廣總督臣李瀚章跪奏，爲遵旨覆陳，仰祈聖鑒事。

竊於光緒十五年十一月二十二日，承准軍機大臣字寄十月三十日奉上諭：前據張之洞疊次具奏，廣東擬設織布官局，購辦織布紡紗機器，及籌購機器創設煉鐵廠各摺，先後降旨，交該衙門議奏。兹據户部奏稱，購辦機器以及建廠等費，按磅價折合共需銀九十餘萬兩，張之洞既未先行奏報，亦未咨商該部，無從遥度，請飭李瀚章籌議等語。織布、煉鐵兩事，果能辦有成效，固可收回利權，惟究竟有無把握，且經費所需甚鉅，能否措有的款，並張之洞已匯之十三萬一千餘兩，究由何款動用，未發之八十餘萬兩，將來是否有著，均著李瀚章詳細查明，迅速具奏，候旨遵行。原摺著鈔給閲看等因，欽此。伏查訂購煉鐵機器，創設鐵廠，已付訂價洋銀十三萬二千六百餘兩，粤東礙難辦理情形，業經臣於十一月十三日奏明，請旨飭議在案。至織布機器一項，仰荷聖明垂詢，利權有無把握。竊思民間購用洋布，耗費原所不免，中國如能自製，未始非計之得也。惟查訂購機器，建築廠屋，已需巨萬，加以雇募洋匠，暨員役薪俸，費用煩多，誠恐底本太鉅，難免虧折。第前督臣張之洞訂購機器，既經奏明，意在開闢利源，似已另有見地。臣抵任後，查設廠建屋，尚未興辦，即與之反復籌議，以兩粤素不産棉，鄂省武昌、黄州各屬田家之收穫，以棉花爲大宗，且距江浙産花之處亦近，與其設機器於粤中，遠隔江海，採購與轉運維艱，曷若移建鄂省，取資較便。且織局之設，原冀稍得利益，經營伊始，必須計及錙銖，但能一木一石，不事鋪張，一縷一絲，不令浪費，則用度既減，成本自輕。成本輕則銷售易，銷售易則利源開。張之洞深以爲然，正擬會摺具奏間，適奉聖諭飭詢，謹將商計大略，據實覆陳。至訂購機器款項，張之洞任内所付之二十二萬九千餘兩，係由闈姓商捐及軍需項下墊支，其未付之十七萬四千三百餘兩，明夏機器運到，臣仍當設法籌付，免致失信外人，以滋口實。所有遵覆織布機器暨動用款目各緣由，謹繕摺由驛覆奏，伏乞皇上聖鑒訓示，謹奏。

户部知道。

光緒十五年十二月初三日

湖廣總督臣張之洞跪奏，爲陳明購辦織布機器用款，並布局移鄂後，籌措建造廠屋，及常年經費情形，恭摺仰祈聖鑒事。

竊准户部咨開廣東司案呈准軍機處交出兩廣總督李瀚章奏，擬設織布局，廣東礙難辦理情形一摺，光緒十五年十二月二十六日奉硃批：户部知道，欽此。欽遵交出到部。查原奏内稱，前付訂購機器銀二十二萬九千餘兩，係由闈姓商捐及軍需等項下墊支，其未付之十七萬四千三百餘兩，明夏設法籌付等語，相應行文該督撫，即將闈姓捐款一項已繳、未繳及所分年限分晰報部，至明夏應付之十七萬四千三百餘兩，動支何項，一併聲覆等因。並准總理各國事務衙門咨議覆，詹事志鋭奏請整頓商務一摺，原奏内稱，棉布爲用甚廣，大利悉歸洋人，亟宜自謀織造，以塞漏卮。查上海已設織布機器局，本年兩廣總督張之洞亦經奏明於廣東設局織布，因時興利，實爲不可緩之舉。惟事甫刱辦，必須實力講求，認真經理，如果經費不敷，或撥官款，或招商股，隨時分别奏咨辦理等因，奉旨：依議，欽此。欽遵咨行到臣。竊以購辦機器，設局織布，開中國自有之利源，杜外洋歷年之鉅耗，因時制宜，事不可緩，久在聖鑒之中。惟成本甚重，商股既不易集，庫帑支絀，官本亦屬難籌，然若坐視其難而不爲，凡事何從創始。廣東地大物博，較之他省，尚可有爲。臣上年在兩廣總督任内，督同司道籌議，均以購設布機，係屬振興商務，惟有設法勸令。闈姓商人籌捐時，值舉行鄉會試恩科，闈姓收數較贏，商力尚能辦到，當飭善後局員，多方開導，勸令認捐洋銀四十萬兩，爲訂購布機一千張，及照配軋花、紡紗各機器之本。又以造廠及常年經費無出，復經設法鼓舞，令於光緒十六年冬間接充新商時，另捐洋銀八十萬元，合銀五十六萬兩，爲將來建廠及常年經費之用。此兩款經該局員殫竭心力口舌，督勸兼施，甫克議定，均已詳定批准有案。此係特籌專款，非闈姓商人原捐之數，所有與光緒十一年奏明該商六年匀繳四百四十萬元之正餉，絕不相涉。前因訂購布機時，此款尚未繳到，原奏聲明先行籌墊，旋據該商陸續呈繳，業將墊付半價銀二十二萬九千餘兩歸還，其未付之價銀十七萬四千三百餘兩，本年夏間機器運到，仍應由該商所捐布機成本一款內撥付。總計創議購機造廠，以至豫籌常年經費，並未動用粵省司局各庫款，及闈姓原案奏明認捐之正餉，此臣在粵設法另籌專款，購辦布機之實在情形也。查購機織布，原奏本已聲明，粵省如營運有效，再推廣於沿江各省。鄂省沿江産棉之區甚多，自較廣東開設爲宜，第非倉卒所能興辦，今李瀚章既經奏請移機鄂省，事關爲民興利，臣自當力任其難。惟創建此廠，地廣工精，加以常年經費爲數甚鉅，鄂中物力艱窘，與粵省情形相去霄壤，此款一時實無從另籌。查闈姓商人認捐另款之八十萬元本爲布機而設，與正餉無涉，原案具在，迭經電商李瀚章撥歸鄂省，現准李瀚章復電，以粵省用宏費絀，未肯全撥，允於此項撥洋銀十六萬兩爲鄂省布機建廠之用。粵省用度誠多，此廠既已移鄂，自不欲全數撥作他省之用，在李瀚章已屬誼重睦鄰，不分畛域，臣亦未便固執前案，過於相强。惟運腳保險之費，本應即在購機價本之內，合計爲數，約計四五萬兩，擬由粵省於另籌八十萬元一款項下支清，此外即不復索之於粵。至布局常年經費，臣前在粵，因海防緊急，借有山西善後局生息銀二十萬兩，此款原係晉省發交，當商生息，作籌抵捐攤之用者，於光緒十年十二月曾經由電奏明，奉旨允准在案，旋經山西撫臣匯寄到粵應用，按年由外籌足息銀寄晉，從無遲誤。年來粵省業將此款籌出，尚未歸還晉省，李瀚章來電，囑將此項晉省生息款撥歸湖北，作織布廠常年經費之用。臣竊思此款，在粵在鄂，同是納息，事同一律，鄂可借充成本，粵可免出息銀，亦屬兩益，當已應允撥借，擬仍照粵省認息九釐按年匯還晉省，以之充布局常年購棉及工用。一切經費，雖尚不甚敷，亦可藉資周轉，此項息銀自當由外設法籌措，此乃晉省辦公要需，臣服官晉省有年，誼斷不肯膜視，此又籌措建造布機廠屋及常年經費，不動鄂省庫款之現在辦法也。鄂省對江之漢口鎮，貿易素盛，特圜闠輻輳，並無隙地可以設局，現在省城文昌門外，勘得官地一區，高廣堅實，近在江邊，便於轉運，地基縱横各百餘丈，間有民房，從寬給價購買。另片奏催江蘇補用知縣薛培榕由粵來鄂監修工程，俟該員到鄂，即日興工。現今上海專設有軋花紡紗局，遠近争購，多運至東洋銷售，爲用甚廣，獲利甚豐，是其明驗。向來四川、湖南、河南、陝西，皆銷湖北棉布，湖江沿漢，歲運甚多，實爲鄂民生計之一大宗。近年洋花、洋紗、洋布，南北盛行，鄂省花布銷路頓稀，生計大減，故此局之設，於鄂省尤爲切務，一俟布局落成開辦，臣當督飭員工，實力講求，務令機器作法，華工人人通曉，價本利息，華商人人共見，臣並當勸諭商民，集貲購機，廣設布局，保我利源，似爲今日銷土貨、塞漏卮之要策，至將來成效大著時，應否動撥官款擴充推廣之處，再當體察情形，遵照總理衙門原議，隨時分别奏咨辦理。所有購辦布機用款及布局移鄂後，籌措建廠，並常年經費緣由，除咨呈海軍衙門、總理衙門暨咨户部外，理合恭摺具陳，伏祈皇上聖鑒。謹奏。

該衙門知道。

光緒十六年閏二月初四日

再織布局由粵移鄂前，經臣將在粵購辦布機用款，並布局移鄂後籌措建廠，及由粵撥借晉款爲常年經費等情，分晰奏明在案。旋准兩廣督臣李瀚章將晉款二十萬兩撥匯到鄂。查此款若照粵借認息九釐合計成本，未免稍重，經臣函商山西撫臣劉瑞祺去後，兹准函覆已與司道籌議，慨允讓減五釐，以四釐周年行息，俾布局得資周轉，屬即據情奏明等因前來。查晉省此項息銀，係籌抵捐攤之用，讓減五釐，一年驟少萬金進款，必須另籌抵補，自非撫臣劉瑞祺公忠體國，通籌大局，冀擴利源而杜外耗，詎肯舍己從人，贊成斯舉。前准户部咨晉款撥歸湖北應用，應自本年三月初一日起，照案認息。鄂省現在布局雖未開辦，此項息銀臣自當設法照四釐籌付，以應晉省要需。所有鄂省撥借晉款，晉省讓減息銀緣由，除咨明總理各國事務衙門及户部外，理合附片具陳，伏祈聖鑒。謹奏。

該衙門知道。

再光緒十六年九月初二日，准户部咨奏，派河南省製辦南陽綢一千匹，汴綢一千匹，解庫交納等因，當經前護撫臣行司遵辦去後。兹據布政使廖壽豐派員採辦齊全，定於本年三月十八日委員管解起程，赴部交納，並開具色樣、價值清摺，呈送前來。除清摺咨部外，理合附片陳明，伏乞聖鑒。謹奏。

户部知道。

二品頂戴杭州織造奴才英瑞跪奏，爲前織造辦解傳派活計，奉部删除銀兩，委難遵辦，請代據實奏懇天恩，以維織務，恭摺具陳，仰祈聖鑒事。

竊前織造明勳任內，承准內務府文開，由敬事房傳辦上用賞用繡緙蟒袍面、旗蟒袍面、蟒緞、大小卷緞、紗、紬、緲等，共五千六百一十六匹件，業經照辦齊全，解京交納，奏報各在案。其原估料工銀十五萬七千八百七十七兩九錢八分七釐二毫一忽，旋奉户部核覆，删除蟒緞銀六千八百五十九兩四錢七分三釐六毫，又删除繡金黄芝蔴地紗蟒袍面、小卷八絲緞、紬等項銀三百七十八兩一錢四分七釐五毫九絲六忽八微，兩共删除銀七千二百三十七兩六錢二分一釐一毫九絲六忽八微，止應撥銀十五萬六百四十兩三錢六分六釐四忽二微。所有不敷辦理情形，前織造因值交卸，未及陳請移交。奴才據稱前項蟒緞料工極其繁重，杭州向未辦過，事屬創始，必須添設機張，所用經緯、金染等項，均係選擇上等之料加工造辦，且限期緊迫，不得不多僱高手工匠，優給工資，日夜趲趕，故獨此蟒緞一項，於十月內甫經告竣解交，其工程之浩大可知。又前項繡金黄芝蔴地紗蟒袍面及小卷八絲緞、紬等件，料工亦極繁重。以上兩項原估料工銀數俱係遵照辦過成案，逐款比擬，分晰詳註，核實開單報部，並未多估，且所撥款項，業經支放無存各等語，商請代奏前來。奴才以前織造身受國恩，當此庫款支絀之時，經部臣核覆删除，苟非萬分爲難，斷不敢妄行率請。奴才詳察情形，殊多棘手，未敢壅於上聞。查前織造明勳所辦前項活計等件，原估料工銀十五萬七千八百七十七兩九錢八分七釐二毫一忽，委係實用實銷，並無浮冒，可否仰懇天恩，准如所請，飭部免予删除，仍照原估銀數撥給准銷，以免賠累，出自高厚鴻慈，非奴才所敢妄請。所有前織造辦解傳派活計，奉部删除銀兩，委難遵辦，請代據實奏懇天恩，以維織務各緣由，謹恭摺具陳，伏乞皇上聖鑒訓示。謹奏。

户部議奏。

光緒十七年十二月十八日

再查奴才衙門於光緒十五年六月間，承准內務府文開，派辦上用寶藍醬色蟒緞一百件，又寶藍小卷江紬一百件，經前織造明勳遵照來文丈尺身分，業經辦解各五十件，並將蟒緞需用經緯及各項工料價值核實估計，遵照定章報部，小卷江紬係按歷届辦銷成案，逐一核估，共應需料工銀八千八百五十二兩四錢二分四毫，開單呈請指撥款項在案。旋奉户部咨覆，以此項蟒緞比照江南蘇州派辦蟒緞，即係滿糊袍每件連領袖撥銀四十五兩一分七釐四毫，計一百件應撥銀四千五百一兩七錢四分。又江紬一百件，應撥銀一千三百二十一兩七錢七分二釐四毫。兩共撥銀五千八百二十三兩五錢一分二釐四毫。當經前織造查此項蟒緞需用經緯金工各項，實加滿糊袍十分之三四，蟒身全繡係用上等赤圓金線所織，五色立水工程繁細，祥雲八寶俱用金線彩絨組織，而滿糊袍實無此鄭重辦法，部撥銀數，礙難遵辦，復請户部轉查內務府杭州所辦是否與江南蘇州滿糊袍相同，仍請照原估銀數撥給。旋准户部覆稱，查杭州織造辦解蟒緞，既據內務府查覆與江南蘇州比較，織工精細，本部不得不量爲酌加，比照核减銀數，每件連領袖酌增銀十三兩九錢五分七釐，每件共合銀五十八兩九錢七分四釐四毫，計一百件共該撥銀五千八百九十七兩四錢四分，較原估數目删除銀一千六百三十三兩二錢八釐。至江紬一百件，需銀一千三百二十一兩七錢七分二釐四毫，核案相符，應准照撥。二項共應撥銀七千二百一十九兩二錢一分二釐四毫，應令浙江巡撫轉飭藩司按照部定銀數撥給咨覆前來。奴才到任後，詳查此項蟒緞，杭州實係創辦，所用經緯、金線各工，價值本已從省核計，並無浮開，雖經部議酌加，仍屬不敷購辦，合無仰懇天恩俯准，仍照原估銀兩撥給，以全要工。謹附片陳明，伏乞聖鑒，飭部核覆施行。謹奏。

户部議奏。

二品頂戴杭州織造奴才英瑞跪奏，爲奉傳大小卷紗等項要件，工繁期迫，不及依限趕辦，懇請展緩日期，先後分批辦解，以全要工，恭摺仰祈聖鑒事。

竊奴才於本年三月二十一日接奉內務府文開，光緒十八年三月初七日奉旨：內緞庫大小卷紗等項無存，令傳三織造趕緊織辦，務於六月間解交，以備萬壽聖節賞用，欽此。欽遵恭録特旨，暨原傳件數清單剳派前來。奴才伏查此項活計，均係賞用要需，期限緊迫，何敢稍事耽延，遵即照案核實，估計料工價值，開單呈請户部核覆，指撥款項。一面咨商護撫臣，轉飭藩司，先行籌撥銀兩，以資購料開工。惟此次奉傳大小卷紗等項，共二千五百二十四件，爲數繁多，花樣不一，織辦動需時日，非有三四箇月織辦，不能蕆事，但六月之限，轉瞬即届，奴才籌思至再，恐難依限辦解齊全，相應籲懇天恩俯准，於本年六月間將頭批先行報解，其餘各件，請展至八月內辦齊，作爲後批起解，以免貽誤要需。除嚴飭匠役不分晝夜攢趕外，謹將奉傳要件不及依限趕辦，懇請展緩日期，分批辦解各緣由，理合恭摺具奏，伏乞皇上聖鑒訓示。謹奏。

著照所請，該衙門知道。

光緒十八年四月十八日

〔湖北總督臣張之洞跪奏〕再湖北創設織布官局，購辦織布、紡紗各機器，以興商務，而塞漏卮，前由兩廣督臣李瀚章奏准，將臣在粵所購機器，移設鄂省，户部咨行到鄂。復經臣於光緒十六年閏二月，將籌款建廠各事宜奏奉俞允在案。查湖北素産棉花，爲土産大宗，近來洋布盛行，本省花紗之銷路日隘，此局既設，以後本省種棉之利，當可日漸蕃滋，於小民生計，不無裨益。目下廠屋業已落成，各項機器亦經配設完備，次第開機紡織，亟須豫籌銷路，以便發商領運。查上海創設機器織布局，於光緒八年三月間，經北洋大臣李鴻章奏明，在上海本地零星銷售，應照中西通例免完税釐，如由上海徑運内地及分運通商他口，轉入内地，應照洋布花色均在上海新關完一正税，概免内地沿途税釐，以示體恤等因，奉旨允准，由李鴻章咨行各省欽遵辦理在案。湖北省布局，事同一律，自應援照辦理。所出洋布、棉紗，在武昌、漢口本地零星銷售者，應予照章免完税釐，如由武漢徑運内地及分運通商他口轉入内地者，應照洋布、洋紗花色，均在江漢關完一正税，概免内地沿途税釐，以暢土貨，而便民用。謹援案附片具陳，伏祈聖鑒。謹奏。

户部知道。

頭品頂戴兩江總督臣劉坤一跪奏，爲採辦㮶毛，動用銀款，恭摺仰祈聖鑒事。

竊准工部咨行令採辦㮶毛二十萬斤，分批解部等因，當經轉飭遵照去後。兹據安徽布政使德壽詳稱，奉取㮶毛二十萬斤，仍以五萬斤爲一批，分作四批，先將頭批五萬斤，派員前赴江西、湖北一帶，趕速辦解，所有每斤例價銀三分，共該正銀一千五百兩，在於光緒十八年各屬解司正項銀内動給，又於耗羨項下撥給協貼價值銀二千六百餘兩，又部飯銀一千二百兩，並水脚銀一千八百餘兩，詳請奏咨前來。臣覆覈無異，除飭催辦到後，即將頭批五萬斤先行報解外，所有採辦㮶毛動用銀款緣由，理合會同安徽巡撫臣沈秉成恭摺具陳，伏乞皇上聖鑒。謹奏。

該部知道。

光緒十九年五月初二日

頭品頂戴湖廣總督臣張之洞跪奏，爲遵旨籌撥布局官本以阜民生而保利權，恭摺奏陳，仰祈聖鑒事。

竊臣前承准總理衙門咨議覆詹事志鋭奏整頓商務一摺，原奏内稱：棉布爲用甚廣，大利所歸，亟宜自謀織造，以塞漏卮。查上海已設立織布機器局，兩廣總督張之洞亦經奏明設局織布，因時興利，實爲不可緩之舉，必須實力講求，逐漸推廣，方能有濟。如果經費不敷，或撥官本，或招商股，隨時分别奏咨辦理等因奉旨：依議，欽此。欽遵在案。兹查湖北省織布官局，業經工竣，布機一千張，陸續教練開織，所織布匹，甚爲堅潔適用，所紡棉紗，堅韌有力，遠勝洋紗，銷路頗暢，官商士民咸曉然於此舉爲有益地方之事。大率一年需用棉花數百萬斤，皆用湖北本省所産之花，間或參用江南通州花紡織，工徒需用二三千人，皆用湖北本地之人，此舉無論於大局何如，要之銷湖北之土貨，養湖北之貧民，則已確有明徵。惟購儲棉花，并隨時添補修改機器各件，以及洋匠華工需款甚鉅。查該局購機造廠經費，均係臣前在廣東設法籌捐，並未動用庫款，自經兩廣督臣李瀚章奏請，將布局移設鄂省，後又添購軋花機器，及廠屋鐵料，暨外洋運脚、保險等費，增款銀三十餘萬兩，除前經奏明由李瀚章撥來息借晉省存款二十萬兩，并由湖北藩司善後局議詳，將向來存當生息善舉公款銀十萬兩，分向當店提還，改發布局應用生息外，其餘皆係向商號暫借，及挪借善後局閒款墊用。現在開辦經費亟須籌措，大率成本愈厚，開機愈多，則行銷愈暢，盈餘愈多，統計一年需費甚鉅，而濬源塞漏，可久可大，誠如總署所云，因時興利，實爲不可緩之舉，自應遵旨籌撥官本應用，以阜民生，而保利權。查布局開辦經費，至少需銀二十萬兩左右，始足以資周轉。鄂省司局正雜各款，各有專支，急切實無從籌此鉅款。惟查有近年積存貿當捐一款，係光緒十一年前督臣卞寶第奏明辦理，乃係新籌之款，并經奏明留於本省，儲備緩急之需，奉旨允准在案。現在共積存銀八萬兩，以之撥充布局開辦經費，照章生息，允爲妥協。布局購儲棉花，爲目前最急之務，刻不容緩，已據該司道議詳，將此款全數提交布局，悉購棉花，以應急需。惟所需之花，尚須廣儲急購，不敷尚多，容臣督飭司局隨時設法籌措。據湖北布政使王之春會同善後局司道具詳，請奏前來，除咨呈總理衙門並咨明户部外，理合恭摺具奏，伏祈皇上聖鑒。謹奏。

該衙門知道。

光緒十九年六月初四日

頭品頂戴湖廣總督臣張之洞跪奏，爲湖北織布官局息借晉款，驟難籌還，晉賑緊要，另籌歸款辦法，以應急需，恭摺覆陳，仰祈聖鑒事。

竊臣承准軍機大臣字寄光緒十九年五月初一日奉上諭：張煦奏山西省向有善後銀二十萬兩，張之洞帶至鄂省應用，現在山西辦賑需款，請飭該督迅即撥還等語。山西北路荒歉，賑撫一切待用孔殷，即著張之洞將前借山西善後銀二十萬兩，迅速籌款撥還，交商限期匯解晉省，以應急需。原片著鈔給閱看等因，欽此。欽遵伏查此項晉省善後款銀，臣前在兩廣總督任內，適值辦理海防需餉，因知此款在晉發商生息，商人每多不肯承領，當經與前任山西撫臣奎斌商妥奏明，借撥銀二十萬兩，周年九釐生息，由粵按年匯寄，無異存之外府。洎防務底定，臣在粵購辦機器織布，一切建廠及常年經費，均籌有的款。嗣臣調任湖廣，經兩廣督臣李瀚章奏請，將布局移置鄂省，因需用浩繁，除機器運保及建廠等費，仍由粵撥用外，並由李瀚章奏明，以此項晉款二十萬，撥歸湖北應用在案，並非臣自行帶至鄂省。臣當以晉款息銀九釐，在粵則籌撥無難，在鄂則力艱應付，復經函致前山西撫臣劉瑞祺商酌，承其慨允，讓減五釐，以四釐周年行息，俾布局得資周轉，以擴利源，而杜外耗，亦經臣奏明在案。計自光緒十一年三月起，截至十九年二月底止，前後共解過利銀十一萬四千兩，未及十年，已成鉅款，似於晉省不無小補，此廣東、湖北兩省先後息借晉款之原委也。查布局自奏准移鄂後，運機、購地、造廠，一切經始，均係平地爲山，復添造軋花廠，另購機器，及廠屋鐵料，暨運保等費，增款銀三十餘萬兩，皆係萬不可少之需。鄂省物力素絀，設法籌撥借墊，並將晉款陸續湊用，始告成功，而開織成本需用甚鉅，購儲棉花，雇備華洋工匠，俱無所出。復查照總理衙門前奏整頓商務，籌撥官款之議，督同司道籌議，撥借質當捐銀八萬兩應用，已經全數購花，此外儲花趕工，不敷甚鉅，尚須設法籌措，業經另摺奏明在案。現在開機織布紡紗，銷售頗暢，機勢甚順，原擬逐漸擴充，四五年後即可將晉款陸續提還。晉省若仍欲存放加息，亦可照加，源源匯解不絶。今山西撫臣張煦以晉賑之故，奏請將此項借款限期解還。當此布局甫經告成開織，成本需用甚急，籌撥官款，不敷尚鉅，正在籌措十分爲難之際，一時倉卒之間，實無從籌還此項鉅款。惟念山西北路荒歉，仰賴聖恩優渥，多方拯濟。目前賑撫一切待用孔殷，晉省本係臣曩昔服官之地，遥想災黎困苦，閔念同深，斷不能置之膜外，自應力籌協助，前已奏明，由湖北善後局先行籌撥銀一萬兩，於四月内由電匯交北洋大臣李鴻章解晉散放，此項係集捐專助晉賑之款，仍隨時督飭司道勸辦山西賑捐，以資接濟。現接准李鴻章咨囑鄂省順直賑捐局帶辦晉賑，復飭司局於順直賑捐内提銀一萬五千兩，撥充晉賑，解津彙解濟用。茲張煦催還借款，雖布局一時不能撥還，自應竭力另籌歸款辦法，以應急需。再四籌維，思得一通融辦理之法，當經派員向漢口匯豐、德華兩銀行商明息借銀二十萬兩，解晉應用，周年八釐行息，訂期八年，本利悉由湖北布局如數還清。該兩銀行均照議應允，並據稱借款數少，故起息較多，俟奏准後，即行提銀匯解，由布局按期歸還。臣督同局員籌計已熟，八年爲期，准可還清，絶無延誤。此款係由布局認還，與他項息借銀行款項由庫款撥還者，迥不相同。緣晉款與此款布局同一息借，並無分別，雖利銀較多，布局尚可從容應付。蓋布局所難者，在開辦一二年之内，而不在三四年以後，爲籌賑迅速計，無逾於此，舍此之外，實萬無籌措之法。如此一轉移間，晉省既得應急需，布局亦不致有所妨礙。如蒙俞允，應請敕下總理衙門電知鄂省，臣即與該銀行定議，將此項銀二十萬兩，即日電匯天津交北洋大臣李鴻章轉解晉省應用。所有鄂省布局息借晉款，驟難籌還，另籌辦法，以應晉賑急需緣由，是否有當，理合恭摺覆陳，伏祈皇上聖鑒訓示。謹奏。

光緒十九年六月初四日

户部議奏。

再湖北織布局開辦以來，銷售甚暢，需籌成本，前經遵照總理各國事務衙門奏案籌撥官款，奏准撥用當捐銀八萬兩，以充成本，不敷尚鉅，曾經聲明督飭司局隨時籌措在案。值此新棉上市之時，亟須廣儲急購，以供紡織。茲查有善後局從前借撥川滇電綫銀五萬三千兩，前經奏明，分年歸結，並無利息。現經催據津海關道盛宣懷歸還銀二萬兩，此款本係在籍記名提督劉維楨所捐，經前署督臣卞寶第奏明提存，爲湊辦鄂省創設機器局之用，其餘銀三萬餘兩，當再催該道盛宣懷迅速分限繳清，擬即儘數提撥，添充布局工本，以應本省急需，似爲允協，以後並即照章生息。據湖北善後局司道具詳前來，理合附片具陳，伏祈聖鑒。謹奏。

該衙門知道。

二品頂戴杭州織造奴才英瑞跪奏，爲報解壬辰大運，委員起程日期，恭摺奏聞，仰祈聖鑒事。

竊奴才衙門奉内務府、户部派辦運務，業經辦解至辛卯大運止在案。所有應辦壬辰年運務，經奴才查照奏准，由牙釐局每月撥解到大錢一萬串，按照市價儘數易銀發辦。業於光緒十九年六月間，先行趕運過上用繪綢紗三百二十匹，官用緞綢紗一百匹，内用綢縐紡絲七百六十匹，衣線二百斤，細布一千匹，部用緞綾紡絲九百匹，批差運解，分交驗收在案。兹復督飭工匠，謹接辦得上用緞綢紗三百二十匹，官用緞綢紗一百匹，内用綢縐紡絲八百六十匹，衣線二百斤，細布一千匹，部用緞綾紡絲九百四十匹，分別裝箱封固，遴委妥員督同舍人於十一月初六日自杭起程，解京赴内務府、户部分別呈交。統計壬辰趕運、大運兩次共辦解過緞紗綢縐紡絲四千三百匹，衣線四百斤，細布二千匹。除將用過工料銀兩細數，遵照奏准減成新章另行核實造報，循例具題，並呈明内務府、户部查照外，所有報解壬辰大運，委員起程日期各緣由，理合恭摺具奏，伏乞皇上聖鑒。謹奏。

該衙門知道。

光緒十九年十一月初六日

再查奴才承准内務府文開，由敬事房奉旨查明，庫内現存賞用蟒袍衣面、大小卷綢緞等項無存，今傳杭州織造趕緊照單織辦，以備上賞現用，欽此。相應恭録原傳諭旨，並傳辦緞匹件數劄行，欽遵織辦等因前來。奴才詳查是案奉傳繡過繡蟒袍面、旗蟒袍面、大小卷緞綢等項，共二千三百一十匹件，當經奴才先行趕辦蟒袍面、旗蟒袍面、暨緞綢縐等項，共一千一百五十五匹件，作爲頭批，於本年七月十五日解京交納在案。其餘未解各件，仍飭工匠接續趲趕，現已一律辦成，繡蟒袍面、旗蟒袍面一百四十件，大小卷緞綢縐一千一十五匹件，作爲二批分別裝箱封固，專差於十一月初六日由杭起程，運京呈交内務府驗收。除將用過料工銀兩，另行造册奏銷外，謹附片具陳，伏乞聖鑒。謹奏。

該衙門知道。

〔李鴻章奏〕再臣於光緒八年，因華商稟請分招商股，在於上海設立機器織布局，以華棉紡織洋布，酌輕成本，抵敵洋産，當經奏准，變通税釐專章在案。上年復派紳商添籌資本，建廠開機，每日夜已能出布六百匹，銷路頗暢。正擬推廣紡紗，漸收利益，乃據江海關道稟報，九月初十日，該局清花廠起火，適值狂風，施救不及，廠貨被焚，當即派員會查，所剩基地局房估價攤派。惟查洋貨進口以洋布、洋紗爲大宗，光緒十八年，洋布進口值銀三千一百餘萬兩，洋棉紗進口值銀二千一百餘萬兩，中國出口絲茶價值不能相抵。布縷爲民間日用所必需，其機器所紡織者輕軟勻淨，價值尤廉，故遠近争購。豈知多銷一分洋貨，即少用一分土産，是以因勢利導，不得不用機器仿造，必使所紡之紗與洋紗同，所織之布與洋布同，庶幾華棉有銷路，華工有生機，華商亦沾餘利，此事斷難中止，亦難緩圖，應仍在上海另設機器紡織總局，籌集款項，官督商辦，以爲提倡，並釐訂章程，號召華商多設分廠，以資推廣，方可以土産敵洋貨，力保中國商民自有之利權。謀始圖成，得人尤難。臣查津海關道盛宣懷歷辦輪船招商局，及各省電報局，著有成效，於商務洋務尚肯苦志研求，現值津河將封，關榷事簡，擬派令暫行赴滬，會同江海關道聶緝椝商明前辦紳商，將前局妥爲結束，截清界限，分籌資本，一面規復舊局，一面設法擴充，俟該道等籌辦稍有頭緒，隨時續奏。除札委候補道黄建筦暫行代理津海關篆外，所有上海織布局派員續籌辦法，以敵洋産而保利權緣由，理合附片具陳，伏乞聖鑒。謹奏。

該衙門知道。

頭品頂戴江蘇巡撫奴才奎俊跪奏，爲恭報奴才交卸兼管織造篆務日期，仰祈聖鑒事。

竊奴才欽奉諭旨，兼管江南織造，於光緒二十年正月初九日接受篆務，恭摺奏報在案。奴才兼管後，詳查案卷，所有工部、内務府傳辦各項活計，其關緊要，期限亟迫者，經催撥銀款，先後趕辦齊全，分批解京呈交，並將動用各項料工銀數，敬繕黄册，彙案奏銷在案。兹本任江南織造文煦已行抵江南省城，奴才遵將織造關防一顆、龍江西新關關防一顆，暨册檔文卷，於本年五月二十四日委派該衙門筆帖式裕盛齎交文煦接收任事。所有奴才交卸兼管織造篆務日期，謹恭摺具奏，伏乞皇上聖鑒。謹奏。

知道了。

光緒二十年五月二十六日

再查奴才衙門辦公申餘項下，經前任織造德生、文治動辦誥敕制帛彩綢等項，及墊辦長蘆分派紗匹，先後借支料工銀兩，除解還外，核計浙江藩庫欠解銀一萬六百五十餘兩，長蘆鹽政欠解銀三千七百五兩二錢五釐，舒麟任内於光緒二年七月間辦解内務府派辦緞綾紡絲，及工部派辦羅緞等項料工銀一萬四千五百七十一兩四錢七分八釐三毫，廣英任内於光緒七年辦解内務府派辦閃緞、字緞、西番字緞、陀羅經被等件料工銀二千四百七十兩六錢五分七釐八毫，均因藩庫解款未到，暫由串餘項下借墊給發。查經歷前織造於移交時奏咨有案，仍俟各款解到，即行歸還，謹附片具陳，伏乞聖鑒。謹奏。

該衙門知道。

再上海機器紡織局，於光緒十九年九月間被災，幾於前功盡棄，當經前督臣李鴻章奏派津海關道盛宣懷赴滬清查規復，擬招華商十廠，已開辦華盛、華新、裕源、大純裕、晉通、久源六廠，規模粗定，正在逐漸擴充，而現在日本新約，已准各國在通商口岸設立機器製造，華商深恐資本不敵洋商，爲所傾軋，萬分疑慮，懇請設法保護。又此次中日用兵，上海招商局恐輪船爲敵劫擄，分售與英、德、奧三國洋商，在領事衙門换旂换牌，事定之後，已陸續照原價贖回。惟其間轇轕多端，亟宜清理，由該局商董稟請派員核辦各等因前來。臣查紡織、招商兩局，均爲中國收回利權之大端，現當振興商務之際，尤應極力維持，該局均係津海關道盛宣懷督辦，最爲商情所信服，刻下封河在即，關務漸減，擬即檄飭盛宣懷前往上海，將紡織局務力圖保護，務期立定根基，免致衆情觀望，並將輪船招商局與洋商轇轕之處，一律清釐完結，以固藩籬。所有津海關道篆務，仍委兩次暫權是缺之存記候補道黄建筦代理，俾資熟手。是否有當，伏乞聖鑒訓示。謹奏。

知道了。

再書院之設，必期久遠，始能多所造就，而經費一項，籌畫頗難爲力。茲復據舉人邢廷莢等呈請，擬設機器織布局，資其利息，以供膏火，即借其機器，講求製造。據稱陝西産棉極多，而杼柚之利未興，衣被所資，專取給於湖北之廣布，合陝、甘兩省計之，每歲費銀至四五百萬金之多。近者洋布盛行，廣布亦爲所奪，現擬紳商自行鳩股，創設織布機局，於格致實學書院之側，購置機器，招募外洋名匠以董其事，則既可以收利權而資民用，而士子等學習製造汽機各事，即可借此爲入門之徑。是機局爲書院本根，書院即機局羽翼，並行不悖，實相得益彰等語。臣等查陝西一省，四塞自固，實爲中原形勝所關，邇自兵燹以還，彫敝未能復業，即布疋一項，歲出至數百萬金，若不及早圖維，恐年復一年，地方益形困憊。該舉人等籌畫及此，實屬顧全大局，深明利害，擬於機局餘利中，提出書院經費，以期久遠，洵於造士裕民，兩有裨益。年來如創設鐵路等事，疊奉諭旨，准由商民自行籌款興辦，官爲保護其事業而不干預其利權，薄海人民，同霑渥澤，靡不奮興鼓舞，各竭智力，以冀仰答鴻慈。今該舉人等援案具呈，請奏前來，相應附片陳明，伏乞聖鑒，敕部立案施行。謹奏。

該部知道。

再前准内務府咨奏，派河南採辦各色汴縐、汴綢、汴綾各三百匹，本色棉綢三百匹，本色大布三千匹，當經行司派員分别織辦去後。茲據藩司額勒精額催據，委員將各色汴縐三百匹，汴綢三百匹，汴綾三百匹，本色棉綢三百匹，大布三千匹，如數織辦齊全，定於光緒二十二年六月十二日委員管解起程，前赴内務府交納，並開具色樣價值清摺，呈請奏咨前來。除分咨查照外，理合附片具陳，伏乞聖鑒。謹奏。

該衙門知道。

再查浙江省織務經費，同治初年，經前督臣左宗棠奏定，於釐捐項下按月撥解錢一萬串，爲採辦一切工料之用。續因大運之外，另有傳辦活計，前撫臣馬新貽奏請，嗣後無論大運及派辦傳辦織務，於釐捐每年解錢十二萬串外，再由司庫每年籌解銀二萬兩以爲定數。旋以庫項支絀，力難照解，並經前撫臣李瀚章奏明在案。其時額外撥解之銀，每年不過二三萬兩，至同治十二三年以後，派數漸增，每年或六七萬兩，十餘萬兩，近年有多至二十餘萬兩一年者，雖隨時竭力，籌措解交，截至本年五月底止，尚有已撥未解銀二十四萬九千餘兩，本已無可設法，現又續撥銀十三萬八百餘兩，當此籌還洋款數鉅期迫，司局各庫實有兼顧不遑之勢。據藩司龍錫慶詳請，將前項未解及續撥銀兩奏懇展緩限期，以後查照舊例減撥等情前來。合無仰懇天恩，俯念浙省籌措洋款窘迫，一時力難兼顧，織務經費，准予展緩限期，並懇敕部以後查照舊例減撥，俾資周轉。除按月應解之一萬串，仍飭局無論如何爲難，照常解濟外，理合附片陳請，伏乞聖鑒訓示。謹奏。

該衙門議奏。

再承准總管内務府文開，光緒二十二年七月十四日，敬事房奉旨，催傳本年正月十一日奉旨傳過三處織造蟒袍衣面、大小卷綢緞紗等項，務於本年五月間解交呈覽，以備賞賜宴應用，欽此。至今該處尚未解到，令嚴催該處趕緊織辦，萬勿再延，務於本年九月間解交敬事房呈覽，以備上用，欽此。等因劄行前來。奴才伏查此案，蟒袍衣面、綢緞紗等項，計共二千九百二匹件，所需工料銀兩，業經循章估計價值，呈准户部覈定，飛咨浙江撫臣，轉催藩司，無論何款，迅照撥給，並劄行奴才遵照在案。現今奉旨嚴催，應即欽遵趕辦。惟九月之限期已屆，而指撥之款雖迭經文函並催，迄無分釐撥到，奴才五中焦灼，寢饋難安。覆查此項活計，繡緯居多，工程極其繁細，即使撥款應手，多募工匠趲趕，若非寬以日時，不獨工難冀其精良，抑且勢難迫其趕赴。奴才思維再四，惟有謹將情形瀝陳，合無仰懇天恩俯准，再行寬展限期，請旨敕下浙江撫臣，轉催藩司，迅照撥給，俾資趕辦而免貽誤，出自鴻慈。奴才爲慎重要工起見，謹繕摺具奏，伏乞聖鑒訓示。謹奏。

即著咨行廖壽豐轉飭籌撥，餘依議，該衙門知道。

杭州織造奴才書正跪奏，爲報解乙未大運，委員起程日期，恭摺奏聞，仰祈聖鑒事。

竊奴才衙門奉内務府、户部傳派運務，業經辦解至甲午大運止在案。所有應辦乙未年分運務，經奴才查照奏准，由牙釐局每月撥解到大錢一萬串，按照市價，儘數易銀，發購料物，督飭工匠，敬謹織辦，業於光緒二十二年六月内，先行趕運過上用緞紬紗三百匹，官用緞紬紗一百匹，内用紬綢紡絲七百六十匹，衣線二百斤，細布一千匹，部用緞綾紡絲一千匹，如數分交驗收在案。兹復督飭工匠，謹接辦得上用緞紬紗三百匹，官用緞紬紗一百匹，内用紬綢紡絲七百四十匹，衣線二百斤，細布一千匹，部用緞綾紡絲一千二百五十匹，分別裝箱封固，遴委妥員督同舍人於十一月十三日由杭起程，解京赴内務府、户部分投呈交。統計乙未趕運、大運兩次，共辦解過緞紗紬綢紡絲四千五百五十匹，衣線四百斤，細布二千匹。除將用過料工銀兩細數，遵照奏准減成新章，另行覈實造報，循例具題並呈明内務府、户部查照外，所有報解乙未大運委員起程日期緣由，理合恭摺具奏，伏乞皇上聖鑒。謹奏。

該衙門知道。

光緒二十二年十一月初十日

再承准軍機大臣字寄光緒二十二年五月二十四日奉上諭：御史龐鴻書奏江蘇應還息借商款，移作商務股分，辦理未協一摺所奏，商民嘖有煩言，擬請另招商股，是否可行，著察酌奏明辦理等因，欽此。當經恭録，飭據駐蘇商務局蘇松督糧道陸元鼎、候補道朱之榛體察情形，查議具復。蘇州商務局開辦繅絲、紡紗兩廠，經前署督臣張之洞以息借之款移作商務之用，旋由各紳富會議，將原借蘇款六十萬兩改爲商局股本，借户即作股東，合爲一大公司，先後奏奉諭旨允准在案。旋經議定，將借款較少數在二百兩以内者，仍給還各借户，共計五萬餘兩。數在二百兩以上者，概作股本，俟四期全領之後，換給股票，實與歸還無異。統計四期實領銀五十七萬兩有奇。半年來，兩廠規模漸已就緒，絲廠現將造竣，日内機器運到，即可安設繅絲。紗廠工程機器，年内亦可趕齊開辦。息借還本及暫借積穀公款，動用過半，勢難中輟。惟招徠商股，仍無眉目，典當借款，屢請抽還，該御史所奏商民嘖有煩言，不爲無因。刻下借户知案經奏明，將息借還作股本，爲保全商民自有之生業，多願赴廠換票，浮議漸息，詳請覈辦前來。伏查蘇州設廠紡紗、繅絲，原因該處闢口通商，欽奉諭旨，振興商務，自保利權，署督臣張之洞因商股一時難集，擬將借款移作股本，事雖權宜，實由紳富會議而定。嗣因前項息借，必須按期歸還，兩廠需用浩繁，勢難停待。復查照上年由電奏准原案將息借款内，應還積穀公款，分別借給，以濟其急，蓋商民之情難與謀始，不得不官爲調護以圖厥成，雖貿遷盈絀未可豫知，第此舉既爲大局所關，現在兩廠已將次第告竣，需款正殷，協力維持，官紳各有應盡之責，借款既作股本，業已動用，商股未集，勢難歸還，經辦紳士陸潤庠一力肩持，不辭勞怨，惟有飭令局員隨時會商，將廠務妥慎辦理，一面廣勸紳富設法招徠，以期共持不敝，仰副聖主開物成務之至意。理合會同江蘇巡撫臣趙舒翹附片覆陳，伏乞聖鑒。謹奏。

户部知道。

杭州織造奴才書正跪奏，爲報解丙申年大運，委員起程日期，恭摺奏聞，仰祈聖鑒事。

竊奴才衙門奉内務府、户部傳派運務，業經辦解至乙未年大運止在案。所有應辦丙申年分運務，奴才查照奏准，由牙釐局每月撥解大錢一萬串，按照市價，儘數易銀，發購料物，督飭工匠，敬謹織辦，業於光緒二十三年五月内，先行趕運過上用緞紬紗三百匹，官用緞紬紗一百匹，内用紬綢紡絲八百匹，衣線二百勅，細布一千匹，部用緞綾紡絲八百四十匹，如數分交驗收在案。茲復督飭工匠，謹接辦得上用緞紬紗二百七十匹，官用緞紬紗一百匹，內用紬綢紡絲八百二十匹，衣線二百觔，細布一千匹，部用緞綾紡絲八百四十匹，分别裝箱封固，遴委妥員督同舍人於十月二十八日由杭起程，解京赴内務府、户部分投呈交。統計丙申年趕運、大運，兩次共辦解過緞紗紬綢紡絲四千七十匹，衣線四百觔，細布二千匹。除將用過料工銀兩細數，遵照奏准減成新章另行覈實造報，循例具題，並呈明内務府、户部查照外，所有報解丙申年大運委員起程日期緣由，理合恭摺具奏，伏乞皇上聖鑒。謹奏。

該衙門知道。

光緒二十三年十月二十六日

再查奴才衙門辦公申餘項下，經前任織造德生、文治動辦誥敕制帛綵紬等項，及墊辦長蘆分派紗匹，先後借支料工銀兩，除解過外，覈計浙江藩庫欠解銀一萬六百五十餘兩，長蘆鹽政欠解銀三千七百五兩二錢五釐，舒麟任内於光緒二年七月間辦解内務府派辦緞綾紡絲，及工部派辦羅緞等項料工銀一萬四千五百七十一兩四錢七分八釐三毫，廣英任内於光緒七年辦解内務府派辦閃緞、字緞、西番字緞、陀羅經被等件料工銀二千四百七十兩六錢五分七釐八毫，均因藩庫解款未到，暫由申餘項下借墊給發。查經歷前織造於移交時奏咨有案，仍俟各款解到，即行歸還，謹附片具陳，伏乞聖鑒。謹奏。

該衙門知道。

再光緒二十四年三月十三日，准户部咨奏，派江蘇省製辦黄三綫布四萬疋，油墩布四萬疋，並額解三梭布五千疋，統限春間解庫以供支放等因，奉旨：依議，欽此。欽遵移咨到蘇，當經轉行遵辦去後。茲據蘇州布政使聶緝椝詳稱，本屆奉派三綫等項布疋，爲部庫支放要需，自應遵限辦解。惟現在司庫撥款浩繁，支絀異常，前項布疋工價需銀四萬三千餘兩，爲數甚鉅，一時實難籌撥。思維至再，惟有援照光緒十五年成案，分作兩批辦解，擬請本年先辦三綫布二萬疋，油墩布二萬疋，並帶辦年額應解三梭布五千疋，其餘三綫布二萬疋，油墩布二萬疋，緩至來年，察看情形，再行辦解等情，詳請具奏前來。奴才復核該藩司所詳，係屬實在情形，合無仰懇天恩俯准，展限分批辦解，俾免貽誤。除咨明户部外，理合附片具陳，伏乞聖鑒訓示。謹奏。

户部知道。

再據蘇州藩司聶緝椝詳稱，奉部飭撥蘇州織造承辦長春宫搭蓋彩棚彩臺需用緞綢，儀鸞殿等處安掛鐙隻需用糙緞，頤和園各殿宇懸掛架彩應需彩綢，殿陛筵宴等差需用緞綢綫紡料工裝盛等銀，並匠役進京盤費，共應銀一十四萬四千九百七十四兩八錢一分七釐，循案分派司局各庫籌解。惟現在蘇州松滬兩釐局釐金改歸税務司代徵，抵還借款，餉源已斷，前項料工改派江海關籌四成五釐，銀六萬五千二百三十八兩六錢六分七釐，鎮江關籌三成，銀四萬三千四百九十二兩四錢四分六釐，蘇藩司庫籌二成五釐，銀三萬六千二百四十三兩七錢四釐。旋准鎮江關咨復，關庫竭蹶萬分，無力籌解，咨請另行撥濟，應將鎮江關派籌料工銀四萬三千四百九十二兩四錢四分六釐，改由蘇糧道庫漕項銀内如數籌撥，以免遲誤等情，詳請奏咨前來。伏查各省漕項銀兩，前准部咨，應儘數解部，如有緊要餉需，必須挪用者，應專案奏明，奉准動撥等因。據詳原派鎮江關應籌前項料工銀四萬三千四百九十餘兩，請改由蘇糧道庫漕項内動撥，以全要工，相應請旨敕部查照，迅即核復，以便撥解應用。謹附片陳請，伏乞聖鑒訓示。謹奏。

户部知道。

杭州織造奴才誠全跪奏，爲叩謝天恩，仰祈聖鑒事。

竊奴才恭閲邸鈔，本年九月初四日奉旨：杭州織造仍著誠全接管，欽此。當即恭設香案，望闕叩頭謝恩。伏念奴才内府世僕，知識庸愚，仰沐恩施，畀以織造差使，抵任經年，莫效涓埃之報，思維清夜正深，惶愧之忱，茲復渥荷温綸，仍令接管，自天錫命，伏地增慚。奴才惟有益矢慎勤，倍加儆惕，將任内一切應辦事宜，敬謹接辦。查上年趕運暨另派各項活計，業經陸續辦解交納在案，至本年運務，以及敬事房續傳派辦上用賞需之件，工部派辦制帛駕衣等項，並上年已辦未完各項活計，奴才當隨時咨催，熟商撫臣藩司趕緊撥款，妥速辦解，總期工歸實濟，款無浮糜，以仰副高厚鴻慈於萬一。所有奴才接管緣由，並感激下忱，理合恭摺叩謝天恩，伏乞皇太后、皇上聖鑒。謹奏。

知道了。

光緒二十四年九月十七日

再查奴才衙門辦公申餘項下，前織造德生、文治任内，動辦誥敕制帛綵紬等項，及墊辦長蘆分派紗疋，先後借支料工銀兩，除解還外，覈計浙江藩庫欠解銀一萬六百五十餘兩，長蘆鹽政欠解銀三千七百五兩二錢五釐，舒麟任内於光緒二年七月間辦解内務府派辦緞綾紡絲，及工部派辦羅緞等項料工銀一萬四千五百七十一兩四錢七分八釐三毫，廣英任内於光緒七年辦解内務府派辦閃緞、字緞、西番字緞、陀羅經被等件料工銀二千四百七十兩六錢五分七釐八毫，均因藩庫解款未到，暫由申餘項下借墊給發。查經各前織造於移交時奏咨有案，應俟各款解到，再行歸還申餘，謹附片具陳，伏乞聖鑒。謹奏。

該衙門知道。

頭品頂戴河南巡撫奴才裕長跪奏，爲委員起解内務府派辦汴綢綢綾布疋起程日期，恭摺具陳，仰祈聖鑒事。

竊照前准内務府咨奏，派河南採辦各色汴綢綢綾各三百疋，本色緜綢三百疋，本色大布三千疋，當經行司委員分別織辦去後。兹將各色汴綢三百疋，汴綢三百疋，汴綾三百疋，本色緜綢三百疋，本色大布三千疋，如數採辦齊全，定於光緒二十五年六月二十二日委員管解起程，前赴内務府交納等情，據布政使景星開具色樣價值，詳請具奏前來。奴才覆查無異，除分咨查照外，理合恭摺陳明，伏乞皇太后、皇上聖鑒。謹奏。

該衙門知道。

光緒二十五年七月初二日

頭品頂戴河南巡撫奴才裕長跪奏，爲户部派辦汴綢、南陽綢匹數起解日期，恭摺仰祈聖鑒事。

竊前准部咨奏，派河南省採辦各色汴綢一千匹，各色南陽綢一千匹，解庫交納等因，當經行司遵辦，限期報解去後。兹據布政使景星詳報，前項綢匹派員採辦齊全，於光緒二十五年九月十五日委員管解起程，前赴户部交納，並開具色樣尺寸價值清摺，呈請奏咨前來。奴才覆查無異，除清摺咨部外，所有派辦汴綢、南陽綢匹數，起解日期緣由，理合恭摺具陳，伏乞皇太后、皇上聖鑒。謹奏。

户部知道。

光緒二十五年九月二十六日

頭品頂戴南洋通商大臣、兩江總督臣劉坤一跪奏，爲江南通州紗廠，領用官購紗機，官商合辦，謹將籌還機價數目，暨前後辦理情形，恭摺具陳，仰祈聖鑒事。

竊前署督臣張之洞在兩江任内，疊奉諭旨，飭令招商，多設織布、紡紗等局，以收利權。當以通州、海門爲産棉最盛之區，奏派在籍紳士翰林院修撰張謇，邀集紳商，就地設廠，招股興辦，並以前在湖廣總督任内，向上海瑞記及地亞士兩洋行墊款，訂購紡紗機器，全部撥歸蘇州商務局招商合辦，均各奏明在案。迨臣於光緒二十一年回任後，察知商情觀望，領辦乏人，機器仍庋滬棧，應還機價，疊又屆期，鎊價日昂，息款暗蝕，加之棧租保險，以及華洋員匠隨機照管守候裝配等費，閱時已多，需款更鉅，即飭前辦江甯商務局徐州道桂嵩慶趕速籌款清釐，招商分領承辦。當查前項機器，原奏内稱，合銀六十萬兩，係就當時鎊價，約合庫平覈算，且只統計正價，及來華運保各費而言，存滬棧租尚不在内。又合同係十九年在鄂所立，先由該洋行墊款代辦，其墊付銀兩，每年七釐起息，又由洋廠代雇洋匠，隨機到滬，派令經管守候安廠裝配，川貲薪費，按約照給，原奏均未詳細聲明。又按合同，機件仍有短缺，兩次續補，津貼購價亦原奏所未及。豫計時閱四載，款分六期，息款雖隨本遞減，鎊價則積時愈增，以上各款，除由鄂省先付定銀二萬五千兩，續撥湘鄂票價庫申規銀三十二萬八千八百兩，嗣又陸續動撥上實灘地變價銀二十四萬五千七百餘兩，其餘不敷之款，暫在南洋各處先行借撥，仍俟續變地價歸還，以符原奏。統計購辦紗機正價及運保棧租等費，以及墊款息銀，兑鎊漲價，補還機價貼項，洋匠薪水、川貲，共規平銀八十七萬九千七百四十二兩有奇，均於上年一律付清。此鄂省訂購紗機，撥歸江南，歷次籌還銀款之數目也。至此項紗機，本擬歸蘇州商務局領用，旋因在籍紳士前國子監祭酒陸潤庠承領息借商本積穀公款，另行購置絲紗等機，設廠開辦，而通滬廠商潘華茂等，又因蘇滬各廠爭利，商股一時難招，延宕經年，不願領辦，復招商股，屢議屢更，既因機器久閣，銹損必多，兼慮洋棧遠存，糜費未已，當經桂嵩慶與大理寺少卿盛宣懷、翰林院修撰張謇疊次籌商，咸以官機估本太重，商股受虧必多爲辭。因酌商變通辦法，延請公正行商照時估值，除去各種費用，將全部紗機四萬七百餘錠作價規銀五十萬兩，由盛宣懷、張謇在上海通州各設一廠，分領紗機，作爲官本，各二十五萬兩，另招商本各二十五萬兩，訂明官商合辦，照章計息，載在合同。其通州一廠，即由張謇督同商董，招齊股分，擇於通州西門外沿江地方建廠，安鑪興工舉辦，經始於二十三年十二月。至本年春季甫經落成，開機軋花，分投工作，十二月十五日全機二萬三百餘錠，均已開齊，出紗既佳，行銷亦旺，中外争來購用，謂比蘇滬廠紗爲優，此通州紗廠官商合辦，漸著成效之情形也。臣惟通海一帶土産棉花，柔韌精良，冠於環球，各國洋商，購花紡紗，還以輸之内地，土布爲所擁擠，漏卮頗難挽回。今幸官商合本設廠紡紗，地利既宜，人工亦便，獲利之厚，左券可操。然當議辦之際，正值滬廠倒閉相仍，洋商擁排尤甚，多端疑阻，幾敗垂成。該紳商等艱苦經營，始終罔懈，臣亦毅然力任，俾底於成而後已。頃雖紗銷暢盛，工作辛勤，從此擴充廠務，可期自立。第内地製造之利約已頒行，外人傾軋之心勢所難免，通廠官商合本，嗣後仍須官爲護持，庶通海之土産可保，閭閻之生機日長，國計民生，兩有裨益。除上海一廠領用官機，應由大理寺少卿盛宣懷自行具奏，並分咨總理衙門、户部查照外，所有籌還紗機價值數目，暨通州紗廠官商合辦緣由，理合恭摺具奏，伏乞皇太后、皇上聖鑒。謹奏。

該衙門知道。

光緒二十五年十二月十六日

杭州織造奴才誠全跪奏，爲報解己亥年大運，委員起程日期，恭摺奏聞，仰祈聖鑒事。

竊奴才衙門奉内務府、户部傳派運務，業經辦解至戊戌年大運止在案。所有應辦己亥年分運務，經奴才查照奏准，由牙釐局每月撥解大錢一萬串，按照市價儘數易銀，發購料物，督飭工匠，敬謹織辦，業於光緒二十六年九月内先行趕運過上用緞紬紗三百疋，官用緞紬紗一百疋，内用紬縐紡絲七百六十疋，衣線二百斤，細布一千疋，部用緞綾紡絲八百五十疋，如數分交驗收在案。兹復督飭工匠，謹接辦得上用緞紬紗二百六十五疋，官用緞紬紗一百疋，内用紬縐紡絲七百六十疋，衣線二百斤，細布一千疋，部用緞綾紡絲八百五十疋，分別裝箱封固，遴委妥員督同舍人於光緒二十七年四月十八日，令其領運，自杭起程，星飛解送内務府、户部，分投呈交。統計己亥年分趕運、大運内，兩次共辦解過緞紗紬縐紡絲三千九百八十五疋，衣線四百斤，細布二千疋。除將用過料工銀數，遵照奏准減成新章另行覈實造報，循例具題，並呈明内務府、户部查照外，所有報解己亥年大運，委員起程日期緣由，理合恭摺具奏，伏乞皇太后、皇上聖鑒。謹奏。

該衙門知道。

光緒二十七年四月十八日

再前據行局文案處幫辦前直隷鉅鹿縣知縣廖炳樞、提調奉天候補知縣戴章勳等稟稱，職等新造織布輪機，參合中外式樣，製造精巧，擬仿照大生紗廠公司、天一公司等辦法，集股試辦紡織公司，請酌撥餘荒城基，以備樹棉建廠之用等情。查各圍間有植棉之户，而收穫無多，紡織亦少。今該員等所稟，係爲開通風氣起見，當此全圍告竣之日，正振興商務之時，自應准令廣集股分，實力舉行，應用地畝，照議提撥，並按應交荒價作爲官入股分，以紓公司之力。批飭去後，旋據行局文案處遵撥該公司餘荒十四方零一百七十五畝三分一釐，城基一百零二畝五分七釐，呈報前來。奴才等查核無異，擬請飭下商部立案，俟遵照公司章程，試辦稍有規模，再行奏請訓示遵行，理合先行附片具陳。謹奏。

商部知道。

江蘇巡撫臣陸元鼎、兼署浙江巡撫杭州將軍公臣瑞興跪奏，爲江南織造裁缺應辦物件，分派蘇杭織辦，所需料工銀兩，請由江南籌撥分解，恭摺仰祈聖鑒事。

竊查接管卷内，據署蘇州布政使陸鍾琦、浙江布政使翁曾桂會詳，稱奉部咨，江南織造裁撤，將該織造應備物料，改由蘇、杭兩織造分别織辦等因。查蘇、杭兩織造額解大運辦差等項，浙省每年撥銀九萬一千餘兩，蘇省每年撥銀十三萬七千兩，其添派各項活計，款數無定，隨時設法支應。近年奉撥之款，較前加增，應付已形竭蹷。自江南織造既裁，改由蘇、杭織辦，上年蘇、杭兩省奉撥銀均至三十餘萬兩之多，事關織造，亟應力爲籌備，無如司局各庫，艱窘異常，江南係原設織造之處，原有正供的款，自應協濟兼顧，再四籌思，惟有詳請會奏，將江南織造原辦大運，改由蘇、杭織辦者，工料銀兩，令江南藩司照常將正供的款分解蘇、杭兩織造，以濟要需等情。經前浙江撫臣聶緝椝咨商臣元鼎咨復，由浙省主稿會奏，未及核辦。臣瑞興兼署浙江撫篆會同臣元鼎，伏查織造工料，無論何省應付，均係作正開銷，同一支用正供，原無庸稍分畛域，惟歲撥之款，向有常數，蘇、杭驟增鉅項，實屬難資周轉，江南未裁織造以前，原有額撥正款，今織造裁缺，江南藩庫所省雜支各款，已屬不少，至此工料正款，如以織造不在江南地界，遂不協濟，殊非所以重正供。相應請旨敕部咨行兩江總督，轉飭江南藩司，將江南織造裁缺後，應辦各項物料分派蘇、杭織辦者，所需工料銀錢，照常撥解，協濟蘇、杭兩織造，以應要差。除咨明內務府、户工二部，嗣後凡由江南改派蘇、杭分辦常年運務，另列清單，聲注由江南改派指款協濟外，謹合詞恭摺具陳，伏乞皇太后、皇上聖鑒，敕下內務府、户工二部，查照核復施行。謹奏。

該衙門知道。

光緒三十一年十一月二十日

再奴才前因吐魯番地方，每歲所産棉花，不下數百萬觔，俱爲俄人購運回國，織成洋布，販至中國銷售，一出一入，獲利無算，不獨吾民生計因之日蹙，而利權亦以外溢，若不亟籌抵禦，將無以爲自立之基。當經飭令署吐魯番廳同知錢宗彝設法，募工舉辦織布事宜，並電咨新疆撫臣聯魁，飭由藩司酌撥經費。旋據錢宗彝電稟，款已具領，趕緊修建局廠，打造機車，先雇纏匠，試織樣布。惟以土法紡織，收效較遲，得利亦薄，自應購置外洋紡紗機器，仿織洋布，始足以廣銷路而挽利權。又經奴才電飭駐滬道員黄中慧，向洋商訂購洋機，由上海取道海參崴，及俄國西伯利亞鐵路，運至倭木司克，再用輪船送至齋桑，交與中國吉木乃卡倫，即可自行陸運，以達新疆腹地。其價值運費，迭經電飭該道，極力磋商，並須探訪運由俄境，準無阻礙，方可訂辦。奴才前於豫籌新疆應辦事宜，並沿途分別辦理情形摺內，業經奏明在案。兹奴才於行抵鄯善縣途次，接據署吐魯番同知錢宗彝稟稱，先後經藩司撥發銀一萬兩，以之修房製器，雇匠採棉，經營數月，已於城東南隅，闢地築基，建造局廠。前後三層，計修窑屋樓房二百餘間，分設機坊，並儲料囤貨，彈花紡紗，牽線織布各處所。另有兩廠，一備剥花，一備軋花，而於土車土機之外，仿照南式製造機車，計共百張。招募漢纏教習，分授纏匠及纏回婦穉，先學紡紗，再教織布。擇於十月初八日立機開局，酌擬辦法八條，繪具圖説，稟請查核等情前來。旋經奴才於十月二十六日行次該廳，即親詣該局廠，逐細查勘，均與所稟相符。廠左另有空基一區，將來購置洋機，尚可建房安置。第事屬創始，囿於風氣初開，所織布疋，猶未能如內地之精細。然甫經試辦，已具規模，所定章程，亦頗有條理，應即責成該員認真辦理，詳加講求，倘有未合宜者，設法改良，由粗而精，務期漸臻美備。並查新疆之葉爾羌、和闐、庫車等處，亦皆産棉織布，爰飭錢宗彝將該三處工匠雇募前來，使其教導，並將該三處棉花，購買數觔帶來，以資考驗。仍俟道員黄中慧將外洋紡紗機器，磋商定價，暨運道是否無阻，運費實需若干，俱與洋商議明具覆，再行籌款飭辦，彼時應如何擴充局廠，安設洋機，另由奴才斟酌妥善專案具奏。又查湖廣督臣張之洞在於武昌創設織布局廠，歷有年所，已著成效，其締造之精，規制之宏，洵堪則傚。奴才擬即咨請該督臣，將其章程條款，詳細鈔寄，俾得參酌辦理。所有吐魯番廳建設織布局廠，業已開工試辦緣由，理合附片具陳，伏乞聖鑒訓示。謹奏。

該部知道。

再奴才前飭駐滬道員黄中慧，購買英美賓森製造廠紡紗機器，並鍋爐、電燈、修理機器，一全分係一萬五千錠，每日出紗可值銀一千六百兩者，原索價銀二十萬兩，疊次磋商減爲一十五萬五千兩。因內地山川修阻，萬難運致，飭向英商轉與俄商商訂，取道西伯里亞鐵道包送至俄國之倭穆斯克，言定運價七萬兩，因倭穆斯克距中國邊界尚遠，如能運至齋桑，則與中國之吉木乃卡倫緊相毗連，復以商之俄商，不意俄商又增索運脚價銀四萬兩，屢經磋磨，不能再減。奴才查覈此項機器，由倭穆斯克運至齋桑，已須加增運費四萬金，共計十一萬兩，再由齋桑交界之吉木乃運至伊犂，相距陸地二千數百里，轉運亦屬不易。若由倭穆斯克徑運伊犂，則須由倭穆斯克用輪船運至俄國之斜米帕拉停斯克，由斜米登陸運至伊犂，亦尚相距四十三站，計程三千餘里，此項機器內，有整件大鐵輪一具，不能拆卸，計重六千觔，陸路山重水複，實係難於輓運。當經電飭駐滬道員黄中慧與英商商議，改換小機，餘銀另購槍械，或别項應用機器。嗣接覆電，屢商不允，擬欲轉售，一時難覓承受之人。正籌畫間，適京津紳商有願集股，擬在直隸境內，創設紡紗織布公司者，所議股本尚未集齊，來電商詢，如能以此項機器作爲股本，可以接受。奴才訪聞直隸河間、順德、正定、保定各屬，並京東樂亭、寶坻等縣，向産棉花，既多且佳。近年民間織布，其綫大都買自東洋，亦係因無紡紗機器，以致有此漏卮。伏思紡紗一事，爲中國挽回利權要圖，直隸與伊犂同隸國家版圖，但能挽回利權，即在直隸合辦，亦與伊犂自辦無殊。現與京津商人估計，此項機器運至天津，一切費用，尚須四萬餘金，擬即合成二十萬兩之數，作爲股本，附入該公司，合力舉辦。第該公司意在全用商股，不入官股。查此項機器，本因伊犂辦理織布局購買，若作爲伊犂織布局附入之股，他日獲利與否，仍歸伊犂結算，原屬無妨，即以伊犂織布局股分由該公司報部察覈，亦無不可。

總之，無論伊犂、直隸獲利，同一歸諸公家，以伊犂與直隸比，伊犂僻處遐荒，縱能紡紗，所獲利益無幾，直隸爲畿輔重地，各屬人民賴殖棉以爲生者實多，如此辦理，在伊犂可省西伯里亞輓運之費十餘萬金，在直隸如能挽回利權，則於國計民生，裨益甚大。是否可行，合無仰懇恩施，飭下農工商部覈議，奴才聽候部議辦理，謹附片具陳，伏乞聖鑒訓示。謹奏。

著直隸總督察核辦理。

調補四川總督湖廣總督奴才趙爾巽跪奏，爲遵旨推廣農業，試行種棉及織布大概情形，恭摺具陳，仰祈聖鑒事。

竊查光緒三十四年正月二十三日，承准軍機大臣字寄正月十一日奉上諭：近年來紗布進口日益增多，民間紡織漸至失業，固由工作之未精，尤因種植之不善，利源外溢，何所底止。中國棉花，質性較遜於外國，種植又不講求，著各省督撫體察情形，勸諭商民，實力興辦，或選擇官地試種，或集股設立公司，多方鼓舞等因，欽此。欽遵寄信前來。仰見聖慮周詳，莫名欽服。竊維中國自通商以來，輸入貨品，紗布實居大宗，且爲民間日用所必需，苟非改良種植，講求紡織，殊無抵制之法。升任督臣張之洞十餘年前，即見及此，故於湖北省城建立紗布兩廠，規模宏大，收養工民千數百名，所出貨物，價廉物美，銷行川、楚、雲、貴等省，實長江上游紡織工廠之先河。嗣後上海、通州相繼增設，然中國地大人衆，供不抵求，紡織事業，終爲外貨所侵占，民間土布日見其稀。近年以來，英、美農工各學日益發達，能於紡織一端，精求進步，其價更廉，其工更巧，皆以東亞各國爲銷場。況自禁煙令下，印度既減種鶯粟，勢必改植木棉，運售內地，仍爲我國無量之漏卮，提倡改良，萬不容緩。奴才詳加訪察，擬定辦法兩端，請爲我皇太后、皇上一一陳之。一、由農校先行試種，以爲民間模範也。湖北全省州縣所產棉花，以黃岡、孝感、漢川、沔陽、武昌各屬爲多，而黃岡縣屬之新洲尤稱上品，織成土布，行銷及於川、滇等省。現在紡織兩廠，亦均取給於是，惟性質尚欠柔韌，若織上等紗布，仍須採購外國棉花，攙雜用之，方能合法，此皆由於農學之不精也。考泰西各國，實業教育，最重植物一科，而植物發達專在進種改良，故其國家既設農業學校，以求精理，又立農業試驗場，以資實習。採集各處土質，各種棉花，加以化析之用，擇其土地之宜，收成佳種，售之民間。有持土質及棉花來求化驗者，校長教員並爲考究優劣，繪圖貼說，登報示衆，使全國農民知所適從，其精詳至於如此。蓋農民資本缺乏，胼手胝足，以冀有秋，安有餘貲，延聘高等技師，消耗化學藥品，以爲試驗之資，故必由國家籌款興學，合羣策羣力以謀之，而後能使新法普及於全國也。湖北自光緒二十九年，由升任督臣張之洞建立高等農業學堂一所，撥給官地二千畝爲試驗場，講求種植，屢著成效。奴才奉旨之後，即飭該堂監督等商酌辦法，擬先由試驗場購種栽植，以外國棉種及各省棉種、本省棉種，分爲三區，加以灌溉，施以肥料，各立表册登記，秋成結實，取其佳者報告民間，俾令來購，並編成白話，示以種植之法，土地之宜。將來民間見新種所出之絨、所抽之綫，優於舊種，則利之所在，人盡趨之，必不勸而風行矣。此推廣農校先行試種之辦法也。二、由國家酌定地宜，以便勸辦公司也。查泰西各國工廠，多設立於原料出產之區，則運費省，工價廉，而得利亦厚。長江上下一帶，紡織公司以湖北紗廠、通州紗廠爲得地利，上海雖有數廠，而原料、工資、運腳，三者皆重，故其得利較薄。近年湖南濱湖州縣，淤洲日漲，民間種棉花者，亦日加多，若於常德府設一紗廠，其利不減通州，而雲、貴各省所需紗布可取給焉。次則漢口、沙市，尚堪添設紡織公司，以與武昌一廠相頡頏，既得交通之便，又近出產之區，實操天然優勝，而民間以各廠需用日繁，則種植棉花亦必日多一日。所可慮者，商民趨利若鶩，往往見一工廠獲利，則相率效之，如上海麪粉公司，初本一家，贏利甚厚，迨陸續添至七廠，原料以競買而昂，出貨以過多而賤，近年虧累停工，日有所聞。從前泰西各國，工藝初興，亦有此弊，故其國家既設專利一條，而又於人民稟請設立公司時，察其市面供求之需，以定地方工廠多少之數，甚至對於國際貿易，勸令本國商人，集合各公司爲一大公司，以與各國商戰相持，遠見深謀，可借鑒矣。奴才奉旨後，每接見武漢商會各員，諄勸於常德等處地方籌設紡織公司，以副朝廷振興實業之至意。又以投機爭利，亦所宜防，復諭飭勸業道商務局於民人請求設立公司者，酌盈劑虛，核定准駁，鼓舞之中，仍示限制，以免商人搶價爭售之弊。此勸辦公司，酌定地段之辦法也。以上兩端，於民人生計，商務盛衰，關係非淺。奴才愚庸之見，是否有當，伏候聖明採擇。所有遵旨體察情形，謹先將農校試種及勸辦公司等緣由，恭摺具陳，伏乞皇太后、皇上聖鑒訓示。謹奏。

農工商部知道。

光緒三十四年四月初二日

杭州織造奴才彬格跪奏，爲叩謝天恩，仰祈聖鑒事。

竊奴才於光緒三十四年五月二十二日奉内務府劄開，杭州織造彬格，遵旨織辦繡緯納紗襯衣等項活計，應需銀兩，情殷報効，呈經本府據情代奏，於本年四月十九日總管玉貴口傳，奉懿旨，杭州織造彬格之子善增，著賞給員外郎補用，並加二品頂戴，欽此。本日述奏，奉旨：是，欽此。跪誦之餘，莫名感悚，當即恭設香案，望闕叩頭謝恩訖。伏思奴才視織經年，蒙恩接管，方愧涓埃之未効，益深儆惕以難安。茲復曠典優加，忽奉重申之命，且荷聖慈曲被，得邀任子之恩。念尺絲寸縷之微忱，情同獻曝；拜授職加銜之特旨，寵錫自天。不圖童子無知，膺茲顯秩，凡此殊榮稠疊，異數頻叨，非意計所敢期，實捫心而滋愧。奴才受恩愈重，圖報愈難，惟有益矢慎勤，期無隕越，以仰答高厚生成於萬一。所有奴才感激下忱，理合恭摺叩謝天恩，伏乞皇太后、皇上聖鑒。謹奏。

知道了。

光緒三十四年五月二十四日

《織造經制記》順治四年(1647) 天下無不可釐之弊，積習祛則新功樹矣；無不可久之業，區畫定則成憲彰矣。夫所謂區畫者，制作詳明，綜核嚴密，不憚於更張，不嫌於獨見，勒之貞銘，俾無遺漏。如水止而鬚眉畢照，棋列而黑白具陳。功業可久，基無壞矣。歲次丙戌，余以冬卿之貳，特膺簡命，督理上供。行至吳門，環觀織染、總織染局。惟織染局尚存觀緣□間，而總織局都有示禁矣。兼之機工星散，機户凋零，余蒿目而思曰：世值雲雷澤火初革，抑至此乎？乃委曲通融，題請周戚畹之遺居，改爲總織局。親爲督率，克日計程，□局□□□□，錢糧倍加於昔。當是時也，需公急矣。竭盡心力，計悉錙銖，必使之供足於運，機足於供，匠足於機，人足於匠。又必爲之征貴賤以備其料，明劑量以定其額。給口糧，免徭役，以恤其勤苦。起工竣工，視其繁細以爲遲速。立□□□□賢，分派稽核之人，以要歸於成。其中興利除弊，晝夜思維，不盡於善不止也。於是工役漸集，規模已成，杼聲盈耳，彩色盈眸。春秋迭運，不愆其期；經制畫一，從今始矣。其所以仰佐皇上坐撫鴻圖，禹黻黄裳，儼然臨御者，豈細故哉。如曰俟後之君子，□□負□，非余之志也。用是記之，永著爲式。列成九款，條之於左：

一、鋪設機張。織挽所籍，全在機杼。明季積弊□仍，機户從無□棍。錢糧入手，則買民間油粉草段搪塞。本部莅任之後，盡除夙竇，首先立局鋪機。織染局鋪機三百五十張，總織局鋪機四百五十張，以供織挽。錮弊頓除，造辦有賴矣。

一、額設匠役。織造停止日久，匠役涣散無存。本部設法招徠。織染局召足織挽匠役一千五十名，挑倒花匠、摺綉、看守等役一百二十餘名，每月支糧五百餘石。總織局召足匠役一千二百五十名，摺綉、看守等役一百二十名，内除平花機匠二百名不給糧石外，每月支糧五百石。按月催解給發，養其身而後責其效，無不忻悦服役矣。

一、分管料理。夫機張匠役既備，則辦給絲料，支領錢糧，必須□□□□人所辦給周，而錢糧無漏卮之虞。明季僉報滋姦，本部稔知其弊，莅任之初，嚴行禁革。惟按計機杼，酌定人數，躬自慎選，派給分理。人得其平，而僉報之弊其永杜矣。

一、預儲絲料。每歲蠶桑甫畢，必定收絲。不惟價值減省，抑且得簡細净，過期則價值驟增矣。明季錢糧，每發後期，且多扣克，以朘削之餘，市騰湧之料，粉飾搪塞，勢所必然。本部創立新法，每於三四月間預期催取錢糧。絲出之際，分頭市買。點驗貯庫，陸續照依原價，給發各機，以供織挽。一以濟機户免買貴絲之苦，一以杜發銀扣克之弊，其於織造，大有裨矣。

一、分别責成。夫機户染作，織匠各有攸司。如經緯不細净，缺乏料作，致悮織挽，責在管事。機户顔色不鮮明，責在染房。織造稀松，丈尺短少，錯配顔色，責在織匠。責成既專，而各役不致推諉矣。

一、織挽期限。機杼之設，爲數頗繁，豈能人人急公，若無期限，則怠玩自生。本部酌量蟒段、妝花、織金、抹絨、平花等段，定爲期限，給以工票，責令依限交納，即玩怠者，亦無所容其姦矣。

一、明立賞罰。夫勸懲明，則人心鼓。本部不時親自下局，逐機查驗。織挽精美者，立賞銀牌一面。造作不堪者，責治示懲。若有一二粗疏，亦無不奮勵精工矣。

一、優恤徭役。管事、機户、織匠等役，拮据王事，辦造錢糧，則徭役似應優免。見在各役，凡有差徭者，本部皆行文府縣豁免，以示優恤。則役無旁擾，皆安心於機杼矣。

一、酌用員役。照得局中機杼雜沓，織造浩繁，且匠役千有餘名，卯進酉出，若無約束稽查，必致偷安懈怠。今設所官三員，專司點閘；管事十一名，分頭料理；管工十二人，催攢工程；高手十二人，指導織挽。則事有□□，□務肅整矣。

欽命督理蘇杭等處織造工部右侍郎陳有明撰。

順治四年十二月　日立。

（原碑現在蘇州帶城橋下塘江蘇師院附中織署舊址。）

《蘇州織造局圖題記》順治四年（1647）　按姑蘇歲造，舊時散處民間，卒皆塞責報命。本部深悉往弊，下車之後，議以周咸畹遺居，堪爲建局。具題得旨。今創總織局前後二所，大門三間，驗緞廳三間，機房一百九十六間，外局神祠七間，織緞房五間，染作房五間，竈厨菜房二十餘間。四面圍墻一百六十八丈。開溝一帶，長四十一丈。釐然成局，燦然可觀。亟圖立石，以垂永久。

順治四年二月　日立。

（原碑現藏蘇州博物館）

《重修蘇州織造公署碑記》順治十年（1653）　我國家創業垂統，禮樂肇興。於是西北貢玄黄，東南獻筐篚。爰效《周官》絲人、染人之職，開府吳會，命曰織造。凡朝廷大聘享、大祀典，於是乎取盈；后王君公，翟茀褕翟之屬，於是乎備物；百官有司，五采五章，錫予賞賚，於是乎論功；撫遠寧邇，昭皇仁，表恩信，於是乎布德，則織造攸系綦重也。

余自癸巳季夏，奉簡書來莅茲土。時江南值旱澇災，郡縣方請蠲貸，議賑助。大抵民生凋瘵已極，而局務又值殷繁之時。如理亂絲，斮斷爲難。乃與諸僚吏商所以更新者，則爲汰冗員，簡偷惰，罷去侵牟，謹塞漏卮。汲汲焉唯興利釐弊無不爲，違問其他。越□月，庶事稍就繩墨。蓋冗食除，則物力自足；中飽去，則惟正充盈，自然之勢也。

於是僚吏進曰：曩者，局務初開，事起草創。建牙之地，乃僦民居，實出權宜，未瞻宏遠。今欲爲國家建久□之規，示豐裕之業，請加修飭，俾改觀焉。余曰：唯唯否否。夫辟門集思，與衆進退，宜務崇閎，議重建便。至於費民財、興土木，重勞吾民，議重建不便。吾將捐俸貲，與群吏交勉，計功授餼，毋費帑庫，則上不病國，下無勞民，議重建仍便。乃命僚吏相度形要，布算尋尺，恢廓舊制，建堂廡門閫，凡甍棟楹牖，焕然備具。

旋復巡核機局舊制。自公家織局外，有外機雜設民間。余恐官吏耳目所不及，反滋破冒，更捐俸鍰，設南北新局各一，以安外機。改私爲公，飭惰作勤，庶無他弊。是役也，不取民錙銖，僅兩逾月而落成，官民便之。爰集胥徒，各襄乃事，諭以更始之意，□以寬大之政。曠然晉接於几席之間，若鏡鑒秬黍，若燭照毫末。則登斯堂也，有息煬撤障之義烏。於以風示遠人，使知朝廷之尊，睹文物之盛，識章服之重，省固陋之俗，斯役未必無小補云。是爲序。

欽命督理蘇州等處織造工部右侍郎周天成撰。

督工守備　范啓秀。

巡捕官　張鳳起。

材　官　張　偉、凌元禮。

承　差　陳兆吉、
高　選、
朱子御、
張臣鑒、
陳嘉雲、
顧廷璋。

順治十年歲次癸巳孟冬穀旦。

（原碑現在蘇州帶城橋下塘江蘇師院附中織署舊址）

《長洲縣永禁機匠叫歇碑》雍正十二年（1734）　江南蘇州府長洲縣正堂沈，爲革除機匠叫幫之害等事。奉特授江南蘇州府正堂加一級紀録七次姚憲牌開，奉署理江南蘇州等處十一府州承宣布政使司事分守常鎮道加三級紀録十六次王憲牌開，奉兵部尚書兼都察院右都御使總督江南江西等處地方軍務兼理糧餉操江加二級紀録八次趙批，升司詳請禁革機匠聚衆勒歇阻工一案緣由。奉批：如詳勒石永遵，仍候撫部院批示。繳。等因。又奉太子太保、兵部右侍郎兼都察院右副都御史、總理糧儲、提督軍務、巡撫江寧等處地方世襲三等阿恩哈尼哈番紀録五次高批：如詳勒石永遵，取碑摹送查，仍飭地方官不時查察，勿令再復滋事，仍候督部堂批示。繳。各等因。到司仰府。奉此。合就抄粘轉，仰縣查照憲批來文，即便勒石永遵。該縣仍即不時查察，如敢再復滋事，即行嚴拿解究，并取碑摹五套送府，以憑轉呈各憲，毋得遲延，致干未便。等因。并奉抄粘司看，内開：查得長洲縣詳禁機匠聚衆叫歇，勒加阻工一案，先據該縣通詳，奉憲批司查議。即經轉飭蘇州府妥議，詳司核轉去後。今據該府縣議詳，内稱：蘇城機户，類多雇人工織。機户出資經營，機匠計工受值，原屬相需，各無異議。

惟有不法之徒，不諳工作，爲主家所棄，遂懷妒忌之心，倡爲幫行名色，挾衆叫歇，勒加銀，使機户停職，機匠廢業，致機户何君衡等呈請勒石永禁。通詳各憲，批查議詳。并稱：各匠常例酒資，紗機每只常例，給發機匠酒資一錢，二月朔日給付四分，三月朔日給付三分，清明給付三分，三次分給，共足一錢之數。緞機每只常例，亦給付機匠酒資一錢，六月朔日給付四分，七月朔日給付三分，中秋給付三分，三次分給，共足一錢之數。至於工價，按件而計，視貨物之高下、人工之巧拙爲增減，鋪匠相安。詳請飭令，各相遵守。嗣後如有不法棍徒，膽敢挾衆叫歇，希圖從中索詐者，許地鄰機户人等，即時扭稟地方審明，應比照把持行市律究處，再枷號一個月示儆。等情。議復前來。似應如其所請，飭行地方官勒石永遵，取碑摹遵依報查。緣批查事理，似合詳復，伏候憲台鑒核批示飭遵。等因。下縣。奉此，合行勒石永禁，爲此示諭機匠人等知悉：恪遵憲禁，各安其業，毋得聚衆叫歇悮工，致干照把持行市律究處，枷號示衆。須至碑者。

雍正十二年十二月，長、元兩邑同人公立。何君衡、王奕生、陸恒成、蔡其章、李兆昌、顧斌侯、莊思成、黄佳士、蔡在之、康長如、馬聲宣、周寧侯、黄仲安、陸季文、姚兆南、沈公揚、王商欽、沈殿臣、奚惟公、陳惟豊、莊惟章、王道生、孫在明、王惟玉、劉玉傳、李子麟、胡子昌、朱景臣、朱聖瑞、袁載彩、謝書紳、沈時臣、錢裕林、顧儀中、蔡玉衡、何玉文、程遠功、陸扶先、金玉章、沈裕臣、吴天衡、查仲遠、陳禹凡、黄仲宣、袁公瑞、奚三省、歐賓璜、羅寧侯、唐衡如、蔡子良、徐同祥、陳文升、周方覲、陸玉衡、李天禄、吴子欽、林方州、顧惟寧、陳公安、金子加、周御竹。

（碑立於蘇州玄妙觀，原碑現藏蘇州博物館）

《蘇州織造府嚴禁織造局管事恣意需索碑》乾隆六年（1741） 蘇州織造加一級圖，爲（中缺六字）以清頂補事。照得兩局機户織辦（中缺六字）加以工銀（中缺六字）工者，至優且渥。爾所管等，爲機匠之總領，自應感激。（中缺六字）機匠内有年老告退，或係病故，其子侄有能諳練織造，堪以充補者，該所管即應據實查□□□□候本部堂看驗，准其承充。此一定之情理也。詎聞該所管等，竟有遇機匠年老身故，其子侄□□頂補之時，恣意需索陋規，得滿所欲，方肯代爲稟報。惟是爾所管等，亦具有人心，當思年老病故之情，在本局效力有年，理應憐其子侄，保其家業，勉盡管事之誼，方無愧於天理人情。何忍乘機需索，喪盡天良，無恥已極。本應即加查處，姑從寬已往不究，合亟嚴禁。爲此示，仰西局所管管事、高手管工等知悉：嗣後如有該機匠年老告退，以及病故者，限該所管於三日内即行呈報。其告退之子侄，堪以承充，即帶赴衙門本部堂看驗頂補。其病故之子侄，堪以承充，俟其料理殯殮後，帶赴衙門本部堂看驗頂補。此頂補之際，無論在轅在局，一切經管人等，不得絲毫需索。倘有仍蹈前轍，勒取陋規，并隱瞞不報等情，許該匠之子侄即行告稟，以憑按法重處，決不姑貸。該匠之子侄私行饋送，以及矇混頂補，若經察出，一體從重治罪。各宜凛遵毋違。特示遵。

乾隆六年二月　日。

北局衆匠恭立。

（碑立於蘇州玄妙觀，現仍保存原處）

《元和縣嚴禁機匠借端生事倡衆停工碑》道光二年（1822） 特調江南蘇州府元和縣候補州正堂加十級紀録十次又記大功一次王，爲出示曉諭事。案據職員金新甫、監生吴泰源、李希元、李載揚、錢德隆、錢茂倫、錢星源、錢廣茂、錢才林、錢克家、錢元昌、錢秀卿、徐星隆、徐大有、徐萬源、蔣萬凝、蔣萬順、金萬盛、王萬盛、胡三盛、夏文高、夏開發、王茂興、陸永泰、金祥發、丘成記等聯名稟控機匠會聚多人，至身李升茂家，毁物滋鬧等情，業經差提機匠王南觀等二十一名到案。訊係機匠王南觀等借欲減輕洋價，會聚多人，向輪年機户李升茂莊上滋鬧屬實。本應嚴懲，姑念伊等均係胼胝小民，從寬免處，取結完案。兹據張錦天呈請結示，并據職員金新甫等以匪匠張錦天慣吞經緯，無人雇織，今揑斷矇請示禁苛斂良匠錢文，罔圖生事等情，聯名呈請照斷示諭前來。查民間各機户，將經絲交給機匠工織，行本甚巨，獲利甚微。每有匪匠，勒加工價，稍不遂欲，即以停工爲挾制，以侵蝕爲利藪。甚將付織經緯，私行當押；織下紗匹，賣錢侵用。稍向理論，即倡衆歇詐，另投别户。此種惡習，甚爲可惡。王南觀等前次糾衆滋鬧，本縣不予深究，已屬從寬。今該機匠如果借圖苛斂，實屬有違禁令。除一面飭差嚴行諭禁外，令行照斷出示曉諭。爲此示，仰機户、機匠人等及地保知悉：自示之後，各鄉匠攬織機只，概向機房殿書立承攬，交户收執。攬機之後，務宜安分工作，克勤克儉，計工授值，不得將貨具經緯，私行侵蝕，以及硬撮工錢，借詞倡衆停工。至應給工價，如各户用洋，悉照每日錢鋪兑價作算，不得圖減滋釁。至前據又禮静當堂呈驗各機户所議規條一簿，業經本縣查覈，各款皆屬情理，此後准其照議通行。倘機匠人等故違不遵，及借端生事，苛斂良匠，有妨工作，許各機户指名稟縣究治。地保縱容，一并從重懲處。本縣使民安業，言出法隨，決不姑寬，各宜凜遵，毋貽後悔。特示遵。道光二年六月十一日示。

發機房殿刊立。

（此碑原在蘇州祥符寺巷雲錦公所，現存北京中國歷史博物館）

《元長吴三縣爲花素緞機四業各歸主顧不得任意攙奪碑》光緒二十四年(1898)

元和 施

吴 賴

江南蘇州府長洲縣正堂汪，爲出示諭禁事。案奉府憲札，據民人顧繼宗、吴春山、朱潤齋、徐錦雲、袁益順、方仲安、虞仁生、陳浩泉、石溪雲、吴榮生等稟稱：竊蘇城花素緞機生業，向分京、蘇兩幫，各有成規，不相攙越。惟以上機經緯，造成緞匹，向非機匠一手一足之力，尚有手藝數項，賴此以生。如機張之須用泛頭也，有結綜掏泛一業；如絲之須練也，有捶絲一業；如經之須接也，有牽經接頭一業；如織花緞也，有上花一業。以上四業，均係世代相傳，是以各歸主顧，不得紊亂攙奪。惟身等結綜掏泛一業，所用最簡。緣每掏一機，須用八、九年之久，始再重換。統年各莊生意有限。故此同業連伙，只有二三十人，勉資糊口而已。年來雖則緞莊未少，但身業生意頗減成色。身等因關糊口，同業各加查察，遂查有向織南京緞機之南京人祝文元等一班十餘人，蓦向各緞莊鉛鑽暗奪。始則私將損壞舊泛在機順便修補，名曰游泛頭，并未做新奪業。當因伊等既經諱賴，但求以後不敢侵奪爲幸，未與深較。詎料伊等口是心非，去年四月間，查有祝文元占做身陳詰泉名下，吴恒泰緞莊機上新制泛頭，獲有奪業實據。當與祝文元理論，祝文元理屈詞窮，一味恃黨身强力大，用武壓制。似此紊亂成規，有意侵奪，身等靠此養家糊口，别無生計，以己之心，度人之心，其何以堪！若不環求示禁，恐群起傚尤，占無底止，則身等情同絶命。爲此情迫環求，伏乞電察下情，俯准立案，并請札飭三首縣一體出示諭禁，俾得各安生業，頂德無既。上稟等情到府。據此，查該民人等所稟結綜掏泛一業，向分京幫、蘇幫，各歸主顧，不相攙奪。果否向章如是，抑係意在把持，除稟批示外，合行札飭札縣即便遵照指飭，克日查明核辦具復毋違等因。奉經飭查去後。兹據原差沈吉稟稱，遵飭協保逐細確查。蘇幫各緞莊應用結綜掏泛，實係向歸顧繼宗等承做，他人不得攙奪，并非意存把持等情。并據顧繼宗等以伊等結綜掏泛之業，世代相傳，數十年來，向章如此，并無意存把持，環求詳復立案，并會銜示禁攙奪等

情，同稟前來。除申復府憲查考外，合行出示諭禁。爲此示，仰各緞莊及機匠人等一體知悉：爾等須知蘇莊緞機應用結綜掏泛一項，向係民人顧繼宗等世代相傳，認定主顧承做。自示之後，務須各歸各業，不得任意攙奪。倘再有人攙做紊占，致壞成規，許該民人等指名稟縣，以憑提究。其各凜遵毋違。特示遵。

光緒二十四年九月十九日示。

方仲安、朱潤齋、石溪雲經手。

（原碑立於蘇州祥符寺巷機房殿先機道院，此據蘇州博物館藏拓片）

官修《清會典》卷九〇《内務府·廣儲司》 筆帖式六十有四人。内堂佔司缺者二十八人。掌繙譯，給使令。

廣儲司，每年欽派總管内務府大臣一人。直年管理。總辦郎中，四人。内二人。由各部保送兼攝。郎中，四人。内銀庫二人，兼管皮庫瓷庫。緞庫二人，兼管衣庫茶庫。主事，一人。委署主事，一人。掌庫藏出納之政令。

設六庫以儲上用。一曰銀庫，二曰皮庫，三曰瓷庫，四曰緞庫，五曰衣庫，六曰茶庫。皆時其啓閉。每月銀、緞二庫於一、四、七日，皮、衣二庫於二、五、八日，瓷、茶二庫於三、六、九日，開庫收發。每間庫必偕司庫，庫使二三員上庫，不准一人即啓。仍令上庫官二人，同畫押封黏鎖眼。如遇不應開庫日期，有奉旨傳用，事關緊急者，令該庫官報知堂郎中，方准開庫。每日令庫官一員直宿。每晚鑰匙，令直宿司庫庫使等收聚一處，交乾清門侍衛，次日仍分交六庫。各稽其出納之數。【略】緞、紬、絹、布、絨、綫，每年蘇州、江甯、杭州三處織造交進，無定額。潞紬，每年山西潞安府額交八十疋。絨綫，盛京每年解交四百七十餘斤。汴綢、綾、紬，每年河南解交九百疋。棉紬三百疋。大布三千疋。水靛，每年東安、香河二縣，及鳳河營莊頭額交六千二百斤。【略】匠四十人。【略】

若内庭冠服，則佐以婦功。帽房設蒙古婦人領催三人。其做帽婦人，鑲黄旗蒙古八人，正黄、正白旗蒙古各六人，共二十人。内頭目一人，副頭目四人，在内承應。每人每日各給官飯一次，每月各給馬銀三兩。鍼綫房設内監領催二人，鍼綫婦人四百八十六人，做韈襪婦人四八十人，做荷包婦人七十人，打結子婦人六十六人，做鞍褥婦人五十四人，做甲裏婦人十四人。織額魯特條子頭目一人，婦人五人，在内承應。每人每日給制錢二十五文。設織造官三人，江甯織造一人，蘇州織造一人，杭州織造一人，均於内務府司員内請旨簡放。各隨司庫一人，筆帖式二人，庫使二人。以歲供上用、官用之幣。每年三處織就上用緞，由陸路運京。官用緞，由水路運京。凡大紅蟒緞、大紅緞片、金折纓等項，派江甯織造承辦。紡絲、綾、杭紬等項，杭州織造承辦。毛青布等項，每年需用三萬疋以内，蘇州織造承辦。需用至四五萬疋，則分江甯等處織辦。其所織緞、紗、紬、綾、紡絲、布疋、絨綫等項，由緞庫茶庫

擬定花様、顏色、數目，分派該織造處照式承辦，解送本司，派官挑選，將所收數目具奏，並移會户部銷算。

官修《清會典則例》卷三八《户部·庫藏》 一，段疋庫 凡各省解到紬段絹布皮絲棉線麻等項，均付庫收貯。

順治初年定三處織造錢糧事宜，均隸户部。

八年定改隸工部。

康熙三年，定織造事宜隸工部，錢糧歸户部報銷。又定江寧、蘇州、杭州三織造，應解大蟒段、小蟒段、金線蟒段、暗蟒段、三等蟒段、立蟒段、大閃段、小閃段、糚花段、寸蟒糚段、次糚段、中錦、草錦、金字段、補段、補服料羅段、片金羅、片金倭段、帽段、次帽段、滿水段、裙蟒段、蟒紗、立蟒紗、糚花紗、裙蟒紗紗、片金金字紗、補紗、大段、次大段、亮花段、衣素段、次衣素段、各色光素段、次光素段、揚段、次揚段、彭段、次彭段、宫紬、各種紗羅、紡絲綾、西絹、杭紬、三梭布、三線布、油墩布、苧布、白苧布、夏布、絲、緯絲、絨繡線、絹線、生絲、手帕，以上各項，如庫中應需某項，酌量均派，於豫年八月内具稟呈堂，移付江浙二司轉行各該織造辦解，定限於次年八月内解部，如派後再有闕少不敷者，隨即加派，酌量限期辦解，其價直均由各該司覈銷。

山西布政使司應解生絹千二百疋，農桑絲絹二百疋，遇閏加四十四疋，三梭棉布二千四百九十八疋丈八尺有奇。舊繫江蘇辦解，雍正三年改歸山西。

江蘇布政使司應解五色三梭布五千疋。

浙江布政使司應解白綿二百斤。以上採辦價直皆由部覈銷。 舊解今停者，直隸，山東花絨，河南衣絨，山東、河南闊棉布，江蘇黄白絹，黄絲絹，白麻，安徽狐皮，稅絲絹，土絹，江蘇、安徽生絹，農桑絹，棉布，麻，安徽、江西苧布，浙江杭細白絲、黄絲，價銀扣存布政使司庫，按數解部。

順治十六年覆准，解到絲綿絹疋等項，已經委司選驗，堪用者，該庫不許覆驗，躭延、抑勒多收，違者治罪。

康熙五十年奉旨，嗣後如用采紬，著内務府出給印文，委官到部取用，事完仍令原取之官，親身赴部繳明。

五十八年覆准，段疋庫照銀庫例，動支舊存物料，將新收者別行收貯。

雍正七年奏准，江寧織辦段紗，照杭州之例，每年於藩庫見存銀内先支二萬兩辦理，餘銀俟派文到日找給。

又奏准上用御衣，水運原用二船，嗣後裁去一船，上用段疋仍歸陸運，自雇贏脚。

乾隆十年奏准，嗣後三處織造採買上用絲，每兩經絲准銷銀八分二釐，緯絲准銷銀七分七釐，糚絨絲准銷銀七分五釐，均於浙江之南潯、雙林二處置買。官用絲，每兩經絲准銷銀八分一釐五毫，緯絲准銷銀七分五釐，糚絨絲准銷銀七分四釐，均於新市置買。其價由織造官先呈報督撫，取具地方官並無浮冒印結，再報明本部内務府，價賤時照定價置買，價貴時准其加增，但所增價直，上用絲不得出二分一釐之數，官用絲不得出一分二釐之數。杭州紬綾絲皆重，至奏銷時，將逐疋所用經絲、緯絲若干，織成段疋重若干，應銷若干，逐一分晰造册，送部覈銷。所織段，如絲不純不淨，及分兩輕減者，内務府駁回，令織造官補織解送。

又議准三處織造所用上用紅圓金，每丈准銷銀三釐，扁金每十條准銷銀二釐，蘇、杭二處黄圓金，每丈准銷銀三釐，江寧青圓金，每十有四丈准銷銀三分，江寧闊扁金，每五百二十條准銷銀一錢四釐，雙料紅圓金，每丈准銷銀三釐，杭州淡圓金，每十有一丈二尺准銷銀三分四釐，紫赤圓金，每十有一丈二尺准銷銀三分六釐，大赤扁金，每六百條准銷銀一錢。三處官用紅圓金，每丈准銷銀二釐五毫，赤扁金每十條准銷銀一釐五毫，杭州紫扁金，每六百條准銷銀九分。

染價，江寧大紅色每絲一兩，作價銀一錢二分，二紅、三紅色，作價銀一分三釐，蘇、杭二處，顏色精佳，大紅色每絲一兩，作價銀一錢五分，二紅、三紅色，作價銀一分五釐。

各色染價，蘇州染匠向無食米，每絲一兩支工價銀自一分至二分不等，江寧、杭州二處，向繫四五釐至八九釐者，仍照舊例均准開銷一分，至刷紗經仍照舊例開銷。

搖紡工價，江寧、杭州二處上用經絲，每兩准銷銀二分，緯絨絲每兩准銷銀一分。官用經絲，每兩准銷銀一分八釐，緯絨絲每兩准銷銀九釐。杭州掉絡刷紗，每兩准銷銀一分。至蘇州無搖紡額設支米工匠，遇工雇募，上用經絲，每兩准銷銀四分。官用經絲，每兩准銷銀二分。其緯絨絲不分上用、官用，每兩均准銷銀一分六釐。再牽經、接經工價，三處織造每疋槩給工價銀八分，其打線工價，每工自四釐至九釐一分不等。織挽各匠，每名日給工銀五分，月給食米四斗。

又奏准三處織造，一例織辦所需工價數目，自應相同，何至彼此多寡懸殊，嗣後除多至四五工准其開銷外，其多至五工以上者，即令覈減。

又奏準江寧見設機六百張，機匠千七百八十名，蘇州見設機六百六十三張，機匠千九百三十二名，杭州見設機六百張，機匠千八百名外，江寧見留摇紡染匠所管高手等匠七百七十七名，蘇州挑花揀繡所管高手等匠二百四十三名，杭州摇紡染匠挑花及所管高手等匠五百三十名，是江寧、杭州二處各項匠役較蘇州多至二三百名，緣江寧有摇紡匠五十六名，染匠五十四名，月各給食米三斗，杭州有摇紡染匠二百二十六名，每名月給食米四斗，各色染匠四十名，每名月給米二斗四升不等，蘇州並無此項匠工額米，江、杭二處不便偏設。但此項人役，食糧年久，難以遽裁，嗣後或遇斥革，或有病故，即停募補，有派織事件，照蘇州之例，遇工雇募空闕人役，按季報部。再江、杭二處各色染匠，江寧大紅染匠，既經裁去食米，其工價量加增給，酌定江寧大紅，每絲一兩準銷銀一錢三分，江、杭二處各色染價，向日四五釐者，作爲六釐，向日八九釐者，作爲一分，其一分以上者，作爲一分五釐開銷。

十二年議準，三處織造，繫委官買絲，嗣後無庸支給盤費。杭州與產絲地接壤，毋庸給與運費外，其江寧、蘇州運絲，船價、車脚、人役盤費等項，按照程塗酌定數目，於申餘項下開銷，每歲呈報內務府察覈。

又奏準江寧染匠遵奉裁減外，摇紡匠五百二十六名，皆自幼在局習成，與民間外户各別，難以臨時募補，仍按舊例，以在局學成之幼匠，補充斥革病故之原數，照舊按名月給食米三斗。

又奏準部派段紗工料價直，自宜與內務府派辦段紗一例辦理，令織造官均照新定條款題銷緯絨等絲，按照經絲加增之數，每兩酌減五釐。價貴之年，上用緯絨絲，每兩準其加增一分六釐，官用緯絨絲，每兩準其加增七釐。如遇價賤年分，即照原定價直採買。仍令浙撫飭產絲地方官，確訪時價，取具並無揑飾印結，咨部存案，俟織造官報銷到日，覈對相符，方準開銷，如有參差浮冒，即行嚴叅議處。

二十年覆準江寧、蘇州、杭州三處織造買絲定例，上用經絲，每兩價銀不得過一錢三釐，緯絲每兩不得過九分三釐。官用經絲，每兩不得過九分三釐五毫，緯絲每兩不得過八分二釐。如有不敷，通融辦理。今浙省春雨連綿，天寒葉濕，蠶多損傷，收成歉薄，以致上用絲每兩實需銀一錢三分有奇，官用絲每兩實需銀一錢二分有奇，實不能通融辦理，準其照產絲地方價直，分別經緯，據實報銷。

官修《清會典則例》卷一六七《內務府・織染局》 織染局 舊隸工部。

一、建置。康熙三年，奉旨織染局交內務府總管管理。

又奏準設員外郎一人，筆帖式三人，領催六人。

九年，設司庫一人，庫使六人。

二十四年，增設領催一人，專司買辦。

六十一年，設司匠二人。

乾隆十六年，移織染局於萬壽山，裁員外郎，凡應辦事宜，簡總理萬壽山大臣兼管。其辦事官繫奏委。無定員。

一、織造段紗。康熙初年，無定額。

四十七年奏準，歲造段紗三十八疋，屯絹二百疋，大紅長毛氆氌四十疋，交廣儲司段庫。

雍正七年奏準，改織暗花屯絹，寧紬宫紬八絲段料均按三節進呈。其每年額交段庫紗，槩行停止。

一、物料。所用絲移文浙江布政使司解送。染絲各色顏料，户、工二部支取。

一、靛户。西頂藍靛場四十名，大通橋十名，瀛縣三十名，沙窩場二十名，每名各給地二十四畝，歲徵靛百斤，共徵靛萬斤。

雍正十年奏準，官用西頂靛户地七畝七分，除靛三十五斤，每年見徵靛九千九百六十五斤。除染絲應用外，餘靛由局照例每斤定價二分三釐，折銀交廣儲司庫。

一、匠役。康熙初年，設匠役八百二十五名。

二十五年，裁一百五十一名。

四十七年，裁二百名。

五十九年，裁一百二十八名。

雍正四年，裁十有五名。

十三年，裁一百四十一名。

乾隆五年奏準，裁氆氌匠十有四名，屯絹匠十有四名。

十六年奏準，裁各項匠役五十二名，繡匠四十名，歸隸廣儲司衣庫。

又奏準增設南匠十有二名，各月給銀三兩，米二斛。見存京匠七十名，內織匠二十六名，絡絲匠二十二名，絡經匠六名，挑花匠四名，揀繡匠二名，染匠五名，畫匠一名，帶匠四名，均由局召募民人充補，各給印信照票。每名各給官房一間，內月給銀二兩五錢者六名，二兩者十有七名，一兩五錢者四十七名，每名按季關支米二十一斛，均呈堂咨户部給領。

一、蠶户。乾隆十七年奏準，蠶户十有三人，移往萬壽山，歸并織染局。每名每年給食銀十二兩，米二十四斛，夏季藍布單袍掛各一件，冬季藍布棉袍掛褉褲各一件，五年一次冬給狐皮帽領布面羊裘一件。

官修《清會典事例》卷一八二《户部·庫藏》 緞疋庫 凡各省解到紬、緞、絹、布、皮絲、綿綫、麻等項，均付庫收存。

順治初年定三處織造錢糧事宜，均隸户部。

八年，改隸工部。

十六年覆准，解到絲、綿、絹疋等項，已經委員選驗堪用者，該庫不許覆驗耽延，抑勒多收，違者治罪。

康熙三年，定織造事宜隸工部，錢糧歸户部報銷。

又定，江甯、蘇州、杭州三織造，應解大蟒緞、小蟒緞、金綫蟒緞、暗蟒緞、三等蟒緞、立蟒緞、大閃緞、小閃緞、糚花緞、寸蟒糚緞、次糚緞、中錦、草錦、金字緞、補緞、補服料羅緞、片金羅片金倭緞、帽緞、次帽緞、滿水緞、裙蟒緞、蟒紗、立蟒紗、糚花紗、裙蟒紗紗、片金金字紗、補紗、大緞、次大緞、亮花緞、衣素緞、次衣素緞、各色光素緞、次光素緞、揚緞、次揚緞、彭緞、次彭緞、宮紬、各種紗、羅、紡絲、綾、西絹、杭紬、三梭布、三綫布、油墩布、苧布、白苧布、夏布、絲緯、絲絨、繡綫、絹綫、生絲、手帕，以上各項，如庫中應需某項，酌量均派，於豫年八月内具稿呈堂，移付江南、浙江二司，轉行各該織造辦解，定限於次年八月内解部。 如派後再有缺少不敷者，隨即加派，酌量限期辦解，其價值均由各該司覈銷。

又定，山東布政使司，應解棉布二千三百疋，山西布政使司，應解生絹一千五百疋。舊解一千二百疋，後添解三百疋。 農桑絲絹二百疋，遇閏加四十四疋，三梭棉布二千四百九十八疋一丈八尺有奇。舊係江蘇辦解，雍正三年改歸山西。 江蘇布政使司，應解五色三梭布五千疋，棉布二萬七千三百六十七疋。安徽布政使司，應解麻三萬四千一百五十八斤。江西布政使司，應解苧布五千四百九十六疋二丈。浙江布政使司，應解白綿二百斤、白絲八千五百斤。以上採辦價值，皆由部覈銷。 舊解後停者，直隸、山東花絨綿布，河南衣絨，山東、河南闊棉布，江蘇黄白絹、黄絲絹、白麻，安徽狐皮、税絲絹、土絹，江蘇、安徽生絹、農桑絹、棉布，安徽苧布，浙江杭紬、白棉、黄絲，價銀扣存布政使司庫，按數解部。

五十年奉旨，嗣後如用綵紬，著内務府出給印文，委官到部取用，事完仍令原取之官，親身赴部繳明。

五十八年覆准，緞疋庫照銀庫例，動支舊存物料，將新收者别行收存。

乾隆二十八年奏准，蘇州織造辦解青藍三梭布，每疋准銷銀三錢七分，水腳銀二分二釐。

四十一年議准，各織造解到緞疋，其分兩輕重，合總稱驗，若合稱而分兩不足，方准駁換，不准逐件稱計。

又議准，江甯、蘇州、杭州三處織造需用花本，十年准其更换一次，扣足年限，報部更换，綫價於司庫銀内撥給，江甯額定銀六千八百一十三兩，蘇州額定銀五千六百八十七兩七錢，杭州額定銀四千四百二十八兩。

五十九年奉旨，大蟒緞令改織蟒袍料龍緞，仍照大蟒緞價值覈銷。

嘉慶四年議准，江南布、浙江絲綿、山東布、江西苧布，庫存均足敷用，於嘉慶五年爲始，停其解交。

十年諭，向來各省例解緞疋等項到京，於崇文門查驗後，其赴庫投文驗收及給令批迴，均未定有限期，以致不肖書吏，從中嚇詐勒索，各該解員日久守候，賠累滋多，殊非杜弊之道。嗣後崇文門監督於各省年例解京物件，無論何項，驗明後即速移會户部及管理三庫衙門，各該堂官接准移會，即傳令解員投文驗收，限五日内交收全竣，即行面給批迴，飭令毋許稍有延閣，儻仍任聽胥吏私向解員索詐使費，故違定限，即將該管之員，分别懲辦。

十四年諭，户部内務府各庫，存貯緞疋等名目，往往舊時所有，而近日所無，遇有頒賞事宜，各該處仍開舊時名目，將所缺之項，用他物抵補，以致名實不符，非覈實之道，嗣後頒賞緞疋等件，就庫中現有之物，擬用何項，即開何項名目，不得沿襲舊名，再行抵换，致有歧異。

又議定，緞疋庫支發物料，各衙門支領文内，先將承領官姓名註明，由户部簽到，發庫後，由本庫呈明管理三庫堂官簽到，令該員先於册檔印領畫押，親身赴庫給領。

道光七年議准，各省解交緞疋，數目少者，限五日收完，即行面給批迴，數目多者，亦不准過十日。如有數目斤兩丈尺不足，俟交收全完，再行給批。儻庫丁吏役有勒索刁難等弊，查出嚴懲。

又議准，崇文門監督遇有各省解物到京，查驗後，即令解員赴部投遞文批，一面將進城日期，知照户部三庫，務令填明發文日期，以憑稽覈。

又議准，庫存緞疋等項，按架排列字號，分儲各項，並箱簍物件，一併造具清册，於支放時按册出陳留新。其樓存布疋、絲絨等項，亦俱分別新陳，依次收儲，按册查對支放。

又議准，各處領取緞疋等物，於行文到庫之日，起限三月，東陵、西陵，並盛京三陵、黑龍江等處，限半年，如逾限不領，即將前行印文註銷，仍令將遲延緣由，詳細聲明，另備印文赴庫支領。

十七年議准，各省解交緞疋、顔料，二庫各項物料，應照餉鞘到京，不准在外逗遛。自抵通後，令該州並該營員弁，一體飭催委員赴崇文門查驗，限三日將物料運至該庫，儻有稽遲，查明參處。其批文令該委員隨即赴廳投遞，該大使不得逾三日之限，呈堂簽到，該庫於司付到庫，限五日内驗收，如有應放各工緊要物件，不克監收，准照銀庫一體扣展。

十九年奏准，蘇州、江甯、杭州三織造交部緞疋，永著司庫代運。

二十三年奏准，緞疋庫隔二年盤查一次。

三十年議准，各省解交緞疋、顔料，二庫各項物料文批，赴廳投遞，該廳大使於二日内呈堂簽到。

咸豐元年諭，緞疋庫現存物料，分別應抵應停，該部隨時察看，妥籌辦理。

同治十二年議定，各省額解部庫及内務府隨時添派紬緞布疋各件，均以奉到部文之日起，勒限六月起程，儻逾限不解，將各該督撫織造等知照吏部，照欽奉事件遲延例議處。如各省情形不同，實在未能依限起解，准由該督撫等聲明奏咨展限。

官修《清會典事例》卷八五四《刑部·工律營造》 帶造緞疋 凡監臨主守官吏，將自己物料，輒於官局帶造緞疋者，杖六十，緞疋入官，工匠笞五十，局官知而不舉者，與監守官吏。同罪，亦杖六十，失覺察者減三等。則笞三十。若局官違禁帶造，監守官吏亦坐不舉失察之罪。謹案：律後小註「若局官違禁帶造」以下，係乾隆五年增註。

織造違禁龍鳳文緞疋 凡民間織造違禁龍鳳文紵絲、紗、羅貨賣者，杖一百，緞疋入官，若買而僭用者，杖一百徒三年，未用者笞三十。機户及挑花、挽花工匠同罪。亦杖一百。謹案：原文「工匠同罪下」，有「連當房家小起發赴京籍充局匠」十三字，雍正三年删。

造作過限 凡各處每年額造常課緞疋軍器，工匠過限不納齊足者，以所造之數十分爲率，一分工匠笞二十，每一分加一等，罪止笞五十，局官減工匠一等，提調官吏又減局官一等。若官司不依期計撥額造之物料於工匠者，局官笞四十，提調官吏減一等。工匠不坐。

官修《清會典事例》卷一一九〇《内務府·庫藏》 廣儲司六庫 國初統設御用監，嗣分定六庫。【略】緞庫，掌龍蟒等緞，紗，紬，絹，布。【略】

供奉 順治初年定，御用禮服，及四時衣服，各宫及皇子、公主朝服、衣服，均依禮部定式，移交江甯、蘇州、杭州三處織造恭進。

又奏准，年例恭進皇太后宫金銀，上用緞、紗、紬、綾、貂皮、細布、金綫、絨紝綫、棉綫、棉花，皇后妃、嬪各宫分，上用緞、紗、紬、綾、貂皮、細布、金綫、絨紝綫、棉綫、棉花，皆據宫殿監來文，照例備辦，奏聞恭進。

乾隆四年議准，圓明園直班處備用，定爲銀五千兩，上用緞十疋，龍緞、糚緞各五疋，各色花素緞、甯紬各四十疋，官有蟒緞十疋，官用緞三十疋，彭緞二十疋，五等貂皮一百五十張，黄貂皮二百五十張，四等人薓十斤，五等人薓四十斤，制錢二百貫，每月將用過物數呈堂，仍入月奏。

織造 順治初年定，江甯、蘇州、杭州織造諸局，各設監督、筆帖式，庫使各一人，三年更代。

十八年奏准，一年更代。

又奏准，供奉上用緞疋，三處織造，輪委官員筆帖式，馳驛由陸路運送，官用緞疋，輪委筆帖式、庫使，由水路運至楊郵，報府移咨兵部，用官車起運交庫。

又議准，江甯、蘇州、杭州織造官員缺，於内務府郎中、員外郎内揀選，引見補授，司庫員缺，於三處織造筆帖式、庫使，及在京筆帖式、庫使内揀選，筆帖式、庫使員缺，於在京筆帖式、庫使内揀選，均引見調補。

康熙元年奏准，三處織造，各增設庫使一人。

二年奏准，三處織造，各簡府屬賢能司官一人，筆帖式二人，庫使一人，給予關防敕書，不必限年更代。

六年奉旨，三織造各設司庫一人，即於彼處庫使内選用。

又奏准，每年上用緞、官用緞，均由水運，停止官車撥送，令該織造酌量雇車運京交庫。如有需用緊要緞疋，豫咨該織造承辦，動支贏餘銀爲運費，仍由陸路依限交庫。

又奏准，上用緞，仍由陸路雇贏運送至京，官用緞，仍歸水路。三處各有龍衣船二號，歲支修理銀千兩，各裁汰一號。再蘇州造辦各色布，亦准動支贏餘銀，爲雇船運費。

又奏准，每年應用緞、紗、金綫之屬，均於豫年八月内，分咨織造承辦。

雍正七年奏准，江甯織辦緞、紗，照杭州之例，每年於藩庫現存銀内先支二萬兩辦理，餘銀俟派文到日找給。

又奏准，上用御衣水運原用二船，嗣後裁去一船，上用緞疋，仍歸陸運，自雇贏腳。

乾隆四年覆准，織造所屬之筆帖式、庫使，於各司員筆帖式内揀選，將名籤入筒，遇有織造處筆帖式、庫使員缺，該織造官呈報到府，掣籤補用，毋庸引見。如織造處司庫、筆帖式、庫使内，果有在任五年，辦事稱職者，該織造官出具考語保送，酌量以應升之員，同在京應升人員，一併引見補授。其筆帖式、庫使，如有過愆，即行呈堂更換。

十年奏准，三織造於歲終奏銷時，除造册呈報外，別造副册一分，送廣儲司察覈。

又奏准，嗣後三處織造，採買上用絲，每兩經絲准銷銀八分二釐，緯絲准銷銀七分七釐，糙絨絲准銷銀七分五釐，均於浙江之南潯、雙林二處置買。官用絲，每兩經絲准銷銀八分一釐五毫，緯絲准銷銀七分五釐。糙絨絲准銷銀七分四釐，均於新市置買。其價由織造官先呈報督撫，取具地方官並無浮冒印結，再報明本部内務府，價賤時照定價置買，價貴時准其加增，但所增價值，上用絲不得出二分一釐之數，官用絲不得出一分二釐之數。杭州紬、綾絲皆重，至奏銷時，將逐疋所用經絲、緯絲若干，織成緞疋重若干，應銷若干，逐一分析造册，送部覈銷。如所織緞絲不純淨及分兩輕減者，内務府駁回，令織造官補織解送。

又議准，三處織造所辦上用紅圓金，每丈准銷銀三釐，扁金，每十條准銷銀二釐，蘇、杭二處黄圓金，每丈准銷銀三釐。江甯青圓金，每十有四丈，准銷銀三分。江甯闊扁金，每五百二十條，准銷銀一錢四釐，雙料紅圓金，每丈准銷銀三釐。杭州淡圓金，每十有一丈二尺，准銷銀三分四釐，紫赤圓金，每十有一丈二尺，准銷銀三分六釐，大赤扁金，每六百條，准銷銀一錢。三處官用紅圓金，每丈准銷銀二釐五毫，赤扁金，每十條准銷銀一釐五毫。杭州紫扁金，每六百條准銷銀九分。

染價，江甯大紅色，每絲一兩，作價銀一錢二分，二紅、三紅色，作價銀一分三釐。蘇、杭二處，顔色精佳，大紅色，每絲一兩，作價銀一錢五分，二紅、三紅色，作價銀一分五釐。各色染價，蘇州染匠，向無食米，每絲一兩，支工價銀自一分至二分不等，江甯、杭州二處，向係四五釐至八九釐者，仍照舊例，均准開銷一分。至刷紗經，仍照舊例開銷。

搖紡工價，江甯、杭州二處，上用經絲，每兩准銷銀二分，緯絨絲，每兩准銷銀一分。官用經絲，每兩准銷銀一分八釐，緯絨絲，每兩准銷銀九釐。杭州掉絡刷紗，每兩准銷銀一分。至蘇州向無額設搖紡支米工匠，遇工雇募，上用經絲，每兩准銷銀四分，官用經絲，每兩准銷銀二分。其緯絨絲，凡上用、官用，每兩均准銷銀一分六釐。

再牽經、接經工價，三處織造，每疋概給工價銀八分。其打綫工價，每工自四釐至九釐一分不等。織輓各匠，每名日給工銀五分，月給食米四斗。

又奏准，三處織造，工價數目，不得彼此多寡懸殊，嗣後除多至四五工，准其開銷外，其多至五工以上者，即令覈減。

又奏准，江甯現設機六百張，機匠一千七百八十名，蘇州現設機六百六十三張，機匠一千九百三十二名，杭州現設機六百張，機匠一千八百名外，江甯現留搖紡、染匠所管高手等匠七百七十七名，蘇州挑花、揀繡所管高手等匠二百四十三名，杭州搖紡、染匠、挑花及所管高手等匠五百三十名，是江甯、杭州二處，各項匠役，較蘇州多至二三百名，緣江甯有搖紡匠五十六名，染匠五十四名，月各給食米三斗，杭州有搖紡、染匠二百二十六名，每名月給食米四斗，各色染匠四十名，每名月給米二斗四升不等，蘇州並無此項匠工額米，江甯、杭州二處不便偏設。但此項人役，食糧年久，難以遽裁，嗣後或遇斥革，或有病故，即停募補，有派織事件，照蘇州之例，遇工雇募，空缺人役，按季報部。再江甯、杭州二處各色染匠，江甯大紅染匠，既經裁去食米，其工價量加增給。江甯大紅，每絲一兩准銷銀一錢三分。江甯、杭州二處，各色染價，向日四五釐者，作爲六釐，向日八九釐者，作爲一分，其一分以上者，作爲一分五釐開銷。

十二年議准，三處織造，係委官買絲，嗣後毋庸支給盤費。杭州與産絲地接壤，毋庸給予運費外，其江甯、蘇州運絲船價車腳人役盤費等項，按照程途，酌定數目，每歲呈報内務府查覈。

又奏准，江甯染匠，遵奉裁減外，搖紡匠五百二十六名，皆自幼在局習成，與民間外户各別，難以臨時募補，仍按舊例，以在局學成之幼匠，補充斥革病故之原數，照舊按名月給食米三斗。

又奏准，部派緞紗工料價值，自宜與内務府派辦緞紗一例辦理。令織造官均照新定條款題銷。緯絨等絲，按照經絲加增之數，每兩酌減五釐。價貴之年，上用緯絨絲，每兩准其加增一分六釐，官用緯絨絲，每兩准其加增七釐，如遇價賤年分，即照原定價值採買。仍令浙撫飭産絲地方官，確訪時價，取具並無揑飾印結，咨部存案，俟織造官報銷到日，覈對相符，方准開銷，如有參差浮冒，即行嚴參議處。

二十年覆准，江甯、蘇州、杭州，三處織造買絲，定例上用經絲，每兩價銀不得過一錢三釐，緯絲，每兩不得過九分三釐。官用經絲，每兩不得過九分二釐五毫，緯絲，每兩不得過八分二釐，如有不敷，通融辦理。本年浙省春雨連綿，蠶絲收成歉薄，以致上用絲每兩實需銀一錢三分有奇，官用絲每兩實需銀一錢二分有奇，實難通融辦理，准其照産絲地方價值，分别經緯，據實報銷。

二十七年奏准，江蘇棉布，照時價每疋銷銀五錢。

二十八年議准，嗣後三處織造處筆帖式、庫使，定以五年期滿，如有辦事勤慎者，准該織造保留候升司庫、平等者，另行選人帶領引見，發往更換。

三十八年奏准，三處織造解到緞疋，如上用緞疋内，挑出不堪應用一二疋者，著落補織，不准開銷，三疋以上者，補織不准開銷外，將該織造嚴加治罪。官用緞疋，如挑出不堪應用十疋以内者，著落補織，不准開銷，十疋以上者，補織不准開銷外，仍將該織造議處。

四十七年議准，江甯織造處，每年解運緞紬，改由陸運，將龍衣船裁汰。

又議准，蘇州每年解運緞紬，其水運陸運，酌量是年情形，妥爲辦理。

又議准，杭州織造，每年解京緞紬，改由陸運。

五十八年諭，浙江鹽務，向係巡撫兼管，遇有出納之事，無人稽查，巡撫得以任意動支，易滋弊竇，嗣後應將杭州織造改爲鹽政，兼管織造事務。其鹽道本無分巡地方之責，著改爲運使。巡撫既不兼管鹽務，則鹽政運使，於錢糧出入，如有侵挪等弊，該撫即可隨時糾查，據實劾參。該省織造，現改鹽政，所有南北二關稅務，難以兼顧，著歸巡撫管理。

嘉慶四年奏准，分派三處織造織辦緞紗等項，遇有庫内不敷應用，續行添派織辦者，俟奏明後，再行派織。

十九年奉旨，嗣後鹽政、織造、鈔關，如司員年滿來京，俱照依新疆等處侍衛換班之例，毋庸遞請安摺，所有應奏事件，著總管内務府大臣代奏。

二十四年諭，嗣後如遇該織造進京，總督不在省城，著將織造關防及龍江關務，俱交江甯藩司就近代辦。

道光元年，裁浙江鹽政，復設杭州織造，兼管南新、北新二關稅務。

二十八年奉旨，嗣後織造等每届一年期滿，著總管内務府大臣具奏。

十年奉旨，嗣後内務府及三院司員，遇有簡放鹽政、織造、鈔關、熱河總管人員，著於謝恩請訓摺内，將新放何處官銜，註寫明白。

二十九年諭，嗣後鹽政、織造、熱河總管、及各關監督等，呈遞謝恩請安奏事等摺，暨來京應遞安摺，均著書寫官銜。

又奏准，三處織造處六品司庫，自補放之日起扣足五年，由廣儲司六品司庫内揀選正陪，帶領引見調補。其年滿回京人員，過十年後，遇有三處司庫缺出，方准一體揀選調補。

咸豐四年奏准，嗣後三處織造，自奉旨簡放之日起，予限六十日，即令到任，自到任之日起，扣足在任一年，由本府前期六十日具奏。

八年奏准，嗣後三處織造處司庫、筆帖式、庫使等，自奉旨補放之日起，予限六十日，即令到任，如有無故到任遲延者，即著該織造等查明參處。

同治十二年奏准，嗣後各庫司員遇有簡放織造監督，即將庫缺開去，另行揀選補放，其所遺之缺，即以放差之員轉補。

光緒十一年諭，朝廷制節謹度，各項用款，總以覈實爲主，内務府承辦及傳辦各事，屢經諄諄誥誡，不准稍有虛冒，乃積習相沿，罔知悛改，辦理要務，往往將工料銀兩，籠統開報，其中浮冒不知凡幾。每遇一差，鑽營瞻徇，上下相蒙，其於傳辦之件，有意遲延，藉端漁利，不實不盡，積弊極多，甚至句通織造等衙門書吏，輾轉蒙混，虛糜帑項，實堪痛恨。著總管内務府大臣破除情面，務將種種弊端，切實禁止，並嚴定章程，迅速覆奏，以資遵守。經此次訓諭之後，如再有前項情事，一經查出，定惟該大臣等是問。

十二年，户部釐定江南織造需用絲斤金染工價各款銀兩，上用經絲，每兩准銷銀二錢六分五釐三毫，緯絲，每兩准銷銀二錢四分六釐八毫，絨絲，每兩准銷銀二錢四分一釐三毫。官用經絲，每兩准銷銀二錢五分六毫，緯絲，每兩准銷銀二錢三分三釐一毫，絨絲，每兩准銷銀二錢二分七釐六毫。

官修《清會典事例》卷一一九五《内務府・園囿》 織染局職掌謹案，織染局已於道光二十三年裁撤，今將以前舊例，仍存此門，以備查考。 康熙初年，設局監視匠役織造緞紗，無定額。

四十七年奏准，歲造緞紗三十八疋，青屯絹二百疋，大紅長毛氆氌四十疋，交廣儲司緞庫。

雍正七年奏准，改織暗花屯絹、甯紬、宮紬、八絲緞袍褂各料，均按三節進呈，其每年額交緞庫緞、紗、屯絹、氆氌，概行停止。

乾隆十六年議准，按節進呈之袍褂料，並無新樣，嗣後停止，毋庸織造。

十七年奏准，嗣後行文各織造處，挑選上好絲經送局，令匠役等於傳辦差務之暇，另造精巧新樣紬緞，隨時織辦進呈。

匠役　康熙初年，額設各項匠役，共八百二十五名。

二十五年，裁一百五十一名。

四十七年，裁二百名。

五十九年，裁一百二十八名。

雍正四年，裁十五名。

十三年，裁一百四十一名。

乾隆五年，裁氆氌匠十四名，屯絹匠十四名。

十六年奏准，裁匠役五十二名，其繡匠四十名，改歸廣儲司衣庫。

又奏准，於江甯、蘇州、杭州三處織造，每處令其揀選挑花匠二名，織匠六名送局，以備織辦欽派活計。其匠役等分爲兩班，令其在京輪流當差，半年一次更換。

十七年，遵旨製造絡絲紡車一座，於南織匠内減去二名，各换紡車匠二名，送局應役，照例在京輪流當差。其南匠各月給銀三兩，米二斛。本局召募民匠内，織匠二十二名，絡絲匠二十二名，絡經匠六名，挑花匠四名，揀繡匠二名，染匠五名，畫匠一名，帶匠四名，均給印信照票，每名各給官房一間，内月給銀二兩五錢者六名，二兩者十七名，一兩五錢者四十七名。每名按季關支米二十一斛，均呈堂咨户部給領。

又奏准，蠶户十三人，移往清漪園，今名頤和園。歸併織染局。道光二十三年裁。每名每年給食銀十二兩，米二十四斛，夏季藍布單袍褂各一件，冬季藍布棉袍褂襖褲各一件，五年一次，冬給狐皮帽領布面羊皮裘一件。

十八年奏准，耕織圖養蠶處，所得絲斤稍爲粗艴，除本局挑選備織官用屯絹外，餘交營造司爲幔帳帶條之用。【略】

修理機張　原定二十二架，新拴之機，所用引機茜絲，上嵌中渠下墜綫，並新挑造花本綫，二年黏補一次，黏補後一年黏補一次，本局官員監看修理，將所用絲綫等項，年終入册銷算。

乾隆十六年，改機張爲十六架。

支領官物　織造緞疋應用絲斤，量一年足用，並泛湛鐵梭剪鑷等項，開明數目，呈明咨行户部，轉行浙江巡撫辦理。

乾隆九年奏准，紅花改向廣儲司領用。其應買辦之物，本局呈明咨行户部領銀，按時價辦買。

十八年奏准，織造紬緞，應用八絲經、五絲經斤數若干，行廣儲司轉飭江甯、蘇州、杭州各織造處辦進。

三十五年奏准，本局例行户部、工部領取之物者，改向廣儲司營造司領用。

查覈絲斤　每年出入錢糧，於次年十二月造册，移送户部查覈奏銷，原稿送江南道監察御史覈對，並將所辦題奏呈咨事件，每月二次造册，移送稽察内務府御史查覈。

乾隆二十六年奏准，本局節年織辦領用絲斤顔料各項，並現存庫儲等件數目，自本年爲始，與廣儲司六庫每届五年，一律盤查一次，以爲定例。

綺華館　光緒十七年在西苑門内設立綺華館，製造紬縐，派杭州織造購辦摇紡煉染五成上好之各經緯絲共一千斤，召募精通繅絲煉染紡織各匠，並養蠶婦，以及購買織紬縐各項機張器具，一併召募製辦。

郭柏蒼《閩産録異》卷一《貨屬·改機》　福州機房所造「改機」者，蓋明時林某改舊機之繁而簡之也。所織綢名「土綢」，又名「土槽」。緞名「漢府緞」。

衛杰《蠶桑萃編》卷四《繅政》　繅繭類

清水

繅繭，以清水爲主。泉源清者最上，河流清者次之，井水清者亦可。如山澗中水，須擇溪中極清者，或流自石罅間。如江邊水黄，宜早數日儲舊缸内澄清。若先未儲存，臨時缺用，成都有沙缸濾水之法，置上下二缸，上缸盛沙，缸底隔之以布，穿小孔，安竹管，水由上缸流入下缸，清潔無滓，或投螺升許於缸内，無用白礬，使繭滯難繅。若井水，則擇味不鹹苦，色不晦黯者備用。水不清，絲即不亮。此儲水法也。

乾柴

煮繭以無煙爲佳，桑條火極旺。如無桑條柴，芝蔴桿極好。如乏蔴桿，板炭、木炭亦好。如少炭，則栗柴、柏柴、柿柴皆可，須曬得極乾，自然無煙。若煙多，不可用，因絲被煙薰，色不明亮。

新竈

竈置車牀之前，鍋之後半，上對牌坊。用鍋一口，銅鍋爲上，鐵鍋次之。鍋宜小，下繭宜少，旋下旋繅，絲條澤亮。若鍋大，下繭必多，繅之不及，煮過繭性，絲粗漫無力矣。

好車

繅絲車牀安竈基後。江浙蜀中，用脚踏車，手理絲，一人兼二人事，極爲靈便，人工亦省，此坐繅式，較諸以手轉車、倚竈立繅諸法，更覺逸而不甚勞。車前置牌坊，中置絲秤，置車軸，以牡娘繩繫於其旁。

量日

繭摘後，不待蒸炕，而計日以繅者，其色鮮艷，爲絲之上品。然爲時甚迫促，不過七八日，即須繅完。如湖絲每繭一斤，約繅得絲一兩。杭絲每繭一斤，約繅得絲一兩四五錢。湖細而杭肥，成都、武昌兩法兼用。細則貨高價昂，肥則斤多價減。第以細絲計之，繭百斤得上細絲百兩。善繅者，以三絲眼繅之，一日八兩，計煮繭八斤，十二三日乃畢。次繅者，以雙絲眼繅之，一日六兩，計煮繭六斤，十六七日乃畢。又次者，以單絲眼繅之，一日只繅三四兩，計煮繭三斤，須二十五六日內外乃畢。故繅多便須添車，若繅中細絲，每日可多繅半倍，是繭過若干斤，應添若干車，以此類推。否則必用蒸繭、炕繭、窖繭諸法，免致蛹變成蛾，可以緩繅，不必剋期。

新繭

繭分生熟二起，摘下新繭，即刻繅絲爲生繅，若繭已蒸烘，始取絲爲熟繅。蒸炕者，爲日過久，絲頭乾燥，繅之欠利。水內須入油鹽少許，以箸攪勻，下繭，至換水酌添油鹽。如未蒸未烘，或蒸炕未久，不必添用。鍋內先盛極清水，俟水滚下繭，約二十箇上下，不可太多，久煮則損。法以右手執撈絲帚輕挑，繭便滚轉，再攪幾下，隨手一撩，將絲頭帶出水面。無撈絲帚，則用筷子三四隻。以左手捻住絲頭，於水面輕提數次，右手隨即放下撈絲帚，捻住絲頭下之清絲，左手摘出粗絲頭，另放鍋前，再以清絲穿入牌坊絲眼。繭五六箇或七八箇合成清絲一縷，爲七繭絲，其絲細，品高。十一二箇合成一縷，爲中勻絲，其絲肥而品略次。若以十八九箇合成一縷，則粗而下矣。

轉軸

摘粗絲頭後，先以清絲穿入牌坊板上絲眼。又由絲眼引上牌坊響緒，交互一轉，再由響緒送入絲秤上之絲鉤，復由絲鉤搭上車軸，繫於貫脚橫梁。用手摇車，或用脚踏板，軸自旋轉，絲便環繞於軸之上。

觀火

煮繭火候，最爲緊要，不可過大過小。過大則水太熱，絲多疵纇。過小則水未温，繭必颺開。可將颺開之繭，掠聚一處，挑起絲頭，以淨絲搭入絲眼，便接聯而上。大約看火之法，斟酌合宜。湯如蟹眼，所謂爐火純清，正是十分火候。

易湯

絲鍋換水，必須一人專理其事，繅絲者力不暇及。換水以勤爲佳，然不勤換不可，過勤換亦不宜。絲要亮，又要白，換水太勤，則白而不亮。換水不勤，則亮而不白。務留心斟酌，以清而半温者妥。如湯色渾，即傾三分之一，以微温清水攙入，温熱得當，即換湯要法。

緊繩

車軸上之牡娘繩，宜緊不宜鬆。鬆則絲秤移動，諺曰走板，且絲縷不能錯綜如式。繅者須常澆水於繩上，繩溼則繫自緊。

撈蛹

絲竈左宜設木盆，高與竈齊。絲已盡，則蛹沈，將蛹撈置盆內。若有水繭，繅不上頭，亦撈盆內，留以做緜。

加繭

計繭一箇，抽絲一縷。細絲合六七繭爲一縷，絲眼下應有繭六七箇。肥絲合十一二繭爲一縷，絲眼下應有繭十一二箇。絲盡蛹沈，去一蛹，便少一繭，鍋內均勻添煮，絲縷接續如式。若時多時少，粗細不勻，添繭未上絲眼，則須另挑以清絲搭入。是添繭工夫，更要恰當。

搭頭

絲眼，絲縷歸總處也。眼下衆縷，爲絲窠。或繭絲已盡，或忽然中斷，或所添繭未上絲眼，則絲窠減少，須另挑絲頭，以清絲搭入，謂爲搭頭。法先以右手大、二、中指執清絲，以左手二、中指分開絲窠，再以清絲頭搭入窠內，自然絲頭夾帶上去，天然無跡。若從窠外纏繞帶上，便有接頭跡痕，是在繅絲者之熟與不熟耳。

治病

治病繭有二要義。若煮時繭牽連而上至絲眼，阻塞去路，爲一種病，由結繭時火力過大所致。法以繭攤曬盤上，熱水勻噴，置甕内封蓋片時，取出繅絲，自然順利。更有繅時已過眼上軸，忽然細斷，又一種病，由結繭時火力過小所致。法以燒酒勻噴繭上，不必封蓋甕内，再繅便不中斷。此去病繭要也。

烘絲

車後用炭火一盆，隨繅隨烘。因絲從水中抽出，任其自乾，多致膠黏，烘乾則絲澤而白。火盆離軸勿過遠，亦勿過近。遠則火力不到，近則火氣受傷，以不煙不爆爲佳。

下架

絲繞軸約四五兩重，即宜卸下，曰脱車。法以送杆木緊抵杆木之小頭，用槌頻擊，杆木鬆而貫腳脱，將絲與車衣布一併揭下，不可使架上之絲過多。

歇車

日晚則歇車，待明日再繅。鍋中餘繭曰湯頭，急撈出，次日入鍋，雜生繭煮之，以湯曾下油鹽，未經湯曰生繭。

繅具類

撈絲帚

撈絲帚以帶竹節爲之，寬二寸，長八寸，便撈繭提緒。

火盆

火盆有大小兩種。結繭時，簇架之下，熏灼蠶身，用大火盆，則盛炭多而耐久。繅絲時，車軸之後，烘炙溼絲，令色光亮，則用小火盆，便於移動。

絲竈煙洞

竈宜上寬下窄，或用缸竈，或以磚砌。竈之内外，以石灰和泥厚塗之。鍋口四圍，亦以泥護之，不可漏煙。煙洞或磚瓦合成，或洋鐵筒，或竹片編成，厚塗灰泥，高丈餘，下口大六七寸。竈門兩旁，用磚砌。煙洞高，則煙衝霄直上，無損絲色。

雙絲眼牌坊

牌坊上下横梁各一。下横梁左右兩頭均裁成方榫，下横梁長一尺三寸八分，榫頭在外。右邊榫頭嵌入右邊長柱之下截横孔内，左邊榫頭嵌入車牀前左柱之前面横梁短柱榫口内。下横梁中間，直開一孔。上横梁中間及左右兩頭，亦各直開一孔，長一尺五寸五分。右邊長柱一，上下兩頭，均各裁成方榫。柱長一尺五寸八分，榫頭在外。上截榫頭，嵌入上横梁右邊直孔内。下截榫頭，嵌入車牀前右柱之前面横梁直孔内。下截榫頭之上横開一孔，以承下横梁右邊榫頭。中間長柱一，上下兩頭均裁成方榫。柱長一尺三寸五分，榫頭在外，嵌入上下横梁中間直孔内。響緒在中柱之兩旁。左邊短柱一，上截裁成方榫，嵌入上横梁左邊孔内。短柱倒懸於上横梁之下，長二寸五分，粗細與長柱同。短柱長柱，均平穿一孔，以細篾一條或鐵絲横貫孔内，以綴響緒。下横梁之前面開二孔，此孔與彼孔，相去四寸五分，另用小方木二段，長二寸四分，寬六七分，一頭平鑲下横梁孔内，一頭破一小口，以安做絲眼。做絲眼，一名絲窩，以銅條爲之，長三寸。一頭槌匾，插以下横梁短木之横口内。一頭槌匾鑽眼，以鍋内之絲，從此眼内度出，搭上響緒，眼須光滑，庶免劃斷絲縷。如屈銅爲鈎，絲縷一挽即入，勿庸穿度，較用絲眼更爲簡便。響緒以小竹爲之，長四寸，圍圓約四寸，兩頭留節，中刻條縷，節上穿孔，貫以篾條。將鍋内撈起之絲，先度入做絲眼内，再由絲眼搭上響緒。或小竹管爲之，亦便利，但嫌聲大嘈雜。

三絲眼牌坊

雙絲眼牌坊，長柱二，短柱一，響緒絲眼各二。三絲眼牌坊，長柱二，短柱二，響緒絲眼各三。初學繅絲者用單眼，善繅者用雙眼，最善繅者用三眼。至絲之粗細，視絲眼下繭之多少。用繭多，則絲粗，用繭少，則絲細，不在絲眼多少也。

鍋上牌坊

上下横梁各一，上長一尺三寸五分，下長一尺四寸五分。中間直柱二根，每根長一尺五分，榫頭在外。二直柱之下截，距下横梁一寸五分，各平鑲短木一截，各長一寸六七分。短木頭上，各安送絲鈎一枝。上横梁中，左右各平鑲短木一截，各長三寸。短木中間，各安響緒一箇，是爲牌坊頂。下横梁之後，平鑲短木二截，各長二寸，再於短木盡頭，平鑲横梁一根，(此)[比]下横梁短二三寸，是爲牌坊底，此亦雙絲眼牌坊式也。三絲眼用直柱三根，送絲鈎三枝。上横梁平鑲短木四截，安響緒三箇，餘俱同。前式牌坊，絲眼均嵌在車牀之上。此式牌坊，絲眼均擱在絲鍋之上。二法各分而用之，不能一處並用。

絲秤

用雙絲眼牌坊者，絲秤上送絲鈎二枝。用三絲眼牌坊者，絲秤上送絲鈎三枝。絲秤，俗名抽鎗，所以制絲使之横斜上軸，不致混成一片，令交清而易尋。以木條爲之，長二尺，頭寬一寸，尾寬四分，自頭至尾，由寬而窄。秤頭開一圓孔，套於牡孃墩小直柱上，孔比牡孃墩直柱略大，秤尾貫於車牀前右柱孔中。送絲鉤以銅爲之，鐵亦可。一頭釘絲秤之上，一頭屈而爲鉤。鍋內之絲，由絲眼引上響緒，挽入此鉤，搭上車軸。

牡孃墩繩

牡孃墩，以桑木爲之。面平底平腰細，身高二寸。底面各圍圓八寸六分，腰圍圓七寸。正中開一直孔，貫於車牀前左柱圓榫上。中腰周圍削凹如蜂腰形，或八稜或十稜，以環牡孃墩。墩上兩耳，各橫穿一孔。耳高八分，以小木作閂。一頭橫貫兩耳孔內，一頭留孔外作橫梁。閂長五六寸，一頭寬四分，長三寸餘，貫兩耳孔內。一頭寬八分，長二寸餘，留孔外。橫梁上安直柱一根，上半截削圓，以承絲秤。直柱長四寸，下半截方而匾，寬八分，長一寸五分，上半截圓如筆管，長二寸五分。牡孃繩，以蔴絞者爲上，椶絞者次之。長約四尺，兩頭交結使緊。前套牡孃墩蜂腰上，後套軸柄上，中間須交互一轉，方能使墩隨軸而運。絲之成片，必由於墩。墩之靈否，半由於繩。繅絲時，須如法用之。

車軸

車軸以堅木爲之。軸右邊盡頭處，裁爲圓榫，嵌入車牀後右柱榫口內，左邊盡頭處，留一短筒。軸身之左，短筒之右，裁成圓榫，嵌入車牀後左柱榫口內。軸身長一尺三寸，榫頭與短筒均在一尺三寸之外。軸中間，圍圓九寸，兩頭近榫處，圍圓八寸。短筒長三寸六分，圍圓七寸。榫頭長一寸五分，圍圓三寸。榫頭嵌入榫口，不可太緊，太緊則運不動，取不出。短筒靠圓榫處，削成蜂腰形，並起八稜，以環繞牡孃繩。蜂腰口寬一寸三分，深五分，圍圓五寸五分。蜂腰之左，鑲直木一條。短筒長三寸六分，除去蜂腰一寸三分，尚餘二寸三分，即在此二寸三分之中，開一方孔，安直木一條，長五寸，寬一寸，厚一寸。直木將盡頭處，鑲橫木一條，以作軸柄。直木下截將盡頭處，留五六分，即在此五六分之上，開一橫槽，以鑲橫木。橫木長四寸六分，一頭長二寸一分，粗細與直木同，其形方。即在此二寸一分之中，開一橫槽，鑲入直木。橫槽之內，一頭長二寸五分，削圓爲柄。不善繅絲者，用手轉車，即執此柄搖轉。善繅絲者，用脚踏車，即將脚踏板上橫木條圓孔，套於此柄之上。

貫脚

貫脚四具，安於軸身四面，以襯絲縷。每貫脚用橫梁一根，直柱二根。橫梁之上，開鑿二孔，以二直柱之榫頭嵌入橫梁孔內。柱長六寸五分，榫頭在外，寬一寸二分，厚八分。橫梁長一尺二寸六分，寬一寸二分，厚一寸二分。四面貫脚，三面嵌緊，一面用活者，可裝入，亦可取出。軸上鑿一橫槽，活貫脚。正面槽長四寸二分，寬八分，反面長三寸八分，寬七分，深以兩面開通爲度，以活貫脚之兩柱，嵌入槽內盡頭處。兩柱中間，尚有空槽，以打木嵌入空槽，用槌重擊，貫脚自緊。打木，一頭大一頭小，長五寸，自大頭至小頭由寬而窄。大頭寬二寸二分，厚八分，小頭寬一寸二分，厚七分，嵌入活貫脚兩柱之間，重擊大頭，則貫脚緊，重擊小頭，則貫脚脱。車衣，以布爲之，貫脚橫梁之上，用布蒙其四圍，謂之車衣。所繅絲縷，由送絲鉤搭上車衣，軸既旋轉，絲自環繞車衣上，卸架時連衣揭下。

踏脚板

踏脚板，以堅木一片爲之。長九寸，寬三寸，厚六分。一頭裁榫如工字形，套入車牀前左柱脚下榫口內。底板榫頭寬七分，長一寸五分。車柱榫口靠地，以底板榫頭套入車柱榫口，則底板被車柱壓緊，踏脚之時，不致移動。一頭安兩耳，耳上各橫穿一孔。耳高二寸五分，安於底板面上，孔寬四分，離底板一寸三分。再以木板一片削鞋底樣，長八寸，面平底不平。底下前六寸，由薄而厚，薄處三分，厚處一寸四分，後二寸由厚而薄，厚處一寸四分，薄處六分，便不失之平。底下平，則脚踏鞋板時，鞋尖雖落地，而鞋板不斜，不過微起微落而已，直條橫條，即不能大起大落，車柄車軸，亦不能旋轉如意。前宜寬，後宜窄，自前至後，由寬而窄，寬處二寸六分，窄處二寸，寬處可以踏脚。窄而厚之處，旁綴二榫，穿入底板兩耳孔內，榫頭宜圓不宜方，方則運不動。鞋板宜略小於孔，不可嵌太緊，緊則鞋板踏不動矣。又鞋板下底板上，須空寸計，不可緊貼，緊亦踏不動。另用直木一條，長一尺七寸，寬一寸二分，厚五分，以一頭嵌入鞋板木，嵌在鞋板至厚之處底板兩耳之內，以一頭開一小孔。又用小木一條，長一尺七寸，寬一寸二分，厚三分，一頭開小孔，與直木小孔相對，用竹釘管之，不可太緊，緊則橫木轉不動，一頭開圓孔，橫貫於車軸之柄，孔比軸柄略大。兩木條一直一橫，形如曲尺。踏動鞋板，則鞋板帶動直條，直條帶動橫條，橫條帶動軸柄，軸即隨之動轉矣。如不用小橫條貫軸柄，以蔴繩轉直木之頭，另用老筍殼浸溼作紐，套上軸柄，下接蔴繩以運動車軸，更覺輕靈。

車牀

車牀形方，牀之四角各安一柱，四面各安橫檔二層。檔之兩頭，各有方榫嵌入柱內。前檔後檔均橫長一尺三寸六分，左檔右檔均橫長一尺零六分，嵌入柱內之榫頭，均在一尺三寸六分、一尺零六分之外。左右上下檔與前後上下檔。高低不一。左右下檔各去地一寸八分，左右上檔各去地一尺四寸二分，前後下檔各去地三寸，前上檔去地一尺五寸，後上檔去地九寸。後上檔去地尺寸，較前左右上檔獨低者，因車軸架在後二柱之頂，此處上檔低，則上檔之上，地步空闊，可容貫腳轉旋也。後左角後右角各一柱，柱頂各開榫口，以承車軸。柱高二尺零五分，寬三寸，厚一寸四分。榫口寬一寸，深一寸五分。前左角一柱，柱頂裁成直榫，以貫牡孃墩。柱高二尺零八分，寬二寸八分，厚一寸四分。榫頭徑九分，圍圓二寸七分，高一寸七分，此一寸七分，即在二尺零八分之內。柱腳裁成榫口，以套踏腳底板之工字榫頭，榫口靠地，寬八分，長一寸四分。前右角一柱，柱頂橫鑿一孔，以套絲秤。柱高二尺一寸五分，寬二寸八分，厚一寸四分，孔寬一寸，高五分。前左前右二柱之前面，各安一小橫梁。前左柱橫梁之上，安一短柱，短柱之頂，裁成榫口，以嵌牌坊下橫梁之左邊榫頭。前右柱橫梁，不安短柱，只於橫梁盡頭處，鑿一方孔，以承牌坊右邊長柱之下截榫頭。橫梁長五寸，寬一寸，厚一寸，去地一尺六寸。短柱高二寸五分，寬窄與橫梁同。榫口長一寸，寬六分，深八分。二柱之前面下截靠地處，各安一小橫梁，以木板擱橫梁之上，以磚石壓木板之上，庶免車牀移動。

無聲車

舊法以竹筒貫一鐵條，或用木輥軸貫鐵環內，轉動沈滯，響甚聒耳，猶未爲善。今製一不響之車，其法用一木樁，削方徑寸半，高過繅盆五六寸，插在盆邊地上。近頭處安一橫桄，亦削方徑一寸三分，長與盆齊。其橫桄當盆之中，竪安兩小柱，高四寸，兩柱相去三寸餘。在近上橫安一細竹條，如簪幹狀，貫一輕匏輥軸。匏即葫蘆皮，其制用匏二圓片，徑寸餘，兩片相去三寸，近邊一周，俱插細掃竹幹亦好。簪幹狀成一圓籠樣，兩匏片當中鑽一孔，棲一竹筒，貫於細竹條上，令其滾轉，活動無滯。軸下木桄當中鑽一孔，內棲一小竹筒，孔如豆大，桄下露出三四分。此車不用錢眼，繅時將絲頭用掃竹芒子從孔中引過，上軸掏交。此絲車概無銅鐵，滾轉最輕，快利無比，亦無響聲。

簡便絲軒

軒式最多，有重大繁難者，布交不清，解絲不便。今製一簡便絲軒，一周八交，易於尋頭。一手攪軒，一手添絲頭，遲速由人，較之腳踏大軒甚便。其制用立木樁一根，徑三寸，高五尺。下作木架，立安其中。頂頭安一橫桄，長三尺五寸，以懸搖絲竿。樁中間安一木軸，徑寸半，軸上貫安絲軒。軒如車輪，有頭有輻。頭徑五寸，周圍裁輻八行，每行二輻，上安平桄，輻高一尺五寸，桄長八寸。安雙輻者七桄，惟一桄只用單輻，將單輻中間斜鋸成兩截，如馬耳形，用時相合，以蔴繩紮緊，待絲滿軒，解去紮繩，其桄自脱，絲遂可卸。頭後邊竪立一圓木墩，高五寸，徑三寸，底微尖，如鍋底形，中間竪安一細柄，高二尺，柄頭安三寸長拐。拐頭平，串連搖絲竿。竿以竹片爲之，長三尺五寸，中間釘一銅鉤子，以提絲擺交其橫桄近梢處，縛一竹圈，貫搖絲竿於內，令其擺搖活動無滯。又於輻條中間，安一木橛，長四寸，手握攪之，則木墩自轉，搖絲竿自能擺動，其絲根根相爲斜壓，略無分毫紊亂，日後絡車解絲時，則頭自在交中，不難尋覓，雖夜間亦可解之。

製繭類

烘繭

凡繭多不及繅者，恐蛾穿繭而出，以火炕烘之，則蛾不出矣。如炕面寬大，一日可烘繭數百斤。北方多煖炕，須熱氣均勻，隨時翻動，以乾透爲度。勿過焦，勿用有煙之柴。蜀東烘繭，火氣自炕外達炕內，既無溼熱之患，又無枯焦之虞，此善法也。但絲經火烘，不免損傷色澤。

醃繭

以繭十斤置甕內，用荷葉或箬葉包鹽一二兩，置繭上爲一層。逐層平鋪，甕滿則用鹽泥密封甕口，勿令走氣，亦可緩蛾之變。

蒸繭

先用鹽一兩，油五錢，入釜湯內，次以蒸籠坐釜上，將輭草作圈，圍釜口。籠內鋪繭三四指厚，俟熱氣蓬勃時，以手探繭，覺熱，即取去下層蒸籠，以上層蒸籠坐釜上，再添一層爲上層，輪流替換，總以手不禁熱爲恰好。如蒸太過，則輭絲頭，不及則蛾必鑽出。設蒸籠過多，即於添水時酌添油鹽，免至蒸乾絲頭。蒸好，攤於箔上，俟冷定後，用細柳梢微覆之。

製繭高下

烘醃蒸三法，以蒸爲最佳，其色不損光亮。然天晴時，自可隨蒸隨曬，即或不曬，亦可陰乾。若遇久雨，蒸過之繭，厚攤箔上，固有發熱之虞，即薄攤之，而蛹在繭中，不免溼氣蒸鬱，又不能不用火烘。是晴則宜蒸，雨則宜烘，在善用其法耳。

煮絲類

繅水絲

絲則有水繅火繅之法，工有粗細高下之分。但用冷盆爲水絲，不用冷盆爲火絲。各省繅火絲者多，繅水絲者少。水絲值昂，火絲價減，非人力不欲繅好，聞見有未及也。水絲繅法與火絲同，其不同者，惟多用一水盆，牌坊安在水盆上耳。火絲所用牌坊，安在繭鍋上。水絲則繭鍋左邊，另安一大水盆，磁盆、瓦盆均可，內注溫水，約八九分滿，盆上安牌坊。俟繭鍋內提出絲頭，一手執清絲，一手用漏瓢舀繭，送入水盆，以清絲穿入牌坊上之絲眼，仍將鍋內已煮之繭，時時舀送盆內，以便陸續搭入絲窠，此水絲法也。

又法

水絲者，冷盆所繅絲也。精明光彩，堅韌有色，絲中上品，錦繡緞羅所由出，蓋道光年間，四川雲陽製法也。雖曰冷盆，亦是熱釜。提頭摘去黃絲雜茸，單留清忽，送入溫水盆中，以數忽相合成，絲光淨勻細，勝於熱釜。用小鍋一，口徑一尺餘，周圍用土墼泥成風竈。火門向上，如湯碗口大。柴往下燒，火焰遶鍋底而出。鍋後相去六七寸，再安一小鍋，後作高煙筒，使煙遠出，免致薰傴。其鍋高三尺，左邊安水盆，比鍋高二三寸，盆口大二尺餘，盆上橫安絲車，靠盆邊立一木棍，名爲絲老翁，以挂清絲頭。繅盆右邊，安置絲軖，離盆三四寸。俟燒水大熱，方下繭子二十餘箇，用箸輕挑，令繭勻轉。又以箸左右亂攪數次，挑起，自帶出絲頭，以手捻住，於湯面提掇數度，破頭壞繭，盡行摘去，提出清絲，將粗頭摘斷，用漏瓢舀繭送入溫水盆內，以清絲挂在絲老翁上，絲之粗細斟酌，上頭總爲一處，穿過絲車下竹筒中扯起，從前面搭過輥軸，從軸下掏來，於輥軸上拴一迴，再從拴迴中掏繳一迴，不可拴成死迴，扯之滑利活動，易尋交頭，乃成絲要處。以絲挂在摇絲竿銅鉤中，又以絲頭拴在絲軖平桄上，時攪動軖輪，車隨輥轉，摇絲竿自然擺動，其絲勻綳軖上。一手攪軖，一手添絲頭，絲在軖上，層層橫斜相壓，打成絲片，不致散淆。餘今昔相同，此水絲又一法也。

繅火絲

安鍋作高煙筒如上法，只不用冷盆，於鍋上橫安絲車，右邊安絲軖。繅時燒水大熱，下繭諸法，均如水絲。以箸撥攪，提起絲頭，用手捻住，水絲由竹筒中穿過，火絲不穿竹筒，只是穿過錢眼，扯起搭在輥軸上，又從下面掏過，拴在輥軸上一迴，又於拴處再掏攪一迴，不可拴死，交法與水絲無異。將絲挂在摇絲銅鉤上，再將絲頭拴在桄上。一手攪動絲車，隋軖而轉，其絲自然上軖。搭頭時，以箸攪撥，將絲窠分開，用箸夾亂絲，從中向錢眼猛提，則絲頭爲衆絲帶上，自無疙瘩。若從絲窠外邊纏遶帶上，其絲便粗惡不勻，此火絲法遜於水絲。余數年以來，細尋其中要義，大抵上繭利繅水絲，次繭利繅火絲，故繅火絲與繅水絲並行。

衛杰《蠶桑萃編》卷五《紡政》 紡絡類

木料

工欲善其事，必先利其器。器不利，事何善也。制車必擇木料，乃能適用。杜木、栗木、桃木、香木，其紋細，其質堅，惟價值較重，購之不易。若棗木、榆木、檀木、槐木、柏木、青岡木、油柞木，凡一切堅實木料，擇其不走性者，方中良材之選。如久晴風燥，不致乾裂，久雨潮溼，不致漲澀，以質之細潤光滑作車，靡不良焉。若木質不堅，性氣不純，價雖賤，則紡絡不利，出貨不多，是虛耗功力也，何濟於事耶。

竹料

天之生材，何地蔑有，是木料尚易購也，若竹則有產不產之分，又有美不美之別。箭竹、篃竹、斑竹、煙幹竹小如指，勁直有力，作絡牀甚佳。又筒竹、斑竹、格竹大一二寸或三四寸不等，性綿而堅勁，爲車上零器必需之物。因紡經皆用水，木遇水則漲而澀，竹遇水則滑而勁。惟大小竹皆自南來，北方未有也，器用非南不可，勿惜購費重焉。

水池

池以磚灰或石板築之，底作出水孔，以便換水。宜用井水，取陰寒以湅絲性，不可用含泥河水。頭二三紡經絲皆宜泡透，因愈溼愈好紡，更潔淨緊練，色自發光。

絡絲

絡絲有二法，一用繩扯，一用手拋。解絲時各有所長，相差不遠，惟倒絲時，則扯不如拋之便。如織羅絹家，以女工絡絲者，宜用扯法。如織緞綢家，以男工絡絲者，宜用拋法。

啃剥

絡絲宜講求啃剥，所以分別粗細，挑選精勻也。心靈手敏眼快，方臻巧妙，以後上機梭織，乃無毛病。若啃剥不勻，不可以織，即或勉强織之，雖有良工，亦難免無毛病也。

拋絲

直隸、江、浙、四川，拋法皆同，但絡子有二式。一用四角木絡子以拋緯絲，其制，方徑二寸五分，長五寸五分。一用六角竹絡子以拋經絲，其制，圓徑四寸二分，長五寸五分。於絡子中穿木抛竿一根，壯如大指頭粗，尾細，長二尺二寸，均用左手抛絡，右手擄絲，用絡子三箇分抛，極細、次細、粗條別出，三等之絲，各成一律，此抛法最要緊也。

紡器類

絡絲架江浙式

絡絲架制，以絲束之大小爲度，極爲省便。先置頂架座，用五六寸見方之磚石，中鑽方孔，置二寸大之竹筒，高一尺八寸。另用方木二條，均長五尺六寸，寬厚均一寸五分，作成十字架。逗立管木四條，長九寸，寬厚均一寸五分。架中置天鋮木一條，下插座筒内。立管木作活筍一條，架頭作穿眼三箇，上一小門，以便緊絲卸絲之用。

絡絲牀

倣四川制，式如千字形，用木三條。以平底木二條，均長五尺三寸，寬二寸，厚一寸五分。每條上置絡牀竹五根，長四尺，壯如小筆管。横樘木一條，鬬於二木之中，外手用緊筍，裏手用活筍，以便尖楔。其長短視絲束之大小爲度，以裏手之中間開交，易於尋頭。此法不占地方，搬移甚便。

絡絲車

其制用二木樁，徑一寸，一長一尺五寸，近頂鑿一通楷長三寸，以容絡軸之大頭，一長一尺一寸，近頂向裏鑿一孔勿透，以容絡軸之末一頭。以楔子偪緊，將絡軸穿籆令緊，貫於兩柱之間，大頭略高於小頭。大頭樁頂，錠一鐵釘，繫一繩長二尺餘，纏於絡軸，從裏面自下絞上，以右手牽扯，一縱一扯，則軸籆忽上忽下，隨手旋轉如風，絲自上籆。解時先將軠絲張於四柱，其柱用水竹，長三尺餘，各安大磚石上，分立四方，以綳緊軠絲。又另置二柱以分交，最易尋頭。二柱用竹棍同安一磚，相去五寸。分交法，二人將絲兩邊信手中分，自有交出，安於二柱之中。倘頭緒斷時，只從交中一提自得。上作懸鉤，以竹竿爲之，如遏竿樣，下縋以磚石，欲挂絲時，將竿繩一扯，頭自下垂，挂畢丢脱，竿自竪立。竿梢錠一鐵絲鉤，以引絲上下，纏於籆上，然後可排籆經縷矣。圖附於後。

樣車江浙式

樣車摇篽子一箇，因篽子上所剩零絲，又倒紡一處。其制，車座如長方四角，四樘長三尺六寸，檔寬八寸，高一尺一寸。座前置將軍柱一塊，高一尺七寸，寬四寸，厚一寸。柱上開二口，上口深四寸四分，寬一寸。去座四寸開一口，長四寸四分，寬一寸。上口兩邊安横榪子二箇，小鐵管釘一根，以篽筒擱榪上。車架耳二根，高一尺，寬厚寸五分見方。兩耳上各開梒口，寬深均一寸。車軸木長五寸五分，徑二寸三分。外軸頭置小鐵條作軸心，擱梒口上，裏軸頭置鐵拐把，長一尺八寸。車輪徑二尺七寸。車標十根，長一尺二寸。車盤以竹片二塊圍上。鴉雀口二十箇，長四寸。用皮絃一條套篽筒，以圍繞車輪，用右手摇車，左手牽絲。

摇篽車江浙式水紡

摇篽車，倒紡車也。摇篽子五箇，將絲壓入水盆，分爲三次。一次倒絡子絲，二三次倒幔架絲。車座長方形，四脚四撐。座長四尺一寸，檔寬九寸，高八寸。座前置將軍柱一塊，高二尺五寸，寬一尺，厚一寸。柱中開長梒口，深二尺，寬一寸四分。柱外置月牙梭，梭二塊，長一尺二寸，中寬四寸五分。穿釘眼五箇，以安篽筒。内置皮絃，撐木三小條。車架耳二根，均高一尺三寸，寬厚均一寸五分。耳上各開梒口，深一寸。車軸長八寸，圍大七寸，一頭置小鐵條，擱梒口(二)[上]，一頭置鐵拐把，長一尺。車圓徑三尺五寸。車標十根，長一尺七寸。車盤圈竹片二塊。鴉雀口二十箇，長六寸，大均一寸。用皮絃一條，套篽子五箇，圍繞車輪，以右手摇車，左手牽絲。

挂絲架

法作四條木架一箇，長寬均三尺三寸。置鐵絲圈五箇，繫於車前，高五尺。篽筒前置水盆一箇。先以水池泡透幔架，將經絲挂入鐵圈，再壓入水盆，搭上篽筒紡之。

摇篽車四川式旱紡

摇篽車，倒紡車也。分爲三次，一次倒絡子絲，二三次倒幔架經絲。車座長方形，四脚四撐，座長五尺。檔寬一尺三寸，高六寸。座前置堵水板一塊，高二尺五寸，寬一尺二寸，厚六分。板上開梒口，長一尺八寸五分，寬九分。每邊置竹榪子五塊，共十塊。下置斜水桶一箇，長一尺四寸，寬一寸五分。梒口前置小竹棍，名將軍柱，長二尺六寸，以管線絃。座中間置車架耳二箇，高一尺五寸，寬厚均七分。耳上開梒口，深一寸。車軸長九寸二分，圍大七寸，一頭置小鐵條，擱梒口上，一頭置鐵拐把，長一尺。車圓徑四尺二寸。車標十根，長二尺，寬厚均一寸七分。車盤圈竹片二塊。鴉雀口二十箇，長六寸，大均一寸。用黄蠟線絃五條，套篽子五箇，圍繞車輪，以右手摇車，左手牽絲。

掛絲竿

法用竹竿一根，如酒杯大，長一丈。穿鐵絲圈五箇，繫於車前，高五尺。先以池水泡幔架，不用水盆，將經絲挂入鐵圈，搭上篰筒紡之。

掛油繩

油繩，牽轉幔繩也。挂於車之外手撥頭上，一邊穿馬耳朵，搭油轆轤上。抬轆轤挂於幔架，回繞連絡一周，但能轉幔，不能成交，必須另置交繩，故多一法也。

挂交繩

以交繩挂於裏手車軸上，直穿馬耳朵。環挂交轆轤連絡一周，使交繩動，則交棍、交板、龍竿竹三處皆動。摇一周，使一推一回，則經自擺動成交。

挂車絆

以線帶挂於車盤，直壓入盪板，前挂引頭絡，一上一下，夾帶篰筒，使其往來牽轉，可紡經五十箇，亦善法也。

扛車

摇經車，既紡而後湅，既湅而後染，則經之費力也。若扛車，則不用紡，只須扛以成交，即便於染，是扛專爲生緯而用。車架四腿八撑，長三尺。後用車架耳二根，高二尺三寸五分，寬四寸，厚一寸，上開耳口，深三寸，寬二寸。前左腿高二尺四寸，倒寬二寸，倒厚一寸二分。前右腿高一尺九寸八分，寬二寸，厚一寸。上安交轆轤一箇，長二寸七分，徑七分。中穿立木，死軸長三寸，下墊木元一箇。又左腿右轤上，置撩眼竹一塊。一頭釘緊，一頭須活，長三尺四寸，寬一寸半，穿眼十四箇，距二寸一箇。車軸長三尺五寸，徑二寸半。軸頭置雲頭一箇，徑六寸，厚一寸二分。車軸五腿十撑，腿長二尺四寸五分，寬厚均一寸。輪徑一尺六寸，木拐把八寸。外手架之中，置立木一條，安小滑車二箇，用交繩一圍，一頭挂雲頭，從二滑車之間穿過，前挂轆轤。手摇拐把，令撩眼來回擺動，以扛緯成交，可扛緯十三束，即倒絡子絲十三箇也。

緯車

織必用緯。其法用細竹筒，壯如筯子，長三寸，貫在緯車鐵定之上。用絲籰二箇，以水潤溼，將二頭提起，穿過竿上鐵環。以右手攪輪，左手捻摇絲頭，纏在緯筒上，約如大指壯，便可卸[下]。緯車之制，兹不詳註，見圖自明，但輪徑一尺二寸爲則。緯筒已就，然後貫在鐵梭內，穿經往來，自成錦繡。

脚踏紡車

繅軖紡車，乃織具之先資。繅軖已備，始可以言紡車。凡繭子破頭者，繅絲不利者，並出蛾之空繭，均可製造上紡車成線，然後可授機杼，則繭綿力勁芒長。扯之不利，必須用脚踏轉車，一手執繭，一手扯絲，方能成線。其制，用木造成地平方架，長二尺五寸，闊一尺五寸。於二尺五寸中間，安一方木樁，高三尺，徑二寸半。於近上三寸處，安一横木，長五寸，徑一寸五分，此是安定處。若欲紡綿安二定者，横木宜闊三寸，立樁亦宜闊三寸。若欲安三定，横木當闊六寸，樁亦闊六寸。稍頭留寸許，安一立木牌，高二寸，厚七分，闊與横木齊，上刻一小口如豆大，如欲安二定者刻二口，以容鐵定項。對牌口後樁上鑽一孔，内棲細鐵筒，約深三分。以容定尾。定長一尺，中間硬安一本轂轆子，長二寸，徑一寸。周圍刻渠子二道，以承轉絃。樁下離地八寸，安一鐵軸，長九寸，大如小指。軸上貫一車輪。其制用木版六箇，均長一尺四寸，厚七分，闊一寸二分。以三版正中斜鋸扣子，硬安成輪子，以二輪相去四寸，中安木撑梲六箇，便相合成一輪。周圍用皮絃攀緊，以承轉絃。絃用線繩一條，用蠟揨過，壯如錢繩。將輪與定攀住，令其活轉。又在前面地平木上復安一横梲，長與地平木等，闊二寸半，厚一寸半，兩頭用立柱，高二寸。梲中間安一鐵橛，大如小指，長六七分，以承脚踏板。形如鞋底，厚一寸。中間刻一小窠，如指頂大，深二分。活安在鐵橛上，令其活動。板一頭中間安一鐵攪杖，壯如細筆，管長六寸。攏於輪板近軸處孔內。孔係輪上預先鑽下，去軸寸半。其制如此，用脚踏紡之。

水紡類

水紡摇經車江浙式

紡以水名，重淘洗也。因潮重風燥，水性帶泥，濁塵易沾，故倒經必過水盆，摇經必過水鼓，所以倒洗三次，摇洗亦三次，是紡中洗經則易浄，經必溼紡則愈緊，色自鮮亮。前幔座如三角形，可紡篰子五十箇，有花幔、筒幔之分。花幔是五架，筒幔是一架。頭紡、二紡用花幔，三紡則用筒幔。頭紡只紡一根絲，二紡以兩根絲合紡，三紡則再催緊練也。所有大小紡具，開列於後。

馬腿木，四條。高四尺，寬厚均二寸，檔寬二尺一寸。

横撑木，底二條，長二尺五寸，寬厚均一寸六分。上四條，下長一尺一寸，上長六寸五分。

大盤摇，木二條。長六尺四寸，上置管絲竹釘，每邊七十六箇，兩邊共一百五十二箇。

小盤摇，木二條。長六尺四寸，以過經絲。
盪板，棗木二塊。長六尺四寸，寬二寸，高三寸，檔寬一寸。横撑四根，長三寸。板上一半鋸釘棆口，一半穿釘眼，上各二十五孔，下各二十五孔，兩塊共二百眼，可以互翻使用。
管絲釘，用竹壯如箸大，長三寸，每邊七十六箇，共一百五十二箇，管壓經絲。
水鼓轆，大竹二塊。長七尺二寸，徑四寸，置馬腿下兩旁，內儲清水。各用壓水柱一根，長六尺四寸，以壓經入水，紡過色亮。
摇柱，竹二根。如指大，長六尺四寸，去水柱一尺三寸，以托經絲。
龍竿竹，一根。置幔架中，長六尺四寸。管兩邊經絲，使勿攪亂。
交棍竹，長六尺四寸，令經擺動成交。
交板竹，一根。長三尺，外釘竹板，長一尺一寸。穿眼三十六箇，釘在交轆上。
木紗帽，二箇。高八寸，上寬二寸。開棆口，深一寸五分，寬七分，下寬二寸九分。開斜口，卡馬腿上，長三寸，以支幔架。
花幔，五架。每架長一尺五寸，徑一尺六寸。四腿四撑作十字，架中穿方孔，頭紡、二紡用之。紡成，置水池泡透。幔軸一根，長六尺四寸，方一寸九分。兩頭置鐵箍鐵棍，一頭作十字木長一尺五寸，外安活牙在條，管住穿花幔，擱紗帽上。
筒幔，一架。六腿六撑，共三十撑。長六尺四寸，徑一尺六寸。活腿一根。四撑長一尺五寸，以便卸經，三紡用之。
車柁底木，二根。長二尺九寸，方四寸，檔寬一尺二寸，要大兩頭小。
車架耳，二根。高三尺三寸，寬四寸五分，厚二寸八分。上開棆口，寬四寸五分，深五寸，以架車軸。
頂横撑，二根。長三尺八寸，檔長三尺二寸，以連架耳馬腿。
頂撑樁，二根。高二尺二寸，寬四寸，厚一寸五分。
車軸，長三尺，圍大一尺七寸。
撥頭，二箇。圓形，徑三寸五分，厚一寸五分，穿在外手車軸。
木拐把，長一尺四寸，以摇車輪。
車標，十根。長三尺二寸，寬厚均八分。
車輪，圓徑六尺。
耳盤竹，二塊。寬八分。
鴉雀口，二十箇。長六寸九分，寬厚均一寸。
交轆轤，一箇。大二寸五分。
油轆轤，四箇。均大一寸五分。
馬耳朵，二箇。長五寸，寬三寸，厚二寸。內安活鼓轆繫撑樁上。
交繩，一根。長九丈，大如小筆管。套車軸交棍，令經成交。
油繩，一根。長一丈八尺，大如指。套車軸幔架，一摇全動。
引頭絡，一箇，即絡子。穿小竹繫於盪板前馬腿上。
車絆，用線帶長三丈五尺，套大車盪板，引頭絡環繞一周，摇拐把，則全車皆動。
線筒子，線長七十丈，摇經計數也。
紡絲釘，平列盪板上。兩邊每邊二十五根，共五十根。每根粗鐵絲長七寸。一頭穿小竹管，長一寸，一頭穿篰筒，長二寸五分。
分交針，二枝。細竹，長六寸。

旱紡類

旱紡摇經車四川式

紡而曰旱，用水少也。因天氣温和，水不夾泥，室不起塵，以細毡片泡水，搭於水淋竹上，令經絲擦過，所以去盡污濁，而求純潔，愈溼愈净愈緊練也，色自鮮亮。前幔座如三角形，可紡篰子五十六箇，有花幔、筒幔之分。花幔是四架，筒幔是一架。頭紡、二紡用花幔，三紡則用筒幔。頭紡只紡一根絲，二紡以二根絲合紡，三紡則再催紡緊也。所有大小紡具，開列於後。
象腿木，前後共四根。高四尺，寬一寸七分，厚一寸四分，檔寬二尺三寸。
横撑木，前後共四根。底二根，長二尺五寸，寬一寸七分，厚一寸三分。上二根，長四寸八分。
水淋，二根。長六尺，寬一寸五分，厚七分，以托水淋竹。
水淋竹，二塊。長六尺二寸，寬二寸五分，以搭溼毡，可托經絲，兼能洗滌。
門坎，二根。長六尺，寬一寸五分，厚六分。每根上置竹釘一百箇，以管經絲，使勿攪亂。
攪絲竿，二根。長六尺，以壓經絲。
坡瓦，二根。長六尺二寸。每根置竹釘一百箇，亦管經絲。
盪板，一副。長六尺，寬四寸。上置竹楔子兩排，一邊五十六塊，共一百一十二塊，兩邊共二百二十四塊。一半開桊口，一半穿小眼。檔寬二寸三分，平列篘筒。

撩眼，一塊。用竹長六尺，作眼五十六箇。管經絲，以免散亂。

起絲竿，一根。長六尺，如指大。管兩邊交口。

天平竹，一塊。横拱絲竿之中，使經絲成交。

交棍竹，一根。長三尺一寸。前挂天平上，後置交滚上。使一推一回，令經絲成交。

木紗幔，二箇。安夾象腿上，高一尺一寸，寬三寸五分，卡口斜深三寸。帽頭各開桊口，深一寸五分，寬七分，擱幔架。

花幔，四架。六腿五橕，長二尺五寸，徑一尺六寸。架中作方孔，頭紡、二紡用之。幔軸長五尺一寸，寬厚均一寸三分。

筒幔，一架。六腿六撑，共十八撑。腿長五尺，寬厚均一寸二分，圓徑一尺九寸五分。活幔腿一根，三撑，長一尺一寸，以便卸經絲。

車托埿，二根。長二尺五寸，寬五寸，厚一寸五分。

車架耳，二箇。高三尺二寸，寬五寸，厚二寸四分。上開桊口，深四寸五分，寬三寸一分。

車軸，長三尺二寸，圍大一尺二寸。

活頭，外軸頭用破鞋底縛之，以轉幔繩，取其活便不滯。

木拐把，長一尺四寸，以摇車輪。

車輪，圓徑六尺四寸。

車標，十根。長三尺，大六分。

耳盤竹，二塊。寬七分，圈以爲輪。

雅雀口，二十箇。長七寸，寬七分，所以撑輪。

攪滚，一箇。徑三寸五分，厚三寸。

交滚，一箇。徑一寸八分，厚三寸。

趕路滚，一箇。徑七分，長二寸二分。軸棍竹長一尺九寸。

抬滚，一箇。徑二寸五分，厚一寸九分。

龍門柱，四根。高二尺二寸，如指大。

幔繩，一根。用麻繩套活頭，繞交滚四箇，拉幔架一摇全動。

猫耳頭，一箇。長一尺，大二寸五分。穿幔繩上。

滑車，一箇，即絡子。

麻辮，一條。長三丈，圍套車輪及盪板。滑車一摇，拉動篘子。

管子釘，平列盪板楞上。每邊二十八根，長七寸，以穿篘子。

線筒子，六百五十轉，約九十丈，紡經計數之長短。

分交鍼，一枝。用竹長六寸。

挂交繩

以交繩挂於活頭上，一邊穿貓耳頭，繞交滚、趕路滚上。抬滚托起，挂於幔架，回繞又挂象腿底邊大攪滚上，連絡一周，一繩而兼兩用。可令幔轉，可令交成，此省便法也。

挂麻辮

以麻辮挂於車盤，直壓入盪板。前挂滑車，一上一下，夾帶篘筒，使其往來牽轉，能紡經五十六箇，用力少而成功速，此善法也。

衛杰《蠶桑萃編》卷七《織政》　機具類

花素機

花素機制，審度合宜，可織素，亦可織花。雖云形下者謂之器，而化裁之變，神明存乎其人，即小足以見大，亦格致之理所必及焉。如寧綢用六範六棧，貢緞用八範八棧，變用在人，不拘一格。凡可通用之器，悉爲開列，以備查覽焉。

排檐，二根。長一丈零五寸，寬三寸二分，厚二寸五分。居中挖剪槽二箇，以備放剪子。後架敵花，前連機身。

檐腳，二根。管架排檐，高四尺三寸，上寬四寸，下寬三寸，厚一寸六分。

檐腳盤，兩柁兩橕。以托排檐、敵花，平穩不動。

敵花，捲經絲用，兩頭穿檐腳上圓孔内。橕長三尺八寸，兩頭小。軸長五寸七分。

羊角，二箇。每箇八角，置敵花兩頭，放敵花則拉，不放則不拉。

打角方，一根。長四尺五寸，大一寸五分見方，横欄羊角。

老縮繩，二根。套羊角用，使打角方一拉一縮，擱住羊角。

以上係排檐機具。

機身，二根。中架機腿，前擱平地。長九尺五寸，寬三寸五分，厚四寸五分。

機腿，二根。架排檐，機身相連。高二尺三寸，寬五寸五分，厚二寸五分，含口深四寸七分。

狗腦，二箇。管穿鋸頭之兩頭，上高五寸，寬五寸，厚三寸二分。下笋長七寸五分。居中打眼，大二寸五分。

鋸頭，一根。捲綢用，擋長三尺九寸，圓周一尺四寸，兩頭小。軸長四寸五分，穿狗腦上。

公母筍，係排檐機身。兩頭相連，必須用公母筍，方不移動。

花門，二根。置機身上，長五尺，大一寸七分見方。

坐板，一塊。廂撒二箇，架坐板，或高或低。

樓柱，四根。置機身上，以起花樓。

横擔，四根。

蓋頭，三根。頭根蓋花門，二三根蓋樓柱，均長四尺五寸，大一寸八分見方。

燕翅，二根。管提花坐位，長五尺六寸，大二寸二分見方。

横擔，一根。兩頭鬪燕翅、小排檐四箇、枕頭四箇，均在燕翅上。八字樘二根，樘燕翅下大坐板一塊，擱燕翅上。

以上係機身樓柱機具。

花樓柱，二根。高六尺，大一寸二分見方。

夾木，二塊。夾花樓柱兩邊。

椿橙蓋，一根。壓花樓柱，長五尺六寸，大二寸見方。

花雞，一根。管花線上下靈動，使不損壞絲線，長四尺三寸，大一寸見圓。兩頭用鐵箍二箇、圓鐵條二根，長四寸。

魁挑橙，二箇。穿花雞用，長五寸，寬六分，上下穿眼。

花綳，二箇。每箇打圓眼二箇，長七尺。花朴眼每邊五箇。花朴一枝。

撇紋竹，一根。使勿撲人腰前，提花省力，長六尺。

千斤筒，三根。以繩套椿橙蓋上，管托紋數十斤之力，長一尺七寸。

龍骨，四根。管鎖紋線不亂，長四寸四分。

以上係花樓柱機具。

提花線，分二節。上節爲紋，長八尺二寸。雙線套一千二百根，每一根，或套三根，或套四根，隨時計算。下節爲猪脚線，一千二百根，雙長二尺，每根縋竹籤一根，共猪脚一千二百根。

脚子線，即花本線。長二丈，共六百根。過線，長三尺，按花計算。

起撒竹，十四根。管紋線分左右不亂，長二尺二寸。下有搭脚橙一根，長六尺。

架花竹，上架下托，以托花本線，上下以繩拴之，上五根，下四根，前四根，前後與機同長。江繩一根，比花本線長數尺，穿花過線用。

以上係提花線各物。

立人，二根。高二尺二寸五分，寬厚均三寸五分。上開獅子口，深四寸。打圓眼二箇，穿撞竿二根，中釘貴連二箇。又架撞機石二塊，每塊重二十斤。

海底，一根。長四尺，寬厚均三寸。兩頭置小鐵條，長七寸。

立人盤，二根。長一尺四寸。有三橙，可上可下。横樘二根，長四尺四寸。抵盤石，兩邊皆有。仙人木二根，仙人紋二根，緊拴立人架，使不前走。貴連二塊，高七寸，寬三寸。

撞竿，二根。長七尺七寸，寬厚均一寸五分。一頭削薄，長一尺，穿立人獅子口內，閂立人朴二箇，朴長一寸八分。一頭名筆頭，與框挨連入喜雀窩上。竹撬四箇，名管梢。

蝦須繩，四根。於筆頭上打眼二箇，套蝦須繩與框相連。

框，二根。長四尺四寸，高五寸二分。上下框之寬厚，均一寸五分，框係裝絲篾用。底條一根，長與機寬同，以托經平穩。

牛眼珠圈，六箇。必須檀木作之，以穿框繩。

吊框繩，二根。來回三套，吊框可上可下。

鋸齒，一條。長一尺五寸，共十五齒，以木作之。安左邊撞竿上，居中釘之。

以上係立人各物。

三架梁，一根。安弓棚用，長五尺九寸，寬厚均一寸六分。

高梐，一根。托三架梁用，長二尺八寸，上大，寬一寸八分，下小，寬一寸五分。

矮梐，一根。托三架梁用，長二尺四寸，上大，寬一寸八分，下小，寬一寸五分。

雞冠一塊，托三架梁，係活筍，可上可下。

豆腐箱，一箇。釘弓棚用，四方形，大二尺。

弓棚篾，六條。居中打眼，釘豆腐箱上，兩頭打眼，穿人字繩用，長三尺八寸。

弓棚繩六根，人字繩上，有檳榔竹六箇，挂棧用。

寧綢棧，六扇。棧線套下口。

趕著力，一根。長五尺九寸，寬厚均一寸六分。

鴿子籠，六箇。安趕著力上，高六寸七分，口深二寸五分。

穿心幹，一根。長一尺九寸。

鸚哥，六箇。入鴿子籠內，以穿心幹穿上。長三尺，中間打眼處寬二寸，兩頭寬各一寸。

菱角鉤，六箇。挂鸚哥尾鐵扣六箇之上。

鉤篾，每邊六條，共十二條。長三尺，緺範子用。

寧綢範子，六扇。線套上口。

以上係三架梁各物。

穿心釘，一根。穿橫眼竹用。

橫眼竹，六根。上拴鸚哥，下緺腳竹。老鼠尾二條，一長一尺六寸，一長一尺四寸五分，釘左邊機身子下。

廂板，二箇。長二尺，寬一寸，管棧範不動。

腳竿竹，六根。套橫眼竹下，按一二三四五六順踏。

扒攛竹，一根。攛範子用。攛棧竹，一根。攛棧用。

天平架，一箇。釘右邊機身子下，架橫眼竹，高一尺五寸五分，寬一尺五寸。

釣魚竿，一根。長三尺二寸，閂搭馬用。

將車柱，一根。管搭馬不往前去。

搭馬，二塊。管框子懸空，不往下走。

打經板，一塊。兩頭打眼，用繩穿入，下緺秤柁石二箇。

拽放繩，一根。織好一段，以手拉繩，放敵花用。

緯棚，一塊。上下打眼六十箇，插管用。

攪尺，一根。長三尺。麻辮，一根，長五尺。管機上力之鬆緊。

量天尺，一根。攛花用。

扶邊繩，一根。長六尺，兩頭緺石二塊。

豬腳盤，五根。分豬腳線用。

海棒，四根。長二尺，一頭削尖，一頭打眼。拴在橫擔上，如查經斷處，以便分開用。

花素緞機寧綢四川式

寧綢以緞機名，可織寧綢，並可織緞，機制能通用。長一丈七尺二寸，分爲兩截。上截在平地，下截在炕上。先掘長坑。一深四尺，寬四尺，墜綵籤處也。一深二尺，橫寬四尺，踏竿處也。機上器具不一，各有名號，不至混淆，附開於後。

上排檐，二根。長八尺三寸，寬三寸五分，厚二寸五分。

撐椿，二根。高三尺二寸，寬五寸五分，厚一寸七分。

橫撐，二根。檔寬四尺四寸。

撐心，一根。捲經絲用，長四尺七寸，中檔大二寸五分見方，兩頭圓軸大二寸。

雲頭，二箇。安撐心兩頭，大一尺三寸見方。

以上係上排檐機具。

下排檐，二根。長九尺，面寬四寸三分，厚五寸。

腰機腳，二根。高二尺六寸，寬厚與下排檐同。上開含口，深五寸，寬三寸三分。

馬頭，二箇。穿懷輥用，高一尺四寸，寬六寸，厚三寸二分。圓孔大三寸，下有海底釘四箇。

懷輥，一根。捲織綢用，長四尺五寸，中檔長四尺，大四寸四分。輥軸兩頭，每頭小三寸八分。

紮伏，一根。紮入懷輥，上管壓綢頭，並無痕跡。

以上係下排檐機具。

闖門柱，二根。高五尺，寬厚均二寸。

橫帽梁，一根。長五尺，寬二寸五分，厚二寸。檔寬四尺四寸。

鎖腳撐，一根。長六尺，寬厚一寸五分。筍眼八分見方。

以上係闖門柱機具。

四柱，四根。置下排檐上，以起花樓。高四尺六寸，寬厚均一寸九分。橫檔寬四尺四寸，直檔寬二尺，以高低平分。

活龍圈，二根。長五尺，寬二寸三分，厚一寸八分。橫撐二根，長二尺四寸。

冲天柱，二根。以起花樓，高七尺，大一寸三分見方。

天平，一根。置冲天柱上，長二尺九寸，寬二寸五分，厚一寸八分。

丁丁貓，二塊。穿天平上，以挂花扒，長二尺五寸，寬一寸一分，厚二分。

龍桿柱，四根。竹爲之，附於四柱。

花角子，二根。係圓木棍橫安花樓兩邊，兩頭用鐵箍鐵心。

花耳子，二塊。小鐵板長六寸，每板小孔八箇，置花樓柱內。

踏腳板，二塊。用木隨作之。

以上係四柱機具。

立坐，二根。高三尺七寸，厚三寸，上寬六寸五分。開含口，深六寸，寬一寸三分。居中打圓孔，安立坐木釘，以管撞桿。又底下寬三寸。

拖坭，一根。擱年扭上，長四尺，寬厚均二寸八分。兩頭安指大鐵心，長六寸。

年扭，二根。每根長四尺，作十六橙，共三十二橙。一頭抵土地石，一頭安腰機腳梭槽之上。槽長九寸，如倉殼子。輕則往下移，重則往上移。又年扭上安見方水平，長與檔同，大小隨用。

撞機石，二箇。拴立坐上，長六寸八分，寬厚均二寸五分。

撞桿，二根。穿立坐上，長九尺，寬厚均一寸四分。桿頭穿眼四箇，每眼相去四寸。

倉殼子，二根。投撞桿於倉斗子上，均長四尺五寸，大一寸五分。中間安篋，如寧綢篋齒一千三百根，每孔裝經八根，共一萬零四百頭。

以上係立坐撞桿倉殼子機具。

天橋，三根。長六尺，寬厚一寸八分。

立人，二根。置天橋上，高九寸五分，寬二寸七分，厚一寸五分。作圓孔，徑一寸三分。

穿心，一根。長三尺五寸，大一寸。

梃木，一根。安立人上，長三尺二寸。

木鵰，四根。長三尺二寸，貫入穿心木上，兩頭寬一寸二分。中間圓處，寬二寸五分，作孔，大一寸五分，內穿鄉約三箇，間隔木鵰，以免相揰。木鵰兩頭安雙秤鐵鉤。

八字篋，八條。長三尺八寸，寬五分。上挂鐵鉤，下套繩子。

範子，四扇。每扇逛腿二根，共八根，吊八字篋上。範高二尺六寸，寬三尺五寸。線套上口，係織素而不起花。

鳳尾篋，四條。長五尺三寸，寬四分。每篋穿眼三箇，可高可低。上挂木鵰，下吊橫腳竿。

橫腳竿，四根。長五尺二寸，大一寸。

母倒挂木，三條。釘在下排檐左邊，吊鳳尾篋。高八寸，長二尺一寸。

公倒挂木，三條。釘在下排檐右邊，管橫腳竿。高一尺八寸，長二尺三寸。

順腳竿，四根。長六尺，大一寸。一頭吊橫腳竿下，一頭置猫耳洞內。織時按一二三四順踏。

千斤椿，二根。管順腳竿，左邊安登雲石，右邊安踏腳石。

門坎木，一條。管花長短高低之用。

坐機板，一塊。或上或下隨用。

攪齒，一箇。或鬆或緊隨用。

弓棚篋，八條。釘在豆腐匣上，弓背長四尺二寸，寬一寸，弓絃長五尺二寸，寬四分。

棧楔子，八箇。管棧上下，以繩套上。織花則扣楔，織素則放楔。

棧，八扇，腿十六條。高二尺二寸，寬三尺三寸，用繩吊弓絃上。棧線套下口，管起花時，將經壓下去，以免漏花。

趕棧棒，一根。長三尺，大一寸。管移推弓棚，或上或下。

夾扦竹，八根。管棧範分勻，不至擁擠。內穿竹筒八箇，名鵝頸項，均擱在子排檐上，係置右邊下排檐之裏。

雙筍，一根。長大與檔同，管機張棧範，以鎖定爲主。

以上係天橋上下相連機具。

上纅盤架框竹，二根。長二尺，各有圓眼二十四箇，大一寸二分。纅竹二十四根，如筆管大，長二尺二寸，以分紋線。

騎馬竹，一根。管二則龍花來去不亂。

定籤竹，一根。管來去圓花邊花不亂。

下纅盤架框竹，二根。長三尺五寸，各有圓眼二十六箇。纅竹二十六根，長二尺三寸，管分下纅線。

排纅竹，四根。分中纅線四疋。

纅交竹，四根。管纅不亂。

以上係纅盤相連機具。

提花線，分爲四節。頭節爲紋，長七尺，如寧綢紋三百四十根，每一根套中纅線四根。二節爲柵欄子，雙套分兩股，一長五寸五分，一長三寸。線共六百八十根，每一根下套中纅線兩根。三節爲中纅，雙長二尺九寸。雙線套，共一千三百六十根，每一根中纅提經線，有提八根，有提六根，合算分用。四節爲下纅，雙長二尺六寸，線共一千三百六十根。纅籤一千三百六十根，長一尺七寸，以縋中纅。

以上係提花線相連機具。

倉吊繩，二根。提倉殼子。

木金錢，三箇。套倉吊繩，來回三套，可上可下。

走引子，置天橋上，可上可下。

催機棒，一根。以打走引子，或上或下。

猴子石，一箇。木石皆可，長一尺，寬三寸。猴子繩一根，拉範子上去。回頭繩一根，拉範子下去。

攪齒繩，一根。長七尺，名便繩。

攪繩，一根。長三丈八尺。

象鼻子，釘在左邊下排檐外。

金剛圈，一箇。羊蹄子，一箇。挂雲頭上，用攪繩，上套羊蹄子，中套金剛圈，下套象鼻子，來回，上三套，下二套，拉上繩則攪鬆，拉下繩則攪緊。

彈條，一根。用竹蔑，管走引子，使不下墜。

底條，一根。管梭子來去光滑。

以上係運動機張器具。

抵機石。

支機石。

倒挂石，管接頭少線。

邊墜石，管邊勁之大小。

機擔石，二箇。管棧範來去。

梭子，分彎直二樣，以直爲上。兩頭用鐵，中安檀木心，穿緯管線。

刮子，用膠板一塊，刮磨平順。

鑷子，出江南者佳。

剪子，同上。

法竿子，接頭使用，全仗此力。

交帶子，拴交牽經使用。

倉撇子，管交口大小。

過江繩，按棧使用。

吊機繩，了機使用。

接頭繩，接經頭用。

挽子繩，踏花使用。

鬆緊繩，織摹本用。

絆馬繩，管花不漏。

月亮繩，搭花扒用。

五星繩，踏範子織用。

撐斤繩，管花線高低使用。

理娘繩，用絲作，練梭子用。

大即繩，用絲作，分邊用。

長短繩，記織貨尺寸。

搭汗布，護綢緞用。

撐漿布，護顔色用。

交棍竹，通交使用。

蓋挽，捲經蓋線尾用。

竹腳，接頭取其齊截。

排尖，因斷線頭分界用。

千里竿，管經頭增減用。

兔耳，管邊線齊截發亮。

扶梭板，管梭子勁道。

扶撐，護箴護梭，並管寬窄用。

邊扒，捲邊用。

影紙架，管看經緯，考察毛病。

紮伏，壓經綢兩頭，令捲齊。

文刀，裝金貨用。

銅杖，二根。捲綢緞用。

邊梳，小木板，有小孔數十，穿邊線，以免混亂。

推邊柱，看邊斷否。

梭鉤，梭子墜地，用此鉤之。

提籤，二根。管交棍移不傷線。

浣花緞機四川式

機制器具通用寧綢機，不必再列，祇敍範棧不同之處，以備博覽。浣花機用八範四棧，寬二尺，高長與寧綢範棧同。範線套上口，棧線套下口。頭一千八百根，係雙牽經。篾九百齒，每齒裝頭二根。踩竿八根，頭一花整，順踏兩回，倒踏三回。兩輪三摸二花破，織訣也。由左向右仍照前，順踏兩回，倒踏三回。

巴緞機四川式

機制器具，可通用寧綢機，用六範四棧，寬二尺二寸。範線套上口，棧線套下口。雙牽經三千頭，篾一千齒，每齒裝經三根，共三千根，單牽共六千根。踩竿六根，來回踏，有素織、花織之分。素織一人，花織二人。

機上各物名目附

各機寬窄不同，南北樣式各别。機上各物名目，各處呼喚亦異。大約俗名甚多，不能盡證於古，今就西蜀匠頭所述，貢緞寧綢大機諸零件，開列於後。

上排沿，下排沿，大機分二截，此爲機身。邊框在前爲上排沿，在後爲下排沿，又名頂根。

關門柱，織者坐於方架之下，關門柱即左右兩木。

火龍圈，即花樓上盤。

四柱，即花樓四根立柱，在火龍圈下。

天橋，三木豎安名天橋。架弓棚，並安走引横木，内有一木，係安立人以貫木鵰之板。

木鵰，係横木板四塊。長約三尺，梢上有鉤。上綴繩篾，所以扯腳杆上下。

立人子，天橋上前後立木。

穿心，係木棍一根。長約二尺，從木鵰板中穿過，前後入立人。

沖天柱，花樓上立木二根，爲沖天柱。

天平，即花樓上横木。

龍竿柱，左右四根，附於四柱。

花耳子，小鐵板兩塊。長約五六寸，貫花樓柱内，每板有小孔八箇。

花角子，係圓木棍。横安機樓兩邊，出鐵條長約五寸。

上綷盤，拉花方架。在機樓上，中安圓竹棍二十四根。

下綷盤，亦拉花方盤。中貫各線，竹棍二十八根，分各線，提花用。

八字篾，八根。提範子用。

鳳尾篾，綴於木鵰之梢，共四根，所以提下面横杆。

彈條，竹篾一根，長約四尺，有繩拴吊立人。

排綷竹，四根。將綷分爲四格。

綷交竹，在排綷竹之下。竹四根，與排綷竹相應。

腳杆子，四根。另有横腳杆亦四根，上連木鵰。

猫耳洞，即織者坐處。腳後有洞，以安置腳杆之處。

千斤樁，即安腳杆之橛。

交齒繩，所以司經線鬆緊。

車筒，即運經後，將經線捲起之木轅。

馬頭，係四方立木，所以安車筒軸者。

坐板，織者所坐之板。

扶寸，竹片二根，視綢面寬窄爲之。織時綳在綢之下面，可以令綢伸展。竹片兩頭，均安有鐵針。

扶梭板，即杼兩頭之板。

篾，一名杼。

年牛，機下大木二根，在上排沿之下。左右有齒，均十七等，所以安立坐處。

寸樁，大立木二根，在機身居中之處，立於兩邊，所以安上下排沿者。

雲頭，捲經木轅兩頭所安之四缺方木。

蓋挽，即捲經軸上所附之木條。

交帶子，理交口用。

法竿子，理大小交。

綷籤，墜線用。

影紙架，四方架，安經線之下，有交口處。上鋪白紙，或白洋布，可看經線是否條順。

月涼繩，有此繩提花，各線可以不亂。

灣子繩。

接頭繩，經線將次織完，另上經線，以舊頭接新頭，非此繩不可。

吊機繩。

裏娘繩，有此繩打交口，不至損傷經線。

鬆緊繩，經線鬆緊，全在此繩。

過江繩。

回頭繩。

花繩，有此繩提花，可以清疏明白。

交繩。

雙筘，分界口。

腰鷄脚，可看歪斜。

便繩，可看綢是否平亮。

猴子石，交口來去，必須此石。

弓棚，經線上下須用之。

弓棚篾，提花輕重，經線不至受傷。

弓絃篾，隨弓棚篾來去。

蘸馬子，小竹片，長約二尺，繫於提蘸之繩。

影紙，看經線是否條順，用白洋布亦可。

梭鉤，梭子墮地，用此拾之。

鷄旦石，司杼遠近。

立坐釘，倉殼兩邊之長木條。通入立坐，須用釘貫之，可以活動。

長短繩，試所織尺寸。

兔耳，有此可以邊亮整齊。係竹篾圈，安在上邊横梁。

推邊柱，看斷邊不斷邊。

邊梳，小木板，長二三寸。上有小孔十數箇，所以穿邊線，以防混亂。

邊扒，四方木框，上纏邊線。

邊墜石，挂在邊扒，令分兩稍重，故以石墜之。

提簽，二根。分交棍挪移恐傷經線，須以此簽向前蕩之。此簽必須光滑。

抵條，倉殼内有横木一條，緊靠杼身。

倉別子，管倉殼之繩。用小木簽別之，以便交緊。

倉殼子，裝篾用。

木金錢，拴交繩木圈。

走引子，在天橋上。

挺木，穿心上有木一根，名挺木，可令穿心棍有力且牢。

催機棒，用短木棒，長可三尺，用推走引來去。

千里竿，用此接取各物，亦梭鉤之類。

鵝頸項，管蘸光二腿界口。

排夾，分離木鵰，令其活動。

竹脚，管花麻不麻。

搭汗布，護綢用。

襯漿布，護綢用。

登雲石，可看織梭有無準則。

懷輚，捲綢横木，一無寸心。

蘸光，二腿，即蘸邊框。

紫排沿，托夾桿竹用。

碱槽，係竹管一根，破去上面，横安機下，擱零星物件。

土地石，頂年牛，必須此石。

公倒挂，母倒挂，横脚桿四根。一頭出於機左，一頭出於機右。在左邊所托之木架爲母倒挂，在右邊所繫之木架爲公倒挂。

範梁，即範子上横木。

立坐，即機中間大木架，下安於年牛者。

範蘸，向上提者爲範子，向下壓者爲蘸。

花扒，小木板，長約八九寸。上有小孔四箇，所以於花樓上提搾線者。

釘二毛，花樓高處，安長板二塊，名釘二毛，所以架花扒者。

象鼻子，所以管交齒繩鬆緊。

羊蹄子，挂雲頭上，管交齒繩鬆緊，内有滑車。

金剛圈，拴交齒繩用。

以上機式各物名目全。

工藝類

梭織

經縷捲在縢子上，可授機杼。機制甚多，工藝須巧，只就簡便機言之，亦能織緞綾綢絹紗羅，但其制難以筆罄，故列圖於後，就圖詳解尺寸，業織者自能一見了然。織時將經縷根根穿過綜環，綜俗呼爲繒。其制用木五根，徑六分，造成方架，闊長各二尺。中安一梁，二人對坐，以綜線二環相套，縛於架上。或一千，或一千五，或二千，足數而止。再用細竹竿二根，大如小指，長二尺二寸，將綜線兩邊領起，卸去綜架，挂在機頂羅麪桄之上。每綜一付，下用脚竿棍一根，安在機之中間，以便躡交。若織無花絹縑，只用綜二付。若織提花綾緞，將綜線縛於範架之上，用十付，下用脚竿棍十根。又將渠線從花樣中穿過，挂於花樓之上。

花之式樣，隨人所便。江南織工，以絲線盤結而成者，其價，上好花樣三兩有餘，其餘小花不過一兩有餘。織時，一人坐在花樓之上，手提渠線，一人坐在捲幅之後，以腳次第躡竿，旋提旋織，自然成花。又將經縷前後二根，相並穿過筬齒，以數絲拴一結，復貫在小竹棍子上，長與捲幅齊，牽引經縷，縛在捲幅之上，兩邊再拴邊線十二根，織下另挂邊線，緯束經線窄小，必不能織，須用雙絲合成壯線。經挂拾交如上法，收在邊籰之上，在後邊右樁外側，錠一鐵環，將邊線從環中穿過，牽引至前滕子，對高梁上再錠一環，復穿過，引下將邊線停分開。用竹片二箇，長六寸，上各鑽六孔，將線後穿過孔中，引至綜環，分左右各貫六環，復穿過筬邊齒三眼内緊繫捲幅。上織時，用磚一塊，約重斤餘，用繩子挂在邊籰之上，自然邊線綳緊，緯不能束邊易織。再綢面用撑幅二根，用竹片二箇，闊二指，長與幅等，厚二三分，兩頭各錠半截釘三根，長二分，緊撑在幅上。機制經緯安停妥當，然後推撞扡梭，自然成幅。織具無他奇，惟人自便，智者斟酌損益而爲之，自見其妙。若肯親身經歷，未有不能之事，雖屬瑣細，實係資生要務，治生者不可忽焉。

花機織樣

凡花機，通身度長一丈六尺，隆起花樓，中托衢盤，下垂衢腳。對花樓下掘坑二尺許，以藏衢腳。提花小廝，坐立花樓架木上，機末以的槓卷絲，中用疊助木兩枝，直穿二木，約四尺長，其尖插於筬兩頭。疊助織紗羅者，視織羅絹者，減輕十餘斤方妙。其素羅不起花紋，與軟紗綾絹踏成浪梅小花者，視素羅只加桄二扇，一人踏織自成，不用提花之人，亦不設衢盤與衢腳也。

腰機織造

凡織杭西羅地等絹，輕素等綢，銀條金帽等紗，不必用花機，只用小機。織匠以熟皮一方，置坐下，其力全在腰尻之上，故名曰腰機。

結花本法

凡工匠結花本者，心計最精巧。畫師先畫何等花色於紙上，結本者，以絲線隨畫量度，算計分寸杪忽而結成之，張懸花樓之上。即織者不知成何花色，穿綜帶經，隨其尺寸度數，提起衢腳，梭過之後，居然花現。蓋綾絹以浮經而見花，紗羅以糾緯而見花。綾絹一梭一提，紗羅來梭提，往梭不提。天孫機杼，人巧備矣。

經緯類

經絲

絲已上籰，方可經縷，而經必有其具。先造經牙一付，法用方木樁二根，長八尺，密錠二寸長木橛一行，相去寸餘，每根可錠橛六七十上下。安撑桄二道，闊一丈。左邊木樁外側近頂五寸，錠一木橛，下去地五寸，亦錠一木橛，用時倚牆斜立。經牙之下，近右樁一尺五六寸地上，置交檄一箇。用木板一塊，長一尺二寸，闊五寸，中安竹棍一行五根，俱高一尺，以左三根編大交，以右二根挂小交。對經牙相去五尺，用繩懸經竿，長一丈，上錠小鐵環五十箇，略與人肩齊。下置絲籰五十箇，密排二行，將籰上絲頭提起，貫入經竿環内，總收一處，挽成一結，挂在交檄右邊第一竹棍上。一人手牽絲絡，又挂在右邊樁下第一木橛上，復牽挂在左邊樁下第一橛上，如此往來牽挂，層層至頂。橛盡處，如經縷只有二三十丈，當間一挂之，又將絲絡牽在左樁外側木橛之外邊，引至樁下橛上，復牽往右行，至中間，以左手提住絲絡，以右手大指食指向上，將絲頭在二指虎口内，一左一右拾成交，挂在交檄竹竿上。以左邊三竹棍編大交，以二邊二棍挂捨下的小交，復挂在右樁下第一橛上。如前層層經挂，迴迴拾交，周而復始，以足數而止。絲頭或一千五百，或二千三千，酌量所織之輕重，以爲多少。經畢，在交檄外右邊空處剪斷，將交用絲繩貫在兩邊拴緊，若繩脱交亂，則滿架經縷無用矣。將兩頭俱挽一結，再用繩拴緊，然後用纏籰一箇，用木四根，各長二尺，造成方架，闊一尺八寸，内錠一釘，將有交一頭，以繩子拴繫釘上，一人執定纏籰，緩緩將經牙上絲絡，旋卸纏訖，再上糾牀。圖附後。

糾絲牀

糾牀之制，用木四根，徑三寸，後二根高二尺六寸，前二根高三尺四寸。從二尺六寸處，順安二大平桄，徑三寸，長三尺五寸，下用撑桄四道，安成方架。長三尺五寸，闊二尺五寸，於前樁平桄以上，高出八寸，勒成扁榫，鑽一大孔，以套壓天籰架子。二大平桄上，中間相去三寸，各安二擒齒，以承天籰。天籰者，至大之籰也。將纏籰上經縷，復纏於此，然後可以糾刷。其制用木一根，長二尺五寸，徑六寸，削爲八面。每面安輻二條，高八寸。輻上安順桄一道，共八桄，十六輻，湊成輪子，放在擒齒内。又於軸上中間，錠一鐵釘子，繫麻繩一條，以拴經縷。將纏籰上收下經縷無交的一頭，拴繫天籰釘上。一人搬轉天籰，一人兩手執住纏籰，旋收旋纏，緊緊又纏在天籰上，至有交處方止。然後將壓天籰架子套在前樁扁榫上，横貫一細棍，使不上脱。其制用木二根，長三尺五寸。一頭並安二撑桄，成一方架，闊與糾牀齊。一頭鑿四寸長卯，用時套在勒成扁榫上。又以石板壓住架尾，方不浮起。交用二竹棍，長二尺，壯如大指，從交兩邊貫過，將交夾在二竹棍之中。竹棍兩頭用繩子繫住，不可令脱。一人撥交，從交棍中將絲頭一上一下分清白，挂在繩鉤之上。一人執竹篾貫頭，或二千，或一千五，隨綢輕重，酌量多少。貫法用薄竹篾刻一鉤搭子，從篾齒眼透過，一人將絲頭二根，如絲綾或四根五根，如緞或八根者，惟人所用，挂在繩鉤上，扯過齒眼收住，挽一結，齒齒貫畢。用縢梯一箇，其制用木二根，長二尺三寸，一頭於六寸處，安撐枕二道，闊二尺六寸，樁頂刻二圓口，將縢子横擔其上。縢子用木一根，徑四寸，長二尺七寸，兩頭各安搬橛四齒，長七寸。令縢梯去綃牀三丈，將底枕以繩繫住，再將貫過經縷，以數十絲挽一結，用一竹棍貫住，牽紉至縢梯，將竹棍横架縢子上。一人搬轉縢子，一人手執撥簪，往來在經縷上撥挑。如有粘緒結絲，俱用撥簪排開。篾齒一過，遂搬轉縢子，容將經縷綳緊，如有鬆漫處，下面用紙一墊，務要平緊一樣，隨撥隨捲，盡捲縢子上，可以言織矣。

養樗蠶織粗細附

倒經法與細緞綢不同

盛浄筒，以絡車收之。車如綳車，軸有柄，出於背，收訖列左。右列繀車，籰長浄之半，貫於筳，轉車收左之緒，謹去纇之不盡者。籰中積徑寸許，爲一繀，脱之易籰。若水絲收絡車訖脱之，以米泔漚之宿之。

倒緯

小趺方四寸，厚半寸，中植筳，揉竹片爲提，中孔之長尺，徑二分之木爲道執，中鉗牛角尖長二寸。筳貫徑筩，緒出提孔，左引之，右搦道執中，顛倒收其絲，節則勻以脣齒，角半没則出而脱之，抽緒頭束之，絲之筦也活，當角者穴以貫梭，緒先理而外如繅絲然也。水絲緯同繀，緯小經者半。

牽經

横經架二，上排經柱，行架如之。貫籰有柄，以次牽綰經柱，足篾數，止訖總之。又貫篾率之，數以茅刷梳之，蘸米泔光之，而隨以火晞之。自是上機，與他織同。

緞綢類

貢緞

組織乃工匠能事，且有出自女工，古多未載，大約以密實勻浄，花明色亮爲佳。有毛頭斷緒，跳絲起梗，隨時審視，收拾剪摘，或用刮刀刮之，以期平正光華。刮刀，以水牛角者爲佳。至提花拉花，全在織者拉者心手互應。按各色貢緞，寬窄不等，有三尺二寸者，有二尺八寸者，有二尺四寸者。尋常銷售，天青色所下較多，此外有羅紋緞、金絲緞、大雲緞、陰陽緞、鴛鴦緞、閃緞、錦緞諸名，全在花色辨别。金絲緞，金係兩層，分面金底金，花本係五采配合，所用梭線，均分五色，金線亦分數色，大約御用諸料，以及褯裙並朝服緣邊多用之。大雲緞，寬二尺四寸，長五丈零，每雲一朵，約大一尺，雲分五色，此料係貢物，民間鮮用。陰陽緞，兩面俱正，表裏相同，範子用三十二扇。鴛鴦緞，一面係線縐，一係錦緞，表裏二色，範子用十二扇。貢緞提花，即係摹本，如將所提之花，分爲二色三色，即爲閃緞、錦緞。

平機寧綢

南省平機寧綢，篾寬二尺四寸，篾篾一千二百孔，六批繒，六批醮。每孔穿經絲染就者六根，共九千六百頭。頭數多寡，亦可隨意增減。織用熟經生緯，下用腳杆六根，擬織何項花色，將花本過入花樓，提拉成花，每袍一件，約長二丈二尺，重十八兩五六錢。

緞機寧綢

四川寧綢，多用緞機，故名緞機寧綢。面寬二尺二寸，篾眼一千六百孔，四批繒，八批醮。每篾眼穿染過經絲八根，計九千六百頭。織用熟經生緯，或用純緯。純緯者，係生緯在沸湯中醮過一次。下面腳杆，以及上花拉花，大略與南省寧綢相似。惟拉花者，有横拉豎拉之分。尋常袍料，每件長二丈二尺，約重十八兩三錢。如擬加重，於經絲時多加頭數，或多增緯線，均可加密厚實。

洋縐

洋縐即湖縐，用四批繒，四批醮。面寬一尺六寸，頂足者用二千八百頭，輕者用二千頭，因織時係左右線，一梭捻線，一梭散絲，故織成起縐。下用腳杆四根，順腳挨次踏之。經緯純用生絲，織成後下機，再爲煉染。

線縐

線縐面寬一尺八寸，織用四批繒，八批醮，一概用龍抱柱線。龍抱柱者，一根鬆而粗，一根細而緊，故織成時，面帶縐紋。下用腳杆八根，順腳踏去，過花拉花，約與寧綢髣髴。

紡綢

雙絲謂之紡綢，單絲謂之裏綢，面寬一尺六寸，或一尺四寸，計一千八百頭。織用紡過生絲，下機後再爲練染，亦有先染後織者。頭數多寡，可以隨時增減。

巴緞

巴緞惟川省多織，他省織者甚少。緞面寬二尺二寸，筬眼一千孔。每孔穿紡絲三根，計三千頭。織用熟經生緯，下面腳杆六根，來回踏，係六批縉，八正醮。每袍料一件，長二丈二尺，約重十七八兩。僅有小方花，或胡椒眼者，仍爲素緞。另有團花大花者，方爲花緞。此料輕於寧綢、線縐，亦在硬面之列，可製袍褂禮衣，價值較省。

浣花緞

浣花，亦即巴緞，面寬二尺。其織法，係下用腳杆八根，頭一花整，係順踏兩回，倒踏三回，兩輪三摸。踏分倒順，二花破，由左向右，照前順踏兩回，倒踏三回。每袍料一件，長二丈四尺，約重十六兩八錢。

花綾

各綾俱係踏花。龍鳳綾寬一尺二寸，尋常花綾裱綾，寬一尺三寸。腳下正杆五根，杆分兩層。上層者五根，下層視所織之花，隨時配合多寡。左腳踏花，右腳踏經。

三紡綢

取絲之條勻者，以紡車紡至三次。初紡則條緊，再紡則條勻，三紡則絲路均勻，條理細緻，只用中等機織之自佳。

雜綢

諸綢曰魯山綢，曰饒陽綢，曰遵義府綢，其上也。其粗勁而皺者曰雞皮繭，次也。毛綢又其次也。水綢雖先於府綢，品最下，而名目獨多。其雙經單緯者曰雙絲，單經雙緯者曰大雙絲，單經單緯者曰大單絲，小單絲者但疏而狹，亦曰神綢。

綢病

售綢權輕重爲價，銖兩同價相若。此謂府綢。水綢價以疋，不以銖兩。織户以此，故膠以米粉，以綠豆。綢下機，則畢築粉以膠，膠之以碾，碾之以炕輥炕之，令粉與絲化，府綢增重多者，至十分疋之三。今府綢，已有行禁，不爲此。惟水綢仍舊。若水綢則築於染，其青色、紫色、大紅、天青、佛青、岡青者，築蜀穄。其黄綠、淡綠、魚肚白、喜白、水紅、桃紅、洋藍、棕色、秋湘、玫瑰諸色者，築綠豆。各有法，惟膠者同至增重十分疋之五，綢以此病，利之所在，終不能止也。然貨善速售，利與僞相得，惜不爲。

胒綢

府綢韌，先令胒户揉之，後令染户柔以豬油。

附記

蓋聞工欲善其事，必先利其器。一器有一器之用，斯一工有一工之名，分門別户，工器備具。以言乎車，則曰水紡車、旱紡車、槓車、運經車。以言乎機，則曰貢緞機、摹本緞機、巴緞機、浣花機、寧綢機、宫綢機、川大綢機、裏綢機、紗羅機、絹帶機、欄杆機。以言乎工，則曰絡工、紡工、捶工、織工、挑花工、拉花工。以言乎經緯，則曰生經、熟經、生緯、熟緯、素經、色經、素緯、色緯。以言乎所織之物，緞則曰貢緞、提花緞、摹本緞、浣花緞，錦則曰蜀錦、回回錦，綢則曰寧綢、宫綢、紡綢、川大綢、魯山綢、曲綢、汴綢、裏綢，縐則曰線縐、平縐、湖縐、川縐、洋縐、東縐，羅則曰金銀羅、熟羅、生羅、春羅，紗則曰庫紗、官紗、實底紗、芝蔴紗、亮紗，絹則曰大絹、小絹、生絹、熟絹，帶則曰扣板帶、腰綢帶、腿帶、板縚絲帶，辮則曰大小欄杆、緞底欄杆、大小博古、大小繡花，緐其名甚夥，其器亦分，聊附篇末。

衛杰《蠶桑萃編》卷八《綿譜》　繭餘類

無棄繭

凡繭之有頭緒者，均可煮絲。惟各樣劣繭、雙繭、血繭、轜繭、臭繭，於摘繭時檢出，蛾口破繭，於下蛾時挑出，水絲頭繭，於煮絲時撈出。此皆不上頭分，不成條理者，取以作綿，繭之餘利，天地無棄物是也。

各樣劣繭

一摘繭時挑出各樣劣繭，可以做綿。以清水浸之，每日換二三次，且須多浸幾日，以去污臭。

蛾口破繭

一出蛾時留下蛾口破繭，煮絲既不上頭，做綿亦可備用。其污略少，須水浸一二日，無庸久浸。

水繭

一繅絲時撈出不上絲頭水繭，亦可做綿。歇車後，將水繭置鍋中，沸以原湯，煮透後，以絲帚撥擺蛹，蛹皆離絲，而水繭牽連成片，次早取出，盛一蒲包，以重物壓乾，提起牽連成片之絲，擺去蠶蛹，置放日中曬之令乾，俗云絲搭頭，亦謂水繭，做綿尤宜。

製綿類

隨方圓法

做張綿法，其式有圓有方有長有斜，不拘一定，然其製之要，確有不易者。

分先後次

一曰去污水，浸各項劣繭，以絞不出污水爲度。一曰煮熟，繅絲已畢，以稻草燒灰，桑柴灰亦可，瀝汁入鍋，再以大椀盛香油一杯，用灰水沖入椀内，候鍋中灰汁煎滚時間，將已經浸去污水之各樣劣繭，及蛾口繭、絲搭頭、水繭，併投於鍋，隨以椀内油灰水一半，勻澆鍋内，數滚之後，將繭翻轉，復以所餘一半油灰水入鍋再煮，務期煮熟。一曰漂淨，煮熟之後，乘熱取置篩内，放之水中，淘洗潔淨。一曰剥開，漂淨之後，放水盆中，挨箇剥開。一曰做手透子，剥開之後，以繭套左手之上，以右手摘去蠶蛹，將繭徐徐拉扯，一邊扯至手掌，一邊扯至手背，謂之剥手繡，亦謂之做手透子，約計大繭五六箇，或小繭十餘箇，可做一箇手透子。一曰做綿兜，做成手透子後，即將手透子蒙於綿豁上，將綿扯寬扯長，然後逐層加增，逐層拉扯，約計手透子四箇，可成一箇綿兜。一曰曬乾，做成綿兜之後，隨時曬乾，便是絲綿。一曰雪白，曬乾之後，須色極白爲佳，或以漿粉，或以白灰，不潮而色永白，此便成裝。

有同異習

一法有異同，四川、湖州、杭州，均大同小異。去污之後，蜀中、杭中以香油一杯煮繭，湖州則以木爐燭油二三兩同煮。煮熟之後，蜀中、杭中乘熱淘洗，湖州則以清水漂浸，四五日换水三次。剥開之後，蜀中、杭中以繭數箇，或十數箇做成手透子，然後將手透子蒙於綿豁之上，做成綿兜。湖州則以繭四五十箇，套於左手上，將綿扯至手掌手背，再以右手插入綿内，一一拉長，一一拉寬，即成綿兜，隨時曬乾，不再蒙於綿豁之上。

衛杰《蠶桑萃編》卷九《線譜》　繭絨類

繭衣絲頭

繭衣，即攤繭時從繭絨剥下者。絲頭，即繅繭時從鍋中撈出者。用以搗爛，均可做綿，然不甚煖，浙湖多以抽線。繭衣無污可去，剥下之後，不必久用水浸，亦不須桑灰汁稻草灰汁，但以清水煮之。一經煮熟，以手撕開，鋪放薄板之上，浮於水面，以小竹枝或小條帶水撻之，以撻薄撻絨爲度。置日中風乾，即可作線。至絲頭作法，亦須撻至極薄極絨，法同前。

各樣醜繭

醜繭，不論何項，凡可做綿者，皆可抽線，惟抽線在成綿之後。綿以鬆爲佳，以絨爲上，如不鬆不絨，便難抽扯。須照製繭衣法，將綿浮置水面，以小竹枝或小條帶水擊之，取出曬乾，便如彈熟棉花。或先以滚水淋木炭灰，務要淋得極釅，用舌餂試，以辛辣刺舌爲度。次以竹篩盛繭斤許，再將炭灰汁入鍋内燒滚，於繭上勻潑數次，然後將繭篩安置鍋上，以滚炭汁淋之，篩中炭汁，仍入鍋内。用手試扯，以絲開爲度，如扯不開，取汁再淋。絲開之後，將篩置鍋内，蒸一杯茶時，然後取出。蒸如不及，則生而難扯。蒸如太過，則腐而無筋。取出之後，將繭撥轉，套於筷子之上，候套至一二十層，然後取下。取下之後，再浸於净水盆内，以手握洗十餘次，去其灰氣，然後如法抽線。

抽線類

綿叉抽線

綿叉抽線之法，先將絲綿掛綿叉上，次以左手大指二指中指捻綿，向下抽扯，以右手大指二指將左手抽出之綿，撚而成線，如搓紙撚子一般。候線長尺餘，然後將綿之下截，纏繞蘆筒之上，線之上截，纏繞墜梗螺紋之上，復以手撚之，自然將墜梗帶動，墜梗愈旋轉愈下墜，線亦愈引愈長。候墜梗之地，即解開螺紋上之綿線，纏繞蘆筒，復以其餘纏繞螺紋，仍用手撚之。候筒上綿線纏成大捲，再將筒取下，另换一筒，謂之打綿線。以勻爲佳，不必過細，可織綿綢。

銅墜撻線

銅墜撻線之法，以兩人相去三四十步，一人執銅墜立三叉邊，一人扯絲速走，往返回還，以線愈緊，條愈細爲佳。大凡打絲線者，皆以好絲爲之，而線之用路廣，以及縫紙顧繡五色花線，均須撻以好絲。或一人撻線，以銅墜轉之，其法亦便。故絲線爲上絲，綿線次之，此線式也。

銅鉈撚線

各省行銷絲線最廣，適於民用最多，衣服領帽靴鞋纓絡，無非線以成之，故線爲千家所需，雖窮鄉僻壤，莫能遺焉。大凡棉布衣服，可用棉線，若絲綢纊物，惟絲線相宜，因無沾帶棉絮之嫌。其線之名目，有粗五銖、細五銖、大鎖線、二鎖線並衣線等項。捻之之法，用極細絲，視製線之粗細，湊條數之多寡。如捻衣線，用細絲六七根合之。捻鎖線，則用細絲十五六根。捻衣線，用銅鉈重七錢，捻鎖線，則用銅鉈一兩三四錢。捻時，將線架置於寬闊地面，視製線長短，爲線架遠近，大約每架置線八條，長以六十尺爲度，剪而用之。每線一架，長一尺二三者可得線五十餘根，隨後再爲練染，此其大略也。

花樣新式

衛杰《蠶桑萃編》卷一〇《花譜》 花卉類

凡花必先挑而後織，非善挑，不能善織，亦非善織，不知善挑，故挑花織花，本分二事，實則歸於一致。花有本，挑有式，織有法。花本何，凡綢緞衣服花樣皆是。挑式何，凡教習指畫端倪皆是。織法何，凡機上簆線繒範皆是。必心思靈敏，算數清楚。挑者，先將花樣挑成。織者，即將花樣織就。兩下如出一手，是爲神乎技矣。因擬花樣新式記。

一貢貨花樣式，天子萬年、江山萬代、萬勝錦、太平富貴、萬壽無疆、四季豐登、子孫龍、龍鳳仙根、大雲龍、如意連雲、朝水龍、八仙祝壽、二龍二則、八結龍雲、雙鳳朝陽、壽山福海。

一時新花樣式，富貴根苗、四則龍、福壽三多、團鶴、樵松長春、閙喜莊、五子奪魁、歡天喜地、松鶴遐齡、富貴白頭、大菊花、大山水、大河圖、大壽考、大博古圖、大八寶、大八結、花卉、草蟲、羽毛、麟介、錦文諸般。

一官服花樣式，二則龍光、高陞圖、喜慶大來、萬壽如意、掛印封侯、雨順風調、萬民安樂、忠孝友弟、百代流芳、一品當朝、喜相逢、圭文錦、奎龍圖、秋春長勝、五蝠捧壽、梅蘭竹菊、仙鶴蟠桃。

一吏服花樣式，窩蘭、八結祥、奎龍光、傘八寶、金魚節、長勝風、三友會、秀麗美、枝子梅、萬里雲、水八寶、旱八寶、水八結、旱八結、花卉雲、羽毛經、走獸圖、佛龍圖。

一商服花樣式，利有餘慶、萬字不斷頭、如意圖、五福壽、海棠金玉、四季純紅、年年發財、順風得雲、小龍兒、富貴根雎、百子圖。

一農服花樣式，子孫福壽、瓜瓞綿綿、喜慶長春、六合同春、巧雲鶴、金錢鉢古、串菊枝枝菊、水八仙、暗八仙、福壽綿綿。

一僧道服式，陀羅經、福帶、唵嘛呢叭咪吽、舍利子、八結祥、串枝連、佛貢碑、藏經字譜、九子蓮花、富貴長春、金壽喜圖、蓮台上寶、喀哪路帶，其花在甲。

以上花樣，服用所宜，雅俗共賞，固由織工之巧，實緣畫工之奇，而其要則在挑花本者之爲畫工傳神，織工設相，鴛鴦繡出憑君看，可爲贈之。

挑花論

古人作繪，以五彩彰施於五色。《攷工記》曰：繪人掌王宮衣服繪畫之事。此花樣所由昉。顧一藝雖微，具有法竅，習其業者，每多口授，絶少傳書，特將挑花織花製器諸法，一一詳之。凡綢緞綾羅絨縐之類，有素質者，皆可施之以花。挑花絲分經緯，紋配陰陽，算其數目，規以尺寸，花樣任人自取，總以精緻爲工。挑花之法，先將花樣畫於紙上，擇其善者挑之。挑易畫難，畫花者分各種筆法，總以鐵線文爲首，如刻字圖書畫譜一般。初畫不工，用剪裁開，算好大小，做好樣式，再經營意匠，套畫一張，取其眉目清白，氣象玲瓏，此爲法訣。

挑花紙格法

取花樣，須用五道紙張。第一道，自己想出時新者，畫出爲式。第二道，照式畫好。第三道，擇畫工好樣式，並四鑲安置玲瓏者，套畫一張。第四道，用底紙粘放花樣，大小合式。第五道，用薄亮細紙，將花樣描畫乾净，然後打横順格式，用鉛粉調清涼水，使筆全抹一通，方免紙光傷眼。候粉乾，用紅緑洋膏子色，記明碼號，方好挑取。其横順格，一格爲一片，即是一空，空有大小多少不等。此以數結成横格者，梭數目也。一切起花，皆在梭數横順上分辨，熟於經緯者，自能巧奪天工也。

挑花通畫理法

花之類不一，有木本，有草本。挑花者，忌直貴曲。如梅、桂爲木本，梅幹曲，則以樁頭爲主，花枝爲配。桂幹直，則單用花，不用幹。芍藥、牡丹、菊花爲草本，花皆出葉上，取其反正相生，向背有情，見花葉，不見枝幹爲妙。即如竹、蘭，幹直葉直，花亦直，挑竹者節不取其長，枝葉横順遮護；挑蘭草者，長短相間，花枝陰陽穿插，直者曲用，方爲合式。更有花木相兼者，如福壽三多之類，花木與禽鳥相兼者，如仙鶴一品之類，神而明之，存乎其人耳。

花紋類

花弖線架樣

製花弖，用堅細木四條，兩長兩短，約寬一寸五分，厚二寸，兩長條兩端鑿眼，貫以短横條。中空，長三尺六寸，寬一尺八寸。上横條錠圓竹釘十顆，以挂紋線，下横條鑽十圓眼，以穿紋線。作横木板領之，傍左長條裏，逗走馬竹一根，以穿過線，外用簆二張，以分上下，紋線式如左。

花分陰陽紋

順紋線，經絲是也。横過線，緯絲是也。經絲有常，緯絲多變。緯有二名，在弖子上爲穿花線，移傳上機爲過線。線有定數，花分幾層，無論何等花樣，皆在横順斜正上取，繡花在其面，描花在其紋，架花在其方，刻花在其楞，繪花取其靈，印花取其工，染花取其通，攢花取其名，木雕花隨其影。諸般花樣不盡言，翻新鬬巧務當專，諸般手藝勤勞力，虚説空談是枉然。凡起方花，順經横緯，以方就花，即是方塊。配方鑲花起斜紋，花草以情爲妙，以形爲主，其中並不依花，只論紋路，在數目上分變動，莫妙於用借線法。借線者，當花形曲折灣環處，須要抽空騰挪，或就機上線減此增彼，或另用繅線補空添梭，隨灣就灣，織成時方免漏堂直紗儗眼。諸花俱重順紋，維摹本花重横紋。順紋主静。一成不變，横紋主動，有錯易改，横紋比順紋尤易，但重横紋者，不敵順紋之結實耳。

花格横直紋

機絲數目，每寸約八十根，每格多少線數，横順皆同。即如一格以一寸爲度，起大團花，周圍一尺八寸有零，穿心徑六寸，以每寸八十根計之，乃六八四百八十根，計横順各六格起梭，撇一根，過線半邊，挑紋線十二三根，兩邊共挑二十四五根之譜。其團花之法，用算法分配，排八方從中分之，乃是兩箇半塊花。挑花從方塊起手，左右數目，照格子算好，從中分四牙，四牙又分八牙。挑從一牙起，輪挑至八牙止。第二梭挑紋十餘根，在八牙斜縫中只挑一根，過線一根，紋線分搭均匀。以上二牙，爲正中起手之時，紋少過線多，挑成之後，紋多過線少，再看格子内横順成紋，每格一樣，通體貫氣，陰陽二紋，交通織成，方有光彩。能織大團花，則格子之疏密，線數之多寡，爛熟胸中矣。

提花口號

近來川浙工匠，手藝精巧。細詢其故，第一心要有恒，不可因事動氣，或作或輟。蓋萬緒千頭，理歸一貫，無論何等花樣，想得出，即畫得出，挑得出，即織得出。起手即要做成，不可另參別件，恐擾心思。傳置機上，須用三人，一提花，一挽綹，一貫梭。提花、挽綹者，聽執梭人口中所唱，唱某字，即知提某花。貫一梭，唱一聲，三人手口合一，即無停梭矣。

花分門徑

織龍團，先取眼，有眼珠，有眼匡，還分黑白眼仁，就綢緞上陰陽紋借紋成匡，如起圓花之法。當中挑紋線三根，撇一根，就分出黑白眼仁。挑龍爪起紋線横順數根，又提過線數根以撇之，穿心爪根，即用横順斜正之法。又挑龍頭，以如意式奇雲式爲佳，鼻舌宜大，齒牙宜尖，髫鬚要灣環，骨角峥嶸，臉皮蒼老，龍身如斑斕松榦，鱗甲紛紜，通體貫氣，有淩空翻舞之象，方爲合格。神乎此技，其他禽獸人物諸花，舉一反三可耳，此挑花之門徑也。

花樓織機式

外洋機器，以鐵爲主，借水火力，甚屬巧便，所費不輕。中國以竹木爲機式，上提花名曰花樓，雖純用人力，不敵洋機織物之速，所織花樣實遠勝外洋，足見此長彼短。製機之法，各行省俱能爲之，不具式。其佳者，惟吴、蜀，今直隸亦有之。

蒸繭圖

衛杰《蠶桑萃編》卷一一《圖譜》一

蒸繭圖説

繭以生繅爲上，若繅之不及，有鹽醃、甕泥、日曬、火烘之法，不如蒸餾最好。先將繭外蒙衣扯净，用蒸籠三扇，將繭鋪籠内，厚四指許，以籠兩扇安鍋上，蒸至熱氣透出，頻於繭上以手背試之。如手不禁熱，即扯去底扇，續添一扇在上。不要蒸得過了，過則輭絲頭，不可不及，不及則蛾仍生。如繭少不必用籠，用大竹篩一箇，鋪繭於内，亦厚四指許，繭上置鮮椿葉一箇，以布單覆篩安鍋上，蒸至椿葉變色爲度。

晾繭圖説

蒸繭之後，將繭盡攤通風涼屋内箔上，用物撥動，厚三四寸，候冷定，用柳條稍微覆之，陰乾。雖徐徐繅至數月無妨，泰西則多用火烘。

晾繭圖

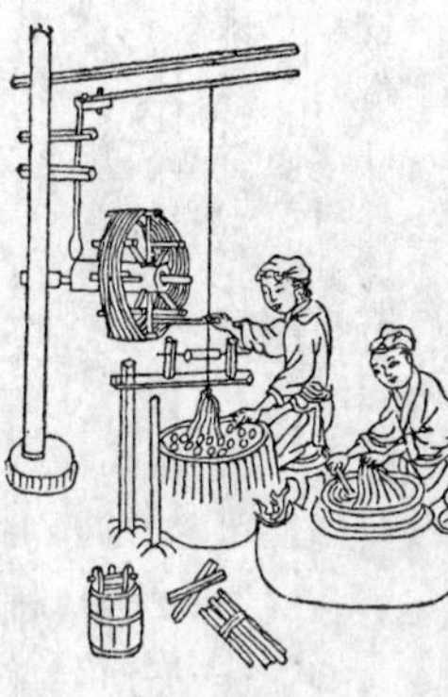

冷盆繅水絲圖

紡織器圖類

繅水絲圖說

水絲乃冷盆所繅之絲，精明光彩，堅韌有色，絲中上品。雖曰冷盆，亦是熱釜。其法用小鍋一口，徑一尺餘者，周圍用土墼泥成風竈。火門向上，柴往下燒，火焰繞鍋底而後出。鍋後相去六七寸，再安一小鍋，後作長煙洞，使煙遠出，免致薰傴繅絲之人。鍋高與繅人坐而心齊。左邊安大水盆一口，較之鍋高二三寸，盆上横安絲車一箇，靠盆邊又立插一木棍，名爲絲老翁，以掛清絲頭。

繅火絲圖說

安鍋如上法，繅時將水燒令大熱，不可滾，滾則煮損絲性。須將繭投入鍋內，以筯撥攪，提起絲頭，用手撚住，穿過錢眼。凡繅火絲，不用在竹筒中穿過，只將絲車下桄前面平嵌一錢令穩，將絲頭從錢眼穿過，即得。

腳踏紡車圖說

絲綿紡車，與木棉紡車異。木棉芒短易扯，一手攪輪，一手扯棉，便紡成線。絲綿芒長，力勁難扯，一手執繭，一手扯絲，必須用腳踏轉車，方能成線，此腳踏紡車式也。

絡車圖說

絡車，《方言》曰：河濟之間，絡謂之(給)〔格〕。《説文》云：車柎爲柅。《易·姤》曰：繫於金柅。《通俗文》曰：張絲曰柅。蓋以脱軖之絲，張於柅上，上作懸鉤，引致緒端，逗於車上。其車之制，必以細軸穿籰，措於車座兩柱之間。人既繩牽軸動，則籰隨軸轉，絲乃上籰，此絡車式也。

熱釜繅火絲圖

腳踏紡車圖

緯車圖說

緯車，《方言》曰：趙魏之間，謂之歷鹿車，東齊海岱之間，謂之道(執)〔軌〕。今又謂緯車。《通俗文》曰：織纖謂之緯，受緯曰莩。其柎上立柱置輪，輪之上近以鐵條，中貫細筒，乃周輪與筒繚環繩。右手掉綸，則筒隨輪轉，左手引絲上篗，遂成絲緯，以充織緯。

解絲絡車圖

絲籰圖說

絲籰，絡絲具也。《方言》曰：榬，兗豫河濟之間，又謂之轅。《説文》曰：籰，收絲者也。或作䈝，從角間聲。今字从竹，又从矍，竹器；从人持之矍矍然，此籰之義也。然必竅貫以軸，乃適於用，爲理絲之先具也。

水紡圖說

紡絲之法，惟江、浙、四川爲精。東、豫用打絲之法，山、陜、雲、貴亦習打絲法，以一人牽，一人用小轉車摇絲而走，以五六絲七八絲合爲一縷不等，費力多而得縷少。若江浙紡法，則以一人摇車前損，車之下篰子五十箇，兩邊各用竹殼盛水，以一邊二十五絲，各入水中，由水中圜轉而上。初紡以二三縷合一縷，再紡以五六縷合一縷，三紡以七八縷合一縷。一人每車摇一周，可得五十縷，二周得一百縷，較之各省轉絲之法，以一人作一百人工，此江浙水紡式也。

旱紡圖說

江浙水紡之法，因其水多濁質，須用沙矼澄清，故其紡需水，所以滌塵灰而發光亮。若蜀中旱紡，以氈子繫於其下，用錦江清水浸透，紡時篰子五六十箇，

緯車圖

每絲從籰上牽過，與江浙紡法車式同。惟江浙絲從竹殼水中走過，四川則從溼籰上挪過，絲上渣滓，一一去淨。每一人紡一周絲五十六縷，兩周絲一百十二縷，較之東、豫、山、陝、滇、黔各省二人摇絲之法，殆以一人而得一百一十二工之效，此比江浙水紡亦多得十二縷，此四川旱紡法也，今直隸保陽學徒兼習之。

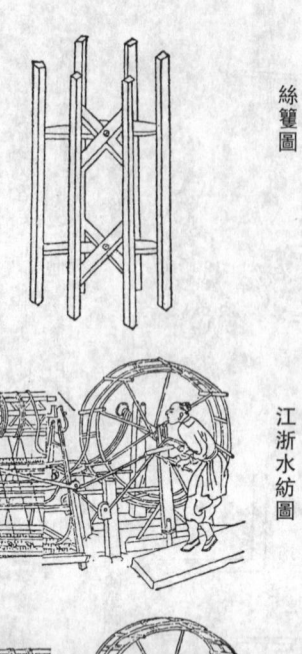

絲籰圖

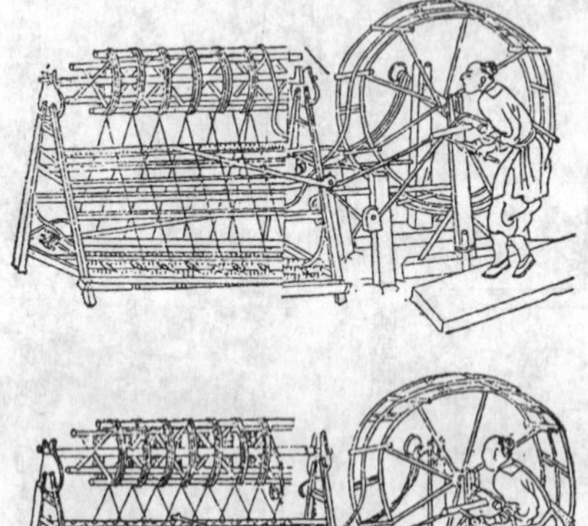

江浙水紡圖

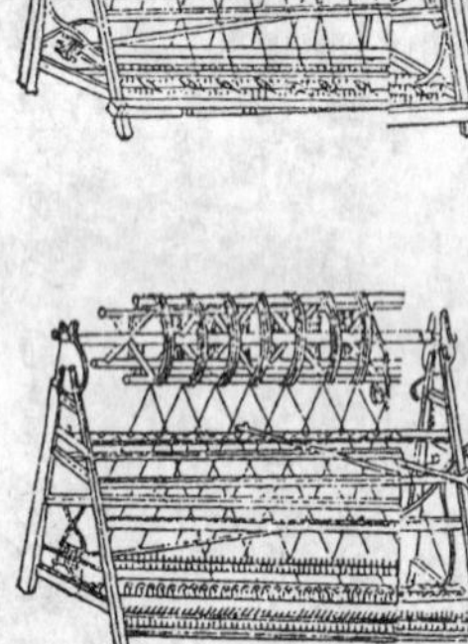
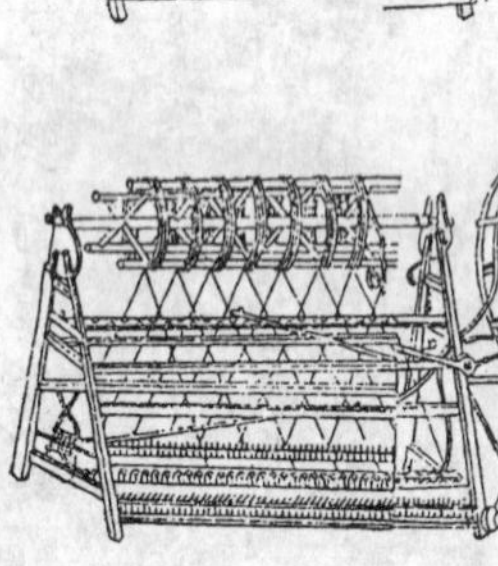
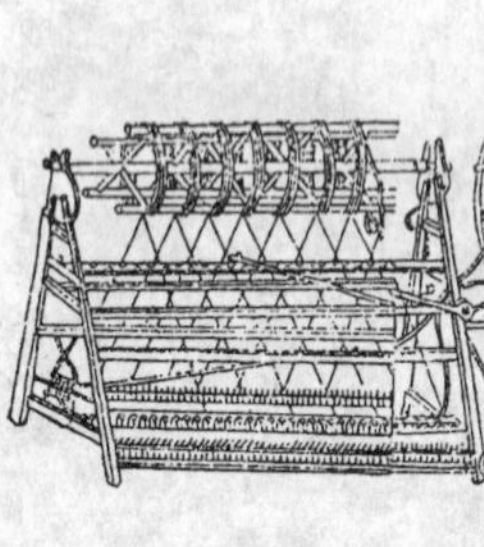

四川旱紡圖

經絲圖說

經架，牽絲具也。先排絲籰於下，上架橫竹，列環以引衆緒，總於架前。經簰一人，往來挽而歸之紖軸，然後授之機杼。

紖絲圖說

紖絲，以一人搬轉膝子，一人手執撥簪，往來經縷，細細撥挑。若有黏綹結絲，俱用撥簪排開。如有鬆漫散絲，下面用紙一墊，平緊一樣，隨撥隨捲，盡捲在膝子之上。

經絲圖

織機圖說

機，織絲具也。按黃帝元妃西陵氏嫘祖，始勸蠶事。月大火而浴種，夫人副褘而躬桑，乃獻繭絲，遂成婦織之功，以給郊廟之服。其機制之最簡要者，則名素機，以織素綢，南方女工多習之。

花機織紝圖說

經縷，捲在膝子上，便可授之機杼。素綢以一人織之，花機則一人用梭，一人在花樓上提花。江南花對扯，四川花橫扯，隨唱隨提，隨提隨唱，以心應手，以手應口，毫無紊亂。今人花機製法，按《路史》：舊機五十綜者，五十躡，六十綜者，六十躡。馬生者，天下之名巧也，乃易爲十二躡。今紅女繒，惟用二躡。凡人衣被於身者，皆其所出。

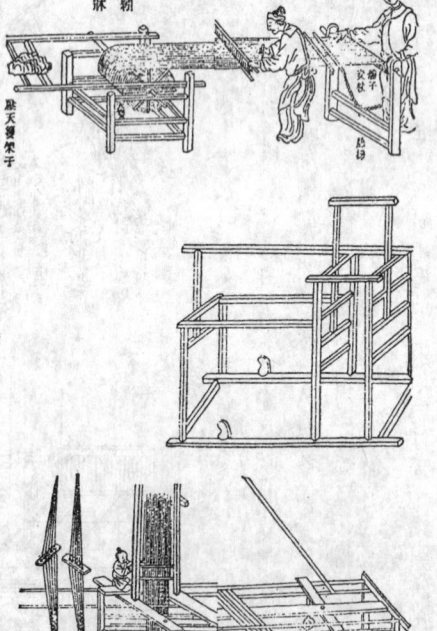

織紝圖

織機圖

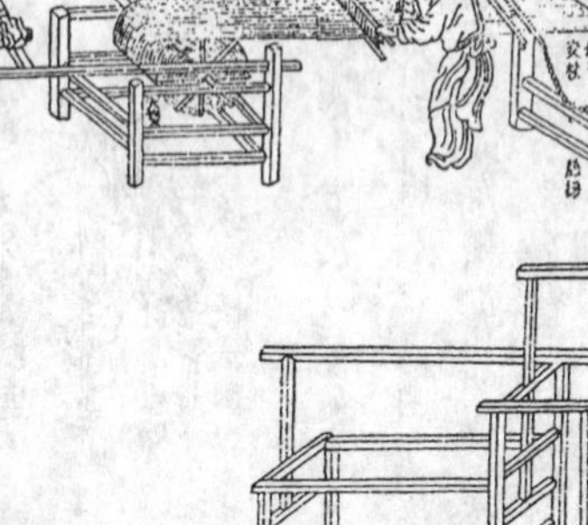
紖絲圖

砧杵圖說

砧杵，擣練具也。《東宮舊事》曰：太子納妃，有砧杵一枚，又擣衣杵十。《荆州記》曰：秭歸縣有屈原宅、女媭廟，擣衣石猶存。蓋古之女子，對立各執一杵，上下擣練於砧。其丁冬之聲，互相應答。今易作臥杵，對坐搗之，又便且速，易成帛也。

砧杵圖

綿矩圖説

綿矩，以木框方可尺餘，用張𦊔綿，是名綿矩。又有揉竹而彎者，南方多用之。其綿外圓内空，謂之猪肚綿。及有用大竹筒，謂之筒子綿。就有改作大綿，裝時未免扡裂。北方大小用瓦蓋，所尚不同，各從其便，然用木矩者最爲得法。酈善長《水經注》曰：房子城西出白土，細滑如膏，可用濯綿，霜鮮雪耀，異於常綿，世俗言房子之纊也，抑亦類蜀郡之錦得江津矣。今人張綿用藥，使之膩白。

絮車圖説

絮車，構木作架，上控鉤繩滑車，下置煮繭湯甕，絮者掣繩上轉滑車，下徹甕内，鉤繭出没灰湯，漸成絮段，莊子所謂洴澼絖者。古者纊絮綿一也，今以精者爲綿，粗者爲絮。因蠶家退繭造絮，故有此車煮之法，常民藉以禦寒，次於綿也。彼有搗繭爲胎，謂之牽縭者，較之車煮，工拙懸絶矣。

綿矩圖

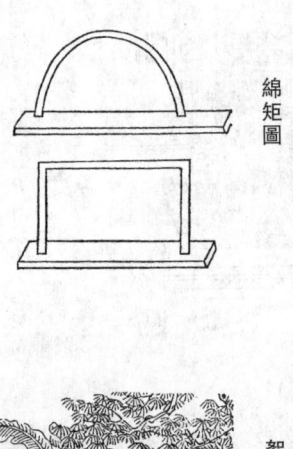

絮車圖

衛杰《蠶桑萃編》卷一二《圖譜》二

紡織圖詠類

繅絲

河水清清不染塵，繅絲煮繭鬬鮮新。

抽來粗細隨人力，色要相同縷要勻。

煮以河水、淡水、泉水爲佳，雨水更好，井水味鹹減色，不可用。燒用枯桑枝，於大釜沸水，入繭一升，煮三四刻，用箸撥轉，再煮三四刻，再撥轉，俟繭輭時，用莜灰淋汁，量繭多寡，酌入釜内再煮，一二刻即熟。

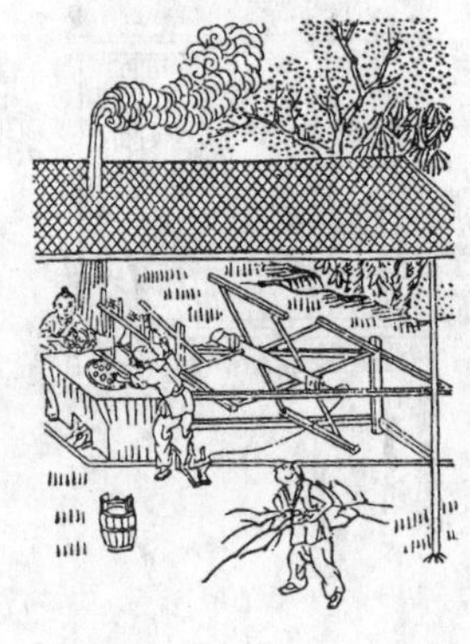

繅絲

製車

一輪圓轉影如梭，手弗停繅繭弗多。微火輕烘機下溼，車聲響處笑聲和。

置二小車，長五寸，徑二寸，下鑽竹管，二絲由竹管繞小車。置大車二，寬一尺六寸，徑四尺五寸，前輊後軒，後兩柱架車，前二小柱作機，納絲二竹鉤下，分二行上大車，下用木炭火，離繅二尺三四寸烘之，絲乃燥潔鮮明。

束捆

乙乙抽絲趁早暉，繅車下架錦成圍。從頭擘出勻條理，黄白分明辨細微。

煮繭三斗，可得絲二斤，即下架作一束，雙挽之置温涼室中，色間黄白，更形鮮明。

製車

束捆

紡絡

絡緯蕭蕭五夜鳴，不煩促織響秋聲。繭絲自此堪當軸，無限經綸掌上成。

凡絲繅成之後，須用小車紡成小絡，又由小絡紡成小筒。一二人分布成行，再上織機，或以大車紡之尤佳。

織綢

百丈龍文鬬樣新，七襄雲錦巧無倫。製成合用冰魚濯，淺水桃花絶點塵。

南方織藝，童習者多，故家喻户曉，易知易能。選絲必純，織綢乃精，花樣隨時出新，各有歌訣，按歌織之，不爽毫髮。洗綢亦宜用河水、淡水、雨水、泉水，尤潔尤妙。晴日暴之，花樣倍現鮮明。

紡絡

織綢

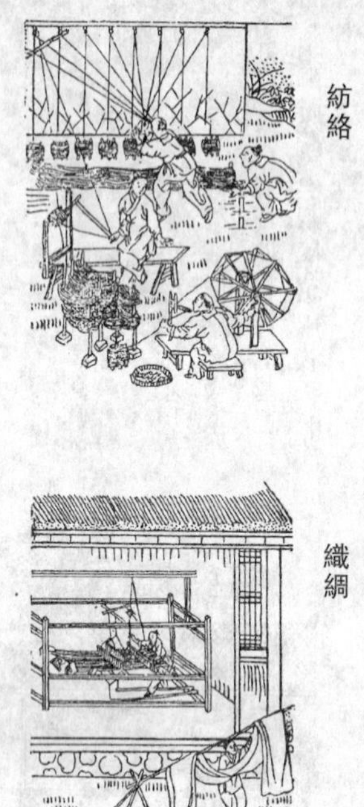

攀花

巧制争看濯錦多，宵燈夜月苦抛梭。天然百種新花樣，織就雲裳與雪羅。

攀花須上下兩人，一人織錦，一人提花。花樣無窮，提法不一。大抵提花宜精，織紡宜巧，吴蜀手藝最佳。如法爲之，自臻神化。

攀花

成錦

成錦

五色絲綸七寶裝，縱横巧製手裁裳。從此年年蠶繭茂，棉花樂利共畿疆。

蠶事畢藝，功成厥筐，五色絲綸，裁成雲錦。願邦畿千里，黍谷常温，幣帛之饒，可徵土産之沃，則斯圖也，或與棉花之興同其樂利，以廣生民之利源焉。

印鸞章《清鑑》卷三《世祖順治·詔停織造差催》 綱 （辛卯順治八年春正月）詔停織造差催。目 帝初親政，即詔停貢漢中柑子、江南橘子、河南石榴，至是復諭户部，略謂各處織造所，以供朝廷服御賞賚之用，勢不可廢，但江寧、蘇州、杭州三處，織造已有專設官員管理，又差滿洲官並烏林人役催督，不但縻費，抑且騷擾，嗣後著停止差催，止令專管官員，照發去式樣，織造解京應用。陝西織造羢褐糚蟒，殊屬無用，買辦皮張之處，亦屬煩擾，著一併停止。

印鸞章《清鑑》卷一三《德宗光緒·上海織布局》 綱 壬辰光緒十八年十月李鴻章奏請重整上海織布局。目 略謂：臣於光（渚）〔緒〕八年，因華商稟請分招商股，在上海設立機器織布局，以華棉紡織洋布，酌輕成本，抵敵洋産。上年復派紳商添籌資本建廠開機，每日夜已能出布六百疋，銷路頗暢。正擬推廣紡紗，漸收利益，乃據江海關道稟報九月初十日，該局清花廠起火，適值狂風，施救不及，廠貨被災。當經派員會查，所剩基地局房，估價攤派。惟查洋貨進口，以洋布洋紗爲大宗，光緒十八年，洋布進口值銀三千一百餘萬兩，洋棉紗進口，值銀二千一百餘萬兩，中國出口絲茶，價值不能相抵。布縷爲民間日用所需，機器所紡織者，輕輭匀净，價值尤廉，故遠近争購。豈知多銷一分洋貨，即少用一份土産，是以因勢利導，不得不用機器仿造，必使所仿之紗與洋紗同，所織之布與洋布同，庶幾華棉有銷路，華工有生機，華商亦沾餘利，此事斷難中止，亦難緩圖，應仍在上海另設機器紡織總局，籌集欵項，官督商辦，以爲提倡，並釐訂章程，號召華商，多設分廠，以資推廣，方可以土産敵洋貨，力保中國商民自有之權利。謀始圖成，得人尤難。查津海關道盛宣懷，歷辦輪船招商局，及各省電報局，著有成效，於商務洋務，尚肯苦志研求，擬派令赴滬，會同江海關道聶緝椝，爲前局妥爲結束，截清界限，分籌資本，一面規復舊局，一面設法擴充，俟該道等籌辦稍有頭緒，隨即續奏。

杞廬主人《時務通考》卷一六《農桑》 繅絲當用機器　育蠶之家，向以江浙兩省爲最盛。在通商之初，絲之出口，可與洋布、洋藥相埒，歷年以來，絲業漸衰，迄於今日，幾不復有起色矣。吾考其致衰之由，豈無故而然哉？蓋緣近日外洋如意大利、法蘭西諸國，出絲最盛，日本亦出絲，諸國之絲業於是盛，中國之絲業即於是衰。然究絲身之潔白，諸國終不能出乎中國之上，而外洋所以喜購諸國之絲，而不喜中國者，因諸國所出之絲，粗細調匀，中國所出之絲，粗細不匀，雖絲身潔白，而不合於用，所以棄此而就彼耳。而余則謂中國欲絲業復振，其事不難。考日本繅絲之法，用木機器。其法以水激輪，輪轉而機動，其水不必自高而下，即平水亦可用。所出之絲，速而且匀，較之中國繅絲，洵屬事半而功倍。況其機器用木，則其價必不昂貴，設中國能令育蠶之家，購置此等機器，教以用之之法，夫以中國絲身之潔白，既高出於諸國之上，今又粗細調匀，適合於用，則中國絲業，立有生色。絲業既有生色，則育蠶之家，必日多一日，而絲業必年盛一年。苟坐失事機，豈不可惜，業絲者曷勿早爲變計乎。

育蠶　夫育蠶之道，首重選種，種若不佳，則吐絲力薄，成繭亦輕，必須參用日本蠶紙，俟化蛾時，配以中國之蛾，牝牡相合，則生子更爲繁碩，此蓋化學之法也。次重飼桑，蠶卵初生，飼以嫩桑，日易數箔，漸壯漸增，倘一日失飼，則飢飽不勻，而蠶有受病者矣。三重察病，蠶有病瘟，比户傳染，生子亦蔓延不絶，宜用顯微鏡以察其形，寒暑表以測其熱，則寒燠適中，而蠶病鮮矣。四重接眠，蠶之吐絲，三眠不及次眠，次眠不及初眠，何也？因天氣有不同，蠶種有早晚，如建造蠶室，寒暖調勻，則三眠皆可一律矣。

種桑　鄉間不能多出蠶絲，半因桑葉不足之故。蘇、松、太屬，種桑尤稀，農家隙地，半畝荒棄，殊可惜也。顧種桑先須買秧，昔沈仲復侍郎觀察吴淞，頒發《種桑十二説》，由浙買秧，勸地方佈種，似宜仿照，則種者廣矣。次在闢地，隴畔溪灘，每多雜樹，不如盡栽桑秧，每桑一株，歲可獲利數百文，俟蠶事既畢，猶可採以飼羊，或賣諸藥肆，則地無餘力矣。三在接枝，桑以愈接而愈茂，葉亦以愈接而愈肥，若未經接者，即爲野桑，葉厚而小，蠶食無益，此亦當講求者也。四在採桑，蠶鄉之桑，固樹無留葉，若東鄉一帶，養蠶尚稀，每届蠶時，准人採取販買，所過關津，援魚花船例，不准片刻留難，則桑販愈遠也。

烘繭　烘繭之法，有數善焉。將繭内之蛹烘死，則不致化蛾，齧繭而出，令好絲變爲亂絲矣。一令其繭烘乾，則繭内之蛹，雖僵不腐，不致浄絲變爲爛絲矣。若是者能久藏以待繅，能販遠以售客，能免爛以壞絲，在鄉間宜家家造一小烘房，如東鄉烘棉花之缸相似。

繅絲　按繅絲首重繅車，鄉間繅絲車無多，每村僅有一二架，成繭之際，繅絲不及，三日後即破繭出蛾，是以每家僅能育蠶數觔。如用機器繅絲，則每村可合購一具，即僱上海絲廠女工爲師，傳教婦女，所繅之絲，經汽水泡製，則色白而絲柔，經女手繅絡則縷細而質浄，其價逾平常一半。如中國絲經，皆如此講求，則洋人無不樂買矣。

論接桑醫蠶之法　絲出於繭，繭作於蠶，蠶養於葉，故考絲必先考葉。而桑之種類亦繁，如女桑、白桑、雞桑、檿桑、野桑、種桑等，葉質既殊，繭絲自異。故檿桑之絲中琴瑟，白桑之絲中鈞縉，今北方多出山繭絲，質脆而剛，蓋即檿絲之類，惟種桑之絲，柔軔白潤，衣被天下。而種桑之美者，又首推浙湖，乃水土獨異之故。顧土宜得乎天，培植貴乎人，是必有法以補土宜之缺。《種樹書》云：桑以搆接則葉大，根下埋龜甲，則茂盛不蛀。此理苟以化學推之，當必得觸類旁通之妙。又云：桑以子種者，不若壓條而分者良。此可知桑喜翦接修剔。愚以爲若用别種果樹接之，其葉當必有異，特未試耳，書此以俟藝堂他日之參考。種桑既精，飼蠶宜講，古人以蠶食而不飲，喜燥惡濕，然葉中有汁即飲，産於東南卑濕之地爲多，是其性燥而屬火，無溼潤之氣，則亦不生，惟不可溼過甚，溼甚則病，故養蠶之室宜清潔廠爽。設蠶身見有灰黑等點，即須提置别室，另以勝溼等藥品，拌置葉中，多可漸愈。前曾有鄉老述及此事云：以乾浮萍置葉中，可治蠶瘟，試之頗效，以類推之，當更有法在。總之自卵出而爲蚪，自蚪脱而爲蠶，蠶而繭，繭而蛹，蛹而蛾，蛾而復卵，以至藏連，其間多有微細之事，皆藝堂所當詳考者。若繅絲之工，則有精粗，似可酌用機器，絲色之優劣，則關乎水質，亦可以化學分視其水之所含，則可知其優劣之故，而思所以化治之，劣者未嘗不可轉優，此考絲之極功，亦藝堂所當講求者。

留種　留種先宜擇蠶，蓋必蠶無病種方無病。於大眠後擇蠶之整齊强健者，日以蕻頭葉飼之，老則另搭一山以上之，温以微火，使速成繭。拗繭時辨其雌雄，分作兩筐，單排之，置之透風静室，勿摇動，勿靠墻靠柱，約半月而蛾出矣。蛾出時，揀出拳翅秃眉焦尾赤肚諸病蛾，而取其無病者，判雌雄分儲之，俟其出已多，併在一處，聽其自相配合，俗謂之對。對滿四個時辰即分之，謂之拆對。拆之後鋪蠶布於筐中，而勻置雌蛾於布上，不疎不密，四面用木界尺攔住，更以他物架空蓋好，使透氣而不見日光，過半日而蠶子滿布矣。

醃種　蠶布既滿，擇室中潔浄通暢處，以竿懸之，收其溼氣，過六七日，俟其色由黄而黑，則用陳石灰研細，以絹篩篩在蠶布之上，摺好，以小帶縛懸静室。十二月十二日，取蠶布輕輕撲去石灰，以炒熱之鹽，俟其冷鋪勻其上，以不露蠶子爲度，隨即摺好浸涼茶中。至是月之二十四日，將蠶布取出展開，承之以米篩，用清水頻頻輕沃之，去其鹽氣，俟其自乾，照舊摺好，以棉衣護之，待來年清明後取出，使受人身煖氣而出之。晝則置之胸背，夜則置之被絮間，如是六七日而蠶子出矣。蠶子之出，大勢已齊，於巳午間，擇室中無風處，鋪紙於桌上，使兩人執蠶布之四角，以有子一面向桌，離子三寸許，一人以尺餘小竹片，於布背輕輕細敲，俟所出之蠶，俱已落紙，用鷄毛輕輕緊之，盛以竹器，以蠶筯輕輕撥開，不可稍有疎密。其未出者，仍用前法煖之，至明日再敲下，另置一處。一法先勻鋪細切之葉於紙上，而以蠶布有子一面向下覆之，蠶聞葉香，自離布就葉，較用竹竿敲下之法，更穩更便。

布葉　蠶既勻開，便須布葉，所布之葉，須切極細，鋪極勻。天氣晴和，每日可布葉五六次，如遇陰寒布葉，而蠶不甚食，須用棉被將盛蠶之器，四面包裹，使受煖氣則食矣。惟桑渣蠶砂，不宜厚積，厚即須以他器易之，俗謂之㵒。㵒法俟前次所布之葉已食盡，用絹篩篩薄薄糠灰於蠶上，再布以葉，則蠶皆脱灰而上，以蠶筯輕輕捲之，置之他器。有未上者，再布葉一次，再捲一次，則所遺無幾矣。易器後兩三日，有色微白，嘴上隱隱有尖角而不復食葉者，此初眠也。眠未齊時，仍照常布葉，俟大勢已齊，照前法篩糠灰於其上，而布之以葉，則未眠之蠶，皆脱灰而上，以蠶筯輕輕捲之，另置他器，更布葉數次，則亦眠矣。再用前法，捲其不眠者而棄之，其棄者謂之青頭，蠶雖好亦不能絶無青頭也。蠶之眠者，隔一日視之，而其色微黄，其嘴微闊則起矣。然不宜急於布葉，必視其灰下無一眠者，方可布葉，布葉一兩次，便須以前法易器。二三眠者，法皆如前，此時食葉漸多，桑渣蠶砂較前易厚，須一日一易器。三眠起後，食葉較速，宜晝夜上葉，食盡即上，晝時約可六七次，黄昏時上葉一次，三更後再上葉一次，宜略厚，如是者四日，則大眠矣。大眠狀與初二三眠同，而所用之法，則大不同。眠未齊時，仍照常上葉，大勢已齊，以整張大桑葉，勻鋪其上，其眠者伏葉下不動，未眠者必上葉就食，連鋪數次，則未眠者與眠者，已隔數層桑葉，將桑葉捲起，則未眠者盡在桑葉間，而其下皆眠者矣。大眠起後，先飼以柘葉兩三次，其絲乃韌而有光。自大眠起後至老者，約須食葉五十餘次，能多食數次更好，蓋此時多食一口葉，則上山後多吐一口絲，故飼蠶者，惟恐其所食之少也。

搭山　蠶將老便須於有窗静室中，打掃潔静，以亂草平鋪地面，搭山六七層以俟，有樓者於樓上搭之更妙。蠶山以穤稻草爲之，用四齒鐵耙，仰縛他物上，持草稍於耙齒上，批去其葉之散亂者，以草紐鬆鬆縛之，而截齊其兩頭，如洗箒狀，長尺五六寸，圍五寸許，俗謂之山箒。搭山時以左手持紐所縛處，以右手持其下之五六寸，以草紐之兩頭，分置左右手間而紐之使轉，則隨紐隨緊，隨紐隨開，下如覆盌，而上若仰盂矣。蠶之老者，其色微黄，其軀如棉，而通體明亮，見有老蠶，即以整張桑葉，薄薄鋪之，可即於葉上一一取之，俗謂之捉老蠶。葉盡再鋪，鋪至五六次，則可以盡數上山矣。不宜太遲，遲則繭薄，亦不宜太早，早則停山。上山時天氣晴和，其成蠶必速，其絲必易繅，如遇陰寒，可於四旁置火爐以煖之。上山一兩日後，有在山頂昂頭上向，而未得著絲之處者，以竹枝勻鋪山上即成繭，俗謂之青山。然必俟成窠者已過十分之九，乃可用此法，用之太早，則未成窠者，無不擠上青山矣。

落繭　落繭之法，先上者先落，落下一箒，視其箒之中心無腐黑之蠶，即輕輕摘下，如有便須以箒向下，先去其腐黑者而後摘，勿令汙及他繭。落繭後，即須於涼室中以晒籃薄薄攤之，而剥去繭絨以待繅。有防其出蛾，而以火焙之，使不能變者，寔在繅不及時，則不得不用此法，然其絲究不若未經火焙者之光潤。落繭時遇有蠶嘴受傷，縈絲寬慢，其繭軟而鬆者，曰綿繭。蠅集蠶身，蛆生腹内，成繭後穿穴而出者，曰蛆鑽繭。老不化蛹，憋爛繭中，穢汁潤映者，曰映頭繭。薄緒纏身赤蛹外露者，曰凹赤繭。山火太旺，忽遽吐絲，不及周遍環繞，其繭一頭穿破者，曰穿頭繭。黏簾附帚，結成深印者，曰草凹繭。蠶溺沾染，清成黄瘢者，曰尿緒繭。上山太密，兩三蠶共成一繭者，曰同宫繭。皆宜提出另儲。其不可繅者，或爲綿，或爲絮，其略可繅者，或另繅者醜絲，切勿雜入好繭中繅之。所落之繭，有内潰而漬溼者，謂之陰繭，摘繭時便須提出，以清水浸之，日易水兩三次，俟繅絲既畢，搗去其污，用桑枝灰和煮，復以清水漂淨，而曬之使乾，則極潔極鬆，如彈熟之棉花，以手抽之，可織綿綢。

絲車　繅絲首重繅車，善繅者以雙錢眼繅之，一日止繅得斤半。繭過百斤，便須添設絲車。若不能用雙錢眼，而以單錢眼繅之，一日止繅得一斤，絲過八十斤，便須添設絲車。絲車後須設火倉，與車上著絲處針對，雙錢眼設兩倉，單錢眼設一倉，蓋絲從水中抽出，使從火倉上過，約離二寸許，則隨繅隨乾，否則彼此膠粘，掉絲時費手矣。至於水宜取溪澗之極清者，炭宜用無烟而不爆者，皆須講求。

杞廬主人《時務通考》卷一七《商務三·紡織》　購機織布　中土本係産棉之地，除蠶絲紬緞之外，布疋衣被天下。自洋布入口，貨美價廉，羣相購用，遂被侵灌内地，窮民幾不能以自食。光緒七年，西報英國正月内，洋布往上海者，價值六十三萬八千八百十一磅。一月如此，一年可知，況更有别口别國之貨乎。夫耕織爲天下大利，乃盡爲所奪，民生焉得不匱。彼洋商買中國棉花，而猶能得利者，其貨皆以機器織造，故工省而利溥。今擬於海疆大埠，開局自織，銷運内地，奪回洋人之利，還之中華，凡貨壅則價賤，彼見無利可獲，庶不致有喧賓奪主之虞矣。

外洋呢布紗綾俱宜仿效　布匹亦爲中國出産之大宗，自洋布運入中國，價廉工細，購者踵接，已礙華布銷路。近年外洋運來各種染色布，五色斑斕，鮮明奪目，可以婦穉衣服，中國印花布遂無人過問。加以袈裟布、柳條布、絨綿布，捆載東來，喜新厭故者，日甚一日，紡織之家，幾致停機而歎，迨洋紗綫盛行，縫工且用以代絲綫，一絲一縷之利，亦爲外洋所奪，其他何論焉。中國所産棉花不少，宜仿西法設廠購機，織成各種廣銷布匹，再仿漂白印花之法，以及所紡之紗，亦可運往他國。滬上雖已設立紡紗織布局，然所出之布，係仿華製，不仿洋式，是將與民間争利，非與西國争利也。變通盡善，是所望於深明大體者。綢緞亦爲中國出産之大宗，自羽綢、羽緞、羽紗、羽綾、翦絨、嗶嘰、哆囉呢、金銀綫等運入中國，而中國綢緞銷路大滯，以織機爲業者，因此失所。今亦宜變我成規，仿彼新製。況雞毛、鴨毛、羊毛可供織綢製毯之用，亦皆産自中國，西商遣人赴各處，以賤值購致，設廠揀選，運往西國，造成各種綢緞氈毯，仍運至中國出售，便得厚利，中國若仿彼成法，自化無用爲有用。

紡織宜分省興辦　織紝之利，尤當亟爲講求。織紝必以機器爲先，事半而功倍，工省而利厚，宜度各省所有物産，設立機房。如織絨織氈毯，則設於天津、直隸，以取口外之羊毛，織布則設於上海、蘇州，以就其地之木棉，織綢則設於湖郡、杭、嘉，以購其地之蠶絲。西人貿易於中土，不過以匹頭爲巨宗，若我自織，則物賤而又省，且無需輪船之轉運，其價必貶，並可仿其花紋式樣，以販售其國中，西人又何能獨專其利哉。

論織布局之弊　洋布名爲利用，實則價賤而質脆，一無可取，其花樣愈新者，木質愈壞，愚民乍覩新奇，貪其價廉而購之，殊不知西人慣用機器，慣用藥水，其製造之時，惟在欲速，而物之本質已失，故一經久用，破敗遂不可收拾，豈若中土之以人工成者，猶可補苴罅漏，歷久可用，故門面雖闊，價值雖賤，而彼此相較，不如土産遠甚。即如機器織布一局，滬上興辦，已十餘年，今年招股分，明年添資本，屢易其人，無不虧空，而未嘗織一布成一事也，豈主其事者皆不肖耶。辦一事而未知底藴，事事仰藉於人，其來也不過徇情面，倚聲勢，大率紈袴居多，其人本不知稼穡之艱，焉知大體，惟好爲排場，任其揮霍，迨歷久無成，始求庖代，而繼之者猶大夫崔子也，如是而求甘成，不亦南轅而北轍耶？夫木棉産於中國，西人往返四萬里，加以關税水脚，織成尚可獲利，豈中國自爲之，反至虧折？雖愚人亦知其非，而終不逮者，一則實事求是，一則徒騖虚名。天下惟似是而非者最爲誤事，況委札甫下，薦書紛來，用人若干，薪水若干，花紅若干，姑勿論事之成否，而出欵已不可數計矣。無底之壑，終必匱乏，不待智者而知其必敗也。且今之所以興辦者，在挽回利權耳。欲見我之長，必先制彼之短，知洋布之不能久，必思所以經久之法。如織布之用機器，軋花之用機器，用力少而成功速，其法誠善，惟棉紗仍須民間自紡，萬不可用藥水泡製，則花質現在與中土自織者無異，雖價值稍貴，以咸樂得而趨之。或謂此局若成，江浙億萬女紅，無乃坐食。不知近來布價甚賤，民間無利可圖，儻紡紗令下，彼織布者，改而紡紗，豈不甚善，在織局無乏紗之慮，而民間有餘利可沾，非兩全其美乎？況扣門堅固，毫無欺飾，從此洋綢洋縐，推廣行之，彼外觀有耀，而不久即敝者，豈能與之頡頏。蓋挽回利權，全在細心衆究，非虚憍浮滑者所能勝任也。

廣興織造利多害少　夫土貨出洋，以絲茶爲大宗，洋貨進口，則洋藥而外，莫如洋布、洋紗爲大宗。查英國有織機十三萬張，美國有十五萬張，即印度尚有二三萬張，可知西人於紡織一事，固有悉心籌畫，不遺餘力者。近年洋布進口，愈織愈工，愈銷愈廣，每年銷數銀兩，約有五千餘萬。洋紗進口，曾未數載，因其精細潔白，銷場頓旺，北直諸省，競相購買，以供織布，銷數銀兩，約有二千餘萬。向來外洋紡織，仍須購用華棉，則華棉之出售，猶足分洋布、洋紗之利於萬一。近日外洋産棉漸旺，兼以中國販棉客商，每多攙羼着潮之貨，弊竇叢生，益使西商裹足，所以皮花銷數，不過二十餘萬包，較前已減去十之六七。所幸洋産木棉，其運至香港銷售者，花身究不如中國之潔白，故西商仍須並購華棉，否則併此二十餘萬包皮花，亦難行銷也。然則中國商民，安可不急求變計，坐視銀洋之外溢，而毫不加意哉。夫中國絲、茶之利，印度、意大利各國，逐起而争奪之矣。西洋紗、布之利，中國豈不可購置機器，如法施行，以廣工商之生計，而收西人之利權哉。惜乎昔之創織布機器者，以局首事艱難，資本重鉅，卒至廢而不成。夫西人遠涉重洋數萬里，其採辦木棉，需費幾何，輪船載運，需費幾何，而獲利仍屬不貲，則紗、布之利厚可知，況中國購本地棉花，則採辦之費可省，出售即在本國，則轉運之費較輕，兼以華人工資，兼於洋人，如此色色簡便，獲利必視西人爲尤厚。況乎凡百生意，盈虧難定，獨此紡織之事，至穩至妥，緣機器每具每日需用棉花若干斤，工人若干名，可以出貨若干，價值若干，此有一定者也。至棉價工資若干，司友薪水若干，納税保險等費又若干，亦可預定者也。兩相比較，盈餘若干，其利不有操券而償者乎。惟事屬創辦，人手生疎，工未諳練，不無耗損之處，然能嚴行督課，日事精求，兼得洋匠，善爲指點，則耗損亦屬無幾。再國家體恤商民，不妨於創辦三年之内，酌減税額，迨其事漸熟，利漸興，再爲厘定税章，而商情益形鼓舞。況紗、布辦有成效，推之織絨、織呢、織羽、織氈，均可次第舉行。一處導以先路，處處步其後塵，所推愈廣，所及愈宏，而工商得以沾其利益者亦愈衆。或謂用機器以代工作，一夫可抵百夫之力，似於紡織小民，不無妨礙。豈知紗、布以及絨、氈、呢、羽，本非出自中國，中國多出一分之貨，外洋即少獲一分之利，而吾民轉得增出一分之生業，有益無損，有利無害，至中國之標布、扣布、梭布等類，仍可並行不悖也。現在洋布局復行開辦，惟望當局者力贊其成，經理者善持其後，毋侵吞，毋靡費，毋懈怠，將見局務振興，歲奪洋人數千萬之利，以沾溉華民，所關豈淺鮮哉。

加洋布之税　富强之道，不外二端，彼需於我者，自行販運，我需於彼者，自行製造，誠哉是言也。進口之貨，除烟土外，以紗、布爲大宗，向時每歲進口，值銀一二千萬，光緒十八年，增至五千二百七十三萬七千四百餘兩，南印度、英國棉紗，值銀二千二百三十餘萬兩，邇來更有增無減，以致銀錢外流，華民失業。如棉花一項，産自沿海各區，用以織布紡紗，供本地服用外，運往西北各省者，絡繹不絶。自洋紗洋布進口，華人貪其價廉質美，相率購用，而各省紗布之利，半爲所奪，迄今通商大埠，及内地市鎮城鄉，衣大布者十之二三，衣洋布者十之八九。嗚呼，洋貨銷流日廣，土産運售日艱，有心人能不愁然憂哉。方今之時，坐視土布失業，固有所不可，欲禁洋布不至，亦有所不能，於無可如何之中，籌一暗收利權之策，則莫如加洋布税。設洋布廠，西貢進口布税，漂布每匹值洋三元半者，須納税一元三角，是值百抽三十七矣，扣布每匹值洋三元一角五者，須納税一元三角，是值百抽四十矣。今中國洋布税，值百者僅抽其五，甚有不及五者，如扣布每匹止納税四分，洋布之寬三十，因制長四十碼者，每匹僅納税錢餘，或八分四分，輕微尤甚，此不啻授以利權，暢其銷路，所由進口日衆，獲利日豐也。今若改章加税，使價值漸貴，運售漸艱，則土布之銷場漸旺。失之東隅，收之桑榆，未爲晚也。況換約之限，期以十年，屆期毅然行之，必有成效。

織布機器分工之速　通商大埠，及内地各省，皆宜設紡織局，並購機織造，以塞來源。查紡織工作，共分三層，首曰軋花。西國軋花，向亦人力，自英人懷德尼出，始創機器，而利便百倍於人工。西人綜計每畝棉花，歲收六一六斤，人工軋花，每日可得淨棉三斤許，必須歷二十二日，始軋成一畝之花。自機器行則日半已足，敏捷可知，況棉中雜質又可提清，鬆勻潔白，華人皆喜用之。次曰紡紗。工分十二層，曰打花去土，曰彈花成片，曰梳棉成帶，曰引棉成條，曰初成鬆紗，曰引長，曰捲緊，曰紡經紗，曰製緯紗，曰絡紗成綂，曰合綂成包，曰提檢廢棉，皆有機器紡成，倍精倍速，所亟宜仿行者也。三曰織布。工分六層，曰絡經，曰理經，曰漿縷，曰織縷，曰摺布，曰印花。其機器有大有小，不但程功捷速，而織成布縷，亦精細圓勻，勝於人工倍徙也。論紗、布之利，各國莫不講求，尤以英爲巨擘。當西歷一千八百六十八年，棉花廠有二千四百七十處，織機有四十萬座，紡紗挺子有三十二百萬根，以後逐年添設，局廠日多，紗、布運往各邦，以億萬計。其棉花皆采自美國、印度，織成紗、布，運售於美、印、中華，技藝既精，心思尤巧，所由獨擅利權也。年來日本機器織廠日增，所織各種棉布，運入中國銷售者，亦日見其夥。今中國已於上海、漢口設局紡織，果辦理得法，以自種之花，織自用之布，工賤價廉，無須運脚，實可收回利權。惟華人用洋布者過多，兩局紡織，不能敷用，倘再推廣設局，徧及於内地各處，除銷本國外，並可自派輪船，運售於元山、釜山、仁川，及南洋各島，則紗、布之大利，何難與泰西、日本諸國抗衡哉。

切辦滬上織布局　鄭陶齋觀察，戴子揭太史，龔仲人、李韻亭兩觀察，蔡嵋青部郎，經蓮珊主政，集股銀四十萬，公稟李傅相，奏設上海織布局，限期十年，不准他人攙奪，如限期内，有欲添設者，或另開紡紗廠，均由該局代稟，酌抽牌費，津貼刱辦局用。械請駐美公使容純甫觀察，於美國織布廠，選一熟悉紡織誠實可靠之洋匠，來滬會商。據云土花絲短，恐於現成之機不合，當偕繙譯梁君子石，親帶土棉數十擔，回美試驗，將改好之機器織出之布，寄回中國，皆云與洋布無殊，遂決意創辦。先定機器一百張，擬俟人手嫻熟，陸續添機，以免靡費。囑子石在該國織布局，講求利弊，以免欺朦，并囑考究外洋種花之法，天氣水土如何，方與花性相宜，先購花子，旋滬試種，以期日後推廣，方織細布。所置局地，先與同事諸公，邀洋匠於沿江等處，以楊樹浦之地最宜，共買三百餘畝，每畝價銀五十元。而同事者有稟李傅相，謂不應買租界外江邊之地者，未知此地其利有三。地沿江濱，上落貨物便易，大省扛力，一利也。不在租界，不納工部等捐，二利也。地面寬闊，又近馬路，價極相宜，三利也。現在紗紡等局，均設近布局，地價大漲，每畝已值銀三百兩，是既爲布局省費十萬矣。地已購，機已定，洋匠已聘到之時，滬上洋商，有擬設紗紡局，請其公使向總署理論，亦覬我華工價廉，獲利更厚也。不料布局失慎，所有機房，付之一炬，今李傅相奏委盛觀察，集股重興矣。惟冀其利日巨，機日增，大開中國之利源，廣闢重洋之商務，此則區區之私，所日夜禱祀以求者耳。

洋布銷數英最廣　夫布之爲物也，日用所必需，本爲中西共有之利，今反若爲西人獨擅之利。其在十餘年前，英國各織機，約有十三萬餘張，美國有十五萬數十張，印度亦有一萬餘張，此後添設者甚多，其織成之粗細各布，運入中國者，即以光緒十五年而論，按照海關貿易總册所載，約在二千四百萬餘疋，計銀二千五百萬餘兩，棉紗約在七十萬擔，計銀一千三百萬兩，其間如美國之布，雖不亞於英，而銷數之多，究以英及印度爲最。我中國之織布局，僅在上海一隅，設機四百張，每年約出布二十四萬疋，其定章載明，有人仿辦，衹准附股入局，不准另行開張，抑何隘也。近歲如張香濤制軍，擬於湖北省另設一局，尚未開辦。夫以中國之大，歲銷洋布至二千數百萬疋，可知民間標布、扣布、梭布之利，盡爲所奪，整頓與禁止，兩窮其術，若僅恃此四百張機，織出布二十四萬疋，誠不能敵其萬一，矧謀之十載，始有規模，縱使極力擴充，而利權之收回，尚不知在於何日，坐使每年三四千萬金之巨欵，流出外洋，可勝浩歎。竊謂東南各省，種棉者不知凡幾，若以就其地悉令民間改用西法，其織成之布將不可勝用，閩中陳伯潛閣學近購機器分置鄉間，即此意也。更有進者，中國講求西學，不遺餘力，製造等局，各省林立，鼓鑄日興，獨於織布之機張，從未有議及者，果能於軋花、紡紗、織布等器具，自行製造，再得所在有司，實力勸導，俾知機器之利，可以補人工之不足，或一家而自置數器，或數家而共置一機，推廣行之，將布縷日裕，又何慮銀錢之日絀哉。

英造紡織機器　英國製造各物，所用材料，不盡取之於本國。即以棉花一項而論，初時歐洲各國，未諳機器紡織之法，英人阿苦來脱，始造機器，迨後屢出新意，機器之用靈，紡織之利溥。一千八百六十八年，棉花廠有二千四百七十處，織機有四十萬座，紡紗挺子有三千二百萬根，以後逐年添設者甚多，運往各國紗、布，兩項之價，值金錢五千二百零一萬二千三百八十圓，本國自用者尚不在內。所用棉花，皆販自美國，進英國之水脚，爲英國船所得，紡紗織布之工費，亦爲英國人所得，開廠之利，爲廠主所得，運至別國之水脚，大半亦爲英國船所得，國家另得棉花各項之税，金錢一千二百萬，但就一項而計，已可見其營運之工，製作之巧。

紡紗機器　機器紡紗之工夫，分爲數級，先將帶子棉花，入於刷鬆器內，其器有大小刺毛軸，及大小刷軸，多條相間，順逆轉動，各有遲速。其容棉花之斗，半邊切於刺毛軸，軸外之刺毛，即將棉花梳下帶去，而棉子由斗底之小孔漏出，其帶於刺毛之棉花，遇刷軸刷下之。刷軸之轉甚速，以離心力使棉花四散，而噴於又一刺毛軸，再有一刷軸刷下，則棉花已極鬆極勻。此刷軸四散之棉花，噴至一大刺毛軸之外，此軸徑四五尺，長三四尺，外周之刺毛，長三四分，每間三四寸，有一平行圈分隔之，棉花在彼邊噴上，即在此邊自行落下，已成厚寸許，闊三四寸之棉條。連續不斷，每條以二馬口鐵深箒受之。一箒已滿，移至引長之器，其器有軋輪多對，輪外包泥或毛布使滯澀，以箒內棉條之端，入於第一對軋輪間，即向前遞過第二三四各對軋輪之間，愈前之軋輪，其轉愈速，故能將棉條漸引長而漸細。其已引細之端，由最後之軋輪間吐出，仍以馬口鐵深箒受之。尚有粗細不勻，故再將三箒內之三端相並，使三條并合，再入一引長器引長之，仍如前法，受於馬口鐵箒，即成細勻之細棉條。其形稍扁，厚二分餘，闊三分餘，於是入粗紡器。其器亦前半有軋輪多對，與引長器略同而較小，亦能將棉條引長，而使極細。後半有錠軸，置立下端，裝入孔内，連有小輪，周圍有槽，以小繩牽之，使旋轉極速。上半段外套木管，長五六寸，徑寸許，木管兩端，各有木盤，徑二十餘，紡成之紗繞於木管外面，有木盤阻之，使不外脱。木管下端，有小鐵盤，周圍有槽，有簧按於槽内，其簧連於立柱，能緩緩上下，使木管亦隨之上下。此立柱與錠軸平行，錠軸之上端有小孔，旁有一臂向下，而穿其端亦有一孔對於木管之外，以線一條繞於木管外，將綫端先自臂端之孔穿過，再穿過錠軸端之孔，與最後軋輪間吐出之極細棉條搭接，使錠軸起轉極速，木管亦隨之速轉，即將細棉條絞成粗紗。惟因細棉條漸自軋軸間吐出則漸寬，而木管因簧之阻力，其轉稍緩於錠軸，故已絞成之粗紗，自能漸繞於木管之外，木管又能緩緩上下，故紗能平鋪，而不致積於一段。但此次所成之紗，尚極粗而絞極鬆，必重紡之，以三木管外紗之端相并，再入此同式之器，重紡一次，則稍細而稍緊矣。但尚未全成，必再以三條相并，另入一器紡之，其器亦用軋輪多對，並錠軸木管阻簧，與前器同，惟錠軸木管皆較小，錠軸之上端無孔，而上有平鐵板，板中有圓孔徑寸許，孔之周圍有凸邊，以小鐵鉤銜於邊，能移轉甚活。其紗穿過臂孔，再穿過此鉤孔，錠軸轉而鉤循孔邊，移轉極速。用此法者，因紗極細，如有斷絕，目不易見，故使之循孔環轉，則斷絕易見也。此次之紗，極細極勻，可以織布。

杞廬主人《時務通考》卷二七《汽學四・紡織》　紡織　實馬力一，能轉紗錠三百五箇，用人照管者。半紡二十六號之鬆紗，每分時四千七百轉，半紡三十六之緊紗，每分時五千轉。或轉紗錠二百三十一箇，不用人照管者。半紡三十六號之鬆紗，每分時四千八百轉，半紡三十六號之緊紗，每分時五千八百轉。或轉定紗錠一百四箇，紡得之紗，爲三十四號，每分時四千轉，並有相連之機器，或動織布機十具，半機闊三十七寸，織成之布，亦闊三十七寸，每分時織一百二十三縷，每一寸得六十八縷。另有將鬆紗作線之器共二十七具，每具有定線錠九十六箇，每分時線錠二千二百轉，錠徑一寸又八分寸之七，繞線之處，長二寸又八分寸之三。又連車牀四具，專車木錠，磨光木錠之車牀三具，車木錠之自行車牀機器二具，輪鋸二具，繞線之架二十四具。轉動以上各器之汽機，實馬力二十八有半。不動別機，而但轉線錠，則用實馬力二十一，每馬力能轉線錠一百二十二箇八四。

鋸木壓棉花　大抵力機，汽筩徑十寸，推機路四尺，每分時三十五轉，每方寸漲力九十磅至一百磅。圓筩鍋鑪徑三十寸，長二十尺，共三座，能動直鋸二尺，往復路三十四寸，每分時鋸開黃松木長三十尺，闊十八寸。又有大抵力機，汽筩徑十四寸，推機路四尺，每分時往復六十次，每方寸漲力四十磅。圓筩鍋鑪三座，徑三十寸，長二十六尺。鑪柵面三十二方尺，皆無小煙管，能動壓棉花架四具，齒輪有六與一之比，每架有二螺絲，徑七寸半，螺距一寸又八分寸之五，十二小時內，共壓棉花一千包。又有大抵力機，汽筩徑十寸，推機路三尺，每分時四十五轉至六十轉，每方寸漲力四十五磅至五十磅，壓水櫃有二，推柱徑十二寸，往復路四尺半，水筩徑二寸，往復路六寸，每小時壓緊棉花三十包。

《商務新論》卷一薛福成《商政》　商務之興，厥要有三：【略】一曰製造之利。英人用機器織造洋布，一夫可抵百夫之力，故工省價廉，雖棉花必購之他國，而獲利固已不貲。每歲貨價之出中國者數千萬兩。中國海隅多種棉花，若購備機器紡花織布，既省往返運費，其獲利宜勝於洋人。然中國雖有此議而尚無成效者，何也。創造一事，人情每多疑沮，其才足以辦此者，苦於資本難集，而招商股自成公司者，宜察其才而假以事權，課其效而加之優獎，創辦三年之內，一二股商又以非所素習而不爲，此大利所以盡歸洋人也。竊謂經始之際，有能酌減稅額以示招徠，商民知有利可獲，則相率而競趨之，迨其事漸熟，利漸興，再爲釐定稅章，則於國課必有所裨。推之織氈、織絨、織呢羽莫不皆然。夫用機器以代工作，嫌於奪小民之利，若洋布以及氈絨呢羽，本非出自中國，中國多出一分之貨，則外洋少獲一分之利，而吾民得自食一分之力。奪外利以潤吾民，無有踰於此者矣。故中國之於商政也，彼此可共獲之利則從而分之，中國所自有之利則從而擴之，外洋所獨擅之利則從而奪之，三要既得，而中國之富可期，中國富而後諸務可次第修舉，如是而猶受制於鄰敵者，未之有也。

《商務新論》卷二總理衙門《奏覆洋商改造土貨應籌抵制摺》　奏爲遵旨議奏事。光緒二十二年十二月十七日，軍機處交片，本日給事中褚成博奏洋商改造土貨，請飭籌抵制一摺，軍機大臣面奉諭旨：該衙門議奏，欽此。欽遵鈔錄原摺交臣衙門。查原摺內稱：上年與日本定約，准在內地改造土貨，各國援照條約，皆可一律仿行，從此華人自有之利權盡歸外人掌握。查改造土貨，莫大於絲紗兩宗，絲銷外洋皆由內地運去，紗銷內地反自外洋販運，如悉就內地改造，則工價較廉，獲利自鉅。日本請於蘇、杭設埠，其注意不外乎此，即西人乘機奮起，其肯綮亦不外此，若不設法抵制，勢必喧賓奪主，絕我生機。上年，署兩江總督張之洞深知繅絲爲織綢之本，紡紗爲織布之本，因先於蘇州、鎮江、南通州、無錫、金匱等處，勸諭紳商，開設紗廠，又擬撥欵專在無錫開設絲廠，以冀逐漸推廣，總督劉坤一回任後，亦以此爲當務之急。伏思洋人每争一利，必合上下財力，慘澹經營，而華商勢渙情睽，力分財絀，自非官力爲護持，壹志齊心，痛降向來官商隔膜錮習，斷難與彼族争權。應請旨飭下南北洋大臣，各先籌款二三百萬，在內地廣設絲紗機廠，以爲倡導，並飭下各將軍督撫，酌度土宜，一體興辦。奉天、直隸等處，又宜添設織造呢羽氈毯之廠。其緊要關鍵，首重得人，應令嚴定章程，公舉殷實廉幹商人，分任廠務，由官認真督查，不准絲毫瞻狥，並准本省各官暨京外大小官紳，量力附股。每屆年底，將章程款目由總廠詳刊送閱，如有弊混，不論何人，皆准赴廠辦詰，並許附股之人，赴京呈控，查實後，除經管之人勒賠重處，並將督轄之大吏，量予處分等語。臣等查絲紗爲土貨大宗，欲設廠製造，抵制洋商，自非官商合力，廣籌鉅款，不能集事。上年閏五月間，欽奉諭旨，令多設織布織綢等局，廣爲製造，即據署兩江督臣張之洞、江蘇撫臣趙舒翹電稱，將息借商欵銀二百二十六萬兩，移爲開辦商務局之用。先於無錫設繅絲廠，兼開繭行，此外，各廠擬設於上海或蘇州，至織布紡紗機廠約費銀一百萬兩，籌欵另議。各省督撫臣先後陳奏，類能仰稟聖謨，設局招商，各就本省物産之宜，量籌製造，似於向來官商隔膜之弊，已漸次消除。惟辦理經年，究竟籌款若干，設廠幾處，有無成效，迄未奏咨，即張之洞、趙舒翹擬移息借商欵開辦商務局，究竟已否辦成，亦無續報。該給事中請由各省將軍、督撫酌度土宜，集股設廠，官助商本，逐漸推廣，自足濬利源而杜外溢，應照行原奏所請，公舉股實廉幹商人，分任廠務，由地方官認真督查，並准官紳量力附股。至年底將章程款目詳刊一節，前年十二月間，臣衙門議覆御史王鵬運設立商務局摺内，擬由各商公舉殷實穩練之紳商，派充局董，仿照總税務司貿易總册式樣，年終由督撫咨送臣衙門，以備參考，業奏准通行，遵照在案。此次絲紗各廠，應仍由各省將軍、督撫查照前奏辦理，各廠中如有弊混，自應將經管之人，勒賠重處。第須附有股本，始能入廠查詢，原奏所請，不論何人，皆准赴廠辨詰，恐滋紛擾。至督轄大吏，原當竭力維護，嚴剔弊端，但祇能握其要領，不能瑣屑躬親，似難深悉廠中有無弊混，若有人舉發，若該管大吏不爲查理，或竟迴護，自應如該給事中所奏，量予處分，以儆玩泄。相應請旨飭下各省將軍、督撫，各就本省情形，切實籌辦，毋得徒託空言。至南北洋大臣，能否各籌二三百萬兩，以爲倡導，應並請旨飭下王文韶、劉坤一迅籌辦理。所有臣等遵議緣由，理合恭摺具陳，伏乞皇上聖鑒訓示。謹奏。

官修《清實録・高宗實録》卷四三七　乾隆十八年四月，江蘇巡撫莊有恭奏：　據淮安府知府趙酉禀稱，淮民習於游惰，不知紡織爲何事，因募織工，並備織具，設局教民學習。淮關監督高恒，聞即捐款，於板閘添設一局，各道廳於清河添設一局，紳衿耆庶，亦皆鼓舞，有自募紡人，在家學習者。再查淮屬可種木棉，而民不知點種之法，該府購買棉子，募匠率山陽農民，分頭試種，將來結實，亦可資衣食。大約淮泗以南，病在不儉，淮泗以北，病在不勤。今將該府所定紡織規條，鈔發徐、海各府州，飭令遵照辦理。得旨：甚好。

官修《清實録・高宗實録》卷四八九　乾隆二十年五月，湖廣總督開泰奏：　民間生計，耕織並重。查荆州素出綾絹絲布，其所需之絲，皆取給本省，是楚中風土，非不宜蠶，祇緣工匠習業，平常狃於其舊，若令江浙工匠教以染造，自可驯致改觀，并可仿織綢紗。臣與撫臣并在省司道公同捐辦，已向江南雇募工匠來楚，復選覓荆州工匠到省，設立機局，使之試織。其仿織之宫綢、府紗，頗肖江南，商店聞而購買，得價尚易，察其情形，似堪收效。惟是捐辦不能經久，又未便請動正項，查有惠濟加鑄節省工料錢二千餘串，可以暫借，俟民間學織者衆，即將官局停止，料物變繳完款報聞。

穆彰阿等《大清一統志》卷五三《直隸・深州直隸州一》　風俗　士樂孝友，敦詩書，民力織作，勤畎畝。《舊志》。

穆彰阿等《清一統志》卷八二《江蘇・松江府一》　風俗　顧陸之裔，居於華亭者最著，故士奮於學，民興於仁。魏了翁《學記》。儒官翼翼，不異鄒魯。元趙孟頫記。勤耕織之勞，務魚鹽之利。《府志》。

穆彰阿等《清一統志》卷九六《江蘇・揚州府一》　風俗　號爲繁侈，《元和志》。俗輕揚淫佚，好學工文，農民織紝稼穡。《寰宇記》。

穆彰阿等《清一統志》卷一四〇《山西・蒲州府一》　風俗　民性質樸，好節儉，力田績紡，尤事商賈。《舊蒲州志》。

穆彰阿等《清一統志》卷一六二《山東・濟南府一》　風俗　俗多織作，士務功名。《漢書・地理志》。

穆彰阿等《清一統志》卷一九一《河南・陳州府一》　風俗　好節義而尚廉恥，屏奢華而勤耕織，婚喪多儉，有古風焉。《舊志》。

穆彰阿等《清一統志》卷二〇五《河南・河南府一》　風俗　女修織紝，男務耕耘。漢班固《東都賦》。

穆彰阿等《清一統志》卷二八七《浙江・嘉興府一》　風俗　餉給於國，尺寸之土必耕。衣被他郡，機杼之聲不絶。《府志》。

穆彰阿等《清一統志》卷二九九《浙江・金華府一》　風俗　俗勤耕織。宋中興以後，名卿踵接，風聲氣習，一變醇厚。宋洪遵《東陽志》。

穆彰阿等《清一統志》卷三〇四《温州府》　風俗　地不宜桑而織紝工，不宜漆而器用備，不宜粟麥而秔稻足。《府志》。

穆彰阿等《清一統志》卷三四九《湖北・鄖陽府》　風俗　男子燒畬爲田，婦人績麻爲布，以給衣食。《方輿勝覽》。

穆彰阿等《清一統志》卷三六四《湖南・常德府》　風俗　居民務本，勤於耕織。《元統志》。

穆彰阿等《清一統志》卷四二九《福建・漳州府》　風俗　其民務本，不事末作，而資用饒給。宋傅自得《道院記》。民有田以耕，紡苧爲布，弗迫於衣食，樂善遠罪。宋・郭祥正記。

穆彰阿等《清一統志》卷四三九《福建・汀州府一》　風俗　島居者安魚鹽之利，山居者任耕織之勞。《通志》。

穆彰阿等《清一統志》卷四三九《福建・龍巖直隸州》　風俗　男趨於耕，女勤於織。《漳平縣志》。

穆彰阿等《清一統志》卷四五二《廣東・瓊州府一》　風俗　婦女不事蠶桑，止織吉貝。《宋瓊管志》。　俗皆卉服《輿地紀勝》。

穆彰阿等《清一統志》卷四八一《雲南・澂江府》　風俗　士知尚學，民務耕織，勤生力本，以勁特相慕效，恥爲委蛇。《通志》。　其性質野，其俗豪强，蠶衣耕食，不事逐末。《明統志》。

穆彰阿等《清一統志》卷五〇〇《貴州・貴陽府》　苗蠻　宋家苗本中國之裔。春秋時，宋爲楚所蠶食，俘其人民而放之南徼，遂流爲夷，即宋寧尉之祖也。頗通漢語，識文字，勤於耕織。

仲家苗好樓居，有姓氏，衣尚青，男子以帕束首躧屨，婦人多織好而勤於織，以青布蒙髻，長裾褶繢。

花苗在貴築、廣順等處，男女拆敗布緝條以織。

卷五〇三《貴州・鎮遠府》　苗蠻　狆猚在施秉縣，一曰楊荒，其種亦夥，都匀、石阡、黎平、萬山之中皆有之。荆壁四立而不塗，門户不扃，出則以泥封之。男子計口而耕，婦人度身而織。

卷五〇八《貴州・黎平府》　苗蠻　陽洞羅漢苗在府境，婦人養蠶織錦，服短衫，繫雙帶結於背，胸前刺繡一方，以銀錢飾之。

李侃、胡謐〔成化〕《山西通志》卷二《風俗》　山西土瘠，其人勤儉。民俗節儉，務力稼穡，不通商賈，少識織紝。《孟縣志》。　人民儉嗇朴實，勤于稼穡。男粗知禮義，女不諳紡績。《興縣志》。　其人淳厚而勤儉，力田而稍少事織紝，不干詞訟。《樂平縣志》。　君子憂深思遠，小人儉嗇，甘辛苦，薄滋味，勤於耕織，服勞商賈。絳人經晉伯之餘，尚多勇敢，蒲、解隣秦，其人乃有秦風，隰、吉居山，其人多質朴信實，霍人與平陽頗類。《平陽府志》。　其民儉嗇，甘麁糲，勤紡績，力耕穡。《臨汾縣志》。　民性質直，俗尚勤儉。甘於麁糲，勤紡績。力穡服田，頗好勇義。其于享祀報本，雖費不奢。《襄陵縣志》。　其民勤儉，剛而有爲，民俗淳厖，尚于禮義，男勤畎畝，女務紡績。《太平縣志》。　民尚勤儉，以耕織爲業，近年士多務學。《洪洞縣志》。　民性儉嗇，勤于耕織，士頗讀書。《趙城縣志》。　民俗節儉，頗有義風。男勤耕穡，女勞織任。《汾西縣志》。　民性質實，不事奢華，好讀書，勤耕織，喜祀神。《絳州志》。　民尚節儉，喜際賽，勤耕織，頗知向學。《稷山縣志》。　民性朴淳，俗尚儉嗇。力農桑，勤紡績。《絳縣志》。　民俗純厚，男勤耕，女勤織。《垣曲縣志》。　民生純朴，俗尚節儉，男務農桑，女勤紡績。《解州志》。　其民質朴，俗尚節儉，男務農桑，女勤紡績，頗□鹽利，讀書崇禮義。《安邑縣志》。　民多節義而有禮，男尚農桑，女勤紡績。《聞喜縣志》。　其民尚儉嗇，質實。民性純篤，俗尚禮義。男女多務耕織，市井少居商賈。《芮城縣志》。　民淳俗朴，力農事，勤紡績。頗有揖遜之風，節義之行。《平陸縣志》。　民性質朴，好尚節儉。力田紡績，尤尚商賈。堯舜遺風猶在。《蒲州志》。　民性淳厚，俗尚儉嗇，男則盡力畎畝，女則勤勞織紝，商賈罕作，貧富務本。《臨晉縣志》。　人民質朴，俗尚節儉，男務耕耘，女勤紡織，罕作商賈，好祀鬼神。《萬泉縣志》。　其民被唐風，故淳朴儉約。其地接舜畊，故力穡務農。其境隣中州，故語音辦正。俗好敬神，士尚文學，女勤紡績。《澤州志》。

覺羅石麟、儲大文等〔雍正〕《山西通志》卷四七《物産》　朔平府　花毯　元朔州毛子局，大使一員。豐州毛子局，秩正七品，大使、副使各一員，典史、司吏各一人，管領豐州捏只局頭目一員，掌造織花毯。至元十七年，置豐州雜造局，秩正六品，達魯花赤、大使、副使各一員。

陸釴〔嘉靖〕《山東通志》卷七《風俗》　濟南府　人尚忠勇，家業農桑，風俗淳厚，誠謂無黨。《平原志》。

兗州府　【略】魯人重織作，機杼鳴簾櫳。唐李白詩。　【略】人務耕桑，朴而不華，有古風趣。俱《圖經》。

東昌府　【略】其民朴厚好稼穡，務蠶織。《元・濮州志》。　家習儒業，人以文鳴，農桑務本，户口殷富。《郡志》。

萊州府　【略】京東東路西抵大梁，南極淮泗，東北至于海，有鹽鐵絲石之饒，其俗重禮義，勤耕紝。《宋史》。　男通魚鹽之利，女有紡緝之業。《元志》。

許協〔嘉靖〕《鎮番縣志》卷一《地理考・風俗》　士頗自愛，深以奔競爲恥。居恒布衣蔬食，雖士大夫之家，鮮乘輿張蓋者。農勤於耕，女勤於織。工則箕裘相衍，無淫巧之技。商皆土著，所置率布帛絲麻之屬，粗備民間日用之需，一切奇玩異貨不與焉。

虞懷忠、郭棐等〔萬曆〕《四川總志》卷一七《酉陽宣撫司・風俗》　織斑布以爲衣，佩長刀而捕獵，教化漸入，風俗漸易。《石耶志》。

成貫等〔道光〕《濟南府志》卷一三《風俗》　歷城　【略】鄉中婦女勤紡織，男子冬月無事，抱兒負暄，使婦不曠織。

章邱　【略】西錦鄉平原曠野，宜五穀，稍西爲白雲湖，析而北爲下三鄉，地宜木棉。【略】清平鄉地宜蠶桑，種蔬藝鹽，習於勤苦號儉樸。

鄒平　地狹民貧，其山多石，境内古渠，率皆枯竭，民無所取利，惟以農桑爲務。北境土沃，可兼種木棉。民性粗質，不能爲商賈之事，故邑無富室。有地者率皆親執犂鋤，與傭僕共作，士亦多識耕，婦女勤績織。

長山　俗多務織作，善績山繭。繭非本邑所出，而業之者頗多，男婦皆能爲之。

齊東　民業耕桑，士尚廉恥。富者積棉儲粟，相時糶糴，貧者任犂鋤，閒亦負販自給。婦女鍼管之外，專務紡績，一切公賦，及終歲經費，多取辦於布棉。

濟陽　士好經術，矜名節，民務農桑。

禹城　介省會及東昌、臨清、德州之中，【略】士務功名，民皆務本。

臨邑　齊右大縣，生齒繁盛，習尚淳龎，地無遺利，無隋民，【略】是以男耕女織，内外勤事，急公賦，無用督責。

長清　居岱右，山陵林麓綿亘百餘里，【略】邑東多山林，事樵採。南多園圃，則種蔬菜。西多木棉，勤績織。皆急於公賦，而拙於私蓄，故往往告匱，視他邑爲貧者以此。

陵縣　土沃衍，民務耕桑，士氣尚節概，不爲黨。

德平　民不事商賈，男耕耨，女組織，終歲不倦。士甘澹泊，恥朋黨，俗崇儉樸，不事雕飾。

成貫等〔道光〕《濟南府志》卷五七《列女一》　胡氏，劉臣妻，採樵紡績以養姑，守節三十七年。

吕氏，諸生郭如龍妻，遭兵亂，如龍遇害。吕年二十三，扶姑攜孤，避難深山，歲荒艱食，惟恃紡績以資養育，縣令某表其門。

韓貞女，名年□，父健思，母李氏。家甚貧，幼字李姓，歲荒，李全家逃塞外無音問。父殁，女侍母紡績自給。年至二十，母有他議，女不可，母强許婚他氏，遂自縊死。

李氏，宋大經妻，嚴毅寡言笑。夫殁，姑舅繼逝，貧甚，仰給父母家，偶歸寧，父母語其艱苦狀，氏疑其不諒也，謝歸。自是不納母饋遺，使子樵薪供爨，己與女紡績以供粥，每以菜一簣、豆一升爲旬日食，屋漏不能葺也。夜雪，以席覆子女而臥，比曉，席上雪深與地等。父適往視，涕下不能禁，餽以物，終卻不受。守節四十餘年終。

張氏，貢監焦永年妻。舅氏毓鼎殁於官，永年扶櫬歸，哀毁卒。家日窘，氏勤勞紡績，事姑撫孤，姑殁，典衣以營葬。守節四十年卒。

紀氏，王貞妻。生二女，夫殁家貧，姑病瘓，紡績奉湯藥者六年。姑殁，或以無子勸嫁，氏曰：嫁不嫁，不在子也，況有女乎。守節終。

劉氏，張斗安妻。夫殁子殤，家貧，嘗採薪挾菜根爲食，攜幼女紡績，以事孀姑。姑卒，竭力營葬，鄉里重其苦節。

王氏，牛梁妻。年十九，夫殁，絶食求死殉，姑數勸乃止。以紡績自給，爲夫立嗣守節終。

柴貞女，父名音，幼字焦慶遠，將婚，慶遠外出，待六年，而終無耗，柴年二十三矣。焦父以子不歸，與柴父母有他議。貞女誓願終守，即卜吉歸焦家。貧甚，紡績以孝翁姑，糠蔬自甘。

李氏，杜紹聖妻。紹聖客死奉天，李年猶少，矢志守節。積數十年，紡績資遣親屬，求夫遺骸，歸葬而卒。

薛氏，生員程企范妻。崇禎十五年，范遇兵難，不屈死。氏年十九，矢志守節。有女夭，夫遺産爲叔奪去，處之澹如，紡績自給，守節五十三年終。

王氏，生員魏偉妻。年二十一，夫死，翁繼殁，家貧未之舉也，氏苦節三十三年，紡紝積貲，以葬二棺。子聖統，諸生。

釋氏，生員釋獻白女，庠生趙筠妻。年二十九，夫亡，孝事翁姑，勤蠶績以奉甘旨，鄉鄰爲化。

賈氏，賈文若女，王錫鎔妻。年二十四，夫故，孝事翁姑，舉喪治婚嫁者各四，皆由紡績所積。

于氏，武生于化鵾女，王克温妻。年十九，夫亡，姑以痛子喪明，又患癱，氏晝夜扶持，紡績以供饘粥。翁姑與伯氏夫婦繼殁，氏竝治喪備禮。守節四十餘年卒，乾隆三十三年旌。

王氏，國子監學正王允熙女，張國芬妻。年二十四，夫亡，家貧以紡績事舅姑，姑疾，侍湯藥數年，始終不懈。

鄭氏，畢永富妻。二十三歲寡，家貧歲歉，竭力以奉舅姑，綳兒于懷，夜績達曙以爲常。後稍裕，舅姑前必具甘旨，己終身食粗。

田氏，田之彦女，邢振琪妻。家貧，夫外出，氏以紡績養。舅姑終，父母復來依之，既殁，鬻田傭身以葬，鄉人稱孝。

成貫等纂〔道光〕《濟南府志》卷五八《列女二》　劉氏，張逡妻。家素寒，年二十五而寡，以紡績養舅姑，守節三十六年卒。

成貫等纂（道光）《濟南府志》卷五九《列女三》 王氏，焦大有妻。年十七歸焦，夫爲傭，氏恃紡績養祖姑。

李文藻等（乾隆）《歷城縣志》卷五《地域考三・風俗》 仲夏月五日，書門符，懸艾虎，繫綵絲，黍角相餽。【略】是月也，麥始登，婦始絲。仲秋月，【略】是月也，木綿始登，婦紡績。仲冬月，【略】是月也，農始糞，婦始織。

務本業 人皆種田藝圃，貧者則樵採，傭工遠販者少，男則貿易，女則紡織。在鄉者多務樹畜之業，有僻在深山老死不識衣冠者。

徐宗幹原纂 盧朝安重纂（咸豐）《濟寧直隸州志》卷三之五《風土志・風俗》 金鄉 俗樸風古，士尊絃誦，民務耕織。士大夫婚禮不論財，喪次不用浮屠，鄉民則不然。

嘉祥 俗尚淳厚，民多務本，椎魯少文，甯野之風猶有取焉。

徐宗幹原纂 盧朝安重纂（咸豐）《濟寧直隸州志》卷九之三《藝文志三・貞女行》 貞女行吉安安福縣，縣有上西鄉。鄉中劉氏女，秀姑乃其名。厥父曰朝丹，少小訓義方。孝思出天性，貞姿非勉强。進退有禮節，聰慧更異常。自然工針線，餘事能文章。遭家胡不造，稚齒罹閔凶。（叶虛王切。）十齡喪所怙，三載母繼亡。煢煢依祖母，應門無弟兄。（叶虛王切。）左手以刺繡，右手以縫裳。日織棉一疋，月織絲一箱。

徐宗幹原纂 盧朝安重纂（咸豐）《濟寧直隸州志》卷八之五《人物志五・列女上》 劉氏一門五節一烈一貢生劉恪，繼妻杜氏。【略】杜年二十九，偕孀媳上官氏治喪葬盡禮，延師教子，紡績供束脯，三子皆成立爲諸生。

徐宗幹原纂 盧朝安重纂（咸豐）《濟寧直隸州志》卷八之六《人物志六・列女下》 焦含章妻劉氏年二十五生子，未一月，夫亡，家貧無依，因有老姑，誓不改節。紡績養親三十餘年，無不稱爲節孝。

田士起妻孫氏年十九夫亡，子方繈緥，斷髮自誓。家貧，紡績養親，艱苦備歷，守節五十餘年。

李思文妻張氏年二十一，夫亡，一子未週歲。家貧，恃紡績爲活。後姑梁氏病篤，哭禱願以己壽二十年益姑，姑果復活二十二年。

佟立山妻滕氏年二十五，夫亡，子方二週，姑雙瞽。家貧，奉養皆出紡績，凶年自甘饑餒，菽水不缺於姑，人稱苦節。

佟立成妻田氏年二十一，夫亡，家貧。恃紡績以生，後年饑，携子依母，年五十九卒。

陳欽妻宋氏年二十四，夫亡，子一歲，翁姑俱老。家貧，紡績奉養，年七十餘存。

喬世卜妻吴氏年二十，夫亡，念家貧無子，翁姑在堂，不忍以身殉，繼姪爲子。晝夜紡織弗輟，凡生養死葬，憔瘁經營，義方之訓，垂裕後昆，年六十四存。

曾門雙節奉祀曾衍檀妻黄氏，濟甯州黄孫錦女。年二十八，夫亡，子興炘甫四歲，後成立。繼妻張，年二十六，興炘卒，張事姑克孝，晝夜紡績，奉養三十年，以勞瘁卒，而黄尚存。

陳殿偉妻田氏年十九，夫亡，家貧無子，紡織奉姑，自甘藜藿者三十餘年。

黄應祉妻賈氏年二十二，夫亡，遺二子。家甚貧，紡績以養翁姑，逮歿，殯葬如禮，年六十二存。

趙登魁妻李氏年二十三，夫故，嗣一子。家甚貧，勤績紡事翁姑，逮歿，殯葬如禮，艱辛守節歷四十餘年。

陳希舜妻田氏年二十，夫亡。哀痛幾絶，因有遺腹，祖姑及翁姑交慰諭之。三月，果生一子。越二年，翁姑亡，遺一八旬祖姑，久困牀簀，田紡織奉養，五年不懈，知縣孫給匾旌之。

申牛光妻周氏年十九，夫亡，一子未週。家貧，織紡供奉翁姑，養孤子，自甘不飽，從無怨言，年五十三存。

李丕業妻王氏年二十四，夫亡，遺二子，敝屋一間，貧不能具棺，假貸以殯。紡績二年，乃償棺錢。事翁姑婉容承順，逮歿，殯葬如禮，教孫成名，年八十六存。

賈遵性妻趙氏年二十二，夫亡，無子女，姑年老且瞽。家貧，矢志紡績供親，艱苦無怨，年五十三存。

劉作哲妻李氏年二十，夫亡，止一子。家貧，紡績孝親，耕讀訓子，年五十餘存。

田含江妻王氏年十九，夫亡，一子甫三月。晝夜紡績，以事翁姑，雖衣食不繼，而心不移，年五十二存。

李範妻田氏年二十一，夫亡，有二子。家貧，矢志紡績養親，耕讀訓子，艱苦備嘗。

鹿四海妻張氏年二十二，夫故，子生三月，姑年老。家甚貧，紡績奉事歷二十餘年，子又亡，艱苦倍至，年五十三存。

張熹妻陳氏年二十六，夫故守節，紡績養親，恩育嗣子，年五十五終。

張天秩妻周氏年二十九，夫亡，子女俱幼。家無尺土，紡績嘗通宵焉。衣僅蔽身，日不再食，苦節無過此者。

劉淑顔妻王氏王景夏女。夫故，王年二十一，守節五十八年。家道貧苦，翁姑年老，晝夜紡織，務求甘旨，以奉翁姑，撫育孤子，延師課讀，得中鄉榜，嘉慶四年請旌建坊。

李夢卜妻夾氏夾玉女，年十九適李，次年夫故，守節四十六年。家貧親老，勤於紡織，奉事翁姑，愉色婉容，得親歡心，繼堂弟子以全夫嗣。嘉慶二十五年，學政李給幽貞待表額，即於是年請旌建坊。

張振恪妻吴氏監生吴宗禮女，年十七夫故，守節五十二年。親老家貧，晝夜織紡，竭奉甘旨，嗣夫胞弟子教養成人，道光十年請旌建坊。

張鳳林妻孫氏夫亡，遺一子亦亡，四壁蕭然，翁姑垂老。孫晝夜紡績，以供甘旨。翁嗜飲，每飯必爲具酒肉，偶無肉，蔬菜亦必精潔。如是三十餘年，翁姑相繼殁，營葬畢，語族人曰：「吾事畢矣。」自經死。

張淵妻田氏夫亡，遺二子俱幼，上事衰翁，下撫弱孤，敝廬紡績，艱苦備嘗三十餘年。

楊應璣等《石砫廳鄉土志》 第十八章 他境運入之品

第三節 雜貨

雜貨以綢緞、綃縐爲正宗，別品甚繁，不能備載。本城坐賈由渝城水陸兼運入境，業者十餘家，歲共約售萬餘金。別有渝客販邊疆來售者，歲亦約值數千金。

第五節 洋貨

洋貨爲洋緞，絲、棉所織諸品，花樣翻新，色亦各異，土人喜購者衆，價較純絲爲廉也。由漢陽客水運入境，亦有自湖北陸運來者，歲銷行幾及萬金。

夏良勝等〔正德〕《建昌府志》卷三《風俗》 男子耕農，種禾稻，紵麻。女子桑蠶織績。

秦鏞〔崇禎〕《清江縣志》卷三《户産・匠户細數》 國初原額，清江縣匠户，三千三十户。

遠年事故逃絶一千六百八十四户。

實在清江縣匠户，一千三百四十六户。係嘉靖、隆慶《郡志》舊額。

京師住坐錢匠十九户，鋸匠十八户，船木匠十四户，竹匠二十三户，艌匠九户，瓦匠十户，刊字匠七户，木匠十一户，銀匠四户，上工匠三户，冠帽匠五户，織機匠三户，打角匠二户，雙線匠三户，鑄匠二户，熟皮匠三户，裁縫匠一户，絡絲匠一户，絡緯匠一户，刷印匠一户，錫匠一户，索匠一户，油漆匠二户，伍墨匠一户，木梳匠一户，黑窑匠一户，染匠二户，已上共一百四十九户。南京輪班裁縫匠一百九十二户，船木匠一百五十七户，竹匠八十九户，鐵匠六十四户，鋸匠五十六户，穿甲匠七十四户，木匠三十七户，銀匠三十九户，瓦匠二十五户，土工匠三十一户，黑窑匠二十八户，艌匠三十七户，鑄匠二十二户，黄州匠二十五户，錫匠二十三户，木桶匠二十户，油漆匠十二户，熟皮匠十五户，刷印匠二十五户，傘匠十四户，雙線匠十一户，索匠六户，刊字匠七户，彈花匠八户，針匠四户，木梳匠六户，銀硃匠六户，伍墨匠六户，綿匠四户，梳櫻匠二户，糊綿匠二户，裱褙匠二户，紅麴匠二户，綿絮匠一户，冠帽匠三户，筆匠二户，秤匠一户，氈匠一户，打角匠一户，搭材匠一户，皷匠一户，鋪翠匠一户，打紙匠一户，染匠三户，傘匠一户，已上共一千六十八户，俱四年輪班一季，每輪班工銀計閏二兩四錢，無閏一兩八錢。南京住坐染匠十七户，織機匠二户，織匠三户，絡緯匠二户，腰機匠三户，已上共二十七户。存留江西織染局染匠九十二户，腰機匠二户，織機匠二户，絡絲匠三户，絡緯匠二户，挽花匠二户，已上共一百零二户，俱四年輪班一次，每輪班工銀，不計有無閏俱四兩。

顧清等〔正德〕《松江府志》卷四《風俗》 諸州外縣多樸質，附郭多繁華，吾松則反是。蓋東北五鄉故爲海商馳騖之地，而其南純事耕織，故所習不同如此。大率府城之俗謹繩墨，畏清議，而其流也失之隘。上海之俗喜事功，尚意氣，而其流也失之夸。【略】

俗務紡織，他技不多，而精線綾、三梭布、漆紗、方巾、剪絨毯，皆爲天下第一。梅花燈籠，撥羅絨紋繡，亦他方所無。《前志》云：百工衆技，與蘇杭等。要之吾鄉所出，皆切於實用，如綾、布二物，衣被天下，雖蘇杭不及也。

紡織不止鄉落，雖城中亦然。里媪晨抱紗入市，易木綿以歸，明旦復抱紗以出，無頃刻閒，織者率日成一匹，有通宵不寐者。田家收穫，輸官償息外，未卒歲，室廬已空，其衣食全賴此。

顧清等〔正德〕《松江府志》卷五《土産》 布之屬，十五三紗木綿布。古名吉貝。《續志》云：出沙岡、車墩間。幅闊三尺餘，緊細若紬，其後織者競利，狹幅促度，敻殊于前。今所在有之，幅度不一，而細布出東門，蓋車墩去東門不遠也。昔有丁氏者，所織尤精，號丁娘子布，遠近有名。宣德間，巡撫侍郎周忱奏以布折税，疋准二石，以便耕者。兩端織紅紗爲識，謂之紅紗官布。近歲折數益減，布亦紕薄，非昔比矣。番布出烏泥涇。初，鎮人效閩廣種木綿爲布，而無踏車推弓之制，剖子成劑，厥功甚艱。元元貞間，有黄道婆者，自厓州來，始教製捍彈紡織之具，至於錯紗配色，綜線挈花，各有其法，織成被褥、帶帨，其上折枝、團鳳、棊局、字樣，粲然若寫，販鬻傍郡，鎮人賴之。其後三紗布滋爲象眼、綾紋、雲朵、膝襴、胷背等樣，蓋出于此。成化間，鄉人有以餉貴近者，流聞禁庭，下府司織造赭黄、大紅、真紫等色，龍鳳、斗牛、麒麟等紋，工作胥隸比緣爲姦，一疋有費至白金百兩者。孝宗在東宫，深知其弊，即位首罷之。嘗閲内帑見之，曰：此布一疋□□十疋價也。終身不御，自是遂絶。湘陰宋端，成化間知華亭縣，以雲布一端獻其師。華容黎侍郎淳題其外封曰：昔之縣令，拔茶種桑，今之縣令，錦上添花。卻還不受。雲布非始于宋，黎蓋誤責之，□充其言，豈有病吾民者。孝宗之盛德，前輩之風烈，百世不可忘，而鄉人或未之知也，用謹志之。兼絲布以白苧或黄草兼絲爲之。苧宜采色，爲暑服之冠。又有以絲作經而緯以綿紗曰絲布，染色尤宜。苧布細者如羅縠。黄草布如苧布而脆。二種俱出北鄉，今亦鮮有。麻布已上三種，今無。

藥斑布出青龍魎，今城郭多有之。其法以皮紙積背如板，以布幅廣狹爲度，鏃花樣於其上，將染，以板覆布，用豆麪等調和如餬刷之，候乾，入澱缸浸染成色，暴乾拂去，藥斑紋爛然。金山布今無。線綾一名紵絲。綾自唐有之，天寶中，吳郡貢方紋綾，大曆六年，禁吳綾爲龍鳳、麒麟、天馬、闢邪之紋者。宋夏竦對策宦者，以吳綾手巾乞題詩，時貴重如此。《續志》云：出泖灣，服舊可澣，差勝紵絲，後因當道求索者衆，間爲藥綾。藥綾者，紕薄其質，傅藥以緊厚也。今綾多出府城，東門尤盛，製作之精，爲天下第一，雖吳門不及也。其上供者，幅廣而長，曰官綾。又一種縝密而輕如縠，曰餬窻，皆織染局造。錦 只孫元時貴臣侍宴之服，今衛士擎執者服之。紵絲地團花，有青綠紅三色。紗已上三種，惟織染局造，錦與只孫，今亦未見。紵絲 紫白錦《續志》云多爲坐褥、寢衣，雅素異於蜀，上人甚珍貴之，《新志》無，今間有織者。織衲《續志》云：出下沙。其紋如衲，春融和，秋淒清，更服之綵，今無。翦絨花毯以木綿線爲經，采色毛線結緯而翦之。花樣異巧，應手而出，能爲廣數丈者。昌黎詩所謂「兩廂鋪氍毹」是也。撥羅絨紋繡出上海下沙鎮，以絲絨縷結，實之以綿，花樣隱起，若羅紋然，謂之下沙繡。

顧清等〔正德〕《松江府志》卷三一《人物二》 李氏，上海人。景泰間，嫁同縣沈璠，年二十六而寡，服勤紡織，撫孤子女成立，操守無毫髮玷。成化丁未，有司以事聞。弘治辛亥，旌其門爲貞節。

陸氏蓮，上海周浦人。嫁青龍茅瓊，瓊死，陸始年十九，二子幼，家事且落。陸晝夜紡織，以養舅姑。

顧清等〔正德〕《松江府志》卷一六《第宅》 勤織堂，上海蔣性中作堂奉母，母喜而謂之曰：「吾聞古之人以養志爲大孝，吾壯時勤於紡織，助汝父以興其家。汝父歿，而汝孑立無厚產，吾紡織愈勤，朝而絲縷，暮而布帛，凡家之用，皆賴焉。今幸汝讀書成立，而吾老矣，不復能有爲。汝宜記吾勤苦，以勸汝子孫，吾志足矣。」性中再拜受教，遂以名堂。詳見泰和王直記。

俞希魯〔至順〕《鎮江志》卷一三《公廨》 都統司在舊縣橋之南，舊治稱其土木雄壯甲於江左，然其堂室之名，則未詳也。今改爲織染局。

牛若麟〔崇禎〕《吳縣志》卷一〇《風俗》 城中婦女習刺繡。濱湖近山小民最力嗇，耕漁之外，男婦並工綑屨、緝麻、織布、織席，采石造器營生，梓人、甓工、堊工、石工，終年傭外境，謀蚉辦官課。

牛若麟〔崇禎〕《吳縣志》卷二九《物産》 木造之屬

機綾、絹、紗、羅、紬、布式各異。

徐必泓、皇甫汸等〔萬曆〕《長洲縣志》卷五《公署》 織染局 至正末在平橋南，即宋提刑司改刱。洪武元年始建于天心橋東，其基本民之廢宅也。于時庶務草創，堂舍卑狹。洪熙初，內侍阮禮、羅玉輩先後作新之，廳廨垣宇，蔚然弘麗。凡增建房屋近三百楹，各色人匠共計一千七百餘名。郡守況鍾記。

楊子器、桑瑜〔弘治〕《常熟縣志・敘官治》 戶口

弘治五年戶八萬八千四十四，口三十八萬一千五百七十七。弘治十年，分去太倉州人戶一萬五千二百七十四，人口五萬八十。

〔內計〕匠戶共一千四百一十六，計住坐見在五百五十九戶。輪班赴部存留本府織造各色八百五十七戶。絡絲匠一戶，線匠一戶，染匠六十五戶，裁縫匠二十戶，氊匠三戶，熟皮匠五戶，羅帛匠一戶。

李默、錢照等〔嘉靖〕《寧國府志》卷四《次舍紀》 織染局在府治西街東，知府楊觀建。弘治以後，匠益貧，耗歲幣，官爲買納，局遂廢爲公館。內翰汪佃謫判居此，建一枝軒，自爲記。嘉靖十年，知府居應坤始議復之，織貢如初。

鄭珍、莫友芝〔道光〕《遵義府志》卷一六《農桑》 明綏陽知縣毋揚祖《利民條約》：【略】綏邑遍地有桑，而民間飼蠶者少，不知絲之爲利無窮，百日即見效驗。嗣後地廣人多者，可種二百株，多種更好，地狹人少者，可種五十株，減其數者查處。山間沙土地，可種蠟樹，地廣者三百株，狹者百株或五十株，違者查處。【略】不績其麻，樂土爲墟。有宅居者，宜各種麻一區，地廣者三畝，狹者半畝。【略】男人耕種貿易，固有常業，婦人井臼之外，豈可袖手偷安，務要紡績織紙，以作家業。本縣查城內民有室者九百戶，附郭有室者七百戶，不論紳士軍民家，製紡車一架，人多二架，一月之內，計所出縣紗若干，本縣沿門查點。三月以來，已有效驗，爲此通行四里，一體遵行。

遵義蠶

乾隆七年春，知府陳玉壂始以山東槲繭蠶於遵義。玉壂，山東歷城人。乾隆三年，來守遵義，日夕思所以利民，事無大小具舉，民歌樂之。郡故多槲樹，以不中屋材，薪炭而外，無所於取。玉壂循行往來見之，曰：「此青、萊間樹也，吾得以富吾民矣。」四年冬，遣人歸歷城售山蠶種，兼以蠶師來，至沅湘間，蛹出不克就，志益力。六年冬，復遣歸售種，且以織師來期歲前到蛹得不出，明年布子於郡治側西小邱上，春繭大獲。嘗聞鄉老言：陳公之遺人歸售山蠶種者，凡三往返。其

再也，既於治側西小邱獲春繭，分之附郭之民爲秋種，秋陽烈，民不知避，成繭十無一二。次年烘種，鄉人又不諳薪蒸之宜，火候之微烈，蠶未繭皆病發，竟斷種。復遣人之歷城，候繭成多致之，事事親酌之，白其利病，蠶則大熟，乃遣蠶師四人，分教四鄉。收繭既多，又於城東三里許白田壩，誅茅築廬，命織師二人，教人繅者絡導牽織之事。公餘親往視之，有不解，口講指畫，雖風雨不倦。今遺址尚存，邑之人過其地，莫不思念其德，流連不能去。遂諭村里，教以放養繅織之法，令轉相教告，授以種，給以工作之資，經緯之具，民爭趨若取異寶。皆乾隆七年事。八年秋，會報民間所獲繭至八百萬。是年蠶師、織師之徒，能蠶織者各數十人，皆能自教其鄉里，而陳公即以冬間致政歸，挽送者出貴州境不絶，莫不泣下也。惟蠶師織師仍留。自是郡善養蠶，迄今幾百年矣。紡織之聲相聞，槲林之陰迷道路，鄰叟村媪相遇，惟絮話春絲幾何，秋絲幾何，子弟養織之善否，而土著裨販走都會，十十五五，駢坒而立，貽遵綢之名，竟與吳綾、蜀錦爭價於中州，遠徼界絶不鄰之區，秦晉之商，閩粵之賈，又時以繭成來墆鬻稛載以去，與桑絲相攙襍爲縐越紈縛之屬，使遵義視全黔爲獨饒，皆玉壁之力也。

織事

繅絲甃獨竈置繅鬲中，盛莜灰水，候沸極，入繭，煮一二沸即繅。去竈右尺置繅車，車六輻，徑四尺，必活二輻以脱絲，軸修五分徑之一，牀修三軸之修去其半爲高，容車半以閣軸耑，耑活之一耑菑曲柄，末繫四尺之繩活之，斜而左下結於絲竿鬲之上，閣木架一。横之耑出鬲二寸，於横之一正中，菑方柱一，高四尺，上二尺釘筦絲弓，弓末懸環鐵爲之。柱之顛横一木，長三寸，兩頭各植一長二寸，令勢斜横，近耑圓鑿，以銜天輥。輥六觚，中鍥一縫，以迎送絲上下。司繅者執繳竿，繳其繭，和其絲，引其緒，去其緆。司火者節火力，足踏絲竿，竿運繩，繩運柄，柄運車，車運天輥絲出。鬲上貫弓環，又上從輥外入輥縫，繞出輥外，下縈於車。去車底五寸置盆火，火以炭，毋猛，使絲旋乾畢脱之糾之。繅常二人，不能踏車則三人。繅別車急則絲急，緩則絲緩。急絲爲水絲，織水紬，緩絲爲府絲，織府紬。繅水絲合三忽，府絲倍之，緯則再倍之。緒之繭曰餵頭，繅者隨盡隨續，毋絶餵則絲均。繭舞躍湯面，能終繅無增減，是上工也。净絲繅已以緒張綳車，車方趺，植一柱，中置輪，輪徑如繅車列左，右列净車，前左者尺車，製與紡綿車等長。其筳貫籰，左牽綳絲之緒，謹去其纇節，右轉净車，收净絲於籰。車一左旋，一右旋，其行亦異遲速也。籰中積徑三寸爲一筒，脱之。道經盛净筒以絡車收之。車如綳車，軸有柄，出於背，收訖列左。右列緯車，籰長净之半，貫於筳，轉車收左之緒，謹去纇之不盡者。籰中積徑寸許爲一緯，脱之易籰。若水絲收絡車訖脱之，以米泔漚之宿之。道緯小趺方四寸，厚半寸，中植筳，揉竹片爲提，中孔之，長尺徑二分之木爲道執，中鉗牛角尖長二寸，筳貫徑筒，緒出提孔左引之，右搦道執中，顛倒收其絲節，則勻以脣齒，角半没，則出而脱之，抽緒頭束之。絲之筦也活，當角者，穴以貫梭，緒先裏而外，如繅絲然也。水絲經緯同繅，緯小經者半。牽經横經架二，上排經柱，行架如之。貫籰有柄，以次牽綰經柱，足箴數止訖總之。又貫箴牽之數，以茅刷梳之，蘸米泔光之，而隨以火晞之，自是上機，與他織同。諸紬曰府紬，其上也。其粗勁而皺者，曰雞皮繭，次也。毛紬，又其次也。水紬，雖先於府紬，品最下，而名目獨多。其雙經單緯者曰雙絲，單經雙緯曰大雙絲，單經緯者曰大單絲，小單絲者，但疏而狹，亦曰神紬。紬病 售紬權輕重爲價，銖兩同價相若，此謂府紬、水紬價以匹，不以銖兩。織户以此故，膠以米，粉以緑豆，紬下機，則畢築粉以膠，膠之以碾，碾之以炕輥炕之，令粉與絲化，府紬增重，多者至十分匹之三。今府紬已有行禁不爲此，惟水紬仍舊。若水紬，則築於染，其青色、紫色、大紅、天青、佛青、岡青者築蜀穄，其黄緑、淡緑、魚肚、白喜、白水紅、桃紅、洋藍、棕色、秋湘、玫瑰諸色者築緑豆，各有法，惟膠者同，至增重十分匹之五。紬以此病，利之所在，終不能止也。然貨善速售，利與僞相得惜不爲。脆紬府紬韌，先入脆户柔之，後大染户，柔以猪脆。毛繭蛾出者曰毛繭，被齧不可繅也，但煮之去其蛹，用一尺之竿，疊冒繭於上，别一竹籤，長竿之半，底鎮鉛環，左執冒，右績之，掌摩籤令旋而墜冒，續續如抽綿筒，其旋益下，絲因急，右疾提收之，去絲節，惟恃脣齒，往來在手，不廢遊談而功自就。又有用脚車者，脚車方二尺之架爲趺，左植方柱，高二尺五寸，上八寸穿之，貫長六寸徑一寸之軸，不出於外。兩輪各六輻，徑一尺六寸，輻方二寸，中穿徑一寸六十分寸之十二，上穿二寸，植一横聯之，徑六十分寸之三十六。以竹爲牙，互以索，徑一尺六寸錯之，上軸一尺二寸貫一方橋，長六寸，廣二寸，厚一寸，不出於外。末植鐵銜，銜高二寸，上兩岐高一寸六十分寸之十八，相去六十分寸之二十四，下以長三寸廣半寸之銕爲趺，横鍥之。傍柱植一釘，上爲環，令與銜平，當環外穿柱，深一寸，當輪中横鍥一木於方橋，徑六十分寸之十二，出各三寸。右趺植柱三，高五寸，上加方梁，梁如趺之長，令中一柱出梁六十分寸之三十六爲踏板，長尺五寸，廣三寸，末圓之當中一柱，鑿深六十分寸之二十四，以銜柱之出者。以一幅去牙三寸穿之，徑多踏板三之一，以受踏板之末。於方橋上設筳，中方而漸鋭至耑。紡絲時，先貫一木於筳中，使鍇銜後，去末二寸貫竹竿，使收絲，然後置一頭入銜，令竿在外，置一頭入環，出柱間，輪之中環一繩，上繞出筳，乃坐而以右手執絲竿右抽之，以兩足踏板，使板運輪，輪運繩，繩運筳，以急絲板可出可入也。人之坐，高軸五寸。二日得可當尺竿之三日。惟其絲差緩，此絲善且急者，所織爲雞皮繭，其鬆惡者織毛紬，麤而多纇，然苦衣且易，有勞者服之。湯繭忽内本而外末繅餘衣及敗繭，不引緒，並不可手絡也，名湯繭。業被絮者賤售之，和而築之，先罨之，翻去其蛹，湯洗凈乾之，然後和築。綢以爲絮，欲踏裂近亦三十年。

正安蠶

正安向無織紝之業，乾隆十三年，吏目徐階平自浙江購蠶種來州，教民飼法。當春夏之交，以紙糊周密深房，偏懸繭種於窗櫺之上，因州地寒，中設柴燎，日加微炙，歷數日而蠶種皆出，然後配以雌雄，臥以筐箔，五食三眠，纍纍成繭，繭質較大於江浙，惟經烟薰，故其色黄。初，州地少桑，階平教飼柘葉，後家皆桑，始盡以桑飼，其繭色美質精，不下中州之産，而價昂於山絲。繅絲，昔皆以手洴澼，故質粗而織毛，今則徧張機杼，漸成花様，售絲售紬，遠通商賈矣。《州志》

蠶事

剥繭回杣後，就要剥繭。將繭子外一層蠓透子剥去，蠓透子煮熟打成綿線，可織綿紬。語云：蠶忙不如繭忙。毛繭最易發蒸，一蒸不好做絲，須一二日剥完薄攤。分繭有細繭，繅絲最好。有大繭，一名同功。或兩蠶合做一繭，或三蠶合做一繭，其繭亦可繅絲，但絲粗，價錢不如煮熟做綿。又有蠶尿繭，蠶要做繭時，先農一泡尿，如尿沾在別蠶繭上，做絲一定做不起也。柴凹繭，緊靠草把子上做繭者，定有一個柴蔭子。俱不可做絲，止可做綿。剥繭時，逐一分晰，另貯其細繭剥光，每十二斤做絲一車。一斤光繭做絲二兩，謂之到花，做絲一兩七八錢，只算中平，若做絲一兩五六錢或一兩二三錢，則兩輕矣。繅絲湯要燒至將滚，取繭二十個，在右下湯，用竹拐子打緒，隨手撩起來，摘去糙頭，名曰絲頭，可打綿線織紬。分作兩股，穿過做絲針内，再兜送絲鈎上，然後將絲搭到車上摇之。緒頭上五六個繭起，至八九個繭止，多則扯落，少則續上，是爲緞絲，若繭多絲粗，則爲紬絲。做綿繅絲已畢，將同功繭並蠶尿、柴凹等繭，瀝灰水用稻草灰瀝水。煮熟，同功繭別煮一鍋，蠶尿、柴凹並蛾口繭繭出蛾子，不可做絲，亦可做線。另煮一鍋，用手剥開，翻轉套在左手掌上，將蠶蛹摘出，壅地最肥。做成手透子，每大繭五個成一手透子，小繭十餘個成一手透子。退下，再剥再套，剥完將手透再上綿環，便成綿兜矣。亦用灰水盛於大瓦盆内，將手透子放在水内，用力扯開約一尺餘長，帶水兜在綿環竹片上，用力掣下，大約四個手透子，可做一個綿兜也。

胡宗憲、薛應旂〔嘉靖〕《浙江通志》卷一三《建置志》　織造府二，並在布政司東，旗纛廟西。左爲東府，右爲西府。織造御用袍服，以中官掌之。洪武二年，初建織染局于斯如坊之朱家橋。永樂中，因地卑濕，分撥工料於湧金門建局織造，遂以舊名南局，此名北局。後南局盡廢，而工料併歸北局。

嵇曾筠、沈翼機等〔雍正〕《浙江通志》卷九九《風俗》　《錢塘縣志》：婦女雖喜華服飾，而閭閻之習尚勤。率作每日絡絲、褙紙及箴紉履襪之類，日可入錢餬口。

《海寧縣志》：風俗簡儉，農耕婦織，家給人足。俗尚敦慤，鮮有游惰。其民操牢盆者輪鹽租，治桑麻者任土貢。

宣德《宣陽縣志》：富春雖濱江，居民不以魚鹽爲業。男力耕耨，女勤蠶織。田野樸厚，士習禮讓。慕高逸，亦專科舉之習，有弦誦之風焉。

嘉靖《餘杭縣志》：早作晏休，開闢種藝，務盡地利之所有。男務耕作，女勤織紝，尤善御蠶，閭閻童稚，皆知服業。百工技藝，舊皆外郡之人，今多出本邑。

嵇曾筠、沈翼機等〔雍正〕《浙江通志》卷一〇二《物産》　《桐鄉縣志》：邑人工於紡織。

陸心源等〔同治〕《湖州府志》卷二九《輿地略・風俗》　烏程

地産木棉花甚少，而紡之爲紗，織之爲布者，家户習爲恒業，不止鄉落，雖城中亦然。往往商賈從旁郡販棉花列肆，吾土小民以紡織所成，或紗或布，侵晨入市，易棉花以歸，仍治而紡織之，明旦復持以易，無頃刻閒。紡者日可得紗四五兩，織者日成布一匹，薰脂夜作，男婦或通宵不寐。田家收穫，輸官償債外，卒歲室廬已空，其衣食全賴此。朱國禎《湧幢小品》。

歸安

諸鄉統力，農修蠶績。極東鄉業織，南鄉業桑，西鄉業薪竹，北鄉負郭東業蔬蔙，荻港業藕，湖趺斷頭業葦，埭溪業苧，善連業筆，菱湖業蠶，撚緜爲紬尤工。《歸安唐志》。農家習於勤苦，唯春時相率賽禱游觀，不過數日，即秉耰鋤，胼胝隴畝，揹揹終歲，靡有甯居。女工唯育蠶繅絲，最爲勤苦，餘時多閒暇，唯撚緜綫績苧，以消永日。胡志引《東林山志》。

陸心源等〔同治〕《湖州府志》卷三一《輿地略・桑蠶下》　擇繭　諺云：蠶忙不如繭忙。言拗繭之功忙也。蓋回山之後，即繼繅絲，毛繭堆屯，又易蒸損，須於兩三日中治凈，繭絖抉擇精粗，以爲繅絲，計其時甚促，故其功較蠶爲更忙。

常見村巷婦女，交相援助，往往不算工食，止取繭繞，亦古之通工易事法也。《吳興蠶書》。

一拗繭。除繞繭外，散緒曰繭衣，俗謂之繭黄，董蠡舟《樂府小序》。亦作繭繞。繞不浄則蒙茸難繅，必逐繭翻剥，去此一層粗衣。蠶種不同，繞亦分厚薄，丹杵種之繞最厚，每繭一斤，約有繞一兩，拗時須用疎眼篩盛繭，凡葉屑沙矢之夾雜繞中者，可以隨拗隨漏，若潮輭難拗，不妨略於太陽中晾之。《吳興蠶書》。

一選擇。有誤食熱葉及觜傷，縈絲寬慢，其繭輭而鬆者，是爲緜繭。有蛆生蠶腹，繭成穿穴而出者，是爲蛆鑽繭，《吳興蠶書》。亦曰香眼繭。大眼後爲麻蒼蠅所齩，作繭後蠅子自出，而有此眼也。蠶時蒼蠅必須常拂，點綫香亦避。《育蠶要旨》。有老不化蛹，斃殞繭内，穢汁浸潤者，是爲映頭繭，《吳興蠶書》。亦曰烏頭繭，《胡志》。又曰爛死繭。《育蠶要旨》。有薄緒纏身，赤蛹外露者，是爲凹赤繭。《吳興蠶書》。亦曰薄繭。《育蠶要旨》。四者皆屬蠶病。有山火太旺，匆遽吐絲，不及周徧，環繞其繭，一頭穿破者，是爲穿頭繭。有黏簾附帚，結成深印者，是爲草凹繭，《吳興蠶書》。亦曰稜角繭。限於地而不能舒展，故不圓。《育蠶要旨》。有蠶溺霑染，漬成黄瘢者，是爲尿緒繭，《吳興蠶書》。亦曰推出繭，《胡志》。又曰尿暈繭。爲他蠶所汙。《育蠶要旨》。有上山太稠，或二蠶、三蠶共成一繭者，是爲同宫繭，《吳興蠶書》。亦作同功繭，《胡志》。又作唐公繭，聲之譌也。董蠡舟《樂府·小序》。四者止屬繭病。《吳興蠶書》。又有黄繭、碧繭。黄者緒粗，碧者質厚。董蠡舟《樂府·小序》。碧繭又名緑松繭。當一一選出，擇其圓白者，然後其絲光而且白。鄉人往往貪重，選之不浄，以致其絲黑色，其實多而不精，無益也。《育蠶要旨》。大率蠶豐收則繭皆整齊，歉收則繭多參錯，拗時逐一從手上經過，並須逐一簡擇，若遲至拗後清釐，又多費一番忙工夫矣。《吳興蠶書》。

一分繭。繭有中爲絲者，有不可絲而爲緜者，有絲緜均不可而成絮者，其質各殊，其用亦迥别。繅絲之繭，不計大小圓長，唯以緊厚瑩浄爲上，緊厚則絲多，瑩浄則絲潔。每浄繭八斤，可得絲一斤。其中不爲絲者：一同宫。衆口共縈抽一緒，即各緒纏繞，有粗纇不勻之病。按，亦可作肥絲，俗所稱唐公絲也。一尿緒。蠶溺鹹著，繭即黴，不任抽擇。按，亦可作肥絲。一草凹。象物成印，有印處，其緒無論或凹或平，俱不能條分縷折。一穿頭。亦作躙頭。結緒茸雜，引其端輒連，繭躍起，足以撞斷他繭之系。一蛆鑽。攻刺成穴，灌水即沉，無從牽掣其緒。按此二種並以有孔則緒斷，故不可繅。斯皆不中爲絲而成緜者也。其不可爲緜者：一凹赤。疲輭飄薄，不堪挪輾。一映頭。臭腐穢濁，汙絲損繭，貽累滋多。一緜繭。蓬鬆棼亂，入水翻撈，唯紐結成片。斯皆不中絲緜而止成絮材者也。繅絲繭中，雜一二緜絮繭，即足增浄絲之疵，緜絮繭中，雜一二可繅之繭，又當爲良繭惜。唯拗擇之時，一一剖析分儲，不使薰蕕同器，斯繅絲無雜糅之患矣。《吳興蠶書》。黄繭、緑松繭，可做經絲，亦可作緯絲，黄絲染紅色最鮮。《育蠶要旨》。一云，黄繭别繅，以爲絲縛。《胡志》。按，雖志有此語，今人未見有用之者。沈炳震《樂府·擇繭》：「堂前作竈排絲車，室中擇繭煩鄰家。同功推出各裁别，緜繭烏頭喜盡絶。更留黄繭作絲縛，除外一色真如雪。飼蠶哺兒日夜忙，一覺安眠甯可望。今朝擇繭方静坐，懵騰睡思正初長。不是鄰姑言語妙，那得消閑同一笑。回頭更憶少年時，倏忽風光去若馳。垂髫已有嬌癡女，偷眼還將白繭取，剪虎鏤花過端午。」

繅絲　煮繭抽絲，古謂之繅，今謂之做。《吳興蠶書》。先取繭曝日中三日，曰晾繭。然後八鍋動絲車，《胡志》。陰雨則火烘之，使蛹不化，得以徐繅之。諺曰：小滿動三車。謂油車、水車、絲車也。董蠡舟《樂府·小序》。凡絲之輕重，以兩計，或十兩爲一車，或十餘兩，或二十餘兩，至不等也。鄉人故有大車頭、小車頭之名。董恂《南潯蠶桑樂府小序》。四車爲一把。《西吳蠶略》。頭蠶絲光而韌，二蠶絲鬆而多纇。各鄉所出，有粗有細。粗者兩緒做，細者三緒做，俱隨其鄉之所素習。昔人稱細而白者爲合羅，稍粗者爲串五，又粗者爲肥光，按，今稱粗絲爲肥絲，蓋本於此。見宋雷《西吳里語》。《吳興蠶書》。又有荒絲，絲之最下者，即屑絲也。《湖録》。今則無此等名目矣。凡繭初採，蠶蛹皆嫩，絲不易繅，過七八日，蠶蛹已老，亦不易繅，唯四五日間，爲恰好時候。并工急做，則成功易，且得絲多。《吳興蠶書》。絲欲其細而白，欲白必多換湯水，欲細不可惜工夫。絲必欲其好做，好做則蠶蛹身上無衣，絲多而工夫不費。若好做而繭選得白，是爲上號，倘繭白不好做，終是次號，因繭在湯中多滾去其顔光矣。其故由於上山時，潮溼悶熱，則絲必不好做，上山之不可不講究如此。《育蠶要旨》。近時多有往嘉興一帶買繭歸繅絲售之者，亦有載繭來鬻者。董恂《南潯志稾》。

一澄水。絲由水煮，治水爲先。有一字訣曰清，清則絲色潔白。須於半月前，用舊缸貯蓄，以待其清。繅絲之時，恒多雨水，河流漲溢，渾濁難清，故須先時預貯，缸舊則水不汎。如或不及預貯，臨時欲其澄澈，當取螺升許投之，螺涎最能潔水，大忌用礬，絲遇礬水色即紅滯。又須明水性，使水不爲絲疵。山水性硬，其成絲也剛健；河水性輭，其成絲也柔順；流水性動，其成絲也光潤而鮮；止水性静，其成絲也肥澤而緑。山水不如河水，止水不如流水；止水不宜獨用，須用流水對半調和，以其色太緑也。《吴興蠶書》。勿用井水，用井水者絲不亮。《廣蠶桑説》。

一儲薪。按，薪宜乾，故必預儲曬燥。亦須揀擇，最好是栗柴，桑柴次之，雜柴又次之，切不可燒香樟，其氣能使絲紅色。《育蠶要旨》。

一安竈。做絲之竈，不論缸竈、竹竈、甎竈，總宜於數日前砌就，使泥皆乾燥，方易透火。缸竈、竹竈，須安置平穩，不可少有攲側。釜宜大宜舊，大則可多容水，舊則見水不鏥。鏥則汙絲。新釜見水即鏥，如用新釜，釜内須先以油擦之。《吴興蠶書》。竈高二尺，寬上窄下，使繅絲者有容膝處也。置鍋其上，以泥護之，勿使漏煙。《廣蠶桑説》。必須用煙囱，使煙直透，絲上無煤氣。《育蠶要旨》。竈左須設一木盆架，高使與竈齊，以盛蛹與繅不上絲之熟繭。《廣蠶桑説》。

一排車。安頓車牀，宜貼近竈基。傍竈一面，牀脚須墊高三四寸，使牀身稍側。高則牌坊可架釜，面側則車軸利於旋轉。牀脚之横檔，用繩纏絆，以石壓定。石不可輕，恐車牀移動；又不可高，恐礙貫脚之轉運。貫脚中之椹音砧木，須擊之使緊，不緊則貫脚爲絲所束，必致逼入軸中，與椹木齟齬，難以脱軸矣。按，軸上先以白布圍之，兩板者兩條，三板者三條，所以襯絲，謂之車衣。牀之上有牌坊，所以綰絲，有牡孃鐙，有秤，所以運絲。牀之外，有踏脚，所以轉軸。並須一一布置周正。所謂工欲善其事，必先利其器也。《吴興蠶書》。

一打緒頭。釜中貯水八九分，滿竈内架粗塊乾柴燒之，候水大熱，然後下繭用做絲。手就水中，將繭左剔右撥，令繭推蕩滾轉，挑惹起絲，謂之打緒頭。按，宜用絲快挑撥。隨以一手捻住粗緒頭，就水面上略提掇數度，按，此則必用手。使各繭粗鬆之絲併好一緒，看緒頭下之絲光潔，即將粗緒頭摘去，是爲絲筋頭，亦曰絲挖頭。凡剔撥緒頭，用手宜輕。如重手攪撥，或以做絲手纏繳數過，及提掇起四五尺高，是繭上好絲，十分中已爲緒頭去其一絲之分兩，何能不減。《吴興蠶書》。

一分緒上軸。抽繹繭絲，唯憑軸運，緒頭既清，即須分緒上軸，以引其端，而竟其委。兩緒做者分兩緒，三緒做者分三緒，各穿過牌坊板上之絲眼，引上響緒，即竹豁。將絲頭於響緒下交互繳一轉，使響緒隨絲運動，遂牽上車軸，舉足踏動脚板，往來伸屈，以運車軸，軸轉絲抽，咿啞有聲。顧絲之上軸，不可直運，直運則系聚於一處，併而難分，即不足以供絡緯之用矣。當取絲捺入秤上之送絲鉤，俾之左右移動，秤左右移，絲亦左右移。其上軸也，始横斜交錯，而無直縷。《吴興蠶書》。

一匀繭窩絲。以匀爲上，或粗或細，須使始終如一。然絲之匀，全在繭窩匀，《吴興蠶書》。三四枚合成一緒者細，至七八枚則粗。董蠡舟《樂府·小序》。一云，粗絲以二三十繭爲一窩，細絲以六七繭爲一窩，多則損之，少則益之，不得乍多乍少。《吴興蠶書》。

一撈著衣。凡繭做薄而見蠶蛹者，謂之著衣，須撈出，不可使蛹脱出。蛹若脱出，其衣即黏連蠶蜕，上抵絲眼，足以撞斷絲緒，否或徑過絲眼，與緒相併，使光潔之絲，突增粗纇，實絲之病也。然去之，須待其薄如紙，若太早，則衣厚而損絲之分兩。又脱出之蛹，在釜水最易渾，亦宜速去，毋使浮沉以汙湯。《吴興蠶書》。

一添絲接緒。繭窩抽繹良久，必有絲先盡而脱蛹者，有絲中斷而颺開者，繭漸減少，絲即失之太細，宜酌量增添。況颺開之繭浮游釜面，若不搜緒歸窩，適足使繭煮熟，須掠聚一處，添入生繭，併打起緒頭。蓋颺開之繭，絲已光滑，不易打撈，必以生繭伴打，方能惹起絲緒，謂之伴繭。將清絲抽出，斟酌肥細，分搭入窩中，自能蟬聯而上，無接續之痕。《吴興蠶書》。

一辨生熟重輕。凡繭生則絲重，熟則絲輕。繭之熟，由於繅之緩，手足遲鈍，轉運不捷，繭在釜久，適足煮熟。故打緒宜速，脚踏宜緊，眼專覷窩，手頻撥繭添搭，緊踏緊轉，則繭皆歸緒，即時繹盡而不煮熟，絲成自增銖兩矣。《吴興蠶書》。

一理野絲。凡絲上軸，不可隨手亂搭，亂搭則堂口板爪之間絲在貫脚之背者，謂之板爪。多縱横游颺之絲，是爲野絲，雖無甚害，終不美觀。唯於上軸時，引絲使直，然後入送絲鉤，自不致雜亂無章。《吴興蠶書》。

一防跳花。絲著貫脚，須錯綜其緒，則緒鬆而易分，方不礙於絡緯。若牡孃繩寬縱，則鐙隨軸運，鐙之棱角盤旋處，不能變動即緒緒著於原路而成花紋，或大塊，或細塊，其緒併而不可分矣。唯用油注於繩上，繩得油則潮而緊，用水亦可，然水易乾，不如油之當潤。轉移之間，自能參錯，并將絲秤頻頻撞動，即不成花。《吴興蠶書》。

一防走板。車之有秤，所以約束絲緒，使之錯綜旋轉，然秤之移動，全憑一牡孃繩。繩之寬緊，終始如一，則運絲於軸，板爪整齊，起棱鬭角。如寬緊不常，則秤亦左右無定，板頭即有偏東偏西之處，是爲走板，雖無損於絲，終是一病。

《吳興蠶書》。

一蓋面絲。將脱車須揀取緊厚圓浄之繭數兩做絲蓋之，謂之蓋面。細細板板縛開，不相套襲，宜逐板蓋。用揀出之繭，打一緒分入各窩中，將熟繭緒摘出，俟抽至半，又另以生繭打一緒續之，仍摘出熟繭，如此則窩中無一熟繭，其絲自生而有光。摘出之熟繭，以水養之，另做一車之底。粗絲兩板相套，可止蓋一板，用揀出之繭，打一緒搭入熟繭窩中，俟上絲眼，將熟繭盡摘出，併歸一窩，更替抽換，一窩純生，一窩純熟繭，盡脱車以生者外襲，倍覺光采。此爲求售計，不妨有内外生熟之别。今之作僞者，恒以苧麻椎熟，搭入板爪中，或更鑲入鐵片，以增銖兩，此則小人之譸張爲幻矣。《育蠶要旨》。

一換湯。絲之色，湯清則鮮，湯渾則滯，故絲釜之湯，不可不頻換。然待其渾而後換，則時清時渾，絲即不能一色到底矣。精於治絲者，時時察看，湯色微變，即取出三之一，以清熱水添滿，頻頻添換，謂之走馬。換湯之色，始終如一，絲之色亦始終如一矣。《吳興蠶書》。

一架火。絲竈架火，宜緊對繭窩，或旺或微，須審察繭性，繭有宜涼湯者，有宜熱者，極宜斟酌。凡湯之涼熱，以蠶蛹之浮沈爲準，沈則湯涼，浮則湯熱，要在火力長匀，無忽旺忽微之失，則做絲者易於調劑矣。《吳興蠶書》。

一煽車火。絲從水出，必用火炙，軸上約做絲兩許，即以砂盆爇炭焙之，謂之煽車火，亦曰車頭火。火大，炭盆離車軸約五寸，緊對絲板安頓。按，粗絲兩板用兩盆，細絲三板用三盆。用石墊高，少側向裏，火益旺益佳，時時加炭，絲之顔光全在此火。火旺則絲鮮明，火微則殭邊而色滯。絲潮則邊相併，謂之殭邊。《吳興蠶書》。所用之炭，須無煙且不爆者，煙則熏壞絲色，爆則燒斷絲條。《廣蠶桑説》。

一各繭做法。繭有颺緒者，抽緒上軸，數轉即斷，宜以火焙燥。沸湯做有生蹦者，上軸即蹦，宜灑水潤潮；温湯做有熟蹦者，上軸不蹦，纔至中突然上撞，宜摘出，免致蹦斷。緒頭有颺且蹦者，湯熱即蹦，湯涼即颺，須燒火者調劑得法，耐性緩做。至尿緒映頭，亦屬好繭，但一爲溺汙，須睪其斑點少者，用醋微洗之即可做；一爲死蠶所汙，其色濁不可與他繭雜，須揀出另做。勤換清湯，他若黄繭，其絲染色極鮮，唯不得與白繭同做。緑繭其色肥嫩，用以蓋面，能增絲之光采。《吳興蠶書》。

一脱車。粗絲日脱一車，細絲須日半或兩日脱。先須除去野絲，挑浄粗纇，用苧皮或粗綫，鬆薄絲板，以硬樹爲送椹音砧。木抵住，椹木之小頭，用鎚重擊，椹即脱矣。擊不可偏，恐傷絲。隨取車軸離牀，將絲運車衣揭之。揭不可重，亦不可速，恐裂破板爪，更用苧皮或粗綫縛定，藏燥潔處。《吳興蠶書》。按，絲入市必先絞之成把，乃以絲縛縛之，若散板不絞，唯不成車之絲如此耳。

一擇良工。絲之高下，出於人手之優劣。同此繭，同此斤兩，一入良工之手，增多絲至數兩，而匀稱光潔，價高而售速，故不可不慎擇其人也。《吳興蠶書》。

沈炳震《樂府・繅絲》：「汲水然薪將煮繭，繅車摇動風雷轉。轟轟一刻千百迴，旋風莫及奔車緩。絲叉打繭水百沸，提起絲頭正無既。從教斷卻更續來，萬緒千頭難數計。插秧車水閙如雲，男兒下田屋無人。小姑添水更加薪，新婦繅絲色勝銀。儂家戲語姑勿瞋，傳聞百兩近良辰。絲成織絹白且長，與姑裁作嫁衣裳。五紋刺繡雙鴛鴦，記儂辛苦毋相忘。」董蠡舟《樂府・繅絲》：「舍南舍北緑樹濃，軋軋聲徹村西東。竈燎薪蒸傍熾炭，轂回軸轉如旋風。蟹眼已過湯正沸，赤手招來緒無既。如衣絜領網在綱，衆縷皆從一頭曳。一蠶爲忽十忽絲，繭數由來多寡異。三眼兩眼復不同，繅成以此分粗細。手搴足踏珠汗淋，阿姑憫儂勞不任。令儂少息起相代，追涼閒少來深林。林邊偶值鄰村嫗，爲語今年絲好作。立談半晌亟趨還，如雪刺梅滿歸路。入門相視一笑譁，滿頭插徧繅絲花。」

剥蛹　繭質過厚且粗，繅時浮沈水面，不得盡其緒，曰輭繭，留以作緜，取蛹棄之，或以油煎食之，曰熓蠶女。董蠡舟《樂府・小序》。沈炳震《樂府・剥蛹》：「繅絲賸繭薄如紙，水面浮沈緒難理。止堪去蛹剥爲緜，留待三冬作絮被。耘田已了夏日長，婦姑緑陰同追涼。還將輭繭紝作綫，織成廳帛裁兒裳。可憐農家無長物，天寒屋破風弗弗。賣絲得錢納官租，大緜平準償私逋。獨嫌輭繭質地粗，棄置不要還之吾。」董蠡舟《樂府・剥蛹》：「串五合羅繅罷早，蠶事今年已粗了。農家那得常優遊，簿筐滌浄俱藏收。煮餘輭繭猶堆積，緒亂質粗繅不得。少遲便恐蛹蒸腐，棄置未免同雞肋。綻衣縱未純緜如，撚紝作綫原無殊。剥來蠶女煎作鮓，堆盤還足充庖廚。投箸令子三歎息，藉爾謀生翻爾食。漠然未是負心人，世上紛紛怨報德。」

作緜　絲有頭蠶二蠶之别，以頭蠶爲善，緜亦如之。緜之上者同功繭所作，謂之純緜，推出次之，蛾口又次之，繭已出蛾者。烏頭輭繭爲下。俗謂作緜曰剥緜兜。董蠡舟《樂府・小序》。手緜剥在手上，環緜則有竹環。《育蠶要旨》。須於晴日，遇陰雨則緜不速乾而縷脆。《胡志》。頭蠶之緜韌，二蠶之緜鬆，僞者以繭絖雜之，甚有攙和白石粉以取重者，謂之藥緜。繭絖緜易敝，當拗繭時，預爲剥緜地步，每拗一繭，取絖翻套木椹上，套至十數層取下，用草一莖環其中，以便剥時分開，牽扯攙和。同功蛾口緜中規，取善價，石粉取其色白體重。湖地之緜，以出烏鎮者爲上，匀薄如紙，瑩浄如玉。《吳興蠶書》。《舊志》：武康緜號鵞脂，今屬縣俱有。勞鉞《府志》。大要不可使邊厚，亦不可使中厚，須層層匀展，内外如一，最忌有繭片，或塊或穿破如網。其色之潔白，雖由淘洗之功，然亦須當日曬燥，方有光采，若遇天陰，色雖白而終滯。古者年五十始衣帛，今湖人無老無幼俱藉此禦寒，其輕暖適體，遠勝木棉也。《吴興蠶書》。

一淋灰湯。煮繭須灰水，用稻稈燒灰入籮，取水再四淋之，其澄澈較速於樹柴灰。欲辨灰水濃淡，用盌盛香油半杯，冲以澄清灰水，淡者黄，濃者白，以色如荳腐漿，無一點浮油爲度。《吴興蠶書》。

一煮繭。繭必煮熟方可成緜，須用緜包裹不包易亂。煎，滚灰湯下釜煮之，又以大盌盛香油一杯，入灰水中冲滿，俟繭將熟，分一半匀澆釜中，煮一二沸，將繭翻轉，以所留一半油澆入再煮，務使極熟。亦有用柏油者。凡煮繭灰水，輕則緜濁，重則緜黴，加油輕則緜澀，煮不熟則緜成塊而不匀，太熟則緜又爛，須各得恰好乃佳。《吴興蠶書》。

一淘洗。繭潔净則緜白，煮既熟，繭中穢濁悉已沸去，宜乘熱取置河中淘洗之。淘用篩盛繭，放水面盪滌數次，不得揉攪，即連篩掇起，就岸上按去濁水，再蕩再按，須按出之清繭方潔净。《吴興蠶書》。

一剥手繡。緜套於掌者爲手繡。用大木盆，上鋪蠶篩，取净繭置篩中，逐箇剥開，翻套於手掌上，摘去蠶蛹蠶蜕，大率同功繭可套十五六箇，小繭可套三十餘箇，更取清水一桶，將掌上所套者，就水中雙手展拓，使圜轉寬大，以便上環。《吴興蠶書》。

一上緜環。緜不上環，則口小而不適於用。用大木盆滿貯清水，中置緜環，按，環以竹爲之。兩人取手繡，就水中對扯約尺餘長，復移轉扯之使方，即帶水上於環上，用力拏下，則彎環如兜，名曰緜兜。凡上四箇手繡，可成一厚緜兜。取下絞乾，日中曬燥。《吴興蠶書》。

一水浸。凡煮熟之繭，須用水浸，不可使乾，若一日不能剥盡，及已剥之手繡，當日不及上環，並宜以淡油灰水養，至次日再剥再上。《吴興蠶書》。沈炳震《樂府·作緜》：「繅絲剥蛹事已了，煮繭作緜須及早。黄梅風雨鎮長有，趁此風光正晴昊。瓦盆盛水滿漬緜，竹架彎環比月圓。擘開帶水施架上，潔净如紙當風懸。門前觵聲黄犬吠，隔籬知是買絲客。今年蠶好絲倍多，儂絲待價不輕擲。何况高田麥有秋，冬春未動困如邱。莫愁糧長多科派，還有同功緜可賣。」董蠡舟《樂府·作緜》：「清風冷然日卓午，煮繭香中聞鑠釜。老晴難遇熟梅天，妯娌相將同剥緜。蛾口居後同功先，竹架彎彎白月圓。土銼烈烈朱火然，瓦缶漬以泉涓涓。水中擘出架上懸，當風高挂蓬門前。潔如素紙薄且堅，笑謂小姑速相助。先著袴襦奉翁媪，仲冬二七是良期。雙星已近銀河渡，好染新紅裝嫁衣，與姑將向郎家去。」董悔《樂府·作緜》：「同功推出不中繅，用以作緜白且嬌。更有蛾口好種繭，汲水同向鍋中燒。陰雨怕近入梅候，朝來喜見晴光摇。相偕妯娌趁早起，劬勤那惜身手勞。瓦盆漬水潔且净，輕剖重擘十指操。疊成一緜繭八九，竹竿挂向風中飄。卻憐盡供價逋用，温暖只讓財奴驕。何曾作絮身上著，嚴冬不免寒仍號。」

澼絮　絲釜中撈出之著衣、上岸，繭薄者爲著衣，厚者爲上岸。及烏殜繭、繭絖之屬，俱不堪爲絲爲緜，俗通名之曰下脚，以其不材而賤之也。然煮而治之，既足禦寒，復可績綫，以供經緯之用。《吴興蠶書》。繭黄、澼花、滯頭三種，並可撚緜綫，總名水絮絲。拖頭亦可撚緜綫，但視純緜爲費功耳。《南潯鎮志》。蠶之所吐，真無棄物。諺云：賣貴葉不如養病蠶。正以蠶雖歉收，絲之外，必有此等贏餘實日用所不可缺也。《吴興蠶書》。

一煠汏頭。汏頭即著衣，《吴興蠶書》。亦作簑頭，亦作篷頭，又名滯頭。《南潯鎮志》。做絲終日，著衣堆積無算，人手衆者，即可剥去蠶蛹，使繭殼潔净，若無人翻剥，晚須以清水煮之，俟半熟就釜中翻轉，再煮，俟極熟取出，將蠶蛹敲净，自成片段，隨於河中汏去汙濁，故曰汏頭，次日晾乾。凡蠶蜕蛹殼之留餘不盡者，剖剥使盡，做絲畢，乘暇以水浸去汙濁，仍於河中汏净，置篩上，或蘆簾上，用細竹竿就河中擊之，至絲緒颺開，潔白如玉，方取起曬燥，衣被中皆可襲以禦寒。《吴興蠶書》。

一煮繭絖。絲筋繭絖拗出，須曬燥敲去蠶沙葉屑，用清水煮熟，溪中洗净，堆置簷下陰處五六日，每日以清水淋洗，不淋色不白，隨取就溪中敲擊成絮。絲筋頭煮熟，即向溪中洗擊，不必如繭絖堆置陰處也。《吴興蠶書》。

一煠輭繭。上岸、烏殜等繭，悉先焙燥去蛹，止存繭殼，故名輭繭。《吴興蠶書》。亦曰澼花。《南潯鎮志》。用清水煮極熟，烏殜繭宜隔宿用水浸去汙濁，方煮。向河中澼洗擊鬆，較汏頭更瑩净。《吴興蠶書》。

一忌油灰水。灰水最去濁，亦極能損物。治絮用灰，取其剥穢，然絮之易黴，實由於此。油取潤繭，日久色必變黄。故治絮宜用清水煮，不宜用油灰水。成絮後用以績綫，慮其澀滯，則以豬脊髓揉於温水中浸之，使之潤，不唯無黴爛之患，抑且肥膩粹白，永不變色。《吴興蠶書》。

一打緜綫。績絮成綫，謂之打緜綫。《吴興蠶書》。銅叉木柄，左手擎之，置緜於叉上，又有木鋌貫銅錢十數文，上貫蘆管，其形如錘，以右手旋轉，撚緜成綫，繞管而積。劉沂春《烏程縣志》引《湖婦吟》云「蛾口不作絲，作緜還打綫。左手擘緜叉，右手蘆錘旋。縷轉如妾心，一日幾千徧」是也。《南潯鎮志》。湖地所産之緜紬，藉此織成。《吴興蠶書》。純緜者爲上，《南潯鎮志》。凡綫不論粗細，以光潔勻緊爲貴。鄉村婦女，晚作晨攻，得寸則寸，得尺則尺，此婦女消閒之活計也。《吴興蠶書》。董蠡舟《樂府・澼絮》：「新絲賣卻償加一，新緜準折還租畢。僅餘輭繭是贏材，區區猶是儂家物。春花豆麥方登場，夏至已過齊插秧。阿儂此際獨無事，剥煮功多趁日長。煮成要借清流□，小竿持至溪頭擊。揀取一方涼最多，柳陰濃處來洴澼。晚來邂逅東家姝，爲言夫壻耽摴蒱。漂成擕向博場去，不足供渠一夕輸。」董恂《樂府・澼絮》：「擇繭繅絲事已畢，輭繭剥緜薄難疊。亂頭墜緒更紛紛，倘教棄置甯無惜。幸喜今朝事不忙，繭衣同向湖邊澼。篷底平鋪水面浮，緑楊陰裏無炎日。一手持竿擊不停，跳珠那顧濡衣溼。卻有鄰孃作伴來，渡頭閒話消岑寂。道是新絲賣不留，好緜又爲私逋質。賴此粗庸不值錢，至今尚是儂家物。」

望蠶信　繅絲時，戚黨咸以豚蹄魚鮝果實餅餌相饋遺，謂之望蠶信。董蠡舟《樂府・小序》。有不至者以爲失禮，蓋非特蠶時，禁忌久絶，往來亦以蠶事爲生計所關，故重之也。《遣閒瑣記》。董蠡舟《樂府・望蠶信》：「親串過從情密邇，昏姻不出一鄉裏。課晴問雨每相偕，只隔盈盈衣帶水。一自蠶房深閉門，從教彼此絶音塵。不知蠶信今何似，消息傳來苦未真。算來前日回山始，料應今日繅絲起。江魚白白枇杷黄，去問諸姑及伯姊。沸耳伊軋摇車聲，絲竈滿室縱復橫。入門一笑不須問，黄上眉間喜氣盈。」董恂《樂府・望蠶信》：「育蠶無奈忙蠶節，親朋遂使音塵絶。道是蠶家禁忌多，不教來往成疏闊。邇來鄰右競回山，聞得收蠶同一日。未識收花得幾分，摇船親自探消息。門外相逢一笑迎，紅燈昨夜花曾結。入門無暇道寒暄，致語先教詰得失。歡呼只有稚兒慧，翻道客休問盈歉。試聽儂家軋軋聲，絲車十部繅還急。」

汪日楨等〔光緒〕《烏程縣志》卷二八《蠶桑》　擇繭繅絲　東鄉南潯左近以出火一斤，得繭一斤爲一分，遞增至六七分爲中平，十二分爲上上矣。諺云蠶花廿四分，乃頌禱之夸詞也。董蠡舟《樂府・小序》。一云，舊規四眠蠶大眠一斤，得繭二斤；三眠蠶大眠一斤，得繭三斤爲對花，湖人以秤上所劃斤兩數之，星爲秤花。言適如其額也，過則得利，不及則失利。嘗取四眠蠶之眠頭與繭細較之，出火蠶一兩，約計二百五十五六箇。大眠蠶一兩，約計六十三四箇。是出火長至大眠，實增四之三。好蠶每兩計二十二三箇，次者計二十六七箇，是一兩大眠，箇箇成繭，好者應得三兩，次者應得二兩六七錢，俗以蠶一斤得繭二斤爲對花者，猶屬八折算也。採齊秤準，庶知一歲蠶事之豐歉。《吴興蠶書》。按，胡《府志》云：大眠六斤爲一箇，率收繭一斤爲一分，以十二分爲中平，此所以有蠶花廿四分之諺也。今西鄉、南鄉如此。稱繭廿四兩秤。按，今通用三十二兩秤。或八斤或七斤爲一弔，不可再少，恐做絲單薄，無神氣也。兩弔可做絲一車，必須安放匾內，令其涼爽，恐其出蛾也。《育蠶要旨》。須於兩三日中治淨繭絖，董蠡舟《樂府・小序》云：俗謂之繭黄。抉擇精粗，以爲繅絲計。有誤食熱葉及揹傷，縈絲寬慢，其繭軟而鬆者，是爲緜繭；有蛆生蠶腹，繭成穿穴而出者，是爲蛆鑽繭，《吴興蠶書》。亦曰香眼繭；大眠後爲麻蒼蠅所嘬，作繭後蠅子自出，而有此眼也。蠶時蒼蠅必須常拂，點綫香亦避。《育蠶要旨》。有老不化蛹，斃殨繭內，穢汁浸潤者，是爲映頭繭；有薄緒纏身，赤蛹外露者，是爲凹赤繭，《吴興蠶書》。亦曰薄繭，《育蠶要旨》。四者皆屬蠶病。有山火太旺，忽遽吐絲，不及周徧環繞，其繭一頭穿破者，是爲穿繭；繭有黏箔附帚，結成深印者，是爲草凹繭；有蠶溺沾染漬成黄瘢者，是爲尿緒繭；有上山太稠，或二蠶三蠶共成一繭者，是爲同宫繭，四者止屬繭病。《吴興蠶書》。又有黄繭，碧繭，黄者緒粗，碧者質厚，董蠡舟《樂府・小序》。碧繭又名緑松繭，當一一選出，擇其圓白者，然後絲光而且白。絲欲其細而白，欲白必多換湯水，欲細不可惜工夫。《育蠶要旨》。粗絲以二三十繭爲一窩，細絲以六七繭爲一窩，多則損之，少則益之，不可乍多乍少，防跳花，防走板，煽車火，火旺則絲鮮明，《吴興蠶書》。蓋面絲以生者外襲倍覺光采。《育蠶要旨》。絲之高下，出於人手之優劣，同此繭，同此斤兩，一入良工之手，增多絲至數兩，而勻稱光潔，價高而售速，故不可不慎擇其人也。做絲之竈須安置平穩，不可少有欹側。釜宜大宜舊，大則可多容水，舊則見水不銹。銹則汙絲，新釜見水即銹，如用新釜，釜内須先以油擦之。《吴興蠶書》。勿用井水，用井水者絲不亮。《廣蠶桑説》。止水不如流水，山水不如河水，螺涎最能潔水，大忌用礬。《吴興蠶書》。薪最好是栗柴，桑柴次之，雜柴又次之，切不可燒香樟，其氣能使絲紅色，必須用煙囱，使煙直透，絲上無煤氣。《育蠶要旨》。絲有頭蠶、二蠶之别，以頭蠶爲上。董蠡舟《樂府・小序》。黄繭、緑松繭可做經絲，亦可作緯絲，黄絲染紅色最鮮。《育蠶要旨》。有不可絲而爲緜者，有絲緜均不可而爲絮者，湖地之緜以出烏鎮者爲上。《吴興蠶書》。

汪日楨等〔光緒〕《烏程縣志》卷二八《風俗》　農家習于勤苦，唯春時相率賽禱游觀，不過數日，即秉耰鋤，胼胝隴畝，捐捐終歲，靡有甯居。女工唯育蠶繅絲，最爲勤苦，餘時多暇，唯撚緜綫績苧，以消永日。《羅志》引《東林山志》。

烏程上十區之民多貧，下十三區之民稍富，若十六至二十三區處邑之最東，與平江、嘉禾接壤，中有南潯、烏鎮、馬要、涟溪諸大鎮，其俗男耕女織，民頗稱段。自二十年來，下區之富亦蕭然矣。

所用。

汪日楨等〔光緒〕《烏程縣志》卷二九《物産》　絲籰子《南潯志》出南柵，絡絲

蠶具《湖録》：蠶之具少于農。蠶之初生也，用鵞羽以拂之，乃置于篩烏，滿則用箑，箑必以紙糊其眼縫焉。兩眼出薙，乃置于筐，或用篚，筐篚大于箑，器之大者可以容蠶之多也。蠶室之中必用簾、薦以圍之，簾以蘆編，薦以草織之，皆所以蔽風寒也。其采桑也，有桑剪，有桑蔀。至飼小蠶而切葉也，有草墩用以承刀，恐其聲之著也。時或風雨而寒，則用火盆，盛生炭熾于筐之下而煗之。蠶將作繭，則用草帚，長尺如咫，大可一握，散而登，蠶其上週時，繭白三週，落箑采繭。繅絲則用絲車、水缸、鍋、竈畢具。咿啞之聲，徧于村落矣。《南潯志》：修桑有鋸，有斧，采桑有桑剪，有桑梯，貯桑葉有節，停葉用竹簾、蘆簾、蘆蓆。切葉有刀，有草墩。刷蠶烏用鵞翎，分蟻小蠶用尖竹箸，俗名蠶快，大蠶用網，小蠶貯以蒲籔，以竹篩，大蠶貯以箕，或以筐，以匾。所以架匾曰蠶栥，禦風以蘆簾，以草薦。架山棚有凳，有草帚。禦寒用火盆，擦山棚火及車頭火，亦用火盆。繅絲用絲車及水缸、鍋、竈。竈有煙囱。車上有方輪，有軸頭，有竹豁，有旋鉤，有踏板。肥絲之車有絲眼，二絲以二板爲一車，細絲之車有絲眼，三絲以三板爲一車。剥緜有竹環，或范泥爲猫，置筐中以辟鼠，曰蠶猫。《西吴蠶略》：繅車，檀木爲之。其牀正方，轆轤在前，泥竈列後，轉軸于右，納薪于左，若架若磨，並麗于牀，安牀微側以就竈。轆轤之製凡四，輻麗于軸，活其一以利脱絲。冪布名車衣，軸端屈曲以便轉，轉軸之木下連踏板。竈編竹爲之，泥于内以置鑊。架上懸竹轆轤，下設銅針各二，鑊内水煮沸乃下繭，竹箸攪之，絲頭起穿入針孔，引上竹轆轤，復迴繞而加諸輻，輻轉則絲抽乙乙矣。然無磨則徑直無緒。磨以小木爲之，麗牀右腰，微束環繩，連于軸，磨項帶小長木，列兩鉤横于銅針之上，兩兩相對，絲出針孔，即著于鉤，於是軸帶磨轉，磨帶鉤轉，鉤帶絲轉，乃左右交錯，有條不紊，廣狹適中。按，此肥絲車也。細絲車則針、鉤各三，餘並同。轆轤即方輪踏板，名脚踏架，名牌坊。竹轆轤名響緒，即竹豁。竹箸名絲叉，亦作絲快。磨名牡孃鐙，環繩名牡孃繩。小長木名秤鉤，名送絲鉤，即旋鉤，以《吴興蠶書》證之，其名如此。又按，種桑甚有籮，接桑有接桑刀，反手鋅修桑有鑿，治桑上蟲有刮杷鐵絲，見《枝棲小隱桑譜》。山棚上有花格竹，盛蠶上山有盤，稱小蠶有戥子，稱大蠶及稱桑葉有秤，剥緜有籮、有篩、有釜、有鉏，有木盆，治絮有箕、有細竹竿，見《吴興蠶書》。

紡織具《南潯志》：絡絲有籰子，有豁車，有碌碡。㕍絲有㕍車，有緯管。合絲作經有經車。辦絮有篷，有棓。撚緜線有叉，有木鋌，有蘆管。曬棉花有蘆蓆、晾匾。烘棉花有火鑪、篩簇。去棉花子有軋車，車上有木輪，有鐵梗，有木根頭，亦謂之輪，有踏板。彈棉花有弓，有弦，有槌，擀棉條有擀板，有擀條，一名楴子。紡棉紗有摇車，車上有輪，有軸，有弦線、有鐵鋌，有箬管。㕍棉紗有筒管，亦用㕍車，或即借摇車㕍之。經布有經牀，經車。刷漿有筅帚。織布有機，有筬，有梭，機上有上下二軸頭，有綜線，有提綜竹，有竹撑，有坐板，有踏板。按，絡絲有挑頭，又貫籰有掉梗。經絹則横筬作以穿絲曰撩眼。兩旁植木，作鋸齒形，曰杷頭，中鑲二長木曰經榦木。盤絲曰運牀，承絲曰狗頭。機上坐身者曰坐機板。受絹者曰軸，絞軸者曰緊交繩，曰緊交棒。過絲者曰筬，裝筬曰筬腔。撑絹者曰幅撑，挂筬者曰捋滚繩，上曰塞木。推筬者曰送竿棒，提絲上下者曰滚頭。有架有線挂滚頭者曰丫兒，踏起滚頭以上下者有踏脚棒，有横沿竹花。絹機有旗脚竹，旗脚線。捆花線有旗坑潭，攀花有接板架，板如梯曰花樓，凡織散絲者一梭，綢紗則順逆二梭。緯絲有摇車，有緯管。打線有車頭，有扯車，天潮則筬下用火盆，燥則噴水。織紬布之機，女工用平機，與絹機相仿，唯客工用棧機，亦稱腰機，制度迥别，見《雙林志》，與烏程界内同。

湯日昭、王光藴〔萬曆〕《温州府志》卷二《輿地下・民事》　耕山鄉陸地，多種麥、荳、桑、麻、木綿花。

織女紅不事剪繡，勤於紡績，雖六七十歲老嫗亦然。舊傳有夜浣紗而旦成布者，謂之雞鳴布，若永之雙絲布，樂之斜文布，獨爲他郡最，或有出男子所織者。

趙瀛、趙文華〔嘉靖〕《嘉興府圖記》卷二《邦制一・府公署》　織染局　正統間，乃以局之東偏爲分司。二司之制，俱有重門，有廳，有穿堂，有後堂，有廊房。

織染局有門，有廳，有堂，有庫房，有織房，絡絲房。機六十二張，紵絲機三十二張，細紬機四張，絹地紗機八張，包頭紗機一張，銀絲紗機一十張。

趙瀛、趙文華〔嘉靖〕《嘉興府圖記》卷九《物土四》　預備織造共銀三千三百兩。嘉興七百兩，秀水、嘉善、崇德各五百兩，海鹽、桐鄉各四百兩，平湖三百兩。以上銀差俱照數徵差支給，惟本府家火銀每年止徵三之一，預備織造銀每年徵貯府庫，聽布政司取用。

趙瀛、趙文華〔嘉靖〕《嘉興府圖記》卷九《物土四・户賦》　匠户之别六十六，【略】繡匠，緜匠，氈匠，染匠，筬匠，毯匠，線匠，挽花匠，絡絲匠，織匠，腰機匠，籰匠，打線匠，凡六十有六役，闔郡計五千二百七十七户，各以其技共役，其役于京師，有輪班者，有存留者。嘉興【略】氈匠七户，雙線匠一百三十一户，刷印匠一户，彈花匠一十七户，筬匠二十户，線匠三十九户，染匠五十九户，織匠一十六户，絡絲匠六十八户，挽花匠十二户，腰機匠七户，籰匠二十二户，打線匠二十三户。秀水【略】氈匠九户，繡匠三十七户，絡絲匠四十四户，挽花匠五十三户，染匠三十二户，打線匠三十户，筬匠二十户，織匠十一户，腰機匠一十二户，雙線匠八十二户，籰匠一十一户。平湖【略】雙線匠三十五户，染匠三十七户，筬匠二户，挽花匠五户，彈綿花匠二户，絡絲匠一户，綿匠四户，氈匠一户，腰機匠三户，毯匠一户，籰匠一户。嘉善【略】雙線匠八十三户，綿匠二户，彈花匠一户，腰機匠二户。海鹽【略】雙線匠三十四户，綿匠四户，腰機匠一十一户，氈匠四户，彈花匠二户。崇德【略】雙線匠一十八户，線匠七十五户，繡匠一户，腰機匠一户。桐鄉【略】雙線匠一十四户，綿

匠三十四户，彈花匠三户，腰機匠四户。

其執役于本府織染局者，曰織羅匠，曰打線匠，曰挽花匠，曰染匠，曰籰匠，絡絲匠，篾匠，絡經匠。凡八役，闔府計四百二十七户。嘉興打線匠一十九户，染匠四十二户，籰匠八户，篾匠八户，絡絲匠二十九户，絡經匠一户。秀水打線匠二十二户，染匠二十四户，籰匠八户，篾匠九户，絡絲匠一十三户，織匠三十户。崇德織羅匠一十六户，籰匠二户，打線匠二户，染匠一十户。海鹽織匠二户，篾匠五户，絡經匠一十一户，染匠一十二户。嘉善打線匠二户，絡絲匠三户，染匠二十九户。桐鄉織匠二十三户，絡經匠一十八户，篾匠二户，籰匠六户，打線匠一户，絡絲匠四户，染匠五户。平湖染匠一十七户，絡經匠二户。

李培修、黄洪憲〔萬曆〕《秀水縣志》卷一《輿地·市鎮》 王江涇鎮，在縣北三十里永樂鄉，舊有王氏、江氏所居，因以名鎮。鎮南盡秀水縣界，北據吴江縣界。俗最刁頑，多織紬收絲縞之利。居者可七千餘家，不務耕績，多儒，登賢書者數有之。市設巡檢司，司有弓兵十數輩，名爲巡鹽，實則摽掠，小船經運河中者，無不被其患。

新城鎮，在縣西二十七里。後唐景雲中，鎮遭兵亂，居民壘土爲城，故云新城，城久廢，今僅存其名，宣德分縣謀建縣治而不果。其民男務居賈，與時逐利，女攻紡織。俗尤澆而健訟。居者可萬餘家，頗多儒人徙居，時有登鄉書者，士著則寥寥寡聞。

濮院鎮，在縣西南三十六里。元至正間，右族濮鑑一姓，迨本朝，濮氏流徙，他卜居者漸繁，人可萬餘家，因以濮院名鎮。南隸桐邑之梧桐鄉界，北隸本邑之靈宿鄉界。民務織絲紵，頗著中下聲，亦業農賈，商旅輻輳，與王江涇相亞，而俗較前二鎮稍馴謹，多業儒。

陡門鎮，在縣西北二十七里，靈宿鄉鎮夾運河南北，廛居僅二百餘家，較諸鎮最爲閒寂。民務耕桑，女紡織，頗多朴茂之風，間有一二業儒者，罕著名。

李增修、黄洪憲〔萬曆〕《秀水縣志》卷三《食貨·户口》 匠户之别六十有六，各以其技供役于京師。有輪班者，有存留者。石匠二十九户，銀匠一十六户，彈銼磨匠一十八户，五墨匠一十户，裁縫匠四十八户，熟皮匠一十九户，冠帽匠六户，船木匠七户，氈匠九户，傘匠八户，繡匠三十七户，索匠二户，櫓匠八户，絡絲匠四十四户，挽花匠五十三户，染匠三十二户，打線匠三十户，篾匠二十户，艌匠一百五十七户，鞔鼓匠二户，筆匠二户，織匠一十一户，弦匠五户，木匠九十六户，木梳匠六户，油漆匠一十六户，鏇匠二户，履鞋匠四户，腰機匠一十二户，鋸匠四十二户，瓦匠二十户，蒸籠匠二十户，裱褙匠五户，雙線匠八十二户，黑窑匠一十六户，合香匠一十九户，木桶匠二十一户，竹匠五户，鑄匠一户，籰匠一十一户，黑窑坯匠二十八户，斛斗匠六户，弓匠四户，箭匠一十五户，熟銅匠二户，刀鞘匠一户，雕鑾匠一户，琉璃匠一户。

本府織染局凡八役，打線匠、染匠、籰匠、篾匠、絡絲匠、織匠、絡經匠、織羅匠，計二十二户。

嚴辰〔光緒〕《桐鄉縣志》卷七《食貨下·農桑》 其繭之細長而瑩白者繅細絲，二蛾、三蛾者謂之同宫，繅粗絲或作綿，皆掐去其蒙戎之衣，不可以日曬，日曬則絲爛而難抽，不可以焚香，焚香則蛆穴而難抽。其繅之不及也，瘞而泥之，每大甕用鹽四兩，荷葉包之，於甕之口又塞實荷葉。至七日而蛾死，有少罅則蛾生。其爲綿也，蛾口爲上，上岸次之，蛋衣者爲下。蛾口者，出蛾之蛋也。上岸者，繅絲無緒撈而出者也。蛋衣，蛋外之蒙戎，蠶初作蛋而經營者也。凡畜蠶者，或自家桑葉不足，則豫定别姓之桑，俗曰稍葉。凡蠶一觔，用葉八個，二十觔爲一個。稍者先期約用銀四錢，謂之現稍。既收繭而償者，約用銀五錢，再加雜費五分，謂之賒稍。葉價隨時高下，倏忽懸絶，諺云：仙人難斷葉價。其時必有小鳥連叫曰撒山看火。俗云三斗半把。其聲清澈可聽，或云叫葉之貴賤也。蠶畢即止，餘地無之。或云《月令》戴勝降於桑，即此。故栽桑與稍葉最爲穩當，不者謂之看空頭蠶，圖僥倖耳。葉貴極以白米分摻葉上餌之，絲更光白而細。又一法，先於隔年採青葉曬乾爲細末，常置燥處。蠶時遇雨葉濕，則以乾末摻葉上，均其水氣，兼乾葉易飽難饑，出《烏程縣志》，未常試也。大約蠶佳者收絲可售銀一兩，完官取當日用皆資之。餘爲綿，爲線，矢可糞田，亦佐農家切用，此農桑爲國根本，民之命脉也。故明洪武初平江南，即命康茂才爲營田使，勸督農桑。三十七年奉旨，天下百姓，務要栽桑，有司遵報某州縣鄉栽過若干株。宣德間，巡撫周忱立農桑法，則時報官桑若干株，民桑若干株。蓋勸農重本之意，亦大深切著明者矣。

王允恭〔至正〕《四明續志》卷三《邑·公宇》 織染局在西北隅儒學西，元係宋貢院基。至元二十七年，起蓋局院。泰定二年，鄞縣户阮申之提調改造土庫三間，庫前軒屋三間，門樓三間，廳屋三間，并前軒廳後屋一間，染房屋四間，吏舍三間，絡絲堂二十四間，機坊二十五間。又有打線場屋四十一間，土祠一間，在帥府後北首。

松林、何遠〔同治〕《施南府志》卷一〇《典禮志·風俗》　郡人平居皆大布之衣，非遇慶賀宴會，雖搢紳家鮮著紈綺。大率士夫之服雅，商賈之服華，城市之服時，鄉村之服古，婦女亦然。婦女且素稱貞樸，無論貧富，不遊春，不治容，鄉城皆善紡績，且競以針黹爲能事，惟不善織。村市皆有機坊，布皆機匠織之。

王承禧〔光緒〕《應城志》卷一《輿地·風俗》　應邑之民，多尚仁義。《元和志》。應邑之民，其性固，其俗醇，男不經商，女惟織紝。陳士元《府志》。【略】

應邑土壤，西北多山，東南多湖。山地磽瘠，稍旱則難耕種，湖澤低窪，又苦雨潦，豐年少而歉歲多，兼以地少，土産足以商販，多恃女工織紝，資給八口。《樊志》。【略】

《舊志》所載風土者殊詞，而以今視昔，又覺少異。余莅此十年，見聞甚習。環境之内，原隰相間，山澤交錯，有布、枲、穀、麥、魚、鳶、蒲葦之利。石膏所産，甲於天下，縋鑿運販，足贍數口，田賦中上，故人皆安土重遷，擁萬金者不下數百户，豐盈之象，異乎昔之所云矣。《奚志稿》。國朝陳運隆《雜興詩》：二月新絲賣與人，爲傳虚著黑糧貧。補天手段神明宰，能使家家一片春。邑境向勤耕織，頗稱饒裕。近自兵燹後，東南風氣如昨，西北一帶，多以鑿肯熬鹽爲業，往往傾家蕩産，爲孤注之計，以博利於未然，迨利不償本，始悔噬臍者，不一而足。且鑿肯之處，男婦皆舍本逐末，藉車手錘手營生，雖田地草萊，機杼頹朽，亦不顧惜。所慮數十年後，水涸利盡，商賈裹足而耕織茫然，生計蕭索，是亦地方之隱憂也。據采訪補。

王承禧〔光緒〕《應城志》卷一一《列女·節婦》　左氏，東十團張國鳳妻。年十九，夫歿，母家憐其貧而無嗣，勸之改適。氏泣曰：吾不忍爲禽獸行也。自是八年不歸母家，晨針夜績，處之怡然，歷二十五年終。

張氏，七口團章百彩妻。年二十八，夫故，事舅姑，曲盡孝道。家貧，遺一子，氏紡績撫育，至於成立。

黄凝道、謝仲坑〔乾隆〕《岳州府志》卷一六《風俗》　《華容舊志》：邑俗貴男而賤女，女鮮華飾，且有插秧荷草者，於婦工惟知紡棉。按，岳俗婦女習於勞苦，四縣所同。

梅嶧、蘇益馨〔嘉慶〕《石門縣志》卷一《風俗志》　女紅克勤紡績，邑中桑麻甚少，多買木棉彈紡成布，比户機聲軋軋，一月真得四十五日也。

應先烈、陳楷禮等〔嘉慶〕《常德府志》卷一三《風俗考》　居民務本，勤於耕織。自崇觀以來，製錦繡爲業，其色鮮妍，不減成都錦官。《元史志》。按今常德産綿，間治蠶桑，城中婦女工刺繡，治絲枲。西南鄉半勤紡織，治園蔬。東北鄉則往往有插秧刈草者。所謂古來淳樸地，健婦把犁鋤。

居民務本，勤於耕織。《元統志》。

吴聯薰〔光緒〕《漳州府志》卷四八《紀遺上》　漳土古所謂善蠶之鄉也，歲五蠶，吴越皆不能及，蓋開國之始，民寡而地曠，桑盛而後凋，故蠶治焉，詔安有蠶王廟可徵矣。今漳中桑柘無幾株，拘忌之夫謂其音與喪同，剗除殆盡。間有闢山園二十畝，樹養如法，但治絲色稍黄耳。蓋桑有二種，多山宜荆桑，平地水田宜魯桑，物土之宜，隨地可植，當大書特書，以仰副《耕織圖》之垂訓，豈可舊業不講哉。十年來，廣州財賦之盛，甲於他省，政以蠶桑故也。【略】

漳紗、漳緞、漳絨，漳之物産也，而絲則取諸浙西，棉苧等布，本機所織，不讓他郡，而苧則取之江右，棉則取之上海，即粟米之需，龍溪多資臺灣，詔安多資廣東也。

戴璟、張岳〔嘉靖〕《廣東通志》卷三六《生黎》　原黎女文身，面用貝綿紡線，以色絲綑成若錦，縫成圈套，從頭穿下至腰，用花布結住爲裙，稱曰黎桶。【略】衣裙皆五色吉貝，無袴襦。但繫裙數重，製四圍合縫，以足穿而繫之。女工紡績。得中國綵帛，拆色絲和吉貝織花，所謂黎錦、黎單及鞍搭之類，精粗有差。

勞熾增〔民國〕《順德縣志》卷一《輿地·絲部》　土絲爲吾邑出口之大宗。繅絲之法，咸、同間用手機，俗稱手紅，亦曰大紅。光緒初，又用足機，俗稱踹紅。及光緒中葉，用汽機繅絲者日盛，俗稱鬼紅，又曰絲偈。《龍山鄉志》云：鄉之有汽機繅絲廠，自同治甲戌始。又《採訪册》云：光緒初，大良北關創建怡和昌汽機繅絲廠，有女工五六百人，由九江、大同招女工教習，特其時未盛耳。手機成本輕，起絲亦少；足機起絲稍多，而沽價亦賤；惟汽機則費用雖繁，然絲條柔而價值高，其法尤良，其利尤鉅。計土絲一項，全省每年所出約值四千萬，吾邑占四之三，此就光、宣間言之。絲從繭出，必好繭乃得好絲。驗繭之法，先秤繭一觔，分四堆，每堆重四兩，由賣繭之客指出一堆，買主即將此堆繭開壳去蛹，焙至極乾，再秤準重若干，共得繭若干枚，以此重數匀計之，每繭重約二分四五釐者爲好身。又將不開壳之繭約四兩，命女工繅之，絲長而不斷口者爲好口。若身薄而斷口多，是謂爛繭，繅之亦虧損矣，此絲廠所以最重買手也。至每觔絲約用乾繭四觔十餘兩，次則五觔八兩，如繭身薄者用至五觔十餘兩亦有之。從前未有機器繅絲，衹用手紝，其絲略粗，不過供土人紡織之用。近來洋莊絲盛行，其價倍昂。洋莊絲居十之六七，土織絲居十之三四而已。《採訪册》

粵絲自咸豐初已銷流外國。其最先輸出者爲七里絲，又稱手紝絲，復有所謂括絲，與今日之日本式括絲不同。計每年出口約僅萬包。逮咸豐中葉，有南海陳啟元者，具新思想，遊歷歐美，考察粵絲銷流狀況，歸國後，本其所得，於光緒初年，創辦機器繅絲廠，用蒸汽發動機製作。《龍山鄉志》謂鄉之有機器繅絲廠，始自同治甲戌。與此略異。其時風氣未開，咸加誹謗，陳遂設廠澳門試辦，製出之絲，別爲兩種：一曰四角絲，運銷美國；一曰六角絲，運銷歐洲。成效漸著，繼復設廠於南海西樵，爲內地倡，於是各處聞風興起，紛向南海、順德產繭地方，競相設立，桑蠶區域，亦逐漸擴充，至光緒末，全粵絲廠已有百一二十間。時又有孖結絲一類，與車絲並行歐美。其製法用脚踏機，即晒紝。雖規模略小，女工多則百十人，少則六七人，然年中輸出額亦占粵絲三分之一，惜其工作不能畫一，劣點極多，較之機器車絲，大相懸絶，故近來脚踏機絲絶迹於歐美矣。美國絲業團嘗來粵考察絲業，殷殷以改良相勗勉，謂宜倣法日本，用複繅機繅絲，以期適應彼國織造家之需求。絲業中人，深韙其說。有岑某者，順德五區人，首先仿效，增設複繅工廠，一時同業靡然風從，自是昔日之四角車絲，一變而爲複繅式之六角車絲。此廣東絲業沿革之大概情形也。經茲改革後，成績頗優，價格日增，銷路日暢，蓬蓬勃勃，有不可遏抑之機，再能鋭意研求，其發展甯有限量歟。所慮者，政府税率日增，成本漸高，獲利自少，加以日人、意人努力競争，大有取而代之之勢。我國絲商既苦供億之繁，復遭損失之慘，救死不贍，遑論改良，遂令大好絲業，日形凋敝，能不痛哉！政府若不體恤之、維持之，粵絲將來命運何如，未敢臆斷也。《廣東絲業研究所册記》

謹按：吾邑出絲之多，第五區爲最，第一、第十區次之，其餘各地，均有業此者。其絲悉售與洋商，供其織造。邇來商戰劇烈，失敗時虞，空言改良，亦復何補，論者謂當於水藤、樂從、容奇産絲等處，增設絲業研究分所，派員赴日本、歐洲，考求新法，歸而教授女工，精益求精。此舉誠不容緩，然必要求政府減輕税率，不至以終歲之所得，供無藝之誅求，俾商人安心營業，有餘力以改良，出而與外人争衡，庶乎有濟也。

右物産

傳記

《三國志》卷二九《魏志・杜夔傳》 裴松之注：時有扶風馬鈞，巧思絶世。傅玄序之曰：「馬先生，天下之名巧也，少而遊豫，不自知其爲巧也。當此之時，言不及巧，焉可以言知乎？爲博士居貧，乃思綾機之變，不言而世人知其巧矣。舊綾機五十綜者五十躡，六十綜者六十躡，先生患其喪功費日，乃皆易以十二躡。其奇文異變，因感而作者，猶自然之成形，陰陽之無窮，此輪扁之對不可以言言者，又焉可以言校也。」

傅玄《傅子・附録》 舊機，五十綜者五十躡，六十綜者六十躡。馬生者，天下之名巧也，患其遺日喪功，乃皆易以十二躡。其奇文異變，用感而作。

《北史》卷九〇《藝術傳下・何稠》 何稠開皇中，累遷太府丞。稠博覽古圖，多識舊物。波斯嘗獻金線錦袍，組織殊麗。上命稠爲之，稠錦成，踰所獻者。上甚悦。

《隋書》卷六八《何稠傳》 何稠字桂林，國子祭酒妥之兄子也。父通，善斲玉。稠性絶巧，用意精微。【略】

開皇初，授都督，累遷御府監，歷太府丞。稠博覽古圖，多識舊物。波斯嘗獻金緜錦袍，組織殊麗，上命稠爲之。稠錦既成，踰所獻者，上甚悦。時中國久絶瑠璃之作，匠人無敢厝意，稠以緑瓷爲之，與真不異。尋加員外散騎侍郎。

張彦遠《歷代名畫記》卷一〇 竇師綸，字希言，納言陳國公抗之子。初爲太宗秦王府諮議、相國録事參軍，封陵陽公。性巧絶。草創之際，乘輿皆闕，勑兼益州大行臺檢校修造。凡創瑞錦宮綾，章彩奇麗，蜀人至今謂之陵陽公樣。官至太府卿，銀、坊、校王本作「方」。邛三州刺史。高祖、太宗時，内庫瑞錦對雉、鬬羊、翔鳳、遊麟之狀，創自師綸，至今傳之。

陶宗儀《南村輟耕録》卷二四 閩廣多種木棉，紡績爲布，名曰吉貝。松江府東去五十里許，曰烏泥涇。其地土田磽瘠，民食不給，因謀樹藝，以資生業，遂覓種於彼。初無踏車椎弓之制，率用手剖去子，綿弦竹弧置按間，振掉成劑，厥功甚艱。國初時，有一嫗名黄道婆者，自崖州來，乃教以做造捍彈紡織之具，至於錯紗配色，綜綫挈花，各有其法。以故織成被褥帶帨，其上折枝、團鳳、棋局、字樣，粲然若寫。人既受教，競相作爲，轉貨他郡，家既就殷。未幾嫗卒，莫不感恩灑泣而共葬之，又爲立祠，歲時享之。越三十年，祠毀，鄉人趙愚軒重立。今祠復毀，無人爲之創建，道婆之名，日漸泯滅無聞矣。

褚華《木棉譜》　黄道婆，本邑人，流落崖州海嶠間。元元貞中，携紡織具歸，傳其法於烏泥涇人，人皆大獲其利。婆死，立祠祀之。明張之象復塑其像於寧國寺，今城中渡鶴樓西北小巷内，亦立廟祀之。邑之女紅，歲時羣往拜禮，呼之曰黄孃孃。但所塑者，如三十許好女子，殊失實矣。舊傳黄道婆能於被、褥、帶、帨上，作折枝、團鳳、棊局花文，邑人化而爲象眼，爲綾文，爲雲朵，爲膝襴胸背。明成化間，流聞禁庭，遂織造龍鳳、斗牛、麒麟袍服，而染大紅、真紫、赭黄等色。工作胥隸，並緣爲姦，一疋有費至白金百兩者。弘治改元，首罷之，此種遂絶。今郡中綾布以絲爲經，以木棉爲緯，亦多有花文，但價不甚貴。

紀事

《禮記·祭義》　及良日，夫人繅，三盆手，遂布於三宫夫人、世婦之吉者，使繅，遂朱、緑之，玄、黄之，以爲黼黻、文章。

《左傳·成公二年》　楚侵及陽橋，孟孫請往賂之以執斲、執鍼、織紝，皆百人，公衡爲質，以請盟。楚人許平。

《文子·精誠篇》　宓犧氏之王天下也，枕石寢繩。

《列子·湯問》　紀昌者，又學射於飛衛。飛衛曰：「爾先學不瞬，而後可言射矣。」紀昌歸，偃卧其妻之機下，以目承牽挺。張湛注：牽挺，機躡。

《戰國策·秦策二·秦武王謂甘茂》　昔者曾子處費，費人有與曾子同名族者而殺人，人告曾子母曰：「曾參殺人。」曾子之母曰：「吾子不殺人。」織自若。有頃焉，人又曰：「曾參殺人。」其母尚織自若也。頃之，一人又告之曰：「曾參殺人。」其母懼，投杼踰牆而走。

《韓非子》卷七《説林上》　魯人身善織屨，妻善織縞，而徙於越。或謂之曰：「子必窮。」魯人曰：「何也？」曰：「屨爲履，縞爲冠也，而越人徒跣剪髪。遊不用之國，欲無窮可得乎？」

《韓非子》卷一三《外儲説右上》　吴起，衛左氏中人也，使其妻織組而幅狹於度。吴子使更之。其妻曰：「諾。」及成，復度之，果不中度，吴子大怒。其妻對曰：「吾始經之而不可更也。」吴子出之。

《韓非子·附録》　公儀休相魯，其妻織布。休曰：「汝豈與世人争利哉？」遂燔其機。

《史記》卷五《秦本紀》　秦之先，帝顓頊之苗裔孫曰女脩。女脩織，玄鳥隕卵，女脩吞之，生子大業。

《史記》卷四一《越王勾踐世家》　吴既赦越，越王句踐反國，乃苦身焦思，置膽於坐，坐卧即仰膽，飲食亦嘗膽也。曰：「女忘會稽之恥邪？」身自耕作，夫人自織，食不加肉，衣不重采，折節下賢人，厚遇賓客，振貧弔死，與百姓同其勞。

《史記》卷一一九《循吏列傳》　公儀休者，魯博士也。以高弟爲魯相。奉法循理，無所變更，百官自正。使食禄者不得與下民争利，受大者不得取小。【略】見其家織布好，而疾出其家婦，燔其機，云「欲令農士工女安所讎其貨乎」？

原題王嘉《拾遺記》卷一《少昊》　少昊以金德王。母曰皇娥，處璇宫而夜織。

《太平御覽》卷八一九《布帛部六·縞》　《韓子》曰：魯人身善織屨，〔妻善織縞〕。欲屨之也，而越人跣，縞欲冠之也，而越人被髪，欲無窮可得乎。

《奩史》卷四〇《蠶織門》　莒婦有夫爲莒子殺，及老托於紀鄣，紡焉以度而去之。及齊師伐莒，至則投諸外，或獻齊將子占，子占使師夜縋而登，遂入紀。《女世説》

孟子既學而歸，孟母方織，以刀斷其織曰：子之廢學，若吾斷斯織也。《列女傳》

《漢書》卷五九《張安世傳》　安世尊爲公侯，食邑萬户，然身衣弋綈，顔師古注：「弋，黑色也。綈，厚繒也。」夫人自紡績，家童七百人，皆有手技作事，内治産業，累積纖微，是以能殖其貨，富於大將軍光。

《後漢書》卷五二《崔寔傳》　出爲五原太守。五原土宜麻枲，而俗不知織績，民冬月無衣，積細草而卧其中，見吏則衣草而出。寔至官，斥賣儲峙，爲作紡績、織紝、練緼之具以教之，民得以免寒苦。李賢注：杜預注《左傳》曰：「織紝，織布者。」孔安國《論語》注曰：「緼，枲也。」

《後漢書》卷七六《循吏傳·茨充》　南陽茨充代〔衛〕颯爲桂陽。亦善其政，教民種殖桑柘麻紵之屬，勸令養蠶織屨，民得利益焉。李賢注：《東觀記》曰：「元和中，荆州刺史上言：臣行部入長沙界，觀者皆徒跣。臣問御佐曰：『人無履亦苦之否？』御佐對曰：『十二月盛寒時並多剖裂血出，燃火燎之，春温或膿潰。建武中，桂陽太守茨充教人種桑蠶，人得其利，至今江南頗知桑蠶織屨，皆充之化也。』」

《王景》〔建初八年〕，遷廬江太守。先是百姓不知牛耕，致地有餘而食常不足。【略】景乃驅率吏民，修起蕪廢，教民犂耕，由是墾闢倍多，境内豐給。【略】又訓令蠶織，爲作法制，皆著于鄉亭，廬江傳其文辭。

《後漢書》卷八三《逸民傳・梁鴻》 埶家慕其高節，多欲女之，鴻並絶不娶。同縣孟氏有女，狀肥醜而黑，力舉石臼，擇對不嫁，至年三十。父母問其故。女曰：「欲得賢如梁伯鸞者。」鴻聞而娉之。女求作布衣、麻屨，織作筐緝績之具。及嫁，始以裝飾入門。七日而鴻不荅。妻乃跪牀下請曰：「竊聞夫子高義，簡斥數婦，妾亦偃蹇數夫矣。今而見擇，敢不請罪。」鴻曰：「吾欲裘褐之人，可與俱隱深山者爾。今乃衣綺縞，傅粉墨，豈鴻所願哉？」妻曰：「以觀夫子之志耳。妾自有隱居之服。」乃更爲椎髻，著布衣，操作而前。鴻大喜曰：「此真梁鴻妻也。能奉我矣！」字之曰德曜，〔名〕孟光。

居有頃，妻曰：「常聞夫子欲隱居避患，今何爲默默？無乃欲低頭就之乎？」鴻曰：「諾。」乃共入霸陵山中，以耕織爲業，詠《詩》、《書》，彈琴以自娱。仰慕前世高士，而爲四皓以來二十四人作頌。

《後漢書》卷八四《列女傳・姜詩妻龐氏》 廣漢姜詩妻者，同郡龐盛之女也。詩事母至孝，妻奉順尤篤。母好飲江水，水去舍六七里，妻常泝流而汲。後值風，不時得還，母渴，詩責而遣之。妻乃寄止鄰舍，晝夜紡績，市珍羞，使鄰母以意自遺其姑。如是者久之，姑怪問鄰母，鄰母具對。姑感慚呼還，恩養愈謹。

《曹世叔妻》 作《女誡》七篇，有助内訓。其辭曰：【略】古者生女三日，卧之牀下，弄之瓦塼，而齋告焉。卧之牀下，明其卑弱，主下人也。弄之瓦塼，明其習勞，主執勤也。」

《樂羊子妻》 河南樂羊子之妻者，不知何氏之女也。羊子嘗行路，得遺金一餅，還以與妻。妻曰：「妾聞志士不飲盜泉之水，廉者不受嗟來之食，況拾遺求利，以污其行乎！」羊子大慚，乃捐金於野，而遠尋師學。一年來歸，妻跪問其故。羊子曰：「久行懷思，無它異也。」妻乃引刀趨機而言曰：「此織生自蠶繭，成於機杼，一〔絲〕〔絲〕而累，以至於寸，累寸不已，遂成丈匹。今若斷斯織也，則捐失成功，稽廢時月。夫子積學，當日知其所亡，以就懿德。若中道而歸，何異斷斯織乎？」羊子感其言，復還終業，遂七年不反。妻常躬勤養姑，又遠饋羊子。

賈思勰《齊民要術・序》 茨充爲桂陽令，俗不種桑，無蠶、織、絲、麻之利，類皆以麻枲頭貯衣。民惰窳羊主切，少麤履，足多剖裂血出，盛冬，皆然火燎炙。充教民益種桑柘，養蠶，織履，復令種紵麻。數年之間，大賴其利，衣履温煖。今江南知桑蠶織履，皆充之教也。五原土宜麻枲，而俗不知織績；民冬月無衣，積細草卧其中，見吏則衣草而出。崔寔爲作紡績、織絍之具以教，民得以免寒苦。

《太平御覽》卷二八五《資産部五・機杼》 《列女傳》曰：河南真義者，樂羊子之妻也。羊子出學，後得遺金一餅，以與真義。曰：「妾聞君子不以利汚行，反裘負薪，古人之恥。」樂羊子慚而去之。學一年復歸，真義引刀趣機曰：「此織生於蠶桑，治於絲繭，加於機杼，一絲而累，以至丈疋。今若斷之，捐棄成功，稽廢日月。夫子積學，當日知所亡，中而廢歸，何異斷機哉？」羊子大慚，復出，七年不歸。

《太平御覽》卷八二六引崔寔《正論》 僕前爲五原太守，土地不知緝績，冬至，積草伏卧其中，若見吏，以草纏身，令人酸鼻。吾乃賣儲峙，得二十餘萬，詣鴈門廣武迎織師，使巧手作機及紡，以教民織，具以上聞。

《太平御覽》卷九九五《百卉部二》 華嶠《後漢書》曰：崔寔爲五原太守，地宜麻枲，而民不知種植，又不能緝績，率無衣被。冬月止〔種〕〔積〕細草卧其中，吏以草衣其身，乃得出。寔至，教之績織。

司農司《農桑輯要》卷一《典訓・先賢務農》 王景爲廬江太守，百姓不知牛耕，致地力有餘，而食常不足。景乃教民用犂耕，墾闢倍多，境内豐給。又訓令蠶織，爲作法制，著于鄉亭。

王符曰：「一夫不耕，天下受其飢；一婦不織，天下受其寒。今舉俗舍本農，趨商賈，……是則一夫耕，百人食之，一婦桑，百人衣之；以一奉百，孰能供之？」

《奩史》卷四〇《蠶織門》 衡農之師卒。農欲奔赴，無糧，妻慨然請從行，曰：吾行止紡績，庶以資郎，雖風鬟雨鬢不辭也。《列女後傳》

昔有一人尋河源，見婦人浣紗，問之。曰：「此天河也。」乃與一石而歸。嚴君平曰：「此織女支機石也。」《集林》

《晉書》卷四九《謝鯤傳》 鄰家高氏女有美色，鯤嘗挑之，女投梭，折其兩齒。

《晉書》卷九〇《良吏傳・吴隱之》 遷中領軍，清儉不華，每月初得禄，裁留身糧，其餘悉分振親族，家人績紡以供朝夕。

《南齊書》卷五五《孝義傳・東涔里屠氏》 又諸暨東涔里屠氏女，父失明，母痼疾，親戚相棄，鄉里不容。女移父母遠住〔紵〕〔苧〕羅，晝樵采，夜紡績，以供養。

《南齊書》卷五七《魏虜傳》 什翼珪始都平城，猶逐水草，無城郭，木末始土著居處。佛貍破梁州、黄龍，徙其居民，大築郭邑。【略】殿西鎧仗庫屋四十餘間，殿北絲綿布絹庫土屋一十餘間。僞太子宮在城東，亦開四門，瓦屋，四角起樓。妃妾住皆土屋。婢使千餘人，織綾錦販賣，酤酒，養猪羊，牧牛馬，種菜逐利。

《南齊書》卷五九《芮芮傳》 芮芮王求醫工等物，世祖詔報曰：「知須醫及織成錦工、指南車、漏刻，竝非所愛。南方治疾，與北土不同。織成錦工，竝女人，不堪涉遠。指南車、漏刻，此雖有其器，工匠久不復存，不副爲惧。」

《北齊書》卷四六《循吏傳・蘇瓊》 除南清河太守，其郡多盗，及瓊至，民吏肅然，姦盗止息。【略】又蠶月預下綿絹度樣於部内，其兵賦次第並立明式，至於調役，事必先辦，郡縣長吏常無十杖稽失。當時州郡無不遣人至境，訪其政術。

《北齊書》卷四七《酷吏傳・畢義雲》 文宣受禪，除治書侍御史。【略】坐私藏工匠，家有十餘機織錦，並造金銀器物。乃被禁止。

《南史》卷一二《后妃傳下・梁武丁貴嬪》 武丁貴嬪諱令光，譙國人也。【略】少時與鄰女月下紡績，諸女並患蚊蚋，而貴嬪弗之覺也。

《北史》卷一四《后妃傳下・齊武明皇后婁氏》 慈愛諸子，不異己出，躬自紡績，人賜一袍一袴。手縫戎服，以帥左右。

《北史》卷九一《列女傳・鄭善果母崔氏》 母恒自紡績，每自夜分而寢。善果曰：「兒封侯開國，位居三品，秩俸幸足，母何自勤如此？」答曰：「吁！汝年已長，吾謂汝知天下理，今聞此言，公事何由濟乎？今秩俸乃天子報汝先人殉命也，當散贍六姻，爲先君之惠，妻子奈何獨擅其利以爲貴乎！又絲枲紡績，婦人之務，上自王后，下及大夫士妻，各有所製，若墮業者，是爲驕逸。吾雖不知禮，其可自敗名乎！」

劉敬叔《異苑》卷六 昔有老姥雨夜紡績，斷失其銕所在。姥獨罵云：「何物鬼擔去。」户外即有應聲言：「暫借避雨，實不偷銕，宜就覓之。」姥驚懼窺外，略無所見，銕亦尋獲。

《奩史》卷四〇《蠶織門》 羊侃姬張静琬，能織奇錦，有金梭玉躡，伏兔轆轤，皆人間所無之寶爲飾。《女紅餘志》。

《舊唐書》卷一七上《敬宗紀》 〔長慶四年九月戊午〕，詔浙西織造可幅盤條繚綾一千匹。觀察使李德裕上表論諫，不奉詔，乃罷之。

《舊唐書》卷八八《蘇頲傳》 〔開元八年〕，俄知益州大都督府長史事。前司馬皇甫恂破庫物織新樣錦以進，頲一切罷之。或謂頲曰：「公今在遠，豈得忤聖意？」頲曰：「明主不以私愛奪至公，豈以遠近間易忠臣節也！」竟奏罷之。

《舊唐書》卷一二二《裴胄傳》 胄簡儉恒一，時諸道節度觀察使競剥下厚斂，製奇錦異綾，以進奉爲名。又貴人宣命，必竭公藏以買其歡。胄待之有節，皆不盈數金，常賦之外無横斂，宴勞禮止三爵，未嘗酣樂。

《舊唐書》卷一七四《李德裕傳》 〔長慶四年七月〕又詔進可幅盤條繚綾一千匹，德裕又論曰：臣昨緣宣索，已具軍資歲計及近年物力聞奏，伏料聖慈，必垂省覽。又奉詔旨，令織定羅紗袍段及可幅盤條繚綾一千匹，伏讀詔書，倍增煌灼。【略】又伏覩四月二十三日德音云：「方、召侯伯有位之士，無或棄吾謂不可教。其有違道傷理，徇欲懷安，面刺廷攻，無有隱諱。」則是陛下納誨從善，道光祖宗，不盡忠規，過在臣下。況玄鵝天馬，椈豹盤條，文彩珍奇，只合聖躬自服。今所織千匹，費用至多，在臣愚誠，亦所未諭。昔漢文帝衣弋綈之衣，元帝罷輕纖之服，仁德慈儉，至今稱之。伏乞陛下，近覽太宗、玄宗之容納，遠思漢文、孝元之恭己，以臣前表宣示羣臣，酌臣當道物力所宜，更賜節減，則海隅蒼生，無不受賜。臣不勝懇切兢惶之至。優詔報之。其繚綾罷進。

《舊唐書》卷一九三《列女傳・楊三安妻李氏》 楊三安妻李氏，雍州涇陽人也。事姑舅以孝聞。及舅姑亡没，三安亦死，二子孩童，家至貧窶。李晝則力田，夜則紡緝，數年間葬舅及夫之叔侄兄弟者七喪，深爲遠近所嗟尚。太宗聞而異之，賜帛二百段，遣州縣所在存恤之。

《新唐書》卷一九六《隱逸傳・張志和》 十六擢明經，以策干肅宗，特見賞重，命待詔翰林，授左金吾衛録事參軍，因賜名。後坐事貶南浦尉，會赦還，以親

司馬光《資治通鑑》卷二四四《唐文宗大和三年》 十一月，甲午，上祀圜丘，赦天下。四方毋得獻奇巧之物，其織麗布帛皆禁之，焚其機杼。

俞琬《席上腐談》卷上 織女，星名也，安有機杼之具。武后七夕得金梭于庭，乃宮人爲之耳。

《全唐文》卷四七八楊憑《唐廬州刺史本州團練使羅珦德政碑》 羅公牧廬江七年，政洽化淳。【略】廬江之俗，不好學而酷信淫祀，豪家廣占田而不耕，人稀而病於吏衆，藝桑鮮而布帛疏濫。【略】公則勸之藝桑，以行賞罰，數年之後，環廬映陌，如雲翳日。易其機杼，教令縝密，精麄中數，廣狹中量，鬻之闤闠而得善價，人以不困。

《全唐文》卷七五四杜牧《唐故江西觀察使武陽公韋公遺愛碑》 元和二年二月拜洪州觀察使。【略】益勸桑苧，機織廣狹，俗所未習，教勸成之，凡三周年，成就生遂，手爲目覩，無不如志。

《舊五代史》卷三三《唐書·莊宗紀七》 同光三年閏十二月庚戌，魏王繼岌奏，遣秦州副史徐蔼齎書招諭南詔蠻。又奏，點到兩川馬九千五百三十匹。案《清異録》：莊宗滅梁平蜀，志頗自逸，命蜀匠織十幅無縫錦爲被材。被成，賜名「六合被」。《舊五代史考異》。

《舊五代史》卷六三《唐書·張全義傳》 全義性勤儉，善撫軍民，雖賊寇充斥，而勸耕務農，由是倉儲殷積。案《洛陽搢紳舊聞記》：王每喜民力耕織者，某家今年蠶麥善，去都城一舍之内，必馬足及之。悉召其家老幼，親慰勞之，賜以酒食茶綵，丈夫遺之布袴，婦人裙衫，時民間尚衣青，婦人皆青絹爲之。取其新麥新繭，對之喜動顔色，民間有竊言者曰：「大王見好聲妓，等閒不笑，惟見好蠶麥即笑爾。」其真朴皆此類。

《舊五代史》卷九七《晉書·盧文進傳》 文進遂奔契丹，僞命爲幽州兵馬留後，部分漢軍，常別爲營寨。

未幾，文進引契丹寇新州。自是戎師歲至，驅擄數州士女，教其織紝工作，中國所爲者悉備，契丹所以彊盛者，得文進之故也。

《舊五代史》卷一一六《周書·世宗紀三》（顯德三年五月）辛酉，詔：「天下公私織造布帛及諸色匹段，幅尺斤兩，並須依向來制度，不得輕弱假僞，犯者擒捉送官。」

《新五代史》卷四八《雜傳·盧文進》 文進身長七尺，狀貌偉然。自其奔契丹也，數引契丹攻掠幽、薊之間，虜其人民，教契丹以中國織紝工作無不備，契丹

既喪，不復仕，居江湖，自稱煙波釣徒。【略】

兄鶴齡恐其遁世不還，爲築室越州東郭，茨以生草，椽棟不施斤斧。豹席椶屩，每垂釣不設餌，志不在魚也。縣令使浚渠，執畚無忤色。嘗欲以大布製裘，嫂爲躬績織，及成，衣之，雖暑不解。

《新唐書》卷二〇五《列女傳·李氏妻王阿足》 李氏妻王阿足，深州鹿城人。早孤，無兄弟。歸李氏數歲，夫死無子，以嫠姊高年無供養，乃不忍嫁。晝耕夜織，能辨生事，餘二十年，姊乃亡，葬送如禮。鄉人服其義，爭遣女妻往師其風訓。壽終于家。

《新唐書》卷二〇五《列女傳·饒娥》 生小家，勤織紝，頗自脩整。父勣，漁于江，遇風濤，舟覆，屍不出。娥年十四，哭水上，不食三日死。俄大震電，水蟲多死，父尸浮出，鄉人異之，歸賵具禮，葬父及娥鄱水之陰。縣令魏仲光碣其墓。建中初，黜陟使鄭淑則表旌其閭，河東柳宗元爲立碑云。

《新唐書》卷二一四《藩鎮傳·劉玄佐》 玄佐貴，母尚在，賢婦人也。常月織絁一端，示不忘本。

王方慶《魏鄭公諫録》卷一《諫益州北門造綾錦》 益州及北門造綾錦、金銀等作。公諫曰：「金銀珠玉，妨農事者也。錦繡纂組，害女工者也。一夫不耕，天下有受其飢。一女不織，天下有受其寒。古人或投之深泉，或焚之通衢，而陛下好之，愚臣不勝其恥。」

張鷟《朝野僉載》卷三 定州何名遠大富，主官中三驛。每於驛邊起店停商，專以襲胡爲業，貲財巨萬，家有綾機五百張。遠年老，或不從戎，即家貧破。及如故，即復盛。

趙璘《因話録》卷三《商部下》 玄佐貴爲相，其母月織絹一疋，以示不忘本。

李昉等《太平廣記》卷二五七《織錦人》 唐盧氏子不中第，徒步及都城門東。其日風寒甚，且投逆旅。俄有一人續至，附火良久，忽吟詩曰：「學織繚綾功未多，亂投機杼錯拋梭。莫教宮錦行家見，把此文章笑殺他。」又云：「如今不重文章事，莫把文章誇向人。」盧愕然，憶是白居易詩，因問姓名，曰：「姓李，世織綾錦。離亂前，屬東都官錦坊織宮錦巧兒，以薄藝投本行。皆云，如今花樣，與前不同，不謂伎倆兒以文綵求售者，不重於世，且東歸去。」出《盧氏雜説》。

李昉等《太平廣記》卷四二四《温媪》 温媪者，即康州悦城縣孀婦也，績布爲業。《嶺表録異》。

由此益彊。

《新五代史》卷六八《閩世家·王鏻》 鏻妻早卒，繼室金氏賢而不見答。其父審知婢金鳳，姓陳氏，鏻嬖之，遂立以爲后。初，鏻有嬖吏歸守明者，以色見倖，號歸郎，鏻後得風疾，陳氏與歸郎奸。又有百工院使李可殷，因歸郎以通陳氏。鏻命錦工作九龍帳，國人歌曰：「誰謂九龍帳，惟貯一歸郎？」

司馬光《資治通鑑》卷第二八五《後晉齊王開運二年》 帝自陽城之捷，謂天下無虞，驕侈益甚。四方貢獻珍奇，皆歸内府；多造器玩，廣宫室，崇飾後庭，近朝莫之及；作織錦樓以織地衣，用織工數百，期年乃成。

吴任臣《十國春秋》卷八三《吴越·雲國公傳瑛傳》 傳瑛，武肅王第三子。【略】徐、許之叛，與三城都指揮使閉門拒寇有功。時城中有錦工二百餘人，皆潤人也，傳瑛慮其爲變，乃詐傳王令百工悉免今日工作，遂發懸門放之出。王聞其事嘉之。尋授兩浙副大使。

吴任臣《十國春秋》卷九四《閩五·惠宗后陳氏傳》 惠宗晚年得風疾，后遂與幸臣歸守明私。百工院使李可殷少與守明狎，因守明以通於后，出入殿内。惠宗常命錦工造鏤金五綵九龍帳於長春宫，一云：織八龍帳，外以己爲一龍。既成進之，守明日宿於内。國人歌曰：「誰謂九龍帳，惟貯一歸郎。」李倣作亂，后與匡勝、守明俱見殺。

《類腋》卷一二《物部·布》 夫人布《三餘帖》：豫章胡文早喪，其婦年少，守節甚苦，身自織布以給食，頭面恒不梳洗，足着草鞋，隣里從其夫姓，呼爲胡草鞋夫人布，不二價者也。

《宋史》卷三《太祖紀三》 （開寶九年）九月甲子，幸綾錦院。

《宋史》卷二五八《符昭壽傳》 昭壽以貴家子日事遊宴，簡倨自恣，常紗帽素氅衣，偃息後圃，不理戎務，有所裁決，即令家人傳道。多集錦工就廨舍織麗綺帛，每有所須，取給於市，餘半歲方給其直。

《宋史》卷三二一《豐稷傳》 揚、荆二王爲天子叔父，尊寵莫並，密令蜀道織錦茵。稷於正衙論曰：「二聖以儉先天下，而宗王僭侈，官吏奉承，皆宜糾正。」既退，御史趙屼謂曰：「聞君言，使屼汗流浹背。」

《宋史》卷三五五《賈易傳》 賈易少孤，母彭以紡績自給，日易十錢使從學。

欒史《太平寰宇記》卷一〇四《江南西道二·歙州》 績溪縣臨溪石，在縣北三里。臨溪岸，方圓二丈，其平如砥。溪水甚宜浣紗，數里內婦人悉來浣紗。去家既遠，遂于石上績而守之。每春花始布，花柳交映，多豔妝麗服，羣績于此。雖不浣紗者，亦從而會績焉。又曰：「其縣名績溪，亦兼取績之義也。」

佚名《宣和遺事》 初命譚積收方臘，幾年無功。復命童貫討之，上私行送；上握貫手曰：「東南事盡付汝；有不得已者，竟以御筆書之，赦天下，罷蘇杭造作局。」二州置局，造作器用，曲盡其巧——牙角，犀玉，金銀，竹藤，裝畫，糊抹，雕刻，織綉諸色——匠人日役數千，而財物所須，悉科於民；民力困重，上嘗罷之。至是方臘亂於浙西，悉詔罷之。

熊克《中興小紀》卷三《高宗建炎二年》 三月，又上欲旌賞將士，嘗命綾錦院監官姜渙，揀工匠權赴軍器所，織戰袍，以備宣賜。或言少府監於織造所掠人，而監丞許任申初無是事。宰執以奏，上始知言者之妄，因問少府官爲誰？黄潛善等曰：「監少馬居中、張元膺，皆小心能辦事。」張慤曰：「若只付綾錦院織，令長貳督之，保不誤事。」詔可。潛善曰：「陛下洞察人情，庶政各歸攸司，深鑒前日因事置局，紊亂綱紀之弊，蓋中興之漸也。」

洪邁《夷堅志·乙志·無頞鬼》 吾鄉白石村民，爲人織紗於十里外，負機軸夜歸。月正明，一人來曰：「吾膽怯多畏，聞此地有鬼物夜出，願得俱行。」民許之。其人曰：「脱有所睹，何以爲計？」曰：「我見之，當擊以軸。腰下插大鎌刀，亦可殺也。」

葉隆禮《契丹國志》卷一八《盧文進傳》 文進在新州，歲歲以輕騎出入塞上，攻掠剽奪，無有寧歲，幽、瀛、涿、莫間常被其患。又教契丹以中國織紝工作無不備，契丹由此益强。

《奩史》卷四〇《蠶織門》 蔡州丁氏女，精於女紅。七夕禱以酒果，忽流星墜筵中。明日，瓜上得金梭，由是巧思益進。《秘閣閒話》。

《奩史》卷四〇《蠶織門》 水晶宫瓊華三姑子織綃衣，用九龍雙脊梭。《金玉新書》。

《奩史》卷八七《綺羅門》 宋寧宗宫人積梅雨水，以二蠶蠒繰絲，織紬有自然碧色，名曰松陰色。《紫桃軒雜綴》。

張貴妃以近上元，令織異色錦。文彦博遂令工人織金線燈籠爲錦紋，貴妃衣之。明年上元日，中官有詩曰：「無人更進燈籠錦，紅粉宫中憶佞臣。」《碧雲騢》。

《元史》卷二〇三《方技傳·阿尼哥》 凡兩京寺觀之像，多出其手。爲七寶正德元年，【略】内織染局請開蘇、杭諸府織造，上供錦綺爲數二萬四千有奇。鑑力請停罷，得減三分之半。

《明史》卷二八一《循吏傳・陳幼學》 陳幼學，字志行，無錫人。萬曆十七年進士。授確山知縣。政務惠民，【略】里婦不能紡者，授紡車八百餘輛。

《明史》卷三一五《雲南土司傳三・干崖》 干崖，舊名干賴睒，僰人居之。東北接南甸，西接隴川，有平川衆岡。境内甚熱，四時皆蠶，以其絲織五色土錦充貢。元中統初，内附。至元中，置鎮西路軍民總管府，領三甸。

徐一夔《始豐稿》卷一《織工對》 余僦居錢塘之相安里，有饒於財者，率居工以織，每夜至二鼓，一唱衆和，其聲驩然，蓋織工也。余嘆曰：樂哉。旦過其處，見老屋將壓，杼機四五具，南北向，列工十數人，手提足蹴，皆蒼然無神色，進工問之曰：以余觀若所爲其勞也亦甚矣，而樂何也。工對曰：此在人心。心苟無貪，雖貧樂也，苟貪，雖日進千金，祇戚戚爾。吾業雖賤，日傭爲錢二百緡，吾衣食於主人，而以日之所入，養吾父母妻子，雖食無甘美，而亦不甚飢寒。余自度以爲常，以故無他思，於凡織作咸極精緻，爲時所尚，故主之聚易以售，而傭之直亦易以入，所圖如此，是以發乎情者，出口而成聲，同然而一音，不自知其爲勞也。頃見有業同吾者，傭於他家，受直略相似，久之乃曰：吾藝固過於人，而受直與衆工等，當求倍直者而爲之傭。已而，他家果倍其直傭之，主者閱其織，果異於人，他工見其藝精，亦頗推之。主者退自喜曰：得一工勝十工，倍其直不吝也。久之，又以吾業織且若此，舍此而他業，當亦不在人下，去事大官，善其逢迎之術，竭其奔走之力，貴富可得也，奈之何終爲織家傭。其後果事大官，厠在衆奴中，服役于車塵馬足者五年，未見其所謂貴富之機也。又如是者五年，一旦以事觸大官，怒斥逐之，不使一再見。又所業已遂遺忘，人亦惡其狂，不己分，不肯復傭以織，至凍餓以死。若人也，吾謹用以爲戒，如之何而弗樂。余歎曰：工知足者也。老子曰：知足之足常足。工之謂也。因著于篇。工凡十人，與余言者姚姓云。

陸粲《庚巳編》卷四《鄭灝》 里人鄭灝，【略】其家織帛工及挽絲傭各數十人。

蔣以化《西臺漫紀》卷四《紀葛賢》 葛賢，吾不知其爲何如人，意必一機手也。我吴市民罔籍田業，大户張機爲生，小户趁織爲活。每晨起，小户百數人，嗷嗷相聚玄廟口，聽大户呼織，日取分金，爲饔飧計。大户一日之機不織則束

鑌鐵法輪，車駕行幸，用以前導。原廟列聖御容，織錦爲之，圖畫弗及也。

虞集《道園學古録》卷四二《通議大夫陳思濟神道碑》 拜嶺北湖南道肅政廉訪使，改守池州。以恤民理學爲先務。行省伊衡岱爾威迫州郡，取淘金者三千户，僅得其半。公力言無復可充者，遂止。歲且終，省檄列郡，横造綺段，而初不給其直。列郡取於民以應之，又不中廢，危迫不知所爲。公命民間有絲者，借納明年夏税，不日而絲具，召匠户并工成之，踰月而就，民不知有此役也。

揭傒斯《揭傒斯全集》文集補遺《李節婦傳》 李節婦者，姓馮氏，名淑安，字静君，大名人，山東廉訪使時之孫，湖州録事汝弼之女，山陰令東平李如忠之繼室也。如忠初娶蒙古氏，生子任，數歲而卒。繼室以馮氏，生子仕，一歲而寡，有遺腹子，父殁兩月乃生，名之曰伏。訃至東平，李及蒙古之族相率至山陰，盡取其貲及其子任以去。馮乃賣釵釧，質衣服，權厝二喪於山陰蕺山下，獨攜二子廬於墓。時年始二十二。唯布衣蔬食，羸形苦節，躬織紝爲女師以自給。居二十餘年，教二子皆成學，遂遷二喪，反葬汶上。

《明史》卷一六四《鄒緝傳》 朝庭歲令天下織錦，鑄錢，遣内官買馬外蕃，所出常數千萬，而所取曾不能一二。

《明史》卷一七七《年富傳》 年富，字大有，懷遠人。【略】遷陝西左參政，尋命總理糧儲。陝西歲織綾絹氈氈九百餘匹。永樂中，加織駞氈五十匹，富請罷之。

《明史》卷一八五《賈俊傳》 弘治四年，中官奏修沙河橋，請發京軍二萬五千及長陵五衛軍助役。内府寶鈔司乞增工匠。浙江及蘇、松諸府方罹水災而織造錦綺至數萬匹。俊皆執奏，并得寢。

《明史》卷一八五《曾鑑傳》 曾鑑，字克明，其先桂陽人，以戍籍居京師。天順八年進士。【略】孝宗在位久，海内樂業，内府供奉漸廣，司設監請改造龍毯、素毯一百有奇。鑑等言：「毯雖一物，然徵毛毳於山、陝，採綿紗諸料於河南，召工匠於蘇、松，經累歲，勞費百端，祈賜停止。」不聽。内府針工局乞收幼匠千人，鑑等言：「往年尚衣監收匠千人，而兵仗局效之，收至二千人。軍器局、司設監又效之，各收千人。弊源一開，其流無已。」於是命減其半。太監李興請辦元夕煙火，有詔裁省，因鑑奏盡罷之。十六年，帝納諸大臣言召還織造中官，中官鄧瑢以請，帝又許之。鑑等極言，乃命減三之一。其冬，言諸省方用兵，且水旱多盜賊，乞罷諸營繕及明年煙火、龍虎山上清宫工作。帝皆報從。

手，小户一日不就人織則腹枵，兩者相資，爲生久矣。先是税監孫東瀛一不派及兩户，姑取商人出入之貨，量榷以辦蘇税，我吴人一口誦德。而棍徒某某，思欲罟未榷之利，以此二業從臾孫公，孫垂老矣，不喜事，姑漫批之，棍徒計得也，揚言每機所織者，先税後賣，其説盛傳吴中，而東城爲之罷織，小户相向錯愕，以爲死旦夕耳，然與其死餓，孰若死俠。於中葛賢者，素抱俠骨，遂爲戎首，率百人相閧城隍廟，呼神死誓曰：「吾寧拼死，救此一方，但當死清白，汝輩勿染一錢尺帛，不殺棍不逐孫不休。」先擁衆將鄉宦丁氏縱火焚其閭，恨其出母錢貸棍徒入税府也。旋蜂聚税府前，欲入門爲博浪計，縛棍徒立斬者三人，徒手相搏，如入無人之境。府縣衛所，縮首杜門，城門晝閉，内外隔絶。孫公微服間道逃去武林。八日而羣黨始散，賢遂挺身投獄求死，絶不蔓及一人。聲傳都下，以爲吴真反也。吴少年不諳事體，以爲何物葛賢，乃爾仗義驅貂璫，滅勢宦，殺棍徒如反掌，無不義而壯之，相贈以文，相餉以盒者無虚日，真若荆軻、聶政復生者。

徐弘祖《徐霞客遊記》卷一〇下李維楨附編《秋圃晨機圖引》 客有攜《秋圃晨機圖》見示者曰：「此延陵徐君弘祖壽母之圖也。」余亟取而披之，則孺人之操家秉，與徐君之奉孺人，蓋相與以有成焉，宜陳仲醇詳叙之，而諸名公歌詠纍纍也。【略】乃孺人自夫子豫庵公捐館舍以後，内外家政，一切受成，處置井井，靡所不當；而性故好蓺植、好紡績：十畝之間，五畝之宅，環籬種荳，抽條引蔓，布絲成幃。凌晨起，取紡車置籬下，豆實垂垂，機聲軋軋，數十年如一日也。克勤克儉，是爲家法。

談遷《國榷》卷四五《孝宗弘治十六年》 〔七月〕停太倉洗白苧布四千餘匹。

談遷《國榷》卷五二《武宗正德十六年》 〔六月〕己酉，停陝西織羢。

談遷《國榷》卷五三《世宗嘉靖五年》 〔三月〕戊戌，復遣内官織羢陝西。

談遷《國榷》卷七七《神宗萬曆二十三年》 〔二月〕壬子，工科都給事中吴應明奏，奉旨陝西織羊羢七萬四千七百有奇，費百六十餘萬。關中連災，户口逃亡，豈堪此役。不報。

陳龍正《幾亭外書》卷三《家載・教民紡織三十三》 吴下風俗，大户小民，皆勤紡織。獨本縣婦人，嬉怠成習，布縷皆易于外境，以故日益貧。公多方勸諭，發于至誠，間出署中所織以示式。于是郊邑之間，機杼之聲札札焉，布衣布衾，小民漸足自給矣。蓋民風最難變者婦女，而公能使通邑婦女變惰爲勤，功效切實，意思深長，前此未有也。

查慎行《人海記》卷上《禁織蟒》 宏治元年，左副都御史邊鏞奏禁織蟒云：《爾雅》蟒者，大虵也。蟒無角無足，龍則角足具，今織蟒俱龍非禮，請禁之。

官修《明神宗實録》卷三六一 〔萬曆二十九年七月〕丁未，蘇、杭等處提督織造兼理税務司禮監太監孫隆及巡撫應天右僉御史曹時聘，俱以蘇州民變事上聞。隆疏言：亂民葛賢等，造言聚衆，焚掠刦殺，圍逼織造衙門，要挾罷税，其詞頗激。時聘疏言：吴民生齒最煩，恒産絶少，家杼軸而户纂組，機户出資，織工出力，相依爲命久矣。往者，税務初興，民咸罷市。孫隆在吴日久，習知民情，分別九則，設立五關，止榷行商，不徵坐賈，一時民心始定。然榷網之設，密如秋荼。原奏參隨本地光棍，以榷徵爲奇貨，吴中之轉販日稀，織户之機張日減，加以大水無麥，窮民之以織爲生者，岌岌乎無人路矣。五月初旬，隆入蘇會議，五關之税額數不敷，暫借庫銀那解，參隨黄建節交通本地棍徒湯莘、徐成等十二家，乘委查税，擅自加增，又妄議每機一張税銀三錢，人情洶洶，訛言四起。于是機户皆杜門罷織，而織工皆自分餓死，一呼響應，斃黄建節于亂石之下，付湯莘等家于烈焰之中，而鄉宦丁元復家亦與焉。不挾寸刃，不掠一物，預告鄰同里，防其沿燒，毆殺竊取之人，抛棄買免之財。有司往諭，則伏地請罪，曰：若輩害民已甚，願等而甘心焉，不敢有他也。及湯莘等被責枷示，一揮而散，葛賢挺身詣府自首，願即常刑，不以累衆，其憤激之情，亦可原矣。吴民輕心易動，好信訛言，浮食奇民，朝不謀夕，得業則生，失業則死。臣所覩記，染坊罷而染工散者數千人，機户罷而織工散者又數千人，此皆自食其力之良民也，一旦驅之死亡者也，臣竊悼之。四郡額賦，歲不下數百萬，何有於六萬之税不亟罷之，以安財賦之重地哉。奉旨：蘇州府機房織手，聚衆誓神，殺人燬屋，大干法紀，本當盡法究治，但赤身空手，不懷一絲，止破起釁之家，不及無辜一人，府縣官拜税監出示曉諭，旋即解散，原因公憤，情有可矜。召禍奸民湯莘，及爲首鼓譟葛賢等八名，着撫按官嚴究正法具奏，其餘脅從，俱免追究，以靖地方。

錢謙益《牧齋有學集》卷三三《長沙趙夫人張氏墓碑》 長沙趙夫人，姓張氏，今御史大夫趙公開心之室，内閣中書舍人而汴之母。【略】寒窗佔嗶，則織火分光；午夜伊吾，則機絲雜響。

王士禛《池北偶談》卷一〇《談獻六・林氏》 丁卯夏四月，巡撫浙江金中丞鋐，以海寧縣民陳雲生母林氏年一百八歲，尚勤紡績，疏請旌表。部議給銀建坊，曰「貞壽」。

孫珮《蘇州織造局志》卷九《宦跡》 明遺宦豎，其行事俱不足道；且東林君子，罹禍甚慘，亦起于織造之誣劾，故概闕而不載。惟我皇朝敕遣部臣，體統尊而事權重，克稱乃職者不可勝書。謹即其政跡之顯著者，爲之表章，以志不忘。

〔皇清〕

陳有明，遼陽人，工部右侍郎。順治三年任。滿洲官尚志駐織染局，有明駐兵備道署，湫隘不稱，謀之撫按，即明嘉定伯宅，改建總織局，規模壯麗，體制宏敞，廳事廨宇機房吏舍，罔不整備，洵足以肅觀瞻而居匠役也。其時織染局雖屬尚志，而有明實總其成。僉報巨室，以充機户，未嘗峻刻；或屬縉紳之家，必接以禮。八年，詔裁機户，撤回織染局官員，有明乃得專督焉。買絲召匠，造辦上供，凡口糧工料價值，悉爲厘定，以昭畫一，著爲令典，迄今不改。匠民懷其德，立祠虎丘山塘祝之。九年去。

周天成，字凝圖，遼陽人，工部右侍郎，順治十年任。才品優長，兼通滿漢文義，統御匠役，威惠并施，一遵定例，無所更張。政事之暇，采風郡邑，桃李盡出其門，奬勵後進，樂爲汲引，士人戴之，刻有試牘行世。十一年停止織造，乃去。

馬偏俄，滿洲人，理事官，順治十三年任。爲人峭直剛正，不事委曲。是時織造久停，機張朽腐，偏俄殫力修理，不以累匠役，工銀絲料，親行給發，役無侵扣，賞罰允當，人服其公。至有冤抑者，必爲申理，雖强御不畏也。戊戌歲再任，丙午歲三任而卒，匠役爲之泣下。

雷先聲，字春雨，遼陽人，内刑部侍郎加工部左侍郎。康熙十五年任。忠厚素著，不用刻核，匠役有過，懲創必加；然此中恬如，不害其爲和平也。吴人因有老佛之稱。十五年卒于官。

薩碧漢，字森宇，遼陽人，廣儲司。康熙十五年任。賦性慈祥，馭下寬大，鞭扑之刑不輕加，匠役雖有過犯，多所優容，洵忠厚君子也。勤敏不懈，積勞成瘁。二十一年起運赴京，卒于舟。匠民建化成書院祀之。書院在織染局内。

祁國臣，字良宰，遼東籍滿洲人，廣儲司加二級。康熙二十二年，由烏林達升任。老成練達，洞悉諸弊。甫視事，示令機匠，赴堂領銀，赴庫領料，所以杜侵克也。上傳特用袍服，遵樣造辦，不爽纖毫，慰勞匠役，如期起解，大稱上心。帝臨幸姑蘇，駐蹕總織局，國臣趨事謹恪，眷顧甚隆，洵千載一時也。國臣又時飭染匠等役，以蘇機民之困，口糧工價，按期給發，收段儹工，亦不過于督責，衆工罔不感悦云。

清格立，字介如，滿洲人，烏林達。上素知其廉，康熙二十四年，特簡茲任，賜金遣行。四月抵任，往浙買絲，盡除夙弊，雖錙銖亦必入庫，以爲公家用。八月，廣儲司祁國臣起運北上，權攝局篆，親給各匠工價，悉照司法兑發，胥役不得經其手，扣克之害頓絶；按期給糧，一遵經制册，用官斛親放，侵冒者畏罪不前。甚至厫夫斛手之需索，亦嚴爲之禁。匠民歌祝者載道。看段以二百疋爲率，緩急適宜，立規甚善。赴庫領料，必用官秤，庫吏不敢作奸。厘剔染匠車匠積弊，染匠禁其用粉，車匠禁其用油；且必核其欠數，然後給銀給料，拖欠自清。機匠勤惰不一，計工發銀，勤者思奮，惰者知儆，人服其公。有在局帶造段疋者，恐其病國累民，概行謝絶。民間諸事，悉置不問。未嘗輕于有司。自奉亦極淡泊，書役左右以蔬果餽獻，必正色峻拒，一介不取，尤人所難。巡撫都御史湯斌以其廉介，每優禮之，其人品足重如此。權攝例不載，重其人，故爲之傳其實。

孫珮《蘇州織造局志》卷一二《雜記》 局志之有雜記也，所以志局事也。無所屬而以雜記概之也。然非事之甚巨，有關于世道人心及生民利病者，則不敢以書也。

〔明〕

萬曆二十九年，織造太監孫隆，駐蘇督税，積棍納賄，給劄營充委官，分列水陸要衝，乘軒張蓋，凡遇商販，公行攫取，民不堪命。又機户牙行，廣派税額，相率改業。傭工無所趁食，集衆徐元、顧雲、錢大、陸滿等二千余人，推崑山人葛成爲首，分作六隊，每隊一人前行，摇蕉扇爲號，后執絞棍隨之，矢誓倡義，不取一錢。先從葑門起，于覓渡橋捶斃王建節，午間又斃徐怡春。長洲知縣鄧雲霄，先擒委官頭目湯辛、徐成下獄，衆忿不息，晝夜不輟。至七日又擁潘行禄、周仰雲、顧松、郭巖、顧澤、張宜、莫皂隸及孫顧等十家，毁其室廬，斃其戚屬。雲霄見勢洶涌，再械辛、成二凶于圓妙觀，衆毆立死，裂其尸。吴縣知縣孟習孔，以利害曉示，衆指爲閹黨，轉逼隆署。隆越墻走，匿民舍得免，潛遁杭州。八日，又言諸税官從東城巨室，貸金營委，各執炬焚其居第。知府朱燮元，偕推官朱一龍，以恩義勸諭，始解散。兵備按察使鄒墀，自太倉聞變馳至，檄捕首從。葛成等欣然就獄，受綁笞無悔。爰書成，具奏，擬編管窮徼。至四十一年，巡按御史房壯麗，特請矜宥。吴人義之，諱其名，改爲賢。文文肅公震孟題其墓曰：有吴葛賢之墓。墓在虎丘山塘。

崇禎元年，思宗以蘇杭織造太監李實誣劾周起元一疏，械實至京究問。實辨曰：「誣陷五臣，系魏瑺差人至杭，將司房黄日新印空頭奏本，令實填之以上，後恐事泄，仍殺日新以滅口。其本皆李朝欽、李永禎所草，而孫升書之，硃以墨蓋，可辨也。」因得減死充軍。實在任時，令杭州機户沈尚文等，建忠賢祠于西湖，蘇州機户建祠于虎丘山塘。忠賢敗，祠立毁。今吴縣開元寺前石獅，即忠賢祠物也。

〔皇清〕

吴俗每歲交秋，聚斗蟋蟀。光棍串同局役，擇曠僻之所，搭廠排台，糾衆合斗，名曰秋興。無賴之徒及無知子弟，各懷銀錢賭賽，設櫃抽頭。鄰省別屬，罔不輻輳，每日不下數千人，喧聲震動閭閈。及暮即行賭博，有司不敢問，民間家産蕩廢，至爲盜賊者有之，誠吴中一大害也。壬戌秋，巡撫都御史余國柱檄中軍示禁，此風頓息。國柱升任還朝，賭賽如故。甲子秋，廣儲司祁國臣、蘇松守道劉鼎嚴拿，乃散。南新局樂榮堂閶丘坊巷之丘武生家，靈鷲寺東之沈機匠家，皆賭賽之窟也。

康熙二十三年，巡撫都御史湯斌甫下車，嚴禁機局放債之害。先是吴中豪惡，假冒局勢，乘人窘迫，重利盤放，利上起利，連歲不清。銀錢告竭，家産繼之；家産罄盡，妻孥繼之，肆行酷炙，莫敢誰何。自憲示發後，豪惡愓息，貧黎始寧。

袁枚《小倉山房詩文集》卷二五《中憲大夫分巡廣東肇羅道衛公墓志銘》 先生姓衛，諱詣，字玉亭，河南懷慶府濟源縣人。以丁丑進士授工部虞衡司主事，外補山西遼州知州。【略】公所到有治績。遼州爲山右磽确之地，民藝黍單多逋蕩。公分別五施，授種棉養蠶法，置機具于堂皇，詠男婦紡織，鉤考勤惰。不數年，布絹之利，賴及他郡。

阮葵生《茶餘客話》卷二二 淮郡有耕無織，壬申歲，隴右趙文山太守酉慨然以興利爲己任，延蘇松男婦數十人以教織。始于府署堂皇設局，繼移韓侯祠中，城内外婦女就學者數百人，繪圖製式，頒示條約，規模粗具。趙以是冬量移去，繼守者不任事，因經費不充，遂散而遣之。嗚呼，興千百年未興之利，豈易言哉。

錢大昕《潛研堂文集》卷四〇《節行錢孺人傳》 孺人姓錢氏，嘉定縣外岡里人，寶山學附貢生朱鐘勳之元配也。【略】鐘勳耆古能文，有聲庠序，讀書率至夜分，孺人親縫紉，或紡木棉，篝燈相助，未嘗有倦色。

錢大昕《潛研堂文集》卷四九《王太宜人墓誌銘》 太宜人姓王氏，處士某之女，誥贈奉政大夫湯公長庚之妻。【略】其佐奉政公也，家故貧，躬紡紝，務儉素，早作夜思，久而衣食漸裕。

檀萃《黔囊六》 黔中兒女用五色綿綫織錦綳之，呼爲武侯錦。云蠻兒女患疹多殤，求之武侯，武侯教以此爲臥具活之也。

惲敬《大雲山房文稿》初集卷四《亡妻陳孺人權厝志》 孺人武進陳氏，名雲。父士甯，母鎮氏。孺人年十九，歸同縣惲敬。日繿高昌棉十兩，織日得布一匹，自先大人、太孺人與敬悉衣之。二十六，敬赴試禮部，遂留京師，太孺人以孺人多病，禁勿織。孺人撚雜線，蹙之爲菊、牡丹、鳳子、鵲、鷄數十類，俱創意不襲舊式，或綴雜綾絹爲之，率三日可得白金一兩助甘旨。

張惠言《茗柯文編》二編卷下《先祖妣事略》 先祖妣白孺人，年二十二，歸我先祖考政誠府君，生子三人，女二人。【略】孺人率二女紡織以爲食，而課三子讀書。

于敏中等《日下舊聞考》卷一二九《京畿》 朱彝尊原本 紫陽觀在州城内，唐邊洞元修真於此，白日上昇。明皇御製褒詞立碑。《名勝志》。

朱昆田補遺 邊洞元者，范陽女子。幼而高潔，仁慈好善。每霜雪凝冱，鳥雀飢栖，必求米穀以餵之。歲月既深，鳥雀望而識之，或飛鳴前導，或翔舞後隨。年十五，白其父母，願得入道，父母未之許也。既笄，誓以不嫁，奉養甘旨。數年，丁父母憂，毁瘠不食，幾至滅性。服闋，詣郡中女官，請爲道士。治機杼紡織，晝夜不懈。

李宗昉《黔記》卷二 包祚永，字成美，號存齋，貴築南上里陳家寨人。自幼穎異，力學能文。年十四，補諸生，二十三，登賢書。雍正五年，成進士，改庶吉士，累官廣東道監察御史。性明愨，不慕浮華，切究民生利弊，有意經世之業，敦本務實，遇事敢言。乾隆初，【略】又言黔省苗狆，頗能自衣其力，而漢人惟資楚布，歲需千億萬費，兵民窮困，職此之由，請立法勸以紡織。並言八旗婦女，多工刺繡，耗力而無益於用，亦宜學習機杼，以資生計。

薛福成《庸盦筆記》卷四《雷救人命》 無錫北鄉，有農家養一童媳，其姑遇之甚虐，督使撚棉放紗，每日以十索爲度。一日，忽少紗一索，苦搜不得，其姑謂其偷賣鄰家也。既嚴撻之，又將置之死地。忽陰雲四合，雷聲陡作，震死家中一老牛，其腹亦已劈開，有紗一索，宛在腹中。蓋牛實吞之也，然後養媳之冤始白。

天道以人命爲至重，牛固無知，吞紗一索，亦罪不至死，然因吞紗而將致人於死，則不能不速擊之以救人也。

陳康祺《郎潛紀聞四筆》卷七《曾國藩家眷不廢紡織》 安慶復後，曾文正公駐節其中，眷屬由湖來署。夫人歐陽氏率冢婦劉氏，不廢紡織，每夕姑婦共一燈，以紡紗四兩爲課。侯夫人本健婦，前見公家書，稱夫人在京育子女，能不召穩婆。其冢婦即霞仙中丞女也。家風樸儉，爲世俗宦家所希有，然亦非可强學者。

《元長吴三縣禁革宋錦機業人等設立行頭名目碑》 光緒四年（1878）

元和 陳
江南蘇州府長洲縣正堂加十級紀録十次吴，爲給示勒石永禁事。卷查同治
吴 汪

九年春間，據沈友山、王承忠、孫洪、戴梅亭、吕錦山、朱沛和等在長邑禀稱：織宋錦機爲業，遭同業曹阿傳、顧廷等創立行頭，借神勒捐，禀求究禁。嗣據沈友山等，以曹阿傳等復萌故智，圖欲另改名目，仍立公所，借索斂錢，擾累同業。等情具呈。均經前縣示禁。本年八月間，據吕錦山、甯錦山、沈友山、王承忠禀：刻今曹阿傳雖故，有王沛等結黨成群，又起風波。喊歇停工，遍貼允價公議字條，擇日款神，亦要倡捐勒索，同業受累。等情。又經萬前縣給示嚴禁在案。本長洲縣莅任，復據吕錦山、任錦山、王仁忠、沈友山禀：有王沛、任福、周洪、顧廷、鄔四壽等，復擾勒詐，求飭提訊，勒石永禁。等情到縣。即經提訊，將王沛責處，諭令出具不再私立行頭、行規，妄行派費切結附卷。并准吕錦山等給示立碑永禁在案。兹又據吕錦山等以宋錦機業之户，散居元吴兩轄，王沛等亦非一縣人氏。今荷恩准勒石，務使周遍，以期永遵。叩請會同元吴兩憲，聯銜給示勒石永禁，庶若輩知奉通禁，不敢復萌故智。而身等各機業，亦得永守勿替。等情前來。除批示外，合行給示勒石永禁。爲此示，仰宋錦機業人等知悉：須知該業行頭名目，久經禁革。自示之後，如果王沛等敢再違禁，設立行頭，行規，以及另改名目，仍立公所，借以祀神爲名，妄行派費，詐擾同業，許該機業等指實禀縣，以憑提案究辦，決不寬貸。其各凛遵毋違。特示遵。

光緒四年十一月十九日示。

發祥符寺巷機房殿先機道院竪石。

（原碑立於蘇州祥符寺巷機房殿，此據蘇州博物館藏拓片）

穆彰阿等《大清一統志》卷七六《江蘇・蘇州府五》 （明）朱一鴻妻張氏常熟人。一鴻家貧，出爲童子師。氏工紡織，家不能具機杼，鄰嫗憐之，俾就其家織。

鄭珍、莫友芝［道光］《遵義府志》卷三七《列傳五》 張好仁妻龐氏，子裔智妻馬氏。龐年二十九夫死，撫孤長成而病，馬氏割股救之，不起。時馬年二十一，族人奪其産，逼之嫁，馬不從，逾數月，生遺腹子，龐以子夭，致族淩，因卧病，馬獨力扶侍，至三月姑殁，喪葬盡禮，家無寸産，紡綿鍬菜，撫孤成立，年八十二卒。

著録

陳振孫《直齋書録解題》卷一〇 秦少游《蠶書》一卷。見少游《淮海集》第六卷。序略曰：予閒居，婦善蠶，從婦論蠶，作《蠶書》。考之《禹貢》，揚、梁、幽、雍不貢繭物，兖篚織文，徐篚元纖縞，荆篚元纁璣組，豫篚纖纊，青篚檿絲，皆繭物也。而桑土既蠶，獨言於兖，然則九州蠶事，兖爲最乎。予游濟、河之間，見蠶者豫事時作，一婦不蠶，比屋詈之，故知兖人可爲蠶師。今予所書，有與吴中蠶家不同者，皆得之兖人也。案此條《文獻通攷》引陳氏之言，原本脱，今補入。

段成己《梓人遺制原序》 工師之用遠矣。唐虞以上，共工氏其職也。三代而後，屬之冬官，分命能者以掌其事，而世守之，以給有司之求。及是官廢，人各能其能，而以售於人，因之不變也。古攻木之工七，輪輿弓廬匠車梓，今合而爲二，而弓不與焉。匠爲大，梓爲小，輪輿車廬，王氏玄爲之，大者以審曲面勢爲良，小者以雕文刻縷爲工。去古益遠，古之制所存無幾。《考工》一篇，漢儒攟摭殘缺，僅記其梗槩，而其文佶屈，又非工人所能喻也。後雖繼有作者，以示其法，或詳其大而略其小，屬大變故，又復罕遺。而業是工者，唯道謀是用，而莫知適從。日者姜氏得《梓人攻造法》而刻之矣，亦復牺略未備。有景石者夙習是業，而有智，思其所製作不失古法，而間出新意，砻斷餘暇，求器圖之所自起，參以時制而爲之圖，取數凡一百一十條，疑者闕焉。每一器必離析其體而縷數之，分則各有其名，合則共成一器，規矩尺度，各疏其下，使攻木者覽焉，所得可十九矣。既成，來謁文以序其事。夫工人之爲器，以利言也。技苟有以過人，唯恐人之我

若而分其利，常人之情也。觀景石之法，分佈曉析，不啻面命耳提而誨之者，其用心焉何如，故予嘉其勞而樂爲道之。景石薛姓，字叔矩，河中萬泉人。中統癸亥十二月既望稷亭段成己題其端云。

紀昀等《四庫全書總目》卷一〇二 《農桑輯要》七卷。永樂大典本。元世祖時官撰頒行本也。前有至元十年翰林學士王磐序，稱詔立大司農司，不治他事，專以勸課農桑爲務。行之五六年，功效大著。農司諸公又慮夫播植之宜，蠶繅之節，未得其術，於是徧求古今農家之書，删其繁重，摭其切要，纂成一書，鏤爲版本進呈，將以頒布天下云云。案《元史》司農司設於至元七年，分布勸農官，巡行郡邑，察舉農事成否，達於户部，以殿最牧民長官。史又稱世祖即位之初，首詔天下崇本抑末，於是頒《農桑輯要》之書於民，均與王磐所言合。惟至元七年至十年不足五六年之數，磐蓋據建議設官之始約略言之耳。焦竑《國史經籍志》、錢曾《讀書敏求紀》皆作七卷，《永樂大典》所載僅有二卷，蓋編纂者所合併，非有闕佚。《永樂大典》又載有至順三年印行萬部官牒。蘇天爵《元文類》又載有蔡文淵序一篇，稱延祐元年，仁宗特命刊版於江浙行省，明宗、文宗復申命頒佈。蓋有元一代，以是書爲經國要務也。書凡分典訓、耕墾、播種、栽桑、養蠶、瓜菜、果實、竹木、藥草、孳畜十門，大致以《齊民要術》爲藍本，芟除其浮文瑣事，而雜採他書以附益之。詳而不蕪，簡而有要，於農家之中，最爲善本。當時著爲功令，亦非漫然矣。

王禎《農書自序》 農，天下之大本也。「一夫不耕，或授之飢，一女不織，或授之寒」。古先聖哲敬民事也，首重農，其教民耕織、種植、畜養，至纖至悉。禎不揆愚陋，搜輯舊聞，爲集三十有七，爲目二百有七十。嗚呼備矣！躬任民事者，儻有取於斯與？皇慶癸丑三月望日東魯王禎書。

戴表元《剡源戴先生文集》卷七《王伯善農書序》 世人嘗譏嘲儒者無所用心，爲必不得已，寧退而躬耕野間，爲農以畢世，猶爲無所愧負。余每隘而非之。使儒者誠用，將無民不得業，而農預其數矣，安在栖栖然親扶犁負耒而後爲善？昔者仲尼鄙樊須，孟軻闢許行，良爲此耶？丙申歲客宣城縣，聞旌德宰王君伯善儒者也，而旌德治。問之，其法，歲教民種桑若干株，凡麻苧禾黍牟麥之類，所以蒔藝芟獲，皆授之以方；又圖畫所爲錢鎛耰耬耙朳諸雜用之器，使民爲之。民初曰：「是固吾事，且吾世爲之，安用教？」他縣爲宰者皐揶揄之，以爲是殊不切於事，良守將、賢部使知之不問，問亦不以爲能也。如是三年，伯善未去旌德，而旌德之民利賴而誦歌之。蓋伯善不獨教之以爲農之方與器，又能不擾而安全之，使民心馴而日化之也。後六年，余以薦得官信州，伯善再調來宰永豐。豐、信近邑，余既知伯善賢，益慕其治加詳。伯善之政乎於永豐又加速，大抵不異居旌德時；山齋修然，終日清坐，不施一鞭，不動一檄，而民趨功聽令惟謹。歲時屬耆者强壯，問能從吾言試其具；幸而能，則大喜，出卮酒相勸奬；即不能，或怠惰不帥教，輒顰蹙，展轉引愧，如不自容。嗚呼，真美哉！而儒者之道，所謂爲民父母，能近懷而遠悦者，有不當然乎？於是伯善自永豐裒其書曰《農器圖譜》、《農桑通訣》示余。閲之，綱提目舉，華搴實聚，顧舊農書有南北異宜而古今異制者，此書歷歷可以通貫。因爲序，發其大指，併附載所聞見，以倍儒者之用世，皆非空言，令是書行而長民者一以伯善爲法，雖人頌子産、邑歌《豳風》可也。

元成宗刻行王禎《農書》詔書抄白 皇帝聖旨裏，江西等處儒學提舉司准本司副提舉祝將仕牒，該：「嘗謂養生之本莫重於農桑，著書之傳必有益於教化。切見承事郎信州路永豐縣尹王禎，東魯名儒，年高學博，南北遊宦，涉歷有年。嘗著《農桑通訣》、《農器圖譜》及《穀譜》等書，考究精詳，訓釋明白，備古今聖經賢傳之所載，合南北地利人事之所宜，下可以爲田里之法程，上可以贊官府之勸課。雖坊肆所刊書有《齊民要術》、《務本輯要》等書，皆不若此書之集大成也。若不鋟梓流布，恐失其傳。若將前項文書發下學院錢糧優羡去處，依例刊刻流布，誠爲有益。牒請施行！」准此。議得前項農書委是該載詳備，考索的當，其於世道，良非小補。若於學院錢糧優羡去處刊刻流布，相應申奉到江西湖東道肅政廉訪司書吏張齡承行旨揮該憲司看詳。「提舉祝將仕所言誠爲農桑重事，於民有益，依準所擬。合行下，仰照驗，就便施行，仍毋得冒濫違錯！」奉此。今將農書三部隨此發去，合下仰照驗，爲唤匠依上刊刻完備，印刷樣本申司。仍將用過梨板、工食價鈔一就開申，毋得因而濫破違錯，須至旨揮！

右下龍興路儒學教授司准此。

大德八年九月　日

閻閎《新刻東魯王氏農書序》 巡撫山東右副都御史安州邵公得元王禎氏《農書》，顧右布政使長興顧公，謂茲實大關民事而政之首也，當轉寫善本，即布政使司刻之，以廣流布，示吾民勤衣食之原，而期享樂利之休盛心也。刻半，左布政使固始李公至，乃趣完刻。邵公以余在告或暇，印寄一部，謂宜校勘脱誤，庶以信傳。顧數十萬字，病又時作，不能卒辦，而繼使督取急，乃先爲言以著公意。言曰：天之生也，與以所長，則限之以短。其於人也，賦性獨靈，而制生養之材甚艱。故鳥羽獸毛而人需衣，蛟龍毒而嗜止血，虎熊猛而嗜止肉；人無所不嗜而能饑終日難，故需食。無食無衣，胥及亂亡。人之欲生也，固不待聖人有作；孰不求所以自活，而聖人者，亦人之欲生者也。今無論羲農軒堯以來，想巢燧之初，觀時造始，實求自永其生，而天遂命之，人遂宗之，君臣道興，衣食之原，漸以開矣。是故食五種而五肉輔，疏五蔬而五果助，五味調焉，食之需廣而安飽難也。五土以居，五物以用，五貨以通，五金以易，衣服器使屋廬舟車之需，廣而備稱難也。是故耕獲鉏報，陰陽蚤莫之節宜順也。高下邃隰，燥濕寒燠之氣宜候也。洩制生化，土木金石之物宜悉也。糞灌培蒔，剛柔疏密之性宜辨也。水旱蟲盜，捍禦守視之役宜力也。采摘修捋，生熟急緩之度宜中也。飲飼閑放，好惡新故之情宜調也。牝牡生息，老嫩去留之班宜審也。堆穲攤曬，風雨霧露之防宜豫也。碾礴碓磑，精麤簏簸之計宜準也。倉窖轉般，鼠雀浥漏之虞宜察也。積散出內，盈縮低翔之數宜算也。是故農事修則食用贏，衣用裕，器用精，財用饒，而生養遂矣。是故天子則君人養人者也，士以上皆裨君長民者也。君不知稼穡，遑欲殄物，民因以極。民火動而元命搖，醫論且然，況君以民爲命者乎？故君知稼穡則知懼。長民而斁民事，衣食縣官，不宣心力，猶傭者懈，主人將轉雇。君子當廉勤自樹，忍以穀恥乎？故仕知民事則知媿。是故聖人之重衣食也，王公躬藉以先耕，后夫人親蠶以先織，卿大夫士以及內子胥與事焉，而治本重矣。於是乎有勸相之法焉，饗勞之具焉，督察簡閱之罰焉，祈報禳息之祀焉，庶富而教，禮樂興矣。故曰「民事不可緩也」。今簡王氏書，首以「通訣」，繼以「器譜」，而終以「諸種」，民事通諸上下者蓋備矣。是故得嘉種而缺利器則難播，與失種同。製利器而昧要訣則違時，與無器同。故得其訣器可假而使也，利諸器種可糴而下也。度要訣以達沖和之化，儲利器以運制用之機，富嘉種以取「十千」之報，比屋上農矣。吾又恐浮食末作未緣南畝，藝將孰載？方農之殷，使輒不時，則功孰與成？今民不但六也，盡歸而農，誠未即得。盍若寬見農而不妨其務，俾自趨利而樂生乎？是故解內之遠重也，點集之煩數也，迎候之紛沓也，力役之勤悴也，守戍之隔離也，讞報之留滯也，六者於古已然，而害農一也。嗚呼！誦六經以詔萬世，孔子之意無窮；而後人未能依，則雖孔子之意窮。是書據六經，該羣史，旁兼諸子百家，以及殊方異俗咸著，亦用心矣。從政者無害農，皆以此利農者訓農，則王氏撰述之初意，邵公刊布之盛心，當惠徧吾人，豈有窮乎？雖然，以今昏旦之中考農祥則失度，西涼白麥之熟較南夏則違時。故雪而迅霆，桃源之夫呼凍雷，父椎牛骨而子漸之，谿峒土人數十年而食假鬼。或贏馬驢耕，或鴨羣鉏稻。稻一熟也，或三熟；蕎秋種也，或春種。是以有老媼插秧，有少婦列肆，有以蕨肥田，又淋其灰汁作葅。南河之南有車鐵輪，野馬之川牛服鞍，甌越之徼塗篾釜。或隔年見茄樹，或二月食櫻桃。蜑家於舟，苗獨藏穗。關隴之野，尚營窟而土處。則九域民事物候固多端而難律也。中土耕，一犁三牛，水田水牛，故一犁一牛。一牛三犁、耬犁也，而載之墾耕篇，則誤矣。王氏又謂餘甘獨泉産也，往泛昆明則食之。是猶賈勰《要術》附槃多摩厨，徒示博耳。故擊壤食葵，今俗所少，葛籠牧笛，取具事目。聞之農老曰，必「母倉生炁」下種，則一年可耩之日少。余亦嘗曰，必「草人」法糞田，亦恐竭澤不得鹿，墳壤之不得麋也。故曰，通其變使民不倦，神而明之，存乎其人。真知農哉！邵公名錫，李公名緋，顧公名應祥，皆以進士顯。余往給事中，邵公則都給事中云。

嘉靖庚寅十月一月丙午，山東臨清閻閎力疾謹序。

明山東布政使司刻行王禎《農書》移文　山東等處承宣布政使司爲遵明旨刻《農書》以勸勸課事。蒙欽差巡撫山東等處地方都察院右副都御史邵批：據本司呈前事，准本司右布政使顧應祥咨：照得民之所賴以生者，衣與食也；衣食之所資以出者，耕與織也。故成周以農事興王業而享國最久，漢世以力田求士行而得人爲盛。方今聖明有見於此，故天語叮嚀，拳拳以農桑爲務。奈何山東地方，男惰於耕，女不知織。本職忝爲承宣之官，與有民事之責，愧無以仰答天休，敷宣德意。切見前元豐城縣尹王禎所著《農書》三部，曰《農桑通訣》、曰《農器圖譜》、曰《穀譜》等書，凡南北治農治蠶之法，纖悉具備；惜乎久無刻本，民鮮得觀。即今流傳鈔本見在，合無再加校正，命工翻刻，分發所屬府州縣掌印治農等官，俱要用心講求，著實勸課，庶於皇上敦本求治之心，國家化民成俗之意，未必無萬一之助矣。其合用梨木板并刊字匠、畫匠各工食等項銀兩，於本司庫貯泰山頂廟香錢內動支。雇募買辦應用，待刊刻完日，總具支使過銀錢數目開報。緣係動支官庫銀錢事，理合咨本司，煩爲轉呈，照詳施行。准此，擬合呈請。爲此，今將前項緣由理合具呈，伏乞照詳施行。蒙批：據呈，足見本官留心民事、崇重農桑至意。依擬動支官銀應用，仍行顧布政將所著農書再加用心校正，上緊督工翻刻，以裨聖明敦本求治、化民成俗之美，完日具數開報查考。此繳。蒙此，案照前事已經呈請去後，今蒙前因，擬合通行。爲此，除行廣儲庫動支香錢銀應用外，合行移咨前去，煩照批呈内事，理將所著農書再行校正明白，以憑翻刻施行。

嘉靖玖年捌月。

傅希摯《重刊東魯王氏農書叙》 《農書》者，元東魯王禎氏著也，爲集三十有七，爲目二百有七十。嘉靖間，先巡撫山東安州邵公曾刻諸藩司，久而其板放逸。隆慶壬申，餘謬承乏兹土，蹐載，友人有以是書索者；因求之民間，得所藏舊本閲之，點畫湮污，字句訛舛不可讀，幾欲校之而未暇也。一日，濟南倅王子之綱以篆事謁餘而之章丘，因屬之校。無何，倅復余曰：「兹集也，於民便，率爭相録，奈何能爲應，盍鋟諸梓以傳？」余曰：「校，鄙意也，安望梓？即梓，宜取我贖金，慎勿費公帑。」倅然而梓之。梓成，來以叙請，謂欲托之遠也。余惟農國家首務，先王之所重也。自神農氏興耒耜而農始講。有虞氏命棄爲后稷之官，農事侈然盛矣。后稷克勤其職，粒我蒸民，遂肇封有邰而開成周之業。傳至成王，幼沖踐阼，周公爲輔相，懼其未知小人之依而流於逸也，作《無逸》。又懼其未知稼穡之艱難也，陳《豳詩》，使瞽矇朝夕諷誦以教，即今之《七月》也。蓋嘗取《七月》觀之，三日而往修田器，四日而舉趾以耕，求女桑以飼蠶，感鳴鵙而載績，鬱薁以介老壽，瓜壺以食農夫，乘播而切憂勤之心，獻祭而備禱祈之意，纖悉博大，無不備載。周公所以啓告其君者何切也！今觀王氏《農書》，大抵依仿《七月》之義。其曰農器，田器之謂也；其曰墾耕，「舉趾」之謂也；其曰蠶繅，「女桑」之謂也；其曰麻苧，「載績」之謂也，而果屬爲介壽之具，蔬屬裕食農之資，勸助以效播乘，報祈以法祭獻，即畍分條例詳略不同，要之不越《七月》中所載而廣之。故讀王氏書，宛然《七月》也，蓋不爲無自矣。方今主上以沖年臨大寶，緝熙聖學，軫念民艱，薄海内外，莫不仰周成之繼作，在廷之臣，又安知不有仿《無逸》、《豳詩》之義告之者乎？告君，所以告民也。是書也，雖不得日陳王前，使得與農夫野老日游習焉，非即所以告君乎？大告之，言焉耳，而貴底於行。昔周公告成王以《七月》，成王然之，嗟臣工，嗟保介，惓惓爾成之命，而田畯之官又勸課不怠。其在民間，率婦子餉南畝，熙熙成風。國以殷富，因以綿八百年有道之長。今國家邊境晏然，河漕通利，不可謂不治矣。然大司農每每告匱，百姓苦於供餽，不勝顰蹙。若是者何？以農事之未講也。使是書也，上下相與率而行之，以無媿於成周之盛，則周治至今可覩也。不然，不幾於空言哉？固願有以行之也。倅曰：「然。願受而弁諸首。」

萬曆甲戌春二月，欽差巡撫山東等處地方兼督理營田、都察院右僉都御史傅希摯撰。

鄧渼《重刻農書序》 予嘗讀《吕覽》，至《上農》諸篇而有味乎其言之也。其意以爲民農則樸，樸則易用；民農則重，重則少私，少私則公法立；民力專於農則其產復，其產復則重徙，重徙則死其處而無二慮。然不如大《易》言之約，曰「何以聚人？曰財」。管仲亦云「倉廩實而知禮節」。夫人生一日不再食則飢，終歲不製衣則寒，飢寒切身，雖父子不相保，是蚩蚩者惡得晏然而已乎？故古聖王之治天下，未有不務耕織以爲本教者。自神農、后稷以來訖殷、周，《詩》、《書》所述，於農事爲尤詳。三代而下，獨兩漢治最近古。當文景時，數下哀痛之詔，務民於農桑，户口滋殖，幾致刑措。建武中，以墾田不實，徵殺二千石以十數，蓋其重視民命也如此。夫農之資於人也至切，而其爲利也至溥。舊説，方一里爲田三頃七十畝，百里則田三萬七千頃，勤之則畮益三升，不勤則損亦如之；方百里損益之率，爲粟二百二十萬斛。況以天下之廣，而聽之於惰農之手，鹵莽而耕之，亦鹵莽而獲之，其所損可勝道哉？國家定鼎北平，歲漕江南粟四百萬餘石輸之太倉，僅而獲濟。脱有意外，運塗中梗，若扼嬰兒之吭而奪其食，可爲寒心。予嘗北游齊、魯、燕、趙之郊，方千里間，平疇若掌，大率土曠人稀，廣種薄收，有可耕之地而無其人，吾鄉乃有力耕之人而無其地，可惜也。大同之世毋論已。三國時獨魏人稱富强，其後用鄧艾計，大治諸陂堰於潁南，用以溉田，且耕且守，自壽春至於鄴都，阡陌相望，農官田卒，所在而是；伐吴之役，資食有餘。托跋女真有中原之日，亦因其物力豐盛，氣吞荆吴，隋元資之，終成兼併。豈至今日而「如茨如粱」之實獨秘於中土，合穎連莖之瑞遍江南皆然哉？上鮮良牧而下多偷民，勸相之無術焉故也。至於蠶織之利，獨吴越擅其饒。今嘉湖諸處有半畝共桑之迫，而他州多曠廢不墾之地，故農用益困。《周禮》授職任民之法，首曰「三農生九穀」，「司稼掌巡邦野之稼，辨穜稑之種，周知其名與其所宜地，以爲法而懸於邑閭」。時則穡事競勸，家給人足。後代搜粟都尉、度支營田使等官，大略倣此。今錢穀之司，上下棊置，法網益密，直爲催科轉運設耳。上實生我而復我以生乎？于前代重農之意胡逕庭哉？予上世本農家，中歲歸田，旦夕與田父山妻談農桑事，不覺津津有味。會有以元人王禎氏《農書》見遺者，讀之，則「于耜」「舉趾」，田家風景宛然在目，又其文理明白易曉，因爲序而傳之，以狥于里閭，不忘先志云爾。若夫國計民生，勞來勸相，則肉食者謀之，予，小人也，力田治産以給公上而已矣，此外何知焉？時大明萬曆四十五年中秋日。

紀昀等《四庫全書總目》卷一〇二 《農書》二十二卷。《永樂大典》本。元王禎撰。禎字伯善，東平人，官豐城縣尹。《文淵閣書目》曰：王禎《農書》一部十册。《讀書敏求記》曰：《農桑通訣》六，《穀譜》四，《農器圖譜》十二，總名曰《農書》。《永樂大典》所載併爲八卷，割裂綴合，已非其舊。今依原序條目，以類區分，編爲二十二卷。其書典贍而有法，蓋賈思勰《齊民要術》之流；《圖譜》中所載水器，尤於實用有裨。又每圖之末，必系以銘、贊、詩、賦，亦風雅可誦，今外間所有王禎《農務集》，即從是書摘抄者也。唐中和節所進農書，世無傳本。宋人農書，惟陳旉所作存。元人農書存於今者三本，《農桑輯要》、《農桑衣食撮要》二書，一辨物産，一明時令，皆取其通俗易行。惟禎此書引據賅洽，文章爾雅，繪畫亦皆工緻，可謂華實兼資。明人刊本舛訛漏落，疑誤宏多，諸圖尤失其真。《永樂大典》所載，猶元時舊本，今據以繕寫校勘，以還其舊觀焉。

孫星華《王禎農書跋》 謹案：是書閩刻舊所未有，豐順丁氏所藏聚珍原印本暨《彙刻書目》亦均無此種，惟見於仁和朱修伯宗丞學勤所編《聚珍書目》。獨山莫子偲大令友芝《舊本書經眼録》内亦有《四庫》重編，以聚珍板印行之語。莫氏見聞宏富，宗丞又親藏是書，自必皆非誤舉。惜宗丞之書已歸豐潤張氏，無從借致；因假杭郡丁松生大令所藏明嘉靖時山東刻本，據以增刻。凡《農桑通訣》六，《農器圖譜》二十，《穀譜》十，總三十六卷，較《四庫》著録之本多一十四卷。蓋當時館臣未見此本，僅從《永樂大典》掇輯別編，其卷數則又偶據誤本《讀書敏求記》分列故也。《讀書敏求記》有趙、沈、阮、潘四刻，惟趙刻、沈刻均在《四庫》未開館以前；考其於《農書》條下，均稱《農桑通訣》六、《農器圖譜》二十、《穀譜》十，與此本合，而《提要》所引《敏求記》，《農器圖譜》訛「二十」爲「十二」，《穀譜》訛「十」爲「四」，且兩類互易先後，則決非趙、沈兩刻，蓋別一誤本也。 明時又別有萬曆間鄧渼所刻删併十卷本，殆即《提要》所指爲「舛譌漏落，疑誤宏多，諸圖尤失其真」之明人刊本也。若此本，據其卷末所載山東布政使移文稱，《農書》久無刻本，即流傳抄本校刻云云，其爲王氏原本可知。近如張孝達尚書《書目答問》、陸氏之《皕宋樓藏書志》著録明刻三十六卷本，皆即此本也。至莫氏《經眼録》所載明本，據其所稱每卷題「集之一」、「集之二」於目首，有嘉靖庚寅臨清閻閎序，及半葉十一行、行二十二字等語，無乃與此本脗合，乃所題總卷及分類子卷則又悉同庫本，是直未將此本全書逐一檢閱，祇沿《提要》之説爲説，則甚矣讀書精審之不易也！至此本雖不失王氏原纂面目，而刊校草率，其間奪文訛字及語句之顛倒誤衍者，幾於觸目皆是，爰薈粹羣經注疏、《史記》、前後《漢書》及子部中農家、雜家諸書，悉心讐對，凡正誤字二千七百五十有四，補脱字九百四十，删衍文八十有九；必確有依據，方始竄易，不則雖灼知其舛錯殘脱，亦仍一循其舊。惟《農器圖》「連磨」一項，有説無圖，又《穀譜》一類，目録作十一卷，標爲「飲食類」，下列《豳七月詩説》、《食時五觀》、《備荒》凡三項，而書内則於第十卷「藍」字條後即接載「附《備荒論》」，既未另有十一卷，亦無《豳七月詩説》及《食時五觀》二項。其爲王氏原本所缺耶？抑爲翻刻所據之抄本所脱佚耶？卷首《閻序》及卷末《移文》均無一字提及，此則明人刻書之鹵莽也。今既無從據補，因稽核原書，另編總分各目，置諸首帙。其全書行款，改依閩刻聚珍本諸書之式，以歸畫一。諸圖則選工縮臨，雖大小稍有區別，而形模則無或差殊。刻既竣事，爰記其顛末如是。光緒乙未仲夏、端陽節後十日，會稽孫星華子宜謹識。

張溥《農政全書序》 予生也晚，猶獲侍先師徐文定公，蓋歲辛未之季春也。公時以春官尚書守詹，次當讀卷，亟賞予廷對一策，予因得以謁公京邸。公進予而前，勉以讀書經世大義，若謂孺子可教者。予退而矢感，早夜惕勵。聞公方究泰西曆學，予邀同年徐退谷往問所疑，見公掃室端坐，下筆不休。室僅廣丈，一榻無帷，則公臥起處也。公初筮仕入館職，即身任天下，講求治道，博極羣書，要諸體用。詩賦書法，素所善也。既謂雕蟲不足學，悉屏不爲，專以神明治曆律兵農，窮天人指趣。《堯典》敬授，《洪範》厚生，古今大業，莫有先也。文孫爾之、旋之嘗言：公精默好學，冬不爐，夏不扇。予在長安，親見公推算緯度，昧爽細書，迄夜半乃罷。登政府日，惟一老班役，衣短後衣，應門出入傳語。易簀旅舍，橐中不盈十金。古來執政大臣，廉仁博雅，鮮公之比。趙孟、公孫，寧足道哉！

《農政全書》，公經編之一種。張大中丞與方郡伯兩公，篤念民生，屬陳臥子進士編次廣傳。刻竟，予得卒讀，益歎吾師命指深遠，周天際地也。農家者流，出自稷官，班史記之。其後種樹、試穀、育蠶、養魚、耕牛之經，花竹之譜，人各有書。然碎布民間，事不相攝，耕奴織婢，號爲小道。雅人墨士，或諱而不言。若總自王朝，編於太府，采明農之衆篇，勒一代之大典，上探井田，下殫荒政。梟茈可食，螽螟不憂，率天下而豐衣食，絶饑寒，使盜賊屏息，禮樂盛興，非至治乎？即名卿大儒，亦何庸丘蓋也。公察地理，辨物宜，考之載記，訪之土人。輶軒襏襫，盡列筆削。氾崔賈韓，方此蔑如。揆厥製作，其《豳風》之嗟農夫，《無逸》之知小人乎？

公爲諸生時，有田數弓，苐不治。稍施疏鑿功，植柳其地，歲穫薪燒，利反倍於租入。因悟世無棄土，人病坐食，李悝之法，至今可行。後官翰林，適議拯遼患，屯田津門，功半被沮。豈真東屯之效，反難於沮洳三百步哉？言易而行難，獨成而衆敗，事無大小，顧所任者何如耳。即今幅員：關、陝、襄、鄧、許、雒、齊、魯，與夫朔方、五原、雲、代、遼西，其地可耕，等於東南。設倣耕植，導水利，近給京師，大省輓輸，何所不贍？而空以委盜，害莫鉅焉。公書不尚奇華，言期可用。使早究其業，塞下民實，五穀土價，非虛談也。遲之七十之年，始登鼎軸，復不久憖遺，予所爲抱書而泣也。公一子五孫，皆當代賢傑，推廣先志，尤兢兢八政云。婁東門人張溥西銘謹序。

張國維《農政全書序》 班史《藝文志》，列農書爲諸家之一，後世因之。隋唐所收，僅十有九家；《宋中興書》演至六十四家；鄭漁仲博精載籍，其所裒乃僅得十二部四十七卷。內最著者，如漢議郎《氾勝之書》三卷，後魏賈思勰《齊民要術》十卷，又有李淳風《續賈書》若干卷。李書當時已湮没，而賈氏所傳，在宋遂爲祕本，非勸農使者，不得受賜；民間傳寫紕陋，特贋本耳。而賈元道《農經》，王珉《要術》及何亮《本書》，流行最廣。下迨《禾譜》、《耕織圖》，併花木竹藥諸譜，各隨好事之手，以闢新領異，合之則皆農家言也。今爲末作奇巧者，一日作而五日食；農夫終歲之作，不足以自食也。然則民舍本事而事末作，則田荒國貧之患，誰實受之？故凡農者，月不足而歲有餘者也。語亦有之：「農之氣，杲乎如登於天，杳乎如入於淵，淖乎如在於海，卒乎如在於己。」是故此氣也，不可止以力，而可安以德；不可呼以聲，而可迎以音。非舉八政四術之要，以安集而招徠之，則民腹嘗餒，民情嘗迫，而尚可諭以仁義，懾以刑威乎？且人所以惡雀鼠者，謂其有攘竊之行；雀鼠所以疑人者，謂其懷盜賊之心。上以食而辱下，下以食而欺上；上不得不惡下，下不得不欺上，各有所切也。則何不舉其平日所切，而豫爲訓之、戒之，且圖之、策之？是以《無逸》首陳艱難，而《王制》急先儲蓄。思文率育，則上配昊穹；分地用天，則敦立人極。下至霸國之佐，盡力之教，莫不辨壚埴、沙塥之形，討蚼蛆、狼穗之實。故曰：「智如禹湯，不如嘗耕；聖如宣尼，不如農圃。」夫有所用之也。國家當經綸之始，首重民事。以農桑責諸郡邑，以屯種責之衛所，合文武氓兵而總囿於滋源固本之內。此王業所由寖昌也。高皇帝有志復井田之舊。其於驗丁限畝，酌古準今，既嚴禁抛荒，又深惡侵佔。而於郡國水利，設有專官；誠見陂塘池堰，無可蓄之利，則溝遂疆理，無可劃之防。水利不興，而欲挈農政之要領，此必不得之術也。江南千古稱爲樂國，不第廣川大澤，畫斷戎馬，即有鯨鯢封豕，無所縱其馳驅；至於物産所宜，税賦所出，地無不耕之土，而農無不貢之毛。假令惠綏拊循，利濟率作，猶可息其疲輭，而責以重擔。今如病尫之人，日行百里，巾箱囊篋，喘汗臨深，而猶鞭叱不令稍止。噫！亦危矣！余前刻有《水利全書》，所謂急則治標，因病立劑者；今又得徐少保《農政全帙》，所謂緩則治本，懸方救病者也。雲間陳臥子，以彌綸巨手，羽翼經術，博綜羣雅，而尤留心於經濟之書。是帙則其手加闡潤，提要鉤元，農扈之言，纖悉備具。余同年方君守松，扶衰起敝，治以驗方；欲公之同志，謀梓之於余。余讀之而驩然喜，僭爲敘數言，以付剞劂氏。典型具在，亦唯漁陽蒲亭愛民之長，實實舉行之耳，豈僅列籤插軸，詡爲百家之一而已哉？明崇禎己卯歲仲秋，欽差總理糧儲，提督軍務兼巡撫應天等處地方、都察院右僉都御史張國維書於蘇署之待旦堂。

方岳貢《農政全書序》 平天下章，言人言土言農也；生衆四句，其孔夫子之農書乎？得乎丘民而爲天子，丘民農也；不違農時章，易其田疇章，其孟夫子之農書乎？《周禮》及漢唐宋諸儒所著論，煩簡不一，其兩夫子農書之疏解乎？農者，王業之根本也。爲天子之命吏，而農書未之讀，惡在其爲愛養元元也？即所爲讀《大學》讀《孟子》者安在也？亦知今之農，視昔有間乎？國初人民稀少，又無處不屯，所以穀值恆平，上下饒樂。今生齒且百倍矣，地日以蕪，夫日以遊，而亦止仰食於農。金賤穀貴，舉火之家，日兼三日之用。閭左安得不貧？度支安得不匱？而且今日議生，生則取之農耳；明日議節，節究亦取之農耳；加榷税，加捐助，究亦加之農耳。《豳風》陳詩，使人主知稼穡艱難。而詎知今日之農，更有此不可計數之艱難也哉！以天下之大，時事之棘，一農夫支撑之，忍弗與之究心農書也？間從臥子先生處，得徐文定公所輯數十卷。自夫溝封、景候、器物，皆可伸指知寸，舒掌知尺。既悉其事，復列其圖，農之爲道，凡既備矣。蠶桑以勤女紅，六畜以供祭祀、羞耇老，皆農之所有事也，故次之。水毀木饑火旱，天行何常，故常平社倉之制，蹲鴟蒲蛤之屬，以備荒政終焉。公昔嘗小試之三輔，現有成績。倣而準之，庶幾天下無石田，穰凶無艱食，斯亦上下兩利之道也已。是以大中丞張公，保釐南土，適見此書，大加會賞，亟命梓之。所以率羣吏，以惠黔首，奉承明天子德意至渥也。予不佞，亦得遵宏訓而觀成事焉。嗟乎！

治亂無象，農之獲安於農與否，是即其象。彼罹虜罹寇者，以死亡轉徙，失先疇而不獲安，幸而免此，又以剿餉、練餉、急罹虜罹寇之患，而岌岌乎不獲安。愛養元元者，其務所以安之哉！明松江府知府，襄西方岳貢題於雲間公署。

王大憲《農政全書序》 當神廟時，海上徐文定公，以命世大儒，讀書中祕，抒其天人之學，治安之才，受知宸眷。因從金馬玉堂，旁領振旅芟舍之司，卓著嘉猷。至今上，遂晉翼青宫，論思黼禁，天下人士咸想望以爲姚、宋、韓、范于今再見。憲雖生晚，仰止久矣。及承乏而入公之里，不意典型云邈，僅得瞻拜廡下。恭遇聖天子悼念重臣，遣官爲築神道，循故事建坊。邑吏幸得爲元老襄事，諸簡役庀工，繕修唯謹。因獲識嗣君安友翁，暨諸孫五文學咸繼，序思不忘。竊意手澤昭垂，當有奏對語録，傳之通都大邑，俾章不朽，私心直寤寐不釋焉。兹縻之氏，以大中丞張公、郡大尊方公，梓公平日所著《農政全書》相示，余手讀竟，益欽公之經國務大體，重本計，直上符有邰氏之立我烝民也。墾治，邁金城之方略；占候，宛玉燭之燮調；水利救荒，直挽神化功用；蠶桑、樹畜，宏挈衣食源流。將使遊惰輩知淬揤胝而趨事矣，末作輩知謝奇贏而轉緣南畝矣。屯興而溝塍列，家給而牛犢佩，又何戎馬之敢牧，而潢池之生心哉？公所以安國家而厚蒼生，其大端已見於是書。宜乎臥子先生心公之心，覆較而詳爲哀次，令天下人士因得見公之心，較昔姚、宋、韓、范，縣亘尤稱遠大。何者？謀斷經略，功在一時；立我烝民，功在萬世。惟萬世之功，當食萬世之報。今安友翁璞玉渾金，清慎一節，而縻之諸君，俱昂然龍鳳，不減忠彦諸公子，行見天下鼓腹而樂千千之耦，且加額而祝畢萬之大。明崇禎己卯長至日，上海縣知縣廬陵王大憲頓首拜書。

方岳貢《農政全書後序》 余於今上龍飛首年，出守雲間，見民稠而俗汰。每進父老，告之曰：天之福禄有數，地之産植易窮，亟督爾子弟力田；酣歌恆舞，胡可長也？郡有玄扈先生，少閑任土辨物兵志星曆諸家，皆手畫躬親，不徒託之空言，往於神宗朝試而輒效矣。予仕其鄉，先生登朝，晉綸扉，不獲時式廬受學。迨捐館經年，嗣君稍出其遺書，臥子陳子攜一編以示余。三復嘆曰：文定公遭逢全盛，未嘗翱翔乎石渠，優遊乎簪筆；降而與野老耕夫，省五土之宜，審九穀之性，規偃瀦溉岡鹵，且口嘗草芽木實，以備荒政之求。誠念承平日久，驕淫暴殄，天數既盈，人命將薄，必有水旱木饑之災。語曰：智者慮之於未形，達者規之於未兆。文定公之謂與？臥子博物君子，重加修訂，進中丞張公而共梓之。書成踰歲而中原大饑，榆皮木葉既盡，甚則析骸食子，實有其事；已而飛蝗渡江，漸歷江左。予守雲間之十四年，米穀踴貴，約諸賢士大夫各出米平糶，俟秋成復易米貯倉，倣古常平倉之制。是年去位。文定公之書余雖未得盡行，而祖其意不忘。自是膺命輓漕，涉足江北淮南，覽沮洳蘆葦皆可爲腴田，其中浚蕩以增原壤，築隄以限巨浸，開斗門以時蓄放，文定公成法具在，余爲按圖辨宜，歙歔太息不能去。及導汶濟以達漳御，周覽齊魯燕趙之墟，有久淪斥鹵，有近委荒萊，大抵全恃雨膏，雨膏不至，百里焦枯。文定公之書，依泉可引，握井可灌，池塘水庫可瀦雨雪之水而時溉之，奈何專矚雲漢也？及既抵通州，蒙聖明撫念勞薪，特賜陛見。會其文孫齎王父《農政全書》以獻。天子嘉賚，稱是書有裨邦本，勑梓印廣傳，以重民事。夫文定公之世，人熙物阜，羽書未亟，司農未詘也；顧且身披蓬蒿，揆土穀之異同，謀鄭、白之永利，皇皇於力耕數耘，如寇盜之至；而數十年間，果用兵不休，頻年饑饉，始知文定公非過計也。方余守雲間久，其時戶有贏糧，人娱春酒，不知有遺侵之苦。余一睹農書，嘆爲救時良畫。臥子整輯一卷，輒與論辯往復，敬其切要。而四五年間，海内皆思見其書，且動聖明下採，繙閲寶幄，始知余與臥子亦非過計也。天下之患莫大於時有可爲，而世不見信；及世已信矣，又謂時不及爲。在數十年之前，行文定公之法，東起遼東，四盡甘涼，因地勢而相土宜，分軍墾種，鑿溝塹，遠烽堠，九邊歲有蓄積，皆成雄鎮，何至胡馬陸梁？又使文定公之法行於江淮，上引河流，下理陂澤，阡陌相錯，所謂舉鍤爲雲，決渠爲雨，資食有儲，佐國家征討之用，士氣自倍。往時不用，兹迺仰屋無籌，然孜孜得人而爲之，久將優裕。不然，事會之失，亦猶今之嘆昔也。公嗣君龍與孝養慈幃，未嘗足履公門，藺孫五丈夫，積學能文，圭璋並秀，文定公之澤遠矣哉！都察院副都御史兼東閣大學士方岳貢撰。

周一敬《農政全書序》 今上御宇之十五年，大興開屯之議。議已協，司農持羣議以上。上報可，乃制詔冢司擇可爲屯田使者，具以名聞。冢司乃謀諸廷論，選用舊德二人，以名上。上俞之，於是俾擇寮屬假便宜從事焉。先是大江南北苦歲祲，自齊魯達畿甸尤甚，人民流移且相食。上大發倉粟，出内府金錢以贍之；又詔有司具行荒政，盡捐諸逋賦。鼓舞德音，格於皇天，雨暘以時，歲以有秋。夫不有確然石畫，導元元務本力穡，以三十年之通，制國用，阜民財，而顓顓望賜年焉，時祲時稔，以爲慶灾，非謀國之經也。今幸以明詔遣使持節董治之。然古今異宜，南北異理，使者所治，地大人衆，鹵莽而耕，或至不能償種，則豈足以副明天子意哉？是宜有成書，俾使者得考焉，以授其僚，其僚授之郡邑吏之有事於農者，以時以宜，各服其畔，則力少功多。《詩》不云乎？「王釐爾成，來咨來茹」，斯之謂也。顧餘觀農家者言，如賈勰、孟祺、苗好謙、暢師文、王禎之書，或奧而罕通，或偏而不該，足以取資談説，未可以授民也。惟獨閣學徐文定公所著農書，則所謂兼綜歷試，便於時用者哉！蓋公生平學本賈、鼂，志希韓、范，九邊形勢，聚米可成；而胸中數萬甲兵，六千精騎，皆可坐籌決勝於指顧間。且其平居持論，以爲國用，資乎食貨。既富方穀，所饒所鮮，在於菽粟，不在錢緡。以故察地勢，辨物方，考之載記，訪之土人，親嘗躬閲，廣搜博採，著爲成書。而公之聞孫蔭君薇垣賡之及其弟旋之行之，克纘先猷，方且繕寫其書，奏之當宁，爲敕戒農官之助，而以其刊者示余。余奉命按江以南，將抵公之故里，而求所未見之書焉。公於輔政勤勞之暇，餘其神明，治兵書律歷，探天人要玄；且精於泰西之學。聖明欽若昊天，既以公之歷授時矣，茲之農政，復將用公之言，經緯天地，備此兩書，豈不盛哉？抑農田水利相爲表裏，大江以南，邇者旱潦不時，瀦洩無所，水利不修之所致也。顧安得復有夏忠靖者出，請水衡錢，按公之遺書，治上下流水患哉？余茲爲南土深憂矣。嗣君龍與翁孝義褆躬，莞枯一視，及諸孫五丈夫，皆能世公之學而竟其用者也。茲得并及之，是爲序。崇禎歲次壬午冬十月，賜進士第文林郎奉差巡按陝西甘肅兼學政、謫光禄寺監事、召還巡按蘇松等處、福建道監察御史通家晚生周一敬頓首拜書。

紀昀等《四庫全書總目》卷一〇二 《農政全書》六十卷。兵部侍郎紀昀家藏本。明徐光啓撰。光啓有《詩經六帖》，已著録。是編總括農家諸書，裒爲一集。凡《農本》三卷，皆經史百家有關民事之言，而終以明代重農之典。次《田制》二卷，一爲井田，一爲歷代之制。次《農事》六卷，自營制開墾以及授時占候，無不具載。次《水利》九卷，備録南北形勢，兼及灌溉器用諸圖譜，後六卷則爲《泰西水法》。考《明史》光啓本傳，光啓從西洋人利瑪竇學天文曆算火器，盡其術。崇禎元年，又與西洋人龍華民、鄧玉函、羅雅谷等同修《新法曆書》，故能得其一切捷巧之術，筆之書也。次爲《農器》四卷，皆詳繪圖譜，與王禎之書相出入。次爲《樹藝》六卷，分穀蓏蔬果四子目。次爲《蠶桑》四卷，又《蠶桑廣類》二卷。廣類者，木棉、蔴苧之屬也。次爲《種植》四卷，皆樹木之法。次爲《牧養》一卷，兼及養魚、養蜂諸細事。次爲《製造》一卷，皆常需之食品。次爲《荒政》十八卷，前三卷爲《備荒》，中十四卷爲《救荒本草》，末一卷爲《野菜譜》，亦類附焉。其書本末咸該，常變有備。蓋合時令、農圃、水利、荒政數大端，條而貫之，匯歸於一。雖採自諸書，而較諸書各舉一偏者，特爲完備。《明史》稱光啓編修兵機、屯田、鹽筴、水利諸書，又稱其負經濟才，有志用世，於此書亦略見一斑矣。

任樹森《農政全書序》 國之本計在農，明徐文定公《農政全書》所由作也。書爲天下之民言，尤爲天下之長民者言。黔地瘠磽，又不通舟楫，無商賈之利，舍農更何以爲治？夫黔非不重農也，然而耰鋤錢鎛之器不完，則草其宅矣；火化土蒸之法不悉，則糞無多矣；桑麻吉貝之種有遺，則利未溥矣。乃不曰貧難以措也，則曰土有未宜。於是終年鹵莽，鰓鰓然徒仰救於不可知之天時。上莫之先勞，下亦莫之奮興。遊惰之民職是，飢寒之民職是，訟獄攘竊之民悉職是矣。道光丙申秋，中丞善化賀公來撫黔，董屬吏，勤聽斷，嚴緝捕，實倉儲，興學校，仕風駸駸丕變。數月，出此書示僚佐曰：急則治標；今訟獄稍息，攘竊稍戢，是不可不圖其本也，是書盡之矣。森受而讀之，作而嘆曰：何獨富民也？即教亦不外是。夫使天下之民，皆終歲勤勞於畎畝，尚暇訟獄乎？使天下之民，皆衣食充足於家室，尚樂攘竊乎？即云貧難以措也；然器不完，法不悉，種不備，不益之貧乎？即云土有未宜也；然器果完，法果悉，種果備，豈概弗宜乎？文定此書，大抵於民之營治、耕勞、器具、作用、樹畜、種植則詳焉晰焉，纖悉不遺，於長民者之興除利弊，開墾屯田，水利荒政，則諄焉復焉，再三不倦。嗚呼！小富由勤，本富在農，豈難知難能之事也？而黔之民，胡爲聽其遊惰而饑寒、而訟獄、而攘竊耶？且民非不農也，未若是書之言農；長民者非不重農也，未若是書之言重農。愚民耳目，囿於方域，因之而已。士君子幼而佔畢，長而學製，或未嘗躬親農事，目覩農書，率之無方，亦安之而已。誠人人取是書，講明而切究之，器有必完也，法有必悉也，種有必備也。民生其有不阜，民俗其有不醇者歟？善乎禹修之序曰，做而準之，天下無石田，穰凶無艱食矣，又何貧無以措，土有未宜之爲慮也哉？貴陽守恬侯馬君，以是書爲可救黔之瘠也，請付剞劂。予曰：中丞之出是書，非徒供僚屬省覽也，其各究心以教吾民，而又使之寬然得自力於農焉，則是書之刻不虛矣。謹序。道光十七年歲次丁酉仲夏月，貴州通省清軍糧儲兼巡道新息任樹森謹序。

宋應星《天工開物卷序》 天覆地載，物數號萬，而事亦因之曲成而不遺，豈人力也哉？事物而既萬矣，必待口授目成而後識之，其與幾何？萬事萬物之中，其無益生人與有益者，各載其半，世有聰明博物者，稠人推焉。乃棗梨之花未賞，而臆度「楚萍」；釜鬵之範鮮經，而侈談莒鼎；畫工好圖鬼魅而惡犬馬，即鄭僑、晉華，豈足爲烈哉？幸生聖明極盛之世，滇南車馬，縱貫遼陽；嶺徼宦商，衡遊薊北。爲方萬里中，何事何物不可見見聞聞？若爲士而生東晉之初、南宋之季，其視燕、秦、晉、豫方物，已成夷產，從互市而得裘帽，何殊肅慎之矢也。且夫王孫帝子，生長深宮。御厨玉粒正香，而欲觀耒耜；尚宮錦衣方剪，而想像機絲。當斯時也，披圖一觀，如獲重寶矣！年來著書一種，名曰《天工開物卷》。傷哉貧也！欲購奇玫證，而乏洛下之資；欲招致同人，商略贋真，而缺陳思之館。隨其孤陋見聞，藏諸方寸而寫之，豈有當哉？吾友涂伯聚先生，誠意動天，心靈格物，凡古今一言之嘉，寸長可取，必勤勤懇懇而契合焉。昨歲《畫音歸正》，繇先生而授梓。茲有後命，復取此卷而繼起爲之，其亦夙緣之所召哉！卷分前後，乃「貴五穀而賤金玉」之義。《觀象》、《樂律》二卷，其道太精，自揣非吾事，故臨梓刪去。丐大業文人，棄擲案頭，此書于功名進取毫不相關也。 時崇禎丁丑孟夏月，奉新宋應星書于家食之問堂。

劉芳《豳風廣義敘》 古者先王之制，首重農桑，一夫不耕，或受之饑，一婦不織，或受之寒。聖帝肇自北方，耕織載在《豳風》。想其豐亨之景，雍和之象，令人歎慕不已。是農桑起自秦中，漸及南地，故天下後世，莫不羨豳原之風。惜乎桑蠶廢於往代，誤爲風土不宜，遂失其傳，因而缺利一倍。今時際熙皥，生齒日繁，而秦人僅守一耕，治生無增，補救無法，衣被不敷，閭閻漸艱，豐歲尚且多困，歉年其何以堪！凡有識者，莫不爲之寒心。我朝重熙累洽，和氣致祥。凡未舉者皆舉，未復者皆復，想亦是政可興之日也。有雙山楊子，生於吾鄉，賦資聰慧，才略性成。自髫年即拋時文，矢志經濟，博學好問。凡天文音律，醫農政治，靡不備覽。學宗孔孟，以聖賢之心爲心。每勸人以格物窮理，敦本復性爲要，養身治生爲首。人性皆善，接之者莫不歡從。吾鄉有淫祀，自唐迄今，千有餘年，所費不貲，每至其處，輒驟生爭端。先生每集同人講勸，遂罷其祀，至今鄉人安於無事。吾鄉去城邑甚遠，貿易不便，先生相地集衆，立爲日中之市，鄉人便之。先生乙巳遊南山，見槲橡滿坡，知其有用，特買沂水繭種，令布其間，至今利之。先生格致之精，洞達醫理，常針里人腸胃之瘖，預診友人三年之死。療久棄之痿症，起數載之沉痼，親目奇驗，難以枚舉。而周知多能，識見超越，深明秦人荒歉逃亡之弊，胎於無衣，講之極詳且悉，遂有樹桑之舉。然其事無法不成，先生博訪維慇，盡得其法。其種植、灌溉、繅解、經織之務，悉躬親而履蹈之，數年之間，大獲其益。迄今十餘年來，高堂有輕煖之奉，室家有盈箱之積。比閭族黨，矜式率由者益衆，來求法學手者無遠近，先生皆親教之。近來吾鄉之童子，皆能繅水絲矣。向之無衣無褐者，今且曳縞而拖繒。功有實功，效有實效。而先生不欲以衣帛之美，私諸一室一鄉，務欲播之當時，垂之奕禩，俾人人均食其報。因著《豳風廣義》一帙，連類備載畜牧、園圃之制，事事親經，其立法極善，取效甚捷，樂從者皆驗，誠致富之良謨也。上爲國家培元氣，下爲斯民立生命，豈小補哉。若人人踵而行之，不過數年之間，共歌五袴，咸慶大有。斯信此書之非夸也，又烏得以小道而目之。余於先生，爲比鄰之舍，葭莩之戚，見之習，知之稔，故能詳述始末，以樂告當世之仁人君子，遍曉鄉鄰，共舉此務。使秦中家家樹桑，人人衣帛，穀自可積而富可永保，則幸甚！乾隆五年歲次庚申孟春，劉芳頓首拜題。

楊屾《豳風廣義弁言》 天生蒸民，畀之食以養之，畀之衣以被之。蓋食出於耕，衣出於桑，二者生民之命，教化之原，缺一不可者也。夫人生一日不再食則飢，終歲不再衣則寒。飢之於食，寒之於衣，得之則生，失之則死，耕桑之所係大矣哉！是以神農爲耒耜，以利天下；堯命四子，敬授民時；舜命后稷，教民稼穡；禹勤溝洫，萬邦作乂。殷周之盛，詩書所述，皆以耕桑爲立國之本。故孔子籌保庶，先富而後教；孟子陳王道，先桑田而後庠序。古者天子躬耕，后親桑，爲天下先，重本也。自有生民以來，未有耕桑不舉，而可以興道致治者也。而不知者，反視耕桑爲鄙事，曰：君子自當爲其遠且大者。嗚呼！此亦弗思之甚也。夫經世大務，總不外教養兩端。而養先於教，尤以耕桑爲首務。古聖王之治天下也，養之以農，衛之以兵，節之以禮，和之以樂，生民之道畢矣。吾儒儲學者，即學此農兵禮樂，爲治者即運此農兵禮樂。四者乃天德之實，王道之本，萬古莫之易也。若舍此而求奇索隱，談玄説妙，無非英雄欺人之語，有何遠大之可爲。且世之人，終歲皇皇，經營籌畫，其塗雖殊，其實同歸於衣食。獨不思衣食之源，致富之本，皆出於農。農非一端，耕、桑、樹、畜，四者備而農道全矣。若缺其一，終屬不足。昔聖王之富民也，必全此四者。故宅不毛者罰里布，田不耕者出屋粟，民無職事者出夫家之征。即其歿也，不耕者祭無盛，不蠶者衣無帛，不畜者祭無牲，不樹者無槨，不績者不衰，其加意養道如此。人能遵斯四者，力耕則食足，躬桑則衣備，樹則材有出，畜則肉不乏。自然衣帛食肉，不飢不寒，取之不盡，用之不竭，不出鄉井而俯仰自足，不事機智而諸用俱備。日積月累，馴致富饒，世世守之，則利賴無窮。若棄自然之美利，圖難必之貨財，縱聚珠盈斗，積金如山，飢不可爲食，寒不可爲衣。故諺有之曰：百年無金珠何傷，十日無粟帛身亡。是以寒者不貪尺玉，而思袒褐；饑者不顧千金，而美一餐。故明王貴粟帛而賤珠玉，重農民而輕商賈。我皇上宵衣旰食，首重農桑。使倉有餘粟，箧有餘帛，登斯民於富壽之域。而承流宣化之賢，莫不仰體聖意，留心本務。但秦人自誤於風土不宜之説，知耕而不知桑，是有食而無衣。至於樹畜失法，又乏資助之益，故每歲之中，必賣食以買衣，因衣之費，而食已減其半。又兼諸凡之費，莫不取給於一耕，四者缺三，烏得不窮。所以豐凶俱困，衣食兩艱，稍有荒歉，則流亡載道。人但知凶荒始於無食，而不知其實胎於無衣。餘詳考屢察，深知其故。每思所以治衣之法，試諸木棉、麻苧，厥成維艱，殫思竭慮，未得其善。因誦《豳風》一詩，及《孟子》陳王道諸章，頓有所悟。夫邠岐俱屬秦地，先世桑蠶，載在篇什可考，豈宜於古而不宜於今與。余因而博訪樹桑養蠶之法，織工繅絲之具，頗得其要。自樹桑數百株，歲在己酉，始爲養蠶。其年蠶成，所繅水絲，光亮如雪，能中紗羅綾緞之用。迄今十有三載，歲歲有成，親經實驗，已獲其益。仰體我皇上加意農桑，愛養斯民之至意，不忍私諸一身，竊願推以及人，因集是編，顔曰《豳風廣義》。若家户行之，則稼穡之外，復增利一倍。每樹桑一畝，歲可得絲九斤，若樹桑十餘畝，歲可得絲百餘斤，不特五十之老可以衣帛，即賦税婚喪之費，亦可取給於此，豐衣足食之樂，可立而待矣。然桑蠶既舉，而孕字之事，缺焉不講，何以佐農桑之不逮，衣帛之老，又何能食肉乎。余特揀採善法，精尋實效，求其切於日用，家家可畜者，猪、羊、雞、鴨之法，俱親經有驗，連類而備載之。能依法牧養，則孳生不窮，不特七十之老足以食肉，即八口之家，亦有餘甘矣。更思秦中，園圃久廢，樹藝失法，追倣素封之意，自製一園，名曰養素，已見實效。附於蠶畜之末，以公同志。是編也，始以桑蠶，補歲計之不足；繼以畜牧，佐農桑之不逮；終以園制，爲士人養高助道之資。此余殫十餘年之苦心，親身經歷而輯成者，非徒抄撮成説，道聽耳聞者可比。授之剞劂，用廣同人，敢自附於作者之林乎？亦庶幾利用厚生之一助云爾！

乾隆六年季夏上浣，茂陵楊屾雙山氏題於會心齋舍。

紀昀等《四庫全書總目》卷一〇二 《豳風廣義》三卷。江西巡撫採進本。國朝楊屾撰。屾字雙山，西安人。其書述樹桑、養蠶、織紝之法，備繪諸圖，詳説其制，而雞豚畜字之法亦附見焉。考蠶月條桑，《豳風》所述，則其地非不可蠶桑，而近代其法久廢，故貧民恒以無衣爲虞。屾之所述，蓋秦民之切務，近時頗解織紝，故所作之帛，世稱秦紗，俗曰繭子。四方往往有之，或亦講求之力歟。

宫本昂《豳風廣義序》 光緒八年，本昂以考績入都，謁大司農閻公。公曾撫山左，問民閒生計甚悉。併手一册授本昂，曰：此《豳風廣義》三卷，蠶事大備，汝方膺民社，盍法之，以惠小民。本昂唯唯，歸而讀之，蓋秦中楊太學屾所編輯也。太學因秦人誤於風土不宜之説，耕而不桑，衣艱於食，博訪栽壓、修接、浴養、飼摘、蒸繅、解緯、紡織之法，躬行獲利，族黨踵而效者，亦多豐其家，乃爲圖説集是書以公諸世。嗟乎！太學之意良厚，而公去東十餘載，尚殷殷爲民謀室家，如此其深且遠也。夫往籍所載，蠶桑之興，實肇北土。今則齊、魯、燕、趙、秦、晉之民，耕田外罔所事。樂歲猶無餘，荒歉則凍餒轉徙，顛踣乎道途。且自海舶互市，其物多奇巧，啓嗜好，歲耗以千萬計，民益重困。而外洋所需中國産，亦惟絲爲多，吳越業之者獲厚利。使齊、魯、燕、趙、秦、晉之民，務本圖，事蠶桑，以補歲計之不足，即遇荒歉，亦可無凍餒轉徙顛踣之患，而奈何相顧因循，以至於今日也。本昂既獲是書，敢不奉行，用敷公惠。雖然，一邑之大，所及幾何，亟付剞劂，以廣其傳，因書端委如此。山東卓異候陞掖縣知縣調署德州知州宫本昂謹序。

羅振玉《紡織圖説跋》 右《紡織圖説》一卷。乾隆癸酉，錢塘孫琳，爲知淮安府事隴右趙公撰。趙公由太倉牧，擢守淮安。淮無紡織之利，特徵江南織工，至郡設局教之，鬨一時其業頓興，距今百餘年來，淮地紡織之風，仍寂然無聞，殆所謂人亡政息與。倘此書亦湮，則賢太守聲稱杳矣。兹爲之印行，復取金谿黄漱莊先生夢菊宰滇南時，教《織局章程》附書於後。今之賢守令，幸倣而行之，毋任前賢專美，則鄙人所企祝者矣。光緒二十五冬，上虞羅振玉跋。

鄭珍、莫友芝〔道光〕《遵義府志》卷四四《藝文三》黄樂之《蠶桑寶要跋》 蠶桑之利徧天下，而遵義居民止知橡繭，罕事桑蠶，豈其土地之不宜歟，抑拘於所習而桑絲之利未盡悉耳。樂之來守播州，亟欲勸衆植桑飼蠶，謂宜示以成法。爰詢郡中茂才晉生廷榮，得《蠶桑寶要》一書，蓋諸暨周雪園先生莅任蜀中所作，區爲四説，以植桑爲先務，而育蠶之事宜，避忌器用，次第紀焉。言簡事該，條分縷晰，洵樹桑之典要，蠶婦之規維矣。山繭行於遵義迄百餘年，獲利已久，然觀其伺守之勞，必藉男子，固不如桑蠶，專課女工，逸而易就也。乃爲重付梓人，分頒士庶，俾知始事不煩，而爲利益溥。異時執筐采桑，疊鼓祈蠶，將與橡繭並行久遠，皆是書爲之先導已。道光己亥。

藝文

《詩・陳風・東門之枌》不績其麻，市也婆娑。鄭玄箋：績麻者婦人之事也，疾其今不爲。

《詩・大雅・瞻卬》婦無公事，休其蠶織。毛亨傳：婦人無與外政，雖王后猶以蠶織爲事。

徐幹等《建安七子集》卷七《劉楨集・大暑賦》農畯捉鎛而去疇，織女釋杼而下機。

徐幹等《建安七子集》卷七《劉楨集・魯都賦》其女工則絳綺縠。《太平御覽》八一六。

《藝文類聚》卷六五《織》賦 後漢王逸《機賦》曰：帝軒龍躍，庶業是昌。俯覃聖思，仰覽三光。爰制布帛，始垂衣裳。於是取衡山之孤桐，南岳之洪樟，結靈根於盤石，託九層於岩傍。性條暢以端直，貫雲表而剴良。儀鳳晨鳴翔其上，怪獸羣萃而陸梁。於是乃命匠人，潛江奮驤。踰五領，越九岡，斬伐剖析，擬度短長。勝復迴轉，尅像乾形。大匡淡泊，擬則川平。光爲日月，蓋取昭明。三軸列布，上法台星。兩驥齊首，儼若將征。方員綺錯，微妙窮奇。蟲禽品獸，物有其宜。兔耳跧伏，若安若危。猛犬相守，竄身匿蹄。高樓雙峙，下臨清池。遊魚銜餌，瀺灂其陂。鹿盧並起，纖繳俱垂。一往一來，匪勞匪疲。於是暮春代謝，朱明達時。蠶人告訖，舍罷獻絲。或黃或白，蜜蠟凝脂。纖纖静女，經之絡之。爾乃窈窕淑媛，美色貞怡。解鳴珮，釋羅衣，披華幕，登神機，乘輕杼，覽床帷，動摇多容，俯仰生姿。

《藝文類聚》卷六五《織》詩 古詩曰：迢迢牽牛星，皎皎河漢女。纖纖濯素手，札札弄機杼。

《太平御覽》卷八二五《資産部五・機杼》王逸《機賦》曰：舟車棟宇，簏工也。杵臼碓磑，真巧也。匡盤杆縷，小用也。至於織機，功用大矣。上自大始，下訖羲皇。帝軒龍躍，庶業是昌。俯系聖恩，仰攬三光。悟彼織女，終日七襄。爰制布帛，始垂衣裳。於是取衡山之孤桐，南岳之洪樟，勝復迴轉，刻象乾形。大匡淡泊，擬則川平。光爲日月，蓋取昭明。三軸列布，上法台星。兩驥齊首，儼若將征。方圓綺錯，微妙窮奇。兔耳跧伏，若安若危。猛犬相守，竄身匿蹄。高樓雙峙，以臨清池。遊魚銜餌，瀺灂其陂。鹿盧並起，纖繳俱垂。宛若星極，屈膝推移。爾乃乘輕杼，攬床帷。動摇多容，俯仰生姿。

《太平御覽》卷八二五《資産部五・機杼》《古詩》曰：「纖纖擢素手，札札弄機杼。」又曰：「皎皎白素絲，織爲寒女衣。寒女雖巧妙，不得束機杼。」

《古樂苑》卷五〇無名氏《古豔歌》孔雀東飛，苦寒無衣。爲君作妻，中心惻悲。夜夜織作，不得下機。三日載疋，尚言吾遲。

《全上古三代秦漢三國六朝文・全後漢文》卷五七王逸《機賦》舟車棟寓，匶工也。杵臼碓磑，直巧也。盤杅縷針，小用也。至於織機，功用大矣。素樸醇一，野處穴藏。上自太始，下訖羲皇。帝軒龍躍，庶業是昌。俯覃聖思，仰覽三光。悟彼織女，終日七襄。爰制布帛，始垂衣裳。于是取衡山之孤桐，南岳之洪樟，結靈根於盤石，託九層於巖旁。性條暢目端直，貫雲表而剴良。儀鳳晨鳴翔其上，怪獸羣萃而陸梁。於是乃命匠人，潛江奮驤。踰五嶺，越九岡。斬伐剖析，擬度短長。勝復迴轉，尅像乾形。大匡淡泊，擬則川平。光爲日月，蓋取昭明。三軸列布，上法台星。兩驥齊首，儼若將征。方員綺錯，極妙窮奇。蟲禽品獸，物有其宜。(免)[兔]耳跧伏，若安若危。猛犬相守，竄身匿蹄。高樓雙峙，下臨清池。游魚銜餌，瀺灂其陂。鹿盧並起，纖繳俱垂。宛若星圖，屈伸推移。一往一來，匪勞匪疲。於是暮春代謝，朱明達時。蠶人告訖，舍罷獻絲。或黃或白，蜜蠟凝脂。纖纖静女，經之絡之。爾乃窈窕淑媛，美色貞怡。解鳴佩，釋羅衣，披華幕，登神機，乘輕杼，攬牀帷。動摇多容，俯仰生姿。《藝文類聚》六十五。《北堂書鈔》一百五十八《御覽》八百二十五。

《先秦漢魏晉南北朝詩・漢詩》卷九無名氏《相逢行》大婦織綺羅，中婦織流黄。

曹植《曹植集》卷一《大暑賦》機女絶綜，農夫釋耘。

《玉臺新詠》卷二曹植《雜詩五首》之二 西北有織婦，綺縞何繽紛。善曰：《小雅》曰：繒之精者曰縞。明晨秉機杼，日昃不成文。太息終長夜，悲嘯入青雲。

《玉臺新詠》卷三陸機《爲一無爲字周夫人贈車騎一首》碎碎織細練，爲君作構一作「當爲君作襦」。襦。《漢書・王莽傳》太后[旦]衣繒練。師古曰：繒練，謂帛無文者。

《文選》卷四左思《蜀都賦》闤闠之裏，伎巧之家，百室離房，機杼相和。貝錦斐成，濯色江波。李善注：闠，市巷也。闠，市外内門也。貝錦，錦文也。譙周《益州志》云：成都織錦既成，濯於江水，其文分明，勝於初成。他水濯之，不如江水也。

《文選》卷一六江淹《别賦》　織錦曲兮泣已盡，迴文詩兮影獨傷。李善注：《織錦迴文詩序》曰：竇韜，秦州被徙沙漠，其妻蘇氏，秦州臨去，别蘇誓不更娶。至沙漠便娶婦，蘇氏織錦，端中作此迴文詩以贈之。苻國時人也。

徐陵《徐孝穆集》卷一《中婦織流黄》　吴兆宜箋注：《玉臺新詠·古樂府·相逢行》曰：「大婦織羅綺，中婦織流黄，小婦無所作，挾瑟上高堂。」落花還一作飛井上，春機當户前，帶衫行幛口，覓釧枕檀一作入檀邊。數鑷疑作躡經無亂，《魏志》：舊綾機五十綜者五十躡，六十綜者六十躡。扶風馬鈞患其喪功費日，皆易以十二躡。新蛩緯易牽。《古今注》：莎雞一名催織，一名絡緯。催織謂鳴聲如急織，絡緯謂其聲如紡績也。蜘蛛夜伴織，張協《雜詩》：「蜘蛛網四屋。」百舌曉驚眠。《易緯·通卦》：百舌者，反舌鳥也，能反覆其舌，隨百鳥之音。封用黎陽土，《東觀漢記》：鄧訓故吏知訓好青泥封書，從黎陽步推鹿車過易陽，載青泥一樸遺訓。書因計吏船。揚雄《答劉歆書》：天下上計孝廉及内郡衛卒會者，雄常把三寸弱翰，齎油素四尺，以問其異語。欲知夫壻處，《古樂府》：「東方千餘騎，夫壻居上頭。」今督水衡錢。《漢書》：本始二年春，以水衡錢爲平陵徙民起第宅。顔師古注：應劭曰：水衡與少府，皆天子私藏。

《藝文類聚》卷六五《織》　晉楊泉《織機賦》曰：伊百工之爲技，莫機巧之最長。似人君之列位，象百官之設張。立匡郭之制度，如城隅之員方。應萬機以布錯，實變態之有章。是以孟秋之月，首殺庶物，工民呈材，取彼椅梓，貞幹修枝。名匠騁工，美乎利器。心暢體通，膚合理同。規矩盡法，因事作容。好無不媚，事無不供。於是乎女工就素，絲輕貫綜。紀簡姦清，織女揚翬，美乎如芒。麗姿妍雅，動有令光。足閑蹈躡，手習檻匡。節奏相應，五聲激揚。濁者含宫，清者應商。和聲成柔，慷慨成剛。屈申舒縮，沈浮抑揚。開以厭間，闔以高梁。進以懸魚，退以俠彊。氣變相應，陰感乎陽。僶俛不及，進却頡頏。事物之宜，法天之常。既合利用，得道之方。

《太平御覽》卷八二五引孫德施《緯車賦》　惟工藝之多門，偉英麗乎創形。擬老氏之一轂兮，應天運以迴行。秉轉屈以成規兮，不辭勞以自傾。故其用同造物，功參天地。軒轅垂衣，因其以濟。衮冕龍旂，用康上帝。動存王室，惠流皁隸。觀其微風興於(輪)〔軸〕端，霧雨散于轂輻。制以靈木，絡以奇竹。危朝日以投員兮，准暈月以造象。若洪輪之在(雄)〔碓〕兮，似蜘蛛之結網。爾乃才藝妻妾，工巧是嘉，或織綿組，或匠綾羅。舒皓腕於輕輪兮，煥擬景乎鏡華。綵成妙於指端(號拒)兮，〔清籟〕幽而相和。象蟋蟀之鳴户兮，類寒蟬之吟家。

鮑照《鮑參軍集》卷四《擬行路難十八首》之五　棄置罷官去，還家自休息。朝出與親辭，暮還在親側。弄兒牀前戲，看婦機中織。自古聖賢盡貧賤，何況我輩孤且直！

鮑照《鮑參軍集》卷六《擬古八首》之七　河畔草未黄，胡雁已矯翼。秋蛩扶户吟，寒婦成夜織。

徐陵《徐孝穆集》卷一《詠織婦》　纖纖運玉指，脈脈正蛾眉。振躡開交縷，見《樂府》。停梭續斷絲。兆宜曰：《異苑》：陶侃嘗漁雷澤，得一織梭。簷前初月照，洞户朱帷垂。一作未垂帷。弄機行掩淚，彌令織素遲。見《鴛鴦賦》。

《玉臺新詠》卷三荀昶《擬相逢狹路間》　大婦織紈綺，中婦縫羅衣。

《玉臺新詠》卷四鮑照《夢還詩》〔按〕：一作《夢歸鄉》　孀婦當户笑，一作歎。繅一作搔。絲復鳴機。《春秋繁露》：繭待繅而爲絲。

《玉臺新詠》卷四鮑照《擬古》　河畔草未黄，胡雁已矯翼。秋蛩扶一作挾。户吟，寒婦晨一作成。夜織。

《玉臺新詠》卷五柳惲《擣衣詩》　念君方遠徭，望〔按〕：《藝文》作賤。妾理紈素。【略】不怨杼軸苦，所悲千里分。垂泣送行李，傾首遲歸雲。

《玉臺新詠》卷五柳惲《雜詩》　自君之出矣，蘭堂罷鳴機。徒知遊宦是，不念别離非。

《玉臺新詠》卷六王僧孺《與司馬治書同聞鄰婦夜織》　洞房風已激，長廊月復清。藹藹夜庭廣，飄飄曉帳輕。雜聞百蟲思，偏傷一息一作鳥聲。鳥聲長不息，妾心復何極。猶恐君無衣，夜夜當窗織。

《玉臺新詠》卷六王僧孺《擣衣》　下機鶩西眺，鳴砧遽東旭。《漢書》：酈食其曰：紅女下機。

《玉臺新詠》卷七梁武帝《織婦》　送别出南軒，離思沈幽室。調梭輟寒夜，鳴機罷秋日。一作月。《正字通》：梭，桑柯切，音娑。織具，所以行緯，俗呼杼爲梭。《廣韻》：梭，織具。良人在萬里，誰與共成匹。願得一回按一作迴光，照此憂與疾。君情倘未忘，妾心長自畢。

《玉臺新詠》卷七簡文帝《詠〔按〕樂府無詠字中婦織流黄》　翻花滿階砌，愁人獨上機。浮雲西北起，孔雀東南飛。調絲時遶腕，易鑷乍牽衣。《語林》：劉道真見一老嫗採旅，劉調之曰：「女子何不調機利杼而採旅。」《周禮》：㡛氏湅絲以涚水，漚其絲七日，去地尺暴之，晝暴諸日，夜宿諸井，七日七夜，是爲水湅。《西京雜記》：霍光妻遺淳于衍葡萄錦二十四匹、散花綾二十五匹，綾出鉅鹿陳寶光家。寶光妻傳其法，霍顯召入其第使作之，機用一百二十鑷，六十日成一匹，匹直萬錢。

《玉臺新詠》卷七簡文帝《古意》 妾在成都縣，願作高唐雲。鳴梭逐動釧，紅妝映落暉。樽中石榴酒，機上葡萄裙。停梭還斂色，何時勸使君。

《玉臺新詠》卷八劉孝威《侍宴賦得龍沙宵月明》 傳聞機杼妾，愁余衣服單。當秋一作愁。終已脆，銜啼織復難。終作絲，是。皇太子《妾薄命篇》「縫針脆故絲」可證。

《玉臺新詠》卷八劉孝威《郗一作鄀。縣遇見人織，率爾寄婦》一作成詠。 妖姬含怨情，織素起秋聲。度梭環玉動，踏躡珮珠鳴。一作明。《西京雜記》：五絲爲躡，倍躡爲升，倍升爲絨，倍絨爲紀，倍紀爲緵，倍緵爲襚。經稀一作移。疑杼澀，緯斷恨絲輕。《正字通》：凡織，縱曰經，橫曰緯。蒲萄始欲罷，鴛鴦獨未成。【略】機頂掛流蘇，機旁垂結珠。青絲引伏兔，黃金繞鹿盧。一作轆轤。王逸《機賦》：「兔耳跧伏，若安若危。」又：「鹿盧並起，纖繳俱垂。」鄭玄《周禮》注：當兔，即伏兔，謂輿下之貫軸者也，似人屐，伏兔在輔上似之。艷彩裾邊出，芳脂口上渝。

《玉臺新詠》卷八劉邈《見人織，聊爲之詠》 纖纖運玉指，脈脈正蛾眉。振躡開交縷，停梭續斷絲。檐花照初月，洞户未垂一作垂朱。帷。弄機行掩淚，翻令織素遲。

《玉臺新詠》卷八劉邈《秋閨》 螢飛綺窗外，妾思霍將軍。鐙前量獸錦，簷下織花紋。唐避諱，改虎作獸。《正字通》：凡錦綺黼繡之文皆曰紋。《廣韻》：紋綾也。墜露如輕雨，長河似薄雲。秋還百種一作種事，衣成未暇薰。

《玉臺新詠》卷八劉孝儀《閨怨》 本無金屋寵，長作玉階悲。一乖西北麗，寧復城南期。永巷愁無盡，應門閉有時。空勞織素巧，徒爲團扇辭。

《玉臺新詠》卷九蕭子顯《燕歌行》 思君昔去柳依依，至今八月避暑歸。明珠蠶繭勉登機，鬱金香藹特一作持。香衣。洛陽城頭雞欲曙，丞相府中烏未飛。夜夢征人縫狐貉，私憐織婦裁錦緋。《說文》：緋，帛赤色也。

《玉臺新詠》卷九王筠《行路難》 千門皆閉夜何央，百憂俱集斷人腸。探揣按：一作取。箱中取刀尺，拂拭機上斷流黃。情人逐情按：一作恨。雖可恨，復畏按：一作恨。邊遠乏衣裳。已繅一作繰。一繭摧衣縷，復擣百和裛一作薰。衣香。

《續玉臺新詠》盧詢《中婦織流黃》 別人心已怨，愁空日復斜。然香望韓壽，磨鏡待秦嘉。殘絲愁績爛，餘織恐縑賒。支機一片石，緩轉獨輪車。下簾還憶月，挑燈更惜花。似天河上景，春時織女家。

《藝文類聚》卷六五《織》 陳蕭銓《賦婀娜當軒織詩》曰：東南初日照秦樓，西北織婦正嬌羞。綺窻猶垂翡翠幌，珠簾半上珊瑚鉤。新粧入機映春牖，弄杼鳴梭挑纖手。何曾織素讓新人，不掩流蘇推中婦。三日五匹未言遲，衫長腕弱繞輕絲。綾中轉躡成離鵠，錦上迴文作別詩。不惜紈素同霜雪，更傷秋扇篋中辭。

李白《李太白全集》卷三《烏夜啼》 黃雲城邊烏欲棲，歸飛啞啞枝上啼。機中織錦秦川女，碧紗如烟隔窻語。停梭悵然憶遠人，獨宿孤房淚如雨。

李白《李太白全集》卷五《黃葛篇》 黃葛生洛溪，黃花自綿冪。青烟蔓長條，繚繞幾百尺。閨人費素手，採緝作絺綌。縫爲絕國衣，遠寄日南客。蒼梧大火落，暑服莫輕擲。此物雖過時，是妾手中跡。

李白《李太白全集》卷一〇《贈裴司馬》 翡翠黃金縷，繡成歌舞衣。若無雲間月，誰可比光輝。秀色一如此，多爲衆女譏。君恩移昔愛，失寵秋風歸。愁苦不窺鄰，泣上流黃機。天寒素手冷，夜長燭復微。十日不滿匹，鬢蓬亂若絲。猶是可憐人，容華世中稀。向君發皓齒，顧我莫相違。

杜甫《杜工部集》卷一《白絲行》 繰絲須長不須白，越羅蜀錦金粟尺。象一作牙。床玉手亂殷紅，萬草千花動凝碧。已悲素質隨時染，一作改。裂下鳴機色相射。美人細意熨帖平，裁縫滅盡針線跡。春天衣著爲君舞，蛺蝶飛來黃鸝語。落絮遊絲亦有情，隨風照日宜一作疑。輕舉。香汗輕塵污顏色，一云香汗清塵似微污，又云香汗清塵污不著。陳浩然本一云香汗清塵似顏色。開新合故置何一作相。許。君不見才一作志。士汲引難，恐懼棄捐忍覊旅。

杜甫《杜工部詩集》卷六《牽牛織女》 嗟汝未嫁女，秉心鬱忡忡。防身動如律，竭力機杼中。雖無姑舅事，敢昧織作功。

盧綸《盧綸詩集》卷一《途顧秘書獻書後歸岳州》 黃葉落不盡，蒼苔隨雨生。當軒置尊酒，送客歸江城。竹裏聞機杼，舟中見弟兄。岳陽賢太守，應爲改鄉名。

盧綸《盧綸詩集》卷三《晚次新豐北野老家書事呈贈韓質明府》 機鳴春響日暾暾，鷄犬相和漢古村。數派清泉黃菊盛，一林寒露紫梨繁。

盧綸《盧綸詩集》卷三《秋，幕中夜獨坐，遲明，因陪陳翃郎中晨謁上公，因書即事兼呈同院諸公》 葉翻螢不定，蟲思草無邊。南舍機杼發，東方雲景鮮。

盧綸《盧綸詩集》卷四《陪中書李紓舍人夜泛東池》 看月復聽琴，移舟出樹陰。夜村機杼急，秋水芰荷深。

孟郊《孟東野詩集》卷二《織女辭》 夫是田中郎，妾是田中女。當年嫁得君，爲君秉機杼。筋力日已疲，不息窻下機。如何織紈素，自著藍縷衣。官家牓村路，更索栽桑樹。

孟郊《孟東野詩》卷六《贈韓郎中愈二首》之二 碩鼠既穿墉，又嚙機上絲。穿墉有閑一作餘。土，嚙絲無餘衣。朝吟枯桑柘，暮泣穿杼機。豈是無巧妙，絲斷將何施。衆人上肥華，志士多饑羸。願君保此節，一作願保此貞節。天意當察微。

崔致遠《桂苑筆耕集》卷五《進御衣段狀》 當道先兼鹽鐵使織造中和四年已前御衣羅折造布並綾錦等，除先進納外，續織造九千六百七十八段，謹具如後物色。

右臣久權莞貨，素乏籌謀，多虧山海之資，莫報雲天之澤。前件御衣並綾錦綺等，薄慙蟬翼，輕愧鴻毛。然而舒張則凍雪交光，疊積則餘霞鬭彩。既成功於鳳杼，希入用於龍衣。儉德彌彰，致美宜先於黻冕；皇恩遠燭，輸誠必鑑於絲毫。其匹段物等，臣謹差某官某押領，隨狀奉進。謹進。

又《進綾絹錦綺等狀》 進奉綾絹錦綺銀等一十萬匹段兩。 謹具色目如後物色。

右臣伏以兵戈充熾，郡邑凋殘，仰思御輦巡遊，唯恨賦輿懸闕。況乃當道巡屬之內，招降頗多，皆請占留，將充供贍。貴息寇戎之患，難豐進獻之儀。前件綾絹錦綺等，雖製自鴛機，而價慙鮫室。夐謝八蠶之號，劣登三品之名。祇將申任土之宜，豈足備補天之用。輕微既甚，隕越何安。其匹段物色，謹差節度散兵馬使王審球等押領，隨狀奉進。謹進。

崔致遠《桂苑筆耕集》卷一〇《進紅錦繳壁等狀》 幽州李可舉太保，織成紅錦繳壁兩條、暖子錦三匹、被錦兩匹、西川羅夾纈二十匹、真紅地絹夾纈八十匹。

右件繳壁、錦、纈等，鼂城傳樣，鳳杼成功。張廣幅而宛見虹舒，疊綵繪而免慙鮫織。雖五千里之誇步障，是難可爭光；而四十匹之製戎衣，則或堪入用。亦冀備會稽守晝行之服，換平津侯夜寐之衾。不咎輕微，特垂容納，干浼斯甚，兢慙實多云云。

王建《王建詩集》卷一《涼州行》 涼州四邊沙皓皓，漢家無人開舊道。邊頭州縣盡胡兵，將軍別一作當。築防秋城。萬里人家皆已沒，年年旌節發西京。多來中國收婦女，一半生男爲漢語。蕃人舊日不耕犂，相學如今種禾黍。驅羊亦著錦爲衣，爲惜氈裘防鬭時。養蠶繰繭成疋帛，那將繞帳作旌旗。城頭山雞鳴角角，洛陽家家學胡樂。

王建《王建詩集》卷一《當窗織》 歎息復歎息，園中有棗行人食。貧家女爲原作大，據汲本、全唐詩、胡本改。富家織，翁母隔墻不得力。水寒手澁絲脆斷，續來續去心腸爛。草蟲促促一作織。機下啼，兩日催成一疋半。輸官上頭有零落，姑未得衣身不著。當窗却羨青樓倡，十指不動衣盈箱。

王建《王建詩集》卷一《簇蠶辭》 蠶欲老，箔頭作繭絲皓皓。場寬地高風日多，不向中庭曬蒿草。神蠶急作莫悠揚，年來爲爾祭神桑。但得青天不下雨，上無蒼蠅下無鼠。新婦拜簇願繭稠，女灑桃漿男打鼓。三日開箔雪團團，先將新繭送縣官。已聞鄉里催織作，去一作送。與誰人身上著。

王建《王建詩集》卷二《田家行》 男聲欣欣女顏悅，人家不怨言語別。五月雖熱麥風清，簷頭索索繰車鳴。野蠶作繭人不取，葉間撲撲秋蛾生。麥收上場絹在軸，的知輸得官家足。不望入口復上身，且免向城賣黃犢。田家衣食無厚薄，不見縣家一作門。身即樂。

王建《王建詩集》卷二《去婦》 新婦去年胼手足，衣不暇原作解，據各本改。縫蠶廢簇。白頭使我憂家事，還如夜裏燒殘燭。當初爲信傍人語，豈道如今自辛苦。在時縱嫌織絹遲，有絲不上鄰人機。

王建《王建詩集》卷二《織錦曲》 大一作一。女身爲織錦户，名在縣家供進簿。長頭起樣呈作官，聞道官家中苦難。回花側葉與人別，唯恐一作愁。秋天絲線乾。紅縷葳蕤紫茸軟，蝶飛參差花宛轉。一梭聲盡重一梭，玉腕不停羅袖卷。窗中夜久睡髻偏，橫釵欲墮垂著肩。合衣臥時參沒後，停燈起在雞鳴前。一匹千金亦不賣，限日未成宮一作官。裏怪。錦江水涸貢轉多，宮中盡著單絲羅。莫言山積無盡日，百尺高樓一曲歌。

韓愈《韓昌黎詩集》卷一《謝自然詩》 人生有常理，男女各有倫。寒衣及飢食，在紡織耕耘。下以保子孫，上以奉君親。苟異於此道，皆爲棄其身。

李紳《追昔遊集》卷上《閭里謠效古歌》 鄉里兒，桑麻鬱鬱禾黍肥，冬有纊襦夏有絺。兄鋤弟耨妻在機，夜犬不吠開蓬扉。

白居易《白居易集》卷二《重賦》 厚地植桑麻，所要濟生民。生民理布帛，所求活一身。身外充征賦，上以奉君親。國家定兩稅，本意在憂人。厥初防其淫，明勑內外臣：稅外加一物，皆以枉法論。奈何歲月久，貪吏得因循。浚我以求寵，斂索無冬春。織絹未成疋，繅絲未盈斤；里胥迫我納，不許暫逡巡。歲暮天地閉，陰風生破村。夜深烟火盡，霰雪白紛紛。幼者形不蔽，老者體無温；悲端與寒氣，併入鼻中辛。昨日輸殘稅，因窺官庫門：繒帛如山積，絲絮似雲屯。號爲羨餘物，隨月獻至尊。奪我身上暖，買爾眼前恩。進入瓊林庫，歲久化爲塵！

白居易《白居易集》卷四《紅綫毯》　紅線毯，擇繭繅絲清水煮，揀絲練線紅藍染。染爲紅線紅於藍，織作披香殿上毯。披香殿廣十丈餘，紅線織成可殿鋪。綵絲茸茸香拂拂，線軟花虛不勝物。美人踏上歌舞來，羅襪繡鞋隨步没。太原毯澀毳縷硬，蜀都褥薄錦花冷；不如此毯温且柔，年年十月來宣州。宣城太守加樣織，自謂爲臣能竭力。百夫同擔進宮中，線厚絲多卷不得。宣城太守知不知？一丈毯，千兩絲！地不知寒人要暖，少奪人衣作地衣！貞元中，宣州進開樣加絲毯。

白居易《白居易集》卷四《繚綾》　繚綾繚綾何所似？不似羅綃與紈綺；應似天台山上月明前，四十五尺瀑布泉。中有文章又奇絶，地鋪白烟花簇雪。織者何人衣者誰？越溪寒女漢宮姬。去年中使宣口勅，天上取樣人間織。織爲雲外秋雁行，染作江南春水色。廣裁衫袖長製裙，金斗熨波刀剪紋。異彩奇文相隱映，轉側看花花不定。昭陽舞人恩正深，春衣一對直千金；汗沾粉汙不再著，曳土踏泥無惜心。繚綾織成費功績，莫比尋常繒與帛。絲細繰多女手疼，扎扎千聲不盈尺。昭陽殿裏歌舞人，若見織時應也惜！

白居易《白居易集》卷二〇《杭州春望》　紅袖織綾誇柿蔕，杭州出柿蔕花者尤佳也。青旗沽酒趁梨花。其俗，釀酒趁梨花時熟，號爲梨花春。

柳宗元《柳宗元集》卷四三《田家三首》　其二　籬落隔煙火，農談四鄰夕。庭際秋蟲鳴，疎麻方寂歷。蠶絲盡輸税，機杼空倚壁。

元稹《元稹集》卷一《桐花》　劒士還農野，絲人歸織紝。

元稹《元稹集》卷一〇《代曲江老人百韻》　沃土心逾熾，豪家禮漸湮。老農羞荷鍤，貪賈學垂紳。曲藝争工巧，雕機變組紃。音循。《說文》：圜采條。《雜記》：紃以五采。

元稹《元稹集》卷一二《酬樂天東南行詩一百韻》　拔家逃力役，連鏁責音債逋誅。防戍兄兼弟，收田婦與姑。縑緗工女竭，青紫使臣紆。

元稹《元稹集》卷二三《織婦詞》　織婦何太忙，蠶經三卧行欲老。蠶神女聖早成絲，今年絲税抽徵早。早徵非是官人惡，去歲官家事戎索。征人戰苦束刀瘡，主將勳高換羅幕。繅絲織帛猶努力，變緝撩機苦難織。東家頭白雙女兒，爲解挑紋嫁不得。予掾荆時，目擊貢綾户有終老不嫁之女。檐前嫋嫋游絲上，上有蜘蛛巧來往。羨他蟲豸解緣天，能向虛空織羅網。

元稹《元稹集》卷二四《陰山道》　年年買馬陰山道，馬死陰山帛空耗。元和天子念女工，內出金銀代酬犒。臣有一言昧死進，死生甘分答恩燾。費財爲馬不獨生，耗帛傷工有他盜。【略】屯軍郡國百餘鎮，縑緗歲奉春冬勞。稅户逋逃例攤配，官司折納仍貪冒。挑紋變緝力倍費，棄舊從新人所好。越縠繚綾織一端，十疋素縑功未到。豪家富賈踰常制，令族親班無雅操。從騎愛奴絲布衫，臂鷹小兒雲錦韜。羣臣利己要羞僭，天子深衷空閔悼。綽立花塼鵷鳳行，雨露恩波幾時報。

李德裕《李衛公會昌一品集・別集》卷五《奏繚綾狀》　臣昨緣宣索，已具軍資歲計及近年物力聞奏，伏料聖慈必垂省覽。又奉詔旨，令織定羅紗袍段及可幅盤條繚綾等一千匹。伏讀詔書，倍增惶灼。臣伏見太宗朝臺使至涼州，見名鷹，諷李大亮令獻之，大亮密表陳誠，太宗賜詔報云：「有臣如此，朕原注：一本有復字。何憂！」再三嘉歎，事載史書。又元宗令中使於江南採鵁鶄諸鳥，汴州刺史倪若水抗表陳論，元宗亦賜詔嘉納，其鳥即時皆放。又令皇甫詢於益州織半臂背子、琵琶捍撥、鏤牙合子等，蘇頲不奉詔書，輒自停織，元宗皆不加罪，忻納所陳。臣竊以爲鵁鶄、鏤牙，至爲微細，若水等尚以勞人損德，瀝款效忠。當聖祖之朝，有臣如此，豈明王之代，獨無其人？蓋有位者蔽而不言，必非陛下拒而不納。又伏覩四月二十三日德音云：「侯伯有位之士，無或棄予，謂不可諫。其有違道傷理，徇欲懷安，面刺廷争，無有隱諱。」則是容納善道，增光祖宗，不盡忠規，過在臣下。況元鵝天馬，掬豹盤條，文彩珍奇，只合聖躬自服，今所織千匹，費用至多，臣愚亦所未曉。昔漢文衣弋綈之衣，元帝罷輕纖之服，仁德慈儉，至今稱之。伏乞陛下近覽太宗、元宗之容納，遠思文帝、孝元之恭己，以臣前表，宣示羣臣，酌當道物力所宜，更賜節減，則海隅蒼生，無不受賜。臣不任惶惕懇誠之至。

李賀《李賀詩集》卷一《南園十三首》之五　竹裏繅絲挑網車，青蟬獨噪日光斜。桃膠迎夏香琥珀，自課越傭能種瓜。

李賀《李賀詩集》卷二《羅浮山人與葛篇》　依依宜織江雨空，雨中六月蘭臺風。博羅老仙持出洞，千歲石牀啼鬼工。毒蛇濃吁洞堂濕，江魚不食啣沙立。欲剪湘中一尺天，吴娥莫道吴刀澀。

李賀《李賀詩集》卷二《感諷五首》之一　越婦未織作，吴蠶始蠕蠕。縣官騎馬來，獰色虬紫鬚。懷中一方板，板上數行書。不因使君怒，焉得詣爾廬？越婦拜縣官，桑牙今尚小，會待春日晏，絲車方擲掉。

李賀《李賀詩集》卷四《染絲上春機》　玉甖汲水桐花井，蒨絲沉水如雲影。美人嬾態燕脂愁，春梭抛擲鳴高樓。綵線結茸背複疊，白袷玉郎寄桃葉。爲君挑鸞作腰綬，願君處處宜春酒。

温庭筠《温飛卿詩集》卷一《織錦詞》　丁東細漏侵瓊（一作瑶。）瑟，影轉高梧月初出。簇簌金梭萬縷紅，鴛鴦豔錦初成匹。錦中百結皆同心，蕊亂雲盤相間深。此意欲傳傳不得，玫瑰作柱朱弦琴。爲君裁破合歡被，星斗迢迢（一作寥寥。）共千里。象齒（一作尺。）熏鑪未覺秋，碧池中（《才調集》作已。）有新蓮子。

温庭筠《温飛卿詩集》卷一《錦城曲》　蜀山攢黛留晴雪，簝筍蕨牙縈九折。江風吹巧翦霞綃，花上千枝杜鵑血。杜鵑飛入巖下叢，夜叫思歸山月中。巴水漾情情不盡，文君織得春機紅。怨魄未歸芳草死，江頭學種相思子。樹成寄與望鄉人，白帝荒城（一作城荒。）五千里。

温庭筠《温飛卿詩集》附録一《楊柳枝》　織錦機邊鶯語頻，停梭垂淚憶征人。塞門三月猶蕭索，縱有垂楊未覺春。

張祜《張承吉文集》卷七《謝高燕公惠生衣》　高公寵賜白衣裳，驚訝災天雪滿箱。乍展輕煙挖手滑，如披薄霧覺身凉。誰家織素秋蟾色，何處絲抽嫩異香。珍重六銖無可贈，空憑七字當瓊漿。

陸龜蒙《甫里集》卷九《和夏初襲美見訪題小齋韻》　四隣多是老農家，百樹維桑半頃麻。盡趁晴明修網架，每和煙雨掉繅車。啼鶯偶坐身藏葉，餉婦歸來鬢帶花。不是對君吟復醉，更將何事送年華。

陸龜蒙《甫里集》卷一九《記錦裾》（一作裙）　侍御史趙郡李君，好事之士也。因予話上元瓦棺寺有陳後主羊車一輪、天后武氏羅裙佛旛，皆組繡奇妙，李君乃出古錦裾一條示余，幅長四尺，下廣上狹，下濶六寸，上減下三寸半，皆周尺如直。其前則左有鶴二十，勢若飛起，率曲折一脛，口中銜莩葩輩，右有一鸚鵡，聳肩舒毛，數與鶴相等，二禽大小不類，而又以花卉均布無餘地。界道四向，五色間雜，道上累細鈿點綴其中，微雲瑑結，互以相帶，有若駮霞殘虹，流烟墮霧，春草夾逕，遠山截空，壞墻古苔，石泓秋水，印丹浸（上聲）漏，藥粉塗染，縶縆（公曾切。急也，駛疾也。或作搄。）環珮，雲隱涯岸，濃淡霏拂，靄抑冥密，始如不可辯別。及諦視之，條段斬絶，分畫一一有去處，非繡非繪，縝緻柔美，又不可狀也。裏用繒綵，下制綫尚仍舊，兩旁皆解散，蓋拆滅零落，僅存此故耳。縱非齊梁物，亦不下三百年矣。昔時之工如此妙耶，曳其裾者復何人焉，因筆之爲辭，繼于錦裾之後，俾善詩者賦之。

皮日休《皮子文藪》卷一〇《貧居秋日》　門小愧車馬，廩空慙雀鼠。盡室未寒衣，機聲羨隣女。

鄭谷《鄭谷詩集》卷二《貧女吟》　塵壓鴛鴦廢錦機，滿頭空插麗春枝。東鄰舞妓多金翠，笑翦燈花學畫眉。

鄭谷《鄭谷詩集》卷二《錦二首》　布素豪家定不看，若無文彩入時難。紅迷天子帆邊日，紫奪星郎帳外蘭。春水濯來雲鴈活，夜機挑處雨燈寒。舞衣轉轉求新樣，不問亂離桑柘殘。

文君手裏曙霞生，美號仍聞借蜀城。奪得始知袍更貴，著歸方覺晝偏榮。宫花顔色開時麗，池鴈毛衣浴後明。禮部郎中人所重，省中别占好窠名。

貫休《禪月集》卷五《偶作五首》其一　誰信心火多，多能焚大國。誰信鬢上絲，莖莖出蠶腹。嘗聞養蠶婦，未曉上桑樹。下樹畏蠶飢，兒啼亦不顧。一春膏血盡，豈止應王賦。如何酷吏酷，盡爲搜將去。蠶蛾爲蝶飛，僞葉滿空枝。冤梭與恨機，一見一沾衣。

《全唐詩》卷三六虞世南《中婦織流黄》　寒閨織素錦，含怨斂雙蛾。綜新交縷澀，經脃斷絲多。衣香逐舉袖，釧動應鳴梭。還恐裁縫罷，無信達交河。

《全唐詩》卷一一九崔輔國《怨詞二首之二》　樓頭（一作前）桃李疏，池上芙蓉落。織錦猶未成，蛩聲入羅幕。

《全唐詩》卷三八二張籍《江南行》（一作曲）　江南人家多橘樹，吴姬舟上織白苧。

《全唐詩》卷三八三張籍《離婦》　昔日初爲婦，當君貧賤時。晝夜常紡績，不得事蛾眉。辛勤積黄金，濟君寒與飢。洛陽買大宅，邯鄲買侍兒。

《全唐詩》卷四八七鮑溶《織婦詞》　百日織綵絲，一朝停杼機。機中有雙鳳，化作天邊衣。使人馬如風，誠不阻音徽。影響隨羽翼，雙雙繞君飛。行人豈顧行，不怨不知歸。所怨天盡處，何人見光輝。

《全唐詩》卷四八七鮑溶《采葛行》　春溪幾回葛花黄，黄麝引子山山香。蠻女不惜手足損，鉤刀一一牽柔長。葛絲茸茸春雪體，深澗擇泉清水洗。殷勤十指蠶吐絲，當窗嫋嫋聲高機。織成一尺無一兩，供進天子五月衣。【略】自兹貢薦無人惜，那敢更争龍手跡。蠻女將來海市頭，賣與嶺南貧估客。

《全唐詩》卷五〇六章孝標《織綾詞》　去年蠶惡綾帛貴，官急無絲織紅淚。殘經脆緯不通梭，鵲鳳闌珊失頭尾。今年蠶好繰白絲，鳥鮮花活人不知。瑶臺雪裏鶴張翅，禁苑風前梅折枝。不學鄰家婦慵懶，蠟揩粉拭謾官眼。

《全唐詩》卷五四二薛瑩《錦》　軋軋弄寒機，功多力漸微。惟憂機上錦，不稱舞人衣。

《全唐詩》卷六五二方干《贈進士章碣》　織錦雖云用舊機，抽梭起樣更新奇。何如且破望中葉，未可便攀低處枝。藉地落花春半後，打窗斜雪夜深時。此時才子吟應苦，吟苦鬼神知不知。

《全唐詩》卷七五七李詢《贈織錦人》　札札機聲曉復晡，眼穿力盡竟何如。美人一曲成千賜，心裏猶嫌花樣疏。

《全唐詩》卷七八三韓常侍《寄織錦篇與薛郎中時爲補闕，謝病歸山》　錦字龍梭織錦篇，鳳皇文采間非煙。並他時世新花樣，虚費工夫不直錢。

《全唐詩》卷七八四織錦人吟　《盧氏雜説》云：盧氏子失第，徒步出都城，逆旅寒甚，有一人續至，附火吟云云。盧愕然，以爲白樂天詩，問姓名。曰姓李，世織綾錦，前屬東都官錦坊。近以薄伎投本行，皆云：以今花樣，與前不同，不謂伎倆兒以文彩求售者，不重於世如此，且東歸去。

學織繚綾功未多，亂拈機杼錯拋梭。莫教宫錦行家見，把此文章笑殺他。

《全唐文》卷九七武則天《織錦迴文記》　前秦苻堅時，秦州刺史扶風竇滔妻蘇氏，陳留令武功道質第三女也。名蕙，字若蘭。識知精明，儀容秀麗。謙默自守，不求顯揚。行年十六，歸於竇氏，滔甚敬之。然蘇性近於急，頗傷嫉妬。滔字連波，右將軍子真之孫，朗之第二子也。風神秀偉，該通經史，允文允武，時論高之，苻堅委以心膂之任，備歷顯職，皆有政聞，遷秦州刺史。以忤旨謫戍燉煌，會堅寇晉，襄陽慮有危逼，藉滔才略，乃拜安南將軍，留鎮襄陽焉。初，滔有寵姬趙陽臺，歌舞之妙，無出其右，滔置之别所，蘇氏知之，求而獲焉，苦加捶辱，滔深以爲憾。陽臺又專形蘇氏之短，諂毁交至，滔益忿焉。蘇氏時年二十一，及滔將鎮襄陽，邀其同往，蘇氏忿之，不與偕行。滔遂攜陽臺之任，斷其音問。蘇氏悔恨自傷，因織錦迴文。五綵相宣，瑩心耀目。其錦縱横八寸，題詩二百餘首，計八百餘言。縱横反覆，皆成章句。其文點畫無缺，才情之妙，超今邁古，名曰《璇璣圖》。然讀者不能盡通，蘇氏笑而謂人曰：徘徊宛轉，自成文章。非我佳人，莫之能解。遂發蒼頭，齎致襄陽焉。滔省覽錦字，感其妙絶，因送陽臺之關中，而具車徒盛禮，邀迎蘇氏，歸於漢南，恩好愈重。蘇氏著文詞五千餘言，屬隋季喪亂，文字散落，追求不獲，而錦字迴文，盛見傳寫，是近代閨怨之宗，旨屬文士，咸龜鏡焉。朕聽政之暇，留心墳典，散帙之次，偶見斯圖，因述若蘭之才，復美連波之悔過，遂製此記，聊以示將來也。如意元年五月一日。

《全唐文》卷五三六李君房《海人獻文錦賦》以珍物時來以應君德爲韻　彼潛織兮，泉室之人。曳文綃兮結水縷，灼錦彩兮照花新。背窮海以入貢，望君門而效珍。於以獻之，爰彰至德。非同虢氏之練，更異仙家之織。臨風始啓，全含琪樹之芳；向闕爰開，遥寫蜃樓之色。固奇工之所就，豈常情之可識。當其彩縷方織，鳴梭静聞。絢霞光於陰火，綴縟藻於卿雲。舞鳳翔鸞，乍徘徊而撫翼；重葩疊葉，紛宛轉以成文。疑映地之花折，似飲渚之虹分。弄杼斯成，既呈妍於泉客；垂衣可仰，欣有奉於明君。啟瑶緘而駭視，方霧縠而難擬。離披耀彩，臨玉砌以蓮舒；燦爛生姿，映金門而霞起。固將保其所異，孰能識其所以。投熾焰而靡燎爲灰，濯清流而不濡於水。原夫獻琛方至，捧篋員來。臨虚庭而障倚，俯洞户以屏開。蝶翩翻而誤起，鳥眄睞以驚迴。物無情而自感，化有孚而斯應。以文爲貴，寧同巷伯之詩；表德方來，且異美人之贈。非同禹貢，不謝堯時。對天庭而照燭，向麗景而葳蕤。皎潔凝光，爰識冰蠶之緒；霏微發色，不惟園客之絲。既而煥彼文章，作爲黼黻。方可重於遠人，寧有識於翫物。

《全唐文》卷六一九皇甫威《迴文錦賦》以文思精絶古今傳賞爲韻　彼美人兮懸隴雲，念塞上之征客，迴機中之錦文。千里馳心，十年誓志。想關山之延夢，託丹素而垂意。札札鳴杼，紛紛積翠。梭曳緒而龍迴，錦披雲而鳳至。情生萬象，功歸一致。緑爲芳草，怨王孫之不歸；紅作仙花，發美人之幽思。懿夫達其意者在乎誠，爲其藝者貴乎精。顧異物之可賞，諒同心之所成。離披而芳樹摇影，煥爛而明霞近榮。振素手以鳴機，蘭閨霜集，斂翠嵗而績縷，紗窗月生。則知妙極十全，才先一絶。既以彰其意，亦以表乎節。類乎錦，卓氏服以妍精；言乎詩，謝女慚乎清切。稽六義而不忒，方百花而迴别。心惟念遠，將績縷以同營；字是迴文，與愁腸而共結。成乎手，發乎心，鋭精思而在今；方之紈，比之素，積元功而冠古。笑草露之輕薄，勝林花之新吐。宛矣麗矣，錯金彩以成章；寂兮寥兮，零玉筯而如雨。於是披閲風前，光文爛然。百花互進，五色相宣。文彬彬而愴矣，彩重重而恨焉。匪類雕蟲工乎織，豈徒悦目寄乎邊。寫片心之贈遠，代尺素之相傳。一則託乎情，一則存於想，謂乎錦也可裁，心乎足賞。君乎君乎發緘封，知精誠之不爽。

《全唐文》卷六四四張仲素《迴文錦賦》以文思精絶今古傳賞爲韻　昔竇滔之于役從軍，伊少婦兮玉潔蘭薰。對鳴機以抽恨，織美錦而成文。攢萬緒之荏苒，揉衆彩之絪緼。腸迴而緑字初結，鬟亂而青絲共棼。萋兮斐兮，常屬思於黄絹；不日不月，長寄懷於碧雲。其始也軫蕙心，蓄藻思，披黄流之渥彩，等後素之繪事。循環而覽，夫言豈一端；宛轉而求，則韻皆居次。寫别既久，怨心有盈。錦霞駮而增麗，詩綺靡而緣情。自發於巧心素手，何慙於墨妙筆精。當其用寄遠方，臨風載閲。跡類雕蟲，文如委纈。既連珠而復貫，又通理而不絶。居人言念，緘萬恨而在中；君子置懷，字三歲而寧滅。是繹是尋，攻乎織紝。宛而成章，見色絲之麗；永以爲好，表美人之心。儻或以新而代故，豈殊陋古而榮今。黼黻不同，愁閲目而等耀；彩章自異，懼讒口之見侵。況復委篋多年，化塵千古。方爛兮如在，復燦兮可覩。藻黼波旋，環迴輻圓。蘊四愁而難解，煥五彩以相鮮。猶或踰繡段，勝彩牋。貴以文自奪鴛衾之價，贈乎遠無勞雁足之傳。且物在人亡，留思長想。謂其文之著也，可卷而懷；謂其製之貴焉，乃攄而賞。若知七襄之非匹，豈玉案之虚往。

《全唐文》卷八〇一陸龜蒙《記錦裾》　侍御史趙郡李君，好事之士也。因予話上元瓦官寺有陳後主羊車一輪，天后武氏羅裾、佛幡，皆組繡奇妙。李君乃出古錦裾一幅示余，長四尺，下廣上狹，下闊六寸，上減下三寸半，皆周尺如直。其前則左有鶴二十，勢若飛起，率曲折一脛，口中銜莩藹。背有一鸚鵡，聳肩舒尾，數與鶴相等。二禽大小不類，而隔以花卉，均布無餘地。界道四向，五色間雜，道上累細鈿點綴其中，微雲瑣結，互以相帶。有若駮霞殘虹，流烟墮霧，春草夾徑，遠山截空。壞墻古苔，石泓秋水，印丹浸漏，粉蝶塗染，鼇絙環珮，雲隱涯岸，濃澹霏拂，靄抑冥密，始如不可辨别，及諦視之，條假斬絶，分晝一一有去處，非繡非繪，縝緻柔美，又不可狀也。裏用繪綵，下製綫尚如舊，兩旁皆解散，蓋拆滅零落，僅存此故耳。縱非齊梁物，亦不下三百年矣。昔時之工，如此妙耶。曳其裾者，復何人焉。因筆之爲辭，繼於錦譜之後，俾善詩者賦之。

《全唐文》卷九五四閻楚封《臨風舒錦賦》以賦之明麗當如此爲韻　風響清韻，錦明色絲。閲攢花之麗綵，當偃草之驚時。拂褭而起，翻光益滋。始暉暉之展也，俄習習以動之。且爛兮則舒，爰假不周之力；及斐然而異，誠同絶妙之詞。爾其黼黻宏開，浸淫遠度。蘊鳴梭之巧思，比擲地之麗賦。暉光亂起，如蕩漾之波翻；彩狀閑飄，若逶迤之霞布。觀夫引曳交映，彰施煥盈。當大塊之初發，遇迴文之已成。奪雲彩，耀日晶。激颶颶而愈疾，動獵獵而增明。向水而摇，似挂帆之欲去；當軒而列，謂施障之將行。況復入座輕泠，横空掣曳，當蜀郡之新濯，擬潘文而更麗。絪緼乍舉，時牽素手之中；煦嫗潛來，遠自青蘋之際。晚映花户，暗臨洞房。簸烟暉之照灼，騰藻黼而飄揚。裊輕吹，鑠流光。扇涵和而迴觸，攄炳麗而前當。五色相宣，喻體物之詞彩；八風迭起，駭織文之鳥章。且蕭颯初戾，紅明正舒。照瑣牕而粲矣，煥雲幄以暉如。彩曜克宣，諒本因於翦飾；精華可翫，終亦藉其吹嘘。是知修詞者莫貴其精微，製錦者莫尚其綺靡。善染翰之瑰麗，狀臨風之旖旎。懿哉文之義也，諒發明之在此。

《全唐五代詞》卷一虞世南《織錦曲》　寒閨織素錦，含怨斂雙蛾。綜新交縷澀，經脆斷絲多。衣香逐舉袖，釧動應鳴梭。還恐裁縫罷，無信往交河。

《全唐五代詞》卷二温庭筠《楊柳枝》其八　織錦機邊鶯語頻，停梭垂淚憶征人。塞門三月猶蕭索，縱有垂楊未覺春。

《全唐五代詞》卷七《敦煌詞·長安詞》其八　掖庭能織御衣人，幅尺襟襴盡可身。鬬染□□顔色好，水波紋裏隱龍鱗。

《全唐五代詞》卷七《敦煌詞·長安詞》其一八　生衣勿進緊紋紗，當背相連一朵花。宣下當時休遺織，近來宫裏斷奢華。

梅堯臣《梅堯臣集》卷一《新繭》　露柘林初静，煙梯不復收。春蠶吐絲足，工女忌寒休。翠薄時方獻，清泉緒未抽。閨中能自巧，繡作玉釵頭。

梅堯臣《梅堯臣集》卷一三《送張舍人自安吉移宰同安》　遠辭湖上山，徙治海邊邑。機杼吴俗饒，魚蝦越人給。

梅堯臣《梅堯臣集》卷二〇《至廣教因尋古石盆寺》 古寺近田家，山尋石盆差。化蟲懸縊女，啼鸌響繅車。

梅堯臣《梅堯臣集》卷二二《送何濟川學士知漢州》 老農喜君來，田租不妄率。織婦喜君來，縑機當俟畢。

梅堯臣《梅堯臣集》卷二二《依韻和秋夜對月》 蟲催織婦機成素，露逼鮫人淚作珠。才比陶潛無用處，紗巾時任酒霑濡。

梅堯臣《梅堯臣集》卷二二《送襄邑知縣杜君懿太博》 霜落水未落，令君將度河。農耕休叱耒，女織罷鳴梭。赤幘驅亭長，丹砂挈印窠。無慙浚儀政，才比陸雲多。

梅堯臣《梅堯臣集》卷二三《送汝陰宰孫寺丞》 艑郎唱榜燕尾下，潁水落日蛇鱗生。緑蒲被岸漁網舉，黄鳥啄葚繅車鳴。

梅堯臣《梅堯臣集》卷二五《促織》 札札草間鳴，促促機上聲。織女夜中起，明河簷外横。一絲不入杼，疎密工未精。豈知天孫巧，衣脱六銖輕。人間唯貴重，暗蟲休催成。

梅堯臣《梅堯臣集》卷二七《和孫端叟蠶具十五首》 織室 常聞漢皇后，織室數來觀。宫女豈不勤，帝袞得以完。亦將成纁黄，非用競龍鸞。意在奉宗廟，後人其可安。

繅盎 朝漬一盎繭，繅就幾絢絲。絲成繭已盡，盎亦誰復持。道上有墮甑，車傍有鴟夷。二物且莫笑，顧藉各因時。

紡車 蠶月必紡績，絲車方挑擲。燈下絡緯鳴，林端河漢白。纖縷自有緒，虚輪運無跡。腕手已爲勞，誰經用刀尺。

龍梭 給給機上梭，往反如度日。一經復一絲，成寸遂成匹。虚腹鋭兩端，素手投未出。陶家挂壁間，雷雨龍飛出。

織婦 織婦手不停，心與日月速。常憂里胥來，不待雞黍熟。但言督縣官，立要斷機軸。誰知公侯家，賜帛堆滿屋。

歐陽修《歐陽文忠公集》卷一〇《送祝熙載之東陽主簿》 吴江通海浦，畫舸候潮歸。疊鼓山間響，高帆鳥外飛。孤城秋枕水，千室夜鳴機。試問還家客，遼東今是非。

歐陽修《歐陽文忠公集》卷一四《寄題沙溪寶錫院》 爲愛江西物物佳，作詩嘗向北人誇。青林霜日换楓葉，白水秋風吹稻花。釀酒烹雞留醉客，鳴機織苧徧山家。野僧獨得無生樂，終日焚香坐結跏。

文同《丹淵集》卷三《織婦怨》 擲梭兩手倦，踏籋雙足趼。三日不住織，一疋纔可剪。織處畏風日，剪時謹刀尺。皆言邊幅好，自愛經緯密。昨朝持入庫，何事監官怒。大字雕印文，濃和油墨污。父母抱歸舍，抛向中門下。相看各無語，淚迸若傾瀉。質錢解衣服，買絲添上軸。不敢輒下機，連宵停火燭。當須了租賦，豈暇恤襦袴。前知寒切骨，甘心肩骭露。里胥踞門限，叫駡嗔納晚。安得織婦心，變作監官眼。

王安石《王安石全集》卷七六《促織》 金屏翠幔與秋宜，得此年年醉不知。只向貧家促機杼，幾家能有一絢絲。

晏幾道《小山詞·玉樓春》之九 紅綃學舞腰肢軟，旋一作巧。織舞衣宫様染。織成雲外雁行斜，染作江南春水淺。

蘇軾《蘇軾詩集》卷四《和子由蠶市》 閑時尚以蠶爲市，共忘辛苦逐欣歡。去年霜降斫秋荻，今年箔積如連山。查慎行註：《詩·豳風·七月》：八月萑葦。註：曲簿，即箔也。破瓢爲輪土爲釜，争買不啻金與紈。王十朋註：次公曰：狄箔，乃薦蠶之具；瓢輪、土釜，乃繅絲之物。争買三者，以急於用，所以甚於金紈也。憶昔與子皆童丱，年年廢書走市觀。市人争誇鬭巧智，野人喑啞遭欺謾。詩來使我感舊事，不悲去國悲流年。

蘇軾《蘇軾詩集》卷二〇《五禽言五首》其四 力作力作，蠶絲一百箔。王十朋註：《列女傳·秋胡妻》曰：采桑力作，不願人之金。壠上麥頭昂，王十朋註：王元景《談藪》：元景嘗大醉，楊遵彦謂之曰：「何大低昂？」元景曰：「黍熟頭低，麥熟頭昂，黍麥俱有，所以低昂。」林間桑子落。願儂一箔千兩絲，繅絲得蛹飼爾雛。公自註：此鳥聲云：蠶絲一百箔。馮應榴合註：《荀子·蠶篇》：蛹以爲母，蛾以爲父。《説文》：蛹，繭蟲也。

蘇軾《東坡樂府》卷一《浣溪沙》之三、四 麻葉層層檾葉光，誰家煮繭一村香。隔籬嬌語絡絲娘。

又 簌簌衣巾落棗花，村南村北響繅車。牛衣古柳賣黄瓜。 酒困路長惟欲醉，日高人渴漫思茶。敲門試問野人家。

蘇轍《欒城集》卷九《連雨不出寄張恕》 麥熟蠶繅熱似烝，雨傾三尺未爲淫。洗清溝澮蚊虻静，没盡蒲蓮沼沚深。遺秉滿田驚朽腐，移牀避漏畏侵尋。

高閑秪有張公子，卧聽蕭蕭打葉音。

蘇轍《欒城集》卷一六《皇太后閣六首》其三　蠶宫罷採擷，暴室獻朱黄。翕呷霜紈動，闌班彩縷長。

蘇轍《欒城集》卷一六《夫人閣四首》其三　新煮青篘稻米香，旋抽獨繭薄羅光。剩堆雕俎添崖蜜，争作輕衫薦壽觴。

張耒《柯山集》卷三《寄衣曲》　秋風西來入庭樹，攀條正念征人苦。空窻自織不敢任，鳴機愁寂如鳴鵩。練成欲裁新絲香，抱持含愁叔姑堂。別來不見衣覺窄，試比小郎身更長。

張耒《柯山集》卷一〇《聞蛩有感》　遥夜飛螢動秋思，獨卧空山驚晚歲。可堪六月已聞蛩，日暮咿咿響庭際。關河多風氣蕭索，碧樹先秋早摇落。鳴機夜織常怨寒，白紵吴衫苦輕薄。年年促織誰最悲，堂上美人愁翠眉。清砧擣練對殘月，玉筯啼紅裁遠衣。唐風詩人勸其主，行邁苦遲嗟歲暮。山城聽汝已三年，三年白髮多于故。飄飄秋夢到江湖，我欲東歸鱠碧鱸。安能爲爾將雙淚，歲歲風前沾客裾。

王珪《華陽集》卷五《太上皇后閣》　漢殿炎風少，輕凉已動衣。每來觀織室，不許夜停機。

王珪《華陽集》卷五《皇后閣》　繭館桑陰合，新絲已上機。憂勤不知暑，親織衮龍衣。

王珪《華陽集》卷五《天人閣》　日長珠箔漏聲稀，團扇新裁越女機。進罷采絲三殿晚，萬年枝上亂鶯飛。

劉弇《龍雲集》卷三《建陽縣二首》之二　細民趍商市日高，紅女機杼仍分曹。雙橋卧虹上下水，石脊瘦龍狂鬬牢。穡登爾場俗豐樂，匹馬北客方滔滔。轉將身掛利名網，擲此故歲如騰猱。

徐積《節孝集》卷二五《織女》　此身非不愛羅衣，月曉霜寒不下機。織得羅成還不著，賣錢買得素絲歸。

王庭珪《盧溪文集》卷七《謝魏彦成知郡寄惠漂布》　江南渡頭浣紗女，年年舟上織白苧。織成還自漂江沙，女手纖纖白於布。水邊時有釣漁人，何異淮陰漂輕絮。一飯能識韓將軍，不負平生名漂母。州西寒士衣百結，太守憐渠茅□□。□作練衣倒接䍦，炎官火傘方張設。恨無青絲白玉鞭，醉騎白馬踏江月。誰知南國任公子，留待深冬禦霜雪。昔徐仲車爲山陽教官，太守程公見其衣敝，以新衣易之。仲車因思南齊任昉之子，冬衣絺綌，遂用其事作詩以謝。漂布亦暑服，比絺綌尤精奇，故復用之。

吴曾《能改齋漫録》卷八《蒨桃贈歌者詩》　《翰府名談》載：「寇萊公妾蒨桃贈歌者詩云：『一曲清歌一束綾，美人猶似意嫌輕。不知織女寒窗下，幾度抛梭織得成。』」予嘗記南唐李詢《贈織錦詩》云：「扎扎機聲曉復晡，眼穿力盡意何如。美人一曲成千賜，心裏猶嫌花樣疏。」蒨桃詩意本此而不及也。

陸游《劍南詩稿》卷八《浣花女》　江頭女兒雙髻丫，常隨阿母供桑麻。當户夜織聲咿啞，地爐豆䕸煎土茶。長成嫁與東西家，柴門相對不上車。青裙竹笥何所嗟，插髻熚熚牽牛花。城中妖姝臉如霞，争嫁官人慕高華。青驪一出天之涯，年年傷春抱琵琶。

陸游《劍南詩稿》卷八《豐橋旅舍作》　我本山林人，心期在塵表。出門消底物，兩屩萬事了。羣兒何足恤，爲爾常悄悄。今朝山中路，更喜相識少。三叉市人醉争席，豐橋逆旅留饋食。小婦梳髻高一尺，梭聲札札當户織。

陸游《劍南詩稿》卷九《晚登子城》　城中繁雄十萬户，朱門甲第何崢嶸！錦機玉工不知數，深夜窮巷聞吹笙。

陸游《劍南詩稿》卷一六《歲暮》　小築幽栖與拙宜，讀書寫字伴兒嬉。已無歎老嗟卑意，却喜分冬守歲時。羹臛芳鮮新弋雁，衣襦輕暖自繅絲。農家歲暮真堪樂，説向公卿未必知。

陸游《劍南詩稿》卷二二《六七月之交山中凉甚》　城市方炎熱，村墟乃爾凉。拂窗桐葉下，繞舍稻花香。獨鶴警秋露，雙螢明屋梁。卧聞機婦織，感歎夜初長。

陸游《劍南詩稿》卷二四《初夏》　筍生遮狹徑，溪漲入疎籬。漸及分秧候，還當煮繭時。雨昏雞共懶，米盡鼠同飢。村巷無來客，清羸只自知。

陸游《劍南詩稿》卷三二《幽棲》　誰謂幽棲陋，茅茨足庇牀。雨便梧葉大，風度練花香。浴佛兒童喜，繅絲婦女忙。朅來三十載，吾鬢固宜霜。

陸游《劍南詩稿》卷三九《村舍雜書》　中春農在野，蠶事亦隨作。手種臨安青，桑名。可飼蠶百箔。纍纍繭滿簇，繹繹絲上籰。老子雖安眠，衣帛可無怍。

陸游《劍南詩稿》卷五九《初寒示鄰曲》　村北村南數十家，陂池重複谷谽谺。荻叢缺處見漁火，蓬户閉時聞紡車。

陸游《劍南詩稿》卷六六《雜興》 謀生在衣食，不仕當作農。識字讀農書，豈不賢雕蟲。婦當娶農家，養蠶事炊舂。晨耕候春扈，夜織驚秋蛩。畦蔬勝肉羹，社酒如粥醲。毋爲慕朝幘，諂笑求見容。

陸游《劍南詩稿》卷七一《蠶麥》 村村桑暗少桑姑，户户麥豐無麥奴。又是一年春事了，繅絲擣麨笑相呼。

陸游《劍南詩稿》卷七六《初夏喜事》 箕潁元非爭奪場，瀟湘自古水雲鄉。采茶歌裏春光老，煮繭香中夏景長。斂版早知遊宦惡，署門晚悟世情常。茹芝却粒雖無術，散髮猶當效楚狂。

范成大《石湖詩集》卷三《繅絲行》 小麥青青大麥黄，原頭日出天色凉。姑婦相呼有忙事，舍後煮繭門前香。繅車嘈嘈似風雨，繭厚絲長無斷縷。今年那暇織絹著，明日西門賣絲去。

楊萬里《誠齋集》卷一三《江山道中蠶麥大熟》 新晴户户有歡顔，曬繭攤絲立地乾。却遺繅車聲獨怨，今年不及去年閒。

鄧深《大隱居士詩集》卷下《同友人新陂莊少憩》 家家轆轆絡絲聲，竹杖芒鞋取次行。村笛牧羊烟欲暝，農歌秧稻雨初晴。隨瓶沽得酒堪醉，就野挑來菜可羹。此是田家真况味，吾曹借取片時清。

葉適《葉適集》卷六《自紵詞》 有美一人兮表獨處，陟彼南山兮伐寒紵。挑燈細緝抽苦心，冰花織成雪爲縷。不憂絶技無人學，只愁不堪嫁時著。鄭僑、吴札今悠悠，争看買笑錦纏頭。

崔敦詩《崔舍人玉堂類稿》卷一七《皇后閤五首》其四 蠶館風清下箔時，六宫□從獻絲歸。便教淵室催機織，要及明堂製袞衣。

劉克莊《後村集》卷三《歲晚書事十首》之六 細君炊秫婢繰絲，綵勝酥花總不知。窻下老儒衣露肘，挑燈自揀一年詩。

劉克莊《後村集》卷五《萍鄉》 聞説萍鄉縣，家家有絹機。荒年絲價貴，未敢議寒衣。

樓璹《耕織圖詩》 擇繭 大繭至八蠶，小繭止獨蛹。繭衣繞指柔，收拾擬何用。冬來作縹纊，與兒禦寒凍。衣帛非不能，債多租税重。

窖繭 盤中水晶鹹，井上梧桐葉。陶器固封泥，窖繭過旬浹。門前春水生，布穀催畚鍤。明朝蹋繅車，車輪纏白氎。

繅絲 連村煮繭香，解事誰家娘。盈盈意媚竈，拍拍手探湯。上盆顔色好，轉軸頭緒長。晚來得少休，女伴語隔牆。

絡絲 兒夫督機絲，輸官趁時節。向來催租瘢，正爲坐踰越。朝來掉籰勤，寧復辭腕脱。辛勤夜未眠，敗屋燈明滅。

經 素絲頭緒多，羨君好安排。青鞖不動塵，緩步交去來。眽眽意欲亂，眷眷首重回。王言正如絲，亦付經綸才。

緯 浸緯供織作，寒女兩髻丫。繾綣一縷絲，成就百種花。弄水春筍寒，卷輪蟾影斜。人閒小阿香，晴空轉雷車。

織 青鐙映幃幙，絡緯鳴井欄。軋軋揮素手，風露凄已寒。辛勤度幾梭，始復成一端。寄言羅綺伴，當念麻苧單。

攀花 時態尚新巧，女工慕精勤。心手暗相應，照眼花紛紜。殷勤挑錦字，曲折讀回文。更將無限思，織作鴈背雲。

翦帛 低眉事機杼，細意把刀尺。盈盈彼美人，翦翦其束帛。輸官給邊用，辛苦何足惜。大勝漢繚綾，粉涴不再著。

陳起《江湖小集》卷一六《促刺詞》 促刺復促刺，勸織聲轉劇。小婦跣雨採桑歸，大姑煮雪抽絲繹。辛勤欲織禦寒衣，朝暮惟恐不盈尺。織成門外迫催租，不了輸租仍賣紿。婦姑對泣兒號寒，更無可補兒衣隙。帛暖本擬代紿寒，賣紿寒來愈無策。促刺兮，促刺兮，勸人織兮織何益。貯之金屋是何人，重重綾錦飾珠璧。

《宋詩鈔・歐陽文忠詩鈔・送祝熙載之東陽主簿》 吴江通海浦，畫舸候潮歸。疊鼓山間響，高帆鳥外飛。孤城秋枕水，千室夜鳴機。試問還家客，遼東今是非！

《宋詩紀事》卷五六許玠《染絲上春機》 錦江之水來蜀西，女紅染絲上春機。可憐欲織未織時，思君意緒如亂絲。亂絲尚可理，妾愁渺無際。寒窗軋軋千萬梭，斷魂隨梭暗來去。蕩子醉花月，妾幸鸞鏡妝。寒蛩只解趣機杼，争卻情如刀劍傷。織成回紋詩，寄與白玉郎。願郎勿棄置，上有雙鴛鴦。覷看雙鴛鴦，忍教孤妾守空房。《梅磵詩話》。

《全宋詞》梅窗《菩薩蠻・題錦機小軸》 淺紅綃透春裁剪，剪裁春透綃紅淺。機錦織情絲，絲情織錦機。 意深憑遠寄，寄遠憑深意。波渺勝愁多，多愁勝渺波。

《全宋詞》史達祖《夜合花・賦笛》 芳機瑞錦，如何未織鴛鴦。人扶醉，元作

「醉扶人」。月依墻。是當初、誰敢疏狂。把閒言語，花房夜久，各自思量。

《全宋詞》無名氏《九張機》 醉留客者，樂府之舊名；九張機者，才子之佻調。憑戛玉之清歌，寫擲梭之春怨。章章寄恨，句句言情。恭對華筵，敢陳口號。

一擲梭心一縷絲，連連織就九張機。從來巧思知多少，苦恨春風久不歸。

一張機。織梭光景去如飛。蘭房夜永愁無寐。嘔嘔軋軋，織成春恨，留著待郎歸。

兩張機。月明人靜漏聲稀。千絲萬縷相縈繫。織成一段，回紋錦字，將去寄呈伊。

三張機。中心有朵耍花兒。嬌紅嫩緑春明媚。君須早折，一枝濃豔，莫待過芳菲。

四張機。鴛鴦織就欲雙飛。可憐未老頭先白。春波碧草，曉寒深處，相對浴紅衣。

五張機。芳心密與巧心期。合歡樹上枝連理。雙頭花下，兩同心處，一對化生兒。

六張機。雕花鋪錦半離披。蘭房別有留春計。爐添小篆，日長一線，相對繡工遲。

七張機。春蠶吐盡一生絲。莫教容易裁羅綺。無端剪破，仙鸞彩鳳，分作兩般衣。

八張機。纖纖玉手住無時。蜀江濯盡春波媚。香遺囊麝，花房繡被，歸去意遲遲。

九張機。一心長在百花枝。百花共作紅堆被。都將春色，藏頭裹面，不怕睡多時。

輕絲。象牀玉手出新奇。千花萬草光凝碧。裁縫衣著，春天歌舞，飛蝶語黄鸝。

春衣。素絲染就已堪悲。塵世昏污無顔色。應同秋扇，從兹永棄，無復奉君時。

歌聲飛落畫梁塵，舞罷香風捲繡茵。更欲縷成機上恨，尊前忽有斷腸人。斂袂而歸，相將好去。

同前

一張機。采桑陌上試春衣。風晴日暖慵無力。桃花枝上，啼鶯言語，不肯放人歸。

兩張機。行人立馬意遲遲。深心未忍輕分付，回頭一笑，花間歸去，只恐被花知。

三張機。吴蠶已老燕雛飛。東風宴罷長洲苑，輕綃催趁，館娃宫女，要換舞時衣。

四張機。咿啞聲裏暗顰眉。回梭織朵垂蓮子。盤花易綰，愁心難整，脈脈亂如絲。

五張機。横紋織就沈郎詩。中心一句無人會。不言愁恨，不言憔悴，只恁寄相思。

六張機。行行都是耍花兒。花間更有雙蝴蝶，停梭一晌，閒窗影裏，獨自看多時。

七張機。鴛鴦織就又遲疑。只恐被人輕裁剪，分飛兩處，一場離恨，何計再相隨。

八張機。回紋知是阿誰詩。織成一片凄涼意。行行讀遍，厭厭無語，不忍更尋思。

九張機。雙花雙葉又雙枝。薄情自古多離別。從頭到底，將心縈繫，穿過一條絲。

方回《桐江續集》卷一四《夜宿白土市》 雪路岡泥滑，無過亦緩行。丹陽朝冒凍，白土暮逢晴。俗織紗爲業，村簾酒有名。販商非我事，一醉客心驚。

虞集《道園學古録》卷三《織錦迴文詩》 宛轉千蠶緒，綢繆一寸心。文章遺彷彿，情識墮幽沈。春日關雎意，秋風蟋蟀音。文園空解賦，終愧白頭吟。

虞集《道園學古録》卷三〇《聞機杼》 咿啞機杼隔林幽，夢覺江湖憶舊遊。滿地月明涼似水，數聲柔櫓過揚州。

虞集《道園學古録》卷三〇《題樓攻媿織圖》

我國家既定中原，以民久失業，置十道勸農使，總于大司農，慎擇老成重厚之君子而命之，皆親歷原野，安輯而教訓之。今桑麻之效徧天下，齊魯尤盛，其後功成，省專使之任以歸憲司，憲司置四僉事，其二則勸農之所分也。至今耕桑之事，憲猶上之大農，天下守令皆以農事繫銜矣。前代郡縣所治大門東西壁皆畫《耕織圖》，使民得而觀之，而今罕爲之者，撫圖頌詩，爲賦三章，章四句。

鄉里蠶桑勿失時，畫圖勸相又題詩。當時補衮應無缺，金玉餘音到璽絲。

吴越蠶桑用日多，始終吟咏極婆娑。工成繭館聞琴瑟，宜薦房中備樂歌。

昔者東南杼柚空，詠歌蠶織到圖窮。勸農十道先齊魯，百世興王衣被功。

揭傒斯《揭傒斯全集·詩集》卷四《二貞詩》

闞右有姬氏者，父子皆蚤世，姑趙婦張皆年二十五而寡，守節不嫁。作《二貞詩》。

闞右有姬氏，父子早棄捐。孀婦奉寡姑，誓死各芳年。膏沐誰復理，羅襦委篋間。辛苦事蠶繅，祭祀亦靡愆。父母既莫奪，媒妁徒空言。梟雁安所施，幣玉視如煙。寧與枯瘁没，不爲歡樂存。婉婉桃李花，春鳥何翩翩。萬物各知時，姑婦獨纍然。

揭傒斯《揭傒斯全集·詩集》卷六《廖母詩》 京城孝節何紛紛，請言寧都廖母陳。壽年九十有九春，七十多載孀居人。至元丙子兵入贛，鐵騎四野屯如雲。子死鋒鏑婦囚虜，膝下唯有七歲孫。哀哀無父復失母，出入相遂牽衣裙。朝事織爨夜緝紉，育之㲉之恩且勤。

揭傒斯《揭傒斯全集·詩集》卷八《過何得之先生故居》其四 軋軋機聲日暮，依依楊柳春柔。膝下中郎小女，曾聽唱我《高郵》。先生嘗喜予《高郵城》詩，相見即呼「高郵城」來。每相對酒酣，則朗誦數遍。

薩都拉《雁門集》卷一〇《織女圖》 蘭閨織錦秦川女，大姬啞啞弄機杼，小姬織倦何所思？簾幙無人燕雙語。成都花發江水春，門前馬嘶車轔轔。髻鬟兩珥看欲墮，蛾眉八字畫不伸。行人一去無消息，冰蠶吐絲成五色。柔腸九曲細于絲，萬縷春愁正如織。綺窗睡起聞早鶯，西樓月落金盤傾。暖霞拂地海棠曉，香雪潑户梨花晴。日長深院機聲動，梭影穿花飛小鳳。水心驚起鴛鴦棲，花底不成蝴蝶夢。纖纖玉指柔且和，香鈎小韈裁春羅。滿懷心事付流水，蕩目雲錦迴青波。佳人自古多命薄，風裏楊花隨處落。豈知醜婦嫁田家，生則同衾死同椁。君不聞長安市上花滿枝，東家蝴蝶西家飛。籠中鸚鵡喚新主，門裏侍兒更故衣。又不聞田家婦，日掃春蠶宵織布，催租縣吏夜打門，荆釵布裙夫短袴。我題此畫三嘆吁，百年醜好俱虚無。排雲便欲叫閶闔，爲我獻上《豳風圖》。

沈夢麟《花谿集》卷二《竹枝曲》 繅絲繰罷婦猶髽，兩足如霜踏水車。田家自有種田候，年年只看冬青花。

王冕《竹齋集》卷下《江南婦》 江南婦，何辛苦。田家淡泊時將暮，敝衣零落面如土。饁彼南畝隨夫郎，夜間績麻不上床。績麻成布抵官税，力田得米歸官倉。官輸未了憂枵腹，門外又催私債促。大家揭帖出陳帳，生穀十年還未足。長兒五歲方離手，小女三周未能走。社長呼名散户由，下季官鹽添兩口。舅姑老病毛骨枯，忍饑忍寒蹲破廬。殘年無物做慈孝，對面冷淚空流珠。燕趙女兒顔如玉，能撥琵琶調新曲。珠翠滿頭金滿臂，日日春風嫌酒肉。五侯七貴争取憐，一笑可得十萬錢。歸來重藉錦繡眠，羅帷暖擁沈麝烟。

王冕《竹齋集》卷下《陌上桑》 陌上桑，無人采，入夏緑陰深似海。行人來往得清涼，借問蠶姑無個在。蠶姑不在在何處，聞説官司要官布。大家小家都捉去，豈許蠶姑獨能住。日間績麻夜織機，養蠶種田俱失時。田夫奔走受鞭笞，饑苦無以供支持。蠶姑且將官布辦，桑老田荒空自歎。明朝相對淚滂沱，米糧絲税將奈何。

楊維禎《鐵崖古樂府》卷五《貧婦謡》 夫君生死未知所，門有官家賦租苦。姑嫜繼殁骨肉孤，夜夜青燈泣寒杼。

楊維禎《鐵崖古樂府》卷九《績婦詞》 蟋蟀入秋堂，青缸夜未央。李吾今夜惡，東壁滅餘光。

楊維禎《鐵崖古樂府》卷九《織婦曲》 此曲暗用晉謝幼輿折齒事。 盈盈白面娥，新絲織扇羅。當機不應客，擲地碎金梭。

戴良《九靈山房集》卷三《當窗織》 當窗織，貧家女兒堪歎息。隔墻惟聽伊軋聲，墮珥欲收應不得。兩日織成花錦段，盡輸上官猶誡緩。夫壻復來催上機，豈念身穿籃縷衣。君不見，富家娘，不識蠶繅著繡裳。

戴良《九靈山房集》卷九《賦廉范五袴送馬太守》 成都婦，何太苦。官家火禁猛如虎，夜長不得秉機杼。就中小姊最堪憐，箔蠶已老雪團團。欲繅新繭爲匹帛，有燭當窗不敢燃。廉生字民識民意，來把成都火禁弛。千家萬家夜燈起，機聲軋軋滿城市。成都婦，笑開軒，還引老姑齊拜天。從今姑婦可安作，迴書爲宵亦不眠。廉生廉生來何暮，里巷至今傳五袴。五袴傳來休重歌，馬公爲政勝廉多。馬公爲政勝廉多，一朝去兮奈若何。

陳基《夷白齋稿》卷五《織錦篇》 絡緯秋吟金井根，佳人當窗織鳳麟。流雲拂拭春無痕，頃刻繡作鴛鴦文。銀漢含風星斗摇，虚空迸出黄盤雕。爲君裁就宫錦袍，奪取當年盧肇標。妾家本住牽牛渚，與君締結同心縷。人間乃多離别苦，夢落陽臺不雲雨。斷腸無心爲君織，向君抛却支機石。何時頭戴蓮花巾，相伴雙成禮白雲。

納新《金臺集·新鄉媪》 蓬頭赤脚新鄉媪，青裙百結村中老。日間炊黍餉夫耕，夜紡綿花到天曉。綿花織布供軍錢，倩人輾穀輸公田。縣裏公人要供給，布衫剥去遭笞鞭。兩兒不歸又三月，秪愁凍餓衣裳裂。

沈夢麟《花溪集》卷二《戲效鮮卑敕勒以詠種田父養蠶婦》 養蠶婦，何辛苦。首如飛蓬，衣帶藍縷。蠒索索，姑不樂。繅絲不多妾命薄。

張昱《可閒老人集》卷一《織錦詞》 行家織錦成染别，牡丹花紅杏花白。作夜照針鼡，平明設宴章華臺。爲君著衣舞垂手，看得風光滿楊柳。蝶使蜂媒無定栖，萬蕊千花動衣袖。回回舞罷换新衣，新衣未縫錦下機。憐新棄舊人所悲，百年歡樂唯片時。

楊基《眉菴集》卷一《吴宫遺跡八詠·横塘晚》 川氣夕氤氲，愁雲凝晚緑。蘭舟蕩秋水，東向横塘宿。横塘花正開，紅桃間竹栽。誰家織白苧，機聲度水來。

楊基《眉菴集》卷五《苧隱爲句曲山人翟好問作》 種桑百箔蠶，種苧千疋布。先生種苧不種桑，布作衣裳布爲袴。桃花雨晴水滿塘，烏紗白苧春風香。野蕉山葛不敢並，越羅川錦争輝光。兒童漾紗婦紡織，賣布得錢還買帛。黄綿大襖一冬温，白雪中單半襟窄。今年苧好畝百觔，堆場積囤長輪囷。床頭白酒夜來熟，殺雞煮鴨邀比隣。東家種桑青遶屋，官絹未輸空杼軸。婦姑相對難無衣，先生飯飽方捫腹。

高啓《高青丘集》卷一《古詞》 妾刀不斷機，金檀集注：《鷄跖集》：「樂羊子遊學，未三月而歸，其妻引刀趨機曰：『君子尋師，中道而歸，何異斷斯機乎？』羊子乃發憤卒業。」郎行當早歸！還將機中錦，作郎身上衣。

高啓《高青丘集》卷一《獨不見》 鴛機促夜響，金檀集注：李商隱詩：「幾家緣錦字，含淚坐鴛機。」龍鏡掩晨光。

高啓《高青丘集》卷二《養蠶詞》 新婦守箔女執筐，頭髮不梳一月忙。三姑祭後今年好，滿簇如雲繭成早。檐前繰車急作絲，又是夏税相催時。

高啓《高青丘集》卷七《浦江鄭氏義門》 十世一門户，百身一肝腸。囊無私藏錢，釜有同炊糧。問男何所爲，讀書講虞唐。問女何所爲，鳴雞織流黄。

李昱《草閣詩集》卷三《木棉紋車》 鐵軸横中竅，檀輪運兩頭。倒看星象轉，亂捲雪花浮。人力雖施巧，天機不自由。最憐聲過耳，柔櫓下中流。

李昱《草閣詩集》卷三《宿田家》 薄暮投何處，田家白板扉。雞棲留客久，犬吠見人稀。破壁風威勁，頹簷月色微。夜深燈火亮，猶織木棉機。

謝榛《四溟集》卷二《擬裁衣行》 天南越嶠鬱蒼蒼，苧葛結陰巖壑傍。越女手中過，要織纖纖如許長。閨中咿唔鳴機杼，幾人力織纔盈箱。數匹較來一匹强，却爲野老裁衣裳。著身便有煙霞氣，青山何處非吾鄉。步虚好追松喬輩，采芝更逐黄綺行。葛衣之輕當炎暑，狐裘之重禦雪霜。被服及時無輕重，人間萬事多參商。舞翻廣袖發浩唱，不羨接輿爲楚狂。且掛薜蘿坐傾酒，滿園月露澄秋光。每逢七夕仰河漢，天孫餘巧散下方。我欲登樓酧椒觴，擲梭一女兮，使人嗟嘆空徜徉，使人嗟嘆空徜徉。

謝榛《四溟集》卷一〇《宿山家》 空山茅屋夜遲遲，促織啼寒欲訴誰。少婦燈前事機杼，秋風花盡木綿枝。

李攀龍《滄溟集》卷二《作蠶絲》 拾蠶蠶如指，出桑桑如掌。一日三箔眠，交儂那得往。大繭大如卵，小繭垂其腴。三秋上織作，君看羅繡襦。

湯顯祖《湯顯祖詩文集》卷二《萬州藤障子歌》 劍門藤絲如髮細，織作争先出新意。十二雲屏海上來，平波瑩熨瀟湘字。纖纖閨指真絶奇，闌花側葉鳳交嬉。高吹海色障風日，遥憶煙蘿擺月時。

湯顯祖《湯顯祖詩文集》卷二《黎女歌》 黎女豪家笄有歲，如期置酒屬親至。自持針筆向肌理，刺涅分明極微細。點側蟲蛾摺花卉，淡粟青紋繞餘地。便坐紡織黎錦單，拆雜吴人綵絲緻。

袁宏道《袁宏道集》卷八《江南子》其四 湖蠶吐練光如水，桑娘夜織金閶裏。熟作綾絨生作紗，抄盡蟲魚與花蘂。年年宫樣换新機，一蟲能作幾般絲？父當解户兄塘長，官家頭運五月時。

《劉氏鴻書》卷七七《衣帛部·錦》 天孫機上絢光華，十様新奇世共誇。步障簇成龍滚浪，迴文織出鳳穿花。紅迷煬帝帆邊日，絳奪滕王閣外霞。安得佳人唱金縷，纏頭醉舞柳腰斜。顔服膺。

徐弘祖《徐霞客遊記》卷一〇下附編同邑夏樹芳《秋圃晨機圖賦》并序　徐母王太君《秋圃晨機圖》，梁谿陳伯符寫照，吳中張靈石布景。一時諸名公若李本寧、董玄宰、陳仲醇一一品題其上。仲子弘祖挾册自梧塍來，乞予爲賦。予喜而爲文以贈之。

維坤元之表粹，毓女德之清芬。演仙冑於瑶池，度靈紀於西崑。婺星散彩，誕我江濆。既淑且嫕，亦和而貞。適東海之名閥，配南州之喆人。柔惠式嫺於采葛，共莊克毖於薦蘋。乃相夫君，和鳴叶唱。採三秀兮階前，獲徵蘭兮天上。爰庀滫瀡，聿修匕鬯。佐良人以甲周，胡藁砧之頓喪！夫也淪亡，子則奈何？左右劻勷，拮据捋荼。春園不涉，秋圃治蔬。春花落兮春草枯，秋色麗兮秋光多。豆花棚下，插架編蒲。栽藷語，植暌姑，樹蹲鴟，烹落蘇；碧雲臺樹，其樂婆娑。若乃秋露漙漙，涼颸颯颯，野外時聞乎擣素，金井忽飄乎梧葉；綣此女工，禦寒尤切。調織婦之弄梭，試田家之踏籥。晨鷄乍唱，曉鐘初歇。札札兮杼韻之動微風，軋軋兮機聲之落殘月；絡緯驚催乎洞房，候蟲趣響乎丹穴。一緯一經，若抽若曳：皎潔兮若天半之飛霜，皚白兮若傾筐之積雪。緊茲布品，精麤不齊：此則木棉縞素，爲資公孫之被，衛侯之衣，德曜之裙，少君之襦；匪橦華之織麗，匪火浣之神奇，匪香荃之貢於西域，匪朝霞之出於屠夷。蓋白疊黄筒，初非農圃之所尚，而緯車課績，實太君之所爲朝夕而勤劬。

談遷《北游録・紀詠上・獨漉》　獨漉獨漉，事遲意速。次骨腐心，茹荼集蓼。韓市何仇，窟室□伏。他人違言，於我滅族。西疇藝麻，東皋樹穀。緝麻衣之，春穀食之。衣食有自，此身爲誰。

陳子龍《陳子龍詩集》卷三《青陽度》二首其一　可憐絲千緒，機中齊作經。停梭不擲緯，歷亂那能成。

吳偉業《吳梅村全集》卷二一《望江南一十七首》之一〇　江南好，機杼奪天工。孔翠裝花雲錦爛，冰蠶吐鳳霧綃空，新樣小團龍。

張煌言《張蒼水集》第二編《促織》　促織促織，微吟閨夕。緯婦驚秋，停機太息。織縑苦疏，織纊苦密。萬縷千絲，織不成匹。

于敏中等《日下舊聞考》卷六楊榮《皇都大一統賦》　六宫備陳，七所在列。親蠶有館，繅絲有室。

錢謙益《牧齋有學集》卷四《故司禮盧太監》　盧舊官司禮，神宗時屬鄭貴妃名下。今管織造於杭。

列宿由來帝座旁，星移斗轉却輝煌。每餐絳雪朝金母，曾捧紅雲侍玉皇。西北筐新組織，東南杼軸舊輪將。知君補衮心千縷，并與山龍貢上方。

毛奇齡《西河集》卷一三一《南歌子》　滌杼嫌經密，殘絲畏鑷欹。織縑織素總難期，獨對支機，彩石有誰知。

毛奇齡《西河集》卷一三三《菩薩蠻》　井幹雙斷金絲綆，綆絲金斷雙幹井。城上響啼鶯，鶯啼響上城。綺園南去騎，騎去南園綺。遲日墜鳴機，機鳴墜日遲。

愛新覺羅・玄燁《康熙文集》卷三二《耕織圖序》　朕早夜勤毖，研求治理，念生民之本，以衣食爲天。嘗讀《豳風》、《無逸》諸篇，其言稼穡蠶桑，纖悉具備。昔人以此被之管絃，列於典誥，有天下國家者，洵不可不留連三復於其際也。西漢詔令最爲近古，其言曰：農事傷，則饑之本也。女紅害，則寒之原也。又曰：老者以壽終，幼孤得遂長，欲臻斯理者，舍本務其曷以哉。朕每巡省風謡，樂觀農事，於南北土疆之性，黍稌播種之宜，節候早晚之殊，蝗蝻捕治之法，素愛諮詢，知此甚晰，聽政時恒與諸臣工言之。於豐澤園之側，治田數畦，環以溪水，阡陌井然在目，桔槔之聲盈耳，歲收嘉禾數十鍾。隴畔樹桑，傍列蠶舍，浴繭繅絲，恍然如茆簷蔀屋，因構知稼軒、秋雲亭以臨觀之。古人有言：衣帛當思織女之寒，食粟當念農夫之苦。朕惓惓於此，至深且切也。爰繪《耕織圖》各二十三幅，朕於每幅，製詩一章，以吟詠其勤苦而書之於圖。自始事迄終事，農人胼手胝足之勞，蠶女繭絲機杼之瘁，咸備極其情狀，復命鏤板流傳，用以示子孫臣庶，俾知粒食維艱，授衣匪易。《書》曰：惟土物愛，厥心臧。庶於斯圖有所感發焉。且欲令寰宇之内，皆敦崇本業，勤以謀之，儉以積之，衣食豐饒，以共躋於安和富壽之域，斯則朕嘉惠元元之至意也夫。

愛新覺羅・玄燁《康熙文集》卷四九《織造處閲機房》　終歲勤勞匹練成，千絲一剪截縱横。此觀不爲雲章巧，欲儉驕奢賭未萌。

愛新覺羅・胤禛《雍正文集》卷二二《過蒙陰》　望裡東蒙近，微茫草樹遮。面城峰礙日，遶郭水鳴沙。户盡繰桑繭，人多摘茗芽。曾聞魯酒薄，村店一旗斜。

愛新覺羅・胤禛《雍正文集》卷二五《田家四時詞》六言　夏

帶露葉盈蠶箔，翻雲麥熟田家。白水千塍秧馬，緑陰幾户繰車。日午鳴蟬遠近，風薰飛燕横斜。男女適均勞逸，相逢只説桑麻。

冬

霱霱炊烟茆舍，霏霏臘雪柴門。闌静閒眠羔犢，籬牢安穩鷄豚。夜織梭鳴啞軋，朝舂杵韻喧繁。賽社争撾祭鼓，歌呼新釀盈盆。

愛新覺羅・弘曆《乾隆文集》卷一《織錦賣家妻》 郎是治長罪，儂非蕩子妻。循環詩疊恨，伊軋淚交啼。織錦傳心苦，流沙望眼迷。行雲湧相擬，終不任東西。

愛新覺羅・弘曆《乾隆文集》卷一七《繅絲曲》 吴天風軟春光暮，吴蠶三眠絲欲吐。日上茅檐火馭遲，白絮紅塵夾兩路。中婦晨起中心忙，乾桐曉炊付阿香。繅車軋軋轉幽澁，一年衣食憑繭腸。釜中絲斷愁不斷，良人戍遠交河畔。

愛新覺羅・弘曆《乾隆文集》卷一八《織錦詞》 睡鴨盤盤翠雲吐，漏添細把丁東數。鳳梭千擲素腕疲，寸錦難成愁不語。明明寒月照流黄，三日一匹臨秋張。并刀象尺分明度，莫教裁破雙鴛鴦。裁破鴛鴦作春被，惆悵空幃獨徙倚。年年織錦却徒勞，良人遠道寒無袍。

愛新覺羅・弘曆《乾隆文集》卷五〇《方觀承進棉花圖十六事各題其上》

軋核　轉轂持鈎左右旋，左惟落核右惟棉。始由粗末精斯得，枷杵同農豈不然。

彈花　木弓曲引蠟弦弸，開結揚茸白氎成。村舍比鄰聞相杵，綽綽唱答合斯聲。

拘節　擦條拘節異方言，總是斯民衣食源。幾許工夫成麗密，紡紗絡緒事猶煩。

紡綫　相將抽緒轉軖車，工與繅絲一例加。聞道吴淞別生巧，運輪却解引三紗。

挽經　引繀卸絡理棉絲，枝拄經牀較便其。蹕路迎鑾多婦女，木榨每見手中持。

布漿　經緯相資南北方，南北皆產棉，而估舶每南北往來互販。或云北棉宜作經，南棉宜作緯，有相資成用者。蓋風土剛柔不同，故棉性亦異云。藉知物性亦如强。刷紗束絡俾成緒，骨力停匀在布漿。

上機　豈止千絲與萬絲，女郎徐自引伸之。可知事在挈端要，諸緒從心無不宜。

織布　横緯縱經織帛同，夜深軋軋那停工。一般機杼無花樣，大輅椎輪自古風。

愛新覺羅・弘曆《乾隆詩集二集》卷八六《鄒一桂杏花雙燕》 織出絳紗薄，裁來玉剪明。仙人製衣著，稱體五銖輕。

愛新覺羅・弘曆《乾隆詩集三集》卷四八《賦得春蠶作繭》 得同字八韻，試浙江士子題。

候占春駘盪，功盛浙西東。有女柔桑取，惟蠶作繭充。寒暄驗曉夜，蛹螅辨雌雄。飼浴勤民舍，繹繅倡后宫。室温防冷逼，箔岌擬山崇。經緯不言表，樞機默運中。鮫人空説巧，園客那稱工。比似抽思者，成章略或同。

愛新覺羅・弘曆《乾隆詩集三集》卷七八《題耕作蠶織二圖》 擇繭

宜綿詩八蠶，宜絲貴獨蛹。一家聚擇之，分品各殊用。絲待人之買，綿禦已之凍。勞而弗享報，女紅可勿重。

窖繭

蛾若破繭出，絲斷如敗葉。斯有甕窖法，封泥固周浹。深埋取寒氣，掘地揮鋤鍤。何必詡高昌，草實稱白氎。

繅絲

繭終絲之始，猶未閒女孃。竈下颺輕煙，釜中沸熱湯。度戒過不及，乃得絲美長。轉軸仔細看，梧月已上墻。

絡絲

繅絲甫報畢，絡絲應及節。工作有次序，此風盛吴越。麤細卒未分，要使無斷脱。轉篗對篝鐙，明河影欲滅。

經

既絡絲納篋，置軸兩端排。引以爲直縷，理繁徐往來。條貫期畢就，比弦無曲回。設擬悖如綍，敢曰經有才。

緯

浸緯非細工，付之小女丫。誰知素絲中，乃具種種華。精經次緯於是別，轉輪引緒斜。由分漸成合，小大殊軸車。

織

潤室置機架，有軸亦有欄。往還抛玉梭，那辭素手寒。錯綜乃成功，萬絲得一端。織女若是勞，布衣已原單。

攀華

椎輪生大輅，踵事何太勤。素帛增攀華，絲縷益糾紜。既成黼黻章，亦焕河洛文。爲者自不知，如山出五雲。

剪帛

精麤不中數，廣狹不中尺，王制弗鬻市，要義寓翦帛。辛苦豈易成，欲裁心自惜。耕勞蠶亦勞，視此吟篇著。

愛新覺羅・弘曆《乾隆詩集四集》卷一《耕織圖聯句》 御製民爲國本食民天，布帛資衣並重旃。首祚應廑耕織計，始和遍洽賦租蠲。恩旨普免天下正供，輪年遍及至壬辰，適届全周。閭閻感爲盈寧切，堂陛情教喜起聯。任養適占符歲美，臣高晉元調最好報春宣。今年元日立春。

泰壇先甲誠殷展，慈籙長庚慶益緜。吉旦宜人過翦綵，臣劉統勳令辰戩穀稱分箋。重華宴接蓬瀛界，太蔟音諧角徵絃。飫德心難忘每飯，臣劉綸邵農旨復示初筵。

石渠弆溯於潛藁，玉版摹成儀甫編。粉本形容犁列次，臣官保。御製茅簷景狀儼陳前。【略】

愛新覺羅・弘曆《乾隆詩集四集》卷一《耕織圖聯句》 挑備繅盆高等貯，臣錢維城撥充澼絖副材搴。擇繭靈奇底羡槫桑遠，藏罨良依梧井偏。窨繭漬鼎引端生繚繞，臣慶桂挼丸繹緒費煩撋。繅絲偶居漫配蛾眉子，物化猶遺羽蛻仙。蠶蛾南陌遵行閑娣姒，臣莊存與。御製西陵賽社薦牲牷。祀謝對篝還自愁明滅，掉籆寧辭屢轉旋。絡絲引直理緐慎如紵，同條共貫徑於弦。經緯與軋軋鬆盤髻，孛管纖纖緊裹拳。緯闔闢咸憑提綜剖，臣汪廷璵縱横儘付擲梭穿。織葩攢順序枝承跗，彩錯迴文璣運璿。攀花裂下鳴機擎甫重，臣謝墉量來裁尺熨尤平。翦帛經營意匠稱觀止，仿佛神工逐境遷。圖結卷儼只今完璧府，臣毛輝祖瞫單疇昔判珠淵。暗門孰與蛇添足，劉松年居錢塘之暗門，時號暗門劉。此二卷舊有松年欵，不知何人妄增。檇李徒標壓半蹝。耕圖卷有項元汴收藏諸印，而織圖則無，蓋此二圖早已離而爲二矣。證印緣均仍薈萃，臣汪永錫。御製裝池縹匹互鮮妍。棲璘詩程棨畫跡雙絶，舊詠新題韻總沿。正誤傳真重考訂，探原輯委彙陶甄。稼多軒北剛相暎，織貴堂南致足詮。圖卷合弆於多稼軒北，即貴織山堂。藝苑披圖方幅肖，臣胡高望鏡齋延賞曲廊鐫。著明本計宸垂象，册首御題「藝陳本計」四字。斟酌羣言宿麗躔。代辨宋元耕圖舊有紹興小璽，亦後人妄加，不知棨爲元人耳。删小璽，臣董誥跋收姚趙表洪權。姚式跋云：耕織圖二卷，棨繪而篆之。趙子俊云：每節小篆皆隨齋手題，足爲確証。珉兼風佚花翻錦，石刻兩廊各廿四幅。揭捧霞紋翼妥蟬。家法聖祖仁皇帝時，曾編繪耕織圖，御製題詠頒行。聖功誠合揆，臣李江度帝歌臣拜倍抒虔。貢鄉瑞溢吴都八，徂隰嘉賡周頌千。既飽既温臻既泰，臣王懿修。御製惟絲惟粟凛惟乾。雕文農事傷斯盛，纂組女紅害亦然。漢詔何曾弗熟讀，施行未逮愧遷延。

愛新覺羅・弘歷《乾隆詩集五集》卷六六《題延賞齋》 界湖橋畔齋，延賞蒨名佳。詎悦林泉目，緣殷耕織懷。畫圖泐昔觀，去聲。是處前後爲織染局，西爲蠶户房，環植以桑，西隔玉河，皆爲稻田。因於前層廊壁間嵌《耕織圖》石刻，以示不忘民事。詩句詠今諧。近遠多嘉報，今歲各省率稱暘雨應時，邇日已據廣東、直隸、江西等省以次奏報，麥收皆稱八分有餘，洵堪欣慰。慰和惕意皆。

袁枚《小倉山房詩集》卷一三《美人彈琴圖》 織罷流黄手爪傷，久疎雲雨朱絃變。蕩子去關山，鳥啼蕙草殘。孤鸞欲作語，對鏡發長嘆。不愁明月空床冷，只恨《陽春》識曲難。

袁枚《小倉山房詩集》卷三〇《謝浦柳愚山長贈苗錦》 魯望文傳記錦裙，丘遲割愛許平分。天孫組織輪新樣，蠻女機絲妙絶羣。裁被真堪覆衰老，囊詩兼可寄夫君。只愁疊向空箱去，化作華鬘五色雲。

袁枚《小倉山房詩集補遺》卷二《五答》 我是南朝仲蔚家，年過三十早懸車。偶因見獵全忘老，敢説投瓊必報瓜。緑字喜逢青鳥使，白頭愁對紫薇花。一廛幸托神君庇，臥聽隣姬夜績麻。園中紫薇大開。

錢大昕《潛研堂詩集》卷二《竹枝詞和王鳳喈韻六十首》之五六、五七 木棉花黄蝴蝶飛，木棉花白豆莢稀。木棉收盡軒車鬧，紡得黄紗製妾衣。

草冷煙清一望平，錢門塘上掩柴荆。篝鐙細細鳴梭急，好和疏籬促織聲。錢門塘市出布。

鄂爾泰等《授時通考》卷五三《勸課・耕織圖下》

織第十一

擇繭

聖祖仁皇帝御製

冰繭方看作素紈，重綿亦藉禦深寒。就中自有因材法，揀取筐間次第觀。

世宗憲皇帝御製

傾筐香雪明，擇繭檐日上。大半作絲綸，三分充綿纊。嘔嫗理從容，擇慣知脊壯。所慮梅雨過，插秧趁溪漲。

皇帝御製恭和聖祖仁皇帝原韻

弱繭何時成綺紈，拮据冀免一身寒。八蠶獨蛹還須擇，几上分明取次觀。

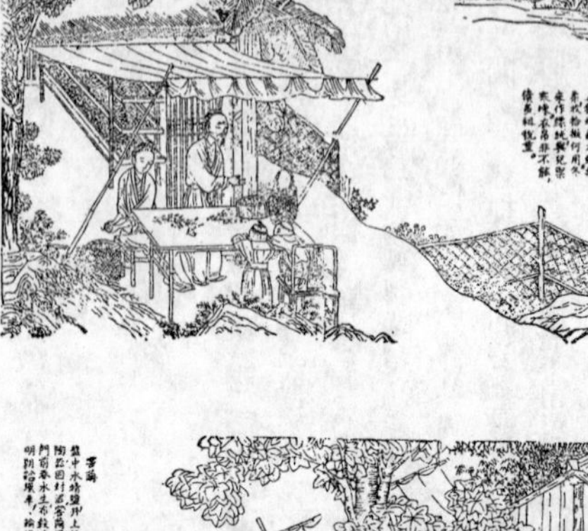

織第十二

窖繭

聖祖仁皇帝御製

一年蠶事已成功，歷數從前屬女紅。聞説及時還窖繭，荷鋤又在緑陰中。

世宗憲皇帝御製

挽袖解長裙，香汗濕紅頰。農事委良人，蠶功獨在妾。層層下簇完，勞勞窖繭接。作苦感天公，冰雪滿箱篋。

皇帝御製恭和聖祖仁皇帝原韻

春日遲遲執婦功，何心愛戀牡丹紅。繭成好向村頭窖，荷插攜兒緑蔭中。

織第十三

練絲

聖祖仁皇帝御製

炊煙處處繞柴籬，翠釜香生煮繭時。無限經綸從此出，盆頭喜色動雙眉。

世宗憲皇帝御製

煙流矮屋青，水汲前溪潔。掉車若捲風，暎釜如翻雪。絲頭入手長，左右旋轉忙。軋軋聽交響，行人聞繭香。

皇帝御製恭和聖祖仁皇帝原韻

煮繭吹煙颺短籬，絲腸纍纍練成時。探湯試展纖纖手，那聽枝頭叫畫眉。

織第十四

蠶蛾

聖祖仁皇帝御製

蛾兒布子如金粟，水際分飛任所之。莫令繭絲遺利盡，來年留作授衣資。

世宗憲皇帝御製

隣始通往來，暫時解忙促。出繭影翩翩，翅光膩粉沃。秧苗已抽青，桑葉再見緑。送蛾須水邊，流傳笑農俗。

皇帝御製恭和聖祖仁皇帝原韻

蠶蛾絲浄方生子，送向溪頭任所之。更願明春歸舍早，今年已是去年資。

織第十五

祀謝

聖祖仁皇帝御製

勞勞拜簇祭神桑，喜得絲成願已償。自是西陵功德盛，萬年衣被澤無疆。

世宗憲皇帝御製

豐祀報先蠶，灑庭佇來格。釃酒注罇罍，獻絲當圭璧。堂下趨妻孥，堂上拜主伯。神惠乞來年，盈箱賜倍獲。

皇帝御製恭和聖祖仁皇帝原韻

年年勞苦事耕桑，及早還將租稅償。今日蠶成虔祀謝，西陵功德戴無疆。

織第十六

緯

聖祖仁皇帝御製

綠陰掩映野人家，每到蠶時静不譁。一自夏初成繭後，籬邊新聽響繅車。

世宗憲皇帝御製

盈盈緯車婦，荆布事素樸。絲絲理到頭，的的出新濯。心忙不遑食，腕倦何曾覺。忽聽歸鴉啼，斜陽掛屋角。

皇帝御製恭和聖祖仁皇帝原韻

蠶繅輪捲遍千家，午静人慵鳥語譁。浸緯欣看供織作，阿香軋軋轉雷車。

織第十七

織

聖祖仁皇帝御製

從來蠶績女功多，當念勤劬惜綺羅。織婦絲絲經手做，夜寒猶自未停梭。

世宗憲皇帝御製

一梭復一梭，頻擲青燈側。豔豔機上花，朵朵手中織。嬌女眠齁齁，秋蟲語唧唧。檐頭月漸高，紙窗明曉色。

皇帝御製恭和聖祖仁皇帝原韻

織女工夫午夜多，莫將容易著絲羅。銀闌照處方成寸，已自循環擲萬梭。

織第十八

絡絲

聖祖仁皇帝御製

無衣卒歲早關情，寒氣催人蟋蟀聲。茅屋疏籬秋夜永，短檠相對絡絲成。

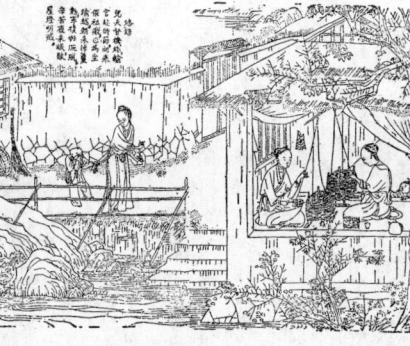

世宗憲皇帝御製

紅女亦頗勞，淒然當户歎。燈昏絡素絲，鬟重困柔腕。纖纖鬢影寒，沉沉夜氣半。妾心不敢忙，心忙絲緒亂。

皇帝御製恭和聖祖仁皇帝原韻

秋惹深閨無限情，可堪蟋蟀送寒聲。玉關萬里征夫遠，惆悵新絲絡不成。

織第十九

經

聖祖仁皇帝御製

織紝精勤有季蘭，牽絲分理織羅紈。鳴機來往桑林裏，已作吳綃匹練看。

世宗憲皇帝御製

昨爲簍上絲，今作軸中經。均匀細分理，珍重相叮嚀。君看千萬縷，始成丈尺絹。城市紈袴兒，辛苦何嘗見。

皇帝御製恭和聖祖仁皇帝原韻

砌下風飄待女蘭，新絲經理欲成紈。安排頭緒分長短，約伴同來仔細看。

織第二十一

攀花

聖祖仁皇帝御製

巧樣爭傳濯錦紋，堪憐織女最殷勤。雲章霞彩娱人意，自著尋常縞布裙。

世宗憲皇帝御製

織絹當織長，挽花要挽雙。緒繁勞玉腕，梭冷爐銀釭。新様勝吳綾，斜文賽蜀錦。成匹落誰家，詎忍裁衾枕。

皇帝御製恭和聖祖仁皇帝原韻

簇簇堆成錦繡紋，攀花鬭巧最精勤。堪憐織女深秋裏，纔著新縫素布裙。

張惠言《茗柯文編》外編卷下《富陽縣祭先蠶祝文》代 年月日，具官某，謹以柔毛剛鬣清酌庶羞之儀，致祭於先蠶之神曰：

縠雨至矣，維桑之猗猗，蠶將育也。厥歲載登，民奉公繭，給私服也。匪民之成，緊神之靈，降嘉福也。古有躬桑，自上下下，遍民牧也。今長百里，壇祀不給，胡神事之肅也？迺絜牲酒，侑嘉穀也。卜日戒虔，申禱祝也。幸神休之，鑒誠告也。我桑孔庶，蠶盈族也。家有繅盆，户機軸也。令與斯民，拜神禄也。尚饗。

王培荀《聽雨樓隨筆》卷四 民以耕織爲重，各縣亦多種綿。滎邑有綿，每欲咏之而未果。潼川張太守松孫有《咏吉貝》云：「廣州木棉大如樹，吳地草棉名亦著。或呼吉貝或班枝，物性無殊同是絮。」「哀牢白疊貢南朝，巴西蜀北滿平皐。四月乘時好栽植，勤鋤滋長多棉桃。」「東舍西鄰相助作，魚羹麥飯飽歡樂。禦寒無具盼豐收，更重春耕與秋獲。」「青囊曬破苞吐絲，懸鈴團簇花盈枝。白雲片片鋪原隰，風温挾纊相參差。」「擴拾攜筐走空室，豨膏滑軸純棉出。亂瓊飛灑一弦張，白玉搓成萬條雪。」「絡車咿啞冷孤檠，又聽籬邊促織聲。手足皸瘃不知倦，機上停梭疋布成。」「入市換錢輸薄賦，再成裁翦爲襦袴。連年梓甿慶盈寧，男多餘粟女餘布。」《咏織機》云：「如房之繭繅絲長，越羅蜀錦稱精良。自得支機供組織，兩用處處勤蠶桑。五月新絲初入市，百室絡緯終宵忙。倒景飛晶弄機杼，長裦交緯成玄黄。不作浮華薄靡綺，但以疎密相誇張。鵝溪凱江製近古，小姑嫠婦工無荒。縑繒絹縠盡利用，通乎貴賤宜温涼。寒雞喔喔聲軋軋，得尺望咫時度量。流蘇綰綜勞伏起，踏躡相次揚徵商。解軸辭機夫壻喜，沽須待價權收藏。一絲一縷出辛苦，世多紈袴輕膏粱。錦綾素綈未知暖，弗服弗御猶盈箱。寒士鶉衣不蔽體，偶得敝褐矜華裳。」

愛新覺羅・顒琰《嘉慶詩初集》卷八《丁雲鵬秋織圖》 重陽將届矣，促織報庭闈。蠶事春登箔，女功秋授衣。繅盆絲已熟，投杼手齊揮。經緯本天巧，七襄銀漢機。

愛新覺羅・顒琰《嘉慶詩二集》卷四五《擇繭》

衆繭須精擇，因材用不同。化蛾作佳種，排箔引涼風。首選織紝美，次供綿絮充。由來無棄物，器使在虛衷。

《窖繭》

藏繭置深甕，沿堤荷鍤從。布桐看疊疊，鋪簣襯重重。窖地鹽微糝，埋原泥密封。出繅待七日，潤澤倍鮮穠。

《練絲》

離坎功相濟，經綸展蘊藏。瑩瑩翻釜燦，軋軋轉車忙。撥緒箸抽繭，繅絲手探湯。工夫漸成熟，隔牖挹清香。

《緯》

横絲互旋轉，紡績用功初。錢眼貫成緒，繅星引就車。周迴緻樞速，園繞度筒徐。次第法精細，從茲杼柚舒。

《織》

作帛織機始，宵燈照户阿。堅持寸心静，不覺萬絲多。綜躡難停杼，縱横頻擲梭。七襄紀《小雅》，光彩燭星河。

《絡絲》

緻軒音勵繼張柅，絲縷勿縈紆。牽引絡於籰，貫穿度自孚。挑燈宵正永，轉軸腕忘劬。力作休言倦，計功課小姑。

《經》

層層排絡籰，上架往來牽。衆縷有條貫，一心善斡旋。鳴機得頭緒，運軸自緜延。綸紵應加慎，如絲勿妄宣。

《攀花》

巧擅女工首，雲章繪素綈。緯經合樞紐，心手應高低。運掌絲無舛，擲梭花漸提。織成由意匠，何處覓端倪。

《軋核》

上轂下鉤互轉旋，核分花細出輕棉。工同碾軸農家器，利用厚生本自然。

《彈花》

弓彎短勁蠟弦弸，彈擊花衣應手成。晝杵宵砧相唱和，連村總是太平聲。

《拘節》

束帛即棉本易言，條分筵卷紡車源。引端抽緒涣斯合，進步用功豈憚煩。

《紡綫》

握條轉鋌運輕車，引緒成斤逐日加。念切民依重本計，應嗤富室炫羅紗。

《挽經》

牽經理緒萬千絲，北架南牀俗尚其。旋繞縱横自不紊，心閒手敏便操持。

《布漿》

束絢沃汁異南方，絡以支稜旋轉强。案衍平鋪兩端直，功加帚刷益匀漿。

《上機》

柚經杼緯理千絲，高下相環徐引之。要領手持息紛擾，尋端就緒事咸宜。

《織布》

縱横梭織用功同，縝密不求花樣工。布帛禦寒勝錦繡，黄綿普被播仁風。

程恩澤《程侍郎遺集》卷二《橡繭十詠》并序

黔郡州十三，富郡二：曰黎平，曰遵義。黎平以木，遵義以繭，繭不以桑，以橡，然非刱於遵義人也。乾隆間，守陳君實教之，於是食繭利凡數十年，春秋繭成歌舞，祠陳君如生。道光三年冬，澤試遵義，旋過橡林閒，風策策然，葉鱗鱗然，記所歷郡，皆有橡不以繭，今過平越、都匀，土益沃宜橡，因嘆曰：處處有橡，處處可繭也，富獨遵義乎。過鎮遠，見方伯吴荷屋先生、廉訪宋仁圃先生，頒令甲勸民種橡，詞懇懇著街亭。時夕陽爛如，駐馬讀之。過思南，遭校官某韓劄出，則方伯、廉訪督使巡上下游購橡子，教播種，期三年成，食繭利。嗟乎，居尊官親民，爲謀百世利，思深哉，可謂君子儒矣。黔土瘠，黔民勞，勞無所獲，遂積廢不自振，曉之曰：利在某，不信視某地，民遽然顧墻角畦棱，有美蔭皆金錢，其黠者慮利與害俱，且権之，曉之曰：有百世利，無一日税也。則又慮購繭器織具紛然，貲未入先貸，曉之曰：如購種法皆官爲。夫民驕子弟也，官慈父母也，驕乃惰，慈乃周，以周起惰，惰乃勉，皆可學而能也，數歲利必若遵義，富甲西南維矣。澤職在文字，詠歌之可乎，分題十，各繫四十言，附長篇一則，舊冬作也。道光四年秋九月上澣，貴州督學使者程恩澤撰。【略】

《煮繭》

繭成投熱湯，入莜灰汁，乃熟，乃繅之，蛹不能生也。或曰，蛹混沌無知，故昔人無捄蛹法。

功成赴湯火，幸在混沌時。繭剛可使柔，絲斷難重治。水湅渥以灰，古法存於斯。齊紈不十年，越羅風淒其。

《上機》

絲值莚繭，綢值倍絲，功成矣如績學然。

絲道莚繭值，織成金滿屋。鐙火連晨星，伊軋擾夜讀。上充公姥襦，下翦兒女服。衣郎不著，願換來春穀。

《利無算》

橡可衣可食，地寶也。

橡粉可療饑，橡斗可染皁。老枝薪且炭，新肄復蠶飽。一物備衣食，地乃不愛寶。黔富甲天下，居者殊艸艸。

《永不税》

民趨利避害，永不税，乃可與圖始。

購種與教織，瑣瑣皆官貲。焉忍復征榷，如父謀其兒。有衣耀寒暑，有金充棟楣。士沃民轉勞，民勞勞則思。

《橡繭歌》

遵義野蠶成繭，曰青棡繭，不知於古爲何樹也。癸未仲冬，行部過長林閒，葉焦繭割矣，掇其實，知爲櫟斗，櫟斗之子名橡。孫炎云：櫟似樗。按櫟與樗迥別，不得以《爾雅》之樗繭當之，因字曰橡繭，作《橡繭歌》。

冬十一月來播州，撲頭黄葉風颼颼。是何嘉卉繁且稠，云此可媲桑之柔。美蔭捲緑春油油，彌山彌澤彌甌窶。不煩山奴玉斧修，無事紅女青挂鉤。葉以爲箔枝爲幬，結茆承種懸曲樛。蠕蠕孑孑紛相蹂，天教寢食得自由。自起自眠登樹頭，暵日出曝雨則僂。蝕厥新甲棄厥莤，神叢打鼓小姑求。宛窳夫人跪樹歐，願生脂膓無生鳩。爲敺花豹敺栗鸜，竹柝行晝宵乃休。何如彩幡長其斿，娟娟風露春復秋。兩番割繭十倍收，繭熟圓如金彈投。蛾飛大與胡蜨侔，杼聲萬家絲萬抽。蠶孃樂逸機孃愁，蠶功逸，絲功勞。流黄縑素充畫樓。可憐龍馬不上鞦，蠶與馬同宫，蠶盛則馬少。其地乃封千户侯。我來長林采其劉，知是櫟斗其實梂。斗可染皁實可溲，高士拾之狙公留。不材之木值十牛，卻顧材木翻包羞。黔中土瘠民臞脙，何不廣植上下游。計其贏羡裨先疇，終歲乃無旱澇憂。有晫其道夏暍瘳，有依其士絲衣紑，積銖絫寸成長裘，衣被直徧西南陬。

程恩澤《程侍郎遺集》卷三《機女》 天孫親付九張機，手爪纖纖任意爲。左顧鴛鴦裁錦捷，南飛孔雀織縑遲。當窗恒斂千金笑，掩卷羞看十索詞。何事樓頭聞太息，昨宵弦管嫁妖姬。

魏源《魏源集·村居雜興十四首呈筠谷從兄》 江南聞有蠶，食桑吐其餘。七襄織天女，其功四海無。吾鄉不産桑，無錢莢空榆。惟有吉貝花，功自黄姑初。左足踏機杼，右手投梭梳。織成貝錦布，可度今歲除。春風何處來，飄我素雲裾。道逢紈綺子，白袷輕且都。君衣定何物，視此當何如。

魏源《魏源集·古樂府·行路難》 召匠五都市，人人矜斵埴。使構凌雲臺，莫傳國工式。刺綉倚市門，人人矜組帳。使織天孫錦，莫問鄰姥樣。

衛杰《蠶桑萃編》卷一三《圖譜三·豳風圖詠類》 六月 六月暑方盛，揮汗苦莫辭。繭老繅難緩，當釜自抽絲。繅車慇懃轉，且喜日遲遲。婦子躬蠶桑，自免淫惰思。旬日可經絹，衣食兩有資。盈倉滿籠樂，何事能如之。

園中即事 六月長養之，夏蠶珍復珍。飼豈償租負，但覺歷苦辛。黄者黄如金，白者白如銀。枝幹重添葉，野虞禁伐薪。

七月 唧唧復唧唧，當窗鳴促織。大火已西流，天寒受衣逼。取我筐中絲，用我閨中力。既經而復緯，焚膏可繼昃。青燈照拋梭，午夜尚未息。莫謂多苦辛，此樂人罕識。

園中即事 七月乞巧娘，杼軸報成章。軋軋機聲響，村村煮繭香。天孫雲錦裳，公子爲玄黄。瓜果庭前薦，兒女跪拜忙。

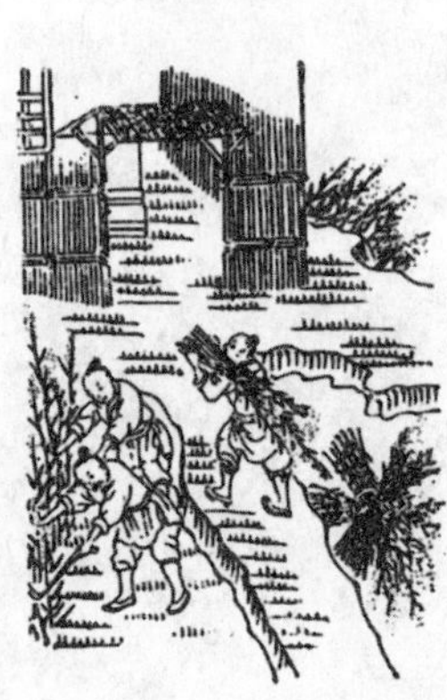

八月　八月白露降，萬物盡成秋。寒氣漸漸逼，織絲已成綢。此時棉宜紡，冬來好營求。更宜備蠶具，萑葦及時收。漫云隔歲久，惟豫乃無憂。試看頑惰子，臨期空自籌。

園中即事　八月秋蠶天，桑葉大而圓。一一躬採摘，三三卜起眠。工夫有餘力，栽培計來年。慇懃課諸女，市之有餘錢。

九月　西風吹漸勁，凜凜寒氣生。是月當授衣，有絹已織成。開笥就刀尺，長短隨人情。身被羅綺服，五色相間明。可惜無褐者，此際尚經營。婦女於蠶桑，慇懃不可輕。

園中即事　九月築場圃，大田稼多多。初蠶徵稅供，再蠶錦繡歌。三蠶衣食裕，人力敏如何。寄語紈絝子，慎勿輕綺羅。

雜録

王嘉《拾遺記》卷二《周》　〔成王〕五年。有因祇之國，去王都九萬里，獻女工一人。體貌輕潔，被纖羅雜繡之衣，長袖修裾，風至則結其衿帶，恐飄颻不能自止也。其人善織，以五色絲内於口中，手引而結之，則成文錦。其國人來獻，有雲昆錦，文似雲從山嶽中出也；有列堞錦，文似雲霞覆城雉樓堞也；有雜珠錦，文似貫珠珮也；有篆文錦，文似大篆之文也；有列明錦，文似列燈燭也。幅皆廣三尺。

王嘉《拾遺記》卷一〇《員嶠山》　員嶠山，一名環丘。上有方湖，周迴千里。【略】有冰蠶長七寸，黑色，有角有鱗，以霜雪覆之，然後作繭，長一尺，其色五彩，織爲文錦，入水不濡，以之投火，經宿不燎。唐堯之世，海人獻之，堯以爲黼黻。

應劭《風俗通·佚文·陰教》　夏至著五綵，辟兵，題曰游光。游光，厲鬼也，知其名者無温疾。五綵，避五兵也。案：人取新斷織繫户，亦此類也。謹案：織取新斷二三寸帛，綴著衣衿，以己織縑告成於諸姑也。後世彌文，易以五綵。又永建中，京師大疫，云厲鬼字野重、游光。亦但流言，無指見之者。其後歲歲有病，人情愁怖，復增題之，冀以脱禍。今家人織新縑，皆取著後縑二寸許，繫户上，此其驗也。（《書鈔》一五五、《玉燭寶典》五、《歲時廣記》二四、《御覽》二三、八一四、《合璧事類》前十六、《廣博物志》四、《天中記》五）

《太平御覽》卷八一七《布帛部·絹》　《孝子傳》曰：董永，貧，父不遂葬，以身質錢一萬，既葬就役，逢一女子求爲永妻，云：「能織絹。」永請主人，主人令織，一旬三百疋。債足，女辭曰：「我天之織女也，帝見君孝，使我共償債耳。」因遂不見。事具《孝感門》。

牛僧孺《玄怪録》卷三《古元之》　元之云：當昏醉時，忽然如夢。【略】至和神國。其國無大山，高者不過數十丈，皆積碧珉，石際生青彩簳篠，異花珍果，軟草香媚，好禽嘲哳。山頂皆平正如砥，清泉迸下者三二百道，原野無凡樹，悉生百果及相思石榴之輩。每果樹花卉俱發，實色鮮紅，翠葉於香叢之下，紛錯滿樹，四時不改。唯一歲一度暗换花實，更生新嫩，人不知覺。田疇盡長大瓠，瓠中實以五穀，甘香珍美，非中國稻粱可比，人得足食，不假耕種。原隰滋茂，稻穢不生。一年一度，樹木枝幹間悉生五色絲纊，人得隨色收取，任意紝織，異錦纖羅，不假蠶杼。四時之氣，常熙熙和淑，如中國二三月。

樂史《太平寰宇記》卷一六六《嶺南道一〇·邕州》 土産：懶婦獸。《南越志》云：「晋城縣有懶婦獸，古有織女臥上，其姑怒之，遂忿赴水，姑遂以杼投其臂，化爲此獸。今背上有文如杼形。大者可得脂三斛，燃之，照紡績即暗，照歌舞即明。習懶之性，化而不革。」

于敏中等《日下舊聞考》卷三二《宫室》 神御殿舊稱影堂，所奉祖宗御容，皆紋綺局織錦爲之。《元史·祭祀志》。

阿爾尼格善畫塑及鑄金爲像，凡兩京寺觀之像皆出其手。原廟列聖御容，織錦爲之，圖畫弗及也。《元史本傳》。按：阿爾，蒙古語花紋也，尼格一數也。舊作阿尼哥，今譯改。

于敏中等《日下舊聞考》卷四二《皇城》 蠶池，明時宫人織錦之所，今止存雲機廟故基。《瑶華集箋》。

紡織材料部

麻、葛、毛、棉等分部

題解

《書·禹貢》 青州　厥貢【略】岱畎絲枲。

孔穎達正義：枲，麻也。

《爾雅·釋草弟一三》 黂，枲實。郭璞注：《禮記》曰：苴麻之有黂。枲，麻。郭璞注：別二名。

郝懿行義疏：《說文》萉或作䕡，云：枲實也。通作蕡。《喪服傳》云苴絰者，麻之有蕡者也。賈公彥疏引孫炎注：蕡，麻子也。《齊民要術》引蕡作黂。《爾雅·釋文》黂，本或作蕡。是也。又通作墳。《司烜氏》「廿六墳燭」，鄭玄注：故書墳爲蕡。鄭衆(注)〔云〕：蕡燭，麻燭也。蕡又名蘊。《要術》引崔寔曰：苴麻，麻之有蘊者，莩麻是也。一名黂。《御覽》引《吴普本草》云：麻子一名麻蘊，一名麻蕡。蕡、蘊音相近也。蕡亦通謂之枲。《列子·楊朱篇》云：昔人有美戎菽甘枲者。枲即蕡也。亦通謂之麻。《月令》「食麻與犬」。以犬嘗麻，皆謂蕡也。又通謂之苴。《詩》「九月叔苴」，毛亨傳：苴，麻子也。郭璞引《喪服傳》：「苴絰」亦是也。黂既麻子，因而麻亦名黂。《淮南·說林篇》云：黂不類布，而可以爲布。是又以黂爲麻之通名矣。《本草》麻子與麻黂別出，而云黂一名麻勃，誤也。吴普以麻勃爲麻華，其說是矣。古者以黂爲豆籩之實。《春官·籩人》及《少牢饋食》竝云麷蕡。今人罕充食饌，唯作油然鐙及和味用之。《說文》：枲，麻也。官有典枲。《詩》言績麻，麻枲一耳。《詩·采蘋》孔穎達正義引孫炎曰：麻，一名枲。是也。《要術》引崔寔以牡麻爲枲。蓋據《喪服傳》云：牡麻者，枲麻也。要其正稱，則枲麻通名耳。今俗呼莩麻爲種麻，牡麻爲華麻。牡麻華而不實，莩麻實而不華，其華白。故《九歌》云：折疏麻兮瑶華。

揚雄《方言》卷二 揄鋪、音敷。襤音藍㡌、帗音拂，縷、葉褕，音臾。毳也。音脆，皆謂物之扞蔽也。荆揚江湖之間曰揄鋪，楚曰襤㡌，陳宋鄭衛之間謂之帗縷，燕之北郊，朝鮮洌水之間曰葉褕。今名短度絹爲葉褕也。

案：毳，《玉篇》云：罽衣葉褕，各本訛作葉輸，輸字不得有臾音。《玉篇》云：葉褕，短度絹也。今據以改正。

史游《急就篇》卷三 紡、纑　纑，音盧。

顔師古注：紡謂紡切麻絲之屬爲纑縷也，已紡而成謂之紗。篇本紗字或作纑。黄氏曰：纑，布縷也。

許慎《說文》一篇下《艸部》 芓　麻母也。从艸，子聲。一曰芓即枲也。此字義之別說也，芓枲不分，故云枲實。

葛　絺綌艸也。《周南》「葛之覃兮，爲絺爲綌」。从艸，曷聲。

《說文》七篇下《木部》 枲　麻也。从木，台聲。籀文枲，从林从辝。

檾　枲屬。類枲而非枲，言屬而別見也。檾者，草名。《周禮·典枲》「掌布絲縷紵之麻草之物」。注云：草，葛蔄之屬。《掌葛》「徵草貢之材於澤農」。注云：草貢出澤，蔄紵之屬，可緝績者。蔄即檾字之異者。蔄紵出於澤，與葛出於山不同，又作潁。《襍記》「如三年之喪，則既潁。其練祥皆行」。鄭云潁草名，無葛之鄉，去麻則用潁。《詩》兩言褧衣，許於此偁檾衣，於《衣部》偁褧衣，而云褧，檾也，示反古。然則褧衣者以檾所績爲之，蓋《士昏禮》所謂景也。今之檾麻，《本草》作苘麻，其皮不及枲麻之堅韌，今俗爲麤繩索多用之。从林，熒省聲。《詩》曰：「衣錦檾衣。」《衛·碩人》、《鄭·丰》文，今皆作褧。

《說文》七篇下《麻部》 麻　枲也。麻與枲互訓，皆兼苴麻、牡麻言之。从𣏟，从广。𣏟，人所治也，在屋下。說从广之意，𣏟必於屋下績之，故从广，然則未治謂之枲，治之謂之麻，以已治之偁加諸未治，則統謂之麻。此條今各本皆奪誤，惟《韵會》所據小徐本不誤，今從之。凡麻之屬皆从麻。

䊵　未練治纑也。《糸部》曰：纑，布縷也。劉熙《孟子注》曰：緝績其麻曰辟，練絲曰纑。練絲謂取所緝之縷湅治之也。練者，湅也。湅者，瀰也，汏諸水漂潎之也。已湅曰纑，未湅曰䊵。《廣雅》曰：䊵，絹也。絹是生絲未湅之縷，如生絲然，故曰絹也，如成國謂已湅曰練絲。从麻，後聲。

䵚　檾屬。檾爲枲類，䵚又檾類也。《廣韵》引《字書》云：䵚麻一絜也。从麻，俞聲。

許慎《說文》八篇上《毛部》 毛　眉髮之屬及獸毛也。眉者，目上毛也。髮者，首上毛也。而者，須也，須者，而也，臣下之毛也。須者，頰須也，𩑛口上須。

毴　毛盛也。从毛，隼聲。《虞書》曰：「鳥獸毴髦。」

毨　選也。仲秋鳥獸毛盛，可選取目爲器。毨選，雙聲。《堯典》「鳥獸毛毨」。鄭注：毨，理也，毛更生整理。《周禮》「中秋獻良裘，王乃行羽物」。鄭注：良，善也。仲秋鳥獸毛毨，因其良時而用之。按，許說兼包鄭二義。

毳　獸細毛也。《掌皮》注曰：毳毛，毛細縟者。从三毛。毛細則叢密，故从三毛，衆意也。凡毳之屬皆从毳。

許慎《説文》一三篇上《糸部》 絡 【略】一曰麻未漚也。《陳風》曰：「東門之池，可以漚麻。」傳曰：漚，柔也。箋云：於池中柔麻，使可緝績作衣服。按，未漚者曰絡，猶未練之未湅也。

纑 布縷也。言布縷者，以別乎絲縷也。績之而成縷，可以爲布，是曰纑。《禮經》縷分別若干升以爲麤細，五服之縷不同也。趙岐曰：湅麻曰纑。《麻部》㯂下曰：「未湅治纑也。」然則湅治之乃曰纑，蓋縷有不湅者，若斬衰、齊衰、大功、小功之縷皆不湅，緦衰之縷則湅之，若吉服之縷則無不湅者。不湅者曰㯂，湅者曰纑，統呼曰縷。 从糸，盧聲。

緶 交枲也。謂以枲二股交辮之也。交絲爲辮，交枲爲緶。一曰緁衣也。上文緁下云緶衣也，此云緶，緁衣也，是爲轉注。 从糸，便聲。

絜 麻一耑也。一耑猶一束也。耑，頭也，束之必齊其首，故曰耑。《人部》係下云，絜，束也。是知絜爲束也，束之必圍之，故引申之圍度曰絜，束之則不椒曼，故又引申爲潔浄，俗作潔，經典作絜。 从糸，㓞聲。

繆 枲之十絜也。枲即麻也，十絜猶十束也。 从糸，翏聲。

綢 繆也。謂枲之十絜。一曰綢繆二義皆與繆同也。今人綢繆字不分用，然《詩·都人士》單用綢字，曰「綢直如髮」。毛傳以密直釋之，則綢即稠之段借也。 从糸，周聲。

絮 絜縕也。絜縕謂束縕也。束縕見《蒯通傳》一曰敝絮也。敝絮謂孰綿也，前説謂麻，此謂絲。 从糸，奴聲。《易》曰：「需有衣絮。」《既濟·六四》爻辭。按此篆舊在繄篆之前，彼上下文皆言絲，絮非其類，今移次於此。

縕 紼也。《玉藻》纊爲繭，縕爲袍。注曰：纊，新綿也。縕，今之纊及故絮也。纊及故絮者，謂以新綿合故絮裝衣。鄭説與許異。《衣部》曰：以絮曰襺，以縕曰袍。許絲絮不分新舊，緊謂之纊，以亂麻謂之縕。孔安國釋《論語》曰：縕，枲著也。許所本也。《蒯通傳》「束縕乞火」。師古曰：縕，亂麻。 从糸，昷聲。

紼 亂枲也。枲各本作系，不可通，今正。亂枲者，亂麻也，可以裝衣，可以然火，可以緝之爲索，故《采朮》毛傳曰：紼，綷也。言用紼爲索也。 从糸，弗聲。

張揖《廣雅》卷七下《釋器》 縝，縷，纑也。

《方言》「纑」謂之縝。郭璞注云：謂纑縷也。《説文》「縷，綫也」，「纑，布縷也」。《孟子·滕文公篇》「彼身織屨妻辟纑」。趙岐注云：緝績其麻曰辟，練麻曰纑。

顧野王《玉篇》卷一三《艸部》 葛 功遏切，蔓草也。

顧野王《玉篇》卷一四《枲部》 枲 司子切，麻也。有子曰苴，無子曰枲。 𦃇 籀文

縝 尺人切，纑也。

顧野王《玉篇》卷一四《林部》 𣏟 口潁、口迥二切，枲屬。《詩》「衣錦𣏟衣」。

顧野王《玉篇》卷一五《麻部》 麻 莫加切，枲屬也。

𪎮 大侯切，𪎭屬。一曰，麻一絜也。 䵇 同上。

㯂 空木切，未練治纑也，結枲也。

顧野王《玉篇》卷二七《糸部》原本 紝 如林切，又女林切，機之縷也。

原本 如深、女林二反。《左氏傳》「以執執鍼織紝皆百人」。杜預曰：執鍼，女工也。織紝，織曾布者也」。《説文》「紝，機之縷也」。 絍 同上。

纑 力乎切，布縷也。

原本 力胡反。《孟子》「身織縷，妻辟纑」。劉熙曰：辟績練縷以爲纑繩也。《史記》：山西饒纑。徐廣曰：紵屬也，可以爲布。《方言》：纑謂之縝。郭璞曰：謂縷也。《説文》「布縷也」。《倉頡篇》未練者也。《廣雅》纑，縝也。《聲類》纑，緶也。

紵 丈呂切，麻屬，所以緝布也。 綷 古文。

原本 除旅反。《周禮·典枲》「掌布緦縷紵之麻草之物」。鄭玄曰：緦十五升布抽半者也，白而細曰紵。《毛詩》「可以漚紵」。《説文》：「𣏟屬，細者(也)爲絟，粗(者)爲紵。」草名紵，紵或爲苧字，在艸部。 綷《説文》亦紵字也。《字書》籀文紵字也。

縕 於忿切，枲也，舊絮也，綿也。

原本 故昆反。《論語》「衣敝縕袍」。孔安國曰：縕，枲也。《禮記》「纊爲繭，縕爲袍」。鄭玄曰：縕謂今纊及舊絮也。纊，今綿也。《説文》「縕，紼也」。

紼 甫勿切，亂麻也。 紼 同上。 綍 同上。

原本甫物反。【略】《説文》「亂麻也」。《倉頡篇》「縕，枲也」。字書一曰挽船索也。 紼 字書並紼字也。 綍 字書亦紼字也。

𦄂 子堯切，亦作蕉，生枲未漚也。

原本 子堯反。《字書》亦蕉字也。蕉，生枲未漚也，在艸部。

縝 丑仁、仁忍二切，係纑縷也。

原本 丑仁反。【略】《方言》「纑謂之縝」。郭璞曰：謂纑縷也。《廣雅》縝，縷纑也。

𦃇 籀文

緵 子公切，縷也。

原本　子公反。【略】

縪　必奚切，縷并也。亦性字。

原本　補奚反，《廣雅》縪，并也。《埤倉》縷并也。《字書》或爲性字。性亦誤也，在心部。或爲謎字，在言部。

玄應《一切經音義》卷一四《四分律第二卷》　拘遮羅劫貝或言劫波育，或言劫波婆，正言迦波羅，此譯云樹花名也，可以爲布。高昌名氎，氎是衣名。罽賓以南，大者成樹，以此形小，狀如土葵，有殼，剖以出花，如柳絮，可紉以爲布，用之爲衣也。紉音女珍反。

玄應《一切經音義》卷二一《解深密經第一卷》　蠹羅綿或作妒羅，上都路反。舊言兜羅綿，皆一也。

丁度《集韻》卷一《東韻》　毦、毧㲨毳細毛。古作䋯。

丁度《集韻》卷一《鍾韻》　毦鳥獸細毛也。

丁度《集韻》卷二《虞韻》　𦐍、𦐑《博雅》羽也。一曰細毛。或从甫。

氍、毹毳也。《方言》楚曰氍毹。

氅毛之彊曲者。李登説。

丁度《集韻》卷二《真韻》　縝纑也。

縝，縝纑也。或从糸。

丁度《集韻》卷二《文韻》　緼《説文》「紼也」。一曰，亂麻。

丁度《集韻》卷三《先韻》　毯毦屬。

卷三《仙韻》　綫縷也。

縺縺縷不解。

棉、柄、楄木名，出交阯，可爲布。或作柄、楄。

丁度《集韻》卷三《麻韻》　紗【略】一曰，紡纑。通作沙。

丁度《集韻》卷四《清韻》　莔麻屬。

丁度《集韻》　䅖麻屬。

丁度《集韻》卷四《尤韻》　繆枲十絜也。

丁度《集韻》卷四《矦韻》　䋴緅將侯切，枲未漬也。或从取。

𦮵《説文》「檾屬」。或書作䔲。

丁度《集韻》卷五《語韻》　紵檾之粗者。《史記》用紵絮斮陳。

丁度《集韻》卷五《軫韻》　縝、縝、紾纑也。或从枲，亦作紾。

丁度《集韻》卷六《静韻》　檾、萴、苘艸名。《説文》「枲屬」。引《詩》「衣錦檾衣」。或作萴、苘。

丁度《集韻》卷七《遇韻》　毹毛也。

丁度《集韻》卷七《祭韻》　毳《説文》「獸細毛也」。

毳充芮切，細毛也。

丁度《集韻》卷七《怪韻》　毠獸毛細曰毠。

丁度《集韻》卷七《廢韻》　髮毛也。

丁度《集韻》卷七《震韻》　縝纑謂之縝。

丁度《集韻》卷七《焮韻》　緼枲也。

丁度《集韻》卷七《恨韻》　蕡麻也。《周禮》「其實麷蕡」。徐邈讀。

丁度《集韻》卷八《号韻》　毷、毣輕毛。或从隹。

䅖枲大者曰䅖。

丁度《集韻》卷九《沃韻》　䋘纑未練。

丁度《集韻》卷九《没韻》　毪毪毪，毛短。

毪毛短謂之毪。

卷九《屑韻》　絘、紻、繘縷也。或从夬，从啇。

丁度《集韻》卷九《薛韻》　毳細毛。

丁度《集韻》卷一〇《陌韻》　蕈葛屬。

丁度《集韻》卷一〇《昔韻》　毲毛也。

丁度《集韻》卷一〇《帖韻》　欇木名，有綿，可爲布。

司馬光《類篇》卷一六《木部》　棉、柄、楄彌延切，木名，出交阯，可爲布，或作柄、楄。

司馬光《類篇》卷二〇《枲部》　縝尺人切。纑也。又止忍切。

䋴、緅將侯切。枲未漬也，或省。

䅖郎到切。枲大者曰䅖。

司馬光《類篇》卷二〇《林部》　檾去潁切。枲屬。《詩》云：衣錦檾衣。

𦮵徒侯切。檾屬。

䕆部本切。麻蒸也。

䜸、縠空谷切。未練治纑也。或作縠。

䋘烏酷切。纑未練。

司馬光《類篇》卷二三《毛部》 氄而融切。耎毳細毛。

秏陵之切。彊曲毛，可以箸起衣。又郎才切。

毴匪微切。細毛爲毴。

毶將先切。毛屬。

司馬光《類篇》卷三七《糸部》 綝陵之切。彊曲毛，可以箸起衣。又郎才切。

緼於云切。《說文》紼也。一曰亂麻。又委隕切。枲也。又鄔本切。士緼韍。又紆問切。

線息淩切。枲繒也。

紵、紵丈吕切。《說文》：「檾屬。細者爲絟，粗者爲紵。或从(者)〔緒〕省。」紵，又展吕切。檾之粗者。《史記》：「用紵絮，斮陳漆。」

絘七四切。《說文》：「績所緝也。」

紼分物切。《說文》：亂(糸)〔枲〕也。」或書作縏。又芳未切。緼也。

戴侗《六書故》卷二四《植物四》 葛 格曷切。葛根可食，蔓可乂，濩以爲絺綌。

苧 直吕切。檾類科，生葉如野蘇，一歲三乂，爲布精白於枲。亦作紵。《說文》曰：「紵，檾屬。細爲絟，粗爲紵。」別作縍。《禹貢》「豫州厥貢絺紵」。苧非絲類，从草爲正。

戴侗《六書故》卷一八《動物二》 毛 莫袍切，獸毛也。象形。

毳 此芮切，毛之細縟者。《周禮》曰：「共其毳毛爲氈。」《詩》云：「毳衣如菼。」引之爲毳弱之毳，謂輕耎不堅忍易折絶。荀子曰：小敵毳。別作脃，見《肉部》。

戴侗《六書故》卷三〇《工事六》 緢 彌遥切，細而毛也。《說文》曰「旄絲也」。

紗 師加切。【略】又麻績而紡之者爲紗。《類篇》：一曰，紡纑也。

紵 直吕切。《說文》曰：「檾屬。細爲絟，粗爲紵。」別作縍。《周官·典枲》：「(堂)〔掌〕布緦縷紵之麻草之物」。康成曰：細曰緦，粗曰紵。按布緦縷紵，同爲麻草已治之物，名檾屬者，苧也。詳見《草部》。

纑 郎乎切。《說文》曰：「布縷也。」《孟子》曰：「身織屨，妻辟纑」。朱子曰：練麻也。《史記》曰：山西饒才竹穀纑。司馬貞曰：山中紵可以爲布。

繆 遠浮切。【略】《說文》曰：「枲十絜也」。

張自烈《正字通》卷三《巾部》 幠武扶切，音巫，毳也。《方言》：楚曰㡚幠。亦作幠。

張自烈《正字通》卷五《毛部》 毫評陶切，音豪，長鋭毛也。又十絲曰毫。《莊子》毫末。《孟子》秋毫，言毫至秋極纖細也。《漢高紀》：沛公入關，秋毫無犯。

毳昌瑞切，吹，去聲，獸毛縟細者。《方言》：揄鋪、㡚幠，毳也。

𣯛侯幹切，音汗。《說文》「獸毫也」。

氂犛、氂、斄同。舊注分牛曰犛，毛曰氂，誤。

張自烈《正字通》卷八《糸部》 紵之雨切，音主，檾之粗者。《詩·陳風》：「東門之池，可以漚紵。」紵，除上聲，叶下語，與苧同。

𥿋資四切，音恣，績所未緝者。【略】舊注汎訓理絲，非。《說文》作絘，篆作絘。

絘𥿋本字。《說文》作絘。舊注誤分爲二。

紵同紵。《說文》「紵，或从緒省」。

縷兩舉切，音吕，絲麻之縷可經緯者。《周禮·典枲》「掌布緦縷紵麻艸之屬」。

紴必列切，音鼈。【略】又霽韻，音弊，惡紴。

緒同紵。《文選·齊竟陵王行狀》云「華衮與緼緒同歸」。從紵爲正。

纑力吾切，音盧，紵可以爲布。《說文》汎訓布縷，非，本作纑。

方以智《通雅》卷三七《衣服·布帛》 越也，卉也，皆艸服也 越，蒲屬，可緝布。《禮》有「越席」，越音活。《書》「卉服」，即葛越。《文選·孫氏檄文》「葛越布于朔土」。李善注：葛即葛𦸗，越即蕉苧，黄艸之屬。

芮温，絮纊也 《吕覽·必已篇》：「不食穀實，不衣芮温。」注以爲絮。蓋言絮纊細耎也。《列子》「晉芮」。注：芮，細也。或曰芮温，古人直借芮呼絮耳。《褚遂良傳》芮芮興，則茹茹、蠕蠕音軟也，可證軟、絮通轉。

絮幕曰牽離 《釋名》：煮繭曰莫。莫，幙也，貧者著衣可以幕絮也。或謂之牽離煮爛，牽引使離散如綿也。

《類腋》卷一《物部·葛》 雞齊《群芳譜》：葛一名黄斤，一名鹿藿，一名雞齊。

厲荃《事物異名録》卷二五《布帛部》 草綿 楊慎《外集》：草綿，綿花也。

綜述

《書·禹貢》 青州：厥貢【略】岱畎絲、枲、鈆、松、怪石。孔安國傳：枲、麻世。

《書・禹貢》 豫州：厥貢漆、枲、絺、紵。

《周禮・地官司徒・掌葛》 掌葛掌以時徵絺綌之材于山農，凡葛征徵草貢之材于澤農，以當邦賦之政令。

鄭玄注：草貢出澤，萯紵之屬，可緝績者。

賈公彦疏：釋曰：所以徵絺綌於山農者，以其葛出於山故也。凡葛征者，其徵絺綌之材即葛是也。又云凡征葛者，揔結之也。云徵草貢之材于澤農者，以萯紵出於澤故也。

《史記》卷一二九《貨殖列傳》 夫山西饒材、竹、穀、纑、裴駰集解引徐廣曰：「[纑]紵屬，可以爲布。」司馬貞索隱：上音谷，又音雊。穀，木名，皮可爲紙。纑，山中紵，可以爲布，音盧。紵音佇，今山間野紵，亦作「苧」。旄、玉石；山東多魚鹽、漆、絲、聲色。

郭憲《洞冥記》卷三 石脉出晡東國，細如絲，可縋萬斤。生石裏，破石而後得。此脉縈緒如麻紵也，名曰石麻，亦可爲布也。

《宋書》卷五《文帝紀》 元嘉二十一年秋七月丁巳，詔曰：「比年穀稼傷損，淫亢成災，亦由播殖之宜，尚有未盡。【略】凡諸州郡，皆令盡勤地利，勸導播殖，蠶桑麻紵，各盡其方，不得但奉行公文而已。」

《梁書》卷五五《諸夷傳・高昌國》 多草木，草實如繭，繭中絲如細纑，名爲白疊子，國人多取織以爲布。布甚軟白，交市用焉。

《南史》卷七九《夷貊傳下・高昌國》 出良馬、蒲桃酒、石鹽。多草木，有草實如繭，繭中絲如細纑，名曰白疊子，國人取織以爲布。布甚軟白，交市用焉。

司馬光《資治通鑑》卷一五九 梁武帝大同十一年(上)身衣布衣，木綿皁帳，胡三省注：木綿，江南多有之，以春二三月之晦下子種之。既生，須一月三薅其四旁；失時不薅，則爲草所荒穢，輒萎死。入夏漸茂，至秋生黄花結實。及熟時，其皮四裂，其中綻出如綿。土人以鐵鋌碾去其核，取如綿者，以竹爲小弓，長尺四五寸許，牽弦以彈綿，令其匀細。卷爲小筩，就車紡之，自然抽緒，如繅絲狀，不勞紉緝，織以爲布。自閩、廣來者，尤爲麗密。方勺曰：閩、廣多種木綿，樹高七八尺，葉如柞，結實如大菱而色青，秋深即開露，白綿茸然。土人摘取，去殼，以鐵杖捍盡黑子，徐以小弓彈令紛起，然後紡績爲布，名曰吉貝；今所貨木綿，特其細緊者耳。當以花多爲勝，横數之得百二十花，此最上品。海南蠻人織爲巾，上出細字雜花卉，尤工巧，即古所謂白疊巾。一冠三載，一衾二年，後宫貴妃以下，衣不曳地。

《舊唐書》卷一九八《西戎傳・高昌》 有蒲萄酒，宜五果，有草名白疊，國人採其花，織以爲布。

《新唐書》卷三七《地理志一》

坊州中部郡　土貢：枲、弦麻。

《新唐書》卷三九《地理志三》

沁州陽城郡　土貢：弦麻。

《新唐書》卷四〇《地理志四》

朗州武陵郡　土貢：葛。

隋州漢東郡　土貢：葛。

復州竟陵郡　土貢：白紵。

郢州富水郡　土貢：葛。

洋州洋川郡　土貢：野苧麻。

《新唐書》卷四一《地理志五》

滁州永陽郡　土貢：紵、麻。

蘄州蘄春郡　土貢：白紵。

常州晉陵郡　土貢：紵。

湖州吴興郡　土貢：紵。

婺州東陽郡　土貢：葛。

建州建安郡　土貢：蕉。

泉州清源郡　土貢：蕉、葛。

宣州宣城郡　土貢：白紵。

歙州新安郡　土貢：白紵。

洪州豫章郡　土貢：葛。

江州潯陽郡　土貢：葛。

袁州宜春郡　土貢：白紵。

永州零陵郡　土貢：葛。

道州江華郡　土貢：白紵。

《新唐書》卷四二《地理志六》

成都府蜀郡　土貢：麻。

邛州臨邛郡　土貢：葛。

簡州陽安郡　土貢：葛。
合州巴川郡　土貢：葛。
渝州南平郡　土貢：葛。
陵州仁壽郡　土貢：細葛。
榮州和義郡　土貢：葛。

《新唐書》卷四三《地理志七》

潮州潮陽郡　土貢：蕉。
新州新興郡　土貢：蕉。
安南中都護府　土貢：蕉。

《新唐書》卷二二一上《西域傳上·龜茲》　土宜麻、麥、秔稻、蒲陶，出黄金。

李吉甫《元和郡縣圖志》卷二《關内道二》

鳳翔府　貢、賦：賦：麻。
隴州　貢、賦：賦：麻。

李吉甫《元和郡縣圖志》卷三《關内道三》

涇州　貢、賦：賦：麻。
原州　貢、賦：賦：麻。
邠州　貢、賦：賦：麻。
寧州　貢、賦：賦：麻。
鄜州　貢、賦：賦：麻。
坊州　貢、賦：開元貢：枲、麻、弓弦麻。元和貢同。
丹州　貢、賦：賦：麻。
延州　貢、賦：賦：麻。元和賦同。

李吉甫《元和郡縣圖志》卷四《關内道四》

夏州　貢、賦：賦：麻。
綏州　貢、賦：賦：麻。
銀州　貢、賦：賦：麻。
勝州　貢、賦：開元貢：麻。賦：麻。
豐州　貢、賦：賦：麻。

李吉甫《元和郡縣圖志》卷七《河南道三》

亳州　貢、賦：賦：麻。

李吉甫《元和郡縣圖志》卷九《河南道五》

泗州　貢、賦：開元貢：麻。
申州　貢、賦：賦：紵。

李吉甫《元和郡縣圖志》卷一〇《河南道六》

齊州　貢、賦：開元貢：葛。

李吉甫《元和郡縣圖志》卷一一《河南道七》

登州　貢、賦：賦：麻。

李吉甫《元和郡縣圖志》卷一二《河東道一》

河中府　貢、賦：賦：麻。
絳州　貢、賦：賦：麻。
晉州　貢、賦：賦：麻。
慈州　貢、賦：賦：麻。
隰州　貢、賦：賦：麻。

李吉甫《元和郡縣圖志》卷一三《河東道二》

太原府　貢、賦：賦：麻。
汾州　貢、賦：賦：麻。

李吉甫《元和郡縣圖志》卷一四《河東道三》

嵐州　貢、賦：賦：麻。
石州　貢、賦：賦：麻。
忻州　貢、賦：賦：麻。
代州　貢、賦：〔賦：麻。〕
蔚州　貢、賦：賦：麻。
雲州　貢、賦：賦：麻。

李吉甫《元和郡縣圖志》卷一五《河東道四》

潞州　貢、賦：賦：麻。
澤州　貢、賦：賦：麻。

李吉甫《元和郡縣圖志》卷二一《山南道二》

鄧州　貢、賦：賦：麻。
復州　貢、賦：賦：麻。
郢州　貢、賦：賦：麻。

唐州　貢、賦：賦：麻。
均州　貢、賦：開元貢：山鷄皮毛。賦：麻。
隨州　貢、賦：開元貢：葛。
房州　貢、賦：賦：麻。

李吉甫《元和郡縣圖志》卷二二《山南道三》

興元府　貢、賦：賦：麻。
鳳州　貢、賦：賦：麻。
興州　貢、賦：賦：麻。
成州　貢、賦：賦：麻。
文州　貢、賦：賦：麻。
扶州　貢、賦：賦：麻。

李吉甫《元和郡縣圖志》卷二五《江南道一》

潤州　貢、賦：賦：紵。
蘇州　貢、賦：賦：紵。
湖州　貢、賦：賦：紵。
睦州　貢、賦：賦：紵。

李吉甫《元和郡縣圖志》卷二六《江南道二》

處州　貢、賦：開元貢：葛。
溫州　貢、賦：開元貢：紵。

李吉甫《元和郡縣圖志》卷二七《江南道三》

安州　貢、賦：賦：紵。
黃州　貢、賦：賦：麻。
岳州　貢、賦：賦：麻，紵。

李吉甫《元和郡縣圖志》卷二八《江南道四》

洪州　貢、賦：開元貢：葛。
江州　貢、賦：開元貢：葛。

李吉甫《元和郡縣圖志》卷二九《江南道五》

衡州　貢、賦：開元貢：大麻，紵絲。
泉州　貢、賦：賦：紵麻。

李吉甫《元和郡縣圖志》卷三〇《江南道六》

黔州　貢、賦：賦：紵。
思州　貢、賦：開元貢：葛。

李吉甫《元和郡縣圖志》卷三一《劍南道上》

嘉州　貢、賦：賦：麻。

李吉甫《元和郡縣圖志》卷三二《劍南道中》

雅州　貢、賦：賦：葛。

李吉甫《元和郡縣圖志》卷三三《劍南道下》

渝州　貢、賦：元和貢：葛。
瀘州　貢、賦開元貢：葛。賦：麻。元和貢同。

李吉甫《元和郡縣圖志》卷三八《嶺南道五》

安南　貢、賦：開元貢：翡毛，翠毛。
驩州　貢賦：開元貢：翠毛。
武定州　貢：翠毛二百二十合。
貢州　貢：翠毛三百合。

李吉甫《元和郡縣圖志》卷三九《隴右道上》

渭州　貢、賦：賦：麻。
蘭州　貢、賦：賦：麻。
河州　貢、賦：賦：麻。
鄯州　貢、賦：賦：麻。
廓州　貢、賦：〔賦：麻。〕
岷州　貢、賦：賦：麻。
疊州　貢、賦：賦：麻。
芳州　貢、賦：賦：麻。
宕州　貢、賦：賦：麻。

李吉甫《元和郡縣圖志》卷四〇《隴右道下》

西州貢、賦：開元貢：氈毛。

韓愈《韓昌黎文集》卷一《原道》　民者，出粟米麻絲，作器皿，通貨財，以事其上者也。君不出令，則失其所以爲君；臣不行君之令而致之民，民不出粟米麻絲，作器皿，通貨財，以事其上，則誅。

樊綽《雲南志》卷七《雲南管内物産》　自銀生城、柘南城、尋傳、祁鮮已西，蕃蠻種并不養蠶，唯收娑羅樹子破其殼，其中白如柳絮。紉爲絲，織爲方幅，裁之爲籠段，男子婦女通服之。驃國、彌臣、彌諾，悉皆披娑羅籠段。

劉恂《嶺表録異》卷上 南道之酋豪多選鵝之細毛，夾以布帛，絮而爲被，復縱横衲之，其温柔不下于挾纊也。俗云：鵝毛柔暖而性冷，偏宜覆嬰兒，辟驚癎也。

《宋史》卷八五《地理志一》

隋州【略】貢葛。

《宋史》卷八八《地理志四》

平江府【略】貢葛。

隆興府【略】貢葛。

吉州【略】貢葛。

撫州【略】貢葛。

瑞州【略】貢紵。

興國軍【略】貢紵

南安軍【略】貢紵。

江陵府【略】貢紵。

常德府【略】貢紵。

岳州【略】貢紵。

歸州【略】貢紵。

潭州【略】貢葛。

永州【略】貢葛。

郴州【略】貢紵。

全州【略】貢葛。

《宋史》卷八九《地理志五》

泉州【略】貢蕉、葛。

邵武軍【略】貢紵。

普州【略】貢葛。

敍州【略】貢葛。

瀘州【略】貢葛。

富順監【略】貢葛。

樂史《太平寰宇記》卷一二《河南道一二・宋州》

土産：枲、綌、紵。

樂史《太平寰宇記》卷一九《河南道一九・齊州》

土産：葛。

樂史《太平寰宇記》卷三〇《關西道六・鳳翔府》

土産：麻。

樂史《太平寰宇記》卷三二《關西道八・涇州》

土産：駝毛，麻。

樂史《太平寰宇記》卷三三《關西道九・原州》

賦：麻。

樂史《太平寰宇記》卷三四《關西道一〇・邠州》

土産：麻。

樂史《太平寰宇記》卷三四《關西道一〇・寧州》

土産：亦同邠州。

樂史《太平寰宇記》卷三五《關西道一一・鄜州》

賦：麻。

樂史《太平寰宇記》卷三七《關西道一三・夏州》

土産：麻。

樂史《太平寰宇記》卷三八《關西道一四・銀州》

賦：麻。

樂史《太平寰宇記》卷三九《關西道一五・豐州》

土産：衣以駝毛。

樂史《太平寰宇記》卷四一《河東道二・汾州》

賦：麻。

樂史《太平寰宇記》卷四一《河東道二・嵐州》

土産：麻。

樂史《太平寰宇記》卷四二《河東道三・石州》

賦：麻。

樂史《太平寰宇記》卷四二《河東道三・忻州》

賦：麻。

樂史《太平寰宇記》卷四三《河東道四・晉州》

賦：麻。

樂史《太平寰宇記》卷四五《河東道六・潞州》

土産：麻。

樂史《太平寰宇記》卷四六《河東道七・蒲州》

土産：麻。

樂史《太平寰宇記》卷四八《河東道九・慈州》

賦：麻。

樂史《太平寰宇記》卷四九《河東道一〇・代州》

賦：麻。

樂史《太平寰宇記》卷五〇《河東道一一・岢嵐軍》

土産：同嵐州。

樂史《太平寰宇記》卷五一《河東道一二・蔚州》

賦：麻。

樂史《太平寰宇記》卷七二《劍南西道一・益州》

土産：【略】麻。今貢。十縣皆出。

樂史《太平寰宇記》卷八七《劍南東道六・普州》

土産：葛。

樂史《太平寰宇記》卷九八《江南東道一〇・明州》

土産：葛，出慈谿。

樂史《太平寰宇記》卷一〇二《江南東道一四・泉州》

土産：生蕉，蕉，葛。

樂史《太平寰宇記》卷一〇二《江南東道一四・興化軍》

土産：同泉州。

樂史《太平寰宇記》卷一〇五《江南西道三・池州》

土産：苧。

樂史《太平寰宇記》卷一〇九《江南西道七・袁州》

土産：葛。

樂史《太平寰宇記》卷一一〇《江南西道八・撫州》

土産：葛。

樂史《太平寰宇記》卷一一一《江南西道九・江州》

土産：葛。

樂史《太平寰宇記》卷一一二《江南西道一〇・鄂州》

土産：麻。

樂史《太平寰宇記》卷一二七《淮南道五・光州》

土産：葛。

樂史《太平寰宇記》卷一三六《山南西道四・渝州》

土産：葛。

樂史《太平寰宇記》卷一四四《山南東道三・隨州》

土産：葛。

樂史《太平寰宇記》卷一四七《山南東道六・峽州》

土産：葛，貢。

樂史《太平寰宇記》卷一四八《山南東道七・歸州》

土産：今貢【略】紵麻。

樂史《太平寰宇記》卷一六六《嶺南道一〇・邕州》

土産：苧麻。

樂史《太平寰宇記》卷一六八《嶺南道一二・宜州》

土産：出都落麻。

樂史《太平寰宇記》卷一七〇《嶺南道一四・交州》

土産：翡翠毛，孔雀毛。

樂史《太平寰宇記》卷一七一《嶺南道一五・陸州》

土産：翡翠毛。

樂史《太平寰宇記》卷一七九《南蠻四・木綿濮》

土有木綿樹，多葉，又生房甚繁，房中綿如蠶所作繭，其大如棬。音拳。

蘇軾《蘇軾詩集》卷二四《金山夢中作》

江東賈客木綿裘，王十朋注：《遯齋閒覽》云：閩嶺以南多木綿，土人競植之，采其花爲布。施元之注：《番禺雜編》：木綿先花後葉，紫赤色，大如椀。二月三月間花，既謝，蘂爲綿，有殼盛之，彼人績爲衣裘。馮應榴合注：《南史》：孔覬二弟，頗營産業，請假東歸。覬出渚迎之。輜重十餘船，皆綿絹、紙席之屬。覬僞喜，因命置岸側。既而正色謂曰：「汝輩忝預士流，何至還東作賈客耶？」命燒盡乃去。會散金山月滿樓。

蘇軾《蘇軾詩集》卷四二《海南人不作寒食》【略】 記取城南上巳日，木棉花落刺桐開。王十朋注：《吴録》：《地理志》，交阯定安縣有木棉樹，實如酒杯，中有棉，如蠶之綿，可作布。【略】施元之注：《番禺雜編》：木棉樹，高二三丈，切類桐木，二三月間花，既謝，蕊爲綿，彼人績之爲毯，潔白如雪，温暖無比。

方勺《泊宅編》卷第三 閩廣多種木綿，樹高七八尺，葉如柞，結實如大菱而色青，秋深即開，露白綿茸然。土人摘取去殼，以鐵杖桿盡黑子，徐以小弓彈令紛起，然後紡績爲布，名曰吉貝。今所貨木綿，特其細緊者爾。當以花多爲勝，横數之得一百二十花，此最上品。海南蠻人織爲巾，上出細字，雜花卉，尤工巧，即古所謂白疊巾。李琮詩有「腥味魚中墨，烏賊也。衣成木上綿」之句。

周去非《嶺外代答》卷二《外國門上・海外黎蠻》 海南有黎母山，内爲生黎，去州縣遠，不供賦役，外爲熟黎，耕省地供賦役，而各以所邇隸於四軍州。**【略】**

土産：名香、檳榔、椰子、小馬、翠羽、黄蠟、蘇木、吉貝之屬。

吴自牧《夢粱録》卷一八《物産》 枲之品：枲，柘，麻，苧。

馬端臨《文獻通考》卷三一八《輿地四》

信州【略】貢葛。

平江府【略】貢葛。

洪州【略】貢葛。

撫州【略】貢葛。

筠州【略】貢紵。

泉州【略】貢蕉、葛。

邵武軍【略】貢紵。

馬端臨《文獻通考》卷三一九《輿地五》

江陵府【略】貢、紵、碧澗茶芽、柑橘。

歸州【略】貢紵。

興國軍【略】貢紵。

《文獻通考》卷三一九《輿地五》

潭州【略】貢葛。

岳州【略】貢紵。

永州【略】貢葛。

全州【略】貢葛零陵香。

道州【略】貢白紵、零陵香。

郴州【略】貢紵。連州【略】貢紵布、官桂、鍾乳。

馬端臨《文獻通考》卷三二〇《輿地六》

隨州【略】貢葛。

馬端臨《文獻通考》卷三二一《輿地七》

瀘州【略】貢葛。

普州【略】貢葛。

馬端臨《文獻通考》卷三二一《輿地七》

叙州【略】貢葛。

富順監【略】貢葛。

《全宋文》卷一八三　陳堯叟《乞許廣西以所種麻苧折桑棗奏》咸平元年七月。

臣所部諸州，土風本異，田多山石，地少桑蠶。昔云「八蠶之綿」，諒非五嶺之俗，度其所産，恐在安南。今其民除耕水田外，地利之博者，惟麻苧耳。麻苧所種，與桑柘不殊，既成宿根，旋擢新幹，俟枝葉裁茂，則刈穫是聞。周歲之間，三收其苧，復因其本，十年不衰。始離田疇，即可紡績。然布出之市，每端止售百錢，蓋織者衆而市者少，故地有遺利而民艱資金。臣以國家軍須所急，布帛爲先，因勸諭部民廣植麻苧，以錢鹽折變收市之，未及二年，已得三十七萬餘疋。自朝廷克平交、廣，布帛之供，歲止及萬，較今所得，何止十倍其多。今樹藝之民，相率競勸，杼軸之功，日以滋廣。欲望自今許以所種麻苧頃畝，折桑棗之數，諸縣令佐依例書曆爲課，民以布赴官賣者，免其算税。如此，則布帛上供，泉貨下流，公私交濟，其利甚博。《續資治通鑑長編》卷四三。又見《宋會要輯稿》四六之一八（第七册第六一〇八頁）、《通鑑長編紀事本末》卷二一、《古今合璧事類》外集卷二七、《宋史》卷二八四《陳堯叟傳》、萬曆《廣西志》卷二四、乾隆《柳州府志》卷三一、《粵西文載》卷四、道光《保寧府志》卷四二、《宋代蜀文輯存》卷三。

陸容《菽園雜記》卷一二 木綿花生南越，樹高四五丈，花紅似山茶，子如楮實，綿出子中，可貯茵褥，蘇州人稱攀枝花者是也。今紡織以爲布者，止可名綿花。《雲間通志》以爲木綿花，蓋踵蔡氏誤耳。【略】古人文字中記載名物，必攷覈精詳，故少有此失。

李時珍《本草綱目》卷三六《木部・木綿》【釋名】古貝綱目古終〔時珍曰〕木

綿有二種：似木者名古貝，似草者名古終。或作吉貝者，乃古貝之訛也。梵書謂之睒婆，又曰迦羅婆劫。

【集解】〔時珍曰〕木綿有草、木二種。交廣木綿，樹大如抱，其枝似桐。其葉大，如胡桃葉。入秋開花，紅如山茶花，黄蕊，花片極厚，爲房甚繁，逼側相比。結實大如拳，實中有白綿，綿中有子。今人謂之斑枝花，訛爲攀枝花。李延壽《南史》所謂林邑諸國出古貝花，中如鵝毳，抽其緒，紡爲布；張勃《吴録》所謂交州、永昌木綿樹高過屋，有十餘年不换者，實大如杯，花中綿軟白，可爲緼絮及毛布者，皆指似木之木綿也。江南、淮北所種木綿，四月下種，莖弱如蔓，高者四五尺，葉有三尖如楓葉，入秋開花黄色，如葵花而小，亦有紅紫者，結實大如桃，中有白綿，綿中有子，大如梧子，亦有紫綿者，八月采林，謂之綿花；李延壽《南史》所謂高昌國有草，實如繭，中絲爲細纑，名曰白叠，取以爲帛，甚軟白；沈懷遠《南越志》所謂桂州出古終藤，結實如鵝毳，核如珠珣，治出其核，紡如絲綿，染爲斑布者，皆指似草之木綿也。此種出南番，宋末始入江南，今則遍及江北與中州矣。不蠶而綿，不麻而布，利被天下，其益大哉。又《南越志》言：南詔諸蠻不養蠶，惟收娑羅木子中白絮，紉爲絲，織爲幅，名娑羅籠段。祝穆《方輿志》言：平緬出娑羅樹，大者高三五丈，結子有綿，紉綿織爲白氎兜羅綿。此亦斑枝花之類，各方稱呼不同耳。

徐光啓《農政全書》卷三五《蠶桑廣類·木棉》

《禹貢》曰：「島夷卉服，厥篚織貝。」蔡沈傳曰：卉服，葛及木棉之屬。南夷木棉之精好者，亦謂之吉貝。以卉服來貢；而吉貝之精者，則入篚焉。裴淵《廣州記》曰：蠻夷不蠶，採木棉爲絮。方勺《泊宅編》曰：南海蠻人，以木棉紡織爲布，布上出細字雜花，尤工巧。名曰吉貝布，即古白氎布也。范政敏《遯齋閑覽》曰：林邑等國，出吉貝布，木棉爲之。《南州異物志》曰：木棉，吉貝木所生。熟時，狀如鵝毳，細過絲綿；中有核如珠珣，用之，則治出其核。昔用輾軸，今用攪車尤便。但紡不績，在意外抽，牽引無有斷絶。其爲布，曰斑布。繁縟多巧，曰城；次麤者，曰文縟；又次麤者，曰烏驎。張勃《吴録》曰：交阯安定縣，有木棉。樹高丈，實如酒杯口，有綿如蠶之綿也。又可作布，名曰白緤，一曰毛布。《諸番雜志》曰：木棉，吉貝木所生。占城、闍婆諸國皆有之。今已爲中國珍貨，但不自本土所産，不能足用。李延壽《南史》曰：高昌國有草，實如繭。中絲爲細纑，名曰白疊。取以爲帛，甚軟白。沈懷遠《南越志》曰：桂州出古終藤，結實如鵝毳，核如珠珣。治出其核，約如絲綿，染爲斑布。李時珍《本草綱目》曰：木棉，有草木二種。交廣木棉，樹大如抱，其枝似桐，其葉大，似胡桃葉。入秋開花，紅似山茶花，黄蕊，花片極厚，爲房甚繁，短側相比。結實，大如拳，實中有白綿，綿中有子。今人謂之斑枝花，訛爲攀枝花。江南淮北所種木棉，四月下種，莖弱如蔓，高者四五尺，葉有尖如楓葉，入秋開花，黄色，如葵花而小，亦有紅紫者。結實大如桃，中有白綿。綿中有子，大如梧子，亦有紫綿者。八月採林，謂之綿花。然則張勃所謂木棉，蓋指似木之木棉也；李延壽、沈懷遠所謂木棉，則指似草之木棉也。此種出南番，宋末始入江南，今則徧及江北與中州矣。不蠶而綿，不麻而布，利被天下，其益大哉！又《南越志》言：南詔諸蠻，不養蠶，惟收娑羅木子中白絮。紉爲絲，織爲幅，名娑羅籠段。祝穆《方輿志》言：平緬出娑羅樹，大者高三五丈。結子有〔綿〕，紉綿織爲白氎，名兜羅綿。此亦斑枝花之類，各方稱呼不同耳。玄扈先生曰：吉貝之名，獨昉于《南史》。相傳至今，不知其義，意是海外方言也。小説家所謂木棉，其所爲布曰城，曰文縟，曰烏驎，曰斑布，曰白氎，白緤，曰屈眴者，皆此。故是草本，而《吴録》稱木棉者，南中地煖，一種後，開花結實以數歲計，頗似木芙蓉，不若中土之歲一下種也。故曰十餘年不换，明非木本矣。吉貝之稱木，即《禹貢》之言卉，取別于蠶綿耳。閩廣不稱木棉者，彼中稱攀枝爲木棉也。攀枝花中作裀褥，雖柔滑而不韌，絶不能牽引，豈堪作布？或疑木棉是此，謂可爲布，而其法不傳，非也。《吴録》所言木棉，亦即是吉貝。或疑其云樹高丈，當是攀枝，不知攀枝高十數丈。南方吉貝，數年不凋，其高丈許，亦不足怪。蓋《南史》所謂林邑吉貝，《吴録》所謂永昌木棉，皆指草本之木棉。可爲布，意即娑羅木，然與斑枝花絶不類。又中土所織棉布，及西洋布，精麤不等，絶無光澤。而余見曹溪釋惠能所傳衣，曰屈眴布，即白氎布，云是西域木棉心所織者，其色澤如蠶絲，豈即娑羅籠段耶？抑西土吉貝，尚有他種耶？又嘗疑洋布之細，非此中吉貝可作。及見榜葛剌吉貝，其核絶細，綿亦絶軟，與中國種大不類。乃知向來所傳，亦非其佳者。又曰：中國所傳木棉，亦有多種：江花出楚中，棉不甚重，二十而得五，性強緊。北花出幾輔山東，柔細中紡織，棉稍輕，二十而得四，或得五。浙花出餘姚，中紡織，棉稍重，二十而得七。吴下種，大都類是。更有數種稍異者：一曰黄蔕，穰蔕有黄色，如粟米大，棉重。一曰青核，核青色，細于他種，棉重。一曰黑核，核亦細，純黑色，棉重。一曰寬大衣，核白而穰浮，棉重。此四者，皆二十而得九。黄蔕稍强緊，餘皆柔細中紡織，堪爲種。又一種曰紫花，浮細而核大，棉輕，二十而得四。其布以製衣，頗樸雅，市中遂染色以售，不如本色者良，堪爲種。又曰：余見農人言吉貝者，即勸令擇種，須用青核等三四品；棉重，倍入矣。或云：凡種植必用本地種，他方者，土不宜種，亦隨地變易。余深非之。乃擇種者，竟獲棉重之利，三五年來，農家解此者十九矣。嗚呼！即如彼言，吉貝自南海外物耳，吾鄉安得而有之？而今且奄有下土，衣被九有哉？又曰：嘉種移植，間有漸變者，如吉貝子色黑者漸白，棉重者漸輕也。然在近地，不妨歲購種；稍遠者，不妨數歲一購。其所由變者，大半因種法不合，間因天時水旱，其緣地力而變者，十有一二耳。

丘濬《大學衍義補》曰：按自古中國布縷之徵，惟絲枲二者而已，今世則又加以木棉焉。府人調法，民丁歲輸絹綾絁及綿，輸布及麻。是時，未有木棉也。宋林勳作《政本書》：匹婦之貢，亦惟絹與綿；非蠶鄉，則貢布麻。《元史》種植之制，丁歲種桑棗雜果，亦不及木棉，則是元以前，未始以爲貢賦也。考之《禹貢》，揚州：「島夷卉服」，注以爲「吉貝」，則虞時已有之，島夷時或以充貢，中國未有也。故《周禮》以九職任民，嬪婦惟治蠶枲，而無木棉焉。中國有之，其在宋元之世乎？蓋自古中國所以爲衣者，絲麻葛褐，四者而已。漢唐之世，遠夷雖以木棉入貢，中國未有其種，民未以爲服，官未以爲調。宋元之間，始傳其種入中國。關陝閩廣，首得其利。蓋此物出外夷，閩廣海通舶商，關陝壤接西域故也。然是時猶未以爲徵賦，故宋、元史《食貨志》皆不載。至我國朝，其種乃徧布於天下，地無南北皆宜之，人無貧富皆賴之，其利視絲枲蓋百倍焉。故表出之，使天下後世知卉服之利，始盛於今代。　玄扈先生曰：陶宗儀稱松江以黄婆故，有棉布之利。而仲深先生亦云：「其利視絲枲百倍。」此言信然。然其利，今不在民矣。嘗考宋紹興中，松郡税糧十八萬石耳。今平米九十七萬石，會計加編，徵收耗，剩，起解，鋪墊，諸色役費，當復稱是，是十倍宋也。壤地廣袤，不過百里而遥，農畝之入，非能有加于他郡邑也。所繇共百萬之賦，三百年而尚存視息者，全賴此一機一杼而已。非獨松也，蘇、杭、常、鎮之幣帛枲紵，嘉、湖之絲纊，皆恃此女紅末業，以上供賦税，下給俯仰。若求諸田畝之收，則必不可辦。故論事者，多言「東南之民，勤力以事上，比于孝子順孫」，不虚耳。《松江志》又言「綾、布二物，衣被天下」，原此中之布，實不如西洋之麗密。曾見浙中一種細布，亦此中所未見者。徒以家紡户織，遠近通流，遂以爲壤奠，爲利源也。第事勢推移，無數百年不變者：元人稱關陝而外，諸郡土地不宜吉貝，識者非之。今之藝吉貝者，所在而是焉，何樹藝之獨然，而織紝之獨不然也耶？安能禁他郡邑之人不爲黄婆耶？今北土之吉貝賤而布貴，南方反是：吉貝則汎舟而鬻諸南，布則汎舟而鬻諸北。此皆事之不可解者。若以北之棉，轂南之織，豈不反賤爲貴，反貴爲賤？余居恒謂北方之人，必有從事者。若云彼土風高，不能抽引，此語誠然，顧豈無善巧之法，而總料其不然，亦未免爲悠悠之論。故常揣度：後此數十年，松之布當無所泄；無所泄，即無以上共賦税，下給俯仰，宜當早爲計者，人情多未以爲然也。而數年來，肅寧一邑所出布疋，足當吾松十分之一矣。初猶莽莽，今之細密，幾與吾松之中品埒矣。其價值僅當十之六七，則向所云吉貝賤故也。夫以一邑漸及之他邑，何難？既能其一，進之其十，何難？由下品而中，由中品而上，何難？吾欲利，而能謂人已耶？北土既爾，他方復然，則後此數十年，松之布竟何所泄哉？至于此，即當事者必有輕重經通之策。第吾儕自朝謀夕，竊謂宜及今兼事蠶桑，以濟布匹之窮。或者又復以土地不宜爲言。嗚呼，慮始之難，甚哉，昔人有言：「未事豫言，固常爲虚；及其已至，又無所及。」余唯幸余言之不驗也。夫即余言之不驗，而以數十日之功，收蠶桑之利，餘日以事紡織，亦安所不便乎？

王禎《木棉圖譜叙》曰：中國自桑土既蠶之後，惟以繭纊爲務，殊不知木棉之爲用。夫木棉産自海南，諸種藝製作之法，駸駸北來。江淮川蜀，既獲其利；至南北混一之後，商販於此，服被漸廣，名曰吉布，又曰綿布。考之《異物志》云：木棉之爲布，曰斑布。繁縟多巧者，曰城；次麤者，曰文縟；又次麤者，名曰烏驎。其幅疋之制，特爲長闊；茸密輕暖，可抵繒帛。又爲毳服毯段，足代本物。按裴淵《廣州記》云：「蠻夷不蠶，採木棉爲絮。」又《諸番雜志》云：「木棉，吉貝木所生，占城闍婆諸國皆有之。」今已爲中國珍貨，但不自本土所産，不能足用。且比之桑蠶，無採養之勞，有必收之效；埒之枲苧，免績緝之工，得禦寒之益。可謂不麻而布，不繭而絮。雖曰南産，言其通用，則北方多寒，或繭纊不足，而裘褐之費，此最省便。列製造之具於此，庶遠近滋習。農務助桑麻之用，華夏兼蠻夷之利，將自此始矣。

徐光啟《農政全書》卷三六《蠶桑廣類・麻》　【苧麻】《爾雅》曰：「䔖，枲實。」又曰：「枲，麻。」又曰：「莩，麻母。」《禮記》曰：「苴，麻之有蕡。」崔寔注：「苴麻，麻之有藴者，苧麻是也。」陶弘景曰：「苧麻，今績苧麻是也。」陸璣《草木疏》云：「苧，一科數十莖。宿根在地，至春自生，不須別種。荆揚間，歲三刈。官令諸園種之，剥去其皮，以竹刮其表，厚處自脱，得裏如筋者，煮之用緝。」蘇頌曰：「苧根，舊不載所出州土，今閩、蜀、江、淛有之。其中，可以績布。苗高八九尺，葉如楮葉，面青背白，有短毛。其根黄白而輕虚，二月、八月採。」王禎曰：「苧有二種：一曰『紫麻』，一曰『白苧』。本南方之物，近河南亦多藝之。」寇宗奭曰：「苧，如蕁麻。花如白楊而長成穗，每一朵凡數十穗，青白色。」李時珍曰：「苧，家苧也。又有山苧、野苧。凡麻絲之細者爲『絟』，粗者爲『紵』。」玄扈先生曰：《詩》言漚紵，《傳》稱紵衣。中土之有紵，舊矣。而賈思勰不言種苧之法，崔寔始言「苧麻」。繇是推之，五代以前，所謂紵、所謂枲者，殆皆苴麻之屬；而今所謂苧者，特南方有之。陸璣始著其名，唐甄權乃以入藥方。至宋掌禹錫云：「南方績以爲布。」顯是北方所無。而釋《詩》者，尚未知陸所謂苧，非《詩》所謂紵也。

【大麻】即火麻、黄麻。《爾雅翼》所謂漢麻也。雄者名枲麻、牡麻，雌者名苴麻。吴普云：麻蕡是實，麻勃是花。實中之仁，先藏地中者及麻葉，皆有毒，食之殺人。寇宗奭曰：麻子，海東毛羅島來者，大如蓮實。其次，出上郡北地者，大如豆。南地子小。蘇頌曰：麻子處處種之。績其皮可以爲布。農家擇其子之有斑黑文者，謂之雌麻，種之則結子繁，他子則不結也。李時珍曰：大麻，即今黄麻。大科如油麻。葉狹而長，狀如益母草葉，一枝七葉或九葉。五六月開細黄花，隨結實，大如胡荽子，可取油。剥其皮作麻。其稭，白而有稜，輕虚，可爲燭心。

【檾麻】許氏《説文》曰：檾，枲屬。《爾雅翼》云：檾高四五尺，或五六尺，葉似苧而薄，實如大麻子。或作莔，或作萌。種必連頃，故謂之萌也。《周禮》：典枲，麻草。注：「草，葛萌也。」王禎曰：檾，其長如竹，葉大如扇，上圜如葵。花黄，結子蓬如橡斗然。李時珍曰：莔，即今白麻，多生卑濕處。六七月開黄花。結實如半磨形，有齒，嫩青老黑；中子扁黑，狀如黄葵。其莖輕虚，北人取皮作麻，以莖蘸硫黄作焠燈，引火甚速。其嫩子，小兒亦食之。

《農桑通訣》曰：莔與黄麻同時熟。刈作小束，池内漚之。爛去青皮，取其麻片，潔白如雪，耐水爛，可織爲毯被，及作汲綆牛索，或作牛衣雨衣草履等具。

農家歲歲不可無者。

附葛

【葛】《詩》「葛之覃兮」。按葛一名黄斤，一名鹿藿，一名鷄齊。有野生，有家種。春長苗，引藤蔓延，治之可作布。根外紫内白，大如臂，長者五六尺。葉有三尖，如楓葉。七月着花，纍纍成穗。莢如小黄荳，宜七八月採之。

玄扈先生曰：苧性畏寒，不宜北土；北方地氣所絶，無如之何。然紵衣、漚紵，即又北方自古有之，宜試種爲得。

宋應星《天工開物》卷上《乃服第二卷》 凡綿羊有二種，一曰蓑衣羊，剪其毳爲氈，爲絨片，帽襪遍天下，胥此出焉。古者西域羊未入中國，作褐爲賤者服，亦以其毛爲之。褐有粗而無精，今日粗褐亦間出此羊之身。此種自徐、淮以北州郡，無不繁生。南方唯湖郡飼畜綿羊，一歲三剪毛。夏季希革不生。每羊一隻，歲得絨襪料三雙。生羔牝牡合數得二羔，故比方家畜，綿羊百隻，則歲入計百金云。一種矞芀羊，番語。唐末始自西域傳來，外毛不甚蓑長，内毳細軟，取織絨褐，秦人名曰山羊，以别于綿羊。此種先自西域傳入臨洮，今蘭州獨盛，故褐之細者，皆出蘭州。一曰蘭絨，番語謂之孤古絨，從其初號也。山羊毳絨亦分兩等，一曰搊絨，用梳櫛搊下，打線織帛，曰褐子、把子諸名色。一曰拔絨，乃毳毛精細者，以(雨)[兩]指甲逐莖樗下，打線織絨褐，此褐織成，揩面如絲帛滑膩。每人窮日之力打線只得一錢重，費半載工夫方成匹帛之料。若搊絨打線，日多拔絨數倍。凡打褐絨線，冶鉛爲錘，墜于緒端，兩手宛轉搓成。凡織絨褐機大于布機，用綜八扇，穿經度縷，下施四踏輪，踏起經隔二拋緯，故織出文成斜現。其梭長一尺二寸。機織、羊種皆彼時歸夷傳來，名姓再詳。故至今織工皆其族類，中國無與也。凡綿羊剪毳，粗者爲氈，細者爲絨。氈皆煎燒沸湯，投于其中搓洗，俟其粘合，以木板定物式，鋪絨其上，運軸趕成。凡氈絨白黑爲本色，其餘皆染色。其氍俞、氆魯等名稱，皆華夷各方語所命。若最粗而爲毯者，則駑馬諸料雜錯而成，非專取料于羊也。

李東陽、申時行等《明會典》卷二〇〇《工部二〇·河泊麻鐵等課》 河泊所，舊制，設官管徵麻鐵魚油翎鰾等料，以爲造船之用。原解本色，如遇丁字庫收貯數多，間改折色。嘉靖四十二年，以廣東、廣西、福建、四川地遠，全徵折色，其餘司府，仍徵本色。萬曆三年，丁字庫黄麻、熟鐵、絡麻、翎毛，收貯數多，將浙江、江西、湖廣、并南直隸十四府州，題改折色，其餘各料，仍解本色。

浙江布政司

黄麻一萬二千二百八十八斤八兩四錢，遇閏加八百八十斤一十三兩七錢。

白麻四百九十三斤三兩七錢，閏加五十一斤六兩五錢。

黄絡麻五千九百三十四斤一十五兩，閏加四百八十二斤一十三兩五錢。

苧麻四百五十二斤十兩四錢，閏加三十九斤四兩二錢。【略】

以上黄麻、絡麻、熟鐵共折銀一千五百六十兩八錢七分四釐七毫三絲五忽，閏加一百一十九兩一分八釐三毫二絲三忽，餘解本色。

江西布政司

黄麻鐵等料共五千六百一十七斤七兩三分八釐，遇閏不加。

折銀一千九百七十二兩六錢七分七釐五毫八絲八忽六微九纖。

湖廣布政司

麻鐵等料共六十萬四千六百四十四斤九兩五錢三分四釐五毫三絲，閏加三萬二千五百四十斤一十兩六錢八分五釐四毫七絲。

折銀一萬三千六百三十一兩二錢六釐八毫，閏加八百三十四兩九分五釐五毫。

福建布政司全徵折色。

黄麻八十八斤，閏加一十九斤。【略】

以上折銀九十五兩九錢三分二釐七絲，閏加七兩八錢六分九釐五毫六絲。

四川布政司全徵折色。

黄麻一萬五千三百七十九斤。【略】

以上折銀五百七十六兩三錢六釐九毫，閏加三十四兩二錢二分五釐六毫。

廣東布政司全徵折色。

黄麻一萬一千一百一十三斤六兩九錢，閏加八百九斤三兩七錢。【略】

以上折銀九百二十九兩二分二釐八毫，閏加七十九兩五錢三分六釐。

廣西布政司全徵折色。

黄麻一千五百一十六斤四兩四錢。【略】

以上折銀四百三十六兩八分二釐四毫六絲，遇閏不加。

應天府

黄麻一萬七百五十九斤五兩，閏加三百一斤一兩。

白麻八千三百一十九斤七兩，閏加二百四十六斤一十一兩三錢。

以上黃麻、熟鐵、翎毛共折銀五百八十兩九錢三分四釐，閏加二十五兩六錢七分六釐，餘解本色。

直隸鳳陽府

黃麻三百一十二斤八兩。

白麻二百六斤四兩。

以上黃麻折銀一十三兩五錢五分，遇閏不加。

廬州府

黃麻一萬二千四百二十一斤，閏加五百五十二斤。

白麻一千四百五十二斤六兩，閏加四十一斤一十兩。【略】

以上黃麻、熟鐵、翎毛共折銀六百九十七兩一錢九分二釐，閏加三十三兩一錢八分五釐，餘解本色。

淮安府

黃麻二萬八千四百三十八斤九兩。

白麻二萬六千二百三十一斤四兩五錢。【略】

以上黃麻、熟鐵、翎毛共折銀一千六百七十五兩五錢七分七釐，遇閏不加，餘解本色。

揚州府

黃麻二萬六千五百八十七斤三兩二錢，閏加一千九百二斤九兩。

白麻二萬三十八斤一兩二錢，閏加一千六百斤一兩六錢。【略】

以上黃麻、熟鐵、翎毛共折銀一千四百三兩六錢六分四釐，閏加一百三兩四錢五分六釐，餘解本色。

蘇州府

黃麻一萬五千六百二十六斤。

白麻一萬一千五百五十九斤。【略】

以上黃麻、翎毛共折銀七百六十九兩四錢五分六釐七毫，遇閏不加，餘解本色。

松江府

黃麻九百斤。

白麻四百七十五斤。【略】

以上黃麻翎毛共折銀四十六兩七分，遇閏不加，餘解本色。

常州府

黃麻一萬六千四百五斤八兩四錢。

白麻七百七十三斤。【略】

以上黃麻、翎毛共折銀四百一十七兩九錢九分二毫八絲，遇閏不加，餘解本色。

鎮江府

黃麻三千二百二十九斤七兩，閏加六百三十一斤一十五兩。【略】

以上黃麻、翎毛共折銀一百七十二兩三錢一分一釐三毫四絲五忽，閏加一十三兩八錢四分四釐一毫二絲，餘解本色。

寧國府【略】

池州府

黃麻八千六百三十五斤四兩五錢，閏加二百八十九斤八兩九錢。

白麻六千五百四斤一十兩，閏加一百九十一斤一兩六錢。【略】

以上黃麻、翎毛共折銀四百四兩二錢七分四釐九毫七絲九忽，閏加一十三兩八分四釐六毫一絲，餘解本色。

太平府

黃麻二萬四千五百四十四斤一十四兩四錢，閏加二千二百二十二斤七兩。【略】

以上黃麻、翎毛共折銀六百四十八兩六錢四分一釐，閏加五十四兩五分七釐，餘解本色。

安慶府

黃麻四萬四千二百二十九斤，閏加三千二百三十二斤一十二兩一錢。

白麻三萬八千五百二十八斤二兩，閏加一千八百六十二斤一兩。【略】

以上黃麻、熟鐵、翎毛共折銀三千四十四兩三錢六分八釐，閏加二百九十二兩二錢一分二釐，餘解本色。

和州

黃麻三千八百三十三斤一十二兩八錢，閏加一百八十二斤九兩九錢。

白麻三千五十一斤一十二兩九錢，閏加一十斤七兩三錢。【略】

以上黃麻、翎毛共折銀二百二十九兩九錢二分八釐，閏加一十二兩四錢九分四釐，餘解本色。

謝肇淛《五雜組》卷一〇《物部二》 丘文莊謂棉花自元始入中國，非也。棉花雖有草木二種，總謂之木棉花。其實木種者，迺班枝花，非棉花也。唐李商隱詩：「木棉花發鷓鴣飛。」《通鑑》，梁武帝木棉皁帳，史炤注釋甚詳，與今棉花無異，但云江南多有之。今則燕、魯、燕、洛之間盡種之矣。豈元時始求種於江南，而令北地種之耶？若謂自虜地入中國，則虜地何嘗有棉花？漢中行説教匈奴得漢繒絮，馳荆棘中，即裂示，不如氈貉之厚也。況棉花極畏寒，齊地若霜早，則花皆無收，故宜於閩、廣，今反謂其自北而至，可乎？

方以智《通雅》卷四三《植物》 吉貝即刧貝，木棉樹也 虞文靖言杜仲即木棉樹，非也。謂皮有絲，則川槿皮切斷其絲，白茸，亦謂生棉花乎。古無木棉，絮皆絲繭，唐有木棉花詩，《通典》有木綿濮，詳見布帛條，以佛書刧貝，證古貝爲吉貝。攀枝花作褥，生中原者小，今嶺南木棉樹高數丈，春開紅花。陶九成云：松江烏泥涇種木棉，黄道婆自崖州來，教以紡織，則棉布始盛耳。《史記》荅布，外國白氎布皆此類。孟奇言閩中呼棉花爲吉貝，近于家貝。

張自烈《正字通》卷五《木部》 棉彌延切，音眠，木棉有花如綿，可作布。《通雅》曰：吉貝，即刼貝，木棉樹也。古無木棉種，所謂絮皆繭絲。唐有《木棉花詩》，李琮詩「腥味魚中墨，衣裁木上棉」是也。《南史》古貝，即吉貝。吉譌作古。梁武有木棉皁帳。似艸者名古終。一種斑枝花，樹高大，花中綿軟白，可爲縕絮及毛布，俗呼攀枝花，生中原者小。今嶺南木棉樹高數丈，春開紅花，即攀枝之類也。外國紡爲布曰吉貝。丘文莊、鄧衎江皆謂元時入中國，誤。陶九成曰：松江烏泥涇種木棉，黄道婆自崖州來，教以紡織。此即今棉花，實大如桃，中有綿，綿有白紫二色。《外國志》劉宋元嘉時，伽毗黎獻吉貝等物。占城亦出吉貝。又佛書謂之睒婆。又曰：迦婆羅刼貝也，即木棉樹。時珍獨以爲古貝，據刼貝，當从吉貝爲近。孟康言閩中呼棉花爲吉貝。

張自烈《正字通》卷八《糸部》 縕烏倫切，音氳。【略】《玉藻》「縕爲袍」。孔安國曰：枲著也，謂雜用枲麻以著袍也。《史・蒯通傳》束縕請火。師古曰：縕，亂麻也。又震韻，音醖，義同。又枲，緕屬，枲已治，雜碎者爲絮縕，著爲縕，非縕即枲絮別名，舊注沿《正韻》縕，枲也，絮也，並非。又《説文》「縕，紼也」。「紼，亂絲也」。訓辭未詳。舊注又紼也，與助葬執紼之紼混，亦非。 本作縕，九畫，舊本承譌皿上曰爲囚，改作縕，列十畫，尤非。

張自烈《正字通》卷九《艸部》 苧尺主切，除上聲，麻屬。苗高六七尺，葉如楮，無叉，面青背白，有短毛。科生數十莖，宿根藏土中，至春自生，一歲三刈，剥取皮，以竹刮其表得裏如筋者，煮之用緝布，麤者可爲繩。【略】 通作紵。《詩・陳風》「東門之池，可以漚紵」。苧同，从艸从絲一也。《説文》苧艸可爲繩，不詳言可爲布，非是。今南越紵布，皆苧爲之。又俗呼苧爲苧麻，麻，枲也。枲與苧異種，苧精白于枲，故《詩》云「可以漚麻」，又云「可以漚紵」。陸璣云：紵亦麻也。合爲一物，非。又《漢書》相如賦蔣芧注：將，苽也。芧，小栗。非指苧言。《漢書音義》張揖曰：芧，三稜，誤也。三稜詳《本草・藥部》，與芧、苧殊類。舊本引張揖説附苧注誤，與前芧注芧即苧同。 苭俗字。 苮蘇焉切，音仙，艸似莞。《齊書》有三齊苮席，細蒲艸席也。 苴子胥切，音疽，麻無子曰枲，有子曰苴。《詩・豳風》「九月叔苴」。 芓舊注音字，麻母，苴麻盛子者。按《説文》有芓無茡。芓，麻母，一曰芓即枲。孫愐疾吏切。俗本《爾雅》芓譌爲茡，舊本知芓與秄同，未詳考《説文》芓本訓麻母，改作茡，誤也。或曰：芓形溷茡，疑茡爲芓之譌，宜詳定。

顧炎武《肇域志・山東・東昌府》 濮州，自河南徙，沈斥之區，化爲膏陸，樹藝豐膴，歲收畝七八斛。士人喜植花木，牡丹、芍藥，以數十種。高唐、夏津、恩縣、范縣，宜木綿，江、淮賈客，列肆齎收，居人以此致富。

顧炎武《肇域志・廣東》 廣南所產多珍奇之物。蕉，緑葉丹實，其木攢絲，食其實而抽其絲爲布。

葉夢珠《閱世編》卷七《食貨四》 吾邑地產木棉，行於浙西諸郡，紡績成布，衣被天下，而民間賦税，公私之費，亦賴以濟，故種植之廣，與粳稻等。秋收之後，予幼聞木棉百斤一擔，值銀一兩六、七錢。崇禎初，漸至四、五兩。甲申以後，因南北間阻，布商不行，棉花百斤一擔不過值錢二千文，准銀五、六錢而已。順治三、四年後，布漸行，花亦漸長。六年己丑，花價每百斤值銀三兩四、五錢。七年九月，花價五兩百斤。八年三月，九兩一擔。是時，三、四年間，遞有升降，相去亦不甚懸絶。至十四年丁酉，每擔價止二兩五錢。十六年閏三月，長至四兩五錢。十八年辛丑冬，價至二兩。康熙元年正月，增至三兩。七月以後，猶二兩百斤也。九年秋，價止一兩七、八錢，長至二兩五錢。十月，花價三兩有奇。十月終，每擔價銀四兩。十年辛亥十一月，花價每擔值錢三千三百，准銀亦不下三兩。十三年，上上花每擔不過一兩九錢。十六年丁巳夏，長至二兩六、七錢，上者直至三兩，積年陳花，爲之一空，富商之獲利者甚衆。十八年己未秋成，棉花百斤價銀止一兩五、六錢。次年夏，長至三兩。二十年辛酉夏，價銀三兩五、六錢。二十一年夏五月，上白者，每百斤價銀四兩一錢。二十三年秋成，上白好花，每百斤價銀一兩三、四錢。

金埴《不下帶編》卷五 草木之爲功於世有補于人者，多在衣食間。若牡丹一花，祇供賞翫，雖大無成，翻不若微小之春桑秋棗，結實成絲，以資衣食之用。彼高官厚禄，豪侈榮華，于國步民艱，畧無稗濟，而終淹落無聞者，皆牡丹類也。

明朱文康《咏牡丹》：「棗花至小能成實，桑葉雖微可作絲。堪笑牡丹如斗大，不成一事竟空枝。」而宋人《咏棉花》：「採得西風雪一籃，禦寒功在倍春蠶。世間多少閒花草，無補其人亦自慚！」塡謂：任他魏紫姚黃，天香國色，空枝無補，終自慚棉，亦祇爲一閒花草耳。噫！若人之爲閒花艸者，豈不更自慚乎！

邁柱等《九卿議定物料價值》卷三《繩觔麻棕》 苧麻，每觔舊例銀壹錢陸分貳釐，今核定銀壹錢肆分伍釐捌毫。 檾麻，每觔舊例銀叁分，今核定銀貳分。

麻棕，户部例，川麻，每觔照舊例，今核定銀壹錢柒分。木棕，每觔照舊例，今核定銀壹錢。

【略】

揆叙《隙光亭雜識》卷四 粵中木棉花，與吳下農家所種者絶不同。其樹高十餘丈，大數抱，二月開花，作紅色，結實如檳榔，五六月熟，角裂，中有綿，飛空如雪，可以絮褥，勝於江淮用蘆花也，名曰攀枝花。以綿中有子如梧子，隨綿飄泊著地，又復成樹，樹易生，倒插亦茂，枝長每至偃地，人可手攀，故得此名。或以爲布，可禦雨。

姚培謙、張卿雲《類腋》卷一《物部·麻》 麻紵《詩》：「東門之池，可以漚麻。」「東門之池可以漚紵」。傳：漚，漬也。紵，麻屬。《南都賦》：「原野則有桑漆麻紵」《本草》：苧，家苧也。又有山苧、野苧、紫苧、白苧。 麻枲《爾雅》「枲麻」。〔疏〕：麻一名枲。《禮》：女子執麻枲治絲繭，織紝組紃，學女事以共衣服。楊基詩：「邦人盡麻枲，終歲不知蠶。」山麻又：薛麻枲。〔疏〕：麻生山中者名薛。江均詩：「緑澗採麻枲。」疏麻《九歌》：「折疏麻兮瑶華，將以遺兮離居。」〔注〕：疏麻，神麻也。駱賓王詩：「猶冀折疏麻。」素枲傅玄《筆賦》：「纏以素枲，納以玄漆」。

姚培謙、張卿雲《類腋》卷一《物部·棉花》 吉貝《南史·海南諸國傳》：林邑國有金山，出吉貝。吉貝者，樹名也，其花如鵞毳，抽其緒紡之作布。《唐南蠻傳》：吉貝，草也，緝其花爲布，粗曰貝，精曰氎。

種出西番《梧潯雜志》：吾松以棉布衣被天下，而棉花相傳爲種出西番，元時始入中國。按《通鑑》梁武帝送木棉皁帳。史炤《釋文》云：木棉，江南多有之，土人以鐵鋌碾去其核，取如棉者，以竹爲弓，牽絃以彈綿，令其匀細，卷爲筒，就車紡之，自然抽緒如繅絲狀，織以爲布。 瓊枝又：木棉，一名瓊枝，其高數丈，樹類梧桐，花色深紅，結子大如酒杯，絮吐於口，茸茸如細毳，舊云海南蠻人織爲布，名曰吉貝。 今第以充裀褥，取其軟而溫，未有治以爲布者。 古終《本草》：木棉，一名古終，梵書謂之睒婆，又曰迦羅婆劫。 花桃《群芳譜》：木棉，春月以子種，花黄如秋葵，結實三稜，纍纍如桃，北人呼爲花桃，熟則桃裂，而絨現如鵞毳，用以裝衣，甚輕暖，其柔細中紡織。

張渠《粵東聞見録》卷下《木棉》 木棉，樹大可合抱，高數丈。枝柯一一對出，横空攫拿，勢如龍奮。正二月開深紅花。如山茶，單層六瓣，蕊色純黄。遥望之，如億萬華燈，燒空盡赤。花時無葉，花落後半月始有新緑如香樟。瓣極厚。結子如酒杯，老則坼裂，有綿飛空，着地茸茸如蘆花。綿中有核如梧子，隨綿飄泊，入土即生。人取綿去核，以實茵褥，甚暖。

粵中連村接堡，莫不榕棉交錯。自春及夏，緑艷紅肥，誠麗景也。二樹俱以不材而易長，永無剪伐之患。立社者多祀之，以爲神所憑依。木棉即刺桐，古謂之蒼梧。

《古今圖書集成·職方典》卷九七二《湖州府部·物産部》 草屬

苧 出德清。

黄麻

黄草 柔細而長，擗以作布，璉市出細者，亞於葛。

汪啟淑《水曹清暇録》卷七 《詩》云：可以漚紵。紵，即苧也。叢生，宿根在地，春晚自榮，刈而再長，歲可三焉。葉有白毛，刮莖取裏皮浸水中，則色白，故曰漚紵。績之可爲絺，蓋麻屬耳。

錢大昕《潛研堂文集》卷八《答問五》 問：《士昏禮》有「纚笄被顈黼」之文，《説文》無「顈」字，何故？

曰：《士昏禮》及《禮記·雜記》皆有「顈」字而義各别。《士昏禮》鄭玄注：「顈，禪也。」《玉藻》：「禪爲絅。」《中庸》：「衣錦尚絅。」陸德明《釋文》：「本又作顈。」《詩·碩人》、《豐》並作「衣錦褧衣」。「絅」、「褧」、「顈」，皆同物也。《雜記》：「如三年之喪，則既顈，其練祥皆行。」鄭玄注：「顈，草名，無葛之鄉，去麻則用顈。」《説文》：「檾，枲屬。」即《雜記》所謂「顈」也。「檾」與「褧」通，故《説文》引《詩》「衣錦檾衣」。其實禪衣字當从「褧」，枲顈字當从「檾」爲正也。

周廣業《過夏雜録》卷一《衣錦褧衣》 《詩名物攷》云：褧，字書檾也。檾，枲屬。《爾雅翼》：檾高四五尺，或六七尺，葉似苧而薄，實如大麻子。今人績爲布，蓋用此布爲單衣，故謂之褧。沈括《筆談》：絅與檾同。蓋用檾麻織疏布爲之，絅即褧字也。《龍龕手鑑》檾入《火部》。注引《玉篇》于營切。檾，麻也。《切韻》作自死草。又《九部》，檾字音力頴反，亦解作自死草。

李調元《南越筆記》卷一三《木棉花》 《嶺南雜記》：木棉花大可合抱，高可數丈，葉如香樟，瓣極厚，一條五六出，正二月開大紅花如山茶，而蕊黄色，結子如酒杯，老則拆裂，有絮茸茸，與蘆花相似，土人取以作裀褥，女工不能治。《通志》亦云：詢之粤人，無有織者。一名攀枝花。《肇慶志》云：以吉貝苗接烏桕根，結花爲棉。按此，則以木棉可績爲布者，大抵因接本使然，與草棉固自有別。然當開時，殷紅照耀，實非他花所可媲美。又南海神廟木棉花，開時最盛，海珠寺亦然。

汪汲《事物原會》卷二四《綿》 晉李石《續博物志》：「棉花種爲番使黄始所傳。」晉顧微《廣州記》：「蠻俗不蠶，採木綿爲絮。」《升庵外集》綿有三：一曰絲綿，出于蠶絹。一曰木綿，出于交廣，名斑枝花。一曰草綿，綿花是也。

褚華《木棉譜》 裴淵《廣州記》曰：蠻夷不蠶，采木棉爲絮。范敏政《遯齋閑覽》曰：林邑等國出吉貝布，木棉爲之。方勺《泊宅編》曰：南海蠻人，以木棉紡織爲布，布上出細字雜花尤工巧，名曰吉貝布，即古白疊布也。《諸番雜志》曰：木棉占城、闍婆國皆有之，今已爲中國珍貨，但不自本土所產，不能足用。丘濬《大學衍義補》曰：漢唐之世，木棉雖入貢，中國未有其種，民未以爲服，官未以爲調。宋元間傳其種，關陝閩廣首得其利，蓋閩廣海舶通商，關陝接壤西域故也。然是時猶未以爲征賦，故宋、元《食貨志》皆不載，至我朝乃徧布於天下，利視絲枲蓋百倍焉。

趙翼《陔餘叢考》曰：謝枋得有《謝劉純父惠木棉詩》云：「嘉樹種木棉，天何厚八閩。厥土不宜桑，蠶事殊艱辛。木棉收千株，八口不憂貧。江東易此種，亦可致富殷。奈何來瘴癘，或者畏蒼旻。吾知饒信間，蠶月如岐豳。兒童皆衣帛，豈但奉老親。婦女賤羅綺，賣絲買金銀。角齒不兼與，天道斯平均。所以木棉利，不畀江東人。」據此則宋末棉花之利，尚在閩中，而江南無此種也。元人陳高有《種花詩》云：「炎方有種樹，衣被代蠶桑。舍西得閒園，種之漫成行。苗生初夏時，料理晨夕忙。揮鋤向烈日，洒汗成流漿。培根澆灌頻，高者三尺强。鮮鮮緑葉茂，燦燦金英黄。結實吐秋繭，皎潔如雪霜。及時以收斂，采之動盈筐。緝治入機杼，裁翦爲衣裳。禦寒類挾纊，老稚免淒涼。」陳高，元末人，而隙地初學種之，則其來未久可知。

元《始祖本紀》：至元二十六年，置浙東、江東、江西、湖廣、福建木棉提舉司。《明史·食貨志》：明太祖立國初，即下令民田五畝至十畝者，栽桑麻、木棉各半畝，十畝以上倍之。令稅糧俱編爲條銀，而所種多少則聽民自便。邑種棉花，自海嶠來，初於邑之烏泥涇種之，今徧地皆是，農家賴其利，與稻麥等。孟祺、苗好謙、暢師文、王禎之屬，謂地之高仰者，無往不宜，洵非誣矣。今棉花有白有紫，自瀕海所種，轉販至邑中者，曰沙花，邑產曰杜花，杜之爲言土也。邑人於棉花止謂之花，而不言棉，此猶閩人呼薦以荔子，越人號柑爲果樹，夫人而知之也。

江花出楚中，棉不甚重，二十而得五，性强緊。北花出畿輔、山東，柔細，中紡織，棉稍輕，二十而得四。浙花出餘姚，棉少重，二十而得七。吴下種大都類此。更有數種稍異者，一曰黄蒂，穰蒂有黄色如粟米大，棉重。一曰青核，核色青，細於他種，棉重。一曰黑核，核亦細，純黑色，棉重。一曰寬大衣，核白而穰浮，棉重。此四者，皆二十而得九，黄蒂稍强緊，餘皆柔細，中紡織。又一種曰紫花，浮細而核大，棉輕，二十而得四。

《農政全書》曰：北土吉貝賤而布貴，南方反是，吉貝則泛舟而粥諸南，布則泛舟而粥諸北。今邑之販户，皆自崇明、海門兩沙來，土人惟碾去其子，賣於諸處，以性强緊不中紡織也。邑產者，另有行户，晨掛一稱於門，俟買賣者交集户外，乃爲之別其美惡，而貿易焉。少者以籃盛之，多者以蒲包。一包如盤，兩包如合。數年中，衹以亢旱，故間有自丹陽販至，謂佳於沙產，然江北絶無至者，豈時會之不同與。

閩、粤人於二三月，載糖霜來賣，秋則不買布而止買花衣以歸，樓船千百，皆裝布囊累累，蓋彼中自能紡織也。每晨至午，小東門外爲市，鄉農負擔求售者，肩相磨，袂相接焉。至被褥衣袴所用棉絮，皆取黄晦不中經緯者，土人搗羊腸爲弦彈之，價不甚貴。或有收裝過敗絮，補綴成片，以巨艇趕江、淮間(買)〔賣〕之貧民，藉以御寒，價愈賤矣。

張勃《吴録》云：交趾安定縣有木棉樹，高數丈，實如酒杯，有綿如蠶，可作布，名白緤。而陳繼儒《雜志》云：粤中木棉極高大，開花紅如佛桑，結子作絮，但可置裀褥中。所説與《吴録》異，當以陳説爲是。

沈懷遠《南越志》：桂州出古終藤，結實如鵝毳，核如珠珣，治出其核，約如絲綿，染爲斑布。又云：南詔諸蠻不養蠶，惟收娑羅木子中白絮，紉爲絲，織爲幅，名娑羅籠段。祝穆《方輿志》云：平緬出娑羅樹，大者高三五丈，結子有絨綿，織爲白氎，名兜羅綿，與娑羅籠段疑一物。今吴、楚間有草蔓生，俗名麻雀冠，結子亦可紉爲木棉布緯，光白如銀。按王磐《野菜譜》云：雀兒綿單，二月熟，可作蠶。不知即此否。按數者皆木棉類。

俞正燮《癸巳類稿》卷四《木棉考》

木棉有木本，有草本。其爲布，初見者《史記・貨殖列傳》「榻布千石」注引《漢書音義》云：「白疊也。」《三國志・東夷傳》云倭人「男子露紒，以木棉招頭」。其自南來者，《梁書・林邑傳》云出吉貝。吉貝者，樹名也。其華成時如鵝毳，抽其緒紡之以作布，［潔白］與紵布不殊，亦染成五色，織爲斑布」。《南史・（千）［干］陀利傳》云「出斑布、（吉）［古］貝」。《婆利傳》云「其國人披（吉）［古］貝如帊」。《北史・真臘傳》云「王著朝霞（吉）［古］貝，其常服白疊」。《唐書・環王傳》云：「本林邑也。王衣白氎（吉）［古］貝斜絡臂。妻服朝霞，（吉）［古］貝短裹。其俗以（吉）［古］貝横一幅繚於腰。波羅可以爲布。闕賓以南，大者成樹。此形小，狀如土葵，有殼，剖以出花，如柳（吉）［古］貝草也，緝其花爲布，粗曰貝，精曰氎。」唐玄應《四分律音義》云：「迦絮，可紉以爲布。」此南方異域本也。其種由閩廣來者，魏賈勰《齊民要術》非中國物者云：《吴録・地里志》曰「交趾定安縣有木棉樹，高丈餘，實如酒杯口，有絲，如蠶之綿也。可作布，曰白緤，一曰毛布」。宋彭乘《墨客揮犀》云：「閩嶺以南多木棉，土人競植之，有至數千株者。」史炤《通鑑釋文》云：「木棉，二三月晦下種，秋生黄花，其實熟時，皮四裂，中綻出如綿，以鐵梃碾去核取綿，以小竹弓彈之，卷爲筒，就車紡之，自然抽緒，織以爲布，自閩廣來者尤爲麗密。」趙汝适《諸番志》云：「吉貝樹，類小桑，萼類芙蓉，絮長半寸許，宛如鵝毳，有子數十，南人取其茸絮，以鐵軸碾去其子，即以手握茸，就紡爲布，厚者爲兜羅棉，次曰番布，次曰木棉，又次曰吉布。」方勺《泊宅編》云：「閩廣種木棉樹，高如柞，結實如大橡而色青，秋深即開，露白綿茸茸然，以鐵杖捍淨，小竹弓彈令紛起，然後緝織爲布，名曰吉貝。蠻人織巾，上作細字小花卉，即古所謂氎布。」《萩園雜記》云：「木棉花生南越，樹高四五丈，花紅似山茶，子如楮實，綿出子中，蘇州人稱爲攀枝花。」《松江府志》引（儲）［褚］華《木棉譜》云：「木棉有山花、田花。凡田，來年擬種稻者，可種麥。其種棉者，勿種麥也。諺曰：歇田當一熟。若人稠地陿，可種大麥及稞麥，仍以糞力壅之，決不可種小麥。凡高田，可稻可棉者，種棉二年，種稻一年，多不得過三年，過則生蟲，地無力種棉。糞不得太肥，地除草宜淨，宜腐草壅根，宜加生泥去熟，令蟲少也。其草本、木本不同者，各就所見言之。」《肇慶府志》云：「以吉貝苗接烏柏根，結花爲棉，則以草本附之木本，今中土多草本。」唐王叡詩「紙錢飛出木棉花」。李商隱詩「木棉花發鷓鴣啼」。俱嶺南唐時事。皮日休詩「申以劫貝布」。則江南唐時事，時其布尚少。《宋史・崔與之傳》云「瓊人以吉貝織爲衣衾，工作皆婦人，役之至期年，棄稚遠老，民人苦之。」亦是南布。《元史・世祖本紀》云：「至元二十六年，置浙東、江東、江西、湖廣、福建木棉提舉司。」此皆南來草木二本木棉也。其西來者亦草木二本。《南史・呵羅單傳》云：「宋元嘉時貢天竺國白疊、（吉）［古］貝、葉波國吉貝。」《中天竺傳》云：「梁天監初貢（吉）［古］貝。」《高昌傳》云：「有草實如繭，繭中絲如細纑，名曰白疊子，國人取織以爲布。布甚軟白，交市用焉。」《渴盤陀傳》云：「衣（吉）［古］貝布。」《唐書・地里志》云：西州交河郡平高昌置「土貢氎布」。元《農桑輯要》云：「木棉，撚織毛絲或棉裝衣服，特爲輕煖。」其論木棉云：「木棉亦西域所產，近歲種於陝右，與本土無異。」此皆西來之木棉也。古作貢市時以爲奇貨，所記或非實。《後漢書・哀牢夷傳》注引《廣志》云：「梧桐有白者，剽國有桐木，其花白毳，取毳淹漬，緝織爲布。」常璩《華陽國志》云：「永昌郡，古哀牢。有梧桐木，其花柔如絲，民績以爲布，幅廣五尺以還，潔白不受汙，俗名曰桐花布。又有闌旄、帛疊。」李石《續博物志》云：「驃國收娑羅木子，破其殼，中如柳絮，織幅服之，謂之娑羅籠段。」疑是迦波羅之名，人所不解，以近見譌娑羅，又疑是桐耳。此種又通於東方。《通典・邊防》言：「扶桑木，葉似桐，初生如笋，績其皮爲布，又爲紙。」《唐書・渤海傳》言「沃州之綿」。《盛京通志》云：「今物產遼陽州海城縣、蓋平縣，木棉行於四方，與松江、通州東南俱普被。」《陳書・姚察傳》云：「門生送南布一端，謂之曰：吾所衣著，止是麻布。」知所謂南布，是木棉布也。《梁書・（高）［武］帝紀》云「身衣布衣，木綿皁帳」。是布衣爲麻衣，惟以皁木綿作帳也，宋時中國稍自爲之。蔡沈《書集傳》解揚州「厥篚織貝」云：「今南蠻木棉之精好者，亦謂之吉貝。」蔡時尚難得，故舉以爲況。袁文《甕牖閒評》云：「木綿止合作此綿字，今字書又出一棉字，爲木棉，是棉字宋人所增，亦由時市有木棉，商賈通習，元時則其植漸廣。」《瑯琊代醉編》云：「棉花，番使黄始所得，傳其法，廣東祠之。」「始」疑是「姑」字。《輟耕録》云：松江烏泥涇木棉，元時崖州黄道婆來，教以造做桿彈紡織之法，松江祠之。《江南通志・壇廟》云：「松江黄道婆祠，舊在上海烏泥涇，明天啓間，張所望移於張家濱。」張象之記云：「元元貞時人，初流落崖州，後歸烏泥涇，以閩廣種植、桿彈、紡織、綜綫、挈花之法教人，人因祠之。」《元史・英宗紀》云：「御大安閣，見太祖、世祖遺衣，皆縑素木棉，重加補綴，嗟歎良久，謂侍臣曰：祖宗創業艱難，服用節儉乃如此。」蓋其時木棉布行，不復貴異。《明史·食貨志》云：「太祖立國，即下令民田五畝至十畝者，栽桑苧木棉各半畝，十畝以上倍之。入稅木棉畝四兩，棉苧一匹折米六斗，木棉之利遂徧天下。」

凌揚藻《蠡勺編》卷四〇《吉貝溷稱木棉》 《陔餘叢考》木棉作布。邱文莊謂元時始入中國，而張七澤《潯梧雜佩》引《通鑑》梁武帝送木棉皂帳事，是梁時已有此布矣。說者謂《漢書》注孟康曰：閩人以棉花爲吉貝。而《正字通》及《通雅》俱云：吉貝，木棉樹也。《南史·林邑傳》亦云：「吉貝者，樹名也。其花如鵞毳，抽其緒紡之作布，與紵布不殊。」則六朝以前，本棉布乃吉貝樹之花所成。今粵中木棉樹，其花正紅，及落時則白如鵞毳，正《南史》所云吉貝樹也，但其花秖可絮茵褥，而不可織布。按《南史·林邑傳》以吉貝爲樹，《舊唐書·南蠻傳》則云：吉貝草，緝花作布，名曰白氎。《新唐書·林邑傳》并不曰吉貝，而曰古貝，謂古貝者，草也。《演繁露·唐環王傳》亦稱古貝。然則《南史》所謂吉貝之樹，即《唐書》所謂古貝之草，其初謂之木棉者，蓋以別于蠶繭之綿。其時棉花未入中土，不知其爲木本草本，以南方有木棉樹，遂意其即此樹之花所織耳。迨宋子京修《唐書》時，已知爲草本，故不曰木而曰草也。史炤《通鑑釋文》謂二三月下種，至夏生黄花，結實熟時，其皮四裂，中綻如綿。蓋其種本來自外番，先傳于粵，繼及于閩，元初始至江南，而江南又始于松江。《元世祖本紀》至元二十六年，置浙東、江東、江西、湖廣、福建木棉提舉司，責民歲輸木棉布十萬疋。《程鉅夫集》有《送人赴浙東木棉提舉詩》，鉅夫仕元初，而其時木棉特設專官，則其初爲民利可知。邱文莊所謂元時始入中國，非無稽也。又《禹貢》「厥篚織貝」，蔡九峯注：今南夷木棉之精好者，謂之吉貝。則夏之織貝，亦即今草棉布，是三代時已有之，但種未移中土爾。

黄本驥《湖南方物志》卷一《總紀》 江南道（岳、潭、衡、永、道、郴、邵七州，屬西道采訪使。辰、錦、叙、溪四州，屬黔中采訪使）：

厥賦麻，紵。厥貢蕉、葛。

山南道（澧、朗二州，屬東道采訪使）厥貢紵。（《唐書·地理志》）卷六《辰州府》

辰溪出葛。（《一統志》）

林則徐《林則徐集·奏稿·江蘇陰雨連綿田稻歉收情形片》 又各屬沙地秖宜種植木棉，男婦紡織爲生者十居五六，連歲棉荒歇業，生計維艱。今年早花已被風摇，而晚棉結鈴尚旺，如得晴天氣，猶可收之桑榆，乃以雨霧風霜，青苞腐脱，計收成僅祇一二分。小民紡織無資，率皆停機坐食。且節候已交冬至，即趕緊種麥，猶恐過時，況又雨雪紛乘，至今未已，田皆積水，難種春花。接濟無資，民情更形窘迫。此在臣奏報秋災以後，歉象加增日甚一日之情形也。

林則徐《林則徐集·公牘·札蘇藩司曉諭紳富捐輸挑濬白茆河道工費》 查常、昭二縣，本年禾棉歉收，窮民口食維艱，來歲青黄不接，既因格於成例，不能請帑賑濟，自應勸捐賙恤。

嵇璜等《清文獻通考》卷三八《土貢考》 安徽省額解白麻三萬四千一百五十八斤。

吴其濬《植物名實圖考·隰草》卷一四《苧麻》 苧麻，《别録》下品，陸璣《詩疏》紵亦麻名。《農政全書》謂紵從絲，非苧，北地寒不宜。考《救荒本草》苧根味甘，煮食甜美，許州田園亦有種者。蓋自淮而北，近時皆致力於棉花，禦寒時久而禦暑時暫，絺綌之用，唯城市爲殷，故種苧者少耳。野苧極繁，芟除爲難，不任績，山苧稍勁，花作長穗，翹出稍異。

雩婁農曰：徐元扈謂北方無苧，《詩》「可以漚紵」，紵爲絲，此誤也。苧，麻屬，故言漚，絲不可漚。菅麻、苧皆草，絲則非其類。江南安慶、寧國、池州，山地多有苧，要以江西、湖南及閩、粤爲盛。江西之撫州、建昌、寧都、廣信、贛州、南安、袁州，苧最饒，緝纑織綫猶嘉、湖之治絲。宜、黄之機上白，市者鶩其名，然非佳品。寧都州俗，無不緝麻之家，敏者一日可績三四兩，鈍者亦兩以上。請織匠織成布，一機長者十餘丈，短者亦十丈以上。四五兩織成一丈布者爲最細，次六七兩，次八九兩則粗矣。夏布，墟則安福鄉之會同集，仁義鄉之固厚集，懷德鄉之璜溪集，在城則軍山集。每月集期，士人商賈，雜遝如雲，計城鄉所産，歲鬻數十萬緡，女紅之利普矣。《石城縣志》亦曰：石邑夏布，歲出數十萬疋，外貿吳、越、燕、亳間。贛州各邑皆業苧，閩賈於二月時放苧錢，夏秋收苧，歸而造布，然不如寧都布潔白細密。苧以瘦韌潔白爲上，其黄者曰糙麻。婦功閒日緝濯柔細，經時累月，織成一衣，曰女兒布，苧之精者無逾此，居人服之，商賈不可得也。湖南則瀏陽、湘鄉、攸縣、茶陵、醴陵，皆麻鄉，往時巴陵、道州、武陵、郴州，皆貢綀紵，今則並瀏陽上供。亦栽肥地，苧深四五尺，剥至三四次，擇避風處蒔之，夏有苧市，捆載以售。《溪蠻叢笑》云：漢傳載闌干。闌干，獠言紵巾。有績治細白苧麻，以旬月而成，名娘子布，則亦女兒布之類，非僅獠俗也。苗人據矮機，席地而織，設虚場以麻布易所無也。《寰宇記》：宜州有都洛麻狹幅布，今語曰多羅麻。《廣西志》：梧州出絡布，以絡麻織成，因名，並苧類也。《桂海虞衡志》：綀子出兩江川峝，大略似苧布，有花紋者謂之花綀，土人亦自貴重。《嶺外代答》：邕州左右江溪峝産苧麻，土人擇其細長者爲綀子，暑衣之輕涼離汗者也。花綀一端長四丈，重數十錢，卷入之小竹筒，尚有餘地，以染真紅，尤易著色。厥價不廉，稍細者一匹數十緡也。粵之新會有細苧，蓋左思所謂「筒中黃潤」者。凡疊布必成箳，一箳十端，而葛之大者率以兩端爲一連，苧則一端爲一連，他布則以六丈爲端，四丈爲疋，此其別也。《禹貢》曰「島夷卉服」。傳曰：島夷，南海島上夷也。卉，草也。卉服，葛越也。葛越，南方之布，以葛爲之，以其産於越，故曰葛越也。左思曰「蕉葛升越，弱於羅紈」。正義曰：卉服，葛越，蕉，竹之屬，越即苧麻也。漢徐氏女贈其夫以越布，鄧后賜諸貴人白越是也。《漢書》云：粵地多果布之湊。韋昭曰：布，葛布也。顔師古曰：布謂諸雜細布皆是也。其黄潤者，生苧也。細者爲絟，粗者爲苧。苧一作紵。《禹貢》曰「厥篚織貝」。傳曰：織細紵也。疏曰：細紵，布也。其曰花綀，曰縠纑，曰細都，曰弱析，皆其類。《志》稱蠻布織蕉、竹、苧麻、都落等，麻有青黄白絡火五種，黄白曰苧，亦曰白緒，青絡曰麻，火曰火麻，都落即絡也。馬援在交阯，嘗衣都布單衣。都布者，絡布也，絡者言麻之可經可絡者也。其細者當暑服之，涼爽無油汗氣。綀之柔熟，如椿椒繭綢，可以禦冬，新興縣最盛，估人率以綿布易之。其女紅治絡麻者十之九，治苧者十之三，治蕉十之一，紡蠶作繭者千之一而已。又有魚凍布，莞中女子以絲兼紵爲之，柔滑而白若魚凍，謂紗羅多浣則黄，此布愈浣則愈白云。

吴其濬《植物名實圖考·蔓草》卷二二

《葛》　葛，《本經》中品。今之織絺綌者，有種生、野生二種。《救荒本草》：花可煠食，根可爲粉，其蕈爲葛花菜。贛南以根爲果曰葛瓜，宴客必設之。《爾雅翼》以爲食葛名雞齊，非爲絺綌者，蓋園圃所種，非野生有毛者耳。《周詩》詠《葛覃》，《周官》列《掌葛》。

今則嶺南重之，吴越亦尠，無論燕、豫、江西、湖廣皆産葛。凡採葛，夏月葛成，嫩而短者留之，一丈上下者連根取，謂之頭葛，如太長，看近根有白點者不堪用，無白點者可截七八尺，謂之二葛。凡綀葛，採後即挽成綱，緊火煮爛熟，指甲剥看，麻白不粘青即剥下，就流水捶洗凈，風乾，露一宿尤白，安陰處，忌日色，紡以織。凡洗葛衣，清水揉，梅葉洗湔，夏不脆，或用梅樹搗碎，泡湯入瓷盆内洗之，忌用木器則黑。然嶺北女工多事苧，南昌惟西山葛著稱，贛州則信豐、會昌、安遠諸處皆治葛。有家園種植者，亦有野生者，而葛布多雜蕉絲，乍看鮮亮悦目，入水變色，質亦脆薄，用純葛絲則韌而耐久，沾汗不污。會昌之精者，緋績更艱，葛一斤擇絲十兩，績之半年，始成一端。會昌、安遠有以湖絲配入者，謂之絲葛。湖南舊時潭州、永州皆貢葛，今惟永州有上供葛。葛生祁陽之台鶴觀、太白嶺諸高峰，芒種時採，煮以灰而濯之，而曝之白，而擘爲絲，紡以爲布，如方目紗。製爲衫，不可浣，污則灑以水，垢逐水溜無痕也。興寧縣亦蒔之，里老云：葛有二種，遍體皆細毛者可績布曰毛葛，遍體無毛者曰青葛，不可績，惟以爲束縛，則又毛葛所不逮。又毛葛亦有二種，蔓延於草上者，多枝節而易斷，成布不耐久，惟緣地而生者，有葉無枝，成布較勝於苧。廣西葛以賓州、貴縣者佳，鬱林葛尤珍，明内監教之織爲龍鳳文也。粵之葛以增城女葛爲上，然不鬻於市，彼中女子終歲乃成一疋，以衣其夫而已。其重三四兩者，未字少女乃能織，已字則不能，故名女兒葛，所謂北有姑絨，南有女葛也。其葛産竹絲溪、百花林二處者良。采必以女，一女之力，日采祗得數兩，絲縷以鍼不以手，細入毫芒，視若無有，卷其一端，可以出入筆管，以銀條紗襯之，霏微蕩漾，有如蜩蟬之翼，然日曬則縷，水浸則蹙縮，其微弱不可恒服。惟雷葛之精者，細滑而堅，色若象牙，名錦囊葛，(栽)[裁]以爲袍、直裰，稱大雅矣，故今雷葛盛行天下。雷人善織葛，其葛産高涼、碙洲，而織於雷，爲絺爲綌者，分村而居，地出葛種不同，故女手良與梏功異焉。其出博羅者曰善政葛，出潮陽者曰鳳葛，以絲爲緯亦名黄絲布，出瓊山、澄邁、臨高、樂會，輕而細名美人葛，出陽春者曰春葛，然皆不及廣之龍江葛，堅而有肉，耐風日也。《詩》正義云：葛者，婦人之所有事。雷州以之，增城亦然。其治葛無分精粗，女子皆以鍼絲之乾撚成縷，不以水績，恐其有痕迹

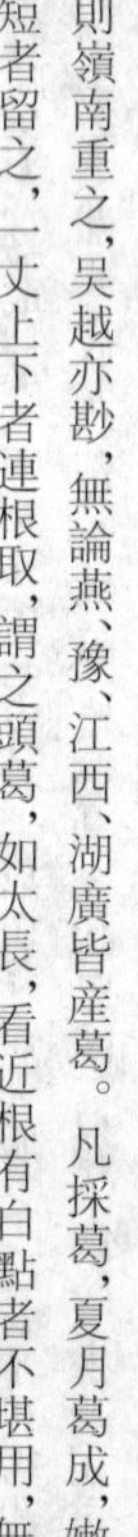

也。織工皆東莞人，與尋常織苧麻者不同。織葛者名爲細工，織成弱如蟬翅，重僅數銖，皆純葛無絲，其以蠶絲緯之者，浣之則葛自葛，絲自絲，兩者不相聯屬，純葛則否。葛産綏福都山中，采者日得觔，城中人買而績之，分上中下三等爲布。陽春亦然，其細葛不減增城，亦以紡緝精而葛真云。

雩婁農曰：葛者，上古之衣也，質重不易輕，吴蠶盛而重者賤矣，質韌不易柔，木棉興而韌者賤矣，質黄不易白，苧麻繁而黄者賤矣，乃治葛者與絲争輕，與棉争軟，與苧争潔。一疋之功，十倍於絲與棉與苧，其直則倍於絲，而五倍棉與苧，於是治葛者能事畢而技盡矣，而受治者力亦盡矣。褐之壽以世，帛之壽以歲，麻之壽以月，今是葛也，日之焦，風之脃，浣之懈，藏之折，其壽幾何？聖人盡物之性，而不盡物之力，因其重與韌與黄，而葛之壽於是次於褐，均於帛，逾於麻。

吴其濬《植物名實圖考·羣芳》卷三〇《木棉》　《本草綱目》李時珍曰：交、廣木棉樹大如抱，其枝似桐，其葉大如胡桃葉。入秋開花，紅如山茶花，黄蕊，花片極厚，爲房甚繁，短側相比，結實大如拳，實中有白棉，棉中有子，今人謂之斑枝花，訛爲攀枝花。李延壽《南史》所謂林邑諸國出古貝花，中有鵝毳，抽其緒紡爲布。張勃《吴録》所謂交州、永昌，木棉樹高過屋，有十餘年不换者，實大如盃，花中棉輭白，可爲緼絮及毛布者，皆指似木之木棉也。

《嶺南雜記》：木棉樹大可合抱，高者數丈，葉如香樟，瓣極厚，一條五六葉，正二月開大紅花如山茶，而蕊黄色，結子如酒盃，老則拆裂，有絮茸，茸與蘆花相似。花開時無葉，花落後半月始有新緑葉。其絮土人取以作裀褥，海南蠻人(識)〔織〕以爲巾，上出細字花卉尤工，乃名曰吉貝，即古所謂白疊布。今詢之粵人，亦無有織作者，或别是一種耳。廣州閲武廳前與南海廟各一株，甚大，開時赤光照耀，坐其下如入朱明之洞也。按《廣西通志》：木棉，嶺西最易生，或取以作衣被，輒致不仁之疾，以爲吉貝，誤之甚矣。李時珍以木棉與棉花並入隰草，亦攷之未審。

吴其濬《植物名實圖考·穀類》卷一《大麻》大麻，《本經》上品。《救荒本草》謂之山絲。苗葉可食。一名火麻。雄者爲枲，又曰牡麻，雌者爲苴麻，花曰麻蕡，又曰麻勃。麻仁爲服食藥，葉根油皆入用。滇、黔大麻，經冬不摧，皆盈拱把。

雩婁農曰：麻爲穀屬，舊説皆以爲大麻。陶隱居枷爲胡麻，而宋應星遂謂《詩》、《書》之麻，或其種已滅。火麻子粒壓油無多，皮爲粗惡布，無當於穀，斯言過矣。《月令》以麻嘗犬，《周禮》朝事之籩，其實麷蕡。蕡爲枲，實亦曰苴。《豳風》「九月叔苴，以食農夫」。《説文》作萉，或作䕡，其無子者爲牡麻。大抵古人食貴滑，麻子甘潤。《南齊書》紀陳皇后生高帝乏乳，夢人以兩甌麻粥與之，覺而乳足。則齊時尚以爲飯。《食醫心鏡》亦云：麻子仁粥治風水腰重等疾，研汁入粳米煮粥，下葱椒鹽豉食之。蓋麻子不以入食，始於近代。若其衣被之功，則與苧並行。《周官》專設典枲，以隸冢宰，績麻漚麻，婦子所事。三代以前，卉服未盛，蠶織外，舍麻固無以爲布，聖人以純爲儉，蓋紉絲之功，省於緇縷。後世棉利興，不復致精於麻，豈古之布必粗惡哉。今之治苧葛者，纖細乃能納之筒中，紡麻者何獨不能。夫一物之微，而衣人食人如此，何乃屏之粒食之外。《詩》云「雖有絲麻，無棄菅蒯」。昔與絲伍，今乃芥視。又茼麻利重，競植於田，而斯麻播植益稀，物理盛衰，良可增慨。古之物不如今之細，古之拙不如今之巧，而天地之生物，亦日出不窮，移人情而省人功者，凡物皆然。執今人之所嗜，以訂古人之所食，是猶以不火食之蠻貊，而較中國鼎火烹飪之劑也，豈有合歟。

吴振棫《黔語》卷下　黔苗新隸版籍者，【略】今列其納物之數於右：埽洞納棉花三百二十九觔，雲洞納棉花三百三十觔，貫洞納棉花七百二十觔，邕沙納麻一百五十觔，大塘納麻二百觔。

甘熙《白下瑣言》卷八　道光庚子，静齋叔父在常州奔牛鎮及浙江石門斜橋等處，僱覓織工來省，捐貲備辦棉紗，於孝陵衛一帶設機織布，令絨機失業男婦習之，價廉工省，日用必需，此業一開，補救不小，洵百世之美利也。惟織布所用棉紗，必得崇明、通州所産者，緒理緊密，綿綿不斷。若孝陵衛及烏江之花，只可做衣棉，不堪織布。所望有力者赴崇明、通州等處，廣爲採買，輕其值以鬻之，則習織愈多，流通以廣，安見民氣不可日振耶？直隸無木棉，乾隆間方恪敏公爲總督，教民種之，有種棉圖石刻傳世，迄今百餘年來，北地木棉廣出，民利無窮，可

賀長齡《清經世文編》卷三七兩江總督高晉《請海疆禾棉兼種疏》乾隆四十年 竊照大江以南，江寧、鎮江、常州、蘇州府屬地方，土多沃壤，民習耕種，且能手藝營生，衣食足資利賴。惟松江府、太倉州、海門廳、通州並所屬之各縣，偪近海濱，率以沙漲之地，宜種棉花，是以種花者多，而種稻者少。每年口食，全賴客商販運，以致糧價常貴，無所底止。臣思衣食並重，種棉花雖可織布成衣，然而一日不再食則飢，是飢之較寒則又食重於衣矣。臣從前閱兵，兩次往來於松江、太倉、通州地方，留心體察，並詢之地方府廳州縣，究其種棉而不種稻之故，並非沙土不宜於稻，蓋緣種棉費力少而獲利多，種稻工本重而獲利輕，小民惟利是圖，積染成風，官吏視以爲常，亦皆習而不察。以現在各廳州縣農田計之，每村莊知務本種稻者，不過十分之二三，圖利種棉者，則有十分之七八。又究其所以種稻多，費工本之故，則因田間支河汊港，淤塞者多，艱於車水，工本不無多費。臣曾諭飭府廳州縣勸諭地方紳士鄉農，照業食佃力之例，將凡有淤塞溝洫，次第開挖，並剴切出示，使知食重於衣，多種稻而少種棉，官民固知爲根本之計，未嘗不計及於此，無如官無考成，民惟圖利，奉行未免有名無實。即如崇明一縣，向因本地多種棉花，不種糧食，准其招商赴上江有漕聚米之區，採買運濟。乾隆二十年以前，臣在安徽布政使任内，核計崇商買米之數，不過二十餘萬石，近則遞年加增，已買至三十餘萬石，此即生齒日繁，本地糧食不足之明驗矣。臣再四思維，竝於過蘇時，又與撫臣兩司面爲講求，臨民之道，固應好其所好，而食爲民天，更不可不謀其久遠之計，各州縣雖有常平社倉，以備緩急，而水旱無常，一旦歉收，本地既無積蓄，倉糧有限，又將何以爲繼，此沿海沙地，急應改棉種稻，以裕民食者也。但立法不善，非特無益，轉恐累民，惟有寬其限期，善爲化導，使民自知務本，漸臻饒裕，以享盛世昇平之福，斯爲盡善。臣請嗣後以三年爲限，責成松江、太倉、海門、通州各府廳州縣地方官，將應開溝渠，竝淤塞支河汊港，多方設法，照業食佃力之例，次第勸民開濬深通，以收水利之益。然後勸諭紳士百姓，凡田土在一頃以下者，應聽其便，若在一頃以上者，只許種棉一半，其餘一半改種稻田，士民之遵行者獎勉之，抗違者教戒之。府廳州縣果能視民如子，實心實力，認真督辦，道府隨時稽察，如有成效，詳報督撫核實，特疏保薦，以獎循吏，倘或虛應故事，奉行不力，甚至假手胥役，藉端滋擾者，以闒茸溺職糾參。如此寬以限期則民無擾累，官有責成，將見本地之産糧日多，不專藉於外來商販，似於海疆民食大有裨益矣。見爲政在人，顧力行何如耳！

左宗棠《左文襄公文集》書牘卷一四《答譚文卿》 桑爲秦之宜，隴則山高氣寒，不能與秦同候，此時課民種桑，利在五年以後，蚩蚩者未能遠慮，固宜緩圖。至棉花則秦、隴無不宜，但向陽肥煖之地，種培得法，獲利必多。近涼、甘之民，亦知務此。上年赴肅，路過山丹，撫彝、東樂各處，正值棉熟時，每停車，父老聚觀，輒傳令近前，與談一切，皆知棉利與罌粟相埒，且或過之，一畝之收，佳者竟二十餘斤，每斤千文，其費工力，翻省於罌粟劙果刮漿也。論關、隴治法，必以禁斷雅片爲第一要義；欲禁斷雅片，必先令州縣少吸煙之人；欲吸煙之人少，必先禁種罌粟；欲禁種罌粟，必先思一種可奪其利，然後民知種罌粟之無甚利，而後貪心可漸塞也。弟之勸種草棉，以其一年之計，勝於罌粟，因其明而牖之，不欲用峻法求速效，致扞格不行，高明必能鑒及。

郭柏蒼《閩産録異》卷一《貨屬·苧》 《説文》：「草也。」蒼按：苧，三棱也。大葉，抽枝剥其皮，以刀靶之，漬浄。其絲長，以織夏布。歲可三、四收。裝載出省，其用甚廣。諸郡皆種。

郭柏蒼《閩産録異》卷一《貨屬·麻》 有大麻，即火麻；有青皮麻，皮可績布；有黄麻，皮可索绹，圃者以約瓜棚；有白麻，可爲繩。

許起《珊瑚舌雕談初筆》卷八《棉布之始》 棉有草、木二種，皆出海外，其見於紀載者，大抵皆木棉也。張勃《吴録》云：交趾有木棉樹，高丈餘。王浯溪云：一名斑枝花。又《泊宅編》云：閩廣多木棉，名曰吉貝，織爲布，是即白㲲。然今吴地所種乃草棉，非木棉也，而其用與木棉正同。松江府東去五十里許曰烏泥涇，地高仰不宜五穀。元至正間，偶傳此種，植之於地頗茂。有一嫗名黄道婆者，自崖州來，乃教以桿彈紡織之法，久之，而三百里内外悉習其事矣。案《小爾雅》、《釋名》及《孔叢子·廣服篇》皆云：麻紵葛謂之布。又《鹽鐵論》云：古者庶人耋老而後衣絲，其餘則麻枲而已，故命曰布衣。可見麻與紵、葛三者之外，古者别無所謂布也。但紵葛或專用之於夏，而麻則兼用之於冬耳。孔博士《論語》「緼袍」注云：緼，枲著也。邢疏：謂雜用枲麻以著袍也。蓋貧者不能具絲絮，故擣麻使熟著之於袍也。夫以麻爲衣，則不能禦寒，以麻著袍，則不能生暖，古人五十始衰，則必衣帛，職是故耳。今棉之爲用，可以禦寒，可以生暖，蓋老少貴賤無不賴之，其衣被天下後世，爲功殆過於蠶桑歟。而皆開自黄道婆一人，是不當尸而祝之，社而稷之，與先蠶同列祀典乎。

賀長齡《清經世文編》卷三七福州知府李拔《種棉説》　天生萬物以爲人用，草花蟲殼，可爲衣被，冰蠶火蠶，皆可爲絲，吉貝娑羅，皆可爲布，然出産不常，組織非易，閭閻往往難之，求其取多用宏，價廉工省，貴賤咸宜，貧富皆便者，惟棉花爲最上。古未有棉，漢後始入中國，流傳遂廣，世蒙其休。我皇上念切民依，留心耕織，温飽之利，徧於天下。予嘗北至幽燕，南抵楚粤，東遊江淮，西極秦隴，足跡所經，無不衣棉之人，無不宜棉之土。八口之家，種棉一畦，歲獲百斤，無憂號寒，市肆所鬻，每斤不逾百錢，得之甚易，服之無斁，婦子熙熙，如登春臺，有由然也。閩中地號炎海，天氣温暖，土脈疎潤，最宜種植，而棉花絶少出産，購自江浙，價常加倍。又其甚者，男子惟捕蜃蛤，女子不解織紝，寸絲尺布，皆須外市，苟非素封，欲不歎無衣也得乎。乾隆己卯，予守福寧郡，怪而問之，或云土地非宜，予疑之，因於署内隙地試種，歲入甚富，及調福州，屢試有效。然後知閩地宜棉，而不棉者，非地之過也，開先無人而種植之道不講也。謹爲粗舉其略，俾謀生者販焉。棉樹挺生，葉如蒼耳，高二三尺，性喜燥惡濕，宜種山坡沙磧間。或地平則四面掘小溝，以洩雨水，水聚則葉雖茂不花，即花亦鮮實，或摇落無餘。每歲春三月，取花子入土中，數日即生，非其種者，鋤而去之。每株相離約尺許，毋使太密。鋤三次長尺許，即開黄花，花謝結實如桃。又十餘日，實開棉出，拾而存之，自下而上，綿綿不絶，自五六月至九十月方止，有頭花、中花、尾花之别，故蜀中土俗，以砍花柴爲農功畢也。花既得，用車繳之，去其子，彈爲棉，紡線織布，即可爲被服。夫使農民有佐種植之利，而工商無衣貴布之累，則未有如廣興木棉之得計者也。民之欲自謀生，與司牧之欲爲民謀者，其尚審而行之。

丁柔克《柳弧》卷五《蔄苗似絮》　蔄苗似絮而不可爲絮，[illegible]不類布而可以爲布。夫以貌取人，失之子羽，豈但人也，即物亦然。

鄭光祖《醒世一斑録·雜述二·棉花之始》　棉有草木二種，皆出海外，其見於記載者，大抵皆木棉也。張勃《吴録》云：交趾有木棉樹，高丈餘。王語溪云：一名斑枝花。又《泊宅編》云：閩廣多木棉，名吉貝，織爲布，是即白氎。然今吴地所種，皆草棉，非木棉也。按《爾雅》、《釋名》及《孔叢子·廣服篇》皆云：麻、紵、葛，謂之布。又《鹽鐵論》曰：古者，庶人耆老而後衣絲，其餘則麻枲而已，故命曰布衣。可見麻與紵、葛三者之外，古者别無所爲布也，但紵、葛或專用之於夏，而麻則兼用之於冬耳。孔博士《論語》「緼袍」注云：緼、枲著也。邢疏：謂雜用枲麻以著袍也。蓋貧者不能具絲絮，故擣麻使熟，著之於袍也。夫以麻爲衣，則不能禦寒，以麻著袍，則不能生暖，古人五十始衰而後則必衣帛，職是故耳。攷草棉之始，松江府東五十里有地曰烏泥涇，高仰不宜五穀。元至正間，偶傳草棉之種，植之頗茂。有老嫗名黄道婆，自崖州來，以廣中治木棉之法，教當地軋彈紡織，久之，三百里内外，悉習其事。今余鄉棉之爲用甚普，老少貴賤，莫不賴之，其衣被天下，功殆有過蠶桑，又孰能知開自黄道婆一老婦也。近於道光十年，上海縣紳士請准立祠，列入祀典。

鄭光祖《醒世一斑録·雜述八·巨魚濟饑》　我邑棉花定價，向論洋錢，秤依烙秤。名二十兩，實十九兩。自道光二十一二年，每擔洋錢五圓三四角，時洋錢一圓，合錢一千三四百。二十三四年，落至四圓四五角，二十六年，落至三圓三四角，本年水未没，價已漸增至五圓六七角，水没後，自冬及春，增至洋錢八圓。時洋銀一圓，合錢一千五百廿。居民以紗布爲活，花絮已二百八十錢一觔。十六兩。我鄉布闊八寸三分，成衣尺。長十七尺，每疋需花絮十二三兩，紡而成紗，再織而成布，只賣錢二百五十文，以此營生，略無餘羡。

奚誠《耕心農話·棉花攷》　棉花有艸木二種。草本穀雨前後下種，夏秋間開黄花，如秋葵而小，結實似桃，熟則殼裂，白棉出焉，棉中有子數顆。亦有紫色之棉。白露後，旋熟旋摘，名曰子花。曝乾，軋去子，曰花衣。彈鬆捲條，紡紗織布，或爲線，爲帶，或作絮胎，裝衣被中，大能禦寒。漢時外國所貢之吉貝，即此棉布也。唐時閩廣或有種之者，至元季有黄婆者，本東吴人，嫁於瓊州，年老歸鄉，携來棉子，種於滬瀆，秋收後，教人紡織，自此盛行於世，故黄婆血食于彼處，立專祠以祀焉。

李蘋湖云：不蠶而棉，不麻而布，利被天下，其益大哉。蓋謂此也。《雲間通志》以爲木棉者，乃踵蔡氏之誤耳，且艸本之核，可以榨油，滓可打餅，飼牛肥田，其利廣博，非木本之不堪爲布也。《吴録》所謂交州永昌木棉樹高四五丈，花紅如山茶，子似楮實，敲碎外殼，其中之棉，似玉麥狀，用貯茵褥則佳，以其輕鬆軟滑也。今所謂攀枝花者，即木棉也，未可以草本之棉花爲木棉花云。

《霏雪録》：李商隱詩「木棉花發鷓鴣飛」。又王叡詩云「紙錢灰出木棉花」。皆咏此攀枝花之木棉也。

蔣超伯《南漘楛語》卷四《葛》　周初葛利最溥，《毛詩·葛覃》傳云：「葛所以爲絺綌」。《爾雅·釋訓》「是刈是鑊，鑊煮之也」。舍人曰：「是刈，刈取之。是濩，煮治之」。其時雖后妃之家，皆習女功之事如此。又《汲冢書》文傳解云「潤濕不穀，樹之竹葦。莞蒲礫石不可穀，樹之葛藟，以爲絺綌，以爲材用」。當日布帛所從出，桑之外惟葛耳。自宋元以後，偏植木綿，于是葛利始微，僅嶺外之氓藉爲生計，北人幾不識葛爲何狀矣。

張壽鏞《清朝掌故彙編》内編卷二三《户政一五·農桑》〔光緒二十四年三月〕，工部候補郎中唐浩鎮《請令各人自闢利源》略云：中國棉花，向推順天平谷，棉長色白，足與美國、南海島相匹。洋棉價貴，每百斤需洋銀三十三元，華棉價賤，至十七八元，故華棉行銷外洋，以之紡紗織布，轉運中國銷售，尚有巨利。今江蘇、兩湖産棉亦旺，若各省凡土脈鬆厚、山陸高燥之地，廣爲播殖，歲入不可勝計。

官修《清會典則例》卷一三九《盛京户部》 一官莊 國初定，

盛京附近官莊九十六所，内二十莊，每莊歲徵米百二十石，穀草四千束。餘七十六莊，每莊歲徵米百二十石，穀草千五百束，芻草三千束。各莊並徵線麻、綠麻、鵝雞等物。鹽莊三所，每莊歲徵鹽萬二千斤。棉花莊五所，每莊歲徵棉七百斤。莊設壯丁十名，牛六頭。鹽莊加牛二頭，共設領催八名，承管應徵米、鹽、木棉等物。

《清會典則例》卷一四三《理藩院·徠遠清吏司》 一賦税 乾隆二十六年，喀什噶爾額徵棉花千四百六十三查拉克，合内地萬四千六百三十斤。額徵紅花三百六十五查拉克，合内地三千六百五十斤。每一查拉克棉花，估直普兒五十文。每一查拉克紅花，估直普兒三十四文。共棉花、紅花千八百二十八查拉克，照時直變價計普兒八萬五千五百六十文。

《清會典則例》卷一五九《内務府·廣儲司》 一驗收 〔雍正元年〕又定盛京佐領等所屬壯丁，每年額織細布三千五百有四疋，麤布三千三百有六疋，棉線四百七十四斤，除公用酌留外，餘盡數輸庫。布由段庫，線由茶庫，各驗收咨覆。

傅春官《江西農務紀略》〔光緒〕三十年，義甯州尹牧葆衷稱：縣屬向産苧麻，惟績出麻綫，色黄粗硬，經前州翟牧鳳儀刊《種麻法略》，散給城鄉，及收買絲麻，各店令其如法種製，復諭紳先倡辦。【略】

臨川縣向只種稻，素不種麻。而李家渡市場以夏布爲大宗，織户不下六七千人，其麻販自湖北，歲須十餘萬金。三十年，三次赴袁州購買麻種，託紳士勸諭自種，免致利權外溢。有李紳松鹿等，提倡延湖北麻師教之。李紳中鼎又撰《種麻八法》，刊布數千張，種麻者已有八十餘家。每畝刈麻一百餘斤，可收二十千錢之利，較之種稻，利贏數倍，將來風氣漸開，當以麻爲最，桑次之。三十二年，李令克鑅稱：自咸令揚購袁州之麻，浙江之桑，分發各鄉栽種，北鄉李家渡一帶成效尤著，苧麻獲利甚厚。飼蠶種桑各法亦漸知考求，大有進步。

三十一年，金谿縣王令濟中稱：東鄉種蔗約一萬數千枝，又購麻種六千五百兜，發東南北三鄉分種，約活十成之七。【略】

〔崇仁縣〕三十二年，謝令起源稱：該縣向産夏布，已飭鄉民多種苧麻，以免利權外溢。

二十八年，宜黄縣夏令翊宸照會李家賡等，集股設立瑞應公司，承墾高家渡、令旗堀、老鴉藪三處官荒。二十九年，李令稱桑麻爲民生衣被大源，次則爲黄梔子。擬派人赴袁州購麻種數車，赴湖州購桑秧二萬株。三十一年，吕令用賓稱該縣向産夏布，而苧麻須購自袁州。已諭鄉民，考求種法，將滁州黄裕所著《苧麻法略》發縣刊送。三十二年稱，苧麻翦剥發售機户，咸稱合用。胡令會昌稱土人不諳割麻之法，見諭擇子弟聰穎者，往産麻處所研究刮法，以俟回籍傳習。【略】

三十年，何令敬釗【略】於東門外演武廳舊基設試驗場所，種木棉。其種購自九江，見已結鈴，視本地所産爲壯實。

南城縣，地足於水，壤盡膏腴。民間頗知講求水利，即春穀皆用水機。土性所宜，爲米穀、荳、麥、松、茶、桑、柳、桐、柏、山薯、栗、蓮、棗、橘、花生、甘蔗、竹、樟，爲利尤大者，在菸葉、苧麻。在籍紳士饒芝祥等創設厚生公司，開墾西北關外一帶荒地，試種苧麻、烏柏。廩生吴可衡於北門外設試驗場、農學館，講求種籽、肥料等項，以開風氣。共計城鄉所墾荒地二十六處，多係紳民集股開辦。

新城縣各鄉，土性宜種禾、荳、菜、蔬、桑、柏、苧麻、竹木、煙葉、花生等物。十一都農公廟等七處官荒基地，均經先後開墾。三十二年，傅令維新稱自十九都設農工局後，監生陳善熙等栽種苧麻、菸葉、靛花，種植得法，附近農民仿傚，每年增利不下萬金。【略】

三十二年，南豐縣方令嘉棟稱，縣屬種植除五穀外，果以橘爲多，其味最美。木部多種松，草部多種麻。

廣昌縣居民多織夏布，而本地産麻無多。三十年，王令瑞同諭民廣種苧麻。【略】

新昌縣山多田少，種植以竹爲多，茶次之。本地産麻無幾，向購於湖南。三十二年，馬令肇修勸民赴袁州買運麻兜，廣植城内。曲水圍有荒地，賃作試驗場，種麻種桑。並飭紳士籌資改辦實業公司。二十九年，上高縣向令步瀛申送種麻法書。以該縣素産夏布，向不種麻，勸民講求種麻之法。【略】

宜春縣人煙稠密，山多田少。近河之地，全賴水車灌溉。高阜之處，專恃塘堰。鄉民祇知種苧麻以織夏布。【略】

萬載縣出産以紙炮、夏布爲大宗。光緒二十九年，張令之鋭於西門外西屏山寺設立農學肄習會，開通智識。該縣種竹，足充造紙原料。種麻，以織夏布，不敷太多，由會長辛觀濤等，按滁州種麻法於試驗場酌種，編爲講義，刊發各鄉。【略】縣屬向無棉花，試驗場試種地二分許，收得浄花十八九斤。是其土性甚宜，將《農學報》所載《種棉法則》刊布，俾資仿行。【略】

三十年，樂平縣馮令用霖稱：縣屬向不産棉。前縣郭令曾準刊《種棉説略》，勸令仿種，各鄉間有遵辦者。查縣屬沙土相和之地甚多，於棉性最宜，見勸廣種。【略】

德化縣出産以棉花爲大宗，每年約出二十餘萬包。【略】

〔彭澤縣〕三十二年，添種棉花，年出二萬餘包。【略】

〔興國縣〕縣屬不産棉、麻，並勸多種，紡織棉、夏各布。【略】

瑞昌縣出産以麻與菸葉、柏油爲大宗。三十一年，約出麻五六萬梱，菸葉十餘萬擔，柏油五六千擔。

安遠縣樹藝以桐、杉、茶、松爲最旺。惟向不産棉，勸令採辦棉子試種。

三十二年，龍南縣生員吴鑫等稟設農務局，招股開墾。先在白沙壩試種靛、棉，並種柏樹。

劉錦藻《清續文獻通考》卷一六《田賦一六》 王樹柏《新疆土壤表·敘》略稱：論新疆大勢，天山之北，地氣寒冽，宜於牧，天山之南，地氣暑濕，宜於耕。然觀全疆土宜，皆殖五穀，黍、稷、稻、粱、麥、菽、胡麻之屬，長穗碩實，滿車滿篝，而大藪具區，豐草彌望無際，南北郡邑，所在皆是，蓋全疆之地，皆宜耕牧，而牧之利尤大且厚。若夫莎車、英吉沙爾、葉城、皮山、和闐、洛浦之蠶桑，吐魯番之麻、棉、葡萄，哈密之瓜，焉耆、庫車之梨、杏，葉城之石榴，綏來、甯遠之蘋婆類，皆垂名西域。中外商賈，販易絲棉毛革者，迹屬於道，洵土著之佳植，物産之巨宗，而鹽澤之利，家給人足，不假財力，生之有道，爲之得法，庶富之效可馴致也。

劉錦藻《清續文獻通考》卷五五《征榷二七》 〔宣統元年〕又廣西巡撫張鳴岐奏陳禁煙辦法，略稱：鴉片流毒至深，袪除之法，不外吸種兩端。禁種一事，臣奉諭旨，即經嚴檄各屬，先將種煙地畝，切實清查，勒限種户，一律改種雜糧，違者全數充公，實已一律浄盡，上年並經度支部派員調查相符。第種煙獲利甚豐，禁種不過一時之强制，誠如聖明所慮，非勸種有益衣食各項植物，或恐日久玩生，萌蘖復長。種麻本輕利厚，平樂等處，蔚爲出産大宗，與桂省物候土宜，甚爲相合，前經採輯種麻良法，刊印成書，分發各屬，轉相勸導，見在酌籌公款，設立製麻廠，就地收買，使民間知銷場可恃，推廣自易。種棉亦爲桂省相宜之事，上年經臣派員前赴上海、通州、湖北等處調查棉業情形，飭令本省農林試驗場考查棉花種類，將中外種植新法舊法，比較得失，指陳利害，編纂種棉淺説，廣爲傳布，並飭提學使遍發各學堂，於課餘講授，藉收普及之效。另訂獎勵章程，以資激勸。復恐麻、棉兩項，未必一律皆宜，復派員前赴黔省，擇其種植易成，如桐、茶、杉、漆、青棡等項，採購子種，運回桂省，分發各屬，准民間領取栽種，概不收回官本。自光緒三十三年秋間以來，三次栽種，成活之樹，計數已逾千萬。至於蠶桑、八角，均桂省本有之利，但蠶桑僅限於梧、潯，八角僅限於邊地，臣復力謀推廣，如南甯府屬之宣化、永湻、横州、隆安，太平府屬之左州等處，向無蠶桑，近已漸著成效，鎮安府屬之天保，龍州廳屬之憑祥等處，向産八角，本年據報，各增植數百萬株，仍當督飭所屬，認真辦理。至鴉片税釐，從前本屬寓征於禁，積久轉成歲入大宗，驟失巨款，財政固形困難，第朝廷令出惟行，此項税釐，不久總歸無著，自應及早籌款抵補，以杜牽掣。【略】

山西巡撫丁寶銓奏禁煙辦法，略稱：晉係自種自吸省分，通省百十有餘屬，無處不種，以致無人不吸，情勢有所不能，故其入手扼要辦法，始則禁種，以絶其源，繼則禁吸，以遏其流，終以設局施藥，爲善後補救之計。當禁種之始，異論紛紜。臣毅然爲之，經營兩年，通省煙苗一律禁浄。省南地暖，均改種棉、靛、荳、麥，省北地寒，亦多植花生、紵麻、山藥、薯芋等物，且印委士紳，始終勸諭，不待刑驅勢迫，而輿情翕服，絶無抗違，實爲始願所未及見，仍責成印委於冬春兩届，實力搜查，並令駐防營隊，幫同查勘，以期永斷根株。

劉錦藻《清續文獻通考》卷三八〇《實業三》〔光緒二十四年〕又諭，近來紗布進口日益增多，爲漏卮第一大宗。民間紡織漸至失業，固由工作之未精，尤因種植之不善。利源外溢，何所底止？查美洲等處棉花，莖葉高大，花實肥碩，所出之絨，細韌而長，織成之布，滑澤柔輭，勝於內地數倍。皆由外國農業家於辨别種類，審度土性，考驗精詳，故能地産日精，商利日厚。中國棉花質性較遜外國，間有數處所産較勝，而種植仍多鹵莽。必須博求佳種，採取良法，料美工精，自能廣行各省，保全利權。著農工商部詳查各國棉花種類、種植成法，分别採擇，編集圖説，並優定獎勵章程，頒行各省。由該督撫等督率提倡，設法改良，其果能改良之棉花、紗布，經過各關卡，應如何優加體恤，並著税務處妥籌辦理，以資暢銷。該部未經頒章以前，著各督撫先行體察情形，勸諭商民實力籌辦，或選擇官地試種，或集股設立公司。多方鼓舞所屬地方官紳，如有創辦成效，應令將所産棉花送部查驗，准其奏請優獎。尋據農工商部奏：查棉業向爲土貨大宗，自各國棉貨日益精良，未免相形見絀。比年關册所載，進口各種棉紗布疋絨貨等項，歲值銀至一萬五千餘萬兩。漏卮之鉅，深可駭歎！臣部開辦以來，整頓棉業尤深致意。曾咨出使大臣，攷查各國商務，暨棉業情形，並札飭上海等處商會傳知各商，整頓清釐。復調查各國棉産種類暨歲收總額，以備稽核。查各省棉産之區，以江蘇之通州、海門、崇明、太倉、寶山等處爲最盛，通、海歲産約一百三十餘萬石，崇明、太倉、寶山等處約八九百萬石。此外如順天之涿州、薊州、武清、良鄉，山西之蒲州、解州、絳州，河南之安陽、洛陽、靈寶、鄧州，湖北之德安、黄州、漢陽，安徽之懷甯、潛山、太湖、宿松，雖産額多寡不一，而於種棉製棉之法，大都因仍舊習。迭經臣部通飭整頓，並採譯美利堅種棉法，日本紡績規約，札行各商會統籌改良辦法。凡於紡紗織布各公司呈部注册立案者，罔不優加保護，擇尤彙奬。此次奏旨遵辦，臣等通盤籌畫，擬分調查、提倡、保護三法。先從調查入手，除咨出使大臣，詳查該國棉種，種植成法，並選購種子，繪圖貼説，迅寄臣部彙核外，一面擬訂表式，通咨各省，將全境棉業詳晰調查列表。各省所屬地方土性宜棉者若干處，業經産棉者若干畝，歲收平均之數畝得若干量，何屬最多，何區最良，何種最佳，以及歷年穰歉分數，衰旺原由，及所出紗布歲額若干，行銷能否暢旺，此較洋紗洋布，良楛優劣差别若何？即由各商務議員，商務總分各會分别彙報。臣部續派農科專門人員分往各省，測驗天度之寒燠，審察土性之燥溼，辨别種類之良窳，採用泰西農學家選子交種，培肥料，去害蟲諸法，集訊鄉農實行試驗，務令人人知爲大利所在。業經産棉地方固當研究改良，即未經種棉之區，亦諭令相土之宜，量爲試種，以興地利。西北諸省，地本宜棉，尤宜加意提倡，一俟辦有頭緒，再由臣部通咨各省招商，設立紡織工廠，訪購新式機器，改良織品，期與各國紗布棉花相埒。其出棉産地以及行銷處所，並通飭地方官妥爲保護。

臣謹案棉之爲利，於人溥矣！既紡以爲布，復擘以爲絖，功不在五穀下。聖祖《木棉賦序》早言之。乾隆三十年，直隸總督方觀承呈進棉花圖册，凡十六事，曰布種、曰灌溉、曰耘畦、曰摘尖、曰采棉、曰揀曬、曰收販、曰軋核、曰彈花、曰拘節、曰紡綫、曰挽經、曰布漿、曰上機、曰織布、曰練染，各系以説。高宗每圖題句，仁宗依韻作詩，嘉慶十三年，交文穎館臣輯爲一書，命名《授衣廣訓》，注重棉業可謂至矣。自海禁大開，洋布來自英美，洋紗始自印度。舊時手紡漸形淘汰，外産輸入日盛。而棉貨價額竟由一萬五千萬至二萬萬兩，尤爲絶大漏卮。挽救之術，不外二端：一宜推廣植棉。查我國土貨出口棉亦大宗，往歲産額幾及千萬石，近祇五六百萬石。就浙江一省言，歲産約六十萬石，餘姚占三分之一。出口多時，逾百萬石，近祇八十餘萬石。華産日減，無怪洋棉日增。中國土地廣於北美，美植棉地有四千六百萬英畝。每一英畝合華六畝。年産棉一千七百萬包，每包五百磅。我僅三千餘萬華畝，年産約二百萬包左右。以人口占世界四分之一而産額祇此，何以支持。且所産盡屬粗絨，其纖維韌力最高能紡三十支紗，稱爲精細，與歐美二百支相較，瞠乎其後。華廠紗平均十六支，布十四磅。社會趨勢由儉而奢，用貨亦由粗而精，故五六十支紗綫歲需數萬包，概仰給舶來，欲求速效，不如移植美棉。長江流域潮溼多雨，美棉仰果，易於霉爛，或不相宜，若直、豫、晉、陜等省，美國專家來華調查，亦謂甚合，不獨可增産數，且足改良品質，推廣植棉，實爲先務。一宜振興紗廠。英國人口四千二百萬，有紗錠六千萬枚。美人九千餘萬，三千六百萬錠。日人七千萬，六百十餘萬錠。即印度人三萬萬，亦有六百萬錠。乃我國人口至四萬萬，紗錠不過二百萬枚，並在華之英日廠計祇三百五十萬枚。内日錠一百三十餘萬，英錠十餘萬。每錠需花約二石半，歲需原棉八百七十五石，除民用二百餘石，供不敷求，已屬甚鉅。加以外商購運出口，國中愈形不足，以致售價益昂，而紗市因時局不靖，反見低下，廠商岌岌不可終日。日人遂乘勢壓迫，始借資本援助，繼仗債權攫取，故見在華廠緣日資關係，由其攬權者已有十六萬四千餘錠之多，不早維持，恐難駐足。說者謂棉質不良，影響紡織，售花舞弊，自失信用。兼之捐税繁苛，交通阻滯，海關既受不平等條約之束縛，而在外又乏輪船與銀行轉運押匯，操縱由人，華商萬難與之競争。不知事在人爲，端期努力，彼日人鑒印紗銷廣，急起直追，不二十年輸華達五十萬包，直取印紗而代之。其布機在華初祇二千餘架，近增至一萬四千架，華機一萬三千四百餘架，英機二千三百餘架。棉布輸華逐增至八千八百萬，日金猛進可駭。不妨奉爲導師，紗廠振興，庶有豸乎。夫朝旨提倡於上，部臣保護於下，當日早鑒及此。乃歷年以來安常習故，空言抵制，有退無進，可爲長太息者矣。

劉錦藻《清續文獻通考》卷三八一《實業四》〔宣統元年〕又四川總督趙爾巽奏：川省土壤沃美，地本宜農，繼絲茶之利者爲棉。川省除潼川府屬之射洪、遂甯等處外，所産甚微。需用棉花向資江、鄂，棉紗則來自外洋。本年煙畝一律禁止下種，前於江南通州及美國購來棉子，均發各屬試種。將來出棉日多，再行籌設紗廠。

劉錦藻《清續文獻通考》卷三八二《實業五》 又農工商部奏編輯《棉花圖説》成書，請刊印分行各省。

〔宣統二年〕又農工商部奏定獎勵棉業章程十四條 第一條，此項獎勵以能改良種植，開拓利源，擴充國民生計者爲合格。其僅以販運棉花紗布爲業者，不在此例。第二條，以該地棉花確係改良種法，收成豐足，棉質潔白堅韌，能紡細紗者爲斷。第三條，凡向不産棉或向不種棉之地，有能創種及改種，約收净棉萬斤以上，及向來産棉之區，實能改良種植，花實肥碩，約收净棉五萬斤以上者，先將姓名住址及棉田畝數，所植何種，報明地方官存案。俟收穫時，仍報請查驗確實，由該地方官彙齊，比較等第，造具詳册，並附棉樣、棉種彙送勸業道，詳請督撫咨部核獎。其獎勵等級，以收棉優劣多寡爲準。第四條，應得獎勵等差列左：一奏獎臣部一等至四等顧問官，一奏獎臣部一等至五等議員，一酌獎職銜頂戴，一獎給扁額，一獎給金牌銀牌執照。第五條，每届年終，俟各省督撫彙案報齊後，由部詳查，分别獎勵。第六條，獎勵以一年一次爲率。凡第一年得獎者，第二、三年收棉並未加多，毋庸再獎。若第二、三年起，過第一年收穫時，仍得加給第二、三年應得之獎勵。第七條，無論集資創設植棉公司或獨資農業及尋常農户，均通用本章程獎勵。第八條，如有集合棉業會或棉業研究所者，詳擬章程呈核，俟辦理三年，成績昭著，一律給獎。第九條，凡請領官荒開墾種棉者，均由各該地方官勘明給照，寬定升科年限，出示保護並隨時報部立案。第十條，凡新式軋花機及彈棉紗、紡織布各項手機，或將本地改良之棉花紗布運銷外省，所有經過各關卡，應如何優加體恤，由部咨明，税務處辦理。第十一條，如有能仿造軋花、彈棉、紡紗、織布各項手機，運用靈便，不遜洋製者，驗明確實，一律給獎。第十二條，各地方官如有實力勸導，成效卓著者，可由督撫咨明，擇優請獎。第十三條，凡紡紗織布各廠獎勵，已在獎勵公司章程内規定者，兹不復載。第十四條，此章程自宣統三年起爲實行時期。以上各條，均係試辦章程，嗣後如有應行更訂之處，隨時奏明辦理。【略】

棉之産量：美國、印度、中國、埃及有四大産棉國之稱。美國年産棉一千四百萬包，每包合四擔。號稱最多。次印度，年産四百萬包。次中國，年産二百萬包。次埃及，年産一百五十萬包。據上海華商紗廠聯合會調查：吾國全國有棉田三千一百萬畝，近年最多産量約一千九十餘萬擔，平均産量爲七百九十九萬三千擔，約合二百萬包。兹將日人所調查我國近年棉之産量列表如左：

區域	産量擔	區域	産量擔
上海市場	二・二〇八・〇〇〇	湖南	四〇〇・〇〇〇
漢口市場	一・四〇六・〇〇〇	奉天	一六一・〇〇〇
天津市場	一・七五二・〇〇〇	吉林	三・〇〇〇
濟南市場	四〇六・〇〇〇	熱河	二・〇〇〇
鄭州市場	三三四・〇〇〇	廣西	一六〇・〇〇〇
陝西	四四〇・〇〇〇	廣東	四・〇〇〇
山西	二五一・〇〇〇	四川	五・〇〇〇
安徽	一六四・〇〇〇	雲南	二・〇〇〇
江西	一〇〇・〇〇〇		

合計 七百七十八萬八千擔。

華商紗廠聯合會調查近年之棉田面積列表如左：

省別	面積畝	省別	面積畝
江蘇	八・一六四・七五八	陝西	一・六四二・二八八
湖北	五・八四八・一〇〇	安徽	一・二五一・四一六
山東	三・六七七・二七七	山西	八七五・九二一
直隸	三・六三〇・六五四	江西	六八九・五七八
河南	二・六九三・〇九八	浙江	一・一八一・〇〇〇

合計：二千九百五十五萬四千零九十畝。

我國之改良棉種，始於光緒二十四年。張之洞在湖北移植美棉，嗣後張謇亦提倡甚力。有就本國之種改良，有移植美國種者，蓋因土壤氣候各地不能一致也。茲將近今移植美棉之產量列表如左：

省別	產量擔	省別	產量擔
湖北	四八四・〇〇〇	直隸	七五・三三九
陝西	四二一・六四〇	山西	四五・〇二三
河南	一七七・一八四	山東	一二・七〇四

劉錦藻《清續文獻通考》卷三八四《實業七》〔宣統元年〕，臣謹案：苧麻向產於湖南、四川、江西諸省，近時東三省亦植焉。四五月間，布種淺埋土中，密度宜稀，生長頗速，不及三月，即可收穫割取。外皮細者，可織夏布，粗者可製繩索、紙張等。其種子可製油，其莖之內心普通填補墻壁，爲用亦大矣哉！舊法，剥取率用木槌打擊，易傷纖微。見東省農民已采用德國製之新式機器，輕輕壓過，其外皮及種子，自然落下，揀選莖之粗細長短，各歸一類，亦由機器任之，收效速而省事，非人工所能及。我國除自用外，所餘之細質纖微原料則運往日本，粗麻則運英國，每年計值百萬元。英領印度盛產苧麻，因本邦銷廣，賸餘無多。英圖擴張此項生產，而種種困難，卒難如願。我國苧麻原質，日人化驗，認爲全世界最佳之品。乃東邦之土壤、天氣，不適於種植，不得已在中東鐵路兩旁，竭力獎勵農民，假以資本，教以技術，迨其收成，統歸買去，以供本國需要。其用甚宏，豈僅製紙一端哉！

劉錦藻《清續文獻通考》卷三八五《實業八》　麻織業　麻之種類　一，苧麻。產區甚廣，湖北、江西、湖南、四川、貴州爲最重要。二，火麻，又稱大麻。產以西部、北部爲主，四川東半部，山西南部，直隸南部，山東濟南、兖州，河南南部及東部均多，廣西、東三省亦盛。三，茼麻。主要產地爲北部諸省及湖北、四川。日本之桐麻，歐洲市場中之美洲黄麻，或中國黄麻，均指茼麻而言。四，黄麻。日本名爲綱麻，或金引緒，我國以四川、直隸、廣東爲最盛　五，亞麻。產以山西、蒙古、湖北、四川、東三省爲重要，又稱鵐麻。日本爲滑胡麻。六，波羅麻，又稱鳳梨。產地爲南方諸省，廣東海南島、福建最盛。七，桐麻。中部、南部諸省出產皆盛。其韌皮俗稱梧桐皮。此外，如葛，如棕，雖異於麻，均爲用於織造之韌皮植物，故亦附於麻類。葛分種生、野生，產地甚廣，以江西、廣信府。湖南、廣東雷州府。爲最著名。棕之纖維稱爲棕絲，多產於揚子江及西江、金沙江各流域。

他種麻織業　麻類除夏布外，有可織帆布、喪服、麻包、地毯、漁獵網，有可製繩索、蒲團、雨衣、刷等，惟所用原料，不能一定。帆布用亞麻或火麻，喪服用火麻，麻袋用黄麻，地毯用黄麻或棕絲，漁獵網用苧麻、火麻或茼麻，繩索則用各種麻類，惟棕織可入水不腐，蒲團、雨衣及刷板多用棕絲，至桐麻梧桐皮則除製繩索外，難供他用。麻織品之工作，往往用手工，不用機器，所以不能如棉織業之發達。自張文襄創辦製麻局，天津、奉天、上海、廈門，亦有新式織麻工場，惟產品多以麻袋爲大宗。

穆彰阿等《清一統志》卷四八《直隸・易州直隸州》　土產　棉。淶水縣出。

穆彰阿等《清一統志》卷四八《直隸・冀州直隸州》　土產　木棉。《州志》近有紫花。

穆彰阿等《清一統志》卷八九《江蘇・常州府四》　土產　《新志》有冰棉、苧麻數種。

穆彰阿等《清一統志》卷九二《江蘇・鎮江府三》　土產　棉花。丹陽縣產。麻。鎮江所產。

穆彰阿等《清一統志》卷九九《江蘇・揚州府四》　土產　木棉。府境出。

穆彰阿等《清一統志》卷一〇四《太倉直隸州二》　土產　棉花。

穆彰阿等《清一統志》卷一三七《山西・太原府》　土産　麻。出陽曲、太谷各縣。《元和志》太原府賦麻，又嵐州（貢）〔賦〕麻。

穆彰阿等《清一統志》卷一三九《山西・平陽府二》　土産　《元和志》晉州賦麻。慈州賦麻。

穆彰阿等《清一統志》卷一四一《山西・蒲州府二》　土産　《元和志》河中府賦麻。

穆彰阿等《清一統志》卷一四三《山西・潞安府二》　土産　《元和志》潞州賦麻。

穆彰阿等《清一統志》卷一四五《山西・澤州府》　土産　《元和志》澤州賦麻。

穆彰阿等《清一統志》卷一六四《山東・濟南府三》　土産　麻，《寰宇記》淄州出麻布。葛。《唐書・地理志》齊州土貢葛。

穆彰阿等《清一統志》卷一六九《山東・東昌府三》　土産　棉花。各縣皆有，《府志》高唐、恩，宜木棉。江淮賈落貿易，居人以此致富。

穆彰阿等《清一統志》卷一八四《山東・臨清直隸州》　土産　棉花。州境皆出。《舊志》夏津宜木棉。

穆彰阿等《清一統志》卷一九〇《河南・開封府五》　土産　按《宋史・地理志》鄭州貢黄麻。

穆彰阿等《清一統志》卷一九五《河南・歸德府三》　土産　枲。《寰宇記》宋州土産。

穆彰阿等《清一統志》卷一九八《河南・彰德府三》　土産　木棉。《府志》武安田宜木棉。

穆彰阿等《清一統志》卷二一四《河南・南陽府五》　土産　麻，境内皆出。木綿。境内皆出。

穆彰阿等《清一統志》卷二二二《河南・光州直隸州》　土産　䌰麻。

穆彰阿等《清一統志》卷二三四《陝西・延安府二》　土産　《元和志》丹州、延州賦麻。

穆彰阿等《清一統志》卷二三六《陝西・鳳翔府二》　土産　《元和志》鳳翔府賦麻。

穆彰阿等《清一統志》卷二三八《陝西・漢中府二》　土産　《元和志》興元貢麻。鳳州賦麻。《洋縣志》縣有苧谿出野苧。

穆彰阿等《清一統志》卷二四〇《陝西・榆林府二》　土産　麻。《元和志》夏州賦。

穆彰阿等《清一統志》卷二四九《陝西・鄜州直隸州》　土産　《九域志》坊州貢枲麻，弓弦麻。

穆彰阿等《清一統志》卷二六三《甘肅・慶陽府三》　土産　《元和志》寧州賦麻。

穆彰阿等《清一統志》卷二七三《甘肅・涇州直隸州二》　土産　《元和志》涇州、原州賦麻。

穆彰阿等《清一統志》卷二九〇《浙江・湖州府二》　土産　苧德清出。《寰宇記》苧溪以貢苧（得）〔爲〕名。

穆彰阿等《清一統志》卷二九三《浙江・寧波府三》　土産　葛。慈谿縣出。

穆彰阿等《清一統志》卷三〇〇《浙江・金華府二》　土産　《唐書・地理志》〔婺州〕貢葛。

穆彰阿等《清一統志》卷三〇三《浙江・嚴州府二》　土産　紵。《元和志》睦州土貢。

穆彰阿等《清一統志》卷三〇四《浙江温州府》　土産　《元和志》温州開元貢紵。

穆彰阿等《清一統志》卷三〇五《浙江・處州府》　土産　葛。縉雲出。又葛紗青田出。

穆彰阿等《清一統志》卷三一〇《江西・南昌府三》　土産　葛。府境俱出。《元和志》洪州貢。《通志》出西山，原日者佳。

穆彰阿等《清一統志》卷三一九《江西・九江府二》　土産　葛。《元和志》江州貢葛。

穆彰阿等《清一統志》卷三二三《江西・撫州府二》　土産　葛。《唐書・地理志》撫州土貢。《明統志》各縣出。《省志》崇仁縣出。

穆彰阿等《清一統志》卷三二五《江西・瑞州府》　土産　紵。《宋史・地理志》筠州貢紵。又新昌山谷間産葛。

穆彰阿等《清一統志》卷三二六《江西・袁州府》　土産　葛。《寰宇記》袁州土産。《明統志》各縣俱出。

穆彰阿等《清一統志》卷三二九《江西・吉安府》　土産　葛。《唐書・地理志》吉州土貢。

穆彰阿等《清一統志》卷三三九《湖北・漢陽府》　土産　葛，出黄陂縣。又出孝感縣小河溪。棉花。出孝感縣。

穆彰阿等《清一統志》卷三六三《湖南・衡州府二》 土產 葛。《府志》耒陽、常德二縣出。

穆彰阿等《清一統志》卷三六九《湖南・沅州府二》 土產 花。府境皆出。

穆彰阿等《清一統志》卷三七六《湖南・靖州直隸州》 土產 葛。州縣俱出。

穆彰阿等《清一統志》卷三七八《湖南・郴州直隸州二》 土產 葛。永興縣出。

穆彰阿等《清一統志》卷三七一《湖南・永州府二》 土產 細葛。零陵出。《元和志》永州貢。

穆彰阿等《清一統志》卷三七二《湖南・永順府》 土產 棉花。諸縣皆出，織成布皆粗厚。

穆彰阿等《清一統志》卷三八六《四川・成都府》 土產 麻，《唐書・地理志》成都府土貢麻。葛。《唐書・地理志》簡州貢葛。

穆彰阿等《清一統志》卷三八九《四川・重慶府三》 土產 葛。《唐書・地理志》合州貢葛。《元和志》渝州貢葛。

穆彰阿等《清一統志》卷三九六《四川・叙州府二》 土產 葛。《唐書・地理志》戎州貢葛纖。《宋史・地理志》叙州、富順有葛。

穆彰阿等《清一統志》卷三九八《四川・夔州府二》 土產 紵。《唐書・地理志》夔州貢紵。（開州貢白紵）。

穆彰阿等《清一統志》卷四一二《四川・瀘州直隸州》 土產 葛，《元和志》瀘州貢。麻。《元和志》瀘州賦。

穆彰阿等《清一統志》卷四三一《福建・建寧府》 土產 《方輿勝覽》嘉禾縣出紅棉。今皆未聞附識於此。

穆彰阿等《清一統志》卷四五一《廣東・雷州府》 土產 葛。《寰宇記》徐聞不宜蠶桑，惟種葛芫爲衣。

穆彰阿等《清一統志》卷四五四《廣東・南雄直隸州》 土產 單竹。《寰宇記》南雄州土產，練爲麻可以爲布。

穆彰阿等《清一統志》卷四六二《廣西・桂林府二》 土產 葛。《宋史・地理志》全州貢。

穆彰阿等《清一統志》卷四六四《廣西・慶遠府》 土產 《府志》【略】又有棉花，青麻。

穆彰阿等《清一統志》卷四六五《廣西・思恩府》 土產 麻。

穆彰阿等《清一統志》卷四七一《廣西・南寧府》 土產 苧麻。《寰宇記》皆邕州土產。

穆彰阿等《清一統志》卷五〇一《貴州・安順府》 土產 葛。府境所在皆有，根可漉粉，花可解酲，有甘苦二味。

穆彰阿等《清一統志》卷五〇四《貴州・思南府》 土產 葛。《元和志》州貢。

穆彰阿等《清一統志》卷五〇六《貴州・思州府》 土產 葛。《唐書・地理志》思州土貢。《通志》府境出。

穆彰阿等《清一統志》卷五一〇《貴州・興義府》 土產 苧麻。《明統志》安南出。《通志》俱緝織，子亦可食。

覺羅石麟、儲大文等〔雍正〕《山西通志》卷四七《物產》

太原府

絨毛 交城差多，收市者織爲毽毼、羢布，以代羊裘。

遼州

麻 三縣胥產，實用壓油，皮漚結繩，農家恒參穀之一焉。

蒲州府

棉花 出猗氏、萬泉、臨晉。《南史》：高昌國有草實如繭，繭中絲如細纑，名曰白疊子。國人取之，織以爲布，甚軟白，即棉花也。《通鑑》：梁武帝衣布衣，木棉皂帳。宋史照《釋文》：木棉江南多有之。春三月下種，至秋開黄花結實。及熟時，其皮四裂，綻出如棉，土人以鐵鋋碾去其核，取如棉者，以竹爲小弓，長尺四五寸許，牽弦以彈棉，令其勻細，捲爲筒，就車紡之，自然抽緒如繅絲狀，不勞紐緝，織以爲布。

忻州

羢毛 静樂殊多，業氊者咸收之。

陸釴〔嘉靖〕《山東通志》卷八《物產》

東昌府

綿花六府皆有之，東昌尤多，商人貿於四方，其利甚博。牽牛子出東昌，味苦寒無毒。圖經云：二月種子，三月生苗，作藤蔓延，葉青，三尖。七月生花，微紅帶碧。八月結實，外有白皮，中四五子，黑白二種。九月後收。又名金鈴。

成貫等〔道光〕《濟南府志》卷一三《物産》

淄川

其樹諸園圃及郊原而爲布帛之所出者，有木棉，亦曰吉貝。麻雖有種者，不能佳，民用皆資他郡，有䔢，不中爲布。有桑凡數種，曰荆桑、魯桑、花桑、柘桑，皆可蠶。歷城繭絲最良，鄒平、濟陽次之，齊東又次之，其桑不同也。

熊元、馬文煒〔萬曆〕《安丘縣志》卷一〇《方産考》　別有木綿。

包大㸌等〔萬曆〕《兖州府志》卷二五《物産》　葛蔓生可爲絺綌者。

木棉一名吉貝，其種自南海諸國所産者，今兖州花絨，其地畝供輸與商賈貿易，甲於諸省。

麻數種：一種大麻，即草麻也，榦長丈餘，葉徑尺，七出或九出者佳，子入藥用，亦可取油熬印色。一種䔢麻，漚之似麻而鬆脆，止可作繩索耳。此則線麻也，績之可以爲線爲布。顔淵曰「回有郭内之地十畝，可以爲線麻」是也。

〔同治〕《肅州新志·物産·草類》　草棉　從前甘省無棉花，人亦不知種法，布皆來自中土，衣甚艱難。同治十年，爵督相左帥師勦回，見貧民多赤體，發給寒衣數十萬，頒《種棉十要》，購棉種數十萬斤，飭地方官教民拔除罌粟，改種草棉。數年間，衣被寒谷。肅地土性不宜，惟金塔所屬，自同治十二年以來，種棉者十有二三，卒歲有賴，不苦虓寒，復以有餘售之他境獲利，過罌粟數倍，飽煖樂利，皆我公之德也。

線麻　緝爲縷，織作布，亦可禦寒，並縫爲口袋，用甚廣。

子麻　收其子可爲麵，皮可作繩。

陳壽學等〔道光〕《新津縣志》卷二九《物産》

貨之屬

棉花《南史·高昌國傳》：有草實如繭，〔繭〕中絲爲細纑，取以爲布，甚軟。史紹《釋文》：二三月下種，一月三薅，至秋生黄花，結實及熟時，其皮四裂，其中綻出如綿。

楊應璣等《石砫廳鄉土志》　第十章　植物製造産　絲枲之屬絲，蠶所吐也。枲，麻也。《爾雅翼》有實爲苴，無實爲枲。

第三節　棉花

弱莖如蔓，高二三尺，春末種坡田中，葉三尖若楓形，緑若牡丹，入秋開花，秋葵色，亦有紅紫者，結實如棗，老熟則裂，吐絨若鵞毳，子可榨油，花彈後輕軟，雪白奇煖，獨步全球。

第四節　接上

《舊志補闕》云：廳舊有白花，無赤花，自乾隆冬，間有種者，花商販渝，獲息加倍有半，僉謂石花可甲川東。近雖洋花盛行，然土花尤價越之，廳民誠能推廣藝，洵絶大利藪也。其木棉一種則樹自結花，梵書謂之迦羅婆，雖遠遜于地，亦自然之利也。

第五節　麻

俗名火麻，言其衆長棚生協茂同榮也。《異物志》云：外土出麻織布，火焚如浣。廳産較苧粗大而勁，惟作繩及編履用。

第六節　苧

苧苗高六七尺，葉如楮，或青或紫，背白有短毛，宿根在土，春來自生花，青，如白楊而長，夏秋間垂細穗，白色，子熟茶褐色，剥其皮緒可爲布，供夏服。廳人製緒未精，祇織粗布用耳。

第十八章　他境運入之品

第四節　洋棉紗

洋棉紗多出湖北，機器所造，祇供織布，由渝客轉運入境，復有由本境陸運售山後隣境者，歲共約值萬餘金。

林庭㭿、周廣〔嘉靖〕《江西通志》卷一二《南康府·土産》　苧麻、綿花。

林庭㭿、周廣〔嘉靖〕《江西通志》卷一四《九江府·土産》　葛。各縣皆出。

林庭㭿、周廣〔嘉靖〕《江西通志》卷一八《撫州府·土産》　葛。

馮曾〔嘉靖〕《九江府志》卷四《職貢》　本府屬縣各湖池原額黄白麻等料，共四萬九千五百四十六斤十兩九錢八分五釐。德化縣各湖池共二萬五千九百三十一斤一十五兩三錢，瑞昌縣各湖池共九千一百二十六斤六兩三錢四分，湖口縣各湖池共六千二百一十八斤一十五兩八錢，彭澤縣各湖池共八千二百七十斤四兩五錢四分。

聞人詮、陳沂〔嘉靖〕《南畿志》卷二〇《常州府》　其物産枲、紵。

林雲程、沈明臣〔萬曆〕《通州志》卷四《物産》　海門同。枲之屬：䔢麻、苧麻、白麻、葛、靛。

張峰、陳復亨〔隆慶〕《海州志》卷二　食貨之類曰絲，曰木棉，曰䔢麻。俗名山麻、火麻，可績線結網，不知織。

俞希魯〔至順〕《鎮江志》卷四《土産》　草　大麻俗名大麻，皮可績布，《禮記》

「苴麻之有蕡」是也。《爾雅》「一名枲」。苧麻屬。《詩》「東門之池，可以漚紵」是也。績其皮可爲細布。《説文》「檾屬」。《晉樂志》曰紵舞。紵本吴地所出。檾《廣韻》枲草，土人以爲索。

胡纘宗〔正德〕《安慶府志》卷一四《食貨志》　歲徵【略】折徵黄麻四萬九千五百二十有四斤十有四兩六錢三分二釐，白麻四萬一千九百四十有二斤六兩七錢五分二釐。閏月加徵折黄麻四千七百八十有三斤五兩一錢九分四釐，白麻四千四十有二斤十五兩七錢三分七釐七毫。懷寧張家港、楊柴洲白麻九百五十斤八兩五錢，黄麻千二百六十有七斤六兩。閏月加折黄麻二十有五斤十有五兩三錢，白麻十有九斤七兩四錢七分五釐。段塘後江，折徵黄麻千五三十有三斤八兩二錢，白麻千一百有五十斤四兩二錢五分。閏月加折黄麻百有四斤九錢，白麻七十有七斤六兩二錢五釐。山口、曹顔折徵黄麻四千二百四十有四斤十有四兩，白麻三千一百八十有三斤十兩五錢。閏月加折黄麻百有三斤四兩，白麻七十有八斤十有三兩五錢。東河、石牌折徵黄麻三千三百九十有三斤十有一兩二錢，白麻二千五百四十有五斤四兩四錢。閏月加折黄麻百五十有八斤十有三兩五錢三分四釐，白麻百一十有三斤十有一兩九錢。桐城石塘湖、大池折徵黄麻千五百斤，白麻十一百二十有五斤。閏月加折黄麻六十斤三兩三錢三分四釐，白麻四十有五斤二兩五錢。破堽、五觀、天荒等處，折徵黄麻千一百五十有五斤六兩六錢一分五釐，白麻八百六十有四斤四兩九錢。閏月加折黄麻百有六斤十有五兩七錢七分一釐，白麻七十有四斤十五兩八錢八分八釐。竹子湖折徵黄麻千六百九十有七斤八兩五錢，白麻千二百七十有三斤二兩三錢七分五釐。閏月加折黄麻二百一斤十有五兩五錢，白麻百一十有八斤三兩二錢三分。樅陽、長河折徵黄麻七千六百三十四斤，白麻五千七百二十有五斤八兩。閏月加折黄麻七百八十有一斤八兩，白麻五百八十有六斤二兩。孔城、荻步折徵黄麻四千五百二十有八斤七兩八錢，白麻三千三百九十有六斤五兩八錢五分。閏月加折黄麻二百五十有九斤八兩二錢，白麻百八十有七斤十兩一錢五分。民池折徵黄麻二千八百二十有九斤三兩四錢六分，白麻二千一百十有四斤七錢四分五釐。閏月加折黄麻百三十有九斤五兩七錢四分，白麻百一十有二斤六兩一錢五分五釐。宿松白荆、洿池折徵黄麻二千八百四十有七斤四兩五錢，白麻二千一百三十有五斤七兩二錢七分五釐。閏月加折黄麻百八十有七斤七兩一錢八分，白麻百四十斤九兩七錢一分。龍南、蓮箬湖折徵黄麻三千二百二十有九斤十二兩三錢二分，白麻二千四百二十有二斤五兩二錢四分。閏月加折黄麻四百四十有六斤九兩九錢二分，白麻百三十有四斤十五兩四錢四分。大泊、澇湖折徵黄麻四千五百八十有三斤八兩五錢，白麻三千四百三十七斤十兩三錢七分五釐。閏月加折黄麻四百五十有五斤，白麻三百四十有一斤四兩。張富池、楊灣口折徵白麻二千八百六斤八兩三錢五分四釐。閏月加折白麻二百三十有一斤四兩八錢六分。望江楊溪、長河、雷港口折徵黄麻九百七十有一斤三兩二錢，白麻千四百七十有八斤六兩四錢。閏月加折黄麻九十有七斤四兩二錢，白麻七十有二斤十兩一錢五分。泊湖、鳣湖折徵黄麻四千一百斤，白麻三千八百二十有五斤。閏月加折黄麻百七十有八斤，白麻百五十有五斤膠六斤二兩五錢。漳湖、新口折徵黄麻二千八斤七兩五錢五分二釐，白麻二千六斤五兩六錢。閏月加折黄麻四十有二斤三兩，白麻六十有三斤六兩四錢六分二釐七毫。武昌湖折徵黄麻二千二斤八兩，白麻千五百二十斤十兩。閏月加折黄麻千三百三十有一斤六兩四錢，白麻九百十有八斤十五兩二錢四分。

胡纘宗〔正德〕《安慶府志》卷一四《食貨志》　桐城其綿【略】如灊山。灊山多茶，有綿。【略】其苧、其葛、其麻，如太湖。太湖多葛、多苧、多麻、有藤，即長春藤。唐天寶中遣使所取者，今缺。有布，其綜如懷寧。宿松其綿如懷寧。望江其綿如懷寧。有麻。

高鶴〔嘉靖〕《定遠縣志》卷一《土産》　苧色青白，可績以爲布。黄麻土人呼火麻，可績爲線布。絅麻可索。白葛土人以爲粗布。

彭澤、江舜民〔弘治〕《徽州府志》卷二《土産》　苧可績者也。麻亦可績，歙績溪有之。綿花雖有種者，甚少。

唐錦〔正德〕《大名府志》卷三《田賦志·貢賦》

大名府

秋糧

淨綿花二萬五千一百八十二斤零。官綿花地每畝科淨花一斤二兩，共四百七十一斤八兩八錢。民地每畝科四兩，共二萬四千七百一十一斤二兩八錢四分。

元城縣

秋糧

淨綿花二千五十斤一十四兩。

大名縣

秋糧

淨綿花二百八十五斤一十三兩。

南樂縣

秋糧

淨綿花六百八十二斤一十二兩。

魏縣

秋糧
浄綿花五千五百五十八斤零。
清豐縣
秋糧
浄綿花九百八斤零。
內黄縣
秋糧
浄綿花一千二百七十四斤零。
濬縣
秋糧
浄綿花三千五十三斤零。
滑縣
秋糧
浄綿花六千一百六十九斤零。
開州
秋糧
浄綿花二千一百五十八斤零。
長垣縣
秋糧
浄綿花二千六百一十五斤零。
東明縣
秋糧
浄綿花四百二十五斤零。

唐錦〔正德〕《大名府志》卷三《田賦志·物産》 雜植 綿花。

董弦等〔嘉靖〕《内黄縣志》卷二《田賦·貢賦》 人丁絲綿一萬四千二百一十六兩，折絹二百九十五匹。農桑絲綿九百九十三兩，折絹四十五匹一丈五尺五寸八分七釐。浄綿花一千二百七十四斤零。

田畝 弘治年間舊夏地八百四十三頃六十二畝九分四釐七毫。官地六頃九十八畝九分五釐。民地八百三十六頃六十三畝九分九釐七毫。舊秋地一千九百三十八頃四十五畝三分四釐三毫官地一十三頃六十七畝一分。民地一千九百二十四頃五十三畝二分四釐三毫。輕則地二十五畝。

農桑地 五十九頃二十八畝九分二釐五毫。官地一十八畝六分，綿花地五十一畝，桑地一畝二釐五毫，民桑地九頃九畝八分五釐，綿花地四十八頃六十九畝五分，桑地七十八畝五釐。

沈紹慶、王家士〔嘉靖〕《光山縣志》卷二《習尚》 士習詩書，農耕多不以糞，墮者不知自力，輕于賣産，遠近失業。自弘治以後，流亡者過半。地間種木綿，併治葛。差役之費，率多賴之。然布易成而賤，葛稍貴，而精細者難成。上有征取，價即騰踴。工技踈拙，大半假手於外方之人。

沈紹慶、王家士〔嘉靖〕《光山縣志》卷四《田賦志·土産》 苧麻、木綿花、葛、綵麻。

附論：光之俗，貧民多治葛以給。然葛生光土者不多，且弗良，必市之商城、六安，布不精美。或遇上官征買，則細密者難得，價必騰湧，民即不能支。蓋粗惡者，價直幾何，精者又非貧民所能辦，故葛爲地方之累矣。嘉靖丙辰夏，會工部奉旨取河南葛二百疋。上司取諸本府，府分取諸光、羅二縣，他邑不與也。精者昔既難得，加以長闊精美，復倍于昔，久困之民，一旦征其所難而索其不常有之物，莫不駭懼。邑大夫東吳沈公慨然軫念，葛雖一事，係進用之物，竭力以供，臣子之職也。然使圖之不豫，處之不悉，用之不堪，非忠也。取之不量其力，亦不足以體國爲民，非仁也。於是力言於府，曰汝之所屬皆赤子也，光民經協濟迎駕之後，近當兩省之衝，往來夫役無筭，逃者幾半矣，安能獨當百疋不常有之費。且葛非土産，作者不工，徵辦之難一也。編氓輸布于京，見部吏望闕門如在天上，完解之難二也。矧驗收必内府臣也，一不如其意，雖精者亦指爲濫惡矣。

嵇曾筠、沈翼機等〔雍正〕《浙江通志》卷一〇二《物産》 苧 《太平寰宇記》：德清縣苧溪以貢苧爲名。

陳讓、夏時正〔成化〕《杭州府志》卷一七《物産》

貨之品

綿 黄麻 絡麻五品産仁和 苧麻 綵麻産仁和

曾才漢、葉良佩〔嘉靖〕《太平志》卷三《食貨志·物産》

貨之類

木綿花山田多産。春夏間種，秋開色白者上，淡黄下。麻有白麻、黄麻、青麻。花老則刈。穴地爲大坎，置薪其下，覆以石，燎之紅透，梗以横木，置麻其上，封以泥草，四畔穴小隙，以水沃之，聲如雷鳴，其氣自蒸，謂之烘蒸麻。伺熟曝乾，旋浸以水，剥取其皮，則軟而易緝。今罕種，以苧易緝故也。梅溪人多緝麻。苧一年三收或四收，出古城。桃夏純用苧功織布，漂白染紅佳。兼絲成者曰苧兼絲。葛山鄉多産。采剥煮熟，用水漂白，惟純用葛織布者佳，無絲次之，轉致他郡，染紅紫佳。

毛鳳韶〔嘉靖〕《浦江志略》卷二《土産》 平湖麻出政内鄉，長而堅，異於他種。惟平湖地有，故名焉。

施宿等〔嘉泰〕《會稽志》卷一七《草部》 葛性柔韌，蔓生，可衣，女事之煩縟者，故《葛覃》引以爲賦。蓋知稼穡之艱難，則可以爲王矣；知女功之勤勞，則可以爲王后矣。夫禮，后織玄紞。今乃親葛事，如此者，蓋王后親蠶，以勸女功之正事，親葛以勸女功之餘事。絲麻者，本事也，蕡葛者，餘事也，葛所以爲絺綌也。今五雲門外有葛山焉。《吴越録》曰：越王種葛於此，其民歌曰「嘗膽不苦味如飴，令我採葛以作絲」是也。

蕭良幹、張元忭等〔萬曆〕《紹興府志》卷一一《物産志・草》 葛性柔韌，蔓生，可衣。五雲門外有葛山。《吴越録》：越王種葛於此，其民歌曰：「令我採葛以作絲」。

田琯〔萬曆〕《新昌縣志》卷六《物産》 貨之屬 靛青、苧、麻、葛、木綿花、蚕絲。

栗祁、唐樞〔萬曆〕《湖州府志》卷三《物産》 草之屬 荃莎、芭蕉、苧、一名枲，出德清。黄麻、絅麻、潔白如苧，質少脆，鄉人取以緉屨。黄草。柔細而長，辟以作布。璉市出細者，亞於葛。

陸心源等〔同治〕《湖州府志》卷三三《輿地略・物産下》 絲綿之屬棉紗、苧綫附。苧綫按，爲製鞋底等用。棉紗《南潯志》：褚華《木棉譜》云：棉花不曬不可碾，若遇陰雨，烘之。又云：軋車以木爲之，形如三足几，坐則高與胸齊，上有兩耳卓立。空耳之中置木軸一，徑三寸，有柄，在車之左，以右手運其機。向外復製鐵軸一，徑半寸，有輪，在車之右，以左足運其機。向内皆用木楔箍緊，中留尺許地，取花置兩軸之隙，而手足胥運，則子自内落，無子之花自外出，若雲霧靆然，名花衣。又云：彈花弓，剡木所爲，長五尺許，上圓而鋭，下方而闊。弦粗如五股綫，置弓花衣中，以搥擊弦作響，則驚而騰起，散若雪輕如煙，名熟花衣。於是約熟花衣作帶形，削細竹一莖爲心，一手執其末，一手以木板覆之，一推一御，花衣乃捲竹上，即抽出此竹，其狀外圓而中空，名條子。又云：手卓有兩耳，疊立矮木牀上，夾一大竹輪於中，其鋌有木承之，然後以粗綫環鋌末及輪，輪心有軸，穿耳端出，人以一手摇輪，一手曳棉條而成一縷，如繅繭絲，繞鋌而積，是名棉紗。棉紗綫按，棉紗合成綫，亦以縫紉。

談鑰〔嘉泰〕《吴興志》卷二〇《物産》 麻《續圖經》載：今鄉人種，先收牡麻，取其皮以緝布充衣；後收草麻，取其子以供食。《本草》有麻蕡、麻子。陶隱居云：麻蕡即牡麻。牡麻則無實，今人作布及履用之。又《爾雅》曰：蕡，枲實。《禮》云：苴麻之有蕡。注：有子之麻爲苴。《齊民要術》載崔實曰：牡麻無實好肥，苴麻之有藴者，苧麻是也。又有胡麻，一名巨勝，宜爲油，白者油多，土人謂之油麻，陸田亦種之。

程嗣功、駱文盛〔嘉靖〕《武康縣志》卷四《物産》 麻之屬曰苧麻、曰黄麻、曰絡麻。

張宗敬〔嘉靖〕《温州府志》卷三《貢賦》

歲徵

永嘉 黄麻二十七斤九兩二錢三分。

瑞安 黄麻四十六斤十三兩七錢七分。

樂清 黄麻五十三斤六兩八錢六分五釐二毫九絲九忽。

平陽 黄麻一百五十六斤九兩二錢八分八釐。

趙瀛、趙文華〔嘉靖〕《嘉興府圖記》卷八《物土三・田賦》 魚課，天星馬場鴛鴦相家河泊所，【略】黄麻一千八百四觔七兩八錢。閏年加六十三觔一十四兩四錢。崇德河泊所，【略】黄麻三百四觔九兩有奇。閏年加二十五觔五錢有奇。平湖乍浦河泊所，【略】黄麻一百六十七觔。閏年加一百六觔。海鹽乍浦河泊所，【略】黄麻三百觔。閏年加二十觔八兩。凡課鈔賦起存，並以折銀。

吴受福等〔光緒〕《嘉興縣志》卷一六《物産》

枲類

苧麻《劉志》

棉《湯志》、《司志》。案，朱國楨《湧幢小品》云：地産木棉，花甚少而紡之爲紗，織之爲布，家户習爲恒業，不止鄉落，雖城中亦然。往往商賈從旁郡販棉花列肆，吾土小民以紡織所成，或紗或布，侵晨入市易棉花以歸，仍治而紡織之，明旦復持以易。無頃刻閒，紡者日可得紗四五兩，織者日成布一疋，爇脂夜作，男婦或通宵不寐。田家收穫，輸官償債外，卒歲室廬已空，其衣食全賴此。此雖爲湖州而言，然嘉興情形亦大抵相似。今縣之西南蕩地及高阜多種棉花，第紡織之用愈廣，仍不能不取給于旁郡之轉販者耳。

沈庠、趙瓚等〔弘治〕《貴州圖經新志》卷四《思南府・土産》 葛

沈庠、趙瓚等〔弘治〕《貴州圖經新志》卷九《永寧州・土産》 苧麻、木綿。

沈庠、趙瓚等〔弘治〕《貴州圖經新志》卷九《鎮寧州・土産》 苧麻、木綿。

沈庠、趙瓚等〔弘治〕《貴州圖經新志》卷九《安順州・土産》 木綿。寧谷司出。其地多燠土，隔年斸中土，曝乾，以火燒之。明年二月布種，則苗高二三尺，著綿最多。

沈庠、趙瓚等〔弘治〕《貴州圖經新志》卷一四《普定衛・土産》 苧麻、木綿。

沈庠、趙瓚等〔弘治〕《貴州圖經新志》卷一五《安莊衛・土産》 苧麻、木綿。

沈庠、趙瓚等〔弘治〕《貴州圖經新志》卷一五《安南衛・土産》 葛、苧麻。

沈庠、趙瓚等〔弘治〕《貴州圖經新志》卷一七《永寧衛・土産》 葛。

鄭珍、莫友芝〔道光〕《遵義府志》卷一七《物産》 麻 《陳志》州縣貨産：《戊己編》：園麻有二種：一曰桃麻，一曰火麻。桃麻最良，種者多，亦分二種。有坐兜麻，叢生稠結，莖大而皮薄，其子種生，所謂傳子不傳根者也。有竄根麻，根次第四散，莖小而皮厚，其子不生，所謂傳根不傳子者也。二者竄根良，每年皆兩刈，夏則五月，秋則八月。刈時取其幹，刮去粗皮，暴乾取皮，績爲縷，用稉草灰水煮，經宿搗洗之，愈洗愈潔。火麻則每年種子，幹高皮薄，性硬色黄，煉不熟，洗不潔，女工罕用，種者爲少。又有生山谷者曰山麻，形與桃麻同。蠻姑苗婦，夏秋採取，織帶編裙類用之。

棉花 《陳志》州縣貨産：《通鑑》：梁武帝木棉皁帳。史炤《釋文》：木棉江南多有之，春二三月下種，生黄花，結實熟，其皮四中綻出如綿，土人以竹爲小弓，牽弦以彈，綿卷爲筒，就車紡之，自然抽緒如繰綫狀。按，郡不宜棉，間有種者，始生至結果，繁茂與中州同，惟果多不裂，所得不敷工種，非工地不宜，以南方多雨故也。

徐學謨〔萬曆〕《湖廣總志》卷一二《方産》 唐 永州零陵郡，葛。道州江華郡，白苧。峽州夷陵郡，苧、葛。朗州武陵郡，葛、苧。復州竟陵郡，白苧。蘄州蘄春郡，白苧。

宋 江陵府，苧。歸州，苧。郢州，白苧。安州，青苧。興國軍，苧。潭州，葛。岳州，苧。永州，葛。道州，白苧。郴州，苧。

國朝 襄陽府，苧麻。承天府，綿花。景陵、潛江地多。德安府，綿花。視他處爲多。常德府，麻。一種苧麻，植於高地。一科數十莖，宿根臨春自發，一歲三收。績爲紗，可以爲線。桃源多績以織布。一種云葛布。施州，土綿。

徐學謨〔萬曆〕《湖廣總志》卷二一《貢賦一》

湖廣總論

秋糧折花絨米五千石。每石折綿花絨一十斤，共五萬斤，内本色二萬五千斤，折色二萬五千斤，每斤折銀七分。舊派襄陽府屬其本色照舊徵銀，給與糧里收買上納，連水脚在内，不許分外科取盤纏。

魚課黄麻一十四萬七千九百零六斤一兩一錢七分三絲。每斤折銀二分二釐，共銀三千二百五十三兩九錢四分一釐二毫八絲八忽七微九塵一纖二耿。白麻五萬一千一百四十六斤七兩五錢四分七釐一毫。每斤折銀三分，共銀一千五百三十四兩三錢九分四釐一毫五絲八微一塵二纖五耿。【略】銀硃八斤一十二兩七錢五分。每斤折銀六錢，共銀五兩二錢。魚油改折生銅、黄麻、熟鐵，并翎毛，折鐵共七百一十四斤一十四兩三錢。各折不等，共銀二十一兩九錢一分一釐六毫八絲七忽五微。

徐學謨〔萬曆〕《湖廣總志》卷二二《貢賦二》

武昌府

魚課原額河泊二十七所，起運兩京乾魚、魚油、翎、鰾，改折黄麻、熟鐵、線膠、魚鮓、椒料，并存留課鈔共銀四千九百四十九兩八錢三分三釐六毫七絲一忽八微七塵五纖。内岳州府臨湘縣帶辦嘉魚課鈔銀五兩一錢九分七釐一毫。遇閏加麻錢線膠銀課鈔共銀六百四十九兩五錢一分八釐三毫九絲六忽五微。【略】魚油、翎、鰾，改折黄麻一萬二千二百七十一斤一十三兩一錢五分。共銀二百六十九兩□□□分□釐六毫五絲一忽□□五塵。

漢陽府

魚課原額河泊一十一處，起運兩京乾魚、魚油、翎、鰾，改折生熟銅、生熟鐵、黄白麻、線膠、鰣魚、椒料、鰉魚、車脚等料，存留課鈔除箍桶水竹銀一十二兩於漢陽縣贓罰内支解外，共銀二千三百六十八兩三分四釐九毫一絲八忽二微五塵。遇閏加徵鐵膠料銀課鈔，共銀八十四兩三錢陸分八釐六毫六絲八忽。内：【略】黄麻一萬九百四十二斤一十兩。共銀二百四十兩七錢三分七釐七毫五絲。白麻六千三百斤。共銀一百八十九兩。

黄州府

魚課白麻一萬一千三百四十九斤三兩，共銀三百三十七兩四錢七分五釐六毫二絲五忽。

徐學謨〔萬曆〕《湖廣總志》卷二三《貢賦三》

承天府

魚課黃麻六萬七千八百九十七斤，共銀一千四百九十三兩七錢二分四釐。白麻二萬四千二百二十一斤，共銀七百二十六兩六錢三分。

德安府

魚課起運原額河泊四處魚油、翎、鰾，改折黃麻、熟鐵、線膠，存留課鈔共銀三百三十六兩八錢八分七釐三毫四絲九忽。遇閏加麻、鐵、線膠，課鈔銀三兩二錢七分九釐四毫三絲二忽五微。內黃麻三千二百一十斤一十兩四錢，共正銀七十兩六錢三分四釐三毫。

荊州府

魚課各湖起運并帶辦共一十八處。乾魚、魚油，改折黃、白麻，紅銅、生熟銅、熟鐵、生毛鐵、線膠，存留課鈔實派銀二千一百五十八兩三錢四分八釐一毫二絲八忽三微六塵二纖五秒。遇閏加微黃、白麻，鐵膠，課鈔銀八十兩六錢七分三釐三毫二絲六忽七微五塵。【略】黃麻一萬八千七百六十斤四兩八錢二分三釐二毫，共銀四百一十二兩七錢二分六釐六毫三絲一忽九微。白麻九千三百七十六斤□□□錢四分七釐一毫，共銀二百八十一兩二錢八□□□□五毫二絲五忽八微一塵二纖五秒。

岳州府

魚課各湖起運原額，河泊一十四所，乾魚、魚油、翎鰾，改折黃麻、熟鐵、線膠、魚鮓、椒料，存留課鈔共銀一千九百八十三兩六錢五分三釐三毫七絲五忽五微。【略】黃麻九千九百三十九斤一十五兩八錢六分，共銀二百一十八兩六錢七分九釐八毫七忽五微。

徐學謨〔萬曆〕《湖廣總志》卷二四《貢賦四》

鄖陽府

魚課起運本府帶辦魚油、翎鰾，改折熟鐵、黃麻、線膠，共銀一十六兩二錢九毫三絲。【略】黃麻一百五十一斤一十三兩四錢四分，共銀三兩三錢四分四毫八絲。

襄陽府

秋糧　起運南京折綿花絨米五千石，每石折花絨一千斤。本色二萬五千斤，折色二萬五千斤，每斤折銀七分。襄陽縣米一千五十八石。南漳縣米一千三十四石二斗。光化縣米五百四十一石四斗。棗陽縣米七百一十一石六斗。宜城縣米四百八十九石。穀城縣二千一百七十五石八斗。

魚課均州帶辦起運魚油，改折熟鐵、黃麻、線膠，共銀一十六兩五錢二分一釐一毫六絲二忽。遇閏加銀五錢六分。內黃麻八十四斤四錢九分六釐，共銀一兩八錢四分八釐六毫八絲二忽。

衡州府

魚課黃麻二千五百五十九斤二兩四錢九分，共銀五十六兩三錢一釐四毫二絲三忽七微五塵。

永州府

魚課帶辦起運魚油、翎、鰾，改折生銅、熟鐵、生漆、黃麻，折鐵不等，存留課鈔共銀七十八兩四錢二分三釐七毫三絲六忽七微八塵五纖七秒。遇閏加鐵、麻課鈔銀一兩一錢四分八釐二毫四絲二忽八微五塵。內【略】黃麻三百五十三斤八兩八錢八分，共銀七兩七錢七分八釐二毫一絲。

長沙府

魚課帶辦起運長沙湖并湘潭十州縣魚油改折黃麻、熟鐵、線膠、生銅，存留課鈔實徵銀六百七十三兩九錢三分二釐六毫九絲二忽二微七塵。遇閏加徵黃麻、熟鐵、線膠、生銅課鈔銀，一十五兩三分九釐九毫九絲七忽九微五塵。內【略】黃麻八百九斤一錢，共銀一十七兩七錢九分八釐一毫一絲七忽五微。翎毛七萬五十根，改折麻、鐵，共銀三十七兩二錢九分八釐一毫九絲五忽。邵陽縣二萬四千七百根，武岡州二萬五千九百六十七根，新寧縣六千四百七十九根，新化縣一萬二千九百四根。

寶慶府

魚課原額四川縣帶辦起運魚油、翎毛，改折生熟銅鐵、生漆、銀砂、黃麻、線膠，存留課鈔共銀七十九兩四錢二分四釐一毫二絲三微四塵二纖六秒。【略】黃麻五百六十九斤九兩二錢八釐二毫一絲，共銀一十二兩五錢三分六毫六絲一忽三微一塵六纖二秒。

徐學謨〔萬曆〕《湖廣總志》卷二五《貢賦五》

辰州府

魚課原額辰溪、沅州帶辦起運魚油，抵斤折桐油，改折鐵、麻，存留課鈔共銀五十二兩一錢八分七釐七毫四絲五忽五微七塵五纖。遇閏加徵麻、鐵銀二兩五錢五分二釐五絲一忽五微。內【略】黃麻三百七十九斤一兩一錢二分二釐六毫,共銀八兩三錢三分九釐五毫四絲三忽五微七塵五纖。沅陵縣銀一十四兩四分一釐五毫八絲,沅州二十三兩九錢七分四釐五絲,辰溪縣六兩七錢一釐五毫七絲五忽五微七塵五纖,盧溪縣四兩九錢九分四釐三毫九絲溆浦縣三兩四錢七分六釐三毫五絲,照數徵完。

雜課存留苧麻折米六十二石九斗四升四合九抄二撮。麻陽縣一十二石二斗□□□合四抄,辰溪縣四十四石八斗四合七勺□抄二撮。黔陽縣五石八斗六升四合三勺。又盧溪縣洞蠻土布五百三十三疋,折銀五十三兩三錢。猺人粗布二百五疋八尺八寸,折銀二十兩五錢二分五釐。五寨蠻夷長官司砆砂四十七斤一十三兩九錢。新增官房地租銀五十八兩七錢八分四釐。以上銀布徵作每年官吏俸鈔府堂六房紙劄之用。

郴州

魚課本州帶辦起運魚油、翎毛,改折生熟銅鐵、漆、麻,存留課鈔共銀一百三十二兩九錢三分七釐三毫九絲四忽。內【略】黃麻一千四百一十七斤一十一兩,共銀三十一兩一錢八分九釐一毫二絲五忽。本州帶辦銀四十三兩二錢三分六釐五毫。興寧縣六十三兩三分二釐九毫一絲九忽,永興縣一十八兩二錢三分八釐七毫七絲五忽,桂陽縣八兩四錢二分九釐四毫。以上徵鈔。

甘澤、趙士讓〔嘉靖〕《蘄州志》卷二《土產》 綿花、麻《六帖》化洽絲枲,麻也。麻之藝各。有所宜,而緝布之用,類不出此。

王承禧〔光緒〕《應城志》卷一《輿地・物產》 有線麻,可作布。

鍾崇文〔隆慶〕《岳州府志》卷一一《食貨考》 唐澧陽郡貢紵。又有方物,平江縣葛、木綿。

黃凝道、謝仲圻〔乾隆〕《岳州府志》卷一《物產》

貨之屬 棉花多產巴華,亦有爲布售於市者。葛產平江山中,有收藤爲麻以貨者,有成布以貨者。四五月間,葛客常集。然平葛雖耐久而質甚厚。苧亦有麻有布,四邑皆產,巴陵爲多。此外有青麻、絡麻,亦可爲布。有糖麻,止可用爲引火繩,營中演鎗者多收之。絹有黃、白,單絲三種,出巴、平二縣爲多。

黃凝道、謝仲圻〔乾隆〕《岳州府志》卷一六《風俗》 《華容舊志》:華土宜木棉,若蠶桑,一村不過數家。按,岳蠶止可爲絹。

陳洪謨〔嘉靖〕《常德府志》卷七《食貨志・土貢》

漢

武陵郡,歲大人輸布一疋,小口二丈,是爲賨布。

宋

崇寧間貢紵布、練布。

陳洪謨〔嘉靖〕《常德府志》卷八《食貨志・物產》

貨之屬 多綿花一名木綿。樹高三四尺,春種秋收,其花結蒲,蒲中有茸,細如鵞毳,茸中有核,大如豆,用輪車絞出之,乃彈以弓,爲絮充衣,被紡績之用。按:木綿,漢唐以前中國未有。其製爲衣者,絲、麻、葛、褐四者而已。《禹貢》「島夷卉服」注云:南夷,木綿之精好者謂之吉貝。蓋當時惟遠夷充貢中國,實未嘗種之。宋元之世,始傳其種,以徧布于四方,乃獲其利云。 有麻一種苧麻,植于高地。一科數十莖,宿根臨春自發,一歲三收,績爲紗可以爲線。桃源多績以織布。一種云葛麻。

陳楷禮、應先烈等〔嘉慶〕《常德府志》卷一八《物產考》 桑《詩・鄘風》:隆觀於桑。注:觀之察其土宜也。《爾雅》:桑瓣有葚梔。《説文》葚,桑實也。舍人曰:桑樹,半有葚,半無葚爲梔。

按,境內不種桑,皆野生,間出絲枲,悉供商販,不工組織錦綺之屬,取之江浙,遠方如欲興蠶事,別有種植書在。

木棉《書》:厥篚織貝。傳:今南夷木棉之精好者,亦謂之吉貝。《本草》宋末始入江南,今遍種之。【略】按,境內產棉,有黃、白二種。黃者不多種,俗呼爲紫花。白者,湖岸高地,木高五六尺,山鄉瘠地,高僅二三尺而已。

麻《周禮》:典枲掌布緦縷紵之麻草之物。疏:麻未緝者爲枲。典枲所掌,其物非一,獨以枲名官,蓋麻爲女工之正也。【略】按,麻有數種,府屬惟沅江多種之。《管子》曰:五沃之土,樹之五麻。若高若下,不擇疇所。是皆宜種麻也。

葛《楚辭》:石磊磊兮葛蔓蔓。按,境內不種葛,有野生者,引蔓一二丈,紫色,可作絺綌。

貨

棉花

閻鎮珩〔光緒〕《石門縣志》卷六《物產》 縣東南產木棉,而南鄉之產最上,其絨鬆易紡,質軟性温,土人工作布。充幅四丈謂之疋,闊尺有四寸,狹者減二,重或二三斤云。販之鄉聚曰庄,夏家巷、寶靈橋、白洋湖、中五通、上五通皆有庄,庄客五日一會市,捆而致之常德,歲得緡錢三數萬也。

郝玉麟、謝承道等〔乾隆〕《福建通志》卷一〇《物產》

貨之屬 綿花即吉貝。諸縣間有之。古田平沃處種者稍多,然終非其地之所宜也。

苧其皮可以織布，一科數十莖，宿根至春自生，歲三四收。麻有二種，青麻皮可織爲布，黄麻皮僅可索綯耳。

梁克家〔淳熙〕《三山志》卷四　紬桑葉小，不甚宜蠶，得絲麁，纔可爲紬。

蕉《大觀本草》：閩人灰理其皮，績以爲布，舊嘗入貢。

紵其皮可以績布。一科數十莖，宿根至春自生，歲三四收。

麻諸邑有之，績其皮爲布。連江以北皆温之于溪旁。爲坑藏火，束麻内其中，石覆而水沃之，良久乃剥。今連江及福清、永福出麻布，尤盛。

葛可緝爲布，長溪等縣有之。

陳道、黄仲昭〔弘治〕《八閩通志》卷二〇《食貨・土貢》

泉州府

唐

蕉、葛。俱州貢。

邵武府

宋　紵據《宋史》脩。

黄仲昭〔弘治〕《八閩道志》卷二五《食貨・物産》

福州府

貨之屬　綿花即吉貝。諸縣間有之，古田平沃處種者稍多，然終非其地之所宜也。苧其皮可以績布。一科數十莖，宿根至春自生，歲三四收。麻有二種，清麻皮可績爲布，黄麻皮僅可絞索耳。

建寧府

貨之屬　綿花出浦城、松溪二縣，亦不多。苧出建安、甌寧、浦城、松溪、崇安、政和六縣。

泉州府

貨之屬　吉貝一名木綿花。宋林夙詩：王腕竹弓彈吉貝，石灰老葉選槟榔。泉南風物良不惡，只欠龍津稻子香。苧　青麻　黄麻俱出南安、同安、安溪三縣。

漳州府

貨之屬　青麻　黄麻俱可爲布。

延平府

貨之屬　綿花　苧麻　葛

邵武府

貨之屬　苧

興化府

貨之屬　綿花近來間有種者，亦甚不多。苧　青麻　黄麻

福寧府

貨之屬　苧　麻

林富、黄佐〔嘉靖〕《廣西通志》卷一九《田賦志上》

桂林府

唐厥賦：蕉、苧、絡麻。《唐書・地理志》。

柳州府遷江縣

税米折收苧麻五十二斤。

林富、黄佐〔嘉靖〕《廣西通志》卷二〇《田賦志下》

潯州府貴縣

天寶元年貴縣貢金銀鉛器苧麻户二千二十六口九千三百。俱出《告書》。

林富、黄佐〔嘉靖〕《廣西通志》卷二一《食貨志》

雜值屬

棉花、紫白二種。葛麻、苧麻、赤麻。産太平。

林富、黄佐〔嘉靖〕《廣西通志》卷五一《外志二》　太平府太平州　食貨綿花。

太平府思城州　食貨　綿花。

太平府安平州　食貨　綿花。

太平府全茗州　食貨　綿花。

太平府鎮遠州　食貨　綿花。

太平府思同州　食貨　綿花。

太平府茗盈州　食貨　綿花。

太平府龍英州　食貨　綿花。

慶遠府忻城縣　食貨　苧麻。俱各峒出。

太平府佶倫州　食貨　苧麻。

太平府都結州　食貨　苧麻。

太平府上下凍州　食貨　苧麻。

太平府羅陽縣　食貨：綿花、苧麻。

吴潛脩、傅汝舟〔嘉靖〕《欽州志》卷二《物産》

雜植屬

綿花永樂鄉人種之。桑苧軟可績，土人種之。絡麻可作孝衣，《通志》云赤麻。竹麻即篁竹之新發者，搗散爲絲，可織屨作繩。

戴璟、張岳〔嘉靖〕《廣東通志》卷二三《田賦》 曰藝麻絮【略】凡田園有空地及墻下可以種麻，須擇其子之有斑文，謂之雌麻者種則結實而繁。麻子可爲丸，麻花可用灸，絡麻可爲屨、爲繩索。黄麻可爲袋、爲線布。苧麻可爲夏衣。脂麻可以和食。至於木棉，可絮衣。

戴璟、張岳〔嘉靖〕《廣東通志》卷三一《土産》

雜植屬

棉花、桑、苧麻、赤麻。一名黄麻，嫩者可織布，老者供絙練，梗可作薪。又種曰青産，潮多以爲布。

戴璟、張岳〔嘉靖〕《廣東通志》卷三四《課料》 韶州府河泊所額〔辦〕黄麻二千九百七十六斤一十四兩二錢四分一釐七毫。

惠州府河泊所額辦黄麻九十六斤十三兩六錢，共折價銀三十兩六錢三分八釐九毫。

潮州府河泊所額辦黄麻一百二十斤七兩三錢九分二釐，共折價銀九十九兩五錢二分六釐八毫三絲五忽。

肇慶府河泊所額辦黄麻四千二百七十斤十一兩九錢。

高州府河泊所額辦黄麻一千九百八十一斤二錢七分五釐六毫八絲一忽二微。

雷州府河泊所額辦黄麻一千七百三十九斤四兩。

郭棐〔萬曆〕《廣東通志》卷四一《潮州府・土産》 貨有絲綿，有棉花，有苧麻。

郭棐〔萬曆〕《廣東通志》卷四七《肇慶府・土産》 貨有葛，多綿，多蕉，多青麻，多絡麻。

郭棐〔萬曆〕《廣東通志》卷五一《高州府・土産》 貨有棉花，有葛、麻。

郭棐〔萬曆〕《廣東通志》卷五三《廉州府・土産》 貨有棉花。

郭棐〔萬曆〕《廣東通志》卷五九《瓊州府・土産》 貨有綿花，有吉貝。

郭棐〔萬曆〕《廣東通志》卷六二《羅定州・土産》 貨有葛，有苧，有蕉，有麻。

紀事

《史記》卷一〇二《張釋之馮唐列傳》 從行至霸陵，居北臨厠。是時慎夫人從，上指示慎夫人新豐道，曰：「此走邯鄲道也。」使慎夫人鼓瑟，上自倚瑟而歌，意慘悽悲懷，顧謂羣臣曰：「嗟乎！以北山石爲椁，用紵絮斮陳，蕠漆其閒，豈可動哉！」左右皆曰：「善。」釋之前進曰：「使其中有可欲者，雖錮南山猶有郄；使其中無可欲者，雖無石椁，又何戚焉！」文帝稱善。

裴駰集解：徐廣曰：「斮，一作『錯』。」駰案：《漢書音義》曰「斮絮，以漆著其閒也」。司馬貞索隱：斮陳絮漆其閒。斮音側略反。絮音女居反。案：斮陳絮以漆著其閒也。

《漢書》卷三六《劉向傳》 營起昌陵，數年不成，復還歸延陵，制度泰奢。向上疏諫曰：【略】孝文皇帝居霸陵，北臨厠，意凄愴悲懷，顧謂羣臣曰：「嗟乎！以北山石爲椁，用紵絮斮陳漆其間，李賢等注：孟康曰：「斮絮以漆著其間也。」師古曰：「紵絮者，可以紵衣之絮也。斮而陳其間，又從而漆之也。」豈可動哉！」張釋之進曰：「使其中有可欲，雖錮南山猶有隙；使其中無可欲，雖無石椁，又何慼焉？」夫死者無終極，而國家有廢興，故釋之之言，爲無窮計也。孝文寤焉，遂薄葬，不起山墳。

《漢書》卷五〇《張釋之傳》 頃之，至中郎將。從行至霸陵，上居外臨厠。時慎夫人從，上指視慎夫人新豐道，曰：「此走邯鄲道也。」使慎夫人鼓瑟，上自倚瑟而歌，意凄愴悲懷，顧謂羣臣曰：「嗟乎！以北山石爲椁，用紵絮斮陳漆其間，豈可動哉！」左右皆曰：「善。」釋之前曰：「使其中有可欲，雖錮南山猶有隙；使其中亡可欲，雖亡石椁，又何戚焉？」文帝稱善。其後，拜釋之爲廷尉。

《漢書》卷五四《蘇武傳》 單于愈益欲降之，乃幽武置大窖中，絶不飲食。天雨雪，武卧齧雪與旃毛並咽之。

《南史》卷一《宋紀上・武帝》 微時躬耕於丹徒，及受命，耨耜之具頗有存者，皆命藏之，以留於後。【略】及孝武大明中，壞上所居陰室，於其處起玉燭殿，與羣臣觀之，牀頭有土障，壁上掛葛燈籠、麻繩拂。

《新唐書》卷七九《滕王元嬰》 〔高宗〕帝嘗賜諸王綵五百，以元嬰及蔣王貪黷，但下書曰：「滕叔、蔣弟不須賜，給麻二車，助爲錢緡。」二王大慙。

司馬光《資治通鑑》卷一九九《高宗永徽二年》 〔春，正月〕元嬰與蔣王惲皆好聚斂，上嘗賜諸王帛各五百段，獨不及二王，敕曰：「滕叔、蔣兄自能經紀，不須賜物；給麻兩車以爲錢貫。」二王大慙。

藝文

《詩·陳風·東門之池》 東門之池，可以漚麻。彼美淑姬，可以晤歌。東門之池，可以漚紵。彼美淑姬，可以晤語。

《藝文類聚》卷八五《麻》 贊 晉郭璞《麻贊》曰：草皮之良，莫貴於麻。用無不給，服無不加，至物在邇，求之好遐。

杜甫《杜工部詩集》卷六《客居》 蜀麻久不來，吴鹽擁荆門。

《柴門》 風烟渺吴越，舟楫通鹽麻。

杜甫《杜工部詩集》卷一四《夔州歌十絶句》之六 蜀麻吴鹽自古通，萬斛之舟行若風。

《全唐詩》卷三八五張籍《送汀州源使君》 山鄉祇有輸蕉户，水鎮應多養鴨欄。

《全唐詩》卷三八六張籍《送蜀客》 蜀客南行祭一作際碧雞，木綿花發錦江西。

梅堯臣《梅堯臣集》卷二三《送張子野屯田知渝州》 忠州白使君，竹枝辭頗工。行當繼其美，貢葛勿忽忽。

陸游《劍南詩稿》卷一四《昔在成都正月七日聖壽寺麻子市初春行樂處也偶晨興聞鄰村守麻有感》 樂事新年憶錦城，城南麻市試春行。如今老病茅簷底，卧聽兒童嚇鎛雀聲。

陳高《不繫舟漁集》卷三《種橦花》 炎方有橦樹，衣被代蠶桑。舍西得閒園，種之漫成行。苗生初夏時，料理晨夕忙。揮鋤向烈日，灑汗成流漿。培根澆灌頻，高者三尺强。鮮鮮緑葉茂，燦燦金英黄。結實吐秋繭，皎潔如雪霜。及時以收斂，采采動盈筐。緝治入機杼，裁剪爲衣裳。禦寒類挾纊，老稚免凄凉。豪家植花卉，紛紛被垣墻。于世竟何補，争先玩芬芳。棄取何相異，感物增惋傷。

沈夢麟《花谿集》卷二《黄浦水》 黄浦水，潮來載木綿，湖去催官米。自從喪亂苦征徭，海上人家今有幾。黄浦之水不育蠶，什什伍伍種木綿。木綿花開海天白，晴雲擘絮秋風顛。男丁采花如采繭，女媪織花如織絹。由來風土賴此物，祈寒庶免妻孥怨。府帖昨夜下縣急，官科木綿四萬匹。富家打户借新租，貧者沿村賒未得。嗟嗟黄浦水，流恨何時枯。誰知木綿織成後，兒啼女泣寒無襦。

李昱《草閣詩集》卷六《暮歸》 山腰小路曲如蛇，薄莫踈踈雨潤沙。醉裏亦知秋色老，西風開遍木棉花。

《宋元詩會》卷九九熊禾《木綿歌》 秋陽收盡枝頭露，烘綻青囊翻白絮。田婦攜筐採得歸，渾家指作機中布。大兒來覓襦，小兒來覓袴。半擬償私債，半擬輸官府。竹籠旋著活火熏，蠹蟲母子走紛紛。尺鐵碾出瑶空雪，一弓彈破秋江雲。中虚外縱搓成索，晝夜踏車聲落落。車聲纔冷催上機，知作誰人身上衣。小女背面臨風泣，憶曾隨母園中拾。

屈大均《翁山詩外》卷一四《木棉》 春暖春寒二月天，祝融祠畔冶遊偏。木棉花老頻飄絮，如雪紛紛墜錦韉。

朵朵開殘口有綿，雪花飛滿女郎前。織成白緤温柔甚，持與繭房作褥眠。

朵大堪持作酒杯，紛紛小鳳蘂中胎。猩紅染盡春毛羽，又向山丹樹裏來。

屈大均《翁山詩外》卷一四《木棉》 西江最是木棉多，夾岸珊瑚十萬柯。又似燭龍銜十日，照人天半玉顏酡。

萬朵隨波似泛杯，浮沉又似水燈來。三江染盡桃花水，一道紅泉劃不開。

屈大均《翁山詩外》卷一四《木棉》 木棉看與刺桐同，十丈花開接地紅，朵朵中心含火鳳，一春飛滿祝融宫。

鄭光祖《醒世一斑録·雜述二·棉花圖》 敬録直隸總督方公觀承恭呈《棉花圖》，聖祖仁皇帝御製《木棉賦并序》：木棉之爲利於人溥矣，衣被禦寒，實有賴焉。夫既紡以爲布，復擘以爲絖，卒歲之謀，出之隴畝，功不在五穀下。嘗稽之載籍，「島夷卉服」注，以爲吉貝即其種也。然止以充遠方之貢，而未嘗徧植於中土，故《周禮》婦功惟治蠶枲，唐徵庸調，但及絲麻，至木棉之種，後世由外蕃始入於闗、陝、閩、粵，今則遠邇貴賤咸資其利，而昔人篇什，罕有及之者，故爲之賦。曰：攷吉貝之佳種，披其索以窮源，道伽毗而遠來，由秦粵而衍蕃。倣崖州之紡織，製七襄而無痕；效宋人之洴澼，比八綿而同温。先麥秋而播種，齊壺棗而登原。宿黄雲於萬蕊，隨白雪於千村。落秋實於露晞，輒機柚於星昏。暵佐耆年之帛，陽回寒女之門。幸卒歲之可娱，乃民力之普存。若應鐘之司律，正溥寒之中人。月照牛衣之夜，霜侵葛屨之辰。家挾千箱之纊，路絶百結之鶉。曝茅簷而歌愛日，賽田祖而洽比鄰。謝履絲之靡麗，免于貉之艱辛。故夫八口之家，九土之氓，無沍寒之膚裂，罕疾風之條鳴。時和年豐，火耨水耕。歲落三鍾之棉，場登百畝之秔。同彼婦子，樂此太平。奚羡纂組之巧，與夫縞紵之輕。慨風詩之未録，省方問俗，將補《豳》什而續授衣之經。

《類腋》卷一《物部・棉花》　木棉李琮詩：「衣裁木上棉。」楊萬里詩：「却是南中春色別，滿城都是木棉花。」

袁枚《小倉山房詩集》卷八《稠桑野步》　負手荒郊一埂長，幾家籬落不成莊。木棉花老飄秋水，霜柿紅深墜夕陽。逼岸潮來魚入澗。打禾人去鳥窺場。回頭自祝雙輪影，及早還鄉好種桑。

錢大昕《潛研堂詩集》卷一《木棉花歌》　木棉之花古未有，流傳乃自林邑南。高昌緬甸及南詔，移來交廣雷瓊儋。桐身楓葉芙蓉蕊，秋來結實離相參。周遭徑尺修數丈，非杞非梓非楩楠。蠻方寶此作活計，不數八繭吴中蠶。《爾雅・釋木》置不録，南州舊志披琅函。迦羅婆劫載梵夾，嘉名肇錫由瞿曇。草棉晚出乃居上，卑枝弱幹霜苞含。古終古貝名少別，騷翁辨説徒詀諵。何人分種到江左？花開處處臨澂潭。吾鄉所種皆草棉，沿其名曰木棉耳。烏崖州老姥年七十，卓椎雙髻頭鬖鬖。傳來上世種植法，至今立祠香茅庵。泥涇上靈旗卷，風鬟霧髩留空龕。爾來傳授五百載，鄉村男婦人人諳。弓彈桿軋良自苦，如食蓼葉蟲知甘。吾生雖無田負郭，田家月令曾研覃。四坐勿諠聽賤子，試爲具述忘愚憨：疁城土燥不宜稻，稻田十僅得二三。三月才過微雨潤，木香花下香醃譚。木香花開，種花之候。農夫走尋官歷日：翻閲敗壁祛白蟫。詰朝相戒種花去，蓬頭散髮除襤衫。從朝至晡不得息，汗出浹背流如泔。東臯幾日生意早，新芽迸土抽瑶簪。火雲觸熱青笠覆，草根細斸長鉏錟。向午不憚日杲杲，凌晨時聽鐘鎝鎝。應門穉子攜酒榼，饁餉小婦簪宜男。嗟爾婦子大作苦，面目黧黑中心慚。去年種花花事歉，家中積儲無一甔。今年天氣晴更好，十日一雨波渟涵。里巫釀錢賽村社，社翁社母醉且酣。巫言祀神神不怒，福汝祐汝非戲譚。三秋轉眼西風緊，捉花處處争搜探。提囊花鈴大于繭，腰繫圓籠攜荆籃。不辭采擷指爪禿，十十五五赬肩擔。歸來茅舍夕陽暮，少長列坐濟羅聃。園蔬飣餖剥菱芡，水族瑣碎持蠃蚶。紅蓮飯熟出破甑，菊花釀美開新坩。拍手頓足紛雜沓，太平有象樂且湛。朝來忽訝聲剥啄，市牙估客頻停驂。得錢捆載渡江去，吾廬依舊空沈沈長含切。早花捉後花漸少，霜黄滿地羣兒撏。賣餳老翁打鼓過，傾筐換取目眈眈。促織初鳴河射角，篝鐙一縷光猶弇。黄紗夜紡軠車鬧，抱布賤售憂如惔。我農經年長碌碌，夫豈本性由來耽。官租私債償未足，吁嗟筋力何以堪！吁嗟筋力何以堪，明年力作催丁男！

錢大昕《潛研堂詩集》卷二《竹枝詞和王鳳喈韻六十首》之二〇、五八　横塘縱浦水縈洄，吉貝花鈴兩岸開。朵朵提囊看似繭，急攜花籠捉花來。木棉，一名吉貝，花房曰花鈴，花大者曰提囊，收花謂之捉花。邑人稱木棉花止稱花者，猶洛陽之牡丹也。

生泔醲醴出新篘，令節分冬一醉休。怕見三朝迷霧重，裝綿徑寸暖于裘。冬至前一夕飲酒，謂之分冬酒。諺云：「三朝迷霧刮西風。」

錢大昕《潛研堂詩集》卷二《望仙橋》　傍水低低屋，穿橋小小舲。潮來從顧浦，煙細認安亭。種豆青攢筴，收棉白拆鈴。村村歌歲稔，樂矣返柴扃。

錢大昕《潛研堂詩續集》卷二《歸德道中》　九月潦盡淺水枯，斜陽欲下烏羣呼。葦花平鋪白竇繭，柿實疊綴紅珊瑚。里媪捉棉攜籠出，鄰翁拾柴换酒沽。分明秋田行看子，安得好手爲我圖。

錢大昕《潛研堂詩續集》卷二《會亭道中》　雜樹秋猶密，茅齋小不斜。兒童分柿子，村市賣棉花。已覺塵沙少，兼無僕馬譁。郵亭留一餉，風景似吾家。

阮元《揅經室集》四集卷七《棉花》　浙産沿海最多，民賴爲利，花葉皆似秋葵而小，結苞如荔子大，枯裂則棉出。短亞秋葵耐暑風，緑苞秋綻白玲瓏。吴儂漫説春綿好，難到茅檐霜雪中。

張春華《滬城歲事衢歌》　緑蔭槐村一徑遮，江阪生計不桑麻。平疇正午歌徂隰，萬笠欹晴話種花。吾鄉生計，盡在木綿，四月初必散子矣，謂種花。

紅雨樓西剪碧蕪，峻祠虔享報黄姑。三冬挾纊青襦燠，祀重先綿肅廟模。黄道婆，元時上海鎮人。初淪落厓州，元貞間附海舶歸，攜粤中木綿，教人播種，又倡爲紡織之法，數百年利賴，實自道婆開之。祠在烏泥涇，明萬曆間，張之象改建於張家浜。天啓間，張所望另建在甯國寺西。其在邑城梅溪衖者，相傳爲黄姑庵，奉織女。《澤國紀聞》云：所奉乃少年女子，非道婆也。道光五年，邑侯許榕皐乃大闢城西桃林數畝，創建特祠。

一天秋色靖煩囂，晴亦相宜雨亦調。争得村農齊拍手，已過八月不風潮。農人最懼者風潮，七八月間，木棉盈野，禾稼滿目，有秋可望矣。猝遇風潮，田疇被淹，即無所措手足。但木棉七月中已可採取，早者八月可收足，晚者亦不過九月中旬，此時風潮無妨全局矣。

晴罨山莊緑滿田，杖藜出郭度遥阡。吴儂生小江鄉住，把管從君話木棉。吾邑木棉，遠及數省。業農者罕見種稻，余生長海陬，知之最詳悉，即耳濡目染者，自散種以及成布，各綴一詠，備芻蕘之採。

木棉萬畝蔚秋煙，事善還教器必先。嘉種自宜圓厚好，選藏花核慎年年。木棉有核，如梧子較大。每年登場後，取棉花之衣厚核重者藏之，至明歲二三月間，軋取花核，既鋤地乃散種之。

秋來回憶種花時，嫩緑纖纖細雨滋。六月陡看苗母長，新苞重叠孕芳枝。鄉人稱木棉，統謂之花。四月便宜種花，種法有二：一曰穴種，鑱地作穴，每穴下四五核，間尺許爲一穴匀種之。一曰漫種，以手握核，遍撒之。吾鄉多漫種，種後須得微雨，五月苗如荷錢大，漸有枝葉，至六月則驟長矣。其枝層累而上，高者有四五尺。

永晝西疇笑語譁，二三女伴踏晴沙。一肩酷日千鋤緑，祇恐明朝草没花。黄梅雨後，根苗漸長，而草雜其間，既晴必鋤去之，爲脱花。脱花不獨男丁，往往多女伴，稍遲則草益盛，花必受害，爲草没花。

絲分部

題解

《漢書》卷六四下《王褒傳》 夫荷旃被毳者，難與道純綿之麗密。顔師古注：「純，絲也。謂織爲繒帛之麗，絲纊之密也。」「一説，純綿，不雜綿也。」

史游《急就篇》卷二 絲 顔師古注：抽引精繭出緒者曰絲。

許慎《説文》一三篇上《糸部》 糸，細絲也。絲者，蠶所吐也。細者，微也。細絲曰糸。糸之言蔑也，蔑之言無也。象束絲之形，凡糸之屬皆从糸，讀若硯。

緒，絲耑也。段玉裁注：耑者，草木初生之題也，因爲凡首之稱。抽絲者得緒而可引。引申之，凡事皆有緒可纘。从糸，者聲。

緬，散絲也。段玉裁注：散各本作微，今正。从糸，面聲。

純，絲也。段玉裁注：《論語》：「麻冕，禮也，今也純。」孔安國曰：純，絲也。此純之本義也，故其字从糸。从糸，屯聲。

綃，生絲也。段玉裁注：《韵會》作生絲繒也。今按，言繒名則非其次，依鄭君則實繒名，當云生絲也，一曰繒名。生絲，未湅之絲也，已湅之繒曰練，未湅之絲曰綃。以生絲之繒爲衣，則曰綃衣。古經多作宵，作繡。《特牲禮》：主婦纚笄宵衣。注曰：宵衣染之以黑，其繒本名曰綃。《詩》有「素衣朱綃」，《記》有玄綃衣。凡婦人助祭者同服也。《少牢禮》：注曰：大夫妻尊亦衣綃衣，而侈其袂。《玉藻》曰：「君子狐青裘豹褎，玄綃衣以裼之。」注曰：綃，綺屬也。《郊特牲》「繡黼丹朱中衣」。注曰：繡讀爲綃。綃，繒名也。引《詩》「素衣朱綃」。合此數條知宵繡皆段借字，以此生絲織繒曰綃，仍從絲得名也。故或云繒名，或云綺屬，綺即文繒也。从糸，肖聲。

䋾，大絲也，从糸，皆聲。

䋁，絲曼延也。段玉裁注：曼延疊韵字。曼，引也，延，行也。䋁之言网也，《巾部》有㡛。㡛氏湅絲。㡛䋁古蓋一字。从糸，巟聲。

紇，絲下也。段玉裁注：謂絲之下者也。从糸，气聲。

紙，絲滓也。段玉裁注：滓者，澱也，因以爲凡物渣滓之稱。从糸，氏聲。

絓，繭滓絓頭也。段玉裁注：謂繅時繭絲成結，有所絓礙，工女蠶功畢後，別理之爲用也。从糸，圭聲。一曰㠯囊絮湅也。段玉裁注：別一義，謂以囊盛絲緜其中，於水湅之也。湅各本作練，今正。湅絮，《莊子》所謂洴澼絖。《史記》所謂漂。《攷工記》注所謂湖漂絮。《水部》潎下云：於水中擊絮是也。

纅，絲色也。段玉裁注：謂絲之色光采灼然也。《考工記》曰：「絲欲沈。」注云：如在水中時色。今人謂之漂亮。从糸，樂聲。

統，紀也。段玉裁注：《淮南·泰族訓》曰：繭之性爲絲，然非得女工煑以熱湯而抽其統紀，則不能成絲。按此其本義也，引申爲凡綱紀之稱。《周易》「乃統天」。鄭注云：統，本也。《公羊傳》「大一統也」。何注：統，始也。从糸，充聲。

紀，別絲也。段玉裁注：別絲，各本作絲別。《棫樸》《正義》引紀，別絲也。又云：紀者，別理絲縷。今依以正。別絲者，一絲必有其首，別之是爲紀，衆絲皆得其首，是爲統。統與紀義互相足也，故許不析言之。《禮器》曰：「衆之紀也，紀散而衆亂。」注曰：紀者，絲縷之數有紀也。此紀之本義也，引申之爲凡經理之稱。《詩》「綱紀四方」。箋云：以罔罟喻爲政，張之爲綱，理之爲紀。《洪範》九疇，四五紀。斗牽牛爲星紀。《史記》每帝爲本紀，謂本其事而分別紀之也。《詩》「滔滔江漢，南國之紀」。毛傳曰：其神足以綱紀一方。箋云：南國之大川，紀理衆水，使不壅滯。从糸，己聲。

繈，觕纇也。段玉裁注：觕見《角部》，各本作粗，非也，今正。觕訓角長，引申爲凡粗長之稱。絲節粗長謂之繈。孟康曰：繈，錢貫也，其引申之義也。又引申爲繈緥。《呂覽·明理篇》「道多繈緥」。高注：緥，小兒被也。繈，褸格上繩也。又《直諫篇》繈緥注：繈，褸格繩。緥，小兒褓也。褸即縷，格即絡，織縷爲絡，以負之於背，其繩謂之繈。高説叚分明。《博物志》云：織縷爲之，廣八寸，長二尺，乃謂其絡，未及其繩也。凡繩韌者謂之繈。从糸，強聲。

纇，絲節也。段玉裁注：節者，竹約也，引申爲凡約結之稱，絲之約結不解者曰纇。从糸，頪聲。

紿，絲勞即紿。段玉裁注：即當爲則，古書即則多互譌。絲勞敝則爲紿，紿之言怠也，如人之券怠然，古多段爲詒字。从糸，台聲。納，絲溼納納也。段玉裁注：納納，溼意。劉向《九歎》「衣納納而掩露」。王逸注：納納，濡溼貌。《漢酷吏傳》阿邑人主。蘇林曰：邑音人相悒納之悒。按悒納當作浥納，媕阿之狀，於濡溼義近也。古多段納爲内字，内者，入也。从糸，内聲。

絶，斷絲也。段玉裁注：斷之則爲二，是曰絶。从刀糸，斷絲以刀也，會意。卩聲。𢇍，古文絶，象不連體絶二絲。象形也。

緢，絲勞也。段玉裁注：勞，《玉篇》作縈，蓋《玉篇》爲是。

級，絲次弟也。段玉裁注：本謂絲之次弟，故其字从糸。

紙，楸絲也。段玉裁注：楸各本作散，今正。楸，分離也，水之衺流别曰𠂢，别水曰派，血理之分曰衇，散絲曰紙。《廣韵》曰：未緝麻也。从糸，𠂢聲。

終，絿絲也。段玉裁注：按絿字恐誤，疑下文緁字之譌，取其相屬也。《廣韵》云終，極也，窮也，竟也，其義皆當作冬。冬者，四時盡也，故其引申之義如此。俗分别冬爲四時盡，終爲極也，窮也，竟也，乃使冬失其引申之義，終失其本義矣。有夂而後有冬，冬而後有終，此造字之先後也，其音義則先有終之古文也。从糸，冬聲。

緁，合也。段玉裁注：合者，亼口也，因爲凡兩合之偁。衆絲之合曰緁，如《衣部》五采相合曰褋也。从糸集，集當作雧，會意亦形聲也。讀若捷。

繁，生絲縷也。段玉裁注：生絲爲縷也，凡蠶者爲絲麻者爲縷，絲細縷麤，故糾合之絲得偁縷。謂縷系矰矢而以隿躲也。段玉裁注：李善《文賦》注所引有此十字，今按有此乃完，當作生絲縷系矰矢而以隿躲也，共十一字。《矢部》曰：矰者，隿躲矢也。《隹部》曰：隿者，繁躲飛鳥也。散者，繁散也。从糸，敫聲。

許慎《説文》十三篇上《絲部》 絲，蠶所吐也。段玉裁注：吐者，寫也。从二糸。凡絲之屬皆从絲。

張揖《廣雅》卷七下《釋器》 純、續，絲也。《説文》「純，絲也」。引《論語・子罕篇》「今也純」。《漢書・王褒傳》「夫荷旃被毳者，難與道純綿之麗密」。薛瓚注云：純，絲也。

顧野王《玉篇》卷二七《糸部》原本 糸 亡狄切，細絲也，微也，幺也。

古文。

原本 亡狄反。《説文》：「細絲也。」《廣雅》：糸，微也。糸，連也。

《説文》「古文糸字也」。

緒 似吕切，絲端也。

原本 詞旅反。《毛詩》：「纘禹之緒。」毛亨傳曰：緒，業也。《爾雅》：「舒、業、敘、從，緒也。」郭璞曰：謂端緒也。又曰：緒，事也。《楚辭》：「欸秋冬之緒風。」王逸曰：緒，餘也。野王案：謂殘餘也。《莊子》曰「曩者先生有緒言」是也。《説文》：「絲端也。」《廣雅》：緒，末也。

緬 彌善切，微絲也，思貌也，輕也。緬 同上。又亡結切，細也。

原本 彌善反。《穀梁傳》「改葬之禮緦，舉下，緬也」。劉兆曰：緬謂輕而薄也。《國語》「緬然引領南望」。賈逵曰：緬，思貌也。《説文》「微絲也」。

緬 《字書》：亦緬字也。又亡結反。《倉頡篇》：緬，細也。

純 市均切，絲也。【略】

原本 時均反。《論語》：「麻冕，禮也。今也純，儉。」孔安國曰：古者績麻，卅升布以爲冕。今絲易成，故儉也。【略】《廣雅》：純，績也。純，絲也。

綃 思焦切，生絲也。【略】，緯也。

原本 思燋反。【略】《説文》：「生絲也。」《倉頡篇》：綃，素也。綃緯也。

緖 口皆切，大絲也。

原本 口皆反。《説文》：「大絲也。」

絖 呼光切，絲曼延也。

原本 呼光反。《説文》：「絲曼延也。」

紇 户結、下没二切，絲下也。

原本 音齕。《説文》：「絲下也。」

紀 居擬切，【略】緒也，絲别名也。

原本 居擬反。【略】

繎 如延切，絲縈也。

原本 如緣反。《説文》：「繎，絲勞也。」

纚 始移切，又思移切，粗細經緯不同者。纚、絁並同上。

原本 纚尺移、思移二反。《説文》：「粗(紬)(緒)也。」《倉頡篇》：細曰絟縺，粗曰紵縺，總大者也。《字書》一曰，經緯不同也。纚，《倉頡篇》：經緯不同也，亦生絲也。《字書》：亦纚字也。

緭 胡貴切，緭，緒也。

原本 胡貴反。【略】《埤蒼》：緭，緒也。

繁 之若切，矰矢射也，生絲縷也。繳，同上。

原本 之若反。《孟子》：「以爲鴻鵠將至，思援弓繳而射之。」野王案：繳即矰矢射也。《説文》：「生絲縷也。」

紙 普賣切，散絲也。

原本 普賣反。《倉頡篇》：紙，散絲也。

緢 技袁切，亂絲也。

繗 音紟，絲也。

缺 古邁切，細絲也。

縞　下革切，生絲。

綸　音藥，絲也。

顧野王《玉篇》卷二七《絲部》原本　絲　先資切，蠶所吐。

原本　蘇姿反。《尚書》：「沇州青州貢絲。」《周禮》：「豫州之利絲枲。」《説文》：「蠶所吐也。」

顧野王《玉篇》卷二八《巾部》　帞　丑朝切，細絲也。

丁度《集韻》卷一《東韻》　緵絲亂緒貌。

丁度《集韻》卷一《鍾韻》　緝絲飾。

丁度《集韻》卷一《支韻》　縒《説文》：「參縒也。」謂亂絲貌。

丁度《集韻》卷一《脂韻》　絫【略】一曰，十絲。

丁度《集韻》卷一《之韻》　絲糸《説文》：「蠶所吐也。」或省。

丁度《集韻》卷二《灰韻》　緦斷色絲，兩細中而糾之。

丁度《集韻》卷二《真韻》　【略】理絲也。

丁度《集韻》卷三《宵韻》　綃、縿、繑《説文》「生絲也」。【略】或作縿、繑。

帞帞杪，細絲。

丁度《集韻》卷三《仙韻》　繎絲難理。一曰絲勞。

丁度《集韻》卷三《爻韻》　緢絲旋曰緢。

丁度《集韻》卷三《戈韻》　紽絲數也。《詩》：「素絲五紽。」通作它、他。

丁度《集韻》卷三《麻韻》　絮絲紊曰絮。

丁度《集韻》卷三《唐韻》　綂絲曼延也。

丁度《集韻》卷四《青韻》　絡細絲也。

紟【略】一曰絲細湅爲紟，布細湅爲繐。

丁度《集韻》卷四《蒸韻》　紿絲勞也。

丁度《集韻》卷四《蒸韻》　紿絲勞也。

丁度《集韻》卷四《董韻》　縿絲亂也。

丁度《集韻》卷五《語韻》　紶緒也。

丁度《集韻》卷五《駭韻》　緒大絲。

丁度《集韻》卷五《駭韻》　絯【略】絲也。

丁度《集韻》卷五《賄韻》　磪絲大貌。

丁度《集韻》卷五《海韻》　絯絲也。

丁度《集韻》卷六《巧韻》　緢庬絲。

丁度《集韻》卷六《皓韻》　絩五色縷。

丁度《集韻》卷六《馬韻》　縿縿絮，絲絮相箸貌。

絮女下切，縿絮，絲絮相箸貌。

縿、緒竹下切，縿絮，絲絮相著也。或从者。

丁度《集韻》卷六《養韻》　纕絲勞也。

丁度《集韻》卷六《厚韻》　糾絲黃色。

丁度《集韻》卷七《送韻》　絟絲屬。

丁度《集韻》卷七《用韻》　緟、褈繒縷也，或从衣。

丁度《集韻》卷八《霰韻》　繎人見切，絲勞也。

丁度《集韻》卷八《綫韻》　繎絲勞也。

丁度《集韻》卷八《過韻》　綸一曰，絲有節。

丁度《集韻》卷八《禡韻》　絮、絮、縿絲勞也。或从如，从奓。

丁度《集韻》卷八《宥韻》　紬緒也。

緧、紬【略】一曰，緒也。或作紬。

丁度《集韻》卷九《術韻》　絖縷一枚也。

丁度《集韻》卷九《沒韻》　紇絲下也。

丁度《集韻》卷九《屑韻》　紇，大絲。

丁度《集韻》卷九《薛韻》　紓絲束。

丁度《集韻》卷一〇《鐸韻》　絡【略】一曰，生絲。

丁度《集韻》卷一〇《錫韻》　䌹【略】一曰，絲細。

丁度《集韻》卷一〇《葉韻》　緤絲壞也。

丁度《集韻》卷一〇《帖韻》　纈絲數。

司馬光《類篇》卷二一《巾部》　帞癡宵切，帞杪細絲。

司馬光《類篇》卷三七《糸部》　總、緫【略】總又祖叢切，絲數。《詩》：「素絲五總。」又作弄切，又並祖動切。

紨、纀芳無切，《博雅》：「紨絻，紬也。」【略】一曰大絲曰紨。或从敷。

緦烏回切，斷色絲，兩紐中而糾之。

絡忙經切，絲也。

綹力九切，《説文》：「緯十縷爲綹」。一曰絲十爲綸，綸倍爲綹。

紏他口切，絲黄色。

缺古穴切，縷也。

緐職略切，《説文》：「生絲縷也。」或書作繳。

司馬光《類篇》卷三七 縺儲用切，繒縷也。

纆、絾、絁商支切，粗緒也。

戴侗《六書故》卷三〇《工事六》 絲　息兹切，象絲出於絸。《説文》曰：「，細絲也。象束絲之形。讀若覛。，古文。」絲，蠶所吐也。从二糸。徐鍇曰：一蠶所吐爲忽，十忽爲絲，糸五忽也。按，絲非一絸之緒，故兩其象以立義，其有偏旁者，則從省文，非有二字也。

系　胡計切，絲所聯屬也。象形，亦作。《説文》曰：「系，繫也。丿聲，籀文。」與繫通。《説文》曰：系或作。又係，絜束也，孫帶也。

絶　情雪切，斷絲也，象絲而絶之。又作，從糸，從刀，卩聲。《説文》曰：絶，古文。《漢書》：絶者，不可復續。

絸　、古典切，蠶吐絲所自包裹也。又作。《説文》曰：「蠶衣也。從糸，從虫。」徐本從黹省，唐本從㡀。絸，古文。《爾雅》「蟓，桑繭。雔由，樗繭、棘繭、欒繭。蚢，蕭繭。」按，虫之爲繭者非一，惟蠶繭可繅爲絲。衣以繭絮之者，因謂之繭。《記》曰：「子羔之襲也，繭衣裳。」康成曰：若今大纊。又曰：「纊爲繭，緼爲袍。」康成曰：衣有著之異名也。别作襺。《説文》曰：「袍衣也。」

縷　力主切，絲麻之縷可經緯者也。《周官・典枲》：「掌布(總)〔緦〕縷紵〔之〕麻草之物。」《孟子》曰：「麻縷絲絮。」

綹　力久切。《説文》曰：「緯十縷爲綹。」按，縷、綹一聲，實一字也。甌人以繅餘粗絲爲綹。

綫　私箭切。大絲，所用縫紉者也。又作。《周禮・縫人》「掌縫線之事」。

紽　徒何切。《詩》云：「素絲五紽。」毛氏曰：數也。

緎　于逼切，《詩》云：「素絲五緎。」《西京雜記》曰：五絲爲䌰，倍䌰爲升，倍升爲緎，倍緎爲紀，倍紀爲緵，倍緵爲襚。《爾雅》曰：「緎，縫也。」孫炎曰：縫之界緎也。按《詩》末章云：「羔羊之縫。」則此不得爲縫矣。紽、緎、總皆以五言，疑皆絲之量數，顧今無所考爾。《説文》：「黬，羔裘之縫。从黑。」

細　穌計切，絲之微者也。

緬　彌兖切，細不絶也。《説文》曰：「微絲也。」今之絡者，别其絲，最細者爲緬，次曰大緬，凡緬以爲緯。又作紼。

紹　市沼切，接繼統緒也。《説文》曰：「古文从邵。」

續　似足切，繼絶也。《説文》曰：「古文從庚，從貝。」

纘　作管切，紹續組織之成功也。《書》云：「纘禹舊服。」《詩》云：「載纘武功。」《中庸》曰：「纘太王王季文王之緒。」《説文》曰：「繼也。」與纂通。《記》曰：「纂乃祖服。」

總　作孔切，合而總之也。俗作緫。與捴通。《説文》曰：「聚束也。」徐鉉曰：俗作揔。非。《書》云：「無總于貨寶。」總角，撮髮也。總、撮，聲相通。《記》曰：「櫛縰笄總。」又祖叢切。《詩》云：「素絲五總。」毛氏曰：數也。

級　紀立切，絲次弟也。

紾　止忍切，絲繚轉也。《考工記》曰：「老牛之角紾而昔。」謂其角理紾轉也。《孟子》曰：「紾兄之臂而奪之食。」謂轉戾其臂也。

綟　洛計切，轉之急也。《説文》曰：「綟，帛戾草染色。」亦單作戾。《素問》曰：「其病綟戾。」又力結切，絞之急也。與捩通。

縮　所六切，絲緊綟而短縮也。

繽　毗民、紕民二切，繽紛，絲穙亂貌。《楚辭》曰：「時繽紛以變易。」曰：「佩繽紛其繁飾。」

紛　專文切，絲繁不治也。【略】亂絲敝帛可用以揩拭者，因謂之紛。

紜　王分切，紛紜絲亂也。孫子曰：「紛紛紜紜鬭亂。」

綮　遺禮切，絲錯結也。【略】筋肉之衆盤結者，因謂之綮。《莊子》曰：技經肎綮之未嘗。司馬彪曰：結處也。肎綮，又作肯綮。徐鉉曰：肥腸也。非。

紊　亡運切，經理錯亂也。

紿　他亥、徒亥二切。《説文》曰：「絲勞。」即紿。

繲　古隘切，絲纇緰也。莊周曰：「挫鍼治繲。」

緰　尼攝切，絲接岐也。《西京雜記》曰：五絲爲緰，倍緰爲升。

纇　盧對切。《説文》曰：「絲節也。」

纆　商支切。《説文》曰：「粗緒也。」徐鉉曰：今俗作絁。

紇　下没切。《説文》曰：「絲下也。」

紉　女鄰切。【略】一説，合絲爲紉。

繳 𦃓又之若切。《説文》曰：「生絲縷也。」《孟子》曰：「思援弓繳而射之。」生絲繫箭以射飛鳥也。

綸 𥿷龍春切，約合絲縷爲綸。《詩》云：「之子于釣，言綸之繩。」《記》曰：「王言如絲，其出如綸。王言如綸，其出如綍。」引之爲彌綸、經綸。《易》曰：「彌綸天地之道。」《説文》曰：「青絲綬也。」

緡 𦁼眉貧切，合絲爲緡。《詩》云：「言緡之絲。」又曰：「維絲伊緡。」《説文》：「釣魚繳也。」又作罠《説文》曰：「釣也。」錢之貫者爲緡錢。漢令商賈各以其物自占，率緡錢二千而算一，或四千而算一，謂之占緡。別作鍲。

綰 𦀚塢版切，絲縷相穿貫也。

緐 𦃃附袁切，絲采緐縟也。或作𦄼。

紝 𦁻如林、尼心二切。《説文》曰：「機縷也。」孫氏，如甚切。《記》：「曰織紝組紃。」《類篇》曰：織也。或作絍、䋕。《傳》曰：「執鍼織紝皆百人。」按，織組紘之屬曰紝。

張自烈《正字通》卷八《糸部》 糸同絲省。《説文》糸、絲各𡗜部。「糸，細絲也，象束絲形。讀若覛。」徐鍇曰：「一蠶所吐爲忽，十忽爲絲。糸，五忽也。莫狄切。古文作𢆶。」「絲，蠶所吐。从二糸」，息兹切，分爲二。《六書故》曰：絲非一糸之䋣，故兩其象以𡗜義，其牡偏旁者，則从省文，非有二字也。《通雅》曰：絲或作糸，總古作𢆶，可證音莫狄切者。陸、孫輩傳會分別之失也。直當音絲，合爲一。據二説，足正《説文》同字分訓之謬，況絲爲蠶所吐，糸雖細絲，亦蠶所吐也，無二絲也。絲旁省从糸，猶水旁省从氵，手旁省从扌，無二義二音也。鄭樵趙古，則从《説文》舊本音覓，從《正韻》，丛非，詳見後絲註。

張自烈《正字通》卷八《糸部》 純《説文》：「純，絲也。」引《論語》「今也純儉」。義未詳，諸經注疏謂純與緇同，丛泥。

紩古壞切，音怪，細絲。又屑韻，音洩，縷也。

絮乃過切，音挐，糸紊曰絮。《韻書》挐亦作拏，挐，絲挐相牽也。又乃亞切，絲結亂也。據此説，絮與挐義通。一説，絲亂當作絮。

絘呼泱切，音穴。《説文》「縷一枚也」。按从穴無義，縷一枚不必贅作絘。

細思計切，西去聲，小也。絲之微者曰細，凡事物微末者皆曰細。

紶丘淤切，音區，束也。又語韻，音去，緒也。

絨而容切，音戎，練熟絲。

絒普匹切，音派，散絲。

絲同糸。《韓詩外傳》：「繭之性爲絲，弗得女工燔以沸湯抽其統，理不成爲絲。夫人性善，非得明王扶攜納之于道，則不成君子。」又亂絲。《左傳・隱四年》「衛州吁弒桓公而𡗜。公問于衆仲曰：州吁其成乎。對曰：臣聞以德和民，未聞以亂。以亂，猶治絲而棼之也。」互詳前糸註。

綛苦貢切，音控，絲屬。

綧朱閏切，諄去聲，亂絲也。

綫先見切，先去聲。《説文》「縷也」。《六書故》：絲縷所用縫紉者。徐本《説文》：古作線，篆作𦃃，从泉，會鍼縷流通意。舊註引《正譌》以線爲俗字，泥。

綅即涉切，音接，綅續縷也。通作接。

綸龍云切，音倫，糾合絲縷也。《詩・小雅》：「之子于釣，言綸之繩。」註：理絲曰綸。《禮・緇衣》：「王言如絲，其出如綸。王言如綸，其出如綍，故大人不倡游言。」註：王言之出，雖小弘之而大也。

緒雪遇切，須去聲。《説文》：「絲端也。」

線同綫。《周禮・縫人》「掌王宮縫線之事」。《考工記・鮑人》「察其線欲其藏也」。註：謂縫革之縷也。

緎營逼切，音域。古者以皮爲裘，織組紃著縫中，連屬兩皮，因以爲飾，所謂絲也。緎爲裘之界域也。《詩・召南》：「素絲五緎。」又陸佃曰：五絲爲紽，倍紽爲升，倍升爲緎，倍緎爲紀，倍紀爲緵，倍緵爲襚。《六書故》曰：《爾雅》「緎，縫也」。孫炎曰：縫之界緎也。侗按《詩》末章「羔羊之縫」，則此不得爲縫。紽、緎、總皆言五，疑皆絲之量數，顧今無所考耳。《説文》：「黬，羔裘之縫。从黑。」按《詩》皆言絲，改作黬，非。紽、緎、總，朱《傳》無確詁，《正韻》緎又音洫。按，緎从或無洫音，音洫，亦非。

緡眉平切，音民，合絲爲緡。又釣綸。《詩・召南》：「其釣維何，維絲伊緡。」又錢貫，錢之貫者爲緡錢。漢令商賈各以其物自占，率緡錢二千而算一，或四千而算一，謂之占緡。

緍丘哀切，音揩。《説文》：「大絲」。

緬彌演切，音勉。《説文》：「微絲也。」《六書故》：細不絕也。今之絡絲者，別其最細者爲緬，次曰大緬，凡緬皆以爲緯。【略】本作緬，篆作𦁡，別作絤。

練力見切，連去聲，湅漚熟絲也。

緵祖冬切，音宗。【略】又送韻，宗去聲，絲數八十縷也。《史記》：漢景帝後二年，令徒隸衣七緵布。《正義》曰：今七升布，言其麤也。

緦烏魁切，音煨，絲五色。

緙苦呵切，音科，紋綵。又理絲。

縞呼白切，音覈，生絲。

幠扶古切，音撫，絲也。又暮韻，音務，纀淹餘也。

繒咨登切，音增。【略】又與矰同。《三輔黃圖》：佽飛具矰繳以射鳧鴈。註：箭有綸者曰矰，繳即綸也。

繳古巧切，音皎，纏繞也。又藥韻，音酌，生絲縷也，謂生絲繫箭以射飛鳥也。

緐繳本字。《説文》篆作𦃃。

緶布格切，音百，織絲爲帶。《説文》有縏無緶。

纙舊註，鄭長倩《遺公孫弘書》：五絲爲纙，倍纙爲升。此自少之多，自微至著也。音無考，疑音聶。按《六書故》尼攝切，絲接岐也。見《西京雜記》。

䌤才紅切，音叢，合絲織也。

纆絁本字。《説文》：「粗緒也。」通作絁。徐鉉曰：今俗作絁，非是。按，徐説泥。

纆纆字之譌，舊註纆與纆同，此云或作纆。纆、纆一字，改从璽，轉音痴，太非。訓粗緒即纆義，爾下从虫，乃俗繭字。存纆、絁，刪纆，可也。

西湖散人《新鐫雅俗通用珠璣藪》卷七 經緯織絲也，縱曰經，橫曰緯。縱音宗，直也。綜綫持經線也。絲縷一線一絲皆云一縷。

桂馥《札樸》卷一《惟貌有稽》 「惟貌有稽」。傳云：惟察其貌，有所考合。案《説文》「緢，旄絲也」。引《周書》「惟緢有稽」，旄當爲旋。《集韻》旋絲曰緢。言簡有衆如治旋絲也。

厲荃《事物異名録》卷二五《布帛部》 絲

大緬《六書故》今之絡絲者，別其最細者爲緬，次曰大緬。

流黃《演繁露》：古詩曰：「中婦織流黃。」則魯直詩曰：「明於機上之流黃。」則流黃者，織絲之色也。染絲而織，惟錦爲然，今專言流黃，恐是黃繭之絲也。按，流黃，一云絹也。

綜述

《書》卷六《禹貢》 兖州：厥貢漆、絲。

青州：厥篚檿絲。孔安國傳：檿桑蠶絲，中琴瑟弦。孔穎達疏：《釋木》云：檿桑，山桑。郭璞曰：柘屬也。檿絲是蠶食檿桑所得絲，韌，中琴瑟弦也。

《周禮・天官冢宰・典絲》 典絲掌絲入而辨其物，以其賈楬之。鄭玄注：絲入謂九職之嬪婦所貢絲。掌其藏與其出，以待興功之時。鄭玄注：絲之貢少，藏之出之可同官也。時者，若温煖宜縑帛，清涼宜文繡。頒絲于外內工，皆以物授之。鄭玄注：外工，外嬪婦也。內工，女御。凡上之賜予亦如之。鄭玄注：王以絲物賜人。及獻功則受良功而藏之，辨其物而書其數，以待有司之政令，上之賜予。良當爲苦字之誤，受其麤盬之功以給有司之公用。其良功者，典婦功受之，以共王及后之用。鄭司農云：良功絲功縑帛。良音苦，出洼注。凡祭祀，共黼畫組就之物。鄭玄注：以給衣服冕旒及依盥巾之屬。白與黑謂之黼，采色一成曰就。喪紀，共其絲纊組文之物。鄭玄注：以給線縷著盱口綦握之屬，青與赤謂之文。凡飾邦器者，受文織絲組焉。鄭玄注：謂茵席屏風之屬。歲終，則各以其物會之。

《禮記・月令》 季春之月，【略】蠶事既登，分繭稱絲效功，以供郊廟之服。

《禮記・內則》 子能食食，教以右手。能言，男唯女俞。男鞶革，女鞶絲。

《禮記・少儀》 國家靡敝，則【略】君子不履絲。

《孟子・滕文公上》 〔陳相曰：〕「從許子之道，則市賈不貳，國中無僞；雖使五尺之童適市，莫之或欺。布帛長短同，則賈相若；麻縷絲絮輕重同，則賈相若；五穀多寡同，則賈相若；屨大小同，則賈相若。」

〔孟子〕曰：「夫物之不齊，物之情也；或相倍蓰，或相什百，或相千萬。子比同之，是亂天下也。巨屨小屨同賈，人豈爲之哉？從許子之道，相率而爲僞者也，惡能治國家？」

《史記》卷二《夏本紀》 濟、河維沇州：【略】其貢漆、絲。

《史記》卷二《夏本紀》 海岱維青州：【略】厥貢【略】，岱畎絲、【略】，其篚酓絲。裴駰集解：孔安國曰：「酓桑蠶絲中琴瑟弦。」司馬貞索隱：《爾雅》云「檿，山桑」，是蠶食檿之絲也。

《漢書》卷二八上《地理志第八上》 沛河惟兖州。【略】厥貢漆絲。顏師古注：「貢，獻也。地宜漆林，又善蠶絲，故以獻也。」

《漢書》卷二八上《地理志第八上》 海、岱惟青州。【略】貢海物惟錯，岱畎絲。顏師古注：「言岱山之谷，出絲。」萊夷作牧，厥篚檿絲。顏師古注：「萊山之夷，地宜畜牧。檿，檿桑也。食檿之蠶絲，可以弦琴瑟。檿音烏簟反。」

《逸周書》卷八《職方解》 南曰豫州，其利林漆、絲、枲。

《古今事物考》卷三《珍寶・絲》 《皇圖要記》曰：黄帝妃西陵氏始養蠶

爲絲。

《古今事物考》卷五《禮義·先蠶》 西陵氏之女嫘祖，爲黄帝元妃，始教民育蠶，治絲繭以供衣服，後世祀爲先蠶。《周禮·内宰》詔王后蠶于北郊，齋戒享先蠶。

《事物攷》卷三《國用》 絲 《皇圖要記》曰：黄帝四妃，西陵氏始養蠶爲絲。

《史記》卷一二九《貨殖列傳》 山東多魚、鹽、漆、絲、聲色。

《後漢書》卷一下《光武帝紀下》 建武二十二年九月戊辰，地震裂。制詔曰：「日者地震，南陽尤甚。【略】遣謁者案行，其死罪繫囚在戊辰以前，減死罪一等；徒皆弛解鉗，衣絲絮。」李賢等注：舊法，在徒役者不得衣絲絮，今赦許之。

桓寬《鹽鐵論》卷三《輕重》 御史曰：「周之建國也，蓋千八百諸侯。其後，彊吞弱，大兼小，並爲六國。六國連兵結難數百年，内拒敵國，外攘四夷。由此觀之：兵甲不休，戰伐不乏，軍旅外奉，倉庫内實。今以天下之富，海内之財，百郡之貢，非特齊、楚之畜，趙、魏之庫也。計委量入，雖急用之，宜無乏絶之時。顧大農等以術體躬稼，則后稷之烈，軍四出而用不繼，非天之財少也？用鍼石，調陰陽，均有無，補不足，亦非也？上大夫君與治粟都尉管領大農事，灸刺稽滯，開利百脈，是以萬物流通，而縣官富實。當此之時，四方征暴亂，車甲之費，克獲之賞，以億萬計，皆贍大司農。此者扁鵲之力，而鹽、鐵之福也。」

文學曰：「邊郡山居谷處，陰陽不和，寒凍裂地，衝風飄鹵，沙石凝積，地勢無所宜。中國，天地之中，陰陽之際也，日月經其南，斗極出其北，含衆和之氣，産育庶物。今去而侵邊，多斥不毛寒苦之地，是猶棄江皋河濱，而田於嶺坂菹澤也。轉倉廩之委，飛府庫之財，以給邊民。中國困於繇賦，邊民苦於戍禦。〔力耕不便種糴，無桑麻之利，仰中國絲絮而後衣之，皮裘蒙毛，曾不足蓋形，夏不失複，冬不離窟，父子夫婦内藏於專室土圜之中。〕中外空虚，扁鵲何力？而鹽、鐵何福也？」

《太平御覽》卷八一四《布帛部一·絲》 《論衡》曰：蠶合絲而商弦絶，按子生而父氣衰，新絲既登，故休者自壞耳。

《正部》曰：皎皎練絲，得藍則青，得丹則赤，得蘗則黄，得泥則黑。

《太平御覽》卷八一四《布帛部·絲》 《士緯》曰：絲俱坐於蠶，爲繒則賤，爲錦則貴。

陸凱《奏事》曰：諸暨、永安出御絲。

《南齊書》卷三《武帝紀》 永明五年九月丙午，詔曰：「善爲國者，使民無傷，而農益勸。是以十一而稅，周道克隆，開建常平，漢載惟穆。岱畎絲枲，浮汶來貢，杞梓皮革，必緣楚往。【略】昔在開運，星紀未周，餘弊尚重。農桑不殷於曩日，粟帛輕賤於當年。工商罕兼金之儲，匹夫多飢寒之患。良由圜法久廢，上幣稍寡。所謂民失其資，能無匱乎？凡下貧之家，可蠲三調二年。京師及四方出錢億萬，糴米穀絲綿之屬，其和價以優黔首。遠邦嘗市雜物，非土俗所産者，皆悉停之。必是歲賦攸宜，都邑所乏，可見直和市，勿使逋刻。」

《舊唐書》卷一九七《西南蠻傳·東女國》 東女國，西羌之别種，以西海中復有女國，故稱東女焉。【略】弱水王即國初女國之弱水部落。其悉董國，在弱水西，故亦謂之弱水西悉董王。舊皆分隸邊郡，祖、父例授將軍、中郎、果毅等官；自中原多故，皆爲吐蕃所役屬。其部落，大者不過三二千户，各置縣令十數人理之。土有絲絮，歲輸於吐蕃。

《新唐書》卷三八《地理志二》 齊州濟南郡 土貢：絲。

青州北海郡 土貢：絲。

《新唐書》卷四〇《地理志四》 西州交河郡 土貢：絲。

安西大都護府 土貢：緋氈。

《新唐書》卷四一《地理志五》 蘇州吴郡 土貢：八蠶絲。

泉州清源郡 土貢：絲。

《新唐書》卷二二二下《南蠻傳下·松外蠻》 自夜郎、滇池以西，皆莊蹻之裔。有稻、麥、粟、豆、絲、麻、薤、蒜、桃、李。以十二月爲歲首。布幅廣七寸。正月蠶生，二月熟。男子氈革爲帔，女衣絁布裙衫，髻盤如髽。

李吉甫《元和郡縣圖志》卷六《河南道二》 陝州貢、賦：賦：絲。

李吉甫《元和郡縣圖志》卷一〇《河南道六》 齊州貢、賦：開元貢：絲。

李吉甫《元和郡縣圖志》卷一五《河東道四》 邢州貢、賦：開元貢：絲。

李吉甫《元和郡縣圖志》卷一六《河北道一》 懷州貢、賦：賦：絲。

魏州貢、賦：賦：絲。

相州貢、賦：賦：絲。

李吉甫《元和郡縣圖志》卷一七《河北道二》 趙州貢、賦：開元貢：絲。

李吉甫《元和郡縣圖志》卷一八《河北道三》 易州貢、賦：賦：絲。

李吉甫《元和郡縣圖志》卷二一《山南道二》 唐州貢、賦：開元貢：絲。

李吉甫《元和郡縣圖志》卷二五《江南道一》 潤州貢、賦：賦：絲。
睦州貢、賦：賦：絲。

李吉甫《元和郡縣圖志》卷三八《嶺南道五》 峯州貢、賦：開元貢：八蠶絲。

《舊五代史》卷一四六《食貨志》 唐同光三年二月，勑：「魏府小菉豆稅，每畝減放三升。城内店宅園囿，比來無稅，頃因僞命，遂有配徵。後來以所徵物色，添助軍裝衣賜，將令通濟，宜示矜蠲。今據緊慢去處，於見輸稅絲上，每兩作三等，酌量納錢，收市軍裝衣賜，其絲仍與除放。」其年閏十二月，吏部尚書李琪上言：「請賦稅不以折納爲事，一切以本色輸官，又不以紐配爲名，止以正稅加納。」勑曰：「本朝徵科，唯配有兩稅，至於折納，當不施爲。宜依李琪所論，應逐稅合納錢物斛斗鹽錢等，宜令租庸司指揮，並准元徵本色輸納，不得改更，若合有移改，即須具事由奏聞。」

《金史》卷二五《地理志中》 東平府產絲。

樂史《太平寰宇記》卷一〇《河南道一〇・陳州》 土產：絲。

樂史《太平寰宇記》卷一八《河南道一八・青州》 土產：絲。

樂史《太平寰宇記》卷一九《河南道一九・齊州》 土產：絲。

樂史《太平寰宇記》卷五三《河北道二・懷州》 土產：絲。

樂史《太平寰宇記》卷五四《河北道三・魏州》 土產：絲。

樂史《太平寰宇記》卷五六《河北道五・衛州》 土產：絲。

樂史《太平寰宇記》卷五七《河北道六・通利軍》 土產：絲。

樂史《太平寰宇記》卷六六《河北道一五・瀛州》 土產：絲。

樂史《太平寰宇記》卷六七《河北道一六・霸州》 土產：絲。

樂史《太平寰宇記》卷七二《劍南西道一・益州》 土產：【略】今貢：絲，出郫縣。柘蠶絲，出犀浦。

樂史《太平寰宇記》卷九〇《江南東道二・昇州》 土產：絲，賦。

樂史《太平寰宇記》卷一二四《淮南道二・楚州》 土產：絲。

樂史《太平寰宇記》卷一三〇《淮南道八・通州》 土產：絲。

樂史《太平寰宇記》卷一三八《山南西道六・廣安軍》 土產：絲。

周去非《嶺外代答》卷六《服用門・蟲絲》 廣西楓葉初生，上多食葉之蟲，似蠶而赤黑色。四月五月，蟲腹明如蠶之熟，橫州人取之，以釅醋浸，而擘取其絲，就醋中引之，一蟲可得絲長六七尺，光明如煮，成弓、琴之弦。以之繫弓刀紈扇，固且佳。

馬端臨《文獻通考》卷三一七《輿地三》 濰州【略】貢綜絲紽。

馬端臨《文獻通考》卷三二〇《輿地六》 解州【略】貢紽。

馬端臨《文獻通考》卷三二二《輿地八》 西州【略】貢絲。

《宋會要輯稿・食貨五一・左藏庫》 太宗太平興國二年六月詔曰：「權衡之設，厥有常制，出納之吝，謂之有司，儻求羨餘，必恣掊克，苟視成而不戒，豈爲天下守財之道焉。應左藏庫及諸軍務所納諸州上供金、銀、絲、綿係斤兩物色，自前多爲庫務欺壓秤盤，妄稱要收羨剩進納，致使部押之人，虛抱欠折，破產償納。自今並須平定秤樣斤兩與納人同封樣後即得秤盤，仍自今凡有給納，並須兩平，不得更收羨剩，違者許人陳告，主吏洎秤子節級、庫子並當處斬，監官重寘之法，告者給賞錢二百千。先是諸州吏護送官物至京，藏吏率挿鈎爲姦，吏負官物，至於破產不能償，太宗知其事，下詔禁之。

八年十一月詔：今後諸路錢、帛、絲、綿綱運令左藏庫驗認，本州封記全，若有欠折，即隨處官吏庫司攤填，如元無封及損動封記，並令管押軍將陪填。有司言：州郡所納絲、綿納秤兩物色，許百兩納耗二兩，朝廷雖嚴指揮，不許多納，秤入之際，隨分須留耗折，蹙令就整，皆有羨餘，皆是裴綱交秤之時，本庫不與了當耗折，收充羨剩，欲求勞績，故在令管押者陪填。望自今凡秤兩之物，不得先收羨餘，仍酌量均於束内明書斤兩，據物收數，如有封記完全，欠少分兩者，並將赴三司與判使已下秤盤定數，若無封記而欠者，即勒管押人填納。從之。

《全宋文》卷六八宋太宗《禁川陝賈人市絲綿等詔》淳化元年八月 川陝諸州官歲市絲綿、紬布、絹帛等，不能充舊貫，蓋賈人利市侵其利，自今嚴禁之。限詔到，賈人先所市者，悉送所在官，官以市價償之，藏匿者置于法。《宋會要輯稿》食貨六四之一七（第七冊第六一〇八頁）。

《元史》卷五《世祖紀二》 [中統三年]十二月丙辰，敕諸王塔察兒等所部獵户止收包銀，其絲稅輸之有司。

四年，【略】是歲，天下户一百五十七萬九千一百一十。賦，絲七十萬六千四百一斤，鈔四萬九千四百八十七錠。斷死罪七人。

《元史》卷九三《食貨志一》 科差

科差之名有二：曰絲料，曰包銀。其法各驗其户之上下而科焉。絲料之法，太宗丙申年始行之。每二户出絲一斤，并隨路絲線、顔色輸于官；五户出絲一斤，并隨路絲線、顔色輸于本位。包銀之法，憲宗乙卯年始定之。初漢民科納包銀六兩，至是止徵四兩，二兩輸銀，二兩折收絲絹、顔色等物。逮及世祖，而其制益詳。

中統元年，立十路宣撫司，定户籍科差條例。然其户大抵不一，有元管户、交參户、漏籍户、協濟户。於諸户之中，又有絲銀全科户、減半科户、止納絲户、止納鈔户；外又有攤絲户、儲也速䚟兒所管納絲户、復業户，并漸成丁户。户既不等，數亦不同。元管户內，絲銀全科係官户，每户輸係官絲一斤六兩四錢、包銀四兩；全科係官五户絲户，每户輸係官絲一斤、五户絲六兩四錢，包銀之數與係官户同；減半科户，每户輸係官絲八兩、五户絲三兩二錢，包銀二兩；止納係官絲户，若上都、隆興、西京等路十户十斤者，每户輸一斤，大都以南等路十户十四斤者，每户輸一斤六兩四錢；止納係官五户絲户，每户輸係官絲一斤、五户絲六兩四錢。交參户內，絲銀户每户輸係官絲一斤六兩四錢、包銀四兩。漏籍户內，止納絲户每户輸絲之數，與交參絲銀户同；止納鈔户，初年科包銀一兩五錢，次年遞增五錢，增至四兩，併科絲料。協濟户內，絲銀户每户輸係官絲十兩二錢，包銀四兩；止納絲户，每户輸係官絲之數，與絲銀户同。攤絲户，每户科攤絲四斤。儲也速䚟兒所管户，每户科細絲，其數與攤絲同。復業户并漸成丁户，初年免科，第二年減半，第三年全科，與舊户等。然絲料、包銀之外，又有俸鈔之科，其法亦以户之高下爲等，全科户輸一兩，減半户輸五錢。於是以合科之數，作大門攤，分爲三限輸納。被災之地，聽輸他物折焉，其物各以時估爲則。凡儒士及軍、站、僧、道等户皆不與。

二年，復定科差之期，絲料限八月，包銀初限八月，中限十月，末限十二月。三年，又命絲料無過七月，包銀無過九月。及平江南，其制益廣。至元二十八年，以《至元新格》定科差法，諸差税皆司縣正官監視人吏置局均科。諸夫役皆先富强，後貧弱；貧富等者，先多丁，後少丁。

成宗大德六年，又命止輸絲户每户科俸鈔中統鈔一兩，包銀户每户科二錢五分，攤絲户每户科攤絲五斤八兩；絲料限八月，包銀、俸鈔限九月，布限十月。大率因世祖之舊而增損云。

科差總數：

中統四年，絲七十一萬二千一百七十一斤，鈔五萬六千一百五十八錠。

至元二年，絲九十八萬六千九百一十二斤，包銀等鈔五萬六千八百七十四錠，布八萬五千四百一十二匹。

至元三年，絲一百五萬三千二百二十六斤，包銀等鈔五萬九千八十五錠。

至元四年，絲一百九萬六千四百八十九斤，鈔七萬八千一百二十六錠。

天曆元年，包銀差發鈔九百八十九錠，䝉一百一十三萬三千一百一十九索，絲一百九萬八千八百四十三斤，絹三十五萬五百三十四，綿七萬二千一十五斤，布二十一萬一千二百二十三匹。

《元史》《食貨志三》

諸王

太祖叔答里真官人位：

歲賜，銀三十錠，段一百匹。

五户絲，丙申年，分撥寧海州一萬户。延祐六年，實有四千五百三十二户，計絲一千八百一十二斤。

江南户鈔，至元十八年，撥南豐州一萬一千户，計鈔四百四十錠。

太祖弟搠只哈撒兒大王（子）淄川王位：

歲賜，銀一百錠，段三百匹。

五户絲，丙申年，分撥般陽路二萬四千四百九十三户。延祐六年，實有七千九百五十四户，計絲三千六百五十六斤。

江南户鈔，至元十三年，分撥信州路三萬户，計鈔一千二百錠。

太祖弟哈赤温大王子濟南王位：

歲賜，銀一百錠，綿六百二十五斤，小銀色絲五千斤，段三百匹，羊皮一千張。

五户絲，丙申年，分撥濟南路五萬五千二百户。延祐六年，實有二萬一千七百八十五户，計絲九千六百四十八斤。

江南户鈔，至元十八年，分撥建昌路六萬五千户，計鈔二千六百錠。

太祖弟斡真那顔位：

歲賜，銀一百錠，絹五千九十八匹，綿五千九十八斤，段三百匹，諸物折中統鈔一百二十錠，羊皮五百張，金一十六錠四十五兩。

五户絲，丙申年，分撥益都路等處六萬二千一百五十六户。延祐六年，實有二萬八千三百一户，計絲一萬一千四百二十五斤。

江南户鈔，至元十八年，分撥建寧路七萬一千三百七十七户，計鈔二千八百五十五錠。

太祖弟孛羅古䚟大王子廣寧王位：

歲賜，銀一百錠，段三百匹。

五户絲，丙申年，分撥恩州一萬一千六百三户。延祐六年，實有二千四百二十户，計絲一千三百五十九斤。

江南户鈔，至元十八年，分撥鉛山州一萬八千户，計鈔七百二十錠。

太祖長子术赤大王位：

歲賜，段三百匹，常課段一千匹。

五户絲，丙申年，分撥平陽四萬一千三百二户。戊戌年，真定晉州一萬户。

江南户鈔，至元十八年，分撥永州六萬户，計鈔二千四百錠。

太祖次子茶合䚟大王位：

歲賜，銀一百錠，段三百匹，綿六百二十五斤，常課金六錠六兩。

五户絲，丙申年，分撥太原四萬七千三百三十户。戊戌年，真定深州一萬户。延祐六年，實有一萬七千二百一十一户，計絲六千八百三十八斤。

江南户鈔，至元十八年，分撥澧州路六萬七千三百三十户，計鈔二千六百九十三錠。

太祖第三子太宗子定宗位：

歲賜，銀一十六錠三十三兩，段五十匹。

五户絲，丙申年，分撥大名六萬八千五百九十三户。延祐六年，實有一萬二千八百三十五户，計絲五千一百九十三斤。

太祖第四子睿宗子阿里不哥大王位：

歲賜，銀一百錠，段三百匹。

五户絲，丙申年，分撥真定路八萬户。延祐六年，實有一萬五千二十八户，計絲五千一十三斤。

江南户鈔，至元十八年，分撥撫州路一十萬四千户，計鈔四千一百六十錠。

太祖第五子兀魯赤太子。無嗣。

太祖第六子闊列堅太子子河間王位：

歲賜，銀一百錠，段三百匹。

五户絲，丙申年，分撥河間路四萬五千九百三十户。延祐六年，實有一萬一百四十户，計絲四千四百七十九斤。

江南户鈔，至元十八年，分撥衡州路五萬三千九百三十户，計鈔二千一百五十七錠。

太宗子合丹大王位：

歲賜，銀一十六錠三十三兩，段五十匹。

五户絲，丁巳年，分撥汴梁在城户。至元三年，改撥鄭州。延祐六年，實有二千三百五十六户，計絲九百三十六斤。

江南户鈔，至元十八年，分撥常寧州二千五百户，計鈔一百錠。

太宗子滅里大王位：

歲賜，銀一十六錠三十三兩，段五十匹。

五户絲，丁巳年，分撥汴梁在城户。至元三年，改撥鈞州一千五百八十四户。延祐六年，實有二千四百九十六户，計絲九百九十七斤。

太宗子合失大王位：

歲賜，銀一十六錠三十三兩，段五十匹。

五户絲，丁巳年，分撥汴梁在城户。至元三年，改撥蔡州三千八百一十六户。延祐六年，實有三百八十八户，計絲一百五十四斤。

太宗子闊出太子位：

歲賜，銀六十六錠三十三兩，段一百五十匹。

五户絲，丁巳年，分撥汴梁在城户。至元三年，改撥睢州五千二百一十四户。延祐六年，實有一千九百三十七户，計絲七百六十四斤。

太宗子闊端太子位：

歲賜，銀一十六錠三十三兩，段五十匹。

五户絲，丙申年，分撥東(京)〔平〕路四萬七千七百四十一户。延祐六年，實有一萬七千八百二十五户，計絲三千五百二十四斤。

江南户鈔，至元十八年，分撥常德路四萬七千七百四十户，計鈔一千九百九錠。

睿宗長子憲宗子阿速台大王位：

歲賜，銀八十二錠，段三百匹。

又泰定二年，晃兀帖木兒大王改封并王，增歲賜銀一十錠，班禿大王銀八錠。

又泰定三年，明里忽都魯皇后位下，添歲賜中統鈔一千錠，段五十匹，絹五十四。

五户絲，癸丑年，查過衛輝路三千三百四十二户。延祐六年，實有二千二百八十户，計絲九百一十六斤。

睿宗子世祖次子裕宗位：

裕宗妃伯藍也怯赤：

歲賜，銀五十錠。

江南户鈔，延祐三年，分撥江州路德化縣二萬九千七百五十户，計鈔一千一百九十錠。

裕宗子順宗子武宗：

五户絲，丁巳年，分撥懷孟一萬一千二百七十三户。

江南户鈔，大德八年，分撥瑞州路六萬五千户，計鈔二千六百錠。

睿宗子旭烈大王位：

歲賜，銀一百錠，段三百匹。

五户絲，丁巳年，分撥彰德路二萬五千五十六户。延祐六年，實有二千九百二十九户，計絲二千二百一斤。

睿宗子阿里不哥大王位。見前。

睿宗子末哥大王位：

歲賜，銀五十錠，段三百匹。

五户絲，丁巳年，分撥河南府五千五百五十二户。延祐六年，實有八百九户，計絲三百三十三斤。

江南户鈔，至元十八年，分撥茶陵州八千五十二户，計鈔三百二十四錠。

睿宗子撥綽大王位：

歲賜，銀五十錠，段三百匹。

五户絲，丁巳年，分撥真定蠡州三千三百四十七户。延祐六年，實有一千四百七十二户，計絲六百一十二斤。

江南户鈔，至元十八年，分撥耒陽州五千三百四十七户，計鈔二百一十三錠。

睿宗子歲哥都大王位：

五户絲，壬子年，元查認濟南等處五千户。延祐六年，實有五十户，計絲二十斤。

世祖長子朵兒只太子位：

腹裏、江南無分撥户。

世祖次子裕宗后位：

歲賜，段一千匹，絹一千匹。

江南户鈔，至元十八年，分撥龍興路一十萬五千户，計鈔四千二百錠。

又四怯薛伴當江南户鈔，至元十八年，撥瑞州上高縣八千户，計鈔三百三十錠。

世祖次子安西王忙哥剌位：

歲賜，段一千匹，絹一千匹。

江南户鈔，至元十八年，分撥吉州路六萬五千户，計鈔二千六百錠。

世祖次子北安王那木罕位：

歲賜，段一千匹，絹一千匹。

江南户鈔，至元二十二年，分撥臨江路六萬五千户，計鈔二千六百錠。

世祖次子(平)[寧]遠王闊闊出位：

歲賜，段匹物料，折鈔一千六百五十六錠；銀五十錠，折鈔一千錠。

江南户鈔，泰定元年，分撥永福縣一萬三千六百四户，計鈔五百四十四錠。

世祖次子西平王奧魯赤位：

歲賜，段匹物料，折鈔一千六百五十六錠；銀五十錠，折鈔一千錠。

江南户鈔，大德七年，分撥南恩州一萬三千六百四户，計鈔五百四十四錠。

世祖次子愛牙赤大王位：

歲賜，銀五十錠，折鈔一千錠；段匹物料，折鈔一千六百五十六錠。

江南户鈔，皇慶元年，分撥邵武路光澤縣一萬三千六百四户，計鈔五百四十四錠。

世祖次子鎮南王脱歡位：

歲賜，銀五十錠；段匹物料，折鈔一千六百五十六錠。

江南户鈔，皇慶元年，分撥福州路寧德縣一萬三千六百四户，計鈔五百四十四錠。

世祖次子雲南王忽哥赤位：

歲賜，銀五十錠，折鈔一千錠；段匹物料，折鈔一千六百五十六錠。

江南户鈔，皇慶元年，分撥福州路福安縣一萬三千六百四户，計鈔五百四十四錠。

世祖次子忽都怙木兒太子位：

歲賜，銀五十錠，折鈔一千錠；段匹物料，折鈔一千六百五十六錠。

江南户鈔，皇慶元年，分撥泉州路南安縣一萬三千六百四户，計鈔五百四十四錠。

裕宗長子晉王甘麻剌位：

歲賜，段一千匹，絹一千匹。

又朶兒只，延祐元年爲始，年例支中統鈔一千錠。

五户絲，闊闊不花所管益都二十九户。

江南户鈔，皇慶元年，分撥南康路六萬五千户。

又迭里哥兒不花湘寧王分撥湘鄉（州、寧鄉）縣六萬五千户，計鈔二千六百錠。

順宗子阿木哥魏王位：

江南户鈔，皇慶元年，分撥慶元路六萬五千户，計鈔二千六百錠。

順宗子武宗子明宗位：

江南户鈔，延祐二年，分撥湘潭州六萬五千户，計鈔二千六百錠。

合丹大王位：

五户絲，戊午年，分撥濟南漏籍二百户。延祐六年，實有一百九十三户，計絲七十七斤。

阿魯渾察大王：

五户絲，丁巳年，分撥廣平三十户。延祐三年，實有五户，計絲二斤。

霍里極大王：

五户絲，丁巳年，分撥廣平等處一百五十户。延祐三年，實有八十七户，計絲三十四斤。

阿剌忒納失里豫王：

天曆元年，分撥江西行省南康路。

后妃公主

太祖四大斡耳朶：

大斡耳朶：

歲賜，銀四十三錠，紅紫羅二十匹，染絹一百匹，雜色絨五千斤，針三千箇，段七十五匹，常課段八百匹。

五户絲，乙卯年，分撥保定路六萬户。延祐六年，實有一萬二千六百九十三户，計絲五千二百七斤。

江南户鈔，至元十八年，分撥贛州路二萬户，計鈔八百錠。

第二斡耳朶：

歲賜，銀五十錠，段七十五匹，常譚段一千四百九十匹。

五户絲，丁巳年，分撥河間青城縣二千九百户。延祐六年，實有一千五百五十六户，計絲六百五十七斤。

江南户鈔，至元十八年，分撥贛州路一萬五千户，計鈔六百錠。

第三斡耳朶：

歲賜，銀五十錠，段七十五匹，常課段六百八十二匹。

五户絲，壬子年，查認過真定等處畸零三百一十八户。延祐六年，實有一百二十一户，計絲四十八斤。

江南户鈔，至元十八年，分撥贛州路二萬一千户，計鈔八百四十錠。

第四斡耳朶：

歲賜，銀五十錠，段七十五匹。

五户絲，壬子年，分撥真定等處二百八十三户。延祐六年，實有一百一十六户，計絲四十六斤。

又八不別及妃子位，至元二十五年，分撥河間清州五百一十户，計絲二百四斤。

世祖四斡耳朶：

大斡耳朶：

歲賜，銀五十錠。

江南户鈔，大德三年，分撥袁州路宜春縣一萬户，計鈔一千六百錠。

第二斡耳朶：

歲賜，銀五十錠，又七錠，段一百五十匹。

江南户鈔，至元二十一年，分撥袁州路分宜縣四千户，計鈔一百六十錠。大德四年，分撥袁州路萍鄉州四萬二千户，計鈔一千六百八十錠。

第三斡耳朶：

歲賜，銀五十錠。

江南户鈔，大德十年，分撥袁州路宜春縣二萬九千七百五十户，計鈔一千一百九十錠。

第四斡耳朵：

歲賜，銀五十錠。

江南户鈔，大德十年，分撥袁州路萬載縣二萬九千七百五十户，計鈔一千一百九十錠。

順宗后位：

歲賜，段五百匹。

江南户鈔，大德二年，分撥三萬二千五百户。

武宗斡耳朵：

真哥皇后位：

歲賜，銀五十錠，鈔五百錠。

江南户鈔，延祐二年，分撥湘陰州四萬二千户，計鈔一千六百八十錠。

完者台皇后位：

歲賜，銀五十錠。

江南户鈔，延祐二年，分撥潭州路衡山縣二萬九千七百五十户，計鈔一千一百九十錠。

阿昔倫公主位：

至元六年，分撥葭州等處種田三百户。

趙國公主位：

五户絲，丙申年，分撥高唐州二萬户。延祐六年，實有六千七百二十九户，計絲二千三百九十九斤。

江南户鈔，至元十八年，分撥柳州路二萬七千户，計鈔一千八十錠。

魯國公主位：

五户絲，丙申年，分撥濟寧路三萬户。延祐六年，實有六千五百三十户，計絲二千二百九斤。

江南户鈔，至元十八年，分撥汀州四萬户，計鈔一千六百錠。

昌國公主位：

五户絲，丙申年，分撥一萬二千六百五十二户。延祐六年，實有三千五百三十一户，計絲二千七百六十六斤。

江南户鈔，至元十八年，分撥廣州路二萬七(十)〔千〕户，計鈔一千八十錠。

鄆國公主位：

五户絲，丙申年，分撥濮州三萬户。延祐六年，實有五千九百六十八户，計絲二千八百三十六斤。

江南户鈔，至元十八年，分撥横州等處四萬户，計鈔一千六百錠。

塔出駙馬：

五户絲，壬子年，元查真定等處畸零二百七十户。延祐六年，實有二百三十二户，計絲九十五斤。

帶魯罕公主位：

歲賜，銀四錠八兩，段一十二匹。

五户絲，延祐六年，實有代支户六百三十户，計絲二百五十四斤。

(大)〔火〕雷公主位：

五户絲，丙申年，分撥延安府九千七百九十六户。延祐六年，實有代支户一千八百九户，計絲七百二十二斤。

奔忒古兒駙馬：

五户絲，庚辰年，分撥眼户五百七十三户。延祐六年，實有五十六户，計絲二十二斤。

獨木干公主位：

五户絲，丁巳年，分撥平陽一千一百户。延祐六年，實有五百六十户，計絲二百二十四斤。

江南户鈔，至元十八年，分撥梅州程鄉縣一千四百户，計鈔五十六錠。

勳臣

木華黎國王：

五户絲，丙申年，分撥東平三萬九千一十九户。延祐六年，實有八千三百五十四户，計絲三千三百四十三斤。

江南户鈔，至元十八年，分撥韶州等路四萬一千一十九户，計(絲)〔鈔〕一千六百四十(斤)〔錠〕。

孛羅先鋒：

五户絲，丙申年，分撥廣平等處種田一百户。延祐六年，實有七十户，計絲二十八斤。

行丑兒：

五户絲，丙申年，分撥大名種田一百户。延祐六年，實有三十八户，計絲一十五斤。

闊闊不花先鋒：

五户絲，壬子年，元查益都等處畸零二百七十五户。延祐六年，實有一百二十七户，計絲一十五斤。

撒吉思不花先鋒：

五户絲，壬子年，元查汴梁等處二百九十一户。延祐六年，實有一百二十七户，計絲一十五斤。

阿里侃斷事官：

五户絲，壬子年，元查濟寧等處三十五户，計綫一十四斤。

乞里歹拔都：

五户絲，丙申年，分撥東平一百户，計絲四十斤。

孛羅海拔都：

五户絲，壬子年，元查德州等處一百五十三户，計絲六十一斤。

拾得官人：

五户絲，壬子年，元查東平等處畸零一百一十二户，計絲八十四斤。

伯納官人：

五户絲，壬子年，元查東平三十二户。延祐六年，實有四十五户，計絲一十八斤。

笑乃帶先鋒：

五户絲，丙申年，分撥東平一百户。延祐六年，實有七十八户，計絲三十一斤。

帶孫郡王：

五户絲，丙申年，分撥東平東阿縣一萬户。延祐六年，實有一千六百七十五户，計絲七百二十斤。

江南户鈔，至元十八年，分撥韶州路樂昌縣一萬七千户，計鈔四百二十八錠。

愠里答兒薛禪：

五户絲，丙申年，分撥泰安州二萬户。延祐六年，實有五千九百七十一户，計絲二千四百二十五斤。

江南户鈔，至元十八年，分撥桂陽州二萬一千户，計鈔八百四十錠。

术赤台郡王：

五户絲，丙申年，分撥德州二萬户。延祐六年，實有七千一百四十六户，計絲二千九百四十八斤。

江南户鈔，至元十八年，分撥連州路二萬一千户，計鈔八百四十錠。

阿兒思蘭官人：

江南户鈔，至元十八年，分撥潯州路三千户，計鈔一百二十錠。

孛魯古妻佟氏：

五户絲，丙申年，分撥真定一百户。延祐六年，實有三十九户，計絲一十五斤。

八答子：

五户絲，丙申年，分撥順德路一萬四千八十七户。延祐六年，實有四千四百四十六户，計絲二千四百六斤。

江南户鈔，至元十八年，分撥欽州路一萬五千八十七户，計鈔六百三錠。

右手萬户三投下孛羅台萬户：

五户絲，丙申年，分撥廣平路洺水(州)〔縣〕一萬七千三百三十三户。延祐六年，實有四千七百三十三户，計絲一千七百三十八斤。

江南户鈔，至元十八年，分撥全州路清湘縣一萬七千九百一十九户，計鈔七百一十六錠。

忒木台駙馬：

五户絲，丙申年，分撥廣平路磁州九千四百五十七户。延祐六年，實有二千四百七户，計絲九百八十九斤。

江南户鈔，至元二十二年，分撥全州路録事司九千八百七十六户，計鈔三百九十五錠。

斡闊烈闍里必：

五户絲，丙申年，分撥廣平路一萬五千八百七户。延祐六年，實有一千七百三户，計絲六百八十斤。

江南户鈔，至元二十年，分撥全州路灌陽縣一萬六千一百五十七户，計鈔六百四十六錠。
左手九千户合丹大息千户：
五户絲，丙申年，分撥河間路齊東縣一千二十三户。延祐六年，實有三百六十六户，計絲一百六十斤。
江南户鈔，至元十八年，分撥藤州、蒼梧縣一千二百四十四户，計鈔九錠。
也速不花等四千户：
五户絲，丙申年，分撥河間路陵州一千三百一十七户。延祐六年，實有五百五十九户，計絲二百二十三斤。
也速兀兒等三千户：
五户絲，丙申年，分撥河間路寧津縣一千七百七十五户。延祐六年，實有七百二十二户，計絲二百八十八斤。
江南户鈔，至元十八年，分撥藤州等處三千七百三十二户，計絲二百八十八斤。
帖柳兀秃千户：
五户絲，丙申年，分撥河間路臨邑縣一千四百五十户。延祐六年，實有三百五十四户，計絲二百六斤。
江南户鈔，至元十八年，分撥藤州一千二百四十四户，計鈔四十九錠。
和(斜)〔斜〕温兩投下一千二百户：
五户絲，丙申年，分撥曹州一萬户。延祐六年，實有一千九百二十八户，計絲七百四十八斤。
江南户鈔，至元十八年，分撥貴州一萬五百户，計鈔四百二十錠。
忽都虎官人：
五户絲，壬子年，查認過廣平等處四千户。
江南户鈔，至元十八年，分撥韶州曲江縣五千三百九户，計鈔二百一十二錠。
滅古赤：
五户絲，丙申年，分撥鳳翔府實有一百三十户。
江南户鈔，至元二十二年，分撥永州路祁陽縣五千户，計鈔二百錠。
塔思火兒赤：
五户絲，丙申年分撥東平種田户，并壬子年續查户，共六百八十户。延祐六年，實有三百八十九户，計絲一百五十斤。

塔丑萬户：
五户絲，壬子年，元查平陽等處一百八十六户。延祐六年，實有八十一户，計絲三十七斤。
察罕官人：
五户絲，壬子年，元查懷孟等處三千六百六户。延祐六年，實有五百六十户，計絲二百二十四斤。
孛羅渾官人：
五户絲，壬子年，元查保定等處四百一十五户。丁巳年，分撥衛輝路淇州一千一百户。
延祐六年，實有一千九十九户，計絲四百四十九斤。
江南户鈔，至元二十七年、大德六年，分撥四千户，計鈔一百六十錠。
速不台官人：
五户絲，丁巳年，分撥汴梁等處一千一百户。延祐六年，實有五百七十七户，計絲二百三十斤。
江南户鈔，至元二十年，分撥欽州靈山縣一千六百户，計鈔六十四錠。
宿敦官人：
五户絲，丁巳年，分撥真定一千一百户。延祐六年，實有六十四户，計絲二十八斤。
也苦千户：
五户絲，丁巳年，分撥東平等處一千一百户。延祐六年，實有二百九十五户，計絲一百一十八斤。
江南户鈔，至元十八年，分撥梅州一千四百户，計鈔五十六錠。
阿可兒：
五户絲，癸丑年，分撥益都路高苑縣一千户。延祐六年，實有一百九十六户，計絲七十八斤。
伯八千户：
五户絲，丁巳年，分撥太原一千一百户。延祐六年，實有三百五十一户，計絲一百四十斤。
兀里羊哈歹千户：
五户絲，戊午年，分撥東平等處一千户。延祐六年，實有四百七十九户，計絲一百九十一斤。

秃薛官人：

五户絲，丁巳年，分撥興元等處種田六百户。延祐六年，實有二百户，計絲八十斤。

塔察兒官人：

五户絲，壬子年，元查平陽二百户。延祐六年，實有二百户，計絲八十斤。

折米思拔都兒：

五户絲，丙申年，分撥懷孟等處一百户。延祐六年，實有五十户，計絲二十斤。

猱虎官人：

五户絲，丁巳年，分撥平陽一千户。延祐六年，實有六百户，計絲二百四十斤。

孛哥帖木兒：

五户絲，丙申年，分撥真定等處五十八户，計絲二十三斤。

也速魯千户：

五户絲，壬子年，分撥真定路一百六十九户。延祐六年，實有四十户，計絲一十六斤。

鎮海相公：

五户絲，壬子年，元查保定九十五户。延祐六年，實有五十三户，計絲二十一斤。

按察兒官人：

五户絲，壬子年，分撥太原等處五百五十户。延祐六年，實有九十八户，計絲二十九斤。

按攤官人：

五户絲，中統元年，元查平陽路種田户六十户。延祐六年，實有四十户，計絲一十六斤。

阿术魯拔都：

五户絲，壬子年，查大名等處三百一十户。延祐六年，實有三百一户，計絲一百二十斤。

孛羅口下裴太納：

五户絲，壬子年，元查廣平等處八十二户。延祐六年，實有三十户，計絲一十二斤。

忒木台行省：

五户絲，壬子年，元查大同等處七百五十一户。延祐六年，實有二百五十五户，計絲一百一十斤。

撒秃千户：

江南户鈔，至元二十年，分撥潯州三千户，計鈔一百二十錠。

也可太傅：

五户絲，壬子年，元查上都五百四十户。延祐六年，實有三百户，計絲一百二十斤。

迭哥官人：

五户絲，丙申年，分撥大名清豐縣一千七百一十三户。延祐六年，實有一千三百七户，計絲五百七斤。

卜迭捏拔都兒：

五户絲，壬子年，元查懷孟八十八户。延祐六年，實有四十户，計絲一十六斤。

黄兀兒塔海：

五户絲，丙申年，分撥平陽一百四十四户。延祐六年，實有一百户，計絲四十斤。

怯來千户：

江南户鈔，至元二十年，分撥潯州路三千户，計鈔一百二十錠。

哈剌口温：

五户絲，壬子年，元查真定三十二户。

曳剌中書兀圖撒罕里：

五户絲，壬子年，元查大都等處八百七十户。延祐六年，實有四百四十九户，計絲一百一十七斤。

欠帖木：

五户絲，壬子年，元查曹州三十四户。延祐六年，實有三十四户。

欠帖温：

歲賜絹一百匹，弓絃一千條。

江南户鈔，至元十九年，分撥梅州、安仁縣四千户，計鈔一百六十錠。

扎八忽娘子：
歲賜常課段四百七十匹。
魚兒泊八剌千户：
五户絲，大德元年，分撥真定等處一千户。延祐三年，實有六百户，計絲二百四十斤。
霍木海：
五户絲，壬子年，元查大(明)〔名〕等處三十三户。
添都虎兒：
五户絲，丙申年，分撥真定一百户。
賈答剌罕：
五户絲，壬子年，元查大都一十四户。
阿剌博兒赤：
五户絲，壬子年，元查真定五十五户。
忽都那顔：
五户絲，壬子年，元查大名二十户。
忽辛火者：
五户絲，壬子年，元查真定二十七户。
大忒木兒：
五户絲，壬子年，元查真定二十二户。
布八火兒赤：
五户絲，壬子年，元查大都八十四户。
塔蘭官人：
五户絲，壬子年，元查大寧三户。
憨剌哈兒：
五户絲，壬子年，元查保定二十一户。
昔里吉萬户：
五户絲，壬子年，元查大都七十九户。
清河縣達魯花赤也速：
五户絲，壬子年，元查大名二十户。
塔剌罕劉元帥：
五户絲，壬子年，元查順德一十九户。
怯薛台蠻子：
五户絲，壬子年，元查泰安州七户。
必闍赤汪古台：
五户絲，壬子年，元查汴梁等處四十六户。
阿剌罕萬户：
五户絲，壬子年，元查保定一户。
徐都官人：
五户絲，壬子年，元查大都三十一户。
西川城左翼蒙古漢軍萬户脱力失：
歲賜，常課段三十三匹。
伯要歹千户：
歲賜，段二十四匹。
典迭兒：
歲賜，常課段六十四匹。

張廷玉等《續文獻通考》卷一六《職役二》 歷代役法

元制差科之名有二：曰絲料，曰包銀，各驗其户之上下而科焉。絲料、包銀之外，又有俸鈔之科，其法亦以户之高下爲等。【略】

〔太宗八年〕，始行絲料之法。每二户出絲一斤，并隨路絲線顔色輸於官。五户出絲一斤，并隨路絲線顔色輸於本位。

時呼圖克以所括户一百四萬來上。帝議裂諸州郡分賜諸王貴族爲湯沐邑。楚材奏曰：裂土分民，易生嫌隙。不如多以金帛與之。帝曰：業已許之矣。楚材曰：若朝廷置吏收其貢賦，歲終頒之，使毋擅科徵可也。帝然其計，遂定五户絲制，其絲不得私徵，皆輸諸有司，視其所當得之數給之。是時，諸王受賜者十一人，公主四人，勳臣二十四人。此丙申受賜之人，恐其後有故削奪者，或不在此數。

憲宗以後亦屢有續賜者。

《元史》劉肅奏曰：太宗時，肅爲行臺嚴寔行軍萬户府經歷，東平歲賦絲銀，復輸綿十萬兩，色絹萬疋，民不能堪，肅贊實奏，罷之。

太宗時，禁中原州縣毋許擅役百姓。

耶律楚材言：中原之地財用所出，宜存恤其民，州縣非奉上命，敢擅行科差者罪之。

憲宗五年，始定包銀之法。

初，漢民科納包銀六兩，至是止徵四兩二兩，輸銀二兩，折收絲絹顏色等物。【略】

世祖中統元年，立十路宣撫司，定户籍科差條例。其户大祇不一，有元管户，交參户，漏籍户，協濟户。於諸户之中，又有絲銀全科户，減半科户，止納絲户，止納鈔户，又有攤絲户，儲伊蘇岱爾所管納絲户，復業户，并漸成丁户。户既不等，數亦不同。元管户内絲銀，全科係官户，每户輸係官絲一斤六兩四錢、包銀四兩。全科係官五户絲户，每户輸係官絲一斤，五户絲六兩四錢，包銀之數與係官户同。減半科户每户輸係官絲八兩，五户絲三兩二錢，包銀二兩。止納係官絲户，若上都隆興西京等路，十户十斤者，每户輸一斤。大都以南等路，十户十四斤者，每户輸一斤六兩四錢。止納係官五户絲户，每户輸係官絲一斤，五户絲六兩四錢。交參户内絲銀，户每户輸係官絲一斤六兩四錢，包銀四兩。漏籍户内止納絲户，每户輸絲之數，與交參絲銀户同。止納鈔户，初年科包銀一兩五錢，次年遞增五錢，增至四兩并科絲料。協濟户内絲銀户，每户輸係官絲十兩二錢，包銀四兩。止納絲户，每户輸係官之數與絲銀户同，攤絲户每户科攤絲四斤。儲伊蘇岱爾所管户，每户科細絲，其數與攤絲同。復業户并漸成丁户，初年免科，第二年減半，第三年全科與舊户等。於是以全科之數，作大門攤分爲三，限輸納被災之地，聽輸他物折焉。其物各以時估爲則，凡儒士及軍站、僧、道等户皆不與。二年復定科差之期，絲料限八月，包銀初限八月，中限十月，末限十二月。三年又命絲料無過七月，包銀無過九月。三年七月，詔農民包銀徵其半，俘户止令輸絲，民當輸賦之月，毋徵私債。四年三月詔：諸路包銀以鈔輸納，其絲料入本色，非産絲之地，亦聽以鈔輸入。凡當差户包銀鈔四兩，每十户輸絲十四斤，漏籍老幼鈔三兩，絲一斤。【略】

三年五月詔：覆實租逃户輸納絲、銀税，逃民苟免差税，重加罪之。

十二月敕：諸王塔齊爾所部獵户，止收包銀，其絲税輸有司。

世祖時天下差科數：

中統四年，絲七十一萬二千一百七十一斤，鈔五萬六千一百五十八錠。

至元二年，絲九十八萬六千九百一十二斤，包銀等鈔五萬六千八百七十四錠，布八萬五千四百一十二疋。

至元三年，絲一百五萬三千二百二十六斤，包銀等鈔五萬九千八十五錠。

至元四年，絲一百九萬六千四百八十九斤，鈔七萬八千一百二十六錠。

臣等謹按以上世祖時，絲、鈔、包銀之數，《食貨志》止此四條。五年以後無考。【略】

大德六年，量改絲鈔受納之制：

命止輸絲户每科俸鈔中統鈔一兩，包銀户每户科二錢五分，攤絲户每户科攤絲五斤八兩。絲料限八月，包銀俸鈔限九月，布限十月。大率因世祖之舊而增損之。

臣等謹按：前此，輸絲户不出俸鈔，攤絲户止絲四斤，此蓋增之也。若包銀户之俸鈔則減四分之一。

張廷玉等《續文獻通考》卷一七《職役三》 ［至元］十四年正月，以江南平，百姓疲於供軍，免諸路今歲所納絲銀。

先是十年五月，詔免民代輸僉軍户絲銀及伐木夫户賦税。十一年五月，敕隨路所僉新軍，其户絲均配於民者，並除之。十三年正月，以中書省言，賦民舊籍已有定額，減至元七年新括協濟合併户今歲絲賦之半，至是復免。

周祈《名義考》卷二《絲、綸、綍》 《説文》「絲，蠶所吐也。」一曰，一蠶爲忽，十忽爲絲。《喪大記》鄭玄注：一蠶，謂蠶口所吐甚微，合十忽而成一絲。

徐光啟《農政全書》卷三二《蠶桑·栽桑法》 王禎曰：桑種甚多，不可徧舉。世所名者，荆與魯也。荆桑多椹，魯桑少椹。葉薄而尖，其邊有瓣者，荆桑也；凡枝幹條葉堅勁者，皆荆之類也。葉圓厚而多津者，魯桑也；凡枝幹條葉豐腴者，皆魯之類也。荆之類，根固而心實，能久遠，宜爲樹。魯之類，根不固，心不實，不能久遠，宜爲地桑。然荆之條葉，不如魯葉之盛茂；當以魯桑條接之，則能久遠，而又盛茂也。魯爲地桑，而有壓條之法，傳轉無窮，是亦可以久遠也。荆桑所飼蠶，其絲堅韌，中去聲紗羅用；《禹貢》稱「厥篚檿絲」。註曰：「檿，山桑也。」此蓋荆之美而尤者也。魯桑之類，宜飼大蠶；荆桑，宜飼小蠶。

柘葉飼蠶，絲可作琴瑟等絃，清鳴響徹，勝於凡絲遠矣。

朱國禎《湧幢小品》卷二《農蠶》 瓊州田禾三熟，蠶絲八登。

湖地宜蠶，新絲妙天下。每蠶忙時，必有小鳥，連叫曰：澈山看火。其聲清澈可聽，蠶畢則止，餘地無之。蠶室煖，育者倦極，常有火患。作繭用柴帚，以禾草爲之，長尺有咫，大可一握，散布，登蠶其上，有至二三重者，名曰上山。

湖絲惟七里者尤佳，較常價每兩必多一分，蘇人入手即識，用織帽緞，紫光可鑑。其地去余鎮僅七里，故以名。有即其地載水作絲者，亦只如常，蓋地氣使然。其初收也，以衣衾覆之，晝夜程其寒煖之節，不使有過，過則有傷，是爲護種。其初生也，則以桃葉火炙之，散其上，候其蠕蠕而動，濈濈而食，然後以鵝羽拂之，是爲攤烏。其既食也，乃熾炭於筐之下，并其四周，剉桑葉如縷者而謹食之，又上下抽番，晝夜巡視。火不可烈，葉不可缺，火烈而葉缺，則蠶饑而傷火，致病之源也，然亦不可太緩，緩則有漫漶不齊之患矣。編經曰蠶薦，用以圍火，恐其氣之散也。束秸曰葉墩，用承刀，惡其聲之著也，是爲看火。食三四日而眠，眠則擿，眠一二日而起，起則餧，是爲初眠。自初而之二，自二而之三，其法盡同，而用力益勞，爲務益廣，是爲出火。蓋自此蠶離于火，而葉不資于刀矣。又四五日爲大起。大起則薙，薙則分箔。薙早則足傷而絲不光瑩，薙遲則氣蒸而蠶多濕疾。又六七日爲熟巧，爲登簇，巧以葉蓋，曰貼巧。驗其猶食者也，簇以藁覆，曰冒山；濟其不及者也，風雨而寒，則貯火其下，曰炙山，晴暖則否。三日而闢户，曰亮山。五日而去藉，曰除托。七日而采繭，爲落山矣。凡蠶之性，喜温和與惡寒熱，大寒則閟而加火，太熱則疏而受風。蠶房宜卑，卑則温；蠶簇宜高，高則爽。又其收種時，須在清明後，穀雨前，大起須在立夏前，過此不宜也。至於桑葉，尤宜乾而忌濕，少則布揜之，多則箔晞之，能節其寒煖，時其饑飽，調其氣息，常使先不踰時，後不失期，而舉得其宜，一時任事諸女僕又相興起率勵，咸精其能，故所收率倍常數。傳者始而驚，中而疑，終而信也。其後益加講求，爲法愈密，所産益良，前後幾二十年，歲無敗者，時謂得養蠶術焉。

曹學佺《蜀中廣記》卷六八《方物記第一〇》 歐陽公《至喜亭記》：蜀絲枲織文之富，衣被天下。《寰宇記》：益州貢柘蠶絲。《雲山雜記》：杜甫寓蜀，每蠶熟，即與兒躬行乞曰：如或相憫，惠我一絲兩絲。

徐矩《新鐫古今事物原始全書》卷一四《服御·蠶絲》 《禮記》：皇妃祭先蠶。黄帝元妃西陵氏養蠶之始。《書》曰：厥貢漆絲。《月令》云：分繭稱絲。《杜陽編》云：唐代宗時彌羅國貢碧金絲。其國大桑連數十頃，蠶長四寸，其色金，其絲碧，表裏通瑩。《搜神記》：上古時有人遠征，家帷一女與馬，女思其父，戲馬曰：汝能迎得吾父，吾將嫁與汝。馬乃絶韁而去，得父還。後馬見女輒怒，父恠之，女以實答。父大怒，殺馬曝皮於庭。女至皮所，忽蹷然卷女而行，後於大樹枝上得女及皮，盡化爲蠶。既死，因名其樹曰桑。桑，喪也，此蠶桑之始也。今馬頭娘是其故事。

方以智《通雅》卷二《疑始》 𢆶，象絲出於絸。息兹切。《說文》曰：「糸，細絲也。讀若覛。」糸，古文絲，蠶所吐也。从二糸。徐鍇曰：一蠶所吐爲忽，十忽爲絲。糸，五忽也。按，絲非一絸之緒，故兩其象以大義，其有偏旁者，則从省文耳。䋷，或省作絸可證。音莫狄切者，亦陸、孫輩附會分别之學也。直當音絲。

顧炎武《肇域志·山東·登州府》 《禹貢》：萊夷作牧，厥篚檿絲。萊夷，顔師古曰萊山之夷。齊有萊侯、萊人，即今萊州之地。作牧者，言可牧放，夷人以畜牧爲生也。檿，山桑也，山桑之絲，其韌中琴瑟之弦。蘇氏曰：惟東萊有此絲，以之爲繒，其堅韌異常，萊人謂之桑繭。

沈自南《藝林彙考·服飾篇》卷一〇《繒帛類》 《雋言》：《子虚賦》「曳獨繭之褕袘」。駱璞曰：獨繭，一繭絲也。【略】

《戲瑕·古樂府》有「絲用同功緜」。今吴興養蠶家，以兩蠶共作繭者，謂之同功緜，價倍於常。其絲以三繭抽者，爲合羅絲，歲以充造御服，山、龍、華蟲、粉米、藻、火，並出於此，士庶家不得濫用也。謝肇淛著《西吴枝乘》載之。按，此則鄉貢八蠶之繭，當時定以八蠶共作一繭，後世所無，而解者誤爲一歲之中蠶得八收，豈同功之義哉。

《藥溪談》 《禹貢》曰「萊夷作牧，厥篚檿絲」。《史記》作「酓絲」，《爾雅》曰：「檿，山桑。」顔師古曰：山桑之絲，其韌中琴瑟之絃。蘇氏曰：惟東萊爲有此絲，以之爲繒，堅韌異常，萊人謂之山繭。《爾雅》又曰：「蟓，桑繭。」讐由樗繭，棘繭，欒繭，蚢蕭繭，今萊陽之山繭紬，蓋樗繭也。枚乘《七發》「野繭之絲以爲絃」，殆所謂蟓繭而韌堅者與。

愛新覺羅·玄燁《康熙文集》卷二八《回子地産絲》 西北回子地方産絲綿，以之製甲，其堅固勝於中土。大約四十層可敵浙江之絲八十層，向來不知外國出絲也。

《李煦奏摺·蘇州雨水米價絲價并進晴雨册摺》 康熙五十年五月十三日

蘇州米價，上號的每石仍九錢之内，次號的每石仍八錢之内。至於今年新絲收成甚好，絲價不貴，每兩自六分起，至七分爲止。

又《蘇州插秧分數并報米價絲價摺》 康熙五十四年六月初六日

蘇州米價，上號約一兩一錢五六七分，次號約一兩六七八分。至於新絲時價，線經絲每兩八分，單經絲每兩七分，緯絲每兩六分六厘。

又《蘇州米價絲價并進晴雨册摺》 康熙五十五年五月十二日

竊蘇州五月以來，雨水調匀，目下各鄉民田稻秧，業已插完訖。米價如常，上號的一兩一錢光景，次號的一兩光景。至於新絲價值，線經絲每兩八分三厘，單經絲每兩七分二厘，緯絲每兩六分九厘。

又《蘇揚米價絲價摺》 康熙五十六年六月初三日

竊揚州、蘇州雨水調匀，米價照常，上號一兩二錢光景，次號一兩光景，蘇、揚彷彿相等。至於新絲價值，線經絲每兩八分二厘，單經絲每兩七分，緯絲每兩六分七厘。

又《蘇揚二州米價絲價及御稻香稻生長情形摺》 康熙五十七年六月十六日

竊蘇州、揚州雨水調匀，米價上號一兩光景，次號九錢光景，揚州與蘇州價值彷彿。至於新絲之價，線經絲每兩八分二厘，單經絲每兩七分六厘，緯絲每兩七分二厘。

又《蘇州絲價米價摺》 康熙五十八年六月二十四日

竊新絲價值，線經絲每兩八分，單經絲每兩七分四厘，緯絲每兩七分。至於目下米價，上號八錢七分，次號七錢三分。

又《蘇州米價絲價并進晴雨録摺》 康熙五十九年六月十三日

竊奴才所種御稻，六月二十日之外，可以收割。蘇州近日米價，上號九錢五分，次號七錢八分。新絲價值，線經絲每兩七分九厘，單經絲每兩七分，緯絲每兩六分五厘。

又《蘇州米價絲價并進晴雨録摺》 康熙六十年六月初六日

竊蘇州地方雨水調匀，禾苗俱已插蒔，百姓樂業。目下米價，上號九錢七分，次號八錢四分。新絲價，線經絲每兩七分二厘，單經絲每兩六分二厘，緯絲每兩五分八厘。

又《蘇州米價絲價并進晴雨録摺》 康熙六十一年六月初七日

竊蘇州地方，連得甘霖，禾苗茂盛，民生樂業。米價照常，上號一兩一錢八分，次號九錢六分。新絲價，線經絲每兩七分九厘，單經絲每兩六分七厘，緯絲每兩六分三厘。

邁柱等《九卿議定物料價值》卷二 生絲每兩，今核定銀伍分陸釐貳毫伍絲。

黄絲，每觔照舊例，今核定銀壹兩肆錢玖分。

黄白絲，每觔照舊例，今核定銀壹兩伍錢。

《類腋》卷一二《物部・絲線絨附載》 檿絲《書》：「海岱惟青州，厥篚檿絲」。傳：檿，山桑也。山桑之絲，其韌中琴瑟之絃。孫該《琵琶賦》：「絃則岱谷檿絲。」素絲《詩》：「素絲紕之。」郭泰機詩：「皎皎白素絲，織爲寒女衣。」繭絲《晉語》：趙簡子使尹鐸爲晉陽，請曰：「以爲繭絲乎，抑爲保障乎。」陸游詩：「愁思多於繭盎絲。」可黄可黑《淮南子》：墨子見練絲而泣之，爲其可以黄，可以黑也。注：練，白也。阮籍詩：「楊朱泣岐路，墨子怨練絲。」冰蠶《拾遺記》：員嶠山有冰蠶，長七寸，繭長一尺。其絲五彩，織爲文錦，入水不濡。唐堯之世，海人獻之，堯以爲黼黻。薩都剌詩：「冰蠶吐絲成五色。」五絲梁簡文帝《七勵》：「五絲擅美，獨繭稱華。」弱線杜甫詩：「刺綉五紋添弱線。」王十朋詩：「宮線初長日南至。」楊維楨詩：「繡線添來日正長」。《事文類聚》：晉魏間，宮中以紅線量日影，冬至後，日添一線。碧線白居易詩：「正抽碧綫繡紅羅。」補裳杜牧詩：「平生五色線，願補舜衣裳。」高啟詩：「手持照國珠，胸出補衮線。」紅絨李後主詞：「繡牀斜憑嬌無那，爛嚼紅絨，笑向檀郎吐。」綵線方夔詩：「强拈綵綫候牽牛。」香絨楊維楨詩：「香絨倦理一枝頭。」五色絨又：「却嗔昨夜狸奴惡，搔亂金牀五色絨。」

陳鱣《簡莊疏記》卷一四《論語》 「今也純儉」。集解孔曰：純，絲也。《詩・都人士》疏引鄭注：純讀爲緇。按《地官・媒氏》云：「純帛無過五兩。」鄭注：純，實緇字也，古緇以才爲聲。《祭統》云：「[以]共(其)純服。」孔穎達疏：「鄭氏之意，凡言純者，其義有二。一系旁才，是古之緇字。一系旁屯，是純字。但書文相亂，雖是緇字，並皆作純。鄭氏所注，于絲理可知，於色不明者，即讀爲緇，即《論語》云『今也純儉』，及此『純服』皆讀爲黑色，若衣色見(絲)文不明者，讀純以爲絲也。《説文》云「純，絲也。从糸，屯聲」。《論語》曰「今也純儉」。許不同鄭者，鄭从魯，許从古也。《説文》又云「緇，帛黑也。从糸，甾聲」。《説文》緇下不載古文作纣，惟《玉篇》云「緇，黑色，纣同」。疑今本緇下脱重文纣也。

黄本驥《湖南方物志》卷一《總記》 山南道 厥貢絲。(《唐書・地理志》)

顧禄《清嘉録》卷四《四月・立夏三朝開蠶黨》 環太湖諸山，鄉人比户蠶桑爲務，三四月爲蠶月，紅紙黏門，不相往來，多所禁忌。治其事者，自陌上桑柔提籠采葉，至邨中繭煮分箔繅絲，歷一月而後弛諸禁。俗目育蠶者曰蠶黨，或有畏護種出火辛苦，往往于立夏後，買現成三眠蠶于湖以南之諸鄉村。諺云：「立夏三朝開蠶黨。」開買蠶船也。案，《具區志》：湖中諸山，以蠶桑爲務，女未及笄，即習育蠶，三四月謂之蠶月，家家閉户，不相往來。郭頻伽《樗園消夏録》：三吴蠶月，風景殊佳，紅帖黏門，家多禁忌。少婦治其事者，往往獨宿。許志《進蠶詞》

云：五夜留燈照獨眠，蠶房齋禁太常偏。軒渠借問秦淮海，箇出《蠶書》第幾篇。

顧禄《清嘉録》卷四《四月·賣新絲》 繭絲既出，各負至城，賣與郡城隍廟前之收絲客。每歲四月始聚市，至晚蠶成而散，謂之賣新絲。蔡雲《吴歈》云：蠶家多半太湖濱，浮店收絲只趁新。城裏那知蠶婦苦，載錢眼熱賣絲人。案，新絲，棉絲也。《吴縣志》：近湖諸山家蓄蠶取之，每歲四月始登市。

郭柏蒼《閩産録異》卷一《貨屬·絲》 福州，道光末，鹽大使紹興高其垣，始傳蠶種，桑苗於湖州。

同治初，閩抽厘金以濟陝、甘兵餉，視關税有八倍者。當道以厘餘買平。寧商陳恒猷、耿王莊爲桑棉局，祀「馬頭娘」，（本有廟，在南門外。）延蠶師；司，道，縉紳司其事。越數年，桑葉之柔而大者，漸粗而小矣。葉粗則絲僵。至光緒三、四年，蠶事遂廢。

《文選·吴都賦》：「鄉貢八蠶之綿。」注引《交州記》：「一歲八蠶繭出日南也。」按志：「漳州古稱『善蠶之鄉』，歲五蠶，吴、越皆不能及。」詔安有蠶王廟，則「斥鹵不宜蠶」之説，似又未可盡信。惟漳絲褐色，不及杭、嘉、湖。

閩稱木棉爲「吉貝」。謝枋得詩：「嘉樹種木棉，天何厚八閩。厥土不宜桑，蠶事殊艱辛。木棉收千株，八口不憂貧。」

李鴻章《李鴻章全集·奏稿》卷二二《長蘆白絲請派産絲省分摺》 同治十二年七月二十一日

奏爲内務府擬派長蘆白絲，無從采辦，請另派産絲省分辦解，恭摺仰祈聖鑒事。竊准内務府咨開每年分派江南蘇州織造大運絨綫絲斤等項，辦解未能足數，現在庫存白絲，不敷應用，奏明擬派長蘆采辦三千斤，解京濟用，作正開銷等因。當經行司遵照去後。兹據長蘆運司覺羅成孚詳稱，直隸天氣較寒，地土多瘠，素無蠶桑之利，間有種桑養蠶之户，僅得土絲，不特價值極昂，且質粗色黑，斷不適用，所有奉派白絲，實屬無從采辦，向來内務府亦無派辦絲斤之案，請另派産絲省分辦解等情前來。臣查各省物産，本自異宜，未可强致。直隸向無白絲，近年商情苦累，運庫支絀萬分，亦實無力采辦，相應仰懇天恩，免其派辦，仍敕下内務府，將此次絲斤另派産絲省分辦解，以期合用，而免貽誤。理合恭摺具陳，伏乞皇上聖鑒訓示。謹奏。

《農政新論》卷一唐浩鎮《户部議覆各省自闢利源摺》 一曰蠶桑。中國産絲之區，以江浙爲最。江浙以近太湖者爲最，蓋湖水澄清，性肥而煖，故以水灌桑則葉茂，以桑飼蠶則絲韌。以太湖例之，鄱陽、巢湖、洞庭、大明、金明、滇池、昆明，各省之湖，誠能推廣此意，徧植蠶桑，則所出絲繭皆能光白柔韌，遠勝於日本、意大利諸邦，而收大利。

《商務新編》卷一薛福成《商政》 昔商君之論富强也，以耕戰爲務，而西人之謀富强也，以工商爲先，耕戰植其基，工商擴其用也。然論西人致富之術，非工不足以開商之源，則工又爲其基，而商爲其用。邇者，英人經營國事，上下一心，殫精竭慮，工商之務，蒸蒸日上，其富强甲於地球諸國，諸國從而效之，迭起争雄，泰西强盛之勢，遂爲亘古所未有。【略】

商務之興，厥要有三：一曰販運之利。【略】一曰藝植之利。今華貨出洋者，以絲、茶兩欵爲大宗，而日本、印度、意大里等國起而争利，徧植桑、茶，印度茶品幾勝於中國，意大里售絲之數亦幾埒於中國。數年以來，華貨滯而不流，統計外洋所用絲、茶出於各國者，幾及三分之二，若并此利源而盡爲所奪，中國將奚以自立，是不可不亟爲整理者也。整理之道，宜令縣郡有司，勸民栽植桑、茶。蓋種桑必在高亢之地，而種茶恒在山谷之中，非若罌粟之有妨稼穡，是在相其土宜，善爲倡導而已。其繅絲之法，製茶之法，有能刻意請求者，宜激勸而獎進之。至於絲茶出口，數十年前，以加税爲中國之利，今則各國起而相争，一加税則價必昂，價昂則運貨者必去中國而適他國，而税額必爲之大減。夫西洋諸國，往往重税外來之貨，而減免本國貨税，以暢銷路。今中國絲、茶兩宗，雖不必減税，亦不可加税，但使地無閒曠，則産之者日益豐，而其價日益廉，即出口之貨日益多，不特於税務有裨，亦爲民興利之一大端也。

劉錦藻《清續文獻通考》卷三一一《輿地七·河南省》 汝州 臣謹案：其南有伏牛山，北嶺名勝也。柞櫟成林，可飼野蠶。魯山縣輸出野蠶絲，蔚爲大宗。與山東所産同爲名品云。

劉錦藻《清續文獻通考》卷三一三《輿地九·安徽省》 池州府：池州扼金陵之上游，據石城之險固。而東流縣西南七十里馬當山横枕大江，尤爲至險。銅陵縣西南四十里大通鎮，與和悦洲隔一衣帶水，咸同以後，鹽艘聚泊，遂成巨鎮。而青陽之絲，太平之茶，皆於此輸出。與繁昌之荻港，同爲江輪下上之所。

劉錦藻《清續文獻通考》卷八〇《實業三》 ［光緒三十四年］又東三省總督徐世昌奏：【略】又奏黑龍江省綏化府朝陽陂一帶，柞樹繁多，飼養山蠶，最屬相宜。見經派員設立蠶業公所，練習飼養繅絲之法。並於柞樹多處畫出地段，專爲放養山蠶區域，仍由公家撥款以資提倡。

臣謹案：野蠶絲爲各國所無。歐美絲織商需要，非他物能代，可目爲中國天然絲之專利品。今則安東、大連凡日人勢力所及，灰絲即野蠶絲。輸出由其操縱，反客爲主。且朝鮮邊境與我接壤，彼又利用我農民爲之種柞樹，采野蠶，灰絲經産額大增。運歸日本，售諸歐美，美銷最鉅。特將朝鮮新出品廉價競争，我華專利品幾爲侵奪，殆盡可慨也！

農工商部咨各省仿辦改種美棉、藍靛，並收養山蠶文。據直隸農務總局詳稱：見在禁種罌粟，民間驟失厚利，若不設法補救，匱乏堪虞。擬令改種美棉、藍靛。土性相宜，著有成效。又稱蠶業利源極大，飼養最繁。惟另有一種野蠶，俗名山蠶，放養山中柞樹之上，最爲簡易。以土地論則僅需山場，以勢力論則婦孺所能，以資本論則所需不過繭種。出蛾後一律出絲，於本金毫無損失。種種便利，較種桑飼蠶尤爲特別，第會員提倡力薄，仰懇通行飭辦。查各節簡而易行，於實業前途洵有裨益，應咨貴督撫飭屬仿辦，隨時報部。

又咨准東三省總督、吉林巡撫咨稱：吉省橡槲叢生，自設山蠶局以來，各處來領繭種者，絡繹不絶。見於研究柞蠶之中，又發明蒿柳飼蠶之法，即以橡蠶之種，移放蒿柳之上，柳葉既較橡葉爲肥，柳繭亦較橡繭爲大，且可夏秋兩季飼放，較之橡蠶工省利倍，並將飼養栽種各法，編書咨送前來。查山蠶一項，爲東三省天然之利，此次發明橡蠶、柞蠶之外，更可添飼柳蠶，簡便易行，獲效尤速，各省亟宜仿照飼種，逐漸推廣，殊於民生有益。

劉錦藻《清續文獻通考》卷三八二《實業五》　生絲産額　無精確統計可據，日本及歐美人雖有調查，於國内消費之假定，未免失之過少。兹將美國絲業協會表列世界生絲産額如左：單位千磅。

年次	日本	中國	意大利	法蘭西	其他	合計
一九一二年至一九一三年	二三.八五一	一五.二七三	九.〇四四	一.一〇八	未詳	
一九一三年至一九一四年	二六.六五〇	一五.九七〇	七.八〇四	七七二	六.〇一九	五七.二一五
一九一四年至一九一五年	二一.三五八	一〇.七七二	八.九五一	八九三	四.八七二	四六.八四六
一九一五年至一九一六年	二七.〇一三	一三.九一九	六.三四九	二八六	二.九六五	五〇.五三二
一九一六年至一九一七年	三一.七二四	一四.八〇七	七.九六三	四八五	三.〇一六	五七.九九五
一九一七年至一九一八年	三四.〇五〇	一三.七三三	六.二一七	四五二	三.〇二一	五七.四七三
一九一八年至一九一九年	三三.三〇八	一二.九八〇	五.九四二	五二九	三.二二〇	五四.九七九
一九一九年至一九二〇年	三四.二二二	一七.三一八	四.〇四五	三九七	三.〇九八	五九.〇八〇
一九二〇年至一九二一年	二四.三〇〇	一〇.七二八	七.三三〇	五五一	一.九〇八	四四.八一七
一九二一年至一九二二年	三六.三七六	一二.一二三	七.〇六六	四三〇	一.五三六	五七.五四一
一九二二年至一九二三年	四一.五四三	一五.六七八	八.二三四	四三七	一.九三二	六七.八二四

我國生絲，國内消費頗鉅，右列之數，至少應加百分之五十五，日人亦謂表中所舉彼國之消費過低，應加百分之三十五。

徐珂《清稗類鈔・農商類・商品》 絲産江蘇、安徽、江西、浙江、湖北、湖南、廣東、雲南、四川。

穆彰阿等《清一統志》卷一〇六《江蘇・通州直隸州》 土産 絲《寰宇記》：通州産。

卷一三二《安徽・廣德直隸州》 土産 絲。

卷一六四《山東・濟南府三》 土産 絲《唐書・地理志》：齊州土貢絲。《明統志》：章邱、鄒平二縣出絲。

卷一七三《山東・登州府》 土産 檿絲《登州府志》：出棲霞縣，文登、招遠等縣亦有之。

卷一八三《山東・濟寧直隸州》 土産 絲。

卷一八四《山東・臨清直隸州》 土産 絲。

卷二八八《浙江・嘉興府四》 土産 絲各縣出。唐土貢絲及絲綿。

卷二九〇《浙江・湖州府二》 土産 絲《明統志》：各縣皆出。《舊志》：菱湖、洛舍者爲第一。

卷三〇五《浙江・處州府》 土産 《元和志》：處州元和貢絲。

卷三二九《江西・吉安府三》 土産 絲《唐書・地理志》：吉州土貢絲。

卷三六九《湖南・沅州府二》 土産 絲麻陽出。

卷三八六《四川・成都府》 土産 絲《寰宇記》：郫縣出絲，犀浦縣出拓蠶絲。

卷三九四《四川・順慶府二》 土産 絲《寰宇記》：廣安軍産絲、布。《明統志》：南充、蓬州、廣安俱出絲。

卷四五一《廣東・雷州府》 土産 絲《唐書・地理志》：雷州土貢。

卷四七一《廣西・南寧府》 苗蠻 西原蠻在廣容之南，邕州之西。地産絲。

高汝行〔嘉靖〕《太原縣志》卷一 田賦 洪武二十四年地四千八百三十頃六十七畝。桑一萬三百一十四株，絲六十四斤一十二兩五錢。永樂十年地四千七百八十七頃八十六畝一分。桑一萬三百一十四株，絲六十四斤一十三兩五錢。成化八年地四千七百七十九頃七十二畝四分。桑一萬三千一十四株，絲八十斤一十三兩五錢。

陸釴〔嘉靖〕《山東通志》卷八《物産》 登州府 檿絲出棲霞，青、萊亦有之。絲韌，中琴瑟之絃。蘇氏曰：爲繒堅韌。《禹貢》曰「萊夷作牧，厥篚檿絲」是也。繭生山桑，不浴不飼，居民取之製爲紬，久而不敝。

熊元、馬文煒〔萬曆〕《安丘縣誌》卷八《賦役考》 官民起科桑徵絲四百七斤一十一兩八錢，折大絹三百二十六疋五尺七寸。

包大爟等〔萬曆〕《兖州府志》卷二五《物産》 絲《釋文》云：蠶所吐也。一蠶爲忽，十忽爲絲，蠶眠成繭，繭繰成絲綿，細絲亦曰纊，字亦作絖。《禹貢》：兖州厥貢檿絲。《周官》：「典絲掌絲入而辨其物，以其賈揭之。」陸龜蒙《素絲贊》：爲綫補君衮，爲絃繫君桐。左右修闕職，官商還古風。端然潔白心，可與鬼神通。

陳霽學等〔道光〕《新津縣志》卷二九《物産》 貨之屬 絲《説文》蠶所吐也。《急就篇》註：抽引精繭出緒曰絲。邑人喜蠶桑，故三月絲市，以本邑爲最。

楊應璣等《石硅廳鄉土志》 第十章 植物製造産 絲枲之屬絲，蠶所吐也。枲，麻也。《爾雅翼》有實爲苴，無實爲枲。

第一節 絲

《舊志》云：廳民向少蠶桑，近有以飼蠶獲利者，日增月盛，利益溥矣。分生絲、熟絲，黄、白二色，然不及別境之韌軟利用。近大河嘴場有織綢帛者，價雖廉而粗絲之遜也。

余文龍、謝詔等〔天啓〕《贛州府志》卷七《食貨誌・田賦》 本府

洪武二十四年，官民田地山塘共一萬五千九百一十八頃三十八畝四分一十六步。永樂、宣德、正統、景泰、天順、成化俱闕。

弘治年間，官民田地山塘共一萬七千九十八頃五十三畝一十五步。

正德年間，官民田地山塘共一萬七千八百六頃三十九畝二分一十五步。

嘉靖年間，官民田地山塘共一萬八百六十一頃九十七畝四分一十五步。

萬曆四十一年，官民田地山塘共三萬三千五百二十九頃九十三畝二分。

農桑絲一百五十五觔七兩八錢六分七釐六毫二絲五忽。

贛縣

洪武二十四年，官民田地、山塘三千八百三十五頃四畝九分一十六步。

弘治年間，官民田地山塘三千六百一十九頃八十五畝四分一十五步。

正德年間，官民田地山塘與弘治同。

嘉靖年間官民田地、山塘三千六百一十九頃八十五畝八分。

萬曆四十一年，官民田地、山塘六千一百六十三頃三十二畝九分九毫。

農桑絲四十一觔二兩七錢。

雩都縣

洪武二十四年，官民田地、塘八百一頃九十畝七分。

弘治年間官民田地、塘九百九頃一十七畝四分。

正德年間，官民田地、塘九百九頃一十九分。

嘉靖年間，官民田地、塘九百九頃二十一畝一分。

萬曆四十一年，官民田地塘一千八頃二十六畝一分九厘三毫一絲五忽。

農桑絲二十二觔一十二兩三錢。

信豐縣

洪武二十四年，官民田地、塘一百一十四頃八十一畝。

弘治年間官民田地、塘四百二十四頃七十四畝。

正德年間，官民田地、塘四百二十八頃七十六畝六分。

嘉靖年間，官民田地、塘與正德同。

萬曆四十一年，官民田地、塘四千六百三十頃一千八畝八分七釐七毫二忽。

農桑絲二觔。

興國縣

洪武二十四年，官民田地、山塘三千一百頃七十九畝二分。

弘治年間，官民田地、山塘二千八百六十八頃七十六畝九分。

正德年間、嘉靖年間並同弘治。

萬曆四十一年，農桑絲一十觔十四兩五錢。

會昌縣

洪武二十四年，官民田地、塘二十七頃五十五畝七分。

弘治年間，官民田地、塘二百九十四頃六十畝五分。

正德年間，官民田地、塘二百九十五頃一十六畝三分。

嘉靖年間，官民田地、塘二百九十五頃一十六畝。

萬曆四十一年，官民田地、塘一千五百九十五頃八十八畝五分三厘一毫五絲。

安遠縣

洪武二十四年，官民田地、塘二十頃八十三畝。

弘治年間，官民田地、塘一百二十二頃二十一畝八分。

正德年間，官民田地、塘一百二十二頃一十三畝六分。

嘉靖年間官民田地、塘一百二十二頃一十四畝四分。

萬曆四十一年，官民田地塘一千五百四十頃六十二畝五分七厘。

農桑絲一觔六兩一錢。

寧都縣

洪武二十四年，官民田地、山塘六千二百二十八頃一十二畝九分。

弘治年間，官民田地、山塘六千二百二十八頃八十二畝九分。

正德年間、嘉靖年間並同弘治。

萬曆四十一年，官民田地、山塘八千三百二十二頃五十五畝八分五釐八毫。

農桑絲四十八觔一十五兩九錢。

瑞金縣

洪武四十二年，官民田地、山塘二百八十九頃二十五畝三分。

弘治年間，官民田地、山塘三百三頃八十五畝九分。

正德年間，官民田地、山塘三百頃九十一畝六分。

嘉靖年間同正德。

萬曆四十一年，官民田地、山塘二千七百九十七頃一十二畝一分九釐六毫。

農桑絲一十九觔八兩七錢。

龍南縣

洪武二十四年，民田地四頃五畝九分。

弘治年間，官民田地、塘九百八十八頃五十八畝二分。

正德年間，官民田地、塘九百八十八頃六十畝二分。

嘉靖年間，官民田地、塘九百八十八頃六十畝六分。

萬曆四十一年，官民田地、塘一千六百六十四頃二十三畝七分三釐。

石城縣

洪武二十四年，官民田地、山塘一千四百二十八頃五十二畝。

弘治、正德、嘉靖年並同。

萬曆四十一年，官民田地、山塘三千二十九頃八十九畝一分二毫八絲。

農桑絲七觔二兩。

定南縣

隆慶六年，官民田地塘一百六十頃四十四畝一分三厘三毫一絲七忽七微。

萬曆八年，奉例丈量官民田地、塘七百七十七頃九畝七分一厘七毫五絲。

萬曆四十一年，官民田地、塘七百七十七頃五十畝七分九厘一毫九絲四忽一微五纖。

長寧縣

萬曆四十一年，官民田地、塘六十一頃六十畝八分一厘五絲二忽。

農桑絲一十四兩四錢。

張峰、陳復亨〔隆慶〕《海州志》卷三《土貢》 按《舊志》：上貢之物曰桑絲，二千六十二兩四錢二分。

楊子器、桑瑜〔弘治〕《常熟縣志》卷三《叙官治》 洪武二十四年，版籍官民田地一萬三千四百二十五頃，比元增七百頃四十三畝。

官田地九千三百三十七頃六十三畝，民田地三千八十七頃三十七畝。夏稅絲四萬二千五百七十三兩。桑一萬二千七十七株。納絲四百一兩六錢。

永樂十年，版籍官民田地一萬六千二百一十一頃四十五畝，比前增三千七百八十六頃四十五畝。

官田地八千九百六十二頃一十四畝，民田地七千二百四十九頃三十一畝。夏稅絲六萬四千六百三十五兩。桑一萬二千三百三十二株。納絲四百二十兩。

宣德七年，版籍官民田地一萬七千六百二十八頃二十二畝，比前增一千四百一十六頃七十七畝。

官田地九千三百一十二頃一十七畝，民田地八千三百一十六頃五畝。夏稅絲七萬七百四十五兩，比〔前〕增六千一百一十兩。

正統七年，版籍官民田地一萬八千一百七十九頃五十二畝八分八毫。

官田地九千六百八十六頃九十畝三分四厘四毫，民田地八千四百九十二頃六十二畝四分二厘四毫。夏稅絲七萬三千九十三兩五錢八分二厘三毫。桑一萬三千四百二十五株。納絲四百一十三兩三錢七分三厘七絲。

景泰三年，版籍官民田地一萬八千五百九十三頃六十三畝。

官田地九千九百八十一頃七十八畝，民田地八千七百一十一頃八十五畝。夏稅絲七萬三千八百二十四兩五錢七分。桑一萬二千四百二十株。納絲四百一十三兩三錢七分。

天順六年，版籍官民田地一萬八千六百五十二頃三十九畝六分五厘七毫。

夏稅絲七萬五千六百二十二兩三錢四分。桑一萬三千四百一十五株。納絲五百二十三兩五錢三分。

成化八年，版籍官民田地一萬八千七百三十二頃三十一畝七分六厘七毫。

夏稅絲七萬三千八百九十九兩四錢三分五厘一毫。桑一萬四千五百二十株。納絲五百九十一兩七錢四文。

成化十八年，版籍官民田地一萬八千八百五十八頃四十八畝八分七厘三毫。

夏稅絲七萬四千三十九兩八錢三分六厘五毫四絲。桑一萬五千三百六十一株。納絲六百一十八兩二錢一分。

弘治五年，版籍官民田地一萬八千八百五十九頃五畝二分三厘三毫。

夏稅絲七萬四千四十三兩三錢七分二毫四絲。桑一萬六千四百八十二株。納絲六百五十九兩八錢六分。

弘治十年，分去太倉州官民田地等項二千五百八十六頃一十八畝一厘。

夏稅麥五千一百七十六石二斗五升二合二勺，絲一萬九百八十六兩六錢六分一厘三毫三絲。

農桑

洪武十年，本縣栽桑八千七百一十四株。今農桑一萬二千四百二十五株，科絲四百一十三兩三錢七分三厘七絲，折絹二十二疋二丈九尺。

歲納本府織染局絲一萬九千六百九十一兩一錢七分五厘三毫一絲。

歲納京庫絹二千四百九疋。黃、白各半。

汪心等〔嘉靖〕《尉氏縣志》卷二《貢賦》 尉氏縣起科官民田地

洪武二十四年夏地一千一百五十一頃六十九畝七分八釐。稅【略】絲三千六百四十四兩六錢六分七釐。秋地八百五十五頃五十畝二分八釐。

永樂十年，夏地稅麥絲【略】同前。

成化十八年，夏地稅麥絲【略】同前。

《正德實録》：夏地稅麥絲【略】同前。

成化十八年，官桑三百二株，科絲綿一十九兩九錢三分二釐，折絹二丈九尺八寸九分八釐。民桑三萬一百九十二株，科絲綿九百九十六兩三錢三分六釐，折絹四十九疋三丈四尺五寸四釐。

按《舊志》作官民桑三十七萬八千二百四十四株，絲綿一千一十六兩二錢六分八厘。

沈紹慶、王家士〔嘉靖〕《光山縣志》卷四《田賦志·貢賦農桑稅糧》 大明洪武二十四年，起科官民桑，夏稅秋糧之征。官民桑一萬六千九百株，絲五百五十九兩九錢八分有奇，折京庫絹二十七疋二丈九尺九寸七分。

弘治十五年，官民桑六千九百六十九株有奇，絲五百五十九兩九錢八分有奇，折京庫絹二十七疋二丈九尺九寸七分。

嘉靖初年，除縣民胡伯釗奏准水坍地免徵外，實徵官民桑六千九百六十九株有奇，絲五百五十九兩九錢八分有奇，折京庫絹二十七疋二丈九尺九寸七分。

嘉靖二十四年稅糧，同正德三年之數。

魏津、張讓〔弘治〕《偃師縣志》卷一《貢賦》　歲額

雜革二百五十五張。

田賦

官民地四千八百頃三十四畝三分六厘六毫，夏地一千二百三十二頃五十畝八分六厘。絲三千七百八十兩五錢七分。

永樂十年

官民地四千四百五十四頃六十五畝六分六厘，起科官民地肆千五十七頃五十四畝六分捌厘，夏地二千二百二十四頃一十六畝五厘四毫。絲三千八百六兩三錢九分。

成化十八年

官民地四千四百五十四頃九十五畝六分六厘，起科官民地四千五十七頃八十四畝八分六厘，民地四千二十頃七十九畝一分六厘二毫，不起科民地三百九十七頃一十一畝七分九厘，夏稅地二千二百二十四頃。絲三千六百八兩七錢八分八厘六毫六絲。

弘治五年

官民地四千四百五十四頃九十六畝六分，起科官民地四千五十七頃八十四畝八分六厘，官地七十三頃五畝七分五厘，民地四千二十頃七十九畝一分壹厘六毫，不起科民地三百九十七頃一十畝七分九厘，夏稅地二千二百二十四頃四十六畝五厘。絲三千八百六兩七錢八分八厘六毫五絲。

農桑

洪武二十四年

官民桑、棗四萬七千三十七株。桑三萬伍千三十五株，共絲綿一千一百八十三兩五錢五分五厘。

永樂十年

官民桑、棗、柿一百六十萬七千四百一十二株。起科官民桑、棗六萬二千五百五十二株。桑四萬六千二百七十六株，共綿絲一千五百二十兩六錢七分二厘。

鄭相、黃虎臣〔嘉靖〕《夏邑志》卷四《土貢》　稅絲一千九百八十二兩一錢三分九釐，農桑折京庫絹一百六十七疋一丈三尺四寸八釐五毫。

嵇曾筠、沈翼機等〔雍正〕《浙江通志》卷一〇一《物產》　挂絲　《雲麓漫鈔》：紹興中，以小竹編聯籠，以衣畫風雲，鷺鷥作枕屏，一時無名號，曰畫絲。好事者大其制，施於酒席以障風，野次便於圍坐，人競爲之。今名挂絲，蓋以絲挂於竹骨之上也。

嵇曾筠、沈翼機等〔雍正〕《浙江通志》卷一〇二《物產》　絲　《西吴里語》：湖州蠶絲，有頭蠶、二蠶。頭蠶爲上，細而白者謂之合羅，稍粗者謂之串五，又粗者謂之肥光，合郡皆有，而獨盛於歸安。《西吴枝乘》：其絲以三繭抽者謂合羅絲，歲以充御服。

嵇曾筠、沈翼機等〔雍正〕《浙江志》卷一〇七《物產》　蠶　《瑯琊代醉編》：永嘉有八輩蠶，一曰蚖珍蠶，三月績。二曰柘蠶，四月初績。三曰蚖蠶，四月績。四曰愛珍，五月績。五曰愛蠶，六月末績。六曰寒珍，七月績。七曰四出蠶，九月初績。八曰寒蠶，十月績。凡蠶再養者，皆謂之珍，然一歲八績，亦恐誇者之過。

桑絲　隆慶《樂清縣志》：用爲紬絹。

柘絲　隆慶《樂清縣志》：宜絃琴瑟。

曾才漢、葉良佩〔嘉靖〕《太平志》卷三《良貨志·物產》　貨之類　桑絲宜爲紬絹。今諸家婦女多治蠶，其絲比杭湖稍次云。柘絲作琴瑟，絃清鳴響亮，勝桑蠶絲。

毛鳳韶〔嘉靖〕《浦江志略》卷五《貢賦》　大明永樂中歲進歲辦之征　荒絲六百二斤一十二兩，解赴本府局，織造羅段。正額五百五十六斤六兩一錢五分四厘。閏月四十六斤五兩八錢四分六厘。

王珣、汪翁儀等〔弘治〕《湖州府志》卷八《土產》　絲，頭蠶絲爲上，柘蠶絲次之。撚細而白者謂之合羅絲，稍麄者謂之串五絲，又麄者謂之肥光絲，屬縣俱有，惟出於菱湖、洛舍爲第一。

栗祁、唐樞〔萬曆〕《湖州府志》卷三《物產》　食貨之屬　絲有合羅絲、串伍絲、經緯絲，屬縣俱有，惟出于菱湖、洛舍者第一。

陸心源等〔同治〕《湖州府志》卷二九《輿地略·風俗》　賣絲　小滿之日，必有新絲出市。諺云：小滿見新絲。《湖録》。列肆購絲謂之絲行，商賈駢坒，貿絲者羣趨焉，謂之新絲市。董蠡舟《樂府·小序》。向之頓葉者至此則轉而頓絲焉。

董恂《樂府·小序》。絲頭蠶爲上，柘蠶次之，屬縣俱有，唯菱湖、洛舍第一。《勞志》。一云絲出歸安德清者佳，張鐸《府志》。一云湖絲唯七里尤佳，較常價每兩必多一分，蘇人入手即識，用織帽緞，紫光可鑑，其地去南潯七里，故名。有即其地載水作絲者，亦只如常，蓋地氣使然。《湧幢小品》。舊以七里絲爲最佳，今則處處皆佳，而以北鄉絲爲上。細絲亦稱經絲，經去聲。可爲緞經，肥絲可織綢綾。有招接廣東商人及載往上海與夷商交易者，曰廣行，亦曰客行，專買鄉絲者曰鄉絲行，買經造經者曰經行，別有小行，買之以餉大行曰劃莊，更有招鄉絲代爲之售，稍抽微利曰小領頭，俗呼白拉主人。每年杭州委員來採辦北帛絲，蘇杭兩織造皆至此收焉。《南潯鎮志》。湖絲雖徧天下，而湖民身無一縷，可慨。談鑰《吳興志》。

董蠡舟《樂府·賣絲》：閶闠填咽駔儈忙，一牓大書絲經行。就中分列京廣莊，畢集南粵金陵商。商多竊揣絲當貴，亟向絲行埭上賣。一市值不盈三千，牙郎吹毛恣狡獪。相逢南舍足穀翁，亦爲貿絲來市中。向子揺手呼莫莫，留待明年高價鬻。深感翁言良不誣，其奈霹靂飛縣符。打門胥吏豺狼如，不爾何以輸官租。況復私逋遞相促，二者兼償猶不足。典去布襦幾時贖，袴露兩尻跣雙足。三旬勞勞睡不足，那得一絲身上著。

陸心源等〔同治〕《湖州府志》卷三三《輿地略·物産下》 絲緜之屬 絲《大清一統志》：湖州府土産絲。《明統志》：各縣皆出。《舊志》：菱湖、洛舍者第一。高士奇《金鼇退食筆記》：西十庫在西安門內，向南內字庫，每歲浙江辦納本色絲緜，台羅絲、串五絲、荒絲，以備各項奏付。《元和郡縣志》：湖州開元貢絲布。《談志》：絲。《續圖經》載，又《舊編》云：安吉絲尤好，今發上供絲五萬兩，係安吉以税捐折。《急就章》注：抽引精繭出緒曰絲。按，今以湖濱絲爲上，詳蠶桑。經《南潯志》：經讀去聲，合二絲爲一，以經車紡之成經，必塗以錫，取其黏潤也。自紡其絲，售于經行曰鄉經，取絲于行代紡而受其直曰料經。

談鑰〔嘉泰〕《吳興志》卷二〇《物産》 絲《續圖經》載，又《舊編》云：安吉絲尤好，今發上供絲五萬兩，係安吉以税絹折。《急就章》注：抽引精出緒曰絲。

汪曰楨等〔光緒〕《烏程縣志》卷二九《物産》 絲緜之屬棉紗附。絲 勞《府志》：絲，頭蠶爲上，柘蠶次之。極細而白者，謂之合羅，稍麤者謂之串五，又麤者謂之肥光。《湧幢小品》：湖絲唯七里尤佳，較常價每兩必多一分。蘇人入手即識，用織帽緞，紫光可鑑。其地去南潯七里，故名。《湖録》：細絲今〔烏〕程安鄉村處處有之，不獨七里也。《二唐志》載有荒絲，絲之最下者，即屑絲也。又小滿之日，必有新絲出市。諺云：小滿見新絲。《南潯志》：細絲亦稱經絲，經去聲，可爲緞經。肥絲可織紬綾。有招接廣東商人及載往上海與夷商交易者，曰廣行，亦曰客行。專買鄉絲者曰鄉絲行，買經造經者曰經行，別有小行，買之以餉大行曰劃莊。更有招鄉絲代爲之售，稍抽微利曰小領頭，俗呼白拉主人。每年杭州委員來采辦北帛絲，蘇杭兩織造皆至此收焉。《吳興蠶書》：頭蠶絲光而韌，二蠶絲鬆而多纇，各鄉所出，有粗有細，粗者兩緒做，細者三緒做，各隨其鄉之所素習。按，今唯分細絲、肥絲二種，肥絲即粗絲也。絲之輕重以兩計，十餘兩或二十餘兩爲一車，四車爲一把。細絲向稱七里湖絲爲上，今則以北鄉湖濱爲上矣。經 《南潯志》：經，讀去聲，合二絲爲一，以經車紡之，成經必塗以錫，取其黏潤也。自紡其絲售於經行曰鄉經，取絲于行代紡而受其直曰料經。棉紗 《南潯志》：褚華《木棉譜》云：棉花不曬不可碾，若遇陰雨，烘之。又云：軋車以木爲之，形如三足几，坐則高與胸齊，上有兩耳卓立。空耳之中，置木軸一，徑三寸，有柄，在車之左，以右手運其機。向外復置鐵軸一，徑半寸，有輪，在車之右，以左足運其機，向內皆用木楔寵緊，中留尺許地。取花置兩軸之隙，而手足齊運，則子自內落，無子之花自外出，若雲霧靆然，名花衣。又云：彈花弓，刳木所爲，長五尺許，上圓而鋭，下方而闊，弦粗如五股線，置弓花衣中，以槌擊弦作響，則驚而騰起，散若雪，輕如煙，名熟花衣。於是約熟花衣作帶形，削細竹一莖爲心，一手執其末，一手執木板覆之。一前一卻，花衣乃捲竹上，即抽出此竹，其狀外圓而中空，名條子。又云：手車有兩耳，疊立矮木牀上，夾一大竹輪，於中其鋌有木承之，然後以粗線環鋌末及輪，輪心有軸，穿耳端出，人以一手揺輪，一手曳棉條而成一縷，如繅繭絲，繞鋌而積，是名棉紗。按，松江有脚車，手足並運，一曳三縷，故此以手車別之。湖地無脚車，稱手車曰揺車。棉紗線 棉紗合成線，亦以縫紉。苧線 爲製鞋底等用。

張宗敬〔嘉靖〕《温州府志》卷三《貢賦》 歲徵：官民田地、山園等項，二萬六千九十有一頃一十九畝六分一釐四毫七絲七忽。桑絲二千四百四十有五兩二錢四分六釐，折絹一百二十二疋一丈一尺七寸八分，零絲二兩六錢二分。

永嘉 桑二萬四千九百八十五株，科絲一千三百八十兩五錢八分六釐，折絹六十九疋九尺五寸五分。

瑞安 桑二千株，科絲二百兩，折絹一十疋，黄麻四十六斤十三兩七錢七分。

樂清 桑一萬三千六百五十三株，科絲六百八十二兩六錢二分，折絹三十四疋，零絲二兩六錢二分。

平陽 桑三千三百九十五株，科絲一百八十二兩，折絹九疋二尺二寸。

徐學謨〔萬曆〕《湖廣總志》卷一二《方産》 唐 潭州長沙郡，絲。

國朝 永州府，綜絲。

施州，班絲施南出。

陳道、黄仲昭〔弘治〕《閩通志》卷二〇《食貨·土貢》 福州府

國朝 閩縣 荒絲二百三十六斤四兩。侯官縣 荒絲一百四十九斤。懷安縣 荒絲九十八斤。長樂縣 荒絲二百三十二斤。連江縣 荒絲一百五十斤。

泉州府

唐　絲州貢。

國朝　福清縣　荒絲二百八十九斤。田縣　荒絲一百二十斤一十二兩。永福縣　荒絲三十八斤一十四兩。閩清縣　荒絲二十七斤。羅源縣　荒絲三十五斤。

陳道、黃仲昭〔弘治〕《閩通志》卷二五《食貨・物産》　興化府

貨之屬　絲。

林富、黃佑纂修〔嘉靖〕《廣西通志》卷一九《田賦志上》　柳州府懷遠縣

夏稅農桑絲三斤一十一兩五錢七分。

林富、黃佐纂修〔嘉靖〕《廣西通志》卷二〇《田賦志下》　柳州府永安州

嘉靖元年農桑計科絲一百九十五斤四兩一錢二分五釐。

紀事

《管子》卷八《小匡》　〔桓公〕征伐楚，濟汝水，踰方地，望文山，使貢絲于周室。黎翔鳳注：使貢楚絲，即所謂檿絲者也。堪爲琴瑟絃。

《莊子》卷九下《讓王》　孔子謂顔回曰：「回，來！家貧居卑，胡不仕乎？」顔回對曰：「不願仕。回有郭外之田五十畝，足以給飦粥；郭内之田十畝，足以爲絲麻；鼓琴足以自娱，所學夫子之道者足以自樂也。回不願仕。」

《太平御覽》卷八一四《布帛部一・絲》　《管子》曰：齊桓公伐楚，濟漢水，踰方城，使貢絲於周室。

《後漢書》卷二六《宋漢傳》　漢字仲和，以經行著名，舉茂才，四遷西河太守。永建元年，爲東平相、度遼將軍，立名節，以威恩著稱。遷太僕，上病自乞，拜太中大夫，卒。策曰：「【略】其之將相大夫會葬，加賜錢十萬，及其在殯，以全素絲羔羊之絜焉。」李賢等注：《詩・國風》曰：「羔羊之皮，素絲五紽，退食自公，委〔蛇〕委〔蛇〕蛇。」退食，減膳也。言卿大夫已下，皆衣羔羊之裘，縫以素絲，自減膳食，從於公事，行步委蛇自得。

佚名《西京雜記》卷五　公孫弘以元光五年爲國士所推，上爲賢良。國人鄒長倩以其家貧，少自資致，乃解衣裳以衣之，釋所著冠履以與之，又贈以芻一束、素絲一緵，扑滿一枚，書題遺之曰：「夫人無幽顯，道在則爲尊。雖生芻之賤也，不能脱落君子，故贈君生芻一束。詩人所謂生芻一束，其人如玉。五絲爲緝，倍緝爲升，倍升爲緎，倍緎爲紀，倍紀爲緵，倍緵爲襚。此自少之多，自微至著也，類士之立功勳，故贈君素絲一襚。【略】山川阻修，加以風露。次卿足下，勉作功名。竊在下風，以俟嘉譽。」弘答爛敗不存。

《太平御覽》卷八一四《布帛部一・絲》　謝承《後漢書》曰：丹楊方儲爲郎中，章帝使文郎居左，武郎居右。儲正住中曰：「臣文武兼備，在所施用。」上嘉其才，以繫亂絲付儲使理，儲拔佩刀三斷之，對曰：「反經任勢，臨事宜然。」

袁宏《漢記》曰：《郭泰傳》：童子魏照求入其房，供給洒掃。泰曰：「當精義講書，何來相近？」照曰：「經師易獲，人師難遭，欲以素絲之質，附近朱藍。」

《太平御覽》卷八一四《布帛部一・絲》　《西京雜記》曰：公孫弘以元光五年爲國所推，上爲賢良。國人鄒長倩贈以素絲一襚，爲書以遺之曰：五絲爲䌰，倍䌰爲升，倍升爲緎，倍緎爲記，倍記爲緵，倍緵爲襚。此自少之多，自微之著也。士之立功勳，效名節，亦復如之，勿以小善爲不足修而不爲也。

曹操《曹操集》卷一《兗州牧上書》　山陽郡有美梨。謹上縫帳二，絲縷十斤，甘梨二箱，椑棗二箱。《初學記》二十、《御覽》八百三十、又九百六十九、九百七十一。

《太平御覽》卷八一四《布帛部一・絲》　《魏略》曰：文帝欲受禪，野蠶成絲。

《晉書》卷四三《山濤傳》　初，陳郡袁毅嘗爲鬲令，貪濁而賂遺公卿，以求虚譽，亦遺濤絲百斤。濤不欲異於時，受而藏於閣上。後毅事露，檻車送廷尉，凡所受賂，皆見推檢。濤乃取絲付吏，積年塵埃，印封如初。

《晉書》卷九五《藝術傳・鳩摩羅什》　中書監張資病，〔驍騎將軍吕〕光營救療。有外國道人羅叉云：「能差資病。」光喜，給賜甚重。羅什知叉誑詐，告資曰：「叉不能爲益，徒煩費耳。冥運雖隱，可以事試也。」乃以五色絲作繩結之，燒爲灰末，投水中，灰若出水還成繩者，病不可愈。須臾，灰聚浮出，復爲繩，叉療果無效，少日資亡。

《太平御覽》卷八一四《布帛部一・絲》　《晉陽秋》曰：武帝時，有司奏以青絲爲牛靷。詔以青麻代之。

《全晉文》卷一三七戴逵《竹林七賢論》　鬲令袁毅爲政貪濁，賂遺朝廷，以營虚譽。嘗遺山濤絲百斤，衆人莫不受，濤不欲爲異，乃受之，命内閣懸之梁上，而不用也。後毅事露，案驗衆官，令吏至濤所，濤于梁上下絲，已數年，塵埃黃黑，封印如初，以付吏。《御覽》四百九十三、又八百十四。

《南齊書》卷一八《祥瑞志》 永明二年，護軍府門外桑樹一株，竝有蠶絲綿被枝莖。

《北史》卷八一《儒林傳上·徐遵明》 遵明講學於外，二十餘年，海內莫不宗仰。頗好聚斂，與劉獻之、張吾貴皆河北聚徒教授，懸納絲粟，留衣物以待之，名曰影質，有損儒者之風。

《舊唐書》卷一六《穆宗紀》 〔長慶三年〕九月，南詔王丘佺進金碧文絲十有六品。

《舊唐書》卷一九二《隱逸傳·李元愷》 李元愷者，博學善天文律曆，然性恭慎，口未嘗言人之過。鄉人宋璟，年少師事之，及璟作相，使人遺元愷束帛，將薦舉之，皆拒而不答。景龍中，元行沖爲洺州刺史，邀元愷至州，問以經義，因遺衣服，元愷辭曰：「微軀不宜服新麗，但恐不能勝其美以速咎也。」行沖乃以泥塗汙而與之，不獲已而受。及還，乃以己之所蠶素絲五兩以酬行沖，曰：「義不受無妄之財。」

《新唐書》卷二二一上《西域傳·東女國》 貞元九年，其王湯立悉與白狗君及哥鄰君董臥庭、逋租君鄧吉知、南水君薛尚悉曩、弱水君董避和、悉董君湯息贊、清遠君蘇唐磨、咄霸君董藐蓬皆詣劍南韋皋求內附。其種散居西山、弱水，雖自謂王，蓋小小部落耳。自失河、隴，悉爲吐蕃羈屬，部數千户，輒置令，歲督絲絮。至是猶上天寶所賜詔書。皋處其衆於維、霸等州，賜牛、糧，治生業。

玄奘《大唐西域記》卷一二《瞿薩旦那國》 麻射僧伽藍及蠶種之傳入

王城東南五六里，有麻射僧伽藍，此國先王妃所立也。昔者此國未知桑蠶，聞東國有也，命使以求。時東國君祕而不賜，嚴敕關防，無令桑蠶種出也。瞿薩旦那王乃卑辭下禮，求婚東國。國君有懷遠之志，遂允其請。瞿薩旦那王命使迎婦，而誡曰：「爾致辭東國君女，我國素無絲綿桑蠶之種，可以持來，自爲裳服。」女聞其言，密求其種，以桑蠶之子，置帽絮中。既至關防，主者遍索，唯王女帽不敢以驗。遂入瞿薩旦那國，止麻射伽藍故地，方備儀禮，奉迎入宮，以桑蠶種留於此地。陽春告始，乃植其桑。蠶月既臨，復事採養。初至也，尚以雜葉飤之。自時厥後，桑樹連陰。王妃乃刻石爲制，不令傷殺。蠶蛾飛盡，乃得治繭。敢有犯違，明神不祐。遂爲先蠶，建此伽藍。數株枯桑，云是本種之樹也。故今此國有蠶不殺，竊有取絲者，來年輒不宜蠶。

馮贄《雲仙雜記》卷三《惠一絲兩絲》 杜甫寓蜀，每蠶熟，即與兒躬行而乞曰：「如或相憫，惠我一絲兩絲。」《浣花旅地志》。

馮贄《雲仙雜記》卷五《高麗絲結》 張均妓多麗，彈琵琶曲，頂上有高麗絲結。趙詩爭奪，致傷二指。《辨音集》。

秦觀《蠶書·戎治》 《唐史》載，于闐初無桑蠶，丐鄰國不肯出。其王即求婚，許之。將迎，乃告曰：國無帛，可持蠶自爲衣。女聞，置蠶帽絮中，關守不敢驗，自是始有蠶。女刻石，約無殺蠶，蛾飛盡乃得治繭，言蠶爲衣則治繭可爲絲矣。世傳繭之未蛾而竅者，不可爲絲。頃見鄰家誤以竅繭雜全繭治之，皆成系焉，疑蛾蛻之繭也，欲以爲絲而其中空不復可治。嗚呼，世有知于闐治絲法者，肯以教人，則貸蠶之死可勝計哉。予作《蠶書》，哀蠶有功而不免，故録《唐史》所載，以俟博物者。

《舊五代史》卷一一八《周書·世宗紀五》 顯德五年十二月己丑，楚州防禦使張順賜死，坐在任隱落搉税錢五十萬、官絲綿二千兩也。

《舊五代史》卷一二九《周書·常思傳》 初，太祖微時，以季父待思，及即位，遣其妻入覲，太祖拜之如家人之禮，仍呼爲叔母，其恩顧如是。廣順二年秋，思來朝，加兼侍中，移鎮宋州。三年夏，詔赴闕，改授平盧軍節度使。思將赴鎮，奏太祖云：「臣在宋州出鎮，得絲十餘萬兩，謹以上進，請行徵督。」太祖頷之，尋詔本州折券以諭其民。

《新五代史》卷四六《雜傳·房知温》 知温卒後，其子彦儒獻其父【略】絲十萬兩，拜沂史刺史。

《新五代史》卷四九《雜傳·常思》 初，思微時，周太祖方少孤無依，食于思家，以思爲叔，後思與周太祖俱遭漢以取富貴。周太祖已即位，每呼思爲常叔，拜其妻，如家人禮。廣順三年，徙鎮歸德，居三年來朝，又徙平盧，思因啓曰：「臣居宋，宋民負臣絲息十萬兩，願以券上進。」太祖頷之，即焚其券，詔宋州悉蠲除之。

紀昀《閱微草堂筆記》卷一三《槐西雜志三》 崔崇屽，汾陽人，以賣絲爲業。往來于上谷、雲中有年矣。一歲，折閱十餘金，其曹偶有怨言。崇屽恚憤，以刃自剖其腹，腸出數寸，氣垂絶。主人及其未死，急呼里胥與其妻至，問：「有冤耶？」曰：「吾拙於貿易，致虧主人資。我實自愧，故不欲生，與人無預也。其速移我返，毋以命案爲人累。」主人感之，贈數十金爲棺斂費，奄奄待盡而已。有醫縫其腸，納之腹中。敷藥結痂，竟以漸愈。惟遺矢從刀傷處出，穀道閉矣。後貧甚，至鬻其妻。舊共賣絲者憐之，各贈以絲，俾拈綫自給。漸以小康，復娶妻生子。至乾隆癸巳、甲午間，年七十乃終。

藝文

《詩·召南·羔羊》　羔羊之皮，素絲五紽。羔羊之革，素絲五緎。羔羊之縫，素絲五總。

《詩·召南·何彼襛矣》　其釣維何，維絲伊緡。齊侯之子，平王之孫。

《詩·邶風·綠衣》　綠兮絲兮，女所治兮。鄭玄箋云：先染絲，後製衣，皆女之所治爲也。

《詩·鄘風·干旄》　孑孑干旄，在浚之郊。素絲紕之，良馬四之。孑孑干旟，在浚之都。素絲組之，良馬五之。

《詩·衛風·氓》　氓之蚩蚩，抱布貿絲。鄭玄箋云：季春始蠶，孟夏賣絲。　匪來貿絲，來即我謀。

《詩·曹風·鳲鳩》　淑人君子，其帶伊絲。其帶伊絲，其弁伊騏。

《詩·周頌·絲衣》　絲衣其紑，載弁俅俅。

《左傳·成公九年》　詩曰：雖有絲麻，無弃菅蒯。

《太平御覽》卷八一四《布帛部一·絲》　《楚辭》曰：「茅絲兮同綜，冠履兮共虡。」宋玉《（鈞）〔釣〕賦》曰：「夫玄淵之鈞也，以三尋之竿，八絲之綸。」荀卿《琴賦》曰：「弦以園客之絲，徽以鍾山之玉。」

《全上古三代文》卷九荀卿《蠶賦》　有物於此，儳儳兮其狀，屢化如神，功被天下，爲萬世文。【略】食桑而吐絲，前亂而後治。

《全上古三代文》卷一〇宋玉《釣賦》　夫玄洲釣也，以三尋之竿，八絲之線。

《後漢書》卷二八下《馮衍傳》　作賦自厲，命其篇曰《顯志》。顯志者，言光明風化之情，昭章玄妙之思也。其辭曰：【略】楊朱號乎衢路兮，墨子泣乎白絲；知漸染之易性兮，怨造作之弗思。李賢等注：《墨子》曰：「墨子見染絲，歎曰，染於蒼則蒼，染於黃則黃，五入之則爲五色，故染不可不慎。非獨絲也，國亦有染，湯染伊尹，紂染惡來也。」

《玉臺新詠》卷一《古樂府詩六首之一·日出東南隅行》一作陌上桑　青絲爲籠繩，桂枝爲籠鉤。【略】青絲繫馬尾，黃金絡馬頭。

《太平御覽》卷八一四《布帛部一·絲》　枚乘《七發》曰：「龍門之桐，高百尺而無枝。斬以爲琴，繭之絲以爲絃。」《古樂府歌詩》曰：「羅敷善蠶桑，采桑城南隅。青絲爲籠繩，（柱柱）〔桂枝〕爲籠鉤。」「何用識夫婿，白馬紫驪駒，青絲繫馬尾，黃金籠馬頭。」蔡邕《廣連珠》曰：「參絲之絞以絃琴，緩張則撓，急張則絶。」

《全漢文》卷二〇枚乘《七發》　龍門之桐，高百尺而無枝。【略】斫斬㠯爲琴，野繭之絲㠯爲絃。

《太平御覽》卷八一四《布帛部一·絲》　嵇康《蠶賦》曰：「食桑而吐絲，前亂而後治。」

李白《李太白全集》卷二《古詩五十九首》其五十九　惻惻泣路岐，哀哀悲素絲。路岐有南北，素絲易變移。萬事固如此，人生無定期。

杜牧《樊川文集》卷一五《謝賜新絲表》　右。中使某至，奉宣聖旨，賜臣等新絲者。伏以繭蠶所繫，在於纂組，言功之大，與食爭先。陛下仁德動天，雨澤順序，柔桑沃若，蠶女功勤，皛比凝霜，縈如委霧。繭稅不逋於鄉井，被覆皆徧於華夷。盡荷皇慈，同歌帝力。臣等備位台席，親逢盛時，無任踴躍抃感恩之至。

陸龜蒙《甫里集》卷三《素絲》　園客麗獨繭，詩人吟五緵。如何墨子淚，反以悲途窮。我意豈如是，願參天地功。爲綫補君衮，爲絃繫君桐。左右修闕職，宮商還古風。端然潔白心，可與神明通。

吳淑《事類賦》卷一〇《寶貨部·絲》　皎皎素絲，郭泰《答傳咸》詩曰：皎皎白素絲，織爲寒女衣。女所治兮。《詩》曰：綠衣絲兮，女所治兮。周官有辨物之職，《周禮·典絲》：掌絲入而辨其物，以賈揭之。掌其藏與其出，以待興功之時，頒絲于內外，皆以物授之。　時令著分繭之期。《禮》曰：孟夏，蠶事既登，分繭秤絲。　唯朱藍之是染，《漢記》曰：童子魏照，求入事郭泰，供給灑掃。泰曰：當精義講書，何來相近。照曰：經師易獲，人師難遭，欲以素絲之質，附近朱藍。　勿菅蒯以輕遺。《左傳》曰：雖有絲麻，無棄菅蒯。　㡛氏湅之而有法，《周禮》曰：㡛氏湅絲以涚水，漚其絲七日，去地尺暴之。晝暴諸日，夜宿諸井，七日七夜，是謂水湅。方儲斷之而得宜。謝承《後漢書》曰：方儲爲郎中，章帝使文郎居左，武郎居右。儲正住中，曰：臣文武兼備，在所施用。上嘉其才，以繁亂絲付儲使理。儲拔佩刀三斷之。對曰：反經仕勢，臨事宜然。　羔羊之革，素絲五緎。出《詩》。又「五紽」「五緵」。　出綸方訒於王言，《禮》曰：王言如絲，其出如綸。王言如綸，其出如綍。縈社更聞於日蝕。見《日賦》繫桺縈絲注。《公羊傳》曰：六月辛未朔，日有食之，以朱絲縈社。或曰脅之，或曰爲暗恐犯之，故縈之。社者，土地之主，日食者，土地之精。上敷於天而犯日，故朱絲縈之，助陽抑陰。《穀梁傳》曰：天子救日，置五麾，陳五兵五鼓；諸侯置三麾，陳三兵三鼓；大夫擊柝。凡有聲，皆陽事也，以厭陰氣。分貴賤於繒錦。《士緯》曰：絲俱生於蠶，爲繒則賤，爲錦則貴。隨青黃於藍蘖。《正部》曰：皎皎素絲，得藍則青，得丹則赤，得蘖則黄，得泥則黑。纅之既見於三盆，《禮》曰：夫人繅三盆手。漚之亦言於七日。見上注。則有《書》稱厥篚，《書》曰：青州厥篚檿絲。《詩》著其紑。《詩》曰：絲衣其紑，載弁俅俅。或棼之而益亂，《左傳》曰：衆仲曰：以德和民，不聞以亂。以亂猶治絲而棼之也。或貿之而來謀。《詩》曰：氓之蚩蚩，抱布貿絲。匪來貿絲，來即我謀。凶則灰浮於水上，《晉書》曰：吕光竊號河右，中書監張資病，光博營救療。有外國道人羅叉云：能差資病。光喜，給賜甚重。羅叉曰：叉不能爲益，徒煩費耳。可以五色絲作繩，燒爲灰，投水中。灰若出水還成繩者，病不可愈。須臾，灰聚浮出，復爲繩，少日資死。吉則夢掛於山頭。《後魏書》曰：幽州刺史張亮，初，有薛琡夢亮於山上掛絲，覺而告亮，且占之曰：山上絲是幽字，君爲幽州乎。未期而受。亦有力系金鑪，《梁四公記》曰：扶桑國貢黄絲三百斤，即扶桑蠶所吐，扶桑灰汁所煮之絲也。帝有金鑪重五十斤，係六絲以懸鑪，絲有餘力。細同密雨；古詩曰：密雨如散絲。直似朱繩。古詩曰：直如朱絲繩，清如玉壺冰。續聞命縷，《風俗通》曰：五月五日，五色縷命絲，俗説益人命。或吐之而成錦，見《錦賦》樓堞成形注。《拾遺記》曰：周成王時，因祇國貢女工，能以五色絲内口巾，手引而結之，使成文錦。有雲昆錦，文如雲霞。有樓堞錦，有離珠錦，文似珮珠。有篆隸錦，有列明錦，文如燈燭。或歐之而跪樹。《山海經》曰：歐絲之野，有一女子，跪樹而歐絲。郭璞曰：蠶類也。山濤收袁毅之遺，《竹林七賢傳》曰：鬲令袁毅賄遺朝廷，以營虚譽。遺山濤絲百斤，濤不欲爲異，乃受之，命内閣之梁上。後毅事露，吏驗至濤所，濤於梁上下絲，絲已數年，塵埃黄黑，封印如初，以付吏。長倩誡孫弘之語。《西京雜記》曰：公孫弘舉賢良，國人鄒長倩贈以素絲一襚，爲書以遺之曰：五絲爲緢，倍緢爲升，倍升爲緎，倍緎爲紀，倍紀爲緵，倍緵爲襚。此自少之多，自微之著也。士之立勳効名節，亦復如之，勿以小善爲不足修而不爲也。爾其責茲楚貢，《管子》曰：齊桓公伐楚，濟汝水，踰方城，使貢絲於周室。絶彼商絃。《淮南子》曰：蠶珥絲而商絃絶。高誘注云：商，金聲，春蠶吐絲金死，故絶也。墨子見之而興歎，《墨子》曰：見染絲者歎曰：染於蒼則蒼，染於黄則黄。五入則爲五色，不可不慎。非獨染絲，治國亦然。園客纅之而上仙。《神仙傳》曰：園客者，濟陰人。貌美，邑人多欲妻之，客終不娶。嘗種五色香草，積數十年，服食其實，忽有五色蛾集香草之上，客收而薦之，以布生華蠶焉。至蠶時，有一女自來助客養蠶，亦以香草食蠶，得繭百二十枚。繭大如瓮，每一繭，纅六七日，絲乃盡。纅訖，此女與園客俱仙去。乍想淑人之帶，《詩》曰：淑人君子，其帶如絲。遥思初仕之年。謝靈運《初去郡》詩曰：牽絲及元興，解龜在景平。李善曰：牽絲，初仕也。應璩詩曰：不悞牽朱絲，三署來相尋。釣有伊緡之美，《詩》曰：其釣維何，維絲伊緡。琴聞野繭之妍。枚乘《七發》曰：龍門之桐，高百尺而無枝，斬以爲琴，野繭之絲以爲絃。伊絲枲之爲務，亦生民之所先。《書》曰：岱畎絲枲。孔安國注：畎，谷也。

蘇軾《蘇軾詩集》卷二三《端午游真如，遲、适、遠從，子由在酒局》 一與子由別，却數七端午。施元之註：周處《風土記》：仲夏，端午烹鶩角黍。註云：端，始也，謂五月五日。身隨綵絲繫，王十朋註：任曰：五月五日以五綵絲繫臂，辟兵及鬼，令人不病瘟，名長命縷。清馮應榴《蘇文忠詩合註》：《荆楚歲時記》云：一名長命縷，一名續命縷，一名辟兵繒，一名五色絲，一名朱索。心與昌歜苦。今年匹馬來，佳節日夜數。兒童喜我至，典衣具雞黍。

蘇轍《欒城集》卷八《送龔鼎臣諫議移守青州二首》（之二） 面山負海古諸侯，信美東方第一州。勝勢未容秦地嶮，奇花僅比雒城優。新絲出盎冬裘具，貢棗登場歲事休。鈴閣虚閑官釀熟，應容將佐得遨遊。

蘇轍《欒城集》卷一六《皇帝閤六首》其五 雨遲麥粒尤堅好，日麗蠶絲轉細長。入夏民間初解愠，宫中時舉萬年觴。

蘇轍《欒城集》卷一六《太皇太后六首》其四 出磨玉塵除舊廩，捧箱綵縷看新絲。一年豐樂今將半，兩殿歡聲外得知。

陸游《劍南詩稿》卷三九《致仕後即事》 山村處處晴收麥，鄰曲家家午曬絲。正用此時身得謝，十分壽酒不須辭。

陸游《劍南詩稿》卷四五《春日》 遲日園林嘗煑酒，和風庭院晾新絲。已過燕子穿簾後，又見鯉魚上市時。排悶與兒聯小句，破閑留客戰枯棋。殘年自覓安排處，除却歸休總不宜。

陳子龍《陳子龍詩集》卷二《豔歌行二首》其一 迢迢天上星，浮雲翳清淺。蕩子萬里行，日月自黽勉。井上桃已稀，門前桑欲翦。念子衣裳單，殷勤事絲繭。日暮步衡薄，愁來不敢遣。我有尺素書，隨風任舒卷。隨風置君旁，令君生輝光。

愛新覺羅・弘曆《乾隆文集》卷一三《賦・五絲賦》 律中蕤賓，時惟皐月。賞天中之令晨，值薰風其南發。撫茲佳景，浴蘭爰遍乎寰區；文此太平，競渡亦盛乎楚越。乃有金閨雅製，綉幕芳思，不止線添對日長之何遣，聊同錦織象雲爛以交披。憑玆十指，運彼五絲。觀寶縷之續續，粲文采之離離。延壽算於萬禩，傳勝事於一時。爾其香奩繞罷，彤管方陳，麗學天孫之樣，巧開地臘之辰。鴨緑鵞黄，選色而艷兮八彩；淺紅深紫，成章而手抡雙紋。皓齒含霜，意運神工而不語；青蛾歛翠，心追天巧而宜嚬。鶯其羽，鶯其領，難比方其爛熳；絲五紽，絲五緎，更觸緒而繽紛。則見夫續比貝連，艷羞花朵。色如螮蝀，迴射乎虹橋；舞比羽霓，直通於駁娑。瑶筐用盛，錦袱是裹。方擕蒲酌，願萬年以祝君；亦比葵忱，藉一綫而達我。重曰：當午日兮結五絲，綜萬緒兮抽巧思。綿寶命兮壽無期，紀歲華兮長如斯。

愛新覺羅・弘曆《乾隆詩集》卷四〇《浙江巡撫琅玕奏報春花蠶絲收成豐稔詩以誌慰》 麥之苗秀資雨哉，麥之結實賴晴矣。作繭繅絲喜晴暄，適逢其會成雙美。浙省各府俱種春麥，而杭州、嘉興、湖州三府尤以春蠶爲重，玆據琅玕奏：二麥陸續刈獲，春蠶亦俱繅絲。其二麥約收分數，杭州、嘉興、紹興、温州四府屬俱九分有餘，寧波、台州、金華、嚴州四府屬俱有九分，湖州、衢州、處州三府屬俱有八分。其蠶絲收成分數，嘉興府屬九分有餘，杭州、湖州二府屬俱有九分，大概春花春蠶當收成之際，最宜曝曬，幸遇天氣晴朗，一律稔收，可稱雙美云。 衣食之源吾所廑，而絲之源惟浙爾。兩收胥獲九分餘，額手同民幸遇此。昨知兩江報麥收，前據上下兩江督臣撫臣奏：二麥收成分數俱九分有餘，浙江界其南故麥收相仿，更南則爲閩粤，當亦無殊，惟日盼奏至，以慰廑念，而奏到略遲耳。 風氣至浙南迤邐，復南則爲閩粤疆，均似玆乎一心企。

愛新覺羅・弘曆《乾隆詩集》卷七三《浙江巡撫福崧奏報春花蠶絲豐收情形詩以誌慰》 奏章披浙撫，民福普西東。浙省以江分東西。屬十一府，舉成數也。麥均稔，府三杭、嘉、湖。蠶並豐。福崧奏：浙省各屬地方，入春以來，晴雨得宜，農桑並利。現在二麥陸續登場，春蠶亦已成繭。所有二麥收成分數，計九分有餘者，杭州、嘉興、湖州、寧波、金華五府屬。九分者，紹興、衢州、嚴州、温州四府屬。八分有餘者，台州、處州二府屬。統計通省麥收共九分有餘，至杭州、嘉興、湖州三府屬，蠶絲收成均屬九分等語。 望南固慰意，盼北切憂衷。京畿左近，二麥固已歉收，然北地重在大田，日内若即得透雨，農民翻犁播種，秋收尚屬可望，而不雨日甚一日，憂懣不可言矣。因亦人情悟，緩遐急近同。

愛新覺羅・弘曆《乾隆詩集》卷九八《浙江巡撫吉慶報春花蠶絲收成分數詩以誌慰》 麥與蠶絲衣食源，可能偏廢總心存。浙之所重異他省，麥却宜凉蠶喜暄。事有不齊慎調劑，幸逢一致慰黎元。八分胥報稱中稔，據吉慶奏：浙省春雨充足，二麥正當揚花之時，又值連日晴霽，現在次第收穫，所有各屬收成分數，八分有餘者，湖州、寧波、處州三府屬。八分者，杭州、紹興、金華、衢州、温州五府屬。七分有餘者，嘉興、台州、嚴州三府屬。合省統計麥收約有八分，其杭、嘉、湖三府屬，蠶事自三月下旬以來，天氣和暖，最爲得宜，現在陸續成繭，收成亦約八分有餘。 慶共民同叩昊恩。

王闓運《湘綺樓全集・詩集》卷一《作蠶絲》 冬絲不復絡，春眠應恨遲。身死絲長在，君看宛轉時。

雜録

《太平御覽》卷八一四《布帛部一・絲》 《山海經》曰：歐絲之野，有一女子，跪樹而歐絲。郭璞注曰：蠶類也。

《神仙傳》曰：仙人用五色絲作續命幡七安五色。

《神仙傳》曰：園客者，濟陰人。貌美而良，邑人多欲以女妻之。客終不娶，常種五色香草，積數十年，服食其實，忽有五色蛾集香草之上，客收而薦之以布，生花蠶焉。至蠶時，有一女自來助客養蠶，亦以香草食之，蠶收得繭百二十枚，繭大如甕，每一繭，繅六七日絲乃盡。繅訖，此女與園客俱去。

王子年《拾遺記》曰：成王時，因祇國致女工一人，善織新輕素，以五色絲内口中，手引而結之，則成文。

《事物紀原》卷九《農業陶漁部・蠶絲》 《搜神記》曰：上古時，有人遠征，家惟一女與馬。女思父，戲馬曰：「汝能迎得吾父，吾將嫁汝。」馬乃絶韁去，得父還。後馬見女輒怒，父怪之，女具以答。父大怒，殺馬曝其皮。女至皮所，忽蹷然卷女而行，後於大樹枝間得女及皮，盡化爲蠶。既死，因名其樹曰桑。桑，喪也。此蠶桑之始也。《皇圖要記》曰：伏犧化蠶爲絲。又黄帝元妃西陵氏始養蠶爲絲。

舊題東方朔《神異經・東方經》 東方有桑樹焉，高八十丈，敷張自輔。其葉長一丈，廣六尺，其上有蠶，作繭長三尺。繅一繭，得絲一斤。

應劭《風俗通》卷一〇《佚文・陰教》 五月五日，賜五色續命絲，俗説以益人命。（《類聚》四、《初學記》四、《御覽》八一四、《事類賦》十、《紀纂淵海》二、《歲時廣記》二一）

五月五日，以五綵絲繫臂，名長命縷，一名續命縷，一名辟兵繒，一名五色縷，一名朱索，辟兵及鬼，命人不病温。又曰，亦因屈原。（《類聚》四、《書鈔》一五五、《初學記》四、《御覽》三一、《事類賦》四、《歲時廣記》二一、《事物紀原》八、《錦繡萬花谷》後四、《事文類聚》前九、《書林事類韻會》五四、《羣書通要》甲七、《古今事物考》一、《天中記》五）

《北齊書》卷二五《張亮傳》 武定初，拜太中大夫。薛琡嘗夢亮於山上掛絲，以告亮，且占之曰：「山上絲，幽字也。君其爲幽州乎？」數月，亮出爲幽州刺史。

《北史》卷五五《張亮傳》 後自太中大夫拜幽州刺史。薛琡嘗夢亮於山上挂絲，以告亮，且占之曰：「山上絲，幽字也，君其爲幽州乎。」數月而驗。

舊題任昉《述異記》卷上 員嶠山名還丘，東有雲石，廣五百里。有蠶，長七寸，黑色有鱗角，以霜雪覆之，然後作繭，長一尺。其色五采，織爲文錦，入水不濡。

宗懍《荆楚歲時記》 以五彩絲系臂，名曰「辟兵」，令人不病瘟，又有條達等織組雜物，以相贈遺，取鴝鵒教之語。

宗懍《荆楚歲時記・佚文》 五月五日，以五色絲纏臂，曰長命縷。以艾爲人形，置户上辟惡。《師曠占》云：「歲多病，病草先生。」病草，艾也。是日取蟾蜍辟兵。《類説》卷六「長命縷」。

五日，以艾縛一人形，懸於門户上，以辟邪氣，以五彩絲系於臂上，辟兵厭鬼，且能令人不染瘟疾。《四時宜忌》「五月事宜」。

宗懍《荆楚歲時記》 《風俗通》曰，五月五日，以五彩絲系臂者，辟兵及鬼，令人不病温。

又曰，亦因屈原，一名長命縷，一名續命縷，一名辟兵繒，一名五色絲，一名朱索。又有條達等織組雜物以相贈遺。《孝經援神契》云：「仲夏始出，婦人染練，咸有作務。」《玉燭寶典》云：「此節備擬甚多，其尚矣。」又曰：「日月星辰鳥獸之狀，文綉金縷帖畫，貢獻所尊。」古詩云「繞臂雙條達」是也。

又曰，五月五日集五色繒辟兵。余問服君，服君曰：「青赤白黑，以爲四方，黄爲中央。襞方綴於胸前，以示婦人蠶功也。織麥䅌懸於門，以示農工成。傳聲以襞爲辟兵耳。」按䅌音涓，麥莖也。《御覽》卷三十一。【略】

宗懍《荆楚歲時記・佚文》 民斬新竹笋爲筒粽，練葉插頭五彩縷，投江，以爲辟火厄。士女或取練葉插頭，彩絲系臂，謂爲長命縷。《寶典》卷五。

《奩史》卷八七《綺羅門》 姜廉入神祠，覩捧印女子，塑容端麗，有惑志焉，戲解手帕繫其臂爲定。方歸即被疾。忽聞外間呵殿聲，一女子絶色，自簷出，上堂拜姜母曰：「妾與郎君有嘉約，願得一見。」姜聞欣然而起，妻時引避。女請曰：「不可以我故，間汝夫婦之情。」妻亦相拊接，懽如姊妹。女事姑甚謹，值端午節，一夕製綵絲百副，盡餉族黨，其人物花卉，字畫點綴，歷歷可數，自是皆以仙姑稱之。居無何，與姑言，新婦有大厄，乞暫適他所避之。再拜出門，遂不見。頃之，一道士來，曰：「此女劍仙也。先與一人綢繆，遽舍而從汝，以故欲殺汝二人，我來救汝耳。」因令姜就榻堅卧，久之，刀劍擊戛之聲不絶，忽有一髑髏墜榻下，道士出藥滲之，化爲水。道士去，女即來，同室如初。《劍俠傳》。

顧禄《清嘉録》卷五《長壽線》 結五色絲爲索，繫小兒之臂，男左女右，謂之長壽線。譚大中《長壽線詩》云：「從來造物最多情，修短還憑玉指衡。五采同心延百壽，一絲纏臂訂三生。黄金不買前身慧，青史難逃再世名。兒女自癡儂作達，升沈無用訪君平。」

案，吴曼雲《江鄉節物詞・小序》云：杭俗結五采索繫小兒臂上，即古之長命縷也。詩曰：「編成雜組費功深，絡索輕於纏臂金。笑語玉郎還憶否，年時五采結同心。」《崑新合志》亦云：五日以紅絲線紉小兒臂，男左女右，以驗日後肥瘠。

富察敦崇《燕京歲時記・綵絲繫虎》 每至端陽，閨閣中之巧者，用綾羅製成小虎及粽子、壺盧、櫻桃、桑椹之類，以綵線穿之，懸於釵頭，或繫於小兒之臂。古詩云：「玉燕釵頭艾虎輕。」即此意也。

綿、絮分部

題解

《書·禹貢》 豫州： 厥篚纖纊。孔安國傳：纊，細綿。孔穎達疏：《禮·喪大記》：候死者屬纊以俟絶氣。即纊是新綿耳。纖是細故言細綿。

《禮記·玉藻》 纊爲繭，緼爲袍。鄭玄注：衣有著之略名也。纊謂今之新綿也，緼謂今纊及舊絮也。孔穎達正義：緼謂今纊者，謂好綿也，則鄭注之時，以好者爲綿，惡者爲絮，故云緼謂今纊及舊絮也。

《史記》卷二《夏本紀》 豫州： 其篚纖絮。孔安國曰：「細緜也。」

《漢書》卷四《文帝紀》 有司請令縣道，年八十已上，賜米人月一石，肉二十斤，酒五斗。其九十已上，又賜帛人二疋，絮三斤。師古曰：「絮，綿也。」

史游《急就篇》卷二 絮綿。

顏師古注： 漬繭擘之精者爲綿，麤者爲絮，今則謂新者爲綿，故者爲絮，古亦謂綿爲纊，纊字或作絖。並音曠。漬，材賜反。擘，布麥反。

許慎《説文》第一二《系部》 緜 聯散也。段玉裁注：聯者，連也。散者，眇也。其相連者甚散眇，是曰緜，引申爲凡聯屬之偁。《大雅》「緜緜瓜瓞」。毛亨傳曰：緜緜，不絶貌。又引申爲絲絮之偁。因其媆弱而名之。如《糸部》絮下云：「敝緜也。」鄭注《禮記》云「纊，新緜也」是也。从系帛。段玉裁注：謂帛之所系也。系取細絲，而積細絲可以成帛。

許慎《説文》第一三上《糸部》 絮 敝緜也。段玉裁注：緜者，聯散也，因以爲絮之偁。敝者，敗衣也，因以爲孰之偁。敝緜，孰緜也，是之謂絮。凡絮必絲爲之，古無今之木緜也。以絮納袷衣閒爲袍曰褚，亦曰裝，褚亦作著，以麻緼爲袍亦曰褚。 从糸，如聲。 絡 絮也。段玉裁注： 今人聯絡之言，蓋本於此。包絡字，漢人多段落爲之，其實絡之引申也。《楊雄傳》曰：緜絡天地。以絮喻也。 从糸，各聲。

纊 絮也。段玉裁注：《玉藻》「纊爲繭」。注曰：纊，今之新緜也。按鄭釋纊爲新緜者，以别於緼之爲新緜及舊絮也，許則謂纊爲絲絮，不分新故，謂緼爲麻緼，與鄭絶異。 从糸，廣聲。《春秋傳》曰：「皆如挾纊。」段玉裁注：《春秋》宣十二年《左傳》文。 絖 纊或从光。

紙 絮一笘也。段玉裁注： 笘各本譌苫，今正。 笘下曰： 潎絮簀也。 潎下曰： 於水中擊絮也。《後漢書》曰： 蔡倫造意，用樹膚、麻頭及敝布、魚网以爲紙，元興元年奏上之，自是莫不從用焉，天下咸稱蔡侯紙。按造紙昉於漂絮，其初絲絮爲之，以笘薦而成之，今用竹質木皮爲紙，亦有緻密竹簾薦之是也。《通俗文》曰： 方絮曰紙。《釋名》曰： 紙，砥也，平滑如砥。 从糸，氏聲。 諸氏切，十六部。

綌 治敝絮也。段玉裁注： 敝絮猶故絮也。 从糸，咅聲。

繫 繫縭也，一曰惡絮。段玉裁注： 一曰猶一名也。繫縭讀如谿黎，疊韵字，音轉爲絳縭，絳苦堅切。《廣韵·十二齊》一先皆曰：絳縭，惡絮是也。《釋名》曰： 煮繭曰莫。莫，幕也。貧者著衣可以幕絮也。或謂之牽離，煮熟爛牽引使離散如絮也。按此與煮繭絓頭不同物，編《太平御覽》者合而一之，誤矣。 从糸，毄聲。

劉熙《釋名》卷四《釋采帛》 絮，胥也。胥久能解落也。王啟原曰：能，吕本作故。先謙曰：《説文》「絮，敝緜也」。胥與須同。《詩·桑扈》孔穎達疏：胥，須，古今字。

《太平御覽》八一九《布帛部六·綿》《説文》曰：「纊，絮緼也。」

宋陳道人刊本能亦作故。

張揖《廣雅》卷七下《釋器》 繭、絹，絖也。

《説文》：「纊，絮也。或作絖。」《小爾雅》云：「纊，緜也，絮之細者曰纊。」《禹貢》「厥篚纖纊」，《史記》作纖絮。 繭，讀爲繭。《説文》：「繭，蠶衣也。」《淮南子·繆稱訓》：「寢關曝纊。」高誘注云：「纊，繭也。」纊謂之繭，故以纊著衣，亦謂之繭。《玉藻》：「纊爲繭，緼爲袍。」鄭玄注云：繭，袍衣有著之異名也。纊謂今之新緜，緼謂今纊及舊絮也。各本絖下脱也字，遂與下條相連，今補。

顧野王《玉篇》卷一五《网部》 羅 奴旦切，緼也。

顧野王《玉篇》卷二七《糸部》 絮 思據切，敝緜也。

原本 思據反。《孟子》：「麻縷絲絮輕重同」。《説文》：「敝緜也」。《漢書》： 以冒絮提文帝。晉灼曰： 巴蜀以頭上巾爲冒絮。《博物志》： 蜀人以絮巾爲冒絮。

絮 女於切，緼也，塞也。或作袽。又女下切，絮絮，相著貌。

原本 女於反。《説文》：「絮，緼也。一曰，敝絮也。」《易》曰：「繻有衣絮」是也。《廣雅》：絮，塞也。或爲袽字，在衣部。

纊 苦浪切，細緜也，絮也。絖同上。又八十縷也。

原本 音曠。《左氏傳》：「皆如挾纊。」《禮記》：「纊爲繭。」鄭玄曰：纊今之綿也。《説文》：「纊，絮也。」《廣雅》：綿絮謂之纊。絖，《漢書》：一月之禄，十絖布二匹，或帛匹。《音義》曰：絖，八十縷也。《説文》：亦纊字也。

繫　古詣、口奚二切，約束留滯也，惡絮也。又胡計切。

原本　古詣反。【略】一曰，惡絮也。音口奚反。《倉頡篇》：絮也。以繫束爲係字，在人部。

緼　於忿切，枲也，舊絮也。緜也，亂也。

原本　於昆反。《論語》：「衣敝緼袍。」孔安國曰：緼，枲也。《禮記》：「纊爲繭，緼爲袍。」鄭玄曰：緼謂今纊及舊絮也。纊，今綿也。《説文》：「緼，紼也。」《廣雅》：緼，亂也。

縴　音牽，惡絮也。

綿　亡鞭切，與緜同。

紬　音舟，綿也。

緜　彌然切，新絮也，纏也，緜緜不絶。今作綿。

原本　弭旃反。【略】《釋名》：緜絮者，緜猶湎，湎柔而無文也。《字書》：新絮也。

玄應《一切經音義》卷五《央掘魔羅經第三卷》　緜纊古文絖同，音曠。《説文》「纊，絮也」。《小爾雅》云：纊，緜也，絮之細者曰纊。

玄應《一切經音義》卷六《妙法蓮華經第二卷》　纊，絮也。又云：纊，綿也，絮之細者曰纊也。

絮、袽女居切。《説文》「絮緼也。一曰，敝絮」，引《易》「需有衣絮」。或作袽，亦書作袈。

丁度《集韻》卷一《支韻》　縭縴縭，惡絮。通作縭。

丁度《集韻》卷一《魚韻》　袽絲袽也。

丁度《集韻》卷二《齊韻》　繫、縘《説文》：「繫，縭也。」今惡絮。或作縘。

丁度《集韻》卷三《先韻》　縴縴絨，惡絮。

丁度《集韻》卷三《仙韻》　緜、綿彌延切。【略】一曰，纊之别名，或从系。

丁度《集韻》卷四《青韻》　縍吴人數絮。

紷緋絮。

丁度《集韻》卷七《未韻》　紼緼也。

縍絮也。

丁度《集韻》卷七《莫韻》　縸惡絮也。齊人語。

丁度《集韻》卷七《祭韻》　繁惡綿。

丁度《集韻》卷七《怪韻》　緻絮亂貌。

丁度《集韻》卷八《宕韻》　縍吴俗謂縭絮曰縍。

纊、絖綿也。《周禮》：「共其絲纊。」劉昌宗讀，或从光。

丁度《集韻》卷八《宥韻》　紿治敗絮也。

丁度《集韻》卷八《候韻》　紿治敝絮。

丁度《集韻》卷九《屋韻》　褚褚也。

綉吴俗謂緜一片。

丁度《集韻》卷一〇《鐸韻》　絡絮也。

丁度《集韻》卷一〇《昔韻》　緋給緋絮也。

丁度《集韻》卷一〇《錫韻》　緈紷緈，絮也。

司馬光《類篇》卷一三《竹部》　箈、籖將先切，蔽絮簀。或作籖，又並才先切。箈，又慈鹽切。

箈才先切，蔽絮，簀也。

司馬光《類篇》卷三七《糸部》　縭憐題切，《説文》：「繫縭也，一曰維也。」又憐知切，惡絮。

司馬光《類篇》卷三七《糸部》　縘牽奚切，繫縭也，今惡絮。

司馬光《類篇》卷三七《糸部》　緜、綿彌延切，【略】一曰纊之别名。

縍逋旁切，治履邊也。又補曠切，吴俗謂縭絮曰縍。

縍滂丁切，吴人數絮。

紷郎丁切，緋絮。

縍郎丁切，絮也。

司馬光《類篇》卷三七　絮息據切，《説文》：「敝緜也。」【略】又乃嫁切，絲絮也。又人余切，又女居切，又女如切，絲紊曰絮。

縸莫故切，惡絮也，齊人語。

司馬光《類篇》卷三七　綉他候切，吴俗謂綿一片。

纊、絖若謗切。《説文》「絮也」。引《春秋傳》「皆如挾纊」。或从光。又並古曠切。綿也。《周禮》：「共其絲纊。」

絡歷各切，《説文》：「絮也，一曰麻未漚。」又克各切。

司馬光《類篇》卷三七　繁毗祭切，惡綿。

司馬光《類篇》卷三七 緥匹麥切，又必益切，縌緥，絮也。

繄毗祭切，惡綿。

戴侗《六書故》卷三〇《工事六》 纊 苦謗切，緜也。或作絖。

絮 息據切。《說文》曰：「敝綿也。」絣澼始成，而輕毳爲纊，緜忍爲緜，襍碎爲絮，緼著爲緼。

緼 於粉切，纊在袍裏爲緼，故舊纊亦曰緼。《記》曰：「纊爲繭，緼爲袍。」《語》曰：「衣敝緼袍。」孔氏曰：緼，枲著。康成曰：纊新綿，緼舊絮。《說文》曰：「緼，紼也。」「紼，亂絲也。」引之則凡緼著、緼結、緼畜皆曰緼。《易》曰：「乾坤其易之緼邪。」通作藴、韞。又於云切，絪緼，絲絮穠厚緜密也。《易》曰：「天地絪緼，萬物化醇。」又作氤氲。又烏魂切。《史記》曰：束緼請火。師古曰：亂麻也。於粉切。按，今俗語呼若温。《記》曰：「一命緼韍幽衡。」康成曰：赤黄色，所謂韎也。見韎下。

絪 伊真切，說具緼下。

⿰糸虒 郎奚切，惡絮也。《說文》曰：「⿰糸虒，繫⿰糸虒也。【略】」繫，一曰惡絮也。又作綟。

紙 諸氏切。《說文》曰：「絮一苫也。」《說文》曰：「絲滓也。」孫氏，都兮切。按，紙、紙一字，蓋以絲滓敗絮合而爲之，後漢蔡倫始以敗網褋樹膚爲紙，以代簡牘，今人以楮皮爲之。或作帋。

綿 綿、武延切，纊也。纊之爲物，輕微而柔忍難絶，故因之爲眇緜、緜薄、緜延之義。《說文》曰：「聯微也，從糸，從帛。」孫愐曰：精曰綿，粗曰絮。按，如許氏說，則當從系，纊乃本義，當從絲省，從帛，不可曉。《詩》云：「緜緜瓜瓞。」綿綿，不絶貌。

戴侗《六書故》卷三一《工事七》 袽 人余、女居二切。《易》曰：「繻有衣袽。」又作袈。《說文》曰：「敝衣也。」孫氏，女加切，又作絮。《說文》曰：「絮緼。一曰，敝絮。」引《易》「需有衣絮」。子夏《易》作茹，京房《易》作絮。陸氏曰：絲袽也。王肅音如。

李時珍《本草綱目・服器部》卷三八《綿》 【集解】〔時珍曰〕古之綿絮，乃繭絲纏延，不可紡織者。今之綿絮，則多木綿也。入藥仍用絲綿。

周祈《名義考》卷二《重繭重繭》 《左傳》「夏重繭」。按，纊爲繭，新綿也。重繭，謂重綿。

張自烈《正字通》卷八《糸部》 絮舊註音魚，敝緼也，寒也。按《說文》：「絮，絮緼也，一曰敝絮。」引《易》「而有衣絮」。晁氏曰：今《易》作袽。註，所以塞舟漏也。據此說，袽、絮義同，絮乃塞漏之物，非。絮即塞也。舊註絮訓塞，分袽、絮爲二，非。《說文》改《易》袽作絮，亦非，《古易》作茹，《京房易》作袈，今不從。

紨扶古切，音撫。《說文》：「治敝絮」。

絇謌字，舊註音亨，綿也，誤。

絡歷各切，音落。《說文》：「絮也，一曰麻未漚」。非絡本義，今不從。

絮雪遇切，需去聲。《說文》：「敝綿也。」一曰繰餘爲絮，不繰爲綿。徐曰：指者曰綿，繭內衣護蛹者，與其外膜緒雜爲之曰絮。韓愈詩：「晴雲如擘絮。」

綉俗字，舊音透，綿一片。《泝原》繡俗作綉。

綿彌延切，音眠，纊之别名，精曰綿，麤曰絮。

緜綿本字，舊註古綿字，非。

⿰糸虒相咨切，音斯。【略】《六書故》：惡絮也，亦作綟。

縸莫故切，音暮，惡絮，齊人語。

繭九輦切，堅上聲。《說文》「蠶衣也」。俗曰繭。【略】又衣以繭絮之者，亦曰繭。《禮・玉藻》：「纊爲繭，緼爲袍」鄭玄註：纊新綿也，緼舊絮也。衣之有著者用新綿曰繭，用舊絮曰袍。鄭康成曰：衣有著之異名也。又《玉藻》：「言容繭繭。」註：繭繭猶綿綿。居喪時言容如此，聲氣低微之貌。

綾俗字，舊註音零，絮也。泥。

纊苦謗切，音曠，絮之細者。《左傳》：「三軍之士皆如挾纊。」重文省作絖。

《天中記》卷五〇《綿》 纊 《說文》曰：纊，絮（組）也。

厲荃《事物異名録》卷二五《布帛部》 綿

纖纊 《書》：「豫州厥（貢）〔篚〕纖纊。」孔安國註：纊，細綿。

長相思 《侯鯖録》：古詩：「文綵雙鴛鴦，裁爲合歡被。著以長相思，緣以結不解。」註：被中著綿謂之長相思，緜緜之意。

絮

絖 《莊子》：世世以洴澼絖爲事。郭象註：絖，絮也。洴澼絖者，漂絮於水上。

縌緥 《類篇》縌緥，絮也。

綜述

《禮記・内則》 婦事舅姑，【略】左佩紛帨，【略】右佩箴、管、線、纊。

《禮記·喪大記》 屬纊以俟絕氣。鄭玄注：纊，今之新綿，易動摇，置口鼻之上以爲候。

《史記》卷一二九《貨殖列傳》 其帛絮細布千鈞，【略】亦比千乘之家。

《太平御覽》卷八一九《布帛部六·絮》 盧毓《冀州論》曰：房子好綿，地産不爲無珍也。

《奩史》卷八七《綺羅門》 皇后以親蠶絲絮作巾絮。《漢舊儀》。

《太平御覽》卷八一九《布帛部六·綿》 《晉陽秋》曰：有司奏：依舊調房子睢陽綿。武帝不許。

《太平御覽》卷八一九《布帛部六·絮》 裴淵《廣州記》曰：蠻夷不蠶，採木綿爲絮。

《魏書》卷七八《張普惠傳》 普惠以天下民調，幅度長廣，尚書計奏，復徵綿麻，恐其勞民不堪命，上疏曰：

伏聞尚書奏復綿麻之調，尊先皇之軌，夙宵惟度，忻戰交集。何者？聞復高祖舊典，所以忻惟新；俱可復而不復，所以戰違法。仰惟高祖廢大斗，去長尺，改重秤，所以愛萬姓，從薄賦。知軍國須綿麻之用，故云幅度之間，億兆應有綿麻之利，故絹上税綿八兩，布上税麻十五斤。萬姓得廢大斗，去長尺，改重秤，荷輕賦之饒，不適於綿麻而已，故歌舞以供其賦，奔走以役其勤，天子信於上，億兆樂於下。故《易》曰：悦以使民，民忘其勞。此之謂也。

自兹以降，漸漸長闊，百姓嗟怨，聞於朝野。伏惟皇太后未臨朝之前，陛下居諒闇之日，宰輔不尋其本，知天下之怨綿麻，不察其幅廣、度長、秤重、斗大，革其所弊，存其可存，而特放綿麻之調，以悦天下之心，此所謂悦之不以道，愚臣所以未悦者也。尚書既知國少綿麻，不惟法度之□易，民言之可畏，便欲去天下之大信，棄已行之成詔，追前之非，遂後之失，奏求還復綿麻，以充國用。不思庫中大有綿麻，而羣官共竊之。愚臣以爲於理未盡。何者？今宫人請調度，造衣物，必度忖秤量。絹布，匹有尺丈之盈，一猶不計其廣；絲綿，斤兼百銖之剩，未聞依律罪州郡。若一匹之濫，一斤之惡，則鞭户主，連三長，此所以教民以貪者也。今百官請俸，人樂長闊，并欲厚重，無復準極。得長闊厚重者，便云其州能調，絹布精闊且長，橫發美譽，以亂視聽；不聞嫌長惡廣，求計還官者。此百司所以仰負聖明也。

今若必復綿麻者，謂宜先令四海知其所由，明立嚴標，復本幅度，新綿麻之典，依太和之稅。其在庫絹布并及絲綿，不依典制者，請遣一尚書與太府卿、左右藏令，依今官度、官秤，計其斤兩、廣長，折給請俸之人。總常俸之數，千俸所出，以布綿麻，亦應其一歲之用。使天下知二聖之心，愛民惜法如此，則高祖之軌中興於神龜，明明慈信照布於無窮，則孰不幸甚。伏願亮臣悾悾之至，下慰蒼生之心。

《魏書》卷一〇三《西域傳·焉耆國》 焉耆國，在車師南，都員渠城，白山南七十里，漢時舊國也。【略】氣候寒，土田良沃，穀有稻粟菽麥，畜有駝馬。養蠶不以爲絲，唯充綿纊。俗尚蒲萄酒，兼愛音樂。

《周書》卷五〇《異域傳下·焉耆》 焉耆國在白山之南七十里，東去長安五千八百里。【略】氣候寒，土田良沃。穀有稻粟菽麥。畜有駝馬牛羊。養蠶不以爲絲，唯充綿纊。俗尚蒲桃酒，兼愛音樂。

《文選·左思〈吴都賦〉》 鄉貢八蠶之緜。李善注：劉欣期《交州記》曰：一歲八蠶繭，出日南也。

《太平御覽》卷八一九《布帛部六·綿》 酈善長《水經注》曰：房子城中出白土，細滑如膏，可用濯綿，霜鮮雪曜，異於常綿，世俗言房子之纊也，抑亦類蜀郡之錦，得江津矣。故歲貢其綿以充御用。

《新唐書》卷三八《地理志二》 潁州汝陰郡 土貢：綿。

濠州鍾離郡 土貢：綿。

齊州濟南郡 土貢：綿。

曹州濟陰郡 土貢：綿。

《新唐書》卷三九《地理志三》 衛州汲郡 土貢：綿。

洺州廣平郡 土貢：綿。

冀州信都郡 土貢：綿。

易州上谷郡 土貢：綿。

幽州范陽郡 土貢：綿。

莫州文安郡 土貢：綿。

《新唐書》卷四〇《地理志四》 文州陰平郡 土貢：綿。

壁州始寧郡 土貢：綿。

巴州清化郡 土貢：綿。

通州通川郡 土貢：綿。

閬州閬中郡　土貢：綿。

渠州潾山郡　土貢：綿。

《新唐書》卷四一《地理志五》　揚州廣陵郡　土貢：綿。

蘇州吴郡　土貢：絲綿。

處州縉雲郡　土貢：綿。

婺州東陽郡　土貢：綿。

泉州清源郡　土貢：綿。

杜佑《通典》卷六《食貨六》　臨淮郡貢綿二十屯。今泗州。

汲郡貢綿三百兩。今衛州。

文安郡貢綿三百兩。今莫州。

東陽郡貢綿六百兩。今婺州。

信安郡貢綿百屯。今衢州。

清源郡貢綿二百兩。今泉州。

杜佑《通典》卷一九二《邊防八·西戎四》焉耆　氣候寒，土田良沃，穀有稻、粟、菽、麥，畜有駝、馬、牛、羊。養蠶不以爲絲，唯取綿纊。

李吉甫《元和郡縣圖志》卷一《關内道一》　京兆府　貢、賦：賦：緜。

李吉甫《元和郡縣圖志》卷二《關内道二》　華州　貢、賦：賦：緜。

同州　貢、賦：賦：(布)〔緜〕。

李吉甫《元和郡縣圖志》卷五《河南道一》　河南府：貢、賦：賦：緜。

李吉甫《元和郡縣圖志》卷六《河南道二》　陝州　貢、賦：賦：緜。

虢州　貢、賦：賦：緜。

汝州　貢、賦：賦：緜。

李吉甫《元和郡縣圖志》卷七《河南道三》　汴州　貢、賦：賦：緜。

宋州　貢、賦：賦：緜。

亳州　貢、賦：賦：緜。

潁州　貢、賦：賦：緜二十七斤。

李吉甫《元和郡縣圖志》卷八《河南道四》　滑州　貢、賦：賦：緜。

鄭州　貢、賦：賦：緜。

許州　貢、賦：賦：緜。

陳州　貢、賦：賦：緜。

李吉甫《元和郡縣圖志》卷九《河南道五》　徐州　貢、賦：賦：緜。

泗州　貢、賦：賦：緜。

濠州　貢、賦：賦：緜。

蔡州　貢、賦：賦：緜。

申州　貢、賦：賦：緜。

李吉甫《元和郡縣圖志》卷一〇《河南道六》　鄆州　貢、賦：賦：緜。

兗州　貢、賦：賦：緜。

青州　貢、賦：賦：緜。

齊州　貢、賦：賦：緜。

李吉甫《元和郡縣圖志》卷一一《河南道七》　曹州　貢、賦：賦：緜。

濮州　貢、賦：賦：緜。

海州　貢、賦：賦：緜。

沂州　貢、賦：賦：緜。

萊州　貢、賦：賦：緜。

淄州　貢、賦：賦：緜。

李吉甫《元和郡縣圖志》卷一二《河東道一》　河中府　貢、賦：賦：緜。

李吉甫《元和郡縣圖志》卷一五《河東道四》　邢州　貢、賦：賦：緜。

洺州　貢、賦：開元貢：纊。賦：緜。

磁州　貢、賦：賦：(錦)〔緜〕

李吉甫《元和郡縣圖志》卷一六《河北道一》　懷州　貢、賦：賦：緜。

魏州　貢、賦：賦：緜。

相州　貢、賦：賦：緜。

博州　貢、賦：賦：緜。

衛州　貢、賦：賦：緜。

貝州　貢、賦：賦：緜。

澶州　貢、賦：〔元和〕賦：緜。

李吉甫《元和郡縣圖志》卷一七《河北道二》　恒州　貢、賦：賦：緜。

冀州　貢、賦：賦：緜。

深州　貢、賦：賦：緜。

趙州　貢、賦：賦：緜。

德州 貢、賦：賦：緜。

李吉甫《元和郡縣圖志》卷一八《河北道三》 易州 貢、賦：開元貢：緜。

滄州 貢、賦：賦：緜。

景州 貢、賦：（與滄州同）［元和賦：緜］

李吉甫《元和郡縣圖志》卷二一《山南道二》 襄州 貢、賦：賦：緜。

隨州 貢、賦：賦：緜。

均州 貢、賦：賦：緜。

李吉甫《元和郡縣圖志》卷二二《山南道三》 興元府 貢、賦：賦：緜。

洋州 貢、賦：賦：緜。

利州 貢、賦：賦：緜。

李吉甫《元和郡縣圖志》卷二六《江南道二》 婺州 貢、賦：元和貢：纖纊。

處州 貢、賦：開元貢：緜。元和貢：緜。

溫州 貢、賦：開元貢：緜。

李吉甫《元和郡縣圖志》卷二七《江南道三》 安州 貢、賦：賦：緜。

黃州 貢、賦：賦：緜。

李吉甫《元和郡縣圖志》卷二八《江南道四》 信州 貢、賦：元和貢：緜。

李吉甫《元和郡縣圖志》卷二九《江南道五》 福州 貢、賦：賦：緜。

建州 貢、賦：賦：緜。

泉州 貢、賦：元和貢：綿二十斤。

李吉甫《元和郡縣圖志》卷三一《劍南道上》 資州 貢、賦：賦：緜。

嘉州 貢、賦：元和賦：緜。

李吉甫《元和郡縣圖志》卷三二《劍南道中》 雅州 貢、賦：賦：緜。

李吉甫《元和郡縣圖志》卷三三《劍南道下》 梓州 貢、賦：開元貢：緜。

劍州 貢、賦：賦：緜。

綿州 貢、賦：賦：緜。元和賦同。

榮州 貢、賦：賦：緜。

李吉甫《元和郡縣圖志》卷三八《嶺南道五》 愛州 貢、賦：賦：緜。

蘇鶚《杜陽雜編》卷下 咸通九年，同昌公主出降，宅于廣化里，賜錢五百萬貫，仍罄內庫寶貨，以實其宅。【略】又有瑟瑟幕、紋布巾、火蠶綿、九玉釵。【略】火蠶綿云出炎洲，絮衣一襲用一兩，稍過度，則熇蒸之氣不可近也。

《宋史》卷八五《地理志一》 濟南府【略】貢綿。

順昌府【略】貢綿。

《宋史》卷八六《地理志二》 莫州【略】貢綿。

衛州【略】貢綿。

慶元府【略】貢綿。

《宋史》卷八八《地理志四》 婺州【略】貢綿。

處州【略】貢綿。

衢州【略】貢綿。

《宋史》卷八九《地理志五》 泉州【略】貢綿。

興化軍【略】貢綿。

梁山軍【略】貢綿。

《金史》卷二五《地理志中》 河間府産無縫綿。

東平府産綿。

樂史《太平寰宇記》卷一《河南道一·開封府》 土産：綿。

樂史《太平寰宇記》卷九《河南道九·滑州》 土産：綿。

樂史《太平寰宇記》卷一〇《河南道一〇·陳州》 土産：綿。

樂史《太平寰宇記》卷一一《河南道一一·潁州》 土産：綿。

樂史《太平寰宇記》卷一二《河南道一二·宋州》 土産：綿。

樂史《太平寰宇記》卷一二《河南道一二·亳州》 土産：綿。

樂史《太平寰宇記》卷一三《河南道一三·鄆州》 土産：綿。

樂史《太平寰宇記》卷一四《河南道一四·濮州》 土産：綿。

樂史《太平寰宇記》卷一四《河南道一四·濟州》 土産：同鄆州。

樂史《太平寰宇記》卷一六《河南道一六·泗州》 土産：綿。

樂史《太平寰宇記》卷一八《河南道一八·青州》 土産：綿。

樂史《太平寰宇記》卷一八《河南道一八·濰州》 土産：今貢：綿。

樂史《太平寰宇記》卷一九《河南道一九·齊州》 土産：綿。

樂史《太平寰宇記》卷二〇《河南道二〇·萊州》 土産：綿。

樂史《太平寰宇記》卷二一《河南道二一·兗州》 土産：綿。

樂史《太平寰宇記》卷二三《河南道二三·沂州》 土産：綿。

樂史《太平寰宇記》卷二九《關西道五·華州》 土産：綿。

樂史《太平寰宇記》卷四六《河東道七・蒲州》土産：綿。

樂史《太平寰宇記》卷五三《河北道二・懷州》土産：綿。

樂史《太平寰宇記》卷五四《河北道三・博州》土産：綿。

樂史《太平寰宇記》卷五九《河北道八・邢州》土産：綿。

樂史《太平寰宇記》卷六三《河北道一二・冀州》土産：綿，貢。

樂史《太平寰宇記》卷六四《河北道一三・德州》賦：綿。

樂史《太平寰宇記》卷六五《河北道一四・滄州》土産：綿。

樂史《太平寰宇記》卷六七《河北道一六・易州》土産：綿。

樂史《太平寰宇記》卷六七《河北道一六・霸州》土産：綿。

樂史《太平寰宇記》卷六八《河北道一七・威虜軍》土産：同易州。

樂史《太平寰宇記》卷六九《河北道一八・幽州》土産：綿。

樂史《太平寰宇記》卷七一《河北道二〇・燕州》土産：綿。

樂史《太平寰宇記》卷七二《劍南西道一・益州》土産：【略】今貢：綿。

樂史《太平寰宇記》卷七六《劍南西道五・簡州》土産：綿。

樂史《太平寰宇記》卷八二《劍南東道一・梓州》土産：綿。

樂史《太平寰宇記》卷八三《劍南東道二・綿州》土産：綿。

樂史《太平寰宇記》卷九〇《江南東道二・昇州》土産：纊。賦。

樂史《太平寰宇記》卷九四《江南東道六・湖州》土産：綿。

樂史《太平寰宇記》卷九五《江南東道九・婺州》土産：綿。

樂史《太平寰宇記》卷一〇三《江南西道一・宣州》土産：綿。

樂史《太平寰宇記》卷一〇三《江南西道一・廣德軍》土産：綿。

樂史《太平寰宇記》卷一二七《淮南道五・光州》土産：綿。

樂史《太平寰宇記》卷一二八《淮南道六・濠州》土産：綿。

樂史《太平寰宇記》卷一二九《淮南道七・壽州》土産：綿。

樂史《太平寰宇記》卷一三八《山南西道六・廣安軍》土産：綿。

樂史《太平寰宇記》卷一三九《山南西道七・巴州》土産：綿。

樂史《太平寰宇記》卷一四〇《山南西道八・壁州》土産：綿。

樂史《太平寰宇記》卷一六三《嶺南道七・新州》新興縣南海，在新會縣南一百五十里，有穿洲。【略】又曰海昌郡威寧縣有穿洲，其上多綸木，注云似穀皮，可以爲綿，但獠緝以爲絮。

樂史《太平寰宇記》卷一八一《西戎二・焉耆》土俗物産：養蠶不以爲絲，惟取綿纊。

樂史《太平寰宇記》卷一八一《西戎二・疏勒》土俗物産：綿、纊。

王存《元豐九域志》卷一《京東路・齊州》土貢綿百兩。

王存《元豐九域志》卷一《京西路・潁州》土貢緜一百兩。

王存《元豐九域志》卷二《河北路・莫州》土貢綿一百兩。

王存《元豐九域志》卷二《河北路・衛州》土貢綿一百兩。

王存《元豐九域志》卷二《河北路・趙州》土貢綿一百兩。

王存《元豐九域志》卷五《兩浙路・婺州》土貢綿一百兩。

王存《元豐九域志》卷五《兩浙路・處州》土貢綿一百兩。

王存《元豐九域志》卷五《兩浙路・衢州》土貢綿一百兩。

王存《元豐九域志》卷八《夔州路・梁山軍》土貢緜一百兩。

王存《元豐九域志》卷九《福建路・泉州》土貢綿一百兩。

王存《元豐九域志》卷九《福建路・興化軍》土貢緜一百兩。

李心傳《建炎以來朝野雜記》甲集卷一四《財賦一・兩川綿估錢》兩川綿估錢者，舊例上三等户皆理正色，而下户每兩估錢半千，所以優之也。楊嗣勳總計始令當輸正色者，每兩估錢引二分，而舊輸錢者如故，是上户反輕，下户反重矣，至今猶然。其他紬絲綾，凡舊來三路正色綢，視此而輸其直。

祝穆《方輿勝覽》卷三八《廣西路・柳州》蠶不能帛。《郡志》云云，率以爲纊。

馬端臨《文獻通考》卷三一八《輿地四》處州【略】貢綿。婺州【略】貢綿。衢州【略】貢綿。

馬端臨《文獻通考》卷三一六《輿地二》幽州【略】唐貢綿。

卷三一七《輿地三》齊州【略】貢綿。

馬端臨《文獻通考》卷三一八《輿地四》泉州【略】貢綿。興化軍【略】貢綿。

卷三二〇《輿地六》潁州【略】貢綿。

【略】

《元史》卷八八《百官志四》（中政院翊正司）領提舉司二、提領所一：……

管領隨路打捕鷹房納綿等户提舉司，秩從五品。達魯花赤一員，提舉一員，同提舉一員，副提舉一員，品秩同上；直長一員，都目一員，吏目一員，司吏四人，部役二人。元貞元年始置，隸翊正司。

《元史》卷八九《百官志五》 管領諸路打捕鷹房納綿等户總管府，秩正三品。達魯花赤、都總管、同知、治中、府判各一員，經歷、知事、提控案牘各一員。掌人匠一萬三千有奇，歲辦税糧皮貨，采捕野物鷹鷂，以供内府。至元十二年，賜東宫位下，遂以真定所立總管府移置大都，隸詹事。十六年，合併所管之户，置都總管以總治之。三十一年，詹事院罷，隸徽政。至大四年，隸崇祥院。延祐六年，又隸詹事。天曆元年，隸儲慶使司。至順元年，改屬宫相府。

管領上都等處打捕鷹房納綿等户大使司，大使、副使各一員。

管領順德等處打捕鷹房納綿等户提領所，達魯花赤、提領、副提領各一員。

管領冀寧等處打捕鷹房納綿等户提領所，提領、副提領各一員。

管領大都左右巡院等處打捕鷹房納綿等户提領所，提領、副提領各一員。

管領固安等處打捕鷹房納綿等户提領所，提領、副提領各一員。

管領濟南等處打捕鷹房納綿等户提領所，提領、副提領各一員。

管領中山等處打捕鷹房納綿等户提領所，提領、副提領各一員。

管領德州等處打捕鷹房納綿等户提領所，提領、副提領各一員。

管領益都等處打捕鷹房納綿等户提領所，提領、副提領各一員。

管領大同等處打捕鷹房納綿等户提領所，提領、副提領各一員。

管領濟寧等處打捕鷹房納綿等户提領所，提領、副提領各一員。

管領興和等處打捕鷹房納綿等户提領所，提領、副提領各一員。

管領晉寧等處打捕鷹房納綿等户提領所，提領、副提領各一員。【略】

管領檀州等處打捕鷹房納綿等户提領所，提領、副提領各一員。

管領大寧等處打捕鷹房納綿等户提領所，提領、副提領各一員。

管領蘇州等處打捕鷹房納綿等户提領所，提領、副提領各一員。

管領真定等處打捕鷹房納綿等户提領所，設官同上。

管領趙州等處打捕鷹房納綿等户提領所，設官同上。

管領保定等處打捕鷹房納綿等户提領所，設官同上。

管領冀州等處打捕鷹房納綿等户提領所，設官同上。

管領汴梁等處打捕鷹房納綿等户提領所，設官同上。

廣衍庫，大使一員。

管領保定等路阿哈探馬兒諸色人匠總管府，管領大都納綿提舉司，秩從六品。達魯花赤、提舉、副提舉各一員。至元十七年置。

管領打捕鷹房民匠達魯花赤總管府，管領隨路打捕納綿民匠長官司，秩從五品。掌民匠一百七十有九户。達魯花赤、長官各一員。至元二十一年置。

隨路打捕鷹房諸色民匠總管府，管領大都等處納綿提舉司，秩正七品。掌納綿户計七百有三户。達魯花赤、提舉、副提舉各一員。至元二十二年置。

管領大都等處金玉民匠稻田提舉司，秩從五品。掌納綿人匠五百二十有一户。達魯花赤、提舉、副提舉各一員。至元二十二年置。

怯憐口諸色民匠達魯花赤并管領上都納綿提舉司，秩正五品。掌迭只斡耳朶位下怯憐口諸色民匠及歲賜錢糧等事。達魯花赤、長官、同知、副長官各一員，提控案牘一員。【略】

管領上都大都諸色人匠納綿户提舉司，秩從五品。掌幹耳朶位下歲賜等事。達魯花赤、提舉、同提舉各一員。至元十七年置。

田藝蘅《留青日札》卷二二《褚絮》 《史記》：漢賜南粤上褚五十衣，中褚三十衣，下褚二十衣。師古曰：以綿裝衣曰褚。上中下者，綿之多少厚薄之差也。李太白：「明朝驛使發，一夜絮征袍。」絮，着綿也。古詩：「着以長相思。」亦謂着絮也。《繰餘》曰：絮不繰曰綿，故絮曰敝絮，即繭黄也。今謂之敗絮，又曰絮胎。

方以智《物理小識》卷六《衣服類》 絲綿 結繭時，炭火烘曰出口乾，絲登車火照之曰出水乾，是爲上繭。繅絲，其漬漏者，鍋底綿及繭殼外浮絲曰絲筐，用稻草灰煮過，傾入清盆取綿。凡湖綿以六七寸口者爲美，其潤者哆而剪之，僞者以蛤粉入之作綿紬者，以鉛錘墜搓成繖。

《奩史》卷八七《綺羅門》 公主歲禄，未受封者，歲支綿二百兩。親王女未封者，歲支綿減公主未封之半。（弇山堂别集）

沈自南《藝林彙考·服飾篇》卷一〇《繒帛類》

《名義考》：《左傳》「夏重襺」。按纊爲襺，新綿也，重襺謂重綿。《叙傳》申重繭以存荆。按，繭本作趼，足胝也，亦通作繭，胝起如繭也。【略】

《藥溪談》：《史記》豫州「其篚纖絮」。孔安國曰：細綿也。今伊陽有伊紬，其一種。

周象明《事物攷辯》卷七《三禮》　繭袍絅褶　《禮記》疏：玉藻「纊爲繭，緼爲袍，禪爲絅，帛爲褶」。音牒。鄭玄注：（疏）云：纊新綿也，緼雜纊與舊絮也。絅有衣裳而無裏，今之单衣也。褶有表裏而無著，音貴今之夾衣也。

邁柱等《九卿議定物料價值》卷二　紅金線每紐照舊例，今核定銀壹分捌釐。絲綿每斤舊例銀伍錢，今核定銀壹兩貳錢。

趙慎畛《榆巢雜識》卷上《西北絲綿》　西北回子地方産絲綿，以之製甲，其堅固勝於中土，約四十層可敵浙江之絲八十層。

黄本驥《湖南方物志》卷一《總紀》　江南道厥貢綿。（《唐書·地理志》）

穆彰阿等《清一統志》卷一二七《安徽·鳳陽府三》　土産　綿《唐書志》：濠州貢。

穆彰阿等《清一統志》卷一三九《安徽·潁州府二》　土産　（棉）〔綿〕《唐書·地理志》：潁州貢。

穆彰阿等《清一統志》卷一四一《山西·蒲州府二》　土産　《元和志》：河中府賦（棉）〔綿〕。

穆彰阿等《清一統志》卷一六四《山東·濟南府三》　土産　綿《唐書·地理志》：齊州土貢綿。《元和志》：齊賦綿。

穆彰阿等《清一統志》卷一七五《山東·萊州府二》　土産　綿《元和志》：萊州賦綿。

穆彰阿等《清一統志》卷一八四《山東·臨清直隷州》　土産　綿州境俱出。

穆彰阿等《清一統志》卷二一七《河南·汝寧府三》　土産　綿。《府志》：確山縣出。

穆彰阿等《清一統志》卷二〇一《河南·衛輝府三》　土産　綿汲縣出，《唐書·地理志》：衛州土貢。

穆彰阿等《清一統志》卷二二二《河南·光州直隷州二》　土産　綿息縣出。

穆彰阿等《清一統志》卷二四五《陝西·同州府三》　土産　綿《寰宇記》：華州土産。

穆彰阿等《清一統志》卷二七七《甘肅·階州直隷州二》　土産　綿《唐書·地理志》：文州貢。

穆彰阿等《清一統志》卷二九〇《浙江·湖州府二》　土産　綿《唐書·地理志》：湖州土貢綿。《舊志》：各縣出，武康有鵞脂綿爲最。

穆彰阿等《清一統志》卷三〇〇《浙江·金華府二》　土産　纖纊《元和郡縣志》：婺州貢。綿《唐書·地理志》：婺州土貢綿。

穆彰阿等《清一統志》卷三〇一《浙江·衢州府》　土産　綿《唐書·地理志》：衢州土貢。

穆彰阿等《清一統志》卷三〇四《浙江·温州府》　土産　綿《元和志》：温州開元貢綿。

穆彰阿等《清一統志》卷三〇五《浙江·處州府》　土産　綿《唐書·地理志》：處州土貢綿。

穆彰阿等《清一統志》卷三一五《江西·廣信府二》　土産　綿《元和志》：信州貢綿。

穆彰阿等《清一統志》卷三八六《四川·成都府》　土産　《寰宇記》：成都府貢綿。

穆彰阿等《清一統志》卷三九二《四川·保寧府三》　土産　《唐書·地理志》：閬州貢綿。巴川壁州貢綿。

穆彰阿等《清一統志》卷四〇三《四川·雅州府二》　土産　綿《元和志》：雅州賦。

穆彰阿等《清一統志》卷四〇七《四川·潼川府二》　土産　《元和志》：梓州賦綿。

穆彰阿等《清一統志》卷四〇九《四川·綏定府二》　土産　綿《唐書·地理志》：通州貢。

穆彰阿等《清一統志》卷四一三《四川·資州直隷州》　土産　《元和志》：資州賦綿。

穆彰阿等《清一統志》卷四一四《四川·綿州直隷州》　土産　綿《寰宇記》：綿州産。

穆彰阿等《清一統志》卷四一六《四川·忠州直隷州》　土産　綿《九域志》：梁山軍貢綿。

穆彰阿等《清一統志》卷四二六《福建·福州府二》　土産　綿《元和志》：福州貢綿。

穆彰阿等《清一統志》卷四三一《福建·建寧府》　土産　《元和志》：建州賦綿。

穆彰阿等《清一統志》卷四六五《廣西·思恩府》　土産　綿。

成貫等〔道光〕《濟南府志》卷二〇《災祥》　〔永樂〕二年七月，野蠶成繭，有司以綿進獻。

包大燁等〔萬曆〕《兖州府志》卷二五《物産》 綿《禹貢》：厥貢篚纖纊。日南國歲貢八蠶之綿。《左傳》：楚子圍蕭，「師人多寒，王巡三軍而撫之，三軍之士皆如挾纊」。王褒頌：荷旃被毛者，難與道純綿之麗密。

絮《釋文》云：幣綿也，重繭爲之。李白詩：素手抽針冷，那堪把剪刀。明朝驛使發，一夜絮征袍。

曾鑑、林思進等〔民國〕《華陽縣志》卷三四《物産》 緜 古曰纊，曰帛。《禹貢》：「豫州厥篚纖纊。」《王制》：七十非帛不煖。《孟子》屢言老者衣帛。帛，即緜也，故凡緜、綿、棉等字皆从帛。今謂之張緜。製緜之法，煮爛繭張竹弓上，既乾層叠如紙，故曰張緜，即《莊子》所謂洴澼絖也。

劉訒〔嘉靖〕《鄢陵縣誌》卷三《農桑》 原額官民桑五萬六千八十五株。該徵絲綿一千八百五十兩八錢五釐。

嵇曾筠、沈翼機等〔雍正〕《浙江通志》卷一〇一《物産》 綿 《夢粱録》：以臨安、於潜白而細密者佳。

嵇曾筠、沈翼機等〔雍正〕《浙江通志》卷一〇二《物産》 同功緜 《西吴枝乘》：以兩蠶共作繭者爲同功緜，值即倍常。

鵝脂緜 《舊浙江通志》：武康出。

齊耀珊等〔民國〕《重修杭州府志》卷八一《物産》 絲綿 杭州餘杭郡，歲貢緜。《咸淳志》引《祥符志》。 錢塘、仁和、餘杭、臨安、於潛、富陽、新城、鹽官、昌化九縣，歲解緜。咸淳《貢賦志》。 土産入貢，以臨安、於潛白而麗密者爲貴。《咸淳志》。 按以同功繭與出蛾之繭不任繅絲者，湅爲綿，今餘杭所出爲佳。濯以西湖水者爲東南最。〔萬曆〕《錢塘縣志》。 有黄白二種白者佳。《新城縣志》。

曾才漢、葉良佩〔嘉靖〕《太平志》卷三《食貨志・物産》 貨之類 綿 二季蠶繭多綳綿。

蕭良幹、張元忭等〔萬曆〕《紹興府志》卷一四《田賦志・賦》 綿，舊管五萬八千九百八十一屯四兩四錢八分九釐七毫五絲，今催四十一萬二千二百五十二兩七錢一分七釐九毫五絲。會稽七千七百四十二屯二兩五錢九釐七毫五絲，今催五萬三千四百一十兩九錢二分九釐七毫五絲。山陰九千一百二十二屯四兩三錢八分五釐，今催六萬七千五百三十六兩一錢三分四釐七毫五絲。剡五千九百七十七屯一兩六錢五分，今嵊催四萬八千五百七十四兩五錢六分六釐二毫五絲。諸暨一萬一千五百二十九屯三兩四錢八分，今催八萬四千四百四十三兩一錢六分八釐七毫五絲。蕭山五千九百二十九屯四兩二分，今催四萬一千八百八十四兩四錢五分七釐八毫五絲。餘姚六千六十八屯四兩，今催五萬六千二百四十三兩七錢八分一釐二毫五絲。上虞六千九百七十二屯二兩二錢五分五釐，今催四萬六千一百九十七兩二錢五分五釐三毫五絲。新昌五千六百三十九屯一錢九分，今催一萬三千九百六十二兩四錢二分三釐。

折紬綿，四萬一千五百三十一兩。每紬一疋，數目折納一丈三尺三寸。以綿一十七兩，折紬一疋。惟山陰以折帛之餘盡折爲綿，不輸本色。蓋會稽既免折變，當時折紬之綿無自出，又不欲偏科他邑，故盡以歸山陰。麥及糯米亦然，故山陰折變視他邑爲重。山陰二萬二百兩。嵊五千二百一十九兩。諸暨七千七百八十六兩。蕭山五千七百四十六兩。餘姚五千七百九十七兩。上虞五千六百二十七兩。新昌一千一百五十六兩。

王珣、汪翁儀等〔弘治〕《湖州府志》卷八《土産》 綿，按《舊誌》武康綿號鵞脂，今屬縣俱有，頭蠶綿韌而可用，二蠶綿白而不韌。

栗祁、唐樞〔萬曆〕《湖州府志》卷三《物産》 食貨之屬 綿、有頭蠶綿，最韌。二蠶綿白而少脆。惟武康有鵞脂綿，甲於屬縣。

陸心源等〔同治〕《湖州府志》卷三三《輿地略・物産下》 綿之屬 綿《大清一統志》：湖州府土産緜。《唐書・地理志》：飭州土貢緜。《舊志》：各縣出，武康有鵞脂緜爲最。《談志》、《舊圖經》載。又《舊編》云：武康緜號鵞脂，上供經納内藏庫，今發上供緜，歲五萬餘兩。安吉以産絹和買折納。《急就章》注：繭孽之精者爲緜。《烏青文獻》：大環緜，頭蠶造成，白如雪，甚韌，他處不及。初蠶緜以頭蠶同功繭作者爲上，若軟繭緜，緜之最下者也，用繊緜細曰軟繭紬。《南潯志》：俗名緜兜。按，詳蠶桑。水絮《烏程劉志》：剥繭衣合之成絮，納被中御寒。按繭黄及澼花、滯頭，皆水絮也。又有緜拖頭，並詳蠶桑。

談鑰〔嘉泰〕《吴興志》卷二〇《物産》 緜《舊圖經》載。又《舊編》云：武康緜號鵞脂，上供經納内藏庫，今發上供緜歲五萬餘兩。安吉以産絹和買折納。《急就章》注：繭孽之精者爲緜。

汪日楨等〔光緒〕《烏程縣志》卷二九《物産》 絲緜之屬 緜《劉志》：頭蠶緜甚韌，二蠶緜白而稍脆，市以藥緜欺人，巧用瓷瓦灰滲入，甚白而體重。又有軟繭緜，不堪用。《湖録》：緜以頭蠶同功繭作者爲上，謂之純緜，同功繭，兩蠶共成一繭者也。蛾口繭，蛾子畝出繭後爲之，其緜爲次，若軟繭緜，緜之最下者也，用繊緜細曰軟繭紬。《烏青文獻》：大環緜，頭蠶造成，白如雪，甚韌，他處不及。《吴興蠶書》：以出烏鎮者爲上，匀薄如紙，瑩淨如玉。《南潯志》：俗名緜兜。水絮繭外散緒曰繭衣，亦曰繭黄，又作繭絖。繅絲不盡之緒，裹于蠶蛹之身，薄者爲著衣，厚者爲上岸。著衣之繭曰筴頭，亦曰滯頭；上岸之繭曰軟繭，亦曰澼花。三者並須剥淨，就水中擊澼，乃可撚緜線，或納衣被，故統名水絮。又有繅絲打緒時，摘出之粗緒曰絲筋頭，亦曰絲抝頭，不必擊澼可撚緜線，育蠶之家并水絮槩稱曰下腳。《劉志》：剥繭衣合之成絮，納被中禦寒。

陳道、黄仲昭（弘治）《閩通志》卷二〇《食貨・財賦》 福州府

國朝 福清縣 農桑 絲綿一十四兩七錢五分。永福縣 農桑 絲綿八兩九錢。羅源縣 農桑 絲綿一十三兩六錢。

興化府

宋 綿一百兩。

陳道、黄仲昭（弘治）《閩通志》卷二〇《食貨・土貢》 泉州府

唐 綿州貢。宋 綿一百兩。南安縣出，淳祐中貢。綿一百兩，元豐中貢。

卷二五《食貨・物産》 興化府

貨之屬 綿。

紀事

《左傳・宣公十二年》 楚子伐蕭，【略】蕭潰。申公巫臣曰：「師人多寒。」王巡三軍，拊而勉之，三軍之士皆如挾纊。杜預注：纊，綿也。孔穎達疏：《玉藻》云：「纊爲繭，緼爲袍。」鄭玄云：纊，新綿也。

《太平御覽》卷八一九《布帛部六・絮》 《孝子傳》曰：閔子騫幼時，爲後母所忤，冬月以蘆花衣之以代絮。其父後知之，欲出後母。子騫跪曰：「母在一子單，母去三子寒。」父遂止。

《吴越春秋》曰：吴王將死，曰：「吾因不用子胥言，以至於此。死者無知則已，死者有知，何面目見子胥也。」遂蒙絮覆面而自刎。

《漢書》卷四《文帝紀》 元年三月，【略】有司請令縣道，年八十已上，賜米人月一石，肉二十斤，酒五斗。其九十已上，又賜帛人二疋，絮三斤。顔師古注：「絮，綿也。」賜物及當稟鬻米者，長吏閱視，丞若尉致。

《後漢書》卷二五《卓茂傳》 時光武初即位，先訪求茂，茂詣河陽謁見。乃下詔曰：「前密令卓茂，束身自修，執節淳固，誠能爲人所不能爲。夫名冠天下，當受天下重賞，故武王誅紂，封比干之墓，表商容之閭。今以茂爲太傅，封褒德侯，食邑二千户，賜几杖車馬，衣一襲，絮五百斤。」

《後漢書》卷五三《徐穉傳》 李賢等注引《謝承書》曰：「穉諸公所辟雖不就，有死喪負笈赴弔。常於家豫炙雞一隻，以一兩緜絮漬酒中，暴乾以裹雞，徑到所起冢墜外，以水漬緜使有酒氣，斗米飯，白茅爲藉，以雞置前，醊酒畢，留謁則去，不見喪主。」

《後漢書》卷六五《張奂傳》 光和四年卒，年七十八。遺命曰：「吾前後仕進，十要銀艾，不能和光同塵，爲讒邪所忌。通塞命也，始終常也。但地底冥冥，長無曉期，而復纏以纊緜，牢以釘密，爲不喜耳。幸有前窀，朝殞夕下，措屍靈牀，幅巾而已。奢非晋文，儉非王孫，推情從意，庶無咎吝。」諸子從之。

《太平御覽》卷八一九《布帛部六・絮》 司馬彪《續漢書》曰：光武建武二年，野蠶成繭，民收其絮。

《漢書儀》曰：皇后親蠶獻繭，凡蠶絲絮，織室作祭服，其皇帝得以作縷絳衣，皇后間以作巾絮而已。

《古今注》曰：元帝永光四年，東萊郡東牟山有野蠶爲蠒，蠒生蛾，蛾生卵，卵着石，收得萬餘石，民以爲絲絮。五年，長安雨絮，垣屋上皆白，民衣之。

《太平御覽》卷八一九《布帛部六・絮》 皇甫規《與馬融書》曰：與被絮一雙，以通徹心。

《三國志》卷七《魏志・呂布傳》 裴松之注引《英雄記》曰：「布遣許汜、王楷告急于〔袁〕術。」術曰：「布不與我女，理自當敗，何爲復來相聞邪？」汜、楷曰：「明上今不救布，爲自敗耳！布破，明上亦破也。」術時僭上，故呼爲明上。術乃嚴兵爲布作聲援。布恐術爲女不至，故不遣兵救也，以綿纏女身，縛著上馬，夜自送女出與術，與太祖守兵相觸，格射不得過，復還城。

《三國志》卷五二《吴志・顧雍傳》 裴松之注引《吴書》曰：雍族人悌，字子通，以孝悌廉正聞於鄉黨。【略】父以壽終，悌飲漿不入口五日。〔孫〕權爲作布衣一襲，皆摩絮著之，强令悌釋服。

《太平御覽》卷八一九《布帛部六・絮》 《吴書》曰：顧悌，字子通。父亡，孫權作布衣一襲，皆摩絮着之，强令悌釋服。

《管寧别傳》曰：管寧性至孝，恒布裳貉裘，惟祠着單衣絮巾也。

《奩史》卷八七《綺羅門》 曹操夫人《與楊彪夫人書》：「送房子官綿百斤。」《困學紀聞》。

《晉書》卷九〇《良吏傳·吳隱之》 尋守廷尉、祕書監、御史中丞，領著作如故，遷左衛將軍。雖居清顯，禄賜皆班親族，冬月無被，嘗澣衣，乃披絮，勤苦同於貧庶。

裴啓《裴子語林》 謝萬就安乞裘，云「畏寒」。答曰：「君妄語。正欲以爲豪具耳！若畏寒，無復勝綿者。」以三千綿與謝。

劉義慶《世説新語》卷下《排調》 王文度在西州，與林法師講，韓、孫諸併在坐。林公理每欲小屈，孫興公曰：「法師今日如著弊絮在荊棘中，觸地掛閡。」

《太平御覽》卷八一九《布帛部六·絮》 《晉中興書》曰：王敦害周顗，籍其家，政見敝簏數枚，中有故絮也。

陸雲《與兄機書》曰：一日案行，視曹公器物，見拭目黄絮有垢黑，目淚所沾污。

《宋書》卷九一《孝義傳·郭原平》 原平字長泰，又禀至行，養親必己力。【略】高陽許瑶之居在永興，罷建安郡丞還家，以緜一斤遺原平，原平不受，送而復反者前後數十，瑶之乃自往曰：「今歲過寒，而建安緜好，以此奉尊上下耳。」原平乃拜而受之。

《宋書》卷九三《隱逸傳·朱百年》 百年少有高情，親亡服闋，携妻孔氏入會稽南山。【略】隱迹避人，唯與同縣孔顗友善。顗亦嗜酒，相得輒酣，對飲盡歡。百年家素貧，母以冬月亡，衣並無絮，自此不衣綿帛。嘗寒時就顗宿，衣悉裌布，顗以卧具覆之，百年不覺也。既覺，引卧具去體，謂顗曰：「綿定奇温。」因流涕悲慟，顗亦爲之傷感。

《南齊書》卷一八《祥瑞志》 建元元年，郢州監利縣天井湖水色忽澄清，出綿，百姓採以爲纊。

《南齊書》卷三七《劉悛傳》 仍除散騎侍郎。桂陽難，加寧朔將軍，助守石頭。父勔於大桁戰死，悛時疾病，扶伏路次，號哭求勔屍。〔勔屍〕項後傷缺，悛割髮補之。持(哭)〔喪〕墓側，冬月不衣絮。太祖代勔爲領軍，素與勔善，書譬悛曰：「承至性毁瘵，轉之危慮，深以酸怛。終哀全生，先王明軌，豈有去緜纊，徹温席，以此悲號，得終其孝性邪？當深顧往旨，少自抑勉。」

《南齊書》卷五二《文學傳·卞彬》 彬頗飲酒，擯棄形骸。作《蚤虱賦序》曰：「余居貧，布衣十年不制。一袍之緼，有生所託，資其寒暑，無與易之。爲人多病，起居甚疎，縈寢敗絮，不能自釋。」

《梁書》卷三六《江革傳》 吏部謝朓嘗宿衛，還過候革，時大雪，見革弊絮單席，而耽學不倦，嗟歎久之，乃脱所著襦，並手割半氈與革充卧具而去。

《南史》卷三四《顔峻傳》 代謝莊爲吏部尚書，領太子右衛率，未拜，丁父憂。裁踰月，起爲右將軍，丹陽尹如故。竣固辭，表十上不許。遣中書舍人戴明寶抱竣登車，載之郡舍。賜以布衣一襲，絮以綵綸，遣主衣就衣諸體。

《南史》卷七〇《循吏傳·阮長之》 元嘉十一年，除臨海太守，在官常擁敗絮。

《北史》卷七六《隱逸傳下·阮孝緒》 年十六，父喪不服緜纊，雖蔬菜有味亦吐之。

《北史》卷八四《孝行傳·翟普林》 大業初，父母俱終，哀毁殆將滅性。廬於墓側，負土成墳。盛冬不衣繒絮，唯著單縗而已。

《北史》卷八八《隱逸傳·徐則》 陳太建中，應召來憩於至真觀，期月，又辭入天台山。因絶粒養性，所資唯松术而已，雖隆冬冱寒，不服綿絮。

《舊五代史》卷九二《晉書·吳承範傳》 承範温厚寡言，善希人旨，桑維翰、李崧尤重之，嘗薦于高祖，云可大用。承範知之，持重自養，雖遇盛夏，而猶服襦袴，加之以純綿，蓋慮有寒濕之患也。然竟不獲其志，其命也夫。《永樂大典》卷三千三百二十一。

確庵、耐庵《靖康稗史》之二 〔靖康二年二月〕初二日，虜索天臺渾儀、三館太清樓文籍圖書、國子書板，又絲綿數萬斤出城。

《靖康要録》卷一五：靖康二年二月「二日，壞司天臺渾儀輸軍前。虜圖明堂九鼎，觀之不取，止索三館文籍圖書、國子書板。金人來取絲綿凡數萬斤送之軍前……又取太清樓書，皆黄帕牙籤，載以太平車，凡百餘，皆遣監官交納於番寨」。

《明實録·明穆宗實録》卷四三 〔隆慶四年三月〕乙未，上諭户部發銀買白綿二萬五千斤以進。尚書劉體乾奏：湖州府額解白緜且至，宜停買。上趣辦益急，都給事中李已諫曰：「臣聞物聚于所生，而赴于所用。今京師非出綿之所，三月非用綿之時，求者苦其難，鬻者高其直，即日筆商人于市，而二三萬斤之綿恐亦不可以倉卒具也。且今都邑之民爲編商所困，十室九空，固宜加意軫恤，柰何復擾之耶？」時商賈聞命皆避匿。體乾復奏言：「京師根本重地，不可使一夫不安，而今市肆晝閉，商賈不行，衆口嗷嗷，非平世所宜有也。」上悟，命止發太倉銀買緜一萬斤，餘悉停買。

頓回幽谷之陽春。遍告斯文，圖成善事。謹疏。陳氏父子遂勸習舉子業，爲之占籍仁和，後膺甲子鄉薦，而陳氏之門，自是無祐之跡矣。

潛説友〔咸淳〕《臨安志》卷九四《紀遺六》丹陽葛澧《錢塘賦》 俗享再稔之利，婦蠶八育之綿。

雜録

《三國志》卷一三《魏志·鍾繇傳》 裴松之注引陸氏《異林》曰：繇嘗數月不朝會，意性異常，或問其故，云：「常有好婦來，美麗非凡。」問者曰：「必是鬼物，可殺之。」婦人後往，不即前，止户外。繇問何以，曰：「公有相殺意。」繇曰：「無此。」乃勤勤呼之，乃入。繇意恨，有不忍之心，然猶斫之傷髀。婦人即出，以新綿拭血竟路。明日使人尋跡之，至一大冢，木中有好婦人，形體如生人，著白練衫，丹繡裲襠，傷左髀，以裲襠中綿拭血。

《晉書》卷九五《藝術傳·佛圖澄》 佛圖澄，天竺人也。本姓帛氏。少學道，妙通玄術。永嘉四年，來適洛陽，自云百有餘歲，常服氣自養，能積不食。善誦神呪，能役使鬼神。腹旁有一孔，常以絮塞之，每夜讀書，則拔絮，孔中出光，照于一室。

段成式《酉陽雜俎》前集卷一《禮異》 婚禮，納綵有：合歡、嘉禾、阿膠、九子蒲、朱葦、雙石、綿絮、長命縷、乾漆。九事皆有詞：膠、漆取其固。綿絮取其調柔。蒲、葦爲心，可屈可伸也。嘉禾，分福也。雙石，義在兩固也。

蘇鶚《杜陽雜編》卷下 咸通九年，同昌公主出降，宅于廣化里。賜錢五百萬貫，仍罄内庫寶貨以實其宅。【略】有瑟瑟幕、紋布巾、火蠶綿。【略】火蠶綿云出炎洲，絮衣一襲，用一兩，稍過度，則熇蒸之氣不可近也。

藝文

《玉臺新詠》卷三楊方《合歡詩五首》之二 寢共織成被，絮用一作共。同功綿。《正字通》引《説文》：絮，敝綿也。一曰，繰餘爲絮，不繰爲綿。徐曰：精者曰綿，繭内衣護蛹者與其外膜緒雜爲之曰絮。晉嵇含《伉儷詩》「裁彼雙絲絹，著于同功綿」。與此義同。《通雅》高誘注引《海陽異名記》云：八蠶共爲一大繭，同功綿當即此。案：《戲瑕》古樂府有「終用同功綿」。今吳興養蠶家，以兩蠶共作繭者謂之同功綿，價倍于常。其絲以三繭抽者爲合羅絲，歲以充造御服，山、龍、華蟲、粉米、藻火並出于此，士庶家不得濫用也。謝肇淛著《西吳枝乘》載之。

《玉臺新詠》卷七皇太子《和徐録事見内人作臥具》 衣裁合歡襵，一作攝。文作鴛鴦連。縫一作針。用雙針一作縫。縷，絮是按一作用。八蠶緜。《吳都賦》：「鄉貢八蠶之綿。」劉欣期《交州記》：一歲八蠶繭，出日南也。

《全晉文》卷七四左思《吳都賦》 國税再熟之稻，鄉貢八蠶之緜。

梅堯臣《梅堯臣集》卷二三《夜與原甫江家步歸》 丹砂漆盤盛井水，冷浸半坼山櫻花。始見春色不奈喜，黄昏招飲夜還家。劉郎居南我居北，陌上泥開天正黑。風吹蠟燭燒未明，素絲作履惜不得。

郎瑛《七修類稿》卷三二《詩文類·化綿衣疏》 吳天祐，江西豐城人，寄食於杭東塘陳廷彩家，冬無衣絮。陳子蒙調之曰：能作疏文，當爲化主。乃作疏曰：伏以捉衿露肘，誰憐子夏之貧；冬暖號寒，可免昌黎之嘆。含羞在己，貽笑於人。切念天祐，半生若蟻，一拙如鳩。身常苦饑寒，頗類吟詩之賈島；志不在温飽，愧非及第之王曾。雖字頗能識而書頗能讀，然寒不能衣而饑不能食。灞橋踏雪，難堪手足之凌兢；剡木乘舟，無奈身心之顫掉。鄴侯萬卷亦徒耳，范叔一寒如此哉。幸托身依桑柘之鄉，而長者擅絲綿之利。深筐大箔，價輕千鎰之黄金；温繭柔綿，色瑩三冬之白雪。眼見之而忽熱，心欲之而難言。既民胞物與之同然，豈推食解衣而不可。惠而好我，實爲道誼之交；勉爾求人，不覺言辭之拙。分我一團和氣，奈他千載歲寒。高誼難忘，服之於膺而佩之於背；衆輕易舉，與不傷惠而取不傷廉。袁安免僵臥於洛陽，師道不忍寒於郊祀。若肯結緣秀士，也勝布施山僧。十謁朱門，何畏滿頭之風雪；一吹鄒律，

紡織產品部

布、帛綜合分部

題解

《左傳・閔公二年》 衛文公大布之衣，大帛之冠。杜預注：大布，麤布。大帛，厚繒。

《史記》卷一一七《司馬相如列傳》《父子虛賦》【略】被阿錫，裴駰集解：《漢書音義》曰：「阿，細繒也。錫，布也。」張守節正義：按：東阿出繒也。揄紵縞，裴駰集解：徐廣曰：「揄音臾。」張守節正義：揄，曳也。韋昭云：「紵之色若縞也。」顏云：「紵，織紵也。縞，鮮支也。」襍纖羅，垂霧縠。

《漢書》卷一《高帝紀》（八年）春三月，行如雒陽。令【略】賈人毋得衣錦繡綺縠絺紵罽，操兵，乘騎馬。顏師古注：「綺，文繒也，即今之細綾也。絺，細葛也。紵，織紵爲布及疏也。罽，織毛若今氍及氍毹之類也。」

《漢書》卷二二《禮樂志第二》《郊祀歌》十九章，其詩曰：……被華文，厠霧縠，曳阿錫，佩珠玉。顏師古注：如淳曰：「阿，細繒。錫，細布也。」師古曰：「厠，雜也。霧縠，言其輕細若雲霧也。」

《練時日》一

許慎《說文》七篇下《巾部》 幅 布帛廣也。段玉裁注：凡布帛廣二尺二寸，其邊曰幅。《左傳》曰：「夫富，如布帛之有幅焉，爲之制度，使無遷也。」引伸爲邪幅。《小雅》：「邪幅在下。」傳曰：幅，偪也，所以自偪束也。从巾，畐聲。

丁度《集韻》卷二《桓韻》 端 【略】布帛六丈曰端，通作耑。

丁度《集韻》卷四《鹽韻》 帢、絵布帛名。或作絵。

丁度《集韻》卷五《準韻》 淳、敦、綧 布帛幅廣也。或作敦、綧，通作純。

丁度《集韻》卷七《至韻》 繢、績 織餘也。或从貴。

司馬光《類篇》卷二一《巾部》 帢 其淹切，布帛名。

司馬光《類篇》卷二九《立部》 端 多官切，【略】布帛六丈曰端。

司馬光《類篇》卷三七《糸部》 紟、絵 又並其淹切，布帛名。

戴侗《六書故》卷二七《工事三》 匹 普吉切。《說文》曰：「四丈也。」从八匚，八揲一匹，八亦聲。按，布帛二丈爲端，兩端爲匹。

戴侗《六書故》卷三一《工事七》 幅 方六切，布帛經緯廣陿之度也。

張自烈《正字通》卷八《糸部》 純 音屯。又凡絲錦布帛一段爲一純。《史記・蘇秦傳》：錦繡千純。

綵 倉宰切，音采。【略】又賜綵。唐制賜綵十段，爲絹三疋，布三端，棉四屯。若雜綵十段，爲絲布三疋，綢二疋，綾二丈，縵四疋。亦曰賜物十段。

厲荃《事物異名録》卷一六《服飾部》 地衣 《杜陽雜編》：唐宣宗晝八百疋官絁，作魚龍波浪文以爲地衣。《豐頤堂漫書》：秦檜格天閣成，鄭仲遺錦地衣一鋪。《筆塵》：楚王希範地衣用角簟，剖竹爲細篾織之。《庶物異名疏》：今京師於冬月大廳堂中，織隨地毛毯。按諸說，或用絁，或用錦，或用竹簟，或用毛毯鋪設地上者，皆名地衣。

綜述

《易・繫辭下》 神農氏沒，黃帝堯舜氏作。通其變，使民不倦。神而化之，使民宜之。易窮則變，變則通，通則久。孔穎達正義曰：黃帝已上，衣鳥獸之皮，其後人多獸少，事或窮乏，故以絲麻布帛而制衣裳，是神而變化，使民得宜也。

《周禮・夏官・職方氏》 正北曰并州【略】其利布帛。

《禮記・王制》 布帛精麤不中數，幅廣狹不中量，不粥於市。

《禮記・內則》 婦或賜之飲食、衣服、布帛、佩帨、茝蘭，則受而獻諸舅姑。

《管子・乘馬第五》 方六里，一乘之地也。方一里，九夫之田也。黃金一鎰，百乘一宿之盡也。無金則用其絹，季絹三十三，三等，其下者曰季。制當一鎰。無絹則用其布，經暴布百兩當一鎰。一鎰之金，食百乘之一宿，則所市之地六步一㪷，一本作一升。命之曰中歲，有市，無市則民不乏矣。

劉向《說苑》卷二〇《反質》 禽滑釐問於墨子曰：「錦綉絺紵，將安用之？」墨子曰：「惡，是非吾用務也。古有無文者得之矣，夏禹是也，卑小宮室，損薄飲食，士階三等，衣裳細布。當此之時，黼黻無所用而務在於完堅。殷之盤庚，大其先王之室，而改遷於殷，茅茨不剪，采椽不斲，以變天下之視。當此之時，文采之帛，將安所施。夫品庶非有心也，以人主爲心，苟上不爲，下惡用之。二王者以身先於天下，故化隆於其時，成名於今世也。且夫錦綉絺紵，亂君之所造也，其本皆興於齊景公，喜奢而忘儉，幸有晏子以儉鐫之，然猶幾不能勝。夫奢安可窮哉？紂爲鹿臺糟丘，酒池肉林，宫牆文畫，雕琢刻鏤，錦綉被堂，金玉珍瑋，婦女優倡，鍾鼓管絃，流漫不禁，而天下愈竭，故卒身死國亡，爲天下戮，非惟錦綉絺紵之用耶！今當凶年，有欲予子隨侯之珠者，不得賣也，珍寶而以爲飾，又欲予子一鍾粟者，得珠者不得粟，得粟者不得珠，子將何擇？」禽滑釐曰：「吾取粟耳，可以救窮。」墨子曰：「誠然，則惡在事夫奢也，長無用，好末淫，非聖人之所急也。故食必常飽，然後求美；衣必常暖，然後求麗；居必常安，然後求樂。爲可長，行可久，先質而後文，此聖人之務。」禽滑釐曰：「善。」

《史記》卷一二九《貨殖列傳》　齊帶山海，膏壤千里，宜桑麻，人民多文綵布帛魚鹽。【略】

凡編户之民，富相什則卑下之，伯則畏憚之，千則役，萬則僕，物之理也。夫用貧求富，農不如工，工不如商，刺繡文不如倚市門，此言末業，貧者之資也。通邑大都，【略】其帛絮細布千鈞，文采千匹，榻布皮革千石。裴駰集解：徐廣曰：「榻音吐合反。」駰案：《漢書音義》曰「榻布，白疊也」。司馬貞索隱：荅布。注音吐合反，大顏音吐盍反。案：以爲麤厚之布，與皮革同以石而秤，非白疊而也。《吴録》云「有九真郡布，名曰白疊」。《廣志》云「疊，毛織也」。張守節正義：顏師古曰：「麤厚之布也。其價賤，故與皮革同重耳，非白疊也。荅者，厚之貌也。」案：白疊，木綿所織，非中國有也。【略】此亦比千乘之家，其大率也。佗雜業不中什二，則非吾財也。

《漢書》卷二四上《食貨志四上》　《洪範》八政，一曰食，二曰貨。食謂農殖嘉穀可食之物，貨謂布帛可衣，及金刀龜貝，所以分財布利通有無者也。二者，生民之本，興自神農之世。

《漢書》卷二四下《食貨志四下》　凡貨，金錢布帛之用，夏殷以前其詳靡記云。太公爲周立九府圜法：黄金方寸，而重一斤；錢圜函方，輕重以銖；布帛廣二尺二寸爲幅，長四丈爲匹。故貨寶於金，利於刀，流於泉，布於布，束於帛。【略】

又以《周官》稅民：凡田不耕爲不殖，出三夫之稅；城郭中宅不樹藝者爲不毛，出三夫之布；民浮游無事，出夫布一匹。其不能出布者，宂作，縣官衣食之。諸取衆物鳥獸魚鼈百蟲於山林水澤及畜牧者，嬪婦桑蠶織紝紡績補縫，顏師古注：「機縷曰紝，音人禁反。」工匠醫巫卜祝及它方技商販賈人坐肆列里區謁舍，皆各自占所爲於其在所之縣官，除其本，計其利，十一分之，而以其一爲貢。敢不自占，自占不以實者，盡没入所采取，而作縣官一歲。

諸司市常以四時中月實定所掌，爲物上中下之賈，各自用爲其市平，毋拘它所。衆民賣買五穀布帛絲緜之物，周於民用而不讎者，均官有以考檢厥實，用其本賈取之，毋令折錢。萬物卬貴，過平一錢，則以平賈賣與民。其賈氐賤減平者，聽民自相與市，以防貴庾者。民欲祭祀喪紀而無用者，錢府以所入工商之貢但賒之，祭祀無過旬日，喪紀毋過三月。民或乏絶，欲貸以治産業者，均授之，除其費，計所得受息，毋過歲什一。

《漢書》卷六四下《王褒傳》　載荷旃被毳者，難與道純綿之麗密。顏師古注：「純，絲也。謂織爲繒帛之麗，絲纊之密也。一説，純綿，不雜綿也。」

《漢書》卷六五《東方朔傳》　時天下侈靡趨末，百姓多離農畝。上從容問朔：「吾欲化民，豈有道乎？」朔對曰：「堯舜禹湯文武成康上古之事，經歷數千載，尚難言也，臣不敢陳。願近述孝文皇帝之時，當世耆老皆聞見之。貴爲天（下）〔子〕，富有四海，身衣弋綈，顏師古注：「弋，黑色也。綈，厚繒。」足履革舄，以韋帶劍，莞蒲爲席，兵木無刃，衣緼無文，顏師古注：「緼，亂絮也。言内有亂絮，上無文綵也。緼音於粉反。」集上書囊以爲殿帷，以道德爲麗，以仁義爲準。於是天下望風成俗，昭然化之。今陛下以城中爲小，圖起建章，左鳳闕，右神明，號稱千門萬户；木土衣綺繡，狗馬被繢罽；顏師古注：「繢，五綵也。罽，織毛也，即氍毹之屬。」宫人簪瑇瑁，垂珠璣；設戲車，教馳逐，飾文采，聚珍怪；撞萬石之鐘，擊雷霆之鼓，作俳優，舞鄭女。上爲淫侈如此，而欲使民獨不奢侈失農，事之難者也。陛下誠能用臣朔之計，推甲乙之帳燔之於四通之衢，卻走馬示不復用，則堯舜之隆宜可與比治矣。《易》曰：『正其本，萬事理；失之豪氂，差以千里。』願陛下留意察之。」

《漢書》卷九一《貨殖傳》　諺曰：「以貧求富，農不如工，工不如商，刺繡文不如倚市門。」此言末業，貧者之資也。通邑大都【略】其帛絮細布千鈞，文采千匹，顏師古注：「文，文繒也。帛之有色者曰采。」荅布皮革千石，顏師古注：孟康曰：「荅布，白疊也。」師古曰：「麤厚之布也，其價賤，故與皮革同其量耳，非白疊也。荅者，厚重之貌，而讀者妄爲榻音，非也。【略】亦比千乘之家，此其大率也。

《漢書》卷九九中《王莽傳》〔天鳳三年〕五月，莽下吏祿制度，曰：「予遭陽九之阸，百六之會，國用不足，民人騷動，自公卿以下，一月之祿十緵布二匹，或帛一匹。予每念之，未嘗不戚焉。」

《後漢書》卷四九《王符傳》《浮侈篇》【略】

或刻畫好繒，以書祝辭；或虛飾巧言，希致福祚；或糜折金綵，令廣分寸；或斷截衆縷，繞帶手腕；或裁切綺縠，縫紩成幡。皆單費百縑，用功千倍，破牢爲僞，以易就難，坐食嘉穀，消損白日。夫山林不能給野火，江海不能實漏巵，皆所宜禁也。

昔孝文皇帝躬衣弋綈，李賢注：《前書音義》曰：「弋，皁也。綈，繒也。」革舃韋帶。而今京師貴戚，衣服飲食，車輿廬第，奢過王制，固亦甚矣。且其徒御僕妾，皆服文組綵牒，李賢注：牒即今疊布也。錦繡綺紈，葛子升越，筩中女布。李賢注：《説文》曰：「綺，文繒也。」《前書》曰：「齊俗作冰紈。」子，細稱也。沈懷遠《南越志》曰：「蕉布之品有三，有蕉布，有竹子布，又有葛焉。雖精麤之殊，皆同出而異名。」楊雄《蜀都賦》曰：「布則蜘蛛作絲，不可見風，筩中黄潤，一端數金。」盛弘之《荆州記》曰：「秭歸縣室多幽閑，其女盡織布至數十升。」今永州俗猶呼貢布爲女子布也。犀象珠玉，虎魄瑇瑁，石山隱飾，金銀錯鏤，窮極麗靡，轉相誇咤。其嫁娶者，車軿數里，緹帷竟道，騎奴侍童，夾轂並引。富者競欲相過，貧者耻其不逮，一饗之所費，破終身之業。古者必有命然後乃得衣繒絲而乘車馬，今雖不能復古，宜令細民略用孝文之制。

劉安《淮南子》卷一一《齊俗訓》有詭文繁繡，弱緆羅紈，高誘注：弱緆，細布也。羅，縠。紈，素也。必有菅屩跐踦，短褐不完者。高誘注：菅，茅也。跐，偶也。踦，適也。楚人謂袍爲短。褐，大布。故高下之相傾也，短脩之相形也，亦明矣。【略】且富人則車輿衣纂錦，馬飾傅旄象，帷幕茵席，綺繡絛組，青黄相錯，不可爲象；貧人則夏被褐帶索，含菽飲水以充腸，以支暑熱，冬則羊裘解札，短褐不掩形，而煬竈口；故其爲編户齊民無以異，然貧富之相去也，猶人君與僕虜，不足以論之。夫乘奇技，僞邪施者，自足乎一世之閒；守正修理，不苟得者，不免乎飢寒之患；而欲民之去末反本，由是發其原而壅其流也。夫雕琢刻鏤，傷農事者也；錦繡纂組，害女工者也。農事廢，女工傷，則飢之本而寒之原也。夫飢寒竝至，能不犯法干誅者，古今之未聞也。

劉安《淮南子》卷一九《脩務訓》今夫毛嬙、西施，天下之美人，若使之銜腐鼠，蒙蝟皮，衣豹裘，帶死蛇，則布衣韋帶之人，過者莫不左右睥睨而掩鼻。言雖有美姿，人惡聞其臭，故睥睨掩其鼻。孟子曰「西子蒙不潔，則人皆掩其鼻而過之」是也。嘗試使之施芳澤，正娥眉，設笄珥，衣阿錫，曳齊紈，高誘注：笄，婦人首飾。珥，瑱也。阿，細縠。錫，細布。紈，素，齊所出。粉白黛黑，佩玉環，揄步，雜芝若，籠蒙目視，冶由笑，目流眺，口曾撓，奇牙出，齱酺搖，則雖王公大人，有嚴志頡頏之行者，無不憚悇癢心而悦其色矣。

桓寬《鹽鐵論》卷一《本議一》文學曰：「古者之賦稅於民也，因其所工，不求所拙。農人納其穫，女工效其功。今釋其所有，責其所無。百姓賤賣貨物，以便上求。間者，郡國或令民作布絮，吏恣留難，與之爲市。吏之所入，非獨齊、阿之縑，蜀、漢之布也，亦民間之所爲耳。行姦賣平，農民重苦，女工再稅，未見輸之均也。」

桓寬《鹽鐵論》卷一《力耕二》大夫曰：「賢聖治家非一寶，富國非一道。昔管仲以權譎霸，而紀氏以强本亡。使治家養生必於農，則舜不甄陶而伊尹不爲庖。故善爲國者，天下之下我高，天下之輕我重。以末易其本，以虛蕩其實。今山澤之財，均輸之藏，所以御輕重而役諸侯也。汝、漢之金，纖微之貢，所以誘外國而釣胡、羌之寶也。夫中國一端之縵，得匈奴累金之物，而損敵國之用。是以贏驢馲駞，銜尾入塞，驒騱騵馬，盡爲我畜，鼲鼦狐貉，采旃文罽，充於內府，而璧玉珊瑚瑠璃，咸爲國之寶。是則外國之物內流，而利不外泄也。異物內流則國用饒，利不外泄則民用給矣。《詩》曰：『百室盈止，婦子寧止。』」

桓寬《鹽鐵論》卷二《刺權》婦女被羅紈，婢妾曳絺紵，子孫連車列騎，田獵出入，畢弋捷健。是以耕者釋耒而不勤，百姓氷釋而懈怠。何者？己爲之而彼取之，僭侈相效，上升而不息，此百姓所以滋僞而罕歸本也。

劉向《說苑》卷一九《脩文》生而相與交通，故曰留賓。自天子至士各有次。贈死不及柩尸，弔生不及悲哀，非禮也。故古者吉行五十里，奔喪百里。贈賵及事之謂時。時，禮之大者也。《春秋》曰：「天王使宰咺來歸惠公、仲子之賵。」賵者何？喪事有賵者，蓋以乘馬、束帛、輿馬曰賵，貨財曰賻，衣被曰襚，口實曰唅，玩好曰贈。知生者賻賵，知死者贈襚，贈襚所以送死也，賻賵所以佐生也。輿馬、束帛、貨財、衣被、玩好其數奈何？曰，天子乘馬六匹，諸侯四匹，大夫三匹，元士二匹，下士一匹。天子束帛五匹，玄三纁二，各五十尺；諸侯玄三纁二，各三十尺；大夫玄一纁二，各三十尺；元士玄一纁一，各二丈；下士綵縵各一匹；庶人布帛各一匹。天子之賵，乘馬六匹，乘車；諸侯四匹，乘輿；大夫曰參輿；元士、下士不用輿。天子文綉衣各一襲，到地；諸侯覆跗，大夫到踝，士到髀。天子唅實以珠，諸侯以玉，大夫以璣，士以貝，庶人以穀實。位尊德厚及親者，賻賵唅襚厚，貧富亦有差，二三四五之數，取之天地而制奇偶，度人情而出節文，謂之有因，禮之大宗也。

王符《潛夫論》卷三《浮侈第一二》 山林不能給野火，江海不能灌漏巵。孝文皇帝躬衣弋綈，足履革舄，以韋帶劍，集上書囊以爲殿帷，盛夏苦暑，欲起一臺，計直百萬，以爲奢費而不作也。今京師貴戚，衣服、飲食、車輿、文飾、廬舍，皆過王制，僭上甚矣。從奴僕妾，皆服葛子升越，筩中女布，細緻綺縠，冰紈錦繡。犀象珠玉，虎魄瑇瑁，石山隱飾，金銀錯鏤，麞麂履舄，文組綵緤，驕奢僭主，轉相誇詫，箕子所唏，今在僕妾。富貴嫁娶，車軿各十，騎奴侍僮，夾轂節引。富者競欲相過，貧者恥不逮及。是故一饗之所費，破終身之本業。

王充《論衡》卷五《異虛篇》 絲成帛，縷成布。賜人絲縷，猶爲重厚，況遺人以成帛與織布乎？

王充《論衡》卷一三《別通篇》 富人之宅，以一丈之地爲內，內中所有，柙匱所（羸）〔贏〕，縑布絲綿也。貧人之宅，亦以一丈爲內，內中空虛，徒四壁立，故名曰貧。夫通人猶富人，不通者猶貧人也。俱以七尺爲形，通人胸中懷百家之言，不通者空腹無一牒之誦，貧人之內，徒四所壁立也。慕料貧富不相如，則夫通與不通不相及也。世人慕富不榮通，羞貧不賤不賢，不推類以況之也。

夫富人可慕者，貨財多則饒裕，故人慕之。夫富人不如儒生，儒生不如通人。通人積文，十篋以上，聖人之言，賢者之語，上自黄帝，下至秦、漢，治國肥家之術，刺世譏俗之言，備矣。使人通明博見，其爲可榮，非徒縑布絲綿也。蕭何入秦，收拾文書，漢所以能制九州者，文書之力也。以文書御天下，天下之富，孰與家人之財？

王充《論衡》卷一八《自然篇》 天地合氣，萬物自生，猶夫婦合氣，子自生矣。萬物之生，含血之類，知飢知寒。見五穀可食，取而食之；見絲麻可衣，取而衣之。或説以爲天生五穀以食人，生絲麻以衣人。此謂天爲人作農夫桑女之徒也，不合自然，故其義疑，未可從也。試依道家論之。

天者，普施氣萬物之中，穀愈飢而絲麻救寒，故人食穀、衣絲麻也。

《初學記》卷二七《絹第九》 光如雪華，輕比蟬翼。魏文帝説諸物曰：江東葛爲可，寧比總絹之總輩。其白如雪華，輕譬蟬翼。

《晉書》卷二六《食貨志》 又制户調之式：丁男之户，歲輸絹三匹，緜三斤，女及次丁男爲户者半輸。其諸邊郡或三分之二，遠者三分之一。夷人輸賨布，户一匹，遠者或一丈。

常璩《華陽國志》卷一《巴志》 桑、蠶、麻、苧，【略】黄潤、鮮粉，皆納貢之。

常璩《華陽國志》卷三《蜀志》 其寶，則有璧玉、金、銀、珠、碧、銅、鐵、鉛、錫、赭、堊、錦、繡、罽、氂、犀、象、氈、毦，舊誤作毦，從目。廖本從耳，正。丹、黄、空青、〔桑、漆、麻、紵〕之饒，滇、獠、賨、僰，僮僕六百之富。

常璩《華陽國志》卷四《南中志》〔永昌郡〕有梧桐木，其華柔如絲，民績以爲布，幅廣五尺以還，潔白不受污，俗名曰桐華布，以覆亡人，然後服之，及賣與人。有蘭干細布，蘭干獠言紵也，織成，文如綾錦。又有罽、旄、帛、疊、水精、瑠璃、軻蟲、蚌珠。

《廣博物志》卷三七 錦有大登高、小登高、大明光、小明光、大博山、小博山、大茱萸、小茱萸、大交龍、小交龍、蒲萄文錦、斑文錦、鳳凰錦、朱雀錦、韜文錦、桃核文錦。其御罽有豹頭文罽、鹿子罽、花罽。或青綈，或白綈，或黄綈，或緑綈，或紫綈，或蜀綈。《十六國春秋》。

《宋書》卷五四《孔季恭等傳論》 江南之爲國盛矣，雖南包象浦，西括邛山，至於外奉貢賦，内充府實，止於荆、揚二州。【略】荆城跨南楚之富，揚部有全吳之沃，魚鹽杞梓之利，充仞八方，絲綿布帛之饒，覆衣天下。而田家作苦，役難利薄，亘歲從務，無或一日非農，而經税横賦之資，養生送死之具，莫不咸出於此。

《宋書》卷八二《周朗傳》 世祖即位，除建平王宏中軍録事參軍。時普責百官讜言，朗上書曰：【略】

農桑者，實民之命，爲國之本，有一不足，則禮節不興。若重之，宜罷金錢，以穀帛爲賞罰。然愚民不達其權，議者好增其異。凡自淮以北，萬匹爲市；從江以南，千斛爲貨。亦不患其難也。今且聽市至千錢以還者用錢，餘皆用絹布及米，其不中度者坐之。如此，則墾田自廣，民資必繁，盜鑄者罷，人死必息。

《南齊書》卷二三《豫章王嶷傳》 太祖即位，【略】遷侍中、尚書令、都督揚南徐二州諸軍事、驃騎大將軍、開府儀同三司、揚州刺史，持節如故。【略】

會北虜動，上思爲經略。【略】復以爲都督荆湘雍益梁寧南北秦八州諸軍事、南蠻校尉、荆湘二州刺史，持節、侍中、將軍、開府如故。晉宋之際，刺史多不領南蠻，別以重人居之，至是有二府二州。荆州資費歲錢三千萬，布萬匹，米六萬斛，又以江、湘二州米十萬斛給鎮府，湘州資費歲七百萬，布三千匹，米五萬斛，南蠻資費歲三百萬，布萬匹，綿千斤，絹三百匹，米千斛，近代莫比也。

《南齊書》卷二六《王敬則傳》 永明二年，會土邊帶湖海，民丁無士庶皆保塘役，敬則以功力有餘，悉評斂爲錢，送臺庫以爲便宜，上許之。竟陵王子良啟曰：【略】臣昔忝會稽，粗閑物俗，塘丁所上，本不入官。良由陂湖宜壅，橋路須通，均夫訂直，民自爲用。若甲分毁壞，則年一脩改；若乙限堅完，則終歲無役。今郡通課此直，悉以還臺，租賦之外，更生一調。致令塘路崩蕪，湖源泄散，害民損政，實此爲劇。

建元初，狡虜游魂，軍用殷廣。浙東五郡，丁税一千，乃有質賣妻兒，以充此限，道路愁窮，不可聞見。所逋尚多，收上事絶，臣登具啓聞，即蒙蠲原。而此年租課，三分逋一，明知徒足擾民，實自弊國。愚謂塘丁一條，宜還復舊，在所逋卹，優量原除。凡應受錢，不限大小，仍令在所，折市布帛。若民有雜物，是軍國所須者，聽隨價准直，不必(其)〔一〕應送錢，於公不虧其用，在私實荷其渥。

昔晉氏初遷，江左草創，絹布所直，十倍於今，賦調多少，因時增減。永初中，官布一匹，直錢一千，而民間所輸，聽爲九百。漸及元嘉，物價轉賤，私貨則束直六千，官受則匹准五百，所以每欲優民，必爲降落。今入官好布，匹堪百餘，其四民所送，猶依舊制。昔爲刻上，今爲刻下，氓庶空儉，豈不由之。

《梁書》卷五四《諸夷傳·武興國》 武興國，本仇池。【略】種桑麻。出紬、絹、精布、漆、蠟、椒等。

《魏書》卷二一上《高陽王雍傳》 雍表請：王公以下賤妾，悉不聽用織成錦繡，金玉珠璣，違者以違旨論；奴婢悉不得衣綾綺纈，止於縵繒而已，奴則布服，並不得以金銀爲釵帶，犯者鞭一百。太后從之，而不能久行也。

《魏書》卷六〇《韓麒麟傳》 太和十一年，京都大饑，麒麟表陳時務曰：【略】自承平日久，豐穰積年，競相矜夸，遂成侈俗。車服第宅，奢僭無限；喪葬婚娶，爲費實多；貴富之家，童妾袨服；工商之族，玉食錦衣。農夫餔糟糠，蠶婦乏短褐。故令耕者日少，田有荒蕪。穀帛罄於府庫，寶貨盈於市里；衣食匱於室，麗服溢於路。飢寒之本，實在於斯。愚謂凡珍玩之物，皆宜禁斷，吉凶之禮，備爲格式，令貴賤有別，民歸朴素。

《魏書》卷一〇二《西域傳·康國》 康國者，康居之後也。出馬、駝、驢、犎牛、黃金、硇沙、𧴀香、阿薛那香、瑟瑟、麞皮、氍毹、錦、疊。

《魏書》卷一一〇《食貨志》 顯祖即位，親行儉素，率先公卿，思所以賑益黎庶。至天安、皇興間，歲頻大旱，絹匹千錢。劉彧淮北青、冀、徐、兗、司五州告亂請降，命將率衆以援之。既臨其境，青冀懷貳，進軍圍之，數年乃拔。山東之民咸勤於征戍轉運，帝深以爲念。遂因民貧富，爲租輸三等九品之制。千里内納粟，千里外納米；上三品户入京師，中三品入他州要倉，下三品入本州。

先是太安中，高宗以常賦之外雜調十五，頗爲煩重，將與除之。尚書毛法仁曰：「此是軍國資用，今頓罷之，臣愚以爲不可。」帝曰：「使地利無窮，民力不竭，百姓有餘，吾孰與不足。」遂免之。未幾，復調如前，至是乃終罷焉。於是賦斂稍輕，民復贍矣。

舊制，民間所織絹、布，皆幅廣二尺二寸，長四十尺爲一匹，六十尺爲一端，令任服用。後乃漸至濫惡，不依尺度。高祖延興三年秋七月，更立嚴制，令一準前式，違者罪各有差，有司不檢察與同罪。

太和八年，始準古班百官之禄，以品第各有差。先是，天下户以九品混通，户調帛二匹、絮二斤、絲一斤、粟二十石；又入帛一匹二丈，委之州庫，以供調外之費。至是，户增帛三匹，粟二石九斗，以爲官司之禄。後增調外帛滿二匹。所調各隨其土所出。其司、冀、雍、華、定、相、泰、洛、豫、懷、兗、陝、徐、青、齊、濟、南豫、東兗、東徐十九州，貢綿絹及絲；幽、平、并、肆、岐、涇、荆、涼、梁、汾、秦、安、營、豳、夏、光、郢、東秦，司州萬年、鴈門、上谷、靈丘、廣寧、平涼郡，懷州邵上郡之長平、白水縣，青州北海郡之膠東縣，平昌郡之東武平昌縣，高密郡之昌安高密夷安黔陬縣，泰州河東之蒲坂、汾陰縣，東徐州東莞郡之莒、諸、東莞縣，雍州馮翊郡之蓮芍縣，咸陽郡之寧夷縣，北地郡之三原雲陽銅官宜君縣，華州華山郡之夏陽縣，徐州北濟陰郡之離狐豐縣，東海郡之贛榆襄賁縣，皆以麻布充税。【略】

魏初不立三長，故民多蔭附。蔭附者皆無官役，豪强徵斂，倍於公賦。十年，給事中李沖上言：「宜準古，五家立一鄰長，五鄰立一里長，五里立一黨長，長取鄉人强謹者。鄰長復一夫，里長二，黨長三。所復復征戍，餘若民。三載亡愆則陟用，陟之一等。其民調，一夫一婦帛一匹，粟二石。民年十五以上未娶者，四人出一夫一婦之調；奴任耕，婢任績者，八口當未娶者四；耕牛二十頭當奴婢八。其麻布之鄉，一夫一婦布一匹，下至牛，以此爲降。大率十匹爲公調，二匹爲調外費，三匹爲内外百官俸，此外雜調。民年八十已上，聽一子不從役。

孤獨癃老篤疾貧窮不能自存者，三長内迭養食之。」【略】書奏，諸官通議，稱善者衆。高祖從之，於是遣使者行其事。

自徐揚内附之後，仍世經略江淮，於是轉運中州，以實邊鎮，百姓疲於道路。乃令番戍之兵，營起屯田，又收内郡兵資與民和糴，積爲邊備。有司又請於水運之次，隨便置倉，乃於小平、石門、白馬津、漳涯、黑水、濟州、陳郡、大梁凡八所，各立邸閣，每軍國有須，應機漕引。自此費役微省。

三門都將薛欽上言：「計京西水次汾華二州、恒農、河北、河東、正平、平陽五郡年常綿絹及貲麻皆折公物，雇車牛送京。道險人弊，費公損私。略計華州一車，官酬絹八匹三丈九尺，别有私民雇價布六十匹；河東一車，官酬絹五匹二丈，别有私民雇價布五十匹。自餘州郡，雖未練多少，推之遠近，應不減此。今求車取雇絹三匹，市材造船，不勞採斫。計船一艘，舉十三車，車取三匹，合有三十九匹，雇作手并匠及船上雜具食直，足以成船。計一船剩絹七十八匹，布七百八十匹。又租車一乘，官格四十斛成載；私民雇價，遠者五斗布一匹，近者一石布一匹。準其私費，一車布遠者八十匹，近者四十匹。造船一艘，計舉七百石，準其雇價，應有一千四百匹。今取布三百匹，造船一艘并船上覆治雜事，計一船有剩布一千一百匹。又其造船之處，皆須鋸材人功，并削船茹，依功多少，即給當州郡門兵，不假更召。汾州有租調之處，去汾不過百里，華州去河不滿六十，並令計程依舊酬價，車送船所。船之所運，唯達雷陂。其陸路從雷陂至倉庫，調一車雇絹一匹，租一車布五匹，則於公私爲便。」

《周書》卷六《武帝紀下》 建德六年九月戊寅，初令民庶已上，唯聽衣綢、綿綢、絲布、圓綾、紗、絹、綃、葛、布等九種，餘悉停斷。朝祭之服，不拘此例。

《南史》卷七九《夷貊傳下·西戎·武興》 其國東連秦嶺，西接宕昌。【略】種桑麻。出紬絹布漆蠟椒等，山出銅鐵。

《資治通鑑》卷一七三《宣帝太建九年》 九月戊寅，周制：「庶人已上，唯聽衣綢、綿綢、絲布、圓綾、紗、絹、綃、葛、布等九種，胡三省注：衣，於既翻。綢，與紬同，直由翻，大絲繒也。綿綢，紡綿爲之，今淮人能織綿紬，緊厚，耐久服。絲布，以絲裨布縷織之，今謂之兼絲布。圓綾，土綾也，亦謂之花絹。紗，方目紗也。絹，吉掾翻，縑也，細絲繒。綃，相邀翻，生絲繒。葛，葛越，宜夏服。布，絹麻若紵爲之。種，章勇翻。餘悉禁之。朝祭之服，不拘此制。」

《隋書》卷二四《食貨志》 晋自中原喪亂，元帝寓居江左，百姓之自拔南奔者，並謂之僑人。皆取舊壤之名，僑立郡縣，往往散居，無有土著。而江南之俗，火耕水耨，土地卑濕，無有蓄積之資。諸蠻陬俚洞，霑沐王化者，各隨輕重，收其賧物，以裨國用。又嶺外酋帥，因生口翡翠明珠犀象之饒，雄於鄉曲者，朝廷多因而署之，以收其利。歷宋、齊、梁、陳，皆因而不改。其軍國所須雜物，隨土所出，臨時折課市取，乃無恒法定令。列州郡縣，制其任土所出，以爲徵賦。【略】其課，丁男調布絹各二丈，絲三兩，綿八兩，禄絹八尺，禄綿三兩二分，租米五石，禄米二石。丁女並半之。【略】

後周太祖作相，創制六官。【略】司賦掌功賦之政令。凡人自十八以至六十有四，與輕癃者，皆賦之。其賦之法，有室者，歲不過絹一疋，綿八兩，粟五斛；丁者半之。其非桑土，有室者，布一疋，麻十斤；丁者又半之。豐年則全賦，中年半之，下年一之，皆以時徵焉。若艱凶札，則不徵其賦。【略】

高祖登庸，罷東京之役，除入市之税。是時尉迥、王謙、司馬消難，相次叛逆，興師誅討，賞費鉅萬。及受禪，又遷都，發山東丁，毁造宫室。仍依周制，【略】自諸王已下，至于都督，皆給永業田，各有差。多者至一百頃，少者至四十畝。其丁男、中男永業露田，皆遵後齊之制。並課樹以桑榆及棗。其園宅，率三口給一畝，奴婢則五口給一畝。丁男一牀，租粟三石。桑土調以絹絁，麻土以布絹。絁以疋，加綿三兩。布以端，加麻三斤。單丁及僕隸各半之。未受地者皆不課。

《册府元龜》卷五〇四《邦計部·絲帛》 隋高祖開皇二年，頒新令遵北齊之制，丁男一牀，桑土調以絹絁〔絁〕，麻土調以布。絹絁〔絁〕以疋，加綿三兩，布一端，加麻三斤，單丁及僕隸各半之。

《舊唐書》卷一五《憲宗紀下》 〔元和八年夏四月〕丙戌，以錢重貨輕，出庫錢五十萬貫，令兩常平倉收市布帛，每段匹於舊估加十之一。

《舊唐書》卷一六《穆宗紀》 元和十五年八月庚午朔。辛未，兵部尚書楊於陵總百僚錢貨輕重之議，取天下兩税、榷酒、鹽利等，悉以布帛任土所産物充税，並不徵見錢，則物漸重，錢漸輕，農人見免賤賣匹段。請中書門下、御史臺諸司官長重議施行。從之。

《舊唐書》卷三八《地理志一》 開元二十一年，分天下爲十五道，每道置採訪使，檢察非法，如漢刺史之職：京畿採訪使，理京師城内都畿、理東都城内關内、以京官遥領河南、理汴州河東、理蒲州河北、理魏州隴右、理鄯州山南東道、理襄州山南人。澄川守捉，在姚州東六百里，管兵二千人。悉州，管兵五千人。南江郡，管兵三百人。

《舊唐書》卷四三《職官志二》　凡賦役之制有四：一曰租，二曰調，三曰役，四曰雜徭。課户每丁租粟二石。其調，隨鄉土所産綾絹絁各二丈，布加五分之一。輸綾絹絁者，綿三兩。輸布者，麻三斤。皆書印焉。凡丁，歲役二旬。無事則收其庸，每日三尺。有事而加役者，旬有五日免調，三旬則租調俱免。凡庸調之物，仲秋斂之，季秋發於州。租則準州土收穫早晚，量事而斂之。仲冬起輸，孟春而納畢。本州納者，季冬而畢。【略】

凡縑帛之類，有長短、廣狹、端疋、屯綟之差。凡賜十段，其率絹三疋，布三端，綿三屯。若雜綵十段，則絲布二疋，紬二疋，綾二疋，縵四疋。若賜蕃客錦綵，率十段，則錦一張，綾二疋，縵三疋，綿四屯。凡遣使覆囚，則給時服。若諸使經二年不還，亦如之。凡時服稱一具者，全給之。一副者，減給之。正冬之會，稱束帛有差者，皆賜絹，五品已上五疋，六品已下三疋，命婦視其夫子。

《舊唐書》卷四八《食貨志上》　武德七年，始定律令。【略】賦役之法：每丁歲入租粟二石。調則隨鄉土所産，綾絹絁各二丈，布加五分之一。輸綾絹絁者，兼調綿三兩；輸布者，麻三斤。凡丁，歲役二旬。若不役，則收其傭，每日三尺。有事而加役者，旬有五日免其調，三旬則租調俱免。

《舊唐書》卷一八五上《良吏傳上·陳君賓》　仕隋爲襄國太守。武德初，以郡歸款，封東陽公，拜邢州刺史。貞觀元年，累轉鄧州刺史。州邑喪亂之後，百姓流離，君賓至纔期月，皆來復業。二年，天下諸州並遭霜澇，君賓一境獨免，當年多有儲積，蒲、虞等州户口，盡入其境逐食。太宗下詔勞之曰：【略】

去年關内六州及蒲、虞、陝、鼎等復遭亢旱，禾稼不登，糧儲既少，遂令分房就食。比聞刺史以下及百姓等並識朕懷，逐糧户到，遞相安養，迴還之日，各有贏糧，乃別齎布帛，以申贈遺，如此用意，嘉歎良深。一則知水旱無常，彼此遞相拯贍，不慮凶年。二則知禮讓興行，輕財重義，四海士庶，皆爲兄弟。變澆薄之風，敦仁慈之俗，政化如此，朕復何憂。其安置客口，官人支配得所，並令考司録爲功最。養户百姓，不吝財帛，已敕主者免今年調物。宜知此意，善相勸勉。

《新唐書》卷三七《地理志一》　關内道

厥賦：絹、綿、布、麻。京兆、同、華、岐調綿，餘州布、麻。開元二十五年，以關輔寡蠶，詔納米粟，其河南、河北非通漕州，皆調絹，以便關中。厥貢：毛、布。

《新唐書》卷三八《地理志二》　河南道

厥賦：絹、絁、綿、布。厥貢：絲布、葛。

《新唐書》卷四〇《地理志四》　山南道

厥賦：絹、布、綿、紬。厥貢：絲、紵。

《新唐書》卷四一《地理志五》　淮南道

厥賦：絁、絹、綿、布。厥貢：絲、布、紵、葛。

江南道

厥賦：麻、紵。厥貢：紗、綾、蕉、葛、綿、綵。

劍南道

厥賦：絹、綿、葛、紵。厥貢：布、絲、葛、羅、綾、綿紬。

《新唐書》卷五一《食貨志一》　凡授田者，丁歲輸粟二斛，稻三斛，謂之租。丁隨鄉所出，歲輸絹二匹，綾、絁二丈，布加五之一，綿三兩，麻三斤，非蠶鄉則輸銀十四兩，謂之調。用人之力，歲二十日，閏加二日，不役者日爲絹三尺，謂之庸。有事而加役二十五日者免調，三十日者租、調皆免。通正役不過五十日。

【略】

初，永徽中禁買賣世業、口分田。其後豪富兼并，貧者失業，於是詔買者還地而罰之。

先是楊州租、調以錢，嶺南以米，安南以絲，益州以羅、紬、綾、絹供春綵。因詔江南亦以布代租。

中書令李林甫以租庸、丁防、和糴、春綵、税草無定法，歲爲旨符，遣使一告，費紙五十餘萬。條目既多，覆問踰年，乃與採訪朝集使議革之，爲長行旨，以授朝集使及送旨符使，歲有所支，進畫附驛以達，每州不過二紙。

凡庸、調、租、資課，皆任土所宜，州縣長官涖定粗良，具上中下三物之樣輸京都。有濫惡，督中物之直。二十五年，以江、淮輸運有河、洛之艱，而關中蠶桑少，菽粟常賤，乃命庸、調、資課皆以米，凶年樂輸布絹者亦從之。河南、北不通運州，租皆爲絹，代關中庸、課，詔度支減轉運。【略】

是時，海内富實，米斗之價錢十三，青、齊間斗纔三錢，絹一匹錢二百。道路列肆，具酒食以待行人，店有驛驢，行千里不持尺兵。天下歲入之物，租錢二百餘萬緡，粟千九百八十餘萬斛，庸、調絹七百四十萬匹，綿百八十餘萬屯，布千三十五萬餘端。天子驕於佚樂而用不知節，大抵用物之數，常過其所入。於是錢西道、理梁州劍南、理益州淮南、理揚州江南東道、理蘇州江南西道、理洪州黔中、理黔州嶺南理廣州。又於邊境置節度、經略使，式遏四夷。凡節度使十，經略守捉使三。大凡鎮兵四十九萬人，戎馬八萬餘疋。每歲經費：衣賜則千二十萬疋段，軍食則百九十萬石，大凡千二百一十萬。開元已前，每年邊用不過二百萬，天寶中至於是數。

安西節度使，撫寧西域，統龜兹、焉耆、于闐、疏勒四國。安西都護府治所，在龜兹國城內，管戍兵二萬四千人，馬二千七百疋，衣賜六十二萬疋段。焉耆治所，在安西府東八百里。于闐，在安西府南二千里。疏勒，在安西府西二千餘里。

北庭節度使，防制突騎施、堅昆，斬啜，管瀚海、天山、伊吾三軍。北庭節度使所治，在北庭都護府，管兵二萬人，馬五千疋，衣賜四十八萬疋段。突騎施牙帳，在北庭府西北三千餘里。堅昆，在北庭府北七千里，東北去斬啜千七百里。瀚海軍，在北庭府城內，管兵萬二千人，馬四千二百疋。天山軍，在西州城內，管兵五千人，馬五百疋。伊吾軍，在伊州西北三百里甘露川，管兵三千人，馬三百疋。

河西節度使，斷隔羌胡，統赤水、大斗、建康、寧寇、玉門、墨離、豆盧、新泉等八軍，張掖、交城、白亭三守捉。河西節度使治，在涼州，管兵七萬三千人，馬萬九千四百疋，衣賜歲百八十萬疋段。赤水軍，在涼州城內，管兵三萬三千人，馬萬三千疋。大斗軍，在涼州西二百餘里，管兵七千五百人，馬二千四百疋。建康軍，在甘州西二百里，管兵五千三百人，馬五百疋。寧寇軍，在涼州東北千餘里。玉門軍，在肅州西二百里，管兵五千二百人，馬六百疋。墨離軍，在瓜州西北千里，管兵五千人，馬四百疋。豆盧軍，在沙州城內，管兵四千三百人，馬四百疋。新泉軍，在會州西北二百餘里，管兵千人。張掖守捉，在涼州南二里，管兵五百人。交城守捉，在涼州西二百里，管兵千人。白亭守捉，在涼州西北五百里，管兵千七百人。

朔方節度使，捍禦北狄，統經略、豐安、定遠、西受降城、東受降城、安北都護、振武等七軍府。朔方節度使，治靈州，管兵六萬四千七百人，馬四千三百疋，衣賜二百萬疋段。經略軍，理靈州城內，管兵二萬七百人，馬三千疋。豐安軍，在靈州西黃河外百八十里，管兵八千人，馬千三百疋。定遠城，在靈州東北二百里黃河外，管兵七千人，馬三千疋。西受降城，在豐州北黃河外八十里，管兵七千人，馬千七百疋。安北都護府治，在中受降城黃河北岸，管兵六千人，馬二千疋。東受降城，在勝州東北二百里，管兵七千人，馬千七百疋。振武軍，在單于東都護府城內，管兵九千人，馬千六百疋。

河東節度使，掎角朔方，以禦北狄，統天兵、大同、橫野、岢嵐等四軍，忻、代、嵐三州，雲中守捉。河東節度使，治太原府，管兵五萬五千人，馬萬四千疋，衣賜歲百二十六萬疋段，軍糧五十萬石。天兵軍，理太原府城內，管兵三萬人，馬五千五百疋。雲中守捉，在單于府西北二百七十里，管兵七千七百人，馬二千疋。大同軍，在代州北三百里，管兵九千五百人，馬五千五百疋。橫野軍，在蔚州東北一百四十里，管兵三千人，馬千八百疋。忻州，在太原府北百八十里，管兵七千八百人。代州，至太原府五百里，管兵四千人。嵐州，在太原府西北二百五十里，管兵三千人。岢嵐軍，在嵐州北百里，管兵一千人。

范陽節度使，臨制奚、契丹，統經略、威武、清夷、靜塞、恒陽、北平、高陽、唐興、橫海等九軍。范陽節度使，理幽州，管兵九萬一千四百人，馬六千五百疋，衣賜八十萬疋段，軍糧五十萬石。經略軍，在幽州城內，管軍三萬人，馬五千四百疋。威武軍，在檀州城內，管兵萬人，馬三百疋。清夷軍，在媯州城內，管兵萬人，馬三百疋。靜塞軍，在薊州城內，管兵萬六千人，馬五百疋。恒陽軍，在恒州城東，管兵三千五百人。北平軍，在定州城西，管兵六千人。高陽軍，在易州城內，管兵六千人。唐興軍，在莫州城內，管兵六千人。橫海軍，在滄州城內，管兵六千人。

平盧軍節度使，鎮撫室韋、靺鞨，統平盧、盧龍二軍，榆關守捉，安東都護府。平盧軍節度使治，在營州，管兵萬七千五百人，馬五千五百疋。平盧軍，在營州城內，管兵萬六千人，馬四千二百疋。盧龍軍，在平州城內，管兵萬人，馬三百疋。榆關守捉，在營州城西四百八十里，管兵三百人，馬百疋。安東都護府，在營州東二百七十里，管兵八千五百人，馬七百疋。

隴右節度使，以備羌戎，統臨洮、河源、白水、安人、振威、威戎、莫門、寧塞、積石、鎮西等十軍，綏和、合川、平夷三守捉。隴右節度使，在鄯州，管兵七萬人，馬六百疋，衣賜二百五十萬疋段。臨洮軍，在鄯州城內，管兵萬五千人，馬八千疋。河源軍，在鄯州西百二十里，管兵四千人，馬六百五十疋。白水軍，在鄯州西北二百三十里，管兵四千人，馬五百疋。安人軍，在鄯州界星宿川西，兵萬人，馬三百五十疋。振威軍，在鄯州西三百里，管兵千人，馬五百疋。威戎軍，在鄯州西北三百五十里，管兵千人，馬五十疋。綏和守捉，在鄯州西南二百五十里，管兵千人。合川守捉，在鄯州南百八十里，管兵千人。莫門軍，在洮州城內，管兵五千五百人，馬二百疋。寧塞軍，在廓州城內，管兵五百人，馬五十疋。積石軍，在廓州西百八十里，管兵七千人，馬三百疋。鎮西軍，在河州城內，管兵萬一千人，馬三百疋。平夷守捉，在河州西南四十里，管兵三千人。

劍南節度使，西抗吐蕃，南撫蠻獠，統團結營及松、維、蓬、恭、雅、黎、姚、悉等八州兵馬，天寶、平戎、昆明、寧遠、澄川、南江等六軍鎮。劍南節度使治，在成都府，管兵三萬九百人，馬二千疋，衣賜八十萬疋段，軍糧七十萬石。團結營，在成都府城內，管兵萬四千人，馬千八百疋。翼州，管兵五百人。茂州，管兵三百人。維州，管兵五百人。天寶軍，在恭州東南九十里，管兵千人。柘州，管兵五百人。松州，管兵二千八百人。平戎城，在恭州南八十里，管兵千人。雅州，管兵四百人。當州，管兵五百人。黎州，管兵千人。昆明軍，在巂州南，管兵五千二百人，馬二百疋。寧遠城，在巂州西，管兵三百人。姚州，管兵三百斂之臣，始事朘刻。太府卿楊崇禮句剥分銖，有欠折漬損者，州縣督送，歷年不止。其子慎矜專知太府，次子慎名知京倉，亦以苛刻結主恩。王鉷爲户口色役使，歲進錢百億萬緡，非租庸正額者，積百寶大盈庫，以供天子燕私。

《新唐書》卷五二《食貨志二》 德宗相楊炎，遂作兩税法，【略】税法既行，民力未及寬，而朱滔、王武俊、田悦合從而叛，用益不給，而借商之令出。【略】

自太宗時置義倉及常平倉以備凶荒。高宗以後，稍假義倉以給他費，至神龍中略盡。玄宗即位，復置之。其後第五琦請天下常平倉皆置庫，以畜本錢。至是趙贊又言：「自軍興，常平倉廢垂三十年，凶荒潰散，餧死相食，不可勝紀。陛下即位，京城兩市置常平官，雖頻年少雨，米不騰貴，可推而廣之，宜兼儲布帛。請於兩都、江陵、成都、揚、汴、蘇、洪置常平輕重本錢，上至百萬緡，下至十萬，積米、粟、布、帛、絲、麻，貴則下價而出之，賤則加估而收之。諸道津會置吏，閲商賈錢，每緡税二十，竹、木、茶、漆税十之一，以贍常平本錢。」德宗納其策。屬軍用迫蹙，亦隨而耗竭，不能備常平之積。【略】

朱泚平，天下户口三耗其二。貞元四年，詔天下兩税審等第高下，三年一定户。自初定兩税，貨重錢輕，乃計錢而輸綾絹。既而物價愈下，所納愈多，絹匹爲錢三千二百，其後一匹爲錢一千六百，輸一者過二，雖賦不增舊，而民愈困矣。【略】

帝以問宰相陸贄，贄上疏請釐革其甚害者，大略有六：【略】其二曰：

播殖非力不成，故先王定賦以布、麻、繒、纊、百穀，勉人功也。又懼物失貴賤之平，交易難準，乃定貨泉以節輕重。蓋爲國之利權，守之在官，不以任下。然則穀帛，人所爲也；錢貨，官所爲也。人所爲者，租税取焉；官所爲者，賦斂捨焉。國朝著令，租出穀，庸出絹，調出繒、纊、布、麻，曷嘗禁人鑄錢而以錢爲賦？今兩税効算緡之末法，估資産爲差，以錢穀定税，折供雜物，歲目頗殊。所供非所業，所業非所供，增價以市所無，減價以貿所有，耕織之力有限，而物價貴賤無常。初定兩税，萬錢爲絹三匹，價貴而數不多。及給軍裝，計數不計價，此税少國用不充也。近者萬錢爲絹六匹，價賤而數加。計口蠶織不殊，而所輸倍，此供税多人力不給也。宜令有司覆初定兩税之歲絹，布定估，爲布帛之數，復庸、調舊制，隨土所宜，各脩家技。物甚賤，所出不加；物甚貴，所入不減。且經費所資，在錢者獨月俸、資課，以錢數多少給布，廣鑄而禁用銅器，則錢不乏。有糴鹽以入直，榷酒以納資，何慮無所給哉！【略】

其四曰：

明君不厚所資而害所養，故先人事而借其暇力，家給然後斂餘財。今督收迫促，蠶事方興而輸縑，農功未艾而斂穀。有者急賣而耗半直，無者求假費倍。定兩税之初，期約未詳，屬征役多故，率先限以收。宜定税期，隨風俗時候，務於紓人。

《新唐書》卷五四《食貨志四》 江淮多鉛錫錢，以銅盪外，不盈斤兩，帛價益貴。銷千錢爲銅六斤，鑄器則斤得錢六百，故銷鑄者多，而錢益耗。判度支趙贊採連州白銅鑄大錢，一當十，以權輕重。貞元初，駱谷、散關禁行人以一錢出者。諸道鹽鐵使張滂奏禁江淮鑄銅爲器，惟鑄鑑而已。十年，詔天下鑄銅器，每器一斤，其直不得過百六十，銷錢者以盜鑄論。然而民間錢益少，繒帛價輕，州縣禁錢不出境，商賈皆絶。浙西觀察使李若初請通錢往來，而京師商賈齎錢四方貿易者，不可勝計。詔復禁之。二十年，命市井交易，以綾、羅、絹、布、雜貨與錢兼用。憲宗以錢少復禁用銅器。【略】

命商賈蓄錢者，皆出以市貨；天下有銀之山必有銅，唯銀無益於人，五嶺以北，採銀一兩者流他州，官吏論罪。元和四年，京師用錢緡少二十及有鉛錫錢者，捕之；非交易而錢行衢路者，不問。復詔采五嶺銀坑，禁錢出嶺。六年，貿易錢十緡以上者，參用布帛。【略】

自京師禁飛錢，家有滯藏，物價寖輕。判度支盧坦、兵部尚書判户部事王紹、鹽鐵使王播請許商人於户部、度支、鹽鐵三司飛錢，每千錢增給百錢，然商人無至者。復許與商人敵貫而易之，然錢重帛輕如故。憲宗爲之出内庫錢五十萬緡市布帛，每匹加舊估十之一。

會吴元濟、王承宗連衡拒命，以七道兵討之，經費屈竭。皇甫鎛建議，内外用錢每緡墊二十外，復抽五十送度支以贍軍。十二年，復給京兆府錢五十萬緡市布帛，而富家錢過五千貫者死，王公重貶，没入於官，以五之一賞告者。京師區肆所積，皆方鎮錢，少亦五十萬緡，乃争市第宅。然富賈倚左右神策軍官錢爲名，府縣不敢劾問。民間墊陌有至七十者，鉛錫錢益多，吏捕犯者，多屬諸軍、諸使，譟集市人彊奪，毆傷吏卒。京兆尹崔元略請犯者本軍、本使涖決，帝不能用，詔送本軍、本使，而京兆府遣人涖決。穆宗即位，京師鬻金銀十兩亦墊一兩，糴米鹽百錢墊七八。京兆尹柳公綽以嚴法禁止之。尋以所在用錢墊陌不一，詔從俗所宜，内外給用，每緡墊八十。

寶曆初，河南尹王起請銷錢爲佛像者以盜鑄錢論。大和三年，詔佛像以鉛、錫、土、木爲之，飾帶以金銀、鍮石、烏油、藍鐵，唯鑑、磬、釘、鐶、鈕得用銅，餘皆禁之，盜鑄者死。是時峻鉛錫錢之禁，告千錢者賞以五千。

四年，詔積錢以七千緡爲率，十萬緡者期以一年出之，二十萬以二年。凡交易百緡以上者，疋帛米粟居半。河南府、揚州、江陵府以都會之劇，約束如京師。未幾皆罷。【略】

建中三年，復減百官料錢以助軍。李泌爲相，又增百官及畿内官月俸，復置手力資課，歲給錢六十一萬六千餘緡，文官千八百九十二員，武官八百九十六員。左右衛上將軍以下又有六雜給：一曰糧米，二曰鹽，三曰私馬，四曰手力，五曰隨身，六曰春冬服。私馬則有芻豆，手力則有資錢，隨身則有糧米、鹽，春冬服則有布、絹、絁、紬、綿，射生、神策軍大將軍以下增以鞋，比大曆制禄又厚矣。州縣官有手力雜給錢，然俸最薄者也。

《新唐書》卷一三四《韋堅傳》 漢有運渠，起關門，西抵長安，引山東租賦，汔隋常治之。堅爲使，乃占咸陽，壅渭爲堰，絶灞、滻而東，注永豐倉下，復與渭合。初，滻水銜苑左，有望春樓，堅于下鑿爲潭以通漕，二年而成。帝爲升樓，詔羣臣臨觀。堅豫取洛、汴、宋山東小斛舟三百首貯之潭，篙工柁師皆大笠，侈袖，芒屨，爲吳、楚服。每舟署某郡，以所産暴陳其上。若廣陵則錦、銅器、官端綾繡；會稽則羅、吳綾、絳紗；南海瑇瑁、象齒、珠琲、沈香；豫章力士甆飲器、茗鐺、釜；宣城空青、石緑；始安蕉葛、蚺膽、翠羽；吳郡方文綾。船皆尾相銜進，數十里不絶。關中不識連檣挾櫓，觀者駭異。

《新唐書》卷二一九《北狄傳·渤海》 俗所貴者，曰太白山之菟，南海之昆布，栅城之豉，扶餘之鹿，鄚頡之豕，率賓之馬，顯州之布，沃州之緜，龍州之紬，位城之鐵，盧城之稻，湄沱湖之鯽。果有九都之李，樂游之梨。餘俗與高麗、契丹略等。

《新唐書》卷二二二上《南蠻傳上·南詔上》 祁鮮山之西多瘴歊，地平，草冬不枯。自曲靖州至滇池，人水耕，食蠶以柘，蠶生閲二旬而繭，織錦縑精緻。大和、祁鮮而西，人不蠶，剖波羅樹實，狀若絮，紐縷而幅之。【略】以繒帛及貝市易。

原題唐玄宗《唐六典》卷三《尚書户部》 郎中、員外郎掌領天下州縣户口之事，凡天下十道，任土所出而爲貢賦之差。李林甫等注：其物産，經不盡載，並見下注。【略】

一曰關内道，古雍州之境，今京兆、華、同、岐、邠、隴、涇、寧、坊、鄜、丹、延、慶、鹽、原、會、靈、夏、豐、勝、綏、銀，凡二十有二州焉。【略】

厥賦絹、綿、布、麻。李林甫等注：京兆、同、華、岐四州調綿、絹，餘州布、麻。開元二十五年敕：「關輔既寡蠶桑，每年庸、調並宜折納粟造米支用。」其河南、河北不通水運州，宜折租造絹，以替關中。厥貢岱赭、鹽山、角弓、龍鬚席、蓯蓉、野馬皮、麝香。李林甫等注：京兆粲草席，地骨白皮，酸棗人，華州伏苓、伏神、細辛，同州皺文吉莫皮，岐、隴、涇、寧、鄜、坊、丹等州龍鬚席，原、夏等州白氈，夏州角弓，鹽州鹽山，會州駝褐，靈州鹿角膠，岱赭，花蓯蓉，雕翎，靈州、豐州野馬皮，勝、銀等州女稽布，邠州火筯，剪刀，蓽豆，澡豆，丹、延、慶等州麝香。【略】

二曰河南道，古豫、兖、青、徐四州之境，今河南府、陜、汝、鄭、汴、蔡、許、豫、潁、陳、亳、宋、曹、滑、濮、鄆、濟、齊、淄、徐、兖、泗、沂、青、萊、登、密、海，凡二十有八州焉。【略】厥賦絹、絁、綿、布。李林甫等注：陳、許、汝、潁州調以絁、綿，唐州麻布，餘州並以絹及綿。厥貢紬、絁、文綾、絲葛、水葱、蔗心席、瓷、石之器。李林甫等注：鄭、汴、許、陳、亳、宋、曹、濮、鄆、徐等州絹，汝州紬、絁，陜、潁、徐三州紬、絁，仙、滑二州方紋綾，豫州鷄鶒綾、雙絲綾、蓍草、碁子，潁州綿，兖州鏡花綾，齊州絲葛，淄、兖、齊等州防風，青州仙文綾，鄭州麻黄，許州蔗心席，登州水葱蓆，陜州栝蔞根、栢子人，曹州蛇床子，濟州阿膠，泗州貲布，沂、兖等州紫石英，萊、登、密等州牛黄，登州文石器，海砂，密州布，海州楚布，萊州石器，河南府瓷器。【略】

三曰河東道，古冀州之境，今太原、潞、澤、晉、絳、蒲、虢、汾、慈、隰、石、沁、儀、嵐、忻、代、朔、蔚、雲，李林甫等注：虢州或屬河南。凡十有九州焉。【略】厥賦布、繭。李林甫等注：蒲州調以繭，餘州並用麻、布。厥貢綃扇、龍鬚席、墨、蠟、石英、麝香、漆、人蔘。李林甫等注：太原龍骨、甘草、礬石、鋼鐵，潞州墨、人蔘、花蜜、兔絲子，澤州白石英、野雞、禹餘糧，晉州蠟燭，絳州防風，萍州龍骨、竹扇，虢州硯瓦、地骨白皮，汾州石膏，慈州蠟，隰、石二州胡女布，晉、汾二州龍鬚席，儀、澤、潞等州人蔘，嵐、虢、忻等州麝香，忻州豹尾，代州熟青，熟緑，朔、代二州白鵰翎，蔚州松子，雲州鵰翎。

四曰河北道，古幽、冀二州之境，今懷、衛、相、洺、邢、趙、恒、定、易、幽、莫、瀛、深、冀、貝、魏、博、德、滄、棣、嬀、檀、營、平、安東，凡二十有五州焉。【略】厥賦絹、綿及絲。李林甫等注：相州調兼以絲，餘州皆以絹、綿。厥貢羅、綾、平紬、絲布、綿紬、鳳翮、葦席、墨。李林甫等注：恒州貢春羅、孔雀等羅，定州兩窠細綾，懷州牛膝，洺、博、魏等州平紬，邢州瓷器，魏州綿紬，衛、趙、莫、冀等州綿，瀛、深、冀、德、棣等州絹，相州紗、鳳翮席、胡粉，邢州絲布，恒州羅，定州紬、綾，幽州范陽綾，貝州白氈，滄州葦席、柳箱，媯、營、歸順等州麝香，檀州、安東府人參，平州蔓荊子，薊州鹿角膠，易州墨，燕州墨、豹尾，安東、單于野馬皮。【略】

五曰山南道，古荊、梁二州之境，今荊、襄、鄧、商、復、郢、隨、唐、峽、歸、均、房、金、夔、萬、忠，已上十六州爲山南東道。梁、洋、集、通、開、壁、巴、蓬、渠、涪、渝、合、鳳、興、利、閬、果，已上西道。凡三十有三州焉。【略】厥賦絹、布、綿、紬。李林甫等注：梁、利、隨、均、荊、襄雜有綿、絹，合州調以綿、紬，餘州並調以麻、布。厥貢金、漆、蜜蠟、蠟燭、鋼鐵、芒消、麝香、布、交梭白縠、細紵、綾、葛、綵綸、蘭干。李林甫等注：利州貢金、鋼鐵，荊州交梭縠、子方縠、紋綾，襄州漆隱起庫路真，鄧、利、果等州絲布，襄、均、房、商等州麝香，復、郢、開等州白紵，隨州綾，唐州絹，峽州芒消，歸州紵、麻布，金州麩金，萬州金，忠州蕉薰席，梁州燕支、紅花，洋州白交梭，壁、巴、蓬、通、忠、渠等州綿紬，集、通、合等州白藥子，通州絳香，渠州買子木并子，涪州連頭獠布，渝、峽、隨等州葛，合州牡丹皮，閬州重蓮綾，襄州白縠，鳳州蠟燭，巴州蘭干布，房州紵，襄州烏漆碎石文漆器，白綸巾，興、鳳、集、夔等州蜜蠟。

六曰隴右道，古雍、梁二州之境，今秦、渭、成、武、洮、岷、疊、宕、河、蘭、鄯、廓，已上隴右。涼、甘、肅、瓜、沙、伊、西、北庭、安西，已上河西。凡二十有一州焉。【略】厥賦布、麻。厥貢麩金、礪石、碁石、蜜蠟、蠟燭、毛氈、麝香、白氎及鳥獸之角、羽毛、皮革。廓、宕二州貢麩金，宕州散金、麝香，沙州碁子，肅州礪石，成州、武州蠟燭，洮州毛氈，涼州氈布，甘、肅、瓜、涼等州野馬皮，西州白氎，瓜州吉莫皮，伊州陰牙角、胡桐律，鄯州牸羊角、野馬皮，岷、秦二州龍鬚席、犛牛尾、雕翎，秦州芎藭，肅州肉蓯蓉、栢脉根，瓜州草豉子，北庭州速霍角、陰牙角、阿魏截根，安西緋氈、硇砂、陰牙角、氍毹，甘、沙、渭、河、蘭、疊等州麝香。【略】

七曰淮南道，古楊州之境，今楊、楚、和、滁、濠、壽、廬、舒、蘄、黄、沔、安、申、光，凡一十有四州焉。【略】厥賦絁、絹、綿、布。李林甫等注：淮南道庸、調雜有紵、貲、火麻等布，壽州以絁、布、綿、麻，安、光二州調以絁、絹，申州綿、絹。厥貢交梭、紵、絺，孔雀、熟絲布，青銅鏡。李林甫等注：楊州貢青銅鏡、莞席、細紵，廬州交梭，申、光二州貢絺、紵、葛，楚州貢孔雀布，和州紵練，滁、沔二州麻、貲布，蘄、舒二州白紵布，黄州紵、貲布，烏蛇，安州青紵布，壽、廬、光等州生石斛，壽州葛布，廬州貢熟絲布。

八曰江南道，古楊州之南境，今潤、常、蘇、湖、杭、歙、睦、衢、越、婺、台、温、明、括、建、福、泉、汀，已上東道。宣、饒、撫、虔、洪、吉、郴、袁、江、鄂、岳、潭、衡、永、道、邵、澧、朗、辰、飾、錦、施、南、溪、思、黔、費、業、巫、夷、播、溱、珍，已上西道。凡五十有一州焉。厥賦麻、紵。李林甫等注：潤州調火麻，餘州並以紵布。厥貢紗、編、綾、綸、蕉、葛、練、麩金、犀角、鮫魚、籐紙、朱砂、水銀、零陵香。李林甫等注：潤州方棊水波綾，常州紫綸巾、兔褐，蘇州紅綸巾，杭、越二州白編，睦、越二州交梭，衢、婺二州籐紙、綿，越州吴綾，建州蕉、花練，福州蕉、海蛤，泉、括二州綿，饒、衡、巫等州麩金、犀角，洪、撫、江、潭、永等州葛，蘇州吴石脂、吴蛇牀子，台州金漆、乾薑、甲香，江州生石斛，鄂、江二州銀，永州石燕，道州零陵香，澧州龜子綾，五入簟，朗州紵練，辰、錦二州光明砂、水銀，溪、錦二州朱砂，常、湖、歙、宣、虔、吉、郴、袁、岳、道等州白紵布，施、宣二州黄連，宣州綺，南州班布，思、黔、費、業、溱、珍等州蠟，夷州蠟燭，温、台二州鮫魚皮。【略】

九曰劍南道，古梁州之境，今益、蜀、彭、漢、綿、劍、梓、遂、普、資、簡、陵、邛、眉、雅、嘉、榮、瀘、戎、黎、茂、龍、扶、文、當、松、静、柘、翼、悉、維、嶲、姚，凡三十有三州焉。【略】厥賦絹、綿、葛、紵。李林甫等注：瀘州調以葛、紵等布，餘州皆用綿、絹及紵布。厥貢麩金、羅、綾、綿、紬、交梭、彌牟布、絲、葛、麝香、羚羊、犛牛角、尾。李林甫等注：益、蜀二州單絲羅，益州高杼衫段，彭州交梭，簡州綿紬，漢州紵布、彌牟布，綿州雙紃，梓州、遂州樗蒲綾，戎、普、瀘等州葛，邛、劍、嶲等州絲布，龍、雅、眉、嘉、資等州麩金，姚、茂、扶、静、文、悉、松、維、當、柘、翼等州麝香，劍州蘇薰席，普州天門冬煎，榮州班布，黎州蜀椒，龍州羚羊角，當、静、柘等州當歸、羌活，松州狐尾，悉州當歸、犛牛尾，維州犛牛尾，姚州金。【略】

十曰嶺南道，古楊州之南境，今廣、循、潮、漳、韶、連、端、康、岡、恩、高、春、封、辯、瀧、新、潘、雷、羅、儋、崖、瓊、振，已上廣府管内。桂、昭、富、梧、賀、龔、象、柳、宜、融、古、嚴，已上桂府管内。容、籐、義、竇、禺、白、廉、繡、黨、牢、巖、鬱林、平琴，已上容府管内，鬱林、平琴二州復名。邕、賓、貴、横、欽、潯、瀼、籠、田、武、環、澄、已上邕府管内。安南、驩、愛、陸、峯、湯、萇、福禄、龐，已上安南管内，福禄一州複名。凡七十州焉。【略】厥賦蕉、紵、落麻。李林甫等注：廣州等調以紵布，端州調蕉布，康、封二州調以落麻布。厥貢金、銀、沈香、甲香、水馬、翡翠、孔雀、象牙、犀角、龜殼、鼉鼊、綵籐、竹布。李林甫等注：融、象二州貢金，桂、邕、昭、柳等五十餘州貢銀，桂州銅盤，連州細布、鍾乳，崖、欽二州高良薑，廣州竺席、生沈香、水馬、甲香、鼉鼊皮、籐簟，廣州、安南並貢龜殼，循、振二州五色籐盤，振州班布食單，安南及潮州蕉，安南檳榔、鮫魚皮、翠毛，愛、龐等州孔雀尾，驩州象牙、藥、犀角、金簿黄屑、沈香，漳、潮等州鮫魚皮、甲香，韶州竹子布，岡州甲香、詹糖香，廣、潮、高、循、峯、邵等州及安南蚺蛇膽，春、韶、瀧、廣等州石斛，雷州絲電，富州班布、白石英，蒙州麩金，古州蠟，容州朱砂、銀，欽州翡翠毛，陸州玳瑁、鼊皮、翠毛、甲香，峯州豆蔻，福禄、邵二州白蠟，福禄、龐二州紫鉚木，昆州桂心。【略】

凡賦役之制有四：一曰租，二曰調，三曰役，四曰雜徭。李林甫等注：開元二十三年，敕以爲天下無事，百姓徭役務從減省，遂減諸司色役一十二萬二百九十四。課户每丁租粟二石；其調隨鄉土所産綾、絹、絁各二丈，布加五分之一，輸綾、絹、絁者綿三兩，輸布者麻三斤，皆書印焉。李林甫等注：若當户不成匹、端、屯、綟者，皆隨近合成。其調麻每年支料有餘，折一斤納粟一斗。凡丁歲役二旬，有閏之年加二日。無事則收其庸，每日三尺；布加五分之一。有事而加役者，旬有五日免其調，三旬則租、調俱免。李林甫等注：通正役並不得過五十日。凡庸、調之物，仲秋而斂之，季秋發於州。租則准州土收穫早晚，量事而斂之，仲冬起輸，孟春而納畢；江南諸州從水路運送之處，若冬月水淺上埭難者，四月已後運送。本州納者，季冬而畢。【略】

全部郎中、員外郎掌庫藏出納之節，金寶財貨之用，權衡度量之制，皆總其文籍而頒其節制。【略】

互市，皆爲之節制。李林甫等注：諸官私互市唯得用帛練、蕃綵，自外並不得交易。其官市者，兩分帛練，一分蕃綵。若蕃人須糴糧食者，監司斟酌須數，與州司相知，聽百姓將物就互市所交易。凡練、帛之類，必定其長短廣狹之制，端、匹、屯、綟之差焉。李林甫等注：羅、錦、綾、絹、紗、縠、絁、紬之屬以四丈爲匹，布則五丈爲端，綿則六兩爲屯，絲則五兩爲絇，麻乃三斤爲綟。凡賜物十段，則約率而給之：絹三匹，布三端，綿四屯。李林甫等注：貲布、紵布、罽布各一端。春、夏以絲代綿。若雜綵十段，則絲布二匹、紬二匹、綾二匹、縵四匹。

原題唐玄宗《唐六典》卷二〇《太府寺》　凡絹、布出有方土，類有精粗。絹分爲八等，布分爲九等，所以遷有無，和利用也。李林甫等注：宋、亳之絹，復州之紵，宣、潤、沔之火麻，黄州之貲，並第一等。鄭、汴、曹、懷之絹，常州之紵，舒、蘄、黄、岳、荆之火麻，廬、和、晉、泗之貲，並第二等。滑、衛、陳、魏、相、冀、德、海、泗、濮、徐、兗、貝、博之絹，楊、湖、沔之紵，徐、楚、廬、壽之火麻，絳、楚、滁之貲，並第三等。滄、瀛、齊、許、豫、仙、棣、鄆、深、莫、洺、邢、恒、定、趙之絹，蘇、越、杭、蘄、廬之紵，澧、朗、潭之火麻，澤、潞、沁之貲，並第四等。潁、淄、青、沂、密、壽、幽、易、申、光、安、唐、隨、黄之絹，衢、饒、洪、婺之紵，京兆、太原、汾之貲，並第五等。益、彭、蜀、梓、漢、劍、遂、簡、綿、襄、褒、鄧之絹，郢、江之紵，褒、洋、同、岐之貲，並第六等。資、眉、邛、雅、嘉、陵、閬、普、壁、集、龍、果、洋、渠之絹，台、括、撫、睦、歙、虔、吉、温之紵，唐、慈、坊、寧之貲，並第七等。通、巴、蓬、金、均、開、合、興、利、泉、建、閩之絹，泉、建、閩、袁之紵，登、萊、鄧之貲，並第八等。金、均、合之貲，並第九等。

杜佑《通典》卷四《食貨四》　古者人君上歲役不過三日，是故歷代至今，雖加至二十，數倍多古制，猶以庸爲名。既免其役，日收庸絹三尺，共當六丈，更調二丈，則每丁壯當兩匹矣。【略】

魏武初平袁紹鄴都，令收田租畝粟四升，户絹二匹，綿二斤，餘不得擅興。

晉武帝平吴之後，制户調之式：丁男之户，歲輸絹三匹，綿三斤，女及次丁男爲户者半輸。其諸邊郡或三分之二，遠者三分之一。夷人輸賨布，户一匹，遠者或一丈；不課田者輸義米，户三斛，遠者五斗，極遠者輸算錢，人二十八文。【略】蜀李雄賦丁歲穀三斛，女丁半之，調絹不過數丈，綿數兩。事少役稀，百姓富實，門閭不閉，無相侵盗矣。【略】

孝武帝大明五年，制天下人户歲輸布四匹。

杜佑《通典》卷五《食貨五》　齊高帝初，竟陵王子良上表曰：【略】又啟曰：「諸賦税所應納錢，不限大小，但令所在兼折布帛，若雜物是軍國所須者，聽隨價准直，不必盡令送錢。於公不虧其用，在私實荷其渥。昔晉氏初遷，江左草刱，絹布所直，十倍於今。賦調多少，因時增減。永初中，官布一匹，直錢一千，而人所輸，聽爲九百。漸及元嘉，物價轉賤，私貨則匹直六百，官受則匹准五百。所以每欲優人，必爲降落。今入官好布，匹下百餘，其四人所送者，猶依舊制。昔爲刻上，今爲刻下，甿庶空儉，豈不由之。救人拯弊，莫過減賦。略其目前小利，取其長久大益，無患人貲不殷，國用不阜也。」【略】

自東晉寓居江左，百姓南奔者，並謂之僑人，往往散居，無有土著。而江南之俗，火耕水耨，土地卑濕，無有蓄積之資。諸蠻陬俚洞，霑沐王化者，各隨輕重收財物，以裨國用。又嶺外酋帥，因生口、翡翠、明珠、犀象之饒，雄於鄉曲者，朝廷多因而署之，以收其利。歷宋、齊、梁、陳，皆因而不改。其軍國所須雜物，隨土所出，臨時折課市取，乃無恒法定令。列州郡縣，制其任土所出，以爲徵賦。其無貫之人，不樂州縣編户者，謂之浮浪人，樂輸亦無定數任量，惟所輸終優於正課焉。【略】其課，丁男調布絹各二丈，絲三兩，綿八兩，禄絹八尺，禄綿三兩二分，租米五石，禄米二石。丁女並半之。男年十六亦半課，年十八正課，六十六免課。其男丁，每歲役不過二十日。其田，畝税米二升。蓋大率如此。其度量，三升當今一升，秤則三兩當今一兩，尺則一尺二寸當今一尺。今謂即時。【略】

後魏道武帝天興中，詔採諸漏户，令輸綸綿。自後諸逃户占爲紬繭羅縠者甚衆，於是雜營户帥徧於天下，不隸守宰，賦役不同，户口錯亂。景穆帝即位，一切罷之，以屬郡縣。

魏令：每調一夫一婦帛一匹，粟二石。人年十五以上未娶者，四人出一夫一婦之調，奴任耕、婢任績者，八口當未娶者四；耕牛二十頭當奴婢八。其麻布之鄉，一夫一婦布一匹，下至牛，以此爲降。大率十匹中五匹爲公調，二匹爲調外費，三匹爲内外百官俸。人年八十以上，聽一子不從役。孤獨病老篤貧不能自存者，三長内迭養食之。

孝文帝延興三年秋，更立嚴制，令一准前式，違者罪各有差。冬十月，詔州郡人十丁取一以充行，户收租五十石，以備軍糧。

太和八年，始准古班百官之禄，以品第各有差。先是，天下户以九品混通，户調帛二匹，絮二斤，絲一斤，粟二十石。又入帛一匹二丈，委之州庫，以供調外之費。至是，户增帛三匹，粟二石九斗，以爲官司之禄。復增調外帛滿二匹。所調各隨其土所出。其司、冀、雍、華、定、相、泰、洛、荊河、懷、兗、陝、徐、青、齊、濟、南河、東兗、東徐等州，貢綿絹及絲，其餘郡縣少桑蠶處，皆以麻布充。

孝明帝時，張普惠上疏曰：「伏聞尚書奏復綿麻之調，遵先皇之令軌，復高祖之舊典。仰惟高祖廢大斗，去長尺，改重秤，所以愛百姓，從薄賦。知軍國須綿麻之用，故立幅度之規，億兆荷輕賦之饒，不憚於綿麻而已，故歌舞以供其賦，奔走以役其勤，天子信於上，億兆樂於下。自茲以降，漸漸長闊，百姓怨嗟，聞於朝野。宰輔不尋其本，知天下之怨綿麻，不察其幅廣、度長、秤重、斗大，革其所弊，存其可存，而特放綿麻之調，以悦天下之心。此所謂悦之不以道，愚臣所以未悦者也。尚書既知國少綿麻，不惟法度之翻易，人言之可畏，便欲去天下之大信，弃已行之成詔，遵前之非，遂後之失，奏求還復綿麻，以充國用。不思庫中大有綿麻，而羣官共竊利之。愚臣以爲於理未盡。何者？今官人請調度造衣物，必度量，絹布匹有尺丈之盈，猶不計其廣，絲綿斤兩兼百銖之賸，未聞依律罪州郡者。若一匹之濫，一斤之惡，則鞭户主，連及三長。此所謂教人以貪也。今百官請俸，只樂其長闊，并欲厚重，無復准極。得長闊厚重者，便云其州能調，絹布精闊且長，横發美稱，以亂視聽。此百司所以仰負聖明者也。今若必復綿麻，謂宜先令四海知其所由，明立嚴禁，復本幅度，新綿麻之典，依太和之税。其在庫絹布并及絲綿不依典制者，請遣一尚書與太府卿、左右藏令，依今官度官秤，計其斤兩廣長，折給請俸之人。總常俸之數，年俸所出，以布綿麻，亦應周其一歲之用。使天下知二聖之心，愛人惜法，如此則高祖之軌中興於神龜，明明慈信昭布於無窮，孰不幸甚。」【略】

靖帝天平初，諸州調絹不依舊式。興和三年，各班海内，悉以四十尺爲度，天下利焉。【略】

河清三年，定令：乃率以十八受田，輸租調，二十充兵，六十免力役，六十六退田，免租調。率人一牀，調絹一匹，綿八兩，凡十斤綿中折一斤作絲，墾租二石，義租五斗。奴婢各准良人之半。牛調二尺，墾租一斗，義租五升。墾租送臺，義租納郡，以備水旱。墾租皆依貧富爲三梟。其賦税常調，則少者直出上户，中者及中户，多者及下户。上梟輸遠處，中梟輸次遠，下梟輸當州倉。三年一校。租入臺者，五百里内輸粟，五百里外輸米。入州鎮者，輸粟。人欲輸錢者，准上絹收錢。是時頻歲大水，州郡多遇沈溺，穀價騰踴，朝廷遣使開倉以糶之，而百姓無益，飢饉尤甚矣。【略】

後周文帝霸府初開，制：司賦掌賦均之政令。凡人自十八至六十四，與輕疾者，皆賦之。其賦之法：有室者，歲不過絹一匹，綿八兩，粟五斛；丁者半之。其非桑土，有室者，布一匹，麻十斤；丁者又半之。豐年則全賦，中年半之，下年一之，皆以時徵焉。【略】

隋文帝霸府初開，尉遲迥、王謙、司馬消難相次阻兵，興師誅討，賞費鉅萬。及受禪，又遷都，發山東丁，毁造宫室。仍依周制，役丁爲十二番，匠則六番。丁男一牀，租粟三石。桑土調以絹絁，麻土調以布。絹絁以匹，加綿三兩；布以端，加麻三斤。單丁及僕隸各半之。有品爵及孝子、順孫、義夫、節婦，並免課役。

開皇三年，減十二番每歲爲二十日役，減調絹一匹爲二丈。

杜佑《通典》卷六《食貨六》 開元八年二月，制曰：「頃者以庸調無憑，好惡須准，故遣作様，以頒諸州，令其好不得過精，惡不得至濫。任土作貢，防源斯在。而諸州送物，作巧生端，苟欲副於斤兩，遂則加其丈尺，有至五丈爲疋者，理甚不然。闊尺八寸，長四丈，同文共軌，其事久行。立様之時，已載此數。若求兩而加尺，甚暮四而朝三。宜令所司簡閲，有踰於比年常例，尺丈過多者，奏聞。」二十二年五月敕：「定户之時，百姓非商户郭外居宅及每丁一牛，不得將入貨財數。其雜匠及幕士并諸色同類有番役合免征行者，一户之内，四丁以上，任此色役不得過兩人；三丁以上，不得過一人。」二十五年定令：「諸課户一丁租調，准武德二年之制。其調絹絁布，並隨鄉土所出。絹絁各二丈，布則二丈五尺。輸絹絁者綿三兩，輸布者麻三斤。其絹絁爲疋，布爲端，綿爲屯，麻爲綟。若當户不成疋端屯綟者，皆隨近合成。其調麻每年支料有餘，折一斤輸粟一斗，與租同受。其江南諸州租，並迴造納布。准令，布帛皆闊尺八寸、長四丈爲疋，布五丈爲端，綿六兩爲屯，絲五兩爲絇，麻三斤爲綟。諸丁匠不役者收庸，無絹之鄉，絁布參辰。」日別絁、絹各三尺，布則三尺七寸五分。三月敕：「關內諸州庸調資課，並宜准時價變粟取米，送至京，逐要支用。其路遠處不可運送者，宜所在收貯，便充隨近軍糧。其河南、河北有不通水利，宜折租造絹，以代關中調課。」【略】

按天寶中天下計帳，户約有八百九十餘萬，其稅錢約得二百餘萬貫。大約高等少，下等多，今一例爲八等以下户計之。其八等户所稅四百五十二，九等户則二百二十二。今通以二百五十爲率。自七載至十四載六七年間，與此大數，或多少加減不同，所以言約。他皆類此。其地稅約得千二百四十餘萬石。兩漢每户所墾田不過七十畝，今亦准此約計數。課丁八百二十餘萬，其庸調租等約出絲綿郡縣計三百七十餘萬丁，庸調輸絹約七百四十餘萬疋，每丁計兩疋。綿則百八十五萬餘屯，每丁三兩，六兩爲屯，則兩丁合成一屯。租粟則七百四十餘萬石。每丁兩石。約出布郡縣計四百五十餘萬丁，庸調輸布約千三十五萬餘端。每丁兩端一丈五尺，十丁則二十三端也。其租：約百九十餘萬丁，江南郡縣折納布約五百七十餘萬端。大約八等以下户計之，八等折租，每丁三端一丈，九等則二端二丈，今通以三端爲率。二百六十餘萬丁，江北郡縣，納粟約五百二十餘萬石。大凡都計租稅庸調，每歲錢粟絹綿布約得五千二百三十餘萬端疋屯貫石，諸色資課及句剥所獲不在其中。據天寶中度支每歲所入端屯疋貫石都五千七百餘萬，計稅錢地稅庸調折租得五千三百四十餘萬端疋屯，其資課及句剥等當合得四百七十餘萬。其度支歲計，粟則二千五百餘萬石，三百萬折充絹布，添入兩京庫。三百萬迴充米豆，供尚食及諸司官厨等料，並入京倉。四百萬江淮迴造米轉入京，充官禄及諸司糧料。五百萬留當州官禄及遞糧。一千萬諸道節度軍糧及貯備當州倉。布絹綿則二千七百餘萬端屯疋，千三百萬入西京，一百萬入東京，千三百萬諸道兵賜及和糴，并遠小州使充官料郵驛等費。錢則二百餘萬貫。百四十萬諸道州官課料及市驛馬，六十餘萬添充諸軍州和糴軍糧。

自開元中及於天寶，開拓邊境，多立功勳，每歲軍用日增。其費糴米粟則三百六十萬疋段，朔方、河西各八十萬，隴右百萬，伊西、北庭八萬，安西十二萬，河東節度及羣牧使各四十萬。給衣則五百二十萬，朔方百二十萬，隴右百五十萬，河西百萬，伊西、北庭四十萬，安西五十萬，河東節度四十萬，羣牧二十萬。別支計則二百一十萬，河東五十萬，幽州、劍南各八十萬。餽軍食則百九十萬石。河東五十萬，幽州、劍南各七十萬。大凡一千二百六十萬，開元以前每歲邊夷戎所用不過二百萬貫，自後經費日廣，以至於此。而錫賚之費此不與焉。其時錢穀之司，唯務割剥，迴殘賸利，名目萬端，府藏雖豐，閭閻困矣。尚書省度支，總天下經費。自安禄山反，至德、乾元之際，置度支使。永泰之後，度支罷使，置轉運使以掌其外，度支以掌於內。建中初，又罷轉運使，復歸度支。分命黜陟使往諸道收户口及錢穀名數，每歲天下共斂三千餘萬貫，其二千五十餘萬貫以供外費，九百五十餘萬貫供京師；稅米麥共千六百餘萬石，其二百餘萬石供京師，千四百萬石給充外費。

杜佑《通典》卷一八七《邊防三》　〔哀牢〕宜五穀蠶桑。知染綵文繡，蘭干細布，《華陽國志》曰：「蘭干，獠言紵也。」織成文章如綾錦。有梧桐木華，績以爲布，《廣志》曰：「梧桐有白者。剽國有桐木，其華有白毳，取毳淹漬，緝織以爲布。」幅廣五尺，潔白不受垢汙，先以覆亡人，然後服之。【略】永昌太守鄭純爲政清潔，化行夷人，與哀牢夷人約，邑豪歲輸布貫頭衣二領，鹽一斛，爲常賦，夷俗安之。

大唐麟德元年五月，於昆明之梇棟川置姚州都督府，每年差兵募五百人鎮守。武太后神功二年閏十月，蜀州刺史張柬之表曰：「姚州者，古哀牢之舊國，本不與中國交通。前漢唐蒙開夜郎、滇、筰，而哀牢不附。至光武季年，始請內屬。漢置永昌郡以統理之，稅其鹽布氈罽，以利中土。其國西通大秦，南通交阯，奇珍進貢，歲時不闕。及諸葛亮五月渡瀘，收其金銀鹽布以益軍儲，使張伯岐選其勁卒以增武備。前代置郡，其利頗深。今鹽布之稅不供，珍奇之貢不入，而空竭府庫，驅率平人，受役夷蠻，肝腦塗地。【略】伏乞省罷姚州，使隸嶲府，歲時朝覲，同之蕃國。瀘南諸國悉廢，瀘北置關，百姓非奉使入蕃，不許交通來往。」疏奏，不納。

〔松外諸蠻〕自夜郎滇池以西，皆云莊蹻之餘種也。其土有稻、麥、粟、豆，種穫亦與中夏同，而以十二月爲歲首。菜則葱、韭、蒜、菁，果則桃、梅、李、柰。有絲麻，女工蠶織之事。出絁絹絲布，幅廣七寸以下。早蠶以正月生，二月熟。畜有牛、馬、豬、羊、雞、犬。飯用竹筲，摶之而噉。羹用象杯，形若雞彝。有船無車。男子以氈皮爲帔，女子絁布爲裙衫，仍披氈皮之帔。

杜佑《通典》卷一九一《邊防七》　〔高昌〕賦稅則計田輸銀，無者輸麻布。其刑法、風俗、婚姻、喪葬與華夏大同。其人面貌類高麗，辮髮施之於背，女子頭髮辮而垂。其地高燥，多石磧，氣候溫暖，與益州相似。穀麥再熟，宜蠶，多五果。

有草名爲羊刺，其上生蜜，而味甚佳。赤鹽如朱，白鹽如玉。多蒲萄酒。俗事天神，兼信佛法。國中羊馬牧於隱僻，以避外寇，非貴人不知其所。又有草實如繭，中絲如細纑，名爲白疊子，國人取織以爲布，交市用焉。

杜佑《通典》卷一九三《邊防八》 〔康居〕王索髮，冠七寶金花，衣綾、羅、錦、繡、白疊。其妻有髻，幪以帛巾。丈夫翦髮，錦袍。名爲强國，西域諸國多歸之。人皆深目高鼻，多鬚髯。善於商賈，諸夷多湊其國。有大小鼓、琵琶、五弦箜篌、笛。婚姻喪制與突厥同。俗奉佛，爲胡書。氣候温，宜五穀，勤修園蔬，樹木滋茂。出馬、駝、騾、驢、犎牛、黄金、硇砂、甘松香、阿薩那香、瑟瑟、麖皮、氍毹、錦、疊。多蒲萄酒，富家或置千石，連年不敗。

劉餗《隋唐嘉話》卷下 故事：每三月三日、九月九日賜王公以下射，中鹿賜爲第一，院賜綾，其餘布帛有差。至開元八年秋，舍人許景先以爲徒耗國賦而無益於事，罷之，其禮至今遂絶。

韓愈《韓昌黎文集》卷八《錢重物輕狀》 臣愚以爲錢重物輕，救之之法有四。一曰在物土貢：夫五穀布帛，農人之所能出也，工人之所能爲也。人不能鑄錢，而使之賣布帛穀米以輸錢於官，是以物愈賤而錢愈貴也。今使出布之鄉，租賦悉以布；出緜絲百貨之鄉，租賦悉以緜絲百貨；去京百里，悉出草；三百里以粟；五百里之内，及河渭可漕入，願以草粟租賦，悉以聽之：則人益農，錢益輕，穀米布帛益重。

李肇《唐國史補》卷下 凡貨賄之物，侈于用者，不可勝紀。絲布爲衣，麻布爲囊，氈帽爲蓋，革皮爲帶，内丘白甆甌，端溪紫石硯，天下無貴賤通用之。

《唐會要》卷六六《少府監》 景龍二年四月十四日敕：「少府季別先出錢二千貫，别庫貯。每别敕索物，庫内無者，即令市進。皆須對主付值，不得且令供物，於後還錢。其錢兼以絹布絲緜充數，其祠進明衣及布，亦用此物充。」

《唐會要》卷八三《租稅上》 舊制，凡賦役之制有四，一曰租，二曰調，三曰役，四曰雜徭。開元二十三年敕，以爲今天下無事，百姓徭役，務從減省，遂減諸司色役一十二萬二百九十四人。

武德二年二月十四日制：「每丁租二石，絹二丈，綿三兩。自兹以外，不得横有調斂。」

七年三月二十九日，始定均田賦稅。凡天下丁男給田一頃，篤疾、廢疾給四十畝，寡妻妾三十畝，若爲户者，加二十畝。所授之田，十分之二分爲世業，餘以爲口分。世業之田，身死則承户者授之，口分則收入官，更以給人。每丁歲入粟二石，調則隨鄉土所産，綾、絹、絁各二丈，布加五分之一。輸綾、絹、絁者，兼調綿三兩，輸布者，麻三觔。凡丁歲役二旬，若不役，則收其傭，每日三尺。有事而加役者，旬有五日免其調，三旬則租調俱免，通正役不過五十日。若夷獠之户皆從半税。凡水旱蟲傷爲災，十分損四已上免租，損六已上免調，損七已上課役俱免。

二十五年三月三日勑：「關輔庸調，所税非少，既寡蠶桑，皆資菽粟，常賤糶貴買，損費逾深。又江淮苦變造之勞，河路增轉輸之弊，每計其運脚，數倍加錢。今歲屬和平，庶物穰賤，南畝有十千之獲，京師同水火之饒。均其餘以減遠費，順其便使農無傷。自今已後，關内諸州庸調資課並宜准時價變粟取米，送至京，逐要支用。其路遠處不可運送者，宜所在收貯，便充隨近軍糧。其河南、河北有不通水利，宜折租造絹，以代關中調課，所司仍明爲條件，稱朕意焉。」【略】

〔元和六年〕，其年六月，令京兆府：「其兩税，宜以粟麥絲絹等折納。」

十一年六月，京兆府奏：「今年諸縣夏税折納綾、絹、絁、紬、絲、綿等，並請依本縣時價，祗定上中二等，每匹加饒二百文，綿每兩加饒二十文，其下等物，不在納限。小户本錢不足，任納絲綿斛㪷，須是本户。如非本户，輒合集錢買成匹段代納者，所由決十五，枷項令衆。」勑旨依奏。

《唐會要》卷八四《租税下》 元和十五年八月，中書、門下奏：「伏準今年閏正月十七日勑，令百僚議錢貨輕重者。今據羣官户部尚書楊於陵等，伏請天下兩税、榷鹽、酒利等，悉以布帛絲緜任土所産物充税，並不徵見錢，則物漸重，錢漸輕，農人見免賤賣匹帛者。伏以羣官所議，事皆至當，深利公私，請商量付度支，據諸州府應徵兩税，供上都及留州、留使舊額，起元和十年以後，並改配端匹觔兩之物爲税額。如大曆以前租庸課調，不計錢，令其折納，使人知定制，供辦有常，仍約元和十五年徵納布帛等估價。其有舊納虚估物，與依虚估物迴計，如舊納實估物並見錢，即于端匹斤兩上量加估價迴計。變法在長其物價，價長則永利公私。初雖微有加饒，法行即當就實，比舊給用，固利而不害，仍作條件處置，編入旨符。其鹽利、酒利，本以榷率計錢，有殊兩税之名，不可除去錢額，但舊額中有令納見錢者，亦請令折納時估匹段。官既不專以錢爲税，人得以所産用輸，則錢貨必均其輕重，隴畝自廣于蠶織，便時惠下，庶得其宜。其土乏絲麻，或地連邊塞，風俗既異，賦入不同，請商量委所司裁酌，隨便宜處置。」勑旨：

「宜依。」【略】

〔大和〕四年五月，劍南西川宣撫使、諫議大夫崔戎奏：「准詔旨制置西川事條，今與郭釗商量，兩税錢數内三分，二分納見錢，一分折納匹段，每二貫加饒百姓五百文，計一十三萬四千二百四十三貫文，依此曉諭百姓訖。經賊州縣，准詔三分減放一分，計減錢六萬七千六百二十貫文。不經賊處，先徵見錢，令三分一分折納雜物，計優饒百姓一十三萬。舊有税薑芋之類，每畝至七八百，徵斂不時，今併省税名，盡依諸處爲四限等第，先給户帖，餘一切名目勅停。」勅旨：「宜依。」

《唐會要》卷八八《雜録》 二十年九月二十九日勅：「綾、羅、絹、布、雜貨等，交易皆合通用，如聞市肆，必須見錢，深非通理。自今後與錢貨兼用，違者準法罪之。」

《唐會要》卷八九《泉貨》 〔開元二十二年〕，其年十月六日勅：「貨物兼通，將以利用，而布帛爲本，錢刀是末，賤本貴末，爲弊則深，法教之間，宜有變革。自今已後，所有莊宅，以馬交易，並先用絹、布、綾、羅、絲、綿等，其餘市價至一千以上，亦令錢物兼用，違者科罪。」

《資治通鑑》卷一八七《高祖武德二年》 二月，初定租、庸、調法，每丁租二石，絹二匹，綿三兩；胡三省注：租、庸、調之法，以人丁爲本，梁、陳、齊、周各有損益。唐制，凡授田者，丁歲輸粟二斛，稻三斛，謂之租。丁，隨鄉所出，歲輸絹二匹，綾絁二丈，布加五之一，綿三兩，麻三斤；非蠶鄉，則輸銀十四兩，謂之調。用人之力，歲二十日，閏加二日；不役者日爲絹三尺，謂之庸。有事而加役二十五日者，免調；三十日者，租調皆免；通正役不過五十日。調，徒釣翻；下同。自茲以外，不得横有調斂。

《資治通鑑》卷一八九《高祖武德四年》 〔三月〕，唐兵圍洛陽，掘塹築壘而守之。城中乏食，絹一匹直粟三升，布十匹直鹽一升，服飾珍玩，賤如土芥。

《資治通鑑》卷一九〇《高祖武德七年》 夏，四月庚子朔，初定均田租、庸、調法：丁、中之民，給田一頃，篤疾減什之六，寡妻妾減七，皆以什之二爲世業，八爲口分。每丁歲入租，粟二石。調隨土地所宜，綾、絹、絁、布。歲役二旬；不役則收其傭，日三尺；胡三省注：《新志》：凡授田，丁歲輸粟二斛，謂之租。丁，隨鄉所出，歲輸絹二匹，綾絁二丈，布加五之一，綿三兩，麻三斤，非蠶鄉則輸銀十四兩，謂之調。用人之力歲二十日，閏加二日；不役，收其庸，日三尺。絁，式支翻。繒，似布。有事而加役者，旬有五日，免其調；三旬，租、調俱免。水旱蟲霜爲災，什損四以上免租，損六以上免調，損七已上課役俱免。

《資治通鑑》卷二一七《唐肅宗至德元載》 先是清河客李萼，胡三省注：先，悉薦翻。《考異》曰：《顔氏行狀》作「李華」，今從《舊傳》。年二十餘，爲郡人乞師於真卿曰：「公首唱大義，河北諸郡恃公以爲長城。今清河，公之西鄰，國家平日聚江、淮、河南錢帛於彼以贍北軍，謂之『天下北庫』；今有布三百餘萬匹，帛八十餘萬匹，錢三十餘萬緡，糧三十餘萬斛。昔討默啜，甲兵皆貯清河庫，今有五十餘萬事。户七萬，口十餘萬。竊計財足以三平原之富，兵足以倍平原之强。公誠資以士卒，撫而有之，以二郡爲腹心，則餘郡如四支，無不隨所使矣。」

《資治通鑑》卷二三四《唐德宗貞元一〇年》 〔陸〕贄又請均節財賦，凡六條：【略】

其二，請二税以布帛爲額，不計錢數，其略曰：「凡國之賦税，必量人之力，胡三省注：量，音良。任土之宜，故所入者惟布、麻、繒、纊胡三省注：繒，疾陵翻。纊，苦謗翻。與百穀而已。先王懼物之貴賤失平，而人之交易難準，又定泉布之法以節輕重之宜，胡三省注：班固曰：太公爲周立九府圜法，貨寶於金，利於刀，流於泉，布於布，束於帛。又鄭氏《周禮註》曰：其藏曰泉，其行曰布。取名於水泉，其流行無不徧。斂散弛張，必由於是。蓋御財之大柄，爲國之利權，守之在官，不以任下。然則穀帛者，人之所爲也；錢貨者，官之所爲也。是以國朝著令，租出穀，庸出絹，調出繒、纊、布，曷嘗有禁人鑄錢而以錢爲賦者也！」

《資治通鑑》卷二五九《昭宗景福元年》 八月，行密以用度不足，欲以茶鹽易民布帛，掌書記舒城高勖曰：「兵火之餘，十室九空，又漁利以困之，將復離叛。不若悉我所有易鄰道所無，足以給軍；選賢守令勸課農桑，數年之間，倉庫自實。」行密從之。田頵聞之曰：「賢者之言，其利遠哉！」

《册府元龜》卷五〇四《邦計部·絲帛》 武德七年定令每丁調隨其鄉土所産，綾絹絁各二丈布加五分之一。輸綾絹絁者，兼調綿三斤，輸布者，麻三斤。

憲宗元和八年四月，以錢重貨輕，出内庫錢五十萬貫命兩常平收市布帛，每端疋於舊估加十之一。

《唐大詔令集》卷二《中宗即位赦》 禮官緣即位修執儀注者，各賜物二十段。正月當番三衛監門等，於武成衙内明福門外南衙及諸門者，賜物十段。左右羽林及東宮北門厨供膳及匠，准例各賜物十段。正月量追三衛細引監門細引直長飛騎雜伎飛騎，各賜物十段。東宮北門官及三衛細引主帥直司行署番官七絶等例工夫多少奏聞，其引玉册及舉册讀册等官人，各賜物五十段。授册使人，賜物一百段。書册人，各賜物十段。其舉腰舉官人，賜物二十段。飛騎，各賜物十五段。其舉香蹬三衛及舉寶人，各賜二十段。

《唐大詔令集》卷四二《止和蕃公主入朝制》 公主出降蕃王，本擬安養，部落請入朝謁，深慮勞煩，朕之割恩，抑而求許，思加殊惠，以慰遠心。奚有五部落，宜賜物三萬段，其中取二萬段，先給征行遊奕及百姓，餘壹萬段與燕郡公主。松漠王衙官刺史縣令其物雜以絹布，務令均平，給訖奏聞。開元十二年四月。

《唐大詔令集》卷六三《贈郭子儀太師陪葬建陵制》 斂以衮冕，旌我元臣，聖祖園陵，所宜陪葬。軾墓重文侯之禮，象山追去病之勳。千載如存，九原可作，册命之禮，有司備焉。可贈太師，陪葬建陵，仍令所司備册命，賻絹三千疋、布三千端、米麥三千石。

《唐大詔令集》卷六八張九齡《開元十一年南郊赦》 自開元十一年十一月十六日昧爽已前，罪無輕重，已發覺未發覺，已結正未結正，繫囚見徒，大辟罪已下，咸赦除之。【略】百歲老人賜綿帛伍段，粟五石，縣令至其家存問給付。【略】

自武德以來，實封功臣，知政宰輔，有身無大故而亡官失爵，子孫淪屈者，所由勘責，具以狀奏。存者可酬其官榮，逝者當録其胤嗣，使幽明同慶，知有令辰。亞獻邠王守禮、終獻寧王憲，各賜物二千疋。捧俎申王撝、夾侍岐王範、薛王業，各賜物七百疋。侍中源乾曜、中書令張説、兵部尚書同中書門下三品王晙，各賜物五百疋。正衣駙馬都尉王定一、王繇、温曦，宗正少卿崔澄，各賜物三百疋。二王後，賜物一百五十疋。壇場使京兆尹孟温禮，賜物二百疋。脩造羽儀使，賜物一百疋。脩撰儀注官，五品以上賜物一百疋。六品已下賜物七十段。自餘陪位預宴官，一品賜物一百疋，二品三品八十疋，四品五品六十疋，七品四十疋，八品九品三十疋。鴻臚諸蕃等使，與見大禮及在本蕃王侯大酋長，同宴會例給賜。郡主縣主各賜物八十疋。緣大禮數處有職掌者，任於一頭從高敘。天下州府，賜酺三日，京城五日。前任所在百姓村坊宴樂，不得科率聚斂，其有處分未該者，合所司及本使比類奏聞。赦書日行五百里，主者施行。

《唐大詔令集》卷六八《天寶十載南郊赦》 自天寶十載正月十日昧爽以前，大辟罪已下，罪無輕重，已發覺未發覺，已結正未結正，繫囚見徒，常赦所不免者，咸赦除之。【略】天下侍老百姓，百歲以上，賜綿帛五段，粟五石。八十以上，綿帛三段，粟三石。丈夫七十五已上，婦人七十以上，綿帛兩段，粟二石。太清宫道士，各賜三十段。陪位道士，共賜物五百段。亞獻太子賜物二千段，終獻榮王琬賜物一千段。文武百官，及有職掌，各賜粟帛有差。率土之内，賜酺三日。

《唐大詔令集》卷七五《親謁太廟錫賜宗支庶官制》 朕聞理莫大於孝，惟所以通神明，事莫大於祀，所以謁宗廟。【略】聖靈在天，若享精意。伊爾王公卿士，下逮黎蒸，道存念兹，惠乃錫類。七廟元皇帝已上，三祖枝孫，恐有失官序者，宜各與五品京官。皇祖妣諸家，有子孫今在選敘者，量加甄擇。內外官三品已上有廟者，各賜絹三十疋，以修祭服俎豆。緣謁廟，亞獻邠王守禮、終獻宋王憲，各賜三百疋。夾侍岐王範、薛王業各賜絹二百五十疋。自餘行禮及供奉，三品已上賜一百六十疋，四品一百四十疋，五品一百二十疋，六品一百疋，七品八十疋，八品六十疋，九品四十疋。鹵薄六引官各減一等，押仗官又減一等，攝官依本官給。有兼充諸使者加一等，兩京文武官并朝集使、諸方通表，二品七十疋，三品六十疋，四品五十段，六品七品四十段，九品三十段，從者加一等。皇親諸親、準品等，禮儀、置頓、營幕使，各賜物一百段，副使八十段，判官及修定儀注官各減三分之一。行所州縣刺史上佐縣令等，各准行從官與賜。其給賜人應兩處已上者，從一多給，唯有廟官之賜，聽兼給。謁廟有所修造專當官及當頓官，始末不絶者，各賜一半上考。知頓州各免一年租及地稅，傍州緣頓供承者，亦准此。行事齋郎及權補充者，各賜物十段，升階者各賜物十五段，三衛飛騎萬騎并仗內無品人等，賜五段。十月正番衛士等，各賜三段。緣道路及置營幕，損百姓麥苗者，宜令州縣檢量，優還價直。餘應得而制書缺載者，所司類例以聞。開元六年十二月。

樂史《太平寰宇記》卷一七七《南蠻二·松外諸蠻》 土俗物產：有絲麻、蠶織之事，出絁、絹、絲布，幅廣七寸以下。

樂史《太平寰宇記》卷一八〇《西戎一·車師》 土俗物產：賦稅則計田輸銀，無者輸麻布。【略】穀麥再熟，宜蠶，多五果。【略】又有草實如繭，繭中絲如細纑，名爲白疊子，國人取織以爲布，交布用焉。

《天聖令·賦役令》卷第二二 諸稅戶並隨鄉土所出，紬、絁、布等若當戶不成匹端者，皆隨近合成。並於布帛兩頭各令戶人具注州縣鄉里、戶主姓名及某年月、某色稅物。受訖，以本司本印印記之。其許以零稅納錢者，從別敕。【略】

右並因舊文，以新制參定。

諸丁匠不役者，收庸。無絹之鄉，絁、布參受。日別絁、絹各三尺，布則三尺七寸五分。【略】

諸朝集使赴京貢獻，皆盡當土所出。其金銀、珠玉、犀象、龜貝，凡諸珍異之屬；皮革、羽毛、錦、罽、羅、紬、綾、絲、絹、絺、布之類；漆、蜜、香、藥及畫色所須，諸是服食器翫之物，皆準絹爲價，多不得過五十匹，少不得減二十匹。通以雜附及官物市充。無，則用正倉。其所送之物，但令無損壞穢惡而已。不得過事修理，以致勞費。

右令不行。

《天聖令·倉庫令》卷二三　諸官物應徵者，總計相合錢不滿十、穀米不滿一斗、布帛雜綵不滿一尺、絲綿不滿一兩，悉不推徵。【略】

諸賜物率十段，絹三匹、布三端、貲、紵、罽各一端。綿四屯。春夏即絲四絢代綿。

諸賜雜綵率十段，絲布二匹、紬二疋、綾二匹、縵四匹。

諸賜蕃客錦綵率十段，錦一疋、綾二匹、縵三匹、綿四屯。

其布若須有貯擬，量事不可出用者，任斟量以應給諸色人布內兼給。

葉夢得《石林奏議》卷一二《堂白收買木綿、虔布，乞於福建、江西兩路出産州軍和買絹内折納劄子》　伏見朝廷見收買木綿、虔布，萬數不少。竊慮商賈興販不時，緩急有失指準。今來木綿係福建路出産，虔布係江西路出産，若降指揮於兩路出産州軍，逐納和買絹内量立分數計價，令折納兩色，依上供法起發，赴合裝發州軍寄納樁管，專委守臣掌領，如使用有餘，即於淮南、京畿近邊州軍，各置榷場，博易玄市，不爲無補，亦可少舒兩路納絹之困。

高承《事物紀原》卷十《布帛雜事部·布帛》　《禮運》曰：昔先王食鳥獸之肉，茹其毛，未有絲麻，衣其羽皮，後聖有作，然後治其絲麻，以爲布帛。漢王逸《機賦》曰：帝軒龍躍，桑葉是創；仰攬三光，悟彼織女，爰制布帛。《易》曰：黄帝、堯、舜垂衣裳而天下治，蓋取諸《乾》、《坤》。孔穎達疏曰：以前衣皮，其制短小，今衣絲麻布帛，所作衣裳長大，故云垂。考此，則布帛自黄帝制也。

呂陶《淨德集》卷四《奉使回奏十事狀》　臣伏見川路近年賦斂失當，民力彫弊，其事在於科折不得其平，聚歛之臣，恣爲掊克，皆轉運司不任其責故也。一路田税，雖名物不同，大率錢米爲多，以錢十文折綿一兩，以三百文折絹一疋，天下税額之重，莫過於此。既著爲令，不可改易，至於米豆，逐料科折不一。或折絲絹，或折紬布，或納估錢，先期拋下所折之物，指稱本州以起納之月上旬價值科折。縣令之職，謂之親民。民事之大，莫若賦税，而不得與焉。或郡守有愛民之心，不附會轉運司厚斂之意，估價既平，公私自便，稍異於此，又將何訴。蜀中比年米穀極賤，而估價太高，所折絹布，則估價太賤，有以米石二三斗折絹一疋者。米一石直七八百文，絹一疋乃爲錢千四五百，遠民重困，良以此也。朝廷若因臣僚論奏，下轉運司分折，不過謂折納有著令，估值在諸州，既能殘民，又且遁責，小人刻剥，何所不爲，生靈削朘，亦當深恤。臣欲乞今後兩税及官租斛斗，若於起納之月上旬估定實直申州，知州、通判，看詳所申，子細體問，重行估定，申轉運司，仍採訪覺察，如無偏重，方許折納，若不得其實，侵損官私，轉運司及本州官吏一等科罪。如此，則朝廷寬恤之惠，天下安集之望，莫此爲大。臣嘗聞仁宗皇祐中，京西路科折太重，諫官極言其事，仁皇嘉納，轉運使蘇舜元得罪。祖宗仁政，自可取法。惟聖明裁斷，下修敕所，先次立法施行。

鄭樵《通志》卷六一《食貨一》　臣謹按：井田之法所以爲良者，以田與賦不相離，雖暴君不能違田而取賦，污吏不能什一而加多。至秦孝公開阡陌之法，田賦始相離，故所取者不多乎什一，則少乎什一也，其弊至於收太半焉。漢高帝欲革秦之弊，什五而税一，孝景二年，始令民半出田租三十而税一，至後漢以三十而税一爲通用之法。荀悦曰：今漢人田或百一而税，則知漢法之優民可謂至矣。然豪彊占田踰多，浮客輸太半之賦，官家之惠優於三代，富室之暴酷於亡秦，皆緣無授田之法，所以惠不及齊民。偉哉，後魏孝文帝之爲人君也，真英斷之主乎。井田廢七百年，一旦納李安世之言而行均田之法，國則有民，民則有田，周齊不能易其法，隋唐不能改其貫，故天下無無田之夫，無不耕之民，口分、世業，雖非井田之法，而得三代之遺意。始者則田租户調以爲賦税，至唐祖開基，乃爲定令，曰租，曰調，曰庸。有田則有租，有家則有調，有身則有庸。租者，什一之税也。調者，調發兵車，井田之賦也。庸者，歲役二旬，不役則收其資，役多則免調，過役則租調俱免，無傷於民矣。舍租調之外而求則無名，雖無道之世亦不爲。自太和至開元，三百年之民，抑何幸也。天寶之季，師旅既興，誅求無藝，生齒流移，版圖焚蕩，然是時賦役雖壞，而法制可尋，不幸建中天子用楊炎爲相，遂作兩税之法。自兩税之法行，則賦與田不相系也，況又取大歷中一年科率多者爲兩税定法，此總無名之暴賦立爲常規也。且言利之臣，無代無之，有恨少，無恨多，有言加，無言減。自兩税以來，賦不系於田，故名色之求，罔民百出，或以方圓取，或以羨餘取，或言獻奉，或言假貸，初雖暫時，久爲成法。建中以來將五百年，世不乏楊炎，不知所以加於大歷中一年之多數且復幾倍乎。嗚呼，後世之爲民也，其難爲民矣。且開元之前，户口至衆，而民皆有田，至於癃老童穉寡妻女子，亦皆有田，一丁授田百畝，百畝之田，歲輸粟二石，絹二丈，無絹則布二丈五尺。嶺南諸州則以户計，上户一斛二斗，下户六斗，夷獠半之，内附之家上户十文，下户無出。當是時也，民之所以爲民也如此，官之所以取諸民也如此。後魏去三代爲遠，今去開元不遠，是非難行之道也。後之言治道者，當使一民有百畝之田，然後可以議魏、齊、周、隋、唐之事，若有無田之民，不耕之夫，則於魏、齊、周、隋、唐之事未可輕議也。言利之臣，則亦當量開元之前所以爲重賦者，百畝之田，不過二石粟，二丈絹耳。所以爲輕賦者，上户之家不過十文耳。今百畝之田賦歛如此，上户之家出錢如此，吾於如此之中復何容心哉。

鄭樵《通志》卷六二《食貨二》 平準均輸

漢武帝征伐四夷，國用空竭，興利之官自此始也。桑弘羊爲大農中丞，管諸會計事，稍稍置均輸以通貨物矣。謂諸當所輸於官者，皆令輸其土地所饒，平其所在時價，官更於他處賣之。輸者既便，而官有利。《漢書·百官表》大司徒屬有平準令。 元封元年，桑弘羊爲治粟都尉，領大農，盡管天下鹽鐵。以諸官各自市，相與争，物故騰躍而天下賦輸或不償其僦費，乃請置大農部丞數十人，分部主郡國各往往縣置均輸鹽鐵官，令遠方各以其物如異時商賈所轉販者，爲置平準于京師，盡籠天下之貨物，貴則賣之，賤則買之。如此富商大賈無所牟大利即反本，而萬物不得騰踊，故抑天下物，名曰平準，天子以爲然而許之。時南越初置郡，數反，發南方吏卒往誅之，間歲萬餘人。帝數行幸，所過賞賜用帛百餘萬疋，錢金巨萬計，皆取足大農諸均輸，一歲之中，帛得五百萬疋，人不益賦而天下用饒。後漢章帝時，尚書張林上言：宜自交趾、益州上計吏來，市珍瑶收採其利，武帝所謂均輸也。謂租賦并雇運之直官總取，而官轉輸於京，故曰均輸也。 詔議之。尚書僕射朱暉奏曰：按王制天子不言有無，諸侯不言多少，食禄之家不與百姓争利。今均輸之法，與賈販無異。鹽利歸官，則下窮怨，布帛爲租，則吏姦盗，誠非明主所當宜行。帝不從，其後用度益奢。

平糴常平

後漢明帝永平五年，作常平倉。晉武帝欲平一江表，時穀賤而布帛貴，帝欲立平糴法，用布帛市穀，以爲糧儲。四年，乃立常平倉，豐則糴，儉則糶，以利百姓。【略】齊武帝永明元年，天下米穀布帛賤，上欲立常平倉，市積爲蓄。六年，詔出上庫錢五千萬於京師，市米買絲綿紋絹布，揚州出錢千九百一十萬，揚州治建業，今江寧縣也。南徐州二百萬，南徐州治京口。各於郡所市糴，南荆河州二百萬，南荆河州治壽春。市絲綿紋絹布米大麥，江州五百萬，市米胡麻，荆州五百萬，郢州三百萬，皆市絹綿布米大小豆大麥胡麻，湘州二百萬，市米布蠟，司州二百五十萬，司州治汝南，今義陽郡是也。西荆河州二百五十萬，西荆河州治歷陽。南兖州二百五十萬，南兖州治廣陵。雍州五百萬，市絹綿布米，使臺傳並於所在市易。後魏孝莊時，秘書丞李彪上奏曰：今山東饑，京師儉，臣以爲宜折州郡常調九分之二，京師都度支歲用之餘，各立官司，年豐糴積於倉，時儉則減私之十二糶之，如此人必力田以買官絹。又務貯錢以取官粟，年豐則常積，歲凶則直給。明帝神龜正光之際，自徐揚内附之後，收内兵資與人和糴，積爲邊備也。

洪皓《松漠紀聞》卷一 回鶻自唐末浸微，本朝盛時，有入居秦川爲熟户者，女真破陝，悉徙之燕山，甘、涼、瓜、沙，舊皆有族帳，後悉羈縻于西夏，唯居四郡外地者，頗自爲國。有君長，其人卷髮深目，眉脩而濃，自眼睫而下多虬髯。土多瑟瑟珠玉，帛有兜羅緜、毛氎、狨錦、注絲、熟綾、斜褐。藥有膃肭臍、硇砂，香有乳香、安息、篤耨。善造賓鐵刀劍、烏金銀器。多爲商賈，於燕載以橐它，過夏地，夏人率十而指一，必得其最上品者，賈人苦之，後以物美惡雜貯毛連中，毛連以羊毛緝之，單其中，以頭爲袋，以毛繩或線封之。有甚麄者，有間以雜色毛者則輕細。 然所征亦不貲。其來浸熟，始厚賂税吏，密識其中下品者，俾指之，尤能别珍寶。蕃漢爲市者，非其人爲儈則不能售價。【略】又善結金線相，瑟瑟爲珥及巾環，織熟錦、熟綾、注絲、線羅等物。又以五色線織成袍名曰尅絲，甚華麗。

周去非《嶺外代答》卷三《器用門·西南夷》 西南五姓蕃部，曰龍、羅、方、石、張。自昔許上京入貢，龍、羅、方、石自宜州入境，張蕃自邕州入境，或三年，或四五年，計五姓人徒凡九百六十人，所貢氈、馬、丹砂，朝廷支賜錦衫、銀帶與其他，費凡二萬四千四百餘緡，回答之物不與焉。

《五代會要》卷八《喪葬上》 長興元年十月十九日敕：「太常禮院例，凡賻匹帛，言段不言端匹，每二丈爲段，四丈爲匹，五丈爲端。近日三司支遣，每段全支端匹，此後凡支賻贈匹帛，祇言合支多少段，庫司臨時併壓丈尺給付，不得剩有支破。」

二年四月敕：「朝臣居喪終制，委御史臺具姓名申奏。諸道賓從除喪後，合宣行恩命。州縣官纔授新命及到任一考前丁憂者，服闋日除官。」其月五日，中書門下復奏：「尚書都官員外郎、知制誥張昭遠丁母憂。伏以大臣枕凷，有弔祭之恩；羣寮寢苫，無慰問之例。高下之位有間，君臣之事無偏。況卿士之甚多，有父母者極少，固於孝道上軫聖懷，張昭遠望量與恩賜。自此朝臣或有丁憂，亦乞頒賚。其狀尋已印出，今具官資等第，支給數目如後。文班左右常侍、諫議、給事、舍人、諸部尚書、太子賓客、諸寺大卿、監察御史、中丞、國子祭酒、詹事、左右丞、諸部侍郎，絹三十匹，布二十匹，粟、麥各二十五石。起居、補闕、拾遺、侍御史、殿中監察御史、左右庶子、諸寺少卿、國子監司業、河南少尹、左右諭德、諸部郎中員外郎、太常博士，絹二十匹，布一十五匹，粟、麥各一十五石。國子博士、五經博士、兩縣令、著作郎、太常、宗正、殿中丞、諸局奉御、大理寺、太子中允、洗馬、左右贊善、太子中舍，司天五官正，絹、布各一十五匹，粟、麥各一十石。左右諸衛大將軍、左右諸衛將軍，絹二十匹，布一十五匹，粟、麥各一十五石。左右率府副帥，絹、布各一十五匹，粟、麥一十石。」奉敕：「宜依。其張昭遠所支絹、布、粟、麥，仍依所定官資頒給。」

吴任臣《十國春秋》卷三五《前蜀・高祖紀上》　〔乾寧〕二年春三月，〔王〕建創徵雜稅，綾一疋一百文，絹一疋七十文，布一疋四十文，豬每頭一百文。

趙與時《賓退録》卷一〇　任土作貢，三代而下未之或廢，時有損益而已。高宗建炎三年，始詔除金、銀、匹帛、錢穀，餘悉罷貢，盛德事也。《禹貢》以來，歷代史志及地理之書，但載土貢之目，而不書其數，惟《元豐九域志》爲詳。嘗最一歲所貢，凡爲金二十四兩，登一十兩，利五兩，萬、象、融各三兩。麩金五十五兩，金、饒各一十兩，嘉六兩，眉、雅、簡、資各五兩，衡、昌、龍各三兩。銀四百五兩，桂陽，桂各五十兩，鄂、邕各三十兩，邵、賀、封、端、新、康、南恩、梅、容、昭、梧、藤、龔、潯、貴、柳、宜、横、白、廉、瓊、昌化各一十兩，賓、化、高、鬱林、萬安各五兩。銅鐵一十斤，利。錦三匹，成都。白縠一十匹，襄。隔織一十八匹，泰一十匹，洋八匹。絁七十五匹，汝一十五匹，潁、棣、保定、安肅、陝、威勝各一十匹。花絁一十匹，祁。綜絲絁二十匹，濰。綾一百四十五匹，杭三十匹，蔡、定各二十匹，淄、隨、潤、明、秀、江陵、澧各一十匹，綿五匹。花綾一十匹，兗。白花綾一十匹，梓。綜絲綾一十匹，蓬。雙絲綾一十匹，徐。方紋綾三十匹，開封。仙紋綾五十匹，青三十匹，濰二十匹。樗蒲綾二十匹，遂。蓮綾一十匹，閬。越綾二十匹，越。羅七十匹，真定三十匹，定二十匹，潤、彭各一十匹。花羅六匹，成都。春羅四匹，蜀。單絲羅一十匹，蜀。紗四十匹，相、廬、常、太平各一十匹。方紋紗三十匹，開封。茜緋花紗一十匹，越。輕容紗五匹，越。紬一百四十五匹，洛二十匹，陳、汝各一十五匹，大名、徐、潁、博、雄、永寧、廣信、陝、懷安各一十匹，達五匹。花紬一十匹，大名。綿紬五十匹，簡二十匹，大名一十匹，渠、巴、蓬、忠各五匹。絹五百七十匹，隨、滑、瀛各三十匹，應天、冀、德、濱、衛、深、亳各二十匹，陳一十五匹，密、齊、淮陽、徐、曹、鄆、濮、唐、潁昌、鄭、滄、棣、霸、永静、乾寧、信安、相、邢、趙、保、順安、渭、平定、岢嵐、寧化、保德、宿、海、泗、滁、廬、濠、無爲、臨江、建昌、涪、昌、雲安、南平、韶、循、南雄各一十匹，廣安五匹。班白絹三匹，誠。布一十五匹，鼎一十匹，梅五匹。絲布二十匹，邛一十匹，果一十匹。紵布一百七十五匹，信陵、楚、和、吉、筠、興國、南安、郴、江陵、安、鼎、岳、歸、漢、綿、邵武、英各一十匹，房五匹。白紵布一百六十五匹，舒、湖、虔各二十匹，郢、蘄、黄、常、睦、宣、歙、袁、道、連各一十匹，開五匹。高紵布一十匹，成都。細紵二十匹，揚。斑布一十匹，榮。葛布二百三十五匹，洪、撫、潭各三十匹，蘇二十匹，隨、壽、光、吉、永、全、普、戎、瀘、富順、泉、興化各一十匹，渝五匹。蕉布一十五匹，泉一十匹，潮五匹。紅花蕉布三十匹，福。練七十匹，建五十匹，和、鼎各一十匹。毛毼一十五段，熙一十段，保安五段。紫茸毛毼一十段，涇。綿一千一百兩，齊、潁、莫、衛、趙、婺、處、衢、梁山、泉、興化各一百兩。氈三十領，慶二十領，豐一十領。白氈三十領，鎮戎二十領，恩一十領。紫茸氈四領，慶。韉氈一十領。京兆。

王楙《野客叢書》卷二七《漢賜金晉賜布帛》　漢賞賜多用黄金，晉賞賜多用絹布，往往各因其時之所有而用之。漢初，以黄金四萬斤與陳平間楚，其用如此，所積可知。梁孝王臨死，府庫尚有黄金四十餘萬斤。吴國懸賞，斬大將者，黄金五十斤，以次賞金各有差等。王國尚爾，天府有不待言者。治郡有聲，則增秩賜金，復有功臣不時之賞，費用浩瀚，不聞告乏，數千斤之賜甚多，不可勝舉。如黄霸、嚴訢、尹翁歸等，動與百斤。周勃賜五千斤，霍光前後所賜至七千斤。至王莽末，省中黄金尚積六十萬斤，董卓郿隖，亦不可勝數。是知當時黄金多也。晉時賞賜絹布，絹百匹，在所不論。阮瞻千匹，温嶠、庾亮、荀崧、楊珧等，皆至五千匹。周復、唐彬、琅琊王伷等，皆六千匹。王渾、杜預等，皆八千匹。賈充前後至九千匹。王濬、張華、何攀等，皆至萬匹。王導前後近二萬匹。桓温前後近三十萬匹。蘇峻之亂，臺省煨燼，時尚有布二十萬匹，絹數萬匹。又可驗晉布帛之多也。

章如愚《羣書考索續集》卷四六《九州土貢》　九州土貢，各以土宜，故或出或否。九州田賦，無地不宜，故特分高下。九州之貢，各以土宜，不可比而同也。

惟金三品，羽毛齒革，荆、揚所同。至於他物，若漆則同出於兖、豫，砮則同出於荆、梁，磬則同出於梁、豫，而徐州又有泗濱之浮磬而已。若夫桑麻絲枲之屬，兖州則有絲及織文，青州則有絲及絲枲，徐州則有玄纖縞，揚州則有織貝，荆州則有玄纁璣組，豫州則有枲絲絺紵等貢，古於雍、梁無之。至於田賦，則九州特有高下爾。豈非麻桑穀粟，無地不宜，非若他物之各有其方乎。《胡氏書解》

《諸郡土貢唐》

諸州貢絹。按，陳留郡唐之汴州，滎陽郡唐之鄭州，睢陽郡唐之宋州，靈昌郡唐之滑州，潁川郡唐之許州，譙郡唐之亳州，濮陽郡唐之濮州，淮陽郡唐之陳州，東平郡唐之鄆州，彭城郡唐之徐州，汝陰郡唐之潁州，信都郡唐之深州，河間郡唐之瀛州，樂安郡唐之棣州，淮安郡唐之唐州。

諸州貢綾。臨汝郡唐之汝州，北海郡唐之青州，汝南郡唐之豫州，魯郡唐之兖州，范陽郡唐之幽州，博陵郡唐之定州，漢末郡唐之隨州，丹陽郡唐之潤州，梓潼郡唐之梓州。

諸州貢綿。臨淮郡唐之泗州，汲郡唐之衛州，文安郡唐之莫州，東陽郡唐之婺州，信安郡唐之衢州，清源郡唐之泉州。

兩州貢絲、葛。臨淄郡唐之齊州，吴郡唐之蘇州。

諸州貢絲布。鉅鹿郡唐之邢州，廬江郡唐之廬州，鍾離郡唐之濠州，壽春郡唐之壽州，益昌郡唐之利州。

諸州貢紵布。晉陵郡唐之常州，吴興郡唐之湖州，宣城郡唐之宣州，廬陵郡唐之吉州，宜春郡唐之袁州，巴陵郡唐之岳州。

諸州貢紬、紗、布。歷陽郡唐之和州，貢布。魏郡唐之魏州，廣平郡唐之洺州，博平郡唐之博州，貢紬。鄴郡唐之相州。貢紗。

諸州貢氈、紬。清河郡唐之真州，貢氈。清化郡唐之巴州。貢綿紬。

兩州貢錦。趙郡唐之趙州，廣陵郡唐之揚州。貢錦。

諸州貢葛。弋陽郡唐之光州，義陽郡唐之申州，豫章郡唐之洪州，長沙郡唐之潭州，零陵郡唐之永州，臨川郡唐之撫州，潯陽郡唐之江州，貢葛。【略】

二州貢羅。常山郡唐之恒州，唐安郡唐之蜀州。貢羅。

一州貢蕉。長樂郡唐之福州。右並據《通典》實事增損其文。

《諸州土貢》

四京所貢。東京開封府貢紋綾。西京河南府貢蜜蠟。南京應天府貢絹。北京大名府貢花紬、絹。

諸州土貢。密、濮、鄭、滑、冀、霸、亳、宿、海、泗、滁、濠等州，興仁、東平等府，臨江、建昌等軍則貢絹。濰、淄、蔡、越、杭、明、秀、豐、梓等州，龍慶、江陵等府則貢綾。婺、處、衢等州則貢綿。郢、揚、光、蘄、舒、黄、湖、常、嚴、處、袁、筠、郴、岳、英等州，興國、南安、淮安等軍則貢紵。壽、光、洪、吉、撫、潭、永、全、戎、瀘等州與平江府則貢葛。汝、雄、洛等州則貢紬。濟南府則貢絹、綿。徐州則貢紬、絹。隨州則貢絹、綾、葛。棣州則貢絹、絲。真定府則貢羅。相州則貢紗、絹。鎮江府則貢綾、羅。鼎州則貢布。果州則貢絲布。達州則貢絺。

方勺《泊宅編》卷一〇　南郊賞給：景德六百一萬一百貫匹兩碩領條，皇祐一千二百萬有零，治平一千三十二萬有零，熙寧末八百萬二千六百八十九貫匹斤兩條段。

歲賜大遼銀三十萬兩，絹三十萬疋，正旦衣著四千疋，銀器二千兩，生辰衣著五千疋。

周密《武林舊事》卷八《宫中誕育儀例略》　宫中凡閤分有娠，將及七月，本位醫官申内東門司及本位提舉官奏聞。門司特奏，再令醫官指定降誕月分訖，門司奏排辦産閤及照先朝舊例，三分減一，於内藏庫取賜銀絹等物如後：羅二百疋，絹四千六百七十四疋，釘設産閤、三朝、一臘、二臘、三臘、滿月、百晬、頭晬。【略】錦沿席一、緑席氈繡合褥子各二、碼瑙纈絹一疋、大氈四領。

馬端臨《文獻通考》卷二〇《市糴考一》　齊武帝永明中，天下米穀布帛賤。上欲立常平倉，市積爲儲。六年詔：出上庫錢五千萬，於京師市米買絲綿紋絹布。詳見市糴門。

唐德宗時，趙贊請置常平官，兼儲布帛，於兩都、江陵、成都、揚、汴、蘇、洪，置常平輕重，本錢上至百萬緡，下至十萬，積米粟布帛絲麻，貴則下價而出之，賤則加估而收之，并榷商賈錢以贍常平本錢。從之。屬軍用迫蹙，亦隨而耗竭，不能備常平之數。

德宗時，宫中取物於市，以中官爲宫市使，置白望數十百人，以藍敝衣，絹帛尺寸，分裂酬其直。又索進奉門户及脚價錢，有齎物入市而空歸者，每中官出，沽漿賣餅之家，皆徹肆塞門。諫官御史言其弊，而中官言京師百姓賴宫市以養，帝以爲然，順宗即位乃罷之。【略】

大中祥符三年，河北轉運使李士衡言：本路歲給諸軍帛七十萬，民間罕有緡錢，常預假於豪民，出倍稱之息。及期，則輸賦之外，先償逋欠，以是工機之利愈薄。請令官司預給帛錢，俾及時輸送，則民獲利而官亦足用。從之，仍令優予其直，自是諸路亦如之。或蠶事不登，則許以大小麥折納，仍免其倉耗及頭子錢。

吴氏《能改齊漫録》曰：本朝預買紬絹，謂之和買絹。按《玉壺清話》與《澠水燕談》二書，皆以爲始於祥符初。因王旭知潁州時，大饑，出府錢十萬緡，與民約曰：來年蠶熟，每貫輸一縑，謂之和買，自爾爲例。而《澠水燕談》又以爲，其後李士衡行之陝西，民以爲便，今行天下，於歲首給之。然予按范蜀公《東齋記事》稱是太宗時馬元方爲三司判官建言，方春乏絶時，預給庫錢貸之，至夏秋令輸絹於官，預買紬絹，蓋始如此。以三書考之，當以范説爲是，蓋范嘗爲史官耳。予讀詩人袁陟世弼所爲墓誌，序其當仁宗時爲太平州當塗知縣，且言江南和市紬絹，豫給民錢，郡縣或以私惠人而不及農者，當塗尤甚。世弼所爲條約，細民始均得之。乃知太宗之所以惠愛天下多矣。而其後，以鹽代錢，以爲縑直。又其後也，鹽亡而額存。然後知左氏所謂作法於涼，其説不誣矣。

國初凡官所需物，多有司下諸州，從風土所宜，及民産厚薄而率買，謂之科率。開寶三年，令天下諸州，凡絲綿紬絹麻布香藥毛翎箭笴皮革筋角等，所在約支二年之用，不得廣有科市，以致煩民。淳化五年詔：諸州科買，物非風土所出，多課民轉市於他處，及調役飛輓不均者，件析以聞，當議均減。

止齋陳氏曰：和預買始於太平興國七年，然折錢未有定數，如轉運使輒加重，詔旨禁絶之。熙寧理財，多折見錢，而諸郡猶有添起貫陌不等之弊，朝廷隨即行遣。今之困民，莫甚於折帛，而預和市尤爲無名之斂。然建炎初行折帛，亦止二貫。户部每歲奏乞指揮未爲常率。四年爲三貫省，紹興二年爲三貫五百省，四年爲五貫二百省，五年七貫省，七年八貫省。至十七年，有旨稍損其價。兩浙紬絹每疋七貫文，内和買六貫五百文，綿每兩四百文，江東路紬絹每疋六貫文，則科折之重，至此極矣，不可不務寬之也。

【略】

哲宗紹聖元年，户部言：兩浙蠶絲薄，今歲和買并税紬絹，請令四等下户輸錢易左帑等紬絹用之。

徽宗建中靖國元年，尚書省言：預買錢多，人户願請比歲例增給。詔諸路提舉司，假本司剩利錢，同漕司來歲市紬絹計綱赴京。

左司員外郎陳瓘言：預買之息，重於常平數倍，人皆以爲苦，何謂願請。今復創增，雖名濟乏，實聚斂之術。

大觀元年，以坊郭户預買，有家至千疋或四五百疋者，令諸路漕司詳度以聞。

政和元年，臣僚言：兩浙因紹聖中王同老之請，和買并税紬絹疋有頭子錢，又收市例錢四十例外，約增數萬緡，以分給典吏等，多者千餘緡，少者五百緡。於是詔罷市例錢。

政和六年，成都路官户預買許減其半，後河北諸路皆如之。既而臣僚言，二浙官户猥多，請均和預之數，乃照舊，嘗全利者如舊。

七年，詔：和預買絹，本以利民，比或稍償雜物，或徒給虚券，爲民害多，其令漕司會一路之數分，下州縣經畫，不以錢而以他物，不以正月而以他月給者，以違制論。

高宗建炎三年，車駕初至杭州，朱勝非爲相，兩浙運副王琮，言本路上供和買紬絹歲爲一百一十七萬疋，每疋折納錢兩千，計三百五萬緡省，以助國用，詔許之。東南折帛錢自此始。

折帛、和買非古也，國初二税輸錢米而已。咸平三年始令州軍以税錢物力，科折帛絹，而於夏科輸之，此夏税折帛之所從始也。大中祥符九年，内帑發下三司，預市紬絹。時青、齊間，絹疋直八百，紬六百，官給錢率增二百，民甚便之，自後稍行之四方。寶元後，改給鹽七分錢三分。崇寧三年，鈔法既變，鹽不復支，三分本錢亦無。

九月，御筆：朕累下寬恤之詔，而迫於經費，未能悉如所懷。今聞江南和預買絹，其弊尤甚，可下江浙，減四分之一，以寬民力，仍俵見錢，違寘之法。

二年，户部請諸路上供絲帛，並半折錢，如兩浙例，於是左相吕頤浩視師，右相秦檜奏，從之。江淮、閩廣、荆湖折帛錢自此始。時江浙、湖北、夔路，歲額紬三十九萬疋，江南、川廣、湖南、兩浙絹二百七十三萬匹，東川、湖南綾羅絁七萬疋，四川、廣西路布七十七萬疋，成都府錦綺千八百餘疋，皆有奇。

神武右軍統制張俊置到産業，乞蠲免應干和買等事。紹興四年。詔特依。後省言：國家兵革未息，用度至廣，粒米寸帛，悉出民力，陛下哀憫元元，權俾士大夫及勳戚之家，與編户一等科敷，蓋欲寬民力，均有無，今俊獨得免，則當均在餘户，是使爲俊代輸也，人心謂何。兼方今大將不止俊一人，使各援此例求免，何以拒之。望命有司檢會官户科敷，及和預買等見行條法，劄俊使知詔令，以次官書行。後省又言：從俊之請，則恩加於將帥，而害及於編户，望收還前詔，乃所以安俊，其命遂寢。越數年，俊乞免歲輸和買絹，俊時爲少傅、淮西宣撫使。三省擬本歲特賜俊絹五千疋，庶免起例。上以示俊，因諭之曰：「諸將皆無此，獨汝欲開例，朕固不惜，但恐公議不可。汝自小官，朕拔擢至此，須當自飭，如作小官時，乃能長保富貴，爲子孫之福。」俊惶悚力辭賜絹。俊喜殖産，其罷兵而歸，歲收租米六十萬斛。右司諫王縉言：軍興以來，費用百出，州縣科敷有不能免，已詔官户並同編户，所以寬下民也。諸寺院之多産者，類請求貴臣改爲墳院，冀免科敷。朝廷優禮大臣，特從所請。然官户既不免，墳院豈緣官户得免哉。況今前宰執員數不少，所在僧徒，僥幸干請，使莊産多者獨免，則合科之物歸之下户，非官户同編户之意也。詔諸部申嚴，行下詔諸路憲臣，覈州縣已未支還和買本錢實數來上。初，魏矼在考功，建言：州縣和預買絹，不給本錢，乞就折民間應納役錢，使官無受給之弊，民無請給之勞。尋下轉運常平司議。冬十月，兩浙轉運司言，本路歲用和買本錢七十三萬餘緡，無可那撥。而常平司言此錢既充和買，則役人無以給之。其議遂止。

按：折帛元出於和買。其始也，則官給錢以買之。其後也，則官不給錢而白取之。又其後也，則反令以每疋之價折納見錢，而謂之折帛，倒置可笑如此，則官價之不給久矣。今乃申詔諸路憲臣，覈州縣已未支和買本錢實數來上，豈其時上之人元未知邪。或官吏肆爲欺蔽，復以和買名色妄有支破邪。魏矼之説固爲當理，然役錢者，應納之物也，折帛者，横取之物也，官惟其乏錢，是以不免横取於民，若其可蠲，則自當明蠲，横取之折帛錢，正不必以應納之役錢比折也。

四年十一月，初令江浙民户悉納折帛錢。

六年，兩浙轉運使李迨始取婺、秀、湖州、平江府，歲計寬剩錢二十二萬八千緡有奇，依折帛錢條限起發。

十七年，詔減折帛錢，江南每疋爲六千兩，浙七千，和買六千五百（綿）〔緡〕江南每兩三百兩，浙四百，自來年始。

孝宗乾道四年，宰執進呈度支郎官劉師尹奏：「江浙四路折帛錢，紹興初年立價折納，至十一年頓增一倍。十二年九月，赦書止令折十之一。十五年，又詔兩浙夏税紬絹疋減一貫，和預買減一貫二百，江東西減兩貫。緣州縣不盡遵依，暗有增添，乞裁減以寬民力。」上曰：「朕未嘗妄用一毫，只爲百姓，可從之。」冬十有二月甲辰，詔兩浙江東西路乾道五年夏税、和買折帛錢，並權與減半輸納一年，如州縣過取一文以上，許人户詣檢鼓院進狀陳訴。

淳熙十一年，臣僚言，浙東和買紹興路偏重，浙西臨安府偏重。尋諭兩浙漕臣錢沖之、臨安守臣張杓條奏。

又言：和買科取，人皆規避，田愈多則析户愈不一。其始也，敷及上户，而中户不與。其後也，上户巧爲規避，而中户不得免。乾道二年，每物力户二十一千敷和買一疋，至淳熙七年，十五千敷一疋，數年後可知也。其弊皆由不以田畝均敷，其害至此。惟平江一郡，和買皆畝均，故民之詭名少。望先自浙東西行以畝均敷之法，則民不偏受其害。

汪義端言：若和買用畝頭均敷，則上户頓減而下户頓增。蓋下五等人户元不預和買，但每丁有丁絹，有丁綿，有丁鹽錢。今又以畝頭均受上户和買，則是以一小民之身，些小薄瘠之産，而納數項之税賦，合將逐縣浮財物力只照舊例均敷於四等以上爲是。

光宗紹熙元年，臣僚言：廣德軍兩縣物力不多，而和預買絹乃二萬六千餘疋，視他郡十倍其數，民何以堪。户部看詳，紹興三年已減一萬一千一百餘疋，後因守臣胡彦國於經界時妄復元數，民不勝困，於是江東運副林岄奏增復之數姑減一半，漕司通融代納三分之一，餘二分倚閣，令本部更與抱認一分，餘一分令本軍措置。從之。

三年，臣僚言：今日取民已重，未能蠲除，使之均平，民亦無怨。然有甚不均者，夏税、和買之有折帛，官户則多納本色，秋米之有加耗，官户則止納正數，和糴非正賦，不得已而取之，乃止敷民户而不及官户。夫有官君子，居位食禄，正宜率先鄉里，以應公上之需，乃恃勢自私如此，不均孰甚焉。望申嚴諸州縣，應折變加耗科敷之類，官民户並一概輸納，違許内外臺劾奏。從之。

祕書郎孫逢吉言：和買爲民間白着之賦，雖正月給散本錢之法，尚載令甲，而人户鈔旁，亦有見錢請給之文，然上下皆知其爲文具也。中興之初，絹價暴增，疋至十貫，高宗念下户重困，乃令上户輸絹，下户輸錢，於是有折帛之名，疋折六貫或七貫。和議既定，物帛稍賤，又令輸紬者以八分折錢，輸絹者以三分折錢，餘輸本色，遂爲定制。朝廷以經費之故，未能裁損，州縣又於此外苛取，民力安得不重困哉。

侍御史林大中論江浙四路和買之弊，略謂：今日東南所入之數，較之祖宗時已不啻數倍，掌計之人，倘循中制取之，一歲之入，自足以給一歲之用，苟爲國斂怨，所得少而所失多矣。

時東南諸路歲起紬三十九萬疋，浙東上供八萬，淮衣、福衣八千。浙西上供九萬二千，淮衣萬六千。江東上供九萬，淮福衣二萬七千。江西上供五萬二千，淮福衣萬五千。湖北上供三百，皆有奇。絹二百六十六萬疋，浙東上供四十三萬六千，淮福衣五萬三千，天申大禮八千。浙西上供三十八萬一千，淮福衣十三萬八千，天申大禮萬疋。江東上供四十萬六千，淮福衣十三萬九千，天申大禮八千。江西上供三十萬四千，淮福衣六萬七千，天申大禮八千。已上皆有奇。淮東天申大禮五萬九百五十，淮西大禮三千七百，湖南天申大禮四百，廣東天申大禮四千六百，廣西天申大禮六千五百。綾羅絁三萬餘疋，浙西綾八千七百，婺州羅二萬，湖南平絁三千。其淮福衣及天中大禮與綾羅紬總五十二萬疋有奇，皆起正色，其紬絹二百五十六萬餘疋，約折錢一千七百餘緡，而綿不與焉。

葉適應詔條奏言：何謂和買之患也？自州縣而後至於民，民猶怨州縣，而後及於朝廷。和買則正取之民，而民固以二稅爲常賦也，豈宜使經用有不足於二稅之内，而復有所求哉。經用不足，則大正其名實可也。承平已前，和買之患尚少，民有以乏錢而須賣，官有以先期而便民。今也舉昔日和買之數，委之於民，使與夏稅並輸，民自家力錢之外，浮財營運生生之具，悉從折計，且若此者，上下皆明知其不義，獨困於無策而莫之敢蠲耳。陛下斷然出命，以號天下，曰自今並罷和買之爲，上供者所用紬絹，惟軍衣未可裁損，其他宫禁官吏時節支賜，格令之所應與者，一切不行可也。和買既罷，取民之名正，義聲暢於海内矣。又曰：何謂折帛之患？支移折變，昔者之弊事固多矣，而今莫甚於折帛。折帛之始，以軍興絹價大踴，至十餘千，而朝廷又方乏用，於是計臣始創爲折帛。其説曰寬民而利公，其後絹價既平，而民之所納折帛錢乃三倍於本色，既有夏稅折帛，又有和買折帛，且本以有所不足於夏稅，而和買以足之，今乃使二者均折，於事何名，而取何義乎。其事無名，其取無義，平居自治其國且不可，而況欲大有爲於天下乎。雖然，折帛之爲錢多矣，所資此以待用者廣矣，陛下必鉤考其凡目，而後可以有所是正。若經總制錢不減，和買折帛不罷，舍目睫之近而游視於八荒，此方，召不能爲將，良、平不能爲謀者也。

寧宗嘉泰二年，判建康府吴琚奏：本府在城上元、江寧兩縣，昨因兵火，遂將營運和買綿絹數，在外三縣内句容除元額外，增絹二千一十九疋，綿二萬一百六十兩，繼嘗請減於朝，而時相無田土在句容，謂秦檜。獨不與減，今欲與盡減續增之綿，永除下邑偏重之害，本府自行承認減數。並可。

嘉定十一年夏五月，臣僚言：鄱陽爲邑，經界之初，稅錢額管八千六百四十二貫有奇，每稅錢一百文敷和買六尺四寸八分有畸，吏緣爲姦，有增益積，至嘉定九年，遂及七尺五寸六分。又且見寸收尺，謂之合零就整。去年復頓增三寸，以最小崇德一鄉言之，嘉定九年分額管五百貫文有奇，敷和買絹九百三十餘疋，去年只管九百四十貫有奇，乃增至九百五十五疋，可知其他。乞明詔有司，痛爲革絶。從之。

張廷玉等《續文獻通考》卷二五《市糴一》 遼太宗置南京，城北有市，百物山徛，命有司治其征，餘四京及他州縣貨産貿遷之地，置亦如之。

時南京外城，謂之漢城，分南北市，中爲看樓，晨集南市，夕集北市。又上京南城亦謂之漢城，南當横街，各有樓對峙，下列井肆。

周廣順中，胡嶠《記》曰：上京西樓有邑屋，市肆交易，無錢而用布，有綾錦。

【略】

聖宗統和三年十一月，禁行在市易布帛不中尺度者。時以西幸，又將東征，故云行在。

《遼史·食貨志》曰：令有司諭諸行宫，布帛短狹不中度者，不鬻於市。

道宗咸雍七年四月，禁布帛短狹不中尺度者。

至太康七年十一月，除布絹尺度短狹之令。

【略】

張廷玉等《續文獻通考》卷五六《職官六》 金太府監，掌出納邦國財用錢穀之事。官有監、少監，又丞二人。

所屬：左藏庫，官有使、副使。掌金銀珠玉、寶貨錢幣。

右藏庫，使、副使。掌錦帛絲綿、毛褐，諸道常課諸色雜物。

《續文獻通考》卷六三《職官一三》 金熙宗天眷定制：【略】宫闈歲給：

太后、太妃宫，每歲各給錢二千萬，綵二百段，絹千疋，綿五千兩。諸妃，歲給錢千萬，綵百段，絹三百疋，綿三千兩。嬪以下，錢五百萬，綵五十段，絹二百疋，綿二千兩。海陵貞元元年，妃嬪、婕妤、美人及供膳女侍，并仙韶、長春院供應人等，歲給錢帛各有差。

凡内職，宗貞祐之制：正一品，歲錢八千貫，幣百段，絹五百疋，綿五千兩。正二品，歲錢六千貫，幣八十段，絹三百疋，綿四千兩。正三品，歲錢五千貫，幣六十段，絹二百疋，綿三千兩。正四品，歲錢四千貫，幣四十段，絹一百五十疋，綿二千兩。正五品，尚宫夫人，歲錢二千貫，幣二十段，絹一百疋，綿千兩。尚宫左右夫人至宫正夫人，錢一千五百貫，幣十九段，絹九十疋，綿九百兩。寶華夫人以下至資明夫人，錢千貫，幣十八段，絹八十疋，綿八百兩。有大小令人、大小承御、大小近侍，俸各異。正六品尚儀御侍以下，錢五百貫，幣十六段，絹五十疋，綿二百兩。正七品，司正御侍以下，錢四百貫，幣十四段，絹四十疋，綿一百五十兩。正八品，典儀御侍以下，錢三百貫，幣十二段，絹三十疋，綿百兩。正九品，掌儀御侍以下，錢二百五十貫，幣十段，絹二十六疋，綿百兩。【略】

百官俸給：

正一品。三師：錢粟三百貫石，麴米麥各五十稱石，春衣羅五十疋，秋衣綾五十疋，春秋絹各二百疋，綿千兩。三公：錢粟二百五十貫石，麴米麥各四十稱石，春衣羅四十疋，秋衣綾四十疋，春秋絹各一百五十疋，綿七百兩。親王、尚書令：錢粟二百二十貫石，麴米麥各三十五稱石，春衣羅三十五疋，秋衣綾三十五疋，春秋絹各一百二十疋，綿六百兩。【略】

從一品。左右丞相、都元帥、樞密使、郡王、開府儀同：錢粟二百貫石，麴米麥各三十稱石，春秋衣綾羅各三十疋，絹各一百疋，綿五百兩。平章政事：錢粟一百九十貫石，麴米麥各二十八稱石，春秋羅綾各二十五疋，絹各九十五疋，綿四百五十兩。大宗正：錢粟一百八十貫石，麴米麥各二十五稱石，羅綾同上，絹各九十疋，綿四百兩。

正二品。東宫三師，副元帥、左右丞：錢粟一百五十貫石，麴米麥各二十二稱石，春秋羅綾各二十二疋，絹各八十疋，綿三百五十兩。

從二品。錢粟一百四十貫石，麴米麥各二十稱石，春秋羅綾各二十疋，絹各七十五疋，綿三百兩。同判大宗正：錢粟一百二十貫石，麴米麥各十八稱石，春秋羅綾各十八疋，絹各七十疋，綿二百五十兩。

正三品。錢粟七十貫石，麴米麥各十六稱石，春秋羅綾各十二疋，絹各五十五疋，綿二百兩。外官：錢粟一百貫石，麴米麥各十五稱石，絹各四十疋，綿二百兩。統軍使、招討使、副使：錢粟八十貫石，麴米麥各十三稱石，絹各三十五疋，綿一百六十兩。都運府尹：錢粟七十貫石，麴米麥各十二稱石，絹各三十疋，綿一百四十兩。

從三品。錢粟六十貫石，麴米麥各十四稱石，春秋羅綾各十疋，絹各五十疋，綿一百八十兩。外官：錢粟六十貫石，麴米麥各十稱石，絹各二十五疋，綿一百二十兩。【略】

正四品。錢粟四十五貫石，麴米麥各十二稱石，春秋羅綾各八疋，絹各四十疋，綿一百五十兩。外官：錢粟四十五貫石。副統軍：錢粟五十貫石，絹各二十二疋，綿八十兩。餘同下：麴米麥各八稱石，絹各二十疋，綿七十兩，許帶酒三十瓶，鹽三石。

從四品。錢粟四十貫石，麴米麥各十稱石，春秋羅綾各六疋，絹各三十疋，綿一百三十兩。外官：錢粟四十貫石，麴米麥各七稱石，絹各十八疋，綿六十兩。明安：千夫長也。錢粟四十八貫石，餘皆無。烏爾古使牧圉之官也。同。

正五品。錢粟三十五貫石，麴米麥各八稱石，春秋羅綾各五疋，絹各二十五疋，綿一百兩。外官：刺史、知軍鹽使：錢粟三十五貫石，麴米麥各六稱石，絹各十七疋，綿五十五兩。餘官：錢粟三十貫石，麴米麥同上，絹各十六疋，綿五十兩。

從五品。錢粟三十貫石，麴米麥各六稱石，春秋羅綾各五疋，絹各二十疋，綿八十兩。外官：錢粟二十五貫石，麴米麥各四稱石，絹各十疋，綿四十兩。穆昆：百夫長也。錢粟二十貫石，餘皆無。

正六品。錢粟二十五貫石，麥五石，絹各十七疋，綿七十兩。外官與從六品：皆錢粟二十貫石，麴米麥三稱石，絹各八疋，綿三十兩。

從六品。錢粟二十二貫石，麴五石，絹各十五疋，綿六十兩。烏爾固副使同。

正七品。錢粟二十二貫石，麥四石，絹各一十二疋，綿五十五兩。外官諸同知州、軍、都轉運判、諸府推官、諸節度判、諸觀察判、諸京縣令、諸劇縣令、提舉南京京城、規措渠河官、諸都巡檢、諸酒麴鹽稅、副諸正將：錢粟一十八貫石，麴米麥二稱石，絹各七疋，綿二十五兩。諸司屬令、諸府軍都指揮，俸同上。潼關使：錢粟一十八貫石，麴米麥各一稱石，絹六疋，綿三十兩。

從七品。錢粟一十七貫石，麥四石，絹各一十疋，綿五十兩。外統軍司知事：錢粟一十七貫石，麥四石，絹各一十疋，綿五十兩。諸鎮軍都指揮使：錢粟一十八貫石，麴米麥各二稱石，絹各七疋，綿二十五兩。諸招討司勘事官、諸縣令、諸警巡副京兆府、竹監管句、五品鹽使司判、諸部圖哩同提舉、上京皇城司同提舉、南京京城所黃河都巡河官、諸河稅榷場使：錢粟一十七貫石，麴米麥各二稱石，絹各七疋，綿二十五兩。會安關使、諸知鎮城堡塞：錢粟一十五貫石，麴米麥各一稱石，絹各六疋，綿二十兩。

正八品。朝官：錢粟一十五貫石，麥三石，絹各八疋，綿四十五兩。外官：市令、諸録事、諸防禦判、赤縣丞、諸劇縣丞、崇福埽都巡河官、諸酒稅使、醋使、榷場副、諸都巡檢：錢粟一十五貫石，麴米麥各一稱石，絹各六疋，綿二十兩。烏爾古判官俸同上。按察司知事、大興府知事、招討司知事、諸副都巡檢使：錢粟一十三貫石，麴米麥各一稱石，絹各六疋，綿二十兩。諸司屬丞俸同上。諸節鎮以上司獄、諸副將：錢粟一十三貫石，絹各三疋，綿一十兩。南京京城所管句、京府諸司使管句、河橋諸關渡譏察官、同樂園管句、南京皇城使、通州倉使：錢粟一十二貫石，絹各三疋，綿一十兩。節鎮諸司使、中運司柴炭場使：錢粟一十貫石，絹各二疋，綿八兩。

從八品。朝官：錢粟一十三貫石，麥三石，絹各七疋，綿四十兩。外官：南京交鈔庫使、諸統軍按察司知法：錢粟一十三貫石，麥三石，絹各七疋，綿四十兩。諸州軍判官、諸京縣丞、諸次劇縣丞、諸三品鹽司判官、漕運司管句、永豐廣備庫副使、左右別貯院木場使：錢粟一十三貫石，麴米麥各一稱石，絹各六疋，綿二十兩。諸默濟格、諸額爾奇木：錢粟一十三貫石，麥二石，絹各五疋，綿一十五兩。

正九品。朝官：錢粟一十二貫石，麥二石，絹各六疋，綿三十五兩。外官：南京交鈔庫副：錢粟一十二貫石，麥二石，絹各六疋，綿三十五兩。諸警巡判官：錢粟一十三貫石，麴米麥各一稱石，絹各六疋，綿二十兩。諸縣丞、諸酒稅副使：錢粟一十二貫石，麥一石五斗，絹各五疋，綿一十七兩。市丞、諸司候、諸主簿、諸録判、諸縣尉、散巡河官、黃河埽物料場官：錢粟一十二貫石，麥一石，絹各三疋，綿一十兩。管句泗州排岸兼巡檢、副都巡檢、諸巡檢：俸例同上，並無麥。諸鹽場管句、左右別貯院木場副、永豐廣備庫判：錢粟一十二貫石，絹各三疋，綿一十兩。諸都將、隊將：錢粟一十二貫石，麥一石，絹各三疋，綿一十兩。店宅務管句：錢粟一十二貫石，絹綿同上。京府諸司副、南京皇城副、通州倉副、同管句河橋諸副、譏察：錢粟一十一貫石，絹各二疋，綿八兩。諸州軍司獄：錢粟一十一貫石，絹各二疋，綿八兩。節鎮諸司副、中運司柴炭場副：錢粟一十貫石，絹各二疋，綿八兩。【略】

從九品。朝官：錢粟一十貫石，麥二石，絹各五疋，綿三十兩。外官：諸教授：錢粟一十二貫石，麥一石，絹各三疋，綿一十兩。三品以上官司知法：錢粟一十貫石，麥一石，絹各三疋，綿一十兩。司候判官：錢粟一十貫石，絹各二疋，綿八兩。諸防次軍轄：俸同上。諸榷場同管句、左右別貯院木場判：錢粟一十貫石，絹各三疋，綿六兩。諸京作院都監、通州倉判、五品以上官司知法：錢粟九貫石，絹各二疋，綿六兩。諸府作院都監、諸埽物料場都監：錢粟八貫石，絹各一疋，綿六兩。諸節鎮作院都監、諸司都監：錢粟八貫石，絹各二疋。諸司同監：錢粟七貫石，絹同上。陝西、東德州世襲番巡檢，分例月支錢粟一十貫石，絹各二疋，綿一十兩。陝西、西京、原州世襲番巡檢月支錢二貫三百九十文，米四石五斗，絹三疋。河東、北路、葭州等處世襲番巡檢月支錢粟一十貫石，絹二疋，綿一十兩。

《宋會要輯稿・崇儒七・罷貢》〔仁宗天聖〕六年正月十四日詔：川峽諸州軍，自來織造功德進奉之處，今後並罷。先是帝宣諭西川每歲織功德進奉，甚費機巧，宜令止絕。宰臣等奏，不作無益害有益，止之甚便。乃下是詔。【略】

治平四年二月二十六日，神宗即位，未改元，手詔曰：四方入貢，雖云古禮，考之禹制，亦未有若茲之繁也。今則一郡歲有三四而至者，言念道路之勤，疲瘵亦多矣，至聞主押衙校有破業終身不能償者，良可矜憫，耗蠹民物，莫不由斯。又所貢之物，輒多食類，雖闕之亦無害也。《書》不云乎，不作無益害有益，非此謂耶。朕甚不取，今後並可令罷所罷貢物。【略】

《鎮江志》：神宗朝，王巖叟奏：臣伏以陛下即政之初，宜示儉薄，爲天下先。臣竊知四方貢獻，其有非國朝舊例出於繼增而創起者，所在不能無擾，如空州之花綾、祁州之花絁，臣所見而知之者，婺州之細花羅、潤州之花羅，臣所聞而知之者。臣見聞所不及，若此類必多，伏望詔皆停貢，庶成儉朴之風，以隆盛德。

哲宗元祐二年七月七日詔：諸州軍每歲土貢，除舊進數外，近年添進者罷之。

徽宗大觀三年十月二十二日詔：諸路州軍見貢六尚局供奉物，多不急之用，兼聞揀選科配，勞民費財，可令殿中省并提舉六尚局同共相度，具的確合用名色外，餘停貢。既而殿中省同共相度的確合用物件斤數并合停貢名色，不項一，減數十二項。【略】内藏庫椿留江寧府生白瓜子羅三百疋，減作二百疋。【略】河東轉運司白氈五十領，減作三十領，各長八尺，闊四寸尺。真定府明花天净紗共四百疋，減作素直紗二百疋。停貢六項。【略】婺州天净紗三百匹，撫州蓮花紗二百匹。詔依十一月十日中書、尚書省言。奉詔比諸路州郡歲貢，殿中省六尚書供奉之物，多有不急勞民搔下，罷四百四十餘名，所存纔什一二，乞下刑部鏤版遍牒施行。從之。

宣和七年六月二十六日詔：近命有司，考不急之務，無名之費，特加裁定，允協厥中。然化自内始，政由身率，乃克有濟。仰惟熙寧詔書，首罷四方歲貢，明訓具在，祇若先猷，蔽自朕躬，理宜損益，應殿中省六尚局、諸路貢物可止，依今來裁定施行。【略】尚衣局：鎮江府花羅一百匹，梓州青絲綾六十匹，南京輕薄金條紗三十匹。【略】并罷貢。紹興三年正月，合供進土物詔權免。同日詔：楚州土貢紵布一十匹，特與蠲免三年。十月六日詔：揚州歲貢白苧布二十匹，更免一年。

《文獻通考》：四年，先是和州言本州殘破之餘，乞蠲免大禮銀絹。户部奏准半年。中書舍人王居正言：生辰及大禮進貢，乃臣子饗上之誠，初非朝廷取於百姓。若民力無所從出，合預降詔，曲加慰諭，止其進奉，則君臣恩禮兩盡。既不能然，至使州縣自乞，蓋已非是，矧又不許，臣切以爲過矣，望特與蠲免。仍詔户部，淮南諸郡，如合行除放，不須令本處再三申請，庶使恩意自出朝廷，人知感悦。乃詔淮南州軍進奉大禮銀絹並蠲之。

五年六月十六日詔：住罷福清縣觀音院尼歲織土貢及進奉花蕉布二百餘疋。

六年正月八日詔：光州土貢葛布一十匹，收復之初，無可出辦，與免五年。

七年六月十六日詔：吉州有未起發建炎四年分土貢葛苧布等，見下荆湖南路轉運使究治催發，可依處撫州、臨江、興國軍例，特與除放。【略】

二十六年二月三日，執政進呈内藏庫申紹興府自紹興十九年已後，著欠歲貢小綾。上曰：聞小綾民間織造亦費力，已令折錢，可自二十三年已前並與放。

七月二十七日詔：臨安府歲貢御服綾二百疋，自二十六年以後，特與放免。

〔二十七年〕五月八日，宰執進呈四川便民事。上曰：蜀中製造錦繡帟幕，以充歲貢，聞十歲女子皆拘在官刺繡。自朕即位以來，不欲土木被文繡，首爲罷去，蜀人便之。兼後來節次科敷，多所蠲減，想今民力稍寬矣。宰臣沈該曰：四川之民，自此豐足，皆聖恩所及。【略】

三十二年四月十八日詔：安豐軍舊例土貢葛布，淮東諸州土貢白苧布，並與免一年。時以金人侵擾之後，民力不蘇故也。

是年，孝宗即位，未改元。六月十三日登極，赦應諸路出産，【略】自今仰州軍條其土産合貢之物申尚書省下禮部參酌，天地、宗廟、陵寢合用薦獻，及德壽宫甘旨之奉，當議指揮止許長吏修貢外，其餘一切並罷。如州縣奉行滅裂，因緣多取，當以違制論。

時諸州軍所貢，依制歲上户部者：紹興府越綾十匹、輕茸紗三匹，明州綾十匹，衢州、處州綿各百兩，婺州各春羅三十匹、綿百兩，臨安府綾三十匹，鎮江府綾羅各十匹，平江府葛布三十匹，秀州綾，常州白平紗、苧布各十匹，湖白苧匾布二十匹，嚴州白苧布十匹、絹二十匹，建康府羅二十匹，饒州麩金十兩，太平州暗花紗，徽州、寧國苧布各十匹，隆興府葛布三十匹，贛州布二十匹，吉州葛布，袁州、筠州苧布，臨江軍、建昌軍絹各十匹，撫州葛布，揚州苧布各二十匹，滁州銀二十兩，盱眙軍絹十匹，神林基絲十兩，楚州苧布折銀三十兩，泰州隔織折銀二十兩、租桑絲二十兩，廬州紗、絹各十匹，以銀三十七兩四錢二分四釐代之，黄州苧布十匹，舒州銀五十兩，無爲軍、濠州絹折銀各二十五兩，和州苧布、練布各十匹，蘄州貢布折銀七十七兩，安豐軍、光州葛布、葛各十匹，建寧府練布五十匹，興化軍葛布，泉州蕉布、葛布各十匹，綿各百兩，邵武軍布，荆南府綾并布各十匹，荆門軍布折銀十兩六錢三分，復州苧布，漢陽軍貲布，岳州、歸州紵布，德安府布各十匹，鄂州銀三十兩，靖州金二兩，班紬、白絹各二匹，常德府白紵布并紵布，練布，三色折銀四十五兩，澧州綾折銀三十兩，信陽軍苧布折銀十兩，潭州葛布三十匹，永州布十匹，衡州麩金五兩，紵布十匹，柳州、道州苧布各十匹，桂陽軍銀五十兩，邵州金二兩、銀十兩，泉州葛布，并武岡軍、英州布各十匹，潮州蕉布五匹，新州銀十兩，韶州絹十匹，肇慶府代絹銀二十兩，南恩州、封州銀各十兩，連州白苧布，夔州絹各十匹，開州絹五匹，萬州、惠州麩金各三兩，達州鼊紬五匹，涪州、恭州、南平軍絹各一匹，梁山軍綿百兩，叙州葛布一匹，潼州府盤雕熟白綾五匹，濤頭水波紋綾五匹，並常貢物，遂寧府常貢、土貢樗蒲綾各十匹，瀘州金五兩，懷安軍紬十匹，富順監金十兩，嘉州麩金三兩，蜀州軍絲羅十匹，成都府花羅六疋、綬帶錦三匹、高紵布十匹，綿州苧布十匹、綾五匹，漢州苧布，邛州苧布，邛州絲布各十匹，簡州錦紬二十匹，麩金五兩，襄陽府紗，郢州白紵布，光化軍白素、金條紗各十匹，隨州銀七十七兩，房州紵布五匹，金州麩金二兩，洋州隔織五匹，常貢隔織三匹，利州麩金五兩，閬鐵十斤，興元府烟脂十斤、紅花五十斤，閬州蓮綾十匹，龍州麩金三兩，巴州綫紬五匹，蓬州黄紵綾十匹，綿紬、白綾各五匹。【略】

《維揚志》：〔隆興〕三年赦文：罷揚州歲貢紵布二十匹，以孝宗登赦條具州軍土産貢物，天地祖宗薦獻及德壽甘旨外並罷，故揚州紵布罷貢。

《宋會要輯稿・食貨三八・和市》 崇寧五年三月二十七日詔：訪聞川峽路和買絹布數目，比元豐倍多，及以交子度牒充折買價，致細民難以分擘貸賣，皆被豪右操權，坐邀厚利，民間頗以爲擾，可令川峽逐路轉運司，嚴切指揮諸州縣，各將元豐年中支俵和買絹布數目，取其間最多者一年立爲永額，只依舊所立俵直，以見錢俵散，其元豐中不曾支俵州縣，乃是不産絲麻瘠薄地分，即不得加額。委提刑提舉司常行點檢，如有不實及違法過額，抑勒俵散，並具聞奏。其違法官司，當以違制科罪，不以去官赦降原減。如於應副他路，却有妨闕，即具折聞奏。

神宗熙寧四年十月十九日詔：近雖令陝西、河東諸路，止絶蕃漢百姓，不得與西賊交易。訪聞止是去冬及今春，出兵之際，略能斷絶，自後肆意往來，所在無復禁止。昨於三月中有大順城管下蕃部，數持生絹白布、發色羅、錦、被褥、臈茶等物，至西界辣浪和市，復於地名黑山嶺與首領歲美泥咩七悖訛等交易，博過青鹽，乳香、羊貨不少。況近方令回使議立和市，苟私販不絶，必無成就之理，及未通和之間，使賊有以窺測我意，深爲不便，可申明累降指揮，再下逐路經略司，遵守施行。

孝宗隆興二年二月二十一日詔：令四州總領所措置椿辦錢一百萬貫，招誘商販乾姜、絹、布、茶貨、絲麻之類，增直收買。仍委宣撫司同本所措置，於近邊置場博易軍須等物，應副支用，及約束州縣，常切鈐束專欄，不得高喝税錢，務要優潤客人，廣行興販。中書門下言：西北必用之物，而本處所無，如乾姜、絹、布、茶貨、絲麻之類，訪聞有商旅私相博易，不惟失陷税課，兼恐漏泄事宜，故有是命。

《宋會要輯稿・食貨四一・和糴》 高宗建炎四年六月十日，中書門下省言：四川每年合赴内東門司及内藏庫送納進貢匹帛，累年不到。詔令張浚催促，依年例送納。如有已起在路，及截留椿管數目，並仰津發赴行在送納。紹興〔三〕年五月十四日，都省言：揚州依格合發土貢細紵布，係是温、泉州出産之物。本州累經殘破，目今並無客販，望權蠲免二年，候將來成井邑起税賦日依舊。從之。【略】

紹興十年十二月，進奏院上諸路貢物：青州仙紋綾一十匹、棗一萬一千顆。濰州綜絲絁一十匹。隨州絹三十匹。慶州紫茸白花氊四領。邢州解玉砂一百斤。亳州絹一十匹。蘄州白花蛇五斤。海州獐鹿皮二百張。越州綾一十匹。鼎州布一十匹。成都府花羅六匹、高紵布一十匹。昌州絹一十匹。遂州樗蒲綾一十匹。簡州綿紬二十匹。洋州隔織三匹。蜀州春羅四匹。梓州綾一十匹。蓬州綜絲綾一十匹。泉州花素絲布二百匹。

《宋會要輯稿・食貨六四・匹帛》 始乾德五年訖乾道八年

凡税租之入，羅八百六十匹：兩浙路，夏八百六十匹。綾一萬四千二百九十一匹：京東西路，夏四千三百二十二匹。河北東路，夏七千三百一十五匹。淮南西路，夏二千八百七十一匹。夔州路，夏八十三匹。絹二百九十三萬五千五百八十六匹：府界，夏四萬六千三百七十二匹。京東東路，夏二(千)〔十〕六萬三千一百九十四匹，秋一萬九千六百四十六匹。西路，夏二十萬七千五百八十九匹。京西南路，夏一萬八千四百九十七匹，秋三匹。北路，夏二十九萬八千二百五十九匹。西路，夏二十三萬九百一十匹。淮南東路，夏四萬六百四十六匹。西路，夏三萬九千三十八匹。兩浙路，夏六十七萬三千九匹。江南東路，夏三十六萬七千一十一匹，秋一萬六千六百四十八匹。西路，夏一十萬五千四百七十八匹，秋六十匹。荊湖南路，夏四十五匹。北路，夏一十二萬二千六十四匹，秋九千七十三匹。福建路，夏二萬八千五百四十五匹。成都府路，夏六萬三十七百六十匹。梓州路，夏一十二萬一千三百八匹，秋九萬二千八十八匹。利州路，夏六萬五千八百六十匹，秋四萬五千七百九十匹。夔州路，夏一萬七千一百七十六匹，秋二千二百六十四匹。絁四萬七千八百六十一匹：京西北路，夏四十二匹。河東路，夏二萬二千七百二十六匹，秋三匹。淮南東路，夏二千一百四十九匹。西路，夏二千二百四十七匹。荊湖南路，夏二萬六百九十四匹。紬四十一萬五千五百七十匹：府界，夏三千八百五十一匹。京東東路夏二萬五千五百三十二匹，秋七千七百二十一匹。西路夏二萬一千五百七十四匹。京西南路，夏二千五百一十四匹。北路，夏三千五百三十匹。河東路，夏五萬二千九百八十八匹。西路，夏四萬七百五十三匹。淮南東路，夏一萬五百三十七匹。西路，夏八千三百一匹。兩浙路，夏一十萬四千二百五十六匹。江南東路，夏六萬二千六十七匹，秋二百二十一匹。西路，秋二十五匹。荊湖北路，夏一萬一千七百五十三匹，秋一萬二千七百五十三匹。成都府路，夏一萬一千七百三匹。梓州路，夏一萬四千六十匹，秋五千七百八十匹。利州路，夏九千四十六匹，秋二千六百三十匹。夔州路，夏四千六百七十六匹，秋四十六匹。　布四十八萬七千八百四十七匹端：京東路，夏二百七十九匹，秋四萬九千五百五十八匹。京西南路，夏六萬九百六十一匹端。永興軍等路，秋八百端。秦鳳路，秋三百五匹。河東路，夏一十萬九千六百一十八端，秋四萬一千四百九十八匹端。淮南東路，夏九千九百一十八匹，秋五百四匹。夏西路，夏二千三百八十九匹，秋九匹。江南東路，夏九千三百一十匹，秋五百八十六匹。西路，夏二千八百八匹。荊湖南路，夏七萬三千七百七十二匹。北路，夏一萬二千九百一十匹，秋二千六百七十一匹。廣南西路，夏一十萬五千六百四十七匹。成都府路，夏四千五百五十四匹。利州路，秋二十二段。　絲綿九百一十一萬五千四百二十一兩：府界，夏一十七萬六百三十三兩。京東東路，夏三萬五千九十九兩，西路夏四十六萬九千三百三十二兩。京西南路，夏六萬二千九百二十八兩。北路，夏五十萬八千二十三兩，秋三百九十二兩。永興軍路，夏一百一兩。秦鳳路，夏一千二百二十六兩。河北東路，夏六十一萬八千八百四兩。西路，夏九十五萬五千八兩。河東路，夏八十六兩。淮南東路，夏六十六萬二千八百三十五兩。西路，夏四十五萬二千五百九十五兩。兩浙路，夏二百萬四千八百兩。江南東路，一百一十九萬八千二百四十四兩。西路，夏三十四萬四千七百八十四兩。荊湖北路，夏一十九萬八千一百一兩。成都府路，夏八十三萬一千五百五兩。梓州路，夏三十萬七千六百五十兩，秋一十二萬三千七百三十四兩。利州路，夏一十五萬六千五百六兩，秋三萬八千一百六十四兩。夔州路，夏九萬四千四百三十九兩。

凡山澤之利，綾四萬四千七百七匹：鹽利五百二十二匹，榷易三千一百八十七匹，諸路雜税官鹽一匹，買撲五十九匹，酒麴買撲三千一百二十六匹，房園一匹，入中博糴買賣三萬七千八百一十一匹。　羅五萬七千九百三十二匹：入中博糴買賣五萬七千九百三十二匹。　絹三百九十九萬八千七百一十八匹：鹽利一十二萬二百八匹，茶租一千九百一十六匹，川陝路鹽井課利十二萬二百八匹，榷易一十五萬四千八百三匹，府界買撲酒麴九匹，房園五十四匹。諸路雜税官鹽五百九十六匹，買撲八千五百四十四匹，酒麴買撲一十四萬六百二十二匹，房園四千九百七十八匹。入中博糴買賣三百四十四萬六千七百六十匹。　紬八十萬二千九百二十七匹：鹽利三萬九千五十五匹，茶租二千一十匹。川陝西路鹽井課利三萬九千五十五匹，榷易五萬七千二百六匹。諸路雜税官鹽一百五匹，買撲二十三百六十八匹，酒麴買撲五萬四千六百六十四匹。房園六十九匹。入中博糴買賣六十萬八千三百九十五匹。　布一百九萬九千六百二十六匹端：鹽利一百九十五匹，榷易一萬三百九匹端。諸路雜税官鹽五端，買撲一百三十四匹端，酒麴買撲一萬一百六十九匹端。房園一匹。市舶三百三十五匹段。入中博糴買賣一百七萬八千四百七十八匹端。　絲綿四百六萬六千五百五十四兩：鹽利七萬一千九百三十一兩。川陝路鹽井課利七萬一千九百三十一兩。榷易二十六萬九千九百一十一兩。府界買撲酒麴二百七十五兩。房園一百七十三兩。諸路雜税買撲一萬一千七百五十一兩。酒麴買撲二十五萬一千一百一十四兩。房園六千五百九十八兩。入中博糴買賣三百三十八萬二千八百七十兩。

凡歲總收之數，錦綺鹿胎透背九千六百一十五匹：在京二千七百九十九匹。諸路三千四百八匹。京東東路二百五十匹。秦鳳路一匹。河北西路一千二百四十六匹。兩浙路一十匹。福建路二段，廣南東路一匹。成都府路一千九十四匹段，梓州路八百四匹段。　羅一十六萬六百二十匹：在京三百一十四匹。諸路八萬二百三匹。京東東路四匹。西路七匹。永興軍路一匹。河北東路四匹。西路一十八匹。淮南東路二十二匹。西路一十二匹。兩浙路六萬五千七百三十一匹。江南東路一萬二千四百九匹。西路一匹。荊湖北路四十二匹。福建路二十八匹。廣南東路一匹。西路一匹。成都府路一千五百二十四匹。梓州路四百一十八匹。　綾十四萬七千三百八十五匹：在京一千三百四十四匹。諸路七萬二千九百九十五匹。京東東路四百四十七匹。西路五千四百六十八匹。京西南路三匹。北路二十五匹。永興軍路六十匹。秦鳳路一十四匹。河北東路二萬二千三百二十一匹。西路三十五匹。河東路三百七十九匹。淮南東路七匹。西路四千一百六匹。兩浙路一千三百六十九匹。江南東路一千四匹。西路四匹。荊湖北路五匹。南路七匹。福建路四十三匹。廣南東路一十二匹。成都府路一萬六千七百九十三匹。梓州路二萬六百匹。利州路一千二百八十九匹。夔州路八十八匹。　絹五百三十八萬二千七百九匹：

在京七千五百七十八匹。京西南路一十三萬七千三百九十六匹。北路一十一萬三千九百四十匹。永興軍路六十六匹。秦鳳路三千七百一十七匹。河北東路六十七萬九千四百七十匹。西路三十二萬三千八百九十九匹。河東路一百六十八匹。淮南東路七萬一千五十一匹。西路六萬五百三十七匹。兩浙路一百六十六萬七千二百八十五匹。江南東路六十萬六千三百三十四匹。西路四十二萬八千一十匹。荊湖北路三十一萬二千九百二十三匹。南路七千九百三匹。福建路二萬八千九百一匹。廣南東路五百九十四匹。西路五百七十匹。成都府路三十三萬七千三百五十七匹。梓州路三十八萬一千三百五十三匹。利州路一(千)(十)九萬九百二十三匹。夔州路二萬八千九百三十五匹。 絁、綾、縠子、隔織一千一萬一千七百一十六匹：在京一千七百四十六匹。諸路五萬四千九百九十匹。京東東路二十四匹。西路一百九十八匹。京西南路二十三匹。北路一百六十匹。永興軍路三十六匹。秦鳳路三匹。河北東路八匹。西路一十二匹。河東路二萬二千八百二十一匹。淮南東路二千五百匹。西路二千六百一十四匹。兩浙路三百七十六匹。江南東路一十匹。西路二匹。荊湖北路三匹。南路二萬三千七百五十匹。福建路七十五匹。廣南東路五十匹。西路四百三十匹。成都府路一千八百二十一匹。梓州路六十九匹。利州路三四。 紬二百二十九萬九百六十六匹：在京三百九十匹。府界三千八百五十一匹。諸路一百一十七萬三千二百六十六匹。京東東路一十萬二千八百二匹。西路八萬七千八百七十匹。京西南路一萬七千一百八匹。北路四萬八百六十六匹。永興軍路一千一百二十三匹。秦鳳路三百七十五匹。河北東路八萬九千五十九匹。西路五萬六百二十七匹。河東路三十三匹。淮南東路二萬六百五十五匹。西路一萬八千九百三十九匹。(西)(兩)浙路一十七萬一千五百一十一匹。江南東路一十八萬四千八百一匹。西路七萬五千九百五十一匹。荊湖北路七萬二千五百四匹。南路二千二百六十三匹。福建路二十六匹。廣南東路四匹。西路三匹。成都府路八萬六千三百二十九匹。梓州路八萬七千五百二十六匹。利州路五萬三千一百五十二匹。夔州路九千七百四十匹。 布三百一十九萬二千七百六十五匹端段：在京二十八匹。府界九匹段。諸路一百五十九萬六千三百六十四匹。京東東路一十九萬六千二百八十三匹。西路二百四十二匹。京西南路七萬八千六百八十匹。北路四百四十一匹。永興軍路一千五百一十一匹。秦鳳路六百五十三匹。河北東路一十二萬八千九百八匹。西路一十二萬四千一百二十七匹。河東路一十五萬九百九十匹端。淮南東路一萬一千二百一十四匹。西路三千八百七十匹。兩浙路三千三百七十二匹。江南東路一萬一千四匹。西路五千四十七匹。荊湖北路一萬七千二百二十三匹。南路一十萬一千九百六十二匹。福建路九百九十五匹。廣南東路四百六十二匹。西路六十七萬九千七百九十一匹。成都府路五十五萬四千七百三十九匹。梓州路一萬一千七百八十七匹。利州路五百八十五匹。夔州路二千四百七十八匹。 絲綿茸線一千三百八十五萬二千七百九十七兩：在京四十六萬四千八百七十四兩。府界一十七萬三千一百七十九兩。諸路一千三百一十一萬七千六百三十七兩。京東東路二十二萬九千三百五十四兩。西路五十一萬五千六百七十七兩。京西南路一十五萬一千三百七十五兩。北路六十三萬七千三百六十六兩。永興軍路四萬一百四十八兩。秦鳳路一萬六千八百二十三兩。河北東路一百一十三萬四千六百五十三兩。西路一百三十三萬四千一百二十七兩。河東路五千七百九十九兩。淮南東路七十一萬七千二十八兩。西路四十七萬四千五百三十兩。兩浙路二百九萬五千三百四十五兩。江南東路一百三十萬九千一百三十九兩。西路三十六萬八千一百九十六兩。荊湖北路二十二萬九千四百三十三兩。南路一十萬一千九百六十二兩。福建路三萬三千四百四十八兩。廣南東路二萬六千六百四十七兩。西路四百八十九兩。成都府路一百四十八萬四百八十兩。梓州路一百二十三萬四千七百二兩。利州路八十五萬四千九百一十三兩。夔州路一十萬四千一百一十三兩。 雜色匹帛五萬六千一百三十一匹：在京二萬七千八百八十九匹。府界二匹。諸路一萬四千一百二十匹。京東東路九十一匹。西路一百五十八匹。京西南路六十五匹。北路六百二匹。永興軍路三百一十一匹。秦鳳路一百六十匹。河北東路八百五十四匹。西路一百二匹。河東路三百四十四匹。淮南東路四十七匹。西路一百九匹。兩浙路一百七十八匹。江東東路二百二十八匹。西路一十八匹。荊湖北路一百六十三匹。南路八十一匹。福建路五百九十三匹。廣東東路三百二十七匹。西路一十五匹。成都府路三百一十五匹。梓州路七千九百七十二匹。利州路一千一百三匹。夔州路三百八十四匹。

凡諸路上供之數：錦綺鹿胎透背一千一十匹。京東東路二百五十匹。淮南西路一匹。成都府路七百五十九匹。 羅一十萬六千四百八十一匹。河北西路四匹。淮南東路二萬四千七百五十匹。西路五匹。兩浙路六萬九千六百五十七匹。江南東路一萬一百一十四匹。成都府路一千九百四十二匹。　綾四萬四千九百六匹：京東東路五十二匹。西路一萬一千四百匹。河北東路一萬六百匹。河東路三匹。淮南西路六千四百一十七匹。兩浙路二千二十九匹。江南西路三匹。成都路六千一百二十六匹。梓州路八千三百三十匹。　絹二百八十七萬六千一百五匹：府界二萬一千五百七十七匹。京東東路三十九萬八千八百四十九匹。西路二十九萬六千八百一十二匹。京西南路二萬一千七百六十五匹。北路二萬一千七百九十一匹。河北東路一萬二千匹。西路七千匹。淮南東路一十二萬一千七百六十八匹。西路八萬四千一百九十一匹。兩浙路一百五萬八千五十二匹。江南東路四十萬五千八百三十四匹。西路三十二萬七百八十七匹。荆湖北路八萬四千七百三十三匹。成都府路七千三百六十九匹。梓州路一萬三千六百七十二匹。利州路一十五匹。　絁、紗、縠子、隔織、通身六千六百一十一匹段：京東東路一十六(匹)。京西北路三百七十五匹。河東路一匹。淮南東路一千七百六十三匹。西路二千九百二十八匹。兩浙路一十九匹。成都府路一千四百四十二匹。梓州路六十七段。　紬四十六萬八千七百四十四匹：京東東路七萬七千五百九十六匹。京西南路三千四百三十九匹。北路四千九百二十七匹。河北東路二百六匹。淮南東路三萬五千三百匹。西路三萬七千六百三十六匹。兩浙路一十二萬四千二百八十五匹。江南東路九萬三百三十匹。西路六萬四千八百八十七匹。荆湖北路二萬九千七十一匹。成都府路三十四匹。梓州路二千一百八十三匹。　布五十五萬五千八百二十九匹端：京東東路七萬六百九十六匹。西路七千八百三十匹。河東路一端。淮南西路一匹。江南東路七百三十匹。西路一匹。荆湖南路一十二萬三千四十匹。北路三十五萬一千六百一十九匹端。福建路二百匹。成都府路七百八匹。梓州路一千四匹。　綵綿二百三十六萬五千八百四十八兩：京東東路一十一萬九千一百一十二兩。西路二千兩。淮南東路九萬六千二百七十九兩。西路三萬五千四百二十九兩。兩浙路一百六十一萬三千三百七十九兩。西路三萬五千四百二十九兩。兩浙路一百六十一萬三千三百九十八兩。江南東路四十萬八千九百四十三兩。西路九萬一千兩。荆湖北路六百七十五兩。成都府路一十二兩。　雜色匹帛四萬八千九百五十一匹：京東東路五匹。西路二匹。河東路二匹。成都府路二萬八千七百六十七匹。梓州路二萬一百七十三匹。利州路二匹。

諸路合發布帛總數：紬三十九萬九千八百三十六匹三丈四尺。絹二百一十萬四千七百四十四匹一尺六寸。羅二萬一千一百二十四匹。綾四萬八千二百三十三匹。平絁三千匹。布七十七萬一千匹。端紫碧綺一百八十匹。錦一千七百匹。

浙東路上供紬八萬四千九百六十四匹，內折錢六萬七千四百六十二匹一丈二尺，折綾四千一百四十匹，本色一萬三千三百六十一匹三丈。絹四十三萬六千九匹，內折錢一十萬八千六百三十五匹三丈三尺，本色三十二萬七千三百七十三匹九尺。羅二萬一千一百二十四匹。綾五千二百三十四匹。淮衣紬八千六百一十一匹，內折錢六千八百八十九匹，折綾七百五十二匹，本色九百七十匹。絹四萬九千三百三十二匹，內折錢一萬四千八百匹，本色三萬四千五百三十二匹。福衣紬七百五十七匹，絹三千七百八十匹，天申節絹四千五百匹，大禮絹三千五百匹。　浙西路上供紬九萬二十八百四匹，內折錢五萬八千三十四匹，折綾一萬二千三百四匹，本色二萬二千四百三十匹。絹三十八萬一千二百二十九匹，內折錢一十四萬三千八百五十二匹四尺二寸，本色二十三萬七千三百七十六匹三丈七尺八寸。綾八千七百六十六匹。淮衣紬一萬六千三百二十八匹，內折錢一萬二千二百四十二匹，本色四千二百七十八匹。絹一十三萬六千八百五匹，內折錢三萬九千四百二十一匹三丈一尺，本色九萬七千三百九十三匹三丈一尺。福衣絹一千四百四十匹，天申節絹七千匹，大禮絹三千七百匹。

江東路上供紬九萬八千八百七十餘匹，內折錢七萬九千一十四匹，本色一萬九千八百四十八匹。絹四十萬六千三百三十餘匹，內折錢一十一萬九千六百五十八匹，本色二十八萬六千六百七十四匹。淮衣紬二萬六千五百三十餘匹，內折錢二萬一千二百二十九匹，本色五千三百六匹。絹一十三萬七千九百五十餘匹，內折(錢)四萬一千三百八十六匹，本色九萬六千五百六十八匹。浙衣紬六百匹，絹二萬八千匹。福衣紬一千一百九十七匹，絹四千五百六十八匹半。天申節絹三千匹，大禮絹五千五百匹。　江西路上供紬五萬二千五百八匹，內折錢四萬二千六匹一丈六尺八寸，本色一萬五百一匹二丈五尺三寸。絹三十萬五千四百七十五匹，內折錢九萬一千六百四十二匹二丈三尺一寸，本色二十一萬三千八百三十二匹二丈五尺九寸。淮衣紬一萬三千四百一十八匹三丈四尺，內折錢一萬七百三十五匹二尺，本色二千六百八十三匹三尺。絹六萬七千二百四十五匹八尺，內折錢二萬一百七十三匹二丈三尺四寸，本色四萬七千七十一匹二丈六尺六寸。福衣紬二千一十二匹，絹七千五百六十八匹。天申節絹四千匹，大禮進奉絹四千七百匹。　淮東路天申節絹一千二百五十匹，大禮絹三千七百匹。　淮西路大禮絹三千七百匹。　湖南路上供平絁三千匹。天申節絹二百匹，大禮二百匹。　湖北路上供紬三百七十七匹。絹三千九百五十九匹五丈三尺八寸。布八百匹。天申節絹九百匹，大禮進奉絹四千二百匹。廣東路天申節絹一千六百匹，大禮絹三千匹，已上並折銀。　廣西路上供布一十萬匹折錢。天申節絹三千二百五十匹，大禮絹三千二百五十匹，並折錢。成都府路上供羅四十五匹。布六十七萬二百匹。紫碧綺一百八十匹。生大綾七千八百六十五匹。錦一千七百段。天申節絹六千五百匹，大禮絹六千五百一(匹)。潼川府路上供綾二萬六千三百六十八匹。絹一萬二千一百七十匹。天申節絹五千三百匹，大禮絹五千三百匹。　夔州路上供紬八百六十匹。絹二萬二千三百三十二匹。天申節絹三千五百匹，大禮絹三千五百匹。　利州路上供絹一千五百匹。天申節絹四千五十匹，大禮絹四千二百五十匹。　浙東路上供紬一萬三千三百六十一匹三丈。絹三十二萬七千三百七十三匹九尺。綿六十四萬七千五百三十四兩五錢。絲二萬五千三百八十九兩。羅二萬一千一百二十四匹。綾五千二百三十四匹。淮衣紬九百七十匹，絹三萬四千五百三十二匹。福衣紬七百五十七匹，絹三千七百八十匹，綿三萬二千二百四十一兩五錢。浙西路上供紬二萬二千四百三十匹。絹二十三萬七千三百七十六匹三丈七尺八寸。綿二十四萬一千五百九十六兩五錢。絲七萬五千兩。綾八千七百六十六匹。淮衣紬四千二百七十八匹，絹九萬七千三百九十三匹二丈一尺。福衣紬一千四百四十匹。　江東路上供紬一萬九千八百五十二匹三丈七尺八寸。絹二十八萬六千六百八十一匹二丈六尺六寸。絲二萬八千二十二兩。綿六十一萬四千四百七十二兩二錢。淮衣紬五千三百八匹，絹九萬六千五百七十二匹。浙衣紬六百匹，絹二萬八千匹，綿八萬五千兩。　福衣紬一千一百九十七匹，絹四千五百六十八匹半，綿一萬九千四十七兩。　江西路上供紬一萬五百一匹二丈五尺二寸。絹二十一萬三千八百三十二匹二丈五尺九寸。絲五萬二百兩。綿八萬六千三百六十四兩。淮衣紬二千六百八十二匹三丈二尺，絹四萬七千七十一匹二丈六尺六寸。福衣紬二千一十二匹，絹二千五百六十八匹半，綿二萬九千六百七十四兩。　湖南路上供平絁二千匹。　湖北路上供紬三百七十七匹。絹四千八十三匹八尺四寸。絲一萬二千四百四十九兩六錢。布八百端。　利州路上供紬一千五百匹。絲四十兩。　成都府路上供紫碧綺一百八十匹。生大綾七千八百六十五匹。川毛布二百匹。錦一千七百段。布六十七萬匹。　潼川府路上供綾二萬六千三百六十八匹。絹一萬一千一百七十匹。絲二萬兩。　夔州路上供紬二萬二千三百三十二匹。紬八百六十匹。綿一萬四千兩。　已上十路，據戶部供到合發上供外，餘福建、京西、廣東、廣西、淮東、淮西六路並無合發數。

大中祥符三年閏二月九日，河北轉運使李士衡言：本路歲給諸軍帛七十萬，民間罕有緡錢，常預假於豪民，出倍稱之息。及期，則輸賦之外，先償逋負，以是工機之利愈薄。請令官司預給帛錢，俾及時輸送，則民利獲而官亦足用。從之，仍令優與其直。八年七月詔：并州置場，中買軍人所給衣絹。初，言事者稱并州軍衣，歲給絹四萬餘匹，並自京輦送。如聞軍中得之悉以貿易地絁，起今如有願中賣入官者，每匹官給錢千二百文，可省輦送之半。詔三司定，特悉以爲便，故從其請。九月，詔三司給沿邊戍兵冬衣，不得以輕纖物帛充支。初，河北轉運司言：歛以轄下諸州，買撲酒課，及次遠軍州，折納紬絹充軍衣，却以天雄軍等處絹上供。帝慮其虧軍士，故有是命。九年八月詔：三司道州府上供物帛，並須四十尺已上。其輕纖短狹者，收其直罪之。天禧元年三月，三司請令益州罷供鹿胎、透背，悉以衣帛上供，以給軍衣。帝曰：此色皆内藏所實，每郊禮以充賞給，罷之非便，令三司與内藏同議以聞。

景祐元年五月七日，中書門下言：在京及諸道州府臣僚士庶之家，多用錦背及遍地密花透背段等製造衣服，欲並禁止。從之。閏六月二十一日，三司言：準勅禁止錦背段子等，勘會内衣庫，見管諸般段子，萬數不少，乞留充北朝人使到闕相兼支賜。從之。二十二日，梓州路轉運使張從革言：乞申明條貫，禁絶透背段子等，所貴刑名，別無疑慮。詔應遍地密花錦背段子及織成遍地密花錦背衣服等，並依舊禁斷，其餘稀花、團窠、雜花不相連接者，更不禁止。

七年十一月二十八日，詔：應預支人戶紬絹價錢，令隨夏稅送納，朝廷之意，本在利農。近年降數多，三司每年約度只合要紬絹務在裁減，仍先具數申奏，下中書相度指揮。内江西一路多以鹽充折絹價，虧損小民，轉運司今後須管支見錢和買。

皇祐二年閏十一月，出内藏庫緡錢四十萬，紬絹六十萬，下河北便糴糧草。先是，河朔頻年水灾，朝廷蠲民幾盡，至秋，禾稼將登，而鎮定復大水，並邊尤備其害。仁宗憂軍儲不給，故特出内府錢帛以助之。

至和元年二月，三司言：陝西、河東，歲減西川所上物帛而軍衣不足。又河北入中糧草數多，未有紬絹筭還，請貸内藏庫紬十萬、絹四十萬，欲乞輸左藏庫緡錢十萬餘計其值以限計還。從之。三年十二月詔：陝西路轉運司本路軍裝紬、絹、錦，皆出益、梓、利州路。今邊事久寧而戍兵減，宜寬三路所輸，若支軍衣而願買官，以中估收市之。

嘉祐四年正月十四日，三司言：乞下内藏庫交撥錢銀、紬絹、綺、綾、羅、紗、縠等，準備郊禮賞給。從之。

英宗治平元年閏五月二十八日，三司言：乞下内藏庫撥借綾、羅等七萬六千四百六十四赴左藏庫，以助支賞。從之。

二年十二月二十三日，三司言：乞下内藏庫撥借銀、綾、羅等二萬九千四百八十六匹赴左藏庫收管，充備支遣。從之。

四年三月，神宗即位，未改元，三司言：在京粳米約支得五年已上，欲乞於上供年額六百萬石内將粳米五十萬石自今發運司體量米貴處與減下和糴數目，却令買金銀絹帛上京，候約支不及。四年即添三十二萬石，上件錢帛於榷貨務封椿，分與三路，以備軍需，候充羨，即留在京。從之。六月二十九日詔：在京臣寮并宗室公使錢，買馬價錢，並半折絹。諸醮道場大會，並折以絹。

神宗熙寧二年十月四日，三司言：乞自今後，除傳宣及合同取索、御前使用并太皇太后、皇太后、皇后以下，春冬折洗，及支賜各國蠻人，折角入國人使到京等料，依舊出染練絹外，有□系支賜臣寮之家，及筵宴合用綵絹，許請人於元支庫，分換支生帛折等二等絹。如内中取索綵絹，却於數中要換生帛折絹者，依此。詔除太皇太后合供衣着并與外國者，並依舊外，其供皇后宫及内人衣著，即令内東門司逐時計會，合要生絹，或衣著臨時供應，餘並支合染色額生白絹。

三年二月，京東轉運司言：準詔，訪聞本司去歲和買絹，多抛數於人户，上配散每錢一千買絹一匹，後來却令買稅絹並每匹納錢一千五百文，又於等第，一例配俵粟豆錢，令件折以聞。緣所散粟豆錢，要濟民用，只召情願，即非配俵，詔已行常平倉新法，今後更不得支俵粟豆錢。其支散内藏庫别額紬絹錢五十萬貫，候納到本錢，即撥椿充北京封椿，所收息利，於内藏庫送納。

元豐二年八月二十六日，成都府言：歲額上供錦預支絲紅花工直與機户顧織，多苦惡欠負，昨創令軍匠八十人織，比舊費省而工善，令先織細法錦。從之。

徽宗政和四年五月十五日，詳定一司勅令所奏：今修立下條諸應副他路軍衣物帛，有粉藥、紕疎、輕怯、短狹者，元買納官司計所虧官準盜論罪，輕者徒一年，元驗官司減一等。從之。先是淮南轉運司奏本路合要軍衣，係江浙路供應。近年以來，多被逐路官庫合干人與管押人表裏作弊，將短狹、粗疎、輕薄、粉糊、僞濫紬絹，起發前來，乞立法禁止故也。

五年正月二十一日，尚書省言，新知拱州宋康年奏：臣前任淮南轉運副使日，代見本路每年管催夏稅紬絹，並爲上供内府支用，淮南路並無尺寸。現在所有本路一歲諸軍春冬兩路衣賜，全仰兩浙、江東西州軍。兩浙路近因起發軍衣不堪，致悮軍裝，其淮南路轉運司曾被責罰，以至江東西所發軍衣，常是過期不到，有妨支散。伏望特降睿旨，下淮南轉運司，如至時委是過期不到，即據已到本色紬絹，那融見錢，相兼準折支散，不致有誤軍裝支用。詔兩浙、江東西州軍，支淮南路軍衣，如過期不到，依法施行外，人吏配千里。

七年七月十日詔：逐路諸司每歲收到絲綿紬絹，若年終支用不盡，並行椿管，具數申尚書省，仍估中價，以坊場錢兑買，起撥赴大觀西庫送納。從度支員外郎張勸請也。

宣和三年六月十日詔：令諸路提舉司，委官取索諸司支用不盡，及無支用見變轉及折支紬絹綾羅錦，依時價以上供錢兑買，起發上京。如上供錢兑買不盡，即以諸司封椿錢兑買。其上供錢兑買到數，並赴左藏庫送納。用諸封椿錢兑買到數，並赴元豐庫送納。仍先具合兑買起發色額數目，限三日聞奏。其起發日限，依起封椿紬絹等已得指揮。

六年閏三月二十二日，尚書省言：奉御筆，諸軍今歲春衣紬絹布，近今取樣呈例，皆紕薄陳爛不堪，衣著布爲尤甚，恐非諸路元上供和買之，致使人兵不赤露，軍容不振，今降給散樣付尚書省，可根究有司，有無情弊，因依進呈，仍自今預行措置，將來軍衣，勿令更以此粗弱闕悮。其户部官全然廢弛，失職弗虔，各與降兩官責後効，詔榷貨務官各降一官，元收買合干人送大理寺決杖一百，大觀、元豐、左藏東庫、布庫官，并合干人各降一官資，無官資可降罰銅二十斤，當撫洪、夔、桂、袁州、遂寧府買納官，各降一官資，知通令承及當職官各罰銅二十斤，仍令逐路提刑司具諸州府合降官資人職位姓名，申尚書省。二十七日，申尚書省，言諸路州縣，應受納及和買合上供紬絹布等，轉運司取索看驗，其合發綱樣，並仰取酌中物帛，如法封記起發，即不得揀選高下色作樣，仰巡尉催綱及排岸司常切嚴察。管押人如敢作弊換易，即送所屬更治，申尚書省取旨。如覺察得換易數多，仰逐州保明，申取朝廷指揮，特與推賞。在京交納庫務，並須如法看驗交納，若內有不堪支充衣賜者，取旨黜責，仍別行補發。遇支衣，委户部長貳、太府寺卿少，前期躬詣所支庫務點檢，如堪充衣裝，方得支散，仍並前十日具狀保明聞奏。左藏庫布，每遇支遣衣賜，自來係太府寺前期進樣，多是揀選上色堪好物帛進呈，其所支衣賜，往往與樣不同，今後並仰取中等物帛代進，謂如闕河北絹，以京東絹代支之類，今後須是本等實闕，方合以次等支遣。又在京收買物帛，官司作弊，多買低次之物，今後並仰體度市價，堪充衣賜使用物帛，仍每匹封樣赴左右司呈驗。從之。

高宗建炎二年六月三日，户部言：左藏庫中椿辦八月冬衣，緣諸路年額起發條限，上限八月終，下限十月終，計綱上京送納，已過支衣日限，難以措擬支用。欲乞自來年，依例下江南東西路各兑起絹二十萬匹，紬六萬匹，兩浙絹五十萬匹，紬八萬匹，令逐路轉運司，先次那融本司諸色窠名，或朝廷封椿見在並限七月上旬到京候輸納到，令本處依窠各椿還。從之。

紹興元年四月一十五日，户部言：兩浙東西路，今歲各發上用紬絹絲綿，已依指揮依例一半折納價錢起發外，欲將其餘路合發絲綿紬絹並半折納見錢，紬絹每匹折二貫文省，絲每兩二百文省，綿每兩二百文省，計置輕齎金銀起發。仍令逐前軍將合折數目，於第五等人户全折，餘數均於第四等以上人户。從之。

三年正月三日，浙東、福建路宣諭朱異言：據婺州百姓成列等狀，每歲和買平、婺羅，受納兩數太重，平羅一匹要及一十九兩，婺羅一匹二十二兩，與本州所織清水羅率增重八九兩，乞除減輸納。臣竊以兩浙綿絲細小，與河北土產定羅不同，難以敷及上件兩數，是致多用粉藥，纔經梅潤，往往蒸壞，逐歲不免退剥，再勒人户貼納，乞止依在市清水羅斤兩輸官。户部言左藏庫歲常支羅不過萬匹，其婺州、紹興三年分合發年額羅二萬匹，恐不須盡數起發本色，詔婺州、紹興三年分羅並權折納價錢，令兩浙轉運使，開具合折價直，申尚書省。五月二十五日，兩浙西路宣諭胡蒙言巡歷至臨安府嚴州界，下等人户陳狀各稱：絲蠶成熟，難得見錢，折納和買物件帛，乞許令本路州縣五等人户從便送納，七分本色，三分見錢。户部尋下兩浙轉司，看詳得今年合發夏税和買物帛，依奉三月三日聖旨內兩浙七分本色，三分折錢，其價錢先令第五等人户全行折納，如有折納不足數目，更令第四等人户折納，又不足，均於上等人户名下科折，務要寬恤下户，欲依兩浙轉運司已得指揮。從之。二十八日詔：昨建炎三年二月二十七日已降指揮，婺州上供平羅減定著爲永法。其户部續申明去年十二月二十八日及今年四月九日，令本州將折羅和買絹起發，指揮可更不施行，以紓民力。

四年八月十九日，殿中侍御史張致遠言：伏覩鎮南軍申乞以本州和買絹紬合起八分本色，更將二分許人户折納，價錢每匹六貫文省。又胡世將申洪州在市一絹之直，已增長八貫五百文足，自餘州軍有至十貫足。以上去乞每匹折錢五貫或六貫文足，今計折價錢納米，應副江北支用。户部勘當，乞將江西八分本色絹內，令三分依洪州所乞折納價錢，每匹作六貫文足，如人户願納米穀，各依逐處市價聽納，已從其請。切以江西殘破之餘，軍旅轉餉，殆無虛日，鎮南軍和預買織，自起催至六月，纔納及一分，民力不易，自可想見。每匹令納錢六千省，比之舊折三司價例，已增一半，若比浙中見價，每匹計多一千五百。户部勘減，當更令折錢每匹六貫文，其實八貫省耳，是於三等之中，獨取極價，欲乘民之急而倍其斂也。物不常貴，官有定額，民得蠶織，則絹有時而易辦，錢額既定，則價無時而可減。臣側聞章聖皇帝嘗語宰輔曰：兩浙、福建、湖廣州軍，歲輸丁口錢四十餘萬，國家恤念遠人，非深行惠澤，無以致其康樂，當永除之。丁謂以爲，方東西巡幸，賜予億計，慮有司經費不給。章聖曰：朝廷推恩，所貴及民，但當本抑末，節用愛人，何至以經費爲辭耶。夫丁口錢，民輸甚易，且有定制，章聖不恤經一言而除之。和買舊給本錢，每端一千，方時多艱，白取既非得已，有司請寬民力，户部乃用極價，雖斂數千萬緡，豈陛下所以增念黎元之本心耶。詔依已降指揮，折納價錢，每匹減作六貫文省，如人户願納本色者，聽。十一月一日詔：昨降指揮江浙州縣，來年合納夏税和買紬絲羅，並行折納價錢，綿絹以十分爲率，折納五分，其價錢分兩限，內紬絹價錢，上限至來年十二月終，下限至來年正月終，絲綿羅價錢，上限至來年正月終，下限至三月終。其餘本色匹帛，候至本年依條限起發，其紬絹折納錢，降指揮明言折納錢五貫二百文省，自合送納省錢，絲綿羅依去年價錢折納，即無令納足錢之文。其餘五分本色綿絹，合候本年依條限起催，即今未合催理，訪聞州縣，並不遵稟元降指揮，輒將所折價却足錢令人户送納，及將來年合納五分本色綿絹，一槩便行催理，顯屬騷擾，令監司禁止覺察聞奏。

五年閏二月二十七日，侍御史張致遠言：訪聞江東西，昨來預借折帛價錢，民極省費，而州縣責辦，倉猝不及，下户今宜令上户代納本色，却令下户補納價錢，以寬貧之。詔人户合納夏税和買物帛，仰均行輸納，却不得抑令下户偏納本色，餘路依此。四月十九日，尚書省言：今來諸路合納上供和買絹數，昨降指揮，將五分折納價錢，以便民户。其臨安府，係車駕駐驛去處，當更行優恤。詔：臨安府合發准衣并三分上供，和買納絹，除別指揮已減放二分外，將其餘數目以三分爲率，更以一分折納價錢，每匹作五貫五百文足，如願輸本色者聽，餘二分依舊催納本色。

十六年六月七日詔：盱眙軍合發大禮銀絹，依下州路樁辦。

二十年二月三日，上謂輔臣曰：前日路彬言，廣西折布袋，因都督府張俊每匹增及兩倍，可令户部詳看裁減。其後本部言静江府、昭州，每歲合發上供布九萬二百八十一匹，昨自紹興後來每匹增作一貫五百文省起發，今欲依臣僚奏，請於見納價上三分中與減一分，作一貫文折紬。從之。

二十八年三月二十四日，宰執進呈内藏庫申契勘諸州軍上供内藏庫匹帛，依法每匹長二十四尺，闊二尺五分，若有行濫及色額低次起發，自有斷罪。湖州納到小綾一百六十八匹，看驗得内一百二十八匹稀踈怯薄，短頭不堪。婺州納到綾羅共三百七十二匹，亦如此不堪。乞明降指揮，交付原押人退還，逐州換納。上曰：此已係民所納，若行退換，原物未必歸民户，却重科納，必致騷擾，朕深不欲如此，止令提刑司具兩州受納官薄示懲戒足矣。

三十年六月十八日，户部言：臣僚乞人户輸納匹帛，内有不應式者，止合退換。比年以來，間有州縣，復生奸弊，遇受納夏税之日，差胥吏於場中別置一所，如有退換紬絹，每匹令人户納錢，名曰回税，既不正附赤歷，其錢莫可稽考，望嚴立法禁。得旨，令户部看詳，本部勘會。在法，諸非法擅賦斂者，以違制論。過爲掊刻者，徒二年。監司以人户合納穀帛絲綿之類，紐折增加價錢，或糴買糧草，抑令遠處輸納，若巧作名目，額外誅求者，亦並以違制論。守令奉行及監司不互察者，與同罪，並許被科抑人户越訴，合納官物不正行收支者，杖八十。收支官物不即書歷及別置私歷者，徒二年。欲下諸路轉運司行下所部州縣，遵守前項見行條法。從之。

孝宗乾道二年二月七日，户部侍郎曾懷等言：諸路州軍起到物帛，並係應副宫禁及百司官兵等支遣，自合受納及格堪好物帛。今徽州發納乾道二年上供第四綱和買夏税絹，左藏庫看驗得内一萬六千四百四十七匹，並各輕怯，粉藥紕踈，不堪支遣軍衣等使用，顯是本州當來受納官吏與專揀攬納人户，通同作弊，有悮支遣。除已退回，令別補發，所有原受納官吏等，望重賜黜責，庶爲諸路受納官之誡。詔令江東轉司，具元受納官吏并當職官位姓名以聞。

三年二月七日，上宣諭宰執曰：聞兩日支軍人絹甚好，常年不得如此。先是户部申有徽州解到冬衣絹，皆不堪支遣。上曰：恐支與軍兵粗惡不便，令户部加意料理，且差中使，不測掣取，以防奸弊，至是有司支散冬衣皆佳。蔣芾奏曰：軍人知陛下留意如此，請得好絹無欣躍。

四年十二月十七日，詔：乾道五年折帛錢，權與減半輸納一年。

五年三月十七日，户部尚書曾懷言，紹興府補發到乾道四年諸縣退剥絹二萬六百七匹，輕怯不應省，則本部再委太府寺官重行編揀，内稍可支遣絹一萬四千三十五匹，先次交收外，有輕怯絹六千五百七十二匹，合行退回。又緣正是新陳未接之際，切慮人户艱於換易，重致騷擾。今欲委官估官價錢，別行措置，貼錢收買，應付支遣，仍乞下諸州軍約束諸縣，今後合起上供物帛，須管依省樣受約起發，如依前違戾，從本部按劾聞奏。紹興府尚有未補發絹數，如發看驗得再有退制不堪之數，亦乞依此施行。從之。八月七日詔：已降指揮，放免折帛錢。近日州郡却於合納絹數内，紐折見錢，及收買低下絹帛送納，民不得實惠。可令體究，如有似此去處，重作施行。十二月十四日詔：將徽州休寧等五縣減下折帛錢，自乾道五年以後，令各縣止納本色。以福建路轉運副使趙彦端有請也。

八年二月十二日，户部言：昨徽州乞將本州上供絹，依祖宗舊制，重十一兩爲一匹輸納。本部欲依本州所申，今來徽州截日終起到乾道七年上供絹八萬一千七百六十餘匹，係四十二尺爲匹，每匹重一十一兩一分，或一十一兩半之數。詔知州右承事郎趙師蕘特轉一官，通判右承議張靖減三年磨勘。十一月八日詔：楚州乾道七年分紬絹等並克起發，以知楚州趙磻老言兩經兵擾故也。

《宋會要輯稿·食貨六四·折帛錢》 徽宗建中靖國元年，尚書省言：預買錢多，人户願請比歲例增給。詔諸路提舉司，假本司剩利錢，同漕司來歲市紬絹，計綱赴京。

政和元年，臣僚言：兩浙因紹聖中王同老之請，和買并税紬絹匹帛頭子錢，又收市倒錢四十例外，約增數萬緡，以分給典吏等，多者千餘緡，少者五百緡。於是詔罷市利錢。

高宗建炎三年，車駕初至杭州，朱勝非爲相，兩浙運副王琮言：本路上供和買紬絹，歲爲一百一十七萬匹，每匹折納錢兩千，計三百五十萬緡省，以助國用。詔許之。東南折帛錢自此始。折帛、和買，非古也。國初二税輸錢米而已，咸平三年，始令州軍以税錢物力科折帛絹，而於夏科輸之，此夏折帛之所從始也。大中祥符九年，内帑發下三司預市紬絹，時青、齊間絹匹直八百，紬六百，官給錢率增二百，民甚便之，自後稍行之四方。寶元後，改給鹽七分，錢三分。崇寧三年，鈔法既變，鹽不復支，三分本錢亦無。九月，御筆：朕累下寬恤之詔，而迫於經費未能悉如所懷，今聞江南和預買絹，其弊尤甚，可下江浙減四分之一，以寬民力。仍表見錢違實之法。

二年，户部請諸路上供絲帛，並半折錢，如兩浙例。於是左相吕頤浩視師，右相秦檜奏。從之。江淮、閩廣、荆湖折帛錢自此始。時江浙、湖北、夔路，歲額紬三十九萬匹，江南、川、廣、湖南、兩浙絹二百七十二萬匹，東川、湖南綾、羅、絁七萬匹，四川、廣西路布七十七萬匹，成都府錦綺千八百餘匹，皆有奇。詔諸路憲臣，覈州縣已未支還和買本錢實數來上。初，魏矼在考功，建言：州縣和預買絹，不給本錢，乞就折民間應納役錢，使官無受給之弊，民無請納之勞。尋下轉運常平司議。冬十月，兩浙轉運司言：本路歲用和買本錢七十三萬餘緡，無可那撥，而常平司言，此錢既充和買，則役人無以給之。具議遂止。按，折帛元出於和買。其始也，則官給錢以買之。其後也，則官不給錢而白取之。又其後也，則反令以每匹之價折納見錢，而謂之折帛，倒置可笑如此，則官價之不給久矣。今甫詔諸路憲臣，覈州縣已未支和買本錢實數來上，豈其時上之人元未知也，或官吏肆爲欺弊，復以和買名色，妄有支破耶。魏矼之説，固爲理當然。役錢者，應納之物也，折帛者，横取之物也，官惟其乏錢，是以不免横取於民，若其可蠲，則自當明蠲，横取之折帛錢，正不必以應納之役錢比折也。

四年十一月，初令江浙民户，悉納折帛錢。

六年，兩浙轉運使李迨始取婺、秀、湖州、平江府，歲計寬剩錢二十二萬八十緡有奇，依折帛錢條限起發。

十七年，詔減折帛錢，江南每匹爲六千兩，浙七千，和買六千五百緡。江南每兩三百，兩浙四百，自來年始。

孝宗乾道四年，宰執進呈度支郎官劉師尹奏：江浙四路折帛錢，紹興初年立價折納，至十一年，頓增一倍。十二年九月，赦書止令折十之一。十五年，又詔兩浙夏税紬絹，匹減一貫，和預買減一貫二百。江東西減兩貫。緣州縣不盡遵依，暗有增添，乞裁減以寬民力。上曰：朕未嘗妄用一毫，只爲百姓，可從之。冬十有二月甲辰詔：兩浙、江東西路，乾道五年夏税和買折帛錢，並權與減半輸納一年。如州縣過取一文以上，許人户詣檢鼓院進狀陳訴。汪義端言：若和買用畝頭均敷，則上户頓減，而下户頓增。蓋下五等人户元不預和買，但每丁有綿，有丁鹽錢。今人以畝頭均受上户和買，則是以一小民之身，些小薄瘠之産，而納數項之税賦，合將逐縣浮財物力，只照舊例，均敷於四等以上爲是。秘書郎孫逢吉言：和買爲民間白著之賦，雖正月給散本錢之法，尚載令甲，而人户鈔旁，亦有見錢請給之文，然上下皆知其爲文具也。中興之初，絹價暴增，匹至十貫。高宗念下户重困，乃令上户輸絹，下户輸錢，於是有折帛之名，匹折六貫或七貫。和議既定，物帛稍賤，又令輸紬者，以八分折鈔，輸絹者以三分折錢，餘輸本色，遂爲定制。朝廷以經費之故，未能裁損，州縣又於此外苛取，民力安得不重困哉。葉適應詔條奏言：何謂和買之患也？自州縣而後至於民，民猶怨州縣，而後及於朝廷。和買則正取之民，而民固以二税爲常賦也，豈宜使經用有不足，於二税之内而復有所求哉。經用不足，則大正其名實可也。承平以前，和買之患尚少，民有以乏錢而須賣，官有以先期而便民。今也舉昔日和買之數，委之於民，使與夏税並輸，民自家力錢之外，浮財營運生生之具，悉從折計，且若此者，上下皆明知其不義，獨困於無策而莫之敢蠲耳。陛下斷然出命，以號天下曰：自今並罷和買之爲，上供者所用紬絹，惟軍衣未可裁損，其他宫禁、官吏、時節、支賜、格令之所應與者，一切不行可也。和買既罷，取民之名正，義聲暢於海内矣。又曰：何謂折帛之患？支移折變，昔者之弊事固多矣，而今莫甚於折帛之患。始以軍興，絹價大踴，至十餘千，而朝廷又乏用，於是計臣始創爲折帛。其説曰：寬民而利公，其後絹價即平，而民之所納折帛錢乃三倍於本色，既有夏税折帛，又有和買折帛，且本以有所不足於夏税，而和買以足之，今乃使二者均折，於是何名而取義乎。其事無名，其取無義，平居自治其國且不可，而況欲大有爲於天下乎。雖然，折帛之爲錢矣，所資此以待用者廣矣。陛下必鈞考其凡目，而後可以有所是正。若經總制錢不減，和買折帛不罷，舍目睫之近，而游視於八荒，此方、召不能爲將，良、平不能爲謀者也。

寧宗嘉泰二年，判建康府吴琚奏：本府在城上元、江寧兩縣，昨因兵火，遂將營運和買綿絹數，在外三縣内句容除元額外，增絹二千一十九匹，綿二萬一百六十兩，繼嘗請減於朝，而時相無田土在句容，謂秦檜。獨不與減。今欲與盡減續增之綿，永除下邑偏重之害，本府自行承認減數。並可。

嘉定十一年夏五月，臣僚言：鄱陽爲邑，經界之初，税錢額管八千六百四十二貫有畸，每税錢一百文，敷和買六尺四寸八分有畸，吏緣紛姦，有增益積，至嘉定九年，遂及七尺五寸六分，又且見寸收尺，謂之合零就整。去年復頓增三寸，以最小崇德一鄉言之，嘉定九年分額管五百貫文有畸，敷和買絹九百三十餘匹，去年只管九百四十貫有畸，乃增至九百五十五匹，可知其他。乞明詔有司，痛爲革絶。從之。

《宋會要輯稿·食貨六四·和買》 始太平興國訖隆興二年。

太宗太平興國八年四月詔：内外諸司庫務及内東門諸處造作，如官庫内有物不得更下行收市，應要物委三司職官常預計度，若急須物色，官庫内無，即於出産處收市。若不及，即從三司下雜買務收買，即不得直下行鋪。如違，許諸色人陳告監官，劾罪嚴斷。

真宗咸平二年五月十一日詔：官中市物，勒行人於雜買務納下本務令人供應。二十二日詔：雜買務買物支價錢，委監官當面將旬價紐計錢數責領，若三司乞破之時，須繳元帖，并領狀申三司。

景德三年五月九日詔：内東門買賣司應内降出賣匹段，自今明上簿曆，令使臣當面差人印記具關子送下雜買務出賣，所有金銀即封記交付，更不得私將抵换。匹帛下行出賣，所有諸宫院亦令依此置曆抄上。又内中自來有直賣諸般物色，並令抄上簿曆拘管，依例具關子下雜買務取索供納。又内中降出見錢，令雜買務收買供應物色，自今便仰據數送下，依例下行收買供應，更不得令將見錢轉换不堪匹緞兑賣。又内中所買羊肉，自今並令使臣上曆出給印押帖子，差輦官下行取買，諸宫院准此。十五日詔：内東門降出賣匹緞，令左藏庫送納，關報雜買務，依時估納錢。十九日詔：如有内東門買賣輦官諸邑人將低次匹帛换内降工好匹緞，自今令雜買務牓門曉示，須先上門曆，方將物於監官出頭，仍椿定錢四千貫，分兩番一季結筭，依舊收鏨零脚錢。每供物賣物，限半月納錢齊足，仍各置曆拘轄。【略】

天禧二年十二月，提舉庫務司言：雜買務準内東門劄子，九月收買匹帛，内白絁每匹二千二百，十月收買皂絁，每匹二千八百。

至和元年十一月，知開封府蔡襄言：内東門市行人物有累年未償錢者，請自今並關雜買務以見錢市之。其降出物帛，亦估直於左藏庫給錢。從之。

《宋會要輯稿·食貨七〇·賦税雜録》（元豐）五年二月一日，提點開封府界諸州鎮公事葉温叟言：諸縣夏税輸納有期，方行倚閣，續有旨令，上三等納本色。緣本色多絲綿紬絹，今已過時，雖法許納錢，而官估物價錢幾倍，殆成空文。詔諸租絲綿布帛折納，並依實直上價。【略】

大觀元年正月五日詔：訪聞成都府、利州路轉運司，於未合催納税賦期限内，先次預行科物納租税，已知非理，慮民受害，見今根究，間令得本司於崇寧四年六月内先次科納折變税公牒，絹每疋折錢三百，紬每匹折三百二十，布每匹折九十二文，柴每擔四文二分足，公然違法，科率折變，不當物價，使川陝遠民，痛被掊斂。可令鄰路提點刑獄司，子細看詳公牒内事理，推原自祖宗立法催税文意，及久來有無似此條例，若是違法創行暴斂，即勘鞫所由官吏，具案聞奏，重與懲責，以誡不法聚斂，暴虐激怨之臣，庶幾遐邇均受其賜。

淳熙元年十一月二十九日，中書門下省言：人户合納租税，在法，本户布帛不成端匹，米穀不成升，絲綿不成匹，兩柴蒿不成束者，聽依條時價納錢，其錢不及百，願與别户合鈔納本色者聽。訪聞州縣奉行不虔，吏緣爲姦，將合納零碎之數催納，已納者不即銷簿，重疊追理。詔逐路監司，常切約束，如有違戾，許民户越訴。

《全宋文》卷五宋太祖《絲綿等物勿得廣有科市詔》 開寶三年四月

凡絲綿、紬絹、麻布、香藥、毛翎、箭笴、皮革、筋角等，所在約支二年之用，勿得廣有科市，以致煩民。

《全宋文》卷二二〇宋真宗《諭布庫詔》 景德四年五月

布庫所管布帛，係軍需好布，别庫收掌，其不任軍須者，具病色齪印。若給衣賜者，常約度三二年以來，數目有備，如少即三司下出産州軍科撥。應綱運揀退者，監官勒行人定驗堪與不堪，轉染科造，具數申三司。《宋會要輯稿》食貨五二之三三（第六册第五七一五頁）。

《元史》卷九三《食貨志一》 秋税、夏税之法，行于江南。初，世祖平宋時，除江東、浙西，其餘獨徵秋税而已。至元十九年，用姚元之請，命江南税糧依宋舊例，折輸綿絹雜物。是年二月，又用耿左丞言，令輸米三之一，餘並入鈔以折焉。【略】

成宗元貞二年，始定徵江南夏税之制。於是秋税止命輸租，夏税則輸以木綿布絹絲綿等物。其所輸之數，視糧以爲差。

張廷玉等《續文獻通考》卷一《田賦一》 元之取民，大率以唐爲法。其取於内郡者，曰丁税，曰地税，倣唐之租庸調也。取於江南者，曰秋税，曰夏税，倣唐之兩稅也。

丁稅、地稅之法，自太宗始行之，丁稅少而地稅多者，納地稅，地稅少而丁稅多者，納丁稅。工匠、僧道驗地，官吏、商賈驗丁，虛配不實者，杖七十，徒二年，仍命歲書其數於册，由課稅所申省以聞，違者各杖一百。世祖申明舊制，於是輸納之期，收受之式，關防之禁，會計之法，莫不備焉。至元三年詔：窩戶種田他所者，其丁稅於附籍之郡驗丁，而科地稅於種田之所，驗地而取，漫散之戶逃於河南等路者，依見居民戶納稅。秋稅、夏稅之法，行於江南。初世祖平宋時，除江東、浙西，其餘獨徵秋稅而已。至元十九年，用姚元之請，命江南稅糧依宋舊制，折輸緜絹雜物。是年二月，又用左丞耿仁言：令輸米三之一，餘並入鈔以折焉，以七百萬錠爲率，歲得羨鈔十四萬錠。其輸米者，止用宋斗斛，蓋以宋一石當元七斗故也，至成宗元貞二年乃定其制。

張廷玉等《續文獻通考》卷二《田賦二》 至元四年二月，始括民田。【略】三十年，燕公楠復爲大司農。得藏匿公私田六萬九千八百六十二頃。歲出粟十五萬一千一百斛，鈔二千六百貫，帛千五百匹，麻絲二千七百斤。

文宗時差科之數：

天歷元年，包銀差發鈔九百八十九錠，貝八一百一十三萬三千一百一十九索，絲一百九萬八千八百四十三斤，絹三十五萬五百二十疋，綿七萬二千一十五斤，布二十一萬一千二百二十三疋。

張廷玉等《續文獻通考》卷二五《市糴一》 元世祖中統四年九月，民間所賣布帛有疎薄狹短者，禁之。

張廷玉等《續文獻通考》卷三〇《國用一》 元世祖至元十九年十月，勅禁中出納分三庫。

御用寶玉、遠方珍異，隸內藏。金銀、濟遜衣段，隸右藏。常課衣段、綺羅縑布，隸左藏。

二十九年十月，左丞相鄂勒哲等請節用。

鄂勒哲等言：一歲天下所入凡二百九十七萬八千三百五錠，今歲已辨者纔一百八十九萬三千九百九十三錠，其中有未至京師而在道者，有就給軍旅及織造物件、館傳俸禄者，自春至今，凡出三百六十三萬八千五百四十三錠，出數已逾入數六十六萬二百三十八錠矣。自後賜諸近侍，亦宜有節。帝嘉納之。

張廷玉等《續文獻通考》卷五六《職官六》 太府監

臣等謹按，宋以前俱稱大府寺，今考遼、金、元皆改名監，故從後名。

宋太府寺官有卿、少卿各一人，丞、主簿各二人。

臣等謹按，太府寺職掌及所隸官司，前考已備，而未詳員數，故從《職官志》補輯。又《志》載有左藏南庫，係椿管御前激賞庫改。以侍從官提領，又提轄檢察官一人。編估局、打套局，二局係揀選市舶香藥雜物等，第會其直以待貿易。寄樁庫掌發賣香藥、匹帛，拘其直歸於左藏南庫。監官提領二人，雖不詳何時所置，殆屬嘉定以後，皆前考所未及詳者。

遼南面太府監官有太監、少監、監丞、主簿。

元太府監，領左右藏等庫，掌錢帛出納之數。官有太卿、太監，各六人。少監、丞各五人。經歷、知事、照磨各一人。【略】

所屬：內藏庫，掌出納御用、諸王緞匹，納奇實紗羅、絨錦、南綿、香貨諸物。提點四人，大使、副使各二人。順帝至正二年置署上都。十九年始署大都。以宦者領之。復有行內藏。二十八年，省止存內藏及左右二庫。

右藏，提點四人。大使、副使各二人。掌收支金銀寶鈔、只孫段匹、水晶瑪瑙、玉璞諸物。世祖至元十九年置。左藏，官同右藏。掌收支常課、和買紗羅布絹、絲綿絨錦、木綿、鋪陳衣服諸物。至元十九年置。

《明史》卷七八《食貨二》 賦役之法，唐租庸調猶爲近古。自楊炎作兩稅法，簡而易行，歷代相沿，至明不改。【略】

兩稅，洪武時，夏稅曰米麥，曰錢鈔，曰絹。秋糧曰米，曰錢鈔，曰絹。弘治時，會計之數，夏稅曰大小米麥，曰麥莢，曰絲綿并荒絲，曰稅絲，曰絲綿折絹，曰稅絲折絹，曰本色絲，曰農桑絲折絹，曰農桑零絲，曰人丁絲折絹，曰改科絹，曰棉花折布，曰苧布，曰土苧，曰紅花，曰麻布，曰鈔，曰租鈔，曰稅鈔，曰原額小絹，曰幣帛絹，曰本色絹，曰絹，曰折色絲。秋糧曰米，曰租鈔，曰賃鈔，曰山租鈔，曰租絲，曰租絹，曰租粗麻布，曰課程棉布，曰租苧布，曰牛租米穀，曰地畝棉花絨，曰棗子易米，曰棗株課米，曰課程苧麻折米，曰棉布，曰魚課米，曰改科絲折米。萬曆時，小有所增損，大略以米麥爲主，而絲絹與鈔次之。夏稅之米惟江西、湖廣、廣東、廣西，麥莢惟貴州，農桑絲遍天下，惟不及川、廣、雲、貴，餘各視其地產。

太祖初立國即下令，凡民田五畝至十畝者，栽桑、麻、木棉各半畝，十畝以上倍之。麻畝徵八兩，木棉畝四兩。栽桑以四年起科。不種桑，出絹一疋。不種麻及木棉，出麻布、棉布各一疋。此農桑絲絹所由起也。

洪武九年，天下稅糧，令民以銀、鈔、錢、絹代輸。銀一兩，錢千文，鈔一貫，皆折輸米一石，小麥則減直十之二。棉苧一疋，折米六斗，麥七斗。麻布一疋，折米四斗，麥五斗。絲絹等各以輕重爲損益，願入粟者聽。十七年，雲南以金、銀、貝、布、漆、丹砂、水銀代秋租。於是謂米麥爲本色，而諸折納稅糧者，謂之折色。越二年，又令户部侍郎楊靖會計天下倉儲存糧，二年外並收折色，惟北方諸布政司需糧餉邊，仍使輸粟。三十年諭户部曰：「行人高稹言，陝西困逋賦。其議自二十八年以前，天下逋租，咸許任土所產，折收布、絹、棉花及金、銀等物，著爲令。」於是户部定：鈔一錠，折米一石；金一兩，十石；銀一兩，二石；絹一疋，石有二斗；棉布一疋，一石；苧布一疋，七斗；棉花一斤，二斗。帝曰：「折收逋賦，蓋欲蘇民困也。今賦重若此，將愈困民，豈恤之之意哉。金、銀每兩折米加一倍。鈔止二貫五百文折一石。餘從所議。」

永樂中，既得交阯，以絹、漆、蘇木、翠羽、紙扇、沉、速、安息諸香代租賦。廣東瓊州黎人、肇慶瑶人内附，輸賦比内地。天下本色稅糧三千餘萬石，絲鈔等二千餘萬。計是時，宇内富庶，賦入盈羨，米粟自輸京師數百萬石外，府縣倉廩蓄積甚豐，至紅腐不可食。歲歉，有司往往先發粟振貸，然後以聞。雖歲貢銀三十萬兩有奇，而民間交易用銀，仍有厲禁。

至正統元年，副都御史周銓言：「行在各衛官俸支米南京，道遠費多，輒以米易貨，貴買賤售，十不及一。朝廷虛縻廩禄，各官不得實惠。請於南畿、浙江、江西、湖廣不通舟楫地，折收布、絹、白金，解京充俸。」江西巡撫趙新亦以爲言，户部尚書黄福復條以請。帝以問行在户部尚書胡濙。濙對以太祖嘗折納稅糧於陝西、浙江，民以爲便。遂倣其制。

《明史》卷八二《食貨志六》 國家經費，莫大於禄餉。洪武九年定諸王公主歲供之數。親王，米五萬石，鈔二萬五千貫，錦四十匹，紵絲三百匹，紗、羅各百匹，絹五百匹，冬夏布各千匹，綿二千兩，鹽二百引，茶千斤，皆歲支。馬料草，月支五十匹。其緞匹，歲給匠料，付王府自造。靖江王，米二萬石，鈔萬貫，餘物半親王，馬料草二十匹。公主未受封者，紵絲、紗、羅各十匹，絹、冬夏布各三十匹，綿二百兩；已受封，賜莊田一所，歲收糧千五百石，鈔二千貫。親王子未受封，視公主；女未受封者半之。子已受封郡王，米六千石，鈔二千八百貫，錦十匹，紵絲五十匹，紗、羅減紵絲之半，絹、冬夏布各百匹，綿五百兩，鹽五十引，茶三百斤，馬料草十匹。女已受封及已嫁，米千石，鈔千四百貫，其緞匹於所在親王國造給。皇太子之次嫡子并庶子，既封郡王，必俟出閤然後歲賜，與親王子已封郡王者同。女俟及嫁，與親王女已嫁者同。凡親王世子，與已封郡王同。郡王嫡長子襲封郡王者，半始封郡王。女已封縣主及已嫁者，米五百石，鈔五百貫，餘物半親王女已受封者。郡王諸子年十五，各賜田六十頃，除租稅爲永業，其所生子世守之，後乃令止給禄米。【略】

洪武時，官俸全給米，間以錢鈔兼給，錢一千，鈔一貫，抵米一石。成祖即位，令公、侯、伯皆全支米；文武官俸則米鈔兼支，官高者支米十之四、五，官卑者支米十之六、八；惟九品、雜職、吏、典、知印、總小旗、軍，並全支米。其折鈔者，每米一石給鈔十貫。永樂二年，乃命公、侯、伯視文武官吏，米鈔兼支。仁宗立，官俸折鈔，每石至二十五貫。宣德八年，禮部尚書胡濙掌户部，議每石減十貫，而以十分爲準，七分折絹，絹一匹抵鈔二百貫。少師蹇義等以爲仁宗在春宫久，深憫官員折俸之薄，故即位特增數倍，此仁政也，詎可違？濙不聽，竟請於帝而行之，而卑官日用不贍矣。正統中，五品以上米二鈔八，六品以下米三鈔七。時鈔價日賤，每石十五貫者已漸增至二十五貫，而户部尚書王佐復奏減爲十五貫。成化二年，從户部尚書馬昂請，又省五貫。舊例，兩京文武官折色俸，上半年給鈔，下半年給蘇木、胡椒。七年，從户部尚書楊鼎請，以甲字庫所積之布估給，布一匹當鈔二百貫。是時鈔法不行，一貫僅直錢二三文，米一石折鈔十貫，僅直二三十錢，而布直僅二三百錢，布一匹折米二十石，則米一石僅直十四五錢。自古官俸之薄，未有若此者。

十六年，又令以三梭布折米，每匹抵三十石。其後粗闊棉布亦抵三十石，梭布極細者猶直銀二兩，粗布僅直三四錢而已。久之，定布一匹折銀三錢。於是官員俸給凡二：曰本色，曰折色。其本色有三：曰月米，曰折絹米，曰折銀米。月米，不問官大小，皆一石。折絹，絹一匹當銀六錢。折銀，六錢五分當米一石。其折色有二：曰本色鈔，曰絹布折鈔。本色鈔十貫折米一石，後增至二十貫。絹布折鈔，絹每匹折米二十石，布一匹折米十石。公侯之禄，或本折中半，或折多於本有差。文武官俸，正一品者，本色僅十之三，遞增至從九品，本色乃十之七。武職府衛官，惟本色米折銀例，每石二錢五分，與文臣異，餘並同。其三大營副將、參、遊、佐員，每月米五石，巡捕營提督、參將亦如之。巡捕中軍、把總官，月支口糧九斗，旗牌官半之。【略】

明田稅及經費出入之數，見於掌故者，皆略可考見。洪武二十六年，官民田總八百五十萬七千餘頃。夏稅，米麥四百七十一萬七千餘石，錢鈔三萬九千餘錠，絹二十八萬八千餘匹；秋糧，米二千四百七十二萬九千餘石，錢鈔五千餘錠。弘治時，官民田總六百二十二萬八千餘頃。夏稅，米麥四百六十二萬五千餘石，鈔五萬六千三百餘錠，絹二十萬二千餘匹；秋糧，米二千二百十六萬六千餘石，鈔二萬一千九百餘錠。萬曆時，官民田總七百一萬三千餘頃。夏稅，米麥總四百六十萬五千餘石，起運百九十萬三千餘石，餘悉存留，鈔五萬七千九百餘錠，絹二十萬六千餘匹；秋糧，米總二千二百三萬三千餘石，起運千三百三十六萬二千餘石，餘悉存留，鈔二萬三千六百餘錠。屯田六十三萬五千餘頃，花園倉基千九百餘所，徵糧四百五十八萬四千餘石。糧草折銀八萬五千餘兩，布五萬匹，鈔五萬餘貫，各運司提舉大小引鹽二百二十二萬八千餘引。

歲入之數，內承運庫，慈寧、慈慶、乾清三宮子粒銀四萬九千餘兩，金花銀一百一萬二千餘兩，金二千兩。廣惠庫、河西務等七鈔關，鈔二千九百二十八萬餘貫，錢五千九百七十七萬餘文。京衛屯鈔五萬六千餘貫。天財庫、京城九門鈔六十六萬五千餘貫，錢二百四十三萬餘文。京、通二倉，并薊、密諸鎮漕糧四百萬石。京衛屯豆二萬三千餘石。太倉銀庫，南北直隸、浙江、江西、山東、河南派剩麥米折銀二十五萬七千餘兩。絲綿、稅絲、農桑絹折銀九萬餘兩，綿布、苧布折銀三萬八千餘兩。百官祿米折銀二萬六千餘兩。馬草折銀三十五萬三千餘兩。京五草場折銀六萬三千餘兩。各馬房倉麥豆草折銀二十餘萬兩。户口鹽鈔折銀四萬六千餘兩。薊、密、永、昌、易、遼東六鎮，民運改解銀八十五萬三千餘兩。各鹽運提舉餘鹽、鹽課、鹽稅銀一百萬三千餘兩。黄白蠟折銀六萬八千餘兩。霸、大等馬房子粒銀二萬三千餘兩。備邊并新增地畝銀四萬五千餘兩。京衛屯牧地增銀萬八千餘兩。崇文門商稅、牙稅一萬九千餘兩，錢一萬八千餘貫。張家灣商稅二千餘兩，錢二千八百餘貫。諸鈔關折銀二十二萬三千餘兩。泰山香稅二萬餘兩。贓罰銀十七萬餘兩。商稅、魚課、富户、曆日、民壯、弓兵并屯折、改折月糧銀十四萬四千餘兩。北直隸、山東、河南解各邊鎮麥、米、豆、草、鹽鈔折銀八十四萬二千餘兩。諸雜物條目繁瑣者不具載。所載歲入，但計起運京邊者，而存留不與焉。

歲出之數，公、侯、駙馬、伯祿米折銀一萬六千餘兩。官吏、監生俸米四萬餘石。官吏折俸絹布銀四萬四千餘兩，錢三千三百餘貫。倉庫、草場、官攢、甲斗、光禄、太常諸司及內府監局匠役本色米八萬六千餘石，折色銀一萬三千餘兩。錦衣等七十八衛所官吏、旗校、軍士、匠役本色米二百一萬八千餘石，折色銀二十萬六千餘兩。官員折俸絹布銀二十六萬八千餘兩。軍士冬衣折布銀八萬二千餘兩。五軍、神樞、神機三大營將卒本色米十二萬餘石，冬衣折布銀二千餘兩，官軍防秋三月口糧四萬三千餘石，營操馬匹本色料二萬四千餘石，草八十萬餘束。巡捕營軍糧七千餘石。京營、巡捕營，錦衣、騰驤諸衛馬料草折銀五萬餘兩。中都留守司，山東、河南二都司班軍行糧及工役鹽糧折銀五萬餘兩。京五草場商價一萬六千餘兩。御馬三倉象馬等房，商價十四萬八千餘兩。

王世貞《弇山堂别集》卷六《皇明異典述一》　諸王公主初定歲禄

〔永樂〕九年，定諸王公主歲供之數。親王歲支米五萬石，鈔二萬五千貫，錦四十匹，紵絲三百匹，紗羅各一百匹，絹五百匹，冬夏布各一千匹，綿二千兩，鹽二百引，茶一千斤，馬匹草料月支五十匹。靖江王府歲米二萬石，鈔一萬貫，餘比親王減半，馬匹草料月支二十匹。公主未受封者，歲支紵絲一十匹，紗一十匹，羅一十匹，絹三十匹，夏布三十匹，木棉布三十匹，綿二百兩；已受封者，莊田一所，歲收糧一千五百石，鈔二千貫。親王子男未受封者，歲支紵絲羅絹冬夏布綿同公主，女半之；男已封郡王者，歲米六千石，鈔二千八百貫，錦十匹，紵絲五十匹，羅二十五匹，紗二十五匹，絹一百匹，夏布一百匹，木棉布一百匹，綿五百兩，鹽五十引，茶三百斤，馬匹草料月支十匹；女已受封及嫁者，歲米一千石，鈔一千四百貫。親王世子歲賜同郡王。郡王之子襲封者，比始封郡王減半，郡王女、縣主已嫁者，歲米五百石，鈔五百貫。後至二十二年，以物力不給，更定爲今制。自初封十王之外，未有沾被者。

王世貞《弇山堂别集》卷六七《親王禄賜考》　《會典》載親王、郡王、王子、王孫及公主、郡主等每歲支撥：親王，唐制，歲該穀四千八百石，絹四千八百匹，綿四百五十斤；宋制，領節度使，歲該穀二千四百石，錢四千八百貫，絹二百匹，綾一百匹，羅十匹，綿五百兩。今定米一萬石。郡王，唐制，歲該米七百石，田六十頃；宋制，領觀察使，歲該粟一千二百石，錢二千四百貫，絹二十匹，綿五十兩。今定米二千石。鎮國將軍，唐制，歲該米六百石，田五十頃；宋制，郡王子以下量材授官，照其官品高下給禄。今定米一千石。輔國將軍，唐制，歲該米五百石，田四十頃。今定米八百石。奉國將軍，唐制，歲該米四百石，田二十五頃。

今定米六百石。鎮國中尉，唐制，歲該米三百石，田十四頃。今定米四百石。輔國中尉，唐制，歲該米二百石，田八頃。今定米三百石。奉國中尉，唐制，歲該米一百石。今定米二百石。公主及駙馬食禄米二千石，郡主及儀賓食禄米八百石，縣主及儀賓食禄米六百石，郡君及儀賓食禄米四百石，縣君及儀賓食禄米三百石，鄉君及儀賓食禄米二百石。皇太子次嫡子并庶子，既封郡王之後，必俟出閣，每歲撥賜與親王子已封郡王者同；女俟及嫁，每歲撥賜與親王女已嫁者同。郡王嫡長子襲封郡王者，其歲賜比初封郡王減半支給。【略】

靖江王府：靖江王歲支本色禄米一千石。輔國將軍歲支禄米八百石，奉國將軍歲支禄米六百石，鎮國中尉歲支禄米四百石，輔國中尉歲支禄米三百石，奉國中尉歲支禄米二百石。俱米鈔中半兼支。

按《會典》所引，親王萬石項下云：唐制，歲該四千八百石，絹四千八百匹，綿四百五十斤；宋制，領節度使，歲該穀二千四百石，錢四千八百貫，絹二百匹，綾一百匹，羅十匹，綿五百兩。郡王二千石下云：唐制，歲該米七百石，田六十頃；宋制，領觀察使，歲該粟一千二百石，錢二千四百貫，絹二十匹，綿五十兩。於鎮國將軍一千石下云：唐制，歲該米六百石，田五十頃；宋制，郡王子以下量材授官，照其官品高下給禄。其輔國將軍至奉國中尉，俱引唐制爲比，不知當時修《會典》諸公，何鹵莽不學至此。唐親王正一品，嗣王、郡王、國公從一品，郡公正二品。蓋言其班位與幹力防閤之類視之耳，非爲禄也。何以言之？凡王公必有邑封，當武德時，公卿大夫皆以功起，無不受封邑者，以故不給禄秩。至貞觀而始定京官正一品米七百石，錢六千八百；從一品米六百石；正二品米五百石，錢八千；以至九品三十石，外官降一等。後又改公田十二頃至二頃，其幹力及防閤庶僕別給。今所謂親王穀絹錢數，何據也？郡王視從一品，止應六百石，不當言米七百石、田六十頃也。攷之太宗爲秦王，功大至三萬户，齊王元吉亦二萬，而諸王少者千户。至中宗時，相王、太平安樂公主各實封滿萬户。太府卿韋嗣立奏食禄之家用六十萬丁，一丁絹兩疋，過於國家本數。又御史宋務光言太平安樂多割貲高丁多者，爲民累。至開元初，始定户不過三丁，親王封止千户，然則食千户者，大約可得絹六千匹。或爲職官始有兼禄，而幹力防閤視品秩爲定耳。然《食貨志》又有親王公田百頃、郡王公田五十頃，地當是食禄，而户則調絹。其郡王及郡王次子以下卻無封爵，或有恩澤特封，或量材擢用，今擬引至中尉，何所據也？宋制，皇子節度領侍中，皇族節度平章事及節度錢穀，絹綾羅數雖同，而無穀石，且親王初出閣止領觀察，而郡王資久有轉至使相者，殊不以親郡王爲等也。其下明載領節度留後者，歲錢千六百貫，加絹五十匹，綾十匹，春羅一匹，冬綿百兩；領觀察者，錢千貫，絹三十匹，綾羅同，綿五十兩；以下又有領防禦團練、六軍統軍、諸衛上將軍名項，而其封亦有國公、郡侯、郡伯之名。今謂郡王之子即量材授官，抑何舛也？蓋唐制王公以食邑爲準，而有官則有禄，宋制食邑真食皆爲虚，而以兼官制禄，與本朝之制異，不可强而引也。【略】

洪武九年定諸王公主歲供之數

親王歲支米五萬石，鈔二萬五千貫，錦四十匹，紵絲三百匹，紗羅各一百匹，絹五百匹，冬夏布各一千匹，綿二千兩，鹽二千引，茶一千斤，馬匹草料月支五十匹。其段匹，歲給匹料，付王府自造。

靖江王歲支米二萬石，鈔一萬貫，餘物比親王減半，馬匹草料月支二十匹。

公主未受封，每歲支紵絲、紗羅各一十匹，絹冬夏布各三十匹，綿二百兩；已封，賜莊田一所，計歲收米一千五百石，鈔二千貫。

親王子男未受封，歲支紵絲紗羅絹冬夏布綿同公主未封例，女未封者減半。

男已封郡王者，歲支米六千石，鈔二千八百貫，錦一十匹，紵絲五十匹，羅二十五匹，絹及冬夏布各一百匹，綿五百兩，鹽五十引，茶三百斤，馬匹草料每月支十匹。女已受封及已嫁者，歲支米一千石，鈔一千四百貫，緞絹於所在親王國帶造。

皇太子次子既封郡王後，候出閣，歲支與郡王同，女及嫁者與郡王已封女同。

按是時親藩既少，而物力方茂，故所定如此。及查《會典》所載，周王二萬石，襄封萬二千石，秦、晉、楚、蜀、慶、魯、寧、瀋、趙、鄭、襄、荆、淮、德、秀、崇、吉、徽、興、岐、益、衡、雍、壽、汝、涇、榮王，各一萬石，代王六千石，唐王五千石，遼、韓、伊王二千石，岷王千五百石，肅王一千石，與前迥異。豈非慮宗支蕃衍爲式貢之地耶？然中間差等不一，如岷王之千五百石，肅王之一千石，反不如他府之初封郡王尚有二千石，而岷府之郡王五百石，更不若本府之鎮國尚有一千，其他如代府之六千，唐府之六千，韓府之三千，遼府之二千，或係轉餉之難，或係暫作行糧，俱不可曉也。又惟周王本色二萬石，或係太宗母弟之故，至其子孫尚存萬二千，則秦、晉二王獨非太宗之母兄乎？

永樂二十二年，仁宗謂户部尚書夏原吉曰：「朕諸叔在者無幾，諸兄弟惟趙王居京師，餘皆守藩于外，朕旦夕在念。蓋帝王之治，莫先親親，況朕親嗣大位，於此尤當加意，其增諸王歲禄。」于是周府加米五千石，通前二萬石，悉支本色。慶府原禄一萬石，悉支本色。寧府加米九千石，通前一萬石，悉支本色。代府加米千五百石，通前二千石，悉支本色。瀋府加米七千石，通前萬石，内本色米六千石，餘折鈔。唐府加米千七百石，通前二千石，悉支本色。魯府加米二千石，通前五千石，悉支本色。遼府加米千石，通前二千石，悉支本色。肅府加米五百石，通前一千石，悉支本色。秦府原禄一萬石，内加米四千五百石，通前五千石，支本色，餘五千石折鈔。伊府加米千七百石，通前二千石，悉支本色。靖江王加米七百石，通前一千石，悉支本色。漢、趙二府各加米二萬石，通前三萬石，仍歲加鈔十萬貫。晉濟熺給米三千石。明年又命户部給韓王冲㦍歲禄米三千石，内一千五百石支本色，餘折鈔。襄陵王、樂平王各歲禄二千石，内五百石支本色，餘折鈔。攷漢庶人以宣德元年反，削國，而趙王亦辭所加之禄矣。

嘉靖九年，禮部覆豐林王疏，議處宗室事，上自爲書賜諸王，欲將朝廷皇子皆封郡王，親王次子皆封鎮國將軍，書成未發，以示少傅張璁，璁言：「諸王封爵，原有定制，恐一旦減降，有失親睦之道。以臣愚計，莫若量減禄，而不降封，郡王以下凡全支俸米者，照依京官事例，米鈔或四六或中半折支，其有米鈔兼支者，亦量爲遞減，以示撙節。」上遂不果行。至嘉靖末，禮部議上《宗藩條例》，於是秦、晉、周、楚、蜀、趙、慶、襄、淮、德、崇歲禄萬石，辭一千石，魯、益、衡歲禄萬石，辭二千石，榮王萬三百石與唐王六千五百石，俱辭五百石，而郡王以下至中尉，皆有所減削矣。

元之諸王歲禄，尤與歷代異，蓋皆領部曲逐水草於西北邊，而國家以金帛絲楮之類供之，其厚薄有絶不可曉者。太祖叔荅里真官人位歲銀三十錠，錠五十兩。緞一百匹，五户絲一千八百一十二斤，江南户鈔四百四十錠。弟搠只哈撒兒大王子淄川王位歲銀一百錠，緞三百匹，五户絲三千六百五十六斤，江南户鈔一千二百錠。哈赤温大王子濟南王位歲銀一百錠，綿六百二十五斤，小銀色絲五千斤，緞三百匹，羊皮一千張，絲九千六百四十八斤，鈔二千六百錠。斡真那顔位歲銀一百錠，絹五千九十八匹，綿五千九十八斤，緞三百匹，羊皮五百張，金十六錠四十五兩，絲一萬一千四百二十五斤，鈔二千八百五十五錠。孛羅古䚟大王子廣寧王位歲銀一百錠，緞三百匹，絲一千三百五十九斤，鈔七百二十錠。太祖長子朮赤大王位歲緞三百匹，常課緞千匹，絲一萬斤，户鈔二千四百錠。次子茶哈碍大王歲銀一百錠，緞三百匹，綿六百二十五斤，常課金六錠六兩，絲六千八百三十八斤，鈔二千六百九十三錠。第三子太宗子定宗位歲銀一十六錠三十三兩，緞五十匹，絲五千一百九十二斤。第四子睿宗子阿里不哥大王位歲銀一百錠，緞三百匹，絲一千五十三斤，鈔四千一百六十錠。第六子闊列堅太子河間王位歲銀一百錠，緞三百匹，絲四千四百七十九斤，鈔一千一百五十七錠。太宗子合丹大王位歲銀十六錠三十三兩，緞五十匹，絲九百三十六斤，鈔一百錠。滅里大王銀緞同，絲九百九十七斤。合失大王銀緞同，絲一百五十四斤。闊出太子銀六十六錠三十三兩，緞一百五十匹，絲七百六十四斤，鈔一千一百九錠。睿宗長憲宗子阿速台大王歲銀八十三錠，緞三百匹，絲九百十六斤。次子世祖子裕宗位歲銀五十錠，鈔一千一百九十錠，后位緞一千匹，絹一千匹，鈔四千五百三十錠。睿宗子旭列大王歲銀一百錠，緞三百匹，絲二千二百一斤。末哥大王歲銀五十錠，緞三百匹，絲三百三十三斤，鈔三百二十四錠。撥綽大王歲銀緞同，絲六百十斤，鈔二百十三錠。哥都大王歲絲二十斤。世祖子安西王忙哥剌歲緞一千匹，絹一千匹，鈔二千六百錠。北平王那木罕同。平遠王闊出歲折緞匹物料鈔一千六百五十六錠，折銀鈔一千錠，户鈔五百四十四錠。西平王奥魯赤愛牙赤大王、鎮南王脱歡、雲南王忽哥赤忽都帖木兒太子歲折緞匹物料銀鈔户鈔俱同。裕宗長子晉王甘麻剌歲緞一千匹，絹一千匹，中統鈔一千錠，户鈔二千六百錠。順宗子阿木哥魏王、又武宗子明宗，歲鈔各二千六百錠。此外有合丹大王絲七十七斤，霍里極大王絲三十七斤，阿魯渾察大王僅二斤而已。

王世貞《弇山堂别集》卷七六《賞賚考上》 即位之賜

天子即位之賜，高皇帝時無之，自文皇以藩邸入紹大位始有賜，然不過在京文武吏民而已。仁宗登極，爰布大賚，徧及藩方，最爲優渥。自是，後代稍裁省，然府藏之積，往往不勝其費矣。今據可攷者記之。若親王、公主之賞，已見前，故不復贅。

太宗即位之賞：武職，公侯至都督，各鈔二百錠，綵幣五表裏；指揮鈔八十錠，二表裏；千户、衛鎮撫各鈔五十錠，一表裏；百户、所鎮撫各鈔三十錠，一表裏；旗軍、校尉、將軍、力士、屯軍、恩軍、養馬、習匠、幼軍人鈔五錠。致仕優給，竝同見任。文職，二品鈔百錠，綵幣三表裏；三品四品鈔八十錠，二表裏；五品鈔五十錠，六品七品鈔三十錠，八品九品鈔十五錠，俱一表裏；雜職鈔二十錠，監生、吏典、知印、辦事、人材、天文生、醫者、府學生員人鈔四錠；坊廂民匠、僧道，醫人、樂工、厨子、膳夫、皁隸人鈔三錠。

仁宗即位之賞：公、侯、忠勇王鈔二百錠，綵幣五表裏；駙馬、伯、都督百錠，四表裏；指揮使八十錠，三表裏；指揮同知、僉事五十錠，二表裏；千户、衛鎮撫、儀衛正副鈔五十錠，絹三疋；百户、所鎮撫、典仗鈔四十錠，絹一疋；旗軍、校尉、將軍、力士等胡椒一斤，蘇木二斤。文職一品二品鈔百錠，綵幣四表裏；三品四品鈔八十錠，綵幣二表裏；五品鈔五十錠，絹二疋；六品七品鈔四十錠，絹一疋；八品九品鈔三十錠，絹一疋；雜職并辦事官鈔二十錠，監生、生員、吏典、知印、人材、天文生、醫士胡椒一斤，蘇木二斤；坊廂百姓、僧道、匠人、樂工、厨子、皁隸、膳夫人等胡椒一斤，蘇木一斤。聽選、營造、朝貢、公差者，武職都指揮鈔一百錠，指揮、宣慰使、同知、副使、宣慰正副使，鈔三十錠；千户、衛鎮撫、儀衛正、宣慰僉事、宣撫同知、副使、安撫、招討鈔二十五錠；百户、所鎮撫、典仗、宣撫僉事、安撫同知、副使、僉事、副招討、長官、通事鈔二十錠；旗軍并王府校尉人等胡椒一斤，蘇木一斤。文職二品三品鈔二十錠，四品五品鈔十錠，六品七品鈔八錠，八品九品鈔六錠，雜職鈔四錠，生員、吏典胡椒一斤。

宣宗即位之賞：在京公二百兩，侯、伯八十兩。文武官一品二品六十兩，三品三十兩，四品二十兩，五品十五兩，六品七品十兩，八品九品雜職五兩，將軍、旗軍、校尉人等各二兩，聽選、辦事文武官及監生、生員、人材、吏典、僧道、陰陽、耆民、醫士、工匠、厨役、樂人各一兩，優給幼官及試職千百户鎮撫、老疾、幼軍，各於其例減半。四夷朝貢之人，有職事與京官同，無職事者，正使十兩，副使及冠帶頭目、把事、通事、打剌罕、回回各五兩，無冠帶頭目、把事、通事、舍人、回回各二兩，從人各一兩。各處官自七月二十日以前到京者，都司、布政司、按察司官、知府、指揮各十兩。千百户州縣等官各五兩，旗軍、工匠、吏典人等各一兩。凡三十二萬九百五十人，給銀九十六萬三千八百二十九兩。在外總兵官黔國公沐晟白金一百兩，綵幣五表裏；武安侯鄭亨、鎮遠侯顧興祖、遂安伯陳英、襄城伯李隆、平江伯陳瑄、榮昌伯陳智、安平伯李英、保定伯梁銘各八十兩，四表裏；都督蕭授、費瓛、譚廣、陳懷、巫凱各六十兩，三表裏；都指揮曹儉、唐銘、卞福各五十兩，二表裏。

英宗即位之賞：在京文武，公六十兩，侯、伯、駙馬五十兩。一品二品四十兩，三品二十兩，四品至五品遞減五兩，六品至九品遞減二兩，雜職三兩。公侯伯之家未承爵者各十兩，將軍、旗校、軍匠人等各二兩，優給幼官及老疾軍官紀録幼軍，各於其例減半。辦事官、監生、生員、人材、吏典、陰陽、醫生、樂人各絹一疋。在京廂民、工匠、厨役、僧道、雜役人等各布一疋。營造山陵軍匠各鈔一百貫，乾魚三斤。在外聽選、公差、四夷朝使賜鈔有差。鎮守守備内外文武官黔國公沐晟、襄城伯李隆各白金一百兩，晟綵幣五表裏，隆四表裏；駙馬沐昕白金八十兩，綵幣如隆；都督山雲、史昭、劉廣、巫凱、蕭授、王貴、李謙、王真、譚廣、蔣貴、陳敬、許亨，尚書黄福，各白金五十兩，綵幣三表裏；都指揮馬昇、李達、曹儉各白金四十兩，綵幣三表裏；都指揮王瑜、吴亮、張斎、劉斌各白金三十兩，綵幣二表裏；高迪、韓鎮、穆肅、馬驥、李英、錢義、蕭敬、劉銘、劉永，指揮陳震，泰政、沈固、劉璉，參議李穀、葉仕寧，各白金二十兩，綵幣二表裏。

景帝即位之賞史遺之，其可考者，時武清伯石亨，兵部尚書于謙各辭免己賞賜，并免諸武職都督以上賞賜，以其餘銀添賞操備官軍，命禮部集議。尚書胡濙等議，都督以上出軍臨戰，置備衣裝，難準辭免，其武職大小官員俱宜免賞，詔不允。其操備官軍，加賞銀一兩，賞南京守備并各處總兵等一百四十八人。太監趙琮等各白金五十兩，紵絲三表裏；袁誠等各四十兩，二表裏；李德等各三十兩，二表裏；内官郁永等各二十兩，二表裏；内使各十兩，一表裏。黔國公沐斌、豐城侯李賢等，應城伯孫傑等，都督曹義等，各五十兩，三表裏；都督郭登等各四十兩，三表裏；永康侯徐安、安鄉伯張安等各四十兩，二表裏；都督朱謙，都御史王文，侍郎徐琦各三十兩，二表裏；都督僉事王斌，都指揮郭英各二十五兩，二表裏；都督武興，侍郎劉璉，都御史羅亨信、鄒來學，都指揮趙玫等各二十兩，二表裏；都指揮錢義，按察使曹泰、參政袁定，參議陳敏等各十五兩，二表裏。

景泰三年，以立東宫皇太子，令旨賞文武百官，公、侯、伯各銀五十兩，紵絲四表裏。一品二品四十兩，三表裏；三品三十兩，二表裏；四品二十兩，二表裏；五品十五兩，二表裏；六品七品十兩，一表裏；八品九品庶吉士五兩，一表裏。不係賞朝其各雜職及僧道官二兩，絹一疋。將軍一兩；監生并順天府學生員絹一疋；軍校、勇士、力士、厨役各五錢；辦事官吏、當該吏典、人材、知印、承差、樂舞生、軍民匠、醫士、樂人、陰陽生、養馬小厮、坊廂里老人等各布一疋。各官軍在京操備者，官各銀二兩，絹一疋，旗軍五錢。又賜各處内外守備、總兵、督撫等官，太監袁誠等各銀二十兩，紵絲二表裏；少監蒙泰等各十五兩，二表裏；監丞、大使、門副、奉御等官童保等各十兩，一表裏；都督沐璘等各銀三十兩，紵絲二表裏；都督、尚書、侍郎等官方瑛等三十兩，二表裏；都指揮陳逵等十五兩，一表裏；給事中劉清等一表裏。時以易儲(惟)(推)恩，非例也。

英宗復辟之賞：公每員銀五十兩，侯、伯、駙馬每員四十兩。一品二品二十五兩，三品二十兩，四品十五兩，五品十兩，六品八兩，七品六兩，八品九品四兩，雜職三兩。侯伯亡歿，子孫未承襲者，及無後而有母妻存者八兩，優養官軍母妻存者二兩，操備官員與在京官賞例同。將軍、旗軍、勇士、力士、校尉、養馬小斯、軍匠人等，每名銀一兩，操備旗軍與在京軍賞例同。優給幼官及鰥寡老疾軍官并紀録幼軍，比在京軍官賞例減半。辦事官、監生、吏典、知印、人材、承差、天文生、樂舞生、醫生、順天府學生、樂工各絹一疋。在京坊廂民人及匠、厨子、僧道、皁隸，弓兵，膳夫人等布一疋。在外聽選并公差四夷朝貢等項文武官員人等，一品二品鈔一百錠，三品四品八十錠，五品鈔七十錠，六品七品六十錠，八品九品五十錠，雜職四十錠。生員、吏典人等二十錠。

憲宗即位之賞：公、侯、駙馬、伯白金三十兩。一品二品二十五兩，三品十五兩，四品十二兩，五品十兩，六品八兩，七品六兩，八品九品四兩，雜職三兩。侯，伯子孫幼未襲爵及無子孫而有母妻存者各五兩，優養軍官母妻見存者人各二兩，將軍、旗校、軍將人等各二兩。操備及見營造官軍，官自一品起，二十五兩遞降，至雜職三兩止，旗軍人二兩。優給幼官及鰥寡老疾軍官自一品起，八兩遞降，至雜職二兩止，紀録幼軍人一兩。會試中式舉人、辦事官、監生及天文生、樂舞生、醫士、順天府學生人各絹一疋。在京吏典、知印、承差、坊廂里老及民匠、厨子、樂工人各綿布一疋。在外聽選并公差等項文武人員鈔各五錠。營造山陵官員軍匠銀兩各有差。鳳陽、南京參贊、守備，并各處巡撫，鎮守，守備內外文武等官白金綵段，永康侯徐安、泰寧侯陳涇、成山伯王宗、彰武伯楊信、海寧伯董興、宣城伯衛穎、都督同知沐瓚白金各三十兩，南京兵部尚書蕭維禎、左都督毛忠、右都督李榮、都督同知曹安、張欽、張歛、張泰、歐信，都督僉事張瑀、李杲、劉玉、李震、盧能、胡誌，白金各二十五兩；左副都御史軒輗、王竑、賈銓、胡本惠，右副都御史劉孜、王越、項忠、陳介，左僉都御史李匡、王儉、陳泰，右僉都御史吳琛、葉盛、吳禎，都督同知盛廣、孫麒，都督僉事張鵬、張榮、董良、范信、張泰，都指揮使李剛、朱榮、趙英、周貴，都指揮同知張懷、魯鑑、管斌、王宇、張英，都指揮僉事汪禮、王安、蔣玉、韓春、高端、馬榮、吳得、劉輔、李安、宋英、左能、劉端、黃宜、錢能、房能，指揮使汪釗，白金各二十兩；整飭松潘兵備四川按察副使王用，都指揮使何揖，都指揮同知陳逵、石端、陰傑、馮紀、蔣泰、劉剛，都指揮僉事段昇、石鏞、張智、吳玉、谷登、王榮、李文、李延，指揮同知張順，白金各十五兩；太監王敏、李秉、王春、王受、王清、蒙泰、羅珪、梅忠，少監侯忠、阮化州，監丞龔榮，門副王宣，奉御張軨、曹廣等，各賜白金有差。以上綵幣俱二表裏。其視廷臣加厚者，以其勤勞於外故也。邊軍每名二兩。

孝宗即位之賞：公、侯、駙馬、伯人悉銀二十兩。一品二品十五兩，三品十兩，四品八兩，五品六兩，六品七品五兩，八品九品四兩，雜職三兩。故侯伯子孫未承襲者及無子孫承襲而有母或妻存者，人各五兩。優養軍官母妻見存者各二兩。將軍、旗軍、勇士、力士、校尉、養馬小斯、軍匠、馴象軍奴人等各二兩。操備及營造官員，一品二品至雜職同前。操備等項旗軍各二兩。優給幼官及鰥寡老疾軍官，一品二品六兩，三品四兩，四品五品三兩，六品至九品二兩，雜職一兩，紀録幼軍各一兩。辦事官、監生及天文生、樂舞生、醫士、順天府學生各絹一疋。在京吏典、知印、承差、坊廂里老及民匠、厨子、樂工各布一疋。聽選并公差文武官員人等，一品二品各鈔一百錠，三品四品八十錠，五品七十錠，六品七品六十錠，八品九品五十錠，雜職四十錠。生員、吏典人等二十錠。繼又賜敕所未載者，南京守備并各處鎮守、巡撫、總副、游擊官各銀十兩，紵絲二表裏；分守守備內外官各銀五兩，紵絲一表裏。

武宗即位之賞：公、侯、駙馬、伯白金二十兩。一品二品十五兩，三品十兩，四品八兩，五品六兩，六品七品五兩，八品九品四兩，雜職三兩。侯伯子孫未襲及無子孫而有母妻存者各五兩，優養軍官母妻見存者人各二兩。將軍、旗軍、勇士、力士、校尉、養馬小斯、軍匠、馴象軍奴人等各二兩。操備及營造軍官，自一品起，十五兩遞降，至雜職三兩止，旗軍人等二兩。優給幼官及鰥寡老疾，自一品起，六兩遞降，至雜職一兩止，紀録幼軍人一兩。辦事官、監生及天文生、樂舞生、醫士、順天府學生，人各絹一疋。在京吏典、知印、承差、坊廂里老、民匠、厨子、樂工，人各綿布一疋。在外聽選并公差等項文武官員鈔錠各有差。承運庫太監奏：「大行皇帝喪葬用度浩繁，又今方將舉行徽號并大婚等禮，須用金五千餘兩，給賞內外官員人等須用銀一百八十萬兩有奇，庫中所積不多，宜預行區處。」下户部集議，言：「户刑二部、都察院收貯贓罰等銀、贖罪銅錢并太倉銀，總計不過銀一百五萬餘兩，即今給散在京軍官春季俸銀十萬餘兩，遼東、宣府、甘肅各邊年例及奏討銀又四十八萬餘兩矣。擬支贓罰贖罪銀錢，行令順天府收買金千兩，其實見在銀則留備各邊糧草之用。蓋今北方大旱，虜勢猖獗，不可不慮。給賞之數，宜先支承運庫所有，不足，則於各衙門借補。」議上，詔更議處。會給事中李貫、御史李良、臧鳳有裁減查覈之疏，因言：「邇因宣府等處傳報賊情，數日之間，已用銀三十八萬餘兩，財用匱乏，莫今爲甚。惟京軍及各邊官軍，勞苦窘急，須如舊給賞，此外一切禮儀賞賚，宜如李貫等所言，悉遵遺詔減省。且查成化二十三年則例，重加裁定，親王則銀鈔相半，在京官員如公、侯、駙馬、伯、儀賓、都督、都指揮、錦衣衛堂上見任并帶俸官及文職各官，各給鈔有差，武職指揮以下則遞減給銀。其銀以户部十五萬兩、太倉二十萬兩及内庫見收者兼用，不足則取内府歷代舊錢國朝通寶二萬一千萬文，準銀二十萬兩，以補前數，又不足則於天下歲報在册錢糧，酌量查取三之一或四之一。備用之金，宜令四川産有之處收買四千兩。此後賞用，則待各處解到折糧銀及查解淮浙等運司各項鹽銀，以漸給之。又，先年所賞皇親、駙馬、功臣、内官寺觀莊田將八萬餘頃，每畝徵銀三分，歲約得銀二十萬兩，宜遣官查解内庫，以備給賞，俟庫藏稍充，仍歸業主。此皆因時權處，以應目前之急。而邊方意外之需，又有當慮者，宜令承運庫會同司禮監，將老年所積金銀，查盤見數，仍會内閣計處。今後支用，務守祖宗成憲，計算庫藏盈縮，量入爲出，加意樽節，不經之費，無名之賞并無益工作，不得妄支。本庫每年終具數開奏，聽户部户科查考，如御史李良議。若仍以齋醮等項爲名，浪費支用，宜追究引誘之人，從重問擬，庶國計可充。」命再審議。乃言：「親王賞賜，宜仍舊典，各項莊田子粒銀兩，量借一年，其南京内外守備、參贊及各處鎮巡、分守、兵備等官賞，如在京公侯等官例，俱給鈔。」上曰：「賞賜照成化二十三年則例，銀兩聽以漸措置支給。莊田子粒已之，餘如所議。」

世宗即位之賞：公、侯、駙馬、伯每員銀三十兩。文武官員一品二品二十五兩，三品十五兩，四品十二兩，五品十兩，六品八兩，七品六兩，八品九品四兩，雜職二兩。侯伯亡歿其子孫未承襲者及無子孫承襲有母妻存者，每名銀五兩。優養軍官母妻見存者，每名銀二兩。將軍、旗軍、勇士、力士、校尉、養馬小廝、軍匠、馴象軍奴人等，每名銀二兩。操備及營造官員，一品二品銀二十五兩，三品十五兩，四品十二兩，五品十兩，六品八兩，七品六兩，八品九品四兩，雜職三兩，操備等項旗軍每名銀二兩。優給幼官及鰥寡老疾軍官，一品二品銀八兩，三品五兩，四品四兩，五品三兩，六品至九品二兩，雜職一兩，紀録幼軍每名一兩。會試中式舉人每名絹一疋。辦事官、監生及天文生、樂舞生、醫士、順天府學生每名絹一疋。在京吏典、知印、承差，坊廂里老及民匠、厨子、樂工每名錦布一疋。在外聽選并公差等項文武官員人等，一品二品每員鈔一百錠，三品四品八十錠，五品七十錠，六品七品六十錠，八品九品五十錠，雜職四十錠，生員、吏典人等每名二十錠。

穆宗即位之賞：公、侯、駙馬、伯每員綵段四表裏。文官一品至九品，各給與應得誥敕，先給領者，與進勳階一等，品同職銜不同者，照見任改給，署職者與實授，試御史、試中書候實授，庶吉士候授官日，各補給，願移封者聽，先移封者給本等誥敕。雜職每員絹二疋。武官一品二品紵絲三表裏，三品二表裏，四品一表裏，五品六品各紵絲一疋。署試鎮撫、百户，各絹四疋。優養優給官，三品銀四兩，五品三兩，六品以下二兩，妻女每口二兩。將軍、旗校、力士、軍匠、馴象、養馬、操備、旗軍、力士、京營家丁、修理山陵軍人，各銀二兩，紀録力士、幼軍一兩。監生歷事，正歷免二月，雜歷一月，長差三月，見在監者，候撥歷照免。辦事官免一月，知印當該免三月，承差辦事吏一月，罰班每一年減一月，見在聽撥者候撥照免。史館官生、禮部鑄印局儒士、順天府學生、四夷館譯字生、錦衣衛聽差營操舍、欽天監天文生、太常寺樂舞生、太醫院醫士、武學官生，絹一疋。欽天監陰陽生、太醫院醫生、順天府坊廂里老、各衛門、工匠、厨子、樂工每名綿布一疋。

普賞

洪武六年，賜在京衛指揮使米百石，千户以下加兩月俸米。九年，賜京衛指揮使鈔二十五錠，同知二十二錠，僉事二十錠，千户以下有差。十三年，賜天下武臣文綺各四疋，賜公徐達等六十四人米各五百石。十八年，大祀天地於南郊，賜内外武臣文綺帛各三疋，鈔一錠，又賜在外將校都指揮人十二錠，指揮人十錠，千户、衛鎮撫人八錠，百户、所鎮撫人六錠，俱於所在有司給之。二十五年，賜在京致仕都督米一百五十石，鈔七十五錠，指揮米一百石，鈔五十錠，千户、衛鎮撫米九十石，鈔四十錠，百户、所鎮撫米八十石，鈔三十錠。二十九年，賜京衛指揮、千户麥三十石，監生、致仕官同。又大賚天下致仕武臣，凡壬辰年至甲辰從軍，洪武十一年以前爲官者，指揮使銀一百兩，鈔二百錠；同知銀九十兩，鈔一百八十錠；僉事銀八十兩，鈔一百六十錠；正千户、儀衛正銀七十兩，鈔一百四十錠；副千户、衛鎮撫、儀衛副銀六十兩，鈔一百二十錠；百户、所鎮撫銀五十兩，鈔一百錠。壬辰年至甲辰從軍，十二年以後爲官者，指揮使銀九十兩，鈔一百八十錠；同知銀八十兩，鈔一百六十錠；僉事銀七十兩，鈔一百四十錠；正千户、儀衛正銀六十兩，鈔一百二十錠；副千户、衛鎮撫、儀衛副銀五十兩，鈔一百錠；百户、所鎮撫銀四十兩，鈔八十錠。乙巳年以後從軍，洪武十三年以後爲官者，指揮使銀八十兩，鈔一百六十錠；同知銀七十兩，鈔一百四十錠；僉事銀六十兩，鈔一百二十錠；正千户、儀衛正銀五十兩，鈔一百錠；副千户、衛鎮撫、儀衛副銀四十兩，鈔八十錠；百户、所鎮撫銀三十兩，鈔六千錠。凡二千五百餘人。俱召至京，宴勞而予之。其年又賜在京武官人鈔五十錠，米人二十石。三十年，賜在京致仕武官小麥，指揮二十石，千户、衛鎮撫十石，百户、所鎮撫五石，監工及江、淮、濟川指揮五十石，千户、衛鎮撫三十石，百户、所鎮撫二十石。

永樂元年，命征討將士省覲還北京者，賜都督、都指揮、指揮人鈔五十錠，千户十錠，百户八錠，胡椒二斤，旗軍六錠，胡椒一斤。二年，賜奉天靖難公、侯、伯、都督、都指揮、千百户、衛所鎮撫、典仗、命婦冠服鈔，公夫人五百錠，侯夫人四百錠，伯夫人三百六十錠，都督夫人以下減給之。七年，賜扈從北京官軍人等鈔，公五十錠，侯四十錠，伯三十錠，一品二品二十錠，三品四品十五錠，五品十二錠，六品七品十錠，八品九品八錠，未入流及辦事官、將軍、總小旗人七錠，將軍及各衛總小旗人六錠，監生、吏典、醫生、軍校、力士等五錠，餘有差。又賜北京官吏軍民鈔，公四十錠，侯三十錠，伯二十錠，一品二品十錠，三品四品八錠，五品六品七錠，七品以下五錠，監生、總小旗人三錠，生員、吏典、齋郎、僧道、校尉、厨子軍民各二錠，管工官不分品級各三錠，旗軍夫匠用工者各二錠；命婦公夫人三十錠，侯夫人二十錠，伯夫人十五錠；一品二品八錠，三品四品六錠，五品五錠，六品七品四錠，八品九品未入流三錠。特賞守城婦人效勞者，公夫人綵幣六表裏，侯夫人五表裏，伯夫人四表裏，一品二品三表裏，三品四品二表裏，五品六品一表裏，七品至未入流絹二疋、布二疋，軍民婦女綿布一疋，鈔二錠。其守麗正門者，各加賞級幣一表裏，綿布二疋，鈔五錠。

永樂十年，賜靖難功臣子孫都指揮襲久者鈔一百五十錠，初襲者二百錠，指揮千百户襲久者五十錠，初襲者一百錠，凡四百七十六人。二十年，賜公鈔五十錠，侯四十錠，伯三十錠，官一品二品二十錠，三品四品十錠，五品九錠，六品以下五錠，軍士十錠。

特賞

洪武元年，賜徐州參政陸聚白金三百兩，綵幣三十四疋，酒三尊，部曲、文綺、銀椀各二百。八年，賜河州衛指揮僉事何瑣南普等三人白金各二百五十兩；遼東衛指揮張良佐冠帶衣服綺羅帛各四疋，其妻文綺紗羅各二疋，帛四疋；賜兵馬指揮臧哲白金二錠，馬一疋。九年，賜岐寧衛經歷熊鼎銀五十兩，鈔一萬二千貫；中山侯湯和、潁川侯傅友德綺帛二十四疋，鈔五十錠；右丞丁玉、都督僉事藍玉、王弼綺帛二十疋，鈔四十錠。十二年，賜光禄卿徐興祖銀二百兩，鈔一百錠。十三年，賜永昌侯藍玉鈔五十錠，都督郭英鈔同，馬二疋。十四年，賜西寧衛指揮朶兒只失結等文綺十四疋，鈔一百二十四錠。十六年，賜魏國公徐達鈔一百五十錠。十八年，賜武定侯郭英米五百石，致仕都督瞿通、王珪米三百石，太僕卿商暠麥一百石。又賜瞿通、王珪鈔二千錠，還鄉造宅。二十年，賜中軍都督王信鈔二百錠，白金四百兩，文綺八疋，潁國公傅友德米千六百石，東川侯胡海、普定侯陳桓、延安侯唐勝宗米各一千二百石。二十一年，賜西寧衛指揮楊政，涼州衛指揮張文傑、莊德，白金各二百兩，文綺十二疋，鈔百錠；遼東三萬衛指揮侯史家奴白金二百兩，文綺帛各六疋，鈔五十錠。二十二年，賜國公徐輝祖，李景隆，湯和鈔一百錠，長興侯耿炳文千錠，平涼侯費聚五百錠。二十三年，賜魏國公輝祖鈔四百錠，潁國公友德五百錠。楚雄衛指揮使袁義白金五百兩，文綺二十疋，鈔三百錠。又賜中軍都督僉事徐司馬文綺帛各六疋，鈔百四十錠。二十四年，賜友德及定遠侯王弼、武定侯郭英各白金二百兩，鈔二百錠，靖寧侯葉昇鈔百三十錠。賜北平都指揮同知鈔一百錠，綺帛八疋。賜左軍都督李勝鈔一千錠，令造居第。二十五年，賜涼國公玉米千五百石。二十六年，賜涼國公玉鈔五百錠，文綺二十疋，指揮徐質、嚴麟鈔各百五十錠。賜留守指揮乃兒不花鈔五百錠，文綺帛各十二疋，綿布三十疋，右副都御史咬住、工部右侍郎忽哥赤鈔各二百錠，文綺帛各六疋，綿布各十五疋。

永樂六年，賜四川行都指揮同知程遠鈔二百錠，鎮遠侯顧成鈔六百錠，左軍都督僉事徐凱鈔二千錠。七年，賜寧夏總兵陳懋鈔二萬貫，牛五十隻，羊百羫，米百石，又賜懋冠服玉帶，文綺綵帛各十五疋，鈔三萬貫，米二百石，羊百羫；甘肅總兵何福鈔二萬貫，米二百石，又賜福玉帶冠服，綵段十五表裏，鈔一萬錠，米二百石，羊二百羫。十年，賜貴州總兵顧成鈔二千貫。二十二年，仁宗賜黔國公沐晟鈔三百貫，綵幣二十表裏。

洪熙元年，賜太師、英國公張輔羊四百牽，酒六百餅，米二百石，逾月，復賜羊二百牽，酒四百缾。

景泰三年，賜少保、户部尚書兼文淵閣大學士陳循，少保、工部尚書兼東閣大學士高穀，各白金一百兩；吏部左侍郎兼翰林院學士江淵、禮部左侍郎兼翰林院學士王一寧、户部右侍郎兼翰林院學士蕭鎡、翰林院學士商輅各白金五十兩，尋各賜黄金五十兩。天順初，賜錦衣指揮袁彬居第，白金三百兩，綵幣十二表裏，以娶妻賜黄金三十兩，銀二百兩，綵幣八表裏，生子亦如之，而金殺其一。

正德辛巳，以迎駕安陸，賞太監谷大用、韋霦、張錦，大學士梁儲，定國公徐光祚，駙馬都尉崔元，禮部尚書毛澄，各白金一千兩，綵幣二十表裏。

自正德寧夏平，内閣大臣賞白金至百兩，前後絶響矣。嘉靖隆禮元輔，若夏，嚴亦未有登此數者。

今上之賜江陵公居正，則不一而足。其可考者，辭即位首殿之加賜白金一百兩，大紅紵絲蟒衣一襲，綵段四表裏。以造居第，賜白金一千兩。考六年滿正，賜銀五十兩，紵絲四表裏，鈔五千貫，茶飯五卓，羊三隻，酒三十瓶，又加賜白金一百兩，斗牛蟒衣各一襲。遼東捷，賜白金一百兩，綵段四表裏，大紅紵絲蟒衣一襲，又特賜坐蟒一襲，銀錢五十兩。考九年滿正，賜白金五十兩，紵絲四表裏，内大紅胸背麒麟一，羊三隻，茶飯五卓，酒三十瓶，鈔五千貫，加賜白金二百兩，坐蟒、蟒衣各一襲，歲加禄二百石。奏廣東捷，賜白金二百兩，蟒衣一襲，綵段四表裏。聞父喪，上及仁聖、慈聖二宫各賜白金五百兩，紵絲十表裏，新鈔一萬貫，白米二十石，香油二百斤，碎香二十斤，蠟燭一百對，麻布五十疋。辭歲禄，送米十石，香油二百斤，茶葉三十斤，鹽一百斤，黄白蠟燭二百枝，柴二十擔，炭三十包。太后還宫付託，賜坐蟒、蟒衣各一襲，綵段八表裏，白金二百兩。上婚禮成，賜白金一百兩，紵絲六表裏。告歸省葬，上及慈聖各賜白金五百兩，綵幣八表裏，仁聖賜白金三百兩，綵幣六表裏。還朝入謁，三宫各賜白金五百兩，綵幣八表裏。服滿入見，上及慈聖各賜白金三百兩，金壺一把，金臺盞一副。十五年考滿，賜白金三百兩，坐蟒一襲，綵段十二表裏，羊十隻，酒六十瓶，茶飯五卓，鈔一萬貫。

修史之賞

洪武元年修《元史》，中書右丞相、太子少師、宣國公李善長監修，前起居注宋濂，漳州府通判王禕爲總裁。史成，宋濂、王禕各賞白金六十四兩，文綺帛各八疋。纂修汪克寬等各賞白金三十三兩，文綺帛各四疋。

永樂元年，賜監修、太子太師、曹國公李景隆銀一百兩，綵幣六表裏，織金紗衣一套，鞍馬一副；總裁、翰林院侍讀學士解縉等銀八十兩，綵幣五表裏，織金紗衣一套，鞍馬一副；纂修官銀五十兩，綵幣四表裏，紗衣一套；催纂兼謄寫官銀三十兩，綵幣三表裏，紗衣一套；催纂官銀二十五兩，綵幣二表裏，紗衣一套；謄寫監生、生員、儒士各銀十兩，鈔三十錠，綵幣一表裏；謄寫吏各銀八兩，鈔三十錠，綵幣一表裏；催督官鈔二十錠，絹二疋；辦事吏各鈔二十錠，絹二疋。九年，賜監修、太子少師姚廣孝，户部尚書夏原吉，總裁、翰林院學士兼左春坊大學士胡廣，國子監祭酒、翰林院侍講胡儼，右春坊大學士兼侍讀黄淮，右庶子兼侍講楊榮等同。十五年，賜重修官實録監修、户部尚書夏原吉鈔二百錠，綵幣三表裏，紗衣一襲；總裁官、文淵閣大學士兼左春坊大學士胡廣，翰林院學士兼右春坊右庶子楊榮，國子監祭酒兼翰林院侍讀胡儼，人鈔百六十錠，綵幣二表裏，紗衣一襲；纂修官，翰林院學士兼右春坊左諭德金幼孜賞同胡廣等；侍讀學士曾棨，侍講鄒緝，王英，修撰俞鼎，羅汝敬，主事李時勉、陳敬宗，人鈔百錠，綵幣一表裏，紗衣一襲；謄寫官併監生人等各鈔六十錠，絹二疋。書成，廣以病不及躬進，命中官即其家賜之。

宣德五年，修文廟、仁廟實録成，賜監修、太師、英國公張輔，少師、吏部尚書蹇義，少保、太子太傅、户部尚書夏原吉，總裁、少傅、兵部尚書、華蓋殿大學士楊士奇，少保、户部尚書、武英殿大學士黄淮，太子少傅、工部尚書、謹身殿大學士楊榮，太子少保、禮部尚書、武英殿大學士金幼孜，太常寺卿兼翰林院學士楊溥，各白金一百兩，綵幣六表裏，織金羅衣一襲，鞍馬一副；續總裁，行在户部尚書陳山，禮部尚書張瑛，白金六十兩，綵幣五表裏，織金羅衣一襲。餘有差。

正統三年，修宣廟實録成，賜監修、太師、英國公張輔，總裁、少傅、兵部尚書、華蓋殿大學士楊士奇，少傅、工部尚書、謹身殿大學士楊榮，禮部尚書、翰林院學士楊溥，副總裁、少詹事兼侍讀學士王直，少詹事兼侍講學士王英，各白金一百兩，綵幣六表裏，羅衣一襲，鞍馬一副。餘有差。

成化三年，修英廟實録成，賜監修、太保、會昌侯孫繼宗，總裁、吏部左侍郎、翰林院學士陳文，右侍郎、翰林院學士彭時，副總裁、禮部右侍郎李紹，太常少卿、翰林院學士劉定之，南京國子祭酒吴節，各白金八十兩，文綺四表裏，羅衣一表裏，鞍馬一疋。副總裁無鞍馬，餘同。

弘治四年，修憲廟實録成，賜監修、太傅、太子太師、英國公張懋，總裁、少傳、太子太師、吏部尚書、謹身殿大學士劉吉，禮部尚書、文淵閣大學士徐溥，禮部右侍郎、翰林院學士劉健，各銀八十兩，綵幣四表裏，羅衣一套，鞍馬一副；副總裁，掌詹事府事、禮部尚書丘濬，詹事府少詹事兼翰林院侍講學士汪諧，各銀八十兩，綵段四表裏，羅衣一襲；纂修官三十兩，綵段四表裏，羅衣一套；催纂官二十兩，綵段二表裏，羅衣一套；謄録官銀十五兩，綵段二表裏，羅衣一套；收掌文籍官銀十兩，綵段二表裏；謄録監生銀五兩，綵段一表裏；辦事吏典鈔二十錠，絹一疋；各色人匠鈔二十錠，布一疋。官陞擢事故去任及監生事故去者，久近不一，賞賚有差。

正德四年，修孝廟實録成，賜監修、太師、太子太師、英國公張懋，總裁、少師、太子太師、吏部尚書、華蓋殿大學士李東陽，同弘治；續總裁、太師、太子太師、吏部尚書、武英殿大學士焦芳，少傅、太子太傅、户部尚書、謹身殿大學士王鏊，少保、太子太保、户部尚書、文淵閣大學士楊廷和，各銀五十兩，紵絲六表裏，鞍馬一疋；續副總裁、吏部尚書、翰林院學士梁儲銀四十兩，紵絲羅四表裏。餘有差。

嘉靖四年，修武廟實録成，賜監修、太傅、定國公徐光祚，總裁、少保、太子太保、吏部尚書、謹身殿大學士費宏，吏部尚書、文淵閣大學士石珤，與續總裁、禮部尚書、東閣大學士賈詠，續副總裁、禮部右侍郎兼翰林院學士吳鵬，俱賞同弘治。

嘉靖五年，修獻皇帝實録成，賜監修、太師、定國公徐光祚及禮部尚書席書，總裁、少師、太子太師、吏部尚書、謹身殿大學士費宏，少師、太子太傅、吏部尚書、武英殿大學士楊一清，太子太保、吏部尚書、武英殿大學士石珤，太子太保、禮部尚書、武英殿大學士賈詠，如前。按録成之後，例有遷官，其監修、總裁加秩，則始自正統五年，前固無之。

顧起元《客座贅語》卷四《唐潤州貢》　唐貢賦：金陵曰潤州，調火麻，貢方碁水波綾。今吳綾以松江爲上，杭次之。而考唐貢綾，多州，亦多品，如僊、滑二州方紋綾，豫州鸂鶒綾、雙絲綾，兖州鏡花綾，青州仙紋綾，定州兩窠綾，幽州范陽綾，定州綾，荆州方縠紋綾，隨州綾，澧州龜子綾，閬州重蓮綾，越州吳綾，梓州、遂州樗蒲綾。或以地，或以花樣，多在西北。而其紬，貢則汝、陝、潁、徐、定、洺、博、魏、恒、璧、巴、蓬、通、忠、渠、簡等十六州，紗則相州，羅則益、蜀二州單絲羅，恒州春羅、孔雀等羅。其紵布之類，則勝、銀等州女稽布，齊州絲、葛，泗(水)(州)貲布，海州楚布，隰、石二州胡女布，邢州絲布，荆州交梭縠子，鄧、利、果等州絲布，鄂、復開等州白紵，歸州紵麻布，洋州白交梭，涪州連頭獠布，渝、峽、隨等州葛，襄州白縠，白綸巾，巴州蘭干布，房州紵，涼州氎布，揚州細紵，廬州交梭熟絲布，申、光二州絺紛，楚州孔雀布，和州紵練，滁、沔二州麻貲布，蘄、舒二州白紵布，黄州紵貲布，安州青紵布，壽州葛布，常州紫綸巾，蘇州紅綸布，杭、越二州白編，睦、越二州交梭，建州花練，洪、撫、江、潭、永五州葛，朗州紵練，常、湖、歙、宣、虔、吉、袁、岳、道等州白紵布，宣州綺，南州班布，彭州交梭，漢州紵布，彌牟布，綿州雙紃，戎、普、瀘等州葛，邛、建、雋等州絲布，連州細布，振州班布，端州蕉布，福州、安南及潮州蕉，韶州竹布。絹則唐在所有之，不具載。今海内土産比唐相懸，第葛之所出不甚遠，以地所生就而織紝故耳。綾帛之細者，紋帛也，或謂之綺羅。帛之美者，意取罟鳥之意。紗，縛屬，輕曰紗。練，音疎，絺屬。紵，麻屬，白而細疏者，紵俗作苧，今謂段曰紵，或劣言之也。綺，細綾也。綸，青絲綬。它無解，有白綸巾，似布之輕細者，交梭亦布類，以其功名之。

謝肇淛《滇略》卷三《産略》　布，以永昌之細布爲佳。有千扣者；其次有桐花布，竹布，井口布，火麻布，莎羅布，象眼布，而洱海紅花膏染成最艷，謂之洱紅。永昌善造青，謂之金齒青，其直獨倍他所。《南中志》云：有闌干細布。闌干，獠言紵也，文如綾錦。華嶠《後漢書》云：哀牢夷之染綵細布，織成文章，如綾錦。有梧桐木華績以爲布，幅廣五尺，潔白不受垢污，先以覆亡人，而後服之，今西洋布豈其遺種耶。

《南詔通紀》云：兜羅綿，出金齒木邦甸。又有火草布，草葉三四寸，蹋地而生，葉背有綿，取其端而抽之成絲，織以爲布。寬七寸許，以爲可以爲燧取火，故曰「火草」。然不知其何所出也。

徐學聚《明朝典彙》卷九二《户部六・農桑》　洪武元年，上下令凡農民田五畝至十畝者，栽桑、麻、木綿各半畝。十畝以上倍之。其田多者，率以是爲差。有司親臨督勸，惰不如令者，有罰。不種桑，使出絹一疋；不種麻及木綿，出麻布，綿布各一疋。

余繼登《典故紀聞》卷一　太祖時除郡縣官皆給道里費，知府五十兩，知州三十五兩，知縣三十兩，同知視知府五之三，通判推官五之二，州同知視府通判經歷，州判視府同知半之，縣丞主簿視知縣半之，典史十兩，著爲令。又予文綺羅絹布，及其父母妻子，皆有差。蓋謂初授官，不免假貸於人，或侵漁百姓，故欲其奉公，不得不先養其廉如此。

余繼登《典故紀聞》卷一五 〔成化十六年〕官吏折俸布舊於甲字庫折支者，每闊白布一匹折米四十石。成化十六年，户部以爲言，始改折三十石。然布極細者不過值銀二兩，而米遇貴，石值銀一兩，已有懸絶。後又以粗緜布值銀三四錢者支與，是粗布一匹，準價銀三十兩矣，從古所未有也。

申時行等《明會典》卷一七《户部四·農桑》 國初農桑之政，勸課耕植，具有成法，初皆責成有司，歲久政弛，乃稍添官專理，其例具後。

凡課種，國初令天下農民，凡有田五畝至十畝者，栽桑麻木綿各半畝，十畝以上者倍之，田多者以是爲差。有司親臨督視，惰者有罰，不種桑者使出絹一疋，不種麻者使出麻布一疋，不種木綿者使出綿布一疋。

洪武元年奏准，桑麻科徵之額，麻每畝八兩，木綿每畝四兩。栽桑者，四年以後有成，始徵其租。

四年，令各府州縣行移提調官常用心勸諭農民，趁時種植，仍將種過桑麻等項田畝計科絲綿等項，分豁舊有新收數目開報。【略】

二十六年定，凡民間一應桑株，各照彼處官司原定則例，起科絲綿等物。其絲綿每歲照例折絹，俱以十八兩爲則，折絹一疋。所司差人類解到部，劄付承運庫收納，以備賞賜支用。

正統八年，令各處不出蠶絲處所，每絹一疋折銀五錢，解京支用。

申時行等《明會典》卷二四《户部一一·會計一·税糧》 國初，官民田税糧，俱有定額。其後撥給親王功臣，及地土肥瘠、退灘、開墾、坍江、災傷等項，或增或減，歲無常數。今以諸司職掌所載并弘治十五年至萬曆六年實徵數，開具于後。

洪武二十六年各布政司并直隸府州實徵夏税秋糧總數。

夏税

米麥，四百七十一萬二千九百石。

錢鈔，三萬九千八百錠。

絹，二十八萬八千四百八十七疋。

秋糧

米，二千四百七十二萬九千四百五十石。

錢鈔，五千七百三十錠。

絹，五十九疋。

浙江布政司

夏税

麥，八萬五千五百二十石。

錢鈔，二萬六百九十錠。

絹，一十三萬九千一百四十疋。

秋糧

米，二百六十六萬七千二百七石。

錢鈔，八十六錠。

絹，五十九疋。

北平布政司

夏税

麥，三十五萬三千二百八十石。

絹，三萬二千九百六十二疋。

秋糧

米，八十一萬七千二百四十石。

江西布政司

夏税

米，七萬九千五十石。

錢鈔，六千四百五錠。

絹，一萬五千四百七十七疋。

秋糧

米，二百五十八萬五千二百五十六石。

湖廣布政司

夏税

米麥，一十三萬八千七百六十六石。

絹，二萬六千四百七十八疋。

秋糧

米，二百三十二萬三千六百七十石。

福建布政司

夏税
麥，六百六十五石。
錢鈔，一萬二千七百五錠。
絹，二百七十三疋。
秋糧
米，九十七萬七千四百二十石。
山東布政司
夏税
麥，七十七萬三千二百九十七石。
絹，二萬三千九百三十二疋。
秋糧
米，二百八十萬五千六百二十石。
山西布政司
夏税
麥，七十萬七千三百六十七石。
秋糧
米，二百九萬三千五百七十石。
河南布政司
夏税
麥，五十五萬六千五十九石。
絹，一萬七千二百二十六疋。
秋糧
米，一百六十四萬二千八百五十石。
陝西布政司
夏税
麥，六十七萬六千九百八十六石。
秋糧
米，一百二十三萬六千一百七十八石。
四川布政司
夏税
麥，三十二萬五千五百五十石。
秋糧
米，七十四萬一千二百七十八石。
廣東布政司
夏税
麥，五千三百二十石。
秋糧
米，一百四萬四千七十八石。
廣西布政司
夏税
麥，一千八百六十九石。
秋糧
米，四十九萬二千三百五十五石。
雲南布政司
夏税
麥，一萬八千七百三十石。
秋糧
米，五萬八千三百四十九石。
應天府
夏税
麥，萬一千二百六十石。
絹，一千四百六疋。
秋糧
米，三十二萬六百一十六石。
蘇州府
夏税
麥，六萬三千五百石。
絹，一萬四千一百五十七疋。
秋糧
米，二百七十四萬六千九百九十石。

錢鈔，二千三百二十一錠。
松江府
夏税
麥，一十萬七千四百九十六石。
絹，六百六十六疋。
秋糧
米，一百一十一萬二千四百石。
錢鈔，三千七十二錠。
常州府
夏税
麥，一十一萬九千三百二十石。
絹，一千三百九十四疋。
秋糧
米，五十三萬三千五百一十五石。
鎮江府
夏税
麥，八萬八百九十六石。
絹，三百五十七疋。
秋糧
米，二十四萬三千一百五十石。
廬州府
夏税
麥，一萬五千八百三十石。
秋糧
米，七萬五千三百六十石。
鳳陽府
夏税
麥，九萬三千三百一十五石。
絹，一千四百四十七疋。
秋糧
米，一十三萬七千一百六十石。
淮安府
夏税
麥，二十萬一千二百二十石。
秋糧
米，一十五萬三千四百九十石。
揚州府
夏税
麥，五萬七千七百一十石。
秋糧
米，二十四萬九十六石。
徽州府
錢鈔，二百五十一錠。
夏税
麥，四萬八千七百五十石。
絹，九千七百一十八疋。
秋糧
米，一十一萬六千六百五十四石。
寧國府
夏税
麥，六萬二千六百一十石。
絹，二百一十一疋。
秋糧
米，一十八萬二千五十石。
池州府
夏税
麥，一萬七千一十六石。
絹，二十七疋。
秋糧
米，一十一萬一千九百四十五石。

太平府
夏税
麥，二萬一千三百九十石。
絹，二百一十七疋。
秋糧
米，四萬六千二百九十石。
安慶府
夏税
麥，一萬九千四百七十八石。
秋糧
米，一十一萬二千一百五十八石。
廣德州
夏税
麥，六千七十石。
絹，一百五十七疋。
秋糧
米，二萬四千五百石。
徐州
夏税
麥，六萬二千三百石。
絹，三千一百四十二疋。
秋糧
米，七萬九千三百四十石。
滁州
夏税
麥，一千四百五石。
秋糧
米，四千一百六石。
和州
夏税
麥，八百七十五石。
秋糧
米，三千九百五十九石。
弘治十五年，十三布政司并直隸府州實徵夏税秋糧總數。
夏税
大小米麥，四百六十二萬五千五百九十四石三斗八升二合七勺。
麥莜，二百五十五石四斗五升五合。
絲綿并荒絲，共二百七十萬一千三百六十一兩八錢三分零，又六千五百三十九斤四兩六錢五分。
税絲，共三十五萬三千六百四十三兩三錢六分零，又二千五百四十八斤五兩四分零。
絲綿折絹，三萬四千九百六十二疋一十八丈三尺八寸二分零。
税絲折絹，四千四百二十疋三丈八尺九寸九分零。
本色絲，八千四百四十八斤二兩五錢五分零。
農桑絲折絹，九萬一千一百四疋五十五丈五尺三寸八分零。
農桑零絲，二百九十二兩三錢五分，又一百一十八斤一十五兩八錢六分零。
人丁絲折絹，四萬五百七十六疋一十丈七尺七寸一分零。
改科絹，二十五疋。
綿花折布，一十一疋二丈。
苧布，一千三百四十一疋二尺四寸。
土苧，六十五斤一十三兩一錢六分。
紅花，一十一斤一十三兩五錢。
麻布，二千七十七疋二丈六尺六寸五分零。
鈔，一萬七千七百九十五錠一十七貫二百七十一文五分。
租鈔，三萬二千五百五十三錠八百四十五文五分。
税鈔，六千五百三十四錠二貫七百二十一文八分零。
原額小絹，四疋。
幣帛絹，一疋。
本色絹，二疋。
絹，二萬二千九百八十九疋七尺七寸四分零。

折色絲，一百九十四斤一十兩四錢五分零。
秋糧
米，二千二百一十六萬六千六百六十五石九斗六合四勺零。
租鈔，一萬八千八百六錠七貫四百七文五分，又五千二百四貫七十一文。
賃鈔，一百七十五貫八百七十一文。
山租鈔，三千一百二十三錠二貫九百一十五文，又二百四十四貫二百七十九文。
租絲，二千二百一十六兩七錢五分零。
租絹，五十九疋二丈九尺八寸。
租纑麻布，二疋六尺。
課程綿布，七百三十八疋八尺八寸。
租苧布，七疋一尺。
牛租米穀，二百二十石一斗八升五合三勺。
地畝綿花絨，二十四萬六千五百六十九斤一十一兩六錢零。
棗子易米，二萬五千五百八十四石一斗六升九合。
棗株課米，二千二百二十五石六斗二升三合六勺。
課程苧麻折米，五十七石一升五合零。
綿布，一十二萬八千七百七十疋一丈八尺七寸四分。
魚課米，三萬一千九百六十石六斗七升八合。
改科絲折米，一十二石五斗四升五合五勺。
浙江布政司
夏税
小麥，一十五萬二千七百七十二石九斗三升八合五勺零。
絲綿并荒絲，二百七十萬一千三百六十一兩八錢三分零。
租鈔，二萬二千五百五十三錠八百四十五文五分。
農桑絲折絹，三千五百九疋五尺九寸三分八釐零。
農桑零絲，四十三斤三兩八錢九分。
原額小絹，四疋。
幣帛絹，一疋。
秋糧
米，二百三十五萬七千五百二十六石七斗一合九勺。
租鈔，一萬八千七百四十錠四貫一十文五分。
租絲，二千二百一十六兩七錢五分六釐。
租絹，五十九疋二丈九尺八寸。
租纑麻布，二疋六尺。
租苧布，七疋一尺。
江西布政司
夏税
小麥，八萬七千六百三十五石六斗七升四合三勺零。
絲綿折絹，八千二十九疋二丈三尺八寸四分八釐。
本色絲，八千二百三斤一十一兩一錢一分一釐四毫。
農桑絲折絹，三千四百八十六疋一丈二尺一寸一分五釐。
苧布，一千三百四十一疋二尺四寸。
鈔，六千八百五十六錠六十八文。
秋糧
米，二百五十二萬八千二百六十九石九斗六升三合六勺零。
牛租穀，二百一石一斗八升五合三勺。
山租鈔，三千一百二十三錠二貫九百一十五文。
湖廣布政司
夏税
米麥，一十三萬一千四百石四斗七合二勺零。
絹，二萬二千九百八十九疋七尺七寸四分二釐九毫零。
農桑絲折絹，四千九百九十二疋一丈九尺九寸二分七釐零。
綿花折布，一十二疋二丈二尺。
秋糧
米豆芝麻，二百三萬六千一百二石一斗六升四合九勺零。
賃鈔，一百七十五貫八百七十一文。
課程苧麻折米，五十七石一升五合零。
課程綿布，七百三十八疋八尺八寸。
福建布政司

夏税
麥，七百六石五斗九升二合六勺零。
鈔，一萬七百七十八錠三貫一百七十二文五分六釐。
絲綿折絹，二百八十疋一丈九尺五寸五分三釐。
農桑絲折絹，三百一十九疋一丈二尺七寸八分。
零絲綿，一百九十四兩五錢九分。
土苧，六十五斤一十三兩一錢六分。
秋糧
米，八十五萬四百四十七石七斗七升四合五勺零。
租鈔，二貫二百六十四文。
魚課米，三萬一千九百六十石六斗七升八合。
山東布政司
夏税
小麥，八十五萬五千二百四十六石四斗七升八合八勺零。
税絲，二千九十一斤八兩八錢一分二釐六毫零。
絲綿折絹，二萬二千一百六十五疋一丈五尺三寸一毫零。
農桑絲折絹，三萬二千八百二十五疋一尺七分六釐。
本色絲，二十斤六兩三錢一分二釐。
秋糧
米，二百九十九萬五千八百八十一石二升四合一勺零。
牛租米，一十六石五斗。
地畝綿花絨，五萬二千四百四十九斤一十兩七錢一分二釐。
山西布政司
夏税
小麥，五十七萬八千八百八十九石六斗七升三合零。
農桑絲折絹，四千七百七十七疋。
農桑零絲，五十斤五兩八錢七分。
秋糧
米，一百六十九萬五千一百三十二石八斗六升四合六勺零。
河南布政司
夏税
小麥，六十一萬八千六百四十五石一斗四升八合二勺零。
税絲，三十五萬三千六百四十三兩三錢六分六釐一毫六絲。
農桑絲折絹，九千九百五十九疋二丈四尺二寸八分二釐七毫五絲。
人丁絲綿，一千三百兩，折絹六十五疋。
秋糧
米，一百七十六萬九千一百三十一石八斗六升九合七勺零。
地畝綿花絨，三百四十二斤四錢。
棗子易米，二萬五千五百八十四石一斗六升九合。
棗株課米，四十七石二斗八升。
陝西布政司
夏税
小麥，七十二萬五千七百九十六石七斗三升四合三勺零。
農桑絲折絹，九千二百一十八疋二丈九尺八寸二分三釐四毫。
本色絲綿，二百六斤一兩六錢五分。
秋糧
米，一百二十萬二千二百六十石五斗二升一合六勺零。
綿花絨，一萬七千一百七十二斤三兩一錢。
綿布，一十二萬八千七百七十疋一丈八尺七寸四分。
四川布政司
夏税
小麥，三十萬九千五百九十四石一斗九升一合三勺零。
荒絲，六千三百三十三斤三兩。
秋糧
米，七十一萬七千七十八石三斗五升七合六勺零。
地畝綿花絨，七萬二千八百五十一斤一十五兩七錢二分八釐四毫。
廣東布政司
夏税
米，五千九百七十八石三斗四升三合零。
農桑絲折絹，一百一十疋六尺二寸五分。

零絲，一十三斤六兩一錢一分四釐。
改科絹，二十五疋。
秋糧
米，一百一萬七百八十六石一斗七升七合六勺零。
改科絲折米，一十二石五斗四升五合五勺。
廣西布政司
夏稅
米豆，三千三百九十石八斗八升一合四勺零。
稅鈔，一貫二百九十文。
農桑絲折絹，四百九十七疋六丈六尺九寸五分。
零絲，八斤一十四兩一錢四分。
本色絹，二疋，并零絲五兩五錢八分七釐五毫。
折色絲，一百九十四斤一十兩四錢五分七釐。
鈔，一百六十一錠四貫七百五十六文。
紅花，一十一斤一十三兩五錢。
秋糧
米，四十二萬六千六百三十六石八升七合三勺零。
租鈔，四十二錠六百六十八文。
雲南布政司
夏稅
小麥，三萬三千七百八石二斗八升七勺零。
秋糧
米，一十萬六千九百一十三石一合零。
貴州布政司
夏稅
麥莜，二百五十五石四斗五升五合。
秋糧
米，四萬七千四百四十二石二斗五升六合六勺零。
順天府
夏稅
小麥，一萬九千六百三石四斗三升七合四勺零。
人丁絲折絹，二千一百七十五疋一丈六尺六寸。
農桑絲折絹，一千七百六十四疋一丈七尺三寸零。
秋糧
米，四萬七千一百三十四石二斗三升七合三勺零。
地畝綿花絨，九千四百三十六斤一十四兩五錢六分零。
永平府
夏稅
大小麥，九千九百九十六石一斗九升五合五勺零。
人丁絲折絹，二千五十疋一丈五寸。
農桑絲折絹，二百四十三疋一丈二尺三寸二分零。
秋糧
米，二萬三千三百五十三石一斗一升八合八勺零。
地畝綿花絨，三百四十五斤一十三兩二錢。
保定府
夏稅
小麥，一萬八千七百九十三石八斗二升九合九勺零。
人丁絲折絹，二千七百九十六疋七尺一寸五分。
農桑絲折絹，一千六百一十一疋一尺九尺二分五釐。
本色絲，二百二十四斤一兩一錢三分。
秋糧
米，四萬二千九百八十石三斗一升四勺零。
地畝綿花絨，九千五百七十四斤八兩五錢六分。
棗株課米，二十六石二斗九升。
河間府
夏稅
小麥，一萬九千八百一石一斗八升三合零。
人丁絲折絹，四千九百二疋二丈六尺三寸三分零。
農桑絲折絹，八百八十九疋七尺二寸九分一釐零。
秋糧

小麥，四萬四千九十六石三斗五升七合九勺零。
人丁絲折絹，六千八百二十八疋一丈四尺一寸。
農桑絲折絹，八百一十疋二丈七尺九寸四分零。
鈔，九貫二百七十五文。
秋糧
米，一十萬三千八十石七斗二升八合九勺零。
地畝綿花絨，二萬五千一百二十五斤六兩六錢四分。
棗株課米，二千一百一十一石五斗二升。
隆慶州今改延慶
夏稅
小麥，一千七百一十三石七斗五升三合四勺零。
秋糧
米，三千九百三十七石四斗四合一勺零。
保安州
夏稅
小麥，四百八石二斗九升八合六勺零。
秋糧
米，一千五十三石二斗六升一合三勺零。
應天府
夏稅
大小麥，一萬一千六百五十四石四斗四升五勺零。
絲綿折絹，一千二百一十四疋一丈六寸九分二釐八毫。
農桑絲折絹，一百四十三疋二尺七寸三分四釐四毫。
秋糧
米，二十一萬五千一百五十九石八斗四升七勺零。
蘇州府
夏稅
小麥，五萬三千六百六十三石九斗一升一合二勺零。
絲綿折絹，六百九十七疋三丈三尺五寸七分。
稅鈔，三千二百六十七錠七百一十五文九分。
米，四萬六千二百八十石六斗二升八合七勺零。
地畝綿花絨，四千六百四十七斤一十三兩五錢。
棗株課米，三十七石五斗五升。
真定府
夏稅
小麥，三萬四千七百三十三石四斗九升三合九勺零。
人丁絲折絹，八千五百四十八疋六尺五寸。
農桑絲折絹，七千疋一丈七尺八寸五分零。
秋糧
米，八萬二千三百四十六石九斗六升四合三勺零。
地畝綿花絨，三萬五千三十三斤一兩四錢八分零。
順德府
夏稅
小麥，一萬二千五百三十七石八升八合九勺零。
人丁絲折絹，一千五百四十八疋。
農桑絲折絹，三百五十一疋一丈二尺六寸八分零。
秋糧
米，三萬四百六十一石七升三合一勺零。
地畝綿花絨，五千五斤四兩。
棗株課米，一十二石九斗八升三合六勺零。
廣平府
夏稅
小麥，一萬七千八百四十二石四斗五升九合一勺零。
人丁絲折絹，二千八百八十五疋二丈二尺五寸。
農桑絲折絹，六百五十四疋二丈三寸四分。
秋糧
米，四萬一千四百七十九石六斗五升五合六勺零。
地畝綿花絨，一萬四千五百八十四斤一十五兩八錢一分。
大名府
夏稅

農桑絲折絹，一百六十七疋二丈一尺六寸一分六釐。
秋糧
米，二百三萬八千三百二十三石一斗五升一合七勺。
松江府
夏税
大小麥，九萬二千二百五十八石六斗一升九勺。
絲綿折絹，六百九十七疋三丈一尺五寸七分。
税鈔，三千二百六十七錠七百一十五文九分。
農桑絲折絹，一百六十七疋二丈一尺六寸一分六釐。
秋糧
米，九十三萬九千二百二十六石二斗三升二合七勺。
常州府
夏税
小麥，一十五萬四千三百八十七石一斗四升九合六勺。
絲綿折絹，一千五百七十三疋一丈一尺一分零。
蔴布，二千七十七疋二丈六尺六寸五分零。
農桑絲折絹，三百二十四疋二丈四尺六寸。
秋糧
米，六十萬六千九百五十四石三升三合三勺。
租鈔，二十四錠四百六十五文。
鎮江府
夏税
小麥，五萬四千九百五十八石七斗五升五合八勺。
絲綿折絹，二百五疋二丈八尺六寸二分零。
農桑絲折絹，一十三疋二丈七尺六寸三分。
秋糧
米一十三萬四千八百七十六石五斗七升三合。
廬州府
夏税
小麥，九千八百七十二石一斗四升三合九勺零。

農桑絲折絹，六百八十七疋一丈三尺二分六釐零。
秋糧
米，六萬六千八百三十七石三斗一升二合六勺零。
鳳陽府
夏税
小麥，九萬九千三百五十八石七斗七升五合八勺零。
税絲折絹，一千三百八十疋一丈八尺七寸五分零。
農桑絲折絹，一千三十五疋四尺一寸五分。
秋糧
米，二十一萬三千五百八石六斗五升九合一勺零。
淮安府
夏税
小麥，二十二萬八千八百七十二石二斗九升八合七勺。
農桑絲折絹，一千四百六十一疋一丈九尺七寸七分九釐。
秋糧
米，一十六萬六千四百二十三石五斗八合四勺。
揚州府
夏税
小麥，三萬九千九百二十二石二升七合零。
農桑絲折絹，八百四十一疋二丈四尺。
農桑零絲，六十四兩五錢。
秋糧
米，二十萬六千六百三石八斗六升五合零。
租鈔，五千二百四貫七十一文。
牛租米，二石五斗。
徽州府
夏税
小麥，五萬一千四百九十八石七斗一升二合一勺。
人丁絲折絹，八千七百七十九疋四尺三分三釐零。
農桑絲折絹，一十五疋一丈四尺七寸。

秋糧
米，一十二萬一百三十三石八斗六升三合三勺。
寧國府
夏税
小麥，二萬九千五十二石三斗六升六合。
農桑絲折絹，三十疋二尺。
農桑零絲，三十三兩三錢。
税絲，三百四十斤一十兩七錢四分二釐六毫。
秋糧
米，七萬四千二百六十二石六斗七升一合九勺。
池州府
夏税
小麥，六千八百二十四石七斗五升七合八勺零。
税絲折絹，一十五疋。
税絲零絲，一兩一錢九分七釐。
農桑絲折絹，一百九十八疋。
農桑零絲，三斤一兩八錢五分。
秋糧
米，六萬一千三百七十二石八斗九升五合八勺。
山租鈔，三百四十四貫二百七十九文。
太平府
夏税
小麥，一萬六千二百七十六石五斗六升。
絲綿折絹，一百二疋九尺六寸四分二釐。
秋糧
米，三萬三千六百三十六石七斗四升七合一勺。
安慶府
夏税
小麥，一萬八千九百九石三斗七合二勺。
農桑絲折絹，三百五十三疋二丈九尺。

秋糧
米，一十一萬二千八百六十二石九斗八升四合。
廣德州
夏税
小麥，三千六百三十二石三斗八升八合四勺零。
税絲，一百一十六斤二錢九分六釐二毫。
農桑絲折絹，一十九疋一丈六尺七寸。
秋糧
米，一萬四千六十六石二斗九升二勺零。
徐州
夏税
小麥，六萬七千一百五十八石九合八勺零。
税絲折絹，三千二十五疋二丈二寸四分二釐零。
農桑絲折絹，二千五百三十八疋二尺六寸九分五釐。
秋糧
米，七萬九千八百五十八石一斗四升二合二勺零。
滁州
夏税
小麥，二千五百七十八石五升八合七勺零。
秋糧
米，五千八百九十二石九斗一升一合一勺零。
和州
夏税
小麥，一千四百二十四石六斗六升八合九勺。
農桑絲折絹，九十九疋二丈七尺二寸六分。
秋糧
米，九千九百五十石五斗四升五合八勺。

申時行等《明會典》卷二五《户部一二·會計一·税糧二》　萬曆六年，十三布政司并直隷府州實徵夏税秋糧總數。
夏税

大小麥米，四百六十萬五千二百四十二石八斗七升五合七勺零。
麥荍，二百六十六石八斗二升一合六勺。
絲綿并荒絲，二百七十一萬五千四十七兩四分零。
稅絲，四十五萬五千三百八十兩七錢八分，又二千五百四十七斤十五兩五錢一分。
本色絲，八千六百一斤二寸二兩一錢四分零。
絲綿折絹，三萬四千二百六十一疋一十四丈四尺七寸六分零。
稅絲折絹，三萬九千八百六十九疋六丈五尺七寸七分零。
人丁絲折絹，四萬七百三十四疋一十二丈四尺三寸零。
農桑絲折絹，九萬一千三百二十七疋五十二丈五尺五寸二分零。
農桑零絲并絲綿，一千九十七兩九錢四分，又二百五十二斤九兩五錢八分零。
原額小絹，四疋。
幣帛絹，一疋。
麻布，二千七十七疋二丈六尺六寸五分零。
苧布，一千三百四十一疋二尺四寸。
綿花折布，一十二疋二丈二尺。
土苧，六十五斤一十三兩一錢六分。
洞蠻麻布，二百五十九條一丈五尺。
農桑并絲折米，八百一十石五升五合八勺。
鈔，一萬七千六百七十四錠一十二貫九百六十五文五分。
租鈔，三萬二千五百八十八錠三貫六百二十八文五分。
稅鈔，七千六百五十九錠四貫五百八十七文九分。
秋糧
米，二千二百三萬三千一百七十石六斗九升二合一勺零。
魚課米，三萬一千九百六十六石九斗一升六勺零。
棗子易米，二萬六千八百三十三石三斗二升二合。
棗株課米，二千一百七十八石三斗二升三合六勺。
地畝綿花絨，二十四萬四千一百二十九斤一十五兩二錢零。
綿布，二十二萬八千七百九十二疋一丈三尺二寸。
課程綿布，五百三十三疋。
猺人麤布，二百五疋八尺八寸。
課程苧麻折米，五百五十一石二斗三升五合九勺。
綿花絨折米，一百四十三石九斗四升四合九勺。
改科絲折米，九斗四升七合九勺。
花利米，二千八百八十八石二斗五升二勺。
牛租米，一十九石。
牛租穀，四千一石九斗八升五合六勺。
麻折米，三石六斗三升九合。
租絲，二千二百一十六兩七錢五分六釐。
租絹，五十九疋二丈九尺八寸。
租麤麻布，二疋六尺。
租苧布，七疋一丈。
租鈔，一萬八千八百二十七錠二十八貫六百二十二文，又五千四百八貫七百一十六文。
山租鈔，三千一百二十三錠二貫九百一十五文，又二百六十五貫一百一十文。
賃鈔，一百七十五貫八百七十一文。
茶課鈔，一千一百八十三錠一十五貫五百九十二文。
魚課鈔，三百四十七錠二貫八十六文。
椒課鈔，四十二錠三貫。
麻鈔，二錠四貫一百文。
稅鈔，一百六十錠九貫八百文。
苧麻，二千七百九十四斤一十四兩五錢。
桐油，一千六十三斤。
紅花，二十一斤一十三兩五錢。
差發馬，五匹。
浙江布政司
夏稅
小麥，一十五萬二千八百六十三石七斗三升四合八勺。

絲綿并荒絲，二百七十一萬五千四十七兩四分零。
農桑絲折絹，三千五百九疋一丈一尺七寸七分零。
租鈔，三萬二千五百八十八錠三貫六百二十八文二分。
農桑零絲，四十三斤三兩八錢九分。
小絹，四疋。
幣帛絹，一疋。
秋糧
米，二百三十六萬九千七百六十四石四升四合。
租鈔，一萬八千七百七十九錠一貫五文。
租絲，二千二百一十六兩七錢五分六釐。
租絹，五十九疋二丈九尺八寸。
租麤麻布，二疋六尺。
租苧布，七疋一丈。
江西布政司
夏稅
麥米，八萬八千七十二石四斗一升九合零。
絲綿折絹，八千二十五疋二丈七尺三寸七分九釐。
農桑絲折絹，三千四百八十六疋二丈六寸一分五釐。
鈔，六千八百九十六錠五百一十八文。
本色絲，八千二百九斤三兩七錢一分一釐四毫。
苧布，一千三百四十一疋二尺四寸。
秋糧
米，二百五十二萬八千二百六十九石九斗六升三合六勺零。
牛租穀，二百一石一斗八升五合三勺。
山租鈔，三千一百二十三錠二貫九百一十五文。
湖廣布政司
夏稅
米麥，一十三萬一千九百七十六石二斗六升三合二勺零。
稅絲折絹，二萬二千八百九十三疋二丈二尺五寸二分六釐零。
農桑絲折絹，四千九百九十七疋一丈三尺九寸二分九釐零。

綿花折布，一十二疋二丈二尺。
秋糧
米，一百三萬二百七石七斗七合六勺零。
賃鈔，一百七十五貫八百七十一文。
課程苧麻折米，五百五十一石二斗三升五合九勺。
課程綿布，五百三十三疋。
猺人麤布，二百五疋八尺八寸。
地畝綿花絨折米，一百四十三石九斗四升四合九勺零。
福建布政司
夏稅
麥，七百六石九斗四升七合四勺零。
絲綿折絹，二百八十疋一丈九尺五寸五分三釐。
農桑絲折絹，三百一十九疋一丈二尺七寸八分。
零絲綿，一百九十四兩五錢九分。
土苧，六十五斤一十三兩一錢六分。
鈔，一萬七百七十八錠三貫一百七十二文五分六釐。
秋糧
米，八十五萬四百四十七石七斗七升四合五勺零。
魚課米，三萬一千九百六十六石九斗一升六勺零。
租鈔，二貫二百六十四文。
山東布政司
夏稅
小麥，八十五萬五千一百七十二石一斗四升七合八勺零。
絲綿折絹，二萬二千一百六十五疋一丈五尺三寸零。
農桑絲折絹，三萬二千八百二十五疋一寸七分零。
稅絲，二千八十九斤一十三兩一錢四分零。
本色絲，二十斤六兩三錢一分零。
秋糧
米，一百九十九萬五千七百六十四石九斗一升六合六勺零。
牛租米，一十六石五斗。

地畝綿花絨，五萬二千四百四十九斤一十兩七錢一分二釐。
山西布政司
夏税
小麥，五十九萬一千九百五十一石三斗一升七合一勺零。
農桑絲折絹，四千七百七十一疋。
農桑零絲，八百二十二兩五錢五分。
秋糧
米，一百七十二萬二千八百五十一石三斗八升三合五勺零。
河南布政司
夏税
小麥，六十一萬七千三百二十二石八斗四升三合三勺零。
税絲，三十五萬二千九百一兩五錢四分三釐零。
農桑絲折絹，九千九百六十三疋一丈六尺九寸二分一釐。
秋糧
米，一百七十六萬三千四百三十七石一斗一升五合二勺。
棗子易米，二萬六千八百三十三石三斗二升二合。
地畝綿花絨，三百四十二斤四錢。
陝西布政司
夏税
小麥，六十九萬七百四十七石二斗四升一合六勺零。
農桑絲折絹，九千二百二十一疋二丈六尺六寸四分零。
絲綿，二百六斤三兩八錢四分零。
秋糧
米，一百四萬四千九百四十三石一斗二升四合一勺零。
綿花絨，一萬七千二百八斤三兩二錢。
綿布，一十二萬八千七百九十二疋一丈三尺二寸零。
四川布政司
夏税
米，三十萬九千八百九十二石一斗六升四合二勺零。
秋糧
米，七十一萬八千六百五十二石九斗六升八合八勺零。
地畝綿花絨，七萬三百八十九斤二錢四分零。
差發馬，五匹。
廣東布政司
夏税
麥米，六千一百二十二石八斗九升九合七勺零。
農桑米，三百九石八斗九升九合二勺零。
零絲折米，九斗三升。
秋糧
米，九十九萬三千八百二十四石八斗一升一合九勺零。
改科絲折米，九斗四升七合九勺零。
廣西布政司
夏税
麥米，二千四百九十四石七斗一合六勺零。
絲折米，四百九十九石二斗二升六合六勺。
本色絲，一百四十八斤一十兩九錢五分四釐。
秋糧
米，三十六萬九千二百二石五斗二升六合零。
花利米，一千八百八十八石二斗五升二勺零。
租鈔，二十四錠二十四貫八百八十八文。
茶課鈔，一千一百八十三錠一十五貫五百九十二文。
魚課鈔，三百四十七錠二貫八十六文。
椒課鈔，四十二錠三貫。
苧麻，一千七百九十四斤一十四兩五分。
麻折米，三石六斗三升九合。
麻鈔，二錠四貫一百文。
紅花，一十一斤一十三兩五錢。
桐油，一千六十三斤。
税鈔，一百六十錠九貫八百文。
雲南布政司

夏稅
麥，三萬五千五百六十七石二斗六升一合五勺零。
秋糧
米，一十萬七千一百二十三石三升七合一勺零。
貴州布政司
夏稅
麥菽，二百六十六石八斗二升一合六勺。
洞蠻麻布，二百五十九條一丈五尺。
秋糧
米，五萬五百四十一石九斗六升八合零。
順天府
夏稅
小麥，一萬八千八百三石三斗七升二合四勺零。
人丁絲折絹，二千一百七十五疋一丈六尺六寸。
農桑絲折絹，一千七百六十一疋二丈九尺八寸三分零。
秋糧
米，四萬五千二百四石八斗五合零。
地畝綿花絨，九千四百二十四斤一兩五錢零。
牛租穀，三千八百石八斗三勺。
永平府
夏稅
大小麥，九千九百九十六石一斗九升五合五勺。
人丁絲折絹，二千五十疋一丈五尺。
農桑絲折絹，二百四十三疋一丈二尺三寸二分零。
秋糧
米，二萬三千三百五十三石一斗一升八合八勺零。
地畝綿花絨，三百四十五斤一十三兩二錢。
保定府
夏稅
小麥，一萬八千七百九十三石八斗二升九合九勺零。
人丁絲折絹，二千七百九十六疋七尺一寸五分。
農桑絲折絹，一千六百一十一疋九尺二分五釐。
本色絲，一百二十四斤一兩一錢三分。
秋糧
米，四萬二千九百八十石三斗一合四勺零。
地畝綿花絨，九千五百七十四斤八兩五錢六分。
棗株課米，一十六石二斗九升。
河間府
夏稅
小麥，一萬九千七百一十八石二斗三升二合五勺零。
人丁絲折絹，五千四十六疋四尺四寸六分零。
農桑絲折絹，八百八十九疋七尺二寸九分零。
秋糧
米，四萬六千八十七石七升八合六勺零。
地畝綿花絨，四千六百四十七斤一十三兩五錢。
棗株課米，三十七石五斗三升。
真定府
夏稅
小麥，三萬四千七百三十三石四斗九升三合九勺零。
人丁絲折絹，八千五百四十八疋六尺五寸。
農桑絲折絹，七千疋一丈七尺八寸五分八釐零。
秋糧
米，八萬二千三百四十九石二斗七升四合三勺零。
地畝綿花絨，三萬五千三十三斤一兩四錢八分零。
順德府
夏稅
小麥，一萬二千五百三十七石八斗八合九勺零。
人丁絲折絹，一千五百四十八疋二丈九尺。
農桑絲折絹，三百五十一疋一丈二尺六寸八分零。
秋糧

米，三萬四百六十一石七升三合一勺零。
地畝綿花絨，五千五斤四兩。
棗株課米，一十二石九斗八升三合六勺零。
廣平府
夏税
小麥，一萬七千八百四十二石四斗五升九合一勺零。
人丁絲折絹，二千八百九十九疋二丈七尺五寸。
農桑絲折絹，六百五十四疋二丈三寸四分。
秋糧
米，四萬一千四百七十九石六斗五升五合六勺零。
地畝綿花絨，一萬四千五百八十四斤一十五兩八錢一分。
大名府
夏税
小麥，四萬四千九十六石三斗五升七合九勺零。
人丁絲折絹，六千八百九十三疋一丈四尺一寸。
農桑絲折絹，八百一十疋一丈七尺九寸四分零。
鈔，九貫二百七十五文。
秋糧
米，一十萬三千八十石七斗二升八合九勺零。
地畝綿花絨，二萬五千一百二十五斤六兩六錢四分。
棗株課米，二千一百一十一石五斗一升。
延慶州
夏税
小麥，一千七百一十三石七斗五升三合四勺。
秋糧
米，一千九百三十七石四升四合一勺。
保安州
夏税
小麥，四百八石二斗九升八合六勺。
秋糧
米，一千五十三石二十六升一合三勺。
應天府
夏税
小麥，一萬一千六百五十四石七斗六升一合五勺零。
絲綿折絹，一千二百一十四疋一尺六寸九分零。
農桑絲折絹，一百四十三疋二尺七寸三分零。
秋糧
米，二十一萬五千一百五十九石八斗四升七勺。
蘇州府
夏税
小麥，五萬三千六百六十五石四斗三升。
税絲折絹，一萬二千五百五十五疋。
農桑絲折絹，六百四十疋二丈九寸三分三釐。
税絲，一十萬二千四百七十八兩四分零。
税鈔，四千三百九十二錠三貫八百七十二丈。
秋糧
米，二百三萬八千八百九十四石七斗四升二合二勺。
松江府
夏税
大小麥，九萬一千二百六十石四斗一升九合六勺。
絲綿折絹，六百九十七疋三丈一尺五寸七分。
農桑絲折絹，一百七十九疋二丈四尺一寸。
税鈔，三千二百六十七錠七百一十五文九分。
秋糧
米，九十三萬九千二百二十六石二斗三升二合七勺。
常州府
夏税
小麥，一十五萬四千三百九十三石三斗八升二合九勺。
絲綿折絹，一千五百七十三疋一丈一尺一分零。
農桑絲折絹，三百二十四疋二丈四尺六寸。

麻布，二千七十七疋二丈六尺六寸五分零。
秋糧
米，六十萬六千九百五十四石三升二合八勺。
租鈔，二十四錠四百六十五文。
鎮江府
夏税
小麥，五萬四千九百五十八石七斗五升五合八勺。
絲綿折絹，二百五疋二丈八尺六寸二分七釐零。
農桑絲折絹，一十三疋二丈七尺六寸三分。
秋糧
米，一十四萬三千二百五十二石二斗五升八合一勺。
廬州府
夏税
小麥，九千八百八十五石一斗三升四勺。
農桑絲折絹，六百八十七疋一丈三尺三寸一分零。
秋糧
米，六萬七千四十五石五斗二升三合二勺。
鳳陽府
夏税
小麥，九萬九千八百三十七石二斗六升八合七勺零。
税絲折絹，一千三百八十疋一丈八尺七寸五分六釐。
農桑絲折絹，一千三十五疋四尺一寸五分。
秋糧
米，一十一萬三千五百三石二升六合二勺。
淮安府
夏税
小麥，二十二萬八千八百七十二石二斗九升八合七勺。
農桑絲折絹，一千四百六十一疋一丈九尺七寸七分九釐。
秋糧
米，一十六萬六千四百二十三石五斗八合七勺。

揚州府
夏税
小麥，三萬九千九百二十五石七斗三升四合二勺。
農桑絲折絹，八百四十二疋二丈四尺零絲四十七兩五錢。
秋糧
米，二十萬六千六百三石八斗六升五合零。
牛租米，二石五斗。
租鈔，五千四百八貫七百一十六文。
徽州府
夏税
小麥，五萬一千七百八十五石四斗四合六勺。
人丁絲折絹，八千七百七十九疋四尺三分零。
農桑絲折絹，一十五疋一丈四尺七寸。
秋糧
米，一十二萬六百二石二斗六合。
寧國府
夏税
小麥，二萬九千六十石五斗四升五合五勺。
農桑絲折絹，三十疋二尺。
税絲，三百四十二斤二兩八分。
農桑零絲，三十三兩三錢。
秋糧
米，七萬四千一百九十一石七斗九升八合六勺。
池州府
夏税
小麥，六千九百六石四斗八升六合一勺。
税絲折絹，一十六疋。
農桑絲折絹，一百九十九疋。
税絲零絲，一兩一錢九分七釐。
農桑零絲，三斤一兩八錢五分。

秋糧
米，六萬二千一百五十四石六升五合二勺。
山租鈔，二百六十五貫一百一十文。
太平府
夏稅
小麥，一萬六千七百五十二石八斗七升七合。
絲綿折絹，一百二疋九尺六寸四分零。
農桑絲折絹，一百一十六疋二丈六尺三寸九分零。
秋糧
熟荒米九萬一千四百一十八石五斗九升一合三勺。
安慶府
夏稅
小麥，一萬八千九百九石三斗七合一勺。
農桑絲折絹，三百五十三疋二丈九尺。
秋糧
米，一十一萬二千八百六十三石九斗八升四合。
廣德州
夏稅
小麥，三千六百三十六石三斗九升三合二勺。
稅絲，一百一十六斤二錢九分零。
農桑絲折絹，一十九疋一丈六尺七寸。
秋糧
米，一萬四千六十六石二斗九升二勺。
徐州
夏稅
小麥，六萬七千一百五十八石九合八勺。
稅絲折絹，三千二十五疋二丈四尺五寸二分零。
農桑絲折絹，二千五百三十八疋二尺六寸九分零。
秋糧
米，七萬九千八百五十八石一斗四升二合二勺零。
滁州
夏稅
小麥，二千六百一十一石二斗九升七合三勺。
農桑絲折絹，二百一十七疋五尺四寸四分零。
秋糧
米，五千九百八十五石三斗五升六合三勺。
和州
夏稅
小麥，一千四百三十五石六斗六升一合三勺零。
農桑絲折絹，九十九疋二丈七尺二寸六分。
秋糧
米，九千九百五十石五斗四升五合八勺。

申時行等《明會典》卷二六《户部一三・會計二・起運》 軍馬所在轉運供給，具載職掌。見今各處錢糧除存留外，其起運京邊，各有定數，備列于後。若起運南京者，則見於南京户部。

弘治十五年起運數目
浙江布政司
夏稅
京庫，折銀麥，八萬石，每石折銀二錢五分。
絲綿，三十二萬兩。
絲綿折絹，一百九十六萬兩。每二十兩，折絹一疋。
秋糧
京庫，白熟糯米，一百石，准糙米一百一十石。
折銀米，六十萬五百石，每石折銀二錢五分。
供用庫，白熟粳米，二萬三千石，准糙米二萬五千三百石。
酒醋麪局，白熟糯米，二千七百石，准糙米二千九百七十石。
惜薪司，白熟糯米，一十五石一斗，准糙米一十六石六斗一升。
光禄寺，白熟粳米，二萬五千石，准糙米二萬七千五百石。白熟糯米，四千三百八十五石七斗，准糙米四千八百二十四石二斗七升。
京倉，兑軍儹運米，六十萬石。

江西布政司
夏税
京庫，折銀米麥，六萬石，每石折銀二錢五分。
絲綿折絹，八千二十九疋二丈三尺八寸四分八釐。
農桑絲折絹，三千四百八十六疋二丈二尺一寸一分五釐。
秋糧
京庫，折銀米，九十七萬石，每石折銀二錢五分。
闊白苧布，五萬疋，准米三萬五千石。
京倉，兑軍儹運米，四十萬石。
湖廣布政司
夏税
京庫，折絹，二萬二千九百二十一疋一丈六尺五寸四分九釐。
秋糧
京庫，折銀米，七萬二千石，每石折銀二錢五分。
福建布政司
秋糧
京庫，折銀米，三十六萬四千石，每石折銀二錢五分。
山東布政司
夏税
京倉，小麥，三萬四千七十五石。
京庫，綿布，二萬疋，准小麥二萬四千石。
絲折絹，五萬四千九百九十疋一丈五尺四寸七分六釐。
邊倉小麥，一萬八千七百七十五石。
鈔，五十萬錠，照例折銀，准小麥五萬石。
綿布，一十三萬二千四百一十八疋，准小麥一十五萬九千九百二石六斗。
秋糧
京倉，米五十五萬五千六十石。
京庫，綿布，一萬五千疋，准米一萬五千石。
綿花，六萬二千斤，准米六千二百石。
折銀草，一百七萬五千一百束。
邊倉，本色米，二十萬八千八百石。
綿布，一十二萬九千疋，准米一十二萬九千石。
綿花，七萬七千斤，准米七千七百石。
京場草，一百一十二萬四千三百八十束。
邊場草，三十二萬束。
山西布政司
夏税
京庫，農桑絲折絹，四千七百七十七疋。
大同，麥，二萬九千三百石。
大同府，銀億庫，布，四萬二千五百疋，准麥五萬一千石。
宣府，麥，一萬七千八百石。
萬全，萬億庫，布，六千疋，准小麥七千二百石。
鴈門等三關，麥，一萬二千石。
秋糧
大同，米，二十九萬六千五百石。
宣府，米，二萬五千石。
大同府，銀億庫，綿布，一十八萬疋，准米一十八萬石。
綿花絨，八萬斤，准米八千石。
萬全都司，萬億庫，綿布，六萬二千五百疋，准米六萬二千五百石。
綿花絨，二萬二千五百斤，准米二千二百五十石。
大同在城，并在外草場，草，二百四十四萬四千四百四十八束。
偏頭等三關，米，八萬一千石。
偏頭關，并代州草場，草，一百一十萬束。
邊庫，户口食鹽鈔，一百五十萬七千三百九十錠三貫。
河南布政司
夏税
京倉，糧，一萬七千九百五十石。
邊倉，小麥，九千六百石。
秋糧
京倉，米，二十九萬二千六十五石三斗。

京庫，絹，二萬五千七百五十疋零。
綿布，八萬一千八百三十七疋。
綿花絨，一十三萬三百四十二斤四錢。
户口食鹽鈔，六百一十四萬七千一百一十貫。
京場，草，一百五十三萬七千八百九十六束。
邊倉粟米，七萬一千六百九十石。
廣東布政司
秋糧
京庫，折銀米四十萬石，每石折銀二錢五分。
順天府
夏税
京倉，小麥，二千一百一十石。
邊倉，喜峯口等倉，小麥，八千七百四十石。
秋糧
京倉，米、豆，七百三十七石。
京庫，人丁絲折絹，二萬一千七十五疋一丈六尺六寸。
農桑絲折絹，一千七百六十四疋一丈七尺三寸零。
綿花絨，九千四百三十六斤一十四兩五錢六分四釐。
户口食鹽鈔，四十九萬五百九十三貫。
邊倉，山海等倉，米、豆，二萬三千七百二十石七斗。
永平府
夏税
京庫，絹，一百七十四疋一丈五寸。
京場，草三萬束。
保定府
夏税
京倉，小麥，二千七百五十石。
京庫，人丁絲折絹，一千一百五十六疋。
農桑絲折絹，一千六百一十一疋九尺二分五釐。
本色絲，二百二十四斤一兩一錢二分。
户口食鹽鈔，四十五萬九百三十六貫，錢鈔中半。
邊倉，小麥，一千三百五十石。
秋糧
京倉，米，三千四百二十五石。
京庫，綿花絨，九千五百七十四斤八兩五錢六分。
折銀草，三十六萬束，每束折銀三分。
京場，草，六十八萬九千二百九十束。
邊場，米，二萬一千五百石。
河間府
夏税
京倉，小麥，六千六百六十八石。
京庫，人丁絲折絹，四千九百二疋二丈六尺三寸三分零。
邊倉，小麥，三千一百七十五石。
秋糧
京倉，米，一萬五千九百石。
京庫，地畝綿花絨，四千六百四十七斤一十三兩五錢。
綿花絨，三萬斤，准米三千石。
鈔，一十四萬四千六百七十貫。
京場，草，六十萬六千九百束。
邊倉，米，八千八百五十石。
邊場，草，五萬束。
真定府
夏税
京倉，糧，九千二百五十石。
京庫，絹，一萬四千一百三十三疋九尺五寸。
邊倉，糧，五千五百七十石。
秋糧
京倉，米，二萬五千九百一十八石四斗六升。
京庫，綿花絨，三萬五千三十三斤一兩。
户口食鹽鈔，一百二十四萬五百六十八貫。

折銀草，三十八萬九千束，每束折銀三分。
邊倉，米，一萬二千五百石。
順德府
夏稅
京倉，麥、豆，共一萬一千四百五十石。
京庫，農桑絲折絹，三百五十一疋一丈二尺六寸八分零。
人丁絲折絹，一千五百四十八疋。
地畝綿花絨，五千五斤四兩。
戶口食鹽鈔，三十五萬七千三百五十四貫。
邊倉，麥、豆，共五千四百二十石。
秋糧
京倉，米、豆、芝麻，一萬六千九百七十五石。
京庫，折銀草，一十七萬三百束。
京場，草，三十四萬九千一百束。
邊倉，米、豆，共五千九百六十石。
廣平府
夏稅
京倉，麥，一萬五百五十石。
京庫，絹，三千一百四十疋一丈八寸四分。
戶口食鹽鈔，六十六萬三千一十八貫。
邊倉，麥，四千六百石。
秋糧
京倉，米，一萬一千八百石。
京庫，綿花絨，一萬四千五百八十四斤一十五兩八錢一分。
折銀草，二十四萬四千束，每束折銀三分五釐。
京場，草，五十三萬九千八百束。
邊倉，米，二萬一千三百石。
大名府
夏稅
京倉，小麥，八千五百二十五石。
京庫，闊白布，二千四百疋。
人丁絲折絹，六千八百二十八疋一丈四尺一寸。
農桑絲折絹，八百一十疋二丈七尺九寸四分零。
邊倉，小麥，九千一百石。
邊庫，闊白布，一千三百疋。
戶口食鹽鈔，七十八萬一千一百三十一貫。
秋糧
京倉，米，三萬四百石。
京庫，折銀草，四十五萬五千束。
京場，草，一百六萬一千七百八十二束。
邊倉，米，四萬一千四百五十石。
邊庫，闊白布，二千疋。
邊倉草，二十九萬束。
應天府
秋糧
京倉，兑軍儹運米，一十萬石。
京庫，折銀草，三十萬三千九百包，每包折銀三分。
蘇州府
夏稅
京倉，麥，三萬石，每石折銀二錢五分。
秋糧
京倉，兑軍儹運米，六十五萬五千石。
在京各衙門，白粳米，五萬四千八百石。
京庫，折銀米，七十六萬六千石，每石折銀二錢五分。
闊白布，一十九萬疋，准米一十九萬石。
絲折絹，一萬二千五百五十五疋。
折銀草，三十七萬包，每包折銀三分。
戶口食鹽鈔，八十萬八千四百六十四錠二貫。
松江府
夏稅

京倉，麥，六萬石，每石折銀二錢五分。
秋糧
京倉，米，四萬七千六十五石五斗。
京庫，折銀米，二十八萬石，每石折銀二錢五分。
綿布，一十七萬五千疋。
折銀草，二十二萬包，每包折銀三分。
戶口食鹽鈔，四十六萬三千六十五貫。
常州府
夏稅
京庫，折銀麥，九萬石。
秋糧
京倉，兑軍儹運米，一十七萬五千石。
在京吏部等衙門，米，四萬三千四百七十二石七斗三升。
京庫，折銀米，二十五萬六千石，每石折銀二錢五分。
人丁絲折絹，一千五百七十三疋一丈一尺一分零。
農桑絲折絹，三百二十四疋二丈四尺六寸。
折闊白布米，五萬石，每石折布一疋。
折銀草，五十三萬包，每包折銀三分。
戶口食鹽鈔，二百三十六萬一千三十九貫。
鎮江府
夏稅
京庫，人丁絲折絹，二百五疋二丈八尺六寸二分零。
農桑絲折絹，一十三疋二丈七尺六寸三分。
戶口食鹽鈔，二十四萬七千三百六十五貫，錢鈔中半。
廬州府
夏稅
京倉，小麥，一千石。
京庫，農桑絲折絹，六百八十七疋一丈三尺二分零。
折銀草，五萬包，每包折銀三分。
戶口食鹽鈔，一十九萬九千六百四十二貫三百七十五文，錢鈔中半。

鳳陽府
夏稅
京倉，糧，三千石。
京庫，絹，一千三百八十疋。
折銀草，一十一萬八千包，每包折銀三分。
戶口食鹽鈔，九十五萬六千二十五貫。
淮安府
夏稅
京倉，糧，三千石。
京庫，絹，一千四百六十一疋一丈九尺七寸五分。
秋糧
京倉，米，二萬六千石。
京庫，絹，一千四百四十一疋一丈九尺。
折銀草，二十三萬七千包，每包折銀三分。
戶口食鹽鈔，一百九十六萬八千三百九十貫。
揚州府
夏稅
京倉，小麥，二百石。
秋糧
京倉，米六萬一百石。
京庫，絲綿折絹，八百四十一疋二丈四尺。
折銀草，二十二萬包，每包折銀三分。
安慶府
夏稅
京庫，農桑絲折絹，三百五十三疋二丈九尺。
折銀草，一十二萬包，每包折銀三分。
戶口食鹽鈔，一十四萬五千二百七十六貫九百三十文，錢鈔中半。
徽州府
夏稅
京庫，折銀糧，二萬二千石，每石折銀二錢五分。

秋糧
京庫，折銀糧，七萬一千石，每石折銀二錢五分。
户口食鹽鈔，七十七萬九千七百貫。
寧國府
秋糧
京倉，兑軍儧運米，三萬石。
京庫，折銀草，五十七萬包，每包折銀三分。
户口食鹽鈔，五十一萬五千九百九十三貫。
池州府
夏稅
京庫，絲折絹，一十五疋。
農桑絲折絹，一百九十八疋。
秋糧
京倉，兑軍儧運米，二萬五千石。
京庫，户口食鹽鈔，一十二萬九千九百三十八貫。
京場，草，六萬二千包。
太平府
夏稅
京庫，人丁絲折絹，一百二疋九尺六寸四分零。
農桑絲折絹，一百一十六疋一丈六尺九分零。
户口食鹽鈔，一十七萬八千八百四十五貫，錢鈔中半。
慶德州
秋糧
京庫，折銀草，二十三萬包，每包折銀三分。
户口食鹽鈔，八十八萬二千八十四貫。
滁州
夏稅
京庫，農桑絲折絹，二百一十七疋五尺四寸四分。
折銀草，一萬一千包，每包折銀三分。
户口食鹽鈔，五萬二千六百九十五貫。

徐州
夏稅
酒醋麫局，小麥，一千石。
京庫，絲折絹，三千二十五疋二丈二寸四分零。
農桑絲折絹，二千五百五十八疋二尺六寸九分零。
秋糧
京倉，兑軍米，三萬石。
京庫，折銀草，五萬包，每包折銀三分。
户口食鹽鈔，五十一萬四千三百九十八貫。
和州
夏稅
京庫，農桑絲折絹，九十九疋二丈七尺二寸六分。
户口食鹽鈔，五萬九千九百一十貫，錢鈔中半。

萬曆六年起運數目
浙江布政司
夏稅
京庫，折銀麥，八萬石，每石折銀二錢五分。
絲綿，三十二萬兩。
絲綿折絹，九萬八千一百七疋一尺三寸。
秋糧
京庫，折銀米，五十九萬八千五百四十三石六斗五升九合九勺，每石折銀二錢五分。
派剩折銀米，三萬八千五百三十石八斗一升八合零。內一萬九千五百石，每石折銀七錢，餘每石折銀六錢。
供用庫，白熟粳米，三萬二千石。
酒醋麫局，白熟糯米，六千二百五十石。
光禄寺，白熟粳米，一萬九千石。白熟糯米，八千五百石。
漕運兑軍米，六十萬石。
徐州倉，改兑米，四萬五千石。

京庫，折銀草，六十萬包，每包折銀三分。
户口鹽鈔銀，一千一百五十三兩一錢七分。
江西布政司
夏税
京庫，折銀麥米，六萬石，每石折銀二錢五分。
絲綿折絹，八千二十五疋二丈七尺三寸七分零。
農桑絲折絹，三千四百八十六疋二丈六寸一分零。
苧布，一千三百四十一疋二尺四寸。
秋糧
京庫，折銀米，九十七萬石，每石折銀二錢五分。
派剩折銀米，七萬四千三百五十四石二斗八升九合零，每石折銀六錢。
苧布，五萬疋，准米三萬五千石。
漕運兑軍米，四十萬石。
淮安倉，改兑米，一十七萬石。
湖廣布政司
夏税
京庫，絲折絹，二萬二千八百九十三疋二丈二尺五寸二分零。
秋糧
京庫，折銀米，七萬二千石，每石折銀二錢五分。
派剩折銀米，三萬八千九百六十五石，每石折銀六錢。
户口鹽鈔銀，八千五百八十九兩二錢三分零。
漕運兑軍米，二十五萬石。
福建布政司
夏税
京庫，絲綿折絹，二百八十疋一丈九尺五寸五分零。
農桑絲折絹，三百一十九疋一丈二尺七寸八分零。
秋糧
京庫，折銀米，三十一萬四千石，每石折銀二錢五分。
户口鹽鈔銀，一萬一千二十七兩六錢七分零。
山東布政司
夏税
京倉，小麥，七千九百二十九石一升八合六勺。
派剩折銀小麥，五千九百二石五斗八升一合四勺，每石折銀一兩。
光禄寺小麥，八千石。
酒醋麪局，小麥，二千三百五十石。
京庫，絲綿折絹，一萬二千二十一疋□尺二寸一分零。
農桑絲折絹，三萬二千二百三十四疋四尺四寸二分零。
闊白綿布，二萬疋，准小麥二萬四千石。
紅花，三萬斤，准小麥七千五百石。
臨、德二倉，小麥，八萬石，内改撥天津倉五千八百石。
邊倉，小麥，三萬二千八百石。
綿布，一十九萬三千八百九十一疋，准小麥二十三萬二千六百六十九石二斗。
鈔，一百八十萬錠，准小麥一十八萬石。
通州通濟庫，闊白綿布，六千疋，准小麥七千二百石。
河間府、滄州、静海等庫，闊白綿布，三萬四百一十六疋，准小麥三萬六千四百九十九石二斗，俱每疋折銀三錢。
秋糧
京倉，米、豆，二萬五千五百一十一石七斗七升一合二勺。
派剩折銀米，一萬七千五百七十八石五斗七升九合八勺。内一萬石，每石折銀七錢，餘每石折銀六錢。
光禄寺，米、豆、芝麻，三萬三千七百八十石。
酒醋麪局，黄豆，二千二百石。
供用庫，芝麻、豆，三千六百三十九石一斗。草，一萬六千束。
司苑局，黑豆，七百石。草，一萬束。
漕運兑軍米，二十八萬石。
臨、德二倉，改兑米，九萬五千六百石。
京庫，地畝綿花絨，五萬二千四百四十九斤一十兩七錢一分二釐。
綿花絨，五萬八千三十五斤，准米五千八百三石五斗。
折銀草，一百九十九萬七千一百六十三束一十斤，每束折銀三分五釐。

戶口鹽鈔銀，一萬三千九百七十兩三錢八分三釐七毫。
京場草，一百三十一萬一千八百二十六束五斤。
邊倉，米、豆，四十五萬四千八百六十七石四升九合。
綿布，三十四萬九千六百三十疋，准米三十四萬九千六百三十石。
綿花絨，二十七萬一千五百斤，准米一萬七千一百五十石。
河間府巨盈倉，粟米，五千石，每石折銀六錢。
通州通濟庫，闊白綿布，二千疋，准米二千石，每疋折銀三錢。
邊庫，戶口鹽鈔銀，四千七百兩三錢九分七釐二毫。
邊場草，四十四萬三千三百四十一束一十斤二兩。

山西布政司

夏稅

京庫，農桑絲折絹，四千七百七十一疋。
邊倉，小麥，九萬一百四十石。
綿布，四萬八千五百疋，准小麥五萬八千二百石。
撥運三關鎮，各倉麥，三萬五千八百六十石七斗。

秋糧

撥運三關鎮，米，八萬四千一十七石二斗。
邊倉，米、豆，四十七萬一千六百二十七石二斗。
綿布，二十四萬二千五百疋，准米二十四萬二千五百石。
綿花絨，一十萬二千五百斤，准米一萬二百五十石。
邊場草，三百五十四萬四千八百五十束零。

河南布政司

夏稅

京倉，小麥，六千三百石。
派剩折銀麥，二千三百五十二石四斗，每石折銀一兩。
光祿寺，小麥，六千六百石。
酒醋麪局，小麥，二千石。
京庫，稅絲折絹，一萬四千一百五十八疋二丈四尺八寸六分零。
農桑絲折絹，八千九百六十三疋一丈六尺九寸二分零。
綿布，三千八百疋，准小麥四千五百六十石。
織染局，本色絲，三萬九千六百□十九兩一錢九分九毫零。
臨、德、鳳陽等倉，小麥，共八萬八千五十石。
邊倉，小麥一十四萬八千四百五十石。
綿布，六萬九千五百九疋，准小麥八萬三千四百一十石五升零。
農桑絲折絹，一千疋。

秋糧

京倉，米、豆，四萬八千三百一石六斗三升五合一勺。
派剩折銀米，二萬四千四百五十八石五升二升四合六勺零，每石折銀六錢。
光祿寺，米、豆、芝麻，三萬八千七百六十石。
供用庫，芝麻、豆，三千四百石。草，一萬七千束。
酒醋麪局，黄豆，二千四百石。
司苑局，黑豆，八百石。草，二萬束。
國子監，菉豆，三百石。
漕運兑軍米，二十七萬石。
臨、德二倉，改兑米，一十一萬石。
京庫，綿布，八萬三千八百三十七疋，准米八萬一千八百三十七石。
綿花絨，一十三萬斤，准米一萬三千石。
地畝綿花絨，三百四十二斤四錢。
折銀草，七十五萬一千二百六十二束七斤，每束折銀三分五釐。
戶口鹽鈔銀，二千九百六十二兩九錢五分二釐五毫。
邊倉，米、豆，四十六萬三千一百七十六石九斗九升二合。
綿布，十萬三千七百四疋八尺五寸，准米十萬三千七百四石二斗五升零。
綿花絨，一十五萬一千八百二十六斤八兩，准米一萬五千一百八十二石六斗五升。
邊庫，戶口鹽鈔銀，四千八百一十二兩九錢一分二釐。
京場，草，一百一十九萬五千五百六十二束八斤。
邊場，草，二十二萬束。

廣東布政司

秋糧

京庫，折銀米，四十萬石，每石折銀二錢五分。

順天府

夏税

京倉，小麥、豆，一千五百四十七石五斗。

派剩折銀麥，一千五百一石七斗，每石折銀一兩。

光禄寺，小麥，二千四百三十石。

酒醋麪局，小麥，六百五十石。

太常寺，小麥，五十石。

京庫，人丁絲折絹，一千八百二十疋一丈六尺六寸。

農桑絲折絹，一千七百六十一疋二丈九尺八寸三分零。

邊倉，小麥，四千一百七十石。

綿布，四百五十九疋，准小麥五百五十石八斗。

人丁絲折絹，三百五十五疋。

秋糧

京倉，米、豆，五千六百四十石一升。

派剩折銀米，三千八百四十六石一斗四升，每石折銀六錢。

供用庫，芝麻，四百二十三石一升。

光禄寺，米、豆，六百九十一石。

惜薪司，白糯米，一十五石一斗。

司苑局，草，一萬二百七十二束。

京庫，地畝綿花絨，九千四百二十四斤一兩五錢零。

綿花絨，三百七斤，准米三十石七斗。

折銀草，二十九萬二千七百二十束八分，每束折銀三分五釐。內良鄉縣，輕則草五千四百二十五束，每束折銀一分五釐。

户口鹽鈔銀，一千九百五十九兩九錢六分八釐。

邊倉，米、豆，一萬九千五百六石三斗七升。

綿花絨，一千五百斤，准米一百五十石。

京場草，一十四萬一千一百七十束。

邊場草，一十五萬五千束。

永平府

夏税

太常寺，小麥，五十石。

京庫，人丁絲折絹，一百七十四疋一丈五尺。

秋糧

邊庫，地畝綿花絨，三百四十五斤一十三兩二錢。

户口鹽鈔銀，九百一十一兩一錢六分三釐四毫。

寶鈔司，稻草，一千八百二十束。

保定府

夏税

京倉，小麥，三百六十石。

京庫，人丁絲折絹，一千一百五十六疋。

農桑絲折絹，一千六百一十一疋九尺二分零。

本色絲，二百二十四斤一兩一錢三分。

邊倉，小麥，四千七百九十石。

人丁絲折絹，七百九十三疋七尺一寸五分。

秋糧

京庫，地畝綿花絨，九千五百七十四斤八兩五錢六分。

折銀草，四十七萬一千九百四十六束，每束折銀三分五釐。

户口鹽鈔銀，九百兩四錢六分二釐。

供用庫，芝麻，五百三十石。

酒醋麪局，草，一萬一千束。

邊倉，米，三萬一百八十石。

京場，草，二十七萬六千三百九十六束十斤。

邊場，草，三十萬一千九百九十七束。

河間府

夏税

京倉，小麥、豆，一千三百石。

派剩折銀麥，一千五百三石，每石折銀一兩。

光禄寺，小麥，二千一百七十石。

酒醋麪局，小麥，二百五十石。

京庫，人丁絲折絹，二千六百二疋二丈六尺五寸六分零。

邊倉，小麥，四千三百一十石。
綿布，三百疋，准小麥三百六十石。
人丁絲折絹，二千三百疋。
秋糧
京倉，米、豆，七百三十一石四升。
派剩折銀米，二千二百三十四石九斗五升。內一千六百八十七石九斗九升，每石折銀七錢，餘每石折銀六錢。
供用庫，芝麻，三百五十石。
光禄寺，芝麻，六百石。
酒醋麪局，稻皮，一百五十石。草，一萬一千束。
京庫，地畝綿花絨，四千六百四十七斤一十三兩五錢。
綿花絨，三萬斤，准米三千石。
折銀草，二十九萬九千六百三十束，每束折銀三分五釐。
户口鹽鈔銀，五百七兩二錢二分九釐。
邊倉，米、豆，一萬七千八百三十四石一升。
京場，草，二十萬六千三百一十束。
邊場，草，一十二萬九千六十束。
真定府
夏税
京倉，小麥，九百九十一石二斗。
京庫，人丁絲折絹，七千五百九十八疋六尺五寸。
農桑絲折絹，六千六百三十二疋一丈七尺八寸五分零。
邊倉，小麥，一萬五千八百八石八斗。
綿布，一千六百疋，准小麥一千九百二十石。
人丁絲折絹，五百疋。
秋糧
供用庫，芝麻，八百二十石。草，一萬二千九百七十束。
酒醋麪局，草，一萬一千束。
司苑局，草，一萬五千束。
京庫，地畝綿花絨，三萬五千三十三斤一兩四錢八分零。
折銀草，七十一萬八千七十一束十斤，每束折銀三分五釐。
户口鹽鈔銀，一千二百三十八兩六錢八分四釐。
邊倉，米，四萬四千五百九十八石四斗六升。
京場，草，三十萬八千七百六十四束五斤。
邊場，草，三十一萬七千七百二十束。
順德府
夏税
京倉，小麥、豆，六百五十石。
派剩折銀米，七百五石。每石，折銀一兩。
光禄寺，麥、豆，二千七百七十五石。
酒醋麪局，小麥，五百五十石。
京庫，人丁絲折絹，一千五百四十八疋二丈九尺。
農桑絲折絹，三百五十一疋一丈二尺六寸八分零。
邊倉，小麥，五千二百四十石。
綿布，一千三百疋，准小麥一千五百六十石。
秋糧
京倉，豆，一百九十三石三斗一升。
派剩折銀米，二千一百七十六石二升。內一千九百一十二石一升，每石折銀七錢，餘每石折銀六錢。
供用庫，芝麻，四百五十石。
光禄寺，芝麻、米、豆，一千七百七十五石。
司苑局，黑豆，四百五十石。
京庫，地畝綿花絨，五千五斤四兩。
綿花絨，三百五十斤，准米三十五石。
折銀草，二十五萬二千九十八束七斤八兩，每束折銀三分五釐。
户口鹽鈔銀，七百二十二兩八錢二分八釐。
真定府庫，闊白綿布，一千二百疋，准米一千二百石。
邊倉，米、豆，一萬八千五百五十五石六斗七升。
京場，草，一十五萬一千九百四十二束二斤八兩。
邊場，草，一十一萬九千九百六十束。

廣平府
夏税
京倉，小麥，三百五十石。
派剩折銀麥，三百四十六石，每石折銀一兩。
光禄寺，小麥，豆，七百七十七石。
酒醋麪局，小麥，四百一十石。
國子監，小麥，二百石。
京庫，人丁絲折絹，二千四百九十九疋二丈七尺五寸。
農桑絲折絹，六百五十四疋二丈三寸四分。
邊倉，小麥，四千七百石。
綿布，七千疋，准小麥，八千四百石。
秋糧
人丁絲折絹，四百疋。
京倉，米，六百石。
供用庫，芝麻，三百五十石。
光禄寺，芝麻，四百石。
神樂觀，黄豆，三百四十六石一斗二升七合二勺。
內官監，草，二百六十六束。
京庫，地畝綿花絨，一萬四千五百八十四斤一十五兩八錢一分。
折銀草，四十八萬二千八百三十三束五斤，每束折銀三分五釐。
户口鹽鈔銀，一千三百三十五兩七錢八釐。
邊倉，米、豆，二萬三千四百三石八斗七升二合八勺。
綿布，八千疋，准米八千石。
京場，草，二十一萬一千一百六十六束十斤。
邊場，草，七萬束。
大名府
夏税
京倉，麥、豆，二千三百八十二石五斗。
派剩折銀麥，六千四百四十石七斗，每石折銀一兩。
光禄寺，小麥，六千二百二十石。
酒醋麪局，小麥，一千九十石。
太常寺，小麥，一百石。
京庫，人丁絲折絹，六千八百九十三疋一丈四尺一寸。
農桑絲折絹，八百一十疋二丈七尺九寸四分零。
邊倉，小麥，一萬三千三百八十六石七斗。
綿布，三千五百一十九疋，准小麥四千二百二十二石。
真定府庫，闊白綿布，一千六百疋，准小麥一千九百二十石。
秋糧
京倉，米、豆，三千三百四十二石六斗六升。
派剩折銀米，四千四百二十二石四斗七升三合。內一千八百石，每石折銀七錢，餘每石折銀六錢。
供用庫，芝麻、豆，一千九百五十八石三升。草，一萬二千束。
光禄寺，芝麻、豆，四千七百一十石。
酒醋麪局，菉黑豆，二千五百石。草，一萬一千束。
司苑局，十一萬五千束。
京庫地畝綿花絨，二萬五千一百二十五斤六兩。
折銀草，一百四十一萬八千八百六十七束一十斤五分，每束折銀三分五釐。
户口鹽鈔銀，三千六百一十一兩一錢五分四釐三毫零。
邊倉，米、豆，七萬三百六十六石九斗三升七合。
綿布，二千九百疋，准米二千九百石。
綿花絨，一千四百九十九斤，准米一百四十九石九斗。
真定府庫，綿布，九百疋准米九百石。
京場草，三十二萬三千九百七十三束包零。
邊場，草，八萬三千九百四十束。
應天府
夏税
京庫，派剩折銀小麥四百四十九石六斗八升，每石折銀一兩。
光禄寺，小麥，四百八石。
秋糧
京庫，派剩折銀米，二萬二千五百一十六石六斗。內三千七百石，每石折銀七錢，餘每石折銀六錢。
折銀草，三十萬七千九百包，每包折銀三分。
漕運兑軍米，一十萬石。
淮安倉，改兑米，二萬八千石。
蘇州府
夏税
京庫，折銀麥，二萬九千九百二十六石八斗四合八勺，每石折銀二錢五分。
税絲折絹，一萬二千五百五十五疋。
秋糧
京庫，折銀米，七十六萬四千八百二十六石八斗八升五合七勺，每石折銀二錢五分。
派剩折銀米，三萬五千九百九石三升零，每石折銀七錢。
綿布，一十九萬疋，准米一十九萬石。
折銀草，三十五萬包，每包折銀三分。
户口鹽鈔銀，五千五百九十八兩七錢二分五毫。
供用庫，白熟粳米，一萬五千九百石。
内官監，白熟粳米，四千二百五十石。
光禄寺，白熟粳米，一萬五千石。白熟糯米，二千五百石。
酒醋麪局，白熟糯米，三千一百五十石。
涇府，養贍白粳米，五百石。
汝府，養贍白粳米，一千石。
景府，養贍白粳米，七百五十石。
德府，禄米，一千石。
公、侯、駙馬、伯，禄米，八千五百一十六石。
府部等衙門，俸米，遞年增減不一，約該米二萬四千四百九十一石。
漕運兑軍米，六十五萬五千石。
淮安倉，改兑米，四萬二千石。
鳳陽、揚州二倉，米，二萬一百八十五石。
松江府
夏税
京庫，折銀麥，六萬石，每石折銀二錢五分。
鳳陽府倉，小麥，一萬二千石。
秋糧
京庫，折銀米，二十七萬四千六百八十七石二斗六升二合，每石折銀二錢五分。
派剩折銀米，二萬六千八百五十三石三斗八升零，每石折銀七錢。
闊白綿布，三十三萬二千疋，准米三十三萬二千石。
闊白三棱布，三萬三千疋，准米六萬六千石。
折銀草，二十二萬包，每包折銀三分。
户口鹽鈔銀，七百七十四兩五分二釐四毫七絲。
供用庫，白熟粳米，一萬七千三百五十二石四升七合。
光禄寺，白熟粳米，一萬三千六百石。白熟糯米，二千二百石。
酒醋麪局，白熟糯米，二千一百石。
公、侯、駙馬、伯，禄米，八千五百三十五石。
府部等衙門，俸米，一萬七千八百五十七石。
漕運兑軍米，二十萬三千石。
淮安倉，改兑米，二萬九千九百五十石。
揚州、徐州倉，米，三萬石。
常州府
夏税
京庫，折銀麥，九萬石，每石折銀二錢五分。
絲綿折絹，一千五百七十三疋一丈一尺一分零。
農桑絲折絹，三百二十四疋二丈四尺六寸。
鳳陽、揚州、淮安、鎮江、壽、亳州倉，小麥，共五萬一千五百石。
秋糧
京庫，折銀米，二十五萬三千九百三十四石五斗，每石折銀二錢五分。
派剩折銀米，二萬四千九百一十八石六升零，每石折銀七錢。
闊白綿布，五萬疋，准米五萬石。
折銀草，五十三萬一千八十包，每包折銀三分。
户口鹽鈔銀，三千四百六十五兩三錢五分。

供用庫，白熟粳米，一萬七千二百石。
內官監，白熟細粳米，一千七百石。白熟粳米，六千八百七十五石。
光禄寺，白熟粳米，五千四百石。白熟糯米，八百石。
景府，養贍白熟粳米，七百五十石。
涇府，養贍白熟粳米，五百石。
公、侯、駙馬、伯，禄米，七千一百一十九石。
府部等衙門，俸米，八千二百三十石。
犧牲所，糯稻穀，二百五十石，准米一百一十五石。
漕運兑軍米，一十七萬五千石。
揚州府倉，米，一萬石。

鎮江府

夏税

京庫，派剩折銀麥，三百九十五石，每石折銀一兩。
農桑絲折絹，一十三疋二丈七尺六寸三分。
絲綿折絹，二百五疋二丈八尺六寸二分零。
淮安、鳳陽倉，小麥，一萬三千九百五十五石。

秋糧

京庫，派剩折銀米，七十五石，每石折銀六錢。
折銀草，七萬一千包，每包折銀三分。
户口鹽鈔銀，三百五兩五分八釐。
漕運兑軍米，八萬石。
徐、淮二倉，改兑米，二萬二千石。
揚州倉，米，一萬石。

廬州府

夏税

京庫，派剩折銀麥，二百九石，每石折銀一兩。
農桑絲折絹，六百八十七疋一丈三尺三寸一分零。
光禄寺，小麥，一千三百九十石。
鳳陽、揚州倉，小麥，二千四百一石。

秋糧

京庫，折銀草，五萬包，每包折銀三分。
户口鹽鈔銀，七百四十兩七錢九分九毫。
漕運兑軍米，一萬石。
鳳陽倉，米，二萬五千石。

鳳陽府

夏税

京庫，派剩折銀麥，七百二十石，每石折銀一兩。
農桑絲折絹，一千三十五疋四尺一寸五分。
税絲折絹，一千三百八十疋一丈八尺七寸五分零。
光禄寺，小麥，一千六百八十石。
徐州倉，小麥，一萬石。

秋糧

京庫，折銀草，一十一萬八千包，每包折銀三分。
户口鹽鈔銀，一千八百六十八兩三錢九分二毫。
漕運兑軍米，三萬石。
徐州倉，改兑米，三萬三百石。

淮安府

夏税

京庫，派剩折銀麥，五百六十二石三斗二升，每石折銀一兩。
農桑絲折絹，一千四百六十一疋一丈九尺七寸七分零。
鳳陽等倉，小麥，四萬二千五百八十九石。

秋糧

京庫，派剩折銀米，五百二十五石，每石折銀六錢。
折銀草，二十三萬七千包，每包折銀三分。
户口鹽鈔銀，一千九百九十兩七錢九分四釐。
光禄寺，稻穀，二千石，准米一千石。
漕運兑軍米，三萬五千石。
徐、淮二倉，改兑米，七萬九千一百五十石。
鳳陽倉，米，二萬八千石。

揚州府

夏稅
京庫，農桑絲折絹，八百四十二疋二丈四尺。
淮安等倉，小麥，一萬三百九十石。
秋糧
京庫，折銀草，二十萬六千包，每包折銀三分。
户口鹽鈔銀，一千四百六十五兩三錢一分一釐一毫。
漕運兑軍米，六萬石。
徐州倉，改兑米，三萬七千石。
鳳陽倉，米，五萬四千石。
安慶府
夏稅
京庫，農桑絲折絹，三百五十三疋二丈九尺。
鳳陽等倉，小麥，一萬五千石。
秋糧
京庫，派剩折銀米，二百一十石，每石折銀六錢。
折銀草，一十二萬六千包，每包折銀三分。
户口鹽鈔銀，五百五十兩四錢四分一釐六毫。
漕運兑軍米，六萬石。
徽州府
夏稅
京庫，折銀麥二萬二千石，每石折銀二錢五分。
派剩折銀麥，六百石，每石折銀一兩。
秋糧
京庫，折銀米，七萬一千石，每石折銀二錢五分。
派剩折銀米，二千一十六石，每石折銀六錢。
户口鹽鈔銀，七百八十五兩五錢四分三釐。
安慶倉，米，二千三百石。
寧國府
夏稅
撥運廬、鳳等倉，小麥，二萬八千石。

秋糧
京庫，派剩折銀米，三千三百四十三石，每石折銀六錢。
折銀草，五十七萬包，每包折銀三分。
户口鹽鈔銀，一千六百四十兩五錢三分六釐。
漕運兑軍米，三萬石。
滁州倉，米，一萬石。
池州府
夏稅
京庫，派剩折銀麥，八百三十石，每石折銀一兩。
農桑絲折絹，一百九十九疋。
稅絲折絹，一十六疋。
揚州倉，小麥，四千石。
秋糧
京庫，派剩折銀米，四千六百六十八石。內三千石，每石折銀七錢，餘每石
折銀六錢。
折銀草，六萬二千包，每包折銀三分。
户口鹽鈔銀，二百二十七兩九錢四分八釐一毫。
漕運兑軍米，二萬五千石。
太平府
夏稅
京庫，派剩折銀麥，五百五十石，每石折銀一兩。
絲綿折絹，一百二疋九尺六寸四分零。
揚州、鳳陽倉，小麥，一萬二千石。
秋糧
京庫，派剩折銀米，六百八石五斗，每石折銀六錢。
折銀草，二十三萬包，每包折銀三分。
户口鹽鈔銀三百八兩六錢九分一釐。
漕運兑軍米，一萬七千石。
廣德州
夏稅

揚州府倉，小麥一千石。

秋糧

京庫，派剩折銀米，一百五十九石四斗，每石折銀六錢。

折銀草，二十三萬一千二百九十五包，每包折銀三分。

戶口鹽鈔銀，一千六百八十二兩七錢四分八釐。

淮安倉，改兌米，八千石。

滁州

夏稅

京庫，農桑絲折絹，二百一十七疋五尺四寸四分零。

鳳陽府倉，小麥二千石。

秋糧

京庫折銀草一萬一千包，每包折銀三分。

戶口鹽鈔銀，一百五兩三錢九分二釐。

徐州

夏稅

京庫，派剩折銀麥，一千五十九石，每石折銀一兩。

稅絲折絹，三千二十五疋二丈四尺五寸二分零。

農桑絲折絹，二千五百三十八疋二尺六寸九分零。

揚州、亳州等倉，小麥，二萬二千四十一石。

秋糧

京庫，折銀草，五萬包，每包折銀三分。

戶口鹽鈔銀，一千二十九兩九錢二分五釐八毫。

漕運兑軍米，三萬石。

本州倉，改兑米，一萬八千石。

和州

夏税

京庫，農桑絲折絹，九十九疋二丈七尺二寸六分。

秋糧

京庫，折銀草，一萬一千包，每包折銀三分。

戶口鹽鈔銀，一百九兩一分四釐。

滁州倉，米，八千石。

申時行等《明會典》卷二八《户部一五・會計四・京糧》 内府各衙門，并府部等衙門，白熟粳糯米，每石止加耗五升，有多徵，及將粗惡上納，查參究治。凡改解折色，洪武間，令各處官田糧，折收鈔絹、金銀、綿苧布，及夏稅農桑絲折絹，俱解京庫收支。

正統元年，令浙江、江西、湖廣三布政司，直隸蘇、松等府縣，該起運南京糧米，願納折色者，折納布絹銀兩。廣東、廣西、福建三布政司，折色稅糧布疋，願納銀兩者，俱米麥一石，折銀二錢五分，解京，折給軍官俸糧。

二年，令各處解到秋糧折銀，赴部，出給長單，關填勘合，送内府承運庫收貯。

七年，令南直隸各府州縣，夏稅農桑絹疋，願納折色者，每疋折銀五錢，解京，准作軍官俸糧。

又令廣西布政司、土官衙門，不通河道去處，歲徵糧米，折收銀兩，通類解京。

八年，令廣東、福建二布政司，查勘各處倉糧，扣算常存本處官軍俸糧三年，沿海衛五年，餘剩之數，每米一石，折銀二錢五分，解京發各邊折給俸糧及糴糧備用。

九年，令廣西布政司各府州縣稅糧，自正統十年以後，每歲以四萬石，折徵銀兩解京，其餘存留本處備用。

景泰五年，令山東折徵起運京庫綿花，每十斤，准米一石。

天順二年，令湖廣長沙府田糧，自景泰七年爲始，實徵内，每歲以二十萬石，折徵綿布二十萬疋，一半解京庫交納，一半存本司府備用。

弘治十七年，令蘇州、松江、常州三府，闊白綿布，以十分爲率，除六分仍解本色，暫將四分，每疋折銀三錢五分，解部，轉發太倉收貯。【略】

嘉靖八年題准，西安府等應解甘肅錢糧，免其民運，每糧一石，徵脚價一錢，連糧折銀布，交收府庫。候收銀至二萬兩，布至二千疋，分守道委官一員，于前脚價銀內，官給銀二十兩，令沿途遞運所起車，軍衛有司撥軍快防護，運至蘭州管糧官處查驗。仍照舊例，每銀二千兩，布一百六十疋，運至甘州廣盈庫者，各脚銀三兩八錢，運至凉州廣儲倉者，一兩二錢，亦于前脚價銀内支給。係西寧等六衛所倉分者，解赴西寧道參議處，係山丹九衛所倉分者，解赴甘肅管糧僉事處，各交收內支剩脚價銀兩，每一次以十分爲率，將七分作正支銷，每遇民運銀兩，糴買本色。乞運接濟，該運脚價，亦在數內支取。三分脩理倉廒，悉聽巡撫稽考。

九年題准，河南、直隸真、大、順等府，原派納真定、定州二庫絹，每疋折徵銀七錢，闊白綿布，每疋銀三錢。

十一年題准，陝西布政司，如遇起運三邊錢糧，照依舊例，夏稅每石徵銀九錢，秋糧每石徵銀一兩，依期起解。

十二年題准，山東、河南，歲派保定府廣盈倉本色米麥，每石徵銀八錢，解保定府，自行召買。

十三年題准，四川重、敘二府原派貴州永寧倉糧米。每石折銀三錢五分，解貴州布政司庫交收，給與畢節烏撒等衛官軍。

十六年題准，今後直隸、山東、山西、河南等處，原派納萬全、都司、宣府等二十一衛所，并萬億庫、隆慶衛倉、涿州庫、德州常盈庫，折銀布疋，每疋折銀三錢，解部，轉送該庫收貯。

二十三年題准，陝西起運甘肅本色糧布，每疋折徵銀二錢伍分，同該徵糧價，解蘭州管糧郎中處驗收。

申時行等《明會典》卷二九《户部一六·會計四·徵收》　國初因田制賦，稅糧草料，各有定額。每年，户部先行會計，將實徵數目，分派各司府州，照數徵收，事例甚詳，具列于後。其額數見會計中。【略】

洪武十八年，令兩浙及京畿官田，凡折收稅糧鈔，每五貫，准米一石。絹每疋，准米一石二斗。金每兩，准米十石。銀每兩，准米二石。綿布每疋，准米一石。苧布每疋，准米七斗。夏稅農桑絲，每十八兩，准絹一疋，重十六兩。【略】

三十年更定，鈔三貫五百文，折米一石。金每兩，准米二十石。銀每兩，准米四石。綿花一斤，折米二斗。【略】

永樂十一年，令各處折徵糧，金每兩，准米三十石。闊白綿布每疋，准米一石五斗。

宣德四年，令應天、蘇、松，并浙江屬縣等處，遠年拖欠稅糧，每絹一疋，准米一石二斗。綿布一疋，絲一斤，鈔五十貫，各准米一石。苧布一疋，准米七斗。綿花一斤，准米二斗。【略】

五年，令自三年以前，拖欠稅糧，以十分爲率，二分折布，三分折絹，四分折鈔。其布絹不拘長闊，俱准照時價折收。【略】

天順二年題准，湖廣實徵秋糧五十八萬石，內將二十萬石，每石折收闊白綿布一疋。每年將十萬疋送南京，該庫餘十萬疋，貯本司及本府庫，支與官吏旗軍，准作月糧。【略】

嘉靖元年，令安陸州并京山縣民田秋糧，自本年爲始，停免起運兑軍花絨祿米，俱作存留支用。別府州縣，原派藩邸祿米，照數改補起運兑軍花絨祿米原額之數。【略】

嘉靖十六年題准，今後直隸、山東、山西、河南等處，原派納萬全都司、宣府等二十一衛所，并萬億庫、隆慶衛倉、涿州庫、德州常盈庫折銀布疋，每疋折銀三錢，解部轉送該庫收貯。

十七年詔，各處衛所官舍餘丁人等置買民田，一體坐派糧差，不許抗拒，違者奪田入官。

題准，山東青州府樂安縣，踏出退灘堪種地三十二頃一畝四分，撥人佃種，照畝起科，辦納稅糧一百七十一石二斗七升四合九勺，絲綿二十八兩八錢一分二釐六毫，馬草二百二十四束十四斤十四兩四錢，照數徵收，存留本處應用，候會計之時，添入該布政司實徵總額，分派存留倉口，依時徵納。

申時行等《明會典》卷三〇《户部一七·庫藏一·內府庫》　各庫所掌，最大者，金花銀，即國初所折糧者，俱解南京，供武臣俸祿，而各邊或有緩急，間亦取足其中。正統元年，始自南京改解內庫，歲以百萬爲額，嗣後除折放武俸之外，皆爲御用。其粟、帛、茶、蠟、顔料，以需上供，雖本折不一，皆有規條。其本色，經驗糧廳委官驗過，會同科道官覆驗堪中，於六科領勘合填數照進。其折色，召商買辦。户部山東河南等司官，九門鹽法等委官，亦會同科道官，照時會估價直，辦納應用。其法甚詳，具載于後。外有乙字庫，收毛襖狐帽胖襖褲鞋等物，屬兵部。戊字庫，收弓箭弦條盔甲等物。廣積庫，收焰硝硫黄等物。廣盈庫，收抄没違禁物及禮部開送外國進來羅紵綾紬，工部退回段疋。俱屬工部，茲不具載。

內承運庫

洪武中定，各處解到金銀纓玉象牙等物及浙江、福建布政司，直隸蘇、松、常、鎮、徽、寧、揚州等府，廣德州，歲解段疋，并山西布政司歲造黄生素綾，俱送本庫收。【略】

承運庫

凡浙江、江西、湖廣、山西、四川等布政司，直隸蘇、松、常、鎮、廬、鳳、淮、揚、徽、寧、池、太、安慶等府，滁、徐、廣德等州，歲解絹疋，并闊生絹、翠毛皮，俱送本庫收。

夏稅，絲綿農桑本色絹，共一十四萬八千一百二十九疋三丈九尺八寸四分。

【略】

甲字庫

凡浙江、江西、福建、廣東、四川、湖廣、河南、山東、山西、陝西等布政司，應天、直隸蘇、松、常、鎮、廬、鳳、淮、揚、徽、寧、池、太、安慶等府，滁、徐、和、廣德等州，解到綿布、銀硃、蜜陀僧、百藥煎、黑鉛、二硃、梔子、五倍子、烏梅、紫草、姜黄、藤黄、明礬、藍靛、紅花、槐花、水膠、黄丹、白芨、光粉、緑礬、茜草、靛花青，俱送本庫收。

顔料，四十一萬二千二百二十二斤五兩。內銀硃，三萬四千一百二十二斤三兩。烏梅，三萬九千三百九斤一兩。靛花，二萬九十斤五兩。黄丹，四萬二千斤。緑礬，一萬五千斤。紫草，一千四百斤。明礬，四萬二百斤。光粉，一萬四千六百斤十二兩。黑鉛，二萬一千斤。水膠，八萬斤。槐花，七萬斤。藍靛，三萬一千斤。五倍子，三千五百斤。

闊白三梭布，三萬三千疋。闊白綿布，三十六萬四百一十二疋。苧布，四萬七千七百七十四疋。

紅花三萬斤。水銀，二百二十九斤。

丙字庫

凡浙江、河南、山東、并北直隸真定府，解到絲綿花絨，南直隸池州、揚州，歲解土絲，俱送本庫收。絲綿，三十一萬四千六十四兩。絲，二百二十四斤一兩一錢三分。綿花絨，三十七萬四千八百七十五斤六十二兩。

丁字庫

凡浙江、福建、廣東、四川、江西、湖廣、河南、山東、山西布政司，并應天、直隸蘇、松、常、鎮、廬、鳳、淮、揚、徽、寧、池、太、安慶等府，滁、徐、和、廣德等州，解到銅、鐵、生漆、桐油、皮張、水牛角、牛觔、黄蠟、黄白麻、翎毛、魚線膠等料，及工部召買蘇木，俱送本庫收。【略】

贓罰庫

凡各處解到錢鈔，并紵絲、綾、羅、紬、絹、氈毯、鐵力綿、布衣服、花絨等物，俱送本庫收。

凡各處官民犯法，律合籍没家財，及有不才官吏，接受贓私，追没到金銀錢鈔衣服等項，俱各劄付本庫交收。其行移次第，照依課程事例施行。【略】

內官監

凡解納，洪武二十六年定，凡府州縣税課司局、河泊所，歲辦商税魚課，并引由契本等項課程，已有定額。其辦課衙門，所辦錢鈔金銀布絹等物，不動原封，年終具印信文解，明白分豁存留起解數目，解赴所管州縣。其州縣轉解於府，府解布政司，布政司通類委官起解，於次年三月以裏到京。户部將解到金銀錢鈔布絹等物，不動原封，照依來文，分豁明白，劄付該庫交收，出給印信長單，及具手本，關領勘合回部，照數填寫，責付原解官收執。將所解物件，同原領長單，并勘合於內府各門照進。且如銅錢布疋，赴甲字庫交納。鈔錠，廣惠庫交納。金銀絹疋，承運庫交納。【略】

又令揀各處解納布絹，如泥污水跡，堪染顔色，及稍破壞者，皆不必賠。塵爛破損，不堪用者，准賠補，亦不治罪。

又定各處折納布絹則例，每絲二十兩及十八兩，折絹一疋。長三丈二尺，闊二尺。白綿布每疋長三丈二尺，闊一尺八寸，重三斤。【略】

永樂十五年，令在外各司府州等衙門，進納歲辦，并開辦課程等項金銀段疋，俱解內府庫。

宣德五年，令納官布絹不如法者，加倍追賠，原解人送問。

七年，差户部主事一員，同揀鈔御史、給事中，巡視甲字等庫。凡各處解到布絹絲綿，即督官攢人等，照洪武年間所定長闊丈尺收受。若有兜攬作弊者，具奏拏問。

十年，令各處歲造段疋，委御史同該司官，辯驗堪中，送該庫交納。

正統元年，令各處解納折糧布絹，選退不堪中者，該庫出給印信票帖，退還解人。户部差人押追納完，仍送問罪，不許再科百姓補納。

四年，令各處解到內府庫物料，俱於六科領給勘合填數，照進交納。

景泰元年奏准，各處解京布鈔等項，先從户部看驗堪中，方許送庫交納，取長單付繳。

令各處解納絹疋，若驗不中度，百疋以上者，侵剋解人發口外充軍，絹疋責各犯家下追賠，承行官吏，行巡按御史提問。【略】

成化十六年奏准，各處額徵絲綿折絹，户口食鹽鈔錢，司府掌印官務嚴加督責各該州縣官，監收本處織造絹疋，堪中錢鈔，責令大户領解，委官管押，仍先於内混取絹一疋，鈔五十貫，錢五十文，包封印記，順附公差人役送部收候比驗，仍作正數送納。其解到錢鈔絹疋比驗，以十分爲率，如一分不堪者，罪坐州縣，三分不堪者，罪坐本府，五分以上不堪者，罪坐布政司各經該官吏。若委官大户抵换者，依律問罪，不堪錢鈔絹疋，盡數没官。

二十三年奏准，各處解到錢鈔絹疋，户部該司揀驗堪中之數，該庫不許重復看驗，刁蹬留難。其餘闕布皮張物料等項，但係十庫錢糧，俱會同科道部官辨驗，果係地道真正本色物件即與收完，出給批單通關，不許推調延挨。及供用庫所收糧，如有多收，盜賣虚出，及包攬作弊者，拏送法司問罪。

弘治三年，令各處納絹，驗出稀紕刷漿，絲經麻緯，及單經等項低絹，布政司以驗退十州縣及千疋以上者，住俸三箇月，府以驗退三州縣及二千四百疋以上者，住俸半年，州縣驗退八百疋以上者，住俸一年。

八年，令各處解納布絹，該府掌印官用印兩頭鈐記，每色取式樣一疋印封，交所委官吏解部。看驗送部，仍於起解批文内，開驗中數目，用印鈐記。若不如法者，先將領解官吏送問。司府州縣提調掌印官及吏，行巡按御史提問，揀退布絹，加倍追賠。解户攬頭通同侵欺盜賣者，發邊遠充軍。

十四年題准，各司府州縣，今後起解錢鈔絹布等項，赴部交納，其中揀退者，聽解户從便買補，不能自買者，當官估價，責令鋪户變賣銀兩，收買補納。若鋪户刁蹬，不行買補者，照依在京坑陷納户事例問罪。其有無籍光棍打攬者，照依在京打攬倉場事例，拏送法司，問發充軍。

令各處解納折糧布疋赴部，該部委官於本衙門驗中，送付該庫，并巡視科道官，及户部委官收受，不必再揀。

又令各處起解兩京絹疋，不及五十疋者，送赴該府類解户部。驗退五十疋以上者，該府經管官參究治罪。【略】

凡支給，正統二年，令各庫所收布，有長三丈以上者，俱准一疋，放支官軍。若該管官截去餘尺入己者，以監守自盜論。

九年，令各項造作物料，止於官庫支用，有不敷者，奏給官價派買，不許損民。

十四年，令各處解到物料，送該庫交收，方許支用。

又令各處折糧等項布疋，送甲字庫收，若有稀鬆、壓跡水跡者，送廣盈庫染造支用。【略】

嘉靖十年，以賞夷人絹疋不敷，將生絹一疋，折銀五錢，裏絹加染練銀七分，行太倉銀庫支放，候該庫有積，仍關本色。【略】

申時行等《明會典》卷三一《户部一八·庫藏二·鈔法》〔永樂五年〕，令各處税糧課程贜罰，俱准折收鈔。米每石三十貫，小麥、豆，每石二十五貫，大麥每石一十五貫，青稞蕎麥，每石一十貫。絲，每斤四十貫，綿，每斤二十五貫，大絹，每疋五十貫，小絹，每疋三十貫，小苧布，每疋二十貫，大苧布，每疋二十五貫，大綿布，每疋三十貫，小綿布，每疋二十五貫。

申時行等《明會典》卷三五《户部二二·課程四·商税》 景泰二年，【略】其收税則例：上等羅段每疋税鈔，牙錢鈔，塌房鈔，各二十五貫。中等羅段每疋税鈔，牙錢鈔，塌房鈔，各一十五貫。下等羅段每疋税鈔，牙錢鈔，塌房鈔，各一十貫。上等紗綾錦每疋，青紅紙每一千張，篦子每一千箇税鈔，牙錢鈔，塌房鈔，各六貫七百文。中等紗綾錦每疋、細羊羔皮襖每領、黄牛真皮每張、扇骨每一千把税鈔，牙錢鈔，塌房鈔，各五貫。青三梭布每疋、紅油紙每八千張、冥衣紙每四千張、鐵鍋每套四口、藤黄每斤税鈔，牙錢鈔，塌房鈔各四貫。褐子綿紬每疋、毛皮襖氈衫每領、乾鹿每箇税鈔，牙錢鈔，塌房鈔各三貫四百文。官絹、官三梭布每疋、絨線每斤、五色紙每四千五百張、高頭黄紙每四千張税鈔，牙錢鈔，塌房鈔，各三貫。小絹白中布、青匾線夏布每疋、手帕每連三箇、手巾每十條、皮褌每件、小靴每套三雙、板門每合、響銅每斤、連五紙每千張、連七紙每一百五十張税鈔，牙錢鈔，塌房鈔各一貫。青大椀每二十五箇、青中椀每三十箇、青大楪每五十箇税鈔，牙錢鈔，塌房鈔，各七百四十文。洗白夏布、青緑紅中串二布每疋、包頭每連二十箇、氈條每條、大碌、銅青碌、枝條碌、生熟銅、蘇木、胡椒、川椒、黄蠟、蘑菇、香蕈、木耳每斤、酒罎土酒海每箇、青中楪每五十箇、白大盤每十箇、書房紙每四簍、筆管每五百箇、油粘每副税鈔，牙錢鈔，塌房鈔，各六百七十文。青小楪每五十箇、白中盤每十五箇税鈔，牙錢鈔，塌房鈔，各六百文。花布被面每段、白中串二布每疋、靛花青、紅花、鹹條每斤、青靛、銀杏、菱米、蓮肉、軟棗、石榴每十斤、青大盤每十二箇、青盤每十五箇、青小盤每二十箇、青小椀每三十箇、乾鵞天鵞等野味每隻、南豐大簍紙每四塊、竹椅每把税鈔，牙錢鈔，塌房鈔，各五百文。喜紅小絹每疋税鈔，牙錢鈔，塌房鈔，各四百七十文。麻布每疋、花椒、水牛底皮每斤，土青盤每十五箇，土青椀，小白盤每二十箇，土青楪每五十箇，青茶鍾每七箇稅鈔，牙錢鈔，塌房鈔，各四百文。小蠶綿布每疋，氈韈每雙，土降香，白砂糖，錫每斤，草蓆每領，雨傘每把，翠花每朵，草花每十朵，刷印馬紙每四塊，土尺八紙每塊，南豐籛紙每六塊，連三紙每一千張，毛邊紙，中夾紙每一百張，酒麯每十塊稅鈔，牙錢鈔，塌房鈔，各三百四十文。燈草每斤，土青酒鍾，土青茶鍾每十二箇，土青香爐，大白椀每十箇，中白椀每十五箇，白大楪每二十箇，白小楪每二十五箇稅鈔，牙錢鈔，塌房鈔，各三百文。馬牙速香，魚膠每斤稅鈔，牙錢鈔，塌房鈔，各二百四十文。藥材每斤，白小椀每十五箇稅鈔，牙錢鈔，塌房鈔，各二百文。荔枝，圓眼，冬笋，構子，桐油，柏油，黑砂糖，蜂蜜每斤，臘燭脂每兩，土粉，土硝，鹻，松香，墨煤，檾麻，肥皂，木香，槐花，膠棗，雞頭，螃蠏，蛤蜊每十斤，乾兔雞鴨每隻，白茶鍾每六箇，甘蔗，藕每十根，竹箸每一百雙，竹掃箒每十把，蒲蓆每領，雜毛小皮每張，氈帽每箇，草鞵每十雙稅鈔，牙錢鈔，塌房鈔，各一百七十文。明乾笋，葡萄，海菜，金橘，橄欖，牙棗，苧麻每斤稅鈔，牙錢鈔，塌房鈔，各一百四十文。綿花，香油，紫草，紅麯，紫粉，黃丹，定粉，芸香，柿餅，栗子，核桃，林檎，甘橘，雪梨，紅棗，楊梅，枇杷，榛子，香仁，蜜香橙，烏梅，五倍子，鹹彈，黑乾笋，葉茶，生薑，石花菜，鰕米，鮮乾魚，鮮豬羊肉，黑鉛，水膠，黃白麻，鋼熟鐵每斤，綿絮每套，蘆蓆每領，綿臙脂每帖，西瓜每十箇稅鈔，牙錢鈔，塌房鈔，各一百文。乾梨皮，荸薺，芋頭，鮮菱，烏菱，鮮梨，鮮桃，杏子，李子，鮮柿，柿花，熖硝，皂白礬，瀝青，生鐵每斤，乾葱，胡蘿蔔每十斤，冬瓜每十箇，蘿蔔，菠芥等菜四十斤稅鈔，牙錢鈔，塌房鈔，各六十五文。其餘估計未盡物貨，俱照價值相等則例收納。其進塌房鈔，并抽分布疋，及按月該納房鈔，俱爲除免。

申時行等《明會典》卷三八《户部二五・廩禄一・公侯駙馬伯禄米》 凡支給。【略】宣德六年，令以承運庫生絹，准折公侯伯禄米一半，每疋折米二石。

正統三年，令仍舊米麥兼支。

十一年，令公侯伯願以南京該支三分本色，照在京軍職折支絹者，聽。

申時行等《明會典》卷三九《户部二六・廩禄二・俸給》 凡官員俸給，有本色，有折色。本色三：曰月米，每月一石。曰折絹米，歲兩月。曰折銀米，歲十月，後定絹一疋，折銀七錢。折色二：曰本色鈔，曰絹布折鈔。後又分上下半年之例，上半年，支本色鈔錠，下半年，以胡椒、蘇木，折鈔關支。後又以綿布折支，每俸一石，該鈔二十貫，每鈔二百貫，折布一疋。後又定布一疋，折銀三錢。其本色鈔錠不敷，或將贓罰廣盈等庫附餘綾羅絹布衣物等件折支。先後事例不一，具列于後。

正一品，歲該俸一千四十四石，内本色俸三百三十一石二斗，折色俸七百一十二石八斗。本色俸内，除支米一十二石外，折銀俸二百六十六石，折絹俸五十三石二斗，共該銀二百四兩八錢二分。折色俸内，折布俸三百五十六石四斗，該銀一十兩六錢九分二釐，折鈔俸三百五十六石四斗，該本色鈔七千一百二十八貫。

從一品，歲該俸八百八十八石，内本色俸二百八十四石四斗，折色俸六百三石六斗。本色俸内，除支米一十二石外，折銀俸二百二十七石，折絹俸四十五石四斗，共該銀一百七十四兩七錢九分。折色俸内，折布俸三百一石八斗，該銀九兩五分四釐，折鈔俸三百一石八斗，該本色鈔六千三十六貫。

正二品，歲該俸七百三十二石，内本色俸二百三十七石六斗，折色俸四百九十四石四斗。本色俸内，除支米一十二石外，折銀俸一百八十八石，折絹俸三十七石六斗，共該銀一百四十四兩七錢六分。折色俸内，折布俸二百四十七石二斗，該銀七兩四錢一分六釐，折鈔俸二百四十七石二斗，該本色鈔四千九百四十四貫。

從二品，歲該俸五百七十六石，内本色俸一百九十石八斗，折色俸三百八十五石二斗。本色俸内，除支米一十二石外，折銀俸一百四十九石，折絹俸二十九石八斗，共該銀一百一十四兩七錢三分。折色俸内，折布俸一百九十二石六斗，該銀五兩七錢七分八釐，折鈔俸一百九十二石六斗，該本色鈔三千八百五十二貫。

正三品，歲該俸四百二十石，内本色俸一百四十四石，折色俸二百七十六石。本色俸内，除支米一十二石外，折銀俸一百一十石，折絹俸二十二石，共該銀八十四兩七錢。折色俸内，折布俸一百三十八石，該銀四兩一錢四分，折鈔俸一百三十八石，該本色鈔二千七百六十貫。

從三品，歲該俸三百一十二石，内本色俸一百一十一石六斗，折色俸二百石四斗。本色俸内，除支米一十二石外，折銀俸八十三石，折絹俸一十六石六斗，共該銀六十三兩九錢一分。折色俸内，折布俸一百石二斗，該銀三兩六釐，折鈔俸一百石二斗，該本色鈔二千零四貫。

正四品，歲該俸二百八十八石，内本色俸一百四石四斗，折色俸一百八十三石六斗。本色俸內，除支米一十二石外，折銀俸七十七石，折絹俸一十五石四斗，共該銀五十九兩二錢九分。折色俸內，折布俸九十一石八斗，該銀二兩七錢五分四釐，折鈔俸九十一石八斗，該本色鈔一千八百三十六貫。

從四品歲該俸二百五十二石，內本色俸九十三石六斗，折色俸一百五十八石四斗。本色俸內，除支米一十二石外，折銀俸六十八石，折絹俸一十三石六斗，共該銀五十二兩三錢六分。折色俸內，折布俸七十九石二斗，該銀二兩三錢七分六釐，折鈔俸七十九石二斗，該本色鈔一千五百八十四貫。

正五品，歲該俸一百九十二石，內本色俸七十五石六斗，折色俸一百一十六石四斗。本色俸內，除支米一十二石外，折銀俸五十三石，折絹俸一十石六斗，共該銀四十兩八錢一分。折色俸內，折布俸五十八石二斗，該銀一兩七錢四分六釐，折鈔俸五十八石二斗，該本色鈔一千一百六十四貫。

從五品歲該俸一百六十八石，內本色俸六十八石四斗，折色俸九十九石六斗。本色俸內，除支米一十二石外，折銀俸四十七石，折絹俸九石四斗，共該銀三十六兩二錢九分。折色俸內，折布俸四十九石八斗，該銀一兩四錢九分四釐，折鈔俸四十九石八斗，該本色鈔九百九十六貫。

正六品，歲該俸一百二十石，內本色俸六十六石，折色俸五十四石。本色俸內，除支米一十二石外，折銀俸四十五石，折絹俸九石，共該銀三十四兩六錢五分。折色俸內，折布俸二十七石，該銀八錢一分，折鈔俸二十七石，該本色鈔五百四十貫。

從六品，歲該俸九十六石，內本色俸五十六石四斗，折色俸三十九石六斗。本色俸內，除支米一十二石外，折銀俸三十七石，折絹俸七石四斗，共該銀二十八兩四錢九分。折色俸內，折布俸一十九石八斗，該銀五錢九分四釐，折鈔俸一十九石八斗，該本色鈔三百九十六貫。

正七品，歲該俸九十石，內本色俸五十四石，折色俸三十六石。本色俸內，除支米一十二石外，折銀俸三十五石，折絹俸七石，共該銀二十六兩九錢五分。折色俸內，折布俸一十八石，該銀五錢四分，折鈔俸一十八石，該本色鈔三百六十貫。

從七品，歲該俸八十四石，內本色俸五十二石六斗，折色俸三十一石四斗。本色俸內，除支米一十二石外，折銀俸三十三石，折絹俸六石六斗，共該銀二十五兩四錢一分。折色俸內，折布俸一十六石二斗，該銀四錢八分六釐，折鈔俸一十六石二斗，該本色鈔三百二十四貫。

正八品，歲該俸七十八石。內本色俸四十九石二斗，折色俸二十八石八斗。本色俸內，除支米一十二石外，折銀俸三十一石，折絹俸六石二斗，共該銀二十三兩八錢七分。折色俸內，折布俸一十四石四斗，該銀四錢三分二釐，折鈔俸一十四石四斗，該本色鈔二百八十八貫。

從八品，歲該俸七十二石，內本色俸四十六石八斗，折色俸二十五石二斗。本色俸內除支米一十二石外，折銀俸二十九石，折絹俸五石八斗，共該銀二十二兩三錢三分。折色俸內，折布俸一十二石六斗，該銀三錢七分八釐，折鈔俸一十二石六斗，該本色鈔二百五十二貫。

正九品，歲該俸六十六石，內本色俸四十四石四斗，折色俸二十一石六斗。本色俸內，除支米一十二石外，折銀俸二十七石，折絹俸五石四斗，共該銀二十兩七錢九分。折色俸內，折布俸一十石八斗，該銀三錢二分四釐，折鈔俸一十石八斗，該本色鈔二百一十六貫。

從九品，歲該俸六十石，內本色俸四十二石，折色俸一十八石。本色俸內，除支米一十二石外，折銀俸二十五石，折絹俸五石，共該銀一十九兩二錢五分。折色俸內，折布俸九石，該銀二錢七分，折鈔俸九石，該本色鈔一百八十貫。

武職。府衛官，俸級視文職，惟本色米折銀，例每石二錢五分，其月米，折絹布鈔，俱與文職同。優給優養官視見任，惟月米亦如例折給，不支本色。【略】

宣德六年，令以承運庫生絹折在京文武官十一月、十二月本色俸，每疋折米二石。

七年，令文武官月支本色俸一石，以兩京贓罰庫衣服布絹等物折給。

八年，令兩京文武官折色俸，每鈔一十五貫，折米一石，仍以十分爲率，七分折絹，三分折布，絹每疋准鈔四百貫，布每疋二百貫。【略】

正統二年，令在京文武官，每月該支俸，仍給本色。其十月、十一月，南京該支米數，照舊折絹。【略】

九年，令在京文武官，該支南京四月、五月俸，并在京軍官該折銀，俱照折絹例，折支綿布，每疋折米一石。

又題准，將贓罰等庫衣服布絹顔料皮張等物，准作在京文武官上半年折色鈔錠。

【略】十一年，令兩京文武官十月、十一月本色俸折絹，改爲七月、八月之數。

景泰七年，令鈔七百貫折銀一兩。又以甲字庫三梭布，折在京文武官俸，每布一疋，准絹一疋。

天順元年，令在京文官俸，仍照正統時例，於南京支本色米。

七年，令兩京文武官，七月、八月本色俸折絹，改爲四月、五月之數。【略】

成化二年，令各衙門官員，在任患病三月者住俸。又令南京文武官本色俸，每歲間月折支絹。【略】

七年，令文武官下半年折色俸，以甲字庫綿布，每疋折鈔二百貫支給。【略】

十六年，令在京文武官折色俸鈔，折支闊白三梭布，每疋折米三十石。【略】

弘治六年，令在京文職官，分俸於原籍養親者，不許分在京折絹俸。【略】

十三年，令南京各衛軍職俸糧折支絹疋，改於四月支絹，八月支布。【略】

嘉靖七年題准，各處解納文武官折俸，絹每一疋，派銀七錢，布每一疋，派銀三錢，解部支給。【略】

十一年題准，通州右等衛官員，上下半年俸折布絹，照京衛官員例折銀。

三十三年題准，儹運官員，自嘉靖三十四年爲始，每月應支食米，聽於各住劄地方司府存留米内支給。其巡撫鳳陽都御史及各官折俸折絹折布等項，俱照在京則例。

申時行等《明會典》卷四〇《户部二七・經費一・賞賜》 國朝賞賜用鈔錠、胡椒、蘇木、銅錢，并銀兩、衣服等項。其係禮兵掌行者，具見二部，惟歲給軍士冬衣布花等項，沿革則例不一，係户部掌行，備載于此。

洪武三年，給賞四川鹽井等六衛軍士，每名綿布二疋，綿花一斤，仍加絹一疋。【略】

二十八年，令陝西行都司甘州等衛新發充軍者，照舊軍事例給賞冬衣布花一年，以後減半。

永樂五年，令賞賜北平各衛軍士冬衣布花，該布絹三疋者，内絹一疋，折與蘇木一斤八兩，該布二疋者，一疋折蘇木一斤，該布一疋者，仍舊。奉天征討旗軍，原衛無家小，并全家在京者，全賞，其北京有家小者，在京賞綿布一疋，原衛家小布二疋，綿花一斤八兩。爲事發充局匠，布一疋。牧馬千户所養馬幼軍，於贓罰庫關賞舊衣三件。

八年，令甘州等衛，洪武三十二年以後充軍人數，照舊軍例給賞冬衣布花。

十一年，令南京操練民間子弟并餘丁幼軍，照例給賞夏布。

十四年，令在京各衛軍士該賞夏布三疋及二疋者，内各一疋折新鈔三錠。

十五年，令北京所屬衛所軍士，全賞本色布花。遼東都司所屬衛分，正軍恩軍，有家小者，綿布二疋，綿花一斤八兩，隻身旗軍并養羊小廝，及老幼久病殘疾，復役未及三年逃軍，并習學軍匠，綿布一疋，綿花一斤八兩。幼軍一歲至五歲，隻身在營，有一母伯叔父母一姐者，并六歲至十四歲隻身者，各綿布一疋，綿花一斤。若在營有一母一伯叔父母一姐一妹一弟者，照養羊小廝例。

十七年，定賞山西都司所屬衛分布花則例。振武衛正軍有家小，綿布四疋，綿花一斤八兩。太原左右中三護衛、太原左右前三衛、鎮西衛寧化千户所正軍校尉、續添校尉并各護衛牧養馬匹軍人，有家小，綿布三疋，綿花一斤八兩。山西行都司所屬大同左右前後、朔州、天城、陽和、安東、中屯等衛正軍恩軍校尉，并旗手等衛調去入伍軍匠，有家小者，綿布四疋，綿花一斤八兩。凡各衛所隻身旗軍校尉、巡營、守門鋪、養馬、看倉、看草、老幼久病殘疾、復役未及三年逃軍，及瀋陽中護衛、平陽潞州衛、沁州汾州千户所正軍校尉，并旗手等衛，調去入伍軍匠，俱各綿布二疋，綿花一斤八兩。

十八年，令賞賜各衛軍士冬衣布花，絹每疋折與蘇木一斤六兩，胡椒四兩，布每疋折蘇木一斤，胡椒三兩。

又令在京各衛軍士，該賞布一疋者，與本色。二疋者，内一疋折新鈔五錠，三疋四疋者，各支二疋，餘每疋折新鈔五錠。

十九年，令在京各衛軍士，該賞布三疋者，内一疋折蘇木一斤，一疋折新鈔三錠。該布二疋者，内一疋折蘇木一斤，該布一疋者，仍舊。在京者與綿布，南京者與夏布。其南京隨住北京者，仍於南京給之。

二十二年，令在京各衛軍士，該賞布三疋，綿花一斤半者，與絹二疋，胡椒一斤。該布二疋，綿花一斤半者，與絹二疋。該布一疋，綿花一斤半者，與絹一疋，胡椒半斤。其南京衛所軍士，止賞布疋。該三疋者，内二疋折絹一疋，一疋折胡椒一斤。該二疋者，折絹一疋。該一疋者，折胡椒一斤。

宣德五年，令南京各衛軍士，全給綿布，不支綿花。

八年，令梁城守禦千户所軍士，照例給賞冬衣布花。

十年，令軍士冬衣布花，在京差監察御史、給事中、會户部官，在外巡按御史等官，會户部委官給散。

正統元年，令西安左等衛旗軍調寧夏各邊備禦者，全支綿布三疋，綿花一斤八兩。

又令增給遼東操備軍士綿花爲三斤。

三年，令報効家人義男女壻民人餘丁，各賞布三疋，本色二疋，折鈔一疋。逃囚，布一疋。逃軍，布二疋，内折鈔一疋，綿花俱一斤八兩。

四年奏准，北直隸衛分軍士冬衣布花，每歲七月中，差官給散，俱限十二月終回京。

又令在京并南京各衛所旗軍力士校尉將軍人等，該賞布花，見在并征差，在營有家小，隻身，及年十五歲以上矮小軍人，在營有家小并年十四歲以下幼軍，在營或有一母一伯叔父母一姐一妹一弟者，征差運糧，陣亡失陷傷故，落水淹死病故，但有長幼兒男，同家小在營者，在營亡故，有兒男家小在營者，初年下屯，關支月糧，未收子粒，有無家小者，年老殘疾，還鄉換丁，在營有家小者，王府隨侍旗軍校尉，并養馬軍人醫獸，操練民間子弟，并餘丁，俱布三疋。爲事發遣征進，在京有家小者，年老殘疾，無丁伐役，并習學局匠，及赦前爲事發充局匠，俱有家小，及年十五歲以上矮小軍人，在營隻身者，各衛燒窯挑柴，看桐漆樹，種苜蓿，及四門厨房做飯，并食糧恩軍，赦前收役，在營有家小者，俱布二疋。征差運糧，陣亡失陷傷故，落水淹死，在營止有老軍，與隻身妻女并年六歲至十四歲隻身男，及同籍隻身弟壻等項在營者，爲事食糧恩軍，在營隻身者，在營亡故，止有六歲至十四歲隻身男在營者，爲事發遣征進，在彼病故，在京有兒男者，旗軍年老殘疾，無丁代役者，習學局匠，及赦前爲事發充局匠，在營俱隻身者，赦後爲事發充局匠，及王府養羊幼軍小厮，俱布一疋。牧馬千户所養羊幼軍，舊衣三件。征差隻身，并在營止有幼男女年十歲以下，候本軍回還，照例補賞，爲事被監有無家小，候復役補賞。

七年，令陝西都司調去甘肅沿邊操備腹裏屯軍，每名給賞綿布三疋，内折鈔一疋，綿花一斤八兩。

八年，令甘肅延綏等處操備旗軍，有家小者，每名給賞布三疋。隻身布二疋，綿花俱一斤八兩。

又令陝西都司所屬寧夏中護衛，河州、洮州、岷州、寧夏左、右、前屯衛，寧夏中、靖虜等衛，寧夏羣牧千户所，正軍恩軍校尉，有家小者，每名給賞布四疋。隻身旗軍校尉，并養羊小厮，巡營、守門鋪、養馬、看倉、看草，老幼久病，殘疾復役、未及三年逃軍，布二疋。綏德衛、慶陽、延安、西安右護衛、西安左、西安後、鞏昌、漢中、秦州、平涼等衛，鳳翔守禦千户所、西固城禮店千户所、階州守禦千户所、平涼中護衛、蘭州、西安前、甘州中護等衛，甘州羣牧守禦千户所、鄭府儀衛司羣牧千户所，正軍校尉，有家小者，布三疋。寧夏在城驛，并寧夏遞運所，及高橋兒等各驛遞運所，恩軍布花，各照彼處附近衛所軍士原定腹裏口外事例給賞。陝西行都司所屬甘州左、甘州右、中、前、後、涼州、西寧、永昌、山丹、莊浪、鎮番等衛，古浪城鎮夷守禦千户所，正軍恩軍，并鎮夷守禦千户所，京衛紀罪旗軍，并涼州、莊浪二衛，自買馬匹充軍報効士民，有家小者，布四疋。自綏德衛以下，凡隻身旗軍校尉并養羊幼軍，巡營、守門鋪，養馬、看倉、看草，老幼久病殘疾，復役未及三年逃軍，俱各布二疋，綿花一斤八兩。

九年，令各衛軍士該賞布花，許在衛家人妻子代領，隻身無親者，照數印封著親管官旗領送本軍。

十年，令陝西延慶西安、秦鞏、鳳翔等衛所屯田旗軍，分調定邊等營備冬者，每名給賞布二疋，内折鈔一疋，綿花一斤八兩。

又令聚落、陽和、天城三驛，擺站囚軍，每名給賞綿布二疋，綿花一斤八兩。

又令河南都司，并直隸寧山衛，南陽衛，潁上守禦千户所旗軍，於延安、綏德等處備邊過冬者，每名給賞布一疋，綿花一斤八兩，鈔二十五貫。

又令陝西延綏、慶陽二衛，并西安左等四衛旗軍，原調守邊備冬者，每名給賞布四疋，内二疋，并綿花一斤八兩，給與家小，餘布二疋，再增綿花一斤八兩，給守邊正軍。若本家有選差常川守邊備冬餘丁者，每名再給布一疋，綿花一斤。本衛守城操練者，照舊。

又令河南都司所屬衛所旗軍，於宣府操備過冬者，每名給賞布二疋，綿花一斤八兩。

十二年，令陝西、寧夏備禦寧羌衛軍士，每名給賞綿布二疋，綿花一斤八兩。其家小在原衛者，則給綿布二疋，綿花一斤八兩。

又令廣昌守禦千户所，照例給賞布花鈔錠。

景泰三年，令永寧夜不收馬軍，并保安等城旗軍，内陸續解到衛新軍，給賞冬衣布花。

又定，通州左、右，永平，薊州，遵化忠義中，鎮朔，隆慶，東勝左、右，密雲中，興州中屯、左屯、右屯、前屯、後屯，營州中屯、左屯、右屯、前屯、後屯，定州，河間、大同中屯、瀋陽中屯、茂山，保定前、後、左、右、中，定邊，開平中屯，天津，天津左、右，武清，撫寧，真定，涿鹿，涿鹿左、中，盧龍，神武中、右等衛，及廣昌、平定、蒲州、梁城、寬河等守禦千户所，正軍恩軍，有家小，該布三疋者，内一疋，折鈔五錠，綿花一斤八兩。隻身旗軍，及發去異姓軍士，巡營，守門鋪，養馬，看倉，看草，老幼久病殘疾，復役未及三年逃軍，俱該布二疋者，内一疋折鈔五錠，綿花一斤八兩。宣府前、左、右，萬全左、右，懷來，山海，密雲後，開平，蔚州，保安，保安右，永寧，懷安，隆慶左、右，龍門等衛，興和美峪，龍門等守禦千户所，除夜不收，守墩旗軍，布四疋，全支本色。其餘正軍恩軍，并旗手等衛，調去入伍軍匠有家小，該布四疋者，内一疋折鈔，綿花一斤八兩。隻身旗軍，調去入伍，軍匠，隻身者，及養羊小廝，巡營，守門鋪，養馬，看倉，看草，老幼久病殘疾，復役未及三年逃軍，及習學軍匠，不分有無家小，全支布二疋綿花，一斤八兩。

又令陝西寧羌、臨洮二衛，金州、文縣二守禦千户所，鎮虜、玉林、威遠、雲川、高山等衛，及山陰馬邑守禦千户所軍士，俱照例給賞冬衣布花。

成化六年，令直隸遵化等衛軍士，調撥喜峰等極邊口堡守備過冬者，有家小賞布三疋，無家小者二疋。

七年，令各邊夜不收給賞，加布一疋，綿花半斤。

十四年，令給賞冬衣布花事故扣除之數，該屬五府者，送該府經歷司。親軍衛所，送掌印官，同首領官封收，待下年給散。

又令，給賞冬衣布花，以七月初一日奏領勘合，八月初一日下庫關領，十五日以後，陸續給散。

十五年，令南京賞賜各衛軍士夏布，每歲三月初旬取勘，四月終旬給賞。

又令，遼東并萬全都司、宣府前等衛守哨夜不收旗軍人等，每名給賞布四疋，内半疋折鈔。

又令，永平、薊州沿邊關營操守軍士該賞布疋，全關本色。

十九年，令陝西文縣、階州、西固城守禦千户所，有家小正軍，每名給賞布一疋，綿花一斤八兩。隻身，并把門等項，布一疋。如不足數，布一疋，給銀二錢，綿花一斤，給銀伍分。

又令，四川茂州上班守備旗軍，每名給賞布二疋，綿花一斤。

二十三年，令賞賜軍士冬衣布花，每布一疋，折銀二錢五分，綿花一斤，折銀七分。

弘治三年，令四川建昌等六衛軍士，每名給賞布二疋，内一疋折鈔五錠，如無鈔，折銀一錢五分，綿花一斤，折銀七分。

又令山西都司所屬衛所，振武衛并鴈門千户所，屯守正軍，有家小，每名綿布四疋，本色二疋，折鈔二疋，綿花一斤八兩，本色一斤，折鈔八兩。隻身旗軍，并巡營，守門鋪，養馬，看倉，看草，老幼久病殘疾，復役未及三年逃軍，每名給綿布二疋，本色一疋，折鈔一疋，綿花一斤八兩，本色一斤，折鈔八兩。保德州守禦千户所，屯守正軍，有家小，每名綿布三疋，折鈔一疋，綿花一斤八兩。隻身旗軍，并巡營，守門鋪，養馬，看倉，看草，老幼久病殘疾，復役未及三年逃軍，每名支綿布二疋，綿花一斤八兩。太原左、右、前，鎮西衛，寧化守禦千户所，晉府儀衛司，寧化等王府，正軍校尉，有家小，每名綿布三疋，本色一疋，折鈔二疋，綿花一斤八兩，本色一斤，折鈔八兩。隻身旗軍校尉，并巡營，守門鋪，養馬，看倉，看草，老幼久病殘疾，復役未及三年逃軍，及平陽，潞州，瀋陽中護衛，汾州守禦千户所，沁州守禦千户所，潘府儀衛司，正軍校尉，巡營，守門鋪，看倉，看草，老幼久病殘疾，每名俱各綿布二疋，本色一疋，折鈔一疋，綿花一斤八兩，本色一斤，折鈔八兩。山西行都司所屬大同左、右、前、後，朔州，天城，陽和，安東中屯，鎮虜，玉林，威遠，雲川，高山，山陰守禦千户所，馬邑守禦千户所，代府長吏司，帶管屯田旗軍，有家小，每名綿布二疋。屯田老幼等項旗軍，無家小，每名綿布一疋，綿花俱一斤八兩。

又令，見在寧夏、西安左等衛，并延綏、慶陽三衛，操備有馬餘丁，每名綿布二疋，綿花一斤。

又令秦府、韓府、肅府各儀衛司，正軍校尉，有家小，每名綿布三疋，綿花一斤八兩。隻身旗軍，及巡營，守門鋪，養馬，看倉，看草，老幼久病殘疾，復役未及三年逃軍，每名綿布二疋，綿花一斤八兩。

又令陝西行都司所屬衛所旗軍，該賞布花，如不勾全賞，照例減賞，原支四疋者，支與三疋，原支三疋者，支與二疋，不敷布花，照例折鈔，每綿布一疋，折鈔五錠，綿花一斤，折鈔二貫。

正德七年奏准，四川都司威州守禦千户所，上班守備關堡等項旗軍，每年冬，給綿布一疋，綿花一斤，於布政司折糧銀内支給。其在操、備守城等項，雜差老幼旗軍，照例每十年一次，賞綿布二疋，綿花二斤。

令江西獲功官軍民兵人等，應賞絹布鈔錠，如有不敷，照例每絹一疋，折銀五錢，綿布一疋，折銀二錢五分，鈔一貫，折銀三釐補給。其陣亡事故者，給家屬領。

又令，遼東年例，賞賜軍士，每布四疋，花一斤八兩，共量添銀二分五釐，連舊共銀九錢，待後海船完日，照舊運給本色。

八年，令遼東軍士見調山東操守者，年例布花就於山東該運數内關支。有不帶家小，願將一半仍在遼東關支者聽。

十二年，令防守古北口、白羊口、黄花鎮官軍，每名各賞銀一兩。

十五年奏准，山東該解山海庫本色綿布，登州府庫海運遼東綿花，自本年始，并以前拖欠之數，照例每布一疋，折銀三錢，花一斤，折銀五分，并該用脚價，徵完解部，轉發遼東給散。

嘉靖三年，令各衛所軍士年例布花，本色不足，照例每布一疋，折支銀二錢五分。

五年奏定，密雲以東衛分軍士，歲給冬衣布花，本色或折色，俱全數給與。

十四年議准，甘肅、延、寧、固原等衛所，官旗俸鈔布花等項銀兩，本布政司徵收，每項差官限九月以裏，解赴守巡兵備等道，轉發給散，不許委衛官倒文各府關領，以致展轉侵漁。

四十五年，令給賞京衛軍士布花，照舊各委司屬官一員，會同科道協理給散。

隆慶二年題准，陝西西安、鳳翔二府州縣，歲派甘肅鎮賞軍布花，改徵折色，仍照三分之一給賞，如或徵解愆期，侵尅悮事，聽撫按及管糧郎中，照近奉欽依完欠分數，降級住俸事理參究。

四年題准，每年各軍并家丁該給布花數目，俱限九月初造報，月終給散竣事，如過期，聽該科參究。

萬曆七年，見行給賞事例，在京衛所旗軍力士校尉將軍冬衣布花，該賞綿布一疋者，支與本色，二疋者，内一疋支與本色，三疋者，内二疋支與本色，其餘每布一疋，折與舊鈔五錠，綿花俱支一斤八兩。其南京各衛所軍士人等該賞布鈔，照在京事例，各於該庫關支給賞，俱不支綿花。

申時行等《明會典》卷四一《户部二八・經費二・月糧》　正統八年，又令陝西寧夏等衛旗軍，每月添支米一斗，餘折布絹。【略】

十二年，令陝西、甘肅旗軍月糧，折河南起運闊白綿布，每疋八斗。陝西綿布，每疋仍折六斗。

又題准，陝西行都司肅州等衛旗軍月糧一石，前月關支本色四斗，河南大布一疋，後月關支本色六斗，陝西小布一疋，相兼放支。【略】

弘治五年題准，將薊州庫貯銀内折給布一疋，折銀二錢五分，花一斤，折銀七分給軍自買。【略】

隆慶三年題准，薊鎮新選忠順軍月糧料草布花等項，該鎮巡撫查各地方有年額可動銀兩，分解天津、易州收貯給發，永爲定規。如有不足，户部于京運銀内補足。

又題准，三河守備下城操舍餘，見在守城操備，每名每月支糧六斗，隨興營二衛，造册送通州關支。每年冬，亦准支冬衣布二疋，折銀五錢，綿花一斤八兩，折銀九分。【略】

申時行等《大明會典》卷四一《户部二八・經費二・雜支》　萬曆元年題准，宛、大二縣，鰥寡孤獨及篤癈殘疾，無依倚貧民，共五百六十一名口，照例收入養濟院存恤，按月每名口支給糧米三斗，歲給綿布一疋，造册呈部放支。

申時行等《明會典》卷四二《户部二九・各處起運數目》　浙江布政司

南京各衛倉，原額秋糧米三十萬石，今二十五萬七千四百九石。

南京供用庫，原額白熟粳米四千石，今三千五百石，准糙粳米三千八百五十石。

南京内字庫，夏税串五絲二萬兩，荒絲二萬兩，中白綿三千兩。

南京承運庫，農桑絹三千五百疋五尺九寸三分八釐八絲二忽五微，今三千五百九疋一丈一尺七寸七分零。

南京定場馬草，原額一十九萬包，今一十九萬二千六百五十包。

江西布政司

南京各衛倉，原額米四十七萬石，今三十六萬九千四百三十六石七斗一升九勺。

南京庫，闊白綿布二十萬疋，准米二十萬石。闊白苧布七萬疋，准米四萬九千石。苧布一千三百四十二疋二尺四寸，後每疋折銀二錢。

南京原額户口鈔，四百二十七萬九千五百八十五貫二百五十文。錢，八百五十五萬六千二百二十七文。今收鈔銀七千四百五十九兩五錢四分五釐零。

福建布政司

南京承運庫，夏税農桑絹六百疋。

南京寶鈔廣惠庫，錢鈔，六百六萬八千七百四十三貫六百七十文，今二十六萬七千三百三十六錠五貫五百九文，存留本省。

南京内府速香，五年一次會計，一千一百三十七斤八兩，今停徵。

湖廣布政司

南京各衛倉，原額米三十一萬石，今二十六萬一千三十五石。

南京甲字庫，白綿布一十萬疋，准米一十萬石。

南京丙字庫，綿花絨五萬斤，准米五千石。

南京承運庫，農桑絹四千九百九十二疋一丈九尺二分七釐五毫五絲，今四千九百九十七疋一丈三尺九寸二分九釐零。

南京廣惠庫，原額錢鈔三百四十七萬二千七百四十三貫，今鈔二百六十九萬八千六百四十一貫一百七十三文，解北京。

南京國子監，供用乾魚二萬二千一百二十五斤。

應天府【略】

南京庫，絲綿折絹一千二百一十四疋一尺六寸九分二釐八毫。【略】

南京庫，農桑絲折絹二百四十三疋二尺七寸三分四釐四毫。【略】

蘇州府【略】

南京承運庫，農桑絲折絹六百四十疋二丈九寸二分三釐。【略】

松江府【略】

南京庫絲綿折絹，六百九十七疋三丈一尺五寸七分，今存留。農桑絲折絹，一百七十九疋二丈四尺一寸。【略】

常州府【略】

南京庫麻布，二千七十七疋二丈六尺六寸五分一釐。【略】

徽州府【略】

南京承運庫，人丁絲折絹八千七百七十九疋四尺三分三釐二毫。農桑絲折生絹，一十五疋一丈四尺七寸。【略】

南京甲字庫，闊白苧布三萬疋，准小麥二萬一千石，每疋折銀二錢。

寧國府【略】

南京庫農桑絲折絹，三十疋二尺。【略】

太平府【略】

南京庫，農桑絹一百一十六疋二丈六尺三寸九分四釐。【略】

廣德州【略】

南京承運庫，夏税絲一百一十六斤二錢九分六釐二毫。農桑絹一十九疋一丈六尺七寸。

申時行等《明會典》卷四二《南京户部二九·派納絹布》 嘉靖八年題准，各司派納南京布疋，除内府庫照舊徵解本色外，其餘綿布一疋，折徵銀三錢，苧布一疋，折收銀二錢，類解本部貯庫放支。

二十八年議准，南京户部，自嘉靖二十九年爲始，查照原議承運庫絹，除湖廣、浙江原坐本色，及福建窵遠，照舊折價外，其應天，并直隸徽州、松江、蘇州、寧國、太平府、廣德州折色絹，於内量改一半本色五千五百六十九疋，甲字庫湖廣、江西折色綿布，各於内量改本色一萬疋，丙字庫湖廣綿花絨，於内量改本色二萬五千斤，其餘照舊折價解部，以備文武官四八月折俸，并賞賜軍士等項支用。

四十年議准，江西布政司，并徽州府各本色苧布，應天、蘇州、徽州、松江四府各本色絹，自四十年爲始，暫徵本色，送南京户部以備年例供應。

又議准，南京官軍絹布折銀自四十一年爲始，仍舊例，每絹一疋，折銀七錢，苧布一疋，折銀二錢。

四十五年，令南京户部，每年會計綿苧二布歲額，共該若干内府應用，若干照舊解納本色給賞軍士，若干悉令改解折色，收貯户部聽用。

隆慶元年，令南京甲字庫綿苧二布，承運庫絹疋，亦暫照前派徵折色三年，議定銀數上納。

三年，令浙江紹興府，隆慶三年額解承運庫白絹六百三十餘疋，每歲仍徵本色解納，仍行該省，并江西、湖廣、福建、應天、蘇、松各司府，將嘉靖四十五年以前拖欠，并隆慶三年以後見徵承運庫黄絹，甲字庫苧布，俱徵完解部，與庫貯本色絹疋間支。

五年，令浙江、江西、湖廣、南直隸各司府，將隆慶五年應解絹疋，俱改徵本色，解送南京户部，轉送承運庫，染造袍服等項應用，以後絹疋，候隆慶六年會派另徵。若該庫本色有餘，折色不敷，臨期該部再行題請。

萬曆三年，令以後應徵絹疋，仍舊徵解本色，聽候支用。南京户部將揀下不堪絲絹，并各銅錢斟酌搭放各官未支折俸，自隆慶四年正月起，至萬曆元年十二月終止，挨年補給，其萬曆三年應支折俸，將見在折色銀兩先給，不足者照舊例給與本色。

申時行等《明會典》卷四二《户部二九·撮造軍漢陽軍》 嘉靖四十年題准，南京户部，將武職每年折絹軍士夏賞折布，自四十一年爲始，仍照舊例，每絹一疋，折銀七錢，苧布一疋，折銀二錢。

申時行《明會典》卷四二《户部二九·賞賜》 凡賞賜京衛軍士夏冬布鈔，每年行移該衛，造册繳報，徑赴内府該庫，於四月關支夏布，八月關支布鈔。本部委官一員管理，年終赴京復命。

正德十年題准，本部將節年收貯湖廣、江西并徽州府綿布、苧布，折收銀兩，賞賜軍士冬衣布花。每綿布一疋折銀三錢，苧布一疋折銀二錢，綿花絨每斤折銀五分。

嘉靖四年題准，南京差散冬衣布花御史，免其赴京復命。

九年議准，和陽衛寄操旗軍，每年應支冬夏布疋，附造應天衛册，以便關支。

三十七年題准，神樂觀樂舞生，每名歲給生絹一疋，中白綿八兩，舊給綿布三疋，今各減一疋。如内府庫貯布絹本色不敷，生絹一疋折銀五錢，苧布每疋折銀一錢五分，綿布及中白綿仍照舊價支放。

申時行等《明會典》卷一〇七《禮部六五·朝貢三》 北狄

北狄韃靼最大，自胡元遁歸沙漠，其餘孽世稱可汗。東兀良哈，西哈密，北瓦剌，瓦剌强，數敗韃靼。其後兀良哈、哈密皆内附，而兀良哈遂分爲朵顔等三衛。瓦剌首爲哈木封順寧王，韃靼酋阿魯台乞降，封和寧王，皆遣使入貢，自後叛服不常。成化中，小王子亦通貢，貢無常期。隆慶中，俺荅封順義王，每歲貢馬互市，至今不絕。

〔景泰三年，瓦剌脱歡可汗子〕也先使每至京，常三千餘人，出入驕恣，貢使未還，虜騎輒入塞鹵掠，朝廷以通好故不問，其頭目正副使授都督、都指揮等官，各賞金犀等帶，三千餘人皆有賜，織金綵紵，至二萬六千四百餘疋，絹九萬一百餘疋，衣靴帽以萬計。及也先自立爲可汗，遣哈只貢馬及貂鼠銀鼠皮，書稱大元田盛大可汗，朝廷亦稱瓦剌可汗以報之。

土魯番　火州　柳陳城【略】

嘉靖二年以後，定五年一貢。

貢物【略】

紅絹道布　柳青撒哈剌禪衣

申時行等《明會典》卷一〇八《禮部六六·朝貢四》 西戎下

烏思藏

西番古吐番地，元時爲郡縣。洪武初，因其舊職，於是烏思藏番僧，有闡教王、闡化王、輔教王、贊善王，統化番民，又有護教王、大乘法王、大寶法王，凡七王，俱賜銀印，令比歲或間歲朝貢。成化十七年題准，每三年一貢。【略】每貢各一百人，多不過一百五十人。【略】其後入貢人數益多。隆慶二年奏定，闡教、闡化、輔教三王，大乘、大寶二法王，俱二年一貢，每貢各一千人，内五百人全賞，在京題給。五百人減賞。本省給與。護教王三年一貢，每貢七百七十五人，内三百八十七人全賞，三百八十八人減賞，於全賞内起送六人赴京，餘留邊聽賞。

貢物【略】

各色足力麻　各色鐵力麻　各色氆氇

長河西魚通寧遠等處雜道長官司附。

洪武十六年，置長河西等處軍民安撫使司，每年一貢。給與勘合，於四川比號雅州入境。每貢止許五六十人，多不過一百人。【略】弘治以來，人數漸多，嘉靖二年，題用弘治以前例，不許過一千人。隆慶二年，定三年一貢，每貢一千人，内五百人全賞，五百人減賞，於全賞内起送八人赴京，餘留邊聽賞。

雜道長官司，本長河西宣慰司部落，初附本司年例進貢，每貢差僧徒百人。成化十六年，乃另行起貢。隆慶三年，定三年一貢。每貢三百三十六人，内一百六十八人全賞，一百六十八人減賞，於全賞内起送四人赴京，餘留邊聽賞。

貢物【略】

各色足力麻　各色鐵力麻　各色氆氇

朵甘思朵甘直管招討司附。【略】

貢物

各色足力麻　各色鐵力麻　各色氆氇

董卜韓胡别思寨安撫司　加渴瓦寺附。

舊每年一貢，後三年一貢，於四川比對勘合，人數照朵甘思例。嘉靖二年，題用弘治以前例，不許過一千人，其部落别思寨安撫司、加渴瓦寺，弘治以後另貢。

加渴瓦寺，茂州汶川縣地方。成化六年，奉勅本處住坐。隆慶三年，定俱三年一貢。董卜韓胡、别思寨，每貢共一千七百三十五人，内八百六十七人全賞，八百六十八人減賞，於全賞内起送八人赴京，餘留邊聽賞。加渴瓦寺，每貢七百六十四人，内三百八十二人全賞，三百八十二人減賞，於全賞内起送六人赴京，餘留邊聽賞。

貢物

各色氆氇　各色足力麻　各色鐵力麻

金川寺番僧

四川威州保縣地方。舊三年一貢，每貢許一百人，多不過一百五十人。正德以來，人數漸多。隆慶三年，定每貢五百五十人，内二百七十五人全賞，二百七十五人減賞，於全賞内起送八人赴京，餘留邊聽賞

貢物【略】

氆氇　足力麻　毛衣

雜谷安撫司

舊三年一貢，每貢許一百人，多不過一百五十人，後人數漸多。隆慶三年，定每貢一千二百七十四人，内六百三十七人全賞，六百三十七人減賞，於全賞内起送八人赴京，餘留邊聽賞。弘治、正德中，又有新招撫上草坡克州等寺寨附屬本司。

貢物

毛衣　氆氇　足力麻

打喇兒寨

四川威州地方。正德四年招撫，奉勅爲冠帶頭目，議准三年一貢，每貢許二百五十人。隆慶三年，定一百二十五人全賞，一百二十五人減賞，於全賞内起送四人赴京，餘留邊聽賞。

貢物

氆氇

長寧安撫司　韓胡碉怯列寺

二項番僧在四川松潘、茂州等處地方。舊每年朝貢，許三十人，多不過五十人，附近烏思藏地面者，照烏思藏例，三年一貢，每貢許二三十人，多不過五六十人。嘉靖八年，長寧以宣德中例爲請，遂准三百人爲正額。隆慶三年，定長寧安撫司三年一貢，每貢三百人，内一百五十人全賞，一百五十人減賞，於全賞内起送四人赴京，餘留邊聽賞。韓胡碉怯列寺三年一貢，每貢一百五十人，内七十五人全賞七十五人減賞，全賞内起送四人赴京，餘留邊聽賞

貢物【略】

氆氇

洮岷等處番僧

每寺許四五人，每年終遇大節，一次赴京朝貢。

洮岷等處番族

舊二年一貢，後三年一貢，大族起送爲首者四五人，小族起送一二人。留邊聽賞者，大族不過十五人，小族不過七八人。

貢物【略】

足力麻　鐵力麻

氆氇

申時行等《明會典》卷一一〇《禮部六八・給賜一》　在京官員人等

纂修

凡修實録【略】

弘治四年，賜監修官、總裁官，各銀八十兩，綵幣四表裏，羅衣一套，鞍馬一副。副總裁官，銀八十兩，綵幣四表裏，羅衣一套。纂修官，銀三十兩，綵幣四表裏，羅衣一套。催纂官，銀二十兩，綵幣二表裏，羅衣一套。謄録官，銀十五兩，綵幣二表裏，羅衣一套。收掌文籍官，銀十兩，綵幣二表裏。謄録監生，銀五兩，綵幣一表裏。辦事吏典，鈔二十錠，絹一疋。各色人匠，鈔二十錠，布一疋。官陞擢事故去任，及監生事故去者，又近不一，賞賚有差。

嘉靖四年，賞如弘治四年例，惟纂修官、收掌文籍官，各減一表裏。續添謄録官，賞如監生。

萬曆二年，賞如嘉靖四年例，其羅衣一套，折衣羅三疋。收掌官，賞銀十五兩，綵幣二表裏，折衣羅三疋。史館謄録官，銀十兩，綵幣一表裏。譯字官生、生員，賞如監生。史館官吏，及校尉，賞如辦事吏典。貼寫官吏，賞如各色人匠。

五年，增稽考參對官、内侍郎，賞如纂修官。修撰等官，賞如收掌官。

凡修玉牒，萬曆四年，賜内閣元輔銀四十兩，大紅紵絲四表裏，新鈔五千貫。次輔各銀三十兩，大紅紵絲三表裏，新鈔三千貫。修校官，各銀二十兩，大紅紵絲一表裏，新鈔二千貫。查對官，銀十五兩，謄録官，各銀十兩，俱大紅紵絲一表裏，新鈔一千貫。

經筵

凡經筵初開，知經筵、同知經筵，并侍班官，各賜銀五十兩，綵幣四表裏，鈔五千貫。通政、大理侍班官，并講書官，各銀三十兩，綵幣二表裏，鈔三千貫。展書官，各銀二十兩，綵幣一表裏。侍儀并寫講章官，各銀十兩，紵絲一表裏，俱鈔一千貫。大漢將軍，各絹一疋。仍特賜閣臣蟒衣一襲。日講官，各大紅織金羅衣一襲，或冠帶無常。

視學

成化元年，駕幸太學，後三日，賜襲封衍聖公大紅織金麒麟紵絲衣一套，犀帶一條，紗帽一頂。顔、孟二博士，青織金雲鷺紵絲衣一套，玳瑁帶一條，紗帽一頂。三氏族人，俱素紵絲衣一套。講官、祭酒、司業，各照官品，大紅織金紵絲衣一套，羅衣一套。監丞以下，各青織金紵絲衣一套。監生鈔各五錠，吏典二錠。後俱如例。

耕耤

弘治元年，賜終畝農人，各布一疋。萬曆八年，賜三公九卿紵絲一表裏。牽牛老人六名，各布二疋。從耕老人三十六名，各布一疋。教坊司官五員，各銀一兩。念末詞官人二十二員名，各銀五錢。執旗俳色長三百一十三名，各銀三錢。

大閱遣閱管操附。

隆慶三年，大閱，前三日，賞軍士銀每名三錢。閱射分四等，其一等，馬步箭全中者，官賞銀十兩，銀牌一面，紵絲二疋，折銀五兩。內平日無過有薦者，仍紀録超用。軍賞銀一兩，紅布三疋，折銀一兩。馬全中、步中四五箭者，官賞銀五兩，銀牌一面，色假二疋，折銀三兩，內無過者，亦紀録敘用。軍賞銀一兩，紅布一疋，折銀三錢。馬步二箭至三箭者，官賞銀三兩，銀牌一面，色紗一疋，折銀一兩。軍賞銀一兩。二等，馬二箭、三箭，步一箭者，官賞銀一兩五錢，銀牌一面。軍賞銀四錢。其三等，馬中而步不中，或步中而馬不中，官准策勵供職，軍免責治，若馬不中，步中三四箭以上者，賞如二等。其四等，馬步俱不中，公侯伯，罰住禄米三箇月。錦衣衛，并各衛願射官，罰俸二箇月。營中將領等官，罰俸半年，內有過者，革任。軍照例決打，若係教師家丁，仍革支月糧一石。軍士放火器，舞刀鎗鈎鐮，亦分四等賞罰。頒賞之日，仍賞總協戎政大臣，各銀二十兩，紵絲三表裏。巡視京營科道，各銀十兩，一表裏。

凡遣官閱視團營官軍，嘉靖二年，令馬步中箭一等者，俱賞鈔三百貫，劣等罰俸。

凡團營操演步射火銃，俱懸銀牌，每一面三錢，中即賞之。

册立東宫

弘治五年，文武官各分五等。一等，賜紵絲二表裏。二等至四等，一表裏。五等，紗一疋。南京同。公差等項官亦同。京衛、外衛見操官軍，及侍衛、帶刀直宿錦衣府軍等衛，御馬監并武驤左等四衛，官舍、將軍、旗軍、勇士，午門等門并正陽等九門官軍，各銀一兩。錦衣等衛所官，各絹一疋。力士、旗校、軍奴，并監局軍匠，各米一石。內府軍厨民匠，太常、光禄寺厨役，各米七斗。

節令時鮮附。

嘉靖七年，賜文武官制錢當鈔，公侯并一品二百文，內閣、衍聖公、張真人，同。二品、三品，一百十〔文〕。四品至六品，九十文。七品至九品，七十文。其餘及朝覲官吏錢鈔中半，鈔一貫折錢二十一文。凡端午節，文武百官俱賜扇并五綵壽絲縷，大臣及日講經筵官，或別賜牙邊扇并綵絲艾虎等物，各以品級爲等。嘉靖中，內閣輔臣、吏禮二部尚書，及日講官、講衍義官，又別賜川扇有差。

凡各處歲進時鮮，如鰣魚、笋、藕、枇杷、楊梅之類，賜文武大臣，及日講官，各以品級爲等。

慶賀

凡各王府差來進表箋人員，每人賜盤纏鈔一錠。南京并在外三司官，及諸司差來人員，各五錠。各王府差來進禮物人員，三十錠。其王府內外官員，每員內府別給綵段一表裏。鳳陽等處皇陵祠祭署官員、社長、士民、陵户、女户人等，朝賀到京，鈔十錠。南京并三司官進表回，辞朝，別賜鈔，出自特恩。

陪祭扈從

凡聖駕初祭南郊，賜陪祀官大紅織金紵絲衣。初謁陵，大閱，賜內閣蟒衣等服色，及鸞帶、金銀瓢、繡袋無常。文武大臣、日講官、侍從供事官，綵幣、鸞帶等物有差。以後不賜，若閣臣初次不預，後扈從者補賜。

大臣特賜

凡文武大臣考滿，有賜羊、酒、鈔錠者，以品級爲等。或賜宴，及勑諭者，出自特恩。

凡文武大臣患病，有賜羊、酒、米、蔬等物。文職大臣致仕，有賜勑及銀幣等物者，皆出特恩。

給假

凡日講官，以省親省墓等項給假，例賜白金、綵幣、鈔錠。其在京官員給假省親，賜路費鈔。一品二品，五千貫。三品，四千貫。四品，三千貫。五品，二千貫。六七品，一千貫。八九品并雜職，五百貫。

公差

凡總兵、鎮守、提督、巡撫等官，辭朝例賜銀幣、寶鈔等物，各以事之輕重爲等。

凡文武大臣，奉旨勘事回還，及督工、選軍、審囚等項，事畢，賜鈔幣、羊酒等物，各以事之輕重爲等。

功賞

各處獲功鎮、巡、總兵等官，俱從兵部咨開欽賞數目到部，銀兩行司禮監，表裏行內承運庫關出，付公差人員齎給。其官旗軍舍人等，亦從兵部奏定加賞給賞量賞，詳在武選司。移咨到部，仍查各地方賞格關出，付公差人員齎給，各巡撫衙門造册奏繳，仍咨禮部查考。

嘉靖四年題准，功賞數少，付公差人員順齎，遇有數百兩以上，綵段數百疋以上，本部照例委官一員齎去交割。各處巡撫官，仍將領過賞賜，年終造册類報。

隆慶二年題准，欽賞銀兩、表裏等件，通發各該總督、巡撫衙門投驗給散，除總兵官具疏謝恩外，三司將佐等官，將領過賞賜，申報督撫衙門，造册類奏。其赴部領賞員役，驗有彼處真正批文，方准給發。將原批上填寫數目，用印鈐蓋，各該督撫衙門，年終將給散過各官數目、姓名，類册奏報，仍咨禮部，以憑查考。受賞人員，或以事到京，許親告領，仍取領狀附卷。若陞去新任地方，聽督撫官轉齎新任處督撫衙門，一體查給，類册奏報。每年三月終，通將前一年賞賜無回報者，咨行各該督撫稽查，未到者，即拘原役究問，仍通將已到未到備咨禮部查考。

萬曆六年題准，功賞銀年遠無人關領者交還內庫。

雜給

凡王府求討書籍藥材等物，及書院樓堂等名，皆請自上裁。大臣亦間有賜者，俱屬祠祭司掌行。

凡親王爲本府承奉請給服色，查其年久勤勞有功，請自上裁，年勞不及者，不與。

凡欽天監觀象臺官生，弘治元年奏定，每二年一次給與禦寒毛襖，冬初具題行工部關領。

凡大漢將軍襯甲服色，舊例五七年一次換給。正德十三年，令三年一給，每四員名，共大紅紵絲五表裏，紗、羅同。

凡在京軍民家，選中侍女進入內庭者，嘉靖二十六年，准收充女戶食糧免差，仍各賞銀五兩，段一疋。

王府回賜附。

凡登極，成化二十三年，賜親王：一等，銀三百兩，紵絲十五表裏，羅十五表裏，紗十五疋，錦三疋，鈔二萬貫。二等，銀三百兩，紵絲十表裏，羅十表裏，紗十疋，錦三疋，鈔二萬貫。三等，銀二百兩，紵絲十表裏，羅十表裏，紗十疋，錦三疋，鈔一萬貫。

正德十六年，賜親王：一等，銀五百兩，紵絲二十五表裏，羅二十五表裏，紗二十五疋，錦五疋，新鈔二萬貫。二等，銀四百兩，紵絲二十表裏，羅二十表裏，紗二十疋，錦四疋，新鈔二萬貫。三等，銀四百兩，紵絲十五表裏，羅十五表裏，紗十五疋，錦四疋，新鈔二萬貫。四等，銀三百兩，紵絲十五表裏，羅十五表裏，紗十五疋，錦四疋，新鈔一萬貫。

凡皇子誕生，嘉靖十二年，賜親王：一等，大紅織金五綵團龍常服紵絲一襲，紗一襲，羅一襲。二等，大紅織金閃色團龍常服紵絲一襲，紗一襲，羅一襲。三等，大紅織金團龍常服紵絲一襲。

十五年，賜親王：一等，織金五綵常服紵絲一襲，白金三百兩，彩段十表裏。二等，織金常服紵絲一襲，白金二百兩，彩段八表裏。三等，織金常服紗一襲，白金二百兩，彩段六表裏。

十六年，賜親王：一等，織金五彩常服羅一襲，白金一百兩，彩段六表裏。二等，織金常服羅一襲，白金八十兩，彩段四表裏。三等，織金常服羅一襲，白金五十兩，彩段二表裏。

萬曆十年，賜親王，各大紅織金閃色團龍常服紵絲一襲，紗一襲，羅一襲。管理親王府事者，與靖江王，各大紅織金團龍常服紵絲一襲。

凡册立東宮，成化十一年，賜親王：一等，銀二百兩，紵絲八疋，紗八疋，羅八疋，錦四段，生熟絹十六疋，高麗布十疋，白氁絲布十疋，西洋布十疋。二等，銀一百兩，紵絲六疋，紗六疋，羅六疋，錦四段，生熟絹十二疋，高麗布六疋，白氁絲布六疋，西洋布六疋。

嘉靖十八年，賜親王：一等，銀三百兩，紵絲十疋，紗十疋，羅十疋，錦四段，生熟絹三十疋，高麗布十疋，白氁絲布十疋，西洋布十疋。二等，銀二百兩，紵絲八疋，紗八疋，羅八疋，錦四段，生熟絹十六疋，高麗布六疋，白氁絲布六疋，西洋布六疋。三等，銀二百兩，紵絲六疋，羅六疋，錦四段，生熟絹十二疋，高麗布六疋，白氁絲布六疋，西洋布六疋。

隆慶三年，賜親王各銀二百兩，紵絲八疋，紗八疋，羅八疋，錦四段，生熟絹十六疋，高麗布六疋，白氁絲布六疋，西洋布六疋。管理親王府事者，與靖江王，各銀一百兩，紵絲六疋，羅六疋，錦四段，生熟絹十二疋，布同前。

凡蜀王府進扇，回賜，銀三百兩，大紅金綵常服三襲。若係世子，改綵段四表裏，銀同。差來人，賞鈔五百貫。

申時行等《明會典》卷一一一《禮部六九·給賜二》 外夷上

迤北韃靼及瓦剌、永樂、宣德中，賜瓦剌順寧王，綵段十表裏。妃，五表裏。頭目，一等者五表裏。二等至四等者，四表裏。正統二年，賜韃靼虜王，綵段十五表裏，虎班絹十疋。妃，八表裏。頭目，一等，八表裏。二等，六表裏。三等，五表裏。四等，四表裏。外有加賜。六年，賜迤北太師段絹，與虜王同。其妻每口五表裏。一等二等數內頭目，每人加賜織金綵段一表裏。天順以後，一等二等者，不加賜。三等者，俱二表裏。差來正副使，每人賞織金衣一套，靴、韈各一雙。其後定例，一等正副使，每人綵段六表裏，絹五疋。二等使臣，綵段四表裏，絹三疋。三等綵段二表裏，絹二疋。四等綵段一表裏，絹一疋。俱與紵絲衣一套，紅氊帽一頂，靴、韈各一雙，數内婦女不與紅氊帽。使臣自進中等馬，每匹綵段二表裏，折鈔絹二疋，下等馬，綵段一表裏，絹八疋，折鈔絹一疋，下下等馬，綵段一表裏，絹六疋，折鈔絹一疋。帶進在彼頭目馬匹，不分等第，每匹綵段二表裏。

給賜在彼頭目，一等，每人綵段八表裏。二等，六表裏。三等，三表裏。四等，二表裏。內一等二等緊要頭目，加賜織金綵段一表裏。

回賜，永樂九年，回賜順寧等王，上等馬者，各綵段十表裏。海青一連，四表裏。白狐皮二十七箇，四表裏。宣德間，回賜順寧王，及使臣人等進馬，中等者，每匹綵段二表裏，折鈔絹二疋，下等者，紵絲一疋，絹八疋，折鈔絹一疋，下下者，絹六疋，折鈔絹一疋。駝，每隻三表裏，折鈔絹十疋。中途寄留倒死新生駒馬，每匹絹三疋，折鈔絹半疋。駝，每隻絹六疋，折鈔絹一疋。海青一連，一表裏。銀鼠皮二百箇，十二表裏。貂鼠皮二箇，絹一疋。青鼠皮十箇，絹一疋。土豹一箇，絹七疋半。正統元年，回賜使臣，銀鼠皮，每六箇絹一疋。玉石，每一斤，絹一疋。二年，回賜虜王，及頭目使臣人等，馬每匹綵段二表裏。貂鼠皮五十箇，四表裏。使臣者，每二箇絹二疋，銀鼠皮五十箇，二表裏。白兔皮三箇，絹一疋。白狐皮一箇，絹一疋。小斷一名，二表裏。三年，貂鼠皮每十箇，綵段一表裏。四年，貂鼠皮每三箇，絹一疋。使臣人等，到京續進馬，俱照下等馬例回賜。五年，回賜銀鼠皮與熟紅絹。六年，青鼠皮每二十箇，絹一疋。使臣人等，馬分三等，虜王并太師馬不分等第。八年，太師阿魯骨馬，每匹綵段六表裏。使臣馬，每匹四表裏，絹八疋。九年，進西馬者，每匹綵段五表裏，絹十疋。撒哈剌，每段絹九疋。十二年，阿魯骨馬，每匹四表裏。

求討，在彼頭目一等二等并三等，內有係虜酋親，及親信用事者，俱請旨給賜。弘治三年，三等以下，不給賜。差來使臣，自元年至三年四年，俱有特賜。

會同館開市，禮部出給告示，除違禁物不許貿易，其段絹布疋，聽於街市與官員軍民人等兩平買賣。正統十年，許買賣五日。十二年，許瓦剌使臣賣馬。景泰元年，許買銅湯瓶、鍋、紅纓、鞍轡、剪子等物。

順義王及套虜，嘉靖三十年，虜酋貢馬，賞金頂大帽，綵段衣服。隆慶四年，執叛人來獻，賞綵段四表裏，布一百疋。五年，虜酋順義王，奉表獻鞍馬，賞大紅蟒白澤各紵絲衣一襲，綵段十五表裏。妻，大紅五綵紵絲衣二套，綵段四表裏。親弟及長子都督同知，各綵段八表裏，闊生絹二疋，五綵紵絲衣一套，木綿布四疋。孫，指揮使，綵段五表裏，織金紵絲衣一套，絹布同。各枝指揮、同知、千户、百户等官，各綵段二表裏，織金紵絲衣一套，絹一疋，布同。差來夷使內小頭目，各綵段二表裏，素紵絲衣一套，布二疋。散夷，減素紵絲衣，段布同。撰表夷，賞如各枝例。虜王賜勑獎諭。是年，虜王又遣使代套酋都督同知貢馬，賞大紅白澤紵絲衣一襲，綵段八表裏。套酋都督同知及指揮同知以下，并差來小頭目，散夷，各賞如例。虜王仍賜勑獎諭。又以套酋藍布効勞，賞綵段四表裏，五綵紵絲衣一套。次酋綵段二表裏，織金紵絲衣一套。六年，虜王增獻鞍馬弓矢，賞大紅蟒白澤獅子紵絲衣各一套，綵段二十三表裏。妻，賞如例。萬曆三年，以虜王能約束諸部，五年無警，加賞銀三十兩，紵絲蟒衣一襲，綵段八表裏。後每五年加賞一次。又虜王虜官每枝給勑一道，共七道。

回賜，隆慶五年，順義王進上馬三十四，每匹綵段二表裏，闊生絹一疋，以初貢加綵段一表裏。留邊馬，四百七十九匹，聽該鎮支馬價銀五千兩給賞。套虜進上馬二十四，每匹綵段三表裏，闊生絹一疋。留邊馬，一百八十四，支各鎮兵餉銀一千八百兩給賞。六年議准，上馬給段絹外，每匹加銀五兩，留邊馬，每匹銀十兩。

求討，隆慶六年，順義王奏請番經，與金字經五部，墨字經五部，差番僧二人齎赴虜庭，併爲傳誦。其差去番僧，先行順天府各給衣食銀十兩。差回，給賜禪衣坐具，併紵絲番僧衣一套，靴、韈各一雙。帶去番官，綵段二表裏，木綿布四疋。

朵顔、福餘、泰寧三衛，差來并自來，都督，賞綵段四表裏，絹二疋。都指揮，綵段三表裏，絹二疋。指揮，千百户、所鎮撫頭目，每人綵段二表裏，絹一疋，各織金紵絲衣一套，又各加綵段一表裏。舍人，每人綵段二表裏，絹一疋，織金衣一套。達子，每人綵段一表裏，絹一疋，素紵絲衣一套。婦女有進貢者，每人一表裏，絹一疋，紵絲女衣一套。隨來婦女，一表裏，絹一疋，絹女衣一套。以上靴韈各一雙。奏事進貢，都指揮，絹二疋，綵段三表裏，織金衣一套。指揮，每人絹一疋，綿布一疋，綵段二表裏，紵絲衣一套，靴、韈各一雙。舍人因事進貢者，每人綵段一表裏，織金衣一套，絹一疋，靴、韈各一雙。嘉靖二十四年，以朵顔都督能鈐束夷人，不擾邊境，准與金帶，及金頂大帽。

回賜，自進并帶進馬匹，不分等第，每匹綵段二表裏，絹一疋。駝，每隻三表裏，絹十疋。在衛都督、都指揮，每員加賜綵段一表裏。

求討，請旨量與物件，到京者，照名給散，在衛者，請勑開付差來人領去。

領賞畢日，許於會同館開市三日。鋪行人等，照例將貨入館，兩平交易。順天府仍行薊州、遵化等處，如三衛夷人回還到彼，聽令兩平交易，每人許收買牛一隻，犁鏵一副，鍋一口。不許將違禁之物，私自夾賣，違者巡按御史究治。

東北夷女真，進貢到京，都督，每人賞綵段四表裏，折鈔絹二疋。都指揮，每人綵段二表裏，絹四疋，折鈔絹一疋，各織金紵絲衣一套。指揮，每人綵段一表裏，絹四疋，折鈔絹一疋，素紵絲衣一套。以上靴、韈各一雙。千百户、鎮撫、舍人、頭目，每人折衣綵段一表裏，絹四疋，折鈔絹一疋。奏事來者，每人紵絲衣二件，綵段一表裏，折鈔絹一疋，靴、韈各一雙。嘉靖十年奏準，女直進貢賞賜，視勑書官職爲隆殺，其有洗改職銜者，將應得賞賜減一等，原無勑書者，止與舍人賞賜，各番夷倣此。四十三年題准，女直正賞綵段絹疋，俱准折給銀兩。

回賜，進過馬，每匹綵段二表裏，折鈔絹一疋。貂鼠皮，每四箇生絹一疋，零者，每箇布一疋。嘉靖六年題准，馬價綵段一疋，折給銀三兩。十三年議准，俱與折給。

求討，弗提衛都督奏討冠帶蟒衣，欽賜大帽一頂，金帶一條。後又奏討，特與蟒衣一件。建州左衛都督奏討大帽金帶，亦准與。嘉靖三年，毛憐衛都督奏討大帽金帶，查已授職三年准與，後未及三年者，皆立案。六年，令夷人止許穿用原賞花樣衣服，不許因而自行收買，如違，買者賣者皆治罪，後奏討蟒衣者，皆立案。

賞賜畢日，許於會同館開市三日。

申時行等《明會典》卷一一二《禮部七〇・給賜三》 外夷下西

西域哈密，永樂四年賜忠順王紵絲六十疋，絹二百一十四疋。祖母、（每）〔母〕妃，各紵絲六疋，絹六疋。嬸母紵絲四疋，絹四疋。六年，賜王紵絲五十疋，絹二十疋，織金紵絲衣三套，皂麂皮靴二雙，氊韈二雙。祖母、母并妃，各綵段六表裏。成化三年，故忠順王外孫爲都督，賜銅印，并織金衣一套。八年，其都督赴京襲職，除馬駝給價外，加賞綵段一表裏，絹一疋，織金紵絲衣一套，并靴、韈各一雙。進貢到京使臣，分五等。一等，綵段五表裏，絹四疋。二等，四表裏，絹三疋。三等，三表裏，絹二疋。四等，二表裏，絹一疋，布一疋。五等，一表裏，絹一疋。俱紵絲衣一套，靴、韈各一雙。存留甘州男女人等，有進貢者，照五等例賞，無者每人絹、布各一疋。奏事到京使臣，不分等第，每人綵段二表裏，絹一疋，紵絲衣一套，靴、韈各一雙。十二年奏准，寄住苦峪城使臣賞例，仍分五等，比前表裏絹各減其一，不與衣服、靴、韈。存留甘州有進貢者，照前五等例，無者與絹一疋。嘉靖四十三年，到京正使從人名色，照四等例賞。隆慶五年，照五等例賞。寄住甘州有進貢者，俱與綵段一表裏，不與衣服、靴、韈。

回賜，大馬，每匹綵段四表裏。達馬，不分等第，每匹二表裏。駝，每隻四表裏。駝羔，每隻紵絲一疋，絹二疋。倒死駝，絹六疋，折鈔絹一疋。鎖服，每段絹六疋。金剛鑽，上等，每顆絹四疋。成化十年，金剛鑽二等，每顆絹二疋，三等，每顆絹一疋，四等，每二顆絹一疋，五等，每顆布一疋。番砂、水晶石，不與價。弘治三年，奏定價例，玉石，每斤絹一疋。夾玉石，四斤絹一疋。速來蠻石，二斤絹一疋。青金石，一斤絹一疋。把咱石，十斤絹一疋。螺子石，六塊絹一疋。松都魯石，即水珀。舊例每斤鈔十五貫，正統四年，添作一百貫，每二百貫折絹二疋。石頭靶八箇，磠砂八斤，各絹一疋。魚牙靶小刀，每把絹二疋。鑌鐵大刀，每把絹五疋。拐棍刀，每把絹五疋。兩刃劍，每把絹八疋。鑌鐵銼一把、鑌鐵鏡一面，各絹二疋。鑌鐵二斤，絹一疋。撒哈剌馬黑蹣，每段各絹九疋。刀紬，番名黃馬海牙兒。每段絹一疋。馬服屯，即番夏布。每二段絹一疋。虎力麻，五疋絹二疋。藍花手巾，二條絹一疋。椮馥蘭，每斤絹四疋。硝子阿思馬亦，一箇絹一疋。硝子遮眼，番名矮納。三箇絹一疋。蛤蚧，四箇絹二疋。梧桐鹻十斤，雌黃十五斤，各絹一疋。蛇角，二枝一表裏。羚羊角，四斤絹一疋。豹皮，即舍列孫皮。二張綵段一表裏。金線豹皮，一張一表裏。獅子皮，一張二表裏。哈剌虎剌皮，一張一表裏。鐵角皮，二條絹一疋。銀鼠皮六箇，貂鼠皮三箇，青鼠皮二十箇，白兔皮三箇，白狐皮一張，駝皮、獺皮每一箇，各絹一疋。舥馬尺，即羊甸皮。五張絹二疋。卜剌硤兒皮，即牛甸皮。四張絹一疋。哈剌卜花，二十張絹一疋。樺皮弓，一張絹八疋。回回木梳，細者六箇絹一疋，粗者十箇絹一疋。珊瑚珠，正統中，每十四兩絹四疋，今每兩絹二疋。鎖鎖葡萄，每斤絹一疋。使臣自進中等馬，每匹紵絲一疋，絹八疋，折鈔絹二疋。下等馬，每匹紵絲一疋，絹七疋，折鈔絹一疋。新生馬駒，中途倒死馬，每匹絹三疋。駝，每隻三表裏，絹四疋。帶進西馬，每匹五表裏。阿魯骨馬，每匹六表裏。

求討，正統四年，忠順王奏討，與紵絲四表裏。天順四年，王母差來使臣，領去厚榜紙、中夾紙各三百張，心紅三斤，金箔一百帖，胡椒、蓽茇各十斤，桐油十斤，白礬十斤，丁香、乳香、檀香各三斤，良薑、桂皮各五斤，細茶三十斤，洗面銅盆一箇。成化十二年，苦峪城使臣奏討，加絹一疋。十三年，又准加折衣絹一疋。十五年，再加絹一疋。

使臣進貢到京者，每人許買食茶五十斤，青花瓷器五十副，銅錫湯瓶五箇，各色紗、羅、綾、段各十五疋，絹三十疋，三梭綿布、夏布各三十疋，綿花三十斤，花毯二條，紙馬三百張，顔料五斤，果品、沙糖、乾薑各三十斤，藥餌三十斤，烏梅三十斤，皂白礬十斤，不許過多，就館中開市五日。除違禁之物，并鞍轡刀箭外，其餘段疋紗羅等項，不係黃紫顔色龍鳳花樣者，許官民各色鋪行人等，持貨入館，兩平交易。該城兵馬司差人密切關防，及令通事管束，毋得縱容鋪户夷人在外私自交易，如有將違禁等物，及通事人等故違者，許各該委官體察通行拏問。後又奏准，未領賞前開市二日，領賞後開市三日。其奏討沿途收買牛羊、鐵鍋、犁鏵者，聽於臨洮府蘭州地方，與軍民兩平收買，不許過多。仍令伴送人員，及所在官司防範，不許將熟鐵兵器夾賣，及因而生事擾人。哈烈等三十八國，及天方國、日落國，各賞例與哈密同。

安定衛，洪武七年安定王來朝貢，賜織金文綺四疋。其貢賜賞例，到京國師，綵段四表裏，絹二疋，紵絲僧衣一套。舍人并使臣，每人二表裏，紵絲衣一套。僧人，每人一表裏，紵絲番僧衣一套，靴、韈各一雙。

回賜，自進并帶進駝，每隻綵段三表裏，絹四疋。馬，每匹二表裏。

襲封，洪武八年，賜嗣王勑書誥命各一道，織金紵絲衣一套，綵段六表裏。諭祭已故王，祭文一道，降香一炷，新鈔二千貫，禮部差通事一員，送請封人至西寧衛交割。本衛差頭目一員，齎封物，同原來人，前去本地授封。別差頭目一員，齎祭物，另辦齋糧五十石，麻布五十疋，食茶二百斤，量帶軍士同去行祭。

罕東赤斤蒙古，永樂二年，賞賜差來都指揮、指揮，綵段三表裏，織金紵絲衣一套，靴、韈各一雙。千百户鎮撫，綵段二表裏，舍人，一表裏，俱與素紵絲衣一套，靴、韈各一雙。存留甘州男婦，有進貢者，綵段一表裏，生絹一疋，無者，生絹一疋，布一疋。

回賜，帶進駝，每隻綵段四表裏。中等馬，每匹二表裏。下等馬，每匹紵絲一疋，生絹四疋。自進中等馬，每匹紵絲一疋，生絹八疋。下等馬，每匹紵絲一疋，生絹四疋。

土魯番使臣到京并存留賞賜，自進并帶進駝馬等物回賜，及賣買，俱照哈密例。嘉靖二年，瑪瑙數珠一串與絹四疋，紅絹道布一疋絹六疋，鞍子一面絹四疋，撒袋一副絹二疋。其鑌鐵銼多不真正，每貢不過百把，每二把與絹一疋。三十三年，進貢回回青三百三十一斤八兩，會估每斤與銀二兩。三十八年題准，五地面自進并帶進過各番王頭目馬匹，阿剌骨，上等，每匹綵段六表裏。中等，每匹綵段三表裏。下等，每匹綵段一表裏。達馬，中等，每匹紵絲一疋，絹八疋，折鈔絹二疋。下等，每匹紵絲一疋，絹七疋，折鈔絹一疋。上等達馬，原無賞例，比照中等達馬賞例外，每匹量加生絹一疋。四十三年，進獅子，每隻綵段八表裏。

各地面夷使，除正進方物給賞外，其隨身帶有刀銼等物，邊官不能阻回，要行復進者，嘉靖十六年題准，禮部驗揀堪用者，量與進收。裁減賞例，每小刀一把，止與絹一疋。銼十把，內五把賞絹二疋，五把折鈔八十貫。各色漿水玉，每一斤八兩與絹一疋。其或所進方物原無賞例者，本部行取宛、大二縣鋪行，驗估價值，斟酌給賞。

各地面夷使，求討織金段子等物，正德十六年題准，該邊鎮巡等官轉奏題請，於每名下量點一二給與，若夷人到京，自行奏討，不由鎮巡官轉奏者，不行。

西番烏思藏，洪武、永樂以來，給賜不等，復定刺麻番僧人等，從四川起送來者，到京每人綵段一表裏，紵絲衣一套，俱本色。留邊賞同，其綵段一表裏，折闊生絹四疋，紵絲衣一套，内二件給本色衣，一件折生絹三疋，俱賞鈔五十錠，折靴韈鈔五十錠，食茶六十斤。從洮河州起送來者，到京每人折衣綵段一表裏，後加一表裏。紵絲并綾貼裏衣二件。留邊賞同，其綵段一表裏，折生絹四疋，俱食茶五十斤，靴韈鈔五十錠。進過給軍中等馬，每匹紵絲一疋，鈔三百錠。氆氌等物，例不給價，帶進方物，回賜綵段四表裏。

凡各番違例多差人數，每人減絹二疋，或一疋，或三疋，或減綾貼裏衣。正德以後，二法王違例進貢，多至千人，並從減賞，到京者，綵段一表裏，留邊者絹三疋。

嘉靖六年題准，烏思藏、長河西、朵甘思、董卜韓胡、金川、雜谷、達思蠻、加渴瓦寺、松潘、洮、岷等處番人番僧，正賞折衣綵段俱與一疋折給。有進馬者，計馬數與折。

賜封，禮部行吏部請給誥命，内府各衙門關造錦二段，紵絲十表裏，袈裟僧衣一套，高頂僧帽一頂，水晶數珠一串，響鈸二副，鈴杵二副，白瓷茶鍾二箇，滿荅剌一箇連帶，鸞帶一條，靴、韈各一雙，食茶一百斤，檀香一炷。請勑，令大慈恩寺推剌麻二人爲正副使，帶領剌麻十名同原來請封剌麻齎奉前去番地授封。差通事一員，伴送至四川布政司交割，從黎州，或天全出境。差去正副使每人賞鈔八十錠，剌麻六十錠，俱與番僧衣一套，靴、韈各一雙。贊善王授封，從陝西洮州出境，闡化等三王，從四川出境。成化五年，授封闡化、輔教二王，差去正使人等，自帶買路物件，食茶二萬五千斤，紵絲三百疋，羅一百疋，絹一千疋，青紅布二千五百疋，金箔一萬貼，胡椒一百斤。十六年，賞授封闡化王回還刺麻覺義等三十員名，正使禪師覺義，每人鈔八十錠，綵段三表裏，絹二疋。副使都綱，鈔六十錠，二表裏。差去剌麻，每名鈔四十錠，一表裏。俱與紵絲番僧衣一套，靴、韈各一雙。帶去徒衆，每人鈔二十錠，一表裏，進過氆氌等物，不給價。

長河西，正統初，賞賜宣慰司自來進貢者，宣慰使，鈔一百五十錠，綵段四表裏。指揮僉事，鈔一百錠，綵段二表裏。俱紵絲衣一套，靴、韈各一雙。襲職進貢賞同。國師并國師姪男進貢到京者，照宣慰使例。都綱、剌麻、番僧人等進貢到京者，每人鈔五十錠，綵段一表裏，紵絲番僧衣一套，靴、韈各一雙，食茶六十斤。留邊賞同。五年，刺麻番僧進馬到京，每人鈔五十錠，綵段一表裏，折衣綵段二表裏，靴、韈各一雙。進過馬，不分等第，每匹鈔一百錠。十年，長河西招撫生番，照本處進貢番僧例，每人賞鈔五十錠，綵段一表裏，折衣綵段二表裏，靴、韈各一雙，仍加賞折衣綵段一表裏。景泰四年，每人鈔五十錠，綵段一表裏，不與衣服、靴、韈。天順元年，照舊給賞。三年，尊勝寺國師護印帶進舍利等物，照先年烏思藏地方都指揮使等事例，量給綵段二表裏。成化初，番僧人等到京，每人闊生絹二疋，鈔五十錠，折靴、韈鈔五十錠，折衣綵段二表裏。留邊賞同。其折衣綵段内一表裏折闊生絹四疋，氆氌等物，例不給價。帶進國師方物，給賜綵段二表裏。十二年，番人番僧九百名來貢，以無勘合，到京并留邊者，每人俱減絹二疋。弘治二年，留邊者減三疋。

貢回市茶，弘治十四年題准，刺思岡尊勝等寺寨到京番僧，每人許買食茶二百斤。嘉靖二十二年題准，如董卜韓胡例。

朵甘思，天順七年，宣慰使進貢到京，賞鈔一百五十錠，綵段四表裏，紵絲衣一套，靴、韈各一雙。其貢使賞例，禪師番僧人等到京，每人賞鈔五十錠，綵段一表裏，紵絲衣一套。留邊，每人鈔五十錠，折表裏闊生絹四疋，紵絲衣一套，内二件給本色衣一件，折闊生絹三疋，俱與折靴、韈鈔五十錠，食茶六十斤。氆氌等物，例不給價。指揮僉事，例加絹四疋。國師比禪師，加絹二疋。新招撫來貢者到京，每人鈔五十錠，絹二疋，折衣綵段二表裏。留邊，每人鈔五十錠，絹二疋，折衣綵段一表裏，闊生絹四疋，各折靴、韈鈔五十錠。方物俱不給價。弘治十七年，以人數過多，惟進貢及已賞未襲職再來到京者全賞，其留邊者每人減絹二疋。

董卜韓胡差來國師、禪師、都綱、道官、剌麻、番僧、頭目、寨官人等到京，每人綵段一表裏。留邊，每人折表裏闊生絹四疋。俱與折鈔絹二疋，靴、韈鈔五十錠。番僧，每人紵絲綾貼裏僧衣一套。頭目人等，每人紵絲綾貼裏俗衣一套。氆氌等物，例不給價。

回賜，土官，綵段十表裏。妻，綵段四表裏。嘉靖二年，以差來人數過多，惟正額到京者全賞，其留邊應給折鈔絹二疋，令與絹一疋，鈔十錠。三年，減原給折表裏絹三疋。

貢回市茶，嘉靖八年題准，到京并留邊番僧，每人許自買食茶一百斤，行移右府出給勘合，填寫人數茶斤，仍行湖廣布政司，著落該府，許令照數收買，自雇船隻載回，沿途關隘驗放出境，如有夾帶，就彼盤驗入官。

加渴瓦等寺，剌麻、番僧、頭目、寨首到京，每人綵段二表裏，折衣二表裏。留邊賞同。折衣每一表裏，與絹四疋，俱賞鈔六十錠，折靴、韈鈔五十錠。氆氌等物，不給價。

金川寺，進貢剌麻、番僧到京，每人賞綵段一表裏，折衣綵段二表裏。留邊每人綵假一表裏。其折衣綵段二表裏，內一表裏折生絹四疋，一表裏折食茶一百斤，俱與鈔六十錠，折靴、韈鈔五十錠。氆氌等物，不給價。弘治十七年，以人數過多，惟年例進貢及襲職到京者全賞，其留邊應給折衣絹，每人減三疋。

雜谷安撫司，與金川寺例同。弘治十七年，留邊每人減折衣絹二疋。嘉靖六年，照舊給賞，每人量加食茶二十五斤。其所屬上草坡克州等寺寨，嘉靖六年題准，留邊番僧每人減絹三疋，加食茶二十五斤。

打喇兒寨番僧到京，每人綵段一表裏，內一疋給價銀三兩，折衣綵段二表裏，與本色。留邊，每人綵段一表裏，內一疋如前給價，折衣綵段二表裏，每一表裏折給闊生絹四疋，共八疋。俱賞鈔六十錠，折靴、韈鈔五十錠。方物例不給價。

達思蠻長官司，正統中，進貢到京，并留邊番僧人等，每人鈔四十錠，綵段一表裏，折衣二表裏，靴、韈各一雙。弘治二年照前賞例，各減折衣一表裏，留邊折衣，與生絹四疋，靴、韈俱折鈔十錠。長寧及韓胡碉由松潘起送番僧，賞例與達思蠻同。其松潘、茂州等處進貢到京，馬，每匹賞鈔一百錠。鐵甲氆氌等物，不給價。

陝西洮岷等處番僧到京，并存留，每人賞折衣綵段一表裏，折靴、韈鈔五十錠。馬，每匹紵絲一疋，鈔三百錠。上等馬，加絹一疋。駝，每隻綵段三表裏，絹四疋。內瞿曇寺到京禪師，加番僧衣一套。不由所在官司給文起送，私自來京謝恩等項進貢者，止給馬駝價，不賞。嘉靖十七年，慧濟扯巴寺番僧進貢到京，八名，每名綵段一表裏，折衣綵段一表裏。留邊七名，每名折衣綵段一表裏，折與闊生絹四疋。俱各與綾貼裏衣二件，靴、韈鈔五十錠，食茶五十斤。進過馬，每匹紵絲一疋，鈔三百錠。方物例不給賞。二十七年，到京并留邊，加至一百八十七名，以人數過多，議將到京十五名，照例給賞。留邊六十七名，照洮州番僧例，每人賞折衣綵段一表裏，折靴、韈鈔五十錠，食茶五十斤。其新增一百五名，每名給與闊生絹二疋，食茶四十斤。進過馬匹，照前給賞。經該起送官員，以違例參治。

洮岷等處番族到京，并存留番人，每人賞綵段二表裏，絹二疋，鈔二十錠，折靴、韈鈔五十錠。進馬每匹紵絲一疋，鈔三百錠。盔甲腰刀，例不給賞。嘉靖六年奏准，折衣綵段并馬價，綵段每疋折銀三兩以上，俱許開市三日。

申時行等《明會典》卷一一三《禮部七一・給賜四》 土官

雲南徼外土官，進到象、馬、金銀器皿、寶石等件，例不給價，其賜例各不同。

車里，給賜宣慰使，錦二段，紵絲、紗、羅各四疋。妻，紵絲、羅各三疋。差來頭目，每人紵絲、紗、羅各四疋，折鈔絹二疋，布一疋。通事，每人綵段一表裏，折鈔絹一疋，俱與羅衣一套。象奴從人，每人折鈔綿布一疋，絹衣一套，俱與靴、韈各一雙。

木邦，給賜宣慰使，錦二段，紵絲、紗、羅各三疋。妻，紵絲、羅各二疋。差來陶孟，每人紵絲、紗、羅各三疋，折鈔絹二疋，布一疋。招剛，每人紵絲、紗、羅各二疋，折鈔絹二疋。通事，每人綵段一表裏，折鈔絹一疋，俱與羅衣一套。象奴從人，每人折鈔綿布一疋，絹衣一套，俱與靴、韈各一雙。

孟璉，給賜土官，紵絲、紗三疋，羅二疋，絹四疋。妻，紵絲、羅各二疋。差來頭目、舍人，每人綵段二表裏，羅衣一套。通事，鈔二十錠，絹衣一套。從人，每人鈔十五錠，絹衣一套，俱與靴、韈各一雙。

鄧川州，賜例與孟璉同，象奴賞與從人同。

湖廣、廣西、四川、雲南、貴州、腹裏土官，朝覲進到方物，及中途倒死馬匹，例不給價。到京馬匹，每匹賜鈔一百錠，其賜各不同。

凡三品、四品，回賜鈔一百錠，綵段三表裏。惟播州、貴州二宣慰使，賜錦二段，綵段六表裏。五品，鈔八十錠，綵段三表裏。六品、七品，鈔六十錠，綵段二表裏。八品、九品，鈔五十錠，綵段一表裏。雜職衙門，并頭目人等，自進馬匹方物，鈔四十錠，綵段一表裏。弘治十四年，瓊州、崖州起送土官，每人賞鈔三十錠，絹二疋，絹衣一套。差來通事、把事頭目，各鈔二十錠，綵段一表裏。隨來土官弟男，并把事頭目人等，鈔二十錠。從人伴吏，鈔十錠。播州差來長官，鈔四十錠，一表裏。通、把頭目人等，各鈔三十錠。貴州差來舍人，鈔二百五十錠，二表裏。把事十五錠，一表裏。通事十錠，絹一疋。頭目從人，賞鈔如例。

凡進馬一二匹，及方物輕者，止照雜職例賞。嘉靖元年奏准，朝覲到京，以馬數多寡爲差。進馬一二匹者，准一人作差來名色，賞鈔二十錠，綵段一表裏。三四匹者，作二人，五六匹者，作三人，綵段鈔錠，照數遞加。

二年題准，若所差係土官弟姪兒男進馬四匹以上，與方物重者，照舊例，以衙門品級高下爲差。其馬少物輕者，照雜職例。若所差係通、把頭目人等，照新例，以馬數方物多寡爲差。

凡到京過期，減半給賞。弘治三年以後，正月内到者，亦全賞。二月到者，減半。該賞半表裏者，折與闊生絹二疋。

隆慶五年題准，過期半年以上，不給賞。

凡謝恩差來人，與雜職賞同。貴州土官，減鈔二十錠。隨來通、把從人，給鈔如朝覲例。

凡慶賀，貴州差來舍人，賞鈔五十錠，綵段二表裏。把事，鈔十五錠，綵段一表裏。通事從人，鈔如朝覲例。四川土官差來人進馬者，鈔二十錠，綵段一表裏。進降香茶蠟等物者，鈔二十錠，絹二疋。隨來人，鈔十錠。

給賜番夷通例

凡給賞段絹等物，萬曆六年題准，各織造去處，撫按官痛革尅減冒破奸弊，有仍將粗惡不堪之物解進，該部科將撫按等官，一體查參。其給賜衣服靴韈等件，該衙門成造，務要精好，如有不堪，聽禮部具實參奏重治。其留邊給賞，齎去人員，有將賞物抵換勒措者，督撫官查參重治。至於各夷所得賜物，不許於開市之日貨賣。或願折價，禮部題照原價折給。

凡齎發貢夷賞賜，萬曆七年題准，各貢夷慶賀事完，即行頒給賞賜，齎發回還，毋令稽留久住，致惹事端。

又議准，每夷人到館，該館官先將各夷數目，一體報知户工衙門，該司一面知會内府衙門，俱各預爲整理賜物，候禮部咨文到日，即照數檢點，及回咨掛號，各須上緊定限半月以裏，通行關領。禮部一面題給，一面知會兵部查發勘合，速令起程。其該還奏報，并禮部題行各衙門關領日期，即于散賞奏内題知，以便稽考。

凡賜物折價，嘉靖六年議准，女直夷人，及番僧番人，給賜綵段，自願折銀者，織金，每疋折給銀三兩八錢，素者三兩五錢。

隆慶三年議准，西番貢夷全賞者，禮部照例分別題請頒給。減賞者，每名給銀三兩，絹二疋，每疋折銀三錢，於本布政司庫貯銀内支給。

萬曆六年題准，各夷來京應賞人數，凡折衣折段銀兩，行工部俱給以見貯銀兩，不必轉行該省。其支茶勘合，及在邊半賞人數銀兩，禮部先咨巡撫衙門，轉行布政司，仍另給夷人爲照，待到日，將夷人領去勘合，與禮部先發咨文對同，方准支給。其存留在邊全賞人數銀兩，禮部驗封明白，亦咨巡撫衙門，與夷人所執公文，查對相同，給發。仍將各項銀段，及食茶數目，行都督府，填入過關勘合，以便互校。差去通事官，令守取巡撫回咨，備開散過齎去存留銀段若干，支過食茶，及半賞銀兩若干，以免誆騙沈匿等弊。如咨内數目不合，及無回咨，將通事從重參問。

凡貢夷病故在中途者，例不給賞。萬曆六年題准，各鎮清查病故夷人賞物，留充下年給賞之數。

凡投降夷人，每名賞素紵絲衣一套，綿布十疋，鈔一百錠，米三石，牛二隻，羊五隻，柴五百斤。隨來婦人，每口綿布三疋，鈔十錠。

凡入官貨物，洪武二十六年定，凡遠夷之人，或有長行頭匹，及諸般物貨，不係貢獻之數，附帶到京，願入官者，照依官例具奏關給鈔錠，酬其價值。

申時行等《明會典》卷一一三《禮部七六・給賜九》 賞格

按諸司職掌，凡奉特旨賞賜軍官，須憑來文開寫姓名職事衛所，欽賞銀鈔段疋等項數目，審對明白，具本引奏給賞。凡軍功賞賜之等有三：曰加賞，曰給賞，曰量賞。俱查照功次，移文禮部，照例施行。其軍前激賞勘合銀牌，遇有奏討，臨時請旨關給。

給賞

陝西三邊，都指揮，每員銀五兩，綵段一表裏。指揮，每員銀三兩，綵段一表裏。千百户、鎮撫，每員銀二兩，絹二疋。旗軍舍餘總小甲人等，每名銀二兩，布二疋。

大同、宣府，與陝西三邊同。

遼東，都指揮，每員銀二兩，綵段一表裏。指揮，每員銀一兩，絹、布各二疋。千百户、鎮撫，每員絹、布各二疋。旗軍舍餘人等，每名絹二疋。

雲南，都指揮，每員鈔一千貫，綵段三表裏。指揮，每員鈔八百貫，綵段二表裏。千户、衛鎮撫，每員鈔六百貫，綵段一表裏。百户、所鎮撫，每員鈔五百貫，絹三疋。旗軍舍餘，每名鈔二百貫，絹、布各一疋。

四川，指揮，每員鈔六百貫，綵段一表裏。千户，每員鈔五百貫，絹三疋。旗軍，每名鈔三百貫，絹、布各一疋。

湖廣，都指揮，每員鈔八百貫，綵段二表裏。指揮，每員鈔六百貫，綵段一表裏。千户、衛鎮撫，每員鈔六百貫，絹三疋。百户、所鎮撫，每員鈔五百貫，絹二疋。旗軍人等，每名鈔三百貫，絹布各一疋。

廣東，貴州，與湖廣同。

加賞

各照地方則例，於正賞外，仍加一倍。

量賞

陝西三邊，應得銀兩綵段表裏者，減去綵段表裏，加絹二疋，應得銀兩絹布者，減去絹布。

大同宣府，都指揮，每員銀三兩，綵段一表裏。指揮，每員銀二兩，絹二疋。千百户等官，每員銀一兩，絹一疋。旗軍人等，每名銀一兩，布一疋。

遼東，都指揮，每員銀一兩，絹、布各二疋。指揮，每員銀一兩，絹、布各一疋。千百户等官，每員絹二疋。旗軍舍餘人等，每名絹、布各一疋。

雲南，指揮，每員鈔七百貫，綵段一表裏。千户、衛鎮撫，每員鈔五百貫，絹三疋。百户、所鎮撫，每員鈔四百貫，絹二疋。旗軍舍餘人等，每名鈔二百貫，布一疋。

四川，應得鈔貫綵段絹布者，減去鈔貫。

湖廣、廣東、貴州，與四川同。

文職，按察使，照都指揮例。知府，及土官知府，宣慰、宣撫，照指揮例。同知、通判、知州、推官、知縣，及土官千户、安撫長民，照千户例。經歷、知事、檢校、縣丞、主簿、教諭、訓導、典史、巡檢、大使等官，照百户例。掾史、省祭官、義官、陰陽生、醫生、千夫長、百夫長、吏舍、老人、總小甲、民壯、民款、土舍、達軍、黎兵人等，照旗軍例。

嘉靖十一年題准，京營官軍，調征邊鎮，如有樹立奇功，不論官旗人等，每名先賞銀五兩，布二疋。

申時行等《明會典》卷一五三《兵部三六·馬政四》 凡各邊互市，永樂三年，立遼東開原、廣寧馬市。定價：上上馬，絹八疋，布十二疋。上馬，絹四疋，布六疋。中馬，絹三疋，布五疋。下馬，絹二疋，布四疋。駒，絹一疋，布三疋。其互市，一於開原城南，以待海西女直；一於開原城東；一於廣寧，以待朵顔三衛，各去城四十里。

九年定開平馬市價：上上馬，一等，絹五疋，布十疋；一等，布十八疋。駒子布五疋。

十年，令遼東缺馬官軍，聽於各馬市照例收買。

十五年，重定遼東互市馬價：上上馬一匹，米五石，布、絹各五疋。中馬，米三石，布、絹各三疋。下馬，米二石，布、絹各二疋。駒，米一石，布二疋。

申時行等《大明會典》卷一七二《刑部一四·律例》 帶造段疋

凡監臨主守官吏，將自己物料，輒於官局帶造段疋者，杖六十，段疋入官。工匠笞五十，局官知而不舉者與同罪，失覺察者，減三等。

織造違禁龍鳳文段疋

凡民間織造違禁龍鳳文紵絲、紗、羅貨賣者，杖一百，段疋入官。機户及挑花、挽花工匠同罪，連當房家小，起發赴京，籍充局匠。

造作過限

凡各處額造常課段疋、軍器，過限不納齊足者，以十分爲率，一分，工匠笞二十，每一分加一等，罪止笞五十。局官減工匠一等，提調官吏，又減局官一等。若不依期計撥物料者，局官笞四十，提調官吏減一等。

申時行等《大明會典》卷一七九《刑部二一·計贓時估》 洪武元年令，凡計贓者，皆據犯處當時物價。若傭賃器物爲贓者，亦依犯時價值，其傭賃雖多，不得過其本物之價。【略】

一羅假布絹絲綿之類

紗一疋八十貫

綾一疋一百二十貫

紵絲一疋二百五十貫

羅一疋一百六十貫

改機一疋一百六十貫

錦一尺八貫

高麗布一疋三十貫

大青三梭布一疋五十五貫

大白三梭布一疋四十貫
中細白綿布一疋二十貫
麤綿布一疋一十貫
麤苧布一疋二十二貫
細苧布一疋二十四貫
麤褐一疋四十貫
綿紬一疋五十貫
大綿布一疋二十貫
麻布一疋八貫
葛布一疋二十貫
大絹一疋五十貫
小絹一疋二十貫
細絨褐一疋二百四十貫
氈段一段五十貫
氆氌一段五十貫
絲綿一斤二十四貫
净綿花一斤三貫
麻一斤五百文

申時行等《明會典》卷二〇一《工部二一·織造》 兩京織染，內外皆置局，內局以應上供，外局以備公用。南京又有神帛堂供應機坊，蘇州、杭州等府，亦各有織染局，每歲造解有定數。數內有奉欽降花樣改織者，然未嘗增派。後於歲造之外，奉旨題派織解者，曰坐派。一時急缺，令部買辦者，曰召買。間一行之，以非舊制，不具載。若制帛誥勑，乃織造一事，及冠服器用，斛斗秤尺，各有法式，今備列焉。

段疋

凡織造段疋，闊二尺，長三丈五尺。額設歲造者，闊一尺八寸五分，長三丈二尺。歲造段疋，并闊生絹，送承運庫。上用段疋，并洗白、腰機、畫絹，送織染局。婚禮紵絲，送鍼工局。供應器皿，黄紅等羅，并只孫褟裙，發文思院。

洪武元年令，凡局院成造段疋，務要緊密，顔色鮮明，丈尺斤兩，不失原樣。局官常切比較工程，合用絲料，申請提調正官，嚴加提督，但有不堪，究治追陪。

二十三年，罷天下歲織段疋。凡有賞賚，皆給絹帛，如或缺乏，在京織造。

二十六年定，凡供用袍服段疋，及祭祀制帛等項，須於內府置局，如法織造，依時進送。每歲公用段疋，務要會計歲月數目，並行外局織造。所用物料，除蘇木、明礬，官庫足用，蠶絲、紅花、藍靛，於所產去處稅糧內折收，槐花、梔子、烏梅，於所産令民採取，按歲差人進納該庫支用。

丹礬紅，每斤染經用蘇木一斤，黄丹四兩，明礬四兩，梔子二兩。

黑緑，每斤用靛青二斤八兩，槐花四兩，明礬三兩。

深青，每斤用靛青四斤。

蠶絲，湖州府八萬斤。

紅花，山東七千斤，河南八千斤。

藍靛，應天府二萬斤，鎮江府二萬斤，揚州府二萬斤，淮安府二萬斤，太平府二百斤。

槐花，衢州府六百斤，金華府八百斤，嚴州府六百斤，徽州府一千斤，寧國府八百斤，廣德州二百斤。

烏梅，衢州府一千五百斤，金華府二千斤，嚴州府一千四百斤，徽州府一千五百斤，寧國府一千五百斤，廣德州五百斤。

梔子，衢州府五百斤，金華府五百斤，嚴州府二百斤，徽州府五百斤，寧國府五百斤，廣德州二百斤。

內織染局

本局如遇織造冬至大祀，上用十二章衮服、皮弁服，題行欽天監擇日，禮部題請，遣大臣祭告。其工匠，間有於外府取用者。嘉靖四十四年，題行蘇、松二府，各取織羅匠二十名，隨帶家小，赴部審實送局。隆慶元年題准，凡有傳奉急用龍袍等件，本局果難獨支，方許奏行南局織造，不得違例陳請。

外織染局

本局合用物料，節年查會有無多寡不一，除年例內支用，及甲、丁二庫關放、宛、大二縣辦解外，其召買，大約以嘉靖四十二年爲准，該銀六千二兩二錢。今十年料造例，惟賞夷净衣絹布，係該所染造。其廣盈庫，上用絹布，户部轉行順天府宛、大二縣變染。

每年題取染造絹疋物料

藍靛，二萬五千三百五斤。

煉鹻，一萬五百斤。
土鹻，一千四百五十五斤。
小粉，一萬八千零八斤。
木柴，二十一萬九千八百二十一斤。
木炭，一萬六千三百三十六斤。以上召買。
折色藍靛，銀四百五十九兩。順天府折解。
豬胰子，二萬箇。順天府辦解。
蘇木、烏梅、茜草、明礬等料。甲字等庫關支。
內召買各料，嘉靖二十一年議，該價銀一千八百一十五兩。隆慶二年，查減去七百兩。六年，復減定爲一千五十七兩。

十年一題染練絹疋承運庫關支細關生絹十五萬疋。
供用絹三萬疋。內熟絹大紅四千疋，桃紅三千疋，丹桃紅五千疋，藍青八千疋，共二萬疋。生絹大紅一千五百疋，桃紅一千五百疋，青一千五百疋，黑綠一千五百疋，柏枝綠一千五百疋，明綠一千五百疋，共一萬疋。
賞用熟絹一十二萬疋。內大紅九萬疋，藍青三萬疋。

各處織染局

浙江杭州府　紹興府
嚴州府　金華府
衢州府　台州府
溫州府　寧波府
湖州府　嘉興府
江西布政司
福建福州府　泉州府
四川布政司
河南布政司
山東濟南府
直隸鎮江府　蘇州府
松江府　徽州府
寧國府　廣德州

各處歲造段疋數目

每歲，造紵絲、紗、羅、綾、紬、絹，舊額各處共該三萬五千四百三十六疋一丈六尺一寸五分。遇閏，共加二千六百七十九疋二丈八尺八寸二分。今除江西、湖廣、河南、山東四省折解外，見徵浙江等布政司并南直隸蘇、松、廣德等府州縣，本色共二萬八千六百八十四疋一丈九尺一寸五分，遇閏，共加二千六十一疋五丈二尺三寸九分，俱以十分爲率，二分織金，八分光素。吐絲七百四十三兩八錢，遇閏加三兩四錢九分。

浙江布政司，紵絲一萬四百二疋，線羅五百二十疋，生平羅一千疋，紗三百六十六疋，色紬五百二十八疋，共一萬二千八百一十七疋，閏加紵絲八百一十二疋，線羅三十一疋，生平羅二十五疋，共加八百六十八疋。今徵一萬二千六百六十二疋，閏加八百三十八疋。

江西布政司，紵絲二千八百二疋，閏加二百四十五疋。今徵價銀一萬六百五十一兩四錢，閏加九百三十一兩。

河南布政司，紵絲八百疋，閏加六十七疋。今徵價銀三千一百六十九兩五錢三分五釐二毫，遇閏不加。

山東布政司，紵絲七百二十疋，閏加六十疋。今徵價銀二千一百七十兩八錢，閏加一百八十兩九錢。

湖廣布政司，紵絲一千九百三十九疋，閏加一百六十九疋。今徵價銀七千五百二十六兩六錢，閏加六百四十八兩四錢。

福建布政司，紵絲二千三百九十二疋，閏加一百九十一疋二丈四尺。今徵二千二百五十八疋，閏加一百八十八疋二丈四尺。

山西布政司，綾絹各五百疋，閏共加八十六疋。

四川布政司，關生絹四千五百一十六疋，閏加三百七十七疋。

直隸蘇州府，紵絲一千五百三十四疋，閏加一百三十九疋。

松江府，紵絲一千一百六十七疋，閏加九十七疋。

常州府，紵絲二百疋，閏加一十七疋。

鎮江府，紵絲一千四百四十疋，閏加一百二十疋。

徽州府，紵絲七百二十一疋，閏加四十八疋，今加五十九疋。

寧國府，紵絲七百九十六疋，閏加四十七疋，今加五十八疋。

池州府，關生絹二百一十一疋一丈六尺一寸五分，閏加二十疋四尺八寸二分。今加一十九疋二丈八尺三寸九分。吐絲二斤十兩八錢，閏加三兩四錢九分。

太平府，闊生絹五百疋，閏加四十二疋。

安慶府，闊生絹六百八疋，遇閏不加。

揚州府，紵絲一百三十一疋，闊生絹七百一疋，紬三百疋，共一千一百三十二疋，閏加七十二疋。今徵紵絲二百三十疋，閏加二疋，生絹七百一疋，吐絲七百一兩，閏俱不加。

廣德州，紵絲二百四十疋，閏加一十四疋，今加二十疋。

凡歲造，宣德十年，令各處解到段疋，原解人員，連原封，同該司官吏，辨驗御史，送至午門内，會司禮監委官及庫官，揀驗堪中收庫，不許在部開封。

正統元年，令各處歲造段疋等物，該府州縣官，將織染局見在各色人匠機張，及歲辦，并闕支顔料等物數目，開報巡按官，以憑稽考。

十二年奏准，歲造段疋，俱令腰封編號，開寫提調及經織造官吏、匠作姓名，不堪用者，照號問罪，責其陪償。

成化二十年奏准，各司府設有織染衙門去處，不許另科價銀，轉往別處織買段疋，因而侵尅錢糧，違者從重究治。

嘉靖八年奏准，各司府州，額辦紵絲紗羅紬絹，令巡按御史催督。

十四年題准，各處歲造段疋，如有過限解納不及原數，并驗過不中等項，布政司至一千疋，府至一百疋以上者，將各掌印官并解官住俸，責限完日開支。若司至二千疋，府至二百疋以上者，參行提問，送部降級敘用。

萬曆元年題准，督造專責司府掌印官，辨驗委巡按御史，御史失參，聽本部該科參奏，本部失參，聽該科參奏。

凡改織，天順三年，將揚州歲造紬三百疋，改織紵絲一百疋。

弘治九年，内承運庫缺供用賞賜段疋，令以歲派絲料，分派各司府，改織各色紵絲紗羅綾紬五萬五千五百疋，以省另派擾民。

嘉靖五年，以賞用不敷，題准行織造地方，將原額歲造絲料，改織紵絲紗羅，暗花一萬八千疋，各長三丈五尺，闊二尺。

凡折價，嘉靖七年題准，江西、湖廣、河南、山東，地方不善織造，令各折價。每織金一疋，價銀三兩五錢，光素一疋，三兩三錢，仍每疋帶徵路費銀五錢。山東，每疋三兩，每百兩加銀五錢。

凡織造内官，弘治十七年，革回蘇、杭等府織造内官，令鎮巡等官管理。

隆慶元年，詔罷蘇、杭、南京織造，原差内官取回，一切不經織造，盡行停止。嘉靖中，陝西織羊絨，廣東等處織葛布，至是俱罷。

凡大漢千百户襯甲服色，嘉靖二十年題准，每三年一次織造，蘇州府紅紗六十疋，杭州府礬紅羅六十疋，俱均徭内派徵，差官解納。

制帛

洪武三年定，神帛織文，郊祀上天，及配享皆曰郊祀制帛。太廟祖考曰奉先制帛。親王配享，曰展親制帛。

社稷、歷代帝王、先師孔子及諸神祇，皆曰禮神制帛。功臣曰報功制帛。蒼、白、青、黄、赤、黑，各以其宜。

南京司禮監神帛堂，年例織造起運赴京，各樣制帛一千九十六段，南京太常寺闕領各樣制帛二百五十五段，運赴顯陵奉先白色制帛一十八段，每年共該用帛一萬三千六百九十段，例該十年一次料造。

誥勑

洪武二十六年定照依品級制度，如式製造，所用五色紵絲，誥身誥帶黄蠟、花椒、白麵、紙劄等項，差人赴内府織染局等衙門關支。

誥勑式様

誥織用五色紵絲，其前織文曰奉天誥命。勑織用純白綾，其前織文曰奉天勑命。俱用升降龍文，左右盤繞，後俱織某年月日造，帶俱用五色。

龍文彬《明會要》卷五三《食貨一·勸農桑》 洪武元年，楊思義爲户部尚書。以農桑積儲爲急，請令民間皆植桑麻，四年始徵其税。不種桑者，輸絹。不種麻者，輸布。如《周官》里布法。詔可。《思義傳》。

五年十二月敕中書，令有司今後考課必書農桑學校之績。《憲章録》。

【略】十四年，上加意重本抑末，下令農民之家，許穿紬、紗、絹、布。商賈之家止許穿布。農民之家，但有一人爲商賈者，亦不許穿紬紗。《農政全書》。

十八年九月，諭户部曰：人皆言農桑衣食之本，然業本必先於黜末。自什一之塗開，奇巧之技作。於是一農執耒而百家待食，一女躬織而百夫待衣，欲民之毋貧，得乎？朕思足食在於禁末作，足衣在於禁華靡。宜令天下四民，各守其業，不許游食，庶民之家，不許衣錦繡。《大訓記》。

承運庫貯緞匹、金銀、寶玉、齒角、羽毛，而金花銀最大。

廣積庫貯琉黄硝石。

甲字庫貯布匹、顔料。

乙字庫貯胖襖、戰鞋、軍士裘帽。

丙字庫貯棉花、絲纊。

丁字庫貯銅、鐵、獸皮、蘇木。

戊字庫貯軍器、胡椒。

贓罰庫貯没官物。

廣惠庫貯錢鈔。

廣盈庫貯紵絲、紗、羅、綾、錦、紬、絹。

已上乙字庫屬兵部，戊字、廣積、廣盈庫屬工部，餘六庫皆屬户部。其在外，諸布政司、都司、直省、府、州、縣、衛、所皆有庫，以貯金、銀、錢、鈔、絲帛、贓罰諸物。

正統七年九月，始置太倉庫。各直省派賸麥米十庫中，綿、絲、絹、布及馬草、鹽課關稅，凡折銀者俱入太倉，籍没家財、變賣田産，追收店錢，援例上納者俱入焉。專以貯銀，故又謂之銀庫。已上《食貨志》。

《新鐫古今事物原始全書》卷一四《服御·布帛》　《禮運》曰：「昔先王之世，未有絲麻，衣鳥獸之羽皮。至黄帝堯舜，乃垂衣裳而治天下。」以絲麻布帛爲長大之衣始。　漢梁冀嘗會客，佯争酒失盃而汙之，僞怒而燒之，布得火燃如灰，垢盡火滅，粲然潔白，即今之火浣布，出《魏志》。　説文云：「帛，繒也。」《書》曰：「五玉三帛，諸侯庶子執纁，公之孤執玄，附庸之君執黄。」漢文帝存問長老，年九十以上賜以絮帛。

《新鐫古今事物原始全書》卷一四《服御·毯》　《説文》云：始于周。《晉·張軌傳》云：毯布三萬疋，毛席織五彩。唐白樂天《紅錦(線)毯》歌：揀絲練線紅藍染，織作披香殿上毯。

孫承澤《天府廣記》卷三《户部》　〔歲入賦額　據萬曆八年太倉考所載録之〕絲棉稅絲農桑絹折色一十三萬一千八百二十一疋二丈二尺七寸一分，每疋折銀七錢，共銀九萬二千二百七十四兩八錢五分八釐九毫七絲。　棉布苧布折銀共三萬八千六百一十三兩。

談遷《國榷》卷六《太祖洪武九年》　四月乙酉朔，丙戌，重定諸王公主歲禄之數。　親王禄五萬石，鈔二萬五千貫，錦四十匹，紵絲三百匹，紗羅各百，絹五百，冬夏布各千，緜二千兩，鹽二千引，茶千引。　靖江王禄二萬石，鈔萬貫，餘物半于親王。公主禄千五百石，鈔二千貫，莊田一區，歲紵絲紗羅各十匹，絹布各三十匹，緜二百兩。　餘郡王郡主有差。

談遷《國榷》卷二六《英宗正統十二年》　〔三月〕命四川布政司，廣濟庫綾錦衣被布褐等物，依時值准官吏旗軍俸糧鈔。

〔七月〕甲辰，命外解紵絲羅絹，各署號提調織造官吏名氏。

談遷《國榷》卷六七《穆宗隆慶五年》　二月庚子，總督尚書王崇古上言：互市甚利，若拒而不許，彼必且飛揚跋扈，宣大或以遺降之恩，可保數年不侵，其禍且東中遼薊，西中關陝矣。　先朝嘗封太平、賢義、安樂及哈密忠順王故事，臣謹條八議：曰錫封號官職。俺答可賜王號頒印，俾號召其子弟，爲國藩籬。餘如老把都兒及吉囊長子吉能，俺答長子黄台吉，宜授都督。他子弟如兀慎打兒漢等四十六部，宜授指揮。俺答壻十餘部，各授千户。假名器以服强胡，使無犯邊。曰定貢額。虜之貢意實希賞，許歲一貢，俺答馬十匹，來使十人；老把都兒、吉能、黄台吉各八匹，使各四人；諸酋以部落大小爲差，大則四匹，小則二匹，使各二人，共貢馬毋過五百，來使毋過百五十人。馬分三則，上馬三十匹，進御，餘給值有差，歲六十人入京，餘留境上，還以金繒布等分賞諸酋。曰酌貢期貢道。虜入貢互市，宜春月馬弱之時，且及萬壽節上表，自大同左衛驗入給賞，分駐各城。其入京遣官送入居庸關，自昌平入朝，廩四夷館，聽禮部綑給，事訖由故道，所歷將領盛陳兵仗示威重，戒交通傳泄。曰立互市。漠北無他産，釜繒之具，仰賴中國，今誓絶侵犯，即求互市，庶免盗竊。彼以金銀革騌等，我商販繒紬布釜等，卜日開市，彼三百人住塞外，我兵五百住市場，貿易盡月而止。市場大同則左衛之威虜堡，宣府則萬全右衛之張家口，山西則水泉營。至期商卒不得闌出禁物，罔利啓釁，罷市後有擾邊者，檄俺答及各酋核之。曰撫賞之費。各鎮歲備邊，則有調遣客餉，春秋擺邊，則有行糧米草，各營有探哨夜役行糧，各墩有常瞭行月二糧，其費不貲。今可省爲撫賞各夷之需，如不足，支年例客餉，夷使及守市夷兵各布二匹，酋長繒二匹，紬二匹，餘使以好至，量加賞犒。曰歸降。朝廷懸招降之例，華人歸正者十七，真夷避罪來降者十三，今既許通貢，自後罪夷投降，俱免收納，華人歸正，許騎來馬住邊堡，如追騎至，即給以馬，量與紬一布二。【略】

談遷《國榷》卷六九《神宗萬曆三年》　〔四月〕丁丑，司設監太監曹憲等乞治宫中帷帳茵褥等物，閣票司禮監查議裁減，不拘往例。太監馮保因言：諸事誠宜減省。上閱憲奏，用紵絲四百匹，布萬三千餘匹。曰：歲辦幾何，而費若是。憲等具言供御所需，皆不可已。上命覈之，于是保以實聞，減於舊，上善之。

談遷《國榷》卷七〇《神宗萬曆七年》〔二月〕乙亥，免户部□□陳應薦，以蘇、常、松江歲納絹、布，俱奸徒侵攬，應薦管驗徇之也。

談遷《國榷》卷七三《神宗萬曆十三年》〔三月〕己卯，詔改折各省直今年漕糧百五十萬石，甲字庫棉布十萬二千四百十匹，承運庫絹四萬三千五百二十二匹。

《國榷》卷七三《神宗萬曆十四年》〔二月〕丁卯，户科覆工科給事中曲遷喬等議二事：曰解十庫錢糧，上納即收，毋許官商擾害。曰召買。內庫受四方任土之貢，歲有定數，相沿二百餘年，未聞不足。嘉靖、隆慶間，間有召買，數亦不侈。萬曆元年至十三年，供用庫納價十三萬八千七十四金，甲庫價三萬四千八百四十金，丁庫價二十五萬五千二百五十七金，承運庫價二十八萬二千八百二十二金，內庫絲、棉價三萬九千八百九十二金，銀作局金價三萬三千六百二金，共價七十九萬四千四百八十九金，供用等庫之香、蠟、銀硃、銅、錫、油漆、絲綿等料，若掌庫撙節，自當充溢，而該庫動言闕乏，不知器用將貽何所，給何人，而復屢行召買，是不可不覈也。減工部木炭之浮數，汰惜薪司內臣之冗員，當無再計。乞敕司禮監，將各項召買物料與各庫物料逐一簡閱，則或闕欠，或冒破，較爲明矣。有旨，第以後撙節，毋妄費。

談遷《國榷》卷七四《神宗萬曆十五年》六月己巳，工部題，承運庫太監稱，上供服飾等件及官旗夷人賞項段匹，各色紵絲、紗、羅、綾、紬、錦、布共十二萬七千三百十五匹。按萬曆七年至十年，不過十萬七千餘匹，奉旨戒勿再派，然已一萬八千餘匹，萬曆十一年至十四年，歲欠二萬六千餘匹，今該前目約費一百六十餘萬，今復以十二萬餘匹，費何所出。與其新派而難完，不若徵舊之爲便。遂命減三分之一。

談遷《國榷》卷九〇《思宗崇禎二年》〔五月〕己酉，巡視錢糧南京兵科給事中錢允鯨上言七事：曰歲解宜折。福建、廣東、廣西歲解胖襖褲鞋等件，萬曆五年俱折色，公私便之。後改本色，福建止天啓四年，廣東自天啓四年至七年，廣西止天啓七年，解一費十，存貯朽爛。曰木運宜折。廣東茨榆木百段，花梨木一百九段，淡榆木百段，棗木八十二段，紫榆木三十段，于南京丁字庫交收，此不甚需用，枉費民力。曰布價宜停。織染局例外解官用布絹，歷欠絹至七千二百匹，布至四千二百八十匹。該局十一年開染，户部四千餘金，實稀鬆不堪。曰織造宜核。供應機房歲解袍服，先年由巡視科道驗閱，近來不經會估，奸僞百出。曰板枋宜減。三監起運板枋，額費一萬四百金，議酌減半。曰占役宜汰。御馬監額馬二十四馬，役卒三百零六人，今至千八百人，費餉二萬有奇，誠屬濫費。曰冗蠹宜裁。織染局春秋二運袍服，先年禮部侍郎□□□及禮科給事中朱維藩請裁舖行，召商買辦，本局僉書、監工、掌司不過二十餘員，今增百二十餘員，致各商逃亡殆盡，請行汰革。

談遷《國榷》卷九二《思宗崇禎六年》〔四月〕癸未，承運庫太監奏段匹欠數十萬，命有司勒限輸上。

方以智《物理小識》卷六《衣服類》 綿絲類 宋錦厚如錢，今蜀錦比之，嘉興倣之，有織金鎖金，閃色裝彩。費著《蜀錦譜》有八答暈六答暈錦、大窠馬盤毬錦、雙窠雲雁錦。《輟耕録》載姜牙、方拱、疊勝、樓臺、樗蒲錦。西洋有獨幅闊錦被。圓嶠山冰蠶錦，不畏水火。辰沅洞錦、黎人錦，則絨挑布也。香山詩「紅袖織綾誇柿蒂」，柿蒂其紋也。機房巧作有刻絲，擣織翦絨，聳線納紋，其名質孫者，爲五色團花，乃元服，今校尉服也。其緞、綾、紬、絹、綿、紬、紗、羅，則常行也。胡州縐紗曰核桃縠，南京縐紗不縐，杭因有縐秋羅、縐綿紬。各處有土紬，而青、萊椒繭爲最，遇油不染。河南粗絲桐城紬，可斂屍耐久。交趾絹生用宜暑，南京氷紗即古氷素方空縠吹也。東陽紅雲紗出漳州，東陽人名也。羊羢褐以蘭州姑姑羢爲上，其羊甚大，亦取橐駝羢，污油自脱，次曰褐尖。劉客生曰：蘭州一師姑，積年爲之，色白可受紅花百斤，今皆倣者。瑣服出哈烈國，鳥毳爲之，一作梭服。廣東碾絹爲之，亦起雲巨羅。撒哈剌則羢毛厚織之，氆氌、毾㲪類也。火浣石羢則炎洲火鼠毛爲之，或鎖鎖木不灰草爲之。

《事物攷》卷三《國用》 農桑 《周禮・載師》「宅不毛者用里布」。鄭玄注：謂宅不種桑麻者，罰一里二十五家之布。國初令天下農民，凡有五畝至十畝者，栽桑、麻、木綿各半畝，十畝以上者倍之。有司親視，不種桑、麻、木綿者，使出絹、麻、綿布各一匹。每畝起科麻八兩，綿四兩，栽桑者四年以後徵租。

《事物攷》卷三《國用》 布帛 《漢志》曰：上古衣毛而冒皮，後聖易之以絲麻，以爲布帛，蓋自黄帝制也。

《事物攷》卷四《官職》 户部所屬 寶鈔提舉司提舉一員，正八品。寶鈔廣惠庫收各處解到鈔錢，廣積收紵絲、綾、羅、硝黄等物。贓罰庫收籍没官民家財，追没官吏贓物，并錢鈔、紵絲、綾、羅、紬、絹、氈毯、鐵、皮、綿布、衣服、花絨等物。甲字庫收布疋、顔料。乙字庫收紵絲、綿布、胖襖、袴、鞋、毛襖等物。丙字庫收綿花、絲綿等物。丁字庫收銅、鐵、皮張、蘇木等物。戊字庫收軍器、胡椒等物。各大使正九品，各副使從九品。寶盈庫收貯絲、紗、羅、綾、綿紬、絹、布疋等物。

傅維鱗《明書》卷六七《志一一・土田志》〔洪武二十七年〕嘗諭户部曰：古人有言，農桑衣食之本，然棄本逐末，鮮有救其弊者。先王之世，野無民不耕，室無女不蠶，水旱無虞，飢寒不至。自什一之途開，淫巧繼作，農桑之業多廢。一農執耒百家爨，一女織組百夫衣，欲無貧得乎。繼自今申明天下四民各守厥業，毋遊食，遊食者罪。庶民之家，不許衣錦繡，違者罰。庶幾可塞其弊也。

傅維鱗《明書》卷六八《志一二・賦役志》國初洪武二十六年，夏税米麥四百七十一萬二千九百石零，錢鈔三萬九千八百錠，絹二十八萬八千四百八十七疋；秋糧米二千四百七十二萬九千四百五十石零，錢鈔五千七百三十錠，絹五十九疋。中葉弘治十六年，夏税大小麥四百六十二萬五千五百九十四石零，麥荍二百五十五石零，絲緜并荒絲二百七十萬一千三百六十二兩零，又增六千五百三十九觔四兩零，税絲共三十五萬三千六百四十二兩，又增二千五百四十八觔三兩零，絲緜折絹共三萬四千六百九十二疋零，税絲折絹共四千四百二十疋零，本色絲八千四百四十八觔二兩零，農桑絲折絹共九萬一千一百四疋零，農桑零絲共二百九十二兩零，人丁絲折絹共四萬五百七十六疋零，改科絹二十五疋，緜花折布一十二疋零，苧布共一千三百四十一疋，土苧共六十五觔一十三兩零，紅花共一十一觔一十三兩零，麻布共二千七十七疋零，鈔共一萬七千七百九十五錠一十七貫零，租鈔共三萬二千五百五十三錠零，税鈔共六千五百三十四錠二貫零，小絹幣帛絹本色絹正絹共二萬二千九百九十六疋零，折色絲共一百九十四觔一十兩零；秋糧米共二千二百一十六萬六千六百六十五石零，租鈔一萬八千八百六錠七貫零，賃鈔共一百七十五貫零，山租鈔共三千一百二十三錠二貫零，又增二百四十四貫零，租絲二千二百一十六兩零，租絹共五十九疋零，租麤麻布及租苧布、課程緜布、正緜布，共一十二萬九千五百一十七疋零，牛租米穀及棗子易米、棗株課米、課程苧麻折米、魚課米、改科絲折米，共計六萬五十八石零，地畝緜花絨共二十四萬六千五百六十九觔零。末年萬曆中，夏税大米麥米四百六十萬五千二百四十二石零，麥荍二百六十六石零，絲緜及荒絲、税絲、本色絲、農桑零絲，共計三百六十一萬一千五百二十四兩零，又增一萬一千四百二觔一十四兩零，絲緜折絹及零税絲折絹、人丁絲折絹、農桑絲折絹、小絹、幣帛絹，共計二十萬六千一百九十六疋零，農桑絲折米共八百一十石零，麻布及苧布、緜花折布，共計三千四百三十疋，土苧六十五觔一十三兩零，洞蠻麻布二百五十九條，錢鈔及租鈔、税鈔共五萬七千九百二十一錠零；秋糧米二千二百三萬三千一百七十石零，魚課米及棗子易米、棗株課米、苧麻折米、緜花絨折米、花利米、改科絲折米、租米，共計六萬三千五百七十八石零，地畝緜花絨二十四萬四千一百二十九觔一十五兩零，緜布及課程緜布、猺人麤布、麤麻布，共計一十二萬九千五百四十一疋零，租穀四千一石零，租絲二千二百一十六兩零，租絹五十九疋，租鈔及山租鈔、賃鈔、茶魚椒蘇税鈔，共計二萬三千六百八十四錠零，加增鈔五千九百一十一貫零；而遼東歲運銀一十八萬五千二十四兩零，米一十二萬四千六十六石，草二百四十萬五千二百一十一束，豆七萬五千二百二十九石零，不在兩直隸十三省之内，兩直隸、浙江、山東、山西、河南、陝西，歲徵馬草，共二千五百八十一萬三千七百四十六包束，而馬豆稱是，此則因田而賦之大較也。

傅維鱗《明書》卷七二《戎馬志三》正統三年，命召商納馬。中鹽，每上馬四一百二十引，中等一百引，下勿收。復有貢馬，凡貢馬，累朝皆有之。每外夷進馬，照價償以文綺、紗、羅、陶器、鐵釜。又有市馬，起永樂三年，立遼東開原、廣寧馬市。定價上上馬絹八匹、布十二匹，上馬絹三、布五，下馬絹二、布四，駒絹一、布一。其立市，一於開原城南，以待西海女直，一於開原城東，一於廣寧，以待朵顔三衛。

【略】

傅維鱗《明書》卷八二《食貨志二》内府庫　制，在皇城内各庫，皆有所司。曰内承運庫，以内官掌之。在宫内者謂之内東裕庫，謂之寶藏庫，在寶善門東者謂之外庫。内庫貯金花錢及珍寶錦綺，外庫貯磁漆器皿。曰承運庫，掌絲絹。曰供用庫，掌白熟糙粳糯粟米及茶豆之屬。曰甲字庫，掌布苧顔料黑鉛之屬。曰乙字庫，掌紙劄胖襖。曰丙字庫，掌花絨絲緜之屬。曰丁字庫，掌皮角麻藤漆油之屬。曰戊字庫，掌軍器及銅鐵。曰廣盈庫，掌絲羅緜布之屬。

張廷玉等《續文獻通考》卷二《田賦二》　歷代田賦之制

明太祖即位之初，定天下田賦。田有二：曰官田，曰民田。賦有二：曰夏税，曰秋糧。其額數則具於黄册，總於户部。其徵輸期限，則責之布政司。州縣夏税曰米麥、曰錢鈔、曰絹，無過八月。秋糧曰米、曰錢鈔、曰絹，無過明年二月。

至孝宗弘治時，會計之數，夏税曰大小米麥、曰麥莢、曰絲綿并荒絲、曰税絲、曰絲綿折絹、曰税絲折絹、曰本色絲、曰農桑絲折絹、曰農桑零絲、曰人丁絲折絹、曰改科絹、曰綿花折布、曰苧布、曰土苧、曰紅花、曰麻布、曰鈔、曰租鈔、曰税鈔、曰原額小絹、曰幣帛絹、曰本色絹、曰絹、曰折色絲，秋糧曰米、曰租鈔、曰賃鈔、曰山租鈔、曰租絲、曰租絹、曰租粗麻花、曰課程綿布、曰租苧布、曰半租米穀、曰地畝綿花絨、曰棗子易米、曰棗株課米、曰課程苧麻折米、曰綿布、曰魚課米、曰改科絲折米。神宗萬曆時，小有增損，大略以米麥爲主，而絲絹與鈔次之。夏税之米惟江西、湖廣、廣東、廣西。麥莢惟貴州。農桑絲遍天下，惟不及川、廣、雲、貴。餘各視其地産。

臣等謹按：自古布縷有征。明初二税，但有絹而無布。考之實録，洪武三年九月，户部奏：賞軍用布甚多，請於浙西四府秋糧内收布三十萬匹。帝曰：松江乃産布之地，止令一府輸納，餘徵米如故。是當時輸布者惟松江一郡。其後雖有折布之令，以非通制，故不偏舉耳。【略】

〔洪武〕九年三月，令天下税糧以銀鈔錢絹代輸。

户部奏：銀一兩，錢千文，鈔十貫，皆折輸米一石。小麥則減直十之二。綿苧一匹折米六斗，麥七斗。麻布一匹折米四斗，麥五斗。絲絹等各以輕重爲損益，願入粟者聽。帝曰：折納正欲便民，務減其價，勿泥時直可也。【略】

十七年，令雲南以金、銀、貝布、漆、丹砂、水銀代秋租。【略】

二十六年，覈天下土田，總八百五十萬七千六百二十三頃六十八畝有奇。

夏税米麥四百七十一萬二千九百石，錢鈔三萬九千八百錠，絹二十八萬八千四百八十七匹。秋糧米二千四百七十二萬九千四百五十石，錢鈔五千七百三十錠，絹五十九匹。【略】

二十七年三月，課民樹桑、棗、木棉。【略】

三十年，諭户部：天下逋租，許任土産折收米、絹、綿花、金銀等物。著爲令。

先是十九年，令户部侍郎楊靖會計天下會儲存糧，二年外並收折色，惟北方諸布政司需糧餉邊仍使輸粟。至是復諭户部：天下逋租，咸許任土産折收。户部乃定：鈔一錠折米一石，金一兩十石，銀一兩二石，絹一匹石有二斗，綿布一匹一石，苧布一匹七斗，綿花一斤二斗。帝命金銀每兩折米加一倍，鈔止二貫五百文折一石，餘從所議。至成祖永樂十一年，令各處折徵糧金每兩準米三十石，闊白綿布每匹準米一石五斗。宣宗宣德四年，令順天、蘇、松并浙江屬縣遠年拖欠税糧每絹一匹準米一石二斗，綿布一匹、絲一斤、鈔五十貫各準一石，苧布一匹準七斗，綿花一斤準二斗五。年令自三年以前拖欠耗糧以十分爲率，三分折布，三分折絹，四分折鈔。其布絹不拘長闊，俱準照時價折收。【略】

〔成祖永樂〕五年六月，始置交阯布政使，命以絹、漆、蘇木、翠羽、紙扇，沈、速、安息諸香代租賦。【略】

〔孝宗弘治〕十五年，覈天下土田，總四百二十二萬八千五十八頃。官田視民田得七之一。

夏税米麥四百六十二萬五千五百九十餘石。比洪武原額減八萬七千三百五石有奇。鈔五萬六千三百八十餘錠。比洪武原額增一萬六千五百八十錠有奇。絹二十萬二千五十餘匹。比洪武原額減八萬六千四百六十餘匹。【略】

〔神宗萬曆六年〕是年，覈天下土田，總七百一萬三千九百七十六頃二十八畝有奇。

夏税米麥四百六十萬五千二百四十餘石。起運百九十萬三千餘石，餘悉存留。鈔五萬七千九百餘錠。絹二十萬六千餘匹。

張廷玉等《續文獻通考》卷二九《土貢二》 〔明太祖洪武十六年〕須文達那遣使朝貢。

所貢馬二匹，幼。苾布十五疋。隔著布、入的力布各二疋。花滿直地二番，綿紬直地二兜，羅綿二斤，撒剌八二箇，幼剌革著一箇，撒哈剌一箇，及薔薇水、沈香、降香、速香諸物。

十七年，雲南以金銀、貝布、漆、丹砂、水銀代秋租。

至三十年，諭户部：自二十八年以前，天下逋租許任土所産折收米、絹、綿花及金銀等物。著爲令。永樂中，既得交阯，以絹、漆、蘇木、翠羽、紙扇，沈、速、安息諸香代租賦。【略】

愍帝崇禎朝，【略】歷年貢獻事例：

凡貢獻金銀器皿、珍珠、緞匹，先日具奏，次日照進。内府俱付長隨内使收受。

張廷玉等《續文獻通考》卷三〇《國用一》 〔英宗正統〕七年，設户部太倉庫，專以貯銀。

各直省派剩麥米十庫中，綿絲絹布及馬草、鹽課、關税，凡折銀者皆入太倉

庫。【略】

（孝宗弘治）三年十二月，減供御品物。七年九月，停蘇松諸府所辦物料。

張廷玉等《續文獻通考》卷六三《職官一三》 明諸王、公主歲供之數：

太祖洪武九年，定親王：米五萬石，鈔二萬五千貫，錦四十疋，紵絲三百疋，紗羅各百疋，絹五百疋，冬夏布各千疋，綿二千兩，鹽二百引，茶千斤。皆歲支。馬料草月支五十匹，其緞疋歲給匠料，付王府自造。靖江王：米萬石，鈔萬貫，餘物半親王。馬料草二十匹。公主未受封者：紵絲紗羅各十疋，絹、冬夏布各三十疋，綿二百兩。已受封，賜莊田一所，歲收糧千五百石，鈔二千貫。親王子未受封，視公主，女未受封者半之。子已受封郡王：米六千石，鈔二千八百貫，錦十疋，紵絲五十疋，紗羅減紵絲之半，絹、冬夏布各百疋，綿五百兩，鹽五十引，茶三百斤，馬料草十匹。女已受封及已嫁：米千石，鈔千四百貫，其緞疋，於所在親王國造給。皇太子之次嫡子并庶子既封郡王，必俟出閣，然後歲賜，與親王子已封郡王者同。女俟及嫁與親王女已嫁者同。凡親王世子與已封郡王同。郡王嫡長子襲封郡王者半。始封郡王女、已封郡主及已嫁者：米五百石，鈔五百貫，餘物半親王女已受封者。郡王諸子年十五各賜田六十頃，除租稅，爲永業。其所生子世守，之後乃令止給禄米。

佚名《天水冰山録》〔追没嚴嵩奇貨細軟。計開〕

一織金粧花段、絹、綾羅、紗、紬、改機、絨、錦、瑣幅、葛、布等匹段：

大紅粧花五爪雲龍過肩段二匹。
大紅織金粧花蟒龍段一百四十五匹。
大紅粧花過肩雲蟒段一百零九匹。
大紅遍地金過肩雲蟒段六匹。
大紅織金飛魚補段一十三匹。
大紅粧花飛魚雲段四匹。
大紅粧花過肩斗牛段五匹。
大紅粧花斗牛雲段五十匹。
大紅織金斗牛補雲段九匹。
大紅粧花斗牛補段四十一匹。
大紅粧花斗牛宋錦段一匹。
大紅粧花雲鳳段七匹。
大紅刻絲全身仙鶴段一匹。
大紅織金仙鶴補段二百零三匹。
大紅粧花仙鶴補雲段九十六匹。
大紅織金仙鶴補雲段七十六匹。
大紅粧花過肩海潮雞段一匹。
大紅織金錦雞補段四十八匹。
大紅粧花錦雞雲段五匹。
大紅織金孔雀補段一十六匹。
大紅粧花孔雀補雲段一十三匹。
大紅織金粧花過肩麒麟段一匹。
大紅織金粧花麒麟補段一百九十二匹。
大紅織金麒麟補段七十二匹。
大紅粧花麒麟補雲段三十七匹。
大紅織金麒麟雲素段二匹。
大紅織金獅子補雲段二匹。
大紅織金獬豸補雲段五十四匹。
大紅織金雲鷺補段二匹。
大紅雲段一百零七匹。
大紅遍地金段七十一匹。
大紅素段四百三十三匹。
大紅剪絨段七匹。
紅閃色段一十一匹。
紅段二十四匹。
水紅色段一匹。
桃紅段一匹。
暗花蟒段七匹。
暗花鶴段二匹。
黄織金蟒龍段一匹。
青粧花過肩蟒段六十二匹。
青織金粧花蟒段六十三匹。

青粧花過肩遍地金蟒段一匹。
青粧花過肩鳳段三匹。
青織金仙鶴雲段一百六十八匹。
青織金粧花仙鶴補段七百八十三匹。
青織金仙鶴補素段三百九十匹。
青織金飛魚補段四匹。
青織金鳳補段一匹。
青織金粧花鳳通袖段一十四匹。
青織金粧花斗牛雲段四十六匹。
青織金粧花斗牛補段四十四匹。
青織金孔雀雲段一百一十匹。
青織金粧花孔雀補段一百九十一匹。
青織金麒麟補雲段四百五十八匹。
青織金麒麟補素段一百四十四匹。
青織金粧花獬豸補雲段四百一十七匹。
青織金獬豸補素段二百三十六匹。
青織金海潮錦雞雲段一匹。
青織金獅子過肩雲段一匹。
青織金獅子補段八匹。
青織金白鷴補段二匹。
青織金雲鷺補段三匹。
青剪絨段一十五匹。
青素段六百九十六匹。
青金段八匹。
青粧花遍地金段一十七匹。
青雲素段一百一十四匹。
青遍地金段一匹。
青閃紅雲段一匹。
天青段三十二匹。
黑青素段一百零六匹。
緑織金過肩雲蟒段三十五匹。
緑織金飛魚補段一匹。
緑粧花鳳段四匹。
緑織金斗牛補段三匹。
緑織金仙鶴補雲段八匹。
緑織金麒麟補段一十一匹。
緑織金孔雀補段一匹。
緑織金獬豸補段四匹。
緑素段二百九十一匹。
緑遍地金段三十五匹。
緑雲段六百五十一匹。
緑剪絨段四匹。
緑錦段一十八匹。
緑宋錦段五十匹。
緑閃色段八匹。
柳緑段二十七匹。
黑緑金豸段二匹。
黑緑素段三十匹。
黑緑金段八匹。
油緑素段二十二匹。
沙緑段三匹。
藍織金過肩蟒龍段一十九匹。
藍織金蟒龍段二十匹。
藍織金斗牛補段一十四匹。
藍織金鳳補段一匹。
藍織金仙鶴通袖段一匹。
藍織金獬豸補段一匹。
藍粧花麒麟補段四匹。
藍遍地金段五匹。
藍雲段四百二十四匹。

藍素段四百六十四匹。
藍閃色段四匹。
藍雲段一百一十匹。
藍素段五十一匹。
藍閃紅花被段一匹。
沈香織金蟒龍段一十七匹。
沈香粧花麒麟補段九匹。
沈香粧花斗牛段三匹。
沈香粧花獅豸補段一匹。
沈香雲段二十九匹。
沈香素段一百三十一匹。
沈香剪絨段二匹。
玉色粧花蟒龍段一匹。
玉色雲段七十六匹。
紫粧花過肩鳳段一匹。
紫織金鳳補花段一匹。
紫雲素段一十五匹。
紫段一匹。
紫遍地金段一匹。
藕絲素雲段三匹。
藕絲段三匹。
黄雲素段六十九匹。
黄閃色段八匹。
黄錦段三匹。
柳黄段二十七匹。
白素段四匹。
葱白飛魚補段二匹。
葱白素段五十四匹。
閃色各樣段五十七匹。
雜色段八匹。
紅織金粧花女襖裙段八十五匹。
官閃緑纓絡裙段二匹。
青粧花過肩各樣女袍段一十五匹。
藍粧花鳳裙段二匹。
藍織金麒麟女襖段二匹。
藍粧花女裙段四十七匹。
藍織金纓絡裙段二匹。
緑粧花女襖裙段一百零六匹。
柳緑織金纓絡裙段一匹。
黄織金纓絡裙段一匹。
沈香織金女襖裙段五匹。
紫粧花女襖裙段一十三匹。
以上段共九千一百五十一匹。

絹：
大紅粧花過肩蟒絹四匹。
大紅織金蟒絹四匹。
大紅織金斗牛補絹一十一匹。
大紅粧花斗牛補雲絹一十匹。
大紅粧花飛魚補絹五匹。
大紅粧花金鳳雲絹一十匹。
大紅織金粧花仙鶴補絹三十八匹。
大紅粧花仙鶴補雲絹六匹。
大紅織金仙鶴補雲絹三十匹。
大紅粧花錦雞補絹三十匹。
大紅織金錦雞補雲絹二匹。
大紅織金孔雀補雲絹一匹。
大紅粧花過肩麒麟絹二匹。
大紅織金粧花麒麟補雲絹三十八匹。
大紅粧花獅子雲絹一匹。
大紅織金粧花獅豸補絹二十三匹。

大紅粧花雲鷺補絹一匹。
大紅雲絹二十七匹。
大紅素絹一十二匹。
紅素絹五匹。
銀紅織金鳳補花絹一匹。
青織金粧花蟒絹一匹。
青粧花仙鶴補絹四十二匹。
青織金粧花飛魚絹四匹。
青織金孔雀補絹一十四匹。
青粧花麒麟雲絹九匹。
青織金獬豸補雲絹一十九匹。
青織金粧花獅子補絹一匹。
青織金雲鷺補通袖絹三匹。
青素絹五十六匹。
緑織金蟒絹一匹。
緑織金鳳花絹一匹。
緑織金斗牛補絹一匹。
緑織金麒麟花絹二匹。
沙緑織金孔雀花絹一匹。
緑織金花絹一匹。
緑素絹一十六匹。
緑雲熟絹一十二匹。
藍織金過肩蟒龍絹一匹。
藍織金蟒龍絹二匹。
藍織金鳳補花絹三匹。
藍織金麒麟花絹一匹。
藍素絹三十五匹。
藍雲熟絹二十九匹。
沈香粧花飛魚補絹一匹。
沈香素絹九匹。
玉色雲絹九匹。
紫素絹一匹。
黄素絹六匹。
白素絹三十匹。
桃紅遍地金女裙絹一匹。
銀紅練絨纓絡女裙絹九匹。
紅粧花女裙襖絹二十二匹。
青織金女裙襖絹九匹。
藍粧花女裙襖絹八十一匹。
藍織金纓絡裙絹二匹。
緑織金纓絡裙絹三匹。
沙緑織金纓絡裙絹一匹。
黄織金粧花女裙襖絹七匹。
黄粧花女裙襖絹二十四匹。
沈香粧花女裙襖絹三匹。
沈香粧花鳳女衣絹一匹。
紫纓絡女裙絹一匹。
桃紅粧花女裙襖絹七匹。
以上絹共七百四十三匹。

羅：

大紅織金粧花蟒龍羅四十匹。
大紅粧花過肩雲蟒羅四十一匹。
大紅粧花遍地金蟒羅一匹。
大紅粧花過肩飛魚羅二匹。
大紅粧花飛魚補羅一匹。
大紅織金飛魚補羅四匹。
大紅織金飛魚通袖羅二匹。
大紅粧花斗牛補羅一十八匹。
大紅織金過肩斗牛羅一匹。
大紅織金粧花鳳羅一匹。

大紅織金仙鶴補羅三十匹。
大紅粧花仙鶴補羅九匹。
大紅織金錦雞補羅四匹。
大紅織金粧花錦雞通袖羅一十四匹。
大紅織金粧花孔雀補羅六匹。
大紅織金粧花麒麟補羅六十一匹。
大紅織金過肩麒麟花羅二匹。
大紅織金粧花麒麟通袖羅五匹。
大紅織金過肩獅子羅二匹。
大紅雲羅五十七匹。
大紅素羅六十四匹。
青織金過肩蟒羅四匹。
青遍地金蟒羅一匹。
青粧花過肩鳳羅三匹。
青織金仙鶴補羅二十四匹。
青織金飛魚補羅二匹。
青織金粧花飛魚過肩羅一匹。
青織金粧花鳳過肩羅七匹。
青織金粧花鳳補羅六匹。
青織金粧花斗牛補羅八匹。
青織金孔雀補羅六匹。
青粧花麒麟補雲羅二十七匹。
青織金獬豸補羅三匹。
青織金錦雞補羅一匹。
青織金白鷴補羅二匹。
緑織金過肩蟒羅二匹。
緑織金過肩斗牛羅一匹。
緑織金麒麟羅三匹。
緑遍地金羅一匹。
緑素羅七十六匹。
油緑羅三匹。
藍織金蟒龍羅三匹。
藍織金鳳羅一匹。
藍素羅三十二匹。
紫雲羅二匹。
黄織金鳳羅一匹。
黄雲羅九匹。
西洋羅三匹。
葱白羅六匹。
閃色羅一匹。
紅粧花鳳女裙羅三匹。
藍粧花麒麟女衣羅三匹。
藍織金花鳳女衣羅一十四匹。
緑粧花過肩鳳女衣羅五匹。
緑粧花鳳女衣羅四匹。
緑織金粧花孔雀女衣羅一十匹。
黄粧花鳳女裙羅四匹。
以上羅共六百四十七匹。

紗：

大紅織金粧花蟒紗一十四匹。
大紅織金過肩蟒紗一匹。
大紅織金飛魚補紗二匹。
大紅粧花過肩雲蟒紗二十二匹。
大紅粧花過肩斗牛補紗四匹。
大紅織金斗牛補紗一十一匹。
大紅粧花鳳補紗一十一匹。
大紅粧花仙鶴補紗一十九匹。
大紅織金粧花仙鶴補紗一十九匹。
大紅織金粧花錦雞補紗三十二匹。
大紅粧花錦雞補紗二匹。

大紅織金孔雀補紗四匹。
大紅織金麒麟補紗一十四匹。
大紅粧花麒麟補紗二十三匹。
大紅織金獅子補紗一匹。
大紅織金獬豸補花紗九匹。
大紅縐紗一百零六匹。
大紅雲紗二十二匹。
桃紅紗二匹。
青織金粧花蟒紗二十四匹。
青織金鳳補紗二匹。
青織金仙鶴補紗四十八匹。
青織金粧花斗牛補紗三十匹。
青織金粧花鳳補紗八匹。
青織金孔雀過肩紗一匹。
青織金孔雀補紗一十二匹。
青織金粧花麒麟補紗五十八匹。
青織金粧花獬豸補雲紗一十九匹。
青織金雲錦雞補紗一匹。
青織金獅子補紗一匹。
青織金白鷴補紗五匹。
青織金雲鷺補紗一十四匹。
青素紗八十九匹。
緑粧花蟒紗三匹。
緑織金鳳補紗五匹。
緑織金麒麟紗三匹。
緑遍地金紗一匹。
緑素紗一百零一匹。
緑粧花纓絡女裙紗五匹。
油緑紗一十二匹。
藍粧花過肩雲蟒紗七匹。
藍織金蟒龍紗七匹。
藍織金鳳補紗六匹。
藍織金斗牛補紗一匹。
藍織金麒麟補紗一匹。
藍素紗一百零二匹。
藍粧花雲紗一十三匹。
沈香織金粧花鳳補紗一匹。
沈香織金雲鳳紗三匹。
沈香織金過肩雲鶴紗一匹。
沈香素紗三十三匹。
沈香織金鳳女衣紗二匹。
玉色紗一十八匹。
紫粧花獬豸紗一匹。
紫粧花過肩鳳紗二匹。
紫紗二匹。
紫閃色紗一匹。
黃紗七匹。
葱白紗二十二匹。
銀條紗一十四匹。
紅織金女裙紗六匹。
紅織金女襖裙紗三十七匹。
紅織金纓絡裙紗五匹。
青粧花過肩鳳女袍紗二十匹。
藍粧花纓絡鳳裙紗六匹。
藍織金飛魚女衣紗一匹。
藍織金女襖裙紗四十六匹。
藍織金纓絡女裙紗二匹。
黃織金鳳女裙紗一匹。
黃織金纓絡女裙紗一匹。
紫織金鳳纓絡女裙紗三匹。

紫織金粧花女衫紗一十匹。
紫素紗三匹。
葱白織金女裙紗一匹。
茄花色織金女裙紗一匹。
以上紗共一千一百四十七匹。
紬：
大紅粧花過肩雲蟒紬一匹。
大紅織金蟒龍紬四匹。
大紅粧花過肩雲蟒潞紬一匹。
大紅粧花飛魚補雲紬五匹。
大紅織金飛魚補紬六匹。
大紅織金斗牛補紬二十三匹。
大紅粧花斗牛補紬二十九匹。
大紅粧花斗牛補潞紬四匹。
大紅粧花金鳳紬三匹。
大紅織金仙鶴補雲紬一十六匹。
大紅粧花仙鶴補紬五十七匹。
大紅粧花過肩仙鶴潞紬八匹。
大紅粧花仙鶴潞紬八匹。
大紅織金仙鶴補紬二十匹。
大紅粧花錦雞補雲紬八匹。
大紅織金過肩錦雞潞紬四匹。
大紅織金孔雀雲紬七匹。
大紅粧花孔雀補紬五匹。
大紅織金粧花麒麟補紬三十五匹。
大紅粧花麒麟通袖紬五匹。
大紅織金麒麟補潞紬一匹。
大紅織金粧花獬豸補紬五匹。
大紅織金雲鸞補潞紬一匹。
大紅素紬四十匹。
大紅素綿紬一十二匹。
銀紅雲紬一匹。
暗花雲鶴紬五匹。
青織金過肩蟒紬七匹。
青粧花鳳補潞紬一匹。
青織金仙鶴補紬三十七匹。
青粧花仙鶴補紬一百三十六匹。
青織金粧花仙鶴潞紬一十三匹。
青織金仙鶴補潮紬二十匹。
青織金飛魚補潮紬二匹。
青織金斗牛補紬四十五匹。
青織金斗牛補潮紬四匹。
青織金孔雀補潮紬二匹。
青織金粧花孔雀補紬四十五匹。
青織金麒麟補雲紬七十一匹。
青織金麒麟補潮紬四匹。
青織金獬豸補雲紬三十九匹。
青織金獬豸補潮紬八匹。
青素潮紬一十二匹。
緑織金粧花鳳紬二匹。
緑粧花斗牛補紬五匹。
緑織金仙鶴補紬四匹。
緑織金麒麟補紬三匹。
緑織金孔雀補紬一匹。
緑錦紬四匹。
油緑潮紬二匹。
沈香織金蟒龍紬一匹。
沈香粧花飛魚補紬一匹。
沈香織金仙鶴補紬一匹。
玉色素潮紬一十五匹。

紫潮紬二匹。
西洋白絹紬七匹。
銀紅織金纓絡紬一匹。
紅織金纓絡紬三匹。
桃紅粧花裙襖紬二匹。
以上紬共八百一十四匹。
改機：
大紅粧花過肩雲蟒改機三匹。
大紅粧花斗牛補改機一十八匹。
大紅粧花仙鶴補改機四匹。
大紅織金孔雀補改機七匹。
大紅織金麒麟補改機一十一匹。
大紅粧花獬豸補改機一匹。
大紅改機六匹。
青織金過肩蟒改機一匹。
青粧花仙鶴雲改機五十五匹。
青粧花仙鶴素改機四十九匹。
青織金穿花鳳補改機一匹。
青織金粧花斗牛補改機二十三匹。
青織金孔雀補雲改機一十七匹。
青織金麒麟補改機二十四匹。
青織金獬豸補改機一十五匹。
青織金粧花雲錦雞補改機二匹。
青素雲改機一十九匹。
緑雲素改機一十三匹。
藍雲改機三匹。
閃色織金麒麟雲改機一匹。
閃色粧花仙鶴改機一匹。
以上改機共二百七十四匹。
絨：
大紅織金蟒絨二十七匹。
大紅粧花過肩雲蟒絨二十匹。
大紅粧花過肩飛魚絨二匹。
大紅織金過肩飛魚絨一匹。
大紅織金飛魚補絨一十三匹。
大紅粧花斗牛補絨一十三匹。
大紅粧花過肩雲蟒絨二匹。
大紅織金過肩蟒絨一匹。
大紅粧花斗牛補絨二匹。
大紅織金鳳補絨二匹。
大紅織金仙鶴絨一十三匹。
大紅粧花仙鶴補絨二十八匹。
大紅織金仙鶴補絨二十六匹。
大紅織金孔雀補絨三匹。
大紅粧花孔雀補絨六匹。
大紅織金麒麟補絨二十五匹。
大紅織金麒麟絨三匹。
大紅織金獬豸補絨一十七匹。
大紅粧花獬豸補絨七匹。
大紅素絨九十九匹。
青織金過肩蟒絨四十五匹。
青織金粧花仙鶴補絨三十四匹。
青織金飛魚補絨七匹。
青織金斗牛過肩絨三匹。
青織金斗牛補絨七匹。
青織金孔雀補絨五匹。
青織金麒麟補絨一十四匹。
青織金獬豸補絨二十二匹。
青織金練雀補絨一匹。
青素剪絨一十六匹。

蘆花色粧花麒麟補絨一匹。
緑織金過肩蟒絨七匹。
緑織金飛魚補絨六匹。
緑織金過肩鳳絨一匹。
緑織金斗牛補絨十匹。
緑粧花仙鶴補絨一十三匹。
緑織金麒麟補絨二匹。
緑織金孔雀補絨一匹。
緑織金獬豸補絨一匹。
油緑素絨七匹。
藍織金斗牛補絨一匹。
沈香織金飛魚補絨四匹。
沈香素絨一匹。
紫織金過肩鳳絨一匹。
紫素絨五匹。
紫素女裙絨三匹。
茶褐色織金麒麟補絨二匹。
茶褐色獬豸補絨三匹。
茶褐色斗牛補絨五匹。
茶褐色素絨二匹。
鼠色絨三十五匹。
抹絨一十匹。
西洋鐵色褐六匹。
以上絨褐共五百九十一匹。
錦：
大紅宋錦四十八匹。
青織金仙鶴宋錦二匹。
青織金穿花鳳宋錦一匹。
青織金麒麟宋錦二匹。
青宋錦四十一匹。
沈香色宋錦三匹。
玉色宋錦一十五匹。
葱白宋錦五匹。
蜀錦一十八匹。
銀紅錦一匹。
紫錦一匹。
青錦一十六匹。
藍錦九匹。
五色粧花錦二十匹。
雜色錦三十二匹。
以上錦共二百一十四匹。
綾：
大紅織金綾二匹。
紅綾一匹。
桃紅綾一匹。
暗花蟒綾七匹。
以上綾共一十一匹。
瑣幅：
紅瑣幅一十五匹。
緑瑣幅一十匹。
青瑣幅四十六匹零一段。
藍瑣幅三匹。
沈香色瑣幅一十六匹。
黄瑣幅四匹。
醬色瑣幅一十二匹。
以上瑣幅共一百六匹零一段。
葛：
青織金過肩蟒葛一匹。
蟒龍葛布三匹。
雲葛五十三匹。

以上葛共五十七匹。

布：

大紅粧花斗牛補絲布四匹。

大紅織金粧花仙鶴絲布二十匹。

大紅織金粧花錦雞補絲布二匹。

大紅粧花孔雀補絲布二匹。

大紅織金獅豸補絲布七匹。

大紅織金麒麟補絲布一匹。

青織金仙鶴補絲布三十七匹。

青織金斗牛補雲絲布九匹。

青織金孔雀補絲布一十二匹。

青織金麒麟補絲布九匹。

青織金獅豸補絲布八匹。

青織金粧花錦雞補雲絲布三匹。

青織金粧花絲布四十三匹。

綠織金絲布三匹。

紫織金絲布一匹。

大紅織金粧花飛魚雲布一匹。

大紅織金仙鶴雲布六匹。

大紅織金獅豸雲布一匹。

大紅織金粧花雲布一匹。

紅素雲布四匹。

青織金蟒雲布一匹。

素織金粧花鳳補雲布二匹。

油綠粧花蟒龍雲布一匹。

綠雲布二匹。

油綠斗牛雲布一匹。

藍織金麒麟雲布一匹。

藍雲布一十二匹。

沈香色雲布七匹。

黄雲布三匹。

白雲布二十九匹。

大紅粧花斗牛焦布一匹。

大紅布一百二十匹。

紫布七匹。

黄苧布一十匹。

高麗苧布二十八匹。

西洋紅白棉布八匹。

紅夏布七十二匹。

各色女襖裙紬段絹九十六匹。

以上布共五百七十六匹。

通計段、絹、綾、羅、紗、紬、絨、錦、布等項共一萬四千三百三十一匹零一段。

《天水冰山録》〔追没嚴嵩奇貨細軟。計開〕

一各色織金粧花男女衣服：

段衣：

大紅織金過肩蟒段衣九件。

大紅粧花過肩蟒龍段衣一十件。

大紅織金蟒段圓領七件。

大紅粧花蟒段圓領一十件。

大紅織金粧花斗牛段衣一件。

大紅織金粧花斗牛段圓領二十四件。

大紅織金粧花仙鶴段衣五件。

大紅織金粧花仙鶴段圓領八件。

大紅織金粧花錦雞段圓領四件。

大紅織金粧花孔雀段衣五件。

大紅織金粧花孔雀段圓領八件。

大紅織金粧花雲鴈段圓領一件。

大紅織金白鷴段圓領三件。

大紅織金雲鷺段圓領五件。

大紅過肩雲段衣一件。

大紅段遍身雲鶴法衣一件。
青織金粧花蟒龍段衣二十件。
青織金粧花蟒龍圓領一十件。
青織金粧花斗牛段衣二件。
青織金粧花斗牛圓領一十八件。
青織金粧花仙鶴段衣四件。
青織金粧花仙鶴段圓領二十件。
青織金粧花錦雞段衣一件。
青織金粧花錦雞段圓領八件。
青織金粧花孔雀段衣六件。
青織金粧花孔雀段圓領二十件。
青織金粧花雲鷺段圓領六件。
青織金粧花白鷳段圓領一件。
青織金粧花獬豸段圓領二件。
青素段圓領三件。
緑織金粧花蟒段衣七件。
緑織金粧花斗牛段圓領一件。
緑織金斗牛段衣二件。
油緑過肩暗花蟒段衣一件。
油緑麒麟段衣一件。
墨緑麒麟段圓領一件。
緑粧花孔雀段衣二件。
緑閃黄仙鶴段衣一件。
藍織金粧花蟒段衣四件。
藍蟒段圓領一件。
藍織金粧花斗牛段衣四件。
藍段閃紅過肩暗花蟒衣二件。
藍段閃紫過肩雲鶴衣二件。
藍粧花錦雞段衣二件。
沈香粧花仙鶴段衣一件。
沈香蟒段衣二件。
茄花色蟒段衣一件。
大紅粧花蟒段女袍二件。
大紅織金蟒段女袍六件。
大紅斗牛段女袍七件。
大紅斗牛段女衣一十六件。
大紅雲段過肩麒麟女袍一件。
大紅織金粧花段女袍一十二件。
大紅鬧粧花段女衣一件。
大紅織金粧花段女衣八件。
大紅素段女袍二件。
大紅遍地金蟒段女衣一件。
緑織金粧花段女衣四件。
青織金粧花段女袍二件。
青織金粧花段女衣七件。
藍斗牛段女衣二件。
紫斗牛段女衣二件。
沈香蟒段女襖二件。
墨緑段麒麟女袍一件。
以上段衣共三百三十四件。
絹衣：
大紅織金蟒龍雲絹衣四件。
大紅粧花蟒龍雲絹圓領二件。
大紅織金粧花斗牛絹衣三件。
大紅織金粧花斗牛絹圓領三件。
大紅織金粧花麒麟雲絹圓領五件。
大紅織金粧花仙鶴雲絹圓領一十四件。
大紅織金飛雲絹衣一件。
大紅織金粧花錦雞絹衣四件。
大紅粧花錦雞絹圓領三件。

大紅粧花孔雀雲絹衣二件。
大紅織金灑線孔雀雲絹圓領六件。
大紅織金獅子雲絹圓領一件。
青織金粧花斗牛絹圓領四件。
青織金麒麟雲絹圓領七件。
青織金仙鶴絹圓領六件。
青粧花仙鶴雲絹衣三件。
青織金飛魚雲絹圓領二件。
青織金過肩蟒龍雲絹衣七件。
青粧花蟒龍圓領二件。
青織金雲鴈絹圓領一件。
青粧花雲絹圓領一件。
青粧花孔雀絹圓領六件。
青粧花暗花孔雀絹衣三件。
青織金孔雀絹圓領一十一件。
青織金錦雞絹圓領一十件。
青雲裏白鷳絹圓領一件。
油緑暗花仙鶴孔雀絹衣六件。
油緑絹褶子三件。
緑粧花斗牛絹衣一件。
緑絹褶子七件。
藍蟒金胸背絹衣一件。
藍織金仙鶴絹衣一件。
藍閃紅過肩蟒絹衣一件。
藍蟒補雲絹衣一件。
藍斗牛雲絹衣一件。
藍閃緑麒麟雲絹衣二件。
藍粧花仙鶴雲絹衣四件。
藍粧花暗花孔雀絹衣一十二件。
藍粧花錦雞絹衣三件。
藍絹褶子六件。
沈香四串絹過肩蟒衣一件。
沈香粧花錦雞絹衣一件。
沈香粧花孔雀絹衣三件。
沈香粧花仙鶴絹衣一件。
沈香雲絹褶子一件。
大紅錦雞雲絹女衣一件。
大紅過肩鳳雲絹女衣一件。
大紅麒麟雲絹女袍一件。
大紅斗牛雲絹女袍二件。
大紅織金粧花絹女袍四件。
大紅織金粧花絹女衣三件。
納錦百花蟒絹女衣一件。
納錦八仙絹女披風一件。
緑納錦斗牛絹女披風一件。
緑織金粧花絹女衣三件。
油緑織金粧花絹女衣二件。
藍織金粧花絹女衣四件。
以上絹衣共一百九十二件。

羅衣：

大紅織金粧花過肩蟒羅衣一十件。
大紅織金粧花蟒龍羅圓領一十七件。
大紅織金粧花斗牛羅衣一件。
大紅織金粧花仙鶴羅衣一件。
大紅織金粧花斗牛羅圓領九件。
大紅刻絲仙鶴補羅圓領一件。
大紅織金粧花仙鶴羅圓領六件。
大紅織金粧花錦雞羅圓領四件。
大紅粧花孔雀羅衣一件。
大紅織金粧花孔雀羅圓領三件。

大紅織金粧花雲鴈羅圓領一件。
青織金粧花蟒龍羅衣三件。
青織金粧花蟒羅圓領四件。
青織金粧花斗牛羅圓領一十三件。
青織金麒麟羅圓領一件。
青織金粧花仙鶴羅圓領五件。
青織金粧花錦雞羅圓領七件。
青織金粧花孔雀羅圓領七件。
青織金獬豸補羅圓領六件。
緑粧花孔雀羅衣一件。
緑羅直身三件。
緑羅褶子三件。
藍蟒羅衣三件。
藍羅直身七件。
藍羅褶子一十一件。
沈香羅褶子二件。
玉色羅褶子二件。
大紅織金羅女衣七件。
大紅素羅女披風一件。
青蟒羅女衫二件。
青粧花羅女圓領一件。
青織金羅女圓領一件。
青粧花羅女衣二件。
以上羅衣共一百四十五件。
紗衣：
大紅織金過肩蟒龍雲紗衣一十四件。
大紅織金蟒龍補紗圓領一件。
大紅織金飛魚紗圓領一件。
大紅織金粧花斗牛雲紗衣二件。
大紅織金粧花斗牛雲紗圓領一十件。
大紅織金粧花麒麟雲紗衣一件。
大紅織金粧花麒麟雲紗圓領二件。
大紅織金粧花麒麟緙紗圓領一件。
大紅織金粧花仙鶴雲紗衣四件。
大紅織金粧花仙鶴雲紗圓領九件。
大紅織金獬豸補紗圓領二件。
大紅織金粧花雲鷺紗圓領一十一件。
大紅粧花雲鷺紗衣一件。
大紅粧花錦雞補紗圓領五件。
大紅粧花孔雀雲紗衣七件。
大紅粧花孔雀緙紗衣一件。
大紅織金粧花孔雀紗圓領一十三件。
大紅織金粧花孔雀補緙紗圓領一件。
大紅粧花雲鴈補紗圓領一件。
青織金粧花暗花蟒紗衣一十五件。
青織金蟒紗圓領三件。
青織金斗牛紗圓領一十八件。
青織金獬豸紗圓領二十一件。
青織金鷺鷥紗圓領一十七件。
青織金粧花飛魚紗圓領二件。
青粧花麒麟紗圓領一十件。
青織金粧花過肩雲鶴紗衣三件。
青織金粧花雲鶴紗圓領二十六件。
青粧花雲鴈紗圓領一件。
青粧花圈金錦雞紗圓領二十件。
青織金粧花孔雀補紗圓領四十一件。
青暗花孔雀雲紗衣五件。
緑過肩蟒紗衣一件。
緑粧花蟒紗衣一件。
油緑斗牛紗圓領二件。

绿粧花暗花仙鶴孔雀紗衣五件。
藍蟒紗衣一十二件。
藍斗牛雲紗衣二件。
藍麒麟補紗衣一件。
沈香色蟒紗衣二件。
葱白紗過肩蟒衣一件。
藍紗褶子四件。
大紅蟒紗女袍四件。
大紅蟒紗女衣八件。
大紅斗牛紗女披風二件。
大紅斗牛紗女衣一件。
大紅織金粧花紗女袍一十件。
大紅織金粧花紗女衣一十件。
绿蟒紗女衣二件。
绿斗牛紗女衣一件。
青織金粧花紗女袍五件。
青蟒紗女袍二件。
青粧花麒麟紗女袍一件。
青織金麒麟紗女袍一件。
以上紗衣共三百四十六件。
紬衣：
大紅粧花過肩雲蟒紬衣一件。
大紅織金麒麟補紬圓領二件。
大紅織金斗牛紬衣一件。
大紅織金粧花斗牛紬圓領二件。
大紅織金仙鶴補紬圓領一件。
大紅織金仙鶴紬衣一件。
大紅粧花孔雀補紬衣一件。
大紅粧花孔雀補紬圓領一件。
青織金斗牛紬圓領三件。
青織金粧花麒麟紬衣二件。
青織金粧花麒麟紬圓領一十一件。
青織金粧花獅子紬圓領一件。
青織金粧花鴛鴦紬衣一件。
青粧花仙鶴補紬圓領七件。
青暗花雲鶴紬衣一件。
青織金仙鶴補紬圓領三件。
青織金粧花孔雀紬圓領一十六件。
青織金錦雞補紬圓領六件。
油绿粧花斗牛紬衣一件。
藍織金粧花麒麟紬衣二件。
藍織金過肩雲鶴紬衣一件。
藍織金斗牛補紬圓領一件。
沈香色紬蟒衣一件。
绿紬褶子六件。
藍紬褶子四件。
大紅紬麒麟補女衣二件。
大紅紬獬豸補女衣一件。
桃紅紬斗牛女衣二件。
紫紬麒麟補女衣一件。
绿紬蟒補女衣三件。
青紬麒麟女衣一件。
藍紬斗牛女衣二件。
以上紬衣共八十九件。
改機衣：
青織金孔雀改機衣一件。
青織金粧花孔雀改機圓領一十二件。
青刻絲錦雞補改機圓領一件。
青素改機圓領三件。
以上改機衣共一十七件。

絨衣：

大紅粧花過肩蟒絨衣三件。

大紅粧花蟒絨圓領三件。

大紅粧花斗牛絨圓領四件。

大紅粧花麒麟絨圓領三件。

大紅刻絲仙鶴補絨圓領一件。

大紅織金仙鶴補絨圓領八件。

大紅粧花仙鶴絨圓領一件。

大紅粧花錦雞絨圓領四件。

大紅粧花孔雀絨圓領四件。

青織金斗牛絨圓領三件。

青粧花斗牛絨圓領三件。

青粧花過肩斗牛絨衣一件。

青粧花蟒龍絨圓領五件。

青織金蟒絨衣五件。

青織金仙鶴絨圓領一十件。

青織金粧花錦雞絨圓領三件。

青織金雲鴈絨圓領三件。

青織金雲鴈絨衣一件。

青粧花絨襌衣一件。

青粧花孔雀補絨圓領五件。

緑織金過肩蟒絨衣二件。

墨緑過肩蟒絨衣二件。

油緑粧花錦雞絨圓領一件。

油緑粧花孔雀絨圓領二件。

墨緑織金斗牛絨圓領二件。

沈香色蟒絨衣二件。

沈香斗牛絨衣一件。

栗色粧花斗牛絨衣一件。

藕色過肩蟒絨衣一件。

天鵞絨頭圍一箇。

大紅過肩斗牛絨女衣一件。

大紅蟒絨女袍一件。

大紅雲鶴絨女袍一件。

紅織金鳳補絨女衣二件。

紅絨女袍一件。

紅絨女衣六件。

紅剪絨獬豸女披風一件。

紫絨女衣二件。

青過肩蟒絨女衣一件。

青過肩蟒絨女披風一件。

青過肩斗牛絨女衣一件。

墨緑蟒補絨女衣一件。

墨緑斗牛補絨女衣一件。

沈香斗牛絨女衣一件。

紅粧花絨女裙一條。

緑粧花絨女裙一條。

紅織金絨女裙一條。

緑織金絨女裙一條。

藍織金絨女裙一條。

以上絨衣共一百一十三件

宋錦衣：

青宋錦刻絲仙鶴補圓領一件。

宋錦斗牛女披風一件。

蟒葛衣：

過肩蟒葛衣一件。

斗牛補葛衣三件。

貂裘衣：

貂鼠裘襖二件。

豹皮襌皮二件。

狐裘二件。

貂鼠風領五條。

以上錦葛貂裘共一十七件。

絲布衣：

大紅織金仙鶴補絲布圓領一件。

大紅粧花蟒龍補絲布圓領一件。

大紅粧花麒麟補絲布圓領一件。

大紅織金斗牛絲布圓領一件。

大紅灑線孔雀補絲布圓領一件。

青織金蟒龍絲布圓領一件。

青織金粧花斗牛絲布圓領四件。

青織金雲鴈絲布圓領三件。

青織金粧花獬豸補絲布圓領七件。

青粧花孔雀絲布圓領一件。

藍織金雲鶴絲布衣一件。

大紅舊雲布過肩蟒衣一件。

以上絲布衣共二十三件。

灑線過肩蟒并裙襴二十八片。

通計段、絹、羅、紗、紬、絨、裘、葛、布等項男女衣服共一千三百零四件。

一絲綿：

絲綿四百八十七斤。

一刻絲畫補：

刻絲蟒龍衣段二件。

刻絲蟒鶴補二十四副。

刻絲罩甲一件。

刻絲觀音一副。

刻絲壽星一副。

刻絲畫一副。

灑線蟒龍一副十片。

以上刻絲畫補共四十副件。

官修《明實録・明宣宗實録》卷一五〔宣德元年三月〕丁巳，五開衛吏龍淵言：「鈔法阻滯，乞禁止民間毋以布帛、米麥交易，則鈔可通行。」上曰：「布帛菽粟，民所服食，不可一日無者。互相貿易，以厚其生，豈可禁絶？俗吏之言可聽乎？」

〔宣德元年十月乙亥〕，行在户部言：「比者鈔法阻滯，朝廷屢嚴禁約，至今未見流通。蓋由所出者多，所入者少。請自今凡官員軍民人等，赦後倒死、虧欠馬駝等畜，俱令納鈔。馬每匹三千貫，駝八千貫，騾二千貫，驢、牛每頭一千貫，猪、羊每隻三百貫，鵞八十貫，雞、鴨各三十貫。赦後至洪熙元年終，各處所欠魚鰾等物，魚鰾每斤二十五貫，魚油十貫，茶五貫，翎毛每百根十貫，牛皮一張三百貫，羊皮以下每一張一百五十貫，蘆柴每束二十五貫。贓罰金銀諸物，金每兩八千貫，銀二千貫，銅、錫每斤各二百貫，鐵五十貫，鉛一百貫，紵絲、羅每匹各二千五百貫，綾二千貫，紬一千貫，官絹五百貫，小絹二百五十貫，官綿布二百貫，小綿布一百五十貫，三梭布四百貫，大苧布一百五十貫，小苧布一百貫，福生布、洗白夏布各二百貫，高麗布一千貫。其有不盡載者，各加時價五倍折鈔。内外商税、門攤等項俱依前例。監察御史、按察司官嚴督比較，如或怠惰，致令有司作弊，一體究問。今後若官吏軍民人等犯笞杖罪，每一十贖鈔一千貫，軍官還職，文官應降罷者依律降罷，吏改撥，軍民人等着役寧家。」上曰：「此亦一時權宜耳，俟鈔法稍通，别議。」

官修《明實録・明英宗實録》卷二〇九〔景泰三年十月丙子〕太醫院醫士張驛奏：「京師萬方會同，日用百物不免資於商旅。朝廷設立官店，輕收税課，買賣有所負欠，常令御史督責，蓋所以招徠之也。近者理財之官不知大體，唯務刻剥。如紵絲一匹税鈔至三百五十貫，可值銀七錢；三梭布每十匹亦至三百五十貫；他物皆然。以本物計之，税鈔先取四分之一。臣恐日久商旅畏避税重，不肯來京，致使百物騰貴。」事下户部，太子太保兼户部尚書金濂等言：「臣等初以京師多故，奏令加税，所取不許過三十之一。今郎中徐敬、順天府治中劉實重定時估，致有過重。臣等未及酌量，即命行之。今驛奏如此，宜治敬、實等罪。」從之。遂奏更物價店税，上等紵絲每匹不得過七十五貫，他物稱是。

顧炎武《肇域志・南直隸》 古揚州之域，東連三吴，西引荆、汝，大江環繞，湖海吐納，實四方之根本。直隸府十四，州十七，縣九十六。

夏秋二稅，共五百九十九萬五千三百四十石，絲一千萬九千九百一十兩，絹三萬八千四百五十二疋，麻布二千七十七疋，馬草五百十三萬三千八百五十包零，鈔八千七百七十錠。

顧炎武《肇域志·湖廣寶慶府》 郡邑産葛、苧、麻、綿，布極細，不亞他產。產絹，有土紬、綿紬。

顧炎武《肇域志·雲南》 明帝乃置郡，屬縣八，寧州之極西南也。有閩濮、鳩僚、僄越、躶濮、身毒之民。土地沃腴，黄金、光珠、虎魄、翡翠、孔雀、犀、象、蠶桑、綿絹、采帛、文繡。又有貊獸，食鐵；猩猩獸，能言，其血可以染朱罽。有梧桐木，其花柔如絲，民績以爲布，幅廣五尺，潔白不受汙，俗名曰桐華布。以覆亡人，然後服之，及賣與人。有蘭干細布。蘭干，僚言紵也，織成，文如綾錦。又有罽旄、帛疊、水精、瑠璃、軻蟲、蚌珠。

雲南郡蜀建興三年置，屬縣七。本雲川地。【略】亦出華布。

顧祖禹《讀史方輿紀要·輿圖要覽》卷一《輿地總圖》 南、北直隸，【略】夏秋二稅，共米麥二千六百零八萬五千九百一十六石。

京、通二倉，臨、德、徐、淮四倉，每年漕運米四百萬石。

南京各倉每年運米。

絹二十萬五千五百九十八匹，絲一萬七千零三斤，又三百一十六萬八千一十七兩，綿花二十四萬六千五百六十二斤，綿布一十三萬八百七十匹，麻布二千七十七匹，洞蠻苧布二百五十九條，苧六十五斤。

顧祖禹撰《讀史方輿紀要·輿圖要覽》卷一《京師第一》 夏秋二稅共米麥六十萬一千一百五十二石，絹四萬五千一百三十五匹，綿花一十萬三千七百四十八斤，鈔九貫，馬草八百七十三萬七千二百八十四束。

顧祖禹撰《讀史方輿紀要·輿圖要覽》卷一《南直第二》 夏秋二稅共米麥五百九十九萬五千三十四石，絲一十萬九千九百十兩，絹三萬八千四百五十二匹，麻布二千七十七匹，鈔八千七百七十錠，馬草五百八萬四千二百一十七包。

顧祖禹《讀史方輿紀要·輿圖要覽》卷一《山東第三》 夏秋二稅共米麥二百八十五萬一千一百一十九石，絲二千一百一十一觔，絹五萬四千九百九十匹，棉花五萬二千四百四十九觔，馬草三百八十一萬四千二百九十束。

顧祖禹撰《讀史方輿紀要·輿圖要覽》卷一《山西第四》 夏秋二稅共米麥二百二十七萬四千二十二石，絲五十觔，絹四千七百七十七匹，草三百五十四萬四千八百五十束。

顧祖禹《讀史方輿紀要·輿圖要覽》卷一《陝西第五》 夏秋二稅共米麥一百九十二萬九千五十七石，絲綿三百六觔，絹九千二百十八匹，棉花一萬七千二百七十三觔，布五十八萬八千九百九十匹。

顧祖禹撰《讀史方輿紀要·輿圖要覽》卷一《河南第六》 夏秋二稅共米麥二百四十一萬四千四百七十七石，內除起運外，正該存留米麥并棗子棗株木共八十六萬八千八百六石零。每歲祿米該用粟麥一百四萬六千二百零，除王府并合省文武官吏師生旗校官軍俸銀六十九萬三千餘石不計外，絲三十五萬三千六百四十三兩，絹九千九百五十九匹，綿花三百四十二觔，馬草二百二十八萬八千七百五十四束。

顧祖禹《讀史方輿紀要·輿圖要覽》卷一《浙江第七》 夏秋二稅共米麥二百五十一萬二百九十九石，絲棉共二百七十萬四千二百七十兩，絹九萬八千四零。

顧祖禹《讀史方輿紀要·輿圖要覽》卷二《江西第八》 夏秋二稅共米麥八萬八千五十九石五升八合三勺，秋糧官民米二百五十二萬八千三百五十五石八斗二升，絲八千二百三觔，絹一萬一千五百二十六匹，布一千三百四十一匹，鈔九千九百七十九錠。

顧祖禹《讀史方輿紀要·輿圖要覽》卷二《湖廣第九》 夏秋二稅共米麥豆芝麻二百十六萬七千五百九十九石，絹二萬七千九百七十七匹，布七百五十匹，鈔一百七十五貫。

顧祖禹《讀史方輿紀要·輿圖要覽》卷二《四川第十》 夏秋二稅共米麥一百三十萬六千六百六十石，絲六千三百三十三觔，棉花七萬二千八百五十一觔。

顧祖禹《讀史方輿紀要·輿圖要覽》卷二《福建第十一》 夏秋二稅共米麥八十八萬三千一百一十五石，絲棉一百七十四觔，絹六百匹，紵六十五觔，鈔一萬七百七十九錠。

奕賡《括談》卷下 康熙十一年，定擺牙喇撥什庫無品級筆帖式等，許穿平常青衣，素紬綾，紡絲絹、屯絹、葛布、夏布、毛青梭布、狼皮、狐皮、貉皮、沙狐皮、羊皮，富者許以貂皮作帽及圍領，妻照夫服，不許用金鈕。

阮葵生《茶餘客話》卷一三 喀什噶爾回部，大城在葉爾羌之西北四百八十里，回子布魯特耦耕襍處，爲西陲要害之區，駐辦事大臣二員，邊防機務，會商參贊，歲收普爾三千六百餘千，抵銀三萬六千餘兩，糧一萬四千餘石，充公用。又折徵布一萬疋，解伊犁，稅十分抽一，變價充公。歲貢氆紬緞、金銀絲紬緞、各果膏乾。官兵另一城，不與回子同城。地肥豐收，與外國交易，人户殷實。其回城內，屋宇修整，街長數里，商賈雲集，皮張、緞布、玻璃、珠寶、珊瑚、玉器，在在門攤，牲畜、糧果，更不勝紀。俗侈，多妓女，尚宴會，共屬九城，皆無其盛。

《古今圖書集成・職方典》卷一一五五《宣化部・風俗考》 大市中，賈店鱗比，各有名稱，如：云南京羅緞鋪、蘇杭羅緞鋪、潞州紬鋪、澤州帕鋪、臨清布帛鋪、絨線鋪、雜貨鋪，各行交易鋪，沿長四五里許，賈皆争居之。

《古今圖書集成・職方典》卷九六三《嘉興府部・物産考》 絲紬 有素紬、花紬、綾地花紬、輕光王店紬、濮紬數種。

畫絹 王店者佳。

嘉錦、秋羅、胡羅、軟紗、銀條紗、綾、生絹、絲、綿、綿紬、絲布。

布 陡門南塘刷經水紗。

砂緑布、苧布、麻布、蒲布、

綿紗線 市在濠股塔。

嵇璜等《皇清文獻通考》卷三三《市糴考二》 〔順治〕三年，議令吐魯番貢使置買器物，照舊例額數。禮部言：舊例，吐魯番國進貢，來使於京師置買器物額數，每人茶五十觔，磁碗碟五十雙，銅錫壺五執，各色紗、羅及緞共十五匹，絹三十匹，青白布三十匹，夏布三十匹，棉花三十觔，花毯二條，紙馬並各色紙共三百張，各色顔料五觔，糖、菓、薑每樣三十觔，藥材三十觔，烏梅三十觔，黑白礬共十觔，照此定例置買。其龍鳳黄紫各色之物，及鞍轡、弓箭、刀，不許置買。所應買諸物，兵馬司差役同通事監視買賣，兩從其便。如盗買違禁之物，買賣並監視人役一併治罪。

嵇璜等《皇清文獻通考》卷四〇《國用考》

庫藏

內府六庫，屬廣儲司。初設御用監，順治十六年改御用監爲廣儲司。十八年分設銀庫、緞庫、皮庫、衣庫。康熙二十八年，增設茶庫、磁庫。

緞庫，掌各色緞、紬、紗、綾、羅、絹、布及絲、棉花之屬。

户部三庫。曰銀庫，在户部。曰緞疋庫，在東華門外。曰顔料庫，在西華門外。朝廷經費及物之待給者，取諸三庫。所司籍其數，移户部，部稽其籍相符，乃牒諸掌庫官，掌庫官受其牒而書之，頒之，承用之庫覈實而發之。

緞匹庫，各省所輸紬、緞、絹、布、絲、綿、線、麻之屬，咸入焉。其輸自江寧、蘇州、杭州三織造者，由部酌庫中應用之物，于前一年八月移江浙布政使司，轉行各織造，限次年八月備供。

吴振棫《養吉齋叢録》卷二四 雍正四年，蘇州織造高斌進宫燈十六對，奉有所進過多之諭，且以綵繡爲戒。【略】

乾隆五十七年，以各省督撫呈進方物，有非本省土産，及土物中如雲南之銅器，貴州之皮器，並不適用，又緙絲堆繡、各種香襆綵勝等物，不應督撫呈進者，俱命停止。應貢土物有過多者，亦皆核減。【略】

宣宗登極，詳閱各省貢目，大加删汰，命督撫、鹽政、織造、關差應進方物，照硃筆圈出物件數目呈進，不得加增，吉祥貢一端，永行停止。又廣州將軍不理關稅，免其例貢。

任土作貢，古制也。各直省每年有三貢者，有二貢者，其物亦屢有改易裁減，今就所見近日例進者，彙録於後：

直隸督年貢進

三鑲如意一柄，吉綢袍褂二十五套，饒綢袍料五十件，一絲加金大荷包五十對，一絲加金小荷包五十對，桂元五桶，南棗五桶。【略】

兩廣督端陽進

鼻烟九瓶，花機紗五十疋，本色葛布一百疋，牙色葛布一百疋，增城葛布五十疋，深色葛布五十疋，淺色葛布五十疋，沉香二盒，巖露香五盒，蓮頭香五盒，切花香五盒，花卉扇一百柄。

廣東撫端陽進

鼻烟九瓶，花機紗五十疋，雷州葛布五十疋，本色葛布五十疋，牙色葛布五十疋，增城葛布五十疋，深色葛布五十疋，淺色葛布五十疋，沉香二十觔，巖露香四盒，蓮頭香四盒，切花香四盒，端硯九連。

福州將軍兼管閩海關字缺進

石青江山萬代漳絨褂料二疋，石青萬福長春漳絨長褂料二疋，醬色洪福齊天漳絨袍料二疋，沈香洋花漳絨袍料二疋，駝色萬福長春漳絨袍料二疋，灰色富貴延長漳絨袍料二疋，大紅寶蓮並蒂漳絨袍料二疋，桃紅洋花漳絨袍料二疋，松緑瑞草聯芳漳絨袍料二疋，紫色瑞草聯芳漳絨袍料二疋，月白江山萬代漳絨袍料二疋，五福捧壽漳絨三綵坑墊十卷，蜜柑二十桶，文旦八桶，紅橘四桶，福橙四桶，藕粉八十袋，冰糖四桶，福圓膏八十瓶。

江西撫端陽進

萬年紅帽緯五十匣，西山葛布五十疋，虔化夏布五十疋，南豐扇五十柄，永新磚茶一箱，安遠茶一箱，廬山茶一箱，鉛山香菰二桶，鄱陽蝦米二桶。

馮桂芬《校邠廬抗議》上卷　又中國積歲兵荒，絲市減十之六七，而夷船所購數倍往時，故蠶桑之利，近年更普。往嘗謂古無棉布，以麻葛爲布，故老者非帛不煖，而桑與農竝重，至拔茶樹桑，傳爲善政，更由當時以絹爲幣之故。自木棉入中國，似蠶桑非貧民急務矣，然由今日觀之，則茶桑又竝爲富國之大原也。

徐鼒《未灰齋文集》卷三《務本論條法篇弟十二》　鼒曰：終之以核姦僞何？酌徵收，定支銷，穀帛之行於上也。立市法，易關稅，穀帛之行於下也。夫民閒交易往來，物有好醜，則價有等差。潮溼蟲蛀之米，脃絲短幅之布帛，市不售也，則姦僞不可行，惟徵收支銷之閒，其事不得不假之吏胥，則姦僞所由起也。今宜以法核之。核米之法，如今倉場驗收之法實行焉可也。核布帛之法，某地某布、某地某帛，本色不加染，稱之得若干兩以爲尺，量之得若干尺以爲端，定其輕重長短之程，中程則驗收，否則換易。有收不中程者，則罪其所司。及其支銷也，某項可布，某項可帛，某項某地布，某地帛，第其高下，定其成數，有攙雜及偷換者，許受者告所司論罪。《禮》曰：布帛精麤不中數，幅廣狹不中量，不粥於市。師其法以核之可也。

徐鼒《未灰齋文集》卷三《務本論條法篇弟十三》

鼒曰：禁淫侈之法，首在辨尊卑何？今自卿士大夫以下，逮工商皁隸，衣服玩好之無別，豈特無以明等威哉，亦非所以節省物力也。杭之綢、蘇之緞，江甯之緞，口外狐鼠百獸之皮，人人得而衣之，而布帛之利奪矣。布帛之利奪，而蠶桑之人少矣。翠石、瓊玉、珊瑚、瑪瑙、琥珀之器，人人得而玩之，而商賈之姦僞行矣。商賈之姦僞行，而力田之人又少矣。今宜裁之以禮，庶人無頂戴者，夏葛冬棉。婦人首飾用骨角，不得衣皮飾銀。生監以上八品官員以下，夏細葛冬羊皮。婦人首飾用珐琅銀器，不得衣狐鼠皮，飾金珠玉石。七品以上三品以下官員，夏紗羅冬皮。婦人首飾用金珠、瑪瑙、琥珀，不得衣海龍、水獺、狐之白黑色者，飾不得用翠石、瓊玉、珊瑚、大珠，違者論如僭侈律。私藏被盜者，官弗爲理。如此，則等威明而物力亦不太耗矣，此亦教民而寓養民之法也。

徐鼒《未灰齋文集》卷三《務本論條法篇弟十四》

鼒曰：繼之以抑奇巧何？夫厭故而喜新者，人情也，而好貴而惡賤者，亦人情也。洋布之易朽敗，羽毛、大呢之易蠹蝕，不逮吾中國布帛之堅久也，而人爭衣之者，厭故而喜新也。黑色之耐污涴，不似朱緑之易敗也，而人少衣之，好貴而惡賤也。今欲禁蘇杭之花繡，夷舶之洋貨，其勢既不可行，且行之而人人以爲奇巧難得之物，或什伯其價以求售，是禁之而適以張之也。法在因民好惡之情而抑之，庶民以下至人役者，得衣洋布、羽毛、大呢之屬，生監以上則罪之。匹婦以下至爲人役者，得衣洋貨、花繡及一切豔冶之色，命婦以上則罪其夫。夫人之衣奇巧者，欲自炫也，今不足自炫其豪，而反以自炫其賤，非特士大夫羞之，即倡優隸卒亦何樂以章身之具，爲標識之旗哉。如此，則蘇杭之花繡，夷舶之洋貨不禁而自不行，而吾中國布帛之物貴矣，蠶桑之利興矣。無驟更法令之苦，而有潛移風俗之權，則條其法者之微意也。

李鴻章《李鴻章全集·奏稿》卷二二《改派長蘆絲布請復舊制摺》同治十二年六月初十日　奏爲改派長蘆絲布等項，請仍歸各該省采辦，以復舊制而紓商困，恭摺仰祈聖鑒事。竊照長蘆物力微薄，商情拮据，向無年例派辦絲布之案。前因南省被兵，辦解不能及時，自同治四五年以後，疊准户部、内務府分派長蘆絲斤布疋絹箋等項，原屬暫時通融，歷據運司設法，采辦所需價值，議以催交補欠積欠兩款抵銷。查補欠積欠等款，係嘉道以前商人欠項，茲令現商代交前商之欠，該商等苦累日甚，力實未逮。同治十年正月閒，臣於奏請酌減課款案內，擬將補欠積欠停徵，准户部議奏，以傳辦雖非長蘆年例，遇有急需，不得不就近采買，如有款可以撥抵，即專案覆奏，准將補欠積欠停徵五年，以恤商艱而保課額。等因，是部臣亦知采辦非長蘆所應有，積欠非現商所能補。近復連遭災歉，灘坨被淹，成本加重，運道阻滯，脚力增倍，銀價過昂，各商艱窘尤甚，本身課款尚須展緩，焉有餘力代完前商舊欠。庫儲支絀，又無他款可以撥抵，從前遵辦絲絹，須赴外省，轉向商販重價匀湊，往往遲誤不能應急，木棉歉收，布價亦昂，皆非南省貨色可比。以不貲之費，而辦不甚適用之物，殊覺不值。是以上年十二月，内務府派辦白絲，經臣奏請，另派産絲省分辦解，奉硃批：著照所請，欽此。查絲斤布疋等項，向例由江浙撫臣及三織造承辦，目下南省肅清已久，絲棉出産已旺，財力又較長蘆富厚，以每届所派長蘆之件，分諸各省，尤屬衆擎易舉。蘆綱情形岌岌，應徵引課、應攤帑利等項，已屬不少，實未便再以前商舊欠他省絲布，責令現商供辦，轉致藉口虧課。據運司成孚具詳前來，相應仰懇天恩，准將嗣後長蘆奉派絲斤布疋絹箋等項，仍照内務府派辦白絲之案，一體改歸各該省辦解，以復舊章，並將補欠積欠兩款，照部議暫行停徵，俟商力稍紓，再飭捐解，彌補。理合恭摺具陳，伏乞皇上聖鑒，訓示施行。謹奏。

李鴻章《李鴻章全集·奏稿》卷二六《絲布仍復舊制片》光緒元年八月二十二日 再准户部咨緞疋庫奏催直隸省辦解絲蔴布疋等款，當經行司籌辦。兹據藩司孫觀詳稱，絲蔴布疋，向係蘇、浙等省辦解。同治三年部議，杭州地方未靖，蘇郡甫經收復，奏改直省籌辦應用，聲明俟江南等省克復，仍照向章，由各該省辦解等因，原屬一時通融之舉，並非沿以爲例。迄今十年之久，直省已屢次竭力籌辦，但本地並無出産，必須遠赴山東等處，設法零星匀湊，往往遷延時日。近因該處銷路不暢，貨益短少，價益昂貴，而委員往來，復增費用，殊不合算。況直省本係缺額之區，加以災欠頻仍，糧賦蠲緩，連年恭辦陵差，司庫支絀，實無可籌之款。江浙肅清既久，蠶織繁茂，貨物已充，采辦甚易，價值較省，請復舊制等情，具詳前來。臣查此項常年需用絲蔴布疋，已於同治十二年九月間奏請歸各該省辦解，奉硃批著照所請，欽遵在案。今户部復令直省采辦，惟地非出産，事非向章，且值經費竭蹶之際，無從另籌巨款，自應復歸舊制，仍由蘇浙等省絲布豐收地方，分飭辦解，以免貽誤。謹遵前奉批旨，仰懇天恩俯准敕部，仍照同治三年原議辦理，理合附片具陳，伏乞聖鑒訓示。謹奏。

陳康祺《郎潛紀聞初筆》卷四《陸清獻居喪禮》 清獻再起，應鴻博科，在都聞封公訃，即徒跣出國門。抵家後，日夕喪次哭泣，盡哀茹素，不入内寢，席地而臥。期年後，乃以土坯置墊四隅，而寢其上。所製服悉準家禮，大約三月之内，衰絰不去體；三月後始易麻帽，以麻縷爲緯，服麻袍；小祥後，始用白布帽，以棉紗綫爲緯，服麤白布袍；大祥後，以月白綫爲緯，始用淺色布套子，加於素袍上。蓋從時法古，兩得之矣。士大夫不幸遭大故，可取法也。

閻鎮珩《六典通考》卷三四《宫政考·服飾》 《内司服》，「掌王后之六服。褘衣、揄狄、闕狄、鞠衣、展衣、緣衣、素沙。」鄭司農云：褘衣，畫衣也。《祭統》曰：君卷冕立于阼，夫人副褘立于東房。揄狄，闕狄，畫羽飾。展衣，白衣也。《喪大記》曰：復者朝服，君以卷，夫人以屈狄，世婦以襢衣。屈者，音聲與闕相似。襢與展相似，皆婦人之服。鞠衣，黃沙也。素沙，赤衣也。（元）〔玄〕謂狄當爲翟。翟，雉名。伊雒而南，素質五色皆備成章曰翬。江淮而南，青質皆備成章曰摇。王后之服，刻繒爲之形，而采畫之，綴於衣以爲文章。褘衣，畫翬者，揄翟，畫摇者，闕翟，刻而不畫，此三者皆祭服，從王祭先王則服，褘衣祭先公則服，揄翟祭羣小祀則服。闕翟，今世有圭衣者，蓋三翟之遺俗。鞠衣，黃桑服也。色如鞠塵，象桑葉始生。《月令》三月薦鞠衣于先帝，告桑事。展衣，以禮見王及賓客之服，字當爲襢。襢之言亶，亶，誠也。《詩·國風》曰：「玼兮玼兮，其之翟也。」下云：「胡然而天也，胡然而帝也。」言其德當神明。又曰：「瑳兮瑳兮，其之展也。」下云：「展如之人兮，邦之媛也。」言其行配君子，二者之義與禮合矣。《雜記》曰：夫人服税衣揄狄。又《喪大記》曰：士妻以褖衣。言褖者甚衆。字或作税，此緣衣者，實作褖衣也。褖衣，御於王之服，亦以燕居。男子之褖衣黑，則是亦黑也。六服備於此矣。褘、揄、狄、展，聲相近。緣字之誤也。以下推次，其色則闕狄赤，揄狄青，褘衣元。婦人尚專一，德無所兼，連衣裳不異其色。素沙者，今之白縳也。六服皆袍，制以白絹爲裏，使之張顯。今世有沙縠者，名出于此。賈公彦曰：王后六服無文。鞠衣象麴塵，其色黃。褖衣與男子褖衣同，其色黑。二者爲本，以五行之色，從下向上。水色黑，褖衣象之。水生於金，褖衣上有展衣，象金色。故先鄭云：展衣，白衣也。金生於土，土色黃，鞠衣象之。土生於火，火色赤，鞠衣上有闕翟象之。火生於木，木色青，翟狄上有揄狄，象之。天色（元）〔玄〕，褘衣最在上，象天色。婦人衣裳連，非袍而云袍制者，取衣複不單，與袍制同。漢時有圭衣，刻爲圭形綴於衣。由《周禮》有三翟，别刻繒綴於衣。漢俗尚有，故云三翟遺俗。漢時縠衣有沙縠之名，出於《周禮》素沙也。

后用六服，惟北齊與周制同。漢則服二而已。入廟紺上皂下，蠶與朝服青上縹下，皆深衣制。徐廣云：單衣也。魏蠶服以文繡。晉入廟純皂，蠶純青。後周雖用六服，其名詭異。隋則四等。唐后服三褘衣，深青織成而畫翬。受册、助祭、朝會、大事之服。鞠衣，黃羅爲之，不畫。蠶服。禮衣用雜色，亦不畫。燕見賓客之服。宋存此三名而不用，但服龍鳳、珠翠冠、霞帔耳。章獻明肅皇太后謝太廟，始服褘衣乘輅。又制衮衣，以行禮。衮衣如天子成宗彝及藻二章。皇太妃、皇后則服禮衣，以緋羅爲之。皆異古制。其册后則褘衣，如唐之禮。明制，褘衣、翟衣皆深青，鞠衣紅色，而親蠶用禮服，僅見于嘉靖之時，則周之六服，後世罕能兼用，其來久矣。

「辨外内命婦之服，鞠衣、展衣、緣衣、素沙。」内命婦之服，鞠衣，九嬪也。展衣，世婦也。緣衣，女御也。外命婦者，其夫孤也，則服鞠衣。其夫卿大夫也，則服展衣。其夫士也，則服緣衣。三夫人及公之妻，其闕狄以下乎。侯伯之夫人，揄狄。子男之夫人，亦闕狄。唯二王後，褘衣。鄭鍔曰：或謂在内有公卿、大夫、士，在外有公、侯、伯、子、男。三等之衣，上不及王公之妻，外不及諸侯之妻，從其夫之命數，而三公之妻，不可以常制論。以《君子偕老》之詩觀之，衛侯爵耳。詩人言夫人之服，則曰其之翟也，其之展也。上三衣有翟，下三衣有展。其下王后一等，無褘衣而已。三公之妻蓋如是。方其在朝，屈於王則服子男之服，其妻亦服子男之妻闕狄耳。出封則宜加。《禮記》曰「夫人屈狄」，又曰「夫人副褘屈狄」者，指三夫人言之。副褘者，指上公之妻。或又謂九嬪而上有三夫人，自夫人至女御凡四等，此所辨止三服，何也？竊以爲三夫人之服，自褘衣而下二等，有時揄狄，亦有時闕狄。經列九嬪、世婦、女御於内官，而無三夫人之職，蓋尊之也。故中宫有后，則夫人屈而服闕狄，與三公之妻在朝從子男之妻之服同。中宫或闕，則夫人伸而服揄狄，與侯伯出封其妻則服揄狄之服同。然婦人以純素爲本，故皆素紗。凡祭祀，賓客共后之衣服，及九嬪、世婦，凡命婦共其衣服。凡者，凡女御與外命婦也。言及、言凡殊貴賤也。《春秋》之義，王人雖微者，尊也，猶序乎諸侯之上，所以尊臣之命者，再命以上受服，則下士之妻不共也。外命婦，唯王祭祀，賓客以禮佐后，得服此上服，自於其家則降焉。王氏詳説曰：命婦之服，助祭於王，與夫朝覲，他則否。命婦之服，助祭於后，與夫相后見賓客，他則否。《玉藻》曰：「諸侯(元)〔玄〕端以祭，裨冕以朝。」是諸侯命服，不得私用。《雜記》曰：「大夫冕而祭於公，弁而祭於己，士弁而祭於公，冠而祭於己。」是諸侯命服不得私用，命婦之服，禮亦如之。《玉藻》：「王后褘衣，夫人揄狄。」褘讀如翬，揄讀如摇，翬揄皆翟雉名也。刻繒而畫之，著於衣，以爲飾，因以爲名也。後世作字異耳。夫人三夫人亦侯伯之夫人也。王者之後夫人亦褘衣也。「君命屈狄，再命褘衣，一命襢衣，士褖衣。」君，女君也。屈，《周禮》作闕，謂刻繒爲翟，不畫也。此子男之夫人及其卿大夫士之妻，命婦也。褘當鞠字之誤也。《禮》天子諸侯命其臣，后夫人亦命其妻，以衣服，所謂夫尊於朝，妻榮於室也。子男之卿再命而妻鞠氏，則鞠氏、襢衣褖衣者。諸侯之臣皆分爲三等，其妻以次受此服也。公之臣孤爲上卿，大夫次之，士次之。侯伯子男之臣卿爲上，大夫次之，士次之。褖作税。王氏詳説曰：《玉藻》云：「惟世婦命於奠繭，其他則從男子。」鄭氏以意約而解之，謂世婦命以奠繭之文，宜在夫人揄狄之下，蓋前所謂夫人揄狄，謂王后夫人下，所謂君命屈狄者，謂子男之夫人。且六服之制，王后褘衣，夫人而下無復有褘衣矣。《明堂位》謂「夫人副褘」云者，直謂魯設耳。魯爲上公之後，得用此禮，與二王之後禮一同。夫人揄狄，則内之三夫人與夫諸侯之夫人，亦揄狄矣。侯伯之夫人揄狄，則子男之夫人屈狄矣。此所以知君命屈狄爲子男之夫人言也。子男之卿再命，故其妻鞠衣。大夫一命，故其妻襢衣。其士不命，故其妻褖衣。等而上之，上公之國，孤之妻，當屈狄。卿之妻，當鞠衣。大夫之妻，當襢衣。士之妻，當褖衣矣。侯伯之國，上卿之妻，當屈狄。下卿之妻，當鞠衣。大夫之妻，亦當襢衣。士之妻，亦當褖衣矣。但秦火之後，經無正文。故説禮者，亦無定論，要之可以義起。《雜記》「夫人税衣揄狄，狄税素沙。」「内子以鞠衣，褒衣素沙。下大夫以襢衣，其餘如士。」言其招魂用税衣，上至揄狄也。狄税素沙，言皆以白沙縠爲裏。内子，卿之適妻也。下大夫謂下大夫之妻。襢，《周禮》作展。王后之服六，唯上公夫人亦有褘衣，侯伯夫人自揄狄而下，子男夫人自闕狄而下，卿自鞠衣而下，大夫妻自展衣而下，士妻税衣而已。素沙，若今沙縠之帛也。六服皆袍制，不禪，以素沙裏之，如今袿袍襈重繒矣。褒衣者，始爲命婦見加賜之衣也。其餘如士之妻，則亦用税衣。《喪大記》：「夫人以屈狄，世婦以襢衣，士妻以税衣。」上公以衮則夫人用褘衣，而侯伯以鷩其夫人用揄狄，子男以毳其夫人乃用屈狄矣。其世婦亦以襢衣。《詩·葛覃》：「爲絺爲綌，服之無斁。」精曰絺，麤曰綌。斁，厭也。古者王后織玄紞，公侯夫人紘綖，卿之内子大帶，大夫命婦成祭服，士妻朝服，庶士以下各衣其夫。《緑衣》，衛莊姜傷己也。鄭玄箋：緑當爲褖，今轉作緑，字之誤也。「緑兮衣兮，緑衣黄裏。」鄭玄箋：緑兮衣兮者，言褖自有禮制也。諸侯夫人祭服之下鞠衣爲上，展衣次之，褖衣次之。鞠衣黄，展衣白，褖衣黑，皆以素沙爲裏。今褖衣反以黄爲裏，非其禮制也。《鄘風》：「玼兮玼兮，其之翟也。」毛亨傳：玼，鮮盛貌。褕翟，闕翟，羽飾衣。鄭玄箋：侯伯夫人之服，自褕翟而下，如王后焉。「瑳兮瑳兮，其之展也。蒙彼縐絺，是紲袢也。」毛亨傳：禮有展衣者，以丹縠爲衣蒙覆也。絺之靡者爲縐，是當暑袢延之服也。鄭玄箋：后妃六服之次展衣，宜白。縐絺，絺之蹙蹙者。展衣夏則裏衣縐絺，此以禮見於君及賓客之盛服也。展衣字誤，《禮記》作襢衣。何楷曰：翟，山雉尾長者，取以爲衣，名闕狄。《喪大記》作屈狄。栖伏曰屈，狄有揄屈猶衮龍有升降也。展，《玉藻》作襢，《説文》作衺，云丹縠也。《毛傳》亦云禮有展衣，以丹縠爲衣，與《説文》合。禮見王及賓客之服。緣當作褖，御於王之服，色黑，此后六服也。鄭司農云：褘衣(元)〔玄〕闕狄赤，展衣白；而孫毓以爲褘衣赤，闕狄黑，展衣赤，俱未詳所出，姑兩存以備攷。此翟依鄭説，則褕狄，闕狄也。《周禮》六服之外，原有素沙。鄭注謂素沙爲六衣之裏。據《雜記》云「復用素沙」，其非衣裏明矣。所謂「蒙彼縐絺」，乃展衣上加縐絺蒙之，即素沙也。古婦人盛服以薄綃蒙於外，凡繒薄細者皆稱絺，即今方目紗之類，不獨葛也。

右服

《禮書》王之服九，祭服六。后之服六，祭服三。以婦人不預天地、山川、社稷之祭故也。《内宰》大祭祀，裸獻則贊。而天地無裸，内宗外宗，掌宗廟之祭祀，佐王后而不及外神，是不與天地、山川、社稷之祭也。王衣裳之色異后服。連衣裳而其色同，以婦人之德本末純一故也。《喪服》言女子髽衰而不言裳者，《禮》言女次純衣而不及裳，則婦人連衣裳而同色可知。王之服襌而無裏，后之服裏而不襌，以陽成於奇，陰成於偶故也。《爾雅》曰：「伊雒而南素質，五色皆備成章曰翬。江淮而南青質，五色皆備成章曰鷂。」素質，義也。青質，仁也。五色皆備成章，禮也。仁義以爲質，禮以爲文，后德如此而已。然地道尚義，故褘衣爲上，揄狄次之。言褘衣，則知揄之爲翟。闕狄，《周禮》謂之闕，《禮記》謂之屈。三翟蓋皆畫之於衣，如王冕服祭先王服褘衣，祭先公服揄狄，祭羣小祀服闕翟，蠶則服鞠衣，以禮見王及賓客服展衣，燕居及御於王則服緣衣。崔靈恩謂：王后三翟，數皆十二。王者之後，諸侯夫人三公而下，夫人雉數如命數，於理或然。然謂二翟刻繒畫之綴於衣，闕翟刻之而不畫，其説無據。夫黄者，陰之盛色，蠶而服之，嬪婦取中焉，后事之盛也。白者，陰之純色，見王及賓客服之，無事乎飾，一於誠焉，后禮之懿也。黑者，陰之正色。纁者，陰之上，達緣則循緣之也，燕居及御于王服之。體貴至正，以上達爲循緣而已，后行之盛也。《玉藻》所謂夫人榆翟，君命屈狄，再命鞠衣，士褖衣。言君命則明再命、一命非女君也。《坊記》曰：大夫不稱君，則其妻不稱女君可知。蓋子男之夫人屈狄，侯伯之夫人揄狄，上公之夫人褘衣，《記》稱夫人副褘是也。再命鞠衣，則至於四命可知。鄭氏謂侯伯之夫人榆狄，子男之夫人屈狄，孤鞠衣，卿大夫展衣，士褖衣，而改褘爲鞠，其説是也。謂三夫人及公闕狄，誤矣。《王制》言「三公一命衮」，則三公在朝鷩冕，其妻揄狄可知。《玉藻》言「夫人揄狄」，則三夫人揄狄可知。《明堂位》言「魯夫人副褘」，魯侯得用衮冕，則夫人副褘可知。《少牢》「大夫之妻衣侈袂」，則其上至后夫人之袂皆侈，特士褖衣之袂不侈。《爾雅》曰「赤緣謂之褖」。《内司服》言「緣衣」。《玉藻》言「褖衣」。《士喪禮》襲服亦言褖衣。《雜記》、《喪大記》之復服，言税衣，則緣、褖、税同實而異名也。鄭氏釋《周禮》曰「褖衣，御于王之服」，亦以燕居男子緣衣黑，是亦黑也。釋《士喪禮》曰：「黑衣裳赤。」緣謂之褖，褖之言褖，以表袍也。《士冠》陳三服有玄端無褖衣。《士喪》陳三服有褖衣無玄端。則褖衣所以當玄端也。然玄端之裳三，褖衣連衣裳，玄端無緣，褖衣有緣，此其所以異也。子羔之襲繭衣裳與税衣纁袡。曾子譏之曰：不襲婦服。鄭氏曰：税衣若玄端而連衣裳者也。蓋丈夫褖衣緣以赤，婦人褖衣緣以纁。古文褖爲緣，鄭氏亦曰：褖之言緣，則褖衣未嘗無緣也，特赤與纁正間之色異耳。賈公彦曰：《爾雅》釋婦人褖衣，鄭氏以士之褖衣雖不緣而其名同，故引而證之。此臆論也。《士昏禮》「女次純衣纁袡」。《喪大記》曰：「婦人復不以袡。」鄭氏曰：凡婦人不常施袡之衣，盛昏禮爲此服耳。復衣不以袡，明非常也。然純衣褖衣也，士妻助祭乃得服之。則服純衣，猶士之爵弁服也。復衣不以袡，則明凡褖衣皆有袡也。

《追師》「掌王后之首服，爲副編次，追衡笄。爲九嬪及外内命婦之首服，以待祭祀賓客」。鄭司農曰：追，冠名。《士冠禮》記曰：委貌，周道也。章甫，殷道也。母追夏后氏之道也。追師掌冠冕之官，故并主王后之首服。副者，婦人之首服。《祭統》曰：君卷冕立于阼，夫人副褘立于東房。衡，維持冠者。《春秋傳》曰：衡、紞、紘、綖。(元)〔玄〕謂副之言覆，所以覆首爲之飾，其遺象若今步繇矣，服之以從王祭祀。編，編列髮爲之，其遺象若今假紒矣，服之以桑也。次，次第髮長短爲之，所謂髲髢，服之以見王。王后之燕居，亦纚笄總而已。追，猶治也。《詩》云：「追琢其章。」王后之衡笄皆以玉爲之，唯祭服有衡垂于副之兩旁，當耳其下，以紞懸瑱。《詩》云：「玼兮玼兮，其之翟也。鬒髮如雲，不屑鬄也。玉之瑱也。」是之謂也。笄，卷髮者。外内命婦衣鞠衣、襢衣者服編，衣緣衣者服次。外内命婦，非王祭祀賓客佐后之禮，自於其家則亦降焉。《少牢饋食禮》曰「主婦髲鬄衣侈袂」，《特牲饋食禮》曰「主婦纚笄綃衣」是也。《昏禮》：女次純衣，攝盛服耳。主人爵弁以迎。侈袂，褖衣之袂，凡諸侯夫人於其國，衣服與王后同。賈公彦曰：王之祭服六，首服皆冕。后之祭服三，首服皆副。《昏禮》「女次純衣」，純衣則褖衣。褖衣首服，次其中亦有編，明配鞠衣、展衣也。以禮朝見於王與見賓客同，則服展衣與編。接御見王，則褖衣與次也。燕居謂不至王所，自在燕寢時。《齊國風·雞鳴》，毛傳云：東方明，則夫人纚笄而朝。此經注云：副，編次以待祭祀賓客。明燕居不得著次，自然著纚笄。而毛云以朝，必別有所見。王昭禹曰：后之服六，首服三，以一當二。副配褘揄，編配闕鞠，次配展褖。《明堂位》「夫人副褘立于房中」。副者，飾也。《詩》云：副笄六珈，《周禮》追師掌王后之首服爲副褘，王后之上服唯魯及王者之後夫人服之。諸侯夫人則自揄翟而下。《祭統》「夫人副褘立于東房」。副及褘，后之上服。魯及二王之後夫人得服之。侯伯夫人揄狄，子男夫人闕狄，並立東房以俟行事，尸既入之後，轉就西房。故《禮器》云「夫人在房」，雖不云東西，然下云「夫人東酌罍尊」，則知在房謂西房也。《采蘩》「被之僮僮，夙夜在公。被之祁祁，薄言還歸」。被，首飾也。鄭玄箋：公事也。早夜在事，謂視濯溉饍爨之事。《禮記》：王婦髮髢，祭祀畢，夫人釋祭服而去髮髢，其威儀祁祁然，而安舒無罷倦之失。《鄘風》「君子偕老，副笄六珈」。副者，后夫人之首飾，編髮爲之。笄，衡笄。珈笄，飾之最盛者，所以别尊卑。鄭玄箋：珈之言加也，副既笄而加飾，如今步摇上飾。古之制所有未聞。　何楷曰：《周禮》「追師掌王后之首服，副編次，追衡笄。」副，以覆首爲之飾。編者，編列他髮爲之。次者，鬄他髮而次弟其長短，與己髮相合爲紒。追者，治玉石之名。謂治玉爲衡笄，即《詩》「追琢其章」之追。衡笄，鄭(元)[玄]以爲二物，其制皆以玉爲之。謂祭服有衡垂于副之兩旁，當耳其下，以紞懸瑱。孔氏以《左傳》「衡、紞、紘、綖」證之，謂紞與衡連文，以横貫爲横，此衡垂在兩旁，當耳，據人身而言豎爲從，則此衡爲横。其衡下乃以紞懸瑱也。鄭衆、杜預解衡，但謂維持冠者。愚意《左傳》言衡直是指笄，而《周禮》衡笄連文亦謂笄，横貫在頭上故名之。男子之笄以維持冠，婦人之笄以固髮。知后笄用玉者，以《弁師》「王之笄以玉」，故知后與王同也。侯夫人無考。珈，《説文》云：「婦人首飾。」《毛傳》云：珈笄，飾之最盛者。鄭箋云：珈之言加也。孔云以珈字從玉，則珈爲笄飾，謂副既笄而加此飾，故謂之珈，如漢之步摇之上飾也。言六珈必飾之有六。據此侯夫人爲六，王后則多少無文也。季云：笄本婦人之常飾，唯副之珈則后夫人有之，卿大夫以下妻所無也。錢氏云：今人步摇加飾，以珠飾之，少者六，多者倍蓰，至三十六。據《詩》云「六珈」，然則古玉數凡六也。按《後漢書·輿服志》云：皇后步摇以黄金爲山題，貫白珠爲桂枝相繆，一爵九華，熊、虎、赤羆、天鹿、辟邪、南山豐大特六獸，《詩》所謂「副笄六珈」者。諸爵獸皆翡翠爲毛羽。金題，白珠璫繞以翡翠爲華云。疑未必古制也。

右首服。《禮書》副者，翟之配，以配褘翟，《禮》所謂副褘是也。以配揄翟，《詩》所謂「副笄六珈」、「其之翟也」是也。褖衣之配，《禮》所謂「女次純衣」是也。然則編爲鞠衣、展衣之配可知。禮，男子冠，婦人笄，男子免，婦人髽，婦人之飾不過以髮與笄而已。《莊子》曰：禿而施髢。《詩》曰：「鬒髮如雲，不屑髢也。」《左傳》曰：衛莊公禿己氏之妻髮，以爲呂姜髢。《説文》曰：「髲，益髮也。」《詩》曰「被之僮僮」，被之者，不特髲鬄也。《少牢》曰：「主婦被裼衣侈袂。」被錫者，非髮髢也。鄭氏皆以爲髮髢，非是。纚笄，婦人首飾。《士昏禮》「女次純衣，姆纚笄宵衣」。《特牲禮》「主婦纚笄宵衣」，則副編次之下，纚笄其飾也。《楚語》：司馬子期欲以妾爲内子，訪之左史倚相曰：吾有妾而願欲笄之，其可乎？蓋古之妾不笄，士姆纚笄亦攝盛也。鄭氏曰：王后之燕居亦纚總，此不可考。孔穎達曰：王后衡笄，皆玉爲之。惟祭服有衡，垂于副之兩旁，當耳其下，以紞垂瑱。若編次則無衡，於笄言珈，以玉飾之，惟后夫人有焉。夫人六珈，后之多寡無文。漢之步摇以金爲鳳，下有鵾，前有笄，綴五采玉以垂下，行則摇動。魏晉因之。隋改爲花樹之數。唐加大花十二樹，象袞冕十二旒。司馬續漢志云：步摇有黄山題，貫白珠爲桂枝，相糾八雀九華，赤羆天鹿笄獸，翠羽爲飾。

《儀禮·士昏禮》：女次純衣纁袡，立于房中南面。次，首飾也。今時髲也。《周禮》追師掌爲副編次。純衣，絲衣。女從者畢袗元，則此衣亦元矣。袡亦緣也。袡之言任也，以纁緣其衣象陰氣上任也。凡婦人不常施袡之衣盛，昏禮爲此服。《喪大記》曰：復衣，不以袡，明非常。　姆纚笄，宵衣在其右。姆，婦人年五十無子，出而不復嫁，能以婦道教人者，若今時乳母。纚，韜髮笄，今時簪也。纚亦廣充幅長六尺。宵，讀爲《詩》「素衣朱綃」之綃，魯時以綃爲綺屬也。姆亦元衣，以綃爲領，因以爲名，且相别耳。姆在女右，當詔以婦禮。　女從者畢袗玄，纚笄被穎黼，在其後。女從者，謂姪娣也。袗，同也。同元者，上下皆元也。穎，襌也。《周禮》曰：白與黑謂之黼。卿大夫之妻，刺黼以爲領，如今偃領矣。士妻始嫁施襌黼于領上，假盛飾耳，言被明非常服。《特牲饋食禮》：主婦纚笄宵衣，立于房中南面。主婦，主人之妻，雖姑存猶使之主祭祀。纚笄，首服。宵，綺屬也。此衣染之以黑，其繒本名曰宵。《詩》有「素衣朱宵」，《記》有「元宵衣」，凡婦人助祭者同服也。《少牢饋食禮》：主婦被錫衣侈袂，主婦贊者一人，亦被錫衣侈袂。被錫讀爲髲鬄，古者或剔賤者刑者之髮以被婦人之紒爲飾，因名髲鬄焉。此《周禮》所謂次也。不纚笄者，大夫妻尊亦衣綃衣，而侈其袂耳。侈者，蓋半士妻之袂以益之。衣三尺三寸，袪尺八寸。今文錫爲裼。《衛風·碩人》：「其頎衣錦褧衣。」頎，長貌。錦，文衣也。夫人德盛而尊，嫁則錦衣加褧襜。箋：碩，大也。言莊姜儀表長麗俊好，頎頎然褧禪也。國君夫人翟衣而嫁，今衣錦者，在塗之所服也。尚之以禪衣，爲其文之太著。

右宵衣、景衣。《禮書·玉藻》士褖衣，或作税衣。曾子譏子羔之襲税衣纁袡。則女次純衣纁袡者，褖衣也。《昏禮》之姆、《特牲禮》之主婦，皆纚笄宵衣。則宵衣不以純矣。《少牢禮》之主婦與贊者一人，被錫衣侈袂。則錫衣非宵衣矣。《玉藻》曰：王被袞。《士昏禮》曰：女從者，畢袗玄纚笄被穎黼。孟子曰：被袗衣則被者服之也。鄭以被爲首飾，以《少牢》之被錫爲髮髢，以《詩》被之僮僮爲髮髢，誤矣。且其釋《追師》，則以侈袂爲侈袂衣之袂。釋《少牢》則以侈袂爲侈宵衣之袂，釋《昏禮》謂姆宵衣以綃爲領，釋《特牲》謂主婦宵衣以綃爲衣。禮文殘缺，鄭氏自惑，學者據經可也。禮有錫衰錫冪，史有阿錫，蓋錫布之細者。《少牢》大夫朝服以布，則其妻以錫，不亦宜乎？《詩》云：素衣朱襮。《爾雅》：黼領謂之襮。《考工記》曰：白與黑謂之黼。天子諸侯后夫人狄衣，卿大夫之妻刺黼以爲領，如今偃領矣。士妻始嫁施襌黼於領上，假盛飾也。然《論語》、《曲禮》皆曰袗絺綌，《孟子》曰被袗衣，則袗設飾也。《説文》曰：褧，檾也，枲屬。顈與褧、檾通用，則袗玄者設飾以元也，顈黼者顈枲爲領而刺黼也。玄而黼領，均於畢袗玄。鄭氏以袗爲同。《曲禮》曰：袗，絺綌。鄭氏又以袗爲襌，是此表衣耳，與黼領之中衣異也。《士冠禮》主人之兄弟與《昏禮》婦人從者自戾也。《士昏禮》：女次純衣乘，婦以几姆加景，乃駈。鄭氏曰：景之制，蓋如明衣，加之以爲行道禦塵，令衣鮮明。景亦明也。然則乘車加之，以景猶衣錦加之以褧也。景以禦塵，褧以晦其文。《玉藻》曰「襌爲褧」，則景亦襌歟。衣錦尚絅，夫人始嫁之服，庶人始嫁亦有服之者，攝盛也。《唐志》景作憬。

《内司服》：后之喪，共凡内具之物。内具，紛、帨、線、纊、鞶、袠之屬。《内則》：「婦事舅姑，雞初鳴，咸盥漱，櫛、縰、笄、總、衣紳。笄，今簪也。衣紳，衣而著紳。左佩紛帨，刀、礪，小觿、金燧，右佩箴、管，線、纊，施縏袠，大觿、木燧。」縏，小囊也。縏袠言施，明爲箴、管、線、纊有之。衿纓，綦屨。衿，猶結也。婦人有纓，示繫屬也。「將御者，齊、漱、澣、慎衣服，櫛、縰、笄、總角，拂髦、衿纓、綦屨。」其往如朝也。角，衍字也。拂髦或爲紒髦也。

右内具衿纓。《禮書》：紛帨。《詩》曰「無感我帨」。《内則》曰「女子設帨於内右」。《昏禮》「姆施衿設帨」。《内司服》注：内具，紛帨之屬。則帨，佩巾也。佩巾，女子之事，男子亦有之。故《禮》曰：「子事父母，左佩紛悦。」鄭氏曰：紛帨，拭物之巾也。今齊人有言紛者，蓋自巾言之謂之紛，與帉同義；先儒曰：巾謂之帉。自拭物言之謂之帨，與挩同義。《儀禮》既祭，皆挩手。唐制：天子紛廣二寸四分，長六尺四寸，色如綬。皇太子公服，紛廣二寸四分，長六尺四寸，色如綬。羣臣進賢冠者，紛廣四寸，長六尺六寸，色如綬。此又因以爲飾者也。纓，《曲禮》曰：「女子許嫁纓。」《内則》曰：婦事舅姑衿纓。男女未冠笄者，雞初鳴，衿纓皆佩容臭。《詩》曰：「親結其縭」《士昏禮》：「女嫁，母施衿結帨。」《爾雅》曰：「婦人之褘謂之縭。縭，緌也。」又曰：「衿謂之袸。」郭璞曰：縭，香纓也。褘邪交落帶繫於體。又曰：袸，衣小帶也。蓋纓帶曰衿，《昏禮》所謂施衿是也。帶結而垂曰縭，《爾雅》所謂縭緌是也。鄭氏曰：衿猶結也。則《詩》所謂「親結其縭」，爲衿纓可知也。孔穎達曰：縭，帨巾也。然《詩》言「紼纚維之」，《爾雅》作紼縭，亦曰「縭，緌也」，則縭非帨巾矣。《内則》男女事父母，婦事舅姑，皆有纓以佩容臭。則與女子許嫁之纓不同。鄭氏曰：婦人有纓，示有繫屬，誤矣。何則？許嫁已纓，將嫁，無所復施，既嫁，夫説之矣，無所復用。則事舅姑之衿纓非許嫁之纓也。鄭氏曰：許嫁之纓，蓋以五采爲之。然則事父母舅姑之纓，亦五采歟？縏袠，鄭云：小囊也。袠言施明爲箴、管、線、纊有之。《内司服》注：内具，縏袠之屬。熊氏曰：袠，刺也。刺袠而爲囊，故曰縏袠。然則《士昏禮》所謂衿鞶者，蓋此也。鄭氏以衿鞶爲盛帨巾之屬。然《内則》左佩帨巾，右佩縏袠，而帨巾不聞有鞶。《唐志》婦人帨巾，亦不施鞶。

《屨人》：「掌王及后之服屨，爲赤舄、黑舄、赤繶、黄繶、青句、素屨、葛屨。鄭玄注：屨自明矣，必連言服者，著服各有屨也。複下曰舄，襌下曰屨。古人言屨以通於複，今世言屨以通於禪，俗易語反與。舄、屨有絇，有繶，有純者，飾也。鄭司農云：赤繶、黄繶，以赤、黄之絲爲下緣。《士喪禮》曰：夏葛屨，冬皮屨，皆繶緇純。禮家説繶，亦謂以采絲礫其下。(元)[玄]謂凡屨、舄，各象其裳之色。《士冠禮》曰(元)[玄]端黑屨，青絇繶純，素積白屨，緇絇繶純，爵弁纁屨，黑絇繶純是也。王吉服有九，舄有三等，赤舄爲上，冕服之舄。《詩》云「王錫韓侯，(元)[玄]衮赤舄」，則諸侯與王同，下有白舄、黑舄。王后吉服六，唯祭服有舄，玄舄爲上，褘衣之舄也，下有青舄、赤舄，鞠衣以下皆屨耳。句當爲絇，聲之誤也。絇、繶、純者同色，今云赤繶、黄繶、青絇，雜互言之，明舄屨衆多，反覆以見之。凡舄之飾，如繢之次，赤繶者王黑舄之飾，黄繶者王后(元)[玄]舄之飾，青絇者王白舄之飾。言繶必有絇純，言絇亦有繶純，三者相將，王及后之赤舄皆黑飾，后之青舄白飾。凡屨之飾如繡次也。黄屨白飾，白屨黑飾，黑屨青飾。絇謂之拘，著舄屨之頭，以爲行戒。繶，縫中紃，純，緣也。天子、諸侯吉事皆舄，其餘唯服冕衣翟著舄耳。士爵弁纁屨黑絇繶純，尊祭服之屨，飾從繢也。素屨者非純吉，有凶去飾者，言葛屨，明有用皮時。郝敬曰：服屨，禮服之屨。王用赤舄象陽，后用黑舄象陰。繶，牙底接處以小絛綴其際爲飾。王赤舄赤繶，象純陽矣。后黑舄黄繶，雜象陰也。絇以絛著屨頭，爲鼻拘束行履也。王與后舄絇用青，象東方帝出之生氣也。青黄赤黑四者，四方之正色，故王與后吉屨用之。白不用，近凶，周所勝色也。素屨，燕居之屨，無繶、絇文采之飾。葛屨當暑，王后皆用之。「辨外内命夫命婦之命屨，功屨，散屨。鄭玄注：命夫之命屨纁屨，命婦之命屨黄屨，以下功屨，次命屨，於孤卿大夫，則白屨、黑屨，九嬪内子亦然。世婦命婦以黑屨爲功屨，女御士妻命屨而已。士及士妻謂再命受服者，散屨亦謂去飾。凡四時之祭祀，以宜服之。」鄭玄注：祭祀而有素屨、散屨者，唯大祥時。

右履。《禮書》古者衣象裘色，韠象裳色。而《士冠禮》三屨皆象其裳之色，則王及后之舄屨，各象其裳之色可知也。(元)〔玄〕黄青白赤黑，對方者爲繢，次青赤赤白白黑黑青，比方者爲繡，次而《冠禮》黑屨青絇繶純，白屨緇絇繶純，皆比方之色，特爵弁纁屨黑絇繶純。絇，拘也，以爲行戒，狀如刀衣鼻在屨頭。繶，縫中紃也。純即緣也。蓋尊祭服之屨，故飾從對方之色。爵弁韠不曰韠而曰韎，韐衣不以布而以純，蓋皆尊祭服之故也。則凡舄之飾如繢次，屨之飾如繡次，可知也。絇青緇黑而繶純如之，則繶從絇色可知也。由是推之，王之吉服九而舄三，赤舄配冕服，而黑絇繶純；白舄配皮弁服，而青絇繶純；黑舄配冠弁服，而赤絇繶純。后之吉服六，而舄屨各三，元舄配褘衣，而黄絇繶純；青舄配揄狄，而白絇繶純；赤舄配闕狄，而黑絇繶純；黄屨配鞠衣，而白絇繶純；白屨配展衣，而黑絇繶純；黑屨配褖衣，而青絇繶純。《屨人》言舄止于赤黑，言繶止于赤黄，言句止于青。有素屨而無飾屨，有葛屨而無皮屨。鄭氏謂雜互反覆以見之，理固然也。禮一命受職，再命受服，公侯伯之大夫、子男之卿、王之中士，皆再命，其妻再命鞠衣，則纁屨爵弁而上之屨也。黄屨，鞠衣之屨。孤卿大夫之功屨，白屨黑屨，以其服皮弁冠弁故也。九嬪與孤妻内子功屨亦白屨黑屨，以其服展衣褖衣故也。女御士妻以黑屨爲命屨，所服唯褖衣故也。

楊氏復内司服圖説見前《禮書》

褘衣	揄狄	闕翟	鞠衣	展衣	褖衣
從王祭先王則服之。	從王祭先公則服之。	從王祭羣小祀則服之。	暨則服之。	以禮見王及賓客服之。	燕居及御于王服之。
色(元)〔玄〕	色青	色赤	色黄	色白	色黑

首服	副	副	副	編	編	次
	三翟首服副。以副配褘衣，謂之副褘。以副配翟。《詩》曰：「副笄六珈，其之翟也。」			鞠衣、展衣、褖衣首服皆編次。		
	衡□王后祭服有衡，若編次則無衡。笄以玉爲之，笄今之簪。王后燕居亦纚笄總而已。					
	(元)〔玄〕舄黄絇繶純	青舄白絇繶純	赤舄黑絇繶純	黄屨白絇繶純	白屨黑絇繶純	黑屨青絇繶純
内命婦	三夫人			九嬪	世婦	女御
	《玉藻》夫人揄狄。鄭注：夫人，三夫人。又内司服，辨外内命婦之服。鄭注云：三夫人及公之妻，其闕狄以下乎？二説不同。			自鞠衣而下	自展衣而下	
	舄			命屨黄	功屨白	功屨黑
外命婦	公之妻 鄭注：公之妻，其闕狄以下乎？陳祥道云：《王制》言三公一命卷。則三公在朝鷩冕，其妻揄狄可知。			其夫孤也，則服鞠衣。	其夫卿大夫也，則服展衣。	其夫士也，則服緣衣。
	舄青			命屨黄	功屨白	功屨黑

（續表）

舄元	舄青	舄赤	展衣	緣衣
二王後夫人用褘衣，夫人副褘，立于東房。明堂位。言魯侯得用衮冕，則夫人副褘可知也。	侯伯之夫人揄狄	子男之夫人闕狄	子男之卿再命而妻鞠衣，一命之妻禮衣，士之妻褖衣。諸侯之臣皆分爲三等，其妻以次受此服也。公之臣孤爲上，卿大夫次之，士次之。侯伯子男之臣卿爲上，大夫次之，士次之。	

崇彝《道咸以來朝野雜記》 衣冠定制，寒暑更換，皆有次序。由隆冬貂衣起，凡黑風毛袍褂，如玄狐、海龍等，皆在期内應穿。由此换白風毛，如狐皮、猞猁、倭刀之類，再换羊灰鼠，再换灰鼠，再换銀鼠，銀鼠真者色微黄，奇貴。有以灰鼠肚皮代者，次者兔皮也，然最白。再换寒羊皮，即珍珠毛。皮衣至此而止。再换則綿者、袷者、單者。紗衣始於實地紗，芝蔴地紗、亮紗、藍葛紗、黄葛紗，時至三伏矣。穿葛紗，冠用萬絲帽，是以細生葛組成者，色深黄；其餘紗衣，冠用白羅緯帽。單衣之期，或用緯帽，或用暖帽，以視天氣之冷暖。袷衣則用黑絨冠，綿衣用黑呢冠，珠毛、銀鼠期用縱線冠，此種後來多不備，以其爲期短且耗財也。灰鼠、羊灰爲中毛，冠用江獺皮，穿大毛衣服，冠用染貂，或染銀鼠，至貂冠五品以上始得用。而止。若海龍尾冠雖珍貴，不入正式也。【略】

蟒袍質地，或藍色，或醬色，製作或組繡，或緙絲，無大别也。但分勁五彩者，去紅加紫者，三藍彩者。此最素，不宜用。尚有暗水、暗蟒一種，遠望如藍袍，而其花紋則蟒袍也。尋常之袍分藍、醬，即紫色，後來色加紅，謂之棗兒紅。駝、淺黄色，又有一種名泥金色，在杏黄、明黄之間。灰有竹灰、墨灰、銀灰之别。四色。藍色最適於用。灰色素服也，朝會、慶壽，概不能著。花樣則名目繁多，以二則團花爲敬。二則爲大光，四則爲小光。有二龍團光者，有拱壁形者，有八吉祥者，有瑞草螭虎者，有卍字牡丹者，有圓壽字者，有長壽字二龍抱之爲團者，有江山萬代者，有團鶴、松鶴種種式様。其本質有寧紬者，有庫緞者。至散花紋名目尤多，不勝數矣。外褂皆二則團花，無散花者。更有一種緞機紬，是寧紬質，而花紋則緞絲者，最名貴，不恒見。又有耕織圖花様一種，則散花者，非高手成衣匠不敢裁剪，以其多人物與屋宇，少不留神，前後身必有倒置者，理不可解。

蟒袍各種皆可隨時，惟無綿的，無寒羊的。

婦女制服，最隆重者爲組繡麗水袍褂。袍則大紅色，褂則紅青。即天青。婦女袍褂皆一律長的，不似男服之長袍、短褂。有時穿袍不套褂，謂之領袖袍，亦得掛朝珠。其次禮服，則敞衣、襯衣皆挽袖者。即緣以花邊，將大袖卷上。敞衣分大紅色、藕合色、月白色。皆有繡花，或净面，分穿者之年歲、行輩定之。以上皆双全婦人所著者。若孀婦敞衣或藍色，則醬色襯衣，則視外敞衣之顔色配合之。女褂有八團者，亦天青色，下無麗水，以組繡團光八個嵌諸玄端上下左右。前後胸各一，左右肩各一，前後襟各二。内不穿袍，以襯衣當之，其色或緑，或黄，或桃紅，或月白，無用大紅者。年長者則不用繡八團，改穿補褂矣。婦女補服，隨其夫之品級，但皆圓形。漢官夫人則仍是方補，與男子無别。麗水袍與襯衣皆夾衣，雖隆冬穿大毛之期，亦如是。婦女不能重裘也。又有褂襴或是滿語譯音，是否此二字不定。一種，即長與襯衣齊之大坎肩也。其色以天青爲正，亦有藍色者，或繡花，或净面，亦禮服之一。冠則帶困秋帽，與男冠相仿，但無頂，無纓，皆以組繡爲飾，後綴繡花長飄帶二條。此冬季所用者。著此服而頭上帶鈿子者，薩摩太太也。即祭神時所用之女巫，滿語曰「薩摩」。

婦女著禮服袍褂時，頭上所帶者曰鈿子。鈿子分鳳鈿、滿鈿、半鈿三種。其制以黑絨及緞條製成内胎，以銀絲或銅絲支之，外綴點翠，或穿珠之飾。鳳鈿之飾九塊，滿鈿七塊，半鈿五塊，皆用正面一塊，鈿尾一大塊。此所同者。所分者，則正面之上，長圓飾或三或五或七也。鳳鈿除新婦宜用；其他皆用滿鈿；孀婦及年長婦人則用半鈿。

禮服，脚下應穿高底繡花靴，其色紅、緑、黄、藍皆有，僅靴甬短於男靴，過踝而已。晚近趨於簡便，皆穿繡花平金鞋，然非高底不可。

褡忽滿語。即反穿貂褂。另有玄狐一種。普通貂褂皆天青或元青爲表，正穿反穿皆可。褡忽則月色托子，即裏也。左右開衩，各綴飄帶二條。皇帝祀天壇，及元旦各處行禮，隨從官皆著此褂，上加貂披肩，下穿貂朝裙，皆皮向外。至玄狐者，惟帝得穿；特許都察院總憲左都御史。穿。此則聞之故老所云，未經目覩。

朱彭壽《舊典備徵》卷一《冠服異數》 本朝冠服制度。親王、郡王、貝勒、貝子、入八分公，均戴紅寶石帽頂。又親王補服，繡五爪金龍四團，前後正龍，兩肩行龍。郡王則繡五爪行龍四團。康熙以來，凡大臣中之著有大動者，亦特加賞賜，以示優異。按賜四團龍補服者，孫思克、康熙三十五年。施世驃、康熙六十年。隆科多、年羹堯、均雍正二年。高其位、雍正二年。李衛。乾隆二年。

賜紅寶石頂者，孫士毅。乾隆五十三年。

賜紅寶石頂及四團龍補服者，傅恒、乾隆十四年。班第、薩喇爾、均乾隆二十年。策楞、乾隆二十一年。兆惠、乾隆二十三年。黄廷桂、乾隆二十三年。明瑞、乾隆三十三年。阿桂、乾隆四十年及四十一年。福康安、海蘭察、均乾隆五十二年。長齡。道光八年。

又定例　親王、郡王、貝勒、貝子及固倫額駙，准戴三眼花翎。乾隆以來，大臣中亦有特賞者，然勳戚如傅文忠，當時尚不敢戴用，是以受賜者尤稀。按二百年來，膺是賞者，惟傅恒、乾隆三十四年。福康安、乾隆六十年。和琳、嘉慶元年。長齡、道光八年。禧恩、道光十二年。李鴻章、光緒二十年。徐桐光緒二十五年。等七人。

印鸞章《清鑑綱目》卷一《世祖順治·詔文臣衣冠暫從明制》　〔甲申順治元年十月乙卯朔〕定都北京，詔文臣衣冠暫從明制，從大學士洪承疇議也。

印鸞章《清鑑綱目》卷三《世祖順治·請用衮冕不許》　順治八年二月，御史匡蘭兆請用衮冕，不許。御史匡蘭兆，奏請朝祭，復用衮冕。得旨，一代自有制度，朝廷惟在敬天愛民，治安天下，何必在用衮冕。

附記按此可見，當時滿漢畛域之嚴如此。

《題本·採辦織造及各項工程》　道光七年四月初九日稽查緞疋庫御史臣瑞福、給事中臣宋其沅奏　爲酌核緞疋庫事宜，以防滋弊事。臣等於上年十一月奉命稽查緞疋庫，任事以來，隨時查核往來文移，飭令隨到隨收，隨到隨放，不得延壓，致滋弊端。現查所辦收放事宜，内有應行酌議者，謹分別五條，敬呈御覽。

一驗收期限宜歸畫一也。查各省解到緞疋等項，書吏勾通捺擱，勒索使費，久成積弊。嘉慶十年，欽奉上諭，向來各省例解緞疋等項到京，於崇文門查驗後，其赴庫投文驗收，及給領批迴，均未定有限期，以致不肖書吏，從中嚇詐勒索，各該解員日久守候，賠累滋多，殊非杜弊之道。嗣後崇文門監督於各省年例解京物件，無論何項，驗明後，即速移會户部及管理三庫衙門，各該堂官接准移會，即傳令解員投文驗收，限五日内交收全竣，即行面給批回，飭令毋許稍有延擱，倘仍任聽胥吏私向解員索詐使費，故違定限，即將該管之員分別懲辦，欽此。聖諭煌煌，自應敬謹遵照。惟查《户部則例》内載各省解到物料，限二十日核收給批，期限未能畫一，應請欽遵諭旨，更正遵行，俾延壓者無可藉口，并請由户部通行各省督撫，預行飭知解員，限到京後，於崇文門查驗次日，即投文批，不得遲誤。

一各處行庫文付應遵例填寫日期也。查各省解物到京，例由崇文門查驗後，即將所解物件於某日進，先行知照本庫，户部亦於解員投文後，由承辦司付庫驗收。乃近來崇文門知照文内，並不填寫日期，往往距解物進城十數日後到庫，是否發行遲延，抑係庫吏捺擱，無憑查攷，至户部印付二件，向係一件存庫，一件填寫查數收訖字樣發回，往往存庫之付有日期，發回之付無日期，一事兩歧，顯有書吏勾通蒙混情弊。今驗收既遵五日之限，則兩處文付不宜遲延，應請勅下崇文門，於解物進城後，户部於解員投文後，均即日知照到庫文付内務各填明日期，以憑稽核。庫中隨即驗收，將批迴送交三庫檔房司付發回户部，均填某年月日照數收訖字樣，庶檔房印發批迴，户部照給寔收，均得依限辦理。

一庫存緞疋等項應編號收貯以清款目也。《會典》内載康熙五十八年，定緞疋庫動支舊存物料，新收者别行收貯。查緞疋庫正面庫房九間，安設木架，上下分爲四層，左右界作方格，每格均有布簾，向來惟於簾外粘貼片紙，開記所貯何項。日久既多漫滅，抑且更易無定，或同係一項而左右雜置，或本係兩項而一處同收，殊難查核。應請嗣後按架編列字號，造具清册，將分貯某年解到某項某色，詳載册内，照例先儘舊存動支，按册指放。其布疋等項，向係分貯東西南三面庫樓，亦應按解到年分，分别收貯，詳造清册，出陳留新，以符定例。又查本年係應請欽派大臣盤庫之期，由庫預先編號造册，俟盤驗後，即可按號收貯，於事不設分煩，而款目可清矣。

一外藩王公俸緞款項，及罰俸應扣款項，宜核明載入《則例》也。查外藩汗親王俸緞四十疋，和碩親王俸緞二十五疋，以至台吉、額駙俸緞六疋、四疋不等，均由户部行庫給發，理藩院派員承領。惟查户部文内，向來止開應給應扣疋數，并不分晰緞紗紬綾等項細目，庫中惟以遠年抄寫舊簿爲憑，臨時檢查照給，殊不足以照信守，應請將庫存舊簿送交户部，詳加酌核，載入《則例》，永遠遵行。

一各處領取緞疋等物，宜酌定限期也。查應領緞疋物件，既經各該衙門行文到庫，既應隨時來領。乃向來往往文移早到，而支領官持領赴庫，則遲至數月不等，甚至上年十二月有持道光五年印領赴庫領物者。經臣等駁斥未准。查各倉放米，均有例限，逾限不領，即應註銷，似可仿照辦理。應請嗣後各處支領緞疋等物，自該衙門文移到庫之日起，以三個月爲限，逾限不領，即行註銷。倘係本庫書吏人等有蒙擱勒措等弊，許支領官呈明，嚴行懲辦。以上五條，是否有當，伏乞皇上聖鑒，訓示遵行。謹奏。

載齡等《清户部則例》卷六二《税則・崇文門》

用物税則

一緞錦羽緞、羽縐，每身各税四錢八分。　大紅粧花織錦、倭緞，每疋税三錢六分。　鸓鳺緞每身，通海緞、天鵞絨、倭緞，每疋各税二錢四分。　蟒緞、牙爪現身緞，每疋各税一錢八分。　粧緞、錦緞，每疋各税一錢五分。　大紅宋緞、補緞，每疋各税一錢二分。　線緞，每疋税一錢二釐。　淺色緞、黑緑素緞、捲光素緞，每疋各税九分。　搭護帽緞，每疋税七分二釐。　各色宋緞、帽緞、裱錦閃緞、金花緞，每疋各税六分。　高麗帽緞、杭緞、平花緞，每疋各税四分八釐。　遍地金緞，每疋税三分六釐。　小遍地金緞，每疋税二分四釐。　紬澗機紬，每十疋税四錢二分。　潮紬，每十疋税四錢二釐。　通海紬每疋，絲紬每十疋，各税二錢四分。　女兒紬，每疋税一錢二釐。　宫紬、大紅澗機雲紬，每疋各税九分。　拱線，每疋税六分。　線紬、潞州大紬、澤紬、寧紬，每疋各税五分四釐。　縐紬、巴紬、川紬、湯紬、温紬、程鄉繭紬、土紬、大紅窄機紬，每疋各税四分八釐。　紋紬，每疋税四分二釐。　繭紬、春紬、素紬，每疋各税三分六釐。　潞州小紬、紡絲紬、饒細花紬，每疋各税二分四釐。　綿紬，每疋税一分八釐。　旺長紬每疋税一分二釐。　綾綾機、杭州白綾，每疋各税四分八釐。　蘇州重白綾、帽綾，每疋各税四分二釐。　上湖白綾、烏綾、汴綾、荆州綾，每疋各税三分六釐。　蘇州輕白綾，每疋税三分。　次湖白綾、裱綾，每疋各税二分四釐。　羅秋羅，每疋税四分八釐。　蘇秋羅，每疋税四分二釐。　湖州秋羅、水緯羅，每疋各税三分六釐。　紗大紅縐紗，每疋税九分六釐。　蟒紗、粧紗，每疋各税六分。　衣縐紗、西紗，每疋各税四分八釐。　大紅紗，每疋税四分二釐。　淺色紗、鮮紅紗、銀紅紗，每疋各税二分四釐。　杭紗、銀條紗、花紗、冰紗、漳紗、實地紗，每疋各税一分八釐。　漆紗，每疋税一分二釐。　絹衢州雙絲絹，每十疋税二錢一分。　單絲絹，每十疋税一錢八分。　女兒絹，每疋税一錢二釐。　蘇州線絹，每疋税四分八釐。　福建線絹，每疋税四分二釐。　雙熟絹、錢家絨絹、葛絹，每疋各税四分二釐。　荆州絹，福建雙熟絹，紹興蕭絹，每疋各税三分六釐。　雞皮絹每疋，黄石絹每二疋，各税三分。　德清各色絹，蘇州乾摺絹，紅黄石絹，每疋各税二分四釐。　生絲青絹、重絹，花素屯絹，摺絹，白絲大絹，易州官絹，湖白緑絹，雲絹，川絹，每疋各税一分八釐。　白生絲絹，羅底絹，裱絹，粉絹，青小絹，潮絹，每疋各税一分二釐。　氊氌織絨氊氌，每十疋各税二錢四釐。　絨褐大紅哆囉絨，每疋税一兩四錢四分。　小哆囉絨，每疋税七錢二分。　毛褐，每十疋税二錢四釐。　大紅絨，剪絨，漳絨，每疋各税一錢八分。　鴨緑絨，每疋税一錢二分。　蘭州絨褐，青絨，紫絨，每疋各税九分。　絨褐，每疋税七分二釐。　把子絨，每疋税四分二釐。　布青紅串布，每百疋税四錢八釐。　大串布，每百疋税三錢七分二釐。　青藍粗布，印花布，每百疋各税三錢六分。　小串布，每百疋税三錢三分六釐。　白粗布每百疋，海葛布每疋，各税二錢四分。　雲布、女兒布、西洋布，每十疋各税二錢四釐。　斜紋布、大白夏布，每十疋各税一錢二分。　大布，每十疋税九分。　青中布，每十疋税八分四釐。　青平機布，每十疋税七分八釐。　藍平機布，每十疋税七分二釐。　白平機布、中夏布、小紅夏布、小藍夏布、白中布，每十疋各税六分。　藍乾機布，每十疋税四分八釐。　乾機布，每十疋税三分六釐。　小夏布、禮布、青蚊帳布每十疋，上等葛布每疋，各税三分。　青三梭布每疋，麻布每十疋，各税二分四釐。　蕉布、中等葛布每疋，中藍夏布每二疋，各税一分八釐。　白鎮布、苧麻布、繭布、刷絨布、中紅夏布、下等葛布，每疋各税一分二釐。　飛花布、福生布每疋，書仿布每二疋，羅敦布每三疋，各税六釐。　絲絮線絨羊絨，每百斤税三錢六分。　棉線，每百斤税一錢八分。　黄絲，每十斤税一錢二釐。　熟棉花，每百斤税九分。　棉花肉，每百斤税七分二釐。　金線，每斤税三分六釐。　弓絃，每百斤税三分。　絹線、絨纓，每斤各税一分八釐。　白絲、白綿絲料，每斤各税一分二釐。　琴絃，每三副税六釐。

載齡等《户部則例》卷六五《税則・山海關》

用物税則

一用物税，貨内有按箱折合疋數、斤數、把數者，如緞紗每大箱作五十疋科算，絹每箱作七十五疋科算，夏布每箱作一百二十五疋科算，黄白絲每箱作一百斤科算，紙扇每箱作一千把科算。　有按馱折合疋數、條數者，如細每馱作一百五十疋科算，細巾、手帕每馱作一千五百條科算。　有按捆折合疋數、張數、條數者，如褐子每捆作三十九科算，獺皮、貉皮、獾皮每捆各作二百張科算，各色氊毯每捆作二十五條科算。　有按塊折合疋數者，如平機布、各種白布，每塊各作三十疋科算。　有按包折合斤數、條數者，如棉花每包作一百二十斤科算，麻布手巾每包作七百五十條科算，纓子每包作十斤科算。　有按車折合疋數、條數、斤數、件數、張數、領數者，如串布，每大車作二千疋科算。　氊屉，每車作二百條科算。　棉線貨，每車作一百二十斤科算。　鐵貨，每小車作一千五百斤科算。　細磁器，每車作一百件科算。　土磁器，每車作一千五百件科算。　木梳櫳，每車作一萬四百十五張科算。　葦席箔，每車作一百五十領科算。　有按褡褳折合朶數、件數、斤數者，如翠花，每褡褳作一千朶科算。　玉器，每褡褳作十五件科算。　硝石貨，每褡褳作三十斤科算。　有按張折合斤數者，如牛皮底，每張作二十斤科算。　有按簍折合疋數者，如夏布，每簍作二十五疋科算。其應納税銀，各按後開細則輸納。

一緞、紬鸓鳺緞，每疋税四錢八分七釐五毫。　羽毛緞，每疋税二錢四分七釐五毫。　線緞、蟒緞，每疋各税一錢八分七釐五毫。　粧緞，每疋税一錢二分七釐五毫。　線紬，每疋税一錢二分一釐二毫五絲。　倭緞、緞子片金，每疋各税九分七釐五毫。　帽緞，每疋税七分九釐五毫。　膽金，每疋税六分七釐五毫。　山紬，每疋税四分九釐二毫五絲。　大紬，每疋税四分三釐二毫五絲。　中紬，每疋税三分七釐二毫五絲。　小紬，每疋税二分五釐二毫五絲。綿紬，每疋税一分九釐二毫五絲。綾、羅大綾、秋羅，每疋各税四分九釐二毫五絲。中綾，每疋税四分三釐二毫五絲。小綾，每疋税二分五釐二毫五絲。紗、絹紗，每疋税五分五釐五毫。葛絹，每疋税四分三釐二毫五絲。山東絹，每疋税三分七釐二毫五絲。粉絹、屯絹，每疋各税一分九釐二毫五絲。神袍絹、羅底絹，每疋各税一分三釐二毫五絲。絨、褐大紅哆囉絨，每疋税一兩四錢四分七釐五毫。小哆囉絨，每疋税七錢二分七釐五毫。羢褐，每疋税七分三釐二毫五絲。毛褐，每疋税二分五釐二毫五絲。布大布，每百疋税一兩一錢八釐三毫三絲。青平機布，每百疋税九錢八分八釐三毫三絲。藍平機布，每百疋税九錢二分八釐三毫三絲。中青布，每百疋税八錢五分五釐六毫二絲。白平機布，每百疋税八錢八釐三毫三絲。色串布，每百疋税四錢二分三釐六毫二絲。乾機布、印花布，每百疋各税三錢九分七釐五毫。大串布，每百疋税三錢八分七釐六毫二絲。上葛布，每十疋税三錢七釐五毫。白粗布，每百疋税二錢七分七釐五毫。雙絲布，每十疋税二錢二分二釐五毫。中葛布，每十疋税一錢八分七釐五毫。下葛布，每十疋税一錢二分七釐五毫。斜紋布、苧麻布，每十疋各税一錢二分六釐二毫五絲。大白夏布、紅中夏布，每十疋各税一錢二分四釐。中藍夏布，每十疋税九分四釐。中夏布、小紅夏布、小藍夏布，每十疋各税六分四釐。小夏布，每十疋税三分四釐。繭布，每疋税一分二釐六毫二絲。縷緯、絲絮、繩線山繭，每百斤税三錢一分。棉線，每百斤税二錢四分二釐五毫。熟棉花，每百斤税一錢五分二釐五毫。白絲，每十斤税一錢二分九釐三毫七絲。黃絲，每十斤税一錢一分一釐三毫七絲。棉花肉，每百斤税九分七毫五絲。金線，每斤税五分五釐。纓子，每斤税五分。白綿，每斤税一分二釐二毫。絹線、絲線，每斤各税一分八釐九毫三絲。錢繩，每千條税三釐一毫。【略】氈、毯線毯，每十條税四錢三分二釐五毫。大氈，每條税一錢二分一釐二毫五絲。中氈、羊毛花氈毯，每條各税六分一釐二毫五絲。

載齡等《清户部則例》卷六六《税則·張家口》

用物税則

一緞頭號錦緞、黑倭緞、天鵝羢緞，每疋各税二錢。二號錦緞、剪羢緞，每疋各税一錢。大號唐緞、官造緞、雲鶴緞、補緞，每疋各税七分。三號錦緞、二號唐緞、閪閃緞、花緞、片金緞，每疋各税五分。帽素緞、成伯緞，每疋各税三分。綢大號潞綢，每疋税三分。二號潞綢，每疋税二分。三號潞綢、廠綢、繭綢，每疋各税一分。綿綢，每疋税七釐。紗羅綾各色每疋各税一分。絹八角絹，每疋税三分。各色絹，每疋各税一分。褐各色每疋各税一分。布各色梭布，每筒税五分。各色少布，每筒税三分。大平機布，每疋税二分。中平機布，每疋税一分四釐。小平機布，每疋税九釐。夏布、斜紋布，每疋各税七釐。棉絨、線縷棉花，每包税六分。金線，每百枝税三分。絲線紝絨，每斤税二分五釐。棉線，每斤税一釐。【略】氈貨大達氈，每塊税三分。中達氈，每塊税二分。小達氈，每塊税一分。紅白氈毯氈，每件税一分。

載齡等《清户部則例》卷六七《税則·殺虎口》

用物税則

一緞上上緞、片金緞、蟒緞、粧花緞、錦緞，每疋各税三錢。倭緞，每疋税一錢二分。上緞，每疋税一錢。中緞，每疋税八分。下緞，每疋税五分。綢大潞綢、絲綢、土綢、廠綢，每疋各税三分。小潞綢，每疋税一分。紗廣紗，每疋税一錢。各色紗，每疋税三分。杭羅每疋税三分。綾各色綾，每疋税三分。時綾，每疋税一分。絹屯絹，每疋税三分。杭細絹，每疋税二分。串絹、大花絹，每疋各税一分。小花絹，每疋税五釐。氆氇、褐子每疋各税三分。羢姑羢，每疋税二錢。織羢片，每塊税三分。栽羢，每疋税一分。布大梭布，每筒税五分。小梭布，每筒税三分。葛布、羅布，每疋各税二分。夏布，每疋税一分。斜紋布、大布，每疋各税五釐。小布，每疋税三釐。又鋪襯布，每馱税三分。棉絮、纓線棉花，每大包税一錢，小包税六分。絲線每斤，雨纓每斤，各税五分。棉線、棉子，每斤各税三分。鈕金線，每大包税五釐，小包税三釐。

載齡等《清户部則例》卷六七《税則·歸化城》

用物税則

一緞上上緞、片金緞、蟒緞、粧花緞、錦緞，每疋各税三錢。倭緞，每疋税一錢二分。上緞，每疋税一錢。中緞，每疋税八分。下緞，每疋税五分。紬大潞紬、絲紬、土紬、廠紬，每疋各税三分。小潞紬、串紬，每疋各税一分。羅每疋税三分。紗廣紗，每疋税一錢。各色紗，每疋税三分。綾各色綾，每疋税三分。時綾每疋税一分。絹屯絹，每疋税三分。杭細絹，每疋税二分。又花絹，每疋税一分。小花絹，每疋税五釐。氆氇、褐子每疋各税三分。羢姑羢，每疋税二錢。織羢片，每塊税三分。栽羢，每疋税一分。布大梭布，每筒税五分。小梭布，每筒税三分。葛布、羅布，每疋各税二分。夏布，每疋税一分。斜文布、大布，每疋各税五釐。小布，每疋税三釐。又鋪襯布，每馱税三分。棉絮、纓線棉花，每大包税一錢，每小包税六分。絲線、雨纓，每斤各税五分。棉線、棉子，每斤各税三分。鈕金線，每大包税五釐，小包税三釐。氈毯羢氈、大紅氈毯子每條、大達氈每塊，各税三分。氈每條、中達氈每塊、毛苫單每條，各税一分。

載齡等《清户部則例》卷六八《税則·坐糧廳》

用物税則

一緞錦大紅緞，每疋落地税五分六釐，起京税二分一釐。緞，每疋落地税二分八釐八毫，起京税一分八毫。彭緞每疋，遍地錦每疋，落地各税二分八釐，起京各税一分五毫。上帽緞，每疋落地税二分四釐，起京税九釐。中帽緞、高麗緞，每疋落地各税二分，起京各税七釐五毫。　下帽緞，每疋落地税一分二釐，起京税四釐五毫。紬綾線綢、各色綾，每疋落地各税二分四釐，起京各税九釐。　絲綢，每疋落地税二分，起京税七釐五毫。　光綾，每疋落地税一分六釐，起京税六釐。　潞綢、上綿綢，每疋落地税一分二釐，起京税四釐五毫。中綿綢，每疋落地税九釐六毫，起京税三釐六毫。　下綿綢、土綢，每疋落地各税八釐，起京各税三釐。紗羅大紅結羅，每疋落地税四分八釐，起京税一分八釐。　大紅紗，每疋落地税二分四釐，起京税九釐。　南京色羅，每疋落地税一分二釐八毫，起京税四釐八毫。　銀條紗、湖羅，每疋落地各税一分二釐，起京各税四釐五毫。　南京色紗、蘇紗、長安羅，每疋落地各税九釐六毫，起京各税三釐六毫。絹色花絹、雙絲熟絹，每疋落地各税一分六釐，起京各税六釐。　福絹，每疋落地税一分四釐四毫，起京税五釐四毫。　黄熟絹，每疋落地税一分二釐，起京税四釐五毫。　生絲小絹、羅底絹，每疋落地各税九釐六毫，起京各税三釐六毫。白生絲絹、小連裱絹，每疋落地各税六釐四毫，起京各税二釐四毫。絨蘭州絨，每疋落地税二分四釐，起京税九釐。　線絨，每疋落地税九釐六毫，起京税三釐六毫。　氊紅氊、白氊，每條落地各税六釐四毫，起京各税二釐四毫。　黑氊，每條落地税四釐，起京税一釐五毫。小黑氊，每條落地税二釐四毫，起京税九毫。布絲布、廣葛布，每疋落地各税八釐，起京各税三釐。　正葛布，每疋落地税六釐四毫，起京税二釐四毫。　大闊機布、乾布、雲布、草葛布，每疋落地各税四釐八毫，起京各税一釐八毫。　黄葛布、大白夏布、軟白夏布、洗白夏布、土夏布、土絲夏布、建寧夏布、真青大夏布、大官機布、白鎮布、白家機布，每疋落地各税四釐，起京各税一釐五毫。　大梭夏布、大紅夏布、色官機布，每疋落地各税三釐二毫，起京各税一釐二毫。　藍肅寧布，每疋落地税二釐八毫，起京税一釐五絲。　青串二布，每疋落地税二釐五毫六絲，起京税九毫六絲。　青大串布、緑大串布、大紅串布、中紅夏布、色上海串二布、色上海布、白肅寧布、才藍綿布、紫花布、印花布、苧麻布，每疋落地各税二釐四毫，起京各税九毫。　蕪湖中青布，每疋落地税二釐一毫六絲，起京税八毫一絲。　青中串布、藍平機布、平湖布、連機夏布、中夏布、小夏布、小紅夏布、江西土夏布，每疋落地各税二釐，起京各税七毫五絲。　白上海串布，每疋落地税一釐七毫六絲，起京税六毫六絲。　藍大串布、青小布、小紅串布、緑小串布、粗平機布、蕪湖小青布、藍乾機布、白平機布、把夏布，每疋落地各税一釐六毫，起京各税六毫。　乾機布、藍小串布，每疋落地各税一釐四毫四絲，起京各税五毫四絲。　白大串布，每疋落地税一釐三毫六絲，起京税五毫一絲。　白小串布、馬市小青藍白布、富屯夏布，每疋落地各税一釐二毫，起京各税四毫五絲。　吉陽夏布，每疋落地税一釐四絲，起京税三毫九絲。　茅蔴布，每疋落地税九毫六絲，起京税三毫六絲。　順昌布、藍包皮布、書方夏布、蔴布，每疋落地各税八毫，起京各税三毫。絲綿、線縷湖絲，每百斤落地税一兩二錢，起京税四錢五分。　粗絲，每百斤落地税八錢，起京税三錢。　絨線，每十斤落地税一錢二分，起京税四分五釐。　棉花，每百斤落地税六分四釐，起京税二分四釐。　荒棉，每十斤落地税三分二釐，起京税一分二釐。　金線，每斤落地税二分四釐，起京税九釐。　湖棉，每斤落地税一分二釐，起京税四釐五毫。上絲綿，每斤落地税六釐四毫，起京税二釐四毫。中絲綿，每斤落地税四釐八毫，起京税一釐八毫。　綿線，每斤落地税八毫，起京税三毫。

載齡等《清户部則例》卷六九《税則・天津關》

一　用物税則

一用物税則内，如色平機布、藍平機布、白平機布、紫花平機布、印花平機布、漂白平機布、色乾機布、藍乾機布、白乾機布、立機布、冷布、青藍串布、白串布、雙丈布、小漂白布等物，税銀正扣、津扣俱以九四扣折收。【略】

一錦片金，每疋税三錢。　紫白錦，每疋税六分。　緞羽毛緞、倭緞，每疋各税四錢。蟒緞、二色錦緞，每疋各税三錢。　粧花緞、通海緞、閃緞，每疋各税二錢。　線緞，每疋税一錢七分。　色緞、潞緞、繭緞，每疋各税一錢五分。紬紅線紬、雪花錦紬，每疋各税一錢七分。　寧紬、澤紬、温紬、宫紬，每疋各税一錢五分。　牛郎紬、通海紬，每疋各税一錢。　大潞紬，每疋税九分。　繭紬，每疋税八分。　中潞紬，每疋税六分。　花素紬、饒紬、小潞紬，每疋各税四分。　綿紬，每疋税三分。　喜紅潞紬，每疋税二分。　綾白綾、色綾、機綾，每疋各税六分。紗羽毛紗，每身税三錢。　二色錦紗，每疋税二錢。　色紗、葛紗，每疋各税一錢。　春紗、縐紗，每疋各税八分。　紡紗、生花紗，每疋各税四分。　冰紗、銀條紗、神袍紗，每疋各税三分。　漆紗，每疋税二分。　羅生羅、秋羅、軟羅，每疋各税六分。　絹八甲絹、畫絹，每疋各税六分。　色絹、素絹，每疋各税四分。　裏絹、屯絹，每疋各税三分。　神袍絹，每疋税二分。絨褐天鵝絨每疋，哆囉呢、猩猩氊每身，各税四錢。　羊毛褐子，每十疋税三錢四分。　剪絨，每疋税三錢。　姑羢、紅小羢、氆氌、嗶嘰，每疋各税二錢。　羊羢，每疋税一錢五分。　絨褐，每疋税一錢二分。　把子絨，每疋税七分。布青藍串布，每百疋税六錢八分。　白串布、色飛花布，每百疋各税六錢二分。　白飛花布，每百疋税五錢六分。絲布、雲布，每十疋各税三錢四分。　白夏布、永春布，每十疋各税一錢五分。　色平機布，每十疋税一錢三分。　藍平機布，每十疋税一錢二分。　白平機布，每十疋税一錢。　色乾機布，每十疋税九分。　藍乾機布，每十疋税八分。　白乾機布、立機麻布，每十疋各税六分。　蚊帳布每十疋，貢葛、廣葛、海葛、哆囉蔴每疋，各税五分。　冷布、雙丈布、浜布每十疋，洋布、女兒布、繭布、春布每疋各税四分。　羅紋布、草葛、湖南葛、山東葛、後天葛、青麻葛，每疋各税三分。　口袋布、色麻布、斜文布、絨布、搭連布、色夏布、苧蔴布，每疋各税二分。　紫花平機布、印花平機布、漂白平機布每疋，小漂白布每二疋，各税一分。絲絮、繩線羊羢、駝羢，每百斤各税六錢。　佛手柑線縧每百副，棉線繩每百斤，税二錢。　黄絲，每十斤税一錢七分。　棉花，每百斤税一錢五分。　棉花肉、蠶繭，每百斤各税一錢二分。絲絃每斤，金線每斤，各税九分。　有子棉花，每百斤税五分。　絨線、青棉絲、絲線纓，每斤各税三分。　白絲、湖綿，每斤各税二分。　棉花線、棉線、紅頭繩每斤，棉線枉每二斤，琴絃每三副，各稅一分。氊毯紅大羢氊、戲毯每條，羢轎圍每頂，各稅四錢。　驢毛小花毯，每十床稅三錢四分。　大花毯，每床稅三錢。　紅中羢氊、大白羢氊、粗白大毛氊每條，氊轎圍每頂，各稅二錢。　中花氊每床，棉線毯每十床，各稅一錢五分。　牛羢氊片每身，色羢氊包、紅鞍籠每個，各稅一錢二分。　紅小羢氊、中白羢氊、粗白小毛氊、羢桌氊每條，氊片每身，棕氊每十條，小紅羢衣包每個，各稅一錢。　粗毛氊包，每十個稅六分。　小白羢氊、毛桌氊每條，小紅毛衣包每個，靴裡氊每床，帽裡氊每十塊，各稅五分。　羊毛毯，每條稅二分。

載齡等《清户部則例》卷七〇《稅則·臨清關》

用物稅則

一緞紬粧花緞、蟒緞每疋各稅一錢三分。　羽毛緞，每丈稅一錢二分。　錦緞、倭緞，每疋各稅一錢一分一釐。　仰素、局素二則等上緞，每疋各稅七分九釐。　嗶嘰緞，每丈稅五分。　八絲等中緞、線緞、閃緞、通海緞、線紬、寧紬、宮紬，每疋各稅四分八釐。　洋縐紬，每疋稅四分六釐。　五絲等下緞、繭紬、土紬、各色潞紬，每疋各稅三分二釐。　紡紬、各色湖縐，每疋各稅一分九釐。　各色濮院紬，每疋稅二分二釐。　雙裙紬、毛搭紬，每疋各稅一分三釐。　各色綿紬，每疋稅一分一釐。　綾、羅湖羅每疋，曹綾等各色上綾每疋，各稅三分二釐。　西綾、杭綾、汁綾等各色中綾，每疋各稅二分九釐。　秋羅，每疋稅一分九釐。　畫綾，每疋稅六釐。　紗、絹羽毛紗，每丈稅一錢。　蟒紗、羽毛縐，每疋各稅八分。　内造二則紗、西紗等上紗，每疋各稅三分二釐。　府紗、戴機紗、廣紗等中紗，每疋各稅二分九釐。　屯絹，每疋稅一分六釐。　輕漿絹，每十疋稅一分五釐。　縐紗、浩紗、葛紗、畫紗等下紗、碾光絹等上絹，每疋各稅一分三釐。　畫絹，每疋稅六釐。　絨褐哆囉呢，每丈稅一錢二分。　漳絨，每疋稅一錢一分一釐。　洗羢，每疋稅五分七釐。　姑羢、撒喇羢，每疋各稅三分二釐。　褐子每疋，羊毛氆氌、織羢每十疋，各稅一分六釐。　布斜紋布、刷絨布、毛青布，每十疋各稅六分三釐。　染色中潤白布，每十疋稅五分一釐。　中潤白布，每十疋稅四分八釐。　印花布、小紅布，每十疋各稅三分二釐。　染色大梭布、青夏布、生熟春布，每十疋各稅二分二釐。　白大梭布、染色小梭布、機上白夏布，每十疋各稅一分九釐。　白小梭布、土布，每十疋各稅一分六釐。　染色小粗布、染色飛花布、染色粗麻布，每十疋各稅一分三釐。　花絲布、素絲布，每疋各稅一分一釐。　上葛布每疋，白粗麻布、小白粗布、白飛花布每十疋，各稅一分。　永春夏布、石城夏布，每疋各稅八釐。　中葛布，每疋稅五釐。　絲、絮、纓緯、繩線湖絲、白絲，每十斤各稅九分五釐。　黃絲、黃麻絲，每十斤各稅七分九釐。　淨棉花，每百斤稅七分六釐。　黃麻繩，每百斤稅六分三釐。　各色雨纓，每斤稅四分八釐。　洒絨帽緯每斤，絨裹棉花繩每十斤，各稅三分二釐。　棕繩，每百斤稅二分九釐。　檾麻繩，每百斤稅二分五釐。　雜色絲線，每斤稅二分二釐。　絲絃，每斤稅一分九釐。　有子棉花、舊棉花套每百斤，棉線每十斤，各稅一分六釐。　湖綿每斤，綿繭每十斤，金線每千根，各稅六釐。　絮繭，每十斤稅三釐。【略】氊毯猩猩氊，每丈稅一錢二分。　羢氊，每條稅二分五釐。　線毯，每條稅一分一釐。　氊條，每條稅一分。　毛毯，每條稅八釐。

載齡等《清户部則例》卷七一《稅則·淮安關》

淮安正關用物稅則

一紬、緞、紗、羅、綾、絹緞紬，船裝四卷折一馱，計二百四十斤，稅八錢。　紬緞，每騾計二百四十斤，稅七錢。　緞子倭緞、黼黻紗緞套料、片金緞、銷金緞每四十疋，紗、羅、紬、絹、綾每六十疋，綿紬每五十疋，繭紬每五十疋，各稅四錢。　又自緞子倭緞起，至綿紬止，在清江、淮城卸賣者，正銀八折。　布各色布，每騾計二十四筒，稅五錢四分。　青藍雜色布十二筒折一擔，廣葛四十疋折一擔，草捲色布八筒折一擔，色水沙布八十疋折一擔，每擔各稅二錢七分。　白布十二筒折一擔，蔴夏布一百二十疋折一擔，白興布十八帖折一擔，黃草布八十疋折一擔，水沙布八十疋折一擔，草捲白布八筒折一擔，山白布六十疋折一擔，東門潤布六十疋折一擔，生白布十二筒折一擔，崇明布六十疋折一擔，飛花布一百二十疋折一擔，每擔各稅二錢。　絲絮、線緯、頭繩絲綿、絲線、黃白絲，每擔各稅四錢。　絲綿在清江、淮城卸賣者，正銀八折。　帽纓、帽緯，每擔各稅二錢五分。　棉線、蔴線，每擔各稅二錢。　紅頭繩，每擔稅一錢七分。　新棉花，每擔稅六分。　子棉花、舊棉花，每擔各稅三分。【略】氊氈毯貨，每擔各稅二錢七分。

淮倉用物稅則

一紬、緞、紗、綾、絹各色緞、各色綾、各色紬、縐、紗片金，每疋各稅一分九釐三毫。　各色紗、綿紬、繭紬、王莊輕紬、土綾、大官絹每疋，畫絹每二疋，各稅九釐六毫五絲。　小生絹，每疋稅五釐七毫九絲。　孝絹，每疋稅一釐九毫三絲。　錦每疋稅九釐六毫五絲。　氆氌、絨褐氆氌，每個稅五分四釐四毫。　絨褐、羊羢，每疋各稅二分七釐二絲。　褐衫，每疋稅一分九釐三毫。　毛褐，每疋稅九釐六毫五絲。　布曹綾布，每疋稅一分九釐三毫。　絲布，每疋稅九釐六毫五絲。　生紫花布、生漂白布、草捲白布、老扣夏布、新城夏布、永春布、羅布、漂白夏布、青長漂白夏布、崇明白布，每疋各稅四釐。　扣紫花布、水沙布、山白布、改潤布、藤田夏布、漂白水沙布，每疋各稅二釐。　大棉布、蔴布、浜布、葛布、青長夏布、中長夏布、春夏布、斜文布、生眼布、生白布，每疋各稅一釐九毫三絲。　黃草布，每疋稅一釐。　扣青藍紅綠布、嘉興布、飛花粗藍布、扣花紅布、印花布、扣漂白布，每疋各稅九毫七絲。　小棉布、冷布、蚊帳夏布，每疋各稅九毫六絲五忽。　絲絮、絨線、纓絲綿，每擔稅三錢八分六釐。　湖州白絲，每擔稅一錢九分三釐。　生黃絲、紅頭繩，每擔各稅九分六釐五毫。　大紅緯，每斤稅六分。　淨棉花，每擔稅五分七釐九毫。　扣線、五色絨，每斤各稅四分八釐二毫五絲。　白絲鎖線，每斤稅三分二釐八毫一絲。　子花，每擔稅二分八釐九毫五絲。　皂條線，每斤稅二分三釐一毫六絲。　木紅緯，每斤稅二分。　紅帽纓，每斤稅一分四釐。　舊花，每擔稅一分三釐五毫一絲。【略】氊毯戲毯，每條稅一分九釐三毫。　毯子，每條稅九釐六毫五絲。　紅白氈，每條税五釐七毫九絲。

宿遷關用物税則

一紬緞緞，每二箱一騾，紬，每四捲一騾，各重二百四十斤，各税九錢。布粗白布，每捆三十三疋，税一錢。　色布每筒，蔴布每十疋，葛布每疋，各税一分二釐。　草葛，每疋税三釐。絲絮、纓線纓子，每擔税四錢。　棉線、蔴線，每擔各税一錢二分。　淨棉花，每擔税八分。　子棉花，每擔税四分。　粗絲，每十斤税三分八釐。　絲線、絨線，每斤各税二分。

【略】氈貨細氈貨，每騾税九錢。粗氈貨，每騾税八錢。

徐州關用物税則

一錦天孫錦，每捲税八分。　屏錦，每疋税三分。　緞花素緞，每連税一錢，每疋税五分。　屏緞，每連税六分，每疋税三分。　紬寧紬，每連税八分，每疋税四分。　繭紬，每疋税四分。　綿紬，每疋税二分。　色紬，每疋税一分七釐。　闊素，每疋税一分四釐。　綾杭綾，每疋税三分。　畫綾，每疋税二分。　羅每疋税三分。　紗廣紗，每連税八分，每疋税四分。　花紗，每疋税三分。　機紗，每疋税二分。　銀條紗、水紗，每疋各税一分四釐。　神袍紗，每疋税二釐。　湖縐每疋税三分。　絹京絹，本機絹，每疋各税二分。　板絹，每疋税一分四釐。　絨、褐絨、褐，每疋〔各〕納税銀一錢。　毛褐，每件税一分四釐。　織絨，每疋税一分。　氆氌每件税四分五釐。布白布，每驢税一錢九分，每捆三十五疋，税七分。　蔴布，每簍二十疋税六分。　標布，每帖税二分。　色布，每筒税一分四釐。　絲布，每疋税一分二釐。　興布，每帖十疋税一分。　葛布每疋税六釐。　斜文布、草葛，每疋各税三釐。　紅布、印花布，每疋各税二釐。　綿絮、繩線、纓緯紅頭繩，每擔税二錢。　白棉線，每擔税一錢。　淨棉花，每擔税六分。　子棉花，每擔税三分。　金線每百把，舊棉花每擔，各税二分。　絲綿，每斤税一分五釐。　帽緯、帽纓，每斤各税一分二釐。　絲綿，每斤税一分。【略】氈毯羢氈每條，靴底氈每十塊，各税二分。　紅氈，每條税一分四釐。　白氈、毛毯，每條各税一分。

廟灣口用物税則

一紬繭紬，每疋税五分。　綿紬，每疋税二分。　土紬，每疋税一分。　紗土紗，每疋税一分。　絹土絹，每疋税一分。　布上葛布，每疋税三分。　細蔴布，每十疋税二分五釐。　中葛布，每疋税二分。　粗蔴布，每十疋税一分五釐。　細夏布，每疋税六釐。　細色冬布，每疋税五釐。　粗夏布、粗冬布、印花沙、緑紫花小藍布，每疋各税四釐。　色興小白布，每疋税二釐。　白興冷布，每疋税一釐。　綿絮、線縷頭繩、棉線、苧蔴線，每百斤各税三錢。　棉紗，每百斤税二錢。　淨棉花，每百斤税一錢。　子棉花每百斤税三分。　綿絮每百斤税二分四釐。

載齡等《清户部則例》卷七二《税則・揚州關》

用物税則

一紬緞紬緞，每大箱各税一錢五分。　紬捲每件，繭紬每捲，紬每小箱，各税一錢。布草布，每箱税一錢。　葛布，每捲税三分六釐。　色布，每筒税七釐。　白布，每筒税六釐。線絮纓絲線每擔，西纓每䭾，各税五錢。　淨花，每包税二錢。　金線，每匣税一錢。　子花每包，舊花每擔，各税五分。【略】氈毯氈貨、毯、褐、羊毛片，每䭾各税三錢。

載齡等《清户部則例》卷七三《税則・江海關》

用物税則

一緞羽毛緞，每丈税二兩。　嗶嘰緞每丈，大紅緞、蟒緞、粧緞每疋，各税一錢二分。上緞、錦緞，每疋各税八分。　倭緞，每疋税七分。　中緞、閃緞，每疋各税六分。　潞緞，每疋税四分。　錦柳條錦，每疋税七分。　上嘉錦，每疋税六分。　中嘉錦，每疋税四分。紬牛郎紬，每疋税二錢五分。　西洋紬，每疋税一錢。　線紬，每疋税八分。　大紅縐紬、繭紬，每疋各税五分。　紡紬、花縐紬、寧紬，每疋各税四分。　花紬、中縐紬，每疋各税三分。綿紬，每疋税二分。　土紬，每疋税一分。綾、羅上綾、上羅，每疋各税三分五釐。　中綾、中羅，每疋各税二分五釐。　紗上廣紗，每疋税八分。　中廣紗，每疋税六分。　大紅縐紗，每疋税五分。　花縐紗，每疋税四分。中縐紗，每疋税三分。　土紗，每疋税一分。絹西洋絹，每疋税七分。　屯絹，每疋税四分。　絹，每疋税一分六釐。　土絹，每疋税一分。猩猩氈每丈税四錢。　哆囉呢每丈税三錢。羢、褐大紅姑羢，每疋税一錢四分。　姑羢，每疋税一錢。　剪絨，每疋税六分。　褐子，每疋税二分。布大小緝布、烏卯布、烏灰布，每百斤各税四錢。　西洋斜文布，每疋税一錢五分。大西洋葛布，每疋税一錢。　中西洋布每疋，長潤大布每十疋，各税八分。　細夏布，每十疋税六分。　細冬布，每十疋税五分。粗冬布、粗夏布，每十疋各税四分。　上葛布，每疋税三分。　細蔴布，每十疋税二分五釐。　雲布、絲布、中葛布每疋，江陰、嘉興小布每十疋，各税二分。　粗蔴布，每十疋税一分五釐。　琉球粗葛布，每疋税一分。絲絮、纓緯、線縷絲線、金線、絨緯，每百斤各税二兩八錢。　湖絲，每百斤税二兩六錢。　湖綿，每百斤税一兩二錢。　土絲，每百斤税八錢。　蟲絲，每百斤税六錢。　棉線、苧蔴線，每百斤各税三錢。　棉紗，每百斤税二錢。　淨棉花，每百斤税一錢。　上號雨纓，每斤税五分。　中號雨纓每斤，子棉花每百斤，各税三分。　棉絮，每百斤税二分四釐。【略】氈毯氈貨，每百斤税二錢。　大羢條，每條税二分。　線毯、毛毯，每條各税一分六釐。　小羢條，每條税一分。

載齡等《清户部則例》卷七四《税則・滸墅關》

用物小販税則

一緞紬絨褐緞紬各七十五斤作一擔，繭紬、大絨各一百斤作一擔，每擔各税二錢六分。

褐子每一百斤作一擔，每擔稅二錢二分。布興布每二百五十疋作一擔，平湖布、嘉善布、飛花布、揚庄夏布各一百六十疋作一擔，崇明布、葛布各六十疋作一擔，細布、夏布、色布、水紗布、濱布各一百二十疋作一擔，對布箱每二箱作一擔，以上每擔各稅二錢二分。牌包布，大者作一擔，小者七折折淨，每擔稅同。　綢布每一百四十斤作一擔，孝布每一百六十疋作一擔，又袋布每二百疋作一擔，每擔各稅一錢一分。　舊布大包每二包，中包每三包，小包每四包各作一擔，每擔稅六分。凡以包折合擔數約重二百斤。　纓緯、絲絮、線棉帽緯、絲線各七十五斤作一擔，帽纓子每一百斤作一擔，每擔各稅二錢六分。　苧線每一百二十斤作一擔，每擔稅二錢二分。　淨棉花每一百四十斤作一擔，每擔稅一錢二分。　有子棉花每一百六十斤作一擔，每擔稅一錢一分。絲吐繭絮、舊緯各一百六十斤作一擔，每擔各稅七分。　舊絮大包每二包，中包每三包，小包每四包各作一擔，每擔各稅六分。凡以包折合擔數約重二百斤。【略】氈每一百斤作一擔，每擔稅二錢二分。

載齡等《清户部則例》卷七五《稅則·西新關》

西新關商稅則例

按舊刊稅册，覆加查核，如龍江、江東二司稅則內，刊有雙陸一項，係屬賭具，有干例禁，不應列入，謹從刪除。又如布疋一項，龍江、江東二司有同一科則者，有各爲科則者，其布疋名色各有區分，獨羅布一項，兩司相同，稅則款下已載明羅布每疋稅四釐六毫，而兩司不同稅則款下，又載江東司羅布每疋稅六釐，殊屬重複牽混，謹將六釐一則刪除。又如都稅司稅則內，羊皮兩條重見，前一條爲每百斤稅四分五釐六毫，後一條爲每十張稅六釐八毫，殊涉牽混，詳加查核，前一條應稱熟羊皮，後一條應稱生羊皮，以示區別，謹聲明添纂。其餘各物稅則，謹照原册，分類纂入。【略】

都稅司用物稅則

一緞、紬、紗、錦、綾、羅、絹、絨、褐朝衣蟒服補服套大紅緞、金花緞、蟒緞、倭緞、糚花緞、片金剪絨，每十疋各稅五錢七分。　上綾、錦每疋，紅氈毯每件，各稅二分二釐八毫。紬、緞、紗、羅、綾、絹每疋，粗毛褐、藍氈毯每件，各稅一分一釐四毫。　氈衣片每件，稅六釐八毫四絲。　布色布，每百斤稅六分八釐四毫。　上等夏布、中白布，每百斤各稅四分五釐六毫。　中夏布、蔴布、苧布，每擔各稅二分二釐八毫。　青布每十斤，細葛布每疋，各稅一分一釐四毫。　絲絮、線縷、纓緯舊染緯頂，每十斤稅九分一釐二毫。　絲棉，每十斤稅七分九釐八毫。　舊帽緯、紅頭繩，每百斤各稅六分八釐四毫。　吐絲頭、棉花、棉紗、布骨罾網線、線花，每百斤各稅四分五釐六毫。　白絲，每十斤稅三分四釐二毫。　纓子每斤，子棉花每擔，各稅二分二釐八毫。　紙金線、緯辮色絨，每斤各稅一分八釐二毫四絲。　土黃絲，每十斤稅一分一釐四毫。【略】氈毯氈條，每十床稅九分一釐二毫。　毛毯，每擔稅二分二釐八毫。　大毯、驢毛毯，每條各稅一分一釐四毫。　中毯，每床稅六釐八毫四絲。

龍江、江東二司用物稅則

一緞、紬、紗、錦、綾、羅、絹、絨、褐駱駝絨片，每疋稅一兩。　天鵝絨、納絨，每疋各稅二錢。　細毛褐，每十疋稅一錢五分。　絨貨每件，大駝絨褐每疋，各稅八分。　金緞、蟒蝦、倭緞、糚緞、線絨，每疋各稅七分六釐五毫。　小駝絨褐，每疋稅四分。　大紅縐紗，每疋稅三分八釐三毫。　把縷，每疋稅三分。　縐紬、雲紬、潞紬、納紬、繭紬、雙絲紬、杭羅、素羅、帽羅、上等羅緞，每疋各稅二分三釐。　顏色毛褐、細氈毯、細褐，每疋各稅二分。　寧紬、絲紬、上紗、廣紗、縐紗、懷素紗緞、上綾、花綾、杭綾、綾機、秋羅、上綾錦、中等羅緞、朝服絹、嘉興絹、潮福絹、屯絹、各色絹，每疋各稅一分五釐三毫。　茅山綾、粗氈毯、粗毛褐，每疋各稅一分。　官絹、杭絹、衢絹、領絹、小絹、錦紬、黃石絹、黃絲草絹，每疋各稅七釐六毫五絲。　江寧下等輕紗、羅，每疋各稅六釐一毫二絲。　紗帽縐紗，每疋稅三釐六絲。　布福建絲布，每疋稅一分五釐三毫。　雲布、納布，每疋各稅七釐六毫五絲。　大青棉布、大紫花布、大梭布，每疋各稅六釐一毫二絲。　羅布、大藍布，每疋各稅四釐六毫。　中紫花布、中梭青布、中梭紅綠布、東門闊布、寸頭布，每疋各稅三釐八毫三絲。　大棉布、中梭藍布、中梭絨色布、小捫青布、小扣青布、漂水布、新莊布、醬色布，每疋各稅三釐六絲。　草葛布，每疋稅三釐。　沙縣布、建平布、斜文布、平機布、小紫花布、小紅綠布、小藍月白布、水梭布、中梭布，每疋各稅二釐三毫。　小梭布，每疋稅一釐九毫二絲。　以上兩司稅同。金谿安塘布，每捲計十八疋，江東司稅二分六釐，龍江司稅一分九釐八毫九絲。　細葛布，每疋江東司稅一分，龍江司稅七釐六毫五絲。　青夏布、官機布、白苧布、洗白布、漂白布、晒白布、邵武正色布，每疋江東司各稅六釐，龍江司各稅四釐六毫。　腰機夏布、家機夏布、改機布，每疋江東司各稅四釐，龍江司各稅三釐六絲。　粗葛布、土苧布，每疋江東司各稅三釐，龍江司各稅二釐三毫。　細蔴布、宣蔴布、大書倣布、漆布，每疋江東司各稅二釐，龍江司各稅一釐五毫三絲。　中長小夏布、大寧小夏布、小書倣布、香羅布、粗蔴布，每疋江東司各稅一釐，龍江司各稅七毫六絲五忽。　苧蔴藍月白布、家機藍月白布、改機漂白布、腰機漂白苧布，每疋江東司各稅六釐。各連機布，照布加倍。　絲絮、線縷、纓緯紅纓，每百斤稅一兩六錢六分五釐。　大紅緯，每百斤稅一兩六錢。　白絲，每百斤稅六錢八分八釐五毫。　絲綿、土白絲，每百斤各稅五錢三分五釐五毫。　土黃絲，每百斤稅三錢六釐。　苧蔴線，每百斤稅二錢。　紙金線、絲線、絨線、線彈，每十斤稅一錢六分。　罾網線、棉繩，每百斤稅一錢。　廣東蟲絲、新棉花、舊棉花、棉紗、棉線、棉花絮胎、舊緯，每百斤各稅六分。　子棉花，每百斤稅二分。【略】氈毯氈條，每條稅一分六釐。　大毯、驢毛毯，每床各稅一分。　氈條，每個稅八釐。　中毯，每床稅六釐。

朝陽、聚寶二司用物稅則

一緞、紬、紗、錦、綾、羅、絹、褐上羅緞、縐紬、繭紬，每疋各稅二分三釐。　細毛褐，每件税二分。　絲紬、上紗、綢紗、上綾中緞、上綾錦，每疋各税一分五釐三毫。　粗毛褐，每件税一分。　杭絹、衢絹、綿紬、土花綾，每疋各税七釐六毫五絲。　輕紗、輕羅，每疋各税六釐一毫二絲。布香羅布、粗蔴布，每十疋各税一分一釐五毫。　雲布，每疋税七釐六毫五絲。　青夏布、漂白夏布，每疋各税六釐九毫。　大梭緑布，每疋税六釐一毫二絲。　家機夏布，每疋税四釐六毫。　中梭緑布每疋，小梭白布每二疋，各税三釐八毫三絲。　粗葛布，每疋税三釐四毫五絲。　漂水布、大棉布、小扣青布、中梭藍布，每疋各税三釐六絲。　建平布、中梭白布、小梭緑布、小梭色布、小紫花布、宣蔴布，每疋各税二釐三毫。絲絮、線縷、纓緯白絲，每百斤税六錢八分八釐五毫。　絲綿、土白絲，每百斤各税五錢三分五釐五毫　土黄絲，每百斤税三錢六釐。　罾網線，每擔税一錢一分五釐。　棉花、棉紗、棉線、舊帽緯，每擔各税六分九釐。　子棉花，每擔税二分三釐。白氊每條，税八釐。

載齡等《清户部則例》卷七六《税則・鳳陽關》

鳳陽大關水販用物税則光州商貨税則附

一布藍布每捆三十五疋，蔴布每大捲六十疋，葛布每捲六十餘斤，各税一錢二分。宜黄布，每捲四十疋至五十疋，税八分。　白布，每大捆三十三疋税八分，每中捆二十四疋，税六分。　光州商販青藍布，每捲三十五疋，税六分。　光州商販夏布，每捲二十斤，税一分二釐。棉絮、絲線絲，每百斤税二錢四分。　棉線貨，每大把六十斤，税六分，每中把四十斤，税四分。　苧蔴線、蔴績每六十斤，淨棉花每四十斤，有子棉花每八十斤，湯繭每一百二十斤，各税四分。【略】氊貨每大包九十斤，税一錢二分，每中包六十斤，税八分。

鳳陽大關旱販用物税則

一羢褐大羢，每疋税五分五釐二毫。　褐子，每疋税八釐二毫。　布葛布，每捲税六分一釐。　夏布，每捲税三分九釐。　苧蔴布，每十疋税三分二釐。　土紫花布，每疋税六釐二毫。　土白布，每疋税三釐。　細蔴布，每疋税二釐五毫六絲。　小苧布，每十疋税二釐四毫。　蚊帳布、粗蔴布，每疋各税二釐一毫。　馬市布，每疋税一釐八毫。　黄草布，每疋税一釐六毫。　塘墅布、浜布，每疋各税一釐五毫。　冷布，每疋税一釐。　棉絮、繩線棉紗頭繩，每百斤税四錢。　蠶繭、苧蔴紗，每百斤各税八分。　淨棉花，每百斤税四分六釐。苧線每十斤，舊絮胎每百斤，各税二分。　有子棉花，每百斤税一分六釐。　棉線，每十斤税八釐六毫。【略】氊毯氊線毯，每十條税二分六釐。　雜毛線毯，每條税一分二釐。　大雜毛毯，每條税八釐　大氊條，每床税六釐五毫。　中雜毛毯，每條税四釐。　小氊條每床，白氊每條，各税三釐三毫。　小雜毛氊，每條税二釐五毫。

臨淮口旱販用物税則

一緞廣緞，每馱税一兩八錢。　江寧緞，每馱税一兩一錢。　蘇杭緞，每馱税六錢。閃緞、糚花緞、片金緞，每疋各税一錢一分四釐。　上緞，每疋税五分。　次緞，每疋税三分四釐二毫。紬　雜販紬，每疋税一分二釐。寧紬，每馱税八錢。　蘇杭紬，每馱税六錢。上繭紬，每疋税二分五釐。　中繭紬，每疋税一分八釐。　上潞紬，每疋税一分五釐。　次潞紬，每疋税七釐八毫。　下繭紬，每疋税六釐二毫。紗廣紗，每馱税一兩八錢。　江寧紗，每馱税一兩一錢。　上紗，每疋税二分二釐。　次紗，每疋税一分四釐。羅每疋税二分二釐。綾上綾，每疋税二分一釐。　中綾，每疋税一分八釐。　下綾，每疋税一分二釐。絹　雜販絹，每疋税七釐。屯絹，每馱税一兩二錢。絨、褐剪絨、抹絨，每疋各税一錢一分四釐。　褐，每疋税一分。布廣葛，每馱税一兩。　蘇松扣布，每騾馱税六錢。　土白布，每大捲税八分，每小捲税四分。　漆布，每捲税六分五釐。　粗袋布，每擔二捆税四分。色布，每筒十疋，税三分。　白標布、生漂布，每筒十疋，各税二分四釐。　飛花布、興布，每帖十疋，馬市布、江陰布，每筒十疋，各税二分。　雲布，每疋税一分。　斜紋布、上葛布，每疋各税六釐八毫。　中葛布，每疋税四釐八毫。　下葛布，每疋税三釐二毫。　印花布、紫花布、大白布、夏布，每疋各税三釐。　細蔴布，每疋税二釐五毫。　紅花布，每疋税二釐四毫。　黄草葛，每疋税一釐六毫。　塘墅布、粗夏布，每疋各税一釐五毫。　冷布、孝布，每疋各税一釐。　纓緯、絲絮、繩線蠶絲、蠶綿，每馱各税六錢。　棉紗線，每百斤税二錢。水棉紗，每百斤税一錢二分八釐。　淨花，每百斤税四分六釐。　髮繩，每百條税四分。纓子，每斤税二分五釐。　上緯，每斤税二分三釐。　苧線每十斤，故花每百斤，各税二分。子花，每百斤税一分五釐。　中緯，每斤税一分三釐。　金線，每斤税一分二釐。　絲線，每斤税一分。　下緯、舊緯，每斤各税八釐。【略】氊毯氊貨，每騾馱税三錢。　紅氊，每床税六釐五毫。　白氊，每床税三釐二毫。　線毯、毛毯，每條各税二釐六毫。

長淮口水販用物税則

一布徐州布每百疋，亳州載來者，税一錢二分。　土白布每捲，正陽載來落地及過載者，各税六分九釐，懷遠載來落地者，税五分七釐，亳州載來落地者，税五分三釐，懷遠、亳州載來卸載過載者，各税一分六釐。【略】氊貨正陽、懷遠載來者，每兩箱重一百八十斤，税二錢四分。　亳州載來者，每包税五分。

爐橋口旱販用物税則

一布標布，每大包税四分，每小包税二分。　葛布、黄草布、夏布、白布，每大捲各税四分，每小捲各税二分。　棉絮淨花，每百斤税四分。　子花，每百斤税一分五釐。　舊花每百斤税一分。

盱眙口旱販用物税則澗溪口同

一緞　雜販緞，每大箱税九錢，每中箱税六錢，每扁二扁即一大箱。税四錢五分，每匣三匣即一扁。　税二錢二分五釐。　閃緞、倭緞、(裝)[粧]花緞、片金緞，每疋各税一錢一分。　上緞，每疋税五分。　中緞，每疋税三分四釐。　下緞，每疋税二分五釐。　紬雜販紬，每大箱、每大捲税四錢，每中箱、每中捲、每扁二扁即一大箱。各税二錢，每小捲，每匣各税一錢，每疋税一分。　寧紬，每大箱税九錢，每中箱税六錢，每扁税四錢五分，每匣税二錢二分五釐，每疋税一分七釐。　線紬、潞紬，每箱各税六錢，每扁各税三錢，每匣各税一錢五分。　繭紬，每馱税六錢。　上繭紬，每疋税二分五釐。　中繭紬，每疋税一分八釐。　綿紬，每疋税一分二釐。　上潞紬、線紬，每疋各税一分。　次潞紬，每疋税七釐。　下繭紬，每疋税六釐。　紗廣紗，每大箱税九錢。　每中箱税六錢，每扁税四錢五分，每匣税二錢二分五釐。　蘇紗，每箱税六錢，每扁税三錢，每匣税一錢五分。　上紗，每疋税一分七釐。　中紗，每疋税一分四釐。　下紗，每疋税八釐五毫。　綾、羅每箱税六錢，每扁税三錢，每匣税一錢五分，每疋税二分二釐。　絹　雜販絹每箱税六錢，每扁税三錢，每匣税一錢五分。　屯絹，每馱税一兩二錢，每疋税一分八釐。　生絹，每疋税七釐。　畫絹，每幅税四釐。　絨褐剪絨、抹絨，每疋各税一錢一分。　織絨，每疋税二分。　褐，每疋税八釐二毫。　刷片，每疋税八釐。　布漆布，每捲一百疋，税六分五釐。　白梭布，每筒十疋，税二分六釐。　馬市布、白粗布、江陰布，每筒十疋，各税二分。　飛花布、興布，每帖十疋，各税一分五釐。　雲布每疋，口袋布每十疋，各税一分。　斜紋布、上葛布，每疋各税六釐八毫。　中葛布，每疋税四釐八毫。　陸墓布，每疋税四釐五毫。　下葛布，每疋税三釐二毫。　色布、印花布、紫花布、苧夏布，每疋各税三釐，落地每疋各税二釐。　白標布、紅花布，每疋各税二釐四毫。　白土布，每疋税二釐三毫。　浜布，每疋税二釐。　黄草布，每疋税一釐五毫。　塘墅布、粗苧布，每疋各税一釐五毫，落地每疋各税一釐。　粗麻布、孝冷布、麻袋布，每疋各税一釐。　纓緯、絲絮、繩線絲線，每馱税一兩，每箱税五錢，每扁税二錢五分，每匣税一錢二分五釐，每斤税一分。　絲，每百斤税六錢四分，每箱税四錢。　蠶綿，每百斤税四錢二分。　金線每十斤，棉紗線、苧線每百斤，各税二錢。　水綿紗，每百斤税一錢二分八釐。　浄棉花，每百斤税四分六釐。　纓子，每斤税二分五釐。　上緯，每斤税二分三釐。　故花，每百斤税二分。　子花，每百斤税一分五釐。　中緯，每斤税一分三釐。　下緯，每斤税八釐。【略】氈毯紅氈、線毯，每條各税六釐五毫。　白氈毯、雜毛毯，每條各税三釐。

亳州口旱販用物税則

一緞　雜販緞，每箱税九錢，每扁税四錢五分，每小扁、每匣各税二錢二分五釐。　蟒緞、閃緞、倭緞、粧花緞、片金緞，每疋各税一錢一分四釐。　上緞，每疋税五分。　中緞，每疋税三分四釐二毫。　下緞，每疋税二分五釐六毫。　紬　雜販紬，每箱税六錢，每扁、每中捲各税三錢，每匣、每小扁、每小捲各税一錢五分。　寧紬，每箱税九錢，每扁税四錢五分，每小扁，每匣各税二錢二分五釐。　上繭紬，每疋税二分五釐。　中繭紬，每疋税一分八釐。　色紬、上潞紬、線紬，每疋各税一分五釐。　次潞紬，每疋税七釐八毫。　下繭紬、綿紬，每疋各税六釐二毫。　紗　雜販紗，每箱税九錢，每扁税四錢五分，每小扁，每匣各税二錢二分五釐。　上紗，每疋税一分七釐。　中紗，每疋税一分四釐。　下紗，每疋税八釐五毫。　羅　雜販羅，每箱税六錢，每扁、每中捲各税三錢，每匣、每小扁、每小捲各税一錢五分。　上羅，每疋税三分四釐。　中羅，每疋税二分一釐。　下羅，每疋税一分八釐。　綾　雜販綾，每箱税六錢，每扁、每中捲各税三錢，每匣、每小扁、每小捲各税一錢五分。　上綾，每疋税二分一釐。　中綾，每疋税一分八釐。　下綾，每疋税一分二釐。　絹　雜販絹，每箱税六錢，每扁、每中捲各税三錢，每匣、每小扁、每小捲各税一錢五分。　屯絹，每騾馱税一兩二錢。　每驢馱税八錢。　上絹，每疋税六釐。　中絹，每疋税五釐。　下絹，每疋税二釐一毫。　絨，褐　每騾馱税一兩四錢，每疋税二分五釐。　毛褐，每騾馱税五錢，每疋税八釐二毫。　剪絨，每疋税一錢一分四釐。　氊毽每疋税二分四釐。　布順昌布每捲，漆布每捲，各計一百疋，各税六分四釐。　江陰布，每桶計十疋，孝布、冷布每捲，各税二分。　雲布，每疋税一分。　斜紋布、上葛布，每疋各税六釐八毫。　中葛布，每疋税四釐八毫。　下葛布，每疋税三釐三毫。　色布、紫花布、九寸布，每疋各税三釐。　黄草葛，每疋税二釐六毫。　白標布、生漂布、紅花布、細夏布、細麻布，每疋各税二釐四毫。　土白布，每疋税二釐三毫。　馬市布，每疋税二釐。　飛花布、興布、塘墅布、浜布、粗夏布，每疋各税一釐五毫。　楊莊袋布、口袋布，每疋各税一釐。　纓緯、絲絮、繩線紅纓，每騾馱税四兩，每驢馱税三兩。　黑白纓，每騾馱税一兩五錢，每驢馱税一兩。　絲線，每百斤税一兩，每箱税六錢，每扁税三錢，每匣、每小扁各税一錢五分。　絲，每百斤税六錢四分，每箱税三錢。　絲綿，每百斤税四錢二分。　棉紗線，每百斤税二錢。　絲弦，每百斤税一錢。　苧麻線、紗，每百斤各税八分。　浄花，每百斤税四分六釐。　上緯，每斤税二分三釐。　子花，每百斤税一分五釐。　中緯、金線每斤税八釐。　舊緯，每斤税四釐。【略】氊毯氊貨，每騾馱税四錢，每驢馱税三錢。　棉線毯、毛毯，每百條各税二錢六分。　猩猩氊，每件税八分。　羢氊，川口毯，每條各税八釐。　紅氊，每條税六釐五毫。　白氊，每條税三釐二毫。

載齡等《清户部則例》卷七七《税則·蕪湖關》

用物税則

一緞、紬、紗、羅、綾、絹羽緞，哆囉絨，每疋各税五錢。　嗶嘰緞、廣東天鵝絨緞，每疋各税三錢。　福建剪絨，每疋税二錢。　片金緞、粧花緞，每疋各税四分。　江寧倭緞、江寧剪絨，每疋各税三分。　上紗、蟒紗，每疋各税二分。　綿紬、中羅緞、綢紬、絲紬、潞紬、平方紬、雙絲紬、捺紬、帽羅、草錦、繭紬、廣倭緞、巾紗、領絹、鎖袱，每疋各税一分。　又本關土著紬、緞、紗、羅、綾，每疋各税八釐。　羢褐羊羢、駝羢，每疋各税二錢。　氆氌、牛羢，每疋各税五分。　細把羢，每疋税二分。　中褐、粗褐，每疋各税一分。　布布頭，每擔税五錢。　竹布，每擔税五分。　乾搭布、捺布，每疋各税二分。　洋布、繭布、雲布，每疋各税一分。　細葛布、大棉布，每疋各税八釐。　色夏布、上江棉布，每疋各税六釐。　色苧布，每疋税五釐。

苧布，會昌葛布，每疋各税四釐。　會昌葛布，每疋計長三丈五尺，如連機照加長算。　粗夏布、粗葛布、細夏布、小白梭布、水梭布、顔色小布、中白梭布、小紫花布、小松青布、漂水布、大梭布、大斜文布、小斜文布、大紫花布、大青布、松江顔色細布，每疋各税三釐五毫。　沙縣布、金溪安堂布、焦布、潮布、漆布、粗麻布，每疋各税二釐。又本關土著色布，每疋税四釐。又裕溪口崇明布，每疋税五釐。　裕溪口色白庄布，每疋税二釐。　纓緯、絲絮、繩線絲線、紅黑纓、緯，每擔各税一兩。　絲綿，每擔税六錢。　紅頭繩，每擔税五錢。　白絲，每擔税四錢。　土黄絲，每擔税三錢五分。　麻線、棉線，每擔各税三錢。　棉紗，每擔税二錢。舊緯棉絮胎、葛筋、苧麻繩，每擔各税一錢。　棉皮花，每擔税六分。　舊棉絮、黄麻繩，每擔各税四分。　子棉花，每擔税三分。又本關土著絲絨、綿線，每斤各税四釐。又裕溪口棉皮花，每擔税五分。　裕溪口子棉花，每擔税二分五釐。【略】氈毯洋毯，每條税一錢。　戲氈每條，驢毛片每擔，又每百片，大羢单每床，各税四分。　大氈单、氈條，每條各税二分。　大毛毯、線毯、粗小氈單、粗小氈條，每條各税一分。　羢片，每十個税八釐。　中毛毯每條，桌氈每塊，各税五釐。　氈片，每十個税四釐。又本關土著羢片，每百個税四分。　本關土著氈片，每百個税二分。　本關土著氈條，每條税八釐。　本關土著毛毯，每條税四釐。

載齡等《清户部則例》卷八三《税則・浙海關》

瀝海口用物税則

一絹下絹，每十疋作八疋，税六分四釐。　小生絹，每十疋作八疋，税八釐。　棉絮有子棉花，每百斤作八十斤，税三分二釐。

頭圍口用物税則

一該口出口緞、紬、綾、羅、紗、布，各每百疋折作六十疋科税，絲每百斤折作六十斤科税。

一緞、紬、綾、羅、紗上緞，每折實六十疋，往寧、紹、台、温者，税六兩，由長江往閩、廣者，税三兩三錢一分二釐。　中緞，每折實六十疋，往寧、紹、台、温者，税四兩二錢，由長江往閩、廣者税二兩五分二釐。　下緞，每折實六十疋，往寧、紹、台、温者，税二兩四錢，由長江往閩、廣者，税一兩五錢三分六釐。　繭紬，每折實六十疋，往寧、紹、台温者，税二兩四錢。上綾，每折實六十疋，往寧、紹、台、温者，税一兩七錢四分，由長江往閩、廣者，税一兩七錢九分二釐八毫。　中綾，每折實六十疋，往寧、紹、台、温者，税一兩五錢，由長江往閩、廣者，税一兩二錢九分六釐。　下綾，每折實六十疋，往寧、紹、台、温者，税一兩二分，由長江往閩、廣者，税七錢六分八釐。　上羅，每折實六十疋，往寧、紹、台、温者，税一兩五錢，由長江往閩、廣者，税二兩五錢六分八毫。　中羅，每折實六十疋，往寧、紹、台、温者，税一兩八分，由長江往閩、廣者，税二兩四分九釐六毫。　下羅，每折實六十疋，往寧、紹、台、温者，税七錢二分，由長江往閩，廣者税一兩二錢九分六釐。　上杭膠紗，每折實六十疋，往寧、紹、台、温者，税一兩二分，由長江往閩、廣者，税一兩二分四釐八毫。　中杭脱紗，每折實六十疋，往寧、紹、台、温者，税八錢四分，由長江往閩、廣者，税同。　下杭膠紗，每折實六十疋，往寧、紹、台、温者，税五錢四分，由長江往閩、廣者，税五錢一分三釐六毫。　綿紬，每折實六十疋，往寧、紹、台、温者，税九錢，由長江往閩、廣者，税七錢二分。　上絲紬，每折實六十疋，往寧、紹、台、温者，税六錢，由長江往閩、廣者，税九錢六分。　布三梭布，每折實六十疋，由長江往閩、廣者，税五錢一分三釐六毫。　二梭布，每折實六十疋，由長江往閩、廣者，税四錢八釐。　色梭布，每折實六十疋，往寧、紹、台、温者，税三錢六分。　上布，每折實六十疋，由長江往閩、廣者，税三錢二分四釐。　中串布，每折實六十疋，往寧、紹、台、温者，税二錢四分，由長江往閩、廣者税同。　次布，每折實六十疋，由長江往閩、廣者，税一錢八分四釐八毫。　小串布，每折實六十疋，往寧、紹、台、温者，税一錢二分，由長江往閩、廣者，税一錢二分九釐六毫。　絲絮上絲，每折實六十斤，往寧、紹、台、温者，税八錢四分，由長江往閩、廣者，税五錢一分四釐五毫六絲。　土絲，每折實六十斤，往寧、紹、台、温者，税四錢二分，由長江往閩、廣者，税三錢八分四釐。　淨棉花，每百斤往寧、紹、台、温者，税八分，由長江往閩、廣者税同。　氈毛氈，每條往寧、紹、台、温者，税四釐。

乍浦口用物税則

一緞、紬、綾、羅、紗出口緞，每箱四十五疋至五十疋不等者，作下緞三十三疋，税一兩三錢二分。　出口繭紬，每件四十疋，税一兩六錢。　出口綾，每件五十五疋，税九錢三分五釐。　出口土絲紬，每件一百疋作八十疋，税八錢。　出口羅，每件八十疋作下羅六十疋，税七錢二分。　出口棉紬，每件四十疋，税六錢。　出口杭膠紗，每件五十疋作下杭膠紗四十疋，税三錢六分。　布出口色梭布，每件一百疋作八十疋，税四錢八分，八十疋作六十疋，税三錢六分，六十疋作四十疋，税二錢四分。　出口細梭布，每件係一百疋者，作八十疋，税四錢，係八十疋者，作六十疋，税三錢，係六十疋者，作四十疋，税二錢。　出口粗布，每件二十疋，粗蔴布，每件三十疋，各税六分。　出口小串布，每件二十疋，税四分。　絲絮、纓緯、繩線出口絨線緯，每件一百斤作八十斤，税一兩六錢。　出口土絲，每件一百一十斤，往閩、廣者，税七錢七分。　出口棉紗頭繩，每百斤作八十斤，税三錢二分。　出口紅雨纓，每十斤作八斤，税二錢四分，黑纓兩作一，税同。　出口金線，每大匣作七斤，税一錢四分，每小匣作五斤，税一錢。　出口木棉紗，每百斤作八十斤，税九分六釐。　出口浄棉花，每件連包一百二三十斤，往臺灣、廣東者，作八十斤，税六分四釐，往興化者，每百斤作七十斤，税五分六釐，往泉州者，每九十斤作六十斤，税四分八釐。　氈毯出口雜毛線毯，每件作十二條，税一錢四分四釐。出口毛氈，每件作三十三條，税一錢三分二釐。

家子口、江埠口、白橋口用物税則

一棉絮出口有子棉花，每百斤往本省者，作九十斤，税三分六釐，往閩省者，作八十斤，税三分二釐。

載齡等《清户部則例》卷八五《稅則・夔關》

用物稅則

一緞、綢、紗、錦、綾、羅、絹、絨、褐羽毛緞，每疋稅九錢。　猩猩氊，每件稅四錢五分。　片金蟒緞、粧緞、嗶嘰緞、蟒紗，每疋各稅一錢八分。　洗絨、哆囉呢、姑絨，每疋各稅二錢四分。　上緞、嘉錦，每疋各稅一錢五分。　廣紗、通海緞、下片金、亮紗，每疋各稅一錢二分。　中緞、倭緞、剪絨、虎斑絨，每疋各稅九分。　下緞、京絹、緞紬、線紬、洋紬、氊片、天生錦，每疋各稅六分。　杭羅、生羅、巴紬，每疋各稅四分五釐。　綾子、寧紬、畫絹、杭紬、濮院紬、潞紬、川紬，每疋各稅三分六釐。　絹子、繭紬，每疋各稅三分。　白機紗、綿紬、褐子，每疋各稅二分四釐。　羅底絹，每疋稅一分八釐。　裏絹、織絨，每疋各稅一分五釐。　綵紬，每疋稅一分二釐。　氆氌，每庹稅六釐。　牛絨，每庹稅四釐八毫。　布大布，每捲稅一錢八分。　漢庄白小布，每捲稅一錢二分。　扪青布，每筒稅九分。　巨布、白巨布，每筒各稅六分六釐。　絲布，每疋稅二分四釐。　葛布、羅布，每疋各稅一分八釐。　雲布、繭布、斜紋布，每疋各稅一分五釐。　草葛布，每疋稅一分二釐。　夏布，每疋稅七釐五毫。　印花布、雜色布，每疋各稅六釐。　小紅布，每疋稅四釐五毫。　絲絮、線縷、纓緯絲線、絨線、紅絲纓、雨纓、金線，每斤各稅三分。　絲每斤，絲綿每斤，各稅一分八釐。　苧蔴線、綿線、綿紗、葛紗、頭繩，每斤各稅三釐六毫。　棉花，每斤稅一釐八毫。　蔴線，每斤稅一釐五毫。【略】氊毯上氊、上毯，每條各稅一分二釐。　中氊、中毯，每條各稅九釐。　線毯、下氊、下毯，每條各稅六釐。

載齡等《清户部則例》卷八六《稅則・打箭爐》

用物稅則

一緞蟒緞，每疋稅三錢六分。　大緞，每疋稅三錢。　粧緞，每疋稅二錢四分。　花緞，每疋稅一錢五分。　閃緞，每疋稅一錢二分。　巴緞袍料，每件稅四分五釐。　巴緞褂料，每件稅三分六釐。　錦大錦，每疋稅一錢二分。　小錦，每疋稅六分。　天孫錦，每疋稅四分五釐。　片金，每疋稅一錢八分。　綾大綾，每疋稅四分五釐。　中綾，每疋稅三分六釐。　小綾，每疋稅二分四釐。　綢川綢、綿綢、繭綢，每疋各稅四分五釐。　裏綢，每疋稅二分四釐。　剪絨每疋稅二錢四分。　姑絨每疋稅四分五釐。　褐每疋稅二分四釐。　氆氌每個稅七分五釐。　布標布、扪青布、廣布、節頭開布，每疋各稅一分二釐。　改機布每疋，蠻絲布每件，各稅九釐。　開布、板摺布、㪷布，每疋各稅六釐。　蠻布，每件稅二釐四毫。　絲絮、纓緯絲綿，每斤稅四分五釐。　紅纓子、絲緯每斤，大藏綿每個，各稅三分六釐。　大棉貨，每個稅一分二釐。　白纓子、棉花、棉線，每斤各稅六釐。【略】氊毯藏毯每床，紅絨邊每個，各稅四分五釐。　細毯、白絨邊，每個各稅三分六釐。　氊毯，每條稅一分二釐。　毛毯每床，卜里貨每個，蠻氊每根，各稅九釐。

載齡等《清户部則例》卷八七《稅則・粵海關》

用物稅則

一緞、紬、紗、錦、綾、羅、絹、絨、褐天鵝絨，每疋稅四兩。　各色緞、紬、紗、錦、綾、羅、絹、錦粧緞、金緞、織花紅緞、姑絨、剪絨、零絨、洒線料，每百斤各稅二兩二錢。　土綿紬、土紗、土絹、土絨、織絨，每百斤各稅一兩八錢。　羽緞每丈，褐子每百斤，各稅一兩。　羽紗，每丈稅六錢。　番牛朗、各色瑣鞋、喇洋金緞，每丈各稅五錢。　各色番瑣袱每丈，小絨每丈，各稅三錢。　嗶嘰緞、番紦、番斜紋洋剪絨每丈，交趾絹、西洋紬絹每疋，各稅一錢五分。　布繡梭布、繡斜紋布，每百斤各稅二兩二錢。　梭布、夏布、雲布、葛布、波羅麻每百斤，一等西洋布每疋，各稅五錢。　斜紋布、交趾粗布、交趾粗花布，每百斤各稅四錢。　棉布、油布、幔布，每百斤各稅三錢。　二等西洋布、柳條布、袈裟布、番斜紋布、番布幔、繡布幔，每疋各稅二錢二分。　蔴布，每百斤稅二錢。　西洋葛布、海葛每疋，羽布每丈，各稅一錢五分。　番邊，每疋稅一錢。　西洋粗布，每疋稅五分。　琉球粗葛布，每疋稅一分。　絲絮、纓線湖絲、絲經，每百斤各稅五兩四錢。　烏纓，每百斤稅三兩。　洋金線、洋銀線、金線、線絨，每百斤各稅二兩二錢。　天蠶絲、洋絲、土線，每百斤各稅一兩八錢。　土絲、縱土絲、湖綿、番紅綿紗，每百斤各稅一兩。　波羅蔴料，每百斤稅四錢。　雨纓，每十斤稅三錢。　棉花、花絨，每百斤各稅一錢五分。　金銀線，每斤稅一錢。　帶子棉花，每百斤稅七分五釐。【略】氊毯大皮花毯、西洋大氊，每張各稅一兩。　中皮花毯、西洋中氊、西洋毛毯、西洋小氊，係剪絨錦花被面者，每張各稅五錢。　土氊，每百斤稅四錢。　氊條，每百斤稅三錢。　線毯，每百斤稅二錢。　小皮花毯、洋白氊、西洋小坐氊，每張各稅一錢。　大狨條，每條稅六分。　小狨條，每條稅三分。

用物免徵則沿海貿易，小船照數免稅。興販大洋者，仍照則徵收。

一綿絮線縷布料每百斤，棉線每百斤，各稅三錢。　麻線，每百斤稅二錢。　新棉胎，每百斤稅一錢五分。

載齡等《清户部則例》卷八八《稅則・太平關》

太平、遇仙兩關橋上水用物稅則

一紬、緞、紗、綾、羅、絹潮紬、晋紗、絲紬、綾、羅、絹，每百斤各稅三兩一錢四分二釐。　紗緞，每百斤稅二兩七錢二分六釐。　布波羅葛布，每百疋稅一兩八分六釐。　蕉布，每百斤稅三錢三分八釐四毫。　梭布，每百疋稅七分八釐。　黃草布，每十疋稅二分八釐二毫。　蔴布，每百斤稅二分七釐六毫。　綿布、斜布，每疋稅九釐。　夏布，每疋稅七釐八毫。　絲絮、絨線絲線、絨線，每百斤各稅三兩一錢四分二釐。　絲吐，每百斤稅七錢五分。　浄花、棉線，每百斤各稅一錢八分六釐。　金線，每百斤稅一錢五分。

太平遇仙兩關橋下水用物稅則

一紬、緞、紗、羅、綾、絹綵緞、宮妝、畫彩、潞紬，每百斤各稅三兩一錢四分二釐。

草緞，每百斤税二兩五錢。紬、綾、緞、絹、羅、紗，每百斤各税二兩四錢三分四釐。棉紬，每百斤税七錢二分四釐。褐每百疋税一兩八錢二分二釐。布棉布，每百疋税四錢五分五釐。梭布，每百疋税二錢七分七釐。西洋布、眉公布，每十疋各税一錢四分八釐。雲布、夏布、福生布、太倉布，每十疋各税七分六釐。絲絮、絨線、纓絨線、絲線，每百斤各税三兩一錢四分二釐。紅絨、紅緯、帽絨、紅黑纓，每百斤各税二兩五錢。黄川絲，每百斤税一兩八錢二分二釐。湖絲，每百斤税一兩四錢三分二釐。絲棉、蠶繭、絲吐，每百斤各税七錢二分四釐。黄草絲每百斤，絨片每百塊，各税三錢六分四釐。净花、棉線、新棉絮，每百斤各税一錢八分四釐。圓金線，每百斤税一錢四分八釐。子花，每百斤税七分六釐。舊棉絮，每百斤税四分。【略】氊毯氊毯，每百條税一兩四錢四分四釐。氊包，每二個折氊一條，氊小坐褥，每四塊折氊一條，氊條每百條，各税一兩一錢五分四釐。粗毛毯，每百條税三錢六分四釐。氊片，每百塊税一錢八分四釐。

太平、遇仙兩關橋續定用物税則

一錦每百斤税二兩二錢。哆囉呢每件税二錢。嗶嘰緞每件税一錢。姑絨每百斤税三兩。氆氌每件税三分。布毛布，每百疋税一兩八錢二分二釐。繭布，每百斤税一兩八錢。綫布，每百疋税九錢。氊桌氊每二百塊，氊底每四百塊，各税一兩一錢五分四釐。

滄光廠上水用物税則

一絲、綿、紬每十斤税六分。布青布、斜文棉布、各色布每二十個，葛布每百斤，各税一錢五分。油墩布，每十個税一錢二分。蕉布、蔴布，每筒計二十個，各税一分。絨線、剪絨條、土繭、絲紬條每十斤各税三分。

滄光廠下水用物税則

一緞、紬、綾、絹每斤各税二分六釐。褐每件税一分五釐。布油墩布，每筒十個，税一錢二分。小梭布，每筒税九分。絨綿、絲絮黄繭絲，每百斤税一兩七錢四分。絲綿、傘絨，每百斤各税九錢。净花，每百斤税一錢五分。草絲，每百斤税一錢。綿絮，每百斤税九分。子花，每百斤税四分。湖絲，每斤税三分。【略】氊貨氊條，每張税一分二釐。

洽光廠續定用物税則

一錦每百斤税二兩二錢。紗羅每百斤税一兩六錢二分三釐。姑絨每百斤税二兩。氆氌每疋税二分。布毛布，每百疋税一兩二錢一分五釐。帽緯每百斤税一兩七錢三分四釐。【略】氊氊片，每百條税七錢七分。

載齡等《清户部則例》卷八九《税則·潯南廠》

用物税則

一哆囉呢、嗶嘰、猩猩氊每十身各税一兩九錢，南北同。緞錦緞、莽緞、閃緞、片金緞、粧花緞，每十疋各税一兩五錢，南北同。彭緞，每疋潯税六分五釐。紅緑草緞，每疋潯税四分。紬、綾線紬，每疋潯税六分五釐。綾、通花紬，每疋各税五分，南北同。各色湖紬，每疋寧税三分三釐，潯税三分。綿紬，每疋潯税三分。絲紬，每疋潯税二分八釐。碎紬，每斤寧税二分八釐，潯税二分二釐。白絲邊土綿紬，每疋寧税二分五釐，潯税二分二釐。繭紬，每疋北税二分，南税一分四釐。紗、羅紗、綺、羅，每疋潯税四分，寧税一分五釐。羅，斗紗，每百條寧税二分六釐，潯税二分四釐。絹交絹，每十疋税五錢，南北同。福絹，每疋潯税四分，寧税一分五釐。氊片、羢、褐氊片，每十身税一兩五錢，南北同。褐子、織絨，每十疋各税四錢，南北同。天鵝羢，每疋潯税一錢五分。布小青布，每百疋税二錢五分，南北同。絡布，十六斤作一百丈，寧税一錢三分，潯税一錢二分。眉公布，每疋寧税二分八釐，潯税二分二釐。各色夏布，每疋潯税一分一釐，寧税二釐。賓州葛布，每疋寧税一分，潯税九釐。各色棉布，每疋北税五釐，南税四釐五毫。絲絮、纓緯帽緯、金線、京絨，每十斤各税五錢，南北同。綿紗，每百斤寧税三錢五分，潯税三錢二分。净花，每百斤潯税二錢四分。葛蔴，每百斤寧税一錢四分，潯税一錢二分。蠶絲，每百斤寧税一錢二分，潯税一錢。子花，每百斤潯税六分。紅纓，每斤税五分，南北同。絲線，每斤潯税三分。棉胎，每張税一分五釐，南北同。各色土絨，每斤潯税一分，寧税同。氊毯氊條、線毯、毛毯，每張各税八釐，南北同。

載齡等《清户部則例》卷九〇《税則·梧州廠》

用物税則

一緞、綢、紗、羅羽緞，每身税二錢三分四釐。嗶嘰緞，每身税一錢四分四釐。倭緞、色緞、潞綢、線綢、紗、羅每疋，羅、斗紗每百方，各税四分。絲綢，每疋税三分。褂料，每件税二分七釐。草緞、潮綢、棉綢，每疋各税二分。晉紗、漆紗，每截各税一分五釐六毫。神紅綢，每疋税九釐六毫。絹每疋税四分。絨、褐哆囉絨，每身税三錢九分。剪絨，每疋税八分。牛絨、羊絨、絲毽褐，每疋各税四分。布大紅布，每百疋税一兩四錢四分。青夏布，每百疋税一兩六分。花紅布，每百疋税九錢六分。絡布，每百斤税二錢八分八釐。吉達布，每疋税三分一釐二毫。細葛布，每疋税二分四釐。眉公布、土絲布，每疋各税二分。青棉布、斜紋布、標布、紫花布、粗葛布，每疋各税一分九釐二毫。葛巾，每條三尺者作粗葛布算。竹布，每十件税一分五釐六毫。色白綿布，每疋税一分四釐四毫。神紅布，每疋税九釐六毫。監白夏布、蕉布，每疋各税七釐七毫。絲絮、纓緯棉紗，每百斤税三錢六分。花絨，每百斤税三錢二分。葛蔴，每百斤税二錢八分八釐。子花，每百斤税一錢四分四釐。馬纓，每大包税七分八釐，每小包税四分七釐，每斤税六釐二毫。色線，每百斤税七分八釐。金絨線每斤，大絨每百斤，各税七分八釐。舊綿絮，每百斤税五分一釐五毫。絨線，每斤税三分一釐二毫。絲線、蠶絲、帽緯、絲綿、弦線，每斤各税三分。葛紗，每十斤税二分三釐四毫。蔴線，每十斤税一分九釐三毫。粗土絨，每斤税一分五釐六毫。

官修《清會典》卷九〇《内務府・廣儲司》 凡頒賞則辨其等。蒙古王公、札薩克、台吉及西藏等，進貢馬、駝、海東青、鷹、鶻、鵰、鷂、獵犬、鱘鰉魚、野豬、熏豬、熊、麋、鹿、麅、雉、湯牛、湯羊、風牛、風羊、鹿尾、乳腐、乳油、乳酒、乳餅、乳皮、香牛皮、猞猁猻皮、藏棗、阿墨棗、喀齊杏、喇古爾椀、鳥槍、腰刀、黑白芸香、紅黄藏香、大天花蘑菇、鹿角、麋角、野羊、黄羊、小刀、手帕、氆氌、延壽果、緞、鞾鞸、鎖子甲、硇砂、玻璃、金銀器皿等項，俱視物之等次，酌量銀數折賞。其達賴喇嘛、呼圖克圖等，俱折賞上用蟒緞、糚緞、片金、官用緞。公主等俱折賞上用緞、官用緞。蒙古王以下，札薩克、頭等台吉、協理台吉、塔布囊以上，俱折賞官用緞、彭緞、海龍皮。頭等台吉以下人員，俱折賞毛青布，如銀數多者，亦折賞官用緞、彭緞。京城大臣並察哈爾旗下侍衛商都達布遜諾爾及達里岡愛人等，俱折賞上用緞。每上用緞一，抵賞銀十二兩，蟒緞一，抵賞銀二十四兩，糚緞一，抵賞銀三十三兩，片金一，抵賞銀十八兩，暗花宫紬素緞一，抵賞銀十兩，官用暗花素緞宫紬一，抵賞銀七兩，彭緞一，抵賞銀五兩，毛青布一，抵賞銀八錢，海龍皮一，抵賞銀三兩。貢皮者賞緞，貢緞者賞皮。管轄圍場之蒙古親王、郡王等，每人賞上用蟒緞一，大緞、彭緞各二。貝勒、貝子、公等，每人賞官用蟒緞大緞各一，緞二。和碩額駙、多羅額駙、固山額駙等，每人賞官用蟒緞一、緞一。札薩克、台吉、塔布囊等，每人賞官用蟒緞一、緞一。其索倫、察哈爾之善捕射人及嚮導兵丁等，每人賞銀七兩。槍手等，每人賞銀六兩。駕牽車夫並跟隨管圍王、貝勒、貝子、公、額駙、台吉、塔布囊之護衛官、役奴僕等，每人賞銀三兩，毛青布一。親王、郡王等快手，每人賞大緞、官用緞各二。貝勒、貝子、公等快手，每人賞大緞一、官用緞二。札薩克、台吉、額駙，閒散台吉等快手，每人賞大緞、官用緞各一。每次木蘭行圍，凡備燕入燕之蒙古親王、郡王等，每人賞上用蟒緞、大緞、彭緞各一，公主、格格、福晉等，每人賞上用蟒緞、大緞各一。【略】

賜幣、賜衣亦如之。每年冬季，昭西陵、孝陵、孝東陵、景陵、泰陵、泰東陵、裕陵、昌陵、昌西陵、慕陵、慕東陵、定陵、普祥峪、定東陵、惠陵、首領内監，每名給衣素、紡絲各一，毛青布五，棉花四斤。内監每名給彭緞、杭紬各一，毛青布四，棉花三斤。茶飯房頭目婦人，每名給硬紗一，高麗布二。茶飯房婦人，每名給屯絹、高麗布各一。慈寧宫新進内監喇嘛，初次各給染貂帽、藤涼帽、緞面羊皮褂、棉緞單緞單紗袍褂、氆氌、長袖大領衣、偏衫、禪裙、坐褥各一。嗣後三年一次給單紗棉緞袍褂各一。法淵寺學經内監，每人歲給細布棉襖袴各一。盛京長甯寺達喇嘛，歲給素黄緞面氆氌裏帽二，黄緞面綿紬裏鑲片金糚緞大領禪袍、褐子面氆氌裏黄素緞長袖大領衣、褐子禪裙、褐子千佛衣、紡絲裙、緞面片金領袖糚緞領彭緞裏衬衩、紡絲長褂、綢紬衫、褐子偏衫各一，氆氌面素緞鑲沿領袖齊肩衣、氆氌偏衫各二，鑲片金素緞面氆氌裏汗單一，倭緞鞾、糚緞襪各一。格隆三人，每人給面緞裏帽一，緞面綿紬裏鑲片金糚緞大領禪袍、氆氌面素緞鑲沿領袖齊肩衣、褐子面氆氌裏素緞領長袖大領衣、氆氌偏衫、布裙、褐子禪裙、緞面片金領袖糚緞領彭緞裏科衩各一。班第七人，每人給氆氌面素緞裏帽一，緞面綿紬裏鑲片金糚緞大領禪袍、氆氌面素緞鑲沿領袖齊肩衣、褐子面緞領袖氆氌里長袖大領衣、氆氌偏衫、褐子禪裙、布裙、緞面布裏片金領袖糚緞領科衩各一。内庭各處坐更内監，每人歲給羊皮袍一，狐皮領一。三大殿及文華殿新進坐更内監，每人給狐皮帽一，狐皮領一。奉先殿茶飯房新進内監，每人給狐皮領一。欽安殿内監道士，每人春給細布二，冬給細布四，棉花一斤。萬壽山大報恩延壽寺滿洲喇嘛四十人，每人給三綫布一，細布二，老羊皮七張，棉花八兩。每逾五年，關領一次。紫禁城内直班官員侍衛，每人給紬面布裏隨氈護軍校等，每人給隨氈條紡絲面布被，細布裏面褥一分。護軍拜唐阿，每人給細布裏面隨氈條被褥一分。領催披甲步甲校尉蘇拉，每人給布裏面被褥一分。每年十月初一日，鞔鼉羊皮。二月初一日，拆皮交庫。每五年一次更換。圓明園直班，乾清門侍衛等，各給紡絲被褥紗帳葛布褥單一分。其更換年分同。

凡典禮，給端罩朝服，既事而納之。每年遇有典禮，侍衛處應領皮端罩、朝衣、蟒緞袷朝衣、百壽蟒緞袷袍，並鑾儀衛上虞備用處武備院應領皮端罩、朝衣、蟒緞袷朝衣，樂部應領蟒緞袷朝衣、蟒緞袷袍，什榜處應領蟒緞袷袍，掌儀司應領祭先蠶壇女官蟒緞袷袍褂裙，坤寧宫祭神應用薩滿衣，俱按來文數目，由衣庫給發，用畢均繳回。

凡内庭之服用，以歲進者，皇后及妃、嬪以下，銀、緞、紗、紬、綾、布、貂皮、金綫、絨綫、棉花等物，皆按歲例恭進。皇子、皇孫福晉，及官女子，福晉下女子，各按歲例供備同。以月進者，【略】各辨其物而供焉。

皇子公主婚嫁，則備其儀。凡皇子聘娶福晉及側福晉，所用朝衣朝帽、金領約、簪、珥、鐲、鈕扣、緞疋、皮張、棉花，並賞福晉之母金珥、朝衣、皮袍、金銀等項，俱據掌儀司奏准，咨文照數成造給發。公主格格等下嫁，所用朝冠、朝服、首飾、簪、珥、領約、數珠、衣帽、被褥、帳幔、金銀、紬緞、布疋、絲絨、棉綫、脂粉、銅瓷器皿等項，俱據掌儀司咨文給予。遇喜事亦如之。皇子皇女生，應用素緞小枕、紡絲小枕籠套、緞紗汗單、紡絲帶、潞紬檔頭、布檔頭、布口袋、銅錫瓷器等件，據宫殿監督領侍傳交，照數供備。皇孫生，彌月，應用緞紬綾及杭紬、杭紬汗單。公主生子洗三，用金錁銀錁。九日上摇車，用琺瑯銀麒麟、紬襖、閃緞被褥、緞被褥、潞紬被褥、緞枕、潞紬檔頭、緞布汗單、布口袋。彌月，應用染貂皮帽，嵌珊瑚金串帶、緞棉袍褂、紬襖、糚緞襪、緞鞾、杭紬汗單，及銀緞紬綾紡絲，俱按例供備。其架牽由武備院交進。格格生子及公主生女，亦各按例供備。【略】

緞庫，員外郎，三人。内一人，由户部保送兼攝。司庫，二人。副司庫，二人。庫使，十有三人。

掌幣帛之守藏。緞庫，儲緞、紗、紬、綾、絹、布。

官修《清會典事例》卷六九《盛京户部・支給服物》

支給服物

原定，三陵廚役，歲給衣服，飼牲人丁，歲給春秋衣服，三年給冬裘。本部匠役、禮部廚役、取牛乳人、工部匠役，歲給衣服。本部庫軍、禮部校尉，三年給冬裘，官兵有虎皮送部者，官給彭緞，兵給布，虎皮解交户部。每年三陵應用，及給喇嘛虎爾哈、庫爾喀等，蟒緞十五疋，粧緞十疋，紅緞二十五疋，衣素五疋，紬五十疋，絹十疋，紡絲五疋，紗十疋，毛青布五千疋，麤細布千疋，紙六千二百張，金銀箔十萬張，茶葉八百六十斤，銀硃五十斤，移户部取給。

官修《清會典事例》卷一一九一《内務府庫藏》 敬神 順治初年定。【略】敬神，用五兩重金二錠，五十兩重銀二錠，上用龍緞、襴龍緞、龍粧緞、片金緞、閃緞，倭緞、暗花緞、醬色緞、金黄緞，官用石青補緞，各一，毛青翠藍細布各二十，由掌儀司奏定日期，總管率銀庫、緞庫官，將金銀、緞布送進，交宫殿監内監等供設。敬神禮成，第三日宫殿監内監等送出，交會計司辦理。

又定，每年春秋二季，立杆大祭，用九色紬、綾、素夏布、棉綫、朝鮮貢紙、浄竹料連四紙，染紙用槐子白礬及女朝衣二分，皆據司俎官來文給發。又定每年春秋二季，爲馬祭神，用紅色青色大潞紬、緑色小潞紬、三等朝鮮貢紙、浄竹料連四紙、棉綫、藍布等物，皆據司俎官來文給發。

又定，凡遇皇子分封，移徙之後，府中初次祭神，並造幔褥祭器等物，所用金銀緞布，據掌儀司奏定數目給發。【略】

又定，皇太子初次敬神，用金八兩，銀八十兩，緞八疋，布三十尺。

官修《清會典事例》卷一二一三《内務府·恤賞》 優恤舉子 雍正八年奉旨，會試時天氣尚寒，舉子衣單，可製造布棉袄祓，每舉子各給一領禦寒，欽此。遵旨成造麤布厚棉袄祓五千五百二十九領。每逢會試，據禮部來文，按人數給發，事竣仍繳庫收存，殘缺者，呈堂修補。

優恤内監及執事人役 順治初年定，宫殿門及陵寢首領太監、太監等，歲給緞布衣帽有差。

又定，治辦奉先殿祭品廚役等，每四年給子羊裘一領。

康熙十六年定，太和殿、中和殿、保和殿、文華殿首領太監、太監等，計七年一次，每年給羊皮七張，布六疋半。如係新進太監，給狐皮帽一頂，狐皮領一條，由廣儲司領取，皮韡一雙，由武備院領取。木作、瓦作、裱作首領太監、太監等，計四年一次，每人給羊皮七張，布六疋半，如係新進太監，給狐皮帽、狐皮領及皮韡，俱如前例。二十八年議准，内管領下，掌管内外事男婦及各項匠役採蜜壯丁游牧處男婦等，歲給布棉羊皮有差。

又議准，贊祀婦長，每人歲給官用緞、光素緞、青素緞、官紗小潞紬、綾、紡絲、杭紬各一。贊祀減青素緞，餘同。

又議准，内監僧道，均給予四季衣服。

又議准，歲給守陵首領太監，每名官用青素緞、紡絲各一，毛青布五，棉四斤。内監每名彭緞、杭紬各一，毛青布二，棉三斤。茶膳房婦長，每名官紗二，朝鮮貢布二，婦人每名屯絹一，朝鮮貢布一，皆據掌儀司開明人數，由緞庫、委庫使二人，移付都虞司，委領催一人，驍騎四人，送往分給。

又定，歲給内廷各處坐更太監，每人布面羊裘一，或折麤布一，棉花八兩，狐皮領一，據宫殿監來文給發。

奉先殿、茶膳房新進太監應給羊裘狐皮領，據掌儀司移付廣儲司給發。

雍正三年奏准，圓明園内承應水手，每名春夏給單布衣一襲，秋冬給棉布衣一襲，每五年各給羊裘一，狐皮帽領各一。

優恤陵寢員役

原定，東陵、西陵官役，遇婚喪，均給恩賞銀，每歲終，將用過銀數，報府覈銷。

又定，執事婦人太監，歲給紬布紗棉有差，由掌儀司按例移文廣儲司頒給。【略】

優恤直班官兵

雍正七年奏准，紫禁城内直班侍衛官員兵丁，凡一千二百八十八人。侍衛官員，各給紬面布裏被褥氈條一分。護軍校等，各給紬面布裏被細布褥一分。護軍各執事人，各給細布被褥氈條一分。領催驍騎步軍校尉服役人，各給布被褥一分。每年自十月初一日，輓以羊皮，至二月初一日，拆皮繳庫，被褥二年一漿洗，五年一更換。

八年奏准，圓明園直班乾清門侍衛等，給予紡絲被褥紗帳葛布褥二十二分，漿洗修换均照前例。【略】

校射賞賚

康熙十二年定，凡奉旨校射，領侍衛内大臣及侍衛等，有射十矢，中九矢者，賞韋馬一。中八矢者，賞蟒緞一、緞一。中七矢者，緞一、紬一。中六矢者，洋緞一、紬一。中五矢者，彭緞一、紬一。中四矢者，緞一。三旗内府護軍領催驍騎槍手等，中一矢一槍者，賞銀五錢。中十矢十槍以下，八矢八槍以上者，加賞弓一張，折銀三兩。

十三年定，三旗内府護軍校護軍等，有射十矢中八矢以上者，賞緞一、紬一、弓一。中七矢者，緞一、紬一。中六矢者，緞一。中五矢者，洋緞一。中四矢者，彭緞一。中三矢者，紬一。中二矢者，布三。中一矢者，布二。

十五年定，内府三旗佐領内管領下，官員護軍驍騎等，校試騎射步射，皆列優等者，賞内用緞一、鵰翎一。步射優而騎射中等，騎射優而步射中等者，賞官緞一。或止騎射優，或止步射優，或騎射步射皆中等者，賞洋緞一，或彭緞一。或止騎射中等，或止步射中等者，賞紬一。槍手放槍三次全中者，賞彭緞一，中二次者，布二，中一次者，布一。

十九年定，三旗内大臣侍衛，有射十矢中九矢者，賞蟒緞一、緞三。中八矢者，蟒緞一、緞二。中七矢者，緞三。中六矢者，緞二。中五矢者，緞一。中四矢者，彭緞一。

二十年定，領侍衛内大臣侍衛等，射十矢全中者，賞蟒緞一、緞四，餘照十九年之例賞給。

乾隆十六年定，凡遇聖駕巡幸，扈從王公大臣御前較射，應賞緞疋，據領侍衛内大臣來文頒給。

外藩朝貢賞賚

順治初年定，蒙古札薩克等，進貢馬駝，分别等次，馬作價自一百三十兩至十兩有差，駝作價自六十兩至十五兩有差，均折給緞疋。

康熙十四年奏准，歸化城居住之喇嘛蒙古等貢馬，均折半賞給。

二十三年奉旨，嗣後歸化城喇嘛進貢，不必折半給賞，餘仍折半給賞，欽此。遵旨議定，蒙古貢物，折銀不及二兩五錢者不賞外，西藏達賴喇嘛、班禪額爾德尼、喀爾喀哲布尊丹巴呼圖克圖等，均折給上用龍緞、糚緞、片金緞、大緞、官用紬緞。公主，均折給上用緞，官用緞。王以下，扎薩克台吉塔布囊以上，均折給官用緞，彭緞，水獺皮等項。一等台吉以下，均折給毛青布，如價值多者，亦折給官用緞，彭緞。

又定，朝鮮、安南、琉球、暹羅等國進貢方物，均折給蟒緞、綵幣緞、絹、紗、布，及來使緞、布有差。

又奏准，每年萬壽、冬至、元旦朝貢，每次賞朝鮮國王五等貂皮百張，上用糚緞四，緞九。賞來使上用緞二、帽緞一、彭緞一。【略】

貢馬賞賚

國初定，大臣侍衛有貢獻馬匹者，均令估計，賞銀緞有差。

康熙八年諭，嗣後大臣侍衛進馬，應賜賚者，先令請旨，再議估價值。

乾隆七年奉旨，嗣後凡進貢馬，經朕賜名號者，進貢馬人，賞給内庫上用緞四疋，著爲例。

十年奉旨，察哈爾貢馬，嗣後每匹作銀二十兩，折賞大緞二疋。

道光二十一年奏准，蒙古王公台吉等進馬一匹，賞銀十兩，折給官緞花紡絲、綾各一疋，由理藩院移咨内務府領給，該院將收到日期數目備文知照内務府，以憑覈對。

修書賞賚

順治十八年議准，玉牒告成，賞總裁纂修官表裏，由禮部咨緞庫給發。

康熙十一年議准，實録告成，賞給監修、總裁、總裁纂修官表裏，與玉牒告成同。

同治元年諭，現值天氣嚴寒，實録館人員，朝夕恭纂書籍，著加恩於例支柴炭外，十一月、十二月、正月，每月賞銀五十兩，在廣儲司支領。

賞給送果員役

乾隆十四年奏准，跑送鮮果庫使等，一日能跑二百五十里至二百八十里者，爲二等，賞官用緞一疋，能跑二百八十里以外者，爲一等，於應升之處列名。

又奏准跑送鮮果庫使，一日能跑二百八十里外又能多跑者，爲一等，於應升之處列名外，仍賞緞一疋。

優恤高年

康熙二十五年議准，内府三旗佐領下人，年九十以上曾出仕者，男婦各賞緞二，未仕者，銀各二十兩。八十以上，本身出仕，及其父母妻各緞一、彭緞一，未出仕者，銀各十五兩。七十以上者，本身出仕，及其父母妻各緞一、綾一，未仕者，銀各十二兩。内大臣、散秩大臣，年高者，給蟒緞一。

席裕福、沈師徐《清政典類纂》卷一一六《市易四》〔乾隆〕二十七年，甘肅布政使造册開報大略，附載於左：

闢展向無市集，近日或用貨物易换，或用銀錢糴買米麫，因時貴賤無定價，所用斗，每一斗合京斗二斗，秤一斤十六兩。

庫車城中有買賣街，往來客商並各處回民交易。

阿克蘇，凡買賣貿易，俱七日一集，城市鄉村，男婦咸集，彼此以有易無，近亦有用銀交易者，如米糧、牛羊、布匹等物，各鄉村運至本城買賣，設有牙行，名達勒拉勒。其税十分抽一。如本城人運至各城界上買賣，亦憑經紀而不征其税。别有密圖瓦里伯克專管買賣田産諸務。如回部各城至外番貨買物件，無税無定期，攜至本城方起税，有巴濟吉爾伯克管理。

烏什，每七日，在城中空處設集，貿易一次。城鄉男婦，俱入集場，以馬、牛、羊、雞等畜，及布匹、衣服、糧石、菜蔬，一切雜物，彼此交易。

葉爾羌，以稻、麥、大麥、高粱、豆黍并絹、布、馬、牛、驢、羊等物，定價交市。

和闐，以麥、蕎麥、高粱、黍并絹、布、馬、牛、驢、羊等物，定價交市，諸物雜糧及馬畜俱用錢買，馬畜俱由葉爾羌、喀什噶爾販賣。

喀什噶爾之市名曰巴雜爾，七日爲期，各村男婦聚其貨物相交易，無經紀牙行。其糧則麥粺、高粱、穈黍，其貨則牛、馬、驢、羊、布匹，價亦因時增減。糧之多寡，以查拉克計數。查拉克者，内地十斤也。貨之貴賤，以大小長短爲衡。如瓜果、蔬菜、草束、柴薪之屬，均倣此交易。又喀什噶爾俗以織布爲業，常以布與布嚕特安集延霍罕等處貿易馬、牛、驢、羊諸畜。《通考》

張德堅等輯《賊情彙纂》卷六《僞禮制・僞服飾》 賊由西粵至長沙，尚皆布衣藍縷，縫數寸黃布於衣襟以爲記號，囚首垢面，鶉衣百結者，比比皆是。即首逆洪秀全、楊秀清等，亦止紅袍紅風帽而已。打仗則短衣赤足，取其登涉輕便。兵故擄來之人，無論士農工商，必先褫其衣冠履襪，惟以包巾分別新舊與尊卑。及新擄之人，皆紥紅巾，僞官與老長髮則包黃巾，旅帥以下黃布巾，以上黃綢巾。拖長一寸，官大一級。百姓男女，概令包藍布巾。逮陷武漢繁華之區，錦繡山積，賊逐户搜括，所得鮮衣華服，貂褕狐裘，雖覺華麗可喜，然多不能辨識，於是有裂婦女紅藍裙褲以帕首者，拆金繡挽袖以繫腰者，有賊婦而著男子馬褂，穿厚底鑲鞋者，有男賊而著婦人濶袖皮襖者，更有以雜色織錦被面及西洋印花飯單裹其首者，青黃紅緑，錯雜紛披，醜惡之態，難以言喻。擄得貂狐綢緞長衣，必齊腰剪斷，改作窄袖小襟短襖，或改對襟坎肩，以數疋紅緑綢縐纏於腰際，帶頭拖至足跟。若珠毛灰鼠之衣，則著諸帖體；海龍紫貂之袖，則用以抹桌。粵西女子，雙足如漆，多有不著鞋襪，不著裙者，插戴滿頭珠翠，壓首難勝，披裹數重綾絹，懷挾纍纍金銀，形同孕腹。擄得幼童貌美者，僞官得之謂之公子，衆賊得之謂之老弟，遍身皆著花繡，以抄得香珠、玉佩、手鐲、指環及荷囊、扇袋之類，懸帶於腰項襟袖之間，行動則金玉撞擊，鏗鏘有聲，且使之顛狂跳擲，以爲笑樂。時當雪後泥淖，以被褥帳幔之屬鋪墊通衢，其單夾紗羅衣衫，一時無用，則各僞府用以鋪地，往來踐踏，略不顧惜。至韡帽領袖並剪賸半截衣，及一切銅錫瓷器，隨處抛棄，填塞溝池，巷道幾滿。然其時僞職尚少，惟以風帽分別職級，無職老賊並無風帽，僞王親戚戴全紅風帽，其餘僞官皆紅風帽，以黃邊寬狹定官職之大小，另用白綾一小塊，或寫或繡，揭其官銜，如正將軍或副將軍三字，標於帽額正中。賊目風帽遂改用全黃，如洪、楊、各僞王則戴繡龍黃風帽於内，上戴龍鳳金冠。全擄戲班行頭，以爲僞服，如黃色龍袍、龍帽，則僞王分用，紅袍、紫袍、金盔，則丞相以下自分等次攫取，蓋彼時尚無金繡諸匠作爲之執役也。

由武昌下竄船隻多載婦女，羣賊皆各攜刀械陸行。始愛衣飾華美，儘數背負，既而力不能勝，則沿途抛擲。久之，身著重裘過煥，汗出力綿，舉前截改之短衣一並撩棄。賊過之後，衣衫被褥，狼籍原野，如此暴殄，實曠古所無。

迨至江寧，乃錦繡緞疋出産之區，其繁華更勝於湖北。賊於是又變易其服飾，更張其僞制。平時戴風帽，有喜慶朝會大事則戴盔，名之曰角帽，故有典角帽銜。其僞王等角帽，又名金冠，僞官角帽，又名朝帽。自洪逆以下，金冠皆以紙骨爲之，雕鏤龍鳳，黏帖金箔，即戲班盔頭也。洪逆冠如圓規紗帽式，上綴雙龍雙鳳，鳳嘴左右向下，銜穿珠黃綏二掛，冠後翹立金翅二，冠前立花繡冠額一，如扇面式，亦繡雙龍雙鳳，上繡滿天星斗，下繡一統山河，中留空格，鑿金爲「天王」二字。楊逆朝帽如古制兜鍪式，左右各一龍，其中近上立一鳳，盔頂竪一纓槍，四圍皆珠寶纓絡，冠額則繡雙龍單鳳，中列金字僞銜。韋、石兩逆之冠如楊逆式但上改纓槍爲小黃繖蓋，周圍拖排綏珠絡。韋逆帽額亦繡雙龍單鳳，中綴僞銜。石逆帽額則一邊繡一蝶，上繡單鳳，中列僞銜。楊逆單鳳棲於雲中，韋逆單鳳棲於山岡，石逆單鳳棲於牡丹花上，此僞王金冠朝帽之制也。僞國宗朝帽同各僞王式，如韋姓則從韋逆之制，但額字必標明某國伯、某國兄。僞侯、僞丞相朝帽，如無翅正方紗帽式，亦係紙骨帖金，上綴雙龍單鳳，龍頭向下，亦銜貫珠黃綏二掛，帽額繡百蝶穿雲，中列僞銜。自僞檢點至僞兩司馬朝帽，皆獸頭兜鍪式，如檢點指揮兜鍪，上綴一獅，左右各綴一龍，中綴一鳳，帽額繡百蝶穿花，中列僞銜，金字至檢點止，指揮以下僞銜則繡紅字。將軍、總制朝帽同上式，但去單鳳，衹蟠雙龍，冠頂綴一麒麟，帽額繡百蝠穿雲，中繡僞銜。監軍、軍帥朝帽同上式，冠頂綴一虎，帽額繡百蝠穿花，中繡僞銜。師帥朝帽同上式，但龍去一爪，冠頂綴一豹，帽額繡雲彩。自師帥以下皆繡黑字僞銜。旅帥朝帽同上式，但去雙龍，冠頂綴一熊，帽額繡牡丹，中繡僞銜。卒長朝帽同上式，冠頂綴一彪，帽額繡荷花，中繡僞銜。兩司馬朝帽同上式，冠頂綴一犀牛，帽額繡菊花，中繡僞銜。凡有功勳、平湖、監試諸字樣，亦標於帽額之上。帽上之龍，又以節數分等差，僞王九節，侯相七節，檢點、指揮、將軍五節，總制、監軍、軍帥三節，此僞官朝帽之制也。其秋冬平常所載風帽，以角帽上所有之物，皆繡於風帽上。如洪逆風帽，繡雙龍雙鳳、一統山河、滿天星斗。僞丞相繡雙龍一鳳，餘可類推。帽額花繡遞分等差，悉如角帽之額，亦列僞銜。僞王則全黃風帽，僞侯至僞兩司馬皆紅風帽黃邊，兩司馬風帽鑲一寸黃邊，官大一級，黃邊加寬二分，加至僞侯，黃邊寬至三寸二分。其中又分花素繡絨，自兩司馬上至師帥，素黃綢邊。自軍帥上至將軍，花黃綢邊。自指揮上至僞侯，則用黃絨繡成黃邊，深淺相間，如水紋然。夏日則別有涼帽，自僞王至兩司馬，帽胎皆同毘盧帽式而稍狹，四圍帽沿如蓮花瓣，帽頂四面挖空如意雲頭，帽上龍鳳獅虎，則以角帽上所有之物，悉移置涼帽之上，後綴一長柄，五彩圓光，下綴黃綏、緑綏拖出冠外五六寸，通體皆薄竹片編紮，以五色紗綢糊成者。若於昏夜，置一燭於其中，儼然揚州之包燈也。

至僞服，僅黃龍袍、紅袍、黃紅馬褂而已。其袍式如無袖，蓋窄袖一裹圓袍。洪逆黃緞袍，繡龍九條，楊逆繡龍八條，韋逆繡龍七條，石逆繡龍六條，秦、胡二逆繡龍五條，僞國宗繡龍從各僞王制，僞侯、僞丞相繡龍四條，僞檢點素黃袍，僞指揮至僞兩司馬皆素紅袍，其等差則於黃、紅馬褂內分別。洪逆黃馬褂繡八團龍，正中一團繡雙龍，合九龍之數，楊逆繡八團龍，韋、石、秦、胡四賊皆繡四團龍，自僞侯至僞指揮皆繡兩團龍。自洪逆至指揮，皆於前面正中一團，繡僞銜於其中。僞將軍至僞監軍，黃馬褂前後繡牡丹二團，僞軍帥至僞旅帥，紅馬褂前後繡牡丹二團，俱繡僞銜於前面團內。僞卒長、兩司馬紅馬褂，不繡花，前後刷印二團，書僞銜於團內。其僞銜之字，亦分金字、紅字、黑字，如帽之制，皆由各典袍衙、繡錦衙製造。此僞服之制也。

賊初呼韡爲妖服，祇准著鞋。近立典金韡衙，製黃紅緞韡，亦有定制。韡皆方頭，洪、楊、韋三逆皆黃緞韡，繡金龍，洪逆每隻繡九條，楊逆每隻繡七條，韋逆繡五條，石、秦、胡三逆素黃韡，僞侯至僞指揮素紅韡，僞將軍以下皆皂韡。

其女官冠服如男制，然未見有戴角帽、涼帽者，冬月則戴風帽，夏月則戴繡花紗羅圍帽，如草帽形，空其頂，露髮髻於外，或亦有定制未考。女官尊者則金玉條脱，兩臂多至十數副，頭上珠翠堆集，官漸卑，則金玉珠翠亦漸少矣。

大抵僞冠服，初皆攫自戲班，既則任意造作。前次攻克岳州，獲繡龍黃袍、黃馬褂，繡「承宣」二字，團龍黃馬褂及織金團龍黃馬褂，鏨金爲字，蟠龍金冠多件，製尤侈僭，蓋賊中金銀玉帛，皆自擄刦而來，毫無顧惜，任意標新立異，窮工極巧，彼則欣欣自得，以爲尊貴無比，殊不知詭製褻色，俗惡不堪，真所謂槐國衣冠也。長髮老賊用五綵絲絨編成絛子，若續命縷然，緊紮髮根後，將髮挽髻，以所餘之絛盤於髻上。僞制，將軍以下，不得用五綵，只用紅緑絲編挽，其無職羣賊髮短者，打紅辮線，髮長過尺，或挽髻，貫以婦女銀簪，並有紮綢巾，及披髮者。打仗必穿號衣，戴竹盔，著平頭薄底紅鞋。老賊與有官者，穿黃紅小襖著黃鞋，而不著號衣，夏日多以擄來男女綢縐衣裙，改爲窄袖衫，寬脚褲。僞官老賊穿紅黃衫，其餘除白色不穿外，就原衣雜色，或爲短衫，或爲坎肩。其衫褲尤尚黑色，幼童或有穿紅藍褲者。擄來書寫人統稱先生，准穿長衫，著鞋襪，小館紮黑綢包巾，大館紮黃包巾，無腰牌號褂。

賊中禁令，雖極熱，夜臥不准光身，白晝不得裸上體，犯則枷打。賊目所用畫龍宫扇，柄長三尺，每以幼童環扇之，出則列於馬前，並以紅黃緞，或金字壽帳，改爲短柄手繖，謂之洋繖。僞王侯則黃緞而繡金龍，其次亦有五色彩畫者，賤者則以印花洋布爲之。每出，必挾於肘下，亦有戴草帽而用花邊鑲沿者。賊黨多半脅從，賊目防人私積，即所以防逃，故立法甚嚴。檢點以上，方准帶金條脱，其餘惟准帶銀鐲、銀指環。然銀鐲分兩亦有輕重，如軍帥以下，不得過五兩，旅帥以下，不得過四兩。不准私藏絲毫金銀以及剃刀，倘或搜出，謂欲變妖，輕則捶楚，重必斬首。所得首飾金珠，不准昧匿，必令層層進獻，歸之僞王聖庫而後已。

至於所定僞制，奢侈已極，一冠袍可抵中人之産。其僞王劇賊，擄掠之貲富厚，何事不辦，下逮各散職僞官，各軍旅帥、卒長、兩司馬等輩，既賤且窮，安能有力製此，且其制屢定屢更，又安能製而復易，似賊之侍從及有執掌者，或從其制，餘多赭衣若囚，雖任僞官，並不能一服僞官冠服也。更有外出擄糧之賊，職僅總制，竟僭用檢點冠服，務精其製，以鳴得意。亦有被脅爲僞官者，雖尊至指揮，仍敝衣粗服，視僞冠服如桎梏，此則天良不泯人禽之分。逃出難民默識之，出以語人，恒欷歔不置焉。

註廣西情形方靖，羅鳳池説湖北情形，張玉琴等説江寧情形，程奉璜説一應僞制及式樣，或曾見俘物，或考自僞文告，又僞書中角帶字樣，難民迄未見過，故不敘。

賊角帽圖

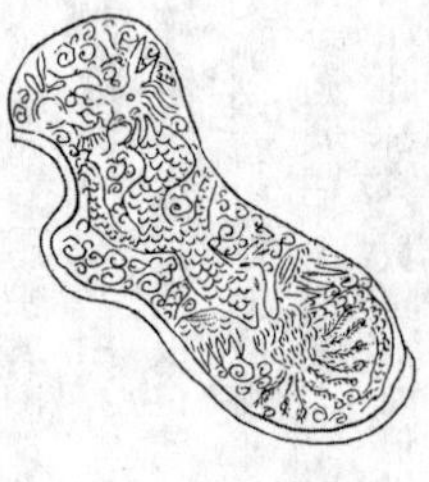

賊風帽圖

賊帽額圖

賊涼帽圖

賊帽額内僞銜圖

賊龍袍圖

賊中團龍馬褂圖

賊馬褂僞銜圖

號帽圖

張德堅等輯《賊情彙纂》卷五《僞軍制·旗幟器械》　號帽，以竹片編爲柳條涼帽式，上畫紅緑雜花雲彩，四面留粉白圈四個，分寫「太平天国」四字。賊恒講道理，勸人時時要頂天報國，所以將此四字寫於帽上也。

賊中號衣皆半臂式，如俗尚背心之製。僞天王統下則全黄背心，無邊。僞東王統下黄背心，緑邊。僞西王統下黄背心，白邊。僞南王統下黄背心，紅邊。僞北王統下黄背心，黑邊。僞翼王統下黄背心，藍邊。僞燕王、豫王統下黄背心，水紅邊。僞侯至僞指揮統下亦黄背心，水紅邊。僞將軍至僞監軍統下紅背心，黄邊。僞軍帥至僞兩司馬統下皆紅背心，緑邊。前後各綴長五寸濶五寸黄布一方，或寫或刷印，其初則前寫「太平」二字，後寫第幾軍聖兵數字，或某衙聽使數字，如「前二軍聖兵典金靴衙聽使」之類。既陷江寧，則精其製，宋字鏤板，濃墨刷印於號衣前後，不復另綴黄布矣。胸背兩方字樣，一律如以上所畫之式。

軍中號衣圖

各衙號衣圖

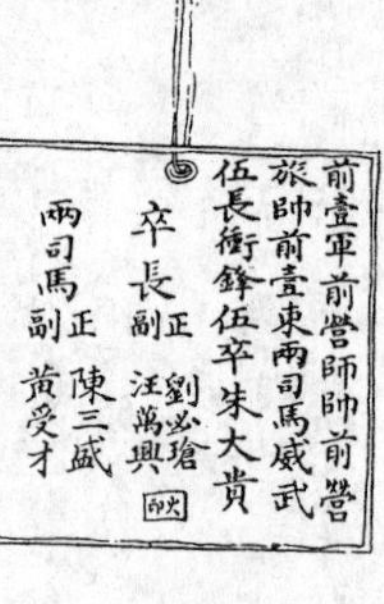

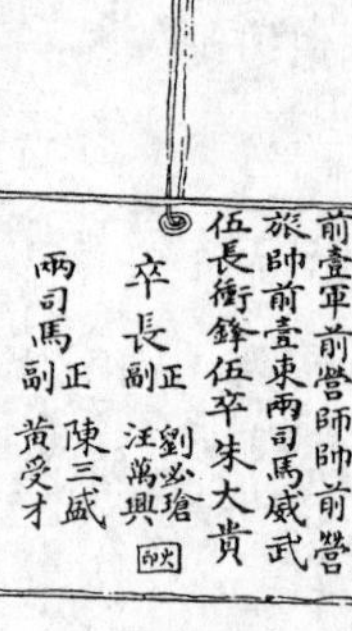

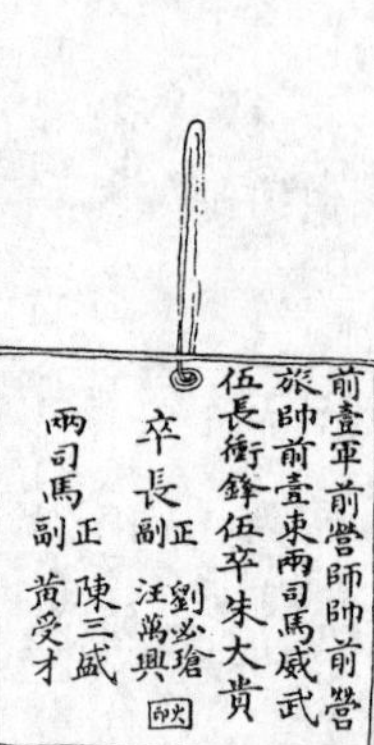

前壹軍前營師帥前營旅帥前壹東兩司馬威武伍長銜鋒伍卒朱大貴
卒長 正 劉必培 副 汪萬興
兩司馬 正 陳三盛 副 黄受才

軍中腰牌圖

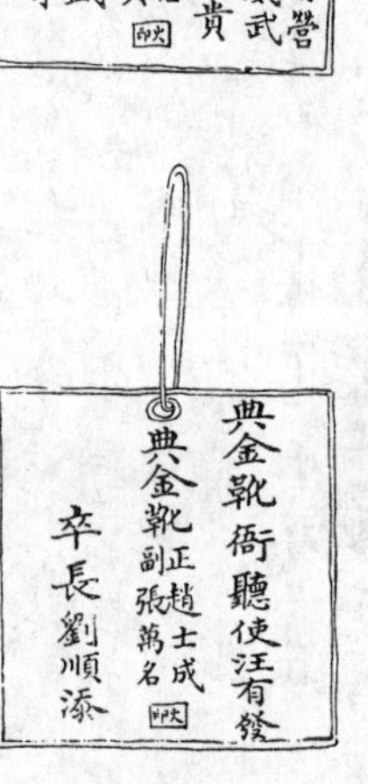

典金靴衙聽使汪有發
典金靴 正 趙士成 副 張萬名
卒長 劉順添

各衙腰牌圖

劉錦藻《清續文獻通考》卷六四《國用二》 嘉慶四年，議准江南布、浙江絲緜、山東布、江西苧布，庫貯均足敷用，於嘉慶五年爲始，停其解交。【略】〔嘉慶十四年〕諭據緜志等奏，查明緞疋庫見存紬緞數目，先行具奏一摺。緞庫存貯緞、紬、絹、布等項，均應覈較歲用數目，計足敷幾年之需，此內俟何項短缺，再先期行文製備，其支放之時，並應按照存貯年分，先後挨次給發，推陳出新，俱歸適用。今庫內所存織大緞一項，多至三千五百餘匹，杭紬一項，多至六萬五千餘匹，其他亦皆充羨。乃該庫每年仍向內庫領用，並行文外省織造，源源報解，及支發時，又不按新舊次序，以致陳陳相因，充牣堆積，日久漸成朽蠹，此不但耗費錢糧，且蠶絲纂組，物力亦屬可惜。至布匹絨斤雜貯四樓，册籍並未分析開載，難於查核，以致守庫兵丁，生心竊取。此皆由歷年該管大臣及管庫司員等，平日養尊處優，怠忽疲懈，漫不留意，沿習因循，本應自嘉慶四年以後，管庫大臣及司員等俱交部議，但人數衆多，姑免逐一追究，經此次查明之後，應更定章程，覈實稽考，所有錦、緞、紗、羅、絲、絹等項，某項應俟庫存若干，方准行文織解，並每閱幾年盤驗一次之處，著交前次派出會議銀庫章程之滿漢大學士、六部尚書於香山迴鑾後，一併酌議章程，具奏請旨。

穆彰阿等《清一統志》卷二三《直隸・河間府三》土產 絹《唐書・地理志》瀛州、莫州土貢。《舊志》東光絹，明代頗爲人所稱。棉《府志》寧津種棉者幾半，歲無大水，其利倍入。布《寰宇記》瀛州產。《府志》出斜文布、土布。又景州龍華鎮所出，潔白細好，比於吳中。【略】按河間爲古兗州地，桑土既蠶，列於《禹貢》。唐宋時，河間貢絹，貢絲，莫州貢棉。近來東光、阜城諸縣，雖有絹而皆不中衣服，僅堪以飾屏筒，故凡舊志所列絲、棉等物，及《寰宇記》載瀛、莫產人蓡，概不可以爲今之土產。謹附記。

穆彰阿等《清一統志》卷二六《直隸・天津府三》 土產按《舊志》載：《唐書・地理志》滄州土貢絲布，《宋史・地理志》清州貢絹，《寰宇記》滄州土產綿綾。今皆不甚流播，間有土布、土綾，質殊麤劣。謹附記。

穆彰阿等《清一統志》卷八一《江蘇・蘇州府五》 土產 羅紵《姑蘇志》出郡城，《禹貢》所謂「織文」是也。

穆彰阿、潘錫恩等《大清一統志》卷二九四《浙江・紹興府一》 有陂池灌溉之利，絲、布、魚、鹽之饒。《舊志》

陸釴等〔嘉靖〕《山東通志》卷八《田賦》

山東布政司

官民田五十七萬三千二百五十九頃二十六畝九分七釐四毫有畸。

絲綿 絲二千九十一斤八兩八錢一分二釐六毫六絲九忽。絹二萬二千一十九疋二丈二尺一寸九分八釐三毫八絲六忽二微一纖七沙。

農桑 絲二十斤六兩三錢一分二釐。絹三萬二千二百三十四疋四尺四寸二分六釐。

花絨 五萬二千四百四十九斤一十兩七錢一分二釐。

〔濟南府〕官民田一十七萬九千五百一十七頃四十二畝三分三釐八毫一絲。

絲綿 絲二千九十一斤八兩八錢一分二釐六毫六絲九忽。絹五千二百六十五疋二丈六尺二寸二分一毫九絲一忽八微五纖。農桑 絲一十八斤七兩四錢五分二釐。絹一萬一千三百九十疋二丈一尺四寸七分七釐。花絨 一萬四千六十六斤八兩六錢二分。

〔兗州府〕官民田八萬三千五百七十七頃二十七畝一分八釐九毫。絲綿 絹三千七百一十九疋一丈四尺九寸六釐七毫八絲五忽六微五纖。農桑 絹一萬七十八疋三尺一寸六分。花絨 一萬七千六十四斤九兩二錢。

〔東昌府〕官民田五萬九千七百四頃一十二畝有畸。絲綿 絹二千六百五十八疋一丈六尺五寸五分二釐九毫一絲二忽五微。農桑 絹一千四百五十二疋一丈六尺五分。花絨 一萬五千七百一斤一十二兩四錢。

〔青州府〕官民田一十三萬三千九百一十頃五十四畝八分八釐一毫三絲六忽。絲綿 絹五千七百三十三疋二丈八尺八寸二分七釐四毫八絲三忽三微六纖。農桑 絲一斤一十四兩八錢六分。絹四千七百三疋一丈三尺九寸五分。花絨 二千七百九十四斤一十一兩四錢九分二釐。

〔登州府〕官民田五萬四百九十頃六十三畝六分八釐七毫三絲。絲綿 絹一千九百六十二疋一丈六尺三寸二分九釐。農桑 絹二千五百九十二疋一丈六尺三寸三分五釐。花絨 八百五十八斤七兩二錢。

〔萊州府〕官民田六萬六千六十四頃二十六畝八分七釐八毫六絲。絲綿 絹二千六百八十二疋二丈九尺六釐三毫五絲九忽六微五纖。農桑 絹二千十六疋二丈一尺四寸五分。花絨 一千九百六十二斤七兩六錢。

李文藻等〔乾隆〕《歷城縣志》卷五《地域考三・方產》 兗州厥貢漆絲，厥篚織文。《尚書・禹貢》

地宜漆林，又宜桑蠶織文錦綺之屬，盛之筐篚而貢焉。《尚書》孔安國傳。

青州岱畎絲、枲、鉛、松、怪石。《尚書・禹貢》

山東多魚、鹽、漆、絲、聲色。《史記・貨殖傳》。

太公勸女功，極技巧，故齊冠帶衣履天下。同上。

齊魯千畝桑麻，其人皆與千户侯等。同上。

齊州土貢：絲、葛、絹、綿、防風、滑石、雲母。《新唐書・地理志》。

布帛之屬有繭紬、綿紬、屯絹，布有平機、闊布、小布三種。

李文藻等〔乾隆〕《歷城縣志》卷四《地域考二・賦役》 賦役之法，唐租庸調最爲近古，自楊炎作兩税法，簡而易行，歷代相沿，至明不改。明初定制，【略】夏税曰麥，曰錢鈔，曰絹。秋糧曰米，曰錢鈔，曰絹。弘治、萬曆間，小有所增損，大約以米麥爲主，而絲絹與鈔次之。《明史・食貨志》。

夏税起運，永平府山海庫，闊白棉布每疋折銀三錢，共一千七百八十六兩有奇；絲綿折絹每疋折銀七錢，共銀二百六十六兩有奇；農桑折絹每疋折銀七錢，共銀一百二十九兩有奇。秋糧起運，萬全都司等二十一衛所，官旗折俸布，折銀五百五十五兩。德府常盈庫，棉花絨每斤折銀六分，共三百七十四兩有奇。

包大爟等〔萬曆〕《兖州府志》卷二四上《田賦》 後魏孝文延興四年，先是天下户調，帛二匹，絮二斤，粟二十石，又人帛一匹二丈，委之州庫，以供調外之費，至是户增帛三匹，粟二石九斗，以爲官司之禄，復增調外帛滿二匹，隨其土所出。其兖、徐、青、齊、濟南、河東等州貢綿絹及絲，其餘郡縣少桑蠶處以麻布充。

唐武德七年，初制爲口分、世業田，租庸調法，以人丁爲本。授田之制，丁男年十八以上人一頃，以八十畝爲口分，二十畝爲永業，老及疾者人四十畝，寡妻妾三十畝，當户者增二十畝，皆以二十畝爲永業，餘爲口分。凡牧授皆以歲十月授田，先貧及有課役者，人百畝，歲輸粟二石，謂之租。丁隨鄉所出，歲輸絹、綾、絁各二丈，布加五之一，綿三兩，輸布者麻三斤，謂之調。用人之力，歲二十日，閏加二日，不役者，日爲絹三尺，謂之庸。有事而加役，二十五日免調，三十日租調俱免。通正役不過五十日。是時兖州田租俱屬焉。

貞觀元年，因山川形便，分天下爲十道，二曰河南道。即古豫、兖、青、徐之（城）〔域〕。厥賦，絹、絁、綿、布。厥貢：絲、布、葛、席。【略】

兖州府所屬二十七州縣，田賦總數

官民地共七萬五千四百三十八頃七十五畝六分七釐八毫五絲。內官地八百一頃三十二畝五分六釐一毫，民地七萬四千六百三十七頃四十三畝一分一釐七毫五絲。

税糧地共六萬三千一百三頃九十九畝八分二釐六毫五絲。

綿花地共五百九十三頃七十七畝二分。

夏税【略】

農桑折絹，共一萬七十八疋三尺一寸六分，實徵銀七千五十四兩六錢九分。

絲綿折絹，共三千七百一十七疋二丈八尺九寸四分八釐三毫四絲二忽六微四纖三沙二塵五埃七渺，實徵銀二千六百二兩五錢四分六釐。

秋糧【略】

京庫，地畝花絨本色，共一萬七千六十六斤九兩。

嵫陽縣

官民地共二千四百五十五頃二十畝七分五釐三毫。

夏税地七百三十一頃二十二畝一分九釐。內官地四頃六十三畝一分一釐，民地七百二十六頃五十九畝九分八釐五毫九絲。

秋糧地一千七百零六頃二十畝四分五釐七毫零。內官地十頃八十畝五分九釐，民地一千六百九十五頃三十畝九分六釐七毫零。

綿花地八頃九十二畝三分。內官地八畝，民地八頃八十四畝三分。

夏税【略】

起運河間府静海縣庫，布一千二百五十尺，准麥一千五百石，每疋三錢，共銀三百七十五兩。

絲綿折絹，一百九疋一丈三尺六寸五分五釐二毫六絲五忽，每疋七錢，共銀七十六兩六錢。

農桑折絹，一百一十五疋二丈一尺七寸五分，每疋七錢，共銀八十兩九錢七分六釐。以上二項雖係額徵，不在起存原額之數。【略】

秋糧【略】

起運德州常盈庫，濶白綿布六百五十疋，准米六百五十石，每疋三錢，共銀一百九十五兩。

京庫，地畝綿花絨二百四十四斤六兩，實徵本色。

曲阜縣

民地共一千四百一十一頃九十八畝七分四釐。

夏税地四百五十頃二十九畝六分二釐七毫一絲。

秋糧地九百四十五頃六十九畝一分二釐九毫九絲。

綿花地六十一頃。

夏税【略】

起運鎮邊城新城倉,綿布四百八十疋,准麥五百七十六石,每疋三錢,共銀一百四十四兩。

絲綿折絹,六十疋一丈六尺七寸九分七毫五絲三忽九微,每疋七錢,共銀四十二兩三錢六分八釐。

農桑折絹,七十二疋一丈九尺一寸二分五釐,每疋七錢,共銀五十兩八錢一分九釐。

秋糧【略】

起運德州常盈庫,闊白綿布六百九十八疋,准米六百九十八石,每疋三錢,共銀二百九兩四錢。【略】

京庫,地畝綿花絨一百六十五斤四兩,徵收本色。

寧陽縣

官民地共三千五十七頃三十二畝二分五釐。

税糧地三千三十二頃八十二畝二分五釐。

綿花地二十四頃五十畝。

夏税【略】

起運萬全萬億庫,闊白綿布一千三百四十疋,准麥一千六百八石,每疋三錢,共銀四百二兩。

絲綿折絹一百三十六疋一丈五尺六寸五分七釐六毫七絲五忽,每疋七錢,共銀九十五兩五錢四分三釐。

農桑折絹一百九十七疋三尺六寸七分五釐,每疋七錢,共銀一百三十七兩九錢八分一釐。

德州常盈庫,闊白綿布一百六十疋,准米一百六十石,每疋三錢,共銀四十八兩。

京庫,地畝綿花絨六百一十二斤八兩,徵收本色。

鄒縣

官民地共三千一百三十頃七十七畝八分八釐。

夏税地九百二十八頃一十八畝七分九釐。

秋糧地二千一百六十五頃七十七畝一分八釐六毫。內官地六頃九十六畝五釐五毫,民地二千一百五十五頃八十畝六分三釐一毫。

綿花地三十六頃八十一畝九分。內官地六畝五分,民地三十六頃七十五畝四分。

夏税【略】

起運河間府静海縣庫,闊白綿布二千八十疋,准麥二千四百九十六石,每疋三錢,共銀六百二十四兩。

絲綿折絹一百三十九疋六尺八寸四分五釐七毫三絲,每疋七錢,共銀九十七兩四錢五分。

農桑折絹三百七十三疋一丈一尺三寸,每疋七錢,共銀二百六十一兩三錢四分八釐。

秋糧【略】

起運德州常盈庫,闊白綿布一千四百疋,准米一千四百石每疋三錢共銀四百二十兩。

京庫,地畝綿花絨九百二十斤七兩二錢,徵本色。

泗水縣

官民地一千八百五十一頃四十畝六分。

税糧地一千八百三十八頃八十九畝二分。內官地七十四頃六十五畝,民地一千七百六十四頃二十四畝二分。

綿花地一千二百五十五畝。內官地三十一畝,民地一十二頃二十畝四分。

夏税【略】

起運河間府庫,布八百八十疋,准麥一千五十六石,每疋三錢,共銀二百六十四兩。

絲綿折絹八十二疋二丈二尺五寸四釐二毫,每疋七錢,共銀五十七兩八錢九分三釐。

農桑折絹一百九十五疋一丈八尺二寸二分五釐,每疋折銀七錢,共銀一百三十六兩八錢九分九釐。

秋糧【略】

起運德州常盈庫,布一千六百一十疋,准米一千六百一十石,每疋三錢,共銀四百八十三兩。

京庫,地畝綿花絨三百二十四斤七兩六錢,收本色。

滕縣

官民熟地共二萬六千八百八頃七畝六分九釐九毫六絲五忽五微。

夏税地八千四十二頃四十三畝三分九毫八絲九忽六微五纖。

秋糧地一萬八千七百六十五頃六十五畝三分八釐九毫七絲五忽八微五纖。

綿花地均在税糧地内。

夏税【略】

起運河間府静海縣庫，布八百八十一疋二丈四尺，准麥一千五十八石一斗，每疋三錢，共銀二百六十四兩五錢二分五釐。

絲綿折絹二百九十三疋二丈九尺二寸四分六釐九毫二絲五忽，每疋折銀七錢，共銀二百五兩七錢四分。

農桑折絹四百七疋二丈四尺五寸，每疋折銀七錢，共銀二百八十五兩四錢三分六釐。

税糧【略】

起運德州常盈庫，濶白綿布六千九百七十疋，准麥六千九百七十石，每疋折銀三錢，共銀二千九十一兩。

京庫，地畝綿花絨九百六十四斤十兩，徵收本色。

嶧縣

官民地共二千七百九十一頃一十六畝八分六釐。

税糧地二千七百四十三頃四十六畝三分六釐。内官地一百三十四頃八十五畝七分，民地二千六百零八頃六十畝六分六釐。

綿花地四十七頃七十畝五分。

夏税【略】

起運河間府静海縣，庫布一千六百疋，准麥一千九百二十石，每疋三錢，共銀四百八十兩。

絲綿折絹一百二十三疋一丈一尺五寸四分四釐二毫一絲，每疋七錢，共銀八十六兩三錢五分三釐。

農桑折絹四百四十一疋二丈二尺一寸七分五釐，每疋折銀七錢，共銀三百九兩一錢八分七釐。

秋糧【略】

起運德州常盈庫，布二千二百疋，准米二千二百石，每疋三錢，共銀六百六十兩。

京庫，地畝綿花絨一千一百九十二斤一十兩，徵收本色。

金鄉縣

官民地共二千四百四十六頃六十八畝一分五釐。

税糧地共二千四百二十二頃八畝六分五釐。内官地二十一頃三畝九分五釐，民地二千四百一頃四畝七分。

綿花地二十四頃五十九畝五分。内官地七畝五分，民地二十四頃五十二畝。嘉靖二十一年，奉例均丈地糧，俱均民間起納税糧，共均站地二千四百四十九頃八十八畝，今並無綿花地畝。

夏税【略】

起運保定府唐縣庫，布一千一十八疋，准麥一千二百二十一石六斗，每疋三錢，共銀三百五兩四錢。

通州通濟庫，布五百疋，准麥六百石，每疋三錢，共銀一百五十兩。

絲綿折絹一百八疋二丈九尺八寸一分七釐，每疋七錢，共銀七十六兩二錢五分三釐。

農桑折絹九百一十六疋一丈二尺三寸，每疋七錢，共銀六百四十一兩四錢六分九釐。

秋糧【略】

起運德州常盈庫，濶白綿布一千五百疋，准米一千五百石，每疋三錢，共銀四百五十兩。

京庫，地畝綿花絨六百一十四斤二十四兩，徵收本色。

魚臺縣

官民地今均丈過小畝共一萬二千二百三十六頃二十四畝一分五釐。内官地三十九頃六十七畝六分，民地一萬二千一百九十六頃五十六畝五分五釐，内馬場子粒地三十四頃三十四畝，每年徵銀六十九兩四錢七分九釐八毫，解太僕寺，上納社稷、山川、邑厲三壇共一十五畝，官桑園地五畝五分，新城子粒地五頃一十三畝一分，徵銀十五兩三錢九分三釐，本縣幫補里甲公用，作正支銷。

税糧地一萬二千一百九十六頃五十六畝五分五釐。

綿花地本縣遵一條鞭法，均派於税糧地畝。

夏税【略】

起運河間府静海縣庫，濶白綿布一千五百疋，准麥一千八百石，每疋三錢，共銀四百五十兩。

絲綿折絹一百八疋八尺六分八釐九毫五絲，每疋七錢，共銀七十五兩七錢七分七釐。

農桑折絹二百九十六疋一丈六尺八寸，每疋七錢，共銀二百七兩五錢六分八釐。

秋糧【略】

起運德州常盈庫，闊白綿布四千二百三十疋，准米四千二百三十石，每疋三錢，共銀一千二百六十九兩。

京庫，地畝花絨七百八十三斤一十四兩，徵收本色。

單縣

官民地共五千八百零五頃七十五畝四分一釐。

夏稅地一千七百四十一頃七十二畝六分二釐。

秋糧地四千六十四頃二畝七分八釐七毫。

夏稅【略】

起運萬全萬億庫，闊白綿布一千四百一十六疋，准麥二千六百九十九石二斗，每疋三錢，共銀四百二十四兩八錢。

通州通濟庫，闊白綿布九百六十疋，准麥一千一百五十二石，每疋三錢，共銀二百八十八兩。

絲綿折絹一百五十三疋一丈三尺九寸六分六釐三毫五絲七忽五微，每疋七錢，共銀一百七兩四錢六釐。

農桑折絹七百六十一疋一丈一尺六寸，每疋七錢，共銀五百三十三兩九錢五分四釐。

秋糧【略】

起運德州常盈庫，闊白綿布一千七百三十四疋，准米一千七百三十四石，每疋三錢，共銀五百二十兩二錢。

京庫，地畝綿花絨一千八百一十二斤三兩二錢，徵收本色。

城武縣

官民地共二千九百二十一頃九十畝四分四釐三毫七絲。

税糧地二千八百九十八頃五十九畝四分四釐三毫七絲。

綿花地二十三頃三十一畝。

夏稅【略】

起運白羊口倉，綿布三百五十疋，准麥四百二十石，每疋三錢，共銀一百五兩。

登州府豐廣二庫，布七百七十疋，准麥九百二十四石，每疋三錢，共銀二百三十一兩。

絲綿折絹六十一疋一丈八尺五寸五釐五絲，每疋七錢，共銀四十三兩一錢六釐。

農桑折絹四百五十六疋八尺六寸，每疋七錢，共銀三百一十九兩三錢八分八釐。

秋糧【略】

起運德州常盈庫，布一千疋，准米一千石，每疋三錢，共銀三百兩。

京庫，地畝綿花絨五百八十五斤徵收本。

包大燿等纂修萬曆《兖州府志》卷二四下《田賦》

曹州

官民地共二千五十五頃四十八畝四分八釐五毫。

税糧地二千四十四頃二畝四分八釐五毫。內官地一十一頃四十四畝五分，民地二千三十二頃五十七畝八分八釐五毫。

綿花地一十一頃四十七畝一分。

夏稅【略】

起運萬全萬億庫，闊白綿布八百四十二疋，准麥一千一十石四斗，每疋三錢，共銀二百五十二兩六錢。

絲綿折絹八十九疋二丈六尺一寸五分二釐二毫九絲七忽五微，每疋七錢，共銀六十二兩八錢七分三釐。

農桑折絹六十九疋一尺一寸一分，每疋七錢，共銀四十八兩三錢二分五釐。

秋糧【略】

起運京庫，地畝綿花絨二百九十二斤一十二兩四錢，徵收本色。

曹縣

官民地二千三百七頃七十一畝六分二毫。

夏稅地二千三百七頃七十一畝五分七釐二毫。

秋糧地一十八頃七十四畝九分。

綿花地一十頃七十四畝九分。

夏稅【略】

通州通濟庫，闊白綿布一百疋，准麥一百二十石，每疋三錢，共銀三十兩。

萬全萬億庫，闊白綿布一千八十四疋，准麥二千三百石八斗，每疋三錢，共銀三百二十五兩二錢。

絲綿折絹一百疋三丈七寸四分八釐四毫九絲，每疋七錢，共銀七十兩六錢七分三釐。

農桑折絹一百三十八疋七尺八寸七分五釐，每疋七錢，共銀九十六兩七錢七分三釐。

秋糧【略】

起運京庫，地畝綿花絨四百九十斤三兩六錢，徵收本色。

定陶縣

官民地共二千九百零八頃一畝四分。

稅糧地二千八百九十六頃六十三畝四分。

綿花地一十一頃三十三畝。

夏稅【略】

起運萬全萬億庫，闊白綿布三百八十疋，准麥四百五十六石，每疋三錢，共銀一百一十四兩。

絲綿折絹二十九疋九尺七寸二分八釐八毫五絲，每疋七錢，共銀二十兩五錢一分三釐。

農桑折絹一百六十八疋一丈二尺六寸，每疋七錢，共銀一百一十七兩八錢七分六釐。

秋糧【略】

起運京庫，地畝綿花絨二百八十七斤八兩四錢，徵收本色。

濟寧州

官民地并開墾地共四千二百一十四頃七十八畝六分六釐九毫五絲。內官地二十五頃八十八畝，民地四千一百七十四頃二十一畝三分五釐九毫五絲，開墾地八頃二十五畝。

稅糧地共四千二百八頃九畝三分六釐九毫五絲。內官地二十五頃八十一畝二分，民地四千一百六十七頃八十三畝八分四釐九毫五絲。

綿花地六頃四十四畝三分。內官地六畝八分，民地六頃三十七畝五分。

夏糧【略】

起運河間府庫，闊白綿布一千一百疋，准麥一千三百二十石，每疋三錢，共銀三百三十兩。

河間府静海縣庫，闊白綿布二千疋，准麥二千四百石，每疋三錢，共銀六百兩。

絲綿折絹一百八十九疋八尺六寸一分九毫三忽二微五纖，每疋七錢，共銀一百三十二兩四錢八分九釐。

農桑折絹三百六十七疋二丈三尺六寸二分五釐，每疋七錢，共銀二百五十七兩四錢一分七釐。

秋糧【略】

起運京庫，地畝綿花絨一百六十四斤七兩六錢，徵收本色。

嘉祥縣

官民地共一千一百五十四頃一十八畝六分。

稅糧地一千一百三十四頃七十五畝八分。

綿花地一十三頃九十二畝五分。

夏稅【略】

〔起運〕絲綿折絹五十一疋一尺九寸二分三釐三毫，每疋七錢，共銀三十五兩七錢四分二釐。

農桑折絹一百一十五疋二丈六尺六寸五分，每疋七錢，共銀八十一兩八分三釐。

秋糧【略】

起運德州常盈庫，闊白綿布四百五十疋，每疋三錢，共銀一百三十五兩。

京庫，地畝綿花絨三百四十八斤四兩，徵收本色。

鉅野縣

官民地共一千七百五十四頃九十一畝八分一釐。

稅糧地一千七百三十二頃一十六畝三分一釐。內官地二頃五十九畝五分，民地一千七百二十九頃五十六畝八分一釐。

綿花地二十二頃七十五畝五分。內官地四畝，民地二十二頃七十一畝五分。

夏稅【略】

起運河間府静海縣庫，布九百一十六疋，准麥一千九十九石二斗，每疋三錢，共銀二百七十四兩八錢。

絲綿折絹七十七疋二丈八尺一寸四分二釐七絲五忽，每疋七錢，共銀五十四兩五錢一分六釐。

農桑折絹一百八十一疋二丈八尺五分，每疋七錢，共銀一百二十七兩三錢一分四釐。

秋糧【略】

起運德州常盈庫，布一千疋，准米一千石，每疋三錢，共銀三百兩。

京庫，地畝綿花絨五百六十九斤一十四兩，徵收本色。

鄆城縣

民地一萬一千四百一十頃二十畝。

稅糧地一萬一千八百五十八頃零八畝。

綿花地五百五十二頃一十二畝。

夏稅【略】

起運萬全億庫，布七百八疋，准麥八百四十九石六斗，每疋三錢，共銀二百一十二兩四錢。

絲綿折絹五十三疋一丈三寸八分五釐五毫，每疋七錢，共銀三十七兩三錢二分五釐。

農桑折絹四百三十五疋二丈七尺，每疋七錢，共銀三百五兩九分一釐。

秋糧【略】

起運德州常盈庫，布五百五十疋，准米五百五十石，每疋三錢，共銀一百六十五兩。

京庫，地畝綿花絨五百五十二斤一十二兩，徵收本色。

東平州

官民地共二千七百四十五頃三十七畝八分七釐三毫二絲。

稅糧地二千六百九十五頃一十五畝八分七釐三毫二絲。

綿花地五十頃二十二畝。

夏稅【略】

起運萬全億庫，布一千八百疋，准麥二千一百六十石，每疋三錢，共銀五百四十兩。

河間府静海縣庫，布八十四疋，准麥一百石八斗，每疋三錢，共銀二十五兩二錢。

絲綿折絹一百二十疋六尺六寸一分九釐一毫八忽五微，每疋七錢，共銀八十四兩一錢四分五釐。

農桑折絹一百二十四疋八寸二分五釐，每疋七錢，共銀八十六兩八錢一分九釐。

秋糧【略】

起運德州常盈庫，布一百六十四疋九尺六寸，准米一百六十四石三斗，每疋三錢，共銀四十九兩二錢九分。

京庫，地畝綿花絨一千二百五十五斤八兩，徵收本色。

汶上縣

官民地共四千五百一頃六十三畝六分六釐。

稅糧地四千四百八十七頃五十四畝七分六釐。

綿花地一十四頃八畝九分。

夏稅【略】

起運萬全億庫，布一千三十疋，准麥一千二百三十六石，每疋三錢，共銀三百九兩。

河間府庫，布二千六百二十疋，准麥三千一百四十四石，每疋三錢，共銀七百八十六兩。

絲綿折絹二百一疋九尺二分九釐六毫五絲五忽，每疋七錢，共銀一百四十兩八錢九分八釐。

農桑折絹三百九十七疋九尺五寸，每疋七錢，共銀二百七十八兩一錢一分。

秋糧【略】

起運德州常盈庫，布二百六十疋，准米二百六十石，每疋三錢共銀七十八兩。

存留京庫地畝綿花絨三百五十五斤一十五兩六錢，徵收本色。

東阿縣

官民地二千三百三十八頃七十七畝二分八釐。

稅糧地二千三百六頃三十九畝七分八釐。

綿花地三十二頃三十七畝五分。

夏稅【略】

起運河間府静海縣庫，布一百九十三疋八尺，准麥一百三十一石九斗，每疋三錢，共銀五十七兩九錢七分五釐。

萬全萬億庫，布一千四百疋，准麥一千六百八十石，每疋三錢，共銀四百二十兩。

絲綿折絹一百三疋二丈三尺六寸三分七釐三絲，每疋七錢，共銀七十二兩六錢一分七釐。

農桑折絹八十七疋一丈二尺二分五釐，每疋七錢，共銀六十一兩一錢四分二釐。

秋糧【略】

起運京庫，地畝綿花絨八百一十一斤二兩，徵收本色。

平陰縣

官民地共一千八百三十一頃九十三畝五分七釐五毫。

税糧地一千八百五頃六十三畝五分七釐五毫。内官地一十九頃一十四畝一分七釐五毫，民地一千七百八十六頃四十九畝四分。

綿花地二十六頃三十畝。内官地四畝，民地二十六頃二十六畝。

夏税【略】

起運通州通濟庫，布一千二百五十疋，准麥一千五百石，每疋折銀三錢，共銀三百七十五兩。

河間府静海縣庫，布二百五十疋，准麥三百石，每疋三錢，共銀七十五兩。

絲綿折絹八十一疋七尺六寸八釐二毫六絲二忽五微，每疋七錢，共銀五十六兩八錢六分七釐。

農桑折絹二百四疋三尺九寸，每疋七錢，共銀一百四十二兩八錢八分六釐。

秋糧【略】

起運德州常盈庫，布一百六十疋，准米一百六十石，每疋三錢，共銀四十八兩。

京庫，地畝綿花絨六百五十八斤八兩，徵收本色。

陽穀縣

民地四千四百七十三頃四十四畝八分二釐官□。

税糧地四千四百五十頃六十畝五分七釐。

綿花地二十二頃八十四畝二分五釐。

夏税【略】

起運通州通濟庫，布二千三百疋，准麥二千七百六十石，每疋三錢，共銀六百九十兩。

絲綿折絹一百九十八疋二丈一尺四寸一分六釐六毫五絲，每疋折銀七錢，共銀一百三十九兩六分九釐。

農桑折絹三百七十八疋一丈七尺五寸五分，每疋七錢，共銀二百六十四兩九錢八分四釐。

秋糧【略】

起運京庫，地畝綿花絨五百七十一斤一兩，徵收本色。

壽張縣

官民地共七百一十九頃九十八畝八釐。

税糧地七百一十五頃五十九畝四分八釐。

綿花地四頃三十八畝四分。内官地五畝，民地四頃三十三畝四分。

夏税【略】

起運河間府庫，布四百九十疋，准麥五百八十八石，每疋三錢，共銀一百四十七兩。

絲綿折絹三十二疋六尺一寸五分五釐六毫八絲，每疋七錢，共銀二十二兩五錢三分五釐。

農桑折絹七十二疋九尺二寸二分五釐，每疋七錢，共銀五十兩六錢二釐。

秋糧【略】

起運京庫，地畝綿花絨一百一十二斤一兩六錢，徵收本色。

沂州

官民地一萬一千二百七十五頃三十四畝二分八釐。

税糧地一萬一千一百一十六頃九十九畝七分三釐。

綿花地五十八頃三十四畝五分五釐。

夏税【略】

起運河間府静海縣庫，布四百五十四疋，准麥五百四十四石八斗，每疋三錢，共銀一百三十六兩二錢。

河間府庫，布八百九十疋，准麥一千六十八石，每疋三錢，共銀二百六十七兩。

鎮邊城新城倉，綿布四百二十疋，准麥五百四石，每疋三錢，共銀一百二十六兩。

薊州庫，布九百疋，准麥一千八十石，每疋三錢，共銀二百七十兩。

通州通濟庫，布八百九十疋，准麥一千六十八石，每疋三錢，共銀二百六十七兩。

絲綿折絹五百二疋二丈七尺七寸一分二釐七毫八絲，每疋七錢，共銀三百五十二兩七釐。

農桑折絹一千九百二十七疋一丈七尺九寸二分五釐，每疋七錢，共銀一千三百四十九兩二錢九分三釐。

秋糧【略】

起運德州常盈庫，布一萬四千二百一十三疋二丈二尺四寸，准米一萬四千二百一十三石七斗，每疋三錢，共銀四千二百六十四兩一錢一分。

京庫，地畝綿花絨一千四百五十九斤六兩二錢，徵收本色。

鄭城縣

官民地共五千一百九十二頃一十五畝三分一釐。

稅糧地共五千一百七十五頃二十六畝八分一釐。官地七十頃九十一畝五分，民地五千一百四頃十五畝七分六釐。

綿花地一十六頃七十八畝五分。官地七畝五分，民地一十六頃七十一畝。

夏稅【略】

（起運）絲綿折絹二百三十二疋二丈六尺七寸四分六釐九毫三絲五忽，每疋七錢，共銀一百六十二兩九錢八分五釐。

農桑折絹四百六十四疋一丈八尺八寸，每疋七錢，共銀三百二十五兩二錢一分一釐。

秋糧【略】

起運德州常盈庫，闊白綿布六千七百疋，准米六千七百石，每疋三錢，共銀二千一十兩。

京庫，地畝綿花絨四百一十九斤一十兩，徵收本色。

費縣

官民地五千八百九十五頃七十九畝六分二釐。

稅糧地五千八百七十五頃九十一畝八釐二毫。

綿花地一十九頃八十八畝六分。

夏稅【略】

起運河間府庫，布一千一百九十疋，准麥一千四百二十八石，每疋三錢，共銀三百五十七兩。

絲綿折絹二百七十五疋一丈三尺八寸二分八釐七毫一絲，每疋折銀七錢，共銀一百九十二兩八錢三釐。

農桑折絹七百一十一疋一尺三寸五分，每疋折銀七錢，共銀四百九十七兩七錢三分。

秋糧【略】

起運德州常盈庫，布八千三百五十疋，每疋三錢，共銀二千五百五兩，准米八千三百五十石。

京庫，地畝綿花絨四百九十七斤二兩六錢，徵收本色。

徐宗幹、盧朝安（咸豐）《濟寧直隸州志》卷三之三《食貨志三・物產》 貨之類《舊志》三十二 繭 絲 綿 絮 䌰 麻 紬 絹 綿布

徐宗幹、盧朝安（咸豐）《濟寧直隸州志》卷三之五《風土志・市集》 市集《前志》止載市集論，今據《舊志》補輯。

布市在旱石橋迤西。棉花市在南關。

虞懷忠、郭棐等（萬曆）《四川總志》卷一《省志・田賦》 弘治間，官民田地共一十萬七千八百五十九頃六十二畝六分五釐三毫六絲。

官田一千一百三十四頃一十二畝三分五釐六絲，民田一十萬五千七百二十五頃五十畝三分三毫。

夏稅

荒絲六千三百三十三斤三兩。

地畝綿花絨七萬二千八百五十一斤一十五兩七錢二分八釐四毫。

萬曆六年，官民田地共一十三萬四千八百二十七頃六十七畝二分三釐八毫二絲五忽五微六纖。

官田二千九百二十二頃三十五畝四分八釐二毫五絲六忽一微。

民田一十三萬一千九百五頃三十一畝七分五釐五毫六絲九忽四微六纖。

折布米六百六石五斗，折布二千二百一十三疋。

荒絲米六千六百四十石三斗二升六合二抄六撮二圭五粒，該絲六千六百四十斤零五兩二錢一分六釐四毫二絲。遇閏加絲五百五十三斤零七兩七錢一分二釐三毫八絲九忽二纖三微二沙。

秋糧

折布米七萬九千五百四十七石五斗，折布一十五萬九千九十五疋。

地畝綿花七萬三百八十九斤二錢四分二釐一毫一絲。

虞懷忠、郭棐等〔萬曆〕《四川總志》卷五《成都府・土産》 蜀錦、錦江之水，濯錦則鮮明，今蜀府造。麻、温江、郫縣、崇慶州出。葛布，資縣、資陽俱出。綿布，内江、仁壽俱出。絲，州縣俱有，惟德陽爲佳。横絲。仁壽出最佳。

馮曾修〔嘉靖〕《九江府志》卷四《物産》

食用之屬

布帛，苧布，績蔴爲之。葛布，績葛爲之。以上多出德安。綿布麄者曰土布，細者爲腰機。以上多出德安、瑞昌、彭澤。叢絹象眼綾，出瑞昌。絲，五邑俱産，終不如吴絲之精潔耳，故名曰土絲。棉，五邑俱産，惟德化封郭、桑落二洲者，核小而絨多。苧蔴，多出德安。白蔴，出德化三洲。檾蔴，可以爲綍綷者。蔴穰。即苧之末，雜可以造舟，出德安、瑞昌。

張士鎬、江汝璧等〔嘉靖〕《廣信府志》卷五《食貨志・賦税》 夏税洪武二十四年，絲綿一萬六千五百三十九斤一十五兩五錢一分。布一千二百八十三匹二丈四尺三寸。上饒縣絲綿四千二百二十一斤二兩六錢七分七釐。布三百五十四匹九尺六分。弋陽縣絲綿二千一百三斤一十二兩一錢三分。布二百三十四匹二丈九寸。玉山縣絲綿六千九百五十六斤三兩一錢一分。布一百三十二匹九尺二分。貴溪縣絲綿二千三百九十二斤六兩九錢二分。布一百七十八匹一丈九尺七寸六分。永豐縣絲綿二千七百三十三斤一十五兩三錢六分。布一百三十八匹二丈七尺五寸七分。鉛山縣絲綿一千二百八十斤三兩四錢。布二百四十四匹二丈七尺七寸九分。

天順元年，絲綿一萬七千六百七十九斤一十三兩五錢七分。布三千九百一十九匹。

成化八年，絲綿一萬七千三百八斤二兩五錢二分。布一千三百四十一匹二尺一寸二分。

弘治五年，絲綿一萬八千四百八斤七兩一錢。布一千二百三十七匹七寸四分。

正德七年，絲綿二萬二千三百六十五斤八兩一錢八分。布一千三百二十八匹六寸八分。

嘉靖元年，絲綿一萬八千二斤六兩三錢四分。布一千三百二十四匹二寸三分。上饒縣絲綿四千九百六十二斤一十三兩二錢七分。布三百七十三匹二丈二尺四寸五分。弋陽縣絲綿二千三百八十三斤一十三兩三錢九分。布二百五十七匹一丈九寸一分。玉山縣絲綿四千一百二十四斤九兩六錢五。布一百三十九匹八尺三寸六分。貴溪縣絲綿二千三百九斤六兩九錢二分。布一百六十六匹一丈二尺三寸二分。永豐縣絲綿二千七百三十九斤一兩九錢九分。布一百三十九匹一寸三分。鉛山縣絲綿一千二百三十四斤五兩一錢八分。布二百五十一匹九尺二寸八分。

洪武二十四年，農桑絲三百五十一斤。上饒縣三十七斤四兩五錢，弋陽縣七十斤四兩二錢，玉山縣五斤一十二兩五錢八分，貴溪縣五十三斤七兩二錢，永豐縣五十八斤四兩五錢，鉛山縣八十七斤五兩一錢。

天順七年，農桑絲一百九十三斤一兩。

成化八年，農桑絲一百九十三斤一兩五分。

弘治五年，農桑絲一百九十三斤一兩五分。

正德七年，農桑絲一百九十三斤六兩三錢五分。

嘉靖元年，農桑絲一百九十斤六兩三錢五分。上饒縣三十七斤六兩三錢，弋陽縣六十二斤五兩五錢，玉山縣六斤一十一兩八錢五分，貴溪縣五十斤一十四兩，永豐縣五斤二兩六錢五分，鉛山縣二十七斤一十四兩五分。

張士鎬、江汝璧等〔嘉靖〕《廣信府志》卷六《食貨志・土産》

食用之屬

布帛亭布，不紡者曰扁紗，紡者曰圓線。綿布麄者名鑾布，稍細者名腰機。已上弋陽、貴溪産。以絲雜苧成者名兼絲，以木綿雜苧成者名北布。鉛山産葛布，以葛皮雜紡爲之。永豐産紬，以絲成者名叢絲紬，以綿抽絲成者名綿紬，以綿絲雜木綿線成者名假紬。絹以生絲成者名生絹。已上玉山、永豐、上饒産。利市紗，薄不中用，俗名花紅。隔織，俗呼絞眼紗。鵞眼綾，絲綿皆可製，織文如鵞眼。

秦鏞〔崇禎〕《清江縣志》卷三《户産・土産》

貨布

厥貢有絹絲、黄白蠟、顔料諸物。其初必因土産制貢，今則率解銀到司，委官採買，實非本地所出。惟南京本色綿布，獨爲土物，蓋居人種花，半貿半織，其上供者，以紅邊别識。民間之布，幅狹理踈，多不及也。蔴苧、土葛亦間有之，惟無紬絹，本城亦無紬緞店舖，士人服餙，亦多布帛而鮮紈綺，儉素之風，此其一班矣。

孫仁、朱昱〔成化〕《重修毗陵志》卷七《食貨・土貢》

唐

常州土貢紬、絹、布、紵、紅紫綿巾、緊紗、兔褐、皂布、龍鳳席、紫筍。《唐書》。

宋

紗十疋。郡下市令司買充。

紵布十疋。郡下武進縣買充。

《舊志》云：按《通典》唐晉陵郡貢細青紵布十疋。

宋

孫仁、朱昱〔成化〕《重修毗陵志》卷七《食貨・財賦》

宋

本州

《舊志》云：浙右郡號沃壤，獨毗陵田高下不等，必歲大熟民乃足。舊傳紹興行經界，履畝定數，是邦偶差一籌，入畝贏其一，賦是以重，邇年上下交病其難。咸淳奉朝旨，修明𨘷公田賦外，版籍瞭然可稽，然所入非昔比，而所出不減於昔，支吾牽補，於是日不暇給，不擾而集，則又存乎人。

以下按咸淳十年《郡志》所載，蓋是時田賦繁重，民力不勝，今存于篇，以爲後鑒。

夏租

上供絹，舊額壹萬肆阡伍伯肆拾壹疋叁丈壹赤。昨於寶祐年間，前政知郡趙屯田重行，修明經界，除邸第官莊并天荒田地外，實計下項。

晉陵縣，叁阡壹伯肆拾柒疋壹丈伍赤。後又除公田外，淨合催貳阡叁伯玖拾壹疋叁丈肆赤貳寸。

武進縣，貳阡伍伯伍拾貳疋。後又除公田外，淨合催貳阡叁拾叁疋叁丈柒赤。

無錫縣，肆阡玖拾柒疋壹丈陸赤。近又除公田外淨合催貳阡柒伯叁拾玖疋壹丈壹赤柒寸。

宜興縣，貳阡玖伯叁拾陸疋貳丈陸赤捌寸。近又除公田外，淨合催貳阡壹伯貳拾玖疋壹丈貳赤玖寸。

本州准衣絹陸伯拾陸疋叁丈捌赤。

晉陵縣，壹伯壹拾叁疋。

武進縣，壹伯壹拾叁疋。

無錫縣，壹伯陸拾柒疋叁丈捌赤。

宜興縣，貳伯貳拾叁疋。

上供綿舊額壹拾萬叁阡玖拾叁兩叁錢。自修明後實計下項：

晉陵縣，貳萬捌阡陸伯壹拾玖兩貳分。又除公田外，淨合催貳萬壹阡捌伯貳拾肆兩壹分。

武進縣，壹萬伍阡伍伯柒拾柒兩。又除公田外，淨合催壹萬貳阡肆伯陸拾肆兩壹分。

無錫縣，叁萬壹阡叁伯伍拾捌兩陸錢陸分柒釐。又除公田外，淨合催貳萬肆阡捌拾玖兩柒分壹釐。

宜興縣，貳萬肆阡伍伯壹拾柒兩捌錢。又除公田外，淨合催壹萬捌阡壹伯柒拾肆兩陸錢玖分陸釐捌毫。

本州准衣綿肆阡壹伯柒拾兩。

晉陵縣，陸伯兩。

武進縣，伍伯兩。

無錫縣，壹阡肆伯肆拾兩。

宜興縣，壹阡陸伯叁拾兩。

上供折帛錢，舊額肆拾萬肆阡陸伯玖拾貳貫玖拾肆文。自修明後實計下項：

晉陵縣，捌萬伍阡貳伯叁拾捌貫柒伯叁拾叁文。又除公田外，淨合催柒萬貳阡玖伯陸拾陸貫叁伯壹拾玖文。

武進縣，陸萬貳阡玖伯陸拾肆貫玖伯柒拾文。又除公田外，淨合催伍萬叁阡肆伯貳拾捌貫玖伯柒拾壹文。

無錫縣，壹拾叁萬叁阡肆伯捌拾伍貫肆伯玖拾文。又除公田外，淨合催壹拾萬玖阡伍伯伍拾陸貫貳伯伍拾叁文。

宜興縣，玖萬肆阡玖伯柒拾玖貫陸伯柒拾貳文。又除公田外，淨合催陸萬玖阡玖伯肆拾陸貫肆伯捌拾柒文。

本州准衣錢：

晉陵縣，壹阡柒伯伍拾貫叁伯柒拾伍文。

武進縣，壹阡伍伯伍貫文。

無錫縣，叁阡肆伯肆拾貫伍伯伍拾文。

宜興縣，貳阡肆伯柒拾叁貫捌伯玖拾貳文。

聖節進奉銀絹：

絹壹阡壹伯伍拾疋。本州壹阡疋。提刑司壹阡伍拾疋。舊志云：會慶節進奉銀絹從準指揮權免二年，合至十七年，進奉時淳熙十五年。

大禮年分添發銀絹：

絹伍伯疋。

江陰軍

夏租

本色綿叁萬貳阡壹伯貳拾玖兩伍錢。

本色絹肆阡玖拾柒疋柒十陸分伍釐。

折帛錢捌萬玖阡肆伯伍拾伍貫捌伯捌拾柒文。綿絹錢壹阡叁伯貫文有畸。故見催數比前爲減。

秋租

衫布貳阡伍伯壹拾伍疋叁丈伍赤，折錢壹萬叁阡捌拾貳貫伍伯伍拾文。

聖節進奉銀絹：

銀絹貳伯疋兩。

大禮年分添發銀絹：

銀絹貳伯疋兩。

上供絹肆阡壹伯叁疋。

上供綿如前管催數。

上供錢伍阡貫文。

折帛錢捌萬捌阡壹伯壹拾陸貫伍伯叁拾陸文。

江陰州附

夏税

絲壹千玖百柒拾陸斤貳兩玖錢捌分肆釐。

綿貳千貳百肆拾貳斤壹拾肆兩肆錢壹分貳釐。

國朝

國初本府所隸四縣，開墾民田，畝税米伍升，尋以守禦官中山侯湯和預借武進、宜興二縣秋糧米一年，以給軍餉，每畝增至壹斗，自是遂爲常賦，其無錫、江陰二縣，猶仍舊額。

洪武十年，本府所隸四縣，已墾田土叁萬陸千叁百壹拾肆頃柒拾陸畝。夏税絲壹萬肆千捌百壹拾柒兩叁錢。綿陸千捌百柒拾壹兩柒錢。麻布叁千玖百柒拾貳丈柒尺玖寸。桑壹拾肆萬玖千捌百玖拾伍株。火白麻肆千玖百陸拾陸斤。紅花貳拾貳斤。木綿花玖百肆拾陸斤。藍澱伍百壹拾陸斤。

〔武進縣〕田土玖千叁百伍頃肆拾壹畝。夏税絲柒百陸拾捌兩。桑壹萬伍千叁百柒拾株。白麻叁百貳拾玖斤。紅花貳拾貳斤。木綿花貳百伍拾陸斤。藍澱玖拾柒斤。

〔無錫縣〕田土柒千貳百捌頃玖拾柒畝。夏税絲柒拾壹兩。桑壹千肆百貳拾柒株。白麻壹百柒拾柒斤。

〔宜興縣〕田土壹萬叁千壹百肆拾貳頃伍畝。夏税絲壹萬肆千捌百壹拾柒兩。綿陸千捌百柒拾壹兩。麻布叁千玖百柒拾貳丈柒尺玖寸。桑貳萬捌千伍百陸拾玖株。火麻叁千柒拾壹斤。

〔江陰縣〕夏税桑壹拾萬肆千伍百貳拾□株。火麻壹千叁百捌拾斤。木綿花陸百玖拾斤。

洪武二十四年，攢造黄册。本府所隸四縣，實徵官民田地、山灘、塘蕩、圩塝等項，總肆萬伍千叁百肆拾伍頃貳拾畝玖分壹厘。内官田等捌千叁拾捌頃柒拾肆畝柒分捌厘玖毫，民田等叁萬柒千叁百陸頃肆拾陸畝壹分貳厘壹毫。夏税絲壹萬柒千柒百肆拾伍兩柒錢陸分叁厘肆毫捌絲。綿柒千陸百兩叁錢叁分肆厘柒毫。麻布伍千柒拾貳丈柒尺壹寸肆分叁厘玖毫。

〔宜興縣〕實徵官民田地、山灘、塘蕩等項壹萬伍千伍百壹拾叁頃伍拾肆畝壹分貳厘貳毫，内官田等叁千陸百陸拾伍頃伍拾伍畝壹分捌厘捌毫，民田等壹萬壹千捌百肆拾柒頃玖拾捌畝玖分叁厘肆毫。夏税絲壹萬柒千柒百肆拾伍兩柒錢陸分叁厘肆毫捌絲。綿柒千陸百叁兩叁錢叁分肆厘柒毫。麻布伍千柒拾丈柒尺壹寸肆分叁厘玖毫。

永樂十年，本府實徵官民田地、山灘、塘蕩、淹圩塝等，頃總伍萬肆百貳頃伍拾伍畝柒分捌厘壹毫，内官田等玖千肆百柒拾頃叁拾陸畝肆分捌厘叁毫，民田等肆萬玖百叁拾貳頃壹拾玖畝貳分玖厘捌毫。夏税絲貳萬壹千伍百陸拾柒兩玖錢柒分壹厘陸毫肆。綿玖千貳百叁拾叁兩肆錢肆分肆厘玖毫。麻布陸千壹百陸拾柒丈貳尺陸寸叁分叁厘柒毫。

〔宜興縣〕實徵官民田地、山灘、塘蕩淹壹萬玖千伍百叁拾肆頃玖拾柒畝陸分伍厘貳毫，内官田等肆千捌頃陸拾肆畝捌分肆厘伍毫，民田等壹萬伍千伍百貳拾陸頃叁拾貳畝捌分柒厘。夏税絲貳萬壹千伍百陸拾柒兩玖錢肆分壹厘陸毫肆。絲綿玖千貳百叁拾叁兩肆錢肆分肆厘玖毫。麻布陸千壹百陸拾柒丈貳尺陸寸叁分叁厘柒毫。

宣德十年，實徵官民田地、山灘、塘蕩淹等項陸萬伍百肆拾肆頃貳畝壹厘柒毫，除減額官田外實科下項。夏税絲貳萬壹千玖百貳兩玖錢肆分叁厘柒。絲綿玖千肆百貳拾玖兩捌錢捌分陸厘貳毫伍絲。麻布陸千貳百叁拾陸丈伍尺貳寸捌分肆厘壹毫。

（宜興縣）實徵官民田地、山灘、塘蕩淹壹萬玖千陸百玖拾柒頃伍拾壹畝肆分壹厘壹毫。夏稅絲貳萬壹千玖百貳兩玖錢肆分叁厘柒絲。綿玖千肆百貳拾玖兩捌錢捌分陸厘貳毫伍絲。麻布陸千貳百叁拾陸丈伍尺貳寸捌分肆厘壹毫。

正統、景泰、天順年間，田□□縮不等，大槩與宣德十年定額相同。逐年科徵綿布每布□匹，准米壹石。係户部坐派，分撥各縣辦納，其數不定。

成化十八年，黄册實徵官民田地、山灘、塘蕩、淹圩埂地，陸萬壹千柒百柒拾柒頃柒伍畝伍分伍毫。【略】夏稅絲貳萬貳千陸拾陸兩伍分捌厘玖毫壹絲。綿玖千伍百貳兩叁錢捌分叁厘伍絲。麻布陸千貳百捌拾壹丈叁尺叁寸柒分玖厘叁毫。

（宜興縣）實徵官民田地、山灘、塘蕩淹壹萬玖千捌百陸拾陸頃陸拾陸畝伍分陸厘柒毫。【略】夏稅絲貳萬貳千陸拾陸兩伍分捌厘玖毫壹絲。綿玖千伍百叁兩叁錢捌分叁厘伍絲。麻布陸千貳百捌拾壹丈叁尺叁寸柒分玖厘叁毫。

孫仁、朱昱（成化）《重脩毗陵志》卷八《食貨·土産》

帛之屬

羅、綾、紗、紬、絹，宋有機户善織，號晉陵絹。今絶無之。□□歲輸租絹，皆先期於溧陽諸處售以充稅。布。有苧麻二種，又有木綿充賦。

俞希魯（至順）《鎮江志》卷四《土産》 布帛 羅潤州土貢杉羅，見《唐地志》。貢大花羅，見宋王巖叟奏疏。互見《土貢門》。綾潤州土貢水紋、魚口、繡葉、花紋等綾，見《唐地理志》并《元和郡縣圖志》。又貢方紋綾、水波綾，見《寰宇記》。今所織者名杜綾，又擷綿爲縷織之，名綿綾，用白絲織之，名大綾，互見於《土貢門》。絹潤州貢絹見《寰宇記》，今土人所緝者名土絹。按《周禮·內司服》注：素紗者，今之白縳也。縳音絹。《説文》：「絹，繒如（麥）〔麥〕稍〔色〕。」一名鮮支。《廣雅》曰：鮮支，絹也。互見《土貢門》。紗出丹徒縣洞仙、高平二鄉，浙人貴重之。按，漢建初二年，詔齊相省氷紈、方空穀、吹綸絮。顔師古注：紈，素也。冰言色鮮潔如冰。穀，紗也。方空，紗薄如空也。吹者，言吹噓所成，亦紗也。《唐書音訓》：輕容，無花薄紗。紬土人所織名南綢，擷綿爲之名綿綢。按，《急就章》顔師古注：絡，今之生繝也。一曰，今之綿綢是也。繝，一作纆，始移反。《説文》：「纆，麤緒也。」《廣韻》：纆繒似布。布土貢火麻布，見《唐地理志》，賦納貯布，見《元和郡縣圖志》。以苧皮兼絲緝而成者，謂之絲布。《舊志》爲金壇之絲布，苧布，皆女冠所織，世稱精麗，近土人亦有織木綿爲布者。《文選·蜀（郡）〔都〕賦》：「布有橦華。」李善注：蜀都有橦樹，其華柔可織布。豈謂是與。

俞希魯（至順）《鎮江志》卷六《舊貢》 衫羅，水紋、魚口、繡葉花紋等綾，火麻布，雜藥、竹根、黄粟、伏牛山銅器，鰣鮓。已上見《唐地理志》及《元和郡縣圖志》。方紋綾、水波綾，歲貢十疋，聖節二十疋。羅歲貢十疋，聖節三百疋，大禮年分添造五十疋。綿絹聖節三百疋。【略】段疋歲額五千九百一疋。織染局三千五百六十一疋，生帛局一千八百三十疋，丹徒縣五百一十疋。紵絲一千九百四，織染局獨造。暗花一千一百六十七，枯竹褐四百一，秤草褐二百三十，明緑一百五十九，鴉青一百五十九，駞褐一百八十六，白三十二。素七百三十七。枯竹褐二百五十五，秤草褐一百四十八，明緑九十九，鴉青九十九，駞褐一百一十八，白一十八。絲紬三千九百九十七。織染局一千六百五十七，生帛局一千八百三十，丹徒縣五百一十。胷背花三百三十一，織染局獨造，枯竹褐一百五十九，秤草褐一十五，明緑三十一，鴉青六十六，駞褐三十，橡子竹褐三十。斜紋三千六百六十六。織染局枯竹褐六百三十六，秤草褐六十三，明緑一百二十三，鴉青六百六十四，駞褐一百二十，橡子竹褐一百二十。生帛局枯竹褐四百七十七，秤草褐三百五十一，明緑二百一十一，鴉青四百二十二，駞褐一百八十五，橡子竹褐一百八十五。丹徒縣枯竹褐一百二十五，秤草褐一百，明緑七十五，鴉青八十，駞褐六十五，橡子竹褐六十五。江南歸附之初，置織染提舉司，設兩局，以集造作。丹徒民三百餘家，始以婦人女子織紗得名，局家例以匠役之，由是不靖于鄉，省臺分官撫恤，然後還定，民復詣闕以訴，願世爲邑民奉公，上尋罷提舉司，並隸本郡。近年以來，兩局工多匠少，而丹徒之民又以非匠户，無既稟之給，毋告病焉。《嘉定志》：綾十疋，歲貢。羅三百一十疋，歲貢十疋，聖節三百疋。絹三百疋。歲貢。《咸淳志》：綾二十疋，聖節。羅三百五十疋，聖節三百疋，大禮年分添造五十疋。

張寧、陸君弼（萬曆）《江都縣志·食貨志》 貢課 桑二千七百六十珠，每株料絲二錢一分七釐五毫，共絲六百兩三錢。每絲十二兩折絹一疋，共絹三十三疋零絲三錢。歲造辦紵絲二十六疋，生絲絹八十二疋，大紅紵絲十六疋，深青紵絲六疋，大紅線羅十一疋，青線羅十六疋。黄麻一千八百六十七斤十兩，白麻三十二斤十二兩二錢二分。河泊所黄麻一千八百六十七斤十兩，白麻三十二斤一十二兩二錢三分。

物産 貨蒲合晒白草布。

麻有白麻，有檾，有苧。

絲有土蘿花，有縠綾花，有絲綿，有苧線，有綿紬，有生絹。

申嘉瑞、李文（隆慶）《儀真縣志》卷七《食貨攷》 漢榷征無攷。唐元和間置揚子鹽鐵留後，給大農國計，故《六典》淮南道曰：揚子厥貢青銅鏡嘗以五月五日江心鑄之。及莞席、細紵。國朝置批驗鹽引所，視唐、宋立法，于鹽爲特重矣。凡土産，宋則有麻紙，有絹，有紬(出戒香尼寺三十六院，尼僧所製)。有鷄鳴布。(婦女克勤，夜浣紗宵成布。)國朝歲派有翎毛、麂皮、絲、紵。【略】有苧，有檾(秋冬田家競製麻窩鞋，入市最廣)。蠶絲賣黄白繭。

范成大《吴郡志》卷一《土貢》 唐之土貢，考之《唐書》所貢：絲、葛、絲綿、八蠶絲、緋、綾布、白角簟、草席鞋、大小香秔、柑、橘、藕、鯔皮、鲊腊、鴨胞、肚魚、魚子、白石脂、蛇粟。《六典》又有紅偏〔綸〕巾、蛇床子。《圖經》及《九域志圖叙》唐貢：絲綿、絲布、八蠶絲、朱綾等外，又有絲布、菱、米、柑、橘、藕、燈心席、燈心草、鞋子、□味三十七，鯔魚條、鲊魚條、魚春子焉。二魚條疑即鯔皮鲊腊，春子疑即魚子也。《大唐國要圖》又載，蘇州貢：絲絹、綾絹、烏眼綾衫、段羅、紵布、折皂布、柑子、橘子、菱角。三書所載，不同如此。

本朝土貢，考之《九域圖》所貢：坐倚席、白墡、柑、橘、鹹酸果子、海味、鮝魚肚、糟薑。《元豐土貢録》載，户部：薰橘一萬五千顆(治平四年罷)。生絲鞋、皇祐勅罷。花席二十合(熙寧三年罷)。又云，《進奏院狀》稱，見今逐年進奉土産：柑、橘、糟薑、鹹酸果子。又云，今別貢葛二十疋，白石脂、蛇床子各十斤，席二十領。以上本朝故事。今惟遇聖節貢銀五百兩，絹五百疋，葛布二十疋。

彭澤、汪舜民〔弘治〕《徽州府志》卷三《食貨二・財賦軍需徭役附》 唐歙州初領縣三，繼領縣五，後領縣六。時行兩税法，其税則無所考。按《開元十道圖》歙州隸江南東道，厥賦不過麻紵。至景福中，楊行密逐唐刺史裴樞，而使其僞將陶雅代之。兩税之外，又起三色雜錢，稱鹽錢者，官據口給食鹽而斂其直；稱麴錢者，給民麴使得釀酒，而歸其麴之直於官；稱脚錢者，每貫出錢五十，以備解發至廣陵。三色合而言之，總曰雜錢，亦曰鹽錢、解錢、見錢。此外又有軍衫布。歲以鹽於民間博之，每疋給鹽七觔半。故《前志》云：三壤之則，歙休寧、祁門、黟、績溪，上田園每畝税錢二百爲夏税，紬四寸，絹一尺三寸，布一尺，綿三錢，見錢五十五，鹽錢十二，脚錢十二，此三色雜錢者。下至五代及宋，有司不直令輸錢，又折變爲絹四尺三寸，綿四錢五分，麥一升二合，秋苗則米二斗二升，耗米四升四合，鹽錢十二，義倉二升二合。中田園每畝税錢一百五十爲夏税，紬三寸，絹一尺二寸五分，布五分，綿二錢，見錢四十三文七分五釐，鹽錢九文脚錢八文，三色雜錢又折變爲絹三尺四寸，綿三錢，麥九合。秋苗則米一斗七升七合，耗米三升五合，鹽錢九文，義倉一升九合。下田園每畝税錢百文爲夏税，紬一寸二分，絹一尺五寸，布二寸五分，綿一錢，見錢二十七文七分五釐，鹽錢六文，脚錢六文，三色雜錢又折變爲絹二尺五寸，綿一錢五分，麥六合。秋苗則米一斗三升三合，耗二升七合，鹽錢六文，義倉一升三合。大率上田産米二石者，田主之收什六七，夏秋之税度用錢二千八百，自餘中田、下田以次率之。【略】

五代歙州領縣六，地初爲吴楊氏，繼爲南唐李氏所有，其税則無可考。大率皆承唐末陶雅所增舊額，而税外三色雜錢及軍衫布並無減免。及其末年，淮南産鹽之郡爲周世宗所下，無以給民直，以舊所得鹽錢，軍衫布紐爲正税，令民輸之。

宋初爲歙州，後改爲徽州，領縣六。夏税折納紬綿絹布，又有小麥之征，税錢及百文者輸五合。其三色雜錢，酒酤在官，不復給麴而直輸之，有司失於申請，每税錢一貫者，輒存此三色，爲錢三貫九百五十，歲爲錢五萬緡有奇。後又各折紬綿絹，不在夏税折納之數，故税絹之外，有折錢絹，税紬之外，有折錢紬，税綿之外，有折錢綿，苗米之外，有折錢米，苗麥之外，有折錢麥，其多寡歲歲不同。軍衫布亦以無鹽直令輸納，自税錢五貫以上，科敷每貫納布三尺六寸有奇，隨夏税輸之。至乾道四五年以後，折納雜錢名爲四色，故夏税有税紬、税絹、正綿、正麥錢、紬錢、絹錢、綿錢，而麥一斗者，又有義麥，凡九色。秋税有糙米，又有租課糙米、熟米，及鹽錢、黑豆。和買紬絹，大率徽土薄，不宜於秔，故粱守任昉卒新安時，惟有桃花米二十石，今紅蝦秈是也。秔既不多有，故下户有折斛錢，自苗米一石以下，每斗折納見錢五十六文足，貧民以爲便。後軍食日多，乃增就附近三縣取米，則三縣下户得納錢者益少，自一斗九升以上皆輸米。又有穤豆草錢，紬米、絹米之屬，按《新安前志》云：舊制，郡納紬、絹，每疋不過數兩，故絹折錢七百七十，紬折錢七百三十一，布折錢三百五十，綿每兩正耗脚錢六十二文五分，猶爲相近，自後物帛益好，價直益高，而所折之直如故，大率倍於五萬緡之數。紹興中，推行經界，郡守章傑爲時相力言民病，請因蠲減重賦，不見聽。至乾道六年，郟升卿任滿賜對，乞將雜錢所折之絹減半，而拘江東漕司歲所取本州寬剩絹六千疋，折雜錢三萬緡，并額外科建康府絹五千疋，歸大農補還減半之數。事下户部，按律非法擅賦斂及科買折納而反覆折紐，或別納錢物者，具其科條行下約束，而令江東諸司公共相度聞，再期不報。前江東安撫司章謙言於朝，以爲安撫司已相度乞減雜錢之半，而拘漕司、建康府絹各半折斛錢三之一還户部，可以補雜錢減半之數，且牒諸司矣，而至今未申部者，由比來吏强官弱，帥守監司雖欲奉承而吏不欲也，願嚴立限，趣令申上。八年五月，朝旨下諸司，期以半月，諸司即用此議上，而户部又請將折斛錢亦減其半，大約通計減錢二萬一千六百餘貫，紐充減落雜錢之數。七月二十五日奏可，委漕臣取見均減雜錢等名額實數，督責守令不得依前科擾，務要恩惠及民。是日，又有旨將徽州減免不盡雜錢，盡數蠲免，以寬民力。其本州認發漕州司絹三千疋，折斛錢萬五千貫，建康府絹二千五百疋，亦與放免，却令户部於沙田蘆場錢内撥還。而郡以郏升卿初指爲歙、休寧等五縣請，故雜錢只三萬七千餘緡，然合婺源計之，實五萬四千餘緡，今一切蠲免，則郡計所失多，乃審于户部，而漕司又以折斛錢三萬緡，通雜錢五萬緡，合爲八萬緡，數目不等，乃繼委户部使者覈實，於是鹽脚錢一萬二千一百八十餘緡爲雜錢，其見錢四萬緡非也。詔如其數，免一萬二千一百八十餘緡。而有司以爲轉運司折斛錢三萬緡，建康府絹五千疋者，皆秋苗科折，非雜錢之例，下郡椿發如其故。《新安後續志》云：此《前志》所載，宋以來無此名號矣。《前志》又云：翰林學士沈括稱，宋初蠲正五代方鎮割據税外多取之弊，其有輕重未均處，稱隨事均之。福、歙税額太重，故福州纔令以錢二百五十折納絹一疋，歙州輸官之絹只重數兩，後人往往疑浙絹太重，蓋不見當時之意，此括之所載於其書可考者也。至其後，亦不能盡如宋初數兩之制，然令甲江東一路税絹俱重十二兩，獨歙州以咸平二年特旨，只此十兩爲定，并下庫務，不得退駁，每疋折錢七百三十一文。元豐二年敕，將歙州預置絹錢，每疋作九百五十文。至紹興十八年，户部符每疋估時價錢二貫足，而江東轉運司則每疋納一貫八百足，蓋大率如此。而婺源所納紬、絹，歲差大户自縣起發，徑赴左帑。乾道三年，以踈怯見却，時守臣乞以所退每疋折省錢三千，於其中割除頭子朱墨等錢，買輕齎解赴左帑。詔乃以婺源絹如未給散(人)〔大〕户却解赴左藏庫交納，或已給散，即依所乞權折錢一次，而以守臣爲擾，鐫秩罷之。其譎詞曰：不念繭絲之缺，靡思杼軸之空。其拳拳於歙民可知。

紹興中，經界田地後，本府夏税，紬二千九百九十六疋一尺八寸七分，絹三萬四百一十三疋五尺四寸七分，布五千六百八十五疋二丈四尺八寸五分，綿二十萬八千八百三十三兩四錢一分，小麥六千三十三石一斗五升六合，錢四萬二千三百六十九貫六百三十七文。軍衫布三千二百八疋二丈九尺七寸。租課錢二百六十二貫三百二十一文，麥三斗八升，内二升折麥，茶一觔，片茶錢六十九貫九百三十七文。雜錢一千五百七十一貫四百九十文。秋税，糙米一十五萬九千四百八十一石六斗一升七合，鹽錢六千八百九十貫八百四十九文，租課糙米一千四十六石九斗八升九合五勺，熟米九石九斗七升，黑豆一十八石七斗七升，和買紬一萬九千一百二十六疋半，絹五萬六千二百六十六疋。歙縣夏税，紬千二百四十三疋三丈一尺三寸六分，絹萬二千一疋一丈五尺八寸七分，布二千三百四十四疋一丈八尺七寸一分，綿八萬七千八百八十五兩五錢七分，小麥二千七百五十二石八斗五升九合，錢萬一千三百三十二貫三百九文，軍衫布千五百一十二疋。夏租課錢百一十九貫四十五文，租課麥三斗八升，内二升折麥茶一觔。秋税，糙米五萬六千二百八十七石六斗五升七合四龠，鹽錢二千四百二十五貫六百八十四文三分，租課糙米三百一十五石七斗八升，熟米八石一斗九升，黑豆一十八石一斗七升。和買，紬五千一百三十七疋有半，絹萬五千四百六十五疋。休寧縣夏税，紬八百三十七疋二丈三尺二寸，絹八千二百六十二疋一丈七寸，布一千八百二十九疋一丈八尺，綿五萬六千八百二十一兩四錢，小麥一千六百八十二文，軍衫布九百七十二疋一丈七寸。租課錢一十五貫五百七十五文。秋糧，糙米三萬八千四百二石二斗三升八合，鹽錢一千五百二十四貫七百七文。租課糙米一百九十三石一斗四合五龠，熟米一石四斗七升。和買，紬三千五百二十五疋，絹一萬八百七十五疋。婺源縣夏税，錢一萬八千四百七十二貫四百一十九文，絹四疋七寸，布三疋二丈六尺，綿九十七兩八錢。租課錢一百二十七貫七百一文，片茶錢六十九貫九百三十七文。秋税，糙米一萬九千五百六十四石九斗七升七合，鹽錢一千一百三十三貫九百五十五文。租課糙米五百三十八石一斗五合。和買，紬四千九百八十八疋，絹一萬四千八百一十三疋。祁門縣夏税，紬三百二十二疋六尺，絹三千二百五十四疋八寸，綿七千九十九兩，小麥一斗七升，錢四千九百四十九貫七十四文。秋税，糙米一萬五千三百七十四石三斗五升五合，鹽錢五百六十一貫三百一十一文。租課熟米三斗一升，黑豆六斗。和買，紬一千九百八十八疋，絹五千五百一十二疋。黟縣夏税，紬一百二十七疋一丈七尺五寸七分，絹二千八百二十七疋二丈五尺八寸二分，布六百一十疋六寸一分，綿二萬四千二百七十三兩二錢四分，小麥五百九十八石一斗一升九合，錢二千二貫五百二十三文，軍衫布三百四疋二丈一尺。秋糧糙米一萬三千二百三十五石三斗七升，鹽錢五百四十二貫一百二十七文。和買，紬一千八百七十五疋，絹四千六百八十八疋。績溪縣夏税，紬三百六十四疋三丈三尺六寸四分，絹四千五十三疋三丈二尺五寸七分，布八百九十八疋一尺五寸三分，綿三萬二千六百五十七兩四錢，雜錢一千五百七十一貫四百九十文，軍衫布四百一十九疋三丈八尺，小麥八百三十三石一斗七升一合。秋税，糙米一萬六千九百七十七石一升九合六龠，鹽錢七百三貫二百五十四文七分。和買，紬一千六百一十三疋，絹四千九百一十三疋。

唐錦〔正德〕《大名府志》卷三《田賦志·物産》

雜植

麻、檾、綿花。

雜産

絲、綿、絹、綾、布。

董弦等〔嘉靖〕《内黄縣志》卷二《物産》 雜植麻、檾、綿花。雜類絲、綿、絹、綾、布、紬。

部相、樊深〔嘉靖〕《河間府志》卷七《風土志》

土産

《唐書》：土貢：絹、絲、布、柳廂、葦簟、糖蠏、鱧鮬。清河郡貢氈十領，河間郡貢絹三十疋，景城郡貢糖蠏三十三斤，莫州、文安郡貢綿三百兩，棣州貢絹十疋。玄宗時東都明福門外創集賢書院，河間、景城、清河、博平四郡歲供兔皮千五爲筆材。

宋河間繭絲織紝之所，出貢絲。滄州、景城郡貢大絹、大柳廂。莫州、文安郡貢綿。清州乾寧軍貢絹。瀛州高陽關貢絹。景州永静軍貢簟、絹。

金河間府産無縫綿、滄鹽、藺席、馬藺花、香附子、錢蝦、乾魚、蟹。【略】枲檾麻、火麻、又名線麻、黄麻。邪文布、無縫綿、即綿花。以下四種俱唐土貢，又名木綿。平機布、視粗布稍細而闊。土綾、景州、絲、絹、粗布、俗云家機布。其闊者又名闊白布。吳橋各州縣亦有織者。麻履。

部相、樊深〔嘉靖〕《河間府志》卷八《財賦志》 弘治十五年，實徵數目：夏税，人丁絲，并没官地畝折絹四千九百二疋二丈六尺三寸三分一釐三毫七絲五微。農桑折絹八百八十九疋七尺三寸九分一釐九毫七絲五微。【略】地畝綿花絨四千六百四十七斤一十三兩五錢。

弘治十五年，起運事例：夏税，京庫，人丁絲折絹四千九百二疋三丈六尺三寸三分一釐三毫七絲五微。【略】京庫，地畝綿花絨四千六百四十七斤一十二兩五錢。京庫綿花絨三萬斤。

杜應芳、陳士彦等〔萬曆〕《河間府志》卷四《物産》 枲部 檾麻、火麻、又名線麻、黄麻。棉、斜文布、粗細布、細者次於吳中。麻履、絲、絹、土綾。不堪用。

章律、張才〔弘治〕《保定志》卷七《食貨三・土産》

穀屬

麻有二種。一曰胡麻。《廣雅》云巨勝。即今之芝麻。有膏可以壓油。一曰大麻。《爾雅》云：枲皮可績布，其實爲蕡，可以爲乳酪。又有一種，葉大花黄，俗謂之檾麻。

帛屬

綾、紬、絹、布。

貨屬

羊毛、綿花、絲。

王國楨等萬曆增修《保定府志》卷一八《田賦志》

保定府

《舊志》官民田地三萬五千五百二十一頃三畝五分一釐三毫五絲。

夏税，人丁絲一十九萬六千九百七十一兩，桑絲三萬。

秋糧，綿花一十一萬五千八百六十三兩八錢七分。

《新册》官民田地八萬九千一百四十一頃一十二畝九分六釐八毫七絲。

夏税，人丁絲折絹一千七百九十六疋一丈三尺三寸，人丁絲折絹一千九百四十九疋一丈三尺八寸，本色絲一百四十七斤四兩四錢二分，桑絲折絹一千六百一十二疋四尺五寸，人丁絲折絹八百四十六疋三丈一尺五寸。

秋糧，地畝綿花絨九千五百七十四斤八兩五錢六分。

論曰：以余觀於《舊志》地少三倍而糧多三倍，以新額較之，地益三倍而糧減三倍，何也？《舊志》所載，成化初年事也，今志田賦數與《大明會典》合，《會典》成於弘治中，去成化不遠，不應參互懸絶如此，豈《舊志》紀載有未確邪。

清苑縣

《舊志》官民田地二千八十一頃一十五畝一分九釐三毫。

夏税，人丁絲一萬四千二兩，桑絲一千九百四十四兩二錢。

秋糧，綿花一萬三千二百七十一兩三錢。

人丁絲折絹七十四疋，桑絲折絹九十七疋一丈七尺五寸五分，人丁絲折絹九十五疋一丈八尺六寸。

滿城縣

《舊志》官民田地一千一百六十六頃六十二畝五釐一毫。

夏税，人丁絲三千七百二十七兩，桑絲六百二十兩八錢二分五釐。

秋糧，綿花二千四百六十五兩一錢。

《新册》官民田地三千二百六十六頃九十二畝七分三釐。

夏税，人丁絲折絹二十四疋五尺二寸，桑絲折絹三十一疋一尺二寸三分七釐五毫，人丁絲折絹三十疋。

秋糧，京庫，綿花絨一百五十五斤一兩一錢。

安肅縣

《舊志》官民田地一千六百二十一頃五十二畝六分一毫。

夏稅，人丁絲九千一百六十九兩，桑絲一千二百一兩七錢八分。

秋糧，綿花三百九十九兩五錢六分。

《新册》官民田地五千九百五十三頃九十三畝七分四釐。

夏稅，人丁絲折絹五十疋，桑絲折絹六十疋二尺六寸五分，人丁絲折絹六十疋。

秋糧，京庫，綿花絨三百九十九斤一十五兩五錢六分。

定興縣

《舊志》官民田地二千三百七十一頃四十八畝二分七釐。

夏稅，人丁絲一萬二百八十五兩，桑絲二千六百八十七兩五錢八分。

秋糧，綿花一萬七百五十兩三錢二分。

《新册》官民田地五千八百八十三頃五十三畝二分六釐。

夏稅，人丁絲折絹四疋八尺五寸，桑絲折絹七十六疋二丈七尺五寸，人丁絲折絹四疋八尺五寸。

新城縣

《舊志》官民田地二千九百八十四頃五十七畝七分。

夏稅，人丁絲一萬四千八百七十兩，桑絲二千五百四十五兩一錢九分。

秋糧，綿花一萬四十四兩四錢。

《新册》官民田地一萬三頃八十六畝五分。

夏稅，人丁絲折絹一百二十六疋二丈五尺二寸，桑絲折絹一百三十二疋一丈八尺八寸。

秋糧，京庫，綿花絨六百二十七斤一十二兩四錢。

唐縣

《舊志》官民田地二千六百五十四頃九十七畝三分七釐一毫。

夏稅，人丁絲九千九百三十七兩，桑絲五千七百七十三兩九錢三分五釐。

秋糧，綿花二萬二千七百九十四兩六錢六分。

《新册》官民田地四千七百七十六頃三十二畝二分一釐。

夏稅，人丁絲折絹二百五十一疋五尺二寸，桑絲折絹二百八十八疋二丈八尺四寸二釐五毫。

秋糧，京庫，綿花絨一千四百二十四斤一十兩六錢六分。

博野縣

《舊志》官民田地一千五百六十三頃九十二畝七分七毫。

夏稅，人丁絲五千七百四十三兩，桑絲一千七百七十一兩六錢六分。

秋糧，綿花二千九百四十二兩六錢八分。

《新册》官民田地二千七百九十七頃一十畝一分九釐。

夏稅，人丁絲折絹一百一十一疋一丈九尺六寸五分，桑絲折絹八十八疋一丈七尺四寸九分，人丁絲折絹一百三十六疋。

秋糧，京庫，綿花絨一百八十三斤。

慶都縣

《舊志》官民田地一千三百四十七頃五十五畝二分九釐三毫。

夏稅，人丁絲五千三百九十六兩，桑絲三百六十一兩五分。

秋糧，綿花一千四百一十二兩四錢。

《新册》官民田地一千一百四十二頃七十五畝八分三釐。

夏稅，人丁絲折絹七十二疋，桑絲折絹一十八疋一尺五寸七分五釐，人丁絲折絹八十八疋八尺九寸。

秋糧，京庫，綿花絨八十八斤四兩四錢。

容城縣

《舊志》官民田地三百九十一頃三十五畝四釐四毫。

夏稅，人丁絲二千九百四十九兩，桑絲二百二十二兩五錢。

秋糧，綿花八百九十兩。

《新册》官民田地一千六百二十四頃一十二畝八分。

夏稅，人丁絲折絹二十二疋，桑絲折絹一十一疋三尺七寸五分，人丁絲折絹二十八疋五尺五寸。

秋糧，京庫，綿花絨五十五斤一十兩。

完縣

《舊志》官民田地二千七百二十四頃五十九畝二分七釐。

夏稅，人丁絲五千七百二十六兩，桑絲四千一百四十二兩二錢五分。

秋糧，綿花六千四百二十四兩四錢。

《新册》官民田地三千八百一十五頃八十畝五分。

夏稅，人丁絲折絹四十二疋，桑絲折絹二千八百七尺一寸二分五釐，人丁絲折絹五十三疋四尺三寸。

秋稅，京庫，綿花絨一千二十二斤一十三兩二錢。

蠡縣

《舊志》官民田地二千九百四十二頃八十五畝二分八釐七毫六絲。

夏稅，人丁絲一萬八千六百七十二兩，桑絲二千八十兩一分一釐。

秋糧，綿花五千三百四十九兩六錢。

《新册》官民田地四千二百九十二頃七十九畝二分五釐五毫。

夏稅，人丁絲折絹二百六十八疋四尺，桑絲折絹一百四疋一寸六分。

秋糧，京庫，綿花絨三百四十四斤五兩六錢。

雄縣

《舊志》官民田地一千四百三十三頃四畝三分一釐。

夏稅，桑絲一千六百五十六兩一分。

秋糧，綿花七百六十兩六錢五分。

《新册》官民田地三千九百六十六頃五十七畝八分五釐。

夏稅，人丁絲折絹一百三十六疋二丈四尺七寸，桑絲折絹八十三疋二丈一尺九寸九分。

秋糧，京庫，綿花絨二百三斤一十三兩二錢。

祁州

《舊志》官民田地一千二百三十一頃七十畝三分三釐。

夏稅，人丁絲八千五百四十六兩桑絲二千二百九十四兩三錢八分。

秋糧，綿花五千二百二十四兩六錢。

《新册》官民田地五千九百七十一頃五十八畝七分五釐。

夏稅，人丁絲折絹八十二疋，桑絲折絹六十四疋二丈一尺五寸七分，人丁絲折絹一百二疋七尺。

秋糧，京庫，綿花絨三百二十六斤八兩六錢。

深澤縣

《舊志》官民田地八百八十三頃四十七畝四分九釐。

夏稅，人丁絲七千六百一十三兩，桑絲九百一十兩。

秋糧，綿花三千六百六十六兩。

《新册》官民田地三千五百八十七頃四十八畝五分九釐六毫八絲。

夏稅，人丁絲折絹二百八疋，桑絲折絹四十五疋二丈二尺九寸，人丁絲折絹二百三十三疋。

秋糧，京庫，綿花絨二百二十九斤一兩。

束鹿縣

《舊志》官民田地一千四百三十三頃五十一畝二分八釐三毫。

夏稅，人丁絲二萬一千九兩，桑絲一千五百八十八兩。

秋糧，綿花六千四百三十四兩。

《新册》官民田地七千一百三十二頃四十七畝一分三釐。

夏稅，人丁絲折絹二百四十一疋一丈九尺八寸，桑絲折絹七十九疋一丈二尺，人丁絲折絹二十七疋九尺二寸。

秋糧，京庫，綿花絨四百二斤二兩。

安州

《舊志》官民田地一千六百一十頃九十二畝一分九釐。

夏稅，人丁絲八千七十六兩，桑絲一千一十一兩七錢五分。

秋糧，綿花一千三百五十二兩六錢。

《新册》官民田地三千六十八頃四十二畝五分。

夏稅，人丁絲折絹二百四十六疋二丈三尺，桑絲折絹九十二疋二丈五尺一寸二分五釐。

秋糧，京庫，綿花絨一千三百五十斤三兩六錢。

高陽縣

《舊志》官民田地一千二百三十五頃五十八畝六分二釐九毫九絲。

夏稅，人丁絲七千一百八十四兩，桑絲一千五百七十六兩二錢九釐。

秋糧，綿花八千五百一兩一錢。

《新册》官民田地二千九百八十頃八十二畝九分六釐七毫。

夏稅，人丁絲折絹一百一十五疋二丈九尺，桑絲折絹七十八疋二丈四尺。

秋糧，京庫，綿花絨四百四十九斤九兩九錢。

新安縣

《舊志》官民田地八百一十五頃四十九畝九分五釐。

夏稅，人丁絲五千二百八十兩，桑絲一千七兩二錢五分。

秋糧，綿花三千五百四十六兩。

《新册》官民田地一千一百七十七頃四十六畝六分六釐四毫。

夏税，人丁絲折絹一十九疋二丈六尺五寸，桑絲折絹五十疋七尺二寸七分五釐，人丁絲折絹二十三疋。

秋糧，京庫，綿花絨二百二十斤。

易州

《舊志》官民田地三千八頃七十五畝四分四釐。

夏税，人丁絲一萬七千四百十二兩，桑絲一千三百五十兩五錢。

秋糧，綿花五千四百五兩六錢。

《新册》官民田地六千七百七頃六十一畝四分五毫九絲。

夏税，人丁絲折絹三十七疋一丈六尺五分，本色絲八十四斤三錢一分。

秋糧，京庫，綿花絨三百三十六斤七兩一錢四分。

淶水縣

《舊志》官民田地二千一十八頃九十三畝一分三毫。

夏税，人丁絲一萬一千五百四十八兩，桑絲一千五十七兩二錢二分五釐。

秋糧，綿花四千二百二十八兩九錢。

《新册》官民田地四千四百六十一頃四畝五分。

夏税，人丁絲折絹一十五疋，本色絲六十三斤四兩一錢，人丁絲折絹二十疋一尺五寸。

秋糧，京庫，綿花絨二百六十四斤八兩。

戴銑〔弘治〕《易州志》卷二《土産》

帛類

紬、絹、布。

汪心等〔嘉靖〕《尉氏縣志》卷一《土産》

貨類

絲、綿、綿花、黄白麻。

汪心等〔嘉靖〕《尉氏縣志》卷一《土産》

貨類

絲、絹、紬、綾、帕、絹包頭，青、白二色。枲、麻、檾、綿花、綿布。

汪心等〔嘉靖〕《尉氏縣志》卷二《貢賦》

《禹貢》豫州「厥貢漆、枲、絺、紵。厥篚纖纊」。兖地宜漆，枲，麻也。絺，細葛也。紵，亦織爲布者也。黑經白緯曰纖。纊，細綿也。尉氏於諸物僅有枲耳，纊則間有之。

《周禮》河南曰豫州，其利林、漆、絲、枲。漆木成林，絲，蠶絲也。

唐陳留郡，絹二十疋。絹之爲數不多，尉氏有無不可知。

張良知〔嘉靖〕《許州志》卷三《田賦志・土産》

貨類：絲、絹、綿紬、綿、棉花、氊、檾麻、布。

王樞、承天貴〔正德〕《汝州志》卷三《土産》

雜産　絲、絹、布、紬、綿花、檾麻。

潘庭楠〔嘉靖〕《鄧州志》卷一〇《賦役志・物産》

物産州縣同

貨有布、有麻、有綿花，内、淅有黄麻、有黄絹。

李錦、周榮等〔正德〕《新鄉縣志》卷二《土産》

帛類

絲、絹、紬、綾、綿花、綿布、檾、麻。

鄭相、黄虎臣〔嘉靖〕《夏邑志》卷一《土産》

貨物

絲、綿、絮、紬、綿布、絹。

鄭珍、莫友芝〔道光〕《遵義府志》卷一三《賦税一・前代》

唐

溱州土貢：斑布。《唐書・地理志》。開元貢：楮皮布、紵布。《元和郡縣志》。

夷州土貢：【略】開元貢：斑布。賦：麄布。《元和郡縣志》。

宋

南平軍土貢：絹一十匹。《元豐九域志》。

按：《元豐志》播、高、溱諸州，皆不載貢，惟《宋史・渝州蠻傳》熙寧三年，復賓化砦，以其地賦民，凡得租三萬五千石，絲綿一萬六千兩，以賓化砦爲隆化縣，建榮懿、扶歡兩砦。此其賦與南平土貢亦有出之遵義東北邊者，録以備考。

元

按《元史・世祖紀》十八年閏八月，命播州每歲親貢方物，其後播州安撫使楊漢英進雨氈，播州蠻官洛麽謝烏窮、宋王保等皆獻方物。

鄭珍、莫友芝〔道光〕《遵義府志》卷一七《物産》

貨類

錦　費著《蜀錦譜》：茶馬司錦院，織錦名色，南平軍真紅大被褥、真紅雙窠錦，皁大被褥、青大被褥。

絹　《元豐九域志》：南平軍貢絹一十匹。

雨氈　《元史・世祖紀》：至元十八年，楊漢英進雨氈。

苗錦　《峒溪纖志》：苗錦，大似苧布，巾帨尤佳。其婦女衣緣領袖皆綴雜組，藻彩雲霞，悉非近致，謂之花練，土俗珍之。

花綾　《正安志》：花綾，雜以苧織，染色不鮮。

布　《元和郡縣志》：南州，開元貢斑布。溱州，開元貢楮皮布、紵布。《明統志》：斑布，廢溱州出。《通志》：布，土人所織，甚粗。按，郡人惟遵義東鄉多以織布爲業，蓋其棉花由湖南常德府販買舟載，至省溪江口起岸，令負者渡桶口，由間道至鄭家場火燒舟，列肆坐賣，織家買之，以易紡線，紡家持線與之易，一兩花紡成可多得二錢，貴時可三錢，故紡織互資成業。他鄉紡者，僅爲線供縫紩之用，業織則線無所出，業紡則棉不能繼，非婦女有巧拙之殊，以場市無相資之便也。其所織寬者極三百二十筬，狹者極二百五十筬，寬者名大土布，狹名土布，又名小布、觜布、扣布。近老蒲場亦有花行左右，僅織大布，賈人西走蜀之重慶、瀘、敘，南走威寧、平遠，極於金川，所販皆東北鄉所織也。

胡宗憲、薛應旂〔嘉靖〕《浙江通志》卷一七《貢賦志第三之一》　浙江布政使司，户一百五十四萬九百七十二，口五百一十八萬三千六百六十四。官民田地，山灘塘蕩，池河溪港之屬，共四十四萬六千七百五十九頃四十九畝七分八釐六毫七絲六忽三微三塵。於是有貢，有賦，有役。賦則有夏稅，秋糧，魚油翎鰾，額辦，坐辦，雜辦。役則有銀差，力差。貢曰茶芽五百斤，曰黃魚三百尾。賦，夏稅曰麥，曰絲綿，曰絹，曰小絹，曰鈔，曰農桑折絹，其屬零絲，藍靛改徵黃麻，桐油，料銀凡九。秋糧曰米，曰絲，曰絹，曰鈔，曰鹽糧，曰鹽鈔，曰苧布，曰麤麻布，曰馬草，曰魚課米，曰課鐵，曰課程，其屬鈔鉛荒棕，房地租絲絹，曰魚油、翎鰾，其屬魚油，折熟鐵，折銀硃，魚線膠，魚鰾，折魚線膠，翎毛，折鐵，折熟鐵，翎鰾折黃麻，生鐵，生鐵折桐油，折麻，熟鐵，熟鐵折苧麻，折麻，折桐油，生銅，生銅折麻，折桐油，熟銅，熟銅折麻，折桐油，黃麻，白麻，絡麻，苧麻，銀硃折麻，折桐油，生漆，生漆折桐油，折麻，凡四十七。額辦曰胖襖，曰弓張，曰皮張，曰藥材，曰薦新甘蔗，曰曆日紙，曰書籍紙，曰筆管，曰兔皮，曰香狸皮，曰山羊毛，曰麤細銅絲，曰麤細鐵線，曰鐵條，曰針條，曰青花綿，曰緑子，曰桐油，曰鍍白銅絲，曰貓竹，曰紫竹，曰筆竹，曰斑竹，曰白猪鬃，曰桐木，曰松香，曰光葉，曰槐花，曰梔子，曰烏梅，凡三十。坐辦曰軍器料，曰淺船料，曰水牛底皮，曰白真黃牛皮，曰白硝鹿皮，曰段疋，曰肥猪鵝鷄，曰木炭，曰木柴，曰荒絲，曰扇風板，曰白中夾紙，曰金箔，曰串伍素深青紵絲，曰白生素平羅，曰皂縐紗，曰蓮肉，曰銀杏，曰紅棗，曰菱米，曰柿餅，曰香蕈，曰箓笋，曰杏仁，曰火燻猪肉，曰蜂蜜，曰葉茶，曰黃蠟，曰白蠟，曰貓竹，曰水竹軟篾，曰大紅熟絲細線，曰青熟絲細線，曰筀竹，曰長節貓竹，曰長節苦竹，曰白絲，曰農桑絲，曰白榜紙，曰欒榜紙，曰燒造土，曰軟竹篾，曰本色黃紙，曰折色白紙，曰曆日紙，曰改抄紙，曰梨木板，曰翎毛，曰野味銀，曰芽茶，凡五十。【略】

杭州府，【略】賦夏稅麥五千五百六十三石二斗一升九勺，起運三千五百九十九石四斗三升，餘存留。絲綿一十七萬七千九兩九錢有奇，絹二萬五千二百四十疋一丈三尺七寸有奇，鈔六十三錠二貫二百六十九文六分，農桑折絹二百九十五疋二丈一尺有奇，藍靛改徵黃麻八十九斤九兩四錢。秋糧米二十三萬四千四百五十五石四斗七升四合二勺，起運一十八萬四千六百八十二石九斗六升八合有奇，餘存留。絲一百三十一兩四錢有奇，鈔四十錠四貫一百四十文。鹽糧米一萬三百八十九石九斗二升有奇，有閏加八百六十五石八斗二升六合有奇，鹽鈔起運存留本色鈔各三萬七千六百九十貫五百文，有閏加三千一百四十三貫，折色錢各七萬五千三百八十一文，有閏加六千二百八十六文，麤麻布二疋六尺。課程鈔六十二萬一千五十四錠二貫五百七十一文，有閏加四萬二千二百七十二錠九百六十七文六分，魚油翎鰾翎毛折鐵二千八百斤一十五兩有奇，有閏加二百二十二斤八兩有奇，魚線膠三百七十二斤一十一兩有奇，有閏加二十八斤三兩有奇。額辦胖襖六百五十三副有奇，弓二千張，箭一萬八千二百枝，弦一萬條，麂皮三百五十五張。【略】

嘉興府，【略】賦夏稅麥二萬七千六百三十四石一斗八升九合五勺，起運一萬七千八百八十九石五斗一升，除存留。絲綿五萬四千八百五十三兩七錢有奇，絹七百七十三疋一尺四寸有奇，鈔一千三百八十二錠二貫九百六十文，農桑折絹六百三十三疋四尺七寸有奇。秋糧米六十一萬八千六百一十一石一升六合七勺，起運五十八萬八千九百八十七石二斗九升三合有奇，餘存留。馬草五十萬六千五百二十七包有奇，起運四十八萬七千二百一十五包，餘存留。鹽糧米二萬一千五百七十八石六斗五升三合有奇，有閏加一千七百九十八石二斗二升三合有奇。鹽鈔起運存留本色鈔各二萬八千二百七十五貫，有閏加二千七百五十四貫三百七十五文。折色錢各五萬六千五百五十文，有閏加五千五百八文有奇。課程鈔一十一萬二千六十三錠七百六十三文，有閏加一萬三千八十錠三貫四百六十文。魚油翎鰾魚線膠四百一斤九兩五錢九分五釐，有閏加二十斤有奇。黄麻二千六百七十六斤有奇，有閏加一百六十二斤一十四兩有奇。熟鐵六千一百四十二斤二錢，有閏加一千六百五十八斤二錢。翎毛折鐵一千八百八十七斤有奇。額辦胖襖二百九十二副有奇，弓二千張，箭一萬八千一百八十枝，弦一萬條，麂皮五十一張。南京陳皮一百五十斤，乾姜三十斤，木瓜一十斤，車前子三十斤，麥門冬一十五斤。禮部陳皮一千三百五十斤，乾姜二百七十斤，木瓜九十斤，車前子二十七斤，麥門冬一百三十五斤，貓竹三千根。坐辦軍器料銀一千二百三十五兩三錢二分有奇，淺船料銀四千九百三十六兩四錢九分有奇，段疋一千八十六疋，有閏加七十三疋。【略】

湖州府，【略】賦夏稅麥一萬三千五百九十六石七斗三升九勺，起運八千八百四石一斗四升，餘存留。絲綿四十二萬九千六百七十五兩有奇，起運三十六萬三千兩，餘存留。絹一萬九千八百二十九疋一丈二寸有奇，鈔一萬六千一十一錠一貫一百八十九文，小絹四疋，農桑折絹二疋一丈七寸五分，桐油料銀二兩。秋糧米四十六萬九千一百一十九石六斗二升二合四勺，起運四十二萬八千四百七十九石四斗九升七合有奇，餘存留。馬草三十六萬八千六十四包八斤，起運三十萬五千四百三十五包，餘存留。【略】白麻二百七十一斤五兩有奇，有閏加三十斤八兩有奇。黄麻四百八十八斤九兩有奇，有閏加一十六斤一十四兩有奇。銀硃三十斤一十二兩有奇，有閏加二斤四兩有奇。額辦胖襖三百六十二副，弓二千張，箭一萬八千一百八十枝，弦一萬條。南京蠟蠶一十五斤，乾葛五十斤，桑白皮二十斤，牛膽南星二斤，烏梅三十斤，蔓荆子三斤，草決明五斤。禮部蠟蠶一百三十五斤，烏梅三百七十斤，乾葛五百五十斤，桑白皮一百八十斤，牛膽南星一十八斤，蔓荆子二十七斤，草決明四十五斤，枳實三百斤。坐辦軍器料銀六百三十七兩九分有奇，淺船料銀四千二百六十五兩五錢一分有奇，段疋一千八十疋，有閏加七十三疋。【略】

嚴州府，【略】賦夏稅絲三萬四千二百四十四兩有奇，絹四萬六千二百八疋六寸有奇，農桑折絹一千一百八十四疋三尺二寸有奇。秋糧米一萬一千四百八十一石六斗五升五合八勺，起運二千四百九十三石一斗三升九合，餘存留。絹五十九疋二丈九尺八寸，苧布七疋一丈。鹽糧米三千三百五十石四斗四升五合有奇，有閏加二百七十九石二斗三合有奇。鹽鈔起運存留本色鈔各六千六百八十六貫五百文，有閏加五百九十三貫。折色錢各一萬三千三百七十三文，有閏加一千一百六十六文。課程鈔三萬五百四十九錠四貫四百四十文，有閏加一千八百九十六錠四貫七百四十三文。額辦胖襖二百九十三副一分有奇，弓二千張，箭一萬八千一百八十枝，弦一萬條，麂皮二百五張。【略】坐辦軍器料銀一百五十兩八錢三分有奇，淺船料銀一千九兩八錢九分有奇，段疋八百疋，有閏加六十七疋。【略】

金華府，【略】賦夏稅麥一萬五千四百九十一石八斗二升九合四勺，起運一萬三十一石一斗五合，餘存留。絲五千八十四兩三錢九分，鈔五十六錠一貫五百一十八文，農桑折絹二百一十三疋二丈七寸有奇。秋糧米一十七萬三千八百八十石九斗四升六合三勺二抄，起運一十二萬四千六百石四斗八升八合，餘存留。鈔二貫五百八十二文。鹽糧米九千三百八十六石五斗三合六勺，有閏加七百八十二石二斗八合有奇。鹽鈔起運存留本色鈔各二萬三千五百七十九貫五百文，有閏加五千四百五十一貫九百三十七文。五文折色錢各四萬七千一百五十九文，有閏加一萬九百三文有奇。課程鈔五萬二千三百五十四錠一貫二百五十一文，有閏加三千三百二十錠四貫一百七十文。額辦胖襖六百八十一副，弓二千張，箭一萬八千一百八十枝，弦一萬條，麂皮一十張。【略】坐辦淺船料銀二千五百七兩八錢四分有奇，段疋二千四百四十八疋，有閏加一百六十三疋。【略】

衢州府，【略】賦夏稅絲四萬八千九百六兩有奇，絹五千九百四十九疋三尺八寸有奇，農桑折絹二百疋一丈五尺四寸九分。秋糧米九萬二千二百八石四斗六升五合七勺八抄，起運七萬五千七百三十一石四斗九合，餘存留。絲二千七十八兩九錢九分。鹽糧米三千七百一十二石八斗四升有奇，有閏加三百九石四斗三合有奇。鹽鈔起運存留本色鈔各一萬四千四貫，有閏加一千一百五十四貫。折色錢各二萬八千八文，有閏加五千三百八文。課鐵一萬五千斤，課程鈔一萬八千九百六十九錠三貫八百三文，有閏加一千二百六十六錠三貫七百九十九文。房地租絲絹八疋六尺。魚油翎鰾魚線膠九斤七兩有奇。熟鐵一百二十九斤四兩八錢。額辦胖襖七十五副，弓二千張，箭一萬八千一百八十枝，弦一萬條，麂皮一千九百七十三張。【略】坐辦軍器料銀三百三十三兩八錢八分有奇，淺船料銀二千二百三十五兩四錢五分有奇，段疋一千三百八疋，有閏加一百九疋。【略】

處州府，【略】賦夏稅麥六千九百四十八石七斗五升七合有奇，鈔一千六百一十二錠六百三十九文，農桑折絹二百七十三疋五尺三寸。秋糧米五萬七千六百九十二石六斗一合四勺，鹽糧米六千二百九十七石三斗九升一合有奇，有閏加五百二十四石七十八升二合有奇。鹽鈔起運存留本色鈔各二萬八千八十七貫五百文，有閏加二千二百七十一貫三百七十五文。折色錢各五萬六千一百六十五文，有閏加四千五百五十二文七分五釐。魚課米一十八石三斗一升。課程鈔一十萬八千八百九十六錠二十二文，有閏加六千八百九十一錠三百七十九文二分。鉛五十五斤八兩，有閏加四斤一十兩。額辦胖襖一百六十副三分，弓二千張，箭一萬八千一百八十枝，弦一萬條，麂皮四百二十五張。

【略】

紹興府，【略】賦夏税麥一萬二千八百二十三石三斗八升九合九勺，起運八千三百三石二斗九升一合，餘存留。絲五百三十五兩六錢，鈔四千四百一十五錠四貫六百六十一文九分，農桑折絹八十一疋一丈九尺三寸有奇。秋糧米三十一萬九千八百二十二石八升二合五勺，起運一十三萬九千九百六十一石五斗，餘存留。鈔一萬三千七百五十四錠三百三十文。鹽糧米六千三百八石九斗三升一合有奇，有閏加五百二十五石七斗四升四合有奇。鹽鈔起運存留本色鈔各二萬七千一百四十五貫，有閏加二千八十九貫五百文。折色錢各五萬四千二百九十文，有閏加四千一百七十九文。課程鈔一十一萬六千三百一十錠二貫一百三十一文，有閏加八千七百六十七錠一貫二百二文三分。魚油翎鰾、黄麻六千五百七十斤一十五兩有奇，有閏加五百五十四斤四兩有奇。絡麻五千六百八十二斤一十三兩七分，有閏加四百七十九斤一十三兩有奇。苧麻一百五十三斤一十一兩有奇，有閏加一十四斤一十兩八錢。熟鐵折苧麻七十二斤九兩七錢六分，有閏加六斤八錢。生銅二百六十七斤四兩八錢，有閏加二十五斤一十一兩有奇。銀硃二十斤六兩九錢有奇，有閏加一斤一十一兩二錢有奇。額辦胖襖四百九副六分，弓二千張，箭一萬八千一百八十枝，弦一萬條，麂皮一十二張。【略】坐辦軍器料銀五百九十八兩二錢三分有奇，淺船料銀四千五兩三錢三分有奇，段疋九百五十四疋，有閏加六十三疋。【略】

寧波府，【略】賦夏税麥一萬六千九百六十八石一斗一升三合三勺，起運一萬九百八十六石九斗三合，餘存留。絲一百六十九兩有奇，鈔一千九百七十六錠三貫九百七十七文。秋糧米一十七萬四千五百五十五石三斗六升一合七勺，起運四萬四千九百石，餘存留。絲六兩二錢九分，鈔二千八百三十四錠四貫二十六文。【略】又折苧麻一百一十七斤二兩有奇。銀硃三十四斤六兩有奇，有閏加二十一斤一十一兩有奇。生漆四十五斤七兩有奇，有閏加三斤一十三兩有奇。黄麻二千三百四十一斤一十兩有奇，有閏加一百一十四斤一十一兩有奇。白麻二百二十一斤一十四兩有奇，有閏加二十斤一十四兩有奇。額辦胖襖四百二十五副五分，弓二千張，箭一萬八千一百八十枝，弦一萬條。南京香附子二百斤，穿山甲三斤，薏苡仁三斤。禮部香附子二千八百斤，穿山甲三十三斤，薏苡仁二十七斤，班竹二百五十根，白猪鬃五十斤。坐辦軍器料銀四百六十七兩五錢九分有奇，淺船料銀三千一百三十兩六錢六分有奇，段疋四百八十疋，有閏加一百一十五疋。【略】

台州府，【略】賦夏税麥三萬一千四百八十三石三斗三升三合六勺，起運二萬三百八十五石六斗二升一合，餘存留。鈔五千一十九錠三貫八百五十二文，農桑折絹五百疋二丈二尺一分。秋糧米一十二萬六千六十石八斗三升六合五勺，起運三萬二千四百六十石八斗九合，餘存留。鈔一千五百三十九錠二貫八百四十五文五分。魚課米二千二百四十九石五斗六升一合有奇，有閏加一百七十七石六斗八升。鹽糧米五千六百九十五石七斗一升七合有奇，有閏加四百七十四石六斗四升三合一勺。鹽鈔起運存留本色鈔各二萬九百三十七貫，有閏加一千六百八十九貫五百文。折色錢各四萬一千八百七十四文，有閏加三千三百七十九文。課程鈔二萬四千一百五十六錠一貫八百一十四文二分，有閏加九百一十八錠一貫六百八文九分。魚油、翎鰾，翎鰾折黄麻二十一斤六兩有奇。銀硃本色五斤八兩有奇，又折桐油二百四十斤，折麻八十三斤五兩三錢。生銅折桐油一百二十斤，又折麻一百二十五斤。熟銅折桐油二百六斤六兩四錢，又折麻二百一十六斤一十兩五錢。熟鐵折桐油一十九斤三兩二錢，又折麻二十斤一十四兩五錢。生鐵折桐油七斤三兩二錢，又折麻一十五斤。生漆折桐油三十斤二兩九錢，又折麻四十三斤五兩三錢。額辦胖襖三百五十六副八分有奇，弓二千張，箭一萬八千一百八十枝，弦一萬條。

【略】

温州府，【略】賦夏税麥二萬二千二百九十六石二斗四升一勺，鈔二千二十一錠三百七十四文，農桑折絹一百二十二疋一丈二尺七寸八分有奇，絲二兩六錢。秋糧米八萬一千四百二十八石六斗二升五合三勺，鈔五百四十四錠二百五十八文。【略】黄麻二百八十四斤七兩有奇，有閏加六斤四兩四分。銀硃五十三斤一十二兩七分，有閏加四斤八兩有奇。生漆一百八十斤一十兩八錢八分八鳌，有閏加一十五斤五兩。額辦胖襖一百一十七副，弓二千張，箭一萬八千一百八十枝，弦一萬條，麂皮一千五百張。南京烏藥五十斤，千金草一十斤，石斛二斤。禮部烏藥四百五十斤，千金草九十斤，石斛三十八斤。坐辦軍器料銀四百一十二兩六錢二分有奇，淺船料銀二千七百六十二兩六錢五分有奇，段疋二百六十五疋，有閏加二十二疋。【略】

按，浙爲揚州南壤，自禹登茅山會計諸侯，定其上田貢賦之等，曰厥土惟塗泥，厥田惟下下，厥賦下上，上錯。厥貢惟金三品，瑶、琨、篠、簜、齒、革、羽、毛惟木。島夷卉服。厥篚織具，厥包橘柚，錫貢。周公辨邦國都鄙之人民，與其財用九穀六畜之數，曰其利金錫竹箭，其民二男五女，其畜宜鳥獸，其穀宜稻，是何聖人若是乎其詳言之也，非以取民自奉，娱心縱欲也。所以晝地授時，懋遷有無，周知利害，使同其利，以裕民用也。所以立之中正，而不敢過以養君子，流暢國脈，上以事天地宗廟，下以控夷狄而安養黎庶也。學士大夫序次貢賦，多談損上益下之理，而不察其故，皆虚語也。越無余、吴泰伯，其籍莫考，夫差、勾踐據浙東西，相仇敵無虚歲，財匱于兵，剥髓椎膚，伏屍流血于西陵、檇李之間。秦廢井田，以賦税重賞賜諸子功臣，浮江觀籍，柯渡海渚，過丹陽至錢塘，臨浙江，上會稽以望東海，毒流地脈，赤狐黑烏，至今可爲於邑也。漢滅秦，尚仍其貫，况隋唐不蹈之哉，然亦少更。吴越錢氏，厚斂以事奢僭。宋都臨安，竭中國奉夷狄，彼皆取民如恐不能勝，况望以體國經野之事哉。明興，經晝兩浙，辨高下原隰以則土壤，辨土地物生以定貢賦，辨四民等數以制財用，均徭役法，意比於《禹貢》、《周官》也。及讀免兩浙秋糧詔，則又令人感激涕下霑襟，知我聖人植本之慮遠也。故洪武二十四年，户二百一十三萬八千二百二十五，口一千四十八萬七千五百六十七，田土五十一萬七千五十一頃五十一畝，夏税、秋糧二百七十五萬二千七百二十七石，錢鈔共二萬七百七十六錠，絹一十三萬九千一百九十九疋，迄兹百九十餘年來，宜益滋殖。乃考今籍户口，上田不加多，賦役不加少，至于等則名色，又紛糾瑣屑，不可盡識殫書，是何議民之詳也。即今倭夷入寇，兵事倥傯，財用匱乏。夫財用匱乏，則徵斂之名多，賦役繁重，則規避之弊巧，相因之勢則然耶。聞諸人之言曰：田苦則多，賦苦名多，失實不均，長奸滋弊，失其次矣。苟廢上中下三則，計畝均賦，約以布縷粟米，力役之征，而盡廢無藝，是或救弊邮民之一道。嗟乎，賦猶不均，况均田乎，名猶不定，况責實乎。羲黄邈矣，《禹貢》、《周官》亦過計，乃若出入文網，塗民耳目，則誠無藝矣。

嵇曾筠、沈翼機等〔雍正〕《浙江通志》卷一〇《風俗·温州府》

永嘉縣附郭

《隋書·地理志》：少争訟，尚歌舞。婦人勤於紡織，有夜浣紗而旦成布者，俗謂之鷄鳴布。

《元和郡縣志》：永嘉蠶，一年八熟。

嵇曾筠、沈翼機等〔雍正〕《浙江通志》卷一〇一《物産一》

杭州府

綾　《咸淳臨安志》：白文公詩：紅袖織綾誇柿蒂。注云：杭州出柿蒂花者爲佳。內司有狗蹄綾，尤光麗。

羅　《咸淳臨安志》：杭之羅，有花素二種。染絲織者名熟絲羅，尤貴。舊《浙江通志》：杭州出水緯羅。

綢　《咸淳臨安志》：有績線爲之者，用絲則熟而輕纖。謹按，杭綢有一等最輕纖者，用湖水漂浄，宜於染色，大紅尤佳，以杭絲多錘鍊故也。如帽纓一種，亦較勝於他處，絨絲等線亦然。是皆杭之專産，志物亦宜備焉。

錦　《夢粱録》：内司街坊所織錦，以絨背爲貴。

剋絲　《咸淳臨安志》：有花素二種，擇絲織者，故名。

紵絲　《咸淳臨安志》：染絲所織，有織金、閃褐、間道等類。

綿綢　《紫桃軒雜綴》：硤石人積梅雨水，以二蠶繭繅絲，織綢有自然碧色，名曰松陰色。其法本宋寧宗宫禁製，號爲天水碧。又紫薇山産綿綢極精，號紫薇綢。

機紗　《咸淳臨安志》：機坊所織，有素紗、天浄、三法新翻粟地紗。

畫絹　《咸淳臨安志》：機坊多織唐絹，幅狹而機密，畫家多用之。

綿　《夢粱録》：以臨安於潛，白而細密者佳。

棉布　《仁和縣志》：精曰棉，粗曰絮。凡鄉間皆爲之，多出筧橋一帶。萬曆《杭州府志》：卉織爲棉布，出海寧硤石者，視他縣爲佳。

綦布　成化《杭州府志》：有麻、苧二品，青白間花。

嵇曾筠、沈翼機等〔雍正〕《浙江通志》卷一〇二《物産二》

嘉興府

嘉錦　《嘉興縣志》：嘉興出錦，名嘉錦。

雲絹　嘉靖《浙江通志》：嘉興出。

畫絹　《杜氏畫譜》：密機絹極匀浄，出魏塘，趙子昂多用此作畫。

濮院紬　《桐鄉縣志》：花紡紬出濮院，名色甚多，遍行天下。謹按，嘉錦之名頗著，而實不稱，惟濮院所産紡紬，與西機綾，練絲熟淨，組織亦工，是以濮院一鎮之内，坐賈持衡，行商麕至，終歲貿易不下數十萬金。居民藉此爲利，蓋由勤以致之也。

杜紗　萬曆《嘉善縣志》：出縣思四等區，隨用染色，但比官紗可浣濯。至於綿紗，窮民無本不能成布，日賣紗數兩以給食，故諺云：買不盡松江布，收不盡魏塘紗。

桐鄉絹布　《桐鄉縣志》：邑人工於紡織，絹有花素，官絹、籮筐絹、素絹、帳絹、畫絹，綾有花綾、錦綾、素綾，羅有三梭、五梭、花羅、素羅，紗有花紗、脚踏紗、縐紗，布有龍潭布、桐鄉布、眉公布、麻布、陡門布、建莊布、烏鎮市、篋布、苧布。

綿紬　《桐鄉縣志》：出青鎮。

細布　天啟《平湖縣志》：靈溪水秀沙明，産細布，人争市之。

木棉紗布　萬曆《嘉善縣志》：木棉本出閩廣，宋時始傳種於松江之烏泥涇，今南鄉高田種之。《湧幢小品》：地産木棉，花甚少，而紡之爲紗，織之爲布者，家户習爲恒業，不止鄉落，雖城中亦然。往往商賈從旁郡販綿花列肆，吾土小民以紡織所成，或紗或布，侵晨入市易綿花以歸，仍治而紡織之，明旦復持以易，無頃刻閒。紡者日可得紗四五兩，織者日成布一疋，爇脂夜作，男婦或通宵不寐，田家收穫，輸官償債外，卒歲室廬已空，其衣食全賴此。澉浦俗善績苧，更以織苧布爲業，然地實不産苧，市之他方，布亦不大精，非貴人所御也。

湖州府

綾　《西吴里語》：唐湖州貢烏眼綾。弘治《湖州府志》：湖綾，唐時充貢，謂之吴綾。今有二等，散絲織者名爲紕綾，合線織者名爲線綾。其綾練染，光彩異於他處，惟郡城織之，其外俱無。

紗　崇禎《烏程縣志》：吴興紡紗無花者曰真紗，最白者曰銀條紗，有花者曰葵紗、軟紗、縐紗。又有夾織紗，又有包頭紗，惟雙林一方織之。

絹　萬曆《湖州府志》：有官絹，有生絹，惟局絹有五色，可同嘉興。

紬　萬曆《湖州府志》：有水紬，有紡絲紬，出菱湖者佳。

苧布　弘治《湖州府志》：白編布，即今白苧布，又有麻布。

黄草布　弘治《湖州府志》：出璉市，有極細者，暑月可爲衣。今所出止可作帳，不堪服。

苧　《太平寰宇記》：德清縣苧溪，以貢苧爲名。

絲　《西吴里語》：湖州蠶絲有頭蠶、二蠶。頭蠶爲上，細而白者謂之合羅，稍粗者謂之串五，又粗者謂之肥光。合郡皆有，而獨盛於歸安。《西吴枝乘》：其絲以三蔴抽者謂合羅絲，歲以充御服。《見聞雜記》：湖絲絶海内，歸安爲最，次德清，其次嘉之崇德、桐鄉，杭之仁和。

同功絲　《西吴枝乘》：以兩蠶共作繭者爲同功絲，值即倍常。

鵝脂絲　舊《浙江通志》：武康出。

稽曾筠、沈翼機等〔雍正〕《浙江通志》卷一〇四《物産四》

紹興府

綾　《會稽三賦》注：越貢白編綾、交梭綾、十樣綾、大花綾。《姬侍類偶》：煬帝以越州所進花綾獨賜司花女袁寶兒及絳仙，他妃莫得。

羅　弘治《紹興府志》：越之舊産，故稱越羅，唐時擅名天下。今織染局雖造白生羅，而民間所織絶無佳者。《老學庵筆記》：遂寧出羅謂越羅，似會稽尼羅。

花羅　《會稽三賦》注：越貢花羅。

紗　《太平寰宇記》：越州産緋紗、交梭白紗。

輕容紗　弘治《紹興府志》：舊産蕭山，夏織爲上，秋織次之，冬織最下。蓋絲遇寒即脆，而帛地不堅故也。

縐紗　《剡録》：剡中産縐紗極精好，服之如挂冰雪，今不復造。

絹紬　弘治《紹興府志》：諸暨所産絹，有花山、桐山、板橋之名，紬有絲紬、緜紬二種。

蕭絹　嘉靖《浙江通志》：紹興蕭絹，初，郡人蕭姓者製，因名。

葛布　《越絶書》：葛山者，句踐罷吴種葛，使越女織，治葛布，獻於吴王。《采葛歌》：葛不連蔓棻台，我君心苦命更之，嘗膽不苦甘如飴。令我採葛以作絲，女工織兮不敢遲。弱於羅兮輕霏霏，號絺素兮將獻之。越王悦兮忘罪除，吴王懽兮飛尺書。增封益地賜羽奇，几杖茵褥諸侯儀。羣臣拜舞天顔舒，我王何憂能不移。

苧布　弘治《紹興府志》：唯諸暨最精，相傳以爲西子遺習。其種有腰機兼絲、西洋生苧熟苧之别。

縐布　弘治《紹興府志》：以麻爲之，諸暨靈泉鄉産者精好，纖密如羅，漱之以水，輒成縠紋，名山後布。嵊縣産者麤，名强布。

稽曾筠、沈翼機等〔雍正〕《浙江通志》卷一〇五《物産五》

台州府

絹　《赤城志》：出仙居、黄巖者佳。

葛　嘉靖《浙江通志》：台州兼絲葛，以葛雜絲而織之，有黄、白二色。

柘絲　《太平縣志》：山産柘，取其絲作琴絃，清亮勝桑蠶。

棉花　《太平縣志》：山田多産，色白者上，淡黄者下。

嵇曾筠、沈翼機等〔雍正〕《浙江通志》卷一〇六《物産六》

金華府

羅　萬曆《金華府志》：宋貢含春羅、花羅。浦江元時貢刀羅。

紅邊羅　《雞肋編》：婺州紅邊羅，絲縷中細，不可與無極、臨棣等比。

紬　《東陽縣志》：絲織明浄，謂之東紬。織花者，名花紬。綿絲織者，爲綿紬。皆堅厚清水耐用。

花布　《東陽縣志》：匠織者，謂之腰機。農家自織者，謂之女機。黑白相間或成五色，謂之花布。蠶絲間織，名梭布。纅入蠶絲爲兩梭紡織成文者，名斜紋。苧織名苧布，雜以蠶絲爲兼絲，皆長四丈，濶二尺。

衢州府

紬　《常山縣志》：絲粗而寡，間有織爲開化紬、鵞毛素者。

麻布　《常山縣志》：績青麻爲之，若黄麻，只可絞索。

嚴州府

絹　方回《建德府節要圖經序》：皇祐間，歲爲婺州輸絹二萬六千匹，婺歲歸本郡米一萬五千石。户部督絹，本郡以上征下，歲無虧額，本郡督婺州米，列郡勢相侔，負固不償，而郡愈不可爲矣。《嚴陵志》：景定二年，户部申，照得嚴州代婺州解絹以充上供，婺州外撥米還嚴州充軍糧，其來非一日矣。邇年兩郡互有申請，其曲不在嚴而在婺。蓋嚴代婺解絹，乃承户部拘催，不可稽違，婺還嚴之米，既無統攝，率是違欠，甚至開慶年間，尚欠二萬餘石。宜乎嚴之有請於朝，欲將代解之絹，從本州折價糴米，徑令婺自解絹。準省札行下，許令嚴州於代解絹内截留一半，計一萬八千疋，自市米以充軍食，仍以一半絹解赴户部，亦令婺州解絹一萬八千疋，補足户部元額，却與免撥米還嚴州，自景定元年始。續婺州乞解絹解米，各仍舊貫。本部又以節次備申，續準行下。若婺州欲仍舊貫，今項預辦一年之米一萬五千石發還嚴州，方可從申續。又據婺州申已椿到米一萬石還嚴州，今嚴州又申每歲差撥人船取米，每被坐困，乞照近降指揮，監婺州解絹，容本州自措辦軍糧，及謂婺州所報，見有米一萬石以待本州取發者，平時率是虚給以脱，本州先次解絹，本部今與酌可行之説，爲悠久之計。嚴州解本部之絹，不患其不足，婺州還嚴州之米，欲催嚴州之絹，當先催婺州之米。州郡一也，體統一也，豈可謂本部可催嚴州之絹，而不爲嚴州催婺州之米乎。况嚴州申請不已者，止以婺州之米不還，米苟還矣，其將何辭。所有景定元年互撥米絹，嚴州已將合解一半之絹折價糴米以充軍糧，况隔一載，難於再理，當令婺州將合還嚴州景定元年米一萬八千石，每石照司農寺折價解部買絹，補還元額。專官前征，守待起發，所有景定二年以後年分，其婺州還米一萬五千石，嚴州解絹一萬八千疋，各分作三綱，須管婺州，先自起發本色米斛至嚴州交管，同嚴州絹綱申發赴部。第一綱十一月下旬，第二綱十二月下旬，第三綱次年正月下旬。婺米之交管，嚴絹之起綱，定在如期同時到部，仍委各州僉判任責。自今後，各郡僉判批考及離任，須管具本年各處發米發絹數目、月日，申部點對，乞劄下嚴、婺兩郡遵守施行。候指揮。照得嚴、婺州兩易絹米，昨降指揮，已自平允，今兩郡折申不已，區畫悠久之説來上，理亦可行，仍令各郡正任通判任責催發，不許違戾。

交梭布　《太平寰宇記》：睦州産。

苧布　《嚴陵志》：舊貢竹簟十領，南渡後貢白苧布十疋以折簟。

絲綿　萬曆《桐廬縣志》：田多瘠薄，其地宜桑而産絲綿。

嵇曾筠、沈翼機等〔雍正〕《浙江通志》卷一〇七《物産七》

温州府

蠶　《瑯琊代醉編》：永嘉有八輩蠶。一曰蚖珍蠶，二月績。二曰柘蠶，四月初績。三曰蚖蠶，四月績。四曰愛珍，五月績。五曰愛蠶，六月末績。六曰寒珍，七月績。七曰四出蠶，九月初績。八曰寒蠶，十月績。凡蠶再養者，皆謂之珍，然一歲八績，亦恐誇者之過。

克絲　《温州府志》：温克絲每尺價一百五十或二百，精巧奪綺縠。近樂價賤費輕，機户皆巧僞，日就濫惡。

甌紬　《永嘉縣志》：帛之屬有甌紬。

溪絹　《永嘉縣志》：絹有溪絹。

蕉布　《永嘉縣志》：土人工織蕉布。

吉布　《温州府志》：夏布曰腰機，冬布曰雙梭，最細。又有吉布，或稱吉貝，失其製。

雞鳴布　《甌江逸志》：《隋志》云：永嘉之俗，婦人勤於紡織，有夜浣紗而旦成布者，俗呼爲雞鳴布。

桑絲　隆慶《樂清縣志》：用爲紬絹。

柘絲　隆慶《樂清縣志》：宜絃琴瑟。

陳讓、夏時正〔成化〕《杭州府志》卷一七《物産》

麻　布之品

熟苧　生苧

綦麻、苧二品，青白間花。

帛之品

段　羅　錦　剪絨　紵絲　綾　紬　絹　紗

縠皺紗也。

陳讓、夏時正〔成化〕《杭州府志》卷一九《風土·稅糧》

本府總數

宋

夏〔稅〕

絹玖萬伍千捌百壹拾叁疋貳尺四寸貳分柒釐。

紬肆千肆百捌拾陸疋叁丈肆尺捌寸壹分貳釐。

綾伍千貳百叁拾肆疋壹丈。

每歲婺州給本府衣絹貳千伍百疋，紬三千疋，綿叁萬伍千兩。徽州給本府衣絹柒千肆拾伍疋，綿壹萬柒千叁百伍拾兩。嘉熙二十年，省劄婺州絹貳千伍百疋，係皇祐年間指揮。至紹定六年，本府有請于朝，徑令解赴左藏庫，充本府抱納。江陰軍和買之數若紬、綿與徽州所輸之數，漫不可考。

秋【略】

和預買

絹肆萬叁百玖拾玖疋貳丈陸尺貳寸叁分伍釐。

紬柒百玖拾伍疋。

折帛錢陸拾肆萬捌千叁百捌拾伍貫伍百壹拾捌文。

每歲認發江陰軍和買絹壹千伍百疋，內柒拾叁疋貳丈壹尺肆寸叁分伍釐係本色，壹千肆百貳拾陸疋壹丈捌尺伍寸，折錢玖千貳百柒拾捌貫伍百壹拾捌文。校照吏牘，建炎間因陳通作過，遂將本府和買紬絹權於蘇、湖、常、秀四府寄買。是時江陰爲常州屬邑，分認肆千肆拾叁疋。紹興十四年，諸州以寄買復還本府，而江陰陞爲軍，失於撥還，寄買如舊。乾道二年，江陰水災，始於數内撥壹千伍百疋歸本府輸納，餘貳千伍百肆拾叁疋壹丈伍寸，至紹熙二年，江陰復以旱告，守尹潘侍郎景珪，遂申請盡與認納。至紹定間，始將婺州認發本府絹貳千伍百疋，徑解左帑理充此數。互見夏稅數內。

洪武十年

夏稅

絲貳萬伍千伍百玖拾觔捌兩有奇。

綿叁千壹百叁拾柒觔壹拾兩有奇。

秋糧

租絲壹百壹拾肆兩有奇。

租布貳疋零陸尺。

洪武二十四年

夏稅

絲伍拾陸萬捌千玖百柒拾貳兩玖錢玖分肆釐柒毫。

綿柒萬捌百伍拾壹兩肆錢陸分肆釐肆毫。

秋糧

租絲壹百肆拾壹兩肆錢柒分伍釐。

麄麻布貳疋陸尺。

永樂十年

夏稅

絲陸拾萬陸千肆百陸拾柒兩柒錢陸分捌釐貳毫壹絲玖忽。

綿柒萬壹千玖百陸拾玖兩壹錢陸分陸釐捌絲捌忽。

租絲壹百叁拾壹兩肆錢柒分伍釐。

麄麻布貳疋陸尺。

宣德七年

夏稅

絲伍拾玖萬貳千陸百玖拾兩柒錢陸分柒釐陸毫。

綿伍萬陸千柒百貳拾柒兩陸錢叁分捌釐伍毫。

秋糧

租絲壹百叁拾壹兩肆錢柒分伍釐。

麄麻布貳疋陸尺。

正統七年

夏稅

絲伍拾玖萬捌千叁百貳拾貳兩肆錢柒分陸釐玖毫。

綿伍萬陸千玖百陸拾兩伍錢叁分伍釐壹毫。

秋糧

租絲壹百叁拾壹兩肆錢柒分伍釐。

麄麻布貳疋陸尺。

景泰三年
夏稅
絲陸拾萬伍千柒百伍拾柒兩壹錢伍釐柒毫。
綿伍萬柒千柒拾肆兩肆錢肆分玖釐玖毫。
秋糧
租絲壹百叁拾壹兩肆錢柒分伍釐。
麄麻布貳疋陸尺。
天順六年
夏稅
絲陸拾壹萬壹百肆拾肆兩伍錢柒分玖釐貳毫。
綿伍萬柒千壹百陸拾柒兩貳錢叁分伍釐。
秋糧
租絲壹百叁拾壹兩肆錢柒分伍釐。
麄麻布貳疋陸尺。
成化八年
夏稅
絲陸拾壹萬肆千貳百壹拾兩伍錢捌分柒釐壹毫。
綿伍萬柒千貳百肆拾玖兩叁錢玖分柒毫。
秋糧
租絲壹百叁拾壹兩肆錢柒分伍釐。
麄麻布貳疋陸尺。
仁和縣
宋
夏稅
上供折帛錢陸萬柒千伍百貳拾壹貫伍百捌拾肆文。
本色絹叁千柒百伍拾疋。
綿伍千玖百捌拾玖兩肆錢。
皇朝
洪武十年
夏稅
絲叁千貳百柒拾玖觔壹拾壹兩有奇。
綿貳千肆百壹觔壹兩有奇。
秋糧
租絲壹百壹拾肆兩有奇。
租布貳疋陸尺。
洪武二十四年
夏稅
絲陸萬貳千玖百柒拾壹兩陸錢肆分貳釐。
綿叁萬叁千貳百陸拾貳兩捌錢捌分伍釐伍毫。
秋糧
租絲壹百肆拾壹兩肆錢柒分伍釐。
麄麻布貳疋陸尺。
永樂十年
夏稅
絲陸萬肆千柒百貳兩叁錢捌分貳釐柒毫。
綿叁萬肆千壹百兩肆錢壹分玖釐。
秋糧
租絲壹百叁拾壹兩肆錢柒分伍釐。
麄麻布貳疋陸尺。
永樂二十年
宣德七年
夏稅
絲伍萬伍千壹百柒拾陸兩玖錢壹分叁釐玖毫。
綿貳萬肆百伍拾兩貳錢伍分柒釐。
秋糧
租絲壹百叁拾壹兩肆錢柒分伍釐。
麄麻布貳疋陸尺。
正統七年
夏稅
絲伍萬伍千貳百玖拾柒兩陸錢叁分肆釐玖毫。

綿貳萬伍百貳拾陸兩玖錢柒分柒釐壹毫。
秋糧
租絲壹百叁拾壹兩肆錢柒分伍釐。
麄麻布貳疋陸尺。
景泰三年
夏税
絲伍萬伍千肆百肆拾兩捌錢叁分伍釐柒毫。
綿貳萬伍百柒拾肆兩柒錢柒分玖釐。
秋糧
租絲壹百叁拾壹兩肆錢柒分伍釐。
麄麻布貳疋陸尺。
天順六年
夏税
絲伍萬伍千肆百玖拾伍兩肆錢伍釐捌毫。
綿貳萬陸百兩伍分叁釐柒毫。
秋糧
租絲壹百叁拾壹兩肆錢柒分伍釐。
麄麻布貳疋陸尺。
成化八年
夏税
官田絲貳千柒百捌拾伍兩肆錢肆分貳釐玖毫。
官地絲玖百捌拾肆兩壹錢伍分陸釐玖毫。綿陸百捌拾兩叁錢玖分陸釐壹毫。
官山絲壹百伍拾壹兩貳錢伍分貳釐伍毫。
官蕩絲陸百捌拾叁兩伍錢柒分玖釐肆毫。
官池溝絲伍兩陸錢貳分伍釐。
民田絲叁萬貳千玖百玖拾叁兩捌錢柒分伍釐玖毫。
民地并基地絲壹萬壹千伍百叁拾貳兩貳錢壹分貳毫。綿壹萬玖千玖百叁拾陸兩伍錢叁分玖釐叁毫。
民山絲壹千叁百貳拾貳兩捌錢玖分捌釐柒毫。綿叁分柒釐伍毫。
民蕩絲伍千伍拾叁兩貳錢柒釐陸毫。綿陸錢伍分叁釐伍毫。
民池濠絲陸兩貳錢叁分柒毫。綿壹兩肆錢貳分柒釐伍毫。
民池絲壹兩捌分肆毫。
民濠絲壹錢玖分壹釐叁毫。
秋糧
官地租絲壹百叁拾壹兩肆錢柒分伍釐。麄麻布貳疋陸尺。

錢塘縣

宋

上供折帛錢捌萬壹千壹百貳拾叁貫叁百肆拾叁文。
本色絹叁千壹百叁拾陸疋。
折綾絹壹百貳拾捌尺貳丈。
產綿伍千柒百壹兩貳錢肆分。

皇朝

洪武十年
夏税
絲壹千陸百壹拾壹觔有奇。
綿貳百柒拾叁觔壹拾貳兩有奇。
洪武二十四年
永樂十年
永樂二十年
宣德七年
夏税
絲叁萬玖千叁百肆兩捌錢貳分柒釐陸毫。
綿柒千貳百捌拾肆兩貳錢叁分壹釐捌毫。
正統七年
夏税
絲叁萬玖千陸百陸拾陸兩貳錢貳分叁釐。
綿柒千肆百壹兩壹錢伍分壹釐伍毫。
景泰三年
夏税

絲叁萬玖千玖百柒拾叁兩柒錢陸分肆釐玖毫。
綿柒千肆百壹拾陸兩陸錢柒分玖釐柒毫。
天順六年
夏稅
絲肆萬壹百叁拾肆兩玖錢捌分玖釐捌毫。
綿柒千肆百叁拾叁兩貳錢玖分陸釐伍毫。
成化八年
夏稅
官田絲壹千柒百捌拾伍兩肆錢玖分柒釐玖毫。
官地并基地絲伍百伍兩伍錢壹分貳毫。綿肆百貳拾玖兩伍錢肆分玖釐玖毫。
官山絲貳百伍兩壹錢叁分肆釐貳毫。
官蕩絲壹拾捌兩陸錢壹釐壹毫。
民田絲貳萬壹千兩伍錢肆分叁釐叁毫。
民地并基地絲壹萬貳千柒百貳拾貳兩叁分肆釐肆毫。綿柒千壹拾捌兩肆錢貳分伍釐陸毫。
民山絲叁千陸百壹拾兩陸錢柒分肆釐伍毫。
民蕩絲叁百陸拾陸兩肆錢肆分叁釐叁毫。

海寧縣

宋
夏〔稅〕
絹壹萬叁千肆百玖拾玖疋叁丈伍尺叁寸貳分。
紬壹千壹百柒拾貳疋壹丈貳尺肆寸柒分。
綿壹萬壹千貳百壹拾伍兩貳錢。
畸零夏稅紬叁百伍拾陸疋叁丈捌尺叁寸貳分。
和買紬貳百叁拾柒疋壹丈伍尺，每疋折肆貫壹百伍拾文，省計貳千肆百陸拾陸貫肆百捌拾貳文，發赴本府軍資庫。
營田夏稅絹伍拾玖疋叁丈柒尺肆分，每疋折錢肆貫文，足計叁百壹拾壹貫陸百壹拾陸文，發赴轉運司寄收庫。
稅絹柒百肆拾捌疋叁丈肆尺玖寸貳分。夏稅紬貳百壹拾貳疋玖尺陸寸陸分。綿壹千肆百伍拾陸兩壹錢柒分。
夏稅絹叁拾陸疋貳丈陸尺柒寸玖分。紬壹拾貳疋。
本色夏稅絹壹萬陸百陸拾疋貳丈壹尺陸分。
本色和買絹肆千捌百玖拾陸疋。兩項並發赴行在左藏東庫。
綿子陸千陸百玖拾兩捌錢伍分，發赴本府軍資庫。
折帛錢共柒萬陸千柒百肆拾陸貫肆百文。和買捌千捌百壹拾伍疋貳丈伍尺，每疋價錢陸貫伍百文，省計伍萬柒千叁百壹貫肆百文。夏稅紬伍百玖拾壹疋肆尺伍寸。絹壹千玖百玖拾叁疋叁丈伍尺伍寸，每疋柒貫文，省計錢壹萬捌千玖拾伍貫文。綿叁千陸拾捌兩壹錢捌分，每兩運耗肆百肆拾文，省計錢壹千叁百伍拾貫文。已上並發赴行在左藏庫。

元
夏〔稅〕
絲壹萬壹百肆拾伍觔捌錢捌分肆釐玖毫伍絲。
綿玖百玖拾柒觔壹拾肆兩捌錢壹分捌釐柒毫伍絲。
本州實徵絲壹萬伍拾叁觔柒兩柒錢肆分伍釐。
綿捌百捌拾貳觔壹拾肆兩捌錢伍分玖釐。

皇朝
洪武十年
夏稅
絲壹萬玖百伍拾貳觔肆兩有奇。
綿壹千貳拾玖觔叁兩有奇。
洪武二十四年
夏〔稅〕
絲壹拾捌萬叁千叁百捌拾捌兩捌錢叁分有奇。
綿壹萬柒千捌百伍拾玖兩玖錢柒分柒釐貳毫伍絲有奇。
永樂十年
夏〔稅〕
絲壹拾捌萬肆千捌拾貳兩肆錢壹分陸釐叁毫伍絲有奇。
綿壹萬柒千捌百伍拾捌兩叁錢叁分伍釐叁毫伍絲有奇。
永樂二十年

宣德七年
正統七年
景泰三年
天順六年
成化八年
夏税
官田絲肆千捌百陸拾捌兩伍錢伍分柒釐肆毫。
官地絲壹千貳百壹拾柒兩叁錢叁分陸釐肆毫。綿伍百玖拾兩捌錢貳分柒釐柒毫。
官山絲壹百陸拾叁兩肆錢伍分伍釐陸毫。
官蕩絲壹百叁拾壹兩貳錢貳分肆毫。
民田絲壹拾叁萬壹千肆百貳拾伍兩柒錢貳分玖毫。
民地絲貳萬玖千貳拾陸兩伍錢貳分陸釐玖毫。
綿壹萬伍千伍百捌拾貳兩叁錢肆分伍釐壹毫。
民山絲柒百壹拾肆兩玖錢伍分壹釐柒毫。
民蕩絲壹千貳百玖拾叁兩叁錢柒分伍釐壹毫。綿貳錢捌分捌釐玖毫。
民池絲叁兩肆錢柒分叁釐捌毫。綿貳錢伍分捌釐捌毫。

陳讓、夏時正(成化)《杭州府志》卷二〇《風土·税糧》

餘杭縣

宋
夏税
折帛錢捌萬貳百陸貫壹伯叁拾文。
夏税紬絹壹萬肆千貳百柒拾貳疋壹尺肆寸。
和買紬絹肆千捌百捌拾捌疋叁丈柒尺玖寸。
綿柒千壹百壹拾柒兩壹錢陸分。

皇朝
洪武拾年
夏税
絲柒百捌拾肆觔壹拾肆兩有奇。
綿捌拾伍觔壹拾伍兩有奇。
洪武貳拾肆年
夏税
絲貳萬伍千叁百玖拾兩貳錢肆分玖釐有奇。
綿貳千伍百陸拾貳兩柒錢捌分叁釐有奇。
永樂十年
夏税
絲貳萬玖千貳百伍拾壹兩伍錢壹分陸釐有奇。
綿貳千陸百貳拾貳兩柒錢捌分貳釐有奇。
永樂二十年
宣德七年
夏税
絲叁萬伍拾柒兩伍分玖釐伍毫。
綿貳千陸百叁拾伍兩柒錢叁分。
正統七年
夏税
絲叁萬肆百玖拾玖兩柒錢肆分陸釐捌毫。
綿貳千陸百叁拾柒兩貳錢壹分叁釐肆毫。
景泰三年
夏税
絲叁萬玖百叁拾貳兩貳錢玖分壹釐玖毫。
綿貳千陸百叁拾玖兩叁錢捌釐。
天順六年
夏税
絲叁萬壹千捌拾貳兩捌錢捌分柒釐貳毫。
綿貳千陸百叁拾玖兩叁錢捌釐。
成化捌年
夏税
官田絲柒百貳拾叁兩伍錢伍分柒釐伍毫。
官地絲壹百陸拾伍兩壹錢壹分叁釐伍毫。綿壹百叁兩叁錢貳分捌釐。
官山絲壹百玖拾兩壹錢肆釐貳毫。

官蕩絲壹百柒拾捌兩陸錢玖分捌釐柒毫。
民田絲壹萬捌千叁百肆拾捌兩捌分玖釐。
民地絲肆千陸百柒拾兩壹錢叁分壹釐玖毫。 綿貳千伍百叁拾柒兩壹錢玖分柒釐捌毫。
民山絲陸千陸百肆拾陸兩伍錢陸分陸釐捌毫。
民蕩絲貳百壹拾玖兩叁錢貳分叁釐叁毫。

富陽縣

宋

歲解之額

折帛錢柒萬叁百捌拾叁貫貳百陸拾貳文。
本色絹壹萬伍千伍拾叁疋貳尺玖寸。
本色綿柒千肆百捌兩貳錢捌分。
折紬錢叁千陸貫叁拾文。

皇朝

洪武十年

夏税

絲伍千柒百陸拾叁觔貳兩有奇。
綿貳百肆拾觔壹拾肆兩有奇。

洪武二十四年

夏税

絲壹拾叁萬叁百伍拾陸兩貳錢陸分陸釐叁毫有奇。
綿伍千貳百肆拾柒兩捌錢柒釐有奇。

永樂十年

夏税

絲壹拾叁萬陸千伍百壹拾叁兩柒錢壹分柒釐柒毫有奇。

永樂二十年

宣德七年

夏税

絲壹拾叁萬捌千叁百伍拾陸兩柒錢柒分柒釐。
綿伍千貳百捌拾兩壹錢貳分伍釐壹毫。

正統七年

夏税

絲壹拾叁萬捌千柒百玖拾柒兩玖錢壹分玖釐貳毫。
綿伍千貳百捌拾貳兩叁錢貳分伍釐壹毫。

景泰三年

夏税

絲壹拾肆萬伍百捌拾捌兩貳錢肆分陸釐叁毫。
綿伍千貳百捌拾捌兩貳錢柒分玖釐肆毫。

天順陸年

夏税

絲壹拾肆萬陸百伍拾伍兩陸錢陸釐玖毫。
綿伍千貳百捌拾捌兩捌錢伍分肆釐肆毫。

成化八年

夏税

官田絲陸百捌兩捌錢伍分伍毫。
官地絲肆千貳拾捌兩玖錢伍分叁毫。 綿叁千肆兩壹錢陸分肆釐肆毫。
官山絲貳百叁拾陸兩叁錢伍分陸釐陸毫。
官塘絲壹兩陸錢叁分捌釐叁毫。
民田絲捌萬貳千叁百柒拾捌兩肆分捌釐。
民地絲叁萬柒千柒百柒拾捌兩肆錢玖分壹釐伍毫。 綿伍千貳百伍拾伍兩貳分。
民山絲壹萬伍千貳百伍兩肆錢肆分貳釐捌毫。
民塘絲伍百陸拾柒兩捌錢陸釐肆毫。
民蕩絲貳兩柒錢柒分叁釐伍毫。

臨安縣

宋

二税

紬壹千玖拾壹疋壹丈叁尺貳寸。
綾貳千叁百貳拾肆疋伍尺玖寸。
絹伍千叁百伍拾疋。
畸零錢絹捌千肆百玖拾捌疋叁丈玖尺肆寸。

綿玖千玖百肆拾兩玖錢。

折帛絹捌千柒百捌拾陸疋。

皇朝

洪武十年

夏税

絲壹千玖百叁拾觔陸兩有奇。

綿叁拾貳觔壹拾兩有奇。

洪武二十四年

夏税

絲壹萬玖千伍百捌拾伍兩肆錢壹分柒釐壹毫。

綿貳千壹百壹拾捌兩捌錢肆分肆釐捌毫。

農桑歲徵絲貳千伍百壹拾柒兩柒錢陸分。

永樂十年

夏税

絲玖萬叁千肆百壹拾壹兩貳錢柒分叁釐有奇。

綿貳千貳百兩陸錢伍釐伍毫有奇。

農桑歲徵絲貳千伍百壹拾柒兩柒錢陸分。

永樂二十年

宣德七年

夏税

絲玖萬柒千伍百玖拾伍兩陸錢壹分玖釐捌毫。

綿貳千貳百貳拾柒兩玖錢叁分壹釐捌毫。

正統七年

夏税

絲壹拾萬肆百肆拾伍兩貳錢捌分陸釐。

綿貳千貳百肆拾陸兩貳錢玖分玖釐伍毫。

景泰三年

夏税

絲壹拾萬叁千壹百玖拾柒兩捌錢叁分柒釐肆毫。

綿貳千貳百陸拾壹兩貳錢柒分。

天順六年

夏税

絲壹拾萬伍千玖兩叁錢捌分叁釐伍毫。

綿貳千貳百柒拾伍兩玖錢捌分陸釐捌毫。

成化八年

夏税

官田絲壹千貳百叁拾伍兩玖錢伍分。

官地絲壹百柒拾兩壹錢貳分貳釐壹毫。綿叁拾柒兩陸錢壹分肆釐伍毫。

官山絲捌拾捌兩肆錢柒分陸釐柒毫。

官蕩絲貳兩壹錢玖分捌釐肆毫。

民田絲捌萬貳千壹百伍拾肆兩壹釐肆毫。

民地絲壹萬柒千叁百貳拾伍兩玖分柒釐。綿貳千貳百肆拾伍兩肆錢玖分陸釐玖毫。

民山絲伍千貳百叁兩肆錢叁分壹釐伍毫。

民蕩絲貳百肆拾捌兩壹錢玖分肆釐。

新城縣

宋

二税

和買紬、絹壹萬貳千貳百叁拾壹疋。

綿陸千壹百捌拾伍兩壹錢貳分。

皇朝

洪武十年

夏税

絲肆百貳拾玖觔有奇。

綿肆拾壹觔伍兩有奇。

洪武二十四年

夏税

絲壹萬陸千柒百貳拾兩貳錢貳分貳釐。

綿壹千貳百玖拾柒兩伍錢伍分伍釐伍毫。

永樂十年

民山絲壹千叁百壹拾玖兩貳錢壹分陸釐陸毫。

民塘絲貳百伍拾貳兩叁錢玖分叁釐陸毫。

於潛縣

宋

夏稅

絲叁百捌拾壹觔伍兩有奇。

秋糧

本色絹捌千貳百肆拾疋。

紬伍百肆拾柒疋有奇。

綿伍千陸百柒拾玖兩有奇。

折帛錢壹萬伍千叁百玖拾玖貫文。

內細絹貳千陸拾壹疋，計錢壹萬肆千肆百貳拾柒貫。內折帛貳千肆百叁拾兩，計錢玖百柒拾貳貫文。

和預買本色絹肆千壹百伍拾貳疋。紬壹百柒拾貳疋有奇。帛錢柒千貳百玖拾壹疋有奇，計錢肆萬柒千叁百玖拾伍貫文有奇。

皇朝

洪武十年

夏稅

絲叁百捌拾壹觔伍兩有奇。

綿壹拾捌觔壹拾貳兩有奇。

洪武二十四年

夏稅

絲壹萬捌千陸百柒拾壹兩玖錢壹分叁釐柒毫。

綿柒百陸兩柒錢肆分伍釐柒毫。

永樂十年

夏稅

絲貳萬叁千肆百貳拾玖兩伍錢壹釐。

綿柒百貳拾壹兩肆錢貳分柒釐。

永樂二十年

宣德七年

夏稅

絲貳萬貳千貳拾伍兩壹錢肆釐肆毫。

綿壹千叁百叁拾肆兩叁錢伍分伍毫。

永樂二十年

宣德七年

夏稅

絲貳萬叁千伍百伍拾叁兩肆錢陸毫。

綿壹千叁百伍拾伍兩叁錢叁分伍釐伍毫。

正統七年

夏稅

絲貳萬肆千貳百捌拾兩貳錢柒分伍釐柒毫。

綿壹千叁百伍拾陸兩玖錢貳分柒釐。

景泰三年

夏稅

絲貳萬伍千壹百捌拾柒兩肆分捌釐壹毫。

綿壹千叁百陸拾叁兩肆錢叁分柒釐。

天順六年

夏稅

絲貳萬陸千叁拾貳兩壹錢伍分捌釐玖毫。

綿壹千叁百陸拾玖兩貳錢壹分貳釐。

成化八年

夏稅

官田絲伍拾柒兩壹分陸釐。

官地絲貳拾壹兩捌錢玖分捌釐。

官基地綿捌兩捌錢捌分玖釐。

官山絲貳兩壹錢壹分肆釐。

官塘絲壹兩肆錢陸分陸釐。

民田絲壹萬玖千肆百叁拾叁兩叁錢肆分壹釐陸毫。

民地絲伍千陸百叁拾伍兩柒錢玖分。

民基地綿壹千叁百陸拾伍兩肆錢貳釐。

夏稅
絲貳萬肆千肆百貳拾壹兩伍錢壹分叁釐伍毫。
綿柒百貳拾壹兩肆錢貳分陸釐柒毫。
正統七年
夏稅
絲貳萬伍千肆拾壹兩伍錢伍分。
綿柒百貳拾壹兩肆錢貳分陸釐柒毫。
景泰三年
夏稅
絲貳萬陸千貳百貳拾肆兩柒錢柒分玖釐陸毫。
綿柒百貳拾肆兩叁分玖釐柒毫。
天順六年
夏稅
絲貳萬柒千壹百肆拾貳兩叁分捌釐叁毫。
綿柒百貳拾肆兩伍錢伍分伍釐柒毫。
成化捌年
夏稅
官田絲貳百伍拾兩伍分。
官地絲貳百壹拾叁兩陸錢陸分。　綿壹拾肆兩陸錢叁分玖釐叁毫。
官山絲伍拾伍兩叁錢叁分伍釐。
民田絲貳萬貳千伍百叁拾兩貳錢壹分叁釐玖毫。
民地絲伍千貳百玖兩陸錢壹分壹釐玖毫。　綿柒百玖兩玖錢壹分壹釐。
民山絲捌拾陸兩壹錢叁分柒毫。

昌化縣

宋
二稅
絹伍百陸疋肆分肆釐。
改正推割肆拾叁疋叁丈捌尺伍分。
絹叁千叁百柒拾肆疋。
改正推割肆百肆拾叁疋壹丈貳尺肆寸。

綿貳千伍百柒拾兩伍錢。
額管夏稅紬伍百陸疋肆分肆釐。改正推割肆拾叁疋叁丈捌尺伍分。夏稅
絹叁千叁百柒拾肆疋。改正推割肆百肆拾叁疋壹丈貳尺伍寸。
皇朝
洪武十年
夏稅
絲肆百伍拾捌觔陸兩有奇。
綿壹拾叁觔壹拾肆兩有奇。
洪武二十四年
夏稅
絲壹萬伍千壹百陸拾柒兩伍錢貳分叁釐叁毫有奇。
綿伍百柒拾兩貳錢柒分叁釐叁毫。
永樂十年
夏稅
絲壹萬伍千肆百捌拾陸兩壹分叁釐貳毫有奇。
綿伍百捌拾陸兩陸錢陸分陸釐叁毫有奇。
永樂二十年
宣德十年
夏稅
絲壹萬伍千肆百伍拾貳兩壹釐伍毫。
綿伍百玖拾玖兩肆錢玖分柒釐貳毫。
正統七年
夏稅
絲壹萬伍千伍百壹拾玖兩陸分玖釐貳毫。
綿陸百壹拾伍兩壹錢柒釐貳毫。
景泰三年
夏稅
絲壹萬伍千伍百柒拾伍兩貳錢貳分叁釐玖毫。
綿陸百叁拾叁兩壹錢壹分捌釐伍毫。
天順六年

夏稅

絲壹萬伍千柒百伍拾兩陸錢柒釐陸毫。

綿陸百陸拾貳兩貳錢伍分叁釐壹毫。

成化八年

夏稅

官田絲壹百伍拾伍兩肆錢伍分柒釐肆毫。

官地絲叁拾兩玖錢叁分玖釐。　綿壹拾兩陸錢伍分玖釐柒毫。

官山絲壹兩伍錢叁分柒釐陸毫。

官塘絲肆分叁釐柒毫。

民田絲壹萬叁千捌百捌拾壹兩伍錢貳釐伍毫。

民地絲壹千玖百玖拾壹兩玖錢玖分陸釐柒毫。　綿陸百捌拾陸兩叁錢壹分捌釐貳毫。

民山絲壹百貳拾壹兩貳錢玖分貳釐伍毫。

民塘絲貳兩陸錢叁分肆釐柒毫。

民蕩絲柒錢壹分捌釐貳毫。

正統八年

節據富陽等縣糧長王富等告稱：上年徵解夏稅絲絹，蒙官定則列，每疋收解用絲伍兩，照依湖州府事例，每疋止支解用絲貳兩伍錢，着令節省貳兩伍錢作餘絲，報官聽候撥用。緣各縣地方所産，俱係麄絲不堪，比於湖州細絲，價值不召，以此俱各揭債顧船顧車等項使用，靠損告要全給，原收餘絲貳兩伍錢，會同府縣官計議，得本府絲價比與湖州不同，合准所告。其富陽、新城、於潛、昌化、臨安五縣，又係山絲不堪，唯令全給伍兩。仁和、錢塘、海寧、餘杭四縣，蠶絲頗細，每絹壹疋除□支貳兩伍錢外，并增給餘絲壹兩，其餘仍追入官聽撥。

於潛縣正統八年蠶絲薄收，本年夏稅絲折絹壹千貳百伍拾玖疋壹丈肆寸陸分伍釐，內除將上年秋糧餘銀伍百壹拾叁兩玖釐陸毫肆絲支撥買納絹陸百貳拾玖疋貳丈，其餘絹陸百貳拾玖疋貳丈零，照依上年事例，徵收織辦解納。會計以十分爲率，准除買辦伍分，止徵伍分。假如一户該絹壹拾疋，准除買納伍疋，止徵伍疋。　又如小户一户該絲壹兩，准除買納伍錢，止徵伍錢。仰本縣官明白填寫由帖徵辦。

昌化縣正統八年蠶絲薄收，本年夏稅絲折絹柒百柒拾柒疋貳丈柒尺貳寸柒分捌釐，內除將上年秋糧餘銀叁百壹拾肆兩壹錢捌分肆釐肆毫玖絲支撥買納絹叁百玖拾貳疋貳丈壹尺伍寸，其餘絹叁百捌拾伍疋伍尺柒寸柒分捌釐，照依上年事例，徵收織辦解納。　會計以十分爲率，准除買納伍分，止徵伍分。　假如一户該絹壹拾疋，准除買納伍疋，止徵伍疋。又如小户一户該絲壹兩，准除買納伍錢，止徵伍錢。仰本縣官明白填寫由帖徵辦。

正統十二年

折絹貳萬伍千陸百捌疋叁尺玖寸捌分貳釐貳毫陸絲，每疋准絲綿貳拾兩，共准正絲伍拾壹萬貳千壹百陸拾貳兩陸錢伍分肆釐捌毫肆絲，各徵加耗不等，通共正耗平絲柒拾伍萬貳千捌百玖拾兩叁錢陸分玖釐玖毫，內仁和、錢塘、海寧、餘杭四縣，蠶絲頗細，每絹壹疋徵絲貳拾捌兩伍錢，內除貳拾伍兩，照依上年着令絹頭領織，另絲叁兩伍錢作解綱錢用。　其富陽、臨安、新城、於潛、昌化五縣，緣所産麄絲，每疋徵絲叁拾兩，照例內除貳拾伍兩，着令絹頭領織，另絲伍兩作解綱錢用。　如織絹完者，送赴府縣管糧官處，眼同解絹糧長看驗，堪中發縣用印連解綱錢交與糧長領解，如有不堪者，退還絹頭別换，不許糧長剋減價錢，通同將稀鬆窄絹疋一槩混收不便。

荒絲壹拾肆萬伍千貳百肆拾肆兩，照依上年事例，先盡該年人户不敷之數，於下年人户內湊補數足，計算明白，着令輪流徑自赴局送納。

已上絲絹租鈔價錢，內除存留租鈔於人户名下徵解，及荒絲人户徑自送納外，其絲絹內，仁和、錢塘、海寧、餘杭四縣，每正絲綿壹兩加耗肆錢貳分伍釐，富陽、臨安、新城、於潛、昌化五縣，每正絲綿壹兩加耗伍錢徵收折，仰曉諭各縣人户照數徵納，不許多科擾民不便。

陳讓、夏時正〔成化〕《杭州府志》卷二一《風土・課程》

本府總數

洪武九年

農桑桑地貳拾貳頃壹拾畝有奇，每畝科絲玖錢貳分伍釐有奇，計絲壹百貳拾柒觔壹拾貳兩有奇。

黄麻地壹拾陸頃有奇，每畝科黄麻捌兩重，實徵黄麻捌百觔有奇。

綿花地捌頃捌拾壹畝伍分有奇，每畝科綿花肆兩重，實徵綿花貳百貳拾觔陸兩叁錢。

苧麻地伍拾捌畝伍分，每畝科苧麻捌兩重，實徵苧麻貳拾玖觔肆兩。

成化十年

額辦農桑等項

農桑絲伍千玖百貳拾兩壹錢捌釐貳毫有奇。　每絲貳拾兩折絹壹疋，計折絹貳百玖拾陸疋壹寸陸分貳釐叁毫有奇。

藍靛改徵黄麻，捌拾玖觔玖兩肆錢。

仁和縣

洪武十年

農桑絲壹拾肆觔柒兩貳錢伍分有奇。黄麻捌拾玖觔玖兩肆錢。

永樂十年

農桑叁萬壹千陸百玖拾叁株。每株科絲壹分伍釐，該絲肆百柒拾伍兩叁錢玖分伍釐。每絲貳拾兩折絹壹疋，共折絹貳拾叁疋貳丈叁尺玖分貳釐伍毫。

藍靛折收黄麻，捌拾玖觔玖兩肆錢。

成化十年

額辦農桑等項

農桑絲肆百柒拾伍兩叁錢玖分伍釐，計折絹貳拾叁疋貳丈叁尺玖分貳釐伍毫。

藍靛改徵黄麻，捌拾玖觔玖兩肆錢。

錢塘縣

洪武十年

農桑絲貳觔玖兩捌錢有奇。黄麻陸拾肆觔貳兩。

成化十年

額辦農桑絲肆拾肆兩伍錢陸分叁釐玖毫。計折絹貳疋陸尺捌寸肆分伍釐玖毫。

海寧縣

洪武十年

農桑絲肆拾貳觔玖兩肆錢貳分。黄麻伍百貳拾觔。綿花壹百貳拾觔。

永樂十年

農桑歲徵絲捌百叁拾捌兩陸錢貳分。折絹肆拾壹疋貳丈柒尺玖寸叁分。

富陽縣

洪武十年

農桑山絲壹觔壹拾伍兩貳錢有奇。荒絲叁兩肆錢有奇。黄麻叁拾伍觔捌兩。苧麻貳拾玖觔肆兩。

成化十年

額辦農桑絲叁百肆拾捌兩叁錢壹分柒釐玖毫，計折絹壹拾柒疋壹丈貳尺肆寸柒分陸釐捌毫伍絲。

餘杭縣

洪武十年

農桑荒絲伍觔壹拾貳兩壹錢伍分有奇。黄麻貳拾捌觔有奇。

洪武二十四年

農桑絲伍觔壹拾貳兩壹錢伍分有奇。

永樂十年

農桑絲陸百壹拾伍兩伍錢伍分捌釐有奇。折收絹叁拾疋貳丈叁尺叁寸。

成化十年

額辦農桑絲陸百壹拾伍兩伍錢伍分捌釐捌毫，計折絹叁拾疋貳丈叁尺叁寸叁分捌釐貳毫。

臨安縣

洪武十年

農桑山絲壹拾壹觔貳兩貳錢有奇。

黄麻肆拾陸觔陸兩叁錢。

洪武二十四年

農桑絲貳千伍百壹拾柒兩柒錢陸分。

永樂十年

農桑絲貳千伍百壹拾柒兩柒錢陸分。

成化十年

額辦農桑絲貳千伍百壹拾柒兩柒錢陸分，計折絹壹百貳拾伍疋貳丈六尺陸寸肆分。

新城縣

洪武十年

農桑山絲壹拾壹觔捌兩柒錢有奇。黄麻玖拾玖觔伍兩貳錢。

永樂十年

農桑歲徵絲叁百伍拾兩，折絹壹拾柒疋壹丈伍尺。

成化拾年

額辦農桑麻地絲肆百叁拾壹兩柒錢叁分，計折絹貳拾壹疋壹丈柒尺伍寸玖分伍釐。

於潛縣

洪武十年

農桑山絲陸觔貳兩玖錢有奇。

永樂十年

農桑桑地叁頃肆拾柒畝叁分，栽桑壹萬叁千肆百玖拾貳株，科絲叁百壹拾叁兩四錢。

成化十年

額辦農桑絲叁百壹拾叁兩肆錢，計折絹壹拾伍疋貳丈壹寸。

昌化縣

洪武十年

農桑山絲陸觔壹拾壹兩叁錢有奇。黄麻貳拾柒觔肆兩叁錢有奇。

洪武二十四年

農桑山絲叁百叁拾肆兩柒錢陸分貳釐陸毫有奇。

永樂十年

農桑山絲叁百叁拾肆兩柒錢陸分貳釐陸毫有奇。

成化十年

額辦農桑絲叁百叁拾肆兩柒錢陸分貳釐陸毫伍忽，計折絹壹拾陸疋貳丈貳尺壹寸肆分叁釐玖毫有奇。

沈朝宣〔嘉靖〕《仁和縣志》卷四《風土》

宋

夏稅

本色絹三千七百五十疋。

綿五千九百八十九兩四錢。

皇明

洪武十年

夏稅

絲三千二百七十九斤一十一兩有奇。

綿二千四百一斤一兩。

秋糧

租絲一百一十四兩有奇。

租布二疋六尺。

洪武二十四年

夏稅

絲六萬二千九百七十一兩六錢四分二釐。

綿三萬三千二百六十二兩八錢八分五釐五毫。

秋糧

租絲一百四十一兩四錢七分五釐。

粗麻布二疋六尺。

永樂十年

夏稅

絲六萬四千七百二兩三錢八分二釐七毫。

綿三萬四千一百兩四錢一分九釐。

秋糧

租絲一百三十一兩四錢七分五釐。

粗麻布二疋六尺。

宣德七年

夏稅

絲五萬五千一百七十六兩九錢一分三釐九毫。

綿二萬四百五十兩二錢五分七釐。

秋糧

租絲一百三十一兩四錢七分五釐。

粗麻布二疋六尺。

正統七年

夏稅

絲五萬五千二百九十七兩六錢三分四釐九毫。

綿二萬五百二十六兩九錢七分七釐一毫。

秋糧

租絲一百三十一兩四錢七分五釐。

粗麻布二疋六尺。

景泰三年

夏稅

絲五萬五千四百四十兩八錢三分五釐七毫。

綿二萬五百七十四兩七錢七分九釐。

秋糧

租絲一百三十一兩四錢七分五釐。

粗麻布二疋六尺。

天順六年

夏税

絲五萬五千四百九十五兩四錢五釐八毫。

綿二萬六百兩五分三釐七毫。

秋糧

租絲一百三十一兩四錢七分五釐。

粗麻布二疋六尺。

成化八年

夏税

官田絲二千七百八十五兩四錢四分二釐九毫。

官地絲九百八十四兩一錢五分六釐九毫。綿六百八十兩三錢九分六釐一毫。

官山絲一百五十一兩二錢五分二釐五毫。

官蕩絲六百八十三兩五錢七分九釐四毫。

官池溝絲五兩六錢二分五釐。

民田絲三萬二千九百九十三兩八錢七分五釐九毫。

民地并基地絲一萬一千五百三十三兩二錢一分二毫。綿一萬九千九百三十六兩五錢三分九釐三毫。

民山絲一千三百二十二兩八錢九分八釐七毫。綿三分七釐五毫。

民蕩絲五千五十三兩二錢七釐六毫。綿六錢五分三釐五毫。

民地濠絲六兩二錢三分七毫。綿一兩四錢二分七釐五毫。

民池絲一兩八分四毫。

民濠絲一錢九分一釐三毫。

秋糧

官地租絲一百三十一兩四錢七分五釐。粗麻布二疋六尺。

成化十八年

夏税

官民田地絲綿七萬六千六百九十一兩二錢八分五釐二毫。

起運

京庫，生絹絲五萬二千一百八十兩一錢八分四釐六毫，每絲二十兩准絹一疋，共絹二千六百九疋二寸七分六釐九毫。

存留

本府織染局絲二萬四千五百一十一兩□錢六毫，每兩該銀四分三釐七毫五絲，共銀一千七十二兩二錢一分四釐五毫。內奉府帖將上年解過銀六百三十六兩六錢四分二釐三毫，准抵今年之數，本年實該徵銀四百三十五兩五錢八分二釐二毫。

秋糧

存留

浙江布政司廣濟庫租粗麻布二疋六尺。

織染局租絲一百三十一兩四錢七分六釐，每絲一兩徵銀四分三釐七毫，共銀五兩七錢五分二釐七絲五忽。

弘治五年

夏税

絲棉七萬六千六百九十一兩一錢八分五釐一毫。

折絹絲綿五萬二千一百八十兩一錢八分四釐六毫，每絲綿二十兩准折絹一疋，該絹二千六百九疋二寸七分六釐九毫。

存留

織染局絲綿二萬四千五百一十一兩一錢六毫，每兩折銀四分三釐七毫五絲，共該銀一千七十二兩三錢六分六毫五絲。

正德七年

夏税

絲綿七萬六千六百九十一兩二錢八分五釐一毫。

起運

折絹絲綿五萬二千一百八十兩一錢八分四釐六毫，每絲綿二十兩折絹二疋，共該絹二千六百九疋二寸七分六釐九毫。

存留

織染局絲綿二萬四千五百一十一兩七錢六毫，每兩折銀四分三釐七毫五絲，共該銀一千七十二兩三錢六分六毫五絲。

嘉靖二十一年

夏税

官民田地山蕩池絲五萬六千四百七十二兩六錢八分二釐八毫三忽二微。

綿二萬三百一十七兩四錢八分六釐七絲一忽。

起運

京庫，折絹絲綿五萬二千一百八十兩一錢八分四釐六毫，每綿二十兩准折絹一疋，共該絹二千六百九疋二寸七分六釐九毫。

存留

織染局絲綿二萬四千五百一十一兩六錢六毫，每兩准銀四分三釐七毫五絲，共該銀一千七十二兩三錢六分六毫五絲。

正統十二年

折絹二萬五千六百八疋三尺九寸八分二釐二毫六絲，每疋准絲綿二十兩，其准正絲五十一萬二千一百六十二兩六錢五分四釐八毫四絲。各征加耗不等，通共正耗平絲七十五萬二千八百九十兩三錢六分九釐九毫。內仁和、錢塘、海甯，餘杭四縣蠶絲頗細，每絹一疋征絲二十八兩五錢，內除二十五兩，照依上年著令絹頭領織，另絲三兩五錢作解扛錢用。其富陽、臨安、新城、於潛、昌化五縣之所産麄絲，每疋征絲三十兩，照例內除二十五兩，著令絹頭領織，另絲伍兩作解扛錢用。如織絹完，送赴府縣管糧官處，眼同解絹糧長看驗，堪中發縣用印連解扛錢交與糧長領解。如有不堪，退還絹頭別換，不許糧長剋減價錢，通同將稀鬆輕窄絹疋一概混收不便。

蠶絲一十四萬五千二百四十四兩，照依上年事例，先儘該年人户不敷之數于下年人户内凑補數足，計算明白，着令輪流徑自赴局送納。

皇朝

洪武十年

農桑絲一十四觔七兩二錢五分有奇。黄麻八十九觔九兩四錢。

永樂十年

農桑三萬一千六百九十三株，每株科絲一分五釐，該絲四百七十五兩三錢九分五釐。每絲二十兩折絹一疋，共折絹二十三疋二丈三尺九分二釐五毫。

藍靛折收黄麻八十九觔九兩四錢。

成化十年

額辦農桑絲四百七十五兩三錢九分五釐，計折絹二十三疋二丈三尺九分一釐五毫。

藍靛改徵黄麻八十九觔九兩四錢。

〔康熙〕《錢塘縣志》卷八《物産》　織之屬凡二。一曰卉織，有棉布，有麻布，有苧布，有葛布。《吴越春秋》越王作黄絲布以獻吴王，即此。有綦布，有黄草布，有兼絲布。非土産。二曰絲織，有綾，其紋望之似水紋之理。有羅，文羅疏也。有紵絲，細曰絟，粗曰紵。有紗，一名紡纑，其最薄者曰輕容。有絹，疏帛也。生曰絹，熟曰練。有紬，大采繒也。有縠，輕者爲紗，縐者爲縠。

陳耆卿〔嘉定〕《赤城志》卷三六《風土門·物産》

帛之屬

羅越羅，自唐有名。杜甫《繰絲行》有越羅蜀錦之稱，台，越地也。

綾有花綾、杜綾、綿綾、樗蒲綾四種。

絹出仙居黄耆者佳。

紗三伏時織者爲上，秋次之，冬又次之。絹亦同。

縐紡絲爲之。輕者曰縐紗，宜夏，重者曰紡絲，宜冬。

紬以粗絲爲之，又有以綿繭撚之而成者，曰撚綿、撚繭。

布有葛，紵、麻三種，皆績其皮爲之。《史記》以紵爲纑。

毛鳳韶〔嘉靖〕《浦江志略》卷二《土産》

附録

貨類　曰木綿布、曰木綿花、曰蠶絲線，興賢鄉出。曰苧布，興賢鄉出。曰苧麻、曰麻布，通化、興賢二鄉出。曰黄麻、田茶，二都、三都、二十四都、二十八都出。

竹類　曰苦竹、曰筋竹、曰荎竹、曰紫竹、曰班竹、曰雷竹、曰淡竹、曰箭竹、曰猫竹、曰方竹，出左溪寺有稜四方。

施宿等〔嘉泰〕《會稽志》卷一七《布帛》　葛之細者，舊出葛山。屬會稽。當句踐時，使國中紅女織布以獻於吴，其歌曰：「嘗胆不苦味若飴，令我採葛以作絲，弱於羅兮輕霏霏。」又曰：「葛之蔓兮舒長條，爲絺爲綌織且調，當暑是服輕飄飄。」其精如此，而後之葛布頗無聞者。梁劉孝綽有《謝越布啓》曰：比納方綃，既輕且麗，珍邁龍水，妙越島夷。考其所稱，非葛不敢當也，以其總稱越布，故不得强名之。今越人衣葛，出自閩賈，然則舊邦機杼，或者久不傳矣。

苧之精者，本出苧羅山。屬諸暨。下有西子浣紗石，蓋俗所謂苧紗者，於此浣之，以故越苧最爲得名。夏侯開國《吴都賦》曰：「纖絺細越，青箋白紵。」《舊經》載諸暨三如有絲之紵，而《郡國十道志》苧或作蕁，疑必有一誤，故不載。而《樂府》因是有《白紵歌詞》。今外諸邑獨暨陽尤能以苧爲布，雖不逮舊，蓋苧羅遺俗云。

白疊布自一種，杜子美詩所謂「光明白氎巾」者也。《晉令》曰：士卒百工毋得服越疊。蓋舊惟出於越，今無之。

繭布，《爾雅》云：「袍，襺也。」《禮記·玉藻》：「纊爲襺，緼爲袍。」《左氏傳》曰：「重襺衣裘。」其注釋皆謂新緜。今諸暨之俗，紝緝繭緒，纖如絲縷，織之成匹，蓋狀似絁，而密縝過之，雖名爲布，其實帛也。古有繭紙，蓋以繭爲之，《蘭亭》亦繭紙書也。今非獨無能製者，亦不復見矣。

山後布頗有名，一名緆布。亦出於諸暨縣。其初緝麻爲縷。縠始見於《吳越春秋》，勾踐始得西施、鄭旦，飾以羅縠是也。以故錫貢，舊有輕容生縠。數十年來，縠頗出於蕭山縣，雖未臻絶紗，然與吳中機工略相當矣。

絹舊總稱吳絹，今出於諸暨者，曰花山，曰同山，曰板橋，其輕勻最宜春服，邦人珍之。或販鬻頗至杭而止，以故聲價亦不遠也。

蕭山紗，以暑伏織者爲上，秋織者爲下，冬爲尤下。蓋霜燥風烈，則絲脆，帛地不堅，爲衣易敝，故賣紗者必曰此夏紗也。

蕭良幹、張元忭等〔萬曆〕《紹興府志》卷一四《田賦志·貢》 會稽於《禹貢》屬揚州。【略】島夷卉服，葛，木綿之屬。厥篚織貝。錦名。貢，《周禮·職方氏》揚州其利金錫竹箭。古揚州境無今江浙、福廣及南直隸淮安以南地，所云金玉犀象之屬，似出交廣，惟竹箭則會稽産，而織具間亦有之。《漢書·地理志》及東京以後，諸史土貢雜物無登載。建武時，光武因陸閎所著越布單衣，敕會稽郡常獻。此則所謂錫貢者也。舊志載唐貢十二種：編紋紗、輕容生縠花紗、寶花紋等羅、白編交梭、十樣花紋等綾、吳絹、丹砂、石、蜜橘、葛粉、瓷器、紙、筆。宋《祥符圖經》、《元豐九域志》貢五種：綾二十疋、排花紗十疋、輕容紗五疋、表紙千張、瓷器五十事。南宋貢二種：輕容紗五疋、越綾十疋。元貢有玉面貍、貉皮，其餘不詳。

田琯〔萬曆〕《新昌縣志》卷六《物産》 布帛之屬 木綿布、葛布、苧布、素綾、土紬、綿紬。

談鑰〔嘉泰〕《吳興志》卷二〇《物産》 古書有九丘，土地所生聚焉。周《職方志》其遺也，故後世書述地制者，物産宜其載。吳興郡土産，李宗諤《圖經》言：綾、重面絹、花綢、白編布、茶、市葉蓮、柑、橘、菸、竹、銅。《統記》援《舊經》云：其土盧，其田沮洳，原阜宜橘，溝塍宜稻。《續圖經》云：《禹貢》揚州篠蕩既敷，孔氏曰注：篠，竹箭。蕩，大竹。厥草惟夭，厥木惟喬。厥貢惟金三品，瑤、琨、篠、蕩、齒、革、羽、毛惟木。島夷卉服。《通典》云：絺葛之屬。厥篚織貝，注云：織，細紵。貝，水物。厥包橘柚，錫貢。《周·職方氏》：揚州其利金錫竹箭，其畜宜鳥獸，其穀宜稻。統言揚州所産也。《吳興記》云：卞山有石似玉，謂之瑤琨，又有石穴生鍾乳，龍山有紫石英，封山有銅。今四物皆無有。又頗述穀帛動植，視他書爲詳焉。竊詳本郡北距太湖，衆谿交流，地勢平下，素號澤國。西南則有岡嶺蔓延，林木薈蔚，(興)〔與〕毗陵、桐州、臨安諸山相接，故水陸之品贏備。比年又爲行都輔郡，五方雜處，户口繁庶，汙田日治，縉紳多居苑囿，花果視昔稍盛，而金石之華，第有其名，豈地氣土力固亦有限，則物産不能無消長耶。今志如後。

絹《舊圖經》重面絹。今絹惟衣絹，歲萬疋。《急就章》注：絹，生白繒，似縑而疏者也。《舊編》云：武康、安吉絹最佳。

綾唐貢御服鳥眼綾。《舊志》有土産綾。今發上供綾五千餘疋，並安吉縣折納到。《舊編》云：亦出武康、安吉。《急就章》云：綾，今之雜小綾也。

綢《舊制志》土産花綢。唐貢紬。今夏税納産綢四千餘疋。《急就章》紬注：抽引麄繭績紡而織之曰綢。

紗《續圖經》載：今梅谿安吉紗有名。

布《舊圖經》有白編布。《統記》云：唐充貢折造布，其御服每疋直十五貫，有爲龍鳳瑞草花紋。今貢白編布二十疋。《樂府》録《東平曲》曰：吳興布闊幅長度，有一疋與誰作袴。又鮑照《白紵曲》下注：因湖州紵布作。《舊編》云：生紵出思谿，編布出道場山，今充貢。張文規詩：紵布直勝羅紈輕。

黃草布出東鄉，有極輕細織成花紋者，暑月可以爲衣。今添。

右縑屬。本郡山鄉，以蠶桑爲歲計，富室育蠶有至數百箔，兼工機，織水鄉并種苧及黃草，紡績爲布，有精緻者，亦足以見女工之不鹵莽。

陸心源等〔同治〕《湖州府志》卷三三《輿地略·物産下》 布帛之屬氈附 折造布《元和郡縣志》：湖州開元賦布。元和貢布三十三端。《談志》：唐歲貢供御服折造布二百十端。《唐書》作折皁。《舊圖經》云：皁當作造。《統紀》云：每匹值十五貫，有爲龍鳳瑞草花綾折者，浣練精細如折米取其心爾。或曰：以多折少而造，取其精緻。按唐貢顧渚茶，亦言折造，恐無浣練之意也。供御服折造布，與木瓜、杭子、茶、蜜，代宗大曆元年至六年始進。苧布即編布。《大清一統志》：湖州府土産紵布。《唐書·地理志》：湖州土貢折皁布紵布。《寰宇紀》：州貢白紵布。《談志》、《舊圖經》有白編布。今貢白編布二十匹。《樂府》録《東平曲》曰吳興布闊幅長度，有一匹與誰作袴。又鮑昭《白紵曲》下注：因湖州紵布作。《舊編》云：生紵出思谿，編布出道場山，今充貢。本郡山鄉以蠶桑爲歲計，兼工機織，水鄉并種苧及黄草，紡績爲布，有精緻者，亦足以見女工之不鹵莽。《勞志》：白編布即今白苧布也。《湖録》：歸安《唐志》載有鐵力生苧布。鐵力二字未詳。苧布有生有熟，有麤有細，人家傭工織之，謂之杜機鐵力。張文規詩云：蘋洲頓覺池沼俗，絹布直勝羅紈輕。清風樓下草初出，明月峽中茶始生。吳興三絶不可捨，勸子强爲吳會行。按，俗呼夏布。麻布《湖録》：麻布出長興者最細，孝豐次之，烏程之大錢最粗，而緊厚堪用，過大錢以東稍不及矣。黄草布《談志》：出東鄉，有極輕細織成花紋者，暑月可以爲衣。《勞志》：黄草可績爲布，出璉市，今所出止可作帳，不堪服。《烏程劉志》：出獨錦村者佳，與葛相似，一名仙葛、澄水帛。宋莊綽謂蘇州人以黄草心織布，色白如羅縠。今唯予踏錦村織之，細者如葛，亦不能如羅縠也，蘇人紹不知矣。木棉布《湧幢小品》：地産木棉花，甚少而紡之爲紗，織之爲布者，家户習爲恒業，不止鄉落，雖城中亦然。《烏程劉志》：木棉布出烏鎮者佳。《湖婦吟》：妾家烏鎮住，十五學流黄。千梭與萬筬，織成勝七襄。機中留一匹，爲郎作衣裳。《烏青文獻》：出烏鎮者輕軟而暝。《雙林志》：有黄紗白紗二種。又有單串布，只可作裏，用水紗布宜于夏天。《長興顧志》：棊花布出方謝二區。《武康劉志》：棉布出楊墳。《南潯志》：棉紗以經牀經之，乃穿筬上機織成，闊者曰大布，狹者曰小布，大抵以筬密縷勻色白爲佳。諸鄉所出，南路爲上，俗稱南佳布。西路次之。經布時染草汁以記丈尺，名曰麥，俗作摸者，譌。又有棊花布，以青白縷相間織之，更有用五色縷者，名錦布。按，俗呼冬布，今以馬要布爲最佳。羊毛布《練溪文獻》：用木棉羊毛紡之，織爲斜文，出楊家衖後。絹《談志》：《舊圖經》重面絹，今惟納衣絹，歲萬匹。《急就章》注：絹，生白繒，似縑而疏者也。《舊編》云：武康、安吉絹最佳。《勞志》：絹闊而長者爲官絹，今納貢。又有狹小絹。《栗志》：有官絹、生絹，唯局絹有五色，可同嘉興。《長興譚志》：前明長邑歲貢絹匹。《練溪文獻》：絹有篩羅神袍等名，而厝村絹尤著。《雙林志》：杜生絹以粗絲爲之，有冬生絹、夏生絹二種，又有燈絹、裱絹，俱付別工小機造之。元時有絹莊十座，在普光橋東。凡收絹，黎明入市，曰上莊，辰刻散市，曰收莊。主其事者，有司歲，有司月。取絹者曰絹主，售絹者曰機户。凡絹染皁，必煮以橡斗、針沙，漂以清流，敷以蕨粉，擣以砧石，抹以絮布，其工最繁，故染有竈，有場，有架，名皁坊，唯耕塢一帶居民爲之。又有小絹，雜用紅白粉，充作蘇杭市中人物花草，名燒灰絹，其最下也。又有一種膠坊取綾絹之極輕而染色者，拌以粉名曰膠，用刀刮治之，或砑以石，謂之膠綾粉絹。按，王獻之書羊欣白練裙，練即絹也。梁武帝小名阿練，因改練爲絹。包頭絹《雙林志》：婦女用爲首飾，故名。惟本鎮及近村鄉人爲之，通行天下。閩俗男子亦裹首，北地秋冬風高沙起，行者罩而護目，通稱清水包頭。明正嘉以前，祇有南溪紗帕，隆萬以後，機户巧變百出，名目甚繁，有花，有素，有重至十五六兩，有輕至二三兩，有連爲數丈，有開爲十方，方自三四五尺至七八尺，其花有四季花，西湖景，百子圖，百壽雙胡蜨，十二鴛鴦，福禄壽喜，八寶龍鳳雲鶴，盆景花籃等樣，其名有加長、放長、中六、真清、福清、提清、濫膠、緞本波絹，輕長加闊，細粉出灰漿綾，五綹、六綹、加綹、放綹、花綹、准連、分兩、清光、行腳地、改連等名，各省客商雲集貿販，里買往鬻他方不絶。今買者欲價廉，而造者愈輕矣。紬一作綢。《大清一統志》：湖州府土産紬。《舊志》出菱湖者佳。《漢志》、《舊志》土産花綢。唐貢綢。今夏税納産綢四千餘匹。《急就章》注：抽引麤繭，績紡而織之曰綢。《勞志》：湖紬，散絲而織曰水紬，紡絲而織曰紡紬。《烏程劉志》有光絲紬、花絲紬。《仙潭文獻》：線紬者，絞絲成縷而織，裁爲衣衾，可數十年不敝。緜紬《烏程劉志》有緜紬、花緜紬、斜紋紬、兼絲紬，皆抽緜綫而成之者。《雙林志》有籃邊、紅邊等名。又有絲經緜、緯緜、經線緯等紬。緜經木棉紗緯，名木絮紬最下。《仙潭文獻》：緜紬，以緜綫染淺深黄褐二色，同配以織，絶類山左蕉繭。《南潯志》：以緜綫織之，純緜者爲佳。《湖録》：今處處有之，然高低不啻倍蓰，佳者謂之杜機，惡者謂之客紬。客紬惟以漿勝，雖鬆薄，易于動目。杜機有水綹，不甚裝飾，而價比客紬爲昂，稱爲勤著云。綾《大清一統志》：湖州府土産綾。《唐書·地理志》：湖州土貢御服烏眼綾。《明統志》：各縣皆出。《談志》：今發上供綾五千餘匹，並安吉縣折納到。《舊編》云：亦出武康、安吉。《急就章》注：綾，今之雜小綾也。《勞志》：湖綾，唐時充貢，謂之吳綾。今有二等，散絲而織者名紕綾，合綫而織者名綫綾。其綾練染光彩，異于他處，唯郡城中織之。《湖録》：烏眼二字未詳。《德清陳志》載有花綾、素綾、串五綾。《雙林志》：散絲所織，有花有素，有帽頂綾、裱綾，裝潢畫幅，造作人物所用，以東莊倪氏所織爲佳，名倪綾。奏本而用綾上有二龍，唯倪姓所織，龍睛突起而光亮，其法傳媳不傳女，近無子因傳女，女嫁倪家灘王姓，而倪綾之名不改。包頭綾《湖録》：雙林有包頭綾。紗《大清一統志》：湖州府又出各色紗，雙林出包頭紗。《談志》：《續圖經》載：今梅溪安吉紗有名。《勞志》：紗有數等，出郡城內。《雙林志》：素曰直紗，花曰軟紗。葵紗、巧紗、燈紗、夾織紗最輕，而利暑，曰冰紗，每匹重不過一二兩。花素皆備，吾鎮所造，他處不及。《烏程劉志》：無花而最白者銀條紗。《胡志》：今有黍紗。按，銀條紗即方空紗。綹紗《湖録》：湖綹起于明時，見《五石瓠》，亦有花有素，而素綹紗大行于時。《長興譚志》：綹紗出湖城，長邑湖濱一帶亦有善織者。按，亦名綹紬，俗名洋綹。先經絲使左戾右戾，謂之打綫，然後左右相比織之，故有綹綾，今湖地産帛，唯此最多，通行甚廣。包頭綹即包頭紗。《勞志》：包頭紗唯雙林一方人織之。《雙林志》：起于明天啟間，皆打綫爲緯。向以絹包頭，謂之一幅巾，取其可不梳髮也。今唯老嫗用之，餘皆用素綹紗。約長四五尺，包額有餘，纏束髮際，有開宫、狹宫、頂宫，上重綫綹、海綹，西莊名目不一。又明里人姚僉事專擅包頭業，有加重、加闊、加綹、放綹，通名姚本。羅《吳興備志》：宋太平興國六年，罷湖州織羅，放女工。《烏程羅志》有素羅起花者爲綺羅，又有帽羅。《歸安何志》有帳羅。按，今織羅者較少。紵絲按，見《歸安唐志》，俗名段，因造緞字。製冠履，曰帽緞，今織者尤少。錦元費著《錦譜》：蜀中錦有真紅湖州大百花孔雀錦，有四色百花孔雀錦，有二色湖州大百花孔雀錦。按，此蓋蜀中仿湖州爲之，故有湖州之名。《舊志》引此，乃删去首六字及末八字，句讀不明，全失本意矣。今湖地絶無織者。手巾《湖録》：縐紗手巾，雅俗共賞。《仙譚文獻》：棊布手巾，花紋如棊局，用青白苧棉間合而成。按，又有棉布手巾，有雙紗單紗之分。又有麻布手巾。今俗呼縐紗曰手帕布，曰手巾，以爲區別。汗巾按，見《歸安何志》，今以縐紗或緜紬織成。氊按，羊毛爲之，或帽，或韈，或毯，或以墊鞋底，或以作地衣，東遷祐村、寅村所出。

程嗣功、駱文盛〔嘉靖〕《武康縣志》卷四《物産》 貨之屬：曰絲、曰綿、曰絹、曰苧布、曰麻布。

汪日楨等〔光緒〕《烏程縣志》卷二九《物産》 布帛之屬 折造布《吴興記》唐歲貢御服折造布。《唐志》作折阜。《舊圖經》云：阜當作造。《統記》每匹值十五貫，有爲龍鳳瑞草花紋折者，以多折少，而造取其精緻。 苧布一作紵布，即編布，俗呼夏布。《吴興志》：《舊圖經》有白編布。《樂府》録《東平曲》曰：吴興布擘幅長度，有一匹與誰作袴。《舊編》云編布，出道場山，今充貢。《勞府志》：白編布，即今白苧布也。《湖録》：歸安《唐志》載有鐵力生苧布，鐵力二字未詳。苧布有生有熟，有麤有細，人家傭工織之謂之杜機鐵力。張文規詩云：蘋洲頓覺池沼俗，紵布直勝羅紈輕。清風樓下草初出，明月峽中茶始生。吴興三絶不可捨，勸子强爲吴會行。《劉志》：《湖婦吟》：日出刈苧歸，篝燈績未已。擘開覆雙膝，續長勞十指。蹁躚製舞衣，獨數江南美。麻布《湖録》：麻布出烏程之大錢，最粗而堅厚堪用。過大錢以東稍不及矣。《劉志》：《湖婦吟》：旁村婦紡麻，嘈嘈車聲亂。太緩防線鬆，太緊防線斷。五夜恒盤旋，宵分倐已旦。黄草布《吴興志》：出東鄉，有極輕細織成花紋者，暑月可以爲衣。《劉志》：出獨錦村者佳，與葛相似，一名仙葛。葛布《劉志》：布有葛布。木棉布俗呼冬布，以馬要布爲最佳。《湧幢小品》：地産木棉花，甚少而紡之爲紗，織之爲布者，家户習爲恒業，不止鄉落，雖城中亦然。《劉志》：木棉布出烏鎮者佳。《湖婦吟》：妾家烏鎮住，十五學流黄。千梭與萬簆，織成勝七襄。機中留一匹，爲郎作衣裳。《烏青文獻》：出烏鎮者輕軟而哽。《南潯志》：棉紗以經牀經之，乃穿簆上機織成，闊者曰大布，狹者曰小布，大抵以簆密縷匀色白爲佳。諸鄉所出，南路爲上，俗稱南莊布，西莊次之。經布時染草汁以記丈尺，名曰脊，俗作摸，譌。又有棊花布，以青白縷相間織之，更有用五色縷者，名曰錦布。絹《劉志》：闊而長者爲官絹，又有狹小絹、生絹、包頭絹，唯局絹有五色絹。紬一作綢，即絲紬。《勞府志》：散絲而織曰水紬，紡絲而織曰紡紬。《劉志》有光絲紬、花絲紬。緜紬《劉志》有緜紬，有花緜紬，斜紋紬，兼絲紬，緜經絲緯紬，抽緜線成之者。《湖録》：緜紬高低不啻倍蓰，佳者謂之杜機，惡者謂之客紬。客紬唯以漿勝，雖鬆薄易于動目；杜機有水縐，不甚裝飾，而價比客紬爲昂，稱爲勤著云。按，著讀如酌。今又有緜經木棉紗緯紬，名木絮紬，最下，然終勝于木棉布。綾《劉志》：唐時充貢，謂之吴綾。又有鵞眼綾，今有二等散絲而織者，名紕綾，合絲而織者，名線綾，練染柔滑，光彩異于他處。紗《劉志》：無花者曰直紗，最白者曰銀條紗，有花者曰葵紗、軟紗，又有夾織紗。《羅志》：今有秦紗。縐紗有縐紋，亦名縐紬，俗名洋縐，亦曰洋紬。湖地産帛，唯此最多，通行甚廣。《湖録》：湖縐起于明時，見《五石瓠》。亦有花有素，而素縐紗大行于時。羅《羅志》有素羅，起花者爲綺羅，又有帽羅。《吴興備志》：宋太平興國六年，罷湖州織羅，放女工。見《宋史・本紀》。手巾木棉布手巾，有雙紗單紗之分。棊花布手巾，用青白苧棉間合而成。又有麻布手巾。《湖録》：縐紗手巾，雅俗共賞。按，今俗呼縐紗曰手帕，布曰手巾，以爲區别。汗巾縐紗或緜紬織成。氈羊毛爲之，或帽，或襪，或毯，或以墊鞋底，或以作地衣，東遷祐村、寅村所出。

佚名〔永樂〕《樂清縣志》卷三《土産》 枲之品 苧 黄麻 絡麻

帛之品 絲麤顆不堪紝絲。綿 絹 木綿 吉布或稱吉貝。麻布 苧布

貨之品 綿花

徐碩〔至元〕《嘉禾志》卷六《物産》

帛之品

絲 綿 綃 綾 羅 紗 木棉 剋絲 紬 絺 綺繡已上多出崇德。絡海鹽者佳。布松江者佳。

柳琬〔弘治〕《嘉興府志》卷八《嘉興縣・土産》 枲類黄麻、綿、黄草苧。土物綾、羅、紬、絹、紗、紵絲、綺、繡、麻布、紵絲、綌、絺、綿布、苧布、紡絲、香兼絲。

柳琬〔弘治〕《嘉興府志》卷一一《秀水縣・土産》 土物絲、綿、綾、羅、紬、絹、紈、紵絲、黄草布、綿布、絺、綌、綺、繡、苧布、麻布。

柳琬〔弘治〕《嘉興府志》卷一四《嘉善縣・土産》 土物絲、綿、絹、綾、紬、綿布、草布。

柳琬〔弘治〕《嘉興府志》卷一七《海鹽縣・土産》 土物苧布、麻布、綿布、黄草布、絲、綿。

柳琬〔弘治〕《嘉興府志》卷二九《崇德縣・土産》 土物絲、綿、絹、紬、推羅、綾布。

吴受福等〔光緒〕《嘉興縣志》卷一六《物産》

布帛類

棉布 苧布《柳志》。

麻布《湯志》。

絲《至元志》、《司志》。案，《唐書》吴郡貢絲。嘉興，唐隸吴郡，所産絲綿，貢所由出也。杜氏《通典》所載亦同。

綿 不如杭、湖、崇、桐之多。《湯志》。

紬 素紬、花紬、綾地花紬、輕光紬、王店紬。《湯志》。

綾　秀州土貢綾一千疋。《元豐九域志》。嘉興各縣出綾，唐宋俱上貢。《大清一統志》。

羅　秋羅，綺羅。《湯志》。

絹　生絹，亦有花者。《湯志》。

紗　輭紗，巧紗，銀條紗。《湯志》。今又一種輿紗。《新纂》。

錦　嘉興出錦，名嘉錦。《吴志》。朱彝尊《鴛鴦湖櫂歌》：錦上鴛鴦三十六，雙棲夜夜水紋中。盧存心《嘉禾雜咏》：宋錦人傳出秀州。

李培修、黄洪憲〔萬曆〕《秀水縣志》卷三《食貨志・物産》　貨之品絲、綿、綾、羅、紬、絹、紗、紵、綿布、蔴布、線、網巾、綿紗帶、絹線織帶、襪襠線、拖鞋、蒲鞋。

羅濬〔寶慶〕《四明志》卷四《敘産》

布帛之品

俗不甚事蠶桑紡績，故布帛皆貴於他郡，惟奉化絁密而輕如蟬翼，獨異他地。象山苧布最細，曰女兒布，其尤細者也。

袁桷〔延祐〕《四明志》卷一二《賦役考》

織染週歲額辦

總計段疋三千二百九十一段，俱係陸托。

紵絲一千七百二十六段，暗花八百六十二段，素八百六十四段，枯竹褐四百八十四段，捍草褐一百八十九段，駞褐二百五十二段，藍青一百二十八段，棗紅二百二十四段，鴉青二百二十四段，明緑二百二十五段，絲紬一千五百六十五段，胷背二百一十三段，斜紋一千二百五十二段，枯竹褐一百一十七段，駞褐一百六十段，棗紅六百一十五段，鴉青三百九十六段，明緑一百一十八段，橡子竹褐一百五十九段。

松林、何遠〔同治〕《施南府志》卷一《食貨志・物産》　土絹　棉花　家機布　牛毛毯　蔴布

甘澤、趙士讓〔嘉靖〕《蘄州志》卷二《土産》

貨類

布一名白疊，一名吉貝。《六帖》南蠻吉貝草，緝其花爲布，精曰吉貝，粗曰白疊。

王朝璲、顔木〔嘉靖〕《應山縣志》卷上《物産》　貨　綿布、葛布。

王承禧纂〔光緒〕《應城志》卷一《輿地・物産》　貨之屬，有苎麻，葉類芙蓉，績其皮，爲布爲繩。有捻綢，取繭浸漬胰洗，披折如絮，紮於竹桿，垂以銅鐵，隨手捻線織之。有土絹與皺紗包頭，皆絲所成，惜養蠶者少，所出頗稀。有棉花，名吉貝，宜燥地，黄葩成桃，入秋成花。有棉布，大布粗而寬，條布細而窄，行北路者名山莊，行南路者名水莊，亦有染色出售者，四時舟車負販不絶。

史朝富、陳良珍〔隆慶〕《永州府志》卷九《食貨志》

藝産

凡十有六：曰葛布、曰苧布、曰竹紙、曰燒紙、曰香油、曰桐油、曰綿布、曰扇，合郡俱有。曰石屏、曰石硯，俱出祁陽。曰楮紙、曰線麪，俱出道州。曰净絲絹、曰生絲絹、曰兼絲絹、曰綿紬。俱出寧遠。

杜貴墀、鄭貴星等〔光緒〕《巴陵縣志》卷七《輿地七・物産》　岳州巴陵郡，土貢紵布。《唐書・地理志》。《通典》巴陵郡，貢白紵布十匹。岳州，開元貢：細紵布。賦：麻紵練。元和貢：白紵練布七匹。《元和志》。《宋史・地理志》：岳州貢紵絲。巴陵出絹。《湖廣志》。岳州，土貢絹十匹。《九域志》。丙寅《郡志》：岳蠶止可爲絹。茅田布，西塘染之，亂蘇揚。癸亥志。吴敏樹《土産説》曰：巴陵之産，有名者布。初，邑之山中多作小布，幅裁尺，紅之可巾，且以張綵飾棺柱，青者以爲鞵與帶。長沙有巴陵小布行。以此其後，二三都及冷鋪三港嘴産棉，而一都人工作布，絶精匀，謂之都布。最上者稱都尖。二三都謂之三都布，男婦童稚皆紡之。村塾中有手紡車而授蒙童句讀者。布少麤而多，吴客在長沙、益陽、湘潭者，來鹿角市之。鹿角、童橋、孫塢皆有莊，莊皆吴客，早起收之，飯而止，歲會錢可二十萬緡。其後布差，僞而巧造者，有粉石米漿、榫機碾石之事，收者喜之，高其價，工益窳，布不耐穿著，他鄉勿尚，莊錢減，吴客落，孫塢無一莊而布歸横塘、新墻，客惟衡州、長沙人矣。按湖南北多産棉，而巴陵東鄉爲良，號山花，別有鐵子一種，子較重，出絨稍遜。棉上者得絨多，以斤計之，約三而得一，次則益以六分斤之□而得一，下者四而得一。精布絨不及三斤而成一匹，匹四丈。自外洋貿内地，彼布盛行，都布亦因之滯銷，莊客來抑其價錢，復多雜以濫惡，巴陵之利源日就於涸矣。

郝玉麟、謝承道等〔乾隆〕《福建通志》卷一〇《物産》　帛之屬　絲《閩中記》：此地蠶桑差薄，所産者多類，民間所須織紗帛皆資於吴航所至。紬土産之絲麤而類，僅可爲紬絁耳。絹　綾　緞　紗　羅往年俱於蘇、杭售以充貢，近方有織者，然亦不逮遠矣。吉貝布長樂、梅花諸處，間有織者。苧布緝苧爲之，圓紗者曰夏布，有雜絲織之者曰兼絲布，諸邑間有之。又有匾紗者曰綵布，出長樂縣。麻布連江、福清、永福皆有之。候官甘蔗洲出者佳。蕉布《海物異名記》云：取蕉灰理其皮，織以爲布，舊嘗入貢。葛布緝葛皮爲

林富、黄佐〔嘉靖〕《廣西通志》卷二一《食貨志》

布帛屬

葛布　綿紬　蕉布　苧麻布　綿布　青麻布　青布　紵

金鉷等〔雍正〕《廣西通志》卷九二《諸蠻》《嶺表録異》云：南方草木，可衣者曰卉服。績其皮者，有勾芒布、紅焦布。績其花者，有桐花布、瓊枝布、婆羅布。又古貝木，其花成對如鵝毳，抽其緒紡之，與苧不異，曰吉貝，俗呼古爲吉也。多紫白二種，亦有諸色相間者，蠻女喜織之。文最煩縟，間出售城市，值最貴。自衣則謂之斑衣種女。劉禹錫「蠻女鉤輈音，蠻衣斑斕布」。然今之獞錦，實綿爲之，而雜以五色蠶絨，非盡草木也。

戴璟、張岳〔嘉靖〕《廣東通志》卷三一《土産》

布帛屬

葛布，出雷高者佳。蕉布，出肇慶。麻布、兼絲、絲紬、土絹，上二件出潮州。蒸紗布，出南雄。竹布，出韶州。綿布，各處俱有，惟南海清塘盛多。胡椒眼布、紵霜布、雙紝布，實厚如被。廣幅布、黎被、黎幔、土紬、水紬。以上九件，瓊州數多。

郭棐〔萬曆〕《廣東通志》卷一八《廣州府・土産》　貨多綿布，多苧麻，有絲布，有葛布，多蕉布，多苧霜布。

郭棐〔萬曆〕《廣東通志》卷二九《韶州府・土産》　貨多綿花，多苧麻，有絲布、有葛布，多蕉布，多竹布，多苧霜布。

郭棐〔萬曆〕《廣東通志》卷三二《南雄府・土産》　貨有葛布，有苧布，有麻布。

郭棐〔萬曆〕《廣東通志》卷三六《惠州府・土産》　貨多葛布，有蕉布，多苧布，多棉布。

郭棐〔萬曆〕《廣東通志》卷四一《潮州府・土産》　貨有綢絹，有天蠶綢，有蕉布，有竹布。

郭棐〔萬曆〕《廣東通志》卷四七《肇慶府・土産》　貨有土綢，有土絹。

郭棐〔萬曆〕《廣東通志》卷五三《廉州府・土産》　貨有土絹，有綿布，有葛布，有麻布，有絡布。

郭棐〔萬曆〕《廣東通志》卷五五《雷州府・土産》　貨有綿布，有葛布，多苧麻布，多青麻布，有黄麻布，有絲。

郭棐〔萬曆〕《廣東通志》卷五九《瓊州府・土産》　貨有緜布，有葛布，有蕉布，有水綢。

布。上二布諸縣間有之。

黄仲昭〔弘治〕《八閩通志》卷二五《食貨・物産》

建寧府

帛之屬　絲，浦城多。紅緑錦，出建陽。今有濯錦橋。土綾、土紗、土絹，俱出甌寧、浦城二縣。尅絲，凡數種。其厚者可及湖湘間。隔織出建安。腰機布，即絲布。出甌寧、建陽、崇安三縣，而浦城亦有苧布。木綿布。八縣俱出。而出崇安者，可及三梭。

黄仲昭〔弘治〕《八閩通志》卷二六《食貨・物産》

泉州府

帛之屬　土絹、綿布，俱出晉江、南安、同安三縣。苧布，七縣皆有之。北鎮布，績苧爲之，極佳，出惠安縣北鎮，因名。蕉布、葛布。俱出南安、同安、德化、永春、安溪五縣。

漳州府

帛之屬　紬、木棉布、苧布、青麻布、蕉布、葛布。

汀州府

帛之屬　紬、絹、綾、苧布、麻布、蕉布、葛布。

延平府

帛之屬　木綿布、白苧布，各縣俱出，將樂尤佳。葛布。

邵武府

帛之屬　苧布，四縣俱有，而泰寧爲多。葛布。出建寧縣永城、開山二保。

興化府

帛之屬　紬、兼絲布，細絹苧麻雜絲織之。宋本軍土貢葛布十疋，後以非土宜而代之以此。生苧布、白紵布。以灰治之，其色純白。已上莆田、仙遊二縣俱有，而莆之涵頭吉了出者尤佳。

福寧州

帛之屬　紬、絹、紗、綾、苧布、兼布、葛布。

夏玉麟〔嘉靖〕《建寧府志》卷一三《物産》

貨

苧，建安、甌寧、浦城、政和、松溪産。尅絲已上俱建安、甌寧産。花毯、腰機布、甌寧、建陽、崇安産。絹，建安、甌寧、浦城産。土綾、土紗，俱甌寧、浦城産。草薦，俱八縣産。綿花，松溪、政和、浦城産。麻布，建安、甌寧産。木綿布，建陽、崇安、浦城産。苧布、絲。俱浦城産。

紀事

《左傳·襄二十九年》〔吳公子札〕聘於鄭，見子産，如舊相識，與之縞帶，子産獻紵衣焉。杜預注：吳地貴縞，鄭地貴紵，故各獻其所貴。

《國語》卷四《魯語上》　季文子相宣、成，無衣帛之妾，無食粟之馬。仲孫它諫曰：「子爲魯上卿，相二君矣，妾不衣帛，馬不食粟，人其以子爲愛，且不華國乎！」文子曰：「吾亦願之。然吾觀國人，其父兄之食麤而衣惡者猶多矣，吾是以不敢。人之父兄食麤衣惡，而我美妾與馬，無乃非相人者乎！且吾聞以德榮爲國華，不聞以妾與馬。」文子以告孟獻子，獻子囚之七日，自是，子服之妾衣不過七升之布，馬餼不過稂莠。文子聞之，曰：「過而能改者，民之上也。」使爲上大夫。

《史記》卷七六《平原君虞卿列傳》　秦急圍邯鄲，邯鄲急，且降，平原君甚患之。邯鄲傳舍吏子李同説平原君曰：「君不憂趙亡邪？」平原君曰：「趙亡則勝爲虜，何爲不憂乎？」李同曰：「邯鄲之民，炊骨易子而食，可謂急矣，而君之後宮以百數，婢妾被綺縠，餘粱肉，而民褐衣不完，糟糠不厭。民困兵盡，或剡木爲矛矢，而君器物鍾磬自若。使秦破趙，君安得有此？使趙得全，君何患無有？今君誠能令夫人以下編於士卒之閒，分功而作，家之所有盡散以饗士，士方其危苦之時，易德耳。」於是平原君從之，得敢死之士三千人。李同遂與三千人赴秦軍，秦軍爲之卻三十里。亦會楚、魏救至，秦兵遂罷，邯鄲復存。李同戰死，封其父爲李侯。

《史記》卷一〇《孝文本紀》〔孝文皇帝三年〕三月，有司請立皇后。薄太后曰：「諸侯皆同姓，立太子母爲皇后。」皇后姓竇氏。上爲立后故，賜天下鰥寡孤獨窮困及年八十已上孤兒九歲已下布帛米肉各有數。

《史記》卷一二《孝武本紀》　天子從封禪還，坐明堂，羣臣更上壽。於是制詔御史：「【略】自新，嘉與士大夫更始，賜民百户牛酒十石，加年八十孤寡布帛二匹。」

《漢書》卷六《武帝紀》〔元封六年〕三月，行幸河東，祠后土。詔曰：「朕禮首山，昆田出珍物，化或爲黄金。祭后土，神光三燭。其赦汾陰殊死以下，賜天下貧民布帛，人一匹。」

《漢書》卷四三《婁敬傳》　婁敬，齊人也。漢五年，戍隴西，過雒陽，高帝在焉。敬脱輓輅，見齊人虞將軍曰：「臣願見上言便宜。」虞將軍欲與鮮衣，敬曰：「臣衣帛，衣帛見，顔師古注：「衣，著也。帛謂繒也。」衣褐，衣褐見，顔師古注：「此褐謂織毛布之衣。」不敢易衣。」虞將軍入言上，上召見，賜食。

《漢書》卷五三《江都易王劉建傳》〔建〕作治黄屋蓋，刻皇帝璽，鑄將軍、都尉金銀印；作漢使節二十，綬千餘；具置軍官品員，及拜爵封侯之賞，具天下之輿地及軍陳圖。遣人通越繇王閩侯，遺以錦帛奇珍，繇王閩侯亦遺建荃、葛、珠璣、犀甲、翠羽、蝯熊奇獸，數通使往來，約有急相助。

《漢書》卷九六下《西域傳·烏孫國》　漢元封中，遣江都王建女細君爲公主，以妻焉。【略】昆莫年老，語言不通，公主悲愁，自爲作歌曰：「吾家嫁我兮天一方，遠託異國兮烏孫王。穹廬爲室兮旃爲牆，以肉爲食兮酪爲漿。居常土思兮心内傷，願爲黄鵠兮歸故鄉。」天子聞而憐之，間歲遣使者持帷帳錦繡給遺焉。

《漢書》卷九九中《王莽傳中》　莽志方盛，以爲四夷不足吞滅，專念稽古之事，【略】羣公奏請募吏民人馬布帛綿，又請内郡國十二買馬，發帛四十五萬匹，輸常安，前後毋相須。

《後漢書》卷三《章帝紀》〔元和二年〕五月戊申，詔曰：「乃者鳳皇、黄龍、鸞鳥比集七郡，或一郡再見，及白烏、神雀、甘露屢臻。祖宗舊事，或班恩施。其賜天下吏爵，人三級；高年、鰥、寡、孤、獨帛，人一匹。《經》曰：『無侮鰥寡，惠此煢獨。』加賜河南女子百户牛酒，令天下大酺五日。賜公卿已下錢帛各有差；及洛陽人當酺者布，户一匹，城外三户共一匹。賜博士員弟子見在太學者布，人三匹。令郡國上明經者，口十萬以上五人，不滿十萬三人。」

《後漢書》卷三《章帝紀》〔章和元年〕秋〔七月〕，令是月養衰老，授几杖，行糜粥飲食。其賜高年二人共布帛各一匹，以爲醴酪。死罪囚犯法在丙子赦前而後捕繫者，皆減死，勿笞，詣金城戍。

《後漢書》卷四《和帝紀》〔永元〕三年春正月甲子，皇帝加元服，賜諸侯王、公、將軍、特進、中二千石、列侯、宗室子孫在京師奉朝請者黄金，將、大夫、郎吏、從官帛。賜民爵及粟帛各有差，大酺五日。郡國中都官繫囚死罪贖縑，至司寇及亡命，各有差。庚辰，賜京師民酺，布兩户共一匹。

《後漢書》卷一〇《皇后紀上·明德馬皇后》　及帝崩，肅宗即位，尊后曰皇太后。諸貴人當徙南宫，太后感析別之懷，各賜王赤綬，加安車駟馬，白越三千端，李賢等注：白越，越布。雜帛二千匹。

建初元年，帝欲封爵諸舅，太后不聽。明年夏，大旱，言事者以爲不封外戚之故，有司因此上奏，宜依舊典。太后詔曰：「凡言事者皆欲媚朕以要福耳。【略】吾爲天下母，而身服大練，食不求甘，左右但著帛布，無香薰之飾者，欲身率下也。」

《後漢書》卷一〇上《皇后紀上·和熹鄧皇后》 元興元年，帝崩，長子平原王有疾，而諸皇子夭没，前後十數，後生者輒隱秘養於人間。殤帝生始百日，后乃迎立之。尊后爲皇太后，太后臨朝。和帝葬後，宫人並歸園，太后賜周、馮貴人策曰：「朕與貴人託配後庭，共歡等列，十有餘年。不獲福祐，先帝早棄天下，孤心煢煢，靡所瞻仰，夙夜永懷，感愴發中。今當以舊典分歸外園，慘結增歎，燕燕之詩，曷能喻焉？其賜貴人王青蓋車，采飾輅，驂馬各一駟，黄金三十斤，雜帛三千匹，白越四千端。」又賜馮貴人王赤綬，以未有頭上步摇、環珮，加賜各一具。【略】

又御府、尚方、織室錦繡、冰紈、綺縠、金銀、珠玉、犀象、瑇瑁、彫鏤翫弄之物，皆絶不作。【略】

元興三年秋，太后體不安，左右憂惶，禱請祝辭，願得代命。太后聞之，即譴怒，切勑掖庭令以下，但使謝過祈福，不得妄生不祥之言。【略】太后自入宫掖，從曹大家受經書，兼天文、筭數。晝省王政，夜則誦讀，而患其謬誤，懼乖典章，乃博選諸儒劉珍等及博士、議郎、四府掾史五十餘人，詣東觀讎校傳記。事畢奏御，賜葛布各有差。又詔中官近臣於東觀受讀經傳，以教授宫人，左右習誦，朝夕濟濟。及新野君薨，太后自侍疾病，至乎終盡，憂哀毁損，事加於常。贈以長公主赤綬、東園秘器、玉衣繡衾，又賜布三萬匹，錢三千萬。〔鄧〕騭等遂固讓錢布不受。使司空持節護喪事，儀比東海恭王，謚曰敬君。【略】

永寧二年二月，寢病漸篤，乃乘輦於前殿，見侍中、尚書，因北至太子因新所繕宫。還，大赦天下，賜諸園貴人、王、主、羣僚錢布各有差。

《後漢書》卷二七《宣秉傳》 秉性節約，常服布被，蔬食瓦器。帝嘗幸其府舍，見而歎曰：「楚國二龔，不如雲陽宣巨公。」即賜布帛帳帷什物。

《後漢書》卷八九《南匈奴傳》 建武二十六年，遣中郎將段郴、副校尉王郁使南單于，立其庭，去五原西部塞八十里。【略】秋，南單于遣子入侍，奉奏詣闕。詔賜單于冠帶、衣裳、黄金璽、盭緺綬，安車羽蓋，華藻駕駟，寶劍弓箭，黑節三，駙馬二，黄金、錦繡、繒布萬匹，絮萬斤，樂器鼓車，棨戟甲兵，飲食什器。又轉河東米糒二萬五千斛，牛羊三萬六千頭，以贍給之。令中郎將置安集掾〔吏〕〔史〕將弛刑五十人，持兵弩隨單于所處，參辭訟，察動静。單于歲盡輒遣奉奏，送侍子入朝，中郎將從事一人將領詣闕。漢遣謁者送前侍子還單于庭，交會道路。元正朝賀，拜祠陵廟畢，漢乃遣單于使，令謁者將送，賜綵繒千匹，錦四端，金十斤，太官御食醬及橙、橘、龍眼、荔支；賜單于母及諸閼氏、單于子及左右賢王、左右谷蠡王、骨都侯有功善者，繒綵合萬匹。歲以爲常。【略】

建武二十八年，北匈奴復遣使詣闕，貢馬及裘，更乞和親，并請音樂，又求率西域諸國胡客與俱獻見。帝下三府議酬荅之宜。司徒掾班彪奏曰：【略】報荅之辭，令必有適。今立稾草并上，曰：【略】今單于欲修和親，款誠已達，何嫌而欲率西域諸國俱來獻見？西域國屬匈奴，與屬漢何異？單于數連兵亂，國内虚耗，貢物裁以通禮，何必獻馬裘？今齎雜繒五百匹，弓鞬韇丸一，矢四發，遣遺單于。又賜獻馬左骨都侯、右谷蠡王雜繒各四百匹，斬馬劍各一。單于前言先帝時所賜呼韓邪竽、瑟、空侯皆敗，願復裁〔賜〕。念單于國尚未安，方厲武節，以戰攻爲務，竽瑟之用不如良弓利劍，故未以齎。朕不愛小物於單于，便宜所欲，遣驛以聞。」

帝悉納從之。二十九年，賜南單于羊數萬頭。三十一年，北匈奴復遣使如前，乃璽書報荅，賜以綵繒，不遣使者。

單于比立九年薨，中郎將段郴將兵赴弔，祭以酒米，分兵衛護之。比弟左賢王莫立，帝遣使者齎璽書鎮慰，拜授璽綬，遺冠幘，絳單衣三襲，童子佩刀、緄帶各一，又賜繒綵四千匹，令賞賜諸王、骨都侯已下。其後單于薨，弔祭慰賜，以此爲常。【略】

呼蘭若尸逐就單于兜樓儲先在京師，漢安二年立之。天子臨軒，大鴻臚持節拜授璽綬，引上殿。賜青蓋駕駟、鼓車、安車、駙馬騎、玉具刀劍、什物，給綵布二千匹。賜單于閼氏以下金錦錯雜具，軿車馬二乘。遣行中郎將持節護送單于歸南庭。

原題王嘉《拾遺記》卷六《前漢下》 漢成帝好微行，於太液池旁起宵遊宫，以漆爲柱，鋪黑綈之幕，器服乘輿，皆尚黑色。既悦於暗行，憎燈燭之照。宫中美御，皆服皁衣，自班婕妤以下，咸帶玄綬，衣珮雖加錦繡，更以木蘭紗綃罩之。至宵遊宫，乃秉燭。宴幸既罷，静鼓自舞，而步不揚塵。好夕出遊。造飛行殿，方一丈，如今之輦，選羽林之士，負之以趨。帝於輦上，覺其行快疾，聞其中若風雷之聲，言其行疾也，名曰「雲雷宫」。所幸之宫，咸以氈綈藉地，惡車轍馬跡之喧。雖惑於微行昵宴，在民無勞無怨。每乘輿返駕，以愛幸之姬寶衣珍食，捨於道傍，國人之窮老者皆歌「萬歲」。是以鴻嘉、永始之間，國富家豐，兵戈長戢。故劉向、谷永指言切諫。於是焚宵遊宮及飛行殿，罷宴逸之樂。所謂從繩則正，如轉圜焉。

《三國志》卷三二《蜀志·先主傳》 裴松之注引《典略》曰：備遣軍謀掾韓冉齎書弔，并貢錦布。冉稱疾，住上庸。上庸致其書，適會受終，有詔報答以引致之。備得報書，遂稱制。

《三國志》卷六四《吳志·諸葛恪傳》 恪以建興元年十月會衆於東興，更作大隄，左右結山俠築兩城，各留千人，使全端、留略守之，引軍而還。魏以吳軍入其彊土，恥於受侮，命大將胡遵、諸葛誕等率衆七萬，欲攻圍兩塢，圖壞隄遏。恪興軍四萬，晨夜赴救。遵等敕其諸軍作浮橋度，陳於隄上，分兵攻兩城。城在高峻，不可卒拔。恪遣將軍留贊、呂據、唐咨、丁奉爲前部。時天寒雪，魏諸將會飲，見贊等兵少，而解置鎧甲，不持矛戟。但兜鍪刀楯，倮身緣遏，大笑之，不即嚴兵。兵得上，便鼓譟亂斫。魏軍驚擾散走，爭渡浮橋，橋壞絶，自投於水，更相蹈藉。樂安太守桓嘉等同時并没，死者數萬。故叛將韓綜爲魏前軍督，亦斬之。獲車乘牛馬驢騾各數千，資器山積，振旅而歸。進封恪陽都侯，加荆揚州牧，督中外諸軍事，賜金一百斤，馬二百匹，繒布各萬匹。

《晉書》卷九七《東夷傳·肅慎氏》 及文帝作相，魏景元末，來貢楛矢、石砮，弓甲、貂皮之屬。魏帝詔歸於相府，賜其王傉雞、錦罽、緜帛。

曹操《曹操集·文集》卷三《與太尉楊彪書》 今贈足下錦裘二領，八節銀角桃杖一枚，青氊牀褥三具，官絹五百匹，錢六十萬，畫輪四望通幰七香車一乘，青牸牛二頭，八百里驊騮馬一匹，赤戎金裝鞍轡十副，鈴毦一具，驅使二人，并遺足下貴室錯綵羅縠裘一領，織成韡一量，有心青衣二人，長奉左右。所奉雖薄，以表吾意。足下便當慨然承納，不致往返。《古文苑》，又略見《書鈔》一百三十三、一百三十四、《御覽》三百四十一、四百七十八、又七百七十五。

原題王嘉《拾遺記》卷八《蜀》 糜竺用陶朱計術，日益億萬之利，貲擬王家，有寶三間。【略】時三國交鋒，軍用萬倍，乃輸其寶物車服，以助先主。黄金一億斤，錦綉氈罽積如丘壠，駿馬萬匹。

《晉書》卷三三《王祥傳》 泰始五年薨，詔賜東園秘器，朝服一具，衣一襲，錢三十萬，布帛百匹。

《晉書》卷三三《石崇傳》 財産豐積，室宇宏麗。後房百數，皆曳紈繡，珥金翠。絲竹盡當時之選，庖膳窮水陸之珍。與貴戚王愷、羊琇之徒以奢靡相尚。愷以粭澳釜，崇以蠟代薪。愷作紫絲布步障四十里，崇作錦步障五十里以敵之。

《晉書》卷三七《安平獻王孚傳》 泰始八年薨，時年九十三。帝於太極東堂舉哀三日。詔曰：「王勳德超世，尊寵無二，期頤在位，朕之所倚。庶永百齡，諮仰訓導，奄忽殂隕，哀慕感切。其以東園温明秘器，朝服一具，衣一襲，緋練百匹，絹布各五百匹，錢百萬，穀千斛以供喪事。諸所施行，皆依漢東平獻王蒼故事。」

《晉書》卷四四《鄭袤傳》 泰始九年薨，時年八十五。帝於東堂發哀，賜秘器，朝服一具，衣一襲，錢三十萬，絹布各百匹，以供喪事。

《晉書》卷五九《汝南王亮》 楚王瑋有勳而好立威，亮憚之，欲奪其兵權。瑋甚憾，乃承賈后旨，誣亮與瓘有廢立之，矯詔遣其長史公孫宏與積弩將軍李肇夜以兵圍之。【略】瑋出令曰：「能斬亮者，賞布千匹。」遂爲亂兵所害，投于北門之壁，鬢髮耳鼻皆悉毀焉。及瑋誅，追復亮爵位，給東園温明秘器，朝服一襲，錢三百萬，布絹三百匹，喪葬之禮如安平獻王孚故事，廟設軒懸之樂。

《晉書》卷六一《周馥傳》 馥覩羣賊孔熾，洛陽孤危，乃建策迎天子遷都壽春。永嘉四年，與長史吴思、司馬殷識上書曰：「不圖厄運遂至於此！【略】臣謹選精卒三萬，奉迎皇駕。輒檄前北中郎將裴憲行使持節、監豫州諸軍事、東中郎將，風馳即路。荆、湘、江、揚各先運四年米租十五萬斛，布絹各十四萬匹，以供大駕。令王浚、苟晞共平河朔，臣等勠力以啓南路。遷都弭寇，其計並得。皇輿來巡，臣宜轉據江州，以恢王略。知無不爲，古人所務，敢竭忠誠，庶報萬分。朝遂夕隕，猶生之願。」

《晉書》卷七〇《鍾雅傳》 蘇峻之難，詔雅爲前鋒監軍、假節，領精勇千人以距峻。雅以兵少，不敢擊，退還。拜侍中。尋王師敗績，雅與劉超並侍衛天子。【略】明年，並爲賊所害。賊平，追贈光禄勳。其後以家貧，詔賜布帛百匹。

《晉書》卷九八《桓温傳》 温既負其才力，久懷異志，欲先立功河朔，還受九錫。既逢覆敗，名實頓減，於是參軍郗超進廢立之計，温乃廢帝而立簡文帝。詔温依諸葛亮故事，甲仗百人入殿，賜錢五千萬，絹二萬匹，布十萬匹。【略】〔及薨〕皇太后與帝臨於朝堂三日，詔賜九命衮冕之服，又朝服一具，衣一襲，東園秘器，錢二百萬，布二千匹，臘五百斤，以供喪事。及葬，一依太宰安平獻王、漢大將軍霍光故事，賜九旒鸞輅，黄屋左纛，轀輬車，挽歌二部，羽葆鼓吹，武賁班劍百人，優册即前南郡公增七千五百户，進地方三百里，賜錢五千萬，絹二萬匹，布十萬匹，追贈丞相。

《晉書》卷一〇〇《蘇峻傳》〔峻率衆萬人〕，陷宫城，縱兵大掠，侵逼六宫，窮兇極暴，殘酷無道。【略】時官有布二十萬匹，金銀五十斤，錢億萬，絹數萬匹，他物稱是，峻盡廢之。

《宋書》卷四五《劉道濟傳》 初，〔益州刺史劉〕道濟以五城人帛氏奴、梁顯爲參軍督護，〔長史〕費謙固執不與。遠方商人多至蜀土資貨，或有直數百萬者，謙等限布絲綿各不得過五十斤，馬無善惡，限蜀錢二萬。府又立冶，一斷民私鼓鑄，而貴賣鐵器，商旅吁嗟，百姓咸欲爲亂。

《宋書》卷八三《吴喜傳》 及平荆州，恣意剽虜，贓私萬計；【略】從西還，大艑小䑩，爰及草舫，錢米布絹，無船不滿。自喜以下，迨至小將，人人重載，莫不兼資。

《宋書》卷九五《索虜傳》 元嘉二十七年十二月，〔託跋〕燾至瓜步，壞民屋宇，及伐蒹葦，於滁口造簞伐，聲欲渡江。【略】乘輿數幸石頭及莫府山，觀望形勢。購能斬佛狸伐頭者，封八千户開國縣公，賞布絹各萬匹，金銀各百斤，斬其子及弟，僞相、大軍主，封四百户開國縣侯，布絹各五千匹，自此以下各有差。

《南齊書》卷三八《蕭赤斧》 遷散騎常侍，左衛將軍。世祖親遇與蕭景先相比。封南豐縣伯，邑四百户。遷給事中，太子詹事。赤斧夙患渴利，永明三年會，世祖使甲仗衛三廂，赤斧不敢辭，疾甚，數日卒，年五十六。家無儲積，無絹爲衾，上聞之，愈加惋惜。詔賻錢五萬，上材一具，布百匹，蠟二百斤。追贈金紫光禄大夫。

《南齊書》卷五二《文學傳·卞彬》 彬頗飲酒，擯棄形骸。作《蚤虱賦序》曰：「余居貧，布衣十年不制。一袍之縕，有生所託，資其寒暑，無與易之。爲人多病，起居甚疎，縈寢敗絮，不能自釋。」

《陳書》卷五《宣帝紀》 太建九年夏五月景子，詔曰：「朕昧旦求衣，日旰方食，思弘億兆，用臻俾乂，而牧守莅民，廉平未洽，年常租賦，多致逋餘，即此務農，宜弘寛省。可起太建已來訖八年流移叛户所帶租調，七年八年叛義丁、五年訖八年叛軍丁、六年七年逋租田米粟夏調綿絹絲布麥等，五年訖七年逋貲絹，皆悉原之。」

《陳書》卷三二《孝行傳·殷不害》 大同五年，遷鎮西府記室參軍，尋以本官兼東宫通事舍人。是時朝廷政事多委東宫，不害與舍人庾肩吾直日奏事，梁武帝嘗謂肩吾曰：「卿是文學之士，吏事非卿所長，何不使殷不害來耶？」其見知如此。簡文又以不害善事親，賜其母蔡氏錦裙襦、氈席、被褥，單複畢備。

《魏書》卷一《序紀·文帝沙漠汗》 文皇帝諱沙漠汗，以國太子留洛陽，爲魏賓之冠。聘問交市，往來不絶，魏人奉遺金帛繒絮，歲以萬計。始祖與鄰國交接，篤信推誠，不爲倚伏以要一時之利，寛恕任真，而遐邇歸仰。魏晉禪代，和好仍密。始祖春秋已邁，帝以父老求歸，晉武帝具禮護送。

四十八年，帝至自晉。

五十六年，帝復如晉；其年冬，還國。晉遺帝錦、罽、繒、綵、綿、絹、諸物，咸出豐厚，車牛百乘。行達并州，晉征北將軍衛瓘，以帝爲人雄異，恐爲後患，乃密啓晉帝，請留不遣。晉帝難於失信，不許。瓘復請以金錦賂國之大人，令致間隙，使相危害。晉帝從之，遂留帝。於是國之執事及外部大人，皆受瓘貨。

《魏書》卷三《太宗紀》 永興三年秋七月戊申，賜衛士酺三日，布帛各有差。辛酉，賜附國大人錦罽衣服各有差。【略】

四年春二月癸未，登虎圈射虎；賜南平公長孫嵩等布帛各有差。

秋七月己巳朔，東巡。【略】庚寅，至于濡源。西巡，幸北部諸落，賜以繒帛。八月庚戌，車駕還宫。壬子，幸西宫，臨板殿，大饗羣臣將吏，以田獵所獲賜之，命民大酺三日。乙卯，賜王公以下至宿衛將士布帛各有差。

冬十有一月乙丑，賜宗室近屬南陽王良已下至於緦麻之親布帛各有差。

【略】

五年春正月己巳，大閲，畿内男子十二以上悉集。己卯，幸西宫。頒拔大、渠帥四十餘人詣闕奉貢，賜以繒帛錦罽各有差。乙酉，詔諸州六十户出戎馬一匹。庚寅，大閲於東郊，部署將帥。以山陽侯奚斤爲前軍，衆三萬，陽平王熙等十二將，各一萬騎；帝臨白登，躬自校覽焉。二月戊申，賜陽平王熙及諸王、公、侯、將士布帛各有差。

神瑞元年辛巳，幸繁畤。賜王公以下至於士卒百工布帛各有差。

二年春正月丙辰，車駕至自北伐，賜從征將士布帛各有差。二月丁亥，大饗于西宫，賜附國大、渠帥朝歲首者繒帛金罽各有差。

冬十月丙寅，詔曰：「古人有言，百姓足則君有餘，未有民富而國貧者也。頃者以來，頻遇霜旱，年穀不登，百姓飢寒不能自存者甚衆，其出布帛倉穀以賑貧窮。」

《魏書》卷三《太宗紀》 泰常七年春正月甲辰朔，自雲中西行，幸屋竇城，賜從者大酺三日，蕃渠帥繒帛各有差。二月丙戌，車駕還宮，賜從者布帛各有差，大饗于西宮。

《魏書》卷四上《世祖紀上》 神䴥四年正月壬午，車駕次于木根山，大饗羣臣，賜布帛各有差。

《魏書》卷七上《高祖紀上》 延興三年冬十月癸巳，太上皇南巡，至于懷州。近過問民疾苦，賜高年、孝悌力田布帛。

太和三年五月丁巳，帝祈雨於北苑，閉陽門，是日澍雨大洽。辛酉，詔曰：「昔四代養老，問道乞言。朕雖沖昧，每尚其美。今賜國老各衣一襲，綿五斤，絹布各五匹。」

《魏書》卷七上《高祖紀上》 十有一月癸卯，賜京師貧窮、高年、疾患不能自存者衣服布帛各有差。【略】四年六月丁卯，以澍雨大洽，曲赦京師。以紬綾絹布百萬匹及南伐所俘賜王公已下。

《魏書》卷一三《皇后傳・魏宣武靈皇后胡氏》 幸左藏，王公、嬪、主已下從者百餘人，皆令任力負布絹，即以賜之，多者過二百匹，少者百餘匹。唯長樂公主手持絹二十四而出，示不異衆而無勞也。世稱其廉。儀同、陳留公李崇，章武王融並以所負過多，顛仆於地，崇乃傷腰，融至損腳。時人爲之語曰：「陳留、章武，傷腰折股。貪人敗類，穢我明主。」

《魏書》卷一五《衛王儀傳》 從討姚平，有功，賜以絹布綿牛馬羊等。儀膂力過人，弓力將十石；陳留公虔，矟大稱異。時人云：「衛王弓，桓王矟。」世祖之初育也，太祖喜，夜召儀入。太祖曰：「卿聞夜喚，乃不怪懼乎？」儀曰：「臣推誠以事陛下，陛下明察，臣輒自安。忽奉夜詔，怪有之，懼實無也。」太祖告以世祖生，儀起拜而歌舞，遂對飲申旦。召羣臣入，賜儀御馬、御帶、縑錦等。

《魏書》卷二一上《高陽王雍傳》 〔靈太后〕增雍封一千户，除侍中、太師，又加使持節，以本官領司州牧。

雍表請：王公以下賤妾，悉不聽用織成錦繡、金玉珠璣，違者以違旨論；奴婢悉不得衣綾綺纈，止於縵繒而已，奴則布服，並不得以金銀爲釵帶，犯者鞭一百。太后從之，而不能久行也。

《魏書》卷三三《王憲傳》 出爲并州刺史，加安南將軍，進爵北海公，境内清肅。及還京師，以憲元老，特賜錦繡布帛綿綵珍羞禮膳。

《魏書》卷三五《崔浩傳》 以浩輔東宫之勤，賜繒絮布帛各千段。

《魏書》卷四〇《陸馛傳》 興安初，賜爵聊城侯，出爲散騎常侍、安南將軍、相州刺史，假長廣公。爲政清平，抑强扶弱。【略】在州七年，家至貧約。徵爲散騎常侍，民乞留馛者千餘人。顯祖不許，謂羣臣曰：「馛之善政，雖復古人何以加之？」賜絹五百匹，奴婢十口。馛之還也，吏民大斂布帛以遺之，馛一皆不受，民亦不取，於是以物造佛寺焉，名長廣公寺。

《魏書》卷四八《高允傳》 初，允每謂人曰：「吾在中書時有陰德，濟救民命。若陽報不差，吾壽應享百年矣。」先卒旬外，微有不適。猶不寢臥，呼醫請藥，出入行止，吟詠如常。高祖、文明太后聞而遣醫李脩往脉視之，告以無恙。脩入，密陳允榮衛有異，懼其不久。於是遣使備賜御膳珍羞，自酒米至於鹽醢百有餘品，皆盡時味，及牀帳、衣服、茵被、几杖，羅列於庭。王官往還，慰問相屬。允喜形於色，語人曰：「天恩以我篤老，大有所賚，得以贍客矣。」表謝而已，不有他慮。如是數日，夜中卒，家人莫覺。詔給絹一千匹、布二千匹、綿五百斤、錦五十匹、雜綵百匹、穀千斛以周喪用。魏初以來，存亡蒙賚者莫及焉，朝庭榮之。

《魏書》卷五四《高閭傳》 及車駕至鄴，高祖頻幸其州館。詔曰：「閭昔在中禁，有定禮正樂之勳；作藩於州，有廉清公幹之美。自大軍停軫，庶事咸豐，可謂國之老成，善始令終者也。每惟厥德，朕甚嘉焉。可賜帛五百匹、粟一千斛、馬一匹、衣一襲，以褒厥勤。」【略】

世宗踐阼，閭累表遜位。【略】詔曰：「閭歷官六朝，著勳五紀，年禮致辭，義光進退，歸軒首路，感悵兼懷。安駟巖金，漢世榮既，可賜安車、几杖、輿馬，繒綵、衣服、布帛，事從豐厚。百僚餞之，猶昔羣公之祖二疏也。」閭進陟北邙，上望闕表，以示戀慕之誠。景明三年十月，卒于家。世宗遣使弔慰，賵帛四百匹。

《魏書》卷五五《游明根傳》 明根以年踰七十，表求致仕。詔不許，頻表固請，【略】因泣不自勝。高祖命之令進，言别殷勤，仍爲流涕。賜青紗單衣、委貌冠、被褥、錦袍等物。

其年，以司徒尉元爲三老，明根爲五更，行禮辟雍。語在元傳。賜步挽一乘，給上卿之禄，供食之味，太官就第月送之。以定律令之勤，賜布帛一千匹、穀一千斛。後明根歸廣平，賜絹五百匹、安車一乘、馬二匹、幄帳被褥。車駕幸鄴，明根朝于行宫。詔曰：「游五更光素蓬簷，歸終衡里，可謂朝之舊德，國之老成。可賜帛五百匹、穀五百斛。」敕太官備送珍羞。後車駕幸鄴，又朝行宫，賜穀帛如前，爲造甲第。國有大事，恒璽書訪之。舊疹發動，手詔問疾，太醫送藥。太和二十三年卒於家，年八十一。世宗遣使弔祭，賻錢一十萬、絹三百匹、布二百匹，贈光禄大夫，加金章紫綬，謚靖侯。

《魏書》卷八三上《外戚傳上·常英》 諸常自興安及至是，皆以親疏受爵賜田宅，時爲隆盛。【略】

後員與伯夫子禽可共爲飛書，誣謗朝政。事發，有司執憲，刑及五族。高祖以昭太后故，罪止一門。訢年老，赦免歸家，恕其孫一人扶養之，給奴婢田宅。其家僮入者百人，金錦布帛數萬計，賜尚書以下，宿衛以上。其女壻及親從在朝，皆免官歸本鄉。

《魏書》卷八三下《外戚傳下·胡國珍》 肅宗踐祚，以國珍爲光禄大夫。靈太后臨朝，加侍中，封安定郡公，給甲第，賜帛布綿縠奴婢車馬牛甚厚。追崇國珍妻皇甫氏爲京兆郡君，置守冢十户。尚書令、任城王澄奏，安定公屬尊望重，親賢羣矚，宜出入禁中，參諮大務。詔可。乃令入決萬幾。尋進位中書監、儀同三司，侍中如故，賞賜累萬。又賜絹歲八百匹，妻梁四百匹，男女姊妹兄弟各有差，皆極豐贍。

《魏書》卷九二《列女傳·苟金龍劉氏》 苟金龍妻劉氏，平原人也。廷尉少卿劉叔宗之姊。世宗時，金龍爲梓潼太守，郡帶關城戍主。蕭衍遣衆攻圍，值金龍疾病，不堪部分，衆甚危懼。劉遂率厲城民，修理戰具，一夜悉成。拒戰百有餘日，兵士死傷過半。戍副高景陰圖叛逆，劉斬之，及其黨與數十人。自餘將士，分衣減食，勞逸必同，莫不畏而懷之。井在外城，尋爲賊陷，城中絶水，渴死者多，劉乃集諸長幼，喻以忠節，遂相率告訴於天，俱時號叫，俄而澍雨。劉命出公私布絹及至衣服，懸之城中，絞而取水，所有雜器悉儲之。於是人心益固。會益州刺史傅豎眼將至，賊乃退散。豎眼歎異，具狀奏聞，世宗嘉之。正光中，賞平昌縣開國子，邑二百户，授子慶珍，又得二子出身。

《魏書》卷九八《蕭昭業傳》 昭業素好狗馬，立未十日，【略】朝事大小，皆斷於尚書令蕭鸞。初蕭賾聚錢，上庫至五億萬，齋庫亦出三億萬，金銀布帛絲綿不可稱計，至此歲末，所用過半，皆賜與左右厮卒之徒。及至廢黜，府庫空盡。

《魏書》卷一〇三《蠕蠕傳》 正光元年十二月，肅宗以阿那瓌國無定主，思還綏集，啓請切至，詔議之。時朝臣意有同異，或言聽還，或言不可。領軍元叉爲宰相，阿那瓌私以金百斤貨之，遂歸北。二年正月，阿那瓌等五十四人請辭，肅宗臨西堂，引見阿那瓌及其伯叔兄弟五人，升階賜坐，遣中書舍人穆弼宣勞。阿那瓌等拜辭，詔賜阿那瓌細明光人馬鎧二具，鐵人馬鎧六具；露絲銀纏槊二張并白毦，赤漆槊十張并白毦，黑漆槊十張并幡；露絲弓二張并箭，朱漆柘弓六張并箭，黑漆弓十張并箭；赤漆盾六幡并刀，黑漆盾六幡并刀；赤漆鼓角二十具；五色錦被二領，黄紬被褥三十具；私府繡袍一領并帽，內者緋納襖一領；緋袍二十領并帽，內者雜綵千段；緋納小口袴褶一具，內中宛具；紫納大口袴褶一具，內中宛具；百子帳十八具；黄布幕六張；新乾飯一百石，麥麨八石，榛麨五石；銅烏錥四枚，柔鐵烏錥二枚，各受二斛；黑漆竹榼四枚，各受五升；婢二口；父草馬五百匹，駝百二十頭，牸牛一百頭，羊五千口；朱畫盤器十合；粟二十萬石。至鎮給之。詔侍中崔光、黄門元纂郭外勞遣。

《魏書》卷一一〇《食貨志》 自太祖定中原，世祖平方難，收穫珍寶，府藏盈積。和平二年【略】其年冬，詔出內庫綾綿布帛二十萬匹，令內外百官分曹賭射。

太和十一年，大旱，京都民飢。加以牛疫，公私闕乏，時有以馬驢及橐駝供駕輓耕載。詔聽民就豐。行者十五六，道路給糧稟，至所在，三長贍養之。遣使者時省察焉。留業者，皆令主司審覈，開倉賑貸。其有特不自存者，悉檢集，爲粥於術衢，以救其困。然主者不明牧察，郊甸間甚多餧死者。時承平日久，府藏盈積，詔盡出御府衣服珍寶、太官雜器、太僕乘具、內庫弓矢刀鉾十分之八、外府衣物繒布絲纊諸所供國用者，以其太半班齎百司，下至工商皂隸，逮于六鎮邊戍，畿內鰥寡孤獨貧癃者，皆有差。

《魏書》卷一一四《釋老志》 魏先建國於玄朔，風俗淳一，無爲以自守，與西域殊絶，莫能往來。故浮圖之教，未之得聞，或聞而未信也。及神元與魏、晉通聘，文帝久在洛陽，昭成又至襄國，乃備究南夏佛法之事。太祖平中山，經略燕趙，所逕郡國佛寺，見諸沙門、道士，皆致精敬，禁軍旅無有所犯。帝好黄老，頗覽佛經。但天下初定，戎車屢動，庶事草創，未建圖宇，招延僧衆也。然時時旁求。先是，有沙門僧朗，與其徒隱于泰山之琨瑞谷。帝遣使致書，以繒、素、旃罽、銀鉢爲禮。今猶號曰朗公谷焉。

《北齊書》卷四〇《唐邕傳》 顯祖頻年出塞，邕必陪從，專掌兵機。識悟閑明，承受敏速，自督將以還，軍吏以上，勞効由緒，無不諳練，每有顧問，占對如響。或於御前簡閲，雖三五千人，邕多不執文簿，暗唱官位姓名，未嘗謬誤。天保七年，於羊汾堤講武，令邕總爲諸軍節度。事畢，仍監宴射之禮。是日，顯祖親執邕手,引至太后前,坐於丞相斛律金之上,啓太后云:「唐邕强幹,一人當千。」仍別賜錦綵錢帛。邕非唯强濟明辨,然亦善揣上意,進取多途,是以恩寵日隆,委任彌重。顯祖又嘗對邕白太后云:「唐邕分明强記,每有軍機大事,手作文書,口且處分,耳又聽受,實是異人。」一日之中,六度賜物。

《北齊書》卷四二《袁聿修傳》 天統中,出除信州刺史,即其本鄉也,時人榮之。爲政清靖,不言而治,長吏以下,爰逮鰥寡孤幼,皆得其歡心。武平初,御史普出過詣諸州,梁、鄭、兗、豫疆境連接,州之四面,悉有舉劾,御史竟不到信州,其見知如此。及解代還京,民庶道俗,追別滿道,或將酒脯,涕泣留連,競欲遠送。既盛暑,恐其勞弊,往往爲之駐馬,隨舉一酌,示領其意,辭謝令還。還京後,州民鄭播宗等七百餘人請爲立碑,斂縑布數百疋,託中書侍郎李德文爲文以紀功德。府省爲奏,勑報許之。

《北齊書》卷九八《文襄元后傳》 文襄敬皇后元氏,魏孝静帝之姊也。孝武帝時,封馮翊公主而歸於文襄。容德兼美,曲盡和敬。初生河間王孝琬,時文襄爲世子,三日而孝静帝幸世子第,贈錦綵及布帛萬疋。世子辭,求通受諸貴禮遺,於是十屋皆滿。

《周書》卷六《武帝紀下》 身衣布袍,寢布被,無金寶之飾,諸宫殿華綺者,皆撤毁之,改爲土階數尺,不施櫨栱。其雕文刻鏤,錦繡纂組,一皆禁斷。

《周書》卷一八《王思政傳》 大統之後,思政雖被任委,自以非相府之舊,每不自安。太祖曾在同州,與羣公宴集,出錦罽及雜綾絹數段,命諸將樗蒱取之。物既盡,太祖又解所服金帶,令諸人遍擲,曰:「先得盧者,即與之。」羣公將遍,莫有得者。次至思政,乃斂容跪坐而自誓曰:「王思政羇旅歸朝,蒙宰相國士之遇,方願盡心效命,上報知己。若此誠有實,令宰相賜知者,願擲即爲盧;若内懷不盡,神靈亦當明之,使不作也,便當殺身以謝所奉。」辭氣慷慨,一坐盡驚。即拔所佩刀,横於膝上,攬樗蒱,拊髀擲之。比太祖止之,已擲爲盧矣。徐乃拜而受。自此之後,太祖期寄更深。

《南史》卷五《齊紀下·鬱林王》 帝既失道,朝事大小,皆決之西昌侯鸞,鸞有諫,多不見從。極意賞賜左右,動至百數十萬。每見錢曰:「我昔思汝一箇不得,今日得用汝未?」武帝聚錢上庫五億萬,齊庫亦出三億萬,金銀布帛不可稱計。即位未朞歲,所用已過半,皆賜與諸不逞羣小。取諸寶器以相擊剖破碎之,以爲笑樂。及至廢黜,府庫悉空。

《南史》卷五一《梁西昌縣侯藻傳》 天監九年,徵爲太子中庶子。初,鄭元起之在蜀也,崇於聚斂,財貨山積。金玉珍帛爲一室,名爲内藏;綺縠錦罽爲一室,號曰外府。藻以外府賜將帥,内藏歸王府,不有私焉。及是還朝,輕裝就路。再遷侍中。

《南史》卷七〇《孫謙傳》 齊初,爲錢唐令,御煩以簡,獄無繫囚。及去官,百姓以謙在職不受餉遺,追載縑帛以遂之。謙辭不受。每去官輒無私宅,借空車厩居焉。【略】

謙自少及老,歷二縣五郡,所在廉潔。居身儉素,牀施蘧篨屏風。冬則布被莞席。夏日無幬帳,而夜卧未嘗有蚊蚋,人多異焉。

《南史》卷七五《隱逸傳上·朱百年》 百年少有高情,親亡服闋,攜妻孔氏入會稽南山,伐樵採箬爲業,【略】或遇寒雪,樵箬不售,無以自資,輒自榜船送妻還孔氏,天晴迎之。有時出山陰爲妻買繒采五三尺,好飲酒,遇醉或失之。【略】

百年室家素貧,母以冬月亡,衣並無絮,自此不衣緜帛。嘗寒時就覬宿,衣悉裌布,飲酒醉眠,覬以卧具覆之,百年不覺也。既覺,引卧具去體,謂覬曰:「緜定奇温。」因流涕悲慟,覬亦爲之傷感。

《南史》卷八〇《賊臣傳·侯景》 〔太清〕二年八月,景遂發兵反,於豫州城内集其將帥,登壇歃血。是日地大震。於是以誅中領軍朱异、少府卿徐驎、太子左率陸驗、制局監周石珍爲辭,以爲姦臣亂政,請帶甲入朝。先攻馬頭、木柵,執太守劉神茂、戍主曹璆等。武帝聞之,笑曰:「是何能爲,吾以折箠笞之。」乃敕:斬景者不問南北人同賞封二千户兼一州刺史。其人主帥欲還北不須州者,賞以絹布二萬,以禮發遣。

《北史》卷二四《王憲傳》 出爲并州刺史,又進北海公。境内清肅。及還京師,以憲年老,特賜錦繡布帛,珍羞醴膳。

《北史》卷三一《高遵傳》 遵性不廉清。在中書時,每假歸山東,必借備騾馬,將從百餘,屯逼人家,不得絲縑滿意,則詬詈不去。旬月之間,縑布千數,郡邑苦之。

《北史》卷三八《裴矩傳》 煬帝即位,營建東都,矩職修府省,九旬功就。時西域諸蕃多至張掖與中國交易,帝令矩掌其事。矩知帝方勤遠略,諸胡至者,矩誘令言其國俗山川險易,撰《西域圖記》三卷,其朝奏之。【略】帝大悦,賜物五百段,每日引矩至御坐,親問西方之事。矩盛言胡中多諸寶物,吐谷渾易可并吞。

帝由是甘心，將通西域，西夷經略，咸以委之。

後還黃門侍郎，復令往張掖，引致西蕃，至者十餘國。大業三年，帝有事於恒嶽，咸來助祭。帝將巡河右，復令矩往敦煌。矩遣使說高昌王麴伯雅及伊吾吐屯設等，啗以厚利，導之使入朝。及帝西巡，次燕支山，高昌王、伊吾設等及西蕃胡二十七國謁於道左，皆令佩金玉，被錦罽，焚香奏樂，歌舞喧譟。復令張掖、武威士女盛飾縱觀，填咽周亘數十里，以示中國之盛。帝見而大悦。竟破吐谷渾，拓地數千里，並遣兵戍之，每歲委輸巨億萬計。諸蕃懼懾，朝貢相續。帝謂矩有綏懷略，進位銀青光禄大夫。

其年冬，帝至東都。矩以蠻夷朝貢者多，諷帝令都下大戲，徵四方奇伎異藝陳於端門街，衣錦綺、珥金翠者以十萬數。又勒百官及百姓士女列坐棚閣而縱觀焉，皆被服鮮麗，終月而罷。又令交市店肆皆設帷帳，盛酒食，遣掌蕃率蠻夷與人貿易，所至處悉令邀延就坐，醉飽而散。蠻夷嗟歎，謂中國爲神仙。

《北史》卷四〇《韓麒麟傳》 太和十一年，京都大饑，麒麟表陳時務曰：

自承平日久，豐穰積年，競相矜夸，浸成侈俗。故令耕者日少，田者日荒，穀帛罄於府庫，寶貨盈於市里，衣食匱於室，麗服溢於路，饑寒之本，實在於斯。愚謂凡珍玩之物，皆宜禁斷。**【略】**

往年校比户貫，租賦輕少。臣所統齊州，租粟纔可給俸，略無入倉。雖於人爲利，而不可長久。脱有戎役，或遭天災，恐供給之方，無所取濟。請減絹布，增益穀租，年豐多積，歲儉出振。所謂私人之穀，寄積於官，官有宿積，則人無荒年矣。

麒麟立性恭慎，恒置律令於坐傍。臨終之日，唯有俸絹數十疋，其清貧如此。

《高僧傳》卷二《譯經·佛陀耶舍》 弘始十二年譯出《四分律》，凡四十四卷，并《長阿含》等。涼州沙門竺佛念譯爲秦言，道含筆受。至十五年解座，興嚫耶舍布絹萬匹，悉不受；道含、佛念布絹各千匹，名德沙門五百人，皆重嚫施。

《藝文類聚》卷八五《布帛部》 孔舒元《在窮記》曰：賊來入門，時家見在絹布三千餘疋及衣被器物，皆令婢使輦出，著庭中，恣其所取。由是皆競取財物，不暇復見殺。

《太平御覽》卷八一七《布帛部·絹》 孔舒元《在窮記》曰：太安二年六月，賊變入門。時見家有絹布三千餘疋，及衣被器物，皆令婢使輦出，着庭中，恣其所取。

《隋書》卷一《高祖紀上》 開皇四年八月戊戌，以秦王俊納妃，宴百僚，頒賜各有差。**【略】**丁未，宴秦王官屬，賜物各有差。

《隋書》卷二《高祖紀下》 上性嚴重，有威容，外質木而内明敏，有大略。**【略】**未及十年，平一四海。薄賦斂，輕刑罰，内修制度，外撫戎夷。每旦聽朝，日昃忘倦，居處服玩，務存節儉，令行禁止，上下化之。開皇、仁壽之間，丈夫不衣綾綺，而無金玉文飾，常服多布帛，裝帶不過以銅鐵骨角而已。雖嗇於財，至於賞賜有功，亦無所愛吝。

《隋書》卷二四《食貨志》 〔開皇〕九年陳平，帝親御朱雀門勞凱旋師，因行慶賞。自門外，夾道列布帛之積，達于南郭，以次頒給。所費三百餘萬段。**【略】**十二年，有司上言，庫藏皆滿。帝曰：「朕既薄賦於人，又大經賜用，何得爾也？」對曰：「用處常出，納處常入。略計每年賜用，至數百萬段，曾無減損。」於是乃更闢左藏之院，構屋以受之。**【略】**

〔大業十二年〕東都城内糧盡，布帛山積，乃以絹爲汲綆，然布以爨。

《隋書》卷四一《高熲傳》 開皇九年，晉王廣大舉伐陳，以熲爲元帥長史，三軍諮稟，皆取斷於熲。**【略】**及軍還，以功加授上柱國，進爵齊國公，賜物九千段，定食千乘縣千五百户。

《隋書》卷四六《蘇沙羅》 開皇八年，授邛州刺史。後數載，檢校利州總管事。從史萬歲擊西爨，累有戰功，進位大將軍，賜物千段。

《隋書》卷四八《楊素傳》 及平齊之役，素請率父麾下先驅。帝從之，賜以行策。**【略】**及齊平，加上開府，改封成安縣公，邑千五百户，賜以粟帛、奴婢、雜畜。

高祖受禪，加上柱國。開皇四年，拜御史大夫。其妻鄭氏性悍，素忿之曰：「我若作天子，卿定不堪爲皇后。」鄭氏奏之，由是坐免。

上方圖江表，先是，素數進取陳之計，未幾，拜信州總管，賜錢百萬、錦千段、馬二百匹而遣之。素下至漢口，與秦孝王會。及還，拜荆州總管，進爵郢國公，邑三千户，真食長壽縣千户。以其子玄感爲儀同，玄獎爲清河郡公。賜物萬段，粟萬石，加以金寶，又賜陳主妹及女妓十四人。**【略】**

上以素久勞於外，詔令馳傳入朝。加子玄感官爲上開府，賜綵物三千段。

素以餘賊未殄，恐爲後患，又自請行。【略】江南大定。上遣左領軍將軍獨孤陀至浚儀迎勞。比到京師，問者日至。拜素子玄奬爲儀同，賜黄金四十斤，加銀瓶，實以金錢，縑三千段，馬二百匹，羊二千口，公田百頃，宅一區。代蘇威爲尚書右僕射，與高熲專掌朝政。【略】

尋令素監營仁壽宫，【略】於是賜錢百萬，錦絹三千段。

十八年，突厥達頭可汗犯塞，以素爲靈州道行軍總管，出塞討之，賜物二千段，黄金百斤。【略】素奮擊，大破之，達頭被重傷而遁，殺傷不可勝計，羣虜號哭而去。優詔褒揚，賜縑二千匹，及萬釘寶帶。

仁壽初，代高熲爲尚書左僕射，賜良馬百匹，牝馬二百匹，奴婢百口。其年，以素爲行軍元帥，出雲州擊突厥，連破之。【略】自是突厥遠遁，磧南無復虜庭。以功進子玄感位爲柱國，玄縱爲淮南郡公。賞物二萬段。

及獻皇后崩，山陵制度，多出於素。上善之，下詔曰：

君爲元首，臣則股肱，共治萬姓，義同一體。上柱國、尚書左僕射、仁壽宫大監、越國公素，志度恢弘，機鑒明遠，懷佐時之略，包經國之才。【略】非唯廊廟之器，實是社稷之臣，若不加褒賞，何以申兹勸勵？可别封一子義康郡公，邑萬户，子子孫孫，承襲不絶。餘如故。

并賜田三十頃，絹萬段，米萬石，金鉢一，實以金，銀鉢一，實以珠，并綾錦五百段。

時素貴寵日隆，其弟約、從父文思、弟文紀，及族父异，並尚書列卿。諸子無汗馬之勞，位至柱國、刺史。家僮數千，後庭妓妾曳綺羅者以千數。【略】

〔四年〕因從駕幸洛陽，以素領營東京大監。以平〔漢王〕諒之功，拜其子萬石、仁行，姪玄挺，皆儀同三司，賚物五萬段，綺羅千匹，諒之妓妾二十人。大業元年，遷尚書令，賜東京甲第區，物二千段。〔五年〕卒官。【略】給轀車，班劍四十人，前後部羽葆鼓吹，粟麥五千石，物五千段。

《隋書》卷五〇《郭榮傳》 武帝親總萬機，拜宣納中士。後帝平齊，以戰功，賜馬二十匹，綿絹六百段，封平陽縣男，遷司水大夫。【略】

煬帝即位，入爲武候驃騎將軍，以嚴正聞。【略】楊玄感之亂，帝令馳守太原。明年，復從帝至柳城，遇疾，帝令存問動静，中使相望。卒於懷遠鎮，時年六十八。帝爲之廢朝，贈兵部尚書，謚曰恭，贈物千段。

《隋書》卷五〇《龐晃傳》 周太祖既有關中，署晃大都督，領親信兵，常置左右。晃因從居關中。後遷驃騎將軍，襲爵比陽侯。衛王直出鎮襄陽，晃以本官從。尋與長湖公元定擊江南，孤軍深入，遂没於陣。數年，衛王直遣晃弟車騎將軍元儁齎絹八百匹贖焉，乃得歸朝。拜上儀同，賜綵二百段，復事衛王。【略】

晃性剛悍，【略】由是宿衛十餘年，官不得進。出爲懷州刺史，數歲，遷原州總管。仁壽中卒官，年七十二。高祖爲之廢朝，贈物三百段，米三百石。

《隋書》卷五二《韓擒虎傳》 開皇初，高祖潛有吞併江南之志，以擒有文武才用，夙著聲名，於是拜爲廬州總管，委平陳之任，甚爲敵人所憚。【略】擒以精騎五百，直入朱雀門。【略】遂平金陵，執陳叔寶。時賀若弼亦有功。乃下詔於晉王曰：「【略】平定江表，二人之力也。」賜物萬段。【略】

及至京，弼與擒争功於上前，【略】上曰：「二將俱合上勳。」於是進位上柱國，賜物八千段。

《隋書》卷五二《賀若弼傳》 高祖受禪，陰有并江南之志，訪可任者。高熲曰：「朝臣之内，文武才幹，無若賀若弼者。」高祖曰：「公得之矣。」於是拜弼爲吴州總管，委以平陳之事，弼忻然以爲己任。【略】上聞弼有功，大悦，下詔褒揚，語在《韓擒傳》。晉王以弼先期決戰，違軍命，於是以弼屬吏。上驛召之，及見，迎勞曰：「克定三吴，公之功也。」命登御坐，賜物八千段，加位上柱國，進爵宋國公，真食襄邑三千户，加以寶劍、寶帶、金甕、金盤各一，并雉尾扇、曲蓋，雜綵二千段，女樂二部，又賜陳叔寶妹爲妾。拜右領軍大將軍，尋轉右武候大將軍。

弼時貴盛，位望隆重，其兄隆爲武都郡公，弟爲萬榮郡公，並刺史、列將。弼家珍玩不可勝計，婢妾綺羅者數百，時人榮之。

《隋書》卷五五《杜彦傳》 高祖爲丞相，從韋孝寬擊尉迥於相州，每戰有功，賜物三千段，奴婢三十口。

《隋書》卷五五《乞伏慧傳》 高祖爲丞相，從韋孝寬擊尉惇於武陟，授大將軍，賜物八百段。及平尉迥，進位柱國，賜爵西河郡公，邑三千户，賚物二千三百段。

《隋書》卷五五《和洪傳》 周武帝時，數從征伐，以戰功，累遷車騎大將軍、儀同三司。【略】從帝攻河陰，洪力戰，陷其西門。帝壯之，賞物千段。

尉迥作亂相州，以洪爲行軍總管，從韋孝寬擊之。【略】及平相州，每戰有功，拜柱國，封廣武郡公，邑二千户。前後賜物萬段，奴婢五十口，金銀各百挺，牛馬百匹。

《隋書》卷五六《盧愷傳》 開皇初，加上儀同三司，除尚書吏部侍郎，進爵爲侯，仍攝尚書左丞。每有敷奏，侃然正色，雖逢喜怒，不改其常。帝嘉愷有吏幹，賜錢二十萬，并賚雜綵三百匹，加散騎常侍。

《隋書》卷五六《令狐熙傳》 開皇八年，徙爲河北道行臺度支尚書，吏民追思，相與立碑頌德。【略】

及上祠太山還，次汴州，惡其殷盛，多有姦俠，於是以熙爲汴州刺史。【略】

其年來朝，考績爲天下之最，賜帛三百匹，頒告天下。

上以嶺南夷、越數爲反亂，徵拜桂州總管十七州諸軍事，許以便宜從事，刺史以下官得承制補授。給帳内五百人，賜帛五百匹，發傳送其家累，改封武康郡公。

《隋書》卷五六《張衡傳》 高祖受禪，拜司門侍郎。及晉王廣爲河北行臺，衡歷刑部、度支二曹郎。後以臺廢，拜并州總管掾。及王轉牧揚州，衡復爲掾，王甚親任之。衡亦竭慮盡誠事之，奪宗之計，多衡所建也。以母憂去職，歲餘，起授揚州總管司馬，賜物三百段。開皇中，熙州李英林聚衆反，署置百官，以衡爲行軍總管，率步騎五萬人討平之。拜開府，賜奴婢一百三十口，物五百段，金銀雜畜稱是。及王爲皇太子，拜衡右庶子，仍領給事黄門侍郎。

煬帝嗣位，除給事黄門侍郎，進位銀青光禄大夫，俄遷御史大夫，甚見親重。大業三年，帝幸榆林郡，還至太原，謂衡曰：「朕欲過公宅，可爲朕作主人。」衡於是馳至河内，與宗族具牛酒。帝上太行，開直道九十里，以抵其宅。帝悦其山泉，留宴三日，【略】帝益歡，賜其宅傍田三十頃，良馬一匹，金帶，縑綵六百段，衣一襲，御食器一具。衡固讓，帝曰：「天子所至稱幸者，蓋爲此也，不足爲辭。」衡復獻食於帝，帝令頒賜公卿，下至衛士，無不霑洽。

衡以藩邸之舊，恩寵莫與爲比，頗自驕貴。明年，帝幸汾陽宫，宴從官，特賜絹五百匹。

《隋書》卷五六《宇文弼傳》 從帝平齊，以功拜上儀同，封武威縣公，邑千五百户，賜物千五百段，奴婢百五十口，馬牛羊千餘頭，拜司州總管司録。

宣帝嗣位，遷左守廟大夫。時突厥寇甘州，帝令侯莫陳昶率兵擊之，弼爲監軍。【略】其年，弼又率兵從梁士彦攻拔壽陽，尋改封安樂縣公，增邑六百户，賜物六百段，加以口馬。

《隋書》卷五七《盧昌衡傳》 仁壽中，奉詔持節爲河南道巡省大使，及還，以奉使稱旨，授儀同三司，賜物三百段。

《隋書》卷五七《薛道衡傳》 仁壽中，楊素專掌朝政，道衡既與素善，上不欲道衡久知機密，因出檢校襄州總管。道衡久蒙驅策，一旦違離，不勝悲戀，言之哽咽。高祖愴然改容曰：「爾光陰晚暮，侍奉誠勞。朕欲令爾將攝，兼撫萌俗。今爾之去，朕如斷一臂。」於是賚物三百段，九環金帶，并時服一襲，馬十匹，慰勉遣之。

《隋書》卷五七《明克讓傳》 高祖受禪，拜太子内舍人，轉率更令，進爵爲侯。【略】開皇十四年，以疾去官，加通直散騎常侍。卒，年七十。上甚傷惜焉，賻物五百段，米三百石。太子又贈絹布二千匹，錢十萬，朝服一具，給棺槨。

《隋書》卷六〇《于仲文傳》 宣帝時，爲東郡太守。高祖爲丞相，尉迥作亂，遣將檀讓收河南之地。復使人誘致仲文，仲文拒之。迥怒其不同己，遣儀同宇文威攻之。仲文迎擊，大破威衆，斬首五百餘級。以功授開府。迥又遣其將宇文胄渡石濟，宇文威、鄒紹自白馬，二道俱進，復攻仲文。【略】仲文僅而獲免，達於京師。迥於是屠其三子一女。高祖見之，引入卧内，爲之下泣。賜綵五百段，黄金二百兩，進位大將軍，領河南道行軍總管。【略】

入朝京師，高祖引入卧内，宴享極歡。賜雜綵千餘段，妓女十人，拜柱國、河南道大行臺。屬高祖受禪，不行。

《隋書》卷六〇《段文振傳》 初爲宇文護親信，護知其有幹用，擢授中外府兵曹。後武帝攻齊海昌王尉相貴於晉州，其亞將侯子欽、崔景嵩爲内應。文振杖槊登城，與崔仲方等數十人先登。文振隨景嵩至相貴所，拔佩刀劫之，相貴不敢動，城遂下。帝大喜，賜物千段。進拔文侯、華谷、高壁三城，皆有力焉。【略】

煬帝即位，徵爲兵部尚書，待遇甚重。【略】

及遼東之役，授左候衛大將軍，出南蘇道。在道疾篤，上表曰：【略】後數日，卒於師。帝省表，悲歎久之，贈光禄大夫尚書右僕射、北平侯，謚曰襄。賜物一千段，粟麥二千石，威儀鼓吹，送至墓所。

《隋書》卷六一《宇文述傳》 平尉迥，每戰有功，起拜上柱國，進爵褒國公，賜縑三千匹。

開皇初，拜右衛大將軍。平陳之役，復以行軍總管率衆三萬，自六合而濟。【略】述進至奉公埭，蕭巖、陳君範等以會稽請降。述許之，二人面縛路左，吳、會悉平。以功拜一子開府，賜物三千段，拜安州總管。

煬帝嗣位，拜左衛大將軍，改封許國公。【略】述時貴重，委任與蘇威等，其親愛則過之。【略】然性貪鄙，知人有珍異之物，必求取之。富商大賈及隴右諸胡子弟，述皆接以恩意，呼之爲兒。由是競加餽遺，金寶累積。後庭曳羅綺者數百，家僮千餘人，皆控良馬，被服金玉。述之寵遇，當時莫與爲比。

及征高麗，述爲扶餘道軍將。【略】初，渡遼九軍三十五萬五千人，及還遼東城，唯二千七百人。帝大怒，以述等屬吏。至東都，除名爲民。

明年，帝有事遼東，復述官爵，待之如初。從至遼東，與將軍楊義臣等率兵復臨鴨緑水。會楊玄感作亂，帝召述班師，令馳驛赴河陽，發諸郡兵以討玄感。【略】大破之，遂斬玄感，傳首行在所。賜物數千段。

《隋書》卷六二《趙綽傳》　高祖爲丞相，知其清正，引爲録事參軍。尋遷掌朝大夫，從行軍總管是云暉擊叛蠻，以功拜儀同，賜物千段。

高祖受禪，授大理丞。處法平允，考績連最，轉大理正。尋遷尚書都官侍郎，未幾轉刑部侍郎。治梁士彦等獄，賜物三百段，奴婢十口，馬二十匹。【略】刑部侍郎辛亶，嘗衣緋褌，俗云利於官，上以爲厭蠱，將斬之。綽曰：「據法不當死，臣不敢奉詔。」上怒甚，謂綽曰：「卿惜辛亶而不自惜也？」命左僕射將綽斬之，綽曰：「陛下寧可殺臣，不得殺辛亶。」至朝堂，解衣當斬，上使人謂綽曰：「竟何如？」對曰：「執法一心，不敢惜死。」上拂衣而入，良久乃釋之。明日，謝綽，勞勉之，賜物三百段。

《隋書》卷六三《樊子蓋傳》　高祖受禪，以儀同領鄉兵，後除樅陽太守。平陳之役，以功加上開府，改封上蔡縣伯，食邑七百户，賜物三千段，粟九千斛。【略】

煬帝即位，徵還京師，轉涼州刺史。子蓋言於帝曰：「臣一居嶺表，十載於茲，犬馬之情，不勝戀戀。願趨走闕庭，萬死無恨。」帝賜物三百段，慰諭遣之。授銀青光禄大夫，武威太守，以善政聞。大業三年入朝，帝引之内殿，特蒙褒美。乃下詔曰：【略】於是進位金紫光禄大夫，賜物千段，太守如故。【略】

九年，車駕復幸遼東，命子蓋爲東都留守。屬楊玄感作逆，來逼王城，【略】玄感每盡鋭攻城，子蓋徐設備禦，至輒摧破，故久不能克。會來護兒救至，玄感解去。子蓋凡所誅殺者數萬人。

又檢校河南内史。車駕至高陽，追詣行在所。既而引見，帝逆勞之曰：【略】進位光禄大夫，封建安侯，尚書如故。賜縑三千匹，女樂五十人。【略】

十年冬，車駕還東都，帝謂子蓋曰：【略】是日下詔，進爵爲濟公，言其功濟天下，特爲立名，無此郡國也。賜縑三千匹，奴婢二十口。後與蘇威、宇文述陪宴積翠亭，帝親金杯屬子蓋酒，【略】并綺羅百匹。

十一年，從駕汾陽宮。【略】時絳郡賊敬槃陀、柴保昌等阻兵數萬，汾、晉苦之。詔令子蓋進討。【略】擁數萬之衆，經年不能破賊，有詔徵還。又將兵擊宜陽賊，以疾停，卒于京帝，時年七十有二。【略】帝聞而歎息，令百官就弔，賜縑三百匹，米五百斛，贈開府儀同三司。

《隋書》卷六三《楊義臣傳》　仁壽初，拜朔州總管，賜以御甲。

煬帝嗣位，漢王諒作亂并州。時代州總管李景爲漢王將喬鍾葵所圍，詔義臣救之。【略】義臣自以兵少，悉取軍中牛驢，得數千頭，復令兵數百人，人持一鼓，潛驅之澗谷間，出其不意。義臣晡後復與鍾葵軍戰，兵初合，命驅牛驢者疾進。一時鳴鼓，塵埃張天，鍾葵軍不知，以爲伏兵發，因而大潰，縱擊破之。以功進位上大將軍，賜物二千段，雜綵五百段，女妓十人，良馬二十匹。尋授相州刺史。

《隋書》卷六三《衛玄傳》　仁壽初，山獠作亂，出爲資州刺史以鎮撫之。玄既到官，時獠攻圍大牢鎮，玄單騎造其營，謂羣獠曰：「我是刺史，銜天子詔安養汝等，勿驚懼也。」諸賊莫敢動。於是説以利害，渠帥感悦，解兵而去。前後歸附者十餘萬口。高祖大悦，賜縑二千匹，除遂州總管，仍令劍南安撫。

煬帝即位，復徵衛尉卿。夷、獠攀戀，數百里不絶。玄曉之曰：「天子詔徵，不可久住。」因與之訣，夷、獠各揮涕而去。歲餘，遷工部尚書。其後拜魏郡太守，尚書如故。帝詔玄曰：「魏郡名都，衝要之所，民多姦宄，是用煩公。此郡去都，道里非遠，宜數往來，詢謀朝政。」賜物五百段而遣之。

《隋書》卷六四《張定和傳》　張定和字處謐，京兆萬年人也。少貧賤，有志節。初爲侍官。會平陳之役，定和當從征，無以自給。其妻有嫁時衣服，定和將鬻之，妻靳固不與，定和於是遂行。以功拜儀同，賜帛千匹，遂棄其妻。是後數以軍功，加上開府、驃騎將軍。從上柱國李充擊突厥，先登陷陣，虜刺之中頸，定和以草塞創而戰，神氣自若，虜遂敗走。上聞而壯之，遣使者齎藥，馳詣定和所勞問之。進位柱國，封武安縣侯，賞物二千段，良馬二匹，金百兩。

煬帝嗣位，拜宜州刺史，尋轉河内太守，頗有惠政。歲餘，徵拜左屯衛大將軍。從帝征吐谷渾，至覆袁州。時吐谷渾主與數騎而遁，其名王詐爲渾主，保車我真山，帝命定和率師擊之。既與賊相遇，輕其衆少，呼之令降，賊不肯下。定和不被甲，挺身登山，賊伏兵於巖谷之下，發矢中之而斃。其亞將柳武建擊賊，悉斬之。帝爲流涕，贈光禄大夫。時舊爵例除，於是復封武安侯，謚曰壯武。贈絹千匹，米千石。

《隋書》卷六四《張奫傳》　高祖作相，授大都督，領鄉兵。賀若弼之鎮壽春也，恒爲間諜，平陳之役，頗有功焉。進位開府儀同三司，封文安縣子，邑八百户，賜物二千五百段，粟二千五百石。歲餘，率水軍破逆賊管子游於京口，薛子建於和州。徵入朝，拜大將軍。高祖命升御坐而宴之，謂奫曰：「卿可爲朕兒，朕爲卿父。今日聚集，示無外也。」其後賜綺羅千匹，緑沉甲、獸文具裝。尋從楊素征江表，别破高知慧於會稽，吴世華於臨海。進位上大將軍，賜奴婢六十口，縑綵三百匹。歷撫、顯、齊三州刺史，俱有能名。開皇十八年，爲行軍總管，從漢王諒征遼東，諸軍多物故，奫衆獨全。高祖善之，賜物二百五十段。

《隋書》卷六四《魚俱羅》　弱冠爲親衛，累遷大都督。從晉王廣平陳，以功拜開府，賜物一千五百段。

《隋書》卷六五《周法尚傳》　年十八，爲陳始興王中兵參軍，尋加伏波將軍。【略】法尚與長沙王叔堅不相能，叔堅言其將反。【略】法尚遂歸于周。宣帝甚優寵之，拜開府、順州刺史，封歸義縣公，邑千户。賜良馬五匹，女妓五人，綵物五百段，加以金帶。

高祖受禪，拜巴州刺史，破三鵶叛蠻於鐵山，復從柱國王誼擊走陳寇。遷衡州總管、四州諸軍事，改封譙郡公，邑二千户。後上幸洛陽，召之，及引見，賜金鈿酒鍾一雙，綵五百段，良馬十五匹，奴婢三百口，給鼓吹一部。【略】及伐陳之役，以行軍總管隸秦孝王，率舟師三萬出于樊口。陳城州刺史熊門超出師拒戰，擊破之，擒超於陣。轉鄂州刺史，尋遷永州總管，安集嶺南，賜縑五百段。【略】陳定州刺史呂子廓據山洞反，法尚引兵踰嶺，子廓兵衆日散，與千餘人走保巖嶮，其左右斬之而降。賜綵五百段，奴婢五十口，并銀甕寶帶，良馬十匹。十年，尋轉桂州總管，仍爲嶺南安撫大使。

後數年入朝，以本官宿衛。賜綵三百段，米五百石，絹五百匹。【略】仁壽中，遂州獠叛，復以總管討平之。嶲州烏蠻反，攻陷州城，詔令法尚便道擊之。【略】法尚選步騎數千人，襲擊破之，獲其渠帥數千人，虜男女萬餘口。賜奴婢百口，物三百段，蜀馬二十匹。軍還，檢校路州事。

煬帝嗣位，轉雲州刺史。後三歲，轉定襄太守，進位金紫光禄大夫。時帝幸榆林，法尚朝于行宫。【略】因拜左武衛將軍，賜良馬二匹，絹三百匹。【略】遼東之役，以舟師指朝鮮道，會楊玄感反，與將軍宇文述、來護兒等破之。以功進右光禄大夫，賜物九百段。

《隋書》卷六五《李景傳》　開皇九年，以行軍總管從王世積伐陳，陷陣有功，進位上開府，賜奴婢六十口，物千五百段。十七年，遼東之役，爲馬軍總管，及還，配事漢王。【略】尋從史萬歲擊突厥於大斤山，别路邀賊，大破之。後與上明公楊紀送義成公主於突厥，至恒安，遇突厥來寇。時代州總管韓洪爲虜所敗，景率所領數百人援之。力戰三日，殺虜甚衆，賜物三千段，授韓州刺史。以事王故，不之官。

仁壽中，檢校代州總管。漢王諒作亂并州，景發兵拒之。【略】景尋被徵入京，進位柱國，拜右武衛大將軍，賜縑九千匹，女樂一部，加以珍物。

景智略非所長，而忠直爲時所許，帝甚信之。擊叛蠻向思多，破之，賜奴婢八十口。明年，擊吐谷渾於青海，破之，進位光禄大夫。賜奴婢六十口，縑二千匹。五年，車駕西巡，至天水，景獻食於帝。【略】明年，攻高麗武厲城，破之，賜爵苑丘侯，物一千段。八年，出渾彌道。九年，復出遼東。及旋師，以景爲殿。高麗追兵大至，景擊走之。賚物三千段，進爵滑國公。

《隋書》卷六五《薛世雄傳》　世雄爲玉門道行軍大將，與突厥啓民可汗連兵擊伊吾。師次玉門，啓民可汗背約，兵不至，世雄孤軍度磧。伊吾初謂隋軍不能至，皆不設備，及聞世雄兵已度磧，大懼，請降，詣軍門上牛酒。世雄遂於漢舊伊吾城東築城，號新伊吾，留銀青光禄大夫王威，以甲卒千餘人戍之而還。天子大悦，進位正議大夫，賜物二千段。

《隋書》卷六五《王仁恭傳》　弱冠，州補主簿，秦孝王引爲記室，轉長道令，遷車騎將軍。從楊素擊突厥於靈武，以功拜上開府，賜物三千段。【略】

煬帝嗣位，漢王諒舉兵反，從楊素擊平之，以功進位大將軍，拜呂州刺史，賜帛四千匹，女妓十人。歲餘，轉衛州刺史，尋改爲汲郡太守，有能名。徵入朝，帝呼上殿，勞勉之，賜雜綵六百段，良馬二匹。遷信都太守，汲郡吏民扣馬號哭於道，數日不得出境，其得人情如此。

遼東之役，以仁恭爲軍將。及帝班師，仁恭爲殿，遇賊，擊走之。進授左光祿大夫，賜絹六千段，馬四十匹。明年，復以軍將指扶餘道，【略】仁恭遂進軍，至新城，賊數萬背城結陣，仁恭率勁騎一千擊破之。賊嬰城拒守，仁恭四面攻圍。帝聞而大悦，遣舍人詣軍勞問，賜以珍物。進授光祿大夫，賜絹五千匹。會楊玄感作亂，其兄子武賁郎將仲伯預焉，仁恭由是坐免。

尋而突厥屢爲寇患，帝以仁恭宿將，頻有戰功，詔復本官，領馬邑太守。其年，始畢可汗率騎數萬來寇馬邑，復令二特勤將兵南過。時郡兵不滿三千，仁恭簡精鋭逆擊，破之。其二特勤衆亦潰，仁恭縱兵乘之，獲數千級，并斬二特勤。帝大悦，賜縑三千匹。

《隋書》卷六六《李諤傳》 諤性公方，明達世務，爲時論所推。遷治書侍御史。上謂羣臣曰：「朕昔爲大司馬，每求外職，李諤陳十二策，苦勸不許，朕遂決意在内。今此事業，諤之力也。」賜物二千段。

《隋書》卷六六《柳莊傳》 蕭詧稱帝，還署中書舍人，歷給事黄門侍郎、吏部郎中、鴻臚卿。

及高祖輔政，蕭巋令莊奉書入關。【略】高祖踐阼，莊又入朝，高祖深慰勉之。及晉王廣納妃于梁，莊因是往來四五反，前後賜物數千段。

《隋書》卷六六《房彦謙傳》 及高祖受禪之後，遂優遊鄉曲，誓無仕心。開皇七年，刺史韋藝固薦之，不得已而應命。吏部尚書一見重之，擢受承奉郎，俄遷監察御史。後屬陳平，奉詔安撫泉、括等十州，以銜命稱旨，賜物百段。

《隋書》卷六八《宇文愷傳》 煬帝即位，遷都洛陽，以愷爲營東都副監，尋遷將作大匠。愷揣帝心在宏侈，於是東京制度窮極壯麗。帝大悦之，進位開府，拜工部尚書。及長城之役，詔愷規度之。時帝北巡，欲誇戎狄，令愷爲大帳，其下坐數千人。帝大悦，賜物千段。

《隋書》卷七〇《楊玄感傳》 時帝好征伐，玄感欲立威名，陰求將領。謂兵部尚書段文振曰：【略】文振因言於帝，帝嘉之，顧謂羣臣曰：「將門必有將，相門必有相，故不虚也。」於是賚物千段，禮遇益隆，頗預朝政。

《隋書》卷七〇《趙元淑傳》 趙元淑，父世模，初事高寶寧，後以衆歸周，授上開府，寓居京兆之雲陽。高祖踐阼，恒典宿衛。後從晉王伐陳，先鋒遇賊，力戰而死。朝廷以其身死王事，以元淑襲父本官，賜物二千段。元淑性疎誕，不治産業，家徒壁立。後數歲，授驃騎將軍，將之官，無以自給。時長安富人宗連，家累千金，仕周爲三原令。有季女，慧而有色，連獨奇之，每求賢夫。聞元淑如是，請與相見。連有風儀，美談笑，元淑亦異之。及至其家，服玩居處擬於將相。酒酣，奏女樂，元淑所未見也。元淑辭出，連曰：「公子有暇，可復來也。」後數日，復造之，宴樂更侈。如此者再三，因謂元淑曰：「知公子素貧，老夫當相濟。」因問元淑所須，盡買與之。臨别，元淑再拜致謝，連復拜曰：「鄙人竊不自量，敬慕公子。今有一女，願爲箕帚妾，公子意何如？」元淑感愧，遂娉爲妻。連復送奴婢二十口，良馬十餘匹，加以縑帛錦綺及金寶珍玩。元淑遂爲富人。

《隋書》卷七〇《裴仁基傳》 開皇初，爲親衛。平陳之役，先登陷陣，拜儀同，賜物千段。【略】數歲改授武賁郎將，從將軍李景討叛蠻向思多於黔安，以功進銀青光祿大夫，賜奴婢百口，絹五百匹。

《隋書》卷七二《孝義傳·王頒》 及大舉伐陳，頒自請行，率徒數百人，從韓擒先鋒夜濟。力戰被傷，恐不堪復鬭，悲感嗚咽。【略】有司録其戰功，將加柱國，賜物五千段。

《隋書》卷七三《循吏傳·梁彦光》 及高祖受禪，以爲岐州刺史，兼領岐州宫監，增邑五百户，通前二千户。甚有惠政，嘉禾連理，出於州境。開皇二年，上幸岐州，悦其能，乃下詔曰：「賞以勸善，義兼訓物。彦光操履平直，識用凝遠，布政岐下，威惠在人，廉慎之譽，聞於天下。【略】可賜粟五百斛，物三百段。」

《隋書》卷七三《循吏傳·趙軌》 高祖受禪，轉齊州别駕，有能名。【略】在州四年，考績連最。持節使者郃陽公梁子恭狀上，高祖嘉之，賜物三百段，米三百石，徵軌入朝。

《隋書》卷七三《循吏傳·房恭懿》 開皇初，吏部尚書蘇威薦之，授新豐令，政爲三輔之最。上聞而嘉之，賜物四百段，恭懿以所得賜分給窮乏。未幾，復賜米三百石，恭懿又賑貧人。上聞而止之。時雍州諸縣令每朔朝謁，上見恭懿，必呼至榻前，訪以理人之術。蘇威重薦之，超授澤州司馬，有異績，賜物百段，良馬一匹。

《隋書》卷七三《循吏傳·公孫景茂》 開皇初，詔徵入朝，訪以政術，拜汝南太守。郡廢，轉曹州司馬。在職數年，以老病乞骸骨，優詔不許。俄遷息州刺史，法令清静，德化大行。【略】

十五年，上幸洛陽，景茂謁見，時年七十七。上命升殿坐，問其年歲。景茂以實對。上哀其老，嗟嘆久之。景茂再拜曰：「吕望八十而遇文王，臣踰七十而逢陛下。」上甚悦，賜物三百段。

《隋書》卷七三《循吏傳・柳儉》 煬帝嗣位，徵之。于時以功臣任職，牧州領郡者，並帶戎資，唯儉起自良吏。帝嘉其績用，特授朝散大夫，拜弘化太守，賜物一百段而遣之。儉清節逾勵。【略】及義兵至長安，尊立恭帝，儉與留守李粲縞素於州，南向慟哭。既而歸京師，相國賜儉物三百段，就拜上大將軍。

《隋書》卷八四《北狄傳・突厥》 大業三年四月，煬帝幸榆林，啓民及義成公主來朝行宮，前後獻馬三千匹。帝大悦，賜物二萬段。【略】

帝法駕御千人大帳，享啓民及其部落酋長三千五百人，賜物二十萬段，其下各有差。【略】帝親巡雲内，泝金河而東，北幸啓民所居。啓民奉觴上壽，跪伏甚恭。帝大悦，【略】賜啓民及主金甕各一，及衣服被褥錦綵，特勤以下各有差。

《舊唐書》卷二《太宗紀上》 貞觀九年九月丁未，引諸衛騎兵統將等習射于顯德殿庭，謂將軍已下曰：【略】

於是每日引數百人於殿前教射，帝親自臨試，射中者隨賞弓刀、布帛。朝臣多有諫者，曰：「先王制法，有以兵刃至御所者刑之，所以防萌杜漸，備不虞也。今引裨卒之人，彎弧縱矢於軒陛之側，陛下親在其間，正恐禍出非意，非所以爲社稷計也。」上不納。

《舊唐書》卷三《太宗紀下》 貞觀十五年五月壬申，并州僧道及老人等抗表，以太原王業所因，明年登封已後，願時臨幸。【略】因固請過并州。上謂曰：「飛鳥過故鄉，猶躑躅徘徊，況朕於太原起義，遂定天下，復少小遊觀，誠所不忘。岱禮若畢，或冀與公等相見。」於是賜物各有差。

《舊唐書》卷四《高宗紀上》 貞觀二十三年六月甲戌朔，皇太子即皇帝位，時年二十二。【略】癸未，詔司徒、揚州都督、趙國公無忌爲太尉兼檢校中書令，知尚書門下二省事，餘並如故，賜物三千段。【略】

永徽五年春正月甲子，幸并州。二月辛巳，至并州。丙戌，宴從官及諸親、并州官屬父老，賜帛有差。曲赦并州及管内諸州。義旗初職事五品已上身亡歿墳墓在并州者，令所司致祭。佐命功臣子孫及大將軍府僚佐已下今見存者，賜階級有差，量才處分。起義之徒職事一品已下，賜物有差。年八十已上，版授刺史、縣令。佐命功臣食别封身已歿者，爲後子孫各加兩階。賜酺三日。甲午，祠舊宅，以武士彠、殷開山、劉政會配食。

三月丙午，皇后宴親族鄰里故舊於朝堂，命婦婦人入會於内殿，及皇室諸親賜帛各有差，及從行文武五品以上。制以皇后故鄉并州長史、司馬各加勳級。又皇后親預會，每賜物一千段，期親五百段，大功已下及無服親、鄰里故舊有差。城内及諸婦女年八十已上，各版授郡君，仍賜物等。

《舊唐書》卷五《高宗紀下》 永隆元年九月，河南、河北諸州大水，遣使賑卹，溺死者官給棺槥，其家賜物七段。

《舊唐書》卷七《中宗紀》 神龍元年三月庚寅，衛王重俊上洛州牧。王乘駟馬車，鹵簿從；諸王公已下、中書門下五品已上及諸親並祖送，禮儀甚盛。事畢，賜物有差。【略】戊申，相王旦於太常廳上。王公諸親祖送，衛尉張設，光禄造食。禮畢，賜物如衛王上洛州牧之儀。

《舊唐書》卷八《玄宗紀上》 開元六年十一月丙申，親謁太廟，迴御承天門，詔：「七廟元皇帝已上三祖枝孫有失官序者，各與一人五品京官。内外官三品已上有廟者，各賜物三十匹，以備修祭服及俎豆。」賜文武官有差。【略】

〔七年冬十月〕戊寅，皇太子詣國學行齒胄禮，陪位官及學生賜物有差。

八年春正月甲子朔，皇太子加元服。乙丑，皇太子謁太廟。丙寅，會百官於太極殿，賜物有差。

《舊唐書》卷一二《德宗紀上》 貞元元年八月甲戌，朔方大將牛名俊斬李懷光，傳首闕下。馬燧收復河中。丁丑，始雨。己卯，詔：「【略】昨河中行營將士，共賜二十萬端匹以充宴賞，放歸本道。」

《舊唐書》卷一三《德宗紀下》 貞元六年十一月庚午，日南至，上親祀昊天上帝於郊丘。禮畢還宫，御丹鳳樓宣赦，見禁囚徒減罪一等。立仗將士及諸軍兵，賜十八萬段匹。

《舊唐書》卷一四《憲宗紀上》 元和五年六月癸巳，應給食實封例，節度使兼宰相，每食實封百户，歲給八百端匹，若是絹，加給綿六百兩；節度使不兼宰相，每百户給四百端匹；軍使諸衛大將軍，每百户給三百五十端匹。

秋七月己亥朔。庚子，王承宗遣判官崔遂上表自首，請輸常賦，朝廷除授官吏。丁未，詔昭洗王承宗，復其官爵，待之如初。諸道行營將士，共賜物二十八萬四百三十端匹。

《舊唐書》卷一五《憲宗紀下》 元和十二年二月壬申，出内庫絹布六十九萬段匹、銀五千兩，付度支供軍。

十四年二月乙卯，以鎮、冀水災，賜王承宗綾絹萬匹。

三月己卯朔。丁酉，上以齊、魯初平，宴羣臣於麟德殿，賜物有差。戊午，王承宗進位檢校左僕射。八月己未，田弘正來朝。【略】丁亥，宴田弘正與大將判官二百人於麟德殿，賜物有差。

《舊唐書》卷一六《穆宗紀》　長慶元年正月己亥朔，上親薦獻太清宮、太廟。是日，法駕赴南郊。日抱珥，宰臣賀於前。辛丑，祀昊天上帝於圜丘，即日還宮，御丹鳳樓，大赦天下，改元長慶。内外文武及致仕官三品已上賜爵一級，四品已下加一階，陪位白身人賜勳兩轉，應緣大禮移仗宿衛御樓兵仗將士，普恩之外，賜勳爵有差。仍准舊例，賜錢物二十萬四千九百六十端匹。

《舊唐書》卷一七上《敬宗紀》　長慶四年二月辛丑，上始御紫宸殿受朝。既退，幸飛龍院，厚賜内官等物有差。

《舊唐書》卷一七下《文宗紀下》　開成元年閏五月己丑，湖南觀察使盧周仁進羡餘錢二萬貫、雜物八萬段；不受，還之，使貸下户征税。

《舊唐書》卷一八下《宣宗紀》　大中七年十月，尚書左僕射、門下侍郎、平章事、太清宮使、弘文館大學士崔鉉進《續會要》四十卷，修撰官楊紹復、崔璩、薛逢、鄭言等，賜物有差。

《舊唐書》卷五七《裴寂傳》　及義兵起，寂進宮女五百人，并上米九萬斛，雜綵五萬段，甲四十萬領，以供軍用。【略】及京師平，賜良田千頃、甲第一區、物四萬段，轉大丞相長史，進封魏國公，食邑三千户。

《舊唐書》卷五七《劉世龍傳》　時草創之始，傾竭府藏以賜勳人，而國用不足，義節進計曰：「今義師數萬，並在京師，樵薪貴而布帛賤。若採街衢及苑中樹爲樵以易布帛，歲收數十萬匹立可致也。又藏内繒絹，匹匹軸之使申，截取剩物，以供雜費，動盈十餘萬段矣。」高祖並從之，大收其利。再遷太府卿，封葛國公。

《舊唐書》卷五七《樊興傳》　樊興者，本安陸人也，父犯罪配没爲皇家隸人。興從平京城，累除右監門將軍。又從太宗破薛舉，平王世充、竇建德，積戰功，累封榮國公，賜物二千段，黄金三十鋌。

《舊唐書》卷五七《張長遜傳》　及征薛舉，長遜不待命而至，以功授豐州總管，進封巴國公，賜以錦袍金甲。是時言事者以長遜久居豐州，與突厥連結；長遜懼，請入朝，拜右武候將軍，徙封息國公，賜以宮人、綵物千餘段。

《舊唐書》卷五八《唐儉傳》　永徽初，致仕于家，加特進。顯慶元年卒，年七十八，高宗爲之舉哀，罷朝三日，贈開府儀同三司、并州都督，賻布帛一千段、粟一千石，賜東園秘器，陪葬昭陵。

《舊唐書》卷五九《許圉師傳》　顯慶二年，累遷黄門侍郎、同中書門下三品，兼修國史。三年，以修實録功封平恩縣公，賜物三百段。

《舊唐書》卷六〇《李晦傳》　乾封中，累除營州都督，以善政聞，璽書勞問，賜物三百段。

《舊唐書》卷六〇《王君廓傳》　君廓，并州石艾人也。少亡命爲羣盜，聚徒千餘人，轉掠長平，進逼夏縣，李密遣使召之，遂投於密。尋又率衆歸國，歷遷右武衛將軍，累封彭國公。從平劉黑闥，令鎮幽州。會突厥入寇，君廓邀擊破之，俘斬二千餘人，獲馬五千匹。高祖大悦，徵入朝，賜以御馬，令於殿庭乘之而出，因謂侍臣曰：「吾聞藺相如叱秦皇，目眥出血。君廓往擊竇建德，將出戰，李勣遏之，君廓發憤大呼，目及鼻耳一時流血。此之壯氣，何謝古人，不可以常例賞之。」復賜錦袍金帶，還鎮幽州。尋以誅瑗功，拜左領軍大將軍，兼幽州都督，以瑗家口賜之，加左光禄大夫，賜物千段，食實封千三百户。

《舊唐書》卷六〇《淮陽王道玄傳》　武德元年封淮陽王，授右千牛。從太宗擊宋金剛于介州，先登陷陣，時年十五，太宗壯之，賞物千段。

《舊唐書》卷六一《陳叔達傳》　叔達明辯，善容止，每有敷奏，搢紳莫不屬目。江南名士薄遊長安者，多爲薦拔。〔武德〕五年，進封江國公。嘗賜食於御前，得蒲萄，執而不食。高祖問其故，對曰：「臣母患口乾，求之不能致，欲歸以遺母。」高祖喟然流涕曰：「卿有母可遺乎！」因賜物百段。

《舊唐書》卷六一《竇琮傳》　大將軍府建，爲統軍，從平西河，破霍邑，拜金紫光禄大夫、扶風郡公。尋從劉文静擊屈突通於潼關，通遣裨將桑顯和來逼文静，義軍不利。琮與段志玄等力戰久之，隋軍大潰，通遁走。琮率輕騎追至稠桑，獲通而返。進兵東略，下陝縣，拔太原倉。拜右領軍大將軍，賜物五百段。【略】武德初，以元謀勳特恕一死，拜右屯衛大將軍，復轉右領軍大將軍。時將圖洛陽，遣琮留守陝城以督糧運。王世充遣其驍將羅士信來斷糧道，琮潛使人説以利害，士信遂帥衆降。及從平東都，賞物一千四百段。

《舊唐書》卷六二《鄭善果傳》　大業中，累轉魯郡太守。【略】及朝京師，煬帝以其居官儉約，莅政嚴明，與武威太守樊子蓋考爲天下第一，各賞物千段，黄金百兩，再遷大理卿。

《舊唐書》卷六二《李大亮傳》　義兵入關，大亮自東都歸國，授土門令。屬百姓饑荒，盜賊侵寇，大亮賣所乘馬分給貧弱，勸以墾田，歲因大稔。躬捕寇盜，

所擊輒平。時太宗在藩，巡撫北境，聞而嗟歎，下書勞之，賜馬一匹、帛五十段。【略】

（貞觀）時頡利可汗敗亡，北荒諸部相率内屬。有大度設、拓設、泥熟特勤及七姓種落等，尚散在伊吾，以大亮爲西北道安撫大使以綏集之，多所降附。朝廷愍其部衆凍餒，遣於磧口貯糧，特加賑給。大亮以爲於事無益，上疏曰：【略】近日突厥傾國入朝，既不能俘之江淮以變其俗，置於内地，去京不遠，雖則寬仁之義，亦非久安之計也。每見一人初降，賜物五匹、袍一領，酋帥悉授大官，禄厚位尊，理多縻費。以中國之幣帛，供積惡之兇虜，其衆益多，非中國之利也。太宗納其奏。

八年，爲劍南道巡省大使。大亮激濁揚清，甚獲當時之譽。及討吐谷渾，以大亮爲河東道行軍總管，與大總管李靖等出北路，涉青海，歷河源，遇賊於蜀渾山，接戰破之，俘其名王，虜雜畜五萬計。以功進爵爲公，賜物千段、奴婢一百五十人，悉遺親戚。【略】

十八年，太宗幸洛陽，令大亮副司空玄齡居中。尋遇疾，太宗親爲調藥，馳驛賜之。臨終上表，請停遼東之役，又言京師宗廟所在，願深以關中爲意。表成而歎曰：「吾聞禮，男子不死婦人之手。」於是命屏婦人，言終而卒，時五十九。死之日，家無珠玉可以爲唅，唯有米五石，布三十端。親戚孤遺爲大亮所鞠養，服之如父者十五人。太宗爲舉哀於别次，哭之甚慟，廢朝三日，贈兵部尚書、秦州都督，謚曰懿，陪葬昭陵。

《舊唐書》卷六三《裴矩傳》　大業初，西域諸蕃款張掖塞與中國互市，煬帝遣矩監其事。矩知帝方勤遠略，欲吞并夷狄，乃訪西域風俗及山川險易，君長姓族，物産服章，撰《西域圖記》三卷，入朝奏之。帝大悦，賜物五百段。

《舊唐書》卷六四《道王元慶傳》　永徽四年，歷滑州刺史，以政績聞，賜物二百段。

《舊唐書》卷六五《高士廉傳》　貞觀五年，入爲吏部尚書，進封許國公。【略】是時，朝議以山東人士好自矜夸，雖復累葉陵遲，猶持其舊地，女適他族，必多求聘財。太宗惡之，以爲甚傷教義，乃詔士廉與御史大夫韋挺、中書侍郎岑文本、禮部侍郎令狐德棻等刊正姓氏。於是普責天下譜諜，仍據史傳，考其真僞，忠賢者褒進，悖逆者貶黜，撰爲《氏族志》。【略】及書成，凡一百卷，詔頒於天下，賜士廉物千段。【略】

十六年，又正受詔與魏徵等集文學之士，撰《文思博要》一千二百卷奏之，賜物千段。

《舊唐書》卷六六《房玄齡傳》　隱太子將有變也，太宗令長孫無忌召玄齡及如晦，令衣道士服，潛引入閤計事。及太宗入春宫，擢拜太子右庶子，賜絹五千匹。【略】

十七年，與司徒長孫無忌等圖形於凌煙閣，贊曰：「才兼藻翰，思入機神。當官勵節，奉上忘身。」高宗居春宫，加玄齡太子太傅，仍知門下省事，監修國史如故。尋以撰高祖、太宗實録成，降璽書褒美，賜物一千五百段。

《舊唐書》卷六六《杜如晦傳》　貞觀三年冬，遇疾，表請解職，許之，禄賜特依舊。太宗深憂其疾，頻遣使存問，名醫上藥，相望於道。四年，疾篤，令皇太子就第臨問，上親幸其宅，撫之流涕，賜物千段。

《舊唐書》卷六七《李靖傳》　武德四年，靖又陳十策以圖蕭銑。高祖從之，授靖行軍總管，兼攝孝恭行軍長史。【略】

孝恭遣靖率輕兵五千爲先鋒，至江陵，屯營於城下。士弘既敗，銑甚懼，始徵兵於江南，果不能至。孝恭以大軍繼進，靖又破其驍將楊君茂、鄭文秀，俘甲卒四千餘人，更勒兵圍銑城。明日，銑遣使請降，靖即入據其城，號令嚴肅，軍無私焉。【略】江、漢之域，聞之莫不爭下。以功授上柱國，封永康縣公，賜物二千五百段。詔命檢校荆州刺史，承制拜授。乃度嶺至桂州，遣人分道招撫，其大首領馮盎、李光度、甯真長等皆遣子弟來謁，靖承制授其官爵。凡所懷輯九十六州，户六十餘萬。優詔勞勉，授嶺南道撫慰大使，檢校桂州總管。

六年，輔公祏於丹陽反，詔孝恭爲元帥，靖爲副以討之，李勣、任瓌、張鎮州、黄君漢等七總管並受節度。【略】靖率輕兵先至丹陽，公祏大懼。先遣僞將左遊仙領兵守會稽以爲形援，公祏擁兵東走，以趨遊仙，至吴郡，與惠亮、正通並相次擒獲，江南悉平。於是置東南道行臺，拜靖行臺兵部尚書，賜物千段、奴婢百口、馬百匹。【略】

（貞觀）四年，靖進擊定襄，破之，獲隋齊王暕之子楊正道及煬帝蕭后，送于京師，可汗僅以身遁。以功進封代國公，賜物六百段及名馬、寶器焉。【略】

太宗初聞靖破頡利，大悦，謂侍臣曰：【略】御史大夫温彦博害其功，譖靖軍無綱紀，致令虜中奇寶，散於亂兵之手。太宗大加責讓，靖頓首謝。久之，太宗謂曰：「隋將史萬歲破達頭可汗，有功不賞，以罪致戮。朕則不然，當赦公之罪，録公之勳。」詔加左光禄大夫，賜絹千匹，真食邑通前五百户。未幾，太宗謂靖曰：「前有人譏公，今朕意已悟，公勿以爲懷。」賜絹二千匹，拜尚書右僕射。請性沉厚，每與時宰參議，恂恂然似不能言。

八年，詔爲畿内道大使，伺察風俗。尋以足疾上表乞骸骨，言甚懇至。太宗遣中書侍郎岑文本謂曰：【略】乃下優詔，加授特進，聽在第攝養，賜物千段，尚乘馬兩匹，禄賜、國官府佐並依舊給，患若小瘳，每三兩日至門下、中書平章政事。【略】

十八年，帝幸其第問疾，仍賜絹五百匹，進位衛國公、開府儀同三司。

《舊唐書》卷六八《秦叔寶傳》 高祖令事秦府，太宗素聞其勇，厚加禮遇。從鎮長春宫，拜馬軍總管。又從征於美良川，破尉遲敬德，功最居多。高祖遣使賜以金瓶，勞之曰：「卿不顧妻子，遠來投我，又立功効。朕肉可爲卿用者，當割以賜卿，況子女玉帛乎？卿當勉之。」尋授秦王右三統軍。又從破宋金剛於介休。録前後勳，賜黄金百斤、雜綵六千段，授上柱國。從討王世充，每爲前鋒。太宗將拒竇建德於武牢，叔寶以精騎數十先陷其陣。世充平，進封翼國公，賜黄金百斤、帛七千段。從平劉黑闥，賞物千段。

《舊唐書》卷六八《段志玄傳》 從討王世充，深入陷陣，馬倒，爲賊所擒。兩騎夾持其髻，將渡洛水，志玄踴身而奮，二人俱墮馬，馳歸，追者數百騎，不敢逼。及破竇建德，平東都，功又居多，遷秦王府右二護軍，賞物二千段。

隱太子建成、巢刺王元吉競以金帛誘之，志玄拒而不納，密以白太宗，竟與尉遲敬德等同誅建成、元吉。太宗即位，累遷左驍衛大將軍，封樊國公，食實封九百户。

《舊唐書》卷六九《李君羨傳》 初爲王世充驃騎，惡世充之爲人，乃與其黨叛而來歸，太宗引爲左右。從討劉武周及王世充等，每戰必單騎先鋒陷陣，前後賜以宫女、馬牛、黄金、雜綵，不可勝數。

《舊唐書》卷七〇《岑羲傳》 初，中宗時，侍御史冉祖雍誣奏睿宗及太平公主與節愍太子連謀，請加推究，羲與中書侍郎蕭至忠密申保護。及羲監修《中宗實録》，自書其事，睿宗覽而大加賞歎，賜物三百段，細馬一匹，仍下制書褒美之。

《舊唐書》卷七一《魏徵傳》 貞觀元年，遷尚書(左)[右]丞。或有言徵阿黨親戚者，帝使御史大夫温彦博案驗無狀，彦博奏曰：「徵爲人臣，須存形迹，不能遠避嫌疑，遂招此謗。雖情在無私，亦有可責。」帝令彦博讓徵，【略】徵再拜曰：「願陛下使臣爲良臣，勿使臣爲忠臣。」帝曰：「忠、良有異乎？」徵曰：「良臣，稷、契、咎陶是也。忠臣，龍逢、比干是也。良臣使身獲美名，君受顯號，子孫傳世，福禄無疆。忠臣身受誅夷，君陷大惡，家國並喪，空有其名。以此而言，相去遠矣。」帝深納其言，賜絹五百匹。【略】

二年，長樂公主將出降，帝以皇后所生，敕有司資送倍於永嘉長公主。徵曰：「不可。昔漢明欲封其子，云『我子豈與先帝子等？可半楚、淮陽』。前史以爲美談。天子姊妹爲長公主，子爲公主，既加『長』字，即是有所尊崇。或可情有淺深，無容禮相踰越。」上然其言，入告長孫皇后，后遣使齎錢四十萬、絹四百匹，詣徵宅以賜之。【略】

初，有詔遣令狐德棻、岑文本撰《周史》，孔穎達、許敬宗撰《隋史》，姚思廉撰《梁》、《陳史》，李百藥撰《齊史》。徵受詔總加撰定，多所損益，務存簡正。《隋史》序論，皆徵所作，《梁》、《陳》、《齊》各爲總論，時稱良史。史成，加左光禄大夫，進封鄭國公，賜物二千段。【略】

十二年，徵以戴聖《禮記》編次不倫，遂爲《類禮》二十卷，以類相從，削其重復，採先儒訓注，擇善從之，研精覃思，數年而畢。太宗覽而善之，賜物一千段，録數本以賜太子及諸王，仍藏之秘府。【略】

其年，稱綿惙，中使相望。徵宅先無正寢，太宗欲爲小殿，輟其材爲徵營構，五日而成，遣中使齎素褥布被而賜之，遂其所尚也。及病篤，輿駕再幸其第，撫之流涕，問所欲言，徵曰：「嫠不恤緯，而憂宗周之亡。」後數日，太宗夜夢徵若平生，及旦而奏徵薨。時年六十四。太宗親臨慟哭，廢朝五日，贈司空、相州都督，謚曰文貞，給羽葆鼓吹、班劍四十人，賻絹布千段、米粟千石，陪葬昭陵。

《舊唐書》卷七二《李百藥傳》 貞觀四年，授太子右庶子。五年，與左庶子于志寧、中允孔穎達、舍人陸敦信侍講于弘教殿。時太子頗留意典墳，然閑燕之後，嬉戲過度，百藥作《贊道賦》以諷焉，辭多不載。太宗見而遣使謂百藥曰：「朕於皇太子處見卿所獻賦，悉述古來儲貳事以誡太子，甚是典要。朕選卿以輔弼太子，正爲此事，大稱所委，但須善始令終耳。」因賜綵物五百段。然太子卒不悟而廢。十年，以撰《齊史》成，加散騎常侍，行太子左庶子，賜物四百段。

《舊唐書》卷七二《褚亮傳》 薛舉僭號隴西，以亮爲黄門侍郎，委之機務。及舉滅，太宗聞亮名，深加禮接，因從容自陳。太宗大悦，賜物二百段，馬四匹。從還京師，授秦王文學。

《舊唐書》卷七三《薛收傳》 貞觀七年，寢疾，太宗遣使臨問，相望於道。尋命與疾詣府，太宗親以衣袂撫收，論叙生平，潸然流涕。尋卒，年三十三。太宗親自臨哭，哀慟左右。【略】因使人弔祭，贈物三百段。【略】又嘗夢收如平生，又敕有司特賜其家粟帛。

《舊唐書》卷七三《薛元超傳》　永隆二年，拜中書令，兼太子左庶子。高宗幸東都，太子於京師監國，因留元超以侍太子。帝臨行謂元超曰：「朕之留卿，如去一臂。但吾子未閑庶務，關西之事，悉以委卿。所寄既深，不得默爾。」於是元超表薦鄭祖玄、鄭玄挺、崔融爲崇文館學士。又數上疏諫太子，高宗知而稱善，遣使慰諭，賜物百段。

《舊唐書》卷七三《顔師古傳》　貞觀七年，拜秘書少監，專典刊正，所有奇書難字，衆所共惑者，隨疑剖析，曲盡其源。【略】俄又奉詔與博士等撰定《五禮》，十一年，《禮》成，進爵爲子。時承乾在東宫，命師古注班固《漢書》，解釋詳明，深爲學者所重。承乾表上之，太宗令編之秘閣，賜師古物二百段、良馬一匹。【略】

永徽三年，師古子揚庭爲符璽郎，又表上師古所撰《匡謬正俗》八卷。高宗下詔付秘書閣，仍賜揚庭帛五十匹。

《舊唐書》卷七三《令狐德棻傳》　貞觀十年，以修《周史》賜絹四百匹。十一年，修《新禮》成，進爵爲子。又以撰《氏族志》成，賜帛二百匹。【略】

永徽元年，又受詔撰定律令，復爲禮部侍郎，兼弘文館學士，監修國史及《五代史志》。尋遷太常卿，兼弘文館學士。

時高宗初嗣位，留心政道，嘗召宰臣及弘文館學士於中華殿而問曰：「何者爲王道、霸道？又孰爲先後？」德棻對曰：【略】高宗甚悦，既罷，各賜以繒綵。

四年，遷國子祭酒，以修貞觀十三年以後實録功，賜物四百段，兼授崇賢館學士。

《舊唐書》卷七三《孔穎達傳》　貞觀六年，累除國子司業。歲餘，遷太子右庶子，仍兼國子司業。與諸儒議曆及明堂，皆從穎達之説。又與魏徵撰成《隋史》，加位散騎常侍。十一年，又與朝賢修定《五禮》，所有疑滯，咸諮決之。書成，進爵爲子，賜物三百段。庶人承乾令撰《孝經義疏》，穎達因文見意，更廣規諷之道，學者稱之。太宗以穎達在東宫數有匡諫，與左庶子于志寧各賜黄金一斤、絹百匹。【略】

先是，與顔師古、司馬才章、王恭、王琰等諸儒受詔撰定《五經》義訓，凡一百八十卷，名曰《五經正義》。太宗下詔曰：「卿等博綜古今，義理該洽，考前儒之異説，符聖人之幽旨，實爲不朽。」付國子監施行，賜穎達物三百段。

《舊唐書》卷七五《蘇良嗣傳》　載初元年春，罷文昌左相，加位特進，仍依舊知政事。與地官尚書韋方質不協，及方質坐事當誅，辭引良嗣，則天特保明之。良嗣謝恩拜伏，便不能復起，輿歸其家，詔御醫張文仲、韋慈藏往視疾。其日薨，年八十五。則天輟朝三日，舉哀於觀風門，敕百官就宅赴弔。贈開府儀同三司、益州都督，賜絹布八百段、米粟八百石，兼降璽書弔祭。

《舊唐書》卷七七《韋待價傳》　則天臨朝，拜吏部尚書，攝司空，營高宗山陵，功畢，加金紫光禄大夫，改爲天官尚書、同鳳閣鸞臺三品，賜物一千段，仍與一子五品。

《舊唐書》卷七八《張行成傳》　太宗東征，皇太子於定州監國，即行成本邑也。太子謂行成曰：「今者送公衣錦還鄉。」於是令有司祀其先人墓。行成因薦鄉人魏唐卿、崔寶權、馬龍駒、張君劼等，皆以學行著聞，太子召見，以其老不任職，皆厚賜而遣之。太子又使行成詣行在所，太宗見之甚悦，賜馬二匹、縑三百匹。【略】

永徽四年九月，卒于尚書省，時年六十七。高宗哭之甚哀，輟朝三日，令九品以上就第哭。比斂，【略】賻絹布八百段、米粟八百石，賜東園秘器。

《舊唐書》卷七八《張易之傳》　則天臨朝，通天二年，太平公主薦易之弟昌宗入侍禁中，既而昌宗啓天后曰：「臣兄易之器用過臣，兼工合鍊。」即令召見，甚悦。由是兄弟俱侍宫中，皆傅紛施朱，衣錦繡服，俱承辟陽之寵。俄以昌宗爲雲麾將軍，行左千牛中郎將，易之爲司衛少卿。賜第一區、物五百段、奴婢駝馬等。

《舊唐書》卷七九《傅仁均傳》　傅仁均，滑州白馬人也。善曆算、推步之術。武德初，太史令庾儉、太史丞傅奕表薦之，高祖因召令改修舊曆。【略】經數月，曆成奏上，號曰《戊寅元曆》，高祖善之。武德元年七月，詔頒新曆，授仁均員外散騎常侍，賜物二百段。

《舊唐書》卷八一《崔敦禮傳》　顯慶元年，拜太子少師，仍同中書門下三品。敕召其子定襄都督府司馬餘慶使侍其疾。尋卒，年六十餘。高宗舉哀於東雲龍門，賜東園秘器，贈開府儀同三司、并州大都督，陪葬昭陵，賻絹布八百段、米粟八百石。

《舊唐書》卷八二《許敬宗傳》　貞觀十七年，以修《武德》、《貞觀實録》成，封高陽縣男，賜物八百段，權檢校黄門侍郎。

《舊唐書》卷八三《郭孝恪傳》　貞觀十六年，累授金紫光禄大夫，行安西都護、西州刺史。【略】

俄又以孝恪爲崑丘道副大總管以討龜兹，破其都城，孝恪自留守之，餘軍分道別進，龜兹國相那利率衆遁逃。孝恪以城外未賓，乃出營於外，有龜兹人來謂孝恪曰：「那利爲相，人心素歸，今亡在野，必思爲變。城中之人，頗有異志，公宜備之。」孝恪不以爲虞。那利等果率衆萬餘，陰與城内降胡表裏爲應。孝恪失於警候，賊將入城鼓譟，孝恪始覺之，乃率部下千餘人入城，與賊合戰。城中人復應那利，攻孝恪。孝恪力戰而入，至其王所居，旋復出，戰於城門，中流矢而死，孝恪子待詔亦同死於陣。賊竟退走，將軍曹繼叔復拔其城。太宗聞之，初責孝恪不加警備，以致顛覆；後又憐之，爲其家舉哀。高宗即位，追贈安西都護、陽翟郡公，待詔贈遊擊將軍，仍賻物三百段。

《舊唐書》卷八三《程務挺傳》　程務挺，洺州平恩人也。父名振。【略】名振又從太宗討黑闥，時黑闥於冀、貝、滄、瀛等州水陸運糧，以拒官軍，名振率千餘人邀擊之，盡毁其舟車。黑闥聞之大怒，遂殺名振母、妻。及黑闥平，名振請手斬黑闥，以其首祭母。名振以功拜營州都督府長史，封東平郡公，賜物二千段、黄金三百兩。累轉洺州刺史。

《舊唐書》卷八四《郝處俊傳》　處俊性儉素，土木形骸，自參綜朝政，每與上言議，必引經籍以應對，多有匡益，甚得大臣之體。侍中、平恩公許圉師，即處俊之舅，早同州里，俱宦達於時。又其鄉人田氏、彭氏，以殖貨見稱。有彭志筠，顯慶中，上表請以家絹布二萬段助軍，詔受其絹萬匹，特授奉議郎，仍布告天下。故江、淮間語曰：「貴如許、郝，富若田、彭。」

處俊還太子少保。開耀元年薨，年七十五，贈開府儀同三司、荆州大都督。高宗甚傷悼之，顧謂侍臣曰：【略】即於光順門舉哀一日，不視事，終祭以少牢，贈絹布八百段，米粟八百石。

《舊唐書》卷八五《徐有功傳》　長安二年卒，年六十二，贈司刑卿。

中宗即位，制曰：「忠正之臣，自昔攸尚；褒贈之典，舊章所重。故贈大理卿徐有功，節操貞勁，器懷亮直，徇古人之志業，實一代之賢良，司彼刑書，深存敬慎。【略】朕惟新庶政，追想前跡，其人既殁，其德可稱。追往贈終，慰兹泉壤。可贈越州刺史，仍遣使就家弔祭，賜物百段，授一子官。」

《舊唐書》卷八六《燕王忠傳》　高宗初入東宮而生忠，宴宮僚於弘教殿。太宗幸宮，顧謂宮臣曰：「頃來王業稍可，非無酒食，而唐突卿等晏會者，朕初有此孫，故相就爲樂耳。」太宗酒酣起舞，以屬羣臣，在位於是遍舞，盡日而罷，賜物有差。【略】

顯慶元年，廢忠爲梁王，授梁州都督，賜實封二千户，物二萬段，甲第一區。

《舊唐書》卷八六《孝敬皇帝弘傳》　龍朔元年，命中書令、太子賓客許敬宗，侍中兼太子右庶子許圉師，中書侍郎上官儀，太子中舍人楊思儉等於文思殿博採古今文集，摘其英詞麗句，以類相從，勒成五百卷，名曰《瑶山玉彩》，表上之。制賜物三萬段，敬宗已下加級，賜帛有差。

《舊唐書》卷八八《韋承慶傳》　嘗爲《諭善箴》以獻太子，太子善之，賜物甚厚。承慶又以人之用心，多擾濁浮躁，罕詣沖和之境，乃著《靈臺賦》以廣其志，辭多不載。【略】尋以修《則天實録》之功，賜爵扶陽縣子，賚物五百段。

《舊唐書》卷八八《韋嗣立傳》　嗣立與韋庶人宗屬疏遠，中宗特令編入屬籍，由是顧賞尤重。嘗於驪山構營別業，中宗親往幸焉，自製詩序，令從官賦詩，賜絹二千匹。【略】開元七年卒，贈兵部尚書，謚曰孝。中書門下又奏：「嗣立衣冠之内，夙表才名，兄弟之間，特稱和睦。承恩歷事，位列宰臣。中年以不能正身，頗近兇戚，爲憲司糾劾，因兹出貶。若循其始，終是吉人，宜棄其瑕，以從衆望。請贈物一百段。」從之。

《舊唐書》卷八九《王方慶傳》　永淳中，累遷太僕少卿。則天臨朝，拜廣州都督。【略】當時議者以爲有唐以來，治廣州者無出方慶之右。有制褒之曰：「朕以卿歷職著稱，故授此官，既美化遠聞，實副朝寄。今賜卿雜綵六十段并瑞錦等物，以彰善政也。」

《舊唐書》卷九一《桓彦範傳》　（神龍元年）時韋皇后既干朝政，德静郡王武三思又居中用事，以則天爲彦範等所廢，常深憤怨，又慮彦範等漸除武氏，乃先事圖之。皇后韋氏既雅爲帝所信寵，言無不從，三思又私通於韋氏，乃日夕譖毁彦範等。帝竟用三思計，進封彦範爲扶陽郡王、敬暉爲平陽郡王、張柬之爲漢陽郡王、崔玄暐爲博陵郡王、袁恕己爲南陽郡王，並加特進，令罷知政事。彦範仍賜姓韋氏，令與皇后同屬籍，仍賜雜綵、錦繡、金銀、鞍馬等。雖外示優崇，而實奪其權也。【略】

二年秋，武三思又陰令人疏皇后穢行，牓於天津橋，請加廢黜。中宗聞之怒，命御史大夫李承嘉推求其人。承嘉希三思旨，奏言：「彦範與敬暉、張柬之、袁恕己、崔玄暐等教人密爲此牓。雖託廢后爲名，實有危君之計，請加族滅。」制依承嘉所奏。大理丞李朝隱執奏云：「敬暉等既未經鞫問，不可即肆誅夷，請差御史按罪，待至，準法處分。」大理卿裴談奏云：「敬暉等祇合據敕斷罪，不可別俟推鞫，請並處斬籍没。」中宗納其議，仍以彦範等五人嘗賜鐵券，許以不死，乃長流彦範於瀼州，敬暉於崖州，張柬之於瀧州，袁恕己於環州，崔玄暐於古州，並終身禁錮，子弟年十六已上者亦配流嶺外。擢授承嘉金紫光禄大夫，進封襄武郡公。韋氏又特賜承嘉綵物五百段，瑞錦被一張。

《舊唐書》卷九一《崔玄暐傳》 長安元年，超拜天官侍郎，每介然自守，都絶請謁，頗爲執政者所忌。轉文昌左丞。經月餘，則天謂曰：「自卿改職以來，選司大有罪過。或聞令史乃設齋自慶，此欲盛爲貪惡耳。今要卿復舊任。」又除天官侍郎，賜雜綵七十段。

《舊唐書》卷九二《魏元忠傳》 神龍二年，元忠與武三思、祝欽明、徐彦伯、柳沖、韋承慶、崔融、岑羲、徐堅等撰《則天皇后實録》二十卷，編次文集一百二十卷奏之。中宗稱善，賜元忠物千段，仍封其子衛王府諮議參軍昇爲任城縣男。

《舊唐書》卷九二《蕭至忠傳》 先天二年，復爲中書令。是歲，至忠與竇懷貞、魏知古、崔湜、陸象先、柳沖、徐堅、劉子玄等撰成《姓族系録》二百卷，有制加爵賜物各有差。

未幾，左僕射竇懷貞、侍中岑羲及至忠并户部尚書李晉、太子少保薛稷、左散騎常侍賈膺福、左羽林大將軍常元楷、右羽林將軍李慈等與太平公主謀逆事洩，至忠遽遁入山寺，數日，捕而伏誅，籍没其家。至忠雖清儉刻己，然簡約自高，未嘗接待賓客，所得俸禄，亦無所賑施。及籍没，財帛甚豐，由是頓絶聲望矣。

《舊唐書》卷九三《張仁愿傳》 睿宗即位，以老致仕，特全給禄俸，又拜兵部尚書，加光禄大夫，依舊致仕。開元二年卒，贈太子少傅，賻物二百段，命五品官一人爲監護使。

《舊唐書》卷九五《讓皇帝憲傳》 唐隆元年，進封宋王。其月，睿宗踐祚，拜左衛大將軍。時將建儲貳，以成器嫡長，而玄宗有討平韋氏之功，意久不定。成器辭曰：【略】睿宗嘉成器之意，乃許之。玄宗又以成器嫡長，再抗表固讓，睿宗不許。乃下詔曰：「【略】成器可雍州牧，揚州大都督、太子太師，別加實封二千户。賜物五千段，細馬二十匹，奴婢十房，甲第一區，良田三十頃。」

《舊唐書》卷九七《劉幽求傳》 睿宗即位，加銀青光禄大夫，行尚書右丞，仍舊知政事，進封徐國公，加實封通前五百户，賜物千段，奴婢二十人，宅一區，地十頃，馬四匹，加以金銀雜器。

《舊唐書》卷九七《鍾紹京傳》 景龍中，爲苑總監。玄宗之誅韋氏，紹京夜中帥户奴及丁夫以從。及事成，其夜拜紹京銀青光禄大夫、中書侍郎，參知機務。翌日，進拜中書令，加光禄大夫，封越國公，賜實封五百户，賜物二千段、馬十匹。【略】

開元十八年，遇疾，玄宗每日令中使問疾，并手寫藥方賜之。十二月薨，時年六十四。上惜惻久之，遽於光順門舉哀，因罷十九年元正朝會。詔曰：【略】可贈太師，賜物五百段。

《舊唐書》卷九七《張説傳》 初，説爲相時，玄宗意欲討吐蕃，説密奏許其通和，以息邊境，玄宗不從。及瓜州失守，王君㚟死，説因獲嶲州鬭羊，上表獻之，以申諷諭。【略】玄宗深悟其意，賜絹及雜綵一千匹。

《舊唐書》卷九八《魏知古傳》 先天元年冬，從上畋獵于渭川，因獻詩諷曰：【略】手制褒之曰：「【略】今賜卿物五十段，用申勸獎。」

二年，累封梁國公。竇懷貞等將謀逆也，知古獨密奏其事。及懷貞誅，賜實封二百户、物五百段。

《舊唐書》卷九八《盧懷慎傳》 懷慎清儉，不營産業，器用服飾，無金玉綺文之麗。所得禄俸，皆隨時分散，而家無餘蓄，妻子匱乏。及車駕將幸東都，四門博士張星上言：「懷慎忠清直道，終始不虧，不加寵贈，無以勸善。」乃下制賜其家物壹伯段，米粟貳伯石。明年，上還京師，因校獵於城南，經懷慎別業，見家人方設祥齋，憫其貧匱，賜絹百匹。

《舊唐書》卷一〇三《郭知運傳》 開元八年，六州胡康待賓等反，詔知運與王晙討平之，拜左武衛大將軍，授一子官，賜金銀器百事、雜綵千段。九年，卒於軍，贈涼州都督，錫米粟五百斛，絹帛五百段，仍令中書令張説爲其碑文。

《舊唐書》卷一〇三《張守珪傳》 開元二十三年春，守珪詣東都獻捷。會籍田禮畢酺宴，便爲守珪飲至之禮，上賦詩以褒美之。廷拜守珪爲輔國大將軍、右羽林大將軍、兼御史大夫，餘官並如故。仍賜雜綵一千匹及金銀器物等，與二子官。

《舊唐書》卷一〇三《牛仙客傳》　仙客既居相位，獨善其身，唯諾而已。所有錫賚，皆緘封不啓。【略】天寶年，改易官名，拜左相，尚書如故。其年七月卒，年六十八。內出絹一千匹、布五百端，遣中使送至宅以賻之，贈尚書左丞。

《舊唐書》卷一〇四《哥舒翰傳》　天寶八載，以朔方、河東羣牧十萬衆委翰總統攻石堡城。翰使麾下將高秀巖、張守瑜進攻，不旬日而拔之，上録其功，拜特進、鴻臚員外卿，與一子五品官，賜物千匹、莊宅各一所，加攝御史大夫。

《舊唐書》卷一〇六《王琚傳》　先天元年七月，玄宗居尊位，在武德殿。八月，擢拜中書侍郎。時劉幽求、張暐並流於嶺外，琚見事迫，請早爲之計。二年七月三日，琚與岐王範、薛王業、姜皎、李令問、王毛仲、王守一並預誅逆，以鐵騎至承天門。【略】十八日，琚、皎依舊官各加實封二百户，通前七百户。累日，玄宗讌於內殿，賜功臣金銀器皿各一床、雜綵各一千匹、絹一千匹，列於庭，讌慰終夕，載之而歸。

《舊唐書》卷一一〇《李光弼傳》　光弼御軍嚴肅，天下服其威名，每申號令，諸將不敢仰視。及懼朝恩之害，不敢入朝，田神功等皆不稟命，因愧恥成疾，遣衙將孫珍奉遺表自陳。廣德二年七月，薨於徐州，時年五十七。輟朝三日，贈太保，謚曰武穆。光弼既疾亟，將吏問以後事，曰：「吾久在軍中，不得就養，既爲不孝子，夫復何言！」因取已封絹布各三千疋、錢三千貫文分給將士。部下護喪柩還京師。

《舊唐書》卷一一二《李暠傳》　開元二十一年正月，制曰：「繼好之義，雖屬邊鄙；受命以出，必在親賢。事欲重於當時，禮故崇於殊俗，選衆之舉，無出宗英。工部尚書李暠，體含柔嘉，識致明允，爲公族之領袖，是朝廷之羽儀。金城公主既在蕃中，漢庭公卿非無專對，有懷於遠，夫豈能忘。宜持節充入吐蕃使，准式發遣。」以國信物一萬匹、私覿物二千匹，皆雜以五綵遣之。

《舊唐書》卷一一二《李復傳》　貞元十年，鄭滑節度使李融卒，軍中潰亂，以復檢校兵部尚書，兼滑州刺史、義成軍節度、鄭滑觀察營田等使、兼御史大夫。復到任，置營田數百頃，以資軍食，不率於民，衆皆悦之。十二年，加檢校左僕射。十三年四月卒官，年五十九，廢朝三日，贈司空，賻布帛米粟有差。

《舊唐書》卷一一三《苗晉卿傳》　永泰元年四月薨，輟朝三日，令京兆少尹一員護喪事，緣葬諸物並官給，賻絹布五百段、米粟五百石。

《舊唐書》卷一一七《嚴震傳》　貞元十五年六月卒，時年七十六，廢朝三日，册贈太保，賻布帛米粟有差。

《舊唐書》卷一一九《楊綰傳》　及綰疾亟，上日發中使就第存問，尚藥御醫旦夕在側，上聞其有間，喜見容色。數日而薨，中使在門，馳奏於上，代宗震悼久之，輟朝三日。詔曰：【略】又詔文武百僚臨於其第，遣內常侍吴承倩會弔，贈絹千匹、布三百端。

《舊唐書》卷一一九《崔祐甫傳》　〔大曆十四年〕至冬被疾，肩輿入中書，臥而承旨，或休假在第，大事必令中使咨決。薨時年六十，上甚悼惜之，廢朝三日，册贈太傅，賻布帛米粟有差，謚曰文貞。無子，遺命猶子植爲嗣。有文集三十卷。故事，門下侍郎未嘗有贈三師者，德宗以祐甫謇謇有大臣節，故特寵異之。朱泚之亂，祐甫妻王氏陷於賊中，泚以嘗與祐甫同列，雅重其爲人，乃遺王氏繒帛菽粟，王氏受而緘封之，及德宗還京，具陳其狀以獻。士君子益重祐甫家法，宜其享令名也。

《舊唐書》卷一二〇《郭子儀傳》　上元二年二月，李光弼兵敗於邙山，河陽失守，魚朝恩退保陝州。三年二月，河中軍亂，殺其帥李國貞。時太原節度鄧景山亦爲部下所殺，恐其合從連賊，朝廷憂之。後輩帥臣未能彈壓，勢不獲已，遂用子儀爲朔方、河中、北庭、潞、儀、澤、沁等州節度行營兼興平、定國副元帥，充本管觀察處置使，進封汾陽郡王，出鎮絳州。三月，子儀辭赴鎮，肅宗不豫，羣臣莫有見者。子儀請曰：「老臣受命，將死於外，不見陛下，目不瞑矣。」帝乃引至臥內，謂子儀曰：「河東之事，一以委卿。」子儀嗚咽流涕。賜御馬、銀器、雜綵，別賜絹四萬疋、布五萬端以賞軍。子儀至絳，擒其殺國貞賊首王元振數十人誅之。太原辛雲京聞子儀誅元振，亦誅害景山者，由是河東諸鎮率皆奉法。【略】建中二年夏，子儀病甚，德宗令舒王誼傳詔省問。及門，郭氏子弟迎拜於外，王不答拜；子儀臥不能興，以手叩頭謝恩而已。六月十四日薨，時年八十五，德宗聞之震悼，廢朝五日，詔曰：【略】仍令所司備禮册命，賻絹三千匹、布三千端、米麥三千石。

《舊唐書》卷一二二《張獻甫傳》　貞元十二年，加檢校左僕射。五月丙申卒，年六十一，廢朝三日，贈司空，賻物有差。

《舊唐書》卷一二二《曲環傳》　建中十二年，加檢校左僕射。卒時年七十四，廢朝一日，贈司空，賻布帛米粟有差。

《舊唐書》卷一二二《樊澤傳》　建中十二年，加檢校右僕射。卒年五十，贈司空，賻布帛米粟有差。其日將宴百官，廢朝改取他日。

《舊唐書》卷一二四《田神功傳》 上元二年二月，生擒逆賊劉展，送于闕下。以擒展功，累遷檢校工部尚書，兼御史大夫、汴宋等八州節度使。大曆三年三月，朝京師，獻馬十匹、金銀器五十件、繒綵一萬匹。【略】八年冬，復覲闕廷，遘疾，信宿而終。上悼惜，爲之徹樂，廢朝三日，贈司徒，賻絹一千匹、布五百端，特許百官弔喪，賜屏風茵褥於靈座，并賜千僧齋以追福，至德已來，將帥不兼三事者，哀榮無比。

《舊唐書》卷一二八《顔真卿傳》 及淮、泗平，貞元元年，陳仙奇使護送真卿喪歸京師。德宗痛悼異常，廢朝五日，謚曰文忠。復下詔曰：「【略】。可贈司徒，仍賜布帛五百端。男頵、碩等喪制終，所司奏超授官秩。」

《舊唐書》卷一二九《韓滉傳》 大曆五年，知兵部選。六年，改户部侍郎、判度支。自至德、乾元已後，所在軍興，賦税無度，帑藏給納，多務因循。滉既掌司計，清勤檢轄，不容姦妄，下吏及四方行綱過犯者，必痛繩之。又屬大曆五年已後，蕃戎罕侵，連歲豐稔，故滉能儲積穀帛，帑藏稍實。【略】陳少遊時鎮揚州，以甲士三千人臨江大閲，滉亦以兵三千人臨金山，與少遊相應，樓船於江中，以金銀繒綵互相聘賚。而德宗出居，及歸京師，軍用既繁，道路又阻，關中饑饉，加之以災蝗，江南、兩浙轉輸粟帛，府無虚月，朝庭賴焉。【略】

滉貞元三年二月，以疾薨，遂寢其事，年六十五。上震悼久之，廢朝三日，贈太傅，賻布帛米粟有差。

《舊唐書》卷一二九《韓皐傳》 元和八年六月，加檢校吏部尚書，兼許州刺史，充忠武軍節度等使。以陳、許二州水潦之後，賜皐綾絹布葛十萬端疋，以助軍資宴賞。

《舊唐書》卷一三二《李抱真傳》 貞元十年卒，時年六十二，廢朝三日，贈太保，賻以布帛米粟有差。

《舊唐書》卷一三二《王虔休傳》 本名延貴。少涉獵書籍，鄉里間以信義畏慕之，尤好武藝。大曆中，汝州刺史李深用之爲將。久之，澤潞節度李抱真聞名，厚以財帛招之，累授兵馬使押衙。【略】貞元十五年卒，年六十二，廢朝三日，贈左僕射，賻以布帛米粟。

《舊唐書》卷一三二《李澄傳》 貞元元年三月，就加澄檢校左僕射、義成軍鄭滑許等州節度使。二年卒，年五十四，廢朝一日，贈司空，賵布帛粟有差，仍令左散騎常侍歸崇敬充弔祭使，所緣喪葬，並勒官給。

《舊唐書》卷一三四《渾瑊傳》 〔興元〕十五年十二月二日，薨於鎮。廢朝五日，羣臣於延英奉慰。詔贈太師，謚曰忠武，賻絹布四千匹、米粟三千石。及喪車將至，又爲廢朝。應緣喪事，所司準式支給，命京兆尹監護。葬日，賜絹五百匹。

《舊唐書》卷一三六《盧邁傳》 十二年九月，邁於政事堂中風，肩輿而歸，上表請罷官，不許，詔宰臣就第問疾。自是凡五上表，堅乞骸骨，詔曰：【略】乃除太子賓客。貞元十四年卒，時年六十，贈太子太傅，賻以布帛。

《舊唐書》卷一三六《崔損傳》 貞元十四年秋，轉門下侍郎平章事。【略】損以久疾在家，賜絹二百匹以爲醫藥。【略】貞元十九年卒，贈太子太傅，賻布帛五百端，米粟四百石。

《舊唐書》卷一四〇《盧羣傳》 貞元十六年四月，節度姚南仲歸朝，拜羣義成軍節度，鄭滑觀察等使。先寓居鄭州，典質良田數頃；及爲節度使至鎮，各與本地契書，分付所管令長，令召還本主，時論稱美。尋遇疾，其年十月卒，時年五十九，廢朝一日，贈工部尚書，賵賻布帛、米粟有差。

《舊唐書》卷一四一《張茂昭傳》 〔元和〕六年二月，疽發於首，卒，時年五十。廢朝五日，册贈太師，賻絹三千匹、布一千端，米粟三千石，喪事所須官給，詔京兆尹監護，謚曰獻武。

憲宗念其忠蓋，諸昆仲子姪皆居職秩，仍詔每年給絹二千匹，春秋分給。

《舊唐書》卷一四二《王武俊傳》 〔貞元〕十七年六月卒，時年六十七，廢朝五日，羣臣詣延英門奉慰，如渾瑊故事。詔左庶子上公持節册贈太師，賻絹三千匹、布千端，米粟三千石。

《舊唐書》卷一四二《王紹鼎傳》 紹鼎，〔大中十一年〕時爲鎮州大都督府左司馬、知府事、節度副使、都知兵馬使。起復授檢校工部尚書、鎮府長史、成德軍節度、鎮深冀趙觀察等使，累加光禄大夫、尚書左僕射。其年七月卒，贈司空，賻布帛三百段、米粟二百石，累贈司徒、太尉，又贈太傅。

《舊唐書》卷一四四《尚可孤傳》 可孤性謹愿沉毅，既有勳勣，衆會之中，未嘗言功。賊平之後，嘗於白花亭，御衆公平，號令嚴整，時人稱焉，李晟甚親重之。及李懷光以河中叛，詔可孤帥師與諸軍進討，次於沙苑，遇疾，卒于軍。贈司徒，賻布帛米粟加等，喪葬所須，並令官給。

《舊唐書》卷一四四《李元諒傳》 貞元三年，詔元諒將本軍從渾瑊與吐蕃會盟于平涼。【略】元諒乃整軍，先遣輜重，次與瑊俱申號令，嚴其部伍而還，時謂元諒有將帥之風。德宗嘉之，賜良馬十匹，金銀器、錦綵等甚厚。【略】以疾，貞元九年十一月，卒于良原，年六十二。帝甚悼惜，廢朝三日，贈司空，賻布帛米粟有差。

《舊唐書》卷一四五《董晉傳》 晉十五年二月卒，年七十六，廢朝三日，贈太傅，賜布帛有差。

《舊唐書》卷一四五《陸長源傳》 及（董）晉卒，令長源知（宣武節度、營田、汴宋觀察使）留後事。長源揚言曰：「將士多弛慢，不守憲章，當以法繩之。」由是人人恐懼。加以（孟）叔度苛刻，多縱聲色，數至樂營與諸婦人嬉戲，自稱孟郎，衆皆薄之。舊例，使長薨，放散布帛於三軍制服。至是，人請服，長源初固不允，軍人求之不已，長源等議給共布直；叔度高其鹽價而賤爲布直，每人不過得鹽三二斤，軍情大變。或勸長源，故事有大變，皆賞三軍，三軍乃安。長源曰：「不可使我同河北賊，以錢買健兒取旌節。」兵士怨怒滋甚，乃執長源及叔度等臠而食之，斯須骨肉糜散。

《舊唐書》卷一四九《于休烈傳》 在朝凡三十餘年，歷掌清要，家無儋石之蓄。恭儉温仁，未嘗以喜愠形於顔色。而親賢下士，推轂後進，雖位崇年高，曾無倦色。篤好墳籍，手不釋卷，以至于終。大曆七年卒，年八十一。有集十卷行於代。嗣子益，次子肅，相繼爲翰林學士。

是歲春，休烈妻韋氏卒。上以休烈父子儒行著聞，特詔贈韋氏國夫人，葬日給鹵簿鼓吹。及聞休烈卒，追悼久之，褒贈尚書左僕射，賻絹百匹、布五十端，遣謁者内常侍吴承倩就私第宣慰。儒者之榮，少有其比。

《舊唐書》卷一五四《孔巢父傳》 興元元年，李懷光擁兵河中，七月，復以巢父兼御史大夫，充宣慰使。既傳詔旨，懷光以巢父嘗使魏博，田悦死於帳下，恐禍及。又朔方蕃渾之衆數千，皆在行列，頗驕悖不肅。聞罷懷光兵權，時懷光素服待命，巢父不止之，衆咸忿恚咄嗟曰：「太尉盡無官矣！」方宣詔，讙譟，懷光亦不禁止，巢父、守盈並遇害。上聞之震悼，贈尚書左僕射，仍詔收河中日，備禮葬祭。賜其家布帛米粟甚厚，仍授一子正員官。

《舊唐書》卷一五六《韓弘傳》 元和十四年，誅李師道，收復河南二州，弘大懼。其年七月，盡攜汴之牙校千餘人入覲，對於便殿，拜舞之際，以其足疾，命中使掖之。宴賜加等，預册徽號大禮。進絹三十五萬匹、絁三萬匹、銀器二百七十件，三上章堅辭戎務，願留京師奉朝請。【略】

憲宗崩，以弘攝冢宰。十五年六月，以本官兼河中尹、河中晉絳節度觀察等使。時弘弟充爲鄭滑節度使，子公武爲鄜坊節度使。父子兄弟，皆秉節鉞，人臣之寵，冠絶一時。二年，請老乞罷戎鎮，三表從之。依前守司徒、中書令。其年十二月病卒，時年五十八，贈太尉，賻絹二千匹、布七百端、米粟千石。

《舊唐書》卷一五八《武元衡傳》 高崇文既發成都，盡載其軍資、金帛、帟幕、伎樂、工巧以行，元衡至，則庶事節約，務以便人。比三年，公私稍濟。撫蠻夷，約束明具，不輒生事。重慎端謹，雖淡於接物，而開府極一時之選。八年，徵還。至駱谷，重拜門下侍郎、平章事。【略】

元和九年六月三日，將朝，出里東門，有暗中叱使滅燭者，導騎訶之，賊射之中肩。又有匿樹陰突出者，以棓擊元衡左股。其徒馭已爲賊所格奔逸，賊乃持元衡馬，東南行十餘步害之，批其顱骨懷去。【略】既明，仗至紫宸門，有司以元衡遇害聞，上震驚，却朝而坐延英，召見宰相。惋慟者久之，爲之再不食。册贈司徒，贈賻布帛五百匹、粟四百石，輟朝五日，謚曰忠愍。

《舊唐書》卷一六四《李絳傳》 文宗即位，徵爲太常卿。大和二年，檢校司空，出爲興元尹、山南西道節度使。三年冬，南蠻寇西蜀，詔徵赴援。絳於本道募兵千人赴蜀，及中路，蠻軍已退，所募皆還。興元兵額素定，募卒悉令罷歸。四年二月十日，絳晨興視事，召募卒，以詔旨喻而遣之，仍給以廩麥，皆怏怏而退。監軍使楊叔元貪財怙寵，怨絳不奉己，乃因募卒賞薄，衆辭之際，以言激之，欲其爲亂，以逞私憾。募卒因監軍之言，怒氣益甚，乃譟聚趨府，劫庫兵以入使衙。絳方與賓僚會宴，不及設備。聞亂北走登陴，衙將王景延力戰以禦之。兵折矢窮，景延死，絳乃爲亂兵所害，時年六十七。

【略】文宗聞奏震悼，【略】賻布帛三千段、米粟二百石。

《舊唐書》卷一七七《崔從傳》 大和三年，入爲户部尚書。李宗閔秉政，以從與裴度、李德裕厚善，惡之，改檢校尚書右僕射、太子賓客東都分司。從請告百日，罷官，物論咎執政。宗閔懼，四年三月，召拜檢校左僕射，兼揚州大都督府長史、御史大夫，充淮南節度副大使，知節度事。揚府舊有貨麴之利，資産奴婢交易者，皆有貫率，羊有口算，每歲收利以給用，從悉除之。舊制，官吏禄俸有布帛加估之給，節度使獨不在此例。從至，一例估折給之。

《舊唐書》卷一八三《外戚傳·薛懷義》　永昌中，突厥默啜犯邊，以懷義爲清平道大總管，率軍擊之，至單于臺，刻石紀功而還。加輔國大將軍，進右衛大將軍，改封鄂國公、柱國，賜帛二千段。

懷義與法明等造《大雲經》，陳符命，言則天是彌勒下生，作閻浮提主，唐氏合微。故則天革命稱周，懷義與法明等九人並封縣公，賜物有差，皆賜紫袈裟、銀龜袋。

《舊唐書》卷一八五上《良吏傳上·田歸道》　聖曆初，突厥默啜遣使請和，制遣左豹韜衛將軍閻知微入蕃，册爲立功報國可汗。默啜又遣使入朝謝恩，知微遇諸途，便與之緋袍、銀帶，兼表請蕃使入都日，大備陳設。歸道上言曰：「突厥背恩積稔，悔過來朝，宜待聖恩，寬其罪戾，解辮削衽，須稟天慈。知微擅與袍帶，國家更將何物充賜？望反初服，以俟朝恩。且小蕃使到，不勞大備之儀。」則天然之。及默啜將至單于都護府，乃令歸道攝司賓卿迎勞之。默啜又奏請六胡州及單于都護府之地，則天不許。默啜深怨，遂拘縶歸道，將害之。歸道辭色不撓，更責以無厭求請，兼喻其禍福，默啜意稍解。會有制賜默啜粟三萬石、雜綵五萬段、農器三千事，并許之結婚。於是歸道得還，遂面陳默啜不利之狀，請加防禦，則天納焉。

《舊唐書》卷一八五下《良吏傳下·李尚隱》　開元十三年夏，妖賊劉定高夜犯通洛門，尚隱坐不能覺察所部，左遷桂州都督。臨行，帝使謂之曰：「知卿公忠，然國法須爾。」因賜雜綵百匹以慰之。

《舊唐書》卷一八七上《忠義傳上·常達》　武德初，拜隴州刺史。時薛舉屢攻之，不能克，乃遣其將仵士政以數百人僞降達。達不之測，厚加撫接。士政伺隙以其徒劫達，擁城中二千人而叛，牽達以見於舉，達詞色抗厲，不爲之屈。舉指其妻謂達曰：「識皇后否？」達曰：「正是瘦老嫗，何足可識！」竟釋之。有賊帥張貴謂達曰：「汝識我否？」答曰：「汝逃死奴。」瞋目視之，貴怒，拔刀將斫達，人救之，獲免。及仁杲平，高祖見達，謂曰：「卿之忠節，便可求之古人。」命起居舍人令狐德棻曰：「劉感、常達，須載之史策也。」執仵士政，撲殺之。賜達布帛三百段，復拜隴州刺史，卒。

《舊唐書》卷一八八《孝友傳·張志寬》　張志寬，蒲州安邑人。隋末喪父，哀毁骨立，爲州里所稱。賊帥王君廓屢爲寇掠，聞其名，獨不犯其閭，鄰里賴之而免者百餘家。【略】及丁母憂，負土成墳，廬於墓側，手植松柏千餘株。高祖聞之，遣使就弔，授員外散騎常侍，賜物四十段，表其門閭。

《舊唐書》卷一九〇上《文苑傳上·孔紹安》　紹安大業末爲監察御史，時高祖爲隋討賊於河東，詔紹安監高祖之軍，深見接遇。及高祖受禪，紹安自洛陽間行來奔。高祖見之甚悦，拜内史舍人，賜宅一區、良馬兩匹、錢米絹布等。

《舊唐書》卷一九一《方伎傳·孟詵》　詵少好方術，【略】睿宗在藩，召充侍讀。長安中，爲同州刺史，加銀青光禄大夫。神龍初致仕，歸伊陽之山第，以藥餌爲事。詵年雖晚暮，志力如壯，嘗謂所親曰：「若能保身養性者，常須善言莫離口，良藥莫離手。」睿宗即位，召赴京師，將加任用，固辭衰老。景雲二年，優詔賜物一百段，又令每歲春秋二時特給羊酒糜粥。

《舊唐書》卷一九一《方伎傳·張果》　玄宗好神仙，而欲果尚公主，果固未知之，謂秘書少監王迥質、太常少卿蕭華曰：「諺云娶婦得公主，真可畏也。」迥質與華相顧，未曉其言。即有中使至，宣曰：「玉真公主早歲好道，欲降先生。」果大笑，竟不奉詔。迥質等方悟向來之言。後懇辭歸山，因下制曰：【略】其年請入恒山，錫以衣服及雜綵等，便放歸山。乃入恒山，不知所之。

《舊唐書》卷一九三《列女傳·楊紹宗妻王氏》　初年二歲，所生母亡，爲繼母鞠養。至年十五，父又征遼而殁。繼母尋亦卒。王乃收所生及繼母屍柩，并立父形像，招魂遷葬訖，廬於墓側，陪其祖父母及父母墳。永徽中，【略】賜物三十段，粟五十石。

《舊唐書》卷一九三《列女傳·于敏直妻張氏》　于敏直妻張氏，營州都督、皖城公儉之女也。數歲時父母微有疾，即觀察顔色，不離左右，晝夜省侍，宛若成人。及稍成長，恭順彌甚。適延壽公于欽明子敏直。初聞儉有疾，便即號踊自傷，期於必死。儉卒後，凶問至，號哭一慟而絶。高宗下詔，賜物百段，仍令史官録之。

《舊唐書》卷一九四《突厥傳上·始畢》　武德元年，始畢使骨咄禄特勤來朝，宴于太極殿，奏《九部樂》，賚錦綵布絹各有差。二年二月，【略】始畢卒，其子什鉢苾以年幼不堪嗣位，立爲泥步設，使居東偏，直幽州之北，立其弟俟利弗設，是爲處羅可汗。

處羅可汗嗣位，又以隋義成公主爲妻，遣使入朝告喪。高祖爲之舉哀，廢朝三日，詔百官就館弔其使者，又遣内史舍人鄭德挺往弔處羅，賻物三萬段。處羅

此後頻遣使朝貢。【略】三年六月，俄而處羅卒，義成公主以其子奥射設醜弱，廢不立之，遂立處羅之弟咄苾，是爲頡利可汗。【略】

頡利可汗者，啓民可汗第三子也，初爲莫賀咄設，牙直五原之北。高祖入長安，薛舉猶據隴右，遣其將宗羅睺攻陷平凉郡，北與頡利連結。高祖患之，遣光禄卿宇文歆齎金帛以賂頡利。歆説之，令絶交於薛舉。【略】

四年四月，頡利自率萬餘騎，與馬邑賊苑君璋將兵六千人共攻雁門，定襄王李大恩擊走之。先是漢陽公瓌、太常卿鄭元璹、左驍衛大將軍長孫順德等各使于突厥，頡利並拘之，我亦留其使前後數輩，至是爲大恩所挫，於是乃懼，仍放順德還，更請和好，獻魚膠數十斤，欲令二國同於此膠。高祖嘉之，放其使者特勤熱寒、阿史德等還蕃，賜以金帛。【略】

默啜者，骨咄禄之弟也。骨咄禄死時，其子尚幼，默啜遂篡其位，自立爲可汗。長壽二年，率衆寇靈州，殺掠人吏。則天遣白馬寺僧薛懷義爲代北道行軍大總管，領十八將軍以討之，既不遇賊，尋班師焉。默啜俄遣使來朝，則天大悦，册授左衛大將軍，封歸國公，賜物五千段。【略】

中宗即位，默啜又寇靈州鳴沙縣，靈武軍大總管沙吒忠義拒戰久之，官軍敗績，死者六千餘人，賊遂進寇原、會等州，掠隴右羣牧馬萬餘匹而去，忠義坐免。中宗下制絶其請婚，仍購募能斬獲默啜者封國王，授諸衛大將軍，賞物二千段。【略】

開元二年，遣其子移涅可汗及同俄特勤、妹壻火拔頡利發石阿失畢率精騎圍逼北庭。右驍衛將軍郭虔瓘嬰城固守，俄而出兵擒同俄特勤于城下，斬之。虜因退縮，火拔懼不敢歸，攜其妻來奔，制授左衛大將軍，封燕北郡王，封其妻爲金山公主，賜宅一區，奴婢十人，馬十匹，物千段。明年，十姓部落左廂五咄六啜、右廂五弩失畢五俟斤及子壻高麗莫離支高文簡、跌跌都督跌跌思泰等各率其衆，相繼來降，前後總萬餘帳。制令居河南之舊地；授高文簡左衛員外大將軍，封遼西郡王；跌跌思泰爲特進、右衛員外大將軍兼跌跌都督，封樓煩郡公。自餘首領封拜賜物各有差。【略】

毗伽可汗以開元四年即位，本蕃號爲小殺。【略】開元十五年，小殺使其大臣梅録啜來朝，獻名馬三十匹。時吐蕃與小殺書，將計議同時入寇，小殺并獻其書。上嘉其誠，引梅録啜宴於紫宸殿，厚加賞賚，仍許於朔方軍西受降城爲互市之所，每年齎縑帛數十萬匹就邊以遺之。

《舊唐書》卷一九四下《突厥傳下》　特勤大奈，隋大業中與曷薩那可汗同歸中國。及從煬帝討遼東，以功授金紫光禄大夫。後分其部落於樓煩。會高祖舉兵，大奈率其衆以從。隋將桑顯和襲義軍於飲馬泉，諸軍多已奔退，大奈將數百騎出顯和後，掩其不備，擊大破之，諸軍復振。拜光禄大夫。及平京城，以力戰功，賞物五千段，賜姓史氏。武德初，從太宗破薛舉。又從平王世充，破竇建德、劉黑闥，並有殊功。賜宫女三人，雜綵萬餘段。

《舊唐書》卷一九六上《吐蕃傳上》　高宗嗣位，授〔贊普棄宗〕弄讚爲駙馬都尉，封西海郡王，賜物二千段。弄讚因致書于司徒長孫無忌等云：「天子初即位，若臣下有不忠之心者，當勒兵以赴國除討。」并獻金銀珠寶十五種，請置太宗靈座之前。高宗嘉之，進封爲賨王，賜雜綵三千段。因請蠶種及造酒、碾、磑、紙、墨之匠，並許焉。

《舊唐書》卷一九八《西戎傳・吐谷渾》　諾曷鉢既幼，大臣争權，國中大亂。太宗遣兵援之，封爲河源郡王，仍授烏地也拔勒豆可汗，遣淮陽王道明持節册拜，賜以鼓纛。諾曷鉢因入朝請婚。貞觀十四年，太宗以弘化公主妻之，資送甚厚。【略】太宗崩，刻石圖諾曷鉢之形，列於昭陵之下。高宗嗣位，以其尚主，拜駙馬都尉，賜物四十段。

《舊唐書》卷一九八《西戎傳・龜兹國》　高祖即位，其主蘇伐勃駃遣使來朝。勃駃尋卒，子蘇伐疊代立，號時健莫賀俟利發。貞觀四年，又遣使獻馬，太宗賜以璽書，撫慰甚厚，由此歲貢不絶，然臣於西突厥。安西都護郭孝恪來伐焉耆，龜兹遣兵援助，自是職貢頗闕。

伐疊死，其弟訶黎布失畢代立，漸失藩臣禮。二十年，太宗遣左驍衛大將軍阿史那社爾爲崑山道行軍大總管，與安西都護郭孝恪、司農卿楊弘禮率五將軍，又發鐵勒十三部兵十餘萬騎，以伐龜兹。【略】前後破其大城五所，虜男女數萬口。社爾因立其王之弟葉護爲王，勒石紀功而旋。俘其王訶黎布失畢及那利、羯獵顛等獻於社廟。尋以訶黎布失畢爲左武翊衛中郎將，那利已下授官各有差。太宗之葬昭陵，乃刻石像其形，列於玄闕之前。永徽元年，又以訶黎布失畢爲右驍衛大將軍，尋放還蕃，撫其餘衆，依舊爲龜兹王，賜物一千段。

《舊唐書》卷一九八《西戎傳・于闐國》　貞觀六年，遣使獻玉帶，太宗優詔答之。十三年，又遣子入侍。及阿史那社爾伐龜兹，其王伏闍信大懼，使其子以駝萬三百匹饋軍。及將旋師，行軍長史薛萬備請社爾曰：「今者既破龜兹，國威已振，請因此機，願以輕騎羈取于闐之王。」社爾乃遣萬備率五十騎抵于闐之國，萬備陳國威靈，勸其入見天子，伏闍信於是隨萬備來朝。高宗嗣位，拜右驍衛大將軍，又授其子葉護玷爲右驍衛將軍，並賜金帶、錦袍、布帛六十段，并宅一區，留數月而遣之，因請留子弟以宿衛。

《舊唐書》卷一九九上《東夷傳·高麗》〔貞觀十九年八月〕太宗以遼東倉儲無幾，士卒寒凍，乃詔班師。歷其城，城中皆屏聲偃幟，城主登城拜手奉辭。太宗嘉其堅守，賜絹百疋，以勵事君之節。初，攻陷遼東城，其中抗拒王師，應没爲奴婢者一萬四千人，並遣先集幽州，將分賞將士。太宗愍其父母妻子一朝分散，令有司準其直，以布帛贖之，赦爲百姓。其衆歡呼之聲，三日不息。

《舊唐書》卷一九九下《北狄傳·契丹》太宗伐高麗，至營州，會其君長及老人等，賜物各有差。【略】

開元十年，〔其首領李〕鬱于入朝請婚。上又封從妹夫率更令慕容嘉賓女爲燕郡公主以妻之，仍封鬱于爲松漠郡王，授左金吾衛員外大將軍兼静析軍經略大使，賜物千段。【略】

二十一年，〔大臣〕可突于又來抄掠。【略】詔以張守珪爲幽州長史兼御史中丞以經略之。可突于漸爲守珪所逼，遣使僞降。俄又迴惑不定，引衆漸向西北，將就突厥。守珪遣管記王悔等就部落招諭之。時契丹衙官李過折與可突于分掌兵馬，情不叶，悔潛誘之，過折夜勒兵斬可突于及其支黨數十人。二十三年正月，傳首東都。詔封過折爲北平郡王，授特進、檢校松漠州都督，賜錦衣一副、銀器十事，絹綵三千疋。

《舊唐書》卷一九九下《北狄傳·奚》延和元年，左羽林將軍、檢校幽州大都督孫佺，率兵十二萬以襲其部落，師次冷陘，前軍左驍衛將軍李楷洛等與大輔會戰，我師敗績。佺懼，不敢進救，遣使矯報大輔云：「我奉敕來此招諭蕃將，李楷洛等不受節度而輒用兵，請斬以謝。」大輔曰：「若奉敕招諭，有何國信物？」佺率軍中繒帛萬餘段并袍帶以與之。大輔曰：「將軍可南還，無相驚擾。」佺軍漸失部伍，大輔乃率衆逼之，由是大敗，兵士死傷者數萬。佺及副將周以悌爲大輔所擒，送于突厥默啜，並遇害。

開元三年，大輔遣其大臣粤蘇梅落來請降，詔復立其地爲饒樂州，封大輔爲饒樂郡王，仍拜左金吾員外大將軍、饒樂州都督。五年，大輔與契丹首領松漠郡王李失活咸請於柳城依舊置營州都督府，上從之。敕太子詹事姜師度充使督工作，役八千餘人。其年，大輔入朝，詔封從外甥女辛氏爲固安公主以妻之，賜物一千五百疋，遣右領軍將軍李濟持節送還蕃。

八年，大輔率兵救契丹，戰死，其弟魯蘇嗣立。十年，入朝，詔令襲其兄饒樂郡王、右金吾員外大將軍兼保塞軍經略大使，賜物一千段，仍以固安公主爲妻。【略】爾後每歲朝貢不絶，或歲中二三至。故事，常以范陽節度使爲押奚、契丹兩蕃使。自至德之後，藩臣多擅封壤，朝廷優容之，彼務自完，不生邊事，故二蕃亦少爲寇。其每歲朝賀，常各遣數百人至幽州，則選其酋渠三五十人赴闕，引見於麟德殿，錫以金帛遣還，餘皆駐而館之，率爲常也。

《新唐書》卷二《太宗紀》十五年四月乙未，免洛州今歲租，遷户故給復者加給一年，賜民八十以上物，惸獨鰥寡疾病不能自存者米二斛。

《新唐書》卷三《高宗紀》顯慶五年正月甲子，如并州。己巳，次長平，賜父老布帛。【略】

三月丙午，皇后宴親族隣里于朝堂，會命婦于内殿。賜從官五品以上、并州長史司馬勳一轉。婦人八十以上版授郡君，賜氈衾粟帛。【略】

開耀元年八月丁卯，以河南、河北大水，遣使賑乏絶，室廬壞者給復一年，溺死者贈物，人三段。

《新唐書》卷五《玄宗紀》開元十一年正月丁卯，降東都囚罪，杖以下原之。己巳，如并州，降囚罪，徒以下原之。賜侍老物。【略】

天寶七載五月壬午，羣臣上尊號曰開元天寶聖文神武應道皇帝，大赦，免來載租、庸。以魏、周、隋爲三恪。賜京城父老物人十段。

《新唐書》卷七《憲宗紀》元和元年五月辛卯，尊母爲皇太后。

六月癸巳，降死罪以下。賜百姓有父母祖父母八十以上者粟二斛、物二段，九十以上粟三斛、物三段。

《新唐書》卷八一《燕王忠》永徽初，拜雍州牧。王皇后無子，后舅柳奭説后，以忠母微，立之必親己，后然之，請於帝；又奭與褚遂良、韓瑗、長孫无忌、于志寧等繼請，遂立爲皇太子。后廢，武后子弘甫三歲，許敬宗希后旨，建言：「國有正嫡，太子宜同漢劉彊故事。」帝召見敬宗曰：「立嫡若何？」對曰：「正本則萬事治，太子，國本也。且東宮所出微，今知有正嫡，不自安；竊位而不自安，非社稷計。」帝曰：「忠固自讓。」敬宗曰：「能爲太伯，不亦善乎？」於是降封梁王、梁州都督，賜甲第，實封户二千，物二萬段。

《新唐書》卷八五《王世充傳》　李密逼東都，詔世充爲將軍，以兵屯洛口。大小百餘戰，無大勝負。詔即拜右翊衛將軍，趣破賊。大業十四年，世充引軍與密戰洛南，有氣若城壓其營，世充大敗，衆幾盡，走保河陽。自繫獄，請罪於越王侗，侗以書慰勉，賜金帛安之，召還洛，裒亡散得萬人，屯含嘉城，畏縮不敢出。

《新唐書》卷八八《裴寂傳》　秦王與劉文静方建大計，未敢白公，以寂最厚善，乃出私錢數百萬餉龍山令高斌廉，俾與寂博，陽不勝，寂得進多，大喜，日玆昵。太宗以情告之，許諾。寂嘗以宫人侍唐公，恐事發誅，閒飲酣，乃白秦王將舉兵狀，因言：「今盜徧天下，城闔外即戰場，雖徇小節，猶不脱死。若舉義師，不特免禍，且就大功。」唐公然所計。兵起，寂進宫女五百，米九百萬斛，雜綵五萬段，鎧四十萬首。【略】

長安平，賜寂田千頃，甲第一區，物四萬段，遷大丞相府長史，進魏國公，邑三百户。

《新唐書》卷九二《王君廓傳》　高祖兵起，召之，不從。歸李密，密不甚禮，乃歸國。授上柱國、假河内太守、常山郡公，遷遼州刺史，徙封上谷。從戰東都有功，爲右武衛將軍。詔勞之曰：「爾以十三人破賊萬，自古以少制衆，無有也！」賜雜綵百段。別下轘轅，羅川三縣，破世充將魏隱，擊糧道緱氏，沈米艘三十柁。

進爵彭國公，鎮幽州。擊突厥，俘斬二千，獲馬五千匹。入朝，帝賜所乘馬，令自廷中乘以出，謂侍臣曰：「昔藺相如叱秦王，目眥皆裂。君廓往擊建德，李勣遏之，至發憤大呼，鼻耳皆流血，其勇何特古人哉！朕當不以例賞。」乃賜錦袍金帶，還幽州。

會大都督廬江王瑗反，欲奪君廓兵以委王詵。君廓本給瑗使亂爲己功，乃從數騎候詵，留騎于外，曰：「聞呼聲則入。」乃獨款詵，詐曰：「有急變，當白！」詵方沐，握髮出，即斬之，因執瑗。以功授幽州都督，瑗家口悉賜之，進左光禄大夫，賜帛千段。

《新唐書》卷九三《李靖傳》　頡利走保鐵山，遣使者謝罪，請舉國内附。以靖爲定襄道總管往迎之。又遣鴻臚卿唐儉、將軍安脩仁尉撫。靖謂副將張公謹曰：「詔使到，虜必自安，若萬騎齎二十日糧，自白道襲之，必得所欲。」公謹曰：「上已與約降，行人在彼，奈何？」靖曰：「機不可失，韓信所以破齊也。如唐儉輩何足惜哉！」督兵疾進，行遇候邏，皆俘以從，去其牙七里乃覺，部衆震潰，斬萬餘級，俘男女十萬，禽其子疊羅施，殺義成公主。頡利亡去，爲大同道行軍總管張寶相禽以獻。於是斥地自陰山北至大漠矣。帝因大赦天下，賜民五日酺。

御史大夫蕭瑀劾靖持軍無律，縱士大掠，散失奇寶。帝召讓之，靖無所辯，頓首謝。帝徐曰：「隋史萬歲破達頭可汗，不賞而誅，朕不然，赦公之罪，録公之功。」乃進左光禄大夫，賜絹千匹，增户至五百。既而曰：「向人譖短公，朕今悟矣。」加賜帛二千匹，遷尚書右僕射。

靖每參議，恂恂似不能言，以沈厚稱。時遣使十六道巡察風俗，以靖爲畿内道大使，會足疾，懇乞骸骨。帝遣中書侍郎岑文本諭旨曰：「自古富貴而知止者蓋少，雖疾頓憊，猶力于進。公今引大體，朕深嘉之。欲成公美，爲一代法，不可不聽。」乃授檢校特進，就第，賜物段千，尚乘馬二，禄賜、國官、府佐皆勿廢。

《新唐書》卷九九《李大亮傳》　貞觀初，徙交州，封武陽縣男。召授太府卿，復出涼州都督。【略】

時突厥亡，帝遂欲懷四夷，諸部降者，人賜袍一領，帛五匹，首領拜將軍、中郎將，列五品者贏百員。又置降胡河南。詔大亮爲西北道安撫大使，使以綏大度設，拓設、泥熟特勒及七姓種落之未附者，峙糧磧口賑其飢。

《新唐書》卷一〇〇《鄭善果傳》　年十四，爲沂州刺史。累轉魯郡太守。

善果母崔，賢明曉政治，嘗坐閤内聽善果處決，或當理則悦，有不可，則引至牀下，責媿之。故善果所至有績，號清吏。嘗與武威太守樊子蓋考爲天下第一，煬帝賜物千段，黄金百兩。再遷大理卿。

《新唐書》卷一〇二《姚思廉傳》　高祖定京師，府僚皆奔亡，獨思廉侍（代）王，兵將升殿，思廉厲聲曰：「唐公起義，本安王室，若等不宜無禮於王。」衆眙却，布列階下。帝義之，聽扶王至順陽閤，泣辭去。觀者歎曰：「仁者有勇，謂此人乎！」俄授秦王府文學。王討徐圓朗，嘗語隋事，慨然歎曰：「姚思廉蒙素刃以明大節，古所難者。」時思廉在洛陽，遣使遺物三百段，致書曰：「景想節義，故有是贈。」

王爲皇太子，遷洗馬。即位，改著作郎、弘文館學士。詔與魏徵共撰《梁》、《陳書》，思廉采謝炅、顧野王等諸家言，推究綜括，爲梁、陳二家史，以卒父業。賜雜綵五百段，加通直散騎常侍。以藩邸恩，凡政事得失，許密以聞，思廉亦展盡無所諱。帝幸九成宫，思廉以爲「離宫游幸是秦皇、漢武事，非堯、舜、禹、湯所爲」。帝諭曰：「朕嘗苦氣疾，熱即頓劇，豈爲游賞者乎？」賜帛五十匹，拜散騎常侍、豐城縣男。

《新唐書》卷一一〇《史大柰傳》 高祖興太原，大柰提其衆隸麾下。桑顯和戰飲馬泉，諸軍却，大柰以勁騎數百背擊顯和，破之，軍遂振。授光禄大夫。從平長安，以多，賞帛五千匹，賜姓史。從秦王平薛舉、王世充、竇建德、劉黑闥，功殊等，積前後賜侍女三、雜綵萬段。

《新唐書》卷一一〇《阿史那社尒傳》 貞觀十四年，以交河道行軍總管平高昌，諸將咸受賞，社尒以未奉詔，秋毫不敢取，見别詔，然後受，又所取皆老弱陳弊。太宗美其廉，賜高昌寶鈿刀、雜綵千段，詔檢校北門左屯營，封畢國公。

《新唐書》卷一一五《郝處俊傳》 父相貴，因隋亂，與婦翁許紹據峽州，歸國，拜滁州刺史，封甑山縣公。處俊甫十歲而孤，故吏歸千縑賵之，已能讓不受。

《新唐書》卷一一六《王綝傳》 王綝字方慶，以字顯。【略】

武后時，遷累廣州都督。南海歲有崑崙舶市外區琛琲，前都督路元叡冒取其貨，舶酋不勝忿，殺之。方慶至，秋毫無所索。始，部中首領沓墨，民詣府訴，府曹素相餉謝，未嘗治。方慶約官屬不得與交通，犯者痛論以法，境内清畏。議者謂治廣未有如方慶者，號第一，下詔賜瑞錦、雜綵，以著善政。

《新唐書》卷一一七《劉褘之傳》 方是時，詔令叢繁，褘之思致華敏，裁可占授，少選可待也。司門員外郎房先敏坐累貶衛州司馬，訴于相府，内史騫味道謂曰：「太后旨。」褘之曰：「乃上從有司所奏云。」后聞，以味道歸非於上，貶青州刺史，加褘之太中大夫，賜物百段。后因曰：「君爲元首，臣爲股肱，以手足疾移於腹背，尚爲一體乎？褘之引咎於己，忠臣也。」

《新唐書》卷一二一《崔日用傳》 由荆州長史入奏計，因言：「太平公主逆節有萌，陛下往以宫府討有罪，臣、子勢須謀與力，今據大位，一下制書定矣。」帝曰：「畏驚太上皇，奈何？」日用曰：「庶人之孝，承順顔色；天子之孝，惟安國家，定社稷。若令姦宄竊發，以亡大業，可爲孝乎？請先安北軍而後捕逆黨，於太上皇固無所驚。」帝納之。及討逆，詔權檢校雍州長史，以功益封二百户，進吏部尚書。

會帝誕日，日用采《詩》《大》、《小雅》二十篇及司馬相如《封禪書》獻之，借以諷諭，且勸告成事。有詔賜衣一副，物五十段，以示無言不酬之義。

《新唐書》卷一二二《郭元振傳》 玄宗誅太平公主也，睿宗御承天門，諸宰相走伏外省，獨元振總兵扈帝，事定，宿中書者十四昔仍休。進封代國公，實封四百户，賜一子官，物千段。

《新唐書》卷一二六《盧懷慎傳》 懷慎清儉不營産，服器無金玉文綺之飾，雖貴而妻子猶飢寒，所得禄賜，於故人親戚無所計惜，隨散輒盡。【略】及治喪，家亡留儲。帝時將幸東都，四門博士張星上言：「懷慎忠清，以直道始終，不加優錫，無以勸善。」乃下制賜其家物百段，米粟二百斛。帝後還京，因校獵鄠、杜間，望懷慎家，環堵庳陋，家人若有所營者，馳使問焉，還白懷慎大祥，帝即以縑帛賜之，爲罷獵。經其墓，碑表未立，停蹕臨視，泫然流涕，詔官爲立碑，令中書侍郎蘇頲爲之文，帝自書。

《新唐書》卷一三〇《李尚隱傳》 尚隱性剛亮，論議皆披心示誠，處事分明，御下不苛密。尤詳練故實，前後制令，誦記略無遺。妖賊劉定高夜犯通洛門，尚隱坐不素覺，左遷桂州都督。帝遣使勞曰：「知卿忠公，然國法須爾。」因賜雜綵百匹遣之。

《新唐書》卷一五三《顔真卿傳》 李希烈陷汝州，（盧）杞乃建遣真卿：「四方所信，若往諭之，可不勞師而定。」詔可，公卿皆失色。【略】（希烈乃拘真卿，縊殺之。）嗣曹王皋聞之，泣下，三軍皆慟，因表其大節。淮、蔡平，子頵、碩護喪還，帝廢朝五日，贈司徒，謚文忠，賻布帛米粟加等。

《新唐書》卷一九一《忠義傳上·張楚金》 楚金有至行，與兄越石皆舉進士。州欲獨薦楚金，固辭，請俱罷。都督李勣歎曰：「士求才行者也。既能讓，何嫌皆取乎？」乃並薦之。累進刑部侍郎。儀鳳初，彗見東井，上疏陳得失。高宗欽納，賜物二百段。

《新唐書》卷一九四《卓行傳·元德秀》 所得奉禄，悉衣食人之孤遺者。歲滿，笥餘一縑，駕柴車去。愛陸渾佳山水，乃定居。不爲牆垣扃鑰，家無僕妾。歲飢，日或不爨。嗜酒，陶然彈琴以自娱。人以酒肴從之，不問賢鄙爲酣飫。

【略】

天寶十三載卒，家惟枕履簞瓢而已。澶時爲陸渾尉，庀其葬。族弟結哭之慟，或曰：「子哭過哀，禮歟？」結曰：「若知禮之過，而不知情之至。大夫弱無固，性無奪，老無在，死無餘，人情所耽溺、喜愛、可惡者，大夫無之。生六十年未嘗識女色，視錦繡，未嘗求足、苟辭、佚色，未嘗有十畝之地、十尺之舍、十歲之僮，未嘗完布帛而衣，具五味而飡。吾哀之，以戒荒淫貪佞、綺紈粱肉之徒耳。」

《新唐書》卷一九八《儒學傳上·陸元朗》 世充平，秦王辟爲文學館學士，以經授中山王承乾，補太學博士。高祖已釋奠，召博士徐文遠、浮屠慧乘、道士劉進喜各講經，德明隨方立義，徧析其要。帝大喜曰：「三人者誠辯，然德明一舉輒蔽，可謂賢矣！」賜帛五十匹，遷國子博士，封吴縣男。卒。論撰甚多，傳于世。後太宗閲其書，嘉德明博辯，以布帛二百段賜其家。

《新唐書》卷二〇〇《儒學傳下·褚亮》 玄宗爲太子，復拜國子司業兼侍讀，撰《翼善記》以進，厚被禮答。太子釋奠國學，令講經，建端樹義，博敏而辯，進銀青光禄大夫，錫予蕃渥。及即位，遷左散騎常侍兼國子祭酒，封舒國公。母喪解，詔州刺史薛瑩弔祭，賜物加等。

《新唐書》卷二〇一《文藝傳上·袁利貞》 高宗時爲太常博士、周王侍讀。及王立爲太子，百官上禮，帝欲大會羣臣、命婦合宴宣政殿，設九部伎、散樂。利貞上疏諫，以爲：「前殿路門，非命婦宴會，倡優進御之所，請徙命婦別殿，九部伎從左右門入，罷散樂不進。」帝納之。既會，帝傳詔利貞曰：「卿奕葉忠鯁，能抗疏規朕之失，不厚賜無以勸能者。」乃賜物百段。

《新唐書》卷二〇五《列女傳·劉寂妻夏侯碎金》 劉寂妻夏侯，滑州胙城人，字碎金。父長雲爲鹽城丞，喪明。時劉已生二女矣，求與劉絶，歸侍父疾。又事後母以孝稱。五年父亡，毁不勝喪，被髮徒跣，身負土作冢，廬其左，寒不絮，日一食者三年。詔賜物二十段、粟十石，表異門閭。後其女居母喪，亦如母行，官又賜粟帛，表其門。

《新唐書》卷二〇六《外戚傳·楊國忠》 天寶七載，擢給事中，兼御史中丞，專判度支。會三妹封國夫人，兄銛擢鴻臚卿，與國忠皆列棨戟，而第舍華僭，彌跨都邑。時海内豐熾，州縣粟帛舉巨萬，國忠因言：古者二十七年耕，餘九年食，今天下太平，請在所出滯積，變輕齎，内富京師。又悉天下義倉及丁租、地課易布帛，以充天子禁藏。明年，帝詔百官觀庫物，積如丘山，賜羣臣各有差，錫國忠紫衣、金魚，知太府卿事。

《新唐書》卷二一六上《吐蕃傳上》 初東寇也，連歲不解，其大臣請返國，不聽，自殺者八人。至是棄宗弄贊始懼，引而去，以使者來謝罪，固請昏，許之。遣大論薛禄東贊獻黄金五千兩，它寶稱是，以爲聘。

貞觀十五年，妻以宗女文成公主，詔江夏王道宗持節護送，築館河源王之國。弄贊率兵次柏海親迎，見道宗，執婿禮恭甚，見中國服飾之美，縮縮媿沮。歸國，自以其先未有昏帝女者，乃爲公主築一城以夸後世，遂立宮室以居。公主惡國人赭面，弄贊下令國中禁之。自褫氈罽，襲紈綃，爲華風。遣諸豪子弟入國學，習《詩》、《書》。又請儒者典書疏。

《新唐書》卷二一七上《回鶻傳上》 肅宗即位，使者來請助討禄山，帝詔燉煌郡王承寀與約，而令僕固懷恩送王，因召其兵。可汗喜，以可敦妹爲女，妻承寀，遣渠領來請和親，帝欲固其心，即封虜女爲毗伽公主。於是可汗自將，與朔方節度使郭子儀合討同羅諸蕃，破之河上。【略】

香積之戰，陣澧上，賊詭伏騎於王師左，將襲我，僕固懷恩麾回紇馳之，盡翦其伏，乃出賊背，與鎮西、北庭節度使李嗣業夾虜之，賊大敗，進收長安。懷恩率回紇、南蠻、大食衆繚都而南，壁滻東，進次陝西，戰新店。初，回紇至曲沃，葉護使將軍鼻施吐撥裴羅旁南山東出，搜賊伏谷中，殲之，營山陰。子儀等與賊戰，傾軍逐北，亂而卻，回紇望見，即踰西嶺，曳旗趨賊，出其後，賊反顧，遂大潰，追奔數十里，人馬相騰蹂，死者不可計，收仗械如丘。嚴莊挾安慶緒棄東京北度河，回紇大掠東都三日，姦人導之，府庫窮殫，廣平王欲止不可，而耆老以繒錦萬匹賂回紇，止不剽。葉護還京師，帝遣羣臣勞之長樂，帝坐前殿，召葉護升階，席酋領於下，宴且勞之，人人賜錦繡繒器。葉護頓首言：「留兵沙苑，臣歸料馬，以收范陽，訖除殘盜。」帝曰：「爲朕竭義勇，成大事，卿等力也。」詔進司空，爵忠義王，歲給絹二萬匹，使至朔方軍受賜。

乾元元年，回紇使者多彦阿波與黑衣大食酋閣之等俱朝，爭長，有司使異門並進。又使請昏，許之。帝以幼女寧國公主下嫁，即册磨延啜爲英武威遠毗伽可汗，詔漢中郡王瑀攝御史大夫爲册命使，以宗子右司郎中巽兼御史中丞爲禮會使，并以副瑀，尚書右僕射裴冕送諸境。帝餞公主，因幸咸陽，數尉勉，主泣曰：「國方多事，死不恨。」瑀至虜，【略】乃起奉詔，拜受册。翌日，尊主爲可敦。瑀所齎賜物，可汗盡與其牙下酋領。瑀還，獻馬五百匹、貂裘、白氎等。【略】

永泰初，僕固懷恩反，誘回紇、吐蕃入寇。俄而懷恩死，二虜爭長，回紇首領潛詣涇陽見郭子儀，請改事。子儀率麾下叩回紇營。回紇曰：「願見令公。」子儀出旗門，回紇曰：「請釋甲。」子儀易服。酋長相顧曰：「真是公矣！」時李光進、路嗣恭介馬在側，子儀示酋長曰：「此渭北節度使某，朔方軍糧使某。」酋長下馬拜，子儀亦下見之。虜數百環視，子儀麾下亦至，子儀麾左右使卻，且命酒與飲，遺以纏頭綵三千，召可汗弟合胡禄等持手，因讓曰：「上念回紇功，報爾固厚，何負而來？今即與汝戰，何遽降也？我將獨入爾營，雖殺我，吾將士能擊

汝。」酋長讋服曰：「懷恩詭我曰『唐天子南走，公見廢』，是以來。今天可汗在，公無恙，吾等願還擊吐蕃以報厚恩。」【略】

大曆三年，光親可敦卒，帝遣右散騎常侍蕭昕持節弔祠。明年，以懷恩幼女爲崇徽公主繼室，兵部侍郎李涵持節册拜可敦，賜繒綵二萬。是時，財用屈，税公卿驟，橐它給行，宰相餞中渭橋。

回紇之留京師者，曹輩掠女子於市，引騎犯含光門，皇城皆闔，詔劉清潭慰止。復出暴市物，奪長安令邵説馬，有司不敢何詰。自乾元後，益負功，每納一馬，取直四十縑，歲以數萬求售，使者相躡，留舍鴻臚，駘弱不可用，帝厚賜欲以愧之，不知也。【略】

德宗立，使中人告喪，且脩好。時九姓胡勸可汗入寇，可汗欲悉師向塞，見使者不爲禮。宰相頓莫賀達干曰：「唐，大國，無負於我。前日入太原，取羊馬數萬，比及國，亡耗略盡。今舉國遠鬭，有如不捷，將安歸？」可汗不聽，頓莫賀怒，因擊殺之，并屠其支黨及九姓胡幾二千人，即自立爲合骨咄禄毗伽可汗，使長建達干從使者入朝。建中元年，詔京兆少尹源休持節册頓莫賀爲武義成功可汗。

始回紇至中國，常參以九姓胡，往往留京師，至千人，居貲殖産甚厚。會酋長突董、翳蜜施、大小梅録等還國，裝橐係道，留振武三月，供擬珍豐，費不貲。軍使張光晟陰伺之，皆盛女子以橐，光晟使驛吏剌以長錐，然後知之。已而聞頓莫賀新立，多殺九姓胡人，懼不敢歸，往往亡去，突董察視嚴亟。羣胡獻計於光晟，請悉斬回紇，光晟許之，即上言：「回紇非素彊，助之者九胡爾。今其國亂，兵方相加，而虜利則往，財則合，無財與利，一亂不振。不以此時乘之，復歸人與幣，是謂借賊兵、資盜糧也。」乃使裨校陽不禮，突董果怒，鞭之。光晟因勒兵盡殺回紇羣胡，收橐它、馬數千，繒錦十萬，且告曰：「回紇扶大將，謀取振武，謹先誅之。」部送女子還長安。帝召光晟還，以彭令方代之，遣中人與回紇使聿達干往言其端，因欲與虜絶。敕源休俟命太原。明年，乃行，因歸突董等四喪。突董，可汗諸父也。源休至，可汗令大臣具車馬出迎，其大相頡干迦斯踞坐責休等殺突董事，休言：「彼自與張光晟鬭死，非天子命。」又曰：「使者皆負死罪，唐不自戮，何假手于我邪？」良久罷去，休等幾死。留五旬，卒不見可汗。可汗傳謂休曰：「國人皆欲爾死，我獨不然。突董等已亡，今又殺爾，猶以血濯血，徒益汗。吾以水濯血，不亦善乎？爲我言有司，所負馬直一百八十萬，可速償我。」遣散支將軍康赤心等隨休來朝。帝隱忍，賜以金繒。

《新唐書》卷二二二上《南蠻傳上·南詔上》 貞元十年夏六月，册異牟尋爲南詔王。以祠部郎中袁滋持節領使，成都少尹龐頎副之，崔佐時爲判官，俱文珍爲宣慰使，劉幽巖爲判官。賜黄金印，文曰「貞元册南詔印」。滋至大和城，異牟尋遣兄蒙細羅勿等以良馬六十迎之，金鋄玉珂，兵振鐸夾路陳。【略】異牟尋拜曰：「敢不承使者所命。」滋還，復遣清平官尹輔酋等七人謝天子，獻鐸鞘、浪劍、鬱刃、生金、瑟瑟、牛黄、虎珀、氎、紡絲、象、犀、越睒統倫馬。

姚汝能《安禄山事迹》卷上 〔天寶十一載〕十一月十七日，禄山遣其男范陽節度副使、鴻臚卿同正兼廣陽太守慶緒〔獻〕奚、契丹及同羅、阿布思等【略】生口三千人，金、銀、錦、罽、駞、奚車布於闕下。婦人皆以衣文錦，飾以義須，盛陳列以爲壯。玄宗大悦，授慶緒特進、衛尉卿，張樂以會將士。

樊綽《雲南志》卷一〇《南蠻疆界接連諸蕃夷國》 貞元十年十月二十七日陽苴咩城具儀注設位，旌節當庭，東西特立。南詔異牟尋及清平官已下，各具儀禮，面北序立。宣慰南詔使東，册立南詔使南向立，宣敕書讀册文訖。【略】其年十一月七日事畢，發陽苴咩城。雲南王蒙异牟尋以清平官尹輔酋十七人，奉表謝恩，進納吐蕃贊普鐘印一面，并獻鐸鞘、浪川劍、生金、瑟瑟、牛黄、琥珀、白氎、紡絲、象牙、犀角、越賧馬，統備甲馬，並甲文金，皆方土所貴之物也。仍令大軍將王各苴、柘東副使杜伽諸具牛羊領鞍馬及丁夫三百人提荷食物。其年十一月二十四日送至石門。

《唐會要》卷二《雜録》 龍朔元年，孝敬命太子賓客許敬宗等，于文思殿博採古今文集，摘其英詞麗句，以類相從，勒成五百卷，名曰《瑶山玉彩》，表上之，制賜物三萬段。

《唐會要》卷四五《功臣》 〔建中〕二年六月，中書令郭子儀自蒲來朝。子儀勳伐居最，代宗不名，常呼爲大臣。洎幸陝還，賜以鐵券，圖形凌煙閣。及上即位，恩禮益厚，每謁見，乘肩輿入自光順門，以造内殿，崇貴近古無匹。既病，上御紫宸殿，命舒王誼制書省之。是日子儀薨，上聞，傷痛久之，爲廢朝五日，册命曰：「尊爲尚父，官協太師，雖爵秩則同，而禮望尤重。斂以衮冕，旌我元臣。聖祖園陵，所宜陪葬。軾墓重文侯之德，象山追去病之勳。千載如存，九原可作，可贈太師。仍令所司備禮册命，贈絹三千匹、布千端、米麥三千石。凶喪所須，並令官給。」

《太平廣記》卷四八五《東城老父傳》 見張説之領幽州也，每歲入關，輒長轅輓輻車，輦河間薊州傭調繒布，駕轊連軏，坌入關門，輸於王府。江淮綺縠，巴蜀錦繡，後宫玩好而已。河州燉煌道，歲屯田，實邊食，餘粟轉輸靈州，漕下黄河，入太原倉，備關中凶年。關中粟麥，麥原作米，據明鈔本改。藏於百姓。天子幸五嶽，從官千乘萬騎，不食於民，老人歲時伏臘得歸休。行都市間，見有賣白衫白疊布。行隣比鄽間，有人禳病，法用皁布一匹，持重價不克致，竟以幞頭羅代之。近者老人扶杖出門，閲街衢中，東西南北視之，見白衫者不滿百，豈天下之人，皆執兵乎。

《資治通鑑》卷二二二《唐肅宗寶應元年》（建卯月）辛未，以郭子儀爲汾陽王，知朔方、河中、北庭、潞澤節度行營兼興平、定國等軍副元帥，發京師絹四萬匹、布五萬端、米六萬石以給絳軍。

《資治通鑑》卷二四一《憲宗元和一四年》 甲午，韓弘又獻絹二十五萬匹，絁三萬匹，絁，式支翻。銀器二百七十；左右軍中尉各獻錢萬緡。自淮西用兵以來，度支、鹽鐵及四方争進奉，謂之「助軍」；賊平又進奉，謂之「賀禮」；後又進奉，謂之「助賞」；上加尊號又進奉，亦謂之「賀禮」。史歷言元和進奉之弊。

《舊五代史》卷三《梁書·太祖紀三》 開平元年四月丙申，御玄德殿，宴犒諸軍使劉捍、符道昭已下，賜物有差。

《舊五代史》卷五《梁書·太祖紀五》 八月，車駕西征。己巳，次陝府。是時懰雨，且命宰臣從官分禱靈迹，日中而雨，翌日止，帝大悦。《永樂大典》卷二千六百三十二。案《五代春秋》：八月，晉人、秦人來侵夏州。庚午，次陝府。辛未，老人星見。是日，宴本府節度使楊師厚及扈從官于行宫，賜師厚帛千匹，仍授西路行營招討使。丙子，宴文武從官軍使已下，設龜茲樂，賜物有差。《册府元龜》卷一百九十七。

《舊五代史》卷六《梁書·太祖紀六》 乾化元年十二月，延州節度使高萬興奏，領軍於邠州界萬子谷韋家寨，殺戮寧、慶兩州賊軍約二千餘人，並生擒都頭指揮使及奪馬器甲等事。其入奏軍將使宣召赴内殿賜對，以銀器綵物錫之，宰臣及文武官各奉表賀。【略】安南兩使留後曲美，案通鑑：十二月戊午，以静海留後曲美爲節度使。《舊五代史考異》進筒中蕉五百匹，龍腦、鬱金各五瓶，他海貨等有差。又進南蠻通好金器六物、銀器十二并乾陁綾花縵越毬等雜織奇巧者各三十件。福建進户部所支榷課葛三萬五千匹。《册府元龜》卷一百九十七。

《舊五代史》卷七八《晉書·高祖紀四》 天福四年二月庚子，以天和節宴羣官於廣政殿，賜物有差。

《舊五代史》卷九七《晉書·盧文進傳》 未幾，文進引契丹寇新州。自是戎師歲至，驅擄數州士女，教其織紝工作，中國所爲者悉備，契丹所以彊盛者，得文進之故也。

《舊五代史》卷八〇《晉書·高祖紀六》 天福六年十二月乙巳，帝習射於後苑，諸軍都指揮使已上悉預焉，賜物有差。【略】

天福七年二月丁亥，契丹遣使來聘。己丑，宴於武德殿，新恒州節度使杜重威已下、諸軍副兵馬使已上悉預焉，賜物有差。

《舊五代史》卷八一《晉書·少帝紀一》 天福六年九月癸未，帝御乾明門，觀襄州行營都部署高行周、都監張從恩等獻俘馘，有司宣露布訖，以安從進男弘受等四十四人狥於市，皆斬之。曲赦京城禁囚。甲申，宴班師將校於崇德殿，賜物有差。乙酉，宰臣和凝上迴河頌，賜鞍馬器帛。

《舊五代史》卷九二《晉書·姚顗傳》 高祖登極，罷相爲刑部尚書，俄遷户部尚書。天福五年冬卒，年七十五。贈左僕射。子惟和嗣。顗疏于財，而御家無術，既死，斂葬之資不備，家人俟賻物及鬻第方能舉喪而去。士大夫愛其廉而笑其拙。《永樂大典》卷五千三百八十三。

《舊五代史》卷九三《晉書·盧詹傳》 天福初，拜禮部尚書，分司洛下，與右僕射盧質、散騎常侍盧重俱在西都，數相過從。三人俱嗜酒，好遊山水，塔廟林亭花竹之地，無不同往，酣飲爲樂，人無間然，洛中朝士目爲「三盧會」。常委順性命，不營財利。開運初，卒於洛陽。詹家無長物，喪具不給，少帝聞之，賜布帛百段，粟麥百斛，方能襄其葬事，贈太子少保。《永樂大典》卷二千二百十二。

《舊五代史》卷一三三《世襲傳·高從誨》 晉天福中，加守中書令。【略】及契丹入汴，漢高祖起義於太原，間道遣使奉貢，密有祈請，言俟車駕定河、汴，願賜郢州爲屬郡，漢祖依違之。及入汴，從誨致貢，求踐前言，漢高祖不從。從誨怒，率州兵攻郢州，旬日，爲刺史尹實所敗，自是朝貢不至。從誨東通於吴，西通於蜀，皆利其供軍財貨而已。末年，以鎮星在翼軫之分，乃釋羅紈，衣布素，飲食節儉，以禳灾咎。

《舊五代史》卷一三八《外國傳·吐蕃》 晉天福七年，沙州曹元忠、瓜州曹元深皆遣使來。周世宗時，又以元忠爲歸義軍節度使，元恭爲瓜州團練使。其所貢硇砂、羚羊角、波斯錦、安西白氎、金星礬、大鵬砂、毦褐、玉團，皆因其來者以名見，而其卒立世次，史皆失其紀。

《新五代史》卷四六《雜傳·房知温》　知温在鎮，常厚斂其民，積貲鉅萬，治第青州南城，出入以聲妓，游嬉不恤政事。天福元年卒于官，贈太尉。

知温卒後，其子彦儒獻其父錢三萬緡，絹布三萬匹，金百兩，銀千兩，茶千五百斤，絲十萬兩，拜沂州刺史。其將吏分其餘貲者，皆爲富家云。

《資治通鑑》卷二六七《後梁太祖開平四年》　岐王〔李茂貞〕屢求貨於蜀，蜀主皆與之。又求巴、劍二州，蜀主曰：「吾奉茂貞，勤亦至矣；若與之地，是棄民也，寧多與之貨。」乃復以絲、茶、布、帛七萬遺之。

吴任臣《十國春秋》卷六八《楚·馬希範世家》　〔天福三年〕十二月乙酉，王貢晉御輦一乘，金漆柏木鏤金花版，銀裝真珠車渠，紅絲網囊悉備，又進謝恩除江南諸道都統，絹二千疋，又進謝改功臣、加食邑，銀鈔鑼四十面重二千兩，土絹、土絁、吉貝布共三千疋，麩金五十兩。【略】

〔天福六年〕十一月，晉安從進舉兵反。丁酉，遣使貢晉吉貝等三千疋、白蠟一萬斤、硃砂五百斤，別進漆器萬餘事。

吴任臣《十國春秋》卷九一《閩·惠宗紀》　天成四年冬十月戊戌，進謝恩銀器六千五百兩、金器一百兩、錦綺羅三千疋於唐，并犀牙、玳瑁、真珠、龍腦、笏扇、白氎、紅氎、香藥等。

吴任臣《十國春秋》卷九二《閩·景宗紀》　是歲，〔永隆四年〕，貢晉鋌銀二千兩，花鼓六面，象牙十株，紅蕉二百疋，蟬紗二百疋，餅香沉香煎香六百斤，胡椒六百斤，肉豆蔻三百斤；又進白金四千兩，海蛤十斤，貢蕉二十疋，充端午天和節。

《宋史》卷四八三《荆南高氏世家·高繼沖》　〔建隆四年〕二月，慕容延釗、李處耘等率衆至，繼沖以牛酒犒師，開門納延釗等，即遣客將王昭濟、蕭仁楷奉表納土。太祖令御厨使郜岳持詔安撫，樞密承旨王仁贍爲荆南都巡檢使，仍令齎衣服、玉帶、器幣、鞍勒馬以賜繼沖，授繼沖馬步都指揮使，梁延嗣爲復州防禦使，節度判官孫光憲爲黄州刺史，右都押衙孫仲文爲武勝軍節度副使，知進奏鄭景玫爲右驍衛將軍，王昭濟左領軍衛將軍，蕭仁楷供奉官。繼沖籍管内芻糧錢帛之數來上，又獻錢五萬貫，絹五千匹，布五萬匹，復遣支使王崇範詣闕貢金器五百兩，銀器五千兩，錦綺二百段，龍腦香十斤，錦繡帷幕二百事。

《宋史》卷四九〇《外國傳六·于闐》　熙寧以來，遠不踰一二歲，近則歲再至。所貢珠玉、珊瑚、翡翠、象牙、乳香、木香、琥珀、花蕊布、硇砂、龍鹽、西錦、玉鞦轡馬、腽肭臍、金星石、水銀、安息鷄舌香，有所持無表章，每賜以暈錦旋襴衣、金帶、器幣，宰相則盤毬雲錦夾襴。

《宋史》卷四九〇《外國傳六·回鶻》　天聖元年五月，甘州夜落隔通順遣使阿葛之、王文貴來貢方物。六月，詔甘州回紇外甥可汗王夜落隔通順特封歸忠保順可汗王。二年五月，遣使都督習信等十四人來貢馬及黄湖綿、細白氎。三年四月，可汗王、公主及宰相撒温訛進馬、乳香。賜銀器、金帶、衣著、暈錦旋襴有差。

《奩史》卷八七《綺羅門》　端午，賜后妃諸閣紫練白葛紅蕉之類。《乾淳歲時記》。

《元史》卷一五《世祖紀一二》　〔至元二十五年〕，十二月乙卯，賜按答兒秃等金千二百五十兩，銀十二萬五千兩，鈔二萬五千錠，幣帛布氎二萬三千六百六十六匹。

《元史》卷二四《仁宗紀一》　〔至大四年〕冬十月戊辰朔，有事于太廟。己巳，敕繪武宗御容，奉安大崇恩福元寺，月四上祭。辛未，賜大普慶寺金千兩，銀五千兩，鈔萬錠，西錦、綵段、紗、羅、布帛萬端，田八萬畝，邸舍四百間。

《明史》卷三一四《雲南土司二·鶴慶》　鶴慶，唐時名鶴川，南詔置謀統郡。元初，置鶴州。至元中，陞鶴慶府，尋改爲路。

洪武中，大軍平雲南，分兵拔三營、萬户砦，獲僞參政寶山帖木兒等六十七人。置鶴慶府，以土官高隆署府事。十七年以董賜爲知府，高仲爲同知，賜子節爲安寧知州，楊奴爲劍川知州。賜率其屬來朝，貢馬及方物，詔賜冠帶并織金文綺、布帛、鈔錠。

王世貞《弇山堂别集》卷六《皇明異典述一》　親王功賞之厚宗王以賢德維藩，不當有戰功，而高帝則獨重之。洪武中，秦、晉、燕數北征有功，賞最重，楚、湘次之。其可考者，晉、燕二府賜鈔各一百萬錠；楚王征雲南阿魯秃等處，賜秦馬三千匹，黄牛二千頭，犛牛一千頭，羊九千隻。

永樂賞谷王橞金川門功，樂七奏，衛士三百，金銀大劍，金三百兩，銀三千兩，鈔三萬錠，綵幣三百匹，良馬四匹，金籠鞍轡二副；又馬二十四匹，金鞍二副，銀五百兩，鈔四萬六千錠，錦十匹，紵絲綾羅各六十匹，絹百九十匹；又銀千兩，鈔三萬錠，袍衣三襲，絹五百匹，白兜羅綿一條，西洋布三十匹，檀香三百斤，降真香五百斤，胡椒、蘇木各千斤，良馬十匹，羊百腔，酒五百瓶，椰子三百，火者百人。賞蜀王椿發谷府反謀功，黃金二百兩，銀千兩，鈔四萬錠，玉帶一，金織衮龍紵絲紗羅衣九襲，紵絲紗羅各五十匹，絨錦十匹，綵絹千匹，兜羅綿十條，高麗布一百匹，白米千石，胡椒千斤，良馬十匹，金鞍二副；又銀四千五百兩，鈔十萬錠，米萬石，紵絲五百匹，紗羅各二百五十匹，絹一千匹，兜羅綿六十條，蘇木五千斤，胡椒三千斤，珍珠一百九十二兩，馬一百五匹，金鞍二副，火者百人。洪熙賞趙王高燧山陵功，白金三千兩，鈔三萬貫，綵幣二百表裏，馬十匹。

王世貞《弇山堂別集》卷一三《皇明異典述八》　丁憂恩典萬曆五年，張少師居正聞父喪，上及兩宮賜白金共二千五百兩，鈔三萬貫，綵幣三十表裏，白米六十石，麻布百五十疋，香油柴炭稱是。留輔政，辭，不許。遣司禮監太監同子編修嗣修代治喪，禮部主事曹誥等官司祭葬。請辭常禄，許之，仍日給酒飯，月給白米十石，香油二百斤，燭二百枝，茶三十斤，鹽一百斤，柴炭稱是。大婚後，許奔喪，上及慈聖各賜白金五百兩，綵幣八表裏，仁聖白金三百兩，綵幣六表裏。瀕行，賜白金八寶六十兩，尚寶少卿鄭欽、錦衣指揮史繼書護送，往回馳驛，撫按官以起程日期星夜馳奏。既葬，復命錦衣指揮翟汝義敦召之，限十日抵其地。朝辭，賜白金綵幣酒饌，以重其行。服除，賜白玉帶一條，大紅坐蟒蟒衣各一襲，金執壺一把，金臺盞一副。慈慶賜白金五十兩，紵絲四表裏。慈寧賜膳九品，金執壺一把，金臺盞一副，金箱牙箸一雙，白金五十兩，綵段四表裏，葷素食八盒，甜食四盒，酒十瓶，仍設宴管待。

十一年，張少師四維聞父喪守制，賜齋米八十一包，布十五筒，鈔三千五百貫，銀三百兩，綵幣六表裏，兩宮賜銀二百兩，綵幣四表裏。陛辭，賜白金一百兩，綵幣六表裏，行人護行。按蒲州賜比江陵僅三之一，視他輔臣，則倍屣矣。嘉靖末，吕少傅本丁母憂，無所賜。

大臣殁後儀典

洪武二年六月，故征虜左副將軍、中書平章軍國重事、鄂國公常遇春卒於軍。訃聞，上命禮部議舉哀。喪至龍江，上親出祭之。敕葬鍾山之陰，給明器九十事，納之墓。贈開平王，謚忠武，乃王其三代。後中山武寧王卒，禮如遇春。蓋以二王爲開國諸功臣冠故也。自後内閣首輔卒於任者，如贈太師楊士奇、楊溥、李賢、彭時，贈太保費宏、太傅李時，恩禮最號隆重，然祭不過九壇，齋糧、麻布五十石疋而已。萬曆十年六月，故太師、吏部尚書、中極殿大學士張居正卒於位，上賜齋壇麻布五十筒，筒十疋，米二百石，香燭油薪稱是。又與仁聖、慈聖兩宫、潞王共賻白金二千三百兩，兩宫復賜齋糧米，麻布二百疋，香燭油薪有差。祭九壇，外加七壇，大約視親王及國公之加師傅者。贈上柱國，謚文忠。遣官會布政司營葬，仍命京堂四品官、錦衣堂上官各一員護喪，其子編修等辭謝，疏上，批答：「朕念先生承先帝顧命，鞠躬盡瘁，殁而後已，忠勞可憫。他還有高年之母在京，著差司禮監太監陳政護送還鄉，馳驛前去。」然未幾奪其官，并追一切恩典。

王世貞《弇山堂別集》卷一四《皇明異典述九》　尚師之賞永樂初，尚師哈立麻初見，賜黃金百兩，白金千五百兩，鈔二萬貫，綵幣四十五表裏及法器、裀褥、鞍馬、香果、米、茶等物，徒衆白金綵幣。靈谷寺爲高皇帝后資福，事竣，賜黃金百兩，白金千兩，鈔二千錠，綵幣百二十表裏，馬九匹。灌頂大國師哈思巴囉等各白金二百兩，鈔二百錠，綵幣十，馬三匹。五臺山爲仁孝皇后資福，事竣，賜白金一千兩，綵紗羅絹布二百六十匹。

真人之賞

嘉靖前後賜真人陶仲文銀十餘萬兩，大紅、金綵、繡織、蟒龍、斗牛、雲鶴、麒麟、飛魚、孔雀段羅紗絹無慮數百襲，獅蠻玉帶、白玉帶五圍，金帶一圍，玉印二，金嵌寶冠、渾金冠、鬃絲冠、如意七寶簪、金嵌寶石、金銀水盂、金盤銀盤各十餘副。

諸降虜重賞

諸降虜之賞，無重於洪武之納哈出、永樂之金忠者。納哈出封海西侯，賜玉帶一，金鑲香帶一，白金一千兩，文綺帛各四十匹，鈔一千貫，又加賜文綺帛各十匹，白金二百五十兩，錦衣一襲，妻子衣韡襪綫，米五百石。宗王平章國公觀童等十人，各文綺帛二匹，銀二十五兩。諸部將金帶一，百花素銀帶七百，紗帽八百，銀鈔有差。又發鈔三十萬錠，織金文綺二千匹，布十七萬六千七百十六匹，綿襖二萬七千五百五十二領，冬衣及各色絹衣三萬二千二百四十襲。也先土干郎金忠封忠勇王，賜金印、朝服、公服、玉帶、織金文綺衣，黃金一百兩，白金四百兩，鈔二千錠，紵絲五十表裏，紗羅綾各二十匹，鞍馬二匹副，牛百頭，羊百頭，居第牀褥器用薪芻咸備。別賜妻黃金五十兩，白金百兩，紵絲二十表裏，紗羅綾各十匹，鈔一千錠，冠服一副，女衣一襲。其甥都督把台罕并都指揮察卜等八員，各白金五十兩，鈔七百錠，織金文綺衣一襲，紵絲六表裏，綿布三十匹。指揮卜答帖木兒等三十一員，各白金三十兩，鈔五百錠，織金文綺衣一襲，紵絲五表裏，棉布二十五匹。千户昂克土列兒等十八員，各白金二十兩，鈔四百錠，織金文綺衣一襲，紵絲四表裏，棉布二十匹。百户所鎮撫格干帖木兒二十五員，各白金十五兩，織金文綺衣一襲，紵絲三表裏，棉布十五匹，冠帶、鞍馬、牛羊、薪芻、居室器皿，照等第給賜。

北虜之賞

賜北虜之厚，無過於正統時瓦剌不花王太師也先者，蓋其時虜勢方盛故也。按四年賜脱脱不花王可汗織金四爪蟒龍膝襴八寶衣一，織金胸背麒麟青紅綵段六，五色段八，絹二十五，金嵌寶石絨氈帽一頂，金鈒大鵬厭纓事件全，伽藍香間珊瑚帽珠一串，寶金綵繡紵絲衣六，金繡纏身蟒龍直領一，青暗花并口對襟曳撒一，織金胸背麒麟并四寶四季花褡䕶比甲各一，織金虎并圈金寶相花雲肩通袖膝襴各一，金相犀甲麒麟繫腰一，紅甸皮描金花包二，減銀摺鐵刀并鞘一，銅綫虎尾三，尖雲頭套鞾一雙，秋水面烏木裏琵琶一，花梨木火撥思一，鞭鼓喇叭號笛各一，黄身勇字魚肚旗一，魚尾號帶飛虎招旗二。妃及丞相知院大夫以下各有差。賜淮王也先如可汗。自是，歲歲有加。十四年，賜可汗織金蟒龍文綺綵絹一百八十四匹，金銀各五錠，塔納珠一千六百顆，金銀鑲木碗各二，織金九龍蟒龍渾金文綺三十八匹，繡金衣五件，鞾襪、樂器、帳房、藥材等物。可汗二妃，織金文綺綵絹三十二匹，各錦袍一襲，織金衣三件，鞾襪、鍼綫、脂粉、絲絨具全。賜也先亦如之。未幾，而有土木之變，尚賜可汗及也先各金百兩，銀二百兩，托珠十托，珍珠百顆，織衣九龍紵絲五匹，織金蟒龍紵絲五匹，織金胸背紵絲十匹，渾織金花紵絲五匹，素花紵絲二十匹，并琵琶、箏、胡琴、器皿等物。未幾，太上還，可汗爲也先所滅，賞卻從薄矣。

王世貞《弇山堂别集》卷六七《宗室公主即位之賞》 成祖初，周、楚、齊、代等國并靖江王各黄金百兩，白金千兩，綵幣四十匹，錦十匹，紗羅各二十匹，鈔五千錠。

仁宗初，漢王高煦、趙王高燧各黄金五百兩，白金五千兩，錦百匹，紵絲二百匹，羅二百匹，紗二百匹，胡椒蘇木各五千斤，鈔萬錠，良馬百匹，以同母弟故也。周王橚黄金百兩，白金千兩，紵絲四十表裏，錦十匹，紗羅各二十匹，鈔萬錠。慶王㮵、寧王權、代王桂、瀋王模無黄金，其白金鈔錠錦帛等物同周王。唐王瓊烴、魯王肇煇、晉王濟熿、蜀世孫友堉、平陽王美圭各白金五百兩，鈔六千錠，紵絲二十表裏，錦六匹，羅十匹，紗十匹。晉庶人濟熺翼善冠二，金相玳瑁帶，龍文紵絲紗羅衣材九龍，白金三百兩，鈔六千錠，紵絲羅各二十表裏，錦九匹，紗二十匹，胡椒、蘇木各三千斤，廏馬二十匹。寧國長公主白金五百兩，鈔五千錠，紵絲二十表裏，錦六匹，羅紗各十匹。汝寧、懷慶、南康、永嘉、含山、汝陽、寶慶七長公主，各白金三百兩，鈔六千錠，紵絲二十表裏。

宣宗初，賜周、寧、慶、代、瀋五王各白金五百兩，紵絲二十表裏，錦五匹，紗羅各二十匹，兜羅綿五匹，西洋布十匹，鈔三萬貫。漢、趙二王加黄金百兩，餘同。其晉、楚、遼、肅、魯、韓、唐、伊、蜀、秦十王，各白金三百兩，紵絲十表裏，錦三匹，紗羅各十匹，兜羅綿三匹，西洋布五匹，鈔二萬貫。寧國、大名、南康、永嘉、含山、汝陽、寶慶七大長公主及永平、安寧、咸寧三公主，各白金二百兩，鈔萬貫，餘同十王。

英宗初，賜慶、代、寧、岷四王各白金五百兩，紵絲羅各二十表裏，紗二十匹，錦五匹，鈔三萬貫，周、楚、魯、遼、韓五王各白金三百兩，紵絲羅各十五表裏，紗十五匹，錦三匹，鈔二萬貫。肅、唐、伊、瀋、襄、荆、淮、梁、趙、秦及平陽、保寧二王，各白金三百兩，紵絲羅各十表裏，紗十匹，錦三匹，鈔二萬貫。靖江王白金二百兩，紵絲羅各十表裏，紗十匹，錦三匹，鈔萬貫。汝陽、含山、永嘉、南康四大長公主，咸寧長公主，安成公主，各鈔二萬貫，餘同靖江王。

景帝初，賜曾叔祖岷王白金三百兩，紵絲羅十表裏，紗十匹，錦五匹，鈔萬貫。諸王各白金二百兩，餘同。公主以下賞有差。

憲宗初，賜魯王、遼王、慶王、肅王、唐王、鄭王、襄王、寧王、周王、瀋王、伊王、岷世子各白金三百兩，紵絲羅各十五表裏，紗十五匹，錦三匹，鈔二萬貫。淮王、晉王、秦王、韓王、代、蜀二世子，各白金三百兩，紵絲羅十表裏，紗十匹，錦三匹，鈔二萬貫。趙悼王、荆靖王長子靖江王各白金二百兩，紵絲羅十表裏，紗十匹，錦三匹，鈔一萬貫。

孝廟初，賜寧王、唐王、瀋王、慶王、周王、襄王、鄭王、岷王、肅王、遼王、蜀王、楚王、晉王、淮王、代王、伊王、魯王各白金三百兩，紵絲羅十五表裏，紗十五匹，錦三匹，鈔二萬貫。德王、崇王、吉王、徽王、荆王、趙王、韓王、鎮安王各白金三百兩，紵絲羅十表裏，紗十匹，錦三匹，鈔二萬貫。靖江白金二百兩，紵絲羅十表裏，紗十匹，錦三匹，鈔一萬貫。武廟初，賜親王白金文綺各有差。武廟以後，史略其數，不可攷。大抵宣德初，賞已薄於仁廟，自是而後，差次減削，益懸絶矣。攷之漢史，惟吕太后崩，遺詔賜諸王各千金，其後人主加元服，賜諸王黄金皆百斤，而即位之賜不可攷也。惟元自成宗即位，大會諸王，比世祖應賜黄金五十兩者增至二百五十兩，銀五十兩者增至三百五十兩，鈔幣各有差。武宗即位，賜如之。仁宗即位，普賜諸王金凡三萬九千六百五十兩，銀一百八十四萬九千五十兩，鈔二十二萬三千二百七十九錠，幣帛四十七萬二千四十八匹。英宗即位，普賜諸王金五千兩，銀七十八萬兩，鈔幣五萬七千三百六十四匹，木棉九萬二千六百七十四斤，衣八百九十五襲。泰定帝即位，普賜后妃諸王金三萬五千餘兩，銀二百六十五萬兩，錢鈔幣帛稱是。其視我朝，不啻數十倍矣。

王世貞《弇山堂别集》卷六七《之國之賞》 之國之賞可攷者，洪武十年楚王楨之國武昌，賜黄金千六百兩，白金二萬兩，鈔二萬錠。永樂元年，汝南王有勳之國雲南，鈔二萬錠，海肥十萬索，綿布五百匹。寧王權之國南昌，鈔萬錠，又賜萬錠。周王橚之國大梁，鈔萬錠，又以朝辭賜鈔二萬錠，紵絲三百匹，紗羅各百匹，絹千匹，兜羅綿五十二條，火者二十八人，馬百匹。谷王橞之國長沙，賜馬二十四匹，金鞍二副，銀五百兩，鈔三萬六千錠，錦十匹，紵紅綾羅各六十匹，絹百九十匹，羊二十腔，酒二百餅，衣紗羅絹布各五十匹，鈔萬錠。

洪熙元年，趙王高燧之國彰德，賜黄金一百兩，白金五百兩，綵幣九十表裏，鈔二萬錠，馬十匹，金鞍二副。

王世貞《弇山堂别集》卷六七《來朝之賞》 來朝之賞可攷者，洪武三十五年，即文廟初，賜楚王楨鈔二萬五千錠，綵幣二十表裏。代王桂鈔七千錠，晉王濟熺五千錠。元年，賜永興王尚烈鈔千八百錠，平陽王濟熿八千錠，周世子有燉鈔二千錠。二年，賜周王橚鈔萬錠，又追賜羊百牽，酒千瓶及外國貢物。九年，賜谷王橞白金千兩，鈔三萬錠，紵絲百匹，衮龍袍服三襲，絹五百匹，白兜羅綿十條，西洋布三十匹，檀香三百斤，降真香五百斤，胡椒、蘇木各千斤，馬十匹，羊百腔，酒五百餅，椰子三百枚，火者百人。十四年，賜周王橚鈔二萬錠，紵絲五百匹，紗羅各百匹，絹千匹，兜羅綿五十二條，火者二十八人，馬百匹。楚王楨馬百匹，鞍轡一副，鈔三萬錠，紵絲三百匹，紗羅各百匹，絹千匹，胡椒千斤，椰子千箇，紅白兜羅綿五十二條，及紅撒哈剌、獅子尾等物。蜀王椿銀三千兩，鈔六萬錠，米萬石，各色紵絲五百匹，紗羅各二百五十匹，絹千匹，兜羅綿六十條，蘇木五千斤，胡椒三千斤，馬一百五匹，鞍二副，火者百人。肅王楧紵絲五十匹，紗羅各三十匹，絹三百匹。洪熙元年，賜漢王子瞻坦、臨淄王瞻域、昌樂王瞻垶、淄川王瞻墿，賜瞻坦織金紵絲羅紗衣各三襲，文幣二十表裏，黄金百兩，白金五百兩，馬十匹；瞻域等織金紵絲羅紗衣各二襲，文幣十六表裏，黄金八十兩，白金四百兩，馬八匹。靖江王府輔國將軍贊侃、贊偕各鈔二十萬貫。蓋是時鈔已賤故也。高、成之世，諸王來朝，歲無虚月，不聞以煩費。疑禍爲嫌。自仁廟辭周王以下入臨，而宣廟後遂絶矣。惟天順中哀邸兩朝，天順中太皇太后疾，亟召諸王，甫命下而駕崩，竟罷之。

特賜可考者，永樂元年賜周王橚鈔八萬錠，齊王榑二萬錠。四年後，賜周王鈔六萬錠，定王楨二萬錠，蜀王椿珍珠一百九十二兩，白金一千五百兩，鈔二萬錠。谷王橞紗羅絹布各五十匹，慶王㮵各三十匹，鈔各二萬錠。慶成王濟炫織金衮龍紵絲袍服十八表裏，各色紵絲一百表裏，撒哈剌二匹，兜羅綿被十，金相椰盞一，鈔五百錠。洪熙元年，賜寧王權黄金百兩，白金三百兩，錦十匹，綵緞二十表裏，紗羅各十匹。周王橚白金綵幣同，鈔二萬貫。晉王濟熺白金百兩，鈔十萬貫，綵幣六十表裏，火者六十，什器香藥咸備。

特賜公主可考者，賜寧國長公主洪武三十五年賀生辰禮物，銀肆錠，每錠重五十兩。綵緞十表裏，鈔四百錠，羊二十腔，酒一百瓶，果四盒。永樂二年，賜特製鳳冠一頂。永樂八年，賜花銀六百兩，米五百石，鈔六萬貫，紵絲五十匹，暗花二十六匹，大紅三匹，福青五匹，藍青三匹，黑緑五匹，深桃紅二匹，素二十四匹，大紅四匹，深青四匹，肉紅三匹，翠藍四匹，明緑五匹，出爐銀紅四匹，綵絹二百匹，大紅二十五匹，桃紅五十匹，水紅五十匹，藍二十五匹，緑五十匹，羊一百腔，酒五百瓶，柴三萬斤，炭一萬斤，閽者拾名，范春年二十歲，阮道年二十歲，武士年二十歲，范極年十八歲，阮擬年十七歲，阮注年十六歲，武合年十六歲，阮倫年十六歲，陳旗年十五歲，良舍年十二歲。永樂十三年，賜鍍金銅佛像二尊，文殊菩薩一尊，四臂觀音菩薩一尊，鍍金銅鈴杵六副，紅字輪六十個，大紅明花紵絲袋金彙漆紅刻菊花香盒一個，金字輪三個，共一袋盛，金匾索計一兩四錢，金鑲佛骨一塊，嵌用紅寶石六塊，金匾素共計金二兩三錢，金鑲紫檀木數珠一串，計一百一十顆，上帶金小杵一個，共計金一兩八錢，臘羊二十隻，臘猪十口，計三簍，蛤蜊醬一百六十斤，計四罈，醃蟶九十斤，計四罈，醃魚子八十斤，計四罈，水母線四十斤，計二罈，醃蠣肉三十三斤，計二罈，醬蚶子六十個，計二罈，對蝦五百對，計一簍，蝦米一百斤，計一簍，海魚一千斤，計十二簍，松子三石，計三櫃，榛子三石，計三櫃，核桃二萬個，計二簍，紅棗兒二石，計二簍，酥油一百斤，計二桶，泥螺六十斤，計二罈，各色羅十表裏，各色紗一十匹，各色將樂布十匹，高麗布五匹，氁絲布五匹，鈔二萬貫，米三百石。永樂十三年，賜鈔五萬貫，兜羅綿十床，海外番鹽三塊，計三十斤。永樂十四年，賜銀二十錠，每錠五十兩，鈔五萬貫，胡椒一千斤，羊一百腔，米一千石，柴五萬斤，炭五千斤。永樂十五年，賜鈔五萬貫，綵緞三十匹，綵絹三十匹，黄鼠一千個，酥油二百斤，榛子十石，紅棗五石，栗子十石，核桃一萬個。永樂二十年，賜大吉祥妙輪十一個，紅漆一個，黑漆十個。永樂二十二年，賜銀五百兩，鈔三萬貫，紵絲二十表裏，錦六匹，羅十匹，紗十匹。

生日之賞可考者，永樂二年，賜周王橚布五十匹，氁絲將樂布各百匹，日本扇二百握。四年，賜金衮龍紗三匹，織金鸞鳳鞠衣材二匹，素暗花紗十三匹，高麗布二十匹，氁絲布十匹，又賜紵絲紗羅各二十匹，綵絹四十匹，鈔萬錠，馬十匹，及羅帕金扇等物。九年，肅王楧來朝，是日適楧生旦，賜綵幣十表裏，羊五十腔，酒百缾，仍命光禄供饍饈。

按古之恩賜可考者，漢昭帝初賜燕王旦、廣陵王胥錢一千萬。廣陵王來朝，賜錢二千萬，黄金二百斤，劍二，安車一，乘馬二駟。宣帝賜黄金前後五千斤，他器物甚衆。東平王蒼歸國，明帝賜錢五千萬，布十萬匹。七年，特賜宫人奴婢五百人，布二十五萬匹，及珍寶服御器物。十五年，賜錢千五百萬，布四萬匹。章帝建初元年，以言事賜錢五百萬，又賜大宛汗血馬一匹。入朝，賜裝錢千五百萬，又賜貂裘及大官食物珍果。臨訣，賜乘輿服御珍寶輿馬錢布以億萬計。薨，賜賻錢一萬萬，布九萬匹。阜陵王延徙都壽春，賜錢千萬，布萬匹，安車一乘。清河王慶誅竇憲後，賜奴婢三百人，輿馬錢帛帷帳珍寶玩好，充牣無算。宋初，賜秦王廷美銀萬兩，德昭、德芳各五千兩。出秦王廷美西京，賜襲衣通犀帶，錢千萬緡，絹綵各萬匹，銀萬兩，甲第一區。周王元儼疾，賜銀五千兩。皇子愷封魏王，賜黄金三千兩，白金一萬兩。金世宗賜壽王忽魯金一百五十兩，金綵百端，絹五百匹。章宗立，各賜金五百兩，銀五千兩，錢十萬，金幣三百，端絹二千匹。元憲宗賜諸王拔都銀一千錠，鈔五十萬貫。元世祖賜諸王穆哥銀二千五百兩，諸王按只帶、忽剌忽兒、合丹、忽剌出、勝納合兒、兀魯忽帶、爪都伯木兒、阿只吉各五千兩，文綺帛各三百匹。塔察、阿术魯鈔各五十九錠，綿五千九十八斤，絹五千九十八匹，文綺三百匹。海都銀八百三十三兩，文綺五十匹。北平王南木合馬萬三千匹，羊五萬，又馬三萬，羊十萬。諸王阿只吉米五千石，馬六百，羊萬口。諸王王都銀千兩，火爾赤五百兩，各珠一索，錦衣一襲。諸王术伯銀五萬兩，幣帛各一萬匹。兀魯台瓜忽兒銀五千兩，幣帛各一百匹。諸王小薛金百兩，銀萬兩，鈔千錠。赤吉金二百兩，銀二萬二千五百兩，鈔九千錠，及紗羅絹布各有差。八八金百兩，銀萬兩，金素緞五百，紗羅絹布四千五百。拔都不倫金百五十兩，銀五十兩，幣帛紗羅萬匹。木白金銀各二百五十兩，幣帛紗羅萬匹。也里干金五千兩，銀五千兩，鈔千錠，幣帛紗羅二千匹。按荅兒秃等金千二百五十兩，銀十二萬五千兩，鈔二萬五千錠，幣帛布毛二萬三千六百六十六匹。愛牙合赤等金千兩，銀一萬八千三百六十兩，絲萬兩，綿八萬三千二百兩，金素幣一千二百匹，絹五千九十八匹，部曲羊馬鈔二十九萬餘錠，馬二萬六千九百一十四，羊十萬二百一十，駝八，牛九百。武宗賜豳王出伯金千五百兩，銀二萬兩，鈔萬錠。寬闍孛可等金二千三百兩，銀一萬七百兩，鈔三萬九千一百錠。麻兀兒除登極恩賜外，金五百兩，銀千兩，鈔二千錠。鎮南王老章、又親王八不沙金五百兩，銀五千兩，鈔二千錠。定王藥木忽兒千五百兩，銀三萬兩，鈔萬錠。高唐王注安金五千兩，銀五萬兩。又諸王喃荅失言鈔二百五十萬貫。文宗賜諸王阿剌忒納失里、月魯帖木兒、知樞密院事不花帖木兒金各五百兩，銀各二千五百兩，鈔各萬錠。西域諸王燕只台吉金二千五百兩，銀萬五千兩。順帝賜親王撒繼荅失金百兩，銀千兩，鈔萬錠，綺帛表裏各三百匹。成王賜亦都護金五百五十兩，銀七千五百兩。合迷里斤帖林金五十兩，銀四百五十兩。定西王奥魯赤、寧遠王闊闊赤、鎮南王脱歡也先帖木兒等金各五百兩，銀五千兩，鈔二千錠，幣帛各二百匹。帖木兒不花、也只里不花等金各四百兩，銀四千兩，鈔一千六百錠，幣帛各一百六十匹。安西王阿難荅鈔二十萬錠。寧遠王闊闊出六萬錠。諸王阿只吉二十萬錠。漢與元之賜宗室如此，其去我朝何啻十倍也。

王世貞《弇山堂别集》卷六七《有功之賞》 有功之賞可考者，洪武二十年，賜楚王楨秦馬二十匹，黄牛二千頭，犛牛一千頭，羊九千隻，并陝西草場一處，以征雲南阿魯禿等處功也。又賜晉王棡及燕王諱鈔各一百萬錠，以征迆北功也。洪武三十五年，賜谷王橞樂七奏，衛士三百，金銀槍、大劍，金三百兩，銀三千兩，綵幣三百匹，鈔三萬錠，馬四匹，金籠鞍轡二副，歲加禄米三千石，以金川門功也。永樂十四年，賜蜀王椿黄金二百兩，白金千兩，鈔四萬錠，玉帶一，金織衮龍紵絲紗羅衣九襲，紵絲綾羅紗各五十匹，絨錦十匹，綵絹千匹，兜羅綿十條，高麗布百匹，米千石，胡椒千斤，馬十匹，金鞍轡二副，以發谷府反謀功也。二十二年，賜趙王高燧白金三千兩，鈔三萬貫，綵幣二百表裏，馬十匹，以護送山陵勞也。

王世貞《弇山堂別集》卷七七《賞賚考下》 勳臣歸鄉之賞

洪武二十一年，信國公湯和還鄉，賜黄金三百兩，白金二千兩，鈔三千錠，綵段四十表裏。二十三年，魏國公徐輝祖、開國公常昇、曹國公李景隆、宋國公馮勝、申國公鄧鎮、潁國公傅友德還鄉，各賜黄金三百兩，白金二千兩，鈔三千錠，文綺三十疋，綾十疋。明年，涼國公藍玉賜如之，加鈔五百錠。江夏、長興、永平、南雄、崇山、懷遠、鳳翔、定遠、安慶、武定、鞏昌、鶴慶、東川、靖寧、宣寧、普定、景川諸侯，俱黄金二百兩，白金二千兩，鈔千錠，文綺三十疋。案：鈔一錠爲五貫，貫直白金一兩，鈔千錠則爲白金五千兩矣。

致仕之賞

洪武中，賜光禄寺卿徐興祖白金一百兩，鈔一百錠。永樂賜太醫院使戴元禮白金五十兩，鈔一百錠，綵幣四表裏。二臣皆庶僚，得此尤爲異也。

仁廟初，賜太子太師致仕郭資白金百兩，鈔二百錠，綵幣八表裏。自是以後，雖内閣輔臣，重者不過白金五十兩、四表裏而已。若高皇帝念致仕秦府左長史文原吉勞，特賜敕獎勵，賞白金一百兩，鈔二百錠，綵幣八表裏，尤前後所無。

丁憂之賞

仁廟賜夏尚書原吉米十石，鈔萬貫，胡椒百斤。憲廟賜劉閣學吉綵幣四表裏，銀五十兩，米十石，鈔十塊，羊四羫，酒十瓶。今上及仁聖、慈聖二宫賜張少師居正白金一千五百兩，紵絲三十表裏，新鈔三萬貫，白米六十石，香油六百斤，碎香六十斤，燭三百對，麻布百五十疋。奔喪，上及慈聖各賜白金五百兩，綵幣八表裏，仁聖白金三百兩，綵幣六表裏。蓋曠古無前之典也。又洪武中，上以布政使魏鑑、臧哲，徐中，知府李亨，居官勤慎，即喪所賜鑑、哲米六十石，鈔二十五錠，中、亨米五十石，鈔二十錠，諭以服滿來朝，分理庶務。

來朝之賞

洪武七年，遼東衛指揮房暠賜羅帛各六疋，布四疋，及其妻紗羅布帛各四疋。十二年，臨洮衛指揮趙琦鈔四十錠，白金百兩，文綺帛四十四疋。二十一年，山西屬衛指揮董成等白金八百兩，文綺二十疋，鈔四百錠。二十三年，西平侯沐英黄金二百兩，白金五千兩，鈔五千錠，文綺一百疋。二十四年，四川都指揮使徐玉白金二百兩，鈔三百錠；雲南左都督馮誠白金五百兩，鈔千錠。二十五年，普定衛指揮顧成白金四百兩，文綺二十疋，鈔五百錠；建昌衛指揮張顯鈔一百四十錠，綺衣一襲；百户籍鑑鈔九十錠。二十八年，掌四川都司都督瞿能白金二百兩，文綺帛二十疋，鈔三百錠。

永樂六年，賜鎮遠侯顧成白金二百兩，鈔四萬貫，文綺三十表裏。

大臣父母妻子之賞

洪武二十一年，賜信國公湯和夫人胡氏黄金二百兩，白金一千兩，鈔五百錠，綵段三十表裏。【略】

永樂八年，遣行人余昊敕涼州都督吴允誠妻曰：「比韃寇以兵脅爾爲叛，爾夫及子從朕征討，而爾能守節厲志，與子管者謀執叛者戮之。以婦人而秉丈夫之節，忠以報國，智以脱患，朕甚嘉焉。今賜爾綵幣十表裏，米百石，鈔四千貫，羊百羫，用示褒嘉。」陞其子管者爲指揮僉事，其所部都指揮保住等各賜綵幣八表裏，米八十石。十四年，以觀燈，賜户部尚書夏原吉母鈔二百錠。

萬曆二年，諭大學士張居正：「朕聞先生父母俱存，年各古稀，康健榮享，朕心嘉悦。特賜大紅蟒衣一襲，銀錢二十兩，又玉花墜七件，綵衣紗六疋，乃奉聖母恩賜，咸欽承，著家僮往賚之。外銀錢二十兩是先生的。」六年，上賜大學士居正母金嵌寶石頭面一副，銀八寶一百兩，青紅蟒衣四表裏，絹四疋，甜食盒二副；仁聖皇太后金頭面一副，紵絲六表裏，食盒八副；慈聖皇太后金嵌寶石頭面一副，珍珠環一雙，青紅蟒衣二套，銀八寶五十兩，食盒八副。

稱職之賞

浙江按察僉事解敏白金一百兩，文綺十疋。

戰歿之賞

洪武元年，給陣亡將士四百十五人，百户、鎮撫人給米二十石，麻布十疋；軍士人給米五石，錢一千二百，麻布二疋；又指揮孫靖家米三十石，布十五疋，鈔二百錠，織金文綺及帛各十疋；千百户楊貴、俞清、嚴整家米二十石，布各十五疋，鈔各百錠；又千户王仲家鈔一百六十錠；百户鄭禮家鈔一百四十錠；龍虎衛指揮胡斌弟文綺帛各二十疋，鈔二十錠；千户俞賢家米二十石，布二十疋，又綺帛三十二疋。又征南死事家屬指揮米三十石，麻布十五疋，鈔五錠；千户米二十五石，麻布十二疋，鈔四錠；百户米二十石，麻布十疋，鈔三錠。

永樂中征安南，一品米六十石，麻布六十疋，二品米五十石，麻布五十疋，三品四品米四十石，麻布四十疋，五品六品米三十石，麻布三十疋。

發姦贓之賞

洪武末，河南按察僉事王平行部至孟津，有司斂財爲賂，平執其人以聞，賜敕獎勵文綺襲衣被褥，鈔百錠，書吏半之。

永樂中，劉寧爲刑部主事，有人納銀於瓜以餽者，妻安氏發之，詔褒寧平日廉信於妻，妻能佐夫以義，賜白金二百兩，綵幣八表裏。

告密之賞

洪武太原衛軍林旺、韓伍兒以發劉原利叛，陞百户，賞白金各三斤，文綺帛十六疋。千户張豫以發莊成黨逆，賞白金二百兩，鈔四百錠，衣一襲，良馬一，金帶一圍，後陞陝西都指揮，賞白金二百兩，鈔二百錠，綵段十表裏，牛馬各六。永樂總旗靖西、京驢告叛，陞百户，白金各五十兩，鈔百錠，綵幣二表裏，衣一襲。寧夏都指揮韓成預言叛虜謀，鈔二百錠，羊十羫，酒五十瓶。

梅殷、盛庸俱建文舊臣之見嫌者，然都督僉事譚深、錦衣指揮趙曦謀擠殷水以死，至磔於市，籍其家，而發其事者都督許成封永新伯，又授殷子順昌都督同知，永貞孝陵衛、景福旗手衛，俱指揮。發盛庸之罪者，致仕百户王釹，賞銀百兩，鈔四百錠，陞指揮同知。發周王逆謀中護衛丁偘三爲錦衣指揮僉事，賜姓名趙誠。發都督梁銘罪者羽林前衛千户卜王，賞鈔三千貫，衣一襲及靴馬，陞指揮同知。後梁銘復以功封伯。發孟指揮，趙邸王瑜功最大，然僅陞指揮。發王倫妖言，指揮僉事馮傑陞一級，賜鈔二百錠，衣一襲，授遼東衛百户。恩威之叵測如此。洪熙初，進王瑜錦衣指揮同知，賜鈔千錠，織金錦衣二襲，白米五石。

旌小民之賞

洪武民王竹遺書誨其子平涼知縣瑱，赦瑱罪，賜白金百兩，絹十疋，附子五枚，川椒十斤。軍人王二以隨征獲馬入官，身故，賞白金百五十兩，鈔五十錠。民蔣公達、王剛甫破蘭秀山盜，各賞白金一百二十兩。黄再文破長陽盜，賞白金一百五十兩。軍章不花執叛僞右丞燕海雅，賞白金三百兩。永樂小旗射三箭中者，賞牛一，羊一，鈔百錠，銀椀二。鄉民謝定住孝行，賜鈔二百錠，米十石。

釋道之賞

永樂三年，迎帝師哈立麻于西番，至四年十二月至京，賜宴華蓋殿，蓋用親王禮也。賜金一百兩，白金千兩，鈔二萬貫，綵幣四十五表裏，及法器、裀褥、鞍馬，香果、米茶等物，並賜其徒衆白金、綵幣、器物有差。明年正月，賜哈立麻牙杖二，金瓜、骨朵二，幡幢二十四對，香盒二，拂子二，手爐三對，紅紗燈籠二，魫燈二，傘二，銀校椅一，銀脚踏一，銀水罐一，銀盆一，誕馬四，鞍籠二，銀杌一，青圓扇一，紅圓扇一，帳房一，紅紵拜褥一。尋命哈立麻於靈谷寺建大齋爲高皇帝后資福，事竣，賜黄金百兩，白金千兩，鈔二千錠，綵幣百二十表裏，馬九疋。灌頂大國師哈思巴囉等各白金二百兩，鈔二百錠，綵幣十，馬三疋。餘徒衆賜賚有差。尋封哈立麻爲萬行具足十方最勝圓覺妙智慧善普應祐國演教如來大寶法王西天大善自在佛，領天下釋教，賜玉印、誥命、金銀、紗羅、綵幣、織金、珠袈裟、金銀器皿、鞍馬。其徒孛隆、通瓦、桑既三人皆爲大國師，親宴於華蓋殿。又封國師宗巴斡即南奇巴藏等爲護法、贊善、闡化等王，俱賜金印誥命、銀紗錦綺衣有差。又命哈立麻於山西五臺寺資度仁孝皇后，賜白金一千兩，綵綾羅絹布二百六十疋，大國師等賞有差。五年十一月，復賜綵香果法器等物。六年四月辭歸，仍賜白金綵幣佛像，遣中官護送，蓋猶用元故典也。聞哈立麻頗善法事，工呪術，其爲高皇后薦福報恩寺，又爲文皇后薦福五臺寺，俱有佛光、慶雲、金蓮花、獅子瑞像之異，以故上尤信之，後宮國戚俱膜拜致敬，檀施山積，威儀文物極一時之盛。

嘉靖十八年，上南幸，賜高士陶仲文繡蟬錦囊、金銀事件，又賜「林隱」玉印一顆，黄金法劍二，金銀水盂各一，又賜金帶一圍，大紅金紵絲紗羅孔雀衣三襲，雲鶴紵絲紗羅衣六襲，進真人，賜大紅金彩膝襴飛魚紵絲紗羅衣三件，綵段四表裏。十九年元旦，賜玉帶一圍，斗牛蟒龍衣各一襲，「凌虚子」圖記二。四月，賜宫扇、金玉環獅蠻玉帶一，紗蟒衣金鶴雲絹四。八月，賜大紅五綵織遍地金人仙雲鶴紵絲紗羅三件，金冠一，貂皮八十張，又賜大紅雲紵絲二，宫花四，御筵法酒。二十年二月，賜斗牛蟒衣等物，銀盤五執，又嵌寶金冠一頂，簪匣。三月，賜玉帶一圍，三色銀錘銀筋。二十四年，賜金嵌寶石冠一頂，如意簪，金廂玉寶石法劍珠穗鞘金嵌寶石水盂一，灑繡紗衣一。二十五年，賜金絲寶石冠一，如意簪一，金嵌寶石香水盂一，道衣三，大紅紗羅段各一，又賜玉帶一圍，大紅金綵雲鶴紵絲紗羅各一襲。二十七年，賜玉帶一，銀幣，蟒服，酒饌。二十八年，賜銀葉百兩。二十九年，賜銀幣，珍寶，纍絲金冠，如意簪，納紗法服一，金玉玎璫嵌金劍，金水盂。銀數先後不可考，然至乙休之際，再進賜銀萬兩，其數之多見矣。

土官之賞

洪武十年，賜貴州宣慰靄翠、金筑安撫密定、普定知府姜瓚各錦二疋，金龍文綺一疋。二十一年，賜四川安撫副使劉武白金四百兩，綺帛各五疋，綿布四十疋；景東知府俄陶白金五百兩，紵絲八表裏。二十八年，賜貴州宣慰使安的白金三百兩，鈔二百五十錠，紗衣二襲。

永樂三年，賜元江知府鄒榮金帶一，文綺衣三襲，錦十八疋，綵段百五十疋，紗六百錠。四年，木邦宣慰使罕的法白金二百兩，錦二疋，紵絲十表裏。頭目陶孟、玉甫白金二百兩，紵絲十表裏。七年，賜木邦宣慰使罕賓法白金三千兩，錦綺二百表裏，祖母、母、妻織金文綺紗羅各五十疋。十二年，賜播州宣慰楊昇白金百兩，金織綺衣一襲，金綺十疋，又其兄亮白金百兩。賜永昌等衛鎮撫好帖木兒等鈔千錠，幣帛十疋；哈密忠義王免帖木兒鈔千錠，文綺二十疋。

土官來朝之賞

洪武九年，播州宣慰使楊鏗綺帛二十八疋。

十四年，思南宣慰使田大雅衣帽靴襪及文綺二十疋，鈔二百五十錠。十五年，賜普定知府者額金帶，織金文綺五疋，帛十疋，鈔四百錠；建昌衛指揮使月魯帖木兒文綺百疋，鈔五百錠；貴州宣慰宋誠母劉氏紗羅襲衣，米三十石，鈔二百錠，又賜衣一襲。十六年，貴州宣慰使靄翠鈔百錠，錦十五疋，金帶一；馬湖知府珉德衣一襲，米二十石，鈔三十錠；者額弟阿昌及八十一砦長賜文錦各二十疋，鈔二百錠，衣各一襲。二十五年，水西宣慰使安的公服紗羅襲衣，鈒花金帶，白金三百兩，鈔五十錠，錦綺各十疋；播州宣慰使楊鏗亦如之；水西宣慰使奢香子婦奢助朝，賜奢香銀四百兩，綺紗如之。二十八年，賜思明知府黃廣成羅衣金束帶，文綺二十疋，鈔二百錠。三十一年，賜麓川平緬宣慰使思倫發黃金百兩，白金百五十兩，鈔五百錠。三十年，賜思州宣慰使田琛母楊氏珠冠霞帔，綺帛各十二疋，鈔四百錠。

永樂十九年定例，三品四品各鈔百五十錠，錦一段，紵絲三表裏；五品鈔百二十錠，紵絲二表裏；六品七品鈔九十錠，紵絲二表裏；八品九品鈔八十錠，紵絲一表裏；未入流鈔六十錠，紵絲一表裏。

北虜之賞

永樂十一年，賜和寧王阿魯臺金印、金盔、金鞍、名馬，織金文綺二十端，絨錦二端。十二年，賜阿魯臺米百石，驢百頭，羊百牽，部落米五千石。

十四年，賜和寧王阿魯臺及其母綵幣五十表裏，都督也先土干綵幣二十表裏；阿魯臺部下頭目格檜等二百三十人，陞都指揮、指揮、千百户，賜賚有差。

正統二年，都指揮康能，指揮陳文、李全同、阿都赤，齎書及諸色金織綵繡蟒龍麒麟襲衣、綵幣表裏、金銀、寶石、首飾、器皿、書籍等物，往賜韃靼可汗及其妃并臚寧王脱歡等，仍以綵幣酬其所貢馬直各有差。四年，賜可汗脱脱不花王織金四爪蟒龍膝襴八寶衣一，織金胸背麒麟青紅綵段六，五色段八，絹二十五，金嵌寶石絨氈帽一頂，金鈒大鵬壓纓等事件全，伽藍香閃珊瑚帽珠一串，寶金綵繡紵絲衣六，金繡纏身蟒龍直領一，青暗花并口對襟曳撒一，織金胸背麒麟并四寶四季花褡褸比甲各一，織金虎并圈金寶相花雲肩通袖膝襴各一，金相犀角麒麟繫腰一，紅甸皮描金花包二，減銀摺鐵刀并鞘一，銅線虎尾三，尖雲頭套靴一雙，秋木面烏木裏琵琶一，花梨木火撥思一，鞭鼓喇吧號笛各一，黄身勇字魚肚旗一，魚尾號帶飛虎招旗二。賜可汗妃二人紵絲織金獅子虎豹朵雲細花每人八疋，各色絨線蠟胭脂等物。其丞相把的、右丞相脱歡、左丞相昂克、知院學的打力麻海荅孫、大夫阿都剌忽禿不花、平章撒都剌等，賞物有差。六年，賜可汗五色綵段并紵絲蟒龍直領褡褸曳撒比甲貼裏一，套紅粉皮圈金雲肩膝襴通袖衣一，皁麂皮藍條絅線靴一，硃紅獸面五山屏風坐床一，錦褥九，各樣花枕九，夷字《孝經》一本，銷金涼繖二，油絹雨繖一，笠篌、火撥思、二絃各一副，並賜其妃胭脂、絨綵、絲線等物。又賜太師淮王也先蟒龍段一，麒麟等獸段四，五色段五十，綵絹一百二十，妃三人綵段並紵絲衣一套，雲肩通袖膝襴衣一套，並鞋靴、盔甲、弓刀、臂手、馬鞍、涼繖、琵琶等物。八年，賜可汗紵絲織金四爪蟒龍單纏身膝襴暗花八寶骨朵雲一疋，織金胸背麒麟白澤獅子虎豹青紅綠共四疋，八寶骨朵雲細花五色段二十六疋，素段五十六疋，綵絹八十七疋，印花絹十疋；可汗妃二人白澤虎豹朵雲細花等段十六疋，綵絹十六疋，花減金鐵盔一頂，戧金皮甲一副，花框鼓、鞭鼓各一面，琵琶、火撥思、胡琴等樂器及鉛砂焰硝等物。又賜丞相把把只織金麒麟虎豹海馬八寶骨朵雲紵絲四疋，綵段四疋，綵絹九疋。其餘平章伯顏帖木兒、小的朱王、丞相也里等皆賞綵段有差。又賜太師、淮王、中書右丞相也先織金四爪蟒龍紵絲一疋，織金麒麟白澤獅子虎豹紵絲四疋，綵幣表裏花絹等物；賜也先母妃五人妃四人紵絲白澤虎豹綵段等物有差。九年，賜可汗紵絲織金蟒龍麒麟白澤等段六十四疋，綵絹八十疋；妃二人紵絲織金麒麟等段并綵絹各三十二疋，及盔甲樂器等物；也先紵絲織金蟒龍麒麟白澤等段六十二疋，綵絹百疋；母妃紵絲織金麒麟等段并綵絹各二十疋，及盔甲樂器等物；丞相、太尉、知院、平章等頒賜有差。十四年，賜可汗織金蟒龍文綺綵絹一百八十四疋，金銀各五錠，塔納珠一千六百顆，金銀廂木椀各二，織金九龍蟒龍渾金文綺三十八疋，紵絲衣一襲，繡金衣五件，靴襪、樂器、帳房、藥材等物。賜可汗妃二人織金文綺綵絹二十二疋，各錦袍一襲，織金衣三件，靴襪、針線、脂粉、絲絨具全。又賜也先及其妃大略如之。其大小頭目在彼未來者數十人，各賜禮物有差。太上皇命取銀二萬二千兩至，以五千賜也先，以五千賜伯顔帖木兒等三人，餘散虜衆。又賜瓦剌可汗金百兩，銀二百兩，託珠十託，珍珠百顆，織金九龍紵絲五疋，織金蟒龍紵絲五疋，織金胸背紵絲十疋，渾織金花紵絲五疋，素花紵絲二十疋，并琵琶箏器等物。賜太師也先金一百兩，銀二百兩，託珠十託，珍珠百顆，織金九龍紵絲五疋，織金蟒龍紵絲五疋，織金胸背紵絲十疋，渾金花紵絲五疋，素花紵絲二十疋，并琵琶箏器等物。

正統十四年，賜瓦剌大同王金五兩，銀二十兩，織金花素紵絲蟒龍一疋，渾金花一疋，胸背二疋，素花二疋。又賜瓦剌迭知院伯顔帖木兒平章金五兩，銀一百五十兩，託珠五託，珍珠五十顆，金圈珍珠耳墜一對，織金花素紵絲蟒龍二疋，渾金花二疋，胸背五疋，素花二十疋。又賜瓦剌阿剌知院金十兩，銀五十兩，織金花素紵絲蟒龍一疋，渾金花一疋，胸背二疋，素花二疋。又賜瓦剌賽罕王金五十兩，銀二百兩，織金花素紵絲蟒龍一疋，渾金花二疋，胸背二疋，素花二疋。又賜可汗紵絲織金蟒龍三爪罩纏身膝襴紅一疋，織金胸背麒麟紅一疋，織金胸背白獬紅一疋，織金胸背虎豹青一疋，織金胸背海馬緑一疋，暗八寶天花雲青一疋，暗八寶天花雲紅一疋，暗八寶天花雲柏枝緑一疋，素紅二疋，素緑三疋，素青二疋，綵紅絹五疋，藍絹五疋，緑絹五疋，虎班絹十疋。又賜荅紵絲紅一疋，紵絲青一疋，綵絹藍一疋，綵絹紅一疋。又加賚禮物，紵絲織金九龍黄一疋，織金九龍大紅一疋，織金蟒龍大紅一疋，織金蟒龍青一疋，織金胸背麒麟青一疋，織金胸背白獬大紅一疋，暗細花丹礬紅一疋，暗細花翠藍一疋，素青一疋，素緑一疋，綵絹紅五疋，綵絹藍五疋。又賜可汗妃二人紵絲織金胸背虎豹青二疋，織金胸背白獬紅二疋，暗八寶天花雲紅二疋，暗八寶天花柏枝緑二疋，素柏枝緑二疋，素黑緑二疋，綵絹藍八疋，紅八疋，素青二疋，素紅二疋。

景泰三年，賜可汗織金文綺綵幣表裏二百一十六疋，及金銀器皿等物。

東西南夷之賞

洪武初，以即位賜占城王阿荅阿者《大統曆》一本，織金綺段紗羅四十疋；安南王陳日煃如之；各國王俱文綺紗羅二十四疋，《大統曆》同；高麗王顓《大統曆》一本，錦繡絨綺十疋，母妃錦綺紗羅各四疋，國相辛肫、侍中李春富、李仁人文綺紗羅十二疋。以從陳理、明昇高麗，賜其王紗羅文綺四十八疋。又以占城王阿荅阿者破海寇功，賜織金文綺紗羅四十疋，使者紗羅各二疋，文綺四疋，衣一襲，錢一萬二千。七年，賜琉球王察度文綺二十疋，陶器一千事，鐵釜十口。十六年，賜琉球中山王察度鍍金銀印，織金文綺帛紗羅凡七十二疋，山東王承察度亦如之；占城、暹羅國王各織金文綺二十二疋，磁器一萬九千事。三十年，烏思藏都指揮司灌頂國師及尼八剌國各遣使貢方物，賜灌頂國師及尼八剌國王銀各一百五十兩，文綺帛各十疋；乩列工國師察里巴、烏思藏都指揮仰卜羅沙魯、萬户列思巴端竹、都指揮荅里巴遠毋爾監卒銀一百兩，文綺帛各一十疋，并賜其使人衣紗有差。

永樂三年，賜日本國王源道義九章冕服，鈔五千錠，錢一百五十萬，織金文綺紗羅絹三百七十八疋。四年，賜白金千兩，織金諸色綵幣二百疋，綺繡衣六十件，銀茶壺三，銀盆及綺繡紗帳、衾褥、枕席、器皿諸物，海舟二艘。又賜白金千兩，錢一千五百萬，錦紵絲紗羅絹四百十二疋，僧衣十二襲，帷帳、衾褥、器皿若干事。王妃白金二百五十兩，錢五百萬，錦紵絲紗羅絹八十四疋。王卒，賻絹布各五百疋，賜嗣王錦綺紗羅六十疋。九年，賜義持金織金綺紗羅綾絹百疋，錢五百萬。四年，賜古城王占巴的賴鍍金銀印，紗帽、金帶，黄金百兩，白金五百兩，金織文綺衣二襲，錦綺紗羅有差。六年，又賜其王金印及黄金百兩，白金五百兩，錦綺紗羅五十疋，綵絹百疋。十年，賜爪哇國西王都馬板錦綺紗羅綵絹千疋，并金織文綺襲衣等物。又賜烏思藏闡化王螭紐玉印、誥命，白金五百兩，綺衣三襲，綺繡五十疋，綵絹百疋，茶二百斤。十二年，賜琉球國王誥命、冠服及鈔萬五千錠。十五年，賜朝鮮國王李芳遠敕及白金二千兩，文綺表裏二百疋，紗羅絨錦五十疋，馬二十四疋，妃文綺表裏八十疋。

四夷來朝之賞

四年，賜占城國王孫舍楊白金二百兩，金織文綺紗羅衣各二襲，鈔百錠，文綺紗羅十四疋。六年，又賜舍楊白金二百兩，鈔百錠，紵絲紗羅金織襲衣；朝鮮世子李褆，御製詩、白金、錦綺、書籍、筆墨、鞍馬，其王白金千兩，絨錦綺羅百二十疋；浡泥國王麻邪惹加那乃，儀仗、交椅、水罐、水盆，俱用銀，傘扇，俱用白羅，銷金鞍馬二，織金文綺紗羅綾絹衣十襲，王妃及弟妹陪臣各有差。王尋卒，賜其子嗣王金箱玉帶一，金百兩，銀三千兩，及錢鈔、錦綺、紗羅、衾褥、帳幔、器皿，王母以下有差。九年，賜滿剌加國王拜里迷蘇剌金箱玉帶一，儀仗一副，鞍馬二疋，黄金百兩，白金五百兩，鈔四十萬貫，銅錢二百六十萬，錦綺紗羅三百疋，絹千疋，渾金文綺二，織金通袖膝襴二；王妃冠服一副，白金二百兩，鈔五千貫，錦綺紗羅絹六十疋，織金文綺紗羅衣四襲，王子姪及陪臣白金鈔錢綵幣有差。十一年，浡泥國王遐旺朝辭，賜黄金百兩，白金五百兩，鈔三千錠，錢百五十萬，錦四段，綺帛紗羅八十疋，金織錦繡文綺衣各一襲，并器皿、衾褥、帷幔等物，王母及叔以下有差。十五年，賜蘇禄國東王巴都葛叭答剌、西王麻哈剌叱葛剌麻、丁峒王叭都葛巴剌卜，辭歸，人賜金箱玉帶一，黄金百兩，白金二千兩，羅錦文綺二百疋，絹三百疋，鈔一萬錠，錢三百萬，金繡蟒龍衣麒麟衣各一襲，賜其隨從頭目文綺綵絹錢鈔有差。十九年，古麻剌朗國王幹剌義亦奔敦來朝，賜黄金、白金，銅錢、文綺、紗羅、綵絹、金織龍衣麒麟衣，并妃及子陪臣衣服文綺綵絹有差。十五年，朝鮮國王李芳遠勤修職貢，遣使賚敕及白金二千兩，文綺表裏二百疋，紗羅絨錦五十疋，馬二十四疋，賜芳遠，仍賜其妃文綺表裏八十疋。二十二年，撒馬兒罕駙馬帖木兒遣回滿剌哈非思來朝，貢馬二百五疋，賜白金四百兩及文綺鈔錠，從者俺都兒等八人白金七百兩，文綺鈔錠。

北虜朝使之賞

北虜朝使之賞最多，可考者，景泰四年，也先使臣正副二十二人俱以陞都督、都指揮、指揮、千户等官，各照品級賞金箱犀帶九條，鈒花金帶九條，素金帶三條，花銀帶一條；其三千餘人所貢馬及貂鼠皮，通賞各色織金綵素紵絲二萬六千四百三十二疋，本色并各色闊絹九萬一百二十七疋，衣服三千八十八襲，靴襪氊帽等件全。

降虜之賞

洪武二年，賜鞏昌總帥汪靈、真保、虎都帖木兒冠帶、襲衣、衾褥，各文幣二十疋，素紬二十疋，帛四十疋，綿二十斤，又各賜白金二百兩，米六十石，文幣十疋，從人細絹、衣服、皮襖、靴襪有差。三年，賜元皇子買的里叭剌母妃以下鍍金銀首飾六十副，副各九事，紗羅布衣服六十襲，襲各七事。四年，賜降虜都連帖木兒、劉朵兒只、丑的各文綺帛十疋，金繡盤龍衣、文綺、綿衣、銀椀、靴襪有差。都連父闊闊帖木兒文綺帛同，銀椀一。又伯顔帖木兒等五人各文綺帛十二疋，銀椀一。又賜官屬卜顔帖木兒等四十三人、降將何鎖南普南文綺，人各文綺帛十疋，銀椀一。又賜降將何鎖南普南文綺帛三十疋，汪家奴二十三疋，官屬各十一疋，卜納剌文綺三十疋，又平章阿寒柏、知院滿荅剌、廉訪使納速爾丁各衣一襲，綺帛八疋，米五石，錢五千餘，將校有差。土蕃馬梅孛羅罕等六人各文綺帛二十疋，部屬以下各二疋。僞夏平章俞思忠米五石，錢六千，右丞袁彬等三人各米四石，錢四千八百，參政李文德等五人、同僉周仁貴等七人各米三石，錢三千六百，仍各衣服一襲。故元宗王子巴都麻失里沙加失里、樞密使汪家奴、知院瑣南葦各金繡衣一襲，文綺七疋，平章孫讓等四人各金繡衣一襲，文綺五疋，副使海壽等三十人各文綺三疋，僉事也失里等十人荅文綺二疋及衣靴，傔從一百三人給綿布戰襖。故惠王伯都不花、諸王伯都不花等第宅、帷幔、裀褥、什器、金繡衣，妻女金銀首飾，月給錢米。降王孛羅臺那麻又等三人各織金綺衣一襲，文綺四疋。廣平王禄咱等二人酒醴、衣服，綺羅帛四十八疋。帖木兒等九人有差。十四年，降將朮忽脱歡等四十四人夏衣，鈔三百錠，文綺衣衾三百九十事，帛三十疋，銀帶七，鞍馬二，布百八十疋，米一百六十石。火里火真等四十一人文綺四十六疋，帛三十六疋，鈔一百六十九錠。火真即同安侯也。十五年，賜來降平章月魯帖木兒及其官屬鈔二千四百四十錠。十六年，降虜瓦剌麻文綺四十八疋，鈔二百錠。故元平章闍馬、參政龐源拜官，文綺夏衣四十事，鈔六十錠，米百五十石。二十一年，賜元降將納哈出玉帶一，金飾香帶一，白金一千兩，文綺帛各四十疋，鈔一千貫，諸部將金帶百花素銀帶七百，紗帽八百，銀鈔各有差。仍齎鈔三十萬錠，金文綺二千疋，賞其部衆。又賜納哈出文綺帛各十疋，白金二百五十兩，衣一襲，妻衣靴襪線。宗王先童、國公觀章等十人各文綺帛二疋，白金二十五兩，又給納哈出妻子米五百石，將校男女四萬四千一百七十九，布一十七萬六千七百一十六疋，綿襖二萬七千五百五十二領，皮裘五千三百五十三領，冬衣及色絹衣三萬二千二百四十餘襲。又賜漠北來降王子夫剌八禿兒銀三百兩，綺帛各十疋，鈔二百錠。雲安王巒子吉兒的等人銀二百五兩，綺帛八疋，鈔九十錠。國公和尚銀二錠，鈔四十錠。又賜納哈出等三百一十八人銀二萬三千八百四十兩，文綺帛二千九十四疋，鈔一萬二千九百六十九錠。又賜親授指揮王子曲里帖木兒等一十八人各白金一百兩，鈔一百錠。虜主次子地保奴鈔二百錠。賜降王朵兒只并將校二千九百人鈔一百錠，絹一萬一千七百疋。賜故國公哈剌章男玉出忽兒禿哈白金一千二百五十兩，鈔二百五十錠，文綺帛各二十五疋。賜元將哈剌海阿剳失里白金五兩，鈔三百五十錠，綺衣四十二襲。司徒撒里樘兒家白金二百五十兩，鈔九錠，文綺帛十六疋。賜司徒阿速等并官軍一百六十三人白金三千六百二十兩，鈔四千八百錠，文綺二百十六疋，帛如之，綺羅布衣共四百五十一襲。二十二年，賜迤北來降千户蠻子白金二錠，文綺帛各六疋。二十三年，賜太尉乃兒不花及部將二百人白金萬三千六百兩，鈔萬二千六百錠，文綺帛各千八十疋，羅衣五百五十襲。賜指揮降將藏卜白金二百兩，鈔九十錠，文綺帛各六疋，綺羅衣各一襲。餘二十五人有差。二十四年，賜乃兒不花白金三百兩，鈔二百錠，阿魯帖木兒白金二百兩，鈔百錠。二十七年，賜元太子男六十奴銀五十兩，鈔五十錠，卜尼銀二十兩，鈔十錠，衣各一襲。

永樂元年，賜降虜指揮使伯帖木兒鈔二百錠，綵幣二表裏，紗羅衣五襲，金帶一。二年，賜降虜吴允誠等冠帶、襲衣、文綺、白金、寶鈔，歲給都督允誠牛二十，羊一百五十，都指揮牛十四，羊七十，指揮牛十二，羊六十，千百户、衛所鎮撫牛十，羊五十，軍民每户牛六羊二十，家屬衣鞋布鈔有差。七年，賜國公阿難不花衣一襲，金織文綺十表裏，牛三十，羊二百，米三十石；朵米衣一襲，金織文綺六表裏，牛二十，羊一百，米十五石，所部頭目各賜鈔幣羊牛米有差，軍民男女皆給紗布衣服。又賜丞相昝卜、王亦兒忽秃、典住、哥者部衆三萬人，昝卜襲衣及金織文綺十表裏，及亦忽秃兒等衣服金織文綺牛羊米，加賜阿難不花，例加酒五十瓶，羊三百羫。軍民户給米十石，牛十隻，羊二十五隻，家屬綿布綿花有差。二十一年，賜虜酋也先土干姓名金忠，封忠勇王，及甥把臺罕陞都督，各冠帶金襲衣御宴金杯等器，尋賜金忠金印朝服，公服玉帶，織金文綺衣，黄金百兩，白金四百兩，鈔二千錠，紵絲五十表裏，紗羅綾各二十疋，鞍馬二，牛百頭，羊五百頭，米百石，居第，牀褥，薪芻，器用咸備，别賜其妻黄金五十兩，白金百兩，紵絲二十表裏，紗羅綾各十疋，鈔一千錠，冠服一副，女衣一襲。把臺罕及都指揮察卜等八員各銀五十兩，鈔七百錠，織金文綺衣一襲，紵絲六表裏，綿布三十疋。指揮卜荅帖木兒等三十一員各銀三十兩，鈔五百錠，織金文綺衣一襲，紵絲五表裏，綿布二十五疋。千户昂克土列等十八員各銀二十兩，鈔四百錠，織金文綺衣一襲，紵絲四表裏，綿布二十疋。百户所鎮撫格干帖木兒等二十五員各銀十五兩，織金文綺衣一襲，紵絲三表裏，綿布十五疋。冠帶、鞍馬、牛羊、薪芻、居室、器用，照等第給賜。

正統十二年，沙州衛都督僉事喃哥等率部屬二百餘户一千二百三十一人來歸，上命官舍頭目於山東平山、東昌二衛管束，帶俸城内居住，賜都督米二十五石，地二百五十畝，都指揮米二十石，地二百畝，指揮米十五石，地一百五十畝，千户鎮撫米十石，地一百二十畝，百户并所鎮撫米五石，地一百二十畝，舍人并頭目米三石，地一百畝。分其部落於清平、博平二縣，爲三屯居住，各賜米三石，地八十畝，仍賜鈔、綵幣表裏、紵絲、襲衣、綿布、房屋、床榻、器皿、牛羊等物，支與俸糧月糧。

王世貞《弇山堂别集》卷七八《賞功考上》 我朝功賞規制，視古最爲不浮，今略志之。

太祖破陳友諒，降武昌，賞常遇春、廖永忠田土，餘有差。

吴元年，平張士誠，召見右相國達等戟門，封達信國公，綵段十二表裏；遇春鄂國公，十表裏；都督馮宗異、平章胡廷瑞九；平章湯和、參政曹良臣八；右丞廖永忠、華高，都督康茂才七；參政薛顯、趙庸，副都督梅思祖、汪興祖六；指揮人五，千户人四，百户人三，軍士米一石，鹽十斤。

是年賞陵子村功，行省參政傅友德綺帛各十疋，從征千户各三疋，百户、鎮撫各二疋，軍人鹽二十斤。

洪武二年，賞平中原將士功，大將軍達白金五百兩，文幣五十表裏；副將軍遇春同；副將軍馮宗異白金二百兩，文幣十五表裏；左丞趙庸、右丞薛顯、參政傅友德白金同，文幣各十九表裏；平章曹良臣白金二百五十兩，文幣二十表裏；平章韓政白金同，文幣殺其三；平章俞通源、右丞梅思祖、參政陸聚、都督副使顧時白金一百五十兩，文幣殺其二；參政陸仲亨文幣二表裏；左丞王溥及各衛指揮七；千户、衛鎮撫六；百户、所鎮撫五；旗軍總旗米三石，白金三兩三錢；小旗米同，白金減兩二錢；軍米同，白金又減二錢。征南功，御史大夫湯和白金二百五十兩，文幣十五表裏；平章廖永忠、都督吴禎金同，文幣二十表裏。守禦功，平章楊璟、胡廷美白金二百五十兩，文幣二十表裏；左丞周德興金同，文幣殺其三；都督同知張興祖白金二百兩，文幣同德興；參政朱亮祖、張彬、戴德，僉都郭子興、陳德白金三百兩，文幣十五表裏；僉都督華雲龍金殺其半，無文幣。各衛指揮至所鎮撫與從征同。

三年，賞右丞陸仲亨所部征南有功者，指揮文綺帛三表裏，千户、衛鎮撫二，百户、所鎮撫一，戰死者倍之，病故者視戰死減三之一，軍人賜米有差。平章廖永忠所部征南功，指揮、千户、衛鎮撫、百户、所鎮撫賞同楊璟等，旗軍賜米有差。平章楊璟、左丞周德興所部平湖南、廣西有功者，指揮文絹帛六表裏，千户、衛鎮撫五，百户、所鎮撫四，旗軍人給鹽六十斤。止征廣西者，指揮四表裏，千户、衛鎮撫三，百户、所鎮撫二，旗軍鹽四十斤。賞六安知州陳銘善子真平賊功，白金二百兩，文綺帛二疋，州民鮑文才等白金五百兩，文綺帛六疋。

是年大封功臣，賜李善長、徐達文綺帛各百疋，常茂、馮勝各八十疋，李文忠、鄧愈各六十疋，列侯湯和、唐勝宗、陸仲亨、周德興、顧時、耿炳文、費聚各四十疋，列侯陳德、郭子興、華雲龍、王志、鄭遇春、吳良、吳禎各三十疋，列侯趙庸、廖永忠、俞通源，都督金朝興，平章李思齊，參政戴德，曹興才，各二十四疋，列侯華高、楊璟各二十二疋，列侯康鐸、朱亮祖、傅友德、胡廷美、韓政、黄彬、曹良臣、梅思祖、陸聚、汪興祖各二十疋，平章李伯昇一十六疋。征進回還，復征興元，指揮二十四疋，千户、衛鎮撫二十疋，百户、所鎮撫十六疋。征定西、興元、應昌，指揮二十疋，千户、衛鎮撫十六疋，百户、所鎮撫十二疋。守禦有功者，指揮十六疋，千户、衛鎮撫十二疋，百户、所鎮撫八疋，軍士人賞銀十兩，錢六千。

四年，賞平蜀功，潁川侯傅友德、德慶侯廖永忠白金二百五十兩，綵段二十表裏；濟寧侯顧時白金一百五十兩，綵段十五表裏；臨江侯陳德白金二百兩，綵段十二表裏；都督同知汪興祖戰歿，同；中山侯湯和綵段十五表裏；都督僉事王簡、何文輝、藍玉、張温、金朝興白金五十兩，綵段十表裏；鞏昌侯郭子興、江夏侯周德興綵段十二表裏；南安侯俞通源、宣寧侯曹良臣、僉都督陳桓殺其二；僉都督王成、仇成、葉昇又殺其三；汝南侯梅思祖又殺其二。凡從潁川侯，指揮人綵段八表裏，千百户、衛所鎮撫六，總旗白金十二兩，小旗十一兩，軍十兩；從德慶侯，指揮人綵段六表裏，千户、衛鎮撫四，百户、所鎮撫三，總旗白金十兩，小旗九兩，軍八兩；從中山，指揮至百户遞減一表裏，軍校遞減一兩。從永嘉至保寧者同，至重慶遞減一等，軍校減半；不從入關及守船患病者，千百户一表裏，旗軍白金二兩；軍病自河南還者，與錢千二百，自臨潼還者二千四百，自西安還者三千六百，自秦州還者四千八百，自階州還者六千。陣亡者倍前給白金，溺墜病死者與見軍同。

是年賞江陰侯吳良平綏寧蠻功，文綺帛三十疋。賞廣西衛指揮左君弼平寇功，綺帛二十疋，又賜其父米二十石，千户蔡天禄以下有差。賞里民黄再文平盜功，白金一百五十兩。

五年，賞征南功，侯周德興、趙庸綺帛各十二表裏，侯吳良、指揮左君弼各十表裏，公鄧愈，平章李伯昇各八表裏，侯楊璟、宜春侯黄彬各六表裏，都督王誠等各四表裏，餘有差。

九年，賞遼東破虜功，都指揮葉旺綺帛十八表裏，指揮八表裏，千户、衛鎮撫五表裏，百户、所鎮撫二表裏，總旗帛二疋，布三疋，小旗帛布各二疋，軍帛一疋、布二疋，都指揮使馬雲綺帛十三表裏，指揮五表裏，千户、衛鎮撫三表裏，百户、所鎮撫一表裏，總旗帛一，布二，小旗及軍帛布各一疋；陣亡者倍之，傷故者增半。

十二年，賞英山主簿隨贇捕叛功，白金五百兩，文綺八表裏。

十七年，平雲南功，潁川侯傅友德進封公；永昌侯藍玉、安慶侯仇成、定遠侯王弼許世襲，加禄五百；都督陳桓、胡海、郭英、張翼俱封侯，餘將士遞遷有差；總兵官賞織金及雜色綵段二十表裏，鈔一百錠；副總兵十八表裏，鈔九十錠；國公十六表裏，鈔六十錠；侯十四表裏，鈔五十錠；都督、平章十二表裏，鈔四十錠；指揮鈔一百錠，織金及雜色文綺十疋，絹二十疋；千户、衛鎮撫鈔八十錠，織金及雜色文綺八疋，絹十六疋；百户、所鎮撫司仗鈔七十錠，織金及雜色文綺七疋，絹十四疋；散騎舍人鈔三十錠。病故官與見在同。傷殘，指揮鈔五十錠，織金及雜色文綺五疋，絹十疋；千户、衛鎮撫鈔四十錠，織金及雜色文綺四疋，絹八疋；百户、所鎮撫、司仗鈔三十五錠，織金及雜色文綺三疋，絹七疋；散騎舍人鈔十七錠。被傷，指揮鈔三十五錠，織金及雜色文綺四疋，絹八疋；千户、衛鎮撫鈔二十五錠，織金及雜色文綺三疋，絹五疋；百户、所鎮撫、司仗鈔二十錠，織金及雜色文綺二疋，絹四疋；散騎舍人鈔十錠。征回，指揮鈔三十錠，織金及雜色文綺三疋，絹五疋；千户、衛鎮撫鈔二十五錠，織金及雜色文綺二疋，絹四疋；百户、所鎮撫、司仗鈔二十錠，織金文綺一疋，絹二疋；散騎舍人鈔十錠。軍士賞鈔布：至大理、建昌者，人賜鈔九錠，布二疋；至楚雄、雲南、臨安、曲靖者，人鈔八錠，布二疋；至霑益、烏撒、東川者，人鈔七錠，布二疋；至畢節、七星關、芒部者，人鈔六錠，布二疋；至貴州、普定、盤江、黄平、平越者，人鈔五錠，布二疋；至重慶、瀘州、叙南、永寧及疾病寄留並守船者，人鈔二錠；其舍人、力士、軍吏、獸醫，各以所至之地給賜，並與軍士同，逃而復征者各半之。至常德、沅州等處未征戰者不給。發守大理等處，已曾就彼給賜而還者，照其所至地方如數給之，仍發原衛守禦。其戰亡及病而死有父母妻子弟姪者，人鈔十六錠，布四疋；止有妻子者半之。被創重者，人鈔十二錠，布二疋，輕者止依所至地方給之。

十七年，賜征南將校米，公侯人一千五百石，都督人一千石，指揮人五百石，千户、衛鎮撫人三百石，百户、所鎮撫人二百石。已故而有子孫承襲及有父母妻女者皆給之。

二十二年，破北虜功，大將軍藍玉白金二千兩，鈔一千錠，文綺五十疋；副將軍唐勝宗、郭英白金一千兩，鈔四百錠，文綺三十疋；左參將王弼白金二千兩，鈔八百錠，文綺四十疋；右參將孫恪白金五百兩，鈔三百錠，文綺十五疋；都督徐司馬等六人各白金四百兩，鈔一百錠，文綺八疋；指揮使蕭綺等八人各白金三百兩，鈔百五十錠，文綺六疋；指揮同知陳鏞等十人白金二百五十兩，鈔百四十錠，文綺五疋；指揮僉事張敬等三十五人白金二百兩，鈔百三十錠，文綺四疋；千百户、鎮撫各有差。陞百户池裕爲指揮僉事，賞黄金一百兩，白金三百兩，綵段六表裏，鈔一百錠；總旗施文等爲副千户，各賞黄金一百兩，白金二百兩，綵段二表裏，鈔八十錠。以征胡獲元君金寶之功也。

二十三年，平苗蠻功，延安侯唐勝宗鈔一千錠。涼國公藍玉破西番功白金五十兩，文綺帛各六疋，鈔六十錠，散毛洞功，鈔千錠，加禄五百石。征南功，東川侯胡海、普定侯陳桓、靖寧侯葉昇各鈔五百錠，宣寧侯曹泰四百錠。平月魯帖木兒功，百户李思明、子順白金二百兩，鈔二百錠，文綺帛二十疋；賜雷復、子貴安白金五十兩，鈔八十錠，文綺帛各一疋。

二十五年，都督僉事何福等征蠻還京師，詔賞福白金二百兩，文綺十疋，鈔二百錠；茅鼎白金一百兩，文綺八疋，鈔二百錠；徐司馬、陶文、俞淵白金各五十兩，文綺四疋，鈔一百錠；將士二萬四千餘人賞賜各有差。

二十六年，靖寧侯葉昇獲賊首夏得忠，鈔千錠同，黄金百兩，白金三千兩，文綺三十疋；東川侯胡海、普定侯陳桓次之。寧番衛指揮使魯毅以守禦功，賜白金三百兩，鈔三百錠，文綺八疋。

二十九年，賜征廣西總兵官都督楊文白金三百兩，文綺帛各二十疋，鈔百錠；副總兵都督同知韓觀白金百兩，文綺帛各十二疋，鈔八十錠。

二十七年，西平侯沐春、都督何福討叛寇阿資賞格：獲賊首者白金五百兩，大把事一百兩，小把事五十兩，從賊五兩。阿資平，詔如格賞之。凡官軍二萬三千九人，賞黄金一百九十二兩，白金二萬三千八百四兩，鈔九千一百一十八錠。

三十五年，文皇帝議定靖難升賞格：奇功，領隊將校陞二級；指揮賞銀五十兩，綵幣八表裏，鈔六百錠；千户、衛鎮撫、儀衛正副銀三十五兩，綵幣六表裏，鈔五百貫；百户、所鎮撫、典仗銀二十五兩，綵幣四表裏，鈔四百貫；總旗銀十八兩，絹三疋，綿布四疋，棉花五斤，鈔三百貫；小旗銀十五兩，絹三疋，棉布四疋，棉花五斤，鈔三百貫。隨伍指揮、千百户、旗軍銀十三兩，絹三疋，棉布四疋，棉花三斤，鈔二百五十貫。頭功，領隊將校陞一級；指揮賞銀二十兩，綵幣六表裏，鈔四百貫；千户、衛鎮撫、儀衛正副銀十五兩，綵幣四表裏，鈔三百貫；百户、所鎮撫、典仗銀十三兩，綵幣三表裏，鈔二百五十貫；總旗銀十二兩，絹三疋，棉布四疋，棉花五斤，鈔二百五十貫；小旗銀十兩，絹三疋，棉布四疋，棉花五斤，鈔二百貫；隨伍指揮、千百户、旗軍銀八兩，絹二疋，棉布四疋，棉花五斤，鈔百五十貫。次功，領隊指揮賞銀十五兩，綵幣四表裏，鈔三百貫；千户、衛鎮撫、儀衛正副銀十三兩，綵幣三表裏，鈔二百五十貫；百户、所鎮撫、典仗銀十二兩，綵幣二表裏，鈔二百五十貫；總旗銀七兩，絹三疋，棉布四疋，棉花五斤，鈔二百貫；小旗銀五兩，絹二疋，棉布四疋，棉花五斤，鈔百五十貫；隨伍指揮、千百户、旗軍銀四兩，絹二疋，棉布四疋，棉花五斤，鈔百貫。

尋大封功臣，都督丘福、朱能白金四百兩，綵幣四十表裏，鈔四千貫；右都督顧成，僉都督張武、陳圭、鄭亨、孟善、火真、王忠、王聰、徐忠、張信、李遠、郭亮，都指揮李濬、張輔、房勝、孫巖、譚忠，駙馬王寧，白金三百五十兩，綵段三十表裏，鈔三千貫；僉都督房寬、徐理、唐雲，都指揮徐祥、李濬、趙彝、陳旭，白金三百兩，綵段二十表裏，鈔二千五百貫；僉都督劉才白金二百五十兩，綵段十六表裏，鈔三千貫；護衛指揮張興白金綵幣同，鈔二千貫；曹國公李景隆白金綵段鈔同丘福；兵部尚書茹瑺、都督同知王佐、僉事陳瑄白金三百兩，綵段二十表裏，鈔二千五百貫；儀正張成白金二百兩，綵段十表裏，鈔一千五百貫。餘如前例。永樂元年，賞從征衛駕將士，總督、都指揮銀二百五十兩，綵幣十六表裏，鈔四百錠；散都督，指揮銀二百兩，綵幣十二表裏，鈔三百錠。奇功，領隊指揮銀百兩，綵幣十表裏，鈔二百錠；千户、衛鎮撫、儀衛正副各銀六十兩，綵幣八表裏，鈔百八十錠；百户、所鎮撫、典仗各銀五十兩，綵幣六表裏，鈔百六十錠；隨伍官軍各銀四十五兩，綵幣四表裏，鈔百四十錠，絹四疋，棉布五疋，棉花五斤。頭功，領隊指揮銀六十兩，綵幣八表裏，鈔百八十錠；千户、衛鎮撫、儀衛正副各銀五十兩，綵幣六表裏，鈔百六十錠；百户、所鎮撫、典仗各銀四十兩，綵幣四表裏，鈔百四十錠；隨伍官軍各銀三十兩，綵幣二表裏，鈔百錠，絹三疋，棉布三疋，棉花五斤。次功，領隊指揮銀五十兩，綵幣六表裏，鈔百六十錠；千户、衛鎮撫、儀衛正副各銀四十兩，綵幣四表裏，鈔百四十錠；百户、所鎮撫、典仗各銀三十五兩，綵幣三表裏，鈔百二十錠；隨伍官軍各銀二十五兩，綵幣一表裏，鈔八十錠，絹二疋，棉布二疋，棉花五斤。又賞功臣，都督僉事李彬、故金鄉侯王真子通銀三百五十兩，綵幣三十表裏，鈔六百錠；都督僉事陳賢，都指揮張興、陳志，銀三百兩，綵幣二十表裏，鈔五百錠；涇國公陳亨子懋加賞銀百五十兩，綵幣十八表裏，鈔三百錠；都指揮王友加賞銀百兩，綵幣八表裏，鈔二百錠。

賞谷王府官軍，第一等比奇功，第二第三等比頭功，第四等比次功例，不陞官者，加賞鈔十錠；典膳仍本職，食俸同正六品，賞準次功百户例，舍人準次功總旗例。凡五百八十七人，賞銀鈔表裏有差。

定北平守城功賞，以北平、永平、保定爲一例，通州、遵化爲一例，薊州爲一例，隆慶、密雲、密雲後衛爲一例，各以歲月久近爲等第，自都指揮至民丁，給賞各有差。北平、永平、保定，洪武三十二年至三十五年，都指揮銀五十兩，綵幣八表裏，鈔百六十錠；指揮銀二十兩，綵幣六表裏，鈔百錠；千户銀十五兩，綵幣四表裏，鈔八十錠；百户銀十兩，綵幣三表裏，鈔六十錠；旗軍銀五兩，絹三疋，綿布四疋，鈔五十錠；編伍舍人餘丁及民鈔五十錠。洪武三十三年至三十五年，都指揮銀四十兩，綵幣六表裏，鈔百錠；指揮銀十五兩，綵幣四表裏，鈔八十錠；千百户銀十兩，綵幣三表裏，鈔六十錠；旗軍絹二疋，棉布三疋，鈔四十錠；編伍舍人家人餘丁民人鈔四十錠。洪武三十四年至三十五年，都指揮銀三十兩，綵幣四表裏，鈔百錠；指揮銀十兩，綵幣三表裏，鈔六十錠；千户銀八兩，綵幣二表裏，鈔四十錠；百户銀六兩，綵幣二表裏，鈔四十錠；旗軍絹一疋，棉布二疋，鈔二十錠；編伍舍人家人餘丁民人鈔三十錠。通州、遵化二處，洪武三十二年至三十五年，都指揮銀四十兩，綵幣六表裏，鈔百二十錠；指揮銀十五兩，綵幣四表裏，鈔八十錠；千户銀十兩，綵幣三表裏，鈔六十錠；百户銀八兩，綵幣二表裏，鈔五十錠；旗軍絹二疋，棉布三疋，鈔四十錠；編伍舍人家人餘丁民人鈔四十錠。洪武三十三年至三十五年，都指揮銀三十兩，綵幣四表裏，鈔百錠；指揮銀十兩，綵幣三表裏，鈔六十錠；千户銀八兩，綵幣二表裏，鈔五十錠；百户銀六兩，綵幣二表裏，鈔四十錠；旗軍絹一疋，棉布二疋，鈔三十錠；編伍舍人家人餘丁民人鈔三十錠。洪武三十四年至三十五年，都指揮銀二十五兩，綵幣二表裏，鈔六十錠；指揮銀七兩，綵幣二表裏，鈔四十錠；千户銀六兩，綵幣一表裏，鈔三十錠；百户銀五兩，綵幣一表裏，鈔二十錠；旗軍絹一疋，綿布二疋，鈔二十錠；編伍舍人家人餘丁民人鈔三十錠。薊州，洪武三十二年至三十五年，都指揮銀三十兩，綵幣四表裏，鈔百錠；指揮銀十兩，綵幣三表裏，鈔六十錠；千户銀八兩，綵幣二表裏，鈔五十錠；百户銀六兩，綵幣一表裏，鈔二十錠；旗軍絹一疋，棉布二疋，鈔三十錠；編伍舍人家人餘丁民人鈔二十錠。洪武三十三年至三十五年，都指揮銀二十五兩，綵幣三表裏，鈔六十錠；指揮銀七兩，綵幣二表裏，鈔四十錠；千户銀六兩，綵幣一表裏，鈔三十錠；百户銀五兩，綵幣一表裏，鈔二十錠；旗軍絹一疋，棉布一疋，鈔二十錠；編伍舍人家人餘丁民人鈔二十錠。隆慶、密雲、密雲後衛三處，洪武三十二年至三十五年，都指揮銀二十五兩，綵幣三表裏，鈔六十錠；指揮銀七兩，綵幣二表裏，鈔四十錠；千户銀六兩，綵幣一表裏，鈔三十錠；百户銀五兩，綵幣一表裏，鈔二十錠；旗軍絹布各一疋，鈔二十錠；編伍舍人家人餘丁民人鈔二十錠。洪武三十三年至三十五年，都指揮銀二十兩，綵幣二表裏，鈔四十錠；指揮銀六兩，綵幣一表裏，鈔三十錠；千户銀五兩，綵幣一表裏，鈔二十錠；百户銀四兩，綵幣一表裏，鈔十二錠；旗軍絹布各一疋，鈔十六錠；編伍舍人家人餘丁民人鈔十二錠。以守城功，賞北平左布政使郭資銀三百兩，文綺二十表裏，鈔五百錠；保定知府雒僉銀二百五十兩，文綺十八表裏，鈔四百四十錠；都督同知陳恭銀百兩，鈔千貫，文綺八表裏。吏部左侍郎許思温、兵部右侍郎墨麟、大理寺左少卿吕震銀各五十兩，鈔九十錠，綵幣八表裏；户部右侍郎王鍾銀十二兩，鈔五十錠，綵幣二表裏；刑部右侍郎盧祥銀十兩，鈔六十錠，綵幣二表裏；禮部祠祭司郎中程得、兵部武庫司郎中魏瑛各銀四兩，鈔二十錠，綵幣一表裏。

賞北京守城官，刑部左侍郎李友直銀五十兩，鈔八百貫，綵幣八表裏；刑曹清吏司郎中艾麟，留守行後軍都督府都事齊孝、智毋祥，固安縣丞熊慶源，順義縣丞邵智，新城縣丞劉清，各銀四兩，鈔一百貫，綵幣四表裏，生絹二疋，棉布四疋，棉花五斤；户曹清吏司郎中曹本、大興主簿王壽各銀三兩，鈔一百貫，綵幣一表裏，生絹一疋，綿布三疋，棉花四斤。

定從征哨馬營將士賞賜：奇功，領隊指揮銀四十五兩，綵幣七表裏，鈔九十錠；千户、衛鎮撫、儀衛正副銀三十一兩，綵幣五表裏，鈔九十錠；百户、所鎮撫、典仗銀二十二兩，綵幣三表裏，絹二疋，鈔七十二錠；總旗銀十六兩，絹二疋，綿布四疋，棉花四斤八兩，鈔五十四錠；小旗銀十三兩，絹二疋，綿布四疋，棉花四斤八兩，鈔五十四錠；隨伍指揮、千百户、旗軍銀十二兩，絹二疋，綿布四疋，棉花四斤八兩，鈔四十五錠。頭功，領隊指揮銀十八兩，綵幣五表裏，鈔七十二錠；千户、衛鎮撫、儀衛正副銀十三兩，綵幣三表裏，絹一疋，鈔五十四錠；百户、所鎮撫、典仗銀十一兩，綵幣三表裏，鈔四十五錠；總旗銀十兩，絹一疋，綿布四疋，棉花四斤八兩，鈔四十五錠；小旗銀九兩，絹二疋，綿布四疋，棉花四斤八兩，鈔三十六錠；隨伍指揮、千百户、旗軍銀七兩，絹二疋，棉布三疋，棉花四斤八兩，鈔三十七錠。

已五年，先賞安南功，都督柳升白金二百兩，鈔一千錠，綵段十表裏，織金紵衣一襲；都指揮魯麟白金一百五十兩，綵幣八表裏，衣同。獲黎季犛，爲首軍人王柴胡陞指揮使，白金二百兩，鈔六百錠，綵段五表裏，織金紵絲衣一襲，金花帶一；爲從者李福等四人，皆以陞僉指揮，白金一百兩，鈔四百錠，綵幣四表裏，織金紵絲衣四襲，素金帶一。獲黎蒼，爲首者李保保，陞賞如李福；爲從者張榮祖等三人陞正千户，白金五十兩，鈔三百錠，綵幣二表裏，織金紵絲衣一襲，給花銀帶一條；獻俘官指揮使張勝等白金一百兩，鈔四百錠，綵幣六表裏，織金紵絲衣一襲；護送官及軍人醫者三百六十五人，鈔幣有差。

六年，大賞平安南功，英國公張輔賜冠服，白金四百兩，鈔一千錠，綵幣四十表裏；黔國公沐晟冠服白金鈔同，幣殺其二；豐城侯李彬、雲陽伯陳旭加禄五百石，白金二百兩，鈔六百錠，綵幣十五表裏；清遠侯王友賜冠服，白金一百五十兩，鈔四百錠，綵幣十表裏；安遠伯柳升白金減王友十五之一，鈔幣同；右都督朱榮白金一百兩，鈔二百錠，綵幣八表裏；贈建平伯高士文賞同柳升；都督吕毅、黄中以失律不賞。陣亡都督程遠以罪，賞白金四十兩，鈔一百錠，綵幣四表裏；領軍、都指揮、神機、遊擊、五將軍朱廣等十四人，各白金一百兩，鈔二百錠，綵幣等八表裏；方政等十五人，各白金八十兩，鈔一百六十錠，綵幣七表裏；左迪、曹雲等六人各白金六十兩，鈔一百二十錠，綵幣六表裏。又溺死孫竑、病死王聚賞同。姜清、師祐、巫凱等七人，各白金四十兩，鈔八十錠，綵幣四表裏；劉清、徐泰、魯麟各白金三十兩，鈔六十錠，綵幣三表裏；指揮張勝等八人白金十五兩，鈔六十錠，綵幣三表裏。戰殁者，於本賞外，加白金三十兩，鈔六十錠，綵幣三表裏，中傷死者減三之一，仍依卹典給糧米麻布。其多邦隘，先登者，原擬不次陞賞，凡一十九人。都指揮蔡福白金一百五十兩，鈔四百錠，綵幣二十表裏；指揮同知毛忠白金一百兩，鈔三百錠，綵幣十二表裏；指揮僉事田真同毛忠；正千户周趙保、李文，副千户趙亮、邸成，各賞白金六十兩，鈔二百錠，綵幣八表裏；總旗尹和等四人，各賞白金四十兩，鈔一百六十錠，綵幣五表裏；小旗江興兒等四人，各賞白金三十兩，鈔一百二十錠，綵幣四表裏；軍士沈伴兒等四人，各賞白金二十兩，鈔八十錠，綵幣二表裏。仍各賜織錦紵絲衣一襲，並冠帶各一。其餘官軍有奇功者，領隊、指揮白金四十兩，鈔八十錠，綵幣四表裏；千户、衛鎮撫白金二十五兩，鈔六十錠，綵幣三表裏；百户、所鎮撫、試百户長官白金十五兩，鈔五十錠，綵幣二表裏；巡檢、頭目、總旗、總甲鈔四十錠，絹三匹，布二疋；小旗、小甲鈔三十錠，布四疋。隨伍官白金五兩，鈔二十四錠，布三疋；巡檢、頭目、旗甲、軍人、力士、校尉、舍人、土兵、象奴、軍伴、餘丁、户丁、韃官子弟及軍吏鈔四十錠，布三疋。頭功，領隊、指揮白金一十五兩，鈔六十錠，綵幣三表裏；千户、衛鎮撫白金一十兩，鈔五十錠，綵幣二表裏；百户、典仗、所鎮撫、試百户長官白金八兩，鈔四十錠，綵幣一表裏；巡檢、頭目、總旗、總甲鈔三十錠，絹二疋，布一疋；小旗、小甲鈔二十四錠，布三疋；隨伍官白金五兩，鈔二十錠，布二疋；巡檢、頭目、旗甲、軍人、力士、校尉、土兵、象奴、軍伴、餘丁、户丁、韃官子弟及軍吏鈔二十錠，布二疋。次功者，領隊、指揮白金一十兩，鈔五十錠，綵幣二表裏；千户、衛鎮撫、儀衛正副白金八兩，鈔四十錠，綵幣一表裏；百户、典仗、所鎮撫、試百户長官鈔三十錠，絹二疋；巡檢、頭目、總旗、總甲鈔二十錠，布二疋；隨伍官員，頭目、旗甲、軍人、力士、校尉、舍人、土兵、象奴、軍伴、餘丁、户丁、韃官子弟及軍吏鈔十六錠，布一疋。其爲軍立功，官有奇功者，已復職官領隊賞同頭目功；已復職官隨伍並未復職官及旗軍民人等，賞同頭功内巡檢人等。頭功者，已復職官領隊賞同次功；已復職官隨伍並未復職官及旗軍民人等項，賞同次功内隨伍官員人等。次功者，已復職領隊指揮等官賞同次功内千户、衛鎮撫等；已復職官隨伍並未復職官及旗軍民人等項，鈔十錠，布一疋。其陣亡者，本賞外加指揮白金二十兩，鈔五十錠，綵幣二表裏；千户、衛鎮撫白金一十五兩，鈔四十錠，綵幣一表裏；百户、所鎮撫白金十兩，鈔三十錠，綵幣一表裏；總旗鈔二十錠，絹三疋；小旗鈔十六錠，布三疋；軍人鈔十二錠，布二疋。中傷死者，加指揮白金十五兩，鈔四十錠，綵幣二表裏；千户、衛鎮撫白金十兩，鈔三十錠，綵幣一表裏；百户、所鎮撫白金八兩，鈔二十錠，綵幣一表裏；總旗鈔十八錠，絹二疋；小旗鈔十四錠，布二疋；軍人鈔十錠，布一疋。失陷並截殺者加賞與中傷死者同。官軍人等征討黎賊並勦捕安南叛賊，其功一並論賞。奇功二次以上者，本賞外領隊官加白金五兩，鈔二十錠，綵幣一表裏；頭目、旗甲鈔十二錠，布三疋；隨伍官、旗甲、軍人等鈔十錠，布二疋。守關堡並運糧官軍人等賞視次功，内有都指揮賞視頭功；指揮戰死及中傷失陷截殺死者，給麻布米糧。又賞兵部尚書劉儁白金五十兩，鈔二百錠，綵幣四表裏；吏部左侍郎陳洽白金十兩，鈔六十錠，綵幣二表裏；工部主事黎添禄等各鈔二十一錠；辦事官、提控令典鈔十六錠，天文生、醫士各鈔十二錠。

王世貞《弇山堂別集》卷七九《賞功考中》 永樂八年，論北征功行賞，領隊都督賞銀百五十兩，綵幣八表裏，鈔四百錠；都指揮賞銀百兩，綵幣六表裏，鈔三百錠；指揮銀六十兩，綵幣四表裏，鈔二百錠；千户、衛鎮撫銀四十兩，綵幣三表裏，鈔百六十錠；百户、典仗、所鎮撫、試百户銀二十五兩，綵幣二表裏，鈔百二十錠；總旗布六疋，鈔百二十錠；總甲、小旗布五疋，鈔百錠；小甲布四疋，鈔八十錠；隨伍官總旗比領隊減半；總甲、小旗、將軍、力士、校尉、軍吏、軍餘等布二疋，鈔六十錠。齊力殺退賊衆者，領隊官伯綵幣五表裏，鈔三百錠；都督綵幣四表裏，鈔二百四十錠；都指揮綵幣三表裏，鈔二百錠；指揮綵幣二表裏，鈔百六十錠；千户、衛鎮撫綵幣一表裏，鈔百二十錠；百户、典仗、所鎮撫、試百户絹三疋，布二疋，鈔百錠；總旗布四疋，鈔八十錠；總甲、小旗布三疋，鈔六十錠；小甲布二疋，鈔五十錠；隨伍官總旗比領隊減半；總旗、小旗、將軍、力士、校尉、軍餘、軍吏布一疋，鈔四十錠。擺隊見陣而未交鋒，領隊都督綵幣二表裏，鈔百二十錠；都指揮綵幣一表裏，鈔百錠；指揮絹三疋，鈔九十錠；千户、衛鎮撫絹二疋，鈔八十錠；百户、典仗、所鎮撫、試百户絹二疋，鈔七十錠；總旗綿布三疋，鈔六十錠；總甲、小旗綿布二疋，鈔五十錠；小甲綿布二疋，鈔四十錠；隨伍官比領隊減半，旗甲、將軍、軍人、力士、校尉、舍人、軍餘、軍吏人等綿布一疋，鈔二十錠。管腳力輜重者，領隊官都督綵幣一表裏，鈔百錠；都指揮絹二疋，鈔九十錠；指揮絹二疋，鈔八十錠；千户、衛鎮撫絹一疋，鈔七十錠；百户、典仗、所鎮撫、試百户絹一疋，鈔六十錠；總旗布一疋，鈔五十錠；總甲、小旗布一疋，鈔四十錠；小甲布一疋，鈔三十錠；力士、校尉、軍餘、軍吏等布一疋，鈔二十錠。陣亡傷故，加賞之半，官仍給麻布齋糧，一品米六十石，麻布六十疋；二品米五十石，麻布五十疋；三品四品米四十石，麻布四十疋；五品六品米三十石，麻布三十疋。賞征北總兵官武安侯鄭亨銀二百五十兩，綵幣十二表裏，鈔六百錠；安遠伯柳升銀二百兩，綵幣十表裏，鈔五百錠。餘皆如格賞之。

一十二年將士賞例，隨駕三千官軍内，領隊者伯都督賞銀百五十兩，綵幣八表裏，鈔四百錠；都指揮銀一百兩，綵幣三表裏，鈔三百錠；指揮銀六十兩，綵幣四表裏，鈔二百錠；千户、衛鎮撫銀四十兩，綵幣三表裏，鈔百六十錠；百户、所鎮撫銀二十五兩，綵幣二表裏，鈔百二十錠；總小旗甲銀五兩，綿布五疋，鈔一百錠；隨伍官比領隊各減半；總小旗甲、將軍、力士、校尉人等綿布三疋，鈔六十錠。領神機銃手侯銀二百兩，綵幣表裏十，鈔六百錠；射中賊人馬者，不分官旗軍，銀三十兩，鈔百六十錠。齊力接應者，領隊都督綵幣表裏四，鈔二百四十錠；都指揮、把總、指揮綵幣表裏三，鈔二百錠；指揮綵幣表裏二，鈔百六十錠；千户、衛鎮撫綵幣表裏一，鈔百二十錠；百户、所鎮撫絹三疋，鈔一百錠；總小旗甲綿布四疋，鈔六十錠；隨伍官比領隊各減半；總小旗甲人等綿布二疋，鈔四十錠。其擺隊内領隊者，都督綵幣表裏二，鈔百二十錠；都指揮、把總、指揮綵幣表裏一，鈔百錠；指揮絹二疋，鈔九十錠；千户、衛鎮撫絹二疋，鈔六十錠；百户、所鎮撫絹二疋，鈔五十錠；總小旗甲綿布二疋，鈔四十錠；隨伍官比領隊各減半；總小旗甲、軍士人等綿布二疋，鈔三十錠。其守營領隊者，都督綵幣表裏一，鈔八十錠；都指揮絹二疋，鈔七十錠；指揮絹二疋，鈔六十錠；千户、衛鎮撫絹一疋，鈔五十錠；百户、所鎮撫絹一疋，鈔四十錠；總小旗甲綿布一疋，鈔三十錠；隨伍官、旗軍、將軍、力士、校尉人等綿布一疋，鈔二十錠。大旗大營馬隊并哨馬官軍人等下馬當先敗賊者，領隊伯都督銀一百兩，綵幣表裏六，鈔三百錠；都指揮銀六十兩，綵幣表裏四，鈔二百錠；指揮銀四十兩，綵幣表裏三，鈔六十錠；千户、衛鎮撫銀二十五兩，綵幣表裏二，鈔百二十錠；百户、所鎮撫銀十五兩，綵幣表裏一，鈔八十錠；總小旗甲綿布四疋，鈔七十錠；隨伍官比領隊減半；旗軍人等綿布二疋，鈔四十錠。齊力接應者，領隊都督綵幣表裏四，鈔二百錠；都指揮綵幣表裏三，鈔百六十錠；指揮綵幣表裏二，鈔百四十錠；千户、衛鎮撫綵幣表裏一，鈔百二十錠；百户、所鎮撫絹三疋，鈔百錠；旗甲綿布三疋，鈔五十錠；隨伍官比領隊減半；總小旗甲人等綿布三疋，鈔四十錠。其擺隊内領隊者，都督綵幣表裏二，鈔百二十錠；都指揮綵幣表裏一，鈔百錠；指揮絹二疋，鈔九十錠；千户、衛鎮撫絹二疋，鈔六十錠；百户、所鎮撫絹二疋，鈔五十錠；總小旗甲綿布二疋，鈔二十錠；隨伍官比領隊減半；總小旗甲、軍士人等綿布二疋，鈔三十錠。其守營領隊者，都督綵幣表裏一，鈔八十錠；都指揮絹二疋，鈔七十錠；指揮絹二疋，鈔六十錠；千户、衛鎮撫絹一疋，鈔五十錠；百户、所鎮撫絹一疋，鈔四十錠；總小旗甲綿布一疋，鈔三十錠；隨伍官、旗軍、將軍、校尉、力士人等綿布一疋，鈔二十錠。領圍子手把總、都督銀一百兩，綵幣表裏六，鈔三百錠。接應殺賊領隊者，都指揮綵幣表裏三，鈔二百錠；指揮綵幣表裏二，鈔百六十錠；千户、衛鎮撫綵幣表裏一，鈔百二十錠；百户、所鎮撫絹三疋，鈔百錠；總小旗甲綿布四疋，鈔六十錠；隨伍官比領隊減半；總小旗甲人等綿布二疋，鈔四十錠。其擺隊内領隊者，都指揮綵幣表裏二，鈔百六十錠；指揮綵幣表裏一，鈔百二十錠；千户、衛鎮撫絹三疋，鈔百十錠；百户、所鎮撫絹三疋，鈔百錠；總小旗甲綿布四疋，鈔六十錠；隨伍官比領隊減半；總小旗甲綿布二疋，鈔四十錠。其守官領隊者，都指揮絹二疋，鈔七十錠；指揮絹二疋，鈔六十錠；千户、衛鎮撫絹二疋，鈔五十錠；百户、所鎮撫絹一疋，鈔四十錠；總小旗甲綿布一疋，鈔三十錠；隨伍官、旗軍、將軍、力士、校尉人等綿布一疋，鈔二十錠。養病守營，能奮勇領衆敗賊者，其領隊官都督銀五十兩，綵幣表裏四，鈔二百錠；都指揮銀四十兩，綵幣表裏三，鈔百六十錠；指揮銀二十五兩，綵幣表裏二，鈔百四十錠；千户、衛鎮撫銀十五兩，綵幣表裏一，鈔百錠；百户、所鎮撫銀五兩，絹二疋，鈔六十錠；隨伍官比領隊減半；總小旗軍人等綿布三疋，鈔六十錠。隨侍幼官幼軍并旗手衛旗鼓手領隊者，都指揮綵幣表裏一，鈔百錠；指揮絹二疋，鈔九十錠；千户、衛鎮撫絹二疋，鈔六十錠；百户、所鎮撫絹二疋，鈔五十錠；總小旗甲綿布二，鈔四十錠；隨伍官比領隊減半；總小旗甲、軍士人等綿布一疋，鈔三十錠。陣亡傷故，於本賞外加半賞，仍給齋糧麻布。五軍馬隊官軍曾下馬當先殺賊者，坐營官綵幣五，鈔四百錠；領隊官侯伯都督綵幣表裏四，鈔二百六十錠；都指揮綵幣表裏三，鈔二百錠；指揮綵幣表裏二，鈔百四十錠；千户、衛鎮撫綵幣表裏一，鈔百二十錠；百户、所鎮撫、試百户絹三疋，鈔百錠；隨伍官比領隊各減半；總小旗甲、軍士人等綿布二疋，鈔四十錠。馬步隊齊力接應官軍者，坐營官綵幣表裏三，鈔百六十錠；領隊官侯伯都督綵幣表裏二，鈔百二十錠；都指揮綵幣表裏一，鈔百錠；指揮絹二疋，鈔九十錠；千户、衛鎮撫絹二疋，鈔六十錠；百户、所鎮撫、試百户絹二疋，鈔五十錠；隨伍官比領隊減半；總小旗甲、軍士人等綿布二疋，鈔三十錠。馬步隊擺隊官軍，坐營官綵幣表裏二，鈔百十錠；領隊官侯伯都督綵幣表裏一，鈔八十錠；都指揮絹二疋，鈔七十錠；指揮絹二疋，鈔六十錠；千户、衛鎮撫絹一疋，鈔五十錠；百户、所鎮撫絹一疋，鈔四十錠；隨伍官比領隊減半；總小旗甲、軍士人等綿布一疋，鈔二十錠。馬步隊守營官軍，坐營官綵幣表裏一，鈔百錠；領隊官侯伯都督綵幣表裏一，鈔六十錠；都指揮絹二疋，鈔四十錠；指揮絹一疋，鈔三十錠；千户、衛鎮撫綿布一疋，鈔二十四錠；百户、所鎮撫綿布一疋，鈔二十錠；隨伍官旗軍人等綿布一疋，鈔十錠。傳令營把總指揮趙得綵幣表裏三，鈔百四十錠；指揮顏沙不丁銀二十兩，綵幣表裏一，鈔八十錠。其餘無過者，指揮絹二疋，鈔九十錠；千户、衛鎮撫絹二疋，鈔六十錠；百户、所鎮撫絹二疋，鈔五十錠；舍人綿布二疋，鈔四十錠。隨營舉什器及各處戍守并運糧官軍人等，賞各有差。

十三年，總兵官英國公張輔、黔國公沐晟各賞白金五百兩，鈔二千錠，綵幣五十表裏；都督同知朱廣、都督僉事江浩功次相等，都指揮使方政比朱廣等功最多，各賞白金五十兩，鈔三百錠，綵幣五表裏。都指揮僉事師祐領軍擒獲賊首陳季擴，賞白金四十兩，鈔二百錠，綵幣四表裏。都指揮僉事謝鳳等六員比方政功差不及，其亡歿者，子孫各賞白金三十兩，鈔百六十錠，綵幣三表裏。都指揮陳濬等五員，比謝鳳等功又不及，各賞白金二十五兩，鈔百四十錠，綵幣二表裏。胡通海等功次謝鳳，各賞白金二十兩，鈔百二十錠，綵幣一表裏。指揮僉事陶弘等擒獲正賊鄧景異等，爲功頗難皆遞，各賞白金三十兩，鈔二百錠，綵幣三表裏，織金紵絲衣一襲；爲從者白金綵幣減三之二，衣鈔如之。百户路坦等八人，擒首賊陳季擴功差易，亦各陞二級，所賞白金綵幣，視弘減三之一，衣鈔如之。其有積功多者，不次陞遷，指揮僉事吴興等五人指揮使、指揮同知、僉事；千百户郭顯、張銘等三十人各隨所立功賞之。原調官軍奇功三次或三次以上者，其於神投海口、月常江、慈廉縣、安謨靈長二海洋、愛子江、叱蒲幹柵有奇功二次者，亦陞一級。雖有二次奇功，而非前諸處所立者，止給賞，仍於應得賞外加半給之。其有奇功者，領隊指揮賞鈔二百錠，綵幣三表裏；千户、衛鎮撫鈔百四十錠，綵幣二表裏；百户、所鎮撫鈔一百錠，綵幣一表裏；隨伍官視領隊減半；巡檢、頭目、總旗、總甲鈔三十錠，絹布各一疋；小甲、軍人、力士、校尉、舍人、餘丁、軍伴人等鈔二十四錠，布二疋。有頭功者，領隊指揮鈔一百錠，綵幣二表裏；千户、衛鎮撫鈔八十錠，綵幣一表裏；百户、所鎮撫鈔六十錠，絹二疋；隨伍官視領隊減半；巡檢、頭目、總旗、總甲鈔二十四錠，布二疋；小旗、小甲、軍人、力士、校尉、舍人、餘丁、軍伴人等鈔二十錠，布一疋。有次功者，領隊指揮視頭功領隊千户；千户、衛鎮撫視頭功領隊百户；百户、所鎮撫視奇功隨伍巡檢、頭目；隨伍官視領隊減半；巡檢、頭目、總旗、總甲鈔十四錠，布一疋；小旗、小甲、軍人、力士、校尉、餘丁、軍伴人等鈔十錠，布一疋。爲事立功而有奇功者，其已復職及初不動職者，領隊指揮、千百户、衛所鎮撫，皆與原調官頭功領隊者同；爲事立功，隨者減半，隨伍而未復職者如之；旗軍人等鈔十六錠，布一疋。爲事立功而有頭功者，其已復職及初不動職者，領隊指揮視原調官頭功領隊千户；千户、衛鎮撫視原調頭功領隊百户；百户、所鎮撫視原調頭功隨伍巡檢；爲事立功隨伍者減半，隨伍而未復職者亦如之；旗軍人等鈔十錠，布一疋。爲事立功而有次功者，領隊指揮視原調官次功領隊千户；千户、衛鎮撫視原調次功領隊百户；百户、所鎮撫視原調次功隨伍巡檢；爲事立功隨伍，不問已未復職，皆減半；旗軍人等鈔六錠，布一疋。陣亡傷故者，於得賞外加半給之，仍給米布如著令。

賞捕海船寇功，統兵副千户銀百兩，鈔百錠，綵幣二表裏；領軍百户、所鎮撫，其殺首賊所鎮撫各賞銀五十兩，鈔五十錠，綵幣一表裏；擒首賊軍并殺從賊，舍人、所鎮撫、總旗、小旗、小甲、軍人俱賞銀五十兩；小甲、軍人被創死者，其子賞銀十五兩；弓兵、民人協助擒賊者，各賞鈔二十錠，有被創死者，加十錠；其送賊徒到京，官軍應陞賞者，循例陞賞，仍與路費鈔二十錠；未至者，即所在陞賞。從之。賞下西洋舊港擒賊首功者，指揮鈔一百錠，綵幣四表裏；千户鈔八十錠，綵幣三表裏；百户、所鎮撫鈔六十錠，綵幣二表裏；醫長、火長鈔五十錠，綵幣一表裏；校尉鈔五十錠，綿布三疋；旗軍、通事、軍伴以下鈔布有差。

禮部、兵部議奏下西洋官軍錫蘭山戰功陞賞例：凡官軍奇功陞二級，頭功陞一級；指揮、千户、百户存者遞增其秩，亡殁者與其子；總旗奇功，存者陞實授百户，亡殁者子陞試百户，頭功存者陞試百户，亡殁者子陞實授總旗；總甲奇功存殁者俱陞試百户，頭功存殁俱陞實授總旗；小旗奇功存者陞試百户，亡殁者子陞總旗，頭功存者陞總旗，亡殁者子陞實授小旗；小甲奇功存殁俱陞總旗，頭功存殁俱陞實授小旗；校尉、力士、軍人、火長、帶管、舵工、稍班、鼓手、軍人，奇功不問存亡，俱陞總旗，頭功俱陞小旗；舍人、餘丁、老軍、養馬小斷，奇功頭功悉如校尉軍人之例，不願陞者，加倍給賞。奇功，指揮每員賞鈔二百錠，綵幣六表裏；千户、衛鎮撫鈔百六十錠，綵幣四表裏；百户、所鎮撫鈔百二十錠，綵幣三表裏；御醫并番火長鈔百錠，綵幣一表裏，綿布二疋；校尉鈔九十錠，綿布五疋；旗甲、軍民、通事、火長、小斷、軍匠、軍行人鈔七十錠，綿布五疋；民醫、匠人、厨役、行人、稍水并家人鈔三十錠，綿布二疋。奇功次等，指揮鈔百六十錠，綵幣五表裏；千户、衛鎮撫鈔百三十錠，綵幣三表裏，絹三疋；百户、所鎮撫鈔百錠，綵幣二表裏，絹二疋；御醫并番火長鈔八十錠，綵幣一表裏，綿布一疋；校尉鈔七十錠，綿布四疋；旗甲、軍民、通事、火長、小斷、軍匠、軍行人鈔六十錠，綿布四疋；民醫、匠人、厨役、行人、稍水并家人鈔四十五錠，綿布三疋。頭功例與奇功次等同。頭功次等，指揮鈔百五十錠，綵幣四表裏，絹三疋；千户、衛鎮撫鈔百二十錠，綵幣三表裏，絹二疋；百户、所鎮撫鈔九十錠，綵幣二表裏，絹一疋；御醫并番火長鈔七十錠，綵幣一表裏，綿布一疋；校尉鈔六十五錠，綿布四疋；旗甲、軍民、通事、火長、小斷、軍匠、軍行人鈔五十二錠，綿布四疋；民醫、匠人、厨役、行人、稍水并家人鈔四十錠，綿布三疋。陣亡者循前例賞外再加賞，指揮鈔六十錠，綵幣二表裏；千户、衛鎮撫鈔五十錠，綵幣一表裏；百户、所鎮撫鈔四十錠，綵幣一表裏；御醫并番火長鈔三十錠，綿布二疋；校尉鈔二十五錠，綿布二疋；旗甲、軍民、通事、火長、小斷、軍匠、軍行人鈔二十錠，綿布二疋；民醫、匠人、厨役、行人、稍水并家人鈔六十錠，綿布二疋。傷故、淹没、失陷、截殺，各循前例賞外再加賞，指揮鈔五十錠，綵幣二表裏；千户、衛鎮撫鈔四十錠，綵幣一表裏；百户、所鎮撫鈔三十錠，綵幣一表裏，御醫并火長鈔二十五錠，綿布二疋；校尉鈔二十錠，綿布二疋；旗甲、軍民、通事、火長、小斷、軍匠、軍行人鈔十六錠，綿布二疋；民醫、匠人、厨役、行人、稍水并家人鈔十二錠，綿布二疋。從之。

都督府掌府事隆平侯張信奏：比海寇至福建金門，千户所副千户李敞督衆追捕，焚賊船一，斬首五十八級，生擒賊首金總管等男婦十一人，獲賊舡二艘。禮部議奏：統兵副千户陞指揮僉事，賞銀百兩，鈔百錠，綵幣二表裏；領軍百户陞正千户，所鎮撫陞衛鎮撫；其殺首賊，所鎮撫亦陞正千户，各賞銀五十兩，鈔五十錠，綵幣一表裏。擒殺首賊，軍陞百户；殺從賊，舍人陞所鎮撫，總旗、小旗陞試百户，小甲、軍人陞總旗，俱賞銀五十兩。小甲、軍人被創死者，其子皆陞總旗，仍賞銀五十兩。弓兵、民人協助擒賊者，各賞鈔二十錠；有被創死者，加十錠。其送賊徒到京官軍應陞賞者，即循例陞賞，仍與路費鈔二十錠；未至者，即所在陞賞。從之。

永樂十四年六月，遣人賚敕往金鄉勞使兩洋諸番内官張謙及指揮千百户旗軍人等。初，謙等奉命使西洋諸番還，至浙江金鄉衛海上，猝遇倭寇，時官軍在船者纔百六十餘人，賊可四千人，戰二十餘合，大敗賊徒，殺死無算，餘衆遁去。

上聞而嘉之，賜敕奨勞，官軍陞賞有差。指揮、千百户、衛所鎮撫、旗軍、校尉人等俱陞一級，指揮賞鈔二百錠，綵幣五表裏；千户、衛鎮撫鈔百錠，百户、所鎮撫八十錠，綵幣俱三表裏；御醫、番火長鈔六十錠，綵幣一表裏；校尉鈔六十錠，綿布四疋；旗軍、通事、火長、軍匠鈔五十錠，綿布三疋；民醫、匠人、厨役、稍水鈔四十錠，綿布二疋。傷故者，本賞外加賞，指揮鈔百錠，綵幣二表裏；千户、衛鎮撫鈔八十錠，百户、所鎮撫鈔六十錠，綵幣一表裏；御醫、番火長鈔四十錠；校尉三十錠，旗軍、通事、火長、軍匠二十錠，民醫、匠人、厨役、稍水十五錠。自御醫以下綿布俱二疋。

洪熙元年，以破虜功，遣太監楊瑛、鴻臚卿楊善賜御酒千瓶，羊百羫，勞陽武侯薛禄等，加禄歲禄五百石，都督同知高文等加秩，賜白金文綺鈔錠有差。

宣德元年征高煦，賞公白金五十兩，鈔三千貫；侯四十兩，二千貫；伯三十五兩，一千貫；都督十兩，四百貫；都指揮八兩，三百貫；指揮六兩，二百貫；千户、衛鎮撫五兩，一百貫；百户、所鎮撫四兩，五十貫；旗軍、校尉、力士二兩，二十五貫。自都指揮以下悉加綿布二疋。扈從文職六品以上所賜，例如武職，七品以下銀二兩，鈔五十貫。高煦平，論功賜鈔，公三千貫，侯二千五百貫，伯二千貫，都督一千貫，都指揮五百貫，指揮四百貫，千户、衛鎮撫三百貫，百户、所鎮撫二百貫，總小旗、將軍一百五十貫，軍士、校尉、力士各一百貫。文職官六品以上如武職例，七品八品一百五十貫，九品以下一百貫，厨役五十貫，病故溺死官軍，加半倍給其家。

賜隨征樂安州還京文武官，太師、英國公張輔等六千八百五十人，宴於奉天門。是日加賜扈從文武官軍旗校人等綵幣絹布，公綵幣六表裏，侯、伯五表裏，都督、尚書四表裏，都指揮及文職三品四品一表裏，指揮絹二，文職五品以下及千百户、鎮撫、將軍、力士、校尉、旗軍絹一，厨役綿布各一。

四年，以武臣扈從平胡有勞，加賜賚，太師、英國公張輔，成國公朱永，太子太保、忠勇王金忠，人鈔六百錠，銀三十兩，綵幣三表裏；太子太保、陽武侯薛禄，安順侯薛貴，恭順侯吴克忠，人鈔四百錠，銀二十兩，綵幣二表裏；清平伯吴成、應城伯孫傑、遂安伯陳瑛、武進伯朱冕，人鈔三百錠，銀十兩，綵幣一表裏；中府都督同知任禮、高文，都督僉事李王、李英，左府左都督柴永正，右都督馬亮，都督同知程忠、婁鬼里，都督僉事吴也兒、堯臺、吴守義、把敦，右府左都督蘇兒火灰石，都督蔣信，都督僉事郭志、滕定、嚴宣，前府都督同知馮斌，都督僉事韓僖、梁成，後府都督僉事沈清、郭義、馮興、李通，人鈔二百錠，銀五兩，綵幣一表裏；坐營定國公徐景昌鈔四百錠，綵幣二表裏；西寧侯宋瑛、武定侯郭玹、豐城侯李賢、永康侯徐亨、成安侯郭晟、泰寧侯陳忠，人鈔二百錠，綵幣二表裏；安鄉伯張安、廣寧侯劉湍、崇信伯費釗、建平伯高遠，人鈔二百錠，綵幣一表裏；左府右都督冀傑鈔二百錠，綵幣一表裏；永清右衛等官軍指揮同知張義等一十二萬五千七百八十九人，鈔銀采絹布有差。

五年，行在兵部上陽武侯薛禄、恭順侯吴克忠、武進伯朱冕、奉化伯滕定及諸將士殺舊虜寇功狀，命行在禮部賞禄、克忠人鈔四百錠，綵幣六表裏；冕、定各三百錠，綵幣三表裏；都督柴永正等六人各鈔二百錠，綵幣二表裏；都指揮馬昇等并軍士二萬一千二百六十二人，共鈔四十一萬八千二百三十錠，絹五百八十五疋，綿布一萬二千七百四十八疋。

六年二月，賞征曲先功。禮、兵二部奏：晝夜哨長及分路殺賊與前征策應官軍，都指揮綵幣表裏各一，鈔一千貫；指揮每員絹二疋，鈔八百貫；千户、衛鎮撫每員絹布各一疋，鈔五百貫；百户、所鎮撫每員綿布二疋，鈔四百貫；旗軍人等各綿布一疋，鈔二百貫。存留應接户糧及趲運糧旗軍餘人等，都指揮各絹二疋，鈔六百貫；指揮絹布各一疋，鈔四百貫；千户、衛鎮撫各布二疋，鈔二百貫；百户、所鎮撫各布一疋，鈔二百貫；旗軍人等各布一疋，鈔一百貫。其生擒反寇三人并斬首五級以上者陞一級，生擒二人及斬首五級者亦陞一級。如其間有婦女幼童，俱難以功論。其餘生擒二人及斬首四級以下并混殺策應與存留應接護糧者，俱不陞。上以賞太輕，命凡官軍人等，生擒及斬獲虜首者，除正賞外加賞，官每員絹一疋，鈔一百貫，鎮軍人等綿布一疋，鈔一百貫。其晝夜哨瞭及擒殺寇者，無問官軍，俱陞一級。凡陞賞者一千一百四十人。濙等又言，官軍見到京者，賞如例，其還原衛及赤斤蒙古、沙州、罕東、安定四衛土官頭目番軍應賞者，及都督安定王準都指揮例，頭目準百户例，請遣官給賞。從之。

八年九月，遣使勞鎮守松潘副總兵、都督僉事蔣貴，復賜金織紵絲衣一襲。所部殺獲有功者二十五人，都指揮僉事趙得陞都指揮同知，指揮僉事宰文陞指揮同知，餘百户、總小旗皆陞一級。凡同征效勞雖無殺獲者，皆賞之。敢勇當先，都指揮人鈔一千貫，紵絲表裏三；指揮人鈔八百貫，紵絲表裏二；千户人鈔六百貫，紵絲表裏一；百户人鈔五百貫，絹三；總旗、舍人人鈔四百貫，絹二；小旗人鈔三百貫，絹布各一；軍人鈔二百貫，布二。齊力向前，指揮人鈔六百貫，表裏一；千户人鈔五百貫，絹三；百户、所鎮撫人鈔四百貫，絹二；總旗人鈔三百貫，絹布各一；小旗人鈔二百貫，布二；軍人鈔一百五十貫，布一。凡賞一千八百五十三人。

是年十二月，近胡寇犯涼州，甘肅總兵官、都督僉事劉廣遣涼州衛指揮使李榮等追擊，至亦卜剌山，力戰敗之，斬首寇咎卜父子及其黨八十餘人，生擒三十餘人。兵禮部議陞榮爲都指揮僉事，餘有差。其對敵交鋒、生擒及斬寇首者，都指揮每員鈔一千貫，綵幣二表裏；指揮每員鈔八百貫，綵幣一表裏；千户、衛鎮撫每員鈔六百貫，絹二；百户、所鎮撫等官每員鈔四百貫，絹二；旗軍人等每人鈔二百貫，綿布三。其隨伍策應者，都指揮每員鈔六百貫，絹二；指揮每員鈔五百貫，絹布各二；千户、衛鎮撫每員鈔三百貫，綿布二；百户、所鎮撫每員鈔二百貫，綿布一，旗軍人等每人鈔一百貫，綿布一。其餘有人生擒一寇及斬首一級、二人三人共斬首一級者，官每員加賞絹一、鈔一百貫，旗軍人等每人加賞綿布一、鈔一百貫。其隨征官軍雖無殺獲功者，賞居有功之次。上從之。又嘉廣之功，遣獎敕諭，賜文綺衣一襲，綵幣四表裏。

九年十月，以平松潘番蠻功，陞四川總兵官、都督僉事方政，副總兵、都督僉事蔣貴，皆左軍都督府都督同知，各賜織金紵絲衣一襲，賜敕勞之。竝陞四川都指揮同知趙得、宮聚等凡三百九十七人。有功而陣亡者，陞其子；坐事罷職從軍而有功者，復其官，仍賞幣帛鈔布。其官軍奮勇當先衝入賊陣斬獲首級竝生擒賊者，都指揮鈔二百錠，綵幣三表裏；指揮一百六十錠，綵幣二表裏；千户、衛鎮撫、知州一百二十錠，綵幣一表裏；百户、所鎮撫、長官、頭目一百錠，帛三疋；總旗八十錠，帛二疋；小旗六十錠，帛一疋，布一疋；軍士、民壯四十錠，布二疋。齊力向前者，指揮一百二十錠，綵幣一表裏；千户、衛鎮撫一百錠，帛三疋；百户、所鎮撫、州同知、頭目八十錠，帛二疋；總旗、總甲六十錠，帛布各一疋；小旗、小甲四十錠，布二；軍士、民壯三十錠，布一疋。當先衝入賊陣，五次四次有功者，除本等賞外，再加賞一倍；三次二次者，加賞半倍。陣亡傷故官軍，本等賞外，加賞半倍。病故官軍，依本等功次例賞。

正統二年，以敗朵兒只伯功，左都督任禮、蔣貴，都督同知趙安，除封拜陞遷外，禮、貴、安、王驥各銀八十兩，綵幣八表裏；侍郎柴車，都御史曹翼、羅亨信，各銀四十兩，綵幣四表裏。餘有功官軍，俱給賞有差。

七年，麓川功，封總兵官、定西伯蔣貴，總督軍務、兵部尚書王驥爲侯伯；右副總兵、都督僉事劉聚爲左都督；左參將、都指揮使宮聚，右參將、都指揮僉事冉保，俱爲都督同知；總督糧餉户部左侍郎徐晞爲兵部尚書；都察院右僉都御史丁璿爲本院右副都御史。賜貴、驥各白金一百兩，綵幣十表裏，鈔萬貫；聚、保各白金八十兩，綵幣六表裏，鈔五千貫；晞、璿各白金六十兩，綵幣六表裏，鈔四千貫。以平麓川叛寇功也。雲南總兵官、都督同知沐昂爲右都督，賜鈔五千貫，白金八十兩，綵幣八表裏，以給餉不絶，協贊有功也。

九年，再征麓川功，加定西侯貴歲禄五百石，靖遠伯驥歲禄三百石，賜白金百兩，綵幣十表裏，鈔萬貫；右都督沐昂爲左都督，少監甫保爲太監，都督同知冉保爲右都督，都督僉事毛清壽爲都督同知，各白金八十兩，綵幣八表裏，鈔五千貫。

五年，賞征麓川叛寇思任發有功，賞軍旗甲人等凡一萬二百六十二人。斬首二級以上并陣亡都督方政各鈔二千貫，綵段四表裏；都指揮各鈔八百貫，綵段二表裏；指揮各鈔七百貫，綵段二表裏；千户各鈔五百貫，絹三疋；百户各鈔四百貫，絹二疋；旗軍人等各鈔二百貫，絹布各一疋。斬首二級以下及失陷傷故，指揮各鈔六百貫，綵段一表裏；千户各鈔四百貫，絹二疋；百户各鈔三百貫，絹布各一疋；旗軍各鈔二百貫，布二疋。見在有功官軍，都指揮各鈔六百貫，綵段一表裏；指揮各鈔五百貫，絹三疋；千户各鈔三百貫，絹二疋；百户各鈔二百貫，絹一疋；旗軍人等各鈔一百貫，布一疋。并賞木邦土官宣慰使罕蓋法及其祖母美罕板等各綵幣五表裏，絹五疋；景東府知府陶瓚并其祖母何曩等各鈔一千貫，綵段三表裏；陶孟頭目力板放等各綵段三表裏，絹三疋；巡檢把事張忠等各綵段二表裏，絹二疋。其陣亡者，亦加賞一倍。

二年，以偏頭關獲虜寇功，陞鎮守山西右都督李謙爲左都督，山西都指揮同知馬貴爲都指揮使，太原右衛指揮僉事李庸爲指揮同知。仍賞謙鈔三千貫，紵絲四表裏；貴鈔二千貫，紵絲三表裏；庸鈔一千貫，紵絲二表裏。斬獲首級，百户各鈔一千貫，紵絲一表裏；總小旗各鈔七百貫，絹布各二疋。當先殺賊，追奪馬疋，指揮各鈔一千貫，紵絲一表裏；千百户各鈔七百貫，絹三疋；總小旗軍各鈔五百貫，絹一疋，布二疋。奮力向前，指揮各鈔五百貫，絹二疋；千百户各鈔五百貫，絹二疋；旗軍各鈔三百貫，絹布各一疋。陣亡軍倍之。

是年，行在禮部尚書胡濙等奏：總兵官都督蕭授等征勦蠻賊有功，請差官於南京官庫關領鈔錠布絹給賞，總兵官鈔二千貫，綵段四表裏；都指揮各一千貫，綵段三表裏；指揮各鈔八百貫，綵段二表裏；千户、衛鎮撫各鈔六百貫，綵段一表裏；百户、所鎮撫各鈔五百貫，絹三疋；旗軍民兵各鈔三百貫，絹布各一疋。總旗生擒賊人及殺獲首級者賞倍之；民兵斬獲首級該陞不陞者加鈔一百貫，絹一疋。從之。

十四年，京城功賞，自石亨進封侯，于謙加少保外無考，但據羅通言，濫陞官軍六萬六千有餘。兵部言武清侯石亨所繳，功次當先，一萬九千八百八十人陞一級，陣亡三千一百一十八人陞一級，餘皆給賞。又賞涿州、紫荆關官軍萬一千九百三十五人，居庸關有功官軍楊俊等一萬二千一百十八人。蓋自宣、英以後，重陞而薄賞，一時帑藏雖不至大空匱，而所陞禄秩，其爲百年之費，蓋不啻數十倍矣。

景帝初，募殺也先者，賞銀五萬兩，金一萬兩，封國公，加太師；殺伯顔帖木兒及喜寧者，銀二萬兩，金一千兩，封侯。尋宣府右參將、都督僉事楊俊等奏計擒喜寧，陞俊右都督，與總兵朱謙各賞金二十兩，銀六十兩，紵絲三表裏；總旗高贇陞千户，衣一襲。給事御史請如初格，下兵部議，封俊侯，以金銀散其部衆。詔不許加。賞俊金二十兩，銀三十兩，紵絲三表裏；把總都指揮江桓陞都督僉事，賞銀二十兩，三表裏。奮勇殺賊官軍，人陞一級，賞銀十兩，二表裏；餘人銀五兩，絹布各五疋。

景泰元年，復以楊俊奏，擒喜寧官軍功多不實，敕宣府鎮守總兵等官究實。至是，奏守關官軍指揮蔡璽等二百二十餘人，而都指揮僉事江福、指揮孫奈等十二人實擒喜寧，俊與麾下官軍冒其功。事下兵部，乞下俊獄，追奪陞職，冒功官軍俱革罷。其守關擒賊官軍仍加賞，庶使賞罰明信，人知勸懲。詔從之。賞福白金三十兩，紵絲三表裏；奈等十一人白金十兩，紵絲二表裏；璽等二百二十人各白金五兩，絹五疋，布五疋。宥俊，令勦賊贖罪。

五年，賞擒斬反賊曹欽有功官軍，通三千一百六十四人。廣義伯吴琮銀二十兩，綵幣三表裏，都指揮各銀六兩，指揮各銀五兩，千百户等官各銀四兩，旗軍人等各銀三兩。其被傷，都指揮加銀四兩，指揮加銀三兩，千百户等官加銀二兩，旗軍人等加銀一兩。

王世貞《弇山堂别集》卷八〇《賞功考下》 寧夏之功，獨仇鉞耳，張永至加歲米四十八石，賞白金五百兩，綵幣五十表裏，然誅劉瑾功亦可當也。而後遂封兄富爲泰安伯，弟容爲定安伯。至内閣大學士李東陽加特進、左柱國，廕子兆蕃尚寶丞。楊廷和加少傅、太子太傅、謹身殿大學士，廕子恒中書舍人。劉忠加少傅、太子太傅、武英殿大學士。仍各賜白金一百兩，綵幣四表裏。梁儲以後至改武英殿大學士，兵部尚書王敞太子少保，廕子會錦衣衛百户，尚書白鉞、劉機、田景賢、劉璟俱加太子少保，與敞及兵部侍郎陸完、李浩，各白金三十兩，綵幣四表裏。它侍郎、副都、通政、大理俱二十兩，三表裏。司禮太監温祥、賴義、谷清、秦文、范宣、張欽歲禄米各十二石，賞同内閣，廕弟姪爲錦衣衛指揮僉事千户有差。已，復推永例，封太監谷大用兄大寬爲高平伯，馬永成姪山爲平涼伯，魏彬弟英爲鎮安伯，而義子朱德亦爲永壽伯，後永弟震復爲右都督。大用等難免同瑾亂政之誅，東陽等内懷不能救正之愧，而皆叨冒崇爵厚賞，偃然朝宁，何也？東陽等當力持，持之不可，則力辭以潔身，差爲彼善，而計皆不及此，一時之人品與時事，皆可知矣。與永謀者楊一清，入爲户部尚書，加太子少保，賞白金五十兩，綵幣二表裏，及廕一子錦衣千户，後改吏部，加少保、太子少保，則猶以前功云。

山東、河南賊平，應加封擢者，獨仇鉞、彭澤、陸完而已。鉞進封咸寧侯，澤與陸完俱加太子少保，完爲左都，澤右都，一子世襲錦衣百户。而太監谷大用、陸誾各歲禄二十四石，一姪錦衣千户，大用弟大亮復進封永清伯，誾弟永鎮平伯。兵部尚書何鑑加太子太保，廕叙如完、澤；侍郎李浩、石玠陞俸一級，録子入監。以至内閣大學士李東陽、楊廷和、梁儲、費宏，各賞銀五十兩，綵幣四表裏，廕一子錦衣正千户，世襲，辭，改廕文職，又辭，東陽兼支尚書俸，廷和加少師，兼太子太師、華蓋殿大學士，儲加少傅、太子太傅、謹身殿大學士，宏加太子太保、武英殿大學士。此何説也？英國公張懋，成國公朱輔，定國公徐光祚，會昌侯孫銘，新寧伯譚祐，尚書楊一清、靳貴、孫交、傅珪、田景賢、李鐩，錦衣朱寧、朱安，各白金三十兩，綵幣二表裏。侍郎九卿二十兩，一表裏。東廠太監丘聚歲禄米二十四石。

討寧王賞格：【略】後王守仁等擒獲寧王，有旨："江西反賊勦平，地方安静，各該官員功績顯著，爾部裏既會官集議，分别等第明白。王守仁封伯爵，給與誥券，子孫世世承襲照舊。參贊機務伍文定陞右副都御史，廕子孫世襲正千户。戴德孺陞三級，邢珣、謝璉各二級，伍希儒一級，陳槐賞銀二十兩，紵絲四表裏，謝源吏部陞用。王守仁本當行取來京宴勞，但先帝山陵甫畢，禮儀從省，寫敕差行人前去慰諭，賞銀一百兩，紵絲四表裏。南京光禄寺辦宴，内外守備并府部掌印侍宴。"按，此與前格，迥不同矣。

永樂十一年，營建長陵功，武義伯王通進封成山侯，食禄千二百石，子孫世襲侯爵，散官勳號如故，賞綵幣六表裏，鈔四百錠。掌金吾右衛事、都指揮僉事許亨陞都指揮同知，金吾右衛指揮僉事李旺陞指揮同知，羽林前衛指揮同知吴剛陞指揮使。亨賞綵幣四表裏，鈔二百錠，旺、剛各賞綵幣三表裏，鈔百六十錠。營繕所正蔡信陞工部營繕清吏司郎中，不視司事，賞綵幣三表裏，鈔二百錠。其營繕所正王寧等并督工官吏及軍民工匠，賞各有差。復論初卜告之功，陞知縣王侃州同知，賞綵幣三表裏，鈔二百錠。陞給事中馬文素、太常寺博士陰陽訓術曾從政、陰陽人劉玉淵皆欽天監漏刻博士，食禄不視事。五官靈臺郎吴永始以僧授官，改陞僧録司右闡教。各賞綵幣二表裏，鈔百六十錠。

正統六年，三殿二宫成功，賜太監阮安、僧保各金五十兩，銀一百兩，紵絲八表裏，鈔一萬貫。都督同知沈清陞修武伯，食禄一千石，子孫世襲。少保、工部尚書吴中陞少師，尚書如故。各賜紵絲五表裏，鈔五千貫。太僕寺少卿馮春、楊青俱陞工部左侍郎，各賜紵絲二表裏，鈔二千貫。所正工作人等，各賞絹鈔有差。

案，自寧藩賞後，惟遼東兩內閣大臣及總兵有至白金百兩者，餘不能過八十兩，幣亦無至十表裏。蓋賞例之有節，未有過於我朝者也。

若前代之典可考者，如廢立之賜，漢宣帝時，大將軍霍光前後黄金七千斤，錢六千萬，雜繒三萬疋，奴婢百七十人，馬二千匹，甲第一區。車騎將軍安世、丞相敞等有差。桓帝時，大將軍梁冀如霍光。晉簡文帝時，丞相桓温錢五千萬，絹二萬疋，布十萬疋，又世子熙布三萬疋，米六萬斛。金海陵時，完顏秉德錢二千萬，絹一千疋，馬牛各三百，羊三千。唐括辯如之。烏帶錢千萬，絹八百疋，馬牛各二百，羊二千。大興國奴婢百口，犀玉帶各一，再賜錢千萬，黄金四百兩，銀千兩，良馬四疋，槖駝三頭。徒單貞黄金百兩，重綵二十端。僕散師恭、李光先錢千萬，絹五百疋，馬牛各一百，羊二千。元文宗時，太平王燕帖木兒黄金五百兩，白金二千五百兩，中統鈔一萬錠，金素段二千疋，海東白鶻一，青鶻二，豹二，平江稻田五百頃，又黄金印、玉盤、龍衣、珠衣、寶珠、金腰帶，又珠衣二襲，七寶束帶一，黄金甕一，黄金瓶三，海東白鶻二，青鶻三，白鷹一，豹二十，又隆慶州流杯園池水塏土田，及平江、松江、江陰蘆蕩山場垐沙田地，又以七寶腰帶一、金四百兩、銀九百兩與妻，公主月魯各金五百兩、銀五千兩。浚寧王伯顏御服、金鎧甲、寶刀，又黄金二百兩，白金一千兩，鈔二十五萬貫，又黄金二百兩，白金七百兩。順帝初，賜黄金雙龍符，組以寶帶，又七寶玉書龍虎金符。

取國之賜，漢昭烈定蜀，軍師將軍諸葛亮、前將軍關羽、右將軍張飛、尚書令法正，各黄金五百斤，白金千斤，錢五千萬，錦段萬疋，馬超以下各有差。吴取荆州，吕蒙錢千萬，黄金五百斤。魏定漢，太尉鄧艾絹二萬疋，司徒鍾會絹萬疋，俱未給。晉定吴，益州刺史王濬、尚書張華絹各萬疋，濬加衣一襲，錢三十萬，賈充、杜預、王渾各八千疋，司馬伷、王戎、唐彬各六千疋，餘有差。西魏平梁江陵，燕公于謹奴婢千口，及梁金帛寶物絲竹樂一部。長孫儉奴婢三百口，于翼二百口，楊紹、侯植各一百口，寶物有差。周武平齊無考，唯陰壽物千段，奴婢百口，女樂二十人。元景山女樂一部，帛六十疋，奴婢二百五十口，牛羊數千。隋文帝平陳，晉王廣路車乘馬衮冕之服、玄圭、白璧，物四萬段。總管楊素物萬段，粟萬石，加金寶器翫，陳公主女伎十四人。高熲九千段，賀若弼、韓擒虎八千段，弼加寶劍寶帶、金甕、金盤各一，雉尾扇、曲蓋，雜綵二千段，女樂二部。秦王俊、燕榮等各有差。是時帝御廣陽門宴將士，自門外夾道列布帛之積達於內郭，凡用物三百萬段。唐高帝取竇建德、王世充，秦王世民黄金六千斤，衮冕、金輅、雙璧，前後部鼓吹班劍六十人。齊王元浩黄金二千斤，衮冕，鼓吹班劍二十人。史大奈雜綵萬段，侍女三人。餘無考。平西京，秦王及劉文静以下無考，裴寂田千頃，甲第一區，物四萬段。史大奈物五千段。平蕭銑，趙郡王孝恭甲第一區，寶翫器物以千數，女樂二部，奴婢百口，馬百匹。

平內亂之賞，漢文帝以誅諸吕，太尉周勃黄金五千斤，丞相陳平二千斤，朱虚侯章、中牟侯興居、典客揭千斤。漢桓帝以誅梁冀，小黄門單超，具瑗錢各千九百萬，左悺、唐衡千三百萬。陳後主以平叔陵，賜蕭摩訶叔陵府，金帛巨萬。唐太宗以平隱巢，賜尉遲敬德巢府，金寶什器，仍加絹萬疋。唐睿宗以誅逆韋，劉幽求、鍾紹京各物千段，奴婢二十人，第一區，良田千畝，金銀雜物稱是。玄宗以誅太平公主，王琚、姜皎、李令問以辭封加金銀器皿各一，牀帛二千疋，甲第一區。郭元振物千段。元武宗以縛逆王，賞越王秃剌鈔萬錠。又丞相旭傑金五百兩，銀千五百兩，鈔七千錠。

平外亂之賜，晉平王敦，司徒王導絹九千疋，將軍温嶠、庾亮各五千四百疋，郗鑒四千八百疋，餘有差。平蘇峻，太尉陶侃絹八千疋，將軍温嶠七千疋，郗鑒六千疋，餘有差。平桓玄，車騎將軍劉裕絹三萬疋，劉毅、何無忌等有差。隋平三方，韋孝寬無考，梁睿物五千段，奴婢一千口，金二千兩，銀三千兩。于義奴婢三百口，雜綵三千段。平漢王諒，尚書令楊素物五萬段，綺羅千疋，伎妾二十人。

史祥縑綵七千段，女伎十人，良馬二十疋。平楊玄感，樊子蓋綵三千疋，女樂五十人。來護兒物五千段，黄金千兩，奴婢百人。唐賞平朱泚，中書令李晟永崇里甲第、涇陽上田、延平門林園，女樂一部。侍中渾瑊大寧里甲第，女樂五人。大將駱元光、李元諒等甲第一區，女樂三人。

破大敵之賞，晉以破苻堅，謝玄錢百萬，綵千段。陳以破齊功，大將軍吴明徹鐘磬一部，米一萬斛，絹布二千疋。

破虜之賞，漢大將軍衛青破匈奴，賜千金。將軍段熲破羌，錢百萬。義渠騎士射殺犁汗王，黄金二百斤，馬二百匹。都護甘延壽、陳湯僇郅支，黄金各百斤。都護孫會宗誅武丘，黄金百斤。隋楊素破突厥，縑二萬疋，黄釘寶帶一，再破突厥，物二萬段。將軍竇榮定破突厥，縑萬五千疋。李靖擒頡利，絹一千疋，加賜帛千疋。裴行儉平都支，賜虜金器皿三千餘物，橐駝馬牛稱是。

平賊之賞，漢將軍馮奉世平羌賊，黄金六十斤。交阯刺史朱儁平梁龍賊，黄金五十斤。隋張衡平李英林，奴婢百三十口，物五百段，金銀雜畜稱是。楊素平江南賊，綵八千段，再平閩賊，黄金四十斤，銀瓶一，實以金錢，綵三千疋，馬二百匹，羊二千口，田一頃，宅一區。楊義臣破賊，物一千段，雜綵五百段，女伎十人，良馬二十匹。衛玄平山獠，縑二千疋。王仁恭平賊，絹六千疋，馬四十匹，又良馬十匹，黄金百兩。劉弘物二千段。元脱脱平徐州，黄金五百兩，白金五千兩，鈔一萬錠，綵幣帛二千疋。也先帖木兒平河南賊，賜金繫腰，金五十兩，銀五百兩，鈔五千錠，幣帛各百疋。

戰功，漢董卓縑九千疋。魏元嵩帛二千五百疋；奚康生帛千疋，御驊騮馬二疋。北齊慕容儼帛七百疋，又帛一千疋，錢十萬，又金銀酒鍾各一枚，胡騮一疋；王勇帛二千疋。隋王世積絹五千段，良馬二匹，金百兩；張大瀾物二千五百段，粟一千五百石；周法尚金鈿酒鍾一隻，綵五百段，良馬十五匹，奴婢三百口；李景奴婢六十口，物千五百段；趙仲卿物三千段，奴婢五十口，黄金二百兩，粟米五千石；段達奴婢五十口，錦絹四千段。唐江夏王道宗入遼左窺賊形勢，賜黄金五十斤，絹千疋，又以功賜帛百疋；程名振物二千段，黄金三百兩。元土土哈賜珠帽、珠衣、玉帶、金帶，縑素萬疋，金銀酒器各百兩，青鶻一，水磑一，田二千畝；創兀兒御衣一襲，黄金百兩，白金五百兩，鈔十萬貫；瀾里吉思黄金六十兩，白金六百兩，又貂裘寶鞍，繒錦七百疋；抄思男女五十口，宅一區，黄金帶、酒壺、盂盃盤杯各一；阿木黄金三百兩；八丹賜男女各一，金銀甕一，銀椅一，鈔一萬五千貫；史天澤白金五千兩，鈔萬緡；李庭黄金百錠，金珠衣各一襲。

出使之賞，趙使蘇秦約五國，革車百乘，錦繡千純，白璧百雙，黄金萬鎰。秦使姚賈約四國，黄金千斤，車百乘。隋使長孫平宣諭突厥，縑三百疋，良馬一。

出使守節之賞，漢蘇武錢二百萬，公田二頃，宅一區；常惠等各帛三百疋。魏于什門羊千口，帛千疋。

出鎮之賞，漢大將軍竇嬰賜黄金千斤。晉將軍桓沖錢五千萬，米三百五十石，牛五十頭。周宇文盛督荆州，甲一領，奴婢二百口，馬五百匹，牛羊莊田什物有差。北齊段韶守晉陽，女樂十人，金百斤，繒帛稱是；張威爲青州總管，錢八十萬，米五百石，雜綵三百段。楊素總管信州，錢百萬，錦千段，馬二百匹。郭虔瓘都護安西，帛二千段及他珍器。汾陽王郭子儀帥河東，賜良馬銀器，雜綵絹布九萬疋。宋大將韓世忠討閩賊，賜廣馬七綱，甲千副，銀二萬兩，帛二萬疋。元右丞相哈剌哈孫行省和林，賜黄金三百六十兩，白金二千五百兩，鈔十五萬貫，帛四百端，乳馬六十，太后加賜鈔五萬，帛二千百端。

王世貞《弇山堂別集》卷八八《詔令雜考四》 永樂十二年四月二十一日説與大營及軍總兵官并管隊大小頭目：如今征勦番寇，全憑馬匹脚力，有等無知之徒，故意偷盗馬驢宰殺，是欲減朝廷氣力，論其情罪非輕。今但有偷盗馬騾私自宰殺的，許諸人首告，其同偷盗人有能首告者免罪，犯人凌遲處死。首告得實的，回軍之日，賞米十石，絹十疋，布十疋，鈔三千貫。若有知情不出首的，一體治罪。都要發落軍士每知道。故敕。

王世貞《弇山堂别集》卷八九《市馬考》 〔洪武〕十九年，行人冀忠往陝西市馬還，得馬二千八百七疋。遣虎賁左衛指揮僉事姜觀、右衛千户沈成、行人任俊以鈔三十九萬三千六百九十錠往陝西河州等處市馬，給騎士操練。遣指揮僉事高家奴等以綺段布疋市馬於高麗，每馬一疋給文綺二疋、布八疋。【略】

〔永樂〕三年，立遼東開原、廣寧馬市，定價上上馬絹八疋布十二疋，上馬絹四疋布六疋，中馬絹三疋布五疋，下馬絹二疋布四疋，駒絹一疋布三疋。其互市，一於開原城南，以待海西女直，一於開原城東，一於廣寧，以待朶顔三衛。各去城四十里。

四年，兀良哈等處告饑，願以馬易米，命所司議其直。遂定上馬每疋米十五石絹三疋，次上馬米十二石絹二疋，中馬米十石絹二疋，下馬米八石絹一疋，駒米五石布一疋。

六年，肅王楧獻馬二千疋，賜綺羅紗絹二百六十疋，火者二十人。

七年，遣中官黃儼以綵幣五十表裏賜朝鮮國王，令進馬。

八年，朝鮮國王李芳遠獻馬萬疋，助征北虜，上遣中官賜白金千兩、紗羅千疋、絹五百疋。【略】

九年，定開平馬市價，上上馬一等絹五疋布十疋，二等布十八疋，駒子布五疋。

十年，指揮岳山等七十二人使北虜還，進馬四百四十七疋。上以其奉使勤勞，命禮部給絹鈔綿布償之，凡給鈔二萬八千三百九十錠，絹六百六十疋，綿布一千三百四十五疋。是年，令遼東缺馬官軍，聽於各馬市照例收買。

十五年，重定遼東互市馬價，上上馬一疋米五石絹布各五疋，上馬米四石絹布各四疋，中馬米三石絹布各三疋，下馬米二石絹布各二疋，駒米一石布二疋。

十八年，和寧王阿魯臺及也先土干遣使臣貢馬九百疋，各賜鈔及文綺襲衣，并給馬直。【略】

宣德二年，賜朝鮮國王李裪白金一千兩，紗羅錦帛二百四十疋，令其進馬五千疋。【略】

正統三年，雲南總兵官太傅黔國公沐晟於平涼草場選其所有良馬送赴甘肅備用，上遣敕嘉勞，賜白金一百兩，綵幣十表裏，紗羅稱是。【略】

十二年，兵部奏：「舊例，迤西迤北來歸人口，帶到馬疋，給軍騎操。中等賞鈔三千貫，下等賞鈔二千五百貫，各綿布五疋，綿花三斤。無馬者賞絹衣一襲，或鈔二百貫綿布四疋，折準絹衣。今遼東總兵等官右都督曹義等奏稱鈔貫不敷，欲將帶到馬疋，中等賞鈔二千貫，下等賞鈔一千五百貫，宜從所言。」從之。

景泰元年，朝鮮國王李裪遣陪臣李含等貢馬五百疋，【略】帝曰：「虜寇今稍息，王又措辦艱難，馬已至者受之，以銀三百兩、紵絲羅各三十疋、絹一百疋償其直，未至者，止勿貢。」仍命致知等齎敕并冕服冠服、白金三百兩、紵絲三十疋、羅三十疋、絹四千四百三十一疋、綿布二千九百五十四疋歸賜其王及妃。

天順三年，敕慶王選馬二百疋給寧夏官軍，以銀四百兩、紵絲紗羅四十疋、綵絹二十疋、西洋布二十疋、高麗布二十疋賜之。

洮州指揮使汪釗獻五明黑馬一疋，賜敕獎勵，賞白金三十兩，織金綵段二表裏，綵絹二疋。

嘉靖三十年，【略】侍郎史道奏大同馬市完，并進虜謝恩馬九疋，番表一通，俺答賜大紅紵絲膝襴花樣衣一表裏，金頂大帽一，金帶一，脱脱大紅紵絲一表裏，夷使丫頭知及虜質虎剌記等四人各青緑紵絲一表裏。總降敕一道，命史道遣官齎捧頒賜，仍加賜俺答彩幣四表裏。【略】

隆慶五年，以虜王俺答上表稱貢，賞大紅蟒白澤紵絲衣各一襲，綵段十五表裏，妻大紅五綵紵絲布二套，綵段四表裏，都督同知昆都力哈、黃臺吉各綵段八表裏，五綵紵絲衣一套，絹二疋，布四疋，指揮使把漢那吉綵段五表裏，金紵絲衣一套，絹二疋，布四疋，指揮同知千百户等官永邵卜大成臺吉等六十二員，并吉能姪切盡黃臺吉各綵段三表裏，織金紵絲衣一套，絹一疋，布四疋，夷使樁布、哱羅不散、臺布等七十名，各賞布幣有差。其貢馬進内者三十疋，每疋酬綵段二表裏，絹一疋，留邊者四百七十九疋，發太僕寺銀五千兩解邊，酌量予之，以爲定例。宣大總督王崇古報北虜互市事竣，【略】疏入，得旨，加崇古太子太保，賜之誥命，賞銀四十兩，紵絲二表裏。

談遷《國榷》卷二〇《宣宗宣德三年》〔八月〕運南京内府大絹十萬匹、棉布二十三萬匹于北京。

談遷《國榷》卷二一《宣宗宣德五年》〔六月乙酉〕運絲緜布絹棉花及農器茶鹽于各邊，依價收糴。陝西專參政陳瑛，山西專參政樊鎮，口外專户部郎中王良等。

談遷《國榷》卷二六《英宗正統九年》〔十二月乙巳朔〕運南部絹布萬八千匹，賚雲南吏卒。

談遷《國榷》卷六七《穆宗隆慶六年》〔五月〕乙巳，總督王崇古請給順義王印，貢使入京給鐵鍋，撫賞親屬人給紬繒二匹，布十匹，米一石。兵部楊博議，許印銅鍋，順義王使至邊，遣光禄署丞賚賞往宴，其撫賞親屬及窮夷，令總督裁之，勿靳勿濫。報可。

談遷《國榷》卷七五《神宗萬曆十八年》〔三月丙午〕，孟養宣慰使□□入貢牙象、金銀椀、絨、錦等物。【略】

乙卯，車里宣慰司刁檽猛貢牙犀、金、緬布、絨、錦等物。

談遷《國榷》卷二〇《宣宗宣德二年》〔十二月〕丁丑，陝西旱。命有司開倉賑濟，出絹五萬匹、緜布十萬匹，給其尤艱食，止一切科徵。

官修《明實録·明太祖實録》卷九三〔洪武七年冬十月〕辛丑，給在京、鳳陽、滁州、沂州、淮安、大河、山東、河南各衛軍士戍守北平者，錢千八百六十五萬，白金二萬二千四百兩，布絹二萬三千二百餘匹，綿五千餘斤。癸卯，賜遼東衛指揮張良佐冠帶衣服，仍以綺羅及帛各四匹賜之，其妻亦賜文綺、紗、羅各二匹，帛四匹。

官修《明太祖實録》卷一八四 〔洪武二十年八月庚戌〕，遣使以布三十四萬匹、絹八萬匹往北平，賞征北官軍。

蔣良騏《東華録》卷一二《天聰七年》 七月，貝勒岳託、德格類及孔有德等攻克明旅順口，俘獲人口五千三百餘，牛馬等數百，金二千二百兩，銀二萬一千二百兩，緞疋三千有奇，衣二千七百有奇，布二萬四千餘匹，人參八箱，他物稱是。

王先謙《東華續録·天聰》 〔天聰元年丁卯春正月丙子〕，遣方吉納温塔石，遺書明甯遠巡撫袁崇煥曰：滿洲國皇帝致書袁巡撫，吾兩國所以搆兵者，【略】我之大恨，有此七端，至於小忿，何可悉數，陵侮已甚，用是興師。今爾若以我爲是，欲修兩國之好，當以金十萬兩，銀百萬兩，段百萬匹，布千萬匹爲和好之禮。既和之後，兩國往來通使，每歲我國以東珠十顆，貂皮千張，人薓千斤餽爾，爾國以金一萬兩，銀十萬兩，段十萬匹，布三十萬匹報我。兩國誠和約修好，則當誓諸天地，永矢勿渝。爾即以此言轉奏爾皇帝，不然是爾仍願兵戈之事也。

董誥等《清實録·高宗實録》卷五九一 〔乾隆二十四年閏六月乙巳〕，諭軍機大臣等：楊應琚奏，庫車等處咨調紬緞布疋等項，換易回民糧石，業已酌辦解送一摺。看來各項布疋，於回地既爲適用，當此刈穫之時，用以易换糧石，非特軍營得資接濟，且可省内地解運之繁，甚爲便益。前已降旨，令户部酌撥布疋二萬解送肅州，交該督等貯庫備撥，將來或有需用，不妨廣爲籌備，多多益善。現在傳諭户部，再於各省産布地方，酌量備解陸續運甘，庶軍儲倍爲充裕。甘省比年歉收，民間食用，庶多方體卹，其糧石草束，本地既務從撙節，不令採辦拮据，即布疋一項，亦係小民日用所必需。今既由各省源源接辦備用，則甘省一切可以無需購買，價值亦自平減。該督等正當專力於撫綏賑卹，副朕加惠邊民至意。此時回衆已得因糧之便，軍務亦指日可以告竣，該督等辦理儲胥，使内地静若無事，斯爲經理得宜耳，將此詳悉傳諭知之。

藝文

《後漢書》卷八六《南蠻西南夷傳·莋都夷》 《遠夷樂德歌詩》曰：

大漢是治，堤官隗搆。與天合意。魏冒踰糟。吏譯平端，罔驛劉脾。不從我來。旁莫支留。聞風向化，徵衣隨旅。所見奇異。知唐桑艾。多賜(贈)〔繒〕布，邪毗[糸甚][糸甫]。

《遠夷懷德歌》曰：

荒服之外，荒服之儀。土地墝埆。犂籍憐憐。食肉衣皮，阻蘇邪犁。不見鹽穀。莫碭麤沐。吏譯傳風，罔譯傳微。大漢安樂。是漢夜拒。攜負歸仁，蹤優路仁。觸冒險陜。雷折險龍。高山岐峻，倫狼藏幢。緣崖磻石。扶路側禄。木薄發家，息落服淫。百宿到洛。理歷髭雒。父子同賜捕莒菌毗，懷抱匹帛。懷稾匹漏。傳告種人，傳室呼敕。長願臣僕。陵陽臣僕。

張衡《張衡詩文集·七辯》 交阯緦絺，筒中之紵，京城阿縞，譬之蟬羽。製爲時服，以適寒暑。

《玉臺新詠》卷九張載《擬四愁詩四首》之一 佳人遺我筒中布，何以贈之流黄素。張衡《七辨》：「筒中之紵。」左思《蜀都賦》黄潤注：謂筒中細布也。揚雄《蜀都賦》：「筒中黄潤，一端數金。」司馬相如《凡將篇》：黄潤鮮美，宜制禪。

白居易《白居易集》卷三《醉後狂言，酬贈蕭、殷二協律》 餘杭邑客多羈貧，其間甚者蕭與殷。天寒身上猶衣葛，日高甑中未拂塵。江城山寺十一月，北風吹砂雪紛紛；賓客不見綈袍惠，黎庶未霑襦袴恩。此時太守自慚愧，重衣複衾有餘温。因命染人與針女，先製兩裘贈二君。吴緜細軟桂布密，柔如狐腋白似雲。勞將詩書投贈我，如此小惠何足論？我有大裘君未見，寬廣和煖如陽春。此裘非繒亦非纊，裁以法度絮以仁。刀尺鈍拙製未畢，出亦不獨裹一身。若令在郡得五考，與君展覆杭州人。

元稹《元稹集》卷二一《酬樂天得稹所寄紵絲布、白輕庸，製成衣服以詩報之》 湓城萬里隔巴庸，紵薄綈輕共一封。腰帶定知今瘦小，衣衫難作遠裁縫。唯愁書到炎涼變，忽見詩來意緒濃。春草緑茸雲色白，想君騎馬好儀容。

元稹《元稹集》卷二三《估客樂》 炎洲布火浣，蜀地錦織成。

崔致遠《桂苑筆耕集》卷一〇《徐泗時司空》 右伏以縞帶紵衣，魯史乃先其所出；投桃報李，周詩用表於相知。永言沼沚之毛，豈讓琅玕之寶。蓋防闕禮，只貴申誠。前件物等，雖曰土宜，亦由波及，實慙華麗，況至尠微。難把八行，盡寫傳心之語；唯憑一介，聊陳藉手之儀。伏惟眷私，特賜檢納云云。

劉弇《龍雲集》卷七《莆田雜詩二十首》之一四 遠寺梢清梵，孤城咽晚笳。稻畦眠浄渌，榕逕愕懸虵。尊俎輝琮璧，詩書埶鏌鎁。家家餘歲計，吉貝與蒸紗。

晁補之《雞肋集》卷二八《七述》 杭故王都，俗上工巧。家夸人鬭，窮麗殫好。紛拏錯糾，晃蕩精晶。若八方之民，車湊舟會，角富而衒。【略】衣則紈綾綺綈，羅繡縠絺，輕明柔纖，如玉如肌。竹窗軋軋，寒絲手撥，春風一夜，百花盡發。其製而服也，或袍，或襞，或紳，或綸，或緣，或表，或縫，或幱，或紫，或纁，或紺，或殷，嚴以奉祠，褻以養安，薄以却暑，厚以禦寒。以錫三軍，以賚四國，以供耳目之玩，以備土木之飾，曾不若窮邊絶漠，不紡不絡，衣狐而袖貉。【略】此亦天下之妙工絶巧也。

陸游《劍南詩稿》卷二六《稽山農》 余作避世行，以爲不可常也，復作此篇。

粗繒大布以禦冬，黄粱黑黍身自春。園畦翦韭勝肉美，社瓮撥醅如粥醲。安得天下常年豐，老死不見傳邊烽。利名畫斷莫挂口，子孫世作稽山農。

倪瓚《清閟閣全集》卷七《竹枝詞》 辮髮女兒住湖邊，能唱羌歌舞踏筵。羅綺薰香回紇語，白氊蒙頭如白烟。

于敏中等《日下舊聞考》卷六李洧孫《大都賦》 百廛懸旌，萬貨別區。匪但邇至，亦自遠輸。氄氄貂狖之温，珠琄香犀之奇，錦紈羅氎之美，椒桂砂芷之儲。瑰繡耀於優坊，金璧飭於酒壚。伎效梨軒之術，工集般輸之徒。烟塵坌而四合，歲月暇而多娱。

于敏中等《日下舊聞考》卷七盛時泰《北京賦》 冰蠶作繭，雪鼠成絲。火浣爲布，蛟龍織鬚。番絨蜀錦，烏連越絺。海陸俱腆，草蔴咸奇。伎藝精工，戎裘各宜。

鄭燮《濰縣竹枝詞》 小閣桐陰日影斜，晚風吹放茉莉花。衣裳盡道南中好，細葛香羅萬字紗。

雜録

崔寔《四民月令・五月》 是月也，可作醬醬及醢醬。糴大、小豆、胡麻；糴麫、大、小麥。收弊絮及布帛。

《太平御覽》卷八一八《布帛部五》 《春秋元命苞》曰：須女四星十二度，主布帛。

《宋書》卷九六《鮮卑吐谷渾傳論》 史臣曰：吐谷渾逐草依泉，擅强塞表，毛衣肉食，取資佃畜，而錦組繒紈，見珍殊俗，徒以商譯往來，故禮同北面。

《南齊書》卷五七《魏虜傳》 什翼珪始都平城，猶逐水草，無城郭，木末始土著居處。佛狸破梁州、黄龍，徙其居民，大築郭邑。截平城西爲宫城，四角起樓，女牆，門不施屋，城又無壍。南門外立二土門，内立廟，開四門，各隨方色，凡五廟，一世一閒，瓦屋。其西立太社。佛狸所居雲母等三殿，又立重屋，居其上。【略】殿西鎧仗庫屋四十餘閒，殿北絲綿布絹庫土屋一十餘閒。

《南史》卷五一《梁臨川王宏傳》 宏性愛錢，百萬一聚，黄牓標之，千萬一庫，懸一紫標，如此三十餘閒。帝與佗卿屈指計見錢三億餘萬，餘屋貯布絹絲綿漆蜜紵蠟朱沙黄屑雜貨，但見滿庫，不知多少。

《舊唐書》卷一二《德宗紀上》 建中三年九月丁亥，判度支趙贊上言，請爲兩都、江陵、成都、揚、汴、蘇、洪等州署常平輕重本錢，上至百萬貫，下至十萬貫，收貯斛斗匹段絲麻，候貴則下價出賣，賤則加估收糴，權輕重以利民。從之。贊乃於諸道津要置吏税商貨，每貫税二十文，竹木茶漆皆什一税一，以充常平之本。

《舊唐書》卷一五《憲宗紀下》 元和八年夏四月丙戌，以錢重貨輕，出庫錢五十萬貫，令兩常平倉收市布帛，每段匹於舊估加十之一。

《舊唐書》卷一四二《王廷湊傳》 國家自憲宗誅除羣盜，帑藏虚竭，穆宗即位，賞賜過當，及幽、鎮共起，征發百端，財力殫竭。時諸鎮兵十五萬餘，纔出其境，便仰給度支，置南北供軍院。既深入賊境，輦運艱阻，芻薪不繼，諸軍多分番樵採。俄而度支轉運車六百乘，盡爲廷湊邀而虜之，兵食益困。賊圍深州數重，雖［李］光顔之善將，亦無以施其方略。其供軍院布帛衣賜，往往不得至院，在途爲諸軍强奪，而懸軍深鬭者，率無支給。

《宋史》卷四九二《外國傳八・唃廝囉》 廝囉地既分，董氊最彊，獨有河北之地，其國大抵吐蕃遺俗也。懷恩惠，重財貨，無正朔。市易用五穀、乳香、硇砂、罽毯、馬牛以代錢帛。貴虎豹皮，用緣飾衣裘。婦人衣錦，服紼紫青緑。尊釋氏。不知醫藥，疾病召巫覡視之，焚柴聲鼓，謂之「逐鬼」。信呪詛，或以決事，訟有疑，使詛之。訟者上辭牘，藉之以帛，事重則以錦。

孫承澤《天府廣記》卷五《宫殿》 元世祖至元四年十月，議築宫城，發中都、真定、順天、河間、平灤民二萬八千餘人，至八年二月工成。【略】中爲大明殿，乃登極、正旦、壽節、會期之正衙也。殿後連爲主廊十二楹，四周金紅瑣窗，連建後宫，廣三十步，殿半之。後有寢宫，俗呼爲拿頭殿。東西相向。至冬則自殿外一周皆護皮帳，夏則黄油絹幕，内寢屏幛重覆。帷幄而後裹以銀鼠，席地皆編細簟，上架深紅厚氈，後覆茸單。宫後連抱長廡，以通前門，以貯妃嬪，而每院間必建三楹，東西相向，爲繡榻。廡後横亘道以入延春宫，丹墀皆植青松，即萬年枝也。

郎瑛《七修類稿》卷一三《國事類·劉朱貨財》 正德間，前有中官劉瑾，後有指揮朱寧，皆擅主權。及籍家資，劉瑾計有（「計有」二字明本作「者」）金二十四萬錠，又五萬七千八百兩，元寶五百萬錠。銀八百萬又一百五十八萬三千六百兩。寶石二斗，金甲二，金鉤三千，玉帶四千一百六十二束，獅蠻帶二束，金銀湯盥五百，蟒衣四百七十襲，牙牌二匱，穿宫牌五百，金牌三，衮衣四，八爪金龍盔甲三千，玉琴一，玉瑶印一顆，以上金共一千二百五萬七千八百兩，銀共二萬五千九百五十八萬三千六百兩。朱寧計有（「計有」二字明本作「者」）金七十扛，共十萬五千兩。銀二千四百九十扛，共四百九十八萬兩。碎金四箱，碎銀十匱，金銀湯盥四百，金首飾五百十一箱，珍珠二匱，金銀臺盞四百二十副，玉帶二千五百束，金綵環四箱，珍珠眉葉纓絡七箱，烏木盆二，花盆五，沉香盆二，金仙鶴二對，織金蟒衣五百箱，羅鈿屏風五十座，（明本無「座」字）大理石屏風三十三座，圍屏五十三扛，蘇木七十扛，胡椒三千五十石，香椒三十扛，緞疋三千五百八十扛，綾絹布三百二十扛，錫器磁器三百扛，佛像一百三十匱，又三十扛，祖母緑一尊，銅鐵獅子四百車，銅盆五百，古銅爐八百三十，古畫四十扛，白玉琴二，金船二，白玉琵琶一，銅器五十扛，巧石八十扛。

徐珂《清稗類鈔》五册《農商類·辰苗交易》 辰州苗民與漢民交易，輒以牛馬馱載雜糧布絹之物，以趨集場。糧以四小碗爲一升，布以兩手一度爲四尺，牛馬以拳數多寡定價值，不計老少。

布分部

題解

《書・禹貢》 揚州：厥篚織貝。孔安國傳：織，細紵。

《詩・周南・葛覃》 葛之覃兮，施于中谷，維葉莫莫。是刈是濩，爲絺爲綌，服之無斁。毛亨傳：精曰絺，麤曰綌。孔穎達正義：《曲礼》云：爲天子削瓜，巾以絺，諸侯巾以綌。《玉藻》云：浴用二巾，上絺下綌。皆貴絺而賤綌，是絺精而綌麤，故云精曰絺，麤曰綌。

《詩・鄘風・君子偕老》 蒙彼縐絺，是紲袢也。毛亨傳：絺之靡者爲縐，是當暑袢延之服也。

《詩・豳風・七月》 二之日栗烈，無衣無褐，何以卒歲。鄭玄箋：褐，毛布也。卒，終也。此二正之月，人之貴者無衣，賤者無褐，將何以終歲乎。孔穎達正義：毛布，用毛爲布。今夷狄作褐，皆織毛爲之，賤者所服。

《周禮・天官・典枲》 典枲掌布緦縷紵之麻草之物，以待時頒功而授齎。鄭玄注：緦，十五升布抽其半者。白而細疏曰紵。雜言此數物者，以著其類衆多。草，葛蘱之屬。故書齎作資。

《禮記・曲禮上》 爲天子削瓜者副之，巾以絺。爲國君者華之，巾以綌。陸德明釋文：絺，勑宜反，細葛。綌，去逆反，麤葛。

《禮記・曲禮下》 袗絺綌，不入公門。孔穎達正義：絺綌，葛也。

《禮記・檀弓上》 縣子曰：綌衰繐裳，非古也。鄭玄注：繐，音歲，布細而疏曰繐。孔穎達正義：繐布疏者，漢時南陽鄧縣能作之。

《爾雅・釋言》 氂，罽也。郭璞注：毛氂所以爲罽。郝懿行義疏：罽者，𦆑之段借也。《説文》云：𦆑，西胡毳布也。又云：紕氐人𦆑也。通作罽。《王會篇》：伊尹四方令曰：正西紕罽爲獻。《後漢書・西南夷傳》：冉駹夷，其人能作旄氈斑罽。蓋罽之有文者，稱斑矣。氂者，毳之譌文也。《説文》：毳，獸細毛也。《周禮・司服》鄭玄注引鄭衆云：毳，罽衣也。然則鄭以毳爲罽衣，許以𦆑爲毳布。證以《釋文》云：氂，李本作毳，昌鋭反。可知《爾雅》古本氂罽作毳罽矣。「毳衣如菼」，經有成文，故此釋之。今本毳作氂。氂，《説文》以爲犛牛尾，非可作罽。《經典》借爲豪氂之氂。又以爲毛氂。故《一切經音義九》引《三蒼》云：氂毛也。《書・禹貢》孔穎達正義引舍人曰：氂謂毛罽也。胡人續羊毛作衣。又引孫炎曰：毛氂爲罽。《詩・韓奕》孔穎達正義引郭璞云：氂音貍。又引舍人，與《書》正義小異。舍人所以知罽爲羊毛作者，據《内則》云：羊泠毛而毳羶。《一切經音義二》引《三蒼》云：毳，羊細毛也。又引《字林》，義同。然則羊毛細者稱毳。舍人所據《爾雅》本正作毳，與李巡同。唯郭本誤作氂。有「氂音貍」三字可證。正義引舍人及孫炎亦作氂，蓋因郭本作氂，致誤耳。

《漢書》卷六上《地理志》 揚州：厥棐織貝。師古曰：織謂細布也。

《漢書》卷五三《江都易王劉建傳》 繇王閩侯亦遺建荃、葛。蘇林曰：「荃音詮，細布屬也。」服虔曰：「音蓀，細葛也。」臣瓚曰：「荃，香草也。」師古曰：「服、瓚二説皆非也。許慎云『荃，細布也』。字本作絟，音千全反，又音千劣反，蓋今南方筩布之屬皆爲荃也。葛即今之葛布也。以荃及葛遺建也。」

《後漢書》卷八六《南蠻傳》 鄢陵之役，蠻與恭王合兵擊晉。及吴起相悼王，南并蠻越，遂有洞庭、蒼梧。秦昭王使白起伐楚，略取蠻夷，始置黔中郡。漢興，改爲武陵。歲令大人輸布一匹，小口二丈，是謂賨布。

《後漢書》卷八〇上《文苑傳・杜篤》 橫分單于，屠裂百蠻。燒罽帳，李賢等注：罽，毛布也。繫閼氏。

史游《急就篇》卷二 綌、紵、枲、縕裹約纏。綌，去逆反，一作絺，敕之反。紵，音佇。枲，絲里反。縕，紆粉反。裹，音果。纏，呈延反。顔師古注：綌，謂葛之麤者。紵，織紵爲布及疏之屬也。疏亦作疎。枲，麤麻也。縕約，猶束縛也，言貧乏之人無好綿帛但以此物自苞裹纏束爲衣被也。

服瑣、緰幣與繒連。顔師古注：服瑣，細布，織爲連瑣之文也。緰幣，緆布之尤精者也。緆，先狄反。黄氏曰：緰音投，布名。幣音貲，布名。言此二種雖曰布類，其質精好，與繒相連次也。

許慎《説文》七篇上《禾部》 稯，布之八十縷爲稯。段玉裁注：按此當有奪文。《聘禮・記》曰：禾四秉曰筥，十筥曰稯，十稯曰秅。許下文五稯爲秭，二秭爲秅，正本記文。若先之曰布八十縷爲稯，則下文不爲四百縷爲秭，八百縷爲秅乎，知其斷不然矣，蓋必云禾四十秉爲稯，从禾，㚇聲。一曰布之八十縷爲稯，轉寫奪漏而亂之耳。

許慎《説文》七篇下《巾部》 布，枲織也。段玉裁注：其草曰枲，曰萉。析其皮曰林，曰木。屋下治之曰麻，緝而績之曰綫，曰縷，曰纑，織而成之曰布，布之屬曰紨，曰縉，曰絟，曰緦，曰緆，曰緰貲，曰㡓，曰幏。古者無今之木綿布，但有麻布及葛布而已。从巾，父聲。

幏，南郡蠻夷賨布也。段玉裁注：《貝部》曰：賨者，南蠻賦也。《文選·魏都賦》注引《風俗通》曰：槃瓠之後。輸布一匹，小口二丈，(《後漢書》少小口二字。)是爲賨布。廩君之巴氏出幏布八丈，(《後漢書》云：八丈二尺。)幏亦賨也，故統謂之賨布。从巾，家聲。

㡆，㡆布也，段玉裁注：各本刪㡆字，今補。布名也。出東萊。《地理志》、《郡國志》東萊郡皆有㡆縣，蓋以布得名也。㡆縣故城在今山東登州府黄縣南百二十里。按《廣韻》，㡆，布名。㧐，縣名，在東萊。《集韻》亦云：㧐，縣名。㡆，布名，出東萊㧐縣。而《魏地形志》、《晉地理志》皆作惤縣，字从小，今本《郡國志》亦从小，未能是正。从巾，弦聲。

𢃘，髼布也。段玉裁注：髼者，桼也。《廣韻》、《集韻》十遇作髮巾。从巾，敄聲，讀若項。

幦，髼布也。段玉裁注：《既夕禮》、《玉藻》、《少儀》鄭注、《公羊傳·昭廿五年》何注皆曰：幦，覆笭也。按車覆笭與車笭是二事，車笭者，《周禮》之蔽，《毛詩》、《爾雅》之笰，《說文》之笢，鄭曰：車旁禦風塵者也。覆笭者，《禮經》、《周禮》、《禮記》、《公羊傳》之幦，《大雅》、《曲禮》之幭，今《周禮》之幎，蓋乎軾上者也，以禦房之名名之也。車笭多以竹，故字从竹。覆笭不用竹，用皮。《巾車》曰：王喪之車，犬䙓、鹿淺䙓，然䙓，豻䙓，各用其皮也。《大雅》之淺幭，虎皮也。與《玉藻》之羔幦、鹿幦皆諸侯大夫士之吉禮也。《曲禮》之素幭，即《士喪禮》之白狗幦，大夫士之凶禮也。然則車覆笭古無用桼布者，許以髼布釋幦，幦之本義也，經典用爲車覆笭之字也。从巾，辟聲。

許慎《說文》八篇上《毛部》 毴，目毳爲𦆵。段玉裁注：毳，獸細毛也。𦆵，西胡毳布也。色如虋，故謂之毴。

虋，禾之赤苗也。段玉裁注：詳《草部》。取其同赤，故名略同。从毛，㒼聲。

《詩》曰：「毳衣如毴。」段玉裁注：《王風》文，今《詩》毴作璊。毛曰：璊，䞓也。按許云毳𦆵謂之毴，然則《詩》作「如璊」爲長，作「如毴」則不可通矣。《玉部》曰：璊，玉䞓色也。禾之赤苗謂之虋，璊玉色如之，是則毴與璊皆於虋得音義，許偁《詩》證毳衣色赤，非證毴篆體也，淺人改从玉爲从毛，失其指矣。抑西胡毳布，中國即自古有之，斷非法服。毛傳曰：大車，大夫之車也。天子大夫四命，其出封五命，如子男之服，乘其大車檻檻然，服毳冕以決訟，是則《詩》所云毳衣者，《周禮》之毳冕，非西胡毳布也。許專治《毛詩》，豈容昧此，疑此六字乃淺人妄增，非許書固有，然鄭司農之注《周禮》曰：毳，罽衣也。至後鄭乃云：毳畫虎蜼，謂宗彝也。是則自康成以前皆謂毳爲𦆵衣，毛公但云毳冕而不言何物，許説正同大鄭耳。

氈，撚毛也。段玉裁注：《手部》曰：撚者，蹂也。撚毛者，蹂毛成氈也。《周禮·掌皮》曰：「共其毳毛爲氈。」古多假旃字。从毛，亶聲。

許慎《說文》一三篇上《糸部》 紨，布也。段玉裁注：謂布名。一曰粗紬。段玉裁注：謂大絲，繒之粗者。《漢書·武五子傳》嚴延年女羅紨。从糸，付聲。

綃，蜀細布也。段玉裁注：左思《蜀都賦》「黄潤比筒」。注：黄潤，謂筒中細布也。楊雄《蜀都賦》曰：「筒中黄潤，一端數金。」从糸，彗聲。

絺，細葛也。段玉裁注：葛者，絺綌草也，其緝績之一如麻枲，其所成之布，細者曰絺，粗者曰綌。蓋草有不同，如今之葛布有黄草葛，其粗者也。从糸，希聲。

綌，粗葛也。从糸，谷聲。綌或从巾。

縐，絺之細者也。段玉裁注：者字依《御覽》補。《詩》曰：「蒙彼縐絺。」段玉裁注：《庸風·君子偕老》文。傳曰：蒙，覆也。絺之靡者爲縐。按靡謂紋細貌，如水紋之靡靡也。《米部》曰：糜，碎也。凡言靡麗者皆取糜義，謂其極細，此毛説與鄭説之不同也。一曰戚也。段玉裁注：戚各本作蹴。蹴者，躡也，非其義。蓋本作戚，俗作蹙，又改爲蹴耳，今正。鄭箋云：縐絺，絺之蹙蹙者。此鄭説之異毛也。戚戚者，如今皺紗然。上文云：縩，衣戚也。《子虛賦》「襞積褰縐」，張揖注云：縐，戚也。从糸，芻聲。

絟，細布也。段玉裁注：《江都王傳》遺(帝)[建]荃、葛。師古曰：字本作絟，千全反，又千劣反，江南筩布之屬皆爲荃也。从糸，全聲。

紵，絲屬。段玉裁注：絲者，枲屬也。《陳風》曰：「東門之池，可以漚紵。」細者爲絟，布白而細曰紵。段玉裁注：各本作粗者爲紵，今依玄應書正。卷十二、十五略同也。《周禮·典枲》：「掌布緦縷紵之麻草之物。」白而細疏曰紵，古亦借爲褚衣之褚。从糸，宁聲。

紵或从緒省。

緦，十五升抽其半布也。段玉裁注：各本無抽其半三字，當由不通人刪之，今補。緦者，布名，猶大功、小功皆布名也。《經》云：「緦麻三月者。」注云：緦麻，緦布衰裳而麻絰帶也，今本注内刪下緦字，則不可通矣。傳曰：「緦者十五升，抽其半，有事其縷，無事其布曰緦。」凡布幅廣二尺二寸，《禮經》布八十縷爲升。即許之布八十縷爲稯也。斬衰三升三升有半，齊衰四升，繐衰小功之縷四升有半，大功八升若九升，小功十升若十一升。緦布朝服之縷七升有半。升數各不同，而皆合二尺二寸之度以成布。十五升去半者，十五升朝服之升數也，去其半則爲七升有半。朝服用十五升，其布密，緦用其半，其布疏。謂之緦者，鄭曰治其縷細如絲也，傳所謂有事其縷也。繐衰用小功之縷，而升數不及半，緦用朝服之縷，而升數只取半，皆聖人因宜適變之精意。一曰兩麻一絲布也。段玉裁注：此説非也。鄭注《喪服》曰：或曰有絲，朝服用布，何衰用絲乎。从糸，思聲。古文緦，从悤省。段玉裁注：思各本作糸，誤，今正。

緆，細布也。段玉裁注：布一本作麻，古亦呼布爲麻也。《燕禮》「冪用綌若錫」，鄭注：今文錫爲緆。緆，易也，治其布使滑易也。按今文其本字，古文其段借字也。《子虛賦》「被阿緆」，即《列子》之「衣阿緆」。許意從《禮》今文，故録緆字。《喪服》錫衰，傳曰：「錫者何也，麻之有錫者也。錫者十五升，抽其半。無事其縷，有事其布曰錫。」按，據是則緆之與緦，但一事其縷，一事其布爲少異耳。其爲十五升之半則同也，何緦下偁傳以釋之，而緆下不偁傳也？曰緦在五服之内，故聖人特製其字，錫衰不在五服内，故聖人用錫之名，不別製字。錫衰之錫與細布之緆，其實不同也。蓋古者布十五升爲最細，十五升布成，治之使滑易，是曰錫，錫衰則半十五升而治之，亦名曰緆，實非緆也。是以傳之釋經也，先之曰「錫者何也，麻之有錫者也」。有讀爲又，言麻既爲布矣，而又加灰易之，此言緆之本義也。繼之曰「錫者十五升抽其半，無事其縷，有事其布曰錫」。此釋錫衰之錫也，兩言錫者，意各有在，許作字書釋緆本義，故只曰細麻，而不必詳十五升去半之緆，蓋用傳前説以包後説矣。从糸，易聲。緆或从麻。段玉裁注：先鄭曰：錫，麻之滑易者。劉熙曰：錫，易也，治其麻使滑易也。古説謂治麻曰錫。

繐，細疏布也。段玉裁注：《禮經》曰：「繐衰裳牡麻絰，既葬除之者。傳曰：繐衰者何，以小功之縷也。」注云：治其縷如小功，而成布四升半。細其縷者，以恩輕也，升數少者，以服至尊也。凡布細而疏者謂之繐，今南陽有鄧繐。按小功十升若十一升成布，而此用小功之縷四升半成布，是爲縷細而布疏，其名曰繐者，布本有一種細而疏者曰繐，但不若繐衰之大疏，而繐衰之名繐，實用其意，故鄭舉凡布以名之。劉氏《釋名》説繐衰亦曰細而疏如繐也。許云細疏布，亦謂凡布，不主繐衰，與緆本爲細布名，而錫衰之錫取以爲名正同，故皆不引《禮》傳。从糸，惠聲。

緰，貲布也。段玉裁注：謂布名。《急就篇》「服瑣緰幣與繒連」。師古曰：緰幣，緆布之尤精者也。幣貲同。从糸，俞聲。

絣，氐人殊縷布也。段玉裁注：漢武都郡，應劭曰：故白馬氐羌。《華陽國志》曰：武都郡有氐傁。殊縷布者，蓋殊其縷色而相閒織之。絣之言駢也。从糸，并聲。段玉裁注：自緝篆至此篆皆説麻事也。

紕，氐人𦇧也。段玉裁注：氐人所織毛布也。《周書》伊尹爲四方獻令，正西以紕罽爲獻。《後漢·西南夷傳》冄駹夷能作毞㲣。毞即紕也。《華陽國志》同。《禮記》用紕爲紕繆字。从糸，段玉裁注：毛似糸，故从糸。比聲。讀若禹貢玭珠。

𦇧，西胡毳布也。段玉裁注：西胡見《玉部》珋注。毳者，獸細毛也，用織爲布，是曰𦇧，亦段罽爲之。从糸，罽聲。

劉熙《釋名》卷四《釋采帛》 繐，惠也。畢沅曰：今本脱此二字，據《御覽》引補。齊人謂涼爲惠，言服之輕細涼惠也。畢沅曰：《儀禮·喪服》有「繐縗裳」，傳曰：繐縗者何，以小功之（縷）〔繐〕也。鄭注云：治其縷如小功，而成布四升半。凡布細而疏者，謂之繐。今南陽有鄧繐。《喪服記》曰：繐縗四升有半。蘇輿曰：《御覽·布帛七》引惠作慧，惠慧同。

劉熙《釋名》卷六《釋牀帳》 氈，旃也。王先慎曰：《説文》氈从毛亶聲，旃或从亶，作旜。二字均從亶得聲。《老子》王注：必知氈裘。《釋文》氈本作旃，是氈、旃通用。毛相著旃旃然也。

應劭《風俗通·佚文》 織毛褥謂之氍毹。《廣韻·十虞》、《禮部韻略·十虞》、《押韻釋疑·十虞》、《學林》八、蘇軾《游靈隱寺得來詩復用前韻》施注、《急就篇補注》二。

張揖《廣雅》卷八上《釋器》 𣯧、氂、鬣、毳、髦，毛也。《説文》「𣯧，彊曲毛，可目著起衣。古文作庲」。《玉篇》「音力之切」。《衆經音義》卷九「氂，力之反」。引《三倉》云「氂，毛也」。《漢書·王莽傳》「莽好以氂裝衣」。顏師古注云「毛之强曲者曰氂，以裝褚衣中，令其張起也」。褚，與著同，即《説文》所云「彊曲毛，可目著起衣」者也。彊曲，猶屈彊也。《漢書》有劉屈氂，義取諸此與。《淮南子·説山訓》「馬氂截玉」。高誘注云「氂，馬尾也」。𣯧、庲、氂、斄，竝同氂。又音毛。《説文》「氂，犛牛尾也」。《玉篇》「音莫袍切，字通作旄」。《禹貢》「齒革羽旄」。孔安國傳云：旄，旄牛尾也。孔穎達正義云：《説文》「犛，西南夷長毛牛也」。此犛牛之尾，可爲旌旗之飾，經傳通謂之旄。《牧誓》云「右秉白旄」。《詩》云「建旐設旄」。皆謂此牛之尾也。《説文》「鬣，毛鬣也」。「鬣，髮鬣鬣也，或作𣰽獵」。竝字異而義同。《説文》「毳，獸細毛也」。又云「髦，髮也」。

毹毲、毲、㲣、毦、毾氍、毰毦、氀毼、毷，罽也。《説文》「𦇧，西戎毳布也」。𦇧，與罽通。《逸周書·王會篇》云「以白旄紕罽爲獻」。《爾雅》「氂，罽也」。舍人注云：罽，戎人績羊毛而作衣。《漢書·高祖紀》顏師古注云：罽，織毛，若今毼及氍毹之類也。《玉篇》「毲，罽曲文者」。《後漢書·宦者傳》云「金銀罽毲，施於犬馬」。罽謂之毲，故凡以毛羽爲飾者，通謂之毲。《晉語》韋昭注云：鳥羽繫於背，若今軍將負毲矣。《後漢書·西南夷傳》李賢注云：「毲，即今馬及弓槊上纓毲也」。毲，吳琯以下諸本皆譌作毦，惟影宋本、皇甫本、畢本不譌。毲，曹憲音二，畢本二譌作三，吳本以下三字又譌作毛，惟影宋本、皇甫本不譌。《衆經音義》卷一引《字林》云「罽之方文者曰毲」。又引《通俗文》云「織毛曰罽，邪文曰毲」。《廣韻》「毼，毛布也」。陳琳《神武賦》云「罽毼皮服」。《豳風·七月篇》「無衣無褐」，鄭玄箋云：「褐，毛布也」。褐，與毼同。氍氈，即氍毹也。《廣韻》「氍，毼毲也」。《太平御覽》引《通俗文》云「織毛褥謂之氍毹，細者謂之毼毲」。《衆經音義》卷九引《通俗文》云「細礦謂之毲罹」。義與氍氈相近也。毾毲，亦罽之細者也。毾之言繁縟，毲之言蒙戎也。《説文》「毾，毾毳飾也」。毾，與毲同義。毲毲，猶毾毲也。《廣韻》「毲毲，輕毛貌」。《太平御覽》引《通俗文》云「細葛謂之毲毲」。義竝相近也。氀之言摟也。《爾雅》「摟，聚也」。《衆經音義》卷十四引《通俗文》云「毛布曰氀」。卷二引《聲類》云「氀毼，毛布也」。《後漢書·烏桓傳》云「婦人能織氀毼」。

顧野王《玉篇》卷一三《草部》 𦺗他盍切，𦺗布也。

顧野王《玉篇》卷一五《麻部》 緆先的切，細布也。亦作緆。

綌去逆切，粗葛也。

原本　祛逆反。《毛詩》「爲絺爲綌」，毛亨傳曰：精曰絺，麤曰綌。《韓詩》：結曰絺，辟曰綌。《説文》「粗葛也」。　紶　《字書》亦綌字也。

絺丑飢切，細葛也。

原本　丑飢反。《尚書》青州貢鹽絺，孔安國曰：細葛也。

𢇍《説文》絺或从糸从黹省。

縐仄又切，縐布也，纖也。　緅同上俗。

原本　側救反。《毛詩》「蒙彼縐絺」，毛亨傳曰：絺之靡者爲縐。鄭玄箋云：絺之蹙者也。《説文》「絺之細也」。一曰纖也。　緅　《字書》亦縐字也。

絟七全切，又千劣切，細布也，葛也。

原本　采全、千劣二反。《漢書》遺建絟葛，《音義》曰：細布也。見律，服虔曰：絟亦葛也。今或爲荃字，在草部。

緦音思，三月服也，布也。

原本　斯梨反。《喪服傳》「緦者十五升布抽其半，有事其縷，無事其布曰緦」，鄭玄曰：謂之緦者，治其縷細如絲也。或曰有絲也。《説文》「一曰，兩麻一絲布也」。

緆先狄切，治麻布也。亦作裼。

原本　先狄反。《喪服傳》「緆者麻之有緆也。十五升布抽其半，無事其縷，有事其布曰緆」，鄭玄曰：治其布使滑易也。或爲𧜵字，在麻部。

緰大侯切，布也。

原本　徒侯反。《説文》「緰貲，布也」。

絣方莖、方幸二切。【略】

原本　方莖、方幸二反。《説文》「氐人疏婁布也」。

紕【略】

原本　補寐、扶規二切。【略】《説文》「燕人罽也」。野王案：《周書》「正西以紕爲獻」是也。

罽几例切，毛布也。或作㲨、罽。

原本　几厲反。《周書》正西以自旄紕罽爲獻。野王案：《説文》「西胡毳布也」。《漢書》「織罽刺文繡賈人毋得衣罽」是也。《爾雅》「氂，罽也」，郭璞曰：毛氂所以作罽者也。或爲㲨字，在毛部，今或爲罽字，在冈部。

顧野王《玉篇》卷二六《毛部》　毷莫昆切，以毳爲罽也，氈也。

氎徒叶切，毛布也。　㲲同上。

氈之延切，毛爲席。

毾他臘切，毾㲪，毛席也。

㲪都能切，毾㲪。

氀力于切，毛布也。亦作氁，入力主切。

氍巨俱切，氍毹，毛席也。　氍同上。

毹山于切，氍毹。　氀同上。

毲大當切，毲毤，罽曲文者。

㲙几例切，方文者。亦作罽、𦇧。

毿子凶切，毿氄，罽也。

氉思録切，氉毭，罽也。

毭人鍾切，氉毭也。

氆方云切，氆氇，罽也。

㲘音豆，氆也。

毵思連切，毵毤，罽也。

毤云移切，毵毤也。

𣯍布莽切，𣯍，罽方文者。

毻胡割切，罽也。

毶音搜，𣯉毶，織毛。又素侯切。　𣰑同上。

毯他敢切，氈毯也。

毿音辱，㲣毿。

毳齒芮切，【略】又毛之細縟。

顧野王《玉篇》卷二六《革部》　鞴如用切，韋毳飾也，罽也。或作縟。　鞾同上。

顧野王《玉篇》卷二七《糸部》原本　繐思惠切，細布也。　䌮同上。

原本　思鋭反。《喪服經》繐衰裳。鄭玄曰：治縷如小切，而成布四升半，細其縷者也。凡布細而疏者謂之繐，今南陽有鄧繐布也。《説文》或以爲今有如百越布者也。　䌮《説文》「蜀細布也」。《聲類》亦繐字也。　縙《聲類》亦繐字也。

紨豐夫切。【略】

原本　豐扶切。《説文》「紨，布也」。

絅口迥切，布名。

原本　口迥反。《倉頡篇》：布名也。《詩》云「衣錦絅衣」。野王案：《毛詩》爲褧字，在衣部。

綀所於切，紡麤絲。

原本　所閭反。《文士傳》：禰衡著布單衣綀巾。《吴志》：綀帳縹被。《釋名》：紡麤絲織曰綀。綀，料也，料料然疏也。

絨如充切，細布也。

繸音歲，綀布也。

顧野王《玉篇》卷二八《巾部》　布本故切，枲織也。

幏公亞切，蠻布也。

帢公田切，布也，出東萊。

㡷子移切，㡷布也。

幒粗冬切，帛幒，又布名。

玄應《一切經音義》卷二《大般涅槃經第二卷》　氍毹渠俱反，下山于反。《通俗文》：織毛褥曰氍毹，細者謂之毾㲪。經文作氀，力于反。氀毼也。氀非字體也。毾㲪他蓋反。《釋名》云：施之大床前小榻上，所以登上牀者，因以爲名焉。　鞲衣《三蒼》而用反。《説文》「鞲，毳飾也」。或作毦，而容反，謂右貝垂毛也。或作毦，人志反。《廣雅》：毦毦，罽也。織毛曰罽。三形通，取於義無失，經文作茸，而容反。《説文》「茸，草茸也」。茸非此義也。

玄應《一切經音義》卷三《正法唸經第二八卷》　帶䩸《字林》而容反，罽也。或作茸，草茸也。

玄應《一切經音義》卷一一《增一阿含經第九卷》　白疊字體作㲲，古文㲲，同徒頰反，毛布也。

玄應《一切經音義》卷一一《增一阿含經第一九卷》　毾㲪他蓋反，《通俗文》毛褥細者曰毾㲪。經文作毾，非也。

玄應《一切經音義》卷一二《賢愚經第四卷》　䩸衣而容反。《字林》毛罽也。《纂文》云：䩸以毛爲飾。

玄應《一切經音義》卷一四《四分律第一五卷》　毛氀《字林》力于反，麁罽也。《通俗文》：毛曰氀。又所俱反，毹氀也。毹音瞿。

玄應《一切經音義》卷一四《四分律第三一卷》　氍毹又毹氀二形，《字苑》作氍氀，同强朱、雙朱反。《聲類》云：毛席也。《釋名》作裘溲。又《通俗文》云：織毛褥曰氍毹，細者謂之毾㲪。

玄應《一切經音義》卷一四《四分律第三七卷》　毾㲪他蓋反。《廣蒼》云：毾㲪，毛有文章也。《釋名》云：施之大牀前小榻上，所以登上床者，因以爲名焉。

玄應《一切經音義》卷一四《四分律第四一卷》　結䩸字音而容反，毛罽也。律文作緝。《字書》亦鞲字，音而用反。案毳飾也。

玄應《一切經音義》卷一五《十誦律第二七卷》　鞲由又作羈，同居奇反。　氀衣力俱反。《通俗文》毛布曰氀。《廣雅》氀，罽也。

玄應《一切經音義》卷一九《佛本行集經第九卷》　衆毦人志反。《廣雅》：毦毦，罽也。織毛曰罽。毦音唐。

玄應《一切經音義》卷一九《佛本行集經第二〇卷》　毛㲋布莽反，謂毛布也。《通俗文》：邪文曰㲋。《字林》：罽之方文者也。

丁度《集韻》卷一《東韻》　稯、稅《説文》「布八十縷爲稯」。【略】籀作稅，通作緵、緵。

㲝㲝氀，毳布。

絨布細者曰絨。

丁度《集韻》卷一《支韻》　㡷、㡷《埤倉》布名。或作㡷。

丁度《集韻》卷一《脂韻》　㡷大布曰㡷。

毞氏罽也。通作紕。

緀細布。

丁度《集韻》卷一《之韻》　緦十五升布也。

丁度《集韻》卷一《微韻》　裶細毛爲裶。

丁度《集韻》卷一《魚韻》　氍、氍氍氀，氈也。或作氍。

綀絺屬。後漢(禰)〔禰〕衡著綀巾。

毹、氀、毹毛席也。或作氀、毹。

丁度《集韻》卷二《虞韻》　氍、毹、氍織毛褥曰氍毹，或从臾，从渠。

毹鳥解毛曰毹，一曰罽也。

紨《説文》「布也」。

毹、氀、毹氍毹，織毛也。或作氀毹。

毹、氀、毹、氀雙雛切，織毛褥氍毹者曰毾㲪。或作氀、毹、氀。

丁度《集韻》卷二《文韻》　㲪罽也。

氈氀毞，罽也。

丁度《集韻》卷三《先韻》　毲罽布也。

紕纈布。

丁度《集韻》卷三《仙韻》　絟《説文》「細布也」。

絟布細者曰絟。

纁布名。出蜀。

丁度《集韻》卷三《宵韻》　纁、緁布屬，或从焦。

毷稍妖切，毷毷，氍毹也。

丁度《集韻》卷三《豪韻》　毛、毴、毷謨袍切。《説文》「眉髮之屬及獸毛也」。或作毴、毷。

丁度《集韻》卷三《麻韻》　幏蠻夷稅布。

丁度《集韻》卷四《蒸韻》　升【略】一曰，布以八十縷爲升。

丁度《集韻》卷四《登韻》　氉毷氉，罽也。

丁度《集韻》卷四《尤韻》　氀毷氀，毛織有文者。

緆細絺也。

丁度《集韻》卷四《侯韻》　緰布名。

緰《説文》「緰（貨）〔貲〕布也」。

丁度《集韻》卷四《沾韻》　紷罽也。

丁度《集韻》卷五《紙韻》　帋【略】一曰，布名。

丁度《集韻》卷五《語韻》　紵、緒《説文》「緂屬。細者爲絟，粗者爲紵」。或从者省。

丁度《集韻》卷六《耿韻》　絣氏人布名。一曰，布名。

丁度《集韻》卷六《寘韻》　毯毲席。

丁度《集韻》卷七《用韻》　縱絨屬。

毤、毤、毤、緝而用切，【略】一曰，罽也。或作毤、毤、緝。

丁度《集韻》卷七《寘韻》　毤《廣雅》毤、毤，罽也。

丁度《集韻》卷七《至韻》　紪【略】一曰紪布，稅布也。

丁度《集韻》卷七《志韻》　毦《博雅》毦毦，罽也。

丁度《集韻》卷七《御韻》　緆、縲絺也。或作縲。

丁度《集韻》卷七《莫韻》　布博故切。《説文》「枲織也」。

丁度《集韻》卷七《霽韻》　繐疎布。

丁度《集韻》卷七《祭韻》　罽蜀細布。

繐、繸《説文》「細疏布也」。或省，亦从歲。

繐細疎布也。《説文》「蜀細布」。

纈、㲪、縅《説文》「西胡毳布也」。或作㲪、縅，通作罽。

丁度《集韻》卷八《效韻》　緆細絺。

丁度《集韻》卷八《候韻》　毭《博雅》毭、毭，罽也。

丁度《集韻》卷九《屋韻》　幏桼布。

丁度《集韻》卷九《燭韻》　毷毷《博雅》毷毷，罽也。或作（毷）〔毷〕。

幏桼布覆車曰幏。

丁度《集韻》卷九《月韻》　絨【略】一曰，細布。

丁度《集韻》卷九《曷韻》　毼《博雅》毼、毼，罽也。

丁度《集韻》卷九《末韻》　毲蠻夷織毛罽也。

丁度《集韻》卷九《薛韻》　絟、荃細布也。或作荃。

丁度《集韻》卷一〇《鐸韻》　緒綩緒，蠻夷布名。

丁度《集韻》卷一〇《昔韻》　緆細布也。劉昌宗說。

毲氈屬，極細，可以禦雨。

幦桼布。

丁度《集韻》卷一〇《錫韻》　緆、緆《説文》「細布也」。或从麻。

丁度《集韻》卷一〇《帖韻》　氎、毾毛布。或从哭。

丁度《集韻》卷一〇《洽韻》　毾、氎徒洽切，毛布也。或从疊。

司馬光《類篇》卷二《草部》　荃促絶切，細布。

司馬光《類篇》卷八《革部》　鞾而用切，罽也。

鞾而用切，【略】一曰罽也。

司馬光《類篇》卷二〇《麻部》　緆先的切，細布也。

司馬光《類篇》卷二一《巾部》　幏將支切，《埤倉》布名。又津私切，大布曰幏。

幏經天切，《説文》「布名，出東萊掖縣」。又胡千切。

幏淺氏切，【略】一曰布名。

帢乞逆切，𧊊（曷）〔葛〕也。

司馬光《類篇》卷二三《衣部》　褀莫狄切，黍布也。幦或作褀。

司馬光《類篇》卷二三《毛部》　毞頻脂切，氏罽也。

氍、氎求於切，氍氀，氈也，或作氍氎，又權俱切。
毹、氀、毺山於切，毛席也，或作氀、毺、毹。氀，又春朱切，氍毹，織毛也。又並雙鶵切。楚教切。
氀，又踈鳩切。𣰽氀，毛織有文者。
毦、𣰲權俱切，織毛蓐曰毦毹。或从渠。
毪芳無切，【略】一曰罽也。
毹春朱切，氍毹，織毛也。又雙雛切，織毛蓐氍毹者，曰毾㲪。
氀雙雛切，織毛褥。又龍珠切，《博雅》氀，罽也。或書作𣯚。
毨疏臻切，布也，又相然切，毨㲧，罽也。
毷思邀切，【略】又稍妖切，𣰅毷，氍毹也。
𣰅渠姚切，𣰅毷，氍毹也。
𣯷母朗切，㲧𣯷，毛布。
毯吐敢切，毳席。
毦仍吏切，《博雅》毹毦，罽也。一曰績羽爲衣。
毭大透切，《博雅》「毹毭，罽也」。又匿各切，氈屬，極細可以禦雨。
毲都括切，蠻夷織毛罽也。
氎、㲲達協切，毛布。或从罜，又並徒合切。

司馬光《類篇》卷三七《糸部》 絧徒東切，布名。
絨而融切，布細者曰絨。
緶頻脂切，細布。
紕、絣蒲眠切，䌫布。又補履切，氐人䌫也。
練山於切，絽屬。後漢禰衡著練巾。
緰他侯切，布名。
䌫、縩居例切，《說文》「西胡毳布也」。或作縩。
欶七四切，【略】一曰欶布，稅布也。又疾二切。
繐胡桂切，踈布。又須鋭切，《說文》「細疏布也」。又旋芮切。
繌仄遇切，絺也。
繸須鋭切，《說文》「細疏布也」。
緒匿各切，綩諾，蠻夷布名。
緆先的切，《說文》「細布也」。
綌、綌乞逆切，《說文》「麤葛也」。或作綌。
縐側救切，《說文》「絺之細也」。引《詩》「蒙彼縐絺」。又緇尤切，細絺也。又仄遇切，又
絨王伐切，一曰細布。

《海録碎事》卷一五《布門》 春蕪布《洞冥記》：波岐國産荃蘼草，亦曰春蕪草，其皮如絲，可以爲布，所謂春蕪布，亦曰香荃布。
香荃布見上。
鄧緦凡布細而疏者謂之緦，鄧氏造。有名緦者謂之鄧緦。出《三禮圖》。
筒中紵交趾緅絺筒中之紵。
橦花布布有橦花。《蜀都賦》。注云：有樹名橦，其花柔，可織布。
曳阿錫曳阿錫，注：阿，細繒。錫，細布。《房中歌》。
白越白越，細布也。出《越絶書》。
荃葛《漢書》：江都王建遣使通越，閩王遺建荃葛。注云：細布也。字作銓。
葛越皆細布。《吳都賦》所謂「焦葛升越，弱於羅紈」者也。
五兩繒布葛越，皆五兩爲束。注：古之帛屈其兩端，故五兩爲束。今帛合兩爲疋，亦疋偶義。《唐書音訓》。
黄潤布黄潤比筒，籯金所過。注：黄潤，細布也，盛於筒中，其價過一籯之金。《蜀都賦》。

朱輔《溪蠻叢笑·娘子布》 漢傳載闌干。闌干，獠言紵。合有績織細白苧麻，以旬月而成，名娘子布。

朱輔《溪蠻叢笑·圈布》 桑味苦，葉小，分三叉，蠶所不食。犵狫取皮績布，繫之於腰以代機。紅緯回環，通不過丈餘，名圈布。

俞琬《席上腐談》卷上 北方毛段細軟者曰子毦。子謂毛之細者，毦温柔貌。《書·堯典》云「鳥獸毦毛」是也。今訛爲紫茸。

今之蒙衫，即古之毳衣。蒙謂毛之細軟貌，如《詩》所云「狐裘蒙茸」之蒙，俗作𣯴，其實即是毛衫。毛訛爲蒙，蒙又轉而爲𣯴。

氈之異名曰毛席，毯之異名曰毛褥，猶竹笠呼爲竹巾。《東漢·西域傳》注：氍曰毛席。張衡《四愁詩》云「美人贈我氍氍氀」。服虔《通俗（又）〔文〕》云：織毛褥謂氍氀，細者謂之毾㲪。毾㲪者，施大牀之前小蹋牀之上，蹋而登牀者。

戴侗《六書故》卷一八《動物二》 氈𣯶遮延切，聚毛爲縟也。亦借用旃、薦

二字。

毯他敢切，毳之輕積如菼者。菼，蘆荻華也。《詩》云「毳衣如菼」。言如菼，不當有毯字，今世以毛織成蓐爲毯。《説文》作緂，帛騅色。引《詩》「毳衣如緂」。又作緂。

毼胡葛切。《士喪禮》曰：「毼豆兩。」鄭氏曰：白也。顧氏曰：罽也。郭氏曰：毼雞似雉，青色。

毾㲪土盍切。都能切。《説文》新附。《東漢書》：身毒國出細布，好毾㲪。《埤蒼》曰：毛席也。

氍毹其俱切。羊朱切。《説文》新附，曰「氍毹、毾㲪皆氊、緂之屬」。氍又作毭，毹又作毤。

戴侗《六書故》卷三〇《工事六》 緵子紅切，又去聲。《史記》景帝令（廷）〔徒〕隸衣七緵布。正義曰：蓋今七升布，言其粗也。如《西京雜記》之説，當爲八升，七緵當爲五十六升矣，必無此理。《漢書》十緵布二匹。孟康曰：緵，八十縷也。《爾雅》曰：「緵罟謂之九罭。」

絺抽脂切，凡麻草之物，細者爲絺，粗者爲綌。又爲絺繡。《書》云「宗彝、藻、火、粉米、黼黻，絺繡」。鄭氏曰：刺也。

綌乞戟切，説具絺下。別作峪。

練所葅切。《説文・新附》「布也」。

緦新兹切。《喪服傳》曰：「緦（者）〔麻〕十五升（抽）〔去〕其半，有事其縷，無事其布，曰緦。」《説文》曰：「十五升布也。一曰，兩麻一絲布也。古文。」

繐息鋭切。《喪服傳》曰：「繐衰者何，以小功之繐也。」繐衰四升半。康成曰：治其縷，如小功而成布，四升半。凡布細而疏者謂之繐，今南陽有鄧繐。別作繐、繐。

絟逡緣切。《説文》曰：「細布也。」詳見荃下。

紨七四切。【略】《周官・廛人》「掌斂市、紨布、緫布、質布、罰布、廛布」。鄭司農曰：紨布，列肆之税布也。

戴侗《六書故》卷三一《工事七》 罽居例切。又作𦁐。【略】𦁐，西胡毳布也。孫愐曰：氊類，織毛爲之。漢西域罽賓國，其民巧織罽。

布博故切，織麻枲爲布。借爲展布、宣布之布，因之爲貨布之布，取其流布也。

陶宗儀《南村輟耕録》卷七《事物異名》 竹練竹布也。庾翼《與燕王書》曰：竹練三端。

毳布罽也。《説文》曰：西胡毳布。

毛席氈也。《後漢・西域傳》注。

毛布褐也。《詩・七月》箋。

張自烈《正字通》卷三《巾部》 幏同賨，《集韻》：賨或作幏。幏，舊註音叢。帛幏，又布名，誤分爲二。

幏居亞切，音嫁。《説文》：「南郡蠻夷賨布。」即今之枲布也。漢制名賦夷布爲幏，猶中國言税，後巴郡蠻其民户出幏布八丈二尺。又麻韻，音家，義同。

張自烈《正字通》卷五《毛部》 毷俗字，凡毛布皆曰毛。舊註同㲩，非。

毡俗氈字。

毨蘇焉切，音先。毨𣯂，罽屬。《通俗文》：毨𣯂，細葛也。

毬渠尤切，音求。花毬，毳布也。《外國志》：哈烈，古大宛地，有瑣伏花毬，織鳥毳成文。

𣯧同毬。

毽譌字。舊音輸，氍毹也，即毛褥。誤。

毸同毽。

毿俗毼字。

毭大候切，音豆。毭毹，見後毹註。

毰氍字之譌。舊註：毯褥之屬。誤。俗謂毯同氍，尤誤。

毹俗字。舊註：音疏，毛席。泥。

毯徒覽切，音倓，毛席。通作緂。

㲪同毯。《晉・載記》有彭㲪，毛布也。楊慎曰：彭與靚同，㲪與罽同。

氉都脱切，音掇，蠻夷毛罽。《後漢・西南夷傳》：能作青頓氉毲。註：青頓今名絲頓。

毲俗字，舊註音搜。氍毲，織毛有文。又音輸，義同。埶泥。

頓音墩。氉毲，今紫毼也。《哀牢傳》：文繡罽毲。

毹尚朱切，音舒，毛席。《風俗通》：織毛褥曰氍毹。《説文》：「氍毹、毾㲪皆氊、緂之屬」。《南史》：高昌國獻蒲桃、氍毹。《古樂府》：「坐客氈氍毹，毾㲪五木香。」

毹同毹。《三輔黄圖》：温室規地以罽賓毹。俗作毺、毿。

毼呼葛切，音曷。《博雅》：（毲）〔毲〕、毼，罽也。又毛布，从衣作褐。又㲨、毼。楊慎曰：本夷人服名。㲜，音兜。毾，音達。

㲪俗罽字。

毾徒荅切，音榻。毾㲪，毛席。中天竺有毾㲪，今曰氆氇，秦蜀之邊有之，似褐，五色方錦，廣中洋舶亦有至者。又名多羅㲚。毾、毷同。《篇海》、《類編》毾訓毛席。毷音切同毾，別訓毷毲，與偈同，分毾、毷爲二，誤。

毾同毾，毾㲪亦作毾毲。

㲩他協切，音牒，西國細毛布。《篇海》、《類編》又與㲲同。

毧而容切，音戎。《博雅》：㲝毧，罽也。俗作毧。

㲮俗氆字。

毯莫文切，音門，赤色罽也。《說文》：「以毳爲繝，色如虋，故謂之毯。虋，禾之赤苗也。」引《詩・王風》「毳衣如毯」。按，《詩》本作璊。傳云：璊，玉赤色。或曰：虋本血祭，借爲赤色，疑方俗之稱如此，非正訓也。又《說文》借禾之赤苗，即赤粱粟，與《詩・大雅》「維糜維芑」之糜字別，而音義同。糜，《爾雅》作虋，《說文》借毯，非是，毛禾殊類，从糜爲正。

㲛凌如切，音閭，外國罽也。《後漢・烏桓傳》有㲛毾。註：㲛也。《篇海》、《類編》毹或作㲪，誤。

氁莫胡切，音模，毛段也。

㲤都增切，音登。毾㲤，罽也。附見前毾註。

㲟敷溫切，音分。㲟㲝，罽也，楊雄《蜀記》有㲟㲝。註云：即今之氆氇也。又删韻，音班，義同，本作頒，十三畫，舊本省作頒，誤。

㲝同㲝。《書・堯典》：「鳥獸㲝毛。」舊註分㲝、㲝爲二，誤。

㲝蘇谷切，音粟。㲝毧，罽（毛）〔也〕。

氆布廣切，音榜。氆氇，見後氇註，俗省作毪。舊註音訓與毪同，重出，分毪氆爲二，誤。

氈職謙切，音旃。《說文》：「撚毛也。」或曰：「撚，執也，蹂也。」蹂毛成片，故謂之氈。《釋名》：氈，旃也。毛相著旃旃肰也。《周禮》：「秋斂皮，冬斂革，供其毳皮爲氈。」《集韻》：氈，細罽也。《正譌》：通用旃，俗用氊。

氇郎何切，音羅。氆氇，西番㲚毛織者，吐蕃貢霞氈，即今紅氆氇。

氍其余切，音渠。氍毹，毛席。《周禮》：「王大旅上帝，則張氍案。」

㲲他協切，音牒，外國細毛布。《南史》：高昌國出草，實如繭，曰白㲲，絲如細纑，名曰白㲲子，國人取織爲布，甚軟白。今省作疊。《唐・地理志》隴右道厥賦有毛毾、白㲲。又吐蕃貢霞㲲，今之紅氆氇也。又中天竺亦出白疊。《楞嚴經》言白疊巾，即此布所爲。王維詩：「手巾花㲲浄。」杜甫詩：「光明白㲲巾。」《說文》毛部無㲲。

氌同氇。《蜀記》氆氇。氇作氌者，音轉耳，舊本闕。

張自烈《正字通》卷八《糸部》

納乃八切。【略】納布。《王會圖》曰：於越納。即今細納緆積之布。註：納，貢也。不知諸國各貢方物，納即納布，訓貢，非。《太平御覽》：汲衣子妻李氏《與夫書》并致納一端。今松江有織成指甲魚鱗水波紋者，即古之納也。

紨撫孤切，音孚。《說文》：「布也。」【略】舊註汎云細布，誤。

絾紆厥切，音越。【略】《韻會》：細布。非。

絟且緣切，音銓。凡葛麻布之細者曰絟。漢谿王（閭）〔閩〕侯遺江都王荃、葛。顏師古註：荃，細布。字本作絟，細者爲絟，粗者爲紵。《正韻》：粗絟者紵。溷粗細爲一，非。舊註汎訓細布，亦非。

絧徒紅切，音同。布名。

絨而容切，音戎。【略】一曰細布。

絺丑知切，音鴟。凡麻葛織成之細者曰絺，麤曰綌。【略】本作絺，篆作絺。《說文》專訓細葛，泥。

綀所呼切，音蔬，綌屬。《隋・姚察傳》：門生送南布花綀。察曰：吾止麻布蒲綀，安用此。《桂海虞衡志》：綀子出兩江州洞，似苧，織有花曰花綀。今湖廣武岡洞口有布，如三梭羅，即綀類也。《說文》綀汎訓布屬，泥。

絣補耕切，音崩。《說文》：「氐人殊縷布也」。

綌公逆切，音隙。麤葛。从谷，當作綌，俗从谷。《說文》或作㠊。《舉要》作綹、㡡，非。

緆思積切，音昔。細布也。相如《子虛賦》：「被阿緆。」《漢書》作錫。《燕禮》：「公尊冪用綌若緆。」又《禮・深衣》「純邊」，鄭玄註：謂緣其襟旁及裳下也。鄭康成註《既夕禮》云：裳邊側曰緆。舊註汎云衣緣，緣，緆也，誤。《說文》：「緆，細（麻）〔布〕也。或从麻作𪎭。」

緰徒侯切，音投，布也。

縐側救切，音皺。《說文》：「絺之細也。」《六書故》：綃縠文蹙也。《詩・鄘風》：「蒙彼縐絺。」毛亨註：絺之蹙蹙者，當暑之服也。又俗謂衣縮曰縐，別作緅，非。

緒尼各切，音諾。綩緒，蠻夷布名。

䋡頻麋切，音皮。細布。

繐須銳切，音歲。蜀細布也。一說，繐、繐義通。《說文》「繐，細疏布」，與繐分爲二，泥。

繐須銳切，音歲。《說文》：「細疏布也。」《檀弓》：縣子曰綌紟繐裳，非古也。註：五服一以麻，各有升數，若以綌爲衰，以繐爲裳，取其輕便而已，非古制也。又《喪服傳》：繐衰者何，以小功之繐也。繐衰，四升半。鄭康成曰：治其縷如小功，成布四升半也。《集韻》作繐，泥，今不必從。

繐俗繐字。《說文》本作繐。《集韻》作繐。舊註音歲，練布。分爲二，非。

⿰糸罽舊註音計，氈類。又云：⿰糸⿱罒毞、⿰糸罽二字舊訓誤。魚網宜从罽，氈類宜从⿱罒毞，今互倒之，非也。按，⿰糸⿱罒毞、⿰糸罽二文𠓜譌，非獨互倒誤，即不互倒亦誤，知人非而不自知其非，不詳考六書類如此。

繐俗繐字，䌌、繐同。舊註音義同繐，重出分爲二。

⿰糸罽古器切，音記。西胡毳布，織毛爲之，若今氈毼氍毹之類。《説文》本作⿰糸罽，篆作[illegible]，俗譌省作⿰糸罽。

張自烈《正字通》卷八《网部》 ⿱罒毞俗⿰糸罽字，互見糸部⿰糸⿱罒毞註。

罽同罽。《爾雅》：「氂毛所以爲罽。」

罽俗罽字。

方以智《通雅》卷首一《音義雜論》 榻布《史記》裴駰引《漢書音義》注：白疊也。或作荅。馬援衣都布。《曹溪志》屈眴，即吉貝。或作古貝。按，劫貝與吉近。

西湖散人《新鐫雅俗珠璣藪》卷七 絺綌葛也，精者爲絺，粗者爲綌。

罽毛布。

褐子毛布。

紅䙓紅褐子。

氆氇褐之厚重者。

鄺露《赤雅》卷一《鳥章》 鳥毳之精織成文章者，謂之鎖袱。鳥毳之粗布于羚獞謂之鵞罽。詩曰：「鵞毛御臘逢山罽。」

孔毓埏《拾籜餘聞》卷一 《唐書》：吐蕃貢霞氍。氍音牒，即今之紅氆氌也，霞氍名亦甚新。

《類腋》卷一二《物部・布》 文組綵牒（又）《王符傳》。顔師古注：牒，即今疊布。

揆叙《隙光亭雜識》卷四 緰帓，布之精者也。帓與貲通。毞毲，蠻夷毛罽也。

厲荃《事物異名録》卷一六《服飾部》 氍毹 氍毲 《風俗通》：織毛褥曰氍毹。《類書》亦曰：氍毲，毛席也，即今氈毯。

厲荃《事物異名録》卷二五《布帛部》 布 榻布 《史記・貨殖傳》：榻布，皮革千石。《漢書音義》：榻布，白氎也。都布 荅布 《後漢・馬援傳》：制都布單衣。李賢等註：《東觀記》作荅布。即榻布，白氎也。師古以爲粗厚之布，非白氎也。

棉布 屈眴《庶物異名疏》：《翻譯名義集》云：屈眴，此云大細布，緝木棉花心織成。

白緤 《吴録》：交阯定安縣有木棉樹，高丈餘，實如酒杯口，有綿如蠶之綿也，可作布，名曰白緤，一名毛布。按，白緤，即白氎也。

毛布

罽 毼 《名義考》：毛布，罽也，亦謂之毼。

彭毲 《丹鉛總録》：《晉・載記》：彭毲，毛布也。

織皮 毳布 《庶物異名疏》：《書》曰：「熊羆狐狸織皮。」孔安國云：織皮，罽。一曰毛布。《説文》：「罽，西胡毳布也。」

海西布 《孔六帖》：波斯國織水羊毛爲布，曰海西布。

復陶 《正字通》：褐一名復陶。精者曰姑絨，出蘭州曰蘭絨。

紫駝尼 《庶物異名疏》：紫駝尼，番褐也。

氆氇

毦毲 揚雄《蜀記》：重南越之毦毲。註：罽也，今之氆氇。

霞氍 《丹鉛總録》：吐番貢霞氍，今之紅氆氇。

毾㲪 《正字通》：毾㲪，毛席。中天竺有毾㲪，今曰氆氇。秦蜀之邊有之，似褐，五色方錦，廣中洋舶亦有至者。又名多羅絨。

斑罽 毞毲 《丹鉛總録》：斑罽，今之雜色毼。毞毲，今紫毼也。

絨

洒海剌 《格古要論》：普羅與洒海剌相似，洒海剌出西番，絨毛織者。

㲚毦 《韻會》：㲚毦，罽也。俗作絨。

子氄 《席上腐談》：北方毛段細軟者曰子氄，今訛爲紫茸。

怯綿里 《庶物異名疏》：《元史》怯綿里，翦茸也。

羽毛段

瑣伏 梭服 梭福 《一統志》：瑣伏，一名梭服，鳥毳爲之，紋如紈綺。朱澤民集謂之梭福。

郭伯蒼《閩産録異》卷一《貨屬・絲布》 以棉雜絲織成。花紋亦能彷彿綢、縐。福州出者不及泉、漳。

郭伯蒼《閩産録異》卷一《貨屬・羅布》 漳屬以棉絲間苧絲織成，視之如羅，俗呼「假羅布」。三綫者曰「三綫羅」，五綫者曰「五綫羅」。

《奩史》卷四〇《蠶織門》 番婦自織布，以狗毛苧麻爲之，名達戈文。《瀛壖百咏》。

陳康祺《郎潛紀聞・三筆》卷九《丁娘布》 上海棉花之利，起於黄道婆，見陶南村《輟耕録》，近人已建祠以報矣。按：國初上海又有丁娘者，織布甚新，因名丁娘布。朱竹垞集中，有謝汪舍人丁娘子布詩。

徐珂《清稗類鈔・婚姻類・潮州以葛布嫁女》 潮州嫁女，以葛布辦裝，稱其家之貧富，定布之多寡。其極精細者曰女兒布，以遺藁砧。

徐珂《清稗類鈔・物品類・氆氇》 氆氇，西番織羢也。

綜述

《易・説卦》 坤爲地，爲母，爲布。孔穎達正義：爲布，取其地廣載也。

《書・禹貢》 青州：厥貢鹽絺。孔安國傳：絺，細葛。

《書・禹貢》 揚州：島夷卉服。孔安國傳：南海島夷，草服葛越。孔穎達正義：《釋草》云：卉，草。舍人曰：凡百草，一名卉。知卉服是草服葛越也。葛越，南方布名，用葛爲之。左思《吴都賦》云「蕉葛升越，弱於羅紈」是也。冀州云「島夷皮服」，是夷自服皮，皮非所貢也。此言島夷卉服，亦非所貢也。此與萊夷作牧，並在貢篚之間，古史立文不次也。鄭玄云：此州下濕，故衣草服。貢其服者，以給天子之官。與孔異也。

《書・禹貢》 梁州：熊、羆、狐、貍，織皮。孔安國傳：貢四獸之皮，織金罽。孔穎達正義：與織皮連文，必不貢生獸，故云貢四獸之皮。《釋言》云：氂，罽也。舍人曰：氂謂毛罽也。胡人續羊毛作衣。孫炎曰：毛氂爲罽。織毛而言皮者，毛附於皮，故以皮表毛耳。

雍州：織皮崐崘、析支、渠、搜，西戎即敘。孔安國傳：織皮，毛布，有此四國，在荒服之外，流沙之内，羌髳之屬，皆就次敘美禹之功及戎狄也。孔穎達正義：四國皆衣皮毛，故以織皮冠之。傳言織皮毛布有此四國，崐崘也，析支也，渠也，搜也，四國皆是戎狄也。末以西戎揔之，此戎在荒服之外，流沙之内。

《周禮・地官・載師》 凡宅不毛者有里布。鄭玄注：鄭司農曰：不毛者，謂不樹桑麻也。里布者，布參印書廣二寸，長二尺，以爲幣貿易物。《詩》云「抱布貿絲」，抱此布也。

《禮記・月令》 孟夏之月，【略】是月也，天子始絺。

仲夏之月，【略】毋暴布。

《禮記・玉藻》 年不順成，君衣布，【略】浴用二巾，上絺下綌。

《孟子・盡心下》 孟子曰：「有布縷之征，粟米之征，力役之征。趙岐注：征，賦也。國有軍旅之事，則横興此三賦也。布，軍卒以爲衣也。縷，紩鎧甲之縷也。粟米，軍糧也。力役，民負荷斯養之役也。焦循正義曰：惠氏士奇《禮説》云：「屋粟、邦布，見《管子・輕重篇》。邦布者，口泉，衆寡有數，長短有度，荀子所謂『刀布之斂』，孟子所謂『布縷之征』。管子謂『籍於萬民六畜』，妄矣。蓋家辨其物，歲入其書，故鄉遂大夫得稽而征焉而入之外府者是也。凡田不耕者出屋粟，有田而不耕，使出三夫之地税。凡民無職者出夫布，無田乃無職，使出一夫之口泉。出之民曰夫布，入之國曰邦布，其實一也。」謹案：《周禮・地官・載師》「凡宅不毛者出里布」，鄭司農云：「里布者，布參印書，廣二寸，長二尺，以爲幣，貿易物。《詩》云『抱布貿絲』，抱此布也。或曰：布，泉也。《春秋傳》曰：『買之百兩一布。』又《廛人職》：『掌斂市之次布、儳布、質布、罰布、廛布。』孟子曰：『廛無夫里之布。』不知言布參印書者何見，舊時説也。」玄謂：宅不毛者，罰以一里二十五家之泉。」征賦之稱布，司農有此二義，一爲泉布之布，則布即錢也。一爲布參印書以爲幣，而引《詩》爲證。《毛詩・衛風・氓》「抱布貿絲」，傳云：「布，幣也。」鄭玄箋云：「幣者，所以貿買物也。」孔氏穎達正義云：「知此布非泉而言幣者，以言抱之，則宜爲幣。此布幣謂絲麻布帛之布。幣者，布帛之名，故《鹿鳴》云『實幣帛筐篚』是也。」又云：「司農之言，事無所出，故鄭易之。」賈氏公彦《載師》疏云：「此説非，故先鄭自破之。」是征賦之布爲泉布，非布帛，孟子不云泉布之征而云「布縷之征」，布與縷連稱，則布爲布帛，此趙氏所以不用夫布里布等説，而以爲軍行之横征也。且屋粟里布，國之常賦，不容缺緩，即用二用三，何致民有殍而父子離，則趙氏義爲長。

《史記》卷二《夏本紀》 海岱維青州：【略】厥貢鹽絺。裴駰集解：孔安國曰：「絺，細葛。」

《史記》卷二《夏本紀》 淮海維揚州：【略】貢金三品，瑶、琨、竹箭，齒、革、羽、旄，島夷卉服。裴駰集解：孔安國曰：「南海島夷草服葛越。」張守節正義：《括地志》云：「百濟國西南渤海中有大島十五所，皆邑落，有人居，屬百濟。」又倭國，武皇后改曰日本國，在百濟南，隔海依島而居，凡百餘小國。此皆揚州之東島夷也。按：東南之夷草服葛越，焦竹之屬，越即苧祁也。

《史記》卷二《夏本紀》 華陽黑水惟梁州：【略】貢璆、鐵、銀、鏤、砮、磬，熊、羆、狐、貍，織皮。裴駰集解：孔安國曰：「貢四獸之皮也。織皮，今罽也。」

黑水西河惟雍州：【略】織皮昆侖、析支、渠搜，西戎即序。裴駰集解：孔安國曰：「織皮，毛布。此四國在荒服之外，流沙之内。羌、髳之屬皆就次序，美禹之功及戎狄也。」

《漢書》卷二八上《地理志上》 海、岱惟青州。【略】貢鹽、絺。顔師古注：「葛之精者曰絺。」

淮、海惟揚州。【略】厥篚織貝。顔師古注：「織謂細布也。」

華陽、黑水惟梁州。貢璆、鐵、銀、鏤、砮、磬、熊、羆、狐、貍、織皮。顏師古注：「織皮，謂罽也。言貢四獸之皮，又貢(維)〔雜〕罽。」

荆、河惟豫州。【略】貢漆、枲、絺、紵。顏師古注：「紵，織紵爲布及練也。」

黑水、西河惟雍州。【略】織皮昆侖、析支、渠叟，西戎即敘。顏師古注：「昆侖，析支，渠叟，三國名也。言此諸國皆織毛皮，各得其業。」

杜佑《通典》卷一八七《邊防三》　秦昭王使白起伐楚，略取蠻夷，始置黔中郡。漢興，改爲武陵郡。今武陵、澧陽、黔中、寧夷、盧溪、盧陽、靈溪、潭陽郡地皆是也。歲令大人輸布一匹，小口二丈，是謂賨布。《説文》曰：「賨，南蠻賦。」

《史記》卷一一《孝景本紀》　〔後二年正月〕，令徒隸衣七緵布。司馬貞索隱：七緵，蓋今七升布，言其粗，故令衣之也。張守節正義：衣，於既反。緵，祖工反。緵，八十縷也，與布相似。七升布用五百六十縷。

《史記》卷一二九《貨殖列傳》　龍門、碣石北多馬、牛、羊、旃裘、筋角；銅、鐵則千里往往山出棊置。

《史記》卷一二九《貨殖列傳》　番禺亦其一都會也，珠璣、犀、瑇瑁、果、布之湊。裴駰集解：韋昭曰：「布，葛布。」

《漢書》卷二八下《地理志下》　粤地，牽牛、婺女之分壄也。今之蒼梧、鬱林、合浦、交阯、九真、南海、日南，皆粤分也。【略】處近海，多犀、象、毒冒、珠璣、銀、銅、果、布之湊，顏師古注：韋昭曰：「布，葛布也。」師古曰：「布謂諸雜細布皆是也。」中國往商賈者多取富焉。番禺，其一都會也。

《漢書》卷五一《賈山傳》　孝文時，言治亂之道，借秦爲諭，名曰《至言》。其辭曰：【略】

故不致其愛敬，則不能盡其心；不能盡其心，則不能盡其力；不能盡其力，則不能成其功。故古之賢君於其臣也，尊其爵禄而親之；疾則臨視之亡數，死則往弔哭之，臨其小斂大斂，已棺塗而後爲之服錫衰麻絰，顏師古注：「錫衰，十五升布，無事其縷者也。」而三臨其喪；未斂不飲酒食肉，未葬不舉樂，當宗廟之祭而死，爲之廢樂。故古之君人者於其臣也，可謂盡禮矣；服法服，端容貌，正顏色，然後見之。故臣下莫敢不竭力盡死以報其上，功德立於後世，而令聞不忘也。

《漢書》卷六四下《王褒傳》　故服絺綌之凉者，不苦盛暑之鬱燠。

《漢書》卷九九中《王莽傳中》　天鳳三年，莽下吏禄制度，曰：「予遭陽九之阸，百六之會，國用不足，民人騷動，自公卿以下，一月之禄十緵布二匹，顏師古注：孟康曰：「緵，八十(緵)〔縷〕也。」師古曰：「緵音子公反。」或帛一匹。予每念之，未嘗不戚焉。今阸會已度，府帑雖未能充，略頗稍給，其以六月朔庚寅始，賦吏禄皆如制度。」

《後漢書》卷四二《中山簡王劉焉傳》　自中興至和帝時，皇子始封薨者，皆賻錢三千萬，布三萬匹；嗣王薨，賻錢千萬，布萬匹。

《後漢書》卷八五《東夷傳·挹婁》　挹婁，古肅慎之國也。在夫餘東北千餘里，東濱大海，南與北沃沮接，不知其北所極。土地多山險。人形似夫餘，而言語各異。有五穀、麻布，出赤玉、好貂。

《後漢書》卷八六《南蠻傳》　吴起相悼王，南并蠻越，遂有洞庭、蒼梧。秦昭王使白起伐楚，略取蠻夷，始置黔中郡。漢興，改爲武陵。歲令大人輸布一匹，小口二丈，是謂賨布。雖時爲寇盜，而不足爲郡國患。

《後漢書》卷八六《南蠻傳巴郡南郡蠻》　秦惠王并巴中，以巴氏爲蠻夷君長，世尚秦女，其民爵比不更，有罪得以爵除。其君長歲出賦二千一十六錢，三歲一出義賦千八百錢。其民户出幏布八丈二尺，雞羽三十鍭。李賢等注：《説文》：「幏，南郡蠻夷布也。」音公亞反。漢興，南郡太守靳彊請一依秦時故事。

《後漢書》卷八六《西南夷傳·冉駹夷》　有旄牛，無角，一名童牛，肉重千斤，毛可爲旄。【略】其人能作旄氈、班罽、青頓、毞毲、羊羧之屬。李賢等注：青頓，毞毲，並未詳，《字書》無此二字。《周書》：「伊尹爲四方獻令曰：『正西昆侖、狗國、鬼親、枳己、闟耳、貫匈、雕題、離丘、漆齒，請令以丹青、白旄、紕罽、龍角、神龜爲獻。』湯曰：『善。』」何承天《纂文》曰：「紕，氐罽也。」音卑疑反。毞即紕也。

《後漢書》卷九〇《烏桓傳》　烏桓者，本東胡也。漢初，匈奴冒頓滅其國，餘類保烏桓山，因以爲號焉。俗善騎射，弋獵禽獸爲事。隨水草放牧，居無常處。以穹廬爲舍，東開向日。食肉飲酪，以毛毳爲衣。李賢等注：鄭玄注《周禮》曰：「毛之褥細者爲毳也。」婦人能刺韋作文繡，織氀毼。李賢等注：《廣雅》曰：「氀毼，罽也。」氀音力于反。毼音胡達反。

劉安《淮南子》卷一《原道》　于、越生葛絺。高誘注：于，吴也。絺，細葛也。

郭憲《洞冥記》卷一　波祇國亦名波弋國。獻神精香草，亦名荃蘼，一名春蕪。一根百條，其間如竹節柔軟，其皮如絲，可爲布，所謂春蕪布，亦名香荃布，堅密如紈冰也。握一片，滿室皆香，婦人帶之，彌月芬馥。

應劭《風俗通·佚文·四夷》　槃瓠之後，輸布一匹二丈，是謂賨布。廩君之巴氏，出幏布八丈。《文選・魏都賦》注。

《太平御覽》卷八二〇《布帛部七・布》 華嶠《後漢書》曰：哀牢夷知染綵，細布織成文章如綾錦。有梧木華，績以爲布，幅廣五尺，潔白不受垢汚，先以覆亡人，然後用之。

《三國志》卷三〇《魏志・東夷傳・挹婁》 挹婁在夫餘東北千餘里，濱大海，南與北沃沮接，未知其北所極。【略】有五穀、牛、馬、麻布。

曹植《曹植集》卷三《望恩表》 臣聞寒者不貪尺玉，而思短褐；饑者不願千金，而美一餐。夫千金尺玉至貴，而不若一餐短褐者，物有所急也。

《太平御覽》卷七〇八《服用部一〇》 《南州異物志》曰：氍毹以羘雜羣獸之毳爲之，鳥獸人物草木雲氣作鸜鵡，遠望軒若飛也。

《太平御覽》卷八一六《布帛部三・罽》 韋輝光《毛詩問》曰：七月之時无褐。箋云：褐，毛布也，賤者之所服也。今罽亦用爲之。

《太平御覽》卷二〇《布帛部七・布》 《南州志》曰：桂州豐水縣有緑藤，俚人以爲布。

曹學佺《蜀中廣記》卷六八《方物記第一〇》 《巴蜀異物志》又云：寧州猓人能織闌干細布，即紵布也。其紋若綾錦然。

曹學佺《蜀中廣記》卷六八《方物記第一〇》 《魏略》云：先主性好毦，適有饋之牛尾者，因手結之。諸葛亮曰：將軍當復有遠志耶，止結毦而已。備乃投毦曰：以忘憂耳。按《韻寶》：毦音珥，織羽爲衣也。諸葛亮《與吳王書》云：所送白毦薄少，重見辭謝，益以增慙。

葛公荅李恢曰：行當離別，以爲惆悵。今致氍毹一，以達心也。《聲類》云：織毛爲席曰氍毹。《華陽國志》汶山郡：本蜀北部冉駹都尉。北接蘭蜩九種之戎，有旄氈、斑罽、青頓、毞毲之屬。《周涪陵地圖記》云：銅柱灘東有錦繡洲，以此洲人能織錦罽也。

《奩史》卷四〇《蠶織門》 芭蕉葉煮之爲絲，女工紡績成布，今交阯葛也。《異物志》。

《晉書》卷九七《東夷傳・肅慎氏》 肅慎氏一名挹婁，在不咸山北，去夫餘可六十日行。【略】，績毛以爲布。

常璩《華陽國志》卷一《巴志》 厥貢璆、鐵、銀、鏤、砮、磬、熊、羆、狐、狸、織皮。

常璩《華陽國志》卷三《蜀志》 蜀郡江原縣　安漢，上、下朱邑出好麻，黄潤細布，有羌筒盛。

常璩《華陽國志》卷四《南中志》 永昌郡，古哀牢國。【略】有梧桐木，其華柔如絲，民績以爲布，幅廣五尺以還，潔白不受汚，俗名曰「桐華布」。

法顯《法顯傳・鄯善國》 俗人衣服粗與漢地同，但以氈褐爲異。

陸翽《鄴中記》 石虎御府罽有雞頭文罽、鹿子罽、花罽。

《藝文類聚》卷八五《素》 晉郭義恭《廣志》曰：桐木，其葉有白毳，取其毳淹漬緝，織以爲布。《聖證論》曰：梁冀時，布有垢則洗之於火。裴氏《廣州記》曰：蠻夷不蠶，採木綿爲絮。皮圓當竹，剥古緑藤，績以爲布。

《太平御覽》卷八二〇《布帛部七》 顧微《廣州記》曰：阿林縣有勾芒木，里人斫其大樹半斷，新條更生，取其皮績以爲布，軟滑甚好。

《太平御覽》卷八二〇《布帛部七》 《晉令》曰：士卒百工，不得服越疊。《廣志》曰：白疊布，毛織出諸簿洲。

厲荃《事物異名録》卷二五《布帛部》 麻布　徽紵　陸璣《詩疏》：苧亦麻也，剥取皮以竹刮其表，得裏韌如筋者，煮之用緝布，謂之徽紵。

《梁書》卷五三《良吏傳序》 高祖在田，知民疾苦，及梁臺建，仍下寬大之書，昏時雜調，咸悉除省，於是四海之内，始得息肩。【略】元年，始去人貲，計丁爲布。

《梁書》卷五四《諸夷傳・渴盤陁國》 渴盤陁國，于闐西小國也。【略】出好氈、金、玉。

《魏書》卷一〇二《西域傳・龜茲國》 龜茲國，在尉犂西北，白山之南一百七十里，都延城，漢時舊國也。【略】風俗、婚姻、喪葬、物産與焉耆略同，唯氣候少温爲異。又出細氈，饒銅、鐵、鉛、麖皮、氍毹、饒沙、鹽緑、雌黄、胡粉、安息香、良馬、犎牛等。

《南史》卷七九《夷貊傳下・渴盤陁國》 渴盤陁國，于闐西小國也。【略】多牛馬駱駝羊等。出好氈。

許嵩《建康實録》卷一三《宋下・世祖孝武皇帝》 〔大明五年十一月〕甲戌，初令民户輸布四疋。

司馬光《資治通鑑》卷二八三《後晉高祖天福七年》 楚王〔馬〕希範作天策

府，極棟宇之盛，【略】地衣，秋冬用木綿。胡三省注：木綿，今南方多有焉。於春中作畦種之，至夏秋之交結實，至秋半，其實之外皮四裂，中踴出，白如綿。土人取而紡之，織以爲布，細密厚暖，宜以御冬。

胡三省《通鑑釋文辯誤》卷六《通鑑一百三十六》 武帝永明五年 魏主詔七廟親子孫及外戚緦麻已上親賦役無所與。

史炤《釋文》曰：緦，兩麻一絲之布也。余按《禮記·雜記》曰：朝服十五升，去其半而緦，加灰錫也。鄭玄註曰：緦，精麤與朝服同，去其半則六百縷而疏也，又無事其布而不灰焉。孔穎達正義曰：朝服精細，全用十五升布爲之。去其半而緦者，緦麻於朝服十五升之内抽去其半，以七升半用爲緦麻服之衰服也。鄭註云喪服去其半，而緦如絲是也。加灰錫也者，取緦以爲布，又加灰治之，則曰錫。錫，言滑易也。註云又無事其布而不灰焉者，《經》云去其半而緦，始云加灰錫，明此緦衰不加灰不治布故也。詳考《雜記》註疏，則朝服之布十五升去其半者爲緦麻服之衰；其加灰治布者則爲錫衰。史炤以緦爲兩麻一絲之布，其説不經見。

《奩史》卷八七《綺羅門》 後周以枲紵爲衫，貴女功始也。《續事始》。

《隋書》卷八三《西域傳·康國》 康國者，康居之後也。遷徙無常，不恒故地，然自漢以來相承不絶。【略】氣候温，宜五穀，勤修園蔬，樹木滋茂。出馬、駝、騾、驢、封牛、黄金、鐃沙、眒香、阿薩那香、瑟瑟、麞皮、氍氀、錦疊。多蒲陶酒，富家或致千石，連年不敗。

《新唐書》卷三七《地理志一》

京兆府京兆郡　厥貢：韡氈。

原州平淳郡　土貢：氈、覆鞍氈。

寧州彭原郡　土貢：五色覆鞍氈。

慶州順化郡　土貢：胡女布。

靈州靈武郡　土貢：氈。

會州會寧郡　土貢：駝毛褐、覆鞍氈。

夏州朔方郡　土貢：氈。

綏州上郡　土貢：胡女布。

銀州銀川郡　土貢：女稽布。

宥州寧朔郡　土貢：氈。

勝州榆林郡　土貢：胡布。

豐州九原郡　土貢：駝毛褐、氈。

單于大都護府　土貢：胡女布。

《新唐書》卷三八《地理志二》

河南府河南郡　土貢：絲葛。

汝州臨汝郡　土貢：絁。

虢州弘農郡　土貢：絁。

潁州汝陰郡　土貢：絁。

泗州臨淮郡　土貢：貲布。

濠州鍾離郡　土貢：絁、絲布。

登州東牟郡　土貢：貲布。

萊州東萊郡　土貢：貲布。

海州東海郡　土貢：楚布。

密州高密郡　土貢：貲布。

《新唐書》卷三九《地理志三》

河東道

厥賦：布。厥貢：布。

河中府河東郡　土貢：氈。

隰州大寧郡　土貢：胡女布。

汾州西河郡　土貢：龕面氈。

石州昌化郡　土貢：胡女布。

潞州上黨郡　土貢：貲布。

魏州魏郡　土貢：絁。

相州鄴郡　土貢：隔布。

縣州清河郡　土貢：氈、覆龕氈。

邢州鉅鹿郡　土貢：絲布。

洺州廣平郡　土貢：絁。

滄州景城郡　土貢：絲布。

《新唐書》卷四〇《地理志四》

江陵府江陵郡　土貢：貲布。

峽州夷陵郡　土貢：紵葛。
歸州巴東郡　土貢：紵葛。
夔州雲安郡　土貢：紵錫布。
涪州涪陵郡　土貢：獠布。
泌州淮安郡　土貢：布。
鄧州南陽郡　土貢：絲布。
郢州富水郡　土貢：紵布。
洋州洋川郡　土貢：白交梭、火麻布。
利州益昌郡　土貢：絲布。
鳳州河池郡　土貢：布。
巴州清化郡　土貢：貲布。
開州盛山郡　土貢：白紵布。
果州南充郡　土貢：絲布。
隴右道
厥賦：布、麻。
涼州武威郡　土貢：毯。
西州交河郡　土貢：氎布、氈。

《新唐書》卷四一《地理志五》

楚州淮陰郡　土貢：貲布、紵布。
滁州永陽郡　土貢：貲布、絲布、綀。
和州歷陽郡　土貢：紵布。
壽州壽春郡　土貢：絲布、絁。
廬州廬江郡　土貢：交梭絲布。
舒州同安郡　土貢：紵布。
光州弋陽郡　土貢：葛布。
安州安陸郡　土貢：青紵布。
黃州齊安郡　土貢：白紵布、貲布。
申州義陽郡　土貢：緋葛、紵布、貲布。
潤州丹楊郡　土貢：火麻布。
常州晉陵郡　土貢：布、兔褐、皂布。
蘇州吳郡　土貢：絲葛、布。
湖州吳興郡　土貢：折皂布、布。
婺州東陽郡　土貢：紵布。
温州永嘉郡　土貢：布。
福州長樂郡　土貢：蕉布。
建州建安郡　土貢：竹綀。
宣州宣城郡　土貢：絲頭紅毯、兔褐。
洪州豫章郡　土貢：絲布。
鄂州江夏郡　土貢：貲布。
岳州巴陵郡　土貢：紵布。
虔州南康郡　土貢：絲布、紵布、竹綀。
吉州廬陵郡　土貢：絲葛、紵布。
撫州臨川郡　土貢：金絲布。
潭州長沙郡　土貢：絲葛、絲布。
郴州桂陽郡　土貢：紵布、絲布。
南州南川郡　土貢：斑布。
溱州溱溪郡　土貢：斑布。

《新唐書》卷四二《地理志六》

成都府蜀郡　土貢：高杼布。
漢州德陽郡　土貢：彌牟、紵布、衫段。
嘉州犍爲郡　土貢：紫葛。
邛州臨邛郡　土貢：絲布。
巂州越巂郡　土貢：絲布、花布。
戎州南溪郡　土貢：葛纖。
梓州梓潼郡　土貢：絲布。
遂州遂寧郡　土貢：絲布。
劍州普安郡　土貢：絲布。
普州安岳郡　土貢：葛布。
榮州和義郡　土貢：斑布。
瀘州瀘川郡　土貢：葛布、斑布。

《新唐書》卷四三《地理志七》

嶺南道

厥賦：蕉、紵、落麻。厥貢：竹布。

韶州始興郡　土貢：竹布。

循州海豐郡　土貢：布。

振州延德郡　土貢：斑布。

貴州懷澤郡　土貢：紵布。

連州連山郡　土貢：竹紵練、白紵細布。

富州開江郡　土貢：斑布。

鬱林州鬱林郡　土貢：布。

愛州九真郡　土貢：絁。

武安州武曲郡　土貢：朝霞布。

《新唐書》卷二二一上《西域傳·高昌》　高昌直京師西四千里而贏，其横八百里，縱五百里，凡二十一城。王都交河城，漢車師前王廷也。田地城，戊己校尉所治也。勝兵萬人。土沃，麥、禾皆再熟。有草名白疊，擷花可織爲布。

杜甫《杜工部集》卷一二《送段功曹歸廣州》　韶州白葛輕。

杜佑《通典》卷六《食貨六》

朔方郡貢白氈十領。今夏州。

銀川郡貢女稽布五端。今銀州。

平涼郡貢九尺白氈十領。今原州。

會寧郡貢駝毛褐兩段。今會州。

大寧郡貢胡女布五端。今隰州。

昌化郡貢胡女布五端。今石州。

臨汝郡貢絁二十疋。今汝州。

臨淄郡貢絲葛十五疋。今齊州。

臨淮郡貢貲布十疋。今泗州。

東海郡貢楚布十疋。今海州。

高密郡貢貲布十端。今密州。

清河郡貢氈十領。今貝州。

鉅鹿郡貢絲布十疋。今邢州。

安西都護府貢緋氈五領。

交河郡貢氎布十端。今西州。

安陸郡貢青紵十五疋。今安州。

弋陽郡貢葛十疋。今光州。

義陽郡貢葛十疋。今申州。

廬江郡貢絲布十疋。今廬州。

蘄春郡貢白紵布十五端。今蘄州。

歷陽郡貢麻布十疋。今和州。

鍾離郡貢絲布十疋。今濠州。

壽春郡貢絲布十疋。今壽州。

齊安郡貢紫紵布十端。今黄州。

淮陰郡貢貲布十疋。今楚州。

漢陽郡貢麻貲布十疋。今沔州。

永陽郡貢紵練布十五疋。今滁州。

南陽郡貢絲布十疋。今鄧州。

漢東郡貢葛五疋。今隋州。

竟陵郡貢白紵布一端。今復州。

武陵郡貢紵練布十端。今朗州。

富水郡貢白紵布十端。今郢州。

益昌郡貢絲布十疋。今利州。

南平郡貢葛五疋。今渝州。

晉陵郡貢細青紵布十疋。今常州。

吴郡貢絲葛十疋。今蘇州。

吴興郡貢苧布三十端。今湖州。

新安郡貢紵布十五端。今歙州。

長樂郡貢蕉二十疋。今福州。

建安郡貢蕉二十疋。今建州。

潮陽郡貢蕉十疋。今潮州。

宣城郡貢白紵布十疋。今宣州。

豫章郡貢葛五十疋。今洪州。

長沙郡貢葛十五疋。今潭州。
南康郡貢竹布二十疋。今虔州。
零陵郡貢葛十疋。今永州。
臨川郡貢葛布十疋。今撫州。
桂陽郡貢白紵布十疋。今郴州。
廬陵郡貢白紵布二十端。今吉州。
潯陽郡貢葛十疋。今江州。
江華郡貢白布十端。今道州。
宜春郡貢白紵布十疋。今袁州。
巴陵郡貢白紵布十疋。今岳州。
蜀郡貢高紵衫段二十疋。今益州。
德陽郡貢彌布十疋。紵布十疋。今漢州。
普安郡貢絲布十疋。今劍州。
臨邛郡貢絲布十疋。今邛州。
越巂郡貢絲布十疋。今巂州。
南溪郡貢葛十疋。今戎州。
南充郡貢絲布十疋。今果州。
仁壽郡貢細葛五疋。今陵州。
瀘川郡貢葛十疋。今瀘州。
安岳郡貢葛十疋。今普州。
和義郡貢班布六疋。今榮州。
涪陵郡貢連頭獠布十段。今涪州。
南川郡貢布五端。今南州。
安南都護府貢蕉十端。
新興郡貢蕉五疋。今新州。
連山郡貢細布十疋。今連州。
開江郡貢班布五端。今富州。
懷澤郡貢細白紵布十端。今貴州。

杜佑《通典》卷一八七《邊防三》 黑僰濮，在永昌西南，山居耐勤苦。其衣服，婦人以一幅布爲裙，或以貫頭；丈夫以穀皮爲衣。其境出白蹄牛、犀、象、琥珀、金、桐華布。

李吉甫《元和郡縣圖志》卷二《關内道二》
華州貢、賦：賦：〔布〕。
鳳翔府貢、賦：賦：布。
隴州貢、賦：賦：布。

李吉甫《元和郡縣圖志》卷三《關内道三》
涇州貢、賦：賦：布。
原州貢、賦：開元貢：覆鞍氈。賦：布。
邠州貢、賦：賦：布。
寧州貢、賦：賦：布。
慶州貢、賦：賦：胡布。
鄜州貢、賦：賦：布。元和賦同。
丹州貢、賦：賦：布。
延州貢、賦：賦：布。元和賦同。

李吉甫《元和郡縣圖志》卷四《關内道四》
會州貢、賦：開元貢：覆鞍氈。
夏州貢、賦：開元貢：氈。賦：布。
綏州貢、賦：賦：布。
銀州貢、賦：開元貢：女稽布。賦：布。
勝州貢、賦：開元貢：女稽布。賦：布。
豐州貢、賦：賦：布。

李吉甫《元和郡縣圖志》卷六《河南道二》
陝州貢、賦：賦：布、絁。
虢州貢、賦：賦：絁。
汝州貢、賦：開元貢：細絁。賦：絁。

李吉甫《元和郡縣圖志》卷七《河南道三》
潁州貢、賦：開元貢：絁二十匹。
泗州貢、賦：開元貢：細貲布。賦：布。

李吉甫《元和郡縣圖志》卷九《河南道五》
濠州貢、賦：開元貢：官絁。賦：絁、布。

申州貢、賦：開元貢：葛十匹。賦：布。

光州貢、賦：開元貢：葛十匹。賦：絁。

李吉甫《元和郡縣圖志》卷一一《河南道七》

密州貢、賦：開元貢：細布。賦：絁布。

海州貢、賦：開元貢：楚布。

萊州貢、賦：賦：貲布。

登州貢、賦：賦：布。

李吉甫《元和郡縣圖志》卷一二《河東道一》

河中府貢、賦：賦：布。

絳州貢、賦：賦：布。

晉州貢、賦：賦：布。

慈州貢、賦：賦：布。

隰州貢、賦：開元貢：胡女布。賦：布。

李吉甫《元和郡縣圖志》卷一三《河東道二》

太原府貢、賦：賦：布。

汾州貢、賦：賦：布。

沁州貢、賦：賦：麻布。

李吉甫《元和郡縣圖志》卷一四《河東道三》

嵐州貢、賦：賦：布。

石州貢、賦：開元貢：胡女布三端。賦：布。

忻州貢、賦：賦：布。

代州貢、賦：〔賦：布。〕

蔚州貢、賦：賦：布。

雲州貢、賦：賦：布。

李吉甫《元和郡縣圖志》卷一五《河東道四》

潞州貢、賦：賦：布。

澤州貢、賦：賦：布。

邢州貢、賦：開元貢：布。

李吉甫《元和郡縣圖志》卷一六《河北道一》

魏州貢、賦：賦：絁。

貝州貢、賦：開元貢：白氈。

李吉甫《元和郡縣圖志》卷二一《山南道二》

襄州貢、賦：開元貢：火麻布。

鄧州貢、賦：開元貢：白紵、絲布。賦：布。

復州貢、賦：開元貢：白紵布一十匹。賦：布。

郢州貢、賦：開元貢：白紵布二十匹。賦：布。

唐州貢、賦：開元貢：布。賦：布。

隨州貢、賦：開元貢：葛。賦：布。元和貢：葛五匹。

均州貢、賦：賦：布。

房州貢、賦：賦：布。

李吉甫《元和郡縣圖志》卷二二《山南道三》

興元府貢、賦：賦：布。

洋州貢、賦：開元貢：大麻布、野紵布。

利州貢、賦：開元貢：絲布。賦：布。

鳳州貢、賦：賦：布。元和貢：土布。

興州貢、賦：賦：布。

成州貢、賦：賦：布。

文州貢、賦：賦：布。

扶州貢、賦：賦：布。

李吉甫《元和郡縣圖志》卷二五《江南道一》

潤州貢、賦：賦：布。

常州貢、賦：開元貢：細紵，紅紫二色緜布。賦：紵布。

蘇州貢、賦：賦：布。元和貢：絲葛十匹。

杭州貢、賦：賦：紵布。

湖州貢、賦：開元貢：絲布。賦：布。元和貢：布三十三端。

睦州貢、賦：賦：布。

李吉甫《元和郡縣圖志》卷二六《江南道二》

婺州貢、賦：賦：紵布。

衢州貢、賦：賦：紵布。

處州貢、賦：開元貢：紵布。元和貢：紵布，麻布，樹皮布。

溫州貢、賦：開元貢：布。

李吉甫《元和郡縣圖志》卷二七《江南道三》

鄂州貢、賦：賦：紵布。
沔州貢、賦：開元貢：白紵布一端。元和貢：麻貲布一端。
安州貢、賦：開元貢：紵布一十八匹。元和貢：紵布一十匹。
黄州貢、賦：開元貢：紵貲布十匹。賦：布。
蘄州貢、賦：開元貢：白紵細布。元和貢：白紵布一十五匹。
岳州貢、賦：開元貢：細紵布。元和貢：白紵練布七匹。

李吉甫《元和郡縣圖志》卷二八《江南道四》

洪州貢、賦：開元貢：紵布。元和貢：細葛布一十五匹。
饒州貢、賦：開元貢：紵布。
虔州貢、賦：開元貢：白紵布。元和貢：白紵布。
吉州貢、賦：開元貢：白紵布。
袁州貢、賦：開元貢：白紵布、麻布。
撫州貢、賦：開元貢：葛十匹。元和貢：葛十匹。
宣州貢、賦：開元貢：白紵布。
歙州貢、賦：開元貢：麻布。元和貢：細紵布。

李吉甫《元和郡縣圖志》卷二九《江南道五》

潭州貢、賦：開元貢：葛布十五匹。元和貢：絲布十五匹。
郴州貢、賦：開元貢：細白紵。元和貢：細白紵。
永州貢、賦：開元貢：細葛。
連州貢、賦：開元貢：細布。
道州貢、賦：開元貢：細紵布。元和貢：細紵布。
邵州貢、賦：開元貢：麻布。
福州貢、賦：元和貢：白蕉。
建州貢、賦：開元貢：蕉葛布。元和貢：焦布。
泉州貢、賦：賦：紵布。

李吉甫《元和郡縣圖志》卷三〇《江南道六》

黔州貢、賦：賦：布。元和貢：竹布，紵麻布。
涪州貢、賦：元和貢：連頭十段布一匹。
夷州貢、賦：開元貢：斑布。賦：麤布。
南州貢、賦：開元貢：斑布。
溱州貢、賦：開元貢：楮皮布，紵布。

李吉甫《元和郡縣圖志》卷三一《劍南道上》

成都府貢、賦：開元貢：布八匹。元和貢：高杼衻布、絲布。
漢州貢、賦：開元貢：布二十匹。元和貢：彌年布、紵布。
邛州貢、賦：開元貢：絲布一十匹。元和貢：絲布一十匹。
資州貢、賦：元和貢：麻布。
嘉州貢、賦：賦：小布。
戎州貢、賦：開元貢：葛五匹，紵布。

李吉甫《元和郡縣圖志》卷三二《劍南道中》

雅州貢、賦：賦：絺。
眉州貢、賦：開元貢：獠麻布。元和貢同。
茂州貢、賦：賦：麻布。
翼州貢、賦：賦：麻布。
嶲州貢、賦：開元貢：絲布。

李吉甫《元和郡縣圖志》卷三三《劍南道下》

梓州貢、賦：開元貢：絲布。賦：布。
渝州貢、賦：開元貢：葛五匹。
普州貢、賦：開元貢：葛八匹。賦：紵布。
榮州貢、賦：開元貢：斑布六匹。元和貢：斑布。
陵州貢、賦：開元貢：細葛四匹。元和貢同。
瀘州貢、賦：賦：布。
昌州貢、賦：（開元）（元和）貢：筒布。

李吉甫《元和郡縣圖志》卷三四《嶺南道一》

廣州貢、賦：開元貢：絲布，竹布，蕉布。
潮州貢、賦：開元貢：蕉葛布。元和貢：細蕉布。
端州〔貢、賦：開元貢：蕉布，麻布。〕
康州貢、賦：開元貢：蕉布，麻布。
封州貢、賦：開元貢：蕉布，麻布。

韶州貢、賦：開元貢：麻布，竹布十五匹。

李吉甫《元和郡縣圖志》卷三七《嶺南道四》

賀州貢、賦：開元貢：蕉布、竹布。

富州貢、賦：開元貢：斑布。元和貢：斑布五匹。

李吉甫《元和郡縣圖志》卷三八《嶺南道五》

貴州貢、賦：開元貢：紵布。

賓州貢、賦：開元貢：筒布、蕉布。

安南貢、賦：開元貢：蕉布。

武安州貢：朝霞布食單。

李吉甫《元和郡縣圖志》卷三九《隴右道上》

渭州貢、賦：賦：布。

武州貢、賦：賦：布。

蘭州貢、賦：開元貢：褐。

河州貢、賦：賦：布。

鄯州貢、賦：開元貢：褐十匹。賦：布。

廓州貢、賦：〔賦：布。〕

岷州貢、賦：賦：布。

洮州貢、賦：開元貢：褐。

疊州貢、賦：賦：布。

芳州貢、賦：賦：布。

宕州貢、賦：賦：布。

李吉甫《元和郡縣圖志》卷四〇《隴右道下》

涼州貢、賦：開元貢：柔毛氈。

劉禹錫《劉賓客文集》卷九《連州刺史廳壁記》 原鮮而膴，卉物柔澤，故紵蕉爲三服貢，歲貢十笥。

《舊五代史》卷八〇《晉書·高祖紀論》 史臣曰：晉祖潛躍之前，沈毅而已。及其爲君也，旰食宵衣，禮賢從諫，慕黄、老之教，樂清淨之風，以絁爲衣，以麻爲履，故能保其社稷，高朗令終。

《宋史》卷八五《地理志一》

房州【略】貢紵布。

郢州【略】貢白紵。

信陽軍【略】貢紵布。

《宋史》卷八六《地理志二》

恩州【略】貢白氈。

《宋史》卷八七《地理志三》

京兆府【略】貢鞾氈。

保安軍【略】貢毛段。

慶陽府【略】貢紫茸白花氈。

涇州【略】貢毛毼段。

鎮戎軍【略】貢白氈。

熙州【略】貢毛毼段。

《宋史》卷八八《地理志四》

湖州【略】貢白紵。

常州【略】貢白紵。

建德府【略】貢白紵。

揚州【略】貢白苧布。

楚州【略】貢苧布。

壽春府【略】貢葛布。

廬州【略】貢紗、絹。

蘄州【略】貢苧布。

和州【略】貢苧布、綀布。

光州【略】貢葛布。

黄州【略】貢苧布。

寧國府【略】貢紵布。

徽州【略】貢白苧。

贛州【略】貢白紵。

吉州【略】貢紵布。

袁州【略】貢紵布。

德安府【略】貢青紵。

常德府【略】貢布、綀布。

道州【略】貢白紵。

《宋史》卷八九《地理志五》

福州【略】元豐貢：紅花蕉布。

建寧府【略】貢練。

興化軍【略】貢葛布。

成都府【略】貢高紵布。

綿州【略】貢紵布。

漢州【略】貢紵布。

邛州【略】貢絲布。

順慶府【略】貢絲布。

開州【略】貢白紵。

重慶府【略】貢葛布。

《宋史》卷九〇《地理志六》

潮州【略】貢蕉布。

連州【略】貢苧布。

梅州【略】貢布。

英德府【略】貢紵布。

《太平御覽》卷八一九《布帛部六·絺、綌》 段氏《蜀記》曰：卬州鎮南蕉葛，上者一疋直十千。

樂史《太平寰宇記》卷一六《河南道一六·泗州》

土產：貲布。

樂史《太平寰宇記》卷一九《河南道一九·淄州》

土產：出麻布。

樂史《太平寰宇記》卷二〇《河南道二〇·登州》

土產：紗布。

樂史《太平寰宇記》卷二〇《河南道二〇·萊州》

土產：麻布。

樂史《太平寰宇記》卷二二《河南道二二·海州》

土產：楚布。以其地當楚分，其布精好，故名。

樂史《太平寰宇記》卷二四《河南道二四·密州》

土產：細布，舊貢。絁布。

樂史《太平寰宇記》卷二五《關西道一·雍州》

土產：韡氈。貢。

樂史《太平寰宇記》卷三〇《關西道六·鳳翔府》

土產：布，松布。

樂史《太平寰宇記》卷三二《關西道八·涇州》

土產：布、氈。

樂史《太平寰宇記》卷三三《關西道九·原州》

土產：覆鞍氈、貢。白氈。賦：布。

樂史《太平寰宇記》卷三三《關西道九·慶州》

土產：胡女布。

樂史《太平寰宇記》卷三四《關西道一〇·邠州》

土產：布。

樂史《太平寰宇記》卷三四《關西道一〇·寧州》

土產：亦同邠州。

樂史《太平寰宇記》卷三五《關西道一一·鄜州》

賦：布。

樂史《太平寰宇記》卷三七《關西道一三·會州》

土產：覆鞍氈、駝褐。已上爲貢。

樂史《太平寰宇記》卷三七《關西道一三·夏州》

土產：氈，布。

樂史《太平寰宇記》卷三八《關西道一四·綏州》

土產：胡女布。貢。

樂史《太平寰宇記》卷三八《關西道一四·銀州》

土產：貢：女稽布。賦：布。

樂史《太平寰宇記》卷三九《關西道一五·豐州》

土產：衣以褐布。

樂史《太平寰宇記》卷四一《河東道二·分州》

賦：布。

樂史《太平寰宇記》卷四二《河東道三·石州》

土産：胡女布。賦：布。

樂史《太平寰宇記》卷四二《河東道三·忻州》

賦：布。

樂史《太平寰宇記》卷四三《河東道四·晉州》

賦：布。

樂史《太平寰宇記》卷四五《河東道六·潞州》

土産：布。

樂史《太平寰宇記》卷四六《河東道七·蒲州》

土産：氈毯，布。

樂史《太平寰宇記》卷四七《河東道八·絳州》

土産：貲布。

樂史《太平寰宇記》卷四八《河東道九·慈州》

賦：布。

樂史《太平寰宇記》卷四八《河東道九·隰州》

土産：胡女布。舊貢。

樂史《太平寰宇記》卷四九《河東道一〇·代州》

賦：布。

樂史《太平寰宇記》卷五一《河東道一二·蔚州》

賦：布。

樂史《太平寰宇記》卷五六《河北道五·衛州》

土産：布。

樂史《太平寰宇記》卷五八《河北道七·貝州》

土産：白氈、貢。韉氈、貢。絲布。

樂史《太平寰宇記》卷五九《河北道八·邢州》

土産：絲布。

樂史《太平寰宇記》卷六〇《河北道九·趙州》

土産：絲布。

樂史《太平寰宇記》卷六三《河北道一二·深州》

土産：布。

樂史《太平寰宇記》卷六六《河北道一五·瀛州》

土産：布。

樂史《太平寰宇記》卷六七《河北道一六·雄州》

土産：古戰争之地，【略】布之外，别無藥物。

樂史《太平寰宇記》卷七一《河北道二〇·燕州》

土産：布。

樂史《太平寰宇記》卷七二《劍南西道一·益州》

土産：【略】今貢：高杼布、出新都。布。

樂史《太平寰宇記》卷七三《劍南西道二·漢州》

土産：紵布、彌牟布。

樂史《太平寰宇記》卷七三《劍南西道二·永康軍》

土産：舊貢：交梭布。

樂史《太平寰宇記》卷七四《劍南西道三·嘉州》

土産：紫葛。今貢。

樂史《太平寰宇記》卷七五《劍南西道四·邛州》

土産：絲布、細葛。段氏《伐蜀記》云：「鎮南焦葛上者匹直十千。」

樂史《太平寰宇記》卷七九《劍南西道八·姚州》

土産：有橦木皮以爲布，越氈。《蜀記》云：「雲南越㲣氈，罽也。」

樂史《太平寰宇記》卷八〇《劍南西道九·嶲州》

土産：絲布。有橦木，可以爲布。

樂史《太平寰宇記》卷八一《劍南西道一〇·静州》

土産：筒布。

樂史《太平寰宇記》卷八三《劍南東道二·綿州》

土産：毯。

樂史《太平寰宇記》卷八四《劍南東道三·劍州》

土産：絲布。

樂史《太平寰宇記》卷八五《劍南東道四·陵州》

土産：細葛。

樂史《太平寰宇記》卷八五《劍南東道四·榮州》

土産：舊貢斑布。

樂史《太平寰宇記》卷八六《劍南東道五·果州》

土産：絲布。貢。

樂史《太平寰宇記》卷八六《劍南東道五·閬州》

土産：獠布。

樂史《太平寰宇記》卷八八《劍南東道七·瀘州》

土産：斑布。

樂史《太平寰宇記》卷八八《劍南東道七·昌州》

土産：斑布、筒布。

樂史《太平寰宇記》卷九一《江南東道三·蘇州》

土産：絲葛。

樂史《太平寰宇記》卷九二《江南東道四·常州》

土産：紅紫綿布、白紵布。出［晉陵、武進、無錫、宜興］四縣。

樂史《太平寰宇記》卷九二《江南東道四·江陰軍》

土産：同常州。

樂史《太平寰宇記》卷九四《江南東道六·湖州》

土産：白紵布。

樂史《太平寰宇記》卷九五《江南東道七·睦州》

苧溪，在［德清］縣東二十五里。《山墟名》云：「苧溪，以貢苧爲名。」

土産：絲布。

樂史《太平寰宇記》卷九五《江南東道七·秀州》

土産：同蘇州。

樂史《太平寰宇記》卷九七《江南東道九·衢州》

土産：白紵，大麻布。

樂史《太平寰宇記》卷一〇〇《江南東道一二·福州》

土産：蕉葛、絲布、紵布。

樂史《太平寰宇記》卷一〇〇《江南東道一二·南劍州》

土産：白苧布。出將樂。

樂史《太平寰宇記》卷一〇三《江南西道一·宣州》

土産：紵布、五色線毯。

樂史《太平寰宇記》卷一〇三《江南西道一·廣德軍》

土産：布。

樂史《太平寰宇記》卷一〇六《江南西道四·洪州》

土産：葛布、絲布。

樂史《太平寰宇記》卷一〇八《江南西道六·虔州》

土産：葛布。

樂史《太平寰宇記》卷一〇九《江南西道七·袁州》

土産：白紵布。

樂史《太平寰宇記》卷一〇九《江南西道七·吉州》

土産：絲布、白紵布。

樂史《太平寰宇記》卷一一〇《江南西道八·撫州》

土産：苧布。

樂史《太平寰宇記》卷一一一《江南西道九·江州》

土産：葛布。

樂史《太平寰宇記》卷一一一《江南西道九·南康軍》

土産：葛布。

樂史《太平寰宇記》卷一一二《江南西道一〇·鄂州》

土産：紵布。

樂史《太平寰宇記》卷一一三《江南西道一一·岳州》

土産：白紵布。

樂史《太平寰宇記》卷一一四《江南西道一二·潭州》

土産：絲布、葛布、紵布。

樂史《太平寰宇記》卷一一六《江南西道一四·道州》

土産：白紵布。

樂史《太平寰宇記》卷一一六《江南西道一四·永州》

土産：細葛。

樂史《太平寰宇記》卷一一六《江南西道一四·全州》

土産：貢【略】細白葛。唐永徽年中罷貢。

樂史《太平寰宇記》卷一一七《江南西道一五·郴州》

土産：白紵布。

樂史《太平寰宇記》卷一一七《江南西道一五·連州》

土産：細布，白苧。

樂史《太平寰宇記》卷一一八《江南西道一六・朗州》

土産：白紵布。

樂史《太平寰宇記》卷一二〇《江南西道一八・涪州》

土産：連頭獠布。

樂史《太平寰宇記》卷一二〇《江南西道一八・黔州》

土産：粗麻布，竹布，紵布。

樂史《太平寰宇記》卷一二二《江南西道二〇・南州》

土産：班布。

樂史《太平寰宇記》卷一二四《淮南道二・和州》

土産：貢：紵布。

樂史《太平寰宇記》卷一二四《淮南道二・楚州》

土産：貲布。

樂史《太平寰宇記》卷一二五《淮南道三・舒州》

土産：白紵布。

樂史《太平寰宇記》卷一二六《淮南道四・廬州》

土産：交梭絲布。貢。

樂史《太平寰宇記》卷一二七《淮南道五・蘄州》

土産：白紵布。

樂史《太平寰宇記》卷一二八《淮南道六・滁州》

土産：貲布。舊貢。

樂史《太平寰宇記》卷一二九《淮南道七・壽州》

土産：絲布、麻布。

樂史《太平寰宇記》卷一三一《淮南道九・黄州》

土産：白苧布、貲布。見貢。

樂史《太平寰宇記》卷一三一《淮南道九・漢陽軍》

土産：貲布。貢。

樂史《太平寰宇記》卷一三二《淮南道一〇・安州》

土産：青紵布。

樂史《太平寰宇記》卷一三二《淮南道一〇・信陽軍》

土産：舊貢：緋葛、白紵布。

樂史《太平寰宇記》卷一三四《山南西道二・文州》

土産：布。

樂史《太平寰宇記》卷一三八《山南西道六・廣安軍》

土産：布。

樂史《太平寰宇記》卷一四〇《山南西道八・壁州》

土産：麻布、絲布。

樂史《太平寰宇記》卷一四一《山南西道九・商州》

土産：麻布。

樂史《太平寰宇記》卷一四二《山南東道一・鄧州》

土産：絲布。貢。

樂史《太平寰宇記》卷一四三《山南東道二・房州》

土産：賦：紫布。

樂史《太平寰宇記》卷一四四《山南東道三・郢州》

土産：紵布。

樂史《太平寰宇記》卷一四四《山南東道三・復州》

土産：白紵布。

樂史《太平寰宇記》卷一四五《山南東道四・襄州》

土産：大麻布。

樂史《太平寰宇記》卷一四六《山南東道五・荆門軍》

土産：並與襄、荆二州同。

樂史《太平寰宇記》卷一四七《山南東道六・雲安軍》

土産：同夔州。

樂史《太平寰宇記》卷一四八《山南東道七・夔州》

土産：紵布。

樂史《太平寰宇記》卷一五二《隴右道三・涼州》

土産：毯。

樂史《太平寰宇記》卷一五二《隴右道三・甘州》

土産：駞褐、布。

樂史《太平寰宇記》卷一五六《隴右道七・西州》

土産：《漢書》曰：「彼婦女以婆羅樹皮績爲白疊布尤好，以充職貢。」

樂史《太平寰宇記》卷一五六《隴右道七·庭州》

土産：緋氈。

樂史《太平寰宇記》卷一五七《嶺南道一·廣州》

土産：蕉布、竹布。

信安縣，又有精里，出精草布。又有勾緣藤，南人績以爲布。

樂史《太平寰宇記》卷一五八《嶺南道二·潮州》

土産：蕉布、布。

樂史《太平寰宇記》卷一五八《嶺南道二·春州》

土産：蕉葛。

樂史《太平寰宇記》卷一五八《嶺南道二·藤州》

土産：竹子布。

樂史《太平寰宇記》卷一五九《嶺南道三·韶州》

土産：蕉布、竹布。

樂史《太平寰宇記》卷一六〇《嶺南道四·梅州》

土産：竹布。

樂史《太平寰宇記》卷一六〇《嶺南道四·英州》

土産：同廣州。

樂史《太平寰宇記》卷一六〇《嶺南道四·南雄州》

土産：單竹。練爲麻，可以爲布。

樂史《太平寰宇記》卷一六三《嶺南道七·新州》

土産：紵布、都落布。

樂史《太平寰宇記》卷一六四《嶺南道八·封州》

土産：都落布。

樂史《太平寰宇記》卷一六五《嶺南道九·鬱林州》

土産：貢布。

樂史《太平寰宇記》卷一六五《嶺南道九·象州》

土産：有古紵。俚人績以爲布。《尚書》云「島夷卉服」，此也。

樂史《太平寰宇記》卷一六六《嶺南道一〇·融州》

土産：苧密布。

樂史《太平寰宇記》卷一六六《嶺南道一〇·貴州》

土産：古貝布，古貢。

鬱林縣　藉細布，一號鬱林布。比蜀黄潤，古稱云「筩中黄潤，一端數金」。《淮南子》云：「弱緆，細布也。」《漢書》云「白越」，即此布也。

樂史《太平寰宇記》卷一六七《嶺南道一一·容州》

土産：竹子布、蕉布。

樂史《太平寰宇記》卷一六八《嶺南道一二·宜州》

土産：狹幅布。

樂史《太平寰宇記》卷一六九《嶺南道一三·瓊州》

土産：吉貝布。

樂史《太平寰宇記》卷一七〇《嶺南道一四·交州》

土産：蕉布、花布。

樂史《太平寰宇記》卷一七五《東夷四·挹婁》

土俗物産：有五穀、牛馬、麻布。

樂史《太平寰宇記》卷一七八《南蠻三·盤瓠》

土俗：其民皆射生而食用，輸布。

樂史《太平寰宇記》卷一七八《南蠻三·廪君》

土俗物産：𧝒布。

樂史《太平寰宇記》卷一七九《南蠻四·黑僰濮》

其境出【略】桐華布。

樂史《太平寰宇記》卷一八一《西戎二·龜兹》

土俗物産：細氈、氍毹。

樂史《太平寰宇記》卷一九一《北狄三·匈奴下》

土俗物産：氈毯、毛褐。

樂史《太平寰宇記》卷一九二《北狄四·南匈奴》

土俗物産：氈毯、毳褐。

王存《元豐九域志》卷一《京西路·隨州》

土貢葛一十匹。

王存《元豐九域志》卷一《京西路·房州》

土貢紵五匹。

王存《元豐九域志》卷一《京西路·郢州》

土貢白紵一十匹。

王存《元豐九域志》卷一《京西路・信陽軍》

土貢紵布一十匹。

王存《元豐九域志》卷二《河北路・恩州》

土貢白氈一十領。

王存《元豐九域志》卷三《陝西路・京兆府》

土貢韡氈一十領。

王存《元豐九域志》卷三《陝西路・慶州》

土貢紫茸氈四領，氈二十領。

王存《元豐九域志》卷三《陝西路・保安軍》

土貢毛毼五段。

王存《元豐九域志》卷三《陝西路・涇州》

土貢紫茸毛毼一十段。

王存《元豐九域志》卷三《陝西路・熙州》

土貢毛毼一十段。

王存《元豐九域志》卷三《陝西路・鎮戎軍》

土貢白氈二十領。

王存《元豐九域志》卷四《河東路・豐州》

土貢氈一十領。

王存《元豐九域志》卷五《淮南路・揚州》

土貢細紵二十匹。

王存《元豐九域志》卷五《淮南路・楚州》

土貢紵布一十匹。

王存《元豐九域志》卷五《淮南路・壽州》

土貢葛布一十匹。

王存《元豐九域志》卷五《淮南路・蘄州》

土貢白紵布一十匹。

王存《元豐九域志》卷五《淮南路・和州》

土貢紵、練各一十匹。

王存《元豐九域志》卷五《淮南路・舒州》

土貢白紵布二十匹。

王存《元豐九域志》卷五《淮南路・光州》

土貢葛布一十匹。

王存《元豐九域志》卷五《淮南路・黄州》

土貢白紵布一十匹。

王存《元豐九域志》卷五《兩浙路・蘇州》

土貢葛二十匹。

王存《元豐九域志》卷五《兩浙路・湖州》

土貢白紵布二十匹。

王存《元豐九域志》卷五《兩浙路・常州》

土貢白紵一十匹。

王存《元豐九域志》卷五《兩浙路・睦州》

土貢白紵一十匹。

王存《元豐九域志》卷六《江南路・宣州》

土貢白紵布一十匹。

王存《元豐九域志》卷六《江南路・歙州》

土貢白紵一十匹。

王存《元豐九域志》卷六《江南路・洪州》

土貢葛三十匹。

王存《元豐九域志》卷六《江南路・虔州》

土貢白紵二十匹。

王存《元豐九域志》卷六《江南路・吉州》

土貢葛一十匹，紵布一十匹。

王存《元豐九域志》卷六《江南路・袁州》

土貢白紵一十匹。

王存《元豐九域志》卷六《江南路・撫州》

土貢葛三十匹。

王存《元豐九域志》卷六《江南路・筠州》

土貢紵一十匹。

王存《元豐九域志》卷六《江南路・興國軍》

土貢紵一十匹。

王存《元豐九域志》卷六《江南路·南安軍》

土貢紵一十匹。

王存《元豐九域志》卷六《荆湖路·潭州》

土貢葛三十匹。

王存《元豐九域志》卷六《荆湖路·道州》

土貢白紵一十匹。

王存《元豐九域志》卷六《荆湖路·永州》

土貢葛一十匹。

王存《元豐九域志》卷六《荆湖路·郴州》

土貢紵一十匹。

王存《元豐九域志》卷六《荆湖路·全州》

土貢葛一十匹。

王存《元豐九域志》卷六《荆湖路·江陵府》

土貢紵布一十匹。

王存《元豐九域志》卷六《荆湖路·安州》

土貢紵一十匹。

王存《元豐九域志》卷六《荆湖路·鼎州》

土貢布一十匹，紵、綀各一十匹。

王存《元豐九域志》卷六《荆湖路·岳州》

土貢紵一十匹。

王存《元豐九域志》卷六《荆湖路·歸州》

土貢紵一十匹。

王存《元豐九域志》卷七《成都府路·成都府》

土貢高紵布一十匹。

王存《元豐九域志》卷七《成都府路·綿州》

土貢紵布一十匹。

王存《元豐九域志》卷七《成都府路·漢州》

土貢紵一十匹。

王存《元豐九域志》卷七《成都府路·邛州》

土貢絲布一十匹。

王存《元豐九域志》卷七《梓州路·果州》

土貢絲布一十匹。

王存《元豐九域志》卷七《梓州路·普州》

土貢葛一十匹。

王存《元豐九域志》卷七《梓州路·戎州》

土貢葛一十匹。

王存《元豐九域志》卷七《梓州路·瀘州》

土貢葛一十匹。

王存《元豐九域志》卷七《梓州路·榮州》

土貢斑布一十匹。

王存《元豐九域志》卷七《梓州路·富順監》

土貢葛一十匹。

王存《元豐九域志》卷八《夔州路·開州》

土貢白苧五匹。

王存《元豐九域志》卷八《夔州路·渝州》

土貢葛布五匹。

王存《元豐九域志》卷九《福建路·福州》

土貢紅花蕉布三十匹。

王存《元豐九域志》卷九《福建路·建州》

土貢綀五十匹。

王存《元豐九域志》卷九《福建路·泉州》

土貢蕉、葛各一十匹。

王存《元豐九域志》卷九《福建路·邵武軍》

土貢紵一十匹。

王存《元豐九域志》卷九《福建路·興化軍》

土貢葛布一十匹。

王存《元豐九域志》卷九《廣南路·潮州》

土貢蕉布五匹。

王存《元豐九域志》卷九《廣南路·連州》

土貢白紵布一十匹。

王存《元豐九域志》卷九《廣南路・梅州》

土貢布五匹。

王存《元豐九域志》卷九《廣南路・英州》

土貢紵布一十匹。

《宋史》卷八五《地理志一》

信陽軍【略】貢紵布。

《宋史》卷八七《地理志三》

涇州【略】貢毛氈段。

《宋史》卷八八《地理志四》

湖州【略】貢白紵。

蘄州【略】貢苧布。

安豐軍【略】貢葛布。

《宋史》卷八九《地理志五》

福州【略】元豐貢紅花蕉布。

福建路，蓋古閩越之地。其地東南際海，西北多峻嶺抵江。王氏竊據垂五十年，三分其地。宋初，盡復之。有銀、銅、葛越之産，茶、鹽、海物之饒。民安土樂業，川源浸灌，田疇膏沃，無凶年之憂。

成都府【略】貢高紵布。

順慶府【略】貢絲布。

開州【略】貢白紵。

重慶府【略】貢葛布。

《宋史》卷九〇《地理志六》

潮州【略】貢蕉布。

連州【略】貢苧布。

梅州【略】貢布。

英德府【略】貢紵布。

《宋史》卷二四九《外國傳六》 高昌即西州也。【略】出貂鼠、白氎、繡文花蕊布。

《宋史》卷二四九《外國傳六・龜茲》 龜茲本回鶻別種。【略】國城有市井而無錢貨，以花蕊布博易。

《金史》卷二四《地理志上》 遼陽府産師姑布。

《天聖令・雜令》卷第三〇 諸在京諸司官，應官給牀席、氈褥、帳設者，皆儀鸞司供備。及諸處使人在驛安置者，亦量給氈被。若席經二年、氈經五年、褥經七年有破壞者，請新納故。諸司自有公廨者，不用此令。【略】

右並因舊文，以新制參定。

吕陶《淨德集》卷四《奉使回奏十事狀》 貼黄

賦税科折，不得其平，則生民受弊，乃王政之急務，切慮諸路亦有如此，伏乞早賜指揮。

臣伏見成都路轉運司，逐年下六州軍買官布七十萬匹，于十一月支錢，至次年六七月收納，並係上三等税户名下，均定收買，因其田税多寡而科所賣之數，名雖和買，實則配率，行之已久，習以爲常。元豐以前，每匹支錢四百五十文或四百文，不致刻剥，人尚樂輸。至元豐元年，轉運判官王宗望曉諭州縣，各令減價，其間官吏迎奉風旨，損直太過。蜀中近歲雖重物，輕惟錢輕，布價不甚賤，蓋官中須索如此之多，地利人力所出有限故也。近歲逐處所支，每匹纔二百九十文，而民間輸納乃五六百文，郡縣每月所申，實直每匹不下四百五十，案據具在，可以考驗，豈于和買獨減價錢，民力供輸尤爲不易。乞下轉運司，今後勘會實直，添支價錢，庶得遠方農民，蒙被德澤。

范成大《桂海虞衡志・志器》 練子出兩江州峒，大略似苧布，有花紋者謂之花練，土人亦自貴重。

緂亦出兩江州峒，如中國線羅，上有徧地小方勝紋。

蠻氈出西南諸蕃，以大理者爲最。蠻人晝披夜臥，無貴賤，人有一番。

黎幕出海南黎峒，黎人得中國錦綵，拆取色絲，間木綿挑織而成，每以四副聯成一幕。

黎單亦黎人所織，青紅間道木綿布也。桂林人悉買以爲臥具。

莊綽《雞肋編》卷上《定州刻絲與各地工藝》 蘇州以黄草心織布，色白而細，幾若羅縠。

周去非《嶺外代答》卷六《服用門・布》 廣西觸處富有苧麻，觸處善織布，柳布、象布，商人貿遷而聞于四方者也。静江府古縣民間織布，繫軸於腰而織之，其欲他幹則軸而行，意其必疎數不均且甚慢矣。及買以日用，乃復甚佳，視他布最耐久，但其幅狹耳。原其所以然，蓋以稻穰心燒灰煮布縷，而以滑石粉膏之，行梭滑而布以緊也。

周去非《嶺外代答》卷六《服用門·綀子》　邕州左右江溪峒地産苧麻，潔白細薄而長，土人擇其尤細長者爲綀子，暑衣之輕涼離汗者也。漢高祖有天下，令賈人無得衣綀，則其可貴，自漢而然。有花紋者爲花綀，一端長四丈餘，而重止數十錢，捲而入之小竹筒尚有餘地，以染真紅尤易着色，厥價不廉，稍細者一端十餘緡也。

周去非《嶺外代答》卷六《服用門·氈》　西南蠻地産綿羊，固宜多氈毳，自蠻王而下至小蠻，無一不披氈者，但蠻王中錦衫披氈，小蠻袒裼披氈爾。北氈厚而堅，南氈之長至三丈餘，其闊亦一丈六七尺，摺其闊而夾縫之，猶闊八九尺許，以一長氈帶貫其摺處，乃披氈而繫帶於腰，婆娑然也。晝則披，夜則臥，雨晴寒暑未始離身。其上有核桃紋，長大而輕者爲妙，大理國所産也，佳者緣以早。

周去非《嶺外代答》卷六《服用門·吉貝》　吉貝木如低小桑枝，萼類芙蓉，花之心葉皆細茸絮，長半寸許，宛如柳綿，有黑子數十，南人取其茸絮，以鐵筋碾去其子，即以手握茸就紡，不類緝績，以之爲布，最爲堅善。《唐史》以爲古貝。又以爲草屬，顧古吉字訛，草木物異，不知別有草生之古貝，非木生之吉貝耶，將微木似草字書，以疑傳疑耶。雷、化、廉州及南海黎峒富有，以代絲紵。雷、化、廉州有織匹幅長闊而潔白細密者，名曰慢吉貝。狹幅麤疏而色暗者，名曰麤吉貝。有絶細而輕軟潔白服之且耐久者。海南所織則多品矣，幅極闊不成端匹，聯二幅可爲臥單，名曰黎單。間以五采，異紋炳然，聯四幅可以爲幕者，名曰黎飾。五色鮮明，可以蓋文書几案者，名曰鞍搭。其長者黎人用以繚腰。南詔所織尤精好。白色者，朝霞也。國王服白氎，王妻服朝霞。《唐史》所謂白氎、吉貝、朝霞，吉貝是也。

李心傳《建炎以來朝野雜記》甲集卷一四《財賦一·西川布估錢》　西川布估錢者，始天聖中。薛田帥蜀，於成都府、邛、蜀、彭、漢州、永康軍産麻六郡，歲市官布，每匹給錢三百，以起上供及三路綱運。是時價值頗優，民樂與官爲市。至熙寧間，物已貴，于是每匹增價至四百，然始以等第配率。及軍興以來，遂改理估錢，以贍大軍，每匹至爲錢三千。後節次減免，至慶元初，每匹猶理兩千，或一千七百。三年，袁起巖爲帥，與諸司議每年減其半，制置司成都府抱五萬緡，總領所三十萬緡，轉運司五萬緡，每年春正月，乞降度牒百五十，下制司出賣錢十五萬緡，所餘四千七百緡，令提刑提舉司抱納，九月癸亥以聞。今西川布估錢，實理緡錢六十五萬緡。

李心傳《建炎以來朝野雜記》甲集卷一四《財賦一·廣西折布錢》　廣西折布錢者，舊有之，獨桂、昭二州，歲産布九萬二百匹有奇，每匹折錢五百。紹興五年，張魏公爲都督，每匹增至一千五百文。二十年，駱彬爲廣西提刑代還，奏減三之一。上悅，從之，擢彬直祕閣。正月丙午。今實理緡錢九萬云。

祝穆《方輿勝覽》卷三〇《湖北路·辰州》　土産：輸賨布。古者蠻夷無稅，漢興，始以口計賦，輸賨布。

祝穆《方輿勝覽》卷三七《廣東路·連州》　土産：紵蕉。劉禹錫《連州刺史廳壁記》：原鮮而膴，卉物柔澤，故紵蕉爲王服貢，歲貢十笥。

葉隆禮《契丹國志》卷二一《外國貢進禮物》　諸小國貢進物件

高昌國　龜兹國　于闐國　大食國　小食國　甘州　沙州　涼州

已上諸國三年一次遣使，約四百餘人，至契丹貢獻。

玉　珠　犀　乳香　琥珀　瑪瑙器　賓鐵兵器　斜合黑皮　褐黑絲　門得絲　怕里呵　碙砂　褐里絲

已上皆細毛織成，以二丈爲匹。

契丹回賜，至少亦不下四十萬貫。

馬端臨《文獻通考》卷三一七《輿地三》　恩州【略】貢白氈。

馬端臨《文獻通考》卷三一八《輿地四》　南兗州【略】貢白苧布。

楚州【略】貢紵布。

舒州【略】貢白紵。

和州【略】貢紵布、綀布。

壽州【略】貢葛布。

蘄州【略】貢紵布。

光州【略】貢石斛、葛布。

寧國府【略】貢紵布。

常州【略】貢白紵。

湖州【略】貢白紵。

嚴州【略】貢白紵。

吉州【略】貢紵布。

贛州【略】貢白紵。
福州【略】貢蕉布。
泉州【略】貢綿、蕉葛。
興化軍【略】貢綿、葛布。
潮州【略】貢蕉布。
梅州【略】貢布。

馬端臨《文獻通考》卷三一九《輿地五》 郢州【略】貢白紵。
德安府【略】貢青紵。
黃州【略】貢紵布。
道州【略】貢白紵。
連州【略】貢紵布。
信陽軍【略】貢紵布。
鼎州【略】貢紵布、練。

馬端臨《文獻通考》卷三二一《輿地七》 重慶府【略】貢葛布。
開州【略】貢白紵。
榮州【略】貢斑布。
綿州【略】貢紵布。
成都府【略】貢高紵布。
漢州【略】貢紵布。
果州【略】貢絲布。
涇州【略】貢紫茸、毛褐段。
巂州【略】貢絲布、花布。
慶州【略】貢紫茸、白花氈。
鎮戎軍【略】貢白氈。
夏州【略】貢黃氈。
綏州【略】貢胡女布。
銀州【略】貢女稽布。
勝州【略】貢胡女布。
夏州【略】貢氈。
豐州【略】貢駝毛、褐、氈。
勝州【略】貢胡布、青絁。
靈州【略】貢氈。
宥州【略】貢氈。
熙州【略】貢毛段。
涼州【略】貢毯。
西州【略】貢氎布。

馬端臨《文獻通考》卷三二三《輿地九》 英州【略】貢絲布。

舊題宇文懋昭撰《大金國志》卷三九《初興風土》 女真在契丹東北隅，地饒山林，田宜麻穀，土產人參、蜜蠟、北珠、生金、細布、松實、白附子。

《奩史》卷八七《綺羅門》 宋仁宗詔禁女子不得衣白褐毛段并黲褐帛。《文獻通考》。

俞琬《席上腐談》卷上 《豳詩》云：「無衣無褐，何以卒歲。」鄭氏云：「褐，毛布也。貴者無衣，賤者無褐，何以卒歲。」愚按，《孟子》云「視刺萬乘之君，若刺褐夫」。以褐夫對萬乘之君，亦言貴賤之殊耳。褐乃編枲粗短衣，不黃不皂，賤者之服，非毛布也。褐字從衣，毼字從毛，鄭氏誤以褐爲毼，遂云：褐，毛布也。毛布乃今之斜毼，價貴于苧麻多矣，此豈賤者之服？

張廷玉等《續文獻通考》卷二八《土貢一》 〔宋寧宗嘉泰二年〕福建路每年常貢：
福州紅蕉花布。大中祥符、天聖、元祐間俱貢，紹興初罷。
泉州蕉布、永春縣出，淳祐中貢。生苧布二十匹。蕉布、葛布，共五十匹。元豐中貢。
建寧府上供【略】練布。
興化軍，葛布一十匹。
〔遼太宗天顯〕五年三月，人皇王獻白紵。【略】
致和元年三月，雲南安隆寨土官岑世忠與其兄世興相攻籍，其民户來附，歲輸布三千匹。請立宣撫司以總之，不允。
二年五月，龍牙門蠻遣使奉表，貢方物。【略】
三年三月，八番巖霞洞蠻來降，願歲輸布二千五百匹。設蠻夷官鎮撫之。
〔遼天祚帝乾統九年〕高昌國、龜茲國、于闐國、大食國、小食國、甘州、沙州、涼州諸小國進貢物。【略】

褐里絲、門得絲、怕里絲。褐里絲以下，皆細毛織成，以二丈爲匹。皆三年一次貢獻。

《元史・世祖紀一二》〔至元二十六年夏四月，癸酉〕，置浙東、江東、江西、湖廣、福建木綿提舉司，責民歲輸木綿十萬匹，以都提舉司總之。

《大元氈罽工物記》　氈罽之用至廣也，故以之蒙車焉，以之籍地焉，而鋪設障蔽之需咸以之，故諸司寺監，歲有定制，以給用焉。

氈罽之工

御用

成宗皇帝大德二年七月二十六日奉旨，寢殿內造地氈，命與只里哈乎同議長短闊狹尺寸，命那懷成造，工部委官計料工物，造成察罕□兒寢殿地氈五扇，總積方尺九百九十二尺八寸三分。四扇各長二丈五尺二寸，闊八尺六寸五分，折方尺二百十七尺九寸八分，計八百七十一尺九寸二分；一扇長一丈五尺五寸，闊七尺八寸，折方尺一百二十尺九寸一分。用物，羊毛九百九十三斤十三兩一錢二分，內白羊毛八百六十五斤六兩五錢，青羊毛八十七斤一十三兩一錢二分，黑羊毛三十九斤九兩五錢。物料，計用上等回回茜根一百二十七斤四兩二錢五分，淀三百五十七斤五兩五錢，白礬二百三十三斤一十一兩六錢五分，槐子一十二斤一十一兩六錢，黃蘆五十斤十四兩五錢，荊葉一百一斤十三兩，牛李一百六十九斤十一兩，棠葉八十四斤十三兩五錢，橡子一石一斗八升七合，綠礬八斤十四兩五錢，落藜灰五斗，花鹻十斤二兩九錢，石灰六十八斤一兩一錢，柴三千二百四斤四兩二錢，醋七斗一升一合五勺。

泰定元年四月二十四日，隨路民匠都總管府奉工部符撒里帖木兒等傳旨，失列帖木兒皇后斡耳朵裏沿路搭蓋兀納八，前二察赤兒段匹庫，藏車駕及鞍轡等，二獨柱察赤兒禾赤兒前三察赤兒速移文造之，除察赤兒外，所用包裹花氈，丈量計料，成造二年，送赴本位下交納。成造察赤兒鋪設毛毯七扇，積方尺八千五十尺。用物，羊毛八千五十斤，茜根一千九百八十斤，淀三千六十九斤，白礬一千二十三斤，黃蘆三百九十六斤，石灰二百九十七斤，橡子六石六斗，皂礬四十九斤八兩，醋四石八斗四合，荊葉九百七十二斤八兩，牛李一千五十六斤，棠葉五百二十八斤，硬柴二萬四千五百五十二斤。

十二月一日，留守伯帖木兒奉旨，英宗皇帝影堂祭器，依世祖皇帝影堂制爲之，於省部議所用物，省議宜依仁宗皇帝影堂之數造赴青塔寺輸納，成造剪絨花毯五扇，總計折方尺二千六百三十六尺七寸。正殿地毯一，長三十三尺五寸，闊十八尺二寸，折方尺六百九十六尺。前殿地毯四，折方尺二千二十七尺。用物，淨羊毛一千五百八十二斤，茜根六百二十五斤一十三兩，淀九百六十九斤九兩，白礬四百二十一斤十四兩，棠葉一百六十六斤十四兩，荊葉二百五十斤四兩，槐子四十一斤十一兩，黃蘆一百四十五觔三兩，橡子二石七升，醋一石五斗四升，綠礬一十五斤七兩，石灰九百一十三斤，硬柴八千一十一斤。

二年閏正月三日，隨路諸色民匠都總管府奉工部符文，留守司關至治三年十二月五日留守伯勝阿魯澤沙傳旨，北平王影堂內核桃木椀楪、象牙匙筯、楠木卓及諸物，依世祖皇帝影堂制，從新爲之，計料繪圖成造，三年五月七日交納庫赤劉提舉收受。成造毯十五扇，總積方尺三千四百五十九尺。前殿三扇，正身一扇，長三十八尺，闊二十四尺。西耳房二扇，各長二十三尺，闊一十三尺。後殿一扇，長五十尺，闊二十二尺五寸。柱廊一扇，長二十八尺，闊一十八尺。雜用鋪陳毯一十扇，各長八尺，各闊四尺。白毯簾一扇，長一十尺，闊七尺。用物，青白羊毛三千五百一十一斤八兩，槐子五十六斤一十一兩，白礬四百三十九斤，茜根八百五十一斤八兩，淀一千二百九十斤八兩，黃蘆一百七十斤，石灰一百二十七斤，橡子二石八斗三升，綠礬二十一斤四兩，醋二石九斗八升，荊葉三百四十斤，棠葉二百二十六斤，牛李四百五十三斤，硬柴一萬六百三十一斤。

三年正月二十四日，省判工部中尚監少卿伯達兒爲續太卿也里伯都太監言：上都時，撒伯帖木兒院使八里顏司徒等奉旨，兀納八氈吾殿兩旁柱廊，速爲造之，以無氈，故語太卿八里顏、少卿伯達兒語丞相，如無毯，俟大都爲之。又於十月十五日宦者塔□司卿、也速不花司丞又奉旨如前。資成庫言，見有氈貨絲布簾扇等，爲應付餘房舍合用物，請早爲給之，下覆實司比料，相應部議。中尚監闊爲速哥答里皇后造吾殿兀納八，除已給之氈絲布簾，餘物氈□地毯諸物，俟省下工部照勘□書□計料用物爲之。

泰定三年八月十四日，赴中尚監資成庫送納成造地毯六扇。一副三扇，每扇長二十尺，每扇積四百八十四尺，計一千四百五十二尺；一副三扇，每扇長二十尺，闊二十尺，每扇積四百尺，計積一千二百尺。用物，□□路上等荒秋青羊毛二千五百六十二斤，西蕃茜根六百二十七斤一十三兩，白礬三百二十五斤五兩，漢淀九百七十五斤五兩，石灰九十四斤七兩，荊葉二百五十一斤一十四兩，棠葉一百六十二斤三兩，橡子二石一斗，黃蘆一百二十五斤一十五兩，牛李三百三十九兩，槐子四十一斤一十五兩，醋一石五斗五升，緑礬一十五斤一十一兩，木柴八千五十五斤。

六月二日，留守金界奴奉旨，依朕取圖，建鹿頂殿五間，用器鋪設咸備，汝與赤刺哈總其地毯，丈量計料，於十一月十五日造畢，赴西宫儀鸞局納。成造西宫鹿頂殿地毯大小二扇，積方一千三尺，内一扇長三十九尺，闊二十尺，一扇長二十六尺，闊二十尺。用物，青白羊毛一千三百斤，哈刺章茜根三百八斤七兩，白礬一百五十九斤，槐子二十斤九兩，淀四百七十七斤一十二兩，黄蘆六十一斤八兩，石灰四十六斤二兩，橡子一石，緑礬七斤一十二兩，醋七斗五升五合，荆葉一百五十四斤三兩，牛李一百六十四斤八兩，棠葉八十二斤四兩，硬柴三千九百四十八斤。

四年正月二十一日，中尚監官八里顔奉旨，撒八剌皇后禾失房帶主廊咸新其氈，所用物令省部速給與之。於是氈布諸物闕工部應付送覆實司比料，九月二十四日造畢，赴中尚監資成庫送納。成造脱羅氈一十扇，各長三十尺，闊二十尺，内入藥白氈一個半，入白礬氈四個，無礬白氈三個，雀白氈三箇半，青紅芽氈二十八箇，各長一丈二尺，闊四尺半，内紅氈一十箇，染青氈四箇，白韉氈三箇，白氈胎一箇。用物，荒秋青白羊毛五千一百七十斤八兩，黄蠟四十五斤九兩，白礬一百四十五斤，寒水石二百五十九斤，白芨一十六斤三兩，黑木炭三百四十三斤，茜根二百四十三斤，淀四百一十斤，醋八斗七升，硬柴一萬一千六百三十五斤。

十二月十六日，宦者伯顔察兒、留守刺哈岳羅魯米只兒等奉旨，作二十脚吾殿帶柱廊，胎骨上下版用絹裱之，上畫西番蓮，下畫海馬，柱以心紅油而青其線縫，龍床以椴木爲之，内紅色油，用物需之太府監，幔造地毯簾扇，移文省部，用白氈幔造乃當，□所立立房，比行期速成，於是下修内司等局，咸請計料用物，下覆實司比料，委官同大都留守司官量其長闊尺寸，計料闕支用物，爲之成造地毯四扇，計積五百八十七尺五寸。用物，興和路上等荒秋青白羊毛五百八十七斤八兩，西番茜根一百三十九斤八兩，白礬五十九斤六兩，柴一千七百八十二斤六兩，漢淀一百八十六斤一十二兩，醋三斗三升，黄蘆二十七斤五兩，石灰一十九斤二兩，槐子九斤四兩，橡子四斗六升，緑礬三斤七兩，牛李七十四斤。

五年二月十五日，隨路諸色府匠都總管府令史嚴障言：十二日中書工部令於十三日委官同承徽寺官丈量撒荅八剌皇后金脊殿，回回剪絨氈，長闊尺寸，計料用物，下織染人匠提舉司等官同量計料闕物，造剪絨毯四片，長不等，計積方二百四十五尺。用物，青羊毛三十八斤一十二兩，白羊毛二百五斤二兩五錢，西番茜根五十七斤一十兩，漢淀八十七斤三兩，緑礬一斤四兩，白礬二十九斤三兩，牛李三斤一十二兩，槐子三斤一十二兩，橡子一斗五升，石灰八斤，棠葉一十五斤，黄蘆一十一斤八兩，荆葉二十三斤，醋一斗五升，木柴七百四十斤。

是月十六日敕，造上都棕毛殿鋪設，省下隨路民匠府爲之，九月十三日輸之留守司，成造地毯二扇，積二千三百四十三尺。用物，荒秋青白羊毛二千三百四十四斤，茜根五百五十五斤，淀八百六十一斤，白礬二百八十六斤，荆葉二百二十斤，棠葉一百四十八斤四兩，牛李二百九十六斤，黄蘆一百一十一斤，橡子一石八斗五升，緑礬三斤一十四兩，槐子三十七斤，醋一石三斗七升，石灰八十三斤，硬柴六千八百九十三斤。

雜用

太宗皇帝四年壬辰六月敕：諭豐州、雲内、東勝(二)(三)州達魯花赤官員人等，今差氈匠，詣彼居止，歲織韓耳朵大氈四片，長一丈六尺，給以羊毛五百斤，駞毛一百斤，及染顔色物料。驗三州各管見在軍數均科外，舊欠羊駞毛并今歲者，就納足之後，依例科取。毯匠達魯花赤都束并諸匠家屬三十人，續添二十五，計口五十五人，日支米一升，於雲内支付，就報宣差徵收，禄税所於秋税内尅除。雲内州官應付大屋二門，□木二株，長一丈四尺，造畢驛遞韓耳朵送納。

六年甲午，元帥習剌奉(刺)(敕)聚諸工七千餘户，至中統元年，又聚二萬九千餘户，二年立都總管府以統屬之，歲造氈帽六，氈衫七，胎氈四十二斤，帳氈二十片，氈鞍籠二。

世祖皇帝中統三年敕：也的迷失佩金牌至大都置立局院，以諸工分隸之，造作金銀、皮貨、氈染諸物。是年，始歲造羊毛氈，大小三千二百五十段，赴中尚監送納，至今因三歲，造白氈八百一十片，内絨披氈一十，絨裁氈一十，掠絨剪花氈五十，白羊毛氈七百四十，内藥脱羅三十，無藥脱羅五十，裏氈三十，扎針氈一十，鞍籠氈二十，裁(氈)五十，氈胎一百五十，好事氈二百五十，披氈二十五，襯花氈一百，骨子氈二十五，悄白氈一百八十段，内藥脱羅一十五，無藥脱羅二十五，裏氈一十五，褉使氈一百二十五，大糁白氈六百二十五段，内脱羅氈一百，裏氈五十，裁氈一百，氈胎一百五十，披氈一百，雜使氈一百二十五，燻氈一百段，染青小哥車氈一十段，大黑氈三百段，内布荅氈五十，好事氈二百五十。染氈一千二百二十五(斤),内羊毛氈九百七十五,内紅氈二百五十,青氈五百,柳黄氈五十,緑氈五十,黑氈五十,柿黄氈二十五,銀褐氈五十,掠氈二百五十,内青氈一百五十,紅氈一百。染者也毛繩二百二十五斤,内青者也一百斤,紅者也八十斤,赤黄者也二十斤,緑者也五斤,銀褐者也一十斤,粉紅者也五斤,明緑者也五斤。用物,荒羊絨毛一十四萬一千七十斤,内白秋毛六萬六千一百二十五斤,青秋毛六萬七千五百七十斤,黑秋毛五千六百二十五斤,白絨毛一千七百五十斤。物料,黄蠟一千一百十三斤一十二兩,木炭七千九百四十斤,寒水石六千三百三十六斤,松明子二千五百斤,羊筋二千斤,皂礬五百斤,橡子五十石,樺皮二千五百斤,小油一千斤,白芨三百六十五斤,羊頭骨二百五十斤,白礬一千八百三十七斤,回回淀三百八十四斤,槐子一百一十七斤,大麥麪三百八十四斤,黄蘆六百一十二斤,荆葉一千三百八十斤,落藜灰四十九石六斗,石灰一百八十八斤,花鹻一百四十四斤,黑沙塊子灰一千五百斤,哈喇章茜根三千五百三十五斤四兩,柴二十八萬四千九百六十四斤一十二兩。

至元三十年管領隨路民匠打捕鷹房總管府,仁宗皇帝延祐二年七月八日,丞相阿教、左丞阿里海牙等稟,每歲韓耳朵行幸時,除應付餘物外,有包裹韓耳孫舍里台撒里孫,爲是官無,見在和買,應付多費官錢,利用監賞造一切皮貨,筵宴時剥下羊皮,分付與利用監熟造,撒里孫帖滅赤處追落駞毛甚多,尚舍寺亦有造舍里台匠,以駞毛責之織造,若更不敷,然後和買爲便。延祐六年九月初四日,中政院稟准陞爲翊正司,年例額辦造作氈貨,歲造披氈,一臥氈,一插樓氈。

英宗皇帝至治三年九月十一日,廩給司庫冉德言:自至治二年十二月爲始,交收帳房被褥諸物,以供諸王、公主、駙馬使客至用,今已起程,收拾在庫頓放,照元交及察迭兒局。未造各處,支帖實有,見在堪與不堪,細數請換修之,送照磨蘭將仕從實相視分揀,與廩給司,所申同。通政院乃以上年各局未造,并今歲分揀不堪用帳房鋪陳諸物,移文工部,相視修換,下覆實司相視,具數目比料,令合屬委官監視從實使用。是日,下織染人匠提舉司移文本司副提舉張義提調及下氈局,關物造完,於泰定元年六月三日九月九日赴察迭兒局收支庫送納。成造白厚氈二千七百七十二尺,青氈八千一百十二尺,四六尺青氈一百七十九斤,用物羊毛七千一百七十三斤半。内白厚五分氈二千一百七十二尺,青氈八千一百一十二尺,每尺用秋荒青羊毛九兩,計用四千五百六十三斤。四六尺青氈一百七十九斤,每斤用秋荒青羊毛七斤,計一千三百五十三斤。木柴驗羊毛一斤用硬木柴一斤半,計萬三百六十斤四兩。

今上皇帝天曆元年九月八日,平章速速奉旨:典瑞院印章即令□與之外,據蒙□白氈移文工部需之部下隨路諸色人匠都總管府,委官計稟典瑞院官吏量其尺寸,計料用物,關支造完,於是年十月送。造成納苫寶簟氈一扇,長一丈五尺,闊七尺。用物,青羊毛一十六斤六兩,白羊毛八十八斤九兩,陝西茜根二十四斤一十兩,淀三十八斤五兩,白礬一十三斤五兩,緑礬八兩八錢,槐子一斤九兩,梔子七升八合,木柴三百二十三斤,石灰三斤五兩。

二年三月六日奉旨,爲明皇帝送二象轎有損,速脩油染車包裹之合用物,需之省部命哈兒思蘭沙提調沿路所用匠人,留守司發遣修完,以付章吉解持往。於是下修内司計料,章吉解院使言:二轎鞍及轡絨套結子肚帶諸物,皆爲造之,其一轎在上都,可移文令彼就修理轎所,當用之物,毋以晝夜,修染畢,用物包護,差人送至沙静州聽侯。於是相視除花氈蒙鞍、四銀台鍍金脊條、金翅雕寶瓶、西番蓮花樸并象鉤四,係金玉府修理外,鍮石、鍍金、寶瓶諸物,開申工部,請早爲之。至九日,院使章吉解、留守阿兒思蘭沙奏:轎上幪氈、裀褥、油絹皆舊,金翅雕寶瓶亦壞。奉旨,幪氈、裀褥、油絹令翊正司朶解提調移文各司所給,其氈需之中尚監。於是移文將作院諸處,工部下覆實司委提舉楊承務,相視轎上鍍金事件、寶瓶俱□損色淺,鞦轡四副、象牙花樣事件、打聠間有損壞,宜修并刱造,所用物比料,相應下隨路人匠都總管府,委官計料關物造完,於四月六日赴御位下玉列赤局送納。成造幪鞍花氈四。用物,興和路上等荒秋白羊毛三百二十二斤八兩,上等秋細白絨毛一百三十五斤,木柴六百八十六斤四兩。白脱羅毯一箇,長二丈,闊一丈五尺,厚五寸,製花掠絨染氈一十二箇。九月五日剌廣□局達魯花赤忽辛改造駞衣十串,内剪絨四串,纓□旗鼓□備,仍敕省部速與用物,明里董阿董其事,成造巴□思十箇,鞍八十箇,攀胸八十條,肚帶八十條,鞦八十條,鼻繩八十條,海波失花氈四十八箇,剪絨花氈三十二,繡旗四面,生色旗六面,銅腔鼓十面,看剌思大鈴八十四,罕荅海中鈴八十,小偏鈴一千一百,熟鐵大鈴八十,鐵僉八十,鐵索六百四十尺,鐵圈一百六十。用物,羊毛線二千三十二斤,内移青一百六十八斤,赤黄一百九十二斤,茜紅一千一百三十六斤,白(礬)三百八十四斤,緑(礬)八十八斤,銀褐六十四斤,銜黑駞毛静線三百六十八斤,駞毛線一千八十斤,駞毛編子二百四十托,一引手爲一托。絨編子一百六十托,木鈎兒四百四箇,單三索一百六十八條,内小單三索八。蒲二百四十束，四股麻繩一百六十托，青礦礦一萬六十個，黑纓八十斤，紅纓四十斤，線紙五百張，椴木十二條，心紅攢竹旗竿一十條，雜色絨十六斤，大紅紵絲十匹，銀一十兩，心紅一斤十兩，銅碌一斤十四兩，墨一斤八兩，礬紅三斤，雄黃二斤四兩，明膠二十一斤，定粉六斤，石灰十五斤，石青二斤四兩，白羊毛一千二百二十斤，青羊毛一百八十八斤，西番茜根三百四十二斤，淀五百二十七斤十二兩，白礬一百七十六斤三兩，黄蘆六十七斤八兩，荆葉一百三十五斤，橡子一石一斗，槐子二十二斤十二兩，皂礬八斤四兩，醋八斗四升，牛李一百八十二斤，棠葉九十一斤，硬木柴四千二百二十四斤，銀一百九十九兩，東蘭鐵一千一百七十五斤，硇沙十五兩，水和炭八千六百七十斤，木炭四千二百斤，赤格柱十四條，夾棒一百六十。

二月，玉列赤頭目亦剌合呈奉寺劄造八不沙皇后位下粧驰花氈七十五副，計料用物關工部應付，成造妝驰花氈七十五副，每副用物不兒敢赤脊帶籠頭，白地氈一箇，長六尺，闊四尺，厚六分，翦花樣青氈、赤黃氈、銀褐氈、肉紅氈、柳黃氈、明綠氈、粉青氈、深色紅氈各半箇，長三尺，做襜赤哥白絨氈一箇，長六尺，闊四尺，五色者也四斤，青紅線一斤半，生絲線一斤，白者也一斤，黄布裏一匹，青紅纓二斤，應吉兒义鞍子汗屜一箇，驰毛肚帶一，粘花麪二斤，帶氈裏畫十把，鐵指塔二十，大小針一千。《永樂大典》四千九百七十二。

《元文類》卷四二《雜著・氈罽》 氈罽之用至廣也，故以之蒙車馬，以之藉地焉。而鋪設障蔽之需咸以之，故諸司寺監歲有定製以給用焉。

《大元混一方輿勝覽》卷下《辰州路》 風土 輸賨布。漢輿，以口計賦，輸賨布。

孔齊《静齋至正直記》卷一《松江花布》 近時松江能染青花布，宛如一軸院畫，或蘆雁花草尤妙，此出于海外倭國，而吴人巧而效之，以木棉布染，蓋印也青，久浣亦不脱，嘗爲靠裀之類。

陶宗儀《南村輟耕録》卷二四《黄道婆》 閩廣多種木綿，紡績爲布，名曰吉貝。松江府東去五十里許，曰烏泥涇。其地土田磽瘠，民食不給，因謀樹藝，以資生業，遂覓種於彼。初無踏車椎弓之製，率用手剖去子，線弦竹弧置按間，振掉成劑，厥功甚艱。國初時，有一嫗名黄道婆者，自崖州來，乃教以做造捍彈紡織之具，至於錯紗配色，綜線挈花，各有其法，以故織成被褥帶帨，其上折枝團鳳棋局字樣，粲然若寫，人既受教，競相作爲，轉貨他郡，家既就殷。未幾，嫗卒，莫不感恩灑泣而共葬之。又爲立祠，歲時享之。越三十年，祠毁，鄉人趙愚軒重立，今祠復毁，無人爲之創建。道婆之名，日漸泯滅無聞矣。

張廷玉《續文獻通考》卷二八《土貢一》 元世祖至元十八年閏八月，命播州每歲親貢方物。

至二十七年二月，播州安撫使楊漢英進雨氈千。又是時同進者駙馬鐵托卜齊羅羅斯雨氈六十、刀五十、弓二十。五月，敘州等處諸部蠻夷進雨氈八百。

二十年十二月，荆湖、占城行省遣八番劉繼昌諭降，龍昌寧、龍延萬等赴闕，奉羊馬、白氈來貢。【略】

二十四年七月，弘州匠官以犬兔毛製如西錦者以獻，授匠官知弘州。

二十六年四月，置浙東、江東、江西、湖廣、福建木綿提舉司。責民歲輸木綿十萬匹。

至二十八年五月，罷江南六提舉司歲輸木綿。

二十七年九月，金竹府知府掃閭貢馬及雨氈。

〔二十八年十月〕，中書省言洞蠻請歲進馬五十四、雨氈五十被、刀五十握、丹砂雌黄等物，率二歲一上。詔從之。

二十九年二月，金竹酋長騷驢貢馬氈各二十有七，從其請。

三十一年六月，是時，趙天麟上策曰：方今纂組綾錦，金珠璧貝，殊方異物，珍羞美饌，以至俳優賤物，亦已多矣！

成宗大德元年六月，罷亦奚不薛歲貢馬及氈衣。

《明史》卷三三二《西域傳三・長河西魚通寧遠宣慰司》 弘治十二年，禮官言：「長河西及烏斯藏諸番，一時並貢，使者至二千八百餘人。乞諭守臣無濫送。」亦報可。然其後來者愈多，卒不能却。嘉靖三年定令不得過一千人。隆慶三年定五百人全賞，遣八人赴京之制，如闡教諸王。其貢物則珊瑚、氆氇之屬，悉準《闡化王傳》所載。諸番貢皆如之。

曹昭《格古要論》卷下《錦綺論》 灑海剌

出西蕃，狨毛織者，闊三尺許，緊厚如氈，西蕃亦貴。

叵羅

出西蕃，甘肅亦用狨毛織者，闊一尺許，與灑海剌相似，不緊厚，價亦低。

兜羅錦

出南蕃、西蕃、雲南，莎羅樹子內，綿織者，與剪狨相似，闊五六尺，多作被，亦可作衣服。

西洋剪絨單

出西番，絨毛織者，其紅緑色，年遠日曬，永不退色，緊且厚，方而不長，又謂之銅盆單，亦難得。

《古今事物考》卷三《珍寶》 兜羅錦出南番、西番、雲南，莎羅樹子內，錦織者，與剪絨相似，闊五六尺，多作被，亦可作衣服。

灑海剌西番出，絨毛織者，闊三尺許，緊厚如氊，西番亦貢。

《古今事物考》卷六《冠服》 氊，《周官·掌皮》，供毳毛爲氊。周制也，或曰黄帝作旃。

李時珍《本草綱目·服器部》卷三八《布》 時珍曰：布有麻布、絲布、木綿布。

王士性《廣志繹》卷四《江南諸省》 廣南所産多珍奇之物。【略】蕉、荔、椰、蜜，蕉，緑葉丹實，其木攢絲，食其實而抽其絲爲布。

田藝衡《留青日札》卷二二《白紵》 《左傳》：「季札與子産縞帶，公孫僑就獻季子紵衣。」注：吴地貴縞，鄭貴紵也。《說文》：「紵，檾屬。細者爲絟，粗者爲紵。」陸璣云：如麻，科生數十莖。宿根在地，春生。荆、（楊）〔揚〕間一歲三收。《周禮·典枲》鄭玄注：（縷紵）白而細疏曰紵。《後漢書·哀牢夷》：蘭干細布，織成文章如綾錦。注：《華陽國志》：蘭干，獠言紵也。績苧一紕謂之紕，此白紵也。樂有《白紵舞》，《樂府解題》曰：質如輕雲色如銀，製以爲袍餘作巾，袍以光軀巾拂塵。即所謂白紵衣、白綸巾之類，其形容極善矣。王建詩：「新縫白紵舞衣成，來遲邀得吴王迎。」元稹詩：「西施自舞王自管，白紵翻翻鶴翎散。」蓋荆，揚本吴地，故出紵獨精，如今揚之晒白，福建之北蒸，而家園所産亦多，女工手績，極精妙也。舞衣若用白練，不亦尤輕細貴重耶。《詩》「縞衣綦巾。」縞，繒之精白者。《禮》：季康子縞服。注：生絹。古稱齊紈魯縞。《漢書》：縞素，曳縞衣。

普羅，西番及陝西、甘肅出，亦有絨毛織者，闊一尺許，與灑海剌相似，卻不緊厚，其價亦低。

西洋剪絨單，出西番，絨布織者，紅緑色，年遠日曬，永不退色，緊而且細，織大小番，大形方而不長，又謂同盆單。

周祈《名義考》卷一一《布稱升》 古者布稱升，蓋精粗之名。《廣韻》：升，成也。布八十縷爲一升，一成也，二千四百縷爲三十升，三十成也，猶樂小成、大成，俗謂銀一成二成至十成之意。《間傳》曰：「斬衰三升。既虞卒哭，受以成布六升。」《論語》注：三十升，細密難成，夫布三升，雖成猶未成，六升始謂之成，三十升則又細密難成，此亦可見升之爲成也。

曹學佺《蜀中廣記》卷六八《方物記第一〇》 《張騫傳》曰：臣在大夏時，見蜀布。問之，得自身毒國，在大夏東南數千里。《鹽鐵論》曰：間者郡國或令民作布絮，吏留難，與之爲市。吏之所入，非獨齊陶之縑，蜀漢之布也，亦民間之所爲耳。

司馬相如《凡將篇》曰「黄潤纖美宜制禪」，言布也。揚雄《蜀都賦》曰：「其布則細都弱折，綿繭成衽。阿麗纖靡，避晏與陰，蜘蛛作絲，不可見風。筒中黄潤，一端數金。」常璩志：蜀郡安漢，上、下朱邑出好麻，黄潤細布，有羌筒盛之者矣。

《寰宇記》：漢州有彌牟布。彌牟，地名。有交梭布，即雙紃布也。益、綿、漢三州，有高杼布。果、劍、邛，有絲布。漢州有紵布。紵猶絲也。涪、閬、壁，有連頭布，獠布也。竹布出黔州，斑布出昌、瀘及榮。筒布出昌、静。或云即橦布。

《紀勝》云：長寧軍淯井夷人蠻布織。梅聖俞《春雪詩唐子西贈瀘倅》云：「寄語江陽夷貉道，安排春織待新篇。」

《華陽國志》曰：益州有梧桐木，其華采如絲，人績以爲布，名曰華布。按《廣志》曰：桐木，其葉有白毳，取其毳淹織緝以爲布。《蜀都賦》註：橦花柔毳，可紡爲布。《巴蜀異物志》：永寧夷人織桐花爲布，幅廣五尺以還。潔白不受汙，始下機，必以覆亡人而後服賣。

謝肇淛《滇略》卷三《産略》 氎者，織羊毛爲之。其細如絨，堅厚如氊，染成五色，謂之「縹氎」，永昌麗江人能爲之。其在廣西者，曰「氆氌」，本一種也。氊則諸郡皆爲之，而鄧川最良，然亦麤甚。《桂海虞衡志》云：蠻氊以大理爲最，蠻人晝披夜卧，無貴賤，人有一番。

徐矩《新鐫古今事物原始全書》卷一四《服御》 綾文布

周制，五十方衣帛。范氏曰：古者，庶人老耄而後衣絲，其餘則麻枲而已。

隋文帝焚綾文布，即今之花雲布也。鄱陽王焚筒布，即今之細布飛荅之類。

氊

《事始》曰：三代時，王大旅則張氊案，設皇邸。注云：以氊爲床于幄下。《周官》：掌皮供毳毛爲氊。則周制也。或曰黄帝作旃。古氊字。

孫承澤《天府廣記》卷一九《軍選冬衣布花》 每年每軍選各給棉布二尺，棉花一斤八兩，寶鈔二十五張，軍係各該衛造領，選鋒係各該營造領，如内庫布疋不足，臨期題給折色，每布一疋折銀二錢五分。

談遷《國榷》卷二五《英宗正統八年》 是年，巡撫周忱奏：松江賦役繁重，以闊白三梭布一匹准平米二石五斗，加津費二斗五升。闊白棉布一匹准平米九斗八升，加津費一斗二升。每匹長四丈二尺，重三斤。兩端織紅紗，防盜剪。華亭細布萬六千一百八十五匹，匹直六錢一分。粗布四萬八千九百三十五匹，匹值二錢。上海同。

談遷《國榷》卷六六《穆宗隆慶四年》 十一月丁丑，總督王崇古以俺荅乞封貢通市。上言：國初嘗封虜忠順王，近事則西域諸國亦各有封，請得封俺荅，比諸國爲外藩。定貢額，示以賞賚之等，官黄台吉等以結其心，歸我叛人，剪其翼，亦中國之利也。虜仰中國布、釜，每入寇，寸鐵尺布，皆所不遺，通貢後不可復得，將不無鼠竊之憂，若許通市，則和好可久，華夷兼利。命賜把漢那吉幣四，布百匹。

鄺露《赤雅》卷一《卉服》 南方草木可以衣者曰卉服，績其皮者有勾芒布、紅蕉布、弱錫布。苧麻所爲，《淮南子》弱錫細布，一端數金。【略】績其花者，有桐花布、瓊枝布、娑羅布，其精者曰娑羅龍段。吉貝布又名斑布、桃花布，南中千葉桃花似牡丹，穗長尺許，織穗成布，文勝火烷多矣，但過冬則散。《南史》齊武帝乘龍舟遊江中，紝越布爲帆縴，鍮石爲足，榜人皆著鬱林布，帝王誇爲炫燿，其珍可知。

鄺露《赤雅》卷一《䩞娘盛餙》 鳳裘，白州緑含鳳毛所織，色久愈鮮，服之辟寒。

方以智《通雅》卷三七《衣服·布帛》 服，瑣服之紋，如連瑣也。緰貲，錫布之尤精者也。緰大侯反，貲子移反，《説文》無此字，當是貲通，有曰「緰，貲布也」。師古曰：服瑣，細布織爲連瑣之文也。緰貲，錫布之尤精者也。《郊祀歌》「曳阿錫」，先狄切，劉氏作竿跂切。合溪作他計切，恐誤。如淳注：阿，細繒也。錫，細布也。《淮南子》言弱緆羅紈。《士喪禮》曰「明衣裳，縓綼緆」。鄭氏曰：飾裳在幅曰綼，毗支切。在下曰緆。似是臆説。《説文》：「緆，細布也。或作⿸麻易」。《燕禮》公「尊(寞)〔冪〕用綌若錫」。錫，緆通。錫，十五升抽其半，緦加灰錫治使滑易也。《西京雜記》曰：五絲爲䌰，倍䌰爲升，倍升爲緎，倍緎爲紀，倍紀爲緵，倍緵爲襚。䌰，尼攝切。絲接岐也，𦆆亦䌰也。《莊子》：挫鍼治繲。古隘切，緵子紅切，又去聲。《史記》：景帝令徒隸衣七緵布。(正義)〔《索隱》〕曰：蓋今七升布，言粗也。戴侗曰：如《西京雜記》之説，當爲八升，七緵當爲五十六升矣。侗恐誤算。智按：倍䌰爲升，言十絲也，一緵當爲八十絲，七緵正七升也。《漢書》十緵布二匹。孟康曰：緵，八十縷也。一縷即一絲，升即十字之轉聲也。縗衰三升半，大功布九升，小功布十一升，則以多爲細。緦十五升，一曰兩麻一絲布也。《唐地理志》：泗州、楚、滁、黄、萊、密州貢貲布，夔州貢錫布。又巴渝賨布，此時或木綿已入中國，當爲綿布矣。外國自古有綿布，如《楞嚴》結白疊巾，《南史》載外國多白氎布，皆以吉貝樹花爲之。唐隴右道貢白氎，劍南道貢交梭、彌牟布，嶺南賦蕉紵。按《外國志》：荅烈，古大宛也，有瑣伏花毬。洪洲載織鳥毳爲瑣伏。又作鎖袱，今實有瑣服，自廣船來，今廣州人亦能假之，似素紡絹而自起雲，京師呼爲瑣附。(左機)子雲《蜀都賦》：「細都弱析。」析，即緆也。《列子》：衣阿錫。張湛曰：阿，細縠。錫，細布。《淮南》亦云：弱緆，細布也。升菴云，阿錫對齊紈。阿，地名。此又一説。刻絲法起于宋，出定州，見莊季裕《雞肋》。周密、陶九成皆作克絲。

有納文者曰納布。劉裕微時伐荻，有納布衣襖以付長公主。緇流有納頭，因書爲衲。遂有極精工者，細襞積縐而起也，今松江織成有指甲、魚鱗、水波之紋。智按，《王會圖》曰：於越納。注謂納貢也。諸國各書貢物，而于越總言納字，非也，必其時已有細納縐積之布矣。《太平御覽》有汲衣子妻李氏《與夫書》：并致納一端。《高麗傳》言高麗渡水，見一人衲衣。隋煬帝嚫戒師，有鵶納袈裟褊衫。

外國布曰白氎。《唐地理志》：隴右道厥賦有毛氎、白氎，劍南道有交梭、彌牟布。《南史》：高昌國出草，實如繭，曰白疊，子可爲布。中天竺亦出白疊。《楞嚴經》言白疊巾，即此布所爲也。林邑國有古貝樹，花如鵞毳作布。智以古貝即吉貝也，今廣東有之，亦曰木棉，高數丈。吕宋人來，載西洋布，白膩精密，云有草織成。又有毛布以纏頭者，即彌牟也。李石亦言，古，吉之訛。李東壁云：當是古字。古貝是木棉，木本，古終是木棉，草本自宋入中國，鄧潛谷云元時入中國。智按，李石，唐人已言之，義山詩「蛺蝶飛迴木綿薄」。方勺引李宗詩「腥味魚中墨，衣裁木上棉」。梁武帝有木棉皂帳，其來中國久矣。《外國志》：劉宋元嘉時，伽毗黎獻金剛指環、吉貝等物，吐蕃貢霞氎，即今紅氆氌。升菴引揚雄《蜀記》雲南越毲毲，音豆分。氍毹也。作毾者，音轉耳。《晉載記》有彭毲，毛布也。《方言》：揄鋪、艦極，毳也。皆氍毹、氍毹之聲也。【略】

㯓布，即荅布也。馬援都布單衣，李賢注：即荅布。郝氏引《史記・貨殖傳》榻布注：榻布，白疊布。漢鄧后賜周馮貴人白越。《潛夫論》葛子升越。《荆州記》：秭歸女盡織布，至數十升，謂之升越。《六研齋筆記》：大食國貢白越。議晉令曰：士卒百工不得服越疊。蓋兩種布也。按，榻即荅，番布之稍粗者。《南史》言外國白疊草爲布，或言安子草織氍者，字書加毛耳，凡夫改疊作㲲，不必矣。高似孫引《漢書》荅布，此荅之訛。【略】

彌牟、蘭干，言細紵也 (唐志)(《唐六典》)：劍南貢交梭、彌牟布。山南貢綵、綸、蘭干。《華陽國志》言寧州有梧桐花，可績爲布，幅廣五尺。此即木棉樹開花，常璩誤記耳。又言有蘭干細布，織成文如綾錦。蘭干，獠言紵也。彌牟，言細也，或曰牟爲纏首者。方子謙載橦木花可爲布，即常璩之言桐花可爲布也，或當時彼方之言，以木棉爲橦。又唐勝、銀州貢女稽布，滁、沔麻，貲布，黃州紵、貲布，蘇州紅綸布。

凡布細而疏者謂之繐，見《儀禮》「繐衰裳」，鄭玄注：今南陽有鄧繐。賈公彦疏言鄧氏造繐。余謂鄧州所産也，後凡喪帳曰繐帳。

速夫，毛布也。納石失、納貼可，皆金錦也《元史》：天子質孫服青速夫。回回毛布之精者。又有怯綿，乃翦茸也，寶里服之有襴者也。納石失、納貼可，皆金錦也，元冕服及輿褥用之。

西域細布，謂之屈眴，睒婆。《瀛涯勝覽》云：榜葛剌國出沙塌兒布，闊三尺五，長四丈，若三梭。有驀黑驀勒，闊四尺，長二丈，背面皆毳絨，厚可五分，即兜羅錦也。日南國棉布名考泥啞魚。古里國布名搽黎，此云西洋布也，闊四尺五。曰卑泊者，榜葛剌華布名。曰滿者提，亦其國薑布名。曰沙細者，巴附者，亦其國密實布名，闊五尺，如生羅，即羅布也。《吴録》：交趾定安縣有木棉樹，高丈，實如酒杯，作布名緤，音泄。一曰毛布。《南華志》：六祖信衣九條金縷。即屈眴布。西域以屈眴，大細布也。睒婆，木棉也。迦波羅，劫貝也，即木棉樹。則辨古貝，吉貝者，証以劫貝則吉爲近。洪洲載夷貢有苾布、油紅布、絞節智布、撒荅剌布闕八者，藍布，覘木里布者，抹黑荅大布。

外國罽曰毼毲。《後漢・西(京)南(國)〔夷〕傳》：能作青頓、毼毲。《烏桓傳》作氀毲。上力于反，下胡達反。李賢等注：(剡)〔罽〕也。智謂(剡)〔罽〕乃毯耳。《説文》引《詩》「毳衣如菼」，亦以爲毯也。《南史》：高昌國獻蒲桃、氍毹。即今所謂蒲桃錦，氍毹也。《風俗通》：織毛褥曰氍毹。亦作氍毹。《古樂府》「坐客氈氍毹，毾㲪五木香」。毾㲪，即毲毲，音榻登。中天竺有毲㲪，今曰毾㲪，其大者曰罽，方數丈，彼中依堂作氈故也。伊尹獻令曰：請令以丹青白旄、紕罽、江歷、龍角、神龜爲獻。注：江歷，珠名。西海有文旄，何承天《纂文》曰：紕，氐罽也。紕，卑疑反。罽，居例反。《説文》作瀱，又作罽，西胡毳布。范成大言黎單、黎幕，今海南有之，皆以絨作錦，或織成字，廣西辰州土司皆有洞錦，皆絨納之，非毛毳也。唐渝、洪、壽等州貢葛，楚州貢孔雀布，謂花文如孔雀，即南州班布之類。無功載毦翅，細葛也，見《通俗文》。按，道昭，毦毦，罽也。《唐韻》作毦毦，恐誤。

生苧謂之黃潤。《凡將篇》：黃潤鮮美宜製襌。《蜀都賦》「筩中黃潤，一端數金」。左思《賦》「黃潤比筒」。蓋筒中細布也，今之疊布者必成筒，一筒十端。古無木棉，乃細麻布，黃潤者，生苧也。

麻布細者爲絟，粗者爲苧，荃即絟也。曰葛，曰綀，曰縠纑，皆其類也 絺綌上音抽脂切，下音乞戟切，一作絺䘨。爲葛之細粗，其實凡麻苧之物，細皆爲絺，粗皆爲綌。《書》曰「黼黻絺繡」是也。紵，音苧。《禹貢》豫州貢紵。《高帝紀》：賈人毋得衣錦繡綺縠絺紵罽。《説文》：「𦃇，桼屬。細者爲絟，粗者爲紵」。桼去穎反。通作穎、蔃、絅、苘。《禮》「浴用二巾，上絺下綌」，非必葛，葛不收水，如今蘇州麻布，揚州余東，辰州洞巾是也。漢閩王繇遺江都王荃、葛。顏師古注：荃，細布。本作絟。葛亦麻枲之類，故亦稱絟。《説文》：「枲，著也。」《通釋》曰：絲曰絮，枲曰緼。《列子》曰：田夫衣緼黂。《内則》：「女子執麻枲」。《周官》有「典枲」。《淮南子》伕賤尚枲。絲里反。《儀禮》：「苴(經)〔絰者〕，麻之有蕡。」蕡，麻子也，枲是雄麻，麻之牡者不實。小顏言：紵及疏屬。疏亦作練。《説文》新附音疎。(隋)〔《陳書》〕・姚察傳》：門生送南布花練。伯審曰：吾止麻(巾)〔布〕蒲(練)〔練〕于吾何用。《桂海虞衡志》：練子出兩江州洞，似苧，有花曰花練。智見武岡洞口有布如三梭羅，即練類也。福建之苧，金壇之葛，有花者外國紵，亦作斗文，或績蕉絲爲之。唐端、潮貢蕉布，韶貢竹布，振貢班布，江南貢紗、編綾、編蕉、葛練。凡績之縷爲纑。朱子曰：辟纑，纑練麻也。《史記》曰：山西饒材竹縠纑。司馬貞曰：山中紵可爲布也。

中天竺亦出白疊。《楞嚴經》言白疊巾，即此布所爲也。林邑國有吉貝樹，花如鵝毳，作布俗謂作古貝，今廣東有之，亦曰木棉。《史記》：荅布千匹。裴駰註：疊布也。一曰都布，馬援都布單衣。李賢等引《東觀記》註：即荅布。荅布，即番布之稍粗者，中國以爲外國物，或加毛作氈，西番有毛布以纏頭，即彌牟也。彌牟，言細也。荅布，一作榻布。《漢書》荅布，荅謂作苔，非是。又《元史》有青速夫，回回毛布之精者。又《瀛洲勝覽》云：榜葛剌國出沙塌兒布，闊三尺五，長四丈，若三梭。有驀黑驀勒，闊四尺，長二丈，背面皆毳絨，厚可五分，即兜羅錦也。日南國棉布名考泥啞魚，古里國布名捨黎，此云西洋布也。《南華志》：六祖信衣九條金縷，即屈眴布。西域以屈眴爲綢布也。睒婆，木棉名也。又梵言頭鳩羅，此云細布。據諸說，布類非一，舊註引《小爾雅》麻苧葛曰布。【略】《說文》「枲織也。从巾，父聲」。篆作[篆文]。《同文舉要》別作[篆文二字]，今不從。

帣津私切，音茲。緰帣，錫布之尤精者。《郊祀歌》：「曳阿錫。」註：如淳曰：阿，細繒。錫，細布也。錫與緆通。《禮記》：錫衰十五升布。即緦也，加灰治之，使滑易也。《說文》無帣。《糸部》「緰貲，布也」。帣、貲音義通，舊註汎云布名，又大布曰帣。丛誤。

張自烈《正字通》卷八《糸部》　緦相咨切，音司。《說文》：「十五升布也，一曰兩麻一絲布。」又緦麻，三月服。《禮·間傳》：「緦麻十五升去其半，有事其縷，無事其布，曰緦。」註：每一升凡八十縷，用十五升布去其七升半之縷爲十五升。朝服之布，其幅之經一千二百縷，今緦布居其半，六百縷爲經也。事謂煮治其絲縷而後織，及織成則不洗治其布，即以製緦服也。緦服是熟縷生布也。篆作[篆文]。《說文》[篆文]古文緦。从緦爲正，先有布，後製爲服。舊註三月服，又十五升布，倒置失次，非。

纖蘇焉切，音暹，繒精細者。《書·禹貢》：「厥匪玄纖縞。」《禮·間傳》：又期而大祥，禫而纖。（註）孔穎達正義：大祥後要間一月爲禫祭。禫祭時，玄冠朝服，祭訖則首著纖冠。《六書故》曰：孔氏釋《書》以纖爲玄與縞之細，鄭氏釋《禮》以纖爲黑經白緯，皆非。禫則純吉，何白緯之有。玄纖縞，實爲三物，縞粗而纖細。按《書故》說是。舊註沿陳澔《集說》引《禮記》鄭註誤。又《漢文紀》：帝崩，遺詔天下吏民，纖七日，釋服。註：服虔曰：纖，細布〔衣也〕。與緦別。舊註引《漢紀》又相咨切，音司，即緦麻之緦，合緦、纖爲一，亦誤。

《奩史》卷四〇《蠶織門》　西藏女子皆紡毛線織氆氌。《衛藏圖識》。

《奩史》卷四〇《蠶織門》　永嘉婦人勤於紡績，有夜浣紗而早成布者，俗呼爲雞鳴布。《甌江逸志》

雙廟橋有丁氏婦，織布最精輭，號丁娘子布。《松江府志》。

《奩史》卷八七《綺羅門》　越，草布也。《後漢·馬后傳》：白越三千端。《潛夫論》：葛子升越，筒中女布。盛宏之《荆州記》：秭歸縣室多幽閒，其女盡織布至數十升，謂之升越。《丹鉛總録》。

方以智《物理小識》卷六《衣服類》　棉花布類　古惟枲布，老者衣帛。鄧潛谷曰：元入中國，非也。《禹貢》已著卉服，梁武用木棉帳，唐有木棉詩，陶九成記烏泥涇始盛耳。廣有木棉高樹，即斑枝花之大者，外域所謂吉貝也。吉終爲白氎布，今洋來者闊白，而有厚薄二種，有彌牟紋布，甚狹，彼中編作爽狀。棉花有白紫藍三色，紫者煖而耐久。嘉靖時新安孝子方勵齋創製紫飛花布，雲間乃後倣者，因有兼絲納文。常州有東門闊，金齒有桐花布。

葛苧布　荃、葛、蕉、竹布皆出閩、廣，葛則各處有之，廣葛闊，金壇葛細，僞者以絲，祁陽陽春桐葛，洗不變色。苧則福生，有細如絹者。

識葛法　挼布聲響水濕明亮者，真梅葉洗蕉葛衣不脆。　暄曰濕之亦響，會昌雙絲者，或以蕉以紵以麻兼最難別識，須退開視之，雙線皆葛，而嫩爲上。

裝核法　以絹作裌，木綿核之，先漿以杏仁，則綿不食，絹布衣裝綿，伏中無綿珠，秋冬則有綿花，置燈心少許，即無珠。于湖有槌絲綿，如羢氈者，可作通裁以杭絮表之。

氈羢　陝西平涼畜羊，一年兩翦之。先梳下羢，其粗毛以桿氈，春毛氈作襏襫，雨不入，以有力也。南方加絮，故不可勝雨。滇氈雨衣亦佳。其犏牛羢則出西寧。小西天者，秦邊畜牧爲生，羊自環角外衛以却狼。其犏牛成羣，行人備紅衣擲之，羣牛爭此紅衣，則行人過去矣。

拔羢　一蓑衣羊，一喬芳羊，內毳紬叜曰山羊，以別于綿羊也。山羊羢有二：搊羢梳下也，拔羢手捋也。

西湖散人《新鐫雅俗珠璣藪》卷七　布布有綿布、雲布、尤墩布、標尖布、新改布、三梭布、刷經布、硤石布、崇德布、紫花布、杜機布。

夏布夏布有葛布、麻布、苧布、絲布、福生布、太倉布、刮白布、虔布。

斜紋斜紋布。

西洋布古西洋古里國幅廣至四五尺。

傅巖《事物攷》卷三《國用》　西洋布　布，其白如雪，闊七尺。

傅巖《事物攷》卷六《冠服》　氈　《周官·掌皮》「供毳毛爲氈」。周制也。或曰：黃帝作旃。

張自烈《正字通》卷三《巾部》　布博故切，補去聲，布帛。《逸周書》：火浣布，入火不滅，布則火色，垢則布色，出火而振之，皎然疑乎雪。又外國布曰白氎。《唐地志》：隴右道厥賦有毛氎、白氎，劍南道有交梭、彌牟布。《南史》：高昌國出草實如纑，曰白疊，子可爲布。

張廷玉等《續文獻通考》卷二九《土貢二》（明太祖洪武四年）四川土司入貢【略】十七年，定烏撒歲輸賦税二萬石、氈衫一千五百領。烏蒙、東川、芒部皆歲輸八千石、氈衫八百領。【略】二十九年，烏蒙貢馬及氈衫。

張廷玉等《續文獻通考》卷二九《土貢二》 十五年，雲南土司入貢。【略】十六年，曲靖霑益州貢馬及玀玀刀、甲、氈衫、虎皮。尋甸貢馬及虎皮、氈衫等物。

葉夢珠《閱世編》卷七《食貨五》 棉花布，吾邑所産，已有三等，而松城之飛花、尤墩、眉織不與焉。上闊尖細者，曰標布，出於三林塘者爲最精，周浦次之，邑城爲下，俱走秦、晉、京邊諸路，每疋約值銀一錢五六分，最精不過一錢七八分至二錢而止。甲申、乙酉之際，值錢二三百文，准銀不及一錢矣。順治八年，價至每疋三錢三分。十一年十二月間，每疋價至四五錢，今大概以二錢爲上下也。其較標布稍狹而長者，曰中機，走湖廣、江西、兩廣諸路，價與標布等。前朝標布盛行，富商巨賈，操重資而來市者，白銀動以數萬計，多或數十萬兩，少亦以萬計，以故牙行奉布商如王侯，而争布商如對壘，牙行非藉勢要之家不能立也。中機客少，資本亦微，而所出之布亦無幾。至本朝而標客巨商罕至，近來多者所挾不過萬金，少者或二三千金，利亦微矣。而中機之行轉盛，而昔日之作標客者，今俱改爲中機，故松人謂之新改布。更有最狹短者，曰小布，闊不過尺餘，長不過十六尺，單行於江西之饒州等處，每疋在前值銀止六七分。至順治之九年、十年間，小布盛長，價亦幾至二錢一疋。康熙元年，二、三年猶值銀八九分至一錢也。八年己酉以後，饒商不至，此種小布遂絶。又憶前朝更有一種如標布色，稀鬆而軟者，俗名漿紗布，絡緯之法，亦與標布異，邑城人往往爲之，今亦不復見矣。二十一年壬戌，中機布每疋價銀三錢上下。二十三年甲子，因棉花價賤，中機布不甚行，俱改木棉標布，每疋上上者價仍紋銀二錢上下，粗者一錢三、四、五分而已。

葉夢珠《閱世編》卷七《食貨六》 大絨，前朝最貴，細而精者，謂之姑絨，每疋長十餘丈，價值百金，惟富貴之家用之，以頂重厚綾爲裏，一袍可服數十年，或傳於子孫者。自順治以來，南方亦以皮裘御冬，袍服花素緞絨價遂賤。今最細姑絨，所值不過一二十金一疋，次者八九分一尺，下者五六分而已。年來賣者絶少，販客亦不復至，價日賤而絨亦日惡矣。

葛布有數種：出於浙之慈谿，廣之雷州者爲最精；其次出江西，葛粗細不一；出於江南金壇者，雖極細，然亦不可單做，必須夾裏。在前朝，非縉紳士大夫不服葛，而價亦甚貴。佳者每疋值銀三兩，長不過三丈一二尺。次者亦不下五六分一尺。自順治而後，服葛者日衆，而葛價亦日賤。今制無人不可服葛，葛愈多而亦日濫惡矣。康熙二十八、九年，洋船販至，至精者官尺不過一分五六釐一尺，至粗者每尺七八釐耳。

顧炎武《肇域志·山東·東昌府》 馬頰之陂，盛有鱗介，居民以間采捕，非其業。總之，地寒土疏淺，獨宜畜牧，氈毳之利，什居六七。

顧炎武《肇域志·遼東都指揮使司》《長安客話》：遼鎮孤懸一線，東西千里，山海關綰其口，未有販粟而出者。軍民之所衣食，達虜之所剽掠，不過取之地耳。顧北爲戰場，有可耕之地而無其人；南爲海壖，有欲耕之人而無其地。惟鴨緑江以西，九聯城以東，地稱「腹裏」，田多膏腴，開種頗易，收穫爲多。屯田之策，所宜亟舉。遼東之隸山東，先朝有深意。遼山多苦無布，山東登、萊宜木綿，少五穀，又海道至遼一日耳，故今登、萊諸處田賦止從海道運布遼東，無水陸舟車之勞。遼兵喜得布，回舟又得販遼貨，兩便之。後以夾帶私貨，故禁止，海船遂廢。今布運者須經山海關入遼，其勞苦視登、萊海道何啻百倍？此以人事言也。若論地利，遼東須直隸京師爲東輔。

顧祖禹《讀史方輿紀要·輿圖要覽》卷二《貴州第一五》 貴州本西南夷羅施鬼國地，元置八番順元等處宣慰使司都元帥府，明初以其地分隸湖廣、四川、雲南布政使，今改貴州等處承宣布政使司，治貴州。夏秋二税共米麥一十四萬八千九百四十八石有零，湖廣布政司坐派解納本司糧米一十萬二千四百石，每石折解白銀三錢，共該銀三萬七百二十兩整。四川布政司坐派解納本司糧米一十萬九千七百五十三石，內五萬石每石折銀三錢，三萬石每石折布二匹，每匹徵銀二錢，原運永寧倉，今改豐濟庫；布米二萬九千二百三十三石，每石折布二匹，每匹徵銀一錢七分五釐；綦江縣秋米五百二十石，每石折銀五錢五分。四川播州宣慰司坐派解納本省豐濟、平越、清平、興隆、黄平等倉夏秋糧米共一萬六百石零三斗六升八合四勺三抄五撮，烏撒倉秋糧米九千四百石。烏蒙府起運烏撒倉秋糧米三千八百五十石，東川府起運烏撒倉秋糧二千九百石，鎮雄府起運烏撒秋糧四千九十二石四斗。洞蠻麻布二百五十九條有零，課程税鈔一十三萬六千四十六貫四千三百八十八文，税銀三百二十九兩九錢三分三釐九毫。

顧祖禹《讀史方輿紀要·輿圖要覽》卷三《大同第四》 大同鎮，屬衛八，所七，堡五百八十三。馬步官軍舍餘土兵共五萬四千百五十四員名，糧料布花屯糧屯草及京運年例，通共銀七十七萬五千百八十八兩七錢五分，屯糧十三萬七千七百十一石，每石折銀八錢。屯草十七萬六千四百十一束，秋青草三十七萬六千四百束，每束折銀三分。年例銀七萬兩，例鹽七萬引，馬四萬六千九百四十四匹。每匹折銀三錢。山西起運夏秋二稅，糧料二十九萬一千四百七十五石。每石折銀一兩。夏秋二稅，折布十八萬二千五百匹，每匹折銀一錢。綿花絨八萬斤，草二百四十四萬四千八百五十束。每束折銀八分。河南起運小麥九萬六千石。每石折銀四錢。

顧祖禹《讀史方輿紀要·輿圖要覽》卷三《寧夏第六》 固原鎮，屬衛二，所四，營一，堡十五。馬步官軍二萬八千八百三十員名，馬八千六百七十三匹，糧料十三萬九千九百十五石，折色銀并折草銀十四萬九千五百八十兩，年例銀五萬兩，草三十二萬八千三百三十七束，布五萬七千九百四匹，綿花二萬六千七百三十四斤，京運年例銀五萬兩。

顧祖禹《讀史方輿紀要·輿圖要覽》卷三《洮河第九》 岷州鎮，屬衛一，所三，寨七十，堡八。馬步官軍一萬四千九百三十八員名，召募民壯四百四十五名，馬二千一百九十二匹，各處民運糧折銀二萬九千五百八十七兩三錢三分，額徵民屯糧二萬八千五百九十四石零，布三萬七千七百五十一匹，綿花一千三百二十二斤，草二萬三千一百九十束。

王士禎《池北偶談》卷四《談故四·千秋康氏》 本朝順治已來，直省民間一産三男者，歲有數十，多不勝紀。定例官給米三石、布十疋而已。

劉獻廷《廣陽雜記》卷五 《邠風》曰：無衣無褐。鄭氏云：褐，毛布也。此説非是。褐乃編枲短衣，不黄不皁，賤者之服，非毛布也。《孟子》曰：「若刺褐夫。」以褐夫對萬乘，亦言貴賤之殊耳。鄭氏誤以褐爲毼，遂云褐，毛布也，不知褐字從衣，毼字從毛，乃今之斜毼，價貴于苧麻多矣，豈賤者服乎。

《題本·採辦織造及各項工程》 順治六年十二月十一日到

順治六年十月　日欽差總理糧儲提督軍務巡撫江寧等處地方都察院右副都御史土國寶揭

爲謹陳折徵官布，三大便益，仰祈聖明採擇事。切惟官布一項，每年僉解員役，領銀入手採辦，十無一二，而烹侵者八九矣。比催不靈，逋欠累積，在明季數載無解，經徵參罰，領解杖斃，究何益之有哉。職今釐剔到此，輾轉思維，莫如折徵爲第一良法。一則永杜侵欺，一則易便採辦，一則澈清掛欠，用敢爲皇上皇父攝政王陳之。夫布原稀鬆，僅供拂拭，用既有限，何必過費金錢，且辦解巨奸，銀則中飽，布則子虚，歷年積弊，誅不勝誅。惟是按額折徵，附于京邊項下，一并解部，朝廷已收實用，帑藏全無漏卮，所謂侵欺永杜者，此也。夫銀已折徵，謂布必不可辦乎？非也，設或需用，要皆緊線堅密，非稀鬆之比。應辦若干，勅下採買，如近淮户部咨文，或用青藍，或用五色不等，照時平買，計日湊完。其價總于正項開銷，既不累下民之久困，復可應上供之偶需，所謂採辦易便者，此也。解布原屬苦役，始而放給錢糧，官吏有扣尅之弊，繼而督催完辦，承胥有需索之弊，甚至驗布押行，中途有花費之弊。今若用布則以銀貿布，不用布則以布折銀，折徵一定，諸弊皆絶，不惟完解不敢後時，亦且絲毫不敢拖悮，所謂掛欠澈清者，此也。合蘇、松、常三府，歲該辦布三十一萬二千七百七十四疋，額編解扛銀一十萬六千八百六十二兩二錢，拆徵之後，盡歸正供，而侵漁大蠹，已無所用其奸，且更有鋪墊水脚，動以萬計，倘邀聖恩，免編小民沾涓滴之仁，否則仍行照數徵解，或同部文湊給買布，亦無不可。至於青藍五色等布，不用則已，用則附於織造衙門袍船帶解，不煩雇船多費，尤爲三大便益之外，更有此節省之着也。職謹會同按臣金元禎合詞具題，伏乞勅部議覆行，職等遵奉施行。爲此除具題外，理合具揭，須至揭帖者。

查慎行《人海記》卷下 松江細布

成化間，松江人以布餉貴近，流聞禁廷，下司府織造赭黄、大紅、真紫等色，龍鳳、斗牛、麒麟等紋，工作胥吏，因緣爲奸，一匹有費白金百兩者。孝宗在東宮知其弊，即位首罷之。常閲内帑見之，曰：此布一匹，文綺十匹價也。終身不一御，自是遂絶。

松江布輸京

松江細布歲輸京十二萬三千八百六十匹。華亭六萬五千一百匹有奇，上海四萬二千七百二十四匹有奇，青浦二萬三千四十匹有奇。萬曆初加八千匹。

劉廷璣《在園雜志》卷一 陝西以羊羢織成者謂之姑羢，製綿衣，取其煖也，今則製爲單袍。紗取其輕，暑服也，今則製爲綿袍、綿褂。比比皆然，習以爲常。諺云「有裏者無裏，無裏者有裏」，意指此乎？「羢」，俗字，本「氄」字，音冗。

沈自南《藝林彙考·服飾篇》卷一〇《繒帛類》

《雋言》 《江都王建傳》：遺建荃葛。師古曰：許慎云「荃，細布也」。字本作絟，音千全反，又音千劣反。蓋今南方筩布之屬，皆爲荃也。葛即今之葛布也，以荃及葛遺建也。

《留青日札》 隋文帝焚綾文布，即今花雲布。鄱陽王恢焚筩布，即今細布、飛花布之類。細縠曰阿，細布曰錫。

《丹鉛總録》《列子》：衣阿錫，曳齊紈。張湛注：阿，細縠。錫，細布。非也。按，此文以阿錫對齊紈，阿亦地名，齊有東阿，其地亦出絲帛。錫，韻書作裼，孫愐云：袒衣也。若以阿爲細縠，於字義不通。

《雋言》公孫述爲馬援制都布單衣。《東觀記》曰：都作答。《前漢書音義》曰：答布，白疊布也。又《前貨殖傳》答布皮革千石，孟康曰：答布，白疊也。師古曰：粗厚之布也，其價賤，故與皮革同其量耳，非白疊也。答者，重厚之貌，而讀者妄爲摺音，非也。

《丹鉛總録》《史·西域傳》：冉駹人能作斑罽、青頓、毞毲、羊羧。斑罽，今之雜色氈。青頓，今名絲頓，頓音墩。毞毲，今紫氈也。羊羧，今寶裝也。酋長婦女以爲背飾。《晉·載記》彭毲，毛布也。彭與靚同，毲與罽同。揚雄《蜀記》云：雲南越毲毦，罽也。音豆分，今之氆氌也。吐蕃貢霞氈，今之紅氆氌。

《雋言》《高帝紀》：賈人毋得衣錦繡綺縠絺紵罽。師古曰：綺，文繒。絺，細葛也。紵，織爲布及疏也。罽，織毛，若今氈及氍毹之類也。罽，居例反。

《席上腐談》氍之異名曰毛席，毯之異名曰毛褥，猶竹笠呼爲竹巾。《東漢·西域傳》李賢等注：氍曰毛席。張衡《四愁詩》云「美人贈我氈氍毹」。服虔《通俗》又云：織毛褥謂氍毹，細者謂之毾㲪。毾㲪者，施大床之前、小蹋床之上，蹋而登床者。考漆器有所謂犀皮者，出西毘國，訛而爲犀皮。桂漿者出罽漿國，訛而爲桂漿。以此推之，氍毹恐即是渠搜國名，音同而字不同耳。西毘亦即是織皮國名，訛而爲西毘也。渠搜織皮，出《書·禹貢》。

《席上腐談》北方毛段細軟者曰子毤。子謂毛之細者，毤，温柔貌。《書·堯典》云「鳥獸毤毛」是也，今訛爲紫茸。

《困學紀聞》《儀禮》「布八十縷爲一升」。鄭謂升當作登。登，成也。吴仁傑曰：今織具曰筬，以成之多少爲布之精麤，大率四十齒爲一成，而兩縷共一齒，正合康成之説。衰三升其麄者，緇布冠三十升其細者。

《名義考》古者布稱升，蓋精粗之名。《廣韻》「升，成也」。布八十縷爲一升，一成也，二千四百縷爲三十升，三十成也，猶《樂》小成、大成，俗謂銀一成二成至十成之意。《間傳》曰：「斬衰三升，既虞卒哭，受以成布六升。」《論語》注：三十升細密難成。夫布三升，雖成猶未成，六升始謂之成，三十升則又細密難成。此亦可見升之爲成也。

愛新覺羅·玄燁《康熙文集》卷二七《諭領侍衛内大臣索額圖》 頃因雨雪，或在邊内，或在邊外，馬騾拴住，皆用氊蓋，不可怠忽，可通諭衆人知之。康熙三十六年二月二十四日。

吴楚材《彊識略》卷二八《服飾部下》 氊 細罽也。黄帝作旃。見《世本》。掌皮供毳毛爲氊。見《周官》。又别有毬罽。又卧氊，着裏施緣者呼爲池，池者，緣飾之名，謂其形象水池耳。左思詩：「衣被皆重池。」今人被頭别施帛爲緣者，亦呼爲被池。見《侯鯖録》。

邁柱等《九卿議定物料價值》卷二《布》 布城細生顔黄布，寬壹尺壹寸，長壹丈陸尺。每疋舊例銀叁錢陸分，今核定銀叁錢。

布城細生顔藍布，寬壹尺壹寸，長壹丈陸尺。每疋舊例銀叁錢陸分，今核定銀叁錢。

金黄紅藍白叁線布，寬壹尺陸寸。每丈舊例銀貳錢，今核定銀貳錢伍釐。

青藍合線細布，寬壹尺陸寸。每丈舊例銀叁錢，今核定銀貳錢。

合線布片，每丈舊例銀叁錢，今核定銀貳錢伍分。

布無舊例

藍標布，寬玖寸，長壹丈陸尺。每疋今核定銀叁錢。

細藍布，寬壹尺壹寸。每丈今核定銀叁錢伍分。

毛青布，寬壹尺壹寸。每丈今核定銀貳錢陸分。

絨花布，寬壹尺貳寸。每丈今核定銀壹錢貳分。

紅花布，每丈今核定銀柒分。

邁柱等《九卿議定物料價值》卷四《氊片油單》 花毛毯，長貳丈，寬壹丈伍尺。每鋪照舊例，今核定銀陸拾兩。

雙紅氊，每見方壹尺。照舊例，今核定銀肆分伍釐。

單紅氊，每見方壹尺。照舊例，今核定銀貳分陸釐。

黄絨氊，見方貳尺捌寸。每塊照舊例，今核定銀柒錢。

蒙古氊，長寬壹丈壹尺。每塊舊例銀壹兩捌錢，今核定每見方壹尺銀壹分叁釐。

白細氊，每尺舊例銀叁分壹釐伍毫，今核定銀貳分貳釐。

白氊，每見方壹尺。舊例銀貳分壹釐陸毫，今核定銀壹分柒釐。

黑氈，每見方壹尺。舊例銀壹分伍釐，今核定銀壹分。

紡絲綢油單，每尺照舊例，今核定銀陸分。

大白素縐綢油單，每尺照舊例，今核定銀壹錢。

布油單，每尺舊例銀貳分，今核定銀壹分捌釐。

氈片無舊例

紅長毛氆氌，每丈今核定銀壹兩。

紫羢氈，每尺今核定銀陸分陸釐。

白羢氈，每尺今核定銀陸分陸釐。

毛毯，長陸尺伍寸，寬肆尺伍寸。每條今核定銀肆錢伍分。

紅布油單，每尺今核定銀貳分。

氆氌

户部例

紅毛氆氌，每丈照舊例，今核定銀壹兩叁錢。

周象明《事物攷辯》卷六〇《冠裳》 鮫布

《述異記》 揚州有蚌市，（人）〔鮫〕人鬻珠玉而雜貨鮫布。鮫人即泉先也，亦名泉客。又云：南海出鮫綃紗，泉先潛織，亦名龍紗，其價百餘金，以爲服，入水不濡。

明按，《述異記》下卷又云：南海中有鮫人，室水居如魚，不廢機織，泣則出珠，蓋水怪也。

白越

《兩漢博聞》 明德馬皇后賜諸貴人白越三千端。註曰：白越，白布也。

明按，《蘇秦傳》曰：錦繡千純。裴駰註曰：純，端名。又按《演繁露》云：《左傳·昭六年》豐賈以錦幣二兩遺子。註云：二丈爲一端，二端爲一兩。一兩一疋也，二兩蓋二疋，今人謂一端爲一疋，誤矣。

織貝

《尚書》蔡傳：織貝，錦名，織爲貝文，《詩》云「貝錦」是也。今南夷人，棉之精好者，亦謂之吉貝。

明按，臨川吴氏曰：染其絲五色，織之成文者曰織貝，不染五色而織亦成文者，曰織文。【略】

吉貝

宋方勺《泊宅編》 閩廣多種木棉，紡織爲布，名曰吉貝。海南蠻人織爲花卉，尤工巧，即古所謂白叠布也。

明按，程大昌《演繁露》云：古貝，草也，緝其花爲布，粗曰貝，精曰氈。今之吉貝，亦緝花爲之，而古、吉二字不同，豈訛名耶，抑兩物也。明嘗攷《博物志》曰：《南史》言林邑等國出古貝木，自當以古字爲正，吉字或傳寫之訛耳。

【略】

荅布

《兩漢博聞》《馬援傳》：公孫述爲馬援制都布單衣。李賢等註云：《東觀記》曰「都」作「荅」。《前漢書音義》曰：荅布，白叠布也。

明按，師古曰荅布，粗厚之布也。讀者妄爲叠音，失其義矣。

姚培謙、張卿雲《類腋》卷一二《物部·布》 賨布又《南蠻傳》黔中郡，歲令大人輸布一疋，小口二丈，是謂賨布。《説文》「〔㛿〕，蠻夷賨布」。即今之枲布也。王維詩「蠻女輸賨布」。李商隱《謝賜冬衣狀》「賨布少温，蠻綿乏煖」。蘭干又《牢夷傳》：罽毲帛疊，蘭干細布，織成文章如綾錦。有梧桐木華，績以爲布，幅廣五尺，潔白不受垢汙。注：諸薄國女子織作白疊花布。蘭干，獠言紵。梧桐華有白毳，取其毳淹漬，緝織以爲布也。斑布《南史·林邑國傳》：古貝樹華如鵞毳，抽其緒紡之作布，與紵布不殊，亦染成五色，織爲斑布。白疊又《高昌國傳》：出草實如繭，繭中絲如細纑，曰白疊子，國人取織以爲布。《唐地理志》：隴右道厥賦有毛氈、白氎。又吐蕃貢霞氎。《集韻》：氎，細毛布也。吉貝又《渴盤陁國傳》：風俗與于闐相類，衣吉貝布。《宋勃泥國傳》：無蠶絲，用吉貝花織成布。

姚培謙、張卿雲《類腋》卷一二《物部·絺綌》 絺紵《書》「厥貢：漆枲絺紵」。《説苑》：綿綿之葛，在於曠野，良工得之，以爲絺紵。緆絺《詩》「蒙彼縐絺」。《傳》：絺之蹙蹙者爲緆。葛絺《莊子》：夏日衣葛絺。《淮南子》：於越生葛絺。荃葛《漢江都王建傳》：遣人通越繇王閩侯，遺以錦帛奇珍，繇王閩侯亦遺建荃葛。注：荃，細布也，本作絟。《玉篇》：葛也。黄絲《吴越春秋》：越王使國中男女入山采葛，以作黄絲之布，獻之吴王。纖絺潘岳文：釋纖絺。注：纖，細也。劉孝威詩「纖絺尚少涼」。蕉葛《草木狀》甘蕉有三種，一種大如藕，子長六七寸，其莖解散如絲，以灰練之，可紡績爲絺綌，謂之蕉葛。白居易詩「蕉紗暑服輕」。霜潔沈約《謝賜絹葛啟》：素采冰華，絺文霜潔。變煬暑於閨閤，起涼風於襟袖。輕絺庾肩吾《謝絹啟》：鶴露宵疑，輕絺立變。細葛杜甫詩「細葛含風軟，香羅疊雪輕」。輕綌王建詩「離家尚苦勢，衣服唯輕綌」。楚葛李羣玉詩「楚葛湘紗淨似空」。纖綌何景明詩「西風怯纖綌」。

揆叙撰《隙光亭雜識》卷一 六祖袈裟至今尚存曹溪，即達磨所傳也。西域屈眴布所成，緝木棉花心織之，此云大細布，其色青黑。

揆叙撰《隙光亭雜識》卷五 西傾因桓是來。

葉氏曰：雍言織皮崑崙，析支渠搜，西戎即叙，則織皮非中國之貢矣。熊羆狐狸織皮，文當與西傾因桓是來相屬，謂此四獸之織皮，乃西傾之戎，因桓水而來貢也。按各州經文體例，皆於章末總言貢道，無獨異於梁州之理。葉氏諸儒之説甚當，蓋簡編脱誤耳。雍州「織皮崑崙，析支渠搜，西戎即叙」，蘇氏謂當在「厥貢惟球琳琅玕」之下，與此正同。【略】

織皮崑崙，析支渠搜，西戎即叙。

蘇氏曰：《禹貢》所篚，皆在貢後立文，而青、徐、揚三州，皆萊夷、淮夷、島夷所篚，此云「織皮崑崙，析支渠搜，西戎即叙」，大意與上三州無異，蓋言因西戎即叙，而後崑崙、析支、渠搜三國，皆篚織皮，但古語有顛倒詳略耳。其文當在「厥貢惟球琳琅玕」之下，其「浮于積石，至于龍門，西河，會于渭汭」三句，當在「西戎即叙」之下，以記入河水道，結雍州之末，簡編脱誤，不可不正也。按織皮以下，得東坡之説，其旨曉然，參以梁州，可謂如出一轍矣。林氏折之，懼其變置經文耳，然簡編脱誤，經所常有，況少穎所據者一州之文，而東坡所據乃八州之文，反不足信邪，愚斷以其説爲是。

陸廷燦《南村隨筆》卷六《錦罽》 《筠廊偶筆》：江南人於京師賣一錦一罽。錦闊三尺，長百尺，深紅文彩如畫。罽長闊與錦等，紅黄白碧各一段，大類今世剪絨，鮮麗奪目，價千金。大宗伯王公崇簡以五百金購之，不能得。

陸廷燦《南村隨筆》卷六《木棉》 廣東木棉樹大可合抱，葉如香樟，正二月開大紅花如山茶。結子如酒盃，老則拆裂，有絮茸，茸與蘆花相似。花開時無葉，花落後半月始有新緑。其絮，土人取以作裀褥，海南蠻人織以爲巾，上出細字、花卉，尤工巧，名曰吉貝，即古所謂「白疊布」也。今無織者。俱《嶺南雜記》。

陸廷燦《南村隨筆》卷六《羽緞羽紗》 羽緞、羽紗出海外荷蘭、暹羅諸國，康熙初入貢，止一二疋，今閩廣多有之，蓋緝百鳥氄毛織成。予按《異物彙苑》「唐安樂公主使尚方合百鳥毛織爲裙，正視旁視，各爲一色，日中影中，各爲一色」，然則古亦有之矣。又《南史》「齊文惠太子織孔雀毛爲裘」，武后有集翠裘，皆其類也。又滿剌加哈烈出鎖袱，一名梭服，鳥毳爲之，紋如紈綺，價不甚高，非羽緞、羽紗比。《香祖筆記》云。

王應奎《柳南續筆》卷二《棉布之始》 棉有草、木二種，皆出海外，其見於紀載者，大抵皆木棉也。張勃《吴録》云：「交趾有木棉，樹高丈餘。」王浯溪云：「一名斑枝花。」又《泊宅編》云：「閩、廣多木棉，名曰吉貝，織爲布，是即白氎。」然今吴地所種，乃草棉，非木棉也，而其用與木棉正同。松江府東去五十里許曰烏泥涇，地高仰不宜五穀，元至正間，偶傳此種，植之于地，頗茂。有一嫗名黄道婆者，自崖州來，乃教以桿彈紡織之法。久之，而三百里内外，悉習其事矣。按《小爾雅·釋名》及《孔叢·廣服篇》，皆云麻、紵、葛謂之布。又《鹽鐵論》云：「古者庶人耋老，而後衣絲，其餘則麻枲而已，故命曰布衣。」可見麻與紵、葛三者之外，古者别無所謂布也。但紵、葛或專用之於夏，而麻則兼用之于冬耳。孔博士《論語》「緼袍」註云：「緼，枲著也。」邢疏謂雜用枲麻以著袍也。蓋貧者不能具絲絮，故擣麻使熟，著之於袍也。夫以麻爲衣，則不能禦寒，以麻著袍，則不能生煖。古人五十始衰，則必衣帛，職是故耳！今棉之爲用，可以禦寒，可以生煖，蓋老少貴賤，無不賴之。其衣被天下後世，爲功殆過于蠶桑矣，而皆開自黄婆一人，是不當尸而祝之，社而稷之，與先蠶同列祀典乎？

王棠《燕在閣新知録》卷二六《縐》 《説文》「絺之細者謂之縐」。《詩·鄘風》「蒙彼縐絺」。朱熹註：縐絺，絺之蹙蹙者，當暑之服也。俗語謂衣縮曰縐。《飛燕外傳》云：成帝以飛燕爲后，酒酣風起，后揚袖曰：仙乎仙乎，去故而就新，寧忘懷乎。帝令人持后裾，風止，裙爲之縐。他日，宫姝或襞裙爲縐，號留仙裙。縐字有此二義。按：絺，麻葛之細者，今世有縐紗，而無名縐葛者。

王棠《燕在閣知新録》卷二七《棉花棉布》 棉花元以前未爲貢賦之物，考之《禹貢》揚州「島夷卉服」，註以爲吉貝，則虞時已有之，島夷時或充貢，中國未有也，故《周禮》以九職任民，「嬪婦（惟）〔化〕治（蠶）〔絲〕枲」，而無木棉。或曰：古有布縷之征，不知布縷者，惟絲枲而已，非棉布也。或曰：唐有租庸調，而調内有綿三兩，不知此乃絲綿，非木棉也。元初孟祺作《農家輯要》云：木棉種于陝右，其他土郡多以不宜爲解。陶九成《輟耕録》云：閩廣多種木棉，紡棉爲布，松江民因謀樹藝，見種于彼。蓋自古中國所以爲衣者，絲麻葛褐四者而已。漢唐之世，遠夷雖以木棉入貢，中國未有其種民，故一得其棉，即著于詩。唐李琮詩「腥味魚中墨，衣裁木上棉」，記異也。梁武有木棉皂帳，雖曰儉也，然亦以其少見，故著于史。《南史》云：吉貝，即劫貝。《通雅》曰：吉貝，即木棉花，有白紫二色，今中國只有白者，紫者却少。宋元嘉時，伽毗黎獻吉貝。又佛家謂之睒婆，又伽婆羅劫貝也，閩中亦呼爲吉貝，百姓先未爲服，官亦未爲調。宋元之世，始得其種入中國，關陜通西域，閩廣近海故也。宋元《食貨志》皆不載木棉，明時木棉天下皆種，然後知卉服之説，見于《禹貢》。元末明初，棉花棉布始盛行于天下，而後世貧富皆有收賴焉。

孔毓埏《拾籜餘聞》　余家先世所藏歷代頒賜綺紵表裏，大半皆鎖袱。其厚如錢，文如水波，閃爍無定，顔色歷久愈鮮。第年遠畏風，觸手而靡。紵名鎖袱，不解何意。及見《居易録》載鄺湛若《赤雅》云：鳥毳之精，織成文章者曰鎖袱，蓋即今之羽緞也，始知取名之意，然今之羽緞光彩遜此紵多矣。

孔毓埏《拾籜餘聞》　《鏡古集》云：上近體衣，俱松江三梭布所製，本朝家法如此。太廟紅紵絲拜裀，立脚處乃紅布，其品節又如此。今富貴佻達子弟，乃有以綾緞爲裩者，其暴殄過分，亦已甚矣。其云以布爲衣，誠爲儉德，而以布拜裀爲儉，誤矣。我朝儀制，御拜裀，惟帝與后用鵝黄紵絲，立脚處用鵝黄布，其餘妃嬪、太子俱用秋香紵絲，立脚處亦用紵絲，不得用布，乃以布爲尊，非儉也。

王鳴盛《十七史商榷》卷四八《筒巾細布》　《王戎傳》：南郡太守劉肇賂戎筒巾細布五十端。巾，元板作中。愚攷：筩中，布名。《後漢・王符傳》章懷太子注引楊雄《蜀都賦》曰：「筩中黄潤，一端數金。」元板作中，是。

李煦《李煦奏摺・請預發採辦青藍布疋價銀摺》　查今年四月內，奉户部行文，着令織造衙門採辦青藍布三十萬疋，遵照定價已經如數辦足解交户部外。但此項布疋出在上海一縣，民間於秋成之後，家家紡織，賴此營生，上完國課，下養老幼。若於歲內預將價銀發給，則百姓樂有貲本，比臨時採買可賤數分。今必俟春間採辦，正值農忙，則價又高騰。且從前有司採辦，三月方奉部文發買，臨期急迫，必需牙行經紀四散收買，所以價貴。今年織造衙門於四月內始奉承辦，只得仍照舊規採買，以致相沿成例，不能稍減。

臣細加體訪，再四思維，來年應辦之布，先於今年十月後，農務空閒，不用牙行經紀，預將價銀給與織布之家，從容辦料，乘暇紡織，待至春間陸續收染，則民力餘裕，徧沐皇恩。於部定價值，每疋可省六分有餘，合三十萬計之，可省二萬有奇。以臣鄙見，明年採辦布疋，不必候至三十五年春間始行知照，即於今冬撥給錢糧，預爲採辦，甚屬妥便，國計民生，均有裨益。然臣未敢冒昧咨部，謹奏請皇上睿裁旨示，以便遵行。

李煦《李煦奏摺・採辦布疋虧欠緣由并請仍派採辦摺》　康熙五十四年六月十五日

奴才從前每年領布政司錢糧十六萬兩有零，辦解青藍布疋，其歷年原有因公那用，萬歲聖明，奴才不敢欺天。但內中機户，亦實有拖欠，何也？蓋奴才辦布，先將錢糧給散機户，或遇年歲荒歉，棉花失收，則花價騰貴，機户不能賠墊，每每借次年之錢糧，辦本年之布疋，所以歷歲起解無誤。及至康熙四十四年，因內庫布多，户部題請停辦，於是次年錢糧不復再發，而各機户不得那新掩舊，遂至手足無措，且逃亡事故相繼而起，此虧欠之由來也。

伏思自四十四年起停辦已經十載，則萬歲屢屢賞用，目下存庫諒必無多，叩求萬歲仍賞奴才採辦，則聖主深恩，奴才從此又可展施，而以錢糧散給機户，不特新布徵收，即舊欠布疋，亦得漸次帶追，公私似兩有裨益。

《古今圖書集成・職方典》卷六八一《蘇州府部・物産考》

府志布屬

棉布　東鄉最盛。

藥斑布　出嘉定及安亭鎮。宋嘉泰中，有歸姓者創爲之，以布抹灰藥而染青，候乾去灰藥，則青白相間，有人物花鳥、詩詞各色，充衾幔之用。

刮白布　太倉二三月間，婦女取上等苧麻，擇清池漚之，曝晴日中，用蝸殼就水洗刮，使白澤有光，然後績之。以布細如羅縠，瑩白可愛，亦曰腰機布。明弘治初，州人以之諂中貴致上用，歲取三千疋，民力不堪。弘治十六年，給事中王縝清理屯田按州，疏乞停免，上允其奏。

飛花布　細軟如綿。

官機布　真色不漂洗，出徐王廟者佳。

縑絲布　合苧與絲比而成之。

棊花布　用青白縷相間織成。

斜紋布　出嘉定。

麻布　績麻爲之，精粗不等。

黄草布　縷黄草爲之，品最下。

周廣業《循陔纂聞》卷一　《席上腐談》云：褐乃編枲粗短衣，不黄不皁，賤者之服，非毛布也。褐字從衣，毼字從毛，鄭康成誤以褐爲毼，遂云毛布。

毛布，乃今之斜毼，價貴于苧麻多矣，此豈賤者之服。《名義考》云：褐，《説文》編枲韈也。馬絡頭也，亦名馬衣，賤者編枲爲衣，寬大似韈，故曰褐。寬博毛布以禦寒，何取寬博哉。今士子出身曰釋褐，言去賤而將貴也，若毛布則罽也，亦謂之毲。愚按，罽即今之毾㲪。楊雄《蜀記》所云「南越之毲㲪者」是也。亦名霞氎，紅色，出吐蕃、中天竺等國。又名毾㲪，又名多羅㲦，出秦、蜀邊境，及廣中洋舶携至者，五色皆備，出西番及陝西、甘肅者，用㲦毛織就，闊一尺許，亦名普羅，與洒海刺相似，却不緊厚，價亦不貴。洒海刺出西番，亦㲦毛織成，闊三尺許，緊如氈。果爾，賤者安得有是服耶。

李調元《南越筆記》卷五《綿布》　東粤之綿布良苦不一，最美者白㲲。《史記》榻布者白疊，或作「荅」是也。其布細膩精密，皚如雪，輕如繭紙，幅廣至四五尺，吉終爲之。其織爲巾者，兩頭組，結方勝葳蕤及諸物象。織者每拋一梭，則念一佛，故廣州人殮死者以爲面衣，是曰西洋布，以來自番舶者爲真。其出於瓊者，或以吴綾越錦，拆取色絲，間以鵞毳之綿，織成人物花鳥詩詞，名曰黎錦。濃麗可愛，白者爲幛，雜色者爲被，曰黎單，四幅相連曰黎幕，亦曰黎幔，以金絲者爲上。又有花被假被，《漢書》儋耳、朱崖皆服布，如單被，穿中央爲貫頭，即今之黎單也。亦有織爲巾帨與裙者，裙曰黎補，横幅合縫如井欄，皆素花假錦百褶而成，所謂迦盤之衣也。黄文裕賦云「布帛則攀枝吉貝，機杼精工，百卉千華，凌亂殷紅，疏絺蒻暑，密斜弭風」，蓋謂瓊布也。斜謂斜文布，其文或作象眼，或卍字，或大小方勝，文皆側理，故曰斜。廣州有麻經絲緯布或綿緯絲，有雙紝布，甚厚實。有榜被，絮絁所織，其緯粗如小指，或謂即氍被，亦名氍罽，或方文斜文。雷州有雷被，以白綿線爲之，亦有紅者紫者。崖州多織綿，儋州多織生絲。崖州組織綿線如布帛狀，繡人物花鳥其上，有十金一具者，名曰帳房，俗稱儋崖二帳，是皆越布也。《志》曰南方之布葛越，木綿草本，亦越也。其曰織貝者，織爲貝文，《詩》所謂貝錦也。貝或吉貝也。《志》稱高昌有草實如繭，絲如細纑，名曰㲲子，織之爲布。白疊即吉貝也，島夷以卉服來貢，而織吉貝之精者以入篚，故曰織貝。臨川吴氏云：染其絲五色，織之成文，曰織貝，不染五色而織之成文，曰織文是也。綿與絲一也，綿又有木棉之綿，即攀枝花絮也。其木高四五丈，花殷紅，朵大於杯，花落則絮蘊焉。春暮時漫空而飛，采之其㲳者可以爲褥，《嶺外》以爲吉貝即木棉，非也。吉貝草綿如斑枝，乃木棉耳。汪廣洋詩「翠苞半拆漸吐綿，雪花填滿行人道」。又云「搓就瓊簪膩如蠒，絲成冰縷細如煙」。謂斑枝也。又有樹綿，一曰樹頭綿，以吉貝枝接烏桕，俟生時截去烏桕，樹長可八九尺，四季開花，夏秋尤盛，每一株生數十年不壞，絮同木綿，德慶以上多種之。

李調元《南越筆記》卷五《鳥衣》　南方多鳥衣，鳥衣者，諸種鳥布所成。一曰天鵞絨，夷人剪天鵞細管，雜以機絲爲之。其製巧麗，以色大紅者爲上。有冬夏二種，雨灑不濕，謂之雨紗、雨緞。粵人得其法，以土鵞管或以㲦，物品既下，價亦因之。一曰瑣袱，出哈烈國，亦鳥毳所成。紋如紈綺，其大紅者貴，然服之身重不便，粵人倣爲之，似素紡絹而自起雲，殊不逮也。又有以孔雀毛績爲線縷，以繡譜子及雲肩袖口，金翠奪目，亦可愛。其毛多買於番舶，毛曰珠毛，蓋孔雀之尾也。每一屏尾價一金。一屏者，一孔雀之尾也，以其尾開如錦屏，故曰屏。

李調元《南越筆記》卷五《黎毯》　方勺《泊宅編》：閩、廣以木綿紡績爲布，名曰吉貝。海南蠻人以爲巾，上出細字，雜花卉，尤工巧，即古所謂白疊布。今黎人居海南山峒，多業紡吉貝，鬻市中。婦女兼工繡，毯稱黎毯。《虞衡志》云：黎幕出海南，黎峒人得吴越錦綵，拆取色絲間木綿挑織而成，每以四幅聯成一幕。

桂馥《札樸》卷三《都布》　《後漢書》：公孫述爲馬援制都布單衣。案《通鑑》漢明帝行養老禮，三老服都紵大袍。胡三省注云：績紵以爲美布，故曰都紵，都布，布之美者也。《纂文》：都致、錯履、無極，皆布名。

桂馥《札樸》卷三《白疊布》　《史記·貨殖傳》「荅布千匹」注云：荅布，白疊也。《趙書》石勒建平二年，大宛獻白疊。《魏略》文帝詔曰：代郡黄布爲細，樂浪練爲精，江東大末布爲白，故不如白疊布鮮潔也。《宋元嘉起居注》：昆加黎國奉細疊兩張。吴時外國傳諸薄國女子織作白疊花布。《梁書》：高昌國有草實如蠒，蠒中絲如細纑，名爲白疊子。國人多取織以爲布，布甚軟白。《唐書》：高昌有草名白疊，擷花可織爲布。又云：婆利出吉貝。吉貝，草也，緝其花爲布，粗曰貝，精曰疊。又云：杜薄國女子作白疊花布。金毘利逝國衣朝霞白疊。《隋書》：真臘國常服白疊。王維詩「手巾花疊浄」，杜甫詩「光明白疊巾」是也。《玉篇》作㲲，云毛布也。《廣韻》：㲲，細毛布。《廣志》：白㲲布，毛織。王建詩「毛㲲家家織」，梅堯臣詩「童袍毳㲲鮮」是也。《後漢·西南夷傳》：哀牢夷知染采文繡，罽㲲帛疊，闌干細布，織成文章如綾錦。《唐書·驃國傳》：鈴鈸皆飾絛紛，以花氈縷爲藻。又云：樂工皆崑崙，衣絳氈，朝霞爲蔽膝。温庭筠詩「錦疊空林委墜紅」是也。《南史》：扶南王坐則偏踞翹膝，垂左膝至地，以白疊敷前。方回詩「坐寒乏罽氈」是也。方勺曰：閩廣多種木綿，紡績爲布，名曰吉貝。海南蠻人織爲巾，即古所謂白疊布。

桂馥《札樸》卷一〇《獽夷布》 漢時蠻夷以布爲賦。《説文》「賨，南蠻賦也」，「幏，南郡蠻夷賨布」是也。今獽夷所織品目甚多，紋理精好，粗者如繝，細者如錦，羊毛所績，不亞羽紗。《後漢·西南夷傳》：哀牢夷知染采文繡，罽毲帛疊，闌干細布，織成文章如綾錦。

張渠《粵東聞見録》卷下《諸布》 古之爲布者止麻葛二種。顔師古《漢書》注：精者爲絟，粗者爲紵。絟，即葛；紵，即麻也。至漢始有白氎布，即今之綿布也。然其用尚未廣，至宋元乃盛行。廣東麻葛之類甚多，其外或以蕉，或以竹，或以芙蓉皮。唐時，端州、潮州貢蕉布，韶州貢竹布。竹布，亦名竹練，今市中罕有鬻者。惟高要廣利墟居民多織蕉布，然質甚粗劣，恐非復昔時遺制矣。至綿布則多來自江、浙，松江三梭布尤爲正貨，固不專資乎土産也。

廣葛，以雷州錦囊葛爲最細滑而堅，顔色若象血牙，一聯直銀三金，每以充貢。博羅有善政葛，潮陽有鳳葛，瓊州有美人葛，陽春有春葛，順德有龍江葛，皆葛之精者也。尤細者爲增城女兒葛，纖如蟬翼，經年乃成，卷其一端，可入筆管，未字之少女乃能織之，所謂「北有姑絨，南有女葛」是也，今亦絶無矣。

麻，有青、黄、白、火、絡五種。黄、白曰苧，青、絡曰麻，火曰火麻。絡者，言其可經可絡，即今之都絡麻。漢馬援在交趾常衣都布單衣是也。

粵人畜蠶，其絲不甚爲綢，惟以緯蕉及麻葛，總名曰兼絲布。然葛之以絲緯者，浣之則縮，反不如純葛之堅久。惟東莞有魚凍布，以絲兼苧爲之，柔滑而白，若魚凍色。紗羅多浣則黄，此布愈浣則愈白，兼絲布之佳者也。

王念孫《讀書雜志·漢書》卷一〇《劉彭祖傳·帛布單衣》 「每相二千石至，彭祖衣帛布單衣，自行迎除舍。」念孫案：「帛布」，當從《史記·五宗世家》作「皁布」。皁布單衣，賤者之服也。「皁」與「帛」字相似，因誤爲「帛」。《管子·輕重戊篇》：「立皁牢，服牛馬。」今本「皁」誤作「帛」。 衣帛則不衣布，衣布則不衣帛，不得言衣帛布也。師古曰：或帛或布以爲單衣，斯爲曲説矣。

陳鱣《簡莊疏記》卷八《儀禮》 《燕禮》云「冪用綌若錫」。鄭玄注：冬夏異也。今文錫爲緆。按《説文》云：「緆，（綱）〔細〕布也。从糸，易聲。鶍，或从麻。」《釋名》云：緆，衰。緆，治也，治其麻使滑易也。《淮南·齊俗》云：弱緆羅紈。高注：弱緆，細布也。《史記·司馬相如傳》云：被阿緆。集解張揖曰：細布也。是緆爲正字，錫爲假借。《喪服·傳》亦作錫。注：治其布使之滑易是也。蓋此字从易，故以滑易言之。

褚華《木棉譜》 《禹貢》曰：島夷卉服，厥篚織貝。蔡註云：葛越木棉之屬。蓋以卉服來貢，而吉貝之精者，則入篚焉。至史稱梁武帝送木棉皁帳爲儉朴，似非當日所尚，而唐詩所詠「光明白氎巾」者，則又甚珍之，或布有粗細不同也。今木棉布之佳者，每尺未嘗過錢五十，而西藏佛布，有至白金數十一端，其即古之白氎歟。

《孟子》曰：七十者可以衣帛矣。當時通用之布，只是苧麻類耳。冬月衣苧麻則寒，衣帛則煖，故老人年至七十，血氣既衰，必籍繭以溫其體。若今木棉之安燠，反過於帛，而無所嫌爲帛矣。物美而適，宜直賤而易得，其利溥哉。

趙慎畛《榆巢雜識》卷下《葉爾羌》 葉爾羌（葉爾謂地，羌，寬廣之謂），回疆一大城，居室壯麗，園亭寬敞，城池深固。駐辦事大臣二員，滿、漢兵各數百，協領、參將分領之。正賦三萬五千三百七十兩，糧三萬五百四石，黄金三十兩，清油八百觔，税銀千六百四十九兩，留充本城公用，官兵鹽、菜、口糧。又折收回子布五萬七千五百六十九匹，棉花萬五千觔，布袋千四百三十二條，麻繩千二百九十七根，銅三千觔，併解送伊犁。

洪頤煊《讀書叢録》卷一五《鹿布》 《吕氏春秋·貴生篇》「顔闔守閭，鹿布之衣，而自飯牛」。頤煊案，鹿即麤字之省。《莊子·讓王篇》作「苴布之衣」。苴即麤字。《晏子春秋·外篇》：晏子相景公，布衣鹿裘以朝。公曰：夫子之家，若此其貧也，是奚衣之惡也。鹿裘，亦謂麤裘也。

張澍《續黔書》卷六《鐵笛布》 永寧、鎮寧二州，出鐵笛布。其纖美似川蜀之黄潤，其精緻似閩廣之白越，其柔輭似波戈之香荃，其縝密似金齒之緤疊，余不知其何以織也。或謂即桐華布，績白桐爲之，或又謂緝桑爲之，惜未問之犵獠。又有絞布，可爲巾，定番苗婦所織，潔白如雪，拭水不濡，用彌年不漬垢膩。又有斜文布，名順水斑，蓋模取銅鼓文以蠟刻板印布者，出獨山州爛土司。

黄本驥《湖南方物志》卷一《總紀》 江南道（岳、潭、衡、永、道、郴、邵七州，屬西道採訪使。辰、錦、叙、溪四州，屬黔中採訪使）：厥貢練。

山南道(澧、朗二州,屬東道採訪使):厥賦布。《唐書·地理志》。

至元二十六年五月,置湖廣木棉提舉司。責民歲輸木棉十萬匹,以都提舉司總之。二十八年五月罷。《元史·世祖紀》。

棉布,各縣皆有,茶、攸、常、澧爲多。《省志》。

黄本驥《湖南方物志》卷二《長沙府》 潭州土貢絲葛、絲棉布。《唐書·地理志》。潭州開元貢葛布十五匹,元和貢絲布十五匹。《元和志》。潭州土貢葛三十匹。《九域志》。長沙各縣出葛布。《明統志》。瀏陽縣出絹。瀏陽、湘鄉、攸、茶陵四州縣出苧布,今用瀏陽者多。《省志》。瀏陽苧布,有值二三錢銀一尺者,工細不減湖紗。《三長物齋長説》。

黄本驥《湖南方物志》卷四《永州府》 零陵郡土貢葛。江華縣土貢白紵。《唐書·地理志》。永州開元貢細葛。道州開元貢細紵。《元和志》。江華郡貢白布十端。《通典》。永州土貢葛十匹。道州土貢白紵十匹。《九域志》。

黄本驥《湖南方物志》卷四《寶慶府》 邵州開元貢麻布。《元和志》。各縣出棉布、苧布。《湖廣志》。

黄本驥《湖南方物志》卷五《岳州府》 岳州巴陵郡土貢紵布。《唐書·地理志》。岳州開元貢細紵布,賦麻紵綀。元和貢白紵綀布七匹。《元和志》。巴陵郡貢白紵布十匹。《通典》。平江縣出棉布。《省志》。

黄本驥《湖南方物志》卷五《常德府》 朗州土貢葛、紵、練〔綀〕。《唐書·地理志》。

武陵郡貢白紵布十端。《通典》。

常德府貢紵布、綀布。《宋史·地理志》。

鼎州土貢布一匹,紵、綀各十匹。《九域志》。

黄本驥《湖南方物志》卷六《辰州府》 府境出火布,火麻所成;出土布,盧溪二里土人以丫桑皮爲之。《省志》。

黄本驥《湖南方物志》卷六《永順府》 宋元祐二年五月,上溪州進端午溪布。十月,進龍興節溪布。蘇軾《内制集》。永順府出苧麻、土紬、洞巾。《湖廣志》。府境出絲皮、斑布。《省志》。

黄本驥《湖南方物志》卷六《沅州府》 《漢傳》載「闌干」。闌干,獠言「紵巾」。有績織細白苧麻,以旬月而成,名「娘子布」。《溪蠻叢笑》。

桑,味苦,葉小,分三叉,蠶所不食。犵狫取皮績布,係之於腰以爲帶,經緯迴環,通不過丈餘,名「圈布」。同上。

黄本驥《湖南方物志》卷七《郴州》 郴州土貢紵布、絲布。《唐書·地理志》。開元、元和貢白紵。《元和志》。郴州貢紵十匹。《九域志》。永興出絹葛。《一統志》。

嵇璜等《清文獻通考》卷三二《市糴考一》 〔康熙〕二十七年閏五月,准江蘇辦解布疋工價,以五錢核銷。巡撫陳宏謀言:辦解布疋,工價既昂,每疋五錢,難以再減。部議以辦解布疋,定有額價,該撫所奏與原編定額不符,駁令核減。奉諭旨:此案辦解棉布,每疋定有原編額價,該部自行核駁,但據該撫稱,現在花紗工價既昂,著照所請,暫准以五錢核銷,將來一俟物價平減,即令照舊額辦理。

嵇璜等《清文獻通考》卷三三《市糴考二》 臣等謹按甘肅口外新疆自闢展庫車、阿克蘇、烏什、和闐、葉爾羌、喀什噶爾等處,均有市集交易,謹據乾隆二十七年甘肅布政使造册開報大略,附載於左:

闢展向無市集,近日或用貨物易換,或用銀錢糴買米麵,因時貴賤無定價,所用斗每一斗合京斗二斗,秤一斤十六兩。

庫車城中,有買賣街,往來客商,並各處回民交易。

阿克蘇,凡買賣貿易,俱七日一集。城市鄉村,男婦咸集,彼此以有易無。近亦有用銀交易者。如米糧、牛羊、布匹等物,各鄉村運至本城,買賣設有牙行,名達勒拉勒,其税十分抽一。如本城人運至各城界上買賣,亦憑經紀而不征其税。别有密圖瓦里伯克,專管買賣田産諸務。如回部各城至外番貨買物件,無税無定期,攜至本城方起税,有巴濟吉爾伯克管理。

烏什,每七日,在城中空處設集貿易一次。城鄉男婦,俱入集場,以馬牛羊雞等畜,及布匹、衣服、糧石、菜蔬,一切雜物,彼此交易。

葉爾羌,以稻、麥、大麥、高粱、豆、黍,并絹、布、馬、牛、驢、羊等物,定價交市。

和闐,以麥、蕎麥、高粱、黍,并絹、布、馬、牛、驢、羊等物,定價交市。諸物雜糧及馬畜,俱用錢買。馬畜俱由葉爾羌、喀什噶爾販賣。

喀什噶爾之市,名曰巴雜爾。七日爲期,各村男婦,聚其貨物相交易,無經紀牙行。其糧則麥粺、高粱、糜黍,其貨則牛、馬、驢、羊、布匹,價亦因時增減。糧之多寡,以查拉克計數。查拉克者,内地十斤也。貨之貴賤,以大小長短爲衡,如瓜果、蔬菜、草束、柴薪之屬，均倣此交易。其錢名曰普兒，五十之數爲一騰格，折銀一兩，後定爲滿百普兒，以銅爲之。其制小而厚，中無方孔，一面鑄回字，一面鑄準噶爾字。乾隆二十四年，大功告成於葉爾羌，設局開爐，銷其普兒，改鑄制錢，以十萬騰格爲度。現在回民以普兒向葉爾羌城易制錢，新舊兼用。越數年，普兒銷盡，則回地所用悉爲國朝之制錢矣。互見錢幣考。又喀什噶爾俗以織布爲業，常以布與布魯特安集延霍罕等處，貿易馬、牛、驢、羊諸畜。

嵇璜等《清文獻通考》卷三八《土貢考》 直省額辦户部物産棉布二萬七千三百六十七疋。

江西省額解苧布五千四百九十六疋二丈。現在停辦。

山東省額解闊白棉布二千三百疋。

河南省額解本色棉布三千九百六十八疋。

外藩西北各部落貢産物

青海貢藏香、氆氌、馬匹無定數，各隨其朝覲之班來貢，貢道由西寧。土爾扈特貢藏香、氆氌、馬匹無定數，各隨其朝覲之班來貢，貢道由張家口。【略】西藏前藏達賴喇嘛、後藏班禪額爾德尼，分爲兩班，隔年輪流遣使進貢，每年於十一月到京，所貢哈達、藏佛經卷、藏香、珊瑚、琥珀、數珠、氆氌等物，無定數，進貢之年於次年正月初十日以内。慶賀進，丹舒克所貢銅、藏佛佛象、經卷、銀滿達、銀輪、銀塔、銀瓶、銀七珍、八寶、八吉祥、銀杵、珊瑚、琥珀、數珠、藏香、紅花、氆氌、藏杏、藏棗等物，亦無定數。所有辦理藏務之胡土克圖公、扎薩克台吉等，所進各貢，附於達賴喇嘛班内，貢物俱與達賴喇嘛同，貢道由四川之打箭爐。【略】哈密、闢展、吐魯番，歲貢葡萄二百斤、乾瓜二筐、布疋、手巾、佩刀諸物。

吴振棫《黔語》卷下 花、麻、布、蜑。俗呼雞鴨卵爲蜑者，蜑無卵義，求其字不得，徇俗呼之。

黔苗新隸版籍者，免糧賦。舊徵糧賦者，納銀穀與齊民同。永從苗賦額，徵銀五百三兩有奇。獨六洞苗則以花、麻、布、蜑，抵錢爲正供，初意蓋便苗也。今苗往往以錢市物納之官，市物之值或反浮於納錢之數，官得其物無所用，復出以易錢，駔儈扼之，輒多折閲，然苗俗承習已久，或甚以納錢可節費者，卒不願，蓋亦懼官之多取也。今列其納物之數於左：

頓洞，納蜑一百二十四。上皮林，納布三百六十六件，每件一丈至二丈不等。蜑一百。唐洞，納蜑二百。大團、樂香、宰吾三寨，納布四百五件，蜑五百二十五。埽洞，納布一百一十五件，棉花三百二十九觔，蜑四百零八。下皮林，納布四百九十三件，蜑一百四十三。洒洞，納布四百四十八件，蜑五十五。龍圖，納布四百二十件，蜑三百。雲洞，納布二十件，棉花三百三十觔，蜑三百三十。貫洞，納布一百八十六件，棉花七百二十觔，蜑三百二十三。以上六洞，共納糧布二千四百五十三件，糧蜑二千五百四十八，糧花一千三百七十九觔。岜沙，納麻一百五十觔。大塘，納麻二百觔。

汪汲《事物原會》卷二四《布》 《路史》「伏羲作布，是以神農有不織之令」。《逸雅》「布，布也。布列衆縷爲經，以緯横成之也」。又太古衣皮，女工之始始于是。

汪汲《事物原會》卷二四《葛布》 《夏書》「青州厥貢：盬絺」。「豫州厥貢：漆枲絺紵」。《周禮·冬官·掌葛》「以時徵絺綌之財」。《吴越春秋》：「越王自吴還，知吴王好服之被體，使國中男女入山，采黄絲織布以獻之。」

汪汲《事物原會》卷二四《麻布》 明王象晉《羣芳譜》：「大麻一名漢麻，剥其皮績之，可爲布。」

汪汲《事物原會》卷二四《苧布》 陸璣《詩疏》：「苧同紵亦麻也。荆揚之間，一歲三刈，剥取皮以竹括其表得裏，韌音刃如筋者，煮之用緝布，謂之徽紵，今南越紵布皆用此麻。」

汪汲《事物原會》卷二四《毧》 宋俞氏《席上腐談》：「北方毛段細軟者曰子毧」。音宂。子謂毛之細者，毧温柔貌。《書·堯典》云「鳥獸氄毛」是也，今訛爲紫茸。陳懋仁《庶物異名疏》：「《元史》怯緜里翦茸也。」

汪汲《事物原會》卷二四《瑣伏》 《格古要論·外國志》：哈烈，古大宛地，有鎖伏，花毬織鳥毳成文。

汪汲《事物原會》卷二四《普羅》 《格古要論》：普羅出西番及陝西、甘肅，亦用絨毛織者，闊一尺許，與洒海剌相似，却不緊厚。

汪汲《事物原會》卷二四《毾》 裴淵《南海記》：蠻俗不蠶，取榖皮熟，槌爲褐以擬氊。

汪汲《事物原會》卷二六《氈》 《周禮·天官·掌次》「王大旅上帝，則張氈案，[設]皇邸」。鄭玄注：云以氈爲牀于幄(下)[中]。《周官·掌皮》「供毳毛爲氈」。則周制也。或曰，黄帝作旃，古通氈。蹂毛成片謂之氈。

汪汲《事物原會》卷二六《毯》　《物原》：「堯作毯」。毛席也。

汪汲《事物原會》卷二六《毹氍》音榻登

《魏略》：大秦國以羊毛木皮野絲作之，其屬有五色、九色，海東諸國所作也。《南史》：中天竺國出毹氍。

郭柏蒼《閩産録異》卷一《貨屬・棉布》　《南史・海南諸國傳》曰：【略】「吉貝者，樹名也。其花成時如鵝毳，抽其緒，紡之以作布。」

今漳屬織棉布，或稱「吉貝布」。古田及長樂梅花、廠石間有之。興化婦女所織布巾布帶，年售甚廣。福州織者亦美結。出泉州者工精。

郭柏蒼《閩産録異》卷一《貨屬・夏布》　或稱「苧布」。不紡者稱「穄布」。閩諸郡皆産苧。二月下種，五月刈者爲「頭苧」，七月刈者爲「二苧」，九月刈者爲「三苧」。搗其皮，漚以灰水，織爲夏布。粗、細、廣、狹，各隨其機，各視其工。省會婦女，不蠶不織。其餘村民及各郡縣，皆織以自用。

出長樂者，名「長樂繚」，結實。出大田者，軟薄，宜染色。邵武近江右，所織略似宜黄；然細者不及「銅板」，粗者不及「青頭」，白者不及蘇州之「機白」，精者不及粤東之「廣繚」。

郭柏蒼《閩産録異》卷一《貨屬・蕉布》　《南方草木狀》曰：「其莖解散如絲，以灰練之，可紡織爲絺、綌，謂之『蕉葛』」。

《大觀本草》：「閩人灰埋蕉皮，織以爲布。」

今泉、漳皆有織者，價廉。

郭柏蒼《閩産録異》卷一《貨屬・葛布》　梭葛爲布也。南靖、長泰出者稱「海南葛」，以長泰恭順里三重爲上。

郭柏蒼《閩産録異》卷一《貨屬・麻布》　以黄麻、青麻疏梭之爲布，以備喪服及洗滌器用。

《子夏〈儀禮〉・喪服》：「苴經（絰）者，毛（麻）之有蕡者也。牡麻者，枲麻也。」

蒼按：枲之有實者，爲苴。《周禮・典枲》疏：「牡麻者，枲麻也。」《爾雅・釋草》：「莩，麻母。」郭注：「苴，麻盛子者。」麻母有子，牡麻無子。

郭柏蒼《閩産録異》卷一《貨屬・卓戈紋》　臺灣生番所織布也。

「番毯」、「毛被」，皆番婦所織，雜獸毛爲之。

俞樾《茶香室叢鈔》卷一《卉服》　晉王嘉《拾遺記》云：「冀州之西二萬里，有孝養之國。其俗，人年三百歲，而織茅爲衣。即《尚書》『島夷卉服』之類也。」又云：燕昭王（七）〔八〕年，盧扶國來朝。其國人皆壽三百歲，結草爲衣，是爲卉服，至死不老，咸知孝讓。昔大禹隨山導川，乃旌其地爲無老純孝之國。

按，此二條並言卉服，蓋即一國也，雖未足爲《禹貢》卉服之塙據，然後世木綿布之類，實此種爲之權輿。

《拾遺記》又云：漢武帝天漢二年，渠搜國之西，有析渝之國。其國人壽三百歲。綴草（茅）〔毛〕爲繩，結網爲衣，似今之羅紈也。

俞樾《茶香室叢鈔》卷二〇《桂管布衫》　《玉泉子》云：「夏侯孜爲左拾遺，常著桂管布衫，朝謁文宗。問：孜衫何太麄澁。具言桂管産此布，厚可以禦寒。他日上問宰相：朕察拾遺夏侯孜，必貞介之士。宰相曰：其行今之顔冉。上嗟嘆，亦效著桂管布，滿朝皆倣之，此布爲之驟貴。」按，此即今之木綿布也，唐時已盛行，邱瓊山謂元時始入中國，何歟。

俞樾《茶香室叢鈔》卷二〇《羽紗羽緞》　國朝王漁洋《香祖筆記》云：「羽紗羽緞，出海外荷蘭、暹羅諸國。康熙初，入貢止一二疋。蓋緝百鳥毹毛織成。」按，近世所謂羽紗羽緞者，襲其名而非復是物矣。

俞樾《茶香室續鈔》卷一二《織皮》　國朝俞正燮《癸巳存稿》云：織皮如今藏氆氇，及西寧邊外番族氈貨。《禹貢》在梁、雍二州。

俞樾《茶香室續鈔》卷一四《桃花布》　唐馮贄《雲仙襍記》云：青齊閒，有一種桃，花盛開時，垂絲至二三尺，採之練以松脂，遞相纏結，織成鞋履，寄往都下，人皆不辨何物。自注所出云《青州襍記》。按，此亦即桃花布之類，然則青州亦有之矣。今無其物，未知所言信否。

崇厚《盛京典制備考》卷三《内務府事宜》　三旗應辦事宜

一廂黄旗牛录處百總十二名，所管差丁五千一百七十五名，按年春季由織造庫領綿花紡線，交庫造辦布疋。由廣儲司發給棉花三千三百五十五斤十兩，放給紡經線丁，該丁共五千一百七十五名，按丁領棉花九兩八錢七分一釐，交經線八兩九錢八分，共交經線二千九百零四斤六兩。又放給紡緯線棉丁一百六十三名，按丁領棉花一斤，交線一斤，共交緯線一百六十三斤。【略】

廂黄旗織造庫

一年應織大布八百三十疋。

一年應織小布一千二百四十五疋。内除。

黑津關領小布一千零一十二疋。
送京漂白小布一百疋。
送京染青藍小布一百疋。
送京染紅青小布三十三疋。
送京葛線一百六十三斤。
正黄旗織造庫
一年應織大布七百八十二疋。
一年應織小布一千一百七十三疋。内除。
黑津關領小布九百四十疋。
送京漂白小布一百疋。
送京青藍小布一百疋。
送京紅小布三十三疋。
送京葛線一百三十六斤。
正白旗織造庫
一年應織大布七百二十四疋。
一年應織小布一千零八十六疋。内除。
黑津關領小布八百五十三疋。
送京漂白小布一百疋。
送京青藍布一百疋。
送京紅布三十三疋。
送京葛線一百六十五斤。

閻鎮珩《六典通考》卷三二《宫政考・婦職》 「葛之覃兮，施于中谷。維葉莫莫，是刈是濩。爲絺爲綌，服之無斁。」毛亨傳：濩，煮之也。精曰絺，麤曰綌。斁，厭也。【略】

《曲禮》云：「爲天子削瓜[者副之]，巾以絺，(諸侯)[爲國君者華之]，巾以綌。」《玉藻》云：「浴用二巾，上絺下綌。」皆貴絺而賤綌。是絺精而綌麤。故云：精曰絺，麤曰綌。

章太炎《太炎文録續編》卷一《布》 古布皆以麻織，自宋末黄婆至江南，始有吉貝之布，吉貝行而麻布廢，獨夏布以麻織自若，然與絺綌又異。《説文》「絺，細葛也」，「綌，粗葛也」。《詩・葛覃》「爲絺爲綌」。是絺綌乃今之葛布，夏布以麻爲之，與絺綌自殊矣。《説文》「紵，檾屬，細者爲絟，粗者爲紵」，「絟，細布也」。紵與檾與枲一類之别，通言皆曰麻，别言則有枲有檾有紵。今夏布粗者即紵，細者即絟。《景十三王傳》：繇王閩侯遺江都王建荃、葛。師古曰：許慎云「荃，細布也」，字本作絟，蓋今南方筩布之屬皆爲荃也。葛即今之葛布也。然則繇王閩侯所遺者，即今潮州細夏布也。楊雄《蜀都賦》云「筩中黄潤，一端數金」。「蜘蛛作絲，不可見風」。按《説文》「緆，蜀細布也。祥歲切」。師古音絟爲千劣反，千劣、祥歲一聲之轉，蓋粤謂之絟，蜀謂之緆爾。楊子所説，即今四川細夏布也。《急就章》云「黄潤纖美宜製禪」。以是夏布故宜禪不宜袷也。然則夏布色白而漢人稱黄潤者，黄、光聲義相通，非謂其色黄矣。魏晉間吴地有《白紵舞》，此即指今之江西夏布。今江西夏布甚有細者，《舞曲》云「白紵質如月，輕如雲，色如銀」。蓋以紵概絟也。大氐夏布細者爲絟，古今獨江南有之，粗者爲紵，古中原亦有其物。《禹貢》豫州貢紵。《天官・典枲》掌布緦縷紵之麻草之物，《陳風》「可以漚紵」是也。《春秋傳》：季札與子産縞帶，子産獻紵衣。季札以此示蠻方非不能蠶，子産以此示中原非不産紵，然細至成絟，則中原所無有，亦由暑衣之屬，絲類有綃，今之生沙即古之綃，若古之沙縠則今之縐沙也。葛類有絺，靡細已甚，不煩加功於紵耳。凡吉貝不能甚細，細極則脆薄不中爲衣，財可以作掌中巾帨，而枲與紵粗細皆得爲之，如斬衰之麻是其至粗者已，齊功及緦以漸致細，吉服則十五升麻布。十五升者，謂以一千二百縷施於二尺二寸之幅，二尺二寸當今木工尺一尺六寸三分耳，而能容千二百縷，則吉貝必不得爲是也。緇布冠又倍其縷，以三十升麻布爲之。三十升者，謂以二千四百縷施於二尺二寸之幅，此于女紅精良無比，故孔子以麻冕爲禮，用絲爲儉，紵亦猶是也。今夏布粗者亦不貴，其精者則值倍於綃綺，所謂一端數金，漢時以金一斤爲一金。自漢至今無大異也。然則吉貝既入麻布遂廢者，一以吉貝易成，二以麻枲雖數練治，冬日御之猶不勝寒，不如吉貝之温耳。獨絟紵宜于暑日，視葛布則潔白，視綃則堅久，吉貝必不足以攝代，故至今莫能廢也。

富察敦崇《燕京歲時記・賜葛》 内廷王公大臣至端陽時，皆得恩賜葛紗及畫扇。

富察敦崇《燕京歲時記・换葛紗》 每至六月，自暑伏日起至處暑日止，百官皆服萬絲帽、黄葛紗袍。

劉錦藻《清續文獻通考》卷六《田賦六》 〔嘉慶十七年准題〕棉花莊頭四十

五名，共交本色棉花一萬二千斤，折色棉花銀八百六兩二錢。

光緒二十四年諭：有人奏江蘇落地布捐，病民已甚，請予禁革一摺。據稱土布落地捐，當時並未奏明，亦不咨部，但於鄉民售布時，每疋酌收錢文，按月包繳，層層過手，各有沾潤，請比照武進、陽湖二縣之例，一律普禁等語。著奎俊照從前示禁成例，體恤貧民，斟酌辦理。另片奏請收土布比照機布例，但完初次一捐以後，概准照票等語，著一併察度情形妥辦。【略】

又江蘇巡撫奎俊奏：江蘇落地布捐，查明酌議詳辦，略稱：查原奏土布落地捐，既不奏明，亦不咨部等語。查抽釐助餉，原指百貨而言，開辦迄今，垂三十餘年，貨目繁多，從無逐項奏咨之理。蘇、常各屬所産土布，先完産地捐，每疋錢二文，連機長布，每疋完錢四文，出運銷售，再完卡捐如前數。原摺所稱落地，當係産地之誤。又原奏按月包繳釐局，遞解藩署，人人各有沾潤等語。查産地布捐，祇有常熟、昭文、無錫、金匱、江陰等五縣，歷來辦法，常、昭則就地收捐，無、金等三縣，則由行莊分別認繳，每歲統計不滿萬串，向解司庫儲備，奉部飭辦供布津貼水脚之用，檔案可考。至水卡抽收各捐，商人捐錢若干，填明聯票給執，而以存根按月繳局，以備查核捐數是否相符。若捐多填少，商人豈肯甘心，征百解十，聞所未聞。又原奏江蘇布捐，惟武進、陽湖於同治七年稟奉示禁，請查照成案，一律禁革等語。查二縣布捐，經前撫臣丁日昌札免，旋於同治九年，據紳董稟請，詳准從同治十年起，由府派員會董照章復抽，充書院經費。光緒二十三年，據該府稟報，共收錢二千餘串，可見此捐仍未停止。又另片請將土布比照機布，但完初次一捐等語。查出口之布，江陰則銷江北，常熟、昭文則銷閩、廣，均祇出口一捐，如照機布之例，改完總捐則不止二文、四文之數，間有行銷内地與無錫、金匱之布，經過水卡，多者二處，少者一處，商人習於偷漏，不願總捐。伏查蘇屬産布一捐，爲供布水脚之津貼，如其停免，司庫實乏他款以應，且武陽布捐並未禁革，未便軒輊。惟查常、昭等縣土布，從前銷路甚旺，自内地機織棉紗盛行，土布銷數日絀，小民生計維艱，奴才再四籌議，擬將前項布捐自本年八月起，減半征收，解司備用，以恤民隱，供布水脚不敷，另行籌補。

劉錦藻《清續文獻通考》卷六四《國用二》　咸豐二年諭，布彦泰奕山奏，庫存回布，壅積過多，請暫停徵運一摺，伊犂庫存回布，連起運在途，多至四十萬餘匹，每年需用不過二萬匹，若不及早變通，必致積久黴朽。著德麟會同奕山等查明，葉爾羌、喀什噶爾、和闐等城，每年回户布匹，正賦應如何變通折徵，不至苦累回户，悉心籌議，奏明辦理。其塔爾巴哈台分運布匹，著即暫行停運。

劉錦藻《清續文獻通考》卷六九《國用七》　〔咸豐二年〕，又布彦泰奏，庫存回布四十萬匹，請變價折征，允之。

劉錦藻《清續文獻通考》卷三一四《輿地一〇·江西省》　吉安、贛州處贛江上游，明王守仁嘗起義而平宸濠。顧祖禹謂九江爲門户之險，贛州爲堂奥之險，兵家不當兼顧歟。至其米穀之饒，磁器、夏布之工，則又天下著名者也。

劉錦藻《清續文獻通考》卷三八四《實業七》　江西工務紀略

宜黄縣産夏布，每年約十三四萬疋，有機上白一種，織工極細。【略】

萬載出産，以夏布爲大宗。〔光緒〕三十年張令之鋭集股購基，設工藝院，稱本地所織夏布，改良提花，函託浙友雇訂工匠，擬擇簡易可行者試辦。如舊出繡貨，花色甚劣，緣繡匠不識煊染烘托之法，所繡山水人物，不能惟妙惟肖，若用善畫者先爲摹本，再令繡工繡之，教以畫法，必能逐漸改良，且工本無多，不難猝辦。【略】

又上饒縣周令邦翰稱：縣産夏布，其工之細密者，名曰千扣女兒機。如年逾二十之女子，目力不及者，即不能織。惜所出不多，已飭鄉民加工多織，以收利益。【略】

雩都縣以造紙、熬糖爲大宗，城鄉多種苧麻，向俱搓作錢串。三十一年，張令承祖諭紳民仿織夏布，北鄉、青塘一帶，已有仿織者。【略】

寧都州産，以夏布爲大宗。三十一年，淩牧祖穀諭各機户，延雇提花工匠，試織起花夏布，以增價值，而廣銷路。【略】

武寧州素産土絹，惟粗劣不堪，夏布亦織而未精。三十年，王令濬道設立工藝局，購機紡織，力求改良。【略】

臨川縣北鄉，民家慣織布而不善剥麻，遂不種麻。廪生桂汝章等，雇湖北麻師教之，漸知剥麻之法。【略】

〔光緒〕三十年，廣昌縣王令渭濱稱：縣産夏布，粗而不潔，見飭赴寧都，延雇工師教以紡績漂織諸法，以冀改良。【略】

宜春縣産夏布。【略】

萍鄉縣婦女，績麻有極細者，織成夏布，勝過於絹。【略】

三十一年，安仁縣李令瑋堂稱：民務耕種，向無大宗工藝，前提造竹紙、竹器，緣起瘠民貧，迄無成議。縣屬種麻尚多，惜未諳織夏布，見籌赴廣信雇織工數名，先於城内廟宇設機教徒學織。本地織成棉布，粗劣異常，捐廉購買湖北巴河及南昌所織之布，分給四鄉，勸令改良。又稱種桑育蠶，其利甚厚，業經出示勸辦，擬由農工商務局先爲試養，以開風氣。

劉錦藻《清續文獻通考》卷三八五《實業八》 織夏布業爲我國家庭工業，福建、廣東、江西、湖南、四川爲最著。福建以南安、安溪、永泰三縣爲主，原料用苧麻，惟須仰給他省及臺灣、香港，年產約十五萬擔。上品銷售上海、汕頭等地。四川以彭水、重慶、内江、江津、大邑爲主，原料爲川麻，又稱青麻，即火麻，苧麻、茼麻之通稱。品質良好，每年運銷漢口、上海等地。湖南多在沅、湘、資三江流域，年產約五十萬擔，以瀏陽、醴陵、長沙、衡州、常德爲重要市場，原料以苧麻爲主，爲該省著名物產。江西夏布亦著名，臨川、崇仁、萬載、宜黄、廣昌，均爲重要，原料以苧麻爲主，多銷上海及揚子江流域。廣東製品稱國内第一，揭陽、潮陽爲最重要，抽紗夏布一種，紋樣精巧，爲他省所無，向得免税，出口頗多。江蘇、湖北所產均遜品質，分粗、細、漂白三種，漂白爲上。著名之夏布，冠以產地名稱，如萬載、苧麻製。宜黄、亞麻製。寧鄉、瀏陽、廣東夏布有波羅麻製、苧麻製之别。等是。無錫夏布又稱洋莊，多銷高麗等國。葛布產地江西、湖南、廣東爲重要，江西廣信、廣東雷州爲最有名之產葛布區域。

《江西商務紀略》 光緒三十年，豐城縣左令秉鈞稱：縣屬商務以土布爲大宗，歲出十六萬二千餘疋，行銷本地及吉安之龍泉、贛州之會昌、寧都州之瑞金等縣。名爲土布，實用洋紗織成。因棉花價貴而費工，用洋紗則工省。織户祇賺工資，商販亦獲利無多，實爲民閒利益之一大漏巵。已勸各鄉多種棉花，以平其價，使織户改用棉紗，藉以抵制洋紗。若各屬能多種棉花，則洋紗銷路自可日見衰微。

樂安縣產夏布，年約四五萬疋，多係外商來運至九江、蕪湖銷售。

撫州府上通建昌，下達省垣，遠至閩省之大路。春夏水漲，舟楫便利，貨物易運。秋冬水涸，阻滯不堪。米穀、夏布爲大宗，棉布、棉花次之，燈草、油糖又次之，橘餅、蜜棗又次之。棉花本地所產者，尚不敷用。其來自湖北武穴者，歲約二十餘萬金，此外皆本地出產。而燈草尤爲南鄉獨有之利。

廣昌縣出口貨以夏布爲大宗，杉木、澤瀉、菸葉、冰糖次之。進口貨以苧麻爲大宗，藥材、棉布、洋貨次之。各貨各有行棧，惟木植、澤瀉等項，向無牙行，散漫難稽。三十年，揭榮昌請開木行。其澤瀉，牙行亦出示。招募婦女以績麻爲業，所織夏布年約出二萬餘疋，運銷山東、山西、河南、福建等省。

二十九年，袁州府傅守鍾麟報：分宜縣惟宜種麻，出產以夏布爲大宗，獲利亦厚，惟無富商鉅賈，往彼收買。

萬載縣出產以夏布爲大宗，其闊幅者年約出一萬捲，狹幅約五六千捲，行銷江浙等省。【略】

三十年，永豐縣吴令國珍稱：該縣人工所織夏布，向分春秋兩幫出運。本年春幫共運出一千一百三十餘捲，每捲價銀十七八兩。

石城縣所產夏布，均係婦女紡織。尺幅不闊，僅敷本地之用。閒有出口，銷路不暢。

穆彰阿等《清一統志》卷一七《直隸·保定府六》土產 氈羢《府志》：東鹿之氈羢，最爲純細。

穆彰阿等《清一統志》卷一七《直隸·廣平府三》土產 氈《唐書·地理志》：貝州貢氈、覆鞍氈。《寰宇記》：貝州產白氈、紈氈。

穆彰阿等《清一統志》卷三一《直隸·順德府二》土產 絲布《唐書·地理志》：邢州土貢。

穆彰阿等《清一統志》卷七六《江蘇·江寧府五》土產 葛布出句容縣。

穆彰阿等《清一統志》卷八一《江蘇·蘇州府五》土產 布《姑蘇志》：木棉布，諸縣皆有之，而常熟爲盛。崑山又有苧布、綀絲布。絲葛《元和志》：元和貢絲葛十疋。

穆彰阿等《清一統志》卷八五《江蘇·松江府四》 兼絲布以白苧，或黄草，兼絲爲之，苧宜采色，爲暑服之冠。又有以絲作經而緯以綿紗，曰絲布，染色尤宜。三梭布出府城。《府志》：古名吉貝，有紫白二種。明成化閒土貢，宏治元年罷。花毯出府城。《府志》：翦絨花毯，色異巧，有廣幅至數丈者。番布出上海烏泥涇鎮。撥羅絨紋繡出南匯下沙鎮，以采絨縷結，實之以絲，花樣隱起若羅紋，謂之下沙繡。

穆彰阿等《清一統志》卷八九《江蘇·常州府》土產 布《元和志》：貢細苧、紅紫二色綿布。《唐志》：又貢兔褐、皂布。

穆彰阿等《清一統志》卷九二《江蘇·鎮江府三》土產 麻鎮江所產，取以爲布。《唐書·地理志》：潤州土貢火麻布。

穆彰阿等《清一統志》卷九五《江蘇·淮安府三》土產 布《唐書·地理志》：

楚州貢貲布、紵布。

穆彰阿等《清一統志》卷九九《江蘇・揚州府四》土産　草布江都縣出，用黃草織成，一名廣陵葛。

穆彰阿等《清一統志》卷一〇四《江蘇・太倉直隸州二》土産　苧布出本州。黃草布出本州。大紅布、崇明大布。

穆彰阿等《清一統志》卷一〇六《江蘇・通州直隸州》土産　苧布出餘東。

穆彰阿等《清一統志》卷一一一《安徽・安慶府三》土産　紵布各縣俱出。《唐書・地理志》：舒州同安郡土貢紵布。《九域志》：土貢白紵布二十疋。

穆彰阿等《清一統志》卷一一四《安徽・徽州府三》土産　麻布《元和志》：開元舊貢，後省。白苧《元和志》：元和貢有細紵布。《九域志》：土貢白苧二十匹。

穆彰阿等《清一統志》卷一一七《安徽・寧國府三》土産　紵布宣城出。《元和志》：宣州貢。兔褐《唐志・宣州》：土貢。

穆彰阿等《清一統志》卷一二四《安徽・廬州府三》土産　絺布出合肥。《唐書・地理志》：廬州土貢。

穆彰阿等《清一統志》卷一二七《安徽・鳳陽府三》土産　絺布《通典》：濠州貢。《唐書志》：濠州、壽州貢。麻布《寰宇記》：壽州産。葛布《宋書志》：壽州貢。

穆彰阿等《清一統志》卷一三〇《安徽・滁州直隸州》土産　貲布《唐書・地理志》：滁州土貢。又貢絲布、紵、練麻。《寰宇記》：貲布，滁州土産，舊貢。

穆彰阿等《清一統志》卷一三一《安徽・和州直隸州》土産　紵布。

穆彰阿等《清一統志》卷一三二《安徽・廣德直隸州》土産　棉布皆州出。《寰宇記》：廣德軍土産。

穆彰阿等《清一統志》卷一三四《安徽・泗州直隸州》土産　布州出。《元和志》：泗州開元貢麻布、細貲布。開元賦布。

穆彰阿等《清一統志》卷一三七《山西・太原府二》土産　麻《元和志》：太原府賦麻布。

穆彰阿等《清一統志》卷一三九《山西・平陽府二》土産　蔴布出曲沃縣。《元和志》：晉州賦蔴布。布吉州出。《元和志》：慈州賦麻布。

穆彰阿等《清一統志》卷一四一《山西・蒲州府二》土産　布府境俱有，出滎河縣者佳。《元和郡縣志》：河中府賦布。《唐書・地理志》：河中府土貢氈。

穆彰阿等《清一統志》卷一四三《山西・潞安府二》土産　《元和志》：潞州賦布。

穆彰阿等《清一統志》卷一四四《山西・汾州府》土産　布府境俱出。《元和志》：汾、石二州皆賦布，石州貢布三端。氈出平遥、介休諸縣。《唐書・地理志》：汾州土貢鞍面氈。

穆彰阿等《清一統志》卷一四五《山西・澤州府》土産　麻布出陵川者佳。《元和志》：澤州賦[布]。

穆彰阿等《清一統志》卷一四七《山西・寧武府》土産　毯寧武縣出。《府志》：寧武所獨有，故名寧武毯。

穆彰阿等《清一統志》卷一五六《山西・絳州直隸州二》土産　貲布《元和志》：絳州賦。氈毯《舊志》：氈片、毛毯，俱出絳州。

穆彰阿等《清一統志》卷一五八《山西・沁州直隸州》土産　布《元和志》：沁州賦。花氈《州志》：州産。羊絨《州志》：州縣俱産。

穆彰阿等《清一統志》卷一七二《山東・青州府三》土産　布各縣俱有，名吉貝布。《禹貢》青州貢絺。註：絺，葛也。貲布，《唐書・地理志》：密州貢。《元和志》：密州貢細布、絁布。

穆彰阿等《清一統志》卷一七三《山東・登州府》土産　葛布《文登縣志》：葛布出縣中。

穆彰阿等《清一統志》卷一七五《山東・萊州府二》土産　按《舊志》載，《元和志》萊州貲布，《唐書・地理志》萊州土貢貲布。謹附記。

穆彰阿等《清一統志》卷一七六《山東・武定府》土産　氈《府志》：青城縣出，以驢毛爲之，最堅細。

穆彰阿等《清一統志》卷一七八《山東・沂州府二》土産布　《宋史・張肅傳》：沂州産布。

穆彰阿等《清一統志》卷一九五《河南歸德府三》土産　紿《寰宇記》：宋州土産。

穆彰阿等《清一統志》卷一九八《河南・彰德府三》土産　隔布《唐書・地理志》：相州土貢隔布。

穆彰阿等《清一統志》卷二〇一《河南・衛輝府三》土産　絲布《寰宇記》：又産絲布。

穆彰阿等《清一統志》卷二一四《河南・南陽府五》土産　絲布《元和志》：土貢。

穆彰阿等《清一統志》卷二一七《河南・汝寧府三》土産　葛布《府志》：信陽

州羅山縣出。

穆彰阿等《清一統志》卷二二二《河南・光州直隸州二》土産 葛布光(山)固始縣出。《唐書・地理志》：光州土貢葛布。

穆彰阿等《清一統志》卷二三二《陝西・西安府六》土産 氈《唐書・地理志》：京兆府貢氈。

穆彰阿等《清一統志》卷二三四《陝西・延安府二》土産 麻布《元和志》：丹州、延州賦布。又銀州貢女稽布。毛毼《九域志》：保安軍貢。《府志》：保安縣出羢。

穆彰阿等《清一統志》卷二三六《陝西・鳳翔府二》土産 麻布《元和志》：鳳翔府賦布。

穆彰阿等《清一統志》卷二三八《陝西・漢中府二》土産 布南鄭、沔縣、略陽皆産木棉。麻苧《元和志》：興元(貢)〔賦〕布，洋州貢火麻布、野苧布，鳳州賦。《洋縣志》：縣有苧谿出野苧。 氈鳳縣出。

穆彰阿等《清一統志》卷二四〇《陝西・榆林府二》土産 布《元和志》：夏州賦。

穆彰阿等《清一統志》卷二四五《陝西・同州府三》土産 布《元和志》：同州開元賦布。

穆彰阿等《清一統志》卷二四六《陝西・商州直隸州》土産 麻布《寰宇記》：商州土産。

穆彰阿等《清一統志》卷二四九《陝西・鄜州直隸州》土産 麻《九域志》：鄜州賦麻布。

穆彰阿等《清一統志》卷二五〇《陝西・綏德直隸州》土産 布《唐書・地理志》：綏州土貢胡女布，銀州土貢女稽布。

穆彰阿等《清一統志》卷二六三《甘肅・慶陽府三》土産 布慶陽府出。《元和志》：慶州賦胡布，寧州賦麻布。《寰宇記》：慶州貢胡女布。 氈慶陽府寧州出。《唐書・地理志》：寧州、會州貢五色覆鞍氈。《九域志》：慶州貢紫茸氈。

穆彰阿等《清一統志》卷二六五《甘肅・寧夏府二》土産 羢褐《明統志》：土産。 氈《新唐書・地理志》：靈州土貢氈。

穆彰阿等《清一統志》卷二六六《甘肅・甘州府》土産 布《寰宇記》：甘州産。褐《寰宇記》：甘州産駞褐。

穆彰阿等《清一統志》卷二六八《甘肅・涼州府二》土産 褐《元和志》：涼州貢細褐。 氈毯《元和志》：涼州貢柔毛氈。《唐書・地理志》：涼州貢毯。

穆彰阿等《清一統志》卷二六九《甘肅・西寧府一》 夏秋少暑，冬春多寒，毳毛爲衣。酥湩煎茶，番人以皮馬爲禮，畜牧爲業。《舊鎮志》。

穆彰阿等《清一統志》卷二七三《甘肅・涇州直隸州二》土産 氈涇州出。《唐書・地理志》：原州貢覆鞍氈。《寰宇記》：涇州土産駝毛氈。《九域志》：涇州貢紫茸毛。麻布鎮原、涇州出。《元和志》：涇州、原州賦布。

穆彰阿等《清一統志》卷二七七《甘肅・階州直隸州二》土産 麻布《舊志》：文縣出。 布《元和志》：成州貢。

穆彰阿等《清一統志》卷二九〇《浙江・湖州府二》土産 緆湖緆起于明時，有花有素。

穆彰阿等《清一統志》卷三〇〇《浙江・金華府二》土産 紵布《元和郡縣志》：婺州(貢)〔賦〕紵布。

穆彰阿等《清一統志》卷三〇一《浙江・衢州府》土産 紵布《郡縣志》：衢州土貢。《寰宇記》：衢州産麻布及紗。

穆彰阿等《清一統志》卷三〇四《浙江・温州府》土産 紵布《元和志》：温州開元貢布。《府志》：郡産布最細。

穆彰阿等《清一統志》卷三〇五《浙江・處州府》土産 紵布《元和志》：處州開元貢。麻《元和志》：處州、元和貢麻布。《舊志》：麗水縉雲出。

穆彰阿等《清一統志》卷三一〇《江西・南昌府三》土産 紵布府境俱出。《元和志》：洪州貢。《唐書・地理志》：又貢絲布。

穆彰阿等《清一統志》卷三一三《江西・饒州府三》土産 紵布《元和志》：饒州土貢。《省志》：各縣俱出。

穆彰阿等《清一統志》卷三一七《江西・南康府二》土産 葛布星子縣出。又各縣俱出紵布。按《舊志》載《寰宇記》南康軍土産(葛)布。

穆彰阿等《清一統志》卷三一九《江西・九江府二》土産 葛《府志》：葛布、苧布多出德安。

穆彰阿等《清一統志》卷三二一《江西・建昌府二》土産 葛布《省志》：各縣出。

穆彰阿等《清一統志》卷三二三《江西・撫州府二》土産 絲布《唐書・地理志》：撫州土貢。苧布《省志》：金谿縣出。

穆彰阿等《清一統志》卷三二四《江西・臨江府》土産 葛布《明統志》：各縣出。紵布《明統志》：各縣出。

穆彰阿等《清一統志》卷三二五《江西・瑞州府》土產　紵《府志》：府境績苧皮爲布，曰苧布。又有省布、腰機、遍紗等名。

穆彰阿等《清一統志》卷三二六《江西・袁州府》土產　紵布《唐書・地理志》：袁州土貢白紵。《元和志》：袁州貢紵麻布。《明統志》各縣俱出。

穆彰阿等《清一統志》卷三二九《江西・吉安府三》土產　白紵布《元和志》：吉州貢。《寰宇記》：吉州產絲布。

穆彰阿等《清一統志》卷三三一《江西・贛州府二》土產　紵布《唐書・地理志》：虔州土貢絲布紵布、竹練。《省志》：信豐、會昌、安遠，皆出葛布，會昌更佳。

穆彰阿等《清一統志》卷三三三《江西・寧都直隸州》土產　夏布寧都州出。

穆彰阿等《清一統志》卷三四一《湖北・黄州府二》土產　苧布《元和志》：蘄州貢。

穆彰阿等《清一統志》卷三四三《湖北・德安府》土產　青紵布《唐書・地理志》：安州貢。《宋史・地理志》：德安府貢。《寰宇記》：安州土產。

穆彰阿等《清一統志》卷三四五《湖北・荆州府二》土產　貲布《唐書・食貨志》：江陵府土貢。

穆彰阿等《清一統志》卷三五一《湖北・施南府》土產　葛布《夔州府志》：俱建始出。

穆彰阿等《清一統志》卷三五七《湖南・長沙府四》土產　苧布《府志》：湘鄉、攸、瀏陽、茶陵、四州縣出。

穆彰阿等《清一統志》卷三六一《湖南・寶慶府》土產　麻布邵陽縣出。《元和志》：邵州貢。

穆彰阿等《清一統志》卷三六九《湖南・沅州府二》土產　葛布黔陽麻陽出。

穆彰阿等《清一統志》卷三七一《湖南・永州府二》土產　細葛又道州，開元、元和貢細苧〔布〕。

穆彰阿等《清一統志》卷三七二《湖南・永順府》土產　布諸縣皆出，織成布皆粗厚。《府志》：漢之賨布，宋之溪布，即此類。斑布永順、龍山、桑植出。土錦。

穆彰阿等《清一統志》卷三八六《四川・成都府》土產　布《唐書・地理志》：成都府土貢高杼布，漢州出彌牟紵布衫段。《寰宇記》：新都出高杼布，及橦布衫段。漢州出紵布、彌牟布。永康軍舊貢交梭布。

穆彰阿等《清一統志》卷三八九《四川・重慶府三》土產　布《唐書・地理志》：溱州貢斑布，涪州貢獠布。《元和志》：昌州貢筒布，南州貢斑布。溱州貢楮皮布、苧布，涪州貢布。《寰宇記》：昌州貢斑布。《九域志》：渝州貢葛布。

穆彰阿等《清一統志》卷三九三《四川・保寧府三》土產　布《唐書・地理志》：利州、劍州貢絲布。巴州貢貲布。《寰宇記》：閬中產獠布。壁州產絲布、麻布。

穆彰阿等《清一統志》卷三九四《四川・順慶府二》土產　布《唐書・地理志》：果州貢絲布。《寰宇記》：廣安軍產布。

穆彰阿等《清一統志》卷三九六《四川・叙州府二》土產　麻布《元和志》：戎州貢。

穆彰阿等《清一統志》卷三九八《四川・夔州府二》土產　紵《唐書・地理志》：夔州貢紵，開州貢白紵〔布〕。布《府志》：雲陽產葛布。

穆彰阿等《清一統志》卷四〇三《四川・雅州府二》土產　絺《元和志》：雅州賦。

穆彰阿等《清一統志》卷四〇五《四川・嘉定府二》土產　布《元和志》：嘉州賦。榮州貢斑布。

穆彰阿等《清一統志》卷四〇七《四川・潼川府二》土產　布《唐書・地理志》：遂州貢絲布。《元和志》：梓州貢絲布賦布。普州賦紵布，貢葛〔八匹〕。

穆彰阿等《清一統志》卷四一〇《四川・眉州直隸州》土產　獠麻布《元和志》：眉州貢。

穆彰阿等《清一統志》卷四一一《四川・邛州直隸州》土產　絲布《元和志》：邛州貢。細葛《寰宇記》：邛州產。《伐蜀記》云：鎮南焦葛，上者匹直十金。

穆彰阿等《清一統志》卷四一二《四川・瀘州直隸州》土產　麻布《元和志》：瀘州賦。《寰宇記》：瀘州產斑布。

穆彰阿等《清一統志》卷四一三《四川・資州直隸州》土產　葛《唐書・地理志》：陵州貢細葛。麻《元和志》：資州貢麻布。

穆彰阿等《清一統志》卷四一七《四川・酉陽直隸州》土產　布《元和志》：黔州貢竹布、苧麻布。

穆彰阿等《清一統志》卷四二六《福建・福州府》土產　蕉布《元和志》：貢白蕉。《新唐志》：土貢蕉布。《寰宇記》：土產蕉葛、絲布。紵布《元和志》：〔寰宇記〕閩清、古田諸縣出土〔貢〕〔產〕。

穆彰阿等《清一統志》卷四二七《福建・興化府》土產　絲布《通志》：細緝苧麻雜絲織之，宋時本軍土貢葛布，後代之以此。苧布《通志》：二縣皆有，莆田之涵頭、吉了出者尤佳。

穆彰阿等《清一統志》卷四二八《福建・泉州府》土產　布棉布，晉江、南安、同安出。苧布，諸縣皆出，惠安、北鎮者極佳。蕉布，葛布，南安、同安、安溪皆出。

穆彰阿等《清一統志》卷四三〇《福建・延平府》土產　白苧布《明統志》：白苧布諸縣俱出，將樂尤佳。

穆彰阿等《清一統志》卷四三一《福建・建寧府》土產　布各縣俱出。《元和志》：貢蕉葛布。《新唐志》：蕉、竹布。

穆彰阿等《清一統志》卷四三三《福建・邵武府》土產　苧布各縣俱出。葛布出建寧縣永城、開山二保。

穆彰阿等《清一統志》卷四三八《福建・永春直隸州》土產　苧布　蕉布　葛布諸縣並出。

穆彰阿等《清一統志》卷四三九《福建・龍巖直隸州》土產　苧布　葛布各縣並出。

穆彰阿等《清一統志》卷四四三《廣東・廣州府三》土產　布《元和志》：廣州貢絲布、竹布、蕉布。

穆彰阿等《清一統志》卷四四四《廣東・韶州府》土產　布《元和志》：韶州貢麻布、竹布。《九域志》：英州貢紵布。《明統志》：翁源出紵霜布。

穆彰阿等《清一統志》卷四四五《廣東・惠州府》土產　布《唐書・地理志》：循州貢。

穆彰阿等《清一統志》卷四四六《廣東・潮州府》土產　布《元和志》：潮州貢蕉葛布。

穆彰阿等《清一統志》卷四四八《廣東・肇慶府二》土產　布《元和志》：端州、康州、封州皆貢蕉布、麻布。《唐書・地理志》：新州貢蕉布。《寰宇記》：新州產紵布。《明統志》：高要縣出苧布、蕉布。《府志》：葛布出陽春者佳。

穆彰阿等《清一統志》卷四五四《廣東・南雄直隸州》土產　布《明統志》：府出蒸紗布、蕉布。

穆彰阿等《清一統志》卷四五五《廣東・連州直隸州》土產　布《唐書・地理志》：連州土貢，白紵細布。

穆彰阿等《清一統志》卷四六三《廣西・柳州府》土產　布《寰宇記》：融州產苧布。又象州有古苧，績以爲布。

穆彰阿等《清一統志》卷四六四《廣西・慶遠府》土產　布《寰宇記》：宜州土產都洛麻狹幅布。《府志》：又有葛布。

穆彰阿等《清一統志》卷四六五《廣西・思恩府》土產　布。

穆彰阿、潘錫恩等《大清一統志》卷四六八《平樂府二》土產　蕉布《寰宇記》：昭州產紅蕉。《明統志》：平樂縣有紅蕉布。　竹布《元和志》：賀州貢竹布，富州貢班布。《寰宇記》：昭州產壽竹。《明統志》：平樂恭城出筋竹，縣婦能以竹作衫，充暑服。

穆彰阿等《清一統志》卷四七〇《廣西・潯州府》土產　紵布《元和志》：貴州貢。《明統志》：古貝布，一名鬱林布，比蜀黃潤，古云筩中黃潤，一端數金。《淮南子》曰：弱緆，細布也。《漢書》白越即此。

穆彰阿等《清一統志》卷四七一《廣西・南寧府》風俗　地隘民瘠，俗唯種田，服用唯蕉葛。《圖經》。

苗蠻　西原蠻在廣容之南，邕桂之西。地產峒緂、練布。

穆彰阿等《清一統志》卷四七四《廣西・鬱林直隸州》土產　布《元和郡縣志》：鬱林貢紵布。

穆彰阿等《清一統志》卷四七七《雲南・雲南府》土產　布出晉寧川塘頭，極細密，謂之塘頭布。

穆彰阿等《清一統志》卷四七九《雲南・臨安府》土產　莎羅布出建水。斜布　越氈《寰宇記》：姚州產。又引《蜀記》云：雲南越毤毦，罽也。

穆彰阿等《清一統志》卷四八〇《雲南・楚雄府》土產　莎羅布《寰宇記》：姚州有橦木，皮可爲布。《府志》：即梭蘿布。

穆彰阿等《清一統志》卷四九四《雲南・鎮沅直隸州》土產　莎羅布。

穆彰阿等《清一統志》卷四九五《雲南・景東直隸廳》土產　娑羅布、羊肚布織文如羊肚。

穆彰阿等《清一統志》卷五〇〇《貴州・貴陽府》土產　葛布貴定縣出。《明統志》：丹平長官司出。

穆彰阿等《清一統志》卷五〇二《貴州・都勻府》土產　斜文布出獨山州爛土司。

穆彰阿等《清一統志》卷五〇五《貴州・石阡府》土產　布《元和志》：夷州貢斑布。

穆彰阿等《清一統志》卷五〇七《貴州・銅仁府》土產　葛布府境及各司出。

穆彰阿等《清一統志》卷五〇八《貴州・黎平府》土產　葛布府境及各長官司俱出。皮布苗人採樹皮織成。洞被府境出，土人呼爲諸葛錦。《明統志》：以苧布爲質，以綵線挑刺成之。

穆彰阿等《清一統志》卷五〇九《貴州・大定府》土產　馬氊府境出。《通志》：可以禦雨。

穆彰阿等《清一統志》卷五一一《貴州・遵義府》土產　布《元和志》：夷州貢斑布，賦粗布。

穆彰阿等《清一統志》卷五一二《貴州・平越直隸州》土產　葛布州境出。

穆彰阿等《清一統志》卷五二一《新疆・哈密》土產　綽塔爾布以上俱《西域圖志》。

覺羅石麟、儲大文等〔雍正〕《山西通志》卷四七《物產》汾州府　布　唐常貢，昌化郡歲貢布五端。今永寧州也。

蒲州府　布　郝經言：河東土產，菜多於桑，而地宜麻，專紡績織布，故有大布、卷布、板布等。自衣被外，折捐價值，貿易白銀以供官賦。

沁州　羊絨　三縣胥出。

平定州　布　素不諳紡織，明萬歷間壽陽知縣藍令始教之織，今產差盛。

絳州　毛羢　州作毛毯，細者爲袍衫甚佳，舊作氊帽，婦女童稚皆有分功。

隰州　布　唐常貢，大寧郡貢布五端，金隰州貢緑卷子布。

陸釴〔嘉靖〕《山東通志》卷八《物產》東昌府　氊出東昌臨清者，精緻甲於他處。

陸釴〔嘉靖〕《山東通志》卷八《物產》萊州府　〔貲〕布出萊州，登亦有之，俱唐宋貢物。

陸釴〔嘉靖〕《山東通志》卷八《田賦》山東布政司　官民田五十七萬三千二百五十九頃二十六畝九分七釐四毫有畸。

夏税　實徵【略】京庫布，通州通濟庫布，德州常盈倉布，薊州倉布，河間府滄州布，河間府庫布，清河縣庫布，唐縣庫布。【略】萬億庫布，永平府山海庫布。【略】

秋糧　實徵【略】京庫花絹，涿州庫布、花，永平府大潤庫布、花，通州通濟庫布，隆慶衛倉布、花。【略】山海庫布、花，萬億庫布、花，萬全都司宣府等二十一衛所布。

包大燿等〔萬曆〕《兖州府志》卷二四《田賦》　鄉縣土貢：綿羊五十六隻，二季共納毛一百六十八斤，山羊十隻，二季共納毛二斤。

包大燿等〔萬曆〕《兖州府志》卷二五《物產》　布《釋文》亦曰帛，然今之所謂布者，乃用木膚或麻苧花卉等物爲之，似不可以帛槩論也，但其間亦有精粗疎密之别，要之精密者亦未易爲也。《禮》「布帛精粗不中數，幅尺廣狹不中度，不鬻于市」。□□公儀休見布好，疾出家婦，燔其機，恐奪人之利。《六帖》云：南夷有吉貝草也，緝其花爲布。又高昌有草，名白疊草，實如繭中絲，如細纑，爲白疊子，緝其花亦可爲布，粗曰貝，精曰疊。太公以布爲貨，廣二尺二寸爲幅，長四丈爲疋。《廣州記》曰：蠻夷不蠶，採木緜爲絮，剥古緑藤績以爲布。

虞懷忠、郭棐等〔萬曆〕《四川總志》卷一七《東川軍民府・土產》　氊、氈衫、麻布。俱府治出。

虞懷忠、郭棐等〔萬曆〕《四川總志》卷一七《烏蒙軍民府・土產》　氊。

虞懷忠、郭棐等〔萬曆〕《四川總志》卷一七《鎮雄軍民府・土產》　氊。

虞懷忠、郭棐等〔萬曆〕《四川總志》卷一七《播州宣慰司・土產》　斑布　丹砂俱廢溱州出。

虞懷忠、郭棐等〔萬曆〕《四川總志》卷一七《酉陽宣撫司・土產》　花斑布。

虞懷忠、郭棐等〔萬曆〕《四川總志》卷一八《天全六番招討使司・土產》　氊、毯。

虞懷忠、郭棐等〔萬曆〕《四川總志》卷一八《平茶洞長官司・土產》　花斑布。

虞懷忠、郭棐等〔萬曆〕《四川總志》卷一八《松潘等處軍民都指揮使司・土產》　毛毯。俱司治出。

虞懷忠、郭棐等〔萬曆〕《四川總志》卷一八《疊溪守禦千户所・土產》　毛毯。

羅廷權等〔同治〕《成都縣志》卷三《食貨志・物產》　布有白花布、紫花布、雲布、綿布。《九域志》：成都土貢高杼布。

陳霽學、葉芳模等〔道光〕《新津縣志》卷二九《物產》　貨之屬布《説文》：布，枲織也。《廣韻》：布，帛也。《爾雅》、《釋名》：布，布也。布列衆縷爲經，以緯橫成之也。新邑男女多紡織，故布最多，有販至千里外者。其名則有大布、小布、台鎮等號。

楊應璣等《石砫廳鄉土志》第十章　植物製造產絲枲之屬絲，蠶所吐也。枲，麻也。《爾雅翼》：有實爲苴，無實爲枲。

第二節　布　《舊志》云：廳地產棉花，織爲布，色不甚白而堅牢耐久，謂之家機布。近十數年，洋紗入川，旁溢我石，布工喜其價廉工省，更無有織本產之布者，閭巷蕭寂，婦無公事，紡聲絶矣。

吴潛、傅汝舟〔正德〕《夔州府志》卷三《土產》貨類　葛布、雲陽、梁山、建始三縣出。

林庭棉、周廣〔嘉靖〕《江西通志》卷四《南昌府・土產》　葛布。豐城出。

林庭棡、周廣〔嘉靖〕《江西通志》卷一二《南康府・土產》 葛布。星子縣出。

林庭棡、周廣〔嘉靖〕《江西通志》卷一六《建昌府・土產》 葛布、各縣出。金絲布唐時貢。

林庭棡、周廣〔嘉靖〕《江西通志》卷二二《臨江府・土產》 葛布、各縣出。苧布。

林庭棡、周廣〔嘉靖〕《江西通志》卷二四《吉安府・土產》 葛布、苧布、棉布。

林庭棡、周廣〔嘉靖〕《江西通志》卷三二《袁州府・土產》 葛布、苧布、綿布。

林庭棡、周廣〔嘉靖〕《江西通志》卷三四《贛州府・土產》 葛布、紵布。

秦鏞〔崇禎〕《清江縣志》卷四《賦役・稅糧》 南京棉布米本折南京棉布米一千四百六十五石三斗七升，每石折布一疋，該布一千四百六十五疋一丈一尺一寸。內本色布一百四十五疋一丈二尺六寸六分，每疋徵銀三錢五厘，該銀四十四兩三錢五分三厘七毫一絲。本款本縣炤各都人戶糧數多寡分派買布，其本項銀兩減還納布人戶。折色布一千三百一十九疋二丈八尺四寸四分，每疋折銀三錢，該折色布銀三百九十五兩九錢八分四厘四毫。脚耗銀九兩九錢三分三厘八毫。本款每正銀一兩，原編脚耗銀二分八厘，共該銀一十一兩八分七厘五毫六絲。三忽三微，內缺編脚耗銀一兩一錢五分二厘六毫八絲。一忽二微，向於備補銀內支湊，今備補奉文全扣充餉，無從支給，在于南糧舡驢脚費內支解，內將二分三厘載批解司，五厘給銀匠火耗，今奉文書行載批解司，銀匠無給。

顧清等〔正德〕《松江府志》卷七《田賦中》

宣德八年

巡撫侍郎周忱奏 一折徵

金花銀一兩一錢，准平米四石六斗，或四石四斗，每兩加車脚鞘匭銀八釐。

闊白三梭布一疋，准平米二石五斗，或二石四斗至二石，每疋加車脚船錢米二斗，或二斗六升。布疋長四丈，闊二尺五寸。舊例，疋重三斤納者，率以紗麤驗退，忱奏不拘斤重，只取長闊，兩端織紅紗以防盜翦，至今行之。

闊白綿布一疋，准平米一石或九斗八升，每疋加車脚船錢米一斗或一斗二升。

已上於重，則官田上照糧均派。俗名輕齎。

白熟秔糯米每一石，准平米一石二斗。

已上於輕，則民田上照糧均派。【略】

天順元年，巡撫右僉都御史李改定加耗例，六斗以上田，止徵正糧。【略】又按，是時金花銀准米三石四斗，三梭布准米一石五斗，綿布准米七斗五升。輕於此而重於彼，亦未見其利也。

二年，巡撫右副都御史崔恭復舊例。

華亭縣正糧一石，徵平米一石七斗，或減至五斗。

上海縣正糧一石，徵平米一石九斗。

金花銀一兩，准平米三石四斗或三石八斗。

闊白三梭綿布一疋，准平米一石五斗，或一石四斗至三斗。

闊白綿布一疋，准平米七斗五升，或八斗至七斗。【略】

正德六年巡撫、右僉都御史張鳳復論糧加耗並銀布折徵舊例。《復舊規革弊便民案》：據華亭縣耆民嚴泰等呈，切照松江地方不滿二百里，糧儲動盈百餘萬。宣德年間，巡撫侍郎周文襄公因時處置，爲民便益。每秋糧一石，加耗六斗七升，金花銀一兩，准平米四石，細布一疋，准平米二石，粗布一疋，准平米一石，起運出兌，官軍俸糧，師生廩祿不缺，尚有餘糧，賑濟饑民。弘治年間，始於田上細花分作二鄉，又分沿海不沿海，等第不一，糧書乘機紊亂作弊，以致民遭其殃，官受其累。自古國以民爲本，民以食爲天，連年災傷疫癘□□相仍，死亡者衆，存在者寡，幸蒙欽差都堂大人撫臨，整理糧法，深爲民便，呈乞裁處等因到院。本院先爲延訪民情，以圖治安事。據上海縣耆民朱禋等呈稱：聞之父老，各處舊糧，多在田上加耗，惟我松江則不可行。有上、中、下三鄉，有肥、薄、瘦三等，有升、斗、斛三科，俱係先朝秤土起糧，因地立法，非後人所可改易。宣德間，巡撫周文襄公奏將東鄉拋荒田土召民開墾，三年之後，止取原糧，復奏折徵金花銀、粗細布，每銀一兩，准平米四石，細布一疋，准平米二石，粗布一疋，准平米一石，于時起運不減。今日倉庫有存留之富，閭閻有賑濟之儲，官不知勞民，甚稱便。其後知府樊公復念小民運糧之苦，奏將綱用耗米折收白銀，每兩准米二石五斗給與糧長，令其自運，官民兩便，至今賴之。當時並是糧上加耗，每石不過六斗、七斗而已。弘治七年，本縣董知縣因與巡撫同鄉，更變糧法，卻於田上加耗，雖分三等，東鄉終是不平。何也？西鄉雖是糧重，每畝歲收米或三石，餘者有之，中鄉雖是糧輕，每畝歲收或一石五斗，不足者有之，若濱海下田，不過可種綿花五六十斤，菉豆五六斗而已。法既不平，且復多變，或畝加八升、九升，或一斗，或一斗七升四合六勺，頻年以來，率無定例。且如正德四年，何等災傷，朝廷准荒六分三釐，官司不與主張，聽從糧長貴派，以致民心不服，輸納不齊，糧長又復瞞官，私收入己，所以因循，至今拖欠。若當時照依欽准事例，派與六分三釐，小民安敢不典家賣產，依期完納。老民正不知先年何故金花銀准米四石，布疋准米二石、一石，卻乃錢糧反多，今者金花銀不過一石九斗，白銀不過一石七斗，何故錢糧反少。若曰輕糧多在大户，重糧多在小户，不知大户亦有重額之田，未見其害也。只是以王道待天下，自然平正，若存大小户輕重田之心，則前人立法之意全顯，而物之不齊之説亦徒然，此田上加耗，不可行也明矣。據此案候在卷，今據前因，照看得松江一府，大户多輕則之田，小户多重則之賦，論田起耗，若便小民，然斗則數，多書手作弊，雖精於筭者，亦被欺瞞，况小民乎。本院已將萬石一覽，通行發府議處，正欲將金花銀每兩准米四石，細布一疋准米二石，粗布一疋准米一石，先儘下户，及陪貱之糧有餘，並將白銀以次分與中户，又次及於上户，務使貧富適均，官民兩便。今嚴泰等又稱糧上加耗，與民便益，合准照糧徵派，相應爲此仰抄案回府，着落當該官吏，即行各縣掌印官，今後派徵錢糧，俱照先年周尚書所行則例，不分東西中三鄉，一槩糧上加耗，金花銀兩、布疋，先儘重則官田每銀一兩折米四石，粗布一疋折米一石，細布一疋折米二石，白銀一兩隨時定價，其上中高户，俱派與本色秔糯等米，務使民心悦服，而錢糧不至於有弊，國計充足，而官府不至於有累。仍翻刊告示，發鎮店鄉村，凡有人煙去處，張挂曉諭知悉。

聞人詮、陳沂〔嘉靖〕《南畿志》卷一六《松江府》　其物産木綿之布精重於錦。《書》註疏亦謂之吉貝。

趙錦、張衮〔嘉靖〕《江陰縣志》卷六《食貨記・物産》　貨之屬木綿布、土織爲多，其在蔣家橋者爲細密，又有勝子布，斜紋布，間織之，綀絲布，合苧與絲，比而成之。苧布。緝苧爲之，漚縷而成之曰熟苧。

聞人詮、陳沂〔嘉靖〕《南畿志》卷二八《揚州府》　其物産織苧爲帨布。

盧憲〔嘉定〕《鎮江志》卷五《寬賦》　《晉〔孝〕武帝紀》寧康二年詔：晉陵遭水之縣尤甚者，全除一年租布，其次聽除半年，受振貸者即以賜之。時晉陵郡正治丹徒。《宋文帝紀》元嘉四年詔：蠲丹徒今年租布。元嘉十七年詔：前所給揚、南徐二州百姓田糧種子，應督入者，悉除半。今〔半〕〔年〕有不收處，都原之。凡諸逋債，優量申減。元嘉二十一年詔：比年穀稼傷損，淫亢成災，亦由播殖之宜，尚有未盡。南徐、兖、豫及揚州、浙江西屬郡，自今悉督種麥，以助闕乏。元嘉二十六年詔：復丹徒縣僑舊今歲租布之半。元嘉二十六年詔曰：京口肇祥自古，可募諸州樂移者數千家，給以田宅，並蠲復。《孝武帝紀》孝建元年始課南徐州僑民租。大明五年夏四月戊戌詔：南徐、兖二州，去歲水潦傷年，民多因窶。逋租未入者，可申至秋登。《前廢帝紀》：大明八年冬十月庚辰，原除揚、南徐州大明七年逋租。《齊高帝紀》建元元年詔：長蠲南蘭陵租布。《武帝紀》永明四年五月癸巳詔：揚、南徐二州今年户租，三分二取見布，一分取錢。來歲以後，遠近諸州輸錢處，並減布直，疋准四百，依舊折半，以爲永制。《明帝紀》建武二年三月戊申詔：南徐州僑舊民丁，多充戎旅，蠲今年三課。《梁武帝紀》：大同十年三月甲午，輿駕幸蘭陵，謁建陵。辛丑，至脩陵。壬寅，詔曰：朕自違桑梓，五十餘載。今國務小閑，始獲展敬園陵，故鄉老少，接踵遠至，可加頒賚。所經縣邑，無出今年租賦。監所責民，蠲復二年。因作《還舊鄉詩》。庚戌，幸四賓亭，宴帝鄉故老及所經近縣奉迎候者少長數千人，各賚錢二千。按，天監元年改南東海爲蘭陵郡，則駕幸蘭陵，正是京口。《陳宣帝紀》大建十二年詔：亢旱傷農，畿内爲甚。其東海等十郡，積年田税，禄秩，並各原半，其丁租半申至來歲秋登。按，陳永定二年，廢南蘭陵郡復爲東海郡。【略】《實録》：紹興戊寅，守臣秘閣鄭作肅以丹陽縣濬練湖，占民田數十頃，未嘗豁除二税，奏蠲之。三縣合納布、豆，舊每歲折估增多，民以爲病。紹興間，湯鵬舉爲兩浙運使，奏請一依户部經界所定，豆每斗折錢一百三十，布每疋折錢二貫，三縣合催畸零税總爲錢三千餘貫，被擾者數萬家。淳熙中，守臣秘撰耿秉下令蠲之，而代以公帑之羸，民至今思之。

俞希魯〔至順〕《鎮江志》卷六《賦税》　《祥符圖經》：【略】税布五千三十八疋，丹徒縣一千三百七十四疋，丹陽縣一千六百九十四疋，金壇縣一千八十三疋，延陵縣一千八十七疋。折科布一千一百一十三疋。並丹徒縣。

《嘉定志》：【略】布六千八百五十三疋。元額八千九百一十五疋，開禧三年蠲放丁布二千六十一疋，實催丹徒縣一千二百六十四疋，丹陽縣一千一百四十二疋，金壇縣四千四百四十六疋。

《咸淳志》：【略】〔寶祐四年〕布、豆藤錢三萬二千八百八十八貫三百七十文七分八釐。景定四年二月，回買公田並拘没丁府隱寄田地計消豁三縣粳米七千七十八石二斗四合一勺。布、豆藤錢二萬九千四百八十三貫四百三十三文五分五釐。丹徒縣三千九百九十七貫三百三十三文，丹陽縣一萬五千三百六十四貫四百六十八文。【略】以上並係文思院斗尺。每一尺五寸，准今一尺。

王鏊等〔弘治〕《姑蘇志》卷一四《造作》　麻布績麻爲之。精粗不等，别有熟麻成者曰熟苧。苧布績苧爲之。漂而熟者名洗白，生者爲生苧，通行天下。出太倉者爲上，崐山次之。别有杜織，縝密堅久，名腰機。蓋古有《白苧詞》，其來久矣。綀絲布出諸縣。合苧與絲，比而成之。黄草布縷黄草爲之，布之下品也。木綿布諸縣皆有之。而嘉定、常熟爲盛。藥斑布亦出嘉定縣境及安亭鎮。宋嘉泰中有歸姓者創爲之。以布抹灰藥而染青，候乾去灰藥，則青白相間，有樓臺、人物、花鳥、詩詞各色，充帳幔衾帨之用。斜紋布出嘉定。棊花布用青白縷相間織成。

曹一麟、徐師曾等〔嘉靖〕《吴江縣志》卷九《食貨志・物産》　貨之屬十七：【略】曰綿布，曰苧布，曰熟苧布，曰綀絲布，曰麻布，曰黄草布。

牛若麟纂修〔崇禎〕《吴縣志》卷二九《物産・布之屬》 棉布 綀絲布 苧布 麻布 黄草布 帽裏布 裱屏布 麻帨

林逢春、方鵬〔嘉靖〕《崑山縣志》卷二《土産・布之屬五》 綿布、苧布、麻布、黄草布、藥斑布。出安亭鎮。

聞人詮、陳沂〔嘉靖〕《南畿志》卷三六《廬州府》 其物産葛布。

聞人詮、陳沂〔嘉靖〕《南畿志》卷四〇《安慶府》 其物産葛布。

彭澤、汪舜民〔弘治〕《徽州府志》卷二《土貢》 唐白苧，宋細布，景德四年閏五月詔，特減放諸郡六十六處貢物，而歙所貢七物在其數中。且飭官吏：後不得以土貢爲名，妄有配率。白苧。

唐錦〔正德〕《大名府志》卷三《田賦志・貢賦》 白綿羊毛二十斤。

劉訒〔嘉靖〕《鄢陵縣志》卷三《土産》 布類惟木緜，紡織極細者，頗亞於松。

嵇曾筠、沈翼機等〔雍正〕《浙江通志》卷一〇二《物産》 棉布《仁和縣志》：精曰棉，粗曰絮。凡鄉閭皆爲之，多出筧橋一帶。萬曆《杭州府志》：卉織爲棉布，出海寧硤石者，視他縣爲佳。

綦布 成化《杭州府志》：有麻、苧二品，青白間花。

嵇曾筠、沈翼機等〔雍正〕《浙江通志》卷一〇二《物産》 杜紗萬曆《嘉善縣志》：出縣思四等區，隨用染色，但比官紗可浣濯。至於綿紗，窮民無本，不能成布，日賣紗數兩以給食，故諺云：買不盡松江布，收不盡魏塘紗。

桐鄉布 有龍潭布、桐鄉布、眉公布、麻布、陡門布、建莊布、烏鎮布、篋布、苧布。

細布 天啓《平湖縣志》：靈溪水秀沙明，産細布，人争市之。

木棉紗布 萬曆《嘉善縣志》：木棉本出閩、廣，宋時始傳種種於松江之烏泥涇，今南鄉高田種之。《湧幢小品》：地産木棉花甚少，而紡之爲紗，織之爲布者，家户習爲恒業，不止鄉落，雖城中亦然。往往商賈從旁郡販綿花，列肆吾土，小民以紡織所成，或紗或布，侵晨入市，易綿花以歸，仍治而紡織之，明旦復持以易，無頃刻閒，紡者日可得紗四五兩，織者日成布一疋。䵒脂夜作，男婦或通宵不寐。田家收穫，輸官償債外，卒歲室廬已空，其衣食全賴此。澉浦俗善績苧，更以織苧布爲業，然地實不産苧，市之他方，布亦不大精，非貴人所御也。

苧布 弘治《湖州府志》：白編布，即今白苧布，又有麻布。

黄草布 弘治《湖州府志》：出璉市，有極細者，暑月可爲衣。今所出止可作帳，不堪服。

嵇曾筠、沈翼機等〔雍正〕《浙江通志》卷一〇四《物産》 苧布弘治《紹興府志》：唯諸暨最精，相傳以爲西子遺習。其種有腰機兼絲、西洋生苧熟苧之別。

緦布 弘治《紹興府志》：以麻爲之，諸暨靈泉鄉産者精好，織密如羅，漱之以水，輒成縠紋，名山後布。嵊縣産者麤，名强布。

葛布 《越絶書》：葛山者，句踐罷吴種葛，使越女織治葛布，獻於吴王。《采葛歌》：葛不連蔓棻台台，我君心苦命更之。嘗膽不苦甘如飴，令我採葛以作絲。女工織兮不敢遲，弱於羅兮輕霏霏，號絺素兮將獻之。越王悦兮忘罪除，吴王歡兮飛尺書，增封益地賜羽奇。几杖茵褥諸侯儀，羣臣拜舞天顔舒，我王何憂能不移。

嵇曾筠、沈翼機等〔雍正〕《浙江通志》卷一〇六《物産》 麻布《常山縣志》：績青麻爲之，若黄麻只可絞索。

交梭布 《太平寰宇記》：睦州産。

苧布《嚴陵志》：舊貢竹簟十領，南渡後貢白苧布十疋。

嵇曾筠、沈翼機等〔雍正〕《浙江通志》卷一〇七《物産》 吉布《温州府志》：夏布曰腰機，冬布曰雙梭，最細。又有吉布，或稱吉貝，失其製。

雞鳴布 《甌江逸志》：《隋志》云，永嘉之俗，婦人勤於紡織，有夜浣紗而旦成布者，俗呼爲雞鳴布。

蕉布 《永嘉縣志》：土人工織蕉布。

陳耆卿〔嘉定〕《赤城志》卷三六《物産》 帛之屬布有葛、紵、麻三種。皆績其皮爲之。《史記》以紵爲繿。

曾才漢、葉良佩〔嘉靖〕《太平志》卷三《食貨志・物産》 貨之類苧布不紡者曰扁紗，俗呼散製。紡者曰圓線，俗呼生苧。麻布緝麻爲之，出梅溪。葛布純用葛者曰上路葛，以絲爲經緝葛爲緯者曰絲葛，以苧爲經者曰淡葛。木綿布麄者名蠻布，稍細者名腰機，以苧經合木綿緯成者名散製緯。

蕭良幹、張元忭等〔萬曆〕《紹興府志》卷一一《物産志・貨》 苧之精者，本出苧羅山下。有西子浣沙石，蓋俗所謂苧沙者，於此浣之，以故越苧最得名。樂府有《白苧歌》。今八邑皆有苧布，然尤以暨陽爲勝。雖不逮舊，蓋苧蘿遺俗也。諺諸暨三如，有如絲之苧。苧或作蕁，然云如絲，則苧固爲近。

山棱布，一名皺布。《嘉泰志》云：頗有名，亦出於諸暨。其初緝麻爲縷，織成而精好纖密。蓋亞於羅，然頗須厚價，故難售，惟貴介公子之厭紈綺者，乃獨喜取之。將製衣，潄之以水，頃刻成縠文矣。今無織者。

强口布，强口者，地名，去嵊十里，即王謝飲水處，所謂雖寒强飲一口者也。《嘉泰志》云：以麻爲之，機織殊麄，而商人販婦往往競取，以與吴人爲市。

白疊布，自一種古所謂白氎巾者也。晉令士卒百工無得服越疊，其貴重如此。《嘉泰志》云：今無之。梁劉孝綽有《謝越布啓》：比絹方綃，既輕且麗，珍邁龍水，妙感島夷。《舊志》謂非葛不足當，以余度之，似即此白疊布耳。

木綿，今人直謂之布。

苧沙木綿，苧經綿緯，山叟之佳服。

葛之細者，舊出葛山，當句踐時，使國中紅女織布以獻於吴，甚精。而後之葛布頗無聞者，今問有之，出余貴者佳。越時歌：令我採葛以作絲，弱於羅兮輕霏霏。又：葛之蔓兮舒長條，爲絺爲綌纖且調，當暑是服輕飄飄。

王珣、汪翁儀等〔弘治〕《湖州府志》卷八《土産》 布，《舊志》云：出白緆布，即今白苧布也。《樂府録·東平曲》云「吴興布闊幅長度」，謂此也。又有麻布。

黄草布，出璉市。按《舊志》有極細者，暑月可爲衣。今所出止可作帳，不堪服用。

柳琰〔弘治〕《嘉興府志》卷二十《平湖縣·土産》 土物綿布。

嚴辰〔光緒〕《桐鄉縣志》卷七《食貨下·物産》 羊毛布，産附郭村中，係彈棉時雜以羊毛紡紗織成，故有是名。蘇湖人販以染色，稱爲仿嗶云。《記略》。

徐學謨〔萬曆〕《湖廣總志》卷一二《方産》 唐鄂州江夏郡貲布。岳州巴陵郡苧布。潭州長沙郡絲葛絲布。郴州桂陽郡苧布、絲布。江陵府江陵郡方紋綾、貲布。朗州武陵郡葛苧、練簟。郢州富水郡苧布、葛蕉。蘄州蘄春郡白苧。安州安陸郡青苧布。黄州齊安郡白苧布、貲布。黄州苧布。義陽郡苧布。道州白苧。桂陽苧布。鼎州苧布、練布。國朝岳州府葛布。慈利縣出。長沙府葛布、苧布、棉布。辰州木皮布。盧溪出。以楮木皮緝絲織成。漢初武陵蠻以田計賦，輸賨布是也。又曰土布。

徐學謨〔萬曆〕《湖廣總志》卷二一《貢賦一》 湖廣總論

秋糧，南京庫折布米一十萬石。每石折布一疋，共布一十萬疋，每疋折銀三錢，共銀三萬兩。派長沙府屬一十二州將徵解內本色布一萬疋，折色布九萬疋，俱解南京交納。隆慶元年題奉欽依將本色改爲折色，類解北京濟邊。

徐學謨〔萬曆〕《湖廣總志》卷二五《貢賦五》 辰州府

秋糧，存留布政司庫布一十二疋二丈二尺。坐派辰溪縣。

徐學謨〔萬曆〕《湖廣總志》卷二一《貢賦一》 湖廣總論

商税 辰州府苧麻折布米六十二石九斗四升四合九抄二撮。內麻陽縣一十二石二斗七升五合四抄。辰溪縣四十四石八斗四合七勺五抄二撮。黔陽縣五石八斗六升四合三勺。洞蠻土布五百三十三疋，折銀五十三兩三錢。傜人粗布二百五疋八尺八寸，折銀二十兩五錢二分五釐。五寨蠻夷長官司硃砂四十七斤一十三兩九錢。

盧濬等〔弘治〕《黄州府志》卷二《土産》黄陂縣 葛麻布。

鍾崇文纂修〔隆慶〕《岳州府志》卷一一《食貨考》 零陽縣歲輸賨布，大人一疋，小口二丈。唐巴陵郡貢紵布。澧陽郡貢紵布。【略】又有方物 巴陵縣木綿布亦鮮密細。澧州青布津市爲多。

陳洪謨〔嘉靖〕《常德府志》卷八《食貨志·物産》 貨之屬有布。有綿布、葛布。綿布極麄，價十銖，不及江南梭布之一。俗儉且嗇，故宜之。葛布亦麄，聊以拭汗耳。

沈庠、趙瓚等〔弘治〕《貴州圖經新志》卷六《石阡府·土産》 葛布、土錦。

沈庠、趙瓚等〔弘治〕《貴州圖經新志》卷七《銅仁府·土産》 葛布、銅布、績苧麻爲之，細密。土錦。諸司出。以苧布爲質，絲線挑刺成之，今謂之洞被。

沈庠、趙瓚等〔弘治〕《貴州圖經新志》卷七《黎平府·土産》 葛布。各司俱出。

沈庠、趙瓚等〔弘治〕《貴州圖經新志》卷一二《平越衛·土産》 葛布。

陳道、黄仲昭〔弘治〕《八閩通志》卷二〇《食貨·土貢》 福州府唐 蕉布。宋 紅蕉花布。大中祥符、天聖、元豐、元祐間俱貢。紹興初以福清觀音尼院請罷。

建寧府 唐 蕉花布、練竹練。宋 練布。

泉州府 唐 蕉。宋 蕉布永春縣出。蕉布蕉布、葛布共五十疋，元豐中貢。

泉州府 唐 苧布、苧麻。宋 蕉布、永春縣出。生苧布、各二十疋。

興化府 宋 葛布一十疋。

李文袞、田頊〔嘉靖〕《尤溪縣志》卷三《田賦》 布疋歲派藍綿布疋，折徵銀兩隨年增減，多至四十餘兩，少至二十兩。

夏良勝等〔正德〕《建昌府志》卷三《物産》 帛之屬 綿布。其麄者名蠻布，稍細者名頓布，名腰機布，其價貫不及江南梭布之半而已。俗儉且嗇，故宜之。

葛布，以蕉葛皮雜紡爲之，僅足供僕隸之用而已。苧布。不紡者曰扁紗布，紡之者曰圓線布。

夏良勝等〔正德〕《建昌府志》卷四《職貢》唐制 絲葛布。

林富、黄佐〔嘉靖〕《廣西通志》卷一九《田賦志上》 桂林府灌陽縣唐厥貢竹布。出《唐書·地理志》。

林富、黄佐〔嘉靖〕《廣西通志》卷二〇《田賦志下》 梧州府陸川縣唐貞觀八年，蒼梧縣貢銀班布户一千四百六十口八千五百八十六。

梧州府陸川縣 乾封元年，鬱林州貢布户一千九百一十八口九千六百九十九。

林富、黄佐〔嘉靖〕《廣西通志》卷二一《食貨志》 布帛屬葛布、蕉布、苧麻布、綿布、青麻布、青布、紵。

郝玉麟等〔雍正〕《廣東通志》卷五二《物産》 蠻人不蠶，採木棉爲絮。皮員簹竹，剥古緣藤，績以爲布。裴淵《廣州記》。

竹練布。見《草木狀》及《竹譜》。

丹竹，亦曰單竹，節長二尺，練以爲麻織之，是名竹布。故曰南越食竹衣竹。《廣州志》。竹布出韶州。

紝布，極厚實，又有廣福布、鵝毛布、兼絲布。《瓊州志》。

檳榔布，有一種山檳榔，葉如蘭，大三指許，長可數尺，淡白中微帶紅紫，績爲布，似葛而輕。《廣州志》。

吉貝布，土人於中春種吉貝核，五六粒一坎，以土掩之，五月即生花結子，殼内藏三四房，烈日中，房開有棉花垂下，潔白如雪，絞去其核，紡以爲布，細膩精密，輕如蠶紙，又名白氎布。若初結子時遇雨，則房不開而無棉，故不能常得，頗爲珍貴云。《廣州志》。

黎單，亦黎人所織，青紅間道木棉布也。桂林人悉買以爲卧具。同上。

黎被，出儋瓊，名爲被，實厚毯也。黎補，黎人以蔽下體。紫花帨，儋織者佳。又有假錦帨。《瓊州志》。

蕉葛，不花不實，人家沿山溪種之，老則斫置溪中，揉其筋織爲布，亦有粗細，産高要、廣利、寶查等村者佳。然一年即黑而脆，遜葛遠矣。《雜記》

蕉可爲布者曰布蕉，亦曰蕉麻。多種山間土瘠石密之處，則絲堅韌可以爲布。其經以蕉，其緯以絲，夏日之服也。出高要、長樂者佳。唐時曾貢蕉布云。《廣州志》。

重南越之毤毲。揚雄《蜀記》。按，毤毲即今之毾毲。

氍毲白氎，毛織也。近出南越。《廣志》。

蠻氊出西南諸蕃，蠻人晝披夜卧，無貴賤人有一番。《虞衡志》。

鵞毛被，南蠻多選鵝之細毛，夾以布帛，絮而爲被，復縱横納之，《北户録》云：如稻畦衲之。其温柔不下於挾纊也。俗云鵞毛被暖而性不偏冷，宜覆嬰兒兼辟驚癎。《嶺表録異》。

紀事

《左傳·襄公一〇年》 晉荀偃、士匄請伐偪陽，而封向戌焉。荀罃曰：「城小而固，勝之不武，弗勝爲笑。」**【略】**〔四月〕丙寅，圍之，弗克。孟氏之臣秦堇父輦重如役。**【略】**主人縣布，堇父登之，及堞而絶之。隊，則又縣之。蘇而復上者三。主人辭焉，乃退。帶其斷以徇於軍三日。

《韓非子》卷一〇《内儲説下》 衛人有夫妻禱者，而祝曰：「使我無故，得百束布。」其夫曰：「何少也？」對曰：「益是，子將以買妾。」

《史記》卷一《五帝本紀》 舜耕歷山，歷山之人皆讓畔；漁雷澤，雷澤上人皆讓居；陶河濱，河濱器皆不苦窳。一年而所居成聚，二年成邑，三年成都。堯乃賜舜絺衣，張守節正義：絺，勑遲反，細葛布衣也。鄒氏音竹几反。與琴，爲築倉廩，予牛羊。

袁康、吴平《越絶書》卷八《越絶外傳記地傳》 麻林山，一名多山。句踐欲伐吴，種麻以爲弓弦，使齊人守之，越謂齊人「多」，故曰「麻林多」，以防吴。以山下田封功臣。去縣一十二里。

葛山者，句踐罷吴，種葛，使越女織治葛布，獻於吴王夫差。去縣七里。

趙曄《吴越春秋》卷八《勾踐歸國外傳》 越王念復吴讎，非一旦也。苦身勞心，夜以接日。目卧則攻之以蓼，足寒則漬之以水。冬常抱冰，夏還握火。愁心苦志，懸膽於户，出入嘗之，不絶於口。中夜潛泣，泣而復嘯。越王曰：「吴王好服之離體，吾欲采葛，《詩》毛氏箋：「葛，所以爲絺綌。」使女工織細布獻之，以求吴王之心，於子何如？」羣臣曰：「善。」乃使國中男女入山采葛，會稽縣東十里有葛山。《越絶》曰：「勾踐種葛，使越女治葛布獻吴王。」以作黄絲之布，欲獻之。未及遣使，吴王聞越王盡心自守，食不重味，衣不重綵，雖有五臺之游，未嘗一日登翫。「吾欲因而賜之以書，增之以封。」東至於勾甬，西至於檇李，南至於姑末，即春秋越姑蔑之地。姑蔑地名，有二：魯國卞縣南有姑蔑城，越之姑蔑至秦屬會稽，爲太末縣，今衢州。北至於平原。《越絶》作「武原」，今海鹽縣。縱橫八百餘里。越王乃使大夫種索葛布十萬、甘蜜九黨、《韻會》引《吳越春秋》：「越以甘蜜丸欓報吳增封之禮。」謂欓爲越椒。今此書無「丸欓」二字，詳下文文笥之類皆以數計，則「甘蜜」當作「丸甍」。《玉篇》：「甍，丁盍切，盆也。」此「黨」字誤。文笥七枚、狐皮五雙、晉竹十廋，「廋」當作「搜」，《漢・溝洫志》：「漕船五百搜」。今文作「艘」，音騷，船總名也。或作「艘」。以復封禮。吳王得之，曰：「以越僻狄」狄」當作「狹」。之國無珍，今舉其貢貨而以復禮，此越小心念功，不忘吳之效也。夫越本興國千里，吾雖封之，未盡其國。」子胥聞之，退臥於舍，謂侍者曰：「吾君失其石室之囚，縱於南林之中，今但因虎豹之野而與荒外之草。於吾之心，其無損也？」吳王得葛布之獻，乃復增越之封，賜羽毛之飾、機杖、諸侯之服。越國大悅，采葛之婦傷越王用心之苦，乃作苦之詩，《事類賦》引《吳越春秋》曰：「乃作若何之歌。」《會稽賦》註亦引此書曰：「乃作保苦之詩。」曰：「葛不連蔓棻台台，音貽。我君心苦命更之。嘗膽不苦甘如飴，《事類賦》及《越舊經》所引，皆作「味若飴」。令我采葛以作絲。《文選》註引采葛婦詩，有「饑不遑食四體疲」一句，此書無之，闕文也。女工織兮不敢遲，弱於羅兮輕霏霏。號絺素兮將獻之，越王悅兮忘罪除。吳王歡兮飛尺書，增封益地賜羽奇。機杖茵褥諸侯儀，羣臣拜舞天顏舒，我王何憂能不移！」

趙曄《吳越春秋》卷九《勾踐陰謀外傳》　越王夏被毛裘，冬御絺綌。是人不死，必爲對隙。

《藝文類聚》卷八五《素》　《典略》曰：蘇秦如趙，逢其鄰子於易水之上，從貸一匹布，約償千金，鄰子不與。

《太平御覽》卷八一九《布帛部六・絺綌》　《帝王世記》曰：堯見舜於二宮，設饗禮，迭爲賓主，南面而問政，然後賜以絺衣、琴瑟，築宮室，封之於虞。

《穆天子傳》曰：天子筮獵(革)〔苹〕澤，其卦遇《訟》。逢公占之，賜之駿馬十六、絺綌三十篋。

《韓詩外傳》曰：孔子南游楚，至阿谷，有處女珮璜而浣，孔子曰：「彼婦人可與言矣。」袖絺綌五兩以授。」子貢曰：「善。」爲之辭以觀其辭。子貢曰：「吾北鄙之人也，將南適楚於此，有絺綌五兩，吾不敢置之水浦。」婦人對曰：「行客之行，嗟然永久，分其資財，棄之野鄙，吾年甚少，何敢取之，子不早去，竊有狂夫守之者矣。」

《太平御覽》卷八二〇《布帛部七・布》　《襄(二)〔十〕》曰：諸侯圍偪陽，主人懸布，魯孟氏之臣秦(董)〔堇〕父登之，及堞而絶之。偪陽人懸而以試外之勇者。墜，則又懸之。蘇而復上者三，主人辭焉，乃退。主人嘉其勇，故辭謝不復懸布。帶其斷布以狗於軍三日。帶其斷布，以示勇也。

《晏子春秋》曰：景公謂晏子曰：「東海中有水而赤，中有棗，華而不實，何也？」晏子曰：「昔秦穆公乘龍治天下，以黃布裹蒸棗，至海而涬其布於波，黃布故水赤，蒸棗故華而不實。」公曰：「吾佯問。」晏子對曰：「佯問者，亦佯對之。」

《莊子》曰：魯君聞顏闔得道之人，使人以幣先焉。顏闔守門，麤布之衣而自飯牛。使者致幣，顏闔對曰：「恐聽繆而遺使者罪，不若審之使者還。」反復來求，即不得。

《韓子》曰：衛人有大妻，禱而祝曰：「使我無故得百束布。」其夫曰：「何少也？」妻曰：「益則子將取妾。」

又曰：齊國好厚葬，布帛盡於衣衾，林木盡於棺槨，桓公患之，以告管仲，曰：「布帛盡則無以爲幣，林木盡則無以爲守備，而人厚葬之不休，禁之奈何？」管仲對曰：「凡人之有爲也，非名之則利之也。」於是乃下令曰：「棺槨過度者僇其尸，罪夫當喪者。」夫僇死，無名，罪當喪者，無利，人何故爲之也。

又曰：公儀休相魯，其妻織布。休曰：「汝豈與人爭利哉？」遂燔其機。

《呂氏春秋》曰：戎人見暴布者，問曰：「何以爲此莽莽也？」指麻而示之，怒曰：「此權權，何以爲莽莽。」權權，由養治也。莽莽，長貌也。

王子年《拾遺記》曰：周成王六年，然丘國遺貢獻，使者衣云霞之布，如今之朝霞布也。

《列女傳》曰：楚江乙母者，當恭王之時，乙爲大夫，有入王宮盜者，令尹以罪乙，請於王而黜之。處家無幾，其母亡布八尋，言令尹盜之，王曰：「令尹在上，寇盜在下，尹令不知有何罪焉？」母曰：「昔日妾子爲郢大夫，人盜王宮中之物，妾子坐之而黜，令尹獨何不以是爲過也。」王曰：「善。」令吏償母之布，因賜金十鎰。母讓金布曰：「妾豈貪貨而干王哉，怒令尹之治也。」遂不肯受。王曰：「母智若此，其子必不愚。」乃復召江乙而用之。

《太平御覽》卷八二〇《布帛部七・紵》　《左傳・襄(二十九)》曰：季札聘

鄭，見子產，如舊相識。與之縞帶，子產獻紵衣焉。

《說苑》曰：吴赤巾使於智氏，假道於衛，甯文子具紵絺三百，製將以送。大夫懇曰：「吴雖大國也，亦不壞交假之道，則亦敬矣，又何禮焉。」文子不聽，遂致之。

劉仲達《劉氏鴻書》卷七七《衣帛部・葛》《吴越春秋》：越王自吴還國，知吴王好服，令國中男女入山採葛，作黄絲之布，以獻吴王，乃增越王之封。賜羽毛之飾、几杖、諸侯之服。採葛婦人傷越王苦心，乃作歌曰：「嘗膽不苦味若飴，令我采葛以作絲。女工織兮不敢遲，弱於羅兮輕霏霏。號絺素兮將獻之，吴王悦兮忘罪辜。」《山堂肆考》。

《史記》卷一一《孝景本紀》 後二年正月，地一日三動。郅將軍擊匈奴。酺五日。令内史郡不得食馬粟，没入縣官。令徒隸衣七緵布。司馬貞索隱：七緵，蓋今七升布，言其粗，故令衣之也。張守節正義：衣，於既反。緵，祖工反。緵，八十縷也，與布相似。七升布用五百六十縷。

《漢書》卷七二《王吉傳》 舉賢良爲昌邑中尉，而王好遊獵，驅馳國中，動作亡節，吉上疏諫，曰：【略】夫廣夏之下，細旃之上，明師居前，勸誦在後，上論唐虞之際，下及殷周之盛，考仁聖之風，習治國之道，訢訢焉發憤忘食，日新厥德，其樂豈徒銜橛之間哉！

《漢書》卷九七下《外戚傳・孝成許皇后》 妾誇布服糲食。孟康曰：「誇，大也，大布之衣也。」師古曰：「言在家時野賤也。誇音夸。」

《後漢書》卷四《和帝紀》 永元十二年三月壬子，賜博士員弟子在太學者布，人三匹。

《後漢書》卷六《順帝紀》 永建元年二月丙戌，太常桓焉爲太傅；大鴻臚朱寵爲太尉，參録尚書事；長樂少府九江朱倀爲司徒。賜百官隨輦宿衛及拜除者布各有差。

《後漢書》卷七《桓帝紀》 建和三年十一月甲申，詔曰：「朕攝政失中，災眚連仍，三光不明，陰陽錯序。監寐寤歎，疢如疾首。今京師廝舍，死者相枕，郡縣阡陌，處處有之，甚違周文掩胔之義。其有家屬而貧無以葬者，給直，人三千，喪主布三匹；若無親屬，可於官壖地葬之，表識姓名，爲設祠祭。」

《後漢書》卷一〇下《皇后紀下・孝崇匽皇后》 和平元年，梁太后崩，乃就博陵尊后爲孝崇皇后。【略】在位三年，元嘉二年崩。以帝弟平原王石爲喪主，斂以東園畫梓壽器、玉匣、飯含之具，禮儀制度比恭懷皇后。使司徒持節，大長秋奉弔祠，賻錢四千萬，布四萬匹，中謁者僕射典護喪事，侍御史護大駕鹵簿。

《後漢書》卷一六《鄧騭傳》 元初二年，［騭弟］弘卒。太后服齊衰，帝絲麻，並宿幸其第。弘少治《歐陽尚書》，授帝禁中，諸儒多歸附之。初疾病，遺言悉以常服，不得用錦衣玉匣。有司奏贈弘驃騎將軍，位特進，封西平侯。太后追思弘意，不加贈位衣服，但賜錢千萬，布萬匹，騭等復辭不受。

《後漢書》卷二四《馬援傳》 是時公孫述稱帝於蜀，囂使援往觀之。援素與述同里閈，相善，以爲既至當握手歡如平生，而述盛陳陛衛，以延援入，交拜禮畢，使出就館，更爲援制都布單衣、李賢等注：《東觀記》（曰）「都」作「荅」。《史記》曰：「荅布千匹。」《前書音義》曰：「荅布，白疊布也。」何承天《纂文》曰：「都致，錯履，無極，皆布名。」《方言》曰：「襌衣，江、淮、南楚之間謂之褋，關之東西謂之襌衣。」交讓冠，會百官於宗廟中，立舊交之位。述鸞旗旄騎，警蹕就車，磬折而入，禮饗官屬甚盛，欲授援以封侯大將軍位。賓客皆樂留，援曉之曰：「天下雄雌未定，公孫不吐哺走迎國士，與圖成敗，反修飾邊幅，如偶人形。此子何足久稽天下士乎？」因辭歸，謂囂曰：「子陽井底蛙耳，而妄自尊大，不如專意東方。」

《後漢書》卷二六《韋彪傳》 永元元年，卒，詔尚書：「故大鴻臚韋彪，在位無愆，方欲録用，奄忽而卒。其賜錢二十萬，布百匹，穀三千斛。」

《後漢書》卷二九《郅惲傳》 惲遂客居江夏教授，郡舉孝廉，爲上東城門候。帝嘗出獵，車駕夜還，惲拒關不開。帝令從者見面於門閒。惲曰：「火明遼遠。」遂不受詔。帝乃迴從東中門入。明日，惲上書諫曰：「昔文王不敢槃于游田，以萬人惟憂。而陛下遠獵山林，夜以繼晝，其如社稷宗廟何？暴虎馮河，未至之戒，誠小臣所竊憂也。」書奏，賜布百匹，貶東中門候爲參封尉。

《後漢書》卷三二《樊宏傳》 建武二十七年，卒。遺勑薄葬，一無所用，以爲棺柩一臧，不宜復見，如有腐敗，傷孝子之心，使與夫人同墳異臧。帝善其令，以書示百官，因曰：「今不順壽張侯意，無以彰其德。且吾萬歲之後，欲以爲式。」賻錢千萬，布萬匹，謚爲恭侯，贈以印綬，車駕親送葬。

《後漢書》卷三四《梁商傳》 永和六年秋，商病篤，勑子冀等曰：【略】及薨，帝親臨喪，諸子欲從其誨，朝廷不聽，賜以東園朱壽（之）器、銀鏤、黄腸、玉匣、什物二十八種，錢二百萬，布三千匹。皇后錢五百萬，布萬匹。

《後漢書》卷三六《賈逵傳》 肅宗立，降意儒術，特好《古文尚書》、《左氏傳》。建初元年，詔逵入講北宮白虎觀、南宮雲臺。帝善逵説，使發出《左氏傳》大義長於二傳者。逵於是具條奏之曰：【略】書奏，帝嘉之，賜布五百匹，衣一襲，令逵自選《公羊》嚴、顔諸生高才者二十人，教以《左氏》，與簡紙經傳各一通。

《後漢書》卷三九《劉愷傳》　永寧元年，時安帝始親政事，朝廷多稱愷之德，帝乃遣問起居，厚加賞。【略】詔引愷拜太尉。【略】視事三年，以疾乞骸骨，久乃許之，下河南尹禮秩如前。歲餘，卒于家。詔使者護喪事，賜東園祕器，錢五十萬，布千匹。

《後漢書》卷四二《東平憲王蒼傳》　蒼在朝數載，多所隆益，而自以至親輔政，聲望日重，意不自安，上疏歸職曰：【略】帝優詔不聽。其後數陳乞，辭甚懇切。〔永平〕五年，乃許還國，而不聽上將軍印綬。以驃騎長史爲東平太傅，掾爲中大夫，令史爲王家郎。加賜錢五千萬，布十萬匹。

永平六年冬，帝幸魯，徵蒼從還京師。明年，皇太后崩。既葬，蒼乃歸國，特賜宮人奴婢五百人，布二十五萬匹，及珍寶服御器物。【略】

十五年春，行幸東平，賜蒼錢千五百萬，布四萬匹。【略】建初七年三月，大鴻臚奏遣諸王歸國，【略】於是車駕祖送，流涕而訣。復賜乘輿服御，珍寶輿馬，錢布以億萬計。

蒼還國，疾病，帝馳遣名醫，小黄門侍疾，使者冠蓋不絶於道。又置驛馬千里，傳問起居。明年正月薨，詔告中傅，封上蒼自建武以來章奏及所作書、記、賦、頌、七言、别字、歌詩，並集覽焉。遣大鴻臚持節，五官中郎將副監喪，及將作使者凡六人，令四姓小侯諸國王主悉會詣東平奔喪，賜錢前後一億，布九萬匹。

《後漢書》卷四二《阜陵質王延傳》　章和元年，行幸九江，賜延書與車駕會壽春。帝見延及妻子，愍然傷之，【略】以阜陵下溼，徙都壽春，加賜錢千萬，布萬匹，安車一乘，夫人諸子賞賜各有差。

《後漢書》卷四二《中山簡王焉傳》　立五十二年，永元二年薨。自中興至和帝時，皇子始封薨者，皆賻錢三千萬，布三萬匹；嗣王薨，賻錢千萬，布萬匹。是時竇太后臨朝，竇憲兄弟擅權，太后及憲等，東海出也，故睦於焉而重於禮，加賻錢一億。

《後漢書》卷四三《朱暉傳》　元和中，是時穀貴，縣官經用不足，朝廷憂之。尚書張林上言：【略】於是詔諸尚書通議。暉奏據林言不可施行，事遂寢。後陳事者復重述林前議以爲於國誠便，帝然之，有詔施行。暉復獨奏曰：【略】帝卒以林等言爲然，得暉重議，因發怒，切責諸尚書。暉等皆自繫獄。三日，詔敕出之。【略】

諸尚書不知所爲，乃共劾奏暉。帝意解，寢其事。後數日，詔使直事郎問暉起居，太醫視疾，太官賜食。暉乃起謝，復賜錢十萬，布百匹，衣十領。

《後漢書》卷四五《韓棱傳》　棱在朝數薦舉良吏應順、吕章、周紆等，皆有名當時。及竇氏敗，棱典案其事，深竟黨與，數月不休沐。帝以爲憂國忘家，賜布三百匹。

《後漢書》卷五一《李恂傳》　拜兗州刺史。以清約率下，常席羊皮，服布被。遷張掖太守，有威重名。時大將軍竇憲將兵屯武威，天下州郡遠近莫不修禮遺，恂奉公不阿，爲憲所奏免。

後復徵拜謁者，使持節領西域副校尉。西域殷富，多珍寶，諸國侍子及督使賈胡數遺恂奴婢、宛馬、金銀、香罽之屬，一無所受。李賢等注：罽，織毛爲布者。

《後漢書》卷五四《楊賜傳》　〔中平〕二年九月，復代張温爲司空。其月薨。天子素服，三日不臨朝，贈東園梓器襚服，賜錢三百萬，布五百匹。

《後漢書》卷五五《濟北惠王壽傳》　永初元年，鄧太后封壽舅申轉爲新亭侯。壽立三十一年薨。自永初已後，戎狄叛亂，國用不足，始封王薨，減賻錢爲千萬，布萬匹；嗣王薨，五百萬，布五千匹。時唯壽最尊親，特賻錢三千萬，布三萬匹。

《後漢書》卷八一《獨行傳・陸續》　陸續字智初，會稽吴人也。世爲族姓。祖父閎，字子春，建武中爲尚書令。美姿貌，喜著越布單衣，光武見而好之，自是常敕會稽郡獻越布。

《後漢書》卷八一《獨行傳・王烈》　王烈字彦方，太原人也。少師事陳寔，以義行稱。鄉里有盜牛者，主得之，盜請罪曰：「刑戮是甘，乞不使王彦方知也。」烈聞而使人謝之，遺布一端。或問其故，烈曰：「盜懼吾聞其過，是有恥惡之心。既懷恥惡，必能改善，故此激之。」

《後漢書》卷八七《西羌傳・羌胡》　〔永建五月夏〕，且凍分遣種人寇武都，燒隴關，掠苑馬。六年春，馬賢將五六千騎擊之，到射姑山，賢軍敗，賢及二子皆戰殁。順帝愍之，賜布三千匹，穀千斛，封賢孫光爲舞陽亭侯，租入歲百萬。

《後漢書》卷八八《西域傳・莎車》　章帝元和三年匈奴聞廣德滅莎車，遣五將發焉耆、尉黎、龜兹十五國兵三萬餘人圍于窴，廣德乞降，以其太子爲質，約歲給罽絮。

原題王嘉《拾遺記》卷六《前漢下》　安帝好微行，於郊坰或露宿，起帷宫，皆用錦罽文綉。

《藝文類聚》卷八五《素》　《吴王先賢行狀》曰：國中有盜牛者，牛主得盜者。曰：「我邂逅迷惑，從今以後，將改過。子既已宥，幸無使王烈聞之。」人有以告烈者，烈以布一端遺之，曰：「是知恥惡，知恥則善心將生，故與勸爲善也。」

《太平御覽》卷八一六《布帛部三·罽》　桓譚《新論》曰：余歸沛遁病，蒙絮被，絳罽襜，乘騂馬宿下邑東亭，亭長疑是賊，發卒。余令勿鬭，乃間而去，此安静自存也。

班固《與弟超書》曰：竇侍中前寄人錢八十萬，市得雜罽十餘張也。

《太平御覽》卷八一九《布帛部六·絺綌》　《東觀漢記》曰：耿純，字伯山，率宗族賓客二千人皆縑襜絺巾，迎上於費，上大悦。

又曰：馬嚴爲陳留太守。嚴病，遣功曹吏李龔奉章詣闕。上親召見龔，問疾病形狀，以黄金，葛絺賜嚴。

又曰：黄香爲郎，召詣安福殿，賜錢三萬，黄白葛各二端。

《太平御覽》卷八二〇《布帛部七·布》　《漢書》曰：高帝曰：吾奮布衣取天下。

又曰：文帝徙淮南王（安）〔長〕道死，時民謡曰：「一斗粟，尚可舂，一尺布，尚可縫。兄弟二人，不可容。」

又曰：公孫弘爲丞相，而臥布被。

又曰：張敞爲京兆尹，長安游徼受臧布，罪名已定，其母年八十，守遺腹子，詣敞自陳，願乞一生之命。敞多其母守節，而出教吏量所受布狹幅短度中疏虧二尺，價值五百，由此得不死。

《太平御覽》卷八二〇《布帛部七·布》　《東觀漢記》曰：廉范年十五，入蜀迎祖母喪，及到葭萌，渡船没幾死。太守張穆持筒中布數篋與范，范曰：「石生堅，蘭生香。前后相違，不忍行也。」遂不受。

又曰：建初元年，賈逵入北宫虎觀、南宫雲臺使，出《左氏大義》書奏，上嘉之，賜布五百疋，衣一襲。

謝承《後漢書》曰：靈帝時，楊珽爲零陵太守，時蒼梧滑賊相聚，吏民憂恐，珽乃特制馬車數十乘，以排囊盛石灰於車上，繫布索於馬尾，從風鼓灰，賊不得視，因以火燒，布燃馬驚，奔突賊陣。

又曰：董卓獲山東兵，以猪膏塗布十餘丈用纏其身，然後燒之，先從足起。

又曰：吴郡本不獻越布。陸閎美容儀，常衣越布單衣，明帝好之，因勑郡獻越布，由此始也。

華嶠《後漢書》曰：王允與吕布及士孫瑞謀董卓，有人書回字於布上，負而行於市，歌曰：「布乎，布乎！」有告卓者，卓不悟。

范曄《後漢書》曰：元和二年詔：令天下大酺五日。賜公卿以下錢帛各有差，及洛陽民當酺者布，户一疋，〔城〕外三户共一疋。賜博士弟子見在太學者布，人三疋。

《三國志》卷二八《鄧艾傳》　甘露二年冬十月，艾自陰平道行無人之地七百里，鑿山通道，造作橋閣，山高谷深，至爲艱險，又糧運將匱，頻於危殆，艾以氊自裹，推轉而下。將士皆攀木緣崖，魚貫而行。

《三國志》卷四五《蜀志·王嗣傳》　裴松之注引《益部耆舊雜記》：王嗣字承宗，犍爲資中人也。其先，延熙世以功德顯著。舉孝廉，稍遷西安圍督、汶山太守，加安遠將軍。綏集羌胡，咸悉歸服，諸種素桀惡者皆來首降，嗣待以恩信，時北境得以寧静。大將軍姜維每出北征，羌、胡出馬牛羊氊毦及義穀裨軍糧，國賴其資。

《北堂書鈔》卷一三四　并州佳氊《魏氏春秋》云：李勝爲荆州刺史，曹爽令勝辭司馬宣王，因伺察之。宣王謬問勝曰：并州有佳氊，可致之。勝出曰：太傅老，無能爲也。

《太平御覽》卷八一六《布帛部三·罽》　《吴曆》曰：魏文帝賜吴王太子罽二張。

干寶《晉紀》曰：孫皓遣使，詔書賜班罽五十張，絳罽二十張，紫、青罽各十五張。

《太平御覽》卷八一九《布帛部六·絺綌》　魏武封魏王，（紹）〔詔〕曰：「今以君爲魏王，白絳皂黄白各二疋，越葛一端，往，欽哉。」

《吴曆》曰：孫策送華歆還洛，並賜越布，香葛。時多盜賊，歆度牛渚，悉封還諸物。

《江表傳》曰：魏文帝遣使於吴，求細葛。君臣以爲非禮，欲不與，孫權勑付使。

《笑林》曰：沈珩弟峻，字叔山，有譽而性儉。張温使蜀，辭峻。峻入內良久，出語温曰：「向擇一端布，欲以送卿，而無粗者。」温嘉其能顯非。

《太平御覽》卷八二〇《布帛部七·布》　魏武《遺令》曰：銅雀臺上安六尺牀，施繐帳，月旦十五日，向帳作〔樂〕，妓女等時時登銅雀臺，望吾西陵墓田。

曹植表曰：欲遣人到鄴市上黨布五十疋，作車上小帳帷，謁者不聽。

《魏略》曰：皇甫隆爲燉煌太守，燉煌婦人作裙，率縮如羊腸，用布一疋。隆禁止之，所省復不貲。

《先賢行狀》曰：王烈，字彦方，通識達道，人皆慕之，州閭成風，咸竟爲善。時國中有盜牛者，牛主得知，盜者曰：「我邂逅迷惑，從今以後，將改過。子既已見宥，幸毋使王烈聞之。」人有以告烈者，以布一端遺之。

《廣州先賢傳》曰：丁密，蒼梧廣信人也，清貧高節，非家織布不衣。

《奩史》卷四〇《蠶織門》　河内二義者，張伯仁、仲仁妻也。伯仁謙苦，仲仁驕戾，二婦紡績得好枲麻，輒别異之，以爲仲仁衣服。《列女傳》

《天中記》卷四八《氈》　氈綈　漢(武)〔成〕帝以氈綈藉地，惡輪之喧也。《拾遺録》

《天中記》卷四八《氈》　咽氈　蘇武使匈奴，匈奴絶不與食。天雨雪，武臥齧雪與氈毛裹咽之。《漢書》

細氈　王吉諫昌邑王遊獵曰：「夫廣厦之下，細氈之上，明師居前，勸誦在後，上論唐虞之際，下及殷周之盛，其樂豈銜橛之間哉。」

《天中記》卷四八《氈》　氈裹　鄧艾伐蜀，自(平)〔陰〕平(道)行無人之地，鑿山通道，作橋，以氈自裹，推轉而下。《魏志》

《晉書》卷二六《食貨志》　永寧之初，洛中尚有錦帛四百萬，珠寶金銀百餘斛。惠后北征，蕩陰反駕，寒桃在御，隻雞以給，其布衾兩幅，囊錢三千，以爲車駕之資焉。【略】元后渡江，軍事草創，蠻陬賧布，不有恒準，中府所儲，數四千匹。于時石勒勇鋭，挻亂淮南，帝懼其侵逼，甚患之，乃詔方鎮云，有斬石勒首者，賞布千匹云。

《晉書》卷二七《五行志上》　太康中，又以氈爲絈頭及絡帶袴口。百姓相戲曰，中國必爲胡所破。夫氈毳産於胡，而天下以爲絈頭、帶身、袴口，胡既三制之矣，能無敗乎！

《晉書》卷三三《鄭沖傳》　泰始十年薨。帝於朝堂發哀，追贈太傅，賜祕器，朝服，衣一襲，錢三十萬，布百匹。

《晉書》卷三三《何曾傳》　咸寧四年薨，時年八十。帝於朝堂素服舉哀，賜東園祕器，朝服一具，衣一襲，錢三十萬，布百匹。

《晉書》卷三四《羊祜傳》　疾漸篤，乃舉杜預自代，尋卒，時年五十八。帝素服哭之，甚哀。是日大寒，帝涕淚霑鬚鬢，皆爲冰焉。南州人征市日聞祜喪，莫不號慟，罷市，巷哭者聲相接。吴守邊將士亦爲之泣。其仁德所感如此。賜以東園祕器，朝服一襲，錢三十萬，布百匹。

《晉書》卷三五《裴秀傳》　泰始七年薨，時年四十八。詔曰：「司空經德履哲，體蹈儒雅，佐命翼世，勳業弘茂。方將宣獻敷制，爲世宗範，不幸薨殂，朕甚痛之。其賜祕器，朝服一具，衣一襲，錢三十萬，布百匹。」

《晉書》卷三九《王沈傳》　泰始二年，薨。帝素服舉哀，賜祕器朝服一具、衣一襲、錢三十萬、布百匹，葬田一頃。

《晉書》卷四〇《楊駿傳》　駿既誅，莫敢收者，惟太傅舍人巴西閻纂殯斂之。初，駿徵高士孫登，遺以布被，登截被於門，大呼曰：「斫斫刺刺。」旬日託疾詐死，及是，其言果驗。

《晉書》卷四三《山濤傳》　太康四年薨，時年七十九。詔賜東園祕器、朝服一具、衣一襲、錢五十萬、布百匹，以供喪事。【略】將葬，賜錢四十萬、布百匹。

《晉書》卷四三《王戎傳》　南郡太守劉肇賂戎筒中細布五十端，爲司隸所糾，以知而未納，故得不坐，然議者尤之。帝謂朝臣曰：「戎之爲行，豈懷私苟得，正當不欲爲異耳！」帝雖以是言釋之，然爲清慎者所鄙，由是損名。

《晉書》卷四五《侯史光傳》　後遷少府，卒官，詔賜朝服一具，衣一襲，錢三十萬，布百匹。

《晉書》卷五八《周處傳》　處竟以病卒於太原。【略】孝武帝詔曰：「處厲志貞亮，無愧古烈。未及拔身，奄隕厥命。甄表義節，國之典也。贈龍驤將軍、益州刺史，賻錢二十萬，布百匹。」又瞻賜其家。

《晉書》卷六二《祖逖傳》　時帝方拓定江南，未遑北伐，逖進説曰：「【略】使若逖等爲之統主，則郡國豪傑必因風向赴，沈溺之士欣於來蘇，庶幾國恥可雪，願大王圖之。」帝乃以逖爲奮威將軍、豫州刺史，給千人廩，布三千匹，不給鎧仗，使自招募。

《晉書》卷六四《忠敬王遵傳》　義熙四年薨，時年三十五，詔賜東園温明祕器，朝服一具，衣一襲，錢百萬，布千匹，策贈太傅，葬加殊禮。

《晉書》卷六五《王導傳》導善於因事，雖無日用之益，而歲計有餘。時帑藏空竭，庫中惟有練數千端，鬻之不售，而國用不給。導患之，乃與朝賢俱制練布單衣，於是士人翕然競服之，練遂踴貴。乃主者出賣，端至一金。其爲時所慕如此。【略】

導簡素寡欲，倉無儲穀，衣不重帛。帝知之，給布萬匹，以供私費。導有羸疾，不堪朝會，帝幸其府，縱酒作樂，後令輿車入殿，其見敬如此。

石季龍掠騎至歷陽，導請出討之。加大司馬、假黄鉞、中外諸軍事，置左右長史、司馬，給布萬匹。

《晉書》卷六七《温嶠傳》嶠聞蘇峻之徵也，慮必有變，求還朝以備不虞，不聽。未幾而蘇峻果反。【略】嶠於是列上尚書，陳峻罪狀，有衆七千，灑泣登舟，移告四方征鎮曰：【略】其各明率所統，無後事機。賞募之信，明如日月。有能斬約峻者，封五等侯，賞布萬匹。夫忠爲令德，爲仁由己，萬里一契，義不在言也。【略】

朝議將留輔政，嶠以(王)導先帝所任，固辭還藩。【略】因中風，至鎮未旬而卒，時年四十二。江州士庶聞之，莫不相顧而泣。帝下册書曰：【略】夫褒德銘勳，先王之明典，今追贈公侍中、大將軍、持節、都督、刺史，公如故，賜錢百萬，布千匹，謚曰忠武，祠以太牢。

《晉書》卷七四《桓豁傳》太元初，遷征西大將軍、開府。【略】尋卒，時年五十八。贈司空，本官如故，謚曰敬。贈錢五十萬，布五百匹，使者持節監護喪事。

《晉書》卷七四《桓冲傳》初，冲之西鎮，以賊寇方强，故移鎮上明，謂江東力弱，正可保固封疆，自守而已。又以將相異宜，自以德望不逮謝安，故委之内相，而四方鎮扞，以爲己任。又與朱序款密。俄而序没於賊，冲深用愧惋。既而苻堅盡國内侵，冲深以根本爲慮，乃遣精鋭三千來赴京都。謝安謂三千人不足以爲損益，而欲外示閑暇，聞軍在近，固不聽。報云：「朝廷處分已定，兵革無闕，西藩宜以爲防。」時安已遣兄子玄及桓伊等諸軍，冲謂不足以爲廢興，召佐吏，對之歎曰：「謝安乃有廟堂之量，不閑將略。今大敵垂至，方遊談不暇，雖遣諸不經事少年，衆又寡弱，天下事可知，吾其左衽矣！」俄而聞堅破，大勳克舉，又知朱序因以得還，冲本疾病，加以慚恥，發病而卒，時年五十七。贈太尉，本官如故，謚曰宣穆。賻錢五十萬，布五百匹。

《晉書》卷七五《王嶠傳》咸和初，朝議欲以嶠爲丹楊尹。嶠以京尹望重，不宜以疾居之，求補廬陵郡，乃拜嶠廬陵太守。以嶠家貧，無以上道，賜布百匹，錢十萬。

《晉書》卷七五《荀崧傳》咸和三年薨，【略】升平四年，崧改葬，詔賜錢百萬，布五千匹。

《晉書》卷七五《范堅傳》時廷尉奏殿中帳吏邵廣盜官幔三張，合布三十匹，有司正刑棄市。

《晉書》卷七九《謝尚傳》遷會稽王友，入補給事黄門侍郎，出爲建武將軍、歷陽太守，轉督江夏、義陽、隨三郡軍事，江夏相，將軍如故。【略】尚爲政清簡，始到官，郡府以布四十匹爲尚造烏布帳。尚壞之，以爲軍士襦袴。

《晉書》卷七九《謝安傳》時會稽王道子專權，而姦諂頗相扇構，安出鎮廣陵之步丘，築壘曰新城以避之。【略】尋薨，時年六十六。帝三日臨于朝堂，賜東園秘器、朝服一具、衣一襲、錢百萬、布千匹、蠟五百斤，贈太傅，謚曰文靖。

《晉書》卷八〇《王獻之傳》獻之字子敬。【略】夜臥齋中，而有偷人入其室，盜物都盡。獻之徐曰：「偷兒，青氈我家舊物，可特置之。」羣偷驚走。

《晉書》卷八一《毛璩傳》初，璩聞(桓)振陷江陵，率衆赴難，【略】使道令何林聚黨助(譙)縱，而璩下人受縱誘説，遂共害璩及(其弟)瑗，並子姪之在蜀者，一時殄没。

義熙中，時延祖爲始康太守，上疏訟璩兄弟，於是詔曰：「故益州刺史璩、西夷校尉瑾、蜀郡太守瑗勤王忠烈，事乖慮外。葬送日近，益懷惻愴。可皆贈先所授官，給錢三十萬、布三百匹。」論璩討桓玄功，追封歸鄉公，千五百户。

《晉書》卷八一《朱序傳》後丁零翟遼反，序遣將軍秦膺、童斌與淮泗諸郡共討之。又監兗青二州諸軍事、二州刺史，將軍如故，進鎮彭城。序求鎮淮陰，帝許焉。翟遼又使其子釗寇陳潁，序還遣秦膺討釗，走之，拜征虜將軍。表求運江州米十萬斛，布五千匹以資軍費，詔聽之。

《晉書》卷八六《張軌傳》軌以時方多難，陰圖據河西，【略】光禄傅祗、太常摯虞遺軌書，告京師飢匱，軌即遣參軍杜勳獻馬五百匹、毯布三萬匹。

《晉書》卷九二《顧愷之傳》愷之好諧謔，人多愛狎之。後爲殷仲堪參軍，亦深被眷接。仲堪在荆州，愷之嘗因假還，仲堪特以布帆借之，至破冢，遭風大敗。愷之與仲堪牋曰：「地名破冢，真破冢而出。行人安穩，布帆無恙。」

《晉書》卷九三《外戚傳·羊琇》及齊王攸出鎮也，琇以切諫忤旨，左遷太僕。

既失寵憤怨，遂發病，以疾篤求退。拜特進，加散騎常侍，還第，卒。帝手詔曰：「琇與朕有先后之親，少小之恩，歷位外內，忠允茂著。不幸早薨，朕甚悼之。其追贈輔國大將軍、開府儀同三司，賜東園祕器，朝服一襲，錢三十萬，布百匹。」

《晉書》卷九七《東夷傳・夫餘國》 夫餘國在玄菟北千餘里，南接鮮卑，北有弱水，地方二千里，户八萬，有城邑宫室，地宜五穀。其人强勇，會同揖讓之儀有似中國。其出使，乃衣錦罽，以金銀飾腰。

《晉書》卷九七《東夷・肅慎氏》 周武王時，獻其楛矢、石砮。逮於周公輔成王，復遣使入賀。爾後千餘年，雖秦漢之盛，莫之致也。及文帝作相，魏景元末，來貢楛矢、石砮、弓甲、貂皮之屬。魏帝詔歸於相府，賜其王傉雞、錦罽、緜帛。至武帝元康初，復來貢獻。元帝中興，又詣江左貢其石砮。

《晉書》卷九八《桓温傳》 温復還白石，上疏求歸姑孰。【略】詔以西府經袁真事故，軍用不足，給世子熙布三萬匹，米六萬斛，又以熙弟濟爲給事中。

《晉書》卷一二四《慕容熙載記》 〔熙后〕苻氏死，【略】慕容隆妻張氏，熙之嫂也，美姿容，有巧思。熙將以爲苻氏之殉，欲以罪殺之，乃毀其襚韡，中有弊氈，遂賜死。三女叩頭求哀，熙不許。

原題陶潛《搜神後記》卷二 中興初，郭璞每自爲卦，知其凶終。嘗行經建康栅塘，逢一趨步少年，甚寒，便牽住，脱絲布袍與之。其人辭不受，璞曰：「但取，後自當知。」其人受而去。及當死，果此人行刑。旁人皆爲求屬。璞曰：「我託之久矣。」此人爲之歔欷哽咽。行刑既畢，此人乃説。

《太平御覽》卷七〇八《服用部一〇》 《陶侃別傳》曰：外國獻氍毹，公舉之曰：我還國，當與牙共眠。牙名愱之字處静，是公庶孫，小而被知，以爲後嗣。

《太平御覽》卷八一六《布帛部三・罽》 崔鴻《十六國春秋・西秦録》曰：沮渠蒙遜尚書郎王杼送戎罽千疋，銀三百斤。

《太平御覽》卷八一九《布帛部六・絺綌》 庾翼《與燕王書》曰：令致細絺十端，竹絺二端。

《太平御覽》卷八二〇《布帛部七・布》 《晉書》曰：王戎性慳，從子將婚，遺一單布衣，婚畢却收之。

《燕書》曰：宋該，字宣孔，爲長史。太祖會群僚，以該性貪，故賜布百餘疋，令負而歸。重不能致，乃至僵頓，以愧辱之。

《太平御覽》卷八二〇《布帛部七・布》 《郭子》曰：劉道真常爲徒，扶風王以五疋布贖之，既而用爲從事郎中，當時以爲美談。

《太平御覽》卷八二〇《布帛部七・布》 《竹林七賢論》曰：王戎爲侍中，南郡太守劉肇遺戎筒中布五十端，戎不受而厚報其書，議者以爲譏，世祖患之，爲發詔，議者乃息。

《俗説》曰：桓豹奴善乘騎，亦有極快馬。時有一諸葛郎，自云「能走與馬等」。桓車騎以百疋布置埒，令豹奴乘馬與諸葛並走，至者得布。便俱走，諸葛恒與馬齊，欲至埒，馬頭去布三尺許，諸葛一躍坐布上，遂得之。

《太平御覽》卷八二〇《布帛部七・紵》 《朱崖傳》曰：朱崖俗行來出入，如着布或細紵布巾，巾四幅，其中内頭如領巾象。

《劉氏鴻書》卷七七《衣帛部・葛》 陶士行貧時，冬日，母子嘗着敝葛。及士行貴，母恒於公服袖口内縫一片，曰：「汝當作佳官，盡心恤民，勿忘着葛衫時也。」《奚囊橘柚》。

《天中記》卷四八《氈》 置鍼氈中　杜預子錫爲愍懷太子舍人，屢直諫於太子，太子患之，置鍼於錫坐處氈中，錫上，刺足血出。《晉書》。

胡産　太康中，天下以氈爲陌頭及帶身、袴口，於是百姓相戲曰：「中國其必爲胡所殺也。夫氈，胡之所産也，而今天下以爲陌頭、帶身、袴口，胡既三制之矣。」《晉書・五行志》。

《天中記》卷四八《氈》 撤氈　桓豹奴病勞冷，無氈可臥，桓車騎自撤己眠氈與之。《俗説》。

《宋書》卷七一《徐湛之傳》 初，高祖微時，貧陋過甚，嘗自往新洲伐荻，有納布衫襖等衣，皆敬皇后手自作。高祖既貴，以此衣付公主，曰：「後世若有驕奢不節者，可以此衣示之。」湛之爲大將軍彭城王義康所愛，與劉湛等頗相附協。及劉湛得罪，事連湛之，太祖大怒，將致大闢。湛之憂懼無計，以告公主。公主即日入宫，既見太祖，因號哭下牀，不復施臣妾之禮。以錦囊盛高祖納衣，擲地以示上曰：「汝家本貧賤，此是我母爲汝父作此納衣。今日有一頓飽食，便欲殘害我兒子！」上亦號哭，湛之由此得全也。

《宋書》卷七六《王玄謨傳》 〔元嘉中〕，及大舉北征，以玄謨爲寧朔將軍，前鋒入河，受輔國將軍節度。【略】又嘗貨利，一匹布責人八百梨，以此倍失人心。

《宋書》卷九四《恩幸傳・戴法興》 戴法興，會稽山陰人也。家貧，父碩子，販紵爲業。【略】

法興少賣葛於山陰市，後爲吏傳署，入爲尚書倉部令史。

《宋書》卷九五《索虜傳・陳憲》 元嘉二十七年，［託跋］燾自率步騎十萬寇汝南。【略】燾攻城四十二日不拔，死者甚多，任城又死，［劉］康祖救軍漸進，乃委罪大將，多所斬戮，倍道奔走。太祖嘉憲固守，詔曰：「右軍行參軍、行汝南、新蔡二郡軍事陳憲，盡力捍禦，全城摧寇，忠敢之效，宜加顯擢，可龍驤將軍、汝南、新蔡二郡太守。」又以布萬匹委憲分賜汝南城內文武吏民戰守勤勞者。

《梁書》卷三《武帝紀下》 身衣布衣，木緜皁帳，一冠三載，一被二年。

《梁書》卷三三《王僧孺傳》 僧孺幼貧，其母鬻紗布以自業。

《梁書》卷五四《諸夷傳・高昌國》 大同中，子堅遣使獻鳴鹽枕、蒲陶、良馬、氍毹等物。

《陳書》卷二一《孔奐傳》 永定二年，除晉陵太守。晉陵自宋、齊以來，舊爲大郡，雖經寇擾，猶爲全實，前後二千石多行侵暴，奐清白自守，妻子並不之官，唯以單船臨郡，所得秩俸，隨即分贍孤寡，郡中大悅，號曰「神君」。曲阿富人殷綺，見奐居處素儉，乃餉衣一襲，氈被一具。奐曰：「太守身居美祿，何爲不能辦此，但民有未周，不容獨享温飽耳。勞卿厚意，幸勿爲煩。」

《陳書》卷二七《姚察傳》 察自居顯要，甚勵清潔，且廩錫以外，一不交通。嘗有私門生不敢厚餉，止送南布一端，花練一匹。察謂之曰：「吾所衣著，止是麻布蒲練，此物於吾無用。既欲相款接，幸不煩爾。」此人遜請，猶冀受納，察勵色驅出，因此伏事者莫敢饋遺。

《魏書》卷五八《楊椿傳》 永安初，進位太保，侍中，給後部鼓吹。【略】莊帝還宮，椿每辭遜，不許。上書頻乞歸老，【略】於是賜以絹布，給羽林衛送，羣公百僚餞於城西張方橋，行路觀者，莫不稱歎。

椿臨行，誡子孫曰：【略】國家初，丈夫好服綵色。吾雖不記上谷翁時事，然記清河翁時服飾，恒見翁著布衣韋帶，常約敕諸父曰：「汝等後世，脫若富貴於今日者，慎勿積金一斤，綵帛百匹已上，用爲富也。」

《魏書》卷七三《楊大眼傳》 出爲荆州刺史，常縛蒿爲人，衣青衣而射之。召諸蠻渠，指示之曰：「卿等若作賊，吾政如此相殺也。」

《魏書》卷一〇〇《契丹國》 熙平中，契丹使人祖真等三十人還，靈太后以其俗嫁娶之際，以青氈爲上服，人給青氈兩匹，賞其誠款之心，餘依舊式。朝貢至齊受禪常不絕。

《北齊書》卷二九《鄭述祖傳》 初，述祖父爲光州，於城南小山起齋亭，刻石爲記。述祖時年九歲。及爲刺史，【略】有人入市盜布，其父怒曰：「何忍欺人君！」執之以歸首，述祖特原之。自是之後，境內無盜。人歌之曰：「大鄭公，小鄭公，相去五十載，風教猶尚同。」

《北齊書》卷四二《韋聿修傳》 天統中，詔與趙郡王叡等議定五禮。出除信州刺史，即其本鄉也，時人榮之。爲政清靖，不言而治，長吏以下，爰逮鰥寡孤幼，皆得其歡心。武平初，御史普出過詣諸州，梁、鄭、兗、豫疆境連接，州之四面，悉有舉劾，御史竟不到信州，其見知如此。及解代還京，民庶道俗，追別滿道，或將酒脯，涕泣留連，競欲遠送。既盛暑，恐其勞弊，往往爲之駐馬，隨舉一酌，示領其意，辭謝令還。還京後，州民鄭播宗等七百餘人請爲立碑，斂縑布數百疋，託中書侍郎李德林爲文以紀功德。府省爲奏，敕報許之。

《周書》卷二〇《賀蘭祥傳》 ［大統十四年，除荆州刺史］。祥雖太祖密戚，性甚清素。州境南接襄陽，西通岷蜀，物產所出，多諸珍異。時既與梁通好，行李往來，公私贈遺，一無所受。梁雍州刺史、岳陽王蕭詧，欽其節儉，乃以竹屏風、絺綌之屬及以經史贈之。祥難違其意，取而付諸所司。

《周書》卷三四《裴寬傳》 大統十四年，與東魏將彭樂［樂］恂戰於新城，因傷被擒。至河陰，見齊文襄。寬舉止詳雅，善於占對，文襄甚賞異之。謂寬曰：「卿三河冠蓋，材識如此，我必使卿富貴。關中貧(校)(狹)，何足可依，勿懷異圖也。」因解鏁付館，厚加其禮。寬乃裁臥氈，夜縋而出，因得遁還，見於太祖。

《南史》卷一《宋紀上・武帝》 上清簡寡欲，嚴整有法度，未嘗視珠玉輿馬之飾，後庭無紈綺絲竹之音。【略】廣州嘗獻入筒細布，一端八丈，帝惡其精麗勞人，即付有司彈太守，以布還之，並制嶺南禁作此布。

《南史》卷五二《梁宗室下・鄱陽忠烈王恢傳》 天監元年，封鄱陽郡王。除郢州刺史加都督。【略】時有進筒中布者，恢以奇貨異服，即命焚之，於是百姓仰德。

《南史》卷七三《孝義傳上・董陽》 元嘉七年，南豫州舉所統西陽縣人董陽三世同居，外無異門，內無異煙。詔榜門曰「篤行董氏之閭」，蠲一門租布。

《南史》卷七三《孝義傳上・賈恩》 賈恩，會稽諸暨人也。少有志行。元嘉三年母亡，居喪過禮。未葬，爲隣火所逼，恩及妻桓氏號哭奔救，隣近赴助，棺櫬得免，恩及桓俱燒死。有司奏改其里爲孝義里，蠲租布二世。

《北史》卷五〇《綦儁傳》 儁佞巧，能候當塗，斛斯椿、賀拔勝皆與友善。性多詐，賀拔勝出鎮荆州，過儁別，因辭儁母，儁故見敗氈弊被，勝更遺之錢物。

《北史》卷五一《齊趙郡王叡傳》 河清三年，周師及突厥至并州，武成戎服，將以宫人避之，叡叩馬諫，乃止。帝親御戎，六軍進止，並令叡節度，而使段孝先總焉。帝與宫人被緋甲，登故北城以望，軍營甚整。突厥咎周人曰：「爾言齊亂，故來伐之；今齊人眼中亦有鐵，何可當耶！」乃還，至陘嶺，凍滑，乃鋪氈以度。

《北史》卷九七《西域傳·龜兹》 物産與焉耆略同，唯氣候少温爲異。又出細氈，饒銅、鐵、鉛、麖皮、氍毹、鐃沙、鹽緑、雌黄、胡粉、安息香、良馬、犎牛等。

司馬光《資治通鑑》卷一七三《宣帝太建九年》 周主性節儉，常服布袍，寢布被，後宫不過十餘人；每行兵，親在行陳，步涉山谷，人所不堪；撫將士有恩，而明察果斷，用法嚴峻。由是將士畏威而樂爲之死。

《隋書》卷二《高祖紀下》 〔開皇十五年〕六月庚寅，相州刺史豆盧通貢綾文布，命焚之於朝堂。

《隋書》卷二四《食貨》 〔大業〕五年，西巡河右。西域諸胡，佩金玉，被錦罽，焚香奏樂，迎候道左。

《隋書》卷六九《袁充傳》 充少警悟，年十餘歲，其父黨至門，時冬初，充尚衣葛衫。客戲充曰：「袁郎子，絺兮綌兮，淒其以風。」充應聲答曰：「唯絺與綌，服之無斁。」以是大見嗟賞。

《北史》卷一四《后妃傳下·隋煬帝皇后蕭氏》 時后見帝失德，心知不可，不敢措言，因爲《述志賦》以自寄焉。其詞曰：【略】履謙光而守志，且願安乎容膝。珠簾玉箔之奇，金屋瑶臺之美，雖時俗之崇麗，蓋哲人之所鄙。愧絺綌之不工，豈絲竹而喧耳。知道德之可尊，明善惡之由己。

《舊唐書》卷一九上《懿宗紀》 大中末，京城小兒疊布漬水，紐之向日，謂之拔暈。帝果以鄆王即大位，以咸通爲年號。

《舊唐書》卷一九五《迴紇傳》 〔漢中郡王〕瑀曰：「唐天子以可汗有功，故將女嫁與可汗結姻好。比者中國與外蕃親，皆宗室子女，名爲公主。今寧國公主，天子真女，又有才貌，萬里嫁與可汗。可汗是唐家天子女壻，合有禮數，豈得坐於榻上受詔命耶！」可汗乃起奉詔，便受册命。翼日，册公主爲可敦，蕃酋歡欣曰：「唐國天子貴重，將真女來。」瑀所送國信繒綵衣服金銀器皿，可汗盡分與衙官、酋長等。及瑀回，可汗獻馬五百匹、貂裘、白氎。

《新唐書》卷一九二《忠義傳中·張巡》 至德二載，禄山死，慶緒遣其下尹子琦將同羅、突厥、奚勁兵與〔楊〕朝宗合，凡十餘萬，攻睢陽。巡勵士固守，日中二十戰，氣不衰。【略】御史大夫賀蘭進明代〔河南節度使嗣虢王〕巨節度，屯臨淮，許叔冀、尚衡次彭城，皆觀望莫肯救。巡使霽雲如叔冀請師，不應，遺布數千端。霽雲嫚罵馬上，請決死鬬，叔冀不敢應。

《新唐書》卷二一四《藩鎮傳·劉稹》 王釗守洺州，給士帛布一端，稹檄代歲稟。

《新唐書》卷二一六下《吐蕃傳下》 寶曆至大和，再遣使者朝。五年，維州守將悉怛謀挈城以降，劍南西川節度使李德裕受之，收符章仗鎧，更遣將虞藏儉據之。州南抵江陽岷山，西北望隴山，一面崖，三涯江，虜號無憂城，爲西南要扞。會牛僧孺當國，議還悉怛謀，歸其城。吐蕃夷誅無遺種，以怖諸戎。自是比五年虜使來，必報。所貢有玉帶、金皿、獺褐、犛牛尾、霞氈、馬、羊、橐它。

《新唐書》卷二二一上《西域傳上·跋禄迦》 風俗文字與龜兹同，言語少異。出細氈褐。

《新唐書》卷二二二下《南蠻傳下·南平獠》 有甯氏，世爲南平渠帥。【略】武德初，以寧越、鬱林之地降，自是交、愛數州始通。高祖授長真欽州都督。甯宣亦遣使請降，未報而卒，以其子純爲廉州刺史，族人道明爲南越州刺史。六年，長真獻大珠，昆州刺史沈遜、融州刺史歐陽世普、象州刺史秦元覽亦獻筒布，高祖以道遠勞人，皆不受。

段成式《酉陽雜俎》前集卷一《忠志》 安禄山恩寵莫比，錫賚無數，其所賜品目有：繡鵝毛氈。

王定保《唐摭言》卷四《與恩地舊交》 劉虚白與太平裴公早同硯席。及公主文，虚白猶是舉子。試雜文日，簾前獻一絶句曰：「二十年前此夜中，一般燈燭一般風。不知歲月能多少，猶著麻衣待至公。」

佚名《玉泉子》 夏侯孜爲左拾遺，常着桂管布衫朝謁。開成中，文宗無忌諱，好文，問孜衫何太麄澁。具言桂管産此布，厚可以御寒。他日上問宰相：「朕察拾遺夏侯孜，必貞介之士。」宰相曰：「其行今之顔冉。」上嗟嘆，亦効着桂管布，滿朝皆倣之，此布爲之驟貴也。

《唐會要》卷九七《吐蕃》 開成二年，遣使論監通來朝。先是，遣宗正少卿、兼御史中丞李從簡入蕃。其年五月，至自蕃中，進國信、金銀器、玉帶、獺褐、犛牛尾、朝霞氎、雜藥並馬牛橐駝等，詔以其信物頒賜宰臣已下。

《太平御覽》卷八二〇《布帛部七・布》 《唐書》曰：真觀十八年，命將征遼東。安州人彭通，請出布五千疋以資征人。上喜之，比漢之卜式，拜宣議郎。

李昉等《太平廣記》卷一六五《夏侯孜》 夏侯孜爲左拾遺，嘗着緑桂管布衫朝謁。開成中，文宗無忌諱，好文，問孜衫何太麤澁。具以桂布爲對：「此布厚，可以欺寒。」他日，上問宰臣：「朕察拾遺夏侯孜，必貞介之士。」宰臣具以密行，今之顔冉。上嗟嘆久之，亦効著桂管布，滿朝皆倣效之，此布爲之貴也。出《芝田録》。

《天中記》卷五〇《火浣（布）》 朝霞布 西屠夷頭黎，貞觀時獻朝霞布。《唐書》。

《舊五代史》卷一三八《外國傳・回鶻》 周廣順元年二月，遣使並摩尼貢玉團七十有七，白氎、貂皮、犛牛尾、藥物等。

《新五代史》卷二六《唐臣傳・李嚴》 初，莊宗遣嚴以名馬入蜀，市珍奇以充後宫，而蜀法嚴禁以奇貨出劍門，其非奇物而出者，名曰「入草物」，由是嚴無所得而還，惟得金二百兩、地衣、毛布之類。莊宗聞之，大怒曰：「物歸中國，謂之『入草』，王衍其能免爲『入草人』乎？」於是決議伐蜀。

《新五代史》卷七四《四夷附録三・回鶻》 其地出玉、犛、緑野馬、獨峯駝、白貂鼠、羚羊角、硇砂、腽肭臍、金剛鑽、紅鹽、罽氎、騊駼之革。其地宜白麥、青麲麥、黄麻、葱韭、胡荽，以橐駝耕而種。

《新五代史》卷七四《四夷附録三・于闐》 晉天福三年，于闐國王李聖天遣使者馬繼榮來貢紅鹽、鬱金、犛牛尾、玉氎等。

吴任臣《十國春秋》卷九二《閩・景宗紀》 〔永隆三年〕冬十月壬子，使者至汴，貢晉白金四千兩，象牙二十株，葛五十疋，乾薑、蕉、乳香、沉香、玳瑁、諸物，謝恩加官。又進重午節白金一千兩、細葛二十疋、海葛韡扇等物。癸丑，獻晉度支商税葛八千八百八十疋。

《宋史》卷四〇六《崔與之傳》 尋特授廣西提點刑獄，徧歷所部，至浮海巡朱崖，秋毫無擾州縣，而停車裁決，獎廉劾貪，風采凛然。朱崖地産苦蔓，民或取葉以代茗，州郡征之，歲五百緡。瓊人以吉貝織爲衣衾，工作皆婦人，役之有至期年者，棄稚違老，民尤苦之。與之皆爲榜免。

魏泰《東軒筆録》卷一〇 明肅太后臨朝，襲真宗故事，留心庶獄，日遣中使至軍巡院、御史臺，體問鞫囚情節。又好問外事，每中使出入，必委曲詢究，故百官細微，無不知者。有孫良孺爲軍巡判官，喜詐僞，能爲朴野之狀。一日，市布數十端，雜染五色，陳於庭下。中使怪而問之，良孺曰：「家有一女，出適在近，與之作少衣物也。」中使大駭，回爲太后言之，太后歎其清苦，即命厚賜金帛。

洪邁《夷堅志・夷堅支癸》卷五《陳泰寃夢》 撫州民陳泰，以販布起家。每歲輒出捐本錢，貸崇仁、樂安、全溪諸儈户，達於吉之屬邑，各有駔主其事。至六月，自往斂索，率暮秋乃歸，如是久矣。淳熙五年，獨遲遲而來，盡十月不反。妻頗以爲念，【略】詣公庭哀祈，吕本作「訴」。且拜且泣，守惻然，爲下其事縣宰張公吕本作「松」。茂老，悉集諸駔驗究。有曾小六者在數中，【略】於是捕送獄，鞿鞫問，即承伏云：「初用渠錢五百千，爲作屋停貨，今積布至數千匹。因其獨來，妄起不義之心，【略】遂斃之於山下。」

舊題宇文懋昭《大金國志》卷八《太宗文烈皇帝六》 天會十二年時宋紹興四年也。春，宋遣章誼來軍前，充奉表通問使。時國中所議事，南宋皆不從，乃遣誼等請還兩宫及河南地，命王倫作書于粘罕所親耶律紹文、高慶裔，且以《資治通鑑》、木綿虔布、龍鳳茶等物遺之。

《畜史》卷八七《綺羅門》 宮中有娠，賜銀絹等物，内有漉藥布二條，金漆箱兒金鈕地黄汗布二條。《武林舊事》。

《宋會要輯稿・蕃夷七・歷代朝貢》 乾德三年四月五日，回鶻遣使貢方物。《玉海》：四月，回鶻貢白氎布。

太平興國二年三月三日，錢俶進葛萬疋。【略】九月六日，陳洪進【略】泉州土葛二萬疋。淳化三年【略】《玉海》：是年二月癸卯，南海商人獻吉貝布。【略】

咸平四年六月二十日，上溪州刺史彭文慶等來朝。《玉海》：是月，上溪州貢花布。

大中祥符五年。《山堂考索》：是年二月丁未，洛論磨山差洞蠻菌田仕瓊等貢溪布。

九年九月七日，卭部川山前後百蠻都王黎吠遣歸德將軍趙勿婆貢犀角、犎牛、娑羅氈。

天禧二年八月十九日，黎州山後兩林百蠻都王李阿善遣將軍卑熟等來，貢馬、犀、象、婆羅氈。

乾興二年六月六日，甘州可汗王貢馬、胡錦、白疊。

天聖三年正月二十九日，上溪州趙君佐貢溪布。

五年十月二十七日，交州南平王李公蘊遣使驩州刺史副都督貢布。

七年六月二十七日，溪州蠻彭仕義等來貢溪布。自是歲來貢。

八年十一月十五日，龜兹國遣李延慶貢花蕊布、白褐。沙州遣使貢花蕊布。

景祐二年五月十三日，交州南平王李德政遣庯州刺史何遠奉表貢布。

四年正月九日，龜兹國遣使李延貴貢花蕊布、褐。沙州遣使副楊骨蓋靡是貢花蕊布。

慶曆四年十月一日，黎州邛部山前山後百蠻都鬼主牟墨遣將軍阿濟等獻株莎羅毯。

五年正月二十一日，施州溪洞蠻田忠顯等貢土布。十一月十七日，宜州西南蕃龍光捷以下遣使貢氈。

治平四年七月八日，西南蕃奉華將軍知静蠻軍蕃落使守天聖火龍王異閶來貢氈。

熙寧元年正月二十一日，西南蕃静蠻軍節度使蕃王方異巩等來貢氈。

三年六月十七日，西南蕃捍蠻軍節度使守蕃王張漢興等奉表賀，貢氈。

四年二月二十四日，于闐國黑汗王遣大首領翟進奉表貢花蕊布。

五年二月二日，大回鶻龜可汗遣使盧大明都督奉表貢花蕊布。十二月二十六日，于闐國黑韓王遣使奉表貢花蕊布。

九年八月二日，大理國遣使奉表貢氈罽。

元祐元年四月，知龍賜州彭允宗、知監州彭士明並遣人進奉賀端午節溪布十五疋。

二年五月十四日禮部言：西南蕃泰平軍遣石蕃以定等賫表裝鞍馬、砂、氈等來貢。

政和六年十二月三十日，大理國王段和譽奏：臣累年以來，嘗遣磨中羅道等處，乞修朝貢，至政和五年五月，已奉聖旨，差廣州觀察使黄璘充第一等奉使於賓州置局接納入貢。令先遣臣布燓、臣李紫琮、臣楊苛㨾坦綽、臣李百祥，管押馬三百八十疋，内有五十匹係特進，麝香、牛黄、細氈、碧玗山、衣甲、弓箭等，詣闕進獻。

《全宋文》卷五五曹延恭《布施布帛疏一》開寶八年正月　庭子布兩匹，充大衆(下缺)四門四角法事(下缺)右件捨施，所申意者。奉爲國界清平，法輪常轉，灾隨風散，慶逐雲齊。伏乞發悲，希甫迴向。謹疏。開寶八年正月，歸義軍節度使、檢校太保兼御史大夫曹延恭疏。敦煌卷S五九七三3。

《全宋文》卷五五呂端《布施布帛疏二》開寶八年二月　布叁匹，充大衆；布壹匹，充大像；緋綿壹匹，充法事。右件講暢捨施，所申意者。伏以有礙家國，要憑無上勝因。今輒捨之少財，投如來之大道，虔誠法會，求乞福圓。伏望能仁，希垂迴向。謹疏。開寶八年二月日，弟子歸義軍節度、特進、檢校太保下缺。敦煌卷S五九七三4。

《全宋文》卷五五九余靖《乞不請中冬翠錦衣襖狀》　右，臣准桂州牒，差人送到敕書一道，蒙恩賜臣翠毛細錦旋襴一領者。伏念臣自遭荼蓼，甫及期祥，屬蠻獠之猖狂，廢几筵之號慕。未成軍伐，屢照天慈。且枕塊寢苦，禮雖可奪；而食稻衣錦，心所難安。況欒棘之在容，顧曳裾而非稱。願收涣汗，以遂素心。已牒桂州，更不差人赴京請領。所有賜到敕書一道，謹具狀封納。《武溪集》卷一六。又見《粤西文載》卷四。

《全宋文》卷五五九余靖《回納詔賜冬服狀》　臣今月十四日，進奏院遞到敕書一道，蒙恩賜臣簇四雕兒細錦旋襴等冬服者。祇荷寵光，不任感懼。伏念臣向遭荼毒，歸守丘樊，遽屬軍興，遂離喪次。光陰過隙，祥禫未周。墨縗絰以臨戎，蓋先國事；裴衣裳而畫飾，難處人情。願回渥恩，庶全素志。所有前件細錦冬服，乞不請領。《武溪集》卷一六。又見《粤西文載》卷四。

《全宋文》卷一一七四司馬光《謝中冬衣襖表》　臣光言：伏奉詔書，賜臣翠毛細錦綿旋襴一領者。祇荷寵光，心顏無措。臣光中謝。恭惟皇帝陛下皇仁溥洽，衣被九圍，軫念祁寒，寵錫嘉服。臣雖無似，蒙澤猶均。濫承安燠之榮，空慙不稱之責。《司馬公文集》卷五七。

《全宋文》卷一三一〇蘇頌《賜前兩府並待制以上知州初冬衣襖敕書》　敕某：清風戒寒，獻良裘而在御；邇臣守位，殿藩服以方勤。禦兹霜律之嚴，宜有衣章之賜。既安且燠，益體予衷。今賜卿翠毛細錦旋襴一領，至，可領也。故兹詔示，想宜知悉。冬寒，卿比平安好？遣書，指不多及。《蘇魏公文集》卷二四。

《元史》卷五《世祖紀二》　〔中統三年十一月丁亥〕敕河西民徙居應州，其不能自贍者百六十户，給牛具及粟麥種，仍賜布，人二匹。

《元史》卷一二《世祖紀九》　〔至元十九年二月，〕甲午，甘州逃軍二千二百人自陳願挈家四千九百四十口還戍，敕以鈔一萬六百二十錠、布四千九百四十匹、驢四千九百四十頭給之。

《奩史》卷四〇《蠶織門》　世祖道渴，至一帳房，見女子緝駝茸，世祖從覓馬湩。女子曰：「馬湩有之，但我父母諸兄皆不在，難以與汝。」世祖欲去，女子復曰：「我獨居於此，汝自來自去，於理不宜。汝來去宜分明，我父母即歸，姑待之。」須臾，果歸，出馬湩飲世祖。世祖既去，奇其識度，嘆息曰：「得此等女子爲人家婦，豈不美耶。」後納爲太子妃。《元史》

張廷玉等《續文獻通考》卷二八《土貢一》　泰定帝泰定四年九月，阿察赤的斤獻木緜大行帳。

張廷玉等《續文獻通考》卷三二《國用三》　泰定帝泰定三年三月，給蒙古流民糧鈔，遣還所部。

六月，振蒙古饑民遣還所部。七月，振蒙古流民給鈔二十九萬錠，遣還。至文宗天曆二年三月，蒙古饑民之聚京師者，遣往居庸關，北人給鈔一錠、布一匹，仍令興和路振糧兩月，還所部。至順元年四月，沿邊部落蒙古饑民八千二百人，給鈔三錠，布二匹，糧二月，遣還所部。

《明史》卷二四一《汪應蛟傳》　應蛟爲人，亮直有守，視國如家。謹出納，杜虛耗，國計賴之。帝保母客氏求墓地踰制，應蛟持不予，遂見忤。會有言其老不任事者，力乞骸骨。詔加太子少保，馳傳歸。陛辭，疏陳聖學，引宋儒語，以宦官、宫妾爲戒。久之，卒於家。應蛟學主誠敬，其出處辭受一軌於義。里居，謝絶塵事，常衣緼枲。

郎瑛《七修類稿》卷八《國事類・徐壽輝》　徐壽輝，又名貞，蘄州羅田人，生平以販布爲業。

郎瑛《七修類稿》卷二一《辯證類・夷齊衣葛》　《韓子通解》曰：伯夷哀天下之偷且以彊，則服食其葛薇，逃山而死。夫夷、齊採薇而食之，言者多矣，採葛以爲衣，則諸本之所無也。此亦故事之未聞。

焦竑《焦氏筆乘》卷四《布被瓦器》　東漢王良爲大司徒，布被瓦器；司徒史鮑恢以事過其家，良妻布裙曳柴從田中歸。此事自今人視之，亦奇絶矣。《夢醒録》載劉東山司馬語蕭聰曰：「正統間，先君爲御史在京，有鄉先達過焉，問余曰：『汝父在否？』曰：『在道中未回。』曰：『汝母安在？』曰：『適鄰家磨麪去矣。』乃起徧視家中所有。遂引余詣寢室，見牀上惟蒲席布被褥，喜曰：『所操若是，可稱御史之職矣。』既去，先君回，余白其事。先君曰：『此必鄉先生某少卿也。其爲人縝密，故觀人於所忽若此。』」噫，今之人有官清要而蒲席布被褥者乎？其妻有操井臼以養者乎？第施然藉其權力，漁獵小人，爲肥家飽妻子之計而已。

余繼登《典故紀聞》卷一六　南京禮部尚書黎淳性耿介，患流俗奢侈，凡婚喪燕飲皆有則，取予不苟。有門生尹華亭以紅雲布寄淳，淳不受，即書其封識上曰：「古之爲令，拔茶植桑，今之爲令，織布添花。吾不用此妖服也。」

談遷《國榷》卷三《宣宗宣德九年》　〔十月〕松江旱災，巡撫周忱奏：以棉布萬五千九百二十五匹折支武官月俸。從之。

傅維鱗《明書》卷二《太祖本紀二》　〔洪武五年十月〕詔給蘭州諸邊士卒緜布，計十四萬餘端疋。

方濬師《蕉軒隨録》卷四《葛紗夏布》　明正德四年，鎮守江西等處太監王臬，差吏龔新賚銀一百兩，收買廬陵葛紗。時王文成公官廬陵令，備文乞免。又太倉夏布，貢弘治間，由張國舅始，孝宗見而悅之，遂定貢御細者，至用官價銀三兩。惜當時無陽明其人者爲之蠲除，以蘇民困也。

褚人穫《堅瓠集》王集卷三《裹氈》　陳刪詩「食雪天山近，恩歸海路長。」王維詩「路遠天山雪，家臨海樹秋」。温庭筠詩「紅淚文姬洛水春，白頭蘇武天山雪」。三詩皆用蘇武事，而庭筠末句尤奇。按武在匈奴，衛律絶其飲食，至齧雪吞氈，其號寒之苦，人所共知。若《新序》所載，衛律於大暑中以氈裹武，暴之日中三日，此若人多未知。

顧岦《覺非龕筆記》卷八　君子清其心濁其跡，衆人固不識也，君子識之，至君子亦不識，而其志隱矣。周文襄公忱巡撫江南，日以松江翦絨單遺王振。振大喜，凡所上便利事，悉從中贊之，江南賴焉。夫文襄豈媚振者哉。

趙慎畛《榆巢雜識》卷下《富綱之奢侈》　富綱任雲貴總督，肆意奢侈。署内房舍地面皆用藍細布貯棉製如磚式，量地廣狹而平砌之。又慮逾久踐實，每月更鋪一次，備製成者積數間屋。此與尊奉福貝子康安行館地面鋪以紅哆囉呢者尤爲意想所不及。噫！享用逾分，宜乎其肆市也。

葉廷琯《鷗陂漁話》卷六《洋布作畫》　古畫本多用絹，宋以後始兼用紙，明人又繼以綾，皆取其易助神采。余偶以洋布極細密者，素顔朗如炳作墨山水，朗如言其質較絹稍澀，視宣紙則和潤，頗能發筆墨之趣，而氣韻又覺醇雅，同人咸以爲新奇可喜，作詩詠之。程序伯云：「山林宜布素，盡洗華縟姿。莫嫌轎材費，煙汗得所施。頗聞波弋國，香荃成幾絲。金壺助餘馥，墨瀋含清滋。從此剡溪藤，賤作拭案資。晚窗喜展對，絡緯啼涼颸。」印印川云：「宋細唐麄辨入微，幾勞織女弄梭機。誰將卉服齊東絹，詠畫林看列布衣。」記此足爲藝林故實，後來俞子駿岳，亦曾爲余以洋布作山水立幅，謂與筆墨相宜，語同朗如。一時好手如貝六泉點、沈竹賓焯，率喜作布本畫，蓋皆自余一艧開其先也。

陳康祺《郎潛紀聞・二筆》卷一六《賜大挑舉人葛紗》 嘉慶六年辛酉，例舉大挑。時仁宗以畿輔久旱，盼雨甚殷，挑日適甘雨應時，上喜極，傳諭賞本日挑取一等舉人葛紗各一匹。

昆岡等《清會典則例》卷一四三《理藩院・徠遠清吏司》 一、土貢。 哈密、闢展、土魯番，歲貢葡萄二百斤，乾瓜二筐，布疋、手巾、佩刀諸物。其附近闢展之羅布淖爾居住回民，歲貢哈什翎毛，水獺皮諸物。喀什噶爾歲貢黃金十兩，綠葡萄千斤，溫都斯坦金絲段二，毛毯四。【略】初，各回城屬準噶爾時，每歲貢有氊子、絨毛、高氊、喇嘛俄羅斯氊衣、氆氌、章岔氆氌帽諸物。

劉錦藻《清續文獻通考》卷三八四《實業》 〔宣統元年〕東三省總督徐世昌奏，錦州地脈豐腴，交通便利，擬設工廠，名曰錦州八旗工藝分廠，專取旗丁入廠學習，定額一百名，先就本地所宜，暫設氈毯、皮革等科，與奉天工藝廠聯合辦理。【略】

又東三省總督錫良、奉天巡撫程德全奏：設八旗女工傳習所。分設四科：一曰裁絨，一曰編物，一曰縫紉，一曰刺繡。並附講堂，教授普通學課，以宏教育。【略】

〔宣統二年〕又東三省總督錫良奏：撥款修建八旗女工傳習所，略稱：臣於奉、錦等府剏建八旗工藝廠，復設八旗女工傳習所於省城。半載經營，頗著成效。新製裁絨一種，係所內工師發明剏造，形色堅美，業已帶赴南洋勸業會陳列比賽。本地婦女聞風興起，爭願入學。惟該所假屋開辦，過於窄小，不能推廣。見擬就已裁工部舊署地基，修建女工廠一所，估算約需工料實銀八千兩。查有歷年收存遼河抽分木植變價銀兩，前擬備建蠶桑實習所，尚未剏辦，可以動支。其常年不敷之款，即由此項撥用，以便擴充。

劉錦藻《清續文獻通考》卷三八五《實業八》 毛織業 毛織原料之出產一，綿羊毛、山羊毛。其飼養以蒙古、青海、西藏爲最，甘肅、東三省次之，陝西、山西、直隸、山東、河南又次之，南部諸省則頗少。西部山地如雲貴方面，亦有飼養，揚子江流域以四川西境及西康爲豐富，產量素無統計可據。茲將日本殖產研究會依羊毛輸出額西藏除外。所作之推定列表如左：

區域	羊之頭數	羊毛產量
外蒙古	一〇，〇〇〇，〇〇〇頭	一五，〇〇〇，〇〇〇斤
東蒙古	二，六〇〇，〇〇〇	四，〇〇〇，〇〇〇
西蒙古	二，〇〇〇，〇〇〇	三，〇〇〇，〇〇〇
青海	八，〇〇〇，〇〇〇	一二，〇〇〇，〇〇〇
東三省	一，〇〇〇，〇〇〇	一，五〇〇，〇〇〇
本部十八省	一二，〇〇〇，〇〇〇	三三，〇〇〇，〇〇〇
合計	三五，六〇〇，〇〇〇頭	六八，五〇〇，〇〇〇斤

右表乃綿羊、山羊合計，就尋常言，似綿羊占大多數。羊毛之名稱不一，抓毛用鐵鉤搔取，套毛用剪刀刈取。脫毛乃五六月間褪落之毛，爪子毛係鉤抓下之爪毛，搓搏成團，亦稱球毛。捻毛者，捻成粗繩狀。春毛質良，夏毛爲春毛採後之毛，品質較劣，與秋毛同。我國採夏毛，以陝、甘等省爲主要，其他產羊區域，罕有採者。抓毛種類最多，内有名寒羊毛者，乃河南、直隸及其鄰省所產一種小綿羊之毛，每年三四月間採取，纖維細長，且富捲縮性，爲羊毛中之最上品。輸出市場，天津最重要，漢口、上海次之。津市羊毛來自青海、甘肅、陝西、内蒙古、熱河、山西、山東、河南一帶。東口、張家口西口歸化城爲天津之中繼市場，錦州爲張家口之中繼市場，西甯、石嘴子、包頭鎮爲歸化城之中繼市場。東三省、東蒙之羊毛，多集中於伯都訥、扶餘縣鄭家屯、哈爾濱等處，而由瀋陽、營口、大連輸出。山東羊毛來自西藏、甘肅之一部及四川全省，外蒙羊毛多經恰克圖、海拉爾等輸出，西藏羊毛除運四川外，餘經印度輸出國外。二，駱駝毛。蒙古、新疆爲主要產地，北部諸省及東三省亦有之。蒙古產駱駝，以西部、北部爲主，年約三萬頭，東部及東南部較少，年僅三千四百頭，内外計，全蒙每年運輸駱駝約一百二十萬頭，而張家口、庫倫間之運輸茶葉駱駝，約在十萬頭以上，每頭產毛量爲五斤。西部產毛較東北部爲佳，以過於勞力有損毛質，用於運煤之駱駝，毛質最劣。駱駝毛之採取，乃由褪落而非抓取，與羊毛不同。全國產量未詳，然產額

殊豐，除供國內消費，尚有輸出國外。近年綿羊毛之輸出，數量爲四十八萬五千三百二十擔，金額一千四百零四萬零六百七十二兩，山羊毛三萬三千二百七十五擔，金額一百四十三萬九千七百九十八兩，駱駝毛三萬七千九百五十擔，金額一百九十九萬零六百三十五兩。毛之價格，以粗細長短及所含塵土多少爲標準，茲將各種價目列表於左：

名稱	產地	百斤價	毛質及其用途
抓毛	直隸、綏包、山西一帶	四十餘元	纖維細小，長二三寸，富彈性，多鱗片，宜製嗶嘰、細呢、羽紗。
秋毛	張家口、陝西、山西	三十餘元	毛質粗硬，缺少鱗片，死毛頗多，宜造地氈、毛綫及粗呢等。
寒羊毛	河南、山東、直隸	五六十元	纖維細短，色澤光白，富於黏縮性，彈性尤佳，宜造細呢等。
西甯毛	甘肅、青海、綏遠	五六十元	毛質細長，約五六寸，色白光澤，宜造編物綫及上而嗶嘰。
山羊絨	陝西榆林	五十餘元	有黑白兩種，纖維細短，富於黏縮性，宜造毡帽。
羔毛	山西、甘肅、綏遠	四十餘元	毛質粗硬，少光澤，與秋毛相似，宜造粗呢、毡、毯等。
駝毛	內外蒙古、綏包	五十餘元	纖微細長，毛色淡黄，宜造駱駝絨。

各地所產羊毛，均集中於天津，由店發售洋行，然後輸出，間有自至產地收買者，獲利更鉅。津埠運輸出口之洋商，大小三十餘家，專營此業者，有英商隆茂、高林，美商新泰、興仁記等四行，規模以隆茂爲最大。【略】

新式毛織業　來自國外之毛織品，海關貿易冊分純毛織與棉毛合織二類。純毛織品有羽毛、羽綾、絨氈、老虎氈呢、嗶嘰、法蘭絨、旗紗及各色絨綫，以呢、嗶嘰爲最多，絨綫次之。棉毛合織品有毛羽、綢羽、紗、斜紋呢、企頭呢、法蘭絨、絨布等，斜紋呢、企頭呢爲最多。毛織品之輸入，自光緒初至二十八九年間，常有海關銀三四百萬或四五百萬兩，三十年後增至八百餘萬兩，近至一千九百餘萬兩。進口增加，雖自近始，然左文襄公在五十年前已圖抵制。左氏於光緒二年，在甘肅蘭州創設織呢總局，三十餘年並無繼起，直至日俄戰爭告終，乃有日輝呢廠等之設立，至滿蒙綫呢廠雖規模較大，非全爲國人經營。茲將五廠綫錠及織呢機數目列左：

廠名	地址	錠數	機架數
甘肅織呢總局	蘭州	九〇〇	二二
日輝氈呢廠	上海	一·七五〇	四四
溥益公司	北京	四·七五〇	五八
湖北氈呢廠	武昌	一·〇〇〇	一四
滿蒙織呢廠	瀋陽	七·二〇〇	一六〇

五廠共計綫錠一萬五千六百枚，織呢機二百九十八架，每年約可出貨值四百餘萬元。

地毯業及其他舊式毛織業　我國地毯之織造，頗與世界最著名之波斯毯、印度毯、土耳其毯相似，織造在北方通行，東起東三省，西至新疆、西藏咸有之。北京地毯，在光緒二十六年，僅供本地需用，至是年末，始輸出海外。先有德人攜地毯二種回國，大得柏林人之贊許，其後德人定貨踵至，迨二十九年，美國在聖路易開萬國博覽會，陳列中國地毯，觀客集賞，於是各國咸樂用中國毯。歐戰時，土耳其毯輸出減少，我國地毯銷路益廣，每年輸出總額自十餘萬增至七十七萬餘兩，最近三年，平均總在三四百萬兩以上。舊式毛織業，除地毯外，尚有氈子、氈帽、氆氌、莫大小、即舊式毛綫襪。毛綫帽、毛織圍巾，以西藏罽賓之羊毛織成者爲最著名，今歐美市場中所售，多爲山羊絨、棉花、絲三者交織，並非罽賓羊毛織成。

甘肅蘭州織呢總局　左宗棠督甘時，創辦善後局，撥二十萬兩購德國機器，並聘外國技師。光緒五年開工，及左他調，遂遭停頓。十一年，改爲洋礮局。三十二年復爲織呢局，成績未著，屢開屢閉。近年始租該局，組織甘肅織呢股分有限公司，其條件以得利十二分之二爲租金，公司不自歇業，公家不得託故收回。

總局分前後兩廠，占地二十五畝。

北京清河鎮溥益呢革公司　原爲官商合辦，後以賠累不支停工，既而改爲陸軍呢廠，規模宏大，設備完全，爲國内毛織廠之冠。

上海中國毛織廠　在外日暉橋，資金二十六萬兩，原名日暉呢廠，近由郭姓商人租辦，每年租金一萬元。該廠規模頗大，惜紡機均爲舊式。

席裕福、沈師徐《皇朝政典類纂》卷二四《市易三》（順治）十三年，户部以江南採買布匹粗惡，令入覲官帶回另買。詔以發回另買，恐致累民，令該部將解到布匹，酌議價值另用。《通考》。

胡宗憲修、薛應旂纂（嘉靖）《浙江通志》卷六一《都會志》　麻林山，一名多山。句踐欲伐吳，種麻以爲弓絃，使齊人守之。越謂齊人多，故曰麻林多以防吳。以山下田封功臣，去縣一十二里。

葛山者，句踐罷吳種葛，使越女織治葛布，獻於吳王夫差。去縣七里。

藝文

《詩・邶風・緑衣》　絺兮綌兮，凄其以風。

《太平御覽》卷八二〇《布帛部七・布》　楊雄《蜀都賦》曰：「細絺弱折，綿繭成衽。筒中黄潤，一端數金。」

《太平御覽》卷八二〇《布帛部七・紵》　《古樂府》曰：《白紵歌》盛稱三好，宜及芳時作樂，其辭曰：「白紵質如月，輕如雲，色如銀，製以爲袍餘作巾。」本吳辭也。

曹植《曹植集》卷三《遷都賦》　椽蠡蛩而食蔬，摭皮毛以自蔽。

曹植《曹植集》卷三《雜詩》之二　類此遊客子，捐軀遠從戎。毛褐不掩形，薇藿常不充。

《文選》卷四左思《蜀都賦》　黄潤比毗二。筒，籯盈。金所過。李善注：黄潤，謂筒中細布也。司馬相如《凡將篇》曰：黄潤纖美宜制禪。楊雄《蜀都賦》曰：筒中黄潤，一端數金。籯，幐也。韋賢傳曰：黄金滿籯。

《文選》卷一三潘岳《秋興賦》　於是迺屏輕箑所甲，釋纖絺。李善注：孔安國《尚書傳》曰：纖，細也。絺，細葛也。

《文選》卷五七謝希逸《宋孝武宣貴妃誄》　虚麗絺綌，出懋蘋蘩。

《太平御覽》卷八一九《布帛部六・絺綌》　劉楨《瓜賦》曰：「承之雕盤，冪以纖絺。」

《太平御覽》卷八一九《布帛部六・絺綌》　夏侯孝（君）〔若〕《大暑賦》曰：「珠汗沾夫絺葛。」

左思《吳都賦》曰：「焦葛升越，弱於羅紈。」

諸葛恢表曰：天恩罔極，特賜纖絺細竹。

《太平御覽》卷八一九《布帛部六・絺綌》　《顔測集・大司馬江夏王賜絹葛啓》曰：氷紈風綌，事膺盛服。

《太平御覽》卷八二〇《布帛部七・布》　陸機《吊魏武文》曰：「悼繐帳之冥漠，怨陵西之芒芒。」

夏侯開國《吳郡賦》曰：「金玉星煩，明璫霞聚。織絺細越，青箋白紵。名練奪乎樂浪，英葛先乎三輔。」

張載《擬四愁詩》曰：「主人遺我筒中布，何以報之流黄素。」

《天中記》卷四八《氈》　比肩氈　陸雲詩曰：「冬坐比肩氈。」比肩，獸名也。

《類腋》卷一二《物部・布》　輕麗劉孝綽《謝越布啓》：比絹方綃，既輕且麗。

王維《王摩詰詩集》卷三《送梓州李使君》　漢女輸（橦）〔橦〕布，巴人訟芋田。文翁翻教授，不敢倚先賢。

王維《王摩詰詩集》卷三《送李員外賢郎》　魚箋請詩賦，（種）〔橦〕布作衣裳。薏苡扶衰病，歸來幸可將。

杜甫《杜工部集》卷一《大雲寺贊公房四首》之二　細軟青絲履，光明白氎巾。深藏供老宿，取用及吾身。

杜甫《杜工部詩集》卷三《遣興五首》之一　焉知南隣客，九月猶絺綌。

杜甫《杜工部詩集》卷四《大雨》　執熱乃沸鼎，纖絺成緼袍。

杜甫《杜工部詩集》卷七《贈秘書監江夏李公邕》　豐屋珊瑚鉤，騏驎織成罽。

杜甫《杜工部集》卷七《前苦寒行二首》之一　秦城老翁荆揚客，慣習炎蒸歲絺綌。

杜甫《杜工部詩集》卷九《陪鄭廣文遊何將軍山林十首》之九　絺衣挂蘿薜，涼月白紛紛。

杜甫《杜工部詩集》卷一二《送段功曹歸廣州》　交趾丹砂重，韶州白葛輕。

杜甫《杜工部詩集》卷一五《夔府書懷四十韻》　地蒸餘破扇，冬暖更纖絺。

杜甫《杜工部詩集》卷一七《宇文晁尚書之甥崔彧司業之孫尚書之子重泛鄭監前湖》　錦席淹留還出浦，葛巾欹側未迴船。

杜甫《杜工部詩集》卷一八《逃難》　五十頭白翁，南北逃世難。疏布纏枯骨，奔走苦不暖。

岑參《岑參集》卷四《冀國夫人歌詞》　碎葉氍毹金獨盤，繁絃急管夜將闌。自憐丞相歌鍾貴，却笑陽臺雲雨寒。

王建《王建詩集》卷一《白紵歌二首》之一：　天河漫漫北斗璨，宫中烏啼知夜半。新縫白紵舞衣成，來遲邀得吳王迎。低鬟轉面掩雙袖，玉釵浮動秋風生。酒多夜長夜未曉，月明燈光兩相照，後庭歌聲一作舞更窈窕。

白居易《白居易集》卷一《新製布裘》　桂布白似雪，吳綿軟於雲。布重綿且厚，爲裘有餘温。朝擁坐至暮，夜覆眠達晨。誰知嚴冬月，支體暖如春。中夕忽有念，撫裘起逡巡：丈夫貴兼濟，豈獨善一身？安得萬里裘，蓋裹周四垠？穩暖皆如我，天下無寒人。

柳宗元《柳宗元集》卷四二《同劉二十八院長述舊【略】》　御寒衾用罽，音計。〔孫曰〕《説文》西胡毳布，蓋氈類也，織毛爲之。　挹水勺仍椰。

柳宗元《柳宗元集》卷四二《酬韶州裴曹長【略】》　被褐謝斕斒，上音闌，下逋閑切。孫曰：色不純貌。《後漢書》：「衣裳斕班，語言侏離」是也。遠物裁青罽。音計。童曰：織毛爲之。

柳宗元《柳宗元集》卷四二《柳州峒氓》　郡城南下接通津，異服殊音不可親。青箬裹鹽歸峒客，綠荷包飯趁虚人。鵝毛禦臘縫山罽，音計，織毛也。孫曰：邕管溪洞不産絲纊，民多以木綿、茆花、鵝毛爲被。彼人家家養鵝，二月至十月擘取耎毳，積以禦寒。雞骨占年拜水神。

元稹《元稹集》卷九《六年春遣懷八首》之七　童稚癡狂撩亂走，繡毬花仗滿堂前。病身一到繐帷下，還向臨階背日眠。

元稹《元稹集》卷一七《送嶺南崔侍御》　火布垢塵須火浣，木綿温軟當去聲綿衣。

賈島《長江集》卷三《黄子陂上韓吏部》　踈衣蕉縷細，爽味茗芽新。鐘絶滴殘雨，螢多無近鄰。

賈島《長江集》卷四《送陳判官赴綏一作天德》　將軍邀入幕，束帶便離家。身暖蕉衣窄，天寒磧日斜。火燒岡斷葦一作草，風卷雪平一作和沙。絲竹豐州有，春來秖欠花。

賈島《長江集》卷六《再投李益常侍》　新衣裁白苧，思從曲江行。

羅隱《羅隱集》卷一《送沈先輩歸宋上嘉禮》　青青仙桂觸人香，白苧衫輕稱沈郎。好繼馬卿歸故里，況聞山簡在襄陽。

皮日休《皮子文藪》附録一《醉中即席贈潤卿博士》　適越遊吳一散仙，銀餅玉柄兩翛然。茅山頂上攜書簏，笠澤心中漾酒船。桐木布温吟倦後，桃花飯熟醉醒前。謝安四十餘方起，猶自高閒得數年。

韋莊《浣花集》卷三《立春》　青帝東來日馭遲，煖烟輕逐曉風吹。罽袍公子樽前覺，錦帳佳人夢裏知。雪圃乍開紅菜甲，綵幡新翦綠楊絲。殷勤爲作宜春曲，題向花牋帖繡楣。

杜荀鶴《唐風集》卷二《山中寡婦》　夫因兵死守蓬茅，麻苧衣衫鬢髮焦。桑柘廢來猶納税，田園荒後尚徵苗。時挑野菜和根煮，旋斫生柴帶葉燒。任是深山更深處，也應無計避征徭。

杜荀鶴《唐風集》卷三《蠶婦》　粉色全無飢色加，豈知人世有榮華。年年道我蠶辛苦，底事渾身著苧麻。

崔致遠《桂苑筆耕集》卷一〇《幽州李可舉大王》　青氈帳一口，金銅裝鉸具。右伏蒙恩私，特賜惠賚，委之專介，衞以壯夫，遥陟危途，得張官舍。不假楝梁交搆，能令户牖全開。出觀則一朵蓮峯，入玩則千重錦浪。加以頂標曉日，額展晨霞。静吟而筠箔摇風，俯視而地衣鋪雪。舒卷皆成其壯觀，行藏永佩於深仁。莫不銜沙漠之奇模，駭江淮之衆聽。卧龍竊譬，固當高枕無憂；虜豹成功，必可運籌決勝。唯期尅捷，全賴庇庥，荷戴所深，啓陳何及。伏惟云云。

《奩史》卷八七《綺羅門》　唐童謡曰：「天上女兒鋪白氈」。《集異記》。

《全唐詩》卷三八二張籍《白紵一作苧歌》　皎皎白紵一作苧白且鮮，將作春衣稱少年。裁縫長短不能定，自持刀尺向姑前。復恐蘭膏汙纖指，常遣傍人收墮珥。衣裳著時寒食下，還把玉鞭鞭白馬。

《全唐詩》卷六二張籍《隴頭行》　去年中國養子孫，今著氈裘學胡語。

《全唐詩》卷三八四張籍《送韋一作韓評事歸華陰》　若向一作訪雲中伴，還應著褐衣。

《全唐詩》卷三八四張籍《酬孫洛陽》　家貧相遠住，齋館入時稀。獨坐看書卷，閑行著褐衣。

《全唐詩》卷三八五張籍《送和蕃公主》　氈城南望無迴日，空見沙蓬水柳春。

《全唐詩》卷三八五張籍《崑崙兒》　崑崙家住海中州，蠻客將來漢地遊。

【略】自愛肌膚黑如漆，行時半脱木綿裘。

《全唐詩》卷三八六張籍《贈主客劉郎中》　憶昔君登南省日，老夫猶是褐衣身。誰知二十餘年後，來作客曹相替人。

《全唐五代詞》卷七《敦煌詞·擣練子》其六　對白綿，二丈長，裁衣長來尺上量。也來蒙見秋夏水，只怕遍身上裁。

《全唐五代詞》卷七《敦煌詞·贊普子》　本是蕃家將，年年在草頭。夏日披氈帳，冬天掛皮裘。語即令人難會，朝朝牧馬在荒丘。若不爲拋沙塞，無因拜玉樓。

林逋《林和靖集》卷一《送昱師赴請姑蘇》　同載闔閭人，衣囊覆氈巾。新烟赤岸暝，融雪太湖春。鐘遠移齊候，香遲上定身。當知舉如意，寶地雨花頻。

張先《張子野詞》補遺下《西江月》　破帽手遮紅一作斜日，練衣袖卷寒風。蘆花江上兩衰翁，消得幾番相送。

宋祁《景文集》卷三《仲冬二日使到頒翠毛錦旋襴》　翠裘朝罷轉昕霞，皇帝十月一日，初御夾袍，中外頒賜衣襖。頒服諸方走使車。泥和五芳中出詔，錦裁雙獸織成花。錦作花地雙戲獸文。官叨侍橐恩加等，待制官在京賜紫羅。例及和門賜有差。詔並賜在城諸軍校。坐襲餘溫身更寵，不慙多病帶鐶賒。

梅堯臣《梅堯臣集》卷三《憶洛中舊居寄永叔兼簡師魯彥國》　東堂石榴下，夜飲曉未還。絺衣濕浩露，桂酒生朱顏。

梅堯臣《梅堯臣集》卷七《送謝舍人奉使北朝》　授館氈爲幄，供庖酪和羹。戎王拜天賜，虜帥伏名卿。

梅堯臣《梅堯臣集》卷一五《和蔡仲謀苦熱》　大熱曝萬物，萬物不可逃。燥者欲出火，液者欲流膏。飛鳥厭其羽，走獸厭其毛。人亦畏絺綌，況乃服冠袍。

梅堯臣《梅堯臣集》卷一八《朝暮》　氣候輒未定，寒暄朝暮間。挾纊水風生，衣袷川陽還。

梅堯臣《梅堯臣集》卷二五《送鄒秀才游浙》　鞍傍帶劍魚皮鞘，馬後攜童越葛衫。度水緣山君底急，區區爲答古千巖。

梅堯臣《梅堯臣集》卷二五《五月十日雨中飲》　典衣不直錢，唯是布與絺。安得如古人，車傍挂鵄夷。

梅堯臣《梅堯臣集》卷二五《次韻和馬都官苦熱》　火龍將焚鬣，陽烏多渴心。肌膚非木石，絺綌煩衣襟。冰盤不可見，空對瓊玖吟。

梅堯臣《梅堯臣集》卷二六《代書寄王道粹學士》　已具扁舟訪使君，忽逢春雨起淮濆。花寒蛺蝶猶相守，水冷鴛鴦不暫分。況約他時來寄蹟，何須今日去論文。解裝無復山陰興，且對荊釵與布裙。

晏幾道《小山詞·浣溪沙》之四　白紵春衫楊柳鞭，碧蹄驕馬杏花韉。落英飛絮冶遊天。

蘇軾《東坡樂府》卷一《水調歌頭》　歲云暮，須早計，要褐裘。故鄉歸去千里，佳處輒遲留。我醉歌時君和，醉倒須君扶我，惟酒可忘憂。一任劉玄德，相對臥高樓。

蘇軾《東坡樂府》卷三《減字木蘭花》之一三　江南遊女，問我何年歸得去。雨細風微，兩足如霜挽紵衣。江亭夜語，喜見京華新樣舞。蓮步輕飛，遷客今朝始是歸。

沈遼《雲巢編》卷四《踏盤曲二首》之一　湘江東西踏盤去，青煙白霧將軍樹。社中飲食不要錢，樂神打起長腰鼓。女兒帶鐶著縵布，歡笑捉郎神作主。明年二月近社時，載酒牽牛看父母。

王十朋《梅溪集》卷六《天子始絺》　盛德方居火，天王始服絺。薰風生殿早，畏日到官遲。瑩雪羅初疊，含風葛乍披。汗寧濡玉體，暑不近天肌。表飾遵尼父，恩榮被拾遺。中宮同儉德，無媿《葛覃》詩。

朱松《韋齋集》卷三《記草木雜詩七首·吉貝》　炎海霜雪少，畏寒直過憂。駝褐阻關河，吉貝亦可裘。投種望着花，期以三春秋。茸茸鵝毳净，一一野繭抽。南北走百價，白氎光欲流。似聞邊烽急，緣江列貔貅。裁襦襯鐵衣，愛此溫且柔。天乎未厭亂，利厚人益媮。誰知海濱客，獨歎無人詶。

陸游《劍南詩稿》卷二二《晚春感事》　風惡房櫳燕子歸，雨多山路蕨芽肥。青瓷旋擣作寒食，白葛預裁充暑衣。

陸游《劍南詩稿》卷二二《村居初夏》　暮境難禁日月催，臘醅初見拆泥開。壓車麥穗黄雲卷，食葉蠶聲白雨來。薄飯蕨薇端可飽，短衫紵葛亦新裁。宦塗自古多憂畏，白首爲農信樂哉！

陸游《劍南詩稿》卷二四《次韻范參政書懷》　春寒還似暮冬天，敗絮重披有蝨緣。雖欠高僧分白氎，偶蒙暴客恕青氈。濁醪盎盎貧猶醉，倦枕昏昏晝亦眠。年少從渠笑衰嬾，相呼禹廟看龍船。近有偷兒取二釜去，它幸無所失亡。

陸游《劍南詩稿》卷二五《冬夜》　新醅引睡睡味濃，有如猩唇薦駝峯。屏深氈暖衾裯重，鼻端雷起驚兒童。

陸游《劍南詩稿》卷二六《閑居》　土鐺茶七椀，瓦甑稷三升。兀兀能言石，騰騰有髮僧。淨巾裁白氎，拄杖采紅藤。尚喜冬來健，逢山得遍登。

陸游《劍南詩稿》卷二九《舟行過梅市》　新換單衣細葛輕，翛然隨處得閑行。綠陰浦口維舟處，霽日場中打麥聲。

陸游《劍南詩稿》卷三三《喜雨》　一秋未雨冬未雪，坐使肺肝生客熱。不惟裘褐藏篋笥，卧毯坐氈俱未設。

陸游《劍南詩稿》卷四三《乙夜納凉》　幽人新製葛衣成，二寸藤冠覺髮輕。淨掃中庭延月色，緩拖拄杖聽蟬聲。

陸游《劍南詩稿》卷六三《北窗》　垂老乞骸骨，飄然辭聖朝。竹頭那足用，桐尾不禁焦。短褐縫練布，晨飧采藥苗。風霜征雁路，燈火衲僧寮。隴客詢安否，貍奴伴寂寥。北窗鳴落葉，愁絶夜迢迢。

陸游《劍南詩稿》卷六五《春遊》　窮愁終日竟胡爲？老健人間自一奇。每駕柴車遊古寺，間騎竹馬伴羣兒。登臨蘭渚流觴地，蘭亭本名蘭渚。蕭散狐泉冷麪時。練布單衣白羽扇，路傍人總道相宜。

陸游《劍南詩稿》卷七一《夏日雜題》　新縫細葛作𧚅裯，簟展風漪凛欲秋。啼鳥一聲呼夢斷，依然書卷在牀頭。

劉克莊《後村集》卷四二《貢布表袁州》　舜絃方奏，適當被袗之時；禹服攸同，爰謹貢絺之典。意均芹曝，禮寓篚苞。臣中謝。恭惟皇帝陛下，寶以儉慈，麗惟道德。輕徭薄賦，首捐布縷之征；固本深根，尤紬繭絲之税。凡受專城之寄，謹脩任土之宜。臣叨守薰臺，逖瞻薰殿。屬屆金流之候，初御微凉；雖非火浣之良，庶存故實。

謝枋得《叠山集》卷一《謝劉純父惠布》　嘉樹種木綿，天何厚八閩。厥土不宜桑，蠶事殊艱辛。木綿收千株，八口不憂貧。江東得此種，亦可致富殷。奈何來瘴癘，或者畏蒼旻。吾知饒信間，蠶月如岐邠。兒童皆衣帛，豈但奉老親。婦女賤羅綺，賣絲買金銀。角齒不兼與，天道斯平均。所以木綿利，不畀江東人。避秦衣木葉，矧肯羞懸鶉。天下有元惪，孔融願卜隣。綈袍望不及，共裘心自仁。贈我以兩端，物意皆可珍。潔白如雪積，麗密過綿純。羔縫不足貴，狐腋難擬倫。絺纊皆作貢，此物不薦陳。豈非神禹意，隱匿遺小民。詩多草木名，箋疏徒諄諄。國家無楚越，欲識固無因。剪裁爲大裘，窮冬勝三春。拜嘉重感激，觸物尤酸辛。吁嗟彼寒谷，鄒律今不神。三宫坐穹廬，雨雪或十旬。安得移此惠，飛到君王身。塞上寒墮指，挾纊誰爲温。人各賜兩端，費銀貳萬斤。大軍四十萬，談笑掃煙塵。感君道義交，何異骨肉親。可與知者道，衆人笑且嗔。玉案未能報，瓊琚情則真。《春秋》二百年，幣交幾君臣。季札有贈好，千古尚如新。

《宋詩紀事》卷七五胡次焱《嫠答媒》　妾命春葉薄，妾心頑石堅。栖栖謀尺布，豈不羨闤闠。皇皇圖斗粟，豈不思葷羶。胝手任春汲，孰與奴婢千。鞠躬跧衡茅，孰與疏綺便。枯荄欣回春，缺月喜再圓。世誰不此樂，妾意獨不然。

《全宋文》卷一三一〇蘇頌《賜溪洞進奉賀元祐二年三年四年興龍節端午冬節溪布敕書》　敕向永勝：省所進奉賀元祐二年、三年、四年興龍節、端午、冬節溪布共四十五匹事，具悉。汝介居疆裔，恪奉朝經，歲時之貢不愆，風土之宜沓至。益堅恭順，深體忠勤。故兹示諭，想宜知悉。春寒，汝比好否？遣書，指不多及。《蘇魏公文集》卷二四。

元好問《遺山集》卷三八《布衾銘》　百世温公，布衾終身。服公之服，嗟予何人。人以貧爲辱，我以貧爲福。人以儉爲詐，我以儉爲德。惟福惟德，服之無斁。

艾性夫《剩語》卷上《木綿布歌》　吳姬織綾雙鳳花，越女製綺五色霞。犀薰麝染脂粉氣，落落不到山人家。蜀山橦老鵠銜子，種我南園趁春雨。淺金花細亞黄葵，綠玉苞肥壓青李。吐成秋蠒不用繰，回看春箔真徒勞。烏鏐笴滑脱茸核，竹弓弦緊彈雲濤。挼挲玉筯光奪雪，紡絡冰絲細如髮。津津貧女得野蠶，軋軋寒機緯霜月。布成奴視白氎氈，價重唾取青銅錢。何須致我爐火上，便覺挾纊春風前。衣無美惡煖則一，木棉裘敵天孫織。飲散金山美玉簫，風流未遜揚州客。

薩都拉《雁門集》卷七《冶城三月晦日》　雨前雨後鶯亂啼，城南城北花交飛。江南兒女裁紵衣，燕京遊子何時歸？

張雨《句曲外史集》卷中《和坡仙寒食詩》　寒食今年二月晦，又分新火到厨烟。碧桃花落閒誰埽，白苧衣輕老更便。發篋但餘金薤墨，考年正在玉堂編。大書絶類顔光禄，小字駸駸逼墓田。

傅若金《傅與礪詩集》卷二《白紵詞》　白苧白，白如霜。美人玉手親自浣，製作春衣宜短長。春衣成有時，遠行歸無期。願君著衣重愛惜，風塵變白能爲黑。

吴萊《淵潁集》卷二《黄布幮歌》　吴中女兒工治莎，織成黄布輕綺羅。裁爲黄幮四角起，覆我病體清涼多。平生受用白木枕，人參草席團花錦。長吟或似閒攻戰，大隱全勝好官品。上天下地我中央，崐崘海水瀉四旁。南通炎丘日色熾，北委寒壑凝冰霜。彼哉寒凍此炎熳，穿透皮膚蒸骨髓。招徠獨鶴風有聲，掃退羣蚊月如水。流金爍石況可逃，磨牙吮血尚呶呶。心煩欲待竹奴熨，背癢詎得麻姑搔。我曾無術蔭天下，天如穹廬蓋四野。困來一覺少行人，夢過十洲猶走馬。君不見，黄布幮，昨日夏去今日秋，珍重少陵詩語在，微軀此外更何求。

《類腋》卷一二《物部・布》　白越　張翥詩：「一日糧船至直沽，吴罾越布滿街衢。」

《元詩選・黄庚〈月屋漫稿・晚春〉》　老來無復事狂遊，倚杖看花動客愁。病骨怯寒春不管，柳棉風裏木棉裘。

楊基《眉菴集》卷四《白葛篇代贈》　白葛細如絺，千絲復萬絲。南風池上看，顔色正相宜。昨日夫君别，啼痕滿袖垂。

其二

白葛軟含風，輕盈望若空。釧露金條脱，珮映玉玲瓏。浴罷羞單著，催將半臂籠。

其三

白葛白如霜，裁衣當暑裳。氷紈羞皎潔，霧縠讓輝光。念是夫君贈，秋風忍棄藏。

高啓《高青丘集》卷一五《端陽寫懷》　去歲端陽直禁闈，新題帖子進彤扉。大官供饌分蒲醑，中使傳宣賜葛衣。

高啓《高青丘集遺詩・端午》　自臨南浦采香蒲，喜見遊船度遠湖。人好須纏長命縷，時清休佩避兵符。紅榴近席明當眼，白葛裁衫薄映膚。千古獨醒成底事，且酬佳節到雙壺。

文徵明《文徵明集》卷三《早起露坐》　炎宵不能寐，起坐褰絺幃。繁星麗中天，明河連曙暉。

文徵明《文徵明集》卷七《客夜》　旅館沉沉睡思遲，新寒自擁木棉衣。

文徵明《文徵明集》卷九《金陵秋夜與彭寅之湯子重步月》　雙闕深沉夜向闌，碧天露下葛衣單。風吹急柝嚴城閉，月照行人古道寒。

文徵明《文徵明集》卷一二《五月》　五月雨晴梅子肥，杏花吹盡燕飛飛。時光已到青團扇，士女新裁白苧衣。黄鳥故能供寂寞，緑陰何必減芳菲？子雲自得幽居樂，不恨門前轍跡稀。

鄭曉《今言》卷三　遼東之不隸山東，先朝有深意。遼山多，苦無布，山東登萊宜木綿，少五穀，又海道至遼一日耳，故令登萊諸處田賦，止從海運。運布遼東，無水陸舟車之勞，遼兵喜得布，回舟又得販遼貨，兩便之。後以夾帶私貨故禁止，海船遂廢。今布運者，又不得由遮洋運舡海道，須經京東，出山海關入遼，苦勞視登萊海道何啻百倍！

湯顯祖《湯顯祖詩文集》卷一一《送賈水絜人過萬州》　江西水絜白輕微，殘臘天南正葛衣。見説先朝曾雨雪，檳榔寒落凍魚飛。

陳子龍《陳子龍詩集》卷三《幽州馬客吟歌》五首其五　明燭鋪氍毹，朱顔爲我開。持刀席地坐，割肉行金罍。

陳子龍《陳子龍詩集》卷三《讀曲歌》十二首其四　金鍼與綵線，常使三葛穿。三葛雖疏薄，鍼線卻纏綿。

張煌言《張蒼水集》第二編《人日立春客湄島》二首其二　海外行藏不計春，起看天地亦維新。鼓鼙往歲聞呼癸，斗柄今年説指寅。讀禮每思箋大戴，授書尚擬續君陳。東風似爲羈人至，暖氣偏吹白氎巾。

屈大均《翁山詩外》卷四《蕉布行》　芭蕉有絲猶可績，績成似葛分絺綌。女手纖纖良苦殊，餘紅更作龍鬚席。蠻方婦女多勤劬，手爪可憐天下無。花練白越細無比，終歲一匹衣其夫。竹與芙蓉亦爲布，蟬翼霏霏若煙霧。入筒一端重數銖，拔釵先買芭蕉樹。花鍼挑出似游絲，八熟珍蠶織每遲。增城女葛人皆重，廣利娘蕉獨不知。

袁枚《小倉山房詩集》卷八《二馬車歌》　兩木架車直且方，兩騾夾木馱脊梁。皮鞬鐵鏈互攙挖，盪摇日夜聲琅琅。憶我四年竄幽谷，兩手不復知鞭韁。

忽然遊興如草發，欲與此物相抵當。氍毹鋪褥身危坐，天地見我先低昂。

袁枚《小倉山房詩集》卷二一《謝永之賜狢絨四端》 蕙帶荷衣鷗鷺羣，羽毛重假太殷勤。展開錦匣三英粲，恰好儂家四美分。封寄定煩苕女手，剪裁猶帶華山雲。細旃衣薄君情厚，那羡唐宫百鳥裙！

袁枚《小倉山房詩集》卷三三《嘲蚊》 穿破輕紗與葛巾，黍民如箭復如雲。方知絺綌還須表，宣聖當年也怕君。

袁枚《小倉山房詩集》卷三四《正月二十七日出門，二月十四日還山》 春分時節殢輕寒，不料炎涼忽改觀。今日狐裘作絺綌，天心真個揣摩難。

愛新覺羅·弘曆《乾隆文集》卷一八《松風》 繞宅栽蒼松，虬枝盤碧蓋。濤聲萬壑傳，颯颯引清籟。六月不知暑，妙境殊可會。飄飄葛衫輕，揮霍塵柄快。我得松風趣，珍重如球貝。人間恐無價，持向何方賣。

愛新覺羅·弘曆《乾隆文集》卷一九《黄葛篇》 種葛生黄葛，綿綿花蔓活。美人手把金錯刀，露裛珠光向烟割。採之緝之爲絺綌，裁作生衣暑難奪。絺綌雖嘉，所值無多。禦暑則可，禦寒則那。魏徵不願爲龍逢比干而願爲稷契臯夔，亦將有所懼乎，抑亦未之思。

汪啓淑《水曹清暇録》卷六 沈萬三名富，字仲榮，行三。元末富甲江南，其弟名貴，以詩諷之曰：錦衣玉食非爲福，檀板金樽可罷休。何事子孫長久計，瓦盆盛酒木綿裘。殊堪玩味。

汪啓淑《水曹清暇録》卷一五 曹習菴中允仁虎，嘉定縣人，吴中七子之一也。詩文典雅，腹笥賅博，惜不輕梓全集以傳海宇。頃偶見其庚寅《消寒雅集·寒齋十二詠》甚佳，漫録於此。其《詠氊簾》云：换却湘筠箔，蠻氊製早成。壓風宵有力，捲雪曉無聲。野馬飛難到，簷禽掠不驚。留香宜寂坐，窣地倍盈盈。

錢大昕《潛研堂詩集》卷二《竹枝詞和王鳳喈韻六十首》之一四 楓染秋林葉葉丹，斜紋衫薄惹輕寒。野田黄雀飛將宿，月上蘆花白一灘。斜紋布，可製衫。黄雀，西鄉多有之，味美。

錢大昕《潛研堂詩集》卷二《竹枝詞和王鳳喈韻六十首》之五〇 茅柴壓酒最清甘，醉踏郊原春色酣。黄草輭輕棉布暖，生來不識上山蠶。涼輭出新涇，取黄草織之。邑不宜蠶，人家皆種木棉作布。

張春華《滬城歲事衢歌》 耐曉寒侵健踏霜，隔宵結伴趁星光。揭來指認西風裏，遠郭燈紅早出莊。貧家往往待織婦舉火，布成漏或四下矣。其夫若子負之出，雖霜雪不敢憚也。村行苦寂，必有侶伴，布肆列城市，售取每不便，於郭外静處覓屋半間，天未明，遣人於此收售，爲出莊。

曉市評量信手拈，廿三尺外問誰添。關山路杳風聲遠，多少龍華七寶尖。布有小布、稀布，小布以十九尺爲率，稀布亦不過廿三尺。布之精者爲尖，有龍華尖、七寶尖，名目龍華、七寶，皆吾邑鎮名，七寶今分隸青浦。其行遠者爲標布，關陝及山左諸省設局於邑，廣收之爲坐莊。

雜録

崔寔《四民月令·五月》 五月，芒種節後，陽氣始虧，陰慝將萌；煖氣始盛，蟲蠹並興。乃弛角弓、弩，解其徽、絃；張竹、木弓，弛絃。以灰藏旃、裘、毛毳之物及箭羽。以竿掛油衣，勿襞藏！

《太平御覽》卷八一六《布帛部三·罽》 《鹽鐵論》曰：今富者黄金琅勒，罽繡弁汗。

《册府元龜》卷五〇四《邦計部·絲帛》 元帝渡江，軍事草創，蠻陬賧布，不有常準，府中所儲數四千疋。

玄奘《大唐西域記》卷一《阿耆尼國》 阿耆尼國東西六百餘里，南北四百餘里。國大都城周六七里，四面據山，道險易守。泉流交帶，引水爲田。土宜穈、黍、宿麥、香棗、蒲萄、梨、柰諸菓。氣序和暢，風俗質直。文字取則印度，微有增損。服飾氈褐，斷髮無巾。

玄奘《大唐西域記》卷一《屈支國》 屈支國東西千餘里，南北六百餘里。國大都城周十七八里。宜穈麥，有粳稻，出蒲萄、石榴，多梨、柰、桃、杏。土産黄金、銅、鐵、鉛、錫。氣序和，風俗質。文字取則印度，粗有改變。管絃伎樂，特善諸國。服飾錦褐，斷髮巾帽。

樂史《太平寰宇記》卷一六六《嶺南道一〇·邕州》 風俗：在州晉城縣，蠻渠歲時於石溪口通商，有馬會。《説文》云：「馬會，今之獠布。」

陸容《菽園雜記》卷一 嘗聞尚衣縫人云：「上近體衣俱松江三梭布所製。」本朝家法如此。「太廟紅紵絲拜褥，立脚處乃紅布」。其品節又如此。今富貴家佻撻子弟，乃有以紵絲綾段爲袴者，暴殄過分，甚矣。

郎瑛《七修類稿》卷二〇《辯證類·針毡》 世皆以人性不堪處如坐針毡，不知出晉武帝太子舍人杜錫亮直忠烈，太子惡之，置針於錫坐毡中，刺之流血，遂有此言。

《清稗類鈔·農商類·京師達子館貿易》 京師御河西岸之南有達子館，蓋蒙古人年例入都所居，攜土貨於此，貿遷焉。賈肆櫛比，凡皮物、裘褐之屬。毳物、氈絨之屬。野物、麅鹿之屬。山物、雉兔之屬。葤物、茹茵之屬。酪物乳餅之屬。列於廣場，而求售焉。冬來春去，古之鴈臣也。此爲裏館，安定門外爲外館，則更大於此矣。

火浣布分部

《列子》卷五《湯問篇》 火浣之布，浣之必投於火；布則火色，垢則布色；出火而振之，皓然疑乎雪。王叔岷曰：《御覽》八百二十引「火浣之布」作「其布」。

原題王嘉《拾遺記》卷一〇《方丈山》 方丈之山，一名巒雉。東有龍場，地方千里，玉瑶爲林，雲色皆紫。有龍，皮骨如山阜，散百頃，遇其蛻骨之時，如生龍。或云：「龍常鬥此處，膏血如水流。膏色黑者，著草木及諸物如淳漆也。膏色紫光，著地凝堅，可爲寶器。」燕昭王二年，海人乘霞舟，以雕壺盛數斗膏，以獻昭王。王坐通雲之臺，亦曰通霞臺，以龍膏爲燈，光耀百里，烟色丹紫，國人望之，咸言瑞光，世人遥拜之。燈以火浣布爲纏。

舊題東方朔《神異經·南荒經》 不晝木，火中有鼠，重千斤，毛長二尺餘，細如絲。但居火中，洞赤，時時出外，而毛白，以水逐而沃之，即死。取其毛績紡，織以爲布，用之若有垢涴，以火燒之則净也。

南荒之外，有火山，晝夜火燃。火中有鼠，重百斤，毛長二尺餘，細如絲，可以作布。恒居火中，時時出外，而(毛)白，以水逐而沃之，乃死，取其毛緝織以爲布。

舊題東方朔《海内十洲記》 炎洲在南海中，地方二千里，去北岸九萬里。**【略】**有火林山，山中有火光獸，大如鼠，毛長三四寸，或赤或白，山可三里許，晦夜即見此山林，乃是此獸光照，狀如火光相似。取其獸毛，以緝爲布，時號爲火浣布，此是也。國人衣服垢污，以灰汁浣之，終無潔净，唯火燒此衣服，兩盤飯間，振擺，其垢自落，潔白如雪。

佚名《三輔黄圖》卷三 奇華殿，在建章宫旁。四海夷狄器服、珍寶、火浣布、切玉刀、巨象、大雀、師子、宫馬，充塞其中。

《傅子·附録》 梁冀作火浣布單衣，會賓客行酒食，盃而污之，僞怒，解衣而燒之，垢盡火滅，粲然潔白。

《太平御覽》卷八二〇《布帛部七·火浣布》 東方朔《神異經》曰：南荒之外有火山，長四十里，廣五十里。其中皆生不燼之木，晝夜火燒，得暴風猛雨不得滅。火中有鼠，重千斤，毛長二尺餘，細如絲，可以作布。恒居火中，色洞赤，時時出外而色白，以水逐而沃之即死，織以爲布。

《太平御覽》卷八二〇《布帛部七·火浣布》 《(薄)〔傅〕子》曰：長老説漢桓帝時，大將軍梁冀作火浣布單衣會賓客，行酒公卿朝臣前，佯争酒失杯而污之。僞怒，解衣而燒之。布得火，煒華赫然而熾，如燒凡布，垢盡火滅，粲然潔白，如水澣之。

《廣博物志》卷三七 海中有大洲，洲上有諸薄國。國東有馬五洲，復東行漲海千餘里，至自然大洲。其上有樹，生火中，洲左近人剥取其皮，紡績作布，以爲手巾，與焦麻無異，而色微青黑。若小垢涴，則投火中，復更精潔。或作燈炷，用之不知盡。《十洲記》。

《三國志》卷四《魏志·齊王芳傳》 〔景初三年〕二月，西域重譯獻火浣布，詔大將軍、太尉臨試以示百寮。裴松之注引《異物志》曰：斯調國有火州，在南海中。其上有野火，春夏自生，秋冬自死。有木生于其中而不消也，枝皮更活，秋冬火死則皆枯瘁。其俗常冬采其皮以爲布，色小青黑；若塵垢汙之，便投火中，則更鮮明也。

《傅子》曰：漢桓帝時，大將軍梁冀以火浣布爲單衣，常大會賓客，冀陽争酒，失杯而汙之，僞怒，解衣曰：「燒之。」布得火，煒曄赫然，如燒凡布，垢盡火滅，粲然絜白，若用灰水焉。

《搜神記》曰：崐崘之墟，有炎火之山，山上有鳥獸草木，皆生於炎火之中，故有火浣布，非此山草木之皮枲，則其鳥獸之毛也。漢世西域舊獻此布，中間久絶；至魏初，時人疑其無有，文帝以爲火性酷烈，無含生之氣，著之《典論》，明其不然之事，絶智者之聽。及明帝立，詔三公曰：「先帝昔著《典論》，不朽之格言，其刊石於廟門之外及太學，與石經並，以永示來世。」至是西域使至而獻火浣布焉，於是刊滅此論，而天下笑之。

臣松之昔從征西至洛陽，歷觀舊物，見《典論》石在太學者尚存，而廟門外無之，問諸長老，云晉初受禪，即用魏廟，移此石于太學，非兩處立也。竊謂此言爲不然。

《太平御覽》卷八二〇《布帛部七·火浣布》 《魏志》曰：青龍三年，西域重譯獻火浣布。詔大將軍太尉臨試，以示百僚。

《吴録》曰：日南北景縣有火鼠，取毛爲布，燒之而精，名火浣布。

《晉書》卷九七《四夷傳·大秦國》 其土多出金玉寶物、明珠、大貝，有夜光璧、駭雞犀及火浣布。

原題張華《博物志》卷二《異産》 《周書》曰：西(域)〔戎〕獻火浣布，昆吾氏獻切玉刀。火浣布汙則燒之則潔，刀切玉如臈。布，漢世有獻者，刀則未聞。

郭璞《玄中記·火浣布》 南方有炎火山焉。在扶南國之東，加誉國之北，諸薄國之西。山從四月而火生，十二月火滅，正月、二月、三月火不然。山上但出雲氣，而草木生枝條，至四五月火然，草木葉落，如中國寒時草木葉落也。行人以正月、二月、三月行過此山下，取此木以爲薪，然之無盡時，取其皮績之爲火浣布。《御覽》八百六十八。

葛洪《抱朴子内篇》卷三《釋滯》 火浣之布，切玉之刀，炎昧吐烈，【略】凡此奇事，蓋以千計，五經所不載，周孔所不説，可皆復云無是事乎？

原題王嘉《拾遺記》卷九《晉時事》 太康元年，白雲起於灞水，三日而滅。有司奏云：「天下應太平。」帝問其故，曰：「昔舜時黄雲興於郊野，夏代白雲蔽於都邑，殷代玄雲覆於林藪，斯皆應世之休徵，殊鄉絶域應有貢其方物也。」果有羽山之民獻火浣布萬疋。其國人稱：「羽山之上，有文石，生火，煙色以隨四時而見，名爲『浄火』。有不潔之衣，投於火石之上，雖滯汙漬湼，皆如新浣。」當虞舜時，其國獻黄布；漢末獻赤布，梁冀製爲衣，謂之「丹衣」。史家云：「單衣今縫掖也。」字異聲同，未知孰是。

《太平御覽》卷八二〇《布帛部七·火浣布》 《抱朴子》曰：海中蕭丘，常有自生火，常以夏起而秋滅。丘方十里，當火起滿洲，洲上純生一種木，正著此木，雖爲火所焚而不糜，但小燋黑，人或得爲薪者，火之俱如常薪，但不成灰，炊熟則以水灌滅之，后復更用，如此不窮。夷人取此木華績以爲布，其木皮亦剥以灰，煑治以爲布，但麤不及華，俱可以火浣。又有白鼠毛，長三寸許，亦居此洲上空水中，入火中不燒灼也，其毛又可績以爲布，故火浣有三種。

崔鴻《十六國春秋·前秦録》曰：天竺國獻火浣布。

《廣博物志》卷三七 毗騫有燃火之洲，有木可績，是謂火浣之布。《玄覽》。西域有火鼠之布。東皙《發蒙記》。

《宋書》卷九五《索虜傳·粟特》 渡流沙萬里，又有粟特國，太祖世，並奉表貢獻。粟特大明中，遣使獻生師子、火浣布、汗血馬，道中遇寇，失之。

舊題任昉《述異記》卷上 南方有炎火山，四月生火，十二月火滅。火滅之後，草木皆生枝條，至火生，草木葉落，如中國寒時也。取此木以爲薪，燃之不燼，以其皮績之，爲火浣布。

酈道元《水經注》卷六 東方朔《神異傳》云：南方有火山焉，長四十里，廣四五里，其中皆生不燼之木，晝夜火然，得雨猛風不滅。火中有鼠，重百斤，毛長二尺餘，細如絲，色白。時時出火，以水逐而沃之則死。取其毛績以爲布，謂之火浣布。

《太平御覽》卷八二〇《布帛部七·火浣布》 《南史》曰：南海諸薄國東千餘里，至自然火洲。其上有樹，生火中，洲左近人剥取其皮紡績作布，以爲手布，與焦布無異，而色微青黑。若小垢汚，則投火中，復見精潔，或作燈炷，用之不知盡。

杜佑《通典》卷一八八《邊防四》 毗騫國，梁時聞焉，在頓遜之外大海洲中，去扶南八千里。【略】

又傳扶南東界即漲海，海中有大洲，洲上有諸薄國，國東有馬五洲。復東行漲海千餘里，有燃火洲。其上有樹生火中，洲左近人剥取其皮，紡績作布，極得數尺，以爲手巾，與蕉麻無異而色微青黑。若小有垢汙，則投火，復更精潔。

火山國，隋時聞焉，去諸薄東五千里。國中山皆有火，雖雨不息。火中有白鼠。《扶南土俗傳》云：火洲在馬五洲之東可千餘里。春月霖雨，雨止則火燃，洲上，林木得雨則皮黑，得火則皮白。諸左右洲人，以春月取其木皮，績以爲布，或作燈炷。布若小穢，投之火中便潔。

又有加營國北，諸薄國西山周三百里，從四月火生，正月火滅。火燃則草木葉落，如中國寒時。人以三月至此山，取木皮績爲火浣布。

《太平御覽》卷八二〇《布帛部七·火浣布》 《梁四公記》曰：有商人賫火浣布三端，帝以雜布積之，令傑公以他事至於市所，傑公遥識曰：「此火浣布也。一是積木皮所作，一是積鼠毛所作。」以詰商人，具如傑公所説。因問木鼠之異，公曰：「木堅毛柔，是可别也，以陽燧火山陰柘木爇之，木皮改常。」試之果驗。

劉斧《青瑣高議》前集卷三《高言》 硫黄山之南，皆大山焉。火燃山晝夜不息，火中有鼠，時出火邊，人捕之，織其毛爲布造衣，有垢汚則火中燃之即潔也。吾得數尺存焉。

蔡絛《鐵圍山叢談》卷五 國朝西北有二敵，南有交趾，故九夷八蠻，罕所通道。太宗時，靈武受圍，因詔西域若大食諸使，是後可繇海道來。及哲宗朝，始得火浣布七寸，大以爲異。政和初，進火浣布者已將半匇矣。其後□筥而至，大抵若今之木棉布，色微青黳，蓋投之火中則潔白，非鼠毛也。御府使人自紡績，爲巾褥布袍之屬，別本「布」竝作「衣」。多至不足貴。亦可證舊説之謬。

周去非《嶺外代答》卷三《外國門下·大食諸國》 大食者，諸國之總名也。有國千餘所，知名者，特數國耳。【略】有勿斯離國，其地多名山，秋露既降，日出照之，凝如糖霜，採而食之，清涼甘腴，此真甘露也。山有天生樹，一歲生栗，次歲生没石子。地產火浣，有珊瑚。

王楙《野客叢書》卷三〇《火浣布》 嘗見一雜説論火浣布，或謂木皮所織，或謂鼠毛所織，未知孰是。僕謂二説皆有之，觀《搜神記》曰：「崑崙之墟，有炎火之山，上有鳥獸草木之皮」，則其鳥獸之毛也。又按沈約《宋志》「炎洲在南海中，有猛獸，人捕之，斬刺不傷，積薪烈火，縛以投火中，而此獸不焦」。又「火山國，家有火，雖雨不息。火中有白鼠，然洲上林木得雨則皮焦，得火則皮白。洲人以春月取其木皮織布，爲火浣布」。若是，木皮鼠毛皆可爲布也。

周密《齊東野語》卷一二《火浣布》 東方朔《神異經》所載，南荒之外有火山，晝夜火然。其中有鼠重有百斤，毛長二尺餘，細如絲，可作布。鼠常居火中，時出外，以水逐而沃之方死。取其毛緝織爲布，或垢，浣以火，燒之則净。又《十洲記》云：「炎州有火林山，山上有火鼠，毛可織爲火浣布，有垢，燒即除。」其説不一。魏文帝嘗著論，謂世言異物，皆未必真有。至明帝時，有以火浣布至者，於是遂(刻)〔刊〕此論。是知天壤間何所不有，耳目未接，固未可斷以爲必無也。

昔温陵有海商漏船，搜其橐中，得火鼠布一疋，遂拘置郡帑。凡太守好事者，必割少許歸以爲玩。外大父常守郡，亦得尺許。余嘗親見之，色微黄白，頗類木棉，絲縷蒙茸，若蝶紛蜂黄然。每浣以油膩，投之熾火中，移刻，布與火同色。然後取出，則潔白如雪，了無所損，後爲人强取以去。或云，石炭有絲，可織爲布，亦不畏火，未知果否。

曹昭《格古要論》卷下《錦綺論》 火浣布 出西域南炎山，用火鼠毛織者，如染污垢膩，入火燒則潔白。嘗有如錢大者，用銀相遇圍留火上燒香。此物甚難得。

陸佃撰、牛衷增輯《增修埤雅廣要》 火浣布 《白帖》：南炎山，人以火鼠之毛緝爲布，浣之於火，振之如雪。後梁蕢嘗制爲單衣，方會賓客，蕢佯争酒，失盃而汙之，僞怒，解之曰：「燒之。」布得火即燃，及垢盡，火滅燦然潔白，若用灰水洗然。

陸容《菽園雜記》卷五 嘗聞火雞食火，犀食棘刺，野羊刳腹取脂，脂復生。又見《列子》等書，言昆吾之劍，切玉如泥。火浣之布，入火愈鮮。不灰之木，火爇不壞。皆未之信。近日滿剌加國貢火雞，軀大於鶴，毛羽雜生，好食燃炭，駕部員外郎張汝弼親見之。甘肅之西有饕羊，取脂復生。聞之高陽伯李文及彼處奏事人云。然犀之食棘刺，則予所親見也。火浣布，友人凌季行有一縷如指，不灰木譯□劉梗有束帶，以火驗之，信然。由是觀之，切玉之劒，蓋或有之，特未之見耳。

楊慎《升菴集》卷六六《不灰木火浣布》 《太平寰宇記》曰：不灰木，俗多爲鋋子，燒之成炭而不灰，出膠州。予親見之，其葉如蒲草，束以爲燎，謂之萬年火把。火浣布出蜀建昌，其白如雪，出於石隙，《元史》所謂石絨也。二物不同，博物者宜知之。

《古今事物考》卷三《珍寶・火浣布》 出西域南炎山，用大鼠毛織者。如染污垢膩，入火燒之，則潔白如故。

曹學佺《蜀中廣記》卷六八《方物第一〇》 《周書》記火浣之布，浣必投於火云：布則火色，垢則布色，出火而振之，皎然疑乎雪。《丹鉛録》：火浣布出蜀建昌，其白如雪，出於石隙，《元史》所謂石絨也。

鄺露《赤雅》卷一《卉服》 火浣布，布有三種：畢方麻者，一端數金。祝融木者，一端百金。火鼠毛者，一端千金。

張自烈《正字通》卷五《毛部》 毳 火毳。《後漢書・(外)〔西南〕夷傳》火毳，李賢等註云：火浣布也。梁冀服之。《元史》别怯赤山出石絨。即火浣布。楊慎曰：火浣布，出蜀建昌，白如雪，生石隙中，即《元史》石絨也。又鳥腹毛曰毳。

方以智《通雅》卷三七《布帛》 火毳，火浣布也。又有瑣瑣，有石絨，有火蠶綿。《神異經》：南荒外火山，有鼠毛作布。《十洲記》：炎洲火林山有火鼠，織其毛爲布。郭氏《玄中記》曰：炎山在扶南國之東，加營國之北，諸薄國之西，從四月而火生，十二月而火滅，正、二、三月火不然，但出雲氣而草木生枝條，至四月火然，草木葉落，如中國寒時。行人正、二、三月行過此山，取此木以爲薪，然之無盡，取其皮爲火浣布。《南史》亦載扶南東大漲海，海有二洲，洲有諸薄國。又千餘里有洲，洲上樹生火中，爲火布，今有之，微黄白似木棉絲，垢則投火中即潔。《後漢書・外夷傳》火毳，注云：火浣布也。梁冀服之。《聖證論》曰：漢制舊優曰史利云：初不信，正始中得火浣布，乃信。即此物也。《元史》：别怯赤山出石絨，即火浣布。升菴曰：火浣布出蜀建昌，白如雪，出于石隙，《元史》所謂石絨也。陶九成言回紇野川有木曰鎖鎖，燒之，火不滅不灰，取根製帽，如火鼠布。今火州又出火蠶綿，則瑣瑣與石絨，與火鼠布，火木布，火蠶綿，蓋五種矣。孟奇以《逸周書》所謂疑雪當之。

《事物攷》卷三《國用》 火浣布 出西域南炎山，用(大)〔火〕鼠毛織者，如染污垢膩，入火燒之，則潔白如故。

褚人穫《堅瓠集》續集卷三《火浣布不朽木》　《說圃識餘》：廣東林習孔曾示一衣，云是火浣布，乃火山之鼠毛織成者，穢則以火煆之，穢去而衣不焚。蜀中有不朽木，出建昌道，彼中守巡入省，則持以饋僚友，云出于火山，好事者取其木作爐，或以皮揉作繩，雖經烈火，毫無損焉，然以水濡之則易腐，正所謂利於火者不利於水也。

沈自南《藝林彙考·服飾篇》卷一〇《繒帛類》　《雋言》　火毳，見《後漢書》章懷注：火毳，即火浣布也。

《野客叢書》　常見一《雜説》論火浣布，或謂木皮所織，或謂鼠毛所織，未知孰是。僕謂二説皆有之，觀《搜神記》曰：「崑崙之墟有炎火之山，上有鳥獸草木之皮。」則其鳥獸之毛也。又按沈約《宋志》：「炎洲在南海中，有猾𤞑獸，人捕之，斬刺不傷，積薪烈火，縳以投火中，而此獸不焦。」又火山國，家有火，雖雨不息，火中有白鼠，然洲上林木得雨則皮焦，得火則皮白。洲人以春月取其木皮，織布爲火浣布。若是木皮、鼠毛皆可爲布也。《説略》又按，《元史》阿合陸馬言别陸赤山出石絨，織爲布，火不能然。則又非二物所成矣。

《停驂録》　火浣布出西域，火鼠毛織之。一云，漲海中有然火洲，其上有樹，生火中，土人剥取其皮，紡作布，若垢污，投火中燒之，復精潔。余嘗得方寸作白色，乃焦麻之類，疑後説近之。又南海中有㲉焚洲，有獸名猾𤞑，狀如水獺，其頭身及他處了無毛，惟從鼻上竟脊至尾廣寸許有毛，青色，長三四分，土人捕得之，投烈火中，薪盡而此獸不傷。見《抱朴子》。豈火鼠類耶。

《疑耀》　《逸周書》有火浣布，贊火㵾之布，入火不滅，布則火色，垢則布色，出火而振之皎然疑乎雪，是白色也。《山海經》云：布出火山國，火中有白鼠毛可作布，敝則以火燒之如新，與《十洲記》同，此即《周書》所稱疑雪者也。《玄中記》又云：南中有炎山，其山有木，取以爲薪，燒之不燼，取其皮績之爲火浣布。是火浣布有二種也。今海外諸國入市嶺南者，往往有之。余嘗見乃灰色者，未及詢其爲木皮爲鼠毛也。今回紇之野馬川有木曰鎖鎖，燒之不燼，亦不作灰，婦人取根爲帽，入火不焚，亦豈炎山木之類耶。

《閱耕餘録》　火浣布，諸書所載不同。《異物志》以爲出斯調國南海中有火洲，其上有野火，木生其中，采其皮以爲布也。《搜神記》則云崑崙之墟，有炎火之山，草木鳥獸皆生於炎火中，故有火浣布。非此山草木之皮枲，則其鳥獸之毛也。又《神異經》云南荒之外有火山，其中生不燼之木，火中有鼠，織其毛以爲布。又《十洲記》炎洲有火林山，山中有火光獸，大如鼠，取其毛緝爲布也。

《丹鉛録》　《太平寰宇記》曰：不灰木，俗多爲鋌子，燒之成炭而不灰，出膠州。予親見之，其葉如蒲草，束以爲燎，謂之萬年火把。火浣布出蜀建昌，其白如雪，出於石隙。《元史》所謂石絨也。二物不同，博物者宜知之。《秕言》：今中國武當山有石皮，僅可爲巾，亦入火不然。蓋亦火浣布之類。

周象明《事物玫辯》卷六《冠裳》　火浣布

梁任昉《述異記》　南方有灾火出，四月生火，十二月火滅，火滅之後，草木皆生枝幹，至火生，草木皆落，如中國寒時也。取此木以爲薪，燃之不燼，以其皮績之爲火浣布。一名火毳。

明按，《列子》周穆王大征犬戎，西戎獻火浣布，浣之必投于火。又按《十洲記》云：南荒外國有火山，火中有白鼠，土人以水沃之則死，取其毛織之以爲布。然則火浣布固有二種也。

陸廷燦《南村隨筆》卷一《火浣布》　酈露《赤雅》：「南方火浣布，有三種：畢方蔴者，一端數金。祝融木者，一端百金。火鼠毛者，一端千金。」

姜紹書《韻石齋筆談》卷下《火浣布》　東方朔《神異經》所載：南荒之外，有火山，晝夜火然，其中有鼠，重百餘斤，毛長二尺許，可作布。鼠常居火中，時出外，以水逐而沃之方死。取其毛，緝織爲布，或垢，浣以火則凈。魏文帝嘗著典論，謂世言異物，皆未必真有之。至明帝時，有以火浣布至者，是知天壤間何所不有，耳目未接，固未可斷以爲必無也。戊子歲，友人高文伯自金陵來，示余火浣布一方，色微白，以手撫之，則餘粉染指，如弄蝶翅。投之熾火中，移刻布與火同色，然後取出則潔白如故，了無所損。嗅之，微有羶氣，正類鼠毛織成。

王棠《燕在閣知新録》卷二七《火浣布》　《傅子》曰：漢桓帝時，梁冀以火浣布爲單衣。嘗會賓客，冀陽争酒失杯而汙之，僞怒，解衣曰：燒之。布得火，燁燁赫然如燒，凡布垢盡火滅，粲然潔白，若用灰水焉。《搜神記》曰：崑崙之墟有炎火之山，山上鳥獸草木皆生于炎火之中，故有火浣布，非此山草木之皮枲，則其鳥獸之毛也。漢世西域舊獻此布，中間久絶。至魏時人疑其無有，文帝以爲火性酷烈，無含生之氣，著之《典論》，明其不然之事，絶智者之聽。及明帝立，詔三公曰：先帝昔有《典論》，不朽之格言，其刊石于朝門之外，與太學石經永示來世。至是西域復獻火浣布，于是刊滅此論，而天下笑之。東方朔《神異經》

曰：南荒之外有火山，長三十里，廣至十里，其中皆生不燼之木，晝夜火燒，暴風不猛，猛雨不滅，火中有鼠，重百斤，長數尺餘，毛細如絲，可作布，常居火中，色洞赤，時時出外而色白，以水逐而沃之即死，績其毛織以爲布。《異物志》曰：斯調國有火州，在南海中，其上有野火，春夏自生，秋冬自死，有木生于其中，而不消也，枝皮更活，秋冬火死，則皆枯瘁。其俗，常冬采其皮以爲布，色小青黑若塵垢，污之便投火中，則更鮮明也。此上皆裴松之所注《三國志》火浣布事實也。一以爲火鼠之毛所織，一以爲火州之木皮所織，一以爲潔白，一以爲小青黑，松之亦無灼見。按周穆王征西戎時，西戎已獻火浣之布，事出《列子》。又《抱朴子》曰：海中蕭丘有自生火，春起秋滅，生一種木，雖爲火所焚而不糜，但小焦，里人或以爲薪，但不成灰，炊熟水灌滅之，後復更用，如此不窮，夷人取此木葉績以爲布，俱可以火浣。又有白鼠，毛長三寸許，亦居北州上空木中，入火中不燒灼也，其毛可爲布。故火浣有三種。又《梁四公記》云：有商人齎火浣布爲三端，帝以雜布積之，令傑公以他事至于市所，傑公遥識曰：此火浣布也，一是績木皮所作，一是績鼠毛所作。以告商人，因問木鼠之異。公曰：木堅毛柔，是可別也。以陽燧火山陰柘木爇之，木皮改常。試之果驗。棠按，此布一爲木皮，一爲木葉，一爲鼠毛，故《抱朴子》稱有三種，而木堅毛柔，又足爲木鼠之分，因詳列于此，言火浣布者，由此推測可以知其故矣。

厲荃《事物異名録》卷二五《布帛部》 火浣布

火毳 《雋言》：火毳見《後漢·西南夷傳》火毳，即火浣布也。

石絨 《庶物異名疏》：《元史》：別怯赤山出石絨，織爲布，火不能燃。楊升菴云：火浣布出蜀建昌，其白如雪，出於石隙，《元史》所謂石絨也。

李調元《南越筆記》卷五《潮布》 潮陽産絨布，極重密，足蔽風雨，俗稱潮布，行用遠近。《梁四公説》南海商人賫火浣布二端，傑公遥識之曰：此火浣布也。一是緝木皮所作，一是績鼠毛所作。以問商人，具如傑公之説。因問木鼠之異，曰：木堅毛柔是異也。

于敏中等《日下舊聞考》卷一五〇《物産》 西山滑石根，名之曰不灰木，以之爲粗布，不畏火，今西山有之。《析津志》。

俞正燮《癸巳存稿》卷一〇《火浣布》 《後漢書·西南夷傳》注引《神異經》云「南方有火山，生不燼之木，晝夜火然。火中有鼠，重百斤，毛長二尺餘，細如絲，色白，績作布。若汙，以火燒之則清潔」。《太平廣記》載《梁四公記》云「南海商齎火浣布三端，一是緝木皮所作，一是績鼠毛所作，木堅毛柔」。《史記·大宛列傳》正義引萬震《南州志》云「大秦海中斯調（州）〔洲〕上有木，冬月往剥取其皮，績以爲布，與麻焦布無異，色小青黑，若垢汙，入火中，便精潔，世謂之火浣布。秦云定重參（閭）〔問〕門樹皮也」，單字還音。又引《括地志》云「火山國火中有白鼠皮及樹皮績爲火浣布」。梁任昉《述異記》云「南方炎火山，四月生火，十二月火滅，火滅之後，草木皆生枝葉，至火生時，草木葉落，取木皮績之，爲火浣布」。明鄺露《赤雅》云「苗中火浣布有三種，一畢方麻，一祝融木，一火鼠毛」。也其用之者，《後漢書·西南夷傳》注引《傅子》曰「長老説漢桓時，梁冀作火浣布單衣，會賓客，行酒佯汙之，燒之垢盡，火滅粲然潔白，如水澣也」。宋蔡絛《鐵圍山叢談》云「火浣布，若木棉布，色青黳，投火中則潔白。宣和、政和以後，盈筥而至御府，紉爲巾褥裙袍之屬。蓋東漢時始至中國，宋時則尋常南貨矣」。姜紹書《韻石齋筆談》云「火浣布，色微白，以手拊之，則餘粉染指，如弄蝶翅。此則木皮所績，餘脂猶在，亦常物。今四川越嶲廳番地五蠻山石縫中有草根，名不朽木。其性純陰，織成布，用火浣」。《四川通志》云「窮人乃用之也」。《抱朴子·論仙云魏文帝謂「天下無切玉之刀、火浣之布」，及著《典論》嘗據言此事，其間未期二物畢至，帝乃歎息，遽毀斯論。今案：文帝謂世稱火鼠毛爲布，垢則火浣如新者，妄也。火無生育之性，鼠焉得生其間，爲《典論》刻之太學。明帝世，有奉此布來貢者，乃刊去此碑。而《列子·湯問篇》云「周穆王征西戎，得錕鋙之劍，火浣之布，布浣則投之火，出火而振之，皓然疑乎雪」。皇子以爲無此物，傳之者妄也。蕭叔曰「皇子果於自信，果於誣理哉」。《列子》，晉人王浮、葛洪以後書也，以《仲尼篇》言聖者，《湯問篇》言火浣布知之。

王培荀《聽雨樓隨筆》卷六 火浣布出越嶲廳，番地五蠻山，石縫内生草，其根名不朽木，番民取以捻綿，織成布，質甚粗，性純陰，入火不然，取以抹几，染油穢，投火中即有焰騰起，取出，穢淨而布無恙。第燒一二次，布色如灰，三次即質鬆，隨手可裂。「幅短知難作襪材，火攻渾欲化劫灰。誰知小草能堅耐，也似精金百鍊來。」「清白何嫌質理粗，頻經除穢未沾污。笑他羅綺矜花樣，敢向洪爐一試無。」

梁紹壬《兩般秋雨盦隨筆》卷一《火浣布》 莊芝階舍人仲方。自蜀中歸，攜火浣布一方，遍示同人，質厚且粗。以手捫之，泠泠然冷濕憯膚，雖入火不燃，而見焰則黑，並無愈濯愈潔之説。考火浣布有三：最上者火鼠之毛所織；其次火木之皮所織，紋理細膩，並出海南諸國；最下則蜀中建昌所出，名曰石絨，生巖隙間，土人采以爲布，能去諸物之垢，不可爲衣，芝階所攜，即此是也。

汪汲《事物原會》卷二四《火浣布》《格古要論》：「火浣布出西域南炎山，用火鼠毛織者，如染污垢膩，入火燒之，則潔白如故，西漢梁冀有之。」

史夢蘭《止園筆談》卷八 石絨，不灰木也，見《元史·阿合馬傳》。此木織爲布，火不能然，與今遷安所産可作火爐者，别是一種。

郭柏蒼《閩産録異》卷一《貨屬·火浣布》 臺灣生番所着之褌中，有火浣布，今呼「桶布」。番婆赤體，其褌無縫，周遭如桶，故名。垢時，以火灰煨之，即净。

《閩小紀》：「予在敢園，謝茂才爾將出布一縷，以火焚之，色盡赤，以爲灰矣；火滅，布如故。爾將云：『即火浣也。』二十年前，閩中多有見之，亦不甚貴。今不可得矣。乃知海外有此一種。昔人以爲炎山木皮所織；又以爲火鼠毛者；以爲木皮者近是。以其色似麻苧，不類褐罽也。」

蒼按：此即「桶布」之類。

鄭光祖《醒世一斑録》卷三《物理》 不朽木，出四川越嶲廳番地，土人捻其根棉織成布，染垢雖可以火代浣，然燒一次壞一次，經四五次而全毁矣，故不足重。

帛分部

帛綜合

題解

《書·禹貢》 兖州：厥貢絲漆，厥篚織文。孔安國傳：織文，錦綺之屬。

《史記》卷二《夏本紀》 濟、河惟沇州。【略】其篚織文。裴駰集解：孔安國曰：「織文，錦綺之屬，盛之筐篚而貢焉。」淮海維揚州：【略】其篚織貝。裴駰集解：孔安國曰：「織，細繒也。」

《漢書》卷二八上《地理志第八上》 泲、河惟兖州。【略】厥棐織文。顔師古注：「織文，錦綺之類，盛於筐篚而獻之。」

《漢書》卷四一《灌嬰傳》 灌嬰，睢陽販繒者也。顔師古注：「繒者，帛之總名。」

《漢書》卷九九上《王莽傳上》 莽欲以虚名説太后，白言「親承前孝哀丁、傅奢侈之後，百姓未贍者多，太后宜且衣繒練，頗損膳，以視天下。」顔師古注：「繒練謂帛無文者。視讀曰示。」

史游《急就篇》卷二 縵顔師古注：縵，無文之帛也。

繒顔師古注：繒者，帛之總名，謂以絲織者也。

帛蟬。顔師古注：帛若今言白練者也。帛，總言諸繒也。蟬，謂繒之輕薄者，若蟬翼也。

史游《急就篇》卷四 齊國給獻素繒帛。顔師古注：齊，師尚父所封，秦置郡，漢爲國，封諸王，都臨菑，今青州。素，白緻繒也。建初二年詔：齊相省冰紈、方空縠、吹綸絮。李賢等注：紈，素也。冰，言色鮮絜如冰。縠，紗也。方空，紗薄如空也。吹者，言吹噓可成，亦紗也。齊有三服官。李斯云：阿縞之衣。引徐廣曰：齊東阿縣，繒帛所出。今鄆州。《地理志》齊地織作冰紈，綺繡，純麗之物，號爲冠帶衣履天下。班倢伃《怨歌》：「新裂齊紈素。」貢禹言故時齊三服官，輸物不過十笥。

許慎《説文》七篇下《巾部》 幣，帛也。段玉裁注：帛者，繒也。《聘禮》注曰：幣，人所造成以自覆蔽，（作幣者誤。）謂束帛也。愛之斯欲飲食之，君子之情也，是以享用幣，所以副忠信。从巾，敝聲。

𢁒，𢄼裂也。段玉裁注：謂殘帛裂也。《急就篇》曰：𢁒敝囊橐不直錢。《方言》：器破而未離，南楚之閒謂之敀。聲同義近。亦作𢁒。从巾，匕聲。

𢄼，殘帛也。段玉裁注：《廣韵》曰：𢄼縷桃花。《類篇》曰：今時剪繒爲華者。按與碎音義略相近。从巾，祭聲。

㡏，正耑裂也。段玉裁注：从各本作耑，今正。《衣部》曰：襤，衣正幅也。此謂帛之正耑，以别於上文𢁒謂殘帛之裂。從巾，俞聲。

許慎《説文》七篇下《帛部》 帛，繒也。段玉裁注：《糸部》曰：繒，帛也。《聘禮·大宗伯》注皆云：帛，今之璧色繒也。从巾，白聲。凡帛之屬皆从帛。

許慎《説文》八篇上《衣部》 裂，繒餘也。段玉裁注：《巾部》曰：𢁒，𢄼裂也。𢄼，殘帛也。㡏，繒端裂也。《内則》曰：「衣裳綻裂。」《方言》曰：南楚凡人貧衣被醜敝，或謂之褸裂。皆繒餘之意。引伸爲凡分散殘餘之偁，或假烈爲之。《方言》曰：烈，餘也，晉衛之閒曰烈。《齊語》：戎車待游車之裂。韋注云：裂，殘也。古作裂，通作列。从衣，列聲。

許慎《説文》一三篇上《糸部》 繒，帛也。段玉裁注：七篇《帛下》曰：繒也，是爲轉注。從糸，曾聲。

緭，繒也。從糸，胃聲。

繄，較衣也，從糸，殹聲。一曰赤黑色繒。段玉裁注：赤當依《玉篇》作青。《巾車》：「王后安車，彫面繄總。」注曰：繄讀爲鳧鷖之鷖。鷖總者，青黑色，以繒爲之。鄭司農説也。

顧野王《玉篇》卷二一《黑部》 儵他狄切，又大的、尸育二切。【略】青黑繒也。

顧野王《玉篇》卷二七《糸部》原本 繅【略】又子老切，雜文也。繅文古。

繅【略】子老切，【略】繅文古。

原本【略】又音子老反。《周禮·弁師》「掌王之五冕，皆五采繅」，鄭玄曰：繅，襍文之名也，合五采絲爲之，垂之延前後各十二，所謂前後邃延者也。鄭衆曰：繅當爲藻。繅，今字也，藻，古字也，同音。又曰：王執大圭，繅藉五采，公執桓圭，侯執信圭，伯執躬圭，皆繅三采。子執穀璧，男執蒲璧，皆繅二采。鄭玄曰：有采文，所以薦玉也。木爲中幹，用韋衣而畫之。野王案：冕流玉繅，《説文》爲璪字，在《玉部》。朝覲繅席，爲藻字，在艸部。今禮家通爲此字，亦爲繰字。

繅《字書》古文繅字。

繒似陵、似登二切，帛也。

原本似陵、似登二反。《説文》：「帛總名也」。縡，《説文》：「籀文繒字。」揚雄以爲漢律，宗廟祠丹書告日也。

綮苦禮切，緻繒也，戟衣也。

原本苦體反。《説文》：「緻繒也。一曰，徽幟信也。有綮」。《聲類》：一曰戟衣也。

縜胡貴切

原本胡貴反。《説文》：「縜，繒也。」

絅烏何切，細繒也。

原本遏何反。《子虚賦》：「被絅緆，揄紵縞。」《漢書》音義曰：絅，細繒也。

緊於兮切，青黑繒。

原本於奚反。《周禮》：「安車緊總。」鄭衆曰：緊，青黑色也。【略】《説文》：「戟徽也。一曰，赤黑色繒也。」發語聲爲繄字，在言部。

縭音臘，繒也。

顧野王《玉篇》卷二八《巾部》 幣婢制切，帛也。

幓先例切，殘帛也。又音雪。

㡤力制切，帛餘也。𢄼同上。

帊丁皎切，帊帮，繒頭也。

帮思俱切，帊帮也。亦作繻。

幍子內切，五綵繒。

帢古洽古沓二切，市也或作韐。

顧野王《玉篇》卷二八《帛部》 帛步百切，繒帛也。

緂他敢切，青黑繒。亦作緂。

𢇁如廉切，緣也，婦人上服也。

襈士春切，緣襈也，重繒也。

玄應《一切經音義》卷六《妙法蓮華經第二卷》 繒在陵反。下古文䌊同，音曠。《説文》：「繒，帛也。」《爾雅》：「通五色皆曰繒。」《三蒼》：雜帛曰繒是也。

丁度《集韻》卷一《支韻》 䌖繒屬。

纚、䌖、絁、絁【略】一曰，繒屬。或作䌖、絁、絁。

絁絁繻，繒美皃。

丁度《集韻》卷一《脂韻》 紕、絺篇吏切，繒欲壞。或作紕。

綸繒屬。

丁度《集韻》卷一《之韻》 緇斷繒也。

丁度《集韻》卷二《虞韻》 紑繒色鮮。

頹杓頹，繒頭也。

繻、綸、輸、𦃇《説文》「繒采色」。一説，帛邊也。漢制以爲關門符信。或从俞，亦作輸。

絑【略】一曰，赤色繒。

輸、綸裂繒曰輸。或从糸。

丁度《集韻》卷二《齊韻》 緊【略】一曰，赤黑繒。

丁度《集韻》卷三《宵韻》 繰帛如紺色。

綸帛也。

丁度《集韻》卷三《戈韻》 羅良何切。【略】一曰，帛之美者。

丁度《集韻》卷三《麻韻》 帊殘帛。

丁度《集韻》卷三《陽韻》 綡纕也。

丁度《集韻》卷四《蒸韻》 綾息淩切，綾繒也。

丁度《集韻》卷四《登韻》 繒帛也。

丁度《集韻》卷四《侯韻》 緅帛青赤色。

丁度《集韻》卷四《幽韻》 繆縛也。

丁度《集韻》卷四《鹽韻》 縿、縿繒名，白經黑緯。一曰，綫也，或作縿。

丁度《集韻》卷四《銜韻》 䌙帛青色。

䌙帛色。

䌙帛雀頭色。

丁度《集韻》卷五《薺韻》 綀、紕帛文。或从此。

丁度《集韻》卷五《海韻》 綵繒也。

丁度《集韻》卷六《筱韻》 杓杓帮，繒頭也。

丁度《集韻》卷六《皓韻》 縞【略】一曰細繒。

丁度《集韻》卷六《哿韻》 䌰裂繒。

縒想可切，繒鮮絜謂之縒。

丁度《集韻》卷六《馬韻》 紵(繒)[繒]紕皃。

丁度《集韻》卷六《𣪠韻》 𦂝繒未練也。

丁度《集韻》卷七《至韻》 織織文也。
絁繒也。
丁度《集韻》卷七《志韻》 織、紶、絨織文也。或作紶、絨。
丁度《集韻》卷七《遇韻》 帗帛也。
丁度《集韻》卷七《御韻》 褕殘帛也。
丁度《集韻》卷七《霽韻》 緊【略】一曰，赤黑繒。
丁度《集韻》卷七《祭韻》 幓所例切，帛餘。
丁度《集韻》卷七《祭韻》 㡜、𧙔帛餘也。或作𧙔。
丁度《集韻》卷七《隊韻》 綷會五采繒也。
丁度《集韻》卷七《廢韻》 緭立廢切，闕。《周禮》「朱緫」，鄭康成曰：故書緫或爲
緭。李軌讀。
丁度《集韻》卷七《換韻》 縓帛赤黄色。
丁度《集韻》卷八《霰韻》 縯文繒。
丁度《集韻》卷八《綫韻》 縳雙縳緻繒也。紡熟絲爲之。
縳外絹切，繒也。
丁度《集韻》卷八《笑韻》 帩縳也。
縹帛青白色。
丁度《集韻》卷八《號韻》 縞【略】一曰，帛已湅研者曰縞。武玄之説。
毦繒帛有毛刺者。
丁度《集韻》卷八《隥韻》 繒帛也。
丁度《集韻》卷八《宥韻》 綵雜色繒。
丁度《集韻》卷九《屋韻》 儵《説文》青黑繒發白色。
丁度《集韻》卷九《質韻》 縹黄色繒。
丁度《集韻》卷九《月韻》 緆繒壞也。
丁度《集韻》卷九《没韻》 緭繒類。
丁度《集韻》卷九《鞷韻》 䋎帛細者。
丁度《集韻》卷九《薛韻》 幓幓幪，今時翦繒爲華。
丁度《集韻》卷一〇《葉韻》 緤繒帛番數也。
丁度《集韻》卷一〇《葉韻》 紗繒屬。
司馬光《類篇》卷二一《巾部》 帗符遇切，帛也。
司馬光《類篇》卷二一《帛部》 䋎乎括切，帛細者。又古刹切。
司馬光《類篇》卷二三《衣部》 襏毗祭切，帛也。幣或从衣。
司馬光《類篇》卷三七《糸部》 纚章移切，繒屬。
纒、絁、絁商支切，【略】一曰繒屬。或作絁、絁、纒。
緤、緤求於切，【略】一曰綵名。或作䌲。
絑鍾輪切，《説文》「純赤也」。引《虞書》「丹朱如此」。一曰赤色繒。又追輪切。
純莊持切，帛黑也。又主尹切，緑也。
綸餘招切，帛也。
纚章移切，繒屬。
縿思廉切，繒名。白經黑緯。
縿思廉切，繒名，白經黑緯。一曰綫也。
縿七感切，淺紺繒。
綵此宰切，繒也。
緭基位切，繒也。
縯堂練切，文繒。
縳樞絹切，雙縳緻繒也，紡熟絲爲之。又柱戀切，束也。《周禮》「百羽爲縳」。又規掾
切，《説文》「繒如麥稍」。又古倦切，《説文》「鮮色也」。又升絹切，繒也。
毦莫報切，繒帛有毛刺者。
綵女救切，雜色繒。
縹力質切，黄色繒。
紗實攝切，繒屬。
戴侗《六書故》卷三〇《工事六》 繒，疾陵切。《説文》曰：「帛也。」《記》
曰：「列祭祀瘞繒。」《説文》曰：「𦃃，籀文。從宰省。」
戴侗《六書故》卷三一《工事七》 帛，薄陌切。《説文》曰：「繒也」。素繒也。
李時珍《本草綱目·服器部》卷三八《帛》 【釋名】〔時珍曰〕素絲所織，長狹
如巾，故字從白巾。厚者曰繒，雙絲者曰縑。後人以染絲造之，有五色帛。
周祈《名義考》卷一一《紗、縠、綾、綺》 師古曰：紡絲而織，輕者爲紗，縐
者爲縠。《説文》：綾，紈也。綺，繒也。紗即今紗，縠即今縐紗，輕紗又謂之絹。
綾即今綾綺，今細綾紈素亦謂之絹，繒亦謂之帛。今言段者，紈繒之堅美者，古
無段之稱，其曰段者，猶言端疋也，今人妄從絲作緞，非是。

張自烈《正字通》卷三《巾部》　帛蒲格切，音白。《說文》：「繒也。」又幣帛。《書·舜典》「五玉，三帛」，鄭玄曰：帛所以薦王，高陽氏後用赤繒，高辛氏後用黑繒，其餘諸侯皆白繒。蔡傳曰：五玉，五等諸侯所執，即五瑞。三帛，諸侯世子執纁，公之孤執玄，附庸之君執黃，所以爲贄而見者此也。又古者制帛，其長丈八，其束十端，或素或玄纁，色不同。《縣璧識遺》曰：大祀用幣，皆一丈八尺爲度，一象陽，八象陰，寓陰陽不測也。禮聘束帛用二丈爲端，則寓偶數。色尚玄纁，玄天色，纁地色，天地偶合也。又宋王君玉《國老談苑》：王旦在中書，祥符末，內帑灾，縑帛幾盡。三司使林特請和市于河外，章三上，旦悉抑之，特率屬僚訴于宰府，旦徐曰：「瑣微之帛，固應自至，奈何彰國弱于四方。」居數日，外貢駢集，受帛四百萬，蓋旦先以密符督之也。又《杜陽編》：唐寶藏庫有澄水帛，貢自外國，細似布，明薄可鑒，以水蘸之，則寒氣蕭瑟，可闢暑。又姓。具《神仙傳》帛和。晉帛道安學于佛圖澄，改姓釋。《水經注》：灕水西有帛仲理墓，題碑曰仲理，名護，益州巴郡人。又舊註叶僕各切，音薄。《禮運》：「以亨以炙，以爲醴酪。治其麻絲，以爲布帛。」又曰：「疏布以(幕)[冪]，衣其澣帛，醴醆以獻，薦其燔炙。」炙音勺。按《禮記》不盡諧韻，帛不必音薄與酪炙叶，此沿《韻會》而誤也。今江北滁、和方言皆讀白爲博，帛亦有薄音，引《禮運》定叶音，泥。

張自烈《正字通》卷五《殳部》　段多貫切，音鍛，鍊，【略】圜，丕聲。體段，片段。帛二曰緉，分而未麗曰匹，既麗曰段。《古詩》：「夫人贈我錦繡段。」

張自烈《正字通》卷八《糸部》　紞紂字之譌，舊註音緇，黑色繒，與紂義近，譌從犬，非。

紈戶瞞切，音完。薄繒也。又先韻，音玄。陸機《羅敷歌》：「窈窕多容儀，婉媚巧笑言。暮春春服成，粲粲綺與紈。」《說文》「素也」，義未詳。按《淮南子》：弱緆羅紈。古詩「被服紈與素」。班婕妤《詠扇詩》：「紈扇如圓月，出自機中素。」皆分爲二物。紈扇似今宮扇，以輕紗爲之，紈當是縠屬。舊註沿《正韻》引《說文》汎訓素，非。紈無結義，訓結尤非。从丸，本作紈，篆作紈，俗作紈。

素音蘇。《齊風》「充耳以素乎而」，叶下傘。傘音孚。古《上山采蘼蕪詩》：「新人工織縑，故人工織素。織縑日一匹，織素五丈餘。」本作素，篆作素，从糸从𠂹，取潔白緻繒意。《舉要》別作素，非。

綃先彫切，音宵，生絲薄繒，一曰綺屬。戴侗曰：《士昏禮》「姆，纚笄宵衣」，康成云：宵讀如「素衣朱綃」之綃。《魯詩》綃爲綺屬也。姆亦玄衣，以綃爲領，因以爲名，且相別爾。《饋食禮》「主婦纚笄宵衣」，康成云：綃，綺屬。此衣染之以黑，其繒本名宵。《詩》有「素衣朱宵」，《記》有「玄宵衣」。侗按，《詩》無「素衣朱綃」，康成于《士昏禮》、《饋食禮》一作綃，一作宵，必有一誤，一以爲領，一以爲衣，未免自相舛。綃，蓋輕薄之物，下有素衣，以此加其上，猶「衣錦尚絅」也。按，戴氏駁正鄭註甚確，《儀禮》綃作宵，因綃、宵聲近而誤，凡經傳字譌義舛者，可以類推。

縱舊註音蹤，絨屬。按《說文》「縱，絨屬。从糸从從省」，足容切。篆作縱，「絨，采彰也」。《糸部》無絨字，舊註絨譌作絨，非。又《說文》：「縱，緩也。一曰舍也。从糸從聲」，足用切。篆作縱，與縱分爲二。或曰，縱雖从從省，義與縱通，兼平上去三聲，縱當爲縱字省文，從本作从，亦作㚇，隸作從。縱之从從，與縱之从從省一也。《說文》「从，相聽也」，自雍切。「從，隨行也」，慈用切。分二義二音，迂泥甚。縱之與縱異，猶從㚇之與从異，皆《說文》同字分訓之誤。《六書本義》从㚇、從縱，轉聲通義合爲一，益信《說文》非定詁，縱肆、縱橫，指縱之縱，或借從，安見縱之必別于縱。《集韻》縱古作縱，譌作縱。《說文》謂縱从從省，亦非。

縑經天切，音兼。《說文》：「并絲繒也。」《廣韻》：絹也。唐劉玄佐貴爲將相，其母月織縑一端，示不忘本也。《六書故》、《淮南子》：素之質白，縑之性黃。侗謂縑疑當作兼。二丈爲端，二端爲匹，爲兩爲兼，兼、匹、兩之義一也，今人猶以匹爲兼。按《淮南》所云縑，即今生絲絹。《說文》所云縑，即今雙絲絹。縑自是繒之別名。字从兼，不必牽合端匹，改爲兼也。

縞古老切，音槁，繒之白者，縞粗于素。《禮·玉藻》「縞冠素紕，既祥之冠也」，註：縞，生絹，素，熟絹。紕，冠兩邊及卷下畔之緣也。謂冠與卷身皆用縞，但以素緣之，既祥祭之後所服也。《王制》殷人「縞衣而養老」，註：縞，生絹，亦名素。此縞衣則謂白布深衣也。《小爾雅》謂繒之精者曰縞，縞之粗者曰素，皆臆說，不足信。又《左傳》：「吳季札聘于鄭，見子產，與之縞帶。」《史·漢高紀》爲義帝發喪，兵皆縞素。謝惠連《雪賦》：「萬頃同縞。」又效韻，音告。韓愈《薦士詩》：「青冥送吹噓，強箭射魯縞。」叶上悼下帽。

繡息救切，音秀。【略】又嘯韻，音笑。《詩·唐風》「素衣朱繡」，叶上皓，下鵠、憂。鵠居號反，憂一笑反。《韻補·嘯韻》繡註：《儀禮》「纚笄綃衣」，註云：《詩》有「素衣朱宵」。《禮》「繡黼丹中朱衣」，鄭註：繡讀爲綃。綃，繒名也。繡、宵、綃三字皆當讀如肖。按，繡有秀、肖二音，《詩》本作繡，《儀禮》譌爲宵。繡雖讀綃，綃非同繡，繡非繒名也。《毛詩古音考》載吳說，非。

絩直紹切，音肇，【略】又繒長者，曰絩。

綷籀文縡，從宰省，本作綷，篆作綷。

綅七星切，音侵。【略】繒名，白經黑緯。又鹽韻音暹，義同。本作綅，篆作綅。

綃余六切，音育。《說文》：「帛青經縹緯」。本作綃，七畫，篆作綃。

綵倉宰切，音采，繪繒。

[糸柔]女救切，紐去聲，雜色繒。

緭烏貴切，音位，繒也。《舉要》緭、緯同。

緭古惠切，音貴，繒也。

緊於欺切，音衣，青黑繒。

繒咨登切，音增，帛之通稱。

縯蕩見切，音奠，文繒。

縞俗字。舊註音臘，繒也。又音獵，繳縞。並泥。

繰則絞切，音早。《說文》：「帛如紺色。一曰深繒」。《六書故》：五采織成也。與璪、藻通。《說文》繰、繅分音殊義。篆作[illegible]。諸《韻書》皆合爲一，舊註汎云同繅，非。互詳後繅註。

纈許列切，賢入聲。《說文》：結也。《增韻》：文繒也。杜牧之詩「花塢團宮纈」。李賀詩「醉纈拋紅網」。蘇軾詩「醉面何因散纈文」。皆借義形容語。

䋄舊註音率，綍也。【略】又帛也。按《說文·素部》本作[illegible]。滹原䋄、綍同，舊註綍也，帛也。誤。

西湖散人《新鐫雅俗珠璣藪》卷七　幣帛綾羅紗，絹、紵絲、紬段，總曰幣帛。

周象明《事物攷辯》卷六〇《冠裳》　束帛《賢奕編》：《公羊傳》乘馬束帛。束帛，謂玄三纁二。玄三法天，纁二象地。然則今人以一疋帛爲束帛亦非也。

明按，束帛十端，爲五匹作一束也。

厲荃《事物異名録》卷二五《布帛部》　繒

阿緆　相如《子虛賦》「被阿緆」，李善註：齊東阿縣繒帛所出，亦曰阿縞。

弋綈　《漢書·武帝紀贊》「身衣弋綈」，師古註：弋，黑色也。綈，厚繒。

平紬　《急就篇》顔師古註：厚繒之滑澤者，今謂之平紬。

按：繒即帛之總名。

零帛

帵子　《廣雅》帵子，裁餘也。《正字通》今采帛舖謂剪截之餘曰帵子。

汪汲《事物原會》卷二四《繒》　《財貨源流》：「繒，帛之總名。」《演繁露》蔡邕《女誡》曰：「繒貴厚而色尚深，爲其堅韌也。」按，此即厚帛始名繒。

綜述

《書·舜典》　修五禮、五玉、三帛、二生、一死贄。孔安國傳：三帛，諸侯世子執纁，公之孤子執玄，附庸之君執黃。

《周禮·地官·媒氏》　凡嫁子娶妻，入幣純帛，無過五兩。

《周禮·春官·肆師》　肆師之職，掌立國祀之禮，以佐大宗伯，立大祀，用玉帛牲牷。

《周禮·春官·典命》　凡諸侯之適子，誓於天子，攝其君，則下其君之禮一等，未誓，則皮帛繼子男。公之孤四命，以皮帛眡小國之君。

《周禮·冬官·考工記·玉人》　繼子男執皮帛。

《禮記·王制》　七十非帛不煖。

《禮記·月令》　季春之月，【略】開府庫，出幣帛，周天下，勉諸侯，聘名士，禮賢者。

《禮記·內則》　國君世子生，告于君。接以大牢，宰掌具。三日，卜士負之，吉者宿齊，朝服寢門外。【略】保受乃負之，宰醴負子，賜之束帛。

《禮記·玉藻》　士不衣織，鄭玄注：織，染絲織之，士衣染繒也。無君者不貳采，衣正色，裳間色，非列采不入公門。

《禮記·喪大記》　凡陳衣不詘，非列采不入。

《禮記·坊記》　子云：「禮之先幣帛也，欲民之先事而後禄也。」

《儀禮·聘禮》　有司筵几于室中。祝先入，主人從入。主人在右，再拜，祝告，又再拜。鄭玄注：更云主人者，廟中之稱也。祝告，告以主人將行也。【略】釋幣制玄纁，束奠于几下，出。鄭玄注：祝釋之也。凡物十曰束。玄纁之率，玄居三，纁居二。《朝貢禮》云：純，四只。制，丈八尺。賈公彥疏：「釋幣」至「下出」。注「祝釋」至「八尺」。釋曰：知祝釋幣者，案《曾子問》：君亮而出子生，大祝裨冕執束帛，升自西階，命無哭。告曰：某之子生，敢告。奠幣於殯東。則知此亦大祝釋之可知也。云「凡物十曰束」者，案《昏禮》「玄纁束」，則每卷二丈，自餘行禮云束者，每卷一丈八尺爲制，幣帛錦十卷者皆名束，至於脯十脡亦曰束，故云「凡物十束」也。云「玄纁之率，玄居三，纁居二」者，言「率」皆如是也。「玄三纁二」者，象天三覆地二也。云《朝貢禮》云純，四只，制丈八尺」者，純謂幅之廣狹，制謂舒之長短，《周禮》趙商問只長八寸，四八三十二，幅廣三尺二寸，大廣非其度。鄭志荅云：古積畫誤爲四，當爲三，三咫則二尺四寸矣。《雜記》云：「納幣一束，束五兩，兩五尋。」然則每卷二丈，若作制幣者，每卷丈八尺爲制，合卷爲匹也。【略】上介受圭屈繅，出授賈人，衆介不從。受享束帛加璧，受夫人之聘璋，享玄纁，束帛加琮，皆如初。鄭玄注：享，獻也。既聘又獻，所以厚恩惠也。帛，今之璧色繒也。【略】若過邦至于竟，使次介假道，束帛將命于朝，曰：「請帥奠幣。」下大夫取以入告。出許，遂受幣。【略】賓至于近郊，張旜。君使下大夫請行，反。君使卿朝服，用束帛勞。

《儀禮・聘禮》 擯者出請。賓裼奉束帛加璧享。擯者入告，出許。【略】聘于夫人，用璋，享用琮，如初禮。若有言，則以束帛如享禮。【略】

賓皮弁迎大夫于外門外，再拜，大夫不荅拜。揖入。及廟門，賓揖入，大夫奉束帛，入，三揖皆行。【略】賓升一等，大夫從升堂。庭實設馬乘。賓降堂，受老束錦，大夫止。【略】凡其實與陳，如上賓。下大夫韋弁，用束帛致之。上介韋弁以受，如賓禮。儐之兩馬束錦。【略】庭實設四皮，賓奉束帛入。三揖皆行，至于階，讓。【略】夕，夫人使下大夫韋弁歸禮。堂上籩豆六，設于户東西上，二以並東陳。壺設于東序北上，二以並南陳。醙、黍、清，皆兩壺。大夫以束帛致之。賓如受饔之禮，儐之乘馬束錦。上介四豆四籩四壺，受之如賓禮。儐之兩馬束錦。明日，賓拜禮於朝。【略】

君使卿皮弁，還玉于館。【略】大夫還璋，如初入。賓裼，迎。大夫賄用束紡。鄭玄注：賄，予人財之言也。紡，紡絲爲之，今之縳，所以遺聘君，可以爲衣服，相厚之至。賈公彦疏：「賓裼」至「束紡」。注「賄予」至「至也」。釋曰：此則未知何用之財，若是報享之物，不應在禮玉之上。今言此「束紡」者，以其上圭璋是彼國之物，下云「禮玉束帛」，報聘君之享物，彼君厚禮於此，此亦當厚禮於彼，故特加此束紡，是以鄭云「相厚之至」也。云「賄，予人財之言也」者，案下記云「賄，在聘于賄」，又云「無行則重賄反幣」。鄭注《周禮》云「布帛曰賄」。是賄爲財物，是與人財物謂之賄也。云「紡，紡絲爲之」者，因名此物爲紡。云「今之縳也」者，鄭注《周禮・内司服》亦云「素紗者，今之白縳也」。則此束紡者，素紗也，故據漢法況之。禮，玉束帛乘皮。鄭玄注：禮，禮聘君也，所以報享也，亦言玉璧可知也。今文禮皆作醴。賈公彦疏：「禮玉束帛乘皮」。注「禮禮」至「作醴」。釋曰：云「禮，禮聘君也」者，此謂報享之物，以其彼持享物來禮此主君，此主君亦以物禮彼君，故云「禮，禮聘君也」。云「所以報享也」者，彼以物享此君，此君亦以物享彼君，《曲禮》云「往而不來，非禮也，來而不往，亦非禮也」。今以來而往，是相享之法，故云「報享也」。云「亦言玉璧可知也」者，上交聘賓行享之時，束帛加璧，束錦加琮，今報享物，亦有璧琮致之，故云「亦言玉璧可知」。此玉則琮也，以其經言玉，故以玉言之。若然，經言束帛兼有束錦矣，案下記云「賄，在聘于賄」，又云「無行則重賄反幣」，則此禮也。皆如還玉禮。【略】使者歸，及郊，請反命。朝服載旜。禳乃入。乃入陳幣于朝，西上，上賓之公幣、私幣皆陳。上介公幣陳，他介皆否。束帛各加其庭實皮左。【略】

記，久無事則聘焉。若有故則卒聘，束帛加書將命，百名以上書於策，不及百名書於方。主人使人與客讀諸門外。客將歸，使大夫以其束帛反命于館。

【略】賓於館堂楹閒，釋四皮束帛。賓不致，主人不拜。

《儀禮・覲禮》 至于階，使者不讓，先升。【略】侯氏用束帛乘馬儐使者，使者再拜受。侯氏再拜送幣。鄭玄注：儐使者，所以致尊敬也。拜者各於其階。賈公彦疏：「侯氏」至「送幣」。注「儐使」至「其階」。釋曰：云「儐使者，所以致尊敬也」者，案《聘禮》使卿用束帛勞賓，賓不還束帛，賓儐卿以束錦。此使者以玉勞侯氏，侯氏還玉，仍亦儐使者，是致尊敬天子之使故也。知「拜各於其階」者，此賓與使行敵禮，若《鄉飲酒》、《鄉射》賓主拜各於其階也。使者降，以左驂出。侯氏送于門外，再拜。侯氏遂從之。天子賜舍，曰：「伯父，女順命于王所，賜伯父舍。」侯氏再拜稽首，儐之束帛乘馬。【略】

四享皆束帛加璧，庭實唯國所有。鄭玄注：四當爲三，古書作三四或皆積畫，此篇又多四字，字相似，由此誤也。《大行人職》曰諸侯「廟中將幣，皆三享」，其禮差又無取於四也。初享或用馬，或用虎豹之皮。其次享，三牲，魚腊，籩豆之實，龜也，金也，丹漆絲纊竹箭也，其餘無常貨。此地物非一國所能有，唯所有分爲三享，皆以璧帛致之。賈公彦疏：「四享」至「所有」。注「四當」至「致之」。釋曰：自此盡「事畢」，論侯氏行覲禮訖，相隨即行三享之事。【略】云「皆以璧帛致之」者，案《聘禮》束帛加璧，享君。束錦加琮，享夫人。《小行人》亦云「璧以帛，琮以錦」，是五等諸侯享天子與后。此云「璧帛致之」者，據享天子而言，若享后，即用琮錦。但三享在庭分爲三段，一度致之，據三享而言，非謂三度致之爲皆也。凡享者，貢國所有，或因朝而貢，或歲之常貢。歲之常貢則《小行人》云「春入貢」及《大宰》「九貢」是也。因朝而貢者，則《大行人》云「侯服，歲一見，其貢祀物」之等是也。皆有璧帛以致之。案《小行人》云「合六幣：圭以馬，璋以皮，璧以帛，琮以錦，琥以繡，璜以黼。此六物者，以和諸侯之好故」。注云「合，同也。六幣所以享也。五等諸侯享天子用璧，享后用琮，其大各如其瑞，皆有庭實以馬，若皮，皮虎豹之皮。用圭璋者，二王之後也。二王後尊，故享用圭璋而特之。《禮器》曰圭璋特，義亦通於此，其於諸侯亦用璧琮耳。子男於諸侯，則享用琥璜，下其瑞也。凡二王後，諸侯相享之玉，大小各降其瑞一等」。【略】奉束帛匹馬。卓上，九馬隨之，中庭西上奠幣，再拜稽首。鄭玄注：卓讀如卓王孫之卓，卓猶的也。以素的一馬以爲上，書其國名，後當識其何産也。馬必十匹者，不敢斥王之乘用成數敬也。

《左傳・昭公十七年》 夏六月甲戌朔，日有食之。祝史請用幣。昭子曰：「日有食之，天子不舉，伐鼓於社；諸侯用幣於社，伐鼓於朝，禮也。」平子禦之，曰：「止也。唯正月朔，慝未作，日有食之，於是乎有伐鼓用幣，禮也。其餘則否。」

《公羊傳》卷一《隱公元年》 喪事有賵。賵者，蓋以馬，以乘馬束帛。何休注：束帛，謂玄三纁二，玄三法天，纁二法地，因取足以共事。

《史記》卷一《五帝本紀》 於是帝堯老，命舜攝行天子之政，以觀天命。舜乃在璿璣玉衡，以齊七政。【略】歲二月，東巡狩，至於岱宗，柴，望秩於山川。遂見東方君長，合時月正日，同律度量衡，脩五禮五玉三帛。裴駰集解：馬融曰：「三孤所執也。」鄭玄曰：「帛，所以薦玉也。必三者，高陽氏後用赤繒，高辛氏後用黑繒，其餘諸侯皆用白繒。」張守節正義：孔安國云：「諸侯世子執纁，公之孤執玄，附庸之君執黃也。」案：《三統紀》推伏羲爲天統，色尚赤。神農爲地統，色尚黑。黃帝爲人統，色尚白。少昊，黃帝子，亦尚白。故高陽氏又天統，亦尚赤。堯爲人統，故用白。二生一死爲摯，如五器，卒乃復。

《史記》卷六八《商君列傳》　令僇力本業，耕織致粟帛多者復其身。

《史記》卷八七《李斯列傳》　所以飾後宮充下陳娛心意説耳目者，必出於秦然後可，則是宛珠之簪，傅璣之珥，阿縞之衣，錦繡之飾裴駰集解：徐廣曰：「齊之東阿縣，繒帛所出。」不進於前，而隨俗雅化佳冶窈窕趙女不立於側也。

《漢書》卷二八下《地理志第八下》　古有分土，亡分民。太公以齊地負海舄鹵，少五穀而人民寡，乃勸以女工之業，通魚鹽之利，而人物輻湊。後十四世，桓公用管仲，設輕重以富國，合諸侯成伯功，身在陪臣而取三歸。故其俗彌侈，織作冰紈綺繡純麗之物，顔師古注：如淳曰：「紈，白熟也。純，緣也，謂條組之屬也。麗，好也。」臣瓚曰：「冰紈，紈細密堅如冰者也。純麗，温純美麗之物也。」師古曰：「如説非也。冰，謂布帛之細，其色鮮絜如冰者也。紈，素也。綺，文繒也，即今之所謂細綾也。純，精好也。麗，華靡也。」號爲冠帶衣履天下。

《小學紺珠》卷九《制度類》　三帛　諸侯世子執纁，公之孤執玄，附庸之君執黃。《舜典》注。

高陽氏之後用赤繒，高辛氏之後用黑繒，其餘用白繒。鄭氏注。

《史記》卷三〇《平準書》　元封元年，卜式貶秩爲太子太傅。而桑弘羊爲治粟都尉，領大農，盡代〔孔〕僅筦天下鹽鐵。弘羊以諸官各自市，相與爭，物故騰躍，而天下賦輸或不償其僦費，乃請置大農部丞數十人，分部主郡國，各往往縣置均輸鹽鐵官，令遠方各以其物貴時商賈所轉販者爲賦，而相灌輸。置平準于京師，都受天下委輸。召工官治車諸器，皆仰給大農。大農之諸官盡籠天下之貨物，貴即賣之，賤則買之。如此，富商大賈無所牟大利，則反本，而萬物不得騰踊。故抑天下物，名曰「平準」。天子以爲然，許之。於是天子北至朔方，東到太山，巡海上，並北邊以歸。所過賞賜，用帛百餘萬匹，錢金以巨萬計，皆取足大農。弘羊又請令吏得入粟補官，及罪人贖罪。令民能入粟甘泉各有差，以復終身，不告緡。他郡各輸急處，而諸農各致粟，山東漕益歲六百萬石。一歲之中，太倉、甘泉倉滿。邊餘穀諸物均輸帛五百萬匹。民不益賦而天下用饒。

《漢書》卷四《文帝紀》　〔元年三月〕詔曰：「方春和時，草木羣生之物皆有以自樂，而吾百姓鰥寡孤獨窮困之人或阽於死亡，而莫之省憂。爲民父母將何如？其議所以振貸之。」又曰：「老者非帛不煖，非肉不飽。今歲首，不時使人存問長老，又無布帛酒肉之賜，將何以佐天下子孫孝養其親？今聞吏稟當受鬻者，或以陳粟，豈稱養老之意哉！具爲令。」有司請令縣道，年八十已上，賜米人月一石，肉二十斤，酒五斗。其九十已上，又賜帛人二疋，絮三斤。顔師古注：絮，綿也。【略】

〔十一年三月〕詔曰：「孝悌，天下之大順也。力田，爲生之本也。三老，衆民之師也。廉吏，民之表也。朕甚嘉此二三大夫之行。今萬家之縣，云無應令，豈實人情？是吏舉賢之道未備也。其遣謁者勞賜三老、孝者帛人五匹，悌者、力田二匹，廉吏二百石以上率百石者三匹。及問民所不便安，而以户口率置三老孝悌力田常員，令各率其意以道民焉。」

《漢書》卷五《景帝紀》　後元夏四月，詔曰：「雕文刻鏤，傷農事者也；錦繡纂組，害女紅者也。顔師古注：應劭曰：「纂，今五采屬綷是也。組者，今綬紛絛是也。」臣瓚曰：「許慎云『纂，赤組也』。」師古曰：「瓚説是也。綷，會也。會五綵者，今謂之錯綵，非纂也。紅讀曰功。綷音子内反。絛音它牢反。」農事傷則飢之本也，女紅害則寒之原也。夫飢寒並至，而能亡爲非者寡矣。朕親耕，后親桑，以奉宗廟粢盛祭服，爲天下先；不受獻，減太官，省繇賦，欲天下務農蠶，素有畜積，以備災害。【略】其令二千石各修其職；不事官職耗亂者，丞相以聞，請其罪。布告天下，使明知朕意。」

《漢書》卷六《武帝紀》　元狩元年夏四月，丁卯，詔曰：「【略】朕嘉孝弟力田，哀夫老眊孤寡鰥獨或匱於衣食，甚憐愍焉。其遣謁者巡行天下，存問致賜。曰『皇帝使謁者賜縣三老、孝者帛，人五匹；鄉三老、弟者、力田帛，人三匹；年九十以上及鰥寡孤獨帛，人二匹，絮三斤；八十以上米，人三石。有冤失職，使者以聞。縣鄉即賜，毋贅聚』。」

《漢書》卷八《宣帝紀》　〔地節三年春三月詔曰〕：「鰥寡孤獨高年貧困之民，朕所憐也。前下詔假公田，貸種、食。其加賜鰥寡孤獨高年帛。二千石嚴教吏謹視遇，毋令失職。」

《漢書》卷二四上《食貨志上》 理民之道，地著爲本。【略】還廬樹桑，菜茹有畦，瓜瓠果蓏殖於疆易雞豚狗彘毋失其時，女修蠶織，則五十可以衣帛，七十可以食肉。

《漢書》卷四八《賈誼傳》 誼數上疏陳政事，多所欲匡建，其大略曰：【略】

今民賣僮者，爲之繡衣絲履偏諸緣，顔師古注：服虔曰：「如牙條以作履緣。」師古曰：「偏諸，若今之織成以爲要襻及褾領者也。古謂之車馬裘，其上爲乘車及騎從之象也。」內之閑中，是古天子后服，所以廟而不宴者也，而庶人得以衣婢妾。白縠之表，薄紈之裏，緁以偏諸，美者黼繡，顔師古注：「黼者，織爲斧形。繡者，刺爲衆文。」是古天子之服，今富人大賈嘉會召客者以被牆。古者以奉一帝一后而節適，今庶人屋壁得爲帝服，倡優下賤得爲后飾，然而天下不屈者，殆未有也。且帝之身自衣皁綈，顔師古注：「綈，厚繒也。」而富民牆屋被文繡；天子之后以緣其領，庶人孽妾緣其履：此臣所謂舛也。夫百人作之不能衣一人，欲天下亡寒，胡可得也？

【略】

元初五年秋七月，丙子，詔曰：「舊令制度，各有科品，欲令百姓務崇節約。遭永初之際，人離荒厄，朝廷躬自菲薄，去絶奢飾，食不兼味，衣無二綵。比年雖獲豐穰，尚乏儲積，而小人無慮，不圖久長，嫁娶送終，紛華靡麗，至有走卒奴婢被綺縠，著珠璣。顔師古注：「綺，文繒；縠，紗也。」京師尚若斯，何以示四遠？設張法禁，懇惻分明，而有司惰任，訖不奉行。秋節既立，鷙鳥將用，且復重申，以觀後效。」

《後漢書》卷三〇《輿服志下》 公主、貴人、妃以上，嫁娶得服錦綺羅縠繒，采十二色，重緣袍。特進、列侯以上錦繒，采十二色。六百石以上重練，采九色，禁丹紫紺。三百石以上五色采，青絳黄紅緑。二百石以上四采，青黄紅緑。賈人，緗縹而已。

《後漢書》卷六二《荀爽傳》 延熹九年，太常趙典舉爽至孝，拜郎中。對策陳便宜曰：【略】

臣竊聞後宫采女五六千人，從官侍使復在其外。冬夏衣服，朝夕廩糧，耗費縑帛，空竭府藏，徵調增倍，十而税一，空賦不辜之民，以供無用之女，百姓窮困於外，陰陽隔塞于內，故感動和氣，災異屢臻。

桓寬《鹽鐵論》卷一《力耕第二》 故善爲國者，天下之下我高，天下之輕我重。以末易其本，以虚蕩其實。今山澤之財，均輸之藏，所以御輕重而役諸侯也。汝、漢之金，纖微之貢，所以誘外國而釣胡、羌之寶也。夫中國一端之縵，得匈奴累金之物，而損敵國之用。是以贏驢馲駞，銜尾入塞，驒騱騵馬，盡爲我畜，鼲鼦狐貉，采旃文罽，充於內府，而璧玉珊瑚瑠璃，咸爲國之寶。是則外國之物內流，而利不外泄也。異物內流則國用饒，利不外泄則民用給矣。

桓寬《鹽鐵論》卷六《散不足第二十九》 古者，庶人耋老而後衣絲，其餘則麻枲而已，故命曰布衣。及其後，則絲裏枲表，直領無褘，袍合不緣。夫羅紈文繡者，人君后妃之服也。繭紬縑練者，婚姻之嘉飾也。是以文繒薄織，不粥於市。今富者縟繡羅紈，中者素綈冰錦。常民而被后妃之服，褻人而居婚姻之飾。夫紈素之賈倍縑，縑之用倍紈也。

桓寬《鹽鐵論》卷九《論功》 文學曰：「匈奴車器無銀黄絲漆之飾，素成而務堅，絲無文采裙褘曲襟之製，都成而務完。男無刻鏤奇巧之事，宫室城郭之功。女無綺繡淫巧之貢，纖綺羅紈之作。事省而致用，易成而難弊。」

班固《白虎通》卷一〇《嫁娶》 《禮》曰：女子十五許嫁，納采，問名，納吉，請期，親迎，以鴈爲贄。納徵用玄纁，不用鴈也。【略】納徵玄纁束帛離皮。玄三法天，纁二法地也。陽奇陰偶，明陽道之大也。離皮者，兩皮也。以爲庭實，庭實偶也。《禮·昏經》曰：「納采、問名、納吉、請期、親迎皆用鴈，納徵用玄纁、束帛、離皮。」《昏禮》注：「用玄纁者，象陰陽也，束帛十端也。」《周禮》曰：「凡嫁子娶妻，入幣純帛，無過五兩。儷，兩也。執束帛以致命，兩皮爲庭實。皮，鹿皮。」《公羊》莊二十二年注：「唯納徵用玄纁、束帛、儷皮。玄纁取其順天地也。儷皮者，鹿皮，所以重古也。士大夫以玄纁束帛，天子加以穀圭，諸侯加以大璋。」《雜記》「納幣一束，束五兩，兩五尋」，是也。庶人止用緇，故《周禮》言「紂帛」，注：「婦人陰，故用紂。」是也。隱元年《公羊》注亦云：「束帛，謂玄三纁二。玄三法天，纁二法地也。」離、儷通。《曲禮》「離坐離立」，注：「離，兩也。」是也。《禮》言「納徵」，《春秋》言「納幣」者，《公羊》莊二十二年注：「《春秋》質也。」《路史》注引：「離皮，雙皮也。」《婚禮》：「鹿皮爲可裘服，不忘本也。」

王符《潛夫論》卷三《浮侈第十二》 或裁好繒，作爲疏頭，令工采畫，雇人書祝，虚飾巧言，欲邀多福。或裂拆繒綵，裁廣數分，長各五寸，縫繪佩之。或紡綵絲而縻，斷截以繞臂。此長無益於吉凶，而空殘滅繒絲，縈悸小民。或剋削綺縠，寸竊八采，以成榆葉、無窮、水波之紋，碎刺縫紩，作爲笥囊、裙襦、衣被，費繒百縑，用功十倍。此等之儔，既不助長農工女，無有益於世，而坐食嘉穀，消費白日，毁敗成功，以完爲破，以牢爲行，以大爲小，以易爲難，皆宜禁者也。

佚名《西京雜記》卷一《几被以錦》 漢制：天子玉几，冬則加綈錦其上，謂之綈几。以象牙爲火籠，籠上皆散華文，後宫則五色綾文。以酒爲書滴，取其不冰。以玉爲硯，亦取其不冰。夏設羽扇，冬設繒扇。公侯皆以竹木爲几，冬則以細罽爲橐以憑之，不得加綈錦。

《太平御覽》卷八一四《布帛部一·綵》 蔡邕《女誡》曰：禮，女始行服，纁七絳也，上正色也，紅紫不以爲褻服，緗緑不以爲上。繒貴厚而色尚深，爲其堅紐也。

《太平御覽》卷八一八《布帛部五·帛》 《法言》曰：禽獸食人之食，土木衣人之帛。穀，人不足於晝，絲人不足於夜，此謂惡政也。

《三國志》卷九《魏志·夏侯玄傳》 太傅司馬宣王問以時事，玄議以爲：【略】今承百王之末，秦漢餘流，世俗彌文，宜大改之以易民望。今科制自公、列侯以下，位從大將軍以上，皆得服綾錦、羅綺、紈素、金銀餙鏤之物，自是以下，雜綵之服，通于賤人，雖上下等級，各示有差，然朝臣之制，已得侔至尊矣，玄黄之采，已得通於下矣。欲使市不鬻華麗之色，商不通難得之貨，工不作彫刻之物，不可得也。是故宜大理其本，準度古法，文質之宜，取其中則，以爲禮度。車輿服章，皆從質樸，禁除末俗華麗之事，使幹朝之家，有位之室，不復有錦綺之飾，無兼采之服，纖巧之物，自上以下，至于樸素之差，示有等級而已，勿使過一二之覺。若夫功德之賜，上恩所特加，皆表之有司，然後服用之。夫上之化下，猶風之靡草。樸素之教興於本朝，則彌侈之心自消於下矣。」

《太平御覽》卷八一六《布帛部三·羅》 魏文帝詔曰：江東爲葛，可寧比羅紈綺縠。

《魏志》：自公侯已下，大夫已上，皆服綾錦綺羅金縷之物，自是以下，雜綵之服，通於賤人也。

《三國會要》卷一二《禮六·輿服》 太祖雅性節儉，後宫衣不錦繡，侍御履不二采。《世語》：植妻衣繡，太祖登臺見之，以違制命，還家賜死。

《晉書》卷二一《禮志下》 太康八年，有司奏：「婚禮納徵，大婚用玄纁束帛，加珪，馬二駟。王侯玄纁束帛，加璧，乘馬。大夫用玄纁束帛，加羊。古者以皮馬爲庭實，天子加以穀珪，諸侯加大璋，可依周禮改璧用璋，其羊雁酒米玄纁如故。諸侯婚禮，加納采、告期、親迎各帛五匹，及納徵馬四匹，皆令夫家自備。惟璋，官爲具致之。」尚書朱整議：「案魏氏故事，王娶妃、公主嫁之禮，天子諸侯以皮馬爲庭實，天子加以穀珪，諸侯加以大璋。漢高后制聘，后黄金二百斤，馬十二匹。夫人金五十斤，馬四匹。魏氏王娶妃、公主嫁之禮，用絹百九十匹。晉興，故事用絹三百匹。」詔曰：「公主嫁由夫氏，不宜皆爲備物，賜錢使足而已。惟給璋，餘如故事。」【略】

孝武納王皇后，其禮亦如之。其納采、問名、納吉、請期、親迎，皆用白雁、白羊各一頭，酒米各十二斛。惟納徵羊一頭，玄纁用帛三匹，絳二匹，絹二百匹，獸皮二枚，錢二百萬，玉璧一枚，馬六匹，酒米各十二斛。鄭玄所謂五雁六禮也。

《晉書》卷九〇《王宏傳》 太康中，代劉毅爲司隸校尉，於是檢察士庶，使車服異制，庶人不得衣紫絳及綺繡錦繢。

《文選·左思〈魏都賦〉》 錦繡襄邑，羅綺朝歌，緜纊房子，縑緫清河，若此之屬，繁富移禍夠，古侯非可單究，是以抑而未罄也。李善注：柏斌曰：襄邑屬陳留，舊有服官。《中都賦》曰：朝歌羅綺。又房子出御緜，清河出縑緫。清河，一名甘陵也。孔安國《尚書傳》曰：纊，細緜。《廣雅》曰：緫，絹也。

《太平御覽》卷八一四《布帛部一·綵》 摯虞《決疑》曰：古者男子皆衣綵，有故乃素服。秦漢以來，服色轉變，今惟朝廷五服用綵。

《宋書》卷一五《禮志二》 古者天子巡狩之禮，布在方策。至秦、漢巡幸，或以厭望氣之祥，或以希神仙之應，煩擾之役，多非舊典。唯後漢諸帝，頗有古禮焉。魏文帝值參分初創，方隅事多，皇輿亟動，略無寧歲。蓋應時之務，又非舊章也。明帝凡三東巡，所過存問高年，恤人疾苦，或賜穀帛，有古巡幸之風焉。齊王正始元年，巡洛陽，賜高年、力田各有差。

《宋書》卷一六《禮志三》 文帝元嘉三年，車駕西征謝晦，幣告二郊。

孝武帝孝建元年六月癸巳，【略】國子助教蘇瑋生議：「案《王制》，天子巡狩，『歸，假于祖禰』。又《曾子問》：『諸侯適天子，告于祖，奠于禰，命祝史告于社稷宗廟山川。告用牲幣，反亦如之。諸侯相見，反必告于祖禰，乃命祝史告至于前所告者。』又云：『天子諸侯將出，必以幣帛皮圭，告于祖禰。反必告至。』天子諸侯，雖事有小大，其禮略鈞，告出告至，理不得殊。」

《宋書》卷五六《孔琳之傳》 桓玄輔政爲太尉，以爲西閤祭酒。桓玄時議欲廢錢用穀帛，琳之議曰：「洪範八政，以貨次食，豈不以交易之所資，爲用之至要者乎。若使不以交易，百姓用力於爲錢，則是妨其爲生之業，禁之可也。今農自務穀，工自務器，四民各肆其業，何嘗致勤於錢。故聖王制無用之貨，以通有用之財，既無毀敗之費，又省運置之苦，此錢所以嗣功龜貝，歷代不廢者也。穀帛爲寶，本充衣食，今分以爲貨，則致損甚多。又勞毀於商販之手，耗棄於割截之用，此之爲敝，著於自曩。故鍾繇曰：『巧僞之民，競蘊濕穀以要利，制薄絹以充資。』魏世制以嚴刑，弗能禁也。是以司馬芝以爲用錢非徒豐國，亦所以省刑。錢之不用，由於兵亂積久，自至於廢，有由而然，漢末是也。【略】魏明帝時，錢廢穀用，三十年矣。以不便於民，乃舉朝大議。精才達治之士，莫不以爲宜復用錢，民無異情，朝無異論。彼尚舍穀帛而用錢，足以明穀帛之弊，著於已試。【略】近孝武之末，天下無事，時和年豐，百姓樂業，便自穀帛殷阜，幾乎家給人足，驗之事實，錢又不妨民也。」

《宋書》卷八二《周朗傳》　世祖即位，除建平王宏中軍録事參軍。時普責百官讜言。朗上書曰：【略】凡天下得治者以實，而治天下者常虛，民之耳目，既不可誑，治之盈耗，立亦隨之。故凡厥庶民，制度日侈，商販之室，飾等王侯，傭賣之身，製均妃后。凡一袖之大，足斷爲兩，一裾之長，可分爲二，見車馬不辨貴賤，視冠服不知尊卑。尚方今造一物，小民明已睥睨。宮中朝制一衣，庶家晚已裁學。侈麗之原，實先宮閫。又妃主所賜，不限高卑，自今以去，宜爲節目。金魄翠玉，錦繡縠羅，奇色異章，小民既不得服，在上亦不得賜。若工人復造奇伎淫器，則皆焚之而重其罪。

《南齊書》卷一《高帝紀上》　大明泰始以來，相承奢侈，百姓成俗。太祖輔政，罷御府，省二尚方諸飾玩。至是又上表禁民間華僞雜物：不得以金銀爲箔，馬乘具不得金銀度，不得織成繡裙，道路不得著錦履，不得用紅色爲幡蓋衣服，不得翦綵帛爲雜花，不得以綾作雜服飾，不得作鹿行錦及局脚檉柏床、牙箱籠雜物，綵帛作屏鄣，錦緣薦席，不得私作器仗，不得以七寶飾樂器又諸雜漆物，不得以金銀爲花獸，不得輒鑄金銅爲像。皆須墨敕，凡十七條。其中宮及諸王服用，雖依舊例，亦請詳衷。

《南齊書》卷三《武帝紀》　上剛毅有斷，爲治總大體，以富國爲先。頗不喜遊宴、雕綺之事，言常恨之，未能頓遣。臨崩又詔「凡諸遊費，宜從休息。自今遠近薦獻，務存節儉，不得出界營求，相高奢麗。金粟繒纊，弊民已多，珠玉玩好，傷工尤重，嚴加禁絶，不得有違准繩」。

《魏書》卷六二《李彪傳》　彪又表曰：【略】今四人豪富之家，習華既深，敦樸情淺，未識儉素之易長，而行奢靡之難久。壯制第宅，美飾車馬，僕妾衣綾綺，土木被文繡，僭度違衷者衆矣。【略】今時浮華相競，情無常守，大爲消功之物，巨制費力之事，豈不謬哉！消功者，錦繡彫文是也；費力者，廣宅高宇、壯制麗飾是也。其妨男業、害女工者，焉可勝言哉！【略】前志云：「作法於涼，其弊猶貪。」此言雖略，有達治道。臣之瞽言，儻或可採，比及三年，可以有成。有成則人務本，人務本則奢費除，奢費除則穀帛豐，穀帛豐則人逸樂，人逸樂則皇基固矣。

《魏書》卷九四《閹官傳·仇洛齊》　魏初禁網疏闊，民户隱匿漏脱者多。東州既平，綾羅户民樂葵因是請採漏户，供爲綸綿。自後逃户占爲細繭羅縠者非一。於是雜、營户帥遍於天下，不屬守宰，發賦輕易，民多私附，户口錯亂，不可檢括。洛齊奏議罷之，一屬郡縣。

《魏書》卷九九《張祚傳》　自署涼王，立宗廟，置百官，號和平元年。【略】禁四品以下不得衣繒帛，庶人不得畜奴婢、乘車馬。百姓怨憤。

杜佑《通典》卷九《食貨九》　〔齊〕武帝時，竟陵王子良上表曰：「頃錢貴物賤，殆欲兼倍，凡在觸類，莫不如兹。稼穡艱劬，斛直數十，機杼勤苦，疋裁三百。所以然者，實亦有由。年常歲調，既有定期，僮卹所上，咸是見直。東間錢多翦鑿，鮮復完者，公家所受，必須圓大，以兩代一，困於無所，鞭捶質繫，益致無聊。」梁初，唯京師及三吴、荆郢、江、湘、梁、益用錢，其餘州郡則雜以穀帛交易，交、廣之域則全以金銀爲貨。

許嵩《建康實録》卷一三《宋下·世祖孝武皇帝》　孝建元年春正月壬寅，詔中書録事參軍周朗獻讜言，曰：「男子十三至十七，皆令學經；十七至二十，盡使修武。女子十五不嫁，宜坐家人。地堪滋養，悉種麻稻，巷陌悉樹桑柘，列庭皆植竹栗。宮掖金翠，工人奇伎淫器，皆請焚之。錦繡羅縠，小民皆不得服。帝王子、帝弟，何必長史參軍，但宜置賓師傅官以輔之。」

《册府元龜》卷五〇四《邦計部·絲帛》　宋孝武時，齊庫上絹年調鉅萬疋，綿亦稱此。期限嚴峻，人間買絹一疋二三千，綿一兩三四百。貧者賣妻子，其甚者或自縊死。侍中陳懷文具陳人困，由是薄有所減。江左自晉至陳，其調，丁男調布、絹各二丈，絲三兩，綿八兩，禄絹八尺，禄綿二兩二分，丁女並半之。

後魏道武天興中，詔採諸漏户令輸綸綿，自後諸逃户占爲紬繭羅，殺者甚衆，於是雜營户帥遍于天下，不隷守宰，賦役不周，户口錯亂。太武始光三年，詔一切罷之，以屬郡縣。

孝文延興三年七月，詔河南六州之民，户收絹一疋，綿一斤。先是，舊制：民間所織絹布皆幅廣二尺二寸，長四十尺爲一疋，六十尺爲一端，令任服用。後仍漸至濫惡，不依尺度，於是更立嚴制，令一准前式，違者罪各有差，有司不檢察，與同罪。

太和八年，户增帛三疋。先是天下户以九品混通，户調帛三疋，絮二斤，絲一斤。又入帛一疋二丈，委之州庫，以供調外之費，至是增之，以爲官司之禄。後增調外帛滿二疋。所調各隨其土所出，其司、冀、雍、華、定、相、（秦）〔泰〕、雒、豫、懷、兖、陝、徐、青、（濟）〔齊〕、濟、南豫、東兖、東徐十九州，貢綿絹及絲，幽、平、并、肆、岐、涇、荆、凉、梁、汾、秦、安、營、豳、夏、光、郢、東秦、（西）〔司〕州萬年、鴈門、上谷、靈邱、廣甯、平凉郡，懷（化郡）〔州邵〕上郡之長平、白水縣，青州北海郡之膠東縣，平昌郡之東武、平昌縣，高密郡之昌安、高密、夷安、黔陬縣，秦州河東之蒲坂、汾陰縣，東徐州東莞郡之莒、諸、東莞縣，雍州馮（翊）郡之蓮芍縣、咸陽郡之（雍）寧夷縣，北地郡之三原、雲陽、銅闕、宜君縣，華州華山郡之夏陽縣，徐州北濟郡之離狐、豐縣，東海郡（之）贛榆、襄賁縣，皆以麻布充税。十年，給事中李冲上言，准古法，立隣里黨三長。其民調，一夫一婦帛一疋，民年十五以上未娶者，四人出一夫一婦之調。奴任耕，婢任績者，八口當未娶者四。耕牛二十頭，當奴婢八。其麻布之鄉，一夫一婦布一疋，下至牛，以此爲降。大率十疋爲公調，二疋爲私調外費，三疋爲内外百官俸。

東魏孝静天平元年，遷都於鄴。六方之衆萬餘人北徙，春秋二時賜帛，以供衣服費，常調之外，逐豐稔之處，折絹糴以充國之儲。

北齊文宣時，天保中調絹以七尺爲丈，右僕射崔暹言之，乃依舊焉。

武成河清三年定令： 率人一（狀）〔牀〕調一疋，綿八兩，凡十斤綿，折一斤作絲。

後周太祖爲西魏相，創制六官，司賦掌功賦之政，令人自十八以至六十四，與輕癃者皆賦之。其賦之法： 有室者歲不過絹一疋，綿八兩，單丁者半之。其非桑土，有室者布一疋，麻十斤，單丁者又半之。 豐年則全賦，中年半之，下年一之，皆以時徵焉。 若藉阨凶札，則不徵其賦。

《隋書》卷三六《后妃傳序》〔煬帝〕時又增置女官，準尚書省，以六局管二十四司。【略】六曰尚工局，管司製，掌營造裁縫；司寶，掌金玉珠璣錢貨；司綵，掌繒帛。

《舊唐書》卷五《高宗紀下》〔永隆二年春正月〕上詔雍州長史李義玄曰：「朕思還淳返朴，示天下以質素。如聞游手墮業，此類極多，時稍不豐，便致饑饉。其異色綾錦，並花間裙衣等，糜費既廣，俱害女工。天后，我之匹敵，常著七破間裙，豈不知更有靡麗服飾，務遵節儉也。其紫服赤衣，閭閻公然服用，兼商賈富人，厚葬越禮。卿可嚴加捉搦，勿使更然。」

《舊唐書》卷一六《穆宗紀》 元和十五年秋七月乙卯，敕自今後新除節度、觀察使到任日，具見錢帛、斛斗、器械數目分析以聞。

《舊唐書》卷一七上《文宗紀上》〔大和三年九月〕辛巳，敕兩軍、諸司、内官不得著紗縠綾羅等衣服。帝性儉素，不喜華侈。駙馬韋處仁戴夾羅巾，帝謂之曰：「比慕卿門地清素，以之選尚。如此巾服，從他諸戚爲之，唯卿非所宜也。」

《舊唐書》卷一八下《宣宗紀》〔大中四年四月〕，刑部奏：「准今年正月一日敕節文，據會昌元年三月二十六日敕，竊盜贓至一貫文處死，宜委所司重詳定條目奏聞。臣等檢校，並請准建中三年三月二十四日敕，竊盜贓滿三疋已上決殺，如贓數不充，量請科放。」從之。

《舊唐書》卷四三《職官志二》 若賜蕃客錦綵，率十段則錦一張，綾二疋，縵三疋，綿四屯。【略】正冬之會，稱束帛有差者，皆賜絹，五品已上五疋，六品已下三疋，命婦視其夫、子。

《舊唐書》卷一〇五《韋堅傳》 天寶元年三月，擢爲陝郡太守、水陸轉運使。自西漢及隋，有運渠自關門西抵長安，以通山東租賦。奏請於咸陽擁渭水作興成堰，截灞、滻水傍渭東注，至關西永豐倉下與渭合。於長安城東九里長樂坡下，滻水之上架苑牆，東面有望春樓，樓下穿廣運潭以通舟楫，二年而成。堅預於東京、汴、宋取小斛底船三二百隻置於潭側，其船皆署牌表之。若廣陵郡船，即於栿背上堆積廣陵所出錦、鏡、銅器、海味；丹陽郡船，即京口綾衫段；晉陵郡船，即折造官端綾繡；會稽郡船，即銅器、羅、吴綾、絳紗；南海郡船，即瑇瑁、真珠、象牙、沉香；豫章郡船，即名瓷、酒器、茶釜、茶鐺、茶椀；宣城郡船，即空青石、紙筆、黄連；始安郡船，即蕉葛、蚺蛇膽、翡翠。船中皆有米，吴郡即三破糯米、方文綾。凡數十郡。

《新唐書》卷三八《地理志二》 河南府河南郡 土貢：繒。

《新唐書》卷三九《地理志三》 河北道 厥賦：絲、絹、綿。厥貢：羅、綾、紬、紗。

《新唐書》卷四一《地理志五》 揚州廣陵郡，大都督府。本南兗州江都郡，武德七年曰邗州，以邗溝爲名，九年更置揚州，天寶元年更郡名。土貢：綿、蕃客袍錦、被錦、半臂錦、獨窠綾。

《新唐書》卷四二《地理志六》 蜀州唐安郡，緊。垂拱二年析益州置。土貢：錦、單絲羅、花紗。

《新唐書》卷二二一上《西域傳上·于闐》 初無桑蠶，丐隣國，不肯出，其王即求婚，許之。將迎，乃告曰：「國無帛，可持蠶自爲衣。」女聞，置蠶帽絮中，關守不敢驗，自是始有蠶。女刻石約無殺蠶，蛾飛盡得治繭。

吴兢《貞觀政要》卷三《擇官》 〔太宗〕因謂玄齡曰：「自此儻有樂工雜類，假使術逾儕輩者，只可特賜錢帛以賞其能，必不可超授官爵，與夫朝賢君子比肩而立，同坐而食，遣諸衣冠以爲耻累。」

杜佑《通典》卷九《食貨九》 〔開元〕二十年九月，制曰：「綾羅絹布雜貨等，交易皆合通用。如闕市肆，必須見錢，深非道理。自今以後，與錢貨兼用，違者准法罪之。」

李翱《李文公集》卷三《進士策問第一道》 問：初定兩稅時，錢直卑而粟帛貴，粟一斗價盈百，帛一匹價盈二千。稅户之歲供千百者，不過粟五十石，帛二十餘匹而充矣，故國用皆足，而百姓未以爲病。其法弗更，及兹三十年，百姓土田爲有力者所併，三分踰一其初矣，其輸錢數如故。錢直日高，粟帛日卑，粟一斗價不出二十，帛一匹價不出八百。稅户之歲供千百者，粟至二百石，帛至八十匹然後可足。是爲錢數不加，而其稅以一爲四，百姓日蹙，而散爲商以遊十三四矣。四年春，天子哀之，詔天下守土臣定留州使額錢，其正料米如故，其餘估高下如上供，百姓賴之，以比兩稅之初，輕重猶未相似。有何術可使國用富而百姓不虛，遊人盡歸於農而皆樂，有力所併者稅之如户，而士兵不怨。夫豈無策而臻於是耶，吾子盍悉懷以來告。

《唐會要》卷二九《祥瑞下》 長慶四年五月，淄青奏：「登州蓬萊山谷間，約四十里，野蠶成繭，其絲可織。」

開成二年十月，陳、許、蔡界内，野蠶自生桑上，三遍成繭，連綿九十里，百姓收拾，並得抽絲，得絲綿並織成紬絹。

《唐會要》卷八六《市》 開元二年閏三月勑：「諸錦、綾、羅、縠、繡、織成紬、絹、絲、犛牛尾、真珠、金、鐵，並不得與諸蕃互市，及將入蕃；金鐵之物，亦不得將度西北諸關。【略】

〔大曆〕十四年七月，令王公百官及天下長吏，無得與人争利，先於揚州置邸肆貿易者，罷之。先是，諸道節度、觀察使，以廣陵當南北大衝，百貨所集，多以軍儲貨販，列置邸肆，名託軍用，實私其利息，至是乃絶。貞元以後，京都多中官市物于廛肆，謂之宫市。不持文牒，口含勑命，皆以監估不中衣服、絹帛、雜紅紫之物，倍高其估，尺寸裂以酬價。市之經商，皆匿名深居；陳列廛閈，唯羸弱苦窳。市後又强驅于禁中，傾車乘，罄韋驢，已而酬以丈尺帛絹，少不甘，毆致血流者。中人之出，雖沽漿賣餅之家，無不徹業塞門，以伺其去。

《册府元龜》卷五〇四《邦計部·絲帛》 〔憲宗元和〕十一年六月，京兆府奏：今年諸縣夏稅，折納綾絹絁紬絲綿等，並請依本縣時價，只定上中二等，每疋加饒二百文，綿每兩加饒十五文，絲每兩加饒二十文。其下等物，不在納限。小户本錢不足，任納絲綿，斛㪷須是本户，如有本户輒合集買成疋段代納者，所由決十五，枷項令衆。

《唐大詔令集》卷二九《開元二十六年册皇太子赦》 内外文武職事官，九品已上，各賜勳一轉，五品已上，子爲父後者，亦賜勳一轉，其忠王府官及侍讀侍文侍書，除賜之外，二品以上，賜爵一級，四品已下，各加一階，仍並即與改轉。緣册命行禮官，各賜物有差。今月番見上飛騎萬騎監門直長三衞引駕細引執扇黄衣長上等，各賜勳一轉。彍騎番兵各放免一番。天下侍老八十已上，各賜粟三石，帛三段。百歲已上，賜粟五石，帛五段，並加版命。

《全唐文》卷一七二張鷟《鴻臚寺中土蕃使人素知物情慕此處綾錦及弓箭等物請市未知可否》 一人有慶，四海無虞。萬國於是星馳，八方由其霧湊。烏孫合種，咸雁集於鴻臚；犬族振羣，並蜂歸於蠻邸。眷彼茅宇，開此藁街。即崇三揖之儀，爰設九賓之禮。祇如土蕃使者，實曰酋豪，沮渠蒙遜之苗，禿髮烏孤之族。占風入謁，越駝嶺而輸誠；就日來朝，隔驢山而納款。觀鶴綾之絢爛，彩映冰霜；覩鳳錦之紛葩，光含日月。彎弧六合，犀角麋筋。勁箭三同，星流電激。聽其市取，實可威於遠夷；任以私收，不足損於中國。宜其順性，勿阻蕃情。

《全唐文》卷八四五牛希濟《治論》 豪民富室，不得衣文組金玉，幃幕不得用繒綵，茵褥不得施錦繡。自宫中至於王公之家，咸遵儉約，無使枉費尺帛，則天下之民，衣斯足矣。

《舊五代史》卷三一《唐書・莊宗紀五》 同光二年二月己巳朔，親祀昊天上帝於圜丘，禮畢，宰臣率百官就次稱賀，還御五鳳樓。宣制：【略】近年已來，婦女服飾，異常寬博，倍費縑綾。有力之家，不計卑賤，悉衣錦繡，宜令所在糾察。

《舊五代史》卷三七《唐書・明宗紀三》 天成元年冬十月甲申朔，詔賜文武百僚冬服綿帛有差。近例，十月初寒之始，天子賜近侍執政大臣冬服。帝顧謂判三司任圜曰：「百僚散未？」圜奏曰：「臣聞本朝給春冬服，徧及百僚，喪亂已來，急於軍旅，人君所賜，未能周給。今止近臣而已，外臣無所賜。」帝曰：「外臣亦吾臣也，卿宜計度。」圜遂與安重誨據品秩之差，以定春冬之賜，其後遂以爲常。

《舊五代史》卷七九《晉書・高祖紀五》 天福五年冬十月己酉，宴羣臣於永福殿，賜帛有差。癸丑，詔：「今後竊盜臟滿五匹者處死，三匹已上者決杖配流，以盜論者准律文處分。」又詔：「過格選人等，許赴吏部南曹召保，委正身者降一資注官。」

《舊五代史》卷一四六《食貨志》 唐長興三年十二月，三司奏請：「諸道上供稅物，充兵士衣賜不足。其天下所納斛斗及錢，除支贍外，請依時折納綾羅絹帛。」從之。

吴任臣《十國春秋》卷八二《吴越・忠懿王世家論》 論曰：錢氏據有兩浙，幾及百年，武肅以來善事中國，保障偏方，厥功鉅矣。宋興後，王益傾資修貢獻，宋祖曰：「此吾帑中物，何用獻爲！」常讀宋兩朝供奉録，中間稱忠懿王入貢，如赭黄犀、龍鳳龜魚、仙人鰲、山寶樹等物，及通犀帶七十餘條，皆希世之寶；而金飾玳瑁器至一千五百餘事，水晶碼碯玉器至四千餘事，珊瑚十高三尺五寸，金銀飾陶器一十四萬餘事，金銀飾龍鳳船舫二百艘，銀裝器械七十萬事，白龍腦二百餘斤，玉帶二十四，紫金獅子帶一，金九萬五千餘兩，銀一百一十萬兩，錦綺色綿以萬萬計，而舉朝文武閹寺多所饋遺。竭十三州之物力以供大國，務得中朝心，國以是而漸貧，民亦以是而得安。

《宋史》卷九《仁宗紀一》 〔天聖四年秋七月〕辛未，減兩川歲輸錦綺，易綾紗爲絹，以給邊費。

《宋史》卷一〇《仁宗紀二》 〔明道二年冬十月〕甲辰，詔以兩川歲貢綾錦羅綺紗，以三之二易爲紬絹，供軍須。

《宋史》卷一一《仁宗紀三》 〔慶曆五年〕六月丁卯，減益、梓州上供絹歲三之一，紅錦、鹿胎半之。

《宋史》卷八六《地理志二》 河北路，蓋《禹貢》兖、冀、青三州之域，而冀、兖爲多。當畢、昴、室、東壁、尾、箕之分。南濱大河，北際幽、朔，東瀕海，西壓上黨。繭絲、織紝之所出。

《宋史》卷八八《地理志四》 江南東、西路，蓋《禹貢》揚州之域，當牽牛、須女之分。東限七閩，西略夏口，南抵大庾，北際大江。川澤沃衍，有水物之饒。永嘉東遷，衣冠多所萃止，其後文物頗盛。而茗荈、冶鑄、金帛、秔稻之利，歲給縣官用度，蓋半天下之入焉。

《宋史》卷八九《地理志五》 川峽四路，蓋《禹貢》梁、雍、荆三州之地，而梁州爲多。天文與秦同分。南至荆、峽，北控劍棧，西南接蠻夷。土植宜柘，繭絲織文纖麗者窮於天下。

《宋史》卷二七六《樊知古傳》 蜀中富饒，羅紈錦綺等物甲天下，言事者競商榷功利。又土狹民稠，耕種不足給，繇是兼并者益糴賤販貴以規利。

《宋史》卷二九九《張洞傳》 河北東路民富蠶桑，契丹謂之「綾絹州」。

《金史》卷二五《地理志中》 東平府，上，天平軍節度。宋東平郡，舊鄆州，後以府尹兼總管，置轉運司。産絲、綿、綾、錦、絹。

《金史》卷四九《食貨志四》 〔承安〕八年七月，言事者以茶乃宋土草芽，而易中國絲綿錦絹有益之物，不可也。國家之鹽貨出於鹵水，歲取不竭，可令易茶。省臣以謂所易不廣，遂奏令兼以雜物博易。

樂史《太平寰宇記》卷六〇《河北道九・趙州》 土産：帛。

舊題范坰、林禹撰《吴越備史・補遺》 自國初供奉之數無復文案，今不得而書，唯太祖、太宗兩朝，入貢記之頗備，謂之貢奉録。今取其大者：如赭黄犀帶，龍鳳龜魚仙人鰲山寶樹等通犀帶，凡七十餘條，皆世希之寶也。玉帶二十四，紫金獅子帶一，黄金九萬五千餘兩，銀一百一十萬二千餘兩。綾、羅、錦、綺二十八萬餘疋，色絹七十九萬七千餘疋。金飾玳瑁器一千五百餘事，水晶碼碯玉器凡四千餘事，珊瑚樹一高三尺五寸，金銀飾陶器一十四萬事，金銀飾龍鳳船舫二百艘，銀裝器械七十萬事，白龍腦二百餘斤。王自入朝至歸國，復入朝，太祖、太宗所賜金器並金物六萬四千七百餘兩，銀器四十萬八千八百餘兩，玉石器皿一萬七千事，寶玉帶四十二條，錦、綺、羅、紈一十六萬六千三百餘疋，御衣並袍襖衣等，金盔六頂，甲六副，金玉鞍轡御馬一十六疋，細馬四十八疋，駞三百餘疋，散馬二千七百二十疋，金印四顆，玉册二，御劍三口，法酒三千餘瓶，銜墜腰帶三千事，鳳冠四頂，他物稱是。

李覯《李覯集》卷一六《富國策十首·富國策第三》 貨莫貴乎金，賄莫重乎帛。所貴乎金者，以其器成而可革，革之而不耗也。所重乎帛者，以其用功甚省，而有益於寒也。今茲乘輿之器，享燕之用，内賞賜羣臣，外交通四夷，必不可毋用金銀。百官在位，六軍在籍，夏有暑，冬有寒，必不可毋用絲帛。何以使金多而足用，帛賤而易致哉！

愚以爲東南之郡，山高者鮮不鑿，土深者鮮不掘。失職之民，網漏之姦，晝夜合作，足蹈重泉而不憂於陷，首戴川澤而不虞於壓。鑛石雲涌，鑪炭之焰未之有熄。一泥一沙，蔑遺利矣，是金非不出也。平原沃土，桑柘甚盛。蠶女勤苦，罔畏飢渴。急采疾食，如避盜賊。繭簿山立，繰車之聲連甍相聞，非貴非驕，靡不務此，是絲非不多也。金盡出而用不足，蓋用之者衆也。絲雖多而帛不賤，蓋不專以爲帛也。

古者以金銀爲幣，與泉布並行，既而稍用爲器飾，然亦未甚著也。今也翕然用之，亡有品制。守閭閻者，唯財是視，自飲食頮沐之器，玩好之具，或飾或作，必以白金。連斤累鈞，以多爲愜。財愈雄者，則無所不至矣。舉天下皆然，故金雖盡出而用益不足也。

古者錦文不粥於市，不示民以奢也。今也庶民之家，必衣重錦，厚綾羅縠之衣，名狀百出，弗可勝窮。工女機杼，交臂營作，争爲纖巧，以漁倍息。其爲帛者，鹽工惡絲而已。故絲雖多而帛不賤也。

金不足則價騰躍，價騰躍則出邦布而市之，費日增焉猶不能登其數，則率民而買之。彼農民未嘗蓄金銀，一旦當具，則必資於豪黨。資於豪黨，則或壞其産焉。官增其費，民壞其産，此實弊之大也。帛不賤，則貧民弗可得。貧民弗可得，則紵絮不足以禦冬，而凍者多矣。官之税買，其價弗損，而唯行濫之，得帛行濫，則軍吏之衣莫能完固，而貧者多矣。官價弗損，人民多凍，軍吏多貧，此亦弊之大也。

今將救之，則莫如明立制度。其用金銀，上下有等，多少有數，匹庶賤類，毋得僭擬，則金不可勝用也。君子小人，服章有别，民非布帛毋得輒衣，工機之功將復其本，則帛不可勝用也。果能此道矣，是宿弊之源可坐而塞也。孔子曰：爲政先禮，禮其政之本乎！制度，禮之實也。善爲政者，得無留意哉！

宋敏求《春明退朝録》中 將軍、防團刺史、横行使、内諸司使、軍職遥郡、樞密都承旨，初除駙馬都尉，白綾大紙七張，法錦標，大牙軸，色帶；三司副使、少卿監、司業、起居郎至正言、知雜至監察御使、郎中、員外郎、四赤令、諭德、少詹事、家令、率更令、太子僕、太常博士、節度行軍司馬、副使、横行副使、諸司副使、樞密副承旨、軍職都指揮使、忠佐馬軍步軍都軍頭以上、藩方馬步軍都指揮使，並不遥郡者，白綾大紙七張，大錦標，牙軸，青帶；國子博士至洗馬、通事舍人、諸王友、六尚奉御、諸衛將軍、承制、崇班、閤門祗候、五官正、諸州别駕、樞密院諸房承旨，如官至將軍以上，用大綾紙、大錦標、大牙軸。兩使判官、防團副使、率府率副率、京官館職、堂後官、中書樞密院主事、諸軍職都虞候、忠佐馬軍步軍副都軍頭、諸班指揮使、藩方馬步軍副都指揮使、都虞候、内供奉官至内品，白綾中紙五張，中錦標，中牙軸，青帶；秘書郎至將作監主簿，白綾小紙五張，黄錦標，角軸，青帶；幕職州縣官、靈臺郎、保章正、諸州長史司馬、中書録事、主書守當官、樞密院令史、書令史、諸軍指揮使、内品待詔、書藝，白綾小紙五張，小錦標，木軸，青帶；諸蕃蠻子大將軍司、階司、戈司候郎將以上，並白綾大紙，法錦，大牙軸，色帶；凡修儀、婉容、才人、貴人、美人，銷金小鳳羅紙七張，銷金標袋，瑇瑁軸，紅絲網，塗金銀帉楂；司言、司正、尚衣、尚食、典寶常使，金花羅紙七張，法錦標袋；内降夫人、郡君，團窠羅紙七張，暈錦標袋；宗室婦常使，金花羅紙七張，法錦標袋；宗室女，素羅紙七張，法錦標袋；國夫人，銷金團窠五色羅紙七張，暈錦標袋，郡夫人、常使，金花羅紙七張，見任兩府母、妻使團窠。法錦標袋；以上至司言、司正等，皆用瑇瑁紫絲網、帉楂。郡君、縣太君、遥郡刺史、正郎以上妻並銷金，常使羅紙七張；餘命婦並素羅紙七張。

凡封贈父祖爲降麻官，用白背五色綾紙，法錦標，大牙軸，餘雖極品，止給大綾紙，法錦標，大牙軸。【略】

凡官告之制：后妃，銷金雲龍羅紙十七張，銷金標袋，寶裝軸，紅絲網，金帉楂；公主，銷金大鳳羅紙十七張，銷金標袋，瑇瑁軸，紅絲網，塗金銀帉楂；按皇后，當降制誥告，不裝告身而用册。本朝諸后皆止用告。景祐元年，立后，始用册。治平、熙寧皆循之。親王、宰相、使相，背五色金花綾紙十七張，暈錦標袋，犀軸，色帶，紫絲網，銀帉楂；樞密使、三師、三公、前宰相至僕射、東宮三師、嗣王、郡王、節度使，白背五色金花綾紙十七張，暈錦標袋，犀軸，色帶；參知政事、樞密副使、知院、同知院、簽書院事、宣徽使、僕射、東宮三師、御史大夫、宗室率府副率以上，白背五色綾紙十七張，暈錦褾袋，牙軸，色帶；尚書、觀文殿大學士、資政殿大學士、東宮三少、六統軍、上將軍、留後、觀察使同上，惟用法錦褾；近者用翠毛師子錦，以代暈錦，非舊制也。

原題曾鞏《隆平集》卷一《官司》 綾錦院，乾德五年置，時已平蜀，所得錦工六百人隸焉。內藏庫，太祖所置，謂之景福內庫，太宗新其名曰內藏。自淳化至景德，用兵及郊丘之費，不取於民，有司假內藏緡帛六千餘萬，每歲多或三百萬，少亦不減百萬，累年不能償，詔即蠲除之。真宗景德中，命陳彭年作記以示宰臣曰：此庫乃爲計司備經費爾，苟非節用，能如是耶。

《天聖令·關市令》卷二五 諸錦、綾、羅、縠、繡、織成、紬、絲絹、絲布、犛牛尾、真珠、金、銀、鐵，並不得與諸蕃互市及將入蕃，綾（？）不在禁限。所禁之物，亦不得將度西邊、北邊諸關及至緣邊諸州興易，其錦、繡、織成，亦不得將過嶺外，金銀不得將過越嶲道。如有緣身衣服，不在禁例。其四邊、北邊諸關外戶口須作衣服者，申牒官司，計其口數斟量，聽於內地市取，仍牒關勘過。

右令不行。

《天聖令·喪葬令》卷第二九 諸一品二品喪，敕備本品鹵簿送殯者，以少年贈祭於都城外，加璧，束帛深青三、纁二。【略】

右並因舊文，以新制參定。

皇家諸親喪賻物，皇帝本服朞，準一品；本服大功，準二品；本服小功及皇太后本服朞，準三品；皇帝本服緦麻、皇太后本服大功、皇后本服朞、皇太子妃父母，準正四品；皇帝本服袒免、皇太后本服小功、皇后本服大功、皇太子妃本服朞，準從四品；皇太后本服緦麻、皇后本服小功，準正五品；皇后本服緦麻，準從五品。若官爵高者，從高。無服之殤，並不給。其準一品給賻物者，並依職事品。

諸使人所在身喪，皆給殯斂調度，造轝、差夫遞送至家。其爵一品、職事及散官五品以上馬輿，餘皆驢輿。有水路處給船，其物並所在公給，仍申報所遣之司。

諸五品以上薨卒及葬，應合弔祭者，所須布深衣幘、素三梁六柱輿，皆官借之。其內外命婦應得鹵簿者，亦準此。【略】

右令不行。

龐元英《文昌雜録》卷三 晏元獻家有《相笏經》，占吉凶十可八九。昔有相印□□行。罷教坊已下支賜，凡絹一千一百餘疋，錢四百餘千，紅錦一端，銀椀十四口，用正旦例也。三月十八日，集英殿大宴，酒九行。【略】教坊已下凡支賜，絹二千四百餘疋，綵百疋，錢七百七十餘貫，錦一端，銀椀三十五口，春秋常例也。

莊綽《雞肋編》卷中 蔡襄爲三司使，以嘉祐七年明堂支費數爲準，每遇大禮，依附封椿，仍乞遣朝臣諸路刬發錢帛，至今行之。其支賜度錢九十六萬二千餘貫，銀三十五萬四千六百三十餘兩，絹一百二十萬八百餘匹，綢四十萬一百餘匹，金六千七百七十兩。第二等生衣物計錢四十五萬貫，錦、綾、羅、鹿胎、透背等計錢九萬九千八百餘貫，絲三十八萬八千兩，緜一百四十二萬八千餘兩。

洪邁《容齋隨筆·容齋續筆》卷一六《宋齊丘》 自用兵以來，令民間以見錢紐納稅直，既爲不堪，然於其中所謂和買折帛，尤爲名不正而斂最重。偶閱大中祥符間，太常博士許載著《吳唐拾遺録》，所載多諸書未有者。其《勸農桑》一篇正云：「吳順義年中，差官興版簿，定租稅，厥田上上者，每一頃稅錢二貫一百文，中田一頃稅錢一貫八百，下田一頃千五百，皆足陌見錢，如見錢不足，許依市價折以金銀。算計丁口課調，亦科錢。宋齊丘時爲員外郎，上策乞虛擡時價，而折紬、綿、絹本色，曰：『江淮之地，唐季已來，戰爭之所。今兵革乍息，黎甿始安，而必率以見錢，折以金銀，此非民耕鑿可得也，無興販以求之，是爲教民棄本逐末耳。』是時，絹每匹市價五百文，紬六百文，綿每兩十五文，齊丘請絹每匹擡爲一貫七百，紬爲二貫四百，綿爲四十文，皆足錢，丁口課調，亦請蠲除。朝議喧然沮之，謂虧損官錢，萬數不少。齊丘致書於徐知誥曰：『明公總百官，理大國，督民見錢與金銀，求國富庶，所謂擁篲救火，撓水求清，欲火滅水清可得乎？』知誥得書，曰：『此勸農上策也。』即行之。自是不十年間，野無閒田，桑無隙地，自吳變唐，自唐歸宋，民到於今受其賜。」齊丘之事美矣。徐知誥亟聽而行之，可謂賢輔相。而《九國志·齊丘傳》中略不書，《資治通鑑》亦佚此事。今之君子爲國，唯知浚民以益利，豈不有靦於偏閏之臣乎？齊丘平生，在所不論也。

洪邁《容齋隨筆·容齋三筆》卷一《國家府庫》 真宗嗣位之初，有司所上天下每歲賦入大數，是時，至道三年也，凡收穀二千一百七十萬碩，錢四百六十五萬貫，絹、紬一百九十萬匹，絲、綿六百五十八萬兩，茶四十九萬斤，黃蠟三十萬斤。自後多寡不常，然大略具此。方國家全盛，民力充足，故於征輸未能爲害。今之事力，與昔者不可同日而語，所謂緡錢之入，殆過十倍。民日削月朘，未知救弊之術，爲可慮耳。黄蠟一項，今不聞有此數。

洪邁《容齋隨筆・容齋五筆》卷二《諫繚綾戲龍羅》 李德裕爲浙西觀察使，穆宗詔索盤絛繚綾千匹，德裕奏言：「立鵝、天馬、盤絛、掬豹，文彩怪麗，惟乘輿當御，今廣用千匹，臣所未諭。」優詔爲停。崇寧間，中使持御劄至成都，令轉運司織戲龍羅二千，繡旗五百，副使何常奏：「旗者，軍國之用，敢不奉詔。戲龍羅唯供御服，日衣一匹，歲不過三百有奇，今乃數倍，無益也。」詔獎其言，爲減四之三。以二事觀之，人臣進言於君，切而不訐，蓋無有不聽者。何常所論，甚與德裕相類云。

洪邁《容齋隨筆・容齋五筆》卷一〇《謂端爲匹》 今人謂縑帛一匹爲壹端，或總言端匹。案《左傳》「幣錦二兩」注云：「二丈爲一端，二端爲一兩，所謂匹也，二兩，二匹也。」然則以端爲匹非矣。《湘山野録》載夏英公鎮襄陽，遇大禮赦恩，賜致仕官束帛，以絹十匹與胡旦，旦笑曰：「奉還五匹，請檢《韓詩外傳》及諸儒韓康伯等所解『束帛戔戔』之義，自可見證。」英公檢之，果見三代束帛、束脩之制。若束帛則卷其帛爲二端，五匹遂見十端，正合此説也。然《周易正義》及王弼注《韓詩外傳》皆無其語。文瑩多妄誕，不足取信。按《春秋公羊傳》「乘馬束帛」注云：「束帛謂玄三纁二，玄三法天，纁二法地。」若文瑩以此爲證，猶之可也。

徐夢莘《三朝北盟會編》卷七二 〔靖康元年十二月十日辛未〕開封府揭執政以下，科斂金銀榜。

准尚書省劄子，勘會元帥府、台令所科金、銀、綵段，除開封府並四壁官科外，今科定前執政選人校尉所納金、銀、綵段，右劄下吏部、閤門、御史臺，依科定合納數目，火急多差人分付，告示應合納官，立便依數赴開封府納，不管時刻住滯。今劄付開封府，照會拘催送納施行，須至指揮。前執政、尚書、承旨、内翰、開封共六員，每員各金二十兩，銀五百兩，綵段三十匹。侍郎、給事、舍人、諫議、侍御正使、承宣觀察使、左金吾衛上將軍以上共三十三員，每員各金十兩，銀四百兩。【略】

十三日甲戌，鄭皇后宅以隱匿金帛，詔追父祖官。

開封府督責金銀甚急，鄭皇后宅以隱匿金帛，不肯盡數輸官，有詔父、祖並追毁出身以來文字，其餘奪官者甚衆，又枷項幹辦使臣等號令於市。【略】

朝廷命開封府曹官使臣，拘交引質庫金銀綵帛鋪家至户，到攤認拘籍。

周密《齊東野語》卷六《紹興御府書畫式》 思陵妙悟八法，留神古雅。當干戈俶擾之際，訪求法書名畫，不遺餘力。清閒之燕，展玩摹搨不少怠。蓋睿好之篤，不憚勞費，故四方争以奉上無虚日。後又於榷場購北方遺失之物，故紹興内府所藏，不減宣政。惜乎鑒定諸人如曹勛、宋貺、龍大淵、張儉、鄭藻、平協、劉炎、黄冕、魏茂實、任源輩，人品不高，目力苦短。凡經前輩品題者，盡皆拆去，故今御府所藏，多無題識，其源委、授受、歲月、考訂，邈不可求，爲可恨耳。其裝褾裁製，各有尺度，印識標題，具有成式。余偶得其書，稍加考正，具列於後，嘉與好事者共之，庶亦可想像承平文物之盛焉。

出等真跡法書。兩漢、三國、二王、六朝、隋、唐君臣墨跡。並係御題僉，各書「妙」字。

用克絲作樓臺錦褾。　青緑簟文錦裏。

大蓮牙雲鸞白綾引首。　高麗紙贉。

出等白玉碾龍簪頂軸。或碾花。

檀香木桿。　鈿匣盛。

上、中、下等唐真跡。内中、上等，並降付米友仁跋。

用紅霞雲鸞錦褾。　碧鸞綾裏。

白鸞綾引首。　高麗紙贉。

白玉軸。上等用簪頂，餘用平等。　檀香木桿。

次等晉、唐真跡。並石刻晉、唐名帖。

用紫鸞鵲錦褾。　碧鸞綾裏。

白鸞綾引首。　蠲紙贉。

次等白玉軸。

引首後贉卷縫用御府圖書印。　引首上下縫用紹興印。

鈎摹六朝真跡。並係米友仁跋。

用青樓臺錦褾。　碧鸞綾裏。

白鸞綾引首。　高麗紙贉。

白玉軸。

御府臨書六朝、羲、獻、唐人法帖，並雜詩賦等。内長篇不用邊道，衣古厚紙，不揭不背。

用毬路錦。　衲錦。

柿紅龜背錦。　皂鸞綾褾等。

紫百花龍錦。

碧鸞綾裹。　白鸞綾引首。

玉軸或瑪瑙軸臨時取旨。

内趙世元鈎摹者亦用衲錦褾。

蠲紙贉。　瑪瑙軸。

並降付莊宗古、鄭滋，令依真本紙色及印記對樣裝造。將元拆下舊題跋進呈揀用。

五代、本朝臣下臨帖真跡。

用皂鸞綾褾。　碧鸞綾裹。

白鸞綾引首。　夾背蠲紙贉。

玉軸或瑪瑙軸。

米芾臨晉、唐雜書上等。

用紫鸞鵲錦褾。　紫駞尼裹。

楷光紙贉。　次等簮頂玉軸。

引首前後，用内府圖書、内殿書記印。或有題跋，於縫上用御府圖籍印，最後用紹興印。並降付米友仁親書審定，題於贉卷後。

蘇、黄、米芾、薛紹彭、蔡襄等雜詩、賦、書簡真跡。

用皂鸞綾褾。　白鸞綾引首。

夾背蠲紙贉。　象牙軸。

用睿思東閤印、内府圖記。

米芾書雜文、簡牘。

用皂鸞綾褾。　碧鸞綾裹。

白鸞綾引首。　蠲紙贉。

象牙軸。

用内府書印、紹興印。

並降付米友仁定驗，令曹彦明同共編類等第，每十帖作一卷。

内雜帖作册子。

趙世元鈎摹下等諸雜法帖。

用皂木錦褾。　瑪瑙軸。

或牙軸。

前引首用機暇清賞印，縫用内府書記印，後用紹興印。仍將原本拆下題跋揀用。

六朝名畫横卷。

用克絲作樓臺錦褾。　青絲簟文錦裹。次等用碧鸞綾裹。

白大鸞綾引首。　高麗紙贉。

出等白玉碾花軸。

六朝名畫掛軸。

用皂鸞綾上下褾。　碧鸞綾引首。

碧鸞綾託褾。全軸。　檀香軸桿。

上等玉軸。

唐、五代畫横卷皇朝名畫同。

用曲水紫錦褾。　碧鸞綾裹。

白鸞綾引首。　玉軸。

或瑪瑙軸。内下等並謄本用皂褾雜色軸。　蠲紙贉。

唐、五代、皇朝等名畫掛軸，並同六朝裝褫，軸頭旋取旨。

蘇軾、文與可雜畫。姚明裝造。

用皂大花綾褾。　碧花綾裹。

黄白綾雙引首。　烏犀或瑪瑙軸。

米芾雜畫横軸。

用皂鸞綾褾。　碧鸞綾裹。

白鸞綾引首。　白玉軸。

或瑪瑙軸。

僧梵隆雜畫横軸。陳子常承受。

樗蒲錦褾。　碧鸞綾裹。

白鸞綾引首。　瑪瑙軸。

諸畫並上用乾卦印，下用希世印，後用紹興印。

吴曾《能改齋漫録》卷一五《川帛宜色》　少卿章岵嘗官於蜀，持吴羅、潮綾至官，與川帛同染紅。後還京師，經梅潤，吴、湖之帛，色皆渝變，唯蜀者如舊。後詢蜀人之由，乃云：「蜀之蓄蠶，與他邦異。當其眠將起時，以桑灰餵之，故宜色。」然世之重川紅，多以染之良，蓋不知由蠶所致也。

蔡絛《鐵圍山叢談》卷一　掖庭宮嬙，吴本「掖庭」上有「國朝」字。歲給帛多色綵爾。遇支賜俸稍絹應生白者多，即一束十端，必間有一端爲紅生絹，蓋忌其純白故也。此亦國朝太平一故事。

國朝燕集，賜臣僚花有三品。生辰大燕，遇大遼人使在庭，則内用絹帛別本竝作「白」。花，蓋示之以禮儉，且祖宗舊程也。春秋二燕，則用羅帛花，爲甚美麗。至凡大禮後恭謝，上元節游春，或幸金明池瓊花，從臣皆扈蹕而隨車駕，有小燕謂之對御。凡對御則用滴粉縷金花，極其珍藿矣。別本「藿」竝作「巧」。又賜臣僚燕花，率從班品高下，莫不多寡有數；至滴粉縷金花爲最，則倍於常所頒。此盛朝之故事云。

《宋朝大詔令集》卷一八四《減兩川綾羅錦綺等改織絹詔》明道二年十月甲辰　先王不欲以浮靡示天下，今東西兩川上供綾羅錦綺透背花紗之屬，皆女工之蠹也。其歲減三分之二，改織絹以供用。

《宋朝大詔令集》卷一八五《西川兩税折帛依時估詔》開寶六年六月壬寅　朝廷方覃惠化，用泰寰區，然念遠民，所宜軫恤，應西川管内州府軍縣，自今將兩税錢折疋帛者，並與依逐州三旬時估折納。

《宋朝大詔令集》卷一九八《禁新小鈆鑞等錢及疎惡綿帛入粉藥詔》乾德五年十二月丙辰　錢刀所以通貿易，布帛所以備財用，民之急務，不可闕焉。故弊之輕姦，國家所禁；物之枉濫，律令甚明。近聞都市之中，買人作僞，或刮銅取鈆，盜鑄公行，或塗粉入藥，詐欺規例，是致貨泉日弊，偷薄萌生，禁而止之，抑惟舊典。自今京城及諸道州府，不得行用新小鈆鑞等錢，兼不得以疎惡綿帛入粉藥，違者重寘其罪。

《宋朝大詔令集》卷一九八《禁止上供錢帛不得差擾居人詔》乾德六年五月乙

王者之治，使人以時，非惟不奪於農功，亦冀無煩於民力。自今應諸道州府軍縣上供錢帛，並各車乘輦從，其西川諸路，合般錢物，即於水路官自漕運，不得差擾所在居人，仍於諸路粉壁揭詔書示之。

《宋朝大詔令集》卷一九八《禁約上供物監臨者謹視秤者無得欺而多取詔》太平興國三年七月庚午　椎衡之設，厥有常制，出納之吝，謂之有司，倘求羨餘，必洛掊克，苟視成而不戒，豈爲天下守財之道焉。左藏庫及諸庫所受諸州上供均輸金銀絲綿及他物，監臨官當謹視秤者，無得欺而多取，俾上計吏受其弊。自今敢有欺度量而取餘羨，其秤者及守藏吏皆斬，監臨官亦重寘其罪。

《宋朝大詔令集》卷一九九《大内宮院苑囿今後止用丹白不得五采裘飾幡勝不得用羅詔》大中祥符元年六月丁酉　朕憂勤視政，清浄保邦，將儉德以是遵，庶淳源而可復。乘輿服御之物，已屏於紛華；宫闕苑囿之規，當存於朴素。至于王公戚里，卿士庶民，因贈遺以相誇，剪繒綵而爲飾。且念蠶績所出，機杼斯勞，安可滋侈麗之風，爲淳靡之用。宜令誕告，用示予懷，應寺院祠廟依舊外，大内及宫院諸苑囿等，自前已有綵繪者，若用塗改，益成勞費，宜令依舊，今後止用丹白，不得以五綵裝飾，皇親士庶之家，亦不得施用。其幡勝除恩賜外，許用綾絹，不得用羅，諸般花止許用草，不得用縑帛。

陳亮《陳亮集》卷二〇《文帝朝》　唐元宗蒞政之始，以風俗奢靡踰制，乘輿服御，金銀器玩，宜令有司銷毁；真珠寶玉，焚之殿前；后妃不飾珠翠，京師罷織錦坊。其刻厲節儉，可謂至矣。晚年欲心一啓，遣御史往海南求珠翠奇寶，内寵極珍異，宫掖窮靡麗，姦酋乘罅而肆螯，唐祚危亂而幾傾。甚矣，矯揉好名之易以敗也如此哉！

漢文帝之敦樸，其真情也，非好名也；其自然也，非矯揉也。觀其露臺百金之費，國家一毫毛耳，其念慮所及，至於以十家之産爲憂，不慮己而慮民，真大禹思溺猶己溺之心，后稷思飢猶己飢之心，成湯子惠困窮之心，文王視民如傷之心。嗚呼，漆器不止，懼其金玉之念生；露臺之不止，即阿房離宫之漸，蓬萊十六院之基也。文帝身衣弋綈，足履革舄，帷帳無文綉，終始一節，豈由外鑠哉！

葉適《葉適集》卷一一《折帛》　何謂折帛之患？支移折變，昔者之弊事固多矣，而今莫甚於折帛。折帛之始，以兵興絹價大踴至十餘千，而朝廷又方乏用，於是計臣始創爲折帛。其説曰「寬民而利公」。其後絹價既平，而民之所納折帛錢乃三倍於本色，既有夏税折帛，又有和買折帛。且本以有所不足於夏税，而和買以足之，今乃使二者均折，於事何名而取何義乎？其事無名，其取無義，平居自治其國且不可，而況欲大有爲於天下乎！雖然，折帛之爲錢多矣，所資此以待用者廣矣，陛下必鉤考其凡目，而後可以有所是正。若經總制錢不減，和買折帛不罷，舍目睫之近而游視於八荒，此方、召不能爲將，良、平不能爲謀者也。

葉適《葉適集》卷二三《故寶謨閣待制知平江府趙公墓銘》　名彦橚，字文長。乾道己丑進士，崑山主簿，樂清尉。【略】改建康府推官，郡議復台衣税。公言：「地爲桑，既税之；桑爲絲，絲爲帛，又皆税之。帛爲衣，且故敝矣，又可税乎？且又昔之所廢，其可復乎？」帥異其言，止。諸司多薦公者，輒推以授同僚。

高似孫《剡録》卷一《版圖》 田爲畝三十七萬五千七百三十八，廢者爲畝八千四百二十，今爲畝三十六萬七千三百一十有二。嘉定以後畝。

夏輸上供：折帛錢爲緡四萬二千四百一十有九。和買爲絹一萬八千四百五十有一，捐其塌失者，合輸絹萬有八千二百二十有九。綢二百六十有九。綿爲兩二萬三千一百一十，捐其塌失者，合輸兩二萬七百七十有八。茶租爲緡七百四十。小綾二百五十，爲緡一千五百四十。米爲斛二萬四百，蠲閣者斛五百有七，合輸斛一萬九千。剡田厥上，依溪作碑；厥中，陂池爲利；厥下者，以雲雨爲豐凶。其得陂碑者十不能二三，故田事磽薄，農人艱難，他州豐，剡不能全熟，而又税重科濫，催督罕輕。使已納者不復輸，合科者不復過，則田磽農難，尚庶幾焉！

員興宗《九華集》卷七《議國馬疏》 臣聞固國之方，在於置衛。置衛之實，在於市馬。使四邊得才幹之吏，有司有責實之政，馬何由而不至，衛何由而不備，雖因古之法時增損之，臣亦以爲有餘矣。【略】蓋川、秦所分市馬之地，陝西則階、文、西、和等州，四川則黎、叙、南平等處，每處置務，每務置官，内陝西只就宕昌博易，至要至便。然臣觀川、秦博馬之物，不過數四，有錦、有茶，又有紬絹，陝西則多用茶而少用錦，四川則多用錦而少用茶，隨其所需，有無相濟，是宜良駟來者接踵，然招誘無方，間不得人，蕃客不至，馬額漸闕，何也？市馬者數病未去也。陝西買馬之物，惟仰茶貨，蕃部既已馬中，一旦得茶，或乏旅費，依舊以茶當緡，前此監吏漸與收茶支錢，時時稱提，自重其貨，邇來不能矣。茶貨一輕，何從致馬，此一病也。茶自蜀中出關，經興、利等州，然後漸至宕昌，蓋近二千餘里。舖兵沿路，摘葉代茶，雖有明禁，無由遏止，以至博馬之際，蕃部多方退難，此二病也。市馬必置門户之人，蓋猶中國之牙儈也。假如良馬一駟直一百五十餘千，則必中賣二百以上貫，門户之人及本務吏胥之徒，四分取一，官失其貨，私取其利，此三病也。馬司下賣引所市絲織錦，分支機户，及其市錦，分科三等，馬司出上等之錦價，多得中等之錦色，蓋胥吏與錦户有無相通，闇相資取。錦物既惡，折博艱難，此四病也。市馬之初，雖曰羈縻遠人，見馬支物，然而不至如近時，監買不職，以病爲壯，以短爲長，以齒多爲齒弱，如黎、雅等州，至馬司未滿千里，每遇送綱，不乘不騎，道死相望，況更萬里綱運，其可保乎，此五病也。臣愚伏望陛下，孚照上項川秦市馬五病，嚴諭牧司，自今四川胥吏、牙儈、舖兵之類，一復犯此，乞罪不貸，使折博之物無不良，監買之吏無不職，則蕃部之馬無不至矣。

李心傳《建炎以來繫年要録》卷一四一 〔紹興十有一年秋七月〕癸卯，言者論旱魃爲虐，蓋州縣之間有傷和氣者七事：昨降指揮，許江浙折帛錢以十分爲率，紬折六分，絹折三分，綿折五分。紬絹疋八千，綿每兩五百，皆所以寬民力也。而州縣乃盡令折錢，一也。

李心傳《建炎以來朝野雜記》甲集卷一四《財賦一·東南折帛錢》 東南折帛錢者，張本于建炎，而加重于紹興。祖宗時，民户夏秋輸錢米而已，未以絹折也。咸平三年，度支計殿前諸軍及府界諸色人，春冬衣應用布帛數百萬，始令諸路漕司於管下出産物帛，諸州軍于夏秋税錢物力科折，輦運上京，自此始以夏秋錢米科折綿絹，而于夏科輸之。聞諸父老，川陝四路，大抵以税錢三百文，折絹料一匹，此咸平間實直也。又有所謂和買絹者，大中祥符九年，内帑災，發鏹下三司預市紬絹。是時青、齊間絹直八百，紬六百，官給錢率增二百，民甚便之，自後稍行之四方。寶元後，西邊用兵，國用頗屈，于是改給鹽七分，錢三分。至崇寧三年改鈔法，則鹽不復支，而所謂三分本錢，州縣亦無從出矣。建炎三年，苗、劉作亂，兩浙轉運副使王琮言，本路上供和買紬絹，每歲爲一百十七萬餘匹，乞令民户每匹折納錢二千。朱藏一爲相，許之。東南折帛錢，蓋自此始。三月壬辰。紹興二年，秦檜爲相，吕元直督軍于外，户部請諸路上供絲帛並半折錢，如兩浙例，又許之。三年五月甲申。是時行都月費錢百餘萬緡，財無所從出。四年，梁汝嘉在户部，乃令民輸帛者，匹納錢四千或六千，紬以十分爲率，二分折四千，八分折六千。絹以十分爲率，折納五分，其二分折四千，三分折六千。折帛錢自此愈重。十一月甲午。九年，復河南，赦遂減折帛錢匹千千，正月丙戌。其後又增之。十七年，始詔兩浙絹紬每匹減作七千，和買六千五百，綿每兩四百，江東紬絹每匹六千，綿每兩三百。時東南諸路，歲起紬三十九萬匹，浙東上供八萬，淮衣福衣八千。浙西上供九萬二千，淮衣萬六千。江東上供九萬，淮衣福衣三萬七千。江西上供五萬二千，淮衣福衣一萬五千。湖北上供三百。皆有奇。絹二百六十六萬匹，浙東上供四十三萬八千，淮衣福衣五萬三千，天申大禮八千。浙西上供三十八萬一千，淮衣福衣十三萬八千，天申大禮萬匹。江東上供四十萬六千，淮衣福衣十三萬九千，天申大禮八千。江西上供三十萬五千，淮衣福衣六萬七千，天申大禮八千。已上皆有奇。淮東天申大禮四萬九百五十。淮西天申大禮三千七百。湖南天申大禮四百。廣東天申大禮四千六百。廣西天申大禮六千五百。

綾、羅、絁三萬餘匹，浙西綾八千七百。婺州羅二萬。湖南平絁三千。其淮衣、福衣、及天申大禮，與綾、羅、紬，總五十二萬匹有奇，皆起正色。其他絹、紬二百五十六萬餘匹，約折錢一千七百餘萬緡，而綿不與焉。

李心傳《建炎以來朝野雜記》甲集卷一四《財賦一·四川上供絹紬綾錦綺》 四川上供絹、紬七萬四千匹，西路天申大禮絹一萬三千。東路上供一萬一千，天申大禮一萬六百。夔路上供絹二萬二千，紬三百三十，天申大禮七千。利路天申大禮絹八千三百。綾三萬四千餘匹，東川二萬六千三百，西川七千八百。錦、綺一千八百餘匹段。成都路。皆正色也。

灌圃耐得翁《都城紀勝·鋪席》 都城天街，舊自清河坊，南則呼南瓦，北謂之界北，中瓦前，謂之五花兒中心。自五間樓北，至官巷南御街，兩行多是上户金銀鈔引交易鋪僅百餘家，門列金銀及見錢，謂之看垛錢，此錢備入納算請鈔引，並諸作匹爐鞲，紛紜無數。自融和坊北，至市南坊，謂之珠子市頭，如遇買賣，動以萬數。間有府第富室質庫十數處，皆不以貫萬收質。其他如名家綵帛鋪，堆上細疋段，而錦綺縑素皆諸處所無者。又如廂王家絨線鋪，自東京流寓。今於御街開張數鋪，亦不下萬計。又有大小鋪席，皆是廣大物貨，如平津橋沿河布鋪，扇鋪，温州漆器鋪，青白碗器鋪之類。且夫外郡，各以一物稱最，如無紗洪扇吴錢之類。都會之下，皆物所聚之處，况夫人物繁夥，客販往來，至於故楮羽毛扇牌，皆有行鋪，其餘可知矣。

吴自牧《夢粱録》卷一三《團行》 市肆謂之「團行」者，蓋因官府回買而立此名，不以物之大小，皆置爲團行，雖醫卜工役，亦有差使，則與當行同也。【略】大抵杭城是行都之處，萬物所聚，諸行百市，自和寧門杈子外至觀橋下，無一家不買賣者，行分最多，且言其一二，最是官巷花作，所聚奇异飛鸞走鳳，七寶珠翠，首飾花朵，冠梳及錦綉羅帛，銷金衣裙，描畫領抹，極其工巧，前所罕有者悉皆有之。

吴自牧《夢粱録》卷一八《物産》 絲之品

綾： 柿蒂、狗蹄。羅： 花素、結羅、熟羅。綫住。錦： 内司街坊以絨背爲佳。尅絲： 花、素二種。杜緙，又名「起綫」。鹿胎： 次名「透背」，皆花紋特起，色樣織造不一。紵絲： 染絲所織諸顔色者，有織金、閃褐、間道等類。紗： 素紗，天浄，三法閫花紗，粟地紗，茸紗。絹： 官機，杜村唐絹，幅闊者密，畫家多用之。綿以臨安於潛白而細密者佳。綢有綿綫織者，土人貴之。

吴自牧《夢粱録》卷一三《鋪席》 自淳祐年有名相傳者，如【略】市西坊南和劑惠民藥局，局前沈家、張家金銀交引鋪，劉家、吕家、陳家彩帛鋪，【略】市西坊北鈕家彩帛鋪，【略】清河坊顧家彩帛鋪，【略】沿橋下生帛鋪，【略】鐵綫巷籠子鋪、生絹一紅鋪，【略】自大街及諸坊巷，大小鋪席，連門俱是，即無虚空之屋。每日清晨，兩街巷門，浮鋪上行，百市買賣，熱鬧至飯前，市罷而收。蓋杭城乃四方輻輳之地，即與外郡不同。所以客販往來，旁午於道，曾無虚日。至於故楮羽毛，皆有鋪席發客，其他鋪可知矣。其餘坊巷橋道，院落縱横，城内外數十萬户口，莫知其數。處處各有茶坊、酒肆、面店、果子、彩帛、絨綫、香燭、油醬、食米、下飯魚肉鮝臘等鋪。蓋經紀市井之家，往往多於店舍，旋買見成飲食，此爲快便耳。

朱輔《溪蠻叢笑·順水班》 蠶事少桑多柘，繭薄小不可繰，可緝爲紬，或以五色染布爲偶，名順水班。

馬端臨《文獻通考》卷二二《土貢考一·歷代土貢》 神宗元年諸路進奉金銀錢帛共二十七萬三千六百八貫疋兩。金二千一百兩，銀一十六萬五千四百五十兩。折銀錢一萬八千二百五十九貫七十七文，疋帛八萬七千八百疋。

同天節進奉一十二萬七百四十三貫疋兩。

《宋會要輯稿·食貨三八·互市》 真宗景德二年三月令：雄州勿得以錦、綺、綾、帛等付榷場貿易。先是，帝曰：自來輦致錦綺等物，在彼蓋備持禮之用，慮其貿與北客，况戎狄無厭，若開其端，即求市無已，有所不及，即懷慊恨，故有是詔，仍令有司，自今當輦錦、綺等物赴雄州者，先以啟聞待報。

《宋會要輯稿·食貨五一·左藏庫》 太宗淳化三年九月詔：左藏庫每受納匹帛絹，監官當面點數，不得將赤文不成匹及不堪物納下。

至道二年十二月詔：左藏庫支造衣物匹帛，並用天長尺徑量給付。三年十一月詔：諸州綱運納裹角細絹，如磨撩損估，虧官錢五千已上奏裁，已下與免理納。川峡遠路，不以好弱，悉據數納。

真宗景德二年十一月詔：左藏匹帛，有漬汙狹幅不堪支給者，歲終申三司差官類估，具數以聞。

大中祥符七年九月詔：左藏庫每出染綵帛，須分明雕匹帛、州土字號印霞頭上，候染成看驗交納。

高宗紹興十二年四月二十三日詔：今後恩賞支賜絹帛，除依紹興二年九月七日指揮，禁中宮人、公主、命婦，軍功捕盜軍前遣來之人，兩府除轉廳及中丞除授，收茶鹽錢及數支賜許支本色外，其餘窠名並每匹折錢三貫文，如特降指揮令支本色者，每匹增錢一貫文。從户部請也。

《古今事物考》卷三《珍寶·刻絲作》 《格古要論》曰：宋時舊織者，白地或青地子，織詩詞山水或故事人物花木鳥獸，其配色如傅彩，又謂之刻色作，此物甚難得。

馮琦《經濟類編》卷三七《財賦類三》宋高錫《勸農論》 勸農者，古典也。國家歲以舉之，然則勸之道不在勸乎時以耕，時以種，時以收穫也，在於知其病而去之耳。夫農之病者，由乎隳於制度也。制度隳則下得以僭上，是故宮室無常規，服玩無常色，器用無常宜，飲食無常味，四者偕作，於是奇伎淫巧出焉，浮薄澆詭騁焉，業專於是，貨易於是者，利甚厚於農矣。農雖日勸之，豈有益哉。凡民之情所急者利，利苟有取，假嚴刑法以毒之，民亦不顧其罪而趨之矣，利苟無取，假垂仁惠以撫之，民亦不知其恩而背之矣，非民愛其罪而惡其恩，蓋所樂者利也。于今之農，其利甚寡。農家之利，田與桑也。田之所出者穀帛，夫以墾之，婦以蠶之，力竭氣衰，方見穀帛。穀帛之價，輕重不常，農家出則其價輕，入則其價重。輕重之弊，起於時也。時底於稔，穀帛多矣，租不取焉，農乃易其多以赴征租，故有輕而出，時遇於凶，穀帛逋矣，賦歛多取焉，農乃完其逋以供賦歛，故有重而入。稔既輕出，凶又重入，則田桑之人腹之食，身之衣，亦已懸矣，敢言於利乎，所謂病之深也。且務奇伎淫巧，浮薄澆詭，業專於是者，貨易於是者，不苦於體，不疲於神，皆坐而獲利焉。即如雕一寸之金，鏤一寸之玉，比穀之價有幾也；文一尺之綺，飾一尺之紈，比帛之價有幾也。既金玉綺紈與穀帛之價不侔，又無凶稔輕重之弊，食以之具，衣以之餘，以此則誰肯勤於農哉。若使雕鏤不如耕鑿，文飾不如經織，寶穀如金玉，貴帛如綺紈，必見溥天之下，有男皆執於耒耜，有女皆務於杼軸，必無曠土無遊民。何者，衆之利薄，農之利厚也。若欲勸於農，先思去於病，若欲去於病，先思舉於制。制度舉，則俾下無以僭上。上之宫室之規，使下不得宅焉；上之服玩之色，使下不得衣焉；上之品用之宜，使下不得舉焉；上之飲食之味，使下不得薦焉。則奇伎淫巧，浮薄澆詭，業專於是者盡息矣。制度既舉，病自然去，病既去，農不勸而自勸也，何須歲舉古典哉。

馮琦《經濟類編》卷三七《財賦類三》張方平《論免役錢》 夫民事之利害衆矣。顧率錢之患獨切，故敢具言其事。自古田稅，穀帛而已。今二稅之外，諸色沿納，其目曰陪錢、地錢、食鹽錢、牛皮錢、篙錢、鞋錢，如此雜科之類，大約出于五代之季，急征橫歛，因而著籍，遂以爲常。今以一陳州言之，州四縣合二萬九千七百有餘户，夏秋二稅，凡斛㪷一十五萬八千有零，顧正稅並和買紬絹三萬有零疋，絲綿四萬九千有零兩，此常賦也。復有鹽錢一萬五千八百有零貫，並夏秋沿納錢，雖緣敝法承習已久，然此諸色錢，常例亦多用折納斛㪷，不悉輸錢也。大槩古今田制，未有輸錢之法也。

張廷玉等《續文獻通考》卷二《土貢一》 〔金〕世宗大定三年十一月，罷貢金線段匹。

張廷玉等《續文獻通考》卷二〇六《封建一》 〔金熙宗〕皇統二年定制：皇兄弟及子封一字王者，始祖以下子孫。勗傳亦有此文，但無封一字王者五字。爲親王，給二品俸。餘宗室封一字王者，以三品俸給之。

親王，正一品，錢粟二百二十貫石，郡王在從一品内減二十貫石。麴米麥各三十五稱石，郡王減五稱石。春衣羅三十五匹，秋衣綾三十五匹，郡王各減五匹。春秋絹各一百二十匹，郡王減二十匹。綿六百兩。郡王減百兩。正二品，錢粟一百五十貫石，麴米麥各二十二稱石，羅綾各二十二匹，絹各八十匹，綿三百五十兩。正三品，錢粟七十貫石，麴米麥各十六稱石，羅綾各十二匹，絹各五十五匹，綿二百兩。

《全宋文》卷六二宋太宗《罷劍南等州民上供錢帛詔》太平興國七年二月乙亥 先是劍南兩川、嶺南、荆湖、陝西諸州每歲上供錢帛，悉發民負擔，頗爲擾，宜罷之。自今並以傳置卒充其役。《宋會要輯稿》食貨四二之一（第六册第五五六二頁）。又見同書食貨四八之一三（第六册第五六二九頁）。

《全宋文》卷六三宋太宗《諸路錢帛綱運等令驗認封記詔》太平興國八年十一月 今後諸路錢、帛、絲、綿、綱運，令左藏庫驗認。本州封記全，若有欠折，即隨處官吏、庫司攤填；如元無封及損動封記，並令管押軍將陪填。《宋會要輯稿》食貨五一之二〇（第六册第五六八四頁）。

《全宋文》卷六九宋太宗《除興國軍大冶縣所收繒綱錢詔》淳化元年十月二十一日 興國軍大冶縣魚池潭步地，僞國日，納魚稅外，復于繒綱每夫歲收十錢，頗甚擾，自今除之。《宋會要輯稿》食貨一七之一二（第六册第五〇八九頁）。

《全宋文》卷七二宋太宗《在京榷貨務委監官勘會絹帛價詔》淳化五年三月 在京榷貨務入博絹帛，今後或價減，委監官子細勘會，價長即申三司取指揮。《宋會要輯稿》食貨五五之二二（第六册第五七五九頁）。

《全宋文》卷一六二秦羲《染院污帛堪製衣服奏》大中祥符九年四月　準宣，與入内殿頭一名，計會内藏庫監官，同看驗染院染經火紕汙繒帛千六百匹。雖不堪封樁，緣裁造院内衣庫稱，堪製造衣服。《宋會要輯稿》食貨五一之三（第六册第五六七六頁）。

《全宋文》卷一六五李士衡《請預給河北民帛錢奏》大中祥符三年閏二月　本路諸軍，歲給帛七十萬。當春時，民多匱乏，常假貸于豪右，方納税租，又償逋負，以故工機之利愈薄。請官預給帛錢，俾及期輸送，民既獲利，官亦足用。《續資治通鑑長編》卷七三。又見《宋史》卷一七五《食貨志》上三，《九朝編年備要》卷七，《寶慶四明志》卷五。

《全宋文》卷二〇八丁謂《請以鹽易絲帛奏》景德二年五月戊辰　往者川峽諸州屯兵，調發資糧頗擾，而積鹽甚多，募南人輸粟平其價，償之以鹽。今儲粟漸充，請以鹽易絲帛。《續資治通鑑長編》卷六〇。又見《宋會要輯稿》食貨三六之五（第六册第五四三四頁）。

《全宋文》卷二一二宋真宗《西鄙運餉士卒放歸並賜錢帛詔》至道三年十一月己卯　西鄙運糧，烝庶勞弊，近遣諸軍輓送，所以息民。今嚴冬在候，士卒亦宜放歸，仍賜緡帛。《宋會要輯稿》食貨四二之三（第六册第五五六三頁）。

《全宋文》卷二一三宋真宗《新衣紬絹錦綺二庫無得停火詔》咸平元年十月　新衣、紬絹錦綺二庫，除監門得存燈火外，自餘無得停火。《宋會要輯稿》食貨五二之二四（第六册第五七一五頁）。

《全宋文》卷二一七宋真宗《禁使臣託西川官吏賤價收買匹帛詔》咸平四年二月　應今後差往西川使臣，更不得託彼處官吏賤價收買匹帛，仍仰嚴行止絶之。《宋會要輯稿》食貨三七之三（第六册第五四四九頁）。

《全宋文》卷二二四宋真宗《榷貨務入中金錢紬絹等納藏事詔》景德二年五月二十四日　榷貨務入中金錢見錢，並納内藏封樁，其紬、絹、絲、帛納左藏，仍據數兑左藏見錢入内藏。《宋會要輯稿》食貨五一之一（第六册第五六七五頁）。

《全宋文》卷二二六宋真宗《左藏庫匹帛不堪支給者歲終上聞詔》景德二年十一月　左藏匹帛有漬汙、狹幅不堪支給者，歲終申三司，差官類估，具數以聞。《宋會要輯稿》食貨五一之二（第六册第五六八五頁）。

《全宋文》卷二五九宋真宗《贈李瀆官賜其家粟帛詔》天禧四年正月庚午　國家念介潔之士，終保令名，舉追飾之文，用旌素履。河中府處士李瀆，衣纓傳緒，儒雅踐方，彊逸自居，恬智交養。殆兹晚節，彌紹清猷，奄及淪亡，良深軫惻。特行賁典，式慰營魂。惟蓬閣之司文，乃儒林之美秩，仍示歸生之轉，兼推給復之恩。申飭守臣，優恤其後。豈獨旌于泉壤，亦足厚于民風。可特贈秘書省校書郎，賜其家帛二十疋、米三十斛，州縣常加存卹，二税外免其差役。《宋大詔令集》卷二二〇。又見《宋史》卷四五七《李瀆傳》，《宋元通鑑》卷一五，乾隆《山西通志》卷一八三，乾隆《蒲州府志》卷一八。

《全宋文》卷一〇〇八蔡襄《乞封樁錢帛准備南郊支賜劄子》治平元年七月　臣伏見慶曆年中，因郊禮，遣朝臣於江南等路剗發錢帛。後來或有闕用，時亦遣使。嘉祐七年明堂，爲計校左藏所管錢帛數少，乞差官諸路取撥。去年爲仁宗皇帝山陵並優賞，奏乞朝廷差朝臣撥發茶本錢並諸路寬剩錢帛，今來粗有數目。以此連年剗發，江淮諸路歲計别無寬剩。將來南郊，難更遣使出外取索。又緣内藏庫不住申奏取索累年借過錢帛，並河北、河東、陝西各有非次陳奏。今來若不擘畫，至時竊恐有誤支遣。臣今欲乞將見管錢帛金銀等依附明堂支數封樁，准備南郊支賜，具數於後：

見錢：　明堂度支九十六萬二千餘貫，鹽鐵支八萬六千餘貫，共計一百四萬八千餘貫。　今樁留一百二十萬貫。榷貨務

銀：　明堂度支三十五萬四千六百三十餘兩，鹽鐵支三千三百餘兩，共計三十五萬七千九百餘兩。　今樁留四十萬兩。左藏庫

絹：　明堂度支一百二十萬八百餘疋，鹽鐵支七萬八千四百餘疋，共計一百二十七萬九千二百餘疋。　今樁留一百四十萬疋。左藏庫

紬：　明堂度支四十萬一百餘疋，鹽鐵支二千八百餘疋，共計四十萬二千九百餘疋。　今樁留五十萬疋。左藏庫

金：　明堂度支金腰帶計六千七百七十兩，今樁留八千兩。見在金只有八千兩，如有支動，即逐旋撥還元數。

第二等生衣物：　明堂度支計錢四十五萬貫，今樁留五十萬貫。

錦、綾、羅、鹿胎、透胎等：　明堂度支九萬九千八百餘貫，今樁留十萬貫。

絲：　明堂度支三十八萬八千兩，今樁留四十萬兩。

綿：　明堂度支一百四十二萬八千餘兩，今樁留一百五十萬兩。右，謹具進呈，取進止。《蔡忠惠集》卷二二。又見《宋會要輯稿》食貨五一之二四（第六册第五六八六頁）。

《元史》卷一〇《世祖紀七》〔至元十六年九月〕庚戌，詔行中書省左丞忽辛兼領杭州等路諸色人匠，以杭州稅課所入，歲造繒段十萬以進。【略】己巳，樞密院臣言：「有唐兀帶者冒禁引軍千餘人，於辰溪、沅州等處劫掠新附人千餘口及牛馬、金銀、幣帛等，而麻陽縣達魯花赤武伯不花爲之鄉導。」敕斬唐兀帶、武伯不花，餘減死論，以所掠者還其民。

《元史》卷一一《世祖紀八》〔至元十七年十一月〕戊申，中書省臣議：「流通鈔法，凡賞賜宜多給幣帛，課程宜多收鈔。」制曰「可」。【略】〔丁卯〕詔江南、江北、陝西、河間、山東諸鹽場增撥竈户。賜將作院呂合剌工匠銀鈔、幣帛。

《明史》卷七九《食貨志三》 廣盈庫，貯紵絲、紗羅、綾錦、紬絹。六庫皆屬户部。

《明史》卷八二《食貨六》 明制，兩京織染，内外皆置局。内局以應上供，外局以備公用。南京有神帛堂、供應機房，蘇、杭等府亦各有織染局，歲造有定數。

洪武時，置四川、山西諸行省，浙江紹興織染局。又置藍靛所於儀真、六合，種青藍以供染事。未幾悉罷。又罷天下有司歲織緞疋。有賞賚，給以絹帛，於後湖置局織造。永樂中，復設歙縣織染局，令陝西織造駝毼。正統時，置泉州織造局。天順四年遣中官往蘇、松、杭、嘉、湖五府，於常額外，增造綵緞七千匹。工部侍郎翁世資請減之，下錦衣獄，謫衡州知府。增造坐派於此始。孝宗初立，停免蘇、杭、嘉、湖、應天織造。其後復設，乃給中官鹽引，鬻於淮以供費。

正德元年，尚衣監言：「内庫所貯諸色紵絲、紗羅、織金、閃色，蟒龍、斗牛、飛魚、麒麟、獅子通袖、膝襴，並胸背斗牛、飛仙、天鹿，俱天順間所織，欽賞已盡。乞令應天、蘇、杭諸府依式織造。」帝可之。乃造萬七千餘匹。蓋成、弘時，頒賜甚謹。自劉瑾用事，倖璫陳乞漸廣，有未束髮而僭冒章服者，濫賞日增。中官乞鹽引，關鈔無已，監督織造，威劫官吏。至世宗時，其禍未訖。即位未幾，即令中官監織於南京、蘇、杭、陝西。穆宗登極，詔撤中官，已而復遣。

萬曆七年，蘇、松水災，給事中顧九思等請取回織造内臣，帝不聽。大學士張居正力陳年饑民疲，不堪催督，乃許之。未幾復遣中官。居正卒，添織漸多。蘇、杭、松、嘉、湖五府歲造之外，又令浙江、福建，常、鎮、徽、寧、揚、廣德諸府州分造，增萬餘匹。陝西織造羊絨七萬四千有奇，南直、浙江紵絲、紗羅、綾紬、絹帛，山西潞紬，皆視舊制加丈尺。二三年間，費至百萬，取給户、工二部，搜括庫藏，扣留軍國之需。部臣科臣屢争，皆不聽。末年，復令稅監兼司，姦弊日滋矣。

明初設南北織染局，南京供應機房，各省直歲造供用，蘇、杭織造，間行間止。自萬曆中，頻數派造，歲至十五萬匹，相沿日久，遂以爲常。陝西織造絨袍，弘、正間偶行，嘉、隆時復遣，亦遂沿爲常例。

《明史》卷八二《食貨志六》 洪武九年定諸王公主歲供之數。親王，米五萬石，鈔二萬五千貫，錦四十匹，紵絲三百匹，紗、羅各百匹，絹五百匹，冬夏布各千匹，綿二千兩，鹽二百引，茶千斤，皆歲支。馬料草，月支五十匹。其緞匹，歲給匠料，付王府自造。靖江王，米二萬石，鈔萬貫，餘物半親王，馬料草二十匹。公主未受封者，紵絲、紗、羅各十匹，絹、冬夏布各三十匹，綿二百兩；已受封，賜莊田一所，歲收糧千五百石，鈔二千貫。親王子未受封，視公主；女未受封者半之。子已受封郡王，米六千石，鈔二千八百貫，錦十匹，紵絲五十匹，紗、羅減紵絲之半，絹、冬夏布各百匹，綿五百兩，鹽五十引，茶三百斤，馬料草十匹。

《明史》卷二二六《呂坤傳》〔萬曆〕二十五年五月疏陳天下安危。其略曰：【略】

今天下之蒼生貧困可知矣。自萬曆十年以來，無歲不災，催科如故。臣久爲外吏，見陛下赤子凍骨無兼衣，饑腸不再食，垣舍弗蔽，苫藁未完，流移日衆，棄地猥多；留者輸去者之糧，生者承死者之役。君門萬里，孰能仰訴。今國家之財用耗竭可知矣。數年以來壽宫之費幾百萬，織造之費幾百萬，寧夏之變幾百萬，黄河之潰幾百萬，今大工、採木費，又各幾百萬矣。土不加廣，民不加多，非有雨菽湧金，安能爲計。【略】

人心者，國家之命脈也。今日之人心，惟望陛下收之而已。關隴氣寒土薄，民生實艱。自造花絨，比户困趨逼。提花染色，日夜無休，千手經年，不成一匹。他若山西之紬，蘇、松之錦綺，歲額既盈，加造不已。至饒州磁器，西域回青，不急之須，徒累小民敲骨。陛下誠一切停罷，而江南、陝西之人心收矣。

田藝衡《留青日札》卷二二《端疋》 周制：帛廣二尺二寸爲幅，四丈爲疋。今四丈曰疋，一疋曰端。古者十尺曰丈，倍丈曰端，二丈也。倍端曰兩，四丈也。倍兩曰疋，八丈也。又兩頭曰端，叩兩端是也。

《古今事物考》卷三《珍寶》〔紵〕絲新織者，類刻絲。粗而欠光浄謹厚，不逮刻絲多矣。

《古今事物攷》卷四《爵禄》 宗室禄米 親王： 唐制歲該米四千八百石，絹肆千八百疋，綿四百五十斤。宋制領節度使，歲該穀二千四百石，錢四千八百貫，絹二百疋，綾一百疋，羅十疋，綿五百兩。今定米一萬石。郡王：唐制歲該米七百石，田六十頃。宋制領觀察使，歲該米一千二百石，錢二千四百貫，絹二十疋，綿五十兩。今定米二千石。

雷禮《明大政紀》卷九《仁宗昭皇帝》 洪熙元年八月，行在工部奏：內府工用紵絲、紗、羅計九千疋，請下蘇杭等府織造。命減半造。上曰：供用之物，雖不可缺，然當念民力，今百姓艱難，可減半造。又諭尚書吳中等曰：昔魏徵告唐太宗，每以恤民爲言，卿等其體此意。

王士性《廣志繹》卷四《江南諸省》 杭州省會，百貨所聚，其餘各郡邑所出，則湖之絲，嘉之絹，紹之茶之酒，寧之海錯，處之磁，嚴之漆，衢之橘，温之漆器，金之酒，皆以地得名。【略】

浙十一郡惟湖最富，蓋嘉、湖澤國，商賈舟航易通各省，而湖多一蠶，是每年兩有秋也。【略】

農爲歲計，天下所共也，惟湖以蠶。蠶月，夫婦不共榻，貧富徹夜搬箔攤桑，江南用舟船，無馬，偶有馬者，寄鄰郡親識，古人謂，原蠶，馬之精也，彼盛則此衰。官府爲停徵罷訟。竣事，則官賦私負咸取足焉，是年蠶事耗，即有秋亦告匱，故絲綿之多之精甲天下。

徐光啓《農政全書》卷一《農本・經史典故》 周制「種穀，必雜五種，以備災害。種即五穀：謂黍、稷、麻、麥、豆也。還廬樹桑，菜茹有畦，瓜瓠果蓏，殖於疆場。雞豚狗彘，毋失其時。女修蠶織，則五十可以衣帛，七十可以食肉。入者必持薪樵，輕重相分，斑白不提挈。冬，民既入，婦人同巷，相從夜績，女工一月得四十五日。服虔曰：一月之中，又得夜半，爲十五日，凡四十五日。必相從者，所以省費燎火，同巧拙而合習俗也。」

徐光啓《農政全書》卷三一《蠶桑・總論》 王禎《蠶繅篇》曰：淮南王《蠶經》云：「黄帝元妃西陵氏，始蠶。」蓋黄帝制作衣裳因此始也。其後，禹平水土，《禹貢》所謂「桑土既蠶」，其利漸廣。《禮・月令》曰：季春之月，具曲植蘧筐，后妃齊戒，親東鄉，躬桑。禁婦女毋觀，毋觀，去容飾也。省婦使，以勸蠶事。婦使，謂縫線紃串之事。蠶事既登，分繭，稱絲，效功，以供郊廟之服，無有敢惰。及考之歷代，皇后與諸侯夫人親蠶之事，昭然可見，況庶人之婦，可不務乎？

徐光啓《農政全書》卷三一《蠶桑・總論》 郭子章《蠶論》曰：木各有所宜土，惟桑亡不宜。桑亡不宜，故蠶無不可事。《豳風》之詩曰：「女執懿筐，遵彼微行，爰求柔桑」，則豳可蠶。《將仲子》之詩曰「無折我樹桑」，則鄭可蠶。《車鄰》之詩曰「阪有桑，隰有楊」，則秦可蠶。《氓》之詩曰「桑之未落，其葉沃若；桑之落矣，其黄而隕」，《桑中》之詩曰「期我乎桑中」，則衛可蠶。《皇矣》之詩曰「攘之剔之，其檿其柘」，《桑柔》之詩曰「菀彼桑柔，其下侯旬」，則周可蠶。《禹貢》兖州「桑土既蠶，厥篚織文」，則魯可蠶。青州「厥篚檿絲」，《管子》亦曰「五粟之土，其檿其桑」，則齊可蠶。荆州「厥篚玄纁」，則楚可蠶。孟子告梁惠王曰：「五畝之宅，樹之以桑」，《十畝》之詩曰「十畝之間，桑者閑閑」，則梁可蠶。蠶叢都蜀，衣青衣，教民蠶桑，則蜀可蠶。猶之農夫之於五穀，非龍堆狐塞，極寒之區，猶可耕且稷也。今天下蠶事疎闊矣。東南之機，三吳越閩最夥，取給於湖繭；西北之機，潞最工，取給於閬繭。予道湖閬，女桑、姨桑，參差牆下，未嘗不羨二郡女紅之廑，而病四遠之惰也。夫一女不績，天下必有受其寒者，而況乎半天下女不績也？豈第五十之老，帛無所出？不績則逸，逸則淫；淫則男子爲所蠹蝕，而風俗日以頹壞。今天下門內之德，不甚質貞；每歲奏牘，姦淫十五，毋亦蠶教不興使然與？公父文伯母曰：「王后親織玄紞，公侯夫人加之以紘綖，卿之內子爲大帶，命婦成祭服，列士之妻加之以朝服，自庶士以下，皆衣其夫。社而賦事，烝而獻功。男女效績，愆則有闢，古之制也。」彼大夫之家，而主猶績，奈何令天下女習於逸，以趨於淫乎？國家蠶桑，載在令甲：凡民田五畝至十畝者，栽桑麻木棉各半畝，十畝以上者倍之，田多者，以是爲差。特廢不舉耳。故《月令》躬蠶之禮，魯母績愆之闢，與令甲桑麻之數，此三者，不可謂迂而不講也。

曹學佺《蜀中廣記》卷五八《風俗記第四》 《巴州振文堂記》：惟茲巴土，實壁、集二州之地，風俗安於簡儉，樂於歌舞。本州志有僧問演和尚曰：如何謂之巴州？荅云：灰界勾絲地，雲垂插繭天。薛能《嘉陵驛》詩：雹涼隨雨氣，江熱傍雲根。蠶月繅絲路，農時碌碡村。觀察使定原呂顓《先蠶祠》詩：花纈冰紈寸寸絲，箇中消息幾人知。掇桑試語巴江女，好爇名香報爾師。

宋彭永《上元》詩云：巴人最重上元時，老稚相携看點詩。行樂歸來天向曉，道旁聞得喚蠶絲。注云：巴俗元宵三夜，兒童皆唱巴音徹曉，謂之喚蠶絲。然其俗又以三月三日晴雨爲蠶先兆，諺云：三月三日晴，樹上掛金瓶。言是歲蠶熟也。保寧一府，四月新絲出，輸縣官絹，過此則逋負矣，俗因謂之蠶糧。予按，陳宗虞《城門歌效閩人機杼聲也》一解云：城門開，羣胥夜來，徑赴我機取我繒。我言織未成，羣我憎。二解云：夜未央，彼胥者胡强掠我織，裂我裳。

疑爾盜也，則執牒亦有章。嗟胥須臾壺漿來，壺漿來。三解云：嗟胥爾嗔繒，實難寧其身，而縶以赴。爺其忤既楚，以贖誰爾數，鬻爾妻孥，爾寧輸。四解云：我有役有租，繒非我輸，嗟爾絲，天産我祟，我身則寒，繒寧我被，毋樹桑，貽我殃，嗟貽我殃。蓋深以蠶爲累也。是在司土者不擾之耳。

徐學聚《國朝典彙》卷一八《耕蠶》 禮部以蚕事告成，請行治繭禮。令蚕官於蚕婦中，選能繅絲及能織者各十人，欽天監預定繅絲吉日。先期蚕宫令送織婦入織堂，應用繅絲及織造器具工部造用。至期，皇后出宫，警蹕侍從如常儀，至織堂内。命婦一人行三盆手禮。禮畢，遂布於織婦，以終其事。其所繅完，蚕宫令，令織婦於織堂量織堪用絹幣。完日，蠶宫令徑送尚衣織染等絹局，具奏製造祭服，詔如議。仍命查犒賞織婦例以聞。

余繼登《典故紀聞》卷二 太祖嘗謂廷臣曰：「古昔帝王之治天下，必定禮制，以定貴賤，明等威。是以漢高初興，即有衣錦繡綺縠，操兵乘馬之禁，歷代皆然。近世風俗，相承流於僭侈，閭里之民，服食居處與公卿無異，而奴僕賤隸往往肆侈於鄉曲，貴賤無等，僭禮敗度，此元之失政也。中書其以房舍服色等第，明立禁條，頒布中外，俾各有所守。」於是省部定職官自一品至九品房舍、車輿、器用、衣服各有等差，庶民房舍不過三間，不得用斗栱彩色，其男女衣服並不得用金繡、錦綺、紵絲、綾羅，止用紬絹素紗，首飾釧鐲不得用金玉珠翠，止用銀，靴不得裁制花樣金線裝飾，違者罪之。

余繼登《典故紀聞》卷一〇 宣宗謂侍臣曰：「朕嘗歷田野，見織婦採桑育蠶，繅絲製帛，累寸而後成匹，亦甚勞苦。」出所賦《織婦詞》以示，曰：「朕非好爲詞章，昔真西山有言，農桑衣食之本，爲君者當詔儒臣以農夫紅女耕蠶勞勤之狀，作爲歌詩，使人誦於前，又繪爲圖，揭於宫掖，布之戚里，使皆知民事之艱，衣食之所自，朕所以賦此也。」其詞曰：「昔嘗歷田野，親覩織婦勞。春深蠶作繭，五月絲可繅。繅絲準擬織爲帛，兩手理絲精揀擇。理之有緒纔上機，弄杼抛梭窗下織。斯螽動股織未停，雞聲三號先夙興。機梭軋軋不暫息，辛勤累日帛始成。嗚呼，育蠶作繭，未必如甕盎。累絲由寸積爲丈，上供公府次豪家，織者冬寒無挾纊。紛紛當時富貴人，綺羅燁燁華其身。安知織婦最辛苦，我獨沈思一憐汝。」

余繼登《典故紀聞》卷一一 英宗初即位，敕工部曰：「洪武、永樂間，各處府縣歲貢綵段，工部驗中方送内庫，且無賄囑及包攬之弊，故皆精密鮮明，足稱朝廷賞賚，亦不虚費百姓財力。近年以來，徒見縻費民財，而段匹多不堪用，此皆有司通同工匠侵盜易換，且聽人包攬解納，及至京，該部該庫官吏人等，又從而求取賄賂，一得其利，遂不辨美惡，悉送内庫，此積年之弊也。今特命司禮監取洪武、永樂間紵絲紗羅綾絹之類，與爾工部及各布政司府縣，務以此爲式成造，其起送至京，令監察御史同爾工部官辨驗，仍委司禮監官參視，敢有漫不知省仍蹈前弊者，通治以重罪不宥。」

余繼登《典故紀聞》卷一三 天順時，太監阮忍奏：「蘇杭等處織造上用緞匹七千已完，乞遣内使如舊例督造。」英宗以蘇杭等處高手人匠不多，絲料有限，人民艱窘，遂罷之。

余繼登《典故紀聞》卷一六 正德初，禁官員人等勿得用玄、黄、紫三色，民庶之家不許用紗羅紵絲。

孫承澤《天府廣記》卷一《風習》 呰窳之習，此其善也。然而風會之趨，人情之化，始未嘗不朴茂而後漸以漓，其流益甚焉。大都薄骨肉而重交游，厭老成而尚輕鋭，以燕游爲佳致，以飲博爲本業，家無擔石而飲食服御擬於巨室，囊若懸磬而典妻鬻子以佞佛進香。甚則遺骸未收，即樹旛叠鼓，崇朝雲集。德化陵遲，民風不競。此詎可令賈太傅見也？ 隋志云：冀州於古堯之都也，帝居所在，故其界尤大。信都清河之間，博陵、恒山、趙郡、武安、襄國，其俗頗同。人性多敦厚，務在農桑，好尚儒學，而傷於遲重。前代稱幽冀之士鈍如椎，蓋取此焉。俗重氣俠，好結納，其相赴生死亦出乎仁義。故班志述其土風，悲歌慷慨，椎剽掘冢，亦自古之所患焉。前諺云：官不偶，遇冀部。實弊此也。太原山川重複，人性勁悍，習於戎馬，涿郡、上谷、漁陽、北平、安樂、遼西皆連接邊郡，習尚與太原同俗，故自古言勇俠者皆推幽並云。然涿、太原自前代以來皆多文雅之士。雖俱曰邊郡，然風教不爲此限也。

宋著作郎許亢宗使金行程録略曰：自良鄉六十里至燕山府。【略】自晉割賂，建爲南京，又爲燕京析津府。户口安堵，人物興庶，州宅用契丹舊大内，壯麗敻絶。城北有市，陸海百貨，萃於其中。僧居佛地，冠於北方。錦繡組綺，精絶天下。

孫承澤《天府廣記》卷一六《禮部下》官民婚禮 〔洪武〕五年六月，定官民婚禮。凡婚禮，納采問名：公侯品官一品至四品紅文綺二疋；五品至九品文綺綾羅隨用一疋。納吉：一品、二品文綺絹各八疋，紅羅紗各二疋；三品、四品文綺絹各四疋，紅羅紗各二疋；五品至七品文綺絹各二疋；八品、九品文綺絹各一疋。納徵：一品、二品玄纁束帛，用青文綺三疋，紅文綺二疋。禮服用山松特髻，大袖衫，霞帔褙子。常服用珠翠漆紗冠緑襈長襖長裙四襲，釧鐲皆用金。〔三品、四品〕文綺紗綾羅各八疋，絹三十二疋，綿一百兩，大紅羅二疋，綿十六兩，餘同二品。五品玄纁束帛，青紅文綺羅紬隨所用，常服用緑襈長襖長裙二襲，釧鐲以銀鍍金，文綺綾羅隨用。六品不用綿與大紅羅，餘同四品。六品、七品常服釧鐲以銀文綺綾羅隨用，絹四疋，餘同五品。八品、九品不用山松特髻，通用慶雲冠，常服緑襈，長襖長裙一襲，文綺綾羅隨用，絹二疋，釧鐲同七品。請期：一品至四品文綺二疋，五品以下不行此禮。親迎：一品至四品紅文綺二疋，五品至九品文綺綾絹隨用一疋。庶人納采問名、納吉：總行一次禮，上户紅絹四疋，中户二疋，下户一疋。納徵：上户漆紗慶雲冠，首飾用銀，桃紅絹大袖衫，藍青雲素霞帔，緑襈，長襖長裙二襲，用絹及細布，釧鐲用銀，彩絹八疋，紗羅六疋或四疋；中户綵絹六疋或四疋，紗羅四疋或二疋，不用釧，餘同上户；下户綵絹二疋，不用釧鐲紗羅，餘同中户。親迎，上户紅絹或布一疋，中户下户隨所有用之，其牲酒果麵之類各有差。

談遷《北游録・紀聞上》【誥軸】南京内府織造局神帛堂絲料。

制帛一段，長十八尺。料絲十五兩，每尺該絲八錢三分三釐強。

誥軸，一品文職，長丈有二尺，料絲一斤十二兩六錢一分二釐五毫。

二品長一丈，料絲一斤六兩八錢六分二釐五毫。

三品長八尺五寸，料絲一斤四兩一錢八分七厘五毫。

五品長六尺，料絲一斤五錢一分二釐。

勑命一軸，料絲十三兩六錢九分二釐五毫。

誥軸，武職料絲十三兩一錢三分八釐。

談遷《國榷》卷一九《仁宗洪熙元年》〔八月〕行在工部奏：内供綺羅九千匹，下蘇杭織作。上念民艱，減其半。

談遷《國榷》卷二九《代宗景泰元年》〔正月〕辛未，停徵浙直紵絲綾錦。

談遷《國榷》卷三三《英宗天順六年》〔四月〕丁亥，命浙直織紵絲紗羅萬匹。

談遷《國榷》卷四二《孝宗弘治六年》〔十月〕庚辰，西安知府華容嚴永濬疏諫織綵絨。上命織者以進，餘悉停。永濬言：陝西雜造局織造綵絨四十九匹，先坐徵二十五匹，支二千一百七十一金，織造十七人。又拘咸、長、涇、原四縣各匠三百餘人，兩年各匠費七百餘金未完，又徵後幣二十匹。若供尚方，可一襲而止。若賞賚，則赭黄赤紫，非臣下所當。今以三百餘家窮年營辦，以供杼軸，不堪甚矣。

談遷《國榷》卷四五《孝宗弘治十六年》〔三月〕工部員外郎韓大章、主事趙暕督催浙直紵綾紗羅紬五萬五千五百匹，並宿負。

談遷《國榷》卷四六《武宗正德元年》〔五月〕内織染局派浙直織幣二萬四千七百六十匹，尚書曾鈞言民匱，遂減其半。

談遷《國榷》卷六〇《世宗嘉靖三十年》〔十月〕庚申，浙直織紵絲、紗、羅八萬六千三百匹。

談遷《國榷》卷七三《神宗萬曆十三年》〔三月〕詔減浙江織幣，從巡撫王世揚之請。初歲織萬匹，後加二十匹，至是歲再運各四千匹。

談遷《國榷》卷七八《神宗萬曆二十七年》〔二月〕工部言：内承運庫太監孫順開婚禮紵紗、羅、綾、錦共萬二千七百四十匹，鋪户以織金閃色閃雲花非民間物，一無興販，係冠婚急需，恐誤臨期，乞派原織地方解料，惟常、鎮、徽、揚、寧國及福建行限守催。從之。

沈演曰：袍緞疏初下，計費數百萬，題留錢糧，已先期四五年罄矣，而又不敢質言也，恐大典緣之遲阻也。停舊解，新數雖增而費不溢，其庶乎。緞匹無買例，例起近歲，姦商與中貴交通獲大利，而部受其朘削，矧又以婚禮爲名，乃一疏持之，竟得如期，而户部惜費，衆方疑不敢持。迄今竭太倉無以供，大司徒至不安其位以去，乃明主未嘗不容人守法，而蓄縮遲疑者，任事之大戒也。

談遷《國榷》卷七八《神宗萬曆二十八年》八月辛卯，工科都給事中王德完言：國家歲入僅四百萬，而歲出輒至四百五十萬有奇，居恒已出浮于入，邇來因事加增，如寧夏用兵數月，約費餉一百八十七萬八千餘金，朝鮮用兵七年，約費餉五百八十三萬二千餘金，又地畝米豆援兵等餉費三百餘萬金，平播之師期年，費一百二十一萬六千餘金，連川中凑辦共二百餘萬，婚禮珠寶等項約九百三十四萬三千餘金，傳造袍服四萬一千餘匹，約一百萬四千餘金，山西潞紬續織四千七百餘匹，婚禮傳買段一萬二千七百餘匹，約十萬餘金，磁器口傳二十三萬五千件，約費二十餘萬金，濬三山口趙家圈等處，費二十四萬餘金，而省直災傷，欠段價料銀一百二十四萬五千金，又欠廚料九萬六千餘金，積之亦既二千六百餘萬。當帑空之時，講濟虛之策，惟節省最要。臣請減織造以拯民命，止營建以贍邊儲，停珠玉以貽燕翼，審採辦以濟國用，趣大工以省煩費，發內帑以救燃眉。不報。

談遷《國榷》卷八四《光宗泰昌元年》 （八月）丁未，巡按直隸御史田生金言：工部坐派應天、徽、寧、廣德織幣三萬二千九百匹，歲造不預焉。原無額編，惟留工部各司料價支之。按價值舖墊等銀三十二萬五百九十兩有奇，節年存庫及見徵料價止十六萬一千二百餘兩，除初運外，次運僅十之二三，後運不知安出也。大抵一運之費，非三年料價不能供，三運之需，非三年蓄積不能辦。除歲造例進外，其改造三運，乞賜停止。從之。部覈蘇、杭當停者。

陳子龍等輯《明經世文編》卷一四四何瑭《織造議織造絲料》 照得諸司職掌內開，凡織造供用袍服段疋，及祭祀制帛，須於內府置局織造，其所用蠶絲、紅花、藍靛，於所產去處稅糧內折收，按歲差人，送庫支用。是知織造制帛絲料，會有在丙字庫支用，係祖宗正法。嘉靖四年，料造制帛一萬五千段，本部失於查照，將該用絲料不作會有行丙字庫支用，却作會無行應天府舖户買用，實係違法。參照舖户何輔所告，情既可憫，理亦甚直，既丙字庫申有堪用細絲，擬合將原擬行應天府舖户買絲一節，改正會有行丙字庫支用，已經行移神帛堂，遵依選用，及條送南京禮部擬行會題去後。今准南京守備司禮監太監高某等揭帖，內稱神帛堂堂長稟稱，丙字庫絲不堪織造。臣等參看得丙字庫內外官員吏典人等，職專收支，乃將稅糧折收，串五細絲濫收粗絲，以致不堪織造支用。若非受賂狥私，亦係怠職悞事。查得《大明律·起解金銀足色條》下，凡收受諸色課程變賣物貨，起解金銀，須要足色，如成色不及分數，提調官吏、人匠各笞四十，着落均賠還官。所據該庫內外官員吏典人等，相應比附前律，查提究問。但該庫申稱所收絲堪用，又經守備官選中，今神帛堂却稱其絲不堪，參以舖户告詞，中間恐有別情，乞勑該部計議，合無將該庫內外官員人等，比附前律提問，惟復別有定奪，通行奏請上裁，候有成命，遵照施行。再照揭帖，又稱神帛堂急缺織造絲料，要行從長議處。參詳主意，不過要照舊行應天府舖户買用。臣等議得買絲違法損民，且使折收絲終歸無用，公私兩病，深爲未便。本部既知其弊，豈可復行。但本堂執稱該庫所收串五絲俱不堪用，若不急爲議處，往來駁難，不免悞事，乞勑該部移文户部，轉行南京户部計議，合無將明年以後湖州府解到串五絲，徑送本堂收用，仍行移丙字庫知數，公私兩便，庶經久可行。又查得諸司職掌，內開蠶絲出產，在浙江湖州府，每年該折收六萬斤，見今每年折收串五絲荒絲各止二萬兩，計各止一千二百五十斤。其神帛堂每年該用絲數，累次行查，堅不准行，以此不知的數。據守備平日口稱，每年織三千段，該用絲二千八百十二斤八兩。又查得內織染局所織誥勑絲料，亦該在丙字庫支用，每年織一千道，計該用絲若干斤。照得見今折收串五絲數少，支用不敷，不免又費議處，亦乞轉行南京户部，計議再查。神帛堂如果每年織制帛三千段，則串五細絲，再加派二千七百五十斤，務勾兩衙門支用，此係舊制，不爲多事。再照丙字庫，見有絲近年者已該三萬五千餘斤，遠年者不知其數，既各衙門俱不支用，俱將化爲灰燼，似亦可惜，亦乞轉行南京户部議處爲便。

制帛一段，長十八尺，料串五絲十五兩，每尺該絲八錢三分三釐强。誥命一品文職長一丈二尺，料串五絲一斤十一兩六錢一分二釐五毫。二品長一丈，料絲一斤六兩八錢六分二釐五毫。三品長八尺五寸，料絲一斤四兩一錢八分七釐五毫。五品長六尺，料絲一斤五錢一分二釐。勑命料絲十三兩六錢九分二釐五毫，誥武職料絲十三兩一錢三分八毫。此料數係織造原數，今以制帛分兩丈尺計之，似乎至多，當時亦欲題准減省，後以遷官未奏云。

傅維鱗《明書》卷六《仁宗本紀》 洪熙元年，詔罷西洋寶船，雲南取寶石，交趾採金珠寶石，各直省徵錦緞及書畫，迤西索馬，窑場造甆器，採辦木板，進貢海味異果，並諸擾民者，悉皆罷之。

傅維鱗《明書》卷四二《方域志四》 成都府，苦多工巧，綾錦雕鏤之物被天下，昔置錦官主之，曰錦官城。

傅維鱗《明書》卷四三《方域志五》 千崖宣撫司，四時皆蠶，能織縣布。

申時行等《明會典》卷六二《禮部二〇·房屋器用等第》 凡傘蓋，洪武元年，令庶民並不得用羅絹涼傘，許用油紙雨傘。【略】二十六年定，一品二品，銀浮屠頂茶褐羅表，紅絹裏，三簷。三品四品，用紅浮屠頂，茶褐羅表，紅絹裏，三簷。以上傘蓋，俱用黑色茶褐，雨傘，俱用紅油絹。五品，用紅浮屠頂，青羅表，紅絹，裏兩簷，雨傘同四品。六品至九品，用紅浮屠頂，青絹表，紅絹裏，兩簷，雨傘俱用油紙。【略】

凡帳幔，洪武元年，令並不許用赭黄龍鳳文。職官一品至三品，許用金花刺繡紗羅，四品五品，刺繡紗羅，六品以下，許用素紗羅。庶民用紗絹。

三年，令職官一品至五品，帳幔許用綾羅紗，被褥用紵絲錦繡。六品至九品，帳幔許用紗絹，被褥用綾羅紬絹。庶民用紬絹布。

方以智《通雅》卷三七《衣服・布帛》 無文曰縵，刺繡曰紝，錦繡之質曰地。錦，織綵爲文也。繡，刺綵爲文也。《左傳》杜預注：五色備謂之繡。一作綉。縵，莫半切。無文之帛也。《漢律》曰：賜衣者縵表白裏。《周官》「卿乘夏縵」，鄭氏曰：無瑑也。《傳》曰「絳服傘縵」，杜氏曰：無文也。音與漫、平聲。輓謨官切。通。凡祭祀奏縵樂，謂琴瑟之屬，被之以絲。《學記》操縵是也。紝，莫到切，見《急就章》，一作純。謂刺七亦反也。凡錦繡皆有地，《魏志》賜女倭以絳地交龍錦、絳地縐，粟罽，裴松之不知，乃欲改地爲綈，引漢文弋綈，殊可笑也。

最細曰繊，稍粗曰縞，湅縐曰練，並絲曰縑，扁緒曰綮 小顔解紨爲素之精者，而又曰縞，此皆由康成臆説，以纖爲黑經白緯，故後人無憑耳。按《禮》以縞爲未純吉之服，而縞冠以素紕之，明縞粗于素也。「祥而縞」，「禫而纖」，則細耎如常，其解縞爲細繒者，非矣。《禹貢》：「厥篚玄纖縞」。玄白二色，而纖縞二種，纖爲最細，縞稍粗也，確矣。其曰練者，湅繒也，煮縑而熟之也。《慌氏》湅絲，湅帛，馬后衣大練是也。單曰素者，絹之精白，用書寫也。素白，緻繒也。《小爾雅》謂繒精曰縞，縞粗曰素，皆臆耳。劉向典校書籍，先書竹，可繕寫者以上素。《淮南子》曰：素之質白，縑之性黄。此以縑爲今之生絲綃矣。《説文》「縑，並絲繒」，此以爲今之雙絲矣，當以《淮南》爲是。二丈爲端，二端爲匹，兼義也。《説文》：「綮，並列切。扁緒也。」唐貢：豫州雙絲綾（錦）〔綿〕州雙紃。兼絲也。杭曰白編，扁緒也。郭璞曰：短度絹曰葉輸。言薄也，薄者扁緒，今杭州杭緒應是此類。

纖素爲文曰綺，光者曰綾，冰素、方空、縠羅皆紗也。紗至輕者曰輕容。綈，厚繒也。纒，綿紬也。紬之粗者曰絓，精者曰綿，甚粗曰絮 綺，文繒也，織素爲文曰綺。《魏都賦》「羅綺朝歌」，《子虚賦》「雜纖羅」，已明是今紗羅之羅矣。陸務觀曰：遂寧出越羅，似會稽尼羅，今三梭羅。師古曰：綾，今之雜小綾也。戴氏曰：絁地而織文者也。唐潤州貢方碁、水波綾，豫州灘鸂綾，定州兩窠綾，澧州龜子綾，閬州重蓮綾。《釋名》曰：縠，胡谷反。紗也。所云霧縠，言其細而起雲耳。《章紀》詔齊省冰素、方空縠、吹綸絮，皆紗。許氏曰細絹，不如劉熙矣。紗之至輕者曰輕容。《唐類苑》云：輕容，無花薄紗也。王建《宫詞》「嫌羅不著愛輕容」，李賀詩「蜀煙飛重錦，峽雨測輕容」，元微之寄白樂天詩「白輕容」是也。《賓退録》言宋貢輕容方紋紗，伯厚以縐與縠並稱，曰紡絲而織之。《詩》有縐絺，蓋今之縐紗，實雙絲紡線而織者也，重三斤五兩，謂之平紬。范雎綈袍，綈，杜兮反。注：蓋今之絁也。絡即生纒，纒即纒字，商支反。俗作絁，一曰今之綿紬是也。《説文》：「纒，粗緒也。」《廣韵》：「纒繒似布。」繭古作䌛，蠶絲白色也。衣以繭絮之曰繭，纊爲繭，緼爲袍。《記》曰：「子羔之襲也，繭衣裳。」鄭曰：若今大襺。抽引粗繭紡而織之曰紬，紬之粗者曰絓，胡卦反。繭滓所抽頭絲也。今河南與桐城皆有狠頭土紬，甚粗，衣之起毛，可作袍。漬繭擘之，精者曰綿，粗者曰絮。今謂新者曰綿，故者曰絮。古言纊即綿，纊或作絖。自古至唐初，尚未知木綿之可以爲絮。董京乞殘碎繒絮，陶潛言敗絮自擁，皆非今之絮也。北周制，庶人以上聽衣綢、綿綢、絲布、圓綾、紗、絹、綃、葛、布九種。綿綢即綿紬。絲布以絲褋布縷織之，身之曰今兼絲布。圓綾，土綾也。紗，方目紗也。絹，細縑，綃，生絲而薄也。古莔，緆通。葛，布，葛越，夏布。今人絲兼綿紗織成温耎，不知古人雜麻何如也，身之即以爲今兼絲，恐尚不同。《元豐九域志》言貢物有隔織十八匹，縹絲絁二十匹。

官修《明實録・明太祖實録》卷二〇六 〔洪武二十三年十二月〕壬申，詔工部罷天下有司歲織段疋。凡有賞賚，皆給絹帛；如或匱乏，即就京織造。

官修《明實録・明宣宗實録》卷八 〔洪熙元年八月乙未〕應天府尹薛均奏：「自永樂二十年至今年六月，工部及光禄寺買民間段疋紗羅猪羊等物價鈔，乞于南京天財庫給民。」上諭行在户部臣曰：「買物踰三年不給直，民何所資？此有司不恤民也。其速支給。今後官買物，不即時給直者罪有司。」

官修《明實録・明英宗實録》卷一四七 〔正統十一年十一月〕庚午，命直隸蘇、松及浙江杭州等府織金綵花素各色紵絲、紗、羅、綾、紬、錦九千匹。

官修《明實録・明英宗實録》卷三三九 〔天順六年四月丁亥〕命直隸、蘇、松及浙江等處仍增織紵絲、紗、羅一萬匹。初，天順元年令織三萬四千七百匹，以詔減一萬，至是復徵之。

官修《明實録・明孝宗實録》卷五四 〔弘治四年八月〕工部尚書賈俊言：「蘇州、浙江，近被水害，民不聊生。而頃者織造段疋之令，至於再三，其數不下數萬。以瘡痍未起之民，加煩重不堪之役，誠可憫惜，乞暫令停免。」上曰：「諸府既有水灾，今次所欠段疋、羅、紗，姑令免織，俟明年秋熟後，陸續織造供用。」

官修《明實録・明孝宗實録》卷一五八 〔弘治十三年正月丁卯〕工部尚書

徐貫等言：「近歲織造改樣紵絲、紗、羅等數至萬計，工未就緒，今又令蘇、杭等府織各色花樣一千五百餘疋，每疋價銀有多至四五十兩者。奇巧過多，費用不貲。皇上敬天勤民，崇尚儉朴，必無此事。蓋由司其事者，先意開導，以爲希寵之地，而不恤百姓之艱難，奢靡之害政故也。況近年以來，上天示戒不一，此正皇上側身修行，子惠困窮之時，豈宜復有此舉？伏望斷自宸衷，不惑群議。凡前項織造，一切停免，天下幸甚。」不允。

官修《明實録・明世宗實録》卷三四 〔嘉靖二年十二月〕庚戌，先是，禮科給事中章僑言：「道路傳聞，鎮守浙江太監梁瑶遣人挾貲營管織造。事有無雖不可知，臣竊爲天下慮此舉動。蓋自兩浙等處添設内臣專管織造，正德年間，或萬金而傳一人，或數人而守一缺，參隨狼虎，名色繁多。初任有拜見，歲時有節禮，各行有分例，科派有扛解，樣段動以數千，帶造多逾本數。稍不稱意，輒遭毁裂，故有變産鬻子抵賠者。諸凡苦狀，不可勝言。幸明詔停革，與天下更始，甫及二載，豈宜後有此舉？矧四方災變，報無虚日，窮民九死一生，不宜重困。乞勅下司禮監移文梁瑶，戒無生事。」疏入，下所司知之。已而，内織染局太監刁永等果稱：「上用袍服及四宫等服御織造不給，乞依成化、弘治年間例，差本局官二員，請勅往蘇、杭等五府提督織造。」事下工部議。工部覆言不可。而吏科給事中曹懷、兵科給事中張原亦以爲言，章俱下所司。工部覆言：「宜如言官所奏，無累聖德。無已，可出示袍服花樣，令鎮巡、三司官如式織造以進，無煩内臣提督。」弗允。於是大學士楊廷和等乃疏曰：「今年直隷、浙江等府，水旱異常，額徵税糧尚冀蠲免，若更差官織造，一切物料工役，何能措辦？非惟逼勒逃亡，抑恐激成他變。況經過淮、揚、邳諸州府，見今水旱非常，高低遠近，一望皆水。軍民房屋田土，槩被渰没，百里之内，寂無爨煙，死徙流亡，難以數計。所在白骨成堆，幼男稚(安)〔女〕稱斤而賣；十餘歲者，止可數十；母子相視痛哭，投水而死。官已議爲賑貸，而錢粮無從措置，日夜憂惶，不知所出。自今抵麥熟時尚數月，各處饑民，豈能垂首枵腹，坐以待斃？勢必起爲盜賊。近傳鳳陽、泗州、洪澤饑民嘯聚者，不下二千餘人，刼掠過客商舡，無敢誰何，未知何日勦平。況將來事勢，尚有不可預料者。臣等職叨輔導，實切驚懼。所有勅書，決不敢撰寫。」疏入，上曰：「織造自是累朝事例。矧兩宫進用及朕常用袍服，一切缺乏。管業已差，即撰寫勅來，無具擾執拗。」時九卿尚書喬宇等，六科給事中解一貫等，十三道御史彭占祺等又皆極陳其不可。廷和等復上疏曰：「臣等備員大臣，素蒙體貌。不意聖明，一旦有此。臣等固當引身求避，以明不可則止之義。但展轉思惟，不無庶幾改之之望。臣等所爲惓惓，非敢瀆擾陛下，誠恐災傷窮民，不堪織造之擾，千百成羣，起而爲盜，以擾天下也。亦非敢固執已見，違拗不通。所執者祖宗之法，望陛下遵而行之，以保宗社，勿與天下公議大相違拗，以取議後世也。今臣等言之不聽，九卿言之不聽，六科、十三道言之不聽，獨二三邪佞之言聽之不疑，陛下獨能與二三邪佞之臣，共治祖宗天下哉！陛下謂織造是累朝事例，臣等考諸洪武、永樂，下迨天順，並無有此。惟成化、弘治間行之。憲宗、孝考恤民節財，聖德美政，非止一端，此蓋非其美者。陛下他皆不之法，獨取此不美之政以爲事例乎？方陛下登極之初，諸所傳設鎮守、市舶及看守珠池等官，臣等先後具題，俱蒙俞允，勅書免撰。海内之人，方傳頌聖政之美，聖量之寛，何意今日乃獨不蒙嘉納。且特降前旨，雖出御批，不知撰寫進呈，果出左右何人之手？我祖宗朝諸所批荅，俱由内閣擬進。惟正德年間，權姦亂政，始有擅自改擬，營求御批，以濟其私者。新政以來，不曾明正其罪，遂令此輩小人，敢於今日復蹈覆轍。陛下何忍墮其姦計，壞祖宗之法度哉！祖宗天下，至正德間幾傾覆矣，賴陛下再造，轉危爲安，中外軍民，始獲甦醒。然國勢民力，比之成化、弘治年間，百不及一二，今日豈堪更自敗壞耶？興言及此，可爲流涕。臣等實不敢撰寫勅書，以重誤國殃民之罪。伏望俯采廷議，停止差遣。仍將前項蒙蔽蠱惑邪佞小人遠斥，不許仍侍左右，以杜後來亂政壞事之漸，允爲宗社無疆之慶。」報曰：「卿等所言，具見忠誠愛君恤民至意，朕已知之，宜安心治事。但此事業已差官，其寫勅遣行，第令安静無擾可矣。」後給事中張翀等、御史謝汝儀等、主事黄一道等各疏言宜信大任臣，停止織造，以元聖德，保盛治，俱報有旨。

官修《明實録・明世宗實録》卷九一 〔嘉靖七年八月〕南京織造制帛絲料，例坐上元、江寧二縣鋪户買辦，後從應天府尹王璜議，請于南京丙字庫所收貯絲内擇取應用。至是，守備太監高隆疏言：「本庫絲料不堪織造。」上曰：「制帛乃奉享祀至重儀物，宜照祖宗舊例行。」

官修《明實録・明神宗實録》卷三〇九 〔萬曆二十五年四月辛酉〕，刑部左侍郎吕坤疏言收拾人心數事：「洮、蘭之間，小民織造貨販以糊口。自傳造以來，百姓苦于催逼，棄桑農而捻線者數百萬人，提花染色，日夜無休。至于山西之紬，蘇、松之紗、羅、段、絹，歲額已自日盈，與其積于無用，孰若定有以常。如四季袍服，歲用千疋，則造一年，預造一年。是宮中省收藏之累，天下無多取之憂，而江南、陝西之人心收。」【略】疏入，不報。

官修《明實録・明神宗實録》卷四三一〔萬曆三十五年三月甲子〕緩浙江織造歲運，從浙江撫按之請也。先是，萬曆三十三年題派各項袍段二萬餘疋，料價三十八萬三千餘兩。計三分派辦，户四工六，共辦二十五萬五千四百餘兩，該省自辦十二萬七千七百餘兩。共作十運，每運三萬八千三百餘兩。每歲兩運，除完四運外，尚六運未開。而工部四司料銀題留已盡，户部京儲又乏，江西所借協濟之數亦窮。浙江撫按屢以民窮加派爲憂。工部侍郎劉若霖乃請寬限以紓民力，每歲量停一運，每運分爲二班，春秋解進。蓋運緩數分，則區處有方，物力易集。乃依萬曆二十四年五運分作十運，春秋起解之例議上，從之。

官修《明實録・明神宗實録》卷四七五〔萬曆三十八年九月戊申〕工科給事中馬從龍上言：「頃内織染局僉書楊進昇題織上用龍袍(貯)〔紵〕絲、紗、羅等四萬套疋。竊惟我國家設南北織染局，南京供應機房，又有各省直歲造，原足供用，未有派及蘇、杭者，後因急缺，間一行之。皇上御曆之初，即行停止，撤回太監曹金，甚盛心也。萬曆四年，以大婚需用，復題派一次。至萬曆九年，不知何故，復題派一十五萬套疋，繁苦極矣。至二十七年，前數將完，又派四萬一千九百餘疋。三十二年，復傳補二萬六千餘疋。今幸將竣事，東南之民固日夜以冀中使之撤，而該局又有此請。夫袍服皆細巧，龍文織金粧綵料塾等費，每套疋幾可抵中人之産。此外又有額外改造、傳派綾紗，頭緒多端，所糜費不知幾鉅萬。此項錢糧，原無額設。先年搜括庫藏，扣留工料、匠價，留事例，留解部半税，借船料，原議户四工六。夫工料，匠價，税銀，皆大工所需，不當奪之，然猶曰本部銀供本部用也。户部即贓罰、事例、鈔關、雜課，一一皆接濟軍國之需也。九邊督促，急如星火。織造每二三年費輒百萬，以四分計之，即損邊四十萬矣！皇上四時服御，寧須幾何？累年解進，收貯甚多。在皇上積之爲無用，在地方輸之爲甚難。損閭閻之害已難堪，損邊餉之害尤叵測，何樂于爲此也？伏乞即行停止浙直織務。無已，請勅工部轉行浙直撫按，通查每歲應留工料、匠價、半税幾何，或稍益以南部及事例錢糧，酌爲中數，一切傳奉改造綾紗，皆取給焉。不足則減額，甚不足則不減。蓋額者，該監局信口取盈之數，而錢糧、邊情至重，必不可輕動絲毫，襲户四工六之謬説，爲割肉充腹之愚計。則克儉有光于聖德，而國計民生兩有所裨矣。」疏入，未報。已而工部右侍郎劉元霖、輔臣葉向高相繼以停止、減額爲言。得旨：「龍袍、(貯)〔紵〕絲等項皆年例，止用供用進賜之需，且各節令所費不貲，難以停止。但念帑乏民窮，准於新派四萬疋中減三分之一。其餘併先年傳織未完者，都着陸續接織，分運解進，不得違悮。」

官修《明實録・明神宗實録》卷四八九〔萬曆三十九年十一月〕己酉，工科右給事中張鳳彩言：「内承運庫坐派浙直紵絲、紗、羅、綾、紬、絹帛，山西潞紬，共四萬三千三百三十餘疋段。南京供應機房，原備不時，織造工料，取之南工部。如必欲派之浙直，責之撫按，國家原無此項錢粮。近年借及户部，借及漕庫，一經那移，吏書爲姦，不肖有司，因緣染指。名雖云借，幾時辦還？究歸朘削閭閻，此殃民之大者也。舊制長以三丈五尺爲度，嘉靖中改造猶然。今改爲四丈二尺以上。除上用可遵近例，賞賜非内外臣工則夷人耳，何必加數糜費！若山西土瘠民貧，舊特傳織甚稀，近年罷織未久，應免以甦災地孑遺之民。又歲造、改造，原屬有司，撫按之法得以加之，故漁獵之弊少。自三十一年歸内監魯保，更多一番須索之苦。乞仍歸有司便。」給事中馬從龍繼言：「潞紬供億之苦，一紬之費，官價之外，不啻三倍，而勞擾鞭朴不與焉。山西粮餉，盡解三邊，歲以拖欠爲憂；加以連歲旱荒，搜剔殆盡。如萬不得已，照先年召買事例，令工部行之便。」俱不報。

官修《明實録・明熹宗實録》卷二一〔天啟二年五月甲辰〕，奪吏科給事中章允儒俸一年。先是，允儒疏乞裁減上供袍服以甦民困，上傳擬旨杖譴。大學士葉向高等再疏申救，言：「袍服一事，臣等曾疏請酌量減省。蓋見東南民力已竭，供應不支，人心嗷嗷思亂，故欲假曠蕩之恩以收拾之，而未蒙允行。允儒曾爲華亭知縣，親覩地方困苦之情形，今在言路，不得不言；且據事直陳，無甚觸犯。若加之罪，人且議皇上以袍服而處言官，其累聖德不小。乞依臣擬，量加罰治。」乃止奪俸。

張廷玉等《續文獻通考》卷二九《土貢二》〔明世宗嘉靖〕四年，詔浙東貢幣，悉以銀充。

甯波知府楊最言：本郡僻處海陽，地不産桑，所貢綺繒，乞改貢價料。從之，令今歲諸幣未具(音)〔者〕俱聽入金，民以爲便。

《常熟縣嚴禁致累綢鋪碑》天啓三年　直隸蘇州府常熟縣爲待憲號冤憐，准立碑事。蒙直隸監察御史潘批，據本縣鋪户林輝、吕南、邵賢、劉世、馬龍、王羽、許淳、楊選、鄒坤、王倫、楊科、葉魁、陳尾等呈詞前事，呈稱：輝等微業小民，勉爲糊口之計，切今當官煩苦，首莫甚于此也。憲台憐憫禁革，纖毫不染。民間恩例，公價平買。概縣遵奉立石，萬姓沾恩，諸民感德。惟獨常熟未經刊刻，故違沉蔑恩典，姦書狡吏專權，不遵禁例，不恤民艱，而視鋪家反爲魚腐。凡遇上司臨案，乘機混出朱牌，拴通狼役，科需常例。官價毫無，執行差派：公堂幡天錦帳，私衙綾紵鋪陳，灑綫椅褥桌圍，五色紗羅綢緞，圍屏錦軸，結采賞紅，然非百金不能爲也。開單任取，計稱撮應。不用者私匿無求，已用者價無毫給。嗟呼！民脂有限，姦徒利弊無窮。輝等受其苦楚，而非朝夕之冤。力竭脂枯，實難支應。若不投號，生路必絶。于今七月十六日，具呈都院王爺，蒙批：一切浮費，嚴行禁約，並不許騷擾民間，致累鋪户，仰縣立碑。繳。蒙院恩准立，輝等焉敢擅爲，待憲叩鳴憐准，以便備石興工，永垂沾惠無疆，萬古流芳。等情。蒙批：騷擾鋪行，久有明禁，仰縣查報立石。繳。蒙此，按照先蒙欽差督理糧儲提督軍務兼巡撫應天等府地方都察院右僉都御史王批：據鋪户林輝、邵聘賢等呈詞，爲冒死號憲，憐准立石，萬古流芳，永垂沾惠事。蒙批：仰縣將一切浮費遵行禁約，並不許騷擾民間，致累行户。繳。蒙經喚集原呈鋪户林輝、邵聘賢等赴縣查議立石間，隨據林輝等投爲號天給示永禁立石，以蘇積困等事。據此。案經出示嚴禁去後。今該本縣知縣宋，看得綢鋪之承值，以浮靡濫用，致虧貲本，誠可矜憫。及查前縣業雖申禁，未經立石，致林輝等請干兩臺憲禁，不啻諄切。本縣莅任，即經厘剔夙弊。諸凡鋪行，並不干擾。今蒙憲示立石，永遵無替。具由申，蒙巡按直隸監察御史潘批開：准速立石興工。繳。又蒙欽差整飭蘇松兵備兼理糧儲水利浙江提刑按察司副使熊批開：鋪行申禁已久，況奉兩院嚴批，准勒石永遵。繳。蒙此，擬合遵行，須至立石者。天啓三年正月　日。

知縣宋賢、縣丞何起任、孫文奇、主簿王好仁、陳所見、典史謝朝采、吏秦士琦、書顏廷用。

張履祥《補農書》卷上《蠶務》〔潮州〕男耕女織，農家本務，況在本地，家家織紝，其有手段出衆，夙夜趕趁者，不可料酌。其常規，婦人二名，每年織絹一百二十疋，每絹一兩平價一錢，計得價一百二十兩。除應用經絲七百兩，該價五十兩，緯絲五百兩，該價二十七兩，籰絲錢家伙線蠟五兩，婦人口食十兩，共九十兩數，實有三十兩息。若自己蠶絲，利尚有浮，其爲當織無疑也。但無頓本，則當絲起加一之息，絹錢則銀水差加一之色，此外又有鼠竊之弊，又甚難於稽考者。若家有織婦，織與不織，總要喫飯，不算工食，自然有贏，日進分文，亦作家至計。

顧炎武《肇域志·南直隸·蘇州府》　古名會稽、吴郡、平江。巡撫駐劄。元爲平江路，屬江浙行省。吴元年，改爲蘇州府，直隸部。領州一，縣七。田土九萬二千九百五十九頃五十畝零，糧三百五十萬三千九百八十石零，實徵秋糧二百三萬八千八百九十四石七斗四升，織造紵絲一千五百三十四疋，絹八百六十五疋，四司額派銀二萬九千二百四十五兩，入太倉庫餉銀十萬五千五百五十四兩零。

顧炎武《肇域志·南直隸·松江府》　領縣三。田土四萬四千四百七十七頃三畝零，糧一百三萬二千四百六十石，入太倉庫銀二萬一千六百二十六兩四錢，織造紵絲一千一百六十七疋，絹八百六十五疋，四司額派銀二萬四千一百二十一兩。

顧炎武《肇域志·南直隸·常州府》　領五縣。田土六萬四千二百六十五頃九十五畝零，糧七十六萬一千三百四十石零，絹一千八百九十疋，四司額派銀二萬四千六百六十四兩零，解紵絲二百疋，入太倉庫銀二萬二千四百七十八兩零。

顧炎武《肇域志·南直隸·寧國府》　領縣六。田土三萬三百三十頃七十八畝零，糧一十萬三千三百十石零，絹三十疋，絲三百四十三斤，四司額派銀九千二百五十七兩零，紵絲六百九十六疋，解生銅七百三十三斤，入太倉庫銀一萬九千八百六十七兩三錢。

顧炎武《肇域志·南直隸·徽州府》　領縣六。田土二萬五千四百七十八頃二十七畝零，糧一十三萬一千六百三十石零，織造紵絲七百二十一疋，絹九千七百九十四疋，四司額派銀一萬九千五百二十九兩零，入太倉庫銀二千一百二十七兩五錢。

顧炎武《肇域志·南直隸·廣德州》　領縣一。田土一萬一千七百七十二頃四十四畝零，糧一萬七千六百九十石零，絹十九疋，絲一百十六斤，四司額派銀一千七百七十四兩，紵絲二百四十疋。

顧炎武《肇域志·山東·東昌府》　物産　闔境桑麻，男女紡績，以給朝夕。三家之市，人挾一布一縑，易擔石之粟。紬纊唯濮州及冠縣之清水稱良。

顧炎武《肇域志·山西》　潞安更置府，地狹人煩，逐末繅織之役，徵繁而税重，杼軸大東之刺興焉。

沈自南《藝林彙考·服飾篇》卷一〇《繒帛類》　《演繁露》繒，厚帛也。蔡邕《女誡》曰：繒貴厚而色尚深，爲其堅韌也。按，此即厚帛乃始名繒，其著色深也。

《嬾真子》元城先生嘗論及漢高帝功臣曰：屠狗販繒之徒。呼繒字與錫相近，後檢《漢·灌嬰傳》顔師古注云：帛之總名而已。今按《韻畧》繒，慈陵切。注云：帛也。增，咨登切。則世人以繒爲增，誠非也。《尚書》「厥篚玄纖縞」，孔安國注云：玄，黑繒也。縞，白繒也。《釋音》云：似陵反。《禮運》云：「瘞繒。」鄭玄注云：玄帛曰繒。《釋音》：似仍反。《左氏》「衛文公大帛之冠」，注云：大帛厚繒。繒，疾陵切。《晉書·地理志》：繒，才陵反。以諸音義考之，當以疾陵爲正。

《雋言》綈袠。見《楊后傳》，注云：《説文》綈，厚繒也。音大奚反。

《雋言》《應劭傳》：緹緗十重。李賢等注云：緗音襄。緹，赤色繒也。

沈自南《藝林彙考·服飾篇》卷一〇《繒帛類》　《名義考》　杜預曰：二丈爲端，二端爲兩，所謂匹也。是每匹長四丈，中分之，向裏卷其末爲二端，二端兩也，其實只一匹。此胡大監旦致仕遇赦，賜高年束帛當十端。夏竦鎮襄陽，選縑十四贈之，胡却還其五也。又《曾子問》孔穎達疏云：丈八尺爲端。十端，六纁四玄。五兩，三玄二纁。説又不同，匹與疋同。《爾雅》「倍兩謂之匹」是也。

《余氏辨林》　喪家送帛，每曰帛一束，殊未知束之義。案「伯高之喪，孔子之使者未至，冉子攝束帛乘馬而將之。」註云：十箇爲束，每束五兩。蓋以四十尺帛從兩頭各卷至中，則每卷二丈爲一箇束帛，是十箇二丈今之五匹也。

唐甄《潛書》下篇下《惰貧》　震澤之蠶半稼，其織半耕。沸鹵漬卵，蠶壯絲美。唐子以家室處於沈氏之廬，制服，安習綫綿爲經，寒，不及緯，市之，授諸嚴氏之婦沈孟。孟賣橡實之冠以爲色，登機而織，閒以嬰乳嬉語，不盡三日而成。孟裁，妻佐縫，服之甚康也。絲不於市，綫不於市，色不於市，織不於市。

一婦之手，歲可斷百疋。嚴氏不耕，夫並作則倍，有事損十三。一畝之桑，獲絲八斤，爲紬二十疋。夫婦並作，桑盡八畝，獲絲六十四斤，爲紬百六十疋。嚴氏故有土一畝，易桑，損十五，以食三口，歲餘半資。菜茹蔭桑，瓜豆緣垣，牧豕陰霤，放雞鄰疆，抑又爲利。嚴氏不然。桑不盡土，不蒻，不壅，機廢不理，不畜，不蔬，故其貧甚於無藝者。察一鄉之人，無大異者。以斯觀之，謂吳地盡利，殆不然矣。

唐甄《潛書》下篇下《教蠶》　吳絲衣天下，聚於雙林；吳越閩番至於海島，皆來市焉。五月，載銀而至，委積如瓦礫。吳南諸鄉，歲有百十萬之益。是以雖賦重困窮，民未至於空虛；室廬舟楫之繁庶，勝於他所。此蠶之厚利也。四月務蠶，無男女老幼，萃力靡他。無税，無荒，以三旬之勞，無農四時之久，而半其利。

楊屾《豳風廣義·原書》　陝西西安府興平縣監生楊屾，謹爲敬陳桑蠶實效，廣開財源，以佐積貯，裕國輔治，以厚民生事：恭惟我朝定鼎以來，皇恩屢沛，厚澤深仁，淪肌浹髓。屾雖跧伏草莽，敢忘雍熙大化。念野人曝背食芹，猶欲上獻，今有桑蠶美政，已獲親經實效，上廣倉廩之儲蓄，下備生民之衣帛，開利之源，莫大於此，實有補於國計民生，豈能隱忍不言。然事雖平常，實係生民重大之務，非三申五令，遂可成功。若非爲天地立心，生民立命，建功立業之賢，忠君愛民之誠，豈能任斯勞苦，以行永久。屾夙懷此願，未敢輕舉。今欣逢憲天大人學宗東魯，德備中和，建伊傅之事業，著周程之文章。特簡撫秦，保赤爲懷，痌瘝在念。想桑蠶美政，久在仁心籌畫之中。屾非爲名，亦非爲利。緣仰體大人愛民至意，採訪之殷，謹攄愚者一得之見，敬陳利弊，願獻芻蕘之言，伏祈俯覽。

竊惟經國之大務，無過於農桑。二者乃斯民衣食之源，王政之本。是以古來聖君賢相，莫不以此爲急務。故孟子陳王道，亦必以農桑爲政首。七篇之中，丁寧反覆，皆不出此。我聖祖仁皇帝，念切民依，垂訓十六條，倫常而外，首重農桑。嘗刊《耕織圖》，頒行中外，使知務本之至意。蓋未有農桑二政，缺一而可以興道致治者也。而承流宣化之賢，莫不欽奉聖諭，留心本務，農桑並舉，固已民安物阜矣。獨是秦人，自誤於風土不宜之説，知農而不知桑，是有食而無衣。二者缺一，則民失一倍之資。至於木棉麻苧，又非秦地所宜，絲帛布葛，通省無出。雖厥土黄壤，厥田上上，自桑蠶一廢，五穀之外，百無所生。究不能全獲地利，常有飢寒之患。夫一女不績，天下必有受其寒者，而況通省之不績乎。雖有數縣木棉之出，然不過一縣中百分之一，不足本地之用，豈能廣布通省。是以秦人歲歲衣被冠履，皆取給於外省，而賣穀以易之。穀賣之於遠方，是穀輸於外省矣。絲帛木棉布葛之屬，買之於江浙兩廣四川河南，是銀又輸於外省矣。每歲必賣食買衣，因衣之費，而食減其半。其艱於食者，固自不少，而缺於衣者，抑已良多。夫農一歲之入，能有幾何，貢賦賴之，八口賴之，婚喪賴之，兼之一歲之衣被仍賴之，焉得不豐歉並困，而衣食兩艱耶！豐則粟賤金貴，而公私並需，一糶無餘；歉則室如懸磬，而流亡過半。無衣之害，一至於此，尚望其有餘積乎。古者耕三餘一，而秦人之積，無異酌涓水而實漏巵矣。

屾生長於斯，深知秦人兩困之原，踵自無衣，且嘗親受其累。每思所以治衣之法，試諸木棉麻苧，厥成維艱。竭思殫慮，十餘年來，考諸詩書傳記，方知蠶桑乃秦人本有之業。但因往代兵燹之後，砍伐殆盡，物易人遷，樹桑養蠶之法，盡失其傳。後世習而不察，誤爲風土不宜之説，因而棄置不講。所以桑蠶之業久廢，女工之事不作。無人焉以倡率開導之，遂棄無窮之地利，委諸土壤，以自有之衣具，仰給鄰邦，甚屬可惜。岫因博訪樹桑養蠶之法，織工繰絲之具，無不按其規程，盡其法則。先自樹桑數百株，於己酉年，始爲養蠶。鄉人每有笑其迂闊難成者，岫亦弗之顧，惟日夜經營，無少懈怠。既而蠶成，及繰水絲之日，鄉人乃共相環視，見其絲堅韌有色，光亮如雪，覩所未見，莫不驚異。由是鄉鄰之中，多有傚之養蠶者，迄今十有三年，歲歲見收，近來鄰邑亦有慕傚者。但欲養蠶者雖多，而樹桑者甚少。徒作羨魚之歎，而罕結網之思。若能設法勸誘，力加開導，使桑蔭布滿於阡陌，則蠶事自興於民間，而秦人之富，可立而致也。

然秦人多疑南北風氣之殊，天時寒熱之異，以爲桑蠶非北地所宜。又謂即或偶爾有成，不過一隅之地，恐非通省所宜。此亦靡所考稽之故也。岫請以北地桑蠶可舉者，證據有六，其大利於秦者有四。並將桑蠶易舉，及古今教民桑蠶有成效而遺澤後世者，悉爲憲天大人詳陳之。

考自伏羲採嶧山之繭，抽絲爲絃，以定音律，而天下化。黄帝元妃西陵氏始爲室養蠶，煮繭繹絲，製衮冕，定儀度，别尊卑，垂衣裳，而天下治。是爲衣冠之祖。夫伏羲黄帝皆都於北，而未都於南，則蠶事之興，不始於南而始於北，明矣！此可證據者一也。

又嘗考之於《詩》，無處不言桑，而咏於北方者居多。以秦論之：《豳風·七月》之篇，言蠶桑者屢屢矣。有曰：「春日載陽，有鳴倉庚，女執懿筐，遵彼微行，爰求柔桑。」又曰：「蠶月條桑，取彼斧斨，以伐遠揚，猗彼女桑。」此治桑也，即所以治蠶。夫豳地，即今邠、慶、三水等處，地近邊壤，亦云寒矣，其田高燥瘠磽，而周先王當日諄諄誥誡，不遑暇逸者，誠以農桑爲王政之本，女工乃衣被之原，男力乎耕，女事乎蠶，男女各勤其職，而民以富實，上下雍睦，庶姓休和，載諸經史，班班可考。豳地尚然，而類於豳者，在在皆然。況臨渭一帶，沃壤千餘里，勝於豳者多矣，豈不能樹桑養蠶，以興萬世無疆之利。此可證據者二也。

又考之《孟子》言王道諸章，開陳列國，無在不言桑。岐與齊、梁，皆屬北地。反覆言之，何有南北之分，推而廣之，能行天下，繼續而傳之，可垂萬世。豈有亞聖之識，以迂闊難成之術，教當時及後世哉！此可證據者三也。

又稽之郭子章之《蠶論》：木各有所宜土，惟桑無不宜，桑無不宜，故蠶無不可事。桑蠶本一氣，蠶即生於桑，有桑之處，便可成蠶。猶農夫之於五穀，非龍堆極寒之處，猶可耕且穫也。此可證據者四也。

又察諸天時，陝西出地平三十六度，已在北道之北一十二度半。自春分之日，日行北道，晝漸長，夜漸短；陽漸多，陰漸少。積陽之氣漸盛，至夏之熱，甚於南方。況蠶屬純陽，喜燥惡濕，食而不飲。陽立於三春，三變而後消，陰生而後死。自秋分之日，日行南道，晝漸短，夜漸長；陰漸多，陽漸少。積陰之氣漸盛，至冬之寒，甚於南方。此時織工興，而蠶事畢矣。又養蠶之時，各省不同。然不論節氣寒熱，自有一定之候，但看桑上葉如茶匙大，則蠶自生於室內。即古人云，木華於春，粟芽於室。同類相感，有自然之理，何有南北寒熱之可疑。此可證據者五也。

又驗之於今，秦中無處不有桑，但只不廣。有桑一株，便可養蠶成繭。近歲以來，岫之鄰境皆有養蠶者，但樹桑稀少，不能大獲利益。然曲箔數筐，亦可得絲，歲歲有成，已獲實效。恐疑書生之見，摭拾浮詞，無足憑信。謹將今歲所繰之絲，並所織之絹帛，一並呈驗。再俟養蠶之月，大人委員至家驗試，事若涉虛，治以欺誑之罪。此尤近事之確然，可證據者六也。

詳此六證據，則知蠶桑乃天下通宜之物，並知古昔聖王，以農桑命名之深義。不惟秦中可行之而無疑，凡北地皆可行之而無疑也。若桑蠶一舉，其大利於秦者有四：夫積貯者，天下之大命也。而秦尤非他省可比，壤接三邊，首稱要地，兼之水路不通，輓運維艱，積貯之道，所當更重。鼂錯曰：非能耕而食之，織而衣之，爲開其資財之道也。開其源，節其流，則財恒足矣。若徒節其流，而不開其源，則財終匱。所以開之之要，在乎務民於農桑。秦人知農棄桑，衣源未開，利缺其半。況今昇平日久，生齒益繁，仍守一耕，治生無增，歲計無加，諸凡之費，皆取給於此，所以衣食兩艱，豐凶並困。然則凶荒雖起於乏食，而其實早胎於無衣。若衣有所出，自不輕糶粟麥，餘一餘三，何慮饑饉。欲爲秦謀積貯之道，農之外無過於桑。若舍桑而言積貯，無非挹彼注此，何能分外加益。誠能因地之利，盡民之力，無論牆下路旁，壠畔田邊，悉皆種植。既不侵地，又不妨農，曠土皆化爲錦繡之資。每家歲能取絲三五斤，便完通省賦税有餘。且水絲一斤，貨銀一兩四五錢，能買木棉二十斤，足中人闔家一歲之衣。若能取絲數十斤，便爲中人之富矣。況桑無水、旱、風、蟲之災，即歲遇荒歉，五穀不成，桑却無害。養蠶取絲，以補歲計，可必而可久。又桑子熟於青黄不接之月，亦可充飢數旬，其利最溥，功與農配，故曰農桑。是以古聖王籌國計，立民命，首重而不敢忽。若能慇懃開導，不過數年之間，蠶事大興，爲農家更添一倍之利。仰事俯畜，賦税雜費，皆有所出，自然穀無所費，漸至餘饒。積貯盡在民間，比户皆樂盈寧；豐歲習於禮義，荒歉免於流亡。以慰大人保赤之素志，以紓上西顧之宸衷。此其大利於秦者一也。

夫伏羲生於秦地，始畫八卦，創立文字，爲理學之原。後世賢傑，代不乏人，可謂衣冠文物之地矣。宜乎家絃户誦，人文蔚起，何其讀書者寥寥，其弊由女廢織於内，男力耕於外，一歲畎畝之入，不足供一歲諸凡之費，因而修脯無資，膏火難繼，往往有造之材，學將明通之候，父兄多有驅之而逐末者。豈其父兄喜子弟初學而惡將成歟！良爲飢寒所逼，不能終其業也。若桑務一舉，男女各有所職，民得衣食不缺，自有暇日，使子弟盡趨於學。耕讀兼營，教養並舉，人人得沐詩書，家家不廢誦讀。文人才士，濟濟輩出，上爲國家儲養人材，下爲秦民廣其教化。此其大利於秦者二也。

夫民可使勞，不可使逸。民勞則思，思則善心生；民逸則淫，淫則惡心生。周公《無逸》之詩，魯母績愆之闢，良有以也。秦人於農忙之外，冬春二季毫無所事，男逸於外，女逸於内，往往相聚嬉戲，奢靡賭賽，久無事事，流入遊惰。良由桑蠶之教不興，男女之職曠廢，有以使之然也。不然何其於農忙之月，此風全無乎。若桑蠶一舉，正月理蠶室，二月織箔曲，製什物，三月養蠶，四月繅絲，五六月農忙，七八月績絲織絹，九十月栽桑，冬寒修樹。身有所事，心有所向，則親正務多而遊戲少，勤日長而惰日消，自然衣食足而禮義興，仁讓之風日在民間。養蠶不惟有以厚民生，而兼有以善民俗也。此其大利於秦者三也。

秦素無楩楠豫章之材，松杉漆竹之屬，一望蕭然。若桑樹繁滋，則阡陌如雲，壠頭似綺，菁葱蔚茂，不但美觀，兼有八宜。皮可抄紙，材堪爲弓，木造車桌，枝編筐笸，根皮爲藥，散木作薪，椹可充飢，能救荒歉，豈但葉可飼蠶，衣被無窮。此其大利於秦者四也。

請再陳桑蠶易舉之由。樹桑者，不過一夫之力，樹成之後，可享數十年之利。採後復生，不勞更種，又無耕牛子種之費，不慮水旱風蟲之災。所謂一勞永逸，比之棉麻，逸勞十倍。至於養蠶，桑成之時，不待教而自興。飼養得法，不過三眠三起，二十七日而老。功雖一月，其實用力於七日，即獲一歲之利。雖係生民重大之務，舉之並無難事。又將古今教民桑蠶，有成效而遺澤後世者，列陳於後。昔茨充爲桂陽令，俗疑於風土不宜之説，不知種桑，無蠶織之利，類皆以麻枲頭紵衣，民隋窳少粗履，足多剖裂出血，盛冬皆然火燎炙。充始教民種桑、養蠶、織履，數年之間，大獲利益。今江南享蠶織之利者，皆充之教也。蜀王蠶叢都蜀，教人養蠶，鑄金蠶數千，春月集蠶市，將金蠶給之。民間以爲蠶瑞，誘而教之。數年之間，其政大興。至今嘉定、保甯、成都，每歲所出之絲，獲利不下數百萬金。明洪武取淮徐桑子二十石，命種辰、永、寶、衡之間，數年之中，民大獲利。康熙三十二年，漢中府郡守滕天綬教民栽桑，刻爲便民通示一單，後附勸民栽桑歌詞，等差獎賞，力加開導。惟洋縣令鄒溶，仰體郡守良法美意，奉行罔懈，遍勸境内，無不栽桑，二年之間，共勸栽桑一萬二千二百餘株。嗣後猶歲歲督勸不已，年年增益。今漢南九署，桑蠶大舉，獨洋縣最盛而民富，皆鄒溶首倡之力也。其事載在洋縣志可考。今漢中一歲所出之絲，其利不下數十萬金，豈非哲人開導之力乎。是以未教之先，皆疑風土不宜，亦猶今秦人未樹養，而自疑其地之與南方異也。後之視今，亦猶今之視昔也。

屾既躬親其事，實受其益，不忍私諸一身，遂將樹桑養蠶之法，織工繅絲之具，集爲一書，繪圖詳解，名曰《豳風廣義》。每勸秦人爲之，但人情好逸惡勞者居多，怠惰因循者不少，聞見甚喜，而力行甚稀。其桑樹之未廣，人人罕受其益，若非當事設法勸課，何能利遍秦中。屾不揣愚昧，敢竭鄙誠，謹此上陳，伏乞鈞酌，設法廣布。俾秦中農桑並務，三年可以定規，五載即獲成效。數歲之間，蠶絲之利，布滿秦中。養元氣於國家，付大造於庶衆，老者衣帛食肉，少者不飢不寒。五袴興歌，人人挾纊。衣食足而禮讓興，共樂昇平，咸遊大化。立萬世不朽之業，成一代郅隆之猷。皆沐大人之恩澤，視功德於無既矣！伏惟電鑒施行。

計粘條件一摺，謹呈《豳風廣義》書三册。

一　秦中蠶桑一興，民得衣食兩全，荒歉有備。此乃重大之務，必須設一永久之法，使千萬世長享休和之福。昔明洪武以此政教成，七十年之後，樹老漸砍去，不即補，其政遂息。夫民之趨利，猶水之就下，既享其利，何至復廢。以民情多好逸惡勞，怠惰因循。種菜三十日獲利，尚有無菜食之人。一歲失耕，性命攸關，尚有荒蕪其田之人。況桑三年培植，五載獲效，添一株不見其益，去一株不見其損，因而不知不覺，由多至少，由少至無，漸積之勢然也。是故樹桑最易，垂久甚難。故古聖王立勸農課桑之條，田畯之官，令甲桑麻之數，時專經理，故民得豐衣足食，本固邦寧，奠安永久。今大人將此政檄行州縣，賢司牧實力勸導，自然有成。但不日大人內佐聖主，賢司牧依次陞遷，繼事者非關考成，或未能於簿書紛紜之中，急急乎此，此政又何能以行久遠。屾再三思維，莫若先檄行州縣，以種桑之多寡爲殿最，再行題請定規。嗣後州縣陞遷卓異，必列勸課桑蠶、歲歲增益、實有成效一條。或設專管之員，專董其事，更無推委疎忽。如此永爲定例，則官無不勸，民無不從，則萬世裕國富民無弊之政，永垂不朽。

一　秦中桑蠶久廢，人以爲固然，今一旦振興，民必疑慮。須如漢中滕公教民規程，刻爲便民通示一單，將利弊開載明白，後附勸民栽桑歌詞，並曉示桑不起稅之說。每家各給一張，令鄉約每月初一宣講，使人通曉。民栽桑一百株者，以勸民註册優待；二百株者，花紅鼓樂迎送；三百株者，州縣給以匾額；五百株者，據實報府，府給匾額，花紅鼓樂獎賞；六百株以上者，申報大憲，給以八品農官頂帶，優同紳衿。每歲以桑之數目，造册報上，差官驗看，查桑之多少，即爲有司之殿最。

一　舉桑務必先買子養種，然後化導勸課，其政立成。不然總立善法，無樹可栽，徒爲空言，無補於實事。或在漢中、四川、潼川、保甯，議買桑子數十石。或再在秦中有桑之處，於小滿之時，採買分各州縣，令地卑井淺之處，養種三年後，可令布通縣。若慮其子種人功之費，先借公項銀兩，俟樹成之後，賣樹還項，有餘，官民兩便。

一　水深土厚之處，更要加意教樹。凡水深土厚之處，地瘠民貧，校之沃土尤甚，婦子更無所事事，惟有廣樹其桑，可補歲計。但灌溉不便，樹不速茂，令其緩樹，不在三年之例。或數家合造一水庫，多注雨水。九十月栽桑，一冬不過澆二次，來春亦不過澆二次，即便生活，以後不用人功。無論極高燥之處，人若慇懃經理，斷無不成之事，不過數年之間，便可成林。

一　一切士庶有犯法，輕罪當笞者，計笞罰樹，栽活方准。其樹即令栽自己地邊，無地者令其栽於官地或官道之旁。

一　栽桑先教栽於牆下、路旁、壠畔、田邊、墳園、場界、城壕、家宅門前，不使有尺寸閒土。三年後不栽桑者，每歲罰出布一疋。

一　秦中樹木多被盜斫，令其出示嚴禁，如斫桑一株，察出重懲。

一　秦人農忙在五月，女工養蠶在三月，至小滿便可畢工，並無妨於農事，而一歲獲兩春之利。以上數條，愚昧之見，是否有當，伏祈鴻裁。

實再一併啓奏。」

《李煦奏摺・與曹寅會陳織造事宜六款摺》康熙四十七年六月　日　竊臣寅於康熙四十六年冬，鹽差任滿復命，十二月十八日陛見，蒙皇上垂問，隨具摺條陳織造事宜六款。於四十七年二月初三日，面奉聖諭：「除修理機房、船隻、停支買辦銀兩三件准行外，惟制帛、線羅、誥命，每年應用若干，工部現存若干，須核實再一併啓奏。」

臣遵奉旨意，於回江寧之日，即移工部咨查。今准工部咨稱：「查明庫存大紅線羅二百六十二疋半，尚足十餘年之用。明黃線羅十疋，尚足二年之用。二項暫且停織，庫內用完之日，另行派織。制帛雖尚存庫五百八十二段，止敷一歲之用，難以停織。」等語。

臣案查年例，制帛、線羅項下歲支銀一千九百二十兩。今部覆既稱線羅暫行停織，應遵部文，俟庫中用完，再當聽文派織。其制帛一項，部覆雖存五百八十二段，止敷一歲之用，難以停織，是年例制帛仍應照歲定之數織解。惟壇廟郊告等帛，應俟需用之時，隨時派織，是行派多寡，亦難預定，應如臣等原議，照局設制帛、線羅機三十三張，約計應用料工，每歲需銀三千兩，加以年例制帛，即可供一年織造。至誥命一項，今部覆：「凡遇覃恩，皆由吏兵二部查明各官應領軸數，行文本部，方行派織，此係現用現派之項。現今誥軸俱不足應用，仍令該織造照所派數目，陸續織送。其每年應用若干之處，似難懸定。」等語。此誥命錢糧，既係現用現派之項，難以預定，亦應如臣等原議，照局設誥命機三十五張，約計應用料工，每歲需銀五千兩，即可供一年織造。此制帛、線羅、誥命歲需錢糧，係照機張、人匠籌計，將來行派，則照部文織解，無派則存貯銀兩，以俟行派之用。

更有請者，神帛、官誥兩機房，自順治二年間案經內院臣洪承疇經定，除絲、顔等料照時採買外，其一應匠作工價，比因開織之初，惟期(樽)[撙]節，所定工價甚寡，較之段疋、倭段僅十之二三。此各匠雖有工價名目，實皆民間各户僱覓應工，迄今六十餘年，歷任織臣，無可動錢糧，惟一循舊例。若竟行革除，則窮匠星散謀食，不能束腹以待欽工。若聽其貼養，則窮簷蔀屋，雖升斗分文，尚屬艱難，而責之幫工，曷能免胥吏誅求之累。伏思皇上宵旰殷憂，無時不以民瘼爲重。臣等雖至愚，敢不仰體睿懷，黽勉從事。但誥帛工價，歲有成案，臣督織以來，即晝夜圖維，未有善全之策。今幸值江、蘇兩局織造錢糧，既歲於巡鹽多得銀內動支，此不足工價，亦請於餘銀支給。臣等原議誥帛二項人匠，約計三百七十名，歲需銀二千七百兩，即可贍活羣工。將來有無派織，皆需此養匠，其民間幫貼，概可革除。如此則窮匠小民，咸沾聖澤，而欽工大典，亦無曠悞。敢請睿裁，仍歸原議，誠垂久之至計也。

以上條陳事宜六款內，除江、蘇二處買辦銀共二千兩，既巡鹽銀內歲有餘剩，此項應請停支外，其餘五款，計誥帛、綫羅、養匠共需銀一萬二千六百二十兩，又江、蘇二處修理機房，每處歲需銀五百兩，船隻每處歲需銀一千兩，通共銀一萬五千六百二十兩。臣等仰荷殊恩，報効無地，而巡鹽銀內，尚有餘剩，請自戊子綱爲始，前項銀兩於多得餘銀內支用，年終造册報銷，永遠定例。

周象明《事物攷辯》卷六《冠裳》　曳阿

《説類》《漢書·禮樂志》有「曳阿錫」云者。如淳云：阿爲細繒，錫爲細布。而不知其所以爲繒之故。考之《水經註》云：東阿縣出佳繒。故《史記》云「秦昭王服太阿之劍，阿縞之衣」是也。繒出于阿，即目爲阿，猶之龜出于蔡，即目爲蔡，驢出于衛，即目爲衛，紙出于剡，即目爲剡也。

孫珮《蘇州織造局志》卷五《工料》　織造錢糧，與州縣等；雖則例不同，而報部開銷則一也。條目詳明，纖微具備，固本朝之所最重者，安得而略諸？

〔皇清〕

銷算則例

金鋪户料價圓金例除紙粘頭一分五厘，扁金例除紙金頭一兩。今圓扁金較舊輕細。

上用

粗圓金一紐，净重六分二厘，算銷銀四分二厘。

闊扁金一萬條將原數六百均作五百用。净重五兩四錢，算銷銀二兩內單格梭扁金一萬條，净重四兩五錢算。

官用

赤圓金一紐，净重四分八厘，算銷銀四分。

淡圓金一紐，净重四分八厘，算銷銀三分八厘。

扁金一萬條，净重五兩三錢三分三厘，算銷銀三兩。

小蟒扁金一萬條，净重四兩八錢，算銷銀二兩。

車匠工價江寧、杭州兩處，俱食糧計工；蘇州因撮耗虧折，匠役包足，故給工價掏摇。

綫經絲九六折净每兩掏摇工銀四分八厘算。

雙經絲九六折净每兩掏摇工銀四分八厘算。

單經絲九六折净每兩掏摇工銀二分四厘算。

緯絲九六折净每兩掏摇工銀一分八厘算。

染匠染價染價浮重例禁潮粉。

上用

大紅經每兩生染銀三錢六分，八三就算，緯八就算。

石青經每兩生染銀二分五厘，八二就算，緯八就算。

真青經每兩生染銀一分七厘五毫，八五就算，緯八三就算。

明黄經每兩生染銀一分，八三就算，緯八就算。

秋色經每兩生染銀一分，八三就算，緯八三就算。

玉色經每兩生染銀一分，八三就算，緯八就算。

本色經每兩生染銀一分，八三就算，緯八就算。

油緑經每兩生染銀二分五厘，八四就算，緯八就算。

元青經每兩生染銀五分五厘，八五就算，緯八三就算。

官緑經每兩生染銀二分五厘，八三就算，緯八就算。

真紫經每兩生染銀二分，八八就算，緯八二就算。

醬色經每兩生染銀二分，八八就算，緯八二就算。

金黄經每兩生染銀二分，八八就算，緯八二就算。

繭色經每兩生染銀二分，八五就算。緯出山東，買照時價算。

石藍經每兩生染銀二分五厘，八二就算，緯八就算。

豆色經每兩生染銀一分，八一就算，緯八一就算。

砂緑經每兩生染銀一分，八三就算，緯八就算。

沉香色經每兩生染銀一分，八八就算，緯八二就算。

松花色經每兩生染銀一分，八三就算，緯八就算。

米色經每兩生染銀一分，八五就算，緯八就算。

砂藍經每兩生染銀一分，八五就算，緯八就算。

翠藍經每兩生染銀二分五厘，八二就算，緯八就算。

官用

月白經每兩生染銀一分，八三就算，緯八就算。

棕色經每兩生染銀二分，八八就算，緯八二就算。

石青經每兩生染銀二分五厘，八五就算，緯八就算。

真青經每兩生染銀二分七厘五毫，九就算，緯八三就算。
明黃經每兩生染銀一分，八七就算，緯八就算。
玉色經每兩生染銀一分，八五就算，緯八就算。
黑綠經每兩生染銀二分五厘，九二就算，緯八就算。
本色經每兩生染銀一分，八七就算，緯八就算。
官綠經每兩生染銀二分五厘，八九就算，緯八二就算。
元青經每兩生染銀二分五厘，八七就算，緯八三就算。
金黃經每兩生染銀二分，九就算，緯八二就算。
真紫經每兩生染銀二分，九就算，緯八二就算。
醬色經每兩生染銀二分，九就算，緯八二就算。
鮮紅經每兩生染銀二分，九就算，緯八就算。

絨鋪户染價例禁絨鋪包頭侵扣

大紅絨每兩生染銀三錢六分，八就算。
南紅絨每兩生染銀一錢八分，八就算。
水紅絨每兩生染銀九分，八就算。
淺色絨每兩生染銀二分五厘，八就算。

紗經緯絲染價此項另算。

紗經絲每兩生染銀一分二厘五毫，九七净算。
紗緯絲每兩生染銀二分五厘，九七净，八就算。

機匠工價

段紗花機每日工銀一錢五分算。上用、官用同。機匠每日工銀六分，挽匠每日工銀三分，織挽匠每日鹽菜銀五分，每日送飯工銀一分。
段素機每日工銀一錢三分五厘。上用、官用同。
帕子絲九七折净，每兩掉絡工銀一分算。
紗經緯絲九七折净，每兩掉絡工銀一分算。

段紗加耗

段紗有圓扁金絨織，每兩加耗五分算。
段紗不用金絨，每兩加耗七分算。
段紗每疋加掉絡耗三錢算。
段紗每件加掉絡耗一錢五分算。

捧接邊銀

滿裝袍褂四五段，銀五分算。
花素十身段一疋，銀一錢算。
六赓楊彭段一疋，銀九分算。
紗滿裝袍褂四五身一件，銀三分五厘算。
紗花素十身一疋，銀七分算。
六赓紗一疋，銀五分算。
大手帕五方，小手帕十方一連，每連銀七分算。
查捧經工銀每段四分，滿裝五身折半算。其紗機例無接經，段紗每機工銀八分，打邊綫段紗每疋工銀一分。傘一把，銀二錢。

挑花倒花畫匠工價

挑花匠每月給工銀二兩算。
倒花匠每月給工銀五錢算。
畫匠每月給工銀二兩算。

絲價價照時值。舊制必選乾潔上號好絲貯庫，給發掏揺，不致虧折，並杜上機截換之累。

經緯絨三項，每兩價銀時值算。
花木絨綫，每兩價銀時值算。

襯紙數

直身袍龍襴段一疋，用一百二十張。
蟒水風雲地滿裝袍褂一件，用七十張。

孫珮《蘇州織造局志》卷七《段疋·上用》 山龍藻火，昉自虞廷；成周有司服司裘之制，蓋至尊服物，自不得不慎且重也。今海内蕩平，車書一統，冠裳玉帛之盛，適在此時。正供而外，復有上傳特用袍服，按時令，昭文采。古所云五色六章十二衣者，其即此歟？于以祭郊廟，臨臣民，萬邦瞻垂衣拱手之治焉。

郊廟服式

〔明〕

日月星辰山龍華蟲作繪宗彝藻火粉米黼黻亞辯：
衮有九章：一曰龍天子之龍，一升一降；上公之龍，有降無升。二曰山，三曰華蟲雉也。四曰火，五曰宗彝虎蜼也。六曰藻，七曰粉米，八曰黼若斧形也。九曰黻兩已相背也。

歲造上用常課，紵絲一千五百三十四疋。遇閏月該造一千六百七十三疋，例着堂長解京。

〔皇清〕

上傳特用在正運之外。舊例凡有特用袍服，揀選殷實機匠造辦，貧匠概不輪值。

太皇太后三潤色闊滿裝袍一件。

計五身，每身長四尺四寸，闊二尺八寸。五爪纏身龍二尊，膝龍四尊。

工一百九十日。單格梭。

三潤色闊滿裝袖口一副。

工八日。單格梭。

三潤色闊滿裝挂一件。

計四身，每身長四尺四寸，闊二尺八寸。五爪龍二尊，前一團，後龍一尊一團，肩龍二尊，膝龍四尊。

工一百七十日。單格梭。

八絲闊閣蟒袍一件。照前袍長闊花樣，各色同。

工三十二日。

八絲闊閣蟒挂一件。照前挂長闊花樣，各色同。

工二十七日。

皇上三潤色闊滿裝萬壽袍一件。

計五身，每身長四尺四寸，闊二尺八寸。前身五爪龍一尊，後身龍二尊，膝龍四尊，肩龍二尊，其肩龍頭頂萬字，前後龍頭頂壽字。

工九十七日。單格梭。

三潤色闊滿裝元旦袍一件。

計五身，長闊同前。前後身五爪大龍二尊，膝龍四尊。

工九十七日。單格梭。

三潤色闊滿裝燈景袍一件。

計五身，長闊同前。燈景花樣。

工九十七日。單格梭。

三潤色闊滿裝春季袍一件。

計五身，長闊同前。前後身五爪龍二尊，肩龍二尊，膝龍四尊。

工九十七日。單格梭。

三潤色闊滿裝夏季袍一件。廣紗地。

計五身，長闊同前。與春季袍花樣同。

工九十五日。單格梭。

三潤色闊滿裝端陽袍一件。廣紗地。

計五身，長闊同前。三足烏金鷄一冠，前後兩肩共四團，簪花地蜀葵花樣。

工九十五日。單格梭。

三潤色闊滿裝秋季袍一件。

計五身，長闊同前。與春季袍花樣同。

工九十七日。單格梭。

三潤色闊滿裝中秋袍一件。

計五身，長闊同前。月殿兔一座，前後兩肩共四團。

工一百三日。單格梭。

三潤色闊滿裝重陽袍一件。

計五身，長闊同前。簪花地菊花樣。

工一百五日。單格梭。

三潤色闊滿裝冬季袍一件。

計五身，長闊同前。與春季袍花樣同。

工九十七日。單格梭。

三潤色闊滿裝冬至袍一件。

計五身，長闊同前。獨角羊一座，前後二肩共四團。

工一百一日。單格梭。

三潤色闊滿裝領袖一副。已上十袍俱准此。

工十一日。單格梭。

三潤色鑲貂皮闊滿裝朝衣一件。例無披肩袖口。

計五身，長闊同前。前後身五爪龍二尊，肩龍二尊，大小襴子各五條，水脚龍五尊。

工一百三十七日。單格梭。

三潤色葫蘆頭龍襴闊朝衣一件。

計五身，長闊同前。前後身五爪龍二尊，肩龍二尊，大小襴子各五條，俱小團龍樣。
工一百三十三日。單格梭。
三潤色闊滿裝披肩袖口一副。
工十一日。
十庹兩則八絲闇團袍一疋。闊照常二尺二寸。
計十身。衩子袖口挂領全。
工三十二日。
十庹兩則廣紗闇團袍一疋。闊照常二尺二寸。
計十身。衩子袖口挂領全。
工三十二日。
十庹兩則宮綢闇團袍一疋。闊照常二尺二寸。
計十身。衩子袖口挂領全。
工三十二日。
上用正運。闊二尺二寸。
三潤色正面五爪大龍滿裝袍一疋。
計十身，每身長四尺六寸。無壽字，共龍五尊。
工二百二十三日。龍身單格梭。
三潤色三則正面五爪小龍滿裝袍一疋。
計十身，每身長四尺四寸。有壽字，共龍九十尊。
工二百二十七日。龍身單格梭。
三潤色三則五爪側面小龍滿裝袍一疋。
計十身，每身長四尺六寸。無壽字，共龍九十尊。
工二百二十日。龍身單格梭。
三潤色三則五爪正面龍滿裝短挂一疋。
計八身，每身長四尺四寸。有壽字，共龍二十四尊。
工一百四十八日。龍身單格梭。
三潤色三則五爪側面小龍滿裝短挂一疋。
計八身，每身長四尺四寸。無壽字，共龍二十四尊。
工一百四十二日。龍身單格梭。
三潤色正面五爪大龍滿裝袍一件。
計五身，每身長四尺六寸。
工九十五日。龍身單格梭。
三潤色正面五爪龍滿裝挂一件。
計四身，每身長四尺五寸。前龍二尊，後大龍一尊，肩龍二尊，水脚龍四尊。
工八十日。龍身單格梭。
兩潤色正面龍滿裝袍一件。
計五身，每身長四尺五寸。有插雲，裏衿有龍一尊。
工八十日。龍身單格梭。
兩潤色滿裝挂一件。
計四身，每身長四尺四寸。
工六十日。龍身單格梭。
兩潤色風雲地蟒水袍一件。
計五身，每身長四尺八寸。前後龍二尊，肩龍二尊，水脚龍四尊，裏衿無龍。
工九十日。龍身單格梭。
兩潤色風雲地蟒水挂一件。
計四身，每身長四尺四寸。前龍二尊，後大龍一尊，肩龍二尊，水脚龍四尊，接袖一副。
工七十二日。龍身單格梭。
風雲地寸龍蟒水袍一件。
計五身。
工七十五日。龍身單格梭。
風雲地蟒水挂一件。
計四身。
工六十二日。龍身單格梭。
五爪三爪直身龍襴段一疋。
計十身，每身長四尺七寸。
工七十日。兩潤色龍身雙格梭，無披領，插襴五條，緊身襴五條。龍襴紗同工。有壽字地加工五日。
工七十三日。兩潤色龍身單格梭無披領，身花兩肩大小襴十二條。龍襴紗工同。

工八十五日。三潤色龍身單格梭。身花兩肩大小襴各五條，其披領不在内算。

兩潤色五爪三爪龍襴直身袍一疋。

計十身，每身長五尺九寸。

工六十日。龍身俱雙格梭。

兩色圓金龍襴直身袍一件。

計五身。蟒襴子十二條。

工二十九日。龍身雙格梭。

兩色圓金龍襴段一疋。

計十身。襴子十二條，披肩袖口圈領全。

工三十五日。龍身雙格梭。

三潤色龍襴朝衣一疋。

計十身。

工九十五日。金絨俱單格梭。

三潤色五爪龍襴段一疋。

計十身。蟒襴十二條。

工七十六日。龍身單格梭。

四爪大蟒襴段一疋。

計十身。

工五十七日。龍身單格梭。

圓金四則寸龍一疋。

計十身，每身長四尺五寸。共龍三百六十尊。

工四十日。龍身單格梭。

圓金四則團蟒一疋。

計十身，每身長四尺四寸。共五百六十團。

工三十二日。雙格梭。

圓金地滿裝掛一件。

計四身。

工九十二日。單格梭。

扁金地滿裝掛一件。

計四身。

工七十二日。單格梭。

扁金補地金圈五爪滿裝掛一件。

計四身，每身長四尺五寸。小四攢雲花樣。

工六十日。龍身單格梭。

扁金補地風雲地蟒水掛一件。

計四身。

工六十五日。龍身單格梭。

八團龍補袍一疋。

計十身。五身織團，五身織平花。

工三十四日。龍身雙格梭兩潤色。

工四十二日。雙格梭三潤色。

工五十日。龍身單格梭三潤色。袍挂金絨工同。

四團龍補袍一疋。

計十身。

工二十日。雙格梭兩潤色。袍挂金絨工同。

工二十五日。雙格梭三潤色。

工二十九日。單格梭三潤色。袍挂金絨工同。

兩色圓金四團補袍一疋。

計十身。

工十八日。雙格梭，袍挂金絨工同。

三潤色披肩一副。

計披肩四塊，袖口兩只。無圈領長領。

工十二日。龍身單格梭。

三潤色領袖一副。

計圈領一，外衿長領一，袖二，共長四尺。無披肩。

工十日。龍身單格梭，雙格梭兩潤色工八日。

兩色圓金領袖一副。

工二十日。單格梭。

芝仙祝壽滿裝袍一件。

計五身，每身長四尺八寸。無接袖。

工八十日。龍身單格梭兩潤色。五爪加工三日。
芝仙祝壽滿裝挂一件。
計四身，每身長四尺五寸。有接袖。
工六十日。單格梭兩潤色。
大巧雲滿裝袍一件。
計五身，每身長四尺八寸。有圓金壽字八個，小龍五尊，無接袖。
工九十三日。龍身單格梭三潤色。
工九十日。龍身雙格梭三潤色。
工八十日。龍身雙格梭兩潤色。
大巧雲滿裝挂一件。
計四身，每身長四尺五寸。有接袖。
工七十六日。龍身單格梭三潤色。
工六十四日。龍身單格梭兩潤色。
長雲滿裝袍一件。
計五身，每身長四尺八寸。無接袖。
工七十五日。雙格梭三潤色，有壽字。
工九十五日。龍身單格梭三潤色。
長雲滿裝挂一件。
計四身，每身長四尺五寸。有接袖。
工六十二日。龍身單格梭兩潤色，有篆壽字。五爪三潤色加工十六日。
四攢雲滿裝袍一件。
計五身，每身長四尺八寸。無接袖。
工八十日。龍身單格梭兩潤色，有插龍加工三日。五爪三潤色加工十日。
四攢雲滿裝挂一件。
計四身，每身長四尺五寸。有接袖。
工七十二日。龍身單格梭兩潤色。
工七十四日。龍身單格梭三潤色。五爪三潤色加工四日。
四攢雲翎毛圓金身滿裝挂一件。
計四身，每身長四尺五寸。
工九十二日。翎毛金龍身單格梭三潤色。
大雲滿裝袍一件。
計五身，每身長四尺八寸。前後合對大龍兩尊，肩龍二尊。
工七十五日。龍身單格梭三潤色。
工七十八日。龍身單格梭三潤色，有插龍二十尊。
大雲滿裝挂一件。
計四身，每身長四尺五寸。有接袖，前龍二尊，後合對大龍一尊，肩龍二尊。
工六十日。龍身單格梭三潤色。五爪三潤色加工八日。
八吉祥滿裝袍一件。
計五身，每身長四尺八寸。無接袖，前後合對大龍二尊，肩龍二尊。
工七十日。龍身單格梭兩潤色。有插龍二十尊，加工三日。
八吉祥滿裝挂一件。
計四身，每身長四尺五寸。有接袖，共龍五尊。四爪有小龍八尊。
工六十日。龍身單格梭兩潤色。五爪三潤色加工二日。
百子龍滿裝袍一件。
計五身，每身長四尺八寸。無接袖。
工八十日。龍身單格梭兩潤色。
百子龍滿裝挂一件。
計四身，每身長四尺五寸。有接袖。
工七十二日。龍身單格梭兩潤色。
彩裝兩則蒼龍袍一件。
計五身。
工五十五日。雙格梭。
清字太極圖滿裝袍一件。
計五身。
工七十五日。雙格梭兩潤色。燈景袍工同。
兩則葫蘆團龍裝一疋。四則葫蘆裝團同。裝段概不載挂身，止載庹數。
工六十二日。八庹圓金身。
兩則裝一疋。
工七十日。八庹兩則秋葵，兩則大寶相。
工六十日。八庹兩則金菊芙蓉，兩則八吉祥，兩則荷花牡丹，兩則金梗寶相，兩則牡丹。

三則團龍火焰圈有雲裝一疋。

工一百四十日。九庹單格梭三潤色。絨邊純圓金龍身。

三則團龍火焰圈有雲裝一疋。

工一百十日。九庹單格梭三潤色。金圈純圓金，龍身扁金火焰。

三則純圓金團龍火焰圈無雲裝一疋。

工七十五日。九庹純圓金。

三則扁金火焰圈圓金龍無雲裝一疋。

工七十日。九庹純圓金龍，扁金火焰。

三則仙鶴靈芝托圓金壽字裝一疋。

工七十八日。八庹。

三則圓金身大鳳穿寶相裝一疋。

工八十日。八庹。

三則絨身大鶴裝一疋。

工八十日。八庹。金身大雲鶴工同。

三則鶴桃裝一疋。

工六十五日。八庹絨身鶴。

三則秋葵裝一疋。

工七十五日。八庹。

四則巧雲寸龍裝一疋。

工一百十八日九庹單格梭，八庹減工十二日。

四則寸龍裝一疋。

工一百十二日。九庹單格梭。四五爪工同。無巧雲地。八庹減工十日。

四則八花圓金身小團鶴裝一疋。

工三十日。八庹。

四則圓金身團龍裝一疋。

工一百日。八庹金圈單格梭。

四則圓金篆壽字團龍裝一疋。每身十五團。

工九十日。八庹單格梭。

四則五彩葫蘆團龍裝一疋。

計四則織二金團，二絨團。

工六十二日。八庹。

四則五爪圓金龍身葫蘆團龍裝一疋。

工六十二日。八庹。

四則四五爪扁金篆壽字團龍裝一疋。每身十四帶。

工九十日。九庹圓金身單格梭。

四則牡丹裝一疋。

工六十日。八庹。金絨較七十日工者減用。

四則蓮花裝一疋。

工五十二日。八庹。九庹加工四日。

四則裝一疋。

工七十日。八庹四則大寶相，四則金梗寶相，四則牡丹，四則金身絨身小鳳穿寶相牡丹荷花，四則大鳳穿牡丹，四則八寶寶相，四則錦地寶相荷花，四則朵朵蓮。

六則金圈小團龍裝一疋。花十二位二十四帶。

工六十日。八庹雙格梭。

工八十日。九庹單格梭。

六則小圓龍裝一疋。

工一百日。八庹單格梭。

六則絨身龍挨挨葫蘆團龍裝一疋。

工六十五日。八庹絨身龍。

六則團圈純圓金身小團龍裝一疋。

工一百三十日。九庹單格梭三潤色。

六則圓片金小團龍裝一疋。

工一百三十日。九庹單格梭三潤色。

六則篆枝蓮裝一疋。

工七十二日。八庹。

六則金邊寸龍裝一疋。花十位。龍一百二十尊。

工一百二十日八庹。絨龍身單格梭。

六則巧雲金圈五爪寸龍裝一疋。

工一百二十二日。九庹圓金龍身，俱單格梭。八庹減工十二日。

六則巧雲小團龍裝一疋。
工八十一日。八庹單格梭。九庹加工十日。
八則純圓金小團龍裝一疋。
工二百日。九庹單格梭三澗色。
八則圓扁金小團龍裝一疋。
工二百日。九庹單格梭三澗色。
八則巧雲寸龍裝一疋。
工一百五十日。八庹單格梭三澗色。九庹加工十五日。
八則小團龍裝一疋。
工七十八日八庹。龍身雙格梭。
八則小團龍裝一疋。
工八十八日。九庹無巧雲地，龍身單格梭。
工九十八日。九庹有巧雲地，龍身單格梭。
八則小團鳳裝一疋。
工七十日。八庹圓金身。八則小寶相工同。
四則圓金正壽字一疋。
工二十日。八庹。九庹加工二日。圓金篆壽字工同。
四則圓金四時吉慶一疋。
工二十日。八庹。
四則圓金五穀豐登福壽字一疋。
工二十五日。八庹。
清書圓金壽字一疋。
工二十五日。八庹。
扁金一疋。
工二十五日。八庹單格梭。
光背扁金一疋。
工二十五日。八庹單格梭。
素扁金一疋。
工二十二日。八庹單格梭。
四則扁金正壽字一疋。
工十五日。八庹。篆壽字工同。九庹加工二日。
六則扁金正壽字一疋。
工十五日。八庹。篆壽字工同。
扁金太極圖一疋。
工十五日。八庹。六則扁金太極圖工同。
刻絲蟒水袍一件。舊制，今不用。
計每件原給工料價值銀八十四兩。
刻絲蟒水挂一件。舊制，今不用。
計每件原給工料價值銀七十兩。
絨綉實地蟒水風雲地滿裝袍一件。舊制，今不用。
計原給工料價銀九十兩。
絨綉蟒水挂一件。舊制，今不用。
計原給工料價銀七十二兩。
抹絨一疋。大紅絨。
工二十四日。八庹單格梭。
兩則圓金心抹絨一疋。
工二十日。雙格梭。
四則圓金心抹絨一疋。
工二十日。雙格梭。
四則鳳穿牡丹圓金心抹絨一疋。三則葫蘆樣同。
工二十四日。雙格梭。
四則純圓金龍身抹絨一疋。
工五十日。龍身單格梭。
六則兩色圓金雲團龍心抹絨一疋。每位花十二團，共花八十位。
工四十日。雙格梭。
齊肩滿裝女袍一件。舊制。
計五身。
工五十八日。雙格梭兩澗色。
齊肩滿裝女長挂一件。舊制。
計四身。披肩領袖全。

工四十八日。雙格梭兩潤色。短挂減工八日。

齊肩補挂一件。舊制。

計四身。

工五十五日。雙格梭兩潤色。

大手帕一連。計十個。

工四十日。

小手帕一連。計十個。

工六日。

鏡蓋一副。

工三日。單格梭。

儀仗用四則圓金正壽字一疋。

計十身，每身長四尺二寸。

工二十日。

駕衣。

計每件長二十四尺，五身二十尺，袖四尺。

工七日。

九龍傘一把。

九龍傘頂。計二幅。

工二十八日。二幅。

九龍傘襜。計三層。

工二十七日。一層。三層工照此。

四季花傘一把。

四季花傘頂。計二幅。

工二十四日。二幅。

四季花傘襜。計三層。

工二十三日。一層。三層工照此。

芳草傘一把。

芳草傘頂。計二幅。

工二十四日。二幅。

芳草傘襜。計三層。

工二十二日。一層。三層工照此。

傘衣一方。

工一日。例用四塊。

飄帶每條。

工一日。例用四條。

佛幔一幅。

工六十八日。

經蓋一方。

工六日。

九庹一雲平花一疋。有龍無龍工同。

工二十六日。小頭行減工四日。

九庹兩雲平花一疋。

工十八日。小頭行減工五日。

九庹三四六八則平花一疋。

工十六日。小頭行減工五日。

八庹花宮綢一疋。

工十二日。小頭行減工三日。四庹減半。

八庹素宮綢一疋。

工十日。小頭行減工一日。四庹減半。

八庹八絲素一疋。

工十二日。四庹減半。

八庹五絲素一疋。光素衣素成伯同。

工十二日。小頭行減工三日。四庹減半。

八庹素廣段一疋。

工十二日。四庹減半。

九庹八絲闇蟒袍一疋。四攢雲花樣。

計十身。衩子袖口接袖全。

工三十二日。

九庹八絲闇蟒挂一疋。四攢雲花樣。

計八身。衩子袖口尖領全。

工二十六日。
九庹八絲兩雲段一疋。
工十八日。小頭行減工二日。
九庹闇滿裝袍一疋。
計十身。
工二十六日。
十庹五絲闇團圈袍一疋。
計十身。衩子袖口挂領全。
工三十日。
九庹五絲闇蟒袍一疋。
計十身。巧雲花樣，圈領全。
工二十八日。
八庹五絲闇蟒挂一疋。
計八身。巧雲花樣，無圈領有接袖，棋盤領衩子全。
工二十五日。
九庹五絲闇蟒袍一疋。
計十身。八吉祥花樣，有圈領無插襴。
工二十二日。
九庹五絲四團龍闇補袍一疋。
計十身。
工十六日。八絲加工二日，小頭行減工二日，袍挂同例。
九庹五絲八團龍闇補袍一疋。
計十身。
工十九日。八絲加工二日，小頭行減工二日，袍挂同例。
三潤色團金龍襴紗朝衣一疋。
計十身。
工八十五日。單格梭。
三潤色正面龍滿裝紗袍一件。
計五身。
工九十五日。單格梭。
三潤色正面龍滿裝紗挂一件。
計四身。
工八十日。單格梭。
三潤色四團龍補紗袍一疋。
計十身。
工二十七日。廣紗地加工四日。袍挂同例。
三潤色八團龍補紗袍一疋。
計五身。
工四十八日。廣紗地加工四日。袍挂例同。
龍襴紗袍一疋。
計十身。
工六十九日。真兩則地加工二日。
四團龍紗袍一疋。
計十身。
工二十日。袍挂工同。
八團龍紗袍一疋。
計十身。
工三十四日。
九庹如意風雲廣紗一疋。
工十五日。
九庹兩則廣紗一疋。
工十三日。
九庹三則廣紗一疋。
工十日。真三則加工五日。
九庹六則廣紗一疋。
工十一日。
九庹實地一雲紗一疋。
工十日。真一雲加工五日。
九庹漏地一雲紗一疋。
工九日。

九庹實地兩則紗一疋。

工九日。真兩則加工二日。

九庹實地真三則紗一疋。雙鳳齊飛漏地同。

工九日。

九庹實地三則六則紗一疋。

工七日。

春綢一疋。

計長三丈三尺五寸。

工十日。

八庹宋錦一疋。

工十四日。

五彩蟒被一床。舊制。

工三十日。

圓扁金牙爪闇蟒被一床。舊制。

工十五日。

五彩裝龍鳳被一床。舊制。

工二十七日。褥減工四日。

五彩裝百花被一床。舊制。

工二十七日。褥減工四日。

五彩四則八花絨錦被一床。舊制。

工二十日。

謹按上用段疋，其品制繁多，未能盡載，止就上傳特用及正運常造者書諸。間有舊制，存其一二，以備稽考。

孫珮《蘇州織造局志》卷八《段疋二官用》 衣裳之制，所以辨貴賤，別等威也。自一命至九命，品秩不同，服制亦异，載在《周禮》，迄今可考。我朝開局以來，上用而外，即有官用，王公以下錫予賞給，悉取資于此。名器所關，誰敢或略，乃詳志之。

〔明〕

織染局督造上用，其賞給段疋及綾紗黃白絹，並采買等項，悉屬該府造辦解京。

〔皇清〕

官用正運。闊二尺。

四爪蟒一疋。

計十身。花襴五條，插襴七條。

工五十五日。

四爪教子蟒一疋。

計十身。

工六十五日。

四爪大雲滿裝袍一件。

計五身。

工七十三日。

四爪長雲滿裝袍一件。

計五身。

工七十三日。

寸蟒裝一疋。

計十身。

工一百日。

三號蟒一疋。

計十身。

工四十八日。

小蟒一疋。

計三丈。插襴一條，花襴四條，裏衿襴不用。

工二十四日。

兩色圓金蟒袍一疋。

計十身。

工三十日。

兩色圓金牙爪闇蟒袍一件。

計五身。襴子十二條。

工二十一日。

兩色圓金牙爪闇蟒袍一件。

計五身。八吉祥滿裝樣。
工十五日。
兩色圓金闇蟒袍一疋。
計十身。
工三十日。
立龍滿裝袍一件。
計五身。
工四十五日。雙格梭兩潤色。
立龍滿裝長掛一件。
計四身。
工三十八日。龍身雙格梭兩潤色。
五龍小八吉祥滿裝長掛一件。
計四身。
工三十日。雙格梭兩潤色。
五龍小八吉祥滿裝短褂一件。
計四身。
工三十日。雙格稜兩潤色。
闇雲山水圓金身百壽滿裝袍一件。
計五身。襴子五條，篆壽字俱圓金。
工二十二日。雙格梭兩潤色。
兩色圓金八團補一疋。素地。
計十身。
工三十二日。四團補減半。
兩色圓金八團補一疋。花地。
計十身。
工二十六日。四團補減半。
三色圓金補挂一件。
計四身。
工十日。
圓金鋪地補挂一件。
計四身。
工十二日。
彩裝各樣品級補子一疋。坐龍、狻猊、斗牛、四不象同。
計十身，每身四尺二寸，共長四丈二尺。每疋四個半塊，每半塊花長一尺二寸，闊六寸，合對闊一尺二寸。分身織花四挂身，餘織平花六挂身，内一挂身作裏衿用。
文職品級
一二品 仙鶴 錦鷄
三四品 孔雀 雲雁
五 品 白鷴
六七品 鷺鷥 鸂鶒
八九品雜職 鵪鶉 練雀 黄鸝
武職品級
一二品 獅子
三四品 虎 豹
五 品 熊
六七品雜職 海馬 犀牛
風憲衙門 白豸
公侯駙馬伯 麒麟
工十七日。
裝彩兩色圓金身各樣品級方補袍挂一件。
計每件每身長四尺。袍餘織裏衿一個，挂無裏衿。身花一樣四個半塊，前後合對，横竪長闊俱一尺二寸，織龍身用圓金，花素地同。
工九日。
兩則裝一疋。
工六十日。八庹兩則荷花牡丹，兩則金梗寶相，兩則牡丹，兩則寶相。
四則裝一疋。
工五十日。八庹四則金梗荷花牡丹，四則茶荷四季，四則大寶相，四則山茶牡丹，四則靈芝四季，四則茶荷，四則靈芝，四則錦地牡丹，四則錦地寶相荷花，四則八寶相，四則菊蓉。
工六十五日。八庹絨身龍葫蘆團龍，四則挨挨葫蘆。

工六十日。八庹四則柳穿魚。

五則香草雲裝一疋。

工一百十日。

六則裝一疋。

工六十日。九庹。

八則小寶相裝一疋。

工五十日。八庹。

八吉祥裝一疋。

工五十五日。九庹。

中錦裝一疋。

工四十二日。用鮮紅絨。

草錦裝一疋。

工三十八日。用鮮紅絨。

中錦裝一疋。

工四十五日。用大紅絨。

草錦裝一疋。

工四十日。用大紅絨。

絨錦裝一疋。舊制。

工五十日。

一則扁金葵花裝一疋。

工二十五日。

四則扁金蓮花荷花一疋。

工五十日。八庹。

閫花地扁金抹絨一疋。花邊金心。

工二十日。雙格梭。

春字一疋。

工二十日。

扁金一疋。

工十七日。雙格梭。

八庹花宮綢一疋。

工八日。四庹減半。花素工同。

八庹八絲素一疋。光素衣素同。

工十二日。四庹減半。

八庹五絲素一疋。光素衣素成伯同。

工八日。四庹減半。

抹絨一疋。

工十二日。

閃錦段一疋。

工十日。

閃段一疋。

工八日。

八庹三四六八則平花一疋。閃平同。

工八日。六庹減工二日。

六庹楊段一疋。

工五日。八庹加工二日，四庹工三日。

六庹彭段一疋。各花樣同闊一尺八寸。

工五日。八庹加工一日，四庹工三日。

四爪教子紗蟒一疋。

計十身。

工六十四日。

四爪彩紗蟒一疋。

計十身。

工五十四日。

六庹圓金壽字紗一疋。

工十四日。

八庹扁金紗一疋。

工十七日。

八庹真三則平花紗一疋。

八日工。

八庹平花紗一疋。各花樣同。三四六則同。

工六日。

八庹漏地紗冰紗銀條紗一疋。

工六日。四庹減半。

八庹素縐紗一疋。

工六日。

寧綢一疋。

長二丈二尺。

工四日。密花。朗花工三日。

五彩明甲一副。

工三十八日。

五彩戰甲一副。

工三十八日。

兩色圓金戰甲一副。

工二十日。

謹按官用段疋，其品制簡略，然亦未能盡載，止就正運常造者書諸。

《類腋》卷一二《物部》 帛戔戔《易》「束帛戔戔」。《魏肅宗紀》詔曰：「其有懷道邱園，味跡版築，山栖谷飲，舒卷從時者，宜廣戔帛，緝和鼎飪。」純帛《周禮・地官・媒氏》：「凡嫁子娶妻，入幣屯帛，無過五兩。」注：純，實，緇，字。五兩，十端也。曼帛《淮南子》：綈綿曼帛，温煖於身也。注：曼帛，細帛也。縑帛《後漢・郭后紀》：況遷大鴻臚，帝數幸其第，會公卿諸侯親家飲燕，賜金錢縑帛，豐盛莫比。庸帛《論衡》：繡之未刺，錦之未織，恒絲庸帛，何以異哉。采帛曹植《樂府》：采帛若煙雲。秋帛于鵠詩：篋中有秋帛，裁作遠客衣。五色帛《道山新聞》：李後主宫嬪窅娘，纖麗善舞。後主作金蓮，高六尺，令窅娘以五色帛繞素襪舞蓮中，回旋有凌雲之態。

紗、紬綾、羅、絹附見。

素沙《周禮・天官・内司服》：「緑衣素紗。」注：素紗者，今之白縛也。綺縠《漢(文)〔高〕帝紀》：賈人無得衣錦繡綺縠紵罽。注：綺，文繒，即今之細綾也。魏文帝書：夏則縑總綃繐，其白如雪。冬則羅紈綺縠，衣疊鮮文。沈約詩：「風過動羅紈。」冰紈又《地理志》：齊俗彌侈，織作冰紈綺繡純麗之物。《後漢・章帝紀》：詔，齊相省冰紈、方空縠、吹綸絮。注：紈，素也。冰言色鮮潔如冰。縠，紗也。方空者，紗薄如空也，即今之方(自)〔目〕紗。綸，似絮而細。吹者，言吹嘘可成，亦紗也。劉孝綽詩：「春衫尚未着方空。」纖羅《子虚賦》：「投紵縞，雜纖羅，垂霧縠。」注：紵縞，繒也，纖，細也。縠細如霧，垂之爲裳也。《七啓》：「被輕縠之纖羅。」綺組《西都賦》：「紅羅颯纚，綺組繽紛。」錦繡段《四愁詩》：「美人贈我錦繡段，何以報之青玉案。」綺紈《王符傳》：錦繡綺紈。注：綺，文繒也。劉峻《廣絶交論》：弱冠王孫，綺紈公子。散花綾《西京雜記》：霍光妻遺淳于衍散花綾二十五匹，一疋直萬錢。又與珥緑綾百端。鮫綃《博物志》：鮫人水居如魚，不廢織績，時出人家賣綃。《述異記》：南海出鮫綃紗，一名龍綃，其價百餘金，以爲服，入水不濡。元積詩：「貢兼鮫女絹。」施肩吾詩：「偷得鮫人五色綃。」韋應物歌：「的皪龍綃雜瓊珮。」流黄《古樂府》：「大婦織綺羅，中婦織流黄。」張載《擬四愁詩》：「佳人遺我筒中布，何以報之流黄素」。張説《觀妓詩》：「秀色然眉黛，嬌香發綺羅。」齊紈班婕好《樂府》：「新裂齊紈素，鮮凉如霜雪。」注：紈素，細絹，出於齊國。鶴綾謝惠連詩：「客從遠方來，遺我鶴文綾」。霜紈霧縠沈約《謝賜絹啟》：「霜紈雪委，霧縠冰鮮。」寫霧傳花庾肩吾《謝賚白綺綾啟》：「圖雲緝鶴，鄴市稀逢。寫霧傳花，叢臺罕遇。」繁繐《廣雅》：繁繐，鮮支，縠絹也。經紬顔師古《急就篇》「縫緹經紬緑絮綿」注：抽引麤繭，緒紡而織之曰紬，紬之尤麤者曰絓。鬬雞紗劉禹錫詩：「新衫別織鬬雞紗。」竹根柿蔕李嶠詩：「馬眼冰凌影，竹根雪霰文」。白居易詩：「紅袖織綾誇柿蔕。」《白帖》：馬眼、蛇皮、竹根、柿蔕，皆綾名。輕容王建詩：「縑羅不著愛輕容。」《類苑》：輕容，無花薄紗也。鴛鴦綺陳子昂詩：「聞有鴛鴦綺，特爲美人贈。」東絹杜甫詩：「我有一疋好東絹，重之不減錦繡段。」楚練又「越羅與楚練，照耀(輿)〔興〕臺軀」。蟬翼李賀詩：「春帳依微蟬翼羅，横茵突起隱體花。」《白帖》：鳳文、蟬翼，並羅名。《海物異名録》：泉女織紗，輕如蟬翼，名蟬紗。胡威絹李商隱詩：「君懷一疋胡威絹，争拭酬恩淚得乾。」又啟：志慕胡威，敢問荆州之絹。鳳尾又「鳳尾香羅薄幾重」。鵝溪《唐地理志》：陵州仁壽郡，土貢鵝溪絹。文與可《畫竹詩》：「待將一段鵝溪絹，掃取寒梢萬尺長。」吴絹又，越州會稽郡，土貢吴絹。朝霞紬又《新羅國傳》：開元中數入朝，獻果下馬、朝霞絹。八梭綾《雲仙雜記》：鄴中老母村，人織綾必三交五結，號八梭綾，匹直米陸筐。山紬王禹偁詩：「野蠶自成繭，繰密爲山紬。」韻字紗劉子輩詩：「機女猶挑韻字紗。」小疊勝《清異録》：獲嘉秃士貫微，僭奢如貴要子弟，旋織小疊勝，羅染椹服，號紫織方。

袁枚《小倉山房詩文集》卷五《山東巡撫白公墓志銘》 先是，廬、鳳地磽陿，多遨民，饑即避宅槃遊，猎魚擉鼈，挈其孥，搥小棘，野歌匄錢。或請禁之。公憮然曰：「本之不清，末胡能治？」命守令申畫郊圻，課民耕，貸給犂鋤。外延染人機工，教躡絲法。畜蠶，樹桃、麻、桑、柘，朝夕程督。未朞年，民戀其業，驅之不行。今鳳、潁、滁、亳所織絹帶絲布，轉鬻蘇、杭數州。

《古今圖書集成・職方典》卷二五四《東昌府部・風俗考》　通志・府志

合載

本府

元《濮州志》：其民朴厚，好稼穡，務蠶織。

《古今圖書集成・職方典》卷九七二《湖州府部・物産部》　府志

食貨屬

絲　有合羅絲、串五絲、經緯絲，屬縣俱有，惟出於菱湖、洛舍者第一。

綿　有頭蠶綿最韌，二蠶綿白而少脆，惟武康有鵝脂綿，甲於屬縣。

絹　有官絹，有生絹，惟局絹有五色，可同嘉興。

紬　有水紬，有紡絲紬，出菱湖者佳。

紗　有直紗，花紗，夾織紗，出郡城内。又包頭紗，出雙林。

綾　有紕綾，有線綾，練軟柔滑，光彩眩人，唐時充貢，號吴綾，近城出。

張渠《粵東聞見録》卷下《紗緞》　廣中紗緞必用湖絲織之，故貿絲者皆自浙中。然廣緞初服鮮明，塵粘即至褪色，不如金陵、蘇、杭所造。惟廣紗色澤耐久，皺折易直，故馳名天下。若潮紗則止用本土之絲，不久輒裂，價值亦賤。至牛郎綢、女兒絹亦僅存其名而已。

程鄉繭綢，野蠶絲所織。其蠶分畦而養，以某樹葉飼之即名某繭綢，初無定名。新興繭、文昌繭唯食山栗葉，故其絲堅韌。若南海之官窑繭、順德之龍江繭皆不及也。繭布則以大蝴蝶繭爲之。

阮葵生《茶餘客話》卷五　雍正元年，定公納采禮，金領約一具，金簪三枝，金耳飾一副，段衣四襲，段衾褥三具。納采日燕用牲九，成婚日具筵二十席。侯納采禮與公同，納采日燕用牲八，成婚日具筵十有八席。伯納采禮與侯同，納采日燕用牲七，成婚日具筵十有七席。一品官納采禮，段衣三襲，餘與伯同，納采日燕用牲六，成婚日具筵十有五席。二品官納采禮，段衣二襲，段衾褥一具，餘與一品同。納采日燕用牲四，成婚日具筵十有三席。三品官納采禮，金簪二枝，餘與二品同。納采日燕用牲三，成婚日具筵八席。四品官納采禮，金領約一具，金耳飾一副，段衣一襲，段衾褥一具。納采日燕用牲二，成婚日具筵六席。五品官納采禮與四品同。納采日燕用牲二，成婚日具筵五席。六品官以下納采與五品官同。納采日具筵用牲二，成婚用牲三。自四品以下，領約、耳飾各聽其力，能具者備用。軍民人等納采禮，衣一襲，衾褥一具，具筵用牲一，成婚日用牲二，凡有品級官員，婚嫁或用本官職事，鼓樂人不得過十二名，鐙不得過六對，無品級人及生監軍民不得僭用職事，鼓樂人不得過八名，鐙不得過四對，一應靡費概行嚴禁。

又定例漢人納采及成婚禮，四品官以上，紬段不得過八疋，金銀首飾不得過八件，食品不得過十。五品以下官，各減二。八品官以下，有頂帶人員以上，又各減二。軍民人等紬絹不得過四，果合不得過四。其金銀財禮，官民概不許用。至庶民婦女在僭用冠帔補服大轎者禁，違者罪坐夫男。

桂馥《札樸》卷七《練》　兩襠亦應作當，前當心，後當背也。《晉書・王導傳》：庫中惟有練數千端，鬻之不售，導乃制練布單衣，士人競服之。《隋書・姚察傳》：門生送南布花練。《類篇》引《後漢書・禰衡傳》作練巾，今本誤作疏巾。

劉堅《修潔齋閑筆》卷一《七襄》　《大東》之詩「跂彼織女，終日七襄」。跂，舉踵而望也。襄，《説文》云：「織文也。」漢魏郡有縣能織錦綺，因名襄。七襄，織文之數也。《詩》意謂望彼織女，終日織文至七襄之多，終不成報我之文章也。《詩》注未及此，箋謂自卯至酉更七次者，殊非。

顧堃《覺非盦筆記》卷八　通儒謀國者，以爲今天下税糧，當盡徵本色，其説蓋西漢貢禹已言之。案《禹傳》言古者不以金錢爲幣，專意於農。自五銖錢起以來，富人積錢滿室，各用智巧，歲有十二之利而不出租税，農夫捽草把土，手足胼胝，已奉穀租，又出槀税，鄉部私求，不可勝供，故民棄本逐末，末利深而惑於錢，是以姦邪不可禁，其原皆起於錢也。宜罷采珠玉金銀鑄錢之官，無復以爲幣，市井勿得販賣，除租銖之律，租税禄賜皆以布帛及穀，使民一歸於農。宋太常博士許載著《吴唐拾遺録》，載宋齊邱策曰：江淮之地，唐季戰爭之所，兵革乍息，而使民間租税必率以見錢，折以金銀，此非民耕鑿可得也，必興販以求之，是爲教民棄本逐末耳。時絹每疋市價五百文，紬六百文，緜每兩十五文。齊邱請絹每疋擡爲一貫七百，紬爲二貫四百，緜每兩爲四十文，皆足錢。丁口課調，亦請蠲除。朝議喧然沮之，齊邱致書徐知誥，知誥曰：「此勸農上策也。」即行之。不十年間，野無閒田，桑無隙地。此二者真謀國之遠猷，萬世之長慮也。愚以爲欲用禹貢租税禄賜皆以布帛及穀之言，必當用齊邱虚擡時價，而折絹紬緜本色之議，則農力於田，富藏於下矣。案是時爲吴順義年中定租税額，上上田每一頃税錢二貫一百文，中田一頃税錢一貫八百，下田一頃千五百，皆足陌見錢，見錢不足，許依市價折以金銀，丁口課調亦科錢，故齊邱以此策救正之。以亂世割據之雄，觀其所稅錢乃輕減如此，後之爲人上者，可不灑心而易慮乎。《資治通鑑》失載此事。

王念孫《讀書雜志·墨子》卷三《非樂上·縿》　「多治麻絲葛緒，綑布縿」。念孫案：縿當爲繰。凡書傳中從喿之字，多變而從參，說見《詩本音·陳風·月出篇》。故繰誤爲縿。《集韻》：綑，織也。綑布繰，猶言綑布帛。《說文》「繰，帛如紺色。或曰深繒。從糸，喿聲，讀若喿」。《玉篇》子老切。《廣雅》曰：繰謂之縑。《檀弓》「布幕，衞也。繰幕，魯也」，鄭注曰：繰，縑也。繰讀如綃。今本《檀弓》亦譌作縿。又《說文》：「縿，旌旗之游也。從糸，參聲。」《玉篇》所銜切。兩字判然不同。《非命篇》捆布縿同。

王念孫《讀書雜志·史記》卷五《李斯列傳·阿縞》　「阿縞之衣，錦繡之飾。」徐廣曰：齊之東阿縣，繒帛所出。念孫案：徐以上文云「江南金錫，西蜀丹青」，故以阿縞爲東阿所出之縞也。今案：「阿縞之衣」，與「錦繡之飾」相對爲文，則「阿」爲細繒之名，非謂東阿也。「阿」字或作「絅」。《廣雅》曰：絅，縞，練也。《楚辭·招魂》：「蒻阿拂壁。」「蒻」，與「弱」同。「阿」，細繒也。言以弱阿拂牀之四壁也。王逸注以「蒻」爲蒻席，「阿」爲曲隅，皆失之。辯見《楚辭》。《淮南·脩務篇》「衣阿錫，曳齊紈」，高誘注曰：「阿，細穀。錫，細布。」《列子·周穆王篇》張湛注同。《漢書·禮樂志》「曳阿錫，佩珠玉」，如淳曰：阿，細繒。錫，細布。《司馬相如傳》「被阿錫，揄紵縞」，張揖注與如淳同。

于敏中等《日下舊聞考》卷五《形勝》　原南京户口三十萬，大内壯麗。城北有市，陸海百貨聚於其中。僧居佛寺冠於北方，錦繡組綺精絶天下。膏腴蔬蓏果實稻粱之類靡不畢出，而桑柘麻麥羊豕雉兔不問可知。水甘土厚。石晉未割棄已前，其中番漢雜鬭，勝負不相當。既築城後，遠望數十里間，宛然如帶，回環繚繞，形勢雄傑，真用武之國也。《遼志》。

〔臣等謹按〕今京師地在遼時稱南京，金時稱中都，元時稱大都。此條所引葉隆禮《遼國志》，指遼之南京而言，即燕地也。

官修《清會典》卷七五《内務府·織造》　凡祭帛七等：曰郊祀制帛，曰告祀制帛，其色青黄。曰奉先制帛，色白。曰禮神制帛，青、赤、黄、白、黑五色。曰展親制帛，曰報功制帛，均色白。各制帛名，皆織清、漢文於帛端。曰素帛，無文，歲由江寧織造入貢輸部，以供太常祭祀之用。

凡誥敕軸誥曰「奉天誥命」，敕曰「奉天敕命」，皆織清、漢文於軸端，繞以龍文。誥命，四品以上，用五色紵絲。五品以下，三色。敕命用白綾。一品，玉軸鶴錦面。二品，犀軸螭錦面。三四品，裹金軸。五品，角軸均花錦面。六品以下，軸同五品小團花錦面。

凡校尉服色，供壇廟及宮殿之役者服遜衣，舁輦輿用紬，執事用絹，色赤，織團花文。

凡采繪，織染五色以供國家慶典。

嵇璜等《清文獻通考》卷三二《市糴考一》　〔順治二年〕又奉諭旨，往年市賣紬緞等物，皆寬長精密，近來人心姦巧，希圖射利，概多短窄鬆薄，以致民間徒費錢財，無裨實用。爾部移文内院，督臣傳諭江寧蘇杭各處機房、商賈，以後織造市賣紬緞等物，務要寬長合式，精密堪用，如仍前短窄鬆薄，查究治罪。【略】

〔順治〕八年停止陝西買辦皮張，定山西解潞紬例。先是山西長治、高平二縣，歲織潞紬三千匹，至是頒定式樣，每匹長五丈濶二尺五寸，酌定價銀十三兩，歲織一千四百七十九匹。康熙六年，題准減去大潞紬一百匹，改織小潞紬四百匹，長三丈，闊一尺七寸。至十四年，又議准大小潞紬各減去一百匹。十七年，題准每匹核減銀五錢。

嵇璜等《清文獻通考》卷三八《土貢考》　直省額辦户部物産。【略】織造紗、緞、綢、綾等物，隨時酌辦，歲無定額。安徽省額解織造紗、緞、綾、綢等物，隨時酌辦，歲無定額。浙江省額解，白綿二百斤、白絲八千五百斤，織造紗、緞、綢、綾等物，隨時酌辦，歲無定額。【略】

山西省額解生素絹一千二百疋，遇閏加添四十四疋。農桑絹三百疋。

江蘇省每年額解，制帛、綵綢、紅綢、駕衣片庫存不敷，隨呈明派解。山西省每年額解大潞綢一百疋，小潞綢三百疋。

李斗《揚州畫舫録》卷一　邗上農桑、杏花村舍二景，在迎恩河西，仿聖祖《耕織圖》做法。封限爲岸，建倉房、饁餉橋、報豐祠。祠前擊鼓吹豳臺，左有蠶房，右有浴蠶房、分箔房、綠葉亭。亭外桑陰鬱鬱，時聞斧聲，樹間建大起樓。樓下長廊至染色房、練絲房，房外爲練池，池外有春及堂，堂右有嫘祖祠，經絲房、聽機樓。樓後有東織房、紡絲房，房外板橋二三折。至西織房、成衣房，接獻功樓。自此以南，一片丹碧，塞破□□煙霧，盡在長春橋外矣。【略】

嫘祖祠，祀馬頭娘也。聯云：明堂靈響期昭應，王昌齡。桑葉扶疏問日華。曹唐。昔傳嫘爲黄帝正妃，又作雷，爲雷祖次妃，皆不可考。

祠右沼堤種竹，竹後長廊數丈，廊竟，橫置小舍三間，爲經絲房，經機所持絲也。聯云：輭縠疏羅共蕭屑，温庭筠。霏紅沓翠晚氛氳。孟浩然。屋右接聽機樓，聯云：繡户夜攢紅燭市，韋莊。繅絲聲隔竹籬間。項斯。

樓臺疏處栽桑樹數百株，濃緑蔭坂，下多野水，分流注沼，沼旁爲紡絲房，與經絲房對，居其右。織房十餘間，以東西分，東織房聯云：露氣闇聯青桂色，李商隱。天孫爲織錦雲裳。蘇軾。西織房聯云：花鬚柳眼如無賴，李商隱。蕊亂雲濃相間深。温庭筠。

成衣房十餘間，紡磚刀尺，聲聲相聞。聯云：越羅蜀錦金粟尺，杜甫。寶殿香娥翡翠裙。戎昱。

于敏中等《日下舊聞考》卷一四九《物産》 原幽州范陽貢綾，檀州人蔆，薊州鹿角膠。《唐六典》。

原范陽郡土貢綾、綿、角弓、人蔆、栗，密雲郡土貢人蔆、麝香，漁陽郡土貢白膠。《唐書》。

原幽州土産綿、絹、人蔆、瓜子，貢范陽綾，霸州土産絲、綿、絹，涿州土産綾，薊州土産鹿角膠、人蔆、遠志、白朮，檀州土貢安東府人蔆，又銀錫二穴，密雲郡都管，又有水精，是寶出昌平縣。《太平寰宇記》。

原霸州信安軍、保定軍土貢各絹一十匹。《九域志》。

〔朱彝尊原按〕范陽之綾，貢於唐宋，霸州亦産絲絹，元於涿州設錦局織染提舉司，不知何時遂休其蠶織也。

管同《因寄軒文集》卷三《勸民蠶桑詩説序》 古之時，男耕而女織，天下有不耕之男，而天下無不織之女，詠於《詩》，著於《禮》，見於《左氏》、《國語》，敬姜之論，至於今可考而知也。織則必蠶，其蠶也，自王后、諸侯夫人皆有親蠶之事。蠶則必桑，其桑也，則凡五畝之宅無不樹之，而宅不毛者有里布。蓋古者男自農夫而外，貴則爲天子、諸侯、大夫、列士，賤則爲百工、商賈與庶人之在官者，彼皆有事而不能耕，而婦女則雖后妃之尊不與外事，舍蠶織固無所爲，而況於民間之卑賤乎。聖王在上，所以裕民衣食者，教之以自力，杜之以外求，率之以躬行，嚴之以法制，絶其饑寒而杜其淫惰，世之所以家給人足，而風俗貞淳者，由此其致也。自戰國以後，井田隳壞，而樹桑之制隨之。不桑則不蠶，不蠶則不織，由是機杼別爲一工，而婦織移於男子，士庶之家，布帛必購於市肆，而富貴者披綺羅，曳錦繡，亦無一取諸宫中也。夫如是，民安得而不窮，俗安得而不敝哉。而論者不深維其本末，或曰蠶桑宜東南，不宜西北，是大不然。《禹貢》言青州「桑土既蠶」，太史公曰齊魯千畝桑，其人與千户侯等，是以齊織冰紈號爲冠帶衣履天下。今則青齊惟産繭布，其一切紈綺之屬皆由吴越而來，而絲縷不能自辦也。若是者，可謂地利之有殊與，可謂東南宜而西北否與，亦民之勤惰不同，而世之居官者未嘗明以導之也。襄陽太守周公，勸民事蠶桑，著爲《詩説》。其考據經史，以爲九州之地，無不宜蠶桑，示之以種接之方，告之以飼養之法，治襄數年而民以殷富。如公者，可謂今之循吏也已。竊嘗論之，古之時上爲民謀，而後世聽民之自謀。夫爲謀，則不得不去逸而就勞，自謀則往往舍勤而趨惰，貧富之不同，實由於此。抑又有説焉。古者農桑並重，桑則公之《詩説》備矣，以農言之，有蓄水之利，有播種之宜，有用器糞田耕耨之理。今東南之民頗知事此，而西北則布種於田，視雨暘以爲豐歉而已。此財賦所以有偏，而饑饉所以常告者也。使西北之爲官者皆如公輩，用其所以勸蠶桑者而更勸農田，則江淮大河以北，田與吴越同矣，不尤爲生民之至幸也哉。道光六年夏四月某序。

吴振棫《黔語》卷下《附録·蠶事略》 春蠶，清明後十日上樹，夏至畢。秋蠶，夏至前後上樹，白露畢。上樹者置蛾筐中，蠶出卵針大而黑，屈槲桑枝入筐，蠶緣而上，於是驅鳥雀，逐野猪，捕蛇與馬蜂、山蚱蜢，旦暮惟謹。上樹七日爲初眠，又七日二眠，又七日三眠，又十日大眠，亦曰四眠，然後吐絲，自縛而爲繭。繭成，梯之櫈之，察其韌而摘之，以繅，以織，而綢成焉。稗販駢坒，遠走數千里外，價視吴綾、蜀錦廉，而性堅韌，一衣可十歲許。自他省言曰貴州綢，自黔言曰遵義綢，自遵義言，佳者曰府綢，粗而皺者曰雞皮繭，又其次曰毛綢，曰水綢。水綢品最下，而名獨多，雙經單緯者曰雙絲，單經雙緯者曰大雙絲，單經單緯者曰大單絲，又有小單絲者，但疏而狹，亦曰神綢。近郡人鄭子尹、孝廉珍徵，據聞見以爲，槲即檞，爾疋檞繭蓋指是，作《檞繭譜》五十篇，曰誌惠，曰定樹，曰定繭，曰蠶期，曰蠶山，曰蠶地，曰蠶樹，曰蠶祥，曰蠶忌，曰蠶害，曰蠶病，曰蠶眠，曰蠶食，曰居守，曰春蠶，曰烘種，曰蛾覸，曰蛾卵，曰售種，曰辨筐，曰上樹，曰秋蠶，曰薅林，曰翦移，曰下繭，曰剥繭，曰繭病，曰炕繭，曰繅絲，曰繅別，曰浄絲，曰道經，曰道緯，曰牽經，曰諸綢，曰綢病，曰肶綢，曰毛綢，曰湯綢，曰蠶筐，曰蠶刷，曰繭羌，曰蠶翦，曰響笴，曰機竿，曰排套，曰沙撮，曰擘霹，曰茅刷，曰種槲。世欲知蠶事緣起及利病所在者，惟此書爲詳。

甘熙《白下瑣言》卷八 桑蠶盛于蘇浙，金陵間亦習之，然絲質纇肥，遠遜湖甯，惟織工推吾鄉爲最。入貢之品，出自漢府，民間所産，皆在聚寶門内，東西偏業此者，不下千數百家，故江綢、貢緞之名甲天下。翦絨則在孝陵衛，其盛與綢緞埒，交易之所，在府署之西，地名絨莊。日中爲市，負擔而來者，踵相接也。

左宗棠《左文襄公全集·奏稿》卷五五《革員祝應燾懇恩註銷永不敍用，並賞給原銜頂帶片》光緒五年十二月十七日　再已革鹽提舉銜湖北崇陽縣知縣祝應燾，前在崇陽縣任内，因民争樹一案，辦理不善，幾致激成事端，經湖廣督臣奏參革職，永不敍用。嗣經該督撫臣查明，事屬因公，尚無藉端詐索情事，會同咨部結案。臣因新疆南路，地本宜桑，上年飭各局查明册報，實有八十餘萬株之多，但纏回不知接桑養蠶之法，惟收葚以代糗糧，間有飼蠶取絲者，絲硬色闇，較中土遠遜。天生美利，人自棄之，良爲可惜。查祝應燾籍隸浙江，於蠶桑諸務，最爲諳悉，當經札調來甘，訪聞屬實，即飭赴浙招募接桑、養蠶、繅絲、織作各工匠來甘，以便派撥出關，轉相教習。見據報已募各工匠六十名，隨帶器具抵蘭州，一俟到肅，飭令出關。合無仰懇天恩，俯念該員從前獲咎，事屬因公，尚無貪酷私罪，准其先行註銷永不敍用，並賞給原銜頂帶，留營差遣，庶便發赴新疆各處教習接桑、養蠶、煑繭、繅絲諸法，俾邊方則效，以厚民生。謹附片具陳，伏乞聖鑒施行，謹奏。

軍機大臣奉旨，著照所請，該部知道。欽此。

左宗棠《左文襄公全集·奏稿》卷五六《辦理新疆善後事宜摺》光緒六年四月十七日　奏爲敬陳辦理新疆善後事宜大略情形，仰祈聖鑒事。竊維新疆善後事宜，以修濬河渠、建築城堡、廣興屯墾、清丈地畝、釐正賦税、分設義塾、更定貨幣數大端爲最要。【略】

至於中土蠶絲，賴及萬方，而湖産尤甲中土，泰西市舶騈集滬上，航海往返，費省運捷，非若陸路之艱阻也。西北各部落，行國居多，衣被廬帳，取給氈片，《禹貢》於崑崙、析支、渠搜，皆以織皮概之，由來久矣。近代以來，參用蠶絲和毛彈織，精緻殊倫，售獲善價。惟與中土通商，專在陸路，運致維艱。新疆南北，産桑土人，但取葚代糧，或稱藥材，蠶織之利未廣。俄羅斯及諸邊種人，購絲於新疆不足，仍議入蜀購絲。臣通檄南北兩路局員，檢校屬境桑株，陸續稟報，統計桑樹八十萬六千餘株，教以飼蠶繅絲諸法，兩年始有微效，據各處呈驗新絲，色潔質韌，不減川絲。前飭滬局採運，委員胡光墉延訪德國開河、鑿井、織呢師匠，帶購機器來蘭州，入製造局，教習西法，並飭募雇湖州士民，熟習蠶務者六十名，交委員祝應燾由籍管領，並帶桑秧蠶種及蠶具前來，教民栽桑接枝、壓條種葚、浴蠶飼蠶、煑繭繅絲、織造諸法，自安西州、敦煌、哈密、吐魯番、庫車以至阿克蘇各設局授徒，期廣浙利於新疆也。所以先南路而後北路者，以南疆生桑頗多，一經移接，便可飼蠶，纏民勤習工作，可收事半功倍之效。由是推之西四城，更推之北路，耕織相資，民可使富，即西北諸行國，取攜亦便，毋庸度隴趨蜀以買新絲，遠商拜恵，懷我好音，彼獲其贏，我亦得施其控制之術，從此氛祲潛消，亦未可知，非僅釐税有增，稍紓軍儲之急已也。特事涉創行，無速效可覩，臣不敢多所論列，惟有黽勉圖之，仰副宵旰憂勤之意，謹一併附陳。

左宗棠《左文襄公全集·奏稿》卷五七《請敕部註銷祝應燾永不敍用處分片》光緒六年十二月初二日　再臣前奏，調已革鹽提舉銜湖北崇陽縣知縣祝應燾，由浙江原籍，召募熟習養蠶種桑工匠六十名，並帶桑秧蠶種及各項器具西來，試辦蠶織局，務期廣浙利於西陲，業於本年四月十七日，拜發辦理新疆善後事宜，大略情形，摺内陳明。五月初八日，臣行抵哈密，祝應燾繳呈哈密、吐魯番、庫車、阿克蘇各局所取新絲，親加察驗，色白質韌，與中土無殊。詢據浙匠僉稱，此地之桑，較浙産葉大汁厚，實爲宜蠶，惜到時節候已過，養蠶無多也。祝應燾復收買吐魯番、庫車、阿克蘇土繭，則質薄色黄，取絲不及浙桑之半。近據祝應燾專丁呈驗綫縐綢緞數匹，與浙織差同，若多參用浙桑，飼蠶取絲，則料本可節，更用由浙購帶之種，如法浴蠶取繭，繅絲上機，則與浙織無殊，久之，浙利移於西北，種人争售，銷路必暢，民可使富，而於馭夷之方，亦良有濟。劉錦棠復飭祝應燾，赴西四城設局教習，一面飭上海採運局，再購浙産桑秧，並多購蠶種，以期推行盡利。竊謂甘肅、新疆要務，無逾於此，惟祝應燾因前在湖北崇陽縣任内，因鄉民争樹一案，經湖廣督臣奏參，革職永不敍用，臣以其事本因公，並非貪酷私罪，上年奏請開復，經部議復奉旨賞給原銜，該員感戴皇仁，並蒙湔雪，圖報方殷，見在試辦蠶織，漸著成效，合無仰懇天恩，敕部將祝應燾所得永不敍用處分註銷，俾得盡心教習，以竟全功。謹附片具陳，伏祈聖鑒訓示施行，謹奏。

軍機大臣奉旨，著照所請該部知道。欽此。

左宗棠《左文襄公全集·奏稿》卷六一《請敕部會同内務府，核減傳辦衣料等項摺》光緒九年七月十三日　奏爲織造奉旨傳辦衣料等項，數繁費重，司庫無款可籌，遵照奏案，請旨敕下户部，會同内務府，大加核減，並指撥有著的款，以便造報，而免貽誤。恭摺具陳，仰祈聖鑒事。竊臣准江甯織造文琳咨准造辦處來文，光緒九年五月初八日，經總管太監李雙喜交傳活計單一紙，內開上用及賞用各色龍袍褂、蟒袍氅衣、襯衣、緊身、大小卷江綢、宮綢、八絲緞、五絲緞、春綢、綫綢、湯綢、線縐綢、紡絲、實地、麻地、直徑地紗綾子等項，共二萬三千零五十五匹件，於本年十二月初八日呈進等因，經該織造照單酌估，約需料工銀九十七萬餘兩，咨臣核撥款項，當經札司查明，司庫有無可籌，核議詳辦去後。玆據江甯布政使梁肇煌詳稱，江甯藩庫向係入不敷出，屬徵只地扛蘆課裸稅錢糧，以之抵放常年旂綠各營兵餉，及歲撥永定河、南河工需，織造大運等銀，暨一切年例應放各款，不敷甚鉅，是以兵餉歷奉户部指撥淮運等庫協濟，無如運庫同一支絀，撥解寥寥，而兵餉又係計授要需，刻不可緩，隨時移緩就急，設法支應，實已羅掘一空。今此項傳辦各件，估需銀九十七萬餘兩之多，無米之炊，勢成束手，詳請示遵前來。臣查江甯藩庫，入不敷出，係屬實情，即此外各司局庫，亦皆非充裕，此項傳辦之件，係屬官府要需，苟可設法騰挪，斷不敢稍存諉卸。惟查自同治八年起，前督臣馬新貽任內以來，內惟十年閒，前督臣曾國藩任內，恭辦穆宗毅皇帝大婚綵綢、甯蘇兩織造原撥添撥共銀三十萬七千餘兩，經部議准在於江海關應解部庫二四成洋稅內借動一半銀十五萬三千五百餘兩，其不敷者，復准其截留漕價等項銀七萬一千餘兩。又十一年閒，前署督臣何璟任內，傳辦賞用緞綢銀兩，先係四單並發，合計銀數將及二百萬兩，嗣邀恩停辦兩單，尚有兩單應辦之件，由司道各庫及江海關蘇滬各釐局合籌，不敷者復由江西、安徽兩省指款協撥，此係恭辦大婚典禮，故動款爲鉅。此外隨時奉旨傳辦之件，爲數僅七八九萬兩不等數目，從無似此次之多者。而同治十三年閒，户部咨辦大緞二千匹，需銀八萬兩，經前督臣李宗羲奏請，分作兩年製辦，奉旨允准在案。又光緒六年閒，部咨催解大緞一千五百匹，經前署督臣吳元炳奏請緩辦，復奉旨允准在案。誠以臣子之心無窮，而財力之數有限，凡此爲難之況，固久在聖明洞鑒之中，並於同治十三年九月閒，准户部咨海防經費緊要，遵旨通盤籌畫一摺內稱，粵海關監督因造辦處劄，令採買金兩，共動用四成洋稅銀七十二萬餘兩，又動撥四成洋稅辦買足色條金二千五百兩。又兩江總督李宗羲因淮安關承辦玉料動撥釐金銀二萬兩，鹽釐銀三萬兩。又內務府奏令閩、浙、川、廣等省，採買木料所需價值，作正開銷。以上各案，俱係未經部臣核復奏准之件，且非軍國緊要之需，行令將已動用者籌款歸還，未動用者聽候部撥，並請旨敕下各直省督撫將軍監督等，凡丁漕稅釐等款，查無户部奏准行知給發之案，不得任意挪用，倘奉到別衙門奏撥案據而户部尚未核復之件，亦不得遽行撥給。經此次奏准之後，仍有朦混奏撥，迎合應付者，即由户部奏明，請旨懲辦等因，奉旨依議，欽此通行，欽遵亦在案。蓋上體朝廷恭儉之德，以節國家度支之流，用意至爲深遠。今江甯織造奉旨傳辦衣料等項，數繁費重，爲從前所稀有，司庫無款可籌，適值海防喫緊之時，爲未經户部核准之案，臣未敢擅便，相應請旨敕下户部，會同內務府，大加核減，擇要先辦一二成，所需料工等銀，並由部指撥各司道庫有著的款，分籌解濟，以便造報，而免貽誤。理合恭摺具陳，伏乞皇太后、皇上聖鑒訓示。謹奏。

軍機大臣奉旨，所有傳辦之件，已經覈減，由造辦處傳知矣。欽此。

李鴻章《李鴻章全集·奏稿》卷一九《傳辦緞綢懇請改派並籌協濟摺》同治十一年二月十九日　奏爲奉文傳辦賞用緞綢等件，援案請旨，改派江浙織造照式恭辦，並酌擬籌撥協濟，恭摺仰祈聖鑒事。竊准內務府咨稱附奏長蘆鹽政等處織辦緞綢等項，由各該督撫籌撥織辦一片，奉旨依議，欽此。鈔奏開單咨行辦理前來，事關賞用要需，亟應敬謹籌辦。惟查直隸地方向不產絲，長蘆亦未設有織局，機張樣譜一無籌備，又無諳練匠役可雇，此次奉派織辦賞用各色緞、綢、紗、縐，共計二萬件，若委員赴南省采辦，既非管轄之區，市肆商賈，勢必擡價居奇，件色衆多，急切尤難齊備，況傳辦內用綢物，均有一定式樣，民閒常用之物，不能合宜。查江甯、蘇州、浙江等省，設有織造，專爲造辦內府需用物料，該處既有舊頒譜樣，又有官募匠役、機張、器械，織辦較易，即就近收買定織，亦能合式。溯查同治七年，內務府奉旨傳令長蘆鹽政織辦上用龍衣緞疋等件，經前署督臣官文以力難創辦奏，奉諭旨，改派江蘇織造照式織辦，應需款項仍由長蘆運庫籌撥，作正開銷。此次奉文傳辦各件，既數倍於上屆，期限又復緊迫，若由長蘆勉強創辦，斷難應手。臣與司道等再四籌商，惟有援照成案，籲懇恩准，改派江甯、蘇州、杭州各織造查照單開各件，敬謹分投織辦，陸續呈進，庶可無誤要需。其應需銀兩，仍由各該織造核實，估計月議協撥。惟此次傳辦各項活計，件數較多，需費恐不下二十餘萬兩，直隸本係缺額之區，庫儲極絀，又因上年水災，籌辦賑撫，修築河隄，羅掘一空，目前實無款可挪，而奉旨傳辦文內，江浙織造各有清單一件，誠恐該織造等以本省籌款維艱，勢難兼顧計，惟於未奉派辦力稍有餘之省，酌請協濟，可否，請旨敕下湖北、江西、安徽、山東各督撫臣，無論何款，各迅速撥銀三萬兩，解交該織造，代爲織辦，其不敷之數，容臣督飭藩、運兩司，儘力湊撥，照案作正開銷。似此通融籌辦，在外省既衆擎易舉，而內庫亦儲備有資。除咨內務府知照外，所有援案，懇請改派織辦，並籌撥經費各緣由，理合恭摺據實覆陳，伏乞皇太后、皇上聖鑒，訓示。謹奏。

李鴻章《李鴻章全集・奏稿》卷一九《撥解緞綢價銀摺》同治十一年五月初十日

奏爲各織造分辦長蘆奉派緞綢應需價銀，遵旨撥解作正開銷，恭摺仰祈聖鑒事。同治十一年四月初七日，欽奉初六日寄諭：李鴻章奏奉辦緞綢等件，需款過鉅，請酌量減辦一摺，據稱長蘆奉派活計，前經咨照各織造分辦，統計江甯、蘇州、杭州三處，共需銀五十餘萬兩，除湖北等省協撥外，尚需銀四十二萬餘兩，直隸災瘠之區，實難如數籌撥，請將原派長蘆各件，先行照單減辦一半等語，自係實在情形，著照所請，所有長蘆應辦緞綢等件，准其照單減辦一半，即著李鴻章將應撥款項，迅速分解各織造，以便趕辦，務於七月內一律辦齊解京，勿稍延緩。等因欽此。遵查江甯織造來咨，估需全價銀十五萬九千四百三十八兩三錢，按減半截零，應撥給銀七萬九千七百兩。蘇州織造來咨，估需全價銀十九萬四千三十四兩，按減半截零，應撥給銀九萬七千兩。其時杭州織造尚未估到，應先撥給半價銀八萬兩。三共應撥銀二十五萬六千七百兩，內除山東、江西、安徽、湖北四省，協撥銀十二萬兩，已經各督撫臣先後奏咨，或分解，或全解，應由各該織造查收備用外，實計直省應添撥銀十三萬六千七百兩。查此項價銀，前經臣奏奉諭旨作正開銷，自應統計司道各庫情形，酌量分派，以期力可籌湊，不致竭蹷誤期。當經商飭，運司籌銀五萬兩，藩司籌銀二萬兩，津海關道籌銀三萬六千七百兩，練餉局撥銀三萬兩，無論如何爲難，必須儘力籌足。旋據署運司恩福以此時正課尚未啟徵，庫款竭蹷，因設法挪借銀五萬兩，將來徵起正課，即於應解京餉項下，照數截抵歸款。據藩司孫觀於司庫地糧項下，籌撥銀二萬兩。據津海關道陳欽於天津鈔關奉撥本年京餉常税項下，動撥同治九年九月至十年八月徵存內務府額外盈餘銀六千五百三十八兩二錢二分，又徵存户部正餘銅斤水腳飯平及經費節減等項銀三萬一百六十一兩七錢八分，共合三萬六千七百兩之數。又據練餉局司道於庫存協款內照撥銀三萬兩。先後具詳前來。臣以遠道解往，既多糜費，又恐阻滯，先經分飭揚州糧臺分局、江海關、蘇松太道，於應解直防淮軍及應協直省練軍月餉項下，就近照數劃撥，分解江浙各織造，以便趕辦，依限呈進，即以直省司局關道籌撥銀兩，抵放各軍月餉。應請敕下內務府、户部，將撥解前項織辦緞綢要件價銀，欽遵前奉諭旨，一律作正開銷，並將長蘆運司及天津鈔關應解京餉常税，如數劃除，即由該司局關道等，各於奏銷案內造報至杭州織造，現准估到半價，除已撥解銀八萬兩，尚不敷三千餘兩，應俟織辦就緒，核實商計，是否必須添撥，酌量辦理，再行奏咨。所有撥解各織造銀兩，遵旨作正開銷緣由，理合恭摺具陳，伏乞皇太后、皇上聖鑒訓示。謹奏。

李鴻章《李鴻章全集・奏稿》卷五〇《易州旗丁試辦蠶桑片》 再據候補道高驂麟稟稱，此次奉差前往易州晤該州知州鄒振岳，詢知署中種桑養蠶，並下其法，於民閒漸興美利。嗣與西陵各司官討論公事，該司員等備言，旗丁貧苦，額支錢糧，僅敷當差，不足贍養家口，閒散人丁，毫無生計，即陵部司員，向例不派外差，別無陞遷之路，生齒日繁，亦多坐困。該道恭查西陵各山，除內外圍界內不准種植雜樹，此外口門以內空曠，宜樹之地不少，本無禁種之例，因與語及蠶事。據稱旗丁婦女，從前曾有育蠶之家，以浴種繅絲，俱未得法，旋作旋輟。今聞州署蠶桑，著有成效，人情頗爲踴躍，曾擬自集貲本，購買桑秧試辦，惟係官地，恐致互相爭競，或服勞而無所獲，或攘利而無所懲，是以中止。該道以該司官等既有自行集貲試辦之意，若因勢利導，妥定章程，但須明示勸懲，並不動用公款，從此逐漸推廣，利源日興，於旗丁生計，不無小補，正與列祖列宗貴農重本，圖耕圖織之訓相符。現值該州蠶絲有效，轉相師法，事益易成等情，具稟請奏前來。臣查該道與該司員等，所擬自集貲本，試辦蠶桑，爲旗丁推廣生計，不爲無見，擬請敕下守護大臣，察酌於內外圍界外可種之地，督飭量力舉行。謹附片具奏。

賀長齡《清經世文編》卷三六張履祥《農書》 桐鄉田地相匹，蠶桑利厚，東而嘉善、平湖、海鹽，西而歸安、烏程，俱田多地少，農事隨鄉地之利爲博，多種田不如多治地。蓋吾鄉田不宜牛耕，用人力最難，又田壅多，工亦多，地工省，壅亦省，田工俱忙，地工俱閒，田赴時急，地赴時緩，田憂水旱，地不憂水旱，俗云千日田頭，一日地頭是已。況田極熟，米每畝三石，春花一石有半，然間有之，大約共三石爲常耳。下路湖田有畝收四五石者，田寬而土滋也。吾鄉田隘土淺，故止收此。地得葉盛者，一畝可養蠶十數筐，少亦四五筐，最下二三筐，若二三筐者，即有豆二熟。米賤絲貴時，則蠶一筐，即可當一畝之息矣。米甚貴，絲甚賤，尚足與田相準。雖久荒之地，收梅豆一石，晚豆一石，近來豆價貴，亦抵田息，而工費之省，不啻倍之，況又稍稍有葉乎。但田荒一年熟，地荒三年熟，人情欲速治地，多不盡力，其或地遠者，力有所不及耳。俗云種桑三年，采葉一世。未嘗不一勞永逸也，弗思賀長齡《清經世文編》卷三七陳宏謀《勸種桑樹檄》乾隆十六年　陝省向不種桑，本院近年，自於省城設立蠶局，買桑養蠶，並飭鳳翔府等處，一體設局養蠶，誘民興利，民間漸知仿效養蠶，各處出絲不少，省城織局，招集南方機匠，織成秦緞、秦土紬、秦綫紬、秦綾、秦縑紗，年年供進貢之用，近已通行遠近，本地民人學習，皆能織各色紬緞，正須接續勸行，方可推廣加多。惟有多種桑樹，庶幾到處有桑，即到處可以養蠶，桑多則蠶絲亦多，絲多則紬緞亦多。本部院近日循行渭河南北，及盩、鄠地方，經過鄉村，樹木叢茂，滿目陰翳，除棗柿樹而外，椺樹甚多，如謂地不宜桑，豈有可以種植椺樹，獨不可以種植桑樹之理與。其種無用之椺樹，何如種有用之桑樹。如謂種後人偷斫伐，豈有不偷斫椺樹，獨偷斫桑樹之理。況村堡溝濠、地頭屋角，一隙之地，皆可種桑，並非必須平原片段，方可種桑，致礙蔬穀之利也。桑樹既可多種，則蠶事正可推廣。仰布政司官吏，除金鎖關以北，鄜、延、榆、綏各屬，地不宜樹，種植難成，毋庸勸行外，其餘各府各縣，務令地方官，巡歷所至，勸諭民間，種植桑樹，舊有之桑，各宜保護培植，不可戕伐，有偷伐桑樹者，加倍究處。現在省城蠶局及鳳翔府每年布種桑秧，聽人赴領，各該州縣，或亦廣布桑秧，聽民人領回種植，或赴省城、鳳翔領回，分散民間。其鼓舞勸誘之法，當將已種成之桑樹，加以獎勵，種而未成者，不必過問。每年官於城中設局養蠶，出示民間，凡有桑樹，或估價摘葉，或聽民人摘葉赴局官，即酌量給以價值，俾民人知家有桑樹，年年可以賣錢，路上野桑亦可摘葉賣錢，自必愛惜舊桑，廣栽新桑。地方官每年買桑養蠶，不無所費，所得之絲，仍然有用，雖有虧折，亦不甚多，地方官果肯有心爲民興此大利，每年即有所費，當亦不必吝惜。所得之絲，只須稟知，不必將絲送驗，儻民間有養蠶得繭，而不能繅絲者，亦許賣給於官，官買此繭，亦可繅絲，同歸有用。如此，則種桑既可得利，養蠶賣繭亦可得利，有絲而或賣或織，更可得利，小民層層得利之處，即官司層層引誘之法，不必刑驅勢迫，自必鼓舞樂從矣。現在局中匠多機多，如各屬養蠶，得絲甚多，意欲織紬緞者，亦可赴局覓人教習，或令人赴局學習，地方官一面身先倡率，一面設法鼓舞，因勢利導，自不患桑樹之不多，蠶織之不廣也。本部院年來勸行蠶桑，祇於省城設立蠶局、織局，爲倡導引誘之計，未敢徒事文告，繩以官法。今事將就緒，現城有機，地方官民，亦皆知陝省蠶事可興，故此通行，爲廣種桑樹，多多養蠶之計，各屬各隨心力，次第舉行，積少可以成多，由近可以及遠，月計不足，歲計有餘，果肯推行有效，決不沒其所長，毋再以爲迂闊而忽之。

耳。治地。

西鄉女工，大概織縣紬素絹，績苧麻黃草，以成布疋，東鄉女工，或雜農桑，或治紡績。若吾鄉女工，則以紡織木棉，與養蠶作縣爲主，隨其鄉土，各有資息，以佐其夫。女工勤者，其家必興，女工游惰，其家必落。夫婦女所業，不過麻枲繭絲之屬，勤惰所係，似於家道甚微，然勤則百務俱興，惰則百務俱廢，故曰：家貧思賢妻，國亂思良相。資其輔佐，勢實相等。且如匹夫匹婦，男治田地，可十畝，女養蠶，可十筐，日成布可二疋，或紡棉紗八兩，寧復憂飢寒乎。刺繡淫巧，在所當戒。女工。

賀長編《清經世文編》卷三七陳宏謨《倡種桑樹檄》乾隆二十二年　陝省蠶政久廢，連年以來，官爲倡率，民間知所效法，漸次振興，除省城現設蠶館，發給工本，收賣零繭零絲，以供織紬，此外三原、鳳翔亦設館局引誘學習外，其餘各屬民間，漸多養蠶，計期四十日，即可收功，大概皆知養蠶之有利。奈老桑枯没，新桑無多，雖欲養蠶，苦無桑葉，此時惟有勸種桑株，處處有桑，則處處可以養蠶，桑多則養蠶必多，此情理之曉然可見者也。但民間既苦種桑無地，又苦桑秧難得，全在官司設法購種，聽民間赴官領取桑秧，庶可廣爲種植。官司中亦有不諳種桑者，除將種桑事宜開單，及金瑣關以北，冷不宜蠶，毋庸議外，仰司官吏速飭西、同、鳳、漢、邠、乾、興、商各屬，乘此小滿節前，購覓桑子，布種桑秧，桑秧既成，即於境内城濠隙地，移栽桑株，並曉諭各鄉，赴縣領回桑秧，隨處栽植。今年種桑，二年之後，即可摘葉養蠶，或官爲養蠶以示效法，或令民摘葉自養，總以境内多一株桑樹，即可多養蠶筐，多一養蠶之家，即有一家得蠶之利，有絲原可賣錢，原不必家家學織也。地方官費此心思，覓人養蠶，以爲衆民倡，所得之絲，原可出賣，縱初行無甚利息，所虧亦甚有限，身任地方，定能不吝些須，加意率作，以爲小民開衣食之源，行之既久，始而種桑者漸多，繼而養蠶者漸多，其利漸廣，其種桑養蠶，自必愈衆，將來溯厥先事之人，利澤何等久遠。儻各屬仍前奉行故事，惟以現在勸諭種桑養蠶等語混覆，或一味迫切彊民養蠶，而不買桑養蠶，或地方有桑，而誣稱無桑可買，或差役四處採取民間野桑，不肯給錢收買，或止覆稱現在遵奉買桑養蠶，而其實原未買桑養蠶者，別經查出，定行嚴參。再興安一州，界鄰川楚，地候原非寒冷，山阿水涯，自多可以種桑之處，現在緊鄰之洋縣、城固兩縣，種桑養蠶，絲利最多，何以興安獨不相宜，應行該州再爲悉心確查，一面照辦，一面回覆，毋狃前見，坐失美利也。

賀長齡《清經世文編》卷三七陳宏謀《廣行山蠶檄》乾隆二十二年 陝省山嶺，槲葉最盛，宜養山蠶。康熙年間，寧羌牧劉公從山東雇人來州放養山蠶，織成繭紬，甚爲勻細，到處流行，名曰劉公紬。劉公陞任，漸次衰微。乾隆九年三月，奉旨敕行山東，將山東養蠶成法，纂刊送陝。本部院初涖陝省，即已發司刊刻，分發通省倣效學習，隨有鄠縣知縣紀虛中，募得善於養蠶之魏振東，立爲蠶長，教人放養，已得春繭四十餘萬，合之秋繭，可得八九十餘萬，統計可織紬一千餘丈，民間已有販賣鄠繭者。又有藍田令蔣文祚，商南令李嗣洙，連年倡率教習，該二縣每年獲繭成紬，已自不少。其隴州汧陽，放養未成，同官令曹世鑑，從山東覓人來此放蠶，因北山早寒，秋繭難成，興安州劉、李二牧，亦曾放養，未報得繭。近據寧羌州稟稱：連年借給工本，設法鼓舞，所得繭紬，比前較多。略陽縣早已成繭，近竟中止。再近省到處椿樹，易長易成，可養春蠶，曾經咸寧令柳大任，試養得蠶，因爲鳥雀所傷而止。就陝省情形而論，雖不能處處可以養放山蠶，而山蠶所食之槲樹，隨處有之，可以放養山蠶之處，亦正不少，若得地方官設法勸導，接續行之，鼓舞推廣，自可漸覩成效。況徧山槲樹可作蠶場，不比家蠶之必須種桑也，繭紬麤細皆宜，又耐久穿，亦不比絲紬之貴而難賣也。本部院前後經理，設法振興，幸有可興之機，並非迂而難成。今又涖陝，覩此山場美利，不肯坐聽中止，除同官以北，毋庸再行外，仰布政司轉飭西、同、鳳、漢、興、商、邠、乾等屬，境内凡有槲樹之處，官爲勘明，砍伐雜樹，修理蠶場，可養山蠶。或雇人試養，或官出資本，而招民同養，或給民人口食，令其學習，或官借資本，聽民人給夥學養。其抽絲拈線，毋論男婦老少，皆可學習。其蠶種必須官爲購覓，其器具亦須官爲製給，其中氣候事宜，備載山東養蠶成法，或於本省之寧羌、鄠縣、商南等處，雇人教習，或於山東、河南，雇覓善養山蠶之人，來此教習，地方官用些心思，費些物力，爲本境倡此美事，成此美利，俾滿山槲樹，向時作爲柴薪，棄爲無用者，將來皆百姓資生之物，養命之源，政蹟可觀，功德無量。本部院尤拭目以觀山蠶之盛，並紀循良之績矣。

計開養蠶樹名

槲樹大者爲大葉槲，小者爲小葉槲。

橡樹葉多稜窪，結子上圓下尖，狀如蓮子，名曰橡子，橡子落地，以土掩之，即可發芽成樹。

青杠樹類橡葉而小，結子與槲樹同。

柞樹樹皮紅者名紅柞樹，皮白者名白柞，葉皆青色，似柳葉而較寬，經霜不落。結子與青杠同而較大。以上餧養山蠶。

椿樹即臭椿，嫩芽時紅色，成葉後青色，似香椿而微臭。子結瓣中，如目之有珠，名鳳眼草，餧養春蠶，全賴此種。

賀長齡《清經世文編》卷三七福州知府李拔《蠶桑説》 聖天子加意農桑，每歲必親蠶，收入供御，蠶桑之利徧於天下。閩中天氣和暖，理宜蠶桑，徒以難於創始，大利遂秘。予蜀人也，習蠶利，來閩歷守二郡，曾於署内試養，良絲厚繭，俱有成效，信乎閩之宜蠶也。顧欲養蠶必先樹桑，桑之種類不一，一名壓桑，春初取桑枝大者長二三尺許，横壓土中，上掩肥土，約厚二寸，半月後萌芽漸長，三四月後可四五尺，次年立春前後，翦開移於他處，二三年即成拱，葉可飼蠶矣。一名子桑，乃桑椹所種，四月取黑桑椹揉碎，用糞灰和土種入地寸許，一月發芽，三四月可長二尺許，再逾年種，種四五年始成樹，仍結子，惟葉稍薄，然任砍伐，枝可爲薪，取葉又甚易，養蠶者利之，而吴越之間，每取壓桑條，移接子桑，其葉更美。一名花桑，亦由種子而成，其葉與壓桑相似，但有花無實，與子桑異，不可多得。湖州所種皆小桑，蜀中多大桑，此種桑之異法也。養蠶之法，立春日，取蠶種置地上，或草間，使受春氣，隨置温暖處，日以爲常，越十餘日，自出小蠶如蟻蠕動，視其多寡，用雞翎掃下，每日一次，各爲一處，以免參差。初生盛以筐，藉以紙，先用柘葉食之，如無柘，用桑亦可，每日餵三次。天氣晴暖，約七日即當初眠，眠則蠶不食，漸藏葉下，視眠者過半，即暫停無與食，伺蠶蜕大半起而後食之，初與食不可多，多則傷食病死，漸長漸多，筐不能容，移於曲箔，蜀中呼爲簟。二三日一次，攤開令稀，掃去蠶糞，以利其氣。蠶性喜温暖，宜向陽潔淨，毋使近陰闇，及污穢惡臭，犯則蠶瘟，故蠶婦不近喪門，不食蒜韭，良有由也。初眠後約七日而再眠，又七日而三眠，停食俱如初眠時。三眠蠶長寸許，蜀中呼爲大眠，謂過此則不復眠也。蠶既三眠，食葉有聲如雨，投之立盡，每日三食，夜則燃燈照之，蜀中名爲催老蠶，則舉家忙也。約食廿三四次，蠶即老不復食，置簇上令作繭，漸多不勝摘，則多置葉其上，而覆以草，如鞠梗竹枝之類，蠶老者次第而上，其前後亦不甚相遠，如遇天冷，下置火温之，四五日便成黄白二繭，各取歸筐中，黄者繅爲黄絲，白者繅爲白絲。繅絲之法，大釜沸水，入繭一升，攪出絲頭，置一木長徑，釜上立三柱，置二小車，長五寸，徑二寸，下鑽竹管各一，抽絲頭，由竹管出，繞小車周帀，而後引入大車。車制寬尺六寸，徑四尺五寸，前輊後軒，後二柱架車前，二小柱作機納絲，二竹鉤下，分爲二行上大車，每運車則機隨車往來，疾徐如意。每抽繭絲盡，則蛹出，不盡者再攪而抽之，有不上頭者，名水繭，去之。破頭者入水即沈，鎮以石，毋令再起亂絲。每次添繭半斤，佳者賣繭三斗，可得絲二斤。即宜下架，軸作一束如繩，挽其末如髻，即可貿。川中每斤價自八九錢至一兩不等，惟其時耳。川中又有水絲，取法與火絲略同，惟賣繭取頭後，即下冷水盆中繅之，與火絲小異，色光而細，可作綾緞經線，然取之較少，故價稍貴。聞湖州蠶皆火絲，每年桑重生復養蠶，故有頭蠶二蠶之別，此蜀中所無也。蜀中牆下樹桑，宅内養蠶，以爲常業。蠶初生，每重二錢，長大可滿一簟。簟長丈二，寬五尺，編竹爲之。屋中立四柱，柱下有十齒，作架盛簟挂上，可容五簟，養蠶家多者二百簟，少者亦十餘簟，每簟可得絲二斤，若得絲二百斤，則小康之家也。又蠶初生至成絲時，僅四十日，獲利最速，其糞可飼豕，水可肥田，柴可炊爨，故人皆寶之，每蠶熟置酒相賀。又擇其繭之佳者爲種，出蛾，分雌雄配對，半日分開，承以綿紙，令下子滿紙，收貯爲來歲計。其出蛾遺繭，可製棉綢，並無棄物。婦工女紅，以助男耕，心無外用，風俗可淳，豈不休哉。吾閔閩民之昧厚利，窮生計，而莫爲之所也，作是説以導之。

賀長齡《清經世文編》卷三七襄陽府知府周凱《勸襄民種桑説三則》　農桑者，天下之大命也。一夫不耕則民飢，一女不織則民寒，民飢民寒，强者爲非而罹於法，弱者貧且死，自古爲然，獨襄云乎哉。余守襄陽二載，見民之於耕，不遺餘力，崇山峻嶺，尺寸開闢，其不宜黍稷者，藝薯芋，雜以爲食，而民之貧猶是，豈力之不出於身與，抑貨之或棄於地也。孟子曰：「五畝之宅，樹牆下以桑，五十者可以衣帛。」《史記》：「齊魯千畝桑，其人與千户侯等。」未見有桑陰十畝者。夫桑以飼蠶，無桑則無蠶矣。農之於耕，竭終歲之勞，一熟再熟，所入可計，而有水旱之慮，蠶則數月之工，婦女之事，無水旱之虞，利與稼穡等。且農按畝計税，有什一之征，而桑無征，爾襄民何憚而不爲也。栽桑之地，不妨稼穡，牆角畦稜，道旁場圃，閒隙之地皆可栽。一家栽十五桑，計得葉若干，飼蠶若干，獲繭若干，以絲以帛，以供一家之需，餘可以易財粟。桑宜野，亦宜山，桑之葉，可以蠶，桑之實，可以酒，桑之木，可以爲薪，桑之皮，可以爲紙，鄰近荆、豫皆有桑，爾襄民亦何慮而不爲也。而余猶懼民之難於圖始也。管子曰：十年之計樹木。利在十年後，而先棄工貲於今日，是利未入而已費。今予先從遠方購小桑八百餘，栽之萬山之下，大隄之上，示以栽種接壓之法。蓋桑之爲類不一，宜接宜壓，而葉始肥，任爾民采其枝條接壓之，爾襄民又何樂而不爲也。昔者范純仁知襄城，課民種桑，張詠治崇陽，拔茶種桑，沈瑀爲建德令，一丁種十五桑。余何敢與古人比，但見爾民之牆角畦稜、道旁場圃，閒隙之地，有大利焉，而不知取也，故爲説以勸之，爾何忍使他木之蕭蕭濯濯者，佔爾栽桑之地也。

或者曰：蠶桑之利，宜東南不宜西北，遂疑襄陽近西北，非桑所宜。不知《禹貢》兗州曰「桑土既蠶」，青州曰「厥篚檿絲」。檿，山桑也。他州如揚、徐東南，《禹貢》亦僅曰「厥篚織貝」，「厥篚(元)〔玄〕纖縞」而已。考之《詩·豳風》「蠶月條桑」，《唐風》「集于苞桑」，《秦風》「止于桑」，「桑者閑閑」詠於魏，「鳴鳩在桑」詠於曹，「説于桑田」詠於衛。按古今疆域計之，冀、荆、豫、梁、雍皆宜桑，利不獨東南也。且襄陽古稱南國，南屬荆，北屬豫，介荆豫之交，荆州「厥篚(元)〔玄〕纁璣組」，豫州「厥篚纖纊」。纊，細緜也，纁，絳幣，組，綬屬，皆絲所織，不桑不蠶，其何以織。昔北燕馮跋下書令百姓種桑，遼無桑，慕容廆通晉，求種江南，而平川有桑息。張天錫歸晉，稱北方之美，桑椹甘香。涼、燕皆處西北，且曰桑爲有生之本，利盡西北矣，何獨東南。其尤足爲襄陽明證者，《先賢傳》載司馬德操躬采桑後園，龐士元助之；《齊書》載韓係伯桑陰妨他地遷界，鄰人愧謝，此三子皆襄陽人，則襄之宜桑必矣。或者曰：橘踰淮爲枳，非木之性，遷地勿良。按《農書》荆桑多椹，魯桑少椹，《禹貢》「厥篚檿絲」孔安國註：魯桑宜飼大蠶，荆桑宜飼小蠶。則荆自有桑，與魯桑並著。《襄陽志》載物産，桑及山桑素絹，穀城之廟灘有絹，南漳之東鞏有絲，接壤當陽之河溶有河溶絹，天門有天門絹，荆有荆綢。爾庶民試則而效之，加以壓接壅溉之法，安見其變爲枳耶。或者曰：襄有木棉之利，與蠶桑匹。按木棉，古吉貝，樹高丈餘，今之所藝者，草本木棉，《羣芳譜》所謂班枝花也，可爲絮爲布。絮與帛同功，《禮》「童子不裘不帛」。帛煖恐損幼者筋骨，七十非帛不煖，言老者非帛不足衛其筋骨也。爾既知織木棉以爲布矣，曷不織繭絲以爲衣乎。況藝木棉以畝計，侵稼穡之地，有芟柞之工，水潦之慮，桑則樹之牆角畦稜道旁場圃閒隙之地，較木棉爲尤便。且爾既有木棉之利矣，益以蠶桑，其利不更溥哉，爾襄民何其未之思也。

余非僅與爾民言利也，余甚憫襄之婦女，無以專其執業，而壹其心志也。婦人無事，以蠶織爲事，士庶人之妻，親蠶以衣其夫，餘力足以自食，而心始貞。比者余行郊野，見貧民婦女操耰鋤，雜耕耦，心竊異之，謂《詩》言饁不言耕也。乃未幾而婦訟其夫矣，未幾而夫訟其婦矣。襄多婦女拐逃、搶嫁、買休、賣休之案。婦人不再斬，斬衰爲其夫服。今襄之戒《雞鳴》、矢《柏舟》者，蓋亦有人，其不止於再醮者，比比然也。娶者不以爲非，嫁者不以爲恥，羞惡之心，人皆有之，豈其心之殊人哉，夫亦無業之可專，無志之可壹，而力不足以自食也，不桑故也。《周禮》宅不毛者出里布。毛，桑麻之屬。典婦功之織，專授女工之事，「秋獻功，辨其苦良」，謂婦女不親絲枲，則耽於逸樂而淫邪易生，《閭師》「不蠶者不帛」，與不耕者祭無盛同罰，謂不親其事，即不得用其物，抑之使不得齊於儕人之禮，恥之也。聖王之所以設官分職，不惜委曲繁重，而爲民謀者，誠以農桑者養民之生，即以正民之心也。凡人勞則思，思則善心生，逸則淫，淫則惡心生。勞者多富，逸者多貧。富則禮義之心生，貧則姦盗之心生。無恆産，因無恆心，而放闢邪侈，無不爲矣。今襄之明禮義者，不必盡出於富，而其爲盗賊姦邪者，及抵於法無不諉咎於貧，推其致貧之由，則恆産恆心，勞逸之論，間不容寸。管子曰：倉廩實而知禮節，衣食足而知榮辱。揚子曰：男子畝，女子桑，習其耳目，而定其心思，嫻其道藝，而世其家業。無非以道率民，其尤深於家塾黨庠之爲教乎。知農桑之利如彼，不農不桑之害如此，自古迄今，曾無二理，襄之民亦何憚而不爲也。

賀長齡《清經世文編》卷三七周凱《種桑詩説》 余自荆之遠安，購小桑八百餘株，種之大隄之上，皆柔桑也。移栽未善，活者十之七，訪之老農，得栽種法，及攷襄陽本有桑，葉尖小而缺，有刺，性堅不宜蠶，居民以桑爲界，取其易生，長即伐之。即飼蠶得繭，僅堪爲帛，售諸豫人，以爲綿綢，其葉蓋荆桑類也。【略】余將延浙之善蠶者，以教爾蠶，然桑未茂，其事有待，姑就余家人所素習者分爲十二詠，附種桑之末以示之，其成絲而後，爲織不一，爾襄民當自求之也，且勿之載。

附《懷遠縣志・蠶織説略》

欲民之厚生，必先有恆業。懷邑水患頻仍，十室空九，而窮簷之民，謀生之計百出，長淮肥渦之産，民業寄焉。水濱蒲蘆可織席，夾岸細柳可編筐筥，地宜麻者可索綯，其婦女或葺麥稭爲笠，豈盡游惰哉。顧不蠶織，與不稼穡等。今吾懷之民，僉曰皆欲蠶而乏桑，皆欲織而無木棉，柰何。夫河北白壤與桑宜，河東赤泥與木棉宜，用椹種桑及種木棉之法，皆可按籍而得，或就江浙父老而諮之，良法具在，況吾邑風土，頗近齊豫，而蠶織之利，不僅江浙，齊豫所出綿繭土綢之屬，通大商賈，大布白氎之美，尤彰彰者，豈吾懷獨不如齊豫哉。互相講習，以廣民業，亦此時之急務也。

賀長齡《清經世文編》卷三七貴州按察使宋如林《請種橡育蠶狀》道光五年

查黔省山多田少，土瘠民貧，生齒日繁，除遵義一府，農蠶並行，生計較裕，其餘各郡，耕種而外，別無利生之業。惟黎平一郡，漆與茶亦間有之，亦不過數邑。惟遵義之紬，廣行他省。詢其由來，皆云從前亦無是繭，自乾隆中，郡守陳君係山東歷城人，見此地有青棡樹，即山東之槲櫟樹，其葉可飼山蠶，惜民間徒供薪樵之用，乃捐俸遣人至山東買取蠶種，雇覓蠶師，廣爲教導，期年有成，至今利賴。蠶子甫出，置之於樹，即能自食其葉，及至成蠶，即能依枝作繭，取繭繅絲，俱不費力，惟絲麤不能織爲綾緞，僅可織紬，與山東繭紬相仿。現在遵義繭紬，早已興販他省，可見其利甚溥。惟是創始之年，收買橡子，及收買蠶繭，令民遠攜資本，收買樹育，亦勢有所不能。兹公同商議由藩司籌備經費，詳請給發委員，賚赴遵義，定番一帶，先行收買橡子，散之各府廳州縣，令該管衙門，就近分給居民，不許經書役之手，以免滋擾，並諭各處教諭訓導官，廣爲勸諭，於不堪播種五穀之地，及時種植，二三年後，橡已成樹，即可收買蠶繭，照依散給橡子之法辦理。民不出資而實獲其利，似與民生稍有裨益，是否有當，伏候查覈，批示遵行。

賀長齡《清經世文編》卷三七貴州按察使宋如林《通飭黔省種橡育蠶檄》 照得衣食爲民生之本，農桑視物土之宜，地無餘利，人無餘力，斯民氣可以漸舒。黔省跬步皆山，田土磽薄，恆多苦貧，十三郡州，惟遵義務蠶功，亦惟遵義稱富厚，是蠶絲之利，不可不講也。各屬種橡養蠶，已經飭行在案。查橡子即青棡子，種各不同，應用真青棡子，其葉方宜飼蠶，如水青棡只供染房之用，不可收買。買獲之後，埋藏不能如法，即易生蟲，種之亦難發生，其種植處亦須相度其地，應於不能樹藝五穀之處，排列埋種，人力易於經管。至橡子雖産於遵義者多，然路途費重，收買維艱，聞上游一帶，皆有橡子，居民不知育蠶之法，收獲轉售，殊爲可惜。且事在創始，人皆畏難，若但多張告示，諭令栽種，禁止斬伐，差赴四鄉，督責巡查以爲認真，未覩日後之成效，但見目前之紛擾，是未得橡樹之利，先受橡樹之累，民將畏避之不暇，其何能踴躍從事，以興此美利耶。總之，此事不惟不可視爲具文，並不可視爲公務。府廳州縣於因公下鄉之便，接見士民，詳細曉諭，俾知其事非難，其利甚厚，售絲之利，倍於售繭，故云利無算。橡本無税，蠶亦無税，故云永不税。民雖至愚，未必無領略其旨者。能領略則肯試行，試行獲利，則衆皆信從，轉輾傳播，漸次推廣，不必董率而自知栽培，不必禁令而自知愛護，地利可收，民生可裕，全賴司民牧者，善爲之勸導耳。查遵義府屬，初亦不知養蠶，前守陳公遣人至山東，購買繭種，廣爲教導，至今利賴。陳守能以山東之利，行之遵義，現任各官，不能以遵義之利，行之諸郡？當仁不讓，見義必爲者，當不至此。合再札飭，仰各該府廳州縣，務須實力奉行，實心勸諭，必使民間知其利而樂爲，不得迂緩置之，亦不得滋擾閭閻，其有無賴之徒，盜伐他人樹木者，有犯必懲，毋以細事置不理問。以期良法美意，得以徧行，實有厚望焉。

賀長齡《清經世文編》卷三七貴州按察使宋如林《勸種橡養蠶道光五年》 照得本司等洊仕以來，訪察黔省地固瘠薄，民多拮據，推原其故，由於素不講求養生之道，則地利不能盡收，而民情又耽安逸，無怪乎日給不暇者多矣。查遵義府屬，自乾隆年間，前府陳守，來守是郡，知有橡樹即青棡樹，可以飼蠶，有蠶即可取絲，有絲即可織紬，隨覓橡子教民樹藝，並教以養蠶取絲之法，故至今日，遵義蠶紬，盛行於世，利甚溥也。他處間有種植青棡樹，惟取以燒炭，並不養蠶，且樹亦無多。若將不宜五穀之山地，一律種橡養蠶，則民間男婦，皆有恆業，其中獲利，不獨遵義一府矣。查種育之法，其樹有二，一名青棡，葉薄，一名槲櫟，葉厚，其子俱房生，實如小栗，植法於秋末冬初收子，不令近火，冬月將子窖於土內，常澆水滋潤，逢春發芽，無論地之肥瘠，均可種植，三年即可養蠶。春季葉經蠶食，次年仍養春蠶，或養秋蠶亦可，須隔一季。四五年後可伐其本，新芽叢發，又可養蠶。其春秋二季養蠶及取絲之法，各有不同，一得其法，殊不爲難，端在地方官首爲之勸諭也。此時種樹飼蠶，大率皆知，更非從前陳守之創始者可比。惟收買橡子，必須價本，如令民間自備資斧，遠處收覓，亦勢有所難。茲本司籌辦經費，委員前赴遵義，定番一帶，採買橡子，收貯在省，各府廳州縣，酌量多寡，赴省領回，散之民間。勸諭居民，無論山頭地角，廣爲種植，二三年後，即可成樹，俟至可以養蠶之日，由地方官查明申報，仍由省收買蠶繭，散之民間，令其畜養於樹。凡收買橡子蠶繭，無須民間資本，不過自食其力而已。至種橡育蠶之法，現在刊刻條款，先發各府廳州縣，隨同橡子分給居民，及將來散給蠶繭，均交各學教官，率同鄉約地保分散，絲毫不經胥吏之手，以期實惠及民。自成繭之日，務宜繅絲售賣，蓋售絲之利倍於售繭也。爲此諭仰闔省軍民人等知悉，爾等於耕作之外，更宜盡力蠶絲，俟橡子及條款發到，該管衙門即向教官及鄉地處請領，如法照辦，凡書役人等，不許經手，以副本司籌裕民食之至意。

附養蠶事宜五條

一春季養蠶之法。於隔年小陽月旬後，揀其繭之重實有蛹者，以篋簍盛之，迨次年立春後，紙糊密室，將繭簍置於中央，以柴火微烘，晝夜無間，漸略增火。至春分前後，覺蛹稍動，用線穿繭成串，搭於四圍竿上，仍以火烘，量其地之寒燠，寒則微火緩爲出蛾，燠則甚火急爲出蛾，隨拾入筐，雌雄配合，眉麤者雄，眉細者雌，次日摘取雄蛾另貯，數日自僵，止提雌蛾，微以手捏去溺，否則不卵，置筐中微火暖之，始能生子，在筐猶不斷火，或借陽光，旬餘蠶出大如鍼。以青棡嫩葉置筐內外，其蠶自上枝葉，即將枝上蠶置樹上，先食嫩葉，五六日初眠，不食葉二三日，蛻去黑殼，色分青黃。又五六日二眠，繼三眠四眠後，食葉旬日，噤口退膘，吐絲成繭。閱三日漿固，連葉摘下，去葉繅絲。如不即抽絲，越十餘日遂變蛹出蛾，不堪抽絲。如留備抽絲，以火熏之，即不成蛹。每遇蠶眠時，不可翦移，俟起眠後葉盡，用銀翦連枝翦移他樹。蠶一入山，須人看禦禽鳥。其蠶筐以黃荆嫩條爲之用蓋，其餘竹木所爲，則不能粘子，次年定須新製。

一秋季養蠶之法。於端午節前後，收入春繭時，將繭穿串，晾於竿上，不使罷壞。旬餘成蛹出蛾，拾入篋簍，雌雄配對，次日午後，只將母蛾去溺，以四寸長線，兩頭各繫一蛾，搭於青棡樹上，葉盡翦易。秋蠶宜少撒樹巔，由嫩食老。秋天林中多油蚱蜢，宜夜間伺聲以捕。

一取絲之法。以大鍋盛冷水，每次二三千繭，煮半時，翻轉又煮，三四刻再翻，俟繭將輭，用蕎草灰所淋之汁，量繭多寡，酌傾入鍋，再煮一二刻，視其生熟。試如不熟，再加灰汁略煮，以短小竹棍，攄其浮絲成緒，分作數提，仍存鍋內，不可斷火。若絲不順，稍加以火，水熱則絲易抽。絲之麤細，視提絲縷之多寡。由絲籠上車，旁以大車桄之，取剩餘殼，名曰湯繭，及破口繭，不堪取絲者，另作紡線。墜絲水中所抽名曰水絲，織綿輭，再合成線，織爲合線，爲合線紬，尤爲結實。所提浮絲，亦可洗浄作絮。

一繭質輕薄不堪繅絲者，名血繭，暨出蛾之殼，並湯繭，均用豬油少許，和水浸淫蒸透，以水洗浄晾乾，扯絲織紬，彷彿新繁所產，故名繁繭。又法以蕎灰水煑後，罷輭套如拳，扯絲墜線，織爲毛紬，其需用器具，如抽家絲法。

一收種橡子之法。凡青棡、槲櫟二樹，至九月間，子熟自落，檢收時必須挖窖深埋，毋使見風日。若散置房屋，則閱日生蟲，盡成空殼，入土不生。其種植之法，與種山糧異，遵義等處，俱用大鐵鍬，長二尺許，於瘦土中用椎擊，入土三四寸，少著糞土，隨置橡子一二顆，以土蓋之，春即發生，其工甚省而易成。

陳作霖《鳳麓小志》卷三《記機業第七》〔金陵〕機業之興，百貨萃焉。絲行則在沙灣，所以收南鄉之土絲也。織玄緞者，以湖絲爲經，而緯則用土絲。自曾文正公開蠶桑局，而土絲始多，逮沈文肅公永免絲捐，而土絲大盛。當四五月閒，鄉人背負而來，評論價值，比户皆然。近乃稍稍減色者，殆效西法繅絲，收繭輩陼之厲歟。【略】至於機房包裹緞匹，謂之筒貨，表裏皆用綿紙，按廣狹計長短，裁製合宜，每匹必二十張，所需極夥，故鎮淮橋口及新橋沙灣之紙坊，有專供緞買用者，此皆與機業聯事者也。若夫儲材待乏，如機店、梭店、筬店、篗子綹梭竹器店、範子行、挑花行、拽花行、邊線行，不過織户之附庸云爾。

閻鎮珩《六典通考》卷二七《禄制考·歷代禄制》 北齊秩一品，每歲八百匹。二百匹爲一秩。從一品，七百匹。一百七十五匹爲一秩。二品，六百匹。一百五十匹爲一秩。從二品，五百匹。一百二十五匹爲一秩。三品四百匹。一百匹爲一秩。從三品，三百疋。七十五匹爲一秩。四品，二百四十匹。六十匹爲一秩。從四品，二百匹。五十匹爲一秩。五品，一百六十匹。四十匹爲一秩。從五品，一百二十匹。三十匹爲一秩。六品，一百匹。三十五匹爲一秩。從六品，八十匹。二十匹爲一秩。七品，六十匹。十五匹爲一秩。從七品，四十匹。十匹爲一秩。八品，三十六匹。九匹爲一秩。從八品，三十二匹。八匹爲一秩。九品，二十八匹。七匹爲一秩。從九品，二十四匹。六匹爲一秩。禄率一分，以帛一分，以粟一分。以錢事繁者，優一秩。平者，守本秩。閑者，降一秩。長兼試守者，亦降一秩。官非執事不朝拜者，皆不給。禄，州郡縣制禄之法。刺史、守令，下車各前取一時之秩。上上州刺史，歲秩八百匹。司縣牧同上中上下，各以五十匹爲差，中上降上下一百匹。中中及中下亦以十匹爲差。下上降中下一百匹。下中下下亦各以五十匹爲差。上郡太守歲秩五百匹，降清都尹五十匹。上中上下各以五十匹爲差，中上降上下四十匹。中中及中下各以三十匹爲差，下上降中下四十匹。下中下下各以二十匹爲差。上上縣歲一百五十匹，與鄴、臨漳、成安三縣同。上中上下各以十匹爲差，中上降上下二十匹。中中及中下各以五匹爲差，下上降中下一十匹。下中下下各以十匹爲差。州自長史下逮於史吏，郡縣自丞以下逮於掾佐，亦皆以帛爲秩。郡有尉者，尉減丞之半。皆以其所出常調課給之。自一品至流外勳品各給事力，一品至三十人，下流外勳品或以五人爲等，或以四人三人二人一人爲等，繁者加一等，平者守本力，閑者降一等。諸州刺史守令以下幹及力皆聽敕乃給。其幹出所部之人，一幹輸絹十八匹。幹身放之力，則郡縣白直充。

閻鎮珩撰《六典通考》卷二八《禄制考·歷代禄制》 金百官俸。給正一品三師錢粟三百貫石，麪米麥各五十稱者，春衣羅秋衣綾各五十匹，春秋絹各二百匹，綿千兩。三公錢粟二百五十貫石，麪米麥各四十稱石，春羅秋綾各四十匹，春秋絹各百五十匹，綿七百兩。親王尚書令錢粟二百二十貫石，麪米麥各三十五稱石，春羅秋綾各三十五匹，春秋絹各百二十匹，綿六百兩。皇統二年，定制：皇兄弟及子封王給二品俸，餘宗室以三品俸給之。天德二年，三師宰臣有一官兼數職者，前此並給以俸，令從一官，其兼職之俸不重給。大定二十六年，詔以職務煩簡定分數，給兼職之俸。從一品、左右丞相、都元帥、樞密使、郡王、開府儀同錢粟二百貫石，麪米麥各三十稱石，春秋羅綾各三十匹，絹各一百匹，綿五百兩。平章政事錢粟各一百九十貫石，麪米麥各二十八稱石，羅綾各二十五匹，絹各九十五匹，綿四百五十兩。大宗正錢粟一百八十貫石，麪米麥各二十五稱石，羅綾同上，絹各九十匹，綿四百兩。正二品、東宮三師、副元帥、左右丞錢粟百五十貫石，麪米麥各二十二稱石，羅綾各二十二匹，絹各八十匹，綿二百五十兩。從二品錢粟一百四十貫石，麪米麥各二十稱石，羅綾各二十匹，絹各七十五匹，綿三百兩。同判、大宗正錢粟百二十貫石，麪米麥各八十稱石，羅綾各八十匹，絹各七十匹，綿二百五十兩。正三品錢粟七十貫石，麪米麥各十六稱石，羅綾各十二匹，絹各五十五匹，綿二百兩。外官錢粟一百貫石，麪米麥各十五稱石，絹各四十匹，綿二百兩。統軍使、招討使、副使錢粟八十貫石，麪米麥十三稱石，絹各三十五匹，綿百六十兩。都運、府尹錢粟七十貫石，麪米麥十二稱石，絹各三十匹，綿百四十兩。從三品錢粟六十貫石，麪米麥各四十稱石，羅綾各十匹，絹各五十匹，綿百八十兩。外官錢粟六十貫石，麪米麥各十稱石，絹各二十五匹，綿百二十兩。皇統元年，詔三品致仕者，禄俸傔人各給半。正四品錢粟四十五貫石，麪米麥各十二稱石，羅綾各八匹，絹各四十匹，綿百五十兩。外官錢粟四十五貫石，副統軍錢粟五十貫石，絹各二十二匹，綿八十兩，餘同下，麪米麥各八稱石，絹各二十匹，綿七十兩，許帶酒三十瓶，鹽三石。從四品錢粟四十貫石，麪米麥各十稱石，羅綾各六匹，絹各三十匹，綿百三十兩。外官錢粟四十貫石，麪米麥各十稱石，絹各十八匹，綿六十兩。猛安錢粟四十八貫石，餘皆無。烏魯古使同。大定二十年，省臣議各路運司儲積多寡不同，宜令依舊支請牛頭税粟。如遇凶年，盡貸與民。其俸則於錢多路府支放，錢少則支銀絹，從之。正五品，錢粟三十五貫石，麪米麥各八稱石，羅綾各五匹，絹各二十五匹，綿一百兩。外官刺史、知軍、鹽使錢粟三十五貫石，麴米麥各六稱石，絹各十七匹，緜五十五兩。餘官錢粟二十貫石，麴米麥同上，絹各十六匹，緜五十兩。從五品錢粟二十貫石，麴米麥六稱石，羅綾各五匹，絹各二十匹，緜八十兩。外官錢粟二十五貫石，麴米麥各四稱石，絹各十匹，緜四十兩。謀克錢粟二十貫石，餘皆無。正六品錢粟二十五貫石，麥五石，絹各十七匹，緜七十兩。外官與從六品皆錢粟二十貫石，麴米麥三稱石，絹各八匹，緜各三十兩。從六品錢粟米二十二貫石，麥五石，絹各十五匹，緜六十兩。烏魯古副使同。正七品錢粟二十二貫石，麥四石，衣絹各十二匹，緜五十五兩。外官諸同知州軍、都轉運判、諸府推官、諸節度判、諸觀察判、諸京縣令、諸劇縣令、提舉南京城規措河渠官、諸都巡檢、諸酒麴鹽稅副、諸正將，錢粟十八貫石，麪米麥各二稱石，絹各七匹，緜二十五兩。諸司屬令、諸府軍都指揮俸同上。潼關使錢粟十八貫石，麴米麥各一稱石，絹各六匹，緜三十兩。從七品錢粟十七貫石，麥四石，絹各十一匹，緜五十兩。諸鎮軍都指揮使錢粟十八貫石，麴米麥各二稱石，絹各七匹，緜二十五兩。諸招討司勘事官、諸縣令、諸警巡副、京兆府竹監管勾、五品鹽使司判、諸部禿里、同提舉上京皇城司、同提舉南京城所、黄河都巡河官、諸河税榷場使錢粟各十七貫石，麴米麥各二稱石，絹各七匹，緜二十五兩。會安關使、諸知鎮城堡寨錢粟十五貫石，麴米麥各一稱石，衣絹各六匹，緜二十兩。正八品朝官錢粟十五貫石，麥三石，衣絹各八匹，緜四十五兩。外官市令、諸録事、諸防禦判、赤縣令、諸劇縣令、崇福埽都巡河官、諸酒稅使、醋使、榷場副、諸都巡檢錢粟十五貫石，麴米麥各一稱石，衣絹各六匹，緜二十兩。烏魯古判官俸同上。按察司知事、大興府知事、招討司知事、諸副都巡檢使錢粟十三貫石，麴米麥各一稱石，衣絹各六匹，緜二十兩。諸司屬丞俸同上。諸節鎮以上司獄、諸副將錢粟十三貫石，衣絹各三匹，緜十兩。南京京城所管勾、京府諸司使管勾、河橋諸關渡譏察官、同樂園管勾、南京皇城使、通州倉使錢粟十二貫石，衣絹各三匹，緜十兩。節鎮諸司使、中運司柴炭場使錢粟十貫石，衣絹各二匹，緜八兩。從八品朝官錢粟十三貫石，麥三石，衣絹各七匹，緜四十兩。外官南京交鈔庫使、諸統軍按察司知法錢粟十三貫石，麥三石，衣絹各七匹，緜四十兩。諸州軍判官、諸京縣丞、諸次劇縣丞、諸三品鹽司判官、漕運司管勾、永豐廣備庫副使、左右別貯院木場使錢粟十三貫石，麴米麥各一稱石，衣絹各六匹，緜二十兩。諸麽忽、諸移里堇錢粟十二貫石，麥二石，衣絹各五匹，緜十五兩。正九品朝官錢粟十二貫石，麥二石，衣絹各六匹，緜三十五兩。外官南京交鈔庫副錢粟十二貫石，麥二石，衣絹各六匹，緜三十五兩。諸警巡判官錢粟十三貫石，麴米麥各一稱石，衣絹六匹，緜十兩。諸縣丞、諸酒稅副使錢粟十二貫石，麥二石五斗，衣絹各五匹，緜十七兩。市丞、諸司候、諸主簿、諸録判、諸縣尉、散巡河官、黄河埽物料場官錢粟十二貫石，麥一石，衣絹各三匹，緜十兩。管勾泗州排岸兼巡檢、副都巡檢、諸巡檢俸例同上，並無麥。諸鹽場管勾、左右別貯院木場副、永豐廣備庫判錢粟十二貫石，衣絹各三匹，緜十兩。諸都將、隊將錢粟十二貫石，麥一石，衣絹各三匹，緜十兩。店宅務管勾錢粟十二貫石，絹緜同上。京府諸司副、南京皇城副、通州倉副、同管勾河橋諸副譏察錢粟十一貫石，衣絹各二匹，緜八兩。諸州軍司獄錢粟十一貫石，衣絹各二匹，緜八兩。節鎮諸司副、中運司、柴炭場副錢粟十二貫石，衣絹各二匹，緜八兩。從九品朝官錢粟十貫石，麥二石，衣絹各五匹，緜三十兩。外官錢粟十二貫石，麥一石，衣絹各三匹，緜十兩。三品以上官司知法錢粟十貫石，麥一石，衣絹各三匹，緜十兩。司候判官錢粟十貫石，衣絹各二匹，緜八兩。諸防次軍轄俸同上。諸榷場同管勾、左右別貯院木場判錢粟十貫石，衣絹各三匹，緜六兩。諸京作院都監、通州倉判、五品以上官司知法錢粟九貫石，衣絹各二匹，緜六兩。諸府作院都監、諸埽物料場都監錢粟八貫石，衣絹各一匹，緜六兩。諸節鎮作院都監、諸司都監錢粟八貫石，衣絹各二匹。諸司同監錢粟七貫石，絹同上。陝西東德州世襲藩巡檢分例月支錢粟十貫石，衣絹各二匹，緜十兩。陝西西京原州世襲藩巡檢月支錢粟二貫三百九文，米四石五斗，絹三匹。河東北路葭州等處世襲藩巡檢月支錢粟十貫石，絹二匹，緜十兩。太后太妃宮每歲各給錢二千萬，綵二百段，絹千匹，緜五千兩。諸妃歲給錢千萬，綵百段，絹三百匹，緜三千兩。嬪以下錢五百萬，綵五十段，絹二百匹，緜二千兩。凡内職正一品歲錢八千貫，幣百段，絹五百匹，緜五千兩。正二品歲錢六千貫，幣八千段，絹三百匹，緜四千兩。正三品歲錢五千貫，幣六十段，絹二百匹，緜三千兩。正四品歲錢四千貫，幣四十段，絹百五十匹，緜二千兩。正五品錢二千貫，幣二十段，絹百匹，緜千兩。尚宮左右夫人至宮正大夫錢千五百貫，幣十九段，絹九十匹，緜九百兩。寶華夫人以下至資明夫人錢千貫，幣十八段，絹八十匹，緜八百兩。有大小令人、大小承御、大小近侍，俸各異。正六品，錢五百貫，幣十六段，絹五十匹，緜二百兩。正七品錢四百貫，幣十四段，絹十四匹，緜百五十兩。正八品錢三百貫，幣十二段，絹三十匹，緜百兩。正九品錢二百五十貫，幣十段，絹二十六匹，緜百兩。諸職官上任不過初二日，罷任過初五日者，給當月俸。或受差及因公幹未能之官者，計程外聽給到任祿。若後官已到前官差出，其祿兩支，麴隨直折價。親王授任者，祿從多。朝官兼外者同。六十以上及未六十而病致仕者，給祿半。承應及軍功初出職未歷致仕，雖未六十者，亦給半祿。內外吏員及諸局分承應人病告至百日則停給。除程給假者，俸祿半給，衣絹全給。

閻鎮珩《六典通考》卷三二《宮政考・婦職》 典絲，掌絲入而辨其物，以其賈楬之。絲入謂九職之嬪婦所貢絲。 掌其藏與其出，以待興功之時。絲之貢少，藏之出之，可同宮也。時者若溫煖宜縑帛，清涼宜文繡。 頒絲於外內工，皆以物授之。外工，外嬪婦也。內工，女御。 凡上之賜予亦如之。王以絲物賜人。 及獻功，則受良功而藏之。辨其物而書其數，以待有司之政令，上之賜予。良當爲苦字之誤。受其麤盬之功，以給有司之公用。其良工者，典婦功受之，以共王及后之用。鄭司農云：良功，絲功縑帛。

譚嗣同《譚嗣同全集》上册《思篇四三》 湖北公桑園，大人所創。昔官甘肅日，以蠶桑董民，而邊地苦寒，民情窳惰，利以不興。屬官復以掩飾希課最，歲殫輒買鄰省絲上供，詭言土物，責之愈迫，其遁亦愈巧。膏澤卒不下究，與陳文恭撫陝西時事正相類。今撫湖北，地本宜桑，民苦無所得種，率作興事，不勞而成。購浙桑偏樹郡縣。復園於會城東北隅，以養其萌蘖，既長則易樹所宜土。其曰「公桑」，《祭義》「古者天子諸侯必有公桑」也。棘垣外閉，樸而不陋，小有樓臺，可休游屐。歐陽瓣薑師代撰楹帖曰：「美利盡田園，許萬家生意平分，微行試闢豳詩地；成功告纁組，有五色天章可織，厥篚新呈荆貢時。」措辭雅切。又代題武昌湖南會館楹帖曰：「此山曾幾建祠堂，天啓中興，獨許湖南清絶；過客或暫爲逆旅，時當公讌，應懷平楚蒼然。」

譚嗣同《譚嗣同全集》上册《瀏陽興學記》 本縣既已廣栽桑樹，即令講求蠶務，如養蠶、辨種、繅絲各新法，果係屢經考驗，屬實可行，係本館另行借貲種桑養蠶，收買絲繭外，仍將新法刊布，並面授鄉民。他若水利及耕種新法，一體考驗，果勝舊法，亦廣爲刊傳。蠶桑之利既厚，本館所獲亦豐，再議添聘教師，購辦精器，講求地學、化學，以集股開礦。礦務興，則汽機製造、水火電力、聲光、工商諸學，皆可見諸實事矣。

昆岡等《清會典則例》卷一六一《內務府・掌儀司》 康熙二十年，定贊祀女官十有二人，歲給官用段二疋，紗、綾、紬、絹、杭細各一疋，其長二人加給官用素段一疋，均以歲十月於廣儲司領取。

昆岡等《清會典則例》卷一三六《內務府・織造》 一、制帛。順治八年，定江寧織造局設神帛機三十張，歲織帛四百端。又準部移文額造二千端，其文兼清、漢，曰郊祀制帛，曰告祀制帛，其色青黄；曰奉先制帛，色白；曰禮神制帛，青、赤、黄白、黑五色；曰展親制帛，曰報功制帛，均色白；曰素帛，色白不織文。

敕誥康熙元年，定江寧織造局設官誥機三十五張，遇應用之時，由部豫期行文該織造，如式置辦。誥命用五色及三色紵絲，文曰「奉天誥命」。敕命用純白綾，文曰「奉天敕命」。均織升降龍文，兼清、漢字。

又定一品，玉軸鶴錦面。二品，犀軸螭錦面。三四品，貼金軸。五品，角軸。均牡丹花錦面。六七品以下，槩用角軸小團花錦面。

一、校尉服色。

國初，定校尉衣用大紅色織團葵花文。每件五幅，長四尺三寸，濶一尺七寸，袖八寸。

康熙元年，覆準校尉衣停織花紅段，用木紅色，照內織染局三絲式樣織造。十六年，奏準舁輦輿校尉織紬地，擎執校尉織絹地。

一、采繒。

國初，定每采紬一疋用經絲十一兩，緯絲十一兩，織成長三丈六尺，濶一尺六寸，染以各色，以供國家慶典陳設，結采及采棚、采亭並各公廨一應慶賀典禮結采之用。

康熙三年，覆準采紬色尚鮮明，多貯無益，嗣後遇應用之時，令江寧、蘇州、杭州三局照部行數目織染解部，無庸每年造辦。

一、潞紬。每疋重六十四兩，長八十尺，濶二尺四寸。小潞紬，每疋重十有六兩，長三十尺，濶一尺七寸。歲由山西長治、高平二縣織造解部，轉送內務府撿收。

康熙十四年，覆準長治縣歲織潞紬六十二疋，小潞紬一百八十六疋。高平縣歲織潞紬三十八疋，小潞紬一百十有四疋。如額解部。

十七年，題準潞紬每疋準銷銀十二兩五錢，小潞紬每疋準銷銀三兩七錢五分。

昆岡等《清會典事例》卷九四〇《工部・器用》 織造制帛潞紬　誥敕　校尉服色

制帛　乾隆四十三年定，各壇、廟、陵寢祭祀，應用制帛甚多，原額二千端不敷，嗣後每年由部覈定數目，豫行江甯織造如數辦解。

咸豐三年奏准，綵紬庫各色制帛，向由江南織造織辦，現在庫存不敷支放，江南辦理軍務，勢難趕辦，暫交杭州織造織辦，俟江南軍務告竣，仍由江南織造辦理。

光緒四年議准，神帛等件，業經杭州織造辦理有年，所有房間機張，均已添設，毋庸改歸江南。

誥敕 〔康熙〕二十九年議准，浙江省湖州府屬，每年解江甯織造誥敕絲斤三千八百三十二斤一十五兩零，停其辦解，令江甯織造採買。

光緒四年議准，誥敕各件，改由杭州織造辦理。

校尉服色 乾隆四十一年諭，此項駕衣派員解送時，將箱封鎖，不令委員沿途抖晾，究屬辦理不善，著即將駁爲三等之衣片六百四十二件，不准開銷，以示懲儆，並令該織造嗣後解送駕衣，不必封鎖，務令委員小心啟看，隨時抖晾，毋致黴黑。

潞紬 順治初年，山西省長治、高平二縣，歲織潞紬三千疋。

八年，新頒式樣，每疋長五丈，闊二尺五寸，酌定價銀十三兩，歲織一千四百七十九疋二丈。

十五年題准，每歲織三百疋，長治縣一百八十六疋，高平縣一百一十四疋。

康熙六年題准，減去大潞紬一百疋，改織小潞紬四百疋，長三丈，闊一尺七寸。每年長治縣大紬一百二十四疋，小紬二百四十八疋。高平縣大紬七十六疋，小紬一百五十二疋。

十四年議准，大小潞紬各減去一百疋，每年長治縣織解大潞紬六十二疋，小潞紬一百八十六疋。高平縣織解大潞紬三十八疋，小潞紬一百十四疋。

十七年題准，潞紬每疋銷銀十二兩五錢，小潞紬每疋銷銀二兩七錢五分。

光緒八年議覆，大小潞紬係豫備坤寧宮大祭應用要件，非他省所能織造，行令該省仍解本色，毋庸折價。

陸以湉《冷廬雜識》卷八《土物》 杭州省會，百貨所聚。其餘各郡邑所出，則湖之絲，嘉之絹，紹之茶、酒，寧之海錯，處之磁，嚴之漆，衢之橘，温之漆器，金之酒，皆以地得名。惟吾台少所出，然近海，海物尚多錯聚，乃不能以一最佳者擅名，此明王恒叔士性《廣志繹》之言也。自今觀之，如杭之茶、藕粉、紡綢、紙扇，翦刀，湖之筆、縐紗，嘉之銅爐，金之火腿，台之金橘、鯗魚，亦皆擅土宜之勝，而爲四方之所珍者。

范祖述《杭俗遺風一九》 杭州後市街之太平局，以及下段東街等處，有機織紬段者。其經緯各絲，多發女工落紡，此其中大有生意在焉。

官修《清實録・高宗實録》卷一〇六 〔乾隆四年十一月丁丑〕户部議覆，署福建巡撫布政使王士任疏稱：閩省經前任撫臣咨取浙省蠶民，分給閩縣、侯官、永福三縣，教蠶樹桑，所出絲綿，以一分賞蠶民，二分歸公。各蠶民計口授糧，俾資養贍。前巡撫盧焯，有給田佃種之議，其應支口糧，遂於乾隆三年夏季停止。今蠶民等，以耕桑不能兼顧，不願受産，仍求領給口糧，應俯順民情，照舊支給，俟五年後，閩人熟諳蠶事，其願回籍者，酌給路費回籍，願留閩者，酌給田地營生等語。應如所請，蠶民免其給田，仍給口糧銀兩，其動支糧銀、屋資、工料、桑價欵項，統俟五年後，冊報查覈。從之。

官修《清實録・高宗實録》卷二六五 〔乾隆十一年四月〕，陝西巡撫陳宏謀奏，陝省爲豳岐舊地，蠶桑之事，自昔爲盛，日久漸替。查西、同、鳳、漢、邠、乾等府州，皆可養蠶，近令地方官身先倡率，廣植桑株，雇人養蠶，並於省城製機，覓匠織縑，此次呈進之縑，即係省城所織。民間知種桑養蠶，均可獲利，今年務蠶桑者，更多於上年，計通省增種桑樹，已及數十萬株，從此漸加推廣，陝省蠶桑之利，可以復興。其山東放養山蠶之法，現已令各屬導民試養。得旨，興農桑乃爲政之要務，毋始勤而終怠，毋空言而行違，勉之。

官修《清實録・高宗實録》卷二七九 〔乾隆十一年十一月〕又奏，據杭州、嘉興、湖州三府稟稱，本年七八月間，各村桑樹，生有小蠶，食葉成繭，用以織綢，較他綢更爲堅緻，詢之土人，僉云此名天蠶，又名桑蠶，往年不過數枚，惟今年所産最繁，各鄉村遍野皆有，民間獲此餘利，靡不歡欣鼓舞。臣隨取繭絲查驗無異。得旨：覽奏俱悉。此范成大詩所謂野繭可繅者也，汝特未之知耳。

官修《清實録・高宗實録》卷八〇二 〔乾隆三十三年正月〕又諭：據吴達善奏，己丑年新疆貿易綢緞，共應一萬二千五十疋，請敕下三處織造，照樣織辦等語。此項緞疋，爲數既多，自應先期製備，以便解送甘省，分運各處貿易，著傳諭三處織造，即照吴達善所開數目清單，上緊織辦，務期顔色鮮明，質地厚重，毋得草率從事。吴達善摺單，倶著一併鈔寄。

張壽鏞《清朝掌故彙編》内編卷二三《户政一五・農桑》 道光十七年，上諭：御史胡長庚奏《請責成地方官勸課農桑》一摺，據稱山東省地瘠民貧，宜開衣食之源，以收樂利之效。該省地宜蠶桑，應行設局，教勸鑿井灌田，不減南方溝塘之利。廣種雜糧、蔬菜，亦可備荒。下游被水之區及山河岸坡等處，可種蘆葦、箕柳、麻菜之類，民無恒産者，勸令大户給田課租，其登、萊、青各郡山多之處，應(令)〔令〕民間分别種植樹木等語。著經額布即將摺内所指各條，確切查詢，體察地方情形，是否可行，據實妥議具奏。尋奏，查登、萊、青各屬，多有飼養野蠶者，其餘各府州民，向勤蠶桑，現均飭行栽植等語。上諭曰：認真辦理，務收實效，不可有名無實也。

二十年二月，貴州巡撫賀齡奏，試種桑秧木棉，教民紡織，漸有成效。上諭曰：實力勸導，斷不可中輟勉之。

光緒七年，河南巡撫涂宗瀛疏言：豫省試辦蠶桑，漸有成效。並以代理祥符縣知縣饒拜颺爲異常出力。奉旨，饒拜颺著交部從優議敘。

二十二年，江西巡撫德壽《請在省城設局開辦蠶桑奏》稱：江西地多低窪，輒遭水患，物畜所入，事産維艱，偶遇秋收歉薄，四野嗷嗷，益困不可支，欲爲之開闢利源，惟蠶桑可補農事之不足。考江西爲《禹貢》揚州之域，有「厥篚織貝」之文，《隋史·地志》，豫章一年，蠶四五熟。則江西之宜蠶，徵諸古而已然，且蠶性喜暖，江西界綫在地球東北，距赤道二十餘度，與江蘇、浙江氣候相若，静察天時土性，知於種桑育蠶，甚爲相宜。雖經紳士蔡金臺等，請於瑞州府之高安縣地方建設學堂，舉辦蠶桑，然僅在偏隅小邑，利源恐難大開，是應於省城適中之地，廣植桑株，設局開辦，以爲先倡。

二十三年，都察院左都御史徐樹銘《請飭舉行蠶政疏》云：從古大利在於農，而泥之以天時之水旱，不能全收其利，是以西岐教民養蠶，以補農政之不足，周之祚延八百數十載，而《豳風》一篇，諄諄於「爰求柔桑，以伐遠揚」。載績獻功，與農政並重者，所以導民以養之之政，而可以爲教化之本也。孟子言王道曰：五畝之宅，樹牆下以桑。殷殷爲時君言之，至再至三。誠以爲欲重民生，不能舍本務而但圖末藝也。況浙江之湖州，湖北之武昌，直隸之保定，皆已舉行，收有成效，海内至廣，高原宜山蠶，下隰宜澤蠶，北方養蠶晚，南方養蠶早，無不可以充民食，資賦税，安忍舉此南北東西數萬中之里、膏腴沃土而廢棄之。上諭：徐樹銘奏請飭各省舉行蠶政等語，蠶政與農工並重，浙江、湖北、直隸等省，均已辦有成效，各省宜蠶之地尚多，即著各督撫飭令地方官，認真籌辦，以廣利源。

二十四年三月，工部候補郎中唐浩鎮《請令各八自闢利源》略云：富國之本，首在足民，生物之功，資乎因地。今者世變益極，財用内匱，各直省官員，未聞以何地可興何項利益，何處可植何宗樹木，詳籌以增國課。中土膏腴至廣，生産最繁，誠量各省土性之所宜，廣植物産，其已備者，擴而充之，未備者，購而給之，務使無曠土，無游民而止。一曰蠶桑。中國産絲之區，以江浙爲最，江浙以近太湖者爲最。蓋湖水澄清，性肥而暖，故以水灌桑則葉茂，以桑飼蠶則絲韌。以太湖例之，鄱陽、巢湖、洞庭、大明、金明、滇池、昆明各省之湖，誠能推廣此意，遍植蠶桑，則所出絲繭，皆能光白柔韌，遠勿於日本、意大利諸邦，而收大利。二曰葡萄。【略】

凡此八利，如蒙諭旨，飭令各直省督撫，詳查地宜，辦種發給，以廳守牧令總其責成，以同知、通判、縣丞等責任其事，各州縣能勸種樹木三十萬株以上、農利三百畝以上，考核得實者，舉以擢用，奉行故事者，罷黜之，地方官吏亦視種植繁簡爲考成，按圖立册，就地課税，産既加多，税自益旺，足國之道，權輿於此。

疏上，下部議。旋經部議疏云：臣等竊維樹藝與耕耘並重，本土自然之利，爲農民切要之圖，值此時局艱難，度支奇絀，各省地方有司，尤當審量土宜，廣開利源，藉紓國用。迭經欽奉諭旨，飭令各省，考核錢糧，稽察荒田，開辦蠶桑，振興商務，並行各省督撫，就地籌欵，如有可興之利，隨時陳奏，以應急需。上年九月，御史華煇奏，令各省講求種植水利亦田，工部會同臣部通行在案。復據都察院左都御史徐樹銘奏請舉行蠶桑，護理陝西巡撫張汝梅奏請通行各屬，如蠶桑種植等項，凡有裨生計者，飭令興辦，亦已奏准咨行。臣部郎中陳熾復纂撰《續富國策》一書，内詳載種樹富民、種桑育蠶、葡萄造酒、栽竹造紙、樹樟熬腦、植木庀材、種橡製膠、種茶製茗、種棉紡花、種蔗製糖、種煙及加非以供食用各説，業由坊間刊行。臣等職司農政，凡内外臣工，條奏興利摺件，敢不行令各省，設法振興。【略】請旨飭下各直省將軍、督撫，各就地方情形，詳加考察，認真舉辦，如樹藝有合土宜，製造有可抵制外洋之處，應如何定章勸懲，即行奏咨立案，以重國課，而闢利源。奉旨依議。

馮桂芬《勸樹桑議》：西北稻田之利，前議詳矣，顧治田宜先治水，重大不易行，更有至簡至易之事則蠶桑，是西北諸省千百里，彌望平楚，莫不宜桑，一切棄之，其可惜有倍甚於田者。曩侍先恭人，京邸後圃，有桑數株，歲飼蠶數簇，繅絲與南中無二。蓋西北地脈深厚，外燥而内潤，故梨桃蔬菓之屬，轉勝於南，桑性亦如之，知西北之棄地多矣。天下事本難於創始，蚩蚩者尤甚，十年桑木，利在日後，而費在目前。吾吳西郊山地，畝值錢數百，桑園畝值錢三十千，然不能化山地盡爲桑園者，亦以人情狃於近利，桑地栽桑，必三五年無利有費之故，東南猶爾，况西北乎。

勸種之法，宜官爲倡導，令徧檢部曹中嘉湖人，挈家至城外，發帑買地種桑，募其鄉善飼蠶者爲之師，僱本地人授其法，五年後，招土著承買歸其帑，永爲世業。民間有能仿行者，呈明給照，永不許王公府八旗爭奪，並永不加賦，使安其業，十年之後，桑陰滿邦畿矣。近京不甚寒之省皆仿此。

夫經傳所言蠶桑之利，未嘗及吳越，郭子章《蠶論》云：《七月》「爰求柔桑」，則豳可蠶。《將仲子》「無折我樹桑」，則鄭可蠶。《氓》「桑之未落，其葉沃若」，則衛可蠶。《十畝之間》「桑者閑閑兮」，則晉可蠶。《皇矣》「其檿其柘」，《桑柔》「菀彼柔桑」，則周可蠶。兖州厥貢漆絲，厥篚織文。桑土既蠶。青州厥篚(纊)[檿]絲。徐州厥篚(元)[玄]纖縞。揚州厥篚織貝。則齊魯可蠶。荆州厥篚(元)[玄]纁璣組。豫州厥貢漆枲(絲縞)[絺紵]厥篚纖纊。則楚可蠶。《孟子》「樹牆下以桑」，則齊梁可蠶。蠶□都族教民蠶桑，則蜀可蠶。不知何時利獨歸於吳越，視宜稻七州之僅存荆、揚，殆又甚焉，作而致之，其有彼於大賢乎。又宋秦觀《蠶書·戎治》云：《唐史》載于闐蠶蛾飛盡，治繭可爲絲，如得其法，所全生命不勝計，是亦當留意訪求者。

《蘇州府飭花素緞業鋪户按户給帖輸稅碑》康熙十六年

江南蘇州府正堂加五級高，爲□飭事。康熙十六年十月十八日，奉江南江寧、蘇、松、常、鎮、淮揚□府，徐州一州承宣布政司正堂加二級丁信牌内開：總理糧儲提督軍務巡撫江寧等處地方□□□諸□兼都察院右副都御史(中缺十七字)。素緞箭頭□□□□容縣胥市村人□□端(中缺八字)給□緣由。奉批：吳縣督察原(中缺)頭粘外，合就飭行，仰府(中缺十字)理，即照本府批詳(中缺)端滋弊。文到，立將奉行給□緣由，□□□□□□。等因。奉此。事(中缺)紗買頭經紀□名，□名酌納□□□三十兩外補繳□緣由，(中缺九字)緞牙行(中缺十五字)到司。奉此。除詳抄發外，查得□□□□造衙門□房，俱依關銷王(中缺六字)，選請(中缺十六字)。等因。奉此。遵行吳縣查覆，□□□□□經紀奚瑞宇、張秀甫等呈：爲□□□感憲禁，借端奪(中缺十五字)。隨經本府看得吳縣詳議添設□□□□可□□銀補□一案。益緣經承程時芳於康熙元年(中缺)有是議。今照時芳名下□項，久經禁入□□那混案内擬罪，勘産造册達部，已有定案。各部(中缺)經紀項首納銀抵補。奉前撫憲韓批□查報。業經前府載弘祖以召募一説，雖曰補單(中缺)變亂成法，貽害無窮。復□院□止。現有批□再照今吳縣不查舊案，復行溷衣，遵奉撫憲批司，□□□係牙行，世業相承，趕軫微賤□□□頭名吳□同，第令各□牙行現奉部文，爲兵餉之缺，(中缺十六字)牙户亦應照例給帖，急公輸稅，以杜幸免之□，嗣後仍應嚴行永禁。兩縣經胥市棍人等，毋得□□添設(中缺十四字)。康熙十六年八月二十八日申詳本使司，轉呈本撫部院批開前因，備行到府。奉此。合行嚴禁。爲此，仰長、吳兩縣官吏、業機鋪户人等知悉：(中缺)院司批行本府，按户給帖輸稅，毋容縣胥市棍人等，增添□奪，借端滋擾，及私行(中缺十九字)究治罪，決不輕貸。須至碑者。

康熙十六年十月　日立。　蘇州府正堂承行文。

花素緞行經紀　俞士定、奚應明、張同寧、盛應麟、沈朝俊、周文昭、熊大德、沈德龍、劉啓元、張錫珮、許國佑、褚宗陽、周鼎新、顧應鳳、朱賓佐、許國楨、陸□定、管士昌、陸文□。

(碑立於蘇州城内景德路城隍廟内，此據蘇州博物館藏拓片)

《吳縣紗緞業行規條約碑》雍正元年

蓋聞《虞書》重懋遷之典，《周禮》設司市之官，乃以裕民生而息争訟也。吾吳中紗緞一業，在《禹貢》則載爲織文之篚，在《廣輿》則著爲土物之宜。豈非蘇城極大出産，而合郡生民所(中缺六字)者乎。但商客之來，必投行主；而造作之家，□由機户。兩者相須，而一時未必即能相□，此紗緞經紀所由設也。

向來爲是業者，必擇老成持重，精明諳練之人，當官□受印帖，方□□□理。故商客託以銀錢，而無虧耗之□；機户交以紗緞，而無侵□之慮。與客通販，彼此相□。織作者可安坐而轉運，挾資者可隨時而齊貨。此經紀之業一正，而商客與行家機户，□□□□也。

厥後日久廢弛，□□叢生。在紗行經紀，尚有條理，而緞行□濫觴，不可問矣。故有□祖□經紀者，或轉徙而爲他業之務。即無印帖而非經紀者，亦通融而为此行之業。遂生一輩□□□□之徒，往往□□□力口辨，盤踞於往來要道之所，拉□織□，用强揠賣。商客或隱忍而受其不堪之物，機户亦飲恨而蒙其侵漁之累。甚至以所賣之銀，不交還機户。非花銷於茶肆□□□所，即浪擲於□□局賻之場。竟將生民養命之本，化爲子虛烏有。是經紀之途一壞，而客商與行家機户交受其害也。

閣部鄂大人原任藩此土時，熟悉兹行利弊。因重整而釐定□，□擇端方□

濟者，□□□給以印帖，□世其業，而比匪則徙而□□，所以惠□□□澤被窮□者，至矣盡矣。迄今二十年來，織紝者各安於杼軸之勤，商賈者得□其負販之利。即吾儕經紀□人，亦□安其生理，安其□業。朝饔夕饗，仰視俯育，是不可不原其惠之所自來也。因將經紀興衰之□□，鄂大人恩給印帖之仁，表明詳述，伏冀當代賢士大夫之採□。而凡業是業者，亦期恪爲遵守，毋使日久廢弛，致滋异日□訟之端，則幸甚幸甚。謹將各憲金批並行規條約，開列於後：

一、議得我行執帖經營生理，各宜秉公守□，每緞一疋，照常取用。機户行家，忠信相待，不得抑此扶彼，□客坑商，違者公罰。

一、議得給帖原□一人執業，止可傳之子孫。若兄弟婿侄等輩，不得在内越賣，漸□明充闖頂之□，違者罰。

一、議得我行同業在外營生，遇有無帖擅行奪賣之人，即係光棍，立即邀衆□逐。如有闖行故□，不即聲揚共逐者，察出罰。

一、議得我輩同業者，不與現在行家弟兄親戚，以及管帳之人合夥合業，以防明充闖頂之漸，違者公罰。

一、議得同業之中，或有不願營生歇閑者，應將原帖繳付行頭。俟有頂替之人，當官禀明交替，通知□□衆友，出具同行互保外，議還給帖所費，違者罰。

一、議同業中在前原有印帖，後經繳出更替者，不得仍舊在行執業，違者罰。

一、議得行家走帳及親戚之人，向機户私相對手買緞，無論有無識面，察出□查實據，仍向機户索取用金。同業知而不舉者，公罰。

雍正元年十二月十九日。

蘇州府吴縣知縣　楊□紹。

宜今室主人《清經濟文新編・蠶桑新論》闕名《推廣蠶桑以開利源論》 中國蠶桑之利，向推江浙，以江浙而論，浙有盛於江。江蘇之南京有京緞，鎮江有江綢，蘇州有蘇綢、蘇紗，吴江之盛澤有盛紡，此其大宗也。若浙貨則好於江，而亦多於江，杭州有杭緞、杭甯、杭線、杭綾、杭紡、杭羅、杭紗，湖州有湖縐，甯、紹所出之綢、綾、羅、絹，雖亞於杭，而銷場亦旺。統計兩省，一年所入之利，奚啻數千百萬，且兩省之中，且未必處處養蠶，處處種桑，處處織綢，而所入之利已如此之多，若能處處種桑，處處養蠶，則所入之利當不止此，別省雖有蠶絲，皆不若江浙之美，所以衣羅被縠者，無不欲取給於江杭也。

豈蘇杭之人能養蠶，而別處之人不能養蠶耶？蘇杭之桑能飼蠶，而別之桑不能養蠶耶？蘇杭之地能樹桑，而別處之地不能樹桑耶？宜人雖有蠶桑之利，宜東南不宜西北之説，究之風氣未開，雖天時地利之不窮，亦人事之有未盡耳。如曰宜於東南，何東南未必處處養蠶種桑，此其明證也。況蠶桑之利，等於稼穡，而不妨稼穡之功，不占稼穡之地，稼穡一熟再熟，所入可計，而有水旱之虞，蠶事數十日可畢，且係婦女之事，並無水旱之虞，非不妨稼穡之功乎。

《孟子》曰「樹牆下以桑」，言牆下者，明乎無地之不可種也。每見鄉間多種雜樹，且有不栽而自生者。與其栽一無用之雜樹，僅爲採薪之需，何如廣樹桑秧，以備春蠶之食，非不占稼穡之地乎。中國婦女，苦樂不均，勤惰各異，雖所出之絲，皆婦女所爲，而統計不滿數十之一。江浙鄉間婦女，紡織而外，多有助夫爲耕者。《詩》曰「饁彼南畝」，誠以耕種非婦女之職，婦女耕種未免太苦，而舍耕種亦未免太閑，況現在紡織各局盛開，又奪婦工之業，亟宜講完蠶桑，以補不足。《管子》曰「倉廩實而知禮節，衣食足而知榮辱」。《楊子》曰「男子畝，女子桑」。習其平日而定其心思，嫻其道藝而世其家業，無論牆角畦稜、道旁圃場、間隙之地，皆可栽桑。一家栽千桑，務使一家之桑足飼一家之財，以絲以帛，以供一家之用，餘可以易財粟，民富之道，莫善於此。

江浙業蠶桑者尚多，推廣亦甚易。別省婦女非但不事蠶桑，並有不耕織不耕田之處，婦女無生活，勢必仰食於男，一男之耕，所入幾何，抑何怪天下窮民之多耶。各省自宜一律推廣，一家之利源係乎此，一省一國之利源亦何不係乎此。自通商以後，出口之貨，以絲茶爲大宗，所以業此者尚不失爲富厚，惟現在泰西稽桑養蠶，精益求精，恐將來愈推愈廣，中國之利權又爲所奪，此不可不慮者也。欲開利源，非推廣不可。然多則價廉，價廉則銷暢，分算則利自薄，合算則利自厚矣。

閲前執已江西藩憲翁小山方伯現設桑蠶局，延聘桑師到江，並購湖州桑秧十萬株，出示勸領栽種，以溥利益示云：古人之言治農者桑並重，《孟子》言「五畝之宅而牆下以樹桑」，《豳風》陳稼穡艱難，更係桑於蠶月，則蠶桑固爲天下之美利。近世惟蘇浙專之，本司藉隸吴中，稔知其利，乙未歲，秉憲是邦，見民勤耕鑿，俗鮮惰游，而未能底於殷富，則推其故，地有餘利，婦多曠功，不知蠶桑之獲益無窮，未諳種養之爲法甚易，輒相疑慮，昧於講求。今本司受命大府，籌疑設局，聘請蠶師，委員購到桑秧十萬株，分結各鄉領種，仰閤省農業諸邑人等知悉，養蠶種桑，補農功之不足，自始事迨終，不過數旬，不虞天災，又無賦税，無農夫之勞而利與之，將何憚而弗爲哉。茲本司特爲創始，購桑督課，刊發《輯要全書》以冀寖成風俗，利源大開云云。

方伯此舉，誠富民務本之道，吾知江省不數年後，民之蓋藏必厚矣。尤願各省爲前事之師，不特民之蓋藏可厚，將國庫之充盈，商務之起色，雖不必皆係乎蠶桑，而要無不於蠶桑收其利也。於是乎作《推廣蠶桑以開利源論》。

宜今室主人《清經世文編·蠶桑新論》闕名《論育蠶當仿行西法》 古時農桑之利，皆在《禹貢》青、兖、雍、荆之域，未嘗及今之吴越也。乃天道日移，地球漸致南熱而北冷，故北方田日荒，南方草萊日闢，遂使蠶絲之利，亦利於南而不利於北，此豈盡關人力之勤惰哉，正因地氣轉移，人力亦無所施耳。蓋凡育蠶之地，必在距赤帶南北各三十度之間，方能繁碩，若過冷過熱之地，均不相宜，收成必難。日旺中國，惟江浙兩省爲最盛，遂以絲爲出口大宗，斷非外國所能及也。西國自古無絲，至羅馬時，始有由彼斯販往者，彼時富家皆以中國絲爲極珍之品，價值兼金。自海禁一開，絲之出口日旺，法人皆仿中國之法，聘中國蠶婦，教以中國種桑育蠶之法，不數年，凡意大里、西班牙均知育蠶之法矣。至今法之里昂城，爲絲蠶薈集之區，編織機杼不下十萬家，所織綢緞，燦爛奪目，每尺值金錢一磅，遍銷於歐洲各國，歐絲不足，始買中國絲以助之。

惟二十年前，正産絲及旺之時，而蠶忽遘疾，比户傳染，蠶種幾滅，今幸格致家巴斯陡考求其故，用顯微鏡細察蠶身，始知身有微粒，形如椒粒，遂名爲椒末瘟，或蠶患此病者，或未繭而殭，或吐絲無力，縱或作繭，亦甚薄弱，比好蠶且輕一半。蛾之傳種，病亦輾轉相傳，綿延不絶，不數年歐洲蠶種將無遺類矣。巴斯陡因擇無病之蠶，始令其化蛾傳子，蠶絲之收成大旺。其後意大里亦仿此法，在蒙伯葉城設養蠶公院，考求飼蠶之法。而日本近亦效之，印度且派人越意、法學習。統觀各國講求蠶桑之利，當自謂青出於藍矣，而仍不知不脱中法之窠臼也。

查國宋時陳旉所撰之《農書》，後附秦湛《農書》一卷，元世祖頒發《農桑輯要》，則原本諸《齊民要術》爲多，以及魯明善所著《農桑衣食撮要》，近人沈秉成中丞所輯《蠶桑輯要輯要》等書，皆原原本本，殫見洽聞於防病傳種等法，何嘗不先言之。其法，凡蠶室及桑葉均不宜濕，濕則蠶易生瘟，治法以浮萍銼碎，攙入桑末飼之。其傳種之蠶，必擇肥大而強有力者，食葉兼備，則無病可知，別爲一室養之，俟脱繭後，令其雌雄相配，則生子必佳，而絲之收成倍旺矣。此豈非西人今日所奪胎之法乎，未可以得魚而忘筌，而自詡爲獨得之秘也。惟用顯微鏡窺視其形狀，此則西人之長技，彼善於此耳。然而天下之新理，日出不窮，以格致之理推之，當更有駕乎西人之上者，請得而效其説。

蓋天下之物，無論飛潛動植，凡異類相合則其生愈繁，猶化學中之愛力，電氣之攝力同類相合，則其生不盛。人類亦然，故同姓爲婚，古垂厲禁，西人亦謂以血脈相通之人配合，夫婦生子多癩瘸，中國禁中表爲婚，亦知此意，以此推之，可通其理於育蠶。如取中國之蛾，與日本之蛾，牝牡配合，則必生子愈旺，吐絲亦愈盛。又如齊、豫間有野蠶，另是一種，專食槲葉，結繭枝上，大如雞蛋，蛹即在繭度冬，至次年夏，始破繭而出。若將此種野蠶帶至南方，至暮春時，烘煖與湖蠶一同破繭，取兩蛾彼此交合，則傳種必碩大而繁。又如西洋各國蠶紙，行過(熟)[熱]帶，雖隆冬亦蠕蠕而動，其蠶繭亦化爲蛾。若有美國、加拿大統道三十度以北帶至中國，與湖蠶一同育蠶破繭，令牝蛾與牡蛾彼此交合，則(蠢)[蠶]種亦必愈佳。此則發中國前人所未發，並爲西洋新法所未詳，似可設法試之。如以野桑之根，接以佳桑之幹，則葉大而肥。凡樹木之經兩種相接者，無不皆然，更可爲一證。誠能於江浙兩省産絲之地，極力講求整頓，務盡其傳種育子，飼蠶察病，烘繭繅絲諸法，則育蠶愈廣，産絲愈佳，永爲中朝無窮之利，而不患他人之攘奪矣。

宜今室主人《清經世文編·蠶桑新論》闕名《興蠶桑議》 安徽巡撫沈仲復大中丞，在廣西巡撫任内奏稱：「藏富於民，莫先興利，興利之道，田與桑並重。臣因通飭桂省各州縣，廣勸所屬之民，栽桑養蠶，既勤婦工，又獲其利，由地方官按照種桑養蠶一切成法，頒示民間，妥爲勸導。初種之年，或發桑秧，或予補貼，由官創辦，以利其民。若勸種桑株，有效可覩，該官州縣奏請優奬。並飭藩司籌欵，就桂林省設立蠶桑秧桑局，委員會紳興辦，庶幾人皆知樹桑養蠶與力田並重，從此振興，自可漸收庶富之效」等語。賓紅閣外史讀之，不禁色然有喜，曰：「有是哉，中丞之爲民興利，竟若是之不留餘力哉。」

攷蠶桑之利，夏時已見於《禹貢》「桑土既蠶」，至周時而其利大興，《豳風·七月》之詩，一則曰「遵彼微行，爰求柔桑」，再則曰「蠶月條桑，取彼斧斨，以伐遠揚，猗彼女桑」，誠以邇時吉貝尚未通行，民生非帛不煖，是以蠶績之事，如菽粟水火之不可一日無也。然此第言民之奪力於蠶桑，至植桑飼蠶，繅絲織帛之法，載籍並未詳明。意者其法未及後代之精詳歟，抑秦火一燔書缺有簡歟。降及後世，其用愈廣，其製益精。《淮南子》：「綖麻索縷，手經指挂，其成猶網羅，後世之爲機杼勝複，以便其用。」《舊唐書・憲宗紀》：「〔紡〕〔敕〕天下州府民户，每田一畝，種桑二樹。」又《李襲〔譽〕〔傳〕〔傳〕》「河内有賜桑千樹，蠶之可以充衣」。蓋至是而人皆蠶績之功，其利甚溥，而鋤雨犁雲之外，無不從事於機絲矣。

我朝以務本教民，御製《耕織圖詩》，頒行天下，自浴種以迄紡績，條分縷析，既明且詳，聖謨洋洋，誠足昭垂萬世矣。所惜其利雖美，祇盛行於浙江，至江蘇、安徽，雖亦不少育蠶之家，然究不及浙之嘉、湖，處處皆以桑蠶爲業，此外如湘、鄂、燕、豫、齊、魯、閩、粵等省，則寥寥無聞矣。豈土性之不宜歟，亦以民間風氣未開，以是於怠惰耳。今得中丞創而行之，勸以勸之，屬在下風，自必聞風興起。而又恐其資本無出，宜忌未諳，則又爲之酌貼錢文，詳示成法，將見不轉瞬間，而潯、梧、桂、象間有不桑陰青濃，茅檐遍覆者哉。今者中丞已移節皖上矣，皖與江、浙、湘近，土性雖略形高燥，然植之苟得其法，則青葱暢茂，不難與江、浙同其向榮，我知必以勸粵民之法勸皖民，他年挾纊禦寒，南榮納日，杼柚代春植之當不難爲中丞歌之矣。顧僕則猶敢妄參末議焉。桑惟東南潤下之區，宜於栽植，至西北地形高燥，樹之性非所宜。今欲由桂省而及皖中，其勢尚易於爲力，倘各省封疆大吏皆以中丞之心爲心，欲求其利溥遍於二十一省中，未免有所扞格。雖然，亦無扞格也。攷《舊唐書・太宗紀》滁言野蠶食斛葉成繭，大如奈，其色緑。近年美利堅人林樂知所著《益智新録》稱，今日之野蠶，俱生長於菠羅樹中，即以菠羅樹葉爲食，能耐寒，不懼雨雪。又有一種橡樹，形與栗同，皮蒼老時軟而有文，人呼曰橡栗，關東牛莊則種青椆柳，關西則有苞櫟，河南則有木蓼，更有蒙古橡小葉柞柘，葉名雖各别，性則相同，以之飼蠶與桑共。據云，其説得之稅務司佛某，佛固精於植物學者，諒經考核而後言。然則今將勸西北人民育蠶，可領遍栽以上各樹，蠶既賴以得食，亦何患土地之不宜種桑哉。或謂我無，中國堂皇正大，自有富足之方，何必崇信西人之言，更變成法，不知此言亦非自西人始也。

查道光五年，貴州按察使宋會奏請勸民種稼育蠶，略稱：此地有青棡樹，其葉可飼蠶，惜民間徒供薪柴之用，請飭下藩司，給發委員收買樹子，散之各府州縣，就近分給民間種植云云。嗣後土君沛恂著《山蠶説》，亦謂我中國中多不落樹，以其葉經霜不落得名，實山桑樹，山蠶之所食也，蠶之食此葉者，視家繭較大。若是乎此法早行於中國，惜無中丞其人者爲之諄勸，是以日久漸形懈弛耳。今誠細心考察，廣諭民間，凡宜桑者植桑，不宜者即改植橡槲諸樹，行見人蓋綾羅，户皆綢帛，中丞之德惠，不特由桂省以達皖中，且將徧播瀛寰之内，中丞誠萬家生佛哉。【略】

宜今室主人《清經濟文新編・蠶桑新論》闕名《英名士日也美崇氏論中國紡繅業》 滬濱之地，有二繅紡公司，一則專事紡繅，一則兼綿布機織之業。其專事紡繅者，有錘數一萬五千，而兼機織者，有錘數二萬五千，備織機五百五十架，將有漸次興旺之勢。二公司並稱，係商民私立，究其實情，蓋爲有司所營也，故政府附與特權，而保護其業務矣。政府之意，以爲若不出此策，則根基不得鞏固，苟根基不固，奈他人亦興此種工業而攙奪其利何，國内人猶可恕，獨恐外國人亦將奪我利也，蓋華人心懷危懼者如斯耳。

查兩公司，其一在九十三年十月爲火所災，該公司不訂火災保險，遂至貲財蕩盡，損失甚巨。聞燒後欲擴大規模，經營慘澹，將裝置紡錘十萬，織機一千五百架，外國商工等，羣欲於中國公開埠頭，興製造諸業，屢請中國政府，該政府百方設辭婉拒絶之，欲不與外人以利權，甚至諭令海關，謂非經政府允准者，禁輸進一切紡繅機器，於是列國工商等聯成一氣，以反抗其專横矣。雖中國政府不准輸進此種機器，然已有通商條約明文矣，假使藉詞推託，而與條約相背，則模棱解釋，惡能禁外人輸進貨物哉。

意中國政府，蓋謂若使外邦之人於國内興紡繅等業，則横奪勞工之銀，遂使國内勞工，立見困弊也。抑知外人於中國内興紡繅機織等業，不獨不損害中國，却足誘起該業興盛焉。何也？曰：外國貲本利息甚低，藉此低息貲本利用運爲興其商業，則豈非大利益之事哉。況中國目下正望得此種貲本也，且紡繅棉布需用日繁，當此之時，得外邦在内地興業，則物産出於國内，其便且益也，不待智者而知矣。不見中國歲歲擲四五百萬鎊，仰供給於海外，以充其日用乎。歲縻四五百萬鎊巨貲，嗚呼，其不利炳然如是也。苟中國内地此種工業未興，雖當此時我英製造此等機器得利者寡，至若滿查士太即英國紡繅業最盛之地。之收益則蓋巨大耳。要之，中國政府若不劃定一區始准興紡繅工業，甯使商工業務依然狹小，不計千百年後到底有何等國益也。若各國公開其内地、准興諸種工業，則雖孟買、蘭加士耶兒並爲紡繅業殷盛之地。等亦稱其爲勁敵，中國之利益蓋莫大焉。當是之時，我英向華貿易交通，不須固守現時步武，事機爲之一轉，可無論矣。

宜今室主人《清經濟文新編・蠶桑新論》程彦邦《論杭州繅絲廠》　日本駐杭州領事具報本國政府云：杭州富商丁丙及龐元濟等爲首，在杭州武林門外拱宸橋西南數百步，建設製絲所，曰「世經繅絲廠」，以本年八月初旬興始創業矣。該廠貲本三十萬兩，工場在樓上，用日本煤一日二噸有餘，機器用上海磨宜篤公司所製造，與貽和洋行製絲所使用相同，皆新式也。現置二百八箇鍋，每一箇鍋置採絲口六，若總用此等鍋採絲，一日可以製繭絲一擔。然當時女工之寡少數故不備使用，女工之數殆二百人，其三之二募諸上海，其餘募於本地者也。其熟練技藝者，能繅絲四縷，至其未熟者，則不過繅絲二縷耳。一日服勞十二點鐘，夜間不用執業，蓋慮其危也，意異日電燈或瓦斯燈創設既備，亦必執燭從業也。女工一日得工銀六十仙，至下等十仙。現今所用之製絲原繭，乃餘杭縣倉前所産，品質良好，稱杭州第一，每擔值價百兩，聞此地水質甚佳，故製絲優於上海云。

丁丙及龐元濟等，又於塘栖鎮欲建設一製絲所，現在尚未竣工，此地在(人)[仁]和縣運河之旁，然其規模似不及杭州絲廠。又卜地於運河西岸，欲設立紡繅所，集貲本八十萬兩，將以明年六月興辦，其所用機器，乃英國喜在令董製造，錘數一萬五千，將以漸增多至二萬云。【略】

宜今室主人《清經濟文新編・蠶桑新論》孔昭朗《種桑育蠶説》　光緒十四年，寧波税務司康發達條陳，請設蠶桑局，攷察防瘟事宜，略曰：法國之里昂城，爲蠶絲薈萃之區，植桑養蠶，冠於各國。前數十年，忽遘蠶瘟，蠶種竟絶，乃購中國、日本蠶子以歸，嗣於此事加意攷求，窺以顯微之鏡，乃知蠶病甚多，惟椒末瘟爲害尤烈。一蠶有病，生子六百，子又生子，傳染無窮，無病之蠶，相延而及，不至絶種不止。蠶雖受病，仍可作繭，不過食葉更少，絲細繭薄，無色無光，久則種類絶矣。法政府乃設立蠶桑局，攷究防病之法，至精至詳，日本仿之，出絲益美。康君推此意，詳攷浙省之蠶，有病者十居六七，深慮日久傳染，將蹈法國覆車，呈由總税務司轉請總署代奏，雖交江浙海關會議，而情形隔膜，迄未舉行。康君一片血誠，付之流水矣。

向疑中國自有蠶桑，垂五千載，雖天時人事偶有歉收，然從未有絶種之時，亦無轉購他國蠶子之説，後訪之江浙養蠶之户，始知中國自有火試、雪試、滷試三法，即所以防病蠶之子也。火試者，以蠶紙置之竈上極熱之處烘之，蠶子之無病者不傷，有病者不復出矣。雪試者，置之雪中，滷試者，灑以鹽水，皆以殺病蠶之子而留無病之蠶。然後知中國數千年來，自有秘法流傳，足以保兹美利，而西國防病之法，防之於受病之始，亦宜博采兼收，而不容稍有偏廢者也。此養蠶之應攷求者一也。

中國出口之絲，每包百觔，僅值三百餘金，上海西人所設繅絲各廠，購中國蠶繭以機器繅之，每包值七百餘金，高下懸殊，理不可解，後知中國手繅之絲，不匀不浄，不合西人織機之用。伊購歸里昂各埠，必以機器再繅，則以三百餘金購之華人者，仍以七百餘金售之西人，此四百餘金者，約爲再繅工本，而彼之獲利無窮矣。中國湖絲出口二三百年，各口通商六七十年，上海西人設立機器繅絲廠亦一二十年，此項繅機，上海織廠均能自製，管理機器，華人亦已能之。女工人等，一呼可集，而從未聞有人議購一機，安設江浙産絲最盛之區，以收此每包七百餘金之利，中國尚可謂有人乎，抑官吏阻撓，積習難變，有以致之也。此繅絲之應整頓者二也。

德人有精究蠶桑之學，在中國、日本數十年，刻尚主持上海繅絲廠務者，談及中國所出蠶絲光白柔韌，實勝於日本、意大利諸邦，惟中國毫不講求，致大利漸爲外人所奪耳。嘗深究中國蠶桑所以勝於各國者，太湖一水，實爲美利之真源，江浙産絲各區，近太湖者，桑葉無不沃若，蠶絲無不光柔，遠者則否，若紹興各府，則與意、日諸邦等耳。蓋湖水清澄，性肥而暖，百物停蓄則肥，日光久照則暖，故各種植物皆格外盛大，而桑性尤宜。中國洪澤、巢湖、鄱陽、洞庭、金明、大明、滇池、昆明等湖，不翅數十，誠能推廣此意，徧植蠶桑，以太湖例之，每歲絲綢之利，不下一萬萬金，每湖萬萬即數十萬萬金，即云地利人工，勢難齊一，得十分之一二，每歲亦數萬萬金，即此蠶桑一宗，已足爲全地球第一大富之國，天下尚有窮民哉。此種桑之應推廣者三也。

西人攷察全地球人民，約四千兆，衣布者約十分之六，衣綢者十人中不足一人，將來風氣漸開，皆思用布，用布之後，又將改而用綢。西國女子，附體之衣，向皆細布，今則必須綢，綢之細滑，實勝於布也，故綢布銷路，愈久愈寬，惜中國多用肥絲織成綢緞，西人不喜服用，購去者濮院爲多取其輕細耳，而彼自用機器綢織，行銷日廣，花樣日新，沿海諸省之民，喜其新異，轉以重價購之，於彼利源坐失，可爲寒心。宜選中國織局中人年少有識者，往英法攷驗購買機器，回華自行織造，西人於花樣欵式，厭故喜新，仍宜歲歲改更，務極中西之美備，投其所好，避其所惡，價廉物美，益廣銷售，而一切始無遺憾矣。此織綢之應仿效者四也。

四者畢舉，而蠶桑之利衣被六洲，將與天地同其悠久，萬變之原，權輿於此，僅僅興利云乎哉。

宜今室主人《清經濟文新編·蠶桑新論》程濬《蠶桑》 蠶桑之利，惟中國爲最廣，亦惟中國爲最先。《禹貢》九州，桑土居其七，古聖王山、龍、藻、火，肇啟冠裳，五色垂文，七襄製錦，君子之澤，萬世不可忘已。漢明帝時，佛入中國，天竺吉貝，與之偕來，柔輭温和，亦稱利用，然宜冬宜夏，紡織之利，祇與麻枲同。至功於西戎北狄，毳幕氈裘，九夷八蠻，文身斷髮，大秦夙稱殷富，亦僅以金絨、火浣自詩，纂組之工縱（務）〔霧〕縠冰綃，曾何足以章身適體也。

通商而後，湖絲一物，遂與茶荈同爲出口之大宗，綜計每年值白金四千餘萬。西人素工心計，非不欲自行種植，闌收利權，而蠶桑之地方，必燥濕合度，養蠶之天氣，必寒暖適中，不居温□之間，不足以蕃滋暢茂，故通商六十載，自意大利東洋而外，出絲之地，罕有所聞，天若特留此利源，以保我中國億萬年之富庶也者。

今日萬邦風氣漸啟文明，不惟泰西各國達官富人，附體之衣，非絲不服，即下至非美澳三洲，南洋萬島巫來由各種族，亦各飛輕裾，曳長袖，爭奇鬬艷，彼此以華麗相高，絲絹之用日益多，蠶桑之利日益廣，再閱數百載，將徧及於地球億萬萬人。我三古聖人，顯庸創制，衣被天下之心，至斯乃大慰也。

惟自中邦喪亂，桑株摧伐，養蠶之法，强半失傳，必須廣勸民間，一律仿種，由官籌欵，購給桑秧，屋隙田塍，徧行栽植。仍顧覓養蠶婦女，詳教以浴蠶上箔之方，彙刊農桑各書，刪繁擷要，散給鄉閭，俾識字之民，轉相勸導。聞意大利養蠶之法，攷驗尤精，蠶病測以窺筩，不致互相傳染，繅絲代以機器，不使偶有棄遺，亦宜刱譯專書，兼籌巨欵。民心未明者，牖而覺之，民力不足者，輔而行之。統飭牧令各官，列入養民要政，不得假手胥役，不得徒託空言，不得藉口土性之不宜，民情之不願。蓋植桑則山巔水澨，無往不宜，飼蠶則檿柘青（剛）〔棡〕，無施不可。小民難與圖始，可與樂成，教之有難易，爲之有遲速，斷未有有其事而無其功者。末世富强之策，更僕難終，然或迂遠而難成，或積久而生弊。中邦作賦，首重農桑，伊古以來，國之大本，而利爲人所難奪，事爲我所優爲，以愛民利物之心，收懷遠招攜之益，所謂大用之而大效，小用之而小效者，偉矣昌矣，非一孔子士所得詳矣。

宜今室主人《清經濟文新編·蠶桑新論》王晉卿《中國各省亟宜停止栽桑以保蠶業論》 言利之術，必求其所自出，尤必求其所自入。爭利之途，必取之於異族，而不可取之於一家。古之君子，以盡地力爲戒。夫地力非不可盡，特恐地之所生，溢於人之所用，則沽者必將廉其直，取者且將耗其資，其始欲盡地力，其終盡棄地利，貴者賤之。徵伊古迄今，率中斯病，然當其趨利之時，如鶩鳥之赴獸，雖孟賁之勇，不能遏衝車之鋒，隨陸之辨，何以掩決防之勢，見微者縱抒其忠言，膠執者必詆爲謬説，至於焦爛之後，追美曲突之言，時已晚矣。今之栽桑，有類乎是。

古者農與桑相衡，耕與織並重，是故栽桑者，復古之盛業也。今者出口之絲，歲至鉅萬，繅絲之廠，中外累千，是故栽桑者，又維新之要圖也。邇者，南中長官均以興利爲己任，督民植桑，江浙産絲之鄉，狃近歲廣銷之跡，盈阡累陌，不遺隙地，以爲牟利之方，莫便於是，不知中國蠶業之衰，可立而待。今之栽桑，均將以泰西爲壑，而泰西男子素不衣絲，婦人暑月偶服絲衣，然不甚重，其取用於絲者，則手巾褥幔微物等耳。幸以其俗奢靡，取精用宏，得以財幣輸入中國，乃一分之於波斯、突厥，繼分之於法、義，又分之於印度，而日本則更眈眈伺側，厥志奢甚。絲業之利入之之道如彼，出之之道如此，立危之説，殆非臆論。而或以一人言之，則以今歲之十畝，較去歲之五畝，所獲自必較多，不知此盈彼絀，仍是爭利於一家，而未嘗取償於異族。泰西不能覆中國出絲之數，而增其用絲之程，此又甚明。況中國一畝之桑，取以飼蠶，繅絲以沽，率畝可直十元，糞溉之事去其三，課税之事去其一，工力之事去其四，計纔贏二，既不能減價使中國人盡衣絲以奪洋紗之利，又無以易俗，使泰西人盡衣絲以爲奇貨之居，其弊必至於出絲愈衆，取直愈廉，桑者愈貧，考察愈惰，法蘭西、義大利等國，乘我之敝，益爲講求，則中國之所衣且皆將仰之於泰西，勢所必然，不足爲怪。夫以今日爲泰西計，所需之絲不足，必取用於中國，則宜廣爲栽植；爲中國計，則幸泰西尚未廣植，宜攷其利害，竭其智力，必求其精，使泰西不能驟而舍棄，以保其固有之利益，不宜思奪一家之利，而忘其入之之途，爲有限之泰西也。

昔聞之業絲者曰：泰西宜栽，中國宜培，旨哉言乎。今中國之宜亟亟者，若棉，若麻，若五穀果木等，皆小民日用之物，事既切近，利尤甚溥，至於蠶桑，則今有之數，不患物少，但患法疏，誠能令行禁止，毋許栽種，期以十則在此限內，民祇能收貨美之利，而不能興無厭之心，又不虞攘奪失業之患，則爭自磨厲，不待督教而自臻於美善，固有之利，乃可常保。況以農與桑計之，本末攸分，衆所共曉，爲政者毋浮慕興利之虚名，而漸釀逐末之實禍，則嚴定禁止栽桑章程，其要務矣。溝洫之間，何事不可爲，而必沾沾於桑秧哉。

宜今室主人《清經濟文新編・蠶桑新論》闕名《蘇省宜設立蠶桑學堂議》 本館於五月初三日，專件登載農會飼蠶述聞一則，務農會自記云：今歲賃貨於桂墅里，試育日本奥州小金凡種，及紹興新昌種，與湖州王銀壽家所製種，以比較蠶病多寡，聘日本蠶師井原鶴太郎主其事。既畢事，三者之中，日本病蠶較少，湖州病蠶甚多，大抵黄軟、黑腐、高節、膿病均不少，紹興者次之云云。甦峯氏讀竟，喟然歎曰：中國之蠶桑，江浙並稱，而細絲以湖州爲上，乾繭以紹興爲最，則江浙相較，又以浙爲良，今如井君所云，湖州病蠶不少，紹興次之，然則我蘇省之病蠶又不知何等也。

自户部開源節流之議通行各省，於是向不務蠶之地咸以蠶桑爲開源之要，各大府嚴督州縣吏樹桑購種，迄今數年，其辦法有善有不善，收效有成有不成，兹姑不論，惟浙江大吏則以蠶桑爲固有之利，若向所樹藝、飼育、紡織之法，已臻至善，可以不復顧問，即各省之留意及此者，亦惟以江浙爲取法，是故其所蒔之桑秧，非購自杭即自湖，其所孕之蠶種非得之於紹興即取之於無錫，承訛襲謬，蓋亦久矣。林太守啓之守杭也，惻焉憫之，而蠶務館以昨歲立於武林，其宗旨以研求利病，采法日本爲主，今歲創辦，後必有成，是浙省之蠶桑固已有振興之望矣，獨蘇省則未之聞。

今考蘇省之蠶務，以常州爲大宗，常州八邑，惟靖江闕如，其餘七邑，則鄉民素事講求，近以乾繭盛行，無須紡織，但能成繭即可出售，是以踵事增華，較前更盛，偏野緑雲，幾無隙地，錫、金二邑，繭絲兩項，歲入至六百餘萬金，可詎謂矣。鎮江、蘇州，壤地相接，覩而生羨，力思追步，不久當與常府互相頡頏，是蘇省之蠶桑，正日新月異而未有已時也。然而有觀於野者，謂其植桑飼蠶、紡絲等類，均不合於法，即農會述聞之所云，熱度不均也，生種不齊也，給食不中程也，切桑不合度而分箔上簇不得其時也，凡所述之病何莫非蘇省蠶家之所犯哉。而蘇之更有大忌者，在於屋狹且不潔，貪利多養，始而狼藉致病，繼而傳染悉斃，或有臭穢所觸，寒煖不時，以致上簇而不成蛹者，若此之病，比比而是，吾恐井君評之其中病，當又在湖州之上也。補救之法，莫若於省中設立學堂，調取書院高等諸生，令其講求植桑製種之法，學成後，遣往各縣分立中學堂，其法視省，學成後，遣往各鎮分立小學堂，其法視縣，然後嚴定章程，協同董保，勸諭鄉民，律以獎罰，如是則庶幾乎，吾之所日夕以冀也。

宜今室主人《清經濟文新編・蠶桑新論》闕名《論絲廠》 中國自古不甚出絲，凡綺紈綿繡之屬，非素封之家不用，然商賈之子，偶一用之，尚爲世所指摘，往往見之於史册。且非特往古爲然也，即今之時，山、陝等處，尚有此風，衆號爲富，而觀其服御，布衣草蹻而已。又非特山、陝爲然也，吾鄉嘉道時尚復如此，有緞衣者必一邑之望也。推其故，則由於風氣未開，小民不知蠶桑之利耳。即各處所製之錦，有號爲府綢者，有號爲繭綢者，有號爲某緞、某錦者，類皆麤劣，不適於體，故亦無以奪布縷之利而振興財源也。江浙兩省，本駐織造府專製上用物料，或有貴重精良之品，而居民不以過問，故蠶業終不大興。

髮匪平後，各口通商，民俗奢侈，於是浙之嘉、湖踵事增華，桑者大盛。農夫廢耒不耕而食，比户千金，杭寧織户，既争妍鬭靡，販者雲集，而泰西各國，亦來購取，歲入累千萬，隣近艷羡，争相仿效，乃有浙之杭紹，蘇之無錫，追步而起。而泰西之絲經以湖産所繅之條太粗，不合於用，初得蒸繭令乾，運回用機器繅絲之法，繼以載運不便，運機來申繅絲而歸。始創其法者，以中國工價廉，獲利不資，於是中西各商，聞風興起，滬上一隅，至設絲廠二十餘家，而各都會之踵建者，尚復無已，内地各産蠶諸地，踴躍飼養，自倍於前。論者均翹足抃手，以爲此誠吾國特闢之利源，隱與洋煙相抵制者也，而不知稍得微利，已受鉅害，而目論者皆習焉而不察也。

今各處産蠶之地，以有乾繭之可售，故向育蠶子一斤者，今可育子二斤，以繭成即可易銀，不用繅絲之勞耳。然向之栽桑一畝者，今必栽桑二畝，且恐或有不敷，必栽至二畝有餘而止。有本不育蠶者，今見利思遷，改而育蠶，則亦必栽桑也；有絶不育蠶者，見桑葉之利且倍於穀，則有田四五畝者，亦必栽一二畝以嘗試也。然則近來奪五穀之居者，爲不少矣。

夫我中國昔以其穀養其民，皆稍有贏餘，然或遇荒歉，亦不過一年之食耳。今以髮逆之亂，有荒棄不遂不懇闢者，去其十之一，有悞於鶯粟之利而改種者，去其十之二，今又悞於桑之利而改種，又將去其十之二，蓋較前而地利幾失其半也。復加以户口日增，販運出口，較前銷售之路反（培）〔倍〕之，小民之心志，以分於蠶桑之故，疏於講求，又隱損其一二焉。此所以米價日昂，民心思亂，而起居日用之費誠難爲繼也，不可謂非各絲廠階之厲也。

宜今室主人《清經濟文新編・蠶桑新論》闕名《續論絲廠》 夫中國之地利，其廢棄者無論矣，即其所號爲土性沃人工修者，類皆拘守舊法，鹵莽滅裂，官吏擁勸農之虛名，都鄙無農報以討究，是故溝洫未必悉理，田疇未必悉治，耒耜刈獲之事，未必悉如法，邀幸天力，畝收二三石，遂慶大稔，設雨暘稍愆，蟲螣稍見，則皆束手無策，惟能相約以災告耳。以如此之田，若是之農，此其所以藝桑者妨穀，樂蠶者惰耕也。若在上者能留意於畝畎，使之早習新法，墾闢草萊，則全亞地利早倍於前，區區之桑，何妨民食，故今者由外視之，則固似絲廠之設，有害農事，而不知實則當咎農事之不修，而不可以咎蠶事也。引繩而絕之，其絕必有處，即從而咎之，曰病在於是，即今者絲廠之類也。蓋以吾中國之農功，必有饑饉洊臻，民不聊生之一日，而適以絲廠之故，重損良塍，而惰農志，推其米貴之源，而絲廠乃當其指責也。

雖然，五穀之利，既名爲絲廠之所妨矣，而蠶桑之事，能得利於絲廠否乎？曰：否。絲廠之有害於蠶桑者，亦不少矣。鄉民前以少育之故，製種良，飼蠶勤，蠶桑盛，故獲利多，今以多育之故，事事苟且，桑則擁腫梏脊矣，蠶則灰黴僵爛矣。育子數斤，植桑數畝，有初眠而棄其半者，有大眠而棄其半者，有上山而悉棄者。小民幾至以育蠶爲孤注，一發不中，輒至傾家，即苟獲利，而益桑損穀，得此失彼，亦復無補。故湖州各鄉，乾繭不盛，仍以絲鳴，乃村野之間，富饒如昔紹興、無錫等，近年以來，大行乾繭，而村野之氣象，未見較前豐盈也，此絲廠無利於蠶桑之明徵也。

或曰：絲廠無利於蠶桑，既聞之矣，然絲廠亦受蠶桑之利乎？曰：有害而已，烏睹所謂利也。鮮繭之蒸乾也，率三而得一，鄉民居奇，鮮繭百斤，價率四十元，以三乘之得一百二十元，加以柴薪購運之費十元，捐欵善舉等費又十元，是每乾繭百斤，爲洋一百四十有餘，以之繅絲，率六而得一，以乾繭每百斤一百四十乘之，得八百四十元，加繅費約一百三十元，是每絲百斤爲洋九百七十有奇。而外洋絲經之價，適中得八百元左右，則廠中出絲百斤，常有耗洋一百七十之慮，倘或值貶價，其患更不可思議，所以昨今兩歲罷業者七八家，即首創有名之廠，亦皆岌岌可危，而烏在其有利也。其所以然者，一由鄉民留佳繭以繅絲，而貨劣者於商人，一由鄉民欲其性重，蛹中之蠶，尚未成蛾，即已摘售，購者不察，爲其所蔽，以致蠶重絲輕，須繭六而繅絲一，否則，四百五十斤已可得絲一百斤矣，以四五得一，與六得一相較，絲廠之受患於蠶桑之不精也，豈有涯哉。

是以天下之事，皆有相因之勢，農事之不修，而爲興蠶桑之利，則絲廠已受妨穀之惡名；蠶功之未精，而爲開銷運之源，則絲廠且蒙耗本之實禍。要之在上者漠視乎民既不勸農，又不恤商，故民與商交受其病耳。吾嘗即絲廠計之，而每爲咨嗟，且每爲凡中國之商扼腕也。

宜今室主人《清經濟文新編・蠶桑新論》孔昭晙《再續論絲廠》 今外人之視絲廠，以爲垣墉若是之崇高也，工役若是之衆多也，凡執事於其中者，皆頤氣指使，而車服煥赫也，舉吾中國之商，凡所爲氣象潤大者，無逾於此，宜其獲利不資矣。然而，以適中之勢論之，每出絲百斤，則有耗洋一百七十之慮，其得以權子母而稍有微利者，皆徼幸萬一之事耳。

猶憶丙申之冬，外洋絲經之價，每包六百金左右，銷路不暢，積貨甚多，各廠商皆相顧無計，運動不靈，幾至通市震動，全局糜爛。俄延觀望，遲至丁酉之春，仍無起色，危迫之情，若可名狀，幸至夏初，即有轉機，後遂蒸蒸價昂，至每包漲至八百餘兩，存貨悉罄，於是各商乃得重甦，否則，申地至今之廠存留者不過數家而已。於極賤之時，忽得至貴之價，不可謂非天幸也。然丁酉年春，各商聚語，或望每包價至七百兩者，衆咸嗤以爲囈語，不意後之飛漲至是也，則其遇如此之轉機，皆出之意外而不敢以自期者，其初心蓋決已聽其潰敗矣，豈不危哉。

雖然，前事不忘，後事之師，今絲價已稍疲矣，而今歲之繭價聞較前更稍貴，不知司其事者將何以善其後也。大約絲廠之失算，在於互相傾軋，各存隱私，而不立公司之過也。如能設立公司，延聘總董，則彼此之情自通，利弊得以考校，售價得以畫一，女工薪錢得以減省，車盆若何措置而出絲佳，鍋爐若何改易而用煤省，逐事互訂得失，易見愈推愈精，然後乃得持久之道。否則，以若是之鉅本，擲而聽諸天命，亦何其愚而可哀也。

今以不立公司之故，尤有大害者，則莫若赴鄉之收繭矣。收繭之時，至遲不過十日，小民作幻之情，市價昂貶之機，一日數變，雖有智者不及爲計，然廠中終歲之盈虧，悉基於此，偶一失措，即掣大局，持重之人，方欲靜默而伺其隙，而躁動之徒已相率於價誘啟鄉民之貪志，使之奇貨自居，非盈饜其奢望不售，此所以乾繭百斤之價，昔衹八十元，而今至一百二十元也。若是之角逐輕妄已則耗其資，更重啓小民苟且逐末之心，其爲隱患者甚大，誰爲絲廠之業而可不急(公)[立]公(局)[司]議定妥法哉。然而，豈特絲廠爲然哉，凡吾中國之商亦皆可以視此矣。

宜今室主人《清經濟文新編・蠶桑新論》闕名《論上海繅絲廠》　上海自設外國繅絲廠以來，法國、意國之人操是業者，咸若有隱憂焉。查此等絲廠，於一千八百九十六年添設驟多，難以省儉辦法仍未能獲利，現在廠務棘手，中國政府已豁免其應納各税，本舘承上海拔維晏行寄來傳單，此等傳單向來不過在美國散分，内叙上海絲廠之刱設，及其阻滯之緣故，讀之頗耐尋味，兹將傳單録左：

上海絲廠之設，在二十年前怡和洋行始爲創，僅及數年，以赴内地辦繭諸多爲難，因即中輟，後有公平與旗昌兩行，各開一廠，繼又有昌記廠，係中國人所開。五年之前，拔難晏又開乾康絲廠，其後專賣與中國人。迨一千八百九十六年，絲廠驟增至二十九家之多。有爲中國人新設者，有與外國行家合開者，然以言獲利，直未多聞，惟一千八百九十二年至九十三年，又九十五年至九十六年，此數年中，尚有得利者，餘則無非虧折矣。而此數年得利之故，蓋由絲價大漲，並非廠中所繅之絲能賺錢也。除昌記曾以繅絲獲利，該廠係中國人經理，其絲比外國絲廠所出者較爲公道，此外，從未聞能獲贏餘者，良因耗費過鉅耳，是即上海絲廠虧折之大概情由也。

欲表其虧折之故，須先論内地情形。　買繭：　上海絲廠類皆設於租界之内，向來採辦鮮繭，大都羣趨無錫，因係出繭總匯之處，且距上海最近，其本地所出之絲，亦較便宜。夫在一處買繭，而該處絲價僅值二十個佛郎克，或二十五個佛郎克。一基洛格楞繅成絲後，可以售值佛郎克五十個及六十個，準此而思，其理似宜廠務興旺，大有餘利矣。惟是外國人欲往内地造竈烘繭，中國官民每多阻難，即買繭亦然，近雖已能去其阻難之積習，然至今買繭猶費周折。　凡内地辦繭，需用人多，先期派往，費用非輕，每届其時，所派此等之人，自往至還，所需食用，皆由廠中支銷，此外，尚有饋送官場之禮物，付給各掮客之用錢，及應納税項，運繭至上海，沿途釐卡林立，又須逢卡報完釐金，以致赴内地辦繭，各項外費，至今尚須加及三成半。　内地既無存繭棧房，且有火險竊險，每由此村運至彼村，買齊之後，又須運赴烘繭之處，種種周折煩難，致使買繭之人，皆望交易速成，得早蕆事，加以中國繭户每願自做成絲，不肯售繭，以故收買之人不能過於挑剔，將繭運至上海，惟速是求。　然其裝運，殊不合法，出售之繭，中有四五成已壞，或且霉爛。從前絲廠止有五家，而所辦之繭已攙雜若是，近年絲廠增至三十家之多，另有專做期頭室手謀利之輩，宜其愈趨愈下，有時乾繭從一基洛格楞驟漲至二十個佛郎克，中國人因其價漲，將所有之繭趕運上市，（甚）〔其〕中甚有採摘非時，成僅及半者，即如此類，將來出絲之少已可知矣。更因採辦之時，連值大雨，繭既受（涇）〔濕〕，堆積鬱蒸，是年無錫蠶繭比較往歲歉收三成，而上海絲廠之驟增者，實因九十四年至九十五年絲市暢旺，今則皆形竭蹶，以難支持。大抵絲廠貲本無多，於置地造廠，購辦機器，先已耗其大半，並無存儲之欵，以備緩急，本年虧折，無可抵補，所有數家，或已倒閉，或在理帳，經此一挫，上海絲廠興旺之機，必將因而久阻。

至若絲廠設於上海，本已大錯，當試辦之初，設一小廠，猶在情理之中，如以上海爲絲廠總理之所，殊非節省之道，計誠左矣。一則上海距出繭之地相離太遠，二則人工尚少，三則地基房價過昂，四則所用之水，取諸黄浦中，有泥沙，必須篩漉，方能適用。今以第一層而論，繭從無錫民船裝運上海，計程須八日而至，亦有從紹興採辦者，更須三禮拜到滬，不獨路遠非便，即其裝運之法，亦甚不相宜。以第二層而論，初時工價每日不過一角六分，現在日工僅做十一點鐘，而工價增四角或四角半不等。上年招工頗不易易，因新廠每值重出以招，致老廠之工人遂相率舍此而趨彼，致使各廠繅工大減，所出之絲亦多不合式。其實中國之繭本不甚好，每日繅成之絲，尚不及外國絲廠所出之半，上海繅絲價值每基洛格楞約十八個佛郎克。綜觀其已往，而決其未然，吾歐洲之以繅絲爲業者，目前可無過慮也。近時繅工人數有加，工價當可稍減，然彼此相較，猶覺其昂，良因上海需用人工之處甚多，如紡紗廠、織布局之類，加以百物騰貴，食用所費，亦較多於内地也。更就第三層論之，所有絲廠，大都設於租界之中，上海爲通商之大埠，租界地價本昂，自有絲廠之添設，人益居奇，兩年之内，地價騰漲，倍蓰於前，造屋工料等值，亦同時倍增，上年新設之廠，因此而費實不貲。請再進論第四層，絲廠所用之水，由自來水廠汰濁澄清，然後供其汲用，又不免多一縻費。故爲中國計，莫如開設内地出絲總匯之處，其人工地價及造屋物料，無不便宜，隨處皆有河渠，水多且潔，所辦鮮繭，可儲棧房存儲，非必忽促舟運，急不能待矣。果如所論，庶幾絲廠可興，諒有識者當不以吾言爲河漢也。

或問開廠之始，何不即照此辦。曰：　外國人固不願受華官之欺侮，況各種機器向不准運入内地，即使中國商人在内地設廠，亦必受地方官之抑勒，今雖機器已准内運矣，而華商猶有畏於官，仍未肯輕舉。然而内地設廠，會當有時，現在蘇杭，已有官商新開數廠，以吾度之，遲早之間，終必移設内地，届時上海當不復有繅絲之廠矣。

或又問，近惟廣東人仿照外國繅絲之法，行之於中國，其效立睹，是何故歟？答曰：粵民較長江一帶之更能耐勞，勇於赴事，其地方官無敢估其便宜，視同長江一帶者。廣東絲廠多在内地擇出繭各處，就近分設，使工價不至過昂，且廠由華人股開，每日經理，無藉於外國人相助，以故東方繅絲之廠，首推粵人獨以獨擅其利者，要在工價之廉而措置得當耳。日本人所辦亦即如是。然則上海華商，盍效其良法踵而行之乎。往者不可追矣，及今改圖，則亡羊補牢，猶未爲晚，努力自勉，跂予望之。【略】

宜今室主人《清經濟文新編·蠶桑新論》闕名《中國紡織繅絲情形記》 中國改用機器興築鐵路，其製造之道，分運之法，自必今昔迥異。【略】

上海繅絲廠亦頗順手，其已開各工廠約二十五家。新開蘇、杭各口岸，尚有在造未開各工廠數家，此美領事稟報紡織繅絲情形也。上年有美商數人，前來上海，謀訂造中國鐵路合同，大半僅恃書信，通謁公使領事人員，並無委係公司派來承訂合同，即能照辦之確據，余非以此等商人所言不足憑信，但凡人之赴中國承辦工程者，應有商人的據，此則一定不易之論也。

上海應設賽貨場，按置美國各種機器出産，以供衆覽。此事尤須亟行開辦，其貨産尤必能迅速承辦。華人購物，每喜先見貨樣，僅示以繪圖知單，不足以使知其詳細，機器貨樣，華人尤求先睹爲快，然則開設賽貨場此其時矣。

宜今室主人《清經濟文新編·蠶桑新論》闕名《振興絲業芻言》 中國之生意，其與外洋相交易者，以絲、茶爲大宗，此固夫人而知之者也。茶業之疲，年甚一年，日甚一日，余竭力苦口，勸其各自整頓，共圖振興，幾幾乎言之六十次，而迄無人焉一聽之，茶業卒亦無挽回之一日。至於絲，亦曾論及之。近一二年，絲業若漸漸有轉機，當此時也，正宜上下一心，殫志竭慮，競相砥厲，以期蒸蒸日上，乃爲上策。

查出絲最盛者，爲湖州，爲嘉興，杭、紹則其次也，江南則蘇、常兩屬多出絲。余每見上海絲商之收繭者，往往競至無錫一帶，輕舟以去，滿載而歸。竊疑無錫之絲，不甚著名，何以收繭者不往嘉興而至彼，既而知嘉、湖所出多肥絲，其有爲洋絲者，則另自成幫以銷洋務，而繭子之收則多係做洋絲之商人，蓋洋人收絲甚匀細白净，故近來繅絲局盛行，各以機器繅絲，以廣銷售，故必收繭子。收繭者不獨往無錫也，紹地亦頗多。去年有欲至嵊邑收繭者，既而折回，詢其故，則曰：官有禁令，繭行不准多開，故不能向他人仰鼻息，而紹地之繭銷路恐將漸溢也。余聞之，殊不解其何故，蓋祇知握管不識持籌，固欲索解人而不可得。

近有客自范蠡城來，亦箇中人也，復詢之，則慨然興歎曰：紹屬土産惟桑與茶，茶則聽民採辦，由申出洋，桑則逐年栽植，而養蠶之家年旺一年，絲行收繭，既不能盡，機户組織，亦常有餘，出産極廣，而銷路則極狹，何則？以售絲必有行家，行家則往往把持龍斷，故抑其價。鄉民當春荒之際，別無銷路，不得已勉强賤售，爲挖肉補瘡之計。然此皆肥絲之銷場，非洋絲也，洋絲紹地不出，近年始添設繭竈，乃多一銷路，絲貴則售絲，繭貴則售繭，不受絲行束縛，民頗便之。育蠶之家，既可售絲，又可售繭，銷路愈廣，獲利愈多，獲利愈多，植桑愈力，此又自然之勢也。紹屬新昌、嵊縣、會稽、餘姚等縣，其認繳絲捐，每年止數千元，今則萬餘元矣，而又意外多出繭捐五六萬元，則亦足矣。上裕國課，下利民生。奈絲行以繭竈之設，有礙於彼，嘖有煩言，謂售繭太多，肥繭不敷織用，官府不知其詳，亦由爲其所蒙者，此禁之所由來也。不知絲捐係絲行所包，每年不過萬餘元，仍未之減，而繭捐之增出者，且有五六萬元之多，如果售繭有礙於織絲，則安得捐數有增而無減，此其明效大驗也。絲價繭價，孰貴孰賤，孰售孰否，鄉民擇利而行，商人相時而動，本不礙於機户，若禁之過嚴，蠶繭積滯，鄉民無利，勢必荒廢桑田，怠緩蠶事，其所傷不更多乎。故自有此禁，而民間頗有怨咨彼收繭者矣。此地所出多，則羣赴此地矣，彼地收買便，則亦争至彼地。若所出雖多，而收買不便，則可以顧而至他，江、浙兩省出繭之地，正不至一二處，固不患其無收處，而鄉民之籍此以生者謀苦矣。此其故，非由於官之偏聽，實由於行家之播弄。竊以爲，此時中國利權漸爲外人所奪，(此)此絲、茶兩項尚足與之相敵，乃茶則誤於貪之一字，始則貪做，不顧山價之昂，既而貪多，又不肯以小盈而止，終而貪速，乃甘心折本而賤售，有此三者，戒之不聽，諍之不得，惟有付之無可如何。絲之一業，則邇來稍有轉機，正當從此振興，各奮精神，各盡心力，上下一心，商民一氣，互相保護，共相扶持，庶尚足以稍稍收利權，勿令後人笑我之拙，而乃偏有此等邪説，足以聳官長之聽聞，致令有貨者苦無銷路，欲貨者亦不得其門，是不亦大可慨哉。

余曰：其病若止於此，則尚不難醫也。夫絲捐繭捐，同歸裕國，絲捐年來未有所增，以爲繭之奪之而絲捐則亦未減也，繭捐之所增，且較之絲捐多出數倍，則即論捐而繭捐之增，足以敵絲捐而有餘，果其禁之，則所收之繭捐又何時而增，當更有明禁而闇弛者，此種情弊，官場特未能詳晰，倘未知之有不舍彼而就此者哉。

宜今室主人《清經濟文新編・蠶桑新論》闕名《論行七事以興絲利》 計然知物必曰用時，朱公治産必曰任用，子長、孟堅於《貨殖》一傳，時之爲義均致意焉。此或爲一人一物言之，而吾於今，兹通商之道亦云然。夫以中國物産豐裕，民俗勤儉，更得在上者主持而操縱之，富强之業可跂而見，乃出地寶，任智巧，駸駸日盛，而綜覈出入，仍不免我絀而彼赢，得毋所以通有無，保利益者，策或未盡善歟，抑亦昧於任事之義也。通商五十年來，歲輸外洋金錢，百倍於洋稅之所入，難天地爲爐，陰陽爲炭，亦不足鼓鑄以供其朘削，然所以恃支持而彌補者，則惟絲而已。倘併此利而亦失之，則有出而無入，國何以立，民何以生，此有心世道者，所爲之深憂長歎息，而急欲議挽回補救之術者也。

吾請以絲言之，愚者千慮，必有一得，則庶幾其有得歟，謹臚陳其説於左：

一育蠶之道，宜講求也。今外洋於樹桑育蠶諸法，精益求精，幾欲駕我(上)[之]上。夫彼有所長，我不妨從而師之，試爲約舉其端。育蠶之道，首重(詞)[飼]桑。桑肥而葉乾者，蠶食之則吐絲有力。未成繭之際，揀去病蠶，免連累傳染之病。既成繭之後，建一烘房，烘繭内之蠶使死，則無蠹繭而出，好絲成亂絲之病。繅絲用機器，則所繅之絲細而匀。中國所繅之絲，不經機器者，往往有粗細不匀之病，故不適於外洋之用，今誠反其道以行之，安見不足挽回哉。凡此數者，皆講求蠶務之大畧也，至欲求蠶絲日旺，則惟有廣種桑樹，招募百姓以趨其業而已。

一洋商狡猾，凡在絲商，均宜連爲一氣，以相拒也。洋人近於華商一切舉動，無微不曉，蓋由彼通事買辦爲之指導也。絲商總須觀事而動，萬不可存自私自利之見，以鄰於勝不相讓敗不相卹之所爲，則洋人無所施其技，而絲商可因之獲利，而此久長之計，顧大局者所宜孰思而深處之也。

一電信不可輕信，以致貨物多騰踴，反阻銷路也。通商之初，華人業絲者，所以得獲利而無他慮者，蓋無電音爲之傳遞消息也。故當是之時，貨不至驟多而驟少，價不至忽減而忽增，即在洋人，未必有一定把握。今則不然，忽接電音，知絲之銷場少暢，則絲商各家争相運貨，如恐不及，而彼棧家夥計，但知每包有一二元可扣，遂不顧主人之虧折與否，竟有逾主人所定之數者。迨貨集矣，而洋商又接電音，知絲之銷路忽滯，遂袖手而不顧問，絲商於此，則競相跌價，以求急售，洋人則又故作觀望，以傾軋之，華商有不虧折者哉。故電信之設，於軍務一切則所益不少，於商務則所害不少，非獨華商因是而致虧折，即洋商亦由因是而致虧折也。凡在絲商，(盛)[誠]能謹慎小心，不輕聽電音，遇銷場稍旺不可急於運貨，遇銷場稍滯不可急於跌價，庶幾其有瘳焉。

一絲商資本不充，宜設公棧集公欵，以備存貨借貸也。近中國來絲爲商者，嗇於資者多，苟不畧爲變通，貿易終難暢旺。其法宜立公棧，集公欵。每至開市之際，其有資本不充，難於轉撥之商，願以貨存棧者，照成本先行酌領六七成，以濟轉輸，至售貨時，一併扣還。然宜察其絲身合銷外洋者方許存留。惟此棧爲華洋交易而設，當分設上海、香港等處，此亦補救之一端也。

一載絲宜自備輪船也。中西互市以來，中國各商，無論大小，從未有自運貨物出洋者，但有洋人來華，與華商交易，販售運載，統歸之洋人，此猶倒持太阿而授人以柄，宜乎利權之獨歸洋人也。今誠能自備船隻，絲、茶一切，均歸華人自行載裝，往外洋交易，則張弛操縱，洋人不得而持其權。雖然，善爲之固足以得利，非然者，吾又懼其紛更而多害也。

一關稅釐金之不必輕減也。比來絲商虧折倒閉，多有籍口於關稅釐金之太重者，於是一倡百和，聽者不少。減之不足以舒商，多減之又適以病帑，且恐既減之後，洋人以彼中銷數爲衡，配運不能驟益，是商欲舒而仍困，帑已虧而更虧，此當局者所以躊躇而莫敢決也。惟進出皆稅之則，定難可酌減云。

一宜更定稅則，以杜漏巵也。外洋所來各貨，其昔衰今旺，昔無今有者，類皆物精價廉，華人所嗜，約章所載，免稅各物，初因品物不多，無關稅額，又皆彼中日用，無預華人，不予征科，以示曲體遠人之至意。詎向之專供旅用者，今則視爲利途，不無司關者，相與争持而總稅務司動加駁斥，商旅關稅，交受其侵。又若同一(祇)[紙]也，金銀器也，氈毬也，衣服也，餞(密)[蜜]也，烟葉烟絲也，皆出口有稅，進口則免。中西互市，貴稅則均稅，免則均免，苟取舊章，而更定之，定一進出皆稅之則，堅持定論，彼必無詞。況中國免稅各物，半爲日本稅則所取，其平不免，何西人於日本則甘於輸將，於中國則每形掘强，折而服之，夫固未可遲遲矣。此稅而行，則於華商關稅不妨酌減，以爲挹彼注兹之意，以符重進輕出之意。要之蠶絲未成之時，其整頓也易，開市之後，其整頓難，業絲者得吾説而存之，將惴惴乎懷失時之懼，庶足挽狂瀾於既倒矣。

衛杰《蠶桑萃編》卷首《上諭飭各省舉行蠶政》 上諭：徐樹銘奏請飭各省舉行蠶政等語。蠶政與農工並重，浙江、湖北、直隸等省，均已辦有成效。各省宜蠶之地尚多，即著各督撫飭令地方官，認真籌辦，以廣利源，欽此。光緒二十三年十二月初八日。

附原奏

都察院左都御史臣徐樹銘片奏。再國用之富，藏之於民。民富則君不至獨貧，民貧則君不能獨富，古之訓也。況户部籌款，剖析毫釐，無非取之於民。大亂之後，民氣未復，何以支持。然則莫如振斯民自有之利，使之通力合作，以收天地生産之精華，而可以通商惠工，以輔國用之不足者爲亟亟也。從古大利在於農，而阨之以天時之水旱，不能全收其利，是以西陵氏教民養蠶，以補農政之不足。周之祚延八百數十載，而《豳風》一篇，諄諄於爰求柔桑，以伐遠揚，載績獻功，與農政並重者，所以導民以養之之政，而可以爲教化之本也。孟子言王道曰：五畝之宅，樹牆下以桑。殷殷爲時君言之，至再至三。誠以爲欲重民生，不能舍本務而但圖末藝也。況浙江之湖州、湖北之武昌、直隸之保定，皆已舉行，收有成效。海内至廣，高原宜山蠶，下隰宜澤蠶。北方養蠶晚，南方養蠶早，無不可以充衣食，資賦税，安忍舉此南北東西數萬里之膏腴沃土而廢棄之。不難而畏難，苟安而不振，以誤生靈而不求富積。然則經國用籌兵餉之大者，全在乎此。其效與農等，而無獨租濟賑之害；其利大於鹽，而無鹽梟偷漏之害，何所畏而不爲者。理合附片瀝陳，仰懇上諭飭令各省督撫，一體飭令府廳州縣地方，將蠶政事理，一一率行。遵者保薦，違者參劾，不得姑寬，亦不得聽其揑辭搪塞，庶從古自然之利，可以興矣。謹恭摺附陳，伏乞聖鑒，謹奏。光緒二十三年十二月初八日。

頭品頂戴直隸總督奴才裕禄跪奏。爲舉辦蠶政，逐漸擴充，以廣利源，恭摺仰祈聖鑒事。竊查前准户部咨，光緒二十三年十二月初八日奉上諭：徐樹銘奏請飭各省舉行蠶政等語。蠶政與農工並重，浙江、湖北、直隸等省，均已辦有成效。各省宜蠶之地尚多，即著各督撫飭令地方官認真籌辦，以廣利源，欽此。當經前督臣王文韶札飭省城蠶桑局，移行各屬一體遵辦。嗣奉本年七月初四日上諭，桑麻絲茶等項，均爲民間大利所在，全在官爲董勸，庶幾各治其業，成效可觀。著各直省督撫，督飭地方官，各就土物所宜，悉心勸辦，以濬利源等因，欽此。又於七月二十六日奉上諭，刑部奏代遞主事蕭文昭條陳一摺：中國出口貨，以絲茶爲大宗。自通商以來，洋貨進口日多，漏卮鉅萬，恃此二項，尚堪抵制。乃近年出口之數鋭減，若非亟爲整頓，恐愈趨愈下，益無以保此利權。蕭文昭所請設立茶務學堂，及蠶桑公院，不爲無見。著已開通商口岸及出産絲茶省分各督撫迅速籌議開辦，以阜民生，而固利源等因。欽此。復經前督臣榮禄，先後檄飭遵照。玆據蠶桑局將歷年辦理蠶桑情形，稟覆前來。奴才伏查直隸蠶桑局，自光緒十八年，候補道衛杰，因直隸地脈深厚，外燥内潤，蔬果之屬，咸勝東南，何獨不宜於桑，特患經理不得其法，未覩其利，先耗其資，坐視民間自然之利，無由而成，深爲可惜。該道籍隸四川，於樹桑育蠶之法，嫻習已久，擬擇保定傍水之地，購覓園場，試種桑株，由川招募熟手，並令土著，隨同學習，日後轉相傳導，易於見功。惟小民可與樂成，難於謀始，必須官爲倡導，迨有成效可覩，自視爲身家性命之圖，不待官爲課督等情，稟經前督臣李鴻章批飭設局試辦，令其切實講求，因地制宜，冀收得尺得寸之效，爲北方闢此利源。該道旋在省城西關購地一區，種植桑秧，勤加培護。桑株成活，蠶業繼興，並飭各州縣勸諭紳民，承領桑株，廣爲栽種。一面分頒蠶子，刊發蠶桑圖説，教以樹桑飼蠶繅絲之法。民間知有利益，踴躍奉行，所出繭絲，逐年增多，由局收買，運滬出售，以暢銷路，並由四川、江浙雇來工匠，教授紡織之法，學徒領悟，如貢緞、巴緞、江緞、大緞、浣花錦、金銀羅絹帶等項，均能仿造。上年該局因成效漸著，稟經王文韶加派藩臬兩司籌辦，以期推行盡利。查直隸原有蠶桑之處，向僅深、易二州，完縣、元氏、邢臺三縣。現在清苑、滿城、安肅、束鹿、高陽、安州定興、望都、定州深澤、曲陽、冀州衡水、安平、廣昌、灤州昌黎、撫寧、豐潤等州縣，在在皆有。加以新領桑株，各處共五十餘州縣。玆據該局開報，自光緒十八年起至二十三年止，前後發出桑二千一百四十一萬五千株，據報成活八九成及六七成不等，本年新種成活桑苗二百五十萬株，並園存五十八萬四千三百五十株，共成三百一十萬四千三百五十株。栽桑之法，以種葚爲上，而蟠根壓條移栽亦可參用。接桑之法，以根接爲上，而皮接葉接靨接各得其宜。計種成桑一株，不過值錢二文，該局所費無幾，而民間獲利滋多。竊思直隸既已設有專局，勸辦通省蠶桑，即與公院無異，自可毋庸更張。省南宜蠶之處尚多，應飭該局督同各州縣，因勢利導，逐漸擴充，務使默化潛移，蔚成風俗，仰副朝廷衣被羣生之至意。所有遵辦緣由，理合恭摺覆陳，伏乞皇太后、皇上聖鑒訓示。謹奏。光緒二十四年九月初六日奉硃批：知道了。欽此。

劉錦藻《清續文獻通考》卷四七《征榷一九》 光緒十六年，又廣西巡撫馬丕瑶奏興辦蠶桑於桂林、梧州兩府，開設機坊，隨時收買繭絲，俾小民就近獲利，織紡所成綢疋絲綫，不亞廣東。惟開辦之初，購桑秧，置器具，工本較重，獲利尚微。前撫臣沈秉成，曾以舉辦蠶桑，新出繭絲，爲數有限，沿途關卡釐税，奏請豁免，僅收落地税，以冀成本減輕。臣查此項繭絲，多半便於就地銷售，仍宜將釐税及落地捐一併豁免，庶獲利較厚，漸廣推行，俟銷路暢旺，再請照例抽收，實於生計課利，兩有裨益。

又奏：廣西桑蠶之利有三宜三便，亦有二難。一難於綢疋釐税之徵。綜計開辦以來，桂、梧兩局約可得絲兩萬餘斤，容、藤兩縣共得絲五萬餘斤，其餘各屬出絲，或一萬，或千數百斤不等。查東販來梧屬設棧收買者，不下八九家，官局雖有織成綢疋，購絲者多，購綢者少，以絲斤既免税釐，較可獲利，綢疋猶須完納，價重難銷。夫官設機坊，原爲民倡，須令民自能織，利源乃廣，且自絲自織，不至爲商販抑勒絲價。廣西向不出綢，本無此項釐税，今即請免，無損於課，有益於民，懇恩豁免新出綢疋，於機頭上另織「廣西某府州縣機房，新造某綢，概免出境釐税」字樣，所過關卡，驗行無滯。綢既通行，民必争思學織，即可漸成行業，非徒通商，正以利民。一難於官紳創辦之力。種桑養蠶，教練設機，在在需費，廣西缺多瘠苦，户鮮殷實，官難賠墊，紳無餘財，辦理本屬不易。今立一集股之法，多者每股五十金，少者一金或數錢，均爲一股，衆擎易舉，擬請於各屬，辦有實效者，擇尤奏保。得旨，廣西新出綢疋，著准免税釐，官紳准酌保數員，毋許冒濫。

劉錦藻《清朝續文獻通考》卷六二《土貢一》〔光緒三十四年〕又御史葉芾棠奏，電徵方物，難昭大信，請仍遵旨辦理。略稱，道國之要，莫先於信。臣恭讀十月二十六日上諭，各省督撫、鹽關，向有呈進方物，見當哀痛之時，食處皆所不安，著通諭各省督撫、鹽政、織造、關差等，一應貢獻，概行停止，即食品亦不准呈進，俟三年之後，再候諭旨。欽此。大哉聖謨，内外臣庶靡不同深感激。乃近聞内務府復由外務部馳電各省，徵進方物，臚列多品，不勝詫異。夫免貢之諭甫頒，未及一月，若經内務府奏聞而發此電，非所以示信於天下也，若未經奏聞而擅發此電，則是詔命既行，直廢格不用也。皇上纘承大統以來，此爲第一恩詔，若視作具文，以後所頒諭旨，何以見信於臣民。况宸躬方當亮陰，如繡綽、綢緞、紗羅等件，亦非待用之物，且閩、粤、鄂各省，甫遭水患，物力艱難，尤當深爲體恤，可否仍遵諭旨，免其進貢之處，出自逾格鴻施。

劉錦藻《清續文獻通考》卷六四《國用二》 咸豐四年，兩江總督怡良奏：庫款支絀，請將本年紬緞暫緩織辦。得旨，此項紬緞實爲内務府必用之物，並非可緩，宫中每歲用度儘可節減，惟外藩賞項所費實多，見已屢將庫存別項抵用，數次後必更無所出，汝等外邊實不能深悉内府用度，然藩庫無款，亦係實情，又不能暫行緩辦，著設法變通，先解一半或少半，以濟急需。

劉錦藻《清文獻通考》卷三七九《實業二》 傅春官《江西農務紀略》 江西向不飼蠶，亦無種桑者。光緒二十三年，藩司翁曾桂於省城設蠶桑局，並買城外荒地栽種桑秧，委南昌府經理。二十九年，改隸農工商礦總局，派員辦理。育蠶繅絲織成緞緲，僅較湖綫略遜一籌。鄉民領取桑秧者日衆，各屬聞風興起。三十年，設農事試驗場，在進賢門外，租民地百四十畝。赴滬購化學儀器，覓東洋及外省佳種，招募農工，講求播種培壅之法，並附設畜牧廠，孳養牛馬雞羊，生息頗蕃。三十一年，場内添設實業學堂，先教以農學專科。三十二年，添租民地，創辦森林，擇地建習藝所，蠶桑事宜，歸併試驗場經理。二十九年，開墾南昌縣中洲、南岸洲、三賢洲三處荒蕪洲地，十年升科，以三十年爲始，按畝納租。中洲每畝納租錢三百文，南岸、三賢兩洲每畝四百文。三十一年，南鄉紳士曾秉鈺在進賢門外，自闢荒地，試種甘蔗、靛青、苧麻。梅長元等招股創辦永昌樹藝畜牧公司，栽種樹木，開墾荒田。三十二年，表稱縣屬土宜物質稻、麥、蔬果而外，濱河之地宜柳宜桑，傍山之地宜桐、柏、茶、榆等物，籌款採購秧種，分發各鄉插種，其濱河各地，刻正修築圩隄，隄上分行植柳，傍隄隙地種桑，既可衛隄，又可興利。【略】

〔東鄉縣〕二十三四年間，購到湖桑數十萬株，散給各鄉栽種。鄉民不知培壅修翦之法，目下僅有存者縣署後園有桑十餘株。向蠶桑局購到蠶種，得絲五十餘兩，寄至省垣考驗，函稱雖遜湖絲匀滑，視南昌所産已勝數倍。又坪棠鋪農田水利分局新闢隙地，種桑成活一千餘株。【略】

〔峽江縣〕城鄉既種有湖桑，即諭鄉民妥爲培壅，並講求育蠶繅絲之法，俾得織造絲綢，藉收美利。【略】

饒州府吴守祖椿興辦蠶桑局十餘年，風氣漸開，養蠶樹桑之户日盛。官局成林桑樹二千餘株，鄉民種成者亦三四千株。近年蠶户日多，産絲約值二千餘元。三十三年，張守捐辦農林勸業場，以道署舊基爲栽種試驗地，府署左右爲桑林場，縣署舊基爲桐林場，放馬洲爲柏柳場。凡境内官荒民荒一律開墾，視土性所宜，分別栽種，以興地利。【略】

三十年，鄱陽縣郭令曾準稱，【略】前種苧麻均活，培養亦甚得法。至飼蠶、繅絲、製棉、括綫諸藝，民多習熟，互相教授，將來可以獲利。所種土桑葉小而薄，遠遜湖桑。見蠶師馳往勸導，趁此冬令翦去繁枝，明春發葉肥大。【略】

三十年，廬陵縣潘令敦先稱，各鄉種植惟麻最旺。多種茶樹，取子榨油，獲利頗厚。惟種桑不知翦法，依《蠶桑輯要》成式教民仿辦，人多樂從。

泰和縣西門龍洲附城一帶，南關外水南等處，桑園蔚然成林。惟士人育蠶，不諳繅絲，獲利有限。飭民考求，以興蠶事，而補農功。

劉錦藻《清續文獻通考》卷三八一《實業四》〔宣統元年〕又順天府奏京師蠶業講習所，援案請撥經費。略稱：順直紳士魏震等見於宣武門內，剏設京師蠶業講習所。選購桑株，置備圖書、器具，延聘蠶學畢業女教習，招考女學生，講授育蠶繅絲諸法。開辦經費業由本省官紳籌捐數萬金。常年經費除已呈由農工商部奏明，每年撥助銀三千兩外，預計不敷尚鉅。懇援照農工學會成案，於備荒經費項下，歲撥銀一萬兩，俾資補助。從之。【略】

又四川總督趙爾巽奏：四川近年頗知罌粟爲害，蠶桑爲利，山澤農民且有自剷煙苗而補種桑樹者。但種桑養蠶不先明其學理，究其利病，則收效不良。見本省農業學堂蠶桑公社畢業者甚多，亦有就學江浙及日本蠶桑學校畢業回籍者，師資可無待外求，是以飭各屬就地籌款，設立蠶桑傳習所，學理與實習兼授。並擬在省城設蠶桑師範講習所，廣造師資，以求蠶學統一之效。

臣謹案蠶桑之利，發軔於蜀，家曲植而户繅盆，可以想見盛況也。乃波及中土數千年後，産絲之地江浙爲饒，而所謂開山鼻祖者，薪傳盡失，輾轉而就後起問津焉。差幸實習有年，漸明學理。聞近歲全省育蠶有五十餘縣，絲廠三十餘家。今届豐收，鮮繭産額約三十餘萬擔，其中黄繭占十分之七五，最高價每斤一千五百文，最低一千文。廣造師資，成效可覩矣。【略】

又四川總督趙爾巽奏：川省土壤沃美，地本宜農。第農智未開，學理素少研究，前照部章，設立農務總會，復訂各屬分會暫行章程，飭令籌設，見已續報成立，復擴充農業中小學二十餘處，農業試驗場省城東門外原有一處，又於南門外添設一處。各屬已設場試驗者，亦有二十餘區。皆廣植五穀、桑棉及有用樹木蔬果，復購各省、各國佳種，頒發布種，本年收穫尚好。絲茶爲川省出産大宗，民間素食其利。上年通飭籌設蠶桑傳習所，今夏成立者七十餘處，近日續報者又十一處。呈驗春夏蠶絲，成績頗佳。而保甯、彭縣、合江等處飼放山蠶，收繭尤豐，均飭繅作細絲，期合洋莊銷路。各屬凡有柞樹之處，皆令勸導傳辦，以輔家蠶之不足。通省蠶桑師範講習所業已開班授課。絲業品評會、農業品評會見均籌撥開辦。

劉錦藻《清續文獻通考》卷三八三《實業六》日本里昂領事《論地球蠶業》

客歲地球蠶業之盛，實爲近古所罕匹。無論製造、賣買，同稱殷盛，而其價值亦甚平均。夫欲知環球所産出之繭絲額數，不獨當核算歐美所用之數，必當計及日本、中國、印度等所製造之數。諸國所産繭絲，自必織成綢緞，輸進歐美市場，然其大半則爲己國之用。今姑勿詳其數，惟計算輸至歐美非印諸地者。試舉明治二十八年，地球諸國所製繭絲數目，開列如左：

歐洲及小亞細亞産數：法蘭西七八萬基，意大利三百萬八千基，西班牙十萬基，奧大利匈牙利二十八萬基，鴉那多里普勞士三十萬基，查羅爾括顔多言羅布露十八萬基，伯爾加里及東部老尾利三萬五千基，希臘三萬五千基，西里亞三十七萬基，高加索十七萬五千基，波斯土耳其斯坦二十萬基，計五百六十六萬三千基。按基乃法國量名。每一基當日本二百六十六目七分。每日本一目約合中國一錢零一厘五毫二絲又十二絲之一。

東方諸國所輸出數，上海四百四十三萬五千基，廣東百七十萬基，日本三百八十七萬五千基，英屬印度三十五萬基，計千三十六萬基總計千六百二萬三千基。

試覽十年以前，地球所製繭絲自千七十萬基至千六百萬基。以今較昔，其增多約爲十分之五。長進如此之速，由東方諸國所産之絲日多也。大約歐洲及小亞細亞之土絲增進頗緩。即在明治二十一年爲五百四十八萬基，至二十八年不過五百六十六萬三千基。東方諸國則倍增。二十一年，五百十八萬基。二十八年，千三十六萬基。

由是觀之，地球産出繭絲之增長，未嘗不由於日本、中國、印度等蠶業之發達也。就諸國論，以日本爲最盛。明治二十年，僅輸出七十五萬基於歐洲。至二十八年，則三百八十七萬五千基。更言法國蠶業，在明治二十八年，繭絲輸進法國市場七百十四萬八千四百三基。内係外國輸進六百三十六萬八千四百三基。法國所産七十八萬基。比較二十七年之六百三十四萬五千八百六十五基，則增進約十分之一零三也。抑在千八六五年以前，繭絲之商權麕集於英京倫敦。當時法國製繭業家皆購東方所産繭絲於英京。迨蘇彝士運河開鑿後，法國有米士沙也釐輪船公司始興航業，於是法商亦蹶然奮起。而英京向爲東方繭絲之中樞地，移之於里昂。今里昂爲東洋繭絲聚集之所，並爲意國繭絲之一大銷路。近時有古把兒墜路，開通意國美蘭之商情，將漸殷盛。意者將奪里昂之利益，而爲歐洲繭絲之佳市場矣。

劉錦藻《清續文獻通考》卷三一二《輿地八·江蘇省》 蘇州府 臣謹案：習俗惟寶遠物，而土民倚紡織繒組爲生者什九束手，此亦致困之大端也。【略】

常州府 臣謹案：今者滬甯鐵路逕府城南北，與運河並行，故商務日繁，而民業益起。無錫之絲紗工廠數以十計，亦盛矣哉！

劉錦藻《清續文獻通考》卷三一六《輿地一二·浙江省》 湖州府 臣謹案：郡人素治蠶桑，故湖絲有衣被天下之稱。若菱湖、雙林、新市、南潯等鎮，皆以絲繭著聞，而南潯尤殷阜云。

劉錦藻《清續文獻通考》卷三七九《實業二》〔光緒二十四年〕又諭，刑部奏代遞主事蕭文昭條陳一摺，國家出口貨以絲茶爲大宗，自通商以來，洋貨進口日多，漏卮鉅萬。恃此二項，尚堪抵制。乃近年出口之數鋭減，若非亟爲整頓，恐愈趨愈下，益無以保此利權。蕭文昭所請設立茶務學堂，及蠶桑公院。不爲無見。著已開通商口岸及出産絲茶省分，各督撫迅速籌議開辦，以阜民生而固利源。【略】

臣謹案浙江蠶桑甲全國。每年鮮繭産量雖無確算，約計中歲六十萬擔。近查舊府屬總數杭十六萬，嘉十四萬三千，湖十七萬，甯一萬三千，紹七萬二千，金四千六百，温三千，台一千七百，嚴一千六百。吳興縣所屬之輯里，其絲經尤馳名歐美，輸往外洋，實爲鼻祖。始於一千八百廿五年，即道光五年。粗者稱肥絲，售國中。優者稱細絲，光彩鮮艷，韌力富足，爲外人所喜。曩昔盛時，歲銷五六萬包。每包絲一千二百兩，合八十斤。經一千五百兩，合一百斤。每包捐税約三十元。正税廿二元，附加二元二角，滬捐三元二角，水利一元，本地慈善一元餘。近來産額雖增，而外銷轉減，美國尤甚。查乙卯至乙丑十年中，全球産絲年約五千六七百萬磅，輸美達五千一百萬磅，占十分之九。華絲一落千丈者，其缺點有五：曰條份不勻；曰綫支多病；曰交纏絲經紛亂，摇絲損耗費時；曰支條過巨，不合普通快機；曰複摇發見硬膠，均爲美人所忌。蓋美不産絲非關天時地理，實因工值過昂，民不耐煩。其婦女厭故喜新，但重花紋色采，不問綢料優劣。綢廠欲求大量同種之華絲，一時閒不可得而價又貴於日本，於是棄華就日。且各國用金而華用銀，匯兑漲落出入無定。既無機關爲後援，並乏廣告之鼓吹。職是之由，愈趨愈下。雖比年印度暢銷，向收川鄂粗絲及下等輯里，經歲衹千包。邇因國内工潮迭起，工價驟增，湖絲均經複摇合於二支，經綫三四支，緯綫細薄，綢之織造工省價廉，頓有中下等五千餘包之輸出。然究屬少數，美銷不振，實大憾事。浙商蹶然奮起，有爲治標之論者，勸蠶户上簇，勿令二蠶共繅一處，致成雙宮。售繭時，將雙宮映頭薄皮等先自區別，廠商分類價收，免受影響。有刊通告分送者，曰條份貴勻，曰熟湯繅絲，曰車前著火，曰車關刨圓。近時紐約絲織商領袖欽納氏莅滬，亦陳改良三要：一、摇紡齊整。摇車用新式機。二、膠斑剔除。鄉民圖美觀，於絲端塗膠漿，致成硬塊，不易剔盡，切宜戒絶。三、絲縷均勻。宜於繅紡時，精選繭子種類。如能繅十三至十五條份之絲縷，與上海廠經、日本廠絲相仿，則美銷必暢。餘若栽桑製種，飼育烘繭，均不可墨守舊法，庶得挽回利源。此雖指輯里絲言之，而亦關係全國蠶業，故不憚覼縷衆説，以備采擇焉。廣東産絲惟順德、南海、番禺、香山、新會、三水、鶴山諸縣，東西北三江沿岸亦有之。全省桑田約一百四十六萬五千七百畝，每年約采三千五百五十七萬一千餘擔，可得絲九千九百六十擔，每擔約值粵銀一千九百五十元，運廣州售與絲莊約值七八千萬元。粵省金融輸入年約一萬萬元。除華僑匯歸港幣及出口貨各一千萬元，餘皆絲值。成熟年共六造，絲廠全省一百六十七所。繅絲分新舊。舊法粗細不勻，銷國内，曰土絲。新法色澤較佳，銷海外，曰洋絲。外銷紐約最鉅，次倫敦、印度，次里昂、横濱，又次菲律賓、意大利、西班牙。向來美市華絲占十之五，日十之三，意十之二。自日本改良，美漸重日而輕粵。菲律賓絲業之權素操華商，每年輸入值菲幣七八十萬元，近爲日本競争，權亦漸移。法國絲廠購回粵絲製成銷華。工業不良，致以原料供人，可勝浩歎！絲税每擔計二十元有零。進口税一元五角八分，礮台經費八角二分二釐，釐金九角三分九釐，海關十七元五角。另運費一元二角。沿途時有需索或特别加徵，成本愈重，獲利愈艱。加以天時失調，頻歲歉收。丙寅年輸出之絲僅二萬九千八百九十四擔，值關銀二千二百六十四萬二千五百兩。粵商憂之，始設改良絲業研究所，舉員赴美視察。聞目下最合美商需要者，爲交架再繅式。該式倡自日本，每買粵絲運回，再繅後銷美，利市三倍。粵商見亦照製，品質與日産上中身相頡頏，銷路日增云。上海廠絲不比粵絲軟滑，再繅則絲身鬆散，故未仿行也。至湖北，則光緒十六年，撫臣譚繼洵到任。即招蘇浙工匠訓授翦桑、飼蠶、摘繭、繅絲、織綢諸法。奏稱：時閲三年，已發桑千餘萬株。産繭之區，推行益廣。漢口商賈雲集，收買者歲計絲價不下百餘萬金。當時各省購桑秧備蠶具，亦風動一時，惜都未見發達，果能實心興辦，則中華宜蠶之地甚多，利民裕國，奚待他求哉？

臣又案：美銷不振，原因固有多端，而人造絲亦其一也。此在泰西發明已久，當在咸豐時。至歇爾敦納始成植物纖微造絲之法。在光緒十三年。嗣後，愈造愈精。其價廉，其光絢，其色不變，駸駸乎駕蠶絲而上之。各邦努力振興，日增月盛，而美尤鋭進。蠶絲輸美，華、日居多。華非日敵，而日亦迭減，則人造絲發展之故也。一九廿二年，華絲八百三十七萬八千餘磅，日絲四千零零二萬八千餘磅。次年華絲一千二百廿六萬一千餘磅，日絲三千三百三十七萬七千餘磅。當一九一五年，產尚有限。自一九廿一年，達二千三百萬磅。一九二三年，增至三千五百萬磅。今已執全球人造絲之牛耳，而銷用不出美洲。所堪注意者，日本亦逐年遞加。查大正二年，產額爲二千六百六十五萬磅，至十一年，四千一百五十四萬一千磅，幾增一倍。吾國蠶絲雖富，除出洋外，實不敷紡織需用，亟宜借人造絲以濟之。惜工廠稀覯，仰給舶來。英居多數，次意，次法。據辛酉海關報告，人造絲織品輸入關銀二十萬二千四百兩，迨甲子頓增至一百五十九萬八千八十七兩，丙寅後當在三百萬左右，此可窺見一班矣。方今科學日明，稻草可製綿花，煤爐能造顏料，廢物利用，愈出愈奇。而我尚故步自封，絲業之衰，難乎免於今之世矣！

又户部奏工部郎中唐浩鎮請令各省自闢利源，以贍國用一摺，鈔交到部，據原呈稱：中國膏腴至廣，生產最繁。誠量各省土性之所宜，廣植物產。其已備者，擴而充之，未備者，購種給之，務使無曠土無游民而止。一曰蠶桑。中國產絲之區，以江浙爲最，江浙以近太湖爲最。蓋湖水澄清，性肥而暖，故以水灌桑則葉茂，以桑飼蠶則絲韌。以太湖例之，鄱陽、巢湖、洞庭、大明、金明、滇池、昆明各省之湖，誠能推廣此意，徧興蠶桑，則絲繭皆光白柔韌，遠勝於日本、意大利諸邦，而收大利。

劉錦藻《清續文獻通考》卷三八三《實業六》

〔光緒二十四年〕又湖廣總督張之洞等奏，竊維《周禮》六職飭其材《月令》五庫審其量，是萬物有曲成不遺之妙，百工爲自古政令所關。光緒十六年，臣譚繼洵到任後，會同臣之洞諭飭司道，籌款興辦蠶桑。十九年會銜具奏，近年廣招學徒，添設織機六十張，仿織江浙綢緞，各料精益求精，銷路愈廣，經費足資周轉，見擬擴充規模，就局中委員司事，兼管新募工匠學徒，講求工藝，以備農桑蠶織之不足。

劉錦藻《清續文獻通考》卷三八五《實業八》

蠶絲業　家蠶育於室內，野蠶育於野外，特種之樹上。飼料，家蠶以桑葉，野蠶以柞葉或樟葉，故又有桑蠶、柞蠶、樟蠶之分，惟樟蠶僅產兩廣，尋常野蠶類指柞蠶而言，今分列之。一，桑蠶。以江蘇、浙江、广东、四川爲最盛，次湖北，次湖南、江西、安徽、福建、廣西。江蘇養蠶區域爲蘇州、常州、鎮江、江甯、松江諸府，南通亦有，產額全省產繭年約二三千萬斤。浙江以杭州、嘉興、湖州三府屬稱極盛，次則紹興、甯波、金華、台州，最近繭產年約八九千萬斤，稱全國第一。四川以成都平原爲主要，保甯、順慶、崇慶諸屬次之，產繭年約六七千萬斤。廣東以珠江三角洲爲最多，順德、南海、番禺等縣，其中心也，繭額年約七八千萬斤。湖北以漢川、沔陽、嘉魚、當陽、宜都等縣爲主要，繭額年約一千萬斤。此外如湖南之長沙、辰州、永州，福建之延平、邵武、興化，安徽之池州、甯國、太平，均有相當之產額。繭之散集市場，以蘇州、無錫、湖州、杭州、成都、重慶、順德、佛山爲著名，最盛當推無錫市場。此外貴州之貴陽，四川之嘉定、順慶、保寧，湖北之漢口、沙市等繭市，亦頗重要。二，養柞蠶。區域延亙山東、奉天、熱河、河南、陝西、四川、貴州諸省。山東中部以東之山野，奉天之東邊道，熱河之淩源，河南西南部之伏牛山脈，陝西之秦嶺，四川之南部，貴州之北部，皆有柞蠶。其散集市場，以奉天之安東，山東之煙台、青島，四川之重慶爲最。三，樟蠶。以廣西之潯州、南寧、平樂等府屬爲主要產區，廣東之海南島亦產之。日本自我國傳入樟蠶絲，譯稱爲釣絲，蓋此種纖維彼國多爲製釣竿絲之用。

制絲　一，生絲。大別可分座繅絲、機械絲，再紡絲三種。座繅絲指舊法繅者，分黃絲、白絲。機械絲，又稱廠經廠絲，即新式工場所出，有黃繅絲、白繅絲之分。再紡絲又稱經絲，或洋裝絲，本爲農家所繅絲，商收買再繅改爲洋裝，分黃經絲、白經絲，其價格品質，足與機械絲相頡頏。在同治十二年，即有仿歐製新式製絲工場，今增至三四百所，上海、無錫、重慶、順德爲四大機械絲業之中心，上海新式工場多至七十餘所，絲車約一萬八九千架。座繅絲品質較機械絲粗，故價格相去頗遠，雙宮繭乃二蠶製成，頗不易抽，舊時多作亂絲頭，或爛繭殼用，自日人發明繅法，上海已有經營此項製絲工場。二，野蠶絲。山東與東三省南部爲二大產區，煙台、安東爲關内製野蠶絲業之中心，蓋平、青島亦頗重要。煙台之製絲工場，數達四十以上，繅車多至一萬數千架，安東工場十餘車，亦在一千數百架以上。新式，舊式均有野蠶絲，分大粹絲、小粹絲。小粹絲精，大粹絲粗。煙台、安東各工場，產品多小粹絲，煙台所用野蠶繭，本省出產不敷，仰給

安東，惟近爲日人採辦，爲額甚鉅，煙台各工場原料，遂大受影響。【略】

絲織品　有綢緞、繡綉絲帶、絲綫等，惟綢緞品類最多，普通分爲九類：一綢，本絲織品之通稱，惟今日此名多限於家蠶絲織成之綿紬、甯綢、野蠶絲織成之繭綢。又名絹紬或本機。綿(絹)〔紬〕産於浙江之嘉湖。甯綢本産於南京，今杭州、鎮江均有之，杭産精緻柔順，且有光澤。繭綢來自山東、奉天、熱河、河南、陝西、四川、雲南、貴州等省，山東綢、山西之潞綢、澤綢，河南之魯山綢，均爲野蠶絲織品。二緞，以南京、蘇州、杭州爲最佳。漳緞本産福建漳州，南京、蘇州皆仿之。巴緞及浣花緞産於四川。元青緞産南京。此外，如花緞、斜紋緞、閃緞等，均爲緞之别種。元青緞無紋，日本婦人喜以此爲帶，謂之南京繻子。三縐，爲縐縮絲織品之通稱，如湖州之湖縐，杭州之線縐，蘇州之蘇線縐，鎮江之紅線縐，及各處所製之縐紗、縐布等是。四紗，指質薄而輕之絲織品，杭州、蘇州爲紗類之著名地，種類頗多，官紗專供夏服之用。五綾，表面似緞而質較薄，有汴綾、白綾等。汴綾産開封，白綾産鎮江，有紋者稱花綾，質厚者稱板綾。六紡，爲略似綢類之絲織品，故稱紡綢，産杭州者名杭紡，産吴江縣盛澤鎮者名盛紡，産四川者名川紡，以杭紡爲最佳。七羅，一種疏孔絲織品，有生羅、熟羅區别，秋羅專供夏季需品，杭州、吴江産品，頗爲著名。八絨，有漳絨、建絨、金銀絲絨等。漳絨本産漳州，今南京、蘇州織造爲最盛。建絨産福建。金銀絲絨則南京、蘇州皆有之。九錦，爲五色絲織品，以四川成都、福建建陽所産爲最著名，此外如温州之甌錦，荆州之方錦，亦頗見稱於世。以上乃舊式綢緞之分類，今日新式綢緞以天成絲與人造絲交織而成者居多。刺繡品絲帶、絲綫等，均爲我國家庭工業。刺繡品有京繡、蘇繡、廣繡、湖繡，乃北京、蘇州、廣東、湖南所産。顧繡乃蘇繡之一種，相傳明初有顧氏者，始創畫繡之法，後世遂名顧繡，杭産乃蘇式，故屬於蘇繡。凡此皆爲絲綫業發達之區，北京之金絨繡，尤爲著名。

新舊絲織業　以織綢緞業爲限，有國家經營、私人經營之分。漢之織室，唐之織染署，皆國家經營也。漢少府屬官有東織、西織令、丞，後省東織，更名西織爲織室。婦女有過者，輸作於此。明設織造於南京、杭州、蘇州，各置提督織造太監一人。我朝因之，改任内務府人員。至於私人經營，往時無所謂工場，在絲織業發達之區，人民於家中置木機，從事織造，普通多稱機房，有自織代織之分，代人織者，原料由人供給，此種雇主，江浙等處稱爲帳房，皆饒有資本之綢商，各埠有代彼蒐賣之店，名爲分莊，惟總店則皆稱帳房，而不稱總莊，南京等處之規模較大者，稱爲大帳房。一廣東織造用舊法，最近亦採用新法，順德、南海、番禺、新會等縣，其最著者。二浙江以杭、嘉、湖、紹爲中心。嘉興在洪楊亂後，有織機二千具，一時頗盛，旋以每具官抽月課一元，負擔過重，所有機房，各部移於江蘇吴江之盛澤。杭、湖、紹，均有新式絲織工場，見時湖州絲織業之盛，已在紹興之上，杭州之次。三江蘇以蘇州、南京、盛澤爲重要。蘇州從前有織機一萬數千具，經洪楊之亂，頗受打擊，近亦有新式工場之經營。南京近頗衰微，雖有新式工場，已降至蘇杭之次。四四川以成都、嘉定、順慶、保甯、潼川、重慶爲最盛。成都有機房二千處，織機萬餘架，機工四萬人，絲織品占全省總額百分之七十，嘉定占百分之二十。五山東著名繭綢産地爲昌邑、棲霞、牟平等縣，約共有織機六七千具，每年織繭綢一百餘萬疋，合全省計算，約達一百五十餘萬疋，占全國總産額百分之八十，惟所用原料，則三分之二來自東三省南部。

穆彰阿等《清一統志》卷一七《直隸·保定府六》　土産　按《寰宇記》：保州貢絹。《宋史·地理志》：雄州貢絹，祁州貢花絁，安肅軍貢素絁。

穆彰阿等《清一統志》卷三一《直隸·順德府二》　土産　《寰宇記》：邢州産綿。《宋史·地理志》：邢州貢絹。

穆彰阿等《清一統志》卷三四《直隸·廣平府三》　土産　綢絹郎蔚之《隋圖經》：清河絹，爲天下第一。《元和志》：洺州貢綿、絹、縑、纊。《唐書·地理志》：洺州貢絁、綿綢，貝州貢絹，惠州貢紗。《寰宇記》：洺州土産平綢、絁子絹，貝州土産絲布、絁、絹。《舊志》：曲周肥鄉出綿綢，清河出屯絹，威縣出絲帶。

穆彰阿等《清一統志》卷三七《直隸·大名府三》　土産　按《舊志》載《唐書·地理志》：魏州土貢花紬、綿紬、平紬、絁、絹。《金史·地理志》：大名府産皺縠、絹。今元城開州雖織絁、絹，大都麤不充用。謹附記。

穆彰阿等《清一統志》卷四八《直隸·易州直隸州二》　土産　按《舊志》載，生絹易州最著。《唐書·地理志》：易州土貢紬。今皆無之。

穆彰阿等《清一統志》卷五〇《直隸·冀州直隸州二》　土産　絹、綿《唐書·地理志》：冀州貢。

穆彰阿等《清一統志》卷五二《直隸·趙州直隸州二》　土産　絲布、絁《寰宇記》：趙州産。按《舊志》載：《通典》：趙郡貢錦五十疋。又《唐書·地理志》：趙州土貢絹。今皆不概見。謹附記。

穆彰阿等《清一統志》卷五六《直隸·定州直隸州二》　土産　按《舊志》載《唐書·地理志》：定州土貢羅、綢、細綾、瑞綾、兩窠綾、獨窠綾、二包綾、熟線綾。《宋書·地理志》：中山府貢大花綾。謹附記。

穆彰阿等《清一統志》卷八九《江蘇・常州府四》　土産　綢、絹《唐志》：土貢。《寰宇記》：武進出緊紗。

穆彰阿等《清一統志》卷一〇二《江蘇・徐州府三》　土産　綾、絹《禹貢》：徐州厥篚(元)〔玄〕纖縞。《唐書・地理志》：徐州貢雙絲綾、絹、綿紬、布。

穆彰阿等《清一統志》卷一一七《安徽・寧國府》　土産　毯《元和志》：貢五色線毯。

穆彰阿等《清一統志》卷一六八《山東・東昌府一》　風俗　其民樸厚，好稼穡，務蠶織。《元史・地理志》。

穆彰阿等《清一統志》卷一六九《山東・東昌府二》　土産　絲、綿府境俱出。按《舊志》載《唐書・地理志》：博州土貢綾、平紬。《元和志》：博州開元貢平綾十疋。《宋史・地理志》：博州貢平絹。今無，謹附記。

穆彰阿等《清一統志》卷一七二《山東・青州府三》　土産　綾、絹出壽光縣者佳。《漢書・地理志》：臨淄有服官。《唐書・地理志》：青州貢仙紋綾、絲。《元和志》：青州賦綿、絹。《宋史・地理志》：青州貢仙紋綾，密州貢絹。

芷草出壽光縣清水泊，蒹葭之屬，可以覆屋，織席供薪爨，其利比䏍田數倍。

穆彰阿等《清一統志》卷一七六《山東・武定府》　土産　綿、紬《府志》：出陽信縣，色不甚白，然堅細匀淨，故以信紬著名。按《舊志》引《宋史・地理志》云：濱州貢絹。謹附記。

穆彰阿等《清一統志》卷一八〇《山東・泰安府二》　土産　繭綢《舊志》：萊蕪縣出。　繒縑出東阿縣。《水經注》：東阿出佳繒縑。《唐書・地理志》：鄆州土貢絹。

穆彰阿等《清一統志》卷一八二《山東・曹州府二》　土産　絹府境出。《唐書・地理志》：曹州土貢綿、絹。《元和志》：濮州開元貢絹。《濮州志》：土産絲、絹、綿、綢。

穆彰阿等《清一統志》卷一九五《河南・歸德府三》　土産　綿、絹《元和志》：宋州貢。《寰宇記》：宋州土産綿、絁、縠、絹。

穆彰阿等《清一統志》卷一九八《河南・彰德府三》　土産　紗、絹安陽出。《唐書・地理志》：相州土貢紗、絹、隔布。《元和志》：相州貢紗。《宋史・地理志》：相州貢暗花牡丹花紗絹。

穆彰阿等《清一統志》卷二〇四《河南・懷慶府三》　土産　絲、絹河内出。《元和志》：懷州(貢)〔賦〕絲、絹、(紬)〔緜〕。《唐書・地理志》：懷州貢平紗、平紬。

穆彰阿等《清一統志》卷二二四《河南・汝州直隸州一》　風俗　士尚端慤，民知勤苦。《方輿勝覽》。士爲道德性命之學，民有絲、絹、紬、絁之富。《風土記》。

穆彰阿等《清一統志》卷二三二《陝西・西安府六》　土産　紗、絹《唐六典》：關内道賦絹、綿。《唐書・地理志》：京兆府貢隔紗。《臨潼縣誌》：縣境出黄白縑。

穆彰阿等《清一統志》卷二三八《陝西・漢中府二》　土産　縠《元和志》：興元貢絲、(棉)〔綿〕、絹。《府志》：略陽縣出綿、紬。

穆彰阿等《清一統志》卷二四六《陝西・商州直隸州》　風俗　人性質實，士風簡樸，男務耕獵，女事蠶桑。《州志》。

穆彰阿等《清一統志》卷二八九《浙江・湖州府一》　風俗　蠶桑之富，甲於浙右，土潤而物豐，民信而俗阜。李心傳《報國寺記》。民力田作勞，樹藝蠶絲被天下。《明府志》。

穆彰阿等《清一統志》卷二九〇《浙江・湖州府二》　土産　桑郡城東多桑墟。《吴興掌故》：蠶桑之利，莫盛于湖。

穆彰阿等《清一統志》卷三九八《四川・夔州府二》　土産　紬、絹《九域志》：雲安軍貢絹。《府志》：雲安、開縣出絲、紬。

穆彰阿等《清一統志》卷四八七《雲南・永昌府》　風俗　男務農桑，女勤織紝。《府志》。

穆彰阿等《清一統志》卷四八四《雲南・曲靖府》　風俗　勤耕勉織，兼事商賈，習尚簡樸，士風漸興。《通志》。

穆彰阿等《清一統志》卷五〇三《貴州・鎮遠府》　風俗　風氣漸開，人文丕振，男務耕桑，女勤織紝。《通志》。

李維楨(萬曆)《山西通志》卷八《田賦》　山西等處承宣布政使司官民田四十五萬七千二百四十四頃四畝一分七釐一絲三忽一微。

絲綿　生素綾，絹一千疋，綾五百疋，絹五百疋。

農桑　絹四千五百七十四疋，内本色三千六百四十七疋，折色九百二十七疋零，絲七百二兩四錢八分。

太原府

官民田一十二萬八十五頃九十二畝五分七釐八毫六絲九忽七微。

綾綿　綾二十疋，絹一百五十疋。

農桑　絲絹一千六百五十九疋，内本色一千三百二十二疋，折色二百三十六疋零絲二百六兩九錢九分。

平陽府

官民田一十六萬八千七百三十八頃四十五畝八釐五毫二絲二忽。
絲綿　綾三百五十疋，絹二百疋。
農桑　絲絹八百疋，内本色六百三十四疋，折色一百六十六疋零絲二百八十九兩二錢。
潞安府
官民田四萬二千三百五十九頃三十三畝二分三釐二毫三絲一忽四微。
絲綿　綾三十疋，絹五十疋。
農桑　絲絹二百八十七疋，内本色二百三十一疋，折色五十六疋零絲六十二兩二錢。
汾州府
官民田四萬七千七百四十八頃九十五畝九釐八毫九絲。
農桑　絲絹二百九十八疋，内本色二百三十九疋，折色五十九疋零，絲五十九兩八錢。
遼州
官民田一萬六百七十八頃四十五畝八分五釐一毫。
農桑　絲絹二十一疋，内本色一十八疋，折色三疋零，絲二十三兩。
沁州
官民田一萬三千九百八十七頃四十九畝二分九釐。
農桑　絲絹六十一疋，内本色四十九疋，折色一十二疋零，絲一十九兩七錢九分。
澤州
官民田三萬二千一百三十一頃一十一畝一分二釐四毫。
絲綿　綾一百疋絹一百疋。
農桑　絲絹一千四百四十八疋，内本色一千一百五十四疋，折色二百九十四疋零，絲四十一兩五錢。

陸釴〔嘉靖〕《山東通志》卷八《田賦》　山東布政司
秋糧
絲綿　絲二千九十一斤八兩八錢一分二釐六毫六絲九忽，絹二萬二千一十九疋二丈二尺一寸九分八釐三毫八絲六忽二微一纖七沙。
農桑　絲二十斤六兩三錢一分二釐，絹三萬二千二百三十四疋四尺四寸二分六釐。
濟南府
官民田一十七萬九千五百一十七頃四十二畝三分三釐八毫一絲。
秋糧
絲綿　絲二千九十一斤八兩八錢一分二釐六毫六絲九忽，絹五千二百六十五疋二丈六尺二寸二分一毫九絲一忽八微五纖。
農桑　絲一十八斤七兩四錢五分二釐，絹一萬一千三百九十疋二丈一尺四寸七分七釐。
兗州府
官民田八萬三千五百七十七頃二十七畝一分八釐九毫。
秋糧
絲綿　絹三千七百一十九疋一丈四尺九寸六釐七毫八絲五忽六微五纖。
農桑　絹一萬七十八疋三尺一寸六分。
東昌府
官民田五萬九千七百四頃一十二畝有畸。
夏税【略】
絲綿　絹二千六百五十八疋一丈六尺五寸五分二釐九毫一絲二忽五微。
農桑　絹一千四百五十二疋一丈六尺五分。
青州府
官民田一十三萬三千九百一十頃五十四畝八分八釐一毫三絲六忽。
秋糧
絲綿　絹五千七百三十二疋二丈八尺八寸二分七釐四毫八絲三忽三微六纖。
農桑　絲一斤一十四兩八錢六分，絹四千七百三疋一丈三尺九寸五分。
登州府
官民田五萬四百九十頃六十三畝六分八釐七毫三絲。
秋糧
絲綿　絹一千九百六十二疋一丈六尺三寸二分九釐。
農桑　絹二千五百九十二疋一丈六尺三寸三分五釐。
萊州府
官民田六萬六千六十四頃二十六畝八分七釐八毫六絲。
秋糧

絲綿　絹二千六百八十二疋二丈九尺六釐三毫五絲九忽六微五纖。
農桑　絹二千一十六疋二丈一尺四寸五分。

成貫等〔道光〕《濟南府志》卷三七《宦蹟五》〔乾隆二十四年，巡撫鶴年〕奏言：山東産山紬，民間於坡隙種柞欏，養山蠶，收繭織紬，頗資利賴。臣巡閲所過，東昌、武定、曹州三府，山場可種，沂、青、登、萊四府，多餘地，種者未廣，濟南、泰安、兖州三府，荒水甚多，栽植絶少。臣訪聞鄉民，僉稱山場可種柞欏，九十月間，收核深埋，交春出土，漸次成樹。臣愚以山坡隙地，非堪藝五穀之區，若勸民廣種柞欏，育蠶收繭，以農隙織成山紬，堅韌經久，衣食所資，販運各省，更收利益。

熊元、馬文煒〔萬曆〕《安丘縣志》卷一〇《方産考》　桑則阡陌成行，稟稱之。昔唐時貢絹、絁、絲布，近又作爲文綾，豈所稱氷紈綺繡，純麗之物，號爲冠帶衣履天下者邪！【略】

虞懷忠、郭棐等〔萬曆〕《四川總志》卷一一《保寧府・土産》　絲各州縣出。西南山産有木繳樸蔌，蠶著樹間作繭，土人繅以成絲，色赭而直倍白紬，名山繭紬。

羅廷權等〔同治〕《重修成都縣志》卷二《輿地志第二・風俗》　百工鄉間惟修屋製器之工居多，城内百工咸備，皆有裨於實用。其精巧者，無過於織造，有宫綢、寧綢、線緞、巴緞、倭緞、閃緞、線縐、湖縐、薄艷平紗、明機蜀錦、天心錦、浣花絹、龜茲闌干，每年採辦運京，常以供織造之不足。婦女務蠶事，繅絲紡績，比屋皆然。在城者多善鍼黹縫紉，刺綉色色皆精。貧苦孀居，竟有恃十指以爲事畜之資者。

吴潛、傅汝舟〔正德〕《夔州府志》卷三《土産》　絲、紬雲陽、梁山、開縣、新寧、大昌、建始六縣出。

林庭棉、周廣〔嘉靖〕《江西通志》卷一〇《廣信府・土産》　絲、綿各縣出。

夏良勝等〔正德〕《建昌府志》卷四《田賦》　〔宋紹興八年〕夏科紬，絹三萬四千三百三十五匹，綿二萬八千七百七兩。

〔國朝洪武二十四年〕，額官民田地、山塘一萬三千七百六十七頃五十四畝二分。南城縣官田地、山塘二百三十一頃八十二畝三分，民田地、山塘四千二百六十三頃四十一畝九分。南豐縣官田地、山塘一百五十一頃二十四畝五分，民田地、山塘三千一百七十七頃一十一畝。新城縣官田地、山塘二百四十九頃七十九畝四分，民田地山塘三千二百四十三頃七十二畝一分。廣昌縣官田地、山塘五十八頃五十九畝三分，民田地、山塘二千四百九頃五十八畝九分。

夏稅農桑絲二百四十四斤三兩三錢五分。南城縣農桑絲七十斤八兩九錢。南豐縣農桑絲一百五十二斤一十四兩五錢。新城縣農桑絲九斤五兩七錢。廣昌縣農桑絲一十一斤六兩二錢五分。

〔永樂十年〕，額官民田地、山塘一萬四千二百四十一頃五十二畝五分。南城縣官田地、山塘二百七十頃八十八畝，民田地、山塘四千四百八十九頃七十九畝。南豐縣官田地山塘一百六十二頃四十五畝三分，民田地山塘三千一百六十六頃七十六畝三分。新城縣官田地、山塘二百九十七頃四十六畝七分，民田地，山塘三千三百八十五頃九十九畝。廣昌縣官田地、山塘四十二頃六十七畝一分，民田地、山塘二千四百二十五頃六十五畝。

夏稅農桑絲二百四十六斤五兩三分。南城縣農桑絲七十斤九兩二錢八分。南豐縣農桑絲一百五十二斤一十四兩五錢。新城縣農桑絲一十一斤七兩。廣昌縣農桑絲一十一斤六兩二錢五分。

弘治十四年額，官民田地、山塘一萬四千二百四十七頃六十六畝九分。南城縣官田地、山塘二百七十頃六十二畝七分，民田地、山塘四千四百九十五頃八十四畝五分。南豐縣官田地、山塘一百六十二頃四十五畝六分，民田地、山塘三千一百六十六頃七十六畝三分。新城縣官田地、山塘二百九十七頃四十六畝七分，民田地、山塘三千三百八十六頃一十九畝。廣昌縣官田地、山塘四十二頃六十七畝一分，民田地山塘二千四百二十五頃六十五畝。

夏稅農桑絲二百四十六斤五兩三分，折絹一百九十六匹三丈一尺六寸二分。南城縣農桑絲七十九斤九兩二錢八分，折絹五十六匹一丈三尺九寸二分。南豐縣農桑絲一百五十二斤一十四兩五錢，折絹一百二十二匹九尺八寸。新城縣農桑絲一十一斤七兩，折絹九匹四尺五寸。廣昌縣農桑絲一十一斤六兩二錢五分，折絹九匹三尺四寸。

正德七年額，官民田地、山塘一萬四千二百五十頃九十三畝八分。官田七百五四頃一十四畝三分，地一千四頃一十四畝二分，山五頃九十畝八分，塘三頃二畝八分。民田一萬一千五百二頃五畝二分，地六百九十八頃六畝，山一千一百一十八頃三十二畝，塘一百六十四頃二十八畝五分。

夏稅農桑絲地二十六頃二十七畝一分。每畝栽桑四十株，每株科絲一兩五錢。每絲二十兩，折絹一匹。每匹十六兩，共折絹一百九十六匹三丈一尺六寸二分。

南城縣官民田地、山塘四千七百六十七頃三畝六分。官田二百五十八頃六畝，地九頃九畝三分，山二頃二十二畝，塘一頃二十五畝四分。民田三千七百八十八頃六十一畝二分，地二百七十六頃九十九畝八分，山四百五頃五十三畝八分，塘二十五頃二十八畝一分。

夏稅農桑絲地七頃五十二畝六分。栽桑三萬一百一十四株，科絲七十九斤九兩二錢八分。每絲二十兩，折絹一匹。共折絹五十六匹一丈三尺九寸六分。

南豐縣官民田地、山塘三千二百三十五頃五十七畝一分。官田一百五十七頃四十四畝三分，地二頃一十三畝五分，山二頃三十五畝三分，塘五十二畝五分。民田二千五百二頃三十四畝三分，地一百六十七頃三十二畝一分，山四百五十二頃四十七畝八分，塘五十頃九十七畝三分。

夏稅農桑絲地一十六頃二十一畝。栽桑六萬五千二百四十株，科絲一百五十斤一十四兩五錢。每絲二十兩，折絹一匹。共折絹一百二十二匹九尺八寸。

新城縣官民田地、山塘三千六百八十五頃一畝。官田二百九十三頃六十九畝九分，地二頃四十五畝八分，山一頃一十一畝三分，塘一十九畝七分。民田三千三十八頃七十五畝一分，地一百五十二頃二十三畝七分，山一百八十七頃一十八畝二分，塘九頃四十七畝三分。

夏稅農桑絲地一頃二十二畝。栽桑四千八百八十株，科絲一十一斤七兩。每二十兩折絹一匹，共折絹九匹四尺五寸。

廣昌縣官民田地、山塘二千四百六十八頃三十二畝一分。官田四十頃九十四畝一分，地四十五畝六分，山二十二畝二分，塘二頃五畝二分。民田二千一百七十二頃三十四畝六分，地一百一頃六十二畝四分，山七十二頃一十二畝二分，塘七十八頃五十五畝八分。

夏稅農桑絲地一頃二十一畝五分。栽桑四千八百六十株，科絲一十一斤六兩二錢五分。每絲二十兩，折絹一匹。共折絹九匹三尺四寸。

秦鏞（崇禎）《清江縣志》卷三《户産・田畝》 今按《賦役全書》載：山二千二百五十四頃九十畝四分四釐，内一則山八十九頃三十二畝七分四釐，止科官鈔五百八十三貫八十九文；二則山二千一百六十五頃五十七畝七分，止科民鈔二千一百六十五貫五百七十七文，二項俱無派徵。桑柘地一頃九十七畝五分，計桑株七千八百九十二株，該生絲九斤一十三兩八錢四分。每絲二十兩織絹一疋，共絹七疋二丈六尺七寸六分。按，此係夏稅，舊額内又分本色、折色二項，於秋糧内帶徵。

管大勛、劉松（隆慶）《臨江府志》卷七《賦役》 夏稅通府桑絲共計七十三斤一十四兩七錢二分。每生絲二十兩該絹一疋，共絹五十九疋四尺一寸二分。共徵銀四十七兩二錢七分四釐二毫八絲一忽三微。清江桑絲九斤一十三兩八錢四分，共該絹七疋二丈六尺七寸六分，折價銀五兩五錢二分四釐四毫，外徵水脚銀七錢八分九釐二毫。每正銀一兩外增火耗二分，通共銀六兩四錢二分四釐八絲八忽，俱於通縣秋糧民米内帶徵。新淦桑絲一十九斤四兩六錢四分，該絹一十五疋一丈二尺九寸二分，折價銀一十兩七錢八分，外徵水脚銀一兩五錢四分。每正銀一兩外增火耗二分，通共銀一十二兩五錢三分五釐六毫，俱於通縣人丁均派。每丁派銀一釐一絲七忽一微七纖。新喻桑絲二十七斤四兩六錢四分，該絹二十一疋二丈四尺四寸，折價銀一十五兩二錢六分九釐三毫四絲，外徵水脚銀二兩一錢八分一釐三毫五絲。每正銀一兩外增火耗二分，通共銀一十七兩七錢五分六釐七絲六忽八微。原係出産桑株里遞辦納，照舊派徵。峽江桑絲一十七斤八兩，該絹一十四疋，折價銀一十兩五分五釐七毫三絲。外徵水脚銀三錢一釐六毫七絲一忽九微。每正銀一兩外增火耗二分，通共銀一十兩五錢五分。

聞人詮、陳沂（嘉靖）《南畿志》卷三《總志》 雜賦

絲綿絹二萬八千六百三疋一丈二尺八寸六分五釐六毫。

絲六千四百斤一十三兩三分六釐二毫。

綿一百五十九斤一十一兩四錢九分。

麻布六千二百八十丈三尺三寸。

厥貢織貝五千七十五疋。

應天府

官民田六萬九千九百八十九頃七十一畝九分。絲綿絹一千二百一十四疋一尺六寸九分二釐八毫。桑絲絹一百四十三疋有奇。

鳳陽府

官民田地、山塘六萬一千二百頃九十八畝。桑絲三千一百六十六斤。

蘇州府

官民田地山蕩九萬四千七百八十五頃有奇。桑絲絹六百四十疋。稅絲絹一萬一千五百五十疋有奇。織貝青、紅、花、素紵絲一千五百三十四疋。

松江府

官民田地山池塗蕩四萬七千一百六十九頃八十畝三分。絲一萬一十三兩四錢三分三釐九毫五絲三忽。綿二千五百五十五兩四錢九分四毫八絲七忽。織貝紅、青、緑織金紵絲一千一百六十柒疋。

常州府

官民田地、山塘六萬一千七百七十七頃五畝五分。絲綿絹一千五百七十三疋一丈一尺一分七釐一毫。桑絲絹三百二十四疋二丈四尺六寸。麻布六千二百八十一丈三尺三寸七分九釐三毫。織貝深青、黑緑、丹紅織金花、素紵絲二百疋。

鎮江府

官民田地、山塘三萬二千七百二十二頃三十五畝一分，免徵二萬二千三百六十三頃六畝七分三釐一毫，實徵一萬三百六十七頃七十一畝八分五釐一毫。絲綿絹二百六疋一尺六寸七分五釐。桑絲絹二十三疋一丈四尺。織貝深青、黑緑、大紅光素紵絲一千四百四十疋。

揚州府

官民田地四萬六千八百九十九頃二十五畝四分。桑絲絹八百四十一疋二丈四尺。絲六十四兩五錢。

淮安府

官民田地池塘九萬七千六十四頃三十四畝二分。農桑絲二萬九千三百五十七兩七錢一分八釐五毫。

廬州府

官民田地塘二萬五千四百三十五頃二十一畝三分七釐。農桑絲絹六百八十七疋二丈四尺七寸六釐三毫。

安慶府

官民田地、山塘二萬一千九百五頃二十五畝一分。桑絲絹三百五十三疋二丈九尺。荒絲絹六百八疋。

太平府

官民田地一萬六千四百三十二頃一十三畝五分。農桑絲二百七十四斤。

寧國府

官民田地、山塘四萬三千五百四十八頃三十八畝。農桑絲六百三十四兩六錢二分。稅絲三百四十二斤二兩五錢八分六毫。

池州府

官民田地、山塘九千七頃七十畝。稅絲絹一十五疋。桑絲絹四百一十疋四尺七寸六分。零絲一十一兩八錢八分。

徽州府

官民田地、山塘二萬五千二百七十七頃四畝五分。丁絲絹八千七百七十九疋一丈一尺四寸。桑絲絹一十五疋一丈四尺七寸。織貝黑綠、礬紅光素紵絲七百三十四疋。

廣德州

官民田地、山塘一萬五千五百九十六頃七十五畝九分。山絲一百斤七兩一錢三釐二毫。桑絲一十三斤一兩二錢。

和州

官民田地塘五千九百六十八頃一十四畝。桑絲絹九十九疋二丈七尺二寸六分。

滁州

官民田地塘二千九百一十二頃四畝。桑絲絹二百一十七疋一丈三尺三寸二分。

徐州

官民地一萬五千二百二頃二十六畝一分。

聞人詮、陳沂纂脩〔嘉靖〕《南畿志》卷四《區域》 物産 紵絲、羅紗、文絹惟精。即《禹貢》厥篚織貝。

蘇州

其物産織篚、錦繡、紈綺。即《禹貢》厥篚織貝。

顧清等〔正德〕《松江府志》卷六《田賦上》 元大德中，夏稅絲六百一十二斤六兩九錢四分，綿一百八十斤一兩一錢五分。

秋稅糧一十九萬九千七百五十五石一斗九升六合，鈔三百七十六定二錢三分。內除歲減公田二分，糧二萬六千七百六十一石一斗一升四合，聽候絲綿三十斤十兩二錢二分，糧三千三百二十一石三斗二升七合。事故，絲三兩七錢九分，糧一萬五千六百五十六石七斗九升九合，鈔一十定四十一兩八錢六分。

實徵夏秋二稅，絲五百九十二斤三兩八錢四分，綿一百六十九斤六兩一錢四分，糧一十五萬四千一十五石九斗五升六合，鈔三百六十五定八兩三錢七分。

延祐元年

元科二稅，六十五萬三千九百餘石。先是大德中，没入朱清、張瑄田土。二年經理，自實加九萬一千一百餘石，共七十四萬五千餘石。各色鈔定絲綿在外。【略】

至正十五年

定曌官民田土四萬五千七百二十二頃六十一畝五分八釐六毫。

夏稅絲一千三百四十四斤九兩二錢三分一釐，綿二百三十四斤一十二兩五錢九分四釐。麥九萬八千三百五十九石六斗六升六合三勺。

華亭田二萬四千三百三十一頃八十八畝五分二釐一毫。

夏稅絲七百七十四斤一十兩四分三釐，綿一百二十五斤六兩四錢四分五釐，麥四萬七百四十石三斗三勺。

秋稅糧【略】

實徵絲四百六十一斤一兩一錢六分二釐，綿一百一十九斤七兩二錢一分四釐，麥二萬八千三百八十一石四斗五升三勺，糧三十三萬八百六石四斗五升一合六勺。鈔如前。

上海田二萬一千三百九十頃七十三畝六釐五毫。夏稅絲五百六十九斤一十五兩一錢八分八釐，綿一百九斤六兩一錢四分九釐，麥五萬七千六百一十九石三斗六升六合。

秋税糧【略】

實徵絲四百三十斤一十五兩二錢九分七釐，綿九十三斤一十五兩二錢四分四釐，麥四萬五千四百四十五石五斗八升九合，糧二十五萬六千八百一十三石六斗七升八合四勺。鈔如前。

顧清等〔正德〕《松江府志》卷七《田賦中》　國朝洪武二十四年

定額官民田地、山池、塗蕩四萬七千六百五頃一畝五毫。

夏税大麥九千九百四十五石一斗七升二合九勺，小麥一十萬一千五百三十四石三斗四升九合二勺，絲九千七百八十三兩九分九釐一毫一絲一忽，綿二千二百二十六兩九錢二分八釐二毫八絲八忽。

秋糧【略】

華亭縣官民田地、山池、塗蕩二萬五千五百四十二頃九十六畝二分一釐七毫。

夏税大麥六千三十七石七斗四升三合四勺，小麥三萬三千九百七十四石三升八合三勺，絲六千七十四兩二錢五分一釐一絲六忽，綿一千一百九十九兩四錢九分五釐三毫三絲，鈔九千七百六十五貫四百五十文一分。

秋糧【略】

上海縣官民田地、山池、塗蕩二萬二千六十二頃四畝七分八釐八毫。

夏税大麥三千九百七石四斗二升九合五勺，小麥六萬七千五百六十石三斗一升九勺，絲三千七百八兩八錢四分八釐九絲五忽，綿一千二十七兩四錢三分二釐九毫五絲八忽，鈔五千八百九貫四百六十文八分。

秋糧【略】

顧清等〔正德〕《松江府志》卷七《田賦中》　永樂十年

夏税大麥九千八石七斗二升九合三勺，小麥九萬五千九百二石三斗五升四合六勺，絲九千七百二十四萬九錢二分八釐四毫六絲三忽，綿二千五百二十兩八錢八分九毫四絲七忽，鈔一萬五千五百三十七貫八百一十四文六分。

秋糧【略】

華亭縣官民田地、山池、塗蕩二萬五千五百四頃七十一畝六分四釐二毫七絲。

夏税大麥五千二百五十九石七斗四升五合九勺，小麥三萬二千四百二十三石八斗四升三合五勺，絲五千九百四十七兩一分七釐四毫，綿一千三百二十五兩四錢六釐八毫六絲，鈔九千二百七十九貫四百六十三文。

秋糧【略】

上海縣

夏税大麥三千七百四十八石九斗八升三合四勺，小麥六萬三千四百七十七石五斗一升一合一勺，絲三千七百七十七兩九錢一分一釐六絲六忽，綿一千一百九十五兩四錢七分四釐八絲七忽，鈔六千二百五十八貫三百五十一文六分。

秋糧【略】

宣德七年

定額官民田地、山池、塗蕩四萬六千八百八十八頃一十九畝六分一釐。

夏税大麥七千六百六石九斗八升八合五勺，小麥八萬四千四百三十八石四斗四升九合八勺，絲九千九百五十四兩四錢九分四釐五毫二絲三忽，綿二千五百三十兩三錢五分四釐八毫一絲七忽，鈔一萬六千九百二十貫六百七十文三分。

秋糧【略】

華亭縣官民田地、山池、塗蕩二萬五千五百九頃九十畝四分二釐八毫。

夏税大麥四千四百八十石八斗二升五勺，小麥二萬九千八百三十二石七斗九升九合六勺，絲八千一百五十九兩二錢五分二釐二毫，綿一千三百三十四兩一錢七分九毫八絲，鈔一萬六百三十九貫七百一文。

秋糧【略】

上海縣官民田地、山池、塗蕩二萬一千三百七十八頃二十九畝一分八釐二毫。

夏税大麥三千一百二十六石一斗六升八合，小麥五萬四千六百五石六斗五升二勺，絲一千七百九十五兩二錢四分二釐三毫二絲三忽，綿一千一百九十六兩一錢八分三釐八毫三絲七忽，鈔六千二百八十貫九百六十九文六分。

秋糧【略】

正統七年

定額官民田地、山池、塗蕩四萬六千九百九十一頃三十八畝七分八釐四毫。

夏税大麥七千六百六石九斗八升八合五勺，小麥八萬四千五百五十三石四斗七升六合八勺，絲九千九百九十兩八錢六分九釐八毫四絲三忽，綿二千五百四十八兩四錢九分八釐五毫四絲九忽，鈔一萬六千九百一十一貫一百五十三文。

秋糧【略】

華亭縣官民田地、山池、塗蕩二萬五千五百一十六頃八十二畝八釐九毫。

夏税大麥四千四百八十石八斗二升五合，小麥二萬九千八百三十二石八斗二升五合五勺，絲六千一百五十九兩二錢七分八釐六毫四絲，綿一千三百三十四兩一錢九分二釐九毫三絲，鈔一萬五百七十五貫八百五十文。

秋糧【略】

上海縣官民田地、山池、塗蕩二萬一千四百七十四頃五十六畝六分九釐五毫。

夏税大麥三千一百二十六石一斗六升八合，小麥五萬四千七百二十石六斗五升一合三勺，絲三千八百三十一兩五錢九分一釐二毫三忽，綿一千二百一十四兩三錢五釐六毫一絲九忽，鈔六千三百三十五貫三百三文。

秋糧【略】

景泰三年

定塱官民田地、山池、塗蕩四萬七千四十七頃八十畝七分六釐九毫。

夏税大麥七千六百八石二斗三升九合一勺，小麥八萬四千五百七十三石一斗九合九勺，絲九千九百九十七兩九錢七分八釐五毫三絲三忽，綿二千五百五十二兩三分三釐一毫八絲七忽，鈔一萬六千八百六十貫八百七十文。

秋糧【略】

華亭縣官民田地、山池、塗蕩二萬五千五百三十八頃九十九畝四釐四毫。

夏税大麥四千四百八十二石七升一合一勺，小麥二萬九千八百四十一石七斗二升九合六勺，絲六千一百五十九兩四錢七分三毫九絲，綿一千三百三十四兩二錢九分四釐九毫三絲，鈔一萬四百七十六貫四百六十六文。

秋糧【略】

上海縣官民田地、山池、塗蕩二萬一千五百八頃八十一畝七分二釐五毫。

夏税大麥三千一百二十六石二斗六升八合，小麥五萬四千七百三十一石三斗八升三勺，絲三千八百三十八兩五分八釐二毫四絲三忽，綿一千二百一十八兩八釐二毫五絲七忽，鈔六千三百八十四貫四百四文。

秋糧【略】

天順六年

定塱官民田地、山池、塗蕩四萬七千一百二十二頃九畝八分。

夏税大麥七千六百一十石五斗五升四勺，小麥八萬四千六百三十四石三斗二升九合五勺，絲一萬一十一兩四分五釐五毫二絲三忽，綿二千五百五十四兩三錢四分六釐四毫三絲七忽，鈔一萬六千五百三十四貫八百七十一文一分三釐。

秋糧【略】

華亭縣官民田地、山池、塗蕩二萬五千五百七十八頃二十四畝九分三釐九毫。

夏税大麥四千四百八十四石三斗八升二合四勺，小麥二萬九千八百五十二石九斗四合三勺，絲六千一百六十一兩二錢六分九釐一毫九絲，綿一千三百三十五兩二分二釐二毫五絲，鈔一萬五百五貫八十九文一分三釐。

秋糧【略】

上海縣官民田地、山池、塗蕩二萬一千五百四十三頃八十四畝八分六釐一毫。

夏税大麥三千一百二十六石一斗六升八合，小麥五萬四千七百八十二石四斗二升五合一勺，絲三千八百四十九兩七錢□分六釐三毫三絲三忽，綿一千二百一十九兩□□二分四釐二毫八絲七忽。鈔六千二十九貫□□□十二文。

秋糧【略】

成化八年

定塱官民田地、山池、塗蕩四萬七千一百三十一頃七十九畝九釐三毫。

夏税大麥七千六百一十石五斗五升四勺，小麥八萬四千六百三十七石五斗五升七合四勺，絲一萬一十一兩四錢六分四釐五毫二絲三忽，綿二千五百五十四兩五錢七分二釐四毫三絲七忽，鈔一萬六千五百八貫九百一十八文三釐。

秋糧【略】

華亭縣官民田地、山池、塗蕩二萬五千五百八十四頃四分六釐二毫。

夏税大麥四千四百八十四石三斗八升二合四勺，小麥二萬九千八百五十二石九斗四合三勺，絲六千一百六十一兩二錢六分九釐一毫九絲，綿一千三百三十五兩二分二釐一毫五絲，鈔一萬五百五貫八十九文一分三釐。

秋糧【略】

上海縣官民田地、山池、塗蕩二萬一千五百四十七頃七十八畝六分三釐一毫。

夏稅大麥三千一百二十六石一斗六升八合，小麥五萬四千七百八十四石六斗五升三合一勺，絲三千八百五十兩一錢九分五釐三毫三絲三忽，綿一千二百一十九兩五錢五分二毫八絲七忽，鈔六千三貫八百二十八文九分。

秋糧【略】

弘治十五年

定墾官民田地、山池、塗蕩四萬七千一百六十九頃八十畝三分六釐三毫四絲。

夏稅大麥七千六百一十三石六斗六升六勺，小麥八萬四千六百五十二石五斗二升七合九勺，絲一萬一十三兩四錢三分三釐九毫五絲三忽，綿二千五百五十五兩四錢九分四毫八絲七忽，鈔一萬六千四百六十六貫五百一十二文三分三釐。

秋糧【略】

華亭縣官民田地、山池、塗蕩二萬五千六百七頃二十二畝五分一釐三毫二絲。

夏稅大麥四千四百八十七石四斗九升二合六勺，小麥二萬九千八百五十六石三斗一升二合九勺，絲六千一百六十三兩二錢三分八釐六毫二絲，綿一千三百三十五兩九錢四分二毫，鈔一萬五百二十七貫七百八十四文一分三釐。

秋糧【略】

上海縣官民田地、山池、塗蕩二萬一千五百六十二頃五十七畝八分五釐一毫。

夏稅大麥三千一百二十六石一斗六升八合，小麥五萬四千七百九十六石二斗一升五合，絲三千八百五十兩一錢九分五釐三毫三絲三忽，綿一千二百一十九兩五錢五分二釐八絲七忽，鈔五千九百三十八貫七百二十八文二分。

顧清等〔正德〕《松江府志》卷八《田賦下・土貢》

今制

歲造各色紵絲一千一百六十七疋，遇閏月加九十七疋。本府織染局造大紅織金雲鶴、獅子五十疋，青緑織金熊、羆、海馬、犀牛二百二十二疋，青緑光素八百九十五疋。

沈明臣、陳大科等〔萬曆〕《通州志》卷四《貢賦》　貢賦之目五：曰歲進，曰歲造，曰歲辦，曰歲派，曰額徵歲進。

歲造紵絲二十七疋，生絲絹一百一十疋。

歲派大紅紵絲一十三疋，深青紵絲五疋，大紅線羅一十三疋，青線羅一十二疋。以上羅段并前歲造紵絲、生絹，歲奉府帖額派，價值、水脚共銀二百五十三兩三錢。

額徵夏稅起運【略】

桑三千六百五十九株，株科絲二錢，得絲五百三十一兩八錢。計絲十八兩，折絹一疋，得絹二十九疋，零絲九兩八錢。續奉明文改入條鞭，歲審解京絲絹價銀二十兩三錢，今添水脚銀四錢六釐，存留府庫額織零絲價銀四錢九分，共審銀二十一兩一錢九分六釐。

海門歲造紵絲十有一疋，生絲絹五十有五疋。【略】

舊額桑一千四百八十二株，該絲二百九十六兩四錢，絹十六疋，零絲八兩四錢。

盧憲〔嘉定〕《鎮江志》卷四《屯田》　《三朝史志》云：江淮、兩浙承僞制，皆有屯田。免役後多賦與民輸租，第存其名。則其來久矣。紹興九年二月己巳，詔：遣吏部郎官益都仇悆往鎮江府，究乏糧之實。上謂宰執曰：劉光世一軍，月費稾給萬數，如此，宜速爲屯田之計。《祥符圖經》載：丹徒、丹陽、金壇、延陵四縣屯田，凡【略】綿一百一十八兩，絹五疋，紬三疋，羅一疋，麻皮一十四斤，又租麻皮七千五百二十斤。

盧憲〔嘉定〕《鎮江志》卷四《職田》　丹徒縣夏料租絲一百七十三兩。丹陽縣夏料租絲一百八十二兩。金壇縣夏料租絲一十三兩。知軍府事丹徒縣租絲三十四兩。丹陽縣租絲五十四兩。通判北廳丹徒縣租絲二十一兩。節推丹徒縣絲四兩。丹陽縣絲四兩。察推丹徒縣絲二十九兩。知録兼羅務丹徒縣絲二十二兩。監稅東廳丹徒縣絲三兩。監稅西廳丹徒縣絲八兩。監押丹徒縣絲七兩。簿尉絲三十三兩。圌山巡檢絲一十兩。丹陽知縣絲二十六兩。縣丞絲二十八兩。主簿絲二十八兩。縣尉絲二十四兩。延陵巡檢絲八兩。金壇縣絲一十三兩。

盧憲〔嘉定〕《鎮江志》卷五《土貢》　《唐地里志》潤州土貢：衫羅，水紋、魚口、繡葉、花紋等綾，火麻布。《元和郡縣圖志》開元貢：紋綾。賦：絲、紵、布。《通鑑》：興元元年，鎮海節度使韓滉遣使獻綾、羅四十檐詣行在。《元和郡縣圖志》：(正)〔貞〕元以後，觀察使王偉、李錡相繼兼鎮鹽鐵使，務其進奉，興楊蓋相比，元和以後稍革之。《潤州類集》有羅隱鎮海軍所貢詩。敬宗時，詔浙西上造銀盝粧具二十事。時李德裕刺潤州兼觀察浙西，奏綾、紗等物，猶是本州所出，金銀不出當州，皆須外處迴市。【略】今差人於淮南收買，旋到旋造，深憂不迨。時准赦不許進獻，踰月，求貢使者相繼，德裕訴而諷之。時又詔浙西令織定羅紗袍段及〔可〕幅盤條繚綾千疋。德裕復奏言：太宗時，使至凉州，見名鷹，諷李大亮獻之。大亮諫止，賜詔嘉歎。〔元〕玄宗時使者邸江南捕㶉鶒翠鳥，倪若水言之，即見褒納。二祖有臣如此，今獨無之。且〔立〕玄鵝天馬，盤條掬豹，文彩怪麗，惟乘輿當御。今廣用千疋，臣所未諭。昔漢文身衣弋綈，元帝罷輕纖服，故仁德慈儉，至今稱之。願陛下師二祖容納，遠思漢家恭約，裁賜節減，則海隅蒼生畢受賜矣。《寰宇記》潤州貢：方紋綾，水波綾，羅，綿，絹。神宗朝，王巖叟奏：臣伏以陛下即政之初，宜示儉薄，爲天下先。臣竊知四方貢獻，甚有非國朝舊例，出於繼增而創起者，所在不能無擾。如定州之花綾，初州之花絁，臣所見而知之者；婺州之細花羅，潤州之大花羅，臣所聞而知之者；臣見聞之所不及，若此類必多。伏望詔皆停貢，庶成儉朴之風，以隆盛德。【略】今歲貢綾十疋，羅十疋。大禮銀五百兩，聖節銀三百兩，羅三百疋，絹三百疋。

盧憲〔嘉定〕《鎮江志》卷五《夏税》　絹紬綿，按許載《吴唐拾遺録》云：吴順義年中，差官興販，簿定租税。厥田上上者，每一頃税錢二貫一百，中田一頃税錢一貫八百，下田一頃一貫五百，皆足陌見錢，如見錢不足，許依市價折以金銀，并計丁口課調亦料錢。宋齊邱時爲員外郎，上言：江淮之地，唐季以來，戰争之所，今兵革乍息，而必率以見錢，折以金銀，此非民耕鑿可得也，無興販以求之，是爲教民棄本逐末耳。是時絹每疋市賣五百，紬六百，綿每兩十五。齊邱請絹每疋擡爲一貫七百，紬爲二貫四百，綿爲四十，皆足陌，丁口課調亦請蠲除。朝議喧然沮之，謂虧損官錢萬數不少。齊邱致書于徐知誥，知誥行之，至是不十年間，野無閑田，桑無隙地。《通鑑》載於天祐十五年。《祥符圖經》載：四縣夏税絹二千六百四十二疋，丹徒縣八百五十九疋，丹陽縣四百九十三疋，金壇縣七百八十五疋，延陵縣五百五疋。羅一千疋，丹徒縣三百八十七疋，丹陽縣三百三十五疋，延陵縣二百七十疋，金壇縣無。絲二千七十九兩，金壇縣九百八十一兩，延陵縣一千九十七兩，丹徒、丹陽兩縣無。紬一千四百三十九疋，丹徒縣二百一十四疋，丹陽縣一百六十三疋，金壇縣九百六疋，延陵縣一百六十五疋。綿六萬三千三百五十六兩，丹徒縣一萬八千二百一十七兩，丹陽縣二萬四百七十二兩，金壇縣一萬六千五百六兩，延陵縣八千一百六十一兩。【略】鹽絹三千五百五十四疋。丹徒縣九百五十一疋，丹陽縣一千五十六疋，金壇縣一千八十七疋，延陵縣四百六十疋。【略】今丹徒縣夏税絹二千一百八十疋，内丁絹八百三十疋，於開禧三年内奉旨蠲放住催外，實合催絹一千三百五十疋，羅四百三十六疋，綿二萬二千六百五十三兩，絲五千二百四十九兩。丹陽縣絹二千一百九十九疋，羅五百六疋，綿二萬三千四百三十九兩，絲四千二十三兩。金壇縣絹四千五百九十五疋，羅一百一疋，綿二萬二千六十三兩，絲六千八十九兩。

盧憲〔嘉定〕《鎮江志》卷五《和買》　咸平二年，户部判官馬元方建言：方春民間乏絶，請預給庫錢，約至夏秋，令輸絹於官。詔下其法，於諸路率一縑給錢一千，時人便之。其後或不以錢而以鹽，後又給錢三分，而以七分折鹽，又其後則鹽與錢不復給，而與兩税均輸矣。今三縣和買絹九千九百三十八疋，丹徒縣三千五百疋，丹陽縣三千九百三十八疋，金壇縣二千五百疋。

俞希魯〔至順〕《鎮江志》卷六《賦税》　本郡税賦之數，皆莫可考，惟宋爲頗詳。兹但據今額以書，而以《舊志》所載者附見焉。

常賦

夏税　絲八千四百四十七斤二十五兩九錢二分三釐。録事司三斤七兩六錢七釐，丹徒縣一千七百六十二斤一十五兩六錢一分二釐，丹陽縣三千七百二十八斤一兩六錢二分九釐，金壇縣二千九百五十二斤九兩五錢一分四釐。有司八千四十九斤一十二兩二錢四分二釐。録事司三斤七兩六錢七釐，丹徒縣一千三百九十七斤六兩二錢九分，丹陽縣三千六百九十九斤二兩八錢三分一釐，金壇縣二千九百四十九斤一十一兩五錢一分四釐。江淮財賦府三百九十八斤一十三兩六錢八分一釐。丹徒縣三百六十六斤八錢八分三釐，丹陽縣二十八斤一十四兩七錢九分八釐，金壇縣三斤一十四兩。綿一千九百九十一斤三兩四錢三分八釐。録事司二錢一釐，丹徒縣二百二十六斤一十二兩八錢七分，丹陽縣一千三百五十一斤七兩四錢五分三釐，金壇縣四百二十七斤五兩五錢五分四釐。有司一千九百九斤三兩二錢二分五釐。録事司二錢一釐，丹徒縣一百六十三斤一兩九錢一分五釐，丹陽縣一千三百二十二斤八兩五錢五分五釐，金壇縣四百二十三斤七兩五錢五分五釐。江淮財賦府八十二斤一兩二錢一分三釐。丹徒縣六十三斤一十兩九錢五分五釐，丹陽縣一十八斤六兩二錢五分八釐。

《祥符圖經》：絹二千六百四十二疋，丹徒縣八百九十九疋，丹陽縣四百九十三疋，金壇縣七百八十五疋，延陵縣五百五疋。羅一千疋，丹徒縣三百八十七疋，丹陽縣三百三十五疋，延陵縣二百七十疋。絲二千七十九兩，金壇縣九百八十一兩，延陵縣一千九十八兩。紬一千四百三十九疋，丹徒縣二百一十四疋，丹陽縣一百六十三疋，金壇縣九百六疋，延陵縣一百六十五疋。綿六萬三千三百五十六兩。丹徒縣一萬八千二百一十七兩，丹陽縣二萬四百七十二兩，金壇縣一萬六千五百六兩，延陵縣八千一百六十一兩。【略】鹽絹三千五百五十四疋。丹徒縣九百五十一疋，丹陽縣一千五十六疋，金壇縣一千八十七

疋，延陵縣四百六十疋。【略】

《嘉定志》：絹八千一百四十四疋，丹徒縣二千一百八十疋。開禧三年，蠲放丁絹八百三十疋，逞催一千三百五十疋，丹陽縣二千一百九十九疋，金壇縣四千五百九十五疋。羅一千四十三疋，丹徒縣四百三十六疋，丹陽縣五百六疋，金壇縣一百一疋。綿六萬八千一百五十五兩，丹徒縣二萬二千六百五十三兩，丹陽縣二萬三千四百三十九兩，金壇縣二萬二千六十三兩。絲一萬五千三百六十一兩。丹徒縣五千二百四十九兩，丹陽縣四千二十三兩，金壇縣六千八十九兩。【略】

《咸淳志》：寶祐四年五月修明版籍，三縣絹及和買絹一萬三千九百三十一疋二丈二尺八寸五釐四毫，折羅錢七萬六千五百六十九貫二百一文，絲五千七百九十四兩七錢五分六釐，綿三萬四千九百三十五兩一錢六分八釐八毫。【略】景定四年二月，回買三縣公田一十六萬八千二百二十八畝二十七步半，并拘没丁府隱寄田地九千三百四十一畝一步，計銷豁稅絹和買絹一千二百七十二疋一丈八分六釐，折羅錢二千八百三十一貫五百八十六文五分八釐，絲四兩七錢四分七釐，綿五千四百九十兩六錢六分四釐。稅絹、和買絹一萬二千六百六十疋五丈一尺七寸三分七釐，丹徒縣三千六百三十疋五尺五寸一分六釐，丹陽縣四千一百一十五疋三丈三尺五寸三分三釐，金壇縣四千九百一十五疋一丈二尺六寸九分。折羅錢七萬三千六百二十六貫一百七十文八分三釐，丹徒縣二萬九百七十九貫三百六十五文，丹陽縣二萬七千八百五十八貫八百五文八分三釐，金壇縣二萬四千七百八十八貫。絲五千七百九十兩五分五釐，丹徒縣三千二百九十四兩三分四釐，丹陽縣一千二百七十一兩八錢二分一釐，金壇縣二千二百二十四兩二錢。綿二萬九千四百四十三兩四錢二分四釐八毫。丹徒縣一萬一千三百二十二兩三分二釐八毫，丹陽縣一萬一千一百六十三兩三分三釐，金壇縣六千九百五十八兩二錢五分九釐。【略】

以上並係文思院斗尺。蔡逢《丹陽志》云：嘉定間，中書舍人俞建綿《照亭詩》謂浙西田稅之重，皆錢鏐横斂之過。余讀史至五代，乃知浙江東西爲錢鏐、李煜所據，是時宋祖有南下之意，鏐，煜恐其見伐，日事貢獻，蕞爾小國，竭府庫之所有，不足以充其數。于是虐民横斂，田地每畝夏稅則有鹽絹、羅、綿、絲兩、大小麥，秋租則有苗米、稉米、豆布、蘆蓆。宋代相仍，失于釐革，然尚視田土之肥瘠分爲四等，曰上，曰中，曰下，曰不及等。嘗考之上等、中等者，田則夏有綿，秋有米四升五合或五升，地則夏有絲、綿、大小麥。下等之田，則夏無綿，秋有米四升五合，地則夏無絲、綿、大小麥也。不及等者，田則夏稅無幾，秋米一升，地則夏稅絹一分，鹽錢一文而已。本郡土地率多瘦薄，所收不了納官，而欲一槩征之，無乃不可乎。至若和買役錢尤爲民害，乃熙寧間王安石爲相之日，春初以官錢借與民户，至夏初每錢三貫收絹一疋，謂之和買絹，免人户衙頭吏役，使之納錢，謂之役錢。未幾，官司無錢可借，遂令人户白納，至今遺臭。今兩淮、福建俱無絲、綿、雜色之稅，然則東西二浙之有此，豈鏐、煜之所爲乎。讀史至此，未嘗不掩卷爲之浩歎也。

俞希魯【至順】《鎮江志》卷六《土貢》 任土作貢古也，九州貢物之著于《虞書》者，蓋舉天下而言之，非若後世一郡一邑之比也。潤自漢晉迄隋，土貢名物皆無可考。至唐而下，然後見他志，載之圖經，《唐地里志》及《元和郡國志》、宋朝《寰宇記》貢物見後。而徵獻多岐矣。欽惟我朝，不寶遠物，庶邦内外，惟正之供，故列舊貢之目以别之，于此可以觀政焉。

舊貢

衫羅，水紋、魚口、繡葉、花紋等綾。已上見《唐地里志》及《元和郡縣圖志》。方紋綾、水波綾，歲貢十疋，聖節二十疋。羅，歲貢十疋，聖節三百疋，大禮年分添造五十疋。綿絹。聖節三百疋。

俞希魯【至順】《鎮江志》卷六《造作》 段疋歲額五千九百一疋，織染局三千五百六十一疋，生帛局一千八百三十疋，丹徒縣五百一十疋。紵絲一千九百四，織染局獨造。暗花一千一百六十七，枯竹褐四百一，稈草褐二百三十，明緑一百五十九，鴉青一百五十九，駞褐一百八十六，白三十二。素七百三十七，枯竹褐二百五十五，稈草褐一百四十八，明緑九十九，鴉青九十九，駞褐一百一十八，白一十八。絲紬三千九百九十七，織染局一千六百五十七，生帛局一千八百三十，丹徒縣五百一十。胷背花三百三十一，織染局獨造枯竹褐一百五十九，稈草褐一十五，明緑三十一，鴉青六十六，駞褐三十，橡子竹褐三十。斜紋三千六百六十六，織染局枯竹褐六百三十六，稈草褐六十三，明緑一百二十三，鴉青六百六十四，駞褐一百二十，橡子竹褐一百二十。生帛局枯竹褐四百七十七，稈草褐三百五十一，明緑二百一十一，鴉青四百二十二，駞褐一百八十五，橡子竹褐一百八十五。丹徒縣枯竹褐一百二十五，稈草褐一百，明緑七十五，鴉青八十，駞褐六十五，橡子竹褐六十五。江南歸附之初，置織染提舉司，設兩局以集造作。丹徒民三百餘家，始以婦人女子織紗得名局家，例以匠役之，由是不靖于鄉，省臺分官撫恤，然後還定，民復詣闕以訴，願世爲邑民奉公，上尋罷提舉司，並隸本郡。近年以來，兩局工多匠少，而丹徒之民，又以非匠户無既禀之給，每告病焉。

《嘉定志》：綾十疋，歲貢。羅二百一十疋，歲貢十疋，聖節三百疋。絹三百疋，歲貢。

《咸淳志》：綾二十疋，聖節。羅三百五十疋。聖節三百疋，大禮年分添造五十疋。

范成大《吳郡志》卷三八《縣記》 環府之邑五，而常熟居其望焉。時主客以户計者，八千九百七十有二，而今五萬一千一百卌八。夏賦，金錢爲緡二千八百，其幣帛疋合萬二千六百，而奇弗詳。秋租，穀粟七萬六千餘斛。乃今折帛爲緡者十萬二千三百，而斛則損其舊二千。邑之事，其倍稱何如哉。

曹一麟、徐師曾等（嘉靖）《吴江縣志》卷一《地理志・疆域》 盛澤在二十都，離縣治西南六十里，居民百家，以綿綾爲市。

曹一麟、徐師曾等（嘉靖）《吴江縣志》卷九《食貨志・物産》 貨之屬十七：曰絲，曰綿，曰絹，曰羅，曰紵絲，曰綾，曰紬，曰紗【略】。

曹一麟、徐師曾等（嘉靖）《吴江縣志》卷九《食貨志・貢賦》 祥符中，夏税，丁身鹽錢二千六百貫有奇，絹九千六百疋有奇，紬四百五十疋有奇，綿七千六百斤有奇。秋白粳米五萬二千石有奇。

元豐三年，歲輸帛一萬三千疋，苗五萬八千斛，纊四千一百兩，免役錢一萬四千緡各有奇。

淳熙十一年，苗五萬七千二百石，夏税折帛錢七萬三千貫，上供諸色錢二十萬二千貫各有奇。寶祐五年，加增苗額。自後有税管闕子苗米、續管贍軍米等目，民間始多事矣。

元延祐四年，夏税絲三千七百六十斤。秋租糧二十二萬二千八百三十石，輕賫二十二錠三十兩各有奇，所入視宋實相倍蓰。

大明洪武十年，夏税小麥三千石有奇，絲三千四百兩有奇，鈔六百六十貫有奇，農桑一萬八千七百株有奇。秋糧三十五萬七千石有奇。

二十四年，夏税麥二千八百石，絲四萬三千四百兩，鈔六百四十貫。秋糧四十二萬七千一百石各有奇。

永樂十年，夏税麥二千九百石，絲四萬三千八百兩，鈔六百六十六貫各有奇。秋糧五十五萬一千六百六十二石。

宣德七年，詔減官田重額。

正統二年，知府況公鍾累疏，奏減二萬五千四百二十八石九斗四升九合三勺。

天順六年，夏税麥二千九百石，絲四萬五千三百兩，鈔六百八十貫，農桑絲四千四百七十兩。秋糧三十八萬九千九百石各有奇，馬草七萬八千九百包，户口食鹽鈔六十萬二千貫各有奇。

弘治十六年，夏税麥二千九百石，絲四萬五千三百兩，鈔六百八十貫，農桑絲折絹二百四十疋。秋糧四十六萬一千八百六十石，馬草七萬八千九百包，户口鹽鈔五百八十兩，義役銀四千九十兩，馬役銀二千八百四十兩，驛傳水夫米三千一百八十石各有奇。

嘉靖中，夏税小麥二千九百五石一斗七升二合二勺，絲四萬五千三百四十六兩七錢五毫，鈔六百八十三貫二百八十七文九分八釐四毫，農桑絲折絹二百四十八疋一丈八尺一寸。

牛若麟（崇禎）《吴縣志》卷七《田賦》 弘治十六年，巡撫都御史魏紳、知府林世遠詳定實徵册，吴縣官田地等項三千六百三十三頃有奇，吴縣民田地等項三千四百七十頃有奇，夏税絲三萬五千兩，麥三千四百石有奇。【略】

嘉靖十七年，存餘考積。

農桑絲折絹，原額小麥三千四百石六斗五升五合八勺，絲三萬五千一十七兩九分五釐四毫，鈔一千四百二十三貫一百二十文二釐九毫，農桑絲折絹二百五疋一丈一尺九寸三分。【略】

京庫絲絹一千三百三十五疋，該銀一千四兩二錢五分。南京庫農桑絲折絹二百五疋一丈一尺九寸三分，每疋折銀七錢，該銀一百四十三兩七錢七分八釐三毫七絲。

本府織染局本色絲一萬九百一十五兩九分五釐四毫，該銀五百四十五兩七錢五分四釐七毫七絲。

牛若麟（崇禎）《吴縣志》卷八《田賦》

萬曆十七年

折色起運

本府織染局絲六千五百兩二錢五分四釐，該銀三百二十五兩一分二釐七毫。

派辦閏月歲造段疋銀二十四兩四錢四分六釐。

南京庫農桑絲折絹四十疋一丈九尺一寸九分八釐，該銀二十八兩四錢四分七釐九毫五絲。本色絹四疋二丈六尺五寸一分一釐九毫六絲，折色絹銀二十五兩一分九釐三毫三絲七忽六微。

萬曆四十七年

折色起運

京庫絲折絹七百九十六疋，該銀五百一十七兩四錢。【略】

本府織染局絲銀三百八十一兩七錢八分九釐。

綾紗料價等銀四百六十二兩三錢四分五釐一毫六絲。

南京庫農桑絲折絹四十疋一丈九尺二寸九分八釐，該銀二十八兩四錢四分七釐九毫五絲。本色絹四疋二丈六尺五寸一分一釐九毫六絲，折色絹銀二十五兩二分九釐三毫三絲七忽六微。

折色歲用存留款項

萬曆十七年

京庫絲折絹七百九十六疋，銀七十九兩六錢。【略】

折色歲用存留款項

萬曆四十七年

京庫絲折絹七百九十六疋，銀七十九兩六錢。

坐派議加歲造段銀五十八兩三錢八分。

牛若麟〔崇禎〕《吴縣志》卷二九《物産》 帛之屬

錦五色成文，倣花樣，又有紫白、落花、流水，充裝潢卷軸之用。

紵絲上者曰清水，次曰帽段，又次曰倒挽，最下曰丈八頭。

彭段即紵絲之類，充袍服諸用。　瑞麟紬

偏地錦　線絨　捺絨

紋絨　刻絲　羅有花素。

秋羅有花素。　帽羅　綾有花素。

裱綾　紗有花素。　機軟紗有花素，練熟者曰軟紗。

銀條紗有花紗。　縐紗爲衣者散處，巾帽者出報恩寺前。　絹

裱絹　包頭綾、紬、紗、羅各種。　紬有花素。

榨袋絹　羅底絹出中街路。　畫絹出中街路。

繭紬俗呼北織。

胡纘宗〔正德〕《安慶府志》卷一四《食貨志》 絲　歲徵桑絲三百九十有八斤二兩九錢六分，折絹三百五十有三匹二丈九尺。

懷寧　六十有三斤十有四兩八錢二分，折絹五十有六匹二丈六尺七寸。

桐城　六十有九斤八兩九錢六分，折絹六十有二匹。

灊山　六十有四斤九兩五錢七分，折絹二十有三匹二丈四尺。

太湖　三十斤十有五兩七錢四分，折絹二十有八匹一丈二尺九寸。

宿松　一百有八斤八兩二錢，折絹九十有六匹一丈三尺八寸。

望江　九十有二斤八兩六錢五分，折絹八十有六匹一丈五尺二寸。俱解京庫。

歲徵絲絹六百有八匹。牒云：荒絲絹。

懷寧　百有八匹。

桐城　如懷寧之數。

灊山　亦如其數。

太湖　亦如其數。

宿松　九十有六匹。

望江　八十四　俱解京庫。

朱錀等〔嘉靖〕《宿州志》卷二 貢賦

宿州貢活鹿、皮張。賦麥、粟、絲、草。歲辦雜皮四伯五張。今折造胖襖褲鞋五十七副四分。稅絲一萬六千二百七十四兩八錢八釐一毫五絲。免徵徐王墳戶并大店驛起蓋席殿地絲二百八十七兩六錢八分五釐四毫五絲，實徵一萬五千九百八十七兩一錢二分二釐七毫。官夏地并上則民夏地每畝科絲三分，每絲二十兩折絹一疋。桑絲二百六十四斤一十八兩一錢一分。官桑八千七百八十株，每株科絲六分。民桑一十七萬七千一百七十七株，每株科絲三分。稅絲一萬九百三十四兩二錢四分四釐。官夏地并上則民夏地每畝科絲三分。桑絲一百三十八斤一十三兩四錢一分。科則與州同，官桑七千二百二十七株，民桑五萬九千三百四十六株。

李默、錢照等〔嘉靖〕《寧國府志》卷六《職貢紀》

夏稅　桑絲六百三十四兩六錢二分，稅絲三百四十二斤二兩五錢八分六毫。宣城歲徵存留本府織染局桑絲一十九兩九錢，稅絲四十一斤十五兩五錢四分二釐六毫。南陵起運南京承運庫折絹桑絲六百一兩三錢二分，存留織染局稅絲二十六斤九錢七分一釐。涇存留織染局稅絲一百一十二斤八兩四錢四分。寧國存留織染局桑絲一十三兩四錢，稅絲一十五斤六兩。旌德存留織染局稅絲六十四斤一十二兩九錢四分六釐。太平存留織染局稅絲八十一斤六兩六錢八分一釐。凡桑絲賦諸蠶桑之鄉，稅絲賦諸漁戶並一以銀折，每斤徵銀八錢五分。惟京庫折絹每絲二十兩徵絹一疋。視地之宜。

彭澤、江舜民〔弘治〕《徽州府志》卷二《土貢》

宋　上供帛、紬歲四千五百九十八疋一丈六尺八寸。絹歲八萬三千三百七十七疋九尺九寸。綿歲十萬二千二百二十六兩七錢。絲歲二百兩。分四綱起發。又有淮衣綱紬四十八疋八尺四寸，絹萬三千一十疋一丈二尺六寸。舊至揚州，中興併送行在所。其非上供應副本路及他路者，建康府絹五千疋，郡守鄭升卿奏免，後復起發。又有兩浙轉運司紬千四百疋，絹萬六千四十九疋有奇，綿六萬五千兩。又別應副衢州、嚴州紬各一百五十七疋半，絹各三

千三百三十疋，綿各二千二百七十五兩。處州紬百七十五疋，絹九百八十疋，綿三千五百兩。婺州紬七十疋，絹一千九百六十疋，綿一千五百兩。四州歲各遣吏來請。蓋自紹興十四年四月，江東轉運司始報兩浙運司以應副四州之數，不知始於何年。上供折帛錢，凡紬一萬六千一百九疋三丈，絹二萬四千七百九十六疋，每疋各折省錢六千。綿一萬七千二百二十七兩，每兩折省錢三百。凡爲錢二十五萬六百二貫六百文。先是，州税絹每疋爲税錢七百三十一，而預買以元豐二年勑，每疋作九百五十文。逮折帛初行，以兩浙上色絹紬爲估，每疋八千，而徽則減二千爲六千。至紹興十八年，江東西路例作六千，其後兩浙路亦然，而徽遂不復請。乾道五年，議臣奏曰：折帛之起以折絹定價，故每疋估價錢六千，而銀則每兩爲價三千三百。徽州係五季重税去處，咸平着令他州絹以十二兩爲則，而歙州但責十兩而已，從來名爲下色紬絹，所以補除重税也。折帛之行以兩浙上色所估，而責徽下色亦同其直，失先朝補恤之意。然議者主言郡吏折銀虧直，方令部使者約束，而折帛之價未有申論者。上供折帛折麥折斛錢，上供茶租折帛移用買絹錢，上供茶租折帛折斛錢。各項所起年分俱無可考。

元　上供帛。至元二十一年，分撥到寧國路織染局生帛機五十張，簽撥人匠八百六十二户。自本年正月爲始立局，歲造生帛三色凡一千六百一段。二十四年，改造熟帛絲紬，如生帛之數，凡六色，四季起納。至元二十八年，添造寧國路絲紬一百五十段。

國朝　上供帛。自國初己亥年始，每月織造紵絲四十二疋。至洪武六年改造紬絹，每月額織造絹二百九十二疋，紬二十五疋，共三百一十七疋。洪武二十二年住罷，人匠起取赴京住坐，機張、房屋倒塌無存。永樂元年，奉工部基字四百三十六號勘合劄付，復設織染局，置立官堂作匠。官買荒絲、顏料，歲造青、紅、緑三色光素串四紵絲七百二十一疋，吐絲四十五觔壹兩，煉熟三十四觔八兩，打成絮胎二十二條，纇絲六十七觔九兩五錢。閏月加造紵絲五十九疋，絮胎二條，纇絲五觔八兩五錢。以後每年額造深青、黑緑、丹礬紅三色光素紵絲共七百二十四疋，深青二百四十疋，黑緑二百四十疋，丹礬紅二百四十一疋，通共該荒絲顏料價銀二千二百六十六兩九錢七分。每閏月年加造五十九疋，三色均加，惟紅多一疋，合用荒絲顏料價銀，坐派六縣里甲辦納。歙縣該絲料八百五十三觔五兩九錢三分六釐七毫，休寧縣該絲料一百三十三觔一十三兩七錢一分六釐八毫，婺源縣該絲料五百二十三觔一十三兩六錢二分四釐五毫，祁門縣該絲料一百九十四觔五兩三錢一分二釐三毫，黟縣該絲料九十七觔二兩六錢五分八釐二毫，績溪縣該絲料九十五觔八錢五分九釐三毫。

石禄、唐錦〔正德〕《大名府志》卷三《田賦志·貢賦》

夏税　人丁絲綿二十一萬六千九百二十二兩，折絹六千八百五十六疋一丈五尺。每男子成丁者科絲綿一兩，每十八兩折納絹一疋。土着軍八百六十四兩免科。

秋糧　農桑絲綿一萬六千五百一十一兩零，折絹八百一十疋二丈七尺九寸四分一釐二毫。官桑地每畝科絲四兩五錢，共七百一十三兩八錢一分二釐五毫。民地每畝科絲一兩，共一萬五千七百九十八兩二錢四分。

元城縣

夏税　人丁絲綿二萬二千一十四兩，折絹五百六十九疋。

秋糧　農桑絲綿一千八百八兩零，折絹五十三疋一丈七尺六寸五分。

大名縣

夏税　人丁絲綿八千九百五十三兩，折絹一百四十六疋。

秋糧　農桑絲綿六百一十七兩零，折絹三十六疋二丈八尺六寸。

南樂縣

夏税　人丁絲綿一萬二千五百一十七兩，折絹二百九十疋。

秋糧　農桑絲綿七百七十一兩零，折絹三十六疋二丈二寸四分。

魏縣

夏税　人丁絲綿一萬三千二百一十一兩，折絹五百九十七疋。

秋糧　農桑絲綿七百二十六兩零，折絹三十六疋一丈八寸八分九釐二毫五絲。

清豐縣

夏税　人丁絲綿二萬八千二百九十三兩，折絹四百四十五疋。

秋糧　農桑絲綿一千八百四十一兩零，折絹九十二疋二尺一寸。

内黄縣

夏税　人丁絲綿一萬四千二百一十六兩，折絹二百九十五疋。

秋糧　農桑絲綿九百九十三兩零，折絹四十五疋一丈五尺五寸八分七釐。

濬縣

夏税　人丁絲綿二萬八千八百七十一兩，折絹六百一十九疋。

秋糧　農桑絲綿一千三百八十一兩零，折絹六十九疋三尺八分。

滑縣

夏税　人丁絲綿三萬一千五百五十兩，折絹一千一百三十四疋七尺六寸。

秋糧　農桑絲綿五千一百一十八兩零，折絹二百五十五疋二丈九尺七寸四分七毫五絲。

開州

夏税　人丁絲綿二萬八千四百六十六兩，折絹一千四百六疋。

秋糧　農桑絲綿一千七百八十九兩零，折絹八十六疋一尺三分五釐。

長垣縣

夏稅　人丁絲綿二萬八千七百一十三兩，折絹八百疋四寸。

秋糧　農桑絲綿一千七百四十兩零，折絹八十三疋一丈二尺七分六釐八毫。

東明縣

夏稅　人丁絲綿一萬一千四百六十兩，折絹五百五十三疋。

秋糧　農桑絲絹四百四十三兩零，折絹二十一疋一丈七尺七寸六釐六毫。

章律、張才〔弘治〕《保定志》卷六《食貨一》

土貢

《禹貢》冀州畿甸之內，併賦場圃、園田、漆林之類，非盡出於田，島夷皮服。

唐貢生漆五百斤，桑皮紙五萬張，細綿布五千疋，粗綿布四千疋，綿花七百五十斤，席三千領。《九域志》。文給官錢買芋楊村，織於闕下。

張良知〔嘉靖〕《許州志》卷三《田賦志・稅糧》

稅糧屬縣附

許州　洪武二十四年夏地一千四百一十二頃三十九畝四分四釐。

絲四千三百二十三兩六錢八分九釐二毫。

秋地一千八百一十一頃一十一畝二分四釐。

桑一十五万三千九百二十四株。絲綿五千七十九兩四錢。

永樂十年起科夏地一千四百一十三頃三十九畝四分四釐。絲四千三百二十二兩六錢八分九釐二毫。秋地一千八百一十一頃一十一畝三分四釐。桑一十五萬三千九石一十四株。絲綿五千七十九兩四錢九分二釐。嘉靖十九年，夏地一千四百二十四頃三十一畝七分八釐。絲四千三百三十二兩八錢六分五釐二毫。秋地一千八百一十三頃七十七畝三分四釐一毫。絲綿折絹二百五十三疋二丈九尺四寸八分五釐五毫。

襄城縣　洪武二十四年夏地一千二百四十四頃一釐三毫。絲四千一百八十二兩五錢三分一釐九毫九絲。秋地一千四百二頃八十八畝九分。桑六萬三千四百九十九株。絲綿二千九十五兩四錢六分七釐。永樂十年起科夏地：稅糧、絲。秋地：桑、絲綿。

長葛縣　洪武二十四年夏地一千四十三頃九十二畝一分七釐四毫二絲。絲三千三百八十二兩五錢七分五釐二毫五絲六忽。秋地一千二百一十四頃九十一畝九分六釐九毫。桑六萬二千九百二十二株。絲綿二十七千五兩八錢六分五釐。永樂十年起，科夏地：稅絲。秋地：桑、絲綿。嘉靖十九年，夏秋地一千四十四頃八十七畝八分七釐五毫。絲三千三百三兩二分六釐二毫五絲。

臨潁縣　洪武二十四年夏地六百九十一頃六十五畝五分。絲二千一百八兩八分五釐。秋地七百三十三頃六十四畝三分。桑四萬八千九百三株。絲綿一千四百七十四兩三錢八釐。永樂十年起，秋夏地：稅絲。秋地：桑、絲綿。

劉訒〔嘉靖〕《鄢陵縣志》卷三《土產》　帛類有綾、紬、花絹、手帕兼絲。

杜貴墀、鄭桂星等〔光緒〕《巴陵縣志》卷五二《雜識二》　邑中桑土無多，惟饒村出絲，只可作絹。近歲方布政大湜官荊襄鄖道時，勸課蠶桑，市浙桑數萬株，給民自栽，因以所餘分遺其家之隣近里人，乃頗有習蠶者，得絲柔而白，然尚未廣。

邑境多山，農民世業，難以自給，多營生於湖北，故監利、沔陽、江陵、潛江四邑，土工、農工、染工、酒工，巴陵人不下數萬，春往冬歸，亦貧民之利計也。若四邑被水，皆歸而家食，兼以災民流寄，則穀必騰貴而荒，故巴陵之荒歉，不僅視本邑水旱也。壬申志。

楊珮修〔嘉靖〕《衡州府志》卷四　金帛類

苧蔴、葛蔴、絲、綿、水綿、綿布、葛布、絹，已上各州縣俱出。

盧濬等〔弘治〕《黃州府志》卷三《貢賦》

本府賦

洪武二十四年官民田地、山塘三萬五千三百四十三頃七十九畝三分五釐。夏稅隨糧絲三千二百二十八斤九兩九錢六分，織絹二千五百八十二疋二丈六尺九寸四分。

弘治五年官民田地、山塘三萬六千五百二十二頃七十九畝六分。夏稅隨糧絲綿并租絲三千七百四十一斤六兩一錢九分四釐，共該織絹一千九百九十三疋三尺二寸四分一釐一毫一忽。

黃岡縣

賦

洪武二十四年官民田地、塘七千四百五十五頃六十一畝七分。夏稅隨糧絲一千四百五十七斤一十一兩八錢七分，織絹一千一百六十六疋七尺三寸五分。桑柘絲五十二斤九兩八錢二分，織絹四十二疋二丈七尺三寸。

弘治五年官民田地、塘七千七百八十五頃九畝四分。夏稅隨糧絲一千四百六十八斤九兩五錢一分，共該織絹一千一百七十四疋二丈六尺二寸六分五釐。桑柘絲五十八斤七兩三錢，織絹四十五疋一丈八十。

賦　麻城縣

洪武二十四年官民田地、塘三千七百八十二頃七十六畝二分。夏税隨糧絲七百二十一斤一兩二錢七分二釐六毫，共該織絹五百九十七匹二丈二尺六寸七分一錢。

弘治五年隨糧絲七百七十二斤二兩八錢四分，織絹六百二千七匹二丈二尺二寸六分。

黄陂縣

貢

鵝翎九千六百根。

賦

洪武二十四年官民田地、塘二千九百九十一頃七十二畝□分。隨糧絲六百五十斤二錢九分，織絹五百三十一匹二丈三尺四寸一分。

弘治五年官民田地、塘三千七百一十五頃六十畝六分。隨糧絲七百二斤二錢九分，織絹五百六十二匹一丈一尺四寸一分。

蘄水縣

賦

洪武二十四年官民田地、塘四千二百六十一頃七千八畝二分。夏税隨糧絲四十斤一錢六分，織絹三十四匹一丈三尺七寸二分。

弘治五年官民田地、塘五十四百七十一頃八十七畝七分。夏税隨糧絲五十斤一十兩四錢六分，織絹四十四匹一丈五尺七寸二分。

羅田縣

賦

洪武二十四年官民田地、塘九百八十九頃七十六畝二分。夏税隨糧絲七十斤一兩二分，織絹五十二匹二丈七尺三寸三分。

弘治五年官民田地、塘一千三百五十三頃二十四畝。夏税隨糧絲八十一斤三兩九錢八分，織絹六十四匹二丈九尺九寸三分。

蘄州

賦

洪武二十四年官民田地、塘四千四百三十二頃九十四畝七分。夏税隨糧絲二百五十四斤三兩七錢一分，織絹二百三匹三丈一寸九分，桑柘絲五斤八兩。

弘治五年官民田地、塘四千五百三十四頃三十畝七分。夏税隨糧絲二百五十七斤伍兩四錢二分，織絹二百五匹二丈六尺一寸五分。

王承禧〔光緒〕《應城志》卷一《輿地·物産》 有桑樹，類楮，葉可飼蠶，桑螵蛸可入藥。有橡，有柘，葉飼蠶與桑同。

國朝丁周《勸民種桑種橡示》：爲廣推桑類，以興蠶織，以阜民財事。照得農桑爲天下之大命，山蠶尤興利之良圖。《孟子》云：五畝之宅，樹牆下以桑，五十者可以衣帛。《史記》：齊魯千畝桑，其人與千户侯等。信乎蠶之爲利大矣。昔范純仁知襄城，課民種桑。張詠治崇陽，拔茶種桑。沈瑀爲建德令，一丁種十五桑。無不廣行蠶利，以裕民生。夫亦以農之於耕，一熟再熟，所入可計，而有水旱之慮，蠶則自初生至成絲，僅四五十日，婦女老弱，皆可勷事，無沾塗之苦，其利與稼穡等。且農按畝計税，有什一之征，而桑無征，種桑之地，又不妨稼穡，屋角畦棱，道旁場圃間隙處所，皆可栽植。然家蠶之利，人共知之，而野蠶之利，鮮有知者。惟我朝陳榕門中丞撫陝時，槲樹甚繁，於倡種桑樹之餘，廣行山蠶，民咸利賴。他如寧羌牧劉從山東雇人來州，養山蠶織繭，到處流行，名曰劉公繭。乾隆九年，奉旨勅行山東，將養蠶成法，纂刻送陝，仿傚學習，如鄠縣令紀、藍田令蔣、商南令李，連年倡率教習，皆獲繭成綢，其利雖不敵吳絲，卻與蜀繭、山東繭争勝。近又如貴州繭，始自乾隆五十年間，緣遵義郡守陳君係山東人，見其地青棡樹多，即山東之槲櫟樹，而邦之民人不知此樹可以養蠶，乃遣人往山東買野蠶種，雇養蠶師，督率教導，始興其利。嗣於道光五年，按察使宋通飭黔省種橡養蠶，至今貴州繭綢通行中外，該處貧民，於青黄不接之時，皆有執業，道路無乞丐，其獲益何如也。夫養蠶之樹不一，榕門中丞有云：槲樹、橡樹、青棡樹、柞樹、椿樹，均堪養蠶，但令徧山樹株，可作蠶場，不比家蠶之必須種桑也。繭綢粗細皆宜，又耐久穿，不比絲綢之貴而難買也。本縣知地不愛寶，採訪山蠶一事，蓋亦有年，久訓鄉閭子弟，種植橡樹，爲居家謀生之計。今攝篆兹土，念接壤當陽之河溶，有河溶絹，天門有天門絹，《禹貢》荆州厥篚(元)〔玄〕纁，璣組纁絳，幣組綬屬，皆絲所織，不蠶其何以織。應邑天氣和暖，地勢平坦，水泉疏衍，其平地種桑甚便，其高阜種橡實宜，特以民情難於謀始，無以倡之，大利秘矣。抑知橡樹即青棡樹，亦即俗名板葉栗樹，今江夏之紙坊一帶，儘多此種，惜徒以供樵蘇板炭耳。且其子又名橡椀子，可染采色，錢六百文可購一石，於冬臘采買來縣，先曬極乾，俟臘底春初，擇其略高岡阜，有穀綿雜糧不植之處，相土佈種，逢春發芽，最易生長，次年即可養蠶。種樹十萬，計可獲利萬金。五六年後，樹若過高，伐之可燒板炭，留取存蔸，新芽叢發，復可養蠶。其養蠶之法，須往黔買種，於清明後，俟蠶種甫出，置之於樹，即能自食其葉，及至成蠶，依枝作繭。植樹數千，止須小兒一二，持竿梭巡，以防鳥雀啄食。取繭繅絲，俱不費力，其中略有訣法，尚須往貴州雇人教之，而本地慧者，學習一年，皆稱能手。今黄、孝交界處有一菴，僧係黔人，菴前後有橡樹百株，每年取繭，約賣百餘金，以供香火，以給衣食，無須託缽還地，不良之説無慮矣。爲此，示論閤屬軍民人等，各宜自謀生理。須知木棉達於西洋，番芋來自吕宋，可見衣食大利，事在人爲。此邦居民，徒知鑿山採挖石膏，土産非不佳也，但長恃此利，恐如滇南錫銅有時，而老山空，常利一失，將何以繼。誠使留心蠶事，鼓舞奮興，往江夏買橡子，往當陽買桑秧，於可以種桑之處，人人種桑，種橡之處，人人種橡，伫見家蠶、野蠶業普一邑，利及百年，豐年足樂，荒年亦可無虞。冉求言志，比及三年，可使足民。《管子》云：衣食足而知禮節。本縣權理縣篆，不敢作五日京兆之見，亦藉以廣惠善良、潛消賊盜，如果恪遵勤動，家給人足，庶不負區區之苦心云。

胡宗憲、薛應旂〔嘉靖〕《浙江通志》卷七〇《雜志八物産》 貨之類曰紵絲、綾、羅、紬、絹、綿、緹繡、金箔、銀箔、錫箔。

貨之類曰杭州水緯羅，嘉興雲絹，湖州絲綿，出春蠶者佳。 綾，唐時充貢，謂之吴綾。寧波畫絹，色白絲勻宜畫。 慈谿葛，紹興蕭絹，初郡人蕭姓者製此，因名。 台州兼絲葛，以葛雜絲而織之，有黄、白二色。 温州紬，處州銀鑛。

周淙〔乾道〕《臨安志》卷二《物産》 《舊經》云：産白編綾、緋綾。

今産

衣

綾、絹、布、綿、羅、綢、紗。

周淙〔乾道〕《臨安志》卷二《土貢》 《禹貢》揚州厥貢：惟金三品，厥篚織貝，厥包橘柚錫。貢：《唐書·地理志》：貢白編綾、緋綾、藤紙、木瓜、橘、蜜、薑、乾薑、芑牛膝。《太平寰宇記》：歲貢乾地黄、牛膝、藤紙、蜜。《九域志》：貢綾三十匹，藤紙一千張。《兩朝國史》：貢糟藏瓜、薑。《祥符舊經》：貢山茶、楊梅、筍、絹、綢、綿、子薑、甘蔗。

今貢

綾三十匹。

税賦茶租、免役、和預買附。

夏税每歲婺州給本府衣絹二千五百匹，綢三千匹，綿三萬五千兩。徽州給本府衣絹七千四十匹，綿一萬七千三百五十兩。

絹九萬五千八百一十三匹二尺四寸三分七釐。

綢四千四百八十六匹三丈四尺八寸一分二釐。

綾五千二百三十四匹一丈。

綿五萬八千五百二十一兩二錢二分八釐。

潛説友〔咸淳〕《臨安志》卷五八《物産》 絲之品

綾白文公詩：紅袖織綾誇柿蔕。 注云：杭州出柿蔕花者爲佳。內司有狗蹄綾，尤光嚴可愛。

羅有花、素二種，結羅染絲織者名熟線羅，尤貴。

錦內司街坊所織，以絨背爲貴。

刻絲有花、素二種，擇絲織者故名。

杜緯又名起線。

鹿胎次者爲透背，皆花紋突起，色樣不一。

紵絲染絲所織，有織金、閃褐、間道等類。

紗機坊所織，有素紗、天淨、三法新翻粟地紗。

絹機坊多織唐絹，幅狹而機密，畫家多用之。

綿土産以臨安、於潛白而麗密者爲貴。

紬有績綿績線爲之者，謂之綿線紬，土人貴此。

潛説友〔咸淳〕《臨安志》卷五九《土貢》

揚州

厥貢：惟金三品，瑶琨篠簜，厥篚織貝，厥包橘柚錫貢。

右《禹貢》。

杭州餘杭郡

白編綾《元豐九域志》同。 緋綾

右《唐·地理志》。

絹

紬 綿

右《祥符志》。

朝廷蠲免歲貢指揮。

免歲貢御服綾

高宗皇帝紹興二十六年有旨，臨安府歲貢御服綾一百疋，自二十六年以後特與放免。

據《淳祐志》云：紹興以後，邸第之修營，寺觀之免稅，有未蠲豁者八十二處，計和賣夏稅折帛共七百三十四匹二丈四尺七寸，本色三百七匹，畸零一百六十九匹二丈八尺七寸，苗米一百石五斗六升，役錢每料七百三十五貫五百六十七文。淳祐九年，令吴革申請于府，趙安撫與懲爲之倚閣，且議奏免，蓋方有此議，而曾未奏免，不可知也。今考案牘，但有景定二年正月朝省批送户部，備錢塘縣申遞年寺觀邸第官舍帖，免合蠲稅賦紐計折帛錢六千三百七十一貫一百七十文，計四百三十九匹，畸零錢八百八十六貫一百文，從本部徑自銷豁，尚當条考。

仁和縣

上供折帛六萬七千五百二十一貫五百八十四文，用年錢一千三百六十一貫八百七十九文，畸零錢三萬九千八百四十五貫八百八十二文。

據《舊志》，淳祐六年，令王亞夫以稅額失陷，申請挨究紐虧苗米九百一十五石四斗三升，紐增畸零一萬四千一十貫八百文，趙安撫與懲令以增補虧，遂爲定額。

本色絹三千七百五十匹，綿五千九百四十九兩四錢。【略】

嘉熙間，江潮衝突臨江太平、金浦、安西、安仁、東上五鄉，趙安撫與懲申請于朝，盡蠲苗稅，後水仍故道，耕種漸復，趙安撫與懲申請撥稅額，八修江所爲修築塘岸之費，凡爲錢二萬四千四百五十八貫四百三十七文，絹三百三十二匹，綿二千二十六兩，苗米二千四百七十石八斗二升，每歲本所徑行催納。

餘杭縣

折帛錢八萬二百六貫一百三十文，夏稅紬絹一萬四千二百七十二匹一尺四寸，和買紬絹四千八百八十八匹三丈七尺九寸，綿七千一百一十七兩一錢六分。

【略】

臨安縣

紬一千九十一匹二丈三尺二寸，綾二千七百二十四匹五尺九寸，絹五千三百五十匹，畸零絹錢八千四百九十八匹三丈九尺四寸，綿六千九百四十兩九錢，折帛絹八千七百八十六匹。【略】

於潛縣

本色絹八千二百四十匹，紬五百四十七匹有奇，綿五千六百七十九兩有奇，折帛錢一萬五千三百九十九貫，內紬絹錢二千六十一匹，錢一萬四千四百二十七貫文，內折綿錢二千四百三十兩，錢九百七十二貫。【略】

免貢歲近例

今上皇帝景定五年十月踐祚之初有旨，蠲免臨安府近例歲貢，續增添進錢隨合錢物計一百二十五萬八千五百四十貫有奇。見詔令門

田稅

二稅元額

夏

絹九萬五千八百一十三匹二尺四寸三分七釐，紬四千四百八十六匹三丈四尺八寸一分二釐，綾五千二百三十四匹一丈，綿五萬四千一百四兩。

每歲婺州給本府衣絹二千五百匹，紬三千匹，綿三萬五千兩。

徽州給本府衣絹七千四十五匹，綿一萬七千三百五十兩。據《淳祐志》云：據嘉熙二年省劄，婺州絹二千五百匹，係皇祐年間指揮，至紹定六年本府有請于朝，住令解赴左藏庫，充本府抱納江陰軍和買之數，若紬、綿與徽州所輸之數，漫不可考。

秋【略】

和預買

絹四萬三百九十九匹二丈六尺二寸三分五釐，紬九十五匹。

折帛錢六十四萬八千三百八十五貫五百一十八文。

每歲認發江陰軍和買絹一千五百匹，內七十三匹二丈一尺四寸三分五釐係本色，一千四百二十六匹一丈八尺五寸折錢九千二百七十八貫五百一十八文。檢點吏牘，建炎間因陳通作過，遂將本府和買紬絹，權于蘇、湖、常、秀四州寄買。是時江陰爲常州屬邑，分認四千四十三匹。紹興十四年，諸州以寄買復還本府，而江陰陞爲軍，失于撥還，寄買如舊。乾道二年，江陰水灾，始于數內撥一千五百匹歸本府輸納，餘二千五百四十三匹二丈五寸，至紹熙二年，江陰復以旱告，守尹潘侍郎景珪遂申請盡與認納。至紹定間，始將婺州認發本府絹二千五百匹徑解左帑，理充此數。互見夏稅數內。

九縣歲解之額

據《淳祐志》云：前所載二稅元額，今以九縣歲解計之，大約虧十分之一。蓋錢塘、仁和兩縣地段之爲宮殿官舍寺觀營寨者，既不該稅，其餘諸邑管下，或爲水衝，或溪湖坍成海者，亦難强其所無，今故並存之。

錢塘縣

上供折帛錢八萬一千一百二十三貫三百四十三文，畸零錢三萬七千一百七十一貫二百五十二文，本色絹三千一百三十六匹，折綾絹二百二十八匹二丈，産綿五千七百一兩二錢四分。【略】

和預買本色絹四千一百五十二匹，紬一百七十二匹有奇，折帛錢七千二百九十一匹有奇，計錢四萬七千三百九十五貫文有奇。【略】

富陽縣

折帛錢七萬三百八十三貫二百六十二文，本色絹一萬五千五十三匹二尺九寸，本色綿七千四百八兩二錢八分，折紬錢三千六貫三十文。【略】

新城縣

和買紬絹一萬二千二百三十一匹，綿六千一百八十五兩一錢二分。【略】

鹽官縣

夏税絹一萬三千四百九十九匹三丈五尺三寸二分，紬一千一百七十二匹一丈二尺四寸九分，綿一萬一千二百一十五兩二錢，畸零夏税紬三百五十六匹三丈八尺三寸二分，并和買紬二百三十七匹一丈五尺，計錢二千四百六十六貫四百八十二文。折退夏税紬一十二匹，絹三十六匹二丈六尺七寸九分，折小麥八十六石七斗二升六合。

營田夏税絹五十九匹三丈七尺四分，計錢三百一十一貫六百一十六文。

亭户折鹽折夏税錢七千四百六十二貫四百二十文省，除一半發赴轉運司外，净納本府四千八十一貫七十九文。夏税絹七百四十八匹三丈四尺九寸二分，夏税紬二百一十二匹九尺六寸六分，綿一千四百五十六兩一錢七分。

本色夏税絹一萬六百六十四匹二丈一尺六分，本色和買絹四千八百九十六匹，綿六千六百九十兩八錢五分，折帛錢共七萬六千四十六貫四百文。和買八千八百一十五匹二丈五尺，計錢五萬七千三百一貫四百文。

夏税紬五百九十一匹四尺五寸，絹一千九百九十三匹三丈五尺有五寸，計錢一萬八千九十五貫文。

綿三千六十八兩一錢八分，計錢一千三百五十貫文。【略】

昌化縣

額管夏税紬五百六匹四分四釐。改正推割四十三匹三丈八尺五分。夏税絹三千三百七十四匹，改正推割四百四十三匹一丈二尺四寸。【略】綿二千五百七十兩五錢。

役錢夏秋每料，本府代輸畸零。咸淳五年冬，安撫潛説友申京城内外時蒙朝廷賑恤，説友試尹將兩載，殊愧未能推廣德意，所有九縣，咸淳六年畸零税絹除及尺以下者，已準明堂赦文蠲放，其四五等一尺以上者，本府更與代輸一次，九縣共管絹一十四萬六千五百七十一丈有奇，計錢十八界會子四十三萬四千四百八十貫有奇。準省劄京師四方表倡潛安撫能撙節浮費，爲民代輸，有以見奉宣朝廷德意之真，深可嘉尚。六年夏，又申照得咸淳六年九縣四五等户畸零夏税，説友預于去冬已行代輸。

潛説友〔咸淳〕《臨安志》卷八九《紀遺一》 杭州始置織務，歲市諸州絲給其用，後罷之。至道元年。

陳讓、夏時正〔成化〕《杭州府志》卷一八《土貢》

本府總數

《禹貢》揚州厥貢：惟金三品，瑶琨篠簜。厥篚織貝，厥包橘柚錫貢。

《唐·地理志》：杭州餘杭郡貢：緋綾、白編綾〈元豐九域志〉同。

《宋祥符志》：絹、紬、綿。

高宗紹興二十六年有旨：臨安府歲貢御服綾壹百疋，自二十六年以後，特與放免。理宗景定五年十月踐祚之初有旨，蠲免臨安府近例歲貢。續增添進錢隨合錢物計壹百貳拾伍萬捌千伍百肆拾貫有奇。【略】

成化十年

段疋歲造紵絲、紗、羅、紬叁千陸百玖拾肆疋。羅捌百貳拾疋，紵絲壹千玖百捌拾疋，紗叁百陸拾陸疋，紬伍百貳拾捌疋。

鄭澐、邵晉涵〔乾隆〕《杭州府志》首卷一玄燁《桑賦序》 浙西桑林被野，天下絲縷之供，皆在東南，而蠶桑之盛，惟此一區。

汪文炳、蔣敬時等〔光緒〕《富陽縣志》卷二二《藝文上》陳起龍《題請整頓緞疋軍器疏》明 爲緞疋軍器，貴在精堅，屢駁徒煩，民累特甚。微臣目擊其艱危，請求寬恤之一得，仰邀浩蕩之仁，以無誤上供急需事。臣惟皇上洞矚民艱，慮周四海，凡閭閻之疾苦，無不欲博諮而廣詢，以急圖治安之實政。臣仰體聖人之憂民，於地方一切興利除害諸事，不揣冒昧，業已一一列疏備陳，亦以今日民生休戚所關，不敢以默默蹈溺職之愆也。臣料理欽件，見有追呼急於星火，而拖欠日深一日者，無如緞疋、軍器二事，艱危之狀，臣目擊最真，昭臨在上，臣敢不盡言。以緞疋言之，臣屬之派造改造者，應天、（安）徽〔州〕、寧國、廣德四府州也。其料價原無額編，不若歲造，出自田畝，惟於題留四司銀内給發耳。條而外用以議抵段價，條而内急以覆提解望，到手不可得，足目之歉，足殊懸弗計也。以上數句，疑有錯訛。【略】夫此二項錢糧，其正項原不裕如。初造之時，業已左支右吾，豈堪駁退重造，况重造而又駁，駁而又重造乎。始猶虧半，繼且全無；始猶扳賠，繼且逋逃。解委有多少身家，惟以性命殉耳。有司有何計可施，惟坐受參罰耳。然於上供之緩急，曾有濟否？臣每見十年、五年之積逋，遇赦蠲免，人亡產絶之舊解，奉詔豁除，勢處不得不然耳，而急需之缺額如故，是公私交病，上下兩窮之法也。臣惟今日之民，似非昔比，災傷疊遘，兵火頻罹，水旱盜賊，在在見告，百姓流離，痛饑寒輸徵之迫身，而又有此曾無底止之受累，欲其挺而不走險難矣。然則何道可以便民，而清逋額也哉？臣謹陳甦恤二議，仰祈皇上採擇焉。織造緞疋，在產絲之地，機匠人工，殊較稱便。若地不產絲，其費力也倍蓰矣。臣屬除應天一府，原有機房可堪織造外，若徽州、寧國、廣德三府州，皆係雇覔浙省并蘇州等處積棍包攬承造，往往以稀鬆之緞抵塞，一奉駁换，而玩視如故，搬運往返，艱苦萬狀，且動以料價不敷爲詞，嗟何策哉。臣查從前駁退之緞，歲造有每疋輸價五錢，改造有每疋輸價一兩之例，伏乞皇上勅令辨驗衙門，以後有解進緞疋，寬恤驗收，如有緞果稀鬆應駁織换者，查明數目，請勅咨行臣等衙門，責令有司炤例分别輸價。解部緞疋，准其收用，不必發出，徒滋往返稽延，且不致堆積朽爛，或亦甦恤民力之一端乎。【略】我皇上時時沛澤，念念敷膏，臣於此益欲廣聖明之浩蕩，而下解民生之倒懸，且爲國家求實用耳。除從前未完之緞疋軍器，并五年以前改折銀兩照舊追解外，伏乞敕下該部，速議上請行臣等衙門遵奉施行。陳氏譜。

謝鐸〔弘治〕《赤城新志》卷五《版籍・雜賦》 翎毛二十七萬九千三百一十根。

弘治歲辦額數

段匹

織染局該造二百三十六匹。

丹礬紅八十匹。

深青七十八匹。

黑墨緑七十八匹。

太平縣分割温州樂清縣三十二里，該造一十一疋。

光素丹礬紅三疋。

深青三疋。

黑墨緑三疋。

王懋德、陸鳳儀〔萬曆〕《金華府志》卷七《貢賦》 唐《十道圖》：貢綿、布。《唐・地理志》：貢綿、葛、紵布。《舊志》云：貢綿、苧。宋《元豐土貢録》、《九域志》貢綿。壹百兩。

宋貢含春羅，三十三疋。綿，一百兩。花羅。一百疋。

國家之制，供御用曰歲進，供國用曰歲辦。歲辦之中，分類徵派，又有額辦、坐辦之差。二辦國之大課，例不優免。官府公費曰雜辦，雜辦則官員舉監生員人等優免，俱有定制。

額辦

農桑絲絹一百一十二疋二丈二尺六寸八分□釐伍毫，該銀一百七十兩七錢三分八釐二毫。

段疋、紵絲、紗羅、紬。二千四百四十八疋，并解扛木櫃，共銀七千六百二十三兩五錢七分三釐二毫。

金華縣

額辦

農桑絲絹銀二十七兩九錢六釐。

段疋銀一千二百四十三兩四釐五毫。

蘭谿縣

額辦

農桑絲絹銀三十三兩九錢七釐。

段疋銀一千五百一十一兩一錢三分五釐五毫。

東陽縣

額辦

農桑絲絹銀二十八兩五分六釐。

坐辦

段疋銀一千二百四十九兩六錢六分六釐三毫。

義烏縣

宋貢含春羅，三十疋。花羅，一百疋。綿。一百兩。

額辦

農桑絲絹。銀二十二兩三釐。

坐辦

段疋銀九百六十五兩五錢二分四釐七毫。

永康縣

額辦

農桑絲絹銀二十七兩五錢五分三釐。

坐辦

段疋銀五百九十五兩九錢九分一釐五毫。

武義縣

額辦

農桑絲絹銀一十四兩一錢八釐二毫。

坐辦

段疋銀八百四兩八錢四分五釐四毫。

浦江縣

元貢　刀羅二百四十疋。

額辦

農桑絲絹銀二十五兩三錢三釐。

坐辦

段疋銀六百八十兩二錢六分八釐八毫。

湯溪縣

額辦

農桑絲絹銀一十二兩九錢二釐。

坐辦

段疋銀五百七十三兩一錢三分六釐五毫。

王懋德、陸鳳儀(萬曆)《金華府志》卷八《田賦》　宋夏稅絹三萬四千三百六十三疋二丈五尺八寸一分五釐一毫。

紬二萬七百六十七疋二丈六尺二寸九分二釐。

綿三十四萬九千八百二十六兩二錢一分四釐九毫。

平羅一千一百二十四疋。

和預買麥羅一萬疋。　花羅五百疋。

平羅二萬疋。　綾二千八百三十疋。

紬二萬七百疋二丈。　絲二萬五千兩。

綿五千兩。　絹一萬三千七百五十七疋一丈。

折綿錢一十八萬八千六百四十一貫三百九十八文。

成化八年黃册：

絲五千五十二兩四錢五分。湯溪縣龍遊鄉拍徵折麥。

嘉靖四十一年黃册：

絲五千八十四兩三錢九分。

隆慶六年黃册同前。

萬曆六年，本府徵派額數：

夏稅絲五千八十四兩三錢九分。

金華縣

宋夏稅絹一萬八百九十五疋一丈九尺一寸三分。

紬六千四百三十六疋二丈五尺二寸六分。

綿一十萬二千五百一十兩九錢一分。

平羅五百二十四疋。

蘭谿縣

宋夏稅絹四千五百八十四疋一丈五尺六寸五分。

紬二千六百八十四疋一丈四尺一寸二分。

綿五萬二千六百七十兩三錢五分八釐。

和預買平羅一千七百六十八疋。

紬五千一百七十八疋。

絹二千四百六十疋三丈。

絲四千兩。綿八百兩。

折綿錢四萬九千二十六貫七百八十八文。

東陽縣

宋夏稅絹五千三百六十疋三丈五尺四寸八分。

紬三千三百三十七疋七尺三寸四分。

綿五萬七千二百九十一兩一錢九分。

和預買平羅二千九百四十五疋。

紬七千六百七十七疋二丈。

絹五千四百三十一疋。綿八百兩。

折綿錢五萬三千四百二十九貫七百二十六文。

花羅五百疋。平羅二萬疋。綾二千八百三十疋。紬二萬七百疋二丈。絲二萬五千兩。綿五千兩。絹一萬三千七百五十七疋一丈。折綿錢一十八萬八千六百四十一貫三百九十八文。【略】

嘉靖四十一年黄册

夏税麥一萬五千四百九十一石八斗二升九合四勺。絲五千八十四兩三錢九分。鈔五十六錠一貫五百一十八文。

秋糧米一十七萬三千八百八十石九斗四升六合四勺二抄。

秋租鈔二貫五百八十二文。

隆慶六年黄册同前。

萬曆六年本府徵派額數

夏税麥一萬五千四百九十一石八斗二升九合四勺。絲五千八十四兩三錢九分。鈔五十六錠一貫五百一十八文。

秋糧米一十七萬三千八百八十石九斗四升六合四勺二抄，內折色米六萬二千一百六十石五升六合二抄九撮五圭七粟，每石折銀七錢。

國朝夏税麥、秋糧米等項，順治初年倣照前明舊編徵解。

夏税京庫麥折銀二千五百七兩七錢七分六釐三毫五絲，每兩滴珠路費銀二分七釐，共銀六十七兩七錢九釐九毫五絲八忽七微五塵。

秋糧京庫米折銀九千一百一十六兩四分二釐二毫五絲，每兩滴珠路費銀二分七釐，共銀二百四十六兩一錢三分三釐一毫四絲七微五塵。

派剩米折銀三千三百五十五兩七錢五分七釐七毫七絲四忽，每兩滴珠路費銀一分二釐，共銀四十兩二錢六分九釐九絲三忽二微八塵八渺。

以上向徵銀兩解司，每年藩司差官彙解户部京庫交收，後于康熙四年統歸條鞭地丁徵解。

金華縣

宋夏税絹一萬八百九十五疋一丈九尺一寸三分。紬六千四百三十六疋二丈五尺二寸六分。綿一千萬二千五百一十兩九錢一分。平羅五百二十四疋。【略】

蘭谿縣

宋夏税絹四千五百八十四疋一丈五尺六寸五分。紬二千六百八十四疋一丈四尺七寸二分。綿五萬二千六百七十兩三錢五分八釐。【略】

和預買平羅一千七百六十八疋。紬五千一百七十八疋。絹二千四百六十疋三丈。絲四千兩，綿八百兩。

折綿錢四萬九千二十六貫七百八十八文。【略】

義烏縣

宋夏税絹四千四百九十五疋二丈五尺八寸八分。

紬二千七百六十五疋三丈一尺一寸三分。

綿四萬五千四百六兩五分。

平羅六百疋。

和預買婺羅四千疋。花羅五百疋。

平羅二千七十五疋。絹六百七十八疋。

絲三千五百兩。綿七百兩。

折綿錢一萬一千七百二十九貫五百六十三文。

永康縣

宋夏税紬一千七百三十九疋一丈六尺。

絹二千七百八十四疋二丈四尺。綿二萬八千二百三兩。

武義縣

宋夏税紬一千八百九十八疋四尺一寸六分。

絹三千二百三疋□尺五寸二分。綿

和預買平羅六百七十四疋。紬三千二百四十疋。

絹一千七百五十四疋。綾二千八百三十疋。

絲三千兩。綿六百兩。

折綿錢一萬五千六百九十四貫四百六十三文。

浦江縣

宋夏税絹二千九百三十九疋二丈七尺一寸四分五釐一毫。

紬一千九百六疋七尺四寸八分二釐。綿三萬三千五百□□兩九錢八分六釐九毫。

湯溪縣

萬曆六年坐派：

絲五千八十四兩三錢九分。

張藎、沈麟芷等《康熙》《金華府志》卷八《田賦》 宋夏税絹三萬四千三百六十三疋二丈五尺八寸一分五釐一毫。紬二萬七百六十七疋二丈六尺二寸九分二釐。綿三十四萬九千八百二十六兩二錢一分四釐九毫。平羅一千一百二十四疋。

秋税苗米一十三萬三千二百一十石九斗五升一合四勺七抄，茶租錢八萬一千一百七十二貫一百七十四文。免役錢八萬一千一百七十二貫一百七十四文。和預買婺羅一萬疋。

東陽縣

宋夏稅絹五千三百六十疋三丈五尺四寸八分。紬三千三百三十七疋七尺三寸四分。綿五萬七千二百九十一兩一錢九分。【略】

和預買平羅二千九百四十五疋。紬七千六百七十七疋二丈。絹五千四百三十二疋。綿八百兩。

折綿錢五萬三千四百二十九貫七百二十六文。【略】

義烏縣

宋夏稅絹四千四百九十五疋二丈五尺八寸八分。紬二千七百六十五疋三丈一尺一寸三分。綿四萬五千四百六兩五分。平羅六百疋。【略】

和預買婺羅四千疋。花羅五百疋。平羅二千七十五疋。絹六百七十八疋。絲三千五百兩。綿七百兩。

折綿錢一萬一千七百二十九貫五百六十三文。

永康縣

宋夏稅紬一千七百三十九疋一丈六尺。絹二千七百八十四疋二丈四尺。綿二萬八千二百三兩。【略】

武義縣

宋夏稅紬一千八百九十八疋四尺一寸六分。絹三千二百三疋二尺五寸三分。綿

【略】

和預買平羅六百七十四疋。紬三千二百四十疋。絹一千七百五十四疋。綾二千八百三十疋。絲三千兩。綿六百兩。

折綿錢一萬五千六百九十四貫四百六十三文。

浦江縣

宋夏稅絹二千九百三十九疋二丈七尺一寸四分五釐一毫。紬一千九百六疋七尺四寸八分二釐。綿三萬三千五百八十二兩九錢八分六釐九毫。

湯溪縣

萬曆六年坐派

夏稅麥九百七十一石三升九合一勺。絲五千八十四兩三錢九分。鈔五十六錠一貫五百一十八文。

毛鳳韶〔嘉靖〕《浦江志略》卷五《稅糧》 宋嘉定十有七年，夏稅秋稅之征：

絹二千九百三十九疋二丈七尺一寸四分五釐一毫。紬一千九百六疋七尺四寸八分二釐。綿三萬三千五百八十三兩九錢八分六釐九毫。已上係夏稅。【略】

永樂十年，夏稅秋糧及賃錢租穀、農桑之征：

農桑九千五百四十九株，科絲二十一斤一兩二釐，折絹一十八疋二丈一尺六寸七分。

嘉靖元年，夏稅秋糧及鹽糧鹽鈔、農桑之征：

農桑九千五百四十九株，每株科絲三分五釐二毫九絲一忽，共該絲二十一斤一兩二釐，折絹一十八疋二丈一尺六寸七分，每疋長三丈二尺。

蕭良幹、張元忭等〔萬曆〕《紹興府志》卷一四《田賦志・賦》 折帛錢三十三萬四百三十二貫六百二十八文，係將人户鹽稅、紬、綿、絹、丁鹽、和買絹數內科折。每紬一疋，折納一丈三尺三寸。綿一兩，折納五錢。丁鹽稅，絹一疋折納八尺，和買一疋折納一丈。和買每疋折錢六貫五百文。他絹若紬，每疋並折七貫文。綿每兩并耗折四百六十文。山陰　六萬四千一十五貫一百八十文。嵊　五萬三千五百三十四貫五百三十五文。諸暨　七萬五千五百三十七貫一百二十六文。蕭山　四萬三千六百六十八貫四百八十四文。餘姚　三萬五千五百七十六貫六百五文。上虞　三萬九千三百一十三貫八百文。新昌　一萬八千七百八十六貫八百九十八文。

王珣、汪翁儀等〔弘治〕《湖州府志》卷八《稅賦》

稅糧

宋慶元間本郡所轄六縣稅糧

烏程縣

夏稅紬、絹共一萬二千五百二十六疋一丈七尺八寸一分。綿九千二百四十二兩五錢。

歸安縣

夏稅紬六百一十七疋三丈七尺九寸二分。絹一萬四千一百四十一疋三丈九寸五分。綿七千八百三十七兩七錢二分。

長興縣

夏稅絹二萬九千一百三十九疋。綿一萬一千八百二十六兩。

安吉縣

夏稅絹一萬七千七十九疋。

德清縣

夏税絹五千八百八疋。

武康縣

夏税紬、絹共七千二百五十三疋。

元至正間本府税糧

烏程縣

夏税絲一萬七千一百二十二斤四兩四錢三分一釐。

綿四百六十八斤四兩一錢二分五釐。

歸安縣

夏税絲一萬二千五百四斤一十三兩九錢九分六釐。

綿七百一斤一十兩八錢四分五釐。

長興縣

夏税絲二萬三百七十二斤四兩九錢六分二釐。

綿四百七十九斤二兩五錢七分九釐。

安吉縣

夏税絲一萬五千二百七斤一十四兩七錢五分一釐。

綿三千九十四斤一十兩九錢九分九釐。

德清縣

夏税絲二萬四千三百二十七斤一十二兩八錢五分。

綿三千三百二十六斤七兩六錢五分。

武康縣

夏税絲八千七百五十四斤三兩四錢一分六釐。

綿三百一十九斤一十四兩四錢四分三釐。

國朝洪武二十四年，本府夏税絲總計六十二萬七千二十六兩八錢七分，綿總計三萬四千六百八十二兩四分。

烏程縣

夏税絲二十二萬一千二百八十六兩五錢四分。

綿五千九百二十八兩六錢二分。

歸安縣

夏税絲二十萬三百三十二兩八錢六分。

綿一萬三千二百八十四兩二錢六分。

長興縣

夏税絲一萬二百三十九兩九錢七分。

綿七百六十九兩八錢九分。

安吉縣

夏税絲四萬四百六十二兩一錢二分。

綿七千四百五十兩七錢。

德清縣

夏税絲九萬五千二十八兩九錢三分。

綿五千三百二十一兩六錢七分。

武康縣

夏税絲五萬九千六百七十六兩四錢五分。

綿一千九百二十六兩九錢。

永樂年間照舊。

宣德七年，税賦奉勅減二三糧額及消耗户作民田起科。

本府夏税絲綿八十二萬六千二百五十七兩八錢三分九釐，絲七十九萬五百四十三兩二錢一釐，綿三萬五千七百一十四兩六錢三分八釐，原額小絹四疋。

烏程縣

夏税絲綿二十五萬六千一十四兩六錢二分，絲二十四萬九千二十二兩一錢二分，綿六千九百九十二兩五錢。

原額小絹一疋。

歸安縣

夏税絲綿二十二萬九千一百三十四兩七錢，絲二十一萬五千八百四十兩九錢四分，綿一萬三千二百九十三兩七錢六分。

原額小絹一疋。

長興縣

夏税絲綿一十二萬七百九十五兩八錢二分，鈔三萬七千一百五十三貫七伯七十二文。

弘治元年，知府王珣奏分順零、晏子、荆溪三鄉夏税、秋糧、馬草爲安吉縣所轄，割附安吉縣夏税、秋糧、馬草：絲一萬三千四百六十六兩四分四釐五毫，綿五百五十一兩四錢二分。本縣實管夏税、秋糧、馬草：絲綿一十萬六千七百七十八兩三錢五分五釐五毫。

安吉縣

夏稅絲綿四萬七千九百兩二錢三分八釐，絲四萬四百五十三兩一錢四分五釐，綿七千四百四十七兩九分三釐。

弘治元年，知府王珣奏分天目等九鄉六區夏稅、秋糧、馬草等爲孝豐縣所轄。

夏稅絲綿二萬九千七百四十四兩二錢二分三釐，絲二萬三千四百六十六兩四分四釐五毫，綿五百五十二兩四錢二分。

本縣共實轄夏稅、秋糧、馬草：夏稅絲綿三萬二千一百七十三兩四錢七分九厘。

德清縣

夏稅絲綿一十萬一百二十八兩三錢三分一釐，絲九萬四千八百二十九兩九錢七分一釐，綿五千二百九十八兩三錢六分。

原額小絹一疋。

武康縣

夏稅絲綿七萬二千二百八十兩二錢三分，絲七萬三百六十六兩四錢二分，綿一千九百一十三兩八錢一分。

孝豐縣

夏稅絲綿二萬九千七百四十四兩四錢二分二釐。

栗祁、唐樞〔萬曆〕《湖州府志》卷一一《賦役》 賦稅國初因元版籍無徵，准宋制，官民田每畝派科八斗三升，官自重而至輕，凡五百九十九則，民由輕而入重，凡二千八百四十一則，見於各州縣諸鄉則例者可考也。屢經建議均平，率莫能行。隆慶三年，始定官民田地、山蕩各爲一則起科，民甚便之。

洪武二十四年，夏稅絲綿六十六萬一千七百二兩有奇。烏程縣絲二十二萬一千二百八十六兩，綿五千九百二十八兩。歸安縣絲二十萬三百三十二兩八錢，綿一萬三千二百八十四兩。長興縣絲一萬二百三十九兩九錢，綿七百六十九兩八錢。安吉縣絲四萬四百六十二兩一錢，綿七千四百五十兩七錢。德清縣絲九萬五千二十八兩九錢，綿五千三百二十一兩。武康縣絲五萬九千六百七十六兩四錢，綿一千九百二十六兩九錢。【略】

永樂至正德間。冊籍散失，不能具載。

嘉靖元年，夏稅絲綿八十二萬六千二百六十二兩六錢九釐。烏程縣二十五萬六千一十五兩九錢九分，歸安縣二十二萬九千一百三十四兩七錢，安吉州三萬三千一百三十四兩三錢八分四釐四毫，長興縣一十萬六千五百九十二兩一錢七分五釐五毫，德清縣一十萬一百二十八兩二錢三分一釐，武康縣七萬二千二百八十三兩六錢三分，孝豐縣二萬九千九百七十三兩四錢九分八釐一毫。【略】

小絹四疋。烏程縣一疋，歸安縣一疋，德清縣二疋。

秋糧【略】起運絲綿七十五萬九千五百八十六兩八錢五分九釐六毫，烏程縣起運絲綿二十三萬六千六百九十一兩，歸安縣起運絲綿二十萬六千九百一十七兩，安吉州起運絲綿二萬九千八百六十兩，長興縣起運絲綿九萬九千五十八兩，德清縣起運絲綿九萬二千六百七十八兩，武康縣起運絲綿六萬六千九百四十四兩八錢五分九釐六毫，孝豐縣起運絲綿二萬七千四百三十八兩。存留絲六萬六千六百七十五兩七錢四分九釐四毫。烏程縣存留絲一萬九千三百二十四兩九錢九分，歸安縣存留絲二萬二千二百一十七兩七錢，安吉州存留絲二千二百七十四兩三錢八分四釐四毫，長興縣存留絲七千五百三十四兩一錢七分五釐五毫，德清縣存留絲七千四百五十一兩二錢三分一釐，武康縣存留絲五千五百三十八兩七錢七分四毫，孝豐縣存留絲二千五百三十五兩四錢九分八釐一毫。

織染局歲造紵絲、紗、綾，有閏一千四百九十五疋，無閏一千三百八十疋，紵絲五百二十疋，銀絲紗暗花三百疋，熟綾暗花五百六十疋。合用局絲共四千一百六十七斤三兩七錢四分九釐四毫。烏程縣一千二百七斤一十二兩九錢九分，歸安縣一千三百八十八斤九兩七錢，安吉州一百四十二斤二兩三錢八分四釐四毫，長興縣四百七十斤一十四兩一錢七分五釐五毫，德清縣四百六十五斤一十兩二錢三分一釐，武康縣三百三十三斤十兩七錢七分四毫，孝豐縣一百五十八斤七兩四錢九分八釐一毫。

栗祁、唐樞〔萬曆〕《湖州府志》卷三《物産》 絲有合羅絲、串伍絲、經緯絲，屬縣俱有，惟出于菱湖、洛舍者第一。綿有頭蠶綿，最韌。二蠶綿白而少脆。惟武康有鵞脂綿，甲於屬縣。絹有官絹，有生絹，惟局絹有五色，可同嘉興。紬有水紬，有紡絲紬，出菱湖者佳。紗有直紗、花紗、夾織紗，出郡城内。又包頭紗，出雙林。綾有紕綾，有線綾，練染柔滑，光彩眩人，唐時充貢，號吴綾，郡城出。

杭世駿〔乾隆〕《烏程縣志》卷一三《物産》 物土宜而布其利，恤民隱者必及焉。湖郡蠶桑之饒，衣被天下，而腜腜坰野，粳稻比於東吴。烏程隸郡，其生殖與他縣略同，不必隧分貨別，侈言陸海珍藏，而華實之毛，川原之産，皆有裨于閭閻，可資於日用。牽絲此邑，誠有志於利民，則辨物居方，其亦宜講於皁蓄之道。

【略】

絲　頭蠶爲上，柘蠶次之。抽細而白者，謂之合羅，稍粗者謂之串五，又麄者謂之肥光。成化《湖州府志》。

《湧幢小品》：湖絲惟七里尤佳，較常價每兩必多一分，用織□緞，紫光可鑑。

綿　以頭蠶同宫繭作者爲上，謂之純綿。兩蠶共成一繭也。蛾口綿，蛾子咬出繭後爲之，爲次，軟綿最下，用繅紬曰軟繭紬。《湖録》。

太環綿頭蠶造成，白如雪甚韌，他處不及。《烏青文獻》。

折造布　每疋十五貫，有爲龍鳳瑞草花紋折者，以多折少而造，取其精緻。嘉泰《吳興志》。

編布　出道場山。同上。

麻布　出烏程之大錢，最麄而緊厚堪用。《湖録》。

木棉布　出烏鎮者，輕軟而暖。《烏青文獻》。

黄草布　出獨錦村者佳，與葛相似，一名仙葛。同上。

紬　有水紬、紡紬、綿紬、花綿紬、斜紋紬、兼絲紬、綿經絲緯紬，又有光絲紬、花絲紬。崇禎《烏程縣志》。

絹　潤而長者爲官絹，又有狹小絹、生絹、包頭絹，惟局有五色絹。同上。

紗　無花者曰直紗，最白者曰銀條紗。有花者曰葵紗、軟紗、縐紗。又有夾織紗，今有麥紗。又有包頭紗，惟雙林織之。同上。

羅　有素羅，起花者爲綺羅，有帽羅。同上。

綾　唐時充貢，謂之吴綾。今有散絲而織者，名紕綾；合線而織者，名線綾。練染光彩異於他處，惟郡城有之。弘治《湖州府志》。

張宗敬(嘉靖)《温州志》卷一《風俗》　土薄艱藝，民勤於力，婦勤紡績。《隋志》。婦人有夜浣紗而旦成布者。

羅濬(寶慶)《四明志》卷五《夏税》　正税咸平三年，户部計度，合支殿前諸軍及府界諸色人春冬衣，用絹綿絁布數百萬匹兩，始牒諸路轉運司，據轄下州軍出産物帛等處，就近計度，於夏秋税錢物力科折準，備輦運上京。自此始，以夏秋合納錢米利折絹綿數目，并於夏税送納。

絹二萬七千三百六十四匹二丈九尺三寸九分九釐，紬六千九百七十七匹二丈六寸六分八釐，綿一十三萬七千九百四十三兩七錢四分一釐。

和買太中祥符三年，河北運使李士衡言：本路歲給諸軍帛十萬，民間罕有緡錢，常豫假於豪民，出倍稱之息，及期輸賦之外，先償逋負，以是工機之利愈薄。請令有司，豫給帛錢，俾及時輸送，則民獲利而官亦足用。從之，仍令優給其直。大槩出産紬絹州軍，蠶熟絲賤，紬絹貨費不行，民間困乏，每於歲首先出官錢，貸借民户，候蠶熟收紬絹。王旭行之穎州，李士衡行之陝西，二方既以爲利，遂推行之天下，此所以謂之和買也。天聖二年詔，今後豫支紬絹錢，並取人户情願，其不出産州軍，不得一例抑配。是時兩浙惟温州以非土産不曾抛降，越州諸縣争認多數，惟嵊縣知縣以官與民市，久必爲害，獨不肯承，民皆怨之。其後國家用度寖廣，和買更不給錢，而輸官者並照舊額，温州、嵊縣獨免，明州納絹之額，則加於正税者半矣。

絹三萬五百六匹，紬九千九百匹。

舊志成於乾道五年，載正税絹八千二百九匹，和買絹二萬二千四百二十七匹，認發臨安府和買絹八千七十九匹，准衣絹二千七百匹，總爲絹四萬一千四百一十五匹。正税紬四百二十二匹，和買紬九千九百匹，准衣紬三千三百匹，總爲紬一萬三千六百二十二匹。正税綿一十一萬兩。今以准衣及認發臨安府和買通在數内，爲絹五萬七千八百六十六匹二丈九尺三寸九分九釐，紬一萬六千八百七十七匹二丈六寸六分八釐，綿一十三萬七千九百四十三兩七錢四分一釐，加於舊者多矣。

折變初以夏秋税錢科折紬絹綿，又以紬絹綿折納錢，謂之折帛錢，或折納麥價直，分數增減不常，亭户以二税之地煎煑，則有折鹽麥帛，亦有折糯，夫是之謂折變。

折帛錢

正税絹三千二百七十三匹，每匹折錢七貫文，計二萬二千九百一十一貫文。

紬二千九百七十八匹，每匹折錢七貫文，計二萬八百四十六貫文。

綿五萬五千兩，每兩折錢四百文，計二萬二千貫文。

和買絹九千一百五十二匹，每匹折錢六貫五百文，計五萬九千四百八十八貫文。

紬七千九百二十匹，每匹折錢六貫五百文，計五萬一千四百八十貫文。

折麥元額於上三等户，科出絹八百四十二匹二丈一尺一寸，紬二百七十八匹一丈六尺七寸，綿六千一百六十四兩一錢七分一釐，折納正義小麥五千二百九十碩八斗四升六合六勺六抄。嘉定十四年二月一十一日，承轉運司牒承尚書省劄子備下，臣僚奏請將兩浙州軍合納麥糯各減十分之二。寶慶元年十二月，又準省劄行下，臣僚奏乞將麥糯再減半科折，尋申省部併前數通行減半。

絹四百二十一匹一丈五寸五分，紬一百三十九匹八尺三寸五分，綿三千八十二兩八分五釐，以上三項，通折正麥二千四百四碩九斗三升三勺。内出豁免敷史丞相府及餘府第五百二十二碩六斗二升四合四抄，實收正麥一千八百八十二石三斗六合二勺六抄。

義倉麥二百四十碩四斗九升三合三抄。

亭户折鹽係通判西廳催解轉運司。

絹五百六十一匹一丈三尺五分五釐，紬一百七十九匹三丈四尺一寸三分，綿三千一百六十七兩二錢九分二釐。

蠲免定海縣

絹一百六匹。淳熙十年七月初四日，準轉運司牒，準尚書省劄子，兩浙轉運司狀，明州定海縣清泉鄉民貧税重，昨來本州，據本縣知縣報，乞將清泉鄉第四等、第五等二税量減，內有夏税絹一百六匹，係是上供之數，六月十九日三省同奉聖旨，可將合發上供絹一百六匹特與蠲免。

實催本色

絹四萬四千三百五十三匹五尺九寸九分四釐。又係昌國縣續增圍田及餘縣虧紬增絹之數，計增二十六匹八尺四寸七分八釐，今實催四萬四千三百七十九匹一丈四尺二寸七分二釐。內出豁事故絹一千六百五十四匹。

紬五千六百六十四匹二丈六尺一寸八分八釐，虧一匹七尺八寸三分八釐，入絹額，今實催五千六百五十九匹一丈八尺三寸五分，綿七萬六千六百九十三兩五錢九分九釐。

宋

柳琰〔弘治〕《嘉興府志》卷八《嘉興縣·賦》

夏税絹一萬三千八十九疋，四百五十一文二分六釐。紬三十疋，五百八十一文。綿六千七百三十七兩。小麥一千九百八十四石五斗三升一合，折絹七百七十五疋一百七十五丈。

國朝洪武間

夏税絲一萬三千一百二十七兩三錢七釐一毫，綿五千三百二十七兩三分。宣德五年，除分秀水、嘉善不計外，實在夏税，絲六千九百七兩五錢九分四釐九毫，綿二千八百九兩八錢四釐三毫。

柳琰〔弘治〕《嘉興府志》卷一一《秀水縣·賦》 國朝洪武間

夏税絲四千一百七十五兩四錢六釐二毫三絲，綿一千八百七兩二錢五分九釐八毫。

柳琰〔弘治〕《嘉興府志》卷一四《嘉善縣·賦》 國朝洪武間

夏税絲二千三百三十兩三分六釐九毫五絲，綿五百二十二兩八錢六釐八毫。

柳琰〔弘治〕《嘉興府志》卷一七《海鹽縣·賦》 國朝洪武間

夏税絲一萬九千七百六十兩七錢七分二釐九毫六絲，綿九千二百三十七兩一分三釐三毫。

宣德五年，除分平湖者不計外，實計夏税絲一萬一千二百九十五兩九錢九分九釐九毫。綿三千二百二十兩三錢九分九毫。

柳琰〔弘治〕《嘉興府志》卷二一《平湖縣·賦》 國朝洪武間

夏税絲八千五百六十八兩三錢二分八釐六毫，綿五千二百二十五兩三錢五分二釐四毫。

柳琰〔弘治〕《嘉興府志》卷二九《崇德縣·賦》 國朝洪武間

夏税絲八千一百八十一兩六錢四分三釐三毫，綿四千五百七十六兩八錢一分九釐四毫。

趙瀛、趙文華〔嘉靖〕《嘉興府圖記》卷八《物土三》 夏税絲綿七萬三百一十四兩七錢三分有奇。起運京庫一萬五千四百六十兩九錢三分八釐五毫，存留本府織染局五萬四千八百五十三兩七錢九分七釐六毫。 內嘉興九千七百一十七兩九錢九分有奇，起運京庫二千一百四十六兩四錢六分五釐，存留本府織染局七千五百七十一兩五錢二分七釐二毫。 秀水五千九百八十三兩有奇，起運京庫一千三百三兩六錢六分九釐一毫，存留本府織染局四千六百七十九兩三錢三分六釐九毫。 嘉善二千八百五十九兩八錢二分有奇，起運京庫六百三十七兩八錢四分三釐八毫，存留本府織染局二千二百二十一兩九錢八分六釐一毫。 海鹽一萬四千五百一十六兩三錢九分有奇，起運京庫三千二百二十兩三錢九分九毫一絲，存留本府織染局一萬一千二百九十五兩九錢九分九釐九毫。 平湖一萬三千七百九十三兩六錢八分有奇，起運京庫三千三十九兩四分一釐五毫九絲，存留本府織染局一萬七百五十四兩六錢三分九釐四毫一絲。 崇德一萬六百八十兩七錢一分有奇，起運京庫二千三百三十二兩六錢一分一釐四毫，存留本府織染局八千三百四十八兩一錢四釐。 桐鄉一萬二千七百六十三兩一錢二分有奇。起運京庫二千七百八十兩九錢一分六釐七毫，存留本府織染局九千九百八十二兩二錢四釐。 凡起運京庫絲綿並用折絹，共絹七百七十三疋一尺四寸有奇。 存留本府織染局絲並用本色。

趙瀛、趙文華〔嘉靖〕《嘉興府圖記》卷九《物土四》 户賦嘉靖間，户二十七萬三千九百九十口七十九萬七千一百七十。

户賦之徵六：曰里甲，曰均徭，曰驛傳，曰民兵，曰竈户，曰匠户。

里甲之徵，有額辦，有坐辦，有雜辦。 額辦共銀二千五百六十七兩四錢一分有奇。【略】南京農桑絹料銀五百六兩四錢九分。坐辦共銀一萬二千九百五十二兩八錢六分有奇。【略】紵絲并解扛木櫃料銀共三千九百七十八兩三分有奇，閏年加二百五十兩二錢七分有奇，除夏税絲銀二千七百四十三兩五錢五分有奇，徵銀一千二百三十四兩四錢七分有奇。

歲製各色段一千八十六疋，内串四紵絲八百八十六疋，串五紵絲二百疋，并裝盛段疋木櫃二十七箇，及連紙劄等件銀一十九兩六錢二釐。歲縻銀三千九百七十八兩三分四釐八毫。内該徵常課紅花料銀一千二百三十四兩七分八釐八毫七絲五忽，夏税荒絲料銀二千七百四十三兩五錢五釐九毫二絲五忽，取之七縣常課，丁田出辦荒絲，秋糧帶徵。每閏年增織紵絲七十三疋，增徵常課銀二百五十兩二錢七分六毫，其木櫃二箇，增銀一兩四錢五分二釐。嘉靖間，改織上用袍服，歲派不常，二太監提督就將前銀支織，因歲用不敷，另於均徭内編派備差銀三千三百兩，轃織段疋，春秋二運解京。

闔郡計爲重，然諸役資以爲生，多縻費而製鮮克工，近歲夷人兀良哈嘗訟其濫惡於朝，始定爲每疋輕重之制，識以白端，備書經收官吏及堂長諸役姓名，奸弊稍戢矣。

吴受福等〔光緒〕《嘉興縣志》卷三二《藝文二》 錢陳羣《張東侯郡守屏風記》：江浙同爲財賦重地，浙東西十一郡，計財賦所出，浙西三郡實可曹鄶餘郡，國家轉漕，每歲貢天庾數溢平江西郡，至蠶桑所成，供三尚衣諸織局，衣被華夷，重洋絶島，翹首企足，面内而仰章身者，惟嘉、湖兩郡是賴。凡官於浙者，得浙西一邑治之，咸稱賀以爲榮。至領郡符爲通侯，則必由宸衷特簡，或封疆大吏薦剡，非是弗獲膺斯任也。

嚴辰〔光緒〕《桐鄉縣志》卷六《食貨志上·貢絲》 浙江嘉、湖，向辦貢絲，稱爲黄白絲，以絲有二色也。或云，當稱皇帛絲，聞爲供京師一切祭祀奠帛之用也。兩府其辦八千斤，嘉府認其半。然雖名爲貢絲，實由縣中地丁項下給發，例價每斤九錢九分二釐，非布縷之征也。自兵燹後，漕額既減，貢絲亦奉恩旨減辦一半，故嘉府止辦二千斤，桐邑派辦二百二十斤。每年新絲上市，由官絲行向縣領價購絲，解繳嘉郡收絲局，委員驗收轉解。惟官價僅發每斤洋六角，餘歸書吏中飽，故絲行每斤貼洋五元，通邑須貼千一百元。桐城絲行認辦三十七斤半，濮院絲行認辦六十斤，青鎮絲行較多，認辦九十斤。又因玉溪鎮、屠甸市、鑪頭鎮三處皆無絲行，復認代辦玉溪鎮十二斤，屠甸市十二斤，鑪頭鎮八斤。新纂。

嚴辰〔光緒〕《桐鄉縣志》卷七《食貨志下·物産》 濮綢，産濮院鎮，練絲熟净，組織亦工，有製成紡綢者，質細而滑，且柔韌耐久，可經浣濯。織户舊稱陸沈兩姓，陸氏旋替，而沈氏獨擅其利。凡賈客來購者，不曰濮綢，而直曰沈綢矣。所聞記參岳昭塏《濮録》。

程宗塈《桐溪百詠》：何處金梭織未停，九孃橋外一燈青。倩郎快了機頭角，花樣新翻瓜瓞形。

細絲、肥絲兩種。肥絲者，粗絲也，並爲鄉民蠶織所成，而繅手各别。北鄉多細絲，南鄉多肥絲。細絲可售諸洋商，肥絲則僅供本地機户及金陵販客。浙西産絲，以湖州爲盛，而縣屬青鎮，亦歲報絲捐一二十萬斤，在嘉屬爲獨多。南鄉之肥絲，不過歲報二萬餘斤而已。新纂。

大環綿産青鎮，以頭蠶繭造成，潔白如雪，形似弓而甚韌，爲他處所不及。近有奸僞者，用磁碗屑蠶豆沙雜之以欺人，不可不辨。采文獻。

綿綢産青鎮，有斜紋木犀之名，向稱孫氏造織爲工。文獻并新纂。

嚴辰〔光緒〕《桐鄉縣志》卷七《食貨下·農桑下》 桐鄉田地相匹，蠶桑利厚。東而嘉善、平湖、海鹽，西而歸安、烏程，俱田多地少，農事隨鄉地之利爲博，多種田不如多治地。蓋吾鄉田不宜牛耕，用人力最難，又田壅多工亦多，地工省壅亦省。田工俱忙，地工俱閒，田赴時急，地赴時緩，田憂水旱，地不憂水旱。俗云"千日田頭，一日地頭"是已。况田極熟米每畝三石，春花一石有半，然間有之，大約共三石爲常耳。下路湖田有畝收四五石者，田寬而土滋也。吾鄉田隘土淺，故止收此。地得葉盛者，一畝可養蠶十數筐，少亦四五筐，最下二三筐。若二三筐者，即有豆二熟。米賤絲貴時，則蠶一筐即可當一畝之息矣。米甚貴，絲甚賤，尚足與田相準。雖久荒之地，收梅豆一石，晚豆一石，近來豆貴，亦抵田息，而工費之省不啻倍之，况又稍稍有葉乎。但田荒一年熟，地荒三年熟。人情欲速治地，多不盡力，其或地遠者，力有所不及耳。俗云種桑三年，採葉一世，未嘗不一勞永逸也。上治地一則。

楊載鳴〔嘉靖〕《惠州府志》卷七上《賦役》

農桑絹

惠州府原額絹共二十九疋零，絲九兩三錢。〔絹〕每疋折徵米二石，絲每兩折米一斗，共米五十八石九斗三升。各縣於各里派徵運納。原定倉分支給官吏俸糧。歸善縣絹三疋，折徵米六石。四十二里，每里派徵米一斗四升二合八勺五抄七撮，上本府受納倉。博羅縣絹一十三疋，折徵米二十六石。四十九里，每里派徵米五斗三升六勺一抄。河源縣絹十疋零絲四兩五錢，折徵米二十石四斗五升。六里，每里派徵米三斗四升八勺三抄三撮三圭三粟三粒。長樂縣絹二疋，折徵米四石。十二里，每里派徵米三斗三升三合三勺三抄三撮三圭三粟三粒。興寧縣絹一疋、絲四兩八錢，折徵米二石四斗八升。七里，每里派徵米三斗五升四合二勺八抄五撮七圭一粟。四縣俱上本縣際留倉。海豐、龍川、和平三縣額無。

李文袞、田頊〔嘉靖〕《尤溪縣志》卷三《田賦》

農桑一萬七千六百株，每四株爲地一畝，計地四頃四十畝。每畝科絲三錢、綿二錢，計絲綿二伯二十兩。每絲、綿二十兩折造浄絹一疋，長三丈重一十八兩，共折造浄絹一十一疋。

今每疋折價銀一兩六錢，共一十七兩六錢。水脚銀二兩二錢。

夏玉麟〔嘉靖〕《建寧府志》卷一四《貢賦》

國朝

洪武十四年

無考。

弘治五年，官田地山塘園一千五百一十八頃五十六畝九分五釐二毫。

夏税

絲三斤一十二兩一分五釐。

綿一兩二錢。

民田地山塘園二萬五千三十頃三十八畝八分三釐五毫。

夏税

絲二百七十三斤八兩一分四釐。

綿三十八斤一兩四錢六分。

農桑

絲綿六十四斤九兩五錢二分，折造生絹五十七疋一丈二尺六寸。

嘉靖十一年，官田地山塘園一千四百七頃六十九畝一分七釐一毫。

夏税

絲三斤一十二兩一分五釐。

綿一兩二錢。

民田地山塘園二萬五千一百四十一頃二十七畝八分一釐六毫。

夏税

絲二百七十三斤八兩一分四釐。

綿三十八斤一兩四錢六分。

農桑

絲、綿六十四斤九兩五錢二分，折造生絹五十七疋一丈二尺六寸。

歲造

深青光素紵絲四百五十三疋，閏月加造三十八疋。

建安縣

宋

夏税

本色絹三千二百一十六疋七尺。

元

無考。

國朝

洪武十四年，官田地山塘一百三十七頃四十八畝四分一釐。

民田地山塘四千六百六十八頃二十三畝一分。

夏税

絲三十斤九兩二錢八分四釐。

綿一兩三錢九分。

夏玉麟〔嘉靖〕《建寧府志》卷一四《田賦》

弘治五年，官田地山塘一百六十三頃七十九畝九分六釐。

民田地山塘四千六百四十一頃三十四畝五分七釐。

夏税

絲三十斤一十二兩一錢六分四釐。

綿一兩三錢九分。

農桑

絲二斤一十四兩八錢七分二釐。

綿一斤一十五兩二錢四分八釐，共折生絹四疋一丈三寸。

嘉靖十一年，官田地山塘一百四十五頃三十八畝六分五釐。

民田地山塘四千六百五十四頃七十五畝四分八釐。

夏税

絲三十斤一十二兩一錢六分四釐。

綿一兩三錢九分。

農桑
絲二斤一十四兩八錢七分二釐。
綿一斤一十四兩二錢四分八釐，共折生絹四疋一丈三寸。
歲造深青光素紵絲七十六疋七尺，閏月加造六疋。

甌寧縣

宋
夏税
本色絹三千六百二十三疋三尺。

政和縣

宋
夏税
絹一千九十三疋五尺三寸。
元無考。
國朝
洪武十四年無考。
弘治五年，官田地山塘園六十七頃一畝二分一釐。
民田地山塘一千九十一頃五十五畝四分九釐。
夏税
絲一十七斤八兩五分五釐。
綿七斤一十三兩八錢一分。
嘉靖十一年，官田地山塘園六十七頃一畝二分一釐。
民田地山塘園一千九十一頃五十五畝四分。
夏税
絲一十七斤八兩五分五釐。
綿七斤一十三兩八錢一分。
歲造
深青光素紵絲二十二疋三丈四十二分，閏月加造三疋。

壽寧縣

天順六年，官田地山塘園五十一頃三十七畝三分。
夏税
絲二斤一十二兩二錢。
民田地山塘園三百三十六頃六十三畝九分九釐。
夏税
絲二錢四分。
弘治五年，官田地山塘園五十一頃三十七畝三分。
夏税
絲二斤一十二兩二錢。
嘉靖十一年，官田地山塘園五十一頃三十七畝三分七釐。
民田地山塘園三百三十六頃七十四畝七分九釐。
歲造
深青光素紵絲八疋一尺三寸八分，閏月加造二疋。

夏玉麟〔嘉靖〕《建寧府志》卷一四《徭役》

建寧府總數
洪武二十四年，官田地山塘一百六十五頃一十五畝五分二釐八毫。
民田地山塘三千四百四十四頃九十畝三分九釐三毫。
夏税
絲三十三斤五兩七錢九分五釐。
綿一十三兩六錢。
弘治五年，官田地山塘二百一十四頃四十五畝五分一釐七毫。
民田地山塘三千三百八十八頃五十畝二分六釐八毫。
夏税
絲三十三斤五兩七錢九分五釐。
綿一十三兩六錢。
農桑
絲綿一十四斤六兩三錢七分五釐，折造生絹一十二疋二丈三尺九寸。
嘉靖十一年，官田地山塘二百五十一頃七十四畝四分六毫。
民田地山塘三千四百六十二頃五十畝五釐八毫。
夏税
絲三十二斤五兩七錢九分五釐。
綿一十三兩六錢。

農桑

絲綿一十四斤六兩三錢七分五釐，折造生絹一十二疋二丈三尺九寸。

歲造

深青光素紵絲七十六疋七尺，閏月加造六疋。

浦城縣

洪武十四年，官田地山塘六百四十頃五十五畝七分三釐。

民田地山塘四千六百八十七頃五十二畝四分五釐。

夏稅

絲三十八斤一十五兩。

綿一十斤八兩。

弘治五年，官田地山塘四百一十一頃七十六畝九毫。

民田地山塘四千八百二十二頃二十三畝五分二釐九毫。

夏稅

絲三十八斤一十五兩。

綿一十斤八兩，共折絹四十三疋二丈八尺三寸。

嘉靖十一年，官田地山塘四百一十一頃七十六畝九毫。

民田地山塘四千八百二十二頃二十三畝五分二釐九毫。

夏稅

絲三十八斤一十五兩。

綿一十八斤八兩，共折絹四十三疋二丈八尺三寸。

歲造

深青光素紵絲一百二疋二丈九尺六寸，閏月加造六疋。

建陽縣

洪武十四年，官田地山三百三十九頃二十八畝七分二釐六毫。

夏稅

絲二兩三錢七分。

民田地山塘五千八百一頃二十六畝一分六毫。

夏稅

絲綿七十二斤六兩六分。

弘治五年，官田地山塘四百二十三頃八十八畝三分一釐六毫。

夏稅

絲一十二兩三錢三分五釐。

民田地山塘五千七百一十六頃四十一畝八分三釐。

夏稅

絲綿七十二斤一十四兩七分五釐。

嘉靖十一年，官田地山塘三百八十九頃一十一畝二分五釐六毫。

夏稅

絲一十一兩三錢三分八釐。

民田地山塘五千七百五十一頃一十八畝八分九釐。

夏稅

絲七十一斤一十四兩四分。

綿二兩七錢二分。

歲造

深青光素紵絲九十五疋二丈五尺一寸，閏月加造六疋。

松溪縣

宋

夏稅

絹九百六十七疋二丈八尺。

弘治五年，官田地山塘七十八頃三十七畝二分一釐一毫。

夏稅

絲四兩五錢五分。

綿一兩二錢。

民田地山塘一千四百八十一頃四十三畝五分一釐。

夏稅

絲八斤三兩三錢四分。

綿一十三兩七錢五釐。

嘉靖十一年，官田地山塘七十八頃二十六畝二分一釐一毫。

夏稅

絲四兩五錢四分。

綿一兩二錢。

民田地山塘一千四百八十一頃三十五畝一分六釐八毫。
夏税
絲八斤三兩三錢一分。
綿一十三兩七錢。
歲造
深青光素紵絲三十二疋，閏月加造五疋。
崇安縣
洪武十四年，官田地一百二頃一十二畝八分。
民田地山塘三千五百六十頃五十四畝五分。
夏税
絲七十二斤五兩一錢。
綿一十七斤八兩二錢四分。
弘治五年，官田地山塘一百八頃二畝三分六釐。
民田地山塘三千五百五十一頃一十五畝一分。
夏税
絲七十二斤一十三兩四錢一分。
綿一十七斤一十二兩二錢四分。
嘉靖十一年，官田地山塘一百八頃二畝三分六釐。
民田地山塘三千五百五十一頃一十五畝一分。
夏税
絲七十二斤一十三兩四錢一分。
綿一十七斤一十二兩二錢四分。
歲造
深青光素紵絲三十九疋一丈五尺三寸，閏月加造四疋。

馮繼科〔嘉靖〕《建陽縣志》卷四《貢賦》 賦

宋田畝舊志不載
夏税
本色絹叁千貳百貳拾匹叁丈陸尺。
洪武二十四年，官田地山叁百叁拾玖頃叁拾捌畝柒分貳釐，田叁百叁拾壹頃柒拾玖畝玖分貳釐。
夏税
絲貳兩叁錢柒分。
民田地山塘伍千捌百壹頃貳拾陸畝壹分，田肆千柒百壹拾貳頃壹拾貳畝貳分貳釐，地叁百頃伍拾伍畝陸分陸釐，山柒百貳拾伍頃肆拾陸畝叁分伍釐，塘陸拾叁頃壹拾壹畝玖分叁釐。
夏税
絲綿柒拾貳斤陸兩陸分。
永樂十年，官田地山塘叁百捌拾肆頃柒拾伍畝壹分，田叁百柒拾叁頃捌拾壹畝捌分，地肆頃肆拾畝陸分，山陸頃肆拾壹畝，塘壹拾壹畝柒分。
夏税
絲捌兩捌錢柒分。
民田地山塘伍千柒百伍拾伍頃叁拾伍畝柒分捌釐，田肆千陸百陸拾玖頃肆拾伍畝玖分，地貳百玖拾玖頃伍拾柒畝伍釐，山柒百貳拾叁頃伍拾柒畝伍釐，塘陸拾叁頃貳分壹釐。
夏税
絲綿柒拾貳斤肆兩肆錢叁分。
宣德七年，官民田地、山塘陸千壹百肆拾頃貳拾伍畝陸分肆釐陸毫，田伍千肆拾叁頃叁拾捌畝陸分肆釐陸毫，地叁百叁頃柒拾叁畝貳分貳釐，山柒百叁拾頃壹畝伍釐，塘陸拾叁頃壹拾貳畝柒分叁釐。官牛壹拾貳頭。
夏税
絲綿柒拾貳斤壹拾肆兩柒分伍釐，折造生絹陸拾肆匹貳丈叁尺肆寸柒分。
正統十年，官民田地、山塘陸千壹百肆拾頃叁拾畝壹分，田伍千肆拾叁頃肆拾叁畝壹分肆釐陸毫，地叁百叁頃柒拾叁畝貳分貳釐，山柒百叁拾頃壹畝伍釐，塘陸拾叁頃壹拾貳畝柒分叁釐。
夏税
絲綿柒拾貳斤壹拾肆兩柒分伍釐，折造生絹陸拾肆匹貳丈叁尺肆寸肆分。
弘治五年，官田地山塘肆百貳拾叁頃捌拾捌畝叁分壹釐陸毫，田肆百壹拾貳頃壹拾伍畝伍分玖釐陸毫，地肆頃伍拾伍畝伍釐，山柒頃壹畝伍分伍釐，塘壹拾陸畝壹分貳釐。
夏税

絲壹拾壹兩叁錢叁分伍釐。

民田地山塘伍千柒百壹拾陸頃肆拾壹畝捌分叁釐，田肆千陸百叁拾壹頃貳拾柒畝伍分伍釐，地貳百貳拾玖頃壹拾肆畝陸分柒釐，山柒百貳拾貳頃玖拾玖畝伍分，塘陸拾叁頃壹分壹釐。

夏税

絲綿柒拾貳斤壹拾肆兩柒分伍釐。

嘉靖十一年，官田地山塘叁百捌拾玖頃壹拾壹畝貳分伍釐陸毫。

夏税

絲壹拾壹兩叁錢叁分捌釐。

民田地山塘伍千柒百伍拾壹頃壹拾捌畝捌分玖釐。

夏税

絲柒拾壹斤壹拾壹兩肆分。

綿貳兩柒錢貳分。

嘉靖二十一年。糧産同前。

嘉靖三十一年，官田地山塘叁百捌拾玖頃壹拾壹畝貳分伍釐陸毫，田叁百柒拾捌頃玖畝壹分捌釐陸毫，地肆頃肆拾捌畝肆分伍釐，山陸頃肆拾壹畝，塘壹拾貳畝陸分貳釐。

夏税

絲壹拾壹兩叁錢叁分捌釐。

民田地山塘伍千柒百伍拾壹頃叁拾壹畝壹分伍釐貳毫，田肆千陸百陸拾伍頃肆拾陸畝貳分貳釐，地貳百玖拾玖頃貳拾壹畝貳分柒釐，山柒百貳拾叁頃陸拾畝伍釐，塘陸拾叁頃叁畝陸分壹釐。

夏税

絲柒拾壹斤壹拾肆兩分。

綿貳兩柒錢貳分。

紀事

《禮記·檀弓上》伯高之喪，孔氏之使者未至，冉子攝束帛乘馬而將至。孔子曰：「異哉，徒使我不誠於伯高。」

《左傳·襄公五年》季文子卒。大夫入斂，公在位。宰庀家器爲葬備，無衣帛之妾，無食粟之馬，無藏金玉，無重器備，君子是以知季文子之忠於公室也。

《左傳·哀公七年》禹會諸侯於塗山，執玉帛者萬國。杜預注：諸侯執玉，附庸執帛。

秋，〔季康子〕伐邾，【略】邾茅夷鴻以束帛乘韋自請救於吴。

《管子》卷九《霸行》桓公曰：「寡人以定三君之居處矣，今又將何行？」管子對曰：「臣聞諸侯貪於利，勿與分於利，君何不發虎豹之皮、文錦以使諸侯，令諸侯以縵帛、鹿皮報。」桓公曰：「諾。」於是以虎豹皮、文錦使諸侯，諸侯以縵帛、鹿皮報，則令固始行於天下矣。

《管子》卷二四《輕重戊》桓公曰：「魯、梁之於齊也，千穀也，蠭螫也，齒之有脣也。今吾欲下魯梁，何行而可？」管子對曰：「魯、梁之民，俗爲綈。繒之厚者謂之綈。公服綈，令左右服之，民從而服之。公因令齊勿敢爲，必仰於魯、梁，則是魯梁釋其農事而作綈矣。」桓公曰：「諾。」即爲服於泰山之陽，十日而服之。管子告魯、梁之賈人曰：「子爲我致綈千匹，賜子金三百斤。什至而金三千斤。」則是魯、梁不賦於民，財用足也。魯、梁之君聞之，則教其民爲綈。十三月，而管子令人之魯、梁。魯、梁郭中之民，道路揚塵，十步不相見，絏繑而踵相隨，車轂齺騎連伍而行。管子曰：「魯、梁可下矣。」公曰：「奈何？」管子對曰：「公宜服帛，率民去綈。閉關，毋與魯、梁通使。」公曰：「諾。」後十月，管子令人之魯、梁。魯、梁之民餓餒相及，應聲之正無以給上。魯、梁之君即令其民去綈脩農。穀不可以三月而得。魯、梁之人糴十百，齊糶十錢。二十四月，魯、梁之民歸齊者十分之六。三年，魯、梁之君請服。

《戰國策》卷一一《齊策四》管燕得罪齊王，謂其左右曰：「子孰而與我赴諸侯乎？」左右嘿然莫對。管燕連然流涕曰：「悲夫！士何其易得而難用也。」田需對曰：「士三食不得饜，而君鵝鶩有餘食；下宫糅羅紈，曳綺縠，而士不得以爲緣。且財者君之所輕，死者士之所重，君不肯以所輕與士，而責士以所重事君，非士易得而難用也。」

《戰國策》卷二〇《趙策三》建信君貴於趙。公子魏牟過趙，趙王迎之，顧反至坐，前有尺帛，且令工以爲冠。工見客來也，因辟。趙王曰：「公子乃驅後車，幸以臨寡人，願聞所以爲天下。」魏牟曰：「王能重王之國若此尺帛，則王之國大治矣。」趙王不説，形於顔色，曰：「先生不知寡人不肖，使奉社稷，豈敢輕國若此？」魏牟曰：「王無怒，請爲王説之。」曰：「王有此尺帛，何不令前郎中以爲冠？」王曰：「郎中不知爲冠。」魏牟曰：「爲冠而敗之，奚虧於王之國？而王必待工而後乃使之。今爲天下之工，或非也，社稷爲虚戾，先王不血食，而王不以予工，乃與幼艾。且王之先帝，駕犀首而驂馬服，以與秦角逐。秦當時適其鋒。今王憧憧，乃輦建信以與强秦角逐，臣恐秦折王之椅也。」

《史記》卷三四《燕召公世家》 文公十九年，齊威王卒。二十八年，蘇秦始來見，説文公。文公予車馬金帛以至趙，趙肅侯用之。因約六國，爲從長。秦惠王以其女爲燕太子婦。

《史記》卷八二《田單列傳》 田單知士卒之可用，乃身操版插，與士卒分功，妻妾編於行伍之閒，盡散飲食饗士。令甲卒皆伏，使老弱女子乘城，遣使約降於燕，燕軍皆呼萬歲。田單又收民金，得千溢，令即墨富豪遺燕將，曰：「即墨即降，願無虜掠吾族家妻妾，令安堵。」燕將大喜，許之。燕軍由此益懈。

田單乃收城中得千餘牛，爲絳繒衣，畫以五彩龍文，束兵刃於其角，而灌脂束葦於尾，燒其端。鑿城數十穴，夜縱牛，壯士五千人隨其後。牛尾熱，怒而奔燕軍，燕軍夜大驚。牛尾炬火光明炫燿，燕軍視之皆龍文，所觸盡死傷。五千人因銜枚擊之，而城中鼓譟從之，老弱皆擊銅器爲聲，聲動天地。燕軍大駭，敗走。齊人遂夷殺其將騎劫。燕軍擾亂奔走，齊人追亡逐北，所過城邑皆畔燕而歸田單，兵日益多，乘勝，燕日敗亡，卒至河上，而齊七十餘城皆復爲齊。乃迎襄王於莒，入臨菑而聽政。

《史記》卷一二六《滑稽列傳・西門豹》 魏文侯時，西門豹爲鄴令。豹往到鄴，會長老，問之民所疾苦。長老曰：「苦爲河伯娶婦，以故貧。」豹問其故，對曰：「鄴三老、廷掾常歲賦斂百姓，收取其錢得數百萬，用其二三十萬爲河伯娶婦，與祝巫共分其餘錢持歸。當其時，巫行視小家女好者，云是當爲河伯婦，即娉取。洗沐之，爲治新繒綺縠衣，閒居齋戒；爲治齋宫河上，張緹絳帷，張守節正義：緹，他禮反。顧野王云：「黄赤色。」又音啼，厚繒也。女居其中。爲具牛酒飯食，（行）十餘日。共粉飾之，如嫁女床席，令女居其上，浮之河中。始浮，行數十里乃没。其人家有好女者，恐大巫祝爲河伯取之，以故多持女遠逃亡。以故城中益空無人，又困貧，所從來久遠矣。民人俗語曰『即不爲河伯娶婦，水來漂没，溺其人民』云。」

《史記》卷四八《陳涉世家》 陳勝、吳廣喜，念鬼，曰：「此教我先威衆耳。」乃丹書帛曰「陳勝王」，置人所罾魚腹中。卒買魚烹食，得魚腹中書，固以怪之矣。

《太平御覽》卷八一四《布帛部一・繒》 《帝王世記》曰：妹喜好聞裂繒之聲，桀爲發繒裂之。

《太平御覽》卷八一八《布帛部五・帛》 《韓詩外傳》曰：孔子之齊，遇程丕子於譚郯之間，傾蓋而語終日。孔子曰：「取束帛十疋以贈先生。」

《戰國策》曰：公子魏牟過趙，趙王坐前有尺帛，且令工以爲冠。趙王曰：「公子臨寡人，願聞所以爲天下。」魏牟曰：「王能重王之國若是尺帛，則國大治矣。王有此尺帛，何不令郎中以爲冠，爲冠而敗之，奚虧王國，而王必待工乃使之。今社稷爲丘墟，先人不血食，王不以與工，乃與幼（父）〔艾〕也。」

《史記》卷三〇《平準書》 〔元封元年〕，於是天子北至朔方，東到太山，巡海上，並北邊以歸。所過賞賜，用帛百餘萬匹，錢金以巨萬計，皆取足大農。

〔桑〕弘羊又請令吏得入粟補官，及罪人贖罪。令民能入粟甘泉各有差，以復終身，不告緡。他郡各輸急處，而諸農各致粟，山東漕益歲六百萬石。一歲之中，太倉、甘泉倉滿。邊餘穀諸物均輸帛五百萬匹。民不益賦而天下用饒。於是弘羊賜爵左庶長，黄金再百斤焉。

《史記》卷一一〇《匈奴列傳》 是時匈奴以漢將衆往降，故冒頓常往來侵盜代地。於是漢患之，高帝乃使劉敬奉宗室女公主爲單于閼氏，歲奉匈奴絮繒酒米食物各有數，約爲昆弟以和親，冒頓乃少止。【略】

孝文皇帝前六年，漢遺匈奴書曰：「【略】漢與匈奴約爲兄弟，所以遺單于甚厚。倍約離兄弟之親者，常在匈奴。然右賢王事已在赦前，單于勿深誅。單于若稱書意，明告諸吏，使無負約，有信，敬如單于書。使者言單于自將伐國有功，甚苦兵事。服繡袷綺衣、司馬貞索隱：案：小顔云「服者，天子所服也，以繡爲表，綺爲裏。」《字林》云「袷衣無絮也。音公洽反」。繡袷長襦、錦袷袍各一，比余一，黄金飾具帶一，黄金胥紕一，繡十匹，錦三十匹，赤綈、司馬貞索隱：案：《説文》云「綈，厚繒也」。綠繒各四十匹，使中大夫意、謁者令肩遺單于。」

後頃之，冒頓死，子稽粥立，號曰老上單于。

老上稽粥單于初立，孝文皇帝復遺宗室女公主爲單于閼氏，使宦者燕人中行説傅公主。説不欲行，漢彊使之。説曰：「必我行也，爲漢患者。」中行説既至，因降單于，單于甚親幸之。

初，匈奴好漢繒絮食物，中行説曰：「匈奴人衆不能當漢之一郡，然所以彊者，以衣食異，無仰於漢也。今單于變俗好漢物，漢物不過什二，則匈奴盡歸於漢矣。其得漢繒絮，以馳草棘中，衣袴皆裂敝，以示不如旃裘之完善也。得漢食物皆去之，以示不如湩酪之便美也。」於是説教單于左右疏記，以計課其人衆畜物。【略】

孝文帝後二年，使使遺匈奴書曰：「【略】漢與匈奴鄰國之敵，匈奴處北地，寒，殺氣早降，故詔吏遺單于秫糵金帛絲絮佗物歲有數。今天下大安，萬民熙熙，朕與單于爲之父母。朕追念前事，薄物細故，謀臣計失，皆不足以離兄弟之驩。朕聞天不頗覆，地不偏載。朕與單于皆捐往細故，俱蹈大道，墮壞前惡，以圖長久，使兩國之民若一家子。元元萬民，下及魚鼈，上及飛鳥，跂行喙息蠕動之類，莫不就安利而辟危殆。故來者不止，天之道也。俱去前事：朕釋逃虜民，單于無言章尼等。朕聞古之帝王，約分明而無食言。單于留志，天下大安，和親之後，漢過不先。單于其察之。」

《史記》卷一一六《西南夷列傳》 拜〔唐〕蒙爲郎中將，將千人，食重萬餘人，從巴蜀筰關入，遂見夜郎侯多同。蒙厚賜，喻以威德，約爲置吏，使其子爲令。夜郎旁小邑皆貪繒帛，以爲漢道險，終不能有也，乃且聽蒙約。還報，乃以爲犍爲郡。

《史記》卷一二一《儒林列傳·申公》 今上初即位，【略】使使束帛加璧安車駟馬迎申公。

《史記》卷一二六《滑稽列傳》 武帝少時，東武侯母常養帝，帝壯時，號之曰「大乳母」。率有再朝。朝奏入，有詔使幸臣馬游卿以帛五十匹賜乳母，又奉糒飧養乳母。

《史記》卷一二九《貨殖列傳》 子貢結駟連騎，束帛之幣以聘享諸侯，所至，國君無不分庭與之抗禮。【略】

當魏文侯時，李克務盡地力，而白圭樂觀時變，故人棄我取，人取我與。夫歲孰取穀，予之絲漆；繭出取帛絮，予之食。【略】蓋天下言治生祖白圭。

烏氏倮畜牧，及衆，斥賣，求奇繒物，閒獻遺戎王。戎王什倍其償，與之畜，畜至用谷量馬牛。秦始皇帝令倮比封君，以時與列臣朝請。

《漢書》卷四《文帝紀》 七年夏六月己亥，賜諸侯王以下至孝悌力田金錢帛各有數。

《漢書》卷六《武帝紀》 〔元狩〕六年冬十月，賜丞相以下至吏二千石金，千石以下至乘從者帛，蠻夷錦各有差。【略】

〔元封元年〕夏四月癸卯，上還，登封泰山，降坐明堂。詔曰：「【略】行所巡至，博、奉高、蛇丘、歷城、梁父，民田租逋賦貸，已除。加年七十以上孤寡帛，人二匹。四縣無出今年算。賜天下民爵一級，女子百户牛酒。」【略】

〔元封六年〕夏四月，詔曰：「朕巡荆揚，輯江淮物，會大海氣，以合泰山。上天見象，增修封禪。其赦天下。所幸縣毋出今年租賦，賜鰥寡孤獨帛，貧窮者粟。」【略】

太始三年二月，令天下大酺五日。行幸東海，獲赤鴈，作《朱鴈之歌》。幸琅邪，禮日成山。登之罘，浮大海。山稱萬歲。冬，賜行所過户五千錢，鰥寡孤獨帛人一匹。

《漢書》卷七《昭帝紀》 元鳳元年三月，賜郡國所選有行義者涿郡韓福等五人帛，人五十匹，遣歸。【略】

元鳳二年夏四月，上自建章宮徙未央宮，大置酒。賜郎從官帛，及宗室子錢，人二十萬。吏民獻牛酒者賜帛，人一匹。

《漢書》卷八《宣帝紀》 〔元康〕三年春，以神爵數集泰山，賜諸侯王、丞相、將軍、列侯、二千石金，郎從官帛，各有差。賜天下吏爵二級，民一級，女子百户牛酒，鰥寡孤獨高年帛。【略】

元康四年三月，詔曰：「乃者，神爵五采以萬數集長樂、未央、北宮、高寢、甘泉泰時殿中及上林苑。朕之不逮，寡于德厚，屢獲嘉祥，非朕之任。其賜天下吏爵二級，民一級，女子百户牛酒。加賜三老、孝弟力田帛，人二匹，鰥寡孤獨各一匹。」【略】

神爵元年春正月，行幸甘泉，郊泰畤。三月，行幸河東，祠后土。詔曰：「【略】朕之不德，懼不能任。其以五年爲神爵元年。賜天下勤事吏爵二級，民一級，女子百户牛酒，鰥寡孤獨高年帛。所振貸物勿收。行所過毋出田租。」【略】

五鳳元年春正月，皇太子冠。皇太后賜丞相、將軍、列侯、中二千石帛，人百匹，大夫人八十匹，〔夫人六十匹〕。【略】

〔甘露三年春正月〕，匈奴呼韓邪單于稽侯狦來朝，贊謁稱藩臣而不名。賜以璽綬、冠帶、衣裳、安車、駟馬、黄金、錦繡、繒絮。【略】

詔曰：「乃者鳳皇集新蔡，羣鳥四面行列，皆鄉鳳皇立，以萬數。其賜汝南太守帛百匹，新蔡長吏、三老、孝弟力田、鰥寡孤獨各有差。賜民爵二級。毋出今年租。」

《漢書》卷九《元帝紀》　初元元年春正月辛丑，孝宣皇帝葬杜陵。賜諸侯王、公主、列侯黄金，吏二千石以下錢帛，各有差。【略】

〔夏四月詔〕：「賜宗室有屬籍者馬一匹至二駟，三老、孝者帛五匹，弟者、力田三匹，鰥寡孤獨二匹，吏民五十户牛酒。」

初元四年春正月，行幸甘泉，郊泰畤。三月，行幸河東，祠后土。赦汾陰徒。賜民爵一級，女子百户牛酒，鰥寡高年帛。【略】

五年夏四月，有星孛于參。詔曰：「【略】賜宗室子有屬籍者馬一匹至二駟，三老、孝者帛，人五匹，弟者、力田三匹，鰥寡孤獨二匹，吏民五十户牛酒。」

永光元年三月，詔曰：「【略】其赦天下，令厲精自新，各務農畝。無田者皆假之，貸種、食如貧民。賜吏六百石以上爵五大夫，勤事吏二級，爲父後者民一級，女子百户牛酒，鰥寡孤獨高年帛。」

二年春二月，詔曰：「【略】其大赦天下，賜民爵一級，女子百户牛酒，鰥寡孤獨高年，三老、孝弟力田帛。」

建昭五年春三月，詔曰：「【略】其赦天下，賜民爵一級，女子百户牛酒，三老、孝弟力田帛。」

《漢書》卷一〇《成帝紀》　建始元年二月，賜諸侯王、丞相、將軍、列侯、王太后、公主、王主、吏二千石黄金，宗室諸官吏千石以下至二百石及宗室子有屬籍者，三老、孝弟力田、鰥寡孤獨錢帛，各有差，吏民五十户牛酒。

鴻嘉元年春二月，詔曰：「【略】其賜天下民爵一級，女子百户牛酒，加賜鰥寡孤獨高年帛。」

永始四年春正月，行幸甘泉，郊泰畤，神光降集紫殿。大赦天下。賜雲陽吏民爵，女子百户牛酒，鰥寡孤獨高年帛。

綏和元年二月癸丑，詔曰：「賜諸侯王、列侯金，天下當爲父後者爵，三老、孝弟力田帛，各有差。」

《漢書》卷一一《哀帝紀》　綏和二年三月，成帝崩。四月丙午，太子即皇帝位，【略】大赦天下，賜宗室王子有屬者馬各一駟，吏民爵，百户牛酒，三老、孝弟力田、鰥寡孤獨帛。

《漢書》卷四一《灌嬰傳》　灌嬰，睢陽販繒者也。顔師古注：「繒者，帛之總名。」高祖爲沛公，略地至雍丘，章邯殺項梁，而沛公還軍於碭，嬰以中涓從，擊破東郡尉於成武及秦軍於杠里，疾鬬，賜爵七大夫。又從攻秦軍亳南、開封、曲遇，戰疾力，賜爵執帛，號宣陵君。

《漢書》卷四三《叔孫通傳》　叔孫通，薛人也。秦時以文學徵，待詔博士。數歲，陳勝起，二世召博士諸儒生問曰：「楚戍卒攻蘄入陳，於公何如？」博士諸生三十餘人前曰：「人臣無將，將則反，罪死無赦。願陛下急發兵擊之。」二世怒，作色。通前曰：「諸生言皆非。夫天下爲一家，毁郡縣城，鑠其兵，視天下弗復用。且明主在上，法令具於下，吏人人奉職，四方輻輳，安有反者！此特羣盜鼠竊狗盗，何足置齒牙間哉？郡守尉(令)〔今〕捕誅，何足憂？」二世喜，盡問諸生，諸生或言反，或言盜。於是二世令御史按諸生言反者下吏，非所宜言。諸生言盜者皆罷之。乃賜通帛二十疋，衣一襲，拜爲博士。通已出，反舍，諸生曰：「生何言之諛也？」通曰：「公不知，我幾不免虎口！」乃亡去之薛，薛已降楚矣。

《漢書》卷五一《賈山傳》　孝文時，言治亂之道，借秦爲諭，名曰《至言》。其辭曰：【略】

陛下即位，親自勉以厚天下，損食膳，不聽樂，減外徭衛卒，止歲貢；省廄馬以賦縣傳，去諸苑以賦農夫，出帛十萬餘匹以振貧民；禮高年，九十者一子不事，八十者二算不事；賜天下男子爵，大臣皆至公卿；發御府金賜大臣宗族，亡不被澤者；赦罪人，憐其亡髮，賜之巾，憐其衣赭書其背，父子兄弟相見也而賜之衣。平獄緩刑，天下莫不説喜。是以元年膏雨降，五穀登，此天之所以相陛下也。

《漢書》卷五二《韓安國傳》　雁門馬邑豪聶壹因大行王恢言：「匈奴初和親，親信邊，可誘以利致之，伏兵襲擊，必破之道也。」上乃召問公卿曰：「朕飾子女以配單于，幣帛文錦，賂之甚厚。單于待命加嫚，侵盜無已，邊竟數驚，朕甚閔之。今欲舉兵攻之，何如？」

《漢書》卷五三《廣川惠王去傳》　去立昭信爲后；幸姬陶望卿爲脩靡夫人，主繒帛；崔脩成爲明貞夫人，主永巷。昭信復譖望卿曰：「與我無禮，衣服常鮮於我，盡取善繒匄諸宮人。」

《漢書》卷六五《東方朔傳》　上嘗使諸數家射覆，置守宫盂下，射之，皆不能中。朔自贊曰：「臣嘗受《易》，請射之。」乃別蓍布而對曰：「臣以爲龍又無角，謂之爲虵又有足，跂跂脈脈善緣壁，是非守宫即蜥蜴。」上曰：「善。」賜帛十匹。復使射他物，連中，輒賜帛。

時有幸倡郭舍人，滑稽不窮，常侍左右，曰：「朔狂，幸中耳，非至數也。臣願令朔復射，朔中之，臣榜百；不能中，臣賜帛。」乃覆樹上寄生，令朔射之。朔曰：「是窶藪也。」舍人曰：「果知朔不能中也。」朔曰：「生肉爲膾，乾肉爲脯；著樹爲寄生，盆下爲窶藪。」上令倡監榜舍人。

〔帝姑館陶公主近幸董偃〕出則執轡，入則侍内。爲人温柔愛人，以主故，諸公接之，名稱城中，號曰董君。主因推令散財交士，令府中曰：「董君所發，一日金滿百斤，錢滿百萬，帛滿千匹，乃白之。」

《漢書》卷六八《霍光傳》〔元平元年，皇太后詔〕：「大司馬大將軍光宿衛忠正，宣德明恩，守節秉誼，以安宗廟。其以河北、東武陽益封光萬七千户。」與故所食凡二萬户。賞賜前後黄金七千斤，錢六千萬，雜繒三萬疋，奴婢百七十人，馬二千疋，甲第一區。

《漢書》卷八六《王嘉傳》 嘉爲人剛直嚴毅有威重，上甚敬之。哀帝初立，欲匡成帝之政，多所變動。【略】

後數月，日食，舉直言，嘉復奏封事曰：【略】

陛下在國之時，好《詩》《書》，上儉節，徵來所過道上稱誦德美，此天下所以回心也。初即位，易帷帳，去錦繡，乘輿席緣綈繒而已。顔師古注：綈，厚繒也。

《漢書》卷九二《遊俠傳·樓護》 平阿侯舉護方正，爲諫大夫，使郡國。護假貸，多持幣帛，過齊，上書求上先人冢，因會宗族故人，各以親疏與束帛，一日散百金之費。

《漢書》卷九四上《匈奴傳上》

《漢書》卷九四下《匈奴傳下》 〔甘露二年〕，呼韓邪單于款五原塞，願朝三年正月。漢遣車騎都尉韓昌迎，發過所七郡郡二千騎，爲陳道上。單于正月朝天子于甘泉宫，漢寵以殊禮，位在諸侯王上，贊謁稱臣而不名。賜以冠帶衣裳，黄金璽盭綬，玉具劍，佩刀，弓一張，矢四發，棨戟十，安車一乘，鞍勒一具，馬十五匹，黄金二十斤，錢二十萬，衣被七十七襲，錦繡綺縠雜帛八千匹，絮六千斤。【略】明年，呼韓邪單于復入朝，禮賜如初，加衣百一十襲，錦帛九千匹，絮八千斤。【略】

郅支既誅，呼韓邪單于且喜且懼，上書言曰：「常願謁見天子，誠以郅支在西方，恐其與烏孫俱來擊臣，以故未得至漢。今郅支已伏誅，願入朝見。」竟寧元年，單于復入朝，禮賜如初，加衣服錦帛絮，皆倍於黄龍時。【略】

河平元年，單于遣右皋林王伊邪莫演等奉獻朝正月。【略】明年，單于上書願朝河平四年正月，遂入朝，加賜錦繡繒帛二萬匹，絮二萬斤，它如竟寧時。【略】

元壽二年，單于來朝，上以太歲厭勝所在，舍之上林苑蒲陶宫。告之以加敬於單于，單于知之。加賜衣三百七十襲，錦繡繒帛三萬匹，絮三萬斤，它如河平時。【略】

〔王莽建國二年〕，時戊己校尉史陳良、終帶，司馬丞韓玄，右曲候任商等見西域頗背叛，聞匈奴欲大侵，恐并死，即謀劫略吏卒數百人，共殺戊己校尉刀護，遣人與匈奴南犂汗王南將軍相聞。匈奴南將軍二千騎入西域迎良等，良等盡脅略戊己校尉吏士男女二千餘人入匈奴。玄、商留南將軍所，良、帶徑至單于庭，人衆別置零吾水上田居。單于號良、帶曰烏桓都將軍，留居單于所，數呼與飲食。西域都護但欽上書言匈奴南將軍右伊秩訾將人衆寇擊諸國。莽於是大分匈奴爲十五單于，遣中郎將藺苞、副校尉戴級將兵萬騎，多齎珍寶至雲中塞下，招誘呼韓邪單于諸子，欲以次拜之。使譯出塞誘呼右犂汗王咸、咸子登、助三人，至則脅拜咸爲孝單于，賜安車鼓車各一，黄金千斤，雜繒千匹，戲戟十；拜助爲順單于，賜黄金五百斤；傳送助、登長安。莽封苞爲宣威公，拜爲虎牙將軍；封級爲揚威公，拜爲虎賁將軍。單于聞之，怒曰：「先單于受漢宣帝恩，不可負也。今天子非宣帝子孫，何以得立？」遣左骨都侯、右伊秩訾王呼盧訾及左賢王樂將兵入雲中益壽塞，大殺吏民。是歲，建國三年也。【略】

烏珠留單于立二十一歲，建國五年死。匈奴用事大臣右骨都侯須卜當，即王昭君女伊墨居次云之壻也。云常欲與中國和親，又素與咸厚善，見咸前後爲莽所拜，故遂越〔咸弟〕輿而立咸爲烏累若鞮單于。【略】

云、當遂勸咸和親。

天鳳元年，云、當遣人之西河虎猛制虜塞下，告塞吏曰欲見和親侯。和親侯王歙者，王昭君兄子也。中部都尉以聞。莽遣歙、歙弟騎都尉展德侯颯使匈奴，賀單于初立，賜黄金衣被繒帛。【略】

《漢書》卷九六下《烏孫國》 小昆彌烏就屠死，子拊離代立，爲弟日貳所殺。漢遣使者立拊離子安日爲小昆彌。日貳亡，阻康居。漢徙己校屯姑墨，欲候便討焉。安日使貴人姑莫匿等三人詐亡從日貳，刺殺之。都護廉褒賜姑莫匿等金人二十斤，繒三百匹。

《漢書》卷九六下《渠犂》 元康元年，遂來朝賀。王及夫人皆賜印綬。夫人號稱公主，賜以車騎旗鼓，歌吹數十人，綺繡雜繒琦珍凡數千萬。留且一年，厚贈送之。

《後漢書》卷二《明帝紀》 永平六年二月，王雒山出寶鼎，廬江太守獻之。夏四月甲子，詔曰：「昔禹收九牧之金，鑄鼎以象物，使人知神姦，不逢惡氣。遭德則興，遷于商、周；周德既衰，鼎乃淪亡。祥瑞之降，以應有德。方今政化多僻，何以致兹？《易》曰鼎象三公，豈公卿奉職得其理邪？太常其以礿祭之日，陳鼎於廟，以備器用。賜三公帛五十匹，九卿、二千石半之。先帝詔書，禁人上事言聖，而間者章奏頗多浮詞，自今若有過稱虚譽，尚書皆宜抑而不省，示不爲諂子蚩也。」【略】

永平十五年夏四月庚子，封皇子恭爲鉅鹿王，黨爲樂成王，衍爲下邳王，暢爲汝南王，昞爲常山王，長爲濟陰王。賜天下男子爵，人三級；郎、從官〔視事〕二十歲已上帛百匹，十歲已上二十匹，十歲已下十匹，官府吏五匹，書佐、小史三匹。令天下大酺五日。乙巳，大赦天下，其謀反大逆及諸不應宥者，皆赦除之。【略】

〔永平十七年〕是歲，甘露仍降，樹枝内附，芝草生殿前，神雀五色翔集京師。【略】制曰：「【略】其賜天下男子爵，人二級，三老、孝悌、力田人三級，流人無名數欲占者人一級；鰥、寡、孤、獨、篤癃、貧不能自存者粟，人三斛；郎、從官視事十歲以上者，帛十匹。中二千石、二千石下至黄綬，貶秩奉贖，在去年以來皆還贖。」

《後漢書》卷三《章帝紀》 元和二年二月，己未，鳳皇集肥城。乙丑，帝耕於定陶。詔曰：「三老，尊年也。孝悌，淑行也。力田，勤勞也。國家甚休之。其賜帛人一匹，勉率農功。」【略】

〔三月〕庚寅，祠孔子於闕里，及七十二弟子，賜褒成侯及諸孔男女帛。【略】

元和二年九月壬辰，詔：「鳳皇、黄龍所見亭部無出二年租賦。加賜男子爵，人二級；先見者帛二十匹，近者三匹，太守三十匹，令、長十五匹，丞、尉半之。《詩》云：『雖無德與汝，式歌且舞。』它如賜爵故事。」

《後漢書》卷五《安帝紀》 〔永初〕三年春正月庚子，皇帝加元服。大赦天下。賜王、主、貴人、公、卿以下金帛各有差；男子爲父後，及三老、孝悌、力田爵，人二級，流民欲占者人一級。【略】

元初元年春正月甲子，改元元初。賜民爵，人二級，孝悌、力田人三級，爵過公乘，得移與子若同産、同産子，民脱無名數及流民欲占者人一級；鰥、寡、孤、獨、篤癃、〔貧〕不能自存者穀，人三斛，貞婦帛，人一匹。【略】

〔六年〕三月丙午，改元延光。大赦天下。還徙者，復户邑屬籍。賜民爵及三老、孝悌、力田，人二級；加賜鰥、寡、孤、獨、篤癃、貧不能自存者粟，人三斛；貞婦帛，人二匹。【略】

延光三年春二月戊子，濟南上言，鳳皇集臺縣丞霍收舍樹上。賜臺長帛五十匹，丞二十匹，尉半之，吏卒人三匹。鳳皇所過亭部，無出今年田租。【略】

三月，戊戌，祀孔子及七十二弟子於闕里，自魯相、令、丞、尉及孔氏親屬、婦女、諸生悉會，賜褒成侯以下帛各有差。

《後漢書》卷六《順帝紀》 永建元年春正月甲寅，詔曰：「先帝聖德，享祚未永，早棄鴻烈。姦慝緣閒，人庶怨讟，上干和氣，疫癘爲災。朕奉承大業，未能寧濟。蓋至理之本，稽弘德惠，蕩滌宿惡，與人更始。其大赦天下。賜男子爵，人二級，爲父後、三老、孝悌、力田〔人〕三級，流民欲自占者一級；鰥、寡、孤、獨、篤癃、貧不能自存者粟，人五斛；貞婦帛，人三匹。坐法當徙，勿徙；亡徒當傳，勿傳。宗室以罪絶，皆復屬籍。其與閻顯、江京等交通者，悉勿考。勉修厥職，以康我民。」【略】

永建四年春正月丙子，賜王、主、貴人、公卿以下金帛各有差。賜男子爵及流民欲占者人一級，爲父後、三老、孝悌、力田人二級；鰥、寡、孤、獨、篤癃、〔貧〕不能自存帛，〔人〕一匹。【略】

陽嘉元年五月戊戌，制詔曰：「昔我太宗，丕顯之德，假于上下，儉以恤民，政致康乂。朕秉事不明，政失厥道，天地譴怒，大變仍見。春夏連旱，寇賊彌繁，元元被害，朕甚愍之。嘉與海内洗心更始。其大赦天下，自殊死以下謀反大逆諸犯不當得赦者，皆赦除之。賜民年八十以上米，〔人〕一斛，肉二十斤，酒五斗；九十以上加賜帛，人二匹，絮三斤。」

《後漢書》卷七《桓帝紀》 建和元年春正月辛亥朔，日有食之。詔三公、九卿、校尉各言得失。

戊午，大赦天下。賜吏更勞一歲；男子爵，人二級，爲父後及三老、孝悌、力田人三級；鰥、寡、孤、獨、篤癃、貧不能自存者粟，人五斛；貞婦帛，人三匹。灾害所傷什四以上，勿收田租；其不滿者，以實除之。【略】

建和二年春正月甲子，皇帝加元服。庚午，大赦天下。賜河間、勃海二王黄金各百斤，彭城諸國王各五十斤；公主、大將軍、三公、特進、侯、中二千石、二千石、將、大夫、郎吏、從官、四姓及梁鄧小侯、諸夫人以下帛，各有差。年八十以上賜米、酒、肉，九十以上加帛二匹，綿三斤。

《後漢書》卷一〇上《皇后紀上·明德馬皇后》 常衣大練，裙不加緣。朔望諸姬主朝請，望見后袍衣疏麤，反以爲綺縠，就視，乃笑。后辭曰：「此繒特宜染色，故用之耳。」六宫莫不歎息。【略】

及帝崩，肅宗即位，尊后曰皇太后。諸貴人當徙居南宫，太后感析别之懷，各賜王赤綬，加安車駟馬，雜帛二千匹，黄金十斤。

《後漢書》卷一〇上《皇后紀上·賈貴人》 賈貴人，南陽人。建武末選入太子宫，中元二年生肅宗，而顯宗以爲貴人。帝既爲太后所養，專以馬氏爲外家，故貴人不登極位，賈氏親族無受寵榮者。及太后崩，乃策書加貴人王赤綬，安車一駟，永巷宫人二百，御府雜帛二萬匹，大司農黄金千斤，錢二千萬。諸史並闕後事，故不知所終。

《後漢書》卷一〇下《皇后紀上·桓帝懿獻梁皇后》 桓帝懿獻梁皇后諱女瑩，順烈皇后之女弟也。帝初爲蠡吾侯，梁太后徵，欲與后爲婚，未及嘉禮，會質帝崩，因以立帝。明年，有司奏太后曰：「《春秋》迎王后于紀，在塗則稱后。今大將軍冀女弟，膺紹聖善。結婚之際，有命既集，宜備禮章，時進徵幣。請下三公、太常案禮儀。」奏可。於是悉依孝惠皇帝納后故事，聘黄金二萬斤，納采鴈璧乘馬束帛，一如舊典。

《後漢書》卷一二《彭寵傳》 〔建武三〕年春，寵遂拔右北平、上谷數縣。遣使以美女繒綵賂遺匈奴，要結和親。單于使左南將軍七八千騎，往來爲游兵以助寵。又南結張步及富平獲索諸豪傑，皆與交質連衡。遂攻拔薊城，自立爲燕王。

《後漢書》卷一二《盧芳傳》 〔建武〕十六年，芳復入居高柳，與閔堪兄林使使請降。乃立芳爲代王，堪爲代相，林爲代太傅，賜繒二萬匹，因使和集匈奴。

《後漢書》卷二五《卓茂傳》 初，茂與同縣孔休、陳留蔡勳、安衆劉宣、楚國龔勝、上黨鮑宣六人同志，不仕王莽時，並名重當時。休字子泉，哀帝初，守新都令。後王莽秉權，休去官歸家。及莽篡位，遣使齎玄纁、束帛，請爲國師，遂歐血託病，杜門自絶。

《後漢書》卷三四《梁冀傳》 元嘉元年，帝以冀有援立之功，欲崇殊典，乃大會公卿，共議其禮。於是有司奏冀入朝不趨，劒履上殿，謁讚不名，禮儀比蕭何；悉以定陶、（陽）成〔陽〕餘户增封爲四縣，比鄧禹；賞賜金錢、奴婢、綵帛、車馬、衣服、甲第，比霍光：以殊元勳。

《後漢書》卷三九《淳于恭傳》 建初元年，肅宗下詔美恭素行，告郡賜帛二十匹，遣詣公車，除爲議郎。

《後漢書》卷三九《劉般傳》 建武十九年，行幸沛，詔問郡中諸侯行能。太守薦言般束脩至行，爲諸侯師。帝聞而嘉之，乃賜般綬，錢百萬，繒二百匹。

《後漢書》卷四二《濟南安王康傳》 康在國不循法度，交通賓客。其後，人上書告康招來州郡姦猾漁陽顔忠、劉子産等，又多遺其繒帛，案圖書，謀議不軌。

《後漢書》卷四七《班超傳》 〔建初〕八年，拜超爲將兵長史，假鼓吹幢麾。以徐幹爲軍司馬，别遣衛候李邑護送烏孫使者，賜大小昆彌以下錦帛。【略】

〔元和元年〕復遣假司馬和恭等四人將兵八百詣超，超因發疏勒、于窴兵擊莎車。莎車陰通使疏勒王忠，啖以重利，忠遂反從之，西保烏即城。超乃更立其府丞成大爲疏勒王，悉發其不反者以攻忠。積半歲，而康居遣精兵救之，超不能下。是時月氏新與康居婚，相親，超乃使多齎錦帛遺月氏王，令曉示康居王，康居王乃罷兵，執忠以歸其國，烏即城遂降於超。

《後漢書》卷七一《朱儁傳》 朱儁字公偉，會稽上虞人也。少孤，母嘗販繒爲業。儁以孝養致名，爲縣門下書佐，好義輕財，鄉閭敬之。時同郡周規辟公府，當行，假郡庫錢百萬，以爲冠幘費，而後倉卒督責，規家貧無以備，儁乃竊母繒帛，爲規解對。母既失産業，深恚責之。儁曰：「小損當大益，初貧後富，必然理也。」

《後漢書》卷七八《宦者傳·侯覽》 覽兄參爲益州刺史，民有豐富者，輒誣以大逆，皆誅滅之，没入財物，前後累億計。太尉楊秉奏參，檻車徵，於道自殺。京兆尹袁逢於旅舍閲參車三百餘兩，皆金銀錦帛珍玩，不可勝數。

《後漢書》卷七九下《儒者傳·包咸》 顯宗以咸有師傅恩，而素清苦，常特賞賜珍玩束帛，奉禄增於諸卿，咸皆散與諸生之貧者。

《後漢書》卷八五《東夷傳·夫餘》 永寧元年，乃遣嗣子尉仇台（印）〔詣〕闕貢獻，天子賜尉仇台印綬金綵。

《後漢書》卷八六《西南夷傳·哀牢》 先是，西部都尉廣漢鄭純爲政清絜，化行夷貊，君長感慕，皆獻土珍，頌德美。天子嘉之，即以爲永昌太守。純與哀牢夷人約，邑豪歲輸布貫頭衣二領，鹽一斛，以爲常賦，夷俗安之。純自爲都尉、太守，十年卒官。建初元年，哀牢王類牢與守令忿争，遂殺守令而反叛，攻（越）巂唐城。太守王尋奔楪榆。哀牢三千餘人攻博南，燔燒民舍。肅宗募發越巂、益州、永昌夷漢九千人討之。明年春，邪龍縣昆明夷鹵承等應募，率種人與諸郡兵擊類牢於博南，大破斬之。傳首洛陽，賜鹵承帛萬匹，封爲破虜傍邑侯。

永元六年，郡徼外敦忍乙王莫延慕義，遣使譯獻犀牛、大象。九年，徼外蠻及撣國王雍由調遣重譯奉國珍寶，和帝賜金印紫綬，小君長皆加印綬、錢帛。永初元年，徼外僬僥種夷陸類等三千餘口舉種内附，獻象牙、水牛、封牛。永寧元年，撣國王雍由調復遣使者詣闕朝賀，獻樂及幻人，能變化吐火，自支解，易牛馬頭。又善跳丸，數乃至千。自言我海西人。海西即大秦也，撣國西南通大秦。明年元會，安帝作樂於庭，封雍由調爲漢大都尉，賜印綬、金銀、綵繒各有差也。

《後漢書》卷八九《南匈奴傳》〔建武二十六年〕秋，南單于遣子入侍，奉奏詣闕。詔賜單于冠帶、衣裳、黄金璽、盭緺綬，安車羽蓋，華藻駕駟，寶劍弓箭，黑節三，駙馬二，黄金、錦繡、繒布萬匹，絮萬斤，樂器鼓車，棨戟甲兵，飲食什器。【略】漢遣謁者送前侍子還單于庭，交會道路。元正朝賀，拜祠陵廟畢，漢乃遣單于使，令謁者將送，賜綵繒千匹，錦四端，金十斤，太官御食醬及橙、橘、龍眼、荔支；賜單于母及諸閼氏、單于子及左右賢王、左右谷蠡王、骨都侯有功善者，繒綵各萬匹。歲以爲常。【略】

二十八年，北匈奴復遣使詣闕，貢馬及裘，更乞和親，并請音樂，又求率西域諸國胡客與俱獻見。帝下三府議酬答之宜。司徒掾班彪奏曰：【略】

今單于欲修和親，款誠已達，何嫌而欲率西域諸國俱來獻見？西域國屬匈奴，與屬漢何異？單于數連兵亂，國内虚耗，貢物裁以通禮，何必獻馬裘？今齎雜繒五百匹，弓鞬韇丸一，矢四發，遣遺單于。又賜獻馬左骨都侯、右谷蠡王雜繒各四百匹，斬馬劍各一。【略】

三十一年，北匈奴復遣使如前，乃璽書報荅，賜以綵繒，不遣使者。

單于比立九年薨，中郎將段郴將兵赴弔，祭以酒米，分兵衛護之。比弟左賢王莫立，帝遣使者齎璽書鎮慰，拜授璽綬，遺冠幘，絳單衣三襲，童子佩刀、緄帶各一，李賢注：童子刀謂小刀也。《説文》曰：「緄，織成帶也。」音古本反。又賜繒綵四千匹，令賞賜諸王、骨都侯已下。

《後漢書》卷九〇《鮮卑傳》永寧元年，遼西鮮卑大人烏倫、其至鞬率衆詣鄧遵降，奉貢獻。詔封烏倫爲率衆王，其至鞬爲率衆侯，賜綵繒各有差。

佚名《西京雜記》卷一《飛鷰昭儀贈遺之侈》趙飛鷰爲皇后，其女弟在昭陽殿，遺飛鷰書曰：今日嘉辰，貴姊懋膺洪册，謹上襚三十五條，以陳踴躍之心：金花紫輪帽，金花紫羅面衣，織成上襦，織成下裳，五色文綬，鴛鴦襦，鴛鴦被，鴛鴦褥，金錯繡襠，七寶綦履。

杜佑《通典》卷一九五《邊防一一》成帝河平元年，復株纍若鞮單于呼韓邪之子，名雕陶莫皋。纍，力追反。遣右皋林王伊邪莫演等奉獻朝正月。既罷，遣使者送至蒲坂。【略】四年正月，遂入朝，加賜錦繡繒帛二萬匹，絮二萬斤，他如竟寧時。

《太平御覽》卷八一四《布帛部一·繒》《史記》曰：烏氏倮以繒遺戎王，戎王十倍報之。

《獻帝紀》曰：是時新廷都宫人多亡衣服，帝彼發御府繒以作之。李〔傕〕〔傕〕不欲，曰：「宫中有衣服，胡爲復作也。」詔賣廐馬百餘疋，御府、大司農出雜繒二萬疋，與所賣廐馬直，賜公卿已下及貧民不能自存者。李〔傕〕〔傕〕曰：「我邸閣儲峙少。」乃悉載置其營。賈詡曰：「此上意，不可距也。」〔傕〕〔傕〕中不從。

又曰：李傕特合羌胡數十人，先以御物繒綵與之。

《太平御覽》卷八一四《布帛部一·綵》《史記》曰：通邑大都采千疋，比千乘家。

《漢書》曰：孝文〔前〕六年，遣單于赤綈、緑〔繒〕各四十疋。

《東觀漢記》曰：光武起義，與朱季市弓弩、絳衣赤幘。

謝承《後書》曰：陳重同舍郎有歸寧者，誤持同舍郎絳去。嫌重取，重不申曲直，置絳還之。去即還得絳，甚愧於重。

袁山松《後漢書》曰：劉盆子拜竟復從劉仲卿居，仲卿爲盆子制絳單衣。

張璠《漢記》曰：朱雋少孤，母以販繒綵爲事。同郡周起負官債百萬，縣催責之，雋竊母帛爲起償債。

《太平御覽》卷八一八《布帛部五·帛》范曄《後漢書》曰：明帝出諸貴人，當徙居。馬太后感祈別之懷，賜越帛二千端，雜帛二千疋。

又曰：永平六年，雄山出寶鼎，廬江太守獻之於朝，賜三公帛五十疋，九卿二千石半之。

《後漢書》曰：公孫述造十層赤樓帛欄船。李賢等注：蓋以帛飾其欄檻也。

《太平御覽》卷八一八《布帛部五·帛》《東觀漢記》曰：耿純於邯鄲見上，遂自結納，獻馬及縑帛數百疋。

《續漢書》曰：宋秉，字巨公，拜御史中丞。布被瓦器，居不粟馬，出無從車。車駕幸其府舍，歎曰：「雖楚王二龔，不如雲陽鈌巨公。」賜布帛帳幃十器。

《東方朔別傳》曰：武帝幸甘泉，長平故道中，有蟲覆地如赤肝，朔曰：「必秦獄處也。夫愁者得酒解。」乃取蟲置酒中，立消縻。賜帛百疋。後屬車上盛酒爲此故也。

《册府元龜》卷五〇四《邦計部・絲帛》 漢武帝時，桑弘羊爲治粟都尉，領大農，天子北至朔方，東封太山，巡海上，旁北邊以歸，所過賞賜用帛百餘萬疋，皆取足大農，其後請均輸帛五百萬疋。

《三國志》卷一《魏志・武帝紀》 鄴定，公臨祀〔袁〕紹墓，哭之流涕；慰勞紹妻，還其家人寶物，贈雜繒絮，廩食之。

《三國志》卷四《魏志・陳留王奂傳》 六月甲寅，入于洛陽，見皇太后，是日即皇帝位于太極前殿，大赦，改年，賜民爵及穀帛各有差。

景元元年夏六月丙辰，進大將軍司馬文王位爲相國，封晉公，增封二郡，并前滿十，加九錫之禮，一如前〔奏〕（詔）；諸羣從子弟，其未有侯者皆封亭侯，賜錢千萬，帛萬匹，文王固讓乃止。

《三國志》卷三一《蜀志・劉璋傳》 裴松之注引《吴書》曰：璋以米二十萬斛，騎千匹，車千乘，繒絮錦帛，以資送劉備。

《三國志》卷三三《蜀志・後主傳》 裴松之注引王隱《蜀記》曰：又遣尚書郎李虎送士民簿，領户二十八萬，男女口九十四萬，帶甲將士十萬二千，吏四萬人，米四十餘萬斛，金銀各二千斤，錦綺綵絹各二十萬匹，餘物稱此。

曹操《曹操集》卷三《與太尉楊彪書》 操白：與足下同海内大義，足下不遺，以賢子見輔。比中國雖靖，方外未夷，今軍征事大，百姓騷擾。吾制鐘鼓之音，主簿宜守。而足下賢子，恃豪父之勢，每不與吾同懷，即欲直繩，顧頗恨恨。謂其能改，遂轉寬舒，復即宥貸，將延足下尊門大累，便令刑之。念卿父息之情，同此悼楚，亦未必非幸也。今贈足下錦裘二領，八節銀角桃杖一枚，青氈牀褥三具，官絹五百匹，錢六十萬，畫輪四望通幰七香車一乘，青牸牛二頭，八百里驊騮馬一匹，赤戎金裝鞍轡十副，鈴毦一具，驅使二人，並遺足下貴室錯綵羅穀裘一領，織成韡一量，有心青衣二人，長奉左右。所奉雖薄，以表吾意。足下便當慨然承納，不致往返。《古文苑》又略見《書鈔》一百三十三、一百三十四，《御覽》三百四十一、四百七十八、又七百七十五。

《太平御覽》卷八一四《布帛部一・綵》 《吴書》曰：陸遜破曹休，當還西降，上賜遜繒丹漆。

毌丘儉《報弟書》曰：今別致絳二百疋，可以供送葬之事。

《太平御覽》卷八一八《布帛部五・帛》 《魏志》曰：張伯英專精於書，凡家之衣帛，必書而後練。

《魏略》曰：陳留邯鄲淳奏《投壺賦》，文帝以爲尚書郎，賜帛十疋。

邯鄲淳上《受命述》，詔曰：「淳作此甚典雅，私亦美。」曰：「朕何以堪也哉。其賜帛四十疋。」

《晉書》卷二《景帝紀》 正元元年三月癸巳，天子詔曰：「【略】夫德茂者位尊，庸大者禄厚，古今之通義也。其登位相國，增邑九千，并前四萬户；進號大都督，假黄鉞，入朝不趨，奏事不名，劍履上殿；賜錢五百萬，帛五千匹，以彰元勳。」帝固辭相國。

《晉書》卷二《文帝紀》 景元元年六月，改元。丙辰，天子進帝爲相國，封晉公，增十郡，加九錫如初，羣從子弟未侯者封亭侯，賜錢千萬，帛萬匹。固讓，乃止。

《晉書》卷三《武帝紀》 咸寧二年十二月，以平州刺史傅詢、前廣平太守孟桓清白有聞，詢賜帛二百匹，桓百匹。

《晉書》卷四《惠帝紀》 五月壬午，除天下户調緜絹，賜孝悌、高年、鰥寡、力田者帛，人三匹。【略】

永興元年三月戊申，詔曰：「朕以不德，纂承鴻緒，于兹十有五載。禍亂滔天，姦逆仍起，至乃幽廢重宫，宗廟圮絶。成都王穎温仁惠和，克平暴亂。其以穎爲皇太弟、都督中外諸軍事，丞相如故。」大赦，賜鰥寡高年帛三匹，大酺五日。

《晉書》卷六《明帝紀》 太寧三年三月戊辰，立皇子衍爲皇太子，大赦，增文武位二等，大酺三日，賜鰥寡孤獨帛，人二匹。

《晉書》卷七《成帝紀》 太寧三年三月戊辰，立爲皇太子。閏月戊子，明帝崩。己丑，太子即皇帝位，大赦，增文武位二等，賜鰥寡孤老帛，人二匹，尊皇后庾氏爲皇太后。

《晉書》卷三三《石苞傳》 財産豐積，室宇宏麗。後房百數，皆曳紈繡，珥金翠。絲竹盡當時之選，庖膳窮水陸之珍。與貴戚王愷、羊琇之徒以奢靡相尚。愷以飴澳釜，崇以蠟代薪。愷作紫絲布步障四十里，崇作錦步障五十里以敵之。

《晉書》卷三四《羊祜傳》 祜卒二歲而吴平，羣臣上壽，帝執爵流涕曰：「此羊太傅之功也。」因以克定之功，策告祜廟，仍依蕭何故事，封其夫人。策曰：「【略】今封夫人夏侯氏萬歲鄉君，食邑五千户，又賜帛萬匹，穀萬斛。」

《晉書》卷四〇《賈充傳》 吴平，軍罷。帝遣侍中程咸犒勞，賜充帛八千匹，增邑八千户。【略】

及疾篤，上印綬遜位。帝遣侍臣諭旨問疾，殿中太醫致湯藥，賜牀帳錢帛，自皇太子宗室躬省起居。

《晉書》卷四四《盧志傳》　屯騎校尉郝昌先領兵八千守洛陽，帝召之，至汲郡而昌至，兵仗甚盛。志喜於復振，啓天子宜下赦書，與百姓同其休慶。既達洛陽，志啓以滿奮爲司隸校尉。奔散者多還，百官粗備，帝悦，賜志絹二百匹、緜百斤、衣一襲、鶴綾袍一領。

《晉書》卷六二《劉琨傳》　永嘉元年，爲并州刺史，加振威將軍，領匈奴中郎將。琨在路上表曰：【略】臣伏思此州雖云邊朔，實邇皇畿，南通河内，東連司冀，北捍殊俗，西禦强虜，是勁弓良馬勇士精鋭之所出也。當須委輸，乃全其命。今上尚書，請此州穀五百萬斛，絹五百萬匹，緜五百萬斤。願陛下時出臣表，速見聽處。」朝廷許之。

《晉書》卷八六《張重華傳》　〔石季龍將麻秋進攻枹罕〕，重華以謝艾爲使持節、軍師將軍，率步騎三萬，進軍臨河。秋以三萬衆距之。艾乘軺車，冠白帢，鳴鼓而行。【略】斬秋將杜勳、汲魚，俘斬一萬三千級，秋匹馬奔大夏。重華論功，以謝艾爲太府左長史，進封福禄縣伯，邑五千户，帛八千匹。

《晉書》卷九五《藝術傳·單道開》　單道開，敦煌人也。常衣粗褐，或贈以繒服，皆不著，不畏寒暑，晝夜不卧。

《晉書》卷一〇五《載記五·石勒下》　勒嘗夜微行，檢察營衛，齎繒帛金銀以賂門者求出。永昌門門候王假欲收捕之，從者至，乃止。旦召假以爲振忠都尉，爵關内侯。【略】

堂陽人陳豬妻一産三男，賜其衣帛廪食，乳婢一口，復三歲勿事。【略】勒以休瑞並臻，遐方慕義，赦三歲刑以下，均百姓去年逋調，特赦涼州殊死，涼州計吏皆拜郎中，賜絹十匹，綿十斤。勒南郊，有白氣自壇屬天，勒大悦，還宫，赦四歲刑。遣使封張駿武威郡公，食涼州諸郡。勒親耕藉田，還宫，赦五歲刑，賜其公卿已下金帛有差。【略】

勒將營鄴宫，廷尉續咸上書切諫。勒大怒，曰：「不斬此老臣，朕宫不得成也！」敕御史收之。中書令徐光進曰：「陛下天資聰睿，超邁唐虞，而更不欲聞忠臣之言，豈夏癸、商辛之君邪？其言可用用之，不可用故當容之，奈何一旦以直言而斬列卿乎！」勒歎曰：「爲人君不得自專如是！豈不識此言之忠乎？向戲之爾。人家有百匹資，尚欲市别宅，況有天下之富，萬乘之尊乎！終當繕之耳。且敕停作，成吾直臣之氣也。」因賜咸絹百匹，稻百斛。

《晉書》卷一一四《載記一四·苻堅下》　〔太元八年〕冠軍慕容垂言於堅曰：「【略】昔晉武之平吴也，言可者張杜數賢而已，若採羣臣之言，豈能建不世之功！諺云憑天俟時，時已至矣，其可已乎！」堅大悦，曰：「與吾定天下者，其惟卿耳。」賜帛五百匹。【略】

堅遣其尚書朱序説〔謝〕石等以衆盛，欲脅而降之。序詭謂石曰：「若秦百萬之衆皆至，則莫可敵也。及其衆軍未集，宜在速戰。若挫其前鋒，可以得志。」石聞堅在壽春也，懼，謀不戰以疲之。謝琰勸從序言，遣使請戰，許之。時張蚝敗謝石於肥南，謝玄、謝琰勒卒數萬，陣以待之。蚝乃退，列陣逼肥水。王師不得渡，遣使謂〔苻〕融曰：「君懸軍深入，置陣逼水，此持久之計，豈欲戰者乎？若小退師，令將士周旋，僕與君公緩轡而觀之，不亦美乎！」融於是麾軍卻陣，欲因其濟水，覆而取之。軍遂奔退，制之不可止。融馳騎略陣，馬倒被殺，軍遂大敗。王師乘勝追擊，至於青岡，死者相枕。堅爲流矢所中，單騎遁還於淮北，飢甚，人有進壺飧豚髀者，堅食之，大悦，曰：「昔公孫豆粥何以加也！」命賜帛十匹，緜十斤。

許嵩《建康實録》卷八《康皇帝》　〔建元元年〕六月壬午，束帛徵處士南陽翟湯、會稽虞喜。

許嵩《建康實録》卷九《晉·烈宗孝武皇帝》　〔太元十二年〕六月，束帛聘處士戴逵。

《太平御覽》卷八一四《布帛部一·綵》　《世語》曰：王經彦偉初爲江夏太守，大將軍曹爽附絳二十疋，令交市於吴，經不納書，棄官歸。

《太平御覽》卷八一八《布帛部·帛》　《晉陽秋》曰：董威輦常宿白社中，時乞於市，得殘碎絹結以自覆，金帛挂錦則不肯受。

《宋書》卷三《武帝紀下》　上清簡寡欲，嚴整有法度，未嘗視珠玉輿馬之飾，後庭無紈綺絲竹之音。財帛皆在外府，内無私藏。宋臺既建，有司奏東西堂施局脚牀、銀塗釘，上不許；使用直脚牀，釘用鐵。諸主出適，遣送不過二十萬，無錦繡金玉。内外奉禁，莫不節儉。

《宋書》卷四一《后妃傳·文帝袁皇后》　上待后恩禮甚篤，袁氏貧薄，后每就上求錢帛以贍與之，上性節儉，所得不過三五萬、三五十匹。

《宋書》卷八二《沈懷文傳》　齋庫上絹，年調鉅萬匹，緜亦稱此。期限嚴峻，民間買絹一匹，至二三千，緜一兩亦三四百，貧者賣妻兒，甚者或自縊死。懷文具陳民困，由是緜絹薄有所減，俄復舊。

《宋書》卷八八《薛安都傳》　元嘉二十一年，索虜主拓跋燾擊芮芮大敗，安都與宗人薛永宗起義，永宗營汾曲，安都襲得弘農。會北地人蓋吳起兵，遂連衡相應。燾自率衆擊永宗，滅其族，進擊蓋吳。安都料衆寡不敵，率壯士辛靈度等，棄弘農歸國。太祖延見之，求北還構扇河、陝，招聚義衆。上許之，給錦百疋，雜繒三百疋。

《宋書》卷九三《隱逸傳·朱百年》　百年少有高情，親亡服闋，携妻孔氏入會稽南山，以伐樵採箬爲業。【略】有時出山陰爲妻買繒綵三五尺，好飲酒，遇醉或失之。【略】隱迹避人，唯與同縣孔覬友善。覬亦嗜酒，相得輒酣，對飲盡歡。百年家素貧，母以冬月亡，衣並無絮，自此不衣綿帛。嘗寒時就覬宿，衣悉袷布，飲酒醉眠，覬以臥具覆之，百年不覺也。既覺，引臥具去體，謂覬曰：「綿定奇温。」因流涕悲慟，覬亦爲之傷感。

《宋書》卷九四《恩倖傳·阮佃夫》　時佃夫、王道隆、楊運長並執權柄，亞於人主。【略】大通貨賄，凡事非重賂不行。人有餉絹二百匹，嫌少，不答書。宅舍園池，諸王邸第莫及。妓女數十，藝貌冠絶當時，金玉錦繡之飾，宫掖不逮也。每製一衣，造一物，京邑莫不法效焉。

《南齊書》卷五五《孝義傳·華寶》　又同郡劉懷胤與弟懷則，年十歲，遭父喪，不(衣)絮帛，不食鹽菜。建元三年，並表門閭。

《陳書》卷六《後主紀》　太建十四年正月丁巳，太子即皇帝于太極前殿。詔曰：「【略】在位文武及孝悌力田爲父後者，並賜爵一級。孤老鰥寡不能自存者，賜穀人五斛、帛二匹。」【略】

夏四月景申，立皇子永康公胤爲皇太子，賜天下爲父後者爵一級，王公已下賚帛各有差。

《魏書》卷三《太宗紀》　永興四年秋七月己巳朔，東巡。【略】庚寅，至于濡源。西巡，幸北部諸落，賜以繒帛。

《魏書》卷三《太宗紀》　泰常七年春正月甲辰朔，自雲中西行，幸屋竇城，賜從者大酺三日，蕃渠帥繒帛各有差。

《魏書》卷四上《世祖紀上》　始光三年秋七月，築馬射臺于長川，帝親登臺觀走馬；王公諸國君長馳射，中者賜金錦繒絮各有差。【略】

(四年春正月)，車駕至自西伐，賜留臺文武生口、繒帛、馬牛各有差。【略】

五月，車駕西討赫連昌。【略】乙巳，車駕入城，虜昌羣弟及其諸母、姊妹、妻妾、宫人萬數，府庫珍寶車旗器物不可勝計，擒昌尚書王買、薛超等及司馬德宗將毛脩之、秦雍人士數千人，獲馬三十餘萬匹，牛羊數千萬。以昌宫人及生口、金銀、珍玩、布帛班賚將士各有差。【略】

秋七月己卯，築壇於祚嶺，戲馬馳射，賜射中者金錦繒絮各有差。

《魏書》卷七上《高祖紀上》　太和四年秋七月辛亥，行幸火山。壬子，改作東明觀。詔會京師耆老，賜錦綵、衣服、几杖、稻、米、蜜、麵，復家人不徭役。【略】

五年春正月己卯，車駕南巡。丁亥，至中山。親見高年，問民疾苦。二月辛卯朔，大赦天下。賜孝悌力田、孤貧不能自存者穀帛有差；免宫人年老者還其所親。

六年二月癸丑，賜王公已下清勤著稱者穀帛有差。

夏四月甲辰，賜畿内鰥寡孤獨不能自存者粟帛有差。

八月癸未朔，分遣大使，巡行天下遭水之處，丐民租賦，貧儉不自存者，賜以粟帛。

七年夏四月庚子，幸崞山，賜所過鰥寡不能自存者衣服粟帛。

《魏書》卷七下《高祖紀下》　太和十有七年春正月壬子朔，帝饗百僚於太極殿。乙丑，詔曰：「夫駿奔入覲，臣下之常式；錫馬賜車，君人之恒惠。今諸邊君蕃胤，皆虔集象魏，趨鏘紫庭。貢饗既畢，言旋無遠。各可依秩賜車旗衣馬，務令優厚。其武興、宕昌，各賜錦繒纊一千；吐谷渾世子八百；鄧至世子，雖因緣至都，亦宜賚及，可賜三百。命數之差，皆依別牒。」

《魏書》卷一〇《孝莊紀》　建義元年秋七月乙亥，宴勞天柱大將軍尒朱榮、上黨王天穆及北來督將於都亭，出宫人三百、繒錦雜綵數萬匹，班賜有差。

《魏書》卷一三《皇后傳·文成皇后馮氏》　性儉素，不好華飾，躬御縵繒而已。【略】

自太后臨朝專政，高祖雅性孝謹，不欲參決，事無巨細，一稟於太后。太后多智略，猜忍，能行大事，生殺賞罰，決之俄頃，多有不關高祖者。是以威福兼作，震動内外。故杞道德、王遇、張祐、苻承祖等，拔自微閹，歲中而至王公。王叡出入臥内，數年便爲宰輔，賞賚財帛以千萬億計，金書鐵券，許以不死之詔。【略】

太后外禮民望元丕、游明根等，頒賜金帛輿馬，每至褒美叡等，皆引丕等參之，以示無私。

《魏書》卷一五《衛王儀傳》　世祖之初育也，太祖喜，夜召儀入。太祖曰：「卿聞夜喚，乃不怪懼乎？」儀曰：「臣推誠以事陛下，陛下明察，臣輒自安。忽奉夜詔，怪有之，懼實無也。」太祖告以世祖生，儀起拜而歌舞，遂對飲申旦。召羣臣入，賜儀御馬、御帶、縑錦等。

《魏書》卷二一上《高陽王雍傳》　肅宗覽政，除使持節、司州牧、侍中、太師、録尚書如故。肅宗加元服，雍兼太保，與兼太尉崔光攝行冠禮。詔雍乘車出入大司馬門，進位丞相，給羽葆鼓吹，倍加班劍，餘悉如故。又賜帛八百匹，與一千人供具，催令速拜。

《魏書》卷三〇《封回傳》　又爲度支尚書。尋轉都官尚書、冀州大中正。滎陽鄭雲諂事長秋卿劉騰，貨騰紫纈四百匹，得爲安州刺史。除書日出，暮往詣回，坐未定，謂回曰：「我爲安州，卿知之否？彼土治生，何事爲便？」回答之曰：「卿荷國寵靈，位至方伯，雖不能拔園葵，去織婦，宜思方略以濟百姓，如何見造而問治生乎？封回不爲商賈，何以相示。」雲慚媿失色。

《魏書》卷四五《韋珍傳》　車駕南討，珍上便宜，并自陳在邊歲久，悉其要害，願爲前驅。詔珍爲隴西公源懷衛大將軍府長史，轉太保、齊郡王長史。遷顯武將軍、郢州刺史，在州有聲績，朝廷嘉之。遷龍驤將軍，賜驊騮二匹、帛五十匹、穀三百斛。珍乃召集州内孤貧者，謂曰：「天子以我能綏撫卿等，故賜以穀帛，吾何敢獨當。」遂以所賜悉分與之。

《魏書》卷四八《高允傳》　拜允中書令，著作如故。司徒陸麗曰：「高允雖蒙寵待，而家貧布衣，妻子不立。」高宗怒曰：「何不先言！今見朕用之，方言其貧。」是日幸允第，惟草屋數間，布被緼袍，厨中鹽菜而已。高宗歎息曰：「古人之清貧，豈有此乎！」即賜帛五百匹、粟千斛。

《魏書》卷六二《李彪傳》　文明太后崩，羣臣請高祖公除，高祖不許，與彪往復，語在《禮志》。高祖詔曰：「【略】」以參議律令之勤，賜帛五百匹、馬一匹、牛二頭。

《魏書》卷一〇一《吐谷渾傳》　太和五年，拾寅死，子度易侯立，遣其侍郎時真貢方物，提上表稱嗣事。後度易侯伐宕昌，詔讓之，賜錦綵一百二十匹，喻令悛改，所掠宕昌口累部送時還。易侯並奉詔。

《魏書》卷一〇一《宕昌羌傳》　高祖時，遣使子橋表貢朱沙、雌黄、白石膽各一百斤。自此後，歲以爲常，朝貢相繼。後高祖遣鴻臚劉歸、謁者張察拜彌機征南大將軍、西戎校尉、梁益二州牧、河南公、宕昌王。後朝于京師，殊無風禮。朝罷，高祖顧謂左右曰：「『夷狄之有君，不如諸夏之亡也』，宕昌王雖爲邊方之主，乃不如中國一吏。」於是改授領護西戎校尉、靈州刺史，王如故，賜以車騎、戎馬、錦綵等，遣還國。

《魏書》卷一〇二《西域傳序》　太延中，魏德益以遠聞，西域龜兹、疏勒、烏孫、悦般、渴槃陁、鄯善、焉耆、車師、粟特諸國王始遣使來獻。世祖以西域漢世雖通，有求則卑辭而來，無欲則驕慢王命，此其自知絶遠，大兵不可至故也。若報使往來，終無所益，欲不遣使。有司奏九國不憚遐嶮，遠貢方物，當與其進，安可豫抑後來，乃從之。於是始遣行人王恩生、許綱等西使，恩生出流沙，爲蠕蠕所執，竟不果達。又遣散騎侍郎董琬、高明等多齎錦帛，出鄯善，招撫九國，厚賜之。

《北齊書》卷四《文宣紀》　天保四年十二月己未，突厥復攻茹茹，茹茹舉國南奔。癸亥，帝自晉陽北討突厥，迎納茹茹。乃廢其主庫提，立阿那瓌子菴羅辰爲主，置之馬邑川，給其廩餼繒帛。親追突厥於朔州，突厥請降，許之而還。於是貢獻相繼。【略】

既征伐四克，威振戎夏，六七年後，以功業自矜，遂留連耽湎，肆行淫暴。或躬自鼓舞，歌謳不息，從旦通宵，以夜繼晝。或袒露形體，塗傅粉黛，散髮胡服，雜衣錦綵。

《北齊書》卷九《後主穆后》　後主皇后穆氏，名邪利，本斛律后從婢也。武成時，爲胡后造真珠裙袴，所費不可稱計，被火所燒。後主既立穆皇后，復爲營之。屬周武遭太后喪，詔侍中薛孤、康買等爲弔使，又遣商胡齎錦綵三萬疋與弔使同往，欲市真珠爲皇后造七寶車，周人不與交易，然而竟造焉。

《北齊書》卷一六《段韶傳》　武定四年高祖疾甚，顧命世宗曰：「段孝先忠亮仁厚，智勇兼備，親戚之中，唯有此子，軍旅大事，宜共籌之。」五年春，高祖崩於晉陽，祕不發喪。俄而侯景構亂，世宗還鄴，韶留守晉陽。世宗還，賜女樂十數人，金十斤，繒帛稱是，封長樂郡公。

《北齊書》卷二五《張耀傳》　顯祖曾因近出，令耀居守。帝夜還，耀不時開門，勒兵嚴備。帝駐蹕門外久之，催迫甚急。耀以夜深，真僞難辯，須火至面識，門乃可開，於是獨出見帝。帝笑曰：「卿欲學郅君章也。」乃使耀前開門，然後入，深嗟賞之，賜以錦采。

《北齊書》卷二五《王紘傳》 興和中，世宗召爲庫直，除奉朝請。世宗暴崩，紘冒刃捍禦，以忠節賜爵平春縣男，賚帛七百段、綾錦五十疋、錢三萬並金帶駿馬，仍除晉陽令。

《北齊書》卷三三《徐之才傳》 皇建二年，除西兗州刺史。未之官，武明皇太后不豫，之才療之，應手便愈，孝昭賜采帛千段、錦四百疋。

《北齊書》卷三九《祖珽傳》 珽性疏率，不能廉慎守道。倉曹雖云州局，乃受山東課輸，由此大有受納，豐於財産。又自解彈琵琶，能爲新曲，招城市年少歌儛爲娱，遊集諸倡家。與陳元康、穆子容、任胄、元仕亮等爲聲色之遊。諸人嘗就珽宿，出山東大文綾并連珠孔雀羅等百餘疋，令諸嫗擲樗蒲賭之，以爲戲樂。

《北齊書》卷四〇《唐邕傳》 〔天保〕七年，於羊汾堤講武，令邕總爲諸軍節度。事畢，仍監宴射之禮。是日，顯祖親執邕手，引至太后前，坐於丞相斛律金之上，啓太后云：「唐邕强幹，一人當千。」仍别賜錦綵錢帛。

《北齊書》卷四一《元景安傳》 時初築長城，鎮戍未立，突厥强盛，慮或侵邊，仍詔景安與諸軍緣塞以備守。督領既多，且所部軍人富於財物，遂賄貨公行。顯祖聞之，遣使推檢，同行諸人贓汙狼藉，唯景安纖毫無犯。帝深嘉歎，乃詔有司以所聚斂贓絹伍百疋賜之，以彰清節。**【略】**

肅宗曾與羣臣於西園讌射，文武預者二百餘人。設侯去堂百四十餘步，中的者賜與良馬及金玉錦綵等。有一人射中獸頭，去鼻寸餘。唯景安最後有一矢未發，帝令景安解之，景安徐整容儀，操弓引滿，正中獸鼻。帝嗟賞稱善，特賚馬兩疋，玉帛雜物又加常等。

《北齊書》卷四五《文苑傳・顔之推》 曾撰《觀我生賦》，文致清遠，其詞曰：**【略】**

予武成之燕翼，遵春坊而原始，唯驕奢之是修，亦佞臣之云使。武成奢侈，後宫御者數百人，食於水陸貢獻珍異，至乃厭飽，棄於厠中。褌衣悉羅纈錦繡珍玉，織成五百一段。爾後宫掖遂爲舊事。後主之在宫，乃使駱提婆母陸氏爲之，又胡人何洪珍等爲左右，後皆預政亂國焉。

《周書》卷五《武帝紀上》 保定三年秋七月戊辰，行幸原州。庚午，陳遣使來聘。丁丑，幸津門，問百年，賜以錢帛，又賜高年板職各有差，降死罪一等。**【略】**

天和三年三月丁未，大會百寮及四方賓客於路寢，賜衣馬錢帛各有差。**【略】**

建德三年十二月戊子，大會衛官及軍人以上，賜錢帛各有差。

《周書》卷一五《于謹傳》 天和二年，又賜安車一乘。尋授雍州牧。三年，薨于位，年七十六。高祖親臨，詔譙王儉監護喪事，賜繒綵千段，粟麥五千斛。

《周書》卷三二《盧柔傳》 及孝武西遷，東魏遣侯景襲穰，〔賀拔〕勝敗，遂南奔梁。柔亦從之。勝頻表梁求歸，武帝覽表，嘉其辭彩。既知柔所製，因遣舍人勞問，并遺縑錦。

《周書》卷四八《蕭巋傳》 及高祖平齊，巋朝於鄴。**【略】**高祖大悦，賜雜繒萬段、良馬數十匹，并賜齊後主妓妾，及常所乘五百里駿馬以遺之。

《周書》卷五〇《異域傳下・突厥》 自俟斤以來，其國富彊，有凌轢中夏志。朝廷既與和親，歲給繒絮錦綵十萬段。突厥在京師者，又待以優禮，衣錦食肉者，常以千數。齊人懼其寇掠，亦傾府藏以給之。他鉢彌復驕傲，至乃率其徒屬曰：「但使我在南兩箇兒孝順，何憂無物邪。」

《南史》卷一三《鮑照傳》 照始嘗謁〔臨川王〕義慶未見知，欲貢詩言志，人止之曰：「卿位尚卑，不可輕忤大王。」照勃然曰：「千載上有英才異士沉没而不聞者，安可數哉。大丈夫豈可遂蘊智能，使蘭艾不辨，終日碌碌，與燕雀相隨乎。」於是奏詩，義慶奇之，賜帛二十匹，尋擢爲國侍郎，甚見知賞。

《南史》卷二七《孔覬傳》 覬弟道存、從弟徽，頗營産業，二弟請假東還，覬出渚迎之，輜重十餘船，皆是綿絹紙席之屬。覬見之僞喜，謂曰：「我比乏，得此甚要。」因命置岸側，既而正色謂曰：「汝輩忝預士流，何至還東作賈客邪？」命燒盡乃去。

《南史》卷三四《周弘正傳》 劉顯將之尋陽，朝賢畢祖道，顯縣帛十匹，約曰：「險衣來者以賞之。」衆人競改常服，不過長短之間。顯曰：「將有甚於此矣。」既而弘正緑絲布袴，繡假種，軒昂而至，折標取帛。

《南史》卷七〇《循吏傳・郭祖深》 普通七年，改南州津爲南津校尉，以祖深爲之。**【略】**

常服故布襦，素木案，食不過一肉。有姥餉一早青瓜，祖深報以疋帛。後有富人劾之以貨，鞭而徇衆。朝野憚之，絶于干請。

《南史》卷七一《儒林傳・張譏》 譏幼喪母，有錯綵經帕，即母之遺制，及有所識，家人具以告之。每歲時輒對帕哽噎不能勝。

《北史》卷二《魏紀・太武帝》 始光三年秋七月，築馬射臺于長川，帝親登臺走馬。王公諸國君長馳射中者，賜金錦繒絮各有差。

《北史》卷三《魏紀・孝文帝》 太和十一年十一月丁未，詔【略】其御府衣服金銀珠玉綾綢錦、太官雜器、太僕乘具、内庫弓矢，出其太半，班賚百官及京師人庶，下至工商皁隸，逮於六鎮戍士，各有差。

《北史》卷一五《元暉傳》 好涉獵書記，少得美名于京下。周文禮之，命與諸子遊處，每同硯席，情契甚厚。再遷武伯下大夫。時突厥屢爲寇患，朝廷將結和親，令暉買錦綵十萬，使突厥。暉説以利害，可汗大悦，遣其名王隨獻方物。俄拜儀同三司。

《北史》卷八五《節義傳・婁提》 婁提，代人也。獻文時，爲内三郎。獻文暴崩，提謂人曰：「聖主昇遐，安用活爲！」遂引佩刀自刺，幾死。文明太后詔賜帛二百匹。

《北史》卷八六《循吏傳・孟業》 業志守質素，不尚浮華。爲子結婚，爲朝肺腑吒羅氏。其子以蔭得爲平原王段孝先相府行參軍，乃令作今世服飾綺襦紈袴。吒羅家又恃姻婭，炫曜矜誇。業知而不禁，素望頗貶。

《隋書》卷一《高祖紀上》 開皇二年十月庚寅，上疾愈，享百僚於觀德殿。賜錢帛，皆任其自取，盡力而出。【略】

十二月丙戌，賜國子生明經者束帛。【略】

四年九月乙丑，觀漕渠，賜督役者帛各有差。

《隋書》卷三《煬帝紀上》 大業元年春正月戊申，發八使巡省風俗。下詔曰：【略】高年之老，加其版授，并依別條，賜以粟帛。

五年冬十月癸亥，詔曰：「【略】今歲耆老赴集者，可於近郡處置，年七十以上，疾患沉滯，不堪居職，即給賜帛，送還本郡，其官至七品已上者，量給廩，以終厥身。」

《隋書》卷四六《元暉傳》 （北周）時突厥屢爲寇患，朝廷將結和親，令暉齎錦綵十萬，使于突厥。暉説以利害，申國厚禮，可汗大悦，遣其名王隨獻方物。

《隋書》卷五四《李衍傳》 及王謙作亂，高祖以謙爲行軍總管，從梁睿擊平之。進位大將軍，賜縑二千匹。開皇元年，又以行軍總管討叛蠻，平之。進位柱國，賜帛二千匹。

《隋書》卷六〇《宇文顗傳》 大象中，拜東廣州刺史。尉迥之反也，時總管趙文表與顗不協，顗將圖之，【略】時高祖以尉迥未平，慮顗復生邊患，因而勞勉之，即拜吴州總管。

陳將錢茂和率數千人襲江陽，顗逆擊走之。陳復遣將陳紀、周羅睺、燕合兒等襲顗，顗拒之而退，賜綵數百段。

《隋書》卷六〇《宇文㢸傳》 高祖爲丞相，加上開府。及受禪，進位大將軍，拜汴州刺史，甚有能名。上聞而善之，優詔褒揚，賜帛百匹。

《隋書》卷六三《史祥傳》 煬帝即位，漢王諒發兵作亂，遣其將綦良自滏口徇黎陽，塞白馬津，余公理自太行下河内。帝以祥爲行軍總管，【略】祥乃簡精鋭於下流潛渡，公理率衆拒之。祥至須水，兩軍相對，公理未成列，祥縱擊，大破之。東趣黎陽討綦良等。良列陣以待，兵未接，良棄軍而走。於是其衆大潰，祥縱兵乘之，殺萬餘人。進位上大將軍，賜縑綵七千段，女妓十人，良馬二十匹。

《隋書》卷六五《董純傳》 漢王諒作亂并州，以純爲行軍總管、河北道安撫副使，從楊素擊平之。以功拜柱國，進爵爲郡公，增邑二千户。轉左備身將軍，賜女妓十人，縑綵五千匹。

《隋書》卷六八《閻毗傳》 高祖受禪，以技藝侍東宫，數以琱麗之物取悦於皇太子，由是甚見親待，每稱之於上。尋拜車騎，宿衛東宫。上嘗遣高熲大閲於龍臺澤，諸軍部伍多不齊整，唯毗一軍，法制肅然。熲言之於上，特蒙賜帛。

《隋書》卷八四《北狄傳・西突厥》 處羅從征高麗，賜號爲曷薩那可汗，賞賜甚厚。（大業）十年正月，以信義公主嫁焉，賜錦綵袍千具，綵萬匹。

《隋書》卷六四《張定和傳》 （張定和）初爲侍官。會平陳之役，定和當從征，無以自給。其妻有嫁時衣服，定和將鬻之，妻靳固不與，定和於是遂行。以功拜儀同，賜帛千疋，遂棄其妻。

《舊唐書》卷一《高祖紀》 義寧二年夏四月甲子，高祖即皇帝位於太極殿，命刑部尚書蕭造兼太尉，告於南郊，大赦天下，改隋義寧二年爲唐武德元年。官人百姓，賜爵一級。義師所行之處，給復三年。罷郡置州，改太守爲刺史。丁卯，宴百官于太極殿，賜帛有差。【略】

六年夏四月己未，舊宅改爲通義宫，曲赦京城繫囚，於是置酒高會，賜從官帛各有差。

《舊唐書》卷二《太宗紀上》　貞觀二年六月庚寅，皇子治生，宴五品以上，賜帛有差，仍賜天下是日生者粟。

《舊唐書》卷三《太宗紀下》　貞觀五年春正月己卯，幸左藏庫，賜三品已上帛，任其輕重。【略】

夏四月壬辰，以金帛購中國人因隋亂没突厥者男女八萬人，盡還其家屬。

【略】

十二月壬寅，幸温湯。癸卯，獵於驪山。丙午，賜新豐高年帛有差。【略】

十一年秋七月癸未，大霪雨。穀水溢入洛陽宫，深四尺，壞左掖門，毁宫寺十九所；洛水溢，漂六百家。庚寅，詔以災命百官上封事，極言得失。丁酉，車駕還宫。壬寅，廢明德宫及飛山宫之玄圃院，分給遭水之家，仍賜帛有差。【略】

十二年冬十月己卯，狩于始平，賜高年粟帛有差。【略】

十四年二月丁丑，幸國子學，親釋奠，赦大理、萬年繫囚，國子祭酒以下及學生高第精勤者加一級，賜帛有差。【略】

二十二年二月乙亥，幸玉華宫。乙卯，賜所經高年篤疾粟帛有差。

《舊唐書》卷四《高宗紀上》　貞觀二十三年六月甲戌朔，皇太子即皇帝位，時年二十二。詔曰：「大行皇帝奄棄普天，痛貫心靈，若置湯火。思遵大孝，不敢滅身，永慕長號，將何逮及。粤以孤眇，屬當元嗣，思勵空薄，康濟黎元。敬順惟新，仰昭先德，宜布凱澤，被乎億兆。可大赦天下。內外文武賜勳官一級。諸年八十以上賚以粟帛。雍州及諸州比年供軍勞役尤甚之處，並給復一年。」

《舊唐書》卷五《高宗紀下》　總章二年九月己亥，發自九成宫。壬寅，停華林頓，大蒐于岐。乙巳，至岐州。高祖初仕隋爲扶風太守，故曲赦岐州管內。高祖時胥徒隨材擢用，賜高年衣物粟帛各有差。

《舊唐書》卷七《中宗紀》　景龍三年八月乙巳，幸安樂公主山亭，宴侍臣、學士，賜繒帛有差。

《舊唐書》卷八《玄宗紀上》　八月丁亥，上御花萼樓，以千秋節百官獻賀，賜四品已上金鏡、珠囊、縑綵，賜五品已下束帛有差。上賦八韻詩，又制秋景詩。

【略】

《舊唐書》卷九《玄宗紀下》　天寶十一載八月己丑，幸左藏庫，賜羣臣帛有差。【略】

十二載三月丙午，御躍龍殿門張樂宴羣臣，賜右相絹一千五百疋，綵羅三百疋，綵綾五百疋；左相絹三百疋，綵羅綾各五十疋；餘三品八十疋，四品五品六十疋，六品七品四十疋，極歡而罷。【略】

〔十五載六月〕己亥，次扶風郡。軍士各懷去就，咸出醜言，陳玄禮不能制。會益州貢春綵十萬匹，上悉命置于庭，召諸將諭之曰：「卿等國家功臣，陳力久矣，朕之優獎，常亦不輕。逆胡背恩，事須迴避。甚知卿等不得別父母妻子，朕亦不及親辭九廟。」言發涕流。又曰：「朕須幸蜀，路險狹，人若多往，恐難供承。今有此綵，卿等即宜分取，各圖去就。朕自有子弟中官相隨，便與卿等訣別。」衆咸俯伏涕泣曰：「死生願從陛下。」上曰：「去住任卿。」自此悖亂之言稍息。

《舊唐書》卷一二《德宗紀上》　〔建中元年〕八月甲午，振武軍使張光晟殺領蕃迴紇首頗突董統等千人，收駝馬千餘，繒錦十萬匹。乃徵光晟歸朝，以彭令芳代之。【略】

建中三年夏四月戊寅，以中書侍郎、平章事張鎰兼鳳翔尹、隴右節度使，以代朱泚。加泚實封五百户，賜寶氏名園、涇水上腴田及錦綵金銀器，以安其意，時滔叛故也。

《舊唐書》卷一三《德宗紀下》　貞元十八年秋七月庚辰，蔡、申、光三州春水夏旱，賜帛五萬段，米十萬石，鹽三千石。

《舊唐書》卷一四《順宗紀》　〔貞元二十一年〕六月丙申，詔二十一年十月已前百姓所欠諸色課利、租賦、錢帛，共五十二萬六千八百四十一貫、石、匹、束，並宜除免。

《舊唐書》卷一四《憲宗紀上》　〔元和五年冬十月〕庚辰，宰相裴垍進所撰《德宗實録》五十卷，賜垍錦綵三百匹、銀器等，史官蔣武、韋處厚等頒賜有差。

《舊唐書》卷一五《憲宗紀下》　〔元和十年三月〕辛亥，盗焚河陰轉運院，凡燒錢帛二十萬貫匹、米二萬四千八百石、倉室五十五間。【略】

十一月戊辰，詔出內庫繒絹五十五萬匹供軍。【略】

〔十一年〕三月庚午，皇太后崩于興慶宫之咸寧殿。【略】己卯，以宰臣李逢吉充大行皇太后山陵使，出內庫繒帛五萬匹充奉山陵。【略】

〔冬十月〕辛巳，命內常侍梁守謙監淮西行營諸軍，仍以空名告身五百通及金帛付之。

《舊唐書》卷一六《穆宗紀》　〔長慶二年夏四月〕癸未，翰林侍講學士韋處厚、路隨所進《六經法言》二十卷，賜錦綵二百匹，銀器二百事，處厚改中書舍人，

隨改諫議大夫，並賜金紫。【略】

〔七月〕丁未，内出綾絹五十萬匹付度支，以供軍用。【略】

〔九月丁巳〕陰山府沙陁突厥兵馬使朱耶執宜來朝貢，賜官誥、錦綵、銀器。【略】

〔三年十月〕杜元穎赴鎮蜀，上御安福門餞，因賜皇城留守及金吾衛率等帛有差。

《舊唐書》卷一七上《敬宗紀上》〔寶曆元年秋七月〕乙丑，侍講學士崔鄲、高重進《纂要》十卷，賜錦綵二百匹。【略】

二年五月戊辰朔，上御宣和殿，對内人視屬一千二百人，並於教坊賜食，各頒錦綵。辛未，秘書省著作郎韋公肅注太宗所撰《帝範》十二篇進，特賜錦綵百匹。

《舊唐書》卷一七上《文宗紀上》〔寶曆二年十二月〕庚申，詔：君臨天下者，莫尚乎崇澹泊，子困窮，遵道以端本，推誠而達下。故聖祖之誡，以慈儉爲寶；大《易》明訓，垂簡易之文。未有上約而下不豐，欲寡而求不給。【略】今年已來諸道所進音聲女人，各賜束帛放還。【略】

〔大和二年五月〕庚子，敕：「應諸道進奉内庫，四節及降誕進奉金花銀器并纂組文纈雜物，並折充鋌銀及綾絹。其中有賜與所須，待五年後續有進止。」帝性恭儉，惡侈靡，庶人務敦本，故有是詔。【略】

大和三年九月戊寅朔。辛巳，敕兩軍、諸司、内官不得著紗縠綾羅等衣服。帝性儉素，不喜華侈。駙馬韋處仁戴夾羅巾，帝謂之曰：「比慕卿門地清素，以之選尚。如此巾服，從他諸戚爲之，唯卿非所宜也。」

《舊唐書》卷一七《文宗紀下》〔大和八年九月〕庚申，右軍中尉王守澄宣召鄭注，對于浴堂門，仍賜錦綵銀器。

《舊唐書》卷一八下《宣宗紀》〔大中八年三月〕，宰相監修國史魏謩修成《文宗實録》四十卷上之，修史官給事中盧耽、太常少卿蔣偕，司勳員外郎王渢、右補闕盧吉，頒賜銀器、錦綵有差。

《舊唐書》卷一九上《懿宗紀》咸通九年十一月庚寅朔。丁酉戌時，妖星初出，如匹練亘空，化爲雲，没在楚分。〔賊龐勛別將〕吴迥既執李湘，乃令小將張行簡、吴約攻滁州。城内無兵，有淮南遊奕兵三百人在州界，見賊至，徑來奔郡，賊乘之，遂陷滁州。張行簡執刺史高錫望，手刃之，屠其城而去。行簡又進攻和州，刺史崔雍登城樓謂吴迥曰：「城中玉帛、女子不敢惜，只勿取天子城池。」賊許之，遂剽城中居民，殺判官張琢，以琢浚城壕故也。【略】

〔十年〕九月，賊宿州守將張玄稔以城降，有兵萬人，馬舉率師赴之。龐勛聞之，以其衆將攻玄稔。玄稔，賊之勁將也，遂舉合勢，急圍徐州。許佶登城拒守者三日，佶敗走出。玄稔收復徐州，龐勛方來赴援，聞城已拔，欲南趨濠州，馬舉追及涣河，擊敗之，勛溺水而死。蕭縣主將又斬許佶首來降，徐寇悉平。【略】與玄稔詔曰：【略】今授玄稔銀青光禄大夫、檢校右散騎常侍，兼右驍衛大將軍、御史大夫，賜分帛五千匹、金榼一枚、蓋椀一具、金腰帶一條。軍將張皐已下二十人，等第優給。今差高品李志承押領宣賜。」制曰：【略】被堅執鋭，冒涉寒暄，解甲櫜弓，還鄉復業，頒繒帛之賜，免差役之征。應四面行營將士，今既平寧，宜令次第放歸本道。其賞賜匹段，已從別敕處分，到本道後，仍令節度使各犒宴放歸私第，便令歇息，未用差使。

《舊唐書》卷五一《后妃傳上·太宗文德皇后長孫氏》后所生長樂公主，太宗特所鍾愛，及將出降，敕所司資送倍於長公主。魏徵諫曰：「昔漢明帝時，將封皇子，帝曰：『朕子安得同於先帝子乎！』然謂長主者，良以尊於公主也，情雖有差，義無等別。若令公主之禮有過長主，理恐不可，願陛下思之。」太宗以其言退而告后，后歎曰：「嘗聞陛下重魏徵，殊未知其故。今聞其諫，實乃能以義制主之情，可謂正直社稷之臣矣。」【略】后因請遣中使齎帛五百匹，詣徵宅以賜之。

《舊唐書》卷五六《杜伏威傳》太宗之圍王世充，遣使招之，伏威請降。高祖遣使就拜東南道行臺尚書令、江淮以南安撫大使、上柱國，封吴王，賜姓李氏，預宗正屬籍，封其子德俊爲山陽公，賜帛五千段，馬三百匹。

《舊唐書》卷五七《劉師立傳》太宗之謀建成、元吉也，嘗引師立密籌其事，或自宵達曙。其後師立與尉遲敬德、龐卿惲、李孟嘗等九人同誅建成有功，超拜左衛率。尋遷左驍衛將軍，封襄武郡公，賜絹五千匹。後人告師立自云「眼有赤光，體有非常之相，姓氏又應符讖」。太宗謂之曰：「人言卿欲反，如何？」師立大懼，俯而對曰：「臣任隋朝，不過六品，身材駑下，不敢輒希富貴。過蒙非常之遇，常以性命許國。而陛下功成事立，臣復致位將軍，顧己循躬，實踰涯分，臣是何人，輒敢言反！」太宗笑曰：「知卿不然，此妄言耳。」賜帛六十匹，延入臥内慰諭之。

《舊唐書》卷五八《劉弘基傳》武德元年，拜右驍衛大將軍，以元謀之勳恕其一死，領行軍左一總管。又從太宗討薛舉。時太宗以疾頓於高墌城，弘基、劉文靜等與舉接戰於淺水原，王師不利，八總管咸敗，唯弘基一軍盡力苦鬭，矢盡，爲舉所獲。高祖嘉其臨難不屈，賜其家粟帛甚厚。

《舊唐書》卷五九《屈突通傳》　從平薛舉，時珍物山積，諸將皆争取之，通獨無所犯。高祖聞而謂曰：「公清正奉國，著自終始，名下定不虚也。」特賜金銀六百兩，綵物一千段。【略】

貞觀二年卒，年七十二，太宗痛惜久之，贈尚書右僕射，謚曰忠。子壽襲爵。太宗幸洛陽宫，思通忠節，拜其少子詮果毅都尉，賜束帛以卹其家焉。

《舊唐書》卷六〇《永安王孝基傳》　武周遣其將尉遲敬德潛援崇茂，大戰於夏縣，王師敗績，孝基與唐儉等皆没於賊。後謀歸國，爲武周所害，高祖爲之發哀，廢朝三日，賜其家帛千匹。

《舊唐書》卷六〇《襄邑王神符傳》　武德九年，遷揚州大都督，移州府及居人自丹陽渡江，州人賴焉。貞觀初，再遷宗正卿。後以疾辭職，太宗幸其第問疾，賜以縑帛，每給羊酒。

《舊唐書》卷六四《徐王元禮傳》　徐王元禮，高祖第十子也。少恭謹，善騎射。武德四年，封鄭王。貞觀六年，賜實封七百户，授鄭州刺史，徙封徐王，遷徐州都督。十七年，轉絳州刺史，以善政聞，太宗降璽書勞勉，賜以綿綵。

《舊唐書》卷六六《杜淹傳》　〔太宗〕即位，徵拜御史大夫，【略】及有疾，太宗親自臨問，賜帛三百匹。

《舊唐書》卷六九《張亮傳》　後房玄齡、李勣以亮倜儻有智謀，薦之於太宗，引爲秦府車騎將軍。漸蒙顧遇，委以心膂。會建成、元吉將起難，太宗以洛州形勝之地，一朝有變，將出保之。遣亮之洛陽，統左右王保等千餘人，陰引山東豪傑以俟變，多出金帛，恣其所用。

《舊唐書》卷六九《劉世讓傳》　復爲安定道行軍總管，率兵以拒薛舉，戰敗，世讓及弟實俱爲舉軍所獲。舉將至城下，令紿説城中曰：「大軍五道已趣長安，宜開門早降。」世讓僞許之，因告城中曰：「賊兵多少，極於此矣。宜善自固，以圖安全。」舉重其執節，竟不之害。太宗時屯兵高墌，世讓潛遣實逃歸，言賊中虚實，高祖嘉之，賜其家帛千匹。及賊平，得歸，授彭州刺史。

《舊唐書》卷七〇《王珪傳》　貞觀十一年，與諸儒正定《五禮》書成，賜帛三百段，封一子爲縣男。

《舊唐書》卷七〇《岑文本傳》　貞觀十一年，從至洛陽宫，會穀、洛泛溢，文本上封事曰：【略】是時魏王泰寵冠諸王，盛修第宅，文本以爲侈不可長，上疏盛陳節儉之義，言泰宜有抑損。太宗並嘉之，賜帛三百段。

《舊唐書》卷七〇《杜正倫傳》　貞觀二年，拜給事中，兼知起居注。太宗嘗謂侍臣曰：「朕每日坐朝，欲出一言，即思此言於百姓有利益否，所以不能多言。」正倫進曰：「君舉必書，言存左史。臣職當修起居注，不敢不盡愚直。陛下若一言乖於道理，則千載累於聖德，非直當今損於百姓，願陛下慎之。」太宗大悦，賜綵二百段。

四年，累遷中書侍郎。六年，正倫與御史大夫韋挺、秘書少監虞世南、著作郎姚思廉等咸上封事稱旨，太宗爲之設宴，【略】仍並賜帛有差。

《舊唐書》卷七三《姚思廉傳》　貞觀初，遷著作郎、弘文館學士。寫其形像列於《十八學士圖》，令文學褚亮爲之讚，曰：「志苦精勤，紀言實録。臨危殉義，餘風勵俗。」三年，又受詔與祕書監魏徵同撰梁、陳二史，思廉又採謝炅等諸家梁史續成父書，并推究陳事，删益傅縡、顧野王所修舊史，撰成《梁書》五十卷、《陳書》三十卷。魏徵雖裁其總論，其編次筆削，皆思廉之功也，贈綵絹五百段，加通直散騎常侍。

思廉以藩邸之舊，深被禮遇，政有得失，常遣密奏之，思廉亦直言無隱。太宗將幸九成宫，思廉諫曰：「離宫遊幸，秦皇、漢武之事，固非堯、舜、禹、湯之所爲也。」言甚切至。太宗諭曰：「朕有氣疾，熱便頓劇，固非情好遊賞也。」因賜帛五十匹。

《舊唐書》卷七三《顧胤傳》　胤，永徽中歷遷起居郎，兼修國史。撰《太宗實録》二十卷成，以功加朝散大夫，授弘文館學士。以撰武德、貞觀兩朝國史八十卷成，加朝請大夫，封餘杭縣男，賜帛五百段。

《舊唐書》卷七三《李延壽傳》　貞觀中，累補太子典膳丞、崇賢館學士。嘗受詔與著作佐郎敬播同修《五代史志》，又預撰《晉書》，尋轉御史臺主簿，兼直國史。延壽嘗撰《太宗政典》三十卷表上之，歷遷符璽郎，兼修國史。尋卒。調露中，高宗嘗觀其所撰《政典》，歎美久之，令藏于祕閣，賜其家帛五十段。延壽又嘗删補宋、齊、梁、陳及魏、齊、周、隋等八代史，謂之《南》、《北史》，凡一百八十卷，頗行於代。

《舊唐書》卷七八《張易之傳》　天后令選美少年爲左右奉宸供奉，右補闕朱敬則諫曰：「臣聞志不可滿，樂不可極。嗜慾之情，愚智皆同，賢者能節之不使過度，則前聖格言也。陛下內寵，已有薛懷義、張易之、昌宗，固應足矣。近聞尚舍奉御柳模自言子良賓潔白美鬚眉，左監門衛長史侯祥云陽道壯偉，過於薛懷義，專欲自進堪奉宸內供奉。無禮無儀，溢於朝聽。臣愚職在諫諍，不敢不奏。」則天勞之曰：「非卿直言，朕不知此。」賜綵百段。

《舊唐書》卷七九《呂才傳》　才龍朔中爲太子司更大夫。麟德二年卒。著《隋記》二十卷，行於時。

子方毅，七歲能誦《周易》、《毛詩》，太宗聞其幼敏，召見，甚奇之，賜以縑帛。

《舊唐書》卷八四《裴行儉傳》　上元二年，加銀青光祿大夫。高宗以行儉工於草書，嘗以絹素百卷，令行儉草書《文選》一部，帝覽之稱善，賜帛五百段。

《舊唐書》卷九五《讓皇帝憲傳》　初，玄宗兄弟聖曆初出閤，列第於東都積善坊，五人分院同居，號「五王宅」。大足元年，從幸西京，賜宅於興慶坊，亦號「五王宅」。及先天之後，興慶是龍潛舊邸，因以爲宮。憲於勝業東南角賜宅，申王撝、岐王範於安興坊東南賜宅，薛王業於勝業西北角賜宅，邸第相望，環於宮側。玄宗於興慶宮西南置樓，西面題曰花萼相輝之樓，南面題曰勤政務本之樓。玄宗時登樓，聞諸王音樂之聲，咸召登樓同榻宴謔，或便幸其第，賜金分帛，厚其歡賞。

《舊唐書》卷一〇〇《裴寬傳》　寬以清簡爲政，故所莅人皆愛之。當時望爲宰輔。【略】天寶十四載卒，年七十五。詔贈太子少傅，賻帛一百五十段、粟一百五十石。

《舊唐書》卷一一三《裴冕傳》　元載秉政。載爲新平縣尉，王鉷辟在巡內，冕常引之，載頗德冕。會宰臣杜鴻漸卒，載遂舉冕代之。【略】

拜職未盈月，卒，大曆四年十二月也。上悼之，輟朝三日，贈太尉，賻帛五百匹、粟五百石。

《舊唐書》卷一一八《元載傳》　廣德元年，與宰臣劉晏、裴遵慶同扈從至陝。及興駕還宮，遵慶皆罷所任，載恩寵彌盛。〔李〕輔國死，載復結內侍董秀，多與之金帛，委主書卓英倩潛通密旨。以是上有所屬，載必先知之，承意探微，言必玄合，上益信任之。

《舊唐書》卷一二六《陳少遊傳》　少遊十餘年間，三總大藩，皆天下殷厚處也。以故徵求貿易，且無虛日，斂積財寶，累巨億萬，多賂遺權貴，視文雅清流之士，蔑如也。初結元載，每年饋金帛約十萬貫，又多納賂於用事中官駱奉先、劉清潭、吴承倩等，由是美聲達於中禁。後見元載在相位年深，以過犯漸見疑忌，少遊亦稍疏之。無何，載子伯和貶官揚州，少遊外與之交結，而陰使人伺其過失，密以上聞。代宗以爲忠，待之益厚。【略】

建中四年十月，駕幸奉天，度支汴東兩稅使包佶在揚州，尚未知也。佶判官崔沅遽報少遊，佶時所總賦稅錢帛約八百萬貫在焉，少遊意以爲賊據京師，未即收復，遂脅取其財物。先使判官崔頒就佶强索其納給文曆，并請供二百萬貫錢物以助軍費，佶答曰：「所用財帛，須承敕命。」未與之。頒勃然曰：「中丞若得爲劉長卿，不爾，爲崔衆矣。」長卿嘗任租庸使，爲吴仲孺所困，崔衆供軍吝財，爲光弼所殺，故頒言及之。佶大懼，不敢固護，財帛將轉輸入京師者，悉爲少遊奪之。佶自謁，少遊止焉，長揖而遣，既懼禍，奔往白沙。少遊又遣判官房孺復召之，佶愈懼，託以巡檢，因急棹過江，妻子伏案牘中。至上元，復爲韓滉所拘留。佶先有兵三千，守禦財貨，令高越、元甫將焉，少遊盡奪之。隨佶渡江者，又爲韓滉所留，佶但領胥吏往江、鄂等州。佶於彈丸中置表，以少遊脅取財帛事。會少遊使繼至，上問曰：「少遊取包佶財帛，有之乎？」對曰：「臣發揚州後，非所知也。」上曰：「少遊國之守臣，或防他盜，供費軍旅，收亦何傷。」時方隅阻絶，國命未振，遠近聞之大驚，咸以聖情達於變通，明見萬里。少遊後聞之，乃安。

《舊唐書》卷一二七《張光晟傳》　張光晟，京兆盩厔人，起於行間。天寶末，哥舒翰兵敗潼關，大將王思禮所乘馬中流矢而斃，光晟時在騎卒之中，因下，以馬授思禮。思禮問其姓名，不告而退，思禮陰記其形貌，常使人密求之。無何，思禮爲河東節度使，其偏將辛雲京爲代州刺史，屢爲將校譖毁，思禮怒焉。雲京惶懼，不知所出。光晟時隸雲京麾下，因間進曰：「光晟素有德於王司空，比不言者，恥以舊恩受賞。今使君憂迫，光晟請奉命一見司空，則使君之難可解。」雲京然其計，即令之太原。乃謁思禮，未及言舊，思禮識之，遽曰：「爾豈非吾故人乎？何相見之晚也！」光晟遂陳潼關之事，思禮大喜，因執其手感泣曰：「吾有今日，子之力也。求子頗久，竟此相遇，何慰如之？」命同榻而坐，結爲兄弟。光晟遂述雲京之屈，思禮曰：「雲京比涉謗言，過亦不細，今爲故人，特捨之矣。」即日擢光晟爲兵馬使，賚田宅、縑帛甚厚，累奏特進，試太常少卿，委以心腹。及雲京爲河東節度使，又奏光晟爲代州刺史。

大曆末，遷單于都護、兼御史中丞、振武軍使。代宗密謂之曰：「北蕃縱橫日久，當思所禦之計。」光晟既受命，至鎮，威令甚行。建中元年，迴紇突董梅録領衆并雜種胡等自京師還國，輿載金帛，相屬於道。光晟訝其裝橐頗多，潛令驛吏以長錐刺之，則皆輦歸所誘致京師婦人也。遂給突董及所領徒悉令赴宴，酒酣，光晟伏甲盡拘而殺之，死者千餘人，唯留二胡歸國復命。遂部其婦人，給糧還京，收其金帛，賞賚軍士。

《舊唐書》卷一三一《李皐傳》 性勤儉，知人疾苦，設監司，能參聽下，持將吏短長，賞罰必信。所至常平物價，貴則出賣之，給將吏稟俸，豪家不得擅其利。常運心巧思爲戰艦，挾二輪蹈之，翔風鼓浪，疾若掛帆席，所造省易而久固。又造欹器，進入内中。每遺人物，常自秤量。署之官匹帛皆印之，絶吏之私。

《舊唐書》卷一三四《渾瑊傳》 建中四年，李希烈遣間諜詐爲瑊書與希烈交通，瑊奏其狀，上特保證之，仍賜瑊馬一匹并鞍轡，錦綵二百匹。

《舊唐書》卷一三五《皇甫鎛傳》 鎛知公議不可，益以巧媚自固，奏減内外官俸錢以贍國用；敕下，給事中崔祐封還詔書，其事方罷。時内出積年庫物付度支估價，例皆陳朽，鎛盡以善價買之，以給邊軍。羅縠繒綵，觸風斷裂，隨手散壞，軍士怨怒，皆聚而焚之。裴度奏事，因言邊軍焚賜之意，鎛因引其足奏曰：「此靴乃内庫出者，臣以俸錢二千買之，堅韌可以久服，所言不可用，皆詐也。」帝以爲然，由是鎛益無忌憚。

《舊唐書》卷一三八《賈耽傳》 自吐蕃陷隴右積年，國家守於内地，舊時鎮戍，不可復知。耽乃畫隴右、山南圖，兼黄河經界遠近，聚其説爲書十卷，表獻曰：【略】德宗覽之稱善，賜廐馬一匹、銀綵百匹、銀瓶盤各一。

至十七年，又譔成《海内華夷圖》及《古今郡國縣道四夷述》四十卷，表獻之，曰：【略】優詔答之，賜錦綵二百匹、袍段六、錦帳二、銀瓶盤各一、銀榼二、馬一匹，進封魏國公。

《舊唐書》卷一四五《吴少陽傳》 初，吴少誠父翔在魏博軍中，與少陽相愛，及少誠知淮西留守，乃厚以金帛取少陽至，則名以堂弟，署爲軍職，累奏官爵，出入少誠家，情旨甚暱。

《舊唐書》卷一四九《歸崇敬傳》 建中初，又拜國子司業。尋選爲翰林學士，遷左散騎常侍，加銀青光禄大夫，尋兼晋王元帥參謀，累加光禄大夫。以兩河叛換之徒初稟朝命，令崇敬以本官兼御史大夫持節宣慰，奉使稱旨。及還，上表請歸拜墓，許之，賜以繒帛，儒者榮之。

《舊唐書》卷一四九《奚陟傳》 遷刑部侍郎。裴延齡惡京兆尹李充有能政，專意陷害之，誣奏充結陸贄，數厚賂遺金帛。充既貶官，又奏充比者妄破用京兆府錢穀至多，請令比部勾覆，以比部郎中崔元翰陷充，怨惡贄也。詔許之。元翰曲附延齡，劾治府史。府史到者，雖無過犯，皆笞決以立威，時論喧然。陟乃躬自閲視府案，具得其實，奏言：【略】陟之寬平守法，多如此類。

《舊唐書》卷一五四《吕元膺傳》 貞元十年七月，鄆州李師道留邸伏甲謀亂。初，師道於東都置邸院，兵諜雜以往來，吏不敢辨。因吴元濟北犯，郊畿多警，防禦兵盡戍伊闕。師道伏甲百餘於邸院，將焚宫室，而肆殺掠。已烹牛饗衆，明日將出。會小將李再興告變，元膺追兵伊闕，圍之半日，無敢進攻者，防禦判官王茂元殺一人而後進。或有毁其墉而入者，賊衆突出，圍兵奔駭。賊乃團結，以其孥偕行，出長夏門，轉掠郊墅，奪牛馬，東濟伊水，望山而去。元膺誡境上兵，重購以捕之。數月，有山棚賣鹿於市，賊過，山棚乃召集其黨，引官兵圍於谷中，盡獲之。窮理其魁，乃中岳寺僧圓淨，年八十餘，嘗爲史思明將，偉悍過人。初，師道多買田於伊闕、陸渾之間，凡十餘處，故以舍山棚而衣食之。有訾嘉珍、門察者，潛部分之，以屬圓淨。以師道錢千萬僞理佛寺，期以嘉珍竊發時舉火於山中，集二縣山棚人作亂。及窮按之，嘉珍、門察皆稱害武元衡者。元膺以聞，送之上都，賞告變人楊進、李再興錦綵三百匹、宅一區，授之郎將。元膺因請募山河子弟以衛宫城，從之。盜發之日，都城震恐，留守兵寡弱不可倚，而元膺坐皇城門，指使部分，氣意自若，以故居人帖然。

《舊唐書》卷一五五《崔郾傳》 昭愍即位，選侍講學士，轉中書舍人。入思政殿謝恩，郾奏曰：「陛下用臣爲侍講，半歲有餘，未嘗問臣經義。今蒙轉改，實慚尸素，有愧厚恩。」帝曰：「朕機務稍閑，即當請益。」高鉞曰：「陛下意雖樂善，既未延接儒生，天下之人，寧知重道？」帝深引咎，賜之錦綵。郾退與同列高重抄撮《六經》嘉言要道，區分事類，凡十卷，名曰《諸經纂要》，冀人主易於省覽。上嘉之，賜錦綵二百匹、銀器等。

《舊唐書》卷一五九《韋處厚傳》 處厚以幼主荒怠，不親政務，既居納誨之地，宜有啓導性靈，乃銓擇經義雅言，以類相從，爲二十卷謂之《六經法言》，獻之。賜以繒帛銀器，仍賜金紫。【略】

處厚正拜兵部侍郎，謝恩於思政殿。時昭愍狂恣，屢出畋遊，每月坐朝不三四日，處厚因謝從容奏曰：「臣有大罪，伏乞面首。」帝曰：「何也？」處厚對曰：「臣前爲諫官，不能先朝死諫，縱先聖好畋及色，以至不壽，臣合當誅。然所以不死諫者，亦爲陛下此時在春宮，年已十五。今則陛下皇子始一歲矣，臣安得更避死亡之誅？」上深感悟其意，賜錦綵一百匹、銀器四事。【略】

處厚爲翰林承旨學士，每立視草，愜會聖旨。常奉急命於宣州徵鷹鸇及楊、益、兩浙索奇文綾（綿）〔錦〕，皆抗疏不奉命，且引前時赦書爲證，帝皆可其奏。

《舊唐書》卷一六一《李光顔傳》　元和十二年四月，光顔敗元濟之衆三萬于郾城，其將張伯良奔于蔡州，殺其賊什二三，獲馬千匹，器甲三萬聯，皆畫雷公符，仍書云：「速破城北軍。」尋而郾城守將鄧懷金請以城降，光顔許之，而收郾城。【略】

時韓弘爲汴帥，驕矜倔強，常倚賊勢索朝廷姑息，惡光顔力戰，陰圖撓屈，計無所施。遂舉大梁城求得一美婦人，教以歌舞絃管六博之藝，飾之以珠翠金玉衣服之具，計費數百萬，命使者送遺光顔，冀一見悦惑而怠於軍政也。【略】光顔乃於座上謂來使曰：「令公憐光顔離家室久，捨美妓見贈，誠有以荷德也。然光顔受國家恩深，誓不與逆賊同生日月下。今戰卒數萬，皆背妻子，蹈白刃，光顔奈何以女色爲樂？」言訖，涕泣嗚咽。堂下兵士數萬，皆感激流涕。乃厚以縑帛酬其來使，俾領其妓自席上而迴，謂使者曰：「爲光顔多謝令公。光顔事君許國之心，死無貳矣！」自此兵衆之心，彌加激勵。【略】

賊平，加檢校司空。

十三年春，命中官宴光顔於居第，賜芻米二十餘車。憲宗又御麟德殿召對，賜金帶錦綵。【略】

長慶初，遷鳳翔節度使，依前檢校司空、同中書門下平章事。歲末，復授許州節度使。朝廷以光顔昔鎮陳許，頗得士心，將討鎮、冀，故有此拜。赴鎮日，宰相百僚以故事送別於章敬寺，穆宗御通化門臨送之，賜錦綵、銀器、良馬、玉帶等物。

《舊唐書》卷一六二《韋綬傳》　元和十年，改職方郎中，充太子諸王侍讀，再遷諫議大夫。時穆宗在東宮，方幼好戲，綬講書之隙，頗以嘲誚悦之。【略】上益嘉太子之賢，賜綬錦綵。

《舊唐書》卷一六三《孟簡傳》　十五年，穆宗即位，貶吉州司馬員外置同正員。初，簡在襄陽，以腹心吏陸翰知上都進奏，委以關通中貴。翰持簡陰事，漸不可制，簡怒，追至州，以土囊殺之，且欲滅口。翰子弟詣闕，進狀訴冤，且告簡贓狀。御史臺按驗，獲簡賂吐突承璀錢帛等共計七千餘貫匹，事狀明白，故再貶之。

《舊唐書》卷一六五《柳公權傳》　大中初，轉少師，中謝，宣宗召昇殿，御前書三紙，軍容使西門季玄捧硯，樞密使崔巨源過筆。一紙真書十字，曰「衛夫人傳筆法於王右軍」；一紙行書十一字，曰「永禪師真草《千字文》得家法」；一紙草書八字，曰「謂語助者焉哉乎也」。賜錦綵、瓶盤等銀器，仍令自書謝狀，勿拘真行，帝尤奇惜之。

《舊唐書》卷一六五《殷侑傳》　大和四年，加檢校工部尚書、滄齊德觀察使。時大兵之後，滿目荆榛，遺骸蔽野，寂無人煙。侑不以妻子之官，始至，空城而已。侑攻苦食淡，與士卒同勞苦。周歲之後，流民襁負而歸。侑上表請借耕牛三萬，以給流民，乃詔度支賜綾絹五萬匹，買牛以給之。數年之後，户口滋饒，倉廩盈積，人皆忘亡。初州兵三萬，悉取給於度支。侑一歲而賦入自贍其半，二歲而給用悉周，請罷度支給賜。而勸課多方，民吏胥悦，上表請立德政碑。以功加檢校吏部尚書。

六年，入爲刑部尚書，尋復檢校吏部尚書、鄆州刺史，兼御史大夫，充天平軍節度、鄆曹濮觀察等使。自元和末，收復師道十二州爲三鎮。朝廷務安反側，征賦所入，盡留贍軍，貫緡尺帛，不入王府。侑以軍賦有餘，賦不上供，非法也，乃上表起大和七年，請歲供兩税、榷酒等錢十五萬貫，粟五萬石。

《舊唐書》卷一六八《高釴傳》　釴孤貞無黨，而能累陳時政得失。長慶元年，穆宗憐之，面賜緋於思政殿，仍命以本官充翰林學士。二年，遷兵部員外郎，依前充職。四年四月，禁中有張韶之變，敬宗幸左軍。是夜，釴從帝宿於左軍。翌日賊平，賞從臣，賜釴錦綵七十匹，轉户部郎中、知制誥。十二月，正拜中書舍人，充職如故。謝恩於思政殿，因諫敬宗，以求理莫若躬親，用示憂勤之旨也。帝深納其言，又賜錦綵五十匹。

《舊唐書》卷一六九《鄭注傳》　大和八年九月，注進藥方一卷，令〔王〕守澄召注對浴堂門，賜錦綵。

《舊唐書》卷一六九《王涯傳》　大和三年正月，入爲太常卿。文宗以樂府之音，鄭衛太甚，欲聞古樂，命涯詢於舊工，取開元時雅樂，選樂童按之，名曰《雲韶樂》。樂曲成，涯與太常丞李廓、少府監庚承憲押樂工獻於黎園亭，帝按之於會昌殿。上悅，賜涯等錦綵。

《舊唐書》卷一六九《王璠傳》 大和九年五月，遷户部尚書、判度支。謝日，召對浴堂，錫之錦綵。

《舊唐書》卷一七四《李德裕傳》 開成二年五月，授揚州大都督府長史、淮南節度副大使、知節度使事，代牛僧孺。初僧孺聞德裕代己，乃以軍府事交付副使張鷺，即時入朝。時揚州府藏錢帛八十萬貫匹，及德裕至鎮，奏領得止四十萬，半爲張鷺支用訖。僧孺上章訟其事，詔德裕重檢括，果如僧孺之數。德裕稱初到鎮疾病，爲吏隱欺，請罰，詔釋之。補闕王績、魏謩、崔黨、韋有翼、拾遺令狐綯、韋楚老、樊宗仁等，連章論德裕妄奏錢帛以傾僧孺，上竟不問。

《舊唐書》卷一七五《懷懿太子湊》 懷懿太子湊，穆宗第六子。少寬和温雅，齊莊有度。長慶初，封漳王。文宗以王守澄恃權，深怒閹官，欲盡誅之，密令宰相宋申錫與外臣謀畫其計。守澄門人鄭注伺知其事，欲先事誅申錫。以漳王賢而有望，乃令神策虞候豆盧著告變，言「十六宅宮市典晏敬則、朱訓與申錫親事王師文同謀不軌，朱訓與王師文言聖上多病，太子年小，若立兄弟，次是漳王，要先結託，乃於師文處得銀五鋌，絹八百匹；又晏敬則於十六宅將出漳王吴綾汗衫一領，熟線綾一匹，以答申錫」。其事皆鄭注憑虚結構，而擒朱訓等於黄門獄，鍛鍊僞成其款。居三四日，朝臣方悟其誣構。諫官崔玄亮等閤中極諫，叩頭出血，請出申錫獄付外勘鞫。鄭注輩恐其僞迹敗露，乃請行貶黜。【略】制下，上令中使齎巢縣官告，就十宅賜湊。言國法須此，爾宜寬勉。

《舊唐書》卷一七六《魏謩傳》 進階銀青光禄大夫，兼禮部尚書、監修國史。修成《文宗實録》四十卷，上之。其修史官給事中盧耽、太常少卿蔣偕、司勳員外郎王渢、右補闕盧告、膳部員外郎牛叢，皆頒賜錦綵、銀器，序遷職秩。

《舊唐書》卷一八〇《張允仲傳》 咸通九年，累加至光禄大夫、檢校司徒、兼太傅、同中書門下平章事、燕國公。十年，徐人作亂，請以弟允皐領兵伐叛，懿宗不允。進助軍米五十萬石，鹽二萬石，詔嘉之，賜以錦綵、玉帶、金銀器等。

《舊唐書》卷一八三《外戚傳·太平公主》 〔神龍〕二年正月，置公主府。景龍二年，公主男崇簡、崇敏、崇行，同授三品，與漁陽王兄弟四人同制。時中宗仁善，韋后、上官昭容用事禁中，皆以爲智謀不及公主，甚憚之。公主日益豪横，進達朝士，多至大官，詞人後進造其門者，或有貧窘，則遺之金帛，士亦翕然稱之。

及唐隆元年六月，韋后作逆稱制，僞尊温王。玄宗居臨淄邸，憤之，將清內難。公主又預其謀，令男〔薛〕崇簡從之。及立温王，數日，天下之心歸於相府，難爲其議。公主入啓幼主，以王室多故，資於長君，乃提下幼主，因與玄宗、大臣尊立睿宗。【略】

公主由是滋驕，田園遍於近甸膏腴，而市易造作器物，吴、蜀、嶺南供送，相屬於路。綺疏寶帳，音樂輿乘，同於宮掖。侍兒披羅綺，常數百人，蒼頭監嫗，必盈千數。外州供狗馬玩好滋味，不可紀極。

《舊唐書》卷一八三《外戚傳·王子顔》 王子顔，琅邪臨沂人，莊憲皇后之父也。祖思敬，少從軍，累試太子賓客。父難得，有勇決，善騎射，天寶初爲河源軍使。吐蕃贊普王子郎支都有勇，乘譜真馬，寶鈿裝鞍，出陣求鬬，無敢與校者。難得挾槍奮馬突前，刺殺郎支都，斬其首，傳於京師。軍還，玄宗召見之，令於殿前乘馬挾槍作刺郎支都之狀，賜以錦袍金帶，累拜金吾將軍同正員。【略】

禄山之叛，從哥舒翰戰於潼關，關門不守，從肅宗幸靈武。時行在闕軍賞，難得進絹三千疋及金銀器等。至德初，試衛尉卿、興平軍使，兼鳳翔都知兵馬使。

《舊唐書》卷一八五上《良吏傳上·薛季昶》 有汴州孝女李氏，年八歲，父卒，柩殯在堂十餘載，每日哭臨無限。及年長，母欲嫁之，遂截髮自誓，請在家終養。及喪母，號毀殆至滅性，家無丈夫，自營棺椁，州里欽其至孝，送葬者千餘人。葬畢，廬於墓側，蓬頭跣足，負土成墳，手植松柏數百株。季昶列上其狀，有制特表門閭，賜以粟帛。

《舊唐書》卷一八七上《忠義傳上·張道源》 武德七年卒官，贈工部尚書，謚曰節。道源雖歷職九卿，身死日，唯有粟兩石，高祖深異之，賜其家帛三百段。族子楚金。

《舊唐書》卷一八七上《忠義傳上·張楚金》 楚金少有志行，事親以孝聞。初與兄越石同預鄉貢進士，州司將罷越石而薦楚金，辭曰：「以順則越石長，以才則楚金不如。」固請俱退。時李勣爲都督，歎曰：「貢士本求才行，相推如此，何嫌雙居也。」乃俱薦擢第。楚金，高宗時累遷刑部侍郎。儀鳳年，有妖星見，楚金上疏，極言得失，高宗優納，賜帛二百段。

《舊唐書》卷一八八《孝友傳·許坦》 豫州人許坦，年十歲餘，父入山採藥，爲猛獸所噬，即號叫以杖擊之，獸遂奔走，父以得全。太宗聞而謂侍臣曰：「坦雖幼童，遂能致命救親，至孝自中，深可嘉尚。」授文林郎，賜帛五十段。

《舊唐書》卷一八八《孝友傳・丁公著》　公著生三歲，喪所親。七歲，見鄰母抱其子，哀感不食，因請於父，絶粒奉道，冀其幽贊，父憫而從之。年十七，父勉令就學。年二十一，《五經》及第。明年，又通《開元禮》，授集賢校書郎。秩未終，歸侍鄉里，不應請辟。居父喪，躬負土成墳，哀毁之容，人爲憂之，里閭聞風，皆敦孝悌。觀察使薛苹表其行，詔賜粟帛，旌其門閭。

《舊唐書》卷一八九上《儒學傳序》　玄宗在東宮，親幸太學，大開講論，學官生徒，各賜束帛。及即位，數詔州縣及百官薦舉經通之士。又置集賢院，招集學者校選，募儒士及博涉著實之流。

《舊唐書》卷一八九上《儒學傳・陸德明》　王世充平，太宗徵爲秦府文學館學士，命中山王承乾從其受業。尋補太學博士。後高祖親臨釋奠，時徐文遠講《孝經》，沙門惠乘講《波若經》，道士劉進喜講《老子》，德明難此三人，各因宗指，隨端立義，衆皆爲之屈。高祖善之，賜帛五十匹。貞觀初，拜國子博士，封吳縣男。尋卒。撰《經典釋文》三十卷、《老子疏》十五卷、《易疏》二十卷，並行於世。太宗後嘗閲德明《經典釋文》，甚嘉之，賜其家束帛二百段。

《舊唐書》卷一八九上《儒學傳上・歐陽詢》　仕隋爲太常博士。高祖微時，引爲賓客。及即位，累遷給事中。詢初學王羲之書，後更漸變其體，筆力險勁，爲一時之絶，人得其尺牘文字，咸以爲楷範焉。高麗甚重其書，嘗遣使求之。高祖嘆曰：「不意詢之書名，遠播夷狄，彼觀其跡，固謂其形魁梧耶！」武德七年，詔與裴矩、陳叔達撰《藝文類聚》一百卷，奏之，賜帛二百段。

《舊唐書》卷一八九上《儒學傳上・谷那律》　貞觀中，累補國子博士。黄門侍郎褚遂良稱爲「九經庫」。尋遷諫議大夫，兼弘文館學士。嘗從太宗出獵，在途遇雨，因問：「油衣若爲得不漏？」那律曰：「能以瓦爲之，必不漏矣。」意欲太宗不爲畋獵。太宗悦，賜帛二百段。

《舊唐書》卷一八九上《儒學傳上・許叔牙》　少精於《毛詩》、《禮記》，尤善諷詠。貞觀初，累授晉王文學兼侍讀，尋遷太常博士。升春宮，加朝散大夫，遷太子洗馬，兼崇賢館學士，仍兼侍讀。嘗撰《毛詩纂義》十卷，以進皇太子，太子賜帛百段，兼令寫本付司經局。御史大夫高智周嘗謂人曰：「凡欲言《詩》者，必須先讀此書。」

《舊唐書》卷一八九上《儒學傳上・敬播》　貞觀初，舉進士。俄有詔詣祕書内省佐顔師古、孔穎達修《隋史》，尋授太子校書。史成，遷著作郎，兼修國史。與給事中許敬宗撰《高祖》、《太宗實録》，自創業至于貞觀十四年，凡四十卷，奏之，賜物五百段。【略】

永徽初，拜著作郎。與許敬宗等撰《西域圖》。後歷諫議大夫，給事中，並依舊兼修國史。又撰《太宗實録》，從貞觀十五年至二十三年，爲二十卷，奏之，賜帛三百段。

《舊唐書》卷一八九下《儒學傳下・馮伉》　少有經學。大曆初，登《五經》秀才科，授祕書郎。建中四年，又登博學《三史》科。三遷尚書膳部員外郎，充睦王已下侍讀。澤潞節度使李抱真卒，爲弔贈使，抱真男遺伉帛數百匹，不納。又專送至京，伉因表奏，固請不受。屬醴泉缺縣令，宰臣進人名，帝意不可，謂宰臣曰：「前使澤潞不受財帛者，此人必有清政，可以授之。」遂改醴泉令。

《舊唐書》卷一九〇上《文苑傳上・張藴古》　性聰敏，博涉書傳，善綴文，能背碑覆局，尤曉時務，爲州閭所稱。自幽州總管府記室直中書省。太宗初即位，上《大寶箴》以諷，其詞曰：【略】太宗嘉之，賜以束帛，除大理丞。

《舊唐書》卷一九〇中《文苑傳中・閻朝隱》　聖曆二年，則天不豫，令朝隱往少室山祈禱。朝隱乃曲中悦媚，以身爲犧牲，請代上所苦。及將康復，賜絹綵百匹、金銀器十事。俄轉麟臺少監。

《舊唐書》卷一九〇中《文苑傳中・李邕》　初，邕早擅才名，尤長碑頌。雖貶職在外，中朝衣冠及天下寺觀，多齎持金帛，往求其文。前後所製，凡數百首，受納饋遺，亦至鉅萬。時議以爲自古鬻文獲財，未有如邕者。

《舊唐書》卷一九二《隱逸傳・盧鴻》　六年，至東都，謁見不拜。宰相遣通事舍人問其故，奏曰：「臣聞老君言，禮者，忠信之所薄，不足可依。山臣鴻一敢以忠信奉見。」上别召升内殿，賜之酒食。詔曰：「盧鴻一應辟而至，訪之至道，有會淳風，爰舉逸人，用勸天下。特宜授諫議大夫。」鴻一固辭，又制曰：昔在帝堯，全許由之節；緬惟大禹，聽伯成之高。則知天子有所不臣，諸侯有所不友，《遯》之時義大矣哉！嵩山隱士盧鴻一，抗迹幽遠，凝情篆素，隱居以求其志，行義以達其道，雲卧林壑，多歷年載。【略】宜以諫議大夫放還山。歲給米百石、絹五十匹，充其藥物，仍令府縣送隱居之所。若知朝廷得失，具以狀聞。

《舊唐書》卷一九二《隱逸傳・陽城》　家貧不能得書，乃求爲集賢寫書吏，竊官書讀之，晝夜不出房，經六年，乃無所不通。既而隱於中條山，遠近慕其德行，多從之學。閭里相訟者，不詣官府，詣城請決。陝號觀察使李泌聞其名，親詣其里訪之，與語甚悅。泌爲宰相，薦爲著作郎，德宗令長安縣尉楊寧齎束帛詣夏縣所居而召之，城乃衣褐赴京，上章辭讓。德宗遣中官持章服衣之而後召，賜帛五十匹。尋遷諫議大夫。

初未至京，【略】約其二弟云：「吾所得月俸，汝可度吾家有幾口，月食米當幾何，買薪、菜、鹽凡用幾錢，先具之，其餘悉以送酒媼，無留也。」未嘗有所蓄積。雖所服用有切急不可闕者，客稱某物佳可愛，城輒喜，舉而授之。有陳萇者，候其始請月俸，常往稱其錢帛之美，月有獲焉。

《舊唐書》卷一九三《列女傳・楊三安妻李氏》　事舅姑以孝聞。及舅姑亡没，三安亦死，二子孩童，家至貧窶。李晝則力田，夜則紡緝，數年間葬舅姑及夫之叔姪兄弟者七喪，深爲遠近所嗟尚。太宗聞而異之，賜帛二百段，遣州縣所在存恤之。

《舊唐書》卷一九三《列女傳・劉寂妻夏侯氏》　劉寂妻夏侯氏，滑州胙城人，字碎金。父長雲，爲鹽城縣丞，因疾喪明。碎金乃求離其夫，以終侍養。經十五年，兼事後母，以至孝聞。及父卒，毁瘠殆不勝喪，被髮徒跣，負土成墳，廬於墓側，每日一食，如此者積年。貞觀中，有制表其門閭，賜以粟帛。

《舊唐書》卷一九五《迴紇傳》　〔至德二載〕，初收西京，迴紇欲入城劫掠，廣平王固止之。乃收東京，迴紇遂入府庫收財帛，於市井村坊剽掠三日而止，財物不可勝計，廣平王又賚之以錦罽寶貝，葉護大喜。及肅宗還西京，十一月癸酉，葉護自東京至。敕百官於長樂驛迎，上御宣政殿宴勞之。葉護升殿，其餘酋長列於階下，賜錦繡繒綵金銀器皿。

《舊唐書》卷一九七《南蠻西南蠻傳・東女國》　垂拱二年，其王斂臂遣大臣湯劍左來朝，仍請官號。則天册拜斂臂爲左玉鈐衛員外將軍，仍以瑞錦製蕃服以賜之。天授三年，其王俄琰兒來朝。萬歲通天元年，遣使來朝。開元二十九年十二月，其王趙曳夫遣子獻方物。天寶元年，命有司宴於曲江，令宰臣已下同宴。又封曳夫爲歸昌王，授左金吾衛大將軍，賜其子帛八十匹，放還。後復以男子爲王。

貞元九年七月，其王湯立悉與哥鄰國王董卧庭、白狗國王羅陀忽、逋租國王弟鄧吉知、南水國王姪薛尚悉曩、弱水國王董辟和、悉董國王湯息贊、清遠國王蘇唐磨、咄霸國王董藐蓬，各率其種落詣劍南西川内附。其哥鄰國等，皆散居山川。弱水王即國初女國之弱水部落。其悉董國，在弱水西，故亦謂之弱水西悉董王。舊皆分隸邊郡，祖、父例授將軍、中郎、果毅等官；自中原多故，皆爲吐蕃所役屬。其部落，大者不過三二千户，各置縣令十數人理之。土有絲絮，歲輸於吐蕃。至是悉與之同盟，相率獻款，兼齎天寶中國家所賜官誥共三十九通以進。西川節度使韋皋處其衆於維、霸、保等州，給以種糧耕牛，咸樂生業。【略】

其年，西山松州生羌等二萬餘户，相繼内附。其黏信部落主董夢葱，龍諾部落主董辟忽，皆授試衛尉卿。立悉等並赴明年元會訖，錫以金帛，各遣還。

《舊唐書》卷二〇〇下《朱泚傳》　大曆九年，就加檢校户部尚書，賜實封百户。幽州及河北諸鎮，自天寶末便爲逆亂之地，李懷仙、朱希彩與連境三節度，名雖向順，未嘗朝謁。至是泚率先上表，請自領步騎三千人入覲，詔修甲第以待之。九月，泚至京師，代宗御内殿引見，賜御馬兩匹、戰馬十匹、金銀錦綵甚厚，又以器物十牀，馬四十匹、絹二萬匹、衣一千七百襲賜其將士，宴犒之盛，近時未有。泚又上表，請留京師，從之。十一年八月，加拜同平章事。尋令出鎮奉天行營，復賜金銀繒綵并内庫弓箭以寵之。

《新唐書》卷二《太宗紀》　貞觀五年五月乙丑，以金帛購隋人没于突厥者，以還其家。

六年十月，乙卯，立宸妃武氏爲皇后。丁巳，大赦，賜民八十以上粟帛。【略】

顯慶元年正月辛未，廢皇太子爲梁王，立代王弘爲皇太子。壬申，大赦，改元，賜五品以上子爲父後者勳一轉，民酺三日，八十以上粟帛。【略】

二年二月癸亥，降洛州囚罪，徒以下原之，免民一歲租、調，賜百歲以上氈衾粟帛。【略】

十一月壬子，講武于新鄭，赦鄭州，免一歲租賦，賜八十以上粟帛，其嘗事高祖任佐史者以名聞。【略】

閏十月戊寅，如東都，皇太子監國。辛巳，詔所過供頓免今歲租賦之半，賜民八十以上氈衾粟帛。【略】

總章二年九月壬寅，如岐州。乙巳，赦岐州，賜高年粟帛。【略】

儀鳳元年三月甲辰，如東都，免汝州今歲半租，賜民八十以上帛。

《新唐書》卷三《高宗紀》　貞觀十三年，太宗有疾，詔皇太子聽政於金液門。四月，從幸翠微宮。太宗崩，以羽檄發六府甲士四千，衛皇太子入于京師。六月甲戌，即皇帝位于柩前。大赦，賜文武官勳一轉，民八十以上粟帛，給復雍州及

比歲供軍所一年。【略】
永徽元年八月戊辰，給五品以上解官充侍者半禄，加賜帛。【略】
《新唐書》卷四《則天皇后紀》 光宅元年正月癸未，改元嗣聖。【略】二月戊
午，廢皇帝爲廬陵王，幽之。己未，立豫王旦爲皇帝，妃劉氏爲皇后，立永平郡王
成器爲皇太子。大赦，改元爲文明。賜文武官五品以上爵一等，九品以上勳兩
轉。老人版授官，賜粟帛。
《新唐書》卷五《玄宗紀》 開元元年十月，己亥，幸温湯。癸卯，講武于驪
山。流郭元振于新州，給事中唐紹伏誅。免新豐來歲稅，賜從官帛。【略】
五年二月甲戌，大赦，賜從官帛，給復河南一年，免河南北蝗、水州今歲租。
六年十月癸亥，賜河南府、懷汝鄭三州父老帛。【略】
七年十一月乙亥，皇太子入學齒胄，賜陪位官及學生帛。【略】
二月丁丑，次望春頓，賜從官帛。【略】
十一年十一月戊寅，有事于南郊，大赦。賜奉祠官階、勳、爵，親王公主一子
官，高年粟帛，孝子順孫終身勿事。天下酺三日，京城五日。【略】
十三年十月辛酉，如兗州。庚午，次濮州，賜河南、北五百里内父老帛。
十一月庚寅，封于泰山。辛卯，禪于社首。壬辰，大赦。賜文武官階、勳、
爵，致仕官一季禄，公主、嗣王、郡縣主一子官，諸蕃酋長來會者一官。免所過一
歲、兗州二歲租。賜天下酺七日。丙申，幸孔子宅，遣使以太牢祭其墓，給復近
墓五户。丁酉，賜徐、曹、亳、許、仙、豫六州父老帛。【略】
十七年十一月戊申，至自乾陵，大赦。免今歲稅之半。賜文武官階、爵，侍
老帛。【略】
十九年十一月乙卯，次洛城南，賜從官帛。【略】
二十年十月壬午，如潞州。丙戌，中書門下慮巡幸所過囚。辛卯，赦潞州，
給復三年，賜高年粟帛。
十一月辛丑，如北都。癸丑，赦北都，給復三年。庚申，如汾陰，祠后土，大
赦。免供頓州今歲稅。賜文武官階、勳、爵，諸州侍老帛，武德以來功臣後及唐
隆功臣三品以上一子官。民酺三日。【略】
二十六年正月丁丑，迎氣于東郊。降死罪，流以下原之，以京兆稻田給貧
民，禁王公獻珍物，賜文武官帛。【略】
七月己巳，大赦。賜文武九品以上及五品以上子爲父後者勳一轉，侍老粟
帛，加版授。免京畿下户今歲租之半。賜民酺三日。【略】
天寶三載十二月癸丑，祠九宫貴神于東郊，大赦。詔天下家藏《孝經》。賜
文武官階、爵，侍老粟帛，民酺三日。【略】
六載正月丁亥，享于太廟。戊子，有事于南郊，大赦，流人老者許致仕，停立
仗錢。賜文武官階、爵，侍老粟帛，民酺三日。【略】
十載正月壬辰，朝獻于太清宫。癸巳，朝享于太廟。甲午，有事于南郊，大
赦，賜侍老粟帛，酺三日。
《新唐書》卷七《憲宗紀》 元和元年正月丁卯，大赦，改元。賜文武官階、
勳、爵，民高年者米帛羊酒。【略】
二年正月己丑，朝獻于太清宫。庚寅，朝享于太廟。辛卯，有事于南郊，大
赦。賜文武官勳、爵，文宣公、二王后、三恪、公主、諸王一子官，高年米帛羊酒加
版授。【略】
七年十一月辛酉，赦魏、博、貝、衛、澶、相六州，給復一年，賜高年、孤獨、廢
疾粟帛，賞軍士。【略】
十三年正月乙酉，大赦，免元和二年以前逋負，賜高年米帛羊酒。
《新唐書》卷八《穆宗紀》 二月丁丑，大赦。賜文武官階、爵，高年粟帛，二
王后、三恪、文宣公、嗣王、公主、縣主、武德配饗及第一等功臣家予一子官。
《新唐書》卷八《宣宗紀》 大中元年正月壬子，朝獻于太清宫。癸丑，朝享
于太廟。甲寅，有事于南郊。大赦，改元。復左降官死者官爵，賜文武官階、勳、
父老帛，文宣王后及二王后、三恪予一子官。
《新唐書》卷九《懿宗紀》 大中十三年十月辛卯，大赦。賜文武官階、勳、
爵，耆老粟帛。【略】
咸通八年十一月辛丑，疾愈，避正殿，賜民年七十而痼疾及軍士戰傷
者帛。
《新唐書》卷七六《后妃傳上・中宗韋皇后》 初，帝幽廢，與后約：「一朝見
天日，不相制。」【略】禁中謬傳有五色雲起后衣笥，帝圖以示諸朝，因大赦天下，
賜百官母、妻封號。太史迦葉志忠表上《桑條歌》十二篇，言后當受命。【略】乃賜
志忠第一區，綵七百段。
《新唐書》卷七八《宗室・淮安靖王神通》 武德初，拜山東安撫大使，黄門
侍郎崔幹副之，進擊宇文化及于魏。化及敗走聊城，神通追北，賊糧盡願降，神

通不肯受，幹請納之，神通曰：「師久暴露，今賊食盡，克不旦暮，正當破之，以玉帛酬戰力。若降，吾何所藉手？」幹曰：「竇建德危至，而化及未平，我轉側兩賊間，勢必危，王又貪其玉帛，敗不日。」神通怒，囚幹軍中。

《新唐書》卷八〇《宗室・常山王承乾》　後過惡寖聞，宮臣若孔穎達、令狐德棻、于志寧、張玄素、趙弘智、王仁表、崔知機等皆天下選，每規爭承乾，帝必厚賜金帛，欲以厲其心。承乾慠不悛，往往遣人陰圖害之。

《新唐書》卷八三《諸公主・長樂公主》　長樂公主，下嫁長孫沖。帝以長孫皇后所生，故敕有司裝賫視長公主而倍之。魏徵曰：「昔漢明帝封諸王曰：『朕子安得同先帝子乎？』然則長公主者，尊公主矣。制有等差，渠可越也？」帝以語后，后曰：「嘗聞陛下厚禮徵而未知也，今聞其言，乃納主於義，社稷臣也。妾於陛下，夫婦之重，有所言，猶候顔色，況臣下情隔禮殊，而敢犯嚴顔陳忠言哉！願許之，與天下爲公。」帝大悦，因請賫帛四百匹、錢四十萬即徵家賜之。

《新唐書》卷八三《諸公主・太平公主》　韋后、上官昭容用事，自以謀出主下遠甚，憚之。主亦自以軋而可勝，故益横。於是推進天下士，謂儒者多窶狹，厚持金帛謝之，以動大議，遠近翕然嚮之。【略】

主侍武后久，善策人主微指，先事逢合，無不中。田園徧近甸，皆上腴。吴、蜀、嶺嶠市作器用，州縣護送，道相望也。天下珍滋譎怪充于家，供帳聲伎與天子等。侍兒曳紈縠者數百，奴伯嫗監千人，隴右牧馬至萬匹。

《新唐書》卷八三《諸公主・安樂公主》　崇訓死，主素與武延秀亂，即嫁之。是日，假后車輅，自宮送至第，帝與后爲御安福門臨觀，詔雍州長史竇懷貞爲禮會使，弘文學士爲儐，相王障車，捐賜金帛不貲。翌日，大會羣臣太極殿，主被翠服出，嚮天子再拜，南面拜公卿，公卿皆伏地稽首。武攸暨與太平公主偶舞爲帝壽。賜羣臣帛數十萬。帝御承天門，大赦，因賜民酺三日，内外官賜勳，緣禮官屬兼階、爵。

《新唐書》卷八六《李軌傳》　會〔安〕脩仁兄興貴本在長安，自表詣涼州招軌。帝曰：「軌據河西，連吐谷渾、突厥，今興兵討擊尚爲難，單使弄頰可下邪？」興貴曰：「軌盛彊誠然，若曉以逆順禍福，宜聽。如憑固不受，臣世涼州豪望，多識其士民，而脩仁爲軌信任，典事樞者數十人，若候隙圖之，無不濟。」帝許之。興貴至涼州，軌授以左右衛大將軍，因間訪興貴以自安策。興貴對曰：「涼州僻遠，財力凋耗，雖勝兵十萬，而地不過千里，無險固自守。又濵接戎狄，戎狄，豺狼也，非我族類。今唐家據京師，略定中原，攻必下，戰必勝，蓋天啓也。若舉河西地奉圖東歸，雖漢竇融未足吾比。」軌默不答，久之，曰：「昔吴王濞以江左兵猶稱己爲東帝，我今舉河右，不得爲西帝乎？雖唐彊大，如我何？君無爲唐誘致我。」興貴懼，謝曰：「竊聞富貴不居故鄉，如衣錦夜行。今合宗蒙任，敢有它志！」興貴知軌不可以説，乃與脩仁等潛引諸胡兵圍其城，軌以步騎千餘出戰。先是，薛舉柱國奚道宜率羌兵奔軌，軌許以刺史而不與，道宜怨，故共擊軌。軌敗入城，引兵登陴，須外援。興貴傳言曰：「唐使我來取軌，不從者罪三族。」於是諸城不敢動。軌嘆曰：「人心去矣，天亡我乎？」攜妻子上玉女臺，屬酒爲別。脩仁執送之，斬於長安。自起至亡凡三年。詔興貴爲右武候大將軍，封涼國公，賜帛萬段。

《新唐書》卷八八《劉義節傳》　從平京師，爲鴻臚卿。時傾府庫爲軍賞，帑財大乏。義節曰：「今京師屯兵多，樵貴帛賤，若伐街苑樹爲薪，以易布帛，歲數十萬可致。」又請軸舒藏内見繒，取羨尺，補雜費，得十餘萬段，調度遂給。

《新唐書》卷八八《張長遜傳》　武德元年，詔右武候驃騎將軍高世静聘始畢可汗，至豐州而始畢死，詔留金幣不遣。突厥怒，引兵南至河。長遜遣世静出塞勞之，且若專致賻賜者，虜引還。授總管，改楊國公。及討薛舉，不待命輒引兵會，賜錦袍金甲。或譖長遜居豐久，恐與突厥爲脣齒，乃請入朝，授右武候將軍，徙息國公，加賜宮人、綵千段。

《新唐書》卷八九《屈突通傳》　從平薛仁杲，時賊珍用山積，諸將爭得之，通獨無所取。帝聞，曰：「清以奉國，名定不虛。」特賚金銀六百兩、綵千段。【略】

二子壽、詮，壽襲爵。太宗幸洛，思通忠節，故詮以少子拜果毅都尉，賜粟帛卹其家，終瀛州刺史。

《新唐書》卷八九《秦瓊傳》　高祖俾事秦王府，王尤奬禮。從鎮長春宮，拜馬軍總管。戰美良川，破尉遲敬德，功多，帝賜以黄金瓶，勞曰：「卿不卹妻子而來歸我，且又立功，使朕肉可食，當割以啖爾，況子女玉帛乎！」尋授秦王右三統軍，走宋金剛於介休，拜上柱國。從討世充、建德、黑闥三盜，未嘗不身先鋒鏖陣，前無堅對。積賜金帛以千萬計，進封翼國公。

《新唐書》卷九一《姜確傳》　高昌之役，爲行軍副總管，出伊州，距柳谷百里，依山造攻械，增損舊法，械益精。其處有漢班超紀功碑，行本磨去古刻，更刊頌陳國威靈。遂與侯君集進平高昌，戰有功，璽書慰勞。還，爲金城郡公，賜奴婢七十人，帛百五十段。

《新唐書》卷九二《苑君璋傳》 入朝，拜安州都督，封芮國公，食五百户，賜帛四千匹。君璋不曉書，然天資習事，歷職有惠稱。貞觀中，卒。

《新唐書》卷九三《李彦芳傳》 靖五代孫彦芳，大和中，爲鳳翔司録參軍。家故藏高祖、太宗賜靖詔書數函，上之。【略】文宗愛之不廢手。其舊物有佩筆，以木爲管弢，刻金其上，别爲環以限其間，筆尚可用也。靖破蕭銑時，所賜于闐玉帶十三胯，七方六刓，胯各附環，以金固之，所以佩物者。又有火鑑、大觿、算囊等物，常佩于帶者。天子悉留禁中。又敕摸詔本，還賜彦芳，并束帛衣服。

《新唐書》卷九四《劉世讓傳》 仕隋爲徵仕郎。高祖入長安，以漳川歸，授通議大夫。時唐弼餘黨寇扶風，世讓自請安輯，許之，得其衆數千，因授安定道行軍總管，率兵二萬拒薛舉，戰不勝，與弟實皆没於賊。舉令至城下，紿説使降。世讓陽許之，至則告守者曰：「賊兵極於此矣，善自固！」舉重其節，不加害。秦王方屯高墌，世讓密遣實間走王，言賊虚實。高祖悦，賜其家帛千匹。舉平，授彭州刺史。

《新唐書》卷九八《馬周傳》 武德中，補州助教，不治事。刺史達奚恕數咎讓，周乃去，客密州。趙仁本高其才，厚以裝，使入關。留客汴，爲浚儀令崔賢所辱，遂感激而西，舍新豐，逆旅主人不之顧，周命酒一斗八升，悠然獨酌，衆異之。至長安，舍中郎將常何家。

貞觀五年，詔百官言得失。何，武人，不涉學，周爲條二十餘事，皆當世所切。太宗怪問何，何曰：「此非臣所能，家客馬周教臣言之。客，忠孝人也。」帝即召之，間未至，遣使者四輩敦趣。及謁見，與語，帝大悦，詔直門下省。明年，拜監察史，奉使稱職。帝以何得人，賜帛三百段。周上疏曰：【略】臣伏見王長通、白明達本樂工輿皁雜類，韋槃提、斛斯正無他材，獨解調馬。雖術踰等夷，可厚賜金帛以富其家。今超授高爵，與外廷朝會，騶竪倡子，鳴玉曳履，臣竊恥之。若朝命不可追改，尚宜不使在列，與士大夫爲伍。

帝善其言，除侍御史。又言：【略】

往貞觀初，率土霜儉，一匹絹纔易斗米，而天下帖然者，百姓知陛下憂憐之，故人人自安無謗讟也。五六年來，頻歲豐稔，一匹絹易粟十餘斛，而百姓感怨，以爲陛下不憂憐之。何則？今營爲者，多不急之務故也。自古以來，國之興亡，不由積畜多少，在百姓苦樂也。且以近事驗之，隋貯洛口倉而李密因之，積布帛東都而王世充據之，西京府庫亦爲國家之用。向使洛口、東都無粟帛，王世充、李密未能必聚大衆。但貯積者，固有國之常，要當人有餘力而後收之，豈人勞而强斂之以資寇邪？【略】

疏奏，帝稱善。擢拜給事中，轉中書舍人。

《新唐書》卷九九《崔仁師傳》 幸翠微宫，上《清暑賦》以諷。帝稱善，賜帛五十段。

《新唐書》卷一〇〇《姜師度傳》 玄宗徙營州治柳城，拜營田支度脩築使。進爲河中尹。安邑鹽池涸廢，師度大發卒洫引其流，置鹽屯，公私收利不貲。徙同州刺史。又派洛灌朝邑、河西二縣，闕河以灌通靈陂，收棄地二千頃爲上田，置十餘屯。帝幸長春宫，嘉其功，下詔褒美，加金紫光禄大夫，賜帛三百匹。進將作大匠。

《新唐書》卷一〇二《岑文本傳》 貞觀元年，除祕書郎，兼直中書省。太宗既藉田，又元日朝羣臣，文本奏《藉田》、《三元頌》二篇，文致華贍。李靖復薦于帝，擢中書舍人。時顔師古爲侍郎，自武德以來，詔誥或大事皆所草定。及得文本，號善職，而敏速過之。或策令叢遽，敕吏六七人泚筆待，分口占授，成無遺意。師古以譴罷，温彦博爲請帝曰：「師古練時事，長於文誥，人少逮者，幸得復用。」帝曰：「朕自舉一人，公毋憂。」乃授文本侍郎，專典機要。封江陵縣子。是時，魏王泰有寵，侈第舍，冠諸王。文本上疏，勸崇節儉，陳嫡庶分，宜有抑損。帝善之，賜帛三百段。

《新唐書》卷一〇二《李百藥傳》 貞觀四年，授太子右庶子。太子數戲媟無度，乃作《贊道賦》以諷。它日，帝曰：「朕見卿賦，述古儲貳事，勸勵甚詳，向任卿，固所望耳！」賜綵三百段。遷散騎常侍，進左庶子、宗正卿，爵爲子。

《新唐書》卷一〇二《褚亮傳》 後爲薛舉黄門侍郎。舉滅，秦王謂曰：「寡人受命而來，嘉於得賢。公久事無道君，得無勞乎？」亮頓首曰：「舉不知天命，抗王師，今十萬衆兵加其頸，大王釋不誅，豈獨亮蒙更生邪？」王悦，賜乘馬、帛二百段，即授王府文學。

《新唐書》卷一〇二《李玄道傳》 貞觀初，累遷給事中，姑臧縣男。出爲幽州長史，佐都督王君廓，專持府事。君廓不法，每以義裁糾之。嘗遺玄道婢，乃良家子爲所掠，遣去不納，由是始隙。君廓入朝，玄道寓書房玄齡，玄齡本甥也。君廓發其書，不識草字，疑以謀己，遂反。坐是流嶲州。未幾，擢常州刺史，風績清簡，下詔褒美，賜繒帛。

《新唐書》卷一〇二《李延壽傳》　嘗撰《太宗政典》，調露中，高宗觀之，咨美直筆，賜其家帛五十段，藏副祕閣，仍別録以賜皇太子云。

《新唐書》卷一〇三《孫伏伽傳》　高祖武德初，上言三事。【略】帝大悅，即詔：「周、隋之晚，忠臣結舌，是謂一言喪邦者。朕惟寡德，不能性與天道，然冀弼諧以輔不逮，而羣公卿士罕進直言。伏伽至誠慷慨，據義懇切，指朕失無所諱。其以伏伽爲治書侍御史，賜帛三百匹。」

《新唐書》卷一〇三《張玄素傳》　貞觀四年，詔發卒治洛陽宮乾陽殿，且東幸。玄素上書曰：【略】

帝曰：「卿謂我不如煬帝，何如桀、紂？」對曰：「若此殿卒興，同歸於亂。臣聞東都始平，太上皇詔宮室過度者焚之，陛下謂瓦木可用，請賜貧人，事雖不從，天下稱爲盛德。今復度而宮之，是隋役又興。不五六年間，一捨一取，天下謂何？」帝顧房玄齡曰：「洛陽朝貢天下中，朕營之，意欲便四方百姓。今玄素言如此，使後必往，雖露坐，庸何苦？」即詔罷役，賜綵二百匹。

《新唐書》卷一〇四《于休烈傳》　休烈機鑒融敏，善文章，與會稽賀朝萬齊融、延陵包融齊名。開元初，第進士，又擢制科，歷祕書省正字。吐蕃金城公主請文籍四種，玄宗詔祕書寫賜。休烈上疏曰：「戎狄，國之寇；經籍，國之典也。戎之生心，不可以無備。【略】狄固貪婪，貴貨易土，正可錫以錦綵，厚以金玉，無足所求以資其智。」疏入，詔中書門下議。【略】

肅宗立，休烈奔行在，擢給事中，遷太常少卿，知禮儀事，兼脩國史。帝嘗謂曰：「良史者，君舉必書。朕有過失，顧卿何如？」對曰：「禹、湯罪己，其興也勃焉。有德之君不忘規過。」於時經大盜後，史籍燔缺，休烈奏：「《國史》、《開元實録》、《起居注》及餘書三千八百餘篇藏興慶宮，兵興焚煬皆盡，請下御史覈史館所由，購府縣有得者，許上送官。一書進官一資，一篇絹十匹。」凡數月，止獲一二篇，唯韋述以其家藏《國史》百三十篇上獻。

《新唐書》卷一〇四《張易之傳》　易之幼以門蔭仕，累遷尚乘奉御。既冠，頎皙美姿製，音技多所曉通。武后時，太平公主薦其弟昌宗，得侍。昌宗白進易之材用過臣，善治鍊藥石。即召見，悅之。兄弟皆幸，出入禁中，傅朱粉，衣紈錦，盛飾自喜。即日拜昌宗雲麾將軍、行左千牛中郎將，易之司衛少卿，賜甲第，帛五百段，給奴婢、橐它、馬牛充入之。

《新唐書》卷一〇五《長孫無忌傳》　太子即位，是爲高宗。進無忌太尉，檢校中書令，猶知門下、尚書二省。固辭尚書省，許之。帝欲立武昭儀爲后，無忌固言不可。帝密以寶器錦帛十餘車賜之，又幸其第，擢三子皆朝散大夫，昭儀母復詣其家申請。許敬宗數勸之，無忌厲色折拒。

《新唐書》卷一〇五《長孫順德傳》　以受賕爲有司劾發，帝曰：「順德元勳外戚，爵隆位厚至矣。若令觀古今自鑒，有以益國家者，朕當與共府庫，何至以貪冒聞乎？」因賜帛數十媿切之。

《新唐書》卷一〇六《杜正倫傳》　貞觀元年，魏徵薦其才，擢兵部員外郎。【略】俄遷給事中，知起居注。帝嘗曰：「朕坐朝，不敢多言，必待有利于民，乃出諸口」。正倫曰：「臣職左史，陛下一言失，非止損百姓，且筆文書，千載累德。」帝悅，賜綵段二百。進累中書侍郎。與韋挺、虞世南、姚思廉論事稱旨，帝爲設宴具，召四人者，謂曰：「我聞神龍可擾以馴，然頷有逆鱗，嬰者死，人君亦有之。卿屬遂犯吾鱗，裨闕失，朕其慮危亡哉！思卿至意，故舉酒以相樂也。」各賜帛有差。

《新唐書》卷一〇六《孫佺傳》　延和初，爲羽林將軍、幽州都督，率兵十二萬討奚李大酺，分三屯，以副將李楷洛、周以悌領之。次冷硎，楷洛與大酺戰，不勝，壯校多沒。佺氣褫，乃紿言：「天子詔我招慰奚，楷洛違詔妄戰，當斬。」遣人謝大酺。大酺曰：「審爾，願出天子賜，明不欺。」佺揪聚軍中幣萬餘匹，悉袍、帶并與之。

《新唐書》卷一〇六《邢文偉傳》　武后時，累遷鳳閣侍郎，兼弘文館學士。載初元年，爲內史。后御明堂，詔文偉發《孝經》。【略】后曰：「移風易俗，莫善於樂。伯牙鼓琴，鍾期聽之，知意在山水，是人能移風易俗矣。何取樂邪？」文偉曰：「聖人作樂，平人心，變風俗。末世樂壞，則爲人所移。」后喜，賜帛。

《新唐書》卷一〇七《呂方毅傳》　七歲能誦經。太宗聞其敏，召見，奇之，賜束帛。

《新唐書》卷一〇九《紀處訥傳》　其妻武三思婦之姊，縱使通三思，繇是款昵，進爲太府卿。神龍元年夏，大旱，穀價騰踊，中宗召問所以救人者。三思知之，陰諷太史迦葉志忠奏「是夜攝提入太微，近帝坐，此天子與大臣接，有納忠之符」。帝信之，下詔褒美，賜處訥衣一副，綵六十段。

《新唐書》卷二〇〇《黑齒常之傳》　儀鳳三年，從李敬玄、劉審禮擊吐蕃。審禮敗，敬玄欲引還，阻泥溝，兵不得出，賊屯高壓官軍。常之夜率敢死士五百人掩其營，殺掠數百人，賊酋跋地設棄軍走。帝歎其才，擢左武衛將軍，檢校左羽林軍，賜金帛殊等。

《新唐書》卷一一四《崔從傳》 召拜户部尚書。宰相李宗閔以從裴度、李德裕所善，内不喜。從求致仕，除太子賓客，分司東都，告滿百日去。於是衆譁語不平，宗閔懼，復授檢校尚書左僕射、淮南節度副大使，知節度使。揚州凡交易貲産、奴婢有貫率錢，畜羊有口算，又貿麴牟其贏，以佐用度，從皆蠲除之。官吏俸帛常加估以給，獨節度使則否，從皆與之同。

《新唐書》卷一二〇《桓彦範傳》 未幾，罷彦範等政事。五月，加特進，封扶陽郡王，賜姓韋，同后屬籍，錫金銀錦繡，皆以鐵券恕十死，令朝朔望。尋出爲洺州刺史，改濠州。王同皎謀誅三思，事洩，三思誣彦範等同逆，陰令許州司功參軍鄭愔上變。乃貶彦範瀧州司馬，敬暉崖州司馬，袁恕己竇州司馬，崔玄暐白州司馬，張柬之新州司馬，悉奪勳封。三思又疏韋后隱穢，榜於道，請廢之。帝震怒，三思猥曰：「此殆彦範輩爲之。」命御史大夫李承嘉鞫狀，物色其人。承嘉即奏：「彦範、暉、柬之、恕己、玄暐暴訕摇變，内託廢后，而實危君。人臣無將，當伏誅。」詔有司議罪。大理丞李朝隱執奏：「彦範等未訊即誅，恐爲讎家誣衊，請遣御史按實。」卿裴談請即誅斬，家籍没。帝業嘗許以不死，遂流瀼州，禁錮終身，子弟年十六以上謫徙嶺外。擢承嘉金紫光禄大夫、襄武郡公，后又賜綵五百段，錦被一。進談刑部尚書，而貶朝隱。

《新唐書》卷一二〇《崔玄暐傳》 長安元年，爲天官侍郎，當公介然，不受私謁，執政忌之，改文昌左丞。不踰月，武后曰：「卿向改職，乃聞令史設齋相慶，此欲肆其貪耳，卿爲朕還舊官。」乃復拜天官侍郎，厚賜綵物。

《新唐書》卷一二一《張暐傳》 太平之誅，張暐召還爲大理卿，封鄧國公，實封户三百，進京兆尹，入侍宴樂，出主京邑，時人以爲寵，然自以幹治稱。累遷太子詹事，判尚書左右丞，再爲羽林大將軍，三至左金吾大將軍，以年高加特進。子履冰、季良，弟晤，仕皆清近。暐嘗還鄉上冢，帝賜詩及錦袍繒綵。乘馹就道，子弟車馬聯咽。

《新唐書》卷一二一《王毛仲傳》 王毛仲，高麗人。父坐事，没爲官奴，生毛仲，故長事臨淄王。王出潞州，有李守德者，爲人奴，善騎射，王市得之，並侍左右，而毛仲爲明悟。景龍中，王還長安，二人常負房箙以從。王數引萬騎帥長及豪俊，賜飲食金帛，得其驩心。毛仲曉旨，亦布誠結納，王嘉之。

《新唐書》卷一二五《張説傳》 始爲相時，帝欲事吐蕃，説密請講和以休息鄣塞，帝曰：「朕待王君㚟計之。」説出告源乾曜曰：「君㚟好兵以求利，彼入，吾言不用矣。」後君㚟破吐蕃於青海西，説策其且敗，因上嶲州鬬羊於帝，以申諷諭，曰：「使羊能言，必將曰『鬬而不解，立有死者』。所賴至仁無殘，量力取歡焉。」帝識其意，納之，賜綵千匹。後瓜州失守，君㚟死。

《新唐書》卷一二六《韓滉傳》 帝在奉天，淮、汴震騷，滉訓士卒，分兵戍河南。既狩梁州，又獻縑十萬匹，請以鎮兵三萬助討賊，有詔嘉勞，進檢校尚書右僕射，封南陽郡公。【略】

陳少游在揚州，以甲士三千臨江大閲；滉亦總兵臨金山，與少游會，以金繒相餉酬。然滉握彊兵，遷延不赴難，而調發糧帛以濟朝廷者繦屬，當時實賴之。

【略】

劉玄佐不朝，帝密詔滉諷之。及過汴，玄佐素憚滉，修屬吏禮。滉辭不敢當，因結爲兄弟，入拜其母，置酒設女樂。酒行，滉曰：「宜早見天子，不可使夫人白首與新婦子孫填宫掖也。」玄佐泣悟。滉以錢二十萬緡爲玄佐辦裝，又以綾二十萬犒軍。玄佐入朝，滉薦可任邊事。

《新唐書》卷一二八《倪若水傳》 玄宗遣中人捕鵁鶄、溪鶒南方，若水上言：「農方田，婦方蠶，以此時捕奇禽怪羽爲園籞之玩，自江、嶺而南，達京師，水舟陸齎，所飼魚蟲、稻粱，道路之言，不以賤人貴鳥望陛下邪？」帝手詔褒答，悉放所玩，譴使人過取罪，而賜若水帛四十段。

《新唐書》卷一三三《郭虔瓘傳》 陝王爲安西都護，詔虔瓘爲副。虔瓘與安撫招慰十姓可汗使阿史那獻數持異，交訴諸朝。玄宗遣左衛中郎將王惠齎詔書諭解曰：「朕聞師克在和，不在衆，以虔瓘、獻宿將，當捨嫌窒隙，戮力國家。自開西鎮，列諸軍，戍有定區，軍有常額，卿等所統，蕃漢雜之，在乎善用，何必加募？或云突騎施圍石城，獻所致也；葛邏禄稱兵，虔瓘所沮也。大將不協，小人以逞，何功可圖？昔相如能詘廉頗，寇恂不吝賈復，宜各曠然，終承朕命。今賜帛二千段及他珍器，俾諒朕意。」虔瓘奉詔。

《新唐書》卷一三三《郭知運傳》 六州胡康待賓反，率王晙討平之。拜左武衛大將軍，授一子官，賜金帛。

《新唐書》卷一三三《王君㚟傳》 開元十四年，吐蕃酋悉諾邏寇大斗拔谷，君㚟間其怠，率秦州都督張景順乘冰度青海襲破之。以功遷大將軍，封晉昌縣伯；拜其父壽爲少府監，聽不事。君㚟凱旋，玄宗宴君㚟及妻夏於廣達樓，賜金帛，夏亦自以戰功封武威郡夫人。

《新唐書》卷一三三《張守珪傳》　開元二十三年，入見天子，會藉田畢，即酺燕爲守珪飲至，帝賦詩寵之。加拜輔國大將軍、右羽林大將軍，賜金綵，授二子官，詔立碑紀功。

《新唐書》卷一三四《韋堅傳》　漢有運渠，起關門，西抵長安，引山東租賦，汔隋常治之。堅爲使，乃占咸陽，壅渭爲堰，絶灞、滻而東，注永豐倉下，復與渭合。初，滻水銜苑左，有望春樓，堅于下鑿爲潭以通漕，二年而成。帝爲升樓，詔羣臣臨觀。堅豫取洛、汴、宋山東小斛舟三百首貯之潭，篙工柂師皆大笠、侈袖、芒屨，爲吴、楚服。每舟署某郡，以所産暴陳其上。若廣陵則錦、銅器、官端綾繡；會稽則羅、吴綾、絳紗；南海瑇瑁、象齒、珠琲、沈香；豫章力士甆飲器、茗鐺、釜；宣城空青、石緑；始安蕉葛、蚺膽、翠羽；吴都方文綾。船皆尾相銜進，數十里不絶。關中不識連檣挾櫓，觀者駭異。

《新唐書》卷一三五《高仙芝傳》　小勃律，其王爲吐蕃所誘，妻以女，故西北二十餘國皆羈屬吐蕃。自仁琬以來三討之，皆無功。天寶六載，詔仙芝以步騎一萬出討。【略】至阿弩越城。遣將軍席元慶以精騎一千先往，謂小勃律王曰：「不闞若城，吾假道趨大勃律耳。」城中大酋領皆吐蕃腹心，仙芝密令元慶曰：「若酋領逃者，弟出詔書呼之，賜以繒綵，至，皆縛以待我。」元慶如言。仙芝至，悉斬之。王及妻逃山穴，不可得，仙芝招喻，乃出降，因平其國。

《新唐書》卷一三七《郭子儀傳》　永泰元年，詔都統河南道節度行營，復鎮河中。僕固懷恩盡説吐蕃、回紇、党項、羌、渾、奴剌等三十萬，掠涇、邠，躪鳳翔，入醴泉、奉天，京師大震。於是帝命李忠臣屯渭橋，李光進屯雲陽，馬璘、郝廷玉屯便橋，駱奉先、李日越屯盩厔，李抱玉屯鳳翔，周智光屯同州，杜冕屯坊州，天子自將屯苑中。急召子儀屯涇陽，軍纔萬人。【略】子儀以數十騎出，免胄見其大酋曰：「諸君同艱難久矣，何忽亡忠誼而至是邪？」回紇捨兵下馬拜曰：「果吾父也。」子儀即召與飲，遺錦綵結歡，誓好如初。

《新唐書》卷一三八《李嗣業傳》　天寶十二載，加驃騎大將軍。入朝，賜酒玄宗前，醉起舞，帝寵之，賜綵白、金皿五十物、錢十萬，曰：「爲解酲具。」

《新唐書》卷一四二《崔祐甫傳》　朱泚亂，祐甫妻王陷賊中，泚嘗與祐甫同列，遺以繒帛菽粟，受而緘鐍之，帝還京，具封以獻，士君子益重其家法云。

《新唐書》卷一五四《李晟傳》　貞元三年，帝坐宣政殿引見晟，備册禮，進拜太尉、中書令，罷其兵。詔晟乘輅謁太廟，視事尚書省，賜良馬、錦綵千計。

《新唐書》卷一五八《張封建傳》　是時，宦者主宫市，置數十百人閲物廛左，謂之「白望」。無詔文驗覈，但稱宫市，則莫敢誰何，大率與直十不償一。又邀閽闥所奉及脚傭，至有重荷趨肆而徒返者。有農賣一驢薪，宦人以數尺帛易之，又取它費，且驅驢入宫，而農納薪辭帛，欲亟去，不許，恚曰：「惟有死耳！」遂擊宦者。有司執之以聞，帝黜宦人，賜農帛十匹，然宫市不廢也。諫臣交章列上，皆不納，故建封請間爲帝言之，帝頗順聽。

《新唐書》卷一五八《韓弘傳》　始，弘自汴來朝，獻馬三千、絹五十萬、它錦綵三萬，而汴之庫廐錢尚百萬緡，絹亦百餘萬，馬七千，糧三百萬斛，兵械不可數。

《新唐書》卷一六一《馮伉傳》　李抱真卒，伉持節臨弔，歸之帛，不受，又致京師，伉上表固拒。於是醴泉令缺，宰相高選，德宗曰：「前使澤潞不受幣者，其人清，可用也。」遂以授伉。

《新唐書》卷一六三《孔巢父傳》　李懷光據河中，帝復令巢父宣慰，罷其兵，以太子太保授之。懷光素服待命，巢父不止。衆忿曰：「太尉無官矣！」方宣詔，乃譟而合，害巢父，并殺中人啖守盈。初，巢父至，懷光以其使魏博而田悦死，疑其謀出巢父，故軍亂不肯救。帝聞震悼，贈尚書左僕射，謚曰忠。詔具禮收葬，賜其家粟帛，存卹之。

《新唐書》卷一六四《歸崇敬傳》　德宗立，召還，復拜國子司業，稍遷翰林學士、左散騎常侍，充皇太子侍讀，又兼晋王元帥參謀，封餘姚郡公。田悦、李納稟命，持節宣慰，稱旨。表歸上冢，寵賜繒帛，儒先以爲榮。

《新唐書》卷一六四《崔衍傳》　衍儉約畏法，室無妾媵，禄稍周於親族，葬埋嫁娶，倚以濟者數十家。及卒，不能葳喪，表諸朝，賜賻帛三百段，米粟稱之。

《新唐書》卷一六四《殷侑傳》　同捷平，以侑嘗爲滄州行軍司馬，遂拜義昌軍節度使。於時痍荒之餘，骸骨蔽野，墟里生荆棘，侑單身之官，安足粗淡，與下共勞苦，以仁惠爲治。歲中，流户襁屬而還，遂爲營田，丐耕牛三萬，詔度支賜帛四萬匹佐其市。初，州兵三萬，仰稟度支，侑始至一歲，自以賦入贍其半，二歲則周用，乃奏罷度支所賜。户口滋饒，廥儲盈腐，上下便安，請立石紀政。以勞加檢校吏部尚書。

大和六年，徙天平節度。自李師道亂，朝廷雖析三鎮，然務安反側，賦入盡爲軍貲，無輸王府者。侑以餉軍有贏，當上送官，乃裁制經費，歲以錢十五萬緡、粟五萬石歸有司。加檢校尚書右僕射。御史大夫温造劾侑違制，擅賦斂民爲無名之獻，詔以庾承宣代還。會濮州掾崔元武受吏賕，又率屬邑奉錢，增私馬估售官，疊三罪計絹百二十匹。大理以入私馬一重，削三官，刑部覆訊當流，未決。侑奏：「三犯不同，坐所重。律，頻臟者累論。元武犯皆枉法，當死。」詔用覆訊，流元武賀州。帝嘉侑守法，進刑部尚書，以造所奏不直，復用爲天平節度。

開成元年，再召爲刑部尚書。時李訓、鄭注已誅，帝問侑治安術，侑言：「朝廷宜任耆德，毋輕用新進。」帝善之，賜綵三百匹。

《新唐書》卷一六五《鄭覃傳》 穆宗立，不卹國事，數荒昵。吐蕃方彊。覃與崔郾等廷對曰：「陛下新即位，宜側身勤政，而内耽宴嬉，外盤游畋。今吐蕃在邊，狙候中國，假令緩急，臣下乃不知陛下所在，不敗事乎？夫金繒所出，固民膏血，可使倡優無功濫被賜與？願節用之，以所餘備邊，毋令有司重取百姓，天下之幸也。」

《新唐書》卷一六七《皇甫鎛傳》 鎛乃益以巧媚自固，建損内外官稟佐國用，給事中崔植上還詔書，乃止。帝斥内帑所餘，詔度支評直，鎛貴售之以給邊兵，故繒陳綵，觸手輒壞，士怨怒，聚焚之。

《新唐書》卷一六九《韋綬傳》 德宗時，以左補闕爲翰林學士，密政多所參逮。帝嘗幸其院，韋妃從，會綬方寢，學士鄭絪欲馳告之，帝不許，時大寒，以妃蜀(襭)〔纈〕袍覆而去，其待遇若此。

《新唐書》卷一七一《李光顔傳》 敬宗初，真拜司徒、河東節度。寶曆二年卒，年六十六，贈太尉，謚曰忠，賻賜良厚。及葬，文宗以其功高，復賜帛二千匹。

《新唐書》卷一七三《裴度傳》 寶曆二年，朱克融執賜衣使者楊文端，詭言慢己，并訴所賜濫惡，又丐假度支帛三十萬匹，不者，軍必有變；且請遣工五千助治東都，須天子東巡。帝怒，患之，欲遣重臣臨慰。度曰：「克融無恙而悖，是將亡。譬猛虎自哮躍山林，憑窟穴則然，勢不得離其處，人亦不爲懼。陛下無庸遣重使，第以詔書言：『中人倨驕，須還，我自責譴。春服不謹，方詰有司。所上工宜即遣，已詔在所供擬。』此則賊謀窮矣。陛下若未能然，則答：『宫室營繕既有序，毋遣工爲重勞。朝廷緣召發乃有賜與，朕無所愛，獨與范陽，體不可爾。』」帝曰：「善。」用度次策。克融聽命，歸文端。未幾軍亂，殺克融。

《新唐書》卷一七四《牛蔚傳》 咸通中，進至户部侍郎，襲奇章侯。坐累免，未一歲，復官。久之，檢校兵部尚書、山南西道節度使。治梁三年，徐州盗起，神策兩中尉諷諸藩悉財助軍，蔚索府帛三萬以獻，中人嫌其吝，用吴行魯代之。黄巢入京師，遁山南，故吏民喜蔚至，争迎候。

《新唐書》卷一七四《牛徽傳》 〔父〕蔚避地于梁，道病，徽與子扶籃輿，歷閣路，盗擊其首，血流面，持輿不息。盗迫之，徽拜曰：「人皆有父，今親老而疾，幸無駭驚。」盗感之，乃止。及前谷，又逢盗，輒相語曰：「此孝子也！」共舉輿舍之家，進帛裹創，以饘飲奉蔚，留信宿去。

《新唐書》卷一八一《曹確傳》 同昌公主喪畢，帝與郭淑妃悼念不已，可及爲帝造曲，曰《歎百年》，教舞者數百，皆珠翠襐飾，刻畫魚龍地衣，度用繒五千。

《新唐書》卷一九一《忠義傳上·張道源》 淮安王神通略定山東，令守趙州，爲竇建德所執。會建德寇河南，間遣人詣朝，請乘虚擣賊心膂。即詔諸將率兵影接。俄而賊平，還，拜大理卿。時何稠得罪，籍其家屬賜羣臣。道源曰：「禍福何常，安可利人之亡，取其子女自奉？仁者不爲也。」更資以衣食遣之。天子見其年耆，拜綿州刺史。卒，贈工部尚書，謚曰節。道源雖官九卿，無産貲，比亡，餘粟二斛。詔賜帛三百段。

《新唐書》卷一九二《忠義傳中·張巡》 貞元中，復官巡它子去疾、遠子峴。贈巡妻申國夫人，賜帛百。自是訖僖宗，求忠臣後，無不及三人者。

《新唐書》卷一九五《孝友傳·裴敬彝》 一日，忽泣涕謂左右曰：「大人病痛，吾輒然，今心悸而痛，事叵測。」乃請急，倍道歸，而父已卒，羸毁踰禮。乾封初，遷累監察御史。母病，醫許仁則者躄不能乘，敬彝自爲輿往迎。既居喪，詔贈縑帛，官爲作靈輿。

《新唐書》卷一九六《隱逸傳·田游巖》 自蜀歷荆、楚，愛夷陵青溪，止廬其側。長史李安期表其才，召赴京師，行及汝，辭疾入箕山，居許由祠旁，自號「由東鄰」，頻召不出。

高宗幸嵩山，遣中書侍郎薛元超就問其母，賜藥物絮帛。

《新唐書》卷一九六《隱逸傳·王希夷》 家貧，父母喪，爲人牧羊，取傭以葬。隱嵩山，師黄頤學養生四十年。【略】

玄宗東巡狩，詔州縣敦勸見行在，時九十餘，帝令張説訪以政事，宦官扶入宫中，與語甚説，拜國子博士，聽還山。敕州縣春秋致束帛酒肉，仍賜絹百、衣一稱。

《新唐書》卷一九六《隱逸傳・李元愷》 博學，善天步律曆，性恭慎，未嘗敢語人。宋璟嘗師之，既當國，厚遺以束帛，將薦之朝，拒不答。洺州刺史元行沖邀致之，問經義畢，贈衣服，辭曰：「吾軀不可服新麗，懼不稱以速咎也。」行沖嶬復與之，不獲已而受。俄報身所蠶素絲曰：「義不受无妄財也。」

《新唐書》卷一九六《隱逸傳・孔述睿》 德宗立，拜諫議大夫，命河南尹趙惠伯齎詔書束帛，備禮敦遣。既至，對别殿，賜第宅，給廐馬，兼皇太子侍讀。固辭，弗許。久乃改祕書少監，兼右庶子，復爲史館脩撰。【略】貞元四年，帝念平涼之難尤惻怛，以述睿精愨而誠，故遣持祠具稱詔臨祭。又以疾乞解，久乃許，以太子賓客還鄉，賜帛五十匹、衣一襲。故事，致仕不給公駟，帝特命給焉。

《新唐書》卷二〇一《文藝傳上・謝偃》 貞觀初，應詔對策高第，歷高陵主簿。太宗幸東都，方穀、洛壞洛陽宫，詔求直言，偃上書陳得失，帝稱善，引爲弘文館直學士，遷魏王府功曹。嘗爲《塵》、《影賦》二篇，帝美其文，召見，欲偃作賦。先爲序一篇，頗言天下乂安、功德茂盛意，授偃使賦。偃緣帝指，名篇曰「述聖」，帝悦，賜帛數十。

《新唐書》卷二〇二《文藝傳中・李邕》 邕之文，於碑頌是所長，人奉金帛請其文，前後所受鉅萬計。邕雖詘不進，而文名天下，時稱李北海。

《新唐書》卷二〇三《文藝傳下・李華》 上元中，以左補闕、司封員外郎召之。【略】苦風痺，去官，客隱山陽，勒子弟力農，安於窮槁。晚事浮圖法，不甚著書，惟天下士大夫家傳、墓版及州縣碑頌，時時齎金帛往請，乃彊爲應。

《新唐書》卷二〇三《文藝傳下・李端》 始，郭曖尚昇平公主，主賢明有才思，尤招納士，故端等多從曖游。曖嘗進官，大集客，端賦詩最工，錢起曰：「素爲之，請賦起姓。」端立獻一章，又工于前，客乃服，主賜帛百。

《新唐書》卷二〇四《方技傳・師夜光》 夜光者，蘇州人，少爲浮屠。至長安，因九仙公主得召見温泉，帝奇其辯，賜冠帶，授四門博士，賜緋衣、銀魚、金繒千數，得侍左右如倖臣。

《新唐書》卷二〇四《方技傳・羅思遠》 又有羅思遠，能自隱。帝學，不肯盡其術，試自隱，常餘衣帶，及思遠共試，則驗。厚錫金帛，然卒不得。帝怒，裹以幞，壓殺之。數日，有中使者自蜀還，逢思遠駕而西，笑曰：「上爲戲何虐也！」

《新唐書》卷二〇五《列女傳・賈直言妻董》 賈直言妻董。直言坐事，貶嶺南，以妻少，乃訣曰：「生死不可期，吾去，可亟嫁，無須也。」董不答，引繩束髮，封以帛，使直言署，曰：「非君手不解。」直言貶二十年乃還，署帛宛然。及湯沐，髮墮無餘。

《新唐書》卷二〇六《外戚傳・鄭光》 鄭光，孝明皇太后弟也。【略】七年，來朝，對延英，占奏俚近，帝失所望，不悦，留爲右羽林統軍兼太子太保。太后言其家空短，帝厚賜金繒，終不復委方鎮。

《新唐書》卷二〇八《宦者傳下・楊復恭》 帝崩，定册立昭宗，賜鐵卷，加金吾上將軍，稍攘取朝政。帝嘗曰：「朕不德，爾援立我矣，當減省侈長示天下。我見故事，尚衣上御服日一襲，太常新曲日一解，今可禁止。」復恭頓首稱善。帝遂問游幸費，對曰：「聞懿宗以來，每行幸無慮用錢十萬，金帛五車，十部樂工五百，犢車、紅網朱網畫香車百乘，諸衛士三千。凡曲江、温湯若畋獵曰大行從，宫中、苑中曰小行從。」帝乃詔類減半。

《新唐書》卷二一一《藩鎮傳・李寶臣》 寶臣晚節尤猜忌，自顧子惟岳且暗弱，恐下不服，即殺骨鯁將辛忠義、盧俶、許崇俊、張南容、張彭老等二十餘人，籍入其貲，衆乃攜貳。寶臣既貯異志，引妖人作讖兆，【略】寶臣大悦，厚賚金帛。

《新唐書》卷二一一《藩鎮傳・李惟岳》 惟岳，少爲行軍司馬、恒州刺史。〔建中二年〕，寶臣死，軍中推爲留後，求襲位，帝不許。趣護喪還京師，以張孝忠代之。田悦爲請，不聽。遂與悦、李正已謀拒命。【略】於是張孝忠以易州歸天子，天子詔朱滔與孝忠合兵討惟岳，盡赦吏士，購惟岳首有賞。惟岳與滔戰束鹿，大奔。遂圍深州。明年正月，率兵萬餘，使王武俊爭束鹿，田悦亦遣孟祐來助。武俊以精兵先陷陣，師卻。滔繢帛爲狻猊，使壯士百人蒙以譟，趨惟岳軍，馬駭軍亂，因大敗，火其營去。

《新唐書》卷二一二《藩鎮傳・劉總》 始，總請代，獻馬萬五千匹，羣臣或疑其詐，帝獨納之，使給事中薛存慶宣慰，給所部復一歲，緡錢百萬勞軍，高年惸獨不能自存者，官吏就問，賜粟帛。

《新唐書》卷二一三《藩鎮傳・李同捷》 〔李全略〕死，同捷領留後事，重賂鄰藩，求領父節，敬宗持久詔不下。俄而文宗立，同捷以帝新嗣位，必大開貸示四方，乃遣弟同志、同巽入朝，而使其屬崔長奉表請命，有詔拜兗海節度使，以烏重胤代之。同捷計窮，矯言軍中留己。於是，王智興請以全軍出討，魏博史憲誠令大將傳手詔入于軍，同捷不受，德、棣民多奔入鄆。乃下詔削官爵，命重胤率鄆、齊兵進討。憲誠、智興及汴滑李聽、平盧康志睦、易定張璠、幽州李載義以兵傅境。同捷自以與成德有舊，乃傾玉帛子女市河北三鎮驩。載義不許，絶其交，執使者并所遣奴婢四十七獻諸朝。

《新唐書》卷二一四《藩鎮傳·劉玄佐》性豪縱，輕財好厚賞，故下益困。汴自李忠臣以來，士卒驕，不能自還，至玄佐彌甚。【略】汴有相國寺，或傳佛軀汗流，玄佐自往大施金帛，於是將吏、商賈奔走輸金錢，惟恐後。十日，玄佐敕止，籍所入得巨萬，因以贍軍。其權譎類若此。

《新唐書》卷二一五下《突厥下》開元五年，〔毗伽可汗默棘連〕固乞和，請父事天子，許之。【略】

自是比年遣大臣入朝，吐蕃以書約與連和鈔邊，默棘連不敢從，封上其書，天子嘉之，引使者梅録啜宴紫宸殿，詔朔方西受降城許互市，歲賜帛數十萬。

【略】

肆葉護憂死。國人迎泥孰於焉耆，立之，是爲咄陸可汗。可汗父莫賀設，本隸統葉護者，武德時來朝，太宗與之盟，約爲昆弟。死而泥孰代之，或曰伽那設。既立，遣使詣闕，不敢當可汗號。帝詔鴻臚少卿劉善因持節册號吞阿婁拔利邲咄陸可汗，賜鼓纛，段綵巨萬。

《新唐書》卷二一六上《吐蕃傳上》中宗景龍二年，還其昏使。或言彼來逆公主，且習聞華言，宜勿遣，帝以中國當以信結夷狄，不許。明年，吐蕃更遣使者納貢，祖母可敦又遣宗俄請昏。帝以雍王守禮女爲金城公主妻之，吐蕃遣尚贊咄名悉臘等逆公主。帝念主幼，賜錦繒別數萬，雜伎諸工悉從，給龜茲樂。

《新唐書》卷二一六下《吐蕃傳下》朱泚之亂，吐蕃請助討賊，詔右散騎常侍于頎持節慰撫，太常少卿沈房爲安西、北庭宣慰使以報之。渾瑊用論莽羅兵破泚將韓旻於武亭川。初，與虜約，得長安，以涇、靈四州畀之。會大疫，虜輒引去。及泚平，責先約求地。天子薄其勞，第賜詔書，償結贊、莽羅等帛萬匹，於是虜以爲怨。

《新唐書》卷二二一上《西域傳·党項》元和時復置宥州，護党項。至大和中寖彊，數寇掠，然器械鈍苦，畏唐兵精，則以善馬購鎧，善羊貿弓矢。鄜坊道軍糧使李石表禁商人不得以旗幟、甲胄、五兵入部落，告者，舉罪人財畀之。至開成末，種落愈繁，富賈人齎繒寶鬻羊馬，藩鎮乘其利，彊市之，或不得直，部人怨，相率爲亂，至靈、鹽道不通。

《新唐書》卷二二二下《南蠻傳下·南平獠》戎、瀘間有葛獠，居依山谷林菁，踰數百里。俗喜叛，州縣撫視不至，必合黨數千人，持排而戰。奉酋帥爲王，號曰「婆能」，出入前後植旗。大中末，昌、瀘二州刺史貪沓，以弱繒及羊彊獠市，米麥一斛，得直不及半，羣獠訴曰：「當爲賊取死耳！」刺史召二小吏榜之曰：「皆爾屬爲之，非吾過。」獠相視大笑，遂叛。

《新唐書》卷二二五上《逆臣傳上·安禄山》時太平久，人忘戰，帝春秋高，嬖豔鉗固，李林甫、楊國忠更持權，綱紀大亂。禄山計天下可取，逆謀日熾，【略】潛遣賈胡行諸道，歲輸財百萬。至大會，禄山踞重牀，燎香，陳怪珍，胡人數百侍左右，引見諸賈，陳犧牲，女巫鼓舞于前以自神。陰令羣賈市錦綵朱紫服數萬爲叛資。月進牛、橐駝、鷹、狗、奇禽異物，以蠱帝心，而人不聊。【略】

天寶十三載冬十一月，反范陽，詭言奉密詔討楊國忠，騰榜郡縣，以高尚、嚴莊爲謀主，孫孝哲、高邈、張通儒、通晤爲腹心，兵凡十五萬，號二十萬，師行日六十里。先三日，合大將置酒，觀繪圖，起燕至洛，山川險易攻守悉具，人人賜金帛，并授圖，約曰：「違者斬！」至是，如所素。【略】

時兵暴起，州縣發官鎧仗，皆穿朽鈍折不可用，持梃鬭，弗能亢，吏皆棄城匿，或自殺，不則就禽，日不絶。禁衛皆市井徒，既授甲，不能脱弓襡、劍綮，乃發左藏庫繒帛大募兵。

《新唐書》卷二二五中《逆臣傳中·朱泚》〔大曆十年〕，求入朝。自幽州首爲逆，懷仙以來，雖外臣順，然不朝謁，而泚倡諸鎮，以騎三千身入衛，有詔起第以待。既行，屬疾，或勸還，泚曰：「輿吾屍，猶至京師。」將吏乃不敢言。時四方無事，天子踦日視朝。泚以偶日至，見内殿，賜乘輿馬二、戰馬十、金綵甚厚，士校皆有賜，宴賚隆渥。【略】

李希烈圍哥舒曜於襄城，詔涇原節度使姚令言督鎮兵五千東救曜，過闕下，師次滻水，京兆尹王翃使吏供軍，糲飯菜肴，衆怒不肯食，羣譟曰：「吾等棄父母妻子前死敵，而乃食此，庸能持身蹈白刃耶？今瓊林、大盈庫寶訾如山，尚何往？」乃擐甲反旗而鼓。帝聞，命中人持賜往，人二縑。士愈悖，射中人，中人返走。時令言尚論兵禁中，既上變，乃馳至長樂坂，遇兵還，引滿向令言。令言大呼曰：「引而東，富貴可取，何失計爲滅族事？」衆劫令言以西行。帝復遣使者開諭，賊已陣通化門，殺使者。帝遣普王與學士姜公輔載金綵慰撫。賊薄丹鳳門，詔集六軍，無至者。先是，關東、河北戰不利，禁兵悉東，衛士內空，而神策軍使白志貞籍市人隸兵，聽其居肆，私取庸自入，故遽追皆不至。【略】

初，令言陣五門，衛兵不出，遂突入含元殿，周呼曰：「天子出矣，今日共可取富貴！」譟而進，掠宜春苑，入諸宮。姦人因亂竊入內府盜貲寶，終夜不絶。道路更剽掠，居人嚴兵自保。賊無屬，畏不能久，以泚昔在涇有恩，且失權久，庸思亂，乃相謀曰：「太尉方囚錮，若迎之，事可濟。」【略】泚僭即皇帝位於宣政殿，號大秦，建元應天。【略】

始，奉天圍久，食且盡，以蘆秣帝馬，太官糲米止二斛。圍解，父老爭上壺飡餅餌，劍南節度使張延賞獻帛數十馱，諸方貢物踵來，因大賜軍中，詔殿中侍御史方侯著治金、商道，權通轉輸。【略】

興元元年奉天所下赦令，凡受賊僞官者，破賊日悉貸不問，官軍密榜諸道。泚方宿未央，涇原士相與謀殺泚，泚知之，輒徙它處，衆謀亦止。

張光晟與李懷光對壁，李希倩請以精騎五百犯之，光晟不許，曰：「西軍方彊，不可輕以取敗。」日暮，兩軍退。希倩謁泚曰：「光晟有他志，視西軍不戰，臣請擊之。」不許，請斬光晟，又不許，曰：「彼善將，所以不戰，蓋知未可乎！」希倩怒曰：「臣盡心以事君，不見信，願乞要領歸淮西。」泚許諾，以馬十匹、繒錦百，曰：「以此東歸。」希倩慚，復入曰：「臣愚褊，罪當死，願死軍前。」泚又許之。光晟見泚曰：「臣不敢反。」因再拜，泚慰勉之。

《新唐書》卷二二五下《逆臣傳下·黃巢》 陷京師，入自春明門，升太極殿，宮女數千迎拜，稱黃王。巢喜曰：「殆天意歟！」巢舍田令孜第。賊見窮民，抵金帛與之。尚讓即妄曉人曰：「黃王非如唐家不惜而輩，各安毋恐。」甫數日，因大掠，縛箠居人索財，號「淘物」。富家皆跣而驅，賊酋閱甲第以處，爭取人妻女亂之，捕得官吏悉斬之，火廬舍不可貲，宗室侯王屠之無類矣。

《新唐書》卷二二五下《逆臣傳下·董昌》 董昌，杭州臨安人。始籍土團軍，以功擢累石鏡鎮將。中和三年，刺史路審中臨州，昌率兵拒，不得入，即自領州事。鎮海節度使周寶不能制，因表爲刺史。昌已破劉漢宏，兵益彊，進義勝軍節度使、檢校尚書右僕射。僖宗始還京師，昌取越民裴氏藏書獻之，補祕書之亡，授兼諸道採訪圖籍使。始，爲治廉平，人頗安之。當是時，天下貢輸不入，獨昌賦外獻常參倍，旬一遣，以五百人爲率，人給一刀，後期即誅，朝廷賴其入，故累拜檢校太尉、同中書門下平章事，爵隴西郡王，視詔書訖，字償一縑，歸當制官。而小人意足，寖自侈大，託神以詭衆。【略】

昌得郡王，咤曰：「朝廷負我，吾奉金帛不貲，何惜越王不吾與？吾當自取之！」下厭其虐，乃勸爲帝。近縣舉狂譟請，昌令曰：「時至，我當應天順人。」其屬吴繇、秦昌裕、盧勤、朱瓚、董庠、李暢、薛遼與妖人應智王温、巫韓媪皆贊之。昌益兵城四縣自防。山陰老人僞獻謡曰：「欲知天子名，日從日上生。」昌喜，賜百縑，免稅征。【略】

乾寧二年，即僞位，國號大越羅平，建元曰天册，自稱「聖人」，鑄銀印方四寸，文曰「順天治國之印」。【略】

初，官屬不徇昌旨者，節度副使黃碣、山陰令張遜皆誅死。鎮海節度使錢鏐書讓昌曰：「開府領節度，終身富貴，不能守。閉城作天子，滅親族，亦何賴？願王改圖。」昌不聽，鏐悉兵三萬攻之，【略】鏐將顧全武等數敗昌軍，昌將多降，遂進圍越州。

候人言外師彊，輒斬以徇，給告鏐兵老，皆賞。昌身閱兵五雲門，出金帛傾鏐衆。全武等益奮，昌軍大潰，遽還，去僞號，曰：「越人勸我作天子，固無益，今復爲節度使。」【略】鏐將駱團入見，紿言：「奉詔迎公居臨安。」昌信之，全武執昌還，及西江，斬之，投屍于江，傳首京師，夷其族。

吴兢《貞觀政要·崇儒學》 貞觀二年，詔停周公爲先聖，始立孔子廟堂於國學，稽式舊典，以仲尼爲先聖，顔子爲先師，兩邊俎豆干戚之容，始備於兹矣。是歲大收天下儒士，賜帛給傳，令詣京師，擢以不次，布在廊廟者甚衆。

張鷟《朝野僉載》卷一 龍朔以來，人唱歌名《突厥鹽》。後周聖曆年中，差閻知微和匈奴，授三品春官尚書，送武延秀娶成默啜女，送金銀器物、錦綵衣裳以爲禮聘，不可勝紀。

姚汝能《安禄山事迹》卷中 （天寶）十三載正月四日，禄山入覲於行在，乃見於禁中，賜錦綵繒寶鉅萬。

釋智昇《開元釋教録》卷八上 沙門波羅頗迦羅密多羅，唐言作明知識，略云明友，或一云波頗，唐言光智，中印度人也。【略】貞觀元年歲次丁亥十一月二十日達京，勑住興善，釋門英達莫不循造，自古教傳詞旨有所未喻者，皆委其宗緒，括其異同，内計外執，指掌釋然，徵問相酬，披解無滯，乃上簡聞，蒙引内見，躬傳法理，無爽對揚，賜綵四十段并宫禁新衲一領。【略】四年四月，譯《寶星經》訖，後移勝光，又譯《般若燈大莊嚴經論》。至七年春，勘閲既周，繕寫云畢，所司詳讀，乃上聞奏，下勑各寫十部，散流海内，仍賜波物百段，餘承譯僧有差束帛。波頗意在傳法，餘無掛懷。【略】時爲太子染患，衆治無效，下勑延波入内，一百餘日，親聞承對，不虧帝旨，疾既漸降，辭出本寺，賜綾帛等六十段并及時服十具。

韓愈《韓昌黎文集》卷七《司徒兼侍中中書令贈太尉許國公神道碑銘》　〔李〕師道之誅，公以兵東下，進圍考城，克之；遂進迫曹，曹寇乞降。鄆部既平，公曰：吾無事於此，其朝京師。天子曰：「大臣不可以暑行，其秋之待。」公曰：「君爲仁，臣爲恭，可矣。」遂行。既至，獻馬三千匹，絹五十萬匹，他錦紈綺纈又三萬，金銀器千；而汴之庫廐，錢以貫數者尚餘百萬，絹亦合百餘萬匹，馬七千，糧三百萬斛，兵械多至不可數。

劉肅《大唐新語》卷九《著述》　太宗欲見前代帝王事得失以爲鑒戒，魏徵乃以虞世南、褚遂良、蕭德言等采經史百家之内嘉言善語，明王暗君之跡，爲五十卷，號《羣書理要》，上之。太宗手詔曰：「朕少尚威武，不精學業，先王之道，茫若涉海。覽所撰書，博而且要，見所未見，聞所未聞，使朕致治稽古，臨事不惑。其爲勞也，不亦大哉！」賜徵等絹千疋，綵物五百段。

趙璘《因話録》卷三　劉司徒玄佐，滑州匡城人。嘗出師經其本縣，欲申桑梓之禮於令，令堅辭不敢當，玄佐歎恨久之。先是陳金帛數筐，將遺邑僚，以其愚懦而止。

薛用弱《集異記·范翊》　范翊者，河東人也，以武藝授裨將。【略】翊有親知陳福，亦署裨將，翊差往淮南充使，收市綿綺，時福充副焉。《廣記》卷四三七

蘇鶚《杜陽雜編》卷下　一日大會韋氏之族於廣化里。玉饌俱列，暑氣將甚。〔同昌〕公主命取澄水帛，以水蘸之，掛於南軒。良久，滿座皆思挾纊。澄水帛長八九尺，似布而細，明薄可鑒，云其中有龍涎，故能消暑毒也。

王仁裕《開元天寶遺事·樓車載樂》　楊國忠子弟，恃后族之貴，極於奢侈，每春遊之際，以大車結綵帛爲樓，載女樂數十人，自私第聲樂前引，出遊園苑中，長安豪民貴族皆效之。

孫棨《北里志·鄭舉舉》　鄭舉舉者，居曲中，亦善令章，嘗與絳真互爲席糾，而充博非貌者，但負流品，巧談諧，亦爲諸朝士所眷。有名賢醵宴，辟數妓，舉舉者預焉。今左諫王致君調、右貂鄭禮臣轂、夕拜孫文府儲、小天趙爲山崇皆在席。【略】於是極歡，至暮而罷。致君已下，各取綵繒遺酬。

王溥《唐會要》卷五七《翰林院》〔長慶四年〕其年四月，賜翰林學士高釴錦綵七十匹，以上在左軍夜宿直之故也。

寶曆元年，路隨爲翰林學士，有以金帛謝除制者，必叱而卻之曰：「吾以公事接私財耶？」終無所納。

孫光憲《北夢瑣言》卷四　唐柳僕射仲郢鎮郪城，有一婢失意，將婢於成都鬻之。蓋巨源使君乃西川大校，累典雄郡，宅在苦竹溪。女儈具以柳婢言導，蓋公欲之，乃取歸其家，女工之具悉隨之，日夕賞其巧技。或一日，蓋公臨街窺窗，柳婢在侍。通衢有鬻綾羅者從窗下過，召俾就宅。蓋公於束縑内選擇邊幅，舒卷揲之，第其厚薄，酬酢可否。柳婢失聲而仆，似中風恙，命扶之而去，一無言語，但令與還女儈家，翌日而瘳。詰其所苦，青衣曰：「某雖賤人，曾爲柳家細婢，死則死矣，安能事賣絹牙郎乎？」蜀都聞之，皆嗟歎也。清族之家，率由禮門，蓋公暴貴，未知士風，爲婢僕所譏，宜矣哉！

《太平御覽》卷八一五《布帛部二》引《唐書》　大曆初，代宗詔許宰臣元載、王縉及左僕射裴冕、户部侍郎制度支第五奇、京兆尹黎幹，各出錢三十萬宴郭子儀私第，内侍魚朝恩參其會焉。朝恩出錦三十疋、羅五十疋、綾一百疋，爲子儀纏頭之費，極懽而罷。舊俗，賞歌舞人以錦綵置之頭上，爲之纏頭。宴享加惠，藉以爲詞。

《太平御覽》卷八一八《布帛部五·帛》《唐書》又曰：太宗召太子舍人陸敦信勞之曰：爾所録古先太子善惡之事，多所規諷，誠有可喜，因賜帛五十段。

又曰：貞觀中，皇后所生長樂公主將出降，勑資送倍於長公主。魏徵諫以漢明帝以「朕子安得同於先帝子」。后聞之以爲難，可謂正直社稷臣也。固請遣中使齎帛五百疋賜徵。

又曰：貞觀十一年，賜遭水之家帛十五疋，半毁者八疋。

又曰：王君廓少孤貧，無行，以剽刼爲業，亡命聚徒以逆鬚竹器籠人頭，而奪其繒帛。

又曰：開成中，以諫議大夫蕭俶爲荆楚州刺史。俶故相俛之弟，將赴任，延英陛辭。上曰：「蕭俛是先朝賢相，筋力未衰，即須一來京國。朕今賜手詔及賜

帛三百疋，以備山谷所之。」

《太平廣記》卷二六九《韋公幹》〔瓊山〕郡守韋公幹者，貪而且酷。掠良家子爲臧獲，如驅犬豕。有女奴四百人，執業者太半。有織花縑文紗者，有伸角爲器者，有鎔鍛金銀者，有攻珍木爲什具者，其家如市。日考月課，唯恐不程。出《投荒雜録》

宋敏求《唐大詔令集》卷二《太宗即位赦》凡厥庶寮，進爵一級。其五品以上先無爵邑者，開國男六品以下，各加一轉。關内及蒲、芮、虞、秦、陝、鼎六州，免二年租調。自餘率土，普給復一年。年八十以上，各賜米二石，綿帛五段。百歲以上，各賜米四石，綿帛十段，仍加版授，以旌尚齒。鰥寡孤獨，不能自存者，量事優卹。

宋敏求《唐大詔令集》卷三《改元光宅詔》諸年八十以上，各賜粟二石，綿帛二段。九十以上，賜粟三石，綿帛三段。百歲已上，賜粟五石，綿帛五段。並依舊例版授。

司馬光《資治通鑑》卷二一八《唐肅宗至德元載》〔六月〕己亥，上至岐山。或言賊前鋒且至，上遽過，宿扶風郡。士卒潛懷去就，往往流言不遜，陳玄禮不能制，上患之。會成都貢春綵十餘萬匹，至扶風，上命悉陳之於庭，召將士入，臨軒諭之曰：【略】自是流言始息。

司馬光《資治通鑑》卷二二三《唐代宗永泰元年》〔十月〕乙酉，回紇胡禄都督等二百餘人入見，前後贈賚繒帛十萬匹，府藏空竭，税百官俸以給之。

司馬光《資治通鑑》卷二三二《唐德宗貞元三年》上復問〔李〕泌以復府兵之策。【略】對曰：「用臣之言，可以不減戍卒，不擾百姓，糧食皆足，粟麥日賤，府兵亦成。」上曰：「苟能如是，何爲不用！」對曰：「此須急爲之，過旬日則不及矣。今吐蕃久居原、會之間，以牛運糧，糧盡，牛無所用，請發左藏惡繒染爲綵纈，胡三省注：惡繒，積於庫藏年深以致脆惡者。纈，撮綵以綫結之而後染色，既染則解其結，凡結處皆元色，餘則入染色矣，其色斑斕，謂之纈。因党項以市之，每頭不過二三匹，計十八萬匹，可致六萬餘頭。又命諸冶鑄農器，糴麥種，分賜沿邊軍鎮，募戍卒，耕荒田而種之，約明年麥熟倍償其種，其餘據時價五分增一，官爲糴之。來春種禾亦如之。關中土沃而久荒，所收必厚。戍卒獲利，耕者浸多。邊地居人至少，軍士月食官糧，粟麥無所售，其價必賤，名爲增價，實比今歲所減多矣。」上曰：「善！」即命行之。

司馬光《資治通鑑》卷二三九《唐憲宗元和一〇年》〔三月〕辛亥暮，盜數十人攻河陰轉運院，殺傷十餘人，燒錢帛三十餘萬緡匹，穀三萬餘斛，於是人情恇懼。

司馬光《資治通鑑》卷二四八《唐武宗會昌五年》九月，李德裕請置備邊庫，令户部歲入錢帛十二萬緡匹，度支鹽鐵歲入錢帛十三萬緡匹，明年減其三之一，凡諸道所進助軍財貨皆入焉，以度支郎中判之。

司馬光《資治通鑑》卷二六一《唐昭宗乾寧四年》黎、雅間有淺蠻曰劉王、郝王、楊王，各有部落，西川歲賜繒帛三千匹，使覘南詔，亦受南詔賂詗成都虛實。

洪邁《容齋隨筆・容齋四筆》卷四《唐明皇賜二相物》唐明皇以李林甫爲右相，顓付大政，而左相牛仙客、李適之、陳希烈前後同列，皆拱手備員。林甫死，楊國忠代之，其寵遇愈甚。天寶十三載，上御躍龍殿門，張樂宴羣臣，賜右相絹一千五百匹，綵羅三百匹，綵綾五百匹，而賜左相絹三百，羅、綾各五十而已。其多寡不侔，至於五倍。如希烈庸才，知上恩意，安得不奴事之乎？宜其甘心臣於禄山也。

王讜《唐語林》卷三《方正》懿宗迎佛骨，自鳳翔至內，禮儀盛于郊祀。中出一道，夾以連索，不得輒有犯者。車馬相接，締以組繡，緣路迎拜，數十里不絶。天子親幸安福樓，以錦綵成橋，骨至，即降樓，禮訖，然後迎入禁中，置于安國寺。宰相以下，施財不可勝計。百姓競爲浮圖，以至失業。明年，懿宗崩，京兆尹薛逢毀之無遺。

《奩史》卷八七《綺羅門》天后賜王方慶雜綵六十段，并瑞錦等物。《唐書》

鄭舉舉者，善令章，巧談諧，爲諸朝士所眷。名賢醵宴，盡得其歡，各取綵繒遺酬。《北里志》

《奩史》卷八七《綺羅門》薛瑶英于七月七日令諸婢共剪輕綵，作連理花千餘朵，以陽起石染之。當午散于庭中，隨風而上，徧空中如五色雲霞，久之方没，謂之渡河吉慶花，籍以乞巧。《致虚閣雜俎》

《舊五代史》卷二《梁書・太祖紀二》光化三年九月，帝以仁恭、進通之入寇也，皆繇鎮、定爲其囊橐，即以葛從周爲上將以伐鎮州。遂攻下臨城，渡滹沱以環其城。帝領親軍繼至，鎮帥王鎔懼，納質請盟，仍獻文繒二十萬以犒戎士，帝許之。

《舊五代史》卷四《梁書・太祖紀四》　開平二年十月己亥，上在陝。兩浙節度使奏，於常州東州鎮殺淮賊萬餘人，獲戰船一百二隻。《册府元龜》卷二百一十七。以行營左廂步軍指揮使賀瓌爲左龍虎統軍，以左天武軍夾馬指揮使尹皓爲輝州刺史，以右天武都頭韓瑭爲神捷指揮使，左天武第三都頭胡賞爲右神捷指揮使，仍賜帛有差，以解晉州圍之功也。《册府元龜》卷二百一十。【略】己未，大明節，諸道節度刺史各進獻鞍馬、銀器、綾帛以祝壽，宰臣百官設齋相國寺。《永樂大典》卷一萬六千四百八十七。　十一月辛未，御宣和殿，宴宰臣文武百官。庚辰，御宣和殿，宴宰臣文武百官。《永樂大典》卷一萬六千七百四十六。出開明門，登高僧臺閲兵。《册府元龜》卷二百一十四。諸道節度使、刺史各進賀冬田器、鞍馬、綾羅等。戊子，賜文武百官帛。《册府元龜》卷二百九十七。【略】

三年正月辛卯，祀昊天上帝於圜丘。是日，降雪盈尺，帝昇壇而雪霽。禮畢，御五鳳樓，五鳳樓下原本衍一「于」字，今據文删去。（影庫本粘籤）宣制大赦天下。《永樂大典》卷四千三百七十六。賜南郊行事官禮儀使趙光逢以下分物。甲午，上御文思殿宴羣臣，賜金帛有差。丙申，賜文武官帛有差。命宣徽使王殷押絹一萬匹并茵褥圖帟二百六十件賜張宗奭。《永樂大典》卷一萬三千七百一十九。

《舊五代史》卷五《梁書・太祖紀五》　開平三年九月，御崇勳殿，宴羣臣文武百官。賜張宗奭、楊師厚白綾各三百疋，銀鞍轡馬。丁酉，上幸崇政院宴内臣，賜院使敬翔、直學士李班等繒綵有差。《永樂大典》卷一萬六千七百四十六。【略】庚子，殿直王唐福自襄城走馬，以天軍勝捷逆將李洪歸降事上聞。賜唐福絹銀有加，宰臣百官上表稱賀。

《舊五代史》卷六《梁書・太祖紀六》　乾化元年五月甲申朔，大赦天下。《永樂大典》卷五千一百四十九。詔方伯州牧，近未加恩者并遷爵秩。復大賚軍旅，普宴於宣威殿，賜帛各有差。【略】

九月庚子，親御六師，次於河陽。甲辰，至於衛州。乙巳，至於宜溝，幸民劉達墅。丙午，至相州，賞左親騎指揮使張仙、右雲騎指揮使宋鐸，嘗身先陷陣，各賜帛。《册府元龜》卷二百一十。

《舊五代史》卷七《梁書・太祖紀七》　乾化二年正月，以丁審衢爲陳州，而審衢厚以鞍馬、金帛爲謝恩之獻，帝慮其漁民，復其獻而停之。《册府元龜》卷二百十五。

《舊五代史》卷二二《梁書・牛存節傳》　天祐元年，授邢州團練使。時州兵纔及二百人，晉人知之，以大軍來寇。太祖在鄴，發長直兵二千人赴援，存節率壯健出鬬，以家財賞激戰士，并軍急攻，七日不能克而去。太祖召至，勞慰久之，厚賚金帛鞍馬，加檢校司徒。

《舊五代史》卷二四《梁書・段深傳》　段深，不知何許人。開平中，以善醫待詔於翰林。時太祖抱疾久之，其溲甚濁，僧曉微侍藥有徵，賜紫衣師號，錫賚甚厚。頃之疾發，曉微剥服色，去師號。因召深問曰：「疾愈復作，草藥不足恃也。我左右粒石而効者衆矣，服之如何？」深對曰：「臣嘗奉詔診切，陛下積憂勤，失調護，脈代芤而心益虚。臣以爲宜先治心，心和平而溲變清，當進飲劑，而不當粒石也。臣謹案，《太倉公傳》曰：『中熱不溲者不可服石，石性精悍，有大毒。』凡餌毒藥如甲兵，不得已而用之，非有危殆，不可服也。」太祖善之，令進飲劑，疾稍愈，乃以幣帛賜之。《永樂大典》卷二萬一千六百九。

《舊五代史》卷三〇《唐書・莊宗紀四》　同光元年冬十月己卯遲明，前軍至汴城，李嗣源令左右捉生攻封丘門，梁開封尹王瓚請以城降。俄而帝與大軍繼至，王瓚迎帝自大梁門入。梁朝文武官屬於馬前謁見，陳叙世代唐臣陷在僞廷，今日再覩中興，雖死無恨。帝諭之曰：「朕二十年血戰，蓋爲卿等家門，無足憂矣，各復乃位。」時梁末帝朱鍠已爲其將皇甫麟所殺，獲其首，函之以獻。是日，賜樂工周匝幣帛。

《舊五代史》卷三四《唐書・莊宗紀八》　同光四年三月壬戌，宰臣豆盧革率百官上表，以魏博軍變，請出内府金帛優給將士。不報。【略】癸亥，以僞置昭武軍節度使林思諤爲閬州刺史。是日，出錢帛給賜諸軍，兩樞密使及宋唐玉、景進等各貢助軍錢幣。是時，軍士之家乏食，婦女掇蔬於野，及優給軍人，皆負物而詬曰：「吾妻子已殍矣，用此奚爲！」甲子，元行欽自衛州率部下兵士歸，帝幸耀店以勞之。西川輦運金銀四十萬至闕，分給將士有差。

《舊五代史》卷三五《唐書・明宗紀一》　帝既壯，雄武獨斷，謙和下士。每有戰功，未嘗自伐。居常唯治兵仗，持廉處静，晏如也。武皇常試之，召於泉府，命恣其所取，帝唯持束帛數緡而出。凡所賜與，分給部下。

《舊五代史》卷三七《唐書・明宗紀三》　天成元年十二月戊子，盧文進及將吏四百人見，賜鞍馬、玉帶、衣被、器玩、錢帛有差。

《舊五代史》卷三八《唐書・明宗紀四》　天成二年八月乙酉，昆明大鬼主羅殿王、普露静王九部落，各差使隨牂牁、清州八郡刺史宋朝化等一百五十三人來朝，進方物，各賜官告、繒綵、銀器放還蕃。

《舊五代史》卷四三《唐書・明宗紀九》 長興三年十一月乙巳，雲州奏，契丹主在黑榆林南捺刺泊造攻城之具。帝遣使賜契丹主銀器綵帛。

《舊五代史》卷四五《唐書・閔帝紀》 〔應順元年二月己卯，宣授鳳翔節度使、潞王從珂爲權北京留守，潞王從珂拒命。〕三月庚申，帝聞之，謂康義誠等曰：「朕幼年嗣位，委政大臣，兄弟之間，必無榛梗。諸公大計見告，朕獨難違，事至於此，何方轉禍？朕當與左右自往鳳翔，迎兄主社稷，朕自歸藩，於理爲便。」朱弘昭、馮贇不對，義誠曰：「西師驚潰，蓋由主將失策。今駕下兵甲尚多，臣請自往關西，振其兵威，扼其衝要。」義誠又累奏請行，帝召侍衛都將以下宣曰：「先皇帝棄萬國，朕於兄弟之中，無心爭立，一旦被召主喪，便委社稷，岐陽兄長，果致猜嫌。卿等頃從先朝千征萬戰，今日之事，寧不痛心！今據府庫，悉以頒賜，卿等勉之。」乃出銀絹錢厚賜於諸軍。是時方事山陵，復有此賜，府藏爲之一空，軍士猶負賞物揚言于路曰：「到鳳翔更請一分。」其驕誕無畏如是。辛酉，幸左藏庫，視給將士金帛。

《舊五代史》卷五四《唐書・王都傳》 都好聚圖書，自常山始破，梁國初平，令人廣將金帛收市，以得爲務，不責貴賤，書至三萬卷，名畫樂器各數百，皆四方之精妙者，萃於其府。

《舊五代史》卷七五《晉書・太祖紀一》 〔清泰三年十一月丁酉，〕是日，帝言於戎王，願以鴈門已北及幽州之地爲戎王壽，仍約歲輸帛三十萬，戎王許之。《永樂大典》卷一萬五千六百四十三。

《舊五代史》卷八一《晉書・少帝紀一》 天福八年三月庚寅，國子祭酒兼户部侍郎田敏以印本《五經》書上進，賜帛五十段。

《舊五代史》卷八四《少帝紀四》 開運三年春正月己未，二王後守太僕少卿、襄鄴國公楊延壽除名配流威州，終身勿齒。延壽奉命於磁州檢苗，受贓二百餘匹，準律當絞，有司以二王後入議，故貸其死。

《舊五代史》卷九三《晉書・李專美傳》 專美之遠祖本出姑臧大房，與清河小房崔氏、北祖第二房盧氏、昭國鄭氏爲四望族，皆不以才行相尚，不以軒冕爲貴，雖布衣徒步，視公卿蔑如也。男女婚嫁，不雜他姓，欲聘其族，厚贈金帛始許焉。

《舊五代史》卷九三《晉書・李遐傳》 李遐，兖州人也。少爲儒，有節操，曆數鎮從事，及升朝，累遷尚書庫部員外郎。高祖即位，以皇子重乂保釐洛邑，知遐强幹有守，除爲西京留守判官，使之佐理；復重其廉勤，兼委監西京左藏庫。會張從賓作亂，使人輦取繒帛以賞羣逆，遐曰：「不奉詔書，安敢承命！」遂爲其下所害。高祖聞而歎惜，賻贈加等，仍贈右諫議大夫。其母田氏，封京兆郡太君，仍給遐所食月俸，終母餘年。其子俟服闋與官。後又遣兖州節度使李從溫就其舊業，賜牲幣綿帛等物，以旌其忠也。《永樂大典》卷一萬三百九十。

《舊五代史》卷九七《晉書・張從賓傳》 及范延光據鄴城叛，詔從賓爲副部署使，從楊光遠同討延光。會延光使人誘從賓，從賓時在河陽，乃起兵以應之。先害皇子重信，及入洛，又害皇子重乂，取內庫金帛以給部伍，因東據汜水關，且欲觀望軍勢。高祖命杜重威、侯益分兵討之，從賓大敗，乘馬入河，溺水而死焉。《永樂大典》卷六千三百五十一。

《舊五代史》卷一〇二《漢書・隱帝紀中》 乾祐二年春正月壬子，賜前昭義軍節度使張從恩衣一襲、金帶、鞍馬、綵帛等。時有投無名文字誣告從恩者，故特有是賜，以安其心。

《舊五代史》卷一〇三《漢書・隱帝紀下》 乾祐三年夏四月壬午，以樞密使郭威鄴都留守，依前樞密使。詔河北諸州，應兵甲、錢帛、糧草一稟郭威處分。

《舊五代史》卷一〇八《漢書・蘇逢吉傳》 逢吉性侈靡，好鮮衣美食，中書公膳，鄙而不食，私庖供饌，務盡甘珍，嘗於私第大張酒樂，以召權貴，所費千餘緡。其妻武氏卒，葬送甚盛，班行官及外州節制，有與逢吉相款洽者，皆令齎送綾羅絹帛，以備縞素，失禮違度，一至如此。

《舊五代史》卷一〇九《漢書・杜重威傳》 開運元年秋，加北面行營招討使。二年，領大軍下泰州、滿城、遂城。契丹主自古北口迴軍，追躡王師，重威等狼狽而旋，至陽城，爲契丹所困。會大風狂猛，軍情憤激，符彦卿、張彦澤等引軍四出，敵衆大潰，諸將欲追之，重威曰：「逢賊得命，更望福乎！」遂收軍馳歸常山。先是，重威於州内括借錢帛，吏民大被其苦，人情咸怨，重以境内凋弊，十室九空，重威遂無留意，連上表乞歸朝，不俟報即時上路。朝廷以邊上重鎮，主帥擅離，苟有奔衝，慮失禦備，然亦無如之何，即以馬全節代之，重威尋授鄴都留守。會鎮州軍食不繼，遣殿中監王欽祚就本州和市，重威私第有粟十餘萬斛，遂録之以聞。朝廷給絹數萬匹，償其粟直。重威大怒曰：「我非反逆，安得籍没耶！」

三年冬，晉少帝詔重威與李守貞等率師經略瀛、鄚。【略】重威密遣人詣敵帳，潛布腹心。契丹主大悦，許以中原帝之，重威庸暗，深以爲信。【略】契丹主使重威衣赭袍以示諸軍，尋僞加守太傅，鄴都留守如故。

契丹主南行，命重威部轄晉軍以從，既至東京，駐晉軍於陳橋，士伍飢凍，不勝其苦。重威每出入衢路，爲市民所詬，俛首而已。契丹下令括率京城錢帛，將相公私，雷同率配，重威與李守貞各萬緡。乃告契丹主曰：「臣等以十萬漢軍降於皇帝，不免配借，臣所不甘。」契丹主笑而免之。尋羣盜斷澶州浮梁，契丹乃遣重威歸藩。明年三月，契丹主北去，至相州城下，重威與妻石氏詣牙帳貢獻而迴。

高祖車駕至闕，以重威爲宋州節度使，加守太尉，重威懼，閉城拒命。詔高行周率兵攻討，重威遣其子弘遂等告急於鎮州麻荅，乞師救援，且以弘遂爲質，麻荅遣蕃將楊衮赴之。未幾，鎮州諸軍逐麻荅，楊衮至洺州而迴。十月，高祖親征，【略】至是，重威牙將詣行宮請降，復遣節度判官王敏奉表請罪，賜優詔敦勉，許其如初。重威即遣其子弘遂、妻石氏出候高祖，重威繼踵出降，素服俟罪，復其衣冠，賜見，即日制授檢校太師、守太傅，兼中書令。鄴城士庶，殍殕者十之六七。

先是，契丹遣幽州指揮使張璉，以部下軍二千餘人屯鄴，時亦有燕軍一千五百人在京師。會高祖至闕，有上變者，言燕軍謀亂，盡誅於繁臺之下，咸稱其冤。有逃奔於鄴者，備言其事，故張璉等懼死，與重威膠固守城，略無叛志。高祖亦悔其前失，累令宣諭，許以不死。璉等於城上揚言曰：「繁臺之誅，燕軍何罪？既無生理，以死爲期。」璉一軍在圍中，重威推食解衣，盡力姑息。燕軍驕悍，憑陵吏民，子女金帛，公行豪奪。及重威請命，璉等邀朝廷信誓，詔許璉等却歸本土。及出降，盡誅璉等將數十人，其什長已下放歸幽州，將出漢境，剽略而去。高祖遣三司使王章、樞密副使郭威，録重威部下將吏盡誅之，籍其財産與重威私帑，分給將士。

《舊五代史》卷一一二《周書·太祖紀三》〔廣順元年冬十月〕丁巳，以左衛將軍申師厚爲河西軍節度使、檢校太保。師厚素與王峻善，及峻貴，師厚羈旅無依，日於峻馬前望塵而拜。會西涼請帥，帝令擇之，無欲去者，峻乃以師厚奏之，師厚亦欣然求往，尋自前鎮將授左衛將軍、檢校工部尚書。翌日，乃有涼州之命，賜旌節、駝馬、繒帛以遣之。【略】

廣順二年丙寅，徐州巡檢供給官張令彬奏，破淮賊于沐陽，斬首千餘級，擒賊將燕敬權。【略】戊寅，徐州部送沐陽所獲賊將燕敬權等四人至闕下，詔賜衣服金帛，放歸本土，敬權等感泣謝罪。

《舊五代史》卷一一四《周書·世宗紀一》 顯德元年六月乙巳，車駕至潞州。癸丑，帝發潞州。乙丑，幸新鄭縣。丙寅，帝親拜嵩陵，祭奠而退，賜守陵將吏及近陵户帛有差。

《舊五代史》卷一一五《周書·世宗紀二》 顯德二年二月戊申，遣使赴西京，賜太子太師致仕侯益、白文珂、宋彦筠等茶藥錢帛各有差，仍降詔存問。【略】

九月辛卯，西南面招討使王景，部送所獲西川軍校蔞暉已下三百人至闕。甲午，潞州部送先擒到河東兵馬監押程交等二百人至闕。詔所獲西川、河東軍校已下並釋之，各賜錢帛有差。

《舊五代史》卷一一六《周書·世宗紀三》 顯德三年二月壬午，江南國主李景遣其臣僞翰林學士户部侍郎鍾謨、僞工部侍郎文理院學士李德明等，奉表來上，叙願依大國稱臣納貢之意，仍進金器千兩，錦綺綾羅二千匹及御衣、犀帶、茶茗、藥物等，又進犒軍牛五百頭，酒二千石。是日，賜謨等錦綺綾羅二百匹，銀器一百兩，襲衣、金帶、鞍馬等。【略】

三月丙午，江南國主李景遣其臣僞司空孫晟、僞禮部尚書王崇質等奉表來上，仍進金一千兩，銀十萬兩，羅綺二千匹，又進賞給將士茶絹金銀羅帛等。

《舊五代史》卷一一七《周書·世宗紀四》 顯德四年三月己亥，帝自鎮淮軍復幸下蔡。壬寅，賜淮南降軍許文縝、邊鎬已下萬五百人衣服錢帛有差。

《舊五代史》卷一一八《周書·世宗紀五》 顯德五年三月丙申，江南李景遣其臣兵部侍郎陳覺奉表陳情，兼貢羅縠紬絹三千匹，乳茶三千斤，及香藥犀象等。【略】

五月己酉，以太府卿馮延魯充江南國信使，以衛尉少卿鍾謨爲副。賜李景御衣，玉帶，錦綺羅縠帛共十萬匹，金器千兩，銀器萬兩，御馬五匹，金玉鞍轡全，散馬百匹，羊三百匹。賜江南世子李弘冀器幣鞍馬等。

《舊五代史》卷一二五《周書·馮暉傳》 初，張希崇鎮靈州，以久在北蕃，頗究邊事，數年之間，侵盜並息。希崇卒，未有主帥，蕃部寇鈔，無復畏憚，朝廷以暉强暴之名，聞於遐徼，故以命之。乃暉到鎮，大張宴席，酒殽豐備，羣夷告醉，爭陳獻賀，暉皆以錦綵酬之，蕃情大悅。

《舊五代史》卷一二六《周書·馮道傳》　莊宗即位鄴宮，除省郎，充翰林學士，自緑衣賜紫。梁平，遷中書舍人、户部侍郎。丁父憂，持服于景城。遇歲儉，所得俸餘，悉賑于鄉里，道之所居，唯蓬茨而已，凡牧宰饋遺，斗粟匹帛，無所受焉。

《舊五代史》卷一三八《外國傳·回鶻》　梁乾化元年十一月，遣都督周易言等入朝進貢，太祖御朝元殿引對，以易言爲右監門衛大將軍同正，以石壽兒、石論思並爲右千牛衛將軍同正，仍以左監門衛將軍楊沼充押領回鶻還蕃使，通事舍人仇玄通爲判官，厚賜繒帛，放令歸國，又賜其入朝僧凝盧、宜李思、宜延籛等紫衣。

《新五代史》卷四《唐莊宗紀上》　景福元年，王鎔攻邢州，李存信、李嗣勳等敗鎔于堯山。二月，會王處存攻鎔，戰于新市，爲鎔所敗。八月，李匡威攻雲州，以牽克用之兵，克用潛入于雲州，返出擊匡威，匡威敗走。十月，李存孝以邢州叛。二年，存孝求援於王鎔，克用出兵井陘擊鎔，且以書招鎔，而急攻其平山，鎔懼，遂與克用通和，獻帛五十萬匹，出兵助攻邢州。乾寧元年三月，執存孝，殺之。

《新五代史》卷二四《唐臣傳·郭崇韜》　崇韜素嫉宦官，嘗謂〔魏王〕繼岌曰：「王有破蜀功，師旋，必爲太子，俟主上千秋萬歲後，當盡去宦官，至於扇馬，亦不可騎。」繼岌監軍李從襲等見崇韜專任軍事，心已不平，及聞此言，遂皆切齒，思有以圖之。莊宗聞破蜀，遣宦官向延嗣勞軍，崇韜不郊迎，延嗣大怒，因與從襲等共構之。延嗣還，上蜀簿，得兵三十萬，馬九千五百匹，兵器七百萬，糧二百五十三萬石，錢一百九十二萬緡，金銀二十二萬兩，珠玉犀象二萬，文錦綾羅五十萬匹。莊宗曰：「人言蜀天下之富國也，所得止於此邪？」延嗣因言蜀之寶貨皆入崇韜，且誣其有異志，將危魏王。莊宗怒，遣宦官馬彦珪至蜀，視崇韜去就。彦珪以告劉皇后，劉皇后教彦珪矯詔魏王殺之。

《新五代史》卷四七《雜傳·李瓊》　明宗兵變于魏而南，瓊從晉祖以三百騎先趨汴州。高祖爲保義軍節度使，以爲牙隊指揮使。高祖建國，以爲護聖都虞候，賜與金帛甚厚，而不與之官爵，瓊亦鬱鬱。久之，拜相、申二州刺史。

《新五代史》卷五三《雜傳·慕容彦超》　彦超爲人多智詐而好聚斂，在鎮嘗置庫質錢，有奸民爲僞銀以質者，主吏久之乃覺。彦超陰教主吏夜穴庫垣，盡徙其金帛于佗所而以盜告。彦超即牓于市，使民自占所質以償之，民皆爭以所質物自言，已而得質僞銀者，寘之深室，使教十餘人日夜爲之，皆鐵爲質而包以銀，號「鐵胎銀」。其被圍也，勉其城守者曰：「吾有銀數千鋌，當悉以賜汝。」軍士私相謂曰：「此鐵胎爾，復何用哉！」皆不爲之用。

《新五代史》卷六五《南漢世家·劉晟》　應乾九年冬，又遣內侍潘崇徹攻郴州，李景兵亦在，與崇徹遇，戰，大敗景兵於宜章，遂取郴州。晟益得志，遣巨艦指揮使暨彦贇以兵入海，掠商人金帛作離宮遊獵，故時劉氏有南宮、大明、昌華、甘泉、翫華、秀華、玉清、太微諸宮，凡數百，不可悉紀。

《新五代史》卷六九《南平世家·高季興》　同光三年，封南平王。魏王繼岌已破蜀，得蜀金帛四十餘萬，自峽而下，而莊宗之難作。季興聞京師有變，乃悉邀留蜀物，而殺其使者韓珙等十餘人。

《新五代史》卷七四《四夷附録三·南詔蠻》　同光三年，魏王繼岌及郭崇韜等破蜀，得王衍時所俘南詔蠻數十人，又得徐蠕，自言嘗使南詔，乃矯詔還其所俘，遣蠕等持金帛招撫南詔，諭以威德，南詔不納。

《五代會要》卷二九《契丹》　梁開平元年四月，遣其首領袍笏梅老等來貢方物。至二年二月，其王阿保機又遣使來貢良馬。五月，又遣使解里貢細馬十匹，金花鞍轡，貂鼠皮裘并冠；男口一，年十歲，名曰蘇；女口一，年十一歲，名曰譬。其妻述律氏貢朝霞錦。前國王欽德并其大臣皆有貢獻。太祖命司農卿渾特、右千牛衛將軍郎公遠充使，就本國宣諭。

三年閏八月，又遣首領葛禄來貢方物。太祖御文明殿，召葛禄等五十人張讌，賜金帛等有差。至五年四月，又遣使實柳梅老來朝貢。【略】

天成元年七月二十七日，阿保機得疾而死。第二子元帥太子德光嗣立。德光本名曜屈之，慕中國之名，故改爲德光。【略】其年十月，遣使設骨餒來告哀，明宗輟其月十九日朝參以禮之。其月，僞平州守將領幽州節度使盧文進率户口兵馬車帳來降。至二年十一月，又遣使梅老等二十餘人朝貢，兼申和好之意。明宗命飛勝指揮使安念德齎錦綺綾羅及金花銀器、寶裝酒器等賜之。又賜其母述律氏繡被一張，并寶裝瓔珞。【略】長興元年十一月，契丹渤海國東丹王突欲率番官四十餘人，馬百匹，自登州泛海內附。明宗御文明殿召對，及其部曲，慰勞久之。賜以衣冠、金玉帶、鞍馬、錦綵、器物等。【略】

晉天福元年十一月，高祖踐位，以德光有援助之力，歃血爲盟，結爲父子，仍約歲輸絹十三萬匹，割鴈門已北及幽州所屬縣並隸番界。德光又率兵迓高祖於潞州。繫幽州節度使趙德鈞并其子樞密使趙延壽而迴。二年二月，德光遣使子解里、舍利梅老來聘。三年十月，又遣使來上尊號曰英武明義。晉祖繼命宰臣馮道、趙瑩，劉昫等齎寶貨珍幣，歲時進貢不絶。

《五代會要》卷二九《党項羌》 天成四年九月，首領折遇明等來貢方物。十月，首領來有行來朝，進馬四十匹。上御中興殿閱所進馬。樞密使安重誨奏曰：「吐渾、党項近日相次進馬，皆給價直，對見之時，別賜繒帛，計其所費，不啻倍價。請止之。」上曰：「國家常苦馬不足，每差綱收市，今番言自來，何費之有？外番朝貢，中國錫賜，朝廷常事，不可以止。」自此番部羊馬，不絶於路。

《五代會要》卷三〇《吐番》 乾化元年十一月，又遣使來朝，召對於朝元殿，賜金帛等遣之。【略】

後唐長興四年十一月，遣使來貢，召對於內殿，賜以金帛，仍各賜虎皮一張。

司馬光《資治通鑑》卷二七五《後唐明宗天成元年》 （十二月，庚子）趙季良等運蜀金帛十億至洛陽，時朝廷方匱乏，賴此以濟。

司馬光《資治通鑑》卷二八〇《後晉高祖天福元年》 （十一月，丁酉）契丹主謂石敬瑭曰：「吾三千里赴難，必有成功。觀汝器貌識量，真中原之主也。吾欲立汝爲天子。」敬瑭辭讓者數四，將吏復勸進，乃許之。契丹主作册書，命敬瑭爲大晉皇帝，自解衣冠授之，築壇於柳林，是日，即皇帝位。割幽、薊、瀛、莫、涿、檀、順、新、嬀、儒、武、雲、應、寰、朔、蔚十六州以與契丹，仍許歲輸帛三十萬匹。

司馬光《資治通鑑》卷二八一《後晉高祖天福三年》 （秋，七月，辛酉）帝事契丹甚謹，奉表稱臣，謂契丹主爲「父皇帝」；每契丹使至，帝於別殿拜受詔敕。歲輸金帛三十萬之外，吉凶慶弔，歲時贈遺，玩好珍異，相繼於道。

吳任臣《十國春秋》卷三《吳·睿帝紀》 （順義三年十月）戊戌，唐以滅梁來告，始稱詔，我國不受；唐主隨易書，用敵國禮，曰「大唐皇帝致書於吳國主」。按來聘者爲引進副使楊彦詢。 王遣司農卿盧蘋獻金器二百兩、銀器三千兩、羅錦一千二百疋、龍腦香五斤、龍鳳絲韊一百事於唐。【略】

順義四年春三月，王遣右衛上將軍許確進賀郊天銀二千兩、錦綺羅一千二百疋、細茶五百斤、象牙四株、犀角十株于唐。

順義六年春二月辛亥，遣右驍衛將軍蘇虔獻金花、銀器、錦綺於唐。【略】

（乾貞元年）夏四月，遣雷峴進白金、羅綺於唐，修重午之禮。

九月，遣使如唐獻應聖節，金器百兩，金花銀器千兩，雜色綾錦千疋。

吳任臣《十國春秋》卷一六《南唐·元宗紀》 （保大十四年二月）己卯，遣翰林學士户部侍郎鍾謨、工部侍郎文理院學士李德明使周，奉表至下蔡行在，稱臣，請罷兵，【略】別貢金器千兩，銀器五千兩，錦綺綾白千疋，及御衣、犀帶、茶藥，又奉牛五百頭，酒二千石犒軍。【略】

三月丙午，遣司空孫晟、禮部尚書王崇質如周，請比兩浙、湖南奉正朔，【略】別進金千兩、銀十萬兩、羅綺二千疋，宣給軍士。周主猶未許。

吳任臣《十國春秋》卷一六《南唐·元宗紀》 （中興元年夏五月）下令去帝號，稱國主，去交泰年號，稱顯德五年。【略】己酉，周遣我使臣太僕卿馮延魯、衛尉少卿鍾謨歸國主御衣、玉帶、錦、帛、羊、馬及犒軍帛十萬，并今年《欽天曆》，士卒俘于周者皆追還，凡五千七百五十人。

吳任臣《十國春秋》卷一七《南唐·後主紀》 （甲戌歲）冬十月，國主遣江國公從鎰貢帛二十萬疋，白金二十萬斤；《宋史》作茶二十萬斤，今從《南唐書》。 又遣起居舍人潘慎修貢買宴帛萬疋，錢五百萬。築城聚糧，大爲守備。

吳任臣《十國春秋》卷一九《南唐·江國公從鎰傳》 宋以不朝致討，後主遣從鎰貢帛二十萬疋、白金二十萬斤，宋兵悉已南渡，從鎰留汴京，館懷信驛。捷奏至宋，宋百僚稱賀，闔門趨，隨班入。邸吏亦謂當有貢獻。其介潘慎修以爲國被討瀕亡，使者旅賀，非禮，但奉方物，以待罪爲宜。宋太祖嘉其知禮，爲易供帳，加賜牲餼上尊。命知制誥李穆送從鎰歸國，諭旨令後主亟自歸，仍命曹彬等緩攻以竢之。

吳任臣《十國春秋》卷四九《後蜀·後主紀》 （乾德三年）五月，將至汴京，宋太祖命晉王勞於近郊。【略】後主獻金器八百兩，玉腰帶二條，銀鋌一萬兩。已而賜宴於大殿，又進金酒器一副，通龍鳳犀腰帶一條。明日，宋太祖宣賜後主襲衣、玉帶、黄金鞍勒馬、金器千兩、銀器萬兩、錦綺千段、絹萬疋。《錦里耆舊傳》云：蜀主朝見，賜蜀主衣一副六件，玉腰帶一條，金鞍轡馬二匹，散馬五匹，絹五千疋，錦綺綾羅紗縠衣著一千疋，錢三千貫文，金鍍銀稜瓷器四百事，銀漆稜器千六百事，素漆器五百事，錦繡被毯褥二副，宅一院，四百八十間，鋪陳傢用什物全。 又賜太后李氏金器三百兩，銀器三千兩，錦綺千匹，絹千匹，子弟及其官屬等襲衣、金玉帶、鞍勒馬、車乘、器幣有差。又遣使分詣江陵、鳳翔，賜我文武官家屬錢帛，疾病者給以醫藥。

吴任臣《十國春秋・後蜀二・後主紀》 初，高祖據有一方，晚年專務奢侈，尚食掌食典至百卷，中有賜緋羊酒骨糟等名。寢室常設畫屏七十張，關百紐而合之，號曰㠐宫。又有煌明帳，色淺紅，類鮫綃，於縐文中具十洲三島之象，夜則燦爛如金箔，施之大小牀皆稱。後主初襲位，頗勤政事，寢處惟紫羅帳、碧綾帷，褥無錦繡諸飾，至於盥漱之具，但用白金，雜以黑漆木器。【略】中歲稍稍以侈靡爲樂，常命一梭織成錦被，凡三幅帛，上鏤二穴，名曰鴛衾。又以芙蓉花徧染繒爲帳幔，名曰芙蓉帳。至溺器皆以七寶裝之。宋太祖見寶裝溺器，撞碎之，曰：「汝以七寶飾此，當以何器貯食？所爲如此，不亡何待！」每臘日，内官各獻羅體圈金花樹，所費不貲。

吴任臣《十國春秋》卷六八《楚文昭王世家》（開運二年）冬十月，遣使獻供御紬絹六千疋，白羅一百疋，筒卷白羅十疋，錦綺褥面十牀，錦綺背十合於晉。

吴任臣《十國春秋》卷七八《吴越二・武肅王世家下》（寶大元年）秋九月，王遣使錢詢貢唐方物，銀器、越綾、吴綾，及龍鳳衣、絲鞵屐子，又進萬壽節金器、盤龍鳳錦織成紅羅縠袍襖衫段，秘色甆器，銀裝花櫚木厨子，金排方盤龍帶御衣，白龍瑙紅地龍鳳錦被，紅藤龍鳳箱等。王既厚貢獻，復賂唐權要，求金印、玉册，賜詔不名，稱國王。有司言：「故事惟天子用玉册，又非四裔，無封國王者。」唐主皆曲從王意。

吴任臣《十國春秋》卷七九《吴越三・文穆王世家》（應順元年）秋九月辛酉，王獻唐白金五千鋌，絹五千疋；静海軍節度使、檢校太保、中書令、王弟元球等四人共貢唐白金七千鋌，綾絹七千疋。【略】

（清泰二年）九月，王貢唐錦綺五百，連金花食器二千兩，金稜秘色甆器二百事。【略】

（天福三年）冬十月丙戌，貢晉謝恩金器五百兩，白金一萬兩，吴越異紋綾八千疋，金條紗三千疋，絹二萬段，綿九萬兩，大茶腦源茶二萬四千斤，又進大排方通犀瑞象腰帶一副。【略】

（天福五年）冬十月，王貢晉謝恩金器三百兩，白金八千兩，金條紗五百疋，綿五萬兩。

吴任臣《十國春秋・吴越六・忠懿王世家下》（開寶八年）五月，宋詔客省使丁德裕權知常州，又敕遣上侍禁李輝賜王襲衣，玉帶，玉鞍勒馬各一事，金器二千兩，銀器一萬兩，錦綵一萬段，詔王歸國。【略】

（開寶八年）十二月，宋論功，遣東頭供奉官徐靖賜王綵錦御衣、金盔甲、御酒、駞馬等物，仍賜優詔褒焉，加王麾下孫承祐平江軍節度使，沈承禮寧海軍節度使，餘授防禦使三人，刺史六人。【略】

（開寶九年三月）會宋帝將以四月幸西京，王懇請扈從，不許，已而留世子惟濬侍祠，令王歸國。啓行之時，先期，宋帝宴餞於講武殿，賜窄衣、玉束帶、玉鞍勒馬、玳瑁鞭、金銀錦綵二十餘萬、銀裝兵器八百事，謂王曰：「南北風土異宜，漸及炎暑，卿可早發。」王涕泣曰：「願三歲一朝。」宋帝曰：「川陸迂遠，當竢詔旨即來。」次日，王妃入辭中宫，賜金器三百兩、衣著二千疋、銀二千兩。臨發，宋帝特賜導從儀衛之物，鮮華奪目，自禮賢宅至迎春苑，絡繹道路不絶。又親賜黄袱一束，封緘甚固，戒王曰：「途中宜密視。」

吴任臣《十國春秋》卷八三《吴越七・忠懿王子世子惟濬傳》 忠懿王薨，起復，加兼中書令。惟濬與諸王子，共進上綾羅、犀玉帶笏、犀角、象牙、丁香、瑪瑙、鞍勒、金玉珠翠、首飾器皿，凡數十萬計。又進女樂十人，太宗不納，各賜錦綵三十段，遣還。

吴任臣《十國春秋》卷八七《吴越十一・孫承祐傳》 孫承祐，杭州錢塘人。【略】開寶初，官鎮東鎮海等軍行軍司馬，隨世子惟濬入貢於宋，宋太祖詔授光禄大夫、檢校太保，未幾忠懿王署爲中吴軍節度使。七年，王復遣承祐貢於宋太祖，賜襲衣玉帶、鞍勒馬、黄金器五百兩、銀器三十兩、雜綵五千匹，且令諭旨於王，將有事於江表。

《宋史》卷七《真宗紀二》（咸平四年）十二月己亥，賜近臣、契丹錦綺綾縠等物。

《宋史》卷二五〇《王承衍傳》（開寶）二年春，太宗幸其第，賜宴，承衍以金器、名馬爲壽，詔賜銀萬兩、錦綵五千匹。

《宋史》卷三二〇《張存傳》 存性孝友，嘗爲蜀郡，得奇繒文錦以歸，悉布之堂上，恣兄弟擇取。

《宋史》卷四七九《西蜀孟氏世家・孟玄喆》 玄喆字遵聖，幼聰悟，善隸書。年十四，僭封秦王、檢校太尉、同平章事、判六軍諸衛事。嘗自書姚崇《口箴》，刻諸石。昶賜以銀器、錦綵。廣政二十一年，領武德軍節度。二十四年，加兼侍中。二十五年，立爲皇太子。宋師將至，以玄喆爲元帥，精卒萬餘，旌旗用文繡，以錦綢其杠。是日微雨，玄喆慮霑濕，令解去，俄雨止，復旆之，旌幟數千皆倒繫杠上，識者異之。及聞劍門陷，遂奔東川。數日，棄軍遁歸。

《宋史》卷四七九《西蜀孟氏世家・李昊》 俄加昊左僕射。昶令就知祥真容院圖文武三品以上於東西廊，以昊有參佐功，特畫於殿内。自知祥領蜀，凡章奏書檄皆出昊手，至是集爲百卷曰經緯略以獻，昶賚以珍器、錦綵。

《宋史》卷四七九《西蜀孟氏世家・歐陽迥》 〔廣政〕二十四年，拜門下侍郎兼户部尚書、平章事，監修國史。嘗擬白居易諷諫詩五十篇以獻，昶手詔嘉美，賚以銀器、錦綵。

《宋史》卷四八〇《吴越錢氏世家・錢俶》 太祖數詔俶與其子惟濬宴射苑中，惟諸王預坐。每宣諭俶，俶拜謝，多令内侍掖起，俶感泣。又嘗一日召宴，獨太宗、秦王侍坐，酒酣，太祖令俶與太宗、秦王叙昆仲之禮，俶伏地叩頭，涕泣固讓，乃止。會將以四月幸西京，親雩祀，俶懇請扈從，不許，留惟濬侍祠，令俶歸國。太祖宴餞於講武殿，賜窄衣、玉束帶、玉鞍勒馬、玳瑁鞭、金銀錦綵二十餘萬，銀裝兵八百事，謂俶曰：「南北風土異宜，漸及炎暑，卿可早發。」俶涕泣言願三歲一朝，太祖曰：「川陸迂遠，當俟詔旨，即來覲也。」俶將發京師，特賜導從儀衛之物，率皆鮮麗，令自禮賢宅陳列至迎春苑。自俶之至，逮於歸國，太祖所賜金器萬兩，白金器又數萬兩，白金十餘萬兩，錦綺綾羅紬絹四十餘萬匹，馬數百匹，他物不可勝計。

〔太平興國〕三年三月，來朝，遣判四方館事梁迥至泗州迎勞；惟濬先在闕下，上遣至睢陽候俶。俶先遣孫承祐入奏事，上即遣承祐護諸司供帳勞俶於郊，又命齊王廷美宴俶於迎春苑。俶至，對於崇德殿，賜襲衣、玉帶、金銀器、玉鞍勒馬，錦綵萬匹，錢千萬；賓佐崔仁冀等賜金銀帶、器幣、鞍馬有差。即日宴俶長春殿，令劉鋹、李煜預坐。俶貢白金五萬兩，錢萬兩，絹十萬匹，綾二萬匹，綿十萬，屯茶十萬斤，建茶萬斤，乾薑萬斤，越器五萬事，錦緣席千，金銀畫舫三，銀飾龍舟四，金飾烏樠木御食案、御床各一，金樽罍醆斝各一，金飾瑇瑁器三十事，金釦藤盤二，金釦雕象俎十，銀假果樹十事，翠毛真珠花三叢，七寶飾食案十，銀樽罍十，醆斝副焉，金釦越器百五十事，雕銀俎五十，密假果、剪羅花各二十樹，銀釦大盤十，銀裝鼓二，七寶飾胡琴五絃箏各四，銀飾箜篌方響羯鼓各四，紅牙樂器二十二事，乳香萬斤，犀角象牙各一百株，香藥萬斤，蘇木萬斤。上又嘗召俶及其子惟濬宴後苑，泛舟池中，上手酌酒以賜俶，俶跪飲之。其恩待如此。

《宋史》卷四八〇《吴越錢氏世家・錢惟濬》 端拱初，籍田封蕭國公，俄〔錢〕俶薨，起復加兼中書令。惟濬與俶諸子共進錢金、綾羅、犀玉帶笏、犀角、象牙、丁香、金玉馬腦鞍勒、金玉珠翠首飾、樂器、博具、器皿什物、馬槖駝牛驢車凡數十萬計。俶妻俞氏又進金銀十餘萬、犀二十株、通犀頳犀玉帶二十二條、水晶佛像十二事。惟濬又進女樂十人，上不納，各賜綿綵三十段遣還之。

《宋史》卷四八〇《吴越錢氏世家・錢儼》 太祖平揚州，俶遣儼入賀，命閤門副使武懷節齎詔迎勞，賜賚甚厚。及歸，又賜玉帶、名馬、錦綵、器皿有差。

《宋史》卷四八二《北漢劉氏世家・劉繼元》 〔太平興國二年五月壬午〕繼元遣其客省使李勳奉表請降，太宗賜勳襲衣、金帶、銀器、錦綵、銀鞍勒馬，復遣通事舍人薛文寶齎詔答之。夜漏未盡，太宗幸城北，張樂宴從臣於城臺，繼元降。遲明，繼元率官屬縞衣紗帽待罪臺下，詔釋之，賜襲衣、玉帶、金銀鞍勒馬三匹，金器五百兩，銀器五千兩，錦綵二千段，文武官各賜衣、金銀帶、器幣、鞍勒馬有差。

《宋史》卷四八三《荆南高氏世家・高繼冲》 〔建隆四年〕會是歲將郊祀，表求入覲，可之。十月，至闕下，獻金銀器、錦帛、寶裝弓劍、繡旗幟、象牙、玉鞍勒等，賜賚甚厚。

《宋史》卷四八五《外國傳一・夏國上・李繼捧》 端拱初，改感德軍節度使。屢發兵討繼遷不克，用宰相趙普計，欲委繼捧以邊事，令圖之。因召赴闕，賜姓趙氏，更名保忠，太宗親書五色金花牋以賜之，授夏州刺史，充定難軍節度使，夏銀綏宥靜等州觀察處置押蕃落等使，賜金器千兩，銀器萬兩，并賜五州錢帛、芻粟、田園。保忠辭日，宴于長春殿，賜襲衣、玉帶、銀鞍馬，錦綵三千匹，銀器三千兩，又賜錦袍、銀帶五百，副馬百匹。

《宋史》卷四八五《外國傳一・夏國上・李德明》 乾興元年，加純誠功臣。德明自歸順以來，每歲旦、聖節、冬至皆遣牙校來獻不絶，而每加恩賜官告，則又以襲衣五，金荔支帶，金花銀匣副之，銀沙鑼、盆，合千兩，錦綵千匹，金塗銀鞍勒馬一匹，副以纓、複，遣内臣就賜之。

《遼史》卷一三《聖宗紀四》 〔統和十二年春正月〕霸州民李在宥年百三十有三，賜束帛、錦袍、銀帶，月給羊酒，仍復其家。

蘇軾《蘇軾文集》卷二五《諫買浙燈狀》 昔唐太宗遣使往涼州諷李大亮獻其名鷹，大亮不可，太宗深嘉之。詔曰：「有臣若此，朕復何憂。」明皇遣使江南採鵁鶄，汴州刺史倪若水論之，爲反其使。又令益州織半臂揹子、琵琶捍撥、鏤牙合子等，蘇許公不奉詔。李德裕在浙西，詔造銀盝子粧具二十事，織綾二千匹，德裕上疏極論，亦爲罷之。使陛下內之臺諫有如此數人者，則買燈之事，必須力言。外之有司有如此數人者，則買燈之事，必不奉詔。陛下聰明睿聖，追迹堯舜，而羣臣不以唐太宗、明皇事陛下，竊嘗深咎之。

文瑩《湘山野録》卷下 夏英公鎮襄陽，遇大赦，賜酺宴，詔中有致仕高年各賜束帛。時胡大監旦瞽廢在襄，英公依詔旨，選精縑十疋贈之。胡得縑，以手捫之，笑曰：寄語舍人，何寡聞至此，奉還五匹，請檢《韓詩外傳》及服虔、賈誼諸儒所解「束帛戔戔，賁於丘園」之義，自可見證。英公檢之，果見三代束帛、束脩之制。若束脩，則十挺之脯，其實一束也。若束帛，則卷其帛屈爲二，端五疋，遂見十。端表王者屈折於隱淪之道也。夏亦少沮。

文瑩《玉壺野史》卷五 翰林朱昂，嘗撰《莫節婦傳》，大爲人倫之勸。節婦荃，少歸周謂，昭州人，布衣謁太祖，召便殿試時務，大稱上旨，擢贊善大夫。當天造之初，凡所任人，處置從便。符彦卿暴恣不法，除謂爲屬邑永濟縣令，俾繩之，彦卿聞其來，魂膽俱喪，韃橐郊迓，謂但揖於馬上，果境上數强寇刦賊傷人，彦卿受賄，縱之使逸。謂出令，敢有藏盜者斬。不數日，亟獲之。不解府，即時斬決，以案具奏，太祖大壯之。興國二年，詔遣副廣南羅延吉爲轉運副使，以定嶺寇。時奔命赴道，不得與荃別。後委寄繁劇，嶺塞馳走，不還於家二十六年。父母欲奪荃嫁之，荃泣謂父曰：吾夫豈碌碌久困者耶，食貧守死以俟之。父母不敢强。荃執禮事舅姑益謹，閨壼有法。家素貧，荃歲事蠶績，得絲則機而爲杼軸，勤儉自營，生計漸盛，雖里之淑婦靖女，罕識其容者。聞其風，則幃箔竦敬。子漸長，築舍於外，購書命師教之。後産業益豐，舅姑將老，附塋選美丘，大爲壽坎，松檟茂密，盡得其制。又爲其夫創上腴田數百頃，水竹別墅，亭閣相望。然謂在路亦修高節，以荃二十六年間，畢一婚二嫁，皆清望之族，迨謂歸，俱已皓首，勸夫偕老於家林焉。

魏泰《東軒筆録》卷一 英宗即位，赦天下，凡內外將校廂軍皆加恩。是時荆南所給縑帛，皆敗惡不堪，既陳於庭下，軍士睨之失色，揚言曰：「朝廷大恩，而乃以此給我！」自旦至午，不肯受賜，而偶語紛紛不已。轉運使劉述大懼，不知所爲，居民往往奔出城外，且言變起矣。是時張師正爲州鈐轄，馳入軍資庫，呼將卒前曰：「朝廷非次之恩，州郡固無預備，今帑中所有止如此，汝輩不肯拜賜，將何爲也？必欲反，則非殺我不可。」遂擲劒於庭下，披胸示之，羣校茫然自失，遽聲諾，受賜而去。

蔡絛《鐵圍山叢談》卷一 國朝上元節燒燈盛於前代，爲綵山峻極而對峙於端門。綵山，故隸開封府儀曹及儀鸞司共主之；崇寧後有殿中省，因又移隸殿中，與天府同治焉。大觀元年，宋喬年尹開封，迺於綵山中間高揭大牓金字書，曰：「大觀與民，同樂萬壽。」綵山自是爲故事。隨年號而揭之，蓋自宋尹始。

熊克《中興小紀》卷三一《高宗紹興十三年》 十二月己亥，大金國遣右宣徽使完顔日暐、祕書少監馬謂，來賀正旦。己酉，見於紫宸殿，貢金注椀、金盤各一，金盞四，雜色綾羅紗縠三百，良馬六。

熊克《中興小紀》卷三四《高宗紹興十九年》 十二月己巳，初，朝廷委廣西帥臣即横山寨市馬於羅殿自杞，原按：《宋史·外國傳》作羅箇納。大理諸蠻，歲損金一百兩，銀五萬兩，錦二百匹，絁四千匹，及於廉州石康倉，撥鹽二百萬斤，皆資博馬之直，歲額市一千五百匹。五尺爲最高，價銀一百兩，下者四尺三寸，三十一兩，四尺二寸，二十六兩，以是爲差。良馬三十匹爲一綱，常馬五十匹爲一綱，遣使臣部選至行在、建康、鎮江、太平州五處，不顛斃於道則有賞。

熊克《中興小紀》卷三四《高宗紹興二十年》 三月庚辰，大金國遣侍衛親軍都指揮使完顔思恭、翰林學士翟永固，來報登位，貢金注椀二，綾羅三百，良馬六。

《續資治通鑑長編》卷四四九《哲宗元祐五年》 殿中侍御史岑象求言：十月初七日。「臣近有狀論列知青州，資政殿學士王安禮疏縱不檢事迹，上瀆聖聰。今續采訪得王安禮在任買絲，勒機户織造花隔織等匹物，妄作名目，差役兵般擔，偷謾一路商税，上京貨賣，贏掠厚利，不止一次。近於九月內，有百姓張牙人，將青州生花白隔織三百二十匹，於界南頭孫師顔、鄭孝孫、趙良祐三人鋪內稱是城北姜殿直出賣。臣體問得有青州書表司張僅，見在城北蔡市橋姜殿直店內安泊，是王安禮令張僅別作緣故押當匹帛，前來託姜殿直貨賣，收買回貨，兼買首飾綾裹售用家事。其姜殿直舊在安禮門下出入，安禮素來照管，家富於財，見開四所正店。伏乞陛下特降聖旨，下開封拘追張僅及姜殿直，細加勘問，得見情實，仍行根究妄作名目差人般運數目，及謾昧沿途商税，侵擾機户等逐件事，盡法施行，以懲大吏貪饕恣意不法之罪。」【略】

象求又言：「臣近者上言知青州王安禮踰濫不法，及買絲配機户織花隔織，妄作名目，差人般擔，偷謾一路商税，上京貨賣，贏利入己等事，已蒙朝廷行遣推治。更有因緣生出事節，臣並皆略去，免干連追捕別人，卻成勞擾，姑欲上爲清朝按舉擯逐縱恣姦貪之吏而已。然臣續又訪聞得安禮在任，曾將本家錦一段并椅桌二十副賣與公用庫，大算官錢入己，兼與諸縣勾收不係省雜錢數千百貫，令曹官收掌，非理費用。臣欲隱而不言，又慮官錢不見均實下落，被人侵欺盜用，則臣有庇姦失職之罪，所以不避煩紊，再具陳述。兼臣竊謂安禮作過，迹狀甚多，又暴白如此，織匹興販，非止一次，以致機户逃竄。百姓沈大被非理決責枷錮，出錢交還趙五，以致破壞家産。本路監司，無由不知，顯是畏懼安禮凶狠，或被安禮以事染污，不敢舉發，上負陛下委寄，使一方吏民受昏亂之弊，臣不勝憤激。伏乞陛下聖慈，特將臣所陳事節，密付本路新到任監司，或不干礙官體量，果有上件情狀，即乞置司推勘，盡法施行。兼臣聞得王存是安禮妻之姊妹夫，見移知青州，竊慮吏民畏避，不敢依實通吐，更乞朝廷詳酌指揮。」十月二十一日象求奏此。二奏并須删修。

舊題宇文懋昭《大金國志》卷四《太宗文烈皇帝二》 〔天會四年〕十二月癸亥，欽宗往青城，與粘罕議和。索金一千萬錠，銀二千萬鋌，縑帛如銀之數。自御馬而下，在京共七千匹，皆歸于我。

舊題宇文懋昭《大金國志》卷二《熙宗孝成皇帝三》 〔皇統元年〕十一月，〔魏〕良臣偕金使蕭毅、邢具瞻二人來，許以淮水爲界，歲幣銀帛各二十五萬匹兩。又欲割唐、鄧二州，故遣二人來審定可否。宋又遣何鑄充報謝使，曹勛副之。【略】

〔皇統四年〕夏，遣使于南宋，賀天申節，禮物珠一囊，金帶一條，衣七〔對〕〔襲〕，綾羅紗〔縠〕五百段，馬十匹，自是，歲如之。

冬，遣使于南宋，賀明年正旦，禮物金酒器六事，色綾羅紗縠三百段。自是使命往復，貢物亦循如此例。

舊題宇文懋昭《大金國志》卷二七《斡離不》 天會三年，斡離不率衆南征，破檀、薊等州至玉田縣，時宋郭藥師兵戈甲鮮明，方渡河，國兵亦懼，斡離不乃東向，望日而拜，號令諸部而進。未幾，藥師降，遂進圍京師。後講和，需金五百萬兩，銀五千萬兩，絹綵各一百萬疋，及割中山、太原、河間三鎮而退師。

葉隆禮《契丹國志》卷一《太祖大聖皇帝》 梁太祖開平元年，契丹遣其臣袍笏梅老之梁通好，梁遣太府少卿高頎、軍將郎公遠報聘。太祖嘗入攻雲州，衆共三十萬。晉王李存勗唐太祖李克用長子也。與之連和，面會東城，約爲兄弟，延之帳中，縱酒握手盡歡，約以今冬共擊梁。留旬日而去，晉王贈以金繒數萬。

葉隆禮《契丹國志》卷二一《南北朝饋獻禮物》

契丹賀宋朝生日禮物

宋朝皇帝生日，北朝所獻：刻絲花羅御樣透背御衣七襲或五襲，七件紫青貂鼠翻披或銀鼠鵝項鴨頭納子，塗金銀裝箱，金龍水晶帶，銀匣副之，錦緣帛皺皮韡，金玦束皂白熟皮韡鞢，細錦透背清平内制御樣，合線摟機綾共三百匹，塗金銀龍鳳鞍勒、紅羅匣金線綉方韉二具，白楮皮黑銀鞍勒、氈韉二具，緑褐楮皮鞍勒、海豹皮韉二具，白楮皮裹筋鞭二條，紅羅金銀線綉雲龍紅錦器仗一副，黄樺皮纏楮皮弓，紅錦袋皂雕翎羱角骲頭箭十，青黄雕翎箭十八，法漬法麴麪麴酒二十壺，蜜曬山菓十束欞椀，蜜漬山菓十束欞疋列山梨柿四束欞，榛栗、松子、郁李子、黑郁李子、麪棗、楞梨、堂梨二十箱，麪秔麋梨粆十椀，蕪荑白鹽十椀，青鹽十椀，牛、羊、野猪、魚、鹿腊二十二箱，御馬六匹，散馬二百匹。

正旦，御衣三襲，鞍勒馬二匹，散馬一百匹。國母又致御衣綴珠貂裘、細錦刻絲透背、合線御綾羅綺紗縠御樣，果實，雜粆，腊肉凡百品，水晶鞍勒，新羅酒，青白鹽。國主或致戎器賓鐵刀，鷙禽曰海東青之類。

承天節，又遣庖人持本國異味，前一日就禁中造食以進御云。

宋朝賀契丹生辰禮物

契丹帝生日，南宋遺金酒食茶器三十七件，衣五襲，金玉帶二條，烏皮、白皮韡二量，紅牙笙笛，觱栗，拍板，鞍勒馬二匹，纓複鞭副之，金花銀器三十件，銀器二十件，錦綺透背、雜色羅紗綾縠絹二千匹，雜綵二千匹，法酒三十壺，的乳茶十斤，岳麓茶五斤，鹽蜜菓三十罐，乾菓三十籠。其國母生日，約此數焉。

正旦，則遺以金花銀器、白銀器各三十件，雜色羅紗綾縠絹二千匹，雜綵二千匹。

宋朝勞契丹人使物件

契丹每歲國使入南宋境，宋遣常參官、内職各一人，假少卿、監、諸司使以上接伴。内諸司供帳，分爲三番，内臣主之。至白溝驛賜設，至貝州賜茶、藥各一銀合，至大名府又賜設，及畿境，遣開封府判官勞之，又命臺省官、諸司使館伴迓於班荆館，至都亭驛各賜金花、銀灌器、錦衾褥。朝見日，賜大使金塗銀冠、皂羅氈冠、衣八件、金鞊鞢帶、烏皮韡、銀器二百兩、綵帛二百匹；副使皂紗折上巾、衣七件、金帶、象笏、烏皮韡、銀器一百兩、綵帛二百匹、鞍勒馬各一匹。其從人，上節十八人，各練鵲錦襖及衣四件、銀器二十兩、綵帛三十匹；中節二十人，各寶照錦襖及衣三件、銀器十兩、綵帛二十匹；下節八十五人，各紫綺襖及衣四件、銀器十兩、綵帛二十匹，並加金塗銀帶。上節、中節又加綵鞵。就館，賜生餼，大使秔、粟各十石，麪二十石，羊五十，法酒、糯米酒各十壺，副使秔、粟各七石，麪十五石，羊三十，法酒、糯米酒各十壺。

承天節各別賜衣一襲。

遇立春，各賜金塗銀鏤幡勝、春盤。又命節帥就玉津園伴射弓，賜來使銀飾箭筒，弓一、箭二十；其中的，又賜窄袍、衣五件，金束帶，鞍勒馬。

在館遇節序，則遣臣賜設。

辭日，長春殿賜酒五行，賜大使盤裘暈錦窄袍及衣六件、銀器二百兩、綵帛一百匹。副使紫花羅窄袍及衣六件、銀器一百兩、綵帛一百匹，並加金束帶、雜色羅、錦、綾，絹百匹。從人各加紫綾花絁錦袍及銀器、綵帛。

將發，又賜銀瓶、合盆、紗羅、注椀等。又令近臣餞于班荆館，開封府推官餞于郊外，接伴大使、副使復爲送伴，緣路累賜設。【略】

契丹每次回賜物件

犀玉腰帶二條、細衣二襲、金塗鞍轡馬二匹、素鞍轡馬五匹、散馬二十匹、弓箭器仗二副、細綿綺羅綾二百匹、衣著絹一千匹、羊二百口、酒菓子不定數。

並命刺史已上官充使，一行六十人，直送入本國。

契丹賜奉使物件

金塗銀帶二條、衣二襲、錦綺三十疋、色絹一百匹、鞍轡馬二匹、散馬五匹、弓箭器一副、酒菓不定數。

上節從人白銀帶一條、衣一襲、絹二十匹、馬一匹。

下節從人衣一襲、絹十匹、紫綾大衫一領。

西夏國貢進物件

細馬二十匹、麄馬二百匹、駞一百頭、錦綺三百匹、織成錦被褥五合，從容、碙石、并鹽各一千斤，沙狐皮一千張，兔鶻五隻，犬子十隻。

本國不論年歲，惟以八節貢獻。

契丹回賜除羊外，餘並與新羅國同，惟玉帶改爲金帶，勞賜人使亦同。

郎瑛《七修類稿》卷一七《義理類·宋南北使臣禮》 嘗録得北使來宋朝時，每初見，宴於垂拱殿，賜金帶一條二十兩，靴馬鞍轡折銀五十兩，銀沙鑼五十兩，各色綾絹一百五十疋。明日折牲餼各色羅綾三十疋，又明日與伴使遊天竺，賜沉香三十兩，齋筵等物。四日，浙江亭觀潮宴。五日，玉津園射宴。自到闕至辭朝，大使密賜一千四百兩，副使八百八十兩，衣各三襲，金帶各三條。遇聖壽節至者，其正宴自舉盃起至終席，共四十三盞，酒每一盃，奏一品樂，又有雜劇三五百人，水陸珍羞不可言也。

程哲《蓉槎蠡說》卷一〇 金之圍汴也，斡離不索犒師金五百萬兩，銀五千萬兩，絹綵各一百萬匹，馬駝驢騾之屬各萬計。宰執哀聚金僅及三十萬兩，銀及八百萬兩。復議括官吏軍民立限得金二十餘萬兩，銀四百餘萬兩。後姚平仲劫寨，封丘門接戰，金人不俟金幣數足退。及紹興賂金，歲幣銀二十萬兩，絹二十萬匹，又貼耗銀二千四百兩，每歲例增銀二百餘兩。若正旦、生辰遣使，每賜禮物金器一千兩，銀器一萬兩，綵段一千匹。嗚呼！青苗手實而巧取之，犒師歲幣而奢耗之，宋可謂有人乎！

《宋會要輯稿·刑法二·禁約》 紹興二年三月九日，禁江浙之民販米入京東及販易縑帛者，瀕海巡捕官覺察止絶。告捕人賞錢三千貫，白身補承信郎，有官人取旨推恩，犯人並依軍法。

《宋會要輯稿·蕃夷一·遼》〔建隆〕八年三月二十六日，契丹遣欵附使克妙骨慎思等十二人，奉書來聘。其書稱契丹國，詔東上閤門副使郝崇信至境上迓之。及至，館于都亭驛，召見崇德殿，賜襲衣、金帶、銷金皂羅帽、烏皮鞾，器幣二百，銀鞍勒馬，其從者十二人衣服器幣有差。【略】

八月，契丹遣使左衛大將軍邪律霸德、弓箭庫使堯盧骨，通事左監門衛將軍王英來聘，獻御衣一襲，玉帶一，御馬三，并鞍轡帶甲馬五十。賜冠帶器幣有差，使、副皆暈錦旋襴衣一襲，金帶一，衣着百疋，銀器百兩，金鍍銀鞍轡馬一，皂羅銷金帽一，鞾一，通事衣一襲，公服靴，笏，金帶，幞頭，絲鞵，衣着五十匹，銀器五十兩，銀鞍轡馬一，小底、書表二人各紅錦旋襴，金鍍銀帶，銀器二十兩，衣著三十匹，軍將馬群躢馬拽剌梅里等四十六人，各中錦旋襴，金鍍令帶，絲鞵，銀器十兩，衣著二十匹，又賜通事從使人二十人各中錦旋襴，銀帶，銀器五兩，衣着十匹，書表已下隨身十二人錦襖，銀帶，銀器三兩，衣着五匹，因令從獵出郊。及辭，又賜衣服器幣以遣之。

十二月，契丹遣使邪律烏正，禮賓使蕭護里國，通事左千牛衛將軍陳延正進賀來年正月，獻御衣一襲，金帶一，金鞍轡馬一，銀花鏤鞍轡馬一，散馬七十匹，烏政等各獻朝見馬有差。詔賜如八月，惟副使減銀器五十兩，通事止銀帶，隨從又有舍利判官、皮室通引之名，所賜差損前數。時初平江南，李煜至闕下，烏正在館聞之，各獻名馬弓箭爲賀。及入辭，加賜金鞊鞢束帶、皂花欹正袍、暈錦、紫綺、鬃器等物。

九年正月，幸北苑，觀騎士與契丹國使騎射。及辭，又厚賜以遣之。

二月，契丹遣使邪律延頵來賀長春節，獻御衣、玉帶、名馬二匹，鞍勒副之，散馬百匹，白鶻二。

十二月，契丹遣使鞍轡庫使蕭蒲骨只及從人粘毛骨等，奉慰書來聘，修賻禮也。命引進副使田守奇宴勞於城外，恩賜如例。及還，又加賜銀器二百兩、衣着二百匹。

太宗太平興國二年正月，契丹遣使蕭蒲泥禮、王英等，奉御衣、金玉帶、玉鞍勒馬、金銀飾戎仗，及馬百匹來賀太宗皇帝登極。又別奉御衣、金帶、鞍馬，爲賀正之禮。是日，對泥禮等於崇德殿，及其從者凡八十二人賜衣帶，器幣有差。

四月，又遣使鴻臚卿耶律敞等，獻助山陵馬三十匹，又獻御衣三襲、金帶二、御馬三匹、黄金鞍勒副之，金飾戎具一副。

八月，契丹小底述訥辭還本國，詔賜窄衣、金鞊鞢銀器百兩、衣着百匹。

十月四日，契丹遣使耶律阿摩里來賀乾明節，獻御衣二襲、金玉帶各一、馬百匹。【略】

十二月，遣使太僕卿耶律迭列、禮賓副使王英以良馬方物賀正。至上元，召其使觀燈，又宴崇德殿，賜賚倍常。及還，又命儀鸞副使孫宴送至境上，別賜其使大衣着百匹、大銀器百兩，副使半之。【略】

〔景德二年〕十一月二十九日，國母遣使左金吾衛上將軍耶律留寧、副使崇禄卿劉經來賀承天節，奉書致御衣七襲、金玉鞍勒馬四匹、散馬二百匹、錦綺、春肉羊鹿舌、酒果，國主遣使左武衛上將軍耶律委演、副使衛尉卿張肅致御衣五襲、金玉鞍勒馬四匹、散馬二百匹、錦綺、弓矢鷹鶻等，對于崇德殿。留寧、委演，戎人也，以戎禮見，賜以氈冠、窄袍、金鞢。經、肅，燕人也，以華禮見，賜以幞頭、公服、金帶，並加襲衣、器帛、鞍馬。又賜隨行舍利已下，衣服、銀帶、器帛有差。宴于長春殿，酒五行而罷。【略】

十二月，國母遣使保静軍節度使耶律乾寧、副使宗正卿高正，國主同遣使左衛大將軍耶□□主右金吾襲或五襲七件紫青貂鼠翻披，或銀鼠鵝頂鴨頭納子，塗金銀裝箱，金龍水晶帶銀押副之，錦緣帛皺皮鞾，金玦束帛，白熟皮鞾䩞，細錦透背、清平内製御樣合線縷機綾共三百匹，塗金銀龍鳳鞍勒，紅羅押金線繡方韉二具，白楮皮黑銀鞍勒氈韉二具，緑褐楮皮鞍勒、海豹皮韉二具，白楮皮裹助鞭二條，紅羅金銀線繡雲龍紅錦器仗一副，黄樺皮纏楮弓一，紅錦袋皂鵰翎羯角骲頭箭十，青黄雕翎箭十八，清法麴麴酒二十壺，蜜曬山果十棟，樶椀蜜漬山果十棟，樶匣列山梨、柿梨四棟，樶罐椿栗、松子、郁李、黑郁李、麵棗、楞梨、棠梨二十箱，麪秔麋梨粆十椀，蕪荑白鹽十椀，青鹽十箱，牛羊、野猪、魚、鹿腊二十二箱，御馬六匹，散馬二百匹，其正旦御衣三襲，鞍勒馬二匹，散馬一百匹。其母又致御衣綴珠貂裘、細錦刻絲、透背、合線御綾、羅、綺、紗、縠，御樣果實、雜粆、腊肉凡百品，水晶鞍勒、新羅酒、青白鹽，國主或致戎器賓鐵刀、鷙禽曰海東青之類。

是歲帝以禮物宣示近臣，又出祖宗朝所獻禮物示宰相，其制頗朴拙，今多工巧，蓋幽州有織工耳。自後使至必以所獻綺帛分賜中書、樞密院及以果實脯腊賜近臣三次。又遣庖持本國異味，前聖節一日就禁中造以進。御賜膳夫衣服銀帶、器帛。戎使初至都亭驛，各賜金花銀罐器、錦衾褥。

朝見日，賜大使金塗銀冠、皂羅氈冠、衣八件，金鞊鞢帶、烏皮鞾，銀器二百兩，綵帛二百疋，鞍勒馬各折匹巾衣七件、金帶、象笏、烏皮鞾，銀器一百兩，綵帛一百疋，鞍勒馬各一疋。其從人上節十八人，各練鵲錦襖及衣四件，銀器二十兩，綵帛三十疋，中節二十人，各寳照錦襖及衣三件，銀器十兩，綵帛二十匹，下節八十五人，各紫綺襖及衣四件，銀器十兩，綵帛二十疋，並加金塗銀帶，上、中節又加絲鞵。就館賜生餼，大使秔、粟各十石，麵二十石，羊五十，法酒、糯酒各十壺，副使秔粟各七石，麵十五石，羊三十，法酒、糯酒各十壺。

承天節各賜别衣一襲，遇立春各賜金塗銀鏤幡勝、春盤。又命節帥就玉津園伴射弓，賜來使銀飾箭筒弓一，箭二十，其中的又賜窄袍衣五件、金束帶、鞍勒馬。在館遇節序，則遣近臣賜。

設辭日，長春殿賜酒五行，賜大使盤球暈錦窄袍及衣七件，銀器二百兩，綵帛二百疋，副使紫花羅窄袍及衣六件，銀器二百兩，綵帛二百疋，並加金束帶、雜花羅、綾百疋，從人各加紫綾花絁錦袍及銀器、綵帛。將發又賜銀器瓶合盆，沙羅注椀等。

契丹主生日，朝廷所遣金酒食茶器三十七件，衣五襲，金玉帶二條，烏皮白皮鞾二兩，紅牙笙、笛，觱篥、拍板，鞍勒馬二匹，纓複鞭副之，金花銀器三十件、銀器二十件，錦綺透背、雜色羅、紗、綾、縠、絹三千疋，雜綵二千疋，法酒三十壺、滴乳茶十斤，岳麓茶五斤，鹽蜜果三十罐，乾果三十籠。其母生日約此數焉。

正旦則遺以金花銀器、白銀器各二十件，雜色羅、綾、紗縠、絹二千疋，雜綵二千疋。【略】

徐松《宋會要輯稿・蕃夷二・遼》 乾興元年二月，仁宗已即位，未改元。真宗崩，遣崇儀副使薛貽廓假引進使告哀。六月，契丹遣殿前都點檢崇義軍節度使耶律三隱、翰林學士工部侍郎知制誥馬貽謀充大行皇帝祭奠使，副左林牙左金吾衛上將軍蕭日新、利州觀察使馮延休充皇太后吊慰使，副右金吾衛上將軍耶律寧，引進副使姚居信充皇帝吊慰使，副三隱等至，有司預于滋福殿設大行皇帝神御座，又于稍東設御座，祭奠吊慰使副，並素服由西上閤門入，陳禮物于庭中，閤門舍人贊引三隱等詣神御座陛下，俟簾卷舉哭，外殿西階上香，奠茶酒焉。貽謀跪讀祭文退，俟皇帝、皇太后昇座，日新等以次升殿進書，賜襲衣、冠帶、器幣、鞍勒、馬有差，日新等復詣承明殿，俟皇太后昇座，進問聖候書，祭奠所陳，有金香奩、瓶盞、注琬、茶合、匕筯、銀鼠裘、金龍帶、御衣五襲，塗金鏤玉鞍勒馬三匹，刻綵器仗，弓矢、大燭等。吊慰所獻：素羅綾、白毛綾、氍黑綵、播絲絹布萬五千匹。其國后又以珠珥、雜寶、纓珞、玉釧、衣三襲，納以銀飾箱以獻。乃命户部郎中直史館劉錯、客省副使曹曦爲皇太后迴謝禮信使副，又工部郎中趙賀、内殿承制閤門祗候楊承吉爲皇帝迴謝禮信使副。皇太后遺國主、國后衣各三對，銀裝衣箱各一，鞍轡各三，鞭各一，纓珞二，國主加靴二兩，龍腦、滴乳茶各三十斤，酒各二十瓶，以諸雜菓子及銀器各二千兩，金器各三百兩，錦綺、透背、色羅、紗、縠、絹、衣著各三千匹，御馬各二匹。皇帝（遣）〔遺〕國主亦如皇太后之數，惟加金帶。

是月，命度支副使户部郎中薛田、東染院使李餘懿使契丹，送大行皇帝遺留禮物，禮物有：金飾瑇瑁飲食灌器，象牙摞車渠注琬，碧車渠琥珀杯，白玉翠石茶器，衣五襲，通犀碾玉帶，金飾瑇瑁樂器，金飾七寶瑪瑙鞍勒馬，玉鞭，飲器皿一事，錦綵三千疋，御酒名果。又命兵部員外郎任中行、崇儀副使曹珣告皇帝登寶位，禮物有金增箱一具，衣五襲，餘如生日之贈物。【略】

〔寶慶二年〕七月再遣知制誥富弼、恩州團練使張茂實使契丹，請平請地之事。八月，契丹遂遣樞密副使耶律仁先、劉六符持誓書來見，書曰：謹按景德元年十二月七日章聖皇帝誓書與昭聖帝誓書，每歲以絹二十萬疋，銀一十萬兩以助軍旅之費，更不差使臣專往北朝，只令三司差人送至雄州交割。緣邊州軍，各守疆界，兩地人户，不得交侵，或有盜賊逋逃，彼此無令停匿。兩朝城池，各依舊存守，淘壕莞葺，一切如常，即不得創築城隍，開拔河道。誓書之外，各無所求。質于天地神祇，告于宗廟社稷，子孫共守，傳之無窮，有渝此盟，不克享國，昭昭天鑒，當共殛之。

昭聖皇帝復答云：孤雖不才，敢遵此約，當告于天地，誓之子孫，苟渝此盟，明神是殛。嗚呼，此文可改，後嗣何述。今以兩朝修睦，三紀于兹，邊鄙用寧，戈矛載偃，追懷光誓，炳若日星，縣祀已深，敦好如舊，且關南縣邑，本朝傳守日久，愧難依從，每年更增絹十萬疋，銀十萬兩。

徐松《宋會要輯稿・蕃夷七・歷代朝貢》 太祖建隆元年三月十二日，河南李景進賀登極，絹二萬疋，銀一萬兩。長春節，御服、金帶、金器一千兩，銀器五千兩，綾羅錦綺一千疋。十三日，吴越國王錢俶進賀登極銀三千兩，絹五千疋。七月二十九日，李景遣其臣禮部郎中龔慎儀來，貢乘輿服御物，又貢賀平澤潞金器五百兩，銀器三千兩，羅紈千疋，絹五千匹。【略】

二年正月十八日，彰義軍節度使荆南高保融貢黄金器、錦綺、珠貝、龍文佩刀。二十二日，李景貢長春節御衣、金帶、金銀器皿，謝恩賜生辰金器二千兩，銀器一萬兩，綾羅錦綺三千段。九月一日，江南李煜遣其臣户部尚書馮謐來，貢金器二千兩，銀器二萬兩，綾羅繒綵三萬疋，仍上手表陳叙襲位之意。【略】十二月四日，于闐國王李聖文遣使，貢玉圭一，盛以玉匣。本國摩尼師貢琉璃器二、胡錦一段。【略】七月二日，李煜遣其臣客省使謝賜生辰國信，貢金器二千兩，銀器一萬兩，胡錦、綺、羅、綾計一萬疋。【略】

四年《宋史・世家》：二月，高繼沖獻錢五萬貫，絹五千疋，布五萬疋，復遣王崇範貢金器五百兩、銀器五千兩、錦綺二百段、龍腦香十斤、錦繡幃幙二百事。四月十九日，荆南節度使繼沖進助宴白金五千兩，金器五百兩，絹二千疋，金銀香龍二，紫羅雲鳳額三十，龍鳳柱衣二十，白羅花株屏風十。

乾德元年十一月十八日，李煜貢賀南郊禮畢銀一萬兩，絹一萬疋，賀册尊號絹萬疋。

二年二月二十八日，李煜貢助改葬安陵銀一萬兩，綾、絹各萬疋，別貢銀二萬兩，金銀龍鳳茶酒器數百事。

三年二月二日，李煜貢長春節御衣二襲，金酒器千兩，錦、綺、羅、縠各千疋，銀器五千兩。錢俶貢長春節御衣一襲、金酒器三百兩、銀器二千兩，羅、綺三千疋。四月五日，回鶻遣使貢方物。《玉海》：四月回鶻貢馬十疋，玉、琥珀，犛牛尾、白氎布，玉鞍轡。十四日，李煜貢賀收復西川，銀五萬兩，絹五萬疋。【略】

六年二月十二日，錢俶進長春節塗金銀騎鹿仙人一對三千兩，色綾五千疋、御衣一襲，犀帶一條，金器五百兩，乳香二千斤。兩浙節度使錢惟濬進長春節渾金渡銀獅子一對一千兩，細衣段十疋，乳香二千斤。【略】

〔七年〕十月九日，李煜進絹二十萬疋，茶二十萬斤，買宴絹萬疋，錢五千貫，御衣、金帶、金銀器用數百事。聞將舉兵，故有是獻。閏十月十三日，李煜遣使貢銀三萬兩，絹五萬疋，以王師傅其城，懼而來告。【略】

九年二月二十二日，錢俶與其子鎮海鎮東等軍節度使惟濬、平江軍節度使孫承祐等來朝，對於崇德殿，俶進朝見銀二萬兩，絹三萬疋謝恩，差皇子遠接，及賜茶藥銀二萬兩，絹二萬疋，賜俶衣一襲，玉帶一，金器千兩，銀器三千兩，羅綺三千段，玉鞍勒馬一，館於禮賢宅，即以其宅及器皿、床帳、帟幕賜之。其日，宴於長春殿，俶進上壽酒器金五百兩，銀器千兩，綾羅二千疋，絹五千疋，賀平昇州銀二萬兩，絹三萬疋，乳香二萬斤，又銀五萬兩，錢十萬貫，綿百八十萬兩，茶八萬五千斤，犀牙二百株，香藥三萬斤。翌日，又進御衣一襲，文犀帶一，銀香囊七枚，銀香象一隻，銀浴斛二對，銀笠子千頂，共重五萬兩，渾金茶酒器二十事，共重一千八百兩。《玉海》：是月，契丹賀長春節獻御衣，名馬二疋，鞍勒副之，馬百疋，白鶻二。三月二日，俶進助郊禮銀十萬兩，絹五萬疋，乳香五萬斤。四日，俶辭宴於講武殿，賜襲衣、玉帶，錦、綺、綾、絹共十八萬五千疋，金器二千兩，銀器三萬兩，玉勒馬一疋，散馬百疋。又進藥物一金合重四百五十兩，香藥二十銀合重四千兩，白乳茶三百斤，端午銀器千兩，衣段千疋，綾二千疋，白乳香千斤并銀裝扇、簟、席等。其子惟濬銀千兩，綾千疋，絹二千疋。【略】六月四日，錢俶進謝朝覲日蒙恩禮殊等，銀二萬兩，絹萬疋。謝回日，賜藥茶銀三千兩，賜進奉使錢惟治襲衣，玉帶，塗金鞍勒馬，器幣，及賜從行群吏衣服，鞍馬，器幣有差。時帝幸西京回，進賀車駕還京，助宴銀三千兩，上壽金酒器一副，重百兩，塗金銀香獅子五枚，并臺牀重千兩，衙香一金合重五十兩，又進教坊諸司絹二千疋。明州節度使惟治進塗金銀香獅子并臺重千兩，金銀香鹿一對重千兩，塗金銀鳳孔雀并鶴三對重三千兩，白龍腦十斤金合重二百兩，大綾千疋，寶裝合盤二十隻，瓷器萬一千事，內千事銀稜。俶又進謝加恩銀五千兩，絹五千疋，謝令男惟濬押送加恩官告銀萬兩，謝男已下加恩乳香萬斤，又銀四萬兩，絹四萬疋，綿三十萬兩。【略】

太宗太平興國元年《玉海》：是年五月，龜茲遣使來貢。十一月二十一日，錢俶奏謝恩，不允，奏請添常貢物色絹二萬疋，綿十萬兩。

二年正月八日，俶進賀登極，御衣，通犀帶及絹萬疋，又黃金并玳瑁器，金銀稜器，塗金銀香臺，龍腦，檀香龍床，銀果子，水精花等，又銀萬兩，絹萬疋，綿三十萬兩，乾薑五萬斤，大茶萬斤，犀十株，牙二十株，乳香五十斤，雜香藥五千斤。【略】

七月一日，錢俶進翠毛六百斤，七夕乞巧樓子綠用雜物裝飾銀共六千兩。閏七月，俶又進翠毛六百斤，淡鯗千頭，截臍魚五百斤。謝恩賜羊馬，紬二萬疋、絹三萬疋。其子惟濬進金器五百兩，銀器五千兩，木香五百兩，荔枝十瓶。八月二日，山後兩林蠻王子卑綵，副使牟蓋鬼主祖等，以名馬來貢。五日，陳洪進來朝，對於崇德殿，進摺見銀萬兩，絹萬疋，謝允朝覲絹千疋，香千斤，謝降使遠加勞問絹千疋，香千斤，謝遠賜茶藥，絹千疋，香千斤，謝迎春苑賜宴，絹千疋，香千斤，謝差人船，絹千疋，香千斤，幣帛二千疋，塗金鞍勒馬一疋，錢二百萬。其子文顥進絹千疋。又進賀登極香萬斤，牙二千斤，又乳香三萬斤，牙五千斤，犀二十株，共重四十斤，蘇木五萬斤，白檀香萬斤，白龍腦十斤，木香千斤，石膏脂九百斤，阿魏二百斤，麒麟竭二百斤，没藥二百斤，胡椒五百斤。又進賀納后銀千兩，綾千疋。【略】九月六日，陳洪進貢助宴銀五千兩，乳香萬斤，泉州土產葛二萬疋，乾薑二萬斤，金銀器皿二千二百兩，綾二千疋。九日，錢俶進盛菊花金籃四隻二百兩，銀籃二十隻九百兩，功臣堂酒，圓蓮實等。十三日，陳洪進進銀萬兩，錢萬貫，絹萬疋，謝恩乳香二萬斤，牙二千斤。五日，錢俶進賀納后，銀器三千兩，色綾三千疋，金器三百兩，金香獅子一座，并紅牙床，金香合，金香毬共五百兩，銀鸞鳳二對，銀香囊二，銀合子三百，銀裝箱十，共重五千兩，並塗金。其子惟濬進銀器二千兩，色綾千疋。十七日，錢俶進銀三萬兩，絹二萬疋，紬二萬疋，綿五十萬兩，犀二十株，牙千五百斤，乳香五千斤，蘇木三萬斤，大茶三百籠，乾薑十萬斤，修歲貢謝賜生辰物，銀萬兩，絹萬五千疋，乳香二千斤，賀冬銀二千兩，絹二千疋，上壽酒金器百兩，銀千兩。其子惟濬進謝賜生辰，銀五千兩，牯犀二株，牙七百斤，乳香三千斤，賀乾明節，檀香雕千佛萬菩薩一龕，金銀臺座，御衣，牯犀帶并御衣段百疋，金器五百兩，衣段四千疋，色綾二千疋，乳香三千斤，銀香龍一對并臺重三千兩，助宴絹萬五千疋，及上壽酒金銀器用等，并塗金銀鳳一隻，重二千兩，又綿五萬兩，乾薑五萬斤，大茶萬斤，腦源茶二萬斤，并器用香藥等，修常貢，又銀萬兩，絹萬疋，綿萬兩，犀十株，牙十株。其子惟濬賀開樂，進銀香囊六隻，共萬四千兩，銀裝鼓二，銀共三千兩，白龍腦十斤，金合重二百兩。【略】

〔三年正月〕二十二日，錢俶遣浙東觀察推官盛預馳表言，以二月二十八日離本道赴朝覲。【略】二十五日，俶來朝，對於乾德殿，賜襲衣、玉帶、金銀器、玉鞍、名馬、錦綵萬疋、錢千貫。是日，宴俶於長春殿，宰臣、諸王、節度使劉鋹、李煜咸與焉，兩浙從事催仁冀、杜叔廉、黄夷簡、裴祚襲衣、金銀帶、器幣、鞍馬有差。《玉海》：是年三月，沙州曾繼賢子延禄貢玉盌、寶氊。四月二日，俶進銀五萬兩、錢五萬貫，絹十萬疋，綾二萬疋，綿十萬兩，牙茶十萬斤，建茶萬斤，乾薑萬斤，瓷器五萬事，錦緣席千，金銀飾畫舫三，銀飾龍舟四，金飾烏樠木御食案、御床各一，金樽、罍、醆、斝各一，金飾玳瑁器三十事，金釦藤盤二，金釦雕象俎十，銀假果十株，翠花真珠花三叢，七寶飾食案十，銀樽、罍十盞，斝副焉，金釦瓷器百五十事，雕銀俎五十，密假果翦羅花各二十株，銀釦大盤十，銀裝鼓二，七寶飾胡琴五，絃，箏各四，銀飾箜篌、方響、羯鼓各四，紅牙樂器二十二事，乳香萬斤，犀，象各百株，香藥萬斤，蘇木萬斤。

〔天聖二年〕六月六日，甘州可汗王貢馬、胡錦。【略】

十二月四日于闐國黑韓王遣大首領羅面千多奉表，貢玉鞍轡、玉鞦轡，校具，白玉、胡錦，乳香、硇砂、獨峯駞。【略】

〔五年〕二十七日，交州南平王李公蘊遣使驩州刺史李公顯，貢金、銀、紗、羅，犀角、象牙、絹、紬、布、桂皮。【略】十一月一日，黔州蠻，舒延蠻，繡州蠻向光緒等來，貢水銀、綿紬。自是歲來貢。【略】

〔景祐〕二年五月十三日，交州南平王李德政遣庸州刺史何遠奉表，貢金、銀、沙羅、象牙、犀角、大絹、紬、布。【略】

〔英宗治平元年〕三月一日，押伴于闐國進奉所言：羅撒温等朝辭，特賜錢五千貫文。今如賜見錢，慮以買物爲名，未肯進發，欲望以絹、綾、錦充。從之。仍詔將所賜疋帛內二分與有進奉人，一分與無進奉人。【略】

〔神宗熙寧〕五年二月二日，大回鶻龜兹可汗王遣使盧大明督都奉表，貢玉、象牙、翡翠、乳香、花蕊布、宿綾、硇砂、鐵甲、皮團牌、馬刀、劍。【略】

十月二十二日，本國僧成尋獻銀香爐、木槵子、白琉璃、五香水、精紫檀琥珀裝束、念珠、青色織物綾。十二月二十六日，于闐國黑韓王遣使奉表，貢玉、胡錦、玉鞦鞍轡馬、乳香、木香、膃肭臍、金星石、花蘂布。【略】

〔十年〕六月七日，注輦國蕃王地華加羅遣使奇囉囉奉蕃唐表二通來，貢真珠、龍腦、通犀、象牙、乳香、金線織錦、琉璃器、薔薇水、藥物。【略】

〔元豐元年〕七月二十五日詔：昨西蕃董氊遣首領朝貢，忠欵可嘉，宜差供奉官郭英賫詔慰諭，及賜對衣金帶、銀器衣著各三百，令熙河路經略司，依治平二年差使臣賜制告例，經略司更送大細法錦五疋、大綵五十疋、細末散茶各五十斤。【略】

〔七年〕十一月十二日詔：以于闐國進馬，賜錢百有二十萬十二月二日，還于闐國黑汗王所進師子，仍賜銀絹。六日，特賜進奉人錢百萬。【略】

紹聖元年正月二十四日，夏國遣人入貢。三月八日，阿里骨遣人貢方物。四月四日詔：阿里骨進奉師子，慮失土性，令留在熙州，俟進奉首領回日帶回，仍賜錢、絹各三百匹、兩。【略】

〔紹興〕二十六年正月十四日，交趾遣大中大夫周公明、右武大夫李義等二十二人進奉賀昇平常貢兩綱方物。【略】綾絹五十疋，共五角，每角十匹。【略】八月十五日詔：提舉廣南市舶司邵及之輒敢沮抑蕃國進貢，可放罷。《玉海》：是年八月二十一日庚寅，交趾賀昇平獻黄金器、明珠、沉香、翠羽、綾絹，馬十、象九。

張廷玉等《續文獻通考》卷三《國用一》 開慶元年二月，出內庫緡錢三千萬助邊用。

至九月，詔出內府錢千萬緡，銀五萬兩，帛五萬匹，給宣司。錢五百萬緡，銀三萬兩，帛三萬匹，給沿江副司犒師。又出內庫錢五百萬緡，銀二萬兩，帛二萬匹，給兩淮制司。錢三百萬緡，銀萬兩，帛萬匹，給沿江制司，以備軍賞。

張廷玉等《續文獻通考》卷二八《土貢》 〔遼太宗天顯〕十二年三月晉遣使來貢。

十一年十一月，册石敬瑭爲大晉皇帝。至是，遣使請上尊號及歸雁門以北與幽薊之地。仍歲貢帛三十萬匹。詔不許。【略】道宗太康三年正月，省諸道春貢金帛及停周歲所輸尚方銀。

張廷玉等《續文獻通考》卷二二八《物異一三》 金太宗天會三年七月，錦州野蠶成繭。

南京帥以其絲綿來獻，命賞其長吏。

章宗明昌四年，邢、洺、深、冀及河北西路十六穆昆之地，野蠶成繭。承安元年六月乙丑，平晉縣民利通家蠶自成綿段，長七尺一寸五分，闊四尺九寸。詔賜絹十疋。【略】

元世祖二十五年七月乙巳，保定路唐縣，野蠶繭絲可爲帛。【略】

成宗元貞元年四月，真定路平山、靈壽二縣有蟲食桑。二年五月，隨州野蠶成繭數百里，民取爲纊。

劉錫、梅應發〔開慶〕《四明續志》卷八《收刺麗國送還人》 開慶元年四月，綱首范彦華至自高麗，賫其國禮賓省牒，發遣被擄人升甫、馬兒、智就三名回國。制司引問：馬兒者，年二十六，揚州灣頭岸北裏解三也，十二歲隨父業農，秋時爲蒙古掠去，部長孟克叔揚珠濟達大王所撥隸呼爾哈部下牧馬，剃作三搭髮，取名馬兒，年十五時，又見兵至一人，即今升甫也。升甫年二十四，本姓馮名時，臨安府人，生七歲，父以莊田在淮安州鹽城往居焉。淳祐九年，爲兵所掠，亦隸呼爾哈。智就者，年三十八，德安府人黄二也。家市縑帛，有莊在城外之西羅村。十四歲，金國投拜人楊太尉仕于德安，陰結李全妻小姐姐貳于金以叛，黄遂爲兵所虜。

《元史》卷八《世祖紀五》〔至元十一年十二月〕甲寅，賞忻都等征耽羅功，銀鈔幣帛有差。

《元史》卷一五《世祖紀一二》〔至元二十五年十一月〕癸巳，賜諸王也里（千）〔干〕金五十兩、銀五千兩、鈔千錠、幣帛紗羅等二千匹。

《元史》卷二〇二《釋老傳・必蘭納識里》 及其卒而歸葬舍利，又命百官出郭祭餞。大德九年，專遣平章政事鐵木兒乘傳護送，賻金五百兩、銀千兩、幣帛萬匹、鈔三千錠。皇慶二年，加至賻金五千兩、銀一萬五千兩、錦綺雜綵共一萬七千匹。雖其昆弟子姓之往來，有司亦供億無乏。

張廷玉等《續文獻通考》卷二八《土貢一》 元太祖九年三月，金遣使奉金帛、童男女五百，馬三千以獻。

初，帝貢歲幣于金，金主使衛王允濟受貢于静州，帝見允濟不爲禮。允濟歸，欲請兵攻之，會庚午歲，金主璟殂，允濟嗣位，有詔至國，傳言當拜受。帝問新君爲誰，曰衛王也。帝遽南面唾曰：我謂中原皇帝是天上人做，此等庸懦亦爲之耶，何以拜爲。即乘馬北去。金使還言，允濟益怒，欲俟帝再入貢，就進場害之。帝知之，遂與金絶，益嚴兵爲備。辛未歲二月，帝自將南伐，屢敗金兵，至是年甲戌春三月，駐蹕中都北郊，諸將請乘勝破燕，帝不許，乃遣使諭金主曰：汝山東、河北郡縣，悉爲我有，所守惟燕京耳。天既弱汝，我復迫汝于險，天其謂我何。我今還軍，汝不能犒師，以弭我諸將之怒耶。金主遂遣使求和，奉衛紹王女岐國公主及金帛等以獻。

張廷玉等《續文獻通考》卷三二《國用三》 泰定帝二年五月，嶺北戍卒貧乏，賜鈔三千二百五十萬貫，帛五十萬匹。

《明史》卷一一三《后妃傳一・太祖孝慈高皇后》 帝每御膳，后皆躬自省視。平居服大練浣濯之衣，雖敝不忍易。聞元世祖后煮故弓弦事，亦命取練織爲衾裯，以賜高年煢獨。餘帛纇絲，緝成衣裳，賜諸王妃公主，使知蠶桑艱難。

《明史》卷二二三《朱衡傳》 衡先後在部，禁止工作，裁抑浮費，所節省甚衆。穆宗時，内府監局加徵工料，濫用不訾，衡隨時執奏。未幾，詔南京織造太監李佑趨辦袍緞千八百餘匹，衡因言官孫枝、姚繼可、嚴用和、駱問禮先後諫疏請，從之。帝切責太監崔敏，傳令南京加造緞十餘萬匹，衡議停新造，但責歲額，得減新造三之二。命造鰲山燈，計費三萬餘兩，又命建光泰殿、瑞祥閣於長信門，衡皆奏止之。及神宗即位，首命停織造，而内臣不即奉詔，且請增織染所顔料。衡奏爭，皆得請。

《明史》卷三〇三《雲南土司一・孟艮》 孟艮，蠻名孟揹，自古不通中國。永樂三年來歸，設孟艮府，隸雲南都司，以土酋刀哀爲知府，給印誥冠帶。時刀哀遣人來朝，請設治所，歲辦差發黄金六十兩。六年，土知府刀交遣弟刀哈哄貢象及金銀器。禮部言：「刀交嘗擕兵攻劫鄰境，詐譎不誠，宜却其貢。」帝曰：「蠻夷能悔過來朝，往事不足責。」命賜鈔及絨錦綺帛。是後，貢賜皆如例。

《明史》卷三一三《雲南土司傳一・孟定》 孟定，蠻名景麻。至元中，立孟定路軍民總管府，領二甸，隸大理、金齒等處宣慰司。

洪武十五年，土酋刀名扛來朝，貢方物，賜綺帛鈔幣，設孟定府，以刀渾立爲知府。永樂二年，孟定土官刀景發遣人貢馬，賜鈔羅綺。遣使往賜印誥、冠帶、襲衣，復頒信符、金字紅牌。四年，帝以孟定道里險遠，每歲朝貢不便，令自今三年一貢，如慶賀謝恩不拘例。

《明史》卷三一三《雲南土司傳一・曲靖》 洪武十四年，征南將軍下雲南，元曲靖宣慰司征行元帥張麟、行省平章劉輝等來降。十五年改曲靖千户所爲曲靖軍民指揮使司，置曲靖軍民府。十六年，霑益州土官安索叔、安磁等貢馬及羅羅刀甲、氈衫、虎皮。詔賜磁、冠帶、綺羅衣各一襲并文綺、鈔錠。羅雄州土酋納居來朝，賜鈔幣。

《明史》卷三一四《雲南土司二·尋甸》 洪武十五年定雲南，仁德土官阿孔等貢馬及方物，改爲尋甸軍民府。十六年，土官安陽來朝，貢馬及虎皮、氈衫等物，詔賜衣服、錦綺、鈔錠。

《明史》卷三一四《雲南土司二·永昌》 洪武十五年定雲南，立金齒衛。以元雲南右丞觀音保爲金齒指揮使，賜姓名李觀。十六年，永昌州土官申保來朝，詔賜錦二匹、織金文綺二匹、衣一襲及鈒花銀帶、韡襪。十七年以申保爲永昌府同知。四月，金齒土官段惠遣把事及其子弟來貢，賜綺帛鈔有差。置施甸長官司，以土酋阿干爲副長官，賜冠帶。

《明史》卷三一四《雲南土司二·威遠》 永樂二年，刀算黨爲車里所擄，奪其地，命西平侯諭之，乃還算黨并侵地。三年，算黨進象馬方物謝，頒降敕諭金字紅牌，賜之金帶、織金文綺、襲衣及銀鈔、錦幣。二十二年，土官刀慶罕等來朝，貢馬及方物，賜慶罕鈔八十錠，紵絲、羅紗，及頭目以下，皆有加。

宣德三年，刀慶罕遣頭目招剛、刀著中等來貢，賜予如例，就令齎敕及織金紵絲、紗羅賜之，仍給信符、勘合底簿。八年，威遠州奏其地與車里接境，累被各土官劫掠，播孟實當要衝，乞置巡檢司，以把事劉禧爲巡檢，從之。

正統二年，土知州刀蓋罕遣人貢馬及銀器，賜綵幣等物，并以新信符給之。時西南諸部多相讎殺，所給金牌、信符，燒燬不存。景泰六年，刀蓋罕、隨乃吾等來朝貢，因命其管屬本州人民，復給與金牌、信符、織金文綺，賜敕諭遣之。成化元年，威遠州土舍刀朔罕遣頭目刀昔思貢象馬并金銀器，賜予如例。

《明史》卷三一四《雲南土司二·大侯》 宣德四年陞大侯長官司爲大侯州，以土官刀奉漢爲知州。【略】〔宣德〕八年，大侯州入貢，遣內官雲仙往撫之，并賜錦綺有差。【略】

正統三年，土官刀奉漢子刀奉送來貢，命齎敕并織金文綺絨錦諸物，賜刀奉漢并及其妻。初，奉漢令把事傳永瑤來朝，貢馬，奏欲與木邦宣慰罕門法共起土兵十萬，協同征剿麓川，乞賜金牌、信符，以安民心。特賜之，復降敕嘉獎。七年，敕刀奉漢子刀奉送襲大侯知州，賜冠帶、印章、綵段表裏，以奉送能率土兵助討麓川也。十一年，大侯知州奉外法等貢銀器、象馬，賜綵幣、衣服有差。十二年敕賜大侯州奉敬法、刀奉送等并其妻綵幣，命來使齎與之。

《明史》卷三一四《雲南土司三·麓川》 永樂元年，思倫發子散朋來朝，貢馬。賜絨錦、織金文綺、紗羅并傔從鈔有差。二年遣內官張勤等頒賜麓川。麓川、平緬、木邦、孟養俱遣人來貢，各賜之鈔幣。【略】

〔永樂〕七年，〔思〕行發來貢，遣中官雲仙等齎敕，賜金織文綺、紗羅。至麓川，行發失郊迎禮，仙責之。行發惶懼，九年遣刀門奈來貢謝罪。帝貸之，仍宴勞其使，并遣賜行發文錦、金織紵絲紗羅。【略】

宣德元年遣使諭西南夷，賜麓川錦綺有差，以其勤修職貢也。

《明史》卷三一五《雲南土司傳三·車里》 洪武十五年，蠻長刀坎來降，改置車里軍民府，以坎爲知府。坎遣姪豐禄貢方物，詔賜刀坎及使人衣服，綺幣甚厚，以初奉貢來朝故也。十七年復遣其子刀思拂來貢，賜坎冠帶、鈔幣，改置軍民宣慰使司，以坎爲使。【略】

〔宣德〕七年，車里土舍刀霸羡請襲，許之，遣行人陸墳齎敕賜冠帶、襲衣。九年，靖安宣慰刀霸供言：「靖安原車里地，今析爲二，致有爭端，乞仍併爲一，歲貢如例。」帝從其請，革靖安宣慰，仍歸車里，命刀霸供、刀霸羡共爲宣慰使，俾上所授靖安宣慰司印。

正統五年命貢使齎敕及綺帛歸賜刀霸羡及妻，嘉其勤修職貢也。

《明史》卷三一六《貴州土司傳·貴陽》 貴陽府，舊爲程番長官司。洪武【略】……六年詔靄翠位各宣慰之上。靄翠每年貢方物與馬，帝賜錦綺鈔幣有加。十四年，宋欽死，妻劉淑貞隨其子誠入朝，賜米三十石、鈔三百錠、衣三襲。時靄翠亦死，妻奢香代襲。都督馬曄欲盡滅諸羅，代以流官，故以事撻香，激爲兵端。諸羅果怒，欲反。劉淑貞聞止之，爲走愬京師。帝既召問，命淑貞歸，招香，賜以綺鈔。十七年，奢香率所屬來朝，并訴曄激變狀，且願効力開西鄙，世世保境。帝悦，賜香錦綺、珠翠、如意冠、金環、襲衣，而召曄還，罪之。香遂開偏橋、水東，以達烏蒙、烏撒及容山、草塘諸境，立龍場九驛。二十年，香進馬二十三匹，每歲定輸賦三萬石。子安的襲，貢馬謝恩。帝曰：「安的居水西，最爲誠恪。」命禮部厚賞其使。二十五年，安的來朝，賜三品服并襲衣金帶、白金三百兩、鈔五十錠。香復遣其子婦奢助及其部長來貢馬六十六匹，詔賜香銀四百兩，錦綺鈔幣有差。【略】

初，安氏世居水西，管苗民四十八族，宋氏世居貴州城側，管水東、貴竹等十長官司，皆設治所於城內，銜列左右。而安氏掌印，非有公事不得擅還水西。至是總兵官爲之請，許其以時巡歷所部，趣辦貢賦，聽暫還水西，以印授宣慰宋然代理。貴榮老，請以子佐襲，命賜貴榮父子錦紵。

《明史》卷三一七《廣西土司傳一·慶遠》〔宣德〕十年，南丹土官莫禎來朝，貢馬，賜綵幣。

《明史》卷三二七《外國傳八·韃靼》〔永樂〕十二年，帝征瓦剌。阿魯台使部長以下來朝會。賜米五十石，乾肉、酒糗、綵幣有差。

《明史》卷三二八《外國傳九·瓦剌》〔永樂〕十六年春，海童偕瓦剌貢使來。馬哈木子脫懽請襲爵，帝封爲順寧王。而海童及都督蘇火耳灰等以綵幣往賜太平、把秃孛羅及弟昂克，別遣使祭故順寧王。自是，瓦剌復奉貢。

二十年，瓦剌侵掠哈密，朝廷責之，遣使謝罪。二十二年冬，瓦剌部屬賽因打力來降，命爲所鎮撫，賜綵幣、襲衣、鞍馬，仍令有司給供具。自後來歸者悉如例。

《明史》卷三二八《外國傳九·朵顏福餘泰寧》朵顏、福餘、泰寧，高皇帝所置三衛也。其地爲兀良哈，在黑龍江南，漁陽塞北。漢鮮卑、唐吐谷渾、宋契丹，皆其地也。元爲大寧路北境。【略】

宣宗初，三衛掠永平、山海間，帝將親討之，三衛頭目皆謝罪入貢，撫納之如初。七年更給泰寧衛印。秋，以朵顏頭目哈剌哈孫、福餘頭目安出、泰寧頭目脫火赤等恭事朝廷久，加賜織金綵幣表裏有差。

《明史》卷三二九《西域傳一·哈密衛》成祖初，遣官招諭之，許其以馬市易，即遣使來朝，貢馬百九十匹。永樂元年十一月至京，帝喜，賜賚有加，命有司給直收其馬四千七百四十匹，擇良者十匹入內廐，餘以給守邊騎士。

明年六月復貢，請封，乃封爲忠順王，賜金印，復貢馬謝恩。已而迤北可汗鬼力赤毒死之，其國人以病卒聞。三年二月遣官賜祭，以其兄子脫脫爲王，賜玉帶。脫脫自幼俘入中國，帝拔之奴隸中，俾列宿衛，欲令嗣爵。恐其國不從，遣官問之，不敢違，請還主其衆。因賜其祖母及母綵幣，旋遣使貢馬謝恩。【略】

帝眷脫脫特厚，而脫脫顧凌侮朝使，沉湎昏聵，不恤國事，其下買柱等交諫不從。帝聞之怒，八年十一月遣官賜敕戒諭之。未至，而脫脫以暴疾卒。訃聞，遣官賜祭。擢都指揮同知哈剌哈納爲都督僉事，鎮守其地，賜敕及白金、綵幣。且封脫脫從弟兔力帖木兒爲忠義王，賜印誥、玉帶，世守哈密。十年，貢馬謝恩，自是修貢惟謹，故王祖母亦數奉貢。

十七年，帝以朝使往來西域者，忠義王致禮延接，命中官齎綺帛勞之，賜其母妻金珠冠服、綵幣，及其部下頭目。其使臣及境內回回尋貢馬三千五百餘匹及貂皮諸物，詔賜鈔三萬二千錠、綺百、帛一千。二十一年貢駝三百三十、馬千匹。

《明史》卷三二九《西域一·柳城》永樂四年，劉帖木兒使別失八里，因命齎綵幣賜柳城酋長。明年，其萬户瓦赤剌即遣使來貢。七年，傅安自西域還，其酋復遣使隨入貢。帝即命安齎綺帛報之。

《明史》卷三二九《西域傳一·火州》永樂四年五月命鴻臚丞劉帖木兒護別失八里使者歸，因齎綵幣賜其王子哈散。明年遣使貢玉璞方物。使臣言，回回行賈京師者，甘、涼軍士多私送出境，洩漏邊務。帝命御史往按，且敕總兵官宋晟嚴束之。七年遣使偕哈烈、撒馬兒罕來貢。十一年夏，都指揮白阿兒忻台遣使偕俺的干、失剌思等九國來貢。秋，命陳誠、李暹等以璽書、文綺、紗羅、布帛往勞。

《明史》卷三二九《西域傳一·土魯番》永樂四年遣官使別失八里，道其地，以綵幣賜之。其萬户賽因帖木兒遣使貢玉璞，明年達京師。六年，其國番僧清來率徒法泉等朝貢。天子欲令化導番俗，即授爲灌頂慈慧圓智普通國師，徒七人並爲土魯番僧綱司官，賜賚甚厚。由是其徒來者不絕，貢名馬、海青及他物。天子亦數遣官奬勞之。

《明史》卷三三〇《西域傳二·西番諸衛》帝以西番産馬，與之互市，馬至漸多。而其所用之貨與中國異，自更鈔法後，馬至者少，患之。〔洪武〕八年五月命中官趙成齎羅綺、綾絹并巴茶往河州市之，馬稍集，率厚其值以償。【略】

十六年，青海酋長史剌巴等七人來歸，賜文綺、寶鈔。

《明史》卷三三〇《西域傳二·赤斤蒙古衛》赤斤蒙古衛。出嘉峪關西行二十里曰大草灘，又三十里曰黑山兒，又七十里曰回回墓，墓西四十里曰騸馬

永樂二年九月，有塔力尼者，自稱丞相苦術子。率所部男婦五百餘人，自哈剌脫之地來歸。詔設赤斤蒙古所，以塔力尼爲千户，賜誥印、綵幣、襲衣。

《明史》卷三三〇《西域傳二·沙州衛》永樂二年，酋長困即來、買住率衆來歸。命置沙州衛，授二人指揮使，賜印誥、冠帶、襲衣。【略】買住卒，困即來掌衛事，朝貢不絕。二十二年，瓦剌賢義王太平部下來貢，中道爲賊所梗，困即來遣人衛送至京。帝嘉之，賚以綵幣，尋進秩都督僉事。

《明史》卷三三一《西域傳三・大乘法王》　大乘法王者，烏斯藏僧昆澤思巴也，其徒亦稱爲尚師。永樂時，成祖既封哈立麻，又聞昆澤思巴有道術，命中官齎璽書銀幣徵之。其僧先遣人貢舍利、佛像，遂偕使者入朝。十一年二月至京，帝即延見，賜藏經、銀鈔、綵幣、鞍馬、茶果諸物，封爲萬行圓融妙法最勝真如慧智弘慈廣濟護國演教正覺大乘法王西天上善金剛普應大光明佛，領天下釋教，賜印誥、袈裟、幡幢、鞍馬、傘器諸物，禮之亞於大寶法王。明年辭歸，賜加於前，命中官護行。後數入貢，帝亦先後命中官喬來喜、楊三保齎賜佛像、法器、袈裟、禪衣、絨錦、綵幣諸物。洪熙、宣德間並來貢。

《明史》卷三三一《西域傳三・大慈法王》　大慈法王，名釋迦也失，亦烏斯藏僧稱爲尚師者也。永樂中，既封二法王，其徒爭欲見天子邀恩寵，於是來者趾相接。釋迦也失亦以十二年入朝，禮亞大乘法王。明年命爲妙覺圓通慈慧普應輔國顯教灌頂弘善西天佛子大國師，賜之印誥。十四年辭歸，賜佛經、佛像、法仗、僧衣、綺帛、金銀器，且御製贊詞賜之，其徒益以爲榮。明年遣使來貢。十七年命中官楊三保齎佛像、衣幣往賜。

《明史》卷三三一《西域傳三・闡化王》　闡化王者，烏斯藏僧也。初，洪武五年，河州衛言：「烏斯藏怕木竹巴之地，有僧曰章陽沙加監藏，元時封灌頂國師，爲番人推服。今朵甘酋賞竹監藏與管兀兒搆兵，若遣此僧撫諭，朵甘必內附。」帝如其言，仍封灌頂國師，遣使賜玉印、綵幣。【略】

永樂元年遣使入貢。四年封爲灌頂國師闡化王，賜螭紐玉印，白金五百兩，綺衣三襲，錦帛五十匹，巴茶二百斤。明年命與護教、贊善二王，必力工瓦國師及必里、朵甘、隴答諸衛，川藏諸族，復置驛站，通道往來。十一年，中官楊三保使烏斯藏還，其王遣從子劄結等隨之入貢。明年復命三保使其地，令與闡教、護教、贊善三王及川卜、川藏等共修驛站，諸未復者盡復之。自是道路畢通，使臣往還數萬里，無虞寇盜矣。其後貢益頻數。帝嘉其誠，復命三保齎佛像、法器、袈裟、禪衣及絨錦、綵幣往勞之。已，又命中官戴興往賜綵幣。

宣德二年命中官侯顯往賜絨錦、綵幣。其貢使嘗毆殺驛官子，帝以其無知，遣還，敕王戒飭而已。

《明史》卷三三一《西域傳三・贊善王》　初，入貢無定期，自永樂迄正統，或間歲一來，或一歲再至。而歷朝遣使往賜者，金幣、寶鈔、佛像、法器、袈裟、禪服，不一而足。至成化元年始定三歲一貢之例。

三年命塔兒把堅粲襲封。故事，封番王誥敕及幣帛遣官齎賜，至是西陲多事，禮官乞付使者齎回，從之。

《明史》卷三三一《西域傳三・輔教王》　輔教王者，思達藏僧也。其地視烏斯藏尤遠。成祖即位，命僧智光持詔招諭，賜以銀幣。永樂十一年封其僧南渴烈思巴爲輔教王，賜誥印、綵幣，數通貢使。楊三保、侯顯皆往賜其國，與諸法王等。景泰七年，使來貢，自陳年老，乞令其子喃葛堅粲巴藏卜代。帝從之，封爲輔教王，賜誥敕、金印、綵幣、袈裟、法器。以灌頂國師葛藏、右覺義桑加巴充正、副使往封。至四川，多雇牛馬，任載私物。禮官請治其罪，英宗方復辟，命收其敕書，減供應之半。

《明史》卷三三一《西域傳三・西天阿難功德國》　西天阿難功德國，西方番國也。洪武七年，王卜哈魯遣其講主必尼西來朝，貢方物及解毒藥石。詔賜文綺、禪衣及布帛諸物。後不復至。

《明史》卷三三二《西域傳四・沙鹿海牙》　永樂間，李達、陳誠使其地，其酋即遣使奉貢。宣德七年命中官李貴齎敕諭其酋，賜金織文綺、綵幣。

《明史》卷三三二《西域傳四・別失八里》　洪武中，藍玉征沙漠，至捕魚兒海，獲撒馬兒罕商人數百。太祖遣官送之還，道經別失八里。其王黑的兒火者，即遣千户哈馬力丁等來朝，貢馬及海青，以二十四年七月達京師。帝喜，賜王綵幣十表裏，其使者皆有賜。【略】

成祖即位之冬，遣官齎璽書綵幣使其國。未幾，黑的兒火者卒，子沙迷查干嗣。永樂二年遣使貢玉璞、名馬，宴賚有加。時哈密忠順王安克帖木兒爲可汗鬼力赤毒死，沙迷查干率師討之。帝嘉其義，遣使賚以綵幣，令與嗣忠順王脱脱敦睦。四年夏來貢，命鴻臚寺丞劉帖木兒齎敕幣勞賜，與其使者偕行。秋、冬暨明年夏，三入貢，因言撒馬兒罕本其先世故地，請以兵復之。命中官把太、李達及劉帖木兒齎敕戒以審度而行，毋輕舉，因賜之綵幣。六年，太等還，言沙迷查干已卒，弟馬哈麻嗣。帝即命太等往祭，并賜其新王。

八年以朝使往撒馬兒罕者，馬哈麻待之厚，遣使齎綵幣賜之。明年貢名馬、文豹，命給事中傅安送其使還，賚金織文綺。時瓦剌使者言馬哈麻將襲其部落，因諭以順天保境之義。十一年，貢使將至甘肅，命所司宴勞，且敕總兵官李彬善遇之。明年冬，有自西域還者，言馬哈麻母及弟相繼卒。帝愍之，命安齎敕慰問，賚以綵幣。已而馬哈麻亦卒，無子，從子納黑失只罕嗣。十四年春，使來告喪。命安及中官李達弔祭，即封其嗣子爲王，賚文綺、弓刀、甲冑，其母亦有賜。明年遣使來貢，言將嫁女撒馬兒罕，請以馬市妝奩。命中官李信等以綺、帛各五百匹助之。十六年，貢使速哥言其王爲從弟歪思所弒，而自立，徙其部落西去，更國號曰亦力把里。帝以番俗不足治，授速哥爲都督僉事，而遣中官楊忠等賜歪思弓刀，甲冑及文綺，綵幣，其頭目忽歹達等七十餘人并有賜。自是，奉貢不絕。

宣德元年，帝嘉其尊事朝廷，遣使賜之鈔幣。明年入貢，授其正、副使爲指揮千户，賜誥命、冠帶，自後使臣多授官。三年貢駝馬，命指揮昌英等齎璽書、綵幣報之。時歪思連歲貢，而其母鎖魯檀哈敦亦連三歲來貢。歪思卒，子也先不花嗣。正統元年遣使來朝，貢方物，後亦頻入貢。故王歪思之壻卜賽因亦遣使來貢。十年，也先不花卒，也密力虎者嗣。明年貢馬駝方物，命以綵幣賜王及王母。景泰三年貢玉石三千八百斤，禮官言其不堪用，詔悉收之，每二斤賜帛一匹。天順元年命千户于志敬等以復辟諭其王，且賜綵幣。成化元年，禮官姚夔等定西域朝貢期，令亦力把里三歲、五歲一貢，使者不得過十人，自是朝貢遂稀。

劉元卿《賢奕編》卷二　江州朱原虚有二弟在髫年，而父母死。原虚匿父所遺綾錦十餘篋，遂二弟居外。一日隣人下神，原虚適在坐，神以詩諷之云：何處西風夜捲霜，雁行中斷各悲涼。吴綾越錦成私篋，不及姜家布被香。原虚皇恐，召二弟歸，爲娶婦，督之業儒。後二弟俱登科典州郡事，事原虚如父。

沈德符《萬曆野獲編》卷三〇《外國·瓦剌厚賞》　北虜之賞，莫盛于正統時，其四年及十四年者。弇州異典，已盡記之矣，惟六年之賞更異，今録之。賜可汗五色綵段，并紵絲蟒龍直領褡褳曳撒比甲貼裏一套，紅粉皮圈金雲肩膝襴通袖衣一，皂麂皮藍條鋼線靴一雙，硃紅獸面五山屏風坐床一，錦褥九，各樣花枕九，《夷字孝經》一本，鎖金涼繖一，絹雨繖一，箜篌、火撥思、三絃各一幅，并賜其妃胭脂絨線絲線等物。至八年，又賜可汗紵絲盛金四爪蟒龍單纏身膝襴暗花八寶骨朵雲一疋，織金胸背麒麟白澤獅子虎豹青紅緑共四疋，八寶青朵雲細花五色段二十六疋，素段五十六疋，綵段八十七疋，印花絹十疋。可汗妃二人白澤虎豹朵雲細花等段十六疋，綵段十六疋，花減金鐵盔一頂，戧金皮甲一副，花框鼓鞭鼓各一面，琵琶、火撥思、胡琴等樂器，及鑌砂㲯硝等物。又賜丞相把把只織金麒麟虎豹海馬八寶骨朵雲紵絲四疋，綵絹四疋，素絹九疋。其餘平章伯顔帖木兒小的失王、丞相也里不花、王子也先孟哥、同知把答木兒、僉院南剌兒、尚書八里等，皆賞綵段綢絹有差。上又賜御書諭太師淮王中書右丞相也先，賜織金四爪蟒龍紵絲一、織金麒麟白澤獅子虎豹紵絲四，并綵絹表裏。又賜也先母妃五人、妃四人，諸織金織綵。所以懷柔之者至矣，而卒不免英宗土木之禍。至上皇陷虜後，尚有黄白金諸賜，以羈縻之。直至彰義門一戰得勝，嗣後撻伐既張，可汗弒死，也先以驕虐見戕，虜勢漸衰，中國賞亦頓薄，蓋禦虎狼者飼以肉，不若制以穽也。

中國賜外夷最厚而縟者，如元魏明帝正光二年，蠕蠕主阿那瓌歸國，命引見賜坐，詔賜以細明光人馬鎧一具，鐵人馬鎧六具，露絲銀纏槊二張并白毦，赤漆槊七張并白毦，黑漆槊十張并幡，露絲弓二張并箭，朱漆拓弓六張并箭，黑漆弓十張并箭，赤漆楯六幡并刀，黑漆楯六幡并刀，赤漆鼓角二十具，五色錦被二領，黄紬被褥三十具，私府繡袍一領并帽，内者緋納襖一領，緋袍二十領并帽，内者雜綵千段，緋納小口袴褶一具，内中宛具紫納大口袴褶一具，内中宛具百子帳十八具，黄布幕六張，新乾飯一百石，麥麨八石，榛麨五石，銅烏錥四枚，柔鐵烏錥二枚，各受二斛，黑漆竹榼四枚，各受五升，婢二口，父草馬五百疋，駞百二十頭，特牛一百頭，羊五千口，朱畫盤器十合，粟二十萬石，乃次年即入寇，至執行臺尚書元孚以去，未數歲而魏亦大亂，分東西矣。宋靖康初元，斡離不入犯，犒師銀二千二百餘萬兩，金三十餘萬兩，又侑以女樂百人，珍禽異寶等物，及斡離不還師，欽宗又賜以白紵束帶一條，共扎珠五十顆，正透金鳳犀帶一條，金陵真玉注椀一副，玉酒鍾十隻，細鞍轡一副，琥珀假竹鞭一條，爲贐餞之禮。其媚之已不遺餘力，次年再入犯，汴京遂不守。

談遷《國榷》卷一五《成祖永樂十年》〔七月〕戊申，中官吴賓等往賜爪哇國西王都馬板錦綺紗羅綵絹千匹。

談遷《國榷》卷一六《成祖永樂十四年》〔七月〕癸丑，賜書褒蜀王椿，加黄金二百、白金千、鈔四萬、玉帶一、衮衣九、紵絲綫羅紗各五十、絨錦十、綵絹千、兜羅緜十、高麗布百、米千石、胡椒千斤、馬十。

談遷《國榷》卷一六《成祖永樂十六年》　八月戊寅朔，尼八剌國王沙的新葛入貢，遣中官鄧誠賚敕賜錦綺紗羅，所經罕東靈藏必力工瓦、烏思藏、野藍可般卜納等處頭目，皆有賜。

談遷《國榷》卷一九《宣宗宣德元年》〔正月〕己酉，遣使賜别失八里王歪思，及西南夷木邦、緬甸、麓川、車里、八百、大甸、老撾宣慰司，孟艮、孟定、灣甸、鎮康等土官紗羅錦綺有差。

談遷《國榷》卷二五《英宗正統六年》〔正月〕甲子，瓦剌使者辭歸。賜可汗書，又賜太師淮王也先書，俱厚賚之。淮王太師者，虜酋大號也。是時虜衆皆服屬也先，脱脱不花具可汗名而已，顧下妻也先姊，主臣並使貢，我亦兩敕答之。賞賜繒綵、帽纓、珠寶、靴刀、琵琶、火撥思之屬，不可勝計，及其妻子部屬皆有等差，針綫、脂粉、絲絨皆具。

談遷《國榷》卷三三《英宗天順七年》〔六月〕甲子，命蘇、松、徽、常、浙江，以折糧銀十二萬石市青紅緑紵絲萬匹。

談遷《國榷》卷四一《憲宗成化二十三年》〔九月〕賜寧王、唐王、瀋王、慶王、周王、襄王、鄭王、岷王、肅王、遼王、蜀王、楚王、晉王、淮王、代王、伊王、魯王各三百金，紵絲羅十五雙，紗十五匹，錦三匹，鈔三萬貫。德王、崇王、吉王、徽王、荆王、趙王、韓王、鎮安王白金、錦同，紵絲羅紗殺其五，鈔二萬。靖江王二百金，鈔一萬，餘同。

談遷《國榷》卷六五《穆宗隆慶元年》〔正月〕丙戌，賜叔祖慶王三百金，紵絲、紗、羅各十五端，錦三端，鈔二萬貫。叔楚、遼、岷、韓、瀋、襄、益、衡諸王金鈔如之，紵、羅、紗各十端。弟晉、魯、蜀、代、淮、德、榮諸王各二百金，錦、紵、羅、紗，鈔同上。姪周、荆、崇、吉，姪孫趙王管奏府事，隆德王敬鎔管唐府事，庶長子碩熿同上，靖江王亦如之。

談遷《國榷》卷六七《穆宗隆慶五年》〔三月〕己丑，封俺答順義王，賜緋蟒衣一，綵幣八。

談遷《國榷》卷七〇《神宗萬曆六年》〔正月〕勞朵顔等衛貢夷百八十二人絹服，加賜都督長昂二人綵幣，以前賀冬至及萬壽也。

談遷《國榷》卷七〇《神宗萬曆七年》〔九月〕提督蘇杭織造太監孫隆言：天雨蒸潤，袍段色易晦，乞例進免退，以累小民。從之。

談遷《國榷》卷七一《神宗萬曆十年》〔二月〕甲寅，初，内承運庫以闕幣，求浙直織各色紵絲、紗、羅、錦、綾、紬共十萬四千四百九十四，工科都給事中李廷儀言：萬曆四年内織染局題造袍段五萬八千餘匹，八年、九年又題造十三萬餘匹，上用固不乏也。萬曆三年、四年該庫坐派改十二萬六千餘匹，七年坐派三萬六千四百餘匹，賞用又不乏也。且織造踰十萬，非金百五十萬不辦，錢糧有正項，安得云無礙官銀，若庫貯已竭，則查歲造拖欠，嚴行催督，蓋加徵不如催正供之易，新派不如完舊欠之速。上從之。諭後該庫非甚闕，毋輕請累民。

敕司禮太監李祐管浙直織造。初，工部以上用龍袍及各新樣非民間所曉，恐地方官錯誤，乞遣該監擇一巧匠并金星牙尺。上怒其遷延，故有是命。

談遷《北游録・紀程》順治十年閏六月壬申，辰刻解維，五里杉青閘，其右羞墓，爲漢朱買臣婦。買臣墓在甪里街東塔寺内，又夏邑縣東南三十五里亦有墓。二十七里至江涇，舊鉅姓王氏、江氏居此。其絲衣被天下，大賈鶩集。阻風而泊，夜改榻始安。

傅維鱗《明書》卷三《太祖本紀三》〔洪武二十八年〕秋七月，確山縣野蠶成繭，羣臣請賀。上曰：「如此繭可以衣被天下則當賀，一邑偶然，何賀爲。」

傅維鱗《明書》卷二〇《紀一・宫闈記一》〔太祖馬皇后〕一日集女史清江范孺人等問曰：自唐宋以來，何后最賢，家法何代最正。對曰：「惟趙宋諸后多賢，家法最正。」遂命録其家法賢行，令女史誦而聽之。曰：「不徒爲吾今日法，可爲子孫萬世后妃法也。」服澣濯敝不忍易，因聞元世祖后煮故弓弦事，亦命取練之，織爲衾裯，以惠孤老。宫中制服，緝其餘爲巾褥，織工治絲，有荒纇棄遺者亦恤之，命再織，以賜諸王及公主。且諭之曰：「生長富貴，當知蠶桑不易，爲天地惜物。」

官修《明英宗實録》卷三一七〔天順四年秋七月〕丙子，禮部奏哈密使臣□即馬哈麻等累奏，欲以自帶來玉石并駝進收，請照例將玉石送内府，每十斤賞絹一匹，駝一隻送御馬監，賞綵段三表裏、絹十匹。從之。

官修《明英宗實録》卷三一七〔天順四年七月癸卯〕降工部右侍郎翁世資爲湖廣衡州府知府。初，上欲命中官往蘇、松、杭、嘉、湖五府於常額外增造綵段七千匹，工部奏其處巧匠多取赴内局，且絲料有限，請減增造之數，以蘇民困。上怒，詰其主意者，尚書趙榮、左侍郎霍瑄俱稱出於世資。上曰：「世資欺公要譽，錦衣衛其收鞫問。」榮等姑宥之。既而世資具伏請罪，送刑部論贖徒。贖既，故有是命。

《奩史》卷八七《綺羅門》洪武元年，賜張良佐妻文綺紗羅各二疋。永樂三年，賜罕賓法祖母、母、妻織金文紗羅各五十疋。《賞賚考》。

正統四年，賜可汗妃綵幣十表裏。《賞賚考》。

慶一娘回定之儀，有開合利市綵一匹，藉用紅玉文虎紗。《長安客話》。

張廷玉等《續文獻通考》卷三〇《國用一》〔萬曆〕二十八年八月，給事中王德完奏國家歲入僅四百五十餘萬，而歲出至四百五十餘萬。居恒無事，已稱出浮於入。【略】又婚禮傳造袍服四萬一千餘匹，約工料銀一百萬四千餘兩。陝西潞紬續織四千七百餘匹，婚禮傳買緞一萬二千七百餘匹，共約費銀十萬餘兩。【略】而直省災傷，欠緞價料銀一百二十四萬五千餘兩。【略】當此之時，惟有節省一字最爲喫緊，請減織造以拯民命。

牛若麟纂修（崇禎）《吳縣志》卷四九《人物》 沈圖南，字九萬，父練絲織縞業頗殷。

中國第一歷史檔案館編《康熙起居注・康熙二十二年》 （六月初六日）上幸內庫，賜內閣大學士勒德洪、明珠、李霨、王熙、黃機、吳正治金杯盤各一副、緞各二疋，紗各三疋；學士薩海、佛倫、阿蘭泰、石柱、喇巴克、王守才、金汝祥、胡簡敬、孫在豐緞各二疋，紗各一疋；日講官、起居注、翰林院學士牛鈕、張玉書、嚴我斯，侍講學士朱馬泰、葛思泰、阿山、王封濚，庶子邵吳遠，侍讀湯斌、王鴻緒，贊善徐乾學、翁叔元，脩撰歸允肅，編脩曹禾、王頊齡，檢討秦松齡、嚴繩孫、潘耒緞各一疋，紗各一疋；內閣侍讀蒼柱、胡世通、滿漢中書覺和託、田肇埏等十七人紗各一疋。

嵇璜等《清文獻通考》卷三三《市糴考二》 （順治十三年）又准吐魯番貢使在館交易，諭吐魯番阿布都拉哈曰：朕膺茲大命，綏定萬方，凡所屬外國，無不輸誠臣服，來貢方物，爾吐魯番國，早識時數，貢賦維謹，今又遣使入貢，誠篤之意，實可嘉悅。念爾國遠隔山河，跋涉不易，宜加賞賚，用勸忠誠，特賜爾緞三百三十八匹、絹七百二十三匹。自此以後，著五年一次來貢，入關不得過百人，不許携帶婦女，進京止許三十人，餘留駐甘肅，俟進貢人歸時，即令一齊出關，不得久留內地。至所帶貨物，許在京會同館照例貨市，無得沿路藉端遷延騷擾。其進貢西馬四匹、蒙古馬十四外，不必多貢，用體朕優恤遠人之意。

周壽昌《思益堂日札》卷四《成哲親王五十歲賜壽物單》 嘉慶六年二月初六日，臣永瑆五十生辰，上賜【略】錦九匹，石青一、金黃一、藍二、綠五。片金九匹，石青二、紅三、藍四。上用段九匹，石青四、醬色二、藍二、駝色一。官用段九匹，醬色四、藍三、香色二。大捲窗紬九匹，石青四、醬色三、灰色二。小捲窗紬九匹，石青五、醬色一、藍二、灰色一。春紬九匹，緲紬九匹，綾九匹，紡絲九匹。

許協（道光）《鎮番縣志》卷九《人物列傳上・耆壽》 劉士藻，年九十餘，起居强健，以紡織爲業。每過其門，機聲不輟。

藝文

《太平御覽》卷八一八《布帛部五・帛》 荀卿《禮賦》曰：「爰有大物，非絲非帛，文采成章。」

《太平御覽》卷八一四《布帛部一・綵》 李陵《與蘇武詩》曰：「有鳥西南飛，熠熠似蒼蠅。朝發天地隅，暮寄日南陵。欲寄一言書，託之箋綵繒。」

《玉臺新詠》卷一漢時《童謡歌一首》 城中好高髻，四方高一尺。城中好大眉，四方眉半額。城中好廣袖，四方用匹帛。

《玉臺新詠》卷一無名人《古詩爲焦仲卿妻作》 妾有繡腰襦，葳蕤自生光。紅羅複斗帳，四角垂香囊。箱簾六七十，緑碧青絲繩。物物各自異，種種在其中。人賤物亦鄙，不足迎後人。留待作遣施，於今無會因。時時爲安慰，久久莫相忘。雞鳴外欲曙，新婦起嚴妝。著我繡袂裙，事事四五通。足下躡絲履，頭上玳瑁光。腰若流紈素，耳著明月璫。吳兆宜注：《釋名》：穿耳施珠曰璫。指如削蔥根，口如含朱丹。纖纖作細步，精妙世無雙。上堂拜阿母，母聽去一作阿母怒不止。昔作女兒時，生小出野里。本自無教訓，兼媿貴家子。受母錢帛多，不堪母驅使。今日還家去，念母勞家裏。

曹植《曹植集》卷二《聖皇篇》 主上增顧念，皇母懷苦辛。何以爲贈賜，傾府竭寶珍：文錢百億萬，采帛若烟雲。乘輿服御物，錦羅與金銀。

《玉臺新詠》卷二傅玄《有女篇艷歌行》 媒氏陳束帛，羔雁鳴前堂。

《奩史》卷八七《綺羅門》 傅（元）〔玄〕《相逢行》：「大婦織綺羅，中婦織流黃」。《傅鶉觚集》。

《玉臺新詠》卷八蕭子顯《日出東南隅行》 逶迤梁家髻，冉弱楚宮腰。輕紈雜。重錦，薄縠間飛綃。吳兆宜注：《左傳》「重錦三十兩」，杜預注：重錦，錦之細熟者，以二丈雙行，故曰兩，蓋（二）〔三〕十匹。司馬相如《子虛賦》「雜纖羅，垂霧縠」，張楫曰：縠細如霧，垂以爲裳也。

《全上古三代秦漢三國六朝文・全梁文》卷一一簡文帝《七勵》 公子曰：夫靚妝嚴服，託體必嘉。五絲擅美，獨繭稱華。組帷□粲，綵緹含葩。丹墀聚葉，縷檻飛花。至如稷下縫掖，泗上章甫，雉絹霜鮮，秦絲園縷。鳳色龍分，鴛文鵠聚。琱紛瑶席，綺飾瓊珮。齊都滑石，南海瑇瑁。散似綴珠，離如並續。蜘蛛弄巧，越女調樞。【略】當户之縠，大文之錦，華蒲萄之綺衾，麗芬若之丹枕。金蘇翠幄，玉案象牀，子能從我，樂此芬芳。外臣曰：帶索披裘，自得山性，雕章麗服，未敢攸同。

杜甫《杜工部集》卷三《後出塞五首》之四　雲帆轉遼海，粳稻來東吳。越羅與楚練，照耀輿臺軀。

杜甫《杜工部詩集》卷七《昔遊》　吳門轉粟帛，泛海陵蓬萊。

崔致遠《桂苑筆耕集》卷一八《謝匹段狀》　緋羅、紫綾、紫天淨紗、紫平紗、黃平紗、黃綾、黃絹、熟綿綾袴段。

右伏蒙仁慈，特賜前件匹段。霞舒鳳縷，雪疊鮫綃。猥分絳帳之餘，俾换褐袍之飾。不學王尼巧説，遽叨盧志殊榮。唯慙螻蟻之姿，不稱蜉蝣之什。但願勵食蘖飲冰之節，報拔朱拖紫之恩。下情無任感戴兢惕涕泣之至，謹奉狀陳謝。謹狀。

歐陽詹《歐陽行周文集》卷二《汝川行》　汝墳春女蠶忙月，朝起採桑日西没。輕綃裙露紅羅襪，半蹋金梯倚枝歇。垂空玉腕若無骨，映葉朱唇似花發。

賈島《長江集》卷五《孟融逸人》　孟君臨水居，不食水中魚。衣褐唯羸帛，筐箱秖素書。樹林幽鳥戀，世界此心疎。擬棹孤舟去，何峰又結廬。

李德裕《會昌一品集》卷一九《謝賜錦綵銀器狀》　中使田獻銛至，奉宣聖旨，賜臣前件錦綵銀器等。臣伏聞虞舜舞干而苗人來格，周穆徂征而荒服不至，即知王者之功，莫大於耀德戢兵，安人柔遠。伏以陛下聖德廣運，神武照臨。息雷霆之威，而蠻夷自服；宏天地之德，而邊鄙乂安。臣願以鴻猷，播於蕃帥，因綴古今之事，庶堅忠義之心。豈意慈容，厚加寵錫。班行聳聽，里閈生光。非止闔門之榮，實增後代之價。仰慚恩覆，倍積兢惶，臣不任忻忭感戴之至。

李德裕《會昌一品集》卷一九《謝恩賜錦綵銀器狀》　高品劉行宣至，奉宣聖旨，以臣撰《真容讚》，特賜前件錦綵銀器等。臣學非稽古，文不逮人。徒以運遇聖明，識叨宰弼，宸心向屬，榮寵薦加。得以淺陋之詞，上述鴻明之德。叙帝堯之奇表，非可强名；讚軒后之英威，空慚竭思。豈謂皇慈曲被，厚錫俄霑。錦綵窮華麗之文，器物呈雕鏤之妙。跪受榮感，報效無階，臣不任忻荷感恩之至。

杜牧《樊川文集》卷一五《謝賜物狀》　具官臣某等言。叨陪錫宴，竊覩鈞天，百品并陳，三酒皆具。微臣所志，已極滿盈。豈意鴻澤重霑，錫賚殊等。朱緑玄黃之繒綵，精金文錦之珍奇，捧戴自天，啓處無地。不勝抃躍感恩之至。

張祜《張承吉文集》卷一〇《庚子歲寓遊揚州贈崔荆四十韻》　冷滑連心簟，輕疎着體繒。被裁新蜀錦，光砑小吳綾。

《全唐文》卷四一八常衮《謝内宴賜錦綵器物等表》　臣某言：伏奉恩旨，賜臣内宴，仍賜錦綵綾絹四百匹，瓶盤五事，衣二副，并柑橘等。殊常之寵，上戴若驚。伏惟寶應元聖文武皇帝陛下，恭儉以行禮，慈惠以布政。式厚君臣之義，爰崇宴饗之道。至如醴以命宥，幣以將意，非有方叔之勳，魯侯之親，則不可以禮奉和之，樂溥將之也。臣以至愚承弼，無益尸官。夙夜自惟，兢惶失次。尚蒙慈恕，猶辱樞衡。薦沐鴻私，歡承嘉惠。接雲霄之上境，陪動戚于内朝。宸威俯臨，以戰以悚。中食循省，實慙孤賤。微生遭逢，一至於此。睿眷流渥，慈賞過豐。廣乾坤而行慶，俾下臣之受福。束帛加璧，申錫在於王庭；珍器黃柑，浹洽至于歸第。拜恩初喜，審分增憂。臣實非才，事無任劾。待罪已久，冒榮則多。况戎患未寧，寅車尚駕。聖懷所軫，日旰忘勞。躬行儉素，以濟軍國。臣之俸禄，猶合助邊。臣之服用，敢安私室。今又俯霑慶賞，將此勞臣。雖宏覆曲全，務於均施，而丹誠上感，實愧無功。不勝荷懼屏營之至。

《全唐文》卷四二四于邵《謝賜銀器及匹帛等表》　臣某言：今月日，中使奉宣進止，賜臣銀器壺瓶合各一，銀椀一并蓋，錦帳一，錦九疋，白熟綾十疋，色羅五十疋，雜綵一百三十疋者，恩私薦及，跪捧增慙。雖雨露殊深，而心魂若厲。何則？臣之受遇，有異朝班。任重元戎，榮登上相，自當盡瘁，與國同憂。豈比常人，妄加厚賜。况戎夷初退，帑藏猶虚。每欲傾家，以供國用。區區之願，神明所知。乞回此物，復歸内府。下以備六軍之寵賜，上以奉一人之宴私。臣之鄙懷，於斯萬足。其器物等，臣已勒押衙試少監郭某詣右銀臺門别狀奉進。

《全唐文》卷四二五于邵《代謝賜永崇宅并賜酒食錦綵器物等狀》　右。今日中使某至，伏奉恩旨，令臣移入所賜宅，并賜前件者，慈旨曲降，驚抃難容。臣以微生，幸逢休運。上公政本，既荷殊私；理第頒田，特超恒數。且居爽塏，又賜歡娱。芳膳出於天厨，嘉賓傾於朝彦。金石諧座，珍奇爛庭。况棟宇輪囷，近加圬墁。林塘祕邃，潛蓄清涼。素以衡茅，特驚宏敞。周履既增於魂悸，眄睞殊覺於心慙。臣實何人，遘茲多幸。飲恩知愧，受賜輕生。誓將灰粉百身，償國家之恩遇；拂磨一劍，弭兇醜於邊疆。區區寸誠，仰答萬一，不任戴荷之至。

《全唐文》卷四八五權德輿《代賈相公謝賜馬及銀器錦彩等表》 臣耽言：今日中使某乙奉宣進止，以臣所進關内隴右并圖録十卷，特賜馬一匹，并銀瓶盤等若干事，錦彩等若干疋者，承命抃舞，震驚失圖。伏以聖朝覆幬無私，聲教遠被。雖夏書禹貢，周制職方，重譯所通，未若今日。臣以末學，獲奉昌期。常好地理之書，頗知河湟之事。明徵舊史，博考傳聞，夙夜以思，歲時遂久。紀諸文字，績以丹青，上塵聖聰，庶備方志。豈謂睿慈宏獎，寵賚特深。出珍華於内府，下駔駿於天廄。恩榮所及，焕麗相輝。循顧虚庸，曲承蕃錫。負乘匪服，併切於今。無任感恩荷戴之至，謹奉表陳謝以聞。

《全唐文》卷五三一王仲周《降誕日進器物狀第二狀》 右。伏以紫氣充庭，黄河變色，用符昌運，式表誕彌。雖聖壽齊天，不假封人之祝；而獻芹爲禮，空馳野老之誠。上件銀器緜錦綾綺等，謹遣某官隨狀奉進。

《全唐文》卷六六九白居易《爲宰相謝恩賜吐蕃信物銀器錦綵等狀》 右。臣等材愧庸虚，職叨輔弼。遇天下削平之日，當西戎即叙之時，遂使殊方，致茲遠物。此皆率由元化，感慕皇風。人臣既絶外交，問遺敢爲己有。今蒙重賜，益荷聖慈。況來自外夷，知德廣之所及；降從中旨，仰恩深而不勝。感戴慙惶，倍萬常品。

《全唐詩》卷三八五張籍《酬浙東元尚書見寄綾素》 趙地繒紗紋様新，遠封來寄學曹人。便令裁制爲時服，頓覺光榮上病身。

《全唐詩》卷五八四段成式《柔卿解籍戲呈飛卿三首》之二 最宜全幅碧鮫綃，自褰春羅等舞腰。未有長錢求鄴錦，且令裁取一團嬌。

蘇頌《蘇魏公文集》卷七《送黄從政宰晉江》 泉山南望海之濱，家樂文儒里富仁。弦誦多於鄒魯俗，綺羅不減蜀吴春。懷章近輟樞廷傑，製錦重紆學館人。豈獨光榮生邑里，須知美化浹甌閩。

陸游《劍南詩稿》卷六《客中夜寒戲作長謡》 孤翁癡鈍如寒蠅，霜夕不瞑愁嚴凝。寢衣觸體起芒粟，鼻息噓潤成冰淩。蓼蓼默數嚴譙鼓，耿耿獨看幽窗燈。支牀龜老共夜永，號月雞冷同晨興。白狐紫貂了不暖，何況蜀錦并吴綾。静思忽得安樂法，人生所欠絮與繒。十年一衲尚可過，不信請視匡山僧。

于敏中等《日下舊聞考》卷七徐熥《帝京篇》 文皇定鼎都燕冀，三輔黄圖誇美麗。【略】六郡良家盡錦衣，四方賈客多紈綺。錦衣紈綺競豪奢，結俠追歡意氣賒。

金埴《不下帶編》卷五 向于吴門，見上官抑奢教示，頗有俊語，因摘數聯云：「妻孥□味，無如春韭秋菘；朋戚言歡，何必山珍海錯！」又曰：「始而綺襦紈袴，猶曰子弟之常也；今則鳳采龍章，家家效縉紳之飾。始而繡衽花袖，猶是女工之製也；今則輕裘重緞，人人修命婦之容。」吴俗奢風，數語如畫。然自今天子登極以來，更崇儉返樸，而此風亦多節損矣！

雜録

《易・賁》 賁于丘園，束帛戔戔。吝，終吉。

《詩・小雅・鹿鳴序》 鹿鳴，燕羣臣嘉賓也。既飲食之，又實幣帛筐篚。

《戰國策》卷一一《齊策四・管燕得罪齊王》 管燕得罪齊王，謂其左右曰：「子孰而與我赴諸侯乎？」左右嘿然莫對。管燕連然流涕曰：「悲夫！士何其易得而難用也！」田需對曰：「士三食不得饜，而君鵝鶩有餘食；下宫糅羅紈，曳綺縠，而士不得以爲緣。且財者君之所輕，死者士之所重，君不肯以所輕與士，而責士以所重事君，非士易得而難用也。」

《晉書》卷二六《食貨志》 辛紂暴虐，翫其經費，【略】宫中以錦綺爲席，綾紈爲薦。

《後漢書》卷七二《董卓傳》 皇甫嵩攻卓弟旻於郿塢，殺其母妻男女，盡滅其族。乃屍卓於市。天時始熱，卓素充肥，脂流於地。守屍吏然火置卓臍中，光明達曙，如是積日。諸袁門生又聚董氏之屍，焚灰揚之於路。塢中珍藏有金二三萬斤，銀八九萬斤，錦綺繢縠紈素奇玩，積如丘山。

《後漢書》卷七八《宦者傳序》 子弟支附，過半於州國。南金、和寶、冰紈、霧縠之積，盈仞珍藏；嬙媛、侍兒、歌童、舞女之玩，充備綺室。狗馬飾雕文，土木被緹繡。李賢等注：《前書》東方朔曰：「土木衣綺繡，狗馬被繢罽。」緹，厚繒也。皆剥割萌黎，競恣奢欲。

崔寔《四民月令・十月》 賣縑、帛、弊絮；糴粟、大、小豆，麻子。收栝樓。

夏至著五綵，辟兵，題曰游光。游光，厲鬼也，知其名者無温疾。五綵，避五兵也。案：人取新斷織繫户，亦此類也。謹案：織取新斷二三寸帛，綴著衣衿，以已織縑告成於諸姑也。後世彌文，易以五綵。又永建中，京師大疫，云厲鬼字野重、游光。亦但流言，無指見之者。其後歲歲有病，人情愁怖，復增題之，冀以脱禍。今家人織新縑，皆取著後縑二寸許，繫户上，此其驗也。《書鈔》一五五、《玉燭寶典》五、《歲時廣記》二四、《御覽》二三、八一四、《合璧事類》前十六、《廣博物志》四、《天中記》五）

佚名《漢武帝内傳》（元封元年）帝於是登延靈之臺，盛齋從道，其四方之事，權委於冢宰焉。到七月七日，乃修除宫掖，設坐大殿，以紫羅薦地，燔百和之香，張雲錦之幃，然九光之燈，列玉門之棗，酌蒲萄之醴，宫監香果，爲天宫之饌。帝乃盛服立於堦下，勑端門之内，不得有妄窺者。内外寂謐，以候雲駕。到夜二更之候，忽見西南如白雲起，鬱然直來，逕趨宫庭。須臾轉近，聞雲中簫鼓之聲，人馬之響。半食頃，王母至也。【略】王母唯扶二侍女上殿，侍女年可十六七，服青綾之袿，容眸流眄，神姿清發，真美人也。王母上殿東向坐著黄（錦）褡襹，文采鮮明，光儀淑穆。【略】（上元）夫人一一手指所施用節度以示帝焉，凡十二事都畢，又告帝曰：「夫五帝者，方面之天精，六甲六位之通靈，佩而尊之，可致長生。此書上帝封於玄景之臺，其實祕焉。」王母曰：「此三天太上之所撰，藏於紫陵之臺，隱以靈壇之房，封以華琳之函，韞以蘭繭之帛，約以紫羅之素，印以太帝之璽。受之者四十年傳一人，無其人，八十年可頓受二人。【略】帝既見王母及上元夫人，乃信天下有神仙之事。其後帝以王母所授《五真圖》、《靈光經》及上元夫人所授六甲靈飛十二事，自撰集爲一卷及諸經圖，皆奉以黄金之箱，封以白玉之函，以珊瑚爲軸，紫錦爲囊，安著栢梁臺上。

《太平御覽》卷八一八《布帛部五·帛》《東觀漢記》曰：長安語云：「城中好廣袖，四方用疋帛。」

《晉書》卷二六《食貨志》永寧之初，洛中尚有錦帛四百萬，珠寶金銀百餘斛。惠后北征，蕩陰反駕，寒桃在御，隻雞以給，其布衾兩幅，囊錢三千，以爲車駕之資焉。

《册府元龜》卷五〇四《邦計部·絲帛》惠帝永寧初，雒中有錦帛四百萬。

《太平御覽》卷八一四《布帛部一·綵》裴（玄）〔立〕《新言》曰：五月五日集五綵繒，謂之辟兵。不解以問伏君，伏君曰：青、赤、白、黑爲之四面，黄居中央，名曰褻方，綴之於複，以示婦人養蠶之功也，傳聲書誤以辟兵。

樊綽**《雲南志》卷八《蠻夷風俗》**本土不用錢。凡交易繒帛、氈罽、金、銀、瑟瑟、牛、羊之屬，以繒帛冪數計之，云某物色直若干冪。

《新唐書》卷二二二上《南蠻傳上·南詔上》以繒帛及貝市易。

《奩史》卷八七《綺羅門》垂拱中，鄭生曉度洛橋，見一艷女，遂載歸，號曰汜人。能誦楚詞《九歌》、《招魂》、《九辨》之書，亦常擬爲怨歌，其詞艷麗。生居貧，汜人常出輕繒一端賣之，有胡人酬以千金。一夕謂生曰：「我湖中蛟室之姝也，謫而從君，今歲滿矣。」乃與生訣。後十餘年，生兄爲岳州刺史，會上巳日，與家徒登岳陽樓，望鄂渚，有畫舫浮漾而來，中爲綵樓，高百餘尺，有彈絃鼓吹者，皆神仙蛾眉，中一人起舞，含嚬怨類汜人。須臾，風濤崩怒，遂不知所在。《異聞集》。《宣室志》輕繒作綷綃。

《舊五代史》卷六五《唐書·高行珪傳》行珪性貪鄙，短於爲政，在安州日，行事多不法。副使范延策者，幽州人也，性剛直，累爲賓職，及佐行珪，覩其貪猥，因强諫之，行珪不從。後延策因入奏，獻封章於闕下，事有三條：一請不禁過淮猪羊，而禁絲綿匹帛，以實中國；一請於山林要害置軍鎮，以絶寇盜；一述藩侯之弊，請勑從事明諫諍之。不從。

《舊五代史》卷九三《晉書·李專美傳》初，末帝起自鳳翔，大許諸軍厚賞。洎至洛陽，閲内庫金帛不過二三萬；尋又配率京城户民，雖行捶楚，亦所獲無幾，末帝憂之。

邵伯温《邵氏聞見録》卷七乾德、開寶間，天下將大定，惟河東未遵王化，而疆土實廣，國用豐羡，上愈節儉，宫人不及二百，猶以爲多。又宫殿内惟掛青布緣簾、緋絹帳、紫紬褥，御衣止赭袍，以綾羅爲之，其餘皆用絁絹。

《全宋文》卷二一七宋真宗《客旅入到羅絁綾令榷貨務支解鹽交引詔景德三年三月》榷貨務，應有客旅入到羅、絁、綾，並以見賣估價折博紐算，支解鹽交引。《宋會要輯稿》食貨五五之二三（第六册第五七五九頁）。

《全宋文》卷三七九范仲淹《乞于沿邊諸寨置榷場奏慶曆元年二月四日》乞于諸寨置榷場，用疋帛等博買熟户將到青鹽。只于慶、環二州添起一倍價錢出賣，收得一色見錢，糴買糧草，及支諸軍請受。大段減得近理見錢應副邊上。《范文正公年譜補遺》。

潘榮陛《帝京歲時紀勝·十月·送寒衣》 十月朔，孟冬時享宗廟，頒憲書，乃國之大典。士民家祭祖掃墓，如中元儀。晚夕緘書冥楮，加以五色綵帛作成冠帶衣履，於門外奠而焚之，曰送寒衣。

虞兆漋《天香樓偶得》 溷厠帛

《五雜俎》載，明時大内供御溷厠所用，乃川中貢野蠶所吐成繭，織以爲帛，大僅如紙。孝廟時，一宫人取已用者澣濯縫紉爲簾帷之屬。一日上見，問之，具以對。上曰：如此殊可惜。即勅以紙代之，停所進貢。踰年，川中奏詔書到後，野蠶比年不復吐繭，村民有衣食於是者，流離失所，乃令進貢如初，冀歲蠶復生矣。愚按，此奏必有司諂佞者，飾詐以取媚於上耳。又或因其供御私收羨利，則雖擾民之政，亦請行之矣，豈有詔書甫下，而野蠶即不生繭之理哉。且村民果衣食於野蠶，則織以充衣服之用，何所不可，而必以供溷厠哉。夫上有仁儉之政，而下不能奉行，乃復作爲荒唐之詞，以沮德意，其罪不勝誅矣。昔人謂合浦還珠之説，亦以取珠害民，故言珠徙，其實珠産海中，實未嘗徙也。

劉堅《修潔齋閒筆》卷一《條達》 繁欽《定情詩》「繞臂雙條達」。按，條達乃端午織組雜物以相贈遺。《孝經援神契》曰：仲夏繭出，婦人染練，咸有作務。《玉燭寶典》云：此節備擬甚多，有日月星辰鳥獸之狀，文繡金縷帖，畫獻貢所尊，此之謂條達。有作條脱，及跳脱者，皆傳寫之訛。

絹

題解

《書·禹貢》 徐州：厥篚玄纖縞。孔安國傳：玄，黑繒。縞，白繒。纖，細也。纖在中明二物皆當細。孔穎達正義：篚之所盛，例是衣服之用。此單言玄，玄必有質。玄是黑色之别名，故知玄是黑繒也。《史記》稱高祖爲義帝發喪，諸侯皆縞素。是縞爲白繒也。

《太平御覽》卷八一六《布帛部三·綃》 《毛詩義疏》曰：《揚之水》「素衣朱繡」。繡當爲綃。綃，綺。

《史記》卷二《夏本紀》 海岱及淮維徐州：【略】貢維土五色，羽畎夏狄，嶧陽孤桐，泗濱浮磬，淮夷蠙珠臮魚，其篚玄纖縞。張守節正義：玄，黑。纖，細。縞，白繒。以細繒染爲黑色。

《漢書》卷二四上《食貨志上》 履絲曳縞。顔師古注：「縞，皓素也，繒之精白者也。」

史游《急就篇》卷二 絹 顔師古注：絹，生白繒似縑而疏者也，一名鮮支。

綈 顔師古注：綈，厚繒之滑澤者也。重三斤五兩，今謂之平紬。

絡 顔師古注：絡，即今之生纈也。一曰今之綿紬是也。

縑、練、素 顔師古注：縑之言兼也，并絲而織甚緻密也。練者，湅縑而熟之也。素，謂絹之精白者，即所用寫書之素也。一曰縑已練者呼爲素。

絓、紬 顔師古注：抽引麤繭緒紡而織之曰紬，紬之尤麤者曰絓，繭滓所抽也。滓，則仕反。黄氏曰：絓，音畫。絲結也。

許慎《説文》一三篇上《糸部》 紈 素也。段玉裁注：素者，白致繒也，紈即素也，故从丸，言其滑易也。《商頌》毛傳曰：丸丸，易直也。《釋名》曰：紈，渙也，細澤有光渙渙然也。从糸，丸聲。

縳 白鮮卮也。段玉裁注：卮各本作色，今正。下文云：縞，鮮卮也，今本譌鮮色，則此色誤亦同。卮與支音同，縞爲鮮支，縳爲鮮支之白者。《聘禮》「束紡」注曰：紡，紡絲爲之，今之縳也。《周禮》「素沙」注曰：素沙者，今之白縳也。《釋文》皆引《説文》居掾反，《聲類》以爲今正絹字。按據許則縳與絹各物，音近而義殊，二禮之鄭注，自謂縳不謂絹也。縳以其質堅名之，字从專。絹以色如麥稍名之，字从肙。李登作《聲類》時已失其傳矣。若《羽人》十摶爲縳。《左傳》縳一如瑱，又皆卷縳之義，非字之本義。从糸，專聲。

縑 并絲繒也。段玉裁注：謂駢絲爲之雙絲繒也。《吕氏春秋》：昔吾所亡者紡縑也，今子之衣禪緇也。以禪緇當紡縑，子豈有不得哉。任氏大椿曰：禪緇即單緇也。余謂此紡即方也，竝絲曰方，猶併船曰方，此紡非紡之本義。《後漢·輿服志》及《古今注》竝云「合單紡爲一系」者同，此方絲所謂兼絲也。从糸，兼聲。

綈 㫗繒也。段玉裁注：㫗各本作厚，今正。《管子·輕重戊篇》管子對桓公：魯梁之民俗爲綈，公服綈。既又對桓公：宜服帛去綈。然則帛薄綈厚可知也。《史記·范睢傳》素隱曰蓋今之絁。按非也。絁即許之緀字。从糸，弟聲。

練 湅繒也。段玉裁注：湅者，瀰也。瀰者，淅也。淅者，汏米也。湅繒汏諸水中，如汏米然。《考工記》所謂湅帛也。已湅之帛曰練。引申爲精簡之偁，如《漢書》練時日、練章程是也。从糸，柬聲。

縞 鮮卮也。段玉裁注：各本作鮮色，今正。《漢·地理志》師古注：縞，鮮支也。

《司馬相如傳》正同。顔語多本《説文》，彼時未誤，蓋支亦作卮，因譌色也。《廣雅》縏總、鮮支、縠，絹也。許謂縞即鮮支。《鄭風》「縞衣綦巾」，毛曰：縞衣，白色男服也。王逸曰：縞，素也。任氏大椿釋繒曰：孰帛曰練，生帛曰縞。从糸，高聲。

纚　粗緒也。段玉裁注：粗者疏也。粗緒，蓋亦繒名。《廣韵》云：繒似布，俗作絁。玉裁按，蓋今之綿紬。从糸，璽聲。

紬　大絲繒也。段玉裁注：大絲較常絲爲大也。《左傳》：衛文公大帛之冠。大帛謂大絲繒，《後漢書》大練亦謂大絲練也。《獨斷》説飛軨以緹紬廣八尺，長拄地。今繒帛通呼爲紬，不必大絲也。段借爲抽字。《史記》紬石室金匱之書，徐廣音抽，師古《漢書》音胄，皆是也。音胄謂同籀也，籀者，讀書也。《釋名》曰：紬，抽也，抽引絲耑出細緒也。與許説迥異。从糸，由聲。

綮　致繒也。段玉裁注：致，送詣也。凡細膩曰致，今之緻字也，漢人多用致，不作緻。致繒曰綮，未聞其證。从糸，啟省聲。

縵　繒無文也。从糸，曼聲。

絹　繒如麥稍色。段玉裁注：稍者，麥莖也，繒色如麥莖青色也。从糸，肙聲。

紨　【略】一曰粗紬。段玉裁注：謂大絲繒之粗者。《漢書·武五子傳》嚴延年女羅紨。

許慎《説文》一三篇上《素部》　素　白致繒也。段玉裁注：繒之白而細者也。致者，今之緻字，漢人作注不作緻，近人改爲緻，又於《糸部》增緻篆，皆非也。鄭注《襍記》曰：素，生帛也。然則生帛曰素，對湅繒曰練而言，以其色白也，故爲凡白之偁，以白受采也，故凡物之質曰素，如設下「一曰素也」是也，以質未有文也，故曰素食，曰素王。《伐檀》毛傳曰：素，空也。从糸𠂹，取其澤也。段玉裁注：澤者，光潤也，毛潤則易下𠂹，故从糸𠂹會意。凡素之屬皆从素。

䊷　白䊷，縞也。段玉裁注：縞者，鮮支也。《急就篇》有白䊷。顔注曰：謂白素之精者，其光䊷䊷然也。从素，勺聲。

劉熙《釋名》卷四《釋采帛》　絹，絚也。其絲絚厚而疎也。畢沅曰：今本絚皆作絙，訛。段云：絚，古堅字，當从糸臣聲。《玉篇》引成公四年鄭伯絚卒，今《春秋》作鄭伯堅。絙，亦絚之譌。《玉篇》音古干、古兩二切。《初學記》一音古賚切，賚乃賢之訛也。先謙曰：《廣雅·釋器》：綃謂之絹。《説文》：綃，生絲也。《一切經音義》十五引《通俗文》云：生絲繒曰綃，合併絲繒曰縑之訓，證以本書，可知絹縑之別。《漢書·外戚傳》注：縑即今之綃也。解殊未晰。

縑，兼也。其絲細緻，數兼於絹，染兼五色，細緻不漏水也。畢沅曰：今本作「縑，兼也。其絲細緻，數兼於布絹也。細緻，染縑爲五色，細且緻，不漏水也。」據《御覽》引改。《説文》：縑并絲繒也。

練，爛也，煑使委爛也。蘇輿曰：《説文》：練，湅絹也。从糸柬聲。《華嚴經音義》引《珠叢》云：煑絲令熟曰練。此練之本義。引申爲凡事練熟之稱。《漢書·薛宣傳》練國制度，顔注：練猶熟也。《文選》韋孟《諷諫詩》：瞻惟我王，時靡不委。李注：委，練也。練熟、練委竝原於此訓。

素，朴素也。已織則供用，不復加功飾也。畢沅曰：今本功作巧，據《御覽》引改。《藝文類聚》引作「不復加飾也」。又物不加飾，皆目謂之素，此色然也。畢沅曰：今本目誤作自，據義改。《説文》：「素，白緻繒也。」先謙曰：皆目謂之素，吴校作「皆目之爲素」。

綈，似蛦蟲之色，緑而澤也。畢沅曰：蛦謂螗蛦，小蟬也。郭注《方言·螗蜩》云：江南呼螗蛦。蛦、蛦二字，《説文》皆無之。《説文》「綈，厚繒也」，《御覽》引《説文》云：綈，赤黄色也。蓋別有一義，今脱佚矣。先謙曰：《急就篇》顔注：綈，厚繒之滑澤者。《漢書·外戚傳》有緑綈方底，與成國所言緑而澤相證合。漢文帝衣皁綈，後世則絳、紺、青、白、緋、紫、黄綈不一其色，成國舉一狀之耳。

紈，焕也。細澤有光，焕焕然也。畢沅曰：今本焕作涣。《御覽》引作焕，亦《説文》新附字。

張揖《廣雅》卷七下《釋器》　縏、繐、鮮支、縠，絹也。王念孫疏證：《説文》：「絹，繒如麥稍。」《釋名》云：「絹，絚也，其絲絚厚而疏也。」絚，音堅。《墨子·辭過篇》云：「治絲麻，捆布絹。」《周官·内司服》鄭玄注云：「素沙者，今之白縛也。」今世有沙縠者，名出于此。縛，與絹同。《廣韻》：「繐，細絹也。」《衆經音義》卷十三引《通俗文》云：「輕絲絹曰總。」總，與繐同。《太平御覽》引何晏《九州論》云：「清河縑總，房子好緜。」《文選·魏都賦》「緜纊房子，縑總清河」，李善注引《廣雅》：「總，絹也。」鮮支，一作鮮卮，《説文》：「縛，白鮮卮也。」《衆經音義》卷二十一引《纂文》云：「白鮮支，絹也，亦名縞。」《説文》：「縠，細縛也。」《釋名》云：「縠，粟也，其形戚戚，視之如粟也。」又謂之沙，亦取戚戚如沙也。宋玉《神女賦》「動霧縠以徐步兮」，李善注云：縠，今之輕紗，薄如霧也。

繰謂之縑。王念孫疏證：《説文》：「縑，并絲繒也。」《釋名》云：「縑，兼也，其絲細緻數兼於絹也。」《淮南子·齊俗訓》云：「縑之性黄，染之以丹則赤。」《檀弓》：「布幕，衛也。繰幕，魯也。」鄭玄注云：繰，縑也。繰，讀爲綃。

紈、縡，素也。王念孫疏證：《説文》：「素，白致繒也。」《雜記》鄭玄注云：素，生帛也。《小爾雅》云：「縞之麤者曰素。」《釋名》云：「素，樸素也，已織則供用，不復加功飾也。」《説文》：「紈，素也。」《釋名》云：「紈，涣也，細澤有光涣涣然也。」《齊策》云：「下宫糅羅紈，曳綺縠，而士不得以爲緣。」《太平御覽》引范子《計然》云：「白素出三輔，白紈素出齊魯。」《説文》:「䌷,素屬。」
紬、絁、纆、絓、䋰,紬也。王念孫疏證：《說文》:「紬,大絲繒也」。《釋名》云：「紬,抽也,抽引絲端出細緒也。」《鹽鐵論・散不足篇》云：「繭紬縑練者,婚姻之嘉飾也。」《說文》:「紨,粗紬也。」《玉篇》:「絁,細紬也。」《管子・立政篇》云：「刑餘戮民不敢服絁。」《說文》:「纆,粗緒也。」《廣韻》云：「繒似布也。」《急就篇》「絳緹絓紬絲絮緜」,皇象本絓作纆,字竝與纆同。《說文》:「絓,繭滓絓頭也。」《釋名》云：「紬又謂之絓。絓,挂也,挂於杖端,振舉之也。」《急就篇》:「絳緹絓紬絲絮緜」。顔師古注云：紬之尤麤者曰絓,繭滓所抽也。《管子・輕重甲篇》云：「則絓絲之籍去分而斂矣。」䋰,曹憲音刮。各本䋰譌作緜。案諸書無謂紬爲緜者。《玉篇》:「䋰,下刮切,細紬也。」《集韻》又音刮。今據以訂正。

㲖、絡,綃也。王念孫疏證：《說文》:「綃,生絲也。」《衆經音義》卷十五引《通俗文》云：「生絲繒曰綃。」㲖,曹憲音苦木反。《論衡・量知篇》云：「染練布帛,名之曰采貴,無染練之治,名曰穀麤。」無染練之治,即所謂生絲也。穀,與㲖通。《急就篇》「綈絡縑練素帛蟬」,顔師古注云：絡,即今之生纑也。《九章算術・均輸章》云：「絡絲一斤,爲練絲一十二兩。」是絡爲生絲也。《說文》:「㲖,未練治纑也。」「絡,麻未漚也。」義與生絲竝相近。

絅、縞、緻、䋺,練也。王念孫疏證：《說文》:「練,湅繒也。」《釋名》云：「練,爛也,煮使委爛也。」絅之言苛細也。」字通作阿。《列子・周穆王篇》及《淮南子・脩務訓》竝云：「衣阿錫,曳齊紈。」高誘注云：阿,細縠。錫,細布。《漢書・司馬相如傳》「被阿錫,揄紵縞」,張揖注云：阿,細繒。錫,細布。《史記・李斯傳》「阿縞之衣,錦繡之飾」,徐廣音義云：齊之東阿縣,繒帛所出。案徐說失之。阿、縞,皆細繒之名,非以其出自東阿而謂之阿縞也。《楚辭・招魂》:「蒻阿拂壁,羅幬張些。」蒻,與弱通,阿,細繒也。弱阿猶言弱緆。《淮南子・齊俗訓》云「弱緆羅紈」是也。拂,猶被也,言以弱阿被牀之四壁,又張羅幬也。王逸注訓蒻爲蒻席,阿爲曲隅,皆失之。縞之言皜皜然也。《說文》:「縞,鮮巵也」。《禹貢》「厥篚(元)〔玄〕纖縞」,孔安國傳云：縞,白繒也。高誘注《淮南子・兵略訓》云：縞,細繒也。緻,一名細緻。《釋名》云：「細緻,染縑爲五色,細且緻,不漏水也。」《潛夫論・浮侈篇》云：「從奴僕妾皆服葛子升越,筩中女布,細緻綺縠,冰紈錦繡。」下文云「縞謂之䋺」。《說文》曰：「䋺,縞也。」《急就篇》「鬱金半見緗白䋺」,顔師古注云：白䋺,謂白素之精者,其光旳旳然也。

張揖《廣雅》卷八上《釋器》 綃謂之絹。王念孫疏證：此謂白繒之未染者也。《急就篇》「烝栗絹紺縉紅燃」,顔師古注云：絹,生白繒,似縑而疏者也。《玉篇》:「絹,素也。」《雜記》鄭玄注云：「素,生帛也。」餘見上文「縈繱鮮支縠絹也」下。

《太平御覽》卷八一六《布帛部三・綃》 《廣雅》曰：綃謂之緗。

厲荃《事物異名録》卷二五《布帛部・絹》 縈、繱 《博雅》:縈、繱,絹也。

《文選》潘岳《藉田賦》 衡牙錚鎗,綃紈綷縩。李善注：鄭玄《禮記》注曰：綃,綺屬也。許慎《淮南子》注曰：紈,素也。

顧野王《玉篇》卷二七《糸部》原本 綃 思焦切,【略】素也。

原本 思焦反。《禮記》「綃黼丹朱中衣」,鄭玄曰：綃,繒名也。《詩》云「素衣朱綃」是也。又曰「綃幕,魯也」。鄭玄曰：綃,縑也。又曰「君子狐青裘玄綃衣以裼之」。鄭玄曰：綃,綺屬也。

紈 胡端切。【略】

原本 胡端反。《淮南》「弱緆羅紈」,許叔重曰：紈,素也。

縑 古廉切,絲繒也。

原本 古縑反。《說文》:「兼絲繒也。」《廣雅》:「繰謂之縑。」

縳 直轉切。【略】縛 同上。

原本 直轉反。【略】《說文》:「白鮮支也。」又音居椽反,《聲類》今作絹字。

綈 徒兮切,厚繒也。

原本 徒奚反。《管子》:民俗爲綈。《說文》:「綈,厚繒也。」野王案：《史記》「取一綈袍以賜之」是也。《釋名》:似蛦蟲之色,緑而澤也。

縞 古到、古倒二切,練也。

原本 古到、古倒二反。【略】《說文》:「縞,鮮支也。」《廣雅》:阿、縞,練也。

紬 除留切,大絲繒。

原本 除留反。《說文》:「大絲繒也。」

絹 居掾切,生繒也。

原本 居掾反。《說文》:「生繒如麥稍也。」《廣雅》:縈、繱、鮮支、縠,絹也。《聲類》:絹,緗也。今以爲縳字。《字書》:生繒也。

綰 烏版切,貫也,四絹也。

原本 烏睆反。【略】一曰綃也。

紨 豐扶切,粗紬也。【略】

原本 豐扶反。《說文》:「紨,布也。」一曰「粗紬也」。

緋 甫韋切,絳練也。

原本 甫違反。《字書》:緋,絳練也。

緗 思良切。【略】

原文 所梁反。【略】《廣雅》:絹謂之緗。

縤 桑故切,生帛也。

綐　大外切，紬細也。

原本　徒外反。《埤倉》：綐，紬也。《聲類》：細紬也。

顧野王《玉篇》卷二七《素部》原本　素　先故切，【略】白緻繒也。縈　同上，出《説文》。縈　同上。

原本　縈　蘇故反。【略】《禮記》「韠，純以素」，鄭玄曰：素，生帛也。范子《計然》：白素出三輔，匹八百。《説文》：「白緻繒也。」

素　今俗縈字也。

縈　見足切，素屬。

原本　几足反。《説文》：「素屬也。」

約　弋灼切，縞也，又練也。

原本　餘灼反。《説文》：「白約，縞也。」《廣雅》：約，練也。

顧野王《玉篇》卷二八《巾部》　幍　都了切，絹幍也。

顧野王《玉篇》卷二八《帛部》　⿰帛舌　下刮切，細紬也。

顧野王《玉篇》卷二八《衣部》　褕　余招切，【略】又弋朱切，蕉褕，短度絹也。

《編珠》卷三《補遺》　六朝詩「中婦織流黄」，謂絹也。

丁度《集韻》卷一《東韻》　緫、總【略】一曰，輕絹。或作緫。

丁度《集韻》卷一《微韻》　緋【略】一曰，赤練。

丁度《集韻》卷二《虞韻》　紨、繖《博雅》：「紨、綐，紬也。」一曰大絲曰紨。或从敷。

丁度《集韻》卷二《齊韻》　緹赤縑。

丁度《集韻》卷八《号韻》　縞白縑也。

丁度《集韻》卷九《曷韻》　繺綃屬。

丁度《集韻》卷一〇《緝韻》　紁新羅謂絹曰紁。

丁度《集韻》卷一〇《合韻》　繟《字林》：絹重也。

司馬光《類篇》卷二一《帛部》　紁訖立切，新羅謂絹曰紁。

司馬光《類篇》卷三七《糸部》　繱、總麤叢切，《説文》：「帛青色曰輕絹。或作總。」

緋匪微切，【略】一曰，赤練。

緹都黎切，赤縑。

縈墟侯切，《博雅》：「縈總，絹也。」

綰鄔版切。《説文》：「【略】一曰絹也。」

縞古老切【略】一曰細繒。又居号切，白縑也。

繺桑葛切，綃屬。

繟達合切，《字林》：「絹重也。」

約以灼切，白約，縞也。从素，勺聲。

縈、素居玉切，素屬。从素，收聲。隸作素。

繂所律切，素屬。从素，率聲。又劣戌切。《博雅》：「紈、繂，素也。」

司馬光《資治通鑑》卷二三四《唐德宗貞元八年》　八月，陸贄上言，【略】「其江、淮米錢，僦直並委轉運使折市綾、絹、絁、綿以輸上都，胡三省注：絁，式支翻。繒之似布者，今謂之紬。償先貸户部錢。」

胡三省《通鑑釋文辯誤》卷一一　〔懿宗咸通九年〕賊以千縑贈張敬思。史炤《釋文》曰：縑，并絲繒。余謂史炤據《説文》以爲説也。唐制以布帛四丈爲匹，亦謂匹爲縑，所謂千縑者，千匹也，非并絲繒。

厲荃《事物異名録》卷二五《布帛部・絹》　練　《野客叢書》：梁武帝小名阿練，子孫皆呼練爲絹。按，練即絹之熟者。

戴侗《六書故》卷三〇《工事六》　紬　直由切。今人織大絲爲繒，亦謂之紬。《説文》曰：「大絲繒也。」

素　桑故切，又平聲，帛未染曰素。𠂹省聲。《説文》曰：「白致繒也。从〔糸〕，取其澤也。」

縞　古老切，粗於素曰縞。《書》云：「厥篚玄纖縞。」孔氏曰：玄，黑繒。縞，白繒也。或曰：細繒也。《記》曰：「大祥，素縞麻衣。」又曰：「〔既〕祥，雖不當縞者必縞。」又曰：「縞冠素紕，既祥之冠也。」以縞爲未純吉之服，而縞冠乃以素紕之，明縞粗於素也。細繒説，非。粗則不能密致，故《素問》曰：生於心如以縞裹朱，生於脾如以縞裹栝樓實。《史記》曰：彊弩之極矢不能穿魯縞。

纖　思廉切，帛精細者。《書》曰：「厥篚玄纖縞。」《記》曰：「祥而縞」。「禫而纖」。孔氏以纖爲玄，與縞之細，鄭氏以纖爲黑經白緯，皆非也。禫則純吉矣，又何白緯之有。玄纖縞，實爲三物，縞粗而纖細。引之則凡纖細者皆曰纖。別作孅。《説文》曰：「〔兑〕細也。」

絹　吉緣切，今人通謂繒爲絹。《説文》曰：「繒如麥稍。」

綈　杜兮切。《説文》曰：「厚繒也。」

紈　胡官切。《說文》曰：「素也。」

綃　相幺切，生絲薄繒也。《記》曰：「君子狐青裘豹褎，玄綃衣以裼之。」《士昏禮》曰：「姆纚笄宵衣。」康成曰：宵讀（如）〔爲《詩》〕「素衣朱綃」之綃。《魯詩》綃爲綺屬也。姆亦玄衣，以綃爲領，因以爲名，且相別爾。《饋食禮》曰：「主婦纚笄綃衣。」康成曰：宵，綺屬也。此衣染之以黑其繒，本名曰宵。《詩》有「素衣朱宵」，《記》有「玄綃衣」。按《詩》無「素衣朱綃」。康成於《士昏禮》、《饋食禮》一作綃，一作宵，必有一誤。一以爲領，一以爲衣，未免自相外。綃蓋輕薄之物，下有素衣，以此加其上，猶「衣錦尚絅」也。又作

。《記》曰：「布幕，衛也。縿幕，魯也。」康成曰：縑也。讀如綃。

縛　樞絹切，又柱沇切。《說文》曰：「白鮮色。」康成曰：紡絲爲之。《類篇》曰：雙縛，緻繒也，紡熟絲爲之。

縑　古恬切。《說文》曰：「并絲繒也。」《淮南子》曰：素之質白，縑之性黃。按縑疑當作兼，二丈爲端，二端爲匹，爲兩，爲兼。兼、匹、兩之義一也。今人猶以匹爲兼。

縵　莫半切。《說文》曰：「繒無文也。」《周官》「卿乘夏縵」，康成曰：無瑑也。《傳》曰：「降服乘縵。」杜氏曰：無文也。與漫通。

練　郎甸切，以灰熟帛也。絲帛曰練，金鐵曰鍊。通曰湅。別作㰈、潄。

李時珍《本草綱目》卷三六《服器部·絹》【釋名】〔時珍曰〕絹，疏帛也。生曰絹，熟曰練。入藥用黃絲絹，乃蠶吐黃絲所織，非染色也。

田藝蘅《留青日札》卷二二《絹縑》　絲厚而疏者曰絹，其兼絲而細密者曰縑。《晉令》：縑一匹，當絹六丈。疎布一匹，當絹一匹。絹一匹，當綿二斤。廣二尺二寸爲幅，長四十尺爲端。

張自烈《正字通》卷八《糸部》　素蘇故切，音訴，白練也。

紬持留切，音酬。《說文》：「大絲繒也」。《六書故》：今人織大絲爲繒，亦謂之紬。

紨撫孤切，音孚。《說文》「【略】一曰粗紬」舊註汎云細布，誤。

絅烏戈切，音阿，繒之細者。

絁同紬。《說文》本作纚。《正譌》作絁，一曰繒屬。《廣韻》：繒似布。《隋史》：桑土調以絹絁。唐制丁歲輸綾絁二丈。

絹冒願切，音眷，繒之通稱，一名鮮支。《廣雅》：鮮支，絹也。相如《子虛賦》：「縞鮮支」。又梵言兜那波氏，此云絹。【略】《說文》「繒如麥稍」，泥。

綐杜貴切，音隊，細紬也。《管子·立政篇》：「刑餘戮民，不敢服綐。」

綈梯尼切，音題。《說文》：「厚繒也。」《史記·范雎傳》：須賈取綈袍賜之。註：今之絁也。又漢文帝常衣綈衣。

紟職略切，音灼，白紟，縞也。

緾鄰其切，音釐。【略】又紕絹。

繐縛本字，篆作。《舉要》：《韻會》同絹。

綮區里切，音起。《說文》：「緻繒也。」

練力見切，連去聲。【略】又熟素繒。謝朓守寧城《晚登三山詩》：「餘霞散成綺，澄江淨如練。」杜甫《泛溪詩》：「練練峯上雪，纖纖雲表霓。」江淹《麗色賦》：「色練練而欲奪。」

縐紬字之譌，舊註音留，綺別名，誤。

縛涓願切，音狷。《說文》：「白鮮色。」康成曰：紡絲爲之。《類篇》曰：雙縛，致繒也，紡熟絲爲之。《周禮·司服》註：縳音絹，縳即絹，省作綀。

縵莫半切，滿去聲。《說文》：「繒無文也。」引《漢律》：賜衣者縵表白裏。

羂俗絹字。

張自烈《正字通》卷八《网部》　羂罥、䍛並同。《周禮·翨氏》註：省作絹，義通。

䍛羂本字。《說文》：「网也，一曰綰也。」舊註分爲二，非。本作䍛。

西湖散人《新鐫雅俗珠璣藪》卷七　紈、素絹也。

魯縞，素也。魯曲阜之地，俗善作之，尤爲輕細，故以爲喻。《韓安國傳》曰：强弩之末，力不能入魯縞。

縑絲繒也。繻綵帛邊也。綈厚繒也。繒細綾。縵亦繒也，而無文。

周象明《事物攷辯》卷六〇《冠裳》　弋綈

《玉海》：《漢書·文帝紀贊》：身衣弋綈，服御無增益。顏師古註云：弋，黑色。綈，厚繒。

揆叙《隙光亭雜識》卷四　弋綈，黑繒也。

綜述

《禮記·王制》　殷人哻而祭，縞衣而養老。

《禮記·玉藻》　朝服之以縞也，自季康子始也。

《史記》卷六九《蘇秦列傳》　齊伐宋，宋急，乃遺燕昭王書曰：「【略】齊紫，敗素也，而賈十倍。」

《漢書》卷二八上《地理志上》　海、岱及淮惟徐州。【略】厥篚玄纖縞。顔師古注：「玄，黑也。纖，細繒也。縞，鮮支也，即今所謂素者也。言獻黑細繒及鮮支也。」

《太平御覽》卷八一四《布帛部一·素》　《史記》曰：蘇氏《遺燕王書》云：齊紫，敗素，而賈十部。

《范子計然》曰：白素出三輔，疋八百。

《太平御覽》卷八一六《布帛部三·綈》　《范子計然》曰：綈出河東。

《太平御覽》卷八一九《布帛部六·紈》　《范子計然》曰：白紈素出齊魯。

《太平御覽》卷八一九《布帛部六·縞》　《尚書·禹貢》曰：海岱及淮惟徐州，厥篚玄纖縞。

《後漢書》卷二《明帝紀》　〔中元二年〕十二月甲寅，詔曰：「方春戒節，人以耕桑。其勑有司務順時氣，使無煩擾。天下亡命殊死以下，聽得贖論：死罪入縑二十匹，右趾至髡鉗城旦舂十匹，完城旦舂至司寇作三匹。其未發覺，詔書到先自告者，半入贖。」

《後漢書》卷三《明帝紀》　〔永平〕十五年春二月庚子，東巡狩。辛丑，幸偃師。詔亡命自殊死以下贖：死罪縑四十匹，右趾至髡鉗城旦舂十匹，完城旦至司寇五匹；犯罪未發覺，詔書到日自告者，半入贖。

《後漢書》卷三《章帝紀》　〔建初七年九月〕辛卯，車駕還宮。詔天下繫囚減死一等，勿笞，詣邊戍；妻子自隨，占著所在；父母同産欲相從者，恣聽之；有不到者，皆以乏軍興論。及犯殊死，一切募下蠶室；其女子宫。繫囚鬼薪、白粲已上，皆減本罪各一等，輸司寇作。亡命贖：死罪入縑二十匹，右趾至髡鉗城旦舂十匹，完城旦至司寇三匹，吏人有罪未發覺，詔書到自告者，半入贖。

崔寔《四民月令·五月》　可糴大豆；糴穬小麥；收縑縛。

崔寔《四民月令·七月》　處暑中向秋節，浣故製新，作袷薄，以備始寒。可糴小、大豆，糴麥。收縑練。

《太平御覽》卷八一六《布帛部三·綈》　《鹽鐵論》曰：鼲鼦旃罽，不益錦綈之實，是以王者不珍。

《西京雜記》曰：漢制：天子玉几，冬則加綈錦其上，謂之綈几。公侯皆以竹木爲之，不得加綈之飾。

《漢舊儀》曰：印綬盛以篋，篋以緑綈，白表赤裏。

《太平御覽》卷八一八《布帛部五·縑》　《漢官典職儀》曰：尚書郎直供青縑白綾被。

《太平御覽》卷八一九《布帛部六·紈》　《漢書》曰：齊俗作冰紈。容如冰也。

又曰：齊韓延壽衣黄紈方領。

又曰：白縠表，薄紈之裏，天子之服也。

《漢舊儀》曰：乘輿冠高山冠，飛羽之纓，幘赤丹紈裏。

《太平御覽》卷八一九《布帛部六·縞》　《淮南子》曰：鈞之縞也，一端以爲冠，一端以爲絑，冠則戴之，絑則履之。

《三國志》卷一《魏志·武帝記》　建安九年九月，令曰：「河北罹袁氏之難，其令無出今年租賦！」重豪彊兼并之法，百姓喜悦。裴松之注引《魏書》載公令曰：「【略】其收田租畝四升，户出絹二匹，綿二斤而已，他不得擅興發。」

《晉書》卷二六《食貨志》　魏武之初，九州雲擾，攻城掠地，保此懷民，軍旅之資，權時調給。【略】及初平袁氏，以定鄴都，令收田租畝粟四升，户絹二匹而綿二斤，餘皆不得擅興，藏彊賦弱。

《太平御覽》卷八一七《布帛部四·絹》　魏武帝令曰：今清時但當盡忠於國，効力王事，雖私結好於他人，用千疋絹，萬石穀，猶無所益。

《太平御覽》卷八一八《布帛部五·縑》　何晏《九州論》曰：清河縑總，房子好綿。

《晉書》卷二四《職官志》　諸公及開府位從公者，品秩第一，食奉日五斛。太康二年，又給絹，春百匹，秋絹二百匹，緜二百斤。

特進品秩第二，位次諸公，在開府驃騎上，【略】食奉日四斛。太康二年，始賜春服絹五十匹，秋絹百五十匹，緜一百五十斤。

光禄大夫與卿同秩中二千石，【略】食奉日三斛。太康二年，始給春賜絹五十匹，秋絹百匹，緜百斤。

三品將軍秩中二千石者，【略】食奉、春秋賜緜絹。

尚書令，秩千石，【略】食奉月五十斛。太康二年，始給賜絹，春三十匹，秋七十匹，緜七十斤。

太子太傅、少傅，皆古官也。【略】食奉日三斛。太康二年，始給春賜絹五十匹，秋絹百匹，緜百斤。

《藝文類聚》卷八五《布帛部》　《晉公卿禮秩》曰：品第一者，春賜絹百疋，秋賜二百疋。

《太平御覽》卷八一六《布帛部三・絹》 《晉令》曰：第六品已下，不得服羅綃。

《太平御覽》卷八一六《布帛部三・綈》 《鄴中記》曰：石虎中尚方御府中，巧工作錦織成署，皆數百人，有青綈，或白綈，或緋綈，或黄綈，或綠綈，或紫綈。

《太平御覽》卷八一七《布帛部四・絹》 《晉陽秋》曰：有司奏依舊調綿絹。武帝不許。

《太平御覽》卷八一八《布帛部五・縑》 《趙書》曰：中書令徐光奏：議以東郊親耕收服青縑袴褶。

《册府元龜》卷五〇四《邦計部・絲帛》 晉武帝時，有司奏依舊調絹綿。詔不肯。又云：有司奏調房子睢陽綿，武帝不許。

《天中記》卷四九《絹》 《晉故事》：凡民丁課，田夫五十畝，收租四斛，絹三疋，綿三斤。凡屬諸侯，皆減租，穀畝一斗，計所減以增諸侯，絹户一疋，以其絹爲諸侯秩。又分民租，户二斛以爲侯奉。其餘租及舊調絹，二户三疋，綿三斤，書爲公賦，九品相通，皆輸入官，自如舊制。《晉令》：其趙郡、中山、常山國，輸縑當絹者，及餘處常輸疎布當綿絹者，縑一疋當絹六丈，疎布一疋當絹一疋，絹一疋當綿二斤。舊制，人間所織絹布等，皆幅廣二尺二寸，長四十尺爲一端。令任服後，乃漸至濫惡，不依尺度。

《奩史》卷八七《綺羅門》 魏氏王娶妃，公主嫁之禮，用絹百九十匹。《西晉・文紀》。

《宋書》卷五六《孔琳之傳》 〔桓〕玄好人附悦，而琳之不能順旨，是以不見知。【略】時責衆官獻便宜，議者以爲宜修庠序，䘏典刑，審官方，明黜陟，舉逸拔才，務農簡調。琳之於衆議之外，别建言曰：【略】

又曰：「昔事故飢荒，米穀綿絹皆貴，其後米價登復，而絹于今一倍。綿絹既貴，蠶業者滋，雖懃厲兼倍，而貴猶不息。愚謂致此，良有其由。昔事故之前，軍器正用鎧而已，至於袍襖裲襠，必俟戰陣，實在庫藏，永無損毀。今儀從直衛及邀羅使命，或有防衛送迎，悉用袍襖之屬，非唯一府，衆軍皆然。綿帛易敗，勢不支久。又晝以禦寒，夜以寢卧，曾未周年，便自敗裂。每絲緜新登，易折租以市，又諸府競收，動有千萬，積貴不已，實由於斯。私服爲之艱匱，官庫爲之空盡。愚謂若侍衛所須，固不可廢，其餘則依舊用鎧。小小使命送迎之屬，止宜給仗，不煩鎧襖。用之既簡，則其價自降。」

《魏書》卷七上《高祖紀上》 延興三年秋七月，詔河南六州之民，户收絹一匹，綿一斤，租三十石。

《魏書》卷一一〇《食貨志》 太和十二年，詔羣臣求安民之術。有司上言：「請析州郡常調九分之二，京都度支歲用之餘，各立官司，豐年糴貯於倉，時儉則加私之一，糶之於民。如此，民必力田以買絹，積財以取粟。官，年登則常積，歲凶則直給。又别立農官，取州郡户十分之一，以爲屯民。相水陸之宜，斷頃畝之數，以贓贖雜物市牛科給，令其肆力。一夫之田，歲責六十斛，甄其正課并征戍雜役。行此二事，數年之中則穀積而民足矣。」帝覽而善之，尋施行焉。自此公私豐贍，雖時有水旱，不爲災也。

孝静天平初，以遷民草創，資産未立，詔出粟一百三十萬石以賑之。三年夏，又賑遷民稟各四十日。其年秋，并、肆、汾、建、晉、泰、陝、東雍、南汾九州霜旱，民飢流散。四年春，詔所在開倉賑恤之，而死者甚衆。時諸州調絹不依舊式，齊獻武王以其害民，興和三年冬，請班海内，悉以四十尺爲度，天下利焉。【略】

魏初至於太和，錢貨無所周流，高祖始詔天下用錢焉。十九年，冶鑄粗備，文曰「太和五銖」，詔京師及諸州鎮皆通行之。内外百官禄皆準絹給錢，絹匹爲錢二百。【略】

建義初，重盜鑄之禁，開糾賞之格。至永安二年秋，詔更改鑄，文曰「永安五銖」，官自立爐，起自九月至三年正月而止。官欲貴錢，乃出藏絹，分遣使人於二市賣之，絹匹止錢二百，而私市者猶三百。利之所在，盜鑄彌衆，巧僞既多，輕重非一，四方州鎮，用各不同。

《隋書》卷二四《食貨志》 河清三年定令，【略】率人一牀，調絹一疋，綿八兩，凡十斤綿中，折一斤作絲。

司馬光《資治通鑑》卷一六九《陳紀三・文帝天嘉五年》 〔三月〕，又令民十八受田輸租調，二十充兵，六十免力役，六十六還田，免租調。一夫受露田八十畝，婦人四十畝，奴婢依良人，牛受六十畝。大率一夫一婦調絹一匹，綿八兩，墾租二石，義租五斗；奴婢準良人之半；牛調二尺，墾租一斗，義租五升。墾租送臺，義租納郡以備水旱。

舊題任昉《述異記》卷上 揚州有蚍市，市人鬻珠玉而雜貨鮫布。鮫人，即泉先也，又名泉客。

南海出鮫綃紗，泉先潛織，一名龍紗。其價百餘金，以爲服，入水不濡。

南海有龍綃宮，泉先織綃之處。綃有白如霜者。

《天中記》卷四九《絹》 趣絹 《後魏書》曰：《四民月令》曰：八月，清風戒寒，趣絹縑帛。

《隋書》卷二四《食貨志》 開皇三年正月，帝入新宮。初令軍人以二十一成丁。減十二番每歲爲二十日役，減調絹一疋爲二丈。

《舊唐書》卷一九上《懿宗紀》 咸通五年秋七月壬子，延資庫使夏侯孜奏：

「鹽鐵戶部先積欠當使咸通四年已前延資庫錢絹三百六十九萬餘貫匹。內戶部每年合送錢二十六萬四千一百八十貫匹，從大中十二年至咸通四年九月已前，除納外，欠一百五十萬五千七百一十四萬貫匹。當使緣戶部積欠數多，先具申奏，請於諸道州府場監院合納戶部所收八十文除陌錢內，割一十五文，屬當使自收管。敕命雖行，送納稽緩。今得戶部牒稱，所收管除陌錢絹外，更有諸雜物貨，延資庫徵收不便，請起今年合納延資庫錢絹一時便足。其已前積欠，候物力稍充，積漸填納。其所割一十五文錢，即當司仍舊收管。又緣累歲以來，嶺南用兵，多支戶部錢物。當使不欲堅論舊欠，請依戶部商量，合納今年一年額色錢絹須足，明年即依舊制，三月、九月兩限送納畢。其以前積欠，仍令戶部自立填納期限者。」敕旨依之。【略】

八年九月丁酉，延資庫使曹確奏：「戶部每年合送當使三月、九月兩限絹二十一萬四千一百匹，錢萬貫，自大中八年已後，至咸通四年，積欠一百五十萬五千七百餘貫匹。前使杜悰申奏，請起咸通五年正月以後，於諸道州府場監院合送戶部八十文除陌錢內，割十五文當使收管，以填積欠。續據戶部牒稱，州府除陌錢有折色零碎，請起咸通五年所合送延資庫錢絹，逐年兩限須足，其除陌十五文，當司仍舊收管。前使夏侯孜具事由申奏，且請依戶部論請期限。其咸通五年錢絹，戶部已送納。自六年至八年，其錢絹依前不旋送納，又積欠三十六萬五千五百七貫匹者。伏以所置延資庫，初以備邊爲名，至大中三年始改今號。若財貨不充，則名額虛設。當制置之時，所令三司逐年分減送當使收管。元敕只有錢數，但令本司減割送庫，不定色目。以此因循，漸隳舊制，年月既久，積欠漸多。既無計以徵收，乃指色以取濟，稍稱備邊名號，得遵元敕指揮。乃割戶部除陌八十文內十五文收管，及戶部請逐年送庫，須且稟從。今既積欠又多，終慮不及期限。臣今酌量諸道州府場監院合送戶部錢絹內分配，令勒留下合送延資庫數目，令本處別爲綱運，與戶部綱同送上都，直納延資庫，則戶部免有逋懸，不至累年積欠。」從之。

《舊唐書》卷七四《馬周傳》 貞觀十一年，周又上疏曰：【略】漢文帝惜百金之費，輟露臺之役，集上書囊以爲殿帷，所幸慎夫人衣不曳地。至景帝以錦繡纂組妨害女功，特詔除之，所以百姓安樂。【略】往者貞觀之初，率土霜儉，一匹絹纔得一斗米，而天下帖然。百姓知陛下甚愛憐之，故人人自安，曾無謗讟。自五六年來，頻歲豐稔，一匹絹得粟十餘石，而百姓皆以爲陛下不憂憐之，咸有怨言。又今所營爲者，頗多不急之務故也。

《舊唐書》卷一二七《彭偃傳》 大曆末，爲都官員外郎。時劍南東川觀察使李叔明上言：「以佛道二教，無益于時，請粗加澄汰。【略】」德宗曰：「叔明此奏，可爲天下通制，不唯劍南一道。」下尚書集議。

偃獻議曰：【略】臣聞天生烝人，必將有職，遊行浮食，王制所禁。故有才者受爵祿，不肖者出租征，此古之常道也。今天下僧道，不耕而食，不織而衣，廣作危言險語，以惑愚者。一僧衣食，歲計約三萬有餘，五丁所出，不能致此。舉一僧以計天下，其費可知。陛下日旰憂勤，將去人害，此而不救，奚其爲政？臣伏請僧道未滿五十者，每年輸絹四疋；尼及女道士未滿五十者，每年輸絹二疋；其雜色役與百姓同。有才智者令入仕，請還俗爲平人者聽。但令就役輸課，爲僧何傷。臣竊料其所出，不下今之租賦三分之一，然則陛下之國富矣，蒼生之害除矣。其年過五十者，請皆免之。夫子曰：「五十而知天命。」列子曰：「不班白，不知道。」人年五十，嗜慾已衰，縱不出家，心已近道，況戒律檢其情性哉！臣以爲此令既行，僧道規避還俗者固已太半。其年老精修者，必盡爲人師，則道、釋二教益重明矣。義者是之，上頗善其言。大臣以二教行之已久，列聖奉之，不宜頓擾，宜去其太甚，其議不行。

《新唐書》卷三八《地理志二》 滑州靈昌郡 土貢：絹。

鄭州滎陽郡 土貢：絹。

許州潁川郡 土貢：絹。

陳州淮陽郡 土貢：絹。

汴州陳留郡 土貢：絹。

宋州睢陽郡 土貢：絹。

亳州譙郡　土貢：絹。
徐州彭城郡　土貢：絹、綿紬。
宿州　土貢：絹。
鄆州東平郡　土貢：絹。
齊州濟南郡　土貢：絹。
曹州濟陰郡　土貢：絹。
濮州濮陽郡　土貢：絹。
棣州樂安郡　土貢：絹。
兖州魯郡　土貢：絹。

《新唐書》卷三九《地理志三》　懷州河内郡　土貢：平紬。

魏州魏郡　土貢：花紬、綿紬、絹。
博州博平郡　土貢：平紬。
相州鄴郡　土貢：絹。
衛州汲郡　土貢：絹。
貝州清河郡　土貢：絹。
洺州廣平郡　土貢：紬。
冀州信都郡　土貢：絹。
深州饒陽郡　土貢：絹。
趙州趙郡　土貢：絹。
德州平原郡　土貢：絹。
定州博陵郡　土貢：紬。
易州上谷郡　土貢：紬。
幽州范陽郡　土貢：絹。
瀛州河間郡　土貢：絹。
莫州文安郡　土貢：絹。

《新唐書》卷四〇《地理志四》　忠州臨江郡　土貢：綿紬。

泌州淮安郡　土貢：絹。
文州陰平郡　土貢：紬。
壁州始寧郡　土貢：紬。
巴州清化郡　土貢：紬。
蓬州蓬山郡　土貢：綿紬。
通州通川郡　土貢：紬。
閬州閬中郡　土貢：絹、紬。
果州南充郡　土貢：絹。
渠州潾山郡　土貢：紬。

《新唐書》卷四一《地理志五》　常州晉陵郡　土貢：紬、絹。

越州會稽郡　土貢：吴絹。
建州建安郡　土貢：花練。

《新唐書》卷四二《地理志六》　簡州陽安郡　土貢：綿紬。

陵州仁壽郡　土貢：鵝溪絹。
榮州和義郡　土貢：紬。

《新唐書》卷五一《食貨志一》　太宗方鋭意於治，官吏考課，以鰥寡少者進考，如增户法；失勸導者以減户論。配租以斂穫早晚、險易、遠近爲差。庸、調輸以八月，發以九月。同時輸者先遠民。皆自槩量。州府歲市土所出爲貢，其價視絹之上下，無過五十匹。【略】

貞觀初，户不及三百萬，絹一匹易米一斗。至四年，米斗四五錢。【略】〔天寶五載〕，是時，海内富實，米斗之價錢十三，青、齊間斗纔三錢，絹一匹錢二百。道路列肆，具酒食以待行人，店有驛驢，行千里不持尺兵。

《新唐書》卷一一六《韋嗣立傳》　中宗景龍中，拜兵部尚書，同中書門下三品。【略】監察御史宋務光建言：「願停徵封，一切附租庸輸送。」不納。嗣立建言：今廩帑耗竭，無一歲之儲。假遇水旱，人須賑給，不時軍興，士待資裝，陛下何以具之？伏見營立寺觀，累年不絶，鴻侈繁麗，務相矜勝，大抵費常千萬以上。轉徙木石，廢功害農；地藏開發，螫蟲傷露。上聖至慈，理必不然。準之道法則乖，質之生人則損。陛下豈不是思？又食封之家，日月猥衆，凡用户部丁六十萬，人課二絹，則固一百二十萬。臣見太府歲調絹纔百萬匹，少則十之二，有所貸免，曾不半在。比諸封家，所入已寡。國初功臣，共定天下，食封不三十家，今横恩物賜，家至百四十以上。天下租賦，在公不足，而私有餘。又封家徵求，各遣奴皁，凌突侵漁，百姓怨嘆。或貿易斷盗，誅責紛紜，曾無少息。下民窶乏，何以堪命？臣願以丁課一送太府，封家詣左藏仰給，禁止自徵，以息重困。【略】帝不聽。

《新唐書》卷一三九《李泌傳》 初，興元後國用大屈，封物皆三損二。舊制，常封歲三千六百縑，後纔千二百。至是，帝使還舊封。於是李晟、馬燧、渾瑊各食實封，悉讓送泌，泌不納。

《新唐書》卷一六五《權德輿傳》 貞元十九年，大旱，德輿因是上陳闕政曰：【略】大曆中，一縑直錢四千，今止八百，税入如舊，則出於民者五倍其初。四方鋭於上獻，爲國掊怨，廣軍實之求，而兵有虚籍，剥取多方，雖有心計巧曆，能商功利，其於割股啖口，困人均也。

《唐六典》卷六《尚書刑部》 凡計贓者，以絹平之。李林甫等注：準《律》以當處中絹估平之。開元十六年敕：「其以贓定罪者，並以五百五十爲定估。」其徵收平贓，並如《律》也。其贓有六焉：一曰强盗贓，自絹一尺，至於十匹。二曰枉法贓，其刑絞；自絹一尺，至於十有五疋，其刑與强盗同。三曰不枉法贓，自絹一尺，至於三十疋加役流也。四曰竊盗贓，自絹一尺，至於五十疋加役流。五曰受所監臨贓，其刑流；自絹一尺，至於五十疋流二千里，其法與不枉法、竊盗皆同。六曰坐贓，其刑徒。自絹一尺，至於五十疋徒三年。凡六贓定罪有正條，餘皆約而斷焉。枉法贓，謂受人財爲曲法處分事者，一尺杖一百，已上每一疋加一等，止十五匹絞。不枉法贓，謂雖受財，依法處分者，一尺杖九十，二疋加一等，止三十疋加役流。若無禄人犯此二贓，並減有禄人一等，若枉法，二十匹即絞；不枉法，四十匹加役流。强盗贓，謂以威力取其財，並與藥酒及食使狂亂取財，不得，徒二年；得財一尺徒三年，二疋加一等，十疋以上絞。竊盗贓者，謂私竊人財，不得，笞五十；得財一尺杖六十，一疋加一等，五疋徒一年，又每五疋加一等，五十疋止加役流。受所監臨贓者，謂不因公事受部人財物者，一尺笞四十，每一疋加一等，至八疋徒一年，又每八疋加一等，五十疋罪止流二千里。坐贓者，謂非監臨主司而因事受財者，一尺笞二十，每一疋加一等，至十疋徒一年，每十疋加一等，五十疋罪止徒三年。自外諸條皆約此六贓爲罪。

杜佑《通典》卷六《食貨六》 天下諸郡每年常貢，按令文，諸郡貢獻皆盡當土所出，准絹爲價，不得過五十疋，並以官物充市。所貢至薄，其物易供，聖朝恒制，在於斯矣。其有加於此數者，蓋修令後續配，亦折租賦，不別徵科。

河東郡貢綾絹扇四面　今蒲州

陳留郡貢絹二十疋　今汴州

滎陽郡貢絹二十疋　麻黄二十斤　今鄭州

臨汝郡貢絁二十疋　今汝州

睢陽郡貢絹二十疋　今宋州

潁川郡貢絹十疋　今許州

譙郡貢絹二十疋　今亳州

濮陽郡貢絹二十疋　今濮州

濟陰郡貢蛇床子二十斤　絹二十疋　今曹州

淮陽郡貢絹十疋　今陳州

東平郡貢絹二十疋　今鄆州

彭城郡貢絹二十疋　今徐州

汝陰郡貢絹二十屯　今潁州

魏郡貢白綿紬八疋　白平紬八疋　今魏州

廣平郡貢平紬十疋　今洺州

信都郡貢絹二十疋　綿二十屯　今冀州

平原郡貢絹二十疋　今德州

饒陽郡貢絹二十疋　今深州

河間郡貢絹三十疋　今瀛州

博平郡貢紬十疋　今博州

樂安郡貢絹十疋　今棣州

淮安郡貢絹十疋　今唐州

南賓郡貢綿紬五疋　今忠州

通川郡貢綿紬三疋　今通州

清化郡貢綿紬十疋　今巴州

咸安郡貢綿紬十疋　今蓬州

始寧郡貢綿紬十疋　今壁州

潾山郡貢紬十疋　今渠州

建安郡貢練十疋　今建州

陽安郡貢綿紬十疋　今簡州

李吉甫《元和郡縣圖志》卷一《關内道一》 京北府　貢賦：賦：絹。

李吉甫《元和郡縣圖志》卷二《關内道二》 華州　貢賦：賦：絹。

同州　貢賦：賦：絹。

李吉甫《元和郡縣圖志》卷五《河南道一》 河南府　貢賦：賦：絹。

李吉甫《元和郡縣圖志》卷六《河南道二》 陝州　貢賦：賦：絹。

虢州　貢賦：賦：絹。

李吉甫《元和郡縣圖志》卷七《河南道三》 汴州　貢賦：開元貢：絹二十匹。

賦：絹。元和貢同。

宋州　貢賦：開元貢：絹二十匹。賦：絹。

亳州　貢賦：開元貢：絹二十匹。賦：絹。

李吉甫《元和郡縣圖志》卷八《河南道四》　滑州　貢賦：賦：絹。

鄭州　貢賦：賦：絹。元和貢：絹二十匹。

許州　貢賦：賦：絹。元和貢：絹二十匹。

陳州　貢賦：賦：絹。永和貢：絹十五匹。

李吉甫《元和郡縣圖志》卷九《河南道五》　徐州　貢賦：開元貢：上細絹。賦：絹。

泗州　貢賦：賦：絹。

濠州　貢賦：賦：絹。

申州　貢賦：賦：絹。

光州　貢賦：賦：絹。

李吉甫《元和郡縣圖志》卷一〇《河南道六》　鄆州　貢賦：開元貢：絹十五匹。賦：絹。

兖州　貢賦：賦：絹。

青州　貢賦：賦：絹。

齊州　貢賦：賦：絹。

李吉甫《元和郡縣圖志》卷一一《河南道七》　曹州　貢賦：賦：絹。

濮州　貢賦：開元貢：絹二十匹。賦：絹。

海州　貢賦：賦：絹。

沂州　貢賦：賦：絹。

萊州　貢賦：賦：絹。

淄州　貢賦：賦：絹。

李吉甫《元和郡縣圖志》卷一二《河東道一》　河中府　貢賦：賦：絹。

李吉甫《元和郡縣圖志》卷一五《河東道四》　邢州　貢賦：賦：絹。

洺州　貢賦：開元貢：平紬、縑。賦：絹。

磁州　貢賦：賦：絹。

李吉甫《元和郡縣圖志》卷一六《河北道一》　懷州　貢賦：賦：絹。元和貢：平紬十匹。

魏州　貢賦：開元貢：緜紬、平紬。賦紬。

相州　貢賦：賦：絹。

博州　貢賦：開元貢：平紬十匹。賦：絹。

衛州　貢賦：開元貢：絹。賦：絹。

貝州　貢賦：賦：絹。

澶州　貢賦：（開元）〔元和〕貢：平紬、絹。賦：絹。

李吉甫《元和郡縣圖志》卷一七《河北道二》　恒州　貢賦：賦：絹。

冀州　貢賦：開元貢：絹。賦：絹。

深州　貢賦：開元貢：絹。賦：絹。

趙州　貢賦：賦：絹。

德州　貢賦：賦：絹。

棣州　貢賦：開元貢：絹十匹。賦：絹。

李吉甫《元和郡縣圖志》卷一八《河北道三》　易州　貢賦：開元貢：紬。賦：絹。

滄州　貢賦：賦：絹。

景州　貢賦：（與滄州同）〔元和賦：絹。〕

李吉甫《元和郡縣圖志》卷二一《山南道二》　襄州　貢賦：賦：絹。

唐州　貢賦：開元貢：絹。元和貢：絹十匹。

隨州　貢賦：賦：絹。

均州　貢賦：賦：絹。

李吉甫《元和郡縣圖志》卷二二《山南道三》　興元府　貢賦：賦：絹。

洋州　貢賦：賦：絹。

利州　貢賦：賦：絹。

李吉甫《元和郡縣圖志》卷二六《江南道二》　處州　貢賦：元和貢：絹，緜紬。

李吉甫《元和郡縣圖志》卷二七《江南道三》　黄州　貢賦：賦：絹。

岳州　貢賦：賦：縑。

李吉甫《元和郡縣圖志》卷二九《江南道五》　福州　貢賦：賦：絹。

建州　貢賦：開元貢：金花練。賦：絹。

李吉甫《元和郡縣圖志》卷三一《劍南道上》　簡州　貢賦：開元貢：緜紬一

十五匹。元和貢同。

資州　貢賦：賦：絹。

嘉州　貢賦：元和賦：絹。

李吉甫《元和郡縣圖志》卷三三《劍南道下》　梓州　貢賦：賦：絹。

劍州　貢賦：賦：絹。

綿州　貢賦：開元貢：對鳳雨窠獨窠白紬，絹。又貢雙紃二十匹。賦：絹。

元和　貢：雙紃。賦同。

普州　貢賦：賦：絹。

榮州　貢賦：賦：絹。

韓愈《韓昌黎文集》卷八《論變鹽法事宜狀》　平叔云：初定兩税時，絹一匹直錢三千，今絹一匹直錢八百。百姓貧虚，或先取粟麥價，及至收穫，悉以還債，又充官税，顆粒不殘。若官中糶鹽，一家五口，所食鹽價，不過十錢，隨日而輸，不勞驅遣，則必無舉債逃亡之患者。臣以爲百姓困弊，不皆爲鹽價貴也。今官自糶鹽，與依舊令商人糶，其價貴賤，所校無多。通計一家五口所食之鹽，平叔所計，一日以十錢爲率，一月當用錢三百；是則三日食鹽一斤，一月率當十斤。新法實價，與舊每斤不校三四錢以下。通計五口之家，以平叔所約之法計之：賤於舊價，日校一錢，月校三十，不滿五口之家，所校更少。然則改用新法，百姓亦未免窮困流散也。初定税時，一匹絹三千，今只八百。假如特變鹽法，絹價亦未肯貴。五口之家，因變鹽法日得一錢之利，豈能便免作債，收穫之時，不被徵索，輸官税後有贏餘也？以臣所見，百姓困弊日久，不以事擾之，自然漸裕：不在變鹽法也。今絹一匹八百，百姓尚多寒無衣者；若使匹直三千，則無衣者必更衆多。況絹之貴賤，皆不緣鹽法，以此言之，鹽法未要變也。

李翺《李文公集》卷三《平賦書》　凡百里之州有田五十有四億畝，以一十九億四萬有四千畝爲之州縣城郭，通川大途，畎遂溝澮，丘墓、鄉井，屋室、徑路、牛豚之所息，葱韭菜蔬之所生植，餘田三十四億五萬有六千畝，三萬四千五百六十頃也。畝率十取粟一石，爲粟三十四萬五千有六百石，以貢於天子，以給州縣。凡執事者之禄以供賓客，以輸四方，以禦水旱之災，皆足於是矣。其田間樹之以桑，凡樹桑人一日之所休者謂之功。桑太寡則乏于帛，太多則暴于田，是故十畝之田，植桑五功。一功之蠶，取不宜歲度之，雖不能盡其功者，功不下一匹帛。公索其百之十。

李翺《李文公集》卷九《疏改税法》　臣以爲自建中元年初定兩税，至今四十年矣。當時絹一匹爲錢四千，米一斗爲錢二百，税户之輸十千者，爲絹二匹半而足矣。今税額如故，而粟帛日賤，錢益加重，絹一匹價不過八百，米一斗不過五十，税户之輸十千者，爲絹十有二匹然後可，況又督其錢使之賤賣者耶？假令官雜虚估以受之，尚猶爲絹八匹，乃僅可滿十千之數，是爲比建中之初，爲税加三倍矣。雖明詔屢下，哀恤元元，不改其法，終無所救。然物極宜變，正當斯時推本，弊乃錢重而督之於百姓之所生也。錢者官司所鑄，粟帛者農之所出，今乃使農人賤賣粟帛，易錢入官，是豈非顛倒而取其無者耶？由是豪家大商，皆多積錢以逐輕重，故農人日困，末業日增，一年水旱，百姓菜色，家無滿歲之食，況有三年之蓄乎？百姓無三年之積，而望太平之興，亦未可也。今若詔天下，不問遠近，一切令不督見錢，皆納布帛，凡官司出納，以布帛爲准，幅廣不得過一尺九寸，長不過四十尺，比兩税之初，猶爲重加一尺，然百姓自重得輕，必樂而易輸，不敢復望如建中之初矣。行之三五年，臣必知農人漸有蓄積，雖遇一年水旱，未有菜色，父母夫婦，能相保矣。若税法如舊，不速更改，雖神農、后稷復生，教人耕織，勤不失時，亦不能躋於充足矣。故臣曰：改税法，不督錢而納布帛，則百姓足。

白居易《白居易集》卷一一《南賓郡齋即事，寄楊萬州》　山上巴子城，山下巴江水。中有窮獨人，强名爲刺史。時時竊自哂，刺史豈如是？倉粟餧家有，黄縑裹妻子。忠州刺史以下，悉以畬田粟給禄食，以黄絹支給充俸。

李德裕《會昌一品集》卷一三《論嗢没斯特勒等狀》　右自回鶻近邊，人情疑恐。聖化所感，威德克宣。果得嗢没斯望闕歸心，率徒效命，必在優賞，昭示四方，使戎狄遠聞，皆感恩信。望速降中使，宣慰嗢没斯特勒及王子等，并多攬將軍共七人，望各内賜錦綵銀器；其嗢没斯下兵馬，望賜米五千石，度支給絹三千匹，以户部物充，度支速差正綱般送。仍許不分散部落，待委知事情，續議制。

李德裕《會昌一品集》卷一三《論嗢没斯所請落下馬價絹便賜與可汗狀》　右臣等商量，賜可汗甚全國體，望付翰林賜可汗書。得嗢没斯表稱，在本分馬價絹并合落下，請充進奉。以可汗本國破殘，久在邊陲，此已量與嗢没斯以下本分馬價絹，便賜可汗。兼望賜嗢没斯詔，獎其忠藎一作義，緣卿率衆歸國，若又落下馬價絹，恐可汗與卿結怨轉深，事體之間，亦慮非便。以卿等所請奏進奉馬價絹回賜可汗，所冀部落早退，令卿等各保安謐。望約此意處分，實爲允愜。會昌二年七月十九日。

李德裕《會昌一品集》卷一六 開元格：每獲一生，酬獲人絹十匹。右緣並無軍將官健等第，稍似不備。今請獲賊都頭，賞絹二百匹；獲正兵馬使，賞絹一百五十匹；獲副兵馬使、都虞候，賞絹一百匹；都虞候以上，仍並別酬官爵。如是官健，仍優與職名，獲賊十將，賞絹七十匹；獲賊副將，賞絹三十匹；獲賊赤頭郎及劉稹新召宅内突將，賞絹十匹；獲賊長行，賞絹三匹。如是土團練鄉夫之類，不在此例。每獲生口，便望令所獲人對中使點勘上歷，不得令有虛妄。其賞給時，亦望軍中使自對面分付。

蘇鶚《杜陽雜編》卷上 元載末年，造蕓輝堂於私第。蕓輝，香草名也，出于闐國。其香潔白如玉，入土不朽爛，舂之爲屑，以塗其壁，故號蕓輝焉。而更構沉檀爲梁棟，飾金銀爲户牖，内設懸黎屏風，紫綃帳。其屏風本楊國忠之寶也。屏上刻前代美女伎樂之形，外以玳瑁水犀爲押絡，絡以真珠瑟瑟，精巧之妙，殆非人工所及。紫綃帳得於南海溪洞之酋帥，即鮫綃之類也。輕疎而薄，如無所礙。雖屬凝冬，而風不能入，盛夏則清凉自至。其色隱隱焉，忽不知其帳也。**【略】**

載寵姬薛瑶英，攻詩書，善歌舞，僊姿玉質，肌香體輕，雖旋波、摇光、飛燕、緑珠，不能過也。**【略】**衣龍綃之衣，一襲無一二兩，摶之不盈一握。

《唐會要》卷四〇《定贓估》 開元十六年五月三日，御史中丞李林甫奏：「天下定贓估，互有高下，如山南絹賤，河南絹貴。賤處計贓不至三百即入死刑，貴處至七百已上方至死刑。即輕重不侔，刑典安寄？請天下定贓估，絹每匹計五百五十價爲限。」勑：「依。其應徵贓入公私，依常式。」至上元二年正月二十八日，勑：「先准格例，每例五百五十價，估當絹一匹。自今已後，應定贓數宜約當時絹估，並准實錢，庶叶從寬，俾在不易。」刑部尚書盧正己奏。

天寶六年四月八日勑節文：「其贖銅如情願納錢，每觔一百二十文。若負欠官物，應徵正贓及贖物無財，以備官役折庸。其物雖多，止限三年。一人一日折絹四尺。若會恩旨，其物合免者，停役。」

上元二年正月勑：「《名例律》，評贓者，皆據犯處當時物價，及上絹估評功庸者，計一人一日爲絹三尺，牛、馬、驢、騾車亦同。其船及碾磑、邸店之類，各依當時賃直，庸雖多不得過其本價。自今已後，應定贓數宜約當時絹估，並准實錢。」**【略】**

大和九年十月，大理丞周太玄奏：「准制條云，雜物依上估絹結贓，所犯若干匹，並無估定計折字者。伏以監利物與兩税物，好惡有殊，一例科決，慮憂有屈。今請盜换兩税綢綾絹等物，請依元盜换匹數結罪科斷，更不估定。如盜换監利物，雜麻布焦葛匹段絲綿紙，及諸色進貢物，不是兩税匹段等，請准法式，估定數依上絹結贓科斷。」勑旨依奏。

大中六年閏七月勑：「應犯贓人，其平贓定估等，議取所犯處及所犯月上絹之價。假有蒲州盜鹽，嶲州事發，鹽已費使，依令懸平，即蒲州中估之鹽，准蒲州上絹之價。於嶲州決斷之類，縱有賣價貴賤，所估不同，亦依估爲定。」其年十月，中書門下奏：「其犯贓人平贓定估等，其外州府，比者雖准律文，取當處上估絹定贓平估，或有不出土絹處，縱有出處，亦慮結獄之時，須爲勘估，因其貴賤，便生異端。兼以州府絹價，除果、閬州外，無貴於宋、亳州。上估絹者，則外州府不計有土絹及無土絹處，並請一例取宋、亳州上絹估，每匹九百文結計。如所取得絹已費使，及不記得當時州土色目，即請取犯處市肆見貨當處中估絹價平之。如不出絹處，亦請以當處見貨雜州中估絹價平之。庶推劾有准，斷覆無疑。」從之。

《太平御覽》卷八一七《布帛部四・絹》 《唐書》曰：高宗朝，詔自今已後，天下嫁女受財，三品已上之家，不得過絹三百疋，四品不過二百疋，六品七品不得過百疋，皆充所嫁女之資裝等用，其夫家不得受陪門之財。

《白孔六帖》卷八 白：鄉貢八蠶之綿。一歲八蠶，出日南。

《舊五代史》卷三《梁書・太祖紀第三》 〔開平元年五月〕，河南尹張全義進開平元年已前羡餘錢十萬貫，紬六千疋，綿三十萬，仍請每年上供定額每歲貢絹三萬疋，以爲常式。

《舊五代史》卷三八《唐書・明宗紀四》 天成二年三月壬子朔，幸會節園，宰相、樞密使及在京節度使共進錢絹，請開宴。**【略】**丙辰，宰臣判三司任圜奏：「諸道藩府，請依天復三年已前許貢綾絹金銀，隨其土産折進馬之直。又請選孳生馬，分置監牧。」並從之。**【略】**

十一月戊午，貝州刺史竇廷琬上言：請制置慶州青白兩池，逐年出絹十萬匹，米萬石。詔升慶州爲防禦所，以廷琬爲使。

《舊五代史》卷一四七《刑法志》 周太祖廣順二年二月，中書門下奏：「准元年正月五日赦書節文，今後應犯竊盜贓及和姦者，並依晉天福元年已前條制施行。諸處犯罪人等，除反逆罪外，其餘罪並不籍没家産、誅及骨肉，一依格令處分者。請再下明勑，頒示天下。」乃下詔曰：「赦書節文，明有釐革，切慮邊城遠郡，未得審詳，宜更申明，免至差誤。其盜賊，若是强盜，並准自來格條斷遣；其犯竊盜者，計贓絹滿三匹已上者，並集衆決殺，其絹以本處上估價爲定，不滿三匹者，等第決斷。」

王溥《五代會要》卷九《定贓》 後唐長興四年六月十四日准敕：「枉法贓十五匹絞，准格加至二十匹。乃自喪亂已來，廉恥者少，舉律行令，誡人遠財。國家常切好生，上下頗能知禁，犯既漸寡，法亦宜輕。起今後犯枉法贓者，宜准格文處分。贓名條内有以准加減及同字者并倍累贓，並宜准律令格式處分。凡有告事者，除鹽麴條流外，宜據輕重依理施行，不在格賞之限。」

清泰元年九月，大理寺奏：「所用法書竊盜條，准建中年，贓滿三匹已上決殺，不及三匹量情決杖。本朝以量情之文不定，詔御史中丞龍敏等議。贓滿三匹，准舊法；一匹已上，決徒一年半；一匹已下，量罪以杖。大理寺又以量罪之文不定，申奏集寺重議。今議定贓滿一匹，徒二年半；不及一匹，徒一年半；不得財，杖七十。」從之。

二年五月，中書門下奏：「刺史位列公侯，縣令爲人父母，祇合倍加乳哺，豈可自致瘡痍？一昨張宗胤、胥吏訟論，合當極典，法司援律，罪止徒流。臣聞立法稍嚴，則人不敢犯，其見行法律，望下所司更加斟酌。」御史臺、刑部、大理寺同奏議曰：「准律，枉法贓十五匹絞，天寶元載加至二十匹。請今後枉法贓十五匹准律絞，不枉法贓准三十匹加徒流。受所監臨贓五十匹流二千里。今請依《統類》，不枉法贓過三十匹，受所監臨贓過五十匹。」從之。

晉天福五年十月敕：「今後竊盜贓滿五匹者處死，三匹已上決杖配流，以盜論者依律文處分。」

漢天福十二年八月敕：「應天下凡關强盜捉獲，不計贓物多少，按驗不虚，並宜處死。」

《太平御覽》卷八一七《布帛部四・絹》 （後唐史）（《職官分紀》）曰：賜宰相李愚絹百疋，錢百緡，鋪陳物十三件。時愚病，上令中使宣問。愚所居寢室，蕭然四壁，卧敝氈而已，中使具言其事。上曰：「嘻，宰相月俸錢幾何，而委頓如此。」故有是賜。

《宋史》卷八五《地理志一》 密州 貢絹。

濟南府 貢絹。

濰州 貢綜絲素絁。

淮陽軍 貢絹。

應天府 貢絹。

徐州 紬、絹。

興仁府 貢絹。

東平府 貢絹。

濮州 貢絹。

隨州 貢絹。

房州 貢紵布。

唐州 貢絹。

潁昌府 貢絹。

鄭州 貢絹。

滑州 貢絹。

淮寧府 貢紬、絹。

順昌府 貢紬、絁。

汝州 貢絁、絹。

《宋史》卷八六《地理志二》 滄州 貢大絹。

冀州 貢絹。

河間府 貢絹。

博州 貢平絹。

棣州 貢絹。

雄州 貢紬。

霸州 貢絹。

德州 貢絹。

濱州 貢絹。

恩州 貢絹。

永静軍 貢絹。

清州 貢絹。

信安軍 貢絹。

保定軍　貢絁。
相州　貢暗花牡丹花紗、絹。
信德府　貢絹。
衛州　貢絹。
洺州　貢紬。
深州　貢絹。
祁州　貢花絁。
慶源府　貢絹。
保州　貢絹。
安肅軍　貢素絁。
廣信軍　貢紬。
順安軍　貢絹。
汾州　貢土絁。
威勝軍　貢土絁。
平定軍　貢絹。
岢嵐軍　貢絹。
寧化軍　貢絹。
保德軍　貢絹。

《宋史》卷八七《地理志三》　京兆府　貢韡氈。
陝州　貢紬、絁。
渭州　貢絹。

《宋史》卷八八《地理志四》　亳州　貢絹。
宿州　貢絹。
海州　貢絹。
泗州　貢絹。
濠州　貢絹。
滁州　貢絹。
無爲軍　貢絹。
靖州　貢白絹。
廬州　貢絹。
歸州　貢紵。
靖州　貢白絹。

《宋史》卷八九《地理志五》　渠州　貢綿紬。
懷安軍　貢紬。
寧西軍　貢絹。
巴州　貢綿紬。
蓬州　貢綿紬。
咸淳府　貢綿紬。
達州　貢紬。
涪州　貢絹。
雲安軍　貢絹。
郴州　貢紵。
全州　貢葛。

《金史》卷二五《地理志中》　東平府産絹。

樂史《太平寰宇記》卷一《河南道一・開封府》土産：絹。
樂史《太平寰宇記》卷三《河南道三・河南府》賦：絹。
樂史《太平寰宇記》卷六《河南道六・陝州》土産：絁、絹。
樂史《太平寰宇記》卷六《河南道六・虢州》土産：絹。
樂史《太平寰宇記》卷七《河南道七・許州》土産：絹。
樂史《太平寰宇記》卷八《河南道八・汝州》土産：絹、絁。
樂史《太平寰宇記》卷九《河南道九・滑州》土産：絹。
樂史《太平寰宇記》卷一〇《河南道一〇・陳州》土産：絹。
樂史《太平寰宇記》卷一一《河南道一一・潁州》土産：花官絁。
樂史《太平寰宇記》卷一二《河南道一二・宋州》土産：絁、絹。
樂史《太平寰宇記》卷一二《河南道一二・亳州》土産：絹。貢。
樂史《太平寰宇記》卷一三《河南道一三・曹州》土産：絹。貢。
樂史《太平寰宇記》卷一四《河南道一四・濮州》土産：絹。貢。
樂史《太平寰宇記》卷一四《河南道一四・單州》土産：紬、絹。
樂史《太平寰宇記》卷一六《河南道一六・泗州》土産：絹、絁。
樂史《太平寰宇記》卷一七《河南道一七・宿州》土産：絹。貢。

樂史《太平寰宇記》卷一八《河南道一八・青州》土産：絹。

樂史《太平寰宇記》卷一八《河南道一八・濰州》土産：今貢：紵絲素絁，絹。

樂史《太平寰宇記》卷一九《河南道一九・淄州》土産：出絁、絹。

樂史《太平寰宇記》卷一九《河南道一九・齊州》土産：絹。

樂史《太平寰宇記》卷二〇《河南道二〇・萊州》土産：絹。

樂史《太平寰宇記》卷二一《河南道二一・兗州》土産：絹。

樂史《太平寰宇記》卷二二《河南道二二・海州》土産：絹。

樂史《太平寰宇記》卷二三《河南道二三・沂州》土産：絹。

樂史《太平寰宇記》卷二九《關西道五・華州》土産：絹。

樂史《太平寰宇記》卷四六《河東道七・蒲州》土産：絹。

樂史《太平寰宇記》卷五三《河北道二・懷州》土産：絹，絁。入貢。

樂史《太平寰宇記》卷五四《河北道三・魏州》土産：絹，貢。絁，紬。貢。

樂史《太平寰宇記》卷五四《河北道三・博州》土産：絹，平紬。貢。

樂史《太平寰宇記》卷五五《河北道四・相州》土産：絹。貢。

樂史《太平寰宇記》卷五六《河北道五・衛州》土産：絹。

樂史《太平寰宇記》卷五七《河北道六・通利軍》土産：絹。

樂史《太平寰宇記》卷五八《河北道七・洺州》土産：平紬，絁子，絹。

樂史《太平寰宇記》卷五八《河北道七・貝州》土産：絁，絹。按《隋圖經》云：「清河絹爲天下第一。」

樂史《太平寰宇記》卷六〇《河北道九・趙州》土産：絁。

樂史《太平寰宇記》卷六三《河北道一二・冀州》土産：絹。貢。

樂史《太平寰宇記》卷六三《河北道一二・深州》土産：絹。貢。

樂史《太平寰宇記》卷六四《河北道一三・德州》賦：絹。

樂史《太平寰宇記》卷六四《河北道一三・棣州》土産：貢：絹，地出絲蠶。

樂史《太平寰宇記》卷六四《河北道一三・濱州》土産：同棣州。

樂史《太平寰宇記》卷六五《河北道一四・滄州》土産：絹。

樂史《太平寰宇記》卷六六《河北道一五・瀛州》土産：絹。

樂史《太平寰宇記》卷六六《河北道一五・莫州》土産：貢：絹。

樂史《太平寰宇記》卷六七《河北道一六・雄州》土産：古戰争之地，絹【略】之外，别無藥物。

樂史《太平寰宇記》卷六七《河北道一六・霸州》土産：絹。

樂史《太平寰宇記》卷六八《河北道一七・保州》土産：同莫州。

樂史《太平寰宇記》卷六八《河北道一七・定遠軍》土産：舊貢：絹。

樂史《太平寰宇記》卷六九《河北道一八・幽州》土産：絹。

樂史《太平寰宇記》卷七一《河北道二〇・營州》土産：絹。

樂史《太平寰宇記》卷七二《劍南西道一・益州》土産：【略】今貢：絁，絹。

樂史《太平寰宇記》卷七六《劍南西道五・簡州》土産：紬。

樂史《太平寰宇記》卷八五《劍南東道四・陵州》土産：進鵝溪絹。出梓州玄武縣鵝溪。

樂史《太平寰宇記》卷八六《劍南東道五・閬州》土産：絹。段氏《蜀記》：「果、閬二州絹長十五丈，重一斤，其色目鮮白。」

樂史《太平寰宇記》卷八八《劍南東道七・昌州》土産：【略】今貢：絹。

樂史《太平寰宇記》卷八九《江南東道一・潤州》土産：羅綿絹。

樂史《太平寰宇記》卷九〇《江南東道二・昇州》土産：絹。賦。

樂史《太平寰宇記》卷九七《江南東道九・婺州》土産：絁，絹。

樂史《太平寰宇記》卷九八《江南東道一〇・明州》土産：絹。

樂史《太平寰宇記》卷九八《江南東道一〇・台州》土産：絹。

樂史《太平寰宇記》卷九九《江南東道一一・處州》土産：同台州。

樂史《太平寰宇記》卷一〇〇《江南東道一二・福州》土産：輕絹。

樂史《太平寰宇記》卷一〇一《江南東道一三・建州》土産：蕉花練。

樂史《太平寰宇記》卷一〇一《江南東道一三・邵武軍》土産：同建州。

樂史《太平寰宇記》卷一〇二《江南東道一四・泉州》土産：茜緋。

樂史《太平寰宇記》卷一〇二《江南東道一四・興化軍》土産：同泉州。

樂史《太平寰宇記》卷一〇三《江南西道一・宣州》土産：絹。

樂史《太平寰宇記》卷一〇三《江南西道一・廣德軍》土産：絲紬，漆絹。

樂史《太平寰宇記》卷一二四《淮南道二・楚州》土産：絹。

樂史《太平寰宇記》卷一二七《淮南道五・光州》土産：絹。

樂史《太平寰宇記》卷一二八《淮南道六・濠州》 土産：官絁，絹。

樂史《太平寰宇記》卷一二九《淮南道七・壽州》 土産：絁。

樂史《太平寰宇記》卷一三五《山南西道三・利州》 土産：絁。

樂史《太平寰宇記》卷一三八《山南西道六・慶安軍》 土産：紬。

樂史《太平寰宇記》卷一三九《山南西道七・巴州》 土産：紬。

樂史《太平寰宇記》卷一四〇《山南西道八・集州》 土産：小絹。

樂史《太平寰宇記》卷一四〇《山南西道八・壁州》 土産：紬。

樂史《太平寰宇記》卷一四二《山南東道一・鄧州》 土産：絹。

樂史《太平寰宇記》卷一四二《山南東道一・唐州》 土産：絹。

樂史《太平寰宇記》卷一四四《山南東道三・隨州》 土産：小絹。

樂史《太平寰宇記》卷一四六《山南東道五・荆州》 土産：綿絹。

樂史《太平寰宇記》卷一四六《山南東道五・荆門軍》 土産：並與襄、荆二州同。

樂史《太平寰宇記》卷一四九《山南東道八・忠州》 土産：綿紬。

《天聖令・廐牧令》卷二四 諸牧，馬剩駒一匹，賞絹一疋。駝、騾剩駒二頭，賞絹一疋。牛、驢剩駒、犢三頭，賞絹一疋。白羊剩羔七口，賞絹一疋。羖羊剩羔十口，賞絹一疋。每有所剩，各依上法累加。其賞物，二分入長，一分入牧子。牧子，謂長上專當者。其監官及牧尉，各統計所管長、尉賞之。統計，謂管十五長者，剩駒十五匹，賞絹一疋；監官管尉五者，剩駒七十五匹，賞絹一疋之類。計加亦准此。若一長一尉不充，餘長、尉有剩，亦聽準折賞之。其監官、尉、長等闕及行用無功不合賞者，其物悉入兼檢校合賞之人。物出隨近州；若無，出京庫。應賞者，皆準印後定數，先填死耗足外，然後計酬。

《天聖令・營令》卷第二八 諸州縣所造禮器、車輅、鼓吹、儀仗等，並用官物，帳申所司。若有剥落及色惡者，以公廨物修理。準絹五疋以上用官物充。所須人功，役當處防人、衛士。非理損壞者，依式推理。右令不行。

沈括《夢溪筆談》卷一一《官政一》 五代方鎮割據，(都)[多]於舊賦之外，重取於民。國初悉皆蠲正，稅額一定。其間或有重輕未均處，隨事均之。福、歙州稅額太重，福州則令以錢二貫五百折納絹一匹，歙州輸官之絹止重數兩。太原府輸賦全除，乃以減價糴糶補之。後人往往疑福、歙折絹太貴，太原折米太賤，蓋不見當時均賦之意也。

蘇軾《蘇軾文集》卷二四《同天節進絹表》 伏以大人之德，莫得而名；萬壽之觴，無物可稱。前件絹，土地所出，賦租之餘。敢輸向日之誠，少備充庭之末。

蘇軾《蘇軾文集》卷二五《上神宗皇帝書》 孟子曰：「始作俑者，其無後乎？」《春秋》書「作丘甲」、「用田賦」，皆重其始爲民患也。青苗放錢，自昔有禁。今陛下始立成法，每歲常行，雖云不許抑配，而數世之後，暴君汙吏，陛下能保之歟？異日天下恨之，國史記之曰，青苗錢自陛下始，豈不惜哉！且東南買絹，本用見錢，陝西糧草，不許折兑，朝廷既有著令，職司又每舉行。然而買絹未嘗不折鹽，糧草未嘗不折鈔，乃知青苗不許抑配之説，亦是空文。

蘇軾《蘇軾文集》卷二八《因擒鬼章論西羌夏人事宜劄子》 昔先帝用兵累年，雖中國靡弊，然夏人困折，亦幾於亡。横山之地，沿邊七八百里中，不敢耕者至二百餘里。歲賜既罷，和市亦絶，虜中匹帛至五十餘千，其餘老弱轉徙，牛羊墮壞，所失蓋不可勝數，饑羸之餘，乃始款塞。當時執政大臣謀之不深，因中國厭兵，遂納其使。每一使至，賜予、貿易無慮得絹五萬餘匹，歸鬻之，其直匹五六千，民大悦。一使所獲，率不下二十萬緡，使五六至，而累年所罷歲賜，可以坐復。既使虜因吾資以德其民，且飽而思奮，又使其窺我厭兵欲和之意，以爲欲戰欲和，權皆在我，以故輕犯邊陲，利則進，否則復求和，無不可者。若當時大臣因虜之請，受其詞不納其使，且詔邊臣與之往返商議，所獲新疆，取舍在我，俟其詞意屈服，約束堅明，然後納之，則虜雖背恩反覆，亦不至如今日之速也。

蘇軾《蘇軾文集》卷二九《奏爲法外剌配罪人待罪狀》 元祐四年八月 日，龍圖閣學士朝奉郎知杭州蘇軾狀奏。右臣自入境以來，訪聞兩浙諸郡，近年民間例織輕疎糊藥紬絹以備送納，和買夏稅，官吏欲行揀擇，而姦猾人户及攬納人遞相扇和，不納好絹，致使官吏無由揀擇，期限既迫，不免受納。歲歲如此，習以成風。故京師官吏軍人，但請兩浙衣賜，皆不堪好。上京綱運，歲有估剥，日以滋多。去年估剥至九千餘貫，元納專典枷鏁鞭撻，典賣竭産，有不能償。姑息之弊，一至於此。

臣自到郡，欲漸革此弊，即指揮受納官吏，稍行揀擇。至七月二十七日，有百姓二百餘人，於受納場前，大叫數聲，官吏軍民，並皆辟易。遂相率入州衙，詣臣喧訴。臣以理喻遣，方稍引去。臣知此數百人，必非齊同發意，當有凶奸之人，爲首糾率。密行緝探。當日據受納官仁和縣丞陳皓狀申，有人户顔巽男顔章、顔益納和買絹五疋，並是輕疎糊藥，丈尺短少，以此揀退。其逐人却將專典拍撮及與攬納人等數百人，對監官高聲叫啾，奔走前去。臣即時差人捉到顏章、顏益二人，枷送右司理院禁勘。只至明日，人户一時送納好絹，更無一人敢行喧鬧。

續據右司理院勘到顏章、顏益，招爲本家有和買紬絹共三十七疋，章等爲見遞年例只是將輕疎糊藥紬絹納官，今年本州爲綱運估剥數多，以此指揮要納好絹。章等既請和買官錢每疋一貫，不合將低價收買昌化縣輕疎糊藥短絹納官，其顏章又不合與兄顏益商量，若或揀退，即須拍撮專揀，扇摇衆户，叫啾投州，嚇脅官吏，令只依遞年受納不堪紬絹，尋將買到輕疎糊藥短絹五疋，付揀子家人翁誠納官，尋被翁誠覆本官揀退。章等既見衆户亦有似此輕疎短絹，多被揀退，尋拍撮翁誠叫屈。顏益在後用手推翁誠，令顏章拍去投州，即便走出三門前，叫屈二聲，跳出欄干，將兩手撞起，唤衆户扇摇叫啾，稱一時投州去來。衆户約二百餘人，因此亦一時叫啾相隨，投州衙喧訴。【略】

謹按顏益、顏章以匹夫之微，令行於衆，舉手一呼，數百人從之，欲以衆多之勢，脅制官吏，必欲今後常納惡絹，不容臣等少革前弊，情理巨蠹，實難含忍。本州既已依法決訖。臣獨判云：「顏章、顏益，家傳凶狡，氣蓋鄉閭。故能奮臂一呼，從者數百。欲以摇動長吏，脅制監官。蠹害之深，難從常法。已刺配本州牢城去訖。」仍以散行曉示鄉村城郭人户，今後更不得織造輕疎糊藥紬絹，以備納官。庶幾明年全革此弊。伏望朝廷詳酌，備録臣此狀，下本路轉運司，遍行約束曉示。所貴今後京師及本路官吏軍人，皆得堪好衣賜，及受納專副，不至破家陪填。所有臣法外刺配顏章、顏益二人，亦乞重行朝典。謹録奏聞，伏候敕旨。

貼黄。勘會本州去年發和買夏税物帛計一十四綱，今來只估剥到四綱，已及九千餘貫，乙下左藏庫，便見估剥數目浩大。

蘇軾《蘇軾文集》卷三〇《乞賑濟浙西七州狀》 一、兩浙中自來號稱錢荒，今者尤甚。百姓持銀絹絲綿入市，莫有顧者。質庫人户，往往晝閉，若得官錢三二十萬，散在民間，如水救火。欲乞指揮提、轉令將合發上供錢，散在諸州税户，令買金銀紬絹充年額起發。

蘇軾《蘇軾文集》卷三一《應詔論四事狀》 伏見元豐四年杭州合發和買絹二十三萬一千疋，准朝旨撥轉運司錢，於餘杭等縣，委官置場一十一處收買。尋以數内揀下不堪上供五萬七千八百九十疋，計錢五萬五千餘貫，却勒逐場變轉。是時錢重物輕，一日併出，既聲言行濫不受於官，又須元價以冀償足，捐之市中，莫有顧者。於是官吏惶駭，莫知所爲。

蘇軾《蘇軾文集》卷三四《論積欠六事并乞檢會應詔所論四事一處行下狀》

一、准元豐三年九月二十八日《明堂赦書》節文：「開封府界及諸路人户，見欠元豐元年以前夏秋租税，并沿納不以分數，及二年以前誤支雇食水利罰夫買撲場務出限罰錢，并免役及常平息錢，並特與除放。」是時轉運司申中書稱，見欠丁口鹽錢，及鹽博絹米及和預買紬絹，并係人户已請官本，不合一例除放。中書批狀云：勘會赦書内，即無見欠丁口鹽錢并鹽博絹米及和預買紬絹已請官本除放之文，因此州縣却行催理。至元豐八年登極赦書，亦是除放兩税，沿納錢物。後來尚書户部仍舉行元豐四年中書批狀指揮，逐年蠶鹽錢絹和預買紬絹等，係已請官本，並不除放。臣今看詳，内蠶鹽錢絹一事，鹽本至輕，所折錢絹至重。只如江都縣每支鹽六兩，折絹一尺。鹽六兩，元價錢一十文五分足，絹一尺，價錢二十八文一分足。其支鹽納錢者，每鹽五斤五兩，納錢三百三十一文八分足，比元價買鹽每斤二十八文足已多一百八十三文足。又將錢折麥，所估麥價至低。又有倉省加耗及脚剩之類，一文至納四五文。今來既不除放，即須催納絹麥折色，所以人户愈覺困苦。臣今看詳，丁口鹽錢絹既爲有官本，難議除放，即合據所支鹽斤兩實直價錢催納，豈可將折色絹麥上增起錢數盡作官本，顯是於理合放，於條未有明文。臣已指揮本州，應登極赦前見欠丁口鹽錢及鹽博絹米之類，只據當時所支官物實直爲官本催納，其因折色增起錢數，並權住催理，聽候朝旨。伏望聖慈特賜指揮，依此除放。

蘇轍《欒城後集》卷一五《收支敍》 古者，三年耕必有一年之蓄，以三十年之通制國用，則九年之蓄可跂而待也。今者一歲之入，金以兩計者四千三百，而其出之不盡者二千七百。銀以兩計者五萬七千，而其出之多者六萬。錢以千計者四千八百四十八萬，除米鹽錢後得此數。而其出之多者一百八十二萬。并言未破應在及汎支給賜得此數。紬絹以匹計者一百五十一萬，而其出之多者十七萬。穀以石計者二千四百四十五萬，而其出之不盡者七十四萬。草以束計者七百九十九萬，而其出之多者八百一十一萬。然則一歲之入，不足以供一歲之出矣。

晁補之《雞肋集》卷五四《齊州進興龍節銀絹表》 臣伏以夢龍叶瑞，元符神筴之歸；望氣表祥，夙契人心之慶。幸遭湊昌之日，敢修飾喜之儀。前件物，人頼垂衣，地思薦寶。盡出盈餘之力，用將頌詠之誠。充預大庭，足備梯航之富。懇祈睿算，永齊箕斗之明。所有銀絹，見寄本州軍資庫，候有上供綱運，附帶入京次，謹先具附，遞入進以聞。干冒冕旒，臣無任惶懼激切屏營之至。

陳旉《農書》卷下《種桑之法》 十口之家，養蠶十箔，每箔得繭一十二斤，每一斤取絲一兩三分。每五兩絲，織小絹一疋。每一疋絹，易米一石四㪷。絹與米價常相侔也，以此歲計衣食之給，極有準的也。以一月之勞，賢于終歲勤動，且無旱乾水溢之苦，豈不優裕也哉。

王闢之《澠水燕談録》卷九《雜録》 祥符初，王旭知潁州，因歲飢，出庫錢貸民，約蠶熟一千輸一縑。其後，李士衡行之陝西，民以爲便。今行於天下，於義首給之，謂之和買絹，或曰預買，始於旭也。

王存《元豐九域志》卷一《四京·南京應天府》 土貢絹二十匹。

王存《元豐九域志》卷一《四京·北京大名府》 土貢花紬、綿紬、平紬各一十匹。

王存《元豐九域志》卷一《京東路·密州》 土貢絹一十匹。

王存《元豐九域志》卷一《京東路·齊州》 土貢絹十匹。

王存《元豐九域志》卷一《京東路·濰州》 土貢綜絲絁二十匹。

王存《元豐九域志》卷一《京東路·淮陽軍》 土貢絹一十匹。

王存《元豐九域志》卷一《京東路·徐州》 土貢紬、絹各十匹。

王存《元豐九域志》卷一《京東路·曹州》 土貢絹一十匹。

王存《元豐九域志》卷一《京東路·鄆州》 土貢絹一十匹。

王存《元豐九域志》卷一《京東路·濮州》 土貢絹一十匹。

王存《元豐九域志》卷一《京西路·隨州》 土貢絹三十匹。

王存《元豐九域志》卷一《京西路·唐州》 土貢絹一十匹。

王存《元豐九域志》卷一《京西路·潁昌府》 土貢絹一十匹。

王存《元豐九域志》卷一《京西路·鄭州》 土貢絹一十匹。

王存《元豐九域志》卷一《京西路·滑州》 土貢絹三十匹。

王存《元豐九域志》卷一《京西路·陳州》 土貢紬、絹各一十五匹。

王存《元豐九域志》卷一《京西路·潁州》 土貢紬、絁、絹各一十匹。

王存《元豐九域志》卷一《京西路·汝州》 土貢紬、絁各一十五匹。

王存《元豐九域志》卷二《河北路·滄州》 土貢絹一十匹。

王存《元豐九域志》卷二《河北路·冀州》 土貢絹二十匹。

王存《元豐九域志》卷二《河北路·瀛州》 土貢絹三十匹。

王存《元豐九域志》卷二《河北路·博州》 土貢平紬一十匹。

王存《元豐九域志》卷二《河北路·棣州》 土貢絹、絁各一十匹。

王存《元豐九域志》卷二《河北路·雄州》 土貢紬一十匹。

王存《元豐九域志》卷二《河北路·霸州》 土貢絹一十匹。

王存《元豐九域志》卷二《河北路·德州》 土貢絹二十匹。

王存《元豐九域志》卷二《河北路·濱州》 土貢絹二十匹。

王存《元豐九域志》卷二《河北路·永靜軍》 土貢絹一十匹。

王存《元豐九域志》卷二《河北路·乾寧軍》 土貢絹一十匹。

王存《元豐九域志》卷二《河北路·信安軍》 土貢絹一十匹。

王存《元豐九域志》卷二《河北路·保定軍》 土貢絁一十匹。

王存《元豐九域志》卷二《河北路·相州》 土貢絹一十匹。

王存《元豐九域志》卷二《河北路·邢州》 土貢絹一十匹。

王存《元豐九域志》卷二《河北路·衛州》 土貢絹二十匹。

王存《元豐九域志》卷二《河北路·洺州》 土貢平紬二十匹。

王存《元豐九域志》卷二《河北路·深州》 土貢絹二十匹。

王存《元豐九域志》卷二《河北路·祁州》 土貢花絁一十匹。

王存《元豐九域志》卷二《河北路·趙州》 土貢絹一十匹。

王存《元豐九域志》卷二《河北路·保州》 土貢絹一十匹。

王存《元豐九域志》卷二《河北路·安肅軍》 土貢絁一十匹。

王存《元豐九域志》卷二《河北路·永寧軍》 土貢紬一十匹。

王存《元豐九域志》卷二《河北路·廣信軍》 土貢紬一十匹。

王存《元豐九域志》卷二《河北路·順安軍》 土貢絹一十匹。

王存《元豐九域志》卷三《陝西路·陝州》 土貢紬、絁各一十匹。

王存《元豐九域志》卷三《陝西路·渭州》 土貢絹一十匹。

王存《元豐九域志》卷四《河東路·威勝軍》 土貢絁一十匹。

王存《元豐九域志》卷四《河東路·平定軍》 土貢絹一十匹。

王存《元豐九域志》卷四《河東路·岢嵐軍》 土貢絹一十匹。

王存《元豐九域志》卷四《河東路·寧化軍》 土貢絹一十匹。

王存《元豐九域志》卷四《河東路·保德軍》 土貢絹一十匹。

王存《元豐九域志》卷五《淮南路·亳州》 土貢絹二十匹。

王存《元豐九域志》卷五《淮南路·宿州》 土貢絹一十匹。

王存《元豐九域志》卷五《淮南路·海州》　土貢絹一十匹。

王存《元豐九域志》卷五《淮南路·泗州》　土貢絹一十匹。

王存《元豐九域志》卷五《淮南路·滁州》　土貢絹一十匹。

王存《元豐九域志》卷五《淮南路·廬州》　土貢絹一十匹。

王存《元豐九域志》卷五《淮南路·濠州》　土貢絹一十匹。

王存《元豐九域志》卷五《淮南路·無爲軍》　土貢絹一十匹。

王存《元豐九域志》卷六《江南路·臨江軍》　土貢絹一十匹。

王存《元豐九域志》卷六《江南路·建昌軍》　土貢絹一十匹。

王存《元豐九域志》卷六《荆湖路·誠州》　土貢斑白絹三匹。

王存《元豐九域志》卷七《成都府路·簡州》　土貢綿紬二十匹。

王存《元豐九域志》卷七《梓州路·昌州》　土貢絹一十匹。

王存《元豐九域志》卷七《梓州路·渠州》　土貢綿紬五匹。

王存《元豐九域志》卷七《梓州路·懷安軍》　土貢紬一十匹。

王存《元豐九域志》卷七《梓州路·廣安軍》　土貢絹五匹。

王存《元豐九域志》卷八《利州路·巴州》　土貢綿紬五匹。

王存《元豐九域志》卷八《利州路·蓬州》　土貢綿紬五匹。

王存《元豐九域志》卷八《夔州路·達州》　土貢紬五匹。

王存《元豐九域志》卷八《夔州路·忠州》　土貢緜紬五匹。

王存《元豐九域志》卷八《夔州路·涪州》　土貢絹一十匹。

王存《元豐九域志》卷八《夔州路·雲安軍》　土貢絹一十匹。

王存《元豐九域志》卷八《夔州路·南平軍》　土貢絹一十匹。

王存《元豐九域志》卷九《廣南路·韶州》　土貢絹一十匹。

王存《元豐九域志》卷九《廣南路·循州》　土貢絹一十匹。

王存《元豐九域志》卷九《廣南路·南雄州》　土貢絹一十匹。

張邦基《墨莊漫録》卷二　梓州織八丈潤幅絹獻宮禁，前世織工所不能爲也。

莊綽《雞肋編》卷上《定州刻絲與各地工藝》　單州成武縣織薄縑，修廣合於官度，而重才百銖，望之如霧。著故浣之，亦不紕疏。鄢陵有一種絹，幅甚狹而光密，蠶出獨早，舊嘗端午充貢。邠、寧州出緜絧。

周去非《嶺外代答》卷六《服用門·水紬》　廣西亦有桑蠶，但不多耳。得藺不能爲絲，煮之以灰水中，引以成縷，以之織紬，其色雖暗，而特宜於衣。在高州所產爲佳。

周去非《嶺外代答》卷六《服用門·安南絹》　安南使者至欽，太守用妓樂宴之，亦有贈於諸妓，人以絹一匹。絹粗如細網，而蒙之以綿。交人所自著衣裳皆密絹也。不知安南如網之絹，何所用也。余聞蠻人得中國紅絁子，皆拆取色絲而自以織衫，此絹正宜拆取其絲耳。

呂祖謙《東萊集》卷三《爲張嚴州作乞免丁錢奏狀》　右臣昨者恭奉聖旨，差權發遣嚴州軍州事。內竊省循，以未信之學，遽當民社，深懼識眊力淺，疎闊紕繆，仰負皇帝陛下責成共理之意，敬陳悃愊，懇辭弗俞，黽勉遵承，惶灼無地。爰自就道，徧訪本州利病，往來者皆言嚴之爲郡，地瘠人貧，丁鹽錢絹額數繁重，民不聊生，此賦不除，永無息肩之日。臣瞻望威顔之始，冒昧控訴，天慈憫惻，許令到任，條具以聞。仰見陛下至仁博臨，勤恤民隱，雖古先聖王之用心，不是過也。臣自到任，延問耆老，諮諏僚吏，參稽案籍，始知本州丁鹽錢絹爲民大害，向來所聞，百不一二，謹條具本末，上干天聽。臣照對本州丁鹽鐵絹之起，據父老稱：自承平時，每一丁，官支給鹽一㪷，計五斤，每一斤計錢三十一文二分省，共計錢一百五十六文省，却納絹一丈二尺八寸，數內一半係本色絹，一半係折納見錢。是時絹每一匹，直錢一貫文省，每丁計納絹六尺四寸，計價錢二百六十文省，又折帛見錢一百六十文省，兩項通計三百二十文省。將官中所給鹽斤價錢百五十六文省比折外，每丁實陪貼納錢百六十四文省，所納不多，公私兩便，未見其害。後來蔡京改變鹽法，令大商入納買鈔，支給袋鹽貨賣，從此官司更不支給丁鹽，徒令納絹。鹽給既停，絹價復長，浸久浸增，目今絹一匹估計折納七貫文省，民力殫竭，職此之由，臣請爲陛下詳言之。兩浙東西路共管十五州軍，戶口物力，無若本州之貧，丁鹽鐵稅亦無若本州之重。本州地形阻隘，絶少曠土，山居其八，田居其二，澗曲嶺隈，淺畦狹隴，苗稼疎薄，殆如牛毛，細民崎嶇，力耕勞瘁，雖遇豐稔，猶不足食，惟恃商旅般販斗斛爲命。旬日不雨，溪流已涸，客船斷絶，米價騰踊，大小嗷嗷，便同凶年。每歲合六縣所納苗米，除折納糯米外，粳米止管八千七百五十一碩，猶不及湖、秀富民一戶所收之數，所有官兵米糧，逐年糴州應副一萬五千碩補助支遣，尚闕一萬三千一十碩，其爲困乏，不言可見。重以坊郭鄉村，邊溪去處，每經巨浸，垣牆頹仆，廬舍傾摧，資用散失，生計蕭然，若遇寇盜，整葺未全，復遭漂蕩，民素窮乏，又加此厄，雖使止存兩稅，猶懼輸納不前。今乃經賦之外，每丁使之重納丁錢鹽絹一丈二尺八寸，其雙丁以上，折科每匹計錢七貫文省，凋瘵之民，其何以堪。且以兩浙諸郡論之，平江府、秀、婺、衢等四州自蠲免丁錢，明州每丁止納錢六十文足，惟湖州丁鹽錢絹在兩浙最號爲重，其烏程、歸安、長興、安吉、德清五縣，三丁共納絹一匹，本州三丁共納絹三丈八尺四寸，比烏程等五縣每三丁共少一尺六寸，一丁止少五寸三分三釐，相去不遠。其武康一縣，每四丁共納絹一匹，則反輕於本州。截長補短，本州丁鹽錢絹，較之湖州，猶自頗重，至於他郡，重輕相絶，可以類推。本州民力，在兩浙十五軍州之下，而賦斂反在十五軍州之上，以至貧之民納至重之賦，人情物理，恐不應爾。臣謹按本州丁籍，建德縣第一等至第四等户，計一千八百四十九丁，第五等有産税户計一萬七千八百九十八丁，無産税户計三千八百二十二丁。遂安縣第一等至第四等户，計二千三百三十七丁，第五等有産税户計八千九百六十四丁，無産税户計一萬八百八十六丁。壽昌縣第一等至第四等户，計九百七十七丁，第五等有産税户計七千六百二十九丁，無産税户計四千二百一十八丁。分水縣第一等至第四等户，計五百六丁，第五等有産税户計一萬三千七百五丁，無産税户計九百七十八丁。淳安縣第一等至第四等户，計三千六百五十丁，第五等有産税户計八千三百三丁，無産税户計一萬八千二百七十四丁。桐廬縣第一等至第四等户，計一千三百九十九丁，第五等有産税户計一萬五千四百八十丁，無産税户計二千一十八丁。通計六縣，第一等至第四等户，止有一萬七百一十八丁，其第五等有産税户共管七萬一千四百七十九丁，雖名爲有産，大率所納不過尺寸分釐升合抄勺，雖有若無，不能自給；其無産税户，共管四萬一百九十丁，並無寸土尺椽，飢寒轉徙，朝不謀夕。本州統管一十二萬二千三百九十三丁，而第五等有産税户、無産税户共管一十一萬一千六百七十五丁，是十分之中，九分以上尩瘠困迫，無所從出。從前官吏明知其害，迫於上司督責之嚴，汗顔落筆，蹙頞用刑，笞箠縲繫，殆無虚日，愁嘆之聲，閭里相接。彊悍者窮塞無聊，散爲攘竊，四方遂指嚴州爲多盜之區，非獷俗獨鍾於此土，蓋丁錢偏重於他邦，原其情狀，實可憐憫。臣體訪得深山窮谷，至有年三十餘，顔狀老蒼，不敢裹頭，縣吏恐丁數虧折，時復搜括相驗，糾令輸納，謂之貌丁。民間既無避免之路，生子往往不舉，規脱丁口，一歲之間，嬰孺夭閼，不知其幾。小民雖愚，豈無父子之愛，徒以阨於重賦，忍滅天性，親相賊殺，傷動和氣，悖逆人理，莫斯爲甚。臣聞之，不覺涕下。竊自惟念，本州實光堯壽聖太上皇帝基命之地，陪輔行都，最爲密邇，皇帝陛下方以不忍人之心，行不忍人之政，豈容輦轂百里之間，斯民顛頓愁悴，父子不能相保，意者未有以實上聞者。臣職在拊摩，尚復便文，自營不言，死有餘罪，用敢竭誠愁意，上徹旒扆。臣恭覩紹興十四年十月二十二日敕：三省同奉聖旨，永、道、郴州、桂陽監及衡州茶陵縣，民户於二税之外，尚循馬氏舊法，添納丁身錢絹米麥，流弊未除，朕甚憫之，可將逐州縣丁身錢絹米麥並與除放。臣竊惟永、道、郴，桂陽監、茶陵四郡一縣，邈在湖廣，太上皇帝明見萬里之外，不遺遠方，捐賦予民。本州幸在闕門之側，反不得如遐方荒裔，沾濡德澤，臣竊痛之，欲望聖慈，特降睿旨，將嚴州丁鹽錢絹依永、道、郴州、桂陽監、衡州茶陵縣，及衢、婺、秀州、平江府例，盡行蠲除，使一方仰父俯子，吏不至門，復有生民之樂，不然，乞如明州例，每丁納錢六十文足。又若以國用未裕，則乞蠲免一半，粗寬民力，亦爲厚幸，然終不若沛然盡蠲，爲滲漉無窮之澤也。臣誠過慮，恐議者或謂蠲免嚴州，恐諸郡援例申請，必致有虧經費。臣竊謂聖人之治俾萬邦惟正之供，丁鹽錢絹出於一切，本非常賦，陛下約己節用，凡以爲民，異時帑藏充溢，蠲免之令固將次第而舉。今雖調度尚虚，猶當先其尤急者，用示省賦之漸，以地則莫如本州之近，以民則莫如本州之困，以害則莫如本州之重，先後之序，宜自本州始。況太上皇帝潛龍舊鎮，亦非諸州遽敢援例，惟願睿斷不疑，俯賜開允，俾一邦亟解倒垂之急。臣言語短拙，不能盡寫困迫之狀，惟與合郡吏民，澡心滌慮，延頸跂足，以俟鴻龐之施。冒犯天威，臣無任戰慄悚懼，謹録奏聞，伏候勑旨。謹奏。

葉適《葉適集》卷一《上寧宗皇帝劄子》 嘉泰三年（泉南）遞年代爲宣、信、建昌、邵武四郡發納上供銀一萬五千六百餘兩，四州軍却合應副本州衣絹紬等，自減半之後，通計五千五百餘匹，綿七千餘兩，惟信州取足而疎惡不堪。三州軍每年計虧三千二百餘疋，積欠紬價至五十九萬八千餘貫。

吴曾《能改齋漫録》卷七《關東絹》 杜子美詩：「我有一匹好東絹。」關東絹也。梁庾肩吾《答武陵王賚絹啓》曰：「關東之妙，潛織陋其卷綃。」

吴曾《能改齋漫録》卷一二《和買絹》 本朝預買紬絹，謂之和買絹。按，《玉壺清話》與《澠水燕談》二書，皆以爲始于祥符初，因王旭知潁州，時大饑，出府錢十萬緡，與民約曰：「來年蠶熟，每貫輸一縑，謂之和買。」自爾爲例。而《澠水燕談》又以爲其後李士衡行之陝西，民以爲便，今行天下，于歲首給之。予按，范蜀公《東齋記事》，稱是太宗時，馬元方爲三司判官，建言方春乏絶時，豫給庫錢貸之，至夏秋，令輸絹于官。預買紬絹，蓋始于此。以三書考之，當以范説爲是，蓋范嘗爲是官耳。予讀詩人袁陟世弼所爲墓誌，序其當仁宗時，爲太平州當塗知縣。且言江南和市紬絹，豫給緡錢，郡縣或以私惠人，而不及農者，當塗尤甚。世弼自爲條約，細民均得之。乃知太宗之所以惠愛天下多矣。而其後以鹽代錢，以爲縑直。又其後也，鹽亡而額存。然後知左氏所謂「作法于涼」，其説不誣也。

熊克《中興小紀》卷五《高宗建炎三年》　三月壬辰，兩浙轉運副使王琮言：「本路夏税及和買絹一百一十七萬餘匹，欲令民間每匹折價錢二緡，足計三百五萬餘貫，省抑助國用。」從之。

熊克《中興小紀》卷六《高宗建炎三年》　五月癸巳，詔諸路預和買絹帛，即支其直，違置之法。

熊克《中興小紀》卷一五《高宗紹興三年》　九月己未，詔略曰：「昨舉祖宗之制，欲杖贓吏於朝堂，亦以刑止刑之義。復思祖宗時，絹值不滿千錢，故以一貫三百計匹，後因論列，遂增至二貫足。今絹價不下四五貫，豈可尚守舊制，每匹宜更增一貫足。今後贓吏犯法，夫復何言。」

熊克《中興小紀》卷一七《高宗紹興四年》　（冬十月）甲午，户部侍郎梁汝嘉言：「每月經費一百餘萬緡，兼調發所用倍多，請權以江浙夏税及和買，十分折納五分，二分折四緡，三分折六緡，其紬則皆折納，二分折四緡，八分折六緡，令轉運司計綱輸送。」從之。

熊克《中興小紀》卷二四《高宗紹興八年》　五月丁未，樞密副使王庶，措置江淮，遂移張俊下張宗顔將七千人軍淮西，巨師古將三千人屯太平洲。分韓世忠二軍屯天長、泗洲，使緩急互爲聲援。以劉錡軍鎮江，爲江左根本。至是庶條上江淮事，上曰：「淮南利源甚博，平時一路上供内藏紬絹九十餘萬，其他可知。」參知政事劉大中曰：「淮南桑麻之富，不減京東，而魚鹽之利，他處莫比。」上曰：「以此淮甸不可不葺也。」

熊克《中興小紀》卷三六《高宗紹興二十四年》　夏四月庚子，宰執言：言者所論諸路州縣受民輸絹，官吏作弊，雖中程好物，抑而不受，至用柿油退印以壞之，卻縱攬子，多取民錢，輸以薄絹。上察其爲民害，命申嚴其法令，監司御史臺劾之，聽民越訴。

熊克《中興小紀》卷三七《高宗紹興二十六年》　秋七月癸酉，上諭宰執曰：「臨安民有納本户絹一疋被退，因詢之云，官中以不經攬户不肯受。朕令人用錢五千五百買之，乃好衣絹，已令韓仲通根治。近在輦轂尚爾，外方想不勝其弊矣。」沈該等曰：「陛下灼見弊原如此，天下幸甚。」【略】庚戌，言者論川中折帛錢太重，絹一匹私直五千，而官估十千，他物稱是。去歲裕民所減，不過一千。癸巳，上諭宰執曰：「須與減，若行下未必濟事，不若便令四川總領司且合減數申朝廷，庶幾民受實惠。朕自即位以來，未嘗一有妄用，凡以爲民而已。」

熊克《中興小紀》卷三七《高宗紹興二十七年》　春正月辛卯，上謂宰執曰：「須見得四川每年出入之數，常賦幾何，案《繫年要録》此下有横斂幾何句。軍儲所須與無名之費多少，朕不惜減以裕民，爲諸司未有定議，遽先如此，萬一闕乏，何以善後。之望有愛民之志，但臨事不審，率爾有請。」湯思退曰：「四川財賦，誠如聖訓，可趣蕭振等條上。」上曰：「甚善。」時起居郎趙逵亦奏四川在萬里外，其取民之塗有二，如激賞絹之類，官以民所當納者揭於通衢，上下共知，此明告之而取之也。激賞錢之類，總領以若干數下之州縣，必陽戒之曰：無損歲計，無傷民力。若然則須官吏自備而後可。官吏不能自備，其勢不得不暗增有額之數，私應無名之索，此陰取而不告者也。是故取激賞等錢，民不悟也，罷激賞錢，民不與也。臣願詔振等凡總司錢物，必分爲二，曰：此上下通知者，其不通知，當根其所自出而放之，然後吏不能沮而惠徧逮矣。既而振等會議於成都，奏請歲蠲東西路對糴米十六萬石、夔路激賞絹五萬疋，減絹估錢二十八萬有奇。

李心傳《建炎以來朝野雜記》甲集卷一四《財賦一·兩川激賞絹》　兩川激賞絹者，建炎四年，宣撫處置使司量宜于四川民户勸諭，令其等第輸納，以助給賞，凡三十三萬餘匹，俟邊事甯息即罷，不爲永例，自後不復減。紹興十六年，鄭亨仲爲宣撫副使，始減利路絹二萬匹。十二月戊戌。二十七年，鍾郎中奉詔裕民，復減夔路絹九千餘匹。惟東西二川獨存，至今遂爲常賦，舊例皆理正色，紹熙末，楊嗣勳總計，每匹但取估錢引三千，民甚便之。慶元中，司農少卿河間權安節總計，又權減一千，今以爲例。凡兩川激賞絹，額理三十萬匹，實理緡錢六十萬焉。

李心傳《建炎以來朝野雜記》甲集卷一四《財賦一·景祐慶曆紹興鹽酒税絹數》　景祐中，天下歲收商税錢四百五十餘萬緡，酒課四百二十八萬餘緡，鹽課三百五十五萬餘緡，和買絹二百萬匹。慶曆中，商税錢一千九百七十五萬餘緡，酒課一千七百一十萬餘緡，鹽課七百一十五萬餘緡，和買絹三百萬匹。紹興末，東南及四川酒課一千四百萬餘緡，鹽課二千一百萬餘緡，折帛絹三百餘萬匹。淳熙中，臨安府城内外及諸縣，一年共收税錢一百二萬餘緡，已當景祐四分之一。

李心傳《建炎以來朝野雜記》甲集卷一四《財賦一·兩川畸零絹估錢》 兩川畸零絹估錢者，本三路綱也。方承平時，東西兩川，每歲于二税及和買畸零絹內，起正色絹三十萬匹，應副陝西、京西、河東支遣，謂之三路綱運。建炎三年，張魏公出使川陝，改理估錢以給軍食，西川每匹至爲錢十一千，東川每匹十千。紹興二十五年，鍾世明奉詔裕民，每匹減一千。七月丙辰。二十七年，蕭德起爲帥，又減一千。三月甲申。其後節次減免，今猶輸七千，或七千有半。紹熙末，楊侍郎輔總計，又權減一千，至今爲例。兩路見額理絹估錢二百餘萬，實理錢二百七十餘萬云。

周密《齊東野語》卷一〇《絹紙》 坡翁嘗醉中爲河陽鄭倅書，明日視之，紙乃絹也，遂自題於後云：「古者本謂絹紙，近世失之云。」蓋古人多以絹爲紙，烏絲欄乃織成爲卷而書之。所謂璽紙者，亦以璽爲紙也。按《蔡倫傳》云：「用縑帛者，謂之紙。縑貴簡重，不便於人，乃用木膚麻皮等。」

隋《修文殿御覽》載晉人藏書數，有白絹草書、白絹行書、白鍛絹楷書之目。又魏太和間，博士張揖上《古今字帖》，其《巾部》辨紙字云：「今世其字從巾。蓋古之素帛，依舊長短，隨事截絹，枚數重疊，即名幡紙，故字從糸，此形聲也。蔡倫以布擣剉作紙，故字從巾，是其聲雖同，而糸、巾則殊也。」盧仝《茶歌》有「白絹斜封三道印」之句，豈以絹書之邪？

葉隆禮《契丹國志》卷七《聖宗天輔皇帝》〔統和二十二年〕契丹既陷德清，率衆抵澶州北，直犯大陣，圍合三面。宋李繼隆等整軍成列出禦。統軍順國王撻覽爲床子弩所傷，中額而殞。契丹師大挫，退却不敢動。

十一月，宋真宗親駕澶淵。是時曹利用之書已通契丹，尋遣左飛龍使韓杞持國書偕至南朝，跪授書函，復以關南爲請。宋帝曰：「所言歸地事極無名，若必邀求，朕當決戰耳！實念河北居人重有勞擾，歲以金帛濟其不足，朝廷之體固亦無傷。誓書不必具言，但令曹利用與韓杞口述玆事可也。」利用一再往返，乃許歲遺絹二十萬疋，銀一十萬兩，兩議遂定。契丹且請以兄禮事之。乃命李繼昌齎國書與姚東之偕往。契丹遣丁振奉誓書之宋。遂退師。自是不復侵邊矣。

宋真宗車駕至澶州，將止，寇準固請渡河，高瓊遂麾衛士進輦，至浮橋，瓊執撾築輦夫背，令亟行。既至，登北城門樓，張黄龍旗，諸軍皆呼萬歲，聲聞數十里，契丹相視怖駭。初，曹利用議和，面請宋帝歲賂金帛之數。宋帝曰：「必不得已，雖百萬亦可。」寇準召語之曰：「雖有勑旨，汝所許不得過三十萬。過三十萬，將斬汝矣！」利用至契丹，果亦如數成約而還。

葉隆禮《契丹國志》卷八《興宗文成皇帝》〔重熙十年〕八月，宋再命富弼同張茂實齎書至契丹。書曰：「來書云章聖皇帝與紹聖皇帝誓書，每歲以絹二十萬疋、銀十萬兩以助軍旅之費。今以兩朝修好三紀于玆，關南縣邑本朝傳守已久，愧難依從，每年更增絹十萬疋、銀十萬兩。恭惟二聖威靈在天，顧玆纂承，各當遵奉，共循大體，無介小嫌。餘依景德、統和兩朝誓書。」帝不復求婚而意在增幣，乃曰：「南朝遺我書當曰『獻』，否則曰『納』。」弼固争不可。帝曰：「南朝既懼我矣，何惜此一字。我若擁兵而南，得無悔乎？」弼曰：「本朝皇帝愛南北之民，不忍使蹈鋒鏑，故屈己增幣，何名爲懼？若不得已而至於稱兵，則南北敵國，當以曲直爲勝負，非使人之所憂也。」帝曰：「卿勿固執，古亦有之。」弼曰：「自古惟唐高祖借兵於突厥，故臣事之。當時所遺，或稱『獻』、『納』，則不可知。其後頡利爲太宗所擒，豈復有此禮哉？」弼聲色俱厲，帝知不可奪，曰：「吾當遣人議之。」於是留所許增幣誓書，復使耶律仁先、劉六符以誓書詣宋，求爲「獻」、「納」。弼奏曰：「臣以死拒之，可勿許，其無能爲也。」宋帝從之。時契丹固惜盟好，特爲虚聲以動宋朝。宋方困西夏，許予過厚。契丹既歲得金帛五十萬，因勒碑紀功，擢劉六符爲顯官，子孫貴於國中。

葉隆禮《契丹國志》卷二〇《澶淵誓書》

宋真宗誓書

維景德元年，歲次甲辰，十二月庚辰朔，七日丙戌，大宋皇帝謹致誓書于契丹皇帝闕下：共遵誠信，虔守歡盟，以風土之宜，助軍旅之費，每歲以絹二十萬匹，銀一十萬兩，更不差使臣專往北朝，只令三司差人搬送至雄州交割。沿邊州、軍，各守疆界，兩地人户，不得交侵。或有盜賊逋逃，彼此無令停匿。至於壠畝稼穡，南北勿縱搔擾。所有兩朝城池，並可依舊存守，淘濠完葺，一切如常，即不得創築城隍，開掘河道。誓書之外，各無所求。必務協同，庶存悠久。自此保安黎獻，謹守封陲，質于天地神祇，告于宗廟社稷，子孫共守，傳之無窮，有渝此盟，不克享國。昭昭天鑒，當共殛之。遠具披陳，專俟報復，不宣。

契丹聖宗誓書

維統和二十二年，歲次甲辰，十二月庚辰朔，十二日辛卯，大契丹皇帝謹致書于大宋皇帝闕下：共議戢兵，復論通好，兼承惠顧，特示誓書：「以風土之宜，助軍旅之費，每歲以絹二十萬匹、銀一十萬兩，更不差使臣專往北朝，只令三司差人搬送至雄州交割。沿邊州、軍，各守疆界，兩地人户，不得交侵。或有盜賊逋逃，彼此無令停匿。至於壠畝稼穡，南北勿縱搔擾。所有兩朝城池，並可依舊存守，淘濠完葺，一切如常，即不得創築城隍，開掘河道。誓書之外，各無所求，必務協同，庶存悠久。自此保安黎獻，謹守封陲，質于天地神祇，告于宗廟社稷，子孫共守，傳之無窮，有渝此盟，不克享國。昭昭天鑒，當共殛之。」某之約，信辭至悉，靈鑒孔昭。兩地不得相侵，緣邊各守疆界，誓書之外，一無所求，期在久要，弗違先志。諒惟聰達，應切感思，甫屬清和，妙臻戩穀。

契丹回宋誓書

維重熙十一年，歲次壬午，八月壬申朔，二十九日庚子，弟大契丹皇帝謹致書于兄大宋皇帝闕下：來書云，謹按景德元年十二月七日章聖皇帝與昭聖皇帝誓曰：「共遵誠信，虔守歡盟，以風土之儀物，備軍旅之費用，每歲以絹二十萬匹，銀一十萬兩，更不差使臣專往北朝，只令三司差人搬送至雄州交割。沿邊州、軍，各守疆界，兩地人户，不得交侵。或有盜賊逋逃，彼此勿令停匿，至於壠畝稼穡，南北勿縱搔擾。所有兩朝城池，并各依舊存守，修壕葺塞，一切如常，即不得創築城隍，開決河道。誓書之外，一無所求，各務協心，庶同悠久。自此保安黎庶，謹守封疆，質于天地神祇，告于宗廟社稷，子孫共守，傳之無窮，有渝此盟，不克享祀，昭昭天鑒，共當殛之。」昭聖皇帝復答云：「孤雖不才，敢遵此約，謹當告于天地，誓之子孫。神明具知。」嗚呼，此盟可改，後嗣何述！切以兩朝修睦，三紀于此，邊鄙用寧，干戈載偃，追懷先約，炳若日月。今綿禩已深，敦好如故，關南縣邑，本朝傳守，懼難依從，别納金幣之儀，用代賦税之物，每年增絹一十萬匹，銀一十萬兩，搬至雄州白溝交割。兩界溏淀，已前開畎者，並依舊例，自今已後，不得添展。其見堤堰水口，逐時決洩壅塞，量差兵夫，取便修疊疏導，非時霖潦，别至大段漲溢，並不在關報之限。南朝河北沿邊州、軍，北朝自古北口以南沿邊軍民，除見管數目，依常教閲，無故不得大段添屯兵馬。如有事故添屯，即令逐州、軍移牒關報，兩界所屬之處，其自來乘例更替，及本路移易，并不在關報之限。兩界逃走作過諸色人，並依先朝誓書外，更不得似目前停留容縱。恭惟二聖威靈在天，顧兹纂承，各當遵奉，共循大體，無介小嫌。且夫守約爲信，善鄰爲義，二者缺一，罔以守國。皇天厚地，實聞此盟。文藏宗廟，副在有司，餘並依景德、統和兩朝誓書。顧惟不德，必敦大信，苟有食言，必如前誓。

馬端臨《文獻通考》卷二二《土貢一》〔宋神宗元年〕諸路進奉金銀錢帛共二十七萬三千六百八貫、匹、兩。金二千一百兩。銀一十六萬五千四百五十兩。折銀錢一萬八千二百五十九貫七十七文。匹帛八萬七千八百匹。

同天節進奉一十二萬七百四十三貫、匹、兩。京東路金二百兩、銀五千五百兩、折銀錢四千三百二十四貫七百文、絹七千三百匹。京西路金一百兩、銀七千一百兩、折銀錢二千六百九貫四百七十五文。淮南路銀九千二百五十兩、折銀錢一千七十九貫二百二十一文。兩浙路銀一萬一千八百兩、絹五千五百匹。江南東路金一千兩、銀六千兩、折銀錢五百八十貫絹四千匹。江南西路銀一萬四千五百兩、絹二千五百匹。荆湖南路銀九千三百兩。荆湖北路銀八千一百兩。福建路銀一萬四千兩。廣南東路銀四千兩。江淮荆浙發運使副銀各五百兩。江淮等路提點鑄錢司銀一千兩。

南郊進奉一十五萬二千八百六十五貫、匹、兩。京東路金七百兩、絹一萬三千匹、折銀錢六百五貫文。京西路金一百兩、銀一千三百兩、絹一萬五千五百匹、折銀錢二千一百一十貫。淮南路銀三千五百兩、折銀錢六千一百三十九貫五百一十二文、絹一萬五千匹。兩浙路銀九千五百兩、絹八千五百匹、羅一千匹。江南東路銀五千五百兩、折銀錢五百八十一貫一百六十九文、絹九千匹。江南西路銀一萬五百兩、絹四千匹。荆湖南路銀一千三百兩。荆湖北路銀七千八百兩、絹五百匹。福建路銀二萬三千兩。廣南東路銀三千兩。廣南西路銀五百兩錢二百三十貫文

右係畢仲衍《中書備對》所述元豐間諸路聖節、南郊進奉金帛之數。

馬端臨《文獻通考》卷三一六《輿地二》 相州【略】貢暗花牡丹花紗、絹。

邢州【略】貢絹。

衛州【略】貢綿、絹。

洺州【略】貢紬。

深州【略】貢絹。

瀛州【略】貢絹。

雄州【略】貢紬。

霸州【略】貢絹。

莫州【略】貢綿。

祁州【略】貢花絁。

冀州【略】貢絹。

趙州【略】貢綿、絹。

保州【略】貢絹。

安肅軍【略】貢素紵。

廣信軍【略】貢紬。

永定軍【略】貢紬。

乾寧軍【略】貢紬。

順安軍【略】貢絹。

汾州【略】貢土絁。

幽州【略】唐貢絹。

威勝軍【略】貢土絁。

平定軍【略】貢絹。

寧化軍【略】貢絹。

岢嵐軍【略】貢絹。

保德軍【略】貢絹。

易州【略】唐貢紬、綿。

馬端臨《文獻通考》卷三一七《輿地三》　滑州【略】貢絹。

齊州【略】貢絹。

密州【略】貢絹。

濮州【略】貢絹。

魏州【略】貢花紬、綿紬、平紬。

徐州【略】貢紬、絹。

淮陽軍【略】貢絹。

泗州【略】貢絹。

博州【略】貢平紬。

鄆州【略】貢絹。

德州【略】貢絹。

棣州【略】貢絹。

濱州【略】貢絹。

滄州【略】貢大絹。

恩州【略】貢絹。

海州【略】貢絹。

宿州【略】貢絹。

馬端臨《文獻通考》卷三一八《輿地四》　濠州【略】貢絹。

滁州【略】貢絹。

廬州【略】貢絹。

無爲軍【略】貢絹。

建昌軍【略】貢絹。

馬端臨《文獻通考》卷三一九《輿地五》　靖州【略】貢白絹。

汝州【略】貢紬。

馬端臨《文獻通考》卷三二〇《輿地六》　解州【略】貢紬。

鄭州【略】貢絹。

應天府【略】貢絹。

亳州【略】貢絹。

曹州【略】貢絹。

許州【略】貢絹。

陳州【略】貢紬、絹。

潁州【略】貢紬。

唐州【略】貢絹。

隨州【略】貢絹。

馬端臨《文獻通考》卷三二一《輿地七》　達州【略】貢紬。

渠州【略】貢綿紬。

涪州【略】貢絹。

巴州【略】貢綿紬。

蓬州【略】貢（錦）〔綿〕紬。

忠州【略】貢綿紬。

簡州【略】貢綿、紬。

廣安軍【略】貢絹。

雲安軍【略】貢絹。

馬端臨《文獻通考》卷三二二《輿地八》　勝州【略】貢青絁。

渭州【略】貢絹。

馬端臨《文獻通考》卷三二三《輿地九》 韶州【略】貢絹。

南雄州【略】貢絹。

循州【略】貢絹。

愛州【略】貢絁。

徐松《宋會要輯稿·食貨一二·身丁》 高宗建炎三年十一月三日德音：訪聞兩浙人户，歲出丁鹽錢，每丁錢納錢二百二十七文，後來並令折納絹一尺，綿一兩，已是太重。近年以來，户口減耗，丁鹽錢價未嘗蠲除，至有一丁認三丁之賦，加以近歲綿絹價高，比之納錢，暗增數倍，民户重困，無甚于此。自今第五等以下人户，一半依舊折納外，餘一半只納見錢。【略】六年八月三日，樞密院檢詳諸房文字王迪言：願詔有司講求諸路丁錢、丁米之數，隨田税帶納。勘會湖南路丁未已降指揮，除二分見於人户田畝上均敷外，餘一分令本路轉運使相度具數，申尚書省。兩浙路丁鹽錢係催納見錢，并許將土産紬絹依時價折納。詔令户部行下諸路轉運司，具本路有無丁錢、丁米及如何催理，具狀申尚書省。

【略】 二十六年七月三日詔：昨降指揮，放免諸刑軍身丁錢一年不住，據諸處申請，乞將身丁綿絹一槩蠲放。契勘元降指揮，雖止爲丁錢，緣事屬一躰，理宜優恤，可令户部將身丁綿絹並與蠲放一年，所放丁絹，約計二十四萬餘疋，於内庫支降本色絹，并買絹錢各一半，應副歲計支遣。如有人户已送納過數目，即於來年折除。如州縣承令降指揮蠲放後，輙敢擅行催納，許人户徑赴臺省申訴，仍專委監司覺察，臺諫彈劾以聞，當重寘典憲。仍令户部鏤板遍下所屬，遵守施行。

同日三省言：准詔蠲放民間一年丁絹之數，計二十四萬疋，内十二萬疋令與户部官商量，措置收買，合用錢於内藏庫支還，餘十二萬疋，令内庫支給本色，以惠細民。沈該等曰：昨降指揮，止爲免丁錢，今陛下欲併與丁絹及綿全行蠲放，聖恩寬大，百姓蒙被實德，今歲絲蠶登熟，民間絹易得，置場收買，便可足數。上曰：不惟寬民力，且不失信於民。該曰：陛下加惠百姓，捐内府之藏以助民力，堯舜博施仁不是過也。上又曰：近得一雨，甚可喜。該等奏曰：只如今日蠲放民間丁絹，便可召和氣致甘澤。

十一日有詔：近令内庫支降絹并買絹錢補填，已放人户身丁綿絹及人户已有納過數目，即於來年折除，尚慮州縣將今來人户已納之數，巧作名色，却填別項積久，致失優恤之意。令諸路監司給榜下所屬州縣，仍各多出文榜曉諭，務令人户通知，如有違戾，依已降指揮，許人户越訴，專委監司覺察，臺諫彈劾以聞，當重寘典憲。【略】

紹興三十年七月十九日，兩浙轉運司言：湖州武康縣，每四丁絹一疋，自來並納本色，不曾折錢。烏程、歸安、吴興、安吉、德清縣，每三丁納絹一疋，自來聽從民便，或納本色，或納見錢。州縣舊例，一户三丁納本色絹，二丁折納見錢。又逐縣丁産簿籍不明，並不逐時銷注陞降，將來經拘籍丁名之人，行下追催，號爲腹撐丁，又名貌丁，既不收係省額，止以充州縣支用，又將合催丁名預出，由子付人户收執，送納有力上户，及攬納之人，多是攙先送納本色，貧民下户，並須催納見錢折納，倍費虧損下户。詔令兩浙轉運司措置改正，出榜約束曉諭，如有違戾，許人户越訴，仍令户部行下其餘州縣，或有似此去處，亦仰依此改正。

三十一年正月十四日，尚書右司郎中兼權中書門下省檢正諸房公事吕廣問言：昨任兩浙運副日被旨，措置改正湖州丁絹不均等事。今照得朝廷未行鈔鹽以前，歲計丁口官散蠶鹽，丁給鹽一斗，納錢一百六十六文，謂之丁鹽錢。自行鈔鹽之後，官不給鹽，依舊錢每丁增至三百六十文，謂之身丁錢。至大觀中，湖州申明令三丁折絹一疋。當時絹賤未有陪費，其後絹價增長，陪費漸多。宣和中，唯武康知縣姓朱人，將本縣保甲，依法編排，見得丁數增添，遂申朝廷，將所增丁口均入絹數，遺成四丁納絹一疋，其餘五縣，後來丁口雖增，不曾均遺，至今三丁猶當一絹，蓋緣逐縣例，將寬剩人丁，不行註籍，暗收丁錢，以資他用。籍既不明，無以稽考，所增錢數，不盡歸官，凡公吏、保正長皆得侵隱。而又丁籍歲終既不開收年額，所催止憑舊籍，遂致老病死亡，更不除減，民間既苦絹價陪費，而又虚抱合消之數，由是民力日困。本司相度，若令逐縣差人巡門根刷，徒有搔擾，遂措置申明印給甲狀，從本州每縣差官一員，責付逐鄉保長依散，每三十户結爲一甲，自書本户的寔丁口，結罪遞相委保，所有以前隱落，更不坐罪，唯今來狀内隱落不寔，許人陳告，斷罪追賞。其甲狀付所委官拘類取見逐縣增添丁口，遺入舊額，依倣武康體例，增丁減絹，以寬民力。除行下本州縣，并散給印榜鄉村曉諭，及於所給印榜申狀前朱印聲說，令來正緣人户送納身丁錢絹太重，措置括責要見所增丁數遺入舊額，均減丁絹，即非要添丁額以增絹數，使人户通知，不致疑惑。今諸縣推排，稍已就緒，且舉長興一縣論之，元管丁五萬一千有零，今排出八萬三千，比舊約增十分之四。舊額理絹一萬七千，每丁納絹一丈三尺，合折錢二貫三百有零。今據排出人丁均減外，每丁止納絹八尺有零，合折錢一貫四百，委是民力稍寬。訪聞昨來作弊欺隱丁口之人，今既改正，姦計不行，却乃扇摇人户，稱是官司排出丁口，比舊增溢，謂要增添上供歲額，非是欲于逐一名下遞相均減。仍聞逐縣事體不同，亦有排出人丁所增數目不多去處，妄説官司欲以增數最多縣分與諸縣衮同，通一州絹額均攤，以此民間不免疑惑。兼慮有僥望希求之人，不知朝廷措置，本意恤民，却將增出人丁，陳獻利便，妄乞別項拘催，以爲額外羡餘之數。如此則一州民力愈困，必致逃移。照得湖州申到歲額身丁紬絹八萬一十六匹二丈七尺三寸四分，遞年別無增減，欲望明降指揮，上件身丁紬絹止依舊額催理，所有今來排出丁口，逐縣各將元額均敷，不得輙增舊額，先次行下户部運司湖州照會約束，仍有妄獻利便擾民之人，亦乞重作施行。

三十二年四月十八日，安豐軍言，近緣金賊侵犯，未成倫序僧道免丁錢難以辦集。詔權與展免一年。

五月二十一日，權發遣湖州陳之茂言：兩浙丁錢，自皇祐中許人户將土産紬絹，依時價折納，謂之丁絹。烏程諸縣，每四丁納絹一疋，長興縣每五丁納絹一疋。今之措置，蓋有二説，一欲將歲額爲定數，却以續增之丁，均入歲額，不必拘以四丁，五丁爲一絹。如此則丁口既增，丁錢亦減，朝廷不失常額，民亦易於輸納。一欲將絹錢每疋作五貫紐計折納，向若折納本色，緣百姓僻居郊野，艱於湊成端疋，付之攬户，多取價直，是納丁之家雖使本色，其寔與折錢無異，況畸零合鈔，少者四户，多者八户或一二十户，無緣人人得鈔，鄉司作弊，重疊追呼。於是户部言：今欲下兩浙轉運司行下本州，將人户所納丁絹，如願本色者，即依已降指揮，與別户合鈔，湊成端疋送納，各給憑由。若願納錢，即聽從便。其所乞折納絹價，如別無虧損，官私即依所乞施行，今後增減丁數，即不得損益元額。從之。

孝宗隆興二年四月二十六日，知常州宜興縣姜詔言：本縣無税産人户，每丁納丁身鹽錢二百文足。第四第五等人户，有墓地者，謂之墓户，經界之時，均紐正税外，又令帶納丁鹽絹，作折帛錢輸納。本州管下晉陵、武進、無錫三縣，皆於衆户田産上均納，獨是本縣紐在下户帶丁收納，致人户不得已將父祖墳墓遺棄逃亡，或典賣與人，在上耕種，使枯骨暴露，情寔可憫，欲乞依三縣一例均納。從之。

乾道元年二月二十二日詔：朕以淫雨不止，有傷蠶麥，自二十五日，避正殿，減常饍。其浙東西路灾傷人户，合納乾道元年身丁錢絹，臨安府、紹興府、湖、常州並與全免一年。温、台、明、處州，鎮江府並各減放一半，將減下之數，於内庫紐支銀絹，撥還户部。【略】

乾道六年三月二十四日，嚴州言：乞先將本州第五等户無産之人丁鹽絹數蠲減。户部契勘，嚴州民户，從來輸納丁鹽絹，係積舊年例，合納之數，難以遽行減免。緣本州昨來知州柳楹任内，發到餘剩錢六萬三千貫，已起赴左藏南庫送納了當，今欲下嚴州將第五等無産税人户四萬一百九十六丁合納丁鹽絹與放免一年，計減放絹一萬二千八百六十二疋二丈八尺八寸，每疋作六貫文省，紐計價錢七萬七千一百七十三貫七百二十八文，令左藏南庫却將嚴州起發到前項餘剩錢六萬三千貫，撥還左藏西庫，其餘不足錢一萬四千一百七十二貫七百二十八文，本部自行管認。從之。【略】

乾道七年二月八日詔：温州人户合納身丁絹，隨夏料送納，已承乾道六年十一月十八日指揮，將第四第五等人户與放免一年外，竊慮所降指揮之前，已有人户送納在官，仰並特與理作乾道七年合納之數。【略】

乾道九年八月十四日，宰執進呈兩〔浙〕諸州丁鹽絹數。上曰：范成大謂處州丁錢太重，遂有不舉子之風。虞允文奏曰：誠有之，但諸州縣丁絹尺寸多少各不等，欲擇其重者蠲之。上曰：有一家而數丁者，須當量與減免。卿等更議定以聞。於是詔兩浙州軍人户身丁鹽錢折納紬絹數内，紹興府、湖、處州比之他州最重，敷納不均，訪聞民户避免，至於生子不舉，有傷風化，可令提舉常平官，限一月取見逐州所管户口丁數等第，每丁歲納若干，有無科折，覈寔保明，攢具成册，繳申尚書省取旨。

十月一日，司農少卿總領淮東軍馬錢糧蔡洸言：鎮江共管三邑，而輸丁各異，有所謂税户，有所謂客户。税户者有常産之人也，客户則無産而僑寓者也。税户，客户惟丹徒並輸丁，而丹陽、金壇二邑有税則無丁。其輸丁者，客户而已，每丁所輸或二尺，或四尺，固已不同，而官司受納，則以匹計，故攬納者得以邀其利，倍取其直，然後湊匹，賤買以輸之。衆户併爲一鈔，有鈔則可持以爲驗，而無鈔未免有重疊追輸之擾，豈不重困民力。乞令税、客户一體輸納，少紓客户之力，而三邑不得自爲同異，則民樂輸矣。仍乞見輸丁絹依和買之直計尺折納，而人給一鈔，既免重疊追擾，且攬户不得以邀其利，則民不困矣。況一歲不過一千七百三十二匹一丈八尺，若以其絹合赴内帑交納之物，於法有礙，即乞令鎮江府折納買絹起發，於官無損，而三萬六千九百餘丁均被寬惠。從之。

八年五月，知湖州單夔言：本州六縣管二十六萬八千六十九丁，計絹六萬五千二百九十六匹有零。又續編排出隱漏一萬四千八百九十二丁，元額每三丁或四丁以上納絹一匹，視他州爲重，詔每七丁共納絹一匹，比元額每歲計減絹二萬四千八百二十匹，令提領左藏南庫所每年於納到沙田蘆場租錢内撥還户部。未幾，續承指揮下項嚴州管一十二萬三千一百二十四丁，每歲納紬絹三萬九千三百九十九匹有零，係每丁納絹一丈二尺八寸。紹興府管三十三萬三千五百二十一丁，每歲納紬絹四萬三千一十五匹有零，綿七萬七千四百二十餘兩，錢四萬七千七百五十貫有零。上四等係約四丁納絹一匹，五等係約八丁納絹一匹。處州管一十九萬一千三百八丁，每歲納絹錢二十萬三千六百餘貫，係四丁以上共納絹一匹，委是稍重，詔嚴州依湖州每七丁共納絹一匹，每年共減二萬四千二百九十三匹有零，計錢四萬七千一百七十貫足有零。紹興府上四等每七丁共納絹一匹，第五等每十丁共納絹一匹，每年共減絹一萬三疋二丈五尺四寸，計錢五萬二千一十八貫七百足有零。處州上四等户每五丁共納絹一匹，五等户每八丁共納絹一匹，每年共減絹九千九百一十匹有零，計錢三萬四千六百八十貫文足有零。以上減下錢數，並令每年收到沙田蘆場租錢内撥還户部。

九年五月十一日，中書門下言：節次已降指揮，湖、嚴、處州，紹興府歲輸丁絹，各以均減，如願共納成匹絹帛，尚慮止是一户得鈔，餘户與以執照，乞令逐州，府，每户各給憑由，以革再行追擾輸納之弊，仍自乾道八年爲始，若人户已有納過數目，亦與出給憑由，理充乾道九年合納之數，不得重疊科取，如違，官吏重作施行，許人户越訴，仍多出文榜，曉諭人户通知。從之。

徐松《宋會要輯稿・食貨三八・和市》　神宗熙寧三年，正月二十三日，御史程顥言：聞京東轉運司去歲因和買紬絹，多拖數目，於人户上配散，每錢一千買絹一匹，後來却令買絹并稅絹每匹令輸錢一千五百文，又配上等户俵粟豆錢。詔具折以聞。京東轉運司具折到，所散粟豆錢只是要濟民乏，兼只召人户情願，即不是等第一例配俵。詔：已行常平倉新法，今後更不得支俵粟豆錢，其支散内藏庫別額紬絹錢五十萬貫，納到本錢即撥充北京封樁所收息錢，於内藏庫送納。【略】

熙寧八年九月二十三日，杭州助教孫麟乞借市易務錢五七萬緡買紬絹，比杭州結錢民間預買可增十萬餘匹。詔：給末鹽鈔四萬緡，錢三萬緡爲本，仍以將作監主簿梅宰同買。十月二日，都提舉市易司言：袁州和買紬絹，舊以鹽準折。今乞依諸路例，每匹給錢千，從本司遣官據合支鹽數，以末鹽鈔赴州出賣。從之。十年正月九日，中書言：近許市易司與江南西路轉運司兑洪、撫等五州軍鹽和買紬絹，及差屬官歐陽成總領，以鹽引從便移易與轉運司財賦并場務課額有妨，欲令以諸州所支和買鹽數委轉運司相度裁定，罷還市易務所差官。從之。

元豐元年閏正月六日，詔京東路轉運司許借封樁差軍代役人錢五萬緡，西路轉運司許借坊場錢十萬緡，預買上供紬絹。十七日，詔三司裁定諸路預買匹帛價。九月九日，都提舉市易司言：乞以見錢於河北出絲蠶州縣，俟三司和預買紬絹足日，如民願請價錢，委令佐續行支給，其收斂並依和買條施行。從之。二年九月三十日，尚書兵部言：乞以川路見樁賣不堪官馬及死馬錢，委提刑司官，計置買匹帛上京，川峽四路準此。從之。三年六月二十五日權發遣京東路轉運副使李察，乞增預買紬絹二三十兩，從本路轉移。從之。【略】

元豐六年三月四日詔：借支河北提舉司寬剩錢三十萬緡，付轉運司預買紬絹。

哲宗紹聖四年十一月十四日，詔户部嚴戒諸路監司應取承詔旨市物色，並於出產多處，置場計數和買，召人赴場中賣，以見緡給之。數口不係出產或出產數少及當年偶闕者，即申本司，別行下出產多處和買。又不足，令監司具陳。違者坐違制罪，仍令提舉常平司察舉，如有違戾，具名申尚書省，仍許人户徑詣提舉常平司陳訴，如不爲理者與同罪。每遇和買，皆揭示詔文。

徽宗建中靖國元年正月十九日，户部狀脩立到下條諸縣，散預買紬絹價，前期録應用條制及以鄉村排定應給日分曉示，二月終給散盡絶。本保三户以上爲一保，不給州縣吏人，令佐親臨，各限當日畢，本州具逐縣給散訖月日，申轉運司類聚保明聞奏，不得尅納欠負。詔從之。

十月二十三日，中書省檢會當年五月七日指揮，令提舉司各那借本司剩錢，同轉運司，於來年依例預行支散價錢和買絹：京東西路各二十萬匹，河北東西路各十五萬匹，京西南北路各五萬匹，淮南東西路各五萬匹，兩浙路十萬匹。逐旋依條計綱起發，上京赴元豐庫送納，京東、河北於逐路封樁，聽候朝旨移用，亦有借過提舉司錢，候將來廣西路起發到金銀，仰元豐庫申請依數撥還。詔逐路提舉司，除已支錢外，更不支散，候將來統蠶成熟，分擘與可收買處州軍，選官置場和買，其合撥還錢并起發上京，並依已降指揮。

崇寧元年二月二十六日詔：諸路和預買紬絹錢，須管預行計備，依舊條並限正月十五日已前給散盡絕。

四年六月二十二日，尚書省劄子，訪聞兩浙路每歲和預買紬絹，並不行下出產州軍計置，多是科於不係出產州軍和買，致使客人規利，興販前去，計會公吏，乞取錢物，嚴加催督，人户不免用貴價於客人處收買，中官以苟免罪戾，不惟倍有勞費，兼未稱朝廷愛民恤物之意。兼勘會春首俵錢，本以濟民之急，轉運司往往過時給散，顯失法意。詔：今後和預買紬絹物帛，並科下出產州軍和買，不得更似前日行下不係出產州軍計置，却致擾民。所有每年俵買價錢，令前期樁管，依條於正月十五日已前盡數給散。如委實闕錢，即時許於諸路，應干諸司封樁常平等錢內借撥，應副其買到物帛，令借錢官司拘收樁管，候轉運司要用，以見錢對行樁撥。如轉運司輒敢擅便取撥，即依擅使朝廷封樁錢物法，仍仰本路提刑司覺察聞奏。【略】

大觀元年十二月十六日，尚書省劄子，勘會大觀庫，見今闕少物帛，竊慮緩急闕悞。詔：令兩浙、京東、淮南、江南東西、成都府、梓州、福建路，於出產物帛處，轉運司於來年絲蠶豐熟州縣，依市價收買，其價錢並於本路提刑提舉司朝廷封樁錢內支撥應副。務在兩平和買，不得科配，抑勒搔擾。如違，官員降黜，公吏人等決配。若因而減尅乞取，或作他人名目受者，以自盜論。其買到物帛，逐旋支撥與提刑司，拘管團綱差使臣，或本路見任待闕得替官，管押起發本庫送納。仍令轉運司每月具已未買及已起發數目，月日、管押人姓名，申尚書省。所有撥到價錢，如轉運司敢別有文移使用，除依擅使朝廷封樁錢物法外，亦當重行降責，仍令所買路分轉運司，逐處依式具帳申尚書省。

二年三月四日，上批和預買紬絹，近受八寶赦內曾詔有司，令前期給價。比聞有以鹽鈔一蓆折見錢六貫，至期輸納絹六匹，方今絹價倍高，而鈔價難售，自今仰監司郡縣，並支一色見錢，不得以他物准折，違者提刑司按劾以聞。本法外加二等科罪，仍不以赦原委，御史臺覺察聞奏。【略】

十一月二十四日詔：和預買多俵於坊郭游手兼并之户，而減數於鄉村蠶織之家，敦本抑末之道也。然至四五百匹，則其數太多，深慮艱於輸納，可令諸路轉運司相度聞奏。繼而京東路轉運司奏，本路州軍，每歲支俵坊郭户和預買物帛，除無俵至四五百匹去處外，有興仁府一户，萬延嗣家業一十四萬二千貫，歲均一千餘匹，雖延嗣一户俵買數多，又緣本人物力出等，一路爲最，今欲乞且依自未條法支俵施行。詔：萬延嗣與依年例減半俵買，餘依奏。

三年十月二十六日詔：官司近年甚有拖人民間預買及拖買物色價直去處，互相蒙庇，致朝廷莫得而知。仰逐路提刑提舉官，取索應今日已前未還民間錢糧多寡，立爲上下半年，或作季限催督，責令旋次給還，仍各註籍拘管勾銷，或有規避隱匿官司，並科違制罪。如限滿吏敢違欠，即具當職官吏姓名，申尚書省取旨。提刑提舉司承今來指揮，不究心取索，若人户別有陳訴，並重行黜責，仍不理去官。【略】

政和元年正月五日，户部侍郎胡思文言：在京歲用金、銀、綾、羅、絲、絹逐色，所收不敷所支之數，從來不免逐急在京收買，支破係省錢，比之外路和買，價直倍多，色額低下，不堪供應。欲將逐路拖欠錢斛，令逐路轉運約所用價錢，於出產去處，量增市價和買，作急切綱運，限來年夏季終，盡數到京，赴左藏庫送納。仍遵依近降，不得科買配賣搔擾，詔條指揮施行。從之。

二十二日，户部言：提舉京畿京西路鹽香事程奇奏，州縣官吏於民間買物，所定實直低小。乞州縣每月所定實直及逐旬增減狀，各以一本，州送就近監司，縣送本州，常切點檢覺察，監司巡歷州縣，將逐處實直體究，或高下異同，有害民力，並許根治。仍乞詔有司立定刑名，看詳添修諸物，每月一估，每物具上中下等，實直時估，結罪申價有增減，旬具刺狀送在任官，書知州縣鎮寨實直，仍申本州審察，監司若季點官，巡按到處準此。條事件申聞。詔依〔之〕。

三月二十九日，户部言：京西路臣僚奏，暴吏倚勢，官物之價多小於市中，取於非時，求於不產事。奉內批，倚勢作威，厚斂於民，先王所深戒，若掊取徇己，或上結權貴，尤爲可罪。今後有犯者，當重責之，爲躁進趨附之戒。看詳元符敕，在任官賣買物旋行增損實直，及抑非本行賣買物等，有徒二年之制，欲申明行下。從之。

四年八月十七日，京畿提點刑獄公事林箎奏：中都積帛不可不厚，比來朝廷拋買，民間觀望，不無邀價。欲令諸州應出賣預買絹，並將諸司朝廷封樁錢依所估價允撥起發上供，如朝廷封樁錢不足，即以常平司未用錢，逐急允撥樁管，候有封樁錢數撥還。從之。【略】

〔宣和二年〕五月八日，尚書省言：勘會預買紬絹價，諸縣於正月十五日以前給散，至蠶絲收成之後，隨夏稅送納。從來官司於受納之日，專庫公人多端乞取，民受其弊。欲諸告獲，因受納預買紬絹，干係公人受乞財物，笞杖罪賞錢三十貫，徒五十貫，流八十貫，死罪一百貫者。從之。【略】

六年四月三日詔：四川和預買絹布等，聞官吏欺弊，不支價直，或準折鹽鈔，有名無實，遠民生困，無所越訴，可申嚴約束，違者以違制論。【略】

七月二日詔：應諸路州軍，今後買合納上供，或應副他處及本處軍衣物帛買納畢，委官定驗，有粉藥紕薄短狹者，計所虧官準盜論贓，輕者徒二年。即專庫合干人及管押人綱梢等，以私物貿易計贓，輕者徒三年。仍仰廉訪使者覺察聞奏，餘依見行條法，各不以失及去官自首，原減。

十二月十九日詔：和預買絹，本以利民，比來或量支雜物，或但給虛券，其害甚多，仰轉運司預取一路合俵之數分，下州縣通融措置，或不以見錢而以他物，不以正月而以他月給散者，以違制論。【略】

欽宗靖康元年五月七日詔：應因備禦脩葺城壁并防守器具之類。和買過民間等，及須索應副軍期之物，如有未支價錢，並仰所屬，限半月一併支過。

（高宗建炎）二年九月一日臣僚言：錢塘之民，苦於和買，乞以杭州之數，分別八萬匹與平江府，四萬匹與秀州。詔下本路轉運司均撥。尋據逐州申陳，自祖宗以來，不曾支俵和買，兼人民從來以水田爲業，不産蠶桑，乞行蠲免。本司今欲將杭州減下和買一十二萬匹，只以一半六萬匹於平江府、秀州俵買，内平江府買四萬匹，秀州二萬匹，其餘一半六萬匹，均於出産湖、明等州添俵。内湖州六千四十匹，明州五千七十二匹，台州五千八百八十匹，處州三千九百六十匹，衢州七千八十匹，常州一萬七千五十二匹，嚴州六千九十六匹，鎮江府一千二百匹，除建炎元年、二年已過時外，自建炎三年爲始。續據户部奏，路路有建炎元年分預買，今已過時，欲乞自建炎二年爲始，分作三年帶納，依轉運司均撥，定州軍施行。從之。

三年三月十四日，兩浙轉運副使王琮等言：昨乞將本路逐州今年合發上供和買夏税紬絹，共計一百一十七萬七千八百四匹，令人户每匹折納價錢二貫文足，計三百五萬九千二百二十八貫一百一十文省，未承回降指揮，緣上件價錢，委是酌中，難以增減。今來和買夏税物帛，起催條限逼近，若前期行下州縣，即可如期便得見錢，仰助國用。詔依上件條限起發。

五月十六日詔：諸路預買，多是不給價錢，雖累降詔旨，預支與錢，多不曾給散，仰諸路監司守貳，每歲預買綿絹合給錢，須管轉那並行支給，若或有違，並重實典憲。

九月二十四日詔曰：朕累下寬恤之詔，而迫以經費，未能悉如所懷。今聞東南和預買紬絹，其弊尤甚，可行下兩浙、江東西路，於見買數内蠲減四分之一，以寬民力。仰逐路轉運司，今後預樁見錢，依時俵散，如違重實典憲。

紹興元年正月二十日，户部侍郎孟庾言：乞將紹興二年兩浙合發夏税和買紬絹，除減免并進奉外，紬絹本色共一百六萬四千五十匹，并一半依例折納價錢，每匹兩貫文足，仍令逐州將合折數於第五等人户全折，餘錢均於四等人户内折納，庶寬下户。從之。

三月十五日，後殿進呈黎確乞早定越州將來所納和買絹分數，以爲前此曾令以米折絹，以故有米之家愛惜，以待臨時輸官之用。上曰：聞近日米價翔貴，細民極不易，須早定指揮，止令納絹，庶幾富人肯出積米，以舒艱食，於細民爲便。范宗尹等曰：謹依聖諭。二年十一月二十三日詔，臨安府實經賊馬殘破去處，人户未納去年和買并紬絹折帛錢，並與放免。

三年三月三日，臣寮言：諸路州軍每年和預買紬絹，祖宗朝各有定數，自來兩浙州縣多寡不一，至有闔郡俱免者，行之百有餘年，而無不均之患，良由輕重適當故也。嘗考一路秋賦苗米之數，參以和買紬絹，乃知和買之多寡，率視秋賦之輕重。如臨安府、湖州等，和買爲多，而苗米比他處最少。常州、婺州等，和買差少，而苗米比他處爲多。以至平江府、秀州，苗數尤多，故得全免俵買。昨因臨安府曾經方臘殘破之後，知府毛友乞將管下九縣和買紬絹數内，權撥一十四萬與本路諸州分認。而平江府、秀州皆是創行和買，至今累年詞訴不已，各未曾承認，況自軍興以來，鮮有不經兵火去處，若臨安獨緣賊盜之後，權將和買分與諸州，而諸州所納秋苗既重，更增認和買於殘破之餘，顯屬輕重多寡不均，乞將毛友所乞，權將一時指揮改正，兼兩浙路管下，止是臨安、紹興府兩處和買最多，近降指揮，紹興府和買以十分爲率，蠲減一分訖，其臨安府，正是今來車駕臨幸之地，若令便依元額承認，亦恐未得允當。今已出違預俵錢月分，更乞付外詳酌施行。詔：令户部限三日勘當，申尚書省本部契勘。臨安府先減下均撥與諸州紬絹，除四分減一外，實計八萬四千匹。若盡數便令本府認發，又緣即今車駕臨幸之地，竊慮難以認發，必致拖欠，有悮行在，指擬兼嚴、常、湖、台、處、明、衢、婺州、江陰軍共九州軍自認發，後來每年各已依數起發，別無拖欠，并鎮江府所認數目不多，並合依元認之數俵買起發外，平江府、秀州各係水鄉，不係桑蠶浩瀚之處，委與其他州軍事體不同，今重別參酌均定。秀州元認一萬五千匹，今欲自紹興三年爲始，與減五千匹，認起一萬匹。平江府元認四萬匹，除兩經減免外，止認一萬匹。竊緣秀州與平江人物繁盛不同，秀州減五千匹外，尚認一萬匹，其平江府難以盡行蠲免，欲自紹興三年爲始，與減三千匹，認起七千匹。所是兩州減下八千匹却回臨安府，自紹興四年爲始，認數起發。其平江府，紹興二年以前拖欠未起五萬四千匹，欲乞更與蠲免。從之。

十月九日，尚書考功員外郎魏矼言：昨降詔書，以和預買紬絹價錢，固已虧損人户，而又州縣多不支給，委提刑取索已未支數來上，當議典憲。臣聞州縣奉行詔書，旋即支散，而姦胥滑吏，乘時乞取，且有詭名盜請者，朝出公帑之門，暮發群吏之家，百姓以户籍所繫，初不敢較也。臣謂不若據合支和買本錢，撥充逐户免役錢，使官無侵受之弊，民無請納之勞。詔令諸路轉運常平司，限三日同共相度，申尚書省。其後户部言兩浙轉運司契勘本路州府，合俵紹興四年和預買本錢，共七十三萬七千餘貫，委是無可那撥。浙東提刑兼常平司申，若將人户合納役錢，撥充和買本錢，雖於轉運司別無妨礙，其人户既不輸納役錢，則諸州更無役錢可以支給，必致妨闕。兩浙西路提刑兼常平司申，免役錢係募人充役，按月給散，不可少闕，深慮轉運司既將免役錢撥充和買本錢，後必不依時便肯撥還，却無錢給散役人，臨時妨闕。本部契勘免役錢，在法據歲用之數，係於人户等第上均敷入官，樁留募人充役，按月給散，並是指擬之數，不可少闕，其錢係常平司所管之數，欲乞依兩浙東西路常平司所申事理施行，餘路依此。從之。

四年正月十四日詔：和預買本錢，已降指揮，隔季樁辦。如違限不樁，或擅支用者，並徒二年。

二月九日詔：應今後遇有科敷及和買，監司郡守須契勘諸縣，實有合支錢窠名數目，方許施行。若違戾詔令，科率百姓者，監司郡守並一等科罪。

九月十五日，明堂赦：契勘近年以來，紬絹之價，比舊增貴數倍，而和預買本錢或不時給，或給錢多有侵刻，弊事甚多，重擾百姓，仰諸路轉運司將人户每歲合納和預買紬絹，於五分中特減一分，以償本錢，免令人户赴官請領。謂如户下合納五匹，即以一匹充本錢，只納四匹之類，不及匹者，以丈尺寸紐等其減下一分紬絹，令本司收簇合俵本錢，置場收買，依限起發，不得虧損上供額數。如有不足，據的確數目，依兩浙轉運司已降指揮，取撥本路一分酒稅錢應副。尚不足者，於建炎四年以後諸州添酒錢內支撥，仍自紹興五年爲始。

十月十九日，户部侍郎梁汝嘉言：每月經費，合用錢一百餘萬貫，兼調發軍馬，所用倍多，理當權宜措置。今相度以江浙合納夏秋和買紬並行折納，內二分每匹折錢四貫，餘八分折錢六貫。絹以十分爲率，折納五分，內二分每匹折錢四貫，三分折錢六貫。令逐路轉運司計綱送納。從之。

五年五月二十三日，三省進呈收買一分和預買絹。趙鼎奏曰：前來赦文中，五分中特減一分，以償本錢，令轉運司依年例置場買發。今訪聞諸州縣，却令一分中一半納本色。始欲優恤百姓，其實重害。欲令自來年依祖宗舊制，前期俵散本錢和買。上曰：甚善。【略】

八年二月二十八日，中書門下省奏：勘會紹興府和買絹，比之諸州太重。詔與減放一萬匹，令孫近相度均減。

九年正月五日詔：江浙今年合納和預買紬絹，已降指揮，以分數折納見錢。緣給本錢，州縣往往不曾支給，可於見折錢上每匹特免一貫文。

十二年九月十三日赦：勘會江浙和預買，緣歲用浩瀚，未能盡罷，比年減免，以十分爲率，止折一分，務從寬恤。訪聞諸縣，不依所降分數，違法折納，以充自用，或胥吏衷私，科出虛數，計會增減，實爲民害，仰監司部守，常切約束，具實數明出板榜曉諭，如有違犯，逐一覺察按劾，官員竄責，人吏決配。

十七年三月十八日，宰執呈上供和預買紬絹，州縣循襲，率以二月起催。上曰：二月間蠶猶未生，預期催迫，使民間何以應辦。檜曰：當令漕司約束，須依舊來條限，常切覺察按治。

九月二十五日詔：江浙州軍，見輸納折帛錢，舊立價錢，比今時價稍高，兼逐路土產物帛不一，竊慮民户難於出辦，理宜寬恤，令兩浙紬絹，每匹減作七貫文，內和買減作六貫五伯文，綿每兩減作四伯文。江南東西紬絹，每匹減作六貫文，綿每兩減作三伯文，仍自紹興十八年爲始。其減下錢，令户部具數申取朝廷指揮。

二十六年四月一日詔：和買以來，必無不均。但令守令觀望，自爲私意，或免或不免，如前宰執與見任宰執，前從官與見任從官，前觀察使以上與見任觀察使以上，元有指揮與免，則明出榜示聽免，元無指揮與免，則明出榜示均納。如此，則官户庶户，一例和買，入納之家，安得有愁歎之聲。宜令有司，依舊法均買，仍將作弊受納官坐贓論，專知司屬決配，並令監司郡守按劾，如尚有容隱，不實典憲者，更令臺諫奏陳。從侍御史湯鵬舉請也。

七月十八日，起居舍人淩景夏言：臨安府自累經兵火之後，户口所存，裁什二三，而西北人以駐驛之地，輻湊駢集，數倍土著。今之富室大賈，往往而是。昨紹興二十年錢塘、仁和兩縣在城民户，與西北人衮同推排等第，各已註籍。至二十一年，有詔：臨安府見排等第，依在京例與免，有司乃以和買役錢，難以減放，止與西北人蠲除，其土著民户，至今不免，望將臨安府在城營運浮財物力，依已降指揮，並與蠲免。從之。仍自紹興二十七年爲始。

閏十月十三日，臣寮言：和預買隨正税絹均科，諸郡多寡不同，其和買多於正税，額至一倍去處。近年又緣鄉司走移人户家業，每年增添，謂如今年着一匹，明年着一匹一尺，又次年着一匹一尺五寸之類。其逐年上供之額，元不曾增添，止是鄉司取受，將形勢上户或公吏之家，偷落減免，却均入槩縣人户名下補數。若以謂有逃亡之家，自合分明出榜除豁，本縣合拘催欠負補數，不應歲歲增添。欲望行下諸路州縣，將人户合納夏税某人名下，正絹若干，和買若干，出給憑由，散付人户收執，永遠照應輸納。如人户物業有進退，合分明開具增添之數改給，不得暗有增敷，庶絶鄉司取乞走移之弊。從之。

三十一年正月十八日，都省言：江浙和預買紬絹，合將官户與編民均敷，務要均平。見今州縣有科和買，止及上三等去處，及有限以物力錢數均敷者，本係優恤下户，易於輸納，却有上户權勢之家，計囑黠吏，詭名寄産，分析子户，走弄物力，以致科敷不及，使貧民受弊，無所赴愬。詔令江浙漕臣，行下所部州縣，將上户至下户田産，以畝數税錢多寡，並一等均納和預買紬絹，務要均平，不得因而溢額科敷。如依前有偏重不均去處，按劾聞奏，仍許民户徑赴尚書省越訴，所有自來用營運浮財物力去處，亦合將官民户並一等均納。

孝宗隆興二年正月二十四日，臣寮上言：今日州縣之間，繫民之事，最號要切者，和買紬絹是也。元降指揮，與前後赦文，臣寮申請，皆不以税錢多少，一例均敷。州縣妄以寬恤下户爲詞，只將上户税錢紐數科敷，歲歲不同，鄉司持此爲走弄之弊。今相度不以税錢多少，一例均敷，即乞統計一縣合科和買紬絹之數，立爲定額，若人户將産業典賣，即據本户合着和買於契内聲説，分割税錢和買若干入交業人户，則鄉司走弄之弊不革而自除也。或元用物力錢，高下分科者，亦依税錢施行。户部看詳，如自來係隨田産税錢，一例均科去處，即隨鄉原體例及自來等第科折。其元用兩項物力錢均科者，亦仰州縣，將官户寺觀與編民物力，每貫每百合隨數均敷，庶得允當。詔依仍令諸州守倅日下措置。

八月二十六日，權發遣遂寧府杜莘老言：本府所管五縣，上三等户，每年納兩税折變物帛，并和買絲綿紬絹，及激賞絹，軍興後，來科折稍重。第四等户兩税止納正色，又更全免和買。第五等户激賞絹皆免。以此姦豪多端作弊，詭名隱寄，分開户籍，降就下等，積年規避，顯屬僥倖。欲將每年合俵和預買物帛，先以見今上三等人户家業紐筭，如有少數，於第四等頭户處趲補，均俵足元額而止。蓋第四等頭户與第三等人户家業，高下不甚相遠，輸送亦自無辭，即不令均及四等下户。户部看詳，若三等以上人户，拆立户名，作挾户分攤，避免科役，自合勸令首併。若係貧乏減降作下等，即合推排日將四等人户富實者，陞入第三等户數。今若依所陳，便將第四等户均敷官物，竊慮不得其實，却至不均，引惹詞訴。今欲下潼川常平司，照應見行條法施行。從之。同日，杜莘老又言：和買物帛，據元豐法，並支本錢，絹每匹八百五十文，紬每匹七百文，絲每兩六十五文，綿每兩三十五文，當時欲優恤民間，預於正月十五日已前，先支人户於上三等均敷，候起催夏税日送納。軍興以來，更增添激賞絹一項。當時係於省司錢内撥錢，置場依時價收買，每匹不下五貫，後來官司却於四等人户均敷，先令送納，然後請錢，遂致州縣移易他用，無一錢及民。又州縣催理兩項，物帛除合用正色之外，將所餘分數，理估絹每匹錢引五道二分，紬每匹錢引四道半，絲每兩錢引六百四十文，綿每兩錢引半道，却不會計錢數均敷，以致上户有力之家，攙先送納正色，下户多納估錢。又上户多成匹兩，下户多是畸零，却令圓零送納，下户委是重困。欲乞令民間紐筭本户，合請和買并激賞本錢數目，具鈔對納名下兩税錢物，免致官吏移那隱陷。又乞令州縣將正色并估錢，自上及下，一槩均定，内有畸零不成匹兩者，許與别户合鈔送納。户部看詳，四川路諸州軍和買紬絹物帛，已有指揮，於三等人户上一例均敷，其不成端匹，許行合鈔送納。在法諸縣散預買紬絹價，前期録應用條制及排定應給日分曉示，於正月二十五日以前，不得剋納欠負。欲下四川轉運司行下所部州軍，遵依見行條法指揮施行。從之。

乾道元年五月十二日，右正言程叔達言：方今民間輸納税賦，惟和買最爲流弊之極。其始也，官以錢鹽折支，其後既無錢鹽，但據歲額直科本色。又其後，不用本色，乃以直科之數折納價錢。今一縑之直，在市不過三數千，而折納之價，乃至七千。又有所謂市例頭子錢、朱墨等錢，所費不一，其於和買之初意，豈不大相遼絶哉。故前此論者，欲分其數均而平之。户部措置，遂令州縣將官户寺觀與編民物力，每貫每百隨數均敷，是亦務於均平之意也。然臣訪聞，州縣間固有用田産税錢一例均科者，亦有用浮財物力兩項均科者，既已不同矣，而於兩項物力均科之數，又自不一。且以臨安言之，謂如新城則十貫以上，富陽則十三貫以上，臨安則二十貫以上，方始均敷，其參差不齊如此，他郡可知。以臣觀之，若自每貫每百一例均敷，則失於太苛，非惟科擾及於貧下，而官司亦難辦集。故臣之愚以謂今歲災傷之餘，中下人户饑乏貧困，朝廷方且賑濟寬恤之不暇，豈宜一例均敷也。緣户部昨來既已行下，即州縣目今必定遵行，竊恐下户愈致重困。欲望亟降指揮，令諸路州縣，止依自來久例科納，不得每貫每百均敷，庶幾上下均平，事體歸一。從之。

九年三月六日，祕書省祕書郎兼權起居舍人趙粹中言：兩浙和買，莫重於紹興，紹興諸邑會稽爲最。且本府歲科和買一十四萬六千餘匹，會稽一邑獨當二萬二千匹有畸，均在上四等人户以物力錢數科敷。自經界後，上四等户物力錢七十三萬貫，以物力四十六貫有奇科和買一匹，已是重大，緣會稽田薄，秋夏二税已重，復有十四項物力和買，如賜田、職田、抵當没官田之類，皆一時幸免，却均入人户補充原額，愈見重困，坐是節次爲人户詭名隱寄，多分子户。自經界後至乾道五年，七經推排減落，去物力錢二十九萬貫有畸，見管秪存四十三萬貫，當米下户，三分不該和買，今成下户，其弊灼然，官司勢不得已，至於物力錢一十九貫有奇便科一匹，則是有田一畝，即出和買七尺，六畝則成匹矣。向去推排走失物力錢轉甚，和買愈重，民力困竭，舉貸出産不足償納，乞據畝頭定數科敷均納。詔給舍臺諫户部同共看詳，申尚書省。既而户部尚書楊倓等欲下兩浙轉運司從長相度，其後本司相度，畝頭均科，恐擾下户，欲且依舊例科納，竟不果行。

徐松《宋會要輯稿·食貨五一·内藏庫》 太宗至道二年七月詔：河北三十五州軍，淮南二十一州軍，山南東道十州，京東應天府，江南昇、潤州絹，並納内藏，自餘納左藏。【略】

真宗咸平六年二月詔：内藏庫專副以下，不得將庫管錢帛數供報及於外傳説，犯者處斬。

真宗景德二年五月十日詔：内藏庫監官專副得替後，支一季食直錢。二十四日詔：榷貨務入中金錢見錢，並納内藏封樁。其紬、絹、絲、帛納左藏，仍據數兑左藏，見錢入内藏。

景德四年四月内藏藏庫言：准宣以新衣庫充封樁庫，乞別賜名及置庫兵。詔以内藏西庫爲額。十月，内出龍圖閣待制陳彭年所撰《内藏庫記》示宰相王旦等，真宗曰：太祖以來，有景福内庫，太宗改名内藏庫，所貯金帛備軍國之用，非自奉也，顧外庭不知耳。【略】

〔大中祥符六年〕九月詔：西川納綾、羅、錦、鹿胎、透背，其裹絹並令内藏入帳收數，送染院染黄，充封禪之用。【略】

九年四月，提舉諸司庫務秦羲言：准宣與入内殿頭一名，計會内藏庫監官同看驗染院染經火紕汙繒帛千六百疋，雖不堪封樁，緣裁造院内衣庫稱，堪製造衣服，詔釋其罪，餘不得緣此爲例。【略】

仁宗至和元年二月，三司言：陝西、河東歲減西川所上物帛，而軍衣不足。又河北入中糧草數多，未有紬絹，筭還請貸内藏紬十萬，絹四十萬，欲先輸左藏庫緡錢二十萬餘計其直，以限還之。從之。

六月二十三日，中書門下言：近令内藏庫支撥紬絹五十萬疋，見錢三十萬貫，應副河北收糴斛㪷。詔紬絹、見錢令内藏庫依累降指揮疾速支撥，其見錢令三司於逐年退錢内，每年撥還十萬貫，三年還足。八月，出内府錢二百萬，令入内供奉官勾當御藥院張茂則置司以市河北入中軍糧抄，尋以諫官言而罷之。先是，上封者言，河北入中軍糧，京師給錢還銀紬絹，商人以次筭請，久未能得其抄，每百千止鬻錢六十千，今若出内藏庫錢二百萬千量增價收市之，歲可得遺利五十萬，帝以爲然，故施行之。而言者以爲内藏庫、榷貨務同是國家之物，豈有榷貨務固欲滯商人筭抄，而令内藏庫乘時以市之，與民争利，傷體壞法，莫此爲甚，故罷之。【略】

徐松《宋會要輯稿·食貨五一·左藏庫》 淳熙十六年五月十七日，左藏東西庫言：淳熙十六年，諸州軍起到進奉登寶位銀絹，承客省發赴本庫交納，照應紹興三十二年體例，並入經常衮同應副泛支。今支遣外見在銀一萬二千四百五十兩，絹四千八百匹。詔將前項見在銀絹並日下發，赴封樁庫送納樁管。【略】

慶元元年七月二日，户部言：訪聞左藏庫支給衣絹，惟諸司諸色人各有使用，每匹不下一二百文，例爲措留好絹，卻將揀下低次絹先次支與。諸軍雖有進呈絹樣，止是文具，庫官習以爲常，更不點撿，顯屬違戾。詔令户部各照舊例合請色額，嚴行措置，務令品搭均平。所隸官司，先期須管就堆垛處逐一抽掣，比對元樣，委無不同，保明申所屬，方得支給。如本庫尚敢仍舊乞受作弊，官吏並行重寘典憲。其諸軍衣絹，亦仰依公品搭給散，不得縱容合干人乞受，如違，重作施行。

十一月八日，臣僚言：左藏東庫，每遇支散諸軍百司等春冬衣賜，始緣經常數目不敷，户部遂約所闕數，委官置場收買，以備支遣。然場中所買，多是庫中請出之絹，復賣於官，不知經幾出納矣。又況牙儈投賣，往往下色。乞下户部，將每年合支散大軍衣賜，及諸司合干兵級等人所諸多者，隨宜以分數分折支官會，每匹依逐年立定中等時價爲率，不特可以革置場買絹之弊，得絹而欲賣亦以爲便也。户部指定，欲從所乞下所屬將諸軍諸司等處合支絹帛候取，見逐處所請數目，隨宜措置，自來年春衣爲始，合支色額折支施行，更不置場收買。所是宗室等生日支賜并非泛賞賜絹帛，亦乞候今降指揮下日，依此隨宜折支施行。從之。參酌下項名色，欲行折支，開具一年例、雜支絹，約一萬二千八百餘匹，欲全行折支宗室生日六千餘匹，聖節、生辰、御宴、樂人支賜，五千二百餘匹。三年一次大禮，合支賞給數内三萬一千九百餘匹，百官約一萬五千餘匹，欲於内一半折支本色。諸司局所等約一萬六千九百餘匹，欲全行折支。一不測例外，非泛進呈玉牒，會要，聖政，册寶并官員賻贈等，應干雜支約一萬八千餘匹，欲全行折支。若許，從今來所申，照市價以會子折施行如約，度庫管有實闕之數，仍舊置場收買。

真宗咸平四年二月詔：青、濰、登、淄、萊五月紬，並直納内藏，如左藏須物帛支遣，那换遠年者充。

五年十一月左藏庫郭守素言：淮南、昇、潤州，紬絹價高，望不給冬服，留充郊祀賞給軍士，可獲數倍之利。上曰：朝廷方覃大慶，豈復規小利也。罷之。

景德二年八月詔：左藏庫般出外絹，如無印者，即訖給付。【略】

〔紹興三年〕十一月十日詔：應折支絹，江南作五貫文，兩浙作六貫五百文，如遇無漬污絹，即將好絹遞增一貫文給。今以户部狀勘會支賜錢，不言見錢，依法以絹折支，宣和左藏庫格折絹漬污，每匹五貫一百文，江南漬污每匹三貫九百一十文。竊緣近歲諸路綱運地里不遠，即無大段漬污，又街市價例高貴，理當權行增價，故有是詔。

隆興元年七月二十一日詔：李顯忠侵欺過殿前司、池州、建康府，及收復宿州逐處官中金銀錢物，依已降指揮物收入官，其私家貲産並與免拘籍，其抄劄到前招撫使司及都督行府支犒設軍用不盡銀五千一百二十一兩四錢，絹六千五百匹，令平江府並起赴左藏南庫送納。另項樁管聽候朝廷指揮。【略】

〔乾道〕三年六月二十八日，户部侍郎曾懷等言：得旨，大行皇后支費，所收到左藏庫絹麤惡，係何處納到，行下本庫契勘，係是信州、建昌軍、袁州，除已將合干專庫科斷別行編揀抵换外，本庫元受納官吏亦已下大府寺根究，依條施行。更取見元起州軍年分數目，申取朝廷指揮。詔本不爲支費所絹麄惡，恐將來支散諸軍春冬衣，亦似此等。所有供送合干專庫特放罪，餘依奏。仍劄下户部，今後不得將此等絹支散諸軍。

徐松《宋會要輯稿·食貨六六·身丁錢》 淳熙元年二月十九日詔：湖州管下民户身丁錢絹，多是湊成端疋，例皆付之攬户，要以重價。可從民便，折納見錢，令州縣自行買絹解發上供。從知烏程縣佘端禮請也。【略】

十一年五月十九日，右正言蔣繼周言：訪聞温、處流民，丁籍尚存，諸縣催租，無人供納，或其家丁壯既去，老弱獨留，監繫輸填，急如星火，有及其宗族姻親鄰里，不然則令保正、保長均陪，因而多糾未成丁人，名爲充代，追擾不能安居，去者無復可歸，留者行且繼去，誠非細事。大抵人户身丁，所納錢帛，吏操其權，縣制其贏，增減出没，漫不可考，縱有銷落，率常有餘。乞令温、處州守臣，將屬縣流移人户，覈實除落丁籍，不得存留抑勒陪填，如有違戾，令監司覺察以聞。從之。【略】

嘉泰元年十二月十四日詔：臨安府屬縣人户身丁錢，可自嘉泰二年更放三年。

四年八月二十三日詔：紹興府係欑宫所在，理宜優恤，本府人户所納身丁錢絹綿鹽，可自嘉泰五年永與除放。十月二十一日，三省言：已降指揮，紹興府人户合納身丁錢絹綿鹽，並自嘉泰五年永與蠲免。緣上件錢物，並係分隸入數，照得户部昨來供奉慈福宫、壽慈宫錢物，除金銀外，歲減錢一百一十餘萬貫，至今不曾樁發，詔紹興府每歲合減身丁錢絹綿鹽之數，並令户部於減下俸錢内抱認發還。

開禧元年十二月二十一日詔：朕惟方今大計，在寬民力，睠兹二浙，實拱行都，尤當優恤，以厚報本。況承平歲久，生齒日繁，程其賦租之餘，重以身丁之斂，吏弗加省，民輸益艱，中夜以思，靡遑安處。非不知國用所係，儲積宜豐，顧寧損於縣官，以少紓於民力，爰敷痛詔，庸示至懷。其兩浙路身丁錢絹，可自開禧二年，並與除放。

二年正月一日詔：兩浙州軍，嘉泰元年至開禧元年終，未起身丁錢絹細綿内，實係人户拖欠之數，並與蠲免。如州軍仍前催理，許人户越訴，官吏重作施行。

徐松《宋會要輯稿・食貨六八・受納》〔高宗紹興〕四年六月十七日詔：諸路專委提刑司檢察州縣受納夏税，和買預買紬絹，如有故促期限及阻節，乞取諸般搔擾並按劾聞奏，當議重寘典憲，其合干人先次送獄禁勘。【略】

六年九月十八日，右司諫王縉言：近覩指揮，許江浙人户，預以米斛折納來年紬絹，每疋二碩，取其情願，誠爲公私之利。竊見諸路州縣受納秋苗，例有加耗，欲望特降睿旨，應折納米斛並免收耗。於是户部言浙西州軍，紹興六年分夏税紬絹折納米斛，已承指揮令抵㪷交量，所有自來合收加耗并頭子縻費等錢，並不得收納，如違，並計贓坐罪。詔依已降指揮施行。【略】

十七年二月四日，上諭輔臣曰：昨日有人言，州縣折納税絹，每疋有至十千者，恐傷民力，可令户部措置。

〔淳熙〕八年五月二十八日，臣僚言：諸路州軍，將人户所納税絹，不得過行揀擇，如有紕疎用藥，合退去者，不許用印油墨，容其變賣，别换好絹輸官，各於受納處，出榜曉諭。從之。【略】

十一年六月一日，臣僚言：諸州軍受納夏税，官吏作弊，多方邀阻，間有將堪好絹帛彊行打退，却置場用低價收買。中産下户，既因供輸，買納到場，又被抑退，官中收買，不得元錢，愈見困窮，上下蹙迫。其官中既已買下退絹，多畸零折納高價，不恤民病，利其贏餘，乞嚴行禁戢。如今後州軍置場低價收買退絹，許令人户越訴，仍令監司御史臺覺察，違戾官吏一例科罪。從之。【略】

十二年七月二十四日詔：徽州將受納人户絹帛，並依法夏税重十二兩，和買重十一兩，餘照淳熙六年七月二十三日已降指揮施行。以臣僚言：徽州自五季陶雅創爲重賦，較之旁郡夐殊，且以素來拙於機織，所産絹類，皆輕紕脆弱，國朝勤恤民隱，嘗專下詔旨，徽州夏税和買絹，每每及七兩重者，即許受納。仁恩德澤，千里荷戴。自乾道間，議臣有請謂徽州民盡力蠶桑，所織絹帛，不異他郡，乞令夏税和買，並依見行兩數輸納。斯民一時創行機織，其力重困，旋有徹于聽聞者，當時廷臣僉謂宜減兩數，以示寬卹，陛下出自睿斷，且以與其減兩重，不若蠲匹數之爲悠久不變，乃詔夏税和買，每十二匹與減二匹，由是實惠及下，斯民欣然。方蠲減之初，臣適試郡事，見所受納官，奉行之過，至有賫二三百匹赴場，而所售不及其半者。臣遂自每日與州官同共受納，雖兩數少不及而非紕疎糊藥者，隨即受輸給鈔。繼又以公劄白之户部長貳，故每歲發綱運並無退剥。臣既滿秩，慮後政不能循守，嘗因奏對，具陳底藴，仰蒙矜從，行下本州遵守，如有違戾，令監司按劾以聞，行之累年，千里蒙被大賜。臣近得州官書，具言本州近降絹樣下六縣，更不分和買夏税之重輕，並欲以十二兩爲則。又云，去年納官有邀難，和買反重於税絹者，民甚蓄之。是臣前日之奏陳，今而少驗矣。且夏税十二兩，和買止十一兩，法也。通天下一也，而乃不分輕重，例加抑配，行之賦税偏重之地，民之不聊其生，何疑哉。欲令本州受納夏税、和買輕重，一依條例，仍遵守淳熙六年已降聖旨，毋得違戾，庶幾此邦生齒，歡戴陛下衣被之恩，永永無窮。故有是命。

淳熙十六年二月四日登極赦：人户輸納秋苗，其起綱脚耗，舊有定數，訪聞州縣於正數之外加量斛面，增收點合，名色至多，重爲民害。可令諸路轉運司，嚴切禁止，如有違戾，許人户越訴，仍委諸司互察。同日赦：人户輸納紬絹、斛斗之屬，既名納官，法不收税。訪聞州縣場務，過有邀求，紬絹則先收納絹税錢，斛斗先收力勝錢，徧習成例，重爲民害。仰轉運司嚴行禁戢，仍許人户越訴。【略】

嘉泰四年二月十一日，臣僚言：二税有絹，名曰上供，上而宫庭百官，下而庶府諸軍，衣賜皆於是乎取。比年以來，所輸之絹，往往紕薄，其弊在於受納官不加之意，胥吏與攬子互爲弊倖。計囑既至，其絹雖下，與之輸入；若計囑不至，其絹雖善，則多方沮抑。民户既苦其沮抑，攬子然後得以制其權。攬子以重價取諸民户，而以半賂胥吏，胥吏所得既多，於民户之自納，則宜乎與攬子相爲姦利。乞嚴敕州縣受納之官，重戢胥吏、攬子，聽從民户自輸，惟在照應色額，忽誤支遣，仍於每匹必印受納官名銜及本州印記，以爲考證，俟其上之左帑，本部輸委郎官一員前去，同提轄從公稽撿，如其紕薄，復有前弊，即具申朝廷，將受納官吏，重寘於罰，如無名銜及印記，即從本部將典吏重加斷勒。從之。【略】

〔嘉定二年九月二十五日〕敕文：勘會人户夏税、和買紬絹，内紬合納本色二分，折帛錢八分，絹合納本色七分，折帛三分。訪聞州縣却侵本色分數，多敷折帛價錢。又有折納銀兩，及將人户有合納會子分數，抑令並納見錢，重困民力。委轉運司常切覺察，多切文榜曉示，如有違戾，即行按劾，仍許人户越訴。自後郊禮明堂赦，亦如之。【略】

徐松《宋會要輯稿·食貨七〇·賦税雜録》元豐三年九月八日，權發遣三司户部判官李琮言，奉詔根究逃絶税役，有蘇州常熟縣天聖年簿管遠年逃絶户，倚閣税紬絹綿、苗米、丁鹽錢，萬一千一百餘貫石匹，兩百九十五户當輸苗米三百五十三石，紬絹五十一疋，綿三十五兩外，並無田産人户，亦無請佃主名，蓋久失推究，姦猾因之，失陷省税，乞差秘書省著作佐郎劉拯知常熟縣根究歸着，他縣有類此者，亦乞選官根究。從之。【略】

紹聖元年正月九日詔：令兩浙轉運司，將折納到紬絹價錢，置場收置金銀，或將來蠶絲熟日，兼買紗羅紬絹，差官部至京師送納逐庫借過紬絹之數。以户部言，兩浙所收蠶絲至薄，本路今年和買并夏税紬絹，乞令第四等以下户，任便納錢，兑撥左藏元豐内藏庫封樁、禁軍闕額等紬絹支用故也。【略】

〔宣和三年〕二月七日，臣僚言：江東路輸苗米一石者，率皆納一石八斗，和買絹米嘗支給價錢，而漕臣又令州縣所買絹須以重十三兩爲則，如兩數不足，勒令人户依絲價貼納見錢，每兩不下二百餘文，百姓以此重困。詔提刑司體究以聞，違法者先改正訖奏。

四月二十七日，户部言：知袁州辛炳奏：本州先准降到詹度措置拘收鈔旁錢等畫一事件，續承本路提刑司牒措置約束内一項，倉庫受納人户布帛，不成端疋，雖以條聽與别户合鈔納本色，仍合户出買鈔旁錢，各户給鈔，謂如十户共納絹一疋，即買鈔十副，填十户所納丈尺各給。臣今取會到本州倚郭一縣人户數，内一萬四千五百一户，各係納夏税絹一尺，若人人買鈔，即是四十户共納絹一疋，合買鈔四十副，通合納絹三百六十二疋二丈一尺，合納鈔一萬四千五百四十一副，其餘三縣，亦各多是下户，不惟受納擁併之，除印鈔給散，必致差互留滯。元降指揮，既令依除，即無各户買鈔之文，事屬擾擾。看詳租税布帛不成端疋，合鈔納本色，已有見行令文，該載即無須令各具鈔條法，指揮今來袁州，雖已寢罷，竊慮諸路州縣亦有似此去處，今欲申明行下。從之。【略】

〔宣和七年〕十月二十一日，臣僚言：和糴天下良法，奉行之吏，縱吏爲姦，不即支價，或彊抑配，輒虧其直。如度牒一道，官價二百千，抑配民間，僅不得三之一。香藥鈔，每歲降撥，動以數百萬計，準折價錢，支與人户，而所請實無幾。良民粥田破産，恬不知恤。京畿自祖宗時，和糴之法不行，近年緣漕臣申請，意欲希進，自是一例搔擾，與諸路無異。訪聞夏秋税賦，巧立名目，非法折變，如絹一匹折納錢若干，錢又折麥若干，以絹較錢，錢倍於絹，以錢較麥，麥又倍於錢，殆與白著無異。前日東北諸郡，寇盗蜂起，劫掠居民，蓋監司官吏有以致之。欲降睿旨，諸路和糴，刷行措置，無令抑配準折，免致民間虚折市價，并夏秋税賦，止依常制輸納本色，不得非法折變，暗增數目。并許人户越訴，嚴立法禁，監司重行貶責，仍委逐路提刑司覺察聞奏。從之。【略】

欽宗靖康元年五月十二日詔：和預買絹令轉運司以常平司見錢隔季樁辦，於正月給散，不得以他物量支。

十七日，提舉京東路常平楊逵言：州縣之間，以和預買絹數太多，抑勒百姓，將復業人户合免之數，令著業者承認，人甚患之。乞令除豁，不許均敷。從之，餘路依此。

高宗建炎元年五月一日赦：諸路税賦，應支移折變，官司往往反覆細折，如合納見錢，小估價直，令輸紬絹，却以紬絹之直折納絲綿，又將所折絲綿，却納見錢之類，重困民力。令轉運司遵守條法。不得循襲，過爲掊尅。【略】

四年三月一日，户部侍郎葉份言：乞將折納物帛及度牒錢，分作兩限送納。上限三月，終限五月。逐縣令佐若能依限勸諭數足，或違限稽留，令本州具申朝廷賞罰。如人户秖有糧米，願行折納者，與依在市實直紐計，送納到錢糧，令守臣别庫樁管，不得擅行支用。詔依。

六月二十六日，右諫議大夫黎確言：人户輸納夏税和買縑帛等，近歲貪吏專與專庫分利，故凡民户自赴官輸納者，往往多端沮抑，不堪滯留之苦，則委攬納之家而去。民有倍稱之出，官受濫惡之物。詔物帛非紕疎濫惡，官吏過有沮抑退駁者，許人户赴尚書省越訴，餘依已降德音指揮。【略】

〔紹興元年〕八月二十三日，臣僚言：折帛錢昨降指揮，每疋折錢三貫文省。訪聞諸路州縣紬絹，價例高下不等，欲自紹興二年爲始，令逐路轉運司各以納月實直約估中價。從之。【略】

二年五月十日，户部侍郎黄叔敖言：浙西提刑司稽考到常州晉陵縣人户夏税紬絹，除元額管催外，崇寧中轉運司分拋到人户，合納蠶鹽錢，紐成三千一百六十四匹赤送納，并將人户雜錢紐計綿子七千三百三十七兩輸納。上件所納紬絹，已是三十餘年，今來稽考，係只將建炎三年四年税簿公案拖照。竊慮崇寧中拋降折納，别有所得指揮，難以便行蠲減，兼未見得其多納綿，係合納税賦内紐出雜錢，是因方田泛行科納之數。今欲且依自來所納數目催輸，仍乞下轉運司再行子細根究逐項元拋物數因依以聞。從之。【略】

十九日江西安撫大使李光言：契勘自來受納二稅，必使赴軍資庫送納，却行起赴朝廷，今若使物帛徑從縣道起發，則自此以後，令佐皆得直達朝廷，若有紕踈巧僞濫惡，及正數不足，估剥所虧，監司守臣必不肯任責，朝廷行移又將直下諸縣，如此不亦多事乎。今來胡蒙等申陳，欲望連賜寢罷。從之。【略】

七月十八日，江南西路安撫大使兼知洪州李光言：前嘗具奏，江西路人户，惟以納和買及夏税本色爲重賦，今州縣催納一年本色爲重賦。今州縣催納一年本色絹，遂至五貫文足一疋，綿增至六百文足一兩，綿絹之價既日增，而早米入市其價日減，貧弱之户，計所收米，不足以輸所納，欲望且令本路將和預買及上供綿絹並折價錢。都省勘會，江南西路今歲和預買并上供一半本色紬絹綿，除綿已全行支撥，及紬絹已於數内有應副過福建等路宣撫使司一行官兵冬衣之數外，其餘紬絹，理當權宜措置，以寬民力。詔江南西路人户，合納一半本色和預買并上供紬絹，及洪州合起催衣紬四千一百餘疋，絹二萬五百餘疋，將截日未納數並特許折納價錢，一次依已立定折充糴本錢數，絹每疋作四貫五百文省，紬每疋作三貫文省。如今人户願納米斛，紐計市價，從便折納。光奏洪州舊管上供准衣紬四千一百餘匹，絹二萬五百餘疋，歲下六縣，將夏税紬絹折納而成端疋價錢收買，今屬縣殘破，逃亡未復，委實無所從出，乞蠲免一年。尋詔特依。【略】

六月二十二日，倉部員外郎成大亨言：衢州常山縣，夏税及預買本色紬，緣非土産，逐年人户並於外州收買，回縣送納，非便，願以絹代紬輸官。從之。

【略】

〔紹興三年正月〕七日，江南東西路宣諭劉大中言：徽州山多地瘠，所産微薄，自爲唐陶雅將歙縣、積溪、休寧、祈門、黟縣田園，分作三等，增起税額。上等每畝至税錢二百文，苗米二斗二升，爲輸納不前，却將紬絹綿布虚增高價，紐折税錢，謂之元估八折，惟婺源一縣，不曾增添，每畝不過四十文。乞將二税，依鄰近州縣，及本州婺源縣則例輸納。詔令江東轉運司考究本末，因依相度，具委合如何施行事狀，保明以聞。【略】

十一年七月七日，臣僚言：昨降指揮，許江浙州縣民户，送納折帛錢，以十分爲率，紬折二分，絹折三分，綿折五分。今州縣乃盡令折錢，却於出産紬絹去處，低價收買，以取出剩，又應民户積欠税物，詳紹興九年與作一年兩料，紹興七年八月分作二年四料，隨税帶納。今州縣乃緣闕乏之際，應民間七年八年九年積税，盡令一併送納，急於星火，至有破家蕩産，流離轉徙，乞行禁約。詔依。

十七年九月二十四日，宰執進呈：諸路監司守臣，自今所部縣令，治狀顯著者，保明聞奏。上曰：當今正以惠養百姓爲先務。秦檜曰：如民間折帛錢太重，理宜蠲減。上諭宰執曰：朕久有此志，祖宗時，每縑價直八百，官司乃以一千和買，民間既免舉債出息，及絲蠶收成之後，並皆樂輸。比乃創折帛之請，令人户折納見錢，殊爲非理，不知今折納若干。秦檜曰：當令户部取見實數進呈。上曰：若隨逐路色額減納錢數，非唯可蘇民力，亦使知朕所以休兵之意。是月二十六日，尚書省言：江浙州軍，見輸納折帛錢，舊立價錢，比之時價稍高，兼逐路土産物帛不一，竊慮民户難於出辦，乃詔兩浙紬絹每疋減作七貫文，内和買減作六貫五百文，綿每兩減作四百文。江南東西路紬絹每疋並減作六貫文，綿每兩減作三百文。自紹興十八年爲始，仍詔令逐路轉運司酌度州軍出産多寡，均撥分數，務令均被實惠，仍具數以聞。【略】

二十年二月二十八日，廣南西路提點刑獄公事路彬言：静江府昭州夏税折布錢最重於諸州，蓋自紹興五年，諸路軍事都督行府一時措置，每疋折納價錢，比舊增及一倍以上，自後沿襲，依數折納。欲望將兩州所折布錢，減去增價，止令依舊價折納，或於見納價錢上二分之中與減一分。詔令户部看詳取旨。

〔紹興二十六年八月〕二十四日，上宣諭輔臣曰：前日景篪上殿論川中折帛錢太重，絹一匹之直，私下不及五千，而官估則取十千，他物之估，率皆稱是。去歲裕民所蠲減價直不過一千而已，更須量予減損，若只行下令看詳，雖行十數次，未必濟事，若便扎與四川總領司，契令勘合蠲減數目申朝廷，庶幾民受寔惠。

【略】

二十七年六月四日，權尚書户部侍郎林覺言：兩浙州縣等五等下户，今歲起納紬絹，乞科一丈以下從便折納，價錢每尺一百文足，零寸一十文，免收頭子、勘合等錢，仍委令佐同受訖，即時給紗銷簿，如輒增多錢數，容縱合干人阻節，乞覔官吏並計贓斷罪，許人户越訴。上因謂輔臣曰：合零就整，此圖甚善，然亦須相度，謂如一户爲首，率九户共鈔，官司兑給由子與鈔頭，若官吏得人，即時銷入，則千户更無□擾，不然却怒鈔頭多掠錢物，送納了當，却收藏由子，不肯齎出，比至官司過催緊急，衆人不免又須再納，此貧民下户所以重困。卿等可指置令經久便民，然後行下宰臣。沈該等奏曰：今年夏税物帛已起催了，且令有司聚議，自來年爲始。

二十三日，臣寮言：諸路州縣起催産税，積弊甚大，富横之家與本縣公人相與爲黨，使下户細民破家逃移，深可憐憫。蓋未催科之時，典吏鄉司，先于民户處私自借過夏税和買入己，比至關場，更不納官。以一色計之，有歉百疋至九十疋之家，失陷官物，不知幾何，却將下户，重疊催科，補填上件失陷數目，乞令户部，看詳立法。今看詳酌參下條，詔諸州縣公吏人于人户處，輒借税租及和預買紬絹者杖八十，若上限盡而不爲納退計藏，重者准盜論，三十疋配本城，許人告，仍聽被借人户越訴，委監司守貳覺發。

二十八日，左司諫淩哲言：諸路縣道起催産税公文，攬子先于民户處，私自借過入己，不爲了納。户部看詳，立法尚未審，嘗令户刑部重别修立到下條諸州縣公文于人户處，輒借税租和預買紬絹錢物同。准盜論，五十疋配本城，許人户告，仍聽被借人户越訴告郡州縣公吏，于人户處輒借税租和預買紬絹錢物同。錢五十貫，諸攬納税租和預買紬絹錢勿謂非公之人。本限内不納，杖六十，二十疋加一等罪，止徒一年。詔依。内行下州縣知通，監司常切覺察。

〔乾道元年〕七月二十四日，臣僚言：諸路州縣輸納夏税，令人户納折帛錢六貫五百，却遣人於出産處收買輕絹，每疋不過兩貫五百，起作上供，支散軍兵，實爲公私之害。及人户有合納畸零絹分寸，並令准納一尺價錢計，其畸零一疋無慮得錢七十餘貫，其起上供綱日，止依元數紐計價錢，其餘盡爲官吏侵盜。

【略】

〔八月〕二十三日詔：臨安府係駐驊之地，及四方衝要去處，有民間田地爲官司所占，或作寺觀、花圃、營塞、宫宇等，雖已減免二税，訪聞和買紬絹，州縣不曾隨税除豁，却均衆户送納。自令應官司所用民間田地，其和買並隨二税蠲免，不得暗敷衆數，違者聽人户越訴，當議根治。

十二月三日詔：紹興府會稽縣三都人户二税，不得支移折變。

其後隆興二年五月六日紹興府言：本府和買額數，比他州縣最重，就八縣之中，唯會稽縣尤甚。今來不敢申乞減免，緣本縣正係攢宫，止蒙蠲免三都支移折變，乞照宫陵制景德四年永安縣優卹體例，將會稽一縣，盡與蠲免支移折變，所有年額折帛，乞與豁除，盡數起發本色。詔兩浙運司將會稽縣税賦與免支移拆變，所有本縣年額和買折帛，止令盡數起發本色，更不折錢。

十一月十四日，給事中金安節等言：有旨，太一宫見管秀州嘉興縣伏禮鄉草田，並臨安縣赤岸紫山，依條合納夏税秋苗外，其餘科敷和買折帛及諸色科借等，可行下所屬並與蠲免，日後置到田産准此。竊詳太一宫既有秀州、臨安府兩處田産，其税租科敷和買等，自合依條供輸。近歲和買折帛之類，民間雖病其重，然以物力科敷，事體均一，故樂輸而無辭。今若偏有蠲免，則其所免之數，當復加于他户矣，斯民得毋甚病而興不均之歎乎。況所降指揮有日後置到准此之文，彼既得此，人將與豪右交關，廣殖産業，與齊民兢利，非所以崇清净之教也。詔前降指揮，更不施行。

壽皇聖帝隆興元年正月二十六日詔：江浙諸州軍合發上供紬絹綿年例除進奉外，將夏税和預買准衣以分數折納價錢，補助經費，令江浙轉運司依去年所折分數，酌度均撥，行下折納。既而，臣僚言去年所折分數嘗以十分爲率，内絹折二分，紬折八分，綿折五分。兩浙路紬絹每疋折錢七貫，和買折錢六貫五百，綿每兩折錢四百。江南兩路紬絹減作六貫，綿減作三百。依此拘摧，歲供錢六百餘萬貫，蓋緣養兵之費，不欲强斂于民，故從折變。字民之官，往往加數以折，或令全折，及將零于就整，無慮增倍。蠶未及桑，預行催借，因求贏餘，且復强取，勢必重困。乞嚴賜戒飭逐路漕臣，督察州縣，于省部立定折納分數外，不賜擅有增加。如違，許人户越訴，寘之典憲，漕臣符同，亦加黜責。從之。【略】

〔隆興二年〕四月二十六日，知常州宜興縣姜詔言：本縣無税産人户，每丁納丁身鹽錢二百文足。第四第五等人户有墓地者，謂之墓户，經界之時，均紐正税。又令帶納丁鹽絹作折帛錢輸納。契勘本州晉陵、武進、無錫三縣，係于田産上均納，獨本縣昨來經界，將鹽絹紐在下户帶丁收納，乞依晉陵等三縣，一例隨産均納。從之。

十二月三日詔：四川轉運司行下所部州縣，夏秋正税絹帛，如人户願合鈔成疋送納本色外，有畸零之數，遵從見行條法，聽依寔直價納錢，仍仰本司常切覺察，無令抑勒價錢違戾。【略】

〔淳熙〕三年正月二十五日，太府少卿魯訔言：折料折帛，國家之所不得已也。吏緣爲姦，以税錢折麥，以苗米折糯，爲州縣場務麴釀之資，於法以四月中旬麥價立定折科。今州縣率爲姦吏估麥，必損其直，以税錢一折金十，民已困矣，准絹爲匹八貫有奇，折麥有至二石五斗，縻費耗折，幾麥五石。以去歲麥價紐計十六七千而辦一端之税，場務所趁課利有定額，利折米麥有定數，縣道往往過數多折。和預本以利民，今不給直而白著矣，不取絹而折錢矣，税絹和買輕重不侔，丁鹽綿絹名色異。元降指揮，以上供和買各折五分，今縣道有將諸色物帛一例科折，互有出入，合折者，暗納本色，不合折者，反輸價錢。詔諸路轉運司行

下所部州縣，遵守見行條法，又依紹興二十八年三月四日指揮施行，如有欺弊不實，許人越訴，仍從轉運司常切覺察按劾。【略】

六月二十六日詔：臨安府新城縣，每年進際税賦與減半一半。以知臨安府新城縣耿東言：新城縣田畝，舊緣錢氏以進際爲名，虛增進際，税額太重，每田十畝虛增六畝，計每畝納絹三尺四寸，米一斗五升二合，桑地十畝虛增八畝，計每畝納絹四尺八寸二分，此之謂正税。其它又有和買紬絹，每田一畝，計二尺四寸，陸地一畝，計三尺六寸。又有折科小麥，夏秋兩科役錢，總計一畝納税兩千，人户齎出，天聖皇祐間，典賣契書，分明開説，所典賣田産，實量畝步若干，虛增進際畝步若干，及經界打量，乃見虛增之數太多，失於陳乞除放。照得逐鄉印板税，則總計本縣合放之數，水田産絹一千六百八十疋有奇，苗米二千八百一十六石有奇，桑田紬絹二千二百九十二疋有奇，乞與除放，故有是命。【略】

八月九日，右諫議大夫陳良祐言：諸郡納省絹，限以十二兩，和買限以十兩，自有定數。昨因徽州、湖州絹，户部退剥，近左藏庫供送絹帛，係袁州、建昌軍物帛，户部乞究治官吏，雖退剥者繼令發納，究治者合干專庫，並已放罪。然諸處受納監官，望風懼罪，縱令合干人，百般邀阻，如絹一疋，有求十三兩者，如土産，止係黄絲，必求白絲者，年例止用屑絲，今欲更求細絲，如此非一。常年用錢四貫，可納一疋，今增爲六貫，至高價折錢，分遣人詣行在，并産絹去處買納。又民間典賣田宅，限六十日赴縣投税，再限六十日齎錢赴縣，投納税契，不得過一百八十日。自有定法，其諸縣税契錢旋行解發，作月樁錢赴州送納。今聞諸郡，盡行拘赴本州投税，且如縣到州五十程，民間些小典賣而使之負擔往返半月，官司艱阻，是以民間典賣，不肯報州白折税錢。乞禁戢州縣，每年納絹，自有常數，不得數外邀取，諸縣投税，自有定法，不得拘赴本州。從之。【略】

（四年）八月十六日，尚書度支郎官劉師尹面對奏：江浙兩路折帛錢，紹興初年，立價折納，後增一倍，至十五年，四路折帛，並從裁減，自後二浙夏税紬絹各減一貫五百，江東西並減兩貫。緣州縣不依省部科折分數，暗有增添，如絹止合科三分，今科至七分，漸次裁減，以寬民力。上曰：朕未嘗妄用一毫，只爲百姓，可從其請。【略】

十二月十七日詔：兩浙江東西路，乾道五年夏税和買折帛錢，並權與減半輸納一年，如州縣輒敢過取民一文以上，許人詣檢鼓院進狀陳訴，官吏當重寘典憲。既而中書門下省言：所降指揮，非不嚴切，近來州縣放免數外，將逐年合納本色，高擡價直，勒民户納錢，自行買絹充數。又其間有將合減之數，不盡蠲減，謂如每疋合減三貫，止減二貫之類，甚失朝廷寬卹之意。詔令逐路監司嚴切覺察，如有似此違戾去處，按劾奏聞，監司或失於檢舉，令户部糾劾，御史臺彈奏，並重作施行。【略】

（淳熙九年）十月九日，户部尚書楊倓等言：州郡上供常賦，各有定額，昨建炎之後，州縣田土間有拋荒去處，合納二税，遞年有開閣數目，蓋是一時權住拘催，自經界以來，今近三十年，其間豈無復業之人。而廣德軍昨來開閣之數，乃增紬絹至一萬一千四百餘疋，綿一千七百餘兩，折帛錢七萬三千五百餘貫。袁州開閣之數，亦增紬絹至六千二百餘疋，并帛錢二萬一千餘貫。以江東西兩路計之，虧失上供折帛錢五十餘萬貫，紬絹一十餘萬疋，絲綿一十餘萬兩。止緣州縣將合發上供錢，及經界之後復業税賦，暗行侵用，或將人户未復業田土，撥作職田、贍學之類。至於形勢之家，侵耕冒占，不輸官税，妄以逃閣爲名，消豁租額。乞下江東路專委李正己，江西路專委周嗣武，將管下州縣見今逃閣錢物，照應經界開閣數目，限一季驅磨覆實取見，逃閣田土，坐落鄉村去處畝角細數，令守倅令佐各結罪保明，從所委官再委鄰州清疆官親行覈實，限兩月結罪回申，如有不寔，按劾依法施行，其日前所減税賦，免行送納，日後覈寔税賦數目，上供起發。從之。

（十一月）十七日，臣僚言：臨安府錢塘、仁和兩縣，歲敷和買折帛，下户常受其弊。蓋本色所直不過四五千，折價所輸，其費七貫五百。方折納之時，上户惟務遷延避免，洎至間塌之日，争欲全輸本色，折納之數常虧，官司無所取辦，勢必歸之下户，不均之弊，莫甚如此。乞嚴降指揮，自今兩縣將人户物帛，合納本色、折錢，各爲若干，分明散給憑由，官民户於受納日，並齎憑由照數批鑿交納，若有侵納本色，不得理爲合納之數。從之。【略】

（淳熙五年）三月二十七日詔：四川總領所同逐路轉運司取見諸州軍求盡數減於折科夏秋税絹，因依更相度與裁減，若於歲計，却有妨闕公共指置，將諸州應干財賦通融相補，開具以聞。先是四川安撫制置使胡元質言：西蜀税租折科之額，視東南諸路爲最重，如夏秋税絹，以田畝所定税錢，僅及三百則科絹一匹，不及三百者謂之畸零，其所輸納絹，乃僅估錢，則準時直。當承平時，每縑不過二貫，兵興以來，每縑乃至十貫，是一縑而取三倍也。陛下軫念遠民重困，每縑裁定作七貫五百，然獨成都自淳熙五年爲額減放訖，其他州縣，尚有未應，昨

來指揮去處，乞行下約束，故有是命。【略】

六年二月十八日詔：州縣受納人户税絹，其不成端匹者，每匹並以一百文足折價，從便獨鈔送納，不得過數增收及妄有騷擾。如有違戾，按劾以聞。【略】

〔紹熙二年〕五月十一日詔：臨安府餘杭縣和買，自今以七貫以上至十八貫科絹一匹。以本路提舉張體仁言，餘杭比京畿所科倍重，欲展自七貫以上物力均敷，其不及七貫者，且與寬免，故有是命。

二十四日户部言：廣德軍奏，江東路州軍，以物力科敷預買，有百餘千敷及一匹，有七八十千敷及一匹者，獨本軍兩縣，多者不下十千，少者六千有餘，亦敷及一匹，委實偏重。嘗稽考舊管預買紬絹二萬六千三百有奇，自靖康元年及紹興三年，兩蒙朝廷指揮，除豁逃閣一萬一千一百有餘匹，至紹興十九年，守臣貪功希進，妄乞增復預買一萬一千一百有餘匹，自是兩縣民力重困，人户逃移。乞將增復數内姑減一半，以三分爲率，漕司通融，代納一分，自餘二分乞賜蠲減，少蘇凋弊之民。本部照得廣德軍乞將兩縣增復元額和預買紬絹，於内蠲減一半，除漕司已行承認通融代納一分，其餘二分若不與量行抱認，竊恐艱於輸納，却致科擾，欲將一分本部自行管認收買支遣，其餘一分下本州認數起發。既而本軍奏，以土瘠人稀，所入微簿，無所從出，乞將上項一分預買，權行倚閣。户部勘當，將本軍認數一分納絹權免認發，於内將一半本部更自行管認措置收買，一半下江東轉運司管認代納。從之。【略】

三年四月十三日，臨安府言：本府去年將第四第五等下户和買夏税畸零折錢，每匹減七百，實收四貫五百。今來竊慮窮鄉絶谷之間，去州縣既遠，人户湊鈔送納，有所不便，或恐所折價錢尚高，未盡優恤之意，今欲每匹更量減三百五十收正錢四貫一百五十，聽第四第五等人户從便送納，庶幾稍優下户。從之。先是二年七月，本府言：錢塘等九縣，合催和買夏税物帛，上三等人户，並係送納本色，其第四第五等人户，皆係下户，不成端匹，依指揮合納畸零之數，每尺折納價銀一百，每疋計之五貫二百。目今絹價低平，則下户反重於上户，欲將第四第五等下户未納不成端匹物帛，每權減作四貫五百，許令從便獨鈔送納，不得過數增收。

六月九日，吏部尚書趙汝愚言：西路六州布估錢，果州和買絹，邛、蜀剩米錢，南平軍經總制錢，西和州豐草監馬草錢，洋州興道縣馬綱草料錢，乞明詔人户折納見錢者，皆許用七十七足爲陌，可以少寬下户。從之。

八月十日，兩浙運使沈詵言：臨安府餘杭縣物力敷納和買紬絹偏重，潘景珪乞不限物力若干，以物力三貫皆不能免，且如止戈一鄉，第一等田每畝物力二貫三百有奇，户内有田一畝一角，便合敷納四尺五寸以上，又不能無困於下户。今措置欲將本縣零數和買六百八十二匹，本司每年抱認，並作折帛錢數，徑赴左藏庫送納，其抱認數，以二百八十二匹於最重止戈鄉，其餘於次重常熟、長安等鄉貧下民户除豁合納之數，每年爲錢四千四百三十三貫代輸。從之。

四年四月八日，知臨安府袁説友言：餘杭縣和買，下户不堪重輸，今欲撙節每年與本縣抱納和買二千匹，一千匹係折帛錢，一千匹係本色，如許行抱納，當委官覈實版籍，别行均科，則物力減落，三貫之户自然必不科及。從之。

十三日，南康軍言：本軍星子縣，田土瘠薄，和買最重，每税錢四百三十起敷和買一匹，已減絹二百九十六匹有奇，乞更行均減每一匹税錢二十通作四百五十起敷和買絹一匹，計減和買絹六十二匹有奇。今别於軍縣官物内那趲，代星子縣人户輸納，永爲定例。從之。【略】

五年十月十四日詔：訪聞兩浙、江東西路和買紬絹折帛錢，折價太重，恐傷民力，朕甚念之，可行下逐路州縣，每匹權減錢一貫五百文，自來年爲始，權減三年，别聽指揮，其所減錢數，令内藏庫撥還一半，封樁庫撥還一半。【略】

〔慶元〕四年十月二十八日，權知廣德軍趙善譽言：建康府科納和買絹輕重倒置，或本色，或折錢，小民重罹其害，官司玩以爲常。紹興間每和買一匹紐價錢五貫文省，人户納官自買絹，絹帛錢艱得，官不能辦，則令上户納本色，下户許折錢，謂之優恤下户。錢與絹適年人户共輸，未見其有異辭也。近年以來，居民蕃庶，蠶桑寖廣，綿帛頗多，絹每一匹只直錢二貫二百文足，并納官頭子縻費錢六百文足，而上户納本色如初，下户折錢亦如初，并頭子縻費共計錢四貫四百五十文足，比之上户，多用錢一貫六百五十文足，謂之優恤下户可乎。若是則送納和買，非惟失立法本意，而下户重罹其害。昨蒙朝廷指揮，每一匹權減錢一貫五百，三年爲滿，合至慶元四年復行拘納。前政守臣趙彦逾以積到公庫錢，又與民間代輸一半，合至來年照元數起催。乞行下建康府，將人户和買，自慶元五年爲頭，或本色，或折錢，不分上下户，裒同均納。謂如上户遞年十匹皆是本色，今納本色五匹，餘五匹折錢，下户亦如之，庶幾積年弊害，一旦革去，而下户和買每匹減得緡錢，供輸均平，細民被惠。詔令本路轉運司同建康府守臣公共相度措置，申尚書省。

十一月四日臣僚言：竊惟德澤流行，當自近甸始，寬恤近甸，當自越之和買始。臣嘗究本州和買元額之數，凡十四萬四千有畸，蓋以物力高下而均敷之，豪宗大姓迺隱寄田産，詭名挾户，巧爲避免，是致不能均一。如會稽縣，曩時物力纔及十七貫以上即輸絹一匹，其重如此，自淳熙十六年，臣僚乞蠲減四萬餘匹，止以十萬爲額，固足以寬民力矣，雖當時闗併詭户，每科一匹各增物力錢若干貫，然奉行以來，曾未數歲，弊端復啓。吏胥走弄，暗有虧減，豪右詭挾，寧免田仍，臣恐一二十年之後，逐縣所敷之額，物力貫數，寖復仍舊，則是朝廷蠲減之數，徒爲虚賜耳。況其推排物力之際，弊出百端，陞降增減，初無定數，富室輸財必欲銷減，鄉民執役互相隱藏，迺若深山窮谷之民，一器用之資，一豚彘之蓄，則必藉其直以爲物力，至於農甿耕具水車，皆所不免，幸其貲直之有十數千，則纖悉括責，必欲敷及一縑而後已。夫民生田里間，家貲不滿十數千，將何以衣食之給，設幸有之，而又責以輸帛，則是驅而歸諸窮困之域，其可乎。臣以謂計畝科納，此策最爲均平。蓋物力則陞降不常，易放生弊，田里則頃畝一定，無以容姦，此理較然甚明。前此逮議者，亦屢及此，而卒以見沮者，其説有二：豪民上户折産詭挾者不樂，猾吏黠胥欺誕隱庇者不樂，而或者之説，又有所謂兩税履畝，乃是常法，和買輸帛，此特科名。臣不知今之所謂和買者，其與兩税有異否乎。夫督趣如期，以備經費，民輸納習以爲常，亦既與夏税等矣。今莫若使之計畝頭均科，如田一畝則輸和買若干，此數既敷，雖典賣推排之際，皆不可得而改易，況有田則有税，將復何議而不猶愈於括細民生生之具，以成物力，而使之均受其病也哉。乞行下紹興府，措置條具聞奏，以爲一州永遠之利。詔依，務在必行，自來年爲始，先次開具本府屬縣均敷數目，限一月申尚書省。臨安府準此。

十二月四日，臣僚言：恭覩朝廷欲行均科和買之法，闔郡士民爲之鼓舞，大抵人情趨利避害，不約而同，夫詭户避免科役，一家苟得其利，則千萬家之民俱願爲之矣。今貧民皆抑而歸於上户，貧民豈能自拘尺寸之土。所謂五等下户者，大率多詭户也，其五等者，十未有一，而又有鹽亭户和買，亦從蠲免，民之有産業者，不折而爲詭户，則隱寄於鹽亭户之家，此闔郡之人所共知也。若夫一例均科，則實不便於郡縣官吏及詭户之家；若均科之法不行，則是科敷永不及於詭户，而貧民之不爲詭户者，每被重科而不知其由。又有至下之户，平時賂不及於鄉胥，則每每亂行飛攤，令被和買，俟其陳理，則其費已數倍於供輸，往往甘心出納而不辭。今之言者曰：今之科敷，不過上户所科者多，而五等之户得免，若計畝均科，則下户皆及之矣。其説雖以爲一時欺罔之論，而實不然。何則？詭名多則畸零多，畸零多則爲縣道之利，上司州郡配抑縣道，縣道出無所從全，仰於畸零。今既不爲詭户，則畸零不足以供億，此縣道之所不願爲也。計畝均科，則具見數目，鄉司何由而爲姦，且以縣科萬匹之外，不敢多科一匹也。今科敷之數悉出於鄉吏，自一家論之，今歲科五匹，來歲加其半可也，後歲倍之亦可也，又後歲悉蠲之亦可也，額科萬匹，雖科萬五千匹，民何由而知，神出鬼没，盡由其手，此其被科者之害，如是而已。不被科而爲詭户者，民豈能自爲之耶。不由胥手則不能爲之矣。且如一家一歲，因詭户而得免百緡之賦，則常以其十五以酬鄉胥，不然則來歲歸併其詭户而重科之矣，雖形勢户不敢不與也。其爲鄉司者，上則有監司巡按通判決獄職官行縣之擾，州郡醋錢之科，下則有令佐當直接送筵會果卓之需，至於過客排辦，郡吏憑由干照，日追月索，殆無虚時。使一歲如此之費當千緡，則此輩取於民者萬緡矣，當萬緡則取十萬緡矣。由是一歲和買之數，非倍取之則不足以償其費，兼安撫提刑提舉司及本府縣公吏詭挾尤多，日於官員之前，多端獻説，皇惑其聽，沮格上命，斷不肯行，使下情不得上通，上恩不得下達者，蓋由此也。今爲計畝均科，由産和買之法，計貫均科，浮財和買之法，實便於民，其間偶有小小節目，奉行官吏往往便得以藉口，不思經畫之法，遂以爲不可行。假如一邑之内管田畝若干合科和買若干，管浮財物力若干合科和買若干，略加稽考，便見每畝若干，每貫若干，當科和買若干矣。若鹽亭户之免科敷則當制爲限田之法，加入納官鹽若干，免納科敷若干畝，若逾此數，則當悉隨田畝科敷，則不可得而隱寄矣。此其大略也，舉而行之，則守令豈無講究能悉其詳者，庶爲鄉邦無窮之利。詔令汪端義取會屬縣，照應已降指揮，疾速條具聞奏，不管滅裂。既而端義條具云：今臣僚所請和買絹，不論第一等至第五等户，並用詔頭上物力均科。夫用畝頭上物力均科者，非謂每畝敷及若干尺寸也，蓋用畝頭上物力數目，細計均科，以田産有肥瘠，自來分爲數等，且如第一等膏腴田，雖與第五第六等步畝一同，而好怯有異，所以從來不用步畝均敷，而却用畝上物力均敷。謂如會稽縣雷門東管第一鄉，第一等田每畝計物力錢二貫七百文，第二等二貫五百，第三等二貫文，第四等一貫五百文，第五等一貫一百文，第六等九百文。田畝有好怯，故物力有高下，不可一槩科也。先來第四第五等人户田畝物力錢若干，又浮財物力錢若干，衮搭計物力錢若干，即科和買一匹，坊郭雖不同，大率亦用此等，則科納蓋是用畝頭上物力均科，非是用每畝均科也。

今欲行臣僚之言，即合照舊例，用畝頭上物力均科。謂如田產止物力一貫，即科和買絹若干，非謂一畝即科和買絹若干。蓋上等與下等田產物力錢不同，今用田產等則物力均敷，即亦係計畝均敷之謂也。八縣自來如此。用物力錢均敷，議者多謂紹興府無真下户，正皆是詭户，其實亦不然。所謂下户者，非謂全然貧薄無衣食之小民也，謂如諸縣人户物力錢不及若干貫不科和買者，即皆是中下之家，豈得無些少產業，若詭挾之户固有之，而中下之家亦不能無也。今會稽縣第五等户元不應科和買者，計五萬二千五百五十八户，山陰縣第五等户元不應科和買者，計六萬七千七十五户，他縣大略皆同此，乃其間實有下户，不皆詭挾之人也。自中興以來，和買不及於下户者，爲下户元不曾納錢而請和買也，恐其間實有小民被科者爾。第四等户以上雖科和買，雖曰賦重，然皆是衣食得足之家，雖被科敷而必無流徙之患。今若均於下五等户，每丁既有絹矣，有丁綿矣，有丁鹽錢矣，今又欲減上户和買絹，復均於其家，則是以一小民之身些少薄瘠之產，而納數項之税賦，此其所以爲難也。況今者用畝頭均敷，則上户頓減，下户頓增，他日或艱輸納。今日臣僚之請，謂不於畝頭均科，恐詭挾之户日甚一日，他日又費關防，但今日更思優恤下户，則用畝頭均科亦何以爲不可。參之衆論，優恤下户之説有三焉：一者，下五等户，見身丁絹、丁綿、丁鹽錢三項，其丁綿、丁鹽錢，向日亦曾具申尚書省，欲從除減，今若未從除減，則欲乞將下五等有丁有產人户身丁絹與和買絹衮同，盡均敷於第一等至第五等產業畝頭物力之上。蓋第四等以上人户和買絹既均敷在第五等人户之家，則第五等人户亦合衮同以丁絹均科在第一等至第五等畝頭物力之上，庶幾於理爲均。謂如會稽一縣，若以畝頭上物力均敷和買，則第四等以上户計有減退和買六千一百六十六匹二丈二尺二寸八，不應科第五等户均受其第五等身丁絹，却計有四千四百一十六匹一丈二尺又有三千三百五十三丁，係有丁無產者，爲丁絹計三百五十二匹二尺六寸，既是無產，與今來畝頭均敷和買即無干涉。又自來例科身丁絹不欲改動，欲仍舊每年科在有丁無產之身外有丁有產者，爲丁絹止有四千六十四匹九尺四寸，却欲將此絹并和買絹衮同盡均在第一等至第五等人户畝頭物力之上。以均丁絹論之，則上户止受下户丁絹二千五十五匹一丈八尺六寸，却自均受丁絹二千八匹三丈八寸，而又受過上户和買六千一百六十六匹有零，他縣亦大略相似。若以此二項絹衮同均敷，則上户尚不勝其優，而有產丁户租得免，每丁納身丁絹一項而已，是亦略所以優之也。他縣亦欲照此均數。或者謂上户尚爲優輕，若盡以下户丁絹均於第四等以上户畝頭物力之上，而第五等户止受今來和買絹數則稍爲均平，但恐上户必生詞説有不肯受，故不得已須用一槩均敷焉。二者，田產物力與浮財物力皆不同，雖向者衮同均科，然亦分開各自有數。今者第五等户既受畝頭物力和買矣，不可更以浮財物力科及於第五等户，蓋浮財物力不比田畝物力，田畝物力財可以詭託於交易而走弄，浮財物力一經推排之後，其數遂定，不可走弄。且以第四等户以上言之，浮財物力推排之際，東家減退即歸於西家，額不可走，衆不可欺，議既已定，人自無辭，三年一次推排，衆共認定之後，不似田產日日可以走弄。今若以畝頭物力、浮財物力一例均科於上四等及下五等人户畝頭之上，則上户重疊有減退之幸，下户重疊有科敷之擾。若欲以浮財物力分出自科，上户與下户並皆不免，則上户浮財物力營運有至數千貫者，坊郭尤多，豈可畝頭上既已減免，而於浮財上又復減免，下户只些小家活，正如前日議臣所謂生生之具者，畝頭既已受和買矣，豈可於此小生生之具又復科納，則是重疊受科，於理甚明。今欲將逐縣浮財物力所分出和買絹，仍舊只均敷在上四等已籍定浮財物力之家。蓋上四等户并坊郭等户，率是浮財物力多，而田產物力少，前來具申，亦已詳盡，今只欲照舊例均敷於第四等以上已籍定浮財物力之家，乃所以見重本抑末之意與。今來議臣所謂均科畝頭和買，自與浮財和買項目不同，如此處置，庶幾下户不致重困。然諸縣又有不同。如諸暨、蕭山兩縣之下户浮財物力稍多，見今管物力二十萬貫，又當別行措置。若今來已經科定於買之後，自第四等人户出產與第五等人户者，却隨產仍舊科納。鹽亭户元不科和買，或者以爲亦有詭户在内規免，後來鹽亭户有續置產業，却依編户科納和買，今用畝頭均科，若欲稍優鹽亭户，未審合與不合比編户，且與折半科納，庶幾規免者亦少，又於田畝科納者亦均。又八縣有坍江溪及逃絶没官田產，所管物力尚多，遞年除豁和買，今既欲用畝頭均敷，則此項不容不覈其實。乞行下令諸縣知任同共前去地頭湏管審實，結罪保明，從實均敷，庶幾不致走失官物，如有隱庇，分毫不實，乞從朝廷黜責。上件利便，或可行，或不可行，一聽詳酌指揮施行。詔鹽亭户除元不科者，仍舊續置產業自合均敷，餘並依條具到事理施行。

慶元五年四月二十九日，臣僚言：竊謂民間二税，自有經常，夏納絹帛，秋輸苗米，合從本色，難以折科。比東州郡多於本色之中分爲等降，或科小麥，或敷糯米，已爲法意，然猶有可諉者，曰將以爲酒政之資耳。今乃復於折米麥之外，變納價錢，麥一石或折錢五千，米一斗或納錢七百，計其價直，何止倍輸，其間糜費，抑不止此，編民畏懾，赴愬無從。乞今後州郡折料或抑配，令納價錢，許民户越訴。從之。

七月十二日，臣僚言：建康府科納和買，輕重倒置，所納和買絹，或本色，或折錢，小民重罹其害，乞下本府將人户和買，自慶元五年爲頭，或本色，或折錢，不分上下，衮同均納。謂如上户遞年千匹，皆是本色，今納本色五匹，餘五匹折錢，下户亦如之，庶幾積年弊害，一旦革去，供輸均平。詔令本路轉運司，同建康府守臣，公共相度措置，申尚書省。既而知建康府錢象祖等，措置到本府管下五縣數内，上元、江寧、句容、溧陽四縣所理和買，除第五等人户免科，其餘人户各不分上下，並納一半本色，一半折錢。所有溧水一縣和買，本縣舊米絹價高貴，遂令上户送納本色，下户折錢，本爲優恤，近年絹價低平，折錢數重，下户艱於輸納，欲將溧水縣所理和買，從今來臣僚所奏，不分上下，衮同令人户各納一半本色，一半折錢，庶得均當。户部勘當從相度到事理，行下本府江東轉運司，遵守施行，毋致違戾。從之。

九月二十九日，工部侍郎兼知臨安府朱晞顔言：竊見仁和縣有倉基、糴場、營寨、宫觀、菴寺、城基、酒庫、官廨之屬，凡四十七處，皆民間花利，既無所收，税賦自無可納，并經界以來，遞年造簿，鄉司因緣爲姦，或推多收少，或産去税存，或於項内隱落户名，或於總結不具實數，與他虚抱税額，亦復不少。本縣據簿，執爲定數，取辦户長，鞭笞禁繫，至有破産填償，故户長輪當差役，則預先鬻賣田産，甘爲遊手，或輕棄屋廬，逃竄他鄉，前後百姓訴之縣官，縣官告之州郡，而州郡以財賦所在，不肯蠲放。本縣嘗乞除豁，遂委官覈實，見得既已産土不存，而隱落在民者，又無細民可考，本縣雖抑勒保長典賣倍償，而所納税租，皆不及數，其爲民病亦甚矣。今以仁和縣一歲合出豁之數計之，秋苗二百三十九石九斗一升五合，係送納府倉，夏税五百二十五匹三丈二尺一寸本色畸零斛納府庫，本色已自行拘認行下，本縣揭榜盡行除放外，有夏税折帛六十二匹三尺八寸，即係合發上供之數，乞行除豁。詔將合發上供夏税折帛六十餘匹，令臨安府拘認，餘依朱晞顔所奏事理施行。【略】

〔六年〕六月二十四日，臣僚言：國家設爲折科，名目不一，姑以夏税言之，自本色之外，均其分數折爲錢會，或爲銀兩，自折錢之外，以所餘本色，較其産錢折而爲綿，非綿則麥，其本户産錢之不多，則聽輸本色，歲有定額，未嘗增益，非不公也。惟是州縣之間，奉行不虔，謂如版曹以元額之數敷之於州，州則增元額之數敷之于縣，縣則增本州之數科之於民，上下遞增，莫有窮已。且以一尺之折帛，比一尺之本色，則折帛之輸幾倍本色矣。而州縣又有所謂折帛綿，又有所謂折麥錢，又有所謂本色折錢。夫折帛綿者，如折帛已敷足數，而又就其折帛敷内分其餘錢折而爲綿，故名之曰折帛綿。反覆紐計，比之輸納本色，三倍其數矣。以一斗之麥，與糜費使用，其直不過三環而已，若論折錢，每斗非七八環不可也，是輸納折麥又不知幾倍於折帛。其他如折綿、折馬料之屬，不一而足。凡絲綿之有零，分則納兩，絹之有零，寸則納尺，米麥之有勺合，則納升，困於重斂，莫甚於此，此折科太重之弊也。國家立法，三歲一推排，蓋欲均貧富也。使占籍於鄉者，富而進産則在所陞，而退産則在所降，截然不紊，皆合公議，則州縣之間，差役自然公平，輸納自然均一，此國家之良法也。惟是州縣之間，奉行不虔，武斷豪民，乘此報怨，家富而當陞却與之降，家貧而當降却與之陞，田畝則走弄等則，房賃則變易間架，姦弊百出，爲害日深，至於浮財營運，尤爲民蠹。如店庫生放，營運之大也，有店庫則合排以店庫營運錢，有生放則合排以生放營運錢，儻或店庫停閉，生放折閱，則所排之錢，自合隨即銷落。蓋緣州縣以所排之錢，將貫頭権定以充吏禄，而又利其寬餘，別行移用，每遇推排，斷不減損元數。如父祖有營運之名，經歷數十年之後，子孫陵替殆盡，尚隸等第之籍，兩科役錢，逼令陪納，遂皆逃移異鄉，莫能自存。其間雖有祖父所遺屋業，急於求售，人以户籍尚存，不敢交易寸椽片瓦，終歸摧敗而後已，此推排不實之弊也。乞令户部逐一檢坐，累降指揮，嚴行約束，痛革此弊，所有折科，則只從元數，科抑不得重疊紐計及合零就整，仍於所納米鈔内分明開具。至於推排，則除田畝房賃自有成法外，其餘營運浮財，委是停閉銷折，隨即減落，不得虚樁責令出納，所有州縣吏禄錢，亦不得於家力錢貫頭數均敷，以資妄用，如有違戾，各許赴臺越訴。從之。【略】

〔嘉泰〕四年二月十七日，臣僚言：州縣之吏，每於二税起催之時，再易簿籍，弊倖多端，非一而足。如下税則有本色，有和買，而折帛又有綿麥之類。若每歲科配，以逐户物産，各依則例，從實紐計，自有成規，毫髮不可增損。今乃不然，縣胥旁緣爲姦，出入走弄，陰奪巧取，額外多科，縣官利於取贏，恬不爲恠，至于秋税所科，苗米則多以粳而變糯，以糙而變白。此猶可也，又於下户畸零所納，斂之甚苛，既自合以從升，又因升而起耗，猶以爲未足也。或夏税所輸未及分數，則折納多增價錢，或人户折納已無欠逋，則復作少數追擾。若夫役錢，春夏二料，止隨物力起料，尚多增添，其他弊倖，抑又可見。乞詔户部行下漕臣，令所部州軍，每歲於屬縣催科二税之際，預令開具各縣人户，所管常産，本年合納逐色官物，并本色折錢之數，及係作何若干，科敷每户出給税由，總列實數，使憑輸納。仍先期結罪，具申漕司，牓諭逐縣人户通知，或有妄增，許民越訴，重寘典憲，務在必行。從之。【略】

〔嘉定〕六年十一月四日，監察御史倪千里言：臣竊惟常賦之外，誅求苛刻，其爲名件，未易悉數，請擇其尤爲民害者，爲陛下言之。【略】

民間常賦，若丈若尺，載諸版籍，自有定數，今縣邑催科，故意存留畸欠，謂如户管一匹，則止催三丈八九尺，户管一丈則止催八九尺，民間送納，本從元管鄉胥，異日却追畸零，文引征索，絡繹鄉保，或欠零寸，必納全尺，此畸税漏催之弊也。世多從吏，惟急催科，民間輸賦，豈容逋欠，帛之分寸，米之勺合，刻刷根括，秋毫盡矣。今乃縣邑又於既足之餘，復有重催之害，一之不已，以至於再，猶且不已，官族士流，倒遭箠撻，富家彊幹，尚難分辯，下户貧民，其冤曷訴。縱非實欠之數，展引必責以錢，計一引之錢，已不啻尺絹斗粟之直。文引繁多，乞取浩瀚，貪胥猾吏，交奪不饜，此文引乞覓之弊也。夏税秋苗，所納本色，綱解水脚，量取於民，自不能免。今州縣所納，一縑爲錢四五百足，納米一斗爲亦百金以上，且間又有倍於此者，收加斛面之外，多創名色，例外又加與。夫倉之内外，並緣攘取之人不一而計，計其所納，率幾二斛有半，是輸一斛之米，已計三斛以上之數矣。去歲米直，所在低下，而抑納折錢，每石有及六七千者，此輸納過取之弊也。【略】

凡此六弊，相承不已，乞下臣此章，令諸路監司禁戢，州縣鏤牓，盡一行下城邑鄉村貼掛，不得隱匿，務在恪意遵守，痛掃前弊。仍仰州郡自指揮到日，限一月内，其逐項已作如何措置更革，申朝廷御史臺照會，不許泛爲依應，具文申上。如州縣奉行不虔，許諸色徑詣御史臺陳訴，追究得實，定將監司守宰併行彈奏，重賜鐫責。從之。【略】

〔七年四月〕二十七日，侍御史石宗萬言：田祖之賦，有常額也，朝廷未嘗加一毫之横斂，而富家大室馴致困乏，貧民下户幾不聊生，陛下亦知其故乎。蓋租賦顧有定額，而增科折變，暗行征取，故民力除銷鑠而不自知，臣請摭而言之。夏税之有折帛，蓋以絹而科取也，較之本色既已重矣，又從而科麥焉。使所科之麥止仍舊數猶之可也，以紹興乾道間之數比之，幾四五倍納矣，及半久變而爲折錢，如是則由絹而折麥，由麥而折錢，昔之税絹，今大半成折帛矣。秋場之折糯，蓋以苗而科取也，較之納税亦已重矣。使折糯之數一依舊例，猶未至於甚病也，以十年前之數比之，每石科一斗以上者，今科三四斗，秔糯之價，輕重不侔，糯稍足用，則又截納價直。夫苗米折錢，本爲殘零，便於輸納，其價既高，民已受害，況又以糯而折錢，取之不太虐乎。此姑舉折麥折糯之利害而言之，其他名色不一而足，大抵皆展轉變易，以求贏餘，斯民安得不重困耶。今麥方登場，而科折過數，反甚於前，他日秋苗，槩可見矣。乞檢會前後臣僚之所奏，請申嚴戒飭，使州縣科一依舊例，不許增添，仍不得以所科之數折納價錢，如有違戾，許百姓經御史臺越訴，容臣按劾，乞賜鐫責施行。從之。【略】

〔十一月〕二十八日，臣僚言：竊聞自錢氏據有兩浙，横賦供軍，每田十畝，增收六畝，每地十畝，增收八畝，謂之進際。暨歸版圖，本朝遣使除豁，其他諸縣，皆得蠲減，而不及新城、臨安兩縣。乾道間，因兵部侍郎耿秉舊爲新城令，申請以元額合納夏税絹一萬二千三百匹有畸，特爲蠲減幾及四千匹，以元額合納苗米九千二百石有畸，特與蠲減幾及三千石，是新城一縣，於元額增進際之數減過半，獨臨安府其弊猶故。況臨安産絹之地，乃令折納價錢，則一縑幾取二縑之直，而依山爲田，所出上下色之米，乃致科納糯米，皆取之他處，是又責其所無也。乞將臨安縣見納折帛並納本色，見納糯米並納秔米，如州縣輒敢仍前科擾起催，並許人户經臺省越訴，重作施行，則近甸之間均受實惠。【略】

九年五月四日，臣僚言：（臣）兩税有定額，今乃有額外多取之弊，驅催有常期，今乃先期趣辦之弊，支移折變，不遵條約，已納更追，重爲煩擾。自其額外之多取也，人户每鈔既收，勘合朱墨頭子等錢矣，後收市例錢，爲受納官分取之需。自夫先期而趣辦也，機杼未興，遽迫縑税，場圃未築，已急租入。折變自有成法，絹若干匹，綿若干兩，苗若干石，本色若干，折價若干，具有等則，宜務均平。今乃不計人户合輸本色之定數，徒規折納所獲之甚豐，開場未幾，即行科折，固有闔户曾不獲輸本色尺寸銖龠者。民以耕織爲業，官以錢楮爲賦，彊其所無，厲民已甚。今乃攟摭數年以前，逮捕慘於劇賊，絣抓甚於重囚，朱鈔可憑，一不照用，付之囹圄，萬無清脱。以至旱蝗蠲減，催理如故，嗣歲賦租，預借不少。人户三等以上，家給一曆，使之自催自展矣，復登載於户長甲簿，重爲執役者之困。總一户合輸數目書之曆矣，復給青印紅印文帖，不恤其繳展之費。義役本以便民，成之既累歲，官吏以爲非便，壞之於一日。數者之弊，民極困矣。乞下臣此章，縣責之州，州責之監司，常切約束，罔或不從，有一違戾，監司郡守不即劾聞，許人户經臺省越訴，嚴行根究，併賜鐫斥。其都吏典押當行胥吏，並行估籍編配。

仍乞專委逐路提刑司覺察，每季其有無違戾，申御史臺及諫院以憑稽考。從之。

十一年五月二日，臣僚言：鄱陽之爲邑，延袤近二百里，上下各一十鄉。經界之初，税錢額管八千六百四十二貫五百有畸，從經界條例，每税錢百文，合敷和買六尺四寸八分有畸。胥吏爲姦，歲歲增益，然猶止以〔分〕計，不使及寸，積歲已久，至嘉定九年，遂及七尺五寸六分，又且見寸收尺，謂之合零就整。逮至去年，復於所敷頓增三寸，總一邑之爲絹一千二百餘匹。且以崇德一鄉最小者言之，嘉定九年分税額，元管五百貫文有畸，敷和買絹九百三十餘匹，去年造簿，本鄉税錢止管四百九十貫有畸，邑吏縱欲，以所虧税錢十貫均於民户，亦止合照前年所敷之數催理，今乃增敷九百五十而匹，計多二十五匹，舉此一鄉，其他可知。且鄱陽之民，連遭蝗旱，已不聊生，而貪吏姦胥，又陰肆推剥，如此其極，自非上官推本尋源，痛爲革絶，雖朝罷一宰，暮黜一吏，而鄱民未有安居樂業之望也。從之。

徐松《宋會要輯稿・刑法三・定贓罪》 太祖建隆二年二月二十五日詔：自今犯竊盗贓滿三貫文坐死，不滿者節級科罪，其錢八十爲陌。先是，周廣順中勑，竊盗計贓絹三匹以上者死。絹以本處上估爲定，不滿者等第決斷。至是以絹價不等，故有是詔。

三年二月十三日詔曰：竊盗之徒，本非巨蠹，姦生不足，罪抵嚴科，令條法重於律文，財賄輕於人命，俾寬憲綱，用副哀矜。令後犯竊盗贓滿五貫處死，以百錢足爲陌，不滿者決杖徒役，各從降殺。先是，漢法一錢之罪必加重法，周初以所犯贓滿絹三匹坐死，帝以死者不可復生，以錢代絹，滿三千又處死，及是又改。【略】

〔太宗太平興國〕四年九月二十六日詔曰：先是江浙諸州所定法以絹計贓物，絹價錢每二疋當江北之一，今宜以千錢爲疋計贓論其罪。

五年三月二十一日詔：荆湖、嶺南等處絹價錢自今所定法如江浙例，悉以千錢爲絹一匹論其罪。【略】

神宗元豐二年十二月四日，成都府、利州路鈐轄司言：往時川峽絹匹爲錢二千六百，以此編敕估贓，兩錢錢得銅錢之一，近歲絹匹不過千三百，估贓二匹乃得一疋之罪，多不至重法，盗賊寖多，法寺乞以一錢半當銅錢之一。從之。【略】

徽宗建中靖國元年九月六日，刑部言：元符令定罪以絹者，每絹一匹準錢一貫三百，近歲物價踴貴，非昔時比，一絹之直多過於舊價，乞於今文添入「若犯，處絹價高者，依上絹計直」。從之。【略】

大觀元年閏十月二十日詔：計贓之律，以絹論罪，絹價有貴賤，故論罪有重輕。今四方絹價增貴至兩貫以上，而計絹之數獨循舊例，以一貫三百足爲率，計價既少，抵罪太重，可以一貫五百足定罪。【略】

高祖建炎元年六月七日，大理正權尚書刑部郎中朱端友言：有詳見令，犯罪計絹定罪者，舊法以一貫三百足準絹一疋，後以四方絹價增貴，遂增至一貫五百足。州縣絹價比日前例皆增貴，其直高下不一，欲應州縣犯贓合計絹定罪者，隨當時在市貿直價計貫伯紐計絹數科罪，其鐵錢地分並以銅錢計數科罪。詔：自今計絹定罪，並以二貫爲準。【略】

三年八月二十三日，大理寺言：陝西路舊法，唯許行鐵錢，不許私用銅錢，所以計贓以鈔面爲準紐銅錢定罪。今來本路既得通使銅錢，即計贓者合據犯處以銅錢估價爲準，如元贓即以銅錢計絹價準贓。從之，謂如犯時本處絹每匹鐵錢三十貫文，銅錢三貫足，即元贓鐵錢一十貫足，準銅錢一貫足計贓之類。

紹興三年九月八日，詔曰：朕聞子産鑄刑書，叔向罪之，蓋刑法世輕世重，有倫有要而已。昨因臣僚有請舉行祖宗之制，欲杖脊贓吏於朝堂，痛恨椎膚，利體於斯民，亦以刑止刑之意也。復思紐絹之法，與祖宗立意大不相侔，是時絹值不滿千錢，故以一貫三百計疋，是官估比市價幾過半矣。其後嘗因論例，遂增至二貫足。目今絹價不下四五貫，豈可尚守舊制耶。可每疋更增一貫，通作三貫足，俟戎馬平定，絹價低小，別行取旨，而今而後，贓吏犯決，夫復何言。

十月十四日，臣僚言：按敕，竊盗以贓準錢及四百以上即科杖，罪纔及兩貫，遂斷徒刑。且承平之日，物價適平，以物準錢，則物多而錢寡，故抵罪者不至遽罹重決。迨今師旅之際，百物騰踴，贓雖無幾，而錢價以多，一爲盗竊，不下徒罪，情實可憫。乞將紹興敕，犯盗定罪者，遞增其數，庶使無知窮民，免致輕陷重憲。詔令刑部勘當，契勘計絹定罪者，元估每疋價錢二貫足，近承今年九月八日手詔，每匹增錢一貫足，通作三貫足，即是二貫以十分爲率，增及五分，所有應敕内計錢定罪，既係錢輕物重，即與紐絹事體無異，理合隨宜比附定罪。除彊盗緣情理兇惡以錢定罪，自合遵依舊制外，今參酌臣僚所乞，將敕内犯竊盗以錢定罪者，遞增其數，事理緣在，法不止竊盗一事，其餘計錢定罪者，理合一體措置。今欲權宜，將敕内應以錢定罪之法，各與遞增錢五分斷罪，謂如犯竊盗三貫徒一年之類。侯邊事寧息，物價平日，依舊從之。

張廷玉等《續文獻通考》卷二五《市糴》

均輸市易和買

宋寧宗慶元二年五月，減諸路和市折帛錢三年。

帝初即位，即詔：兩浙、江東西和買紬絹折帛錢太重，可自來年匹減錢一貫五百文，三年後別聽旨。所減之錢令內藏封樁兩庫撥還。事在紹熙五年十月。至慶元元年，户部侍郎袁説友上言歸安、餘杭二縣和買科取之弊，乞將餘杭縣經界元科之額，配以絹數不分等則，以二十四貫定敷一匹，衮科而下，足額而止。捐其餘以惠末産之民。如此則吏不得而制民，民無資於詭户，亦救弊之良策也。詔令集議。是年議上，如所奏行之。

《宋史・趙必愿傳》曰：必愿知處州陳折帛納銀之害，如所請除之。

《大學衍義補》曰：宋朝預買紬絹，謂之和買絹。夫買而謂之和，必兩無虧損，上下同欲而無抑配之謂也。當時所謂和買，猶是民以乏錢而須賣，官以先期而便民，乃其後之弊，且至與夏税並輸，民家營運生息之具悉從折計，而爲民無窮之害矣。

開禧三年，詔紹興府均敷和買。

先是孝宗乾道九年，祕書郎趙粹中言兩浙和買莫重於紹興，而會稽爲最。緣田薄税重，詭名隱寄，多分子户。自經界後，至乾道五年，累經推排減落，物力走失愈重，民力困竭，若據畝均輸，可絶詭户之弊。淳熙八年，詔兩淮漕臣吴琚與帥臣張子顔措置。子顔等言勢家豪民，分析板籍，以自托於下户，是不可不抑。然弊必有原，謂如浙東和買凡二十八萬一千七百三十有八，合台、明、衢、處、婺之數，不滿一十三萬，而紹興一郡，獨當一十四萬六千九百三十有八，則是以一郡視五郡之輸，而又贏一萬有奇，此重額之弊也。【略】

十六年，知紹興府王希吕言均敷和買。曩者，亟於集事，不暇覈實，一切以爲詭户而科之，於是物力自百文以上，皆不免於和買，貧民始不勝其困。乞將掛科和買二萬五十七匹有奇盡放，則民被實惠矣。於是詔：下户和買二萬五十餘匹，住催一年。又減原額四萬四千匹有奇均敷一節，令知紹興府洪邁從長施行。光宗紹熙元年，邁定其法上之。詔依所措置推行，至是又申此詔，紹興貧民下户稍寬矣。

紹定時，侍御史李鳴復奏曰：會稽郡賦重民貧，以和買一色言之，其爲額當一路之半，雖淳熙特與蠲減，紹熙并與均科，而民仍困於供輸，此無他，其爲額太重故也。祖宗時，貨輕而錢重，錢之在官者，先期而給，絹之在民者，易歲而輸，官民相資，是謂和買。時異事變，名存實亡，價直勿償，鑿空科取，無復有所謂買矣。送輸稍緩，鞭撻即加，無復有所謂和矣。嘉定庚辰，朝廷將累歲實催之數，按爲定額一半理估，行之十四載，民力稍寬。端平初元，復催正色，二年仍行理估，三年又催正色。今以侍郎趙與懽申請，將列郡和買一體施行，難乎其爲辭矣。臣自到官以來，士夫論議，民庶陳情，莫不以和買爲重困，今不敢乞如淳熙之減額，得如嘉定之一半理估足矣。或曰，放行一郡，恐有援例而起者，何以拒之。是不然。會稽之特加優恤，以其爲額太重也，以其有陵寢在也，以其爲毓聖之地也，無是三者，而何例之援乎。前淳熙十六年，詔紹興府和買絹内特減四萬四千餘匹，不聞他郡援例也。況鑑湖古未有租，今變爲湖田，輸於大農者六萬，此會稽額外之産也，朝廷獨知取而不知予乎？乞將和買絹一項，仍照嘉定十三年例一半理估施行，使怨咨之氣消，歌頌之聲作，此實祈天永命之一，非但爲一郡設也。

張廷玉等《續文獻通考》卷二八《土貢一》 福建路每年常貢：

泉州 綿一百兩。南安縣出。俱淳祐中貢。【略】

興化軍 緜一百兩。

綿一百兩。元豐中貢。【略】

張廷玉等《續文獻通考》卷一二一《兵一》 《兵志》曰：養兵之法，熙宗天眷三年正月，詔歲給遼東戍卒紬絹有差。海陵正隆四年，命河南、陝西統軍司并虞候，司順德軍官兵，並增廩給。六年，將南征，以絹萬疋於京城易衣襖穿膝一萬，以給軍。

《全宋文》卷七宋太祖《輸租紬絹不滿匹者計丈尺納直詔》開寶八年三月 比者民輸租，其紬絹不成匹者，率三户至五户合成匹以送官，頗爲煩擾。自今紬不滿半匹、絹不滿一匹者，計丈尺輸其直。《續資治通鑑長編》卷一六。又見《文獻通考》卷四、《宋會要輯稿》食貨七〇之三（第七册第六三七二頁）。

《全宋文》卷六三宋太宗《賜卒錢物詔》太平興國八年十二月丁亥 自京至廣州傳置卒，月別給百錢；河北、河東道沿邊戍卒，人賜黄絹襦一，絮以綿；京城内外諸軍卒，人給米一石。同上。

《全宋文》卷二一二宋真宗《諸州綱運納裹角細絹磨擦損事詔》至道三年十一月 川諸州綱運納裹角細絹，如磨擦損，估虧官錢五千已上，奏裁；已下與免理納。

峽遠路，不以好弱，悉據數納。《宋會要輯稿》食貨五一之二二（第六册第五六八五頁）。

《蕃部進賣馬給絹茶事詔》咸平元年十一月　蕃部進賣馬，請價錢外，所給馬絹茶每匹二斤，老弱騾馬一斤。令禮賓院每二千斤請赴院置庫收管，當面給散。《宋會要輯稿》職官二五之六（第三册第二九一七頁）。

《全宋文》卷二一七宋真宗又《青濰諸州絹直納内藏詔》咸平四年二月　青、濰、登、淄、萊五月絹，並直納内藏。如左藏須物帛支遣，那換遠年者充。《宋會要輯稿》食貨五一之二（第六册第五六八五頁）。

《全宋文》卷二二四宋真宗《減諸路所市上供紬絹詔》景德二年二月　諸路所市上供紬絹，減三分之一。《宋會要輯稿》食貨六四之一八（第七册第六一〇八頁）。

《全宋文》卷九八一宋仁宗《寬益梓利所支軍衣詔》嘉祐三年十二月乙巳　陝西轉運司，本路諸軍衣裝綢絹緜皆出益、梓、利路，今邊事久寧，而戍兵不減，宜寬三路之所輸，若支軍衣而願回賣者，官以中估收市之。《續資治通鑑長編》卷一八八。又見《宋會要輯稿》食貨六四之二四（第七册第六一一一頁）。

《元史》卷九五《食貨三》　太祖弟斡真那顔位：

歲賜，絹五千九十八匹。

睿宗長子憲宗子阿速台大王位：

又泰定三年，明里忽都魯皇后位下，添歲賜絹五十匹。

世祖次子裕宗后位：

歲賜，絹一千匹。

世祖次子安西王忙哥剌位：

歲賜，絹一千匹。

世祖次子北安王那木罕位：

歲賜，絹一千匹。

裕宗長子晉王甘麻剌位：

歲賜，絹一千匹。

后妃公主

太祖四大斡耳朵：

大斡耳朵：

歲賜，染絹一百匹。

勳臣

欠帖温：

歲賜絹一百匹。

曹昭《格古要論》卷上《古畫論》

古畫絹色

古畫絹色淡黑，自有一種古香可愛，惟佛像香烟薰黑者多僞作者，取香烟灑或竈烟脂搗碎煎汁染絹，其色黄而不精彩。古絹自然破者，必有鯽魚口須連三四絲，不直裂，僞作者則否，其絹亦新。

古畫絹素

唐絹絲麄而厚，或有擣熟者，有獨梭絹濶四五尺餘者。五代絹極麄如布。宋有院絹，匀凈厚密，亦有獨梭絹，有等極細密如紙者，但有稀薄者，非院絹也。元絹類宋絹，有獨梭絹，出宣州。有宓機絹，極匀凈厚密，嘉興魏塘宓家，故名宓機。趙松雪、盛子昭、王若水多用此絹作畫。

歸有光《震川先生集》卷四《馬政志》　嘉祐中，韓琦請括諸監牧地留牧外，聽下户耕佃。遣都官員外郎高訪等括河北，得閒田三千三百五十頃，募佃，歲約得穀十一萬七千八百石，絹三千二百五十匹，草十六萬一千二百束。

雷禮《明大政紀》卷八《成祖文皇帝》　是歲，天下户九百八十二萬二千七百五十七。口五千一百八十五萬八千一百七十二。賦糧二千二百五十一萬一千二百七十石。餽運北京糧八百八十一萬三千四百六十三石。交趾上供絹千六百六十八疋。【略】

永樂二十一年十二月，交趾上供絹千七百四十七疋。

曹學佺《蜀中廣記》卷六八《方物記一〇》　段氏《遊蜀記》云：果、閬二州絹長五十尺，重一斤，其色目鮮白。《寰宇記》：鵞溪絹出梓州玄武縣鵞溪，杜詩「爲愛鵞溪白繭光」者也。東坡《謝魯冀州寄清絲》詩：鵞溪清絲清如冰，上有千歲交枝藤。藤生谷底飽風雪，歲晚忽作龍蛇升。嗟我雖爲老侍從，骨寒只愛布與繒。牀頭錦衾未還客，坐覺芒刺在背膺。豈如髯卿晚乃貴，福禄正似川方增。醉中倒著紫綺裘，下有半臂出縹綾。封題不敢妄裁翦，刀尺自有佳人能。遥知千騎出清曉，積雪未放游塵興。白鬚紅帶柳絲下，老弱空巷人相瞪。但放奇紋出領袖，吾髯雖老無人憎。

何喬遠《閩書》卷三九《版籍志・税糧》　洪武二十六年夏税：麥六百六十五石，錢鈔一萬二千七百五錠，絹二百七十三疋。秋糧：米九十七萬七千四百二十石。弘治十五年夏税：麥七百六石五斗九升二合六勺零，鈔一萬七百七十八錠二貫一百七十二文五分六釐，絲綿折絹二百八十疋一丈九尺五寸五分三釐，農桑絲折絹三百一十九疋一丈二尺七寸八分零，絲綿一百九十四兩五錢九分，土苧六十五觔一十三兩一錢六分。秋糧：米八十五萬四百四十七石七斗七升四合五勺零，租鈔二貫二百六十四文，魚課米三萬一千九百六十石六斗七升八合。萬曆六年夏税：麥七百六石九斗四升七合八勺零，絲綿折絹二百八十疋一丈九尺五寸五分五釐，農桑絲折絹三百一十九疋一丈二尺七寸八分零，絲綿一百九十四兩五錢九分，土苧六十五觔一十三兩一錢六分，鈔一萬七百七十八錠三貫一百七十二文五分六釐。秋糧：米八十五萬四百四十七石七斗七升四合五勺零，魚課米三萬一千九百九十六石九斗一升六勺零，租鈔二貫二百六十四文。錢糧除存留外，其起運京邊數目：弘治十五年秋糧：京庫折銀米三十六萬四千石，每石折銀二錢五分。萬曆六年夏税：京庫絲綿折絹二百八十疋一丈九尺五寸五分零，農桑絲折絹三百一十九疋一丈二尺七寸八分零。秋糧京庫折銀米三十一萬四千石，每石折銀二錢五分，户口鹽鈔銀一萬一千二十七兩六錢七分零。南京承運庫夏税：農桑絹六百疋。南京寶鈔廣惠庫錢鈔六百六萬八千七百四十三貫六百七十文，今二十六萬七千三百三十六錠五貫五百九文，存留本省。

何喬遠《閩書》卷三九《版籍志·雜課》 農桑絹，宋時令長吏勸民廣植農桑，有伐以爲薪者，罪之。而調其絹、綢、絲、綿，以供軍。南渡後，軍儲不足，絲綿並半折錢，疋二千。我朝洪武初，令民有不種桑麻木綿者，罰之布帛。後又令民得於在官曠地種桑，每畝四十株，科絲五錢，每絲一觔四兩成絹一疋，長三丈餘。迺有司苟且具文，奉行不虔，遂變而徵銀，每疋一兩六錢，水脚二錢八分，俱於通縣丁糧辦納，非舊制矣。今併入一條鞭內，有農桑絹。

方以智《通雅》卷三七《布帛》 最細曰纖，稍粗曰縞，涑緆曰練，并絲曰縑，扁緒曰繁 小顔解縠爲素之精者，而又曰縞，此皆由康成臆説，以纖爲黑經白緯，故後人無憑耳。按《禮》以縞爲未純吉之服，而縞冠以素紕之，明縞粗于素也。祥而縞，禫而纖，則細耎如常，其解縞爲細繒者，非矣。《禹貢》「厥篚玄纖縞」。玄白二色，而纖縞二種，纖爲最細，縞稍粗也，確矣。其曰練者，涑繒也，煑縑而熟之也。《㡛氏》「涑絲涑帛」，馬后衣大練是也。單曰素者，絹之精白，用書寫也。素，白緻繒也。《小爾雅》謂繒精曰縞，縞粗曰素，皆臆耳。劉向典校書籍，先書竹，可繕寫者以上素。《淮南子》曰：素之質白，縑之性黄。此以縑爲今之生絲綃矣。《説文》「縑，并絲繒」。此以爲今之雙絲矣。當以《淮南》爲是。二丈爲端，二端爲匹，兼義也。《説文》「繁，并列切。扁緒也」。唐貢，豫州雙絲綾，錦州雙紃，兼絲也。杭曰白編，扁緒也。郭璞曰：短度絹曰葉輪，言薄也。薄者扁緒，今杭州杭緒，應是此類。

芮温，絮纊也。《吕覽·必已篇》「不食穀實，不衣芮温」，高誘注以爲絮。蓋言絮纊，細耎也。《列子》「昝芮」，張湛注：芮，細也。或曰芮温。古人直借芮呼絮耳。《褚遂良傳》「芮芮興則茹」，茹，蠕蠕音軟也。可証軟、絮通轉。

絮幕曰牽離 《釋名》：煮繭曰莫。莫，幙也。貧者著衣可以幕絮也。或謂之牽離，煮爛牽引使離散如綿也。

葉夢珠《閲世編》卷七《食貨六·綢》 山東繭綢，集蠶繭爲之，出於山東椒樹者爲最佳，色蒼黑而氣帶椒香，汚穢著之，越歲自落，不必澣濯而潔，在前朝價與絨等，用亦如之。年來，價日賤而此種亦絶。今最上者，價不過錢許一尺，甚而有三、四分一尺者，則稀鬆甚於綿綢。嘉、湖、蘇、松，在在皆織，故用者愈衆，而價愈賤。

西湖散人《新鐫雅俗珠璣藪》卷七 絹衢絹、屯絹、八甲絹、碾光絹、三串絹、羅漢絹、三紺絹、福州絹、漳州絹、潮州絹、官絹。

紬絲紬、綿紬、線紬、潞紬、温州紬、開化紬。

練煮生絲生絹令熟也。

陳子龍等輯《明經世文編》卷四一五吕坤《停止砂鍋潞紬疏》 臣聞慎乃儉德者，英君誼辟之芳名；監於成憲者，聖子神孫之大孝。自二祖創業垂統以來，經制立法，纖悉具備，宫闈用度，歲額常豐。其在當時，織造燒造，各有地方，歲解歲停，各有疋件，載在《會典》，可考而知。【略】

又查得織造地方，有浙江等九省，織造物料，有紗、羅、絹、紵，而山西歲派，止有綾，絹各五百疋，閏月共加八十六疋耳，並無所謂山西潞紬者。卷查萬曆三年，坐派山西黄紬二千八百四十疋，用銀一萬九千三百三十四兩，十年坐派黄紬四千七百三十疋，用銀二萬四千六百七十餘兩，十五年坐派黄紬二千四百三十疋，用銀一萬二千餘兩，十八年坐派黄紬五千疋，用銀二萬八千六十兩。夫潞州之有紬也，非一年矣，祖宗時未嘗坐派，陛下即位以來，坐派四次，計工費銀八萬三千有奇矣。是紬也，士庶皆得爲衣，而皇上不以進御，臣心亦有所不安者。獨謂上用内用，未必如此之多，而匪頒特頒，自有經常之物。且山西銀糧，非王禄則軍餉。王禄如靈丘等王，有缺五十季不支者，宗儀睊睊，興枵腹之嗟。軍餉有每月四錢，尚扣五分者，士卒嗷嗷，動嗔目之怒。加以連年饑饉，庫藏空虚，臣於去年紬價，已經殫力湊處，僅克此番織造矣，伏乞勅下該部從長議處。砂嚚在在可燒，應否取辦於二千里，隔山踰嶺之外，即萬不可已，但求砂嚚全美，又何必鎖釘紅箱净綿塞墊，困擾生民。黄紬雖非歲織，但山西困憊已極，倘再行坐派，或改江南别項織造之價，或工部另議别項錢糧，發給潞安，無使貧省難於取辦，小民困於誅求，地方幸甚。

鄺露《赤雅》卷一《獞娘盛飾》 蝶綃，冰蠶所珥，織作蝶紋，輕逾大浣，服之避暑。諺曰：鳳裘無冬，蝶綃無夏。

《奩史》卷八七《綺羅門》 猺女握兵符者，得曳蝶綃，冰蠶所緝，織作蝶紋，輕逾火浣，服之避暑。《赤雅》

張廷玉等《續文獻通考》卷一〇《錢幣四》 〔成祖永樂〕五年三月，令各處稅糧，課程，贓罰，俱準折鈔。米每石三十貫，大絹每疋五十貫，小絹三十貫，金每兩四百貫，銀八十貫，鹽每大引一百貫，麥豆絲布等各有定數。其該載不盡之物，俱照時價折收。至宣宗宣德元年十月，户部言：鈔法滯阻，由出多入少，請自今官員軍民人等赦後倒死、虧欠馬駝等畜及各處所欠魚鰾等物，并贓罰金銀諸物，俱令納鈔。於是官絹每匹加至五百貫，小絹二百五十貫。

龍文彬《明會要》卷四三《職官一五·百官禄秩》 官員俸給凡二：曰本色，曰折色。其本色有三：曰月米，曰折絹米，曰折銀米。月米不問官大小，皆一石。折絹絹一匹當銀六錢。折銀六錢五分，當米一石。其折色有二：曰本色鈔，曰絹布。折鈔本色鈔十貫折米一石。後增至二十貫。絹布折鈔，絹每匹折米二十石。布一匹折米十石。正一品者本色僅十之三，遞增至從九品，本色乃十之七。已上《食貨志》。

顧炎武《肇域志·南直隸·南京應天府》 古名金陵、秣陵、建業、建康、蔣州、江寧、昇州、集慶。 領縣八。 田土六萬九千四百五頃一十四畝零，糧二十二萬六千八百零，絹一千三百五十七疋，四司額派銀一萬七千八百十七兩零，入太倉庫銀三萬四千四百九兩九錢。

顧炎武《肇域志·南直隸·鳳陽府》 古名鍾離、南兖州、北徐州、濠州。領州五，縣十三。 田土六萬一百九十一頃九十六畝零，糧三十一萬二千八百六十石零，四司額派料銀一萬一千六百四十五兩，絹二千四百一十五疋，太倉餉銀一萬三千三百三十兩三錢。

顧炎武《肇域志·南直隸·揚州府》 領州三，縣七。 田土六萬一千八百四頃九十九畝零，糧二十四萬六千五百石零，織造紵絲二百三十疋，生絹七百疋，絹八百四十一疋，四司派銀一萬四千七百四十三兩，入太倉庫銀一萬八千六百七十六兩二錢。

顧炎武《肇域志·南直隸·淮安府》 領州二，縣九。 田土一十三萬八百二十六頃三十畝零，糧三十九萬五千二百九十石零，絹一千四百六十一疋，四司額派銀一萬一千八百八十六兩零，入太倉庫銀一萬八千五百七十一兩零。

顧炎武《肇域志·南直隸·廬州府》 領州二，縣六。 田土六萬八千三百八十九頃一十一畝，糧七萬六千七百九石零，絹六百八十七疋，四司額派銀一萬一千一十七兩零，生銅六百六十九斤，入太倉銀三千三百二十二兩三錢。

顧炎武《肇域志·南直隸·安慶府》 領縣六。 田土二萬一千九百五頃三十畝零，糧一十三萬二千八百石零，絹三百五十三疋，四司額派銀一萬一千四百四十一兩，生絹六百八疋，入太倉庫銀五千三百七兩五錢。

顧炎武《肇域志·南直隸·太平府》 領縣三。 田土一萬二千八百七十頃五十三畝零，糧四萬九千九百一十石零，絹一百二疋，四司額派銀五千五百五十一兩零，生絹五百疋，入太倉庫銀八千五百六十一兩四錢。

顧炎武《肇域志·南直隸·池州府》 領縣六。 田土九千八十九頃二十二畝零，織造生絹二百十三疋，四司額派銀七千五百七十八兩，入太倉餉銀五千二百八十八兩二錢零。

顧炎武《肇域志·南直隸·和州》 領縣一。 田土六千二百一十五頃七十九畝零，糧一萬一千三百七十一石零，絹九十九疋，四司額派銀一千六百四十二兩，生鐵一千九百五十九斤。

顧炎武《肇域志·南直隸·徐州》 領縣四。 田土九萬八千五百二頃五畝零，糧一十四萬七千一十六石零，絹五千五百六十三疋，四司額派銀一千七百九十四兩零。

王士禛《池北偶談》卷一八《談藝八·東絹》 蜀鹽亭縣有鵝溪，(縣)出絹，謂之鵝溪絹，亦名東絹。子美詩「我有一疋好東絹」是也。周紫芝詩：「百尺寒松老幹枯，韋郎筆妙古今無。何如莫掃鵝溪絹，留取天吴紫鳳圖。」此雖諧謔，然《北征》自作於赴行在時，而《題韋偃畫松》則在入蜀之後，固不可同日語也。

邁柱等《九卿議定特料價值》卷二《綢》 紅杭紬，寬壹尺叁寸。每丈照舊例，今核定銀肆錢。

各色綢，寬壹尺肆寸。每丈舊例銀肆錢，今核定銀陸錢。

綢

户部例

藍大潞綢，寬壹尺伍寸。每丈照舊例，今核定銀壹兩捌錢。

各色綿綢，每丈照舊例，今核定銀柒錢玖分。

各色紡絲，每丈照舊例，今核定銀陸錢伍分。

各色綵綢，每疋照舊例，今核定銀壹兩伍錢。

大紅紡絲，每疋照舊例，今核定銀壹兩柒錢。

邁柱等《九卿議定物料價值》卷二《絹》 金黄山西絹，每丈舊例銀伍錢柒分肆釐，今核定銀伍錢。

黄藍絹，每丈舊例銀肆錢，今核定銀叁錢陸分。

白山西絹，每丈舊例銀伍錢壹分柒釐，今核定銀肆錢伍分。

山西絹，寬貳尺長肆丈。每疋舊例銀壹兩捌錢捌分，今核定銀壹兩捌錢。

各色山西熟絹，每丈舊例銀柒錢陸分，今核定銀伍錢。

絹無舊例

生絹，寬貳尺。每丈今核定銀叁錢陸分。

大紅山西熟絹，寬貳尺。每丈今核定銀伍錢。

青山西熟絹，寬貳尺。每丈今核定銀伍錢。

白熟絹，寬貳尺。每丈今核定銀肆錢。

絹

户部例

白熟細畫絹，每丈照舊例，今核定銀柒錢捌分。

郭柏蒼《閩産録異》卷一《貨屬·厚絹》 福州所織絹，薄者名「燈紗」；厚者名「厚絹」，皆不堪書畫。

《古今圖書集成·職方典》卷六八一《蘇州府部·物産考》 府志

帛屬

絹 《左傳》杜預註：吴地貴絹，鄭地貴紵。有生絹，有熟絹。又有白生絲織成，縝密如蟬翼，幅廣至四尺者，名畫絹。又有羅底絹，稍厚而密。織造府製上貢絹，另置機杼，三人運梭，有闊至二丈者。

紬 即繒也。絞絲織者曰線紬，撚綿者曰綿紬，攢絲而成者曰絲紬，粗絲織者俗呼杜織紬。又有綾機紬、綿紬、紋紬、春紬、捺紬諸樣。

黄本驥《湖南方物志》卷一《總紀》 山南道（澧、朗二州，屬東道採訪使）：厥賦絹、綿紬。《唐書·地理志》。

湖南歲貢天申大禮紬四百匹、平絁三千匹。《文獻通考》。

岳陽土貢絹十匹。《九域志》。

黄本驥《湖南方物志》卷五《岳州府》 巴陵出絹。《湖廣志》。

黄本驥《湖南方物志》卷五《常德府》 鼎州土貢練十匹。《九域志》。

黄本驥《湖南方物志》卷六《辰州府》 辰溪出絹。《一統志》。

黄本驥《湖南方物志》卷六《沅州府》 蠶事：少桑多柘，繭薄小不可繅，可績爲紬。或以五色間染之爲布，名「順水班」。同上。

沅州出土紬。《一統志》。

黄本驥《湖南方物志》卷七《靖州》 靖州貢白絹。《宋史·地理志》。誠州土貢：斑白絹三匹。《九域志》。

周廣業《過夏雜録》卷六《哈噠》 紬匹肆有哈噠粉絹。哈噠，滿洲地名，亦作哈噠，蓋其地出素絹，因名。婦人用以護領。

《皇清奏議》卷六班璉《徵絹請改折色疏》 山西道試監察御史臣班璉謹題，爲請罷無益之絹，乞勅仍徵折色以資實用，以甦重困事。臣聞經國之急務者，足食足兵，紓民之財力者，用一緩二。今自軍興以來，費用浩繁，取民賦於條編之外者，南糧新餉、楚糗秦糧、草糧徭役等項，而用不止於二矣。近復徵黄絹以重困之，既消額賦以缺國用，且竭民膏以成無益，病國累民，莫此爲甚。察得黄絹一項，明朝解貯，以備賞賜，與夫糊飾户牖之用，其實糜爛於庫者甚多，乃蠹賦虐民之弊政也。我朝鼎建以來，絶不徵造。順治八年間，工部有申明職掌之疏内有開造黄絹一款，九年間又户部有歸還職掌之議，復著實徵解絹之額，使江南、浙江、山西辦造，將四分折色六分，仍舊厲民大弊，臣敢請爲皇上陳之。夫絹藉蠶織而成，然養蠶須婦，飼蠶須桑，自山西遭賊寇之荼毒，江南、浙江受山海之變亂，男婦罹於殺掠，廬舍遭乎焚燬，而桑柘之木伐以爲薪，是養蠶之人與食俱竭，而絲與杼皆廢矣。若徵數萬黄絹，則絲必外買，絹必包織，工價踊貴。且奸棍借包織之因，假託機杼而騙絲騙價，麤惡塗塞，而誑作觔兩。小民除包織之外，既無措絹之法，惟求有絹，以免追呼，而官胥皂快，查驗盤駁，無處不吸民之膏血。及至解京，則押解有費，歇家有費，鋪墊有費，驗收有費，甚而投批掣批有費，藩司府縣追比、提比有費，似此累民，即果有裨國計，尚當捐除，況不過以充賞賜，糊飾無益之用，又何踵陋弊而累民哉。乞涣綸音，免其織辦，仍舊徵解折色，上獲足用之實利，下著惠民之德政，三省窮黎，户祝家謳，頌聖天子仁壽於萬年矣。

沈自南《藝林彙考·服飾篇》卷一〇《繒帛類》　《余氏辨林》絹，古呼爲練，因梁武帝小名阿練，皆呼練爲絹，至今猶從之。語出《顔氏家訓》。【略】

《雋言》《王莽傳》太后宜且衣繒練。師古曰：繒練，謂帛無文者。又緵布二疋。孟康曰：緵八十縷也。師古曰：緵，子公反。

《雋言》《韓安國傳》：彊弩之末，力不能穿魯縞。師古曰：縞，素也，曲阜之地俗善作之，尤爲輕細，故以取喻。【略】

《丹鉛雜録》《後漢志》：襄邑歲獻虎文衣，即今彰德府虎斑絹也。不爲珍綺，而古人重之，何邪。【略】

《留青日札》絲厚而疏者曰絹，其兼絲而細密者曰縑。晉令縑一匹當絹六丈，疎布一匹當絹一匹，絹一匹當綿二觔。廣二尺二寸爲幅，長四十尺爲端。

《天中記》《廣雅》：「繁總、鮮支、縠，絹也。」《釋名》：「絹，絚也。其絲絚厚而疏也。」縑，《説文》：「并絲繒也。」《釋名》：「兼也，其絲細緻兼於絹，染五色，細且緻不漏水也。」【略】

《雋言》縞素，又見《後漢·順帝紀》李賢等注，縞，皓也。縞之精白者曰素。

查慎行《人海記》卷上《齊東野蠶》　永樂時，山東進野蠶絲，製衾薦太廟，羣臣稱賀。今齊東山谷處處有之，與家蠶等。蠶月浴種出蛾，散置樹上，聽其眠食。食槲葉者，名槲紬。食椿葉者，名椿紬。食椒葉者，名椒紬。野人伺蠶駕廬其下，手長竿，逐樹按行，爲禦鳥鼠。其穰者，春夏秋歲三收焉。有一種蠶之小者，作繭堅如石，大才如指頂，在深谷叢林間，不關人力，樵牧遇之，收曰山繭。

袁枚《小倉山房詩文集》卷二七《東閣大學士陳文恭公傳》　在河南，植堤柳無萬數；在陝，鑿井二萬八千有奇，造水車教民灌溉。又考《豳風》，以陝本蠶桑之地，乃立蠶局，募機匠織縑，上充歲貢。其他義倉鄉學，隨地建設。州縣入見，如老嫗訓兒，諄諄絮語，不憚舌敝。雖秦土燥寒，公去後桑樹半萎，屬吏希公意，至有買南絲充秦紬秦絹以爲媚者。然信古受欺，識者皆嘉公之志也。

錢大昕《潛研堂文集》卷八《答問五》　問：《内則》有「櫛、縰」，鄭玄注：「縰，韜髮者也。」《説文》無「縰」字，未審當何從？曰：《士冠禮》：「緇纚，廣終幅，長六尺。」鄭玄注：「纚，一幅長六尺，足以韜髮而結之矣。」《士昏禮》：「姆纚笄。」鄭玄注：「纚，縚髮，亦廣充幅，長六尺。」「纚」即「縰」之異文也。《史記·周本紀》：「其罰倍纚。」徐廣云：「一作蓰，五倍曰蓰。」「蓰」與「纚」同，故「縰」亦與「纚」同。鄭玄箋《柏舟》詩引《禮》「世子昧爽而朝，亦櫛纚笄總」，正作「纚」字。

李調元《南越筆記》卷五《程鄉繭》　程鄉繭紬爲嶺南所貴，其蠶分畦而養，各以其葉飼之，飼某葉則爲某繭紬，其繭布則羅浮大胡蜨繭所成云。

李調元《南越筆記》卷五《文昌繭》　文昌繭，其蠶惟食山栗葉，故吐絲堅韌，其綢可久服弗敝，新興繭亦然。若南海官窑繭、順德龍江繭，則劣矣。

陳鱣《簡莊疏記》卷八《儀禮》　「賄用束紡」鄭玄注：紡，紡絲爲之，今之縳也。賈公彦疏：鄭注《周禮·内司服》亦云：「素沙者，今之白縳也。」則此束紡者，素沙也，故據漢法況之。按《説文》云：「紡，網絲也。从糸，方聲。」「縳，白鮮也。从糸，專聲。」《急就篇》云：「烝栗絹紺縉紅繎。」顔師古注：絹，生白繒，似縑而疏者也。《廣雅》云：「絭、總、鮮支、縠，絹也。」《釋文》引《聲類》云：「縳，今作絹。」是縳爲繒之疏者，故素沙亦謂之白縳，若今時之輕光絹矣。

嵇璜等《清通典》卷一五《食貨一五》　〔順治八年〕頒定山西潞綢式樣，每疋長五丈，濶二尺五寸，酌定價銀十三兩，歲織千四百七十九匹。【略】六年議減山西大潞紬一百疋，改織小潞紬四百疋，長三丈，闊一尺四寸。【略】

十四年，復減山西潞紬大小各百疋，每疋并減銀五錢。

平步青《霞外攟屑》卷一〇《薯莨綢》　越中夏月多服敲皮袴，初惟市人著之，近日風行漸及蘭閣矣，名曰薯莨綢。有紫緇二色。近作僞者，易以紗而質薄，不堪久著矣。《廣東新語》卷二十七：薯莨産江北者良，其白者不中用，用必以紅，紅者多膠液，漁人以染罛罾，使苎麻爽勁，既利水又耐鹹潮，不易腐。而薯莨膠液本紅，見水則黑，諸魚屬火而喜水，水之色黑，故與魚性相得，染罛罾使黑，則諸魚望之而聚云。《西雲札記》卷三赭魁即餘糧條云：《夢谿筆談》二十六、

《本草》所論赭魁，皆未詳。今南中極多，膚黑肌赤，似何首烏，汁赤如赭，南人以染皮製韡，閩嶺人謂之餘糧云云。按吾邑人以之染夏布與魚網，謂之薯嚢，即餘糧之轉音也。据西雲説，則屈之薯莨，莨應作糧。

陳康祺《郎潛紀聞四筆》卷四《橡樹飼蠶》 《初筆》記劉公綢兼及橡樹飼蠶之説，蓋康熙間甯羌牧劉君從山東僱人至州，教民養山蠶，織繭綢，陝省蠶桑之利，由此肇興也。頃讀道光間貴州按察使宋(如林)《請種橡育蠶狀》，稱黔省土瘠民貧，惟遵義一府，農蠶並行，生計較裕。自乾隆中，山東歷城人陳君來守是郡，見其地青棡樹，按：陳文恭公《廣行山蠶檄》作「青杠」，殆即此樹。即山東之槲櫟樹，其葉可飼山蠶，乃捐俸遣丁至山東買取繭種，訪覓蠶師，廣爲教導，期年有成，至今利賴。是遵義所織，亦可名陳公綢矣。蠶桑大利，江浙以之匹農功，他省罕有講求者。士大夫生長江南，宦遊西北，奈何讓山東人獨爲循吏哉？按：橡樹育蠶法：蠶子甫出，置之於樹，即能自食其葉，後即依枝作繭。取繭繅絲，全不費力。不知驕陽暴雨，鳥雀啄食，何以避禦？惜諸書多不詳載。

陳康祺《郎潛紀聞四筆》卷四《徐階平夫婦及徐婆綢》 遵義蠶織之利，大之者陳公，而倡之者則嘉興徐君階平。君以乾隆初官貴州正安州吏目，憫其地瘠民貧，生計迫蹙。偶見橡樹中野蠶成繭，因自以攜來織具，織成綢疋。令民制織具，而令其妻教之。其地遂成市集，獲利甚饒，今所謂川綢者，即由正安來也，土人名曰「徐婆綢」。見《鄧湘皋文集》及浙江知府劉汝璆《種桑議》。夫以一命之吏，軫恤民艱，又得賢婦人以助其成，卒使邊方瘠區，興教百年根本之大利，視劉、陳諸公，不尤偉哉！光緒庚辰，余量移江陰，買湖桑十萬株，勸民領種。嗣左侯相又發二萬株。余又雜采前人成法，並刷印《湖州府志·蠶桑》上下卷，分給各鎮紳董，廣爲喻導。逾年多報桑秧長成，惜值法國違約，江防戒嚴，余未能親往督課。而署中眷屬，亦無一熟諳蠶織者，無能步徐君夫婦之後塵。補注於此，以志吾媿。

《清會典則例》卷一五九《内務府·廣儲司》 一、驗收 康熙年間，【略】又覆準山西高平、長治兩縣，歲貢各色大潞紬百疋，小潞紬三百疋，由工部轉送段庫驗收。【略】

劉錦藻《清續文獻通考》卷三一七《輿地一三·湖北省》 鄖陽府 物産有鄖陽綢，然未能與蘇杭爭勝也。

穆彰阿等《清一統志》卷五四《直隸·滁州直隸州二》 土産 絹《唐書·地理志》：深州土貢。

穆彰阿等《清一統志》卷八一《江蘇·蘇州府五》 土産 絹《左傳》杜預：吴地貢絹。

穆彰阿等《清一統志》卷一二四《安徽·廬州府三》 土産 絹出舒城。《宋史·地理志》：廬州貢絹。

穆彰阿等《清一統志》卷一二七《安徽·鳳陽府三》 土産 絹《唐書志》：壽州貢。《九域志》：宿州、濠州貢。

穆彰阿等《清一統志》卷一二九《安徽·潁州府二》 土産 絹《元和志》、《九域志》皆云亳州貢絹二十匹。《宋志》：亳州貢縐、紗、絹。

穆彰阿等《清一統志》卷一三〇《安徽·滁州直隸州》 土産 絹《宋史·地理志》：滁州貢。

穆彰阿等《清一統志》卷一三二《安徽·廣德直隸州》 土産 絹州出。

穆彰阿等《清一統志》卷一三四《安徽·泗州直隸州》 土産 絹州出。《唐書·地理志》、《九域志》皆云泗州貢。

穆彰阿等《清一統志》卷一四一《山西·蒲州府二》 土産 《元和志》：河中府賦絹。

穆彰阿等《清一統志》卷一四七《山西·寧武府》 土産 按《宋史·地理志》：寧化軍貢絹。今府境絶無蠶絲，不復有此産矣。附記於此。

穆彰阿等《清一統志》卷一六四《山東·濟南府三》 土産 絹《唐書·地理志》：齊州土貢絹。德州土貢絹。《寰宇記》：淄州出絁絹。

穆彰阿等《清一統志》卷一七五《萊州府二》 土産 絹濰縣出。《宋史·張齊傳》：濰産絹。《元和志》：萊州賦絹。

穆彰阿等《清一統志》卷一八四《山東·臨清直隸州》 土産 絹州出。

穆彰阿等《清一統志》卷一九〇《河南·開封府五》 土産 按《唐書·地理志》：汴州、鄭州皆貢絹。

穆彰阿等《清一統志》卷一九二《河南·陳州府》 土産 按《唐書·地理志》：陳州土貢絹。《宋史·地理志》：淮寧府貢紬、絹。

穆彰阿等《清一統志》卷二〇一《河南·衛輝府三》 土産 絹。

穆彰阿等《清一統志》卷二〇九《河南·河南府五》 土産 縑《通志》：開封、河南、汝寧等府俱出。

穆彰阿等《清一統志》卷二一四《河南·南陽府五》 土産 絹《寰宇記》：土貢。

穆彰阿等《清一統志》卷二一七《河南・汝寧府三》　土産　縑《府志》：西平縣出。

穆彰阿等《清一統志》卷二一九《河南・許州直隸州二》　土産　絹《唐書・地理志》：潁川郡土貢絹。

穆彰阿等《清一統志》卷二二三《河南・光州直隸州二》　土産　絹州出。《元和志》：光州開元賦絹。

穆彰阿等《清一統志》卷二二五《河南・汝州直隸州二》　土産　《寰宇記》：土産絹。

穆彰阿等《清一統志》卷二四五《陝西・同州府三》　土産　絹《寰宇記》：華州土産。

穆彰阿等《清一統志》卷二六〇《甘肅・平涼府三》　土産　絹平涼出。《九域志》：渭州貢。

穆彰阿等《清一統志》卷二九三《浙江・寧波府三》　土産　絹《寰宇記》：色白緑勻者宜書。

穆彰阿等《清一統志》卷二九八《浙江・台州府二》　土産　絹黄巖、仙居出。

穆彰阿等《清一統志》卷三〇〇《浙江・金華府二》　土産　《寰宇記》：又貢絹。

穆彰阿等《清一統志》卷三〇五《浙江・處州府》　土産　絹《元和志》：處州元和貢絹。

穆彰阿等《清一統志》卷三一七《江西・南康府二》　土産　絹都昌縣出。

穆彰阿等《清一統志》卷三二一《江西・建昌府二》　土産　絹《宋史・地理志》：建昌貢。

穆彰阿等《清一統志》卷三二四《江西・臨江府》　土産　絹《宋志》：臨江軍貢。

穆彰阿等《清一統志》卷三六九《湖南・沅州府二》　土産　土絹

穆彰阿等《清一統志》卷三七八《湖南・郴州直隸州二》　土産　絹

穆彰阿等《清一統志》卷三八六《四川・成都府三》　土産　《寰宇記》：成都府貢絹。

穆彰阿等《清一統志》卷三八九《四川・重慶府三》　土産　絹《寰宇記》：昌州貢絹。《九域志》：南平軍、涪州貢絹。

穆彰阿等《清一統志》卷三九二《四川・保寧府三》　土産　絹《唐書・地理志》：閬州貢絹。《寰宇記》：集州産小絹。《段氏蜀記》云：果、閬二州絹，長十五丈，重一斤，其色鮮白。

穆彰阿等《清一統志》卷三九四《四川・順慶府二》　土産　絹《唐書・地理志》：果州貢(黄)絹。

穆彰阿等《清一統志》卷四〇五《四川・嘉定府二》　土産　絹《元和志》：嘉州貢。

穆彰阿等《清一統志》卷四〇七《四川・潼州府二》　土産　《元和志》：梓州賦絹。普州賦絹。

穆彰阿等《清一統志》卷四一三《四川・資州直隸州》　土産　絹《唐書・地理志》：陵州貢鵞溪絹。《元和志》：資州賦絹。

穆彰阿等《清一統志》卷四一四《四川・綿州直隸州》　土産　絹《元和志》：綿州貢白絹。又貢雙絲二十疋。

穆彰阿等《清一統志》卷四二六《福建・福州府二》　土産　絹《元和志》：福州貢絹。《寰宇記》：土産輕絹。

穆彰阿等《清一統志》卷四二八《福建・泉州府》　土産　土絹

穆彰阿等《清一統志》卷四三一《福建・建寧府》　土産　練各縣俱出。《元和志》：貢金花練。《新唐志》：貢蕉、花練。

穆彰阿等《清一統志》卷四四五《廣東・惠州府》　土産　絹《九域志》：循州貢。

穆彰阿等《清一統志》卷四五四《廣東・南雄直隸州》　土産　絹《九域志》：南雄州貢。

穆彰阿等《清一統志》卷四四《直隸・承德府三》　土産　綿綢府境多有之，其細而白者不減吴中，土人名爲土綢。

穆彰阿等《清一統志》卷九九《江蘇・揚州府四》　土産　土紬高郵州出。

穆彰阿等《清一統志》卷一二四《安徽・廬州府三》　土産　萬壽紬出合肥。機房在萬壽寺左右，故名。

穆彰阿等《清一統志》卷一三二《安徽・廣德直隸州》　土産　紬州出。

穆彰阿等《清一統志》卷一三三《安徽・六安直隸州》　土産　山綢

穆彰阿等《清一統志》卷一四三《山西・潞安府二》　土産　綢出府境。《明統志》：州境俱出。

穆彰阿等《清一統志》卷一四五《山西・澤州府》　土産　綢府境皆出，世稱爲澤綢。

穆彰阿等《清一統志》卷一七八《山東・沂州府二》 土産 繭紬蘭山、郯城、蒙陰、沂水四縣俱出。

穆彰阿等《清一統志》卷一八三《山東・濟寧直隸州》 土産 繭紬州境出。

穆彰阿等《清一統志》卷二一七《河南・汝寧府三》 土産 紬《府志》：確山縣出。

穆彰阿等《清一統志》卷二二一《河南・陝州直隸州二》 土産 紬州出。

穆彰阿等《清一統志》卷二二三《河南・光州直隸州二》 土産 紬息縣出。《唐書・地理志》：號州土貢絁。《宋史・地理志》：陝州貢紬。

穆彰阿等《清一統志》卷二七七《甘肅・階州直隸州二》 土産 紬《唐書・地理志》：文州貢。

穆彰阿等《清一統志》卷二八八《浙江・嘉興府二》 土産 紬《府志》：有素紬、花紬、綾地花紬、輕光紬、王店紬數種，出濮院者佳。

穆彰阿等《清一統志》卷二九〇《浙江・湖州府二》 土産 紬《唐書・地理志》：湖州土貢紬。《舊志》：出菱湖者佳。

穆彰阿等《清一統志》卷三〇四《浙江・温州府》 土産 紬染五色絲織成，名温紬。

穆彰阿等《清一統志》卷三〇五《浙江・處州府》 土産 《元和志》：處州元和貢綿紬。

穆彰阿等《清一統志》卷三八六《四川・成都府》 土産 棉紬《唐書・地理志》：簡州土貢綿紬。

穆彰阿等《清一統志》卷三八九《四川・重慶府三》 土産 紬。

穆彰阿等《清一統志》卷三九二《四川・保寧府三》 土産 《唐書・地理志》：閬州貢紬。巴州、壁州貢紬。

穆彰阿等《清一統志》卷三九四《四川・順慶府二》 土産 《唐書・地理志》：蓬州、（梁州）貢（黄）綿綢。

穆彰阿等《清一統志》卷四〇九《四川・綏定府二》 土産 綢《唐書・地理志》：通州貢綢。

穆彰阿等《清一統志》卷四一六《四川・忠州直隸州》 土産 紬《唐書・地理志》：忠州貢綿紬。

穆彰阿等《清一統志》卷一二七《安徽・鳳陽府三》 土産 絁《元和志》：濠州土貢。《唐書・地理志》：濠州、壽州土貢。《寰宇記》：濠州、壽州産。

穆彰阿等《清一統志》卷一二九《安徽・潁州府二》 土産 絁。《唐書・地理志》：潁州貢。

穆彰阿等《清一統志》卷二二一《河南・陝州直隸州》 土産 絁《宋史・地理志》：陝州貢絁。

穆彰阿等《清一統志》卷二二二《河南・光州直隸州二》 土産 絁州出。《元和志》：光州開元賦絁。

穆彰阿等《清一統志》卷二二五《河南・汝州直隸州二》 土産 絁《唐書・地理志》：土貢。《寰宇記》：土産絁。

穆彰阿等《清一統志》卷三〇〇《浙江・金華府二》 土産 《寰宇記》：又貢絁。

穆彰阿等《清一統志》卷三八六《四川・成都府》 土産 《寰宇記》：成都府貢絁。

穆彰阿等《清一統志》卷三九二《四川・保寧府三》 土産 《寰宇記》：利州産絁。

李侃、胡謐〔成化〕《山西通志》卷六《物産》 帛屬 紬，潞、澤州俱出。

覺羅石麟、儲大文等〔雍正〕《山西通志》卷四七《物産》 太原府

絹 出陽曲。《元史》：冀寧路織染提舉司置提舉一員，同提舉一員，副提舉一員，照略案牘一員。

平陽府

絹《府志》：出襄陵。《元史》：襄陵、翼城各有織染局，局設提領一員，副提領一員，胥屬晉寧路。晉寧路織染提舉司提舉一員，照略案牘一員。

蒲州府

絹 唐常貢，河東郡貢綾絹扇四面。今土人止織黄絹，無他技巧。

潞安府

紬 明萬曆中，詔潞安進紬二千四百疋，未幾，復命增五十。工科都給事中澤州張養蒙率同官力争曰：從來傳奉者織造，具題者内臣，擬旨者閣臣，抄發者科臣，今徑下部，非祖制，不從。呂坤《停止潞紬疏》：山西歲派，止有綾、絹各五百疋，閏月共加八十六疋，並無所謂山西潞紬者。卷查萬曆三年坐派，山西黄紬二千八百四十疋，十八年坐派黄紬五千疋。

澤州府

帕。府境産絲，織成素帛，以橡殼皂之，謂之烏綾帕，用以抹額。

紬　有雙線、單線兩種，鳳臺、高平胥産。

絳州

白縠　唐常貢，絳郡貢白縠五百匹。今惟織綿紬與絹，朴素無奇。

高汝行〔嘉靖〕《太原縣志》卷一　物産

帛屬　絹故驛出。

陸釴〔嘉靖〕《山東通志》卷八《物産》

濟南府

柘繭紬出青城、萊蕪，取山柘堅蠶亂絲而理之者也。絹出青城。

東昌府

平紬出博(出)〔州〕，今東昌也。見唐宋貢物。

青、齊、鄆、濮、淄、濰、沂、密、登、萊諸郡，皆設平絁市，此宋太平興國之税法也，今果有是否乎。由是觀之，則山東物産之不逮往昔。

包大燁等〔萬曆〕《兖州府志》卷二五《物産》　絹《釋文》云：縑也。然縑又兼絲爲之者。又絁也，其絲厚而疏也。《廣雅》曰：繁總、鮮支、縠，絹也。《周禮》凡布絹辨其苦良，比其大小，而賈之物，書而揭之。注：別其粗細廣狹，書其賈於物也。若今時題署絹帛。又曰：一其淳制。注：淳，廣大也，制，長短也。古詩：「新人工織縑，故人工織素。織縑日一疋，織素十丈餘。持縑將比素，新人不如故。」白居易詩：「五十疋縑易一匹，縑去馬來無了日。縑絲不足女工苦，疎織短裁充疋數。藕絲蛛網三丈餘，回鶻訴稱無用處。」

紬即繒。絞線織者曰線紬，撚綿爲線而織者曰綿紬，比絲纘織者曰絲紬。亦有山繭絲織者爲山繭紬，久而不敝，沂、費之處有之。

羅廷權等〔同治〕重修《成都縣志》卷三《食貨志・物産》　絹　浣花絹。

紬　宫紬、甯紬、春紬、茗機紬。

高鶴〔嘉靖〕重修《定遠縣志》卷三《貢賦》　貢賦課程、孳牧附。

田賦

原額田地一千二百三十頃一十五畝一毫。

實徵

夏地四百二十三頃五十一畝七分一釐五毫。

絲一十六斤二兩八錢三分。每絲二十兩折絹一疋，共絹二十疋二丈八尺二寸四分五釐。

彭澤、江舜民〔弘治〕《徽州府志》卷二《土貢》　宋　絹天申節進奉有絹伍百疋。

林庭棉、周廣〔嘉靖〕《江西通志》卷一《藩省・田賦》　洪武間，官民田地、山塘三十九萬二千五百二十頃六十二畝八分。

農桑絲四千四十九斤六兩四錢六分，折絹三千三百三十九疋二丈四尺八寸。

弘治間，官民田地、山塘三十九萬九千二百七十頃一十三畝二分。

農桑絲三千九百七十斤，折絹三千一百七十五疋九丈八尺。

嘉靖初，官民田地、山塘三十九萬八千五百六十六頃三十五畝五分。

農桑絲四千二百六十四斤六兩四錢五分，折絹三千四百一十一疋二丈一尺。

林庭棉、周廣〔嘉靖〕《江西通志》卷四《南昌府・田賦》　洪武間，官民田地、山塘共五萬五百三十八頃八十九畝三分。

農桑絲四百二十二斤二兩七錢，折絹三百三十七疋二丈九尺四寸。

弘治間，官民田地、山塘共五萬五百三十八頃八十九畝三分。

農桑絲四百二十二斤二兩七錢，折絹三百三十七疋二丈九尺四寸。

嘉靖二年，官民田地、山塘共四萬九千九百八十七頃四十四畝四分五釐。

農桑絲四百二十二斤二兩七錢，折絹三百三十七疋二丈九尺四寸。

南昌縣洪武間官民田地、山塘共一萬一千七百一十頃六十三畝四分。農桑絲五十三斤一兩八錢，折絹四十二疋一丈四尺一寸。弘治間，官民田地、山塘一萬一千七百一十頃六十二畝四分。農桑絲五十斤一兩八錢，折絹四十二疋一丈四尺八寸。嘉靖初，官民田地、山塘一萬一千六百一十二頃六十二畝四分。農桑絲五十二斤一兩八錢，折絹四十一疋一丈四尺八寸。新建縣洪武間，官民田地、山塘五千六百九頃七十六畝九分。農桑絲二十六斤九兩三錢五分，折絹二十九疋八尺三寸。弘治間，官民田地、山塘五千六百九頃七十六畝九分。農桑絲三十六斤九兩三錢，折絹二十九疋八尺二寸。嘉靖初，官民田地、山塘共五千六百九頃七十六畝九分。農桑絲三十六升九兩三錢，折絹二十九疋八尺二寸。豐城縣洪武間，官民田地、山塘一萬五百七十九頃三十畝六分。農桑絲二百四十五斤七兩六錢，折絹一百九十六疋一丈一尺四寸。弘治間，官民田地、山塘一萬八百六十二頃八十七畝七分。農桑絲二百四十五斤七兩六錢，折絹一百九十六疋一丈一尺。嘉靖初，官民田地、山塘一萬八百六十二頃八十七畝七分。農桑絲二百四十五斤七兩六錢，折絹一百九十六疋一丈一尺四寸。進賢縣洪武間，官民田地、山塘八千二百五十九頃一十畝二分。農桑絲三十二斤一十一兩三錢五分，折絹二十六疋五尺二寸。弘治間，官民田地、山塘八千二百五十九頃一十畝二分。農桑絲三十二斤一十一兩三錢五分，折絹一十六疋五尺二寸。嘉靖初，官民田地、山塘七千八百二頃五十三畝七分。農桑絲三十二斤一十一兩三錢五分，折絹二十六疋五尺二寸。奉新縣洪武間，官民田地、山塘四千四十一頃一十四畝三分。農桑絲六十一斤一十三兩二錢，折絹四十九疋一丈二尺八寸。弘治間，官民田地、山塘四千四十一頃一十四畝三分。農桑絲六十一斤一十三兩二錢，折絹四十九疋一丈二尺八寸。嘉靖初，官民田地、山塘四千四十一頃一十四畝三分。農桑絲六十一斤十三兩二錢，折絹四十九疋一丈二尺八寸。靖安縣洪武間，官民田地、山塘一千八百九十八頃一十一畝六分。農桑絲五十七斤一十四兩二錢一分，折絹四十六疋九尺三寸。弘治間，官民田地、山塘一千八百九十八頃一十一畝六分。農桑絲五十七斤一十四兩二錢一分，折絹四十六疋九尺三寸。嘉靖初，官民田地、山塘一千八百九十八頃一十一畝六分。農桑絲五十七斤一十四兩二錢一分，折絹四十六疋九尺三寸。武寧縣洪武間，官民田地、山塘三千九百二十一頃五畝八分。農桑絲六十斤四錢，折絹四十八疋六寸。弘治間，官民田地、山塘三千二百二十一頃五畝八分。農桑絲六十斤四錢，折絹四十八疋六寸。嘉靖初，官民田地、山塘三千九百二十一頃五畝八分。農桑絲六十斤四錢，折絹四十八疋六寸。寧州洪武間，官民田地、山塘四千二百三十六頃一十九畝四分。農桑絲六十七斤一兩六錢，折絹五十三疋二丈四寸七分。弘治間官民田地、山塘四千二百三十六頃一十九畝四分。農桑絲六十七斤一兩六錢，折絹五十三疋一丈四寸七分。嘉靖初，官民田地、山塘四千二百三十六頃一十九畝四分。桑絲六十七斤一兩六錢，折絹五十三疋二丈四寸七分。

林庭棉、周廣〈嘉靖〉《江西通志》卷八《饒州府·田賦》　洪武間，官民田地、山塘六萬六百五十六頃三十一畝二分。

農桑絲二百三十五斤一十兩九錢八分，折絹一百八十八匹二丈一尺八寸。

弘治間，官民田地、山塘六萬三千七百三十一頃四十二畝三分。

農桑絲二百五十一斤三兩三錢六分，折絹二百匹三丈一尺五寸。

嘉靖初，官民田地、山塘六萬二千五百三十二頃九十四畝三分。

農桑絲二百五十一斤三兩三錢六分，折絹二百匹三丈一尺五寸。

鄱陽縣洪武間，官民田地、山塘一萬八千二百二十九頃一十四畝五分。農桑絲五十七斤八兩六錢五分，折絹四十六匹一尺二寸。弘治間，官民田地、山塘一萬(八千)二百四十六頃七十六畝。農桑絲五十七斤二十五兩七錢二分，折絹四十六匹三丈三寸六分。嘉靖初，官民田地、山塘一萬八千六百四十八頃五十一錢二分。農桑絲五十七斤一十五兩七錢二分，折絹四十六匹二丈三寸六分。餘干縣洪武間，官民田地、山塘一萬四千六百二十一頃一十畝七分。農桑絲四十三斤三兩三錢三分，折絹三十四匹二丈二尺六寸。弘治間，官民田地、山塘一萬五千一百七十一頃九十畝。農桑絲四十五斤一十二兩二分，折絹三十六匹二丈八寸三分。嘉靖初，官民田地、山塘一萬二千二十七頃四十七畝九分。農桑絲四十五斤一十三兩二分，折絲三十六匹三丈八寸三分。樂平縣洪武間，官民田地、山塘一萬三千三十六頃五十二畝七分。農桑絲五十二斤一十四兩四錢一分，折絹四十二匹一丈二尺八寸。弘治間，官民田地、山塘一萬二千九百二十二頃九畝九分。農桑絲六十二斤二兩三錢五分，折絹四十九匹二丈二尺九十六分。嘉靖初，官民田地、山塘一萬一千六百九十四頃六十一畝九分。農桑絲六十二斤二兩三錢五分，折絹四十九匹二丈二尺九寸六分。浮梁縣洪武間，官民田地、山塘五千三百三十三頃八畝二分。農桑絲四十九斤一十二兩三錢一分，折絹三十九匹三丈四尺六寸。弘治間，官民田地、山塘五千七百五十六頃九十六畝四分。農桑絲五十斤二兩七錢一分，折絹四十四匹三寸四分。嘉靖初，官民田地、山塘五千七百七十一頃三十六畝七分，農桑絲五十斤二兩七錢一分，折絹四十四匹三寸四分。

林庭棉、周廣〈嘉靖〉《江西通志》卷一〇《廣信府·田賦》　洪武間，官民田地、山塘四萬一千六百八頃六十九畝。

農桑絲一百九十三斤一兩五分，折絹一百五十四疋一丈八尺。

弘治間，官民田地、山塘四萬五千四十四頃九十八畝四分。

農桑絲一百九十三斤一兩五分，折絹一百五十四疋一丈八尺。

嘉靖初，官民田地、山塘四萬五千一百九十三頃四十六畝五分。

農桑絲一百九十斤六兩三錢五分，折絹一百五十二疋一丈二尺六寸。

上饒縣洪武間，官民田地、山塘一萬一千二百四十一頃一十三畝。農桑絲三十七斤六兩三錢，折絹二十九匹三丈六尺六寸。弘治間，官民田地、山塘一萬一千二百四十一頃一十八畝一分。農桑絲三十七斤六兩三錢，折絹二十九匹三丈六尺六寸。嘉靖初，官民田地、山塘一萬一千一百二十一頃六十九畝八分。農桑絲三十七斤六兩三錢，折絹二十九匹三丈六尺六寸。玉山縣洪武間，官民田地、山塘六千九百九十頃九十四畝三分。農桑絲六斤一十一兩八錢五分，折絹五匹三丈。弘治間，官民田地、山塘六千九百九十一頃六十三畝六分。農桑絲六斤一十一兩八錢五分，折絹五匹三寸。嘉靖初，官民田地、山塘七千頃二十二畝三分。桑絲六斤一十一兩八錢五分，折絹五匹三。弋陽縣洪武間，官民田地、山塘七千七百一十八頃八十九畝三分。農桑絲六十二斤五兩五錢，折絹四十九匹三丈五尺。弘治間，官民田地、山塘八千五百三十四頃六十一畝五分。農桑絲六十二斤五兩五錢，折絹四十九匹三丈五尺。嘉靖初，官民田地、山塘八千五百五十三頃五十一畝八分。農桑絲六十二斤五兩五錢，折絹四十九匹三丈五尺。貴溪縣洪武間，官民田地、山塘七千五十一頃一畝四分。農桑絲五十三斤八兩七錢，折絹四十二匹三丈三尺四寸。弘治間，官民田地、山塘七千五百九十四頃四十三畝八分。農桑絲五十三斤八兩七錢，折絹四十二兩三丈二尺四寸。嘉靖初，官民田地、山塘七千五百三十三頃六十一畝二分。農桑絲五十三斤八兩七錢，折絹四十一匹三丈三尺四寸。鉛山縣洪武間，官民田地、山塘五千五百七十六頃一十五畝五分。農桑絲二十七斤一十四兩五分，折絹二十二匹一丈三尺一寸。弘治間，官民田地、山塘、六千四十七頃四十九畝一分。農桑絲二十七斤一十四兩五分，折絹二十二匹一丈二尺一寸。嘉靖初，官民田地、山塘六千五十頃二十一畝五分。農桑絲二十七斤一十四兩五分，折絹二十二匹一丈二尺一寸。永豐縣洪武間，官民田地、山塘四千八百三十五頃八十七畝三分。農桑絲五斤二兩六錢五分，折絹四匹五尺三寸。弘治間，官民田地、山塘四千八百三十五頃九十三畝三分。農桑絲五斤二兩六錢五分，折絹四匹五尺三寸。嘉靖初，官民田地、山塘四千八百三十七頃三十畝九分。農桑絲五斤二兩六錢五分，折絹四匹五尺三寸。

林庭㭿、周廣〔嘉靖〕《江西通志》卷一二《南康府・田賦》 洪武間，官民田地、山塘一萬五千五百一十頃六十七畝。

農桑絲一百七十斤一十一兩九錢三分，折絹一百三十六匹一丈七尺九寸八分。

弘治間，官民田地、山塘一萬五千六百四十九頃七十五畝四分。

農桑絲一百七十斤一十一兩九錢三分，折絹一百三十六匹一丈七尺九寸八分。

嘉靖初，官民田地、山塘一萬五千六百六十二頃二十一畝四分。

農桑絲一百七十斤一十二兩五錢，折絹一百三十六匹二丈五尺。

星子縣洪武間，官民田地、山塘一千五百二頃六十五畝八分。農桑絲一十斤一十二兩六錢一分，折絹八匹一丈八尺九寸八分。弘治間，官民田地、山塘一千五百九十二頃七十七畝八分。農桑絲一十斤一十二兩六錢一分，折絹八匹一丈八尺九寸八分。嘉靖初，官民田地、山塘一千六百二頃四十一畝六分。農桑絲一十斤一十二兩六錢一分，折絹八匹一丈八尺九寸八分。都昌縣洪武間，官民田地、山塘五千八百二十五頃四十畝九分。農桑絲九十六斤一十三兩六錢六分，折絹七十七匹一丈四尺五寸。弘治間，官民田地、山塘五千八百三十一頃一十畝九分。農桑絲九十六斤一十三兩六錢六分，折絹七十七匹一丈四尺五寸。嘉靖初，官民田地、山塘五千八百三十一頃一十七畝六分。農桑絲九十六斤一十三兩六錢六分，折絹七十七匹一丈四尺五寸。 建昌縣洪武間，官民田地、山塘八千一百八十一頃六十畝三分。農桑絲六十三斤一兩六錢六分，折絹五十匹一丈四尺五寸。弘治間，官民田地、山塘八千三百二十二頃八十六畝七分。農桑絲六十三斤一兩六錢六分，折絹五十匹一丈四尺五寸。嘉靖初，官民田地、山塘五千三百八頃五十八畝五分。農桑絲三十五斤一十四兩二錢六分，折絹二十八匹二丈八尺四寸二分。 安義縣嘉靖初，官民田地、山塘三千三十頃三畝七分。農桑絲二十七斤三兩四錢，折絹二十一匹三丈八寸。

林庭㭿、周廣〔嘉靖〕《江西通志》卷一四《九江府・田賦》 洪武間，官民田地、山塘八千三百三十六頃一十七畝九分。

農桑絲四百七十六斤九兩七分，折絹三百八十一匹一丈一寸。

弘治間，官民田地、山塘九千六百三十八頃七十七畝二分。

農桑絲四百八十六斤六兩三錢四分，折絹三百八十五匹四尺。

嘉靖初，官民田地、山塘九千六百三十八頃九十七畝四分一釐。

農桑絲四百八十九斤六兩五錢四分，折絹三百八十五匹四尺。

德化縣洪武間，官民田地、山塘一千二百八十頃四十七畝四分。農桑絲七十六斤一十四兩二錢八分，折絹六十一匹二丈一尺一寸六分。弘治間，官民田地、山塘一千五百三頃四十九畝七分一釐。農桑絲七十六斤一十一兩八錢四分，折絹六十一匹一丈八尺二寸八分。嘉靖初，官民田地、山塘一千五百八頃一十九畝七分九釐。農桑絲七十六斤一十二兩八錢四分，折絹六十一匹一丈六尺二寸八分。德安縣洪武間，官民田地、山塘五百八十三頃六十五畝。農桑絲三十五斤二兩二錢四分，折絹二十八匹四尺四寸六分。弘治間，官民田地、山塘一千四百五十六頃二十一畝二分。農桑絲三十六斤五兩四分，折絹三十九匹四尺八分。嘉靖初，官民田地、山塘一千四百五十六頃八十一畝。農桑絲三十六斤五兩四分，折絹三十九匹四尺八分。瑞昌縣洪武間，官民田地、山塘一千二百頃二十四畝二分。農桑絲七十一斤一十五兩三錢二分，折絹五十七匹二丈二尺六寸四分。弘治間，官民田地、山塘一千四百八十一頃六十七畝五分。農桑絲七十五斤十二兩四分，折絹六十匹二丈四尺八分。嘉靖初，官民田地、山塘一千四百九十頃。農桑絲七十五斤八兩五錢二分，折絹六十匹一丈七尺四分。湖口縣洪武間，官民田地、山塘二千四百五十七頃五畝四分。農桑絲九十五斤一十五兩七錢二分，折絹七十六匹三丈一尺四寸四分。弘治間，官民田地、山塘二千五百九十三頃一十八畝四分。農桑絲一百二斤四兩三錢六分，折絹八十一匹三丈一尺七寸。嘉靖初，官民田地、山塘二千五百九十四頃一十九畝九分。農桑絲一百二斤五兩，折絹八十一匹三丈四尺。彭澤縣洪武間，官民田地、山塘二千七百一十四頃七十五畝九分。農桑絲一百九十六斤九兩五錢一分，折絹一百五十七匹一丈一尺二分。弘治間，官民田地、山塘二千六百五頃一十九畝九分。農桑絲一百九十五斤五兩六錢，折絹一百五十六匹三丈一尺二寸。嘉靖初，官民田地、山塘二千六百九頃三十一畝七分。農桑絲一百九十五斤五兩六錢，折絹一百五十六匹二丈一尺三寸。

林庭㭿、周廣〔嘉靖〕《江西通志》卷一六《建昌府・田賦》 洪武間，官民田地、山塘一萬三千七百六十七頃五十四畝二分。

農桑絲二百四十四斤三兩三錢五分，折絹一百九十五匹一丈四尺六寸。

弘治間，官民田地、山塘一萬四千二百四十七頃六十六畝九分。

農桑絲二百四十六斤五兩三分，折絹一百九十六匹三丈一尺六寸二分。

嘉靖初，官民田地、山塘一萬四千二百五十頃九十三畝八分。

農桑絲二百四十六斤五兩三分，折絹一百九十六匹三丈一尺六寸二分。

南城縣洪武間，官民田地、山塘四千三百九十五頃二十四畝二分。農桑絲七十斤八兩九錢，折絹九十六匹二丈八尺。弘治間，官民田地、山塘四千七百六十六頃四十七畝二分。農桑絲七十九斤九兩二錢八分，折絹六十四匹三尺九寸二分。嘉靖初，官民田地、山塘四千七百六十七頃三畝六分。農桑絲七十九斤九兩二錢八分，折絹六十四匹一丈三尺九寸一分。南豐縣洪武間，官民田地、山塘三千三百二十八頃三十五畝五分。農桑絲一百五十二斤一十四兩五錢，折絹一百二十二匹一丈三尺二寸。弘治間，官民田地、山塘三千三百二十九頃二十一畝九分。農桑絲一百五十二斤一十四兩五錢，折絹一百二十二匹九尺八寸。嘉靖初，官民田地、山塘三千三百三十五頃五十七畝一分。農桑絲一百五十二斤一十四兩五錢，折絹一百二十二匹九尺八寸。新城縣洪武間，官民田地、山塘三千四百九十三頃五十一畝五分。農桑絲九斤五兩五錢，折絹七匹八尺一寸。弘治間，官民田地、山塘三千六百八十三頃六十五畝七分。農桑絲一十一斤七兩，折絹九匹四尺五寸。嘉靖初，官民田地、山塘三千六百八十五頃一畝。農桑絲一十一斤七兩，折絹九匹四丈六尺。廣昌縣洪武間，官民田地、山塘二千四百六十八頃一十八畝二分。農桑絲一十一斤六兩一錢五分，折絹九匹四尺四寸。弘治間，官民田地、山塘二千四百六十八頃三十二畝一分。農桑絲一十一斤六兩三錢五分，折絹九匹三尺四寸。嘉靖初，官民田地、山塘二千四百六十八頃三十二畝一分。農桑絲一十一斤六兩二錢五分，折絹九匹三尺四寸。

林庭棉、周廣〔嘉靖〕《江西通志》卷一八《撫州府·田賦》 洪武間，官民田地、山塘四萬五千八百一十二頃五十一畝七分。

農桑絲一百一十五斤十兩四錢七分，折絹九十二匹二丈一尺。

弘治間，官民田地、山塘四萬五千八百七十頃一十七畝六分。

農桑絲一百一十五斤十兩四錢七分，折絹九十二匹二丈一尺。

嘉靖初，官民田地、山塘四萬七千一百七十二頃六十一畝九分。

農桑絲一百一十五斤十兩四錢七分，折絹九十二匹二丈一尺。

臨川縣洪武間，官民田地、山塘一萬七千四百六十八頃三十四畝。農桑絲三十斤一十兩六錢，折絹三十四匹二丈一尺二寸。弘治間，官民田地、山塘一萬七千四百四十三頃七畝七分。農桑絲三十斤一十兩六錢，折絹二十四匹二丈一尺二寸。嘉靖初，官民田地、山塘一萬二千八百五十七頃七十三畝一分。農桑絲三十斤一十兩六錢，折絹二十四匹二丈一尺二寸。崇仁縣洪武間，官民田地、山塘七千二百三頃六十三畝二分。農桑絲三斤五兩五錢，折絹二匹二丈七尺。弘治間，官民田地、山塘七千二百一十頃三十三畝九分。農桑絲三斤五兩五錢，折絹二匹二丈七尺。嘉靖初，官民田地、山塘七千一百四十頃三十三畝九分。農桑絲三斤五兩五錢，折絹二匹二丈七尺。金谿縣洪武間，官民田地、山塘七千九百六十五頃三十七畝二分。農桑絲二十五斤六兩，折絹二十匹一丈二尺一寸。弘治間，官民田地、山塘七千九百五十六頃八十一畝六分。農桑絲二十五斤六兩，折絹二十匹一丈二尺一寸。嘉靖初，官民田地、山塘七千八百七頃三十九畝五分。農桑絲二十五斤六兩，折絹二十匹一丈二尺一寸。宜黄縣洪武間，官民田地、山塘四千三百七十八頃五十七畝七分。農桑絲三十一斤八兩，折絹二十五匹八尺。弘治間，官民田地、山塘四千三百六十五頃一十一兩五分。農桑絲三十一斤八兩，折絹二十五匹八尺。嘉靖初，官民田地、山塘四千三百七十二頃二十三畝四分。農桑絲三十一斤八兩，折絹二十五匹八尺。樂安縣洪武間，官民田地、山塘八千七百九十六頃五十九畝六分。農桑絲一十四斤三兩八錢二分，折絹一十一匹一丈五尺六十四分。弘治間，官民田地、山塘八千七百八十七頃五十六畝八分。農桑絲一十四斤三兩八錢二分，折絹一十一匹一丈五尺六寸四分。嘉靖初，官民田地、山塘八千七百八十七頃三十三畝六分。農桑絲一十四斤三兩八錢三分，折絹一十一匹一丈五尺六寸四分。東鄉縣正德間，官民田地、山塘六千四十三頃四十二畝二分。農桑絲一十斤八兩五錢五分，折絹八匹二丈七尺一寸。嘉靖初，官民田地、山塘六千四十三頃四十二畝二分。農桑絲一十斤八兩五錢五分，折絹八匹二丈七尺一寸。

林庭棉、周廣〔嘉靖〕《江西通志》卷二二《臨江府·田賦》 洪武間，官民田地、山塘三萬三千五百四十七頃六十三畝。

農桑絲七十三斤一十四兩七錢二分，折絹五十九疋四尺一寸二分。

弘治間，官民田地、山塘三萬二千一百三十四頃五十三畝。

農桑絲七十三斤一十四兩七錢二分，折絹五十九疋四尺一寸二分。

嘉靖初，官民田地、山塘三萬一千三百三十九頃三十七畝。

農桑絲七十三斤一十四兩七錢二分，折絹五十九疋四尺一寸二分。

清江縣洪武間，官民田地、山塘一萬三百五十頃二十二畝。農桑絲九斤一十三兩八錢四分，折絹七疋一丈六尺七寸三分。弘治間，官民田地、山塘八千九百三十四頃九十九畝。農桑絲九斤一十三兩八錢四分，折絹七疋二丈六尺七寸二分。嘉靖初，官民田地、山塘七千二百二十九頃一畝。農桑絲九斤一十三兩八錢四分，折絹七疋二丈六尺七寸二分。新淦縣洪武間，官民田地、山塘一萬二千二百九頃一畝。農桑絲三十六斤一十二兩六錢四分，折絹二十九疋三丈三尺。弘治間，官民田地、山塘一萬二千二百二十九頃二十畝。農桑絲三十六斤一十二兩二錢四分，折絹二十九疋三丈三尺。嘉靖初，官民田地、山塘一萬二千一百四十頃二畝。農桑絲三十六斤一十二兩六錢四分，折絹二十九疋三丈三尺。新喻縣洪武間，官民田地、山塘一萬九百八十七頃六十六畝。農桑絲二十七斤四兩二錢四分，折絹二十一疋二丈四尺四寸。弘治間，官民田地、山塘一萬九百七十頃三十四畝。農桑絲二十七斤四兩二錢四分，折絹二十一疋二丈四尺四寸。嘉靖初，官民田地、山塘一萬九百七十頃三十四畝。農桑絲二十七斤四兩二錢四分，折絹二十一疋二丈四尺四寸。

林庭棡、周廣〔嘉靖〕《江西通志》卷二四《吉安府・田賦》 洪武間，官民田地、山塘四萬八千五百二十三頃六十畝。

農桑絲一千七十五斤九兩七錢，折絹八百六十疋五尺五寸五分。

弘治間，官民田地、山塘四萬八千一十三頃六十一畝二分。

農桑絲一千八十五斤一兩八錢，折絹八百七十二疋八分。

嘉靖初，官民田地、山塘四萬八千三百三十七頃四十一畝七分四釐。

農桑絲一千八十五斤一兩，折絹八百七十二疋。

廬陵縣洪武間，官民田地、山塘一萬四千九百六十頃四畝一分。農桑絲四十一斤十二兩八錢，折絹三十三疋一丈二尺四寸五分。弘治間，官民田地、山塘一萬五千三百四十一頃五十三畝七分三釐。農桑絲三十一斤一兩五錢，折絹二十一疋二丈五尺八分。嘉靖初，官民田地、山塘一萬五千二百四十二頃三十八畝九分。農桑絲三十一斤十一兩五錢，折絹二十一疋二丈五尺八分。泰和縣洪武間，官民田地、山塘六千九百四十四頃五十二畝五分。農桑絲五百九斤一十二兩九錢，折絹四百七疋二丈五尺五寸五分。弘治間，官民田地、山塘六千七十一頃九十七畝五分。農桑絲五百九斤一兩六錢，折絹四百七疋八尺四寸。嘉靖初，官民田地、山塘六千七十二頃一十三畝七分。農桑絲三十一斤十一兩五錢，折絹二十一疋二丈五尺八分。吉水縣洪武間，官民田地、山塘六千一百八十二畝五分。農桑絲五十一斤六兩二錢，折絹四十一疋三尺三寸。弘治間，官民田地、山塘五千一百一十一頃八十九畝七分。農桑絲三十一斤十一兩五錢，折絹二十一疋二丈五尺八分。嘉靖初，官民田地、山塘五千一百八頃八十三畝六分。農桑絲五十二斤二錢，折絹四十一疋一丈八尺三寸。永豐縣洪武間，官民田地、山塘五千一百九十四頃一十一畝一分四釐。農桑絲一十三斤十二兩七錢，折絹一十一疋一尺五分。弘治間，官民田地、山塘五千三百九十三頃八十一畝九分四釐。農桑絲一十三斤十三兩七錢，折絹一十一疋一尺五分。嘉靖初，官民田地、山塘五千二百九十二頃七十二畝四分。農桑絲一十三斤十二兩七錢，折絹一十一疋一尺五分。安福縣洪武間，官民田地、山塘六千七百頃二十五畝一分。農桑絲二百五十六斤五兩七錢，折絹二百二疋二尺五十五分。弘治間，官民田地、山塘六千三百九十二頃六十八畝九分。農桑絲一十三斤十二兩七錢，折絹一十一疋一尺五分。嘉靖初，官民田地、山塘六千六百九十四頃三十六畝六分。農桑絲一十三斤十二兩七錢，折絹一十一疋一尺五分。龍泉縣洪武間，官民田地、山塘二千七十四頃一十五畝二分。農桑絲七十斤十四兩，折絹五十六疋二丈二尺。弘治間，官民田地、山塘二千四百五十一頃五十二畝三分。農桑絲一十三斤十二兩七錢，折絹一十一疋一尺五分。嘉靖初，官民田地、山塘二千四百五十一頃六十七畝三分。農桑絲一十三斤十二兩七錢，折絹一十一疋一尺五分。萬安縣洪武間，官民田地、山塘二千三百九十二頃六十八畝九分。農桑絲三十斤，折絹二十四疋。弘治間，官民田地、山塘一千二百八十五頃二十五畝。農桑絲三十斤，折絹二十四疋。嘉靖初，官民田地、山塘二千二百九十三頃八十三頃八十一畝九分四釐。農桑絲三十斤，折絹二十四疋。永新縣洪武間，官民田地、山塘四千二百四十頃五十五畝五分七釐。農桑絲六十九斤二兩二錢，折絹五十三疋二丈二尺六寸。弘治間，官民田地、山塘四千一百四十八頃五十三畝七分三厘。農桑絲六十九斤九兩五錢，折絹五十五疋二丈一尺。嘉靖初，官民田地、山塘四千一百六十二頃二十五畝八分。農桑絲六十九斤九兩五錢，折絹五十五疋二丈一尺。永寧縣洪武間，官民田地、山塘九百一十二頃二十八畝九分。農桑絲三十二斤一十四兩八錢，折絹二十六疋一尺二寸。弘治間，官民田地、山塘九百一十六頃二十八畝四分。農桑絲三十三斤二兩三錢，折絹一十六疋一丈六尺九寸五分。嘉靖初，官民田地、山塘九百一十九頃二十一畝五分。農桑絲三十三斤二兩三錢，折絹二十六疋一丈六尺九寸五分。

林庭棡、周廣〔嘉靖〕《江西通志》卷三〇《瑞州府・田賦》 洪武間，官民田地、山塘三萬六千二百八十四頃六十六畝。

農桑絲三百五十一斤一十二兩二分，折絹二百八十一疋一丈一尺七寸六分。

弘治間，官民田地、山塘三萬六千二百九十二頃九十畝。

農桑絲三百五十一斤一十二兩二分，折絹二百八十一疋一丈一尺七寸六分。

嘉靖初，官民田地、山塘三萬六千二百九十二頃九十三畝三分。

農桑絲三百五十一斤一十二兩二分，折絹二百八十一匹一丈一尺七十六分。

高安縣洪武間，官民田地、山塘二萬三千一百七十五頃八十一畝。農桑絲一百二十二斤五兩九錢，折絹九十七匹二丈七尺。弘治間，官民田地、山塘二萬三千一百七十五頃八十九畝。農桑絲一百二十二斤五兩九錢八分，折絹九十七疋二丈七尺。嘉靖初，官民田地、山塘二萬三千一百七十五頃八十九畝。農桑絲一百二十二斤五兩九錢八分，折絹九十七疋二丈七尺。上高縣洪武間，官民田地、山塘五千九百二十一頃六十二畝。農桑絲一百三十六斤九兩六錢四分，折絹一百九疋八尺一寸。弘治間，官民田地、山塘五千九百二十一頃六十三畝七分。農桑絲一百三十六斤九兩六錢四分，折絹一百九疋八尺一寸。嘉靖初，官民田地、山塘五千九百二十一頃六十三畝七分。農桑絲一百三十六斤九兩六錢四分，折絹一百九疋八尺一十六分。新昌縣洪武間，官民田地、山塘七千一百八十七頃二十二畝八分。農桑絲九十二斤一十二兩四錢，折絹七十四疋六尺六寸。弘治間，官民田地、山塘七千一百九十五頃三十七畝六分。農桑絲九十二斤一十二兩四錢，折絹七十四疋六尺六寸。嘉靖初，官民田地、山塘七千一百九十五頃三十七畝六分。農桑絲九十二斤一十二兩四錢，折絹七十四疋六尺六寸。

林庭棉、周廣〔嘉靖〕《江西通志》卷三二《袁州府·田賦》 洪武間，官民田地、山塘一萬六千五百五十一頃三十一畝五分。

農桑絲五百一十九斤一十四兩六錢四分，折絹四百一十五匹二丈八尺七分。

弘治間，官民田地、山塘一萬六千五百二十八頃二畝八分。

農桑絲五百一十九斤一十四兩六錢四分，折絹四百一十五匹二丈八尺七分。

嘉靖初，官民田地、山塘一萬六千五百二十八頃三十四畝一分。

農桑絲五百一十九斤一十四兩六錢四分，折絹四百一十五匹二丈八尺七分。

宜春縣洪武間，官民田地、山塘五千一百二十頃九十二畝。農桑絲一百四十六斤一十二兩四錢，折絹一百九十七匹一丈二尺六寸三分。弘治間，官民田地、山塘五千一百一十四頃七十七畝三分。農桑絲二百四十六斤一十二兩四錢，折絹一百九十七匹一丈二尺六寸三分。嘉靖間，官民田地、山塘五千一百一十七頃八十八畝七分。農桑絲二百四十六斤一十二兩四錢，折絹一百九十七匹一丈二尺六寸三分。分宜縣洪武間，官民田地、山塘二千七百八十三頃二十九畝七分。農桑絲三十三斤二兩六錢四分，折絹二十六匹一丈六尺。弘治間，官民田地、山塘二千七百七十八頃二十七畝七分。農桑絲三十三斤二兩六錢四分，折絹二十六匹一丈六尺。嘉靖初，官民田地、山塘二千七百七十八頃二十七畝七分。農桑絲三十三斤二兩六錢四分，折絹二十六匹一丈六尺。萍鄉縣洪武間，官民田地、山塘三千七百一十九頃六十畝四分。農桑絲一百五十一斤六兩二錢，折絹一百二十一匹三尺七寸二分。弘治間，官民田地、山塘三千七百一十三頃五十四畝四分。農桑絲一百五十一斤六兩二錢，折絹一百二十一匹三尺七寸二分。嘉靖初，官民田地、山塘三千七百一十三頃五十四畝四分。農桑絲一百五十一斤六兩二錢，折絹一百二十一匹三尺七寸二分。萬載縣洪武間，官民田地、山塘四千九百三十七頃四十九畝四分。農桑絲八十八斤九兩三錢六分，折絹七十四匹二丈六尺八分。弘治間，官民田地、山塘四千九百二十一頃四十三畝四分。農桑絲八十八斤九兩三錢六分，折絹七十四匹二丈六尺八分。嘉靖初，官民田地、山塘四千九百二十一頃四十三畝四分。農桑絲八十八斤九兩三錢六分，折絹七十四匹二丈六尺八分。

林庭棉、周廣〔嘉靖〕《江西通志》卷三四《贛州府·田賦》 洪武間，官民田地、山塘一萬五千九百一十八頃三十八畝四分一十六步。

農桑絲一百三十五斤一十四兩六錢，折絹一百八疋二丈一尺九寸。

弘治間，官民田地、山塘一萬七千一百二十頃三十一畝。

農桑絲一百七十二斤六兩七錢，折絹一百三十七疋一丈九尺。

嘉靖間，官民田地、山塘一萬七千九十一頃七畝九分。

農桑絲一百七十二斤六兩七錢，折絹一百三十七疋一丈九尺。

贛縣洪武間，官民田地、山塘三千八百三十五頃四畝九分一十六步。農桑絲四十一斤三兩四錢，折絹三十二疋三丈九尺一寸。弘治間，官民田地、山塘三千六百四十三頃一十五畝三分一十五步。農桑絲四十一斤五兩九錢，折絹三十二疋三丈八尺五寸。嘉靖初，官民田地、山塘三千六百二十八頃四畝五分。農桑絲四十一斤五兩九錢，折絹三十二疋三丈八尺五寸。雩都縣洪武間，官民田地、山塘八百一十頃九十畝九分。農桑絲二十三斤二兩八錢，折絹一十八疋一丈六尺三寸。弘治間，官民田地、山塘九百九頃一十七畝四分。農桑絲二十三斤二兩八錢，折絹一十五疋二丈九尺六寸。嘉靖初，官民田地、山塘九百九頃二十二畝六分。農桑絲二十三斤二兩八錢，折絹二十五疋二丈九尺六寸。信豐縣洪武間，官民田地、山塘一百一十四頃八十一畝四分。農桑絲二斤二兩八錢，折絹一疋三丈二尺二寸。弘治間，官民田地、山塘四百二十八頃七十六畝六分。農桑絲二斤一十四兩二錢，折絹二疋二尺三寸。嘉靖初，官民田地、山塘四百二十八頃八十二畝三分。農桑絲二斤一十四兩二錢，折絹二疋一尺二寸。興國縣洪武間，官民田地、山塘三千一百七十九頃八十七畝二分。農桑絲一十斤十四兩二錢，折絹八疋二丈一尺二寸。弘治間，官民田地、山塘二千八百六十四頃七十六畝九分。農桑絲十斤一十四兩二錢，折絹八疋二丈一尺三寸。嘉靖初，官民田地、山塘一千八百六十九頃九十一畝七分。農桑絲一十斤十四兩二錢，折絹八疋二丈一尺三寸。會昌縣洪武間，官民田地、山塘二十九頃五十五畝七分。農桑絲無。弘治間，官民田地、山塘一百九十四頃六十畝五分。農桑絲無。嘉靖初，官民田地、山塘一百九十五頃七十三畝三分。農桑絲無。安遠縣洪武間，官民田地、山塘二十頃八十二畝。農桑絲無。弘治間官民田地、山塘一百三十二頃一十叁畝六分。農桑絲無。嘉靖初，官民田地、山塘一百二十三頃二十一畝二分。農桑絲無。寧都縣洪武間，官民田地、山塘六千二百二十八頃一十二畝八分。農桑絲四十五斤三兩，折絹三十六疋四尺六寸。弘治間，官民田地、山塘六千二百二十八頃八十二畝九分。農桑絲四十八斤一十五兩九錢，折絹三十九疋二尺五寸。嘉靖初，官民田地、山塘六千二百二十七頃七十二畝三分。農桑絲四十八斤一十五兩九錢，折絹三十九疋一尺五寸。瑞金縣洪武間，官民田地、山塘二百七十七頃六十八畝七分。農桑絲九斤八兩七錢，折絹五疋七丈八寸。弘治間，官民田地、山塘三百頃九十一畝六分。農桑絲一十九斤八兩七錢，折絹一十五疋一丈八尺。嘉靖初，官民田地、山塘二百九十九頃八十一畝四分。農桑絲一十九斤八兩七錢，折絹一十五疋一丈八尺。龍南縣洪武間，官民田地、山塘四頃五畝九分。農桑絲無。弘治間，官民田地、山塘九百八十八頃五十八畝二分。農桑絲無。嘉靖初，官民田地、山塘九百八十七頃五十二畝七分。農桑絲無。石城縣洪武間，官民田地、山塘一千四百二十八頃五十二畝。農桑絲七斤二兩，折絹六疋二丈一尺。弘治間，官民田地、山塘一千四百二十五頃三十八畝。農桑絲七斤三兩，折絹六疋二丈二尺四寸。嘉靖初，官民田地、山塘一千四十二頃二十二畝五分。農桑絲七斤三兩，折絹六疋二丈二尺四寸。各縣出。

林庭棉、周廣〔嘉靖〕《江西通志》卷三十四《贛州府·土産》 紵布、石蜜。

林庭棉、周廣〔嘉靖〕《江西通志》卷三六《南安府·田賦》 洪武間，官民田地、山塘伍千八百六十五頃六分四釐。

農桑絲一百八斤一兩九錢五分，折絹九十六疋三尺三寸五分。

弘治間，官民田地、山塘四千五百三十八頃四十二畝一分八釐。

農桑絲七十五斤五兩六錢一分五釐，折絹五十九疋三丈九尺五寸九分。

嘉靖初，官民田地、山塘四千五百三十八頃六十一畝八分四釐。

農桑絲七十五斤五兩六錢二分，折絹六十疋九尺五寸五分。

大庾縣洪武間，官民田地、山塘二千二百四十七頃五十一畝六分四釐。農桑絲三十六斤一十兩五錢，折絹三十二疋一丈七尺五寸。弘治間，官民田地、山塘九百九十九頃二十一畝。農桑絲一十斤一十四兩七錢四分五釐，折絹八疋二丈一尺五寸。嘉靖初，官民田地、山塘八百六十八頃三十七畝九分一釐五毫四絲。農桑絲一十斤一十四兩七錢四分五釐，折絹八疋三丈一尺五寸。南康縣洪武間，官民田地、山塘二千八百九十三頃九十畝。農桑絲五十斤一十五兩九錢五分，折絹四十五疋一丈。弘治間，官民田地、山塘二千八百九十九頃七十三畝八分四釐。農桑絲五十一斤九兩三錢，折絹四十一疋九尺五寸五分。嘉靖初，官民田地、山塘二千六百八十頃二十二畝四分七釐。農桑絲四十五斤一十二兩七錢二分五釐，折絹三十六疋二丈一尺四寸。上猶縣洪武間，官民田地、山塘七百五十三頃五十八畝五分。農桑絲二十斤七兩五錢，折絹一十八疋五尺八寸五分。弘治間，官民田地、山塘六百三十頃六十四畝三分。農桑絲一十二斤一十三兩五錢七分，折絹一十疋八尺五寸四分。嘉靖初，官民田地、山塘四百四十一頃八十六畝五分六釐五毫。農桑絲四斤一十三兩九錢八分七釐，折絹三疋三丈六尺九寸八分五釐。崇義縣嘉靖初，官民田地、山塘六百二十七頃一畝五分三釐二毫九絲。農桑絲一十二斤四兩六錢六分五釐，折絹九疋三丈三尺三寸。

林庭棉、周廣〔嘉靖〕《江西通志》卷三六《南安府·土産》 絹。

馮曾〔嘉靖〕《九江府志》卷四《田賦》 洪武二十四年，農桑絲四百七十六斤九兩七分，折絹三百八十一匹一丈一寸。德化縣 農桑絲七十六斤一十四兩二錢八分，折絹六十一匹二丈一尺一寸六分。德安縣 農桑絲三十五斤二兩二錢四分，折絹二十八匹四尺六分。瑞昌縣 農桑絲七十一斤五兩三錢二分，折絹五十七匹二丈二尺六寸四分。湖口縣 農桑絲九十五斤一十五兩七錢三分，折絹七十六匹三丈一尺四寸四分。彭澤縣 農桑絲一百九十六斤九兩五錢一分，折絹一百五十七匹一丈一尺二分。

永樂十年，農桑絲四百九十斤二兩一錢八分。

弘治五年，農桑絲四百八十六斤六兩三錢四分，折絹三百八十五匹四尺。

正德七年，農桑絲四百八十斤二兩二錢四分。

嘉靖元年，農桑絲四百八十九斤六兩五錢四分，折絹三百八十五匹四尺。

夏良勝等〔正德〕《建昌府志》卷三《物産》 帛之屬：紬有以湖絲成者爲籠絲紬，有以繭綿抽絲成者爲綿紬，有以綿絲雜木綿紗者爲假紬。

絹鄉人貨湖絲成之，多瑕纇，僅可作衣裏。

夏良勝等〔正德〕《建昌府志》卷四《職貢》 宋制 貢絹。十匹。

程嗣功、王一化〔萬曆〕《應天府志》卷一九《田賦》 洪武夏税，【略】絹一千四百六疋。

弘治夏税，【略】絲綿，農桑絲共折絹一千三百五十七疋一丈三尺四寸二分七釐二毫。視洪武減四十八疋一丈六尺五寸七分二釐八毫。

嘉靖十六年，巡撫歐陽鐸通計夏麥、絲絹、馬草、鹽鈔，共准平米三萬六千一百六十五石二斗九合一勺，又加里甲雜派平米一十三萬一千七百四十四石八斗三升二合三勺。時賦役繁難，鐸奏准秋糧總徵，民頗稱便。但里甲額辦、雜派等項，已徵米在官，其後科派重出，所徵米如故。自減去里甲外，尚多七萬餘石，不知其所從來。

王鏊等〔弘治〕《姑蘇志》卷一四《造作》 絹《左傳》杜預注：吳地貴絹，鄭地貴紵。今郡中多織生絹，其熟者名熟絹，四方皆尚之。花紋者，名花絹。又有白生絲織成，縝密如蟬翼，幅廣有至四尺餘者，名畫絹。又有羅底絹，稍厚而密。

紬諸縣皆有之。即繒，絞線織者曰線紬，撚綿成者曰綿紬，比絲攢而成者曰絲紬。

孫仁、朱昱〔成化〕重修《毗陵志》卷七《土貢》

國朝

農桑一十二萬九千九百二十八株。每株科絲五分，共絲六千四百九十六兩四錢。每絲二十兩折絹一疋，共絹三百二十四疋二丈四尺六寸。內武進縣桑一萬六千五百一十二株，科絲八百二十五兩六錢，折絹四十一疋八尺四寸。無錫縣桑一千九百二株，科絲九十五兩一錢五分，折絹四疋二丈二尺八寸。宜興縣桑六千三百七十七株，科絲三百一十八兩八錢五分，折絹一十五疋二丈八尺二寸。江陰縣桑一十萬五千一百三十六株，科絲五千二百五十六兩八錢，折絹二百六十二疋二丈五尺二寸。

趙錦、張袞〔嘉靖〕《江陰縣志》卷六《食貨記·物産》 貨之屬 絹以黄色絲爲之縷，粗可爲衣裏。

紬撚綿而成者曰綿紬，比絲而成者曰絲紬。

秦鏞〔崇禎〕《清江縣志》卷四《賦役·稅糧》

帶徵夏稅	
農桑絹價本色	農桑絹價，本色銀三兩三錢一分四厘六毫四系，原編絹四疋二丈二尺五分六厘，每疋價銀七錢，共該前數。每正銀一兩，派脚耗銀一錢四分七厘八毫五系七忽一微，共脚耗銀四錢九分一毫。又於崇禎十二年奉文，每正銀一兩，津貼京費銀一錢五分，共銀四錢九分七厘三毫。未奉加派，本縣賠解，如奉改折京費無給。
加增絹價本色	加增本色農桑絹價銀一兩八錢九分八厘九毫，每正銀一兩，派脚耗銀七分四厘八毫，該脚耗銀一錢四分二厘。
農桑絹價折色	農桑絹價折色銀二兩二錢九厘七毫六系，原編折色絹三疋四尺七寸四厘，每疋折銀七錢，共該前數。每正銀一兩，加脚耗銀一錢四分七厘八毫五系七忽，共銀三錢二分六厘七毫二系二微。

崔銑〔嘉靖〕《彰德府志》卷四《田賦》 安陽縣 田八千三百一十九頃九十四畝一分二釐。

稅絲九千四百五十四兩一錢二分八釐，折絹四百七十二疋二丈一尺一寸。

雜賦桑八萬五百七十二株，該絲九千四百五十五兩五分八釐，折絹一百三十二疋二丈八尺三寸一分四釐。

湯陰縣 田五千三百八十八頃三十七畝五分二釐。

稅絲六千三百四十二兩八錢六分四毫，折絹二百八十二疋二丈八分。

雜賦桑五萬四千一十株，該絲一千七百八十二兩三錢三分，折絹一十九疋三十四寸九分五釐。

臨漳縣 田四千二百一十六頃六畝一分。

稅絲五千三百四十一兩一錢二分八釐，折絹二百六十七疋一尺六寸九分。

雜賦桑十萬四千三百一十七株，該絲三千四百四十二兩四錢六分一釐，折絹一百七十二疋三尺六寸九分一釐五毫。

林縣 田三千八百五十頃九畝二分五釐。

稅絲四千五百七十四兩三錢一釐，折絹二百二十八疋二丈一尺四寸五分。

雜賦桑五萬五千七百三十株，該絲一千六百七十二兩七分，折絹一百七十二疋三尺六十九分一釐五毫。

貢雜皮，五百一十七張半。

磁州 田四千一百四十七頃五十六畝三分。

稅絲二千九百二兩四錢二分二釐，折絹一百四十五疋三尺四寸三分三釐。

雜賦桑三萬五百株，該絲九百九十九兩九錢，折絹六十四疋一丈五尺四寸五分。

貢鹿十三隻，雜革四百九十四張。

武安縣 田三千四百一十一頃九十七畝一分四釐。

正賦稅絲二千七百四十二兩七錢一分，折絹一百三十七疋五尺五寸六分五釐。

雜賦桑四萬二千五百二十四株，該絲一千四百十兩二錢九分二釐，折絹七十四八分七釐。

涉縣 田一千四百一十六頃七十七畝七分。

稅絲一千二百一十一兩四錢五分五釐，折絹六十疋一丈七尺一寸八分。

雜賦桑二萬五千六百七十二株，該絲八百四十二兩，折絹四十二疋一丈八寸一分三釐五毫。

李錦、周榮等〔正德〕《新鄉縣志》卷二《田賦》

農桑

桑三萬二千五百三十六株。

桑稅絲一千八兩九釐，絲綿二十兩，折絹五十四匹一丈三尺三寸三分三釐五毫。

沈庠、趙瓚等〔弘治〕《貴州圖經新志》卷九《安順州·土產》 綿紬 西堡司土人以絲綿績爲之，寬僅尺餘，有細密花紋者。

嵇曾筠、沈翼機等〔雍正〕《浙江通志》卷一〇一《物產》 綢 咸淳《臨安志》：有績綫爲之者，用絲則熟而輕纖。謹按：杭綢有一等最輕纖者，用湖水漂浄，宜於染色，大紅尤佳，以杭絲多錘鍊故也。如帽纓一種，亦較勝於他處。絨絲等線亦然。是皆杭之專產，志物亦宜備焉。

綿綢 《紫桃軒雜綴》：硤石人積梅雨水，以二蠶繭繅絲織綢，有自然碧色，名曰松陰色。其法本宋寧宗宮禁製，號爲天水碧。又紫薇山產綿綢，極精，號紫薇綢。

畫絹 咸淳《臨安志》：機坊多織唐絹，幅狹而機密，畫家多用之。

嵇曾筠、沈翼機等〔雍正〕《浙江通志》卷一〇二《物產》　雲絹　嘉靖《浙江通志》：嘉興出。

畫絹　杜氏《畫譜》：密機絹極勻淨，出魏塘，趙子昂多用此作畫。

濮院紬　《桐鄉縣志》：花紡紬出濮院，名色甚多，遍行天下。

謹按：嘉錦之名頗著，而實不稱。惟濮院所産紡紬與西機綾，練絲熟淨，組織亦工，是以濮院一鎮之内，坐賈持衡，行商麕至，終歲貿易不下數十萬金，居民藉此爲利，蓋由勤以致之也。

桐鄉絹　《桐鄉縣志》：邑人工於紡織，絹有花素、官絹、籮筐絹、素絹、帳絹、畫絹，綾有花綾、錦綾、素綾，羅有三梭、五梭、花羅、素羅，紗有花紗、脚踏紗、縐紗。

綿紬　《桐鄉縣志》：出青鎮。

絹　萬曆《湖州府志》：有官絹，有生絹，惟局絹有五色，可同嘉興。

紬　萬曆《湖州府志》：有水紬，有紡絲紬，出菱湖者佳。

嵇曾筠、沈翼機等〔雍正〕《浙江通志》卷一〇四《物產》　絹、紬　弘治《紹興府志》：諸暨所産絹，有花山、桐山、板橋之名，紬有綵紬、緜紬二種。

蕭絹　嘉靖《浙江通志》：紹興蕭絹。初，郡人蕭姓者製，因名。

嵇曾筠、沈翼機等〔雍正〕《浙江通志》卷一〇六《物產》　紬　《常山縣志》：絲粗而寡，間有織爲開化紬、鵞毛素者。

絹　方回《建德府節要圖經序》：皇祐間，歲爲婺州輸絹三萬六千匹，婺歲歸本郡米一萬五千石。户部督絹，本郡以上征下，歲無虧額。本郡督婺州米，列郡勢相侔，負固不償，而郡愈不可爲矣。《嚴陵志》：景定二年户部申照得，嚴州代婺州解絹以充上供，婺州外撥來還嚴州充軍糧，其來非一日矣。邇年兩郡互有申請，其曲不在嚴而在婺。蓋嚴代婺解絹，乃承户部拘催，不可稽違。婺還嚴之米，既無統攝，率是違次，甚至開慶年間尚欠二萬餘石，宜乎嚴之有請於朝，欲將代解之絹從本州折價糴米，徑令婺自解絹。準省札行下，許令嚴州於代解絹内截留一半，計一萬八千疋自市米以充軍食，仍以一半絹解赴户部，亦令婺州解絹一萬八千疋補足户部元額，却與免撥米還嚴州。自景定元年始。續婺州乞解絹解米各仍舊貫。本部又以節次備申續準行下，若婺州欲仍舊貫，今項預辦一年之米一萬五千石發還嚴州，方可從申。續又據婺州申已樁到米一萬石還嚴州。今嚴州又申每歲差撥人船取米，每被坐困，乞照近降指揮監婺州解絹，容本州自措辦軍糧。及謂婺州所報見有米一萬石以待本州取發者，平時率是虚給以脱。本州先次解絹本部，令與酌可行之説，爲悠久之計。嚴州解本部之絹，不患其不足，婺州還嚴州之米，欲催嚴州之絹，當先催婺州之米，州郡一也，體統一也，豈可謂本部可催嚴州之絹，而不爲嚴州催婺州之米乎。況嚴州申請不已者，止以婺州之米不還。米苟還矣，其將何辭。所有景定元年互撥米絹，嚴州已將合解一半之絹，折價糴米，以充軍糧，況隔一載，難於再理，當令婺州將合還嚴州景定元年米一萬八千石，每石照司農寺折價解部買絹，補還元額。專官前征，守待起發。所有景定二年以後年分，其婺州還米一萬五千石，嚴州解絹一萬八千疋，各分作三綱，須管婺州先自起發本色米斛，至嚴州交管，同嚴州絹綱申發赴部。第一綱十一月下旬，第二綱十二月下旬，第三綱次年正月下旬。婺米之交管，嚴絹之起綱，定在如期同時到部，仍委各州僉判任責。自今後，各郡僉判批考及離任，須管具本年各處發米發絹數目，月日，申部點對。乙劄下嚴、婺兩郡，遵守施行。候指揮。照得嚴、婺兩易絹米，昨降指揮已自平允。今兩郡折申不已，區畫悠久之説來上理亦可行，仍令各郡正任通判任責催發，不許違戾。

嵇曾筠、沈翼機等〔雍正〕《浙江通志》卷一〇七《物產》　甌紬　《永嘉縣志》：帛之屬，有甌紬。

溪絹　《永嘉縣志》：絹：有溪絹。

陳耆卿〔嘉定〕《赤城志》卷三六《風土門·土貢》　今貢大禮銀六百五十兩，絹五百匹。

瑞慶節

銀一千兩，絹五百疋。

陳耆卿〔嘉定〕《赤城志》卷三六《風土門·物產》　帛之屬　絹出仙居黄耆者佳。

帛之屬　紬以粗絲爲之。又有以綿繭撚之而成者，曰撚綿、撚繭。

謝鐸〔弘治〕《赤城新志》卷五《版籍·雜賦》　弘治歲辦額數

農桑絲絹

臨海縣二百八十六疋二丈三尺八寸五分。

黄巖縣二十一疋二尺。

寧海縣三十八疋七尺五寸。

天台縣六十七疋一丈四尺五寸。

僊居縣六十九疋一丈四尺四寸。

大平縣一十七疋二丈七尺七寸六分。

曾才漢、葉良佩〔嘉靖〕《太平志》卷三《食貨志·物產》　貨之類

絹有二品，以生絲成者名生絹，靛染絲成者曰練青絹。

紬有三四品。以絲成者曰絲紬，合絲爲線成者曰合線紬，以綿抽絲成者曰綿紬，以綿絲

雜木綿線成者曰假紬。

曾才漢、葉良佩〔嘉靖〕《太平志》卷三《食貨志・田賦》 宋紹興十八年，李侍郎椿年建行經界履畝，授砧基貳，藏之官，歲輸兩税，黄嵒經界田九十三萬九千一百六十三畝，而塗田、學田、寺觀田不與焉。夏税紬絹總一萬五千七百疋有畸。

洪武十九年，遣官經量田土，黄嵒總官民田、地、塘計一萬一千六百九十頃九十畝有畸。税糧載于典籍。太平割黄嵒南三鄉暨樂清東二鄉爲縣，其田賦自成化庚寅以後始得釐列如左云。

成化六年，割黄嵒南三鄉立太平縣。官民田、地、山塘四千五百六十四頃五十八畝四分五毫。農桑地税折絹一十三疋二丈七尺七寸。

成化十二年，割樂清東二鄉隸太平縣。

官民田、地、山池一千十頃二分五厘六毫八絲二忽。農桑地税折絹三疋三丈五尺八寸二分。

成化十八年，官民田、地、山塘池五千二百二十二頃三十九畝三厘八毫九忽，并沙水七處。農桑地税折絹一十七疋二丈三尺五寸二分。

嘉靖十一年官民田、地、山塘伍千七百四頃四十一畝六分三厘五毫八絲二忽，并沙水七處。農桑地額種桑二千三百六十八株，絲絹一十七疋二丈七尺七寸六分。

曾才漢、葉良佩〔嘉靖〕《太平志》卷三《食貨志・貢賦》 歷代雜賦 宋和預買太宗時，馬元方爲三司判官，建言方春乏絶時，預給庫錢貸之，至夏秋令輸絹於官，謂之和預買。寶元後，改給鹽七分錢三分。崇寧三年，鈔法既變，鹽不復支，三分本錢亦無，直以和買額數，委之於民，使與夏税並輸，謂之上供。吾郡以諸縣第一等户輸紬，以第二、第三等户輸絹，皆於起納夏税和買内科折起發，納左藏庫。闔郡紬二千五百三十五疋，絹一萬一千一百一十二疋，綿二萬八千九百一十四兩一錢。折絹折帛錢咸平三年，始令州軍以夏税折絹折帛。高宗建炎三年，車駕初至杭，兩浙運副王琮，言本路上供和買紬絹，自後可減半，每疋折納錢四千以助國用。既有夏税折帛，又有和買折帛，民始不堪。

張淏〔寶慶〕《會稽續志》卷三《和買》 太宗時，馬元方爲三司判官建言：方春民乏絶時，預給官錢貸之，至夏秋令輸絹於官，故曰和買。然在昔，止是一時權宜措置，至於一歲之間，或行於一郡邑而已。祥符中，王旭知潁州，因歲饑，出庫錢貸民，約蠶熟，人輸一縑。其後李士衡行之陝西，民以爲便。至熙寧新法之行，乃施之天下，示爲準則。是時，會稽民繁而貧，所貸最多，此據王明清《揮麈録》。後來錢既乏支，所買之額不除，遂以等户資産物力而科配焉。然會稽爲額獨重於他處，故至今以爲病。建炎三年九月二十四日御筆：朕累下寬恤之詔，而迫於經費，未能悉如所懷。今聞東南和預買絹，其弊尤甚，可下江浙減四分之一，以寬民力。紹興遂獲減免如詔旨。紹興二年九月十七日，守臣朱勝非又有請詔蠲免十分之一。紹興八年二月二十八日，以此郡和買太重，又減一萬匹。其累減如此，其數尚一十四萬六千九百三十八匹。故淳熙中，提點刑獄張詔《乞用畝頭均科奏狀》云：浙東七州，歲發和買二十八萬匹，紹興一府，獨當一路之半。詔不知此是累減之數，向來何止當一路之半耶。淳熙八年閏三月一日，指揮除豁德壽宫、延祥莊、泰寧寺并兩攢宫及諸縣耕牛、賃牛所科二千六百五十三匹三尺三寸。淳熙十六年八月二十三日，又特減四萬四千三百八十四匹三丈六尺七寸，遂以一十萬匹爲額。内本色七萬九千三百八十一匹三尺九寸，折帛二萬六百二十八匹三丈六尺一寸。

蕭良幹、張元忭等〔萬曆〕《紹興府志》卷一一《物産志・貨》 絹，山陰蕭姓織者頗佳，謂之蕭絹。《嘉泰志》云：出諸暨者，花山同山板橋輕匀，最宜春服。今蕭絹亦此類。初販鬻至杭而止，其後盛行外境。又一種厚實者，不亞杭之葛家絹。今蕭氏不復織絹，絹亦漸薄。所謂本機絹者，亦行於南北，然不爲佳。有花絹，頗似吴興。

綿紬，古謂之繭布。八邑俱有。《嘉泰志》云：《毛詩傳》袍襺也。《禮記・玉藻》：纊爲繭。《左氏傳》：重繭衣裘。註：緣謂新綿。今諸暨之俗，絍緝繭緒，纖如絲縷，織之成匹狀，似絁而密縝過之，雖名爲布，其實帛也。

絲紬，緝絲爲縷，光亮有彩色。

蕭良幹、張元忭等〔萬曆〕《紹興府志》卷一四《田賦志・賦》 絹，舊管九萬八千二百四十六疋四尺五寸，今催九萬九千八百九疋二尺一寸九分四釐六毫。會稽 一萬一千一百六十六疋二尺七分，今催一萬三千七百一十八疋二尺一寸五分五釐。山陰 二萬七千六百九十四疋三丈八尺九寸，今催一萬七千二百四十七疋一丈九尺四寸。剡 一萬一千三百六十七疋三丈二尺六寸，今嵊催一萬三千二百二十四疋八尺四寸四分三釐。諸暨 二萬八百二十疋二丈二尺，今催一萬八千六疋二丈八尺六寸三分六毫。蕭山 一萬三十八疋四尺一寸七分，今催一萬四百八十八疋三尺九寸一分三釐。餘姚 一萬一千六百一十疋三丈七尺，今催一萬二千四百二十二疋一丈七尺五寸五分。上虞 二萬三千九十九疋二丈一尺，今催一萬二千四百四十九疋一丈八尺一寸三分三釐。新昌 二千二百四十八疋一丈六尺七寸六分，今催二千二百五十二疋三丈三尺八寸七分。

紬，舊管九千一百六十四疋三丈八尺四寸三分，今催八千六百一疋三丈三尺四寸六分六釐。會稽　一千四百六十九疋二丈二尺一寸五分，今催一千三百八十八疋一丈一尺一寸五分。山陰　一千八百二十八疋一丈三尺七寸，今催一千七百九十四疋七尺五寸五分五釐。剡　九百二十疋二丈六尺三寸，今嵊催九百二十九疋一丈四尺四寸一分。諸暨　一千四百五疋三丈八尺三寸，今催一千一百六十六疋一丈四尺四寸一分一釐。蕭山　九百八十七疋一丈八尺八寸，今催一千四疋二丈六尺二寸三分。餘姚　九百二十九疋一丈二尺五寸八分，今催九百七十疋三丈五尺三寸八分。上虞　一千三百三十五疋三丈七尺，今催一千八十六疋一丈一尺四寸三分。新昌　二百八十七疋二丈九尺六寸，今催二百六十一疋三丈二尺九寸。

王珣、汪翁儀等〔弘治〕《湖州府志》卷八《土産》　絹，闊而長者爲官絹，今納貢又有狹小絹。

紬，水紬散絲而織者，紡絲紬紡絲而織者。

栗祁、唐樞〔萬曆〕《湖州府志》卷三《物産》　食貨之屬　紬有水紬、有紡絲紬，出菱湖者佳。

柳琰〔弘治〕《嘉興府志》卷八《嘉興縣·農桑》　宣德五年，除分秀水、嘉善不計外，實在桑絲一百四十五斤一十兩一錢一分，折絹一百二十九疋一丈五尺五寸七分。

柳琰〔弘治〕《嘉興府志》卷一一《秀水縣·農桑》　額桑五千二百一十二株，科絲一百七斤二兩五錢七分。每絲一十八兩折絹一疋，共折絹九十五疋七尺七寸一分。

柳琰〔弘治〕《嘉興府志》卷一四《嘉善縣·農桑》　官桑三千一百六十三株，科絲五十九斤八兩三錢四分。民桑二百八十株，科絲十斤一兩六錢九分。

柳琰〔弘治〕《嘉興府志》卷一七《海鹽縣·農桑》　額桑九百八十八株，科絲四十七斤一十一兩三錢。每絲二十兩折絹一疋，共折絹三十八疋五尺三寸。

柳琰〔弘治〕《嘉興府志》卷二一《平湖縣·農桑》　抄没桑一千四百七十四株。科絲六十三斤二兩。折造絹五十疋一丈五尺。

柳琰〔弘治〕《嘉興府志》卷二九《崇德縣·農桑》　農桑計三萬四百零二株。該税絲一千八百三十三兩三錢五分，折絹九十疋二丈七尺四寸五厘。官桑九千五十一株。絲一千五百三兩六錢七分，折絹七十四疋五丈七尺八寸五厘。民桑二萬一千三百五十一株。絲三百一十九兩六錢八分五厘，折絹一十五疋二丈九尺六寸。

吴受福等〔光緒〕《嘉興縣志》卷一六《物産》　器用類　畫絹《格古要論》：宓機絹極匀淨厚密，出嘉興。趙松雪、盛子昭多用此絹作畫。王店者良。《湯志》。《醉里耳餘録》：王店褚勳叔銘善治畫縑，極織細異常，人莫能效，由是褚絹之名著一郡。

徐學謨〔萬曆〕《湖廣總志》卷一二《方産》　國朝　岳州府　土紬、俱九永出。黄絲絹。各縣出，歲每輸貢。

長沙府　生絹。

施州　班紬。俱施南出。

徐學謨〔萬曆〕《湖廣總志》卷二一《貢賦一》　湖廣總論

兩京絲絹、北京庫絹二萬二千八百九十三疋二丈二尺五寸二分六釐七毫二絲四忽八微三塵四纖七耖。隆慶五年議詳：每疋正價銀五錢五分外，扛解銀二錢。每疋計長三丈，該絲二十兩，每絲一兩連正扛該銀三分七釐五毫。南京農桑絹四千九百九十七疋一丈三尺九寸二分九釐六毫五絲。每疋正價銀五錢五分，外扣解銀一錢五分。每疋計長三丈，該絲二十兩，每絲一兩連正扛解銀三分五釐。

徐學謨〔萬曆〕《湖廣總志》卷二二《貢賦二》　武昌府

兩京絲絹八千五百七十三疋八尺二寸八分五釐。内北京絹八千八十二疋二丈九尺一寸五釐。南京農桑絹四百八十九疋九尺一寸八分。江夏縣　北京絹一千七百四十五疋二丈五尺九寸四分。南京絹一百五十四疋二丈八尺九寸九分。武昌縣　北京絹一千四百二十一疋一丈八尺四寸七分。南京絹三十二疋二丈六尺八寸二分。咸寧縣　北京絹五百九十疋二丈五寸三分五釐。南京絹六十三疋一丈八尺三寸六分。蒲圻縣　北京絹一千七十六疋一丈八尺八寸一分。南京絹二十七疋六尺六分。崇陽縣　北京絹六百九十九疋一丈一尺一寸四分五釐。南京絹四十三疋二丈八尺九寸八分。嘉魚縣　北京絹四百五十四疋一丈五尺五寸五分五釐。南京絹一百九疋四尺九寸八分。通城縣　北京絹九百六十三疋一丈六尺八寸五分。南京絹一十四疋一丈二尺八寸三分。興國州　北京絹六百疋。南京絹二十八疋一丈九尺五寸八分。大冶縣　北京絹四百一十七疋七尺一寸三分。南京絹一十疋一丈八尺三寸五分。通山縣　北京絹一百一十四疋一丈四尺六寸七分。南京絹三疋二丈四尺二寸三分。

徐學謨〔萬曆〕《湖廣總志》卷二二《貢賦二》　漢陽府

兩京絲絹六百八十九疋八尺一寸一分。北京絹五百九十二疋一丈四尺二寸三分。南京農桑絹九十六疋二丈三尺八寸八分。漢陽縣　北京五百二十九疋二丈四尺四十九分。南京七十一疋一丈二尺五寸六分。漢川縣　北京六十二疋一丈九尺七寸四分。南京二十五疋一尺三十二分。

徐學謨《萬曆》《湖廣總志》卷二三《貢賦三》　承天府

兩京絲絹二百一十二疋四尺四寸二分一釐二毫。內北京絹一百四疋五尺二寸四分五釐一毫。南京農桑絹一百七疋二丈九尺一寸七分六釐一毫。鍾祥縣　北京二疋三尺九寸一分九釐五毫。南京二十三疋五尺一寸六分九釐六毫。荊門州　北京二疋二丈三十一分三釐五毫。南京二疋二丈五尺七寸五分四釐。京山縣　南京三十一疋七尺八寸三分。當陽縣　北京一十二疋一丈五十一分三釐五毫。南京一丈三尺一分三釐五毫。景陵縣　北京八十七疋四寸九分八釐六毫。南京一十一疋一丈二尺九寸六分。潛江縣　南京二疋一尺四寸七分。沔陽州　南京絹三十六疋二丈八尺九寸八分。

德安府

兩京絲絹一千一百六十疋二丈四尺三寸四分九釐六毫九絲二忽七微五塵四纖二緲。外摘撥莊田絹九十二疋二丈七尺七寸八分四釐四毫三絲四忽五塵，除不徵解外，北京庫絹一千一百二十七疋二丈四尺九寸五分五釐六毫九絲二忽十微五塵四纖二緲。南京農桑絹三十二疋二丈九尺三寸九分四釐。安陸縣　北京一百一十六疋一丈八尺七寸四分九釐五忽五微五纖。南京五疋一丈九寸八分七釐五毫。應城縣　北京一百二十八疋二丈二尺八寸八分七釐六毫七絲三忽四微二纖。南京三疋二丈三尺七寸二分七釐。隨州　北京二百七疋一丈九尺五寸三分五釐二忽六微四塵四纖二緲。南京一十一疋四分八釐。孝感縣　北京四百六十七疋一丈二尺九寸三分二釐二毫七忽四微。南京七疋五尺三寸一分一釐五毫。應山縣　北京一百二十一疋八尺六寸四分二釐五毫七絲三忽。南京四疋一丈六尺六寸五分。雲夢縣　北京七十六疋二尺二寸九釐二毫三絲八忽三纖。南京一疋二尺六寸七分。

荊州府

兩京絲絹一百二十三疋一丈八尺五寸八分五釐五毫。北京絹九十四疋九尺八釐。南京絹二十九疋九尺五寸七分七釐五毫。江陵縣　北京四十五疋二丈三尺三寸七分七釐五毫。南京五疋二丈五尺三寸五釐。石首縣　北京六疋二丈一尺三寸三分。南京四疋一丈一尺七寸八分二釐五毫。公安縣　北京四疋二丈七尺二寸。南京一疋。松滋縣　北京九疋一尺二寸五毫。南京二疋一尺四寸七分。監利縣　北京九疋二丈五尺九寸。南京二疋二丈九寸二分五釐。夷陵州　南京一疋一丈七尺五寸五分。長陽縣　南京一疋三尺三分。遠安縣　南京二疋七寸八分。枝江縣　北京一十八疋。南京三疋一丈六尺五寸五分。宜都縣　南京二疋。歸州　南京一疋。興山縣　南京一疋八尺五寸。巴東縣　南京二丈三尺六寸八分五釐。

岳州府

兩京絲絹三千一百七十一疋六尺八寸八分九釐二毫七絲五忽。北京絹二千四百六十六疋二丈六尺五寸四分六釐二毫七絲五忽。南京農桑絹七百四疋一丈三寸四分。巴陵縣　北京九百二十九疋一丈八尺六分七釐五毫。南京一百九十四疋一尺二分。平江縣　北京四百八十七疋一丈七尺五寸二分六釐。南京四百四十五疋一丈八尺八寸。華容縣　北京三百五十八疋七尺四寸四分。南京三疋二丈五尺八寸五分。臨湘縣　北京二百三十九疋二丈七寸五分二釐五毫。南京二十疋二丈四尺八寸一分。安鄉縣　北京七十一疋三尺二寸四分九釐。南京七疋五尺三寸二分。澧州　北京一百二十疋一丈七尺八寸九分五釐六毫七絲五忽。南京一十九疋六尺一寸八分三釐。石門縣　北京八十四疋一丈三尺六寸三分五毫。南京九疋一丈二尺三寸五分。慈利縣　北京七十五疋一丈七尺九寸八分五釐一毫。南京四疋五尺一分。

徐學謨《萬曆》《湖廣總志》卷二四《貢賦四》　鄖陽府

絲絹南京五十五疋六尺六寸八分六釐二毫。鄖縣　二十三疋一丈三尺二寸一分七釐五毫。房縣　五疋一丈四尺六寸七分。上津縣　九丈三尺二寸七釐五毫。竹山縣　七疋六尺一寸。鄖西縣　二疋一丈九寸八分一釐一毫。保康縣　二疋。竹谿縣　五疋一丈八尺五寸。

襄陽府

絲絹南京二百九十五疋一丈九尺五寸九分七釐零。襄陽縣　六疋五尺四寸。南漳縣　一十三疋七尺。光化縣　一十六疋一丈三尺八寸。棗陽縣　一百二疋。宜城縣　一十九疋二丈四尺。穀城縣　一百一十六疋五尺四寸九分七釐七毫。均州　二十一疋二丈三尺九寸。

衡州府

絲絹南京一千四百七十二疋二丈七尺一寸七釐五毫。衡陽縣　二百三疋一丈九尺。衡山縣　三十一疋二丈一尺三寸八分。安化縣　二百一十二疋一丈六寸。耒陽縣　四百七十六疋三分七釐五毫。常寧縣　三十三疋二丈一尺九寸。桂陽州　三百三十六疋五尺三寸三分。監山縣　二十六疋六尺六寸。臨武縣　六十九疋八尺七寸。酃縣　七十三疋二丈三尺五寸。

永州府

絲絹南京一百五十五疋一丈二尺八寸七分。零陵縣　六十八疋六丈一尺六寸。道州　一十二疋二丈七尺三寸四分。寧遠縣　二十八疋一丈一尺六寸八分。江華縣　二疋一丈四尺三寸。祁陽縣　二十四疋二丈三尺。永明縣　五疋七尺四寸五分。東安縣　一十三疋七尺五寸。

長沙府

兩京絲絹七千六百八疋二丈四尺二分八釐八絲八忽八塵五渺。北京六千六百二十七疋一丈八尺五寸八分五釐三毫三絲八忽八塵五渺。南京九百八十一疋五尺四寸四分一釐七毫五絲。長沙縣　北京四百七十三疋二丈二尺一分五毫九絲六忽八微八塵。南京八十九疋一尺二寸七分八釐七毫五絲。善化縣　北京二百四十二疋二尺四分一釐八毫。南京三十六疋二丈八尺七寸三分五釐。瀏陽縣　北京一千四疋□丈九尺六寸九分七釐八毫四絲八忽。南京一百七十疋二尺八寸五分五釐。攸縣　北京七百五十八疋二丈三尺九寸二分七釐一毫七絲五忽。南京三十八疋二丈五尺三寸六分八釐七毫五絲。湘潭縣　北京三百四十疋六寸九分六釐三毫三絲四忽一微二塵五渺。南京三十一疋一尺一寸一分。茶陵州　北京六百四十二疋二丈四尺五寸五分八釐一毫五絲一忽五微八塵。南京八十疋一丈五尺六寸。湘陰縣　北京七百四十疋一丈八尺七寸二分四毫三絲二忽五微。南京一百七十六疋一丈七尺八寸一分六釐二毫五絲。醴陵縣　北京五百二十四疋一丈五尺四寸五分四釐。南京二十九疋一丈三寸一分。湘鄉縣　北京一千二十九疋七尺八寸。南京二百三疋一丈二寸。寧鄉縣　北京三百一十三疋一丈七尺五寸三分五釐。南京六十疋一丈六尺一寸一分。益陽縣　北京三百五十二疋二丈一尺三寸七分。南京三十八疋二丈五尺一寸五分。安化縣　北京一百九十四疋一丈四尺五寸七分四釐。南京二十六疋八寸。

寶慶府

絲絹南京一百一十二疋二尺三寸一分七釐五毫。邵陽縣　四十疋六尺九寸二分七釐五毫。武岡州　一十五疋二丈三尺一寸。新寧縣　一十七疋四尺七寸。新化縣　三十七疋六尺八寸。城步縣　一疋一丈九尺七寸八分。

徐學謨（萬曆）《湖廣總志》卷二五《貢賦五》　辰州府

南京農桑絹三十七疋二丈五尺一寸六分。沅陵縣　四疋一丈三尺五寸。沅州　九疋七尺二寸八分。黔陽縣　四疋七尺七寸。麻陽縣　四疋一丈七寸。辰溪縣　七疋三尺五寸八分。盧溪縣　三疋。溆浦縣　五疋一丈二尺。

常德府

兩京絲絹八百五十四疋一丈七尺一寸二分八釐三毫九忽。北京八百四疋一丈一尺五寸七分八釐三毫九忽。南京五十疋五尺五寸五分。武陵縣　北京三百七十七疋三尺四釐四毫九絲。南京二十一疋一尺五寸。桃源縣　北京二百三十七疋一丈七尺七寸五分五釐。南京一十五疋六尺一寸五分。龍陽縣　北京一百六十一疋二丈二尺四寸三分三釐九毫九絲七忽。南京七疋二丈七尺一寸七分。沅江縣　北京二十七疋二丈八尺三十八分四釐八毫二絲二忽。南京六疋七寸三分。

郴州

南京絲絹二百二十八疋一丈六尺四寸二分二釐五毫。本州五十六疋四尺八寸。桂東縣　一十二疋一丈九尺二寸。宜章縣　二十九疋一丈二尺三寸七分七釐。興寧縣　四十七疋一丈九尺六寸五分。永寧縣　七十八疋二丈五尺二分八釐。桂陽縣　一十二疋二丈五尺二寸六分七釐五毫。

靖州

南京農桑絹一十五疋六寸二分。本州四疋一丈八尺七寸。綏寧縣　三疋二丈一尺七寸七分。會同縣　四疋二丈一寸五分。通道縣　二疋。

甘澤、趙士譲（嘉靖）《蘄州志》卷二《貢賦》　洪武二十四年，官民田、地、塘三千九百七十八頃三十三畝一分。田三千三百四十四頃三十六畝三分。地四百六十三頃七十六畝一分。塘一百七十頃二十畝七分。

夏稅隨糧絲九十四斤六兩四錢二分，織絹七十五疋一丈五尺六寸三分。

租絲三十一斤一兩八錢，織絹二十五疋二丈七寸。

農桑絲七斤一十五兩九錢六分，織絹六疋一丈五尺九寸四分。

永樂十年，官民田、地、塘四千頃一十一畝二分三釐。田三千三百五十六頃一十一畝四分三釐，地四百七十二頃一十一畝五分，塘一百七十一頃八十三畝三分。

夏稅隨糧絲九十四斤六兩四錢二分，織絹七十五疋一丈五尺六寸三分。

租絲三十九斤一兩一錢四分，織絹三十一疋一尺五寸六分五釐。

農桑絲七斤一十四兩八錢，織絹六疋一丈二寸。

永樂二十年，官民田、地、塘四千頃一十一畝一分三釐。田三千三百五十六頃一十六畝四分三釐，地四百七十二頃一十一畝五分，塘一百七十一頃八十三畝三分。

夏稅隨糧絲九十四斤六兩四錢二分，織絹七十五疋一丈五尺六寸三分。

租絲三十九斤一兩一錢四分，織絹三十一疋一尺五寸六分五釐。

農桑絲七斤一十四兩八錢，織絹六疋一丈二寸。

宣德七年，官民田、地、塘四千頃一十一畝二分三釐。田三千三百五十六頃一十六畝四分三釐，地四百七十二頃一十一畝五分，塘一百七十一頃八十三畝三分。

夏租隨糧絲九十四斤四兩三錢六分，織絹七十五疋一丈二尺五寸二分。

租絲三十九斤一兩一錢四分，織絹三十一疋七尺。

農桑絲七斤一十四兩八錢，織絹六疋一丈二寸。

正統七年，官民田、地、塘四千頃一十一畝二分三釐。田三千三百五十六頃一十六畝四分三釐，地四百七十二頃一十一畝五分，塘一百七十一頃八十三畝三分。

夏税隨糧絲九十四斤四兩三錢六分，織絹七十五疋二丈二尺五寸二分。

租絲三十九斤一兩一錢四分，織絹三十一疋七尺。

農桑絲七斤一十四兩八錢，織絹六疋一丈二寸。

景泰三年，官民田、地、塘四千頃一十一畝二分三釐。田三千三百五十六頃一十六畝四分三釐，地四百七十二頃一十一畝五分，塘一百七十一頃八十三畝三分。

夏税隨糧絲九十四斤四兩三錢六分，織絹七十五疋二丈二尺五寸二分。

租絲三十九斤一兩一錢四分，織絹三十一疋七尺。

農桑絲七斤一十四兩八錢，織絹六疋一丈二寸。

天順六年，官民田、地、塘四千三頃五十一畝四分三釐。田三千三百五十七頃三十六畝三釐，地四百七十四頃一十一畝三釐，塘一百七十二頃四畝四分。

夏税隨糧絲九十二斤四兩三錢六分，織絹七十五疋一丈。

租絲三十九斤一兩四錢，織絹三十疋七尺。

農桑絲七斤一十四兩八錢，織絹六疋一丈二寸。

成化八年，官民田、地、塘四千三頃五十二畝四分三釐。田三千三百五十七頃三十六畝三釐，地四百七十四頃一十一畝七分，塘一百七十二頃四畝四分。

夏税隨糧絲九十二斤四兩三錢六分，織絹七十五疋一丈。

租絲三十九斤一兩四錢，織絹三十疋七尺。

農桑絲七斤一十四兩八錢，織絹六疋一丈二寸。

成化十八年，官民田、地、塘四千三頃五十二畝四分三釐。田三千三百五十七頃三十六畝三釐，地四百七十四頃一十一畝七分，塘一百七十二頃四畝四分。

隨糧絲九十二斤四兩三錢六分，織絹七十五疋。

租絲三十九斤一兩四錢，織絹三十疋七尺。

農桑絲七斤十四兩八錢，織絹六疋一丈二寸。

弘治五年，官民田、地、塘四千三頃五十二畝四分三釐。田三千三百五十七頃三十六畝三釐，地四百七十四頃一十一畝七分，塘一百七十二頃四畝四分。

夏税隨糧絲九十二斤四兩三錢六分，織絹七十五疋一丈。

租絲三十九斤一兩四錢，織絹三十疋七尺。

農桑絲七斤一十四兩八錢，織絹六疋一丈二寸。

弘治十五年，官民田、地、塘四千三頃五十二畝四分三釐。田三千三百五十七頃三十六畝三釐，地四百七十四頃一十一畝七分，塘一百七十二頃四畝四分。

夏税隨糧絲九十二斤四兩三錢六分，織絹七十五疋一丈。

租絲三十九斤一兩四錢，織絹三十疋七尺。

農桑絲七斤一十四兩八錢，織絹六疋一丈二寸。

正德七年，官民田、地、塘四千三頃五十二畝四分三釐。田三千三百五十七頃三十六畝三釐，地四百七十四頃一十一畝七分，塘一百七十二頃四畝四分。

夏税隨糧絲九十二斤四兩三錢六分，織絹七十五疋一丈。

租絲三十九斤一兩四錢，織絹三十疋七尺二寸。

農桑絲七斤一十四兩八錢，織絹六疋一丈。

嘉靖元年，官民田、地、塘四千三頃五十二畝四分三釐。田三千三百五十七頃三十六畝三釐，地四百七十四頃一十一畝七分，塘一百七十二頃四畝四分。

夏税隨糧絲九十二斤四兩三錢六分，織絹七十五疋一丈。

租絲三十九斤一兩四錢，織絹三十疋七尺。

農桑絲七斤一十四兩八錢，織絹六疋一丈二寸。

王朝璲、顔木〔嘉靖〕《應山縣志》卷上《田賦》 洪武二十四年

官民田、地、塘五百九十九頃八十六畝四分五釐。

夏税絲一百二十五斤四兩三錢四分六厘六毫七絲四忽。

農桑絲五斤一十兩一錢。

永樂元年

官民田、地、塘六百六十一頃五十三畝八分五厘。

夏税絲一百三十四斤三兩二錢二分二釐二毫一絲一忽五微。

農桑絲五斤一十一兩九錢八分。

永樂十年

官民田、地、塘六百八十二頃七十一畝九分五釐。

夏税絲一百四十斤二兩八錢六分二釐四毫七絲。

農桑絲五斤一十一兩九錢八分。

永樂二十年
官民田、地、塘六百九十三頃一畝四分五釐。
夏稅絲一百四十三斤四兩七錢五分九釐七毫七忽。
農桑絲五斤一十一兩九錢八分。
宣德七年
官民田、地、塘七百三十七頃一十畝四分五釐。
夏稅絲一百四十斤七兩一錢六分七釐七毫二絲二忽。
農桑絲五斤一十一兩九錢八分。
正統七年
官民田、地、塘七百七十六頃七十七畝九分五釐。
夏稅絲一百四十斤八兩七錢八分九釐七毫五絲七忽。
農桑絲五斤一十一兩九錢八分。
天順六年
官民田、地、塘八百四十二頃七十六畝五分六釐。
夏稅絲一百六十二斤二兩七錢九分四釐四毫七絲四忽。
農桑絲五斤一十一兩九錢八分。
成化八年
官民田、地、塘八百五十一頃四十畝八分六釐。
夏稅絲一百八十二斤八兩三錢三分八釐四毫八絲五忽。
農桑絲五斤一十一兩九分二釐。
成化十八年
官民田、地、塘八百六十頃七十畝三分二釐。
夏稅絲一百六十四斤三西八錢五分四釐一毫六絲四忽。
農桑絲五斤一十一兩九分二釐。
弘治五年
官民田、地、塘八百六十頃七十畝三分二釐。
夏稅絲一百六十四斤三兩八錢五分四釐一毫六絲四忽。
農桑絲五斤一十一兩九分二釐。
弘治十五年
官民田、地、塘八百六十頃七十畝三分二釐。
夏稅絲一百六十四斤三兩八錢五分四釐一毫六絲四忽。
農桑絲五斤一十一兩九分二釐。
正德七年
官民田、地、塘八百四十六頃八十七畝六分一釐。
夏稅絲一百六十四斤一兩三分八釐七毫七絲三忽。
農桑絲五斤一十一兩九分二釐。
嘉靖元年
官民田、地、塘八百四十六頃八十七畝六分一釐。
夏稅絲一百六十四斤一兩三分八釐七毫七絲三忽。
農桑絲五斤一十一兩九分二釐。
嘉靖十一年
官民田、地、塘八百四十六頃八十七畝六分一釐。
夏稅絲一百六十四斤一兩三分八釐七毫七絲三忽。
農桑絲五斤一十一兩九分二釐。

王朝璲、顏木〔嘉靖〕《應山縣志》卷上《徭役》 起運

京庫絹一百三十一疋八尺六寸四分二釐五毫七絲三忽，南京庫農桑絹四疋一丈六尺六寸五分，撥運。

右本縣解户，除兩京藥味并南京户口鈔銀解府類，解農桑絹四疋一丈六尺六寸，解府便差搭解京庫絹一百三十一疋。

鍾崇文〔隆慶〕《岳州府志》卷一一《食貨考》 唐澧陽郡貢練縛。

鍾崇文〔隆慶〕《岳州府志》卷一一《食貨考·賦》 明曰賦，即《周禮》以賦式斂財賄者也。夏則麥，秋則米，而謂之農桑絲絹者，蓋古墻下植桑之意。分之以解南北，故絹二也，皆隨糧徵之耳。

賦：岳州府　洪武夏稅【略】絲織絹二千九百三十疋九尺七寸五分九厘二毫。農桑絲織絹七百三十疋六尺七寸一分五釐。秋稅【略】絹輸京師減五百十四疋二尺三寸八分三厘五毫。農桑絲絹輸南京減四十二疋二丈四尺一寸。【略】宣德，【略】絹又減二十八疋一丈二尺六寸五分一厘。南絹又減一疋二丈五尺二寸四分五厘。【略】正統，【略】絹又減二十八疋一丈二尺六寸五分，南絹又減十九疋二丈七尺四寸六分五厘。【略】景泰，【略】絹少增二疋一丈三尺六寸九分三厘。南絹增十九疋二丈八尺六寸六分五厘。【略】天順，【略】絹減七百九十

九疋八尺八寸五分六厘三毫五絲。南絹又增九疋。【略】成化，【略】絹增八百五十九疋一丈一尺一寸九分九厘三毫五絲。南絹又增二丈七尺五寸八分。【略】弘治，【略】絹增八尺九寸一厘，南絹又增二寸二分。【略】正德，絹又增一尺二寸，南絹無增減。【略】嘉靖，【略】絹又增二十九疋二丈七尺四寸八分二厘五毫二絲，南絹又增三疋五尺五分六厘二毫。【略】絹減四百四十九疋二丈一尺四寸二分四厘八絲，南絹減三十一疋一丈五尺三寸八分八厘八毫。【略】

巴陵縣洪武，【略】桑絲一千五百一十二斤二十一兩五錢二分，織之成絹一千二百一十二疋二寸五分五厘。【略】絹解北減九十五疋一丈三尺一寸八分五厘，解南減二十八疋二丈六尺五寸八分。【略】宣德，絹無增損。【略】景泰，【略】絹解北少增四疋二尺七寸七分五厘，解南少增尺二寸。【略】天順，【略】絹解北又增四疋一丈六尺二分，解南絹無增減。【略】成化，【略】絹解北又增二十疋，解南絹無增減。【略】嘉靖，【略】絹解北又增九疋九尺一分六厘五毫，解南絹無增減。【略】較國初，【略】絹解北減五十八疋五尺五寸四分，解南絹減二十八疋二丈四尺六寸三分。【略】

臨湘縣洪武，【略】桑絲五百七斤一十五兩九錢一分，織之成絹四百一十三疋一丈一尺六寸七分。【略】永樂，【略】絹解北減百五十五疋九天六寸六分，絹解南減十二疋一丈七尺六寸六分。【略】宣德，【略】絹解北又減二十八疋一丈二尺六寸五分，解南絹又減疋二丈五尺二寸四分五厘。【略】正統，【略】絹解南，絹俱無增減。【略】景泰，絹解北少增二尺八寸二分。【略】天順，【略】絹解北又增十八疋二丈五尺九寸四分四厘，解南絹無增減。【略】成化，【略】絹解北又增十九疋五尺八寸六分七厘一毫，解南絹又增一丈七尺一寸六分。【略】嘉靖，【略】絹解北又增一疋六尺五寸七分六厘，解南絹丈一寸八分五厘。【略】以今時較國初，【略】絹解北減百三十九疋二丈七尺七寸四分八厘，解南絹減十三疋一丈五尺六分。【略】

平江縣洪武，【略】桑絲一千二百四十八斤二十八兩七分七厘，織之成絹一千二百三十一疋四丈七尺二寸九分。【略】永樂，【略】絹解北五百八十六疋二丈八尺四寸一分，解南四百四十五疋一丈八尺八分。【略】宣德，【略】絹解南解北，并糧米亦無增減。正統，麥絹解南解北，無增減。【略】景泰，麥絹解南解北無增減。【略】天順，絹解北少增七疋七寸一毫，解南，絹并糧米無增減。嘉靖，【略】絹解北增丈一尺四寸一分一厘，南絹無增減。【略】以今時較國初，【略】解北絹增九尺一分二厘，解南絹無增減。【略】

華容縣洪武，夏稅【略】絹解北六百八疋八尺三寸九分，絹解南五疋六尺三寸一分。【略】永樂，【略】絹解北減二百五十疋六尺五寸五分，解南絹減疋二丈四寸六分。【略】正統，【略】解北，絹增百五疋二丈二尺二寸五分。解南，絹無增減。【略】成化，【略】絹解北解南，又增二疋四尺二寸二分。【略】正統，【略】絹解北解南，無增減。【略】嘉靖，【略】絹解北增三十五疋八丈七尺四寸四分，絹解南無增減。【略】以今時較國初，【略】解北絹減二百五十疋九尺五分，解南絹無增減。【略】

澧州【略】正統，【略】絹減北百十二疋二丈四尺九寸五分九厘一毫，絹解南十八疋一丈二尺三分。【略】景泰，麥絹無增減。【略】天順，麥絹亦無增減。【略】成化，【略】解北絹增六疋二丈二尺三寸九分五厘二毫五絲，解南絹增一丈。【略】嘉靖，【略】解北絹增一疋五寸四分一厘二毫七絲五忽，解南絹增二疋二丈九尺五寸二分三厘。【略】以今時較國初，【略】解北絹增一疋五寸四分，解南絹增丈五尺五寸二分三厘。【略】

安鄉縣洪武，夏稅【略】桑絲一百三十斤七兩四錢二分，織之成絹一百四疋一丈一尺八寸八分五厘。【略】永樂，【略】解北絹減十八疋一丈三尺，解南絹無增減。【略】宣德，【略】絹解北解南無增減。【略】正統，絹解北解南無增減。景泰，麥絹解北解南亦無增減。【略】天順，【略】解北，絹增十三疋九尺九寸五分三厘五毫。成化，【略】解北絹增五疋一丈二尺二寸一分，解南絹無增減。【略】正德，【略】絹解北解南無增減。【略】嘉靖，【略】解北絹又增十三疋一丈八尺一寸三分四厘四毫，解南絹又增二十疋七尺三分。【略】以今時校國初，【略】絹解北減十二疋二丈二尺二寸二分八厘一毫，解南絹增三疋七尺三分。【略】

石門縣洪武，夏稅【略】桑絲一百三十斤三兩五錢五分，織之成絹八十五疋一丈二尺三寸五分。【略】永樂，【略】絹解北八十五疋，解南絹丈二尺三寸五分。【略】天順，【略】解北絹又增九尺五寸二分四厘，解南絹增九疋。【略】成化，【略】解北絹減疋一丈八尺三寸五厘，解南絹糧無增減。嘉靖，解南絹無增減，解北絹增四尺六寸五分四厘九毫。【略】以今時較國初，【略】解北絹減丈五尺六寸六分三厘一毫，解南絹增九疋。【略】

慈利縣洪武，夏稅【略】桑絲一千三百一兩八錢八分一厘二毫，織之成絹，解北七十五疋丈五尺九寸八分五厘一毫，解南絹四疋五尺。【略】永樂，【略】解北絹，南絹俱無增減。宣德，【略】絹解北解南無增減。【略】天順，麥絹解北解南無增減。【略】成化，麥、解南絹無增減，解北絹少減一丈。【略】弘治，【略】解北絹增八尺九寸一厘，解南絹少增二十二分。【略】正德，【略】解北絹又增尺一寸，解南絹無增減。【略】嘉靖，【略】解北絹增二尺，解南絹減三寸八毫八絲。【略】率以今時較國初，【略】解北絹增二尺，解南絹增一分一厘一毫。

鍾崇文〔隆慶〕《岳州府志》卷一一《食貨考·方物》 巴陵縣　絹生絲爲之，有黄白二色。

平江縣　絹生絲爲之，類巴陵。

慈利縣素十匹五寸六分二釐五毫。直運資銀九兩五錢七分一釐二毫五絲。

陳道、黄仲昭〔弘治〕《八閩通志》卷二〇《食貨·財賦》 福州府　閩縣　農桑絹七疋餘。絲綿一十五兩七錢五分。實在桑一萬一千三百三十八株。每四十株折地一畝，通折地二頃八十三畝五分。每畝科絲綿五錢，每絹一疋，用絲一斤二兩。

農桑絹九疋餘，絲綿三十八兩五錢。

連江縣　農桑絲綿六兩二錢五分。古田縣　農桑土絹一疋餘。絲一十六兩八錢。閩清縣　農桑絹一疋餘。絲綿三兩八錢五分。

建寧府

宋　夏税本色絹一萬一千八百四十四疋有奇。

國朝　建安縣　農桑生絹四疋二丈二寸。甌寧縣　農桑絹一十二疋二丈四尺。浦城縣　農桑生絹四十三疋二丈八尺三寸。農桑絲絹二十一疋六尺九寸三分。建陽縣　農桑絲絹五疋九尺八分。松溪縣　農桑絹二疋二丈八尺五寸四分。夏税絹八疋一丈一尺一寸三分。崇安縣　夏税絹八十疋一丈六尺八分三釐。農桑絲絹八疋二丈一尺六寸。政和縣　絲綿二十五斤五兩八錢六分五釐。農桑生絹二疋二丈三尺。

泉州府

國朝　晋江縣　農桑絹一疋一丈三尺一寸六分。南安縣　農桑絹二丈四尺九寸。同安縣　農桑絹四疋一丈四尺六寸。德化縣　農桑絹一疋一丈八尺六寸。永春縣　農桑絹二丈三寸。安溪縣　農桑絹一丈九尺九寸。惠安縣　農桑絹一疋九尺二寸二分。

漳州府

國朝　龍溪縣　農桑絹三疋餘。絲一十一兩九錢五分。漳浦縣　農桑絹一疋餘。絲七兩二錢。龍巖縣　農桑絹五疋餘。絲五兩六錢五分。長泰縣　農桑絹九疋餘。絲九錢。南靖縣　農桑絹五疋餘。絲三兩二錢一分。漳平縣　農桑絹四疋餘。絲四兩五錢一分。

陳道、黄仲昭〔弘治〕《八閩通志》卷二一《食貨・財賦》　汀州府

國朝　長汀縣　農桑絹二疋餘。絲二兩。上杭縣　農桑絹一疋。清流縣　農桑絹四疋。連城縣　農桑絹二疋二丈八尺。歸化縣　農桑絹七疋。永定縣　農桑絹七兩二錢。

延平府

國朝　南平縣　農桑絹二十九疋一丈三尺四寸五分。將樂縣　農桑絹三十二疋一丈。沙縣　農桑絹二十四疋一丈五尺三寸。順昌縣　農桑絹二十六疋二丈三尺。永安縣　農桑絹一十五疋七尺七寸五分。

邵武府

國朝　邵武縣　農桑絹九疋一丈二尺七寸。泰寧縣　農桑絹五疋九尺。建寧縣　農桑絹一十四疋三尺三寸。光澤縣　農桑絹五疋一丈三尺五分。

興化府

國朝　莆田縣　翎毛二萬五千八百一十根。

福寧州

國朝　本州農桑絹二疋餘。絲十四兩。寧德縣　農桑絹四疋餘。絲一十兩七錢一分。福安縣　農桑絹五疋一丈一尺。

陳讓〔嘉靖〕《邵武府志》卷五《版籍》　明洪武二十四年，府正賦農桑絹三十三疋三丈八尺五寸。邵武縣正賦農桑絹九疋一丈二尺七寸。光澤縣正賦農桑絹五匹一丈三尺五寸。泰寧縣正賦農桑絹五匹九尺。建寧縣正賦農桑絹一十四匹三尺五寸。

永樂十年，府正賦農桑絹同。邵武縣正賦農桑絹同。光澤縣正賦農桑絹同。泰寧縣正賦農桑絹同。建寧縣正賦農桑絹同。

宣德七年，府正賦農桑絹同。邵武縣正賦農桑絹同。光澤縣正賦農桑絹同。泰寧縣正賦農桑絹同。建寧縣正賦農桑絹同。

正統七年，府正賦農桑絹同。邵武縣正賦正賦農桑絹俱同。光澤縣正賦農桑絹俱同。泰寧縣正賦農桑絹俱同。建寧縣正賦農桑絹同。

景泰三年，府正賦農桑絹同。邵武縣正賦農桑絹俱同。光澤縣正賦農桑絹俱同。泰寧縣正賦農桑絹同。建寧縣正賦農桑絹俱同。

天順六年，府正賦農桑絹俱同。邵武縣正賦農桑絹俱同。光澤縣正賦農桑絹俱同。泰寧縣正賦農桑絹俱同。建寧縣正賦農桑絹俱同。

成化八年，府正賦農桑絹同。邵武縣正賦農桑絹同。光澤縣正賦農桑絹同。泰寧縣正賦農桑絹俱同。建寧縣正賦農桑絹俱同。

弘治十五年，府正賦農桑絹同。邵武縣正賦農桑絹同。光澤縣正賦農桑絹俱同。泰寧縣正賦農桑絹俱同。建寧縣正賦農桑絹俱同。

正德七年，府正賦農桑絹同。邵武縣正賦農桑絹同。光澤縣正賦農桑絹俱同。泰寧縣正賦農桑絹俱同。建寧縣正賦農桑絹俱同。

嘉靖十一年，府正賦農桑絹俱同。夏税絹二者，正德十四年後取辦于八分丁料。嘉靖十七年後，取辦于六分丁料。邵武縣正賦農桑絹同。光澤縣正賦農桑絹俱同。泰寧縣正賦農桑絹俱同。建寧縣正賦農桑絹同。

林富、黄佐〔嘉靖〕《廣西通志》卷一九《田賦志上》〔弘治十五年〕農桑絲折絹四百九十七疋六丈六疋，零絲八斤一十四兩一錢四分，本色絹二疋并零絲五

兩五錢八分，折色絲二百九十四斤一十兩四錢五分。紅花一十一斤一十三兩五錢。以上俱《大明會典》。

林富、黄佐〔嘉靖〕《廣西通志》卷二一《食貨志》　布帛屬　綿紬。

紀事

《左傳・襄公二十九年》　〔季札〕聘於鄭，見子産，如舊相識。與之縞帶，子産獻紵衣焉。杜預注：吴地貴縞，鄭地貴紵，故各獻所貴，示損己而不爲彼貨利。陸德明《釋文》：縞，繒也。孔穎達疏：孔安國曰：縞，白繒也。鄭玄《禮記》注云：白經赤緯曰縞，黑經白緯曰纖。

《孟子・滕文公上》　陳相見孟子，道許行之言曰【略】孟子曰：「許子必種粟而後食乎？」曰：「然。許子必織布而後衣乎？」曰：「否，許子衣褐。」「許子冠乎？」曰：「冠。」曰：「奚冠？」曰：「冠素。」曰：「自織之與？」曰：「否，以粟易之。」曰：「許子奚爲不自織？」曰：「害於耕。」

《韓非子》卷一一《外儲説左上》　齊桓公好服紫，一國盡服紫。當是時也，五素不一紫。

《史記》卷七九《范雎列傳》　范雎既相秦，秦號曰張禄，而魏不知，以爲范雎已死久矣。魏聞秦且東伐韓、魏，魏使須賈於秦。范雎聞之，爲微行，敝衣閒步之邸，見須賈。須賈見之而驚曰：「范叔固無恙乎！」范雎曰：「然。」須賈笑曰：「范叔有説於秦邪？」曰：「不也。雎前日得過於魏相，故亡逃至此，安敢説乎！」須賈曰：「今叔何事？」范雎曰：「臣爲人庸賃。」須賈意哀之，留與坐飲食，曰：「范叔一寒如此哉！」乃取其一綈袍以賜之。【略】須賈大驚，自知見賣，乃肉袒膝行，因門下人謝罪。於是范雎盛帷帳，侍者甚衆，見之。須賈頓首言死罪，【略】范雎曰：「【略】然公之所以得無死者，以綈袍戀戀，有故人意，故釋公。」

《太平御覽》卷八一六《布帛部三・綈》　《史記》曰：范雎改名爲張禄，相秦。秦伐魏，魏使須賈於秦。雎微行弊衣，徒步入邸見須賈，賈驚曰：「范叔無恙乎？今叔何事？」雎曰：「爲人賃作。」賈意哀之，留坐飲食曰：「叔寒如此哉！」乃取其綈袍以賜之。後雎見賈，賈頓首言死罪。雎曰：「公所以得不死者，以綈袍戀戀有故人之意，故釋公。」

《太平御覽》卷八一六《布帛部三・綃》　王子年《拾遺記》曰：燕昭王二年，廣延國來獻善舞者二人，昭王處以單綃華幄。

《奩史》卷八七《綺羅門》　莊穆夫人吴氏，常遊奉國寺，王命載帛百縑以備散施。夫人曰：「妾備嘗機杼之勞，遽以遊賞靡費，非恤民之道。」遂不受。《吴越備史》。

《史記》卷一〇《孝文本紀》　上常衣綈衣，所幸慎夫人，令衣不得曳地，幃帳不得文繡，以示敦朴，爲天下先。

《漢書》卷四《文帝紀贊》　孝文皇帝即位二十三年，宫室苑囿車騎服御無所增益。【略】身衣弋綈，顔師古注：「弋，黑色也。綈，厚繒。」所幸慎夫人衣不曳地，帷帳無文繡，以示敦朴，爲天下先。

《後漢書》卷二《明帝紀》　中元二年十二月甲寅，詔曰：「方春戒節，人以耕桑。其勑有司務順時氣，使無煩擾。天下亡命殊死以下，聽得贖論：死罪入縑二十匹，右趾至髡鉗城旦舂十匹，完城旦至司寇作三匹。」【略】永平十五年春二月，辛丑，詔亡命自殊死以下贖：死罪縑四十匹，右趾至髡鉗城旦舂十匹，完城旦至司寇五匹；犯罪未發覺，詔書到日自告者，半入贖。

《後漢書》卷一五《來歙傳》　〔建武〕八年春，歙與征虜將軍祭遵襲略陽，遵道病還，分遣精兵隨歙，合二千餘人，伐山開道，從番須、回中徑至略陽，斬囂守將金梁，因保其城。囂大驚曰：「何其神也！」乃悉兵數萬人圍略陽，斬山築堤，激水灌城。歙與將士固死堅守，矢盡，乃發屋斷木以爲兵。囂盡鋭攻之，自春至秋，其士卒疲弊。帝乃大發關東兵，自將上隴，囂衆潰走，圍解。於是置酒高會，勞賜歙，班坐絶席，在諸將之右，賜歙妻縑千匹。

《後漢書》卷二〇《祭肜傳》　遷襄賁令。時天下郡國尚未悉平，襄賁盜賊白日公行。肜至，誅破姦猾，殄其支黨，數年，襄賁政清。璽書勉勵，增秩一等，賜縑百匹。

《後漢書》卷二一《耿純傳》　會世祖度河至邯鄲，純即謁見，世祖深接之。純退，見官屬將兵法度不與它將同，遂求自結納，獻馬及縑帛數百匹。

《後漢書》卷二六《趙熹傳》　更始敗，熹爲赤眉兵所圍，迫急，乃踰屋亡走，與所友善韓仲伯等數十人，攜小弱，越山阻，徑出武關。仲伯以婦色美，慮有彊暴者，而已受其害，欲棄之於道。熹責怒不聽，因以泥塗仲伯婦面，載以鹿車，身自推之。每道逢賊，或欲逼略，熹輒言其病狀，以此得免。既入丹水，遇更始親屬，皆裸跣塗炭，飢困不能前。熹見之悲感，所裝縑帛資糧，悉以與之，將護歸鄉里。

《後漢書》卷二七《王丹傳》 丹資性方絜，疾惡彊豪。時河南太守同郡陳遵，關西之大俠也。其友人喪親，遵爲護喪事，賻助甚豐。丹乃懷縑一匹，陳之於主人前，曰：「如丹此縑，出自機杼。」遵聞而有慙色。自以知名，欲結交於丹，丹拒而不許。【略】

丹子有同門生喪親，家在中山，白丹欲往奔慰。結侶將行，丹怒而撻之，令寄縑以祠焉。或問其故。丹曰：「交道之難，未易言也。世稱管、鮑，次則王、貢。張、陳凶其終，蕭、朱隙其末，故知全之者鮮矣。」時人服其言。

《後漢書》卷三一《杜詩傳》 詩身雖在外，盡心朝廷，讜言善策，隨事獻納。視事七年，政化大行。〔建武〕十四年，坐遣客爲弟報仇，被徵，會病卒。司隸校尉鮑永上書言詩貧困無田宅，喪無所歸。詔使治喪郡邸，賻絹千匹。

《後漢書》卷四二《楚王英傳》 英少時好游俠，交通賓客，晚節更喜黄老，學爲浮屠齋戒祭祀。〔永平〕八年，詔令天下死罪皆入縑贖。英遣郎中令奉黄縑白紈三十匹詣國相曰：「託在蕃輔，過惡累積，歡喜大恩，奉送縑帛，以贖愆罪。」國相以聞。詔報曰：「楚王誦黄老之微言，尚浮屠之仁祠，絜齋三月，與神爲誓，何嫌何疑，當有悔吝？其還贖，以助伊蒲塞桑門之盛饌。」

《後漢書》卷六二《陳寔傳》 時歲荒民儉，有盜夜入其室，止於梁上。寔陰見，乃起自整拂，呼命子孫，正色訓之曰：「夫人不可不自勉。不善之人未必本惡，習以性成，遂至於此。梁上君子者是矣！」盜大驚，自投於地，稽顙歸罪。寔徐譬之曰：「視君狀貌，不似惡人，宜深剋己反善。然此當由貧困。」令遺絹二匹。自是一縣無復盜竊。

《後漢書》卷六五《張奂傳》 奂少立志節，嘗與士友言曰：「大丈夫處世，當爲國家立功邊境。」及爲將帥，果有勳名。董卓慕之，使其兄遺縑百匹。奂惡卓爲人，絶而不受。

《後漢書》卷六七《黨錮傳·夏馥》 馥雖不交時宦，然以聲名爲中官所憚，遂與范滂、張儉等俱被誣陷，詔下州郡，捕爲黨魁。【略】乃自翦須變形，入林慮山中，隱匿姓名，爲冶家傭。親突煙炭，形貌毁瘁，積二三年，人無知者。後馥弟静，乘車馬，載縑帛，追之於涅陽市中。遇馥不識，聞其聲，乃覺而拜之。

《後漢書》卷七二《董卓傳》 桓帝末，以六郡良家子爲羽林郎，從中郎將張奂爲軍司馬，共擊漢陽叛羌，破之，拜郎中，賜縑九千匹。

《後漢書》卷七八《宦者傳·侯覽》 桓帝初爲中常侍，以佞猾進，倚埶貪放，受納貨遺以巨萬計。延熹中，連歲征伐，府帑空虚，乃假百官奉禄，王侯租税。覽亦上縑五千匹，賜爵關内侯。

《後漢書》卷七九上《儒者傳·歐陽歙》 歙在郡，教授數百人，視事九歲，徵爲大司徒。坐在汝南臧罪千餘萬發覺下獄。諸生守闕爲歙求哀者千餘人，至有自髡剔者。平原禮震，年十七，聞獄當斷，馳之京師，行到河内獲嘉縣，自繫，上書求代歙死。曰：「伏見臣師大司徒歐陽歙，學爲儒宗，八世博士，而以臧咎當伏重辜。歙門單子幼，未能傳學，身死之後，永爲廢絶，上令陛下獲殺賢之譏，下使學者喪師資之益。乞殺臣身以代歙命。」書奏，而歙已死獄中。歙掾陳元上書追訟之，言甚切至，帝乃賜棺木，贈印綬，賻縑三千匹。

《後漢書》卷八一《獨行傳·戴封》 封後遇賊，財物悉被略奪，唯餘縑七匹，賊不知處，封乃追以與之，曰：「知諸君乏，故送相遺。」賊驚曰：「此賢人也。」盡還其器物。

《晉書》卷二六《食貨志》 〔獻〕帝東歸也，李傕、郭汜等追敗乘輿於曹陽，夜潛渡河，六宫皆步。初出營欄，后手持縑數匹，董承使符節令孫徽以刃脅奪之，殺旁侍者，血濺后服。

應劭《風俗通》卷一〇《佚文》 臨淮有一人，持一匹縑到市賣之，道遇雨而披戴，後人求共庇蔭，因與一頭之地；雨霽，當別，因共爭鬭，各云：「我縑。」詣府自言，太守丞相薛宣劾實，兩人莫肯首服，宣曰：「縑直數百錢耳，何足紛紛，自致縣。」呼騎吏中斷縑，各與半；使追聽之。後人曰：「受恩。」前撮之。縑主稱寃不已。宣曰：「然，固知當爾也。」因結責之，具服，俾悉還本主。《意林》、《白帖》十三、《御覽》四九六、六三九、八一八、《折獄龜鑑》六、《淵海》六四、《天中記》二七。

《藝文類聚》卷八五《布帛部》 華嶠《後漢書》曰：陳實在鄉閭，平心率物。有盜夜入其家，止於梁上。實陰見之，乃自整拂，命子孫，正色訓之曰：「夫人不可不自勉。不善之人，未必本惡，習與性成耳，如梁上君子者是矣。」盜大驚，自投于地。實徐譬之曰：「視君狀貌，不似惡人，然當由貧困，今遺絹二匹。」自是縣無復盜竊。

《太平御覽》卷八一四《布帛部一·素》 班固《與弟書》云：今賫白素三百疋，欲以市月支馬。

《太平御覽》卷八一六《布帛部三·綈》《漢書》曰：文帝身衣(戈)〔弋〕綈。如淳曰：(戈)〔弋〕(帛)〔皂〕也。

《漢(書)〔官〕儀》曰：太官賜宫奴婢各三千人，大置酒日，皆綈褠蔽膝。

《太平御覽》卷八一六《布帛部三·綈》王子年《拾遺記》曰：漢成帝於太液池傍起宵遊宫，以漆爲柱，鋪黑綈之幕。又造飛行殿，所幸之宫，咸以氈綈藉地，惡車轍馬跡之喧也。

《太平御覽》卷八一七《布帛部四·絹》《東觀漢記》曰：南陽太守杜詡坐遣客爲弟報仇，被徵，會病卒，喪無所歸。詔使持喪郡國邸，賻絹七千疋。

謝承《後漢書》曰：陳留夏馥避黨事，遁迹黑山，弟靖載絹往餉之於深陽縣客舍，見馥顔色毁，不復識，聞其聲乃覺之。

華嶠《後漢書》曰：李傕等大戰弘農，百官士卒死者不可勝數。董承密招白波帥李岳等率衆來，共擊傕等，大破之，乘輿乃得進。承夜潛過，曰：先具舟船爲應。帝步出營，臨河岸，高不得下，時中宫伏德扶中宫，一手持十疋絹，乃取德絹連續挽而下，餘人匍匐岸側，或自投水亡。

《太平御覽》卷八一七《布帛部四·絹》《三輔決録》曰：平陵士孫奮貲至一億七千萬，富聞京師，而性儉悋。從子端辟梁冀掾，奮送絹五疋，食以乾魚。

《太平御覽》卷八一八《布帛部五·縑》《魏志》曰：漢桓帝末，董卓爲軍司馬，從中郎張奂征并，涼州有宫陽縑九千疋，卓悉以分與吏士。

《太平御覽》卷八一八《布帛部五·縑》《東觀漢記》曰：顯宗時，詔賜降胡縑。尚書案事，誤以十爲百。上見司農上簿，大怒，召郎將笞之。鍾離意因扣頭曰：「過悮之失，常人所容。若以懈慢爲愆，則臣位大罪重，郎位小罪輕，咎皆在臣，臣當先笞。」乃解衣就格，帝意乃解。

《東觀漢記》曰：王丹資性清白，疾惡豪强。時河南太守同郡陳遵，關西之大俠也。其友人喪親，遵爲護喪事，賻助甚豐。丹乃懷縑一疋，陳之於主人前曰：「如丹此縑，出自機杼。」遵聞而有慙色。

又曰：馬援行亭部到右北平，詔書賜援鉅鹿縑三百疋。

又曰：祭肜爲襄賁令，是時盜賊尚未悉平，而襄賁清静。詔書增秩一等，賜縑百疋，策書勉勵。

《太平御覽》卷八一八《布帛部五·縑》謝承《後漢書》曰：汝南周朔爲洛陽令，功曹萬良爲父報仇，自械詣獄。朔解械放良。後良賫縑五百餉朔，閉門不受。

華嶠《後漢書》曰：孝獻伏后，興平二年立爲皇后。李傕、郭汜等敗乘輿於曹陽，帝潛夜渡河走，六宫皆步行出營，后手持縑數疋。董承賜孫微以刀脅奪之，殺傍侍者，血濺后衣。

袁山松《後漢書》曰：天鳳五年，樊崇起兵於莒，號曰赤眉。圍莒數月，或説樊崇曰：「豈有父母之國而攻之乎？」莒中人出縑千疋以自贖，乃散去。

《風俗通》曰：臨淮有一人，持一縑到市賣之遂還。值雨，因共披戴，後有人求庇蔭一頭之地。雨霽，因共争之，各云我縑，丞相薛宣決曰：縑值數百錢，何足紛紛？呼騎吏中斷縑各與半，後人曰：「受恩矣。」前撮之，縑主稱怒不已。宣考，乃歎服。

《傅子》曰：漢末，魏太祖以天下凶荒，資財乏匱，擬古皮弁，裁縑帛以爲帢。

荀勗《爲晉文王與孫皓書》曰：餉細縑十疋。

《太平御覽》卷八一九《布帛部六·縞》《史記》曰：新城三老董公説漢王以義帝死故。漢王遂發喪，臨三日。告諸侯曰：天下共立義帝，北面事之。今項羽攻殺，大逆無道，寡人親發喪。諸侯皆縞素歸漢。

《太平御覽》卷八一九《布帛部六·紈》《東觀漢記》曰：楚王英奉送黄縑三十五疋，白紈五疋於蜀，楚相以聞，詔書還蜀縑紈，以助伊蒲塞桑門之盛饌。

曹學佺《蜀中廣記》卷六八《方物記一〇》揚雄《荅劉歆書》：雄常齎油素三尺，問天下上計孝廉異語，歸以鉛摘次之於槧。

《三國志》卷四《魏志·齊王芳傳》嘉平五年八月，詔曰：「故中郎西平郭脩，砥節厲行，秉心不回。【略】其追封脩爲長樂鄉侯，食邑千户，謚曰威侯；子襲爵，加拜奉車都尉；賜銀千鉼，絹千匹，以光寵存亡，永垂來世焉。」

《三國志》卷九《魏志·曹洪傳》裴松之注引《魏略》曰：「文帝在東宫，嘗從洪貸絹百匹，洪不稱意。及洪犯法，自分必死，既得原，喜，上書謝。」

《三國志》卷二三《魏志·趙儼傳》建安二年，太祖以儼爲朗陵長。縣多豪猾，無所畏忌。儼取其尤甚者，收縛案驗，皆得死罪。儼既囚之，乃表府解放，自是威恩並著。時袁紹舉兵南侵，遣使招誘豫州諸郡，諸郡多受其命。惟陽安郡不動，而都尉李通急録户調。儼見通曰：「方今天下未集，諸郡並叛。懷附者復收其綿絹，小人樂亂，能無遺恨！且遠近多虞，不可不詳也。」通曰：「紹與大將軍相持甚急，左右郡縣背叛乃爾。若綿絹不調送，觀聽者必謂我顧望，有所須待也。」儼曰：「誠亦如君慮；然當權其輕重，小緩調，當爲君釋此患。」乃書與荀彧曰：「今陽安郡當送綿絹，道路艱阻，必致寇害。百姓困窮，鄰城並叛，易用傾蕩，乃一方安危之機也。且此郡人執守忠節，在險不貳。微善必賞，則爲義者勸。善爲國者，藏之於民。以爲國家宜垂慰撫，所斂綿絹，皆俾還之。」彧報曰：「輒白曹公，公文下郡，綿絹悉以還民。」上下歡喜，郡内遂安。

《三國志》卷二四《魏志·孫禮傳》 明帝臨崩之時，以曹爽爲大將軍，宜得良佐，於牀下受遺詔，拜禮大將軍長史，加散騎常侍。禮亮直不撓，爽弗便也，以爲揚州刺史，加伏波將軍，賜爵關内侯。吴大將全琮帥數萬衆來侵寇，時州兵休使，在者無幾。禮躬勒衛兵禦之，戰於芍陂，自旦及暮，將士死傷過半。禮犯蹈白刃，馬被數創，手秉枹鼓，奮不顧身，賊衆乃退。詔書慰勞，賜絹七百匹。

《三國志》卷二六《魏志·田豫傳》 裴松之注引《魏略》曰：鮮卑素利等數來客見，多以牛馬遺豫；豫轉送官。胡以爲前所與豫物顯露，不如持金。乃密懷金三十斤，謂豫曰：「願避左右，我欲有所道。」豫從之，胡因跪曰：「我見公貧，故前後遺公牛馬，公輒送官，今密以此上公，可以爲家資。」豫張袖受之，答其厚意。胡去之後，皆悉付外，具以狀聞。於是詔褒之曰：「昔魏絳開懷以納戎〔賂〕，今卿舉袖以受狄金，朕甚嘉焉。」乃即賜絹五百匹。豫得賜，分以其半藏小府，後胡復來，以半與之。

《三國志》卷四八《吴志·孫休傳》 裴松之注引《襄陽記》曰：〔丹楊太守李衡〕每欲治家，妻輒不聽，後密遣客十人於武陵龍陽汜洲上作宅，種甘橘千株。臨死，敕兒曰：「汝母惡我治家，故窮如是。然吾州里有千頭木奴，不責汝衣食，歲上一匹絹，亦可足用耳。」衡亡後二十餘日，兒以白母，母曰：「此當是種甘橘也，汝家失十户客來七八年，必汝父遣爲宅。汝父恒稱太史公言，『江陵千樹橘，當封君家』。吾答曰：『且人患無德義，不患不富，若貴而能貧，方好耳，用此何爲！』」吴末，衡甘橘成，歲得絹數十匹，家道殷足。

《三國志》卷四八《吴志·孫皓傳》 天紀四年四月甲申，詔曰：「孫皓窮迫歸降，前詔待之以不死，今皓垂至，意猶愍之，其賜號爲歸命侯。進給衣服車乘，田三十頃，歲給穀五千斛，錢五十萬，絹五百匹，緜五百斤。」

《藝文類聚》卷八五《布帛部》 《魏略》曰：文帝在東宫，嘗從曹洪貸絹百疋，洪不肯與。及洪犯法，自分必死，既得原，上書謝。

許嵩《建康實録》卷三《吴中下·景皇帝》 〔李〕衡欲爲子孫儲業，妻輒不聽，曰：「財聚則禍生。」衡遂不言。後密使人於江陵龍陽洲上作宅，種甘橘千樹，臨死，勑兒曰：「汝母每惡吾治家，故窮如此。然吾州里有千頭木奴，不責汝衣食，歲上絹壹疋，當足用耳。」衡亡後，兒以白母，母曰：「此當是種甘橘也，汝父每欲積財，吾常以爲患，不許。七八年來失十户客，不言所之，當是汝父有此故也。恒見汝父稱太史公言：『江陵千樹橘，亦可比封侯。』吾答云：『人患無德，不患不富貴，若貴而能貧，方好耳，用此何爲！』今無乃是耶！」子訪得之。案，《吴志》：吴末，李衡橘園成，歲得絹千疋，家道殷足。至晉咸康中，宅上猶有故枯橘樹存焉。

《太平御覽》卷八一六《布帛部三·綃》 王子年《拾遺記》曰：吴王孫權居昭陽宫，倦暑乃褰紫綃之帷。

《太平御覽》卷八一七《布帛部四·絹》

〔《魏略》〕又曰：田豫罷官歸，居魏縣，會汝南遣健步詣征北，感豫宿恩，過拜之，豫爲殺雞炊黍，送詣陌頭，謂之曰：「罷老苦汝來過，無能有益若何。」健步愍其貧羸，流涕而去，還爲故吏民説之，汝南爲具資絹數千疋，遣人餉豫，豫一不受。

魏文帝詔曰：今與孫驃騎和通商旅，當日月而至，而百賈偷利，喜賤其物平價，又與其絹，故官逆爲平準耳，官豈少此輩物耶！

《吴録》曰：袁博爲太守黄君奏爲孝廉爲華令，以俸禄市縑絹餉黄君家。黄氏負鄉里債，債家到門輒應云：「待華令家餉。」

《先賢行狀》曰：范邰，字孝悌。少時曾省外家，逢掠者驅其牛取衣物去。邰還車，知賊不得席後三疋絹，乃追呼令取之。賊知長者，悉還所取而辭謝焉。

《世語》曰：王經，字彦緯。初爲江夏太守，大將軍曹爽附絹二十疋，令交市於吴。經不發書，棄官歸。母問歸狀，經以實對。母以經典兵馬而擅去，送吏杖經五十，爽聞不復罪經。

又曰：東曹掾田疇言：「前以無功，橫被封賞之賜，以實自歸，教從所執，昨到下車，見絹三千疋，穀五千斛，驚愕怔懼，未敢自寧，乞還藏府，以爲軍儲。」

《太平御覽》卷八一九《布帛部六·縞》 曹洪《與魏文帝書》云：我軍入漢中，若駭鯨之決細網，奔兕之觸魯縞，未足以喻其易也。

《晉書》卷六《元帝紀》 〔建武元年六月〕，石勒將石季龍圍譙城，平西將軍祖逖擊走之。己巳，帝傳檄天下曰：「【略】有能梟季龍首者，賞絹三千匹，金五十斤，封縣侯，食邑二千户。又賊黨能梟送季龍首，封賞亦同之。」

《晉書》卷六《明帝紀》　太寧二年秋七月丁酉，帝還宫，大赦，惟(王)敦黨不原。於是分遣諸將追其黨與，悉平之。封司徒王導爲始興郡公，邑三千户，賜絹九千匹；丹楊尹温嶠建寧縣公，尚書卞壼建興縣公，中書監庾亮永昌縣公，北中郎將劉遐泉陵縣公，奮武將軍蘇峻邵陵縣公，邑各千八百户，絹各五千四百匹；尚書令郗鑒高平縣侯，護軍將軍應詹觀陽縣侯，邑各千六百户，絹各四千八百匹；建威將軍趙胤湘南縣侯，右將軍卞敦益陽縣侯，邑各千六百户，絹各三千二百匹。其餘封賞各有差。

《晉書》卷三三《王祥傳》　祥固乞骸骨，詔聽以睢陵公就第，位同保傅，在三司之右，禄賜如前。詔曰：「【略】賜安車駟馬，第一區，錢百萬，絹五百匹，牀帳簟褥，以舍人六人爲睢陵公舍人，置官騎二十人。」

《晉書》卷三三《鄭冲傳》　泰始九年，冲又抗表致仕。詔曰：「【略】賜安車駟馬，第一區，錢百萬，絹五百匹，牀帷簟褥，置舍人六人，官騎二十人。」

《晉書》卷三三《何曾傳》　曾以老年，屢乞遜位。詔曰：「【略】賜錢百萬，絹五百匹及八尺牀帳簟褥自副。」

《晉書》卷三四《羊祜傳》　祜出軍行吴境，刈穀爲糧，皆計所侵，送絹償之。

《晉書》卷三四《杜預傳》　孫晧既平，振旅凱入，以功進爵當陽縣侯，增邑并前九千六百户，封子耽爲亭侯，千户，賜絹八千匹。

《晉書》卷三六《衛瓘傳》　告老遜位。乃下詔曰：「【略】給廚田十頃，園五十畝，錢百萬，絹五百匹；牀帳簟褥，主者務令優備，以稱吾崇賢之意焉。」

《晉書》卷三六《張華傳》　及吴滅，詔曰：「尚書、關内侯張華，前與故太傅羊祜共創大計，遂典掌軍事，部分諸方，算定權略，運籌決勝，有謀謨之勳。其進封爲廣武縣侯，增邑萬户，封子一人爲亭侯，千五百户，賜絹萬匹。」

《晉書》卷三七《安平獻王孚傳》　及武帝受禪，陳留王就金墉城，孚拜辭，執王手，流涕歔欷，不能自勝。曰：「臣死之日，固大魏之純臣也。」詔曰：「太傅勳德弘茂，朕所瞻仰，以光導弘訓，鎮静宇内，願奉以不臣之禮。其封爲安平王，邑四萬户。進拜太宰、持節、都督中外諸軍事。【略】又以孚内有親戚，外有交游，惠下之費，而經用不豐，奉絹二千匹。

《晉書》卷三八《琅邪王伷傳》　平吴之役，率衆數萬出涂中，孫晧奉箋送璽綬，詣伷請降。詔曰：「琅邪王伷督率所統，連據涂中，使賊不得相救。【略】功勳茂著，其封子二人爲亭侯，各三千户，賜絹六千匹。」

伷既戚屬尊重，加有平吴之功，克己恭儉，無矜滿之色，僚吏盡力，百姓懷化。疾篤，賜牀帳、衣服、錢帛、秔粱等物，遣侍中問焉。

《晉書》卷四〇《楊珧傳》　固求遜位，聽之，賜錢百萬，絹五千匹。

《晉書》卷四二《王渾傳》　孫晧司徒何植、建威將軍孫晏送印節詣渾降。【略】帝下詔曰：「使持節、都督揚州諸軍事、安東將軍、京陵侯王渾，督率所統，遂逼秣陵，令賊孫晧救死自衛，不得分兵上赴，以成西軍之功。又摧大敵，獲張悌，使晧塗窮勢盡，面縛乞降。遂平定秣陵，功勳茂著。其增封八千户，進爵爲公，封子澄爲亭侯，弟湛爲關内侯，賜絹八千匹。」

《晉書》卷四二《王濬傳》　拜濬輔國大將軍，領步兵校尉。【略】封爲襄陽縣侯，邑萬户。封子彝楊鄉亭侯，邑千五百户，賜絹萬匹，又賜衣一襲、錢三十萬及食物。

《晉書》卷四二《唐彬傳》　吴平，【略】徵拜翊軍校尉，改封上庸縣侯，食邑六千户，賜絹六千匹。朝有疑議，每參預焉。【略】元康四年卒官，時年六十，謚曰襄，賜絹二百匹，錢二十萬。

《晉書》卷四三《王戎傳》　吴平，進爵安豐縣侯，增邑六千户，賜絹六千匹。

《晉書》卷四五《何攀傳》　以豫誅駿功，封西城侯，邑萬户，賜絹萬匹。弟逄平鄉侯，兄子逵關中侯。攀固讓所封户及絹之半，餘所受者分給中外宗親，略不入己。

《晉書》卷五二《華譚傳》　永寧初，出爲郟令。于時兵亂之後，境内饑饉，譚傾心撫卹。司徒王戎聞而善之，出穀三百斛以助之。譚甚有政績，再遷廬江内史，加綏遠將軍。時石冰之黨陸珪等屯據諸縣，譚遣司馬褚敦討平之。又遣別軍擊冰都督孟徐，獲其驍率。以功封都亭侯，食邑千户，賜絹千匹。

陳敏之亂，吴士多爲其所逼。顧榮先受敏官，而潛謀圖之。譚不悟榮旨，露檄遠近，極言其非，由此爲榮所怨。又在郡政嚴，而與上司多忤。揚州刺史劉陶素與譚不善，因法收譚，下壽陽獄。鎮東將軍周馥與譚素相親善，理而出之。及甘卓討馥，百姓奔散，馥謂譚已去，遣人視之，而更移近馥。馥歎曰：「吾嘗謂華令思是臧子源之疇，今果效矣。」甘卓嘗爲東海王越所捕，下令敢有匿者誅之，卓投譚而免。及此役也，卓遣人求之曰：「華侯安在？吾甘揚威使也。」譚答不知，遺絹二匹以遣之。使反，告卓。卓曰：「此華侯也。」復求之，譚已亡矣。

《晉書》卷四九《王尼傳》 初入洛，尼詣〔東海王〕越不拜。越問其故，尼曰：「公無宰相之能，是以不拜。」因數之，言甚切。又云：「公負尼物。」越大驚曰：「寧有是也。」尼曰：「昔楚人亡布，謂令尹盜之。今尼屋舍資財，悉爲公軍人所略，尼今飢凍，是亦明公之負也。」越大笑，即賜絹五十匹。

《晉書》卷六一《周浚傳》 浚既濟江，與〔王〕渾共行吳城壘，綏撫新附，以功進封成武侯，食邑六千户，賜絹六千匹。

《晉書》卷六二《劉輿傳》 東海王越、范陽王虓之舉兵也，復以輿爲潁川太守。及河間王顒檄劉喬討虓於許昌，矯詔曰：「【略】敢有舉兵距違王命，誅及五族。能殺輿兄弟送首者，封三千户縣侯，賜絹五千匹。」

《晉書》卷六五《王導傳》 及明帝即位，導受遺詔輔政，解揚州，遷司徒，一依陳羣輔魏故事。王敦又舉兵内向。時敦始寢疾，導便率子弟發哀，衆聞，謂敦死，咸有奮志。及帝伐敦，假導節，都督諸軍，領揚州刺史。敦平，進封始興郡公，邑三千户，賜絹九千匹，進位太保，司徒如故，劍履上殿，入朝不趨，讚拜不名。

《晉書》卷六六《陶侃傳》 侃旋江陵，尋以爲侍中、太尉，加羽葆鼓吹，改封長沙郡公，邑三千户，賜絹八千匹，加都督交、廣、寧七州軍事。以江陵偏遠，移鎮巴陵。遣諮議參軍張誕討五谿夷，降之。

屬後將軍郭默矯詔襲殺平南將軍劉胤，輒領江州。侃聞之曰：「此必詐也。」遣將軍宋夏、陳脩率兵據湓口，侃以大軍繼進。默遣使送妓婢絹百匹，寫中詔呈侃。參佐多諫曰：「默不被詔，豈敢爲此事。若進軍，宜待詔報。」侃厲色曰：「國家年小，不出胸懷。且劉胤爲朝廷所禮，雖方任非才，何緣猥加極刑！郭默虓男，所在暴掠，以大難新除，威網寬簡，欲因隙會騁其從横耳。」發使上表討默。

《晉書》卷六七《温嶠傳》 及〔王〕敦構逆，加嶠中壘將軍、持節、都督東安北部諸軍事。【略】事平，封建寧縣開國公，賜絹五千四百匹，進號前將軍。

《晉書》卷六七《郗鑒傳》 及〔王〕鳳等平，温嶠上議，【略】乃從之。封高平侯，賜絹四千八百匹。

《晉書》卷七三《庾亮傳》 王敦既有異志，内深忌亮，而外崇重之。亮憂懼，以疾去官。復代王導爲中書監。及敦舉兵，加亮左衛將軍，與諸將距錢鳳。及沈充之走吴興也，又假亮節，都督東征諸軍事，追充。事平，以功封永昌縣開國公，賜絹五千四百匹，固讓不受。轉護軍將軍。

《晉書》卷七三《庾冰傳》 冰天性清慎，常以儉約自居。中子襲嘗貸官絹十匹，冰怒，捶之，市絹還官。

《晉書》卷八二《習鑿齒傳》 時温有大志，追蜀人知天文者至，夜執手問國家祚運修短。答曰：「世祀方永。」温疑其難言，乃飾辭云：「如君言，豈獨吾福，乃蒼生之幸。然今日之語自可令盡，必有小小厄運，亦宜説之。」星人曰：「太微、紫微、文昌三宫氣候如此，決無憂虞。至五十年外不論耳。」温不悦，乃止。異日，送絹一匹、錢五千文以與之。星人乃馳詣鑿齒曰：「家在益州，被命遠下，今受旨自裁，無由致其骸骨。緣君仁厚，乞爲標碣棺木耳。」鑿齒問其故，星人曰：「賜絹一匹，令僕自裁，惠錢五千，以買棺耳。」鑿齒曰：「君幾誤死！君嘗聞干知星宿有不覆之義乎？此以絹戲君，以錢供道中資，是聽君去耳。」星人大喜，明便詣温别。温問去意，以鑿齒言答。温笑曰：「鑿齒憂君誤死，君定是誤活。然徒三十年看儒書，不如一詣習主簿。」

《晉書》卷九〇《良吏傳·胡威》 胡威字伯武，一名貔，淮南壽春人也。父質，以忠清著稱，少與鄉人蔣濟、朱績俱知名於江淮間，仕魏至征東將軍、荆州刺史。威早厲志尚。質之爲荆州也，威自京都定省，家貧，無車馬僮僕，自驅驢單行。每至客舍，躬放驢，取樵炊爨，食畢，復隨侶進道。既至，見父，停廐中十餘日。告歸，父賜絹一匹爲裝。威曰：「大人清高，不審於何得此絹？」質曰：「是吾俸禄之餘，以爲汝糧耳。」威受之，辭歸。質帳下都督先威未發，請假還家，陰資裝於百餘里，要威爲伴，每事佐助。行數百里，威疑而誘問之，既知，乃取所賜絹與都督，謝而遣之。

《晉書》卷九四《隱逸傳·翟湯》 司徒王導辟，不就，隱於縣界南山。始安太守干寶與湯通家，遣船餉之，敕吏云：「翟公廉讓，卿致書訖，便委船還。」湯無反致，乃貨易絹物，因寄還寶。寶本以爲惠，而更煩之，益愧歎焉。

《太平御覽》卷八一六《布帛部三·綈》 《竹林七賢論》曰：舊俗，七月七日法當曬衣。諸阮庭中爛然，莫非錦綈。阮咸時總角，乃竪長竿，標大布犢鼻於庭中，曰：「未能免俗爾。」

《太平御覽》卷八一七《布帛部四·絹》 王隱《晉書》曰：王尼見太傅越曰：「公負尼物。」越答「初不識此事」。尼曰：「昔楚人失布，謂令尹盜者，以令尹執政不能奉禮率法，至使盜賊公行，是與自盜無異也。」尼舍資財，軍寇撥略，公爲宰輔，未能禁賊，令尼窮困，是亦明公負物也。」越意解，笑與尼絹五十疋。

王隱《晉書》曰：劉實爲伐蜀人作爭功文書，得千疋絹。

又曰：蘇節從兄韶亡後，着黄絹單衣來與節言。

虞預《晉書》曰：武帝論平吴功，唯羊祜、王濬、張華三人各賜絹萬疋，其餘莫得此比。

干寶《晉記》曰：華譚依周馥，及琅琊王遣甘卓攻馥，譚先於卓有恩，卓募人入城求譚，入者至舍問「華侯在不，吾甘揚威使也」。譚曰：「不知華侯所在。」抽絹二疋授之。使人還以告，卓曰：「是華侯。」

《晉陽秋》曰：荆州刺史庾冰中子襲，嘗貸官曹絹十疋。冰怒撻之，市絹還官。

又曰：胡威字伯虎，父質之爲荆州也，威自京都省之，停廐中十餘日，告歸。臨辭，質賜絹一疋爲道路糧。威跪曰：「大人清高，不審於何得此絹？」質曰：「是吾俸之餘，故以與汝耳。」

又曰：桓温入蜀，聞有善星人，招致之，獨執其手於星下，問國祚修短。星人曰：「太微、紫微、文昌三宫氣候，決無憂虞。五十年外不論耳。」温不悦，送絹一疋，錢五千與之。

《晉中興書》曰：翟湯字道淵，潯陽人。太守干寶遣船餉之，勑吏曰：「翟公廉讓，卿致書訖，便委船還。」湯無人送致，乃更貨易絹物，因寄還寶。

《四王起事》曰：張方移惠帝於長安，兵入内殿取物，人持調御絹二疋(幅)，自魏晉之積將百餘萬疋，三日撻之，尚不缺角。

《四王起事》曰：惠帝於鄴，與成都王還洛陽，出城倉卒，上下無持，資食乏調，道中有驅羊二百餘口者，便將之洛，得以爲糧。至洛，盧志啓以古藏絹倍還羊主。

《搜神記》曰：永嘉中，有天竺胡人能取絹，與人各執一頭剪斷之，已而取兩段合持之，則復還連絲可練，無異故體也。

《世説》曰：范宣年八歲，後園(桃葉)(挑菜)，誤傷指，大啼。人問「痛耶」？答曰：「非爲痛也，但身體髮膚，不敢毁傷，是以啼耳。」宣潔行廉約，韓豫章遺絹百疋，終不肯受。後韓與范同車，就車裂二丈，韓云「寧可使婦無裩耶」？范笑而受之。

《鄴中記》云：石虎以辰日臘，子日祀祖於殿，庭立五仙人，高數丈，五采幢蓋，大會羣臣於太武殿上，命探其所得。有得絹百疋，有得數十疋者，有得一二疋者。虎輒大笑以爲樂。

《白孔六帖》卷八　王導衣晉王導爲太保。時軍藏竭，唯有練千端，鬻不售。導乃製練布單衣，皆效之，乃貴也。

曹學佺《蜀中廣記》卷六八《方物記一〇》　《晉陽秋》曰：桓温入蜀，有善星者來謁，夜談國祚修短，不悦。明日，送絹一匹，錢五千與之。星詣習鑿齒曰：「賜絹令僕自絞矣。」習曰：「君聞子知星宿，有不覆之義乎。」絹以戲君，錢供資糧，聽君去耳。」星人喜，以言詣温。温歎曰：「君三十年看儒書，不如一詣習主簿。」

《宋書》卷七七《沈慶之傳》　廢帝狂悖無道，【略】賜慶之死，時年八十。是年初，慶之夢有人以兩匹絹與之，謂曰：「此絹足度。」謂人曰：「老子今年不免。兩匹，八十尺也。足度，無盈餘矣。」

《宋書》卷八二《沈懷文傳》　齋庫上絹，年調鉅萬匹，緜亦稱此。期限嚴峻，民間買絹一匹，至二三千，緜一兩亦三四百，貧者賣妻兒，甚者或自縊死。懷文具陳民困，由是緜絹薄有所減，俄復舊。

《宋書》卷九五《索虜傳・陽瓚》　永初三年十一月，虜悉力攻滑臺城，城東北崩壞，(滑臺戍主、寧遠將軍、東郡太守)王景度出奔，景度司馬陽瓚堅守不動，衆潰，抗節不降，爲虜所殺。【略】

虜既剋虎牢，留兵居守，餘衆悉北歸。少帝曰：「故寧遠司馬、濮陽太守陽瓚，滑臺之逼，厲誠固守，投命均節，在危無撓，古之忠烈，無以加之。可追贈給事中，并存卹遺孤，以慰存亡。」尚書令傅亮議瓚家在彭城，宜即以入臺絹一百匹，粟三百斛賜給。

《南齊書》卷二三《豫章王嶷傳》　世祖即位後，頻發詔拜陵，不果行。遣嶷拜陵，還過延陵季子廟，觀沸井，有水牛突部伍，直兵執牛推問，不許，取絹一疋横繫牛角，放歸其家。爲治存寬厚，故得朝野歡心。

《南齊書》卷二七《李安民傳》　安民行南徐州事。城局參軍王迴素爲安民所親，盜絹二匹，安民流涕謂之曰：「我與卿契闊備嘗，今日犯王法，此乃卿負我也。」於軍門斬之，厚爲斂祭，軍府皆震服。

《南齊書》卷三八《蕭赤斧傳》　遷給事中，太子詹事。赤斧夙患渴利，永明三年會，世祖使甲仗衛三廂，赤斧不敢辭，疾甚，數日卒，年五十六。家無儲積，無絹爲衾，上聞之，愈加惋惜。

《梁書》卷二七《陸倕傳》　遷驃騎臨川王東曹掾。是時禮樂制度，多所創革，高祖雅愛倕才，乃敕撰《新漏刻銘》，其文甚美。遷太子中舍人，管東宮書記。又詔爲《石闕銘記》，奏之。敕曰：「太子中舍人陸倕所製《石闕銘》，辭義典雅，足爲佳作。昔虞丘辨物，邯鄲獻賦，賞以金帛，前史美談。可賜絹三十匹。」

《梁書》卷六《裴邃傳》　出爲竟陵太守，開置屯田，公私便之。遷爲游擊將軍、朱衣直閤，直殿省。尋遷假節、明威將軍、西戎校尉、北梁秦二州刺史。復開創屯田數千頃，倉廩盈實，省息邊運，民吏獲安。乃相率餉絹千餘匹，邃從容曰：「汝等不應爾，吾又不可逆。」納其絹二匹而已。

《梁書》卷三三《劉孝綽傳》　後爲太子僕，母憂去職。服闋，除安西湘東王諮議參軍，遷黄門侍郎，尚書吏部郎，坐受人絹一束，爲餉者所訟，左遷信威臨賀王長史。

《梁書》卷五三《何遠傳》　遠耿介無私曲，居人間，絶請謁，不造詣。與貴賤書疏，抗禮如一。其所會遇，未嘗以顔色下人，以此多爲俗士所惡。其清公實爲天下第一。居數郡，見可欲終不變其心。妻子飢寒，如下貧者。及去東陽歸家，經年歲口不言榮辱，士類益以此多之。其輕財好義，周人之急，言不虛妄，蓋天性也。每戲語人云：「卿能得我一妄語，則謝卿以一縑。」衆共伺之，不能記也。

《陳書》卷三三《儒林傳·張譏》　梁武帝嘗於文德殿釋《乾》《坤》《文言》，譏與陳郡袁憲等預焉，敕令論議，諸儒莫敢先出，譏乃整容而進，諮審循環，辭令温雅。梁武帝甚異之，賜裙襦絹等，仍云「表卿稽古之力」。

《魏書》卷一九上《廣陵侯衍傳》　轉徐州刺史，至州病重，帝敕徐成伯乘傳療。疾差，成伯還，帝曰「卿定名醫」，賚絹三千匹。成伯辭，請受一千。帝曰：「《詩》云『人之云亡，邦國殄瘁』。以是而言，豈惟三千匹乎？」其爲帝所重如此。

《魏書》卷一九中《元順傳》　後除征南將軍、右光禄大夫，轉兼左僕射。尒朱榮之奉莊帝，召百官悉至河陰，素聞順數諫諍，惜其亮直，謂朱瑞曰：「可語元僕射，但在省，不須來。」順不達其旨，聞害衣冠，遂便出走，爲陵戶鮮于康奴所害。家徒四壁，無物斂屍，止有書數千卷而已。門下通事令史王才達裂裳覆之。莊帝還宮，遣黄門侍郎山偉巡喻京邑。偉臨順喪，悲慟無已。既還，莊帝怪而問曰：「黄門何爲聲散？」偉以狀對。莊帝敕侍中元祉曰：「宗室喪亡非一，不可周贍。元僕射清苦之節，死乃益彰，特贈絹百匹，餘不得例。」

《魏書》卷三〇《車伊洛傳》　車伊洛，焉耆胡也。世爲東境部落帥，恒修職貢。世祖録其誠款，延和中，授伊洛平西將軍，封前部王，賜絹一百斤，繡衣一具，金帶靴帽。伊洛大悦，規欲歸闕。【略】興安二年卒。贈鎮西大將軍、秦州刺史，謚曰康王。賜綿絹雜綵五百匹，衣二十七襲。

《魏書》卷三三《王雲傳》　出爲冠軍將軍、尚書、兖州刺史，尋進號征虜將軍。在州坐受所部荆山戍主杜虞財貨，又取官絹，因染割易，御史糾劾，付廷尉。遇赦免。

《魏書》卷三三《公孫軌傳》　初，世祖將北征，發民驢以運糧，使軌部詣雍州。軌令驢主皆加絹一匹，乃與受之。百姓爲之語曰：「驢無强弱，輔脊自壯。」衆共嗤之。坐徵還。

《魏書》卷四二《堯暄傳》　暄前後從征及出使檢察三十餘許度，皆有克己奉公之稱。賞賜衣服二十具、綵絹十匹、細絹千餘段、奴婢十口，賜爵平陽伯。

《魏書》卷四五《辛穆傳》　轉汝陽太守，值水潦民飢，上表請輕租賦。帝從之，遂敕汝陽一郡，聽以小絹爲調。

《魏書》卷五二《趙柔傳》　高宗踐阼，拜爲著作郎。後以歷效有績，出爲河内太守，甚著仁惠。柔嘗在路得人所遺金珠一貫，價直數百縑，柔呼主還之。後有人與柔鏵數百枚者，柔與子善明鬻之於市。有從柔買，索絹二十匹。有商人知其賤，與柔三十匹，善明欲取之。柔曰：「與人交易，一言便定，豈可以利動心也。」遂與之。搢紳之流，聞而敬服焉。其推誠秉信，皆此類也。

《魏書》卷五五《劉芳傳》　芳常爲諸僧傭寫經論，筆迹稱善，卷直以一縑，歲中能入百餘匹，如此數十年，賴以頗振。

《魏書》卷五八《楊津傳》　少端謹，以器度見稱。年十一，除侍御中散。于時高祖沖幼，文明太后臨朝，津曾久侍左右，忽咳逆失聲，遂吐數升，藏衣袖。太后聞聲，閲而不見，問其故，具以實言。遂以敬慎見知，賜縑百匹。【略】

出除征虜將軍、岐州刺史。津巨細躬親，孜孜不倦。有武功民，齎絹三匹，去城十里，爲賊所劫。時有使者馳驛而至，被劫人因以告之。使者到州，以狀白津。津乃下教云：「有人著某色衣，乘某色馬，在城東十里被殺，不知姓名，若有家人，可速收視。」有一老母，行出而哭，云是己子。於是遣騎追收，并絹俱獲。自是闔境畏服。至於守令僚佐有瀆貨者，未曾公言其罪，常以私書切責之。於是官屬感厲，莫有犯法。以母憂去職。

延昌末，起爲右將軍、華州刺史，與兄播前後皆牧本州，當世榮之。先是，受調絹匹，度尺特長，在事因緣，共相進退，百姓苦之。津乃令依公尺度其輸物，尤好者賜以杯酒而出；所輸少劣，亦爲受之，但無酒，以示其耻。於是人競相勸，官調更勝舊日。

《魏書》卷六〇《韓麒麟傳》 太和十二年春，卒於官，年五十六。遺敕其子，殯以素棺，事從儉約。麒麟立性恭慎，恒置律令於坐旁。臨終之日，唯有俸絹數十匹，其清貧如此。

《魏書》卷六三《宋鴻貴傳》 爲定州平北府參軍，送兵於荆州。坐取兵絹四百匹，兵欲告之，乃斬十人。又疏凡不達律令，見律有梟首之罪，乃生斷兵手，以水澆之，然後斬決。尋坐伏法。

《北齊書》卷二二《李元忠傳》 武定元年，除東徐州刺史，固辭不拜。乃除驃騎大將軍、儀同三司。曾貢世宗蒲桃一盤。世宗報以百練縑，遺其書曰：「儀同位亞台鉉，識懷貞素，出藩入侍，備經要重。而猶家無擔石，室若懸磬，豈輕財重義，奉時愛己故也。久相嘉尚，嗟詠無極，恒思標賞，有意無由。忽辱蒲桃，良深佩帶。聊用絹百疋，以酬清德也。」其見重如此。孫騰、司馬子如嘗共詣元忠，見其坐樹下，擁被對壺，庭室蕪曠。謂二公曰：「不意今日披藜藿也。」因呼妻出，衣不曳地。二公相顧歎息而去，大餉米絹衣服，元忠受而散之。三年，復以本官領衛尉卿。其年卒於位，年六十。詔贈縑布五百疋。

《北齊書》卷二六《薛琡傳》 正光中，行洛陽令，部内肅然。有犯法者，未加拷掠，直以辭理窮覈，多得其情。於是豪猾畏威，事務簡静。時以久旱，京師見囚悉召集華林，理問冤滯，洛陽繫獄，唯有三人。魏孝明嘉之，賜縑百疋。

《北齊書》卷二八《元坦傳》 坦歷司徒、太尉、太傅，加侍中、太師、録尚書事、宗正、司州牧。雖禄厚位尊，貪求滋甚，賣獄鬻官，不知紀極。爲御史劾奏免官，以王歸第。尋起爲特進，出爲冀州刺史，專復聚斂。每百姓納賦，除正税外，别先責絹五疋，然後爲受。

《北齊書》卷三一《王晞傳》 帝欲以晞爲侍中，苦辭不受，或勸晞勿自疏。晞曰：「我少年以來，閲要人多矣，充詘少時，鮮不敗績。且性實疏緩，不堪時務，人主恩私，何由可保，萬一披猖，求退無地。非不愛作熱官，但思之爛熟耳。」百官嘗賜射，晞中的，當得絹，爲不書箭，有司不與。晞陶陶然曰：「我可謂武有餘文不足矣。」

《北齊書》卷四二《袁聿修傳》 大寧初，聿初以太常少卿出使巡省，仍命考校官人得失。經歷兖州，時邢卲爲兖州刺史，别後，遣送白紬爲信。聿修退紬不受，與邢書云：「今日仰過，有異常行，瓜田李下，古人所慎，多言可畏，譬之防川，願得此心，不貽厚責。」邢亦忻然領解，報書云：「一日之贈，率爾不思，老夫忽忽意不及此，敬承來旨，吾無間然。弟昔爲清郎，今日復作清卿矣。」

《北齊書》卷四四《儒林傳·石曜》 石曜，字白曜，中山安喜人，亦以儒學進。居官至清儉。武平中黎陽郡守，值斛律武都出爲兖州刺史，武都即丞相咸陽王世子，皇后之兄，性甚貪暴。先過衛縣，令丞以下聚斂絹數千匹以遺之。及至黎陽，令左右諷動曜及郡治下縣官。曜手持一縑而謂武都曰：「此是老石機杼，聊以奉贈。自此來並須出於吏民，吏民之物，一毫不敢輒犯。」武都亦知曜清素純儒，笑而不責。

《南史》卷四九《庾蓽傳》 累遷會稽郡丞，行郡府事。時承彫弊之後，百姓凶荒，米斗至數千，人多流散。蓽撫循甚有理，唯守公禄，清節愈厲，至有經日不舉火。太守永陽王聞而饋之，蓽謝不受。天監元年卒，停屍無以斂，柩不能歸。梁武帝聞之，詔賜絹百疋，穀五百斛。

《南史》卷五五《吉士瞻傳》 齊和帝即位，以爲領軍司馬。士瞻少時嘗於南蠻府中擲博，無褌褰露，爲儕輩所侮。及平魯休烈軍，得絹三萬疋，乃作百褌，其外並賜軍士，不以入室。

《南史》卷五九《任昉傳》 梁武帝踐阼，歷給事黄門侍郎，吏部郎。出爲義興太守。歲荒民散，以私奉米豆爲粥，活三千餘人。時産子不舉，昉嚴其制，罪同殺人。孕者供其資費，濟者千室。在郡所得公田奉秩八百餘石，昉五分督一，餘者悉原，兒妾食麥而已。友人彭城到溉、溉弟洽從昉共爲山澤游。及被代登舟，止有絹七匹，米五石。至都無衣，鎮軍將軍沈約遣裙衫迎之。

《南史》卷六〇《傅昭傳》 歷祕書監，太常卿，遷臨海太守。郡有蜜巖，前後太守皆自封固，專收其利。昭以周文之囿，與百姓共之，大可喻小，乃教勿封。縣令嘗餉栗，置絹于薄下，昭笑而還之。

《南史》卷七二《文學傳·王子雲》 王子雲，太原人，及江夏費昶，並爲閭里才子。昶善爲樂府，又作鼓吹曲。武帝重之，敕曰：「才意新拔，有足嘉異。昔郎惲博物，卞蘭巧辭。束帛之賜，實惟勸善。可賜絹十匹。」

《南史》卷七七《恩倖傳·周石珍》 周石珍，建康之斯隸也，世以販絹爲業。

梁天監中，稍遷至宣傳左右。

《北史》卷一《魏紀・昭成帝》 帝性寬厚。時國少繒帛，代人許謙盜絹二疋，守者以告，帝匿之，謂燕鳳曰：「吾不忍視謙之面，卿勿洩之，謙或慚而自殺，爲財辱士，非也。」

《北史》卷三二《崔暹傳》 天保八年，遷尚書右僕射、儀同三司。時調絹以七丈爲匹，暹言之，乃依舊焉。

《北史》卷三三《李元忠傳》 家素富，在鄉多有出貸求利，元忠焚契免責，鄉人甚敬之。

孝莊時，盜賊蜂起，清河有五百人西戍，還經南趙郡，以路梗，共投元忠，奉絹千餘匹。元忠唯受一匹，殺五牛以食之，遣奴爲導，曰：「若逢賊，但道李元忠遺。」如言，賊皆舍避。

《北史》卷四七《賈思伯傳》 累遷南青州刺史。初，思伯與弟思同師事北海陰鳳，業竟，無資酬之，鳳遂質其衣物。時人爲之語曰：「陰生讀書不免癡，不識雙鳳脱人衣。」及思伯之部，送縑百匹遺鳳，因具車馬迎之，鳳慚不往。時人稱歎焉。

酈道元《水經注》卷一五 沅水又東歷龍陽縣之汎洲，洲長二十里。吳丹陽太守李衡植柑於其上，臨死敕其子曰：「吾洲里有木奴千頭，不責衣食，歲絹千匹。」太史公曰：江陵千樹橘，可當封君。此之謂矣。吳末衡柑成，歲絹千匹。今洲上猶有陳根餘枿，蓋其遺也。

《太平御覽》卷八一七《布帛部四・絹》

《宋書》曰：阮佃夫佞幸專權，有人餉絹二百疋，嫌少不答書。

《後魏書》曰：李崇在官和厚，明於決斷，然性在財賄，販肆聚斂。上令王公以下從者百餘人，皆令任負布絹，即以賜之，多者過二百疋，少者百餘，惟長樂公兩手持絹二十疋而出，亦不異衆，而當世稱其廉儉。尚書令任城王澄疾不起，賜絹百疋。崇與章武王融以所負過多，顛仆於地，崇乃傷腰，融至損脚，時人爲之語曰：「陳留章武，傷腰折股。貪人敗類，穢我明主。」

又曰：陸馥爲相州刺史，發姦擿伏，事無不驗。百姓以爲神明，無敢劫盜者。在州七年，家至貧約。徵爲散騎常侍，百姓乞留馥千餘人。獻文不許，謂羣臣曰：「馥之著政，雖古人何以加之。」賜絹五百疋。

又曰：陽平王子衍，轉徐州刺史，至州病重，帝勑徐成伯乘傳療疾。徐成伯還，帝曰「卿定名醫」，賚絹三千疋。成伯辭，請受一千。帝曰：「《詩》云『人之云亡，邦國殄瘁。』以是而言，豈惟三千疋乎？」

《太平御覽》卷八一八《布帛部五・縑》 《南史》曰：孫謙，（濟）〔齊〕初爲錢塘令，御煩以簡，獄無繫囚。及去官，百姓以謙在職不受餉遺，追載縑帛以送，謙辭不受。

《梁書》曰：何遠輕財好義，周人之急，言不虛妄，蓋天性也。每戲語人云：「卿能得我一妄語，則謝以一縑。」衆共伺之，不能記也。

《後趙書》曰：高遵性不廉清。在中書時，每假歸山東，必借備驛馬，將從百餘，屯逼人家，不得絲縑滿意，則詬詈不去。旬月之間，縑布千數，郡邑苦之。

陸佃撰、牛衷增輯《增修埤雅廣要》卷一〇《夢兩匹絹》 宋沈慶之，年八十，夢人以兩匹絹與之，曰：「此絹足度。」寤曰：「今年不勉矣，兩匹八十尺也。」

《隋書》卷四一《高熲傳》 高祖受禪，拜尚書左僕射，兼納言，進封渤海郡公，朝臣莫與爲比。【略】上幸并州，留熲居守。及上還京，賜縑五千匹，復賜行宮一所，以爲莊舍。其夫人賀拔氏寢疾，中使顧問，絡繹不絶。上親幸其第，賜錢百萬，絹萬匹，復賜以千里馬。

《隋書》卷四六《楊异傳》 蜀王秀之鎮益州也，朝廷盛選綱紀，以异方直，拜益州總管長史，賜錢二十萬，縑三百匹，馬五十匹而遣之。

《隋書》卷五四《崔彭傳》 煬帝即位，遷左領軍大將軍。從幸洛陽，彭督後軍。時諒王初平，餘黨往往屯聚，令彭率衆數萬鎮遏山東，復領慈州事。帝以其清，賜絹五百匹。

《隋書》卷六二《王韶傳》 在周，累以軍功，官至車騎大將軍、儀同三司。復轉軍正。武帝既拔晉州，意欲班師。韶諫曰：【略】帝大悅，賜縑一百匹。【略】

高祖受禪，進爵項城郡公，邑二千户。轉靈州刺史，加位大將軍。晉王廣之鎮并州也，除行臺右僕射，賜綵五百匹。【略】平陳之役，以本官爲元帥府司馬，帥師趣河陽，與大軍會。既至壽陽，與高熲支度軍機，無所擁滯。及剋金陵，韶即鎮焉。晉王廣班師，留韶於石頭防遏，委以後事。歲餘，徵還，高祖謂公卿曰：「晉王以幼稚出藩，遂能平吳、越，綏静江湖，子相之力也。」於是進位柱國，賜奴婢三百口，綿絹五千段。

《隋書》卷七二《孝義傳・田德懋》 丁父艱，哀毁骨立，廬於墓側，負土成墳。上聞而嘉之，遣員外散騎侍郎元志就吊焉。復降璽書曰：【略】并賜縑二百四，米百石。

《隋書》卷七四《厙狄士文傳》　嘗入朝，遇上置酒高會，賜公卿入左藏，任取多少。人皆極重，士文獨口啣絹一匹，兩手各持一匹。上問其故，士文曰：「臣口手俱滿，餘無所須。」上異之，別加賞賜，勞而遣。

《隋書》卷七五《儒林傳・元善》　善少隨父至江南，性好學，遂通涉五經，尤明《左氏傳》。及侯景之亂，善歸於周。武帝甚禮之，以爲太子宫尹，賜爵江陽縣公。【略】開皇初，拜内史侍郎，【略】後遷國子祭酒。上嘗親臨釋奠，命善講《孝經》。於是敷陳義理，兼之以諷諫。上大悦曰：「聞江陽之説，更起朕心。」賚絹百匹，衣一襲。

司馬光《資治通鑑》卷一七九《隋紀三・文帝開皇二十年》　晉王廣彌自矯飾，唯與蕭妃居處，後庭有子皆不育，后由是數稱廣賢。大臣用事者，廣皆傾心與交。上及后每遣左右至廣所，無貴賤，廣必與蕭妃迎門接引，爲設美饌，申以厚禮；婢僕往來者，無不稱其仁孝。上與后嘗幸其第，廣悉屏匿美姬於別室，唯留老醜者，衣以縵綵，胡三省注：縵，莫半翻，繒無文者也。給事左右；屏帳改用縑素；故絶樂器之絃，不令拂去塵埃。上見之，以爲不好聲色，還宫，以語侍臣，意甚喜，侍臣皆稱慶，由是愛之特異諸子。

《舊唐書》卷四《高宗紀上》　貞觀二十三年八月癸酉朔，河東地震，晉州尤甚，壞廬舍，壓死者五千餘人。三日又震。詔遣使存問，給復二年，壓死者賜絹三匹。

《舊唐書》卷五《高宗紀下》　調露二年二月丙午，詔曰：「故符璽郎李延壽撰《正典》一部，辭殫雅正，雖已淪亡，功猶可録，宜賜其家絹五十疋。」

《舊唐書》卷九《玄宗紀下》　天寶八載春正月甲申，賜京官絹，備春時遊賞。二月戊申，引百官於左藏庫縱觀錢幣，賜絹而歸。

《舊唐書》卷一〇《肅宗紀》　〔至德二載冬十月己巳〕迴紇葉護自東京還，宴之于宣政殿，便辭還蕃。乃封葉護爲忠義王，約每年送絹二萬疋，至朔方王便交授。

《舊唐書》卷一一《代宗紀》　永泰元年冬十月己未，吐蕃至邠州，與迴紇相遇，復合從入寇。辛酉，逼奉天。癸亥，党項攻同州，焚州民廬舍。丁丑，郭子儀説諭迴紇，令與吐蕃疑貳。庚辰，子儀先鋒將白元光合迴紇軍擊吐蕃之衆於靈臺縣之西原，斬首五萬級，俘獲人畜凡三百里不絶。辛巳，京師解嚴。壬午，僕固懷恩大將僕固名臣以千騎來降。詔稅百官錢，市絹十萬以賞迴紇。

《舊唐書》卷一二《德宗紀上》　大曆十四年六月壬戌，中官邵光超送淮西旌節，李希烈遺縑七百匹，事發，杖六十，配流。由是中官不敢受賂。【略】

建中元年夏四月癸丑，上誕日，不納中外之貢，唯李正己、田悦各獻縑三萬匹，詔付度支。

《舊唐書》卷一三《德宗紀下》　貞元十七年三月癸酉，衢州刺史鄭式瞻進絹五千匹，銀二千兩，上曰：「式瞻犯贓，已詔御史按問，所進宜付左藏庫。」

《舊唐書》卷一四《順宗紀》　貞元二十一年二月甲子，御丹鳳樓，大赦天下。諸道除正敕率稅外，諸色榷稅並宜禁斷；除上供外，不得別有進奉。百姓九十已上，賜米二石，絹兩匹，版授上佐、縣君，仍令本部長吏就家存問；百歲已上，賜米五石，絹二匹，綿一屯，羊酒，版授下州刺史、郡君。

《舊唐書》卷一五《憲宗紀下》　元和十一年二月癸卯，以内庫絹四萬匹賞幽、魏將士。

十三年六月丁丑，以滄景節度使程權爲邠州刺史、邠寧節度使。出内庫絹三十萬匹、錢三十萬貫，付度支供軍。

九月甲辰，以户部侍郎、判度支皇甫鎛同中書門下平章事，依前判度支。以衛尉卿充諸道鹽鐵轉運使程异爲工部侍郎，同中書門下平章事，依前充使。是時，上切於財賦，故用聚斂之臣居相位。詔下，羣情驚駭，宰臣裴度、崔羣極諫，不納。二人請退。熒惑近哭星。丁未，出内庫絹十萬匹給東軍。

十四年五月己亥，韓弘進助平淄青絹二十萬匹，女樂十人。女樂還之。

【略】

秋七月甲午，韓弘進絁絹二十八萬匹，銀器二百七十事。

《舊唐書》卷一六《穆宗紀》　〔元和十五年〕六月己卯，放京兆府今年夏青苗錢八萬三千五百六十貫，宜委令狐楚，以楚山陵用不盡綾絹，准實估付京兆府，代所放青苗錢。【略】

長慶二年秋七月丁未，内出綾絹五十萬匹付度支。【略】

十二月甲午，内出絹二百匹，賑兩市癃殘窮者。【略】

三年八月，上由複道幸興慶宫，至通化門，賜持盂僧絹二百匹，因幸五方，賜從官金銀鋌有差。

十一月，上御通化門，觀作毗沙門神，因賜絹五百匹。

《舊唐書》卷一七上《敬宗紀》 長慶四年正月壬申，穆宗崩。癸酉，皇太子即位柩前，時年十六。丙子，羣臣準遺詔奏皇帝寶册，禮畢，詔賞神策諸軍士人絹十匹、錢十千，畿内諸軍鎮絹十匹、錢五千，其餘軍鎮頒給有差。内出綾絹三百萬段以助賞給。穆宗初即位，在京軍士人獲五十千，在外軍鎮差降無幾。至是，宰臣奏議請量國力頒賞，故差減於先朝，物議是之。【略】

二月丁未，御中和殿擊毬，賜教坊樂官綾絹三千五百匹。【略】

三月乙亥，幸教坊，賜伶官綾絹三千五百匹。

《舊唐書》卷一七下《文宗紀下》 大和四年秋七月乙酉，賜十六宅諸王綾絹二萬匹。八月甲子，内出綾絹三十萬匹，付户部充和糴。【略】

五年春正月癸亥，詔端午節辰，方鎮例有進奉，其雜綵匹段，許進生白綾絹。

〔大和八年九月〕，隨州刺史杜師仁前刺吉州，坐贓計絹三萬匹，賜死于家。

《舊唐書》卷一八上《武宗紀》 會昌三年十二月，王宰奏收天井關。榆社行營都將王逢奏兵少，乞濟師，詔太原軍二千人赴之。初劉沔破迴鶻，留三千人戍横水，至是，李石以太原無兵，抽横水戍卒一千五百人以赴王逢。是月二十八日，横水軍至太原，請出軍優給。舊例每一軍絹二疋，時劉沔交代後，軍庫無絹。石以己絹益之，方可人給一疋，便催上路。軍人以歲將除，欲候過歲，期既速，軍情不悦。都頭楊弁乘士卒流怨，激之爲亂。

《舊唐書》卷一八下《宣宗紀》 大中三年七月，三州七關軍人百姓，皆河、隴遺黎，數千人見於闕下。上御延喜門撫慰，令其解辮，賜之冠帶，共賜絹十五萬疋。

【略】

八月，鳳翔節度使李玭奏收復秦州，制曰：【略】況將士等櫛沐風雨，暴露郊原，披荆棘而刁斗夜嚴，逐豺狼而穹廬曉破。動皆如意，古無與京，念此誠勤，宜加寵賞。涇原宜賜絹六萬疋，靈武五萬疋，鳳翔、邠寧各四萬疋，並以户部産業物色充，仍待季榮、叔明、李玭，君緒各迴戈到鎮，度支差脚支送。四道立功將士，各具名銜聞奏，當議甄酬。

《舊唐書》卷一九上《懿宗紀》 咸通十一年十一月丁卯，敕：「徐州地當沛野，軍本驍雄，實爲壯國之都，固協建侯之制。況山河素異，土俗甚殷，豈欲削卑，挫其繁盛。蓋緣比因稔禍，或至亂常，罪由己招，孽非天作。桂林叛卒，繼有逆謀，塗炭生靈，首尾周歲。殺傷黎庶，污染忠良，所不忍言，尋加翦滅，是以卑其鎮額，隸彼藩方。近屬大兵已來，饑年薦至，且聞軍人百姓，深恥前非，願行舊規，却希建節。朕每深軫念，思致小康，特示渥恩，復其軍額。宜賜宣徽庫綾絹十萬匹，助其宴犒，必獲周豐。其徐州都團練使改爲感化軍節度，徐宿濠泗等州觀察處置等使。」

《舊唐書》卷一九下《僖宗紀》 〔光啓二年五月〕，王重榮、李克用欣然聽命，尋遣使貢奉，獻縑十萬匹，願殺朱玫自贖。

《舊唐書》卷二〇上《昭宗紀》 光化三年九月丙戌朔，朱全忠引三鎮之師攻鎮州，王鎔懼，遣判官周式、副大使王昭祚、主事梁公儒子弟爲質于汴，出犒師絹十五萬匹求盟，許之。張存敬遂自深、冀進軍，攻瀛、莫，下郡邑二十，阻雨泥濘，不及幽州。遂西行陷祁州，大敗中山將王處直軍於沙河北，進屯懷德驛。遂攻定州，節度使王郜奔太原，衙將王處直斬孔目官梁汶，出縑二十萬乞盟，許之。全忠遂署王處直爲義武軍留後。

《舊唐書》卷二〇下《哀帝紀》 天祐元年十月丙申，魏博羅紹威進救接百官絹千匹、綿三千兩。

《舊唐書》卷五八《長孫順德傳》 武德九年，與秦叔寶等討建成餘黨於玄武門。太宗踐祚，真食千二百户，特賜以宫女，每宿内省。後順德監奴受人餽絹事發，太宗謂近臣曰：「順德地居外戚，功即元勳，位高爵厚，足稱富貴。若能勤覽古今，以自鑒誡，弘益我國家者，朕當與之同有府庫耳。何乃不遵名節，而貪冒發聞乎！」然惜其功，不忍加罪，遂於殿庭賜絹數十匹，以媿其心。大理少卿胡演進曰：「順德枉法受財，罪不可恕，奈何又賜之絹？」太宗曰：「人生性靈，得絹甚於刑戮；如不知愧，一禽獸耳，殺之何益！」

《舊唐書》卷六〇《隴西王博乂傳》 博乂有妓妾數百人，皆衣羅綺，食必粱肉，朝夕絃歌自娱，驕侈無比。與其弟渤海王奉慈俱爲高祖所鄙，帝謂曰：「我怨讎有善，猶擢以不次，況於親戚而不委任？聞汝等唯昵近小人，好爲不軌，先王墳典，不聞習學。今賜絹二百匹，可各買經史習讀，務爲善事。」

《舊唐書》卷六二《李綱傳》 綱在東宫，隱太子建成初甚禮遇。建成常往温湯，綱時以疾不從。有進生魚於建成者，將召饔人作鱠。時唐儉、趙元楷在座，各自贊能爲鱠，建成從之，既而謂曰：「飛刀鱠鯉，調和鼎食，公實有之；至於審諭弼諧，固屬於李綱矣。」於是遣使送絹二百匹以遺之。【略】

貞觀四年，拜太子少師。【略】太子每親政事，太宗必令綱及左僕射房玄齡、侍中王珪侍坐。太子嘗商略古來君臣名教竭忠盡節之事，綱凜然曰：「託六尺之孤，寄百里之命，古人以爲難，綱以爲易。」每吐論發言，皆辭色慷慨，有不可奪之志。及遇疾，太宗遣尚書左僕射房玄齡詣宅存問，賜絹二百匹。

《舊唐書》卷六三《裴矩傳》 太宗初即位，務止姦吏，或聞諸曹案典，多有受賂者，乃遣人以財物試之。有司門令史受餽絹一匹，太宗怒，將殺之，矩進諫曰：「此人受賂，誠合重誅。但陛下以物試之，即行極法，所謂陷人以罪，恐非導德齊禮之義。」太宗納其言，因召百僚謂曰：「裴矩遂能廷折，不肯面從，每事如此，天下何憂不治。」

《舊唐書》卷六七《李彦芳傳》 大和中，彦芳任鳳翔府司録參軍，詣闕進高祖、太宗所賜衛國公靖官告、敕書、手詔等十餘卷，内四卷太宗文皇帝筆迹，文宗寶惜不能釋手。其佩筆尚堪書，金裝木匣，製作精巧。帝並留禁中，令書工模寫本還之，賜芳絹二百匹、衣服、靴、笏以酬之。

《舊唐書》卷六八《尉遲敬德傳》 武德九年六月四日，建成既死，【略】及論功，敬德與長孫無忌爲第一，各賜絹萬匹，齊王府財幣器物，封其全邸，盡賜敬德。

《舊唐書》卷八一《劉祥道傳》 貞觀三年，病卒，臨終上表薦賢，太宗甚嘉悼之，賜絹二百五十匹。

《舊唐書》卷八四《郝處俊傳》 侍中、平恩公許圉師，即處俊之舅，早同州里，俱宦達於時。又其鄉人田氏、彭氏，以殖貨見稱。有彭志筠，顯慶中，上表請以家絹布二萬段助軍，詔受其絹萬匹，特受奉議郎，仍布告天下。故江、淮間語曰：「貴如許、郝，富若田、彭。」

《舊唐書》卷九三《唐休璟傳》 景雲元年，又拜特進，充朔方道行軍大總管，以備突厥，停其舊封，别賜實封一百户。二年，表請致仕，許之，禄及一品子課並令全給。休璟初得封時，以絹數千匹分散親族，又以家財數十萬大開塋域，備禮葬其五服之親，時人稱之。

《舊唐書》卷九六《宋璟傳》 開元七年，開府儀同三司王皎卒。及將築墳，皎子駙馬都尉守一請同昭成皇后父竇孝諶故事，其墳高五丈一尺。璟及蘇頲請一依禮式，上初從之，翌日，又令準孝諶舊例。璟等上言曰：【略】上謂璟等曰：「朕每事常欲正身以成綱紀，至於妻子，情豈有私？然人所難言，亦在於此。卿等乃能再三堅執，成朕美事，足使萬代之後，光揚我史策。」乃遣使賚綵絹四百匹分賜之。

《舊唐書》卷九八《李元紘傳》 開元十三年，户部侍郎楊瑒、白知慎坐支度失所，皆出爲刺史。上令宰臣及公卿已下精擇堪爲户部者，多有薦元紘者，將授以户部尚書，時執政以其資淺，未宜超授，加中大夫，拜户部侍郎。元紘因條奏人間利害及時政得失以奏之，上大悦，因賜衣一副、絹二百匹。

《舊唐書》卷九八《杜暹傳》 開元十四年，詔暹同中書門下平章事，仍遣中使往迎之。及謁見，又賜絹二百匹、馬一匹、宅一區。後與李元紘不叶，罷知政事，出爲荆州大都督府長史。【略】

暹在家孝友，愛撫異母弟昱甚厚，然素無學術，每當朝談議，涉於淺近。常以公清勤儉爲己任，時亦矯情爲之。弱冠便自誓不受親友贈遺，以終其身。及卒，上甚悼惜之，遣中使就家視其喪事，内出絹三百匹以賜之。尚書省及故吏賻贈者，其子孝友遵其素約，皆拒而不受。

《舊唐書》卷一〇〇《李朝隱傳》 三遷長安令，有宦官閭興貴詣縣請託，朝隱命拽出之。睿宗聞而嘉歎，廷召朝隱，勞曰：「卿爲京縣令能如此，朕復何憂。」乃下制曰：「【略】宜加一階，用表剛烈。可太中大夫。」特賜中上考，兼絹百匹。」七遷絳州刺史，兼知吏部選事。

開元二年，遷吏部侍郎，銓叙平允，甚爲當時所稱，降璽書褒美，授一子太子通事舍人。四年春，以授縣令非其人，出爲滑州刺史，轉同州刺史。駕幸東都，路由同州，朝隱蒙旨召見賞慰，賜衣一副、絹百匹。

《舊唐書》卷一〇二《元行沖傳》 初，有左衛率府長史魏光乘奏請行用魏徵所注《類禮》，上遽令行沖集學者撰《義疏》，將立學官。行沖於是引國子博士范行恭、四門助教施敬本檢討刊削，勒成五十卷，開元十四年八月奏上之。尚書左丞相張説駁奏曰：【略】上然其奏，於是賜行沖等絹二百匹，留其書貯於内府，竟不得立於學官。

《舊唐書》卷一〇五《宇文融傳》 宇文融，京兆萬年人，隋禮部尚書平昌公弢之玄孫也。祖節，貞觀中爲尚書右丞，明習法令，以幹局見稱。時江夏王道宗嘗以私事託於節，節遂奏之，太宗大悦，賜絹二百匹，仍勞之曰：「朕所以不置左右僕射者，正以卿在省耳。」

《舊唐書》卷一二二《張獻誠傳》 寶應元年冬，東都平，史朝義逃歸汴州，獻誠不納，舉州及所統兵歸國，詔拜汴州刺史，充汴州節度使。踰年來朝，代宗寵賜甚厚。三遷檢校工部尚書，兼梁州刺史，充山南西道觀察使。廣德二年十月，擒南山賊帥高玉以獻。永泰二年正月，獻名馬二、絲絹雜貨共十萬匹。

《舊唐書》卷一二二《張煦傳》　獻恭子煦，嘗隨獻甫征討，積戰功累遷至夏州節度使。元和八年十二月，振武軍逐出節度使李進賢而屠其家，殺判官嚴澈。憲宗怒，遣煦以夏州兵二千人赴振武，仍許以便宜擊斷。九年正月，賜絹三萬匹以助軍資。

《舊唐書》卷一二三《李巽傳》　宣武軍節度使劉士寧以擅襲父任，物議不可，朝廷不得已而授之。及〔竇〕參之貶，士寧嘗以絹數千匹賂參，巽在湖南具奏其事，言參與藩鎮交通，德宗怒，遂賜參死，議者冤之。

《舊唐書》卷一二四《令狐運傳》　運爲東都留守將，逐賊出郊，其日有劫轉運絹於道者，杜亞以運豪家子，意其爲之，乃令判官穆員及從事張弘靖同鞫其事。員與弘靖皆以運職在牙門，必不爲盜，抗請不按。亞不聽，而怒斥逐員等，令親事將武金鞫之。金笞箠運從者十餘人，一人笞死，九人不勝考掠自誣，竟無贓狀。亞具以聞，請流運於嶺表。德宗令侍御史李元素、刑部員外崔從質、大理司直盧士瞻三司覆按運獄，既竟，明運迹非行盜，以曾捕掠人於家，配流歸州。武金肆虐作威，教人通款，配流建州。後歲餘，齊抗捕得劫轉運絹賊郭鵲、朱瞿曇等七人及贓絹，詔令杜亞與留臺同劾之，皆首伏。然終不原運，運死於歸州，衆冤之。

《舊唐書》卷一二八《段伯倫傳》　大和二年正月奏：「亡父贈太尉秀實，準前後制敕令所司置廟立碑，今營造已畢，取今月二十五日行升祔禮。」詔曰：「秀實忠衛宗社，功配廟食，義風所激，千載凛然。間代勳力，須異等夷，宜賜綾絹五百疋，以度支物充。仍令所司供少牢，并給鹵簿人夫，兼太常博士一人檢校。」

《舊唐書》卷一二九《張弘靖傳》　少以門蔭授河南府參軍，調補藍田尉。東都留守杜亞辟爲從事，奏改監察御史裏行，轉殿中侍御史、内供奉。留守將令狐運逐賊出郊，其日有劫轉運絹於道者，亞以運豪家子，意其爲之，乃令判官穆員及弘靖同鞫其事。員與弘靖皆以運職在牙門，必不爲盜，堅請不按。亞不聽，遂以獄聞，仍斥員及弘靖出幕府，有詔令三司使雜治之，後果於河南界得賊。

《舊唐書》卷一三三《李愿傳》　貞元九年，丁父憂。十二年，服闋，德宗召見愿等於延英，憫然久之曰：「朕在宮中，常念卿等，追懷勳德，何日忘之。又聞卿等居喪得禮，朕甚嘉之。」各賜衣一襲、絹三千匹。

《舊唐書》卷一三六《竇參傳》　參至郴州，汴州節度使劉士寧遺參絹五千匹。湖南觀察使李巽與參有隙，遂具以聞，又中使逢士寧使於路，亦奏其事。德宗大怒，欲殺參。宰相陸贄曰：「竇參與臣無分，因事報怨，人之常情。然臣參宰衡，合存公體，以參罪犯，置之於死，恐用刑太過。」於是且止。

《舊唐書》卷一三九《陸贄傳》　贄在中書，政不便於時者，多所條奏，德宗雖不能皆可，而心頗重之。初，竇參既貶郴州，節度使劉士寧餉參絹數千匹，湖南觀察使李巽與參有隙，具事奏聞，德宗不悦。會右庶子姜公輔於上前聞奏，稱「竇參嘗語臣云陛下怒臣未已」，德宗怒，再貶參，竟殺之。

《舊唐書》卷一四〇《張封建傳》　〔建中〕時宦者主宮中市買，謂之宮市，抑買人物，稍不如本估。末年不復行文書，置白望數十百人於兩市及要鬧坊曲，閱人所賣物，但稱宮市，則斂手付與，真僞不復可辨，無敢問所從來及論價之高下者，率用直百錢物買人直數千物，仍索進奉門户及脚價銀。人將物詣市，至有空手而歸者，名爲宮市，其實奪之。嘗有農夫以驢馱柴，宦者市之，與絹數尺，又就索門户，仍邀驢送柴至内。農夫啼泣，以所得絹與之，不肯受，曰：「須得爾驢。」農夫曰：「我有父母妻子，待此而後食；今與汝柴，而不取直而歸，汝尚不肯，我有死而已！」遂毆宦者。街使擒之以聞，乃黜宦者，賜農夫絹十匹。

《舊唐書》卷一四四《陽惠元傳》　建中四年冬，自河朔與懷光同赴國難，解奉天之圍。明年二月，懷光背國叛逆，惠元義不受汙，脱身奔竄奉天。會乘輿南幸，懷光怒惠元之逸，令其將冉宗以百餘騎追及於好畤縣。惠元計窮，父子三人並投人家井中，冉宗並出而害之。興元元年，贈右僕射，仍賻絹百匹。

《舊唐書》卷一四四《賈隱林傳》　累官至檢校右散騎常侍，封武威郡王。將幸山南而卒，贈左僕射，賜其家實封三百户，賻絹百匹、米百石，喪葬官給。

《舊唐書》卷一四七《杜佑傳》

元和七年，被疾，六月，復乞骸骨，表四上，情理切至，憲宗不獲已許之。詔曰：【略】是日，上遣中使就佑第賜絹五百匹、錢五百千。

《舊唐書》卷一五一《劉昌裔傳》　貞元十五年，〔曲〕環鎮許州，卒，詔上官涚知節度留後。吳少誠攻許州，涚領事，欲棄城走。昌裔追止之曰：「留後既受詔，宜以死守城。況城中士馬足以破賊，但堅壁不戰，不過五七日，賊勢必衰，我以全制之可也。」涚然之。賊日夕攻急，堞壞不得修，昌裔令造戰棚木柵以待，募壯士破營，得突將千人，鑿城分出，大破之，因立戰棚木柵於城上，城以故不陷。

兵馬使安國寧與涗不善，謀反以城降賊，事洩，昌裔密計斬之。即召其麾下千餘人食之，賞縑二匹，伏兵諸要巷，令持縑者悉斬之，無一人得脫。

《舊唐書》卷一五九《路隨傳》　建中末，以長安尉從調，與李益、韋綬等書判同居高第，泌授城門郎。屬德宗違難奉天，泌時在京師，棄妻子潛詣行在所。又從幸梁州，排潰軍而出，再爲流矢所中，裂裳濡血，以策説渾瑊，瑊深重之，辟爲從事。瑊討懷光，累奏爲副元帥判官、檢校户部郎中、兼御史中丞。河中平，隨瑊與吐蕃會盟于平涼，因劫盟陷蕃。在絶域累年，棲心於釋氏之教，爲贊普所重，待以賓禮，卒於戎鹿。

貞元十九年，吐蕃遣邊將書求和，隨哀泣上疏，願允其請，表三上，德宗命中使諭旨。朝廷懲其宿詐，俟更要於後信，訖數歲不報。元和中，蕃使復款塞，隨復五獻封章，請修和好。又上書於宰執哀訴，裴垍、李藩皆協力敷奏，憲宗可之。命祠部郎中徐復報聘，乃特於詔中疏平涼陷蕃者名氏，令歸中國。吐蕃因復等還，遣使來朝，遂以泌及鄭叔矩之喪與銘及遺録至，朝野傷歎。憲宗憫之，贈絳州刺史，賜絹二百匹，至葬日，委所在官給喪事。

《舊唐書》卷一六三《李虞仲傳》　父端，登進士第，工詩。大曆中，與韓翃、錢起、盧綸等文詠唱和，馳名都下，號「大曆十才子」。時郭尚父少子曖尚代宗女昇平公主，賢明有才思，尤喜詩人，而端等十人，多在曖之門下。每宴集賦詩，公主坐視簾中，詩之美者，賞百縑。曖因拜官，會十子曰：「詩先成者賞。」時端先獻，警句云：「薰香荀令偏憐小，傅粉何郎不解愁。」主即以百縑賞之。錢起曰：「李校書誠有才，此篇宿構也。願賦一韻正之，請以起姓爲韻。」端即襞牋而獻曰：「方塘似鏡草芊芊，初月如鉤未上弦。新開金埒教調馬，舊賜銅山許鑄錢。」曖曰：「此愈工也。」起等始服。

《舊唐書》卷一六四《王播傳》

文宗即位，就加檢校司徒。大和元年五月，自淮南入覲，進大小銀盌三千四百枚，綾絹二十萬匹。

《舊唐書》卷一七〇《裴度傳》

先是監軍使劉承偕恃寵淩節度使劉悟，三軍憤發大譟，擒承偕，欲殺之。已殺其二傔，悟救之獲免，而囚承偕。詔遣歸京，悟託以軍情，不時奉詔。至是，宰臣延英奏事，度亦在列，上顧謂度曰：「劉悟拘承偕而不遣，如何處置？」度辭以藩臣不合議軍國事。上固問之，且曰：「劉悟負我，我以僕射寵之，近又賜絹五萬疋，不思報功，翻縱軍衆淩辱監軍，我實難奈此事。」度對曰：「承偕在昭義不法，臣盡知之，昨劉悟在行營與臣書，數論其事。是時有中使趙弘亮在臣軍，仍持悟書將去，欲自奏，不知奏否？」上曰：「我都不知，悟何不密奏其事，我豈不能處置？」度曰：「劉悟武臣，不知大臣體例。雖然，臣竊以悟縱有密奏，陛下必不能處置。今日事狀如此，臣等面論，陛下猶未能決，悟單辭豈能動聖聽哉？」上曰：「前事勿論，直言此時如何處置？」度曰：「陛下必欲收忠義之心，使天下戎臣爲陛下死節，唯有下半紙詔書，言任使不明，致承偕亂法如此，令悟集三軍斬之。如此，則萬方畢命，羣盜破膽，天下無事矣。苟不能如此，雖與劉悟改官賜絹，臣亦恐於事無益。」上俛首良久，曰：「朕不惜承偕。緣是太后養子，今被囚縶，太后未知，如卿處置未得，可更議其宜。」度與王播等復奏曰：「但配流遠惡處，承偕必得出。」上以爲然，承偕果得歸。

《舊唐書》卷一七二《蕭俛傳》　開成二年，俛弟俶授楚州刺史。辭日，文宗謂俶曰：「蕭俛先朝名相，筋力未衰，可一來京國。朕賜俛詔書匹帛，卿便賫至濟源，道吾此意。」詔曰：「卿道冠時髦，業高儒行。著作礪濟川之効，弘致君匡國之規，留芳巖廊，逸老林壑。累降褒詔，亟加崇秩，而志不可奪，情見乎辭。鴻飛入冥，吟想增歎。今賜絹三百匹，便令蕭俶宣示。」

《舊唐書》卷一七三《陳夷行傳》

仙韶院樂官尉遲璋授王府率，右拾遺竇洵直當衙論曰：「伶人自有本色官，不合授之清秩。」鄭覃曰：「此小事，何足當衙論列！王府率是六品雜官，謂之清秩，與洵直得否？此近名也。」嗣復曰：「嘗聞洵直幽，今當衙論一樂官，幽則有之，亦不足怪。」夷行曰：「諫官當衙，祇合論宰相得失，不合論樂官。然業已陳論，須與處置。今後樂人每七八年與轉一官，不然，則加手力課三數人。」帝曰：「別與一官。」乃授光州長史，賜洵直絹百疋。夷行尋轉門下侍郎。

《舊唐書》卷一七七《曹確傳》　〔伶官李〕可及善音律，尤能轉喉爲新聲，音辭曲折，聽者忘倦。京師屠沽效之，呼爲「拍彈」。同昌公主除喪後，帝與淑妃思念不已，可及乃爲《歎百年舞曲》。舞人珠翠盛飾者數百人，畫魚龍地衣，用官絁五千匹。曲終樂闋，珠璣覆地，詞語悽惻，聞者涕流，帝故寵之。

《舊唐書》卷一七八《張裼傳》　裼，會昌四年進士擢第，釋褐壽州防禦判官。于琮布衣時，客遊壽春，郡守待之不厚。裼以琮衣冠子，異禮遇之。琮將別，謂裼曰：「吾餉逆旅翁五十千，郡將之惠不登其數，如何？」裼方奉母，家貧，適得俸絹五十四，盡以遺琮，約曰：「他時出處窮達，交相卹也。」

《舊唐書》卷一八二《王處直傳》 處直字允明，處存母弟也。初爲定州後院軍都知兵馬使。汴人入寇，處直拒戰不利而退，三軍大譟，推處直爲帥。【略】汴將張存敬攻城，梯衝雲合，處直登城呼曰：「敝邑於朝廷未嘗不忠，於藩鄰未嘗失禮，不虞君之涉吾地，何也？」朱温遣人報之曰：「何以附太原而弱鄰道？」處直報曰：「吾兄與太原同時立勳王室，地又親鄰，脩好往來，常道也。請從此改圖。」温許之。仍歸罪於孔目吏梁問，出絹十萬匹，牛酒以犒汴軍，存敬脩盟而退。

《舊唐書》卷一八三《外戚傳·長孫敞》 長孫敞，文德順聖皇后之叔父也。仕隋爲左衛郎將。煬帝幸江都，留敞守京城禁苑。及義旗入關，率子弟迎謁於新豐，從平京城，以功除將作少監。出爲杞州刺史。貞觀初，坐贓免。太宗以后親，常令内給絹以供私費。

《舊唐書》卷一八五上《良吏傳上·韋機》 顯慶中爲檀州刺史。邊州素無學校，機敦勸生徒，創立孔子廟，圖七十二子及自古賢達，皆爲之贊述。會契苾何力東討高麗，軍衆至檀州，而灤河泛漲，師不能進，供其資糧，數日不乏。何力全師還，以其事聞。高宗以爲能，超拜司農少卿，兼知東都營田，甚見委遇。有宦者於苑中犯法，機杖而後奏，高宗嗟賞，賜絹數十疋，謂曰：「更有犯者，卿即鞭之，不煩奏也。」

《舊唐書》卷一八七下《忠義傳下·李源》 長慶三年，御史中丞李德裕表薦之曰：【略】穆宗尋令中使齎手詔、緋袍、牙笏、絹二百匹，往洛陽惠林寺宣賜。源受詔，對中使苦陳疾甚年高，不能趨拜，附表謝恩，其官告服色絹，皆辭不受。

《舊唐書》卷一八七下《忠義傳下·張介然》 及加銀青光禄大夫，帶上柱國，因入奏稱旨，特加賜賚，介然乘間奏曰：「臣今三品，合列棨戟。若列於帝城，鄉里不知臣貴。臣，河東人也，請列戟於故鄉。」玄宗曰：「所給可列故鄉，京城佇當別賜。」介然拜謝而出，仍賜絹五百匹，令宴集閭里，以寵異之。本鄉列戟，自介然始也。

《舊唐書》卷一八八《孝友傳·張公藝》 鄆州壽張人張公藝，九代同居。北齊時，東安王高永樂詣宅慰撫旌表焉。隋開皇中，大使、邵陽公梁子恭亦親慰撫，重表其門。貞觀中，特敕吏加旌表。麟德中，高宗有事泰山，路過鄆州，親幸其宅，問其義由。其人請紙筆，但書百餘「忍」字。高宗爲之流涕，賜以縑帛。

《舊唐書》卷一八八《孝友傳·趙弘智》 永徽初，累轉陳王師。高宗令弘智於百福殿講《孝經》，召中書門下三品及弘文館學士、太學儒者，並預講筵。弘智演暢微言，備陳五孝。學士等難問相繼，弘智酬應如響。高宗怡然曰：「朕頗耽墳籍，至於《孝經》，偏所習覩。然孝之爲德，弘益實深，故云『德教加於百姓，刑于四海』，是知孝道之爲大也。」顧謂弘智：「宜略陳此經切要者，以輔不逮。」弘智對曰：「昔者天子有諍臣七人，雖無道不失其天下。微臣顓愚，願以此言奏獻。」帝甚悦，賜綵絹二百匹、名馬一匹。

《舊唐書》卷一八八《孝友傳·裴敬彝》 事母復以孝聞。乾封初，累轉監察御史。時母病，有醫人許仁則，足疾不能乘馬，敬彝每肩輿之以候母焉。及母卒，特詔贈以縑帛，仍官造靈輿。

《舊唐書》卷一八九上《儒學傳上·李善》 明慶中，累補太子内率府録事參軍、崇賢館直學士，兼沛王侍讀。嘗注解《文選》，分爲六十卷，表上之，賜絹一百二十匹，詔藏于祕閣。

《舊唐書》卷一八九下《儒學傳下·柳沖》 景龍中，累遷爲左散騎常侍，修國史。初，貞觀中太宗命學者撰《氏族志》百卷，以甄别士庶；至是向百年，而諸姓至有興替，沖乃上表請改修氏族。中宗命沖與左僕射魏元忠及史官張錫、徐堅、劉憲等八人，依據《氏族志》重加修撰。元忠等施功未半，相繼而卒，乃遷爲外職。至先天初，沖始與侍中魏知古、中書侍郎陸象先及徐堅、劉子玄、吴兢等撰成《姓族系録》二百卷奏上。沖後歷太子詹事、太子賓客、宋王傅、昭文館學士，以老疾致仕。開元二年，又敕沖及著作郎薛南金刊定《系録》，奏上，賜絹百匹。

《舊唐書》卷一八九下《儒學傳·徐岱》 貞元初，遷水部郎中，充皇太子及舒王已下侍讀。尋改司封郎中，擢拜給事中，加兼史館修撰，並依舊侍讀。承兩宫恩顧，時無與比，而謹慎過甚，未嘗洩禁中語，亦不談人之短，婚嫁甥姪之孤遺者，時人以此稱之。然吝嗇頗甚，倉庫管鑰，皆自執掌，獲譏於時。卒時年五十，上歎惜之，賻以帛絹，皇太子又遺絹一百疋，贈禮部尚書。

《舊唐書》卷一九〇上《文苑傳上·孔若思》 中宗即位，敬暉、桓彦範等知國政，以若思多識故事，所有改革大事及疑議，多訪於若思。再轉禮部侍郎，出衛州刺史。先是，諸州別駕皆以宗室爲之，不爲刺史致敬，由是多行不法。若思至州，舉奏別駕李道欽犯狀，請加鞫訊。乃詔別駕於刺史致禮，自若思始也。俄以清自稱，加銀青光禄大夫，賜絹百匹。

《舊唐書》卷一九〇中《文苑傳中·員半千》　證聖元年，半千爲左衛長史，與鳳閣舍人王處知、天官侍郎石抱忠，並爲弘文館直學士，仍與著作佐郎路敬淳分日於顯福門待制。半千因撰《明堂新禮》三卷，上之。則天封中嶽，半千又撰《封禪四壇碑》十二首以進，則天稱善。前後賜絹千餘匹。

《舊唐書》卷一九一《方伎傳·張憬藏》　少工相術，與袁天綱齊名。【略】左僕射劉仁軌微時，嘗與鄉人靖思賢各賫絹贈憬藏以問官禄。憬藏謂仁軌曰：「公居五品要官，雖暫解黜，終當位極人臣。」仁軌後自給事中坐事，令白衣向海東効力。因辭思賢之贈，曰：「公當孤獨客死。」及仁軌爲僕射，思賢尚存，謂人曰：「張憬藏相劉僕射，則妙矣。吾今已有三子，田宅自如，豈其言亦有不中也？」俄而三子相繼而死，盡貨田宅，寄死於所親園内。

《舊唐書》卷一九一《方伎傳·僧一行》　開元十五年卒，年四十五，賜謚曰大慧禪師。

初，一行從祖東臺舍人太素，撰《後魏書》一百卷，其《天文志》未成，一行續而成之。上爲一行製碑文，親書於石，出内庫錢五十萬，爲起塔於銅人之原。明年，幸温湯，過其塔前，又駐騎徘徊，令品官就塔以告其出豫之意，更賜絹五十匹，以蒔塔前松柏焉。

《舊唐書》卷一九二《隱逸傳·司馬承禎》　開元九年，玄宗又遣使迎入京，親受法籙，前後賞賜甚厚。十年，駕還西都，承禎又請還天台山，玄宗賦詩以遣之。十五年，又召至都。玄宗令承禎於王屋山自選形勝，置壇室以居焉。【略】承禎頗善篆隸書，玄宗令以三體寫《老子經》，因刊正文句，定著五千三百八十言爲真本以奏上之。以承禎王屋所居爲陽臺觀，上自題額，遣使送之。賜絹三百匹，以充藥餌之用。俄又令玉真公主及光禄卿韋縚至其所居修金籙齋，復加以錫賚。

《舊唐書》卷一九五《迴紇傳》　初收西京，迴紇欲入城劫掠，廣平王固止之。及收東京，迴紇遂入府庫收財帛，於市井村坊剽掠三日而止，財物不可勝計，廣平王又賚之以錦罽寶貝，葉護大喜。及肅宗還西京，十一月癸酉，葉護自東京至。敕百官於長樂驛迎，上御宣政殿宴勞之。葉護升殿，其餘酋長列於階下，賜錦繡繒綵金銀器皿。及辭歸蕃，上謂曰：「能爲國家就大事成義勇者，卿等力也。」葉護奏曰：「迴紇戰兵，留在沙苑，今且須歸靈夏取馬，更收范陽，討除殘賊。」己丑，詔曰：「功濟艱難，義存邦國，萬里絶域，一德同心，求之古今，所未聞也。迴紇葉護，特稟英姿，挺生奇略，言必忠信，行表温良，才爲萬人之敵，位列諸蕃之長。【略】可司空，仍封忠義王，每載送絹二萬匹至朔方軍，宜差使受領。」

永泰元年秋，懷恩遣兵馬使范至誠、任敷將兵，又誘迴紇、吐蕃、吐谷渾、党項、奴剌之衆二十餘萬，以犯奉天、醴泉、鳳翔、同州等處，被其逆命。先以郭子儀屯涇陽，渾日進屯奉天，數摧其鋒。又聞懷恩死，吐蕃將馬重英等十月初引退，取邠州舊路而歸。迴紇首領羅達干等率其衆二千餘騎，詣涇陽請降，子儀許之，【略】子儀命與之飲，贈之纏頭綵三千匹。【略】子儀撫其背，首領等分纏頭綵以賞巫師，請諸將同擊吐蕃，子儀如其約。翌日，使領迴紇首領開府石野那等六人入京朝見。

又五日，朔方先鋒兵馬使、開府、南陽郡王白元光與迴紇兵馬合於涇州靈臺縣西五十里赤山嶺，共破吐蕃等十餘萬衆，斬首五萬餘級，生擒一萬餘人，駝馬牛羊凡百里相繼，不可勝紀，收得蕃落五千餘人。【略】僕固名臣，懷恩之姪，尤爲驍將，亦領千餘騎來降。尋而子儀又使迴紇宰相護地毗伽將軍，宰相梅録大將軍、開府儀同三司、試太常卿羅達干等二百九十六人來見，上賜宴於延英殿，錫賚甚厚。閏月，子儀自涇陽領僕固名臣入奏，迴紇進馬，及宴别，前後賚繒綵十萬匹而還。【略】

大曆八年十一月，迴紇一百四十人還蕃，以信物一千餘乘。迴紇恃功，自乾元之後，屢遣使以馬和市繒帛，仍歲來市，以馬一匹易絹四十匹，動至數萬馬。其使候遣繼留於鴻臚寺者非一，蕃得帛無厭，我得馬無用，朝廷甚苦之。【略】

貞元六年六月，迴紇使移職伽達干歸蕃，賜馬價絹三十萬匹。以鴻臚卿郭鋒兼御史大夫，充册迴紇忠貞可汗使。【略】

貞元八年七月，以迴紇藥羅葛靈檢校右僕射。靈本唐人，姓吕氏，因入迴紇，爲可汗養子，遂以可汗姓爲藥羅葛靈，在國用事。因來朝，寵賚甚厚，仍給市馬絹七萬匹。九年九月，遣使來朝貢。

貞元十一年六月庚寅，册拜迴紇騰里邏羽録没密施合禄胡毗伽懷信可汗。元和四年，藹德曷里禄没弭施合密毗迦可汗遣使改爲迴鶻，義取迴旋輕捷如鶻也。八年四月，迴鶻請和親，使伊難珠還蕃，宴于三殿，賜以銀器繒帛。【略】長慶二年二月，賜迴紇馬價絹五萬匹。三月，又賜馬價絹七萬匹。是月，裴度招討幽、鎮之亂，迴鶻請以兵從度討伐。朝議以實應初迴紇收復兩京，恃功驕恣難制，咸以爲不可，遂命中使止迴紇令歸。會其已上豐州北界，不從止。詔發

繒帛七萬匹賜之，方還。【略】

大和元年，命中使以絹二十萬匹付鴻臚寺宣賜迴鶻充馬價。三年正月，中使以絹二十三萬匹賜迴紇充馬價。

《新唐書》卷三《高宗紀》 八月癸酉，河東地震。乙亥，又震。庚辰，遣使存問河東，給復二年，賜壓死者人絹三匹。

《新唐書》卷七八《江夏郡王道宗》 帝將討高麗，先遣營州都督張儉輕騎度遼規形勢，儉畏，不敢徑入。道宗請以百騎往，帝許之，約其還，曰：「臣請二十日行，留十日覽觀山川，得還見天子。」因秣馬束兵，旁南山入賊地，相易險，度營陣便處。將還，會高麗兵斷其路，更走間道，謁帝如期。帝曰：「賁、育之勇何以過！」賜金五十斤，絹千匹。

《新唐書》卷八三《同安公主傳》 同安公主，高祖同母娣也。下嫁隋州刺史王裕。貞觀時，以屬尊進大長公主。嘗有疾，太宗躬省視，賜縑五百，姆侍皆有賚予。

《新唐書》卷八三《定安公主》 定安公主，始封太和。下嫁回鶻崇德可汗。會昌三年來歸，詔宗正卿李仍叔、祕書監李踐方等告景陵。主次太原，詔使勞問係塗，以黠戛斯所獻白貂皮、玉指環往賜。至京師，詔百官迎謁再拜。【略】又詣興慶宮。明日，主謁太皇太后。進封長公主，遂廢太和府。主始至，宣城以下七主不出迎，武宗怒，差奪封絹贖罪。

《新唐書》卷八八《劉師立傳》 始事王世充爲親將，洛陽平，當誅，秦王壯其才，釋不死，引爲左親衛。建成之釁，師立參奉密議，後與尉遲敬德、龐卿惲、李孟嘗等九人録功拜左衛率。遷左驍衛將軍、襄武郡公，賜絹五千匹。有告師立姓在符讖欲反者，太宗謂曰：「人言卿將反，果乎？」師立對曰：「臣爲隋官，不過六品，材駑下，不敢希富貴。今遭非常之會，位將軍，顧已極矣，何敢反？」帝笑曰：「朕知妄耳！」賜束帛，召入臥内慰勉。

《新唐書》卷一〇二《令狐德棻傳》 貞觀三年，德棻更與祕書郎岑文本、殿中侍御史崔仁師次周史，中書舍人李百藥次齊史，著作郎姚思廉次梁、陳二史，祕書監魏徵次隋史，左僕射房玄齡總監。脩撰之原，自德棻發之，書成，賜絹四百匹。

《新唐書》卷一〇四《于志寧傳》 太子承乾數有過惡，志寧欲救止之，上《諫苑》以諷。帝見大悅，賜黄金十斤、絹三百匹。

《新唐書》卷一一二《韓思彦傳》 出爲江都主簿，又徙蘇州録事參軍。罷，客汴州。張僧徹者，廬墓三十年，詔表其閭，請思彦爲頌，餉縑二百，不受。時歲凶，家窶甚，僧徹固請，爲受一匹，命其家曰：「此孝子縑，不可輕用。」

《新唐書》卷一一九《白居易傳》 俄轉中書舍人。田布拜魏博節度使，命持節宣諭，布遺五百縑，詔使受之，辭曰：「布父讎國恥未雪，人當以物助之，乃取其財，誼不忍。方諭問旁午，若悉有所贈，則賊未殄，布貲竭矣。」詔聽辭餉。

《新唐書》卷一二四《姚崇傳》 〔開元四年〕帝將幸東都，而太廟屋自壞，帝問宰相，宋璟、蘇頲對曰：「三年之喪未終，壞壓之變，天所以示教戒，陛宜停巡脩德以答至譴。」帝以問崇，對曰：【略】且陛下以關中無年，輸餉告勞，因以幸東都，所以爲人不爲己也。百司已戒，供擬既具，請車駕如行期。舊廟難復完，盍奉神主舍太極殿？更作新廟，申誠奉，大孝之德也。」帝曰：「卿言正契朕意。」賜絹二百匹，詔所司如崇言，天子遂東。因詔五日一參，入閤供奉。

《新唐書》卷一二四《宋璟傳》 皇后父王仁皎卒，將葬，用昭成皇后家竇孝諶故事，墳高五丈一尺。璟等請如著令，帝已然可，明日，復詔如孝諶者。璟還詔曰：「儉，德之恭；侈，惡之大也。僭禮厚葬，前世所誡，故古墓而不墳。【略】儻中宫情不可奪，請準令一品陪陵墳四丈，差合所宜。」帝曰：「朕常欲正身紀綱天下，於后容有私邪？然人所難言，公等乃能之。」即可其奏。又遣使賚綵絹四百匹。

《新唐書》卷一二八《許景先傳》 開元十三年，帝自擇刺史，景先由吏部侍郎爲刺史治虢州，【略】凡十一人。治行，詔宰相、諸王、御史以上祖道洛濱，盛具，奏太常樂，帛舫水嬉，命高力士賜詩，帝親書，且給筆紙令自賦，賚絹三千遣之。

《新唐書》卷一四八《張茂昭傳》 王承宗叛，詔河東、河中、振武、義武合軍爲恒州北道招討，茂昭治廩庾，列亭候，平易道路，以待西軍。承宗以騎二萬踰木刀溝與王師薄戰，茂昭躬擐甲爲前鋒，令其子克讓、從子克儉與諸軍分左右翼繞賊，大敗之，承宗幾危。會有詔班師，加檢校太尉，兼太子太傅。

乃請舉宗還朝，表數上，帝乃許。【略】明年，疽發於首卒，年五十，册贈太師，謚曰獻武。帝思其忠，擢諸子皆要職，歲給絹二千匹。

《新唐書》卷一五二《張鎰傳》 建中二年，拜中書侍郎、同中書門下平章事。明年，以兩河用兵，詔省薄御膳及皇太子食物，鎰因奏減堂餐錢及百官稟奉三分一，以助用度。時黜陟使裴伯言薦潞州處士田佐時，詔除右拾遺、集賢院直學士。鎰以爲禮輕，恐士不勸，復詔州縣吏以絹百匹、粟百石就家致聘，佐時卒不至。

《新唐書》卷一五六《邢君牙傳》 初，布衣張汾者，無紹而干君牙，軒然坐客上。會吏摘簿書，以盜没宴錢五萬，君牙怒其欺，汾不謝去，曰：「吾在京師，聞邢君牙一時豪俊，今乃與設吏論錢，云何？」君牙慚，遽釋吏，引爲上客，留月餘，以五百縑爲謝。其屈己好士類此。

《新唐書》卷一六四《歸融傳》 初，户部員外郎盧元中、左司員外郎判户部案姚康受平糴官秦季元絹六千匹，貸乾没錢八千萬，俱貶嶺南尉。數年，金部員外郎韓益判度支，子弟受賕三百萬，未入者半。帝問融：「益所犯與盧元中、姚康孰甚？」對曰：「元中等枉失庫錢，益所坐子弟受賄，事異法輕。」故益止貶梧州參軍。

《新唐書》卷一六四《王彦威傳》 始，神策軍多以稟縑於度支取直，吏私增賈厚給之，經用益耗，開成初，有詔禁止。時宦者仇士良、魚弘志方用事，彦威乃奏復與直，悦媚士良等。又劾王播貢羡贏以冀速進。會邊兵訴所賜不時，縑皆敝惡，攝吏送臺獄，而彦威視事自如，及詔停務，始惶恐就第。貶衛尉卿。

《新唐書》卷一六七《王播傳》 再領鹽鐵，嗜權利，不復初操。重賦取，以正額月進爲羨餘，歲百萬緡。自淮南還，獻玉帶十有三、銀盌數千、綾絹四十萬，遂再得相云。

《新唐書》卷一六九《韋貫之傳》 貫之沈厚寡言，與人交，終歲無款曲，不爲僞辭以悦人。爲右丞時，内僧造門曰：「君且相。」貫之命左右引出，曰：「此妄人也。」居輔相，嚴身律下，以正議裁物，室居無所改易。裴均子持萬縑請撰先銘，答曰：「吾寧餓死，豈能爲是哉！」生平未嘗通饋遺，故家無羡財。

《新唐書》卷一七〇《伊慎傳》

憲宗即位，以兵付其子宥，身入朝，拜尚書右僕射，改金吾衛大將軍。以錢三千萬賂宦人求帥河中，事暴，帝没其半贓，貶右衛將軍。明年，念舊勞，復檢校右僕射兼右衛上將軍。卒，贈太子太保，謚曰壯繆。乾符中，盜發其墓，賜絹二百脩瘞云。

《新唐書》卷一七一《石雄傳》 武寧李彦佐討劉稹，逗留，以雄爲晉絳行營諸軍副使，助彦佐。是時，王宰屯萬善，劉沔屯石會關，顧望莫先進。雄受命，即勒兵越烏嶺，破賊五壁，斬獲千計，賊大震。雄臨財廉，每朝廷賜與，輒置軍門，自取一匹縑，餘悉分士伍，由是衆感發無不奮。武宗喜曰：「今將帥義而勇罕雄比者。」就拜行營節度使，代彦佐。

《新唐書》卷一七六《皇甫湜傳》 擢進士第，爲陸渾尉，仕至工部郎中，辨急使酒，數忤同省，求分司東都。留守裴度辟爲判官。度修福先寺，將立碑，求文於白居易。湜怒曰：「近捨湜而遠取居易，請從此辭。」度謝之。湜即請斗酒，飲酣，援筆立就。度贈以車馬繒綵甚厚，湜大怒曰：「自吾爲《顧況集序》，未常許人。今碑字三千，字三縑，何遇我薄邪？」度笑曰：「不羈之才也。」從而酬之。

《新唐書》卷一七九《鄭注傳》 梟注首光宅坊，三日瘞之，羣臣皆賀，乃夷其家。初，未獲注，京師戒嚴，涇原、鄜坊節度使王茂元、蕭弘皆勒兵備非常。及是人相慶。藉其貲，得絹百萬匹，它物稱是。

《新唐書》卷一八七《王重榮傳》

俄嗣襄王熅僭位，重榮不受命，與克用謀定王室。楊復恭代令孜領神策，故與克用善，遣諫議大夫劉崇望齎詔諭天子意，兩人聽命，即獻縑十萬，願討玫自贖。崇望還，羣臣皆賀。重榮遂斬熅，長安復平。

《新唐書》卷一九二《忠義傳中・張巡》 〔河南節度使嗣虢王〕巨之走臨淮，巡有姊嫁陸氏，遮王勸勿行，不納，賜百縑，弗受，爲巡補縫行間，軍中號「陸家姑」，先巡被害。

《新唐書》卷一九四《卓行傳・司空圖》 圖本居中條山王官谷，有先人田，遂隱不出。【略】每歲時，祠禱鼓舞，圖與閭里耆老相樂。王重榮父子雅重之，數饋遺，弗受。嘗爲作碑，贈絹數千，圖置虞鄉市，人得取之，一日盡。時寇盜所過殘暴，獨不入王官谷，士人依以避難。

《新唐書》卷二〇四《方伎傳・桑道茂》 李晟爲右金吾大將軍，道茂齎一縑見晟，再拜曰：「公貴盛無比，然我命在公手，能見赦否？」晟大驚，不領其言。道茂出懷中一書，自具姓名，署其左曰：「爲賊逼脅。」固請晟判，晟笑曰：「欲我何語？」道茂曰：「弟言準狀赦之。」晟勉從。已又以縑願易晟衫，請題衿膺曰：「它日爲信。」再拜去。道茂果汙朱泚僞官。晟收長安，與逆徒縛旗下，將就刑，出晟衫及書以示。晟爲奏，原其死。

《新唐書》卷二〇五《列女傳・楊含妻蕭》 楊含妻蕭，父歷，爲撫州長史，以官卒，母亦亡。蕭年十六，與娣皆韶淑，毁貌，載二喪還鄉里，貧不能給舟庸，次宣州戰烏山，舟子委柩去。蕭結廬水濱，與婢穿壙納棺成墳，蒔松柏，朝夕臨，有馴烏、縞兔、菌芝之祥。長老等爲立舍，歲時進粟縑。喪滿不釋縗，人高其行。或請昏，女曰：「我弱不能北還，君誠爲我致二柩葬故里，請事君子。」於是，含以高安尉罷歸，聘之，且請如素。蕭以親未葬，許其載，辭其采。已葬，乃釋服而歸楊云。

《新唐書》卷二一七下《回鶻傳下》 敬宗即位之年，可汗死，其弟曷薩特勒立，遣使者册爲愛登里囉汨没蜜施合毗伽昭禮可汗，賜幣十二車。文宗初，又賜馬直絹五十萬。

韓愈《韓昌黎文集·順宗實録》卷二 嘗有農夫以驢負柴至城賣，遇宦者稱「宫市」取之，纔與絹數尺，又就索門户，仍邀以驢送至内。農夫涕泣，以所得絹付之，不肯受，曰：「須汝驢送柴至内。」農夫曰：「我有父母妻子，待此然後食。今以柴與汝，不取直而歸，汝尚不肯，我有死而已！」遂毆宦者。街吏擒以聞，詔黜此宦者，而賜農夫絹十匹；然「宫市」亦不爲之改易。

劉肅《大唐新語》卷四《政能》 郭元振爲涼州都督。【略】令甘州刺史李漢通置屯田，盡水陸之利。往年粟麥斛至數千，及元振爲都督，一縑易數千斛，軍糧積數十年，牛羊被野，路不拾遺。至涼州五年，夷夏畏慕。

李肇《唐國史補》卷上 梨園弟子有胡雛者，善吹笛，尤承恩寵。嘗犯洛陽令崔隱甫，已而走入禁中。玄宗非時託以他事，召隱甫對，胡雛在側。指曰：「就卿乞此得否？」隱甫對曰：「陛下此言，是輕臣而重樂人也。臣請休官。」再拜將出。上遽曰：「朕與卿戲耳！」遂令曳出。纔至門外，立杖殺之。俄頃有敕釋放，已死矣。乃賜隱甫絹百匹。

熊執易應舉，道中秋雨泥潦，逆旅有人同宿，而屢歎息者。問之，乃堯山令樊澤，將赴制舉，驢劣不能進。執易乃輟所乘馬，並囊中縑帛，悉與澤，以遂其往。詰朝，執易乃東歸。

澠池道中，有車載瓦甕，塞于隘路。屬天寒，冰雪峻滑，進退不得。日向暮，官私客旅羣隊，鈴鐸數千，羅擁在後，無可奈何。有客劉頗者，揚鞭而至，問曰：「車中甕直幾錢？」答曰：「七八千。」頗遂開囊取縑，立償之，命僮僕登車，斷其結絡，悉推甕于崖下。須臾，車輕得進，羣噪而前。

李肇《唐國史補》卷中 長安中，爭爲碑志，若市賈然，大官薨卒，造其門如市，至有喧競構致，不由喪家。是時裴均之子，將圖不朽，積縑帛萬匹，請於韋相，貫之舉手曰：「寧餓死，不苟爲此也。」

李肇《唐國史補》卷下 王某云往年任官同州，見御史出按回，止州驛，經宿不發，忽索雜案，又取印歷，鎖驛甚急，一州大擾。有老吏竊哂，乃因庖人以通憲胥，許百縑爲贈。明日未明，已啓驛門，盡還案牘，御史乘馬而去。

薛用弱《集異記》卷二《狄梁公》 狄梁公性閑醫藥，尤妙針術。顯慶中，應制入關，路由華州。闤闠之北，稠人廣衆，聚觀如堵。狄梁公引轡遥望，有巨牌大字云：「能療此兒，酬絹千疋。」即就觀之，有富室兒，年可十四五，臥牌下。鼻端生贅，大如拳石，根蒂綴鼻，纔如食筯。或觸之，酸痛刺骨。於是兩眼爲贅所縋，目睛翻白，痛楚危亟，頃刻將絶。惻然久之，乃曰：「吾能爲也。」其父母洎親屬叩顙祈請，即輦千縑，置于坐側。公因令扶起，即於腦後下針寸許，仍詢病者曰：「針氣已達病處乎？」病人頷之。公遽抽針，而疣贅應手而落，雙目登亦如初，曾無病痛。其父母親眷，且泣且拜，則以縑物奉焉。公笑曰：「吾哀爾命之危逼，吾蓋急病行志耳，吾非鬻伎者也。」不顧而去焉。

日·圓仁《入唐求法巡禮行記》卷四 六月一日，到東都崔太傅宅，送楊卿書。太傅專使來，傳語安存，施絹一疋。

九日，到鄭州。刺史李舍人處，有楊卿書，任判官處亦有楊卿書，將書入州，見刺史及判官，並已安存慇懃。州長史、殿中監察侍御史、賜紫金魚袋辛文昱，在長安長供飯直，情分甚慇懃，去年得鄭州長史，赴任，今在州相見，悲喜交馳，存問至厚，便喚宅裏斷中歇息。刺史施兩疋絹，諸人皆云：「此處是兩京大路，乞客浩汗，行人事不辨。若不是大官，是尋常衣冠措大來，極是慇懃者，即得一疋兩疋。和尚得兩疋，是刺史慇重深也。」任判官施夾纈一疋，辛長史見來，便交裁作褐衫。齋後出州，歸到宿處。辛長史專使來施絹一疋、袜肚一、汗衫、褐衫書一，中云：「續到拜辭，請暫時待者。」緣縣家已差人貪祥，不及相待，便發。行十五里，迴頭望西，見辛長史走馬趕來，三對行官遏道走來，遂於土店裏任喫茶。語話多時，相別云：「此國佛法即無也。佛法東流，自古所言。願和尚努力，早建本國，弘傳佛法。弟子多幸，頂謁多時。今日已別，今生中應難得相見。和尚成佛之時，願不捨弟子。」

王定保《唐摭言》卷四《氣義》 李北海年十七，攜三百縑就納國色，偶遇人啓護，傾囊救之。

馮贄《雲仙雜記》卷四《物價至微》 開成中，物價至微。村落(買)〔賣〕魚肉者，俗人買，以胡絹半尺；士大夫買，以樂天詩一首兼與之。《豐年編》。

馮贄《雲仙雜記》卷四《自爲小君裁剪》 李紳爲相，時俗尚輕綃染蘸碧爲婦人衣，紳自爲小君裁剪。《鳳池編》。

馮贄《雲仙雜記》卷七《元白兩不相下》 元微之、白樂天兩不相下，一日同詠李花，微之先成曰：「葦綃開萬朵。」樂天乃服。綃，練也。葦白而綃輕。高隱《外書》。

馮贄《雲仙雜記》卷九《縑繫南山樹》 明皇問富人王元寶家財多少。對曰：「請以一縑繫陛下南山樹，南山樹盡，臣縑未窮。」《博異志》。

《太平廣記》卷四九三《劉龍》 劉龍後名義節。武德初，進計于高祖曰：「今義師數萬，並在京師，樵薪貴而布帛賤。若採街衢及苑中樹木作樵，以易帛，歲取數十萬匹。又藏内繒絹，每匹皆有餘軸之饒，使截剩物，以供雜費，動盈萬段矣。」高祖並從之。出《譚賓録》。

《太平廣記》卷四九五《鄒鳳熾》 西京懷德坊南門之東，有富商鄒鳳熾。肩高背曲，有似駱駝，時人號爲鄒駱駝。其家巨富，金寶不可勝計。【略】嘗謁見高宗，請市終南山中樹，估絹一匹。自云：「山樹雖盡，臣絹未竭。」事雖不行，終爲天下所誦。出《西京記》。

司馬光《資治通鑑》卷一九三《太宗貞觀四年》 〔五月〕，丁亥，御史大夫蕭瑀劾奏李靖破頡利牙帳，御軍無法，突厥珍物，虜掠俱盡，請付法司推科。上特敕勿劾。及靖入見，上大加責讓，靖頓首謝。久之，上乃曰：「隋史萬歲破達頭可汗，有功不賞，以罪致戮。朕則不然，録公之功，赦公之罪。」加靖左光禄大夫，賜絹千匹，加真食邑通前五百户。未幾，上謂靖曰：「前有人讒公，今朕意已寤，公勿以爲懷。」復賜絹二千匹。

司馬光《資治通鑑》卷一九九《太宗貞觀二十二年》 〔八月〕，强偉等發民造船，役及山獠，雅、邛、眉三州獠反。壬寅，遣茂州都督張士貴、右衛將軍梁建方發隴右、峽中兵二萬餘人以擊之。蜀人苦造船之役，或乞輸直雇潭州人造船；上許之。州縣督迫嚴急，民至賣田宅、鬻子女不能供，穀價踊貴，劍外騷然。上聞之，遣司農少卿長孫知人馳驛往視之。知人奏稱：「蜀人脆弱，不耐勞劇。大船一艘，庸絹二千二百三十六匹。山谷已伐之木，挽曳未畢，復徵船庸，二事併集，民不能堪，宜加存養。」上乃敕潭州船庸皆從官給。

司馬光《資治通鑑》卷二〇七《則天后長安元年》 〔十一月〕，以主客郎中郭元振爲涼州都督、隴右諸軍大使。先是，涼州南北境不過四百餘里，突厥、吐蕃頻歲奄至城下，百姓苦之。元振始於南境硤口置和戎城，北境磧中置白亭軍，控其衝要，拓州境千五百里，自是寇不復至城下。元振又令甘州刺史李漢通開置屯田，盡水陸之利。舊涼州粟麥斛至數千，及漢通收率之後，一縑糴數十斛，積軍糧支數十年。元振善於撫御，在涼州五年，夷、夏畏慕，令行禁止，牛羊被野，路不拾遺。

司馬光《資治通鑑》卷二三四《德宗貞元八年》 宣武節度使劉玄佐有威略，【略】其母雖貴，日織絹一匹，謂玄佐曰：「汝本寒微，天子富貴汝至此，必以死報之。」故玄佐始終不失臣節。

司馬光《資治通鑑》卷二三八《唐憲宗元和五年》 〔十月，兵馬使〕張佐元又作亂，囚〔義武行軍司馬任〕迪簡，迪簡乞歸朝。既而將士復殺佐元，奉迪簡主軍務。時易定府庫罄竭，閭閻亦空，迪簡無以犒士，乃設糲飯與士卒共食之，身居戟門下經月；將士感之，共請迪簡還寢，然後得安其位。上命以綾絹十萬匹賜易定將士；壬辰，以迪簡爲義武節度使。

司馬光《資治通鑑》卷二四三《唐穆宗長慶四年》

初，穆宗之立，神策軍士人賜錢五十千，事見二百四十一卷元和十五年。宰相議以太厚難繼，乃下詔稱：「宿衛之勤，誠宜厚賞，屬頻年旱歉，御府空虛，邊兵尚未給衣，霑卹期於均濟。神策軍士人賜絹十匹、錢十千，畿内諸鎮又減五千。仍出内庫綾二百萬匹付度支，充邊軍春衣。」時人善之。

司馬光《資治通鑑》卷二五二《唐懿宗咸通十二年》 春，正月，辛酉，葬文懿公主。同昌公主謚文懿。韋氏之人争取庭祭之灰，汰其金銀。凡服玩，每物皆百二十輿，以錦繡、珠玉爲儀衛、明器，輝焕三十餘里；賜酒百斛，餅餤四十橐駝，以飼体夫。上與郭淑妃思公主不已，樂工李可及作《歎百年曲》，其聲悽惋，舞者數百人，發内庫雜寶爲其首飾，以絁八百匹爲地衣，舞罷，珠璣覆地。

司馬光《資治通鑑》卷二五六《唐僖宗光啓二年》 〔五月〕，是時，諸道貢賦多之長安，不之興元，從官衛士皆乏食，上涕泣，不知爲計。杜讓能言於上曰：「楊復光與王重榮同破黄巢，復京城，相親善；復恭其兄也。若遣重臣往諭以大義，且致復恭之意，宜有回慮歸國之理。」上從之，遣右諫議大夫劉崇望使于河中，齎詔諭重榮，重榮即聽命，遣使表獻絹十萬匹，且請討朱玫以自贖。

司馬光《資治通鑑》卷二六二《昭宗光化三年》 〔九月〕，朱全忠以王鎔與李克用交通，移兵伐之，下臨城，踰滹沱，攻鎮州南門，焚其關城。全忠自至元氏，鎔懼，遣判官周式詣全忠請和。【略】鎔以其子節度副使昭祚及大將子弟爲質，以文繒二十萬犒軍。胡三省注：文繒，絹之有文者，今謂之花絹。全忠引還，以女妻昭祚。

《唐大詔令集》卷二《敬宗即位優賜諸軍詔》 兩軍官健，各宜賜絹十匹，錢十千。畿内諸鎮，各賜絹十匹，錢伍千。軍吏及城内諸軍，賞物節級有等。仍於内庫更出綾絹共二百萬匹，付度支充邊軍春衣。長慶四年正月。

《唐大詔令集》卷一〇《咸通八年痊復救恤百姓僧尼敕》 勅：朕比寒暑致疾，綿滯經時，今旬朔之間，寢膳已復。蒙天地保祐，宗社寵靈。既疾痛之有瘳，念疲羸之無告，爲之父母，得不惻傷。慮赦令之或頻，則奸人之得計，儻恩惠之遠布，冀窮氓之稍蘇。應天下百姓僧尼道士女冠等有年七十已上、疾病癃痼、委頓床榻者，宜各賜絹兩匹。在軍旅行陣經敵傷害手足、眼目，不能營生，亦各賜絹兩匹。應州縣病坊貧兒多處，賜米十石，或有少處即七石五石三石。其病坊據元勑各有本利錢，委所在刺史、録事參軍、縣令糾勘，兼差有道行僧人專勾當，三年一替。如遇風雪之時，病者不能求丐，即取本坊利錢市米爲粥，均給饑乏。如疾病，可救即與市藥理療。其所用絹米等，且以户部屬省錢物充，速具申奏。

《唐大詔令集》卷二九《立成王爲皇太子德音》 守器爲重，擇賢而立，萬國由其永貞，百王以之垂範，蓋以重社稷而奉粢盛也。朕纘承洪緒，惟懷永圖。丕膺皇極，既符域中之大；茂建元儲，用崇天下之本。皇太子俶，植性恭懿，因心孝友。文武之德，克聞於日躋；君親之誠，實表於天性。時屬艱阻，義扶宗社，故能外清玄祲，内復皇圖，由是肇啓承華，懋昭嘉緒。今撰辰斯及，册命攸行，宜承繼明之慶，俾廣洊雷之澤，可大赦天下。頃者頻興大典，累洽殊私，率土之間，屢經盪滌，猶慮近有抵犯，或滯狴牢，其天下見禁囚徒以上罪，一切放免。内外文武官三品以上，賜爵一級。四品以上，各賜加一階。五品以上官，子爲父後者，賜勳兩轉。頃緣國用不足，頒賜未周，今所鑄新錢，數盈於萬。其京官文武五品已上，及常參官，六軍將士，東北京留守及諸道節度將士等，各賜有差。其唐元功臣，成都元從，及朕元從功臣等，普恩之外，更賜一爵。四品以下，更加兩階。其在靈州及寧州，至鳳翔者，仰所司類例更遞加一等。皇親及諸色陪位人，各賜勳兩轉。

《白孔六帖》卷八 孔：襄紈綃。其鴻臚蕃客，共賜絹一千匹。乾元元年十月。吐蕃弄贊妻文成公主，弄贊見中國服飾之美，自褫氈罽，襲紈綃，爲華風。

胡綃半尺。《唐豐年録》：開成中，物價至賤，村路賣魚肉者，俗人買以胡綃半尺，士大夫買以樂天詩。

三破紅綃。《辨音集》：李龜年至岐王宅，岐王贈三破紅綃。

紫綃帔。《幽怪録》：巴卬人橘有老叟象，戲一叟曰：我輸紫綃帔一副。

陸佃撰、牛衷增輯《增修埤雅廣要》卷一〇《泉室絹》 張建章爲幽州司馬，曾以府命往渤海，遇水仙遺鮫綃，自賁以進，云：「夏月溽暑展之，滿室凜然。」

《奩史》卷八七《綺羅門》 汾州妓張慧玉年十五，色藝雙絶，工小詩，巧伺人意，與雷笏山定情，臨别出紅綃半縷，賦詩相贈，所書小楷學衛夫人。《本事詩》。

《舊五代史》卷三《梁書・太祖紀三》 〔開平元年五月〕，河南尹張全義進開平元年已前羨餘錢十萬貫、紬六千疋、綿三十萬兩，仍請每年上供定額每歲貢絹三萬疋，以爲常式。

《舊五代史》卷六《梁書・太祖紀六》 開平四年十月乙亥，東京博王友文入覲，召之也。《册府元龜》卷二百六十八。己卯，以新修天驥院開宴落成，内外并獻馬，而魏博進絹四萬匹爲駟價。《册府元龜》卷一百九十七。

《舊五代史》卷二二《梁書・王檀傳》 乾化元年正月，王景仁與晉人戰於柏鄉，王師敗績，河朔大震。景仁與衆爲敵騎所追，檀嚴設備，接應敗軍，助以資裝，獲濟者甚衆。俄而晉軍大至，重圍四合，土山地穴，晝夜攻擊，太祖憂之。檀密上表，請駕不親征，而悉力枝梧，竟全城壘。三月，以功就加檢校太傅、同平章事。七月，又加開府儀同三司、檢校太尉，進封瑯琊郡王，命宣徽使趙殷衡齎詔慰諭，賜絹千疋、銀千兩，賞守禦邢州之功也。

《舊五代史》卷三〇《唐書・莊宗紀四》 同光元年冬十月丁酉，賜百官絹二千匹、錢二百萬，職事絹一千匹、錢百萬。

《舊五代史》卷三九《唐書・明宗紀五》 天成三年正月丁巳，詔曰：「朕聞堯、舜有恤刑之典，責務好生；禹、湯申罪己之言，庶明知遇。今月七日，據巡檢軍使渾公兒口奏稱，有百姓二人，以竹竿習戰鬭之事。朕初聞奏報，實所不容，率爾傳宣，令付石敬瑭處置。今旦重誨敷奏，方知悉是幼童爲戲，載聆讜議，方覺失刑，循揣再三，愧惕非一。亦以渾公兒誑誣頗甚，石敬瑭詳覆稍乖，致人枉法而殂，處朕有過之地。今減常膳十日，以謝幽寃。其石敬瑭是朕懿親，合施極諫，既兹錯誤，宜示省循，可罰一月俸。渾公兒決脊杖二十，仍銷在身職銜，配流登州。小兒骨肉，賜絹五十匹、粟麥各百石，使令如法埋葬。兼此後在朝及諸道州府，凡有極刑，並須子細裁遣，不得因循。」

《舊五代史》卷四三《唐書・明宗紀九》 長興三年三月丙申，西京奏，百姓侯可洪於楊廣城內掘得宿藏玉四團進納。賜可洪二百緡，絹二百匹。

《舊五代史》卷四四《唐書・明宗紀一〇》 長興四年三月丙戌，賜宰相李愚絹百匹、錢十萬、鋪陳物一十三件。時愚病，帝令近臣翟光鄴宣問，所居寢室，蕭然四壁，病榻弊氈而已。光鄴具言其事，故有是賜。

《舊五代史》卷五四《唐書・王鎔傳》

景福二年春，匡威帥精騎數萬，再來赴援，會匡威弟匡儔奪據兄位，匡威退無歸路，鎔乃延入府第，館於寶壽佛寺。鎔以匡威因己而失國，又感其援助之力，事之如父。五月，鎔謁匡威於其館，匡威陰遣部下伏甲劫鎔，抱持之。鎔曰：「公戒部人勿造次。吾國爲晉人所侵，垂將覆滅，賴公濟援之力，幸而獲存。今日之事，本所甘心。」即並轡歸府舍，鎔軍拒之，竟殺匡威。【略】

鎔既失燕軍之援，會武皇出師以逼真定，鎔遣使謝罪，出絹二十萬匹，及具牛酒犒軍，自是與鎔修好和初。

《舊五代史》卷六七《唐書・李愚傳》 愚初不治第，既命爲相，官借延賓館居之。嘗有疾，詔近臣宣諭，延之中堂，設席惟莞秸，使人言之，明宗特賜帷帳茵褥。案《職官分紀》云：長興四年，愚病，明宗遣中使宣問。愚所居寢室，蕭然四壁，病榻弊氈而已。中使具言其事，帝曰：「宰相月俸幾何？而委頓如此。」詔賜絹百匹、錢百千，帷帳什物一十二事。

《舊五代史》卷八〇《晉書・高祖紀六》 己亥，北面軍前奏，十三日未時，於宗城縣西南大破鎮州賊軍，殺一萬五千人，餘黨走保宗城縣。是夜三更，破縣城，前深州刺史史虔武自縛歸降，獲馬三千疋，絹三萬餘疋，餘物稱是。

《舊五代史》卷八一《晉書・少帝紀一》 天福六年八月甲子，契丹遣使致慰禮馬二十匹及羅絹等物。【略】癸酉，契丹遣使致祭於高祖，賻禮御馬二匹、羊千口、絹千匹。契丹主母亦遣使來慰。

《舊五代史》卷八九《晉書・趙瑩傳》 及契丹陷京城，契丹主遷少帝於北塞，瑩與馮玉、李彥韜俱從。【略】

瑩初被疾，遣人祈告於契丹主，願歸骨於南朝，使羈魂幸復鄉里，契丹主閔而許之。及卒，遣其子易從、家人數輩護喪而還，仍遣大將送至京師。周太祖感歎久之，詔贈太傅，仍賜其子絹五百疋，以備喪事，令歸葬於華陰故里。《永樂大典》卷一萬六千九百九十一。

《舊五代史》卷九一《晉書・李繼忠傳》 始繼忠母楊氏善治產，平生積財鉅萬。及高祖建義於太原，楊已終，繼忠舉族家於晉陽。時以諸軍方困，契丹援兵又至，高祖乃使人就其第，疏其複壁，取其舊積，所獲金銀紈素甚廣，至於巾屨瑣屑之物，無不取足。高祖既濟大事，感而奇之，故車駕入洛，繼忠雖有舊恙，連領大郡，皆楊氏之力也。《永樂大典》卷一萬三百八十九。

《舊五代史》卷一一二《周書・太祖紀三》 廣順二年五月乙亥，收復兗州，斬慕容彥超，夷其族。【略】兗州城內及官軍下寨四面去州五里內，今年所徵夏銀稅及沿徵錢並放，十里內只放夏稅；一州管界，今夏苗子三分放一分。城內百姓遭毀拆舍屋及遭燒焚者，給賜材木。諸處差到人夫內，有遭矢石死者，各給絹三匹，仍放户下三年徭役云。

《舊五代史》卷一一四《周書・世宗紀一》 顯德元年三月癸未，詔以劉崇入寇，車駕取今十一日親征。【略】〔是月十九日〕初夜，官軍至高平，降賊軍數千人，所獲輜重、兵器、駝馬、僞乘輿器服等不可勝計。【略】是夕，帝宿於野次。甲午，次高平縣。詔賜河東降軍二千餘人各絹二匹，并給其衣裝，鄉兵各給絹一匹，放還本部。

《舊五代史》卷一一七《周書・世宗紀四》 顯德四年八月甲戌，賜左監門上將軍許文禛、右千牛上將軍邊鎬、右衛大將軍王環、衛尉卿周廷構、太府卿馮延魯、太僕卿鄭牧、鴻臚卿孫羽、衛尉少卿鍾謨、工部郎中何幼沖各冬服絹二百匹，綿五百兩。文禛已下，皆吴、蜀之士也。

《舊五代史》卷一一八《周書・世宗紀五》 〔顯德五年三月〕丙午，江南李景遣所署宰相馮延已獻犒軍銀十萬兩，絹十萬匹，錢十萬貫，茶五十萬觔，米麥二十萬石。

《舊五代史》卷一一九《周書・世宗紀六》 顯德六年六月癸未，賜江南進奉使李從善錢二萬貫，絹二萬匹，銀一萬兩；賜兩浙進奉使吳延福錢三千貫，絹五千匹，銀器三千兩。

《舊五代史》卷一三〇《周書・王峻傳》 廣順三年春，修利河堤，大興土功，峻受詔檢校。既而世宗自澶州入覲，峻素憚世宗之聰明英果，聞其赴闕，即自河次歸朝。居無何，邀求兼領青州，太祖不得已而授之。既受命，求暫赴任，奏借左藏綾絹萬匹，從之。

《新五代史》卷三九《雜傳·劉守光》 梁乾化二年，晉遣周德威將三萬人，會鎮、定之兵以攻燕，自祈溝關入，其澶、涿、武、順諸州皆迎降。守光被圍經年，累戰常敗，乃遣客將王遵化致書于德威曰：「予得罪于晉，迷而不復，今其病矣，公善爲我辭焉。」德威謂遵化曰：「大燕皇帝尚未郊天，何至此邪？予受命以討僭亂，不知其佗也。」守光益窘，乃獻絹千匹、銀千兩、錦百段，遣其將周遵業謂德威曰：「吾王以情告公，富貴成敗，人之常理；録功宥過，霸者之事也。守光去歲妄自尊崇，本不能爲朱温下耳，豈意大國暴師經年，幸少寬之。」德威不許。

《新五代史》卷七二《四夷附録一·契丹》 契丹當莊宗、明宗時攻陷營、平二州，及已立晉，又得鴈門以北幽州節度管內，合一十六州。乃以幽州爲燕京，改天顯十一年爲會同元年，更其國號大遼，置百官，皆依中國，參用中國之人。晉高祖每遣使聘問，奉表稱臣，歲輸絹三十萬匹，其餘寶玉珍異，下至中國飲食諸物，使者相屬於道，無虚日。

司馬光《資治通鑑》卷二七八《後唐明宗長興四年》 冬，十月，乙卯，范延光、馮贇奏：「西北諸胡賣馬者往來如織，日用絹無慮五千匹，計耗國用什之七，請委緣邊鎮戍擇諸胡所賣馬良者給券，具數以聞。」從之。

司馬光《資治通鑑》卷二九一《後周太祖廣順三年》〔春，正月，乙丑〕萊州刺史葉仁魯，帝之故吏也，坐贓絹萬五千匹，錢千緡，庚午，賜死；帝遣中使賜以酒食曰：「汝自抵國法，吾無如之何！當存恤汝母。」仁魯感泣。

《天中記》卷四九《絹》 蕭然委頓　賜宰相李愚絹百疋、錢百緡、鋪陳物一十三件。時愚病，上令中使宣問。愚所居寢室，蕭然四壁，臥弊氈而已。中使具言其事，上曰：「嘻，宰相月俸錢幾何，而委頓如此。」故有是賜。《後唐史》。

《奩史》卷八七《綺羅門》 光穆皇后鍾氏不事玩好，副笄大練，淡如也。《南唐書》。

《奩史》卷八七《綺羅門》 宋太祖賜蜀太后李氏絹十匹。《十國春秋》。

吴任臣《十國春秋》卷三《吴·睿帝紀》 順義二年□月，命官興版簿，定租税，厥田上上者每頃税錢二貫一百文，中田一頃税錢一貫八百文，下田一頃税錢一貫五百文，皆輸足陌見錢，若見錢不足，許依市價折以金銀，并計丁口課調，亦科錢以爲率守。員外郎宋齊丘上策曰：「江、淮之地，自唐季以來，爲戰爭之所。今兵革乍息，甿黎始安，而必率以見錢，折以金銀，斯非民耕桑可得也，將興販以求之，是教民棄本而逐末耳。乞虚升時價，悉收穀帛本色爲便。」

是時絹每匹市價五百文，紬六百文，綿每兩十五文；請匹絹升爲一貫七百文，紬爲二貫四百文，綿爲四十文，皆足錢。又請蠲丁口錢。朝議喧然沮之，以爲如此則縣官歲失錢億萬計。齊丘曰：「安有民富而國家貧者邪？」乃致書於徐知誥，謂：「明公總百官，理大國，督民見錢與金銀，求國富庶，所謂擁彗救火，撓水求清，欲火滅水清，可得乎？」知誥得書曰：「此勸農上策也。」即行之。自是不十年間，野無閒田，桑無隙地。按《通鑑》：天祐十五年，知誥以宋齊丘爲謀主。先是，吴有丁口錢，又計畝輸錢，致錢重物輕，民甚苦之。齊丘以爲錢非耕桑所得，使民輸錢，是教之棄本逐末也，請蠲丁口錢，自餘税悉輸穀帛，紬絹匹直千錢者當税三千。知誥從之。由是江、淮間曠土盡闢，桑柘滿野，國以富彊。今從許載《吴唐拾遺録》，採入順義年中。

吴任臣《十國春秋》卷一六《南唐·元宗紀》〔中興元年三月〕甲辰，遣同平章事馮延巳、給事中田霖使周，獻銀、絹、錢、茶、穀共百萬，以犒軍及買宴。

〔建隆元年〕三月，遣使貢絹二萬匹、銀萬兩如宋，賀即位。《宋史》作二月，今從《南唐書》。【略】

秋七月，貢宋金器五百兩，銀器三千兩，羅紈千匹，絹五千匹；又遣禮部郎中龔慎儀朝宋，貢乘輿、服御。自是貢獻尤數，歲費以萬計。

吴任臣《十國春秋》卷六九《楚·馬希廣世家》〔乾祐二年〕秋九月，王獻漢絹二萬疋，白金一萬五千兩，玳瑁寶裝龍鳳牀一具，盤龍椅子、踏牀子各一合，戲龍二，銀食器六十八事，真珠花、銀果子共千兩。

吴任臣《十國春秋》卷八〇《吴越四·忠獻王世家》〔天福七年〕十一月，王遣使貢晉鋌銀五千兩、絹五千疋、絲一萬兩，謝封國王恩；又進細甲弓弩箭、扇子等物；又貢蘇木二萬斤、乾薑三萬斤、茶二萬五千斤，及秘色甆器、鞵履、細酒、糟薑、細紙等物。

吴任臣《十國春秋》卷八一《吴越五·忠懿王世家》〔顯德五年〕秋閏七月癸丑，遣使朝周，貢白金五千兩、絹二萬疋、細衣段二千連。

八月，貢周白金五千兩、絹一萬疋；賀車駕還京，又進龍舟一艘、天禄舟一艘，皆飾以白金。壬辰，周命上閤門使曹彬賜王騎兵鋼甲、步兵軍甲、旗幟等物。

【略】

十二月，進賀正錢一千貫，絹一千疋於周。【略】

〔開寶九年二月〕丙寅，宋帝幸禮賢宅，賜金二千兩、銀三萬兩、絹二萬疋，又賜王世子惟濬及通儒學士崔仁冀等絹帛有差。是日，王遣世子惟濬進通犀帶、金玉寶器，又貢白金十萬兩、絹五萬疋、乳香五萬斤以助郊祭。三月庚午，宋帝詔曰：「古者宗工大臣，特被隆眷，或劍履上殿，或詔書不名，率由豐功，待以殊禮。今我兼其命數，用奬勛賢，輝映古今，允爲優異。咨爾吳越國王錢俶，【略】可特賜劍履上殿，書詔不名。妻賢德順睦夫人孫氏爲吳越國王妃。」仍詔内臣賜王妃湯藥、法酒、茶果等五百餘事，封王女爲彭城郡君。王獻白金六萬兩、絹六萬段爲謝。【略】

〔開寶九年〕夏六月癸卯，王進宋銀絹綿以萬計。

吳任臣《十國春秋》卷八三《吳越七·武肅王莊穆夫人吳氏傳》 夫人常遊奉國寺，王命載帛百縑以備散施，夫人曰：「妾備嘗機杼之勞，遽以遊賞靡費，非恤民之道。」遂不受而罷。

樂史《太平寰宇記》卷一一八《江南西道一六·朗州》 武陵縣汎洲。按《襄陽記》云：「李衡，字叔平，於武陵龍陽縣之汎洲上作宅，種甘橘千株，臨終語其子曰：洲上有木奴千頭，不責衣食，歲絹千匹。」即此洲也。

司馬光《涑水記聞》卷一〇《陝西鐵錢》 文彦博知永興軍。起居舍人毋湜，鄠人也。至和中，湜上言：「陝西鐵錢不便於民，乞一切廢之。」朝廷雖不從，其鄉人多知之，争以鐵錢買物，賣者不肯受，長安爲之亂，民多閉肆。僚屬請禁之，彦博曰：「如此是愈使惑擾也。」乃召絲絹行人，出其家縑帛數百疋，使賣之，曰：「納其直盡以鐵錢，勿以銅錢也。」於是衆曉然知鐵錢不廢，市肆復安。

沈括《長興集》卷四《謝進守令圖賜絹表》 臣某言：伏蒙聖恩，以臣投進《守令圖》了畢，特支賜絹一百疋，仍許任便居住者。討論疎略，方在譴訶，賙卹重仍，遂兼榮幸，欽承威詔，涕汗交流。臣某中謝。竊念臣學不逮人，仕空有志。早聞忠義之訓，遂有奮竭之心，然而品不素高，事難倚辦。城役留屯於並塞，軍興專職於守疆。效力無門，上辜西顧之托；垂恩貰死，特寬軍候之刑。百口相隨，七年念咎。敢上希於寬詔，闕還藜藿苟安，實蒙再造。丘墦有幸，併荷深恩。此蓋皇帝陛下樂堯舜之仁，邁湯武之度，如天之無不覆，遂物之所以生。惜簪履之棄捐，拯焦枯於溝壑。全其骸骨，賜以便安。訪遺老於故閭，詠太平之舒日。生負素志，不能效力於當年；没而有知，尚期酬恩於瞑目。瞻望天闕，臣某無任感恩荷聖，激切屏營之至，謹奉表稱謝以聞。

又 臣某言：伏蒙聖恩，以臣投進《守令圖》了畢，特支賜絹一百疋，仍許任便居住者。缺簡程工，方虞於速譴；匪頒將命，遽被於過恩。祗荷寬矜，伏深震懼。臣某中謝。切念臣材不濟務，識後常倫。頃緣誤恩，謬職邊瑣。興師忽生於裨將，護築旋隸於王人。弱羽易摧，一身甘俟於夷滅；大明委照，萬死曲荷於存全。更緣方域之小聞，得返漁樵之舊業。屢阽死所，豈班白之敢期；垂老餘年，皆朝廷之所賜。此蓋皇帝、太皇太后陛下，恩同天地，施及芻萊。出處既原其本心，功過亦容以相補。愍繫匏之不食，開生路於已衰。聽其釋佐吏之拘，使親得庶民之事。步歸故里，敢忘畎畝之心；回望宸廷，猶深犬馬之戀。瞻望闕庭，臣某無任感天荷聖，激切屏營之至，謹奉表稱謝以聞。

蘇軾《蘇軾文集》卷一一《文與可畫篔簹谷偃竹記》 與可畫竹，初不自貴重，四方之人持縑素而請者，足相躡於其門。與可厭之，投諸地而罵曰：「吾將以爲韈材。」士大夫傳之，以爲口實。及與可自洋州還，而余爲徐州。與可以書遺余曰：「近語士大夫，吾墨竹一派，近在彭城，可往求之。韈材當萃於子矣。」書尾復寫一詩，其略曰：「擬將一段鵝谿絹，掃取寒梢萬尺長。」予謂與可，竹長萬尺，當用絹二百五十匹，知公倦於筆硯，願得此絹而已。與可無以答，則曰：「吾言妄矣，世豈有萬尺竹也哉。」余因而實之，答其詩曰：「世間亦有千尋竹，月落庭空影許長。」與可笑曰：「蘇子辯則辯矣。然二百五十匹，吾將買田而歸老焉。」因以所畫篔簹谷偃竹遺予，曰：「此竹數尺耳，而有萬尺之勢。」篔簹谷在洋州，與可嘗令予作《洋州三十詠》，篔簹谷其一也。

晁補之《雞肋集》卷五四《哲宗實録開院謝賜銀絹表》 臣等伏蒙聖慈，特降中使，賜臣等銀絹者。屬辭比事，將爲千載之傳；抱槧懷鉛，未有一毫之效。寵先臨於使指，恩已逮於匪頒。中謝此蓋伏遇皇帝陛下，受禄于天，修身以道。因心篤慶，本王季之事兄；彌性似先，乃成王之爲子。稽哲宗之政理，亶神考之規摹。雲漢在天，丹青莫像。是用飾兹典，領共俾討論，曾微草創之勤，遽忝幣餘之錫。簡編充宇，蠡測海以安能；歲月累功，蕢成山而儻可。誓殫綿力，仰贊成書。臣等無任。

王闢之《澠水燕談録》卷四《忠孝》 范文正公輕財好施，尤厚于族人。既貴，于姑蘇近郭買良田數千畝，爲義莊，以養羣從之貧者，擇族人長而賢者一人主其出納。人日食米一升，歲衣縑一疋，嫁娶喪葬，皆有贍給。聚族人僅百口。公殁逾四十年，子孫賢令，至今奉公之法，不敢廢弛。

文瑩《玉壺野史》卷八 唐彦猷侍讀詢、弟彦範詔，俱擅一時才雅之譽。彦猷知書好古，彥範文章氣格高簡不屈，疎秀比六朝人物，尤精翰墨，遺一小劄，亦必詳雅有意。忽一客攜黃筌梨花臥鵲於花中斂羽，合用價數百緡。彥猷蓄畫最多，開篋出蜀之趙昌、唐之崔彝數品花較之，俱所不及，題曰錦江釣叟黃筌筆。彥猷償其半，因暫留齋中少玩。絹色晦淡，酷類古縑。彥猷視其圖角，有巨印，徐少潤，揭而窺之，乃和買絹印。彥範博知世故，大笑曰：「和買始於祥符。因王(勉)[旭]知潁川，歲大饑，出府錢十萬緡，於民約曰：來年蠶熟，每貫輸一縑，謂之和買，自爾爲例。黃筌唐末人，此後人矯爲也。」遂還之，不受其誣。

徐夢莘《三朝北盟會編》卷七二 〔靖康元年十二月十五日丙子〕，津般諸庫絹赴軍前。初，金人索絹一千萬匹，朝廷至是盡撥內藏元豐左藏庫所有，如數應付。河北積歲貢賦，及浙絹、南絹，悉令津般京師上四庫，京畿保甲盡充般擔人，三衙使臣分地方監督，然終日所般才數十萬。金人擇絹不堪者，漬以墨水退換，酋長怒曰：大軍在此，已欲渝盟邪。朝廷乃於內府選擇北絹之奇絕者，方發行避戎。《夜話》曰：金人索絹一千萬匹，朝廷如數應副，皆內藏，元豐大觀庫、河北積歲貢賦，爲之埽地。如浙絹悉以輕疏退回，而不敢重卻也。又復易去，凡十餘日，遞般尚未盡，京師上四軍盡皆執役，三衙使臣盡皆分地監督，每軍各執旗幟爲辨，運肘揚揚然以爲己功，訴其勞苦，爭持交領照會，來請食錢。又復矜誇云：獨我纔去，便得收領，並不退回。殊無愧色。

蔡絛《鐵圍山叢談》卷一 國朝故事，諸王儀物視宰相，張青絹繖，畫繡鞍韉，以親事官呵哄而已。

呂本中《官箴》 叔曾祖尚書當官，至爲廉潔。蓋嘗市縑帛，欲製造衣服，召當行者取縑帛，使縫匠就坐裁取之，并還所直錢與所賸帛，就坐中還之。滎陽公爲單州，凡每月所用雜物，悉書之庫門，買民間未嘗過此數，民皆悅服。

熊克《中興小紀》卷六《高宗建炎三年》 八月，己酉，詔添發運副使，從太后往江西，以直祕閣劉寧止爲之，仍命龍神衛四廂都指揮使楊維忠領兵萬人以從。初，有司月供太后錢一千緡，后性儉約，至是斥賣本殿絹二十匹充費。上方知尋常用度不足，因謂宰執曰：「朕事太后，與所生母同。近買得衣絹千匹，即先分獻，飲食亦然。今往洪州，未有回期，除禁中自分納外，令户部供錢絹各二萬，銀一萬，可趣令辦之。」

熊克《中興小紀》卷七《高宗建炎三年》 九月，丙辰，宿泗等州都大捉殺使李成，奏所統軍衆，天寒無衣。今艱難之際，府庫不充，欲望量賜支絹，以激戰士。癸亥，詔户部輟二萬匹賜之。己巳，詔：朕累下寬恤之詔，而迫於經費，未能悉如所懷。今聞東南和預買絹，其弊尤甚，可下江浙減四之一，以寬民力，仍俵見錢違實之法。

熊克《中興小紀》卷三一《高宗紹興十三年》 秋七月，庚戌朔，先是諸軍請衣賜，所差使臣多弊，易取良縑，而軍所得皆怯薄者。庚申，始詔户部委官封記，仍令總領所差官，偕本軍使臣同領，以絶其弊。

熊克《中興小紀》卷四〇《高宗紹興三十一年》 十一月，丙戌，左僕射陳康伯等言：時當雨雪，戰守諸軍，暴露不易，乞再加優恤。上乃詔總領所每人支絹一匹，家屬在營者，給以薪炭之直。康伯等曰：「此真受陛下挾纊之賜也。」

周密《齊東野語》卷二〇《台妓嚴蘂》 天台營妓嚴蘂字幼芳，善琴弈歌舞、絲竹書畫，色藝冠一時。間作詩詞有新語，頗通古今。善逢迎，四方聞其名，有不遠千里而登門者。

唐與正守台日，酒邊，嘗命賦紅白桃花，即成《如夢令》云：「道是梨花不是，道是杏花不是，白白與紅紅，別是東風情味。曾記，曾記，人在武陵微醉。」與正賞之雙縑。

確庵、耐庵《靖康稗史》之二 〔靖康元年十二月〕十三日，虜索絹一千萬疋，軍民般赴南薰門交納。又索蒲、解兩州地，許之。

《靖康要録》卷一四：靖康元年十二月「十三日，遣軍人、百姓般絹赴南薰門納，凡一千萬疋。又遣使來，欲割蒲、解，許之」。

確庵、耐庵《靖康稗史》之二 〔靖康二年二月〕十八日，虜索府庫絹四百餘萬疋，并景陽鐘、簴及遺漏宮嬪、皇族出城。

《靖康要録》卷一六：靖康二年二月十八日，「以前日擅支軍衣，盡取府庫絹四百餘萬，又要車牛千兩」。

確庵、耐庵《靖康稗史》之四 〔天會五年正月〕宋主謁二帥，拒不見。令蕭慶授意，索貢人、物。宋臣駁辯良久，吴幵、莫儔傳宋主意，允以親王、宰執、宗女各二人，衮冕、車輅及寶器二千具，民女、女樂各五百人入貢，歲幣加銀絹二百萬疋兩，以抵河以南地，宗女各一人饋二帥。見《武功記》。

二十二日，蕭慶奉二帥命，與宋臣吴幵、莫儔等議定事目，令少帝手押爲據：

一，准免道宗北行，以太子康王、宰相等六人爲質。應宋宮廷器物充貢。

一，准免割河以南地及汴京，以帝姬兩人、宗姬、族姬各四人、宮女二千五百人、女樂等一千五百人、各色工藝三千人，每歲增銀絹五百萬疋兩貢大金。

馬端臨《文獻通考》卷二二《土貢考一・歷代土貢》　紹興四年，先是和州言本州殘破之餘，乞蠲免大禮銀絹。戶部奏展半年。中書舍人王居正言：生辰及大禮進貢，乃臣子饗上之誠，初非朝廷取於百姓，若民力無所從出，合預降詔典，加慰諭止其進奉，則君臣恩禮兩盡。既不能然，至使州縣自乞，蓋已非是，矧又不許，臣竊以爲過矣，望特與蠲免。仍詔戶部淮南諸郡，如合行除放，不須令本處再三申請，庶使恩義自出朝廷，人知感悅。乃詔淮南州軍進奉大禮銀絹並蠲之。

曹學佺《蜀中廣記》卷六八《方物記一〇》　張君房《麗（晴）〔情〕集》：灼灼者，錦城官中妓。御史裴質與之善，及裴召還，灼灼每遣人以紅軟綃聚紅淚爲寄。

《奩史》卷八七《綺羅門》　蘇小小，錢塘名娼也。容色俊麗，頗工詩詞，其姊名盼奴，與太學生趙不敏相洽。不敏貧，盼奴周給之，使篤于業，遂捷南省，得官授襄陽府司户。盼奴未能落籍，不得偕行。不敏赴官三載，想成疾而卒，有祿俸餘資，屬其弟趙院判送盼奴，爲言盼奴有妹小小，可謀致之，佳偶也。院判如言，至錢塘，托錢塘倅召盼奴，領其物。倅爲召之，有蒼頭至，云盼奴於一月前已抱病歿，小小亦爲於潛官絹事繫獄。倅遂呼小小出詰之。小小曰：「於潛官絹，此亡姊盼奴之事。」倅因問汝識襄陽趙司户耶。小小曰：「趙司户未仕之日，姊盼奴周給，後中科授官去久，盼奴想念，因是致疾而卒。」倅曰：「趙司户亦謝世矣。遣人附一緘及餘物外，有伊弟院判一緘付爾開之。」小小自謂不識院判何人，及拆書，惟一詩曰：「昔時名妓鎮東吳，不戀黃金只好書。借問錢塘蘇小小，風流還似大蘇無。」小小默然，倅令和之，援筆立成云：「君住襄江妾住吳，無情人寄有情書。當時若也來相訪，還有於潛絹事無。」倅大喜，盡以所寄與之，力爲作主，命小小歸院判偕老焉。《武林紀事》。《七修類稿》曰小小一本作小娟，蓋抄之者之誤，緣《武林紀事》無刻本也。

宮中有娠，賜絹一千六百疋，釘設產閤。《武林舊事》。

于敏中等《日下舊聞考》卷四《世紀》　金太祖天輔元年十二月，宋遣登州防禦使馬政來聘，請石晉時陷入遼漢地。二年正月，遣索多報聘於宋，所請之地與宋夾攻得者有之，本朝自取，不在分割之議。三年六月，宋遣馬政及其子宏來聘。四年二月，宋遣趙良嗣以書來，議燕京、西京之地。七年正月，宋復遣趙良嗣來議燕京、西京地。答書如初，約合攻隨得者有之，今自我得，理應有報。良嗣言，奉命若得燕京即納銀絹二十萬匹，綾二萬匹，以代燕地之租稅。二月，宋復遣趙良嗣來定議，加歲幣代燕地租稅，并議畫疆，遣使置榷場。癸卯，遣貝勒尼楚赫道喇報聘於宋，許以武、應、朔、蔚、奉聖、歸化、儒、媯等州，其餘西北一帶接連山川及州縣不在許與之限。

張廷玉等《續文獻通考》卷二八《土貢一》　歷代土貢進奉羨餘

宋寧宗嘉泰元年十月，詔免瑞慶節諸道入貢。

先是，紹興三十二年，孝宗即位。七月，罷諸路聖節進奉。隆興元年詔：自後內外主兵官進奉會慶聖節，沈香不得過二十兩，馬不得過四匹，餘物並不得投進。乾道八年天申聖節，知光州滕瑞自書聖壽萬歲四字約二丈餘，兼造山棚高三丈餘，凡用絹五十匹，褾背投進。帝曰：滕瑞不修郡政，以此獻諛，特降一官。淳熙十五年正月詔：免諸州軍會慶節進奉二年。至是復有此詔。

《全宋文》卷五五九余靖《謝賜絹狀》　右，臣今月六日，伏蒙聖恩，差御藥梁惟一賜臣絹二百匹，令臣迎親歸京者。伏念臣本遠人，素無通識，誤膺擢用，莫補休明。昨求外官，蓋欲便於溫清，過蒙聖造，不令遠去闕庭。未知所報之恩，更承非望之賜，上荷雲天之施，下爲鄉里之光。誓捐微軀，以答洪覆。《武溪集》卷一六。

《全宋文》卷六七〇歐陽修《賜外任臣寮進奉乾元節銀絹馬敕書》　敕高易簡：省所進奉乾元節絹五百疋，事具悉。汝夙以敏材，膺於柬寄。及此奉觴之節，載陳任土之儀。能因物以達誠，見事君之甚恪。省閱於再，歎嘉不忘。故茲示諭，想宜知悉。《歐陽文忠公集》卷八六。

《全宋文》卷九七六宋仁宗《權免益梓利三路先增上供絹三年詔》皇祐五年四月戊寅　益、梓、利三路去歲蠶事薄收，宜令三司權免先增上供絹三年。《續資治通鑑長編》卷一七四。又見《宋會要輯稿》食貨七〇之一六六（第七册第六四五三頁）。

《全宋文》卷一一二五王珪《賜外任臣寮馬尋等進賀壽聖節絹詔》　敕：卿茂服朝聯，肅祇邦委，屬元春之令序，紀誕日之休符。列上慶函，旅陳珍貢，載循忠卿，良集寵嘉。《華陽集》卷二一。

《全宋文》卷一一二五《賜諸路賀封東陽郡王進絹詔》　敕：朕崇建藩屏，保疆京師，眷言守土之臣，旅上充庭之貢。勤誠所繫，嘉矚良深。《華陽集》卷二一。

《全宋文》卷一一二五《賜外任臣寮吕溱等進賀壽聖節絹詔》 敕：月朏迎年，皇極感節。睠肅膺於邦委，能遠效於庭輪。率守彌恭，興言增歎。《華陽集》卷二一。

《全宋文》卷一一二五《賜太子賓客知相州趙良規賀封潁王進絹詔》 敕：朕丕宅皇猷，茂封嫡藩。眷分守於郡符，遽旅陳於邦貢。永言欽歎，曷弭於懷！《華陽集》卷二一。

《全宋文》卷一三一〇蘇頌《賜五臺山十寺僧正省奇以下獎諭敕書》 敕五臺山十寺僧正省奇等：覽所進奉《坤成節功德疏》等事，具悉。眷彼仁祠，奠茲臺岳。集慶門之清衆，祝誕日以延洪。載閱疏封，良嘉誠懇。今賜省奇等紫僧衣一對，絹二十疋。故茲獎諭，想宜知悉。秋熱，各比清休否？遣書，指不多及。《蘇魏公文集》卷二四。

《全宋文》卷一三一〇蘇頌《賜五臺山十寺僧正省奇等進奉興龍節新正功德疏獎諭敕書》 敕五臺山十寺僧正省奇等：省所進奉《興龍節并新正功德疏》等事，具悉。適届誕辰，繼臨嗣歲。眷靈山之浄衆，演竺土之真文。延祝彌勤，嘉歎於再。今賜省奇等紫僧衣一對，絹二十匹。故茲獎諭，想宜知悉。冬寒，各比清休否？遣書，指不多及。《蘇魏公文集》卷二四。

舊題宇文懋昭撰《大金國志》卷三七《大宋與大金國誓書》 維宣和五年，歲次癸卯，三月甲寅朔，四日丁巳，大宋皇帝致誓書于大金（大聖）皇帝闕下：天之所助者〔順，人之所助者〕信，履信思乎順，〔則〕自天祐之，吉無不利。昨以〔大金〕大聖皇帝創興，併有遼國，遣使計議五代以後陷入契丹〔燕〕地，幸感好意，特與燕京、涿、易、檀、順、景、薊并屬縣及所管户民。緣爲遼國尚爲大金所有，以自來交與契丹銀二十萬兩、絹三十萬匹，并燕京每年所出税利五六分中，只算一分，計錢一百萬貫文，合直物色，常年搬送南京平州改爲南京。界首交割。

舊題宇文懋昭撰《大金國志》卷三七《金國元帥回奏》 大金都經略處置使、兩路都統斡離不，正月十二日，大宋皇帝遣使降到誓文，大開詳審，推見聖意，勇于改悔，（來）〔求〕踐舊好。叙定兄弟之義，卜于萬代，更不渝變，斯乃社稷生靈之福也。當司深爲感切，（遞）〔遽〕解重圍，收聚兵馬，鈐束將校，更不令驅虜殺戮。

既復舊約，欲成長久。（切）〔竊〕慮歲輸物（帛）稍多，難以經遠施行。兼奉宣命，若能悔責，委酌中理會。今又減放一百萬貫，常年只納一百萬貫文，折納，并銀二十萬兩，絹三十萬匹，仍爲今歲分撥。

張廷玉等《續文獻通考》卷二八《土貢一》 〔遼聖宗統和二十二年〕十二月，宋遣李繼昌請和。願歲輸銀十萬兩，絹二十萬匹，許之。【略】

興宗重熙十一年閏九月，北院樞密副使耶律仁先遣人報，宋歲增銀絹十萬兩匹。文書稱貢。

時宋請增歲幣銀絹，以償十縣地産。謂取晉陽及瓦橋以南十縣。【略】

天祚帝天慶五年七月，遣使致助軍銀絹。【略】

〔金太祖天輔〕七年正月，宋遣趙良嗣言：若得燕京，即納銀絹二十萬匹，綾二萬匹，以代燕地租税。

至太宗天會三年十月伐宋，十二月宋給事中李鄴等奉金百鋌請復修好。四年正月，都統宗望許宋修好，增歲幣。六年七月，宋貶號稱臣，遣使奉表，容州觀察使曹勛來，許歲幣。自是每春季差人至泗州交納。熙宗皇統二年二月，宋遣使來許歲幣銀絹二十五萬兩匹。

《奩史》卷八七《綺羅門》 世祖宏吉刺后率宫人親執女工，拘舊弓絃練之，緝爲紬以爲衣，韌密比綾綺。《元史》。

談遷《國榷》卷一七《成祖永樂二十一年》 是歲，交趾上供絹七千一百四十七匹，漆三千斤，【略】翠羽三千箇，扇萬柄。其貢自十四年始，歲有增損，而是歲獨贏。

談遷《國榷》卷八一《神宗萬曆三十七年》 〔十月〕壬戌，折湖州六七兩年白絹。

談遷《國榷》卷八五《熹宗天啓三年》 〔十二月〕泰寧等衛夷人炒兲等貢馬，頒賞衣段本色絹靴韈折給。至是並求折價，禮部爲請。從之。

傅維鱗《明書》卷八三《食貨志三》 穆宗即位，【略】四年，上諭户部，召買白緜二萬五千斤。尚書劉體乾奏：湖州解額且至，宜停買。上趣急。給事中李已諫曰：「臣聞物聚於所生，而赴於所用。京師非出緜之所，三月非用緜之時，求者苦其難，用者高其值，即日肇商於市，而數終不能盈也。」體乾復奏言：「京師根本重地，不可使一夫不安。今市肆晝閉，衆口嗷嗷，非平世所宜有也。」上悟，止之。

余繼登《典故紀聞》卷三 刑部搜獄中囚，得一私書，乃吴興王升以寄其子平涼知縣瑱者。其言曰：「凡爲官須廉潔自持。貧者士之常也，古人謂貧乏不能存，此是好消息。撫民以仁慈爲心，報國以忠勤爲本，處己以謙敬爲先，進修以學業爲務。有暇日，宜玩味經史，至於先儒性理之書，亦當潛心其間，於此見得透徹，則自然所思無邪。又熟讀律令，則守法不惑，仕與學不可偏廢。人便則買附子二三枚，川椒一二斤，必經税而後來，餘物非所覬也。」太祖覽書，嘉歎良久，賜升手詔，遣使往諭，賜白金百兩、絹十匹、附子五枚、川椒五斤，仍復其家。

《奩史》卷八七《綺羅門》 永樂八年，賜寧國長公主素二十四疋，大紅四疋，深青四疋，紅三疋，翠藍四疋，明緑五疋，出爐銀紅四疋。《賞賚考》。

正統九年，賜可汗妃綵絹三十二疋。《賞賚考》。

永樂八年，賜寧國長公主綵絹三百疋。《弇山堂別集》。

張江陵奉母入京，上賜江陵母裏絹四疋。《明逸編》。

顧炎武《肇域志・陝西・平涼府》 平涼縣　《唐書》：大中三年，康季榮奏收復原州石門、驛藏、木峽、制勝、六盤、石峽等六關。張君緒奏收復蕭關，敕於蕭關置武州。三州七關軍人百姓，皆河、隴遺黎，數千人見於闕下。上御延喜門撫慰，令其解辮，賜之冠帶，共賜絹十五萬疋。

藝文

《詩・鄭風・出其東門》 出其東門，有女如雲。雖則如雲，匪我思存。縞衣綦巾，聊樂我員。孔穎達正義：《廣雅》云：縞，細繒也。

《太平御覽》卷八一四《布帛部一・素》 宋玉《美人賦》曰：「腰如束素。」

曹操《曹操集・文集》卷三《清時令》 今清時，但當盡忠於國，效力王事，雖私結好於他人，用千匹絹，萬石穀，猶無所益。

徐幹等《建安七子集》卷四《徐幹集・圓扇賦》 惟合歡之奇扇，肇伊洛之纖素。仰明月以取象，規圓體之儀度。

《玉臺新詠》卷一班婕妤《怨詩一首》 新裂齊紈素，鮮潔如霜雪。吴兆宜注：善曰：《漢書》：罷齊三服官。李斐曰：紈素爲冬服。范子紈素出齊。荀悦曰：齊國獻紈素絹，天子爲三官服也。裁爲合歡扇，團團似明月。出入君懷袖，動摇微風發。常恐秋節至，涼風一作飆奪炎熱。棄捐篋笥中，恩情中道絶。

《玉臺新詠》卷一繁欽《定情詩一首》 何以答歡悦，紈素三條裙。吴兆宜注：按《晉東宫舊事》，皇太子納妃，有丹紗碧紋雙裙。蓋魏晉俗尚如此。何以結愁悲，白絹雙中衣。

《太平御覽》卷八一六《布帛部三・綈》 張衡《西京賦》曰：「木衣綈錦，土被朱紫。」

《太平御覽》卷八一九《布帛部六・紈》 繁欽《定情詩》曰：「何以合歡欣，紈素爲衫裙。」

曹植《曹植集》卷二《浮萍篇》 散篋造新衣，裁縫紈與素。

《太平御覽》卷八一六《布帛部三・綃》 曹植《洛神賦》曰：「踐遠遊之文履，曳霧綃之輕裾。」

《玉臺新詠》卷三楊方《合歡詩五首》之一 衣用一作共。雙絲絹，寢共案：一作用。無縫裯。

《玉臺新詠》卷三曹毗《夜聽擣衣一首》 寒興御紈素，佳人理衣袷。一作衾。冬夜清且永，皓月照堂陰。纖手疊輕素，朗杵叩鳴砧。

《文選》卷三〇謝惠連《擣衣一首》 紈素既已成，君子行未歸。裁用笥中刀，縫爲萬里衣。

《玉臺新詠》卷三荀昶《擬青青河邊草》 客從北方來，遺我端弋綈。

《玉臺新詠》卷四丘巨源《詠七寶扇》 紗縞貴東夏，巧媛出吴闉。吴兆宜注：一作闡。《爾雅》：繒之細者曰縞。

《玉臺新詠》卷五范靖一作靜婦《戲蕭一作繡孃》 明珠翠羽帳，金薄緑綃帷。

《玉臺新詠》卷六費昶《華觀藝文類聚作光省中夜聞城外擣衣》 昨暮庭槐落，今朝羅綺薄。拂席捲鴛鴦，開縵舒鵾鶴。吴兆宜注：《説文》：縵，繒無文也。引《漢律》賜衣者縵表白裏。

《玉臺新詠》卷七梁簡文帝《同劉諮議詠春雪》一作詠雪 晚霰飛銀礫，浮雲暗未開。入池消不積，因風墮復來。思婦流黄素，温姬玉鏡臺。看花言可插，一作折。定自非春梅。

《玉臺新詠》卷七梁簡文帝《春閨情》 楊柳葉纖纖，佳人懶織縑。

曹學佺《蜀中廣記》卷六八《方物記一〇》 梁庾肩吾《謝武陵王賚絹啓》曰：蒙賚絹二十匹。清河之珍，丘園慙其束帛；闕東之妙，潛織陋其卷綃。下官謬眷扁舟，暫瞻遠旆。而天人渥眄，增餘論之榮；江漢安流，無泝洄之阻。遂使鶴霧宵凝，輕絺立變，鶡風轉急，冶服成温。有謝筆端，無辭陳報。

《全宋文》卷四七鮑照《河清頌》　阿紈綦組之饒，衣覆宗國；漁鹽杞梓之利，傍贍荒遐。士民殷富，繁軼五陵；宮宇宏麗，崇冠三川。《宋書》作「士民殷富，五陵既有慚德；宮宇宏麗，三川莫之能比」。《初學記》十八與本集同。

《全梁文》卷二八沈約《謝賜軨調絹等啓》　霜紈雪委，霧縠冰鮮。昔劉氏歸國，未聞漢儲之禮；曹植還蕃，非降魏兩之賜。恩愈杜逆，貢深束帛。《藝文類聚》八十五。

《全梁文》卷二八沈約《謝女出門宮賜絹綺燭啓》

桓室金縷，本非所議，孟姬作具，獨若未周。慈澤曲臨，珍華兼重，製爲美服，隻綺易儔。舉而不息，三夜有待。《藝文類聚》八十五。

《全梁文》卷二八沈約《謝勑賜絹葛啓》

素采冰華，絺文霜潔。變溽暑於閨閣，起涼風於襟袖。《藝文類聚》八十五。

《全梁文》卷六〇劉孝綽《謝越布啓》　比納方綃，既輕且麗；珍邁龍水，妙越島夷。《藝文類聚》八十五

王梵志《王梵志詩》卷三《我有一方便》　我有一方便，價直百疋練。相打長取弱，至老不入縣。

王梵志《王梵志詩》卷四《得他一束絹》　得他一束絹，還他一束羅。計時應大重，直爲歲年多。

李白《李太白全集》卷一《擬恨賦》　昔如漢祖龍躍，羣雄競奔，提劍叱咤，指揮中原。東馳渤澥，西漂崑崙，斷蛇奮旅，掃清國步。握瑶圖而倏昇，登紫壇而雄顧。一朝長辭，天下縞素。

杜甫《杜工部詩集》卷四《戲爲雙松圖歌韋偃》　韋侯韋侯數相見，我有一匹好東絹，重之不減錦繡段。已令拂拭光淩亂，請公放筆爲直幹。

杜甫《杜工部集》卷五《憶昔二首》之二　憶昔開元全盛日，小邑猶藏萬家室。稻米流脂粟米白，公私倉廩俱豐實。九州道路無豺虎，遠行不勞吉日出。齊紈魯縞車班班，男耕女桑不相失。宮中聖人奏雲門，天下朋友皆膠漆。百餘年間未災變，叔孫禮樂蕭何律。豈聞一絹直萬錢，有田種穀今流血。洛陽宮殿燒焚盡，宗廟新除狐兔穴。傷心不忍問耆舊，復恐初從亂離說。小臣魯鈍無所能，朝廷記識蒙祿秩。周宣中興望我皇，灑血江漢身衰疾。

杜甫《杜工部集》卷七《秋風二首》之二　天清小城擣練急，石古細路行人稀。

杜甫《杜工部集》卷一七《暮歸》　客子入門月皎皎，誰家擣練風淒淒。

杜甫《杜工部集》卷一八《送竇九歸成都》　讀書雲閣觀，問絹錦官城。

陸龜蒙《甫里集》卷一〇《顧道士亡弟子奉束帛乞銘于襲美因戲贈》　童初真府召爲郎，君與抽毫刻便房。亦謂神仙同許郭，不妨才力似班揚。比于黄絹詞尤妙，酬以霜縑價未當。唯我有文無賣處，筆鋒銷盡墨池荒。

韓偓《韓内翰別集》卷一《別錦兒及第後出京，別錦兒與蜀奴》　一尺紅綃一首詩，贈君相別兩相思。畫眉今日空留語，解佩他年更可期。臨去莫論交頸意，清歌休著斷腸詞。出門何事休惆悵，曾夢良人折桂枝。

《全唐詩》卷三八二張籍《寄衣曲》　織素縫衣獨苦辛，遠因回使寄征人。

《全唐詩》卷三八二張籍《促促詞》　促促復促促，家貧夫婦歡不足。今年爲人送租船，去年捕魚在一作向江邊。家中姑老子復小，自執吴綃輸税錢。家家桑麻滿地黑，念君一身空努力。

《全唐詩》卷三八六張籍《涼州詞三首》之一　邊城暮雨雁飛低，蘆筍初生漸欲齊。無數鈴聲遥過磧，應駄白練到安西。

《全唐詩》卷三八六張籍《酬朱慶餘》　越女新妝出鏡心，自知明艷更沉吟。齊紈未是人間貴，一曲菱歌敵萬金。

《全唐五代詞》卷四李存勗《歌頭》　賞芳春，暖風飄箔。鶯啼緑樹，輕烟籠晚閣。杏桃紅，開繁萼。靈和殿，禁柳千行，斜金絲絡。夏雲多，奇峯如削。紈扇動微涼，輕綃薄。梅雨霽，火雲爍。臨水檻，永日逃煩暑，泛觥酌。

梅堯臣《梅堯臣集》卷二二《和宋中道元夕十一韻》　鼓聲闐闐衆戲屯，百仞太華臨端門。【略】山前絳綃垂霧薄，火龍矯矯紅波翻。

梅堯臣《梅堯臣集》卷二三《觀史氏畫馬圖》　誰縫冰紈十二幅，畫出胡馬一百蹄。胡人縱獵走且射，野牛駭怒頭角低。

梅堯臣《梅堯臣集》卷二四《答沖雅上人遺草書并詩》　經月不出户，堂上多緑苔。忽有方外客，衣披稻畦來。來從青山下，手把紈素裁。筆草數行字，瘦蛇起春雷。渴墨未散霧，屈角麟欲開。

梅堯臣《梅堯臣集》卷二六《表臣齋中閱畫而飲》　嘗觀韓幹馬，人物亦如生，君收四病骨，無肉只峥嶸。【略】古絹蠹已盡，彩色無精明，歎惜傳至此，幾人金帛輕。

梅堯臣《梅堯臣集》卷二六《永叔贈絹二十匹》　鳳皇拔羽覆鶵鷇，鶵鷇幸脱

僵蒿蓬。昔公處貧我同困，我無金玉可助公，公今既貴我尚窘，公有縑帛周我窮。古來朋儕義亦少，子貢不顧顔淵空。復聞韓孟最相善，身仆道路哀妻僮。生前曾未獲一飽，徒説吟響如秋蟲。自驚此贈已過足，外可畢嫁内禦冬。況無杜甫海圖坼，天吴且免在褐躬。瘦兒兩脛不赤凍，病婦十指休補縫。廚中餧婢喜有望，服鮮棄垢必所蒙。梁上君子切莫下，吾非陳寔何爾容。

梅堯臣《梅堯臣集》卷二七《送徐無黨歸婺州》 吴蠶吐柔絲，越女織美紈。機杼固已勤，刀尺誠獨難。裁縫失分寸，長短爲損殘。

梅堯臣《梅堯臣集》卷二九《次韻和永叔夜聞風聲有感》 焉得從釣舟，逆上嚴子湍。此事人所易，謝榮爲獨難。誰顧萬古名，黑石持鐫刊。風聲不用撼，牀頭閒素紈。

蘇軾《蘇軾詩集》卷一六《文與可有詩見寄云：待將一段鵝溪絹，掃取寒梢萬尺長。次韻答之》 爲愛鵝溪白繭光，王十朋注：程縯曰：鵝溪，地名，在梓州鹽亭縣，出絹甚良。施元之注：《茶録》：蜀東川鵝溪畫絹，作茶羅底佳。查慎行注：任淵《山谷内集注》：鵝溪，今在潼川，畫絹所出。掃殘雞距紫毫芒。世間那有千尋竹，月落庭空影許長。王十朋注：先生《篔簹谷偃竹記》云：余爲徐州，與可以書遺余，書尾復寫一詩，其略曰：擬將一段鵝溪絹，掃取寒梢萬尺長。余謂與可竹長萬尺，當用絹二百五十疋，知公倦於筆硯，願得此絹而已。與可無以答，則曰：「吾言妄矣，世豈有萬尺竹哉。」余因而實之，答其詩云云。

蘇軾《蘇軾詩集》卷三一《東川清絲寄魯冀州，戲贈》 鵝溪清絲清如冰，王十朋注：次公曰：鵝溪，東川溪名。施元之注：《茶録》：蜀東川鵝溪，出畫絹，作羅底佳。查慎行注：《太平寰宇記》：劍南東道梓州，舊進兩熟烏頭紋綾、水紋綾。《九域志》：梓州路東川節度，土貢白綾十一匹，其地有蠶絲山，每歲上春七日，士女游此，以祈蠶絲，云云。清絲，必綾絹之名也。上有千歲交枝藤。藤生谷底飽風雪，歲晚忽作龍蛇升。馮應榴合注：此言清絲織成之紋，作交枝老藤，夭矯如龍蛇也。嗟我雖爲老侍從，骨寒只受布與繒。牀頭錦衾未還客，王十朋注：杜子美《太子張舍人遺織成褥段》詩：客從西北來，遺我翠織成。開緘風濤湧，中有掉尾鯨。坐覺芒刺在背膺。豈如髯卿晚乃貴，福禄正似川方增。醉中倒著紫綺裘，王十朋注：李太白詩：倒披紫綺裘。施元之注：李太白《翫月》詩序：翫月金陵城西孫楚酒樓，日晚，乘醉著紫綺裘，烏紗巾，與酒客數人，棹歌秦淮。下有半臂出縹綾。王十朋注：子仁曰：縹，普沼切，錦青白色。施元之注：《北夢瑣言》：鄭愚好華侈，以錦爲半臂，後以所業見崔鉉，鉉歎曰：「真消得錦半臂。」《宣室志》：竇參夢德宗以文錦半臂賜之。解者曰：「半臂乃股肱之服。」後數日，果大拜。温庭筠《乾𦠆子》：房琯家法，不著半臂。又引《松窗録》：王后謂明皇曰：「不記阿忠脱紫半臂，爲生日湯餅耶？」封題不敢妄裁剪，刀尺自有佳人能。遥知千騎出清曉，積雪未放浮塵興。白鬚紅帶柳絲下，老弱空巷人相登。但放奇紋出領袖，吾髯雖老無人憎。

蘇軾《蘇軾詩集》卷四二《宥老楮》 静言求其用，略數得五六。膚爲蔡侯紙，子入《桐君録》。黄繒練成素，王十朋注：次公曰：黄繒，黄絹也，世蓋以楮實練絹矣。查慎行注：按《詩疏》：穀皮可爲布。裴淵《廣州記》：蠻夷取穀皮爲羂布，以擬氈，甚煖。黝面頽作玉。

陸游《劍南詩稿》卷六《自嘲》 華子中年百事忘，嵇生仍坐懶爲妨。病於榮宦冥心久，老向端閑得味長。對客欲談還憒憒，讀書纔過已茫茫。青縑帳暖黄紬穩，聊借東菴作睡鄉。

陸游《劍南詩稿》卷九《夏白紵并序》 古有四時《白紵》，亦有止作一時者。丙申五月在成都，烈暑可畏，戲作《夏白紵》二首。

雲母屏薄望如空，水精簾疎不礙風。美人獨立何所似，白玉芙蕖秋水中。

素綃細織冰蠶縷，清寒不受人間暑。晚來浴罷緑窗閑，自把新詩教鸚鵡。

陸游《劍南詩稿》卷三一《紙閣午睡》 黄紬被煖青氈穩，紙閣油窗晚更妍。一飽無營睡終日，自疑身在結繩前。

陸游《劍南詩稿》卷四一《龜堂雜興》 閩溪紙被輭於綿，黎峒花紬暖勝氈。一夜山中三尺雪，未妨老子日高眠。

劉克莊《後村集》卷八《軍中樂》 行營面面設刁斗，帳門深深萬人守。將軍貴重不據鞍，夜夜發兵防隘口。自言敵畏不敢犯，射麋捕鹿來行酒。更闌酒醒山月落，綵縑百段支女樂。誰知營中血戰人，無錢得合金瘡藥。

厲鶚《宋詩紀事》卷九二如琳《寄夏思道惠示縑帛》 憶昔南方木葉下，祝融逗留不退舍。閶闔未簡卒歲材，明月滿門自宜夜。而今身在天中央，日月寒暑遵故常。西風今日我爲政，冥冥塵沙何可當。浮雲倚勢不解事，濃陰蔽日釀秋思。卧病但知仲卿泣，載酒誰問子雲字。故人千里知我寒，書來遺我帛數端。揀絲織作經緯稱，長細廣幅尺度寬。染人暴練勿設色，衣被皎皎識君德。以上《倚松集》。

厲鶚《宋詩紀事》卷九二如琳《題骨觀畫》

白骨纖纖巧畫眉，髑髏楚楚被羅衣。手持紈扇空相對，笑殺傍觀自不知。《墨莊漫録》。

范梈《范德機詩集》卷四《搗練圖》 深宮佳人白日長，夜感蟋蟀鳴中房。起視河漢心回皇，雲鬢籠鬆分作行。清水如天收素練，翠蛾帶月杵玄霜。轆轤無繩金井悄，邊頭不見梧桐黄。裁縫熨貼坐在牀，載玄載黄公子裳。制成不遠煩寄將，但見寒暑彫三光，身體甚適平時康。君不見，古來邊庭士，雪壓關河征戰多，折盡衣裘淚如水。

王士禎《分甘餘話》卷一《雨後風光》 己丑歲，自春夏至秋八月多雨，書屋後叢竹甚茂，雨後鵝兒鴨雛拍浮其間，頗似畫本。余賦絶句云：「紫竹林中水滿塘，鵝兒得意弄輕黄。轆材剩有鵝溪絹，合付邊鸞與趙昌。」從姪磊字石丈，善丹青，當令補作一圖。

袁枚《小倉山房詩文集》卷一三《妹夫胡書巢作宰什方遠貽川絹感而成咏用答高情》 一紙家書萬里情，八年人老杜鵑聲。胡威贈絹知蠶好，薛女題箋想政清。署外山光雍齒廟，馬頭月色錦官城。韋莊詩集韋皋業，珍重郎君蜀道行。

錢大昕《潛研堂詩集》卷一《五雜組》 五雜組，窈窕孃。往復還，紈袴郎。不得已，嫁茶商。

錢大昕《潛研堂詩集》卷三《吴越宫詞十首》之五 新添侍女直嚴更，青絹輕幮夢未成。曲宴胡琴繞弄罷，牆陰微度彈丸聲。

雜録

佚名《三輔黄圖》卷一 咸陽北至九嵕甘泉，南至鄠、杜，東至河西至汧、渭之交，東西八百里，南北四百里。離宫别館，相望聯屬。木衣綈綉，土被朱紫。宫人不移，樂不改懸，窮年忘歸，猶不能偏。

干寶《搜神記》卷一 漢董永，千乘人。少偏孤，與父居。肆力田畝，鹿車載自隨。父亡，無以葬，乃自賣爲奴，以供喪事。主人知其賢，與錢一萬，遣之。永行三年喪畢，欲還主人，供其奴職。道逢一婦人曰：「願爲子妻。」遂與之俱。主人謂永曰：「以錢與君矣。」永曰：「蒙君之惠，父喪收藏。永雖小人，必欲服勤致力，以報厚德。」主曰：「婦人何能？」永曰：「能織。」主曰：「必爾者，但令君婦爲我織縑百疋。」於是永妻爲主人家織，十日而畢。女出門，謂永曰：「我，天之織女也。緣君至孝，天帝令我助君償債耳。」語畢，淩空而去，不知所在。

陶潛《搜神後記》附《搜神記》異本 昔劉向《孝子圖》曰：有董永者，千乘人也。小失其母，獨養老父，家貧困苦，至於農月，與轆車推父於田頭樹蔭下，與人客作，供養不闕。其父亡歿，無物葬送，遂從主人家典田，貸錢十萬文。語主人曰：「後無錢還主人時，求與歿身主人爲奴一世常(償)力。」葬父已了，欲向主人家去。在路逢一女，願與永爲妻。永曰：「孤窮如此，身復與他人爲奴，恐屈娘子。」女曰：「不嫌君貧，心相願矣，不爲恥也。」永遂共到主人家。主人曰：「本期一人，今二人來，何也？」主人問曰：「女有何伎能？」女曰：「我解織。」主人曰：「與我織絹三百疋，放汝夫妻歸家。」女織經一旬，得絹三百疋。主人驚怪，遂放夫妻歸還。行至本相見之處，女辭永曰：「我是天女，見君行孝，天遣我借君償債。今既償了，不得久住。」語訖，遂飛上天。前漢人也。

《天中記》卷四九《絹》 織絹償價 董永父終，貧不遂葬，以身質錢一萬。既葬，就後逢一女子求與永爲妻，云：「能織絹。」永詣主人，主人令織，一旬三百疋債足。女辭之曰：「我天之織女也，帝見君孝，使我償耳。」因遂不見。《孝子傳》

《太平御覽》卷八一七《布帛部·絹》 又曰：吴先主病，遣人於門觀不祥。巫啓見一鬼，着絹布，似是大臣將相。其夜，先主夢見魯肅來入，衣巾如之。

《晉書》卷一〇五《載記五·石勒下》 令公私行錢，而人情不樂，乃出公絹市錢，限中絹匹一千二百，下絹八百。然百姓私買中絹四千，下絹二千，巧利者賤買私錢，貴賣於官，坐死者十數人，而錢終不行。

《北史》卷四三《邢巒傳》 俗語云「耕則問田奴，絹則問織婢」。

《太平御覽》卷八一七《布帛部四·絹》 《述異記》：曰清河崔基寓居青州。朱氏女姿容絶倫，崔傾懷招攬，約女爲妾。後三更中，忽聞扣門外，崔披衣出迎，女雨淚嗚咽云：「適得暴疾喪亡，忻愛永奪，悲不自勝。」女於懷中抽兩疋絹與崔曰：「近自織此絹，欲爲君作禪衫，未得裁縫，今以贈離。」崔以錦八尺答之。女取錦曰：「從此絶矣。」言畢，倏然而滅。至旦，告其家，女父曰：「女昨夜忽然病，夜亡。」崔曰：「君家絹帛無零失耶？」答云：「此女舊織餘絹兩疋在箱中，女亡之始，婦出絹欲裁爲送終衣，轉盼失之。」崔因此具説事狀。

《太平御覽》卷八一九《布帛部六·紈》 王子年《拾遺記》曰：瀛洲有金巒之觀，中有寶几，覆以雲紈之素。

《廣博物志》卷三七 沈休文雨夜齋中獨坐，風開竹扉，有一女子，攜絡絲具，入門便坐。風飄細雨如絲，女隨風引，絡繹不斷，斷時亦就口續之，若真絲焉。燭未及跋，得數兩，起贈沈曰：此謂冰絲，贈君造以爲冰紈。忽不見。沈後織成紈，鮮潔明浄，不異于冰。製扇當夏日，甫携在手，不摇而自涼。《瑯環記》

嚴子休《桂苑叢談》　鄒鳳熾，高宗時人。眉高背曲，住長安懷德坊。富於財，市南山木，每樹估一疋，自云：山木可盡，我絹有餘。乃鄒駱駝也。

《奩史》卷八七《綺羅門》　朱氏寡婦病死，復蘇云：「被執至一所，見府吏，言汝前生負我家絹若干匹，今放汝歸，急至某處送還我母。」及送還其母，具言其兒狀貌悉同。《冥報拾遺》

《奩史》卷八七《綺羅門》　大和中，蕭曠遊洛，夜憩雙美亭，月下取琴彈之。俄有一美人至，曰：「洛浦神女也，適聞君琴韵清雅，願一聽之。」乃彈《別鶴操》。神女歎美焉。俄有一青衣引一女，曰：「織綃娘子至矣。」神女曰：「洛浦龍君之愛女，善織綃于水府，適令召之耳。」遂命雙鬟持茵席，具酒殽，而至傳觴叙語，情況昵洽，蘭艷動人，若左瓊枝而右玉樹，繾綣永夕，咸暢其懷。將曉，神女出明珠翠羽二物贈曠，曰：「此乃陳思王賦所云，或拾明珠，或拾翠羽者也。」龍女出輕綃一疋贈曠，曰：「若有胡人購之，非萬金不可。」贈訖，超然躡虚而去。《洛神傳》

貞元中，鄭德璘舟泊江夏，旁有鹺賈韋生，乘巨舟抵湘潭，其夜與隣舟告別飲酒。韋生有女，居于舟之柁樓，隣舟女亦來訪別，二女同處笑語。夜將半，聞江中有秀才吟詩者，隣舟女善筆札，因覩韋氏妝奩中有紅牋一幅，取而題所聞之句，哦吟良久。及曉，東西而去。德璘舟與韋氏舟同離鄂渚，信宿至洞庭畔，復與韋生舟相近。韋氏女美而艷，日暮于水窻垂釣，德璘窺見之，甚悦，遂以紅綃一尺，題詩于上，彊惹其鈎，女收取之，然不工刀札，恥無所報，遂以夜來隣女所題紅牋者投之。德璘謂女所製，甚喜，然無計遂其欵曲。韋舟遽張帆而去，風勢將緊，德璘小舟不敢發。俄有漁人語德璘曰：「向者賈客巨舟，全家没於洞庭矣。」德璘悲惋，作《弔江姝詩》酹而投之，至誠感應，遂有水神持詣水府，府君覽之，召溺者數輩曰：「誰是鄭生所愛？」有主者搜韋氏臂，見紅綃，語府君，府君即使主者擶韋氏送鄭生。時已三更，德璘有物觸舟，秉炬拯之，乃韋氏也，繫臂紅綃尚在。德璘喜且駭。良久，女蘇息，乃説府君感君而活我命。德璘遂納爲室。《古今小説》

張建章往渤海，風濤遇仙女于島，遺一鮫綃，軸之如箸，夏月展之則滿室凛然。《北夢瑣言》

蘇軾《蘇軾文集》卷六一《與辯才禪師六首》其三　某有少微願，須至仰煩，切料慈照必不見罪。某與舍弟某捨絹一百疋，奉爲先君霸州文安縣主簿累贈中大夫、先妣武昌郡太君程氏，造地藏菩薩一尊，并座及侍者二人。菩薩身之大小，如中形人，所費盡以此絹而已。若錢少，即省鏤刻之工可也。

蘇軾《蘇軾文集》卷七三《服絹法》　醫博張君傳服絹方，真神仙上藥也。然絹本以禦寒，今乃以充服食，至寒時，當蓋稻子席耳。世言着衣喫飯，今乃喫衣着飯耶？

趙與時《賓退録》卷五　俗説愚人以八百錢買匹絹，持以染緋，工費凡千二百，而僅有錢四百，于是併舉此絹，足其數以償染工。

蔡絛《鐵圍山叢談》卷五　世謂道君用度廣，空帑藏，是悉繆說。別本竝作「誤」。不知元豐、大觀二藏雖研墨，蓋何事不具？仍豐盛異常爾。且以敵犯順時，元豐與内帑，自出河北、山東精絹一千萬匹，他絹則勿取。以是證焉，斯可知已。

舊題宇文懋昭撰《大金國志》卷九《熙宗孝成皇帝一》　〔劉〕豫之廢也，汴京有錢九千八百餘萬緡，絹二百七十餘萬匹，金百二十餘萬兩，銀一千六百餘萬兩，糧九(千)〔十〕萬石，而方州不在此數。

舊題宇文懋昭撰《大金國志》卷三二《檢視宋國庫藏》　絹五千四百萬疋，大物段子一千五百萬疋。

《白孔六帖》卷八　卷綃鮫人潛織以卷綃。鮫人，泉客。織輕綃於泉室，出以賣之。

《奩史》卷八七《綺羅門》　李嬴遇神女，遺以匹素，後胡人以三百萬易之，曰：「此龍頷鬚所織，三十小劫方斷一絲。」《楊氏六帖》

《全宋文》卷六五宋太宗《提領左藏南庫供金銀絹等充德壽宫册寶支使詔》雍熙二年八月十四日　提領左藏南庫供進金一萬兩，銀五萬兩，絹一萬疋，度牒五十道，充將來德壽宫册寶支使。《宋會要輯稿》職官二七之五四(第三册第二九六三頁)。

《全宋文》卷二〇九薛奎《乞許川界鹽酒場務以買銀錢收買紬絹送納奏》天聖五年四月　川界諸州軍監鹽酒場務，並是衙前公人買撲勾當，其年額錢内有分數折變送納紬絹，每匹六千五百鋌銀□兩五貫五百。緣諸州元無出銀坑冶，自來準望客人將川中匹帛往内地州軍破賣，收買到銀送納。今緣益州街市，銀每兩見賣小鐵錢二十千足，若將比附鹽酒折變，約是增長三倍以來。及問得添長因依，蓋爲客人在内地興販鋌銀入川，須經興、利、三泉縣三處官場，每十兩抽買一兩，每兩支小鐵錢十一貫三百文足。因兹客旅更有一重銷折艱難，致鋌銀得到川中，價例增長。又勾當場務公人就大價收買，趂限送納，甚是不易。欲乞指揮利州路轉運司，興、利州，三泉縣住行抽買鋌銀，却將逐年買銀錢收買紬絹上京送納。《宋會要輯稿》食貨三七之一〇（第六册第五四五三頁）。

《全宋文》卷九四三宋仁宗《陝西軍士春冬衣絹特支與本色詔》天聖元年十二月 陝西諸州軍、蕃落諸指揮十將已下至長行春冬衣絹，今後并特支與本色。《宋會要輯稿》職官五七之三。

《全宋文》卷九四四宋仁宗《豫支紬絹價錢取人户情願詔》天聖二年四月 今後豫支紬絹價錢，并取人户情願；其不出産州軍，不得一例抑配，仍具施行訖聞奏。《宋會要輯稿》食貨三七之九（第六册第五四五二頁）。又見《寶慶四明志》卷五。

《全宋文》卷九六〇宋仁宗《令三司出銀絹助糴軍糧詔》景祐四年七月辛酉 三司出銀十五萬兩下河北路，絹十萬下河東路，助糴軍糧。《續資治通鑑長編》卷一二〇。

《全宋文》卷九八五吴奎《乞自京師支銀絹充馬直奏》嘉祐七年 秦州古渭、永寧寨并原州、德順軍，令悉置場。請自京師歲支銀四萬兩、紬絹七萬五千匹充馬直。銀以二萬兩并紬絹并充邊庫錢，餘闕萬緡，以解鹽鈔并雜支錢給之。《續資治通鑑長編》卷一九二。

《全宋文》卷一〇二五韓絳《乞撥還河北轉運司借用安撫司封樁錢帛奏》熙寧六年七月 安撫司舊封樁錢帛八十六萬，轉運司借用過半。相承歲久，乞自朝廷撥還。《續資治通鑑長編》卷二四六。

《乞用新紬絹或錢銀對易安撫司所封樁錢帛奏》熙寧七年一月 本路安撫司累歲封樁紬絹，或致陳腐。乞下轉運司用新紬絹或錢銀對易，或依市易法令民户入抵出息。其餘經略安撫司封樁物亦乞依此。《續資治通鑑長編》卷二四九。又見《宋會要輯稿》職官二七之九（第三册第二九四一頁）。

程哲《蓉槎蠡説》卷一〇 買絹牙郎，婦婢所鄙，而聚徒教授。至於懸納絲粟，留質衣物，如北海陰鳳，華陰徐遵明、張吾貴等，又牙郎不若。惟退之撰《平淮西碑》，韓弘酬絹五百疋，杜牧之撰《韋丹碑》，江西觀察使許于泉酬綵絹三百疋，爲無慙耳。

汪啓淑《水曹清暇録》卷六 今人出門歸家，送人物件稱人事，已見裴松之《三國志》。又唐韓退之《奏狀》韓宏寄絹五百疋與臣充人事。又杜牧《謝狀》云聖旨令臣領受江西觀察使許于泉所寄韋丹碑文人事綵絹三百疋。蓋此名其來久矣。

于敏中等《日下舊聞考》卷三二《宫室》 〔大明〕殿右連爲主廊十二楹，四周金紅瑣窗，連建後宫，廣可三十步，深入半之，不顯楹架，四壁高曠，通用絹素冒之，畫以龍鳳，中設金屏障，障後即寢宫，深止十尺，俗呼爲拏頭殿。龍牀品列爲三，亦頗渾樸。殿前宫東西仍相向爲寢宫，中仍設金紅小屏，牀上仰皆實如方隅，綴以綵雲金龍鳳。通壁皆冒絹素，畫以金碧山水。壁間每有小雙扉，内貯裳衣，前皆金紅推窗，間貼金花，夾以玉板明花油紙，外籠黄油絹幕。至冬則代以油皮。内寢屏障重覆帷幄而裏以銀鼠，席地皆編細簟，上加紅黄厚氊，重覆茸單。至寢處牀座，每用茵褥，必重數疊，然後上蓋納奇錫，再加金花貼薰異香，始邀臨幸。宫後連抱長廡以通前門，前繞金紅闌檻，盡列花卉，以處妃嬪。而每院間必建三楹，東西向爲牀，壁間亦用絹素冒之，畫以丹青。廡後横亘長道，中爲延春宫，丹墀皆植青松，即萬年枝也。門廡殿制，大略如前。甃地皆用濬州花板石甃之，磨以核桃，光彩若鏡。中置玉臺，牀前設金酒海，四列金紅小連牀。其上爲延春閣，梯級由東隅而升，長短凡三折而後登。雖至幽暗，闌楯皆塗黄金龍雲，冒以丹青絹素，上仰亦皆拱爲攢頂，中盤金龍，四周皆繞金珠瑣窻，窻外繞護金紅闌干，凭望至爲雄傑。

嵇璜等《清朝通典》卷一二四《災祥略三》 雍正七年七月，浙江總督性桂等奏報：湖州府歸安縣民王文隆家育蠶二十七筐，有九筐萬蠶同織瑞繭一幅，長五尺八寸，寬二尺三寸，自然成就，不由人工，洵爲上瑞。

諭曰：前據浙江署督性桂等奏進，湖州居民家，萬蠶同織瑞繭一幅，父老稱爲從來未有之奇。朕恐小民圖利望恩，或用人工造作而成，因令體訪確實，勿爲所欺。昨性桂等於本地詳加驗看訪察，實係自然成就，具摺覆奏。廷臣等以蠶桑織紝，乃衣被之大原，養民之切務。今浙省有此瑞應，則人民温暖可期，咸爲國家稱慶。朕素不言祥瑞，數年以來，每遇休徵，必倍加乾惕儆戒，所頒諭旨，至再至三。朕愛育元元，務期普天率土之人，得沾實惠，一時希有之物，不足以禦飢寒。倘蒙上天俯鑒悃誠，錫福黎庶，蠶桑普盛，衣食充盈，乃朕心之所謂祥瑞也。

陳康祺《郎潛紀聞・四筆》卷七《乾隆間河工窮奢極欲》 《水窗春囈》述河工當日之奢侈云：乾隆末年，首廳必蓄梨園，有所謂院班、道班者，長年承應。

霜降後，復以數萬金至蘇，召名優爲安瀾演劇之用，自季秋至仲冬三閱月。即席間之柳木牙籤，一錢可購十餘枝者，亦開報至數百千。買燕窩皆以箱計，一箱則數千金。海參、魚翅之費，皆及萬。其肴饌，則客至自辰至夜半，不停戲不撤席，小碗可至百數十味。廚中煤爐數十具，一庖人專司一肴，其所司之肴進，則出而狎游矣。建蘭、牡丹價亦盈千。河廳裘材，不求之市，每夏秋間，輦數萬金出關購全狐歸，召匠就其皮之濃纖，色之深淺，各從其類，分大毛、中毛、小毛，選擇縫組，勻淨無疵。蘇杭綢緞，每季必自定花樣顏色，使機坊另織，一樣五件，蓋大衿、缺衿、一果元、外褂、馬褂也。其尤侈者，河官宅門以內，無油燈，無布縷，上下皆秉燭。雖婦女纏足，亦不用布也。珠翠金玉，更不可勝計，朝珠、帶板、攀指，動輒千金。

俞樾《茶香室叢鈔》卷三《算盗絹數》　唐高彦休《闕史》云：青州楊尚書損，觀風陝郊。一日，使院有專兵籍者闕，有吏兩人，衆推合授從事，掾不能決。公曰：有夕道於叢林間者，聆羣跖評竊賄之數曰：人六匹則長五匹，人七匹則短八匹，不知幾人、幾匹，令籌之，先達者勝。少頃，一吏果以狀先，遂授良闕。按此術在《孫子算經》，經云：今有人盗庫絹，不知所失幾何，但聞草中分絹，人得六匹盈六匹，人得七匹不足七匹。問：人、絹各幾何。答曰：賊一十三人，絹八十四匹。其術先置人得六匹于右上，盈六匹於右下，人得七匹于左上，不足七匹于左下，維乘之所得并之爲絹數，并盈不足爲人數。楊公所説本此，此吏能得之，亦以此術也。但依此算之微有不同，蓋人數猶是十三，而絹數則八十三耳。

俞樾《茶香室叢鈔》卷一〇《天下都綿襖》　《齊東野語》云：余嘗於南榮作小日閣，名之曰獻日。軒幕以白油絹，通明虚白，盎然終日。有客戲余曰：此所謂天下都綿襖者。相與一笑。後見何斯舉《黄綿襖子歌》，乃知古有此語。今人但知「黄綿襖子」之語，而「都綿襖」之語無知者。

范成大《吴郡志》卷四三《方技》　大曆中，有吴士顧生者，以畫山水歷抵諸侯之門。每畫，先幀絹數十幅於地，多研墨汁及諸綵色，各貯一器。使人吹角擊鼓，數十人齊聲大噪。顧生著錦襖，飲酒半酣，遶絹幀十餘匝。取墨汁瀉絹上，次傾諸色，乃以長巾一頭，覆於所瀉之處，使人坐壓，已執巾角而曳之，迴環既遍，然後以墨筆隨勢開決，爲峯巒島嶼之狀，不可言。《封氏見聞録》。

錦

題解

《書·禹貢》　兗州：厥貢漆絲，厥篚織文。孔安國傳：織文，錦綺之屬。孔穎達正義：綺是繒之有文者，是綾錦之别名，故云錦綺之屬，皆是織而有文者也。【略】揚州：厥篚織貝。鄭玄云：貝，錦名。織爲貝文。《詩》云「萋兮斐兮，成是貝錦」。凡爲織者，先染其絲乃織之，則成文矣。

《詩·小雅·巷伯》　萋兮斐兮，成是貝錦。毛亨傳：貝錦，錦文也。鄭玄箋：錦文者，文如餘泉、餘蚳之貝文也。孔穎達正義：解錦文稱貝者，其文如餘泉、餘蚳之貝文也。

《儀禮·聘禮》　上介奉束錦，士介四人，皆奉玉錦束請覿。鄭玄注：玉錦，錦之文纖縟者也。

《左傳·閔公二年》　重錦三十兩。杜預注：重錦，錦之熟細者。

《史記》卷二《夏本紀》　濟、河維沇州：【略】其篚織文。裴駰集解：孔安國曰：「織文，錦綺之屬。」

淮海維揚州：【略】其篚織貝。裴駰集解：鄭玄曰：「貝，錦名也。《詩》云『成是貝錦』。凡織者，先染其絲，織之即成[文]矣。」

《漢書》卷二八上《地理志上》　泲、河惟兗州。【略】厥棐織文。顔師古注：「織文，錦綺之類，盛於筐篚而獻之。」

《白孔六帖》卷八《錦》　白：重錦《傳》曰：歸夫人重錦三十兩。杜預注：言錦細熟者。以二丈雙行，故曰兩，蓋二十疋。

史游《急就篇》卷二　錦顔師古注：錦，織綵爲文也。

許慎《説文》七篇下《帛部》　錦，襄邑織文也。段玉裁注：漢《地理志》、《郡國志》：陳留郡屬縣有襄邑。今河南歸德府睢州治即故縣地。《地理志》云：縣有服官。李善引《陳留記》云：襄邑渙水出其南，睢水經其北，《傳》云：睢、渙之間出文章，故其黼黻絺繡日月華蟲，以奉宗廟御服焉。司馬彪《輿服志》云：襄邑歲獻織成虎文。按：許以漢法釋古，謂若今之襄邑織文即經典之錦文也。毛傳：貝，錦文也。《禹貢》厥匪織貝。鄭玄注云：貝，錦名也。凡爲織者，先染其絲，乃織之，則成文矣。《禮記》云：士不衣織。从帛，金聲。

劉熙《釋名》卷四《釋采帛》 錦，金也。作之用功重，其價如金。畢沅曰：今本其上衍於字，據《廣韻》引刪。葉德炯曰：漢時錦名最多。有斜文錦、蒲桃錦，見《西京雜記》。有虎文錦，見《漢官儀》。有走龍錦、翻鴻錦、雲鳳錦，均甘泉宮招仙靈閣物，見郭子元《洞冥記》。有鴛鴦萬金錦、蛟文萬金錦，均成帝賜後宮物，見《博物要覽》。有緑地五色錦，見吴淑《事類賦》引《西京雜記》。有雲錦、紫錦，見《漢武内傳》。至三國，名目尤緐，如《御覽·布帛部二》載：《魏志》絳地交龍錦、紺地句文錦、㬥文雜錦。又載魏武詔：如意虎頭連璧錦、金薄蜀薄等，大都隨織文命名，如下條綺之例，因成國未及，補注於此。故其制字从帛與金也。畢沅曰：今本脱从字，據《廣韻》引增。王先謙案：《説文》：「錦，襄邑織文也。从帛金聲。」是諧聲字，从帛與金説爲會意，非制字之本旨矣。

顧野王《玉篇》卷二七《糸部》原本 紴 布何切，又怖靡切，水波錦文也。原本 補柯、補靡二反。《説文》：「扁諸屬也。」《倉頡篇》：錦類也。《聲類》：水波錦文也。

顧野王《玉篇》卷二八《帛部》 錦 几飲切，錦，綺也。

丁度《集韻》卷三《戈韻》 紴【略】一曰，錦類。

丁度《集韻》卷五《紙韻》 紴錦屬。

丁度《集韻》卷七《襉韻》 繝錦文也。唐有大繝。通作襉。

司馬光《類篇》卷二一《帛部》 錦居飲切，襄邑織文，从帛，金聲。

司馬光《類篇》卷三七《糸部》 繝居莧切，錦文也，唐有大繝錦。

戴侗《六書故》卷三一《工事七》 織五采成文章曰錦。

李時珍《本草綱目·服器部》卷三八《錦》 時珍曰：錦以五色絲織成文章，故字从帛，从金，諧聲，且貴之也。《禹貢》兖州「厥篚織文」是也。

西湖散人《新鐫雅俗珠璣藪》卷七 錦言錦者，其功用重，價如金，故字從帛與金也。錦，織文也，出于蜀者爲上。夫錦，而成都獨多，故蜀有錦官城。

素錦白地錦也。

捺錦即織錦。

張自烈《正字通》卷八《糸部》 絿渠尤切，音求，蜀錦名。楊雄《蜀都賦》：「絿繏纁縜。」

縜許列切，音纈，蜀錦名。楊雄《蜀都賦》「絿繏纁縜」。又《金志》：國主視朝，服縜紗幞頭，窄袖赭袍，玉帶。如祭祀册封告廟，加衮冕法服。平居則皁巾雜服，與士庶無別。

纁敷尾切，音斐，蜀錦名，見縜注。舊本引楊賦重出。

繏隨願切，選去聲，蜀錦名，本作繏。

繝居晏切，音澗，錦文，唐有大繝錦。通作襉。

厲荃《事物異名録》卷二五《布帛部》 錦

織文 《説文》：「錦，織文也。」

一團嬌 段成式詩：「未有長錢求鄴錦，且令裁取一團嬌。」自注：錦名。

綜述

《周禮·天官·玉府》 凡王之獻金玉、兵器、文織、良貨賄之物，受而藏之。鄭玄注：文織，畫及繡錦。孫詒讓疏：「凡王之獻金玉、兵器、文織、良貨賄之物，受而藏之」者，並謂臣民獻之於王者，玉府則受而藏之，以備共御也。【略】云「文織，畫及繡錦」者，《月令》「文繡有恒」，鄭玄注云：「文謂畫也。」《説文·糸部》云：「織，作布帛之總名也。」又《帛部》云：「錦，襄邑織文也。」《書·禹貢》「兖州厥篚織文」，僞孔傳云：「織文，錦綺之屬。」《荀子·禮論篇》楊倞注云：「文織，染絲織爲文章也。」任大椿云：「鄭破文爲畫、織爲錦繡，其實錦織而繡刺，鄭蓋以大通言之也。」詒讓案：《月令》鄭玄注云：「祭服之制，畫衣而繡裳。」又《玉藻》「士不衣織」，鄭玄注云：「織，染絲織之。」蓋大夫以上服，皆染絲織之。織成文則爲錦，織成縵繒而畫之則爲文，刺之則爲繡。畫兼布帛言之，雖屬文亦得爲織。繡錦皆帛之有文采者，雖屬織亦得爲文，故鄭兼釋之。

《儀禮·士昏禮》 歸婦俎于婦氏人。舅饗送者以一獻之禮，酬以束錦。鄭玄注：送者，女家有司也。爵至酬賓，又從之以束錦，所以相厚。古文錦皆爲帛。賈公彦疏：「舅饗」至「束錦」。注「送者」至「作帛」。釋曰：此一獻與饗婦一獻同，禮則異，彼兼有姑，此依常饗賓客法。知送者是女家有司者，故《左氏傳》云「齊侯送姜氏，非禮也。凡公女嫁于敵國，姊妹則上卿送之，以禮於先君。公子則下卿送之。於大國，雖公子亦上卿送之。於天子，則諸卿皆行，公不自送。於小國，則上大夫送之」。以此而言，則尊無送卑之法，則大夫亦遣臣送之，士無臣，故知有司送之也。云「古文錦皆爲帛」者，此及下文錦皆爲帛，不從古文者，禮有玉錦，非獨此文，則禮有贈錦之事，故不從古文也。姑饗婦人送者，酬以束錦。若異邦，則贈丈夫送者以束錦。

《儀禮·聘禮》 出迎勞者，勞者禮辭。賓揖先入，勞者從之。乘皮設。賓用束錦儐勞者。【略】

擯者出請事，賓告事畢，賓奉束錦以請覿。鄭玄注：覿，見也。鄉將公事，是欲交其歡敬也。不用羔，因使而見，非特來。賈公彦疏：「擯者」至「事畢」。注「覿見」至「特來」。釋曰：自此「盡從者訝受馬」，論賓將私覿，主人不許而行禮賓之事。云「鄉將公事」者，聘享是也。云「是欲交其歡敬也」者，聘是公禮，非是交歡，此行私禮，爲交歡敬也。案《郊特牲》云：「爲人臣者無外交。」鄭注「私覿是外交也」者，彼謂臣爲君介，而行私覿，是外交。若特行聘，則得私覿，非外交也。故彼上經云：「大夫執圭而使，所以申信也。」注云「其君親來，其臣不敢私見於主國君也。以君命聘，則有私見」是也。云「不用羔，因使而見，非特來」者，謂因爲君聘使而行私見，故用束錦，非特來。若特來，則卿用羔也。【略】上介受賓幣，從者訝受馬。賓覿，奉束錦總乘馬，二人贊入門右。北面奠幣，再拜稽首。鄭玄注：不請不辭，鄉時已請也。覿用束錦，辟享幣也。總者，總八轡牽之。贊者，居馬閒扣馬也。入門而右，私事自闑右。奠幣再拜，以臣禮見也。贊者，賈人之屬，介特覿也。【略】公降立。擯者出請。上介奉束錦，士介四人，皆奉玉錦束請覿。鄭玄注：玉錦，錦之文纖縟者也。禮有以少文爲貴者，後言束，辭之便也。賈公彦疏：「公降」至「請覿」。注「玉錦」至「便也」。釋曰：自此盡「舉皮以東」，論上介、衆介行私覿之事。云「玉錦，錦之文纖縟者也」者，案《聘義》孔子論玉而云「縝密以栗知也」，是玉有密致，錦之纖縟似玉之密致者。云「禮有以少文爲貴」，者《禮器》直云有「以文爲貴者」，有「以少爲貴者」，無少文爲貴之語，但有以少爲貴，以文爲貴，明亦有以少文爲貴，故鄭以義而言之也。

《儀禮·公食大夫禮》　大夫相食，親戒速。迎賓于門外，拜至，皆如饗拜。降盥受醬湆，侑幣束錦也，皆自阼階降堂受，授者升一等。【略】司宫具几與蒲筵常，緇布純加萑席尋，玄帛純皆卷自末。鄭玄注：司宫，大宰之屬，掌宫廟者也。丈六尺曰常，半常曰尋。純，緣也。萑，細葦也。末，經所終有以識之。必長筵者，以有左右饌也。今文萑皆爲莞。賈公彦疏：「司宫」至「自末」。注「司宫」至「爲莞」。釋曰：【略】云「丈六尺曰常，半常曰尋」者，此皆無正文。案《周禮·考工記》云車有六等之數，云「軫崇四尺謂之一等」。又云「戈長六尺六寸，既建而迆之，崇於軫四尺，謂之二等。人長八尺，崇於戈四尺，謂之三等。殳長尋有四尺，崇於人四尺，謂之四等。車戟常崇于殳四尺，謂之五等。酋矛常有四尺，崇于戟四尺，謂之六等」。自軫至矛，皆以四尺爲差。以是約之，即知常是丈六尺，尋是八尺也。云「萑，細葦」者，以類言之，其實全別。是以《詩》云「葭菼」。注云：「葭，蘆菼薍，則葦一名蘆，一名葭，一名萑，一名菼。此萑又與莞席之莞不同，彼莞謂蒲也。云「有以識之」者，席無異物爲記，但織之自有首尾可爲記識耳。云「必以長筵者，以有左右饌」者，賓在户牖之閒，南面，上陳饌之時，正饌在左，庶羞在右，陳饌雖不在席上，皆陳於席前，當席左右，其閒容人，故謂長筵也。

《禮記·王制》　錦文、珠玉成器不粥於市，衣服飲食不粥於市。

《禮記·玉藻》　君衣狐白裘，錦衣以裼之。【略】錦衣狐裘，諸侯之服也。鄭玄注：非諸侯則不用錦衣爲裼也。【略】

居士錦帶。孔穎達正義：居士錦帶者，用錦爲帶，尚文也。【略】

童子之節也，緇布衣，錦緣，錦紳并紐，錦束髮，綿朱錦也。孔穎達正義：錦束髮者，皆以錦爲總而束髮也。

《禮記·中庸》　《詩》曰：「衣錦尚絅。」惡其文之著也，故君子之道，闇然而日章，小人之道，的然而日亡。

《太平御覽》卷八一五《布帛部二·錦》　《禮記·王制》曰：錦文珠玉成器，不鬻於市。不示民以奢與貪。成，猶善也。

《禮記·玉藻》曰：童子之節也，緇布衣，錦緣，錦紳并紐，錦束髮，皆朱錦。童子，未冠之稱冠。《禮》曰：將冠者，采衣紒也。

《爾雅》曰：「素錦雕杠。」

《尚書大傳》曰：古之帝王者必有命，民能敬長憐孤，取舍好讓，舉事力者命於其君，然後得乘飾車駢馬，衣文錦。

《范子計然》曰：錦大丈出陳留。

《尸子》曰：夫絲，捨而弗治，則腐而棄。使女繰之，以爲美錦，人君朝而服之。

《子思子》曰：管仲饋錦也，雖惡而登朝。子産練絲也，雖美而不尊。

《奩史》卷八七《綺羅門》　錦繡，西施造。《事始》。

《漢書》卷一下《高帝紀下》　〔八年春三月，令〕賈人毋得衣錦。

《藝文類聚》卷八五引蔡質《漢官典職》　尚書郎入直，中官供錦被。

《初學記》卷二引蔡質《漢官典職》　覆錦蔡質《漢官典職》曰：尚書郎給青縑白綾被，或以錦被。

《太平御覽》卷八一五《布帛部二·錦》

《淮南子》曰：管仲文錦也，雖醜登廟。子産練帛也，美而不(等)〔尊〕。

應劭《漢官儀》曰：虎賁中郎將古宫衣紗縠，單衣虎文錦袴，餘郎亦然。

《潛夫論》曰：夫攻玉以石，治金以鹽，濯錦以魚，浣布以灰，物故有以醜治好者矣。

圈稱《陳留風俗傳》　襄邑縣南有涣水，北有睢水，傳曰：睢、涣之間文章，故有黼黻藻錦，日月華蟲，以奉天子宗廟御服焉。

《白孔六帖》卷八　禁商賈之衣亦聞漢詔。漢詔曰：錦繡纂組，害女工也，商賈不得衣之。

崔豹《古今注》卷中《雜注第七》 魏文帝宮人絶所愛者，有莫瓊樹、薛夜來、田尚衣、段巧笑四人。日夕在側，瓊樹乃制蟬鬢，縹眇如蟬，故曰蟬鬢。巧笑始以錦緣絲履，作紫粉拂面。尚衣能歌舞，夜來善爲衣裳，一時冠絶。

《太平御覽》卷八一五《魏文帝詔》 前後每得蜀錦，殊不相侣，比適可訝，而鮮卑尚復不愛也。自吾所織如意虎頭連璧錦，亦有金薄蜀薄，來至洛邑，皆下惡，是爲下工之物，皆有虚名。

《太平御覽》卷八一五引《諸葛亮集》 今民貧國虚，決敵之資，唯仰錦耳。

《廣博物志》卷三七 前後每得蜀錦，殊不善，鮮卑尚復不受也。吴所織如意虎頭連璧錦，采至洛邑，亦皆下惡，是爲下士之物，皆有虚名。《魏文帝詔》。

俞正燮《癸巳存稿》卷一〇《錦地》 《魏志·倭國傳》云：絳地交龍錦五匹，絳地縐粟罽十張，紺地句紋錦三匹。臣松之以爲地應作綈，漢文帝著皁衣，謂之弋綈是也。地字不體，非魏朝之失，則傳寫者之誤也。案：綈爲厚繒，錦爲織采絲，罽爲氈，字今作毯，亦織采毛也。既爲綈，則不得爲錦爲罽矣。凡繪畫之事，皆有地，錦罽皆織畫，當有地。「地」字正體也。

《晉書》卷一〇三《載記第三·劉曜》 曜始禁無官者不聽乘馬，禄八百石已上婦女乃得衣錦繡，自季秋農功畢，乃聽飲酒，非宗廟社稷之祭不得殺牛，犯者皆死。

《晉書》卷一一三《載記第一三·苻堅上》 時商人趙掇、丁妃、鄒瓫等皆家累千金，車服之盛，擬則王侯，堅之諸公競引之爲國二卿。【略】乃下制：「非命士已上，不得乘車馬於都城百里之内。金銀錦繡，工商、皁隸、婦女不得服之，犯者棄市。」

《太平御覽》卷八一五《布帛部二·錦》 《抱朴子》曰：藉儒董鄧，猶錦紈之裹塵埃。

又曰：寸錦足以知巧，制暑足以知勇。

又曰：寸裂之錦黻，未若堅完之常布。

又曰：小文雖巧，猶寸錦細碎之珍。

《鄴中記》曰：石虎冬月施熟錦流蘇斗帳，四角安純金龍頭，衡五色。流蘇或用黄地博山文錦，或有紫綈及小明光錦。

《南齊書》卷三《武帝紀》 〔永明七年〕冬十月己丑，詔曰：「三季澆浮，舊章陵替，吉凶奢靡，動違矩則。或裂錦繡以競車服之飾，塗金鏤石以窮塋域之麗。至斑白不婚，露棺累葉，苟相姱衒，罔顧大典。可明爲條制，嚴勒所在，悉使畫一。如復違犯，依事糾奏。」

《南齊書》卷五《海陵王紀》 〔延興元年八月〕乙卯，申明織成、金薄、綵花、錦繡履之禁。

《南齊書》卷一九《五行志》 永明中，宮内服用射獵錦文，爲騎射兵戈之象。

《魏書》卷二一上《高陽王雍傳》 雍表請：王公以下賤妾，悉不聽用織成錦繡、金玉珠璣，違者以違旨論；奴婢悉不得衣綾綺纈，止於縵繒而已，奴則布服，並不得以金銀爲釵帶，犯者鞭一百。太后從之，而不能久行也。

《魏書》卷六〇《韓顯宗傳》 顯宗又上言曰：「【略】在朝諸貴，受禄不輕，土木被錦綺，僮妾厭粱肉，而復厚賚屢加，動以千計。若分賜鰥寡，贍濟實多。如不悛革，豈周急不繼富之謂也？」

《魏書》卷六二《李彪傳》 彪又表曰：「【略】伏見朝臣丁父憂者，假滿赴職，衣錦乘軒，從郊廟之祀，鳴玉垂緌，同節慶之醼，傷人子之道，虧天地之經。」

《魏書》卷一〇二《西域傳·疏勒》 土多稻、粟、麻、麥、銅、鐵、錫、雌黄、錦、綿，每歲常供送於突厥。

《周書》卷六《武帝紀下》 性既明察，少於恩惠。凡布懷立行，皆欲踰越古人。身衣布袍，寢布被，無金寶之飾，諸宮殿華綺者，皆撤毁之，改爲土階數尺，不施櫨栱。其雕文刻鏤，錦繡纂組，一皆禁斷。

《初學記》卷二七引山謙之《丹陽記》 歷代尚未有錦，而成都獨稱妙，故三國時，魏則市於蜀，吴亦資西蜀，至是始乃有之。

《太平御覽》卷八一五引山謙之《丹陽記》 鬬場錦署，平關右遷其百工也。江東歷代尚未有錦，而成都獨稱妙，故三國時，魏則(布)〔市〕於蜀，而吴亦資西道。

《隋書》卷八三《西域傳·疏勒》 疏勒國，都白山南百餘里，漢時舊國也。其王字阿彌厥，手足皆六指。産子非六指者，即不育。都城方五里。國内有大城十二，小城數十，勝兵者二千人。王戴金師子冠。土多稻、粟、麻、麥、銅、鐵、錦、雌黄，每歲常供送於突厥。

《舊唐書》卷五《高宗紀下》 永隆二年春正月，己亥，詔雍、岐、華、同民户宜免兩年地税，河南、河北遭水處一年。上詔雍州長史李義玄曰：「朕思還淳返朴，示天下以質素。如聞游手墮業，此類極多，時稍不豐，便致饑饉。其異色綾錦，并花間裙衣等，糜費既廣，俱害女工。天后，我之匹敵，常著七破間裙，豈不知更有靡麗服飾，務遵節儉也。其紫服赤衣，閭閻公然服用；兼商賈富人，厚葬越禮。卿可嚴加捉搦，勿使更然。」

《舊唐書》卷五一《后妃傳上·太宗賢妃徐氏》 時軍旅亟動，宮室互興，百姓頗倦勞役，上疏諫曰：【略】

夫珍玩伎巧，乃喪國之斧斤；珠玉錦繡，實迷心之酖毒。竊見服玩纖靡，如變化於自然；織貢珍奇，若神仙之所製。雖馳華於季俗，實敗素於淳風。

《新唐書》卷三八《地理志二》 泗州臨淮郡 土貢：錦。

《新唐書》卷四一《地理志五》 揚州廣陵郡 土貢：蕃客袍錦、被錦、半臂錦。

《新唐書》卷四二《地理志六》 成都府蜀郡 土貢：錦。

蜀州唐安郡 土貢：錦。

綿州巴西郡 土貢：錦。

杜佑《通典》卷六《食貨六》 趙郡貢錦五十疋。今趙州。

廣陵郡貢蕃客錦袍五十領、錦被五十張、半臂錦百段、新加錦袍二百領。今揚州。

李肇《唐國史補》卷下 凡物由水土，故江東宜紗綾宜宇，據《太平廣記》校補。紙者，鏡水之故也。蜀人織錦初成，必濯於江水，然後文綵焕發。

《太平御覽》卷八一五《布帛部二·錦》 《唐書》曰：大曆中，代宗勑曰：《王制》命市納賈，以觀人好惡。布帛精麤不中度，廣狹不中量，不鬻於市。漢詔亦云：纂組文繡，害女工也。朕思以恭儉克己，淳樸化人，每尚素玄之服，庶齊金土之價，而風俗不一，踰侈相高，浸弊於時，其來自久，耗縑繒之本，資錦綺之奢，異彩奇文，恣其誇耀。今師旅未戢，黎元不康，豈使淫巧之功，更虧恒制。在外所織造大張錦、軟錦、瑞錦、透背及大繝錦、竭鑿、六(硬)〔破〕已上錦，獨窠文紗，四尺幅及獨窠吳綾、獨窠司馬綾等，並宜禁斷。其長行高麗白錦、雜色錦及常行文字，綾錦花文所織盤龍、對鳳、麒麟、獅子、天馬、辟邪、孔雀、仙鶴、芝草、(方)〔萬〕字、雙勝，及諸織差樣文字等，亦宜禁斷。

司馬光《資治通鑑》卷二一一《玄宗開元二年》 上以風俗奢靡，秋，七月，乙未，制：「乘輿服御、金銀器玩，宜令有司銷毀，以供軍國之用；其珠玉、錦繡，焚於殿前；后妃以下，皆毋得服珠玉錦繡。」戊戌，敕：「百官所服帶及酒器、馬銜、鐙，三品以上，聽飾以玉，四品以金，五品以銀，自餘皆禁之；婦人服飾從其夫、子。其舊成錦繡，聽染爲皂。自今天下更毋得采珠玉，織錦繡等物，違者杖一百，工人減一等。」罷兩京織錦坊。

《唐大詔令集》卷一〇八玄宗《焚珠玉錦繡勑》 勑。朕聞珠玉者，饑不可食，寒不可衣，故漢文云：雕文刻鏤傷農事，錦繡纂組害女工。農事傷則饑之本，女工害則寒之源。又賈生有言曰：夫人一日不再食則饑，終歲不製衣則寒。飢寒切體，慈母不能保其子，君焉得以有其人哉。朕以眇身，託於王公之上，曷嘗不日旰忘食，未明求衣，思使反朴還淳，家給人足，而倉廩未實，饑饉相仍，水旱或僣，糟糠不厭。靜思厥故，皆朕之咎，致有漿酒藿肉，玉食錦衣，互相夸尚，浸成風俗。夫令之所施，惟行不惟反。人之化上，從好不從言。是以古先哲王，以身率下，如風之靡，何俗不易。此事近有處分，當以施行。朕若躬服珠玉，自玩錦繡，而欲公卿節儉，黎庶敦朴，是使揚湯止沸，涉海無濡，不可得也。是知文質之風，自上而始。朕欲捐金抵玉，正本澄源，所有服御金銀器物，令付有司，令鑄爲鋌，仍別貯掌，以供軍國。珠玉之貨，無益於時，並即焚於殿前，用絶爭競。至誠所感，期於動天，況於凡百，有違朕命，其宮掖之內，后妃以下，咸服澣濯之衣，永除珠翠之飾。當使金土同價，風俗大行，日用不知，克臻至道。布告天下，知朕意焉。開元二年七月。

《唐大詔令集》卷一〇八玄宗《禁奢侈服用勑》 勑。雕文刻鏤，衣紈履絲，習俗相夸，殊塗競爽，致傷風俗，爲弊良深。珠玉錦繡，既令禁斷，准式三品已上飾以玉，四品已上飾以金，五品已上飾以銀，宜於腰帶及馬銜鐙、酒杯杓依式，自外悉鑄爲鋌。婦人衣服，各隨夫、子，其已有錦繡衣服，聽染爲皂。成段者，官爲市取。天下更不得採取珠玉，刻鏤器玩，造作錦繡珠繩，織成帖絹二色，綺綾羅作龍鳳、禽獸等異文字及竪欄錦文者，違者決一百，受雇工匠降一等科之。兩京及諸州舊有官織錦坊悉停。開元二年七月。

《白孔六帖》卷八 廣陵錦韋堅通漕成，舟署某郡以所産暴陳其上，若廣陵錦。

冰蠶絲錦《唐樂府録》：康老子嘗賣一錦褥，有波斯見之者，乃曰：此冰蠶絲錦所織，暑月陳於座，滿室清涼。

毛錦五代室韋，其人工巧，善織毛錦。

《天中記》卷四九《錦》 明霞錦 宣宗大中初，女蠻國獻明霞錦，練水香麻以爲也。光耀芬馥著人，五色相間，而美麗於中國之錦。《酉陽》

冰蠶絲繭　康老子嘗賣一錦褥，有波斯見之者，乃曰：此冰蠶絲繭所織，暑月陳於座，滿室清涼。《唐樂府録》

《奩史》卷八七《綺羅門》　南詔婦人貴者綾錦裙襦，上施錦一副。《唐書》。

女王國有魚油錦，入水不濡，以有魚油故也。《杜陽雜編》。

明霞錦，光耀芬馥，唐宫中貴之。《坦齋通編》。

《全唐文》卷四八代宗《遺詔》　其喪儀及山陵制度，務從儉約，並不得以金銀錦綵爲飾。

《全唐文》卷六八敬宗《御丹鳳樓大赦文》　天下所貢奇綾異錦，雕文刻鏤，一事已上，有涉踰制者悉斷。

《全唐文》卷八五懿宗《大赦文》　應度支積欠大盈庫年支匹段絲錢，從太和八年以後至咸通元年以前，并宜放免。及欠瓊林庫年支金銀錫器錦綾器皿雜物等，自開成五年以後至咸通元年以前，并宜放免。

《全唐文》卷八八僖宗《遺詔》　且累朝遺制，畢及山陵，以漢文薄葬之詞，爲列聖循常之命。約錦繡金銀之飾，禁奢華雕麗之工，皆例作空文，而並違先旨。今者流離若是，痛毒堪悲。仗百姓即百姓一空，捐國用則國用無取。不可踵從前之計度，困此日之生靈。俾朕厚顔，下見先帝，應緣山陵事務，宜令中外商量，比從來每事十分各減六七，桐棺瓦器，朕所慕之。

《全唐文》卷八九僖宗《車駕還京師德音》　自此諸道更不用進聲樂及女弟子，歌舞衣服。綺繒，組繡，雕鏤珠璣，頗害女工，實妨農事。奇技淫巧，往哲所譏，況遇艱難，尤宜儉素。其諸道不得進奉紋繡宫錦雕鏤輕靡彰施之物。

《全唐文》卷二五三蘇頲《禁斷錦繡珠玉制》　勅。朕聞召公曰：弗作無益害有益。孔子曰：奢則不遜，儉則固。斯乃聖人之至言矣。叔代遷訛，僻王驕縱。惟崇於玉盃象筯，不勝於捐金抵璧。好之者君也，習之者人也，即用匹帛服長纓之類歟。朕爰在幼沖，每期質樸，手未曾持珠玉，目未嘗觀錦繡，願言其志，造次不忘。自寅奉休圖，勉康政道，常想漢文衣綈之德，晉武焚裘之事，竟未能令行禁止，敦本棄末，朕甚懼之。今王侯勳戚，下洎廝養，所得者重於遠，所求者貴於異，雖雕文刻鏤，衣紈履絲，習俗相誇，殊塗競爽，有妨於政，無補於時，豈朕言之不明，教之未篤也。且一夫一女，不耕不織，則天下有受其飢寒者。今四方晏如，而百姓不足，豈不以尚於珠玉，殄於錦繡，墾田疇而奪其務，出布帛而害其功歟。其珠玉錦繡等，自今以後，切令禁斷。如更循舊弊，並歸罪長官。仍令御史金吾，嚴加捉搦。州牧縣宰，勸督農桑，待至秋收，課其貯積，使人知禮節，俗登仁壽，有司仍爲條例，稱朕意焉。

《全唐文》卷七〇一李德裕《論喪葬踰制疏》　今百姓等喪葬祭奠，並請不許以金銀錦繡爲飾。其陳設樂音者，及葬物稍涉僭越者，並勒毀除。結社之類，任充死亡喪服糧食等用使。如有人犯者，並準法律科罪。

《全唐文》卷七三三韋端符《衛公故物記》　素錦袍一，其襟袂促小，裁製絶巧密。光爛爛如波，旁出紫文。綾褏一，促製小袖如袍。其爲文林樹於上，其下有馳馬射者，又雜爲狻猊虎貙橐駞者。靴袴一，往來爲鈎屬鎖劍文，疑非華人所爲也，自始傳於今，莫能名其物。【略】素錦褏，綷五彩爲花若鳥者。素錦半袖小笏，皆緻巧功良，今工之爲不能也。

《全唐文》卷七四六劉蕡《對賢良方正直言極諫策》　臣前所言百工淫巧，由制度不立者，臣請以官位禄秩，制其器用車服，禁以金銀珠玉，錦繡雕鏤，不蓄於私室，則無蕩心之巧矣。

《全唐文》卷八五四桑維翰《諫賜優伶無度疏》　曏者陛下親禦胡寇，戰士重傷者，賞不過帛數端。今優人一談一笑稱旨，往往賜束帛萬錢，錦袍銀帶，彼戰士見之，能不觖望，士卒解體，陛下誰與衛社稷乎。

《全唐文》卷九四九袁令問《對錦衣狐裘判》　有錦衣狐裘者，或舉之違僭，稱取地受服。命者則何，諸侯錫服；封之所謂，天子胙土。列爵馭貴，班瑞等官。紀律有藏，紕繆無籍。彼食舊德，實光象賢。引之表儀，用服臧禮。分之彩物，有文庇身。無剡圭之削土，是獻劍以當室。淹恤草莽，乃徵褰之與襦；恭承匕鬯，宜錫裘以用錦。期委曲以趨禮，何譎詐而見尤。無聽偏辭，使叶中典。

《全唐文》卷九八一闕名《對和市給價判》　和市緒帶準法，合即給價直，少府監以稍入供之。聖人有作，鬱爲令典。車服禮器，貴賤有班。文物采章，高下無濫。我君開運，朝儀式序。敦樸素之風，無虚麗之飾。錦文不鬻於肆，冠佩必加於賢。而聲厲杳光，事華來今，鑾甤黨飾，理焕前古。瞻彼緒帶，有標令則。官所云市，法乃酬傭。盍亦采均輸之餘，濟鹽鐵之潤，焉可減兹稍廪，以虚國財。静言所司，或匪通論。

《全唐文》卷九八四闕名《對斷錦繡判》　河南府準勅斷錦繡違式之物，遂並斷布帛精麤之異者，市胥訴云，妨商旅，御史劾府擾人。詢於國章，經綸有序。思我王度，軌物無愆。苟不率常，職司是舉。翼翼京邑，作式四方。固當棄華敦素，亦以提綱正物。欲使錐刀之末，濟人不競；精麤之制，周經是法。蓋以事屬公家，使之無爽。杜其不軌，理亦何乖。然市胥以妨商溝言，御史以擾人致劾。隨時之義，抑即有之，經邦大體，宜從府見。

《宋史》卷八九《地理志五》 成都府【略】貢錦。

《金史》卷二五《地理志中》 東平府產錦。

樂史《太平寰宇記》卷二《河南道二・東京下》 襄邑縣，服官。《漢・地理志》：「襄邑有服官。」故《魏都賦》云：「錦繡襄邑。」

樂史《太平寰宇記》卷五五《河北道四・相州》 鄴縣石虎故城。 虎于冬月正殿施流蘇斗帳，用大小明光、博山文錦，係以子房綿。

樂史《太平寰宇記》卷六〇《河北道九・趙州》 高邑縣赤石岡。《隋圖經》云：「高邑縣房子城出白土，細滑膏潤，可以涂飾，兼之濯錦，可致鮮潔，一名赤石岡是也。」

樂史《太平寰宇記》卷七二《劍南西道一・益州》 土產：九壁錦。按《遊蜀記》云：「成都有九壁村，出美錦。」

華陽縣濯錦江，即蜀江，水至此濯錦，錦彩鮮潤于他水，故曰濯錦江。

錦城。《華陽國志》云：「成都夷里橋南岸道西有城，故錦官也，命曰錦里。」

樂史《太平寰宇記》卷一二三《淮南道一・揚州》 土產：錦。

樂史《太平寰宇記》卷一三〇《淮南道八・建安軍》 土產：同揚州。

王存《元豐九域志》卷七《成都府路・成都府》 土貢錦三匹。

《事物紀原》卷一〇《布帛雜事部・錦》 《拾遺》曰：員嶠山環丘有冰蠶，霜雪覆之，然後成繭，其色五采。唐堯之時，海人織錦以獻，後代效之，染五色絲，織以爲錦。《丹陽記》曰：歷代尚未有錦，而成都獨稱妙，蓋始於蜀記也。蜀自秦昭王時通中國，而三代已有錦，見於禮多矣，王嘉所記爲近之。

李心傳《建炎以來繫年要録》卷一七七 〔紹興二十有七年，五月〕壬申，上謂沈該曰：頃蜀中歲貢錦繡帟幕，雖民之幼女亦追以供役作，其擾如此，朕令止之，蜀人極喜。近又減四川民輸至一百二十餘萬，民力必稍寬矣。

王象之《輿地紀勝》卷一二九《福州路・建寧府》 風俗形勝

小西川，濯錦橋。建陽出錦，故號「小西川」，而橋名濯錦。

祝穆《方輿勝覽》卷五一《成都府路・成都府》 土產：蜀錦。錦江橋之水濯錦則鮮明。

吴自牧《夢粱録》卷六《十月》 十月孟冬正小春之時，蓋因天氣融和，百花間有開一二朵者，似乎初春之意思，故曰小春。月中雨謂之液雨，百蟲飲此水而藏蟄，至來春驚蟄雷始發聲之時，百蟲方出蟄。朔日，朝家賜宰執以下錦，名曰授衣，且賜錦花色依品從給賜。百官入朝起居，衣錦襖。

馬端臨《文獻通考》卷三一二《輿地七》 成都府【略】貢錦。

梁山軍【略】貢錦。

《全宋文》卷九五六宋仁宗《稀花雜花等錦不禁詔》景祐元年閏六月二十二日 應遍地密花錦背、段子及織成遍地密花錦背、衣服等并依舊禁斷，其餘稀花、團窠、雜花不相連接者，更不禁止。（《宋會要輯稿》食貨六四之二三。（第七册第六一一頁）。

陶宗儀《南村輟耕録》卷七 鴛衾 孟蜀主一錦被，其闊猶今之三幅帛，而一梭織成。被頭作二穴，若雲版樣，蓋以叩於項下，如盤領狀，兩側餘錦則擁覆於肩，此之謂鴛衾也。楊元誠太史言，兒時聞尊人樞密公云，嘗於宋官庫見之。

陶宗儀《南村輟耕録》卷二三 書畫褾軸 唐貞觀開元間，人主崇尚文雅，其書畫皆用紫龍鳳紬綾爲表，緑文紋綾爲裏，紫檀雲花杵頭軸，白檀通身柿心軸。此外又有青赤琉璃二等軸，牙籤錦帶。大和間，王涯自鹽鐵據相印，家既羨於財，始用金玉爲軸。甘露之變，人皆剥剔無遺。南唐則褾以迴鸞墨錦，簽以潢紙。宋御府所藏，青紫大綾爲褾，文錦爲帶，玉及水晶檀香爲軸。靖康之變，民間多有得者。高宗渡江後，和議既成，榷場購求爲多，裝褫之法，已具名畫記。及紹興定式，兹更不贅。姑以所聞見者，使賞鑒之士有考焉。

錦褾

克絲作樓閣　克絲作龍水　克絲作百花攢龍　克絲作龍鳳　紫寶階地
紫大花　五色簟文俗呼山和尚。　紫小滴珠方勝鸞鵲
青緑簟文俗呼閣婆。又曰蛇皮。　紫鸞鵲一等紫地紫鸞鵲。一等白地紫鸞鵲。
紫百花龍　紫龜紋　紫珠燄　紫曲水俗呼落花流水。
紫湯荷花　紅霞雲鸞　黄霞雲鸞俗呼絳霄。其名甚雅。　青樓閣閣又作臺。
青大落花　紫滴珠龍團　青櫻桃　皂方團白花　褐方團白花
方勝盤象　毬路　衲　柿紅龜背　樗蒲
宜男　寶照　龜蓮　天下樂　練鵲

方勝練鵲　綬帶　瑞草　八花暈　銀鉤暈

紅細花盤鵰　翠色獅子　盤毬　水藻戲魚　紅徧地雜花

紅徧地翔鸞　紅徧地芙蓉　紅七寶金龍　倒仙牡丹　白蛇龜紋

黄地碧牡丹方勝　皂木

《明史》卷五三《禮志七》　萬曆五年令凡朝覲，南京府尹、行太僕寺苑馬寺卿、布按二司，俱於十二月十六日朝見，外班行禮。【略】正旦朝賀，俱入殿前行禮。凡朝覲官見辭謝恩，具公服，正旦具朝服，不著朱履。常朝俱錦繡。

曹昭《格古要論》卷下《錦綺論》　古錦

古有樓閣錦、樗蒲錦，又曰闍婆錦、紫陀尼鸞鵲錦，此錦裝背古書畫尤佳。

鄭曉《今言》卷一　洪武八年，初定親王歲禄五萬石，錦綺鹽茶又萬計。靖江亦歲二萬石。二十年，停錦綺茶鹽諸物。二十八年，始定歲萬石。

《古今事物考》卷三《珍寶·錦》　《拾遺記》曰：員嶠山環丘有水蠶，霜覆之，然後成繭，其色五采。唐堯之時，海人織錦以獻，後代效之，染五色絲，織以爲錦。今蘇州有落花流水錦及各色錦。

范濂《雲間據目抄》卷二　男人衣服。予弱冠時，皆用細練褶，老者上長下短，少者上短下長，自後漸易兩平。其式，即皂隸所穿冬暖夏涼之服，蓋胡制也。後改陽明衣，十八學士衣，二十四氣衣，皆以練爲度，亦不多見。隆、萬以來，皆用道袍，而古者皆用陽明衣，乃其心好異，非好古也。綾絹花樣，初尚宋錦，後尚唐漢錦、晉錦，今皆用千鍾粟、倭錦、芙蓉錦、大花樣，名四朵頭，視漢唐諸錦，皆稱厭物矣。

王士性《廣志繹》卷五《西南諸省》　蜀錦、蜀扇、蜀杉古今以爲奇産。錦一縑五十金，厚數分，織作工緻，然不可以衣服，僅充裀褥之用，只王宫可，非民間所宜也。故其製雖存，止蜀府中，而閭閻不傳。扇則爲朝廷、官府取用多，近皆濫惡不堪。

田藝衡《留青日札》卷二二《錦綺》　錦，金也。用功重其價如金，故字從金帛。綺，奇也。織絲華麗，人皆異之，故字從奇。絲錦有大小登高、光明、博山、茱萸、交龍、蒲桃、鳳凰、朱雀之名。今之朱錦、漢錦、螭虎、靈芝、界地、八寶之類，皆其制也。

何宇度《益部談資》卷中　蜀錦之名，其來久矣。城名錦官，江名濯錦，而《蜀都賦》云：貝錦斐成，濯色江波。《遊蜀記》云：成都有九壁村，出美錦，歲充貢。宋朝歲輸上供，轉運給其費，府掌其事。元豐中，建錦院，歲募軍匠五百人，其錦之名凡三十餘種。今惟蜀藩製之，名無多而價甚昂，不可易得。

曹學佺《蜀中廣記》卷六七《方物記第九·錦》　宋東陽沈立撰《錦譜》一卷，見《宋史·經籍志》，今不存，所存者，元費著《譜》耳。其略云：蜀以錦擅名天下，故城名錦官，江名濯錦。而《蜀都賦》云：貝錦斐成，濯色江波。《遊蜀記》云：成都有九壁村，出美錦，歲充貢，宋朝歲輸上供等錦帛，轉運司給其費，而府掌其事。元豐六年，吕汲公大防始建錦院於府治之東，募軍匠五百人織造，置官以涖之。創樓於前，以爲積藏待發之所，榜曰錦官，公又爲之記。其略云：設機百五十四，日用挽綜之工百六十四，用杼之工五十四，練染之工十一，紡繹之工百一十而後足役。歲費絲，權以兩者一十二萬五千，紅藍紫茢之類以斤者二十一萬一千而後足用。織室吏舍出納之府，爲屋百一十七間而後足居。自今考之，當時所織之錦，其别有四：曰土貢錦，曰官告錦，曰臣僚襖子錦，曰廣西錦，總爲六百九十疋而已。渡江以後，外攘之務，十倍承平。建炎三年，都大茶馬司始織造錦綟被褥，折支黎州等處馬價，自是私販之禁興。又以應天、北禪、鹿苑寺三處置場織造。其錦自真紅被褥而下，凡十餘品。於是中國織紋之工，轉而衣被椎髻駃舌之人矣。乾道四年，又以三場散漫，遂即舊廉訪司潔已堂刱錦院，悉聚機户其中。猶恐私販不能盡禁也，則倚宣撫之力，建請於朝，併府治錦院爲一，俾所隸工匠，各以色額織造。蓋馬政既重，則織造益多，費用益夥，隄防益密，其勢然也。今取承平時錦院與今茶司錦院所織錦名色著於篇，俾來者各以時考之。

轉運司錦院織錦名色即成都府錦院。

土貢錦三疋，花樣俱八荅暈。

官告錦四百疋，花樣曰盤毬，曰簇四金鵰，曰葵花，曰八荅暈，曰六荅暈，曰翠池獅子，曰天下樂，曰雲雁。

臣僚襖子錦八十七疋，花樣則簇四金鵰、八荅暈、天下樂三種。

廣西錦二百疋，花樣真紅百疋，曰大窠獅子，曰大馬打毬，曰雙窠雲雁，曰宜男百花。青緑百疋，曰宜男百花，曰青雲雁，曰緑雲雁。

茶馬司錦院織錦名色，本司須知云：逐年番蠻貢到馬數多寡，以用折傳，别無一定之數。

黎州皂、緋二種大被，皂、緋、四色三種中被，七八行錦，瑪瑙錦，敘州大被褥、雙連椅背、單椅背，俱真紅。

南平軍真紅，皁、青三種大被褥，真紅雙窠錦。

文州犒設紅錦。

細色錦名色，曰瑞草雲鶴，曰如意牡丹，俱青緑。曰鵉黄水林檎，曰紫皁段子，此二種特色。曰宜男百花，曰穿花鳳，曰雪花毬露，曰櫻桃，曰水林檎，曰天馬，曰飛魚，曰聚八仙，曰六金魚，曰秦州細法，曰秦州中法，曰秦州麤法，曰湖州大百花孔雀，曰四色湖州花孔雀，曰二色湖州大百花孔雀，俱真紅。

譙周《益州志》云：成都織錦既成，濯於江水，其文分明，勝於初成，他水濯之不如。李膺《益州記》曰：錦城在筰橋東流江南岸，昔蜀時錦宫也，號錦里，城墉猶在。兹問錦於蜀中，江城宛然如故，而杼軸已不存矣。

《書·顧命篇》：胤之舞衣。注：胤，諸侯國所製之舞衣也。按宋利州平蜀縣，即古胤山縣。《丹鉛録》謂舞衣，即今川錦，此亦茫昧難據。然《西京雜記》云：漢成帝趙皇后報趙婕妤以雲錦五色帳，沉水香玉壺。婕妤泣，怨帝曰：非姊賜，我死不知此器。帝謝之，詔益州留三年輸爲婕妤作七成錦帳，以沉水香飾之。則蜀錦實見於漢也。山謙之《丹陽記》曰：歷代尚未有錦，而成都獨稱妙。故三國時，魏吴皆資於西蜀，至是始乃有之。環氏《吴記》曰：蜀遣使吴，齎重錦千端。魏文帝賜羣臣曰：前後每得蜀錦，殊不相似。《左慈傳》云：慈嘗在司空曹操坐，釣松江鱸魚。操謂曰：既已得魚，恨無蜀中生薑耳。慈曰：可得也。操恐其即近所取，因曰：吾前遣人到蜀買錦，可過勅使者增市二端。語頃，即得薑還，並獲操使報命。後操使蜀反，驗問增錦之狀，及時日早晚，若符契焉。《蜀志》曰：先主平益州，賜諸葛亮、法正、關、張諸公錦，各千疋。諸葛《軍令》云：軍中之需，全藉於錦。《華陽國志》：諸葛孔明既圖畫以賜南夷，又與之瑞錦、鐵券。是在三國時而錦駸駸始盛矣。

唐宋之世，額有常輸，而奇衺者或侈勝，或報罷，存乎其人。如蘇頲以開元八年知益州大都督府長史事，前司馬皇甫恂破庫物織新様錦以進，頲至，一切罷之。故《唐書》云：(元)[玄]宗令皇甫詢於益州織半臂、背子等，蘇頲爲太守，不奉詔書，乃停者也。又云：安樂公主出降武延秀，蜀川獻單絲碧羅籠裙，縷金爲花鳥，細如絲髮，鳥子大僅黍米，眼鼻嘴甲俱成，明目者方見之。又，韋皐在西川，允軍士將吏有婚(家)[嫁]則以熟錦衣給其夫氏，以銀泥衣給其女氏。宋初，川峽諸州貢織綺鹿胎、透背、六銖、欹正、龜殼等，太平興國七年，詔悉罷之。天聖六年春，又罷兩川乾元節歲貢織佛。明道中，又累詔減兩蜀歲輸綿綺。此其大較也。

予得諸名流之賦詠者：《西京雜記》：相如友人盛覽，字長通，牂柯名士也。嘗問作賦法。相如曰：合綦組以成文，列錦繡而爲質。一經一緯，一宫一商，此賦之迹也。覽退而作《列錦賦》、《合組歌》。揚雄《蜀都賦》云：爾乃其人，自造奇錦。紌繏緷頒，縿緣廬中。發文揚采，轉代無窮。左思《蜀都賦》曰：闤闠之里，技巧之家，百室離房，機杼相和。貝錦斐成，濯色江波。唐張何《蜀江春日文君濯錦賦》云：粤惟姑洗應律，勾芒御辰。雁橋風暖，犀浦花新。疊嶂縈郭，長楊映津。軒車照地，士女驚人。風土堪樂，山川可珍。歲時不殊於荆楚，形勝有類夫咸秦。晚景彌秀，晴江轉春。即有卓氏名姝，相如麗室，織迴文之重錦，豔傾國之妖質。鳴梭静夜，促杼春日。布葉宜疎，安花巧密。寫庭葵而不欠，擬山鳥而能悉。績縷嫌遲，嚬蛾慕疾。乍離披而成段，或焕爛而成疋。言濯春流，鳴環乃出。於是近深沉，傍清泚，朱顔始映，㳘篋方啓。其始入也，疑芳樹影落澗中。少將安焉，若晴霞色照潭底。奪五雲長風未散，泫百花微雨新洗。爾乃曝林崖，出泉洞，遲日徐轉，和風緩送。稍變迴鸞，全分舞鳳。戲蝶時繞，嬌鶯欲弄。乘春景而方收，俟王正而入貢。懿其彩色足重，鮮明可嘉。青爲禁柳，紅作宫花。能使御尉縈障，夫人飭車。郎官居而列宿，郡守衣而還家。豈若夫齊紈之與楚練，細縠之與輕紗。王建《織錦曲》云：大女身爲織錦户，名在縣官供進簿。長頭起樣呈作官，聞道官家中苦難。迴花側葉與人别，惟恐秋天絲線乾。紅縷葳甤紫茸軟，蝶飛參差花宛轉。一梭聲盡重一梭，玉腕不停羅袖卷。窗中夜久睡髻偏，横釵欲墜垂著肩。合衣卧時參没後，明燈起在鷄鳴前。一疋千金亦不賣，限日未成宫裏怪。錦江水涸貢轉多，宫中盡著單絲羅。莫言山積無盡日，百尺高樓一曲歌。劉禹錫《浪淘沙》詩：濯錦江邊兩岸花，春風吹浪正淘沙。女郎剪下鴛鴦錦，將向中流定晚霞。鄭谷《錦》詩：文君手裏曙霞生，美號仍聞借蜀城。奪得始知袍更貴，着歸方覺晝偏榮。宫花顔色開時麗，池鳳毛衣浴後明。禮部郎官人所重，省中别占好窠名。又：布素豪家定不看，若無文彩入時難。紅迷天子帆邊日，紫奪星郎帳外蘭。春水濯來雲雁活，夜機挑處雨燈寒。舞衣轉轉求新樣，不問亂離桑柘殘。陸龜蒙《蜀錦裙説》云：侍御史趙郡李君，好事之士也。因余話上元瓦官寺有陳后主羊車一輪，天后武氏羅裙、佛幡，皆組繡奇妙。李君乃出蜀錦裙一幅示余，長四尺，下廣上狹，下濶六寸，上減三寸半，皆周尺如直。其前則左有鶴二十，勢欲飛走，率曲折一脛，口中銜莩藟輩。右有鸚鵡，聳肩舒尾，數與鶴相等。二禽大小不類，而隔以花卉，均布無餘地。界道四向，五色間雜，道上累細鈿點綴其中，微雲鎖結，互以相帶。有若駁霞殘月，流煙墮霧，春草夾徑，遠山截空。壞墻古苔，石泓秋水，印丹浸漏，粉蝶集作粉蕋塗染，鳌鉅環佩，雲隱涯岸，濃淡霏拂，靄抑冥密，始如不可辨別，及諦視之，條段斬絶，分畫一一有去處，其繡繪縝緻柔美，又不可狀也。裹用繒綵，下製綫尚如舊，兩旁皆解散，蓋折滅零落，僅存此故耳。縱非齊梁物，亦不下三百年矣。昔時之工，如此妙耶。曳其裙者，復何人焉。因筆之爲辭，繼於錦譜之後，俾喜詩者賦焉。

余繼登《典故紀聞》卷一五　成化時，九卿以災異陳言，內一款：「軍民服色器用，近多僭越，服用則僭大紅織金羅段徧地錦，騎坐則僭描金鞍鞊鈒銀鞦轡，首飾則僭寶石珠翠。今四方絲貴金少，率皆坐此。宜嚴加禁約，違者即重罪而没入之。此侈風在今更甚，尤宜禁止。」

徐炬《新鐫古今事物原始全書》卷一四　錦繡　《拾遺》曰：員嶠山環丘有水，蠶以霜雪覆之成繭，其色五采。堯時海人織錦以獻，後世效之，染成五采以織成錦。古錦有博山、茱萸、交龍、蒲萄之名，漢宋有螭虎、靈芝、界地、八寶之類。舊規十月賜學士以錦長襖。《事始》曰：繡乃西施所造，非也。按《虞書》：舜命禹曰：予欲觀古人之象日、月、星、辰、山、龍、華蟲，作繪。宗彝、藻、火、粉米、黼、黻、絺繡，五采。然則始於黄帝而備於舜時明矣。織曰錦，刺曰綉。漢武帝賜范昆、張德等綉衣持節，今稱御史爲繡衣始此。

鄺露《赤雅》卷一《四姓髻鬟》　錦有鵞頭錦、花蕊錦，蛇濡錦，以蛇膏澤之，辟霧，入水不濡，亦名龍油錦。簇蝶錦，以熟金爲之，古詩「惆悵金泥簇蝶裙，春來猶得伴行雲」。

沈自南《藝林彙考·服飾篇》卷一○《繒帛類》　《天中記》：錦，《釋名》曰：「錦，金也。作之用功重，其價如金，故制字帛與金也。」《丹陽記》歷代尚未有錦，而成都獨稱妙，故三國時魏則市於蜀，吳亦資西蜀，至是始乃有之。又《鄴中記》：織錦羅在中尚坊，三署皆數百人，錦有大登高、小登高、大明光、小明光、大博山、小博山、大茱萸、小茱萸、大蛟龍、小蛟龍、蒲桃文錦、班文錦、鳳凰朱雀錦、韜文錦、桃核文錦。或青綈，或白綈，或黄綈，或緑綈，或紫綈，或蜀綈，工巧百數，不可盡名。【略】

《説略》：錦繡之始，按王子年《拾遺》云：員嶠環丘冰蠶繭，長一尺，五綵。堯時海人織錦以獻，入水不濡，入火不燒，後代效之，染五色絲織成。又《丹陽記》云：錦始蜀地，所謂錦江以此也。

方以智《通雅》卷三七《布帛》　宫纈即宫錦也　《詩》：「錦衣狐裘。」《禮·玉藻》：「居士錦帶。」以五色絲爲之，字从金，言貴也。唐明皇以宫錦袍賜李白。通作纈。杜牧之詩：「花塢團宫纈。」杜甫詩：「内蘂繁於纈。」《魏書·高陽王傳》：奴婢不得衣綾綺纈，止於縵繒而已。《北周書·宇文護傳》：著紫織成纈通身袍。并與錦同。《小説》：裴晉公午橋莊有文杏百株，大碎錦坊。韓退之詩：「碎纈紅滿杏。」注作醉纈，引李長吉「醉纈抛紅網」。碎纈即碎錦。唐玄宗以章妃蜀纈袍覆學士韋綬。

唐有夾纈之名　薛濤詩：「夾纈籠裙繡地衣。」元染工有夾纈、檀纈、三套諸名。《唐語林》曰：「玄宗時，柳婕妤妹適趙氏，使工鏤版爲雜花，打爲夾纈，因獻王皇后一疋，上賞之，遂廣其製。」蓋即錦文也，夾纈言夾錦也。元林坤《誠齋雜記》亦言此事，許敏夫載崔詹事遺王璘夾纈數匹，璘翼日以作單襜褕衣之。元費著《蜀錦譜》有八答暈、六答暈錦、簇四金雕錦、盤毬錦、大窠馬大毬錦、雙窠雲雁錦。《輟耕録》言䙠卷有姜牙、方拱、疊勝、回文諸錦。升菴言宋有樓臺錦、摴蒱錦、毬路錦。毬路即今毬門錦。費著所列不全。

鈿窠，錦上雲龍之地也　冕上、輅上亦用之。宋仁宗景祐詔：冕版犀瓶、琥珀瓶悉罷之，以青羅繪龍麟飾冕第，補空地以雲龍鈿窠九章衣，亦云鈿窠及珠璣飾。紹興製大安輦有結絛雲龍鈿窠霞子，《通考》誤作細窠。今按《金史》、《元史》皆有簪窠款幔，組帶鈿窠，又言金鈒花鈿窠。

《事物攷》卷三《國用》　錦　《拾遺》曰：員嶠山環丘有水蠶，霜覆之然後成繭，其色五采。唐堯之時，海人織錦以獻，後代効之，染五色絲，織以爲錦。今蘇州有落花流水錦及各色錦。

葉夢珠《閲世編》卷八《冠服》　昔年花緞惟絲織成華者，加以錦綉，而所織之錦，大率皆金縷爲之，取其光耀而已。今有孔雀毛織入緞內，名曰毛錦，花更華麗，每匹不過十二尺，值銀五十餘兩。

姚培謙、張卿雲《類腋》卷一二《物部·錦》　貝錦《詩》「萋兮斐兮，成是貝錦」。傳：貝水中介蟲，有文彩似錦。《蜀都賦》：「貝錦斐成，濯色江波」。纂錦《淮南子》：富人則車輿衣纂錦。注：纂，繪也。五色錦《西京雜記》：武帝時，得貳師天馬，帝以緑地五色錦爲蔽泥。蒲桃錦又，尉陀獻高祖鮫魚、荔枝，高祖報以蒲桃錦四匹。劉孝綽啓：色艷蒲桃，采逾聯壁。雲崑《拾遺記》：周成王五年，(固)〔因〕祇國人來獻有雲昆錦，文似雲從山嶽中出也。有列堞錦，文似雲霞覆城雉樓堞也。有雜珠錦，文似貫珠佩也。有篆文錦，文似大篆之文也。有列明錦，文似羅列燈燭也。博山《鄴中記》：錦有大登高、小登高、大明光、小明光、大博山、小博山、大茱萸、小茱萸、大交龍、小交龍、蒲桃文錦、班文錦、鳳凰朱雀錦、韜文錦、桃核文錦。瑞錦杜甫詩：「瑞錦刺麒麟。」温庭筠詩：「瑞錦驚飛金鳳凰。」鳳凰窠盧綸詩：「錦絢鳳凰窠。」何中詩：「紋筍密收團鳳錦。」蜀錦又：「越羅蜀錦金粟尺。」陸游詩：「閒將西蜀團窠錦，自背南唐落墨花。」鴛鴦艷温庭筠詩：「簇簇金梭萬縷紅，鴛鴦艷錦初成匹。錦中百結皆同心，蕋亂雲盤相間深。」雲鷹鄭谷錦詩：「春水濯來雲鷹活。」《蜀錦譜》：青緑雲鷹錦。宮花池鳳又：「宮花顔色開時麗，池鳳毛衣浴後明。」肉紅韓偓詩：「血染蜀羅山躑躅，肉紅宮錦海棠梨。」明霞《杜陽雜編》：女王國有明霞錦，光耀芬馥，五色相間，美麗過于中國之錦。天下樂《蜀錦譜》：錦名天下樂、宜男、百花青緑、雲鷹、真紅、聚八仙。燈籠錦《碧雲騢》：文彦博知成都，以近上元，令工人織金線燈籠載蓮花中爲錦紋，進張貴妃，不久參知政事。後因御史唐介參奏，出知許州。明年上元，中官有詩曰：「無人更進燈籠錦，紅粉宮中憶佞臣。」川錦楊基詩：「越羅川錦照烏巾。」天孫錦鄭洪詩：「詩囊織得天孫錦。」

《古今圖書集成·職方典》卷六六一《蘇州府部·物産考》　府志織屬

錦　五色眩耀，花樣有海馬、雲鶴、寶相、球門之類。明宣德間，嘗織《晝錦堂記》如畫軸，或織詞曲聯爲帷帳，又有紫白落花流水充裝潢卷軸，用紵絲。出郡城，有素，有花纹，有金縷，其製不一，《禹貢》所謂織文是也。上者曰清水，次曰兼生，以生絲雜織之，次帽料，又次丈八頭，皆以漿粉塗飾，品最下。織造府所製上供平花、雲蟒諸緞，尤極精巧，幾奪天工。

《古今圖書集成·職方典》卷九四九《杭州府部·物産考》　府志織屬

錦　《禹貢》織文即此。

朱亦棟《羣書札記》卷六《錦市》　庾子山《竹杖賦》「迎仙客于錦市，送遊龍于葛陂」，倪注：言于蜀郡而得此杖也。《益州記》曰：錦里，在益州南筰橋東流江南岸，以錦爲市。芹按，葛洪《神仙傳》介象令人騎青竹杖，自吴入蜀，迎仙客於錦市。蓋指此也。

張澍《續黔書》卷六《洞錦》　錦之以花木名者，芙蓉也，蒲桃也，牡丹也，葵花也，蘘荷也，櫻桃也，茱萸也，林檎也，芝艸也，阜木也；以鳥獸名者，對鳳也，翔鸞也，翻鴻也，仙鶴也，孔雀也，金雕也，鴛鴦也，飛燕也，麒麟也，天馬也，辟邪也，獅團也，象眼也，走龍也，蛟文也，龜背也，虎頭也；以器物名者，樓閣也，摴蒱也，綬帶也，銀鉤也，盤毬也，簟紋也，魚油也，博山也，連璧也，雜珠也，荅暈也，方勝也，闍婆也。皆所謂惣五色而極思，藉羅紈以發想者也。黎平之曹滴司出洞錦，以五色絨爲之，亦有花木、禽獸各樣，精者甲他郡，湅之水不敗，漬之油不浥，是夜郎苗婦之手，可昇堯時澣人争妙也。又有諸葛洞錦，出古州，皆紅黄棉紗所織，甚麤不可用。

徐珂《清稗類鈔·農商類·商品》　錦産江蘇、浙江、四川。

穆彰阿等《清一統志》卷八一《江蘇·蘇州府五》　土産　錦《姑蘇志》：蜀錦名天下，今吴中所織，工巧殊過。

穆彰阿等《清一統志》卷三八六《四川·成都府》　土産　錦《華陽國志》：成都江水濯錦則鮮明。《唐書·地理志》：成都府蜀州土貢錦。《寰宇記》：成都九璧村出美錦。

穆彰阿等《清一統志》卷四一四《四川·綿州直隸州》　土産　錦《唐書·地理志》：綿州土貢。

穆彰阿等《清一統志》卷四六三《廣西·柳州府》　土産　獞錦《府志》：各州縣俱出。

穆彰阿等《清一統志》卷四九八《雲南·騰越直隸廳》　土産　五色錦《明史》：干崖四時皆蠶，以錦貢。

羅廷權等〔同治〕重修《成都縣志》卷二《輿地志第二·古蹟》　錦城《益州記》：錦城在益州南笮橋東流江南岸，昔蜀時故錦宮處地，號錦里，城墉猶在。《元和志》：錦城在縣南十里。《華陽國志》：夸里道南岸道西有城，故錦官也。《水經注》：夸里道西故錦官也。言錦工織則濯之流江，而錦至鮮明。濯以沱江，則錦色弱矣。故命之爲錦里也。

羅廷權等〔同治〕重修《成都縣志》卷三《食貨志》　蜀錦《唐志》：成都貢錦。《丹陽記》：歷代尚未有錦，而成都獨稱妙。《寰宇記》：成都府九璧村出美錦。天孫錦　卍字錦　雲龍錦

王鏊等《姑蘇志》卷一四《造作·錦》　錦惟蜀錦名天下。今吴中所織海馬、雲鶴、寶相花、方勝之類，五色眩耀，工巧殊過，猶勝於古。宣德間，嘗織《晝錦堂記》如畫軸，或織詞曲聯爲帷障。又有紫白落花流水，充裝潢卷册之用。

沈翼機等〔雍正〕《浙江通志》卷一〇二　嘉錦　《嘉興府志》：嘉興出錦，名嘉錦。

魯曾煌等〔雍正〕《廣東通志》卷五二《物産》　黎錦出瓊州。以吴綾越錦拆

取色絲，間以鵝毳絲線織成，人物、花鳥、詩字，濃麗燦爛，可以爲衾褥幃幕，以有金絲間錯者爲上。《廣州志》：按嶺南錦綺不若中州，故《西京雜記》云：尉佗獻高帝鮫魚、荔枝，高祖報以蒲桃錦四匹。今黎錦亦是拆取綵絲復加組織，非能爲錦也。

紀事

《左傳·閔公二年》 冬十二月，狄人伐衛。衛懿公好鶴，鶴有乘軒者。將戰，國人受甲者皆曰：「使鶴！鶴實有禄位，余焉能戰？」公與石祁子玦，與甯莊子矢，使守，曰：「以此贊國，擇利而爲之。」與夫人繡衣，曰：「聽於二子！」渠孔禦戎，子伯爲右；黄夷前驅，孔嬰齊殿。及狄人戰于熒澤，衛師敗績，遂滅衛。【略】衛之遺民男女七百有三十人，益之以共、滕之民爲五千人。立戴公以廬于曹。許穆夫人賦《載馳》。齊侯使公子無虧帥車三百乘、甲士三千人以戍曹。歸公乘馬，祭服五稱，牛、羊、豕、雞、狗皆三百與門材。歸夫人魚軒，重錦三十兩。

《左傳·襄公一九年》 晉侯先歸。公享晉六卿于蒲圃，賜之三命之服；軍尉、司馬、司空、輿尉、候奄皆受一命之服；賄荀偃束錦加璧、乘馬，先吴壽夢之鼎。

《左傳·襄公二六年》 左師見夫人之步馬者，問之。對曰：「君夫人氏也。」左師曰：「誰爲君夫人？余胡弗知？」圉人歸，以告夫人。夫人使饋之錦與馬，先之以玉，曰：「君之妾棄使某獻。」左師改命曰「君夫人」，而後再拜稽首受之。

《左傳·襄公三一年》 子皮欲使尹何爲邑。子産曰：「少，未知可否。」子皮曰：「愿，吾愛之，不吾叛也。使夫往而學焉，夫亦愈知治矣。」子産曰：「不可。人之愛人，求利之也。今吾子愛人則以政，猶未能操刀而使割也，其傷實多。子之愛人，傷之而已，其誰敢求愛於子？子於鄭國，棟也。棟折榱崩，僑將厭焉，敢不盡言？子有美錦，不使人學製焉。大官、大邑，身之所庇也，而使學者製焉，其爲美錦不亦多乎？」

《左傳·昭公一三年》 次於衛地，叔鮒求貨於衛，淫芻蕘者。衛人使屠伯饋叔向羹與一篋錦，曰：「諸侯事晉，未敢攜貳；況衛在君之宇下，而敢有異志？芻蕘者異於他日，敢請之。」叔向受羹反錦，曰：「晉有羊舌鮒者，瀆貨無厭，亦將及矣。爲此役也，子若以君命賜之，其已。」客從之，未退而禁之。【略】公不與盟。晉人執季孫意如，以幕蒙之，使狄人守之。司鐸射懷錦，奉壺飲冰，以蒲伏焉。守者御之，乃與之錦而入。

《左傳·昭公二六年》 夏，齊侯將納公，命無受魯貨。申豐從女賈，以幣錦二兩，縛一如瑱，適齊師，謂子猶之人高齮：「能貨子猶，爲高氏後，粟五千庾。」高齮以錦示子猶，子猶欲之。齮曰：「魯人買之，百兩一布。以道之不通，先入幣財。」子猶受之，言於齊侯曰：「羣臣不盡力于魯君者，非不能事君也。然據有異焉。宋元公爲魯君如晉，卒於曲棘；叔孫昭子求納其君，無疾而死。不知天之棄魯邪，抑魯君有罪於鬼神故及此也。君若待於曲棘，使羣臣從魯君以卜焉。若可，師有濟也，君而繼之，茲無敵矣。若其無成，君無辱焉。」齊侯從之，使公子鉏帥師從公。

《左傳·哀公一二年》 秋，衛侯會吴于鄖。公及衛侯、宋皇瑗盟，而卒辭吴盟。吴人藩衛侯之舍。子服景伯謂子貢曰：「夫諸侯之會，事既畢矣，侯伯致禮，地主歸餼，以相辭也。今吴不行禮於衛，而藩其君舍以難之，子盍見大宰？」乃請束錦以行。【略】太宰嚭説，乃舍衛侯。

《論語》卷一七《陽貨》 宰我問：「三年之喪，期已久矣。君子三年不爲禮，禮必壞；三年不爲樂，樂必崩。舊穀既没，新穀既升，鑽燧改火，期可已矣。」子曰：「食夫稻，衣夫錦，於女安乎？」曰：「安。」「女安，則爲之！夫君子之居喪，食旨不甘，聞樂不樂，居處不安，故不爲也。今女安，則爲之。」

《管子》卷八《小匡第二十》 桓公知諸侯之歸己也，故使輕其幣而重其禮，故使天下諸侯以疲馬犬羊爲幣，疲，謂瘦也。齊以良馬報。諸侯以縷帛布鹿皮四分以爲幣，齊以文錦虎豹皮報。諸侯之使，垂橐而入，攟載而歸。故鈞之以愛，致之以利，結之以信，示之以武。是故天下小國諸侯既服桓公，莫敢之倍而歸之，喜其愛而貪其利，信其仁而畏其武。

《吕氏春秋》卷一五《貴因》 三代所寶，莫如因，因則無敵。【略】墨子見荊王，錦衣吹笙，因也。高誘注：墨子好儉非樂，錦與笙非其所服也，而爲之，因荊王之所欲也。【略】故因則功，專則拙。因者無敵。

《六韜》卷一《盈虚》 太公曰：「帝堯王天下之時，金銀珠玉不飾錦繡。

《史記》卷六九《蘇秦列傳》 趙王曰：「寡人年少，立國日淺，未嘗得聞社稷之長計也。今上客有意存天下，安諸侯，寡人敬以國從。」乃飾車百乘，黄金千溢，白璧百雙，錦繡千純，以約諸侯。

劉向《說苑》卷六《復恩》 魏文侯與田子方語，有兩僮子衣錦衣而侍於君前。「錦」原作「青白」二字，從劉氏《斠補》改。子方曰：「此君之寵子乎？」文侯曰：「非也，其父死於戰，此其幼孤也，寡人收之。」

劉向《說苑》卷九《正諫》 晉平公使叔向聘於吳，吳人拭舟以逆之，左五百人，右五百人，有綉衣而豹裘者，有錦衣而狐裘者。叔向歸以告平公。平公曰：「吳其亡乎？奚以敬舟？奚以敬民？」

劉晝《劉子》卷九《利害》 昔齊有貨美錦於市者，盜於衆中而竊之。吏執而問之曰：「汝何盜錦於衆中？」對曰：「吾但見錦，不見有人，故取之耳。」

《太平御覽》卷八一五《布帛部二・錦》 太公《六韜》曰：夏桀殷紂之時，婦人錦繡文綺之坐席，衣以綾紈三百人。

《典略》曰：孔子反衛，夫人南子使人謂之：「四方君子之來者，必見小寡君。」子不得已見之。夫人任錦帷中，孔子北面稽首。

《漢書》卷三一《項籍傳》 韓生說〔項〕羽曰：「關中阻山帶河，四塞之地，肥饒，可都以伯。」羽見秦宮室皆已燒殘，又懷思東歸，曰：「富貴不歸故鄉，如衣錦夜行。」韓生曰：「人謂楚人沐猴而冠，果然。」羽聞之，斬韓生。

《漢書》卷七〇《傅介子傳》 介子與士卒俱齎金幣，揚言以賜外國爲名。至樓蘭，樓蘭王意不親介子，介子陽引去，至其西界，使譯謂曰：「漢使者持黄金錦繡行賜諸國，王不來受，我去之西國矣。」即出金幣以示譯。譯還報王，王貪漢物，來見使者。介子與坐飲，陳物示之。飲酒皆醉，介子謂王曰：「天子使我私報王。」王起隨介子入帳中，屏語，壯士二人從後刺之，刃交胸，立死。其貴人左右皆散走。介子告諭以「王負漢罪，天子遣我來誅王，當更立前太子質在漢者。漢兵方至，毋敢動，動，滅國矣！」遂持王首還詣闕，公卿將軍議者咸嘉其功。

《漢書》卷九三《佞幸傳・董賢》 賢傳漏在殿下，爲人美麗自喜，哀帝望見，說其儀貌，識而問之，曰：「是舍人董賢邪？」因引上與語，拜爲黄門郎，繇是始幸。【略】詔將作大匠爲賢起大第北闕下，重殿洞門，木土之功窮極技巧，柱檻衣以綈錦。

《漢書》卷九四下《匈奴傳下》 〔甘露二〕年，呼韓邪單于款五原塞，願朝三年正月。漢遣車騎都尉韓昌迎，發過所七郡郡二千騎，爲陳道上。單于正月朝天子于甘泉宮，漢寵以殊禮，位在諸侯王上，贊謁稱臣而不名。賜以冠帶衣裳，黄金璽盭綬，玉具劍，佩刀，弓一張，矢四發，棨戟十，安車一乘，鞍勒一具，馬十五匹，黄金二十斤，錢二十萬，衣被七十七襲，錦繡綺縠雜帛八千匹，絮六千斤。【略】明年，呼韓邪單于復入朝，禮賜如初，加衣百一十襲，錦帛九千匹，絮八千斤。【略】

〔河平二〕年，單于上書願朝河平四年正月，遂入朝，加賜錦繡繒帛二萬匹，絮二萬斤，它如竟寧時。【略】

元壽二年，單于來朝，上以太歲厭勝所在，舍之上林苑蒲陶宮。告之以加敬於單于，單于知之。加賜衣三百七十襲，錦繡繒帛三萬匹，絮三萬斤，它如河平時。

《漢書》卷九六下《烏孫國傳》 漢元封中，遣江都王建女細君爲公主，以妻焉。賜乘輿服御物，爲備官屬宦官侍御數百人，贈送甚盛。烏孫昆莫以爲右夫人。匈奴亦遣女妻昆莫，昆莫以爲左夫人。

公主至其國，自治宮室居，歲時一再與昆莫會，置酒飲食，以幣帛賜王左右貴人。昆莫年老，語言不通，公主悲愁，自爲作歌曰：「吾家嫁我兮天一方，遠託異國兮烏孫王。穹廬爲室兮旃爲牆，以肉爲食兮酪爲漿。居常土思兮心内傷，願爲黄鵠兮歸故鄉。」天子聞而憐之，間歲遣使者持帷帳錦繡給遺焉。

《漢書》卷九九中《王莽傳》 〔始建國三年〕而藺苞、戴級到塞下，招誘單于弟咸、咸子登入塞，脅拜咸爲孝單于，賜黄金千斤，錦繡甚多，遣去；將登至長安，拜爲順單于，留邸。

《後漢書》卷一一《劉玄傳》 更始納趙萌女爲夫人，有寵，遂委政於萌，日夜與婦人飲讌後庭。【略】時李軼、朱鮪擅命山東，王匡、張卬橫暴三輔。其所授官爵者，皆羣小賈豎，或有膳夫庖人，多著繡面衣、錦袴、襜褕、諸于，罵詈道中。長安爲之語曰：「竈下養，中郎將。爛羊胃，騎都尉。爛羊頭，關内侯。」

《後漢書》卷一六《鄧弘傳》 元初二年，弘卒。太后服齊衰，帝絲麻，並宿幸其第。弘少治《歐陽尚書》，授帝禁中，諸儒多歸附之。初疾病，遺言悉以常服，不得用錦衣玉匣。有司奏贈弘驃騎將軍，位特進，封西平侯。太后追思弘意，不加贈位衣服，但賜錢千萬，布萬匹，騭等復辭不受。

《後漢書》卷四七《班超傳》 〔建初〕八年，拜超爲將兵長史，假鼓吹幢麾。以徐幹爲軍司馬，別遣衛候李邑護送烏孫使者，賜大小昆彌以下錦帛。

《後漢書》卷七三《陶謙傳》 初，同郡人笮融，聚衆數百，往依於謙，謙使督廣陵、下邳、彭城運糧。遂斷三郡委輸，大起浮屠寺。上累金盤，下爲重樓，又堂閣周回，可容三千許人，作黄金塗像，衣以錦綵。每浴佛，輒多設飲飯，布席於路，其有就食及觀者且萬餘人。

《後漢書》卷八八《西域傳·莎車》〔建武〕十四年，〔莎車王〕賢與鄯善王安並遣使詣闕貢獻，於是西域始通。葱領以東諸國皆屬賢。十七年，賢復遣使奉獻，請都護。天子以問大司空竇融，以爲賢父子兄弟相約事漢，款誠又至，宜加號位以鎮安之。帝乃因其使，賜賢西域都護印綬，及車旗黄金錦繡。

《後漢書》卷八九《南匈奴傳》〔建武二十六年〕秋，南單于遣子入侍，奉奏詣闕。詔賜單于冠帶、衣裳、黄金璽、盭緺綬，安車羽蓋，華藻駕駟，寶劍弓箭，黑節三，駙馬二，黄金、錦繡、繒布萬匹，絮萬斤，樂器鼓車，棨戟甲兵，飲食什器。【略】元正朝賀，拜祠陵廟畢，漢乃遣單于使，令謁者將送，賜綵繒千匹，錦四端，金十斤，太官御食醬及橙、橘、龍眼、荔支；賜單于母及諸閼氏、單于子及左右賢王、左右谷蠡王、骨都侯有功善者，繒綵合萬匹。歲以爲常。

桓譚《新論》卷上《見徵第五》 陽城子張名衡，蜀郡人，王翁與吾俱爲講樂祭酒。及寢疾，預買棺槨，多下錦綉，立被發冢。

郭憲《洞冥記》卷二 元鼎元年，起招仙閣於甘泉宫西。編翠羽麟毫爲簾，青瑠璃爲扇，懸黎火齊爲牀，其上懸浮金、輕玉之磬。浮金者，色如金，自浮於水上。輕玉者，其質貞明而輕。有霞光繡，有藻龍繡，有連烟繡，有走龍錦，有雲鳳錦，翻鴻錦。

佚名《西京雜記》卷一 宣帝被收，繫郡邸獄，臂上猶帶史良娣合采婉轉絲繩，繫身毒國寶鏡一枚，大如八銖錢。舊傳此鏡照見妖魅，得佩之者爲天神所福，故宣帝從危獲濟。及即大位，每持此鏡，感咽移辰。常以琥珀笥盛之，緘以戚里織成錦，一曰斜文錦。帝崩，不知所在。

佚名《西京雜記》卷四 哀帝爲董賢起大第於北闕下，重五殿，洞六門，柱壁皆畫雲氣花蘤，山靈水怪，或衣以綈錦，或飾以金玉。

常璩《華陽國志》卷一〇《漢中士女》 閻憲，字孟度，成固人也。名知人。爲緜竹令，以禮讓爲化，民莫敢犯。男子杜成夜行，得遺物一囊，中有錦二十五匹，求其主，還之，曰：「縣有明君，何敢負其化。」

樂史《太平寰宇記》卷七三《劍南西道二·漢州》 遺錦。後漢閻憲，字孟度，爲綿竹令。邑人夜行，得遺錦二十五匹，平明送縣，憲曰：「得行遺物，是天賜也，何爲將來？」曰：「縣有明府，犯此則慙。」

《太平御覽》卷八一五《布帛部二·錦》 謝承《後漢書》曰：朱寵仲威爲太尉，家貧，食脱粟，臥布被。朝廷賜錦被粱肉，皆不敢當。

《西京雜記》曰：武帝時，得貳師天馬，以玟珂石爲鞍轡，鏤以金銀，以緑地五色錦爲蔽泥。

《語林》曰：陳元方遭父喪，骨立。其母愍之，以錦被蒙其上。郭林宗往弔，見而責之，賓客絶百許日。

《廣博物志》卷三七 尉陀獻高祖鮫魚荔枝，高祖報以蒲桃錦四疋。《西京雜記》。

《天中記》卷四九《錦》 綺帷 淮南王爲八公張錦綺之帳，燔百和之香。《神仙傳》。

《奩史》卷八七《綺羅門》 霍光妻遺淳于衍蒲桃錦二十四疋。《西京雜記》。后始加大號，婕好上二十六物，使侍兒郭語瓊拜上，內有鴛鴦萬金錦一疋。《飛燕外傳》 樊嫕既進合德，帝立賜嫕鮫文萬金錦二十四疋。《飛燕外傳》

《三國志》卷一《魏志·武帝紀》裴松之注引《魏書》〔太祖〕雅性節儉，不好華麗，後宫衣不錦繡，侍御履不二采，帷帳屏風，壞則補納，茵蓐取温，無有緣飾。

《三國志》卷二一《魏志·衛覬傳》 武皇帝之時，後宫食不過一肉，衣不用錦繡，茵蓐不緣飾，器物無丹漆，用能平定天下，遺福子孫。此皆陛下之所親覽也。

《三國志》卷三一《蜀志·劉璋傳》裴松之注引《吴書》 璋以米二十萬斛，騎千匹，車千乘，繒絮錦帛，以資送劉備。

《三國志》卷三二《蜀志·先主傳》裴松之注引《魏書》 備聞曹公薨，遣掾韓冉奉書弔，并致賻贈之禮。文帝惡其因喪求好，敕荆州刺史斬冉，絶使命。

《三國志》卷三二《蜀志·先主傳》裴松之注引《典略》 備遣軍謀掾韓冉齎書弔，并貢錦布。冉稱疾，往上庸。上庸致其書，適會受終，有詔報答以引致之。備得報書，遂稱制。

《三國志》卷三六《蜀志·張飛傳》 益州既平，賜諸葛亮、法正、飛及關羽金各五百斤，銀千斤，錢五千萬，錦千匹，其餘頒賜各有差，以飛領巴西太守。

《三國志》卷四七《吴志·吴主傳》裴松之注引《吴歷》 蜀致馬二百匹，錦千端，及方物。自是之後，聘使往來以爲常。吴亦致方土所出，以答其厚意焉。

《三國志》卷四九《吴志·笮融傳》 笮融者，丹楊人，初聚衆數百，往依徐州牧陶謙。謙使督廣陵、彭城運漕，遂放縱擅殺，坐斷三郡委輸以自入。乃大起浮圖祠，以銅爲人，黄金塗身，衣以錦采，垂銅槃九重，下爲重樓閣道，可容三千餘人，悉課讀佛經，令界内及旁郡人有好佛者聽受道，復其他役以招致之，由此遠近前後至者五千餘人户。

《三國志》卷五二《吴志·諸葛融傳》 融父兄質素，雖在軍旅，身無采飾；而融錦罽文繡，獨爲奢綺。

《三國志》卷五五《吴志·蔣欽傳》 權嘗入其堂内，母疎帳縹被，妻妾布裙。權歎其在貴守約，即敕御府爲母作錦被，改易帷帳，妻妾衣服悉皆錦繡。

《三國志》卷五五《吴志·甘寧傳》裴松之注引《吴書》 寧輕俠殺人，藏舍亡命，聞於郡中。其出入，步則陳車騎，水則連輕舟，侍從被文繡，所如光道路，住止常以繒錦維舟，去或割棄，以示奢也。

《三國志》卷五八《吴志·陸遜傳》 黄武元年，劉備率大衆來向西界，權命遜爲大都督，假節，督朱然、潘璋、宋謙、韓當、徐盛、鮮于丹、孫桓等五萬人拒之。備從巫峽、建平連圍至夷陵界，立數十屯，以金錦爵賞誘動諸夷，使將軍馮習爲大督，張南爲前部，輔匡、趙融、廖淳、傅彤等各爲别督，先遣吴班將數千人於平地立營，欲以挑戰。

《晉書》卷二六《食貨志》 魏明帝世，徐邈爲涼州，土地少雨，常苦乏穀。邈上修武威、酒泉鹽池，以收虜穀。又廣開水田，募貧民佃之，家家豐足，倉庫盈溢。及度支州界軍用之餘，以市金錦犬馬，通供中國之費。西域人入貢，財貨流通，皆邈之功也。

《藝文類聚》卷八五《布帛部·錦》 環氏《吴記》曰：蜀遣使吴，齎重錦千端。

《初學記》卷二七 維舟　挽車韋昭《吴書》曰：甘寧住止，常以繒錦維舟，去輒割棄以示奢。又虞溥《江表傳》曰：陸遜攻劉備於夷陵，備捨船步走，燒皮鎧以斷道，使兵以錦挽車，走入白帝。

許嵩《建康實録·吴上·太祖上》 〔黄武二年〕冬十一月，蜀使鄧芝以馬二百疋、錦千端來聘。自是之後，聘使來往爲常，各致方物，獎其厚意。

《太平御覽》卷八一五《布帛部二·錦》 曹操《與楊彪書》 今贈足下錦裘二領。

《太平御覽》卷八一五《布帛部二·錦》 張温《表》：劉禪送臣温熟錦五端。

《蜀志》曰：先主入益州，賜諸葛亮、法正、張飛、關羽錦(及)千端。

《吴志》曰：蔣欽爲右護軍，孫權常入内，其母練帳縹被。權歎其在貴守約，敕御府爲其母作錦改易帷帳。

《晉書》卷三三《石崇傳》 財産豐積，室宇宏麗。後房百數，皆曳紈繡，珥金翠。絲竹盡當時之選，庖膳窮水陸之珍。與貴戚王愷、羊琇之徒以奢靡相尚。愷以粭澳釜，崇以蠟代薪。愷作紫絲布步障四十里，崇作錦步障五十里以敵之。崇塗屋以椒，愷用赤石脂。崇、愷爭豪如此。

《晉書》卷四二《王濬傳》 濬平吴之後，以勳高位重，不復素業自居，乃玉食錦服，縱奢侈以自逸。

《晉書》卷四九《阮咸傳》 咸任達不拘，與叔父籍爲竹林之游，當世禮法者譏其所爲。咸與籍居道南，諸阮居道北，北阮富而南阮貧。七月七日，北阮盛曬衣服，皆錦綺粲目。咸以竿挂大布犢鼻於庭，人或怪之，答曰：「未能免俗，聊復爾耳！」

《晉書》卷五二《皇甫謐傳》 其後武帝頻下詔敦逼不已，謐上疏自稱草莽臣曰：【略】臣聞《韶》《衛》不並奏，《雅》《鄭》不兼御，故郤子入周，禍延王叔；虞丘稱賢，樊姬掩口。君子小人，禮不同器，況臣糠麧，糅之彫胡？庸夫錦衣，不稱其服也。」

《晉書》卷五二《袁甫傳》 淮南袁甫字公胄，亦好學，與譚齊名，以詞辯稱。嘗詣中領軍何勖，自言能爲劇縣。勖曰：「唯欲宰縣，不爲臺閣職，何也？」甫曰：「人各有能有不能。譬繒中之好莫過錦，錦不可以爲帢；穀中之美莫過稻，稻不可以爲齏。是以聖王使人，必先以器，苟非周材，何能悉長！黄霸馳名於州郡，而息譽於京邑。廷尉之材，不爲三公，自昔然也。」勖善之，除松滋令。

《晉書》卷九六《列女傳·羊耽妻辛氏》 羊耽妻辛氏，字憲英，隴西人，魏侍中毗之女也。聰朗有才鑒。【略】〔羊〕祜嘗送錦被，憲英嫌其華，反而覆之，其明鑒儉約如此。

《晉書》卷九六《列女傳·竇滔妻蘇氏》 竇滔妻蘇氏，始平人也，名蕙，字若蘭。善屬文。滔，苻堅時爲秦州刺史，被徙流沙，蘇氏思之，織錦爲迴文旋圖詩以贈滔。宛轉循環以讀之，詞甚悽惋，凡八百四十字，文多不録。

《晉書》卷一〇五《載記第五·石勒下》 勒將狩於近郊，主簿程琅諫曰：

「劉、馬刺客，離布如林，變起倉卒，帝王亦一夫之敵耳。孫策之禍可不慮乎！且枯木朽株盡能爲害，馳騁之弊，今古戒之。」勒勃然曰：「吾幹力自可，足能裁量。但知卿文書事，不須白此輩也。」是日逐獸，馬觸木而死，勒亦幾殆，乃曰：「不用忠臣言，吾之過也。」乃賜琅朝服錦絹，爵關内侯。於是朝臣謁見，忠言競進矣。

《晉書》卷一一四《載記第一四·苻堅下》 慕容沖進逼長安，堅登城觀之，歎曰：「此虜何從出也？其強若斯！」大言責沖曰：「爾輩羣奴正可牧牛羊，何爲送死！」沖曰：「奴則奴矣，既厭奴苦，復欲取爾見代。」堅遣使送錦袍一領遺沖，稱詔曰：「古人兵交，使在其間。卿遠來草創，得無勞乎？今送一袍，以明本懷。朕於卿恩分如何，而於一朝忽爲此變！」沖命詹事答之，亦稱「皇太弟有令：孤今心在天下，豈顧一袍小惠。苟能知命，便可君臣束手，早送皇帝，自當寬貸苻氏，以酬曩好，終不使既往之施獨美於前」。堅大怒曰：「吾不用王景略、陽平公之言，使白虜敢至於此。」

《晉書》卷一二六《載記第二六·禿髮傉檀》 遣西曹從事史暠聘于姚興。興謂暠曰：「車騎坐定涼州，衣錦本國，其德我乎？」暠曰：「車騎積德河西，少播英問，王威未接，投誠萬里。陛下官方任才，量功授職，彝倫之常，何德之有！」

陸翽《鄴中記》 〔石〕季龍又嘗以女伎一千人爲鹵簿，皆著紫綸巾、熟錦袴、金銀鏤帶、五文織成鞾遊臺上。案此條見《説郛》。【略】

石虎御牀辟方三丈。冬月施熟錦流蘇斗帳，四角安純金龍頭，銜五色流蘇。或用青綈光錦，或用緋綈登高文錦，或紫綈大小錦。【略】春秋但錦帳，裏以五色縑爲夾帳。夏用紗羅，或綦文丹羅，或紫文穀爲單帳。【略】

石虎作席以錦，雜以五香，施以五采，綖編蒲皮，緣之以錦。案此條見《初學記》。【略】

石虎從出行，有女鼓吹尚書官屬，皆著錦袴佩玉。案此條見《太平御覽》。【略】

皇后出，女騎一千爲鹵簿，冬月皆著紫衣巾蜀錦袴褶。案《太平寰宇記》引此條云：皇后出，從女騎千人爲鹵簿，脚著五文織成鞾，手握雌黄婉轉弓。其文與此互異。

《太平御覽》卷八一五《布帛部二·錦》 《晉書》曰：石季龍僭立，遷都于鄴，傾心事佛圖澄，有重於勒，下書(依)〔衣〕澄以綾錦，乘雕輦。【略】

王隱《晉書》曰：袁甫字公胄，稱所知於領軍何勗。勗曰：「君稱其好人，則多所宜，何以爲欲使宰民，不可爲臺閣職乎？」甫曰：「人各有能。此人雖好，好莫過錦，錦不可以爲幨。」【略】

夏侯湛《夏侯孝若集·羊太常辛夫人傳》曰：夫人字憲英，衛尉肅侯毗之女，不好華麗，琇上夫人韠子帔緣，以錦不肯服，從外孫胡母楊上夫人錦被，夫人反臥之。【略】

田融《趙書》曰：前石死，調大臣子弟六十人爲挽郎，引錦一疋。

《全晉文》卷一一一 孝武帝《與朗法師書》 今遣使者送五色珠像一軀，明光錦五十疋，象牙簟五領，金鉢五枚，到願納受。《廣弘明集》三十五

《全晉文》卷一三七戴逵《竹林七賢論》 諸阮前世皆儒學，善居室，唯咸一家尚道棄事，好酒而貧。舊俗，七月七日法當曬衣，諸阮庭中爛然錦綺。《御覽》作竝列綈錦，又作莫非錦綈。咸時總角，乃竪長竿，挂大布犢鼻幝于庭中。人問之，曰：未能免俗，聊復爾爾。《世説·任誕篇》注《御覽》六百九十六、又八百十六，《蓺文類聚》四，《北堂書鈔》一百五十五。

《宋書》卷七〇《袁淑傳》 元凶將爲弑逆，其夜淑在直，二更許，呼淑及蕭斌等，【略】因賜淑等袴褶，又就主衣取錦，截三尺爲一段，又中破，分斌、淑及左右，使以縛袴。

《南齊書》卷七《東昏侯紀》 出輒不言定所，東西南北，無處不驅人。高鄣之内，設部伍羽儀，復有數部，皆奏鼓吹羌胡伎，鼓角横吹。夜出晝反，火光照天。拜愛姬潘氏爲貴妃，乘臥輿，帝騎馬從後。著織成袴褶，金薄帽，執七寶縛矟，戎服急裝，不變寒暑，陵冒雨雪，不避坑穽。馳騁渴乏，輒下馬解取腰邊蠡器酌水飲之，復上馬馳去。馬乘具用錦繡處，患爲雨所沾濕，織雜綵珠爲覆蒙，備諸雕巧。教黄門五六十人爲騎客，又選無賴小人善走者爲逐馬，左右五百人，常以自隨，奔走往來，略不暇息。置射雉場二百九十六處，翳中帷帳及步鄣，皆袷以緑紅錦，金銀鏤弩牙，瑇瑁帖箭。【略】

後宫遭火之後，更起仙華、神仙、玉壽諸殿，刻畫雕綵，青䕊金口帶，麝香塗壁，錦幔珠簾，窮極綺麗。【略】

帝有膂力，能擔白虎幢，自製雜色錦伎衣，綴以金花玉鏡衆寶，逞諸意態。

《南齊書》卷三〇《戴僧静傳》 僧静少有膽力，便弓馬。事刺史沈文秀，俱没虜。後將家屬叛還淮陰，太祖撫畜之，常在左右。僧静於都載錦出，爲歐陽戍所得，繫兖州獄，太祖遺薛淵餉僧静酒食，以刀子置魚腹中。僧静與獄吏飲酒，

既醉，以刀刻械，手自折鏁，發屋而出。

《南齊書》卷四〇《魚復侯子響傳》〔永明〕七年，遷使持節、都督荆湘雍梁寧南北秦七州軍事、鎮軍將軍、荆州刺史。子響少好武，在西豫時，自選帶仗左右六十人，皆有膽幹。至鎮，數在内齋殺牛置酒，與之聚樂。令内人私作錦袍絳襖，欲餉蠻交易器仗。

《梁書》卷九《曹景宗傳》景宗好内，妓妾至數百，窮極錦繡。

《梁書》卷三九《羊侃傳》初赴衡州，於兩艖艒起三間通梁水齋，飾以珠玉，加之錦繢，盛設帷屏，陳列女樂，乘潮解纜，臨波置酒，緣塘傍水，觀者填咽。

《梁書》卷五四《諸夷傳・滑國》滑國者，車師之別種也。普通元年，又遣使獻黄師子、白貂裘、波斯錦等物。

《梁書》卷五六《侯景傳》景既據壽春，遂懷反叛，屬城居民，悉召募爲軍士，輒停責市估及田租，百姓子女悉以配將卒。又啓求錦萬匹，爲軍人袍，領軍朱异議，以御府錦署止充頒賞遠近，不容以供邊城戎服，請送青布以給之。

《陳書》卷五《宣帝紀》〔太建七年夏四月〕乙未，陳桃根又表上織成羅又錦被各二百首，詔於雲龍門外焚之。

《魏書》卷三三《谷洪傳》洪性貪奢，僕妾衣服錦綺，貲累千金，而求欲滋劇。

《魏書》卷五三《李孝伯傳》世祖至彭城，【略】〔宋江夏王劉〕義恭獻蠟燭十梃，〔武陵王劉〕駿獻錦一匹。

《魏書》卷六四《郭祚傳》世宗末年，每引祚入東宫，密受賞賚，多至百餘萬，雜以錦繡。

《魏書》卷六八《甄琛傳》除征北將軍、定州刺史，衣錦晝遊，大爲稱滿。

《魏書》卷一〇二《西域傳序》世祖以西域漢世雖通，有求則卑辭而來，無欲則驕慢王命，此其自知絶遠，大兵不可至故也。若報使往來，終無所益，欲不遣使。有司奏九國不憚遐嶮，遠貢方物，當與其進，安可豫抑後來，乃從之。於是始遣行人王恩生、許綱等西使，恩生出流沙，爲蠕蠕所執，竟不果達。又遣散騎侍郎董琬、高明等多齎錦帛，出鄯善，招撫九國，厚賜之。

《北齊書》卷三七《魏收傳》安德王延宗納趙郡李祖收女爲妃，後帝幸李宅宴，而妃母宋氏薦二石榴於帝前。問諸人莫知其意，帝投之。收曰：「石榴房中多子，王新婚，妃母欲子孫衆多。」帝大喜，詔收「卿還將來」，仍賜收美錦二疋。

《周書》卷二一《尉遲迥傳》迥別統萬人，皆緑巾錦襖，號曰黄龍兵。

《周書》卷二二《柳慶傳》晋公護初攝政，欲引爲腹心。慶辭之，頗忤旨。又與楊寬有隙，及寬參知政事，慶遂見疎忌，出爲萬州刺史。世宗尋悟，留爲雍州別駕，領京兆尹。武成二年，除宜州刺史。慶自爲郎，迄于司會，府庫倉儲，竝其職也。及在宜州，寬爲小冢宰，乃囚慶故吏，求其罪失。按驗積六十餘日，吏或有死於獄者，終無所言，唯得剩錦數匹。時人服其廉慎。

《周書》卷三二《盧柔傳》及魏孝武與齊神武有隙，詔賀拔勝出牧荆州，柔謂因此可著功績，遂從勝之荆州。【略】及孝武西遷，東魏遣侯景襲穰，勝敗，遂南奔梁。柔亦從之。勝頻表梁求歸，武帝覽表，嘉其辭彩。既知柔所製，因遣舍人勞問，并遺縑錦。

《南史》卷七九《夷貊傳下・滑國》自魏、晋以來，不通中國。至梁天監十五年，其王厭帶夷栗陁始遣使獻方物。普通元年，遣使獻黄師子、白貂裘、波斯錦等物。七年，又奉表貢獻。

《北史》卷四〇《甄琛傳》除定州刺史，【略】琛既至鄉，衣錦晝游，大爲稱滿。

《全齊文》卷一高帝《詔答河南王拾寅》建元元年　又奏所上馬等物悉至，今往別牒錦絳紫碧緑黄青等紋各十匹。《南齊書・河南氐羌傳》。按，河南即吐谷渾。

《全後魏文》卷二二崔浩《食經敘》余備位台鉉，與參大謀，賞獲豐厚。牛羊蓋澤，貲累巨萬，衣則重錦，食則粱肉。遠惟平生，思季路負米之時，不可復得，故序遺文，垂示來世。《魏書・崔浩傳》：浩母盧氏諶孫女也。浩著《食經敘》又《北史》二十一。

《全後魏文》卷三一韓顯宗《上言時務》在朝諸貴，受禄不輕，土木被錦綺，童妾厭粱肉，而復厚賚屢加，動以千計，若分賜鰥寡，贍濟實多，如不悛革，豈周急不繼富之謂也。

《全北齊文》卷九闕名《爲閻姬與子宇文護書》天地隔塞，子母異所，三十餘年，存亡斷絶，肝腸之痛，不能自勝，想汝悲思之懷，復何可處。【略】今又寄汝小時所著錦袍表一領，至宜檢看，知吾含悲慼。《北史》作含悲抱戚。

《隋書》卷八一《東夷傳・靺鞨》煬帝初與高麗戰，頻敗其衆，渠帥度地稽率其部來降。拜爲右光禄大夫，居之柳城，與邊人來往。悅中國風俗，請被冠帶，帝嘉之，賜以錦綺而褒寵之。

《舊唐書》卷八《玄宗記上》〔開元二年六月丁巳〕内出珠玉錦繡等服玩，又於正殿前焚之。

《舊唐書》卷一七《文宗紀下》〔大和四年三月〕丁酉，監修國史、中書侍郎、平章事路隨進所撰《憲宗實録》四十卷，優詔答之，賜史官等五人錦綵銀器有差。

《舊唐書》卷一九上《懿宗紀》〔咸通十四年七月辛巳《遺詔》：〕其山陵制度，切在儉約，並不得以金銀錦繡文飾喪具。

《舊唐書》卷二三《禮儀志三》 初，上親享于降禪之壇，行初獻之禮畢，執事者皆趨而下。宦者執帷，皇后率六宫以升，行禮。帷帟皆以錦繡爲之。

《舊唐書》卷二四《禮儀志四》 先是，脽上有后土祠，嘗爲婦人塑像，則天時移河西梁山神塑像，就祠中配焉。至是，有司送梁山神像於祠外之别室，内出錦繡衣服，以上后土之神，乃更加裝飾焉。

《舊唐書》卷五七《張長遜傳》 及征薛舉，長遜不待命而至，以功授豐州總管，進封巴國公，賜以錦袍金甲。

《舊唐書》卷六〇《王君廓傳》 從平劉黑闥，令鎮幽州。會突厥入寇，君廓邀擊破之，俘斬二千餘人，獲馬五千匹。高祖大悦，徵入朝，賜以御馬，令於殿庭乘之而出，因謂侍臣曰：「吾聞藺相如叱秦皇，目眥出血。君廓往擊竇建德，將出戰，李勣遏之，君廓發憤大呼，目及鼻耳一時流血。此之壯氣，何謝古人，不可以常例賞之。」復賜錦袍金帶，還鎮幽州。

《舊唐書》卷六五《長孫無忌傳》〔永徽〕六年，帝將立昭儀武氏爲皇后，無忌屢言不可，帝乃密遣使賜無忌金銀寶器各一車，綾錦十車，以悦其意。昭儀母楊氏復自詣無忌宅，屢加祈請。時禮部尚書許敬宗又屢申勸請，無忌嘗厲色折之。

《舊唐書》卷七八《張易之張昌宗傳》 則天臨朝，通天二年，太平公主薦易之弟昌宗入侍禁中，既而昌宗啓天后曰：「臣兄易之器用過臣，兼工合鍊。」即令召見，甚悦。由是兄弟俱侍宫中，皆傅粉施朱，衣錦繡服，俱承辟陽之寵。

《舊唐書》卷八三《張士貴傳》 張士貴者，虢州盧氏人也。【略】從平東都，授虢州刺史，高祖謂之曰：「欲卿衣錦畫遊耳。」

《舊唐書》卷一一七《崔寧傳》 寶應初，蜀中亂，山賊擁絶縣道，代宗憂之。嚴武薦旰爲利州刺史，既至，山賊遁散，由是知名。嚴武爲劍南節度，赴鎮過利州，心欲辟旰爲部將，以利非屬部，旰難輒去，俾旰籌之。旰曰：「節度使張獻誠見忌，且又好利，誠能重賂之，旰可以從大夫矣。」武至劍南，遺獻誠奇錦珍貝，價兼百金，獻誠大悦。武乃遺獻誠書求旰，獻誠然之，令旰移疾去郡。旰乃之劍南，武奏爲漢州刺史。

《舊唐書》卷一二〇《郭子儀傳》 永泰元年五月，以子儀都統河南道節度行營，出鎮河中。八月，僕固懷恩誘吐蕃、迴紇、党項、羌、渾、奴剌，山賊任敷、鄭庭、郝德、劉開元等三十餘萬南下，【略】是時，急召子儀自河中至，屯於涇陽，而虜騎已合。子儀一軍萬餘人，而雜虜圍之數重。子儀使李國臣、高昇拒其東，魏楚玉當其南，陳迴光當其西，朱元琮當其北。子儀率甲騎二千出没於左右前後，虜見而問曰：「此誰也？」報曰：「郭令公也。」迴紇曰：「令公存乎？僕固懷恩言天可汗已棄四海，令公亦謝世，中國無主，故從其來。今令公存，天可汗存乎？」報之曰：「皇帝萬歲無疆。」迴紇皆曰：「懷恩欺我。」子儀又使諭之曰：「公等頃年遠涉萬里，翦除凶逆，恢復二京。是時子儀與公等周旋艱難，何日忘之。今忽棄舊好，助一叛臣，何其愚也！且懷恩背主棄親，於公等何有？」迴紇曰：「謂令公亡矣，不然，何以至此。令公誠存，安得而見之？」子儀將出，諸將諫曰：「戎狄之心，不可信也，請無往。」子儀曰：「虜有數十倍之衆，今力固不敵，且至誠感神，況虜輩乎！」諸將曰：「請選鐵騎五百衛從。」子儀曰：「適足以爲害也。」乃傳呼曰：「令公來！」虜初疑，持滿注矢以待之。子儀以數十騎徐出，免胄而勞之曰：「安乎？久同忠義，何至於是？」迴紇皆捨兵下馬齊拜曰：「果吾父也。」子儀召其首領，各飲之酒，與之羅錦，歡言如初。【略】

大曆元年十二月，華州節度使周智光殺監軍張志斌謀叛，帝以同、華路阻，召子儀女壻工部侍郎趙縱受口詔往河中，令子儀起軍討之。縱請爲蠟書，令家僮間道賜子儀。奉詔大閲軍戎，將發，同華將吏聞軍起，乃斬智光父子，傳首京師。二年二月，子儀入朝，宰相元載、王縉、僕射裴冕、京兆尹黎幹、内侍魚朝恩共出錢三十萬，置宴於子儀第，恩出羅錦二百匹，爲子儀纏頭之費，極歡而罷。

《舊唐書》卷一三三《李晟傳》〔建中二年〕，時朔方節度使李懷光亦自河北赴難，軍於咸陽，不欲晟獨當一面以分己功，乃奏請與晟兵合，乃詔晟移軍合懷光軍。晟奉詔引軍至陳濤斜，軍壘未成，賊兵遽至，晟乃出陣，且言於懷光曰：「賊堅保宫苑，攻之未必克；今離其窟穴，敢出索戰，此殆天以賊賜明公也！」懷光恐晟立功，乃曰：「吾軍適至，馬未秣，士未飯，詎可戰耶？不如蓄鋭養威，俟時而舉。」晟知其意，遂收軍入壘，時興元元年正月也。每將合戰，必自異，衣錦裘、繡帽前行，親自指導。懷光望見惡之，乃謂晟曰：「將帥當持重，豈宜自表飾以啗賊也！」【略】降虜浪息曩，晟奏封王，每蕃使至，晟必置息曩於坐，衣以錦袍、金帶以寵異之。蕃人皆相指目，榮羨息曩。

《舊唐書》卷一五二《張萬福傳》 大曆三年，召赴京師，代宗謂曰：「聞卿名久，欲一識卿面，且將累卿以許杲。」萬福拜謝，因前奏曰：「陛下以一許杲召臣，如河北諸將叛，欲以屬何人？」代宗笑謂曰：「且與吾了許杲事，方當大用卿。」以爲和州刺史、行營防禦使，督淮南岸盜賊。至州，杲懼，移軍上元。杲至楚州大掠，節度使韋元甫命萬福追討之。未至淮陰，杲爲其將康自勸所逐。自勸擁兵繼掠，循淮而東，萬福倍道追而殺之，免者十二三，盡得其虜掠金帛婦人等，皆送致其家。元甫將厚賞將士，萬福曰：「官健常虚費衣糧，無所事，今乃一小賴之，不足過賞，請用三之一。」代宗發詔以勞之，賜衣一襲、宫錦十雙。

《舊唐書》卷一六一《李光顔傳》 元和十一年，光顔連敗〔吴〕元濟之衆，拔賊凌雲柵，憲宗大悦，賜其告捷者奴婢銀錦。進位檢校尚書左僕射。

《舊唐書》卷一六八《馮定傳》 大和九年八月，爲太常少卿。文宗每聽樂，鄙鄭、衛聲，詔奉常習開元中《霓裳羽衣舞》，以《雲韶樂》和之。舞曲成，定總樂工閱於庭，定立於其間。文宗以其端凝若植，問其姓氏，翰林學士李珏對曰：「此馮定也。」文宗喜，問曰：「豈非能爲古章句者耶？」乃召升階，文宗自吟定《送客西江詩》。吟罷益喜，因錫禁中瑞錦，仍令大録所著古體詩以獻。

《舊唐書》卷一六八《封敖傳》 敖構思敏速，語近而理勝，不務奇澀，武宗深重之。嘗草《賜陣傷邊將詔》，警句云：「傷居爾體，痛在朕躬。」帝覽而善之，賜之宫錦。

《舊唐書》卷一七三《鄭朗傳》 初，大和末風俗稍奢，文宗恭勤節儉，冀革其風。宰臣等言曰：「陛下節儉省用，風俗已移，長裾大袂，漸以減損。若更令戚屬絶其侈靡，不慮下不從教。」帝曰：「此事亦難户曉，但去其泰甚，自以儉德化之。朕聞前時內庫唯二錦袍，飾以金鳥，一袍玄宗幸温湯御之，一即與貴妃。當時貴重如此，如今奢靡，豈復貴之？料今富家往往皆有。」

《舊唐書》卷一七四《李德裕傳》 大和四年十月，以德裕檢校兵部尚書、成都尹、劍南西川節度副大使、知節度事、管內觀察處置、西川八國雲南招撫等使。【略】西川承蠻寇剽虜之後，郭釗撫理無術，人不聊生。德裕乃復葺關防，繕完兵守。又遣人入南詔，求其所俘工匠，得僧道工巧四千餘人，復歸成都。五年九月，吐蕃維州守將悉怛謀請以城降。【略】貞元中，韋皋鎮蜀，經略西山八國，萬計取之不獲，至是悉怛謀遣人送款。德裕疑其詐，遣人送錦袍金帶與之，託云候取進止，悉怛謀乃盡率郡人歸成都。

《舊唐書》卷一八三《外戚傳·王子顔》 王子顔，琅邪臨沂人，莊憲皇后之父也。祖思敬，少從軍，累試太子賓客。父難得，有勇決，善騎射，天寶初爲河源軍使。吐蕃贊普王子郎支都有勇，乘詣真馬，寶鈿裝鞍，出陣求鬭，無敢與校者。難得挾槍奮馬突前，刺殺郎支都，斬其首，傳於京師。軍還，玄宗召見之，令於殿前乘馬挾槍作刺郎支都之狀，賜以錦袍金帶，累拜金吾將軍同正員。

《舊唐書》卷一九〇中《文苑傳中·宋之問》 則天幸洛陽龍門，令從官賦詩，左史東方虬詩先成，則天以錦袍賜之。及之問詩成，則天稱其詞愈高，奪虬錦袍以賞之。

《舊唐書》卷一九〇下《文苑傳下·李白》 嘗月夜乘舟，自采石達金陵，白衣宫錦袍，於舟中顧瞻笑傲，傍若無人。

《舊唐書》卷一九七《南蠻西南蠻傳·南詔蠻》 國初有蒙舍龍，生迦獨龐。迦獨生細奴邏，高宗時來朝。細奴邏生邏盛，武后時來朝。其妻方娠，邏盛次姚州，聞妻生子，曰：「吾且有子，死於唐地足矣。」子名曰盛邏皮。邏盛至京師，賜錦袍金帶歸國。

《新唐書》卷五《玄宗紀》 〔開元二年〕七月乙未，焚錦繡珠玉於前殿。戊戌【略】廢織錦坊。

《新唐書》卷五三《食貨志三》 齊物入爲鴻臚卿，以長安令韋堅代之，兼水陸運使。堅治漢、隋運渠，起關門，抵長安，通山東租賦。乃絶灞、滻，並渭而東，至永豐倉與渭合。又於長樂坡瀕苑牆鑿潭於望春樓下，以聚漕舟。堅因使諸舟各揭其郡名，陳其土地所産寶貨諸奇物於栿上。先時民間唱俚歌曰「得体紇那邪」。其後得寶符於桃林，於是陝縣尉崔成甫更《得体歌》爲《得寶弘農野》。堅命舟人爲吴、楚服，大笠、廣袖、芒屩以歌之。成甫又廣之爲歌辭十闋，自衣缺後綠衣、錦半臂，紅抹額，立第一船爲號頭以唱，集兩縣婦女百餘人，鮮服靚粧，鳴鼓吹笛以和之。

《新唐書》卷九二《范君璋傳》 〔范君璋〕部皆中國人，多叛去，君璋窮，乃降，自請部虜贖罪。高祖遣鴈門人元普賜金券，會頡利亦召之，意猶豫。【略】恒安人郭子威曰：「恒安故王者都，山川足以自固，突厥方彊，我援之，可觀天下變，何遽降？」君璋然之，執元普送突厥，頡利德之，遺以錦裘羊馬。

《新唐書》卷一一三《張文瓘傳》 時高宗造蓬萊、上陽、合璧等宫，復征討四夷，京師養廄馬萬匹，帑廥寖虚。文瓘諫曰：「王者養民，逸則富以康，勞則怨以叛。秦、漢廣事四夷，造宫室，至二世土崩，武帝末年户口減半。夫制治於未亂，保邦於未危。人罔常懷，懷于有仁。臣願撫之，無使勞而生怨。隋監未遠，不可不察。」帝善其言，賜繒錦百段，爲減廄馬數千。

《新唐書》卷一二五《蘇頲傳》 開元八年，罷爲禮部尚書。俄檢校益州大都督長史，按察節度劍南諸州。時蜀彫匄，人流亡，詔頲收劍南山澤鹽鐵自贍。頲尚簡静，重興力役，即募戍人，輸雇直，開井置鑪，量入計出，分所贏市穀，以廣見糧。時前司馬皇甫恂使蜀，檄取庫錢市錦半臂、琵琶捍撥、玲瓏鞭，頲不肯予，因上言：「遣使銜命，先取不急，非陛下以山澤贍軍費意。」或謂頲：「公在遠，叵得忤上意。」頲曰：「不然。明主不以私愛奪至公，吾可以遠近廢忠臣節邪？」

《新唐書》卷一二六《杜鴻漸傳》 代宗廣德二年，以兵部侍郎同中書門下平章事。尋進中書侍郎。崔旰殺郭英乂據成都，邛州牙將柏貞節、瀘州牙將楊子琳、劍州牙將李昌巎以兵討旰，蜀、劍大亂。命鴻漸以宰相兼成都尹、山南西道劍南東川副元帥、劍南西川節度副大使往鎮撫之。鴻漸性畏怯，無它遠略，而晚節溺浮圖道，畏殺戮。及逾劍門，懲艾張獻誠敗，且憚旰雄武，先許以不死。既見，禮遇之，不敢加譙責，反委以政，日與從事杜亞、楊炎縱酒高會，因薦旰爲成都尹，而授貞節邛州刺史，子琳瀘州刺史，各罷兵。乃請入朝，許之。及見帝，盛言旰威略可任，宜爲留後。獻寶器五牀、羅錦十五牀、麝臍五石。復輔政。

《新唐書》卷一二七《張延賞傳》 累拜荆南、劍南西川節度使。建中中，西山兵馬使張朏襲成都爲亂，延賞奔鹿頭戍。朏酣亂不設備，延賞諜知之，遣將叱干遂捕斬朏，復成都。自楊國忠討南蠻，三蜀疲罄。及乘輿臨狩，縻用百出。後更郭英乂、崔寧、楊子琳亂，益矜僭，公私蕭然。延賞事爲之制，薄入謹出，府庫遂實。德宗在奉天，貢獻踵道。及次梁，倚劍蜀爲根本。即拜中書侍郎、同中書門下平章事。

帝還，詔入秉政。初，吐蕃寇劍南，李晟總神策軍戍之，及還，以成都倡自隨，延賞遣吏奪取，故晟銜之；至是，鎮鳳翔，帝所倚重，表陳宿憾，帝不得已，罷延賞爲尚書左僕射，然雅意決用之，以晟嘗爲韓滉識擢，命滉移書道意。及俱入朝，滉從容邀晟平憾，且使薦延賞於帝，於是復拜平章事。既而宴禁中，帝出瑞錦一端分繫之，以示和解。

《新唐書》卷一三〇《裴胄傳》 初，李兼嘗罷南昌卒千餘人，收資粟爲月進，胄白罷之。樊澤徙襄州，宰相議所代，德宗雅記胄才，遂拜荆南節度使。

是時，方鎮争剌下希恩，製重錦異綾，名貢奉，有中使者，即悉公帑市歡。胄待之有節，獻餉直不數金，宴勞止三爵。

《新唐書》卷一三一《李石傳》 石曰：「治道本於上，而下罔敢不率。」帝曰：「不然。張元昌爲左街副使，而用金唾壺，比坐事誅之。吾聞禁中有金鳥錦袍二，昔玄宗幸温泉，與楊貴妃衣之，今富人時時有之。」石曰：「毛玠以清德爲魏尚書，而人不敢鮮衣美食，況天子獨不可爲法乎？」

《新唐書》卷一四七《李叔明傳》 德宗幸興元，出家貲助軍，悉衣幣獻宫掖，加太子太傅，封蓟國公。初，東川承兵盜，鄉邑彫破，叔明治之二十年，撫接有方，華裔遂安。後朝京師，以病足，賜錦輦，令宦士肩舁以見，拜尚書右僕射。

《新唐書》卷一五八《韋臯傳》 臯治蜀二十一年，數出師，凡破吐蕃四十八萬，禽殺節度、都督、城主、籠官千五百，斬首五萬餘級，獲牛羊二十五萬，收器械六百三十萬，其功烈爲西南劇。善拊士，至雖昏嫁皆厚資之，婿給錦衣，女給銀塗衣，賜各萬錢，死喪者稱是。

《新唐書》卷一六三《崔郾傳》 敬宗嗣位，拜翰林侍講學士，旋進中書舍人，謝曰：「陛下使臣侍講，歷半歲，不一問經義。臣無功，不足副厚恩。」帝慚曰：「朕少間當請益。」高釴適在旁，因言：「陛下樂善而無所咨詢，天下之人不知有嚮儒意。」帝重咎謝，咸賜錦、幣。

《新唐書》卷一七八《劉蕡傳》 大和二年，舉賢良方正能直言極諫，帝引諸儒百餘人于廷，策曰：【略】蕡對曰：【略】臣前所謂「百工淫巧，繇制度不立」者，臣請以官位禄秩制其器用車服，禁以金銀珠玉，錦繡雕鏤不蓄於私室，則無蕩心之巧矣。

《新唐書》卷二〇三《文藝傳下・李賀》 爲人纖瘦，通眉，長指爪，能疾書。每旦日出，騎弱馬，從小奚奴，背古錦囊，遇所得，書投囊中。

《新唐書》卷二二一《西域傳・高昌》 〔高昌豪傑〕智湛，麟德中以左驍衛大將軍爲西州刺史，卒，贈涼州都督。【略】弟崇裕有武藝，永徽中爲右武衛翊府中郎將，封交河郡王，邑至三千户。終鎮軍大將軍，武后爲舉哀，襚以美錦，賻賜甚厚，封爵絶。

《新唐書》卷二二二上《南蠻傳上·南詔上》 王蒙氏，父子以名相屬。自舍龙以來，有譜次可考。舍龙生獨邏，亦曰細奴邏，高宗時遣使者入朝，賜錦袍。

【略】

開元末，皮邏閣逐河蠻，取大和城，又襲大釐城守之，因城龍口，夷語山陂陀爲「和」，故謂「大和」，以處閤羅鳳。天子詔賜皮邏閣名歸義。當是時，五詔微，歸義獨彊，乃厚以利啖劍南節度使王昱，求合六詔爲一，制可。歸義已并羣蠻，遂破吐蕃，寖驕大。入朝，天子亦爲加禮。又以破弭蠻功，馳遣中人册爲雲南王，賜錦袍、金鈿帶七事。

王方慶《魏鄭公諫録》卷二《諫上書多論綾錦》 或有上書者，太宗覽之，謂侍臣曰：「比來多論綾錦，却不言獵射。」公對曰：「綾錦雖陛下所好，比之猶差從禽，不强人所不能。古人有言曰：『道所以不言，言亦知不可得。』」太宗笑曰：「理實當然，魏徵之言，亦何由可得。」

張鷟《朝野僉載》卷二 周侍御史侯思止，醴泉賣餅食人也，羅告準例酎五品。於上前索御史，上曰：「卿不識字。」對曰：「獬豸豈識字？但爲國觸罪人而已。」遂授之。凡推勘，殺戮甚衆，更無餘語，但謂囚徒曰：「不用你書言筆語，但還我白司馬。若不肯來俊，即與你孟青。」横遭苦楚非命者，不可勝數。白司馬者，北邙山白司馬坂也；來俊者，中丞來俊臣也；孟青者，將軍孟青棒也。後坐私蓄錦，朝堂決殺之。

封演《封氏聞見記》卷五《圖畫》 大曆中，吴士姓顧，以畫山水歷抵諸侯之門。每畫，先帖絹數十幅于地，乃研墨汁及調諸采色各貯一器，使數十人吹角擊鼓，百人齊聲啾叫。顧子着錦襖錦纏頭，飲酒半酣，遶絹帖走上二十四字，原缺，據天一閣本補。十餘帀，取墨汁攤「攤」，原作「灘」，據天一閣本改。寫于絹上，次寫諸色，乃以長巾一，一頭覆于所寫之處，使人坐壓，已執巾角而曳之，回環既遍，然後以筆墨隨勢開決爲峯巒島嶼之狀。

杜牧《樊川文集》卷二《上李太尉論江賊書》 茶熟之際，四遠商人，皆將錦繡繒纈、金釵銀釧，入山交易，婦人稚子，盡衣華服，吏見不問，人見不驚。

段成式《酉陽雜俎》前集卷一《忠志》 安禄山恩寵莫比，錫賚無數，其所賜品目有：大錦、銀瓶平脱掏魁織錦筐。

段成式《酉陽雜俎·續集》卷之三《支諾皋》下 蜀郡有豪家子，富擬卓鄭，蜀之名姝，無不畢致，每按圖求麗，媒盈其門，常恨無可意者。或言坊正張和，大俠也，幽房閨稚，無不知之，盍以誠投乎？豪家子乃具籯金篋錦，夜詣其居，具告所欲，張欣然許之。

劉肅《大唐新語》卷一 高宗乾封初，封禪岱宗，行初獻之禮畢，執事者趨下，而宫官執帷。天后率六宫昇壇行禮，帷席皆以錦繡爲之，識者咸非焉。

李肇《唐國史補》卷上 玄宗幸蜀，至馬嵬驛，命高力士縊貴妃于佛堂前梨樹下。馬嵬店媪收得錦靿一隻。相傳過客每一借翫，必須百錢，前後獲利極多，媪因至富。

佚名《大唐傳載》 杜亞爲淮南，競渡採蓮龍舟錦纜繡帆之戲費金數千萬。于頔爲襄州，點山燈，一上油二千石。李昌夔爲荆南，打獵，大修(富)〔妝〕飾。其妻獨孤氏亦出女隊二千人，皆着紅紫錦繡襖子。此三府亦因而空耗。

蘇鶚《杜陽雜編》卷下 大中初，女蠻國貢雙龍犀。有二龍，鱗鬣爪角悉備。明霞錦，云錬水香麻以爲之也。光耀芬馥着人，五色相間而美麗於中國之錦。其國人危髻金冠，瓔珞被體，故謂之菩薩蠻。當時倡優遂製《菩薩蠻》曲，文士亦往往聲其詞。

王定保《唐摭言》卷一二《設奇沽譽》 咸通中，鄭愚自禮部侍郎鎮南海，時崔魏公在荆南，愚著錦襖子半臂袖卷謁之，公大奇之。會夜飲更衣，賓從間竊謂公曰：「此應是有，慙不稱耳！」既而復易紅錦，尤加焕麗，衆莫測矣。

王仁裕《開元天寶遺事》 乞巧樓　宫中以錦結成樓殿，高百尺，上可以勝數十人，陳以瓜果酒炙，設坐具，以祀牛、女二星。嬪妃各以九孔針、五色綫，向月穿之，過者爲得巧之候。動清商之曲，宴樂達旦，士民之家皆效之。【略】

錦雁　奉御湯中以文瑶密石，中央有玉蓮，湯泉涌以成池，又縫錦繡爲鳧雁於水中，帝與貴妃施鈒鏤小舟，戲玩于其間。宫中退水，出于金溝，其中珠纓寶絡流出街渠，貧民日有所得焉。【略】

風流陣　明皇與貴妃，每至酒酣，使妃子統宫妓百餘人，帝統小中貴百餘人，排兩陣于掖庭中，目爲風流陣。以霞被錦被張之，爲旗幟攻擊相鬭，敗者罰之巨觥以戲笑。時議以爲不祥之兆，後果有禄山兵亂，天意人事不偶然也。

馮贄《雲仙雜記》卷二《百花獅子》 曲江貴家遊賞，則剪百花裝成獅子相送遺。獅子有小連環，欲送則以蜀錦流蘇牽之。唱曰：「春光且莫去，留與醉人

看。」《曲江春宴録》

孫光憲《北夢瑣言》卷三《鄭愚尚書錦半臂》 唐鄭愚尚書，廣州人，雄才奥學，擢進士第，敭歷清顯，聲稱烜一作「赫」。然。而性本好華，以錦爲半臂。崔魏公鉉鎮荆南，滎陽除廣南節制，經過，魏公以常禮延遇。滎陽舉進士時，未嘗以文章及魏公門，此日於客次換麻衣，先贄所業，魏公覽其卷首，尋已，賞歎至三四，不覺曰：「真銷得錦半臂也。」

《太平御覽》卷八一五《布帛部二・錦》 《唐書》曰：王方慶，天后初爲廣州都督，境内清肅，手制褒之曰：「朕以卿歷職有稱，故授此官，既美化遠聞，實副朝寄。今賜卿雜綵六十段，并端錦二物，以彰善政也。」

又曰：大曆初，代宗詔許宰臣元載、王縉及左僕射裴冕、户部侍郎判度支第五奇、京兆尹黎幹，各出錢三十萬宴郭子儀私第，内侍魚朝恩參其會焉。朝恩出錦三十疋，羅五十疋，綾一百疋爲子儀纏頭之費，極懽而罷。舊俗賞歌舞人以錦綵置之頭上，爲之纏頭。宴享加惠，借以爲詞。

又曰：太和中，賜修指南車、記里鼓人故金忠義男公亮，緋衣，牙笏，錦三十疋。

《太平廣記》卷二〇二《天后》 則天幸龍門，令從官賦詩。左史東方虬詩先成，則天以錦袍賜之。及宋之問詩成，則天稱詞更高，奪袍以賜之。出《譚賓録》。

黄朝英《靖康緗素雜記》卷一〇《貴學》 王元寶富而無學識，嘗會賓客，明日，親友謂之曰：「昨日必多佳論。」元寶曰：「但費錦纏頭耳。」良可嗤笑。

王讜《唐語林》卷四《賢媛》 柳婕妤生延王。肅宗每見王，則語左右曰：「我與王兄弟中更相親，外家皆關中貴族。」蓋柳氏奕葉貴盛，人物盡高，方輿公、康城公，皆《北史》有傳矣。睦州俊邁，風格特異。自隋之後，家富于財。嘗因調集至京師，有名娼曰嬌陳者，姿藝俱美，爲士子之所奔走。睦州一見，因求納焉。嬌陳曰：「第中設錦帳三十重，則奉事終身矣。」本易其少年，乃戲之也。翌日，遂如言，載錦而張之以行。嬌陳大驚，且賞其奇特，竟如約，入柳氏之家，執僕媵之禮，節操爲中表所推。玄宗在人間，聞嬌陳之名，及召入宫見上，因涕泣，稱痼疾且老，上知其不欲背柳氏，乃許其歸。因語之曰：「我聞柳家多賢女子，可以備職者，爲我求之。」嬌陳乃以睦州女弟對。乃選入充婕妤，生延王及永穆公主焉。

王讜《唐語林》卷五《補遺》 杜亞在淮南競渡採蓮，龍舟錦纜之戲，費金千萬。

孔平仲《續世説》卷五《賞譽》 封敖爲中書舍人，草賜陣傷邊將詔句云：「傷居爾體，痛在朕躬。」武宗賜之宫錦。

孔平仲《續世説》卷九《汰侈》 文宗素恭儉，謂宰臣曰：「朕聞前時内庫唯二錦袍，飾以金烏，一袍(元)〔玄〕宗幸温泉御之，一即與貴妃。當時貴重如此，今奢靡豈復貴之？料今富貴往往皆可有，左衛副使張元昌用金唾壺，昨因李訓已誅之矣。」

《白孔六帖》卷八 衣錦晝游張士貴，虢州人，授虢州刺史，帝曰：顧令卿衣錦晝游耳。

視錦繡元德秀視錦繡，未嘗求足。

錦裘繡帽李晟每與賊戰，必錦裘繡帽，自表，指顧陣前。

賜瑞錦服東女真王歛臂，使大臣求請官號。武后册拜左右玉鈐衛將軍，賜瑞錦服。

賜以宫錦封敖，武宗使作詔書，賜以宫錦。

貢重錦裴胄拜荆南節度使。是時方鎮争剥下希恩，制貢重異綾，名貢奉。有中使者，即悉公帑市歡，胄待之有節。

獻錦十五牀杜鴻漸兼成都尹，入朝，獻錦十五牀。

錦裘范君瑾執元普送突厥，頡利得之，遺以錦裘。

池底鋪錦李石《開城録》：文宗論德宗奢靡，云：聞得禁中老宫人，每引泉，先於池底鋪錦。王建宫詞「魚藻宫中鎖翠蛾，先皇行處不曾過。只今池底休鋪錦，菱角鷄頭積漸多」是也。

《白孔六帖》卷八 賜瑞錦以著善政王方慶，累遷廣州都督，境内清畏。議者謂治廣未有如方慶者，號第一。下詔，賜瑞錦雜采，以著善政。

《白孔六帖》卷四九 錦袍寶帶契苾明征吐蕃，以戰多，進左威衛大將軍，襲封，賜錦袍、寶帶。

賜玉帶寶器紈錦張允伸上米鹽，賜玉帶、寶器、紈錦。

賜錦袍金甲張長遜，突厥怒，引兵南至河。長遜〔遣高〕世靖出塞勞之，且若專致賻賵者，寇引還。授摠管。又討薛舉，不待命輒引兵會，賜錦袍金甲。

徐矩《新鎸古今事物原始全書》卷一四《服御・錦纏頭》 唐王元寶富而無學，常會客。明日人問，必多佳話。元寶曰：但費錦纏頭耳。詩云：笑時花近眼，舞罷錦纏頭。注云：錦纏頭，乃歌舞者之利市物也。《楊妃外傳》云：謝阿蠻善舞，明皇按樂於清元殿，寧王吹玉笛，上持羯鼓，貴妃琵琶，秦國夫人端坐視之。上戲曰：樂籍今日幸得供奉夫人，請一纏頭。對曰：豈有大唐天子阿姨無錢用耶。遂出三百萬。

《全唐文》卷八四二劉守光《上梁祖狀》 又守文令褚元嗣將琉璃水晶金銀等器錦綵與契丹將領，約取幽州後別圖富貴。其契丹少君遂差使還書，願與守文勅令，守文乃言得契丹下大夫所贊也。

《舊五代史》卷二《梁書·太祖紀二》 天復三年正月甲寅，岐人啓壁，唐昭宗降使宣問慰勞，兼傳密旨。【略】甲子，昭宗發離鳳翔，幸左劍寨，權駐蹕帝營。帝素服待罪，昭宗命學士傳宣免之，帝即入見稱罪，拜伏者數四。《册府元龜》卷一百八十七。既而促召升殿，密邇御座，且曰：「宗廟社稷是卿再造，朕與戚屬是卿再生。」因解所御玉帶面以賜帝，帝亦以玉鞍勒馬、金銀器、紋錦、御饌酒菓等躬自拜進焉。《永樂大典》卷一萬五千一十六。

《舊五代史》卷五《梁書·太祖紀五》 開平四年二月乙丑，幸甘水亭。《册府元龜》卷二百五。帝出師子門，幸榆林東北坡，教諸軍兵事。《册府元龜》卷二百十四。賜潞州投歸軍使張行恭錦服銀帶并食。《册府元龜》卷二百十五。己丑，出光政門，至穀水觀麥。《册府元龜》卷一百九十八。戊辰，宴於金鑾殿。甲戌，以春時無事，頻命宰臣及勳戚宴於河南府池亭。辛巳，楊師厚赴鎮于陝。寒食假，諸道節度使、郡守、勳臣競以春服賀。又連清明宴，以鞍轡馬及金銀器、羅錦進者迨千萬，乃御宣威殿，宴宰臣及文武官四品已上。

《舊五代史》卷一三《梁書·劉嗣彬傳》 知俊族子嗣彬，幼從知俊征行，累遷爲軍校。及知俊叛，以不預其謀，得不坐。貞明末，大軍與晉王對壘於德勝，久之，嗣彬率數騎奔于晉，具言朝廷軍機得失，又以家世讎怨，將以報之。晉王深信之，即厚給田宅，仍賜錦衣玉帶，軍中目爲「劉二哥」。

《舊五代史》卷二〇《梁書二〇·劉捍傳》 太祖迎昭宗於岐下，以捍爲親軍指揮。天復三年正旦，宋文通令客將郭啓奇使於太祖，命捍復命。昭宗聞其至，即召見，詢東兵之事，仍以錦服、銀鞍勒馬賜之。翌日，授光禄大夫、檢校司空、登州刺史。昭宗還京，改常州刺史，賜號迎鑾毅勇功臣。

《舊五代史》卷三〇《唐書·莊宗紀四》 同光元年冬十月庚辰，帝御元德殿，梁百官於朝堂待罪，詔釋之。壬午，段凝所部馬步軍五萬解甲於封丘。凝等率大將先至請死，詔各賜錦袍、御馬、金幣。【略】

（同光元年十二月戊寅）淮南楊溥遣使賀登極，稱「大吳國主書上大唐皇帝」。《十國春秋·吳世家》云：唐以滅梁來告，始稱詔，我國不受，唐主隨易書，用敵國禮，曰「大唐皇帝致書于吳國主」，王遣司農卿盧蘋獻金器二百兩、銀器三千兩、羅錦一千二百疋、龍腦香五斤、龍鳳絲鞵一百事于唐。又遣使張景報聘，稱「大吳國主上書大唐皇帝」，辭禮如牋表。（殿本）

《舊五代史》卷三一《唐書·莊宗紀五》 （同光二年三月）丁巳，淮南楊溥遣使貢賀郊天禮物。案《十國春秋·吳世家》：王遣右衛上將軍許確進賀郊天銀二千兩、錦綺羅一千二百疋、細茶五百斤、象牙四株、犀角十株于唐。《舊五代史考異》。

《舊五代史》卷三三《唐書·莊宗紀七》 （同光三年十一月）丁巳，大軍入成都，法令嚴峻，市不易肆。自興師凡七十五日蜀平，得兵士三萬、兵仗七百萬、糧三百五十三萬、錢一百九十二萬貫、金銀共二十二萬兩、珠玉犀象二萬、紋錦綾羅五十萬，得節度州十、郡六十四、縣二百四十九。

《舊五代史》卷三八《唐書·明宗紀四》 天成二年十二月戊寅朔，遣飛勝指揮使於契丹，賜契丹王錦綺、銀器等，兼賜其母繡被纓絡。

《舊五代史》卷四四《唐書·明宗紀一〇》 長興四年十一月壬辰，天下大元帥、守尚書令、兼侍中、秦王從榮領兵陣於天津橋，內出禁軍拒之。從榮敗奔河南府，遇害。帝聞之悲駭，幾落御榻，氣絶而蘇者再，由是不豫有加。癸巳，馮道率百僚見帝於雍和殿，帝雨泣哽噎，曰：「吾家事若此，慚見卿等！」百僚皆泣下霑襟。甲午，賜宰臣、樞密使御衣玉帶，康義誠已下錦帛鞍馬有差。

《舊五代史》卷五四《唐書·王鎔傳》 鎔自幼聰悟，然仁而不武，征伐出於下，特以作藩數世，專制四州，高屏塵務，不親軍政，多以閹人秉權，出納決斷，悉聽所爲。皆雕靡第舍，崇飾園池，植奇花異木，遞相誇尚。人士皆褒衣博帶，高車大蓋，以事嬉遊，藩府之中，當時爲盛。案《新唐書》云：鎔母何，有婦德，訓鎔嚴，至母亡，鎔始黷貨財。此事《薛史》不載。鎔宴安既久，惑於左道，專求長生之要，常聚緇黄，合鍊仙丹，或講説佛經，親受符籙。西山多佛寺，又有王母觀，鎔增置館宇，雕飾土木。道士王若訥者，誘鎔登山臨水，訪求仙迹，每一出，數月方歸，百姓勞弊。王母觀石路既峻，不通輿馬，每登行，命僕妾數十人維錦繡牽持而上。

《舊五代史》卷九一《晉書·康福傳》 福無軍功，屬明宗龍躍，有際會之幸，擢自小校，暴爲貴人，每食非羊之全髀不能飫腹，與士大夫交言，懵無所別。在天水日，嘗有疾，幕客謁問，福擁衾而坐。客有退者，謂同列曰：「錦衾爛兮！」

福聞之，遽召言者，怒視曰：「吾雖生於塞下，乃唐人也，何得以爲爛奚！」因叱出之，由是諸客不敢措辭。

《舊五代史》卷一〇七《漢書・史弘肇傳》　周太祖平河中班師，推功於衆，以弘肇有翊衛鎮重之功，言之於隱帝，即授兼中書令。【略】帝始聽樂，賜教坊使玉帶，諸伶官錦袍，往謝弘肇，弘肇讓之曰：「健兒爲國戍邊，忍寒冒暑，未能徧有霑賜，爾輩何功，敢當此賜！」盡取袍帶還官。其凶戾如此。

《舊五代史》卷一一八《周書・世宗紀五》　顯德五年夏四月癸丑，宴從臣及江南進奉使馮延巳等於行宮，徐遼代李景捧壽觴以獻，進金酒器、御衣、犀帶、金銀、錦綺、鞍馬等。

《舊五代史》卷一三七《外國傳・契丹》　明宗初纂嗣，遣供奉官姚坤案：《通鑑考異》引《莊宗實録》作苗坤。（《舊五代史考異》）奉書告哀，至西樓邑，屬阿保機在渤海，又徑至慎州，崎嶇萬里。既至，謁見阿保機，延入穹廬，阿保機身長九尺，被錦袍，大帶垂後，與妻對榻引見坤。

《新五代史》卷一二《周世宗紀論》　其伐南唐，問宰相李穀以計策；後克淮南，出穀疏，使學士陶穀爲贊，而盛以錦囊，嘗置之坐側。其英武之材可謂雄傑，及其虛心聽納，用人不疑，豈非所謂賢主哉！

《新五代史》卷二一《梁臣傳・劉捍》　太祖北攻鎮州，與王鎔和，遣捍見鎔，鎔軍未知梁意，方嚴兵，捍馳一騎入城中，諭鎔以太祖意，鎔乃聽命。梁兵攻定州，降王處直，捍復以一騎入慰城中。太祖圍鳳翔，遣捍入見李茂貞計事。唐昭宗召見，問梁軍中事，稱旨，賜以錦袍，拜登州刺史，賜號「迎鑾毅勇功臣」。

《新五代史》卷二四《唐臣傳・郭崇韜》　莊宗聞破蜀，遣宦官向延嗣勞軍，崇韜不郊迎，延嗣大怒，因與（監軍李）從襲共構之。延嗣還，上蜀簿，得兵三十萬，馬九千五百匹，兵器七百萬，糧二百五十三萬石，錢一百九十二萬緡，金銀二十二萬兩，珠玉犀象二萬，文錦綾羅五十萬匹。莊宗曰：「人言蜀天下之富國也，所得止於此邪？」延嗣因言蜀之寶貨皆入崇韜，且誣其有異志，將危魏王。莊宗怒，遣宦官馬彦珪至蜀，視崇韜去就。彦珪以告劉皇后，劉皇后教彦珪矯詔魏王殺之。

《新五代史》卷四五《雜傳・段凝》　是時，唐已下鄆州，凝乃自酸棗決河東注鄆，以隔絶唐軍，號「護駕水」。莊宗自鄆趨汴，汴兵悉已屬凝，京師無備，乃遣張漢倫馳詔凝于河上，漢倫中道墜馬，傷不能進。已而梁亡，凝率精兵五萬降唐，莊宗賜以錦袍、御馬。

《新五代史》卷四六《雜傳・康福》　靈武韓洙死，其弟澄立，而偏將李從賓作亂。澄表請朝廷命帥，而重誨以謂靈武深入夷境，爲帥者多遇害，乃拜福涼州刺史，朔方、河西軍節度使。福入見明宗，涕泣言爲重誨所擠。明宗召重誨爲福更佗鎮，重誨曰：「福爲刺史無功劾而建節旄，其敢有所擇邪！」明宗怒，謂福曰：「重誨遣汝，非吾意也。吾當遣兵護汝，可無憂。」乃令將軍牛知柔以兵衛福。行至方渠，而羌夷果出邀福，福以兵擊走之。至青岡峽，遇雪，福登山望見川谷中煙火，有吐蕃數千帳，不覺福至，福分其兵爲三道，出其不意襲之。吐蕃大駭，棄車帳而走，殺之殆盡，獲其玉璞、綾錦、羊馬甚衆，由是威聲大振。【略】

福世本夷狄，夷狄貴沙陀，故常自言沙陀種也。福嘗有疾臥閤中，寮佐入問疾，見其錦衾，相顧竊戲曰：「錦衾爛兮！」福聞之，怒曰：「我沙陀種也，安得謂我爲奚？」聞者笑之。

《新五代史》卷六四《後蜀世家・孟知祥》　知祥得璋降卒，衣以錦袍，使持書招降璋，璋曰：「事已及此，不可悔也！」璋軍士皆譟曰：「徒曝我於日中，何不速戰？」璋即麾軍以戰。

《新五代史》卷六五《南漢世家・劉龑》　乾亨七年，雲南驃信鄭旻遣使致朱鬃白馬以求婚，使者自稱皇親母弟、清容布燮兼理，賜金錦袍虎綾紋攀金裝刀、封歸仁慶侯、食邑一千户，持節鄭昭淳。昭淳好學有文辭，龑與游宴賦詩，龑及羣臣皆不能逮，遂以隱女增城縣主妻旻。

《新五代史》卷六七《吴越世家・錢鏐》　昭宗以宰相王溥鎮越州，溥請授鏐，乃改威勝軍爲鎮東軍，拜鏐鎮海、鎮東軍節度使、加檢校太尉、中書令，賜鐵券，恕九死。鏐如越州受命，還治錢塘，號越州爲「東府」。光化元年，移鎮海軍於杭州，加鏐檢校太師，改鏐鄉里曰廣義鄉勳貴里，鏐素所居營曰衣錦營。婺州刺史王壇叛附于淮南，楊行密遣其將康儒應壇，因攻睦州。鏐遣其弟銶敗儒於軒渚，壇奔宣州。昭宗詔鏐圖形凌煙閣，升衣錦營爲衣錦城，石鑑山曰衣錦山，大官山曰功臣山。鏐游衣錦城，宴故老，山林皆覆以錦，號其幼所嘗戲大木曰「衣錦將軍」。

《新五代史》卷七二《四夷附録第一・契丹》　梁將篡唐，晉王李克用使人聘于契丹，阿保機以兵三十萬會克用於雲州東城。置酒，酒酣，握手約爲兄弟。克用贈以金帛甚厚，期共舉兵擊梁。阿保機遣晉馬千匹。既歸而背約，遣使者袍勿梅老聘梁。梁遣太府卿高頃、軍將郎公遠等報聘。逾年，頃還，阿保機遣使者解里隨頃，以良馬、貂裘、朝霞錦聘梁，奉表稱臣，以求封册。

《新五代史》卷七四《四夷附録第三・吐番》 周世宗時，又以〔沙州曹〕元忠爲歸義軍節度使，〔曹〕元恭爲瓜州團練使。其所貢：硇砂、羚羊角、波斯錦。

司馬光《資治通鑑》卷二六七《後梁太祖開平四年》 五月，吴徐温母周氏卒，將吏致祭，爲偶人，高數尺，衣以羅錦。温曰：「此皆出民力，柰何施於此而焚之，宜解以衣貧者。」

司馬光《資治通鑑》卷二七一《後梁均王貞明龍德元年》 蜀主常列錦步障，擊毬其中，往往遠適而外人不知。爇諸香，晝夜不絶。久而厭之，更爇皁莢以亂其氣。結繒爲山，及宫殿樓觀於其上，或爲風雨所敗，則更以新者易之。或樂飲繒山，涉旬不下。山前穿渠通禁中，或乘船夜歸，令宫女秉蠟炬千餘居前船，卻立照之，水面如晝。或酣飲禁中，鼓吹沸騰，以至達旦。以是爲常。

司馬光《資治通鑑》卷二七七《後唐明宗長興元年》 初，王德妃因安重誨得進，常德之。帝性儉約，及在位久，宫中用度稍侈，重誨每規諫。妃取外庫錦造地衣，重誨切諫，引劉后爲戒；妃由是怨之。

司馬光《資治通鑑》卷二八九《後漢隱帝乾祐三年》 帝初除三年喪，聽樂，賜伶人錦袍、玉帶。〔侍衛親軍都指揮使兼中書令史〕伶人詣弘肇謝，弘肇怒曰：「士卒守邊苦戰，猶未有以賜之，汝曹何功而得此！」皆奪以還官。

司馬光《資治通鑑》卷二九二《後周世宗顯德三年》 〔二月，己卯〕，唐主兵屢敗，懼亡，乃遣翰林學士、户部侍郎鍾謨，工部侍郎、文理院學士李德明奉表稱臣，來請平，獻御服、湯藥及金器千兩，銀器五千兩，繒錦二千匹，犒軍牛五百頭，酒二千斛。

文瑩《湘山野録》卷中 開平元年，梁太祖即位，封錢武肅鏐爲吴越王。時有諷錢拒其命者，錢笑曰：「吾豈失爲一孫仲謀耶。」拜受之，改其鄉臨安縣爲臨安衣錦軍。是年，省塋壟，延故老，旌鉞鼓吹，振耀山谷，自昔游釣之所，盡蒙以錦繡，或樹石至有封官爵者，舊貿鹽肩擔亦裁錦韜之。一鄰媪九十餘，擕壺漿角黍迎於道，鏐下車亟拜。媪撫其背，猶以小字呼之曰「錢婆留，喜汝長成」。蓋初生時，光怪滿室，父懼，將沈於丫溪，此媪酷留之，遂字焉。爲牛酒，大陳鄉飲，别張蜀錦爲廣幄，以飲鄉婦。凡男女八十已上金樽，百歲已上玉樽。時黄髮飲玉者尚不減十餘人，鏐起執爵於席，自唱還鄉歌以娱賓曰：「三節還鄉兮挂錦衣，吴越一王駟馬歸，臨安道上列旌旗。碧天明明兮愛日輝，父老遠近來相隨。家山鄉眷兮會時稀，斗牛光起兮天無欺。」時父老雖聞歌進酒，都不之曉。武肅覺其歡意不甚浹洽，再酌酒，高揭吴喉唱山歌以見意，詞曰：「你輩見儂底歡喜，吴人謂儂爲我。別是一般滋味子，呼味爲寐。永在我儂心子裏。」歌闋，合聲賡贊，叫笑振席，歡感閭里，今山民尚有能歌者。

《白孔六帖》卷八 文錦郭崇韜，莊宗聞破蜀，遣宦官向正嗣勞軍，正嗣還，上蜀簿，得文錦五十萬匹。

山林皆覆以錦吴越錢鏐游衣錦城，宴故老，山林皆覆以錦。

朝霞錦五代阿保機遣使者解俚隨頃，以朝霞錦聘梁。

波斯錦吐蕃其所貢波斯錦。

丁耀亢《天史》卷七《蜀王衍繒山》 五代蜀主王衍，王建之子也。驕癡荒縱，不理政務。蜀地産錦繡珍玩，衍積之如山，列錦步障擊毬，晝夜爇異香不斷。結錦繒爲山，其上列宫殿樓觀，每爲風雨所敗，則以新者易之。山前穿渠以雜錦鋪水中，洞徹耀目。或樂飲繒山，則涉旬不下。或乘船夜歸，則萬炬前引，水光錦色，光艷奪人。宴羣臣於宣華苑，與宫女雜坐，唱和淫狎，無所不至。唐莊宗同光三年，興師滅蜀，王衍銜璧輿櫬出降，所得金銀繒錦以千萬計。明年殺衍，而夷其族。

吴任臣《十國春秋》卷九〇《閩太祖世家》 〔同光二年〕冬十月，進萬壽節并賀皇太后到京金銀、象牙、犀珠、香藥、金裝寶帶、錦文織成菩薩幡等物於唐。

吴任臣《十國春秋》卷九四《閩龍啓太后黄氏傳》 龍啓初，尊爲皇太后。二年，十一月癸丑。惠宗謁黄氏家廟，田鋪緹錦，木被綵繒，因名里曰錦里，驛曰錦田，居曰錦第，溪曰錦溪，墓院曰錦溪院。

《奩史》卷八七《綺羅門》 開平三年，阿保機母妻各進雲霞錦一疋。《册府元龜》。

宋太祖賜蜀太后李氏錦綺千匹。《十國春秋》。

《宋史》卷一《太祖紀》 〔建隆元年三月〕丙辰，南唐主李景、吴越王錢俶遣使以御服、錦綺、金帛來賀。

〔二年〕秋七月庚申，南唐遣其臣翟如璧謝賜生辰禮，貢金銀、錦綺千萬。

《宋史》卷二《太祖紀二》 〔建隆三年〕二月癸卯，南唐、吴越進長春節御衣、金銀器、錦綺以千計。

《宋史》卷一七《哲宗紀一》〔元祐二年二月〕丁酉，加賜于闐國金帶、錦袍、器幣。

《宋史》卷一九八《兵志一二》 舊蕃蠻中馬，良駑有定價。紹興中，張松爲黎倅，欲馬溢額覬賞，乃高直市之。夷人無厭，邀求滋甚。後邛部川蠻恃功，趙彦博始以細茶、錦與之。而夷人每貿馬，以茶、錦不堪藉口。

《宋史》卷二六一《王仁鎬傳》〔開寶〕五年，拜安國軍節度，制曰：「眷惟襄國，實卿故鄉。分予龍節之權，成爾錦衣之美。」郡民扶老攜幼，迎於境上，有獻錦袍者四，仁鎬皆重衣之，厚酬以金帛。

《宋史》卷二七一《王晉卿傳》 乾德中，爲興州刺史。四年，移漢州。時蜀初平，寇盜充斥，晉卿嚴武備，設方略，禽捕剪滅，靡有遺漏，自是雖劇賊無敢窺其境。然以賄聞，太祖惜其才而不問。秩滿歸闕，以疾求頤養，改左監門衛將軍，奉朝請。貢重錦十匹、銀千兩以謝，詔不納，以其黷貨愧之也。

《宋史》卷二九九《張若谷傳》 先是，麟、府歲以繒錦市蕃部馬，前守輒罷之。若谷以謂：互市，所以利戎落而通邊情，且中國得戰馬；亟罷之，則猜阻不安。奏復市如故，而馬入歲增。

《宋史》卷三〇八《上官正傳》 真宗即位，改莊宅使。是秋，廣武叛卒劉旴嘯聚數千輩，逐都巡檢使韓景祐，略漢蜀邛州、懷安永康軍。正與鈐轄馬知節領兵趨新津，抵方井，擊敗之，斬旴，平其黨。遷南作坊使，賜錦袍、金帶。

《宋史》卷三〇八《張佶傳》〔咸平三年〕時詔討王均，以餽餉之勞，遷虞部員外郎。賊平，分川峽爲四路，以佶爲利州路轉運使。有薦其武幹者，召還，授如京使、涇原鈐轄兼知鎮戎軍。徙麟府路鈐轄，夏人來寇，佶率兵與戰，親射殺酋帥，俘獲甚衆，餘黨遁去。詔書褒之，賜錦袍、金帶。

《宋史》卷三一三《文彦博傳》 御史唐介劾其在蜀日以奇錦結宫掖，因之登用。介既貶，彦博亦罷爲觀文殿大學士、知許州，改忠武軍節度使、知永興軍。

《宋史》卷三二四《張亢傳》 會元昊益熾，以兵圍河外。康德輿無守禦才，屬户豪乜囉叛去，導夏人自後河川襲府州，兵至近道纔覺，而蕃漢民被殺掠已衆。【略】

其時禁兵皆敗北，無鬥志，乃募役兵敢戰者，夜伏隘道，邀擊夏人遊騎。比明，有持首級來獻者，亢以錦袍賜之，禁兵始慚奮曰：「我顧不若彼乎？」又縱使飲博，方窘乏幸利，咸願一戰。

《宋史》卷三二四《劉文質傳》 徙知麟州，改麟府濁輪砦兵馬鈐轄。擊蕃酋萬保移，走之。越河破契丹，拔黄太尉砦，殺獲萬計，賜錦袍、金帶。

《宋史》卷四六六《神祐傳》〔開寶〕六年，隨曹彬南征。克關城，擒僞將朱令贇，命神祐馳入獻捷書，賜錦袍、金帶。

《宋史》卷四六六《宦者傳一·張崇貴》 淳化四年，命乘傳之延州招羌戎之内附者，發庫錢犒給，以金幣賜酋領。將行，轉内班右班押班，就命管勾鄜延屯兵。李繼隆討李繼遷，詔崇貴以延安兵掎角進討。及擒趙保忠，留崇貴與石霸守綏州，徙平夏民以實之。繼遷扼橐駝路，驅脅内屬戎人，崇貴與田敏率熟倉族乩遇戰於雙堆，殺二千餘級，掠牛羊、橐駝、鎧甲甚衆，連詔褒諭。繼遷走漠中，遣其將佐趙光祚、張浦求納款，會于石堡砦，崇貴椎牛釃酒犒諭之，給以錦袍帶。

《宋史》卷四六七《宦者傳二·韓守英》 契丹圍岢嵐軍，守英與鈐轄張志言、知府州折惟昌帥所部渡河，抵朔州，以牽賊勢。遂破狼水砦，俘數百人，獲馬牛羊鎧甲以數萬計，賊爲解去。賜錦袍、金帶。

《宋史》卷四六七《宦者傳二·楊守珍》 天禧初，擒盜於青灰山。累遷西京作坊使、帶御器械、永興軍兵馬鈐轄，徙真定、邠寧路。爲内侍省内侍押班，提點内弓箭軍器庫。進内園使、右班都知、領端州刺史。嘗侍仁宗苑中，命乘馬馳射，賞其便習，賜錦袍卮酒。

《宋史》卷四八〇《吴越錢氏世家·錢俶》〔開寶〕七年五月，賜俶襲衣、玉帶、玉鞍勒馬、金器二百兩、銀器三千兩、錦綺千段。

《宋史》卷四八一《吴越錢氏世家·潘崇徹》 潘崇徹，廣州南海人。事龔爲内侍省局丞。頗讀兵書，立戰功。晟嘗遣大將吴懷恩伐桂州平之，懷恩爲部下所殺，命崇徹代之。鋹襲位，加西北面都統。歲餘，鋹頗疑崇徹，遣薛崇譽使其軍以察之。崇譽還，遂白崇徹日以伶人百餘衣錦繡，吹玉笛，爲長夜之飲，不恤軍政。鋹怒，召歸，奪其兵柄，自是居常怏怏。

《宋史》卷四九〇《外國傳六·于闐》 建隆二年十二月，聖天遣使貢圭一，以玉爲柙；玉枕一。本國摩尼師貢琉璃瓶二、胡錦一段。

《宋史》卷四九〇《外國傳六·于闐》 天聖三年十二月，遣使羅面于多、副使金三、監使安多、都監趙多來朝，貢玉鞍轡、白玉帶、胡錦、獨峯橐駝、乳香、硇砂。

《宋史》卷四九一《外國傳七·党項》〔淳化〕四年三月，直蕩族大首領嘬

尾，子河汉大首領馬一並來貢，詔以啜尾叔羅買爲本族都監，又啜尾下首領十人，馬一下首領十二人皆賜錦袍、銀帶、器幣。【略】

〔至道二年〕六月，勒浪族副首領遇兀等百九十三人歸附，貢馬七匹。遇兀舊隸契丹，淳化初，遷族帳於府州界，東至河百五十里，南至府州三百里，至是，始朝貢。上召問慰勞，賜錦袍銀帶。【略】

〔大中〕九年，羌兵寇小力族，巡檢李文貞率兵奮擊，追斬籍遇太保首級，賜文貞錦袍銀帶。

《宋史》卷四九二《外國傳八·吐蕃》 建隆二年，靈武五部以橐駝良馬致貢，來離等八族酋長越嵬等護送入界，敕書獎諭。秦州首領尚波于傷殺采造務卒，知州高防捕繫其黨四十七人，以狀聞。上乃以吳廷祚爲雄武軍節度代防安輯之，令廷祚齎敕書賜尚波于等曰：「朝廷制置邊防，撫寧部落，務令安集，豈有侵漁？曩者秦州設置三砦，止以采取材木，供億京師，雖在蕃漢之交，不妨牧放之利。汝等占據木植，傷殺軍人。近得高防奏汝等見已拘執，聽候進止。朕以汝等久輸忠順，必悔前非，特示懷柔，各從寬宥。已令吳廷祚往伸安撫及還舊地。所宜共體恩旨，各歸本族。」仍以錦袍銀帶賜之，尚波于等感悅。是年秋，乃獻伏羌地。

《宋史》卷四九二《外國傳八·唃廝囉》 大中祥符八年，廝囉遣使來貢。詔賜錦袍、金帶、器幣、供帳什物、茶藥有差，凡中金七千兩，他物稱是。

《宋史》卷四九三《蠻夷傳一·西南溪峒諸蠻上》 景德元年，高州五姓義軍指揮使田文郎來貢。富州刺史向通漢遣使潭州營佛事，以報朝廷存卹之惠。二年，夔州路降蠻首領皆自署職名，請因而命之，上不許，第令次補牙校。是歲，辰州諸蠻攻下溪州，爲其刺史彭儒猛擊走之，擒酋首以獻，詔賜儒猛錦袍、銀帶。

〔大中祥符〕六年，夔州蠻彭廷暹、龔才晃等來貢。辰州溪峒都指揮使魏進武率山猺數百人數寇城砦，朝廷不欲發兵窮討，乃降詔招諭。七年，進武詣吏請罪，署爲三班借職，監房州稅，仍賜裝錢。八年，詔中彭州彭文綰歲賜錦袍。

《宋史》卷四九五《蠻夷傳三·撫水州》 雍熙中，數寇邊境，掠取民口、畜產。詔書招安，補其酋蒙令地殿直，蒙令札奉職。咸平中，又數爲寇盜，止令邊臣驅逐出境。其黨狡獪者凡三十餘人，宜州守將因擒送闕下，上召見詰責之，對曰：「臣等蠻陬小民，爲饑寒所迫耳。」上顧謂左右曰：「昨不欲盡令勦絕，若縱殺戮，顧無噍類矣！」因釋罪，賜錦袍、冠帶、銀綵，戒勗遣之。逾年，酋長蒙頂等六十五人詣闕，納器甲百七十事。【略】

淳熙十二年正月，廣西漕臣胡庭直上言：「邕州之左江、永年、太平等砦，在祖宗時，以其與交阯鄰壤，實南邊藩籬重地，故置州縣，籍其丁壯，以備一旦之用，規模宏遠矣。比年邊民率通交阯，以其地所產鹽雜官鹽貨之，及減易馬鹽以易銀，忽而不防，恐生邊釁，所宜禁戢。」既而諸司上言：「經略司初準朝旨，置馬鹽倉，貯鹽以易馬，歲給江上諸軍及御前投進，用銀鹽錦，悉與蠻互市。其永平砦所易交阯鹽，貨居民食，皆舊制也。況邊民素與蠻夷私相貿易，官不能制。今一切禁絕，非惟左江居民乏鹽，而蠻情亦叵測，恐致乖異也。」乃牒邕州，禁民毋私販交阯鹽，以妨鈔法。

《宋史》卷四九六《蠻夷傳四·西南諸夷》 嘉祐二年，三里村夷斗還等百五十人復謀內寇。有黃土坎夷斗蓋，長寧州人也，先以其事來告。淯井監引兵趨之，捕斬七千餘級。鈐轄司上聞，詔賜斗蓋錢三十萬、錦袍、銀帶。明年，又補斗蓋長寧州刺史。

《遼史》卷四《太宗紀下》 〔會同元年〕壬子，詔羣臣及高年，凡授大臣爵秩，皆賜錦袍、金帶、白馬、金飾鞍勒，著于令。

《遼史》卷七《穆宗紀下》 〔應曆十六年〕十二月甲子，幸酒人拔剌哥家，復幸殿前都點檢耶律夷臘葛第，宴飲連日。賜金盂、細錦及孕馬百疋，左右授官者甚衆。

《遼史》卷一〇《聖宗紀一》 〔統和元年〕十二月壬午朔，謁凝神殿，遣使分祭諸陵，賜守殿官屬酒。是日，幸顯州。丁亥，以顯州歲貢綾錦分賜左右。

《遼史》卷一三《聖宗紀四》 〔統和十四年〕冬十月丙辰，命劉遂教南京神武軍士劍法，賜袍帶錦幣。

《遼史》卷二六《道宗紀六》 〔壽隆〕四年春正月壬子，如魚兒濼。己巳，徙阻卜等貧民于山前。辛未，宋遣使來饋錦綺。

蘇軾《蘇軾文集》卷一五《劉夫人墓誌銘》 夫人孝友慈儉，薄於奉身，而厚於施人，嚴於教子，而寬於御下。姻族中有悍妬者見之，輒慙而化。性不蓄財，浣衣菲食以終其身。〔子蘇〕涓自蜀還，以重錦二十兩以獻夫人。夫人喜曰：「可以適吾意之所欲與者。」命刀尺以親疎散之，一日而盡。

王闢之《澠水燕談録》卷一《帝德》 魯人李廷臣頃官瓊管，一日過市，有獠子持錦臂韝鬻于市者，織成詩，取而視之，仁廟景祐五年賜新進士詩也。云：「恩袍草色動，仙籍桂香浮。」仁祖天章摛麗，固足以流播荒服，蓋亦仁德醲厚，有以深浹夷獠之心，故使愛服之如此也。廷臣以千文易得之，帖之小屏，致几席閒，以爲朝夕之玩。

魏泰《東軒筆録》卷七 張堯佐以進士擢第，累官至屯田員外郎、知開州。會其姪女有寵於仁宗，册爲修媛，堯佐遂驟遷擢，一日中除宣徽、節度、景靈、羣牧四使。是時御史唐介上疏，引天寶楊國忠爲戒，不報。又與諫官包拯、吴奎等七人論列殿上，既而御史中丞留百官班，欲以庭争。卒奪堯佐宣徽、景靈兩使，特加介一品，以旌敢言。未幾，堯佐復除宣徽使，知河陽。唐謂同列曰：「是欲與宣徽，而假河陽爲名耳。我曹豈可中已耶？」同列依違不前，唐遂獨争之，不能奪。仁宗諭曰：「差除自是中書。」介遂極言宰相文彦博以燈籠錦媚貴妃，而致位宰相，今又以宣徽使結堯佐，請逐彦博而相富弼。又言諫官觀望挾姦，而言涉宫掖，語甚切直。仁宗怒，趣召兩府，以疏示之。介猶諍不已，樞密副使梁適叱介，使下殿，介諍愈切。仁宗大怒，玉音甚厲，衆恐禍出不測。是時，蔡襄修起居注，立殿陛，即進曰：「介誠狂直，然納諫容言，人主之美德，必望全貸。」遂貶春州别駕。翌日，御史中丞王舉正救解之，改爲英州别駕。始，大怒未已，兩府竊議曰：「必重貶介，則彦博不安。彦博去，則吾屬遞遷矣。」既而果如其料。當是時，梅堯臣作《書竄詩》曰：「皇祐辛卯冬，十月十九日。御史唐子方，危言初造膝。曰朝有臣姦，臣介所憤疾。願條一二事，臣職敢妄率。臣姦宰相博，邪行世莫匹。曩時守成都，委曲媚貴暱。銀鐺插左貂，窮臈使馳驛。邦媛將誇侈，中金賚十鎰。爲我寄使君，奇紋織纖密。遂傾西蜀巧，日夜急鞭抶。紅經緯金縷，排科鬭八七。比比雙蓮花，篝燈戴心出。幾日成一端，持行如鬼疾。明年觀上元，被服穩稱質。璨然驚上目，遽爾有薄詰。既聞所從來，佞對似未失。且云奉至尊，於妾豈能必。遂回天子顔，百事容丐乞。臣今得粗陳，狡猾彼非一。偷威與賣利，次第推甲乙。是惟陰猾雄，仁斷宜勇黜。必欲致太平，在列無如弼。弼亦昧平生，親臣不阿屈！臣言天下公，奚以身自恤？君傍有側媚，暗啞横詆叱。指言爲罔上，廢汝還蓬蓽。是時白此心，尚不避斧鑕。雖令禦魑魅，甘且同飴蜜。既知弗可懼，復以强詞窒。帝聲亦大厲，論奏不容畢。介也容甚閑，猛士膽爲慄。立貶嶺外春，速欲爲異物。内外官悔悔，陛下何未悉？即敢救者誰？襄執左史筆。謂此黨不容，盛美有所咈。平明中執法，懷疏又堅述。介言或似狂，百豈無一實。恐傷四海和，幸勿苦倉卒。亟許還英州，衢路猶嗟咄。翌日宣白麻，稱快口盈溢。阿附連諫官，去若懷絮虱。其間陰獲利，竊笑等蚌鷸。英州五千里，瘦馬行駃駃。毒蛇噴曉霧，晝與嵐氣没。妻孥不同塗，風浪過蛟窟。存亡未可知，旅館愁傷骨。饑僕時後先，隨猿拾橡栗。越林多蔽天，黄甘雜丹橘。萬室通釀酤，撫遠無禁律。醉去不須錢，醒來弄鳴瑟。山水仍奇怪，已可消憂鬱。莫作楚大夫，懷沙自沉汨。西漢梅子真，出爲吴市卒。市卒且不慙，況兹别乘秩。」始堯臣作此詩，不敢示人。及歐陽文忠公爲編其集，時有嫌避，又削去此詩，是以人少知者，故今盡録焉。

高晦叟《珍席放談》卷下 文潞公守成都，獻燈籠錦於温成宫，中都下傳其新異，代還輔政，繼而宰國。唐子方爲言官，舉貢錦事，廷斥其姦，詞甚鯁忤，天子震怒而不懾，左右之人靡不爲之惴惴也，坐是竄逐嶺外。李師中有詩送行云：「孤忠自許時不與，獨立敢言人所難。去國一身輕似葉，高名千載重如山。並游英俊顔何厚，未死奸諛骨已寒。天意若思安社稷，肯教夫子不生還。」人有易「未」字作「尚」者，蓋有所諱爾。當時義夫志士非獨欽唐之孤節勁氣，而亦重李之鋭然樂善成美矣。

李攸《宋朝事實》卷一七 〔乾德三年正月二十四日〕是日宴近臣及〔孟〕昶等于大明殿，昶奉觴上壽。是日，又賜昶玉帶、金鞌勒馬，金器千兩，銀器萬兩，錦綺千段，衣著萬匹。賜昶母李氏金器三百兩，銀器二千兩，錦綺千段，絹千匹。自仁贄、玄喆、李昊等恩賜各有差。

李燾《續資治通鑑長編》卷一七一《仁宗皇祐三年》 十日庚子，禮部尚書、平章事文彦博罷爲吏部尚書、觀文殿大學士、知許州。或言張堯佐，彦博父客也。彦博知益州，貴妃有力焉，因風彦博織燈籠錦以進。貴妃服之，上驚顧曰：「何從得此？」妃正色曰：「文彦博所織也。」彦博與妾父有舊，然妾烏能使之，特以陛下故爾。」上悦，自是意屬彦博。【略】〔唐〕介既用是深詆彦博，雖坐遠貶，彦博亦出。其事之有無，卒莫辨云。按《邵氏見聞録》云：妃又嘗侍上元宴于端門，服所謂燈籠錦者，帝亦怪問，妃曰：「文彦博以陛下眷妾，故有是獻。」上終不樂。其後唐介彈彦博，介雖以對上失禮遠貶，彦博亦出守，上蓋兩罷之也。或云：燈籠錦，乃彦博夫人遺妃，彦博不知也。介章及梅堯臣《書竄詩》過矣！

吴曾《能改齋漫録》卷六《錦繒維舟》 吴甘寧住止，常以錦繒維舟。去輒割棄，以示奢侈。陳張正見《賦得雪映夜舟》詩：「檣風吹影落，纜錦雜花浮。」世言錦纜始於煬帝，非也，吴、陳之間已見矣。故杜子美《秋興》詩云「錦纜牙檣起白鷗」，又「錦纜回沙磧，蘭橈避荻洲」，又《送二翁還江陵》詩：「火旗還錦纜，白馬出江城。」

周密《齊東野語》卷一《汪端明》 公以忠言直道，受知壽皇。自蜀還，爲天官兼學士，嚮柄用矣。近習多不悦之，朝夕伺間。一日，内宿召對，天顔甚喜，曰：「欲與卿欵語。」方命坐賜茶，汪奏：「臣適有白事。」上欣然問何事？時德壽宫建房廊於市廛，董役者不識事體，凡門闔輒題德壽宫字，下至委巷厠溷皆然。汪以爲非所以示四方，袖出劄子極言之。且謂：「陛下方以天下養，有司無狀，褻慢如此。天下後世，將以陛下爲薄於奉親，而使之規規然營間架之利，爲聖孝之累不小。」上事德壽謹，汪言頗過激。聞之，變色曰：「朕雖不孝，殆未至是。」汪曰：「臣愛陛下切至，不欲使陛下負此名，故及此。」上終不懌。奏畢，請退，上頷之，不復賜坐，自是眷頗衰。

會德壽宫市蜀燈籠錦，詔求之，不獲。他日，上詣宫言其故，太上曰：「比已得之。」上問所從來，曰：「汪應辰家物也。」上還，即詔應辰與郡。蓋近習揣上意，因事中之，君臣之際，難哉！

周密《齊東野語》卷八《錦茵》 秦會之當國，四方餽遺日至。【略】鄭仲爲蜀宣撫，格天閣畢工，鄭書適至，遺錦地衣一鋪。秦命鋪閣上，廣袤無尺寸差。秦默然不樂，鄭竟失志，至於得罪。

舊題宇文懋昭《大金國志》卷一二《熙宗孝成皇帝四》 皇統七年時宋紹興十七年也。春，〔宋〕遣沈昭遠來，賀上生辰，蓋國主以七夕爲生日也。賀禮金茶器千兩，銀酒器萬兩，錦綺千匹。賀正旦亦如之，蓋生辰使亦以正月至，不欲使人兩至也。

俞文豹《吹劍録》 仁宗上元宴，張貴妃服燈籠錦：曰：「文彦博所獻。」上曰：「戒汝勿受羣臣餽遺。」不悦久之。蓋錦上織成燈籠也。

吴自牧《夢粱録》卷六《十月》 十月孟冬，正小春之時，蓋因天氣融和，百花間有開一二朵者，似乎初春之意思，故曰小春。月中雨，謂之「液雨」，百蟲飲此水而藏蟄，至來春驚蟄，雷始發聲之時，百蟲方出蟄。朔日，朝家賜宰執以下錦，名曰「授衣」，且賜錦花色，依品從給賜。百官入朝起居，衣錦襖三日。

張廷玉等《續文獻通考》卷二八《土貢一》 道宗壽隆四年正月，遣使餽錦綺。【略】

天祚帝乾統九年，西夏國進貢物：細馬二十匹，粗馬四十匹，駝一百，綺錦二百匹，織成錦被褥五合。

《奮史》卷八七《綺羅門》 慶一娘回定之儀，有畫眉五色錦一匹，藉用紅玉條紗。《長安客話》。

徐松《宋會要輯稿·食貨五一·内藏庫》 紹熙四年十一月二十七日，户部言：行在左藏東庫申，本庫排辦，每年金國使人賀正旦及生辰，兩次到闕，各合用紅地細錦一十匹，内翠毛六匹，小盤毬錦充倒仙四匹，以方勝錦充鹿胎五匹，以雜花錦充。緣本庫並無，見在乞下左藏封樁下庫，依年例數目預行支撥。從之。

徐松《宋會要輯稿·食貨五一·左藏庫》 乾道二年九月十四日，户部言：契勘左藏東西庫，逐年合賜錦襖子官，除親王、宰執支全匹外，其餘官並於整上各量裂合得數目支給外，有零丈赤積壓在庫，歲久色暗，合雜賣場出賣，不免低價，暗失國用。今年欲乞並支全匹人曆幫勘，其餘零丈赤依文臣時服條例計價納錢，牒臨安府市令司差行人估價，關報糧審院於逐官料錢曆内除尅施行。其餘應支花羅、錦、綺、鹿胎段子並無見在，欲以别色充代折支，内合支本色而無見在者，乞依市價折支見錢。從之。

《全宋文》卷一三一〇蘇頌《賜諸路知州職司及總管鈐轄至使臣衣襖敕書》 敕某：肅祇朝寄，外恪官箴。式臨寒律之初，用錫功裘之寵。服兹純麗，毋憚凝嚴。今賜汝紫羅錦旋襴一領，至，可領也。故兹詔示，想宜知悉。冬寒，汝比好否？遣書，指不多及。《蘇魏公文集》卷二四。

《全宋文》卷一三一〇蘇頌《賜諸路蕃官及溪洞蠻人初冬衣襖敕書》 敕某：汝恪居邊土，祗服朝經，爰及歲寒，特加時賜。寵被纊繒之麗，益勤忠順之方。賜汝方勝練鵲大錦旋襴一領，至，可領也。故兹詔示，想宜知悉。冬寒，汝比好否？遣書，指不多及。《蘇魏公文集》卷二四。

《全宋文》卷一六〇劉綜《賜邊城冬服事奏》 每歲朝廷遣使賜邊城冬服，諸軍將校皆錦袍，惟轉運副使止頒皂花欹正，拜賜之際，頗思厚顔。《宋會要輯稿》儀制九之三一（第二册第二〇〇三頁）。又見同書禮六二之三一（第二册第一七一〇頁）、《玉海》卷八二。

《元史》卷五《世祖紀二》 （至元元年五月）己丑，以平陰縣尹馬欽發私粟六百石贍饑民，又給民粟種四百餘石，詔奬諭，特賜西錦一端以旌其義。

〔至元四年十一月〕高麗國王王禃以免置驛、籍民等事，遣其臣韓就奉表來謝，賜中統五年曆并蜀錦一，仍命禃入朝。

《元史》卷八《世祖紀五》〔至元十二年春正月乙亥〕東川副都元帥張德潤拔禮義城，殺宋安撫使張資，招降軍民千五百餘人。繼遣元帥張桂孫略地，俘總管郭武及都轄唐惠等六人以歸。賜德潤金五十兩及西錦、金鞍、細甲、弓矢，部下將士鈔三百錠。

〔二月〕丙辰，賞征東元帥府日本戰功錦絹、弓矢、鞍勒。

〔九月〕賞淮安招討使〔别〕乞里迷失及有功將士錦衣銀鈔有差。

《元史》卷九《世祖紀六》〔至元十三年正月〕丙子，賞合兒魯帶所部將士征建都功銀鈔錦衣。

《元史》卷一一《世祖紀八》〔至元十七年二月辛丑〕賜諸王阿八合、那木干所部，及征日本行省阿剌罕、范文虎等西錦衣，銀鈔，幣帛各有差。

《元史》卷一五《世祖紀一二》〔至元二十五年春正月庚寅〕賜諸王火你赤銀五百兩、珠一索、錦衣一襲，玉都銀千兩、珠一索、錦衣一襲。

《元史》卷一八《成宗紀一》〔元貞元年七月〕己丑，賜劉國傑玉帶錦衣，旌其戰功。

《元史》卷二〇《成宗紀三》〔大德三年冬十月甲寅〕山東轉運使阿里沙等增課鈔四萬一千八百錠，賜錦衣人一襲。

《元史》卷一二八《鎖兒哈傳》 鎖兒哈，事太宗。與木華黎取嘉州，降其民，遣伯禿兒哈拙赤碣來獻捷，帝曰：「若父宣力國家，朕昔見之。今鎖兒哈克光前烈。」賜以金錦、金帶、七寶鞍，召至中都，以疾薨。

《元史》卷一一八《闊里吉思傳》 成宗即位，封高唐王。西北不安，請於帝願往平之，再三請，帝乃許。及行，且誓曰：「若不平定西北，吾馬首不南。」大德元年夏，遇敵于伯牙思之地，衆謂當俟大軍畢至，與戰未晚，闊里吉思曰：「大丈夫報國，而待人耶！」即整衆鼓譟以進，大敗之，擒其將卒百數以獻。詔賜世祖所服貂裘、寶鞍，及繒錦七百、介冑、戈戟、弓矢等物。

《元史》卷一二一《按竺邇傳》 中統元年，世祖即位，親王有異謀者，其將阿藍答兒、渾都海圖據關隴。時按竺邇以老，委軍於其子。帝遣宗王哈丹、哈必赤、阿曷馬西討。按竺邇曰：「今內難方殷，浸亂關隴，豈臣子安臥之時耶？吾雖老，尚能破賊。」遂引兵出刪丹之耀碑谷，從阿曷馬，與之合戰。會大風，晝晦，戰至晡，大敗之，斬馘無算。按竺邇與總帥汪良臣獲阿藍答兒、渾都海等。捷聞，帝錫璽書褒美，賜弓矢錦衣。

《元史》卷一二二《昔里鈐部傳》 歲乙未，定宗、憲宗皆以親王與速卜帶征西域，明年啓行，鈐部亦在中。又明年，至寬田吉思海，鈐部從諸王拔都征斡羅斯，至也里〔替〕〔贊〕城，大戰七日，拔之。己亥冬十有一月，至阿速滅怯思城，負固久不下。明年春正月，鈐部率敢死士十人，躡雲梯先登，俘十一人，大呼曰：「城破矣！」衆蟻附而上，遂拔之。賜西馬、西錦，錫名拔都。

《元史》卷一二八《姜衛傳》〔至元〕十三年夏，驛召姜衛。秋，入覲，大饗，賚功授金虎符、征西都元帥，仍賜弓矢甲鞍、文錦表裏四、鈔萬貫，從者賞賜有差。

《元史》卷一三一《奥魯赤傳》〔太祖〕辛未，與金人戰于野(孤)〔狐〕嶺，中流矢，戰愈力，克之。既還，拔矢，血出昏眩，帝親撫視，傅以藥，竟不起。帝悲悼曰：「朔魯罕，朕之一臂，今亡矣！」賜其家馬四百匹，錦綺萬段。

《元史》卷一四四《答里麻傳》 天曆(元)〔二〕年八月，明宗崩，文宗入正大統，使者旁午。答里麻朝暮盡力，事無缺失，帝特賜錦衣以嘉之。

〔元統三年〕帝嘗命答里麻修七星堂。先是，修繕必用赤綠金銀裝飾，答里麻獨務樸素，令畫工圖山林景物，左右年少皆不然。是歲秋，車駕自上京還，入觀之，乃大喜，以手撫壁歎曰：「有心哉，留守也！」賜白金五十兩、錦衣一襲。

《元史》卷一四七《張弘略傳》 弘略字仲傑，柔第八子也。有謀略，通經史，善騎射。嘗從柔鎮杞徙亳。歲乙卯，入朝憲宗，授金符，權順天萬户。從征蜀，以其幼，賜錦衣，令還鎮。

《元史》卷一四七《史樞傳》〔至元〕十二年，復以萬户從丞相伯顔伐宋，賜錦衣一、寶鞍一、弓一、矢百、甲十注、馬十二匹，仍給天澤帳下士十人以從。

《元史》卷一四七《史天祥傳》 壬辰，命天祥領汴京百工數千，屯霸州之益津，行元帥府事，賜錦衣一襲。

《元史》卷一四九《劉伯林傳》 乙亥，同國王木華黎攻破燕京。丁丑，復從大軍攻下山東諸州。木華黎上其功，賜名馬二十四、錦衣一襲。

《元史》卷一四九《劉黑馬傳》 庚寅，睿宗入自大散關，假道於宋以伐金，命黑馬先由興元、金、房東下。至三峯山，遇金大將合達，與戰，大破之，虜合達，斬首數萬級，乘勝攻破香山寨及鈞州，賜西錦、良馬、貂鼠衣，以旌其功。

《元史》卷一四九《劉元振傳》〔中統元年〕宋瀘州主帥俞興，率兵圍瀘州，晝夜急攻，自正月至五月，城幾陷，左右勸元振曰：「事勢如此，宜思變通，整本非吾人，與俱死，無益也。」元振曰：「人以誠歸我，既受其降，豈可以急而（乘）（棄）之。且瀘之得失，關國家利害，吾有死而已。」食將盡，殺所乘馬犒將士，募善游者齎蠟書至成都求援，又權造金銀牌，分賞有功。未幾，援兵至，元振與整出城合擊興兵，大敗之，斬其都統一人，興退走。捷聞，且自陳擅造金銀牌罪，帝嘉其通於權變，賜錦衣二襲、白金五百兩。

《元史》卷一四九《劉元禮傳》（至元）二年九月，宋制置夏貴率軍五萬犯潼川，元禮所領纔數千，衆寡不敵，諸將登城望貴軍，有懼色。元禮曰：「料敵制勝，在智不在力。」乃出戰，屢破之。復大戰蓬溪，自寅至未，勝負不決，激厲將士曰：「此去城百里，爲敵所乘，則城不可得入，潼川非國家有矣。丈夫當以死戰取功名，時不可失也。」即持長刀，大呼突入陣，所向披靡，將士咸奮，無一不當百，大敗貴兵，斬首萬餘級，生擒千餘人。捷奏，賜錦衣二襲，白金三錠，名馬一匹，金鞍轡、弓矢，召入朝，命復還潼川，立蓬溪寨。

《元史》卷一四九《耶律秃花傳》耶律秃花，契丹人。世居桓州，太祖時，率衆來歸。大軍入金境，爲嚮導，獲所牧馬甚衆。後侍太祖，同飲班（木）（朮）河水。從伐金，大破忽察虎軍。又從木華黎收山東、河北，有功，拜太傅，總領也可那延，封濮國公，賜虎符、銀印，歲給錦幣三百六十匹。

《元史》卷一四九《王榮祖傳》趙祁以興州叛，從諸王按只台平之。祁黨猶剽掠景、薊間，復從大將唐兀台討之，將行，榮祖曰：「承詔討逆人耳，豈可戮及無辜，宜惟抗我者誅。」大將然之，由是免死者衆。再從征高麗，破十餘城，高麗遣子繂入質。帝賜錦衣，旌其功。

《元史》卷一五〇《查剌傳》癸巳，從國王塔思，征金帥宣撫萬奴於遼東之南京，先登，衆軍乘之而進，遂克之，王解錦衣以賜。

《元史》卷一五〇《何伯祥傳》丁酉，從主帥察罕伐宋，伯祥拔三十餘柵，獲戰艦千餘艘，又破芭蕉、望鄉、大洪、張家等寨，俘獲甚衆，器械山積。察罕以其功聞，賜錦衣、金甲。

《元史》卷一五〇《何瑋傳》至大元年，遷太子詹事，兼衛率使。俄拜中書左丞，仍平章政事，商議中書省事。未幾，擢河南行省平章政事，佩金虎符，提調屯田事，帝召至榻前，面諭曰：「汴省事重，屯田久廢，卿當爲國竭力。」賜黑貂裘一，錦衣二襲。

《元史》卷一五〇《郝和尚拔都傳》庚子歲，太宗於行在所命解衣數其瘡痕二十一，嘉其勞，進拜宣德西京太原平陽延安五路萬户，易佩金虎符，以兵二萬屬之，復賜馬六騎，金錦弓鎧有差。

《元史》卷一五〇《石抹明安傳》明安早從軍旅，料敵制勝，算無遺策，雖祁寒盛暑，未嘗不與士卒均勞逸，同甘苦。其得金府庫珠玉錦綺，明安悉具其數上進，未嘗以纖毫爲己有。中都既下，加太傅、邵國公，兼管蒙古漢軍兵馬都元帥。

《元史》卷一五一《奥敦希愷傳》希愷襲勸農事，皇太后錫以錦服。

《元史》卷一五二《岳天禎傳》襲父職冠氏縣軍民彈壓，從圍襄樊，帥府承制授管軍百户，修立百丈山、鹿門等堡。天禎率鋭士，冒矢石，從樊城東北先登，爲櫑木所傷，墮地，復躡梯以登，手刃數人。築正陽東西城，及於鎮江造戰船，天禎咸董其役。戰焦山，平奉化賊，録功陞管軍千户。

江南平，從元帥張弘範覲帝于柳林，賜金錦、銀鞍勒。

《元史》卷一五二《石興祖傳》（石天禄）子十人，興祖襲千户，官武略將軍。己未，從伐宋，攻鄂州。至元四年，繇宿州率兵抄沿淮諸郡，獲宋覘何者十餘輩，統軍司賞馬二十四、銀五百兩、錦二十端。

《元史》卷一五二《查剌傳》初，其父阿辛所將軍，皆猛士，衣黑爲號，故曰黑軍。歲己卯，詔黑軍分屯真定、固安、太原、平陽、隰、吉、岢嵐間。頃之南征，以黑軍爲前列。與南兵遇于河，查剌大呼馳之，陷其陣，渡河再戰，盡殪之，所遇城邑爭先款附，長驅擣汴州，入自仁和門，收圖籍，振旅而還。論功，黑軍爲最。及從國王軍征萬奴，圍南京，城堅如立鐵，查剌命偏將先警其東北，親奮長槊大呼，登西南角，摧其飛櫓，手斬陴卒數十人，大軍乘之，遂克南京。詰旦，木華黎解錦衣賞之。

《元史》卷一五三《王守道傳》後擢慶源軍節度使，天澤爲五路萬户，署守道行軍參謀，兼檢察使。莊聖太后以真定爲湯沐邑，守道在鎮，以幕僚頻歲致覲，敷對稱旨，得賜金符、錦衣、金錢。

《元史》卷一五三《賈鈞傳》仁宗即位，拜參知政事，議罷尚書省所立法。遷僉書樞密院，復參知政事，賜錦衣、寶帶，寵賚有加。

《元史》卷一五五《汪世顯傳》癸卯春，皇子第功，承制拜便宜總帥，秦、鞏等二十餘州事皆聽裁決，賜虎符、錦衣、玉帶。

《元史》卷一五六《張弘範傳》（至元）九年，攻樊城，流矢中其肘，裹瘡見主帥曰：「襄、樊相爲唇齒，故不可破。若截江道，斷其援兵，水陸夾攻，樊必破矣。

樊破則襄陽何所恃。」從之。明日，復出鋭卒先登，遂拔之。襄陽既下，偕宋將呂文焕入覲，賜錦衣、白金、寶鞍，將校行賞有差。【略】

（至元）十五年，宋張世傑立廣王昺于海上，閩、廣響應，俾弘範往平之，授蒙古漢軍都元帥。陛辭奏曰：「漢人無統蒙古軍者，乞以蒙古信臣爲首帥。」帝曰：「汝知而父與察罕之事乎？其破安豐也，汝父欲留兵守之，察罕不從。師既南，安豐復爲宋有，進退幾失據，汝父深悔恨，良由委任不專故也，豈可使汝復有汝父之悔乎。今付汝大事，能以汝父之心爲心，則予汝嘉。」面賜錦衣、玉帶，弘範不受，以劍甲爲請。

《元史》卷一六二《史弼傳》 至元十年，諸將分十二道圍樊城，弼攻東北隅，凡十四晝夜，破之，殺其將牛都統。襄陽降，上其功，賜銀及錦衣、金鞍，陞懷遠大將軍、副萬户。

《元史》卷一六二《高興傳》 （至元）十六年秋，召入朝，侍燕大明殿，悉獻江南所得珍寶，世祖曰：「卿何不少留以自奉！」對曰：「臣素貧賤，今幸富貴，皆陛下所賜，何敢隱俘獲之物！」帝悦，曰：「直臣也。」興因奏所部士卒戰功，乞官之，帝命自定其秩，頒爵賞有差。遷興浙東道宣慰使，賜西錦服、金綫鞍轡。【略】（至元）十九年，入朝，賜銀五百兩、鈔二千五百貫，及錦服、鞍轡、弓矢，改浙西道宣慰使。【略】

（至元）二十九年，復立福建行省，拜右丞。爪哇黥使者孟琪，詔興爲平章政事，與史弼、亦黑迷失，帥師征之，賜玉帶、錦衣、甲胄、弓矢、大都良田千畝。

《元史》卷一六二《劉國傑傳》 （至元六年）襄陽降。世祖聞其勇，召見，遷武德將軍、管軍總管，賜銀百兩、錦衣，弓矢以寵之。

《元史》卷一六五《賈文備傳》 （至元）九年，移蔡州，兼水陸漕運。宋兵時掠糧餉，文備敗之，併奪其船。詔罷統軍，文備入覲，賜弓矢、金鞍、錦衣、白金。

《元史》卷一六六《劉恩傳》 （至元）十六年，入朝，賞賚有加，授四川西道宣慰使，改副都元帥。率蒙古、漢軍萬人征斡端，進都元帥，宣慰使如故，賜宿烈孫皮衣一、錦衣一，及弓刀諸物。

《元史》卷一六六《賀祉傳》 （至元十年）從右丞別乞里迷失入朝，帝賜以弓矢、錦衣、鞍勒，加宣武將軍。

《元史》卷一六六《張榮實傳》 甲辰，從大將察罕軍至淮上，遇宋將呂文德，與戰，俘五十餘人，賞銀椀、戰馬。從攻江陵，略襄陽，宋以舟師横截漢水，兵不得渡，榮實戰却之，獲人百餘，戰船數十艘，察罕以聞，賜錦袍及銀十五斤。

《元史》卷一六七《王國昌傳》 王國昌，膠州高密人。初爲膠州千户，中統元年，入覲，世祖察其能，遷左武衛親軍千户，佩金符。召問軍旅之事，國昌奏對甚悉，帝嘉之，賜白金、錦袍。

《元史》卷一六八《陳（祜）〔祐〕傳》 （祜）〔祐〕少好學，家貧，母張氏嘗剪髮易書使讀之，長遂博通經史。時諸王得自辟官屬，歲癸丑，穆王府署（祜）〔祐〕爲其府尚書，賜其父母銀十鋌、錦衣一襲。

《元史》卷一六九《賀仁傑傳》 大德九年，年七十二，請老，拜光禄大夫、平章政事，商議陝西行中書省事，賜白金、楮幣、錦袍、玉帶，歸第。

《元史》卷一六九《劉哈剌八都魯傳》 （至元）二十七年，遷正奉大夫、河東山西道宣慰使。奏曰：「臣累戰而歸，衣裘盡弊。河東，臣故鄉也，願乞錦衣以爲榮。」帝以金織文衣賜之。

《元史》卷一六九《石抹明里傳》 武宗即位，詔曰：「明里夫婦，歷事帝后，保抱朕躬，朕甚德之。可特令明里榮禄大夫、司徒；其妻梅仙，封順國夫人。賜黄金二百五十兩，白金千五百兩，衣一襲。」

仁宗在東宫，語宫人曰：「昔朕有疾甚危，徽仁裕聖皇后憂之，梅仙守視，不解帶者七十日。今不敢忘，其賜明里寶帶、錦衣、輿及四騾。」

《元史》卷一七〇《張炤傳》 （至元）十三年，揚州未下，丞相阿朮提兵攻之。五月，宋將李庭芝棄城遁泰州，炤領兵迫揚州城下，躬往招諭，制置朱焕以城降，庭芝亦就擒。炤傳檄未下州郡，皆望風款附。從阿朮入覲，世祖賜錦衣、鞍勒。

《元史》卷一七二《曹元用傳》 （泰定三年）拜中奉大夫、翰林侍講學士，兼經筵官，預修仁宗、英宗兩朝實録。又奉旨纂集甲令爲《通制》，譯唐《貞觀政要》爲國語。書成，皆行於時。凡大制誥，率元用所草。文宗時，草寬恤之詔，帝覽而善之，賜金織文錦。

《元史》卷一七六《韓若愚傳》 韓若愚字希賢，保定滿城人。由武衛府史授通惠河道所都事，開河有功，詔賜錦衣一襲。

《元史》卷一八一《虞集傳》 元統二年，遣使賜上尊酒、金織文錦二，召還禁林，疾作不能行，屢有敕，即家撰文，褒錫勳舊、侍臣。

《元史》卷一九一《良吏傳一・卜天璋》 大德五年，以樞密大臣闊伯薦，授都事，贊其府。引見，賜錦衣、鞍轡、弓刀。

《元史》卷一九二《良吏傳二·白景亮》 景亮性廉介勤苦，自奉甚薄，妻尤儉約，惟以脱粟對飯而已。部使者嘗上其事，特詔褒美，賜以宫錦，改授台州路總管。

《明史》卷一一七《蜀王椿傳》 時諸王皆備邊練士卒，椿獨以禮教守西陲。番人入寇，燒黑崖關。椿請於朝，遣都指揮瞿能隨涼國公藍玉出大渡河邀擊之。自是番人讋伏。前代兩川之亂，皆因内地不逞者鉤致爲患。有司私市蠻中物，或需索啓争端。椿請繒錦香扇之屬，從王邸定爲常貢，此外悉免宣索。蜀人由此安業，日益殷富。川中二百年不被兵革，椿力也。

《明史》卷一二五《福王常洵傳》 先是，海内全盛，帝所遣税使、礦使遍天下，月有進奉，明珠異寶文毳錦綺山積，他搜括羸羡億萬計。至是多以資常洵。

《明史》卷一三七《吴伯宗傳》 奉使安南，稱旨。除國子助教，命進講東宫，首陳正心誠意之説。改翰林典籍。帝製十題命賦，援筆立就，詞旨雅潔，賜織金錦衣。

《明史》卷一六二《陳敬宗傳》 敬宗美鬚髯，容儀端整，步履有定則，力以師道自任。立教條，革陋習。六館士千餘人，每升堂聽講，設饌會食，整肅如朝廷。稍失容，即令待罪堂下。【略】

滿考，入京師，王振欲見之，令忱道意。敬宗曰：「吾爲諸生師表，而私謁中貴，何以對諸生？」振知不可屈，乃貽之文錦羊酒，求書程子《四箴》，冀其來謝。敬宗書訖，署名而已。返其幣，終不往見。

《明史》卷二九二《忠義四·梁志仁》 梁志仁，南京人，保定侯銘之裔也。萬曆末年舉於鄉。崇禎六年授衡陽知縣，調羅田。賊大擾湖廣，志仁日夕儆備。羅汝才謂左右曰：「羅田城小易克，然梁君長者，吾不忍加兵。俟其去，當取之。」會邑豪江猶龍與賊通，志仁捕下獄。猶龍知必死，潛導汝才别校來攻。八年二月猝攻城。志仁急偕典史單思仁、教諭吴鳳來、訓導盧大受督民守禦。城陷，志仁持長矛巷戰，殺六賊。力屈被縶，抑使跪。罵曰：「我天子命官，肯屈膝賊輩邪！」賊怒，碎其支體，焚之。妻唐被逼，大罵，奪賊刀不得，口齧賊手，遂遇害。思仁等亦不屈死。汝才在英山，聞之，馳至羅田，斬其别校，曰：「奈何擅害長者！」以錦繡斂其夫婦屍。

《明史》卷三〇七《佞倖傳·紀綱》 吴中故大豪沈萬三，洪武時籍没，所漏貲尚富。其子文度蒲伏見綱，進黄金及龍角、龍文被、奇寶異錦，願得爲門下，歲時供奉。綱乃令文度求索吴中好女。文度因挾綱勢，什五而中分之。

《明史》卷三一四《雲南土司二·尋甸》 洪武十五年定雲南，仁德土官阿孔等貢馬及方物，改爲尋甸軍民府。十六年，土官安陽來朝，貢馬及虎皮、氈衫等物，詔賜衣服、錦綺、鈔錠。

《明史》卷三一四《雲南土司二·大侯》 〔宣德〕八年，大侯州入貢，遣内官雲仙往撫之，并賜錦綺有差。

《明史》卷三一四《雲南土司二·麓川》 景泰元年，雲南總兵官沐璘奏：「緬甸宣慰已擒獲思機發，又將思卜發放歸孟養，恐緬人復挾爲奇貨，不若緩之，聽其自獻便。」從之。五年，緬人索舊地，左參將胡誌等諭以銀戛等處地方與之，乃送思機發及其妻孥六人至金沙江村，誌等檻送京師。南寧伯毛福壽以聞，乃誅思機發於京師。七年，任發子思卜發奏：「臣父兄犯法，時臣幼無知。今不敢如父兄所爲，甚畏朝廷法，謹備差發銀五百兩，象三，馬六及方物等，遣使人入貢，惟天皇帝主哀憐。」因賜敕戒諭，并賚思卜發與妻錦幣及其使鈔幣有差。

《明史》卷三一六《貴州土司·貴陽》 初，安氏世居水西，管苗民四十八族，宋氏世居貴州城側，管水東、貴竹等十長官司，皆設治所於城内，銜列左右。而安氏掌印，非有公事不得擅還水西。至是總兵官爲之請，許其以時巡歷所部，趣辦貢賦，聽暫還水西，以印授宣慰宋然代理。〔宋〕貴榮老，請以子佐襲，命賜貴榮父子錦紵。

《明史》卷三一八《廣西土司傳二·思明》 宣德元年，思明賀天壽節奉表踰期，禮部請罪之。帝以遠蠻既至，毋問。土官知府黄珝奏憑祥歲凶民饑，命發龍州官倉糧振之。正統七年，珝遣使入貢。九年，貢解毒藥味，賜鈔錦。

《明史》卷三三一《西域傳三·闡化王》 宣德二年，命中官侯顯往賜絨錦、綵幣。

潘榮陛《帝京歲時紀勝·正月·喇嘛打鬼》 初八日弘仁寺打鬼。其制：以長教喇嘛披黄錦衣乘車持鉢，諸侍從各執儀仗法器擁護；又以小番僧名班第者，衣彩胄，戴黑白頭盔，手執綵棒，隨意揮灑白沙；前以鼓吹導引，衆番僧執曲錘柄鼓，鳴鑼吹角，演念經文，遶寺周匝，迎祥驅祟。

潘榮陛《帝京歲時紀勝·正月·上元》 五夜笙歌，六街驕馬。香車錦轡，争看士女遊春；玉珮金貂，不禁王孫换酒。和風緩步，明月當頭，真可謂帝京景物也。

潘榮陛《帝京歲時紀勝・正月・烟火》 烟火花砲之製，京師極盡工巧。有錦盒一具內裝成數齣故事者，人物像生，翎毛花草，曲盡粧顔之妙。

潘榮陛《燕京歲時紀勝・九月・鬥鵪鶉》 膏粱子弟好鬥鵪鶉，千金角勝。夏日則貯以雕籠，冬日則盛以錦橐，飼以玉粟，捧以纖手，夜以繼日，毫不知倦。

談遷《國榷》卷一五《成祖永樂十年》 七月甲申朔丙戌，賜廷臣兜羅錦被。

周象明《事物攷辯》卷廿三《複見》 錦纜

《示兒編》 吳甘寧住止，嘗以繒錦維舟，去輒割棄，以示奢侈。則錦纜不始於煬帝。

《康熙起居注・康熙一六年》 〔十二月〕二十七日己巳。是日，上親撰元旦慶賀太皇太后表文，并製錦衣進獻。

《奩史》卷八七《綺羅門》 仁宗初，賜寧國長公主錦六疋。《弇山堂別集》。王彦伯秉燭理琴，見一女取琴調之，遲明，女取錦繡贈別，彦伯以玉琴答之而去。《誠齋雜記》。

程哲《蓉槎蠡說》卷一 蔣欽母練帳縹被，孫權敕御府爲作錦被，改易帷帳。辛憲英惡華，外孫上錦被，取反臥之。廣川王妃昭信妒幸姬陶望卿，誣以數窺郎吏，言臥錦被，疑有奸。太尉朱寵臥布被，帝以錦被賜之。陳高帝焚羅文錦被於雲龍門外。傅信遭父喪，哀毀，母竊覆以錦被。郭林宗入弔見，即奮衣去。《杜陽編》：「元和年，大軫國貢神錦被，冰蠶絲所織，得水舒，遇火縮。」予所見較昔人不及十之一，腹何儉也。翠被、豹舄，載《左傳》。繡被是鄂君，越人擁檝而歌，事見《說苑》。錦半臂有數事：房太尉家法，不著半臂。蘇頲檢校益州，使臣皇甫恂檄取庫錢市錦半臂，不予。鄭愚以錦爲半臂，崔鉉見其文深賞之：「真銷得錦半臂。」遊擊將軍來子珣常衣錦半臂，未知堪銷得不？

程哲《蓉槎蠡說》卷五 周文襄忱遺王振松江翦絨毯，以覆齋閣，不失尺寸。凡上便宜，振從中贊成之。蜀宣撫鄭仲遺秦檜格天閣錦，地衣廣袤合一，而逢其怒，得罪去。蓋璫喜媚，而老奸惡人窺其私。然周畏異己，鄭工援寵，用意本別。

于敏中等《日下舊聞考》卷三四《宫室》 原四川石砫女帥秦良玉帥師勤王，召見，賜綵幣羊酒，上製詩旌之曰：蜀錦征袍手製成，桃花馬上請長纓。世間不少奇男子，誰肯沙場萬里行？《崇禎遺録》。

昭槤《嘯亭雜録》卷八《軍營之奢》 宗室副都統東林，文皇帝第十子韜塞裔也。任侍衛時，從征川、楚教匪凡十餘年。其親爲余言者云：「軍中糜費甚衆，其帑餉半爲糧員侵蝕，任其濫行冒銷。有建昌道石作瑞，曾侵蝕帑銀至五十餘萬兩。然其奢費亦屬糜濫，延諸將帥會飲，多在深箐荒麓間，人跡之所罕至者，其蟹魚珍羞之屬，每品皆用五六兩，一席多至三四十品，而賞賜優伶，犒賚僕從之費不與焉。有某閣部初至，石爲饋珍珠三斛，蜀錦一萬匹，他物稱是。故其所侵蝕者，轉皆蕩盡，至死無殮費，人皆快之。軍中奢糜之風，實古今之所未有也。」

俞樾《茶香室叢鈔・四鈔》卷二四《衣錦衣繡》 宋程大昌《演繁露》云：《東觀漢記》「建武二年，封景丹爲櫟陽侯，上謂曰：『富貴不歸故鄉，如衣錦衣行』」。原注《御覽》一百。前漢皆言衣繡，惟此言衣錦。又云《風俗通義》「江夏張遼爲兗州太守，以二千石尊，過鄉里，白日衣繡，榮羨如此」。原注《御覽》九百五十一。按，韓魏公以晝錦名堂，合此二事用之。

《宋史・王祐傳》：符彦卿鎮大名，頗不治，太祖以祐代之，謂曰：「此卿故鄉，所謂晝錦者也。」魏公堂名本此。又《明一統志》：「晝錦堂在江甯舊府西廳，宋紹興末，王綸以建康人知鄉郡，故建此堂。」則又本於魏公也。今人但知魏公事，以魏公人重，兼以歐公文重耳。

《陳書・陳寶應傳》：「起家臨郡，兼晝繡之榮；裂地置州，假藩麾之盛。」則晝繡二字，亦可用也。

藝文

《詩・衛風・碩人》 碩人其頎，衣錦褧衣。

《詩・鄭風・丰》 衣錦褧衣，裳錦褧裳。

《詩・唐風・葛生》 角枕粲兮，錦衾爛兮。

《詩・小雅・巷伯》 萋兮斐兮，成是貝錦。

《全上古三代文》卷一〇宋玉《笛賦》 錦繡黼黻，所以御寒也，縟則泰過。

張衡《張衡詩文集・四愁詩》 美人贈我錦繡段，何以報之青玉案。

《文選》卷二九無名氏《古詩十九首》之十七 錦衾遺洛浦，同袍與我違。李善注：《毛詩》曰：角枕粲兮，錦衾爛兮。又曰：豈曰無衣，與子同袍。獨宿累長夜，夢想見容輝。

《王臺新詠》卷九張衡《四愁詩四首》之四　四思曰：我所思兮在鴈門，欲往從之雪紛紛，側身北望涕霑巾。美人贈我錦繡段，何以報之青玉案。

《全漢文》卷一九羊勝《屏風賦》　屏風鞈匝，《初學記》作張設。蔽我君王。重葩累繡，沓璧連璋。飾以文錦，映以流黄。畫以古烈，顒顒昂昂。藩后宜之，壽考無疆。《西京雜記》上，《初學記》二十五。

《先秦漢魏晉南北朝詩·魏詩》卷六曹植《聖皇篇》　文錢百億萬，采帛若煙雲。乘輿服御物，錦羅與金銀。

《全晉文》卷二武帝《答羣臣請易服復膳詔》　每感念幽冥，而不得終苴絰於草土，以存此痛，況當食稻衣錦，誠侊然激切其心，非所以相解也。吾本諸生家，傳禮來久，何必一旦便易此情於所天。相從已多。可試省孔子答宰我之言，無事紛紜也。言及悲剥，柰何柰何。《晉書·禮志中》、《宋書·禮志二》、《通典》八十。

《全晉文》卷七一皇甫謐《讓徵聘表》　郤子入周，禍延王叔；虞丘稱賢，樊姬掩口。君子小人，禮不同器。況臣糠麫糅之彫胡，庸夫錦衣，不稱其服也。

《全晉文》卷九一潘岳《寡婦賦》　静闔門以窮居兮，塊煢獨而靡依。易錦茵以苫席兮，代羅幬以素帷。

《全晉文》卷一一三魯褒《錢神論》　錢之所祐，吉無不利，何必讀書，然後富貴。昔吕公欣悦于空版，漢祖克之于嬴二。文君解布裳而被錦繡，相如乘高蓋而解犢鼻。官尊名顯，皆錢所致。

鮑照《鮑參軍集》卷三《代結客少年場行》　驄馬金絡頭，錦帶佩吴鉤。

《文選》卷一六江淹《别賦》　巡曾楹而空揜，撫錦幕而虚涼。

《玉臺新詠》卷四鮑令暉《代葛沙門妻郭小玉詩二首》之一　君子將遥一作徭役，遺我雙題錦。臨當欲去時，復留相思枕。

《玉臺新詠》卷五沈約《少年新婚爲之詠》　錦履並花紋，繡帶同心苣。

《玉臺新詠》卷七梁簡文帝《孌童》　妙年同小史，姝貌比一作似。朝霞。袖裁連璧錦，牋織細橦花。吴兆宜注：魏文帝《與羣臣論蜀錦書》：自吾所織如意、虎頭、連璧錦，亦有金薄、蜀薄，來至洛邑皆下惡。吴兆宜注：劉孝威《謝賚錦被啓》：采踰連璧。

《玉臺新詠》卷九湘東王《春别應令四首》之二　試看機上交一作蛟龍錦，還瞻庭裏合歡枝。吴兆宜注：陸翽《鄴中記》：錦有大交龍、小交龍、班文錦、鳳凰朱雀錦。

《玉臺新詠》卷九徐陵《雜曲》　流蘇錦帳挂香囊，織成羅幌隱鐙光。

《藝文類聚》卷八五梁元帝《爲江夏王安豐謝東宫賚錦啓》　舒將並石，堪來暮雨。縈持結纜，乘可蕩舟。秦川書字，妙能八體。鄴縣登高，真堪九日。宋姬贈馬，未足爲榮。馮（媛）〔煖〕乘車，方兹非寵。

《藝文類聚》卷八五梁元帝《謝東宫賚辟邪子錦白褊等啓》：江波可濯，豈藉成都之水；登高爲艷，取映鳳皇之文。至如鮮潔齊紈，聲高趙縠，色方藍浦，光譬靈山。試以照花，含銀燭之狀；將持比月，亂含璧之暉。

《藝文類聚》卷八五梁皇太子《謝敕賚魏國所獻錦等啓》　山羊之毳，東燕之席尚傳；登高之文，比鄴之錦猶見。胡綾織大秦之草，戎布紡玄菟之花。

《初學記》卷二七蘇氏《織錦迴文七言詩》　仁智懷德聖虞唐，真妙顯華重榮章。臣賢惟聖配英皇，倫匹離飄浮江湘。津河隔塞殊山梁，民士感曠怨路長。身微閔己處幽房，人賤爲女有柔剛。親所懷想思誰望，純清志潔齊冰霜。新故或億殊面牆，春陽熙茂彫蘭芳。琴清流楚激絃商，奏曲發聲悲摧藏。音和詠思惟空堂，心憂增慕懷慘傷。

《太平御覽》卷八一五《布帛部二·錦》　左思《蜀都賦》曰：「貝錦匪成，（溛）〔濯〕色江波。」古詩曰：「錦衾遺洛浦，同袍與我違。」

《奩史》卷八七《綺羅門》　蕭統詩：「大婦成貝錦，中婦飾粉絁。」《梁昭明集》。

《全梁文》卷八簡文帝《對燭賦》　雲母窗中合花氈，茱萸幔裏鋪錦筵。照夜明珠且莫取，金羊燈火不須然。

《全梁文》卷八簡文帝《眼明囊賦並序》　俗之婦人，八月旦，多以錦翠珠寶爲眼明囊，因競淩晨取露以拭目，聊爲此賦。

爾乃裁兹金鏤，製此妖飾。緝濯錦之龍光，翦輕䍦之蟬翼。雜花勝而成疏，依步摇而相逼。明金亂雜，細寶交陳，義同厭勝，欣此節新。擬椒花於歲首，學夭桃於暮春。《藝文類聚》七十。

《全梁文》卷三三江淹《學梁王兔園賦》　春陽始映，朱華未希，卒逢邯鄲之女，蕙色玉質，命知其麗，攢連映日。綺裳下見，錦衣上出，雖復守禮，令人意失。遂謡曰：碧玉作椀銀爲盤，一刻一鏤化雙鸞。乃報歌曰：美人不見紫錦衾，黄泉應至何所禁。妃因别曰：見上客兮心歷亂，送短詩兮懷長歎。中人望兮蠶既饑，躞蹀暮兮思夜半。《本集》、《藝文類聚》六十五、《初學記》二十四。

《全後周文》卷四宇文護《報母閻姬書》　蒙寄薩保别時所留錦袍表，年歲雖久，宛然猶識，抱此悲泣。至于拜見，事歸忍死，知復何心。《周書·晉公護傳》，又見《北史》五十七。

《全後周文》卷八庾信《三月三日華林園馬射賦》　水衡之錢山積，織室之錦霞開。司筵賞至，酒正杯來。至樂則賢乎秋水，歡笑則勝上春臺。

《先秦漢魏晉南北朝詩·梁詩》卷一〇吴均《贈柳真陽詩》　朝衣茱萸錦，夜覆葡萄卮。《文苑英華》二百四十，《詩紀》八十一。

《先秦漢魏晉南北朝詩·梁詩》卷一八劉孝威《賦得香出衣詩雜言》　香出衣，步近氣逾飛。博山登高用鄴錦，含情動靨比洛妃。《類聚》六十七，《詩紀》八十八。

《先秦漢魏晉南北朝詩·梁詩》卷二五蕭繹《烏棲曲四首》之三　交龍成錦鬭鳳紋，芙蓉爲帶石榴裙。日下城南兩相望，月没參横掩羅帳。

《先秦漢魏晉南北朝詩·陳詩》卷五徐陵《雜曲》　流蘇錦帳挂《文苑》作桂。香囊，織成羅幌隱燈光。《本集》一，《文苑》二百十一。

《先秦漢魏晉六朝詩·隋詩》卷三楊廣《喜春遊歌二首》之二　步緩知無力，臉曼《樂府》作慢。動餘嬌。錦袖淮南舞，寶袜楚宫腰。《樂府詩集》七十七，《詩紀》百二十。

《先秦漢魏晉南北朝詩·隋詩》卷七丁六娘《十索二首》　《詩紀》云：《樂府》作無名氏。《選詩拾遺》併作丁六娘，非是。

含嬌不自轉，送眼勞相望。無那關情伴，共入同心帳。欲防人眼多，從郎索錦障。《樂府詩集》七十九，《詩紀》百二十八。

蘭房下翠帷，蓮帳舒鴛錦。懽情宜早暢，密意《樂府》作態。須同寢。欲共作纏綿，從郎索花枕。同上。

李白《李太白全集》卷一《擬恨賦》　若夫陳后失寵，長門掩扉。日冷金殿，霜淒錦衣。

李白《李太白全集》卷四《結客少年行》　少年學劍術，淩轢白猿公。珠袍曳錦帶，匕首插吴鴻。

李白《李太白全集》卷四《長干行二首》其二　鴛鴦綠蒲上，翡翠錦屏中。

李白《李太白全集》卷五《東武吟》　乘輿擁翠蓋，扈從金城東。寶馬麗絶景，錦衣入新豐。

李白《李太白全集》卷六《相逢行》　相見不得親，不如不相見。相見情已深，未語可知心。胡爲守空閨，孤眠愁錦衾。錦衾與羅幃，纏綿會有時。

李白《李太白全集》卷六《擣衣篇》　瓊筵寶幄連枝錦，燈燭熒熒照孤寢。

李白《李太白全集》卷六《去婦詞》　憶昔未嫁君，聞君卻周旋。綺羅錦繡段，有贈黄金千。

李白《李太白全集》卷一一《贈劉都使》　一鳴即朱紱，五十佩銀章。飲冰事戎幕，衣錦華水鄉。

李白《李太白全集》卷一五《還山留别金門知己》　乘輿擁翠蓋，扈從金城東。寶馬驟絶景，錦衣入新豐。【略】一朝去金馬，飄落成飛蓬。

李白《李太白全集》卷一九　張相公出鎮荆州，【略】贈余詩，余答以此詩。

張衡殊不樂，應有《四愁詩》。慙君錦繡段，贈我慰相思。

杜甫《杜工部詩集》卷一《麗人行》　後來鞍馬何逡巡，當軒下馬入錦茵。

杜甫《杜工部詩集》卷五《春日戲題惱郝使君兄》　通泉百里近梓州，請公一來開我愁。舞處重看花滿面，尊前還有錦纏頭。

杜甫《杜工部詩集》卷七《荆南兵馬使太常卿趙公大食刀歌》　白帝寒城駐錦袍，元冬示我胡國刀。

杜甫《杜工部詩集》卷七《奉酬薛十二丈判官見贈》　誰矜坐錦帳，苦厭食魚腥。

杜甫《杜工部詩集》卷一一《即事》　百寶裝腰帶，真珠絡臂韝。笑時花近眼，舞罷錦纏頭。

杜甫《杜工部詩集》卷一二《送王十五判官扶侍還黔中》　大家東征逐子迴，風生洲渚錦帆開。

杜甫《杜工部詩集》卷一五《鬭雞》　鬭雞初賜錦，舞罷既登牀。

岑參《岑參集》卷二《胡歌》　黑姓蕃王貂鼠裘，葡萄宫錦醉纏頭。關西老將能苦戰，七十行兵仍未休。

盧綸《盧綸詩集》卷二《和王員外冬夜寓直》　高步長裾錦帳郎，居然自是漢賢良。

盧綸《盧綸詩集》卷三《贈李果毅》　向日磨金鏃，當風著錦衣。上城邀賊語，走馬截鵰飛。

王建《王建詩集》卷九《朝天詞十首寄上魏博田侍中》之四　無人敢奪在先籌，天子門邊送與毬。遥索綵箱新樣錦，内人舁出馬前頭。

王建《王建詩集》卷一〇《宫詞一百首》之十八、三十　魚藻宫一作池。中鎖春池日暖少風波，花裏牽船水上歌。遥索劍南新樣錦，東宫先釣得魚多。翠娥，先皇行處不曾過。如今池底休鋪錦，菱角雞頭積漸多。

元稹《元稹集》卷二三《估客樂》　炎洲布火浣，蜀地錦織成。

賈島《長江集》卷六《送雍陶及第歸成都寧親》　製衣新濯錦，開醖舊燒罌。

李賀《李賀詩集·惱公》　蜀烟飛重錦。

李賀《李賀詩集·許公子鄭姬歌》鄭園中請賀作　許史世家外親貴，宫錦千端買沉醉。

杜牧《樊川文集》卷一《張好好詩》　君爲豫章姝，十三纔有餘。翠茁鳳生尾，丹葉蓮含跗。高閣倚天半，章江聯碧虚。此地試君唱，特使華筵鋪。【略】主公再三嘆，謂言天下殊。贈之天馬錦，副以水犀梳。

杜牧《樊川文集》卷三《揚州三首》其二　秋風放螢苑，春草鬭雞臺。金絡擎鵰去，鸞環拾翠來。蜀船紅錦重，越橐水沉堆。處處皆華表，淮王奈却迴。

杜牧《樊川文集·外集·中丞業深韜略志在功名再奉長句一篇兼有諮勸》　檣似鄧林江拍天，越香巴錦萬千千。滕王閣上《柘枝》鼓，徐孺亭西鐵軸船。

羅隱《羅隱集·甲乙集·秋日有酬》　宴罷嘉賓吟鳳藻，獵歸諸將問龍韜。分茅裂土纔三十，猶擬迴頭賭錦袍。

羅隱《羅隱集·甲乙集·錢尚父生日》　貴盛上持龍節鉞，延長應續鶴春秋。錦衣玉食將何報，更俟莊椿一舉頭。

羅隱《羅隱集·甲乙集·湖州裴郎中赴闕後投簡寄友生》　錦帳郎官奉詔年，汀州曾駐木蘭船。禰衡酒醒春瓶倒，柳惲詩成海月圓。

羅隱《羅隱集·甲乙集·送陸郎中赴闕》　三署履聲通建禮，九霄星彩映明光。少瑜鏤管丘遲錦，從此西垣使鳳凰。

西湖散人《新鐫雅俗珠璣藪》卷七　錦纏頭杜詩云：「百寶粧腰帶，珍珠絡臂韝。笑持花近眼，舞罷錦纏頭。」

《全唐詩》卷六〇李嶠《錦》　漢使巾車遠，河陽步障陳。雲浮仙石日，霞滿蜀江春。機迴回文巧，紳兼束髮新。若逢楚王貴，不作夜行人。

《全唐詩》卷一三三李頎《行路難》　火浣單衣繡方領，茱萸錦帶玉盤囊。

《全唐詩》卷一三三李頎《緩歌行》　文昌宫中賜錦衣，長安陌上退朝歸。

《全唐詩》卷一四三王昌齡《春宫曲》　平陽歌舞新承一作承新寵，簾外春寒賜錦袍。

《全唐詩》卷一四五蔣維翰《古歌二首》之二　美人閉紅燭，獨坐裁新錦。頻放剪刀聲，夜寒知未寢。

《全唐詩》卷二六九耿湋《入塞曲》　將軍帶千圈，重錦製戎衣。猿臂銷弓力，虯鬚長劍威。首登平樂宴，新破大宛歸。樓上誅姬笑，門前問客稀。暮烽玄兔急，秋草紫騮肥。未奉君王詔，高槐晝掩扉。

《全唐詩》卷三八四張籍《舊宫人》　全家没蕃地，無一作何處問鄉程。宫錦不傳樣，御香空記名。

《全唐詩》卷五五四項斯《欲别》　花時人欲别，每日醉櫻桃。買酒金錢盡，彈箏玉指勞。歸期無歲月，客路有風濤。錦緞裁衣贈，麒麟落剪刀。

《全唐文》卷一〇太宗《帝範後序》　吾在位已來，所缺多矣。奇麗服玩，錦繡珠玉，不絶於前，此非防欲也。雕楹刻桷，高臺深池，每興其役，此非儉志也。犬馬鷹鶻，無遠不致，此非節心也。數有行幸，以亟勞人，此非屈己也。斯數者吾之深過，勿以兹爲是而取法焉。

《全唐文》卷二四六李嶠《爲武攸暨謝賜錦表》　臣攸暨言：伏奉恩旨，以臣昨扈遊上苑，執轡還宫，特賜臣瑞錦一匹。臣某中謝。臣承暉日月，漸潤雲霄，叨符聖慈，累延宸照，遂得入陪金殿，出捧玉輿。瑶水參八駿之遊，瑃臺翊二龍之舉。榮兼侍從，寵冠宗枝。捧日無以儷其歡，登天未足儔其樂。昔蟻封啟蹤，不迴參乘之恩；駟馬從良，寧承附輿之澤。在臣叨忝，實邁古今。徒欣不世之榮，豈望非常之賜。况臣地兼臣子，職奉君親。蹔尋咫尺之途，纔捧神仙之馭。有何殊効，合降隆私。陛下恩愛曲成，綢繆累洽。俯迴珍異，猥及庸微。跪開緘題，伏視文彩。爛若朝霞之初起，粲如春花之競發。成都濯具，本自非儔；朝鮮製衣，則知難擬。方且裁而學政，希勉勵於天工；服以晝遊，庶光榮於咸里。効微施廣，徒益慚惶。恩重命輕，罔知酬答。無任悚佩之至，謹詣閣奉表陳謝以聞。

《全唐文》卷四五七張何《蜀江春日文君濯錦賦》　粵惟姑洗應律，勾芒御辰。鴈橋風暖，犀浦花新。疊嶂縈郭，長楊映津。軒車照地，士女驚人。風土堪樂，山川可珍。歲時不殊於荆楚，形勝有類夫咸秦。晚景彌秀，晴江轉春。即有卓氏名姝，相如麗室，織迴文之重錦，豔傾國之妖質。鳴梭静夜，促杼春日。布葉宜疎，安花巧密。寫庭葵而不欠，擬山鳥而能悉。績縷嫌遲，顰蛾慕疾。乍離披而成段，或焕爛而成匹。言濯春流，鳴環乃出。於是近深沈，傍清泚，朱顔始映，珍篋方啓。其始入也，疑芳樹影落澗中；少將安焉，若晴霞色照潭底。奪五雲長風未散，泫百花微雨新洗。爾乃曝林崖，出泉洞，遲日徐轉，和風緩送。稍變迴鸞，全分舞鳳。戲蝶時逶，嬌鶯欲弄。乘春景而方收，俟王正而入貢。懿其彩色足重，鮮明可嘉。青爲禁柳，紅作宫花。能使衛尉縈障，夫人飾車。郎官居而列宿，郡守衣而還家。若夫齊紈之與楚練，豈非細縠之與輕紗。

《全唐文》卷六一二陳鴻《華清湯池記》 宫内除供奉兩湯外，而内外更有湯十六所。長湯每賜諸嬪御，其修廣於諸湯不侔。甃以文蟲密石，中央有玉蓮捧湯泉，噴以成池。又縫綴錦繡爲鳧雁，致於水中。上時往其間，泛鈒鏤小舟以嬉遊焉。

《全唐文》卷六三二李程《衣錦褧衣賦》以君子之道闇然日章爲韻 君子制服兮，損益以時。秉衣錦之特麗，必尚褧以相資。欲曳婁以成飾，故威儀而可持。異彼佩環，有以文爲貴者；同夫絺綌，必特表而出之。察其所以，亦將有旨。願無伐善，俾其藴美。衛詩既作，且賦於《碩人》之篇；匪服是加，則嗤乎彼其之子。異狐裘而羔袖，比緑衣而黄裏。蒙纖縞而不隔，籠渥彩之可擬。彷彿兮若豹姿之藏霧，隱映兮似珠光之透水。徒有美於爛然，孰可詳其蔚矣。故服之無斁，終然允臧。當斐然而入用，懼學製以見傷。知我者謂我隱蔽文章，不知我者謂我顛倒衣裳。曾不念順則之理，的然而亡。自類韜光不耀，孰云欲蓋而彰。雅比乎繪事後素，勿矜爲寶。不有外者，何以混其色；不有内者，何以蓄其藻。符含章之德，不愆盡飾之道。服既美矣，人亦宜然。等誠明之道合，同出處之義全。亦由絜矩之士，窮而不濫，藴貞明，體恬淡。昔有喻於謏口，何以自明；今不衣而夜行，寧惟逮暗。是知大象既分，先質後文，德爲道用，静爲躁君。不衒昭質，退藏於密。匪同厖服之奇，自契黄中之吉。彼無褐空念於卒歲，此成章不俟終日。未若賦衣錦之褧衣，爲終身之自律。

《全唐文》卷七七〇王棨《馬惜錦障泥賦》以因立路旁愁濡美飾爲韻 王武子所馭之駒，障泥特殊。念美錦以斯製，對深泉而不逾。拂玉鐙以雙垂，常憐焕爛；突金羈而屢顧，豈忍沾濡。始夫駿骨是求，奇蹤斯得。將以侔革之盛，遂備連錢之飾。莫不價重千金，絲分五色。初傾豪貴，矜誇之意則多；誰謂驊騮，顧惜之心亦極。觀其萋菲熒煌，霞舒翼張。隱映桃花之色，鮮明紫貝之章。況乎還鄉曾衣，照地出光。得不春苑閑遊，愁露溼於花下；長衢載驟，恐塵侵於道旁。若夫噴玉柳隄，揚鞭蘭路。通步障以齊美，映流蘇而掩嫮。瞻前顧後，雖無還淖之虞；時止時行，似有漸車之懼。一旦滉漾將涉，權奇少留。誠淺深之未測，眄侍從以如愁。頻頓紅纓，雖造父而寧知所以；潛憂緑地，縱孫陽而莫究其由。武子於是探彼柔心，察其深旨。善知騕褭之欲，必爲蒲桃之美。令左右以解之，果騰驤而濟矣。然覆被其身，旁迷繡輪。夾汗溝而綺麗，排暈尾以花新。向若輕華，焕渡淪漪。則王氏櫪中，空有代勞之用；晉朝書上，全無稱德之因。懿夫特稟超奇，非由服習。苟嘶風之性斯惠，豈戀主之名空立。若論彼滋侈，則錦障非所急。

《全唐五代詞》卷二温庭筠《菩薩蠻》其二 水精簾裏頗黎枕，暖香惹夢鴛鴦錦。江上柳如烟，雁飛殘月天。

《花間集》卷四張泌《浣溪沙》其七 花月香寒悄夜塵，綺筵幽會暗傷神。嬋娟依約畫屏人。人不見時還暫語，今纔拋後愛微嚬。越羅巴錦不勝春。

《花間集》卷五毛文錫《虞美人》其二 寶檀金縷鴛鴦枕，綬帶盤宫錦。夕陽低映小窗明，南園緑樹語鶯鶯，夢難成。

《花間集》卷五毛文錫《贊浦子》 錦帳添香睡，金爐换夕薰。懶結芙蓉帶，慵拖翡翠裙。

《花間集》卷五毛文錫《甘州遍》 春光好，公子愛閑遊，足風流。金鞍白馬，雕弓寶劍，紅纓錦襜出長鞦。

《花間集》卷五毛文錫《柳含煙》 隋堤柳，汴河旁。夾岸柳陰千里，龍舟鳳舸木蘭香。錦帆張。

《花間集》卷六和凝《臨江仙》其二 披袍窣地紅宫錦，鶯語時囀輕音，碧羅冠子穩犀簪，鳳凰雙颭步摇金。

《奩史》卷八七《綺羅門》 和凝詞「鶯錦蟬紗馥麝臍」。《紅葉稿》

《全唐五代詞》卷五牛嶠《菩薩蠻》其七 玉樓冰簟鴛鴦錦，粉融香汗流山枕。簾外轆轤聲，斂眉含笑驚。

《全唐五代詞》卷六毛熙震《更漏子》 秋色清，河影澹，深户燭寒光暗。綃幌碧，錦衾紅，博山香炷融。

《全唐五代詞》卷六歐陽炯《南歌子》 錦帳銀燈影，紗窗玉漏聲。迢迢永夜夢難成，愁對小庭秋色，月空明。

《全唐五代詞》卷六孫光憲《遐方怨》　紅綬帶，錦香囊。爲表花前意，殷勤贈玉郎。此時更自役心腸，轉添秋夜夢魂狂。

吴淑《事類賦》卷一○《寶貨部・錦》　伊織文之重錦，《説文》曰：錦，襄邑織文也。炳爛兮之纖麗。《詩》曰：角枕粲兮，錦衾爛兮。辟邪天馬之奇，《唐書》曰：代宗勑曰：所織大張錦、軟錦、透背及竭鑿六破已上錦，並宜禁斷。其長行高麗白錦、雜色錦等，任依舊制。其盤龍、對鳳、麒麟、獅子、天馬、辟邪、孔雀、仙鶴、芝草，亦宜禁斷。博山交龍之制。《鄴中記》曰：織錦署有黄地博山文錦、大交龍、小交龍、大茱萸、小茱萸錦。昆昭有鸞章之美。《拾遺記》曰：周靈王起昆昭之臺，以享羣臣，張鸞章錦文如鸞翔。員嶠有霜蠶之異。《拾遺記》曰：員嶠之山，有環丘，東有雲石，廣五百里。有蠶長七寸，黑色有鱗角，以霜雪覆之，然後作繭，長一尺，其色五采，織爲文錦，入水不濡，其質輕暖柔滑。此管仲之登朝，《淮南子》曰：管仲文錦也，雖醜登朝。子産練帛也，美而不尊。注云：管仲雖不及聖，猶文錦也。子産先思後法，如練帛也，雖温不堪爲宗廟服。哂尹何之學製。《左傳》曰：子皮欲使尹何爲邑。子産曰：少，未知可否？子皮曰：吾愛之，使夫往而學焉。子産曰：吾子愛人以政，猶未能操刀而使割也，其傷實多。子有美錦，不使人學製焉。大官、大邑，身之所庇也，而使學者製焉，其爲美錦不亦多乎。懸鄴中之斗帳，《鄴中記》曰：石虎冬月施熟錦流蘇斗帳，四角安純金龍，頭銜五色流蘇。或用黄地博山文錦，或用紫綈小明光錦。易護軍之縹被。《吴志》曰：蔣欽爲右護軍。孫權嘗入其内，母練帳縹被。權歎其在貴守約，勑御府爲其母作錦被，改易帷帳。四十里石氏之奢，《世説》曰：石崇錦步障四十里。三十兩齊桓之歸。《左傳》曰：衛遷於曹，齊桓公歸夫人魚軒、重錦三十兩。歸音饋。憲英或聞於反臥，《夏侯孝若集》載《羊太常妻辛夫人傳》曰：夫人字憲英，魏衛尉肅侯毗之女，不好華麗，從外孫胡母暢上夫人錦被，乃反臥。朱寵不當於殊賜。謝承《後漢書》曰：朱寵爲太尉，家貧，食脱粟，臥布被。朝廷賜錦被粱肉，皆不敢當。玉案報美人之贈，張平子《四愁詩》：美人贈我錦繡段，何以報之青玉案。回文識竇滔之奇。臧榮緒《晉書》曰：竇滔妻蘇氏，善屬文。符堅時滔爲秦州刺史，被徙流沙，蘇氏思之，織錦爲回文詩寄滔。循環宛轉以讀之，詞甚悽切。雖其價如金，《釋名》曰：錦，金也，作用功重其價如金，故制字帛與金也。而不鬻於市。《禮》曰：錦文珠玉成器，不鬻於市。文彩之功，翻鴻走龍。《洞冥記》曰：漢武起招仙靈閣於甘泉宫，而編翠羽麟毫爲簾，有走龍錦，有翻鴻錦。尚方既聞於鄴下，《鄴中記》曰：織錦署在中尚方。闘場亦列於江東。《丹陽記》曰：闘場錦署，平闘右遷其百工所置也。裼之將見於狐白，《禮》曰：君衣狐白裘，錦衣以裼之。禁之恐傷乎女工。《漢書》曰：景帝二年下詔曰：雕文刻鏤傷農事，錦繡纂組害女工，宜禁之。若乃垂居士之帶，《禮》曰：居士錦帶。被虎賁之服。《漢官儀》曰：虎賁郎將衣紗縠單衣，虎文錦袴。蒲陶兮鳳皇，《鄴中記》曰：錦署有蒲陶文錦、班文錦、鳳皇錦、朱雀錦、韜文錦、桃核文錦。明光兮温熱。《鄴中記》曰：織錦署有大登高、小登高、大明光、小明光錦。張温表曰：劉禪送臣温熱錦五端。賄荀偃而加璧，《左傳》曰：晉侯先歸。公享晉六卿于蒲圃，賄荀偃束錦加璧。饋左師而先玉。《禮》曰：左師見夫人之步馬者，問之。對曰：君夫人氏也。左師曰：誰爲君夫人，余胡弗知。圉人歸，以告夫人。〔夫人〕使饋之，饋以錦，先之以玉。別有蚪龍列象，見下「指間結彩」注。樓堞成形。《拾遺記》曰：周成王時，因祇國貢女工，能以五色絲内口中，手引而結之，使成文錦。有雲昆錦，文如雲霞。有樓堞錦，有離珠錦，文似佩珠。有篆隸錦，有列明錦，文如燈燭。甄琛既欣於書服，《後魏書》曰：甄琛爲定州刺史，既至鄉，衣錦書遊。項羽亦嫌於夜行。《漢書》曰：項羽在關中，懷思東歸，曰：富貴不歸故鄉，如衣錦夜行。挽車曾用於劉備，《江表傳》曰：陸遜攻劉備於夷陵，備捨船步走，燒皮鎧以斷道，使兵以錦挽車走入白帝。纜舟更説於甘寧。《吴志》曰：甘寧住止，常以繒錦維舟，去輒割棄以示奢。入夢而嘗聞割截，《齊書》〔《南史》〕曰：江淹爲宣城太守時罷歸，始泊禪靈寺渚，夜夢一人自稱張景陽，謂曰：前以匹錦相寄，今可見還。淹探懷中得數尺與之，此人大恚曰：那得割截都盡。顧見丘遲謂曰：餘此數尺既無用，以遺君。自爾淹文章躓矣。濯魚而愈見鮮明。《潛夫論》曰：夫攻玉以石，治金以鹽，濯錦以魚，浣布以灰，物故有以醜治好，以賤治貴者矣。至若懷中探圖，《漢武内傳》曰：帝見西王母巾器中，有一卷小黄書，盛以紫錦之囊。帝問：此何書？王母曰：《五岳真形圖》也。其文秘禁，即命〔侍〕女宋靈賓更取一圖以與帝，靈賓探懷中得一卷，盛以雲錦之囊，母以付帝。指間結彩，《拾遺記》曰：吴趙逵之妹，善書畫，巧妙無雙，能於指間以彩絲爲雲龍虯鳳之錦，大則盈尺，小則方寸。周王百純之獻，《穆天子傳》曰：吉日甲子，天子乃執白圭玄璧以見西王母，獻錦組百純。西王母再拜而受之。劉主千匹之賚。《蜀志》曰：先主入益州，賜諸葛亮、法正、張飛、關侯錦各千匹。別有童子束髮，《禮》曰：童子之節也，緇布衣，錦緣，錦紳并紐，錦束髮，皆朱錦。碩人褧衣，《詩》曰：碩人其頎，衣錦褧衣。《禮》曰：衣錦尚絅，惡其文之著也。帆掛龍艦，《大業記》曰：煬帝幸江都，所乘龍舟，錦帆錦纜。帳開粉閣。《漢官儀》曰：尚書入直，中官供錦帳。籍孺以裹塵爲此，《抱朴子》曰：籍孺董鄧，猶錦紈之裹塵埃。元方以覆被貽譏。《語林》曰：陳元方遭父喪，骨立，其母愍之，以錦被蒙其上。郭林宗往弔，見而責之，賓客絶百許日。白地韜杠，《爾雅》曰：素錦韜杠。綠地蔽泥。《西京雜記》曰：武帝時，得貳師天馬，以玫瑰石爲鞍轡，綠地五色錦爲蔽泥。或取於范氏之藏，《列子》曰：范氏之藏火，子華曰：能入火取錦者，從所多少皆予之。商丘開入火往回而身不燒。或濯於蜀江之涯。左思《蜀都賦》曰：貝錦斐然，濯色江波。淮南之待八公，《神仙傳》曰：淮南王爲八公張錦綺之帳，爇百合之香。周穆之亡盛姬。《穆天子傳》曰：盛姬之喪，暱用文錦。閻憲行化之美，《華陽國志》曰：閻憲爲綿竹令，以禮讓化人，縣民杜成夜行得遺賄一囊，有錦二十疋，求其主還之，曰：縣有明君，何敢負也。武侯決敵之資。《諸葛亮集》曰：今民貧國虛，決勝之資唯錦耳。絳地交龍之麗，《魏志》曰：景初中，賜倭女王絳地交龍錦五疋、紺地勾文錦三疋。虎頭連璧之奇。魏文帝詔曰：前後每得蜀錦，殊不善，鮮卑尚復不受也。吴所織如意虎頭連璧錦，來至洛邑，亦皆下惡，是爲下土之物，皆有虛名。或以重灘渙之彩，《陳留風俗傳》曰：襄邑縣南有渙水，北有灘水。傳曰：灘渙之間能文章，故有黼黻藻錦，日月華蟲以奉天子宗廟服御焉。或以況萋斐之詞。《詩》曰：萋兮斐兮，成是貝錦。彼譖人者，亦以太甚。忘免懷於顧復，傷宰予之見譏。《論語》曰：宰我曰：三年之喪期已久矣。子曰：食夫稻，衣夫錦，於汝安乎。曰：安。汝安則爲之。

張先《張子野詞》卷一《八寶裝》 錦屏羅幌初睡起，花陰轉、重門閉。正不寒不暖，和風細雨，困人天氣。

梅堯臣《梅堯臣集》卷五《謝賓客挽歌三首》之三 當年罷會稽，還郡錦爲衣。老作龍樓貴，終將鳳沼違。

梅堯臣《梅堯臣集》卷七《送謝舍人奉使北朝》 漢使下西清，胡人擁道迎。寒笳隨宿堡，衛甲出孤城。犯雪貂裘重，衝風錦綬輕。山川辭國遠，車騎踏沙行。

梅堯臣《梅堯臣集》卷二二《送河北轉運使陳修撰學士》 公平抱長才，當有所畫謨。應不貸内府，重錦象牙明月珠。邊城預自足，寧待臨事謫。莫令漢庭臣，獨言桑大夫。

梅堯臣《梅堯臣集》卷二三《觀拽龍舟懷裴宋韓李》 春風吹花入行幄，紅錦百尺争蛟螭。

梅堯臣《梅堯臣集》卷二五《沈學士景休知真州》 太守旛旗近國門，州民迎望若雲屯。家風自有東陽詠，主道新移北海罇。紅錦臂韝觀粉質，塗金珂勒駕朱軒。他時儻使《春秋》對，莫以周襄出鄭論。

王安石《臨川文集》卷一《徐熙花》 徐熙丹青蓋江左，杏枝偃蹇花婀娜。一見真謂值芳時，安知有人槃礴臝。同朝衆史共排媢，亦欲學之無自可。錦囊深貯幾春風，借問此木何時果。

王安石《臨川文集》卷二《和微之藥名勸酒》 赤車使者錦帳郎，從容珂馬留閑坊。

王安石《臨川文集》卷一九《道逢文通北使歸》 朱顔使者錦貂裘，笑語春風入貝州。

柳永《樂章集》卷上《鳳銜杯》 有美瑶卿能染翰，千里寄、小詩長簡。想初襞苔箋，旋揮翠管紅窗畔。漸玉箸、銀鈎滿。 錦囊收，犀軸卷，常珍重、小齋吟玩。更寳若珠璣，置之懷袖時時看。似頻一作頓見，千嬌面。

柳永《樂章集》卷中《鳳棲梧》其三 蜀錦地衣絲步障。屈曲回廊，静夜閑尋訪。玉砌雕闌新月上，朱扉半掩人相望。

柳永《樂章集》卷中《迎春樂》 良夜永、牽情無計奈一作牽情無奈，錦被裏、餘香猶在。怎得依前燈下，恣意憐嬌態。

蘇軾《東坡樂府》卷一《江城子·密州出獵》 老夫聊發少年狂。左牽黄，右擎蒼。錦帽貂裘，千騎卷平岡。爲報傾城隨太守，親射虎，看孫郎。

樓鑰《攻媿集》卷一〇《織錦棊盤》 錦城巧女費心機，織就一枰如許齊。彷彿回文仍具體，縱横方罫若分畦。爛柯未易供仙奕，畫紙何須倩老妻。如欲拈棊輕且稱，當求白象與烏犀。

陸游《劍南詩稿》卷五三《二月二日夢中作》 零落薔薇委道傍，更堪微雨漬殘香！象牀玉尺人何在？腸斷新裁錦一方。

陸游《劍南詩稿》卷七六《禽言》 堂前捉績子，力作忘朝餐。鵝黄雪白相照耀，插茅作簇高如山。蠶女採桑至耉繭，何暇膏沐梳髻鬟。繅成蜀錦與楚縠，舞姝纏頭不論束。

劉辰翁《須溪詞》補遺《意難忘·元宵雨》 當年樂事朝朝。曾錦鞯呼妓，金屋藏嬌。閬香春鬬一作醉酒，坐月夜吹簫。老今矣一作去，倦歌謡，嫌殺杜家喬。

《全宋詞》侯寘《鷓鴣天·縣圃約同官賞海棠》二首 萬點臙脂落日烘，坐間酒面散微紅。誰教豔質撩潘鬢，生怕朝雲逐楚風。 尋畫燭，照芳容。夜探兩行錦燈籠。朱唇翠袖休凝竚，幾許春情睡思中。

蜀錦吴綾剪染成，東皇花令一番新。風簾不礙尋巢燕，雨葉偏禁鬬草人。 非病酒，不關春。恨如芳草思連雲。西樓角畔雙桃樹，幾許濃苞等露勻。

《全宋文》卷一一八李山甫《謝賜衣表》 臣山甫言：某月某日，進奏院遞到敕一道，賜臣盤毬雲鴈細錦旋襴一領者。聖澤下頒，賜褻衣以宣寵；皇仁仰被，撫薄質以增榮。臣山甫誠惶誠恐，稽首頓首。伏惟□□□□坤載兼容，乾行廣覆。屬嚴冬之啟運，軫庶域之届寒。與子同袍，詎有鴈毬之賜；不稱其服，分多鵜翼之慚。惟誓罄於丹心，庶上酧於洪造。臣山甫無任瞻天荷聖云。乾隆《瀘溪縣志》卷一二，乾隆十六年刻本。

薩都拉《雁門集》卷四《王孫曲》　内家楚楚諸王孫，白馬金鞍耀晴日。尊前細樂耳厭聞，世上閑愁生不識。宫錦裁成五色雲，真珠蹙就雙龍紋。衣裳光彩照暮春，紅鞾著地輕無塵。

張翥《蛻庵集》卷三《宫中舞隊歌詞》其一　十六天魔女，分行錦綉圍。千花織步幛，百寶貼仙衣。回雪紛難定，行雲不肯歸。舞心挑轉急，一一欲空飛。

孫承澤《天府廣記》卷四二楊維禎《元宫詞十二首》之五　宫錦裁衣賜聖恩，朝來金榜揭天門。老娥原是南州女，私喜南人擢殿元。

高啓《高青丘集》卷一《將進酒》　絲繩玉缸釀初熟，摇蕩春光若波緑。前無御史可盡歡，倒著錦袍舞《鸜鵒》。

湯顯祖《湯顯祖詩文集》卷六《長安酒樓同梅克生夜過劉思雲宅》　炙肉行觴深夜留，錦衣重覆敝貂裘。新豐滿市無人識，欲傍常何問馬周。

湯顯祖《湯顯祖詩文集》卷九《送俞采并示姑孰子弟》　采故叔白鹿生，賢豪人也，悲之。

遊子常年風性高，龍生地主垂千旄。絳帳後堂延弟子，春裝别墅擁賢豪。何處山川不留飲，何處風光能薦寢？花落時粘縹緑箋，杯翻只污蒲桃錦。

陳子龍《陳子龍詩集》卷三《采桑渡》四首其二　柔條盡著手，楊枝必裝鉤。周旋春蠶熟，製歡紅錦裯。

池上餐華生《詩笑》卷上宋人《嘲錦襪金線鞋》　不作錦衣裳，裁爲十指倉。千金包汗脚，慚愧絡絲娘。

愛新覺羅·玄燁《康熙文集》卷四九《回鑾中河三首》其三　錦纜牽舟遠，蒲帆逐浪深。回看舊蹕處，不競自澄心。

袁枚《小倉山房詩集》卷二《瓊林曲》　不到月宫遊，那識嫦娥好？不奪錦標歸，誰信驪龍巧？

袁枚《小倉山房詩集》卷二《入翰林》　弱水蓬山路幾重？今朝身到蕊珠宫。尚無秘省書教讀，已見名箋字不同。斑管潤生紅藥雨，錦袍香散玉堂風。國恩豈是文章報，況復文章尚未工！

袁枚《小倉山房詩集》卷二《乞假歸娶留别諸同年》　還鄉非耀錦衣鮮，爲賦《房中樂》一篇。慚愧少年貧裏過，玉堂春在洞房先。

錢大昕《潛研堂詩集》卷一《五雜組》　五雜組，錦千純。往復還，金千斤。不得已，謁朱門。

錢大昕《潛研堂詩集》卷三《吴越宫詞》　清歌緩緩惱人懷，陌上花飛濕錦鞵。一望浮圖如紺碧，不知破費幾金釵。

錢大昕《潛研堂詩集》卷八《浙闈蒇事蒙恩給假省親恭紀》　故鄉風景尚依稀，暫卸征衣著錦衣。門外喜無熱客鬧，案頭猶是舊書圍。

雜録

《列子》卷二《黄帝》　子華昉令豫肉食衣帛之次。俄而范氏之藏大火。子華曰：「若能入火取錦者，從所得多少賞若。」商丘開往無難色。入火往還，埃不漫，身不焦。范氏之黨以爲有道。

《穆天子傳》卷三　吉日甲子，天子賓于西王母。郭璞注：西王母，如人虎齒，蓬髮戴勝，善嘯。《紀年》：「穆王十七年，西征昆侖丘，見西王母。其年來見，賓于昭（公）〔宫〕。」乃執白圭玄璧以見西王母，執贄者，致敬也。好獻錦組百純，□組三百純。郭璞注：純，疋端名也。《周禮》曰：「純帛不過五兩。」組，綬屬，音祖。西王母再拜受之。

《穆天子傳》卷六　天子乃殯盛姬于轂丘之廟。【略】天子使嬖人，贈用文錦明衣九領。

《太平御覽》卷八一五《布帛部二·錦》　《列子》曰：范氏之藏火。子華曰：「若能入火取錦者，從所多少。」商丘聞，入火往還，而身不燒。《拾遺記》曰：周靈王起昆昭之臺，以享羣臣，張鸞章錦，文如鸞翔。

《奩史》卷八七《綺羅門》　穆王持白珪重錦，以爲王母壽。《西王母傳》。

舊題班固《漢武帝内傳》　帝又見王母巾笈中有一卷書，盛以紫錦之囊。帝問：「此書是仙方耶？不審其目可得瞻盼否？」王母出以示之曰：「此《五岳真形圖》也。昨青城諸僊就吾請求，今當過以付之。乃三天太上所出，文秘禁重，豈汝穢質所宜佩乎？」【略】

帝既見王母及上元夫人，乃信天下有神仙之事。其後帝以王母所授《五真圖》、《靈光經》及上元夫人所授六甲靈飛十二事，自撰集爲一卷，及諸經圖皆奉以黄金之箱，封以白玉之函，以珊瑚爲軸，紫錦爲囊，安著栢梁臺上。

《後漢書》卷七二下《方伎傳・左慈》 左慈字元放，廬江人也。少有神道。嘗在司空曹操坐，操從容顧衆賓曰：「今日高會，珍羞略備，所少吴松江鱸魚耳。」放於下坐應曰：「此可得也。」因求銅盤貯水，以竹竿餌釣於盤中，須臾引一鱸魚出。操大拊掌笑，會者皆驚。操曰：「一魚不周坐席，可更得乎？」放乃更餌鉤沈之，須臾復引出，皆長三尺餘，生鮮可愛。操使目前鱠之，周浹會者。操又謂曰：「既已得魚，恨無蜀中生薑耳。」放曰：「亦可得也。」操恐其近即所取，因曰：「吾前遣人到蜀買錦，可過勑使者，增市二端。」語頃，即得薑還，并獲操使報命。後操使蜀反，驗問增錦之狀及時日早晚，若符契焉。

郭憲《洞冥記》卷二 元鼎元年，起招仙閣於甘泉宫西。編翠羽麟毫爲簾，青瑠璃爲扇，懸黎火齊爲牀，其上懸浮金輕玉之磬。浮金者，色如金，自浮於水上。輕玉者，其質貞明而輕。有霞光繡，有藻龍繡，有連烟繡，有走龍錦，有雲鳳錦，翻鴻錦。閣上燒茎蘼香屑，燒粟許，其氣三月不絶。

《太平御覽》卷八一五《布帛部二・錦》 《神仙傳》曰：淮南王爲八公張錦綺之帳，燔百和之香。

《異物志》曰：錦鳥文章如丹地錦而藻繢，交俗人見其似錦，因謂之錦（焉）〔鳥〕。

《三國志》卷六《魏志・董卓傳》裴松之注引《英雄記》 卓塢中金有二三萬斤，銀八九萬斤，珠玉錦綺奇玩雜物皆山崇阜積，不可知數。

《三國志》卷五〇《吴志・孫休朱夫人傳》裴松之注引《搜神記》 孫峻殺朱主，埋於石子岡。歸命即位，將欲改葬之。冢墓相亞，不可識别，而宫人頗識主亡時所著衣服，乃使兩巫各住一處以伺其靈，使察鑒之，不得相近。久時，二人俱白：見一女人年可三十餘，上著青錦束頭，紫白袷裳，丹綈絲履，從石子岡上半岡，而以手抑膝長太息，小住須臾，進一冢上便住，徘徊良久，奄然不見。二人之言，不謀而同，於是開冢，衣服如之。

《太平御覽》卷八一六《布帛三・羅》 《黄庭經》曰：黄庭爲不死之道，受者先齋九日，然後受之，結盟立誓，期以勿泄。古者盟以玄雲之錦九十尺，金簡鳳文羅四十尺。

《梁書》卷五四《西北諸戎傳・高昌》 女子頭髮辮而不垂，著錦纈纓珞環釧。

《梁書》卷五四《西北諸戎傳・芮芮》 魏、晉世，匈奴分爲數百千部，各有名號，芮芮其一部也。自元魏南遷，因擅其故地。無城郭，隨水草畜牧，以穹廬爲居。辮髮，衣錦，小袖袍，小口袴，深雍鞾。

《魏書》卷一〇一《吐谷渾傳》 夸吕椎髻毦珠，以皂爲帽，坐金師子牀。號其妻爲「恪尊」，衣織成裙，披錦大袍，辮髮於後，首戴金花冠。

《南史》卷五九《江淹傳》 淹少以文章顯，晚節才思微退，云爲宣城太守時罷歸，始泊禪靈寺渚，夜夢一人自稱張景陽，謂曰：「前以一匹錦相寄，今可見還。」淹探懷中得數尺與之，此人大恚曰：「那得割截都盡。」顧見丘遲，謂曰：「餘此數尺既無所用，以遺君。」自爾淹文章躓矣。

劉義慶《幽明録》 廣陵韓晷，字興彦。陳敏反時，與敏弟恢戰於尋陽。還（當）〔營〕下馬，覺鞭重，見有（録）〔緑〕錦（槖）〔囊〕，中有短卷書著〔鞭〕鞘，皆不知所從來。開視之，故穀紙佛神呪經，〔乃世之常聞也〕。

《隋書》卷八三《西域傳・于闐》 俗無禮義，多賊盗淫縱。王錦帽，金鼠冠，妻戴金花。

玄奘《大唐西域記》卷一《屈支國》 大會場 大城西門外路左右各有立佛像，高九十餘尺。於此像前建五年一大會處，每歲秋分數十日間，舉國僧徒皆來會集。上自君王，下至士庶，捐廢俗務，奉持齋戒，受經聽法，渴日忘疲。諸僧伽藍莊嚴佛像，瑩以珍寶，飾之錦綺，載諸輦輿，謂之行像，動以千數，雲集會所。

釋智昇《開元釋教録》卷四上 龜兹王爲造金師子座，以大秦錦褥鋪之，令〔鳩摩羅〕什陞而説法。

張鷟《朝野僉載》卷一 則天時，鳳閣侍郎周允元朝罷入閣。太平公主唤一醫人自光政門入，見一鬼撮允元頭，二鬼持棒隨其後，直入景運門。醫白公主，公主奏之。上令給使覘問，在閣無事。食訖還房，午後如廁，長參怪其久，私往候之，允元踣面於廁上，目直視，不語，口中涎落。給使奏之，上問醫曰：「此可得幾時？」對曰：「緩者三日，急者一日。」上與錦被覆之，并牀舁送宅，止夜半而卒。上自爲詩以悼之。

張鷟《遊仙窟》 辭謝訖，因遣左右取益州新樣錦一疋，直奉五嫂；因贈詩曰：「今留片子信，可以贈佳期，裁爲八幅被，時復一相思。」

牛僧孺《玄怪録》卷一《鄭望》 乾元中有鄭望者，自都入京，夜投野狐泉店宿，未至五六里而昏黑。忽於道側見人家，試問門者，云是王將軍，與其亡父有舊。望甚喜，乃通名參承。將軍出，與望相見，敘悲泣，人事備之。因而留宿，爲設饌飲。中夜酒酣，令呼蘧蒢三娘唱歌送酒。少間三娘至，容色甚麗，尤工唱《阿鵲鹽》。及曉別去，將軍夫人傳語，令買錦袴及頭髻花紅朱粉等。後數月，東歸過，送所求物，將軍相見歡洽，留宿如初。望問何以不見蘧蒢三娘，將軍云：「已隨其夫還京。」以明日辭去，出門不復見宅，但餘丘隴，望憮然却迴。至野狐泉，問居人，曰：「是王將軍塚。塚邊，伶人至店，其妻暴疾亡，以葦蓆裹屍，葬將軍墳側，故呼曰蘧蒢三娘云。旬日前伶官亦移其屍歸葬長安訖。」《廣記》卷三三六。

段成式《酉陽雜俎》卷一《忠志》 安禄山恩寵莫比，錫賚無數，其所賜品目有：【略】大錦。

蘇鶚《杜陽雜編》卷中 〔元和〕八年，大軫國貢重明枕、神錦衾、碧麥、紫米。【略】神錦衾，水蠶絲所織也。方二丈，厚一寸，其上龍文鳳彩，殆非人工。其國以五色彩石甃池塘，採大柘葉飼蠶於池中，始生如蚊睫，游泳於其間，及老可五六寸。池中有挺荷，雖驚風疾吹，不能傾動，大者可濶三四尺。而蠶經十五月即跳入荷中以成其繭，形如斗，自然五色。國人繅之，以織神錦，亦謂之靈泉絲。上始覽錦衾，與嬪御大笑曰：「此不足以爲嬰兒綳褓，曷能爲我被耶？」使者曰：「此錦之絲，水蠶也，得水則舒；水火相反，遇火則縮。」遂於上前令四官張之，以水一噴，即方二丈，五色煥爛，逾於向時。上乃歎曰：「本乎天者親上，本乎地者親下，不亦然哉！」則却令以火逼之，須臾如故，上益異之。翌日出示術士田元佐、李元戢焉。

蘇鶚《杜陽雜編》卷下 上敬天竺教，〔咸通〕十二年冬，製二高座賜新安國寺。一爲講座，一曰唱經座，各高二丈。斫沉檀爲骨，以漆塗之，鏤金銀爲龍鳳花木之形，徧覆其上。又置小方座，前陳經案，次設香盆，四隅立金顆伽，高三丈，磴道欄檻無不悉具，前繡錦襜褥，精巧奇絶，冠于一時。

馮贄《雲仙雜記》卷一《夢裁錦》 蕭顥士少夢有人授紙百番，開之皆是繡花。又夢裁錦，因此文思大進。文筆襟喉。

《舊五代史》卷一三《梁書·朱瑾傳》 瑾有所乘名馬，冬以錦帳貯之，夏以羅幬護之。

司馬光《資治通鑑》卷二七三《後唐莊宗同光二年》 〔五月〕，戊申，蜀主遣李嚴還。初，帝因嚴入蜀，令以馬市宮中珍玩，而蜀法禁錦綺珍奇不得入中國，其粗惡者乃聽入中國，謂之「入草物」。胡三省注：粗，讀曰麤。自盛唐以來，蜀貢賦歲至京師。此法乃王衍之法也。嚴還，以聞，帝怒曰：「王衍寧免爲入草之人乎！」嚴因言於帝曰：「衍童騃荒縱，不親政務，斥遠故老，昵比小人。其用事之臣王宗弼、宋光嗣等，諂諛專恣，黷貨無厭，賢愚易位，刑賞紊亂，君臣上下專以奢淫相尚。以臣觀之，大兵一臨，瓦解土崩，可翹足而待也。」帝深以爲然。

郭羅洛納新《河朔訪古記》卷中 華林苑在臨漳縣鄴城東二里，苑後即南鄴城之西也。所植無不榮茂。至高齊武成間，增飾華林苑，若神仙所居，改曰仙都苑。苑中封土爲嶽，皆隔水相望。分流爲四瀆，因爲四海，匯爲大池，曰大海。海中置龍舟六艘，其行舟處可廿五里。又爲殿十二間於海中五嶽，各有樓觀堂殿，四海中亦有宮殿、洲浦。其最知名者，則北嶽之飛鸞殿，北海之密作堂也。飛鸞殿十六間，以青石爲基，珉石爲礎，鐫刻蓮花，内垂五色珠簾，緣以麒麟錦，楹柱皆金龍盤繞，以七寶飾之，柱上懸鏡。又用孔雀、山雞、白鷺毛當鏡作七寶金鳳，高一尺七寸，口銜金鈴，光彩奪目，人不能久視也。密作堂周迴廿四架，以大船浮之，以水爲激輪。堂爲三層，下層刻木人七，彈箏、琵琶、箜篌、胡鼓、銅鈸、拍板、弄盤等，衣以錦繡，進退俯仰，莫不中節。

《太平廣記》卷三〇六《冉遂》 冉遂者，齊人也。父邑宰，遂婚長山趙玉女。遂既喪父，又幼性不惠，略不知書，無以進達，因耕於長山。其妻趙氏，美姿質，性復輕蕩。一日獨遊於林藪間，見一人衣錦衣，乘白馬，侍從百餘人，皆攜劒戟過之。趙氏曰：「我若得此夫，死亦無恨。」錦衣人回顧笑之。左右問趙氏曰：「暫爲夫可乎？」趙氏應聲曰：「君若暫爲我夫，我亦懷君恩也。」錦衣遽下馬，入林内。既別，謂趙氏曰：「當生一子，爲明神，善保愛之。」趙氏果有孕。

陸游《老學庵筆記》卷九 天下神霄，皆賜威儀，設於殿帳座外。面南，東壁，從東第一架六物：曰錦繖，曰絳節，曰寶蓋，曰珠幢，曰五明扇，曰旌；從東第二架六物：曰如意，曰玉斧，曰鶴扇二，曰金鉞，曰如意。西壁，從東第一架六物：曰絲拂，曰旛，曰鶴扇二，曰旛，曰絲拂；西壁，從東第二架曰旌，曰五明扇，曰珠幢，曰寶蓋，曰絳節，曰錦繖。東南經兵火，往往不復在。蜀中多徙于天慶觀聖祖殿，今猶有存者。

王士禛《池北偶談》卷二〇《談異一·錦裙宋繡》 陸魯望云：瓦官寺有陳

叔寶羊車一輪，天后錦裙一幅。予在金陵，遊上瓦官寺，猶見錦裙所製幡，裙紺碧色，錦作雲龍紋，四角綴十二鈴。焦山枯木堂有宋刻絲觀世音像，亦奇古。

孔毓埏《拾籜餘聞》卷一　杜詩「繡段裝簷額」。邵註：謂掛綵于簷頭下，殊無意味。辟疆園註：簷額，即額也。以其在高處，故曰簷。繡段，樂工之額飾，舞者所用也。此解最爲精確。今恩賜筵宴，教坊承應樂工，以蜀錦覆額，惟露其面，冒以金冠。垂其餘于後，左右手仍各執錦一幅，應歌而舞，則唐時之制，或猶是耳。

趙翼《簷曝雜記》卷一　皇太后壽辰在十一月二十五日，乾隆十六年届六十慈壽，中外臣僚，紛集京師，舉行大慶。自西華門至西直門外之高梁橋十餘里中，各有分地，張設燈綵，結撰樓閣，天街本廣潤，兩旁遂不見市廛，錦繡山河，金銀宮闕，剪綵爲花，鋪錦爲屋，九華之燈，七寶之座，丹碧相映，不可名狀。

于敏中等《日下舊聞考》卷二九《宫室》　朱彝尊原本〔承華〕殿門外衛士二三百人分兩旁立，盡戴金花帽錦袍。【略】入嘉會門，至幕次，黑布拂廬侍班。有頃，入宣明門，門内庭中列衛士二百許人，貼金雙鳳幞頭，團花紅錦衫，散手立。

施宿等撰〔嘉泰〕《會稽志》卷九《山》　蜀阜山，在縣北三十五里。《舊經》云：自蜀飛來，帶兒婦二十餘人，隨山而至。善織美錦，自言家在西蜀，今忽至此。

織成

《漢書》卷四八《賈誼傳》　今民賣僮者，爲之繡衣絲履偏諸緣。顔師古曰：「偏諸，若今之織成以爲要襻及褾領者也。古謂之車馬衣，其上爲乘車及騎從之象也。」

《後漢書》卷二《明帝紀》　李賢注引董巴《輿服志》曰：「顯宗初服冕衣裳以祀天地。衣裳以玄上纁下，乘輿備文日月星辰十二章，三公、諸侯用山龍九章，卿已下用華蟲七章，皆五色采。乘輿刺繡，公卿已下皆織成。陳留襄邑獻之。」

佚名《西京雜記》卷一《身毒國寶鏡》　宣帝被收繫郡邸獄，臂上猶史良娣合采婉轉絲繩，繫身毒國寶鏡一枚，大如八銖錢。舊傳此鏡見妖魅，得佩之者爲天神所福，故宣帝從危獲濟。及即大位，每持此鏡，感咽移辰。常以琥珀笥盛之，緘以戚里織成錦，一曰斜文錦。

佚名《西京雜記》卷一《飛燕昭儀贈遺之侈》　趙飛燕爲皇后，其女弟在昭陽殿，遺飛燕書曰：「今日嘉辰，貴姊懋膺洪册，謹上襚三十五條，以陳踊躍之心：金華紫輪帽，金華紫輪面衣，織成上襦，織成下裳，五色文綬，鴛鴦襦，鴛鴦被，鴛鴦褥，金錯繡襠。」

《太平御覽》卷八一六《布帛部三・織成》　《續漢書・輿服志》曰：虎賁武騎皆鶡冠，虎文〔章〕〔單〕衣。襄邑歲獻織成虎文。

《晉書》卷一〇六《載記六・石季龍上》　季龍常以女騎一千爲鹵簿，皆著紫綸巾、熟錦袴、金銀鏤帶、五文織成鞾，游于戲馬觀。觀上安詔書五色紙，在木鳳之口，鹿盧迴轉，狀若飛翔焉。

陸翽《鄴中記》　季龍獵著金縷織成合歡帽。

石虎時著金縷合歡袴。案《太平寰宇記》載此條云：虎每獵著金線織成合歡袴。

《太平御覽》卷八一六《布帛部三・織成》　《晉令》曰：織成衣爲禁物。

《晉後略》曰：張方兵入洛，諸官府大劫掠，御寶織成流蘇，皆分割爲馬棧矣。

《搜神記》曰：陳節〔方〕〔訪〕諸神，東海君以織成青襦一領遺之。

《鄴中記》曰：石虎冬月施流蘇斗帳，懸金薄織成腕囊。

又曰：石虎皇后出，女妓二千爲鹵簿，冬月皆着紫綸巾，蜀錦袴，脚着五文織成鞾。

又曰：石虎獵着金縷。

高柔婦《與柔書》曰：今奉織成袜一量。

《杜蘭香傳》曰：蘭香降南〔羣〕張碩，與碩織成袴衫。

《南齊書》卷三《武帝紀》　〔永明十一年秋七月〕，是月，上不豫，【略】戊寅，大漸，詔曰：「我識滅之後，身著夏衣畫天衣，純烏犀導，應諸器悉不得用寶物及織成等，唯裝複袷衣各一〔本〕通。」

《南齊書》卷七《東昏侯紀》　拜愛姬潘氏爲貴妃，乘卧輿，帝騎馬從後。著織成袴褶，金薄帽，執七寶縛矟，戎服急裝，不變寒暑，陵冒雨雪，不避坑穽，馳騁渴乏，輒下馬解取腰邊蠡器酌水飲之，復上馬馳去。

《南齊書》卷五七《魏虜傳》　虜主及后妃常行，乘銀鏤羊車，不施帷幔，皆偏坐垂脚轅中；在殿上，亦跂據。正殿施流蘇帳，金博山，龍鳳朱漆畫屏風，織成幌。坐施氍毹褥。

顧野王《玉篇》卷二七《糸部》　絾市征切。織絾也。

《杜工部集》卷五《太子張舍人遺織成褥段》　客從西北來，遺我翠一作細織成。

開緘風濤湧，中有掉尾鯨。逶迤羅水族，瑣細不足名。客云充君褥，承君終宴榮。空堂魑魅一作魍魎走，高枕形神清。領客珍重意，顧我非公卿。留之懼不祥，施之混柴荆。服飾定尊卑，大哉萬古程。今我一賤老，裋一作短褐更無營。煌煌珠宮物，寢處禍所嬰。一作縈歎息當路子，干戈尚縱橫。掌握有權柄，衣馬自一云已肥輕。李鼎死岐陽，實以驕貴盈。來瑱賜自盡，氣豪直晉作真阻兵。皆聞黃金多，坐見悔吝生。奈何田舍翁，受此厚貺情。錦鯨卷還客，始覺心和平。振我麤席塵，媿客茹一作飯藜羹。皆聞一作昔聞

李濬《松窗雜録・物之異聞》 西屬織成蘭亭。【略】已上二十一物皆得其所自，(至)或經目識，客有疑問悉用條註。

《全唐詩》卷四一八元稹《估客樂》 炎洲火浣布，蜀地錦織成。

《全唐文》卷四二五于邵《降誕日進馬及織成紅錦地衣狀》 右。臣伏以今月十九日陛下降誕之辰，萬國駿奔，二儀交泰。玉帛方陣於闕下，慶抃實匝於寰中。臣謬荷殊恩，思登壽域。伏以馬則雄姿，未織句疑誠謝于權奇。織成乃異于采箱，宜或存于煥爛。懿兹致遠之用，宜秉含章之資。憑物奠誠，感恩祝聖。所獻雖慚於萬國，均情實邁於等夷。臣不勝懇悃之至。

《太平廣記》卷一一六《唐文伯》 宋唐文伯，東海贛榆人也。弟好蒲博，家資都盡。村中有寺，經過人或以錢上佛，弟屢竊取，後病癩。卜者云：「祟由盜佛錢。」父怒曰：「佛是何神，乃令我兒致此，吾當試更虜奪，若復能病，可也。」前縣令何欣之婦，上織成寶蓋帶四枚，乃盜取爲腰帶。不百日，復得惡病。發瘡之始，起腰帶處。出《冥祥記》

樓鑰《攻媿集》卷五《錢文季少卿以蜀中織成山谷書廬山高爲壽次韻》 七十衰翁年愈高，意氣銷盡湖海豪。平生萬事不翅足，但欲乞身歸故巢。幾番掛冠不容去，歸夢屢涉滄浪濤。縱使不去豈能久，命如槁葉風將飄。一陽來復值初度，方念吹棘心夭夭。何期老友加記録，乃爲衰朽親揮毫。廬山高哉山谷字，蜀女織就新冰綃。安得東歸抱四絕，雙鳧飛舄追王喬。張圖痛飲信一快，更須傳寶留兒曹。慶朝非遠卻圖報，別當作頌齊崧高。

王士禛《池北偶談》卷二四《談異五・偏諸》 《治安策》：「今民賣僮者，爲之繡衣絲履偏諸緣。」又云：「白縠之表，薄紈之裏，緁以偏諸。」服虔注曰：「如牙條以作履緣。」顏師古曰：「偏諸，若今之織成以爲要襻及(標)[褾]領者也。」杜甫詩：「客從西北來，遺我翠織成。」錢謙益注引《廣雅》：天竺有細織成。《宋書・禮志》：諸織成，衣帽錦帳，純金銀器，雲母從廣一寸以上，皆爲禁物。《高麗史》：獻織成衣襖弓劍。按子美詩題，乃太子張舍人遺織成褥段，蓋褥帳衣帽要襻(標)[褾]領，皆有織成。而偏諸以爲衣履之緣者，乃織成之一耳。

綾、綺

題解

《禮記・玉藻》 君子狐青裘豹褎，玄綃衣以裼之。鄭玄注：君子，士大夫也。綃，綺屬。染之以玄，於狐青裘相宜。狐青裘，蓋玄衣之裘。

《楚辭・招魂》 纂組綺縞。洪興祖補注曰：綺，文繒也。

《太平御覽》卷八一六《布帛部三・綃》 《毛詩義疏》曰：《揚之水》「素衣朱繡」。繡當爲綃。綃，綺。

《漢書》卷一下《高帝紀下》 〔八年春三月，令〕賈人毋得衣錦繡綺。顏師古注：「綺，文繒也，即今之細綾也。」

《漢書》卷一〇〇《叙傳上》 在於綺襦紈絝之間。顏師古注：綺，今細綾也。

《後漢書》卷五《安帝紀》 至有走卒被綺縠。李賢等注：綺，文繒。

《後漢書》卷四九《王符傳》 《浮侈篇》曰：【略】錦繡綺紈，葛子升越。李賢等注引《說文》曰：「綺，文繒也。」

《後漢書》卷八〇下《文苑傳下・邊讓》 羅衣飄颻，組綺繽紛。李賢等注：綺，綾也。

揚雄《方言》卷二 東齊言布帛之細者曰綾。音淩。

史游《急就篇》卷二 綾 顏師古注：綾，今之雜小綾也。

史游《急就篇》卷二 綺 顏師古注：綺，即今之繒。

許慎《說文》一三篇上《糸部》 絩 綺絲之數也。段玉裁注：言綺以見凡繒也。綺者，文繒也。文繒絲尚有數，則餘繒可知。其若干絲爲一絩未聞。《漢律》曰：綺絲數謂之絩，布謂之緫。段玉裁注：《禮經》：布八十縷爲升。《禾部》曰：布八十縷爲稯。《漢・王莽傳》：一月之祿十緵布二匹，孟康曰：緵，八十縷也。今按緫即稯也，稯即緵也，緵即升

也，皆謂八十縷。《召南》「羔羊五緫」，傳曰：緫，數也。从糸，兆聲。

綺　文繒也。謂繒之有文者也。文者，錯畫也，錯畫謂这逪其介，畫繒爲这逪方文，謂之文綺。引申之曰交疑結綺窗，曰彊埸綺分，皆謂似綺文。从糸，奇聲。

綾　東齊謂布帛之細者曰綾。同《方言》。从糸，夌聲。

劉熙《釋名》卷四《釋采帛》　綺，攲也，其文攲邪不順經緯之縱横也。畢沅曰：《説文》：「綺，文繒也。」案，織文繒必二人，一人於機中投杼，一人居於機上，提絜其經而操縱之，使經緯間錯成文，故曰不順經緯之縱横。有杯文，形似杯也。有長命，其綵色相間皆横終幅此之謂也。言長命者，服之使人命長。有棊文，方文如棊也。

綾，淩也。其文望之如冰淩之理也。蘇輿曰：《説文》：東齊謂布帛之細者曰綾，从糸夌聲。綾、淩疊均。《初學記》引《風俗通》：積冰曰淩，以其文理細浄，有似冰淩之色，故云。

張揖《廣雅》卷七下《釋器》　綦綺，綵也。王念孫疏：蓋謂織綺文如綦也。

顧野王《玉篇》卷二七《糸部》原本　綺　袪技切，有文繒。

原本　袪倚反。《范子計然》：綺出齊郡。野王案：《淮南》「衣之似綺繡」是也。《説文》「有文繒也」。

綾　力升切，文繒也。

原本　力升反。《方言》：東齊謂布帛之細者曰綾。《埤倉》：似綺而細也。

絣　方莖、方幸二切，無文綺也。

原本　方莖、方幸二反。《説文》：「氐人疏婁布【略】也」。《字書》一曰無文綺也。或爲迸字，在糸部。

顧野王《玉篇》卷二七《糸部》後增字　紋　音文，綾紋也。

丁度《集韻》卷三《蕭韻》　繡綺屬。

丁度《集韻》卷三《宵韻》　綃、縿、䌷【略】一曰，綺屬。或作縿、䌷。

丁度《集韻》卷四《尤韻》　緧綺屬。

丁度《集韻》卷六《果韻》　綞《字林》綞子綾也。

丁度《集韻》卷六《耿韻》　絣【略】一曰，無文綺。

丁度《集韻》卷八《嘯韻》　絩綺絲數也。

司馬光《類篇》卷三七《糸部》　綃、䌷思邀切，【略】一曰綺屬，或作䌷。綃，又師交切。

絣普幸切，又必幸切，【略】一曰無文綺。

緧力求切，綺屬。

縿思廉切，【略】一曰，綺屬。

縑離鹽切，縿也。

繡【略】先彫切，綺屬。

綾閭承切，《説文》「東齊〔謂〕帛之細者曰綾」。

戴侗《六書故》卷三〇《工事六》　綺　去倚切。《説文》曰：「文繒也。」織采爲文曰錦，織素爲文曰綺。

綾　力膺切，絁地而織文也。

張自烈《正字通》卷八《糸部》　絩直紹切，音肇。《説文》：「綺絲之數也。」《漢律》曰：綺絲數謂之絩，布謂之緫，綬組謂之首。

綺區里切，音起。《説文》：「文繒也。」《六書故》：織采爲文曰錦，織素爲文曰綺。師古曰：今細綾。非是。

綾離呈切，音零。《六書故》：絁地而織文者。白居易《杭州春望詩》：「紅袖織綾誇柿蔕，青旗沽酒趁梨花」。注：杭州土産綾，曰柿蔕，曰狗脚，皆形擬綾文也。織素爲文者曰綺，光如鏡面，有花卉狀者曰綾。《説文》：「東齊謂布帛之細者曰綾。」今布帛無綾名。

張自烈《正字通》卷八《网部》　羅郎何切。音贏。【略】又方目紗綺借網羅，象形曰羅。

厲荃《事物異名録》卷二五《布帛部》　綾

柿葉《廣志》：柿葉，今時綾名。又白居易詩「紅袖織綾誇柿蔕」。

文繒《漢書·高帝紀》：「賈人毋得衣錦繡綺縠絺紵罽。」注：師古曰：綺，文繒也，即今之細綾也。又《增韻》：纈，文繒也。

綜述

《六韜》卷一《盈虚》　太公曰：帝堯王天下之時，金銀珠玉不飾錦繡文綺。

《藝文類聚》卷八五《布帛部》　《漢官典職儀》曰：尚書郎直供青綾，白綾被。

《太平御覽》卷八一六《布帛部三·綺》　《漢書》曰：賈人不得衣錦繡綺縠。《漢書儀》曰：祭天用六綵綺席六重，長一丈。

《三國志》卷六五《吴志・華覈傳》 覈上疏曰：「【略】今事多而役繁，民貧而俗奢，百工作無用之器，婦人爲綺靡之飾，不勤麻枲，並繡文黼黻，轉相倣效，恥獨無有。兵民之家，猶復逐俗，内無儋石之儲，而出有綾綺之服，至於富賈商販之家，重以金銀，奢恣尤甚。【略】恣民五色，惟所服用，但禁綺繡無益之飾。【略】此救乏之上務，富國之本業也。

《太平御覽》卷八一六《布帛部三・綺》 干寶《晉紀》曰：初，洛中名服有白石綺織者，尤之曰石，非繒綵之稱。

《晉令》曰：第三品已下得服雜杯之綺，第六品已下得服七綵綺。

《東宫舊事》曰：太子納妃有七綵杯文綺被一，絳石杯文綺被一，七綵杯文絳袴，長命杯文綺袴。

《太平御覽》卷八一六《布帛部三・綾》 《晉武康起居注》曰：詔臨邑使主范柳所貢物多，絳綾是其所珍，可籌量增賜。

《新唐書》卷三八《地理志二》 河南府河南郡 土貢：文綾。

滑州靈昌郡 土貢：方紋綾。

蔡州汝南郡 土貢：四窠、雲花、龜甲、雙距、溪鷘等綾。

徐州彭城郡 土貢：雙絲綾。

青州北海郡 土貢：仙紋綾。

兖州魯郡 土貢：鏡花綾、雙距綾。

海州東海郡 土貢：綾。

《新唐書》卷三九《地理志三》 博州博平郡 土貢：綾。

衛州汲郡 土貢：綾。

德州平原郡 土貢：綾。

定州博陵郡 土貢：細綾、瑞綾、兩窠綾、獨窠綾、二倉綾、熟線綾。

幽州范陽郡 土貢：綾。

《新唐書》卷四〇《地理志四》 江陵府江陵郡 土貢：方紋綾。

澧州澧陽郡 土貢：紋綾。

隋州漢東郡 土貢：綾。

閬州閬中郡 土貢：蓮綾。

《新唐書》卷四一《地理志五》 揚州廣陵郡 土貢：獨窠綾。

潤州丹楊郡 土貢：水紋、方紋、魚口、繡葉、花紋等綾。

蘇州吴郡 土貢：緋綾。

湖州吴興郡 土貢：烏眼綾。

杭州餘杭郡 土貢：白編綾、緋綾。

睦州新定郡 土貢：文綾。

越州會稽郡 土貢：白編、交梭、十樣花紋等綾。

明州餘姚郡 土貢：吴綾、交梭綾。

宣州宣城郡 土貢：綺。

《新唐書》卷四二《地理志六》 漢州德陽郡 土貢：綾。

梓州梓潼郡 土貢：紅綾。

遂州遂寧郡 土貢：樗蒲綾。

綿州巴西郡 土貢：綾。

杜佑《通典》卷六《食貨六》 靈昌郡貢綾二十疋並方文。今滑州。

北海郡貢仙文綾十疋。今青州。

汝南郡貢鸂鶒綾十疋。今豫州。

魯郡貢鏡花綾十疋。今兖州。

范陽郡貢綾二十疋。今幽州。

博陵郡貢細綾千二百七十疋 兩窠細綾十五疋 瑞綾二百五十五疋 大獨窠綾二十五疋、獨窠綾十疋。今定州。

廣陵郡貢獨窠細綾十疋。今揚州。

江陵郡貢白方文綾二十疋。今荆州。

漢東郡貢綾十疋。今隋州。

澧陽郡貢龜子綾十疋。今澧州。

洋川郡貢白交梭十疋。今洋州。

丹陽郡貢方文綾七疋、水文綾八疋。今潤州。

餘杭郡貢白編綾十疋。今杭州。

會稽郡貢白編綾十疋、交梭十疋。今越州。

新定郡貢交梭二十疋。今睦州。

濛陽郡貢交梭二十疋。今彭州。

梓潼郡貢綾十六疋。今梓州。

閬中郡貢重連綾二十疋。今閬州。

遂寧郡貢樗蒲綾十五疋。今遂州。

李吉甫《元和郡縣圖志》卷五《河南道一》 河南府 貢、賦：開元貢：綾。

李吉甫《元和郡縣圖志》卷八《河南道四》 滑州 貢、賦：開元貢：方紋綾。元和貢：方紋綾二十匹。

李吉甫《元和郡縣圖志》卷九《河南道五》 蔡州 貢、賦：開元貢：龜甲、雙距鸂鶒綾，長安四年改爲四窠雲綾。 賦：綾。

李吉甫《元和郡縣圖志》卷一〇《河南道六》 兖州 貢、賦：開元貢：鏡花綾二十匹。 賦：綾。

青州 貢、賦：開元貢：仙文綾。

李吉甫《元和郡縣圖志》卷一七《河北道二》 德州 貢、賦：開元貢：綾。

李吉甫《元和郡縣圖志》卷一八《河北道三》 定州 貢、賦：開元貢：兩窠細綾十四匹。

李吉甫《元和郡縣圖志》卷二一《山南道二》 隨州 貢、賦：開元貢：綾。元和貢：綾十四。

李吉甫《元和郡縣圖志》卷二五《江南道一》 潤州 貢、賦：開元貢：紋綾。元和貢：綾十四。

杭州 貢、賦：開元貢：緋綾。 元和貢：白編綾十二匹。

李吉甫《元和郡縣圖志》卷二六《江南道二》 越州 貢、賦：開元貢：交梭白綾。自貞元後，凡貢之外，別進異文吴綾，及花鼓歇單絲吴綾、吴朱紗等纖麗之物，凡數十品。

處州 貢、賦：元和貢：小綾。

李吉甫《元和郡縣圖志》卷二八《江南道四》 宣州 貢、賦：自貞元後，常貢之外，別進五色線毯及綾綺等珍物，與淮南、兩浙相比。

李吉甫《元和郡縣圖志》卷三一《劍南道上》 成都府 貢、賦：元和貢：綾。

李吉甫《元和郡縣圖志》卷三三《劍南道下》 梓州 貢、賦：開元貢：綾。元和貢：綾。

遂州 貢、賦：開元貢：樗蒲綾十五匹。

王溥《唐會要》卷五八《尚書省諸司中・户部侍郎》 〔貞元〕十二年十二月，户部奏：「淮西夷虺蜴攸居，歷年貢賦不入，有司羞之。今則化被齊民，便爲善地。其申、光、蔡等州，令所貢鸂鶒綾、生石斛等，並同日到。其諸道貢物，舊例至今月十五日已進納訖。臣今便欲取申、光、蔡貢物，以元日陳於樂懸之南，示中外，禮畢，請准式送納。」從之。

王溥《唐會要》卷七五《選部下》 〔元和〕八年八月，吏部奏請差定文武官告紙軸之色物：「五品已上，用大花異紋綾紙，紫羅裏，檀木軸。六品下朝官，裝寫大花綾紙，及小花綾裏，檀木軸。命婦邑號，許用五色箋，小花諸雜色錦褾，紅牙碧牙軸。其他獨窠綾褾，金銀花箋，紅牙，發鏤軸鈿等，除恩賜外，請並禁斷。」

《宋史》卷八五《地理志一》 開封府【略】貢方紋綾。

青州【略】貢仙紋綾。

淄州【略】貢綾。

襲慶府【略】貢大花綾。

徐州【略】貢雙絲綾。

隨州【略】貢綾。

蔡州【略】貢綾。

《宋史》卷八六《地理志二》 中山府【略】貢大花綾。

《宋史》卷八八《地理志四》 臨安府【略】貢綾。

紹興府【略】貢越綾。

鎮江府【略】貢綾。

慶元府【略】貢綾。

嘉興府【略】貢綾。

泰州【略】貢隔織。

江陵府【略】貢綾。

澧州【略】貢綾。

《宋史》卷八九《地理志五》 綿州【略】貢綾。

潼川府【略】貢綾。

遂寧府【略】貢樗蒲綾。

洋州【略】貢隔織。

閬州【略】貢蓮綾。

蓬州【略】貢紵絲綾。

《金史》卷二五《地理志中》 東平府産綾。

樂史《太平寰宇記》卷三《河南道三・河南府》 賦：綾。

樂史《太平寰宇記》卷六《河南道六・虢州》 土産：方紋綾。貢。

樂史《太平寰宇記》卷九《河南道九・滑州》 土産：方文綾。舊貢。

樂史《太平寰宇記》卷一〇《河南道一〇・陳州》 土産：綾。

樂史《太平寰宇記》卷二《河南道二・蔡州》　土産：舊貢：龜甲雙距綾、四窠雲花鸂鶒綾。

樂史《太平寰宇記》卷一二《河南道一二・亳州》　土産：綾。

樂史《太平寰宇記》卷一八《河南道一八・青州》　土産：今貢：仙紋綾。

《漢書》云：「齊俗織冰紈綺繡之物，號爲冠帶衣履天下。」

樂史《太平寰宇記》卷一八《河南道一八・濰州》　土産：舊貢：仙文綾。

樂史《太平寰宇記》卷二一《河南道二一・兗州》　土産：鏡花綾。

樂史《太平寰宇記》卷二二《河南道二二・海州》　土産：綾。

樂史《太平寰宇記》卷五九《河北道八・邢州》　土産：《西京雜記》云：「霍光妻遺淳于衍散花綾，出鉅鹿郡陳寶光之家。」

樂史《太平寰宇記》卷六〇《河北道九・祁州》　土産：同定州。

樂史《太平寰宇記》卷六二《河北道一一・定州》　土産：兩窠紋綾，羅綺。貢。

樂史《太平寰宇記》卷六四《河北道一三・德州》　土産：貢綾。

樂史《太平寰宇記》卷六五《河北道一五・滄州》　土産：綾。

樂史《太平寰宇記》卷六八《河北道一七・寧邊軍》　土産：同定州。

樂史《太平寰宇記》卷六九《河北道一九・幽州》　土産：貢范陽綾。

樂史《太平寰宇記》卷七〇《河北道一九・涿州》　土産：綾。

樂史《太平寰宇記》卷七二《劍南西道一・益州》　土産：【略】今貢：綾。出成都、華陽、新都、新繁、郫縣。

樂史《太平寰宇記》卷七三《劍南西道二・漢州》　土産：紋綾。

樂史《太平寰宇記》卷七四《劍南西道三・嘉州》　土産：水波綾，烏頭綾。已上古貢。

樂史《太平寰宇記》卷八二《劍南東道一・梓州》　土産：綾。

樂史《太平寰宇記》卷八三《劍南東道二・綿州》　土産：小綾。

樂史《太平寰宇記》卷八六《劍南東道五・閬州》　土産：重蓮綾。

樂史《太平寰宇記》卷八七《劍南東道六・遂州》　土産：樗蒲綾。

樂史《太平寰宇記》卷八九《江南東道一・潤州》　土産：方紋綾，貢。水波綾。

樂史《太平寰宇記》卷九〇《江南東道二・昇州》　土産：紋綾。貢。

樂史《太平寰宇記》卷九一《江南東道三・蘇州》　土産：綾。

樂史《太平寰宇記》卷九三《江南東道五・杭州》　土産：白編綾。

樂史《太平寰宇記》卷九四《江南東道六・湖州》　土産：綾。貢，即吴綾也。

樂史《太平寰宇記》卷九五《江南東道七・秀州》　土産：同蘇州。

樂史《太平寰宇記》卷九六《江南東道八・越州》　土産：越綾。貢。

樂史《太平寰宇記》卷一〇三《江南西道一・宣州》　土産：綺，綾，熟線綾。

樂史《太平寰宇記》卷一一八《江南西道一六・澧州》　土産：龜甲綾，五紋綾。

樂史《太平寰宇記》卷一二二《江南西道二〇・牂州》　土産：隔織。

樂史《太平寰宇記》卷一二三《淮南道一・揚州》　土産：綺，白綾。

樂史《太平寰宇記》卷一三〇《淮南道八・建安軍》　土産：同揚州。

樂史《太平寰宇記》卷一三八《山南西道六・洋州》　土産：隔織。

樂史《太平寰宇記》卷一四四《山南東道三・隨州》　土産：柰花綾。

樂史《太平寰宇記》卷一四六《山南東道五・荆州》　土産：方綾。

樂史《太平寰宇記》卷一四六《山南東道五・荆門軍》　土産：並與襄、荆二州同。

王存《元豐九域志》卷一《四京・東京開封府》　土貢方紋綾三十匹。

王存《元豐九域志》卷一《京東路・青州》　土貢仙紋綾三十匹。

王存《元豐九域志》卷一《京東路・濰州》　土貢仙紋綾二十匹。

王存《元豐九域志》卷一《京東路・淄州》　土貢綾一十匹。

王存《元豐九域志》卷一《京東路・兗州》　土貢花綾一十匹。

王存《元豐九域志》卷一《京東路・徐州》　土貢雙絲綾一十匹。

王存《元豐九域志》卷一《京西路・隨州》　土貢綾一十匹。

王存《元豐九域志》卷一《京西路・蔡州》　土貢綾二十匹。

王存《元豐九域志》卷二《河北路・定州》　土貢綾二十匹。

王存《元豐九域志》卷五《淮南路・泰州》　土貢隔織一十匹。

王存《元豐九域志》卷五《兩浙路・杭州》　土貢綾三十匹。

王存《元豐九域志》卷五《兩浙路・越州》　土貢越綾二十匹。

王存《元豐九域志》卷五《兩浙路・潤州》　土貢綾一十匹。

王存《元豐九域志》卷五《兩浙路・明州》　土貢綾一十匹。

王存《元豐九域志》卷五《兩浙路・秀州》　土貢綾一十匹。

王存《元豐九域志》卷六《荆湖路・江陵府》土貢綾一十匹。

王存《元豐九域志》卷六《荆湖路・澧州》土貢綾一十匹。

王存《元豐九域志》卷七《成都府路・綿州》土貢綾五匹。

王存《元豐九域志》卷七《梓州路・梓州》土貢白花綾一十匹。

王存《元豐九域志》卷七《梓州路・遂州》土貢樗蒲綾二十匹。

王存《元豐九域志》卷八《利州路・洋州》土貢隔織八匹。

王存《元豐九域志》卷八《利州路・閬州》土貢蓮綾一十匹。

王存《元豐九域志》卷八《利州路・蓬州》土貢綜絲綾二十匹。

莊綽《雞肋編》卷上《定州刻絲與各地工藝》越州尼皆善織，謂之「寺綾」者，乃北方「隔織」耳，名著天下。

馬端臨《文獻通考》卷二二《土貢一》紹興二十六年，詔罷臨安府歲貢御服綾一百匹。

馬端臨《文獻通考》卷三一六《輿地二》定州【略】貢大花綾。

幽州【略】唐貢綾。

馬端臨《文獻通考》卷三一七《輿地三》青州【略】貢仙文綾。

淄州【略】貢綾。

徐州【略】貢雙絲綾。

兖州【略】貢大花綾。

馬端臨《文獻通考》卷三一八《輿地四》鎮江府【略】貢綾。

嘉興府【略】貢綾。

臨安府【略】貢綾。

紹興府【略】貢越綾。

慶元府【略】貢綾。

馬端臨《文獻通考》卷三一九《輿地五》江陵府【略】貢綾。

澧州【略】貢綾。

馬端臨《文獻通考》卷三二〇《輿地六》開封府【略】貢方紋綾。

蔡州【略】貢綾。

隨州【略】貢綾。

馬端臨《文獻通考》卷三二一《輿地七》蓬州【略】貢綾。

閬州【略】貢蓮綾。

綿州【略】貢綾。

潼川府【略】貢綾。

遂州府【略】貢樗蒲綾。

馬端臨《文獻通考》卷三二二《輿地八》豐州【略】貢白綾。

涼州【略】貢白綾。

徐松《宋會要輯稿》卷一三四七八《食貨三八・和市》（宣和七年七月）四日，詔兩浙以上供錢和買綾二萬匹，限今年十月終已前到闕相兼支使。

張廷玉等《續文獻通考》卷二八《土貢一》天興元年諸路貢物：中都路平州貢櫻桃綾。

《明史》卷二三二《魏允貞傳》（萬曆）二十八年春，疏陳時政缺失，言：「【略】金取於滇，不足不止。珠取於海，不罄不止。錦綺取於吴越，不極奇巧不止。」

曹學佺《蜀中廣記》卷六八《方物記第一〇》庾肩吾使蜀，武陵王蕭紀遺以白綺綾。瀕行，《謝啓》略云：「圖雲緝鶴，鄴市稀逢。寫霧傳花，叢臺罕遇。雖復馬均騁思，比巧猶慙；虞卿受金，方恩未重。此扁舟獨返，燕路有心；載寶言歸，銜珠無日。」今保寧出綾，亦以白色爲佳。《寰宇記》：遂州樗蒲綾，梓州水波綾，嘉州烏頭綾，閬州重蓮綾，綿州小綾，皆舊貢也。

徐矩《新鐫古今事物原始全書》卷一四《服御・綾》唐褚遂良九世孫，造綾之始，今杭州褚家堂立祠名通聖祠，至今祀之。炬按：《漢官典（則）〔儀〕》云：漢尚書入直，供青綾、白綾之被，則漢時有綾矣。疑褚公所造，乃今之蒼綾耳。

邁柱等《九卿議定物料價值》卷二《綾》金黄綾幅寬壹尺陸寸，每丈舊例銀玖錢伍分。今核定銀捌錢。

金紅綾幅寬壹尺陸寸，每丈舊例銀玖錢伍分。今核定銀捌錢。

黄綾幅寬壹尺陸寸，每丈舊例銀柒錢。今核定銀捌錢。

白綾幅寬壹尺陸寸，每丈舊例銀柒錢。今核定銀捌錢。

各色勝綾幅寬壹尺陸寸，每丈舊例銀柒錢。今核定銀捌錢。

五色綾長貳丈貳尺，幅寬壹尺貳寸，每個舊例銀壹兩貳錢伍分肆釐。今核定銀壹兩壹錢貳分。

綾無舊例。

明黄素綾幅寬壹尺陸寸，每丈今核定銀捌錢。

大紅綾幅寬壹尺陸寸，每丈今核定銀捌錢。

石青玉色綾幅寬壹尺陸寸，每丈今核定銀捌錢。

《古今圖書集成・職方典》卷六八一《蘇州府部・物産考》

帛屬

綾　唐時充貢，謂之吴綾。《舊唐書》：天寶中，吴郡貢紡綾。大曆六年，禁織龍鳳、麒麟等紋，其薄而鸞鶴紋者，充裝飾書畫之用。

鄭履光《費隱與知録・吴綾爲裳摩之火出》　問：吴郡都印《三餘贅筆》謂吴綾爲裳，暗室中力持曳以手摩之，良久，火星星出，蓋吴綾俗呼爲油緞子，工家又多以脂發光潤，人服之，體氣蒸鬱，宜其致火也，然否？曰：此未能試，理實有之，油具火性，已見他條。夫火者，暖氣爲之也，摩熱則暖，暖則見光，固不僅在油性矣。

黄本驥《湖南方物志》卷一《總紀》　江南道厥貢綾。（《唐書・地理志》）

黄本驥《湖南方物志》卷六《永順府》　府境出土綾。（《省志》）

黄本驥《湖南方物志》卷七《澧州》　澧州土貢紋綾。（《唐書・地理志》）澧陽郡貢貔子綾十匹。（《通志》）澧州土貢綾十匹。（《九域志》）

汪汲《事物原會》卷二四《綾》　《説文》：「東齊謂帛之細者曰綾。」《西京雜記》：「綾出鉅鹿，陳寶光妻傳其法，霍顯召入其第作之，故霍光妻有遺淳于衍散花綾二十五匹。」可見《事物原始》謂唐褚遂良九世孫所造之綾爲花綾之始，其説亦未必然也。

徐珂《清稗類鈔・農商類・商品》　綾産江蘇、浙江、湖北、四川。

穆彰阿等《清一統志》卷八一《江蘇・蘇州府五》　土産　綾《寰宇記》：蘇州土産綾。《姑蘇志》：諸縣皆有之，而吴江爲勝。唐時充貢，謂之吴綾。

穆彰阿等《清一統志》卷八五《江蘇・松江府四》　土産　綾出府城。《府志》：一名吴綾，唐天寶中，吴郡貢方紋綾。

穆彰阿等《清一統志》卷九二《江蘇・鎮江府三》　土産　紋綾鎮江府出。《唐書・地理志》潤州貢山紋、水紋、方紋、魚口、緑葉花紋綾。

穆彰阿等《清一統志》卷九九《江蘇・揚州府四》　土産　白綾府境出。《太平寰宇記》：揚州土産白綾。

穆彰阿等《清一統志》卷一一七《安徽・寧國府三》　土産　綾綺《元和志》：土貢。

穆彰阿等《清一統志》卷一六四《山東・濟南府三》　土産　綾《唐書・地理志》：德州土貢綾。

穆彰阿等《大清一統志》卷一六七《山東・兖州府三》　土産　文綾出滋陽縣。有鏡花、雙距之號，雅稱輕靡，蓋魯縞之遺也。《唐書・地理志》：兖州土貢鏡花綾、雙距綾。《宋史・地理志》：襲慶府貢大花綾。

穆彰阿等《大清一統志》卷一九〇《河南・開封府五》　土産　綾開封府出，時稱汴綾。按《唐書・地理志》汴州、鄭州皆貢。

穆彰阿等《清一統志》卷二〇一《河南・衛輝府三》　土産　綾。

穆彰阿等《清一統志》卷二一七《河南・汝寧府三》　土産　按《唐書・地理志》蔡州汝南郡，土貢四窠、雲花、龜甲、雙距、溪鶒等綾。

穆彰阿等《清一統志》卷二八六《浙江・杭州府四》　土産　綾《地理志》：杭州貢白編綾、緋綾。

穆彰阿等《清一統志》卷二八八《浙江・嘉興府四》　土産　綾各縣出，唐宋俱土貢。

穆彰阿等《清一統志》卷二九〇《浙江・湖州府二》　土産　綾《唐書・地理志》：湖州土貢烏眼綾。《明統志》：各縣皆出。

穆彰阿等《清一統志》卷二九三《浙江・寧波府三》　土産　綾《唐書・地理志》：明州貢吴綾、交紋綾。

穆彰阿等《清一統志》卷二九六《浙江・紹興府三》　土産　綾《元和志》：開元貢交梭白（紗）［綾］。貞元後，别進異紋吴綾，及單（縣）［絲］吴綾、朱紗等織麗之物。《九域志》：土貢越綾。

穆彰阿等《清一統志》卷三〇三《浙江・嚴州府》　土産　文綾《唐書・地理志》：睦州土貢。《元和志》：又貢交梭絲布。

穆彰阿等《清一統志》卷三〇五《浙江・處州府》　土産　《元和志》：處州元和貢小綾。

穆彰阿等《清一統志》卷三四五《湖北・荆州府二》　土産　方紋綾《唐書・地理志》：江陵縣土貢。

穆彰阿等《清一統志》卷三五〇《湖北・宜昌府》　土産　方紋綾《九域志》：硤州貢。

穆彰阿等《清一統志》卷三八六《四川・成都府》　土産　綾《唐書・地理志》：漢州土貢綾。《寰宇記》：成都華陽、新都、新繁、郫縣出綾。漢州出紋綾。《九域志》：成都府出雜色綾。

穆彰阿等《清一統志》卷三九二《四川·保寧府三》 土産 綾《唐書·地理志》：閬州貢蓮綾。《寰宇記》：閬州産重蓮綾。

穆彰阿等《清一統志》卷四〇五《四川·嘉定府二》 土産 《寰宇記》：嘉州貢水波綾、烏頭綾。

穆彰阿等《大清一統志》卷四〇七《四川·潼川府二》 土産 綾《唐書·地理志》：梓州貢紅綾。《元和志》：梓州貢綾。遂州貢綾、樗蒲綾。《寰宇記》：梓州貢紋綾、水波綾。《九域志》：梓州貢白花綾。

穆彰阿等《清一統志》卷四一四《四川·綿州直隸州》 土産 綾《唐書·地理志》：綿州貢。

李侃、胡謐〔成化〕《山西通志》卷六《物産》 帛屬 綾，太原、平陽、上府、潞、澤俱出。

高汝行〔嘉靖〕《太原縣志》卷一《物産》 帛屬 綾王村出。

陸釴等〔嘉靖〕《山東通志》卷八《物産》 兖州府 綾鏡花綾、雙距綾，出兖州。光綾出濟南、東昌。仙紋綾出青州。

包大爣等〔萬曆〕《兖州府志》卷二五《物産》 綾《釋文》云：帛之細者，其文望之如水綾之理也。織之者，一絲一躡，奇文異變，因而作成，絲愈多，躡愈衆，文理愈倍矣。庾肩吾《謝綾啓》曰：圖雲絳鶴，鄴布稀逢；寫霧傳花，叢臺罕遇。雖復馬均騁思，比巧猶慙；虞卿受金，方恩未重。此扁舟獨反，燕路有心；載寶言旋，銜珠無日。又：潔同雪霜，華踰紵綺。長裾可曳，無愧王門之賓；廣袖將裁，翻有城中之製。

林庭棉、周廣〔嘉靖〕《江西通志》卷三二《袁州府·土産》 綾

聞人詮、陳沂〔嘉靖〕《南畿誌》卷一六《松江府》 其物産織素惟綾。練光瑩白，他處所無。

趙錦、張衮〔嘉靖〕《江陰縣志》卷六《食貨記·物産》 貨之屬 綾以生絲爲之。

王鏊等《姑蘇志》卷一四《造作》 綾諸縣皆有之，而吴江爲盛。唐時充貢，謂之吴綾。《舊唐書》載天寶中，吴郡貢方紋綾。大歷六年，禁織龍鳳、麒麟、天馬、辟邪等紋。其薄而鸞鵲紋者，充裝飾書畫之用。

羅廷權等〔同治〕重修《成都縣志》卷三《食貨志·物産》 板綾《寰宇記》：成都出綾。花綾《九域志》：成都舊貢雜色綾。

嵇曾筠、沈翼機等《浙江通志》卷一〇一《物産》 綾 咸淳《臨安志》：白文公詩：紅袖織綾誇柿蒂。注云：杭州出柿蒂花者爲佳，内司有狗蹄綾，尤光麗。

嵇曾筠、沈翼機等《浙江通志》卷一〇二《物産》 桐鄉絹布 《桐鄉縣志》：邑人工於紡織，【略】綾有花綾、錦綾、素綾。

綾 《西吴里語》：唐湖州貢烏眼綾。弘治《湖州府志》：湖綾，唐時充貢，謂之吴綾。今有二等，散絲織者名爲紕綾，合線織者名爲線綾。其綾練染光彩異於他處，惟郡城織之，其外俱無。

嵇曾筠、沈翼機等《浙江通志》卷一〇四《物産》 綾 《會稽三賦》注：越貢白編綾、交梭綾、十樣綾、大花綾。《姬侍類偶》：煬帝以越州所進花綾獨賜司花女袁寶兒及絳仙，他妃莫得。

陳耆卿〔嘉定〕《赤城志》卷三六 帛之屬 綾有花綾、杜綾、綿綾、樗蒱綾四種。

蕭良幹、張元忭等〔萬曆〕《紹興府志》卷一一《物産志·貨》 綾 《嘉泰志》：今出於剡縣。昔所謂十樣花紋者，今不盡見，惟樗蒲綾最盛名。樗蒲者，以狀如樗蒲子。

耀花綾 《南部煙花録》：隋煬帝幸汴時，越土進耀花綾。有文突起，特有光彩。絲女乘樵風於石帆山下，收野蠶繭繅之。絲女夜夢神人告曰：禹穴三千年一開，汝所得野蛾繭，即江淹書橐中壁魚化之絲。織爲裳，必有文彩。既織成，果有光彩，人間不敢服，遂進之。

蕭良幹、張元忭等〔萬曆〕《紹興府志》卷一四《田賦志·賦》 小綾，一千五百疋，折錢一萬五千四百二十二貫五百文。會稽 二百五十疋，折一千五百四十二貫二百五十文。山陰 二百五十疋，折一千五百四十二貫二百五十文。嵊 二百五十疋，折一千五百四十二貫二百五十文。諸暨 六百疋，折三千七百一貫四百文。蕭山 六百疋，折三千七百一貫四百文。餘姚 二百疋，折一千二百三十三貫八百文。上虞 二百疋，折一千二百三十三貫八百文。新昌 一百五十疋，折九百二十五貫三百五十文。

王珣、汪翁儀等〔弘治〕《湖州府志》卷八《土産》 綾，唐時充貢，謂之吴綾。今有二等，散絲而織者名爲紕綾，合線而織者名爲線綾。其綾練染光彩，異於他處，惟郡城中織之，其外俱無。

栗祁、唐樞〔萬曆〕《湖州通志》卷三《物産》 食貨之屬 綾有紕綾、有線綾。練染柔滑，光彩眩人。唐時充貢，號吴綾，郡城出。

徐學謨〔萬曆〕《湖廣總志》卷一二《方産》 唐 澧州澧陽郡，紋綾。隨州漢東郡，合羅綾。宋 江陵府，綾。澧（水）〔州〕，綾。國朝 岳州府，土綾。

長沙府長沙善化出。

鍾崇文〔隆慶〕《岳州府志》卷一一《食貨考》 唐 澧陽郡貢紋綾。

宋 澧州貢綾。

紀事

《文選》卷五六陸倕《石闕銘》李善注引《六韜》曰：紂時，婦人以文綺爲席，衣以綾紈者三千人。

《漢書》卷九四上《匈奴傳上》 孝文前六年，遺書匈奴曰：「【略】使者言單于自將并國有功，甚苦兵事。服繡袷綺衣、長襦、錦袍各一，【略】使中大夫意、謁者令肩遺單于。」

《漢書》卷一〇〇上《敘傳上・班伯》 時上方鄉學，鄭寬中、張禹朝夕入説《尚書》、《論語》於金華殿中，詔伯受焉。既通大義，又講異同於許商，遷奉車都尉。數年，金華之業絶，出與王、許子弟爲羣，在於綺襦紈絝之間，非其好也。

《後漢書》卷一〇上《皇后紀上・明德馬皇后》 常衣大練，裙不加緣。朔望諸姬主朝請，望見后袍衣疏麤，反以爲綺縠，就視，乃笑。后辭曰：「此繒特宜染色，故用之耳。」六宮莫不歎息。

《天中記》卷五〇《綺》 三代服 馮房父子兄弟三代爲侍中，並帶青紫羅綺。《東觀漢記》。

《三國志》卷二五《魏志・楊阜傳》 阜常見明帝著繡帽，被縹綾半袖，阜問帝曰：「此於禮何法服也？」帝默然不答，自是不法服不以見阜。

《太平御覽》卷八一六《布帛部三・綾》 荀勗《爲晉文王與孫皓書》曰：餉雜色綾千端。

《晉書》卷九五《佛圖澄傳》 及季龍僭位，遷都於鄴，傾心事澄，有重於勒。下書衣澄以綾錦，乘以彫輦，朝會之日，引之升殿，常侍以下悉助舉輿，太子諸公扶翼而上，主者唱大和尚，衆坐皆起，以彰其尊。

《太平御覽》卷八一六《布帛部三・綺》 潘岳《秋興賦序》曰：「今兼虎賁中郎將，寓直散騎之省，珥璫冕裳，綺紈之士，此焉遊處。」

干寶《晉紀》曰：初，洛中名服有白石綺，織者尤之曰：石非繒綵之稱。

《太平御覽》卷八一六《布帛部三・綾》 《晉安帝紀》曰：桓玄幼時，會於西堂，設伎樂，上施絳綾帳，縷金以爲飾。

《晉修復山陵故事》曰：帝改服着白綾帽。

符丕《答謝玄書》曰：今往大文羅、大綾各五十疋。

《天中記》卷五〇《綾》 絳綾 詔臨邑使主范柳所貢物多絳綾，是其所珍，可籌量增賜。《晉咸康起居住》。

《魏書》卷二一上《咸陽王禧傳》 禧性驕奢，貪淫財色，姬妾數十，意尚不已，衣被繡綺，車乘鮮麗，猶遠有簡娉，以恣其情。由是昧求貨賄，奴婢千數，田業鹽鐵徧於遠近，臣吏僮隸，相繼經營。世宗頗惡之。

《魏書》卷四五《辛穆傳》 舉茂才，東雍州別駕。初隨父在下邳，與彭城陳敬文友善。敬文弟敬武，少爲沙門，從師遠學，經久不反。敬文病臨卒，以雜綾二十匹，託穆與敬武。穆久訪不得。經二十餘年，始於洛陽見敬武，以物還之，封題如故，世稱其廉信。

《魏書》卷九五《鐵弗屈孑傳》 初，屈孑性奢，好治宮室。城高十仞，基厚三十步，上廣十步，宮牆五仞，其堅可以礪刀斧。臺榭高大，飛閣相連，皆彫鏤圖畫，被以綺繡，飾以丹青，窮極文采。世祖顧謂左右曰：「蕞爾小國，而用民如此，雖欲不亡，其可得乎？」

《北史》卷四六《曹昂傳》 時有齊郡曹昂，有學識，舉秀才，永安中，除太學博士，兼尚書郎。常徒步上省，以示清貧，忽遇盜，大失綾縑，時人鄙其矯詐。

《奩史》卷八七《綺羅門》 楊素後庭伎妾，曳綺羅者以千數。《宛委餘編》。

越溪進耀光綾，帝以賜司花女泊絳仙。《隋遺録》。

《舊唐書》卷一七下《文宗紀下》 〔大和四年九月〕，内出綾三千匹，賜宥州築城兵士。

《舊唐書》卷六一《竇璡傳》 大業末，爲扶風太守。高祖定京師，以郡歸國，歷禮部、民部二尚書。從太宗平薛仁杲。尋鎮益州，時蜀中尚多寇賊，璡屢討平之。時皇甫無逸在蜀，與之不協，璡屢請入朝，高祖徵之，中路詔令還鎮。璡不得志，遂於路左題山，以申鬱積。有使者至其所，璡宴之臥內，遺以綾綺。無逸奏其事，坐免官。

《舊唐書》卷七二《李道玄傳》 爲常州刺史，在職清簡，百姓安之，太宗下詔褒美，賜以綾綵。

《舊唐書》卷一〇〇《裴漼傳》　漼家世儉約，既久居清要，頗飾妓妾，後庭有綺羅之賞，由是爲時論所譏。

《舊唐書》卷一四六《杜亞傳》　興元初，召拜刑部侍郎。出爲揚州長史、兼御史大夫、淮南節度觀察使。【略】江南風俗，春中有競渡之戲，方舟並進，以急趨疾進者爲勝。亞乃令以漆塗船底，貴其速進；又爲綺羅之服，塗之以油，令舟子衣之，入水而不濡。

《舊唐書》卷一七四《李德裕傳》　昭愍皇帝童年纘曆，頗事奢靡，即位之年七月，詔浙西造銀盝子妝縣二十事進内。【略】又詔進可幅盤條繚綾一千匹，德裕又論曰：臣昨緣宣索，已具軍資歲計及近年物力聞奏，伏料聖慈，必垂省覽。又奉詔旨，令織定羅紗袍段及可幅盤條繚綾一千匹，伏讀詔書，倍增惶灼。【略】優詔報之。其繚綾罷進。

《新唐書》卷一一八《韓思復傳》　永淳中，家益窶，歲飢，京兆杜瑾者，以百綾餉思復，思復方併日食，而綾完封不發。

《新唐書》卷一五三《段秀實傳》　初，秀實自涇州被召，戒其家曰：「若過岐，朱泚必致贈遺，慎毋納。」至岐，泚固致大綾三百，家人拒，不遂；至都，秀實怒曰：「吾終不以汙吾第。」以置司農治堂之梁間。吏後以告泚，泚取視，其封帕完新。【略】

興元元年，詔贈太尉，謚曰忠烈。賜封户五百，莊、第各一區；長子三品，諸子五品，並正員官。帝還都，又詔致祭，旌其門閭，親銘其碑云。大和中，子伯倫始立廟，有詔給鹵簿，賜度支綾絹五百，以少牢致祭。

釋智昇《開元釋教録》卷八下　貞觀三年，時遭霜儉，下勑道俗，隨豐四出。〔玄奘〕幸因斯際，徑往姑臧，漸至燉煌，路由天塞，裹糧弔影，前望悠然，但見平沙，絶無人徑，迴遑委命，任業而前，展轉因循，達高昌境。王麴文(秦)〔泰〕得信於僔，殊禮供待，請留弘法，奘告誠懇至，遂任西行，厚相贈遺，以充資什，仍勑殿中侍郎史歡，賫綾帛五百疋，果味兩車，獻葉護可汗書二十四封，通屈爻等二十四國，每一封書，附大綾一疋爲信，給馬三十疋，手力二十五人，送至突厥葉護衙所，以大雪山北六十餘國，皆其部統，故重遺達，爲奘開前路也。

李肇《唐國史補》卷中　于司空頔方熾於襄陽，朝廷以大閹薛尚衍監其軍。尚衍至，頔用數不厚待，尚衍晏如也。後旬日，請出遊，及暮而歸，帟幕茵榻什器一以新矣。又列犢車五十乘，實以綾綵，尚衍頷之而已，亦不形言。頔歎曰：「是何祥也！」

孫棨《北里志·楊汝士尚書》　楊汝士尚書鎮東川，其子知温及第，汝士開家宴相賀，營妓咸集。汝士命人與紅綾一匹。詩曰：「郎君得意及青春，蜀國將軍又不貧。一曲高歌紅一匹，兩頭娘子謝夫人。」

佚名《玉泉子》　故相盧攜爲監察御史，中丞歸仁紹上初日，傳語攜曰：「昔自浙東推事回，鞴袋中何得有綾三千匹？請出臺。」後自郎官除洛陽縣令，改鄭州刺史，以諫議入至京，除兵部侍郎。攜自洛陽至相臺百數日，曰：「間何不見歸侍郎？」或對之云：「自相公大拜請假。」攜即除仁紹兵部尚書。人情大洽。

司馬光《資治通鑑》卷二五九《唐昭宗乾寧元年》　義勝節度使董昌苛虐，於常賦之外，加斂數倍，以充貢獻及中外饋遺，每旬發一綱，金萬兩，銀五千鋌，越綾萬五千匹，他物稱是。

《舊五代史》卷三六《唐書·明帝紀二》　天成元年五月壬午，尚父、吴越國王錢鏐遣使進金器五百兩、銀萬兩、綾萬疋謝恩，賜玉册、金印。初，同光季年，鏐上疏密求玉册、金印，郭崇韜進議以爲不可，而樞密承旨段徊受其重賂，案：《九國志》作「段懷」，考《歐陽史》及《通鑑》並作段徊，今仍其舊。《舊五代史考異》。贊成其事，莊宗即允其請，至是故有貢謝。

《舊五代史》卷一二七《周書·馬裔孫傳》　及太原事起，唐末帝幸懷州，裔孫留司在洛。未幾，趙德鈞父子有異志，官砦危急，君臣計無所出。俄而裔孫自洛來朝，衆相謂曰：「馬相此來，必有安危之策。」既至，獻綾三百匹，卒無獻可之言。晉祖受命，廢歸田里。

《舊五代史》卷一三〇《周書·王峻傳》　邀求兼領青州，太祖不得已而授之。既受命，求暫赴任，奏借左藏綾絹萬匹，從之。

張廷玉等《續文獻通考》卷二八《土貢一》　〔遼聖宗統和元年〕十二月，以顯州歲貢綾錦，分賜左右。

吴任臣《十國春秋》卷八〇《吴越四·忠獻王世家》　〔開運三年冬十月〕，獻晉謝恩白金五千兩、綾五千疋、腦源茶三萬四千斤、笴箭一萬莖、蘇木乳香他物稱是。

吴任臣《十國春秋》卷八一《吴越五·忠懿王世家上》　〔乾祐三年〕十一月甲寅，王遣判官貢漢御衣、犀帶、金銀裝、兵仗、綾絹、茶香、藥物、秘色甆器、鞍屐、海味等物。【略】

〔乾祐三年十一月〕乙亥，王貢漢謝恩綾絹二萬八千疋、銀器六千兩、綿五萬兩、茶三萬五千斤、御衣二襲、通犀帶戲龍金帶各一圍。【略】

〔顯德三年〕冬十一月丙辰，王貢周白金五千兩、綾一萬疋，又進天清節金花銀器一千五百兩。【略】

〔顯德五年夏四月〕，王進周綾絹各二萬疋、白金一萬兩，謝賜國信。【略】

吳任臣《十國春秋》卷八二《吳越六・忠懿王世家下》〔太平興國三年三月〕己酉，朝見宋帝於崇德殿，宋帝命親王迎接，賜宴於長春殿，令恩赦侯鋹、違命侯煜陪坐，王進上法酒五百缾，金銀器物三千兩，綾綿一萬，龍鳳香等二萬事。

〔太平興國五年〕，王以風疾乞假，宋帝遣御醫中使一日三至第。六月，宋帝親幸禮賢宅，撫慰再四，賜金器一千兩、錢一萬索、銀一萬兩、綾絹一萬疋，王遣子惟治進謝。

吳任臣《十國春秋》卷八三《吳越七・彭城郡王惟治傳》 宋師伐江南，惟治從忠懿王帥兵下常州，策勳，改奉國軍節度使。忠懿王朝宋，命惟治權發遣軍國事。王還，令惟治入貢，惟治私獻塗金銀香獅子、香鹿、鳳鶴、孔雀、寶裝髹合、釦金甆器萬事，吳繚綾千匹。辭日，宋太祖賜襲衣、玉帶、塗金鞍勒馬、金銀器、繒綵逾萬計。

《元史》卷一〇《世祖紀》〔至元十六年八月甲辰〕，賜范文虎僚屬二十一人金紋綾及西錦衣。

《明史》卷二〇《徐問傳》 嘉靖十一年以治行卓異，拜右副都御史，巡撫貴州。獨山州賊蒙鉞弑父爲亂。問聞南丹、泗城欲助逆，檄廣西撫按伐其謀。又檄鉞弟劄復父讐，事平得承襲。鉞援絶。問督大兵分道入，誅之。捷聞，賜金綺，召爲兵部右侍郎。

《明史》卷二八二《儒林傳・吳與弼》 天順元年，石亨欲引賢者爲己重，謀於大學士李賢，屬草疏薦之。帝乃命賢草敕加束帛，遣行人曹隆，賜璽書，齎禮幣，徵與弼赴闕。比至，【略】賜文綺酒牢，遣中使送館次。

《明史》卷三一一《四川土司傳一・建昌衛》 洪武五年，羅羅斯宣慰安定來朝，而建昌尚未歸附，十四年遣内臣齎敕諭之，乃降。十五年置建昌衛指揮使司。元平章月魯帖木兒等自雲南建昌來貢馬一百八十匹，并上元所授符印。詔賜月魯帖木兒綺衣、金帶、鞾襪，家人綿布一百六十疋，鈔二千四百四十錠。以月魯帖木兒爲建昌衛指揮使，月給三品俸贍其家。十六年，建昌土官安配及土酋阿派先後來朝，貢馬及方物，皆賜織金文綺、衣帽、鞾襪。十八年，月魯帖木兒舉家來朝，請遣子入學，厚賜遣之。二十一年，建昌府故土官安思正妻師克等來朝，貢馬九十九匹。詔授師克知府，賜冠帶、襲衣、文綺、鈔錠，因命師克討東川、芒部及赤水河叛蠻。二十三年，安配遣子僧保等四十二人入監讀書。二十五年，致仕指揮安配貢馬，詔賜配及其把事五十三人幣紗有差。

《明史》卷三一三《雲南土司一・曲靖》 洪武十四年，征南將軍下雲南，元曲靖宣慰司征行元帥張麟、行省平章劉輝等來降。十五年改曲靖千户所爲曲靖軍民指揮使司，置曲靖軍民府。十六年，霑益州土官安索叔、安磁等貢馬及羅羅刀甲、氊衫、虎皮。詔賜磁冠帶，綺羅衣各一襲并文綺、鈔錠。

《明史》卷三一四《雲南土司二・永昌》 洪武十五年定雲南，立金齒衛以元雲南右丞觀音保爲金齒指揮使，賜姓名李觀。十六年，永昌州土官申保來朝，詔賜錦二匹、織金文綺二匹、衣一襲及鈒花銀帶、鞾襪。十七年以申保爲永昌府同知。四月，金齒土官段惠遣把事及其子弟來貢，賜綺帛鈔有差。置施甸長官司，以土酋阿干爲副長官，賜冠帶。

《明史》卷三一四《雲南土司二・麓川》 先是，麓川之初平也，分其地立隴川宣撫使司，因以恭項爲宣撫使。恭項者，故麓川部長，首先歸順効力有功，因命於麓川故地開設宣撫。【略】時板蹇據者藍寨，侵擾隴川，百夫長刀門線、刀木立進兵圍之，斬板蹇等二十三人。命賜有功者皆爲冠帶把事，并賚織金文綺。

《明史》卷三一五《雲南土司三・車里》 洪武十五年，蠻長刀坎來降，改置車里軍民府，以坎爲知府。坎遣姪豐禄貢方物，詔賜刀坎及使人衣服、綺幣甚厚，以初奉貢來朝故也。十七年復遣其子刀思拂來貢，賜坎冠帶、鈔幣，改置軍民宣慰使司，以坎爲使。【略】

正統五年命貢使齎敕及綺帛歸賜刀霸羨及妻，嘉其勤修職貢也。

《明史》卷三一六《貴州土司・貴陽》 自蜀漢時，濟火從諸葛亮南征有功，封羅甸國王。後五十六代爲宋普貴，傳至元阿畫，世有土於水西宣慰司。靄翠，其裔也，後爲安氏。洪武初，同宣慰宋蒙古歹來歸，賜名欽，俱令領原職世襲。及設布政使司，而宣慰司如故。安氏領水西，宋氏領水東。八番降者，皆令世其職。六年詔靄翠位各宣慰之上。靄翠每年貢方物與馬，帝賜錦綺鈔幣有加。十四年，宋欽死，妻劉淑貞隨其子誠入朝，賜米三十石、鈔三百錠、衣三襲。時靄翠亦死，妻奢香代襲。都督馬曄欲盡滅諸羅，代以流官，故以事撻香，激爲兵端。

諸羅果怒，欲反。劉淑貞聞止之，爲走愬京師。帝既召問，命淑貞歸，招香，賜以綺鈔。十七年，奢香率所屬來朝，并訴瓘激變狀，且願効力開西鄙，世世保境。帝悦，賜香錦綺、珠翠、如意冠、金環、襲衣，而召瓘還，罪之。香遂開偏橋、水東，以達烏蒙、烏撒及容山、草塘諸境，立龍場九驛。二十年，香進馬二十三匹，每歲定輸賦三萬石。子安的襲，貢馬謝恩。帝曰：「安的居水西，最爲誠恪。」命禮部厚賞其使。二十五年，的來朝，賜三品服并襲衣金帶，白金三百兩，鈔五十錠。香復遣其子婦奢助及其部長來貢馬六十六匹，詔賜香銀四百兩，錦綺鈔幣有差。自是每歲貢獻不絶。

《明史》卷三一八《廣西土司傳二・思明》 〔正統〕二十三年，忽都子黄廣平遣思州知州黄志銘率屬部，偕十五州土官李圓泰等來朝。明年，廣平以服闋，遣知州黄忠奉表貢馬及方物。詔廣平襲職，賜冠帶襲衣，及文綺十匹、鈔百錠。

《明史》卷三一八《廣西土司傳二・上隆州》 上隆州，宋置，隸横山寨。元屬田州路，明因之。後改隸布政司。洪武十九年，上隆知州岑永通遣從子岑安來貢，賜綺帛鈔錠。

《明史》卷三三〇《西域傳二・罕東衛》 罕東衛，在赤斤蒙古南，嘉峪關西南，漢燉煌郡地也。【略】洪熙元年遣使以即位諭其指揮同知綽兒加，賜白金、文綺。

《明史》卷三三〇《西域傳二・哈梅里》 〔洪武〕時西域回紇來貢者，多爲哈梅里所遏。有從他道來者，又遣兵邀殺之。帝聞之怒。〔二十三年〕八月命都督僉事劉真偕宋晟督兵討之。【略】真等攻破其城，斬爾王別兒怯帖木兒、國公省阿朵爾只等一千四百人，獲王子別列怯部屬千七百三十人，金銀印各一，馬六百三十四。二十五年遣使貢馬騾請罪。帝納之，賜白金、文綺。

《明史》卷三三二《西域傳四・于闐》 于闐，古國名，自漢迄宋皆通中國。永樂四年遣使來朝，貢方物。使臣辭歸，命指揮神忠、母撒等齎璽書偕行，賜其酋織金文綺。

鄭曉《今言》卷四 〔洪武二十二年〕擢寧海儒學訓導閻文爲燕府右長史，南昌儒學訓導曾恕爲周府左長史。〔吏部尚書詹〕徽言：「訓導秩滿，例陞教諭。今授長史越資，宜試職。」上曰：「師儒職雖卑，其道則尊，不可以資格論。」遂實授，仍賜冠帶、文綺襲衣。

王世貞《弇山堂別集》卷一四《皇明異典述九》 賞功異典

國朝大功，無過於取元都定中原，而立功之臣，無過魏公達、鄂公遇春，然前賞止白金五百兩、文幣十表裏，後賞止文幣一百表裏而已。豈其時庫藏尚未充足耶？獨二十一年捕魚兒海之捷，大將軍永昌侯玉賞銀二千兩、文綺五十匹、鈔一千錠，左參將定遠侯王弼白金一千兩、鈔八百錠、文綺四十匹，左右副將軍延安侯唐勝宗、武定侯郭英白金各一千兩、鈔四百錠、文綺三十匹，右參將部督孫恪白金五百兩、鈔三百錠、文綺十五匹，乃至部卒以獲寶功，百户池裕賞黄金一百兩、白金三百兩、綵段六表裏，總旗施文等各賞黄金一百兩、綵段二表裏，各進官四級。二十二年平九溪諸蠻，擒賊首夏得忠功，靖寧侯葉昇賜黄金二百兩、白金三千兩、鈔一千錠、文綺三十匹，普定侯陳桓、東川侯胡海等次之。九溪之功又下於捕魚兒海矣，而賞若此，所不可曉也。

初平安南，英國公張輔賜冠服、白金四百兩、鈔一千錠、綵幣四十表裏，黔國公沐晟冠服、白金鈔同，幣殺其二，豐城侯李彬等有差。再下安南功，張輔、沐晟各賜白金五百兩、鈔二萬錠、綵幣五十表裏。正德五年，太監張永以平安化、發劉瑾功，賞白金五百兩、綵幣三十表裏。此繼世以後，賞功之極盛者也。

國朝黄金不以賞功，而自葉昇、池裕外，正統中三殿工完，賞太監阮安、曾保各金五十兩、銀一百兩、綵段八表裏、鈔一萬貫。景泰中以參將楊俊獲喜寧功，并總兵官朱謙各賞金三十兩、銀六十兩，加賞俊金二十兩、銀三十兩、綵幣三表裏。又以立東宮，賞大學士陳循、高穀、江淵、蕭鎡、商輅各黄金五十兩。賜黄金凡五見。

勛臣歸鄉賞賜

洪武二十一年，信國公湯和還鄉，賜黄金三百兩、白金二千兩、鈔三千錠、綵段四十表裏，又賜其夫人胡氏黄金二百兩、白金一千兩、鈔五百錠、綵段三十表裏。二十三年，魏國公徐輝祖、開國公常昇、曹國公李景隆、宋國公馮勝、申國公鄧鎮、潁國公傅友德還鄉，各賜黄金三百兩、白金二千兩、鈔三千錠、文綺三十匹、綾十匹。明年涼國公藍玉賜如之，加鈔五百錠。江夏、長興、永平、南雄、崇山、懷遠、鳳翔、定遠、安慶、武定、鞏昌、鶴慶、東川、靖寧、宣寧、普定、景川諸侯，俱黄金二百兩、白金二千兩、鈔千錠、文綺三十匹。西平侯沐英來朝，賜黄金二百兩、白金五千兩、鈔五千錠、文綺二百匹。按鈔一錠爲五貫，貫直白金一兩，五千錠則爲白金二萬五千兩。

賞告密功

洪武太原衛軍林旺、韓五兒，以發劉原利叛，陞百户，各賞白金三斤、文綺帛十六匹。千户張豫發莊成黨逆，賞白金二百兩、鈔四百錠、衣一襲、良馬金帶一，陞陜西都指揮，加賞白金二百兩、鈔二百錠、綵段十表裏、牛馬各六。永樂總旗靖西、京驢告叛，陞百户，白金各五十兩、鈔百錠、綵幣二表裏、衣一襲。寧夏都指揮韓誠預言叛虜謀，賞鈔三百錠、羊十羫、酒五十瓶。百户王釹發歷城侯盛庸罪，陞指揮同知，賞銀一百兩、鈔四百錠。都督許成發譚深、趙曦謀殺梅殷，封永新伯。其後御史李濬告漢王反，不過轉僉都御史。而蕭淮等發寧王謀，僅一轉光禄少卿，又不足言矣。

余繼登《典故紀聞》卷六　永樂二年十二月，賜六部尚書侍郎金織文綺衣各一襲，特賜翰林學士解縉，侍讀黄淮、胡廣，侍講楊榮、楊士奇、金幼孜衣與尚書同。縉等入謝，成祖曰：「朕與卿等非偏厚，代言之司，機密所寓，況卿六人旦夕在朕左右，勤勞助益，不在尚書下，故於賜賚，必求稱其事功，何拘品級？」又曰：「朕皇考初制翰林長官，品級與尚書同，卿等但盡心職任。孔子云：『君使臣以禮，臣事君以忠。』君臣各盡其道耳。」縉等稽首而退。

談遷《國榷》卷一《元順帝至正十九年》　〔正月〕乙卯，方谷珍來款。書曰：谷珍魚鹽負販，生長海濱。向者因怨家構誣，逃死海島，遂有三郡。非敢稱亂，迫于自救而已。惟公起義濠梁，東渡江左，奮揚威武，以制四方，谷珍向風慕義，欲歸命之日久矣。道路壅遏，不能自達。今猥加訓諭，俾見天日，此谷珍之素願也。謹上陳懇款，或有指揮，願效奔走。因請以三郡内附，如錢鏐故事，歲貢白金贍軍，遂遣鎮撫孫養浩報之。獻黄金五十斤、銀百斤、金織文綺百端。

談遷《國榷》卷四《太祖洪武三年》　〔正月〕甲午來安士知府岑漢忠招諭定遠等縣，遣賜文綺上尊。

上出黄金一錠示近臣，曰：「此表箋袱盤龍金，令宫人滌鎔得之。」又出雜綺絲片，縫如毯，曰：「此製衣所遺，用緝爲被。」

〔十一月〕其勳號皆開國輔運推誠宣力武臣，仍賜綺帛。李善長、徐達各百匹，常茂、馮勝八十匹，李文忠、鄧愈六十匹，湯和、唐勝宗、陸仲亨、周德興、顧時、耿炳文、費聚四十匹，華雲龍、陳德、郭子興、王志、鄭遇春、吴良、吴禎三十匹，趙庸、廖永忠、俞通源、都督僉事金朝興、平章李思齊、參政戴德、曹興才二十四匹，華高、楊璋二十二匹，康鐸、朱亮祖、傅友德、胡美、韓政、黄彬、曹良臣、梅思祖、陸聚、汪興祖各二十匹，平章李伯昇十六匹，西征指揮二十四匹，千户衛鎮撫二十匹，百户所鎮撫十六匹，征定西興元應昌指揮二十匹，千户衛鎮撫十六匹，百户所鎮撫十二匹，守禦指揮各十六匹，千户衛鎮撫十二匹，百户所鎮撫八匹。内軍各十金，錢六千。

賞陜西蘭州等守禦將士綺帛有差。

談遷《國榷》卷五《太祖洪武七年》　〔十二月〕乙卯，刑部侍郎李浩使琉球，以文綺百，綺紗羅各五十，陶器六萬九千五百事，鐵釜九百九十市馬。

金埴《不下帶編》卷一　江洲某，父遺綾錦十篋，盡匿之，逐弟於外。一日，紫姑仙降乩云：「何處西風捲夜霜，雁行中斷各悲傷。吴綾蜀錦成私篋，那及姜家布被香。」因惶恐，急召弟還，中分之。一念有欺，神即盟之，可不戒哉！

《奩史》卷八七《綺羅門》　太祖見宫人遺綺在地，召諸姬至而責之。《翦勝野聞》

《明實録·明太祖實録》卷一二一　〔洪武十一年十一月〕丁丑，賜貴州宣慰靄翠、今築安撫使密定、普定府知府安瓚，錦人二疋，金龍文綺人二疋。

《明實録·明太祖實録》卷一二一　〔洪武十一年十二月〕丁巳，朵甘烏思藏灌頂國師答力麻巴剌遣使進表，貢方物，詔賜文綺、繒帛。

戊午，賜山西都司并三護衛所將校綺、帛有差。凡將校一千七十四人，綺、帛二千六百七十四疋。

《明實録·明太祖實録》卷一二五　洪武十二年閏五月丙午，賞征進廣西猺賊有功者，指揮人綺、帛各五匹，自千户以下各有差，陣亡者倍之，征傷者加半。隨征無功者，指揮人綺、帛各三匹，自千户以下亦各有差，軍士人鈔二錠，陣亡者倍之，征傷者加半。

《明實録·明太祖實録》卷一五九　〔洪武十七年春正月〕乙卯，故元將校士卒王脱歡不花等六十一人，自遼東來降，賜文綺、帛有差。

《明實録·明太祖實録》卷一六二　〔洪武十七年六月〕辛巳，兀者野人酋長王忽顔哥等十五人，自遼東來歸，賜綺、帛、布、鈔有差。

《明實録·明太祖實録》卷一八三　〔洪武二十年秋七月〕庚辰，遣使賜故元降將納哈出玉帶一、金飾香帶一、白金一千兩，文綺、帛各四十疋，鈔一千貫。又以素金帶、百花素銀帶七百，紗帽八百，賜其將校那木罕等，及銀鈔各有差。仍遣使齎鈔三十萬錠，織金文綺三千匹，送赴燕府，以備賞賜來降納哈出部衆。

《明實録·明太祖實録》卷一八三　〔洪武二十年七月〕車里軍民宣慰使刀

砍等進象及方物，詔賜金織文綺、帛四十四匹、鈔三百三十錠。

《明實録·明太祖實録》卷一八四 〔洪武二十年八月〕庚戌，遣指揮李隆往賜故元降將納哈出文綺、帛各十匹，白金二百五十兩，衣一襲。賜其妻衣靴鍼線，全國公觀童、宗王先童、司徒完者不花撒里撻、温院使佛家奴、知院阿勒帖木兒、同知曩加思、平章晃失、台院判察罕帖木兒、參政徹里帖木兒，並賜文綺、帛各一匹，白金二十五兩。

《明實録·明太祖實録》卷一八五 〔洪武二十年九月〕乙未，天壽聖節，上御奉天殿，受朝賀，大宴羣臣于奉天殿，皇太子宴國戚暨東宮官于文華殿。是日，太師李善長進文綺九十五匹，海西侯納哈出進馬二匹。

龍文彬《明會要》卷四四《職官一六·致仕》 〔洪武〕十年，學士宋濂致仕。賜御製文集及綺帛。問濂年幾何？曰：六十有八。帝乃曰：藏此綺三十二年，作百歲衣可也。《本傳》。

藝文

《後漢書》卷四〇上《班固傳》 乃上《兩都賦》，盛稱洛邑制度之美，以折西賓淫侈之論。其辭曰：【略】紅羅颯纚，綺組繽紛，精曜華燭，俯仰如神。李賢等注：綺，文繒也。

《建安七子集》卷四《徐幹集·情詩》 君行殊不返，我飾爲誰榮。鑪薰闔不用，鏡匣上塵生。綺羅失常色，金翠暗無精。

《玉臺新詠》卷一《古詩八首之五·客從遠方來》 客從遠方來，遺我一端綺。吴兆宜注：善曰：《説文》綺，文繒也。相去萬餘里，故人心尚爾。文彩雙鴛鴦，裁爲合歡被。著以長相思，緣以結不解。

《玉臺新詠》卷一《古樂府詩六首之一·日出東南隅行》 一作《陌上桑》，一作《豔歌羅敷行》緑按：《宋志》作緗。綺爲下裾。一作裳。按《樂府詩紀》作裙。紫綺爲上襦。吴兆宜注：毛萇《詩傳》：上曰衣，下曰裳。《説文》：緗，帛淺黄色也。又綺，文繒也。《六書故》：織素爲文曰綺。《戰國策》：齊人紫，敗素也，而價十倍。《説文》：襦，短衣，一曰㬮衣。《方言》：汗襦自關而東謂之甲襦，陳魏宋楚之間謂之襜襦，或謂之襌襦。

《玉臺新詠》卷三陸機《豔歌行》 暮春春服成，粲粲綺與紈。

謝朓《謝宣城集》卷四《贈王主簿二首》之二 清吹要碧玉，調絃命緑珠。輕歌急綺帶，含笑解羅襦。

《文選》卷五陸倕《石闕銘》 乃焚其綺席，棄彼寶衣，歸琁臺之珠，反諸侯之玉。

《玉臺新詠》卷三謝惠連《代古》 客從遠方來。贈我鵠文綾。吴兆宜注：《晉·盧志傳》：帝賜志鶴綾袍一領。鵠、鶴通用。案：《説文》：東齊謂布帛之細者爲綾。《西京雜記》：霍光妻遺淳于衍散花綾。據此，則漢時已有綾矣。世傳唐褚遂良九世孫造綾之始，誤。《事物原始》謂褚公所造，疑今之花綾耳。亦誤。貯以相思篋，緘以同心繩。裁爲親身服。著以俱寢興。

《玉臺新詠》卷五江淹《班婕妤》 紈一作納。扇如團一作圓。月，出自機中素。畫作秦王女，乘鸞向煙霧。

《玉臺新詠》卷五沈約《春詠》 楊柳亂如絲，綺羅不自持。春草青一作黄復緑，客心傷此時。

《玉臺新詠》卷七梁武帝《有所思》 腰中一作間雙綺帶，夢爲同心結。常恐所思露，瑶華未忍折。

《玉臺新詠》卷七梁簡文帝《戲作謝惠連體十三韻》 珠繩翡翠帷，綺幕芙蓉帳。

《玉臺新詠》卷八劉孝綽《冬曉》 冬曉風正寒，偏念客衣單。臨妝罷鉛黛，含淚剪綾紈。吴兆宜注：無名氏《樂府》：「右手執綾羅。」寄語龍城下，詎知書信難。

李白《李太白全集》卷六《少年行》 少年游俠好經過，渾身裝束皆綺羅。

杜甫《杜工部詩集》卷五《韋諷録事宅觀曹將軍畫馬圖》 盤賜將軍拜舞歸，輕紈細綺相追飛。

杜甫《杜工部詩集》卷八《奉送魏六丈佑少府之交廣》 侍婢豔傾城，綃綺輕霧霏。

杜甫《杜工部詩集》卷一四《白帝樓》 臘破思端綺，春歸待一金。

白居易《白居易集》卷一四《庚順之以紫霞綺遠贈，以詩答之》 千里故人心鄭重，一端香綺紫氛氲。開緘日映晚霞色，滿幅風生秋水文。爲褥欲裁憐葉破，製裘將翦惜花分。不如縫作合歡被，寤寐相思如對君。

元稹《元稹集》卷六《酬樂天勸醉》 王孫醉牀上，顛倒眠綺羅。

許渾《丁卯集·題舒女廟》 山樂來迎去不言，廟前高柳水禽喧。綺羅無色雨侵帳，珠翠有聲風繞幡。

許渾《丁卯集・赴慈和寺移宴》 高寺移清宴，漁舟繫綠蘿。潮平秋水闊，雲斂暮山多。廣檻停簫鼓，繁鍾散綺羅。西樓半牀月，莫問夜如何。

《全唐詩》卷一四五崔亘《春怨》 夜盡夢初驚，紗窗早霧明。曉妝脂粉薄，春服綺羅輕。妾有今朝恨，君無舊日情。愁來理弦管，皆是斷腸聲。

《全唐五代詞》卷七《拋球樂》 珠淚紛紛濕綺羅，少年公子負恩多。當初姊姊分明道，莫把真心過與他。□□子細思量著，淡薄知聞解好麽？

《全唐五代詞》卷七《謁金門》 開于闐，綿綾家家總滿。奉獻生龍及玉椀，將來百姓看。

梅堯臣《梅堯臣集》卷二六《依韻和許待制後園宴賓》 春來無處不幽芳，誰復樽前歎異鄉。繞榻綺羅觀舊豔，傍池桃杏照新粧。

柳永《樂章集》上卷《女冠子》 對月臨風，空恁無眠耿耿，暗想舊日牽情處。綺羅叢裏，有人人、那回飲散，略一作略曾諧鴛侶。因循忍便睽阻，相思不得長相聚。好天良夜，無端惹起，千愁萬緒。

周邦彥《清真集》卷下《阮郎歸》 冬衣初染遠山青，雙絲雲雁綾。夜寒袖溼欲成冰，都緣珠淚零。

周邦彥《清真集》卷下《虞美人》 研綾小字夜來封，斜倚曲闌凝睇數歸鴻。

周邦彥《清真集》補遺《齊天樂・端午》 疏疏幾點黃梅雨，佳時又逢重午。角黍包金，香蒲泛玉，風物依然荊楚。形裁艾虎。更釵裊朱符，臂纏紅縷。撲粉香綿，喚風綾扇小窗午。

張元幹《蘆川詞》卷上《春光好》之二 吳綾窄，藕絲重，一鈎紅。翠被眠時常一無常字要人暖，著懷中。

薩都拉《雁門集》卷四《淩波曲》 吳蠶八繭雙鴛綺，繡縷團花金鳳尾。昔時啼豔曉妝慵，滿眼春嬌扶不起。

袁枚《小倉山房詩文集》卷三四《在焦山與尚書別後，聞其行至望亭，詔徵還朝，及舟抵高郵，而仍有赴浙之命。蒙寄新詩五首，文綺八端，余不能渡江再送，賦長句六章寄之》之四 賜儂文錦太鮮華，老女如何忽戴花？急喚縫人動刀尺，著來可覺少年些！

雜録

《廣博物志》卷三七 越溪進耀光綾，綾文突起，有光彩。越人乘樵風舟泛于石帆山下，收野繭繅之。繅絲女夜夢神人告云：禹穴三千年一開，汝所得繭，即江淹文集中壁魚所化也。絲織爲裳，必有奇文，織成果符所夢。《大業拾遺》

薛用弱《集異記・補編・崔圓》 天寶末，崔圓在益州。暮春上巳，與賓客將校數十百人，具舟檝遊於江。都人縱觀如堵。是日風色恬和，波流靜謐。初宴作樂，賓從肅如。忽聞下流十數里，絲竹競奏，笑語喧然，風水薄送如咫尺。須臾漸近，樓船百艘，塞江而至，皆以錦繡爲帆，金玉飾舟，旄纛蓋傘，旌旗戈戟，繽紛照耀。中有朱紫十數人，綺羅妓女凡百許，飲酒奏樂方酣。他舟則列從官武士五六千人，持兵戒嚴，泝沿中流，良久而過。圓即令訪問，隨行數里，近舟舟中方言曰：「天子將幸巴劍，蜀中諸望神祇，遷移避駕，幸無深怪。」圓駭愕，因罷會。時朝廷無事，自此先爲其備。明歲南狩，圓應卒無闕矣。《廣記》卷三〇三。

段成式《酉陽雜俎》卷一《忠志》 安祿山恩寵莫比，錫賚無數，其所賜品目有：熟線綾接鞨。

田汝成《西湖遊覽志》卷一五《南山分脈城内勝蹟》 周公謹《遊祕書省記》云：乙亥歲秋，監丞黃汝濟以蓬省勾點，邀予偕行，予於是具衣冠，望拜右文殿，然後遊道山堂。【略】畫皆以鸞鵲綾、象軸爲飾，有御題者，則加以金花綾。

于敏中等《日下舊聞考》卷三四《宮室》 原中極殿舊名華蓋，前即皇極，後爲建極。崇禎辛巳四月，召對至弘政門，則上已御殿，即魚貫入中左門，循殿左垣，高下可四十級，到中極殿。殿左右闢四大門，上寶座周圍刻金龍形，金色璀璨，御榻以黃綾衣之。

富察敦崇《燕京歲時記・花兒市》 花兒市在崇文門外迤東。自正月起，凡初四、十四、二十四日有市。市皆日用之物。所謂花市者，乃婦女插戴之紙花，非時花也。花有通草、綾絹、綽枝、摔頭之類，頗能混真。【略】

又余氏《辨林》云：京師孟春之月，兒女多剪綵爲花或草蟲之類插首，曰鬧嚷，即古所謂鬧裝也。是即綾絹花之濫觴歟！

富察敦崇《燕京歲時記・東西廟》 西廟曰護國寺，在皇城西北定府大街正西。東廟曰隆福寺，在東四牌樓西馬市正北。自正月起，每逢七、八日開西廟，九、十日開東廟。開廟之日，百貨雲集，凡珠玉、綾羅、衣服、飲食、古玩、字畫、花鳥、蟲魚以及尋常日用之物，星卜、雜技之流，無所不有。乃都城内之一大市會也。

紗、縠

題解

《周禮·內司服》 內司服王后之六服，【略】素沙。鄭玄注：素沙者，今之白縳也。六服皆袍制，以白縳爲裏，使之張顯，今世有沙縠者名出于此。

《儀禮·聘禮》 賓裼，迎大夫賄，用束紡。鄭玄注：紡，紡絲爲之，今之縳也。賈公彥疏：鄭注《周禮·內司服》亦云：「素紗者，今之白縳也。」則此束紡者，素紗也。

《漢書》卷九《元帝紀》 〔初元五年夏四月，罷〕齊三服官。李斐曰：「齊舊有三服之官。春獻冠幘縰爲首服，紈素爲冬服，輕綃爲夏服，凡三。」顏師古注：「齊三服官，李說是也。縰與纚同，音山爾反，即今之方目紗也。輕綃，今之輕紗也。」

《漢書》卷四五《江充傳》 初，充召見犬臺宮，自請願以所常被服冠見上。上許之。充衣紗縠禪衣，顏師古注：「紗縠，紡絲而織之也。輕者爲紗，縐者爲縠。」曲裾後垂交輸，冠禪纚步搖冠，飛翮之纓。顏師古注：「纚，織絲爲之，即今方目紗是也。」

《後漢書》卷三《章帝紀》 建初二年夏四月癸巳，詔齊相省冰紈、方空縠、吹綸絮。李賢等注：《釋名》曰：「縠，紗也。」方空者，紗薄如空也。或曰空，孔也，即今之方目紗也。綸，似絮而細。吹者，言吹噓可成，亦紗也。

《後漢書》卷五《安帝紀》 至有走卒被綺縠。李賢等注：縠，紗也。

史游《急就篇》卷二 縠顏師古注：縠，今梁州白縠，靡潤輕渜也。

許慎《說文》一三篇上《糸部》 縠 細縳也。段玉裁注：縳之細者也。《詩》：「玼兮玼兮，其之展也。蒙彼縐絺，是紲袢也。」傳曰：「《禮》有展衣者，以丹縠爲衣。蒙，覆也。絺之靡者爲縐，靡謂如糠碎然，細之至也。」箋云：「縐絺，絺之蹙蹙者是也。此謂裏衣縐絺，外服丹縠衣。」縠與縐絺正一類也，今之縐紗，古之縠也，《周禮》謂之沙，注謂之沙縠。疏云：輕者爲沙，縐者爲縠。按古衹作沙，無紗字。从糸，㱿聲。

劉熙《釋名》卷四《釋采帛》 縠，粟也。畢沅曰：《急就篇》補注引作沙也。 其形戚戚，畢沅曰：今本作其形足足而踧，《御覽》引作其形戚戚，據改。戚讀如迫促之促，絲縷急戚則起縐，文如粟矣。俗書戚字下安足非也。蘇輿曰：《御覽·布帛三》引縠作縠，云縠粟也，其形戚戚如也，無以下文。吳翊寅曰：吳校作踧踧，下同。案，原本誤足足，《御覽》作戚戚，可悟皆蹙蹙之譌。依本書例作蹙蹙爲是，原不必盡依《說文》也。 視之如粟也。又謂之沙，亦取戚戚如沙也。畢沅曰：今本沙下有縠字，衍。又戚戚作蹴蹴，今案亦者，亦上文也。當從上作戚戚。鄭注《周禮·內司服》云：今世有沙縠者，兼而名之也。皮錫瑞曰：《漢書·江充傳》紗縠禪衣，師古曰：紗縠，紡絲而織之也。《續漢書·輿服志》亦有紗縠單衣。《文選·七啓》：「紗縠之裳。」

顧野王《玉篇》卷二七《糸部》原本 縠 胡本切，細纏也，紗縠也。

原本 胡木反。《戰國策》：憂國憂民，不如愛尺之縠。《說文》：「細縳也。」《釋名》亦謂之紗縠。

紗 所加切，紗縠也。

原本 所加反。《周禮·內司服》：「掌王后之六服，褘衣、揄狄、鞠衣、展衣、緣衣、素紗。」鄭衆曰：素紗，赤衣也。鄭玄曰：謂今之白絹也。六服者皆袍制，以白絹爲其裏，使之張顯也。今世有紗縠者，名出於此耳。《廣雅》：紗，小也。紗，微也。

縩 思曷切，絹縠也。

原本 思刺反。《淮南》：所以絨縷縩(緵)之閒。許叔重曰：縩，綃縠也。

丁度《集韻》卷三《麻韻》 紗 縳屬。【略】通作沙。

司馬光《類篇》卷三七 紗 師加切，(縛)〔縳〕屬。

戴侗《六書故》卷三〇《工事六》 紗 師加切，輕繒，暑所服也。古單作沙。《說文》無紗字。《周官》：「王后之六服：褘衣、揄狄、闕狄、鞠衣、展衣、緣衣，素沙。」康成曰：今之白縳也。六服皆袍制，以白縳爲裏，使之章顯，今世沙縠之名出于此。

縠 胡谷切。《說文》曰：「細縳也。」按，縠，紡之精者也，其文緊戚，故曰縠。

縐 側救切，綃、縠緊戚也。《詩》云：「蒙彼縐絺。」別作皺。又作𦅙。

楊慎《升菴集》卷六九《輕容》 《齊東野語》云：紗之至輕者，曰輕容。《唐類苑》云：輕容，無花薄紗也。蓋今俗云銀條紗之類。王建《宮詞》：「嫌羅不著愛輕容。」李賀詩：「蜀烟飛重錦，峽雨濺輕容。」元微之有寄白樂天白輕容詩是也。又《方言》襜褕曰童容。而字或作褣。

曹學佺《蜀中廣記》卷六八《方物記第一〇》　《齊東野語》：紗之至輕者曰輕容。《唐類苑》云：輕容，無花薄紗也。李賀詩「蜀烟飛重錦，峽雨濺輕容」是矣。《能改齋漫録》：綿州巴西縣紗子，一疋重二兩，婦人製夏服甚輕妙，八子之一也。《白居易集・元九以緑絲布、白輕褣見寄，製成衣服，以詩報之》云：「緑絲文布素輕褣，珍重京華手自封。貧友遠勞君寄附，病妻親爲我裁縫。袴花白似秋雲薄，衫色喜於春草濃。欲著却休知不稱，折腰無復舊形容。」時白在潯陽，以成都爲南京也。微之通州報詩云：「湓城萬里隔巴庸，紵薄綈輕共一封。腰帶定知今瘦小，衣衫難作遠裁縫。惟愁書到炎涼變，忽見詩來意緒濃。春草緑茸雲色白，想君騎馬好儀容。」

張自烈《正字通》卷八《糸部》　紗所加切，音沙，輕繒，暑所服也。輕者曰輕容。《唐類苑》云：輕容，無花薄紗也。又《歌韻》音梭。魏劉楨《魯都賦》：「妖服初工，刻畫綺紗。和顔揚眸，盱風長歌。」《説文》無紗字，古單作沙。《周禮・内司服》「素沙」，鄭康成曰：今之白縳也。又《六書故》曰：麻績而紡之者，亦爲紗。《類篇》：紗，一曰紡纑。又舊注引古音附録，紗音義與緲同，今與紗絹之紗混。按微緲之緲，本借眇，俗加糸作緲。沙混緲，非。

縠　呼谷切，音斛。《説文》：「細絹也。」《廣韻》：羅縠。《增韻》：縐紗曰縠，紡絲而織之。相如《子虛賦》「𠌶霧縠」，言其細如霧，𠌶之爲裳也。後漢章帝詔齊相省方空縠，李賢等注引《釋名》：「縠，紗也。」方空者，紗薄如空也。又曰：空，孔也。即今方目紗也。《六書故》：文緊蹙故曰縠。《説文》訓細絹，非。

西湖散人《新鐫雅俗珠璣藪》卷七　輕綃輕紗。

縠斛縠，縐紗也。

沈自南《藝林彙考・服飾篇》卷一〇《繒帛類》　《宫詞》注：輕纁，無花薄紗。王建《宫詞》云「嫌羅不著愛輕纁」，元微之有《寄白樂天白輕褣》，樂天製而爲衣，而詩中褣字乃爲流俗妄改爲纁，又作庸、榕，蓋不知其所出。《元豐九域志》越州歲貢輕容紗五匹是也。按：白《詠輕纁》云「袴花白似秋雲薄，衫色青於春草濃」是也。

周象明《事物攷辯》卷六〇《冠裳》　輕容

《唐類苑》　輕容，薄紗也。王建《宫詞》云：「嫌羅不着愛輕容。」元微之有《寄白樂天白輕容詩》。

明按，《九域志》云，越州歲貢輕容紗。即世俗所謂銀條紗也，後人妄改爲庸，或改爲榕，蓋不知其所出耳。

《古今圖書集成・職方典》卷六八一《蘇州府部・物産考》　府志

帛屬

紗　素者名銀條，即漢所謂方空也。花紋者，名夾織。

《奩史》卷八七《綺羅門》　泉女織紗，輕如蟬翼，名蟬紗。《韻學事類》。

汪汲《事物原會》卷二四《紗》　《類篇》：「紗，一曰紡纑。」《六書故》：「麻績而紡之者，亦爲紗。」顔師古《漢書》注：「紡絲而織之輕者爲紗，縐者爲縠。」《周禮・内司服》注：「素紗，今之白縳也。」

綜述

《太平御覽》卷八一六《布帛部三・縠》　《三禮圖》五綵方山冠，以綵縠爲之。

《太平御覽》卷八一六《布帛部三・縠》　楊子《法言》曰：或曰：霧縠之（鹿）〔組麗〕，曰女工之蠹。

《東觀記》曰：建初二年，詔齊相其止勿復送冰紈、方〔空縠〕。

董巴《輿服志》曰：羽林、左右監、左右虎賁，皆冠鶡紗縠單衣。

《潛夫論》曰：小民或刻剥綺縠以榆葉水波文。

沈自南《藝林彙考・服飾篇》卷一〇《繒帛類》　《雋言》　冰紈、方空縠、吹綸絮。見《章帝紀》李賢等注云：紈，素也。冰言色鮮潔如冰。《釋名》曰：縠，紗也。方空者，紗薄如空也。綸如絮而細。吹者，言吹噓可成，亦紗也。

《雋言》《子虛賦》「垂霧縠」，張揖曰：縠，縐如霧，垂以爲裳也。師古曰：霧縠者，言其輕靡如霧，非謂縐文也。又「揄紵縞」，師古曰：紵，織紵也。縞，鮮支也。今之所謂素者也。

《太平御覽》卷八一六《布帛三・縠》　《抱樸子》曰：勁弩之餘力，不能動霧縠。

《太平御覽》卷八一六《布帛部三・紗》　《東宫舊事》曰：皇太子初拜，有絳紗單衣。

《廣博物志》卷三七　南海出鮫綃紗，泉客潛織，一名龍紗，以爲服，入水不濡。《述異記》。

《新唐書》卷三七《地理志一》　京兆府京兆郡　厥貢：隔紗。

《新唐書》卷三八《地理志二》 河南府河南郡 土貢：縠。

滑州靈昌郡 土貢：紗。

懷州河内郡 土貢：平紗。

《新唐書》卷三九《地理志三》 絳州絳郡 土貢：白縠。

相州鄴郡 土貢：紗。

惠州 土貢：紗。

《新唐書》卷四〇《地理志四》 興元府漢中郡 土貢：縠。

閬州閬中郡 土貢：縠。

《新唐書》卷四一《地理志五》 廬州廬江郡 土貢：花紗。

常州晉陵郡 土貢：緊紗。

越州會稽郡 土貢：輕容、生縠、花紗。

《新唐書》卷四二《地理志六》 蜀州唐安郡 土貢：花紗。

綿州巴西郡 土貢：輕容。

《新唐書》卷四三《地理志七》 愛州九真郡 土貢：紗。

杜佑《通典》卷六《食貨六》 絳郡貢白縠五百疋。今絳州。

河内郡貢平紗十疋。今懷州。

鄴郡貢紗十疋。今相州。

會稽郡貢輕調十疋。今越州。

李吉甫《元和郡縣圖志》卷一五《河東道四》 磁州貢、賦：開元貢：紗。

李吉甫《元和郡縣圖志》卷一六《河北道一》 相州貢、賦：開元貢：紗。

李吉甫《元和郡縣圖志》卷二五《江南道一》 杭州貢、賦：開元貢：紋紗。

睦州貢、賦：開元貢：交梭。元和貢：交梭二匹。

李吉甫《元和郡縣圖志》卷二六《江南道二》 越州貢、賦：自貞元之後，凡貢之外，別進【略】吴朱紗等。

處州貢、賦：元和貢：紗。

《宋史》卷八五《地理志一》 開封府 貢方紋紗。

襄陽府【略】貢白（穀）〔縠〕。

《宋史》卷八六《地理志二》 相州【略】貢暗花牡丹花紗。

《宋史》卷八八《地理志四》 紹興府【略】貢輕庸紗。

常州【略】貢紗。

亳州【略】貢縐紗。

廬州【略】貢紗。

太平州【略】貢紗。

樂史《太平寰宇記》卷六《河南道六・虢州》 土産：花紗。

樂史《太平寰宇記》卷九《河南道九・滑州》 土産：花紗。

樂史《太平寰宇記》卷一二《河南道一二・宋州》 土産：縠。

樂史《太平寰宇記》卷二五《關西道一・雍州》 土産：隔紗。貢。

樂史《太平寰宇記》卷四七《河東道八・絳州》 土産：交梭紗縠子。

樂史《太平寰宇記》卷五五《河北道四・相州》 土産：紗。貢。

樂史《太平寰宇記》卷七二《劍南西道一・益州》 土産：【略】舊貢：交梭紗。

樂史《太平寰宇記》卷八三《劍南東道二・綿州》 土産：交梭紗。

樂史《太平寰宇記》卷八四《劍南東道三・劍州》 土産：紗。

樂史《太平寰宇記》卷九〇《江南東道二・昇州》 土産：紗，賦。

樂史《太平寰宇記》卷九二《江南東道四・常州》 土産：緊紗。出武進。

樂史《太平寰宇記》卷九二《江南東道四・江陰軍》 土産：同常州。

樂史《太平寰宇記》卷九五《江南東道七・睦州》 土産：交梭紗。

樂史《太平寰宇記》卷九六《江南東道八・越州》 土産：緋紗。貢：交梭白紗。

樂史《太平寰宇記》卷九七《江南東道九・衢州》 土産：紗。

樂史《太平寰宇記》卷一一八《江南西道一六・澧州》 土産：紵練紗。

王存《元豐九域志》卷一《四京・東京・開封府》 土貢方紋紗三十匹。

王存《元豐九域志》卷一《京西路・襄州》 土貢白縠一十匹。

王存《元豐九域志》卷二《河北路・相州》 土貢紗一十匹。

王存《元豐九域志》卷五《淮南路・廬州》 土貢紗一十匹。

王存《元豐九域志》卷五《兩浙路・越州》 土貢茜緋花紗一十匹，輕容紗五匹。

王存《元豐九域志》卷五《兩浙路・常州》 土貢紗一十匹。

王存《元豐九域志》卷六《江南路・太平州》 土貢紗一十匹。

《編珠》卷三《補遺》 蟬翼紗 《海物異名記》曰：泉女織紗，輕如蟬翼，名蟬紗。

吴曾《能改齋漫録》卷一五《綿州八子》　綿州諸邑，各有所出，謂之八子。巴西紗子，魏城扇子，羅江犬子，神泉榛子，彰明附子，龍安杏子，鹽泉絲子，石泉猴子。巴西紗一疋重二兩，婦人製夏服，甚輕妙。魏城以一繭造一扇，謂之綿扇，亦輕而可愛。

陸游《老學庵筆記》卷六　亳州出輕紗，舉之若無，裁以爲衣，真若煙霧。一州惟兩家能織，相與世世爲婚姻，懼他人家得其法也。云自唐以來名家，今三百餘年矣。

周密《齊東野語》卷一〇《輕容方空》　紗之至輕者，有所謂輕容，出唐《類苑》云：「輕容，無花薄紗也。」王建《宫詞》云：「嫌羅不著愛輕容。」元微之有寄白樂天白輕容，樂天製而爲衣。而詩中容字乃爲流俗妄改爲庸，又作榕，蓋不知其所出。《元豐九域志》「越州歲貢輕容紗五疋」是也。

又有所謂方空者。《漢・元帝紀》：「罷齊三服官。」注云：「春獻冠幘，縰爲首服，紈素爲冬服，輕綃爲夏服，凡三。」師古曰：「縰與纚同音山爾反，即今之方目紗也。」又後漢建初二年，詔齊相省冰紈、方空縠、吹綸絮。紈，素也。冰，言色鮮潔如冰。《釋名》曰：「縠紗方空者，紗薄如空也。」或曰：「空，孔也。即今之方目紗也。綸如絮而細，吹者，言吹噓可成此紗也。」荆公詩云：「春衫猶未著方空」者是也。

二紗名，世少知，故表出之。

馬端臨《文獻通考》卷三一八《輿地四》　廬州【略】貢紗。

太平州【略】貢紗。

常州【略】貢白紵、紗。

馬端臨《文獻通考》卷三二〇《輿地六》　開封府【略】貢方紋紗。

紹興府【略】貢輕庸紗。

襄陽府【略】貢白（穀）〔縠〕。

亳州【略】貢縐紗。

馬端臨《文獻通考》卷三二二《輿地八》　愛州【略】貢紗。

孔齊《静齋至正直記》卷一《集慶官紗》　集慶官紗，諸處所無，雖杭人多慧，猶不能效之。但濶處三尺，大數以上，褁色皆作，近又作一色素浄者尤妙，暑月之雅服也。

《新鐫古今事物原始全書》卷一四《服御・紗》　漢時馬融設絳紗帳，以授生徒。宋天聖以前用光紗，天聖已後方用南紗、縐紗，名曰縠。坡詩：世味薄如縠。

西湖散人《新鐫雅俗珠璣藪》卷七　紗縐紗、軟紗、漆紗、冰紗、銀條紗。

邁柱等《九卿議定物料價值》卷二《紗》　紗無舊例

明黄芝蔴漏地紗，寬貳尺貳寸，每丈今核定銀壹兩零柒分。

桃紅紗，寬貳尺貳寸，每丈今核定銀壹兩伍錢。

藍紗，寬貳尺貳寸，每丈今核定銀壹兩伍錢。

白雲紗，寬壹尺肆寸，每丈今核定銀柒錢貳分伍釐肆毫。

紗

户部例

銀條紗，每丈照舊例，今核定銀伍錢。

《古今圖書集成・職方典》卷六八一《蘇州府部・物産考》　縐紗　有花素二樣。

李調元《南越筆記》卷五《廣紗》　廣之線紗與牛郎綢，五絲八絲，雲緞光緞，皆爲嶺外京華東西二洋所貴。

黄本驥《湖南方物志》卷一《總紀》　江南道　厥貢紗。（《唐書・地理志》）

郭柏蒼《閩産録異》卷一《貨屬・漳紗》　出漳州。各色、各花俱備。惟絲出於山桑，不及杭、嘉、湖之軟潤。

俞樾《茶香室叢鈔・續鈔》卷二二《皓紗》　國朝黄士珣《北隅掌録》云：洪氏《江皋褁識》載明末有蔣崑丑者，以紡織爲業。時尚浮華，反謂質色厚重者爲非製，蔣乃易以團花疏朵，輕薄如紙，攜售五都，市廛一鬨，甚至名重京師，名曰皓紗。按，至今浙中猶有皓紗之名，莫知其始於蔣崑丑矣。

穆彰阿等《清一統志》卷七六《江蘇・江寧府四》　土産　紗。

穆彰阿等《清一統志》卷八一《江蘇・蘇州府五》　土産　紗《姑蘇志》：出郡城。

穆彰阿等《清一統志》卷一二一《安徽・太平府二》　土産　紗《宋志》：太平州貢紗。

穆彰阿等《清一統志》卷一五六《山西・絳州直隸州二》　土産　縠《唐書・地理志》：絳州土貢白縠。《寰宇記》：絳州産交梭紗縠子。

穆彰阿等《清一統志》卷二八六《浙江・杭州府四》　土産　紗《元和志》：杭

州貢(白編)紋紗。

穆彰阿等《清一統志》卷二九〇《浙江·湖州府二》 土産 《舊志》：又出各色紗，雙林出包頭紗。

穆彰阿等《清一統志》卷二九六《浙江·紹興府三》 土産 《元和志》：貞元後，别進【略】吴朱紗等纖麗之物。《九域志》：土貢又有茜緋花紗、輕容紗。

穆彰阿等《清一統志》卷三〇一《浙江·衢州府》 土産 《寰宇志》：衢州産紗。

穆彰阿等《清一統志》卷三一三《江西·饒州府三》 土産 紗《省志》：饒州出，頗堅厚似絹。

穆彰阿等《清一統志》卷三八六《四川·成都府》 土産 紗《唐書·地理志》：成都蜀州貢花紗。《寰宇記》：成都出交絲紗。

穆彰阿等《清一統志》卷三九二《四川·保寧府三》 土産 《唐書·地理志》：閬州貢縠。《寰宇記》：劒州産紗。

穆彰阿等《清一統志》卷四一四《四川·綿州直隷州》 土産 紗《唐書·地理志》：綿州貢輕容。《寰宇記》：綿州産交梭紗。

穆彰阿等《清一統志》卷四二九《福建·漳州府》 土産 紗《府志》：漳紗舊爲海内所推。

羅廷權等(同治)重修《成都縣志》卷三《食貨志·物産》 紗《唐志》：成都貢紗。《寰宇記》：成都貢交梭紗。

線縐、平縐、湖縐。

王鏊等(弘治)《姑蘇志》卷一四《造作》 紗出郡城。素者名銀條，即漢所謂方空也。花紋者名夾織，亦有金縷、彩粧諸製。輕狹而縠文者曰皺紗。

嵇曾筠、沈翼機等(雍正)《浙江通志》卷一〇一《物産》 機紗 咸淳《臨安志》：機坊所織，有素紗、天浄三法、新翻粟地紗。

嵇曾筠、沈翼機等《浙江通志》卷一〇二《物産》 桐鄉絹布 《桐鄉縣志》：邑人工於紡織，【略】紗有花紗、脚踏紗、縐紗。

紗 崇禎《烏程縣志》：吴興紡紗，無花者曰真紗，最白者曰銀條紗，有花者曰葵紗、軟紗、縐紗，又有夾織紗，又有包頭紗，惟雙林一方織之。

嵇曾筠、沈翼機等《浙江通志》卷一〇六《物産》 紗 《太平寰宇記》：越州産緋紗、交梭白紗。

輕容紗 弘治《紹興府志》：舊産蕭山，夏織爲上，秋織次之，冬織最下。蓋絲遇寒即脆，而帛地不堅故也。

縐紗 《剡録》：剡中産縐紗，極精好，服之如挂冰雪，今不復造。

陳耆卿(嘉定)《赤城志》卷三六《物産》 帛之屬 紗三伏時織者爲上，秋次之，冬又次之。絹亦同。

縐紡絲爲之，輕者曰縐紗，宜夏。重者曰紡絲，宜冬。

曾才漢、葉良佩(嘉靖)《太平志》卷三《食貨志·物産》 貨之類 土紗選浄絲染青爲之，出閔嶼、長嶼。

蕭良幹、張元忭等(萬曆)《紹興府志》卷一一《物産志》 縠 《嘉泰志》：始見於《吴越春秋》。句踐始得西施、鄭旦，飾以羅縠是也。以故錫貢舊有輕容生縠。數十年來，縠頗出於蕭山，雖未臻絶妙，然與吴中機工略相當矣。今羅綾縐縠，越中絶無織，惟絹紗稍有焉。

縐紗 《嘉泰志》：剡出縐紗尤精，其絶品以爲暑中燕服，如絓冰雪。然雖剡之居人，亦不能常得矣。

紗 《嘉泰志》：蕭山紗以暑伏織者爲上，秋織者爲下，冬爲尤下。蓋霜燥風烈則絲脆，帛地不堅，爲衣易敝。今郡城間有織者。

王珣、汪翁儀等(弘治)《湖州府志》卷八《土産》 紗有數等，無花者曰直紗，有花者曰葵紗，曰夾織紗，出郡城内又有包頭紗，惟雙林一方人織之。

栗祁、唐樞(萬曆)《湖州通志》卷三《物産》 食貨之屬 紗有直紗、花紗、夾織紗，出郡城内。又包頭紗，出雙林。

紀事

《戰國策》卷一一《齊四·先生王斗造門而欲見齊宣王》 王曰：「寡人憂國愛民，固願得士以治之。」王斗曰：「王之憂國愛民，不若王愛尺縠也。」王曰：「何謂也？」王斗曰：「王使人爲冠，不使左右便辟而使工者何也？爲能之也。今王治齊，非左右便辟無使也，臣故曰不如愛尺縠也。」

《天中記》卷五〇《羅》 羅縠 荆軻左手把秦王袖，右手(椹)〔揕〕其胷。秦王曰：「今日之事，從子計耳。乞聽琴聲而死。」召姬人鼓琴，琴曰：「羅縠單衣，可裂而絶。八尺屏風，可超而越。鹿盧之劒，可負而(伏)〔拔〕。」秦王乃奮地而起，遂殺軻。《燕丹子》。

《後漢書》卷六〇上《馬融傳》　融才高博洽，爲世通儒，教養諸生，常有千數。【略】達生任性，不拘儒者之節。居宇器服，多存侈飾。常坐高堂，施絳紗帳，前授生徒，後列女樂，弟子以次相傳，鮮有入其室者。

原題王嘉《拾遺記》卷五《前漢上》　漢武帝思懷往者李夫人，【略】詔李少君與之語曰：「朕思李夫人，其可得見乎？」少君曰：「可遥見，不可同於帷幄。」帝曰：「一見足矣，可致之。」少君曰：「暗海有潛英之石，其色青，輕如毛羽，寒盛則石温，暑盛則石冷。刻之爲人像，神悟不異真人。使此石像往，則夫人至矣。此石人能傳譯人言語，有聲無氣，故知神異也。」帝曰：「此石像可得否？」少君曰：「願得樓船百艘，巨力千人，能浮水登木者，皆使明於道術，齎不死之藥。」乃至暗海，經十年而還。昔之去人，或升雲不歸，或託形假死，獲反者四五人。得此石，即命工人依先圖刻作夫人形。刻成，置於輕紗幙裏，宛若生時。帝大悦。

《三國志》卷六《魏志·袁術傳》　興平二年冬，天子敗於曹陽。術會羣下謂曰：「今劉氏微弱，海内鼎沸。吾家四世公輔，百姓所歸，欲應天順民，於諸君意如何？」衆莫敢對。【略】用河内張炯之符命，遂僭號。以九江太守爲淮南尹。置公卿，祠南北郊。荒侈滋甚，後宫數百皆服綺縠，餘粱肉，而士卒凍餒，江淮閒空盡，人民相食。

《太平御覽》卷八一六《布帛部三·縠》　荀勗《爲晉文王與孫皓書》曰：餉縠三端。

《晉書》卷三一《后妃傳上·胡貴嬪》　泰始九年，帝多簡良家子女以充内職，自擇其美者以絳紗繫臂。

《太平御覽》卷八一六《布帛部三·紗》　《蔡克别傳》曰：克字子尼，體貌尊嚴，莫有媟嫚。高平劉整傿才，白衣居家，車服奢麗，謂人曰：「紗縠吾之常服耳，遇蔡子在坐，而竟日不自安。」

《秦記》曰：符堅以大常韋逞母宋傳其父業《周官音義》，乃就宋家立講堂，書生百人，隔絳紗幔而受業焉。

《天中記》卷五〇《紗》　着紗披袍　餘杭縣有一人姓沈名縱，與父同入山，至夜二更中，忽見一人着紗帽，披絳龍袍，云是閩山王。《齊諧記》。

《太平御覽》卷八一六《布帛部三·紗》　《唐書》曰：太宗幸蒲州，刺史趙元楷課父老服黄紗單衣，迎謁路左。

王定保《唐摭言》卷七《起自寒苦不第即貴附》　王播少孤貧，嘗客揚州惠昭寺木蘭院，隨僧齋飡。諸僧厭怠，播至，已飯矣。後二紀，播自重位出鎮是邦，因訪舊遊，向之題已皆碧紗幕其上。播繼以二絶句曰：「二十年前此院遊，木蘭花發院新修。而今再到經行處，樹老無花僧白頭。」「上堂已了各西東，慚愧闍黎飯後鐘。二十年來塵撲面，如今始得碧紗籠。」

《舊五代史》卷一五《梁書·孫德昭傳》　天復元年十一月，閹官韓全誨縱火脅昭宗西幸鳳翔，孫承誨、董從實並變節，爲中官所誘，始欲驅擁百僚，將圖出令。而德昭獨按兵，與太祖親吏婁敬思叶力衛丞相及文武百官，與長安吏民保於街東，免爲所劫。太祖遣從事相繼勞問，遺以龍鳳劍、鬬雞紗，委令制輯。

蘇軾《蘇軾文集》卷七三《記先夫人不發宿藏》　先夫人僦居於眉之紗縠行。一日，二婢子熨帛，足陷於地。視之，深數尺，有一甕，覆以烏木板。夫人命以土塞之。甕中有物，如人咳聲，凡一年而已。人以爲有宿藏物，欲出也。夫人之姪之問聞之，欲發焉。會吾遷居，之問遂僦此宅，掘丈餘，不見甕所在。其後吾官於岐下，所居古柳下，雪，方尺不積雪，晴，地墳起數寸。吾疑是古人藏丹藥處，欲發之。亡妻崇德君曰：「使先姑在，必不發也。」吾媿而止。

李贄《雅笑》卷三《碧紗籠》　俗演吕文穆劇戲，題寺壁有碧紗籠詩，而不知所自也。按王播少貧，客揚州木蘭院，隨僧饘粥，僧厭苦之，飯後擊鍾。播題詩有曰：「上堂已了各西東，慙愧闍梨飯後鍾。」後二紀，播出鎮是邦，訪向所題已碧紗籠之矣。乃續云：「二十年來塵撲面，如今始得碧紗籠。」又寇萊公典陝日，與處士魏野同游僧寺，觀覽舊游，有留題處，公詩皆用碧紗籠之。至野詩，則塵蒙其上。從行官妓之慧黠者，輒以紅紬拂之。野顧公笑，因題詩云：「世情冷煖由分别，何必區區較異同。若得長將紅袖拂，也應勝似碧紗籠。」

《奩史》卷八七《綺羅門》　寧國長公主生辰，賜紗五百錠。《弇山堂别集》。

仁聖太后賜張江陵母彩衣紗六疋。《明逸編》。

金埴《不下帶編》卷二　魏野與寇萊公同遊陝郊僧寺，各留題。後又偕詣寺中，見寇詩用碧紗籠，魏詩則塵昏滿壁。時有官妓以衣袖拂之，魏笑曰：「若得常將紅袖拂，也應平勝似碧紗籠。」夫紗帽吟詩，諺語：「烏紗帽下好吟詩。」而用碧紗籠罩，頗似後恭王播之僧而亦小有致，然不若拂塵紅袖，字染衣香，妓尤韻致也。

藝文

《太平御覽》卷八一六《布帛部三・縠》 宋玉《風賦》曰：「主人女翳承日之華，更被毋縠之單衣。」

《史記》卷一一七《司馬相如列傳》 褋纖羅，垂霧縠。裴駰集解：郭璞曰：「言細如霧，垂以覆頭。」

《漢書》卷五七《司馬相如傳》 雜纖羅，垂霧縠。張揖曰：「縠縐如霧，垂以爲裳也。」師古曰：「霧縠者，言其輕靡如霧，非謂縐文。」

曹植《曹植集》卷一《迷迭香賦》 去枝葉而特御兮，入綃縠之霧裳。附玉體以行止兮，順微風而舒光。

《太平御覽》卷八一六《布帛部三・縠》 劉(積)〔楨〕《魯都賦》曰：「其女工則絳綺縠。」

鮑照《鮑參軍集》卷四《代白紵舞歌辭四首》之一 吴刀楚制爲佩褘，纖羅霧縠垂羽衣。

《玉臺新詠》卷四謝朓《詠一無詠邯鄲故才人嫁爲廝養卒婦》 生平宫閣裏，出入侍丹墀。開笥方羅縠，窺鏡比蛾眉。

《玉臺新詠》卷四施榮泰《雜詩》 趙女脩麗姿，燕姬正容飾。妝成桃毀紅，黛起草慚色。羅帽數十重，猶輕一蟬翼。吴兆宜注：江淹《别賦》：「送愛子兮霑羅帬。」不言縠袖輕，專歎風多力。

《玉臺新詠》卷五丘遲《答徐侍中爲人贈婦》 長眉横玉臉，皓腕卷輕紗。吴兆宜注：何遜《七召》：「呈皓腕于輕紗。」《拾遺記》：漢武帝作李夫人形，或置于輕紗幕裏，婉若生時。

《玉臺新詠》卷五江洪《詠歌姬》 孤轉忽徘徊，雙蛾乍舒斂。不持全示人，半用輕紗掩。

《玉臺新詠》卷七簡文帝《金樂歌》 縠衫迴廣袖，團扇掩輕紗。吴兆宜注：按《古歌》：「縠衫兩袖裂，花鈿鬢邊低。」

《初學記》卷三《秋第三》 隋魏彦琛《初夏應詔詩》：雖度芳春節，物色尚餘華。出簾飛小燕，映户落殘花。舞衫飄細縠，歌扇掩輕紗。蘭房本宜夜，不畏日光斜。

王維《王摩詰詩集》卷二《洛陽女兒行》 城中相識盡繁華，日夜經過趙李家。誰憐越女顔如玉，貧賤江頭自浣紗。

杜甫《杜工部詩集》卷一四《西閣二首》之一 朱紱猶紗帽，新詩近玉琴。

杜甫《杜工部詩集》卷一四《秋野五首》之三 禮樂攻吾短，山林引興長。掉頭紗帽仄，曝背竹書光。

杜甫《杜工部詩集》卷一六《季秋蘇五弟纓江樓夜宴崔十三評事韋少府姪三首》之二 清動盃中物，高隨海上查。不眠瞻白兔，百過落烏紗。

杜甫《杜工部詩集》卷一六《雙楓浦》 浪足浮紗帽，皮須截錦苔。

張籍《張司業詩集》卷三《和左司元郎中秋居十首》之三 見僧收酒器，迎客換紗巾。

張籍《張司業詩集》卷五《酬浙東元尚書見寄綾素》 越地繒紗紋樣新，遠封來寄學曹人。便令裁製爲時服，頓覺光榮上病身。應念此官爲棄置，獨能相賀更殷勤。三千里外無由見，海上東風又一春。

張籍《張司業詩集》卷五《答元八遺紗帽》 黑紗方帽君邊得，稱對山前坐竹牀。唯恐被人偷剪樣，不曾閑戴出書堂。

王建《王建詩集》卷一〇《宫詞附録十首》之九 縑羅不著索輕容，對面教人染退紅。衫子成來一遍出，今朝看處滿園中。

白居易《白居易集》卷一五《寄生衣與微之，因題封上》 淺色縠衫輕似霧，紡花紗袴薄於雲。莫嫌輕薄但知著，猶恐通州熱殺君。

白居易《白居易集》卷一七《元九以緑絲布、白輕褣見寄，製成衣服，以詩報知》 緑絲文布素輕褣，珍重京華手自封。貧友遠勞君寄附，病妻親爲我裁縫。袴花白似秋雲薄，衫色青於春草濃。欲著却休知不稱，折腰無復舊形容！

元稹《元稹集》卷九《張舊蚊幬》 破盡裁縫衣，忘收遺翰墨。獨有纈紗幬，憑人遠擕得。施張合歡榻，展卷雙鴛翼。

元稹《元稹集》卷二一《酬樂天得稹所寄紵絲布、白輕庸，製成衣服，以詩報之》 湓城萬里隔巴庸，紵薄絺輕共一封。腰帶定知今瘦小，衣衫難作遠裁縫。唯愁書到炎涼變，忽見詩來意緒濃。春草緑茸雲色白，想君騎馬好儀容。

賈島《長江集》卷五《寄滄州李尚書》 水縣賣紗市，鹽田煮海村。

李賀《李賀詩集・五月》 雕玉押簾額，輕縠籠虚門。

李賀《李賀詩集》《惱公》 蜀煙飛重錦，峽雨濺輕容。【略】符因青鳥送，囊用絳紗縫。

陸龜蒙《甫里集》卷九《襲美以紗巾見惠因次韻訓謝》 薄如蟬翅背斜陽，不稱春前贈昌女滅反郎。初覺頂寒生遠吹，預憂頭白透新霜。堪窺水檻澄波影，好拂花墻亞蘂香。知有芙蓉留自戴，桐柏真人戴芙蓉冠也。欲峩煙霧訪黄房。

皮日休《皮子文藪》卷一〇《蚊子》 貧士無絳紗，忍苦卧茅屋。何事覓膏腴？腹無太倉粟！

張先《張子野詞》補遺上《勸金船・流杯堂唱和，翰林主人元素自撰腔》 流泉宛轉雙開竇，帶染輕紗皺。何人暗得金船酒，擁羅綺前後。

梅堯臣《梅堯臣集》卷二三《十五日雪三首》之二 新雷奮蛇甲，密雪鬬鵝毛，正欲裁輕縠，重令著弊袍。

梅堯臣《梅堯臣集》卷二五《寄題南陵息亭蕖閣》 竹裏有清館，寺中多藕花。日光穿岸脚，水影射簷牙。柱穴蜂歸響，爐檀火過窊。已知民訟息，漉酒費巾紗。

周邦彦《清真集》卷上《浣溪沙》第三 薄薄紗幮望似空。簟紋如水浸芙蓉。起來嬌眼未惺忪。　强整羅衣擡皓腕，更將紈扇掩酥胸。羞郎何事面微紅。

周邦彦《清真集》補遺《鶴沖天・溧水長壽鄉作》 梅雨霽，暑風和，高柳亂蟬多。小園臺榭遠池波，魚戲動新荷。　薄紗廚，輕羽扇，枕冷簟涼深院。此時情緒此時天，無事小神仙。

白角簟，碧紗櫥，梅雨乍晴初。謝家池畔正清虚，香散嫩芙蕖。　日流金，風解愠，一弄素琴歌韻。慢摇紈扇訴花箋，吟待晚涼天。

葉適《葉適集》卷七《端午行》 仙門諸水會，流下瓦窑溝；中有弔湘客，西城南北樓。旗翻稻花風，棹濺梅子雨。夜邏無騷音，絳紗蒙首去。

劉克莊《後村集》卷三《書燈》 童子糊新就，籠紗碧色深。唤回少年夢，照見古人心。每對忘甘寢，頻挑伴苦吟。與君交到老，莫慮棄墻陰。

揭傒斯《揭傒斯全集・詩集》卷八《過何得之先生故居》其四 頭上烏紗分贈，篋中縞楮相讎。不道别時長别，誰知愁是真愁。延祐五年冬十月，予南歸，以巾紗見贈，予以白楮被報之，別時殊黯然也。且手書其三代名字授予，若有所屬然也。

鍾惺《隱秀軒集》卷六《五月三日秦淮即事》之二 嵐減峯文細，潮生水步鬆。薄陰停障面，新暑試輕容。

陳子龍《陳子龍詩集》卷七《賦得浣紗石》 越紗山機中，翦向春風裏。皎若晴川雲，飄揚隨淥水。佳人臨淺瀨，無言空徙倚。不惜紅顔勞，素絲誰爲理？斂衣入中林，澄江浩千里。青苔日夜生，沈思竟難已。

陳子龍《陳子龍詩集》卷一二《消夏》八首其五 半翦龍綃易絳紗，倦來紈扇任敧遮。鏡寒碧海修娥影，簟冷蒼梧帝子家。

袁枚《小倉山房詩集》卷二三《三伏》 空山三伏閉門居，衫着輕容汗有餘。却喜炎風斷來客，日長添著幾行書。

雜録

《太平御覽》卷八一六《布帛部三・紗》 《齊諧》曰：餘杭縣有一人，姓沈名縱，與父同入出，至二更中，忽見一人着紗幍，披絳綾袍，云是鬬山王。鬬山在餘杭縣。

金埴《不下帶編》卷四 從來紗宜于暑，衣之無裏者也；褐宜于寒，衣之有裏者也。自康熙二十餘年間，忽有用紗爲複，用褐爲襌單，而兩衣遂相反，海内翕然服之將五十年矣。俗因以紗比人之無理而反有理，褐比人之有理而反無理者。埴題三言四語于縫人肆中，《周禮・天官》有縫人，掌王宮縫綫之事。按縫人之縫去聲，馮貢切，縫綫如字。曰：「有裏紗，無裏褐。裡何常，任于奪。」《列子》曰：「理無常是。」即一衣可以觀已。

汪啓淑《水曹清暇録》卷一 正陽門前多買眼罩，輕紗爲之，蓋以蔽烈日風沙。勝國舊例，遷客辭闕時，以眼紗蒙面，今則無所忌也。

于敏中等《日下舊聞考》卷三二《宮室》 原：元肇建内殿，制度精巧，題頭刻螭形，以檀香爲之。螭頭向外，口中銜珠下垂，珠皆五色，用綵金絲貫串，負柱融滾霞紗爲猊，怒目張牙，有欲動之狀。瓦滑琉璃，與天一色。朱砂塗壁，務窮一時之麗。

羅

題解

《楚辭·招魂》 羅幬張些。王逸注：羅，綺屬也。

劉安《淮南子》卷一一《齊俗訓》 弱緆羅紈。高誘注：羅，縠。

劉熙《釋名》卷四《釋采帛》 羅，文羅疎也。畢沅曰：今本作「文疎羅」。《初學記》、《藝文類聚》、《御覽》皆引作「文羅疎」，據改。審字義當爲羅疋。蘇輿曰：「文羅」下當更有「羅」字，《初學記》諸書引並脱「羅」。羅，疎貌，言文理羅羅而疎也。上云文脩脩然，此云文羅羅疎，正一例。本書《釋宫室》：籬離也，疎離離然也。羅、離聲近，「羅羅疏」猶彼云「疏離離」矣。《世説》：司馬太傅爲二王目曰：孝伯亭亭直上，阿大羅羅清疏。足證羅羅二字之義。先謙曰：吴校作「文疎羅羅也」。

纚，簁也。麤可以簁物也。葉德炯曰：《説文》：「纚，冠織也」。案，假借當爲籭。《説文》：籭可以取粗去細，即此義也。此葢羅之極稀者。

司馬光《類篇》卷二一《網部》 羅鄰知切，帛也。

戴侗《六書故》卷三一《工事七》 羅 盧何切。【略】今人以繒之經緯衺絡者爲羅，羅之謂羅，去聲。

綜述

《太平御覽》卷八一六《布帛部三·羅》 《晉令》曰：第一品已下，不得服羅綃。

《東宫舊事》曰：太子納妃，絳真文羅一幅帔一，絳林文繡羅一幅帔一，絳真衣羅袴一。

《新唐書》卷三九《地理志三》 鎮州常山郡 土貢：孔雀羅、瓜子羅、春羅。

定州博陵郡 土貢：羅。

《新唐書》卷四〇《地理志四》 隋州漢東郡 土貢：合羅。

《新唐書》卷四一《地理志五》 潤州丹楊郡 土貢：衫羅。

越州會稽郡 土貢：寶花、花紋等羅。

《新唐書》卷四二《地理志六》 成都府蜀郡 土貢：單絲羅。

彭州濛陽郡 土貢：段羅、交梭。

蜀州唐安郡 土貢：單絲羅。

漢州德陽郡 土貢：交梭。

《通典》卷六《食貨六》 常山郡貢羅二十疋。今恒州。

蜀郡貢單絲羅二十疋。今益州。

唐安郡貢羅二十疋。今蜀州。

李吉甫《元和郡縣圖志》卷一七《河北道二》 恒州貢、賦：開元貢：羅。

李吉甫《元和郡縣圖志》卷二二《山南道三》 洋州貢、賦：開元貢：白交(梭)〔梭〕。

李吉甫《元和郡縣圖志》卷三一《劍南道上》 成都府貢、賦：開元貢：羅八四。元和貢：羅。

彭州貢、賦：開元貢：交梭羅。

蜀州貢、賦：開元貢：羅十八匹。元和貢：白羅。

漢州貢、賦：開元貢：交梭羅。

《宋史》卷八六《地理志二》 真定府【略】貢羅。

中山府【略】貢羅。

《宋史》卷八八《地理志四》 鎮江府【略】貢羅。

《宋史》卷八九《地理志五》 成都府【略】貢花羅。

崇慶府【略】貢春羅、單絲羅。

彭州【略】貢羅。

樂史《太平寰宇記》卷六一《河北道一〇·鎮州》 土産：瓜子羅，孔雀羅，春羅。

樂史《太平寰宇記》卷七二《劍南西道一·益州》 土産：【略】舊貢：單絲羅。今貢：羅。出廣都、雙流、温江。

樂史《太平寰宇記》卷七五《劍南西道四·蜀州》 土産：單絲羅。

樂史《太平寰宇記》卷一四四《山南東道三·隨州》 土産：會羅。

王存《元豐九域志》卷二《河北路·真定府》 土貢羅三十匹。

王存《元豐九域志》卷二《河北路·定州》 土貢羅二十匹。

王存《元豐九域志》卷五《兩浙路·潤州》 土貢羅一十匹。

王存《元豐九域志》卷七《成都府路·成都府》 土貢花羅六匹。

王存《元豐九域志》卷七《成都府路·蜀州》 土貢春羅四匹，單絲羅一十匹。

王存《元豐九域志》卷七《成都府路·彭州》 土貢羅一十匹。

陸游《老學庵筆記》卷二 遂寧出羅，謂之越羅，亦似會稽尼羅而過之。

莊綽《雞肋編》卷上《定州刻絲與各地工藝》 婺州紅邊貢羅，東陽花羅，皆不減東北，但絲縷中細，不可與無極、臨棣等比也。

熊克《中興小紀》卷五《高宗建炎三年》 初，婺州歲貢羅萬匹，崇寧以後，希進者增其數至五萬八千匹，至是守臣蘇遲乞減其半。上問執政，祖宗額幾何？葉夢得曰：「皇祐編敕一萬匹。」上歎曰：「民將何堪，可依皇祐法。」執政奏今用度與祖宗時不同，乃詔減二萬八千，著爲定制。

熊克《中興小紀》卷一三《高宗紹興二年》 八月初，鎮江府有織羅，歲貢御服花羅數千匹，兵興罷貢，至是内藏庫舉行，守臣胡世將奏：民力凋弊，無所從出。有司劾世將違旨，府寮皆懼。世將曰：「某以身任，諸公無憂。」戊寅，詔罷之，上曰：「軍興匱乏，豈可以御服之物爲先，且省七萬緡，以助劉光世軍也。」

馬端臨《文獻通考》卷三一六《輿地二》 真定府【略】貢羅。

定州【略】貢羅。

馬端臨《文獻通考》卷三二一《輿地七》 成都府【略】貢花羅。

彭州【略】貢羅。

蜀州【略】貢春羅、單絲羅。

徐松輯《宋會要輯稿·食貨一八》 乾道四年九月五日詔：婺州義烏縣放散櫃户牙人，任其買賣，依條收税，不得於離縣五里外巡攔，抑勒村民，仍下諸處州縣，不得私置税場，邀阻客旅，令所在帥憲常切覺察。先是，義烏縣有山谷之民，織羅爲生，本縣乃盡拘八鄉櫃户，籍以姓名，掠其所織羅帛，投税于官，民甚苦之，至是臣寮有言，故有是命。

張廷玉等《續文獻通考》卷二八《土貢一》 〔天興元年〕諸路貢物：中都路涿州貢羅。平州貢櫻桃綾。

《元史》卷九五《食貨三》 后妃公主

太祖四大斡耳朵：

大斡耳朵：

歲賜，紅紫羅二十匹。

張廷玉等《續文獻通考》卷二八《土貢二》 〔元世祖〕至元元年正月，東川都元帥楊大淵進花羅紅邊絹各百五十匹，優詔諭之。詔曰：所貢幣帛，已見忠勤。卿守邊陲，宜加優恤。今後以此自給，俟有旨乃進。

楊慎《升菴集》卷六九《麝香鏤金羅》 宋徽宗宫人多以麝香色鏤金羅爲衣裙。元裕之詩「北去穹廬千萬里，畫羅休鏤麝香金」。

楊慎《升菴集》卷八〇《杉錦棟綾》 《埤雅》：樧謂之羅，杉謂之錦，棟謂之綾，言樧木之文如羅，棟木之文如綾也。初則木文如織，後則織文如木，故有樧羅杉錦棟綾之號。《秦風》：「隰有樹樧。」《爾雅》：「樧，羅。」樧其文細密如羅。蘇子詩：「舞衫初試越羅新。」今吴地出水緯羅。《子虛賦》云：「離纖羅，垂霧縠。」

田藝衡《留青日札》卷二二《透額羅》 元稹《贈劉采春》詩「謾裹常州透額羅」，即今之亮羅也。蓋羅者，言其文羅疏也，故曰方目羅；以細匀爲貴，故曰輕羅。其厚重者曰結羅，古稱織女秋雲羅，《太上黄庭經》金簡鳳文羅。越地名越羅，有赤白二種，赤羅文棘，白羅文緩。

西湖散人《新鐫雅俗珠璣藪》卷七 羅綺羅、胡羅、秋羅、水緯羅。

汪汲《事物原會》卷二四《羅》 漢郭憲《洞冥記》：「漢武帝時，西域初獻蛺蝶羅。」《地理志》：「鎮州貢孔雀羅、瓜子羅、春羅。」「越州貢寶花羅、花文羅。」范子曰「羅出齊郡」。

徐珂《清稗類鈔·農商類·商品》 羅産江蘇、浙江、四川。

《古今圖書集成·職方典》卷六八一《蘇州府部·物産考》府志 帛屬

羅　有花素，别有刀羅，河西羅。

秋羅　有偏地錦。

黄本驥《湖南方物志》卷一《總紀》 湖南歲額綾羅絁七萬匹。衡、永歲入中平、小羅各萬匹。（《宋史·食貨志》）

穆彰阿等《清一統志》卷二八六《浙江·杭州府四》 土産　羅咸淳《臨安志》：杭之羅，有花素二種，染絲織者，名熟絲羅，尤貴。

穆彰阿等《清一統志》卷二九六《浙江・紹興府三》 土産 羅越之舊産，故稱越羅。《唐書・地理志》：越州土貢寶花、花紋等羅。

穆彰阿等《清一統志》卷三八六《四川・成都府》 土産 羅《唐書・地理志》：成都府蜀州，土貢單絲羅。彭州、漢州，土貢交梭羅。《寰宇記》：廣都、雙流、温江，出單絲羅。《九域志》：成都土貢花羅。

穆彰阿等《清一統志》卷四七二《廣西・太平府》 土産 錦地羅《明統志》：俱思明土州出。

包大燁等〔萬曆〕《兗州府志》卷二五《物産》 羅花紋者爲貴，素則次之，別有春羅等羅。《魏志》：自公卿別侯以下大夫以上，皆得服綾錦羅綺紈素金銀餙鏤之物，自是以下，雜綵之服通于賤人，晉令六品以下得服羅絹。庾信《謝皂羅袍啓》：懸機巧織，變躡奇文。鳳不去而恒飛，花雖寒而不落。披千金之暫暖，棄百結之長寒。永無黃葛之嗟，方見青綾之重。對天山之積雪，尚得開襟；冒廣厦之長風，猶當揮汗。白龜報主，終自無期；黃雀啣恩，竟知何日。

虞懷忠、郭棐等〔萬曆〕《四川總志》卷一四《龍安府・土産》 莎羅出江油。羅紋出青川。

羅廷權等〔同治〕重修《成都縣志》卷三《食貨志・物産》 羅《九域志》：成都土貢花羅。 羅底

王鏊等《姑蘇志》卷一四《造作》 羅出郡城。花紋者爲貴，素次之，別有刀羅，河西羅。

嵇曾筠、沈翼機等〔雍正〕《浙江通志》卷一〇一《物産》 羅 咸淳《臨安志》：杭之羅，有花素二種。染絲織者名熟絲羅，尤貴。《舊浙江通志》：杭州出水緯羅。

嵇曾筠、沈翼機等《浙江通志》卷一〇二《物産》、桐鄉絹布 《桐鄉縣志》：羅有三梭、五梭、花羅、素羅。

嵇曾筠、沈翼機等《浙江通志》卷一〇四《物産》 羅 弘治《紹興府志》：越之舊産，故稱越羅，唐時擅名天下。今織染局雖造白生羅，而民間所織絕無佳者。《老學庵筆記》：遂寧出羅，謂越羅，似會稽尼羅。

花羅 《會稽三賦》注：越貢花羅。

陳耆卿〔嘉定〕《赤城志》卷三六《物産》 帛之屬

羅越羅自唐有名。杜甫《繚綾行》有越羅、蜀錦之稱。台，越地也。

毛鳳韶〔嘉靖〕《浦江志略》卷五《貢賦》 元 歲貢之征 刀羅二百四十疋，今無業者。

蕭良幹、張元忭等〔萬曆〕《紹興府志》卷一一《物産志・貨》 羅《嘉泰志》：越羅最名於唐，杜子美詩屢道之，《繚綾行》：越羅蜀錦金粟尺。《後出塞曲》：越羅與楚練是也。《地理志》：越貢寶花羅。今尼院中寶街羅者是。近時又翻出新製，如萬壽藤、七寶火齊珠、雙鳳綬帶紋，皆隱起面，膚理尤瑩潔精緻，寶街不足言矣。

施宿等〔嘉泰〕《會稽志》卷七《宮觀寺院》 顯教院本名保越，尼皆以執織羅爲業，所謂寶揩羅是也。

林富、黃佐〔嘉靖〕《廣西通志》卷五二《外志二》 食貨：錦地羅。

紀事

佚名《燕丹子》卷下 〔荆軻〕西入秦，至咸陽，因中庶子蒙曰：「燕太子丹畏大王之威，今奉樊於期首與督亢地圖，願爲北蕃臣妾。」秦王喜。百官陪位，陛〔戰〕〔戟〕數百，見使者。軻奉於期首，武陽奉地圖。鍾鼓並發，羣臣皆呼萬歲。武陽〔太〕〔大〕恐，兩足不能相過，面如死色。秦王怪之。軻顧武陽前，謝曰：「北蕃蠻夷之鄙人，未見天子。願陛下少假借之，使得畢事於前。」秦王曰：「軻起，督亢圖進之。」秦王發圖，圖窮而匕首出。軻左手把秦王袖，右〔椹〕〔揕〕其〔凶〕〔胸〕，〔目〕數之曰：「足下負燕〔曰〕〔日〕久，貪暴海內，不知厭足。於期無罪而夷其族。軻將海內報讎。今燕王母病，與軻促期，從吾計則生，不從則死。」秦王曰：「今日之事，從子計耳！乞聽琴聲而死。」召〔姬〕〔姬〕人鼓琴，〔琴〕聲曰：「羅縠單衣，可掣而絕。八尺屏風，可超而越。鹿盧之劍，可負而拔。」軻不解音。秦王從琴聲，負劍拔之，於是奮袖超屏風而走，軻拔匕首擿之，決秦王，〔耳〕〔刃〕入銅柱，火出。〔然〕秦王還斷〔斬〕〔軻〕兩手。軻因倚柱而笑，箕踞而罵，曰：「吾坐輕易，爲豎子所欺。燕國之不報，我事之不立哉！」

《太平御覽》卷八一六《布帛部三・羅》 《西京雜記》曰：趙飛燕爲皇后，女弟在昭陽殿，遺書曰：今日嘉辰，貴姊懋膺洪冊，上襚三十條，以陳踊躍。 金花紫羅面衣，織成襦。 羅帷，羅幌，羅帳，羅幬。

《晉書》卷七九《謝玄傳》 玄少好佩紫羅香囊，安患之，而不欲傷其意，因戲

賭取，即焚之，於此遂止。

《太平御覽》卷八一六《布帛部三・羅》《世説》曰：武帝降王武子，供饌悉用琉璃器，婢子百餘人，皆綾羅袴，以手擎飲食。

《南史》卷五五《夏侯夔傳》中大通六年，爲豫州刺史，加督。【略】性奢豪，後房伎妾曳羅綺飾金翠者百數。

《新唐書》卷一二六《杜漸鴻傳》〔兼成都尹〕請入朝，許之。【略】獻寶器五牀、羅錦十五牀、麝臍五石。

張鷟《朝野僉載》卷三　汴州刺史王志愔飲食精細，對賓下脱粟飯。商客有一驢，日行三百里，曾三十年不賣。市人報價云：「十四千。」愔曰：「四千金少，更增一千。」又令買單絲羅，疋至三千。愔問：「用幾兩絲？」對曰：「五兩。」愔令豎子取五兩絲來，每兩别與十錢手功之直。

《白孔六帖》卷八　賜五色羅、孔雀羅、瓜子羅《地理志》：鎮江貢孔雀羅、瓜子羅、春羅。寶花羅越州貢寶花紋等羅。會稽羅韋堅鑿潭通漕成，帝爲升樓。堅取小斛舟，每舟署某郡，以所産暴陳其上。若會稽，則羅。獻羅杜鴻漸兼成都尹，入朝，獻羅十五牀。

《新五代史》卷六二《南唐世家・李景》保大十三年十一月，周師南征，【略】景益懼，始改名景以避周廟諱，遣其翰林學士鍾謨、文理院學士李德明奉表稱臣，獻犒軍牛五百頭、酒二千石、金銀羅綺數千，請割壽、濠、泗、楚、光、海六州，以求罷兵。世宗不報，分兵襲下揚、泰。景遣人懷蠟丸書走契丹求救，爲邊將所執。

葉適《葉適集》卷二三《朝議大夫祕書少監王公墓誌銘》公諱枏，字木叔，【略】既冠，以《春秋》中乾道丙戌進士第，婺州推官。孝宗疑「諸州上供，得無滲漏乎？」漕司遽令婺州增斛二萬，守以下不敢爭，公獨言：「今苗畝七升，羅匹十餘千，較他郡偏重矣，又無故增二萬，何以共命！」會新守周權且至，走書白權，袖以進，上愕曰：「朕未嘗加賦也。」由是凡議滲漏者皆免。

張綱《華陽集》卷一九《乞放婺州見欠内庫綾羅狀》　右臣契勘本州各縣丞，准尚書左右司及提點内藏庫、本路提刑提舉常平司等處公文，催促起發紹興元年以後，合納内庫綾羅及折羅錢積欠數目。臣到任之初，即時根問，因依見得，皆是人户殘欠之數，前官失於催理，遂至積漸拖欠，經涉歲久，實難追催。今若一併科督，則民間無以輸納，若依舊拖延，則是虚費行移，無補國用。臣伏覩紹興二十六年正月二十七日指揮節文，江浙荆湖等路，未起諸色錢物，并拖欠上供米斛，積欠税租等，二十二年以前，應見欠數目並與除放。況前件錢帛，元係官給本錢和買，後因州縣缺乏，遂以人户物力均敷，即是常賦之外，别行催理，正緣昨降指揮，未有放免明文，兼係内藏庫錢物，州郡不敢奏陳，所以二十餘年催理不絶。臣愚欲望聖慈，特降睿旨，將本州所欠内庫綾羅錢，許依紹興二十六年正月二十七日已得指揮，將見欠數目截日除放，庶使一州七縣之民，少寬追擾，仰稱陛下愛恤元元之意。謹録奏聞，伏候敕旨。

《奩史》卷八七《綺羅門》　宫中有娠，賜羅二百疋。《武林舊事》。

皇后謁家廟後，散付親屬物件有生色羅。《武林舊事》。

《元史》卷五《世祖紀二》〔至元元年春正月〕戊戌，楊大淵進花羅、紅邊絹各百五十段，優詔諭之。

曹學佺《蜀中廣記》卷六八《方物記第一〇》《唐史》：明皇幸蜀，至扶風，軍士各懷去就，而出醜言。會益州貢春彩十萬匹，悉命置於庭。召諸將諭勞之曰：會有此綵，卿等即宜分取，各圖去就。《寰宇記》：益州舊貢春羅，即春綵也。《宋史》：仁宗一日内出蜀羅一端，爲印朱所漬者數重。按：今綾羅不入貢，織染局中貢夏絹，用直指使者印識。

《奩史》卷八七《綺羅門》　永樂十三年，賜寧國長公主各色羅十表裏。《賞賚考》。

慶一娘回定之儀，有宫緑公服羅一疋，藉用紅玉條紗。《長安客話》。

藝文

《文選》卷一九宋玉《神女賦》　其盛飾也，則羅紈綺繢盛文章，極服妙采照萬方。

《太平御覽》卷八一六《布帛部三・羅》　宋玉《風賦》曰：「躋于羅帷，經于洞房。」

《玉臺新詠》卷一枚乘《雜詩九首》之二　燕趙多佳人，美者顔如玉。被服羅裳衣，當户理清曲。

《玉臺新詠》卷一辛延年《羽林郎詩一首》　昔有霍家奴，姓馮名子都。依倚將軍勢，調笑酒家胡。【略】貽我青銅鏡，結我紅羅裾。不惜紅羅裂，何論輕賤軀。男兒愛後婦，女子重前夫。人生有新故，貴賤不相踰。多謝金吾子，私愛徒區區。

《玉臺新詠》卷一《古詩爲焦仲卿妻作》　左手持刀尺，右手執綾羅。朝成繡袂裙，晚成單羅衫。

《太平御覽》卷八一六《布帛部三・羅》　司馬相如《美人賦》曰：「女以玉釵，挂臣冠羅，袖拂臣衣。」

張衡《南都賦》曰：「羅韈躡蹀而容與。」

古詩曰：「明月何皎皎，照我羅衣帷。」

古歌詩曰：「大婦織綺羅，中婦織流黄，小婦無所作攜，〔挾〕琴上高堂。」

《先秦漢魏晉南北朝詩・漢詩》卷一二無名氏《古詩五首之四》　穆穆清風至，吹我羅衣裾。

曹植《曹植集》卷一《芙蓉賦》　於是狡童媛女，相與同游，擢素手於羅袖，接紅葩於中流。

曹植《曹植集》卷三《美女篇》　羅衣何飄飄，輕裾隨風還。

曹植《曹植集》卷三《閨情二首其二》　有一美人，被服纖羅。妖姿艷麗，蓊若春華。

《文選》卷三四曹植《七啓》　揚羅袂，振華裳，九秋之夕，爲歡未央。

阮籍《阮嗣宗集》卷下《詠懷詩其三十四》　被服纖羅衣，深樹設閑房。不見日夕華，翩翩飛路傍！

《太平御覽》卷八一六《布帛部三・羅》　阮籍詩曰：「西方有佳人，皎皎如日光。被服纖羅衣，左右佩雙璜。」

《玉臺新詠》卷二傅玄《艷歌行》　文袍綴藻黼，玉體映羅裳。

《玉臺新詠》卷二傅玄《和班氏詩一首》　羅衣翳玉體，迴目流彩章。

徐陵《徐孝穆集》卷一《雜曲》　流蘇錦帳挂香囊，織成羅幌隱燈光。

《玉臺新詠》卷五江淹《張司空離情》　羅綺爲君整，萬里贈所思。願垂湛露惠，信我皎日期。

《玉臺新詠》卷五沈約《登高望春》　登高眺京洛，街巷紛漠漠。迴首望長安，城闕鬱盤桓。日出照鈿黛，風過動羅紈。吴兆宜注：《淮南子》：齊俗有詭文繁繡，弱錫羅紈。《鹽鐵論》婦女被羅紈。

《玉臺新詠》卷五沈約《六憶詩四首》之二、四　憶坐時，點點羅帳前。吴兆宜注：劉鑠《雜詩》：「羅帳延秋月」。或歌四五曲，或弄兩三弦。笑時應無比，嗔時更可憐。

憶眠時，人眠强未眠。解羅不待勸，就枕更須牽。復恐傍人見，嬌羞在燭前。

《玉臺新詠》卷七簡文帝《春宵》　花樹含春叢，羅帷夜長空。

《玉臺新詠》卷七簡文帝《戲贈麗人》　羅裙宜細簡，畫屧重高牆。吴兆宜注：班婕妤《擣素賦》：「曳羅裙之綺靡」。

《玉臺新詠》卷七簡文帝《賦樂府得大垂手》　垂手忽苕苕，一作迢迢。飛燕掌中嬌。羅衣一作衫。姿風引，輕帶任情摇。詎似長沙地，促舞不迴腰。

《玉臺新詠》卷八蕭子雲《春思》　春風蕩羅帳，餘花落鏡奩。

《全梁文》卷八簡文帝《對燭賦》　漸覺流珠走，熟視絳花多。宵深色麗，焰動風過。夜久惟煩鋏，天寒不畏蛾。菖蒲傳酒座欲闌，碧玉舞罷羅衣單。影度臨長枕，烟生向果盤。迴照金屏裏。脈脈兩相看。《藝文類聚》八十，《初學記》二十五。

《全梁文》卷八簡文帝《梅花賦》　於是重閨佳麗，貌婉心嫺，憐早花之驚節，訝春光之遣寒。袂衣始薄，羅袖初單。折此芳花，舉兹輕袖。或插鬢而問人，或殘枝而相授。恨鬢前之大空，嫌金鈿之轉舊。顧影丹墀，弄此嬌姿。洞開春牖，四卷羅帷。春風吹梅長落盡，賤妾爲此斂蛾眉。花色持相比，恆愁恐失時。《藝文類聚》八十六，《初學記》二十八。

《全梁文》卷二五沈約《麗人賦》　響羅衣而不進，隱明燈而未前。【略】垂羅曳錦，鳴瑶動翠。來脱薄妝，去留餘膩。霑妝委露，理鬢清渠。落花入領，微風動裾。《藝文類聚》十八。

《先秦漢魏晉南北朝詩・隋詩》卷七丁六娘《十索四首之一》　裙裁孔雀羅，紅緑相參對。映以蛟龍錦，分明奇可愛。麤細君自知，從郎索衣帶。《樂府詩集》七十九，《詩紀》百二十八。

《先秦漢魏晉南北朝詩・隋詩》卷七羅愛愛《閨思詩》　幾當孤月夜，遥望七香車。羅帶因腰緩，金釵逐鬢斜。《古詩類苑》九十五，《詩紀》百二十八。

《全唐詩》卷一一九崔國輔《怨詞二首之一》　妾有羅衣裳，秦王在時作。爲舞春風多，秋來不堪著。

王維《王摩詰詩集》卷二《洛陽女兒行》 羅幃送上七香車，寶扇迎歸九華帳。狂夫富貴在青春，意氣驕奢劇季倫。

王維《王摩詰詩集》卷五《秋夜曲》 桂魄初生秋露微，輕羅已薄未更衣。銀箏夜久慇勤弄，心怯空房不忍歸。

李白《李太白全集》卷三《前有樽酒行二首其二》 胡姬貌如花，當壚笑春風。笑春風，舞羅衣，君今不醉將安歸。

李白《李太白全集》卷一三《憶舊遊寄譙郡元參軍》 翠娥嬋娟初月輝，美人更唱舞羅衣。清風吹歌人空去，歌曲自繞行雲飛。

李白《李太白全集》卷一四《寄王漢陽》 南湖秋月白，王宰夜相邀。錦帳郎官醉，羅衣舞女嬌。

李白《李太白全集》卷二四《擬古十二首其二》 高樓入青天，下有白玉堂。明月看欲墮，當窗懸清光。遥夜一美人，羅衣霑秋霜。含情弄柔瑟，彈作《陌上桑》。

李白《李太白全集》卷二五《春怨》 白馬金羈遼海東，羅帷繡被臥春風。落月低軒窺燭盡，飛花入户笑牀空。

李白《李太白全集》卷二五《送内尋廬山女道士李騰空二首其二》 多君相門女，學道愛神仙。素手掬青靄，羅衣曳紫煙。一往屏風疊，乘鸞著玉鞭。

杜甫《杜工部詩集》卷一《白絲行》 繅絲須長不須白，越羅蜀錦金粟尺。

杜甫《杜工部詩集》卷一《驄馬行》 赤汗微生白雪毛，銀鞍却覆香羅帕。

杜甫《杜工部詩集》卷二《新婚别》 自嗟貧家女，久致羅襦裳。羅襦不復施，對君洗紅妝。

杜甫《杜工部詩集》卷三《後出塞五首之四》 越羅與楚練，照耀輿臺軀。

杜甫《杜工部詩集》卷一〇《端午日賜衣》 宫衣亦有名，端午被恩榮。細葛含風軟，香羅疊雪輕。

杜甫《杜工部詩集》卷一二《奉和嚴中丞西城晚眺十韻》 花羅封蛺蝶，瑞錦送麒麟。

杜甫《杜工部詩集》卷一二《黄草》 萬里秋風吹錦水，誰家别淚溼羅衣。

杜甫《杜工部詩集》卷一六《又示宗武》 試吟《青玉案》，莫羨紫羅囊。

杜甫《杜工部詩集》卷一八《千秋節有感二首》之二 羅襪紅蕖豔，金羈白雪毛。

盧綸《盧綸詩集》卷五二《春詞》 北苑羅裙帶，塵衢錦繡鞋。醉眠芳樹下，半被落花埋。

白居易《白居易集》卷第二三《柘枝妓》 平鋪一合錦筵開，連擊三聲畫鼓催。紅蠟燭移桃葉起，紫羅衫動柘枝來。

元稹《元稹集》卷六《寄吴士矩端公五十韻》 昔在鳳翔日，十歲即相識。未有好文章，逢人賞顔色。可憐何郎面，吴生小字何郎。二十纔冠飾。短髮予近梳，羅衫紫蟬翼。

元稹《元氏長慶集》卷二八《贈劉採春》 新粧巧樣畫雙蛾，謾裹常州透額羅。

李賀《李賀詩集》卷一《七夕》 别浦今朝暗，羅帷午夜愁。

李賀《李賀詩集》卷一《河南府試十二月樂詞并閏月·六月》 裁生羅，伐湘竹，帔拂疎霜簟秋玉。

李賀《李賀詩集》卷二《黄頭郎》 好持掃羅薦，香出鴛鴦熱。

李賀《李賀詩集》卷二《惱公》 醉纈抛紅網，單羅挂緑蒙。【略】繡沓褰長幔，羅裙結短封。

許渾《丁卯集·長慶寺遇常州阮秀才》 脩蛾顰翠倚柔桑，遥謝春風白馬郎。五夜有情隨暮雨，百年無節待秋霜。重尋繡帶朱藤合，更認羅裙碧草長。何處野花何處水，萬峯流出一渠香。

許渾《丁卯集·寓懷》 南國浣紗伴，盈盈天下姝。盤金明繡帶，動珮響一作鳳珮動。羅襦。

許渾《丁卯集·南亭與首公讌集》 秋來水上亭，幾處似嚴扃。戲馬翻紅葉，游龜帶緑萍。管絃心戚戚，羅綺鬢星星。行樂非吾事，西齋尚有螢。

許渾《丁卯集·和畢員外雪中見寄》 仙署掩清景，雪花松桂陰。夜凌瑶席宴，春寄玉京吟。燭晃垂羅幕，香寒重繡衾。相思不相訪，煙月剡溪深。

張祜《張承吉文集》卷四《送走馬使》 新樣花文配蜀羅，同心雙帶蹙金蛾。慣將喉舌傳軍好，馬跡鈴聲遍兩河。

《全唐詩》卷一一九崔國輔《子夜冬歌》 寂寥抱冬心，裁羅又褧褧。夜久頻挑燈，霜寒剪刀冷。

《全唐詩》卷三八二張籍《節婦吟寄東平李司空師道》 君知妾有夫，贈妾雙明珠。感君纏綿意，繫在紅羅襦。

《全唐詩卷三八六張籍《吳楚歌詞》 庭前春鳥啄林聲，紅夾羅襦縫未成。今朝社日一作酒停針線，起向朱櫻樹下行。

馮延巳《陽春集・更漏子之三》 搴羅幕，憑朱閣，不獨堪悲寥一作摇落。月東出，雁南飛，誰家夜搗衣？

馮延巳《陽春集・江城子》之二 碧一作窄羅衫子鬱金一作薄羅裙，好精神一作小腰身，小腰身一作晚粧新。每到花時，長是不宜春。早是自家無氣力，更被你一作伊，惡憐人。

《全唐五代詞》卷一長孫無忌《新曲二首其一》 儂阿家住朝歌下，早傳名。結伴來游淇水上，舊長情。玉佩金鈿隨步遠，雲羅霧縠逐風輕。轉目機心懸自許，何須更待聽琴聲？

《全唐五代詞》卷五薛昭蘊《相見歡》 羅襦繡袂香紅，畫堂中。細草平沙蕃馬，小屏風。 卷羅幕，憑妝閣，思無窮。暮雨輕烟魂斷，隔簾櫳。

《全唐五代詞》卷五薛昭蘊《女冠子》 求仙去也，翠鈿金篦盡捨。入喦巒，霧捲黄羅帔，雲彫白玉冠。

《全唐五代詞》卷五李珣《浣溪沙》 入夏偏宜澹薄粧，越羅衣褪鬱金黄，翠鈿檀注助容光。

《全唐五代詞》卷五李珣《南鄉子其九》 攏雲髻，背犀梳，焦紅衫映緑羅裾。越王臺下春風暖，花盈岸，遊賞每邀隣女伴。

《全唐五代詞》卷六顧敻《酒泉子其二》 羅帶縷金，蘭麝烟凝魂斷。畫屏欹，雲鬢亂，恨難任。

《全唐五代詞》卷六顧敻《應天長》 瑟瑟羅裙金線縷，輕透鵝黄香畫袴。垂交帶，盤鸚鵡，裊裊翠翹移玉步。

《全唐五代詞》卷六毛熙震《浣溪沙其二、其五》 天碧羅衣拂地垂，美人初著更相宜，宛風如舞透香肌。

雲薄羅裙綬帶長，滿身新裛瑞龍香，翠鈿斜映豔梅妝。

《全唐五代詞》卷六毛熙震《三字令》 春欲盡，日遲遲，牡丹時。羅幌卷，翠簾垂。 彩牋書，紅粉淚，兩心知。

《全唐五代詞》卷六歐陽炯《女冠子其二》 薄妝桃臉，滿面縱橫花靨。豔情多，綬帶盤金縷，輕裙透碧羅。

《全唐五代詞》卷七《敦煌詞・傾杯樂其二》 窈窕逶迤，體貌超羣，傾國應難比。渾身掛綺羅裝束，未省從天得知。臉如花自然多嬌媚，翠柳畫蛾眉，横波如同秋水。裙上石榴，血染羅衫子。 觀豔質語軟言輕，玉釵墜素綰烏雲髻。年二八久鎖香閨，愛引猧兒鸚鵡戲。十指如玉如葱，凝酥體雪透羅裳裏。堪娉與公子王孫，五陵年少風流壻。

《全唐五代詞》卷七《敦煌詞・長安詞其六》 孔雀知恩無意飛，開籠任性在宮闈。裁人亦見輕羅錦，欲取金毛繡武衣。

《全唐五代詞》卷七《敦煌詞・長安詞其二五》 欲得藏鈎語少多，嬪妃宮女任相和。每朋一百人爲定，遺賭三千疋綵羅。

《全唐五代詞》卷七《敦煌詞・長安詞其三七》 君王欲幸九成宮，便著羅衣換大紅。聞道教坊新逐鵲，莫教鸚鵡出金籠。

張先《張子野詞》卷一《醉垂鞭・贈琵琶娘，年十二之二》 朱粉不須施。花一作瓊枝小，春偏好。嬌妙近勝衣，輕羅紅霧垂。

張先《張子野詞》卷一《菩薩蠻》之二 嬌香堆寶帳，月到梨花上。心事兩人知，掩燈羅幕一作幔垂。

張先《張子野詞》卷二《醉落魄》 朱脣淺破桃花一作櫻桃萼，倚樓誰一作人在闌干角。夜寒手一作指冷羅一作春衣薄，聲入霜林，簌簌驚一作飛梅落。

張先《張子野詞》卷二《轉聲虞美人・霅上送唐彦猷》 一聲歌掩雙羅袖，日落亂山一作汀花春後。猶有東城烟柳，青陰長依舊。

張先《張子野詞》補遺上《南鄉子・送客過余淡，聽天隱二玉鼓胡琴》 天碧染衣巾，血色輕羅碎摺裙。百卉已隨霜女妒，東君，暗折雙花借小春。

梅堯臣《梅堯臣集》卷二《雨中歸》 來時雲冉冉，去值雨霏霏。莫怪羅衣濕，荆王夢罷歸。

梅堯臣《梅堯臣集》卷一四《相逢》 晚日南城歸，橋邊見郎去。遠遠逐郎迴，羅衣汗微污。不惜污羅衣，要與郎相顧。留連芳苑中，肯謝花夭婥。傍欄思晤言，羞畏情誰諭。草草各還家，幽懷是飛絮。

《梅堯臣集》卷一五《通判桃花廳》 翦羅作舞衣，奉君歡莫窮。與杯無愧者，避世武陵翁。

梅堯臣《梅堯臣集》卷一八《細雨樵行》 蛟人困臥寒潭底，怗波濛濛垂白綃。波上女兒飛輕橈，逆流自與郎去樵。風吹鬢髮不及撩，鴉翅卷起蕫尾翹。

濃纈羅帶長繞腰，日暮下來吹短簫。

蘇轍《欒城集》卷八《次韻王鞏上元見寄三首》之一　棄擲良宵君謂何？清天流月鑑初磨。莫辭病眼羞紅燭，且試春衫蒻薄羅。

蘇轍《欒城集》卷一六《太皇太后閣六首》其二　簾密風時度，宫深日倍長。紵羅隨節賜，黍麥趁新嘗。

賀鑄《東山詞》卷一《攀鞍態》　竚倚碧雲如有待，望新月、爲誰雙拜？細語人不聞，微風動、羅裙帶。

賀鑄《東山詞》卷一《緑羅裙》　東風柳陌長，閉月花房小。應念畫眉人，拂鏡啼新曉。　傷心南浦波，回首青門道。記得緑羅裙，處處憐芳草。

賀鑄《東山詞》卷一《西笑吟》　桃葉園林風日好，曲徑珍叢，處處聞啼鳥。翠珥金丸委芳草，轔羅塵動香裙掃。

張耒《柯山集》卷二〇《題扇二首》之一　越衫羅薄逆新凉，扇剪青綃秋水光。花前一把羅敷手，直到花殘襟袖香。

張綱《華陽集》卷一一《進士貢羅狀》　右狀。以别九州而作貢，蓋分任土之宜；供十笥以充庭，爰届始裘之候。非貴異物，式舉彛章。前件物本民事於蠶繅，敕女工之組麗。實諸厥篚，仰輸三服之勤；掌在尚衣，肅備九重之奉。敢兹塵冒，彌切震惶。

朱淑真《斷腸詞·生查子》　玉一作瘦減翠裙交一作腰支，病怯羅衣薄。不忍卷簾看，寂寞梨花落。

《全宋詞》辛棄疾《東坡引》　玉纖彈舊怨，還敲繡屏面。清歌目送西風雁，雁行吹字斷。雁行吹字斷。　夜深拜月，瑣窗西畔，但桂影、空階滿。翠幃自掩無人見，羅衣寬一半。羅衣寬一半。

《奩史》卷八七《綺羅門》　鄭允端《謝高氏姊惠素羅》云：「雪色香羅照眼明，阿兄相贈見深情。」《肅雝集》。

高啓《高青丘集》卷一一《美女篇》　新服製羅紈，光輝麗青陽。　上袂繡蛺蝶，下裙織鴛鴦。姍姍步春風，乍見驚欲翔。

文徵明《文徵明集·補輯》卷三《再和倪元鎮江南春》　朱絃疏，羽觴急，飜酒需裙絳羅濕。

王世貞《弇州續稿》卷二三《宫蠶》　摘來桑葉餧蠶肥，繅得流黄夜上機。愁説上方初進御，君王别選越羅衣。

陳子龍《陳子龍詩集》卷三《白紵舞歌》三首　託情要妙置君旁，含嬌流媚感中腸。如言不語整羅裳，飛烟拉揞香滿堂。【略】

美人遥夜來遲遲，輕羅華燭烟流離。操絃拂袖展光儀，微雲卻月山作眉。【略】

飄揺河漢雕雲明，素巾紅袖織羅輕。下有垂帶風中行，側身赴影忽若迎。

陳子龍《陳子龍詩集》卷一七《古意二首》其一　日暮吹羅衣，玉閨未遑入。非矜體自香，本愛當風立。

陳子龍《陳子龍詩集》卷一七《秋宫詞十首》其二　浴罷斜臨金水河，紫羅紈扇《採菱歌》。君王自愛長生殿，明月涼風殿後多。

鄭燮《濰縣竹枝詞》其一　羅綺成箱綉作堆，春衫窄袖好新裁。閨人不肯持刀尺，斷要姑蘇定織來。

錢大昕《潛研堂詩集》卷一《五雜組》　五雜組，羅紈垂。往復還，連錢騎。不得已，學馬醫。

愛新覺羅·弘曆《乾隆文集》卷八五《春羅·秋紗》　簇黄纈絳不須裁，織自女夷神杼來。封十八姨善相妬，紗羅消得錦成堆。

雜録

《太平御覽》卷八一六《布帛部三·羅》　《王孫子》曰：隨珠曜日，羅衣從風。

《漢武内傳》曰：帝以七月七日掃除宫掖之内，設大床於殿上，以紫羅薦地，燔百和香，燃九微燈，以待西王母。

《奩史》卷八七《綺羅門》　袁術後宫數百，皆服羅綺。《魏志》。

《白孔六帖》卷八　秋雲羅帕賈知微遇曾城夫人杜蘭香，以秋雲羅帕裹丹五十粒與生，曰：「此羅是織女繅玉繭織成，遇雷雨而密藏之。」後大雷雨，失帕所在。《麗情集》。

《太平御覽》卷八一六《布帛部三·羅》　《徐延年别傳》曰：進士姓徐，名延年，仙人以新黄羅衣衣之。

《廣博物志》卷三七　張仲舒爲司空，空中忽雨絳羅于其庭內，張惡而焚之，經宿抱病而死。《異苑》。

《舊唐書》卷一一八《元載傳》　内侍魚朝恩負恃權寵，不與載協，載常憚之。

大曆四年冬，乘間密奏朝恩專權不軌，請除之。朝恩驕橫，天下感怒，上亦知之，及聞載奏，適會於心。載遂結北軍大將同謀，以防萬慮。五年三月，朝恩伏法，度支使第五琦以朝恩黨坐累，載兼判度支，志氣自若，謂己有除惡之功，是非前賢，以爲文武才略，莫己之若。外委胥吏，內聽婦言。城中開南北二甲第，室宇宏麗，冠絕當時。又於近郊起亭榭，所至之處，帷帳什器，皆於宿設，儲不改供。城南膏腴別墅，連疆接畛，凡數十所，婢僕曳羅綺一百餘人，恣爲不法，侈僭無度。江、淮方面，京輦要司，皆排去忠良，引用貪猥。士有求進者，不結子弟，則謁主書，貨賄公行，近年以來，未有其比。

段成式《酉陽雜俎》卷一《忠志》 安禄山恩寵莫比，錫賚無數，其所賜品目有：【略】金鸞紫羅緋羅立馬寶。

李濬《松窗雜録·物之異聞》 韋殼尚書夢中所得軟羅頭巾。

郎瑛《七修類稿》卷七《國事類·紅羅幛》 太祖龍飛之地，舊有二郎廟一所，當時仁祖寓居其側。太祖生時，隣里遠望火光燭天，至曉視之，廟徙東北百餘步矣。仁祖因取西河水澡浴太祖，忽有紅羅浮水上來，遂用之以衣太祖，於是鄉人名其地爲紅羅幛。世皆傳之，人嘗疑之。予以商之玄鳥，周之火鳥，載之史册，不爲誣也。而聖人之生，要自有異，惜乎當時未奏收入《實録》，昨見《泗志補遺》載之甚詳也。

緞、紵絲

題解

田藝衡《留青日札》卷二二《織絲段子》 《玉藻》：士不衣織。織，音志。鄭玄注：染絲而織之也。今人以紵絲曰段子。余見宋人以褐亦稱段子。張文潛《雜志》曰：褐，毛布也，非今段子乎？則綾羅亦可同稱。

張自烈《正字通》卷八《糸部》 緞舊注同䋎，今厚繒，曰緞。

汪汲《事物原會》卷二四《段》 《名義考》：「今言段者，紈繒之堅美者。古無段之稱，其曰段者，猶言端疋也。」今人妄從絲作緞，非是。

徐珂《清稗類鈔·物品類·摹本》 摹本，絲織物也，一名花累，俗稱花緞。

徐珂《清稗類鈔·物品類·羽緞》 羽緞，亦稱羽毛緞，或曰嗶嘰，質厚如緞，故名。

綜述

樂史《太平寰宇記》卷七二《劍南西道一·益州》 土産：【略】舊貢：高杼衫緞。今貢：棹布衫緞。

樂史《太平寰宇記》卷八五《劍南東道四·陵州》 土産：緞。

《元史》卷九五《食貨三》 諸王

太祖叔答里真官人位：歲賜，段一百匹。

太祖弟搠只哈撒兒大王(子)淄川王位：歲賜，段三百匹。

太祖弟哈赤温大王子濟南王位：歲賜，段三百匹。

太祖弟斡真那顔位：歲賜，段三百匹。

太祖弟孛羅古䚟大王子廣寧王位：歲賜，段三百匹。

太祖長子朮赤大王位：歲賜，段三百匹，常課段一千匹。

太祖次子茶合䚟大王位：歲賜，段三百匹。

太祖第三子太宗子定宗位：歲賜，段五十匹。

太祖第四子睿宗子阿里不哥大王位：歲賜，段三百匹。

太祖第六子闊列堅太子子河間王位：歲賜，段三百匹。

太宗子合丹大王位：歲賜，段五十匹。

太宗子滅里大王位：歲賜，段五十匹。

太宗子合失大王位：歲賜，段五十匹。

太宗子闊出太子位：歲賜，段一百五十匹。

太宗子闊端太子位：歲賜，段五十匹。

睿宗長子憲宗子阿速臺大王位：歲賜，段三百匹。

又泰定三年，明里忽都魯皇后位下，添歲賜段五十匹。

睿宗子旭烈大王位：歲賜，段三百匹。

睿宗子末哥大王位：歲賜，段三百匹。

睿宗子撥綽大王位：歲賜，段三百匹。

世祖次子裕宗后位：歲賜，段一千匹。

世祖次子安西王忙哥剌位：歲賜，段一千匹。

世祖次子北安王那木罕位：歲賜，段一千匹。

世祖次子(平)〔寧〕遠王闊闊出位：歲賜，段匹物料，折鈔一千六百五十六錠。

世祖次子西平王奥魯赤位：歲賜，段匹物料，折鈔一千六百五十六錠。

世祖次子愛牙赤大王位：歲賜，段匹物料，折鈔一千六百五十六錠。

世祖次子鎮南王脱歡位：歲賜，段匹物料，折鈔一千六百五十六錠。

世祖次子雲南王忽哥赤位：歲賜，段匹物料，折鈔一千六百五十六錠。

世祖次子忽都帖木兒太子位：歲賜，段匹物料，折鈔一千六百五十六錠。

裕宗長子晉王甘麻剌位：歲賜，段一千匹。

后妃公主

太祖四大斡耳朵：大斡耳朵：歲賜，段七十五匹，常課段八百匹。

第二斡耳朵：歲賜，段七十五匹，常課段一千四百九十匹。

第三斡耳朵：歲賜，段七十五匹，常課段六百八十二匹。

第四斡耳朵：歲賜，段七十五匹。

世祖四斡耳朵：

第二斡耳朵：歲賜，段一百五十匹。

順宗后位：歲賜，段五百匹。

帶魯罕公主位：歲賜，段一十二匹。

勳臣

扎八忽娘子：歲賜，常課段四百七十匹。

西川城左翼蒙古漢軍萬户脱力失：歲賜，常課段三十三匹。

伯要歹千户：歲賜，段二十四匹。

典迭兒：歲賜，常課段六十四匹。

張廷玉等《續文獻通考》卷二八《土貢一》 元成宗大德元年二月，是月，減福建提舉司歲織段三千匹。其所織者加文繡，增其歲輸衲服二百。其車渠帶工別立提舉司掌之。【略】惠宗至正二年，福州路貢物，繡段一百匹。

張廷玉等《續文獻通考》卷二〇七《封建二》 太祖叔達爾札官人位，歲賜銀三十錠，段一百四(匹)〔匹〕五户絲。丙申年分撥寧州一萬户，延祐六年實有四千五百三十二户，計絲一千八百一十二斤。江南户鈔至元十八年撥南豐州一萬一千户，計鈔四百四十錠。

太祖弟柴濟薩哈勒大王淄川王位。淄川王惟見於《食貨志》，而紀、表皆無考。淄與齊同一地，當即齊王，又稱淄王也。柴濟薩哈勒當亦是追封淄川王。歲賜銀一百錠，段三百匹，五户絲。丙申年，分撥般陽路五萬四千四百九十三户。延祐六年，實有七千九百五十四户，計絲三千六百五十六斤。【略】

太祖弟和實衮大王子濟南王位。歲賜銀一百錠，綿六百二十五斤，小銀色絲五千斤，段三百匹，羊皮一千張，五户絲。【略】

臣等謹按：歲賜録有哈坦大王位五户絲，戊午年，分撥濟南漏籍二百户。延祐六年，實有一百九十三户，計絲七十七斤一條。【略】

又按：歲賜中有鄂爾根徹爾大王位下五户絲，丁巳年，分撥廣平三十户。延祐三年，實有五户，計絲二斤一條。【略】

太祖弟旺沁諾延位。歲賜銀一百錠，綿五千九十八斤，段三百匹。諸物折中統鈔一百二十錠。羊皮五百張，金一十六錠四十五兩，五户絲。丙申年，分撥益都路等處六萬二千一百五十六户。延祐六年，實有二萬八千三百一户，計絲一萬一千四百二十五斤。【略】

太祖弟巴勒噶岱大王子廣寧王位。巴勒噶岱即别里古台。歲賜銀一百錠，段三百匹，五户絲。丙申年，分撥恩州一萬一千六百三户。延祐六年，實有二千四百二十户，計絲一千三百五十九斤。【略】

呼喇濟大王，《世系表》作呼喇濟。五户絲。丁巳年，分撥廣平等處一百五十户。延祐三年，實有八十七户，計絲三十四斤。【略】

太祖長子卓沁大王位。歲賜段三百匹，常課段一千匹，五户絲。丙申年，分撥平陽四萬一千三百二户。戊戌年，真定晉州一萬户。【略】

太祖次子察罕台大王位。察罕台即察合台。歲賜銀一百錠，段三百匹，綿六百二十五斤。常課金六錠六兩，五户絲。丙申年，分撥太原四萬七千三百三十户。戊戌年，真定深州一萬户。延祐六年，實有一萬七千二百一十一户，計絲六千八百三十八斤。【略】

睿宗子實喇大王位。歲賜銀一百錠，段三百匹，五户絲。丁巳年，分撥彰德路二萬五千五十六户。延祐六年，實有二千九百二十九户，計絲二千二百一斤。【略】

太祖第四子睿宗子額嗧布格大王位。歲賜銀一百錠，段三百匹，五户絲。丙申年，分撥真定路八萬户。延祐六年，實有一萬五千二十八户，計絲五千一十三斤。【略】

睿宗子博綽大王位。歲賜銀五十錠，段三百匹，五户絲。丁巳年，分撥真定蠡州三千三百四十七户。延祐六年，實有一千四百七十二户，計絲六百一十二斤。【略】

睿宗子默格大王位。歲賜銀五十錠，段三百匹，五户絲。丁巳年，分撥河南府五千五百五十二户。延祐六年，實有八百九十户，計絲三百三十三斤。【略】

睿宗子蘇都勒格大王位。五户絲。壬子年，撥濟南等處五千户。延祐六年，實有五十户，計絲二十斤。【略】

太祖第六子科爾戩太子子河間王位。歲賜銀一百錠，段三百匹，五户絲。丙申年，分撥河間路四萬五千九百三十户。延祐六年，實有一萬一百四十户，計絲四千四百七十九斤。【略】

太宗子庫騰太子位。歲賜銀一十六錠三十三兩，段五十匹，五户絲。丙申年，分撥東京路四萬七千七百四十一户。延祐六年，實有一萬七千八百二十五户，計絲三千五百二十四斤。【略】

太宗子庫春太子位。歲賜銀六十六錠三十三兩，段一百五十匹，五户絲。丁巳年，分撥汴梁路在城户。至元三年，改撥睢州五千二百一十四户。延祐六年，實有一千九百三十七户，計絲七百六十四斤。【略】

太宗子哈斯大王位。歲賜銀一十六錠三十三兩，段五十匹，五户絲。丁巳年，撥汴梁路在城户。至元三年，改撥蔡州三千八百一十六户。延祐六年，實有三百八十八户，計絲一百八十四斤。【略】

太宗子哈坦大王位。歲賜銀一十六錠三十三兩，段五十匹，五户絲。丁巳年，分撥汴梁路在城户。至元三年，改撥鄭州。延祐六年，實有二千三百五十六户，計絲九百三十六斤。【略】

太宗子默嗧大王位。歲賜銀一十六錠三十三兩，段五十匹，五户絲。丁巳年，分撥汴梁路在城户。至元三年，改撥鈞州一千五百八十四户。延祐六年，實有二千四百九十六户，計絲九百九十七斤。【略】

睿宗長子憲宗子烏蘇台大王位。歲賜銀八十二錠，段三百匹。又泰定二年，鴻和特穆爾大王改封王，增歲賜銀一十錠。巴爾圖大王銀八錠，五户絲。癸丑年，查過衛輝路三千三百四十二户。延祐六年，實有二千二百八十户，計絲九百一十六斤。【略】

裕宗長子晉王噶瑪拉位。歲賜段一千匹，絹一千匹。【略】

世祖次子安西王莽噶拉位。歲賜段一千匹，絹一千匹。

世祖次子北平王諾摩罕位。歲賜段一千匹，絹一千匹。【略】

世祖次子雲南王和克齊位。歲賜銀五十錠，折鈔一千錠，段匹物件折鈔一千六百五十六錠。江南户鈔皇慶元年分撥福州路福安縣一萬三千六百四户，計鈔五百四十四錠。

世祖次子平遠王庫庫楚位。（平遠疑寧遠之訛。）歲賜段匹物料，折鈔一千六百五十六錠。銀五十錠，折鈔一千錠。

鄭曉《今言》卷四　正德十六年，工部言：內侍巾、帽、靴、鞋，合用紵絲紗羅皮張等料，成化間二十餘萬，弘治間三十餘萬，正德八九年至四十六萬，今至七十二萬。昔東漢永平中，始定宦官員，中常侍四人，小黄門十人。和帝以後，中常侍至十人，小黄門二十人。唐太宗詔內侍不立三品。中宗時黄衣二千人，員外至千人，衣紫者尚少。開元、天寶黄衣以上三千人，衣紫千人，其稱旨者輒拜三品，列戟于門。宋初，自供奉官至黄門，定員一百八十人。孝宗定二百人，後增至二百五十人。洪武二年，定置內使、監、奉、御凡六十人。今自太監至火者近萬人矣。

談遷《國榷》卷七八《神宗萬曆二十七年》　（二月）己未，工部言：皇長子婚禮袍緞，內織染局傳造數多，先年三分減一，乞裁之。命寬夙負，餘分十運，歲二運，完日仍補解。

談遷《國榷》卷九二《思宗崇禎六年》　（二月）丙戌，應天解緞四千三百三十四匹，承運庫太監周禮驗退二千六百七十八匹，責改造。于是應天府尹詹士龍言通判成克延督織造亦引咎。

《明實録・明武宗實録》卷一三　（正德元年五月丙申），內織染局奏行蘇、杭等府織造兩宫上用等段計二萬四千七百六十匹。尚書曾鑑等言：「四方多事，公私匱竭。科徵不息，民何以堪？宜暫停或量減。」上是之，曰：「既連歲災傷，其減三分之半，以甦民力。」

《明實録・明武宗實録》卷一六　（正德元年八月乙卯），令內官監左少監崔杲等往應天等府織造綵粧段匹。工部尚書曾鑑等奏曰：「皇上嗣位，下詔停免織造，德音方布，何以輒復沮之？今東南水旱相仍，生民失業，意外之虞，所當豫防。況綵粧段一匹，用數十人之工，踰半年而後可完；分外所費，尤難悉數。竊惟服以彰德，賞以酬勞。賞之有節，則得之者寶藏珍重以爲奇；濫則亦以尋常視之耳。伏望躬行節儉，裁抑賜予。或有應賞人員，止用織金段匹。差官宜暫免，勿使重困地方。」六科給事中陶諧等、十三道御史杜旻等亦具奏。弗聽。

《奩史》卷八七《綺羅門》　周憲王《元宮詞》：「剪絨緞子御前分。」《誠齋新録》。

顧炎武《肇域志・南直隸・鎮江府》　領縣三。田土三萬三千八百一十七頃一十三畝零，糧一十八萬九千八百三十石，絹二百一十九疋，四司額派銀一萬二千六百七十七兩零，入太倉庫銀三千二百三十一兩一錢，織造紵絲一千四百四十疋。

沈自南《藝林彙考・服飾篇》卷一〇《繒帛類》　《席上腐談》：《玉藻》云「士不衣織」，鄭氏注云：「織染絲織之。」《釋文》云：「織，織音志。」今訛爲注，遂稱織絲爲注絲。志、注，聲相近也。或寫爲苧絲，則又轉訛矣。《余氏辨林》：苧字音宁，不音志。

《康熙起居注・康熙二十七年》　〔正月二十一日〕，上曰：「太皇太后宮內銀兩緞疋，著賞賜姻戚。爾等會同理藩院將太皇太后姻戚分別遠近賞賜議奏。其先因未出痘令回部落者，若留此地，亦可以終其事，伊等亦應一體賞賜。」著議奏。」諸大臣會議，奏曰：「先至近戚內科爾沁國和碩達爾漢親王班第額駙、多羅貝勒巴克西固爾、一品台吉阿畢達、阿齊圖、巴特馬西、吴爾圖納蘇圖、巴木布喇、西伯奇額齊爾，此八人應賞銀各三百兩，緞各十五疋。二品台吉吴爾圖納蘇圖、畢禮克圖、畢禮滾達賴、查西、顧禄、喇西、希布薩馬第、額爾澤圖，三品台吉納木喀、固山額駙吴勒木濟，四品台吉額爾黑圖、額齊爾、蘇柱克圖、額齊爾、吴爾胡滿、畢木巴里、額齊爾、畢禮克圖、額齊爾、畢禮克圖，原王職額齊爾，未授品級台吉甘第沙，此二十二人應賞銀各二百五十兩，緞十二疋。後至近戚多羅郡王畢禮克圖，一品台吉班第、格勒爾圖、綽克圖、阿津、魯奇巴、阿喇納、阿里魯克散、達散木、巴圖、額爾德尼、額齊爾，此十二人，應賞銀各二百兩，緞各十疋。二品台吉諾木德爾格勒固魯克齊，三品台吉沙克扎，四品台吉董胡里、額齊爾、畢里克圖、諾木齊、額爾德尼、畢里克圖、額爾德尼、畢里滾達賴、畢里滾達賴未滿歲數台吉丹達禮，此十二人應各賞銀一百五十兩，緞各八疋。先至遠戚內多羅秉圖郡王額濟殷、王代布、扎薩克圖王額齊爾，此三人應各賞銀二百兩，緞各十疋。貝子納孫、公蟒沙、一品台吉喇第，此三人應各賞銀一百五十兩，緞各八疋。二品台吉莫倫泰、噶爾畢、達納、阿畢達，三品台吉額林臣沙里，四品台吉伊喇固克山、渾濟希、諾木齊、巴雅思胡朗、額林臣、塞因查克、班柱爾、蘇魯木、諾爾布、查渾、阿木爾靈歸、班第、薩馬第、班第斯希布、喇薩、喇里達、阿畢達，此二十三人，應各賞銀一百兩，緞各六疋。後至貝勒沙津應賞銀二百兩，緞十疋。一品台吉布達應賞銀五十兩，緞四疋。計共賞銀一萬五千七百兩，緞八百六疋。

劉廷璣《在園雜志》卷一　緞與靫同，多貫切，音段，履之後帖也。今厚繒通名曰緞，有五絲、八絲、內造、漢府、官素、平花、帽緞、閃緞、倭緞各種，花紋顏色隨時變幻，亦窮工極巧矣。前代惟綾、錦、綢、羅、刻絲、衲紗之類，至於緞，不獨未見，亦未聞也。近由東洋入中國者，更有羽緞、羽紗、嗶吱緞、哆囉呢，據云可爲雨具，試之，終遜油衣，其價甚昂，亦前代所未聞者。

周廣業《循陔纂聞》卷一　《名義考》云：今言段者，紈縎之堅美者，古無段之稱，其曰段者，猶言端匹也。今人妄從絲，作緞，非是。余按《杜工部集》「有遺織成錦段」，段字僅見于此。《續松漠紀聞》云：耀段褐色，涇段白色，生絲爲經，羊毛爲緯，好而不耐。豐段、駞毛段，其色有褐，有白，然非今中土所謂緞也。《玉海》載宋太宗端拱元年，幸國子監，賜李寬繡段百疋。至靖康末，金人索表段百萬疋。不知與今所尚者何如，然明世尚無緞。今之緞，熟絲織成，五色皆有，價最貴，意即古所謂縑。縑，兼也，絹之兼絲而細密堅緻，不漏水者也。古詩「新人工織縑，故人工織素」，是縑爲五色絲所織可知，而《晉令》縑一匹，當絹六丈，則在當時價已昂貴矣。今則無貴賤皆服之。

邁柱等《九卿議定物料價值》卷二《緞疋》　金黄粧緞，幅寬貳尺貳寸。每丈舊例銀柒兩，今核定銀陸兩伍錢。

紅片金，幅寬貳尺貳寸。每丈照舊例，今核定銀貳兩伍錢。

青衣素緞，寬貳尺貳寸。每丈舊例銀壹兩伍錢，今核定銀壹兩柒錢肆分玖毫伍絲。

白雲緞，寬貳尺。每丈舊例銀壹兩捌錢叁分貳釐，今核定銀壹兩肆錢。

明黄雲緞，幅寬貳尺。每丈照舊例，今核定銀壹兩肆錢。

金黄雲緞，幅寬貳尺。每丈舊例銀貳兩，今核定銀壹兩肆錢。

月白雲緞，幅寬貳尺。每丈舊例銀壹兩捌錢叁分貳釐，今核定銀壹兩肆錢。

白素緞，幅寬貳尺。每丈舊例銀壹兩柒錢柒分貳釐，今核定銀壹兩肆錢。

金黃素緞，幅寬貳尺。每丈舊例銀壹兩柒錢陸分玖釐，今核定銀壹兩肆錢。

藍素緞，幅寬貳尺。每丈舊例銀壹兩柒錢陸分玖釐，今核定銀壹兩肆錢。

石青緞，幅寬貳尺。每丈舊例銀壹兩柒錢陸分，今核定銀壹兩肆錢。

紅彭緞，幅寬貳尺。每丈舊例銀壹兩伍錢，今核定銀壹兩叁錢伍分。

緞疋無舊例

內造金黃五爪寸蟒粧緞，幅寬貳尺貳寸。每尺今核定銀柒錢玖分叁釐伍毫。

大紅粧緞，幅寬貳尺貳寸。每尺今核定銀陸錢伍分。

藍倭緞，幅寬壹尺伍寸。每尺今核定銀伍錢。

石青倭緞，幅寬壹尺伍寸。每尺今核定銀伍錢。

藍緑片金，幅寬貳尺。每尺今核定銀壹錢捌分。

金黃片金，幅寬貳尺貳寸。每尺今核定銀貳錢伍分。

金黃串枝蓮片金，幅寬貳尺。每尺今核定銀壹錢捌分。

石青片金，幅寬貳尺。每尺今核定銀壹錢捌分。

石青錦，幅寬貳尺。每尺今核定銀壹錢捌分。

緑錦，幅寬貳尺。每尺今核定銀壹錢捌分。

大紅雲緞，幅寬貳尺貳寸。每尺今核定銀貳錢。

明黃素緞，幅寬貳尺。每尺今核定銀壹錢肆分。

青雲緞，幅寬貳尺。每尺今核定銀壹錢肆分。

緑雲緞，幅寬貳尺。每尺今核定銀壹錢肆分。

緑彭緞，幅寬貳尺。每尺今核定銀壹錢叁分伍釐。

緞疋

户部例

各色漢府緞，每丈照舊例，今核定銀貳兩叁錢。

藍閃緞，每丈照舊例，今核定銀壹兩陸錢。

黃本驥《湖南方物志》卷五《岳州府》 岳州貢紵絲。（《宋史·地理志》）

官修《清會典》卷二一《户部·八旗·俸餉處》 凡在京之支款，有官俸。俸有銀，有米，有緞。其滿洲官俸米，雲南司覈之。俸銀俸緞內，如宗室、王、公、公主、額駙、八旗世職官、八旗文武職官俸，皆俸餉處覈之。【略】凡俸之別有八：一曰宗室之俸，其等二十有一。【略】公主格格之俸，其等十有四。【略】下嫁外藩固倫公主歲支俸銀一千兩，緞三十疋。和碩公主四百兩，緞十五疋。郡主一百六十兩，緞十二疋。縣主一百十兩，緞十疋。郡君六十兩，緞八疋。縣君五十兩，緞六疋。鄉君四十兩，緞五疋。六品格格三十兩，緞三疋。其額駙之俸。固倫公主額駙歲支俸銀三百兩，緞十疋。和碩公主額駙二百五十五兩，緞九疋。郡主額駙一百兩，緞八疋。縣主額駙六十兩，緞六疋。郡君額駙五十兩，緞五疋。縣君額駙四十兩，緞四疋。

官修《清會典》卷二四《户部·內倉》 緞疋庫，郎中，滿洲一人。員外郎，滿洲二人。司庫，滿洲二人。掌紬緞、布疋之出納。

凡緞疋，有額解。每年定額解部。山東棉布二千三百疋。山西生素絹一千二百疋，農桑絲絹三百疋，三梭棉布二千四百九十八疋有奇。河南棉布三千六百九十八疋。江蘇五色三梭布五千疋，棉布二萬七千三百六十七疋。安徽白麻三萬四千一百五十八斤。江西苧布五千四百九十六疋。浙江絲綿二百斤，白絲八千五百斤。以上額解各項，如庫藏有餘，酌令停辦。有添解。江寧、蘇州、杭州三織造，應辦解大蟒緞、小蟒緞、金綫蟒緞、暗蟒緞、三等蟒緞、立蟒緞、大閃緞、小閃緞、粧花緞、寸蟒粧緞、次粧緞、中錦、草錦、金字緞、補緞、補服料、羅緞、片金羅、片金倭緞、帽緞、次帽緞、滿水緞、裙蟒緞、蟒紗、立蟒紗、粧花紗、裙蟒紗、紗片金金字紗、補紗、大緞、次大緞、亮花緞、衣素緞、次衣素緞、各色光素緞、次光素緞、揚緞、次揚緞、彭緞、次彭緞、宫紬、各種紗羅、紡絲、綾、西絹、杭紬、三梭布、三綫布、油墩布、苧布、白苧布、夏布、絲緯、絲絨、繡綫、絹綫、生絲、黃絲、手帕等項，每年視庫儲應需某項，酌覈數目，於上一年八月奏交各織造辦解。再有不敷，隨時添辦。各權其重而納焉。驗收緞疋分兩輕重，祇須合總稱驗，不足者駁令回換，不得逐件稱計。花樣舊則更之。三處織造需用花本，十年更換一次。

官修《清會典則例》卷一四〇《理藩院·旗籍清吏司》 聖祖仁皇帝每年施恩，賞給哨圍蒙古扎薩克官兵王、貝勒、貝子、公、扎薩克台吉等，皆按爵秩賞給衣服、鞓帶、佩刀、弓矢、撒袋等物。台吉官員等，各賞給大段一疋。驍騎校，各賞給彭段一疋。兵丁，各賞給銀三兩或六兩不等。今六會輪行衣服刀矢等物，既難遠攜，應將領兵之王等三人，各賞立蟒段一疋，襴蟒段一疋，大段四疋。貝勒三人，貝子一人，公二人，各賞給蟒段或襴蟒段一疋，大段三疋。協理台吉等十有七人，各賞大段一疋，官用段二疋。閒散台吉等二十七人，各賞大段一疋。管旗都統、副都統二十二人，各賞官用段一疋。驍騎校六十五人，各賞彭段一疋。兵丁萬一千人，各賞銀三兩。應於乾隆五年，遣大臣察看之時帶往賞給。

官修《清會典則例》卷一四一《理藩院·王會清吏司》 一、賞賚。國初，定內扎薩克固倫公主、和碩公主、親王以下公以上，請安進貢來京，本身無賞。如固倫公主、和碩公主、親王、郡王遣使請安者，來使賞給洋段一，彭段一，三梭布十有二。僕從，布四。郡主、郡君、貝勒、貝子、公來使，賞給彭段一，布八。僕從，布三。進貢來京之台吉、都統子男、副都統，賞給大段一，彭段一，布十有二。參領、佐領、騎都尉、雲騎尉、達爾漢等，賞給洋段一，彭段一，布七。王府長史、一二三等護衛、典儀閒散人等，賞給彭段一，布六。本身不來，遣使前來進貢者，來使賞給彭段一，布四。此外隨伊主前來者，均無賞。至有姻戚之台吉等，本身不來，準遣使請安進貢。其餘小台吉以下驍騎校以上，本身不來，不準遣使。【略】

康熙九年，題準年節來朝之歸化城土默特都統等，各賞三等漆鞍一、段七、茶一簍。

十三年，題準賞年節來朝之王、貝勒、貝子、公、台吉等，各分等次，親王雕鞍一、銀茶筩、茶盆各一，段三十六，茶五簍。郡王雕鞍一、銀茶筩一，段二十九，茶四簍。貝勒雕鞍一、銀茶筩一，段二十二，茶三簍。貝子漆鞍一、銀茶盆一，段十有四，茶二簍。鎮國公、輔國公各漆鞍一、銀茶盆一，段十，茶二簍。一二等台吉漆鞍一，段七，茶一簍。三四等台吉漆鞍一，段五，茶一簍。科爾沁土謝圖，卓里克圖、達爾漢三親王，加賞甲胄一副，段八。扎薩克圖郡王加賞銀茶盆一、段六。

二十四年，定內扎薩克四十九旗，每年遣進羊酒聽事人，賞給彭段一，布八。僕從，布三。【略】

五十四年，覆準鄂爾多斯請安進貢，照伊來使品級賞給諸物，交與內務府武備院製造，俟起程時賞給。

又覆準賞年例，來朝之王、貝勒、貝子、公、台吉等，段疋、雕鞍、銀茶筩、茶盆、黄茶等物，各照價直折銀賞給。其有加賞甲胄段幣者，亦按數折銀加賞。

五十五年，諭近來所賞蒙古衣帽、撒袋、腰刀、鞍轡、段疋、茶布等物，實爲粗陋。嗣後如賞內扎薩克、喀爾喀，照定價略減，折銀賞給。如賞歸化城、西藏、厄魯特、俄羅斯，著內務府武備院製造賞給，仍詳議具奏，欽此。【略】

康熙六十一年，奏準蒙古隨圍之多羅郡王四人，各賞緯帽一，綿龍段袍一，粧段褂一，鍍金環佩帶一副，韃韈、皮韈各一雙，腰刀一。嵌綠松石、珊瑚撒袋一副，弓矢全。貝勒四人、貝子二人、公四人，各賞給緯帽、段袍、段褂、佩帶、韃韈、皮韈如前。不給腰刀、撒袋、弓矢。扎薩克一等台吉一人，賞如貝勒等，惟不給段褂。台吉塔布囊、都統、副都統、參領、佐領、侍衛、總管、副管、驍騎校等，共計四百二十二人，各賞官用段一。隨圍驍騎長槍手、鳥槍手、前鋒、護軍、領催、哈嘛爾、嚮導、捕户等，共計千七百四十二人，各賞銀六兩。牽駝馬人及蒙古王等之閒散隨從人共計五百八十五人，各賞銀三兩，毛青布一。

乾隆六年，奏準此番管理圍場並無王等，無庸議外，其管理圍場之科爾沁敖漢、翁牛特、喀喇沁等處，貝勒三人，貝子一人，公三人，多羅額駙一人，固山額駙一人，台吉、塔布囊七十二人，侍衛官員二百二十五人，皆照康熙六十一年之例賞給。其隨圍之驍騎捕户人等，共千八百十有一人，照舊例賞銀六兩外，遵旨各加賞銀三兩。牽駝馬人、趕車人等共二百九十六人照舊例賞銀、布外，遵旨各加賞銀一兩五錢。再貝勒公等之護衛官員，亦應照前例各賞毛青布一、銀三兩。奉旨科爾沁土謝圖親王等十五人，各加賞緯帽一頂，粧段衣一襲，佩帶、靴、韈各一事。科爾沁、達爾漢親王等三人，各加賞刀一，弓矢全撒袋一副，上用龍段一。塔布囊、敏珠爾拉布坦加賞腰刀一，弓矢全，撒袋一副。哈嘛爾行走三十一人，各加賞官用段一。額駙策凌雖未隨圍，亦照隨圍親王之例賞給一分，其賞給之物，交伊子公車布登扎布寄去。十二年，議準嗣後前往哨鹿圍場請安、隨圍之王、貝勒、貝子、公、台吉等，止賞段疋者，按數賞給，若賞賜衣服，亦酌量折給段疋。

一、俸幣　固倫公主，俸銀千兩，俸段三十。和碩公主，俸銀二百兩，俸段十有二。郡主，俸銀百五十兩，俸段十。縣主，俸銀百兩，俸段八。郡君，俸銀五十兩，俸段六。縣君，俸銀四十兩，俸段五。鄉君，俸銀三十兩，俸段四。固倫公主之固倫額駙，俸銀三百兩。和碩公主之和碩額駙，俸銀二百兩，俸段各九。郡主額駙俸銀百兩，俸段八。縣主之多羅額駙，俸銀五十兩，俸段五。郡君之多羅額駙，俸銀四十兩，俸段四。縣君之固山額駙，俸銀三十兩，俸段三。科爾沁土謝圖、卓里克圖、達爾漢三親王，俸銀二千五百兩，俸段四十。其餘親王，俸銀二千兩，俸段二十五。科爾沁扎薩克圖郡王俸銀千五百兩，俸段二十。其餘郡王，俸銀千二百兩，俸段十有五。貝勒，俸銀八百兩，俸段十有三。貝子，俸銀五百兩，俸段十。鎮國公，俸銀三百兩，俸段九。輔國公，俸銀二百兩，俸段七。扎薩克台吉，俸銀百兩，俸段四。一等子，俸銀二百五兩。二等子，百九十二兩五錢。三等子，百八十兩。一等男，俸銀百五十五兩。二等男，百四十二兩五錢。三等男，百三十兩。一等輕車都尉，俸銀百有五兩。二等輕車都尉，九十二兩五錢。

三等輕車都尉，八十兩。騎都尉，俸銀五十五兩。雲騎尉，俸銀四十二兩五錢。

官修《清會典則例》卷一四二《理藩院・典屬清吏司》 一、喇嘛進貢 達賴喇嘛、班臣額爾德尼間年輪班遣使進貢，貢道由西寧至京師，寓居西黄寺。貢物有壽帕、銅佛、舍利、珊瑚、琥珀、數珠、藏香、氆氇之屬，來使各附進壽帕、銅佛、藏香、氆氇有差。又貢慶祝禮番名丹舒克。有五色壽帕、銀滿達、七珍八寶、八吉祥佛像、金字經、銀塔、紅花諸物，除照例折賞外，回時皆奉旨慰問，加賜達賴喇嘛重六十兩鍍金銀茶筩一、鍍金銀鉼一、銀鍾一、各色段三十、大壽帕五、小壽帕四十五、色壽帕十，正使二等雕鞍一、重三十兩銀茶筩一、茶盆一、段三十、毛青布四百、豹皮一、虎皮三、江獺皮五，副使三等蟒段一、方補段一、大段一、三梭布二十四，從人彭段各一、三梭布各八。加賜班臣額爾德尼重三十兩銀茶筩一、鉼一、鍾一、各色大段二十、大小壽帕各十，來使金黄蟒袍一、重三十兩銀茶盆一、段一、毛青布六十二，從人段各二、毛青布各二十，從役段各一、毛青布各十。日給正使銀二錢，副使銀一錢五分，從人各一錢，覈給四十日路費，送至西寧。

【略】

〔乾隆十六年〕又議準察木道帕克巴拉丹拜尼瑪胡圖克圖遣使來朝，進貢金椀、黄連，照例折賞外，賜帕克巴拉丹拜尼瑪胡圖克圖重三十兩銀茶筩一、各色大段十有二、大小壽帕各七。正使，三等蟒段一、段二、布二十四。副使，段二、布十有二。從人，布六。回時，由院差領催一名照看。照例雇給騎駄之贏。

《清會典則例》卷一四三《理藩院・柔遠清吏司》 一、賞賚 順治十二年，題準每年進貢九白之扎薩克等，賞給重三十兩銀茶筩各一、茶盆各一、段各三十、布各七十，賞來使段各三、布各二十四，僕從布各六。

康熙三十年，奏準喀爾喀貝勒初次進貢，應賞給備漆鞍馬一匹、銀茶盆一、蟒段狐皮袍一襲、熏貂帽一、鍍金鞓帶佩小刀手帕荷包一副、靴韈各一、雙段十有五、布百五十。

又奏準喀爾喀等同内扎薩克受封一切賞賜，亦應比照内扎薩克。凡請安進貢之喀爾喀親王以下、公以上，本身前來者不賞外，如遣使親王、郡王，來使賞段二、布十有二，僕從布四。貝勒、貝子、公等，來使段一、布八，僕從布三。進貢來之台吉、都統、副都統賞段二、布十有二。參領、佐領、達爾漢段二、布七。王等之長史、護衛、典儀、驍騎校、閒散人等，段一、布六。再喀爾喀土謝圖汗、車臣汗等，遣使前來，仍照前例，伊所屬宰桑、護衛等，本身前來進貢者，準令進貢，此内土謝圖汗之古什宰桑照都統例賞給，其餘宰桑等，均照參領例賞給，護衛等照王之護衛等例賞給。【略】

又覆準賞年例，來朝之喀爾喀親王，視内扎薩克郡王例，郡王、貝勒視貝子例，貝子、公、台吉等，各視其品級爲差，所賞段、布、鞍轡、銀茶筩、銀茶盆、茶葉諸物，照價直由户部折銀賞給。【略】

一、俸幣 汗俸二千五百兩，段四十。親王俸二千兩，段二十五。世子俸千五百兩，段二十。郡主俸百五十兩，段十。縣主俸百兩，段八。郡王俸千二百兩，段十有五。貝勒俸八百兩，段十有三。貝子俸五百兩，段十。鎮國公俸三百兩，段九。輔國公俸二百兩，段七。扎薩克、一等台吉俸百兩，段四。乾清門行走、一等台吉俸百兩，二等八十兩，三等六十兩，四等四十兩。陣亡世襲一等台吉減半歲俸五十兩，副都統減半歲俸七十七兩五錢，騎都尉五十五兩，雲騎尉四十二兩五錢，八品官二十兩，達爾漢二十兩，段四。内大臣九十兩，散秩大臣六十五兩，三品總管同。

康熙三十一年，覆準喀爾喀王、貝勒、貝子、公、台吉，應給與俸禄照内扎薩克之例頒給。

三十六年，定賜達爾漢封號，奉旨令食俸者給銀二十兩、段四。【略】

〔雍正〕十年，議準喀爾喀世子多爾濟塞布騰俸銀，照宗室世子五分之一，每年給銀千五百兩，段照親王減五匹，準給二十。

又定青海長子索諾穆丹津俸幣，照貝勒例，每年給銀八百兩，段十有三。

【略】

十一年，覆準喀爾喀土謝圖汗、車臣汗、扎薩克圖汗俸幣，照親王例，加增每年各給銀二千五百兩，段四十。【略】

一、喀爾喀澤卜尊丹巴、胡圖克圖朝貢 康熙三十年，覆準澤卜尊丹巴、胡圖克圖進貢九白，照定例賞給三十兩銀茶筩一、茶盆一、段三十、布七十，賞來使段三、布二十四，僕從布六。【略】

又定澤卜尊丹巴、胡圖克圖本身來朝進貢，賞給雕鞍一、備漆鞍馬一、重五十兩銀茶筩一、茶盆二、黄蟒段貂皮袍褂一、襲黄裏貂皮端罩一件、黄蟒袍一件、靴韈各一、雙段五十、布四百，隨來之台吉喇嘛、格蘇爾班第等，各賞給羊皮蟒段緣領袖段袍一件、段二、布二十。【略】

三十七年，奏準澤卜尊丹巴、胡圖克圖來朝進貢，賞給雕鞍一、重五十兩銀茶盆一、黄蟒段袍褂一襲、靴韈各一雙、段三十、布三百，隨來之大喇嘛族中，台吉喇嘛、胡圖克圖之養子台吉，各賞給段二，宰桑喇嘛、宰桑護衛各段一。【略】

一、西番各寺　順治八年，河州宏化顯慶寺各遣番僧貢舍利、銅塔、佛像、番犬及馬、駝、氆氌、豹皮、酥油諸物。

十年，西寧瞿曇寺國師貢舍利、藏菩提數珠、琥珀、氆氌、猞猁猻皮、狼皮、狐皮、酥油、馬，浄寧菩提寺國師、浄覺寺國師、慈利寺國師、禪師、延壽寺國師、普法寺國師、吉祥寺禪師、伊爾結寺番僧，各進貢方物，與宏化顯慶寺相等，自瞿曇至伊爾結止八寺，慈利寺國師、禪師各自爲貢，故稱九寺。賞給各寺國師、禪師，采段表裏各一、紵絲衣各一襲，靴韈各一雙，班第僧徒紅布衣各一襲，靴韈各一雙。國師加采段各二、漆鞍各一，禪師暨喇嘛頭目加采段各一、漆鞍各一。貢馬者，每馬給表段一、裏一、絹一，貢駝者，每駝給采段表裏各三、絹四。

又西寧西納演教寺國師，貢舍利、琥珀數珠、珊瑚數珠、青金石數珠、菩提數珠、花毯、西域毯、氆氌、腰刀、猞猁猻皮、艾葉豹皮、金錢豹皮、狼皮、狐皮、馬、駝、牛、酥油諸物，賞國師采段表裏各一、紵絲衣一襲、布一、靴韈各一雙，加賞銀茶筩一、茶盆一、漆鞍一、紅段袈裟一件、段四、茶千二百斤，其餘隨貢之番僧，采段表裏各一、布各一、靴韈各一雙，衣各一件，其馬、駝之賞與瞿曇等九寺同。

又河州端嚴宏化等寺番僧進貢，喇嘛每名賞給紵絲衣一襲、布一、采段表裏各一、靴韈各一雙、茶六十斤，貢馬每匹給紵絲一、絹一，或折銀，貢駝之賞如瞿曇等寺，靴韈皆折銀，内惟端嚴寺加段一、漆鞍一。

《清會典則例》卷一四三《理藩院·徠遠清吏司》　一、商税。回部舊制：外藩商人在回部貿易者，二十分抽一。回部商人往外藩各部落貿易者，十分抽一。自回部入版圖後，外藩商人在喀什噶爾、葉爾羌諸城貿易者，三十分抽一。其段、布、皮張則二十分抽一。本部商人往外藩各部落貿易者，二十分抽一。其段、布、皮張則十分抽一。若牲畜貨物不及抽分之數，馬一匹抽分一騰格。大牛一頭，收二十五普兒。小牛一頭，半之。【略】

一、朝覲　雍正四年，奏準哈密貝子來使。回時，管旗章京、美楞章京，各賞段二，布十有二。參領、佐領，段二，布七。驍騎校，段一，布六。【略】

〔乾隆〕三年，奏準隨從吐魯番公來京之正千户，照哈密佐領例；副千户、正百户，照驍騎校例，賞給段布。

《清會典則例》卷一五九《内務府·廣儲司》　乾隆三年，覆準庫貯之采紬采布，俟用至十年後，該庫官詳加揀選，尚堪應用者留庫，餘覈明數目，交衣庫修補。直宿兵丁被褥等物，所闕紬布，仍令織造補織。【略】

一、供奉　順治初年，定御用禮服及四時衣服，各宫及皇子公主朝服衣服，均依禮部定式，移交江寧、蘇州、杭州三處織造恭進。【略】

又奏準年例恭進皇太后宫金銀，各上用段、紗、紬、綾、貂皮、細布、金線、絨紝線、棉線、棉花，皇后、妃、嬪各宫分上用段、紗、紬、綾、貂皮、細布、金線、絨紝線、棉線、棉花，皆據宫殿監來文，照例備辦，奏聞恭進。【略】

乾隆四年，議準圓明園直班處備用定爲銀五千兩，上用段十疋，龍段、粧段各五疋，各色花素段、寧紬各四十疋，官用蟒段十疋，官用段三十疋，彭段二十疋，五等貂皮一百五十張，黄貂皮二百五十張。【略】

一、皇子公主婚嫁　康熙年間定，皇子娶福晉，應用朝衣、朝冠、項飾、簪環、鐲釧、鈕扣、段疋、皮張及賞賜福晉之母家銀幣等物，皆準掌儀司奏定數目備辦。

又奏準公主下嫁應用朝衣、朝冠、數珠、簪環、項飾、帳褥、器皿及金銀紬段、布疋等物，皆準掌儀司奏定數目備辦。

一、奏銷　順治初年，定庫内出入金銀制錢、段紗、紬、綾、羽段、氆氌、人參、紙張、各色皮張、銅、錫等物，均於次月繕摺具奏。

一、織造　順治初年，定江寧、蘇州、杭州織造諸局，各遣監督一人，筆帖式、庫使各一人，三年更代。

十八年，奏準一年更代。

又奏準供奉上用段疋，三處織造輪委官員筆帖式，馳驛由陸路運送官用段疋，輪委筆帖式、庫使，由水路運至楊村，報府移咨兵部，用官車起運交庫。

康熙元年，奏準三處織造，各增設庫使一人。

二年，奏準三處織造，各簡府屬賢能司官一人，筆帖式二人，庫使一人，給與關防。勅書不必限年更代。

六年，奉旨三織造各設司庫一人，即於彼處庫使内選用。

又奏準每年上用段、官用段，均由水運，停止官車撥送。令該織造酌量雇車運京交庫。如有需用緊要段疋，豫咨該織造承辦，動支盈餘銀爲運費，仍由陸路依限交庫。

又奏準上用段，仍由陸路雇贏運送至京。官用段，仍歸水運。三處各有龍衣船二號，歲支修理銀千兩，各裁汰一號。再蘇州造辦各色布，亦準動支盈餘銀，爲雇船運費。

又奏準每年應用段、紗、金線之屬，均於豫年八月內分咨織造承辦。

乾隆十年，奏準三處織造段疋：上用絲，每兩原價銀八分九釐，酌加二分一釐；官用絲，每兩原價銀八分八釐，酌加一分二釐。如遇絲價平減年分，仍令據實報銷。

又奏準三織造於歲終奏銷時，除造册呈堂外，別造副册一分，送司察覈。

一、敬神　順治初年，定每月宫中祭神，應用上等朝鮮貢紙、浄竹料、連四紙棉線，均照數送進。

又定每年四月初八日，堂子浴佛，用浄棉朝鮮貢紙及贊祀所服女朝衣二分，皆據司俎官來文給發。

又定每年春夏秋冬四孟月敬神用五兩重金二錠、五十兩重銀二錠，上用龍段、襴龍段、龍粧段、片金段、閃段、倭段、暗花段、醬色段、金黄段，官用石青補段各一，毛青、翠藍細布各二十，由掌儀司奏定日期，總管率銀庫、段庫官，將金銀段布送進，交宫殿監內監等供設敬神。禮成第三日，宫殿監內監等送出，交會計司辦理。

又定每年春秋二季立杆大祭，用九色紬綾、素夏布、棉線、朝鮮貢紙、浄竹料、連四紙、染紙用槐子白礬，及女朝衣二分，皆據司俎官來文給發。

又定每年春秋二季爲馬祭。神用紅色、青色大潞紬，緑色小潞紬，三等朝鮮貢紙，浄竹料，連四紙，棉線，藍布等物，皆據司俎官來文給發。

又定凡遇皇子分封移徙之後，府中初次祭神，並造幔褥祭器等物，所用金銀段布，據掌儀司奏定數目給發。【略】

一、較射賞賜　康熙十二年，定凡奉旨較射，領侍衛內大臣及侍衛等，有射十矢中九矢者，賞鞍馬一。中八矢者，賞蟒段一、段一。中七矢者，段一、紬一。中六矢者，洋段一、紬一。中五矢者，彭段一、紬一。中四矢者，段一。三旗內府護軍領催驍騎槍手等，中一矢一槍者，賞銀五錢。中十矢十槍以下、八矢八槍以上者，加賞弓一張，折銀三兩。

十三年，定三旗內府護軍校護軍等，有射十矢中八矢以上者，賞段一、紬一、弓一。中七矢者，段一、紬一。中六矢者，段一。中五矢者，洋段一。中四矢者，彭段一。中三矢者，紬一。中二矢者，布三。中一矢者，布二。

十五年，定內府三旗佐領內管領下官員護軍驍騎等，較試騎射、步射，皆列優等者，賞內用段一、靴箭一。步射優而騎射中等，騎射優而步射中等者，賞官段一。或止騎射優、或止步射優，或騎射步射皆中等者，賞洋段一，或彭段一。或止騎射中等、或止步射中等者，賞紬一。槍手放槍，三次全中者，賞彭段一。中二次者，布二。中一次者，布一。

十九年，定三旗內大臣侍衛有射十矢中九矢者，賞蟒段一、段三。中八矢者，蟒段一、段二。中七矢者，段三。中六矢者，段二。中五矢者，段一。中四矢者，彭段一。

二十年，定領侍衛內大臣侍衛等，射十矢全中者，賞蟒段一、段四。餘照十九年之例賞給。

乾隆十六年，定凡遇車駕巡幸，扈從王公大臣、御前較射應賞段疋，據領侍衛內大臣來文頒給。

一、賞賜藩服　順治初年，定蒙古扎薩克等進貢馬、駝，分别等次，馬作價自一百三十兩至十兩，駝作價自六十兩至十有五兩各有差，均折給段疋。

康熙十四年，奏準歸化城居住之喇嘛蒙古等貢馬，均折半賞給。

二十三年，奉旨，嗣後歸化城喇嘛進貢，不必折半給賞，餘仍折半給賞。遵旨議準蒙古貢物折銀不及二兩五錢者不賞外，西藏達賴喇嘛、班臣額爾德尼、喀爾喀澤卜尊丹巴胡圖克圖等，均折給上用龍段、粧段、片金段、大段、官用紬段。公主均折給上用段、官用段。王以下扎薩克台吉塔布囊以上，均折給官用段、彭段、水獺皮等項。一等台吉以下，均折給毛青布。如價直多者，亦折給官用段、彭段。

又定朝鮮、安南、琉球、暹羅等國進貢方物，均折給蟒段、采幣、紬絹紗布，及來使段布有差。

又奏準每年萬壽、冬至、元旦朝貢，每次賞朝鮮國王五等貂皮百張、上用粧段四、段九。賞來使上用段一、帽段一、彭段一。

乾隆七年，奉旨嗣後凡進貢馬，經朕賜名號者，進貢馬人賞給內庫上用段四疋，著爲例。

十年，奉旨察哈爾貢馬，嗣後每匹作銀二十兩，折賞大段二疋。

一、賞賜貢馬大臣侍衛　國初，定大臣侍衛有貢獻馬駝者，均令估計賞銀段有差。【略】

一、優卹高年　康熙二十五年，議準内府三旗佐領下人年九十以上曾出仕者，男婦各賞段二。未仕者，銀各二十兩。八十以上本身出仕，及其父母妻各段一，彭段一。未出仕者，銀各十有五兩。七十以上本身出仕，及其父母妻各段一，綾一。未仕者，銀各十有二兩。内大臣散秩大臣年高者，給蟒段一。【略】

一、優卹内監及執事人役　順治初年，定宫殿門及陵寢首領内監、内監等，歲給段、布、衣、帽有差。

又定治辦奉先殿祭品厨役等，每四年給與羊裘一領。

康熙二十八年，議準内管領下掌管内外事男婦及各項匠役、採蜜壯丁、游牧處男婦等，歲給布、棉、羊皮有差。

又議準贊祀婦長，每人歲給官用段、光素段、青素段、官紗、小潞紬、綾、紡絲、杭紬各一。贊祀減青素段，餘同。

又議準内監僧道，均給與四季衣服。

又議準歲給守陵首領内監，每名官用青素段、紡絲各一，毛青布五，棉四斤。内監，每名彭段、杭紬各一，毛青布四，棉三斤。茶膳房婦長，每名官紗二。朝鮮貢布二婦人，每名屯絹一，朝鮮貢布一。皆據掌儀司開明人數，由段庫委庫使二人，移付都虞司，委領催一人、驍騎四人送往分給。

又定歲給内廷各處坐更内監，每人布面羊裘一，或折贏布一，棉花八兩，狐皮領一。據宫殿監來文給發。

三殿、文華殿新進坐更内監，應給狐皮帽、狐皮領，據營造司來文給發。奉先殿茶膳房新進内監，應給羊裘狐皮領，據掌儀司來文給發。

雍正三年，奏準圓明園内承應水手，每名春夏給單布衣一襲，秋冬給棉布衣一襲。每五年各給羊裘一，狐皮帽領各一。【略】

染作司：染洗綾、紬、布疋，絲絨棉線，氊毺，及鍊絹，彈粗細棉花。衣作司：成造衣服，縫合皮毛。繡作司，刺繡花作司：成造各色綾、紬、紙、絹、通草供花及燕花、餅花各作。見設各項匠人一千二百有六名。内召募民匠二十一名。

官修《清會典事例》卷四〇三《禮部·風教》　旌表節孝【略】

〔順治〕十年題准，宗室内節孝者，各依等第頒發恩賜。親王、固倫公主、親王嫡福晉，給銀百兩，緞十六疋。世子、和碩公主、親王側福晉、世子嫡福晉，給銀九十兩，緞十四疋。郡王、郡主、世子側福晉、郡王嫡福晉，給銀八十五兩，緞十二疋。貝勒、縣主、郡王側福晉、貝勒嫡夫人，給銀八十兩，緞十一疋。貝子、貝勒側夫人、郡君、貝子嫡夫人，給銀七十五兩，緞十疋。鎮國公、貝子側夫人、縣君、鎮國公夫人，給銀七十兩，緞九疋。輔國公、鎮國公側室、鄉君、輔國公夫人，給銀六十五兩，緞八疋。鎮國將軍、輔國公側室，給銀六十兩，緞七疋。輔國將軍、鎮國將軍夫人，給銀五十五兩，緞六疋。奉國將軍、輔國將軍夫人，給銀五十兩，緞五疋。奉恩將軍、奉國將軍淑人，給銀四十五兩，緞四疋。奉恩將軍恭人，給銀四十兩，緞三疋。鎮國將軍、輔國將軍、奉國將軍、奉恩將軍女，及閒散宗室妻女，給銀三十五兩，緞二疋。以上均由户部頒給，由内院撰敕一道獎諭。凡旌表貞烈者，自固倫公主、親王福晉以下，輔國公夫人以上，欽賜羊酒紙張外，禮部仍照定例，另給羊酒紙張，内院撰文，遣官致祭。鎮國將軍夫人以下，閒散宗室妻女，部給羊酒紙張，内院撰文，遣官致祭。凡覺羅内有節孝者，給銀三十兩，緞一疋。

官修《清會典事例》卷一一七〇《内務府·廣儲司》　廣儲司　廣儲司，初名御用監。順治十八年分爲銀庫、皮庫、緞庫、衣庫。設郎中三人，員外郎八人，筆帖式八人，每庫各設庫使十人。

康熙九年遵旨議准，員外郎八人，每庫定爲二人，分掌庫鑰，再各增設六品司庫二人。銀庫、衣庫，各增設庫使六人。緞庫，增設庫使四人。皮庫，增設庫使二人。

十一年遵旨議准，增設郎中一人，定爲四人，以二人掌銀庫、皮庫，二人掌緞庫、衣庫。

十四年，銀庫、衣庫各增設庫使八人，皮庫、緞庫，各增設庫使四人。

十六年，改御用監爲廣儲司，鑄給司印，於郎中内奏派一人掌印，又設主事一人。

十九年，增設筆帖式六人。

二十四年，將銀庫庫使内撥給皮庫二人。

二十八年奏准，分設瓷庫、茶庫，各增設員外郎二人。六品司庫二人，庫使十五人。其瓷庫，令管理銀庫、皮庫之郎中管理，茶庫，令管理緞庫、衣庫之郎中管理。增設筆帖式六人，管轄匠役之催總六人，無品級催總四人。緞庫、皮庫各裁庫使三人。

劉錦藻《清續文獻通考》卷六二《土貢一》　〔嘉慶〕四年，諭：朕恭閲皇考硃筆，有嚴禁內外大臣呈進貢物聖旨二道，諭訓煌煌，垂誡至爲明切。夫貢之爲義，始於禹貢，原指任土作貢而言，並非崇尚珍奇，所謂不貴異物，賤用物也。【略】朕之所寶者，惟在時和年豐，民物康阜，得賢才以分理庶政，方爲國家至寶耳。至應進土貢，原爲日用所必需，如吉林、黑龍江將軍每年所進貂皮、東珠、人葠，係該處所產之物，其他如川廣之藥材，九江之瓷器，浙江之綢緞，及徽墨、湖筆，牋紙、茶葉、瓜果等項，原不外任土作貢之義，仍准按例呈進，所有如意、玉、銅、瓷、書畫、掛屏、插屏等物，嗣後概不許呈進。

劉錦藻《清朝續文獻通考》卷七三《國用一一》 下嫁外藩之固倫公主，歲俸銀一千兩，緞三十匹，額駙歲俸銀三百兩，緞十匹，和碩公主歲俸銀四百兩，緞十五匹，額駙歲俸銀二百五十五兩，緞九匹，郡主歲俸銀一百六十兩，緞十二匹，額駙歲俸銀一百兩，緞八匹，縣主歲俸銀一百十兩，緞十匹，額駙歲俸銀六十兩，緞六匹，郡君歲俸銀六十兩，緞八匹，額駙歲俸銀五十兩，緞五匹，縣君歲俸銀五十兩，緞六匹，額駙歲俸銀四十兩，緞四匹，鄉君歲俸銀四十兩，緞五匹，六品格格歲俸銀三十兩，緞三匹。乾隆五十四年諭，凡下嫁外藩固倫公主，例支俸銀一千兩，如係在京居住者，即照下嫁八旗之例支給。從前和敬固倫公主雖係在京居住，而俸銀緞匹仍照外藩之例支領，年久未便裁減，仍許照舊關支，今和孝固倫公主應支俸祿，亦著一體賞給一千兩，以昭平允。【略】

〔光緒〕十三年，文碩等奏，藏屬番官有俸人員，世職則輔國公一員，歲支俸銀二百兩，俸緞七疋，公銜札薩克台吉一員，歲支俸銀一百兩，俸緞四疋，流官則噶布倫四員，每員歲支銀五十兩，緞二疋，共支俸銀一千兩，各色俸緞三十九疋。舊例每二年由京支發一次，即交前藏例貢回差齎回，按員核給。自道光二十一年始，理藩院奏准，由户部逕解四川總督，按年附餉搭解至藏，就近開支，以歸簡易。至咸豐二年，俸銀照數給領，俸緞由進貢回差經西甯由該道核明給領。其自咸豐三年以後，迄今三十餘年，應領俸緞積欠一千三百餘疋之多，若仍補給本色，其勢難行，擬請飭户部，核明各色緞疋，例價折給。

穆彰阿等《清一統志》卷七六《江蘇・江寧府四》 〔土產〕緞，線緞，紗。

羅廷權等〔同治〕重修《成都縣志》卷三《食貨志・物產》 貢緞，摹本緞，巴緞，倭緞。

李默、錢照等〔嘉靖〕《寧國府志》卷六《職貢紀》 歲貢 緞疋 本府織染局歲織青、紅、緑、素緞五百五十七疋，織金熊羆、海馬、犀角胷背緞一百三十九疋，共給絲料金工銀一千七百一十九兩八錢有奇，内銀二百九十二兩六錢取之六縣農桑稅絲以充其數。又給櫃扛什物價銀二十九兩四錢。每閏年增織素緞四十七疋，織金緞一十一疋，共增給銀一百五十九兩九錢，其扛櫃增銀亦以緞數爲差。織成解工部。凡織造，惟素緞局匠自爲之，織金非其所習，故常買諸他郡。

林庭棉、周廣〔嘉慶〕《江西通志》卷一六《建昌府・土產》 土段各縣出。

顧清等〔正德〕《松江府志》卷八《田賦下・土貢》 歲造各色紵絲一千一百六十七疋，遇閏月加九十七疋，本府織染局造。大紅織金雲鶴、獅子五十疋，青緑織金熊羆、海馬、犀牛二百二十二疋，青緑光素八百九十五疋。

陳洪謨〔嘉靖〕《常德府志》卷七《食貨志・土貢》 國朝

本府歲辦紵絲一百六十八疋，武陵縣紵絲串四六十二疋，内深青二十疋，丹礬紅二十疋，黑緑二十二疋。

桃源縣紵絲四十七疋。

龍陽縣紵絲五十四疋。

沅江縣紵絲五疋。

孫仁、朱昱〔成化〕重修《毗陵志》卷七《食貨・土貢》 國朝 歲造

段疋 深青、黑緑、丹紅三色織金花素紵絲二百疋，有閏月加一十七疋。絲係官鈔買辦，顔料京庫關支，織染係存留輪班人匠。以上俱本府雜造局四縣人匠織造。

王鏊《姑蘇志》卷一四《造作》 紵絲出郡城。有素，有花紋，有金縷彩粧，其製不一，皆極精巧，《禹貢》所謂織文是也。上品者名清水，次帽料，又次倒挽，四方公私集辦于此。

嵇曾筠、沈翼機等〔雍正〕《浙江通志》卷一〇一《物產》 紵絲 咸淳《臨安志》：染絲所織，有織金、閃褐、間道等類。

謝鐸〔弘治〕《赤城新志》卷五《版籍・雜賦》 國朝

洪武歲辦額數 段疋

正額花素紵絲二百三十六匹。

閏月花素紵絲二十匹。

佚名〔永樂〕《樂清縣志》卷三《貢》 歲辦 段絲，本府歲織段疋、荒絲壹百捌拾肆斤。

張宗敬〔嘉靖〕《溫州府志》卷三 〔歲造〕各色花素串五紵絲二百六十五疋。内織金胷背花五十有四疋，閏月加五疋。六側八寶骨朵雲七疋，閏月加四疋。光素二百四疋。閏月加十四疋。共工價銀一千三百有二兩一錢，閏月加八十六兩零。

徐學謨〔萬曆〕《湖廣總志》卷二一《貢賦一》　湖廣總論　段疋銀六千五百四十六兩一錢。內織金段三百七十四疋，每疋正價銀三兩五錢，共銀一千三百九兩。光素段一千五百八十七疋，每疋正價銀三兩三錢，共銀五千二百三十七兩一錢。外不論金素，每疋加扛櫃銀五錢，共銀九百八十兩五錢。有閏加織金段三十二疋八尺二寸九分七釐，該正銀一百一十二兩九錢六分七釐九毫六絲七忽七微。光素段一百四十八疋二丈一尺七寸三釐，該正銀四百九十兩七錢八分七釐三毫二絲二忽三微。二項共加正銀六百三兩七錢五分五釐二毫九絲，扛櫃銀九十兩五錢。近在户部勘合湖廣下善織造，前項正扛銀兩俱作正數，每百兩另於京解銀內扣給水脚銀四兩，解布政司承貯類解之時，止給二兩，餘存二兩，司庫別項支用。

徐學謨〔萬曆〕《湖廣總志》卷二二《貢賦二》　武昌府　額辦　段疋織金六十三疋，銀二百二十兩五錢。光素段二百五十五疋，銀八百四十一兩五錢。共銀一千六十二兩。不論金素，外加扛櫃銀一百五十九兩。遇閏加織金一十三疋，光素五十二疋。江夏縣織金一十一疋，光素四十五疋。遇閏加織金三疋，光素九疋。武昌縣織金九疋，光素三十六疋。遇閏加織金二疋，光素七疋。咸寧縣織金五疋，光素二十一疋。遇閏加織金一疋，光素五疋。蒲圻縣織金九疋，光素三十六疋。遇閏加織金二疋，光素十疋。崇陽縣織金五疋，光素二十疋。遇閏加織金一疋，光素四疋。嘉魚縣織金五疋，光素二十一疋。遇閏加織金一疋，光素四疋。通城縣織金六疋，光素二十一疋。遇閏加光素五疋。興國州織金七疋，光素二十九疋。遇閏加織金一疋，光素六疋。大冶縣織金五疋，光素一十九疋。遇閏加織金一疋，光素四疋。通山縣織金一疋，光素七疋。遇閏加織金一疋，光素一疋。

黄州府　額辦　段疋織金七十疋，銀二百四十五兩。光素二百八十疋，銀九百二十四兩。共銀一千一百六十九兩。外加扛櫃銀一百七十五兩。遇閏加織金一十一疋六尺，光素四十四疋二丈四尺。黄岡縣織金一十六疋七尺，光素六十四疋二丈七尺。遇閏加織金二疋一丈二尺五寸，光素九疋二丈。黄陂縣織金段五疋一丈三尺，光素二十一疋二丈一尺。遇閏加織金二丈四尺六寸，光素三疋九尺。麻城縣織金四疋二丈六尺，光素一十九疋一丈三尺。遇閏加織金一丈九尺四寸，光素二疋一丈七尺七寸。黄安縣織金四疋二丈六尺，光素一十九疋一丈七尺。遇閏加織金二丈一尺五寸，光素二疋二丈五尺三寸。羅田縣織金三疋一丈八尺，光素一十四疋一丈二尺。遇閏加織金六尺，光素二丈四尺。蘄水縣織金一十四疋一丈二尺，光素五十七疋一丈八尺。遇閏加織金二疋，光素八疋。蘄州織金八疋六尺，光素三十二疋二丈四尺。遇閏加織金二疋六尺，光素八疋二丈四尺。黄梅縣織金四疋六尺，光素一十六疋二丈四尺。額無加閏。廣濟縣織金八疋六尺，光素三十二疋二丈四尺。遇閏加織金二疋六尺，光素八疋二丈四尺。

徐學謨〔萬曆〕《湖廣總志》卷二三《貢賦三》　承天府　額辦　段疋織金二十二疋，銀七十七兩。光素九十二疋，銀三百三兩六錢。共銀三百八十兩六錢。外加扛櫃銀五十七兩。遇閏加織金段一丈四尺二寸九分七釐，光素一疋二丈五尺四寸三釐。鍾祥縣織金一疋，光素四疋一丈四尺。遇閏加織金一尺七寸八分七釐，光素六尺八寸。荆門州織金四疋，光素一十七疋一丈六尺。遇閏加織金七尺一寸四分八釐，光素一疋二尺五寸一分。當陽縣織金一疋，光素一疋。遇閏加織金一尺七寸八分七釐，光素一尺七寸八分七釐。景陵縣織金四疋，光素一十九疋。額無加閏。潛江縣織金二疋，光素八疋。遇閏加織金三尺五寸七分五釐，光素一丈四尺三寸六釐。沔陽州織金一十疋，光素四十二疋。額無加閏。

德安府　額辦　段疋織金一十疋，銀三十五兩。光素三十九疋，銀一百二十七兩七錢。外扛櫃銀二十四兩五錢，額無加閏。安陸縣織金一疋，光素四疋。應城縣織金一疋，光素四疋。隨州織金二疋，光素八疋。孝感縣織金四疋，光素一十六疋。應山縣織金一疋，光素五疋。雲夢縣織金一疋，光素二疋。

荆州府　額辦　段疋織金二十五疋，銀八十七兩五錢。光素一百三疋，銀三百三十九兩九錢。共銀四百二十七兩四錢。外加扛櫃銀六十四兩，遇閏加光素九疋二丈三寸。江陵縣織金二十疋，光素四十三疋。遇閏加素三疋一丈八尺。石首縣織金四疋，光素一十四疋。遇閏加素一疋一丈。公安縣織金四疋，光素一十五疋。遇閏加素一疋一丈四尺。松滋縣織金三疋，光素一十一疋。遇閏加素一疋七尺三寸。監利縣織金三疋，光素一十三疋。遇閏加素一疋五尺五寸。夷陵州織金一丈五尺，光素三疋一丈五尺。遇閏加素一丈三尺五寸。枝江縣織金半疋，光素三疋一丈五尺。遇閏加素一丈二尺。

岳州府　額辦　段疋織金六十四疋，銀二百二十四兩。光素二百五十六疋，銀八百四十四兩八錢。共銀一千六十八兩八錢。外加扛櫃銀一百六十兩。遇閏加織金七疋一丈八尺，光素三十疋一丈二尺。巴陵縣織金二十疋，光素八十疋。遇閏加織金二疋一丈一尺二寸五分，光素九疋一丈五尺。平江縣織金一十七疋，光素六十七疋。遇閏加織金二疋五寸六分三釐五毫，光素七疋二丈八尺六寸八分七釐五毫。華容縣織金一十二疋，光素四十四疋。遇閏加織金一疋二丈二尺七寸五分，光素五疋六尺七寸五分。臨湘縣織金三疋，光素一十二疋。遇閏加織金一丈六寸八分七釐五毫，光素一疋一丈二尺七寸五分。安鄉縣織金二疋，光素八疋。遇閏加織金七尺一寸二分四釐，光素二丈八尺五寸。澧州織金三疋，光素一十五疋。遇閏加織金一丈六寸八分七釐五毫，光素一疋二丈三尺四寸三分七釐五毫。石門縣織金三疋，光素一十三疋。遇閏加織金一丈六寸八分七釐五毫，光素一疋一丈六尺三寸一分二釐五毫。慈利縣織金四疋，光素一十七疋。遇閏加織金一丈四尺二寸五分，光素二疋五寸六分二釐五毫。

徐學謨〔萬曆〕《湖廣總志》卷二四《貢賦四》　衡州府　額辦　段疋織金二十疋，銀七十兩。光素八十疋，銀二百六十四兩。衡陽縣織金四疋二丈四尺，光素一十九疋六尺。衡山縣織金二疋六尺，光素八疋。永陽縣織金二疋六尺，光素八疋二丈四尺。常寧縣織金二丈四尺，光素三疋六尺。桂陽州織金二疋一丈二尺，光素九疋一丈八尺。藍山縣織金二疋，光素八尺。臨武縣織金二疋六尺，光素八疋二丈四尺。酃縣織金一疋一丈二尺，光素五疋一丈八尺。

長沙府　額辦　段疋織金六十七疋，銀二百三十四兩五錢。光素二百六十七疋，銀八百八十一兩一錢。外扛櫃銀一百六十七兩。長沙縣織金七疋，光素三十六疋。善化縣織金二疋，光素十疋。瀏陽縣織金九疋，光素三十七疋。攸縣織金七疋，光素二十六疋。湘潭縣織金五疋，光素一千九疋。茶陵州織金六疋，光素二十五疋。湘陰縣織金七疋，光素三十疋。醴陵縣織金四疋，光素一十七疋。湘鄉縣織金一十疋，光素三十八疋。寧鄉縣織金四疋，光素一十三疋。益陽縣織金四疋，光素一十五疋。安化縣織金二疋，光素七疋。

徐學謨《萬曆》《湖廣總志》卷二五《貢賦五》　常德府　額辦　段疋織金三十三疋，銀一百一十五兩五錢。光素一百三十五疋，銀四百四十五兩五錢。武陵縣光素六十二疋。桃源縣織金三十疋，光素一十七疋。龍陽縣織金三疋，光素五十一疋。沅江縣光素五疋。

盧濬等《弘治》《黄州府志》卷三《貢賦》　本府貢　歲造深青段一百四十八匹，黑緑段一百五匹，丹礬紅段九十七匹。

黄岡縣貢

歲造深青段三十三匹，墨緑段三十匹，紅段三十一匹。

麻城縣貢

歲造深青段一十匹，墨緑段一十匹，丹礬紅段一十匹。

黄陂縣貢

歲造各色段三十三匹。

蘄水縣貢

歲造各色段七十二匹。

甘澤、趙士讓《嘉靖》《蘄州志》卷三《貢賦》　歲進各色紵絲四十一疋。深青三十疋，黑緑六疋，丹礬紅五疋。

王朝璲、顔木《嘉靖》《應山縣志》卷上《土貢》　歲造色段，深青二疋，丹礬紅一疋墨緑三疋。

額辦　段疋：織金段一疋，光素段五疋，正價、扛解共銀二十三兩，遇閏月不加。

鍾崇文《隆慶》《岳州府志》卷二《食貨考》　曰貢，即以其土之所宜物，供上用者也。居山者以陸産，居澤者以水産。岳固無異材，而土産方有，何歲無之。夫野人食芹而美且以上獻，况資國用耶。

貢：岳州府【略】段織金六十四疋，直運資疋銀三兩八錢，閏增七疋一丈八尺。素二百五十六疋，直運資疋銀四兩，閏增三十疋一丈二尺。

巴陵縣【略】段織金二十疋，閏增二疋一丈一尺二寸五忽。素八十疋，閏增九疋一丈五尺。直運資合銀三百四十四兩六錢。

臨湘縣【略】段織金三疋，閏增一丈六尺八分七厘五毫。素十二疋，閏增一疋一丈二尺七寸五分。合銀六十三兩八錢四分。

平江縣【略】段織金十七疋，閏增二疋五寸六分三厘五毫。素六十七疋，閏增七疋二丈八尺六寸八分七厘。直運資銀三百六十兩九錢三厘七毫一絲。

華容縣【略】段織金十二疋，閏增疋二丈二尺七寸五分。素四十三疋，閏增四疋二丈八尺。直運資銀二百四十兩七錢五分五釐。

澧州【略】段織金三疋，素十五疋。直運資合六十九兩。閏增織金丈六寸八分七厘五毫，素疋三丈三尺四寸三分七厘五毫，直運資八兩一錢九分二厘五毫。

安鄉縣【略】段織金二疋，素八疋，直運資合銀三十四兩八錢。閏增織金七尺一寸二分四釐，素二丈八尺五寸。直運資又四兩五錢五分九釐七毫三絲三忽四微。

石門縣【略】段織金三疋，素十三疋。直運資銀六十一兩四錢。閏增織金丈六尺八分七釐五毫，素疋一丈六尺三寸一分二釐五毫。直運資銀七兩二錢九分一釐二毫五絲。

慈利縣【略】段織金四疋，素十七疋。直運資銀八十兩六錢。閏增織金丈四尺二寸五分。

陳道、黄仲昭《弘治》《八閩通志》卷二〇《食貨・土貢》　福州府

國朝段四百二十五疋，合用荒絲一千三百二十八斤二兩。

元　綉段一百疋。

建寧府

國朝段四百五十三疋。遞年分派各縣多寡不同。

甌寧縣　段連閏月八十二疋七尺。

崇安縣　織金段五疋，閏月加一疋。素段一十九疋，閏月加三疋。

浦城縣　段一百二疋一丈九尺，閏月加六疋。

泉州府

國朝

晉江縣　段二百二十一疋。閏月加一十八疋一丈二尺。

南安縣　段一百二十疋。閏月加十疋。
同安縣　段一百二十疋。閏月加十疋。
惠安縣　段一百疋。閏月加八疋二丈一尺。

漳州府

國朝
龍溪縣　段一百四疋一分四毫。閏月加八疋四分一釐。
漳浦縣　段四十六疋七分一釐。
龍巖縣　段二十五疋七分四釐五毫。閏月加二疋六釐五毫。
長泰縣　段一十二疋五分五釐四毫。閏月加一疋二分七釐。
南靖縣　段三十疋一分三釐四毫。閏月加二疋四分六釐。
漳平縣　段二十五疋七分四釐五毫。閏月加二疋六釐五毫。

延平府

國朝
南平縣　段二十七疋。
將樂縣　段一十七疋。
尤溪縣　段一十四疋。
沙縣　段二十五疋。
順昌縣　段一十四疋。
永安縣　一十三疋。

興化府

國朝
莆田縣　段三百一十四疋。
仙遊縣　段二十四疋二分。

福寧州

國朝　本州段四十一疋三分。
寧德縣　四十一疋二分。
福安縣　五十一疋五分。

鄭慶雲等〔嘉靖〕《延平府志》卷五《土貢》　國朝歲貢緞匹百有一十。南平緞二十有七匹，將樂緞十有七匹，沙縣緞二十有五匹，尤溪緞十有四匹，順昌緞十有四匹，永安緞十有三匹。

夏良勝等〔正德〕《建昌府志》卷三《物産》　帛之屬　土段朴素若北方土綾。近迺織竹葉筆管花樣，亦紕纇，不足觀也。

李文袞、田頊〔嘉靖〕《尤溪縣志・田賦》卷三　額辦　段疋　額派光素紵絲織金胷背共一十三疋，折徵銀五十八兩四錢。閏年增至一十四疋，折徵銀六十二兩六錢五分。

雜辦

紵絲、紗、羅。此料徵派折徵價銀多至一百五十兩。

紀事

確庵耐庵《靖康稗史》之二　〔靖康二年二月〕二十三日，虜焚封邱、陳橋門，再納金七萬五千八百餘兩，銀一百十四萬五千餘兩，表緞四萬八千四百疋。

《靖康要録》卷一六：靖康二年二月二十三日，「金人焚封邱、陳橋等門，令拜表請張邦昌三日内再納金七萬五千八百餘兩，銀一百一十四萬五千餘兩，表段四萬八千四百疋。」按《三朝北盟會編》卷八三引《宣和録》，記此事在二十四日。

吴自牧《夢粱録》卷一《正月》　正月朔日，謂之元旦，俗呼爲新年。一歲節序，此爲之首。官放公私僦屋錢三日，士夫皆交相賀，細民男女亦皆鮮衣，往來拜節。街坊以食物、動使、冠梳、領抹、緞匹、花朵、玩具等物沿門歌叫關撲。不論貧富，游玩琳宫梵宇，竟日不絶。家家飲宴，笑語喧嘩。此杭城風俗，疇昔侈靡之習，至今不改也。

鄭曉《今言》卷二　〔正統三年〕十一月，宴瓦剌使臣太尉察占、平章哈只呵力等二千九百四十五人於禮部。是冬，也先及其諸酋乞黄紫織金九龍紵絲，及金酒器、藥材、顔料、樂器、佩刀諸物。禮部言：「龍袍金器，非所宜用，乞勿與。」與藥材諸物。【略】四年正月，瓦剌使還，勅也先曰：「太師求答使，朕恐使交構，彼此懷疑，以故不遣。太師遣人多，二次三千餘人。邊將堅請謝絶，朕念太師忠義，姑聽使人入京。自後可少遣，遣時與總數文書，否，守關者閉不納。太師並各頭目差正副使二十二人，陞都督、都指揮、指揮、千户等官，賞金相犀帶九鈒花金帶九，素金帶三，花銀帶一。其三十餘人貢馬，貂鼠皮，賞織金綵表紵絲二萬六千四百三十二，絹九萬一百二十七，衣靴帽萬。諭太師知之。」

談遷《國榷》卷七〇《神宗萬曆六年》（三月）辛酉，勑張居正歸葬，又手諭曰：先生此行，雖非久别，然國事尚宜留心。今賜帝賚忠良銀章一，以識封事。慈聖賜鏂五百金，紵絲六。仁聖賜三百金，紵絲四。

《奩史》卷八七《綺羅門》 永樂八年，賜寧國長公主紵絲五十匹。《賞賚考》。

仁聖太后賜張江陵母，紵絲六表裏。《弇山堂别集》。

永樂十五年，賜寧國長公主綵緞三十疋。《弇山堂别集》。

正統四年，賜可汗妃織金獅子，白澤虎豹，麒麟，朵雲細花等段十六疋。《賞賚考》。

蔣良騏《東華録》卷一《丙戌年》 丙戌年七月，明人執尼堪外蘭付我斬之，自此明歲輸銀八百兩，蟒緞十五匹，通和好焉。

蔣良騏《東華録》卷四《崇德八年》（崇德八年）六月，阿巴泰凱旋，大軍直抵兖州府，誅明魯王及樂陵、陽信、東原、安邱、滋陽諸（生）〔王〕并管理府事宗室等官數千人。計攻克三府、十八州、六十七縣，歸順者六城，敗敵兵三十九處，獲黄金萬有二千二百五十兩，白金二百二十萬五千二百七十兩有奇，珍珠四千四百四十兩，緞五萬二千二百三十疋，衣萬有三千八百四十領，狐虎豹皮五百有奇，角面千一百六十副，俘人民三十六萬九千口，馬駝騾驢牛羊三十二萬一千有奇。

蔣良驥《東華録》卷四《順治元年》（四月）己卯，師至山海關，吴三桂出迎，王命三桂兵以白布飾肩爲號，令先行，遂入關。時李自成率馬步兵二十餘萬，自北山横亘至海，列陣以待。是日，大風迅作，塵沙蔽天，我兵少，不能横列及海。王令向海列陣，三桂分兵列于右翼之末，諸軍齊進。風遂止，大敗賊兵，追殺四十里，賊遁走燕京，獲駝馬，緞幣無算。是日，進吴三桂爵平西王，賜玉帶、蟒袍、貂裘、鞍馬、玲瓏、撒袋、弓矢等物。

《康熙起居注·康熙二十三年》（八月初二日）賜科爾沁國端敏公主緞八疋、鞍一副，蘇尼特部落和碩郡主、翁牛忒部落和碩郡主緞各六疋，鞍各一副，巴林王納木達克涼帽一頂、蟒袍一領、粧緞套一件、鑲珊瑚金帶一條、嵌金玲瓏刀一口、靴一雙、插弓箭鑲珊瑚嵌金撒袋一副、鞍一副，固山貝子吴爾占、温純涼帽各一頂、蟒袍各一領、粧緞套各一件、鑲珊瑚金帶各一條、嵌金玲瓏刀各一口、靴各一雙、插弓箭七塊飾件撒袋各一副，鞍各一副，又賜多羅額駙阿拉布談、一品台吉葛勒爾都等以下，護衛、典儀以上及隨圍行走都統，副都統以下至兵丁涼帽、蟒袍、粧緞套、腰刀、帶、靴、撒袋、弓箭、紬緞、布疋、銀兩有差。

袁枚《小倉山房詩集》卷二三《曹地山少宰爲祭告使者入山索詩》 可記瓊瑶贈，應無縞紵存。丙寅公過江寧，蒙賜石印，以束緞報之。

愛新覺羅·弘曆《乾隆詩集》卷四二《伊犁將軍保寧奏布嚕特壽婦一百六歲既賜之貂帛並詩以紀事》 耕牧伊犁卅歲仍，自甲戌平定伊犁後，二萬餘里咸安耕牧，迄今三十餘年，世際純熙，祥登仁壽。茲據伊犁將軍保寧奏布嚕特畢班璧特之母，今年一百六歲，昇平人瑞，遠邇胥徵，深爲欣慰。外疆欣報百年登。祝釐乃以遣子告，獲健還能遇馬乘。保寧並奏畢班璧特稱：伊母身體健壯，尚能乘馬，以係婦女，不能前赴伊犁，遣子詣將軍處，稟明伊在遊牧地方，恭祝萬壽等語，因加恩賜大緞二疋、貂皮六張。伊子前來，具稟禮儀恭順，亦屬可嘉，並賞給藍翎，以示優奬高年，無間内外至意。貂幣用頒貞壽奬，干戈早輯禮儀興。深維初念未期者，保泰惟增業與兢。

趙慎畛《榆巢雜識》卷上《賞程盛脩》 乾隆四年二月，輪進經史講義。御史程盛脩進《咏史樂府》十二章，上嘉其指事寓規，詞意婉摯，得獻納之意，賞内用緞，筆、墨等物。

嵇璜等《清文獻通考》卷三八《土貢考》 温都斯坦金絲緞二、毛毯四，其所屬伯得爾格歲貢金絲緞二，貢道由嘉峪關。

余金《熙朝新語》卷一四 乾隆十六年，聖駕南巡，進治河方略之生員俞埥，賞緞一疋、貂皮二張、大荷包一對。進詩賦之吴楷、顧于觀、姜掄元、王世球、于堯臣，各賞緞一疋、大荷包一對，其餘王新銘等十五人，各賞大荷包一對，原任太僕寺卿張映辰、編修梁啟心，各賞緞一疋、貂皮二張。續進詩賦之魏近思等二十名，各賞緞一疋、荷包一對。嚴長明等五十二名，各賞荷包一對。二十二年聖駕南巡，進獻詩賦書畫人員，進一册者賞緞一疋，進二册者賞緞二疋，其進萬壽生生圖之羅學旦、進《蘇詩補注》之查開，各賞緞四疋。二十七年聖駕南巡，進獻詩册之胡紹鼎、李宗袁、王誠、吴燦英，各賞大荷包一對，小荷包二個。進獻《黄山圖》之員外郎許蔭材、進獻《龍井見聞録》之舉人汪孟鋗，各賞緞二疋。進獻畫册之監生朱方藹、童生吕師説、言世永，各賞緞一疋。進獻唐詩之李清馥，賞緞二疋。三十年聖駕南巡，進獻詩賦之湯世昌等三十人，各賞緞一疋。承辦金山墨刻之程堂、姚思康，各賞緞二疋。江廣達賞貂皮四張、大小荷包各一對。以上俱見南巡盛典，後自庚子至甲辰，鑾輅經臨，行慶施惠，不勝殫述。

王先謙《東華録·順治三》（順治元年十月）加封多爾袞爲叔父攝政王，賜册文曰：【略】念我叔父靖亂定策，輔翊眇躬，推誠盡忠，克全慈孝，中原賴以廓清，萬方從而底定，有此殊勳，尤宜褒顯。特令建碑紀績，用垂功名於萬世。復賜嵌十三顆珠頂黑狐帽一、黑狐裘一、金萬兩、銀十萬兩、段萬匹、鞍馬十、馬九十、橐駝十。【略】丁卯，加封鄭親王濟爾哈朗爲信義輔政叔王，賜册寶，黄金千兩，白金萬兩，綵段千疋。

劉錦藻《清朝續文獻通考》卷六二《土貢一》　〔乾隆〕五十八年，勅諭霍罕伯克那爾巴圖，爾祖額爾德尼受朕深恩，至爾猶不時遣使朝覲。五十四年，因爾挐獲薩木薩克並未解送，復行釋放，本應問罪，但念爾究係外夷，未諳禮節，僅飭喀什噶爾大臣等，毋令爾使臣來京。兹爾追悔前愆，諄諄呈懇，經喀什噶爾大臣等代爲陳奏，朕鑒爾悃忱，赦爾前愆，俯准爾遣使。今爾使臣密爾匝邁瑪喇伊木西哩布等來京瞻覲，閱爾表文，殊爲恭順，朕甚嘉之，特賚爾蟒緞等物，命來使賫回，仍遣侍衛護送。爾那爾巴圖祇受後，惟當感激朕恩，益矢誠敬，和睦鄰夷，勿妄滋事，約束所屬，安居樂業，永承朕恩，欽哉毋怠。

劉錦藻《清朝續文獻通考》卷九九《學校六・視學養老》　乾隆五十三年諭，據保甯等奏稱，布嚕特畢班璧特伊母今年一百六歲，尚屬壯健，感激天恩，恭祝萬壽，令伊稟知等語。布嚕特畢班璧特之母見年一百六歲，精神矍鑠，西域遠徼，共沐昇平，上瑞朕心，深爲欣慰，著施恩賞，給大緞一匹、貂皮六張。伊子前來具稟，禮儀恭順，亦屬可嘉，並著賞給藍翎，以示朕優獎高年，無間内外至意。

五十四年諭，福康安奏，廣東新甯縣壽民李適本，見年一百二歲，淳良謹厚，孝友可風，請旨旌表等語。李適本年逾期頤，康强矍鑠，洵爲昇平人瑞，所有應行旌表，並賞給銀兩緞疋之處，著該部照例具題，用示優獎耆年至意。【略】

五十五年諭，據知貢舉鐵保、姜晟奏，本年會試學子，内九十歲以上者四名，八十歲以上者七十三名，七十歲以上者二十四名，皆三場完竣，未經中式等語。本年朕届八旬，特開萬壽恩科，各省學子年老應試者至一百餘人之多，洵爲昇平盛事，除九十以上之段三連，業經賞給都察院都事銜，八十以上之曹京，賞給國子監典簿銜，七十以上之姜价、項朱、柴杰、邵利達賞給國子監學正銜，吴灊賞給翰林院典簿銜外，所有年届九十以上之劉湘、胡椿、陳鳳翔，八十以上之吴霖等七十三名，俱著賞給翰林院檢討銜，七十歲以上之董繼允等十九名，俱著賞給國子監學正銜。其九十以上者，各加賞緞三疋，八十以上者，各加賞緞二疋，七十以上者，各加賞緞一疋。並年在九十、八十、七十以上，前經賞給職銜之段三連等七名，亦著一體分別賞給緞疋，以示朕嘉惠耆儒，仁壽作人之至意。【略】

五十七年諭，據明興等奏稱，蒙郭勒多爾部落之一百一歲年老布嚕特伊特推瑪斯，請賞戴金頂等語。布嚕特伊特推瑪斯，見年一百一歲，尚能乘馬，實屬昇平人瑞。今復思便於商旅，自行捐貲於布庫部落之納林河，搭蓋橋座，尚屬急公，伊特推瑪斯著加恩賞戴金頂，仍由該處庫中賞給大緞二疋，以示鼓勵。【略】

〔嘉慶十四年〕諭，順天府尹朱鎔奏，伊母王氏見年八十六歲，迎養在京，五世同堂，謹據實奏聞等語。朱鎔之母王氏，年逾八旬，家繇五世，承恩禄養，洵爲盛世嘉祥，加恩特賜御書扁額一面，並賞大卷八絲緞二疋、小卷八絲緞二件、綫縐二件、綾三件、竹木漆陳設九件，以示恩渥。其例應賞賚之處，仍著原籍該撫循例具題。【略】

〔光緒二年〕旌表直隸高陽縣壽婦崔王氏、湖北黄梅縣命婦石喻氏、建始縣壽婦李孫氏、湖南長沙縣壽婦何朱氏、廣西羅城縣壽婦任王氏，均年逾百歲，五世同堂；湖北南漳縣壽民王所封，年届百歲，五世同堂；廣東新會縣壽婦唐歐陽氏、嘉應州壽婦黄吴氏，均年逾百歲，親見七代、五世同堂。地方官給銀三十兩，聽其自行建坊，即給予壽民壽婦例得字樣，並各賞給銀十兩、緞一疋。其恩賞銀緞，由部行文内務府支領，發交該督撫轉給祇領。廣東壽婦唐歐陽氏、黄吴氏，由總督製造七葉衍祥扁額，頒給如例。

緙絲

蘇軾《蘇軾文集》卷五四《與程正輔七十一首》之五十八　某輒附上綾刻絲各一疋，用與表嫂齋僧，表區區微意。

莊綽《雞肋編》卷上《定州刻絲與各地工藝》　定州織刻絲，不用大機，以熟色絲經於木杼上，隨所欲作花草禽獸狀，以小梭織緯時，先留其處，方以雜色綫綴於經緯之上，合以成文，若不相連。承空視之，如彫鏤之象，故名「刻絲」。如婦人一衣，終歲可就。雖作百花，使不相類亦可，蓋緯綫非通梭所織也。

《奩史》卷八七《綺羅門》　定州織刻絲，婦人一衣，終歲方就。《蓼花洲閑録》。

孔齊《静齋至正直記》卷一《宋緙》　宋代緙絲作，猶今日紵絲也。花樣顔色，一段之間，深淺各不同，此工人之巧妙者。近代有織御容者亦如之，但著色之妙未及耳。凡緙絲亦有數種，有成幅金枝花發者爲上，有折枝褋花者次之。有數品顔色者，有止二色者，宛然如畫。紵絲上有暗花，花亦無奇妙處，但繁華細密過之，終不及緙絲作也，得之者已足寶玩。

曹昭《格古要論》卷下《錦綺論》　刻絲作

宋時舊織者，白地或青地，織詩辭山水，或故事人物、花木、鳥獸，其配色如傅粉，又謂之顔色作，此物甚難得。嘗有舞裀濶一丈有餘者，且匀緊厚。

紵絲作

新製者類刻絲作，而欠光净，緊厚不逮刻絲作多矣。又名著色作。

《新鐫古今事物原始全書》卷一四《服御・克絲》　《事始》曰：起于宋，其樓閣、百花、龍鳳等樣，極其工巧，今時頗尚之。

田藝衡《留青日札》卷二二《克絲作》　克絲作，起于宋，樓閣、百花、龍鳳，極其工巧。今作剋絲，蘇作最(喜)〔善〕。

張自烈《正字通》卷八《系部》　緙乞格切，音客，紩也。又宋時織者配色如傅采，謂之刻絲作。《廣韻》：緙，織緯也。刻絲之刻，本作緙，誤作刻。

沈自南《藝林彙考・服飾篇》卷一〇《繒帛類》　《名義考》：《格古要論》曰：宋時織者配色如傅采，謂之刻絲作。是刻絲宋已有之，而刻之義未詳。《廣韻》：「緙，乞格切，織緯也。」則刻絲之刻，本作緙，誤作刻。《周禮・内司服》，賈公彦疏：翬衣，其色玄。褕狄青，闕狄赤，皆刻繒爲雉形。亦誤作刻。

周廣業《循陔纂聞》卷一　莊綽《鷄肋編》云：宋人刻絲法起定州，不用大機，以熟色經於木棦上，隨所欲作花草禽獸，投以小梭。織緯時，先留其處，方以雜色線綴於經緯之上，合以成文，不相連，視之如雕鏤之狀，故名刻絲。如婦人一衣，終歲方就，使百花不相類亦可，蓋緯線非通絲所織也。按刻絲，馮氏《事始》作剋絲。洪忠宣《松漠紀聞》云：回鶻以五色線織成袍，名曰剋絲。(王佐)〔曹昭〕《格古要論》謂之剋色作，白地、青地皆可。周祈《名義考》云：刻絲宋已有之，而刻之義未詳。《廣雅》緙，乞格切，織緯也。則「刻」本當作「緙」。《周禮・内司服》賈公彦疏：翬衣，其色(元)〔玄〕，揄狄青，闕狄赤，皆刻繒爲雉形。此即刻絲所由昉也。又按《玉藻》士不衣織，鄭氏注云：織，染絲織之。《釋文》音志。今訛爲注，遂稱注絲，或寫爲苧絲，今又書爲紵絲，則亦刻絲之類也。

英和《恩福堂筆記》卷下　于文襄公嘗語同列云：所謂緙絲者，乃用之於册頁手卷，不聞施之於衣。蓋往時朝衣蟒袍皆織成，豈獨無緙絲，即顧繡亦後來踵事也。

黄本驥《湖南方物志》卷四《永州府》　零陵祁陽出綫綂、刻絲。（《明統志》）

俞樾《茶香室叢鈔・四鈔》卷二四《剋絲》　宋・洪皓《松漠紀聞》云：「回鶻善以五色線織成袍，名曰剋絲，甚華麗。」按，今此種猶盛行，不知其本出回鶻，且俗書作刻絲，亦非其舊矣。

穆彰阿等《清一統志》卷三〇四《浙江・温州府》　土産　温克絲精巧奪綺縠。

穆彰阿等《清一統志》卷三七一《湖南・永州府二》　土産　剋絲《明統志》：零陵、祁陽二縣出。

嵇曾筠、沈翼機等〔雍正〕《浙江通志》卷一〇一《物産》　剋絲　咸淳《臨安志》：有花素二種，撚絲織者，故名。

嵇曾筠、沈翼機等〔雍正〕《浙江通志》卷一〇七《物産》　剋絲　《温州府志》：温克絲每尺價一百五十或二百，精巧奪綺縠。近來價賤費輕，機户皆巧僞，日就濫惡。

徐學謨〔萬曆〕《湖廣總志》卷一二《方産》　國朝　永州府剋絲零陵祁陽縣出。

刺繡

題解

《書・益稷》　予欲觀古人之象，日、月、星辰、山、龍、華蟲，作會；宗彝、藻、火、粉米、黼、黻，絺繡。孔穎達正義：絺讀爲黹。黹，紩也。自日月至黼黻，凡十二章，天子以飾祭服。凡畫者爲繪，刺者爲繡。

《周禮・冬官・畫繢》　畫繢之事，雜五色。【略】五采備謂之繡。賈公彦疏：凡繡宜須畫，乃刺之，故畫繡二工共其職也。

史游《急就篇》卷二　繡　顔師古注：繡，刺綵爲文也。

許慎《説文》一三篇上《系部》　繡　五采備也。段玉裁注：《考工記》：「畫繪之事，襍五采，五采備謂之繡。」鄭氏《古文尚書》曰：子欲觀古人之象，日、月、星辰、山、龍、華蟲作繢，宗彝、藻、火、粉米、黼、黻，希繡，此古天子冕服十二章。希讀爲黹，或作絺，字之誤也。按今人以鍼縷所紩者謂之繡，與畫爲二事，如《考工記》則繡亦系之畫繢，同爲設色之工也。畫繢與文字又爲一事，故許以觀古人之象説遵修舊文也。从糸，肅聲。

繪　會五采繡也。段玉裁注：會、繪曡韵，今人分《咎繇謨》繪繡爲二事，古者二事不分，統謂之設色之工而已。《虞書》曰：山、龍、華蟲作繪。段玉裁注：《咎繇謨》文。《論語》曰「繪事後素。」段玉裁注：《八佾》篇文，此皆證繪繡無二事也。从糸，會聲。

絲　繡文如聚細米也。段玉裁注：繡謂畫也，米、絲曡韵。今《咎陶謨》作粉米，許所見壁中古文作黺絲。《黹部》云：黺，畫粉也。此云絲，繡文如聚細米也。皆《古文尚書》説也。此不言《虞書》者，經文已見於七篇矣。畫粉爲衛宏説，此蓋亦衛説與。从糸米，米亦聲。

劉熙《釋名》卷四《釋采帛》　繡，修也。文修修然也。

顧野王《玉篇》卷二七《糸部》　繡　思又切，五采備也。

原本　思又反。《考工記》：「畫繢之事，五采備謂之繡。」野王案：《尚書》「黼黻絺繡」是也。

戴侗《六書故》卷三〇《工事六》　繡　息救切，以五采綫絺刺爲文章也。又作綉。

繢　黄外切，會五采以畫也。【略】《考工記》：「設色之工畫繢。」古單作會。又作繪。

絢　許掾切。子夏問曰：《詩》云：「素以爲絢兮，何謂也。」子曰：「繪事後素。」《聘禮》：「問諸侯，朱緑繅，皆絢組。」康成曰：采成文曰絢。

戴侗《六書故》卷三一《工事七》　黼　方矩切。《考工記》曰：「白與黑謂之黼。」繡之象斧形。亦通作斧。

黻　分勿切。《考工記》曰：「黑與青謂之黻。」

田藝衡《留青日札》卷二二《文繡》　織曰錦，刺曰繡。《釋名》：文修然也。予則以爲慎肅難成，故從絲肅也。五色備，故曰文繡。《春秋元命苞》曰：齊能成文繡，應天道。上匹二萬，中萬，下五千。今上百萬矣。

張自烈《正字通》卷八《糸部》　紩漠報切，音冒，刺繡曰紩。見《急就章》。謂刺也。舊注繪帛紩起如刺，非。

絺丑知切，音鴟。【略】又紙韻，音止。《書・益稷篇》：「黼、黻、絺、繡。」注：紩也，刺以爲繡也。

繡息救切，音秀，五采刺文。

張自烈《正字通》卷一一《黹部》　絲母禮切，縮米，繡文如聚米也。《尚書》本作米，別作絲，見前黺注。

黼狀古切，音府，繡斧形，以絳帛爲質，白黑爲文。《説文》：「白黑相次文也。」《考工記》：「白與黑謂之黼。」注：斧之謂黼，蓋半白半黑似斧刃白而身黑，取斷割義。一説，白西方色，黑北方色，西北黑白之交，乾陽位剛健能斷，故畫斧以黑白爲文。《詩・小雅》：「又何予之，玄衮及黼。」注：天子錫來朝諸侯車馬外，復有衮黼。通作斧。

西湖散人《新鐫雅俗珠璣藪》卷七　繡綉者，五色備，絺爲質，刺成，故名絺繡。挑繡即刺繡。

沈自南《藝林彙考・服飾篇》卷一〇《繒帛類》　説畧　繡，《釋名》曰：「繡，修也，文修修然也。」《周禮》：「五綵備謂之繡。」《虞書》曰：「黼、黻、絺、繡。」《周官》曰：「五色備謂之繡」。《實録》曰：諸朝祭之服皆繡。漢魏宫内競繡名花、瑞獸、飛禽。晉永嘉中，御服皆繡。刺繡之製，久矣。

綜述

《周禮・秋官・小行人》　小行人掌邦國賓客之禮籍，以待四方之使者。【略】合六幣，圭以馬，璋以皮，璧以帛，琮以錦，琥以繡，璜以黼。此六物者，以和諸侯之好故。

《禮記・月令》　仲秋之月，【略】乃命司服，具飭衣裳，文繡有恒。鄭玄注：此謂祭服也。文謂畫也。祭服之制，畫衣而繡裳。

《孟子・告子上》　令聞廣譽施於身，所以不願人之文繡也。趙岐注：文繡衣服也。

《太平御覽》卷八一五《布帛部二・繡》　《范子計然》曰：能繡細文，出齊，上價疋二萬，中萬，下五千也。

《太平御覽》卷八一五《布帛部二・繡》　《尚書大傳》曰：未命爲士得衣繡。《春秋潛潭巴》曰：天子文繡布地，必動絶無嗣。

原題王嘉《拾遺記》卷八《吴》　孫權常嘆魏、蜀未夷，軍旅之隙，思得善畫者使圖山川地勢軍陣之像。達乃進其妹。權使寫九州方嶽之勢。夫人曰：「丹青之色，甚易歇滅，不可久寶；妾能刺繡，作列國方帛之上，寫以五嶽河海城邑行陣之形。」既成，乃進於吴主，時人謂之「針絶」。雖棘刺木猴，雲梯飛鳶，無過此麗也。

《宋書》卷四一《后妃傳序》 繡帥，置人無定數。

《新唐書》卷六《肅宗紀》 〔至德二年十二月〕，禁珠玉、寶鈿、平脱、金泥、刺繡。

蘇鶚《杜陽雜編》卷下 咸通九年，同昌公主出降，宅于廣化里，賜錢五百萬貫，仍罄内庫寶貨以實其宅。至于房櫳户牖，無不以珍異飾之。【略】又有鷓鴣枕、翡翠匣、神絲繡被。其枕以七寶合成，爲鷓鴣之狀。翡翠匣，積毛羽飾之。神絲繡被，繡三千鴛鴦，仍間以奇花異葉，其精巧華麗絶比。其上綴以靈粟之珠，珠如粟粒，五色輝煥。

馮贄《雲仙雜記》卷三《繡花女》 作詩如繡花女，令籠絡枝葉而已，無過不及，爲善。《鍾嶸句眼》。

《事物紀原》卷十《布帛雜事部・繡》 《事始》曰：錦繡，西施造。非也。《虞書》：舜命禹曰：「予欲觀古人之象，日、月、星辰、山、龍、華蟲，作會，宗彝、藻、火、粉米、黼、黻，絺繡，以五采彰施于五色，作服，汝明。」孔穎達正義云：舜令禹制繡，以五種之彩，明施於五色，制作衣服。則帝舜始爲繡也。

孟元老《東京夢華録》卷三《寺東門街巷》 寺東門大街，【略】寺南即録事巷妓館，繡巷皆師姑繡作居住。

《宋大詔令集》第一九九《禁進奉物不得銷金線文綉詔》大中祥符元年 朕肅膺大寶，慎守詒謀，思馴致於古風，冀日臻於景化。節用經費，循法度以建中；端居穆清，屏紛華而弗御。聿修儉德，以導化源，而穹昊眷懷，靈符昭錫。載伸大中之道，宜師清净之風。姑務身先，用張治本。眷言宗室，爰洎寀僚，當取實以去華，庶上行而下傚。逮諸執事，各謹攸司。惟采章文物之名，載於儀職；及宴會供帳之具，宣乎禮文。蓋朝範之所尊，貴國容之有耀。所宜如舊，用副式瞻。自餘供須，並從節約。其令有司，除衮冕儀仗法服及宴會所設依舊外，其外朝及宫禁乘輿服御供帳、皇親臣寮之家進奉物，並不得銷金線文綉，有司所闕須創造，降詔依奏者，即許施行，諸司不得起樣進呈。仍令皇城使劉承珪、龍圖閣待制戚綸以進御物取進止。其宴會陳設，如重製造，亦不得遍地文綉，庶成敦樸，漸復清純，允符上帝之靈心，永奉混元之至寶。仍令有司，録此詔賜親王公主諸親家一本。

《宋會要輯稿・職官二九・文思院》 文繡院 崇寧三年三月八日，試殿中少監張康伯言：今朝廷自乘輿服御至於賓客祭祀，用繡皆有定式，而有司獨無纂繡之工，每遇造作，皆委之閭巷市井婦人之手，或付之尼寺而使取直焉。今鍜鍊織紝紉縫之事，皆各有院，院各有工，而於繡獨無，欲乞置繡院一所，招刺繡工三百人，仍下諸路選擇善繡匠人，以爲工師，候教習有成，優與酬奬。詔依，仍以文繡院爲名。

裁造院 裁造院舊在利仁坊，後徙延康坊。掌裁製衣服，以供邦國之用。初有針線院，左藏庫有縫造針工，給裁縫之役。乾德四年，始置此院，以京朝官三班内侍二人監，别以三班一人監門，領匠二百六十七人。真宗景德三年三月詔：録裁造院，執針女工，本院所管什物，每季作帳上三司。七月詔：諸王宫院所占工匠，定名差往，不得替换。天中祥符三年七月詔：裁造院於步軍司抽剩員二十人巡宿看管官物，遞相覺察，每季一替，舊十月一界，差剩員爲捧疊衣物者，不須别差。五年二月詔：裁造院自今應承受房卧及繡造物色，本院繡造不逮者，分於春節指揮及百姓繡户支工錢令繡造，即不得抑勒差配，更不令三尼寺繡造，須監官當面支散工錢，無縱減刻。其皇城司所繡生活，係内降細繡，止令裁造院匠了當，即不得影占繡匠。八年閏六月，賜裁造院人員緡錢。先是本院言，自來每三年一界交割，第賜緡錢，今已四年，乞依例給，故有是賜。仁宗天聖三年四月詔：裁造院自今止絶官僚不得就本院幫請衣服段子，止將逐節界造到衣服領段共作，五限交納。

張廷玉等《續文獻通考》卷五三《職官三》 〔元工部，大都人匠總管府〕繡局掌繡造諸王、百官段匹。大使、副使各一人。

張廷玉等《續文獻通考》卷五六《職官六》 金少府監，掌邦國百工營造之事。官有監、少監。又丞二人。【略】

所屬：【略】文繡署。官同。掌繡造御用并妃嬪等服飾，及燭籠照道花卉。繡工一人，都繡頭二人，副繡頭四人，女四百九十六人。内上等七十人，次等凡四，各二十六人。

谷泰《博物要覽》卷六《論宋繡》 宋繡多有畫幅作山水、人物、花鳥者，五采相宜，細入毫髮，且不露邊際，而繡法净潔明朗，即名公畫筆亦所不及，以此其價甚貴，今亦罕見。

葉夢珠《閱世編》卷七《食貨六・綉》 露香園顧氏綉，海内馳名，不特翎毛、花卉，巧若生成，而山水、人物，無不逼肖活現，向來價亦最貴，尺幅之素，精者值銀幾兩，全幅高大者，不啻數金。年來價值遞減，全幅七八尺者，不過以一金爲上下，絶頂細巧者，不過二三金，若四五尺者，不過五六錢一幅而已。然工巧亦漸不如前。前更有空綉，只以絲綿外圍如墨描狀，而著色雅淡者，每幅亦值銀兩許，大者倍之。近來不尚，價值愈微，做者亦罕矣。

劉寶楠《愈愚録》卷四《絺衣》 《史記・五帝紀》：「堯乃賜舜絺衣與琴。」張守節正義：絺，細葛布衣也。案：《正義》非也。《孟子》：「舜爲天子，被袗衣鼓琴。」趙岐注：袗，畫也，被畫衣，黼、黻，絺繡也。《書・皋陶謨》：「予欲觀古人之象，日、月、星辰、山、龍、華蟲，作會，宗彝、藻、火、粉米、黼、黻，絺繡。」孔穎達正義引鄭玄云：絺讀爲黹，黹，紩也。凡畫者爲繪，刺者爲繡，衣用繪，裳用繡。然則絺衣猶言繡裳，衣裳古人通稱。《後漢書・仲長統傳》論曰：「戴黄屋，服絺衣。」亦謂繡衣。李賢注引《韓子》曰：堯冬日鹿裘，夏日葛衣。以絺衣爲葛衣，亦誤。

《古今圖書集成・職方典》卷六八一《蘇州府部・物産考》 府志

剪綵屬

灑線

絨繡 生動如畫，不減松江露香園顧繡。

堆紗 以綴紗刺成花瓣人物。

刻絲 五色相錯間以金縷。

網繡 絲線布網填以花朵。

挑花 布地線花。

《古今圖書集成・職方典》卷七〇〇《松江府部・物産考》 府志

服用屬

顧繡 上海顧氏露香園製，凡衣裙畫幅，俱劈絲爲山水花鳥，儼然生動。

《奩史》卷四一《針線門》 刺繡女紅，婦人正事也。枕頂禮鞋，皆嫁後拜人之禮，即多不爲過。《婚姻約》。

宋内職官有繡帥。《宋書》。

繡巷，皆師姑繡作居住。《東京夢華録》。

女習黹繡。《元史》。

宋之閨繡，如畫山水人物樓臺花鳥，針線細密，不露邊縫，用絨只一二絲，用針如髮細。《考盤餘事》。

顧姬，上海顧氏妾，刺繡極工。《無聲詩史》。

蘇臺韓氏女，工繡，吴綺作《韓繡行》。《□□詩集》。

陸以湉《冷廬雜識》卷二《授經偶筆》 嘉興錢新梧給諫儀吉，官京師，無力延師教子，與其室陳煒卿女史爾士親自督課。女史嘗於講貫之暇，推闡經旨，著《授經偶筆》，以訓子女。「《内則》執麻枲，治絲繭，織紝組紃，學女事以供衣服」，説云：「古者婦功在於麻枲、絲繭、織紝組紃，其成也，質實堅重而可以爲久。後世乃以刺繡爲工，輕而易敗，朝爲被服之華，夕同土苴之棄，耗力費財，甚無謂也。古者黼黻文章以奉朝祭，此廟而不宴者也。今俗尚侈靡，婦女履底或有繡文。是古昔祭服之飾，今緣之履底矣。又若繡衫、繡扇充溢吴市，敝化奢麗，視若尋常，賈生所謂『天下不屈者，殆未有也』。」其言切中習俗之弊。

丁佩《繡譜》卷上《擇地第一》 藝之巧拙因乎心，心之功拙因乎境。誠使窗明几净，雖拙者亦爲之改觀；室暗鐙昏，雖巧者亦失其故步。而且事迫則潦草堪嗤，境囂則精神不聚。凡藝皆然，而況辨優絀於微茫，争得失於毫末者乎。故刺繡，必以擇地爲最要也。

閒

書畫皆可以乘興揮灑，繡則積絲而成，苟缺一絲，通幅即爲之減色，故較他藝尤難，斷無急就之法。或因事冗而求其即成，或因人雜而冀其速就，安有心如棼絲而能井井不紊者乎。故其境閒而後其心亦閒，百慮悉屏，神知自生，固未可率爾拈鍼也。

静

詩之美后妃，曰幽閒貞静。閒與静，爲女子之懿德，而刺繡者，尤當首及也，故繼閒而論静。静則其志專而心無物擾，静則其神定而目無他營。試觀瞽者必聰，聾者必明，遂知五官不能並用，必凝注於一，而後能運靈明於鍼與指之間，辨其出入疎密，濃淡淺深，庶無毫髮之憾。今使置身於喧譁紛逐之場，雖靈芸復出，其能收視返聽，而作一花一葉否耶。

明

擇地必先擇爽朗之區，秋毫必察而後物無遁形。然所以必求其明者，人皆知之，而所以用其明者，人或略焉。蓋室雖明矣，使或向陽而坐，反致炫耀且損目光，況持手綳必稍向上，亦復易於遮蔽。惟背明而坐，則光明悉照於掌握之間，自然了了。故如牕在左，坐宜向右，牕在前，坐宜向後，此一定之訣也。如用綳則斜坐亦可。

潔

紈綺有浣濯之方，圖畫有遮飾之法，繡則稍有不潔，即致昏黯無色，既不能浣，亦無可遮。故室中必先灑掃極淨，床几以及應用之物，皆使不染纖塵，然後繡成，乃如出水芙蕖，自有一種鮮艷之色。否則十指瑩然，旋滌旋涴，初不知塵垢之所由來也。

丁佩《繡譜》卷上·《選樣第二》 繡工之有樣，猶畫家之有稿。其格局布置，即一成而不可易者也。此處最宜斟酌，成式或失之巧而於理未安，或失之庸而於勢不足，或過於繁剪裁乏術，或過於簡枯寂無情，須求其穠纖修短，處處合宜，而又必丰韻天然，栩栩欲活，方可入選。使昧昧求之，不特樣不入時，且恐畫虎成犬矣。

審理

萬物惟一理耳。而一物具一物之理，乃有理之所必無，而樣之所恒有者。一絲細本花且如盤，盈寸之人馬纔如豆，甚或草高於屋，樹軟如綿，只求布置停勻，初不知實增其醜也。

度勢

次則度勢，須於平妥中求抑揚之致，於疎朗中求顧盼之姿，於繁茂中求玲瓏，於工整中求活動。務使寸練具千里之觀，尺幅有萬丈之勢。是在分布之得宜，尤在物理之諳練。

剪裁

史家敘事簡而能該，名手作圖繁而不雜，剪裁之力也。然而文章尚有映帶之法，渲染必有遠近之分。繡則不然，如或頭緒糾紛，景物稠叠，恐不能絶無淆紊，朗若列眉，必須删而又删，務使釐然各判。即有互相掩映之處，亦必層次井然，方免蕪雜耳。

點綴

既加裁汰，固易施工。又恐一覽無餘，轉形枯寂。當於可以穿插之處，酌爲加增。又或疎密不甚相稱，亦須稍爲點綴。如護根草、折枝花、蜂蝶禽鳥之類，皆可因其所宜，隨意添入，或損之，或益之，總期於得中合度而已。

崇雅

五采章施，原期絢爛，然而亦有雅俗之分。山、龍、華、蟲、藻火、宗彝、粉米、黼黻，縱極華美，自覺古雅可觀。今則隨意繡一折枝，刺一蟲蝶，亦必相當相對，有如刻板印成，甚且顔色乖違，布置顛倒，即令光怪陸離，難免方家齒冷矣。

傳神

同繡一花也，或則迎風笑露，鮮艷如生。或則日熯霜摧，顦顇欲絶。或則春容大雅，顧盼生姿。或則拳曲拘攣，瑟縮可憎。畧舉一隅，他可類及，孰工孰拙，不辨而知。而當其累線積絲，則亦同茲辛苦也。曷勿求其形狀之逼肖，以冀神韻之兼全也哉。

日月雲霞

日須大紅，月宜淺白，或用淺黄，原求其相肖，且不致於相淆。所可異者，今人每於其中各繡一字耳。月下景物，配色却宜稍淡。日中不妨極其絢爛，物理然也。

雲無定色，儘可五采兼施。惟交換處須由漸而更，或各成一朵，方免判然兩截，如門成之水田衣耳。

凡物皆有一定之色，惟雲則可不拘，此針黹中使才之地也。卿雲在天，光華糺縵，生當文明之世，黼黻鴻猷，光昭聖治，豈特文人學士，珥筆彤庭，甫能揚厲鋪張，自詡錦心繡口耶。

霞無可繡，即或繡之，見者亦必呼爲雲矣。嘗見一巨室，藏有繡幅，下以湖色綢作江，上以褪紅綢作霞，中繡青緑峯巒，以掩其接續之迹。懸之中堂，儼然江天霞彩也。又有滿繡之法，由紅漸白，由白而藍，天半朱霞，蔚然在望。

真草隸篆

真字宜瘦，挑趯點拂，皆須各具鋒鋩，如作藏鋒，便少疏朗之致。草書點畫最簡，縈拂處更易見長，惟轉折肥瘦，均須留神，否則便失書意。隸書匀整平直，但宜具古秀之致。篆則光圓宛轉，本屬繡工之所長，第須起訖分明，神完氣足而已。

花果草木

學繡必從花卉入手，猶讀書之於《學》《庸》，學字之於正楷，唸詩之於五截，習琹之於清商，似易實難。因難見巧，當於花之向背淺深，葉之反正疎密，悉心體認，曲肖其形。又必盡態極妍，輝光流照。昔人繪影繪聲之説，究屬寓詞，惟繪花繪光，實能爲衆香國中傳神寫照者，必推繡事爲獨步，此非寫生家所能及其萬一也。

色之淺深，積漸而變。有內深而外淺者，牡丹之類是也。有外深而內淺者，蓮花之類是也。

瓜蓏之屬，可以入畫者，均可入繡，惟當辨其形色耳。色之斑斕者，以雙搓線繡之。若其色由深而淺，則可用長短針，如繡花法矣。

草中以芝蘭爲首，繡芝如繡雲，不妨五色皆備。蘭則間于花與草之間，當得其婀娜之致。

護根草，須與幅中花木相稱。或如松鬣，或如秧針，或如苔錢，或如書帶。

水中萍藻，溪畔荻蘆，皆可推波助瀾，爲全幅增色。

繡樹在乎枝幹得勢，戒軟弱，忌臃腫，不可太光，必須夭矯秀勁，凹凸有稜方妙。枝幹既成，次及剪葉，松杉楓柳梧竹之屬，大小皆宜，以其葉有定形也。其他雜木，濃陰蔚然者，只宜施之巨幅耳。

禽獸蟲魚

禽則積羽而成，繡則積絲而成，因物肖物，莫妙於此。第當於飛鳴食宿之際，求其生動之情，喙吻爪距之中，辨其純鷙之性而已。

繡禽，繡鳳，繡獸，繡麟，以極華美之姿，又不數見之物，自可悉沿成式，以象文明。至如虎豹彪炳，獐鹿斑斕，馬鬣絲紛，牛毛莫辨，大而獅象，小而鼠猫，皆有一定之形，惟選樣之能精，庶肖形之不謬。

蟲類中有蝶，如草中有芝，禽中有鶴，仙品也。羅浮之種，翅如車輪，五色咸備，既無定色，亦無定形，但須得栩栩之致。他如蠅頭蚊脚，蟬翼蜂鬚，悉徵絶巧文心，宜有豪端畫意。

龍與麟鳳同著，滄海朝曦，金碧絢爛，爲繡中之巨觀。其或鯤擊鯉登，亦具升騰之象。朱鱗碧水，相安游泳之天，安在鱗潛，宜知魚樂。

山水人物

作山水如作古文，結搆氣魄，穿插照應，無法不備，此畫家語也，繡事亦何莫不然。青緑赭墨，無一不宜，特少皴法耳。當於凹凸處，用筆畫定而分繡之。或下分而中合，或上斷而下連，繡成自有一線微痕，如披麻鋏線，較畫家尤覺遠近分明。峯巒稠叠，波致軒然，或卧或立。浪花噴溢，玉碎珠飛，海中之水也。澄碧粼粼，縠文如織，則宜於金碧樓臺。或曲或伸，蕭蕭數筆，則宜於寒江野渡。憶昔年，春日舟過梁谿，斜照滿山，嵐光成彩，戲用退紅絨，參以牙色，繡成遥山一桁。山椒新緑成林，溪中碧水鱗次，頓覺耳目一新，此亦畫家所未到也。

石貴嶙峋，橋宜宛轉，屋須軒朗，樹必玲瓏，切忌模糊，自然明秀。

人物惟鬚髮最難，當將絨綫剖成極細之絲，針亦另有一種。肌膚亦然，尤須瑩浄融洽，絶無針線之迹。耳廓目眶，鼻端口角，均宜各留一線微痕，便覺高低了了。衣摺帶履，可以類推。

丁佩《繡譜》卷上《取材第三》 以鍼爲筆，以縑素爲紙，以絲絨爲朱墨鉛黄，取材極約，而所用甚廣，繡即閨閣中之翰墨也。然欲善其事，先利其器。有如造室既成，人但瞻輪奂之美，不知棟梁榱桷經度者幾何時，鋸鑿斧斤磨厲者幾何日。而且竹頭木屑，皆爲有用之材，丹雘垣墉，豈能凴空幻設。總之，苟得其用，則斷線零縑，亦收奇效；苟違其用，雖鏤金錯采，未必美觀。擇之不厭其精，蓄之當求其備。

絨線

前人多用散絨，後乃剖而爲線，武林、吴門、白下皆有之。蘇産較細，一線可剖爲二，既剖之後，仍可條分縷析也。

綜線亦備五色，以圈輪廓，可免不齊之患，惟結子用之。他如界畫樓臺、人物、衣摺、羽翼、龍鱗，亦間有用之者。

金銀線製於回人，須擇其真者，乃不變色，以圓細匀浄爲貴。又有孔雀線，燿燦可愛，翎羽中不可少也。

緞綾

刺繡以緞爲最，綾次之，綢絹又其次也。但皆須素地，如有花紋，繡成光采必減，宜擇細密光潔者爲佳。

紗羅

以極細銀條紗，用單絲穿成，或則滿穿，或留素地，亦覺斐然可觀。惟針孔必有出入，難以渾圓，只可聊備一格耳。鋪羅則宜用絨，又在穿紗下矣。

鍼剪

針産於吾松，初不知其妙也。後歷燕豫齊梁，用他處所製者，輒不能得心應手，乃知松針之所以妙者，光也，直也，細也，鋭也，而尤在鑄孔之際，圓而不偏，細而不滯，自尖以上，匀圓如一。鑄孔處雖稍扁，而兩旁皆平，不似他處，幾作釘頭式也。性亦耐久，用之數月以後，益覺靈滑异常矣。剪則武林爲最，以其刃鋭而鋒銛也。

繃架

緞性易卷，綾絲易斜，繃架之設，所以救其弊也。四面用零帛，聯絡繃定，或徑用線聯，必使極正極平，然後所繡之絲，與綾緞之絲，皆相勻適，繡成乃能熨貼耳。木質宜輕，門筍宜靈，下鍵處宜堅固不動爲妙。

粉墨

選樣既定，即用墨筆臨摹者爲上，次則用粉過之。粉須極細，但有形模可辨，即以墨筆蓋之。墨筆易細，粉筆較難，肥瘦稍有出入，便覺意失形乖，故用粉須在有無之間，有未愜意處，仍可以墨筆正之耳。素縑上有用朱者，法亦與用粉同。

丁佩《繡譜》卷下《辨色第四》 雲霞、水土、花木，物物無色不備者，此惟造化能之，而欲以人力强爲摹仿，則惟畫與繡耳。畫家朱緑粉黛，濃淡可以意爲，且可合二爲一，合三爲一，層出不窮，而繡則以染成之絲，畧分深淺而已，使非因其所宜，斟酌盡善，幾何不看朱成碧，而失之毫釐，謬以千里耶。

紅

顔色中之極絢爛者，紅是也。極貴重者，亦惟紅。萬緑叢中一點紅，能令諸色增麗，亦惟此色先褪，便覺全幅黯淡無神，況學繡必從花卉入手，此色尤宜多備。自大紅至極淺之色，幾與白相類者，可分作九種。大紅可當硃砂，次則可當洋紅、燕支，又其次則粉紅也。由深而淺，由淺而白，亦猶畫家之渲染耳。朱與紅有別，今則悉呼爲紅，故不另判一色矣。

緑

緑與紅並重，繡花用緑尤多，以枝葉較繁耳。自油緑以至葱緑，亦可分數種。由深而淺，由淺而白固已，亦可由淺而黄，不可不知。

黄

金黄近於赭，淡黄近於白，韭黄近於緑，亦分數種。惟於素地色不甚顯，須得重色方能襯出耳。

白

白爲諸色之過文，由淺而白，復由白而以次漸深，可免判然兩截之弊。其色亦類於黄，得重色襯出，更覺奕奕有神。

藍

藍即青也，畫家以花青與籐黄合爲草緑，此則物而不化，第守本色而已。又有全用此色，但分淺深，如畫家之以水墨代五色者，可分十餘種，亦覺淡雅可觀。

黑

黑以代墨，惜無淺深，然以之繡字，則不愁書被催成墨未濃矣。別有墨繡一種，則又以層次玲瓏，界限清楚爲貴也。

紫

紅極而紫，花中亦多用之。然其色微黯而滯，故宜少用爲妙。

藕色

藕色或呼爲青蓮色，極俏麗秀雅，惜易退耳。

赭

赭近於黄，而與黄迥异。山水人物，俱不可少，花木中亦作幹用也。

牙色

牙色似赭而淺，稍帶微紅，或呼肉色。人物肌膚，非此不可，餘亦可以間用之。

灰色

灰色可代淺墨，分深淺數色。宜作樹本，亦可與淺赭參用也。

醬色

醬色與赭均可作花蒂，惟與紫相近，其色亦嫌微滯耳。

香色

香色較黄稍深，除人物衣裳帶履外，餘無專屬，於諸色中自成一格，宜酌用之。

湖色

湖色極雅，宜用於淺藍、淺緑與白過接之處，與水光雲色尤近。

月白

月白即三藍之淺者，較湖色稍深，與藍並用，自見融洽，獨用亦復雅淡宜人。

天青

天青似深藍，而帶微紅，可與白參用，繡牽牛花，餘亦如香色、醬色，酌備一格可也。

金銀

絲金縷翠，繡工之本色也，處處均可用之。至平金鎖金，則又於三藍墨繡之外，別開生面矣。銀與金相成，第分深淺而已。

丁佩《繡譜》卷下《程工第五》　簫管具陳，琴瑟在御，同一樂也。克諧與否，有律以限之。弓矢既張，决拾既佽，同一射也。中的與否，有鵠以招之。夫律之既諧，的之既中，工拙辨於人，既事而見者也。而其所以克諧，所以獲中，則甘苦喻於己未事而存者也。卒之輕重疾徐，中正强固，喻於己者，未嘗不可以語人。纍纍如貫珠，發必應節，辨於人者，即可以因而律己。刺繡之道，亦由是焉，姑舉數端，聊抒管見。

齊

剸犀截玉，印泥畫沙，皆言齊也。齊則界限分明，齊則精神爽朗，齊則全體渾融。必如快剪剪成，不使一毫出入，否則色色俱精，終難免亂頭粗服之誚矣。

光

光與齊相因，絲絲櫛比，既不使一毫出入，輪廓自然光粹，然所用絨線，苟非理之極净，則正面必有蒙茸之狀，如月華籠霧，寶鏡生塵，安得成一段光明錦耶。近有繡成後以微火燎之，如纖緞法，又有未繡時，將絨用皂仁穿過，均易變色，皆非正本清原之法也。

直

作書宜直，直始能正。刺繡亦宜直，直始能平。平如春水，覺精采之自生。直如朱絃，惟緩急之咸適耳。

匀

不匀則不直，不直則不光，相因之弊也。用墨匀，則字能有血。用絨匀，則繡亦有肌。是在粗細適均，疎密相稱而已。

薄

坊繡之易於俗者，以其厚耳。厚則難匀，惟將絨線判成極細之絲繡成，倍覺熨貼，無异彩毫輕染。觀之高出紈素之上，捫之則復相平，庶稱精妙。

順

昔人謂文從字順字也者，作文之絲也，絲也者，刺繡之字也。一絲不順，則氣脉全乖，精神俱隔。故直則俱直，横則俱横，即使遇有圓折之處，第當以針脚之長短，由漸而轉，自然成片，倘有一線斜牽，但求省力，則疎密厚薄，斷難悉稱，抑且黯然無光矣，此要訣也。

密

密與薄似乎相反，而實相成，總在一字之細。細則能薄，亦惟細始能密耳。使剖絨稍粗，則每絲相接之處，必微有窪隆，不能融成一片。惟細而密，則雖千絲萬縷，無異鏡面鎔成，純粹以精，非密曷克臻此。

丁佩《繡譜》卷下《論品第六》　好尚無一定之規，雅俗有不易之則。繡近於文，可以文品之高下衡之。繡通於畫，可以畫理之淺深評之。周規折矩，斐然成章，謂之能可也。慘淡經營，匠心獨運，謂之巧可也。丰韻天成，機神流動，斯謂之妙。變幻不窮，殆非人力，乃謂之神。披沙揀金，鞭心入芥，無浮采矣。五雲麗日，百卉當春，無陋姿矣。特標新穎，化盡町畦，所謂姑射仙人，不食人間烟火者，當於逸品中求之乎。

能

象形惟肖，專采能精，指運目營，不失矩度。有如作字，則結搆嚴謹，骨肉停匀；有如吟詩，則格局渾成，對仗穩愜。習之既久，此詣自臻。

巧

穿插有情，接續無迹。或於寸縑之中，作叠閣層樓，而不見其隘。或於盈丈之間，作疎花片石，而未覺其寬。自然湊合，疑爲雲錦天衣。想入微茫，何論輿糠舟芥。至如指端成錦，盤中作詩，則又擅奇巧於千古者矣。

妙

能巧俱備，丰韻獨饒，妙姿也。閒中有味，空際傳神，妙趣也。舉重若輕，化板爲活，妙技也。信手拈來，頭頭是道，妙境也。

神

凡事都有神化之境，佝僂承蜩，工輪刻鳳，點睛飛去，斲鼻不傷，藝也而進於道矣。雖然，妙可言也，神不可言也。妙可幾也，神不可幾也。姑存一格，以俟其人。

精工

純鉤百鍊，爐丹九成，精也。鬼工雕毬，春蠶作繭，工也。當於摹仿處見精神，配合處見精采，無非一片精心，於細密中求工緻，於純熟中見工夫，方有十分工。次伐毛洗髓，玉潤珠圓，謂之精工，庶幾無愧。

富麗

物之富麗者，莫錦繡若也。然而丹碧爛然，金彩眩曜，非不既富且麗，而所以富麗者，初不在此。試觀舊家巨族，雖縞衣素袂，依然充實輝光。嫫母無鹽，即匀頰修眉，難語清揚美倩。是以茶之於白，墨之於黑，人皆知之，猶繡之於富麗也。而求茶之所以能白，墨之所以能黑，是在選茶製墨者矣。

清秀

工夫可以由漸而幾，惟濁難奏效，知慧亦因人而具，惟庸不可醫。同一石也，或珍如璧，或叱爲頑，秀與庸之别耳。同一歌也，或而《陽春》，或爲《巴曲》，清與濁之分耳。清則具見輕靈，秀則自然生動。

高超

不襲窠臼，别具天機，在人意中，出人意表，是必資性獨殊，襟懷瀟灑者能之，不可以形迹求也。古人於翰墨，可以覘人情性，惟繡亦然。眉目分明，楚楚有致，必其道理通達者也。一絲不苟，氣静神恬，必其賦性貞淑者也。肌理渾融，精神團聚，必其秉氣純和者也。否則蒙頭蓋面，攣曲支離，即使針神復生，亦末如之何已。相從心生，隱微畢見，又豈特繡之一端而已哉。

官修《清會典》卷九〇《内務府・廣儲司》　凡匠作之等七：【略】曰繡作。繡造服御賞用領袖補服荷包等事，設無品級司匠一人，拜唐阿領催六人，繡匠一百三十五人，捺匠四十二人。召募繡匠四十人。

官修《清會典事例》卷九五七《工部・制造庫工作》　額設匠役　制造庫匠役【略】繡作，種地領催三名，繡匠食糧十四名，裁縫匠食糧十六名，種地十三名，毛襖匠食糧二名，種地七名，畫匠食糧一名。共五十六名。

《刺綉業創立錦文公所緣起碑》光緒十年　刺綉之藝，吴中爲盛。其傳則自雲間之上海。案邑志，藝之傳有二：其一、元元貞間，有黄媪者，避兵崖州，見閩、粤之民，以木棉織爲吉貝，慕而效之，歸教其鄉人，後遂盛行，至今民賴其業。其二、則前明有顧公諱儒者，舉嘉靖戊子鄉薦，爲道州牧，有惠政。道州祀名宦，上海祀鄉賢。致仕歸，與其弟嘉靖己未進士尚寶丞諱世者，築園娱老，名曰「露香」。文酒之餘，間教家人以刺綉。分絲擘縷，窮極精巧。作爲山水人物，宛然生動。於是顧綉之名，盛行於世，至今垂三百餘年，人之業是者，頌其德勿衰。嘗考祭法，法施於民則祀之。黄媪之祀，其邑已有專祠，而顧公之祠獨缺。道光年間，吾邦之業綉者，爰各助款，搆祠於葑溪，以奉其祀。咸丰庚申，祠遭兵劫。同治甲子，郡城克復，吾邦之業綉者，日漸來歸，乃蕃滋於金閶，葑溪之祠，棟宇摧殘。同治丁卯年，西城同業公議，集資購屋於金閶之香橙弄口，始立錦文公所，以爲西城綉業奉祀辦公之處，稍申吾徒以時報饗之忱。尚冀祀宇臺榭，踵事增華，復露香之舊觀，盛新祀之香火，神其式凴也，則公之祀在此，亦何异於此彼哉。因爲記其緣起。首起事並籌其款者，亦例得書。郡城克復後，西城之業綉者，日漸蕃滋。爰集同業，捐資創立錦文公所，爲同業會議之處。

劉錦藻《清續文獻通考》卷三八四《實業七》〔宣統元年〕東三省總督錫良、奉天巡撫程德全奏：設八旗女工傳習所，分設四科：一曰裁絨，一曰編物，一曰縫紉，一曰刺繡，並附講堂，教授普通學課，以宏教育。

劉錦藻《清續文獻通考》卷三九二《實業一五》《江南商務紀略》〔光緒〕三十年，樂平縣寓居縣屬之南昌人類皆繡花裁衣爲業。前有本地繡工，以南昌人繡貨頗佳，有礙本地銷路，與之争執。經該縣諭令合而爲一，擬集貲聘高等工匠，專教刺繡各項上等用物，已於何家臺地方設立春茂公司。

穆彰阿等《清一統志》卷八五《江蘇・松江・府四》　土産　顧繡出上海縣。《府志》：山水人物，書法花鳥，無不生動入妙。

羅廷權等〔同治〕重修《成都縣志》卷三《食貨志・物産》　顧繡

申嘉瑞〔隆慶〕《儀真縣志》卷一一《風俗攷》　國初民風質實朴約，【略】女工綵繡，多于蠶績，民寡恒産。

牛若麟〔崇禎〕《吴縣誌》卷一〇《風俗》　城中婦女習刺繡。

傳記

蘇鶚《杜陽雜編》卷中　永貞元年，南海貢奇女盧眉娘。年十四，眉娘生而眉如線細長也。稱本北祖帝師之裔，自大足中，流落於嶺表。後漢盧景祚、景裕、景宣、景融兄弟四人皆爲帝師，因號爲帝師也。幼而慧悟，工巧無比。能於一尺絹上，繡《法華經》七卷。字之大小，不逾粟粒，而點畫分明，細於毛髮。其品題章句，無有遺闕。更善作飛僊，蓋以絲一縷，分爲三縷，染成五彩，於掌中結爲傘。蓋五重，其中有十洲三島、天人玉女、臺殿麟鳳之象，而外列執幢捧節之童，亦不啻千數。其蓋潤一丈，秤之無三數兩。自煎靈香膏傅之，則虬硬不斷。上歎其工，謂之神助。

《太平廣記》卷六二《蔡女仙》　蔡女仙者，襄陽人也。幼而巧慧，善刺繡，鄰里稱之。忽有老父詣其門，請繡鳳眼，畢功之日，自當指點。既而繡成，五綵光煥，老父觀之，指視安眼。俄而功畢，雙鳳騰躍飛舞，老父與仙女各乘一鳳，昇天而去，時降於襄陽南山林木之上，時人名爲鳳林山。後於其地置鳳林關，南山側有鳳臺，勑於其宅置静貞觀，有女仙真像存焉。云晉時人也。出《仙傳拾遺》。

王士禎《池北偶談》卷一二《談藝二・吴畫余繡》 予在廣陵時，有余氏女子，字韞珠，年甫笄，工仿宋繡，繡仙佛人物，曲盡其妙，不啻針神。曾爲予繡神女、洛神、浣紗諸圖，又爲西樵作須菩提像，皆極工。鄒程村、彭羡門皆有詞詠之，載《倚聲集》。

紀事

《左傳・閔公二年》 冬十二月，狄人伐衛。【略】公與石祁子玦，與甯莊子矢，使守，曰：「以此贊國，擇利而爲之。」與夫人繡衣，曰：「聽於二子。」

《史記》卷六九《蘇秦列傳》 〔蘇秦〕説趙肅侯【略】趙王曰：「寡人年少，立國日淺，未嘗得聞社稷之長計也。今上客有意存天下，安諸侯，寡人敬以國從。」乃飾車百乘，黄金千溢，白璧百雙，錦繡千純，以約諸侯。

《史記》卷七〇《張儀列傳》 義渠君朝於魏。犀首聞張儀復相秦，害之。犀首乃謂義渠君曰：「道遠不得復過，請謁事情。」曰：「中國無事，秦得燒掇焚杅君之國；有事，秦將輕使重幣事君之國。」其後五國伐秦。會陳軫謂秦王曰：「義渠君者，蠻夷之賢君也，不如賂之以撫其志。」秦王曰：「善。」乃以文繡千純，司馬貞索隱：凡絲緜布帛等一段爲一純。純音屯。婦女百人遺義渠君。義渠君致羣臣而謀曰：「此公孫衍所謂邪？」乃起兵襲秦，大敗秦人李伯之下。

《國語》卷六《齊語》 齊桓公曰：「昔吾先君襄公築臺以爲高位，【略】九妃、六嬪，陳妾數百，食必粱肉，衣必文繡。」

《管子》卷二三《輕重甲》 桓公曰：「輕重有數乎？」管子對曰：「輕重無數。物發而應之，聞聲而乘之。故爲國不能來天下之財，致天下之民，則國不可成。」桓公曰：「何謂來天下之財？」管子對曰：「昔者桀之時，女樂三萬人，端譟晨樂，聞於三衢，是無不服文繡衣裳者。伊尹以薄之游女工文繡纂組，一純得粟百鍾於桀之國。夫桀之國者，天子之國也。桀無天下憂，飾婦女鍾鼓之樂，故伊尹得其粟而奪之流。此之謂來天下之財。」

《戰國策》卷三《秦策一・蘇秦始將連横》 於是乃摩燕烏集闕，見説趙王於華屋之下，抵掌而談。趙王大悦，封爲武安君。受相印，革車百乘，（綿）〔錦〕繡千純，白璧百雙，黄金萬溢，以隨其後，約從散横，以抑强秦。

《戰國策》卷一一《齊策四・魯仲連謂孟嘗》 魯仲連謂孟嘗：「君好士也！雍門養椒亦，陽得子養，飲食、衣裘與之同之，皆得其死。今君之家富於二公，而士未有爲君盡游者也。」君曰：「文不得是二人故也。使文得二人者，豈獨不得盡？」對曰：「君之廐馬百乘，無不被繡衣而食菽粟者，豈有騏麟騄耳哉？後宫十妃，皆衣縞紵，食粱肉，豈有毛廧、西施哉？色與馬取於今之世，士何必待古哉？故曰君之好士未也。」

《戰國策》卷一九《趙策二・秦攻趙》 趙王曰：「寡人年少，莅國之日淺，未嘗得聞社稷之長計。今上客有意存天下，安諸侯，寡人敬以國從。」乃封蘇秦爲武安君，飾車百乘，黄金千鎰，白璧百雙，錦繡千純，以約諸侯。

《太平御覽》卷八一五《布帛部二・繡》 《帝王世紀》曰：紂不服短褐，處於茅屋之下，必將衣繡遊於九重之臺。

司馬光《資治通鑑》卷二《周顯王五年》 秦獻公敗三晉之師于石門，斬首六萬。王賜以黼黻之服。胡三省注：黼者，刺繡爲斧形；黻者，刺繡爲兩「己」相背。孔穎達曰：白與黑謂之黼，黑與青謂之黻。黼，音甫。黻，音弗。

《史記》卷七《項羽本紀》 項王見秦宫室皆以燒殘破，又心懷思欲東歸，曰：「富貴不歸故鄉，如衣繡夜行，誰知之者！」

《史記》卷一〇《孝文本紀》 上常衣綈衣，所幸慎夫人，令衣不得曳地，幃帳不得文繡，以示敦朴，爲天下先。

《史記》卷一二二《酷吏列傳》 自温舒等以惡爲治，而郡守、都尉、諸侯二千石欲爲治者，其治大抵盡放温舒，而吏民益輕犯法，盗賊滋起。【略】於是天子始使御史中丞、丞相長史督之。猶弗能禁也，乃使光禄大夫范昆、諸輔都尉及故九卿張德等衣繡衣，持節，虎符發兵以興擊，斬首大部或至萬餘級，及以法誅通飲食，坐連諸郡，甚者數千人。

《漢書》卷二五《郊祀志上》 〔武帝〕郊雍，至隴西，登空桐，幸甘泉。令祠官寬舒等具泰一祠壇，祠壇放亳忌泰一壇，三陔。

《漢書》卷二七上《五行志上》 〔成帝鴻嘉三年〕是歲，廣漢鉗子謀攻牢，篡死辠囚鄭躬等，盗庫兵，劫略吏民，衣繡衣，自號曰山君，黨與寖廣。

《漢書》卷五三《廣川王劉去傳》 去數召姬榮愛與飲，昭信復譖之，曰：「榮略，命市工別繡之。既就來上，視其花乃宰相所用，不旋踵遂大拜。

舊題宇文懋昭撰《大金國志》卷二四《宣宗皇帝上》 〔貞祐二年〕復圍燕京，京師乏糧，軍民餓死者十四五。主遣使議和，索公主及護駕將〔軍〕十人，〔細軍〕百人，從公主童男女各五百，綵繡衣三千〔件〕，御馬三千匹，金銀珠玉等物甚衆。

馬端臨《文獻通考》卷二二《土貢考一・歷代土貢》 仁宗天聖四年，却川峽獻織繡。

高宗紹興二十七年，宰執奏四川便民事，上曰：蜀製造錦繡帟幙以充歲貢，聞十歲女子，皆拘在官刺繡，朕自即位以來，不欲土木被文繡，首爲罷去，後來節次科敷，多所蠲減，想民力稍寬矣。

《奩史》卷四一《針線門》 曹蘊年將及笄，隨母遊乾明寺，見尼作繡，乃寫集句云：「睡起楊花滿繡牀，爲他人作嫁衣裳。因過竹院逢僧話，始覺空門興味長。」《楊彦齡筆録》。

針指二字本俗語，《夷堅志》採用之，其記婺州民女云：夜與母共寢，晝則作針指於牖下。《甕牖閒評》。

白樂天詩云：「倦倚繡窗愁不動，緩隨緑帶髻鬟低。遼陽春盡無消息，夜合花前日又西。」好事者畫爲《倦繡圖》。《娱書堂詩話》。

《元史》卷一三七《阿禮海牙傳》 武宗即位，召〔阿禮海牙〕兒野訥，賜玉帶，授嘉議大夫、祕書監。仁宗居東宫，兼太子右庶子，遷侍御史、崇祥院使，兼將作院使。闆有綉工，工官大集民間子女居肆督責，吏因爲奸利，野訥奏罷之，闆人感悦。

《元史》卷一一八《范梈傳》 年三十六，始客京師，即有聲諸公間，中丞董士選延之家塾。以朝臣薦，爲翰林院編修官。【略】擢福建閩海道知事。閩俗素污，文繡局取良家子爲繡工，無別尤甚，梈作歌詩一篇述其弊，廉訪使取以上聞，皆罷遣之，其弊遂革。

《明史》卷一九六《夏言傳》 帝每作詩，輒賜言，悉酬和勒石以進，帝益喜。奏對應制，倚待立辦，數召見諮政事，善窺帝旨，有所傅會。賜銀章一，俾密封言事，文曰「學博才優」。先後賜繡蟒飛魚麒麟服、玉帶、兼金、上尊、珍饌、時物無虚月。

《明史》卷二一三《徐階傳》 袁煒以疾歸，道卒，階獨當國。屢請增閣臣，且乞骸骨。乃命嚴訥、李春芳入閣，而待階益隆。以一品十五載考，恩禮特厚，復賜玉帶、繡蟒、珍藥。

姬視瞻，意態不善，疑有私。」時愛爲去刺方領繡，去取燒之。顔師古注：晉灼曰：「今之婦人直領也。繡爲方領，上刺作黼黻文。《王莽傳》曰『有人著赤繢方領』。方領，上服也。」師古曰：「晉説是也。」

《漢書》卷七一《雋不疑傳》 武帝末，郡國盜賊羣起，暴勝之爲直指使者，衣繡衣，持斧，逐捕盜賊，督課郡國，東至海，以軍興誅不從命者，威振州郡。

《太平御覽》卷八一五《布帛部二・繡》 《晉中興書》曰：中宗所幸鄭夫人，衣無文繡。

《物理論》曰：世傳有夫死而婦許以不嫁者，誓以繡衣襚，以衣尺納諸棺焉。後三年，婦出適，迎有日矣。有行道人夜求人家宿，向晨主人語之婦約之辭，寄所誓之衣曰：子到若干里，當逢之，還此衣焉。或者出門到所言處，果見迎車，具以事告，還其繡衣。婦遂自經而死。

慕容晃《與顧和書》曰：今致繡韡一量。

《奩史》卷八七《綺羅門》 皇太子納妃，有碧紗座袿半繡一。《東宫舊事》。

《北史》卷二四《王憲傳》 出爲并州刺史，又進北海公。境内清肅。及還京師，以憲年老，時賜錦繡布帛，珍羞禮膳。

釋慧皎《高僧傳》卷五《義解・釋道安》 苻堅遣使送外國金箔倚像，高七尺，又金坐像、結珠彌勒像、金縷繡像、織成像，各一張。每講會法聚，輒羅列尊像，布置幢幡，珠珮迭暉，烟華亂發。

《舊唐書》卷六三《蕭瑀傳》 〔貞觀十七年〕太宗以瑀好佛道，嘗賚繡佛像一軀，並繡瑀形狀於佛像側，以爲供養之容。

《天中記》卷四一《針線門》 會昌中，邊將張睽防戍十年餘，其妻侯氏繡迴文作龜形詩，詣闕進之。帝覽詩，放睽還鄉，賜侯氏絹二百疋，以彰才美。《抒情詩》。

吴任臣《十國春秋》卷五七《後蜀・申天師傳》 申天師者，唐玄宗之裔也。修道青城山，有奇驗。廣政末，後主頗耽情苑囿，奇花異卉，盛極一時。天師輒進紅梔子種兩粒，其花班紅，六出，香氣襲人。後主甚愛重之，令圖寫於團扇，繡於衣服，或以絹素鵞毛做作首飾，號曰紅梔子花。

陸游《老學庵筆記》卷二 予童子時，見【略】祖妣楚國鄭夫人有先左丞遺衣一篋，袴有繡者，白地白繡，鵝黄地鵝黄繡，裹肚則紫地皁繡。祖妣云：「當時士大夫皆然也。」

吴曾《能改齋漫録》卷一八《賜鞍繡文》 章郇公初入樞府，以所賜鞍繡文疏學繡里，俗傳西子入吳，刺繡於此。《曝書亭集》。

文烈公有宮花鶴補，云是田妃手製，精緻異常，明懷宗所賜。《筠廊偶筆》。

李氏女名小惠，喜繡並蒂花，剪刀刺手，爪血涴綾子上，小惠即繡作赤水雲。《聊齋志異》。

韞珠繡須菩提維摩詰像，不減吳道子畫筆。《漁洋山人集》。

曹溪有室女發願繡千佛衣一襲，奉供憨大師。衣成，而師已遷化，衣留寶林庫。及師肉身自廬山還曹溪，出龕時，紫繡羅衣見風而碎，遂取此衣衣之，光彩如新，在庫已二十年矣。衆謂此女願力所致。《居易録》。

曼殊小名阿錢，十歲前村學針線，把剪即能刻花種人獸不構譜，若熟習者。客有以千錢購蕃繡旛燈於前村家，阿錢方學繡，立應之去。《西河合集》。

顧禄《清嘉録》卷五《雄黄荷包裹絨銅錢》 製繡囊絶小，類荷包之形，中盛雄黄，謂之雄黄荷包。綵絨裹銅錢爲五色符，謂之裹絨銅錢，皆繫襟帶間以辟邪。

案，吴曼雲《江鄉節物詞·小序》云：杭俗婦女製繡袋絶小，貯雄黄，繫之衣上，可辟邪穢。詩云：「石榴花底繡工忙，夾袋功收藥石良。贈我定知囊可括，從來口不設雌黄。」

顧禄《清嘉録》卷五《老虎頭老虎肚兜》 編錢爲虎頭形，繫小兒胸前，以示服猛，謂之老虎頭。又小兒繫赤色帽幗，亦彩繡爲虎形，謂之老虎肚兜。

案，吴曼雲《江鄉節物詞·小序》云：杭人午日製老虎頭，繫小兒襟帶間，示服猛也。詩云：「乙威曾不露全身，一例牙鬚巧製新。唤作虎頭癡亦好，管中窺豹又何人。」

潘榮陛《帝京歲時紀勝·正月·上元》 十四至十六日，朝服三天，慶賀上元佳節。是以冠蓋蹁躚，繡衣絡繹。而城市張燈，自十三日至十六日四永夕，金吾不禁。

著録

《奩史》卷四一《針線門》 張淑英有《刺繡圖》一卷。《然胎集》。

周文矩有《繡女圖》。《宣和畫譜》。

《明史》卷二一三《張居正傳》 慈聖太后將還慈寧宫，諭居正謂：「我不能視皇帝朝夕，恐不若前者之向學、勤政，有累先帝付託。先生有師保之責，與諸臣異。其爲我朝夕納誨，以輔台德，用終先帝憑几之誼。」因賜坐蟒、白金、綵幣。未幾，丁父憂。帝遣司禮中官慰問，視粥藥，止哭，絡繹道路，三宫賻贈甚厚。

《奩史》卷四一《針線門》 王長卿内人精於鉄繡，繡佛則光相衣紋儼若道元運筦，即謂之針王可也。《甲乙剩言》。

廣陵余氏女子，名韞珠，刺繡工絶，作神女、洛神、浣紗、杜蘭香等圖，妙入毫釐。《倚聲集》。

于敏中等《日下舊聞考》卷三四《宫室》 原天順八年始開經筵，歲以二、八月中旬始，四、十月下旬止。先期於文華殿設金鶴香鑪於寶座之南，左右各一。香鑪之東南設御案講案各一，案上置進講書，鎮以金尺。至期，知經筵官、勳臣、閣學、講官暨九卿、鴻臚、錦衣指揮使及四品以上寫講章官，俱繡金緋袍，展書翰林官與侍儀御史、給事中俱青繡服。大漢將軍二十人導駕至左順門易冠帶，仍執金瓜，侯伯則易金繡蟒衣，綴立文華門外，宣入將軍負東西墻立。《瑣綴録》。

褚人穫《堅瓠集》補集卷五《毛烈婦繡帽》 毛鶴舫先生女名孟，年十三，製繡帽遺柴夫人静儀，以覆兒童頂。許字方奕昭，暨年十七，隨先生于浚儀宦邸。方子從京師來，就婚時患脾疾已劇，結褵甫三日而方子歿。烈婦以三朝新婦稱未亡人，墜樓不死，絶粒十有九日而卒。柴夫人臨終以繡帽囑冢婦朱少君柔則曰：「當藏之篋笥，以垂永久。」康熙已卯春，少君發笥見帽，作七言絶志感，閨秀遞相傳玩，以爲烈婦手澤，相與唱和成帙。朱柔則順成詩：「烈婦從夫向九泉，因看遺繡一潸然。相逢記得持相贈，藏在香奩二十年。」王元禮禮持：「一段幽貞麗管彤，鍼神還與薛娘同。開奩忽墮思君淚，滴向當年手澤中。」嚴懷熊芷菀：「深閨昔日贈羅巾，繡出名花不染塵。篋笥頻開香未絶，至今猶憶墮樓人。」吴湘婉羅：「花羅半幅抵千金，持贈猶憐一片心。莫遣爾翁覩遺繡，白頭悲汝恐難禁。」予得之錢唐友人。辛巳夏，先生過予齋，見之不禁泣數行下。

汪啟淑《水曹清暇録》卷四 晉傳咸有回文反覆詩，温嶠亦有回文詩，故竇滔妻蘇氏效而織錦回文焉。回文實非起於蘇氏，(宋)張睽妻侯氏，又繡廻文龜形詩進上，賜絹三百疋。《静志居詩話》。

《奩史》卷四一《針線門》 沈闕闕爲顧茂倫刺繡作《雪灘濯足圖》。

周蚄有《内人倦繡圖》。《莊靖先生集》。

丁佩《繡譜·序》 夫色絲門豔，本黄絹之才人；弱線添長，寔綠牕之韻事。然皆鍼神自詡，花様獨矜，從未有鳳子新圖，描來珊管，鴛文舊譜，度出金鍼。所以四角盤中，空豔璇璣之織；七襄天上，難窺雲錦之章也。步珊夫人，賦茗清芬，頌椒世閥。夜温香硯，月來初上梅花；春到重簾，風起閒唫柳絮。和鳴閣裏，劉三妹唱和相隨；寫韻軒中，管仲姬丹青獨步。幾疑烏絲界就，但解吟毫；豈知綵縷分來，尤工織錦。裁紅暈碧，脱手而鸞鳳争騫；儷白妃青，運目而蜘蛛遜巧。莫不沙窮物態，細極神工。誠福慧之雙修，擅精能於千古矣。迺於新様。選材富，則花葉相當；設色工，則雲霞彌絢。而又極衡量之精覈，追神韻於微茫。凡此六條，釐爲二卷。語精斯妙，意簡而賅。洵乞巧之津梁，作程功之圭臬。緬惟日月星辰之繪，有此大觀；直同布帛菽粟之文，豈曰小補也哉。澄茅心如昨，椎指爲慚。幼別家山，移茆鉞而頻隨宦跡；長依粱廡，掭井臼而更乏閒情。敢云織素之工，徒愧斷機之訓。茲御板輿於虹浦，獲披瑶闕之鴻文，附驥情殷，雕蟲技拙。才非東里，慚無潤色之勞；惠比南鍼，竊願假年而學。

道光八年七月，嘉禾荻蘆老人朱澄謹叙於袁江官廨。

丁佩《繡譜·後序》

天地之大，萬物之蕃，人事之紛紜，莫不有譜也。無論日星河嶽，亘古不易，試思飛潛動植之類，雖屈伸消長，月異而歲不同，終不能變其已然之迹，離成物而數易其形也。推之齊治均平，則以堯舜爲譜。格致誠正，則以孔孟爲譜。談文章者祖典謨，習詩賦者本風騷。以及陰陽卜筮、雜技百家，莫不各有沿襲，無非譜也。即一人之身，五官備，四體具，自昔至今，奚啻恒河沙數，卒未聞有無五官無四體而得稱爲人者。由此觀之，天地之大，萬物之蕃，人事之紛紜，雖造化亦惟是，作於前而述於後也。況後天繼起之事，明明有蹊徑可尋，有意象可窺者乎。女紅細故也，亦小技也，無貴賤，無智愚，莫不童而習之。諸姑伯姊，皆能精粗立判，似無待於譜矣。然當其搆思也，結體也，佈局也，設色也，寫生也，傳神也，寔包括天地萬物人事於其中。因其業屬婦人女子，薦紳先生不屑道其義。即有針神繡聖，心知其妙，而口不能言之。即口能言之，而不能筆之於書，以廣其傳，亦閨房之缺陷也。步珊年伯母以著作之才，擅丹青之譽，乃出其緒餘創爲《繡譜》一書，自始事以及終事，一針一線，一花一木，無不辨其微茫，抉其奧妙，分門別類，繫以辭不贅以圖，亦欲但存夫已然之迹，而神而明之視乎其人耳。丁亥歲，杪，家嚴自袁江旋里，出以見示，琬自愧錐指，不能追摹譜中之萬一，而私淑之心，未嘗不時時展卷相對。噫，天下豈少慧業之名姝乎。是書一出，定知不脛而走，流播四方，繡閨紅閣，支頤静悟，觸類旁通，得於心而應於手，動與天合，庶幾天地之大，萬物之蕃，人事之紛紜，隨所遇而皆有所得哉。

道光戊子仲春，清明前二日，山左古渠邱年姪女李琬遇謹識於繡餘清課之西軒。

丁佩《繡譜·自序》 工居四德之末，而繡又特女工之一技耳。古人未有譜之者，以其無足重輕也。然而閨閫之間，藉以陶淑性情者，莫善於此。以其能使好動者静，好言者默，因之戒慵惰，息紛紜，壹志凝神，潛心玩理，固不特大而施之廟堂，小而飾之鞶帨，莫不瞻黼黻之光，得動植之趣也。至於師造化以賦形，究萬物之情態，則又與才人筆墨，名手丹青，同臻其妙。顧習之者，因無成法可宗，難究其趨，輒復厭而棄去，何惑乎工於此藝之罕覯其人哉。佩少居三泖，長適雙溪，問安視膳之餘，主饋調羹之暇，輒復拈鍼理綫，樂此不疲。茲即管見所及，以至習俗之所不得不革者，凡得若干條，釐爲二卷，儻蒙海内鍼神繡女，有以誨其不逮，斧藻成篇，或亦女紅之一助云爾。

道光辛巳乞巧前一日，歸穎川步珊丁佩識於雲婁官舍。

丁佩《繡譜·跋》

憶自髫齡學繡，輒撿成式之最佳者，反復把翫，心知其妙，而不能言其所以妙也。即或偶有所得，疑信參焉。忽忽數年，愈形其拙。茲讀是編，其間議論精詳，條分縷析，如選様取材，尚可追摹於萬一；至論品一則，出神入化，非慧心印悟，無迹可求。披誦循環，頓開胸臆，手録一過，以誌心欽。維時炎氛正熾，雨溽雲蒸，蚊脚欹斜，益慚腕弱，而心所樂從，幾忘酷暑。不自知毫端鼓舞，未浹旬而告成，因識數言，謹書簡末。

戊子夏日，嘉禾亞芬金湘跋於環花閣。

藝文

《詩·唐風·揚之水》 素衣朱繡，從子于鵠。

《詩·秦風·終南》　君子至止，黻衣繡裳。

《詩·豳風·九罭》　我覯之子，衮衣繡裳。

《漢書》卷二二《禮樂志第二》　郊祀歌十九章，其詩曰：恭承禮祀，緼豫爲紛，黼繡周張，承神至尊。【注】《天地》八

師古曰：「白與黑畫爲斧形謂之黼。」

《玉臺新詠》卷五沈約《領邊繡》　吴兆宜注：領邊繡，即方領繡也。《漢書》：廣川王去姬，爲去刺方領繡。晉灼曰：今之婦人直領也，繡爲方領，上刺作黼黻文。

纖手製新奇，刺作可憐儀。縈絲飛鳳子，結縷一作伴。坐花兒。吴兆宜注：崔豹《古今注》蛺蝶有大似蝙蝠者，或黑色，或青斑，名曰鳳子。一名鳳車，一名鬼車，生江南橘樹間。鮑照《藥奩銘》：鳳子藏花。宋梅堯臣《領邊繡詩》云：「願作花工兒，長年承素頸。」則花兒是領上所繡歌童也，覩下不聲句可見。不聲如動吹，無風自移一作裊。枝。麗色儻未歇，聊承雲鬢垂。

《玉臺新詠》卷八劉孝綽《三婦豔》　大婦縫羅裙，中婦料繡文。吴兆宜注：《史記·貨殖傳》：刺繡文不如倚市門。惟餘最小婦，窈窕舞昭君。丈人慎勿去，聽我駐浮雲。

徐堅《初學記》卷二七《綉第七》　梁張率《繡賦》：尋造物之妙巧，固飾化於百工。嗟莫先於黼綉，自帝虞而觀風。雜藻火與粉米，鬱山龍與華蟲。若夫觀其締綴，與其依放，龜龍爲文，神仙成象，總五色而極思，藉羅紈而發想。具萬物之有狀，盡衆化之爲形，既綿華而稠彩，亦密照而疏明。若春隰之揚蘤，似秋漢之含星。已間紅而約紫，亦表玄而裏素。間緑竹與蘅杜，雜青松與芳樹。若乃邯鄲之女，宛洛少年，顧影自媚，窺鏡自憐。極車馬之光飾，盡衣裳之妖妍，既徙倚於丹墀，亦徘徊於青閣。不息末而反本，吾謂遂離乎澆薄。

崔國輔《崔國輔詩·古意二首》其一　玉籠薰繡裳，着罷眠洞房。不能春風裏，吹却蘭麝香。

李白《李太白全集》卷五《宫中行樂詞八首》其一　小小生金屋，盈盈在紫微。山花插寶髻，石竹繡羅衣。每出深宫裏，常隨步輦歸。只愁歌舞散，化作綵雲飛。

李白《李太白全集》卷一八《送韓侍御之廣德》　昔日繡衣何足榮，今宵貰酒與君傾。暫就東山賒月色，酣歌一夜送泉明。

杜甫《杜工部集》卷一《麗人行》　三月三日天氣新，長安水邊多麗人。態濃意遠淑且真，肌理細膩骨肉匀。繡一作畫羅衣裳照暮春，蹙金孔雀銀麒麟。

杜甫《杜工部詩集》卷一《橋陵詩三十韻因呈縣内諸官》　綺繡相展轉，琳琅愈青熒。

杜甫《杜工部詩集》卷二《送長孫九侍御趙武威判官》　驄馬新鑿蹄，銀鞍被來好。繡衣黄白郎，騎向交河道。

杜甫《杜工部詩集》卷二《北征》　床前兩小女，補綻才過膝。海圖拆波濤，舊繡移曲折。天吴及紫鳳，顛倒在裋褐。

杜甫《杜工部詩集》卷四《入奏行》　繡衣春當霄漢立，綵服日向庭闈趨。

杜甫《杜工部詩集》卷七《别李義》　憶昔初相見，小襦繡芳蓀。

杜甫《杜工部詩集》卷九《李監宅》　屏開金孔雀，褥隱繡芙蓉。

杜甫《杜工部詩集》卷九《崔駙馬山亭宴集》　客醉揮金椀，詩成得繡袍。

杜甫《杜工部詩集》卷一〇《寄岳州賈司馬六丈巴州嚴八使君兩閣老五十韻》　晚著華堂醉，寒重繡被眠。

杜甫《杜工部詩集》卷一一《王十七侍御攜酒至草堂》　繡衣屢許攜家醖，皁蓋能忘折野梅。

杜甫《杜工部詩集》卷一二《送何侍御歸朝》　春日垂霜鬢，天隅把繡衣。

杜甫《杜工部詩集》卷一六《小至》　刺繡五紋添弱線，吹葭六琯動浮灰。

岑參《岑參集》卷二《田使君美人如蓮花舞北旋歌》　如蓮花，舞北旋，世人有眼應未見。高堂滿地紅氍毹，試舞一曲天下無。此曲胡人傳入漢，諸客見之驚且嘆。曼臉嬌娥纖復穠，輕羅金縷花葱蘢。

王建《王建詩集》卷一〇《宫詞一百首》之一七、二六　羅衫葉葉繡重重，金鳳銀鵝各一叢。每遍舞時分兩向，太平萬歲字當中。

燈前飛入玉階蟲，未卧常聞半夜鐘。看著中元齋日到，自盤金線繡真容。

白居易《白居易集》卷第一三《急樂世辭》　正抽碧線繡紅羅，忽聽黄鶯斂翠蛾。秋思冬愁春悵望，大都不稱意時多。

白居易《白居易集》卷二五《繡婦歎》　連枝花樣繡羅襦，本擬新年餉小姑。自覺逢春饒悵望，誰能每日趁功夫？針頭不解愁眉結，線縷難穿淚臉珠。雖凭繡牀都不繡，同牀繡伴得知無？

白居易《白居易集》卷三九《繡阿彌陀佛贊》並序　繡西方阿彌陀佛一軀，女弟子京兆杜氏奉爲妣范陽縣太君盧夫人八月十一日忌辰所造也。五綵莊嚴，一心恭敬；願追冥福，誓報慈恩。贊曰：

善始一念，千念相屬。繡始一縷，萬縷相續。功績成就，相好具足。金身螺髻，玉毫紺目。

白居易《白居易集》卷三九《繡觀音菩薩像贊》並序　故尚書膳部郎中、太原白府君諱行簡妻京兆杜氏奉爲府君祥齋，敬繡救苦觀音菩薩一軀：長五尺二寸，闊一尺八寸。紉針縷綵，絡金綴珠，衆色彰施，諸相具足。發弘願於哀懇，薦景福於幽靈。稽首焚香，跪而贊曰：

集萬縷兮積千針，勤十指兮虔一心。嗚呼！鑑悲誠而介冥福，實有望於觀音！

元稹《元稹集》卷二七《白衣裳二首》之一　雨濕輕塵隔院香，玉人初著白衣裳。半含惆悵閒看繡，一朵梨花壓象牀。

沈亞之《沈下賢集》卷二《爲人撰乞巧文》和史館陳學士作　邯鄲人妓婦李容子，七夕祝織女，作穿針戲，取笤篁芙蓉雜致席上，以望巧所降。其夫以爲沈下賢攻文，又能創窈窕之思，善感物態，因請撰爲情語，以導所欲。詞曰：

惟雲渚之晨秋兮，天曠碧以凝暮。懸韶桂於姹月，泫明淚之清露。即何房之將期，儼龍輪以就馭。恭聞司巧之多方，妾修馨香以奉具。竊獨溺於自私，希靈娥之所付。珂碧凝其異質兮，韻隆虹於霾霽。假文羽於孔雀兮，而使擅夫佳麗。戴雲蟬之重緌兮，塗鸞金於綺䉡。細綃縷於藕腸兮，差蓮跗以樣齒。命繼爪之蟲絲兮，梟籥機之夕綴。是物之巧功善飾，願賜妾於針紉也。葩蕚鬱於濃妍，包多宜以善喜。引纖吹於輕颸，若將翔而復倚。醉春光之流景，播清香於萬里。霓烟出乎無間，縹窈緲以斐亹。若披若曳兮，擠平林兮橫曉水。襲霽旦之繁芳兮，因隱映而增綺。澹冉冉其影容，世無隱以偕此。是物之巧容善態，願委妾於態媚也。短蒲狹浃兮曲溜溢，鵁鶄鷿鷈兮引乳娣，戲音清諧兮蕩演曳。牽游裾之低凝兮，蔓春心於淇裔。枯寒勁幹兮憶棄葉，擺風叫夜兮留燥雪，流韻凄澁兮泱嘶咽。吟蕚語之漣漣，感霜鐘之流越。是物之巧音善感，願付妾于管絃也。

李賀《李賀詩集》卷二《馬詩二十三首》之十一　內馬賜宮人，銀韉刺麒麟。午一作年時鹽坂上，蹭蹬溘風塵。

李賀《李賀詩集》卷四《榮華樂》　繡段千尋貽皂隸，黃金百鎰貺家臣。

《羅隱集·甲乙集·繡》　一片絲羅輕似水，洞房西室女工勞。花隨玉指添春色，鳥逐金針長羽毛。蜀錦謾誇聲自貴，越綾虛説價猶高。可中用作鴛鴦被，紅葉枝枝不礙刀。

皮日休《皮子文藪》附錄一《鴛鴦二首》　雙絲絹上爲新様，連理枝頭是故園。翠浪萬迴同過影，玉沙千處共棲痕。若非足恨佳人魄，即是多情年少魂。應念孤飛爭別宿，蘆花蕭瑟雨黃昏。

鈿籠雕鏤費深功，舞妓衣邊繡莫窮。無日不來湘渚上，有時還在鏡湖中。烟濃共拂芭蕉雨，浪細雙遊菡萏風。應笑豪家鸚鵡伴，年年徒被鎖金籠。

鄭谷《鄭谷詩集》卷一《趙璘郎中席上賦蝴蝶》　尋艷復尋香，似閑還似忙。暖煙沈蕙徑，微雨宿花房。書幌輕隨夢，歌樓誤採粧。王孫深屬意，繡入舞衣裳。

馮延巳《陽春集·應長天》之七　緑槐陰裏黃鶯語，深院無人春一作日正午。繡一作畫簾一作幕垂，金鳳舞，寂寞曉屏香原作山一炷一作縷。

《奩史》卷四一《針線門》　胡令能《詠崔郎中諸妓繡樣》云：「日暮堂前花蕊嬌，争拈小筆上牀描。」《唐詩紀事》

朱絳《春女怨》云：「獨上紗窗刺繡遲，紫荊枝上轉黃鸝。欲知無限傷春意，盡在停針不語時。」《唐詩類選》

《全唐五代詞》卷一白居易《急樂世》　正抽碧線繡紅羅，忽聽黃鶯斂翠娥。秋思冬愁春恨望，大都不得意時多。

《全唐五代詞》卷二温庭筠《菩薩蠻》　小山重叠金明滅，鬢雲欲度香顋雪。懶起畫蛾眉，弄粧梳洗遲。　照花前後鏡，花面交相映。新帖繡羅襦，雙雙金鷓鴣。

《全唐五代詞》卷二温庭筠《菩薩蠻》其七　鳳皇相對盤金縷，牡丹一夜經微雨。明鏡照新粧，鬢輕雙臉長。

《全唐五代詞》卷五牛嶠《夢江南》其二　紅繡被，兩兩間鴛鴦。不是鳥中偏愛爾，爲緣交頸睡南塘，全勝薄情郎。

《全唐五代詞》卷五李珣《浣溪沙》其二　鏤玉梳斜雲鬢膩，縷金衣透雪肌香，暗思何事立殘陽。

《全唐五代詞》卷五李珣《望遠行》　休暈繡，罷吹簫，貌逐殘花暗凋。同心猶結舊裙腰，忍辜風月度良宵。

《全唐五代詞》卷五毛文錫《訴衷情》其二　鴛鴦交頸繡衣輕，碧沼藕花馨。偎藻荇，映蘭汀，和雨浴浮萍。　思婦對心驚，想邊庭。何時解珮掩雲屏，訴衷情。

《全唐五代詞》卷六顧敻《虞美人》其二　觸簾風送景陽鐘，鴛被繡花重。曉幃初卷冷烟濃，翠勻粉黛好儀容，思嬌慵。

《全唐五代詞》卷六顧敻《獻衷心》　繡鴛鴦帳暖，畫孔雀屏欹。人悄悄，月明時。想昔年懽笑，恨今日分離。

《全唐五代詞》卷六顧敻《訴衷情》　香滅簾垂春漏永，整鴛衾。羅帶重，雙鳳，縷黃金。窗外月光臨，沉沉。斷腸無處尋，負春心。

《全唐五代詞》卷六顧敻《荷葉杯》其五　夜久歌聲怨咽，殘月，菊冷露微微。看看濕透縷金衣，歸摩歸，歸摩歸？

《全唐五代詞》卷六毛熙震《浣溪沙》其六、其七　碧玉冠輕裊燕釵，捧心無語步香堦，緩移弓底繡羅鞋。　暗想歡娱何計好，豈堪期約有時乖，日高深院正忘懷。

半醉凝情卧繡茵，睡容無力卸羅裙，玉籠鸚鵡厭聽聞。　慵整落釵金翡翠，象梳欹鬢月生雲，錦屏綃幌麝烟薰。

《全唐五代詞》卷六毛熙震《臨江仙》其二　繡被錦茵眠玉暖，炷香斜裊烟輕。淡蛾羞斂不勝情。暗思閑夢，何處逐雲行？

《全唐五代詞》卷六毛熙震《賀明朝》其一　憶昔花間初識面，紅袖半遮，妝臉輕轉。石榴裙帶，故將纖纖玉指偷撚，雙鳳金線。

《全唐五代詞》卷六毛熙震《賀明朝》其二　碧羅衣上蹙金繡。覩對對鴛鴦，空裛淚痕透。想韶顔非久，終是爲伊，只恁偷瘦。

《全唐五代詞》卷六歐陽炯《西江月》其二　水上鴛鴦比翼，巧將繡作羅衣。鏡中重畫遠山眉，春睡起來無力。

《全唐五代詞》卷六孫光憲《浣溪沙》其七　風遞殘香出繡簾，團窠金鳳舞襜襜，落花微雨恨相兼。　何處去來狂太甚，空推宿酒睡無厭，争教人不别猜嫌。

《全唐五代詞》卷六孫光憲《生查子》其一　寂寞掩朱門，正是天將暮。暗澹小庭中，滴滴梧桐雨。　繡工夫，牽心緒，配盡鴛鴦縷。待得没人時，偎倚論私語。

《全唐五代詞》卷六孫光憲《定風波》　簾拂疏香斷碧絲，淚衫還滴繡黄鸝。上國獻書人不在，凝黛，晚庭又是落花時。　春日自長心自促，翻覆，年來年去負前期。應是秦雲兼楚雨，留住，向花誇説月中枝。

《全唐五代詞》卷七敦煌詞《傾杯樂》　憶昔笄年，未省離合，生長深閨院。閑凭着繡床，時拈金針，擬貌舞鳳飛鸞，對妝臺重整嬌姿面。知身兒算料，豈教人見。又被良媒，苦出言詞相誘衒。每道説水際鴛鴦，惟指梁間雙燕。彼父母將兒匹配，便認多生宿姻眷。一旦娉得狂夫，攻書業抛妾求名宦。縱然選得，一時朝要，榮華争穩便。

敦煌詞《全唐五代詞》卷七《菩薩蠻》其一五　羞着舊羅裳，雙雙金鳳凰。

敦煌詞《全唐五代詞》卷七《思越人》其二　美東隣，多窈窕，繡裙步步輕擡。獨向西園尋女伴，笑小時，雙臉連開。

《全唐五代詞》卷七敦煌詞《水古(鼓)子》其六　孔雀知恩無意飛，開籠任性在宫闈。裁人亦見輕羅錦，欲取金毛繡武衣。

敦煌詞《全唐五代詞》卷七《木蘭花》其一四　蘆花白，秋夜長，庭前樹葉黄。門前寒，旋草霜，來了繡襦襠。夫妻在他鄉，淚千行。

柳永《樂章集》中卷《鳳棲梧》其三　旋暖熏爐温斗帳。玉樹瓊枝，迤邐相偎傍。酒力漸濃春思蕩，鴛鴦繡被翻紅浪。

柳永《樂章詞》中卷《隔簾聽》　咫尺鳳衾鴛帳，欲去無因到。鰕鬚窣地重門悄。認繡履頻移，洞房杳杳。强語笑，逞如簧，再三輕巧。

柳永《樂章集》下卷《玉蝴蝶》其四　還延，珊瑚筵上，親持犀管，旋叠香箋。要索新詞，殢人含笑立尊前。按新聲、珠喉漸穩，想舊意、波臉增妍。苦留連，鳳衾鴛枕，忍負良天。

柳永《樂章集》下卷《臨江仙》　夢覺小庭院，冷風淅淅，疏雨瀟瀟。綺窗外，秋聲敗葉狂飄。心摇。奈寒漏永，孤幃悄，淚燭空燒。無端處，是繡衾鴛枕，閑過清宵。

張先《張子野詞》卷一《醉垂鞭》　雙蝶繡羅裙。東池宴，初相見。朱粉不深匀，閑花淡淡春。　細看諸處好，人人道，柳腰身。昨日亂山昏，來時衣上雲。

張先《張子野詞》卷一《西江月》　小打登鈎怕重，儘纏繡帶由長。嬌春鶯舌巧如簧，飛在四條絃上。

張先《張子野詞》卷一《夢仙鄉》　江東蘇小，夭斜窈窕。都不勝，彩鸞嬌妙。春豔上新粧，肌肉過人香。　佳樹陰陰池院，華燈繡幔。花月好，可一作豈能長見。離聚此生緣，無計問天一作高天。

張先《張子野詞》卷二《于飛樂令》　寶奩開，菱鑑静一作净，一掬清蟾。新粧臉，旋學花添。蜀紅衫，雙繡蝶，裙腰鶼鶼。尋思前事，小屏風，巧一作仍畫江南。

梅堯臣《梅堯臣集》卷一《新繭》　露柘林初静，煙梯不復收。春蠶吐絲足，工女忌寒休。翠薄時方獻，清泉緒未抽。閨中能自巧，繡作玉釵頭。

梅堯臣《梅堯臣集》卷二《領邊繡》　出門重新製，纖手行自整。願作花工兒，長年承素頸。

文同《丹淵集》卷三《拾羽曲》　新羅斫紅裙福齊，綵縷刺衫花倒提。新晴暖日麗烟草，金獸闔鎖藏春閨。朱橋逼江曉沙白，錦帶交風大堤窄。蘭洲遺翎得殘碧，歸來驚飛上嬌額。

晏幾道《小山詞·生查子》　金鞭一作鞍美少年，去躍青驄馬。牽繫玉樓人，繡一作翠被春寒夜。

蘇軾《東坡樂府》卷三《定風波》　莫怪鴛鴦繡帶長，腰輕不勝舞衣裳。薄倖只貪遊冶去，何處，垂楊繫馬恣輕狂。

賀鑄《東山詞》卷一《窗下繡》　初見碧紗窗下繡，寸波頻溜。錯將黄暈壓檀花，翠袖掩，纖纖手。　金縷一雙紅豆，情通色授。不應學舞愛垂楊，甚長爲、春風瘦？

賀鑄《東山詞》卷一《翻翠袖》　繡羅垂，花蠟換，問夜何其將半。侵舄履，促杯盤，留歡不作難。

張耒《柯山集》卷二〇《春宮》　團金袍袖繡長靴，寒食宸遊樂事奢。風擺珠簾紅幕潤，滿宮春雨落梨花。

周邦彦《清真集》卷下《望江南·詠妓》　歌席上，無賴是横波。寶髻玲瓏攲玉燕，繡巾柔膩掩香羅。人好自宜多。　無箇事，因甚斂雙蛾。淺淡梳妝疑見畫，惺鬆言語勝聞歌。何况會婆娑。

張元幹《蘆川詞》卷下《點絳唇·生朝》　嵩洛雲煙，間生真相耆英裔。要知鮐背，難老中和氣。　報道玉堂，已草調元制。華夷喜，繡裳貂珥，便向東山起。

楊萬里《誠齋集》卷七《題陳叔虎綉梅花扇》　指下生寒影，針端即化工。冰痕將雪點，不受燭光融。

姜夔《白石道人詩集·集外詩·燈詞》見《武林舊事》　南陌東城盡舞兒，畫金刺繡滿羅衣。也知愛惜春遊夜，舞落銀蟾不肯歸。

《奩史》卷四一《針線門》　趙聞禮詞：「昨夜新翻花樣瘦，旋描雙蝶湊。」《約月集》。

《全宋詞》史浩《滿庭芳·叔父慶宅并章服代作》　烘錦花堤，鋪緜柳巷，曉來膏雨初晴。畫堂初建，碧沼映朱楹。最好芙蓉繡褥，交輝敞、孔雀金屏。那堪更，華裾滿坐，和氣動歡聲。　冰清。真美行，棠陰善政，槐市高名。今朝消受得，茜服光榮。况是齊眉並壽，誰云道、樂事難並。相將見，飛鳧過闕，除目下彤庭。

《全宋詞》林正大《括聲聲慢》　暮春天氣，争看長安，水邊多麗人人。意遠態濃，肌理骨肉輕勻。繡羅衣裳照映，盡蹙金、孔雀麒麟。夸榮貴，是椒房雲幕，恩寵無倫。　簇簇紫駝翠釜，間去聲水精盤裹，縷膾紛綸。御送珍羞，夾道簫鼓横陳。後來賓從雜遝，認青鸞、飛舞紅巾。扶下馬，似楊花、翻入錦茵。

《全宋詞》孫惟信《醉思凡》　吹簫跨鸞，香銷夜闌。杏花樓上春殘，繡羅衾半閒。　衣寬帶寬，千山萬山。斷腸十二闌干，更斜陽暮寒。《絶妙好詞》卷二。

虞集《道園學古録》卷五《金丹五頌》之二　手把金鍼徹夜縫，鴛鴦繡出錦機空。萬人如海誰親得，製箇新袍似日紅。

楊維楨《復古詩集》卷六《理繡》　揀得金針出象筒，鴛鴦雙刺扇羅中。却嗔昨夜貍奴惡，抓亂金牀五色絨。

劉基《誠意伯文集》卷二《雙帶子》　嫁時雙帶繡麒麟，翠葉金花色色新。寧教塵匣蒙蛛網，不肯將來別贈人。

高啓《高青丘集》卷一《羽林郎》　十五能挽弓，入衛葡萄宫。武皇深假借，父有没邊功。禿衿繡襦短，李賀詩：「禿衿小袖調鸚鵡。」《古詩》：「養蠶不滿箔，那得羅繡襦。」馬逸雙銜斷。

謝榛《四溟集》卷二《賦得買絲繡作平原君寄山中故友》　登臺北瞻此何世，

漫嗟寥落依松桂。英雄有待豈徒老，澤龍神變隨巨細。黃金買絲秣陵市，好繡平原趙公子。想像當年下士心，煙薰古色宛相似。萬絲無迹天巧成，吴姬亦知豪俠名。身後寧復談縱橫，野雲聚散猶秦兵。異代重之獨長吉，下簾焚香共一室。

談遷《北游録・紀詠上・子夜歌十首》之四　池塘有匹鳥，其名曰鴛鴦。雖從儂手繡，交頸不得詳。

陳子龍《陳子龍詩集》卷一七《夜意》　忘卻博山爐，殘燈動幽夢。起探繡羅裳，香氣温青鳳。

陳子龍《陳子龍詩集》卷一八《清平樂・春繡》　繡簾花散，難與東風算。拈得金針絲又亂，尚剩檀心一半。　幾回黛蹙雙蛾，斜添紅縷微波。閒看燕泥欲墮，柳綿吹滿輕羅。

《奩史》卷四一《針線門》　《洞天女詞》：挑盡銀燈情脉脉，繡花無氣力。《夢遊仙記》。

康海《邯鄲美人歌》：「却將針指湊齊紈。」《對山集》。

楊基《春繡絶句》：「笑嚼紅絨唾碧窗。」《眉庵集》。

寧獻王《宫詞》：「唾窗絨縷暗留香。」《皇明珠玉》。

吴綺《詠佳人午睡》云：倦繡帖碧闌干曲。《藝香詞》。

孫夫人詞：「閒把繡絲撏，認得金針又倒拈。」《林下詞選》。

屈鳳輝《詠唤嬌娘詩》：「試問今朝有繡絨。」《古月樓詩抄》。

毛奇齡《西河集》卷一三一《天仙子》　緘管紅抽丹鳳錂，螭頭金錯裁雙枕。誰家白苧夜歌來，人未寢，霜又凛，誤翦葡萄紫絲錦。

彭孫遹《松桂堂全集》卷三《五日閨詞》　幽閨岑寂度年芳，韻事消磨夏日長。起視花陰繞晌午，五絲雙綰繡香囊。

妙製紗羅好餽遺，及時花繡一枝枝。愛他心事能幽慧，不獨針神鬬巧思。

袁枚《小倉山房詩集》卷三六《以繡畫祝慶晴村都統時駐劄寧古塔》　寄君一幅海棠花，采色鮮紅映曉霞。知道將軍詩句好，弓衣繡遍女兒家。

祝公轉旆督江東，再聚西園樂未終。不信但看圖上鳥，雙飛兩个白頭翁。

愛新覺羅・弘曆《乾隆文集》卷一《蟠龍隨鏡隱》　棄置温臺上，塵生懶重看。蟾光空獨照，龍影鎮雙蟠。繡帕風微拂，金猊篆欲殘。步檐睇孤月，不覺露闌干。

愛新覺羅・弘曆《乾隆文集》卷一《彩鳳逐帷低》　花鳳當年繡，雙雙尚舞帷。誰知從別後，此意竟成欺。春曉羞開處，秋宵静掩時。將心還自問，何日是終期。

雜録

《管子》卷三《五輔》　女以巧矣，而天下寒者，其悦在文繡。是故博帶梨，大袂列，文繡染，刻鏤削，雕琢采，關幾而不征，市鄽而不税。古之良工，不勞其知巧以爲玩好。是故無用之物，守法者不失。

《奩史》卷八七《綺羅門》　石崇後房數百，皆曳紈綉，珥金翠絲竹，盡一時之選。《續文章志》。

崔令欽《教坊記》　開元十一年初，製《聖壽樂》，令諸女衣五方色衣以歌舞之。【略】

《聖壽樂》，舞衣襟皆各繡一大窠，皆隨其衣本色。製純縵衫，下纔及帶，若短汗衫者以籠之，所以藏繡窠也。舞人初出，樂次，皆是縵衣。舞至第二疊，相聚場中，即于衆中從領上抽去籠衫，各内懷中。觀者忽見衆女咸文繡炳煥，莫不驚異。

焦竑《焦氏筆乘》卷一《一線》　子美「刺繡五紋添弱線」，又「愁日愁隨一線長」；魯直詩「宫線添尺餘」，皆指女紅以驗日也。《荆楚歲時記》云：「晉魏間，宫中以紅線量日影，冬至後日影添長一線。」其説又與此異，未知孰是？

《奩史》卷四一《針線門》　有人江行，得童女二人，自稱兄妹。兄解捕魚，妹專刺繡，所繡鴛鴦，備極工巧。居歲餘，欲犯之，輒辭年幼。一日，女子題詩云：「覓得如花女，朝朝依繡牀。百花渾不愛，只是繡鴛鴦。」其兄曰：「依人爲難，不如且去。」女復題詩曰：「終日繡鴛鴦，兩把娥眉掃。且歸水雲鄉，百年可偕老。」因化爲雙鴛鴦飛去。《獅山掌録》。

刺繡亭有一線竿，冬至後，宫人把刺於此。《元氏掖庭記》

紡織産品及工藝工具對外交流部

綜述

《漢書》卷二八下《地理志下》 玄菟、樂浪，武帝時置，皆朝鮮、濊貉、句驪蠻夷。殷道衰，箕子去之朝鮮，教其民以禮義，田蠶織作。

《後漢書》卷八五《東夷傳·濊》 濊北與高句驪、沃沮，南與辰韓接，東窮大海，西至樂浪。濊及沃沮、句驪，本皆朝鮮之地也。昔武王封箕子於朝鮮，箕子教以禮義田蠶，又制八條之教。【略】知種麻，養蠶，作緜布。

《後漢書》卷八五《東夷傳·三韓》 韓有三種：一曰馬韓，二曰辰韓，三曰弁辰。【略】馬韓最大，共立其種爲辰王，都目支國，盡王三韓之地。其諸國王先皆是馬韓種人焉。【略】

馬韓人知田蠶，作緜布。出大栗如梨。有長尾雞，尾長五尺。邑落雜居，亦無城郭。作土室，形如冢，開户在上。不知跪拜。無長幼男女之別。不貴金寶錦罽，不知騎乘牛馬，唯重瓔珠，以綴衣爲飾，及縣頸垂耳。大率皆魁頭露紒，布袍草履。【略】

辰韓，耆老自言秦之亡人，避苦役，適韓國，馬韓割東界地與之。其名國爲邦，弓爲弧，賊爲寇，行酒爲行觴，相呼爲徒，有似秦語，故或名之爲秦韓。有城柵屋室。諸小別邑，各有渠帥，大者名臣智，次有儉側，次有樊秖，次有殺奚，次有邑借。土地肥美，宜五穀。知蠶桑，作縑布。

《後漢書》卷八五《東夷傳·倭》 倭在韓東南大海中，依山島爲居，凡百餘國。【略】

土宜禾稻、麻紵、蠶桑，知織績爲縑布。

《後漢書》卷八八《西域傳·大秦》 大秦國一名犂鞬，以在海西，亦云海西國。地方數千里，有四百餘城。【略】

土多金銀奇寶，有夜光璧、明月珠、駭鷄犀、珊瑚、虎魄、琉璃、琅玕、朱丹、青碧。刺金縷繡，織成金縷罽、雜色綾。作黄金塗、火浣布。又有細布，或言水羊毳，野蠶繭所作也。

《後漢書》卷八八《西域傳·天竺》 天竺國一名身毒，在月氏之東南數千里。俗與月氏同，而卑溼暑熱。【略】土出象、犀、瑇瑁、金、銀、銅、鐵、鉛、錫，西與大秦通，有大秦珍物。又有細布、好毾㲪、李賢注：毾音它闔反。㲪音登。《埤蒼》曰：「毛席也。」《釋名》曰：「施之承大牀前小榻上，登以上牀也。」諸香、石蜜、胡椒、薑、黑鹽。

郭憲《洞冥記》卷一 波祇國，亦名波弋國。獻神精香草，亦名荃蘼，亦名春蕪。一根百條，其間如竹節，柔軟，其皮如弦，可爲布，所謂春蕪布，亦名香荃布，堅密如紈冰也。握一片，滿室皆香，婦人帶之，彌有芬馥。

郭憲《洞冥記》卷三 末多國，人長四寸，織麟毛爲布，以文石爲床，人形雖小，而室宇崇曠。織鳳毛錦以錦爲帷幕也。

《天中記》卷五〇《火浣布》 春蕪 波岐國産荃蘼草，亦曰春蕪草。其皮如絲，可以爲布，所謂春蕪布，亦曰香荃布。《洞冥記》。

《類腋》卷一二《物部·布》 雲霞布《拾遺記》：燃丘國使者皆衣雲霞之布，如今朝霞也。

《三國志》卷三〇《魏志·東夷傳·韓》 韓在帶方之南，東西以海爲限，南與倭接，方可四千里。有三種，一曰馬韓，二曰辰韓，三曰弁韓。辰韓者，古之辰國也。馬韓在西。其民土著，種植，知蠶桑，作綿布。【略】漢時屬樂浪郡，四時朝謁。裴松之注引《魏略》曰：初，右渠未破時，朝鮮相歷谿卿以諫右渠不用，東之辰國，時民隨出居者二千餘户，亦與朝鮮貢蕃不相往來。至王莽地皇時，廉斯鑡爲辰韓右渠帥，聞樂浪土地美，人民饒樂，亡欲來降。出其邑落，見田中驅雀男子一人，其語非韓人。問之，男子曰：「我等漢人，名户來，我等輩千五百人伐材木，爲韓所擊得，皆斷髮爲奴，積三年矣。」鑡曰：「我當降漢樂浪，汝欲去不？」户來曰：「可。」(辰)鑡因將户來(來)出詣含資縣，縣言郡，郡即以鑡爲譯，從芩中乘大船入辰韓，逆取户來。降伴輩尚得千人，其五百人已死。鑡時曉謂辰韓：「汝還五百人。若不者，樂浪當遣萬兵乘船來擊汝。」辰韓曰：「五百人已死，我當出贖直耳。」乃出辰韓萬五千人，弁韓布萬五千匹，鑡收取直還。郡表鑡功義，賜冠幘、田宅，子孫數世，至安帝延光四年時，故受復除。

辰韓在馬韓之東，其耆老傳世，自言古之亡人避秦役來適韓國，馬韓割其東界地與之。【略】今有名之爲秦韓者。始有六國，稍分爲十二國。

弁辰亦十二國，【略】其十二國屬辰王。辰王常用馬韓人作之，世世相繼。辰王不得自立爲王。土地肥美，宜種五穀及稻，曉蠶桑，作縑布，乘駕牛馬。【略】

弁辰與辰韓雜居，亦有城郭。【略】亦作廣幅細布。法俗特嚴峻。

《三國志》卷三〇《魏志·東夷傳·倭》 倭人在帶方東南大海之中，依山島爲國邑。【略】其風俗不淫，男子皆露紒，以木緜招頭。其衣橫幅，但結束相連，略無縫。婦人被髮屈紒，作衣如單被，穿其中央，貫頭衣之。種禾稻、紵麻，蠶桑、緝績，出細紵、縑緜。

《三國志》卷三〇《魏志·東夷傳論》 裴松之注引《魏略·西戎傳》曰：〔大秦〕國出細絺。作金銀錢，金錢一當銀錢十。有織成細布，言用水羊毳，名曰海西布。此國六畜皆出水，或云非獨用羊毛也，亦用木皮或野繭絲作，織成氍毹、毾㲪、罽帳之屬皆好，其色又鮮于海東諸國所作也。又常利得中國絲，解以爲胡綾，故數與安息諸國交市於海中。【略】又今《西域舊圖》云罽賓、條支諸國出琦石，即次玉石也。大秦多【略】黄白黑緑紫紅絳紺金黄縹留黄十種氍毹，五色毾㲪，五色九色首下毾㲪，金縷繡，雜色綾，金塗布，緋持布，發陸布，緋持渠布，火浣布，阿羅得布，巴則布，度代布，温宿布，五色桃布，絳地金織帳，五色斗帳。

《北堂書鈔》卷一三四引魚豢《魏略》 大秦國以羊毛、木皮、野絲作之，其屬有五色、九色毾㲪，海東諸國所作也。

《藝文類聚》卷八五《布帛部》 《魏略》曰：大秦國有金縷雜色綾，其國利得中國絲素，解以爲胡綾。

《太平御覽》卷八一五《布帛部二·繡》 《魏略》曰：大秦國有金縷繡色絹，其國利得中國絲素，解以爲胡(陵)〔綾〕。

《太平御覽》卷八一六《布帛部三·織成》 《廣(邪)〔雅〕》曰：天竺出細織成。

《太平御覽》卷八一六《布帛部三·綾》 《魏略》曰：大秦國有金縷繡雜色綾，其色利得中國絲素，解以爲胡綾。

《太平御覽》卷八一六《布帛部三·織成》 《魏略》曰：大秦國出金織成帳。

吳時《(魏)〔外〕國傳》曰：大秦國，天竺國，皆金縷織成。

《太平御覽》卷八一六《布帛部三·罽》 《扶南傳》曰：安息國出五色罽。

曹植《辯道論》曰：甘始謂王曰：諸梁時，西域胡來獻罽，悔不取也。

《太平御覽》卷八二〇《布帛部七·布》 《魏略》曰：大秦國在安息、條支西，出細布，有織成(紬)〔細〕布，言用水羊毳，名曰海西布。

又曰：大秦國出金塗布，緋持(竹)〔渠〕布，發(隆)〔陸布〕，火浣布，阿羅得布，巴則布，鹿代布，温宿布，五色(枕)〔桃〕布。魏文帝詔曰：夫珍翫所生，皆中國及西域他方物比不如也。代郡黄布爲細，樂浪練爲精，江東太末布爲白，故不如白疊布鮮潔也。

《太平御覽》卷八二〇《布帛部七·白疊》 吳時《外國傳》曰：諸簿國安子織作白疊花布。

《白孔六帖》卷八 海西布(波)〔海〕西織水羊毛爲布，曰海西布。

《編珠》卷三《補遺》 魚豢《魏略》曰：大秦國有金縷雜色綾。

《晉書》卷九七《東夷傳·辰韓》 辰韓在馬韓之東，【略】地宜五穀，俗饒蠶桑，善作縑布，服牛乘馬。

《晉書》卷九七《東夷傳·倭人》 倭人在帶方東南大海中，依山島爲國，地多山林，無良田，食海物。【略】其地温暖，俗種禾稻紵麻而蠶桑織績。

《晉書》卷九七《西戎傳·大秦國》 大秦國一名犂鞬，在西海之西，其地東西南北各數千里。【略】其土多出金玉寶物，明珠、大貝，有夜光璧、駭雞犀及火浣布，又能刺金縷繡及織錦縷罽。

《太平御覽》卷八二〇《布帛部七》 吳篤《趙書》曰：石勒建平二年，大宛獻珊瑚、琉璃、㲮㲪、白疊。

《太平御覽》卷三五九 郭義恭《廣志》曰：剽刃國出桐華布。

《梁書》卷五四《諸夷傳·林邑國》 出瑇瑁，貝齒，吉貝，沉木香。吉貝者，樹名也。其華成時如鵝毳，抽其緒紡之以作布，潔白與紵布不殊，亦染成五色，織爲斑布也。

《梁書》卷五四《諸夷傳·中天竺國》 中天竺國，在大月支東南數千里，地方三萬里，一名身毒。【略】土俗出犀、象、貂、鼲、瑇瑁、火齊、金、銀、鐵、金縷織成、金皮罽、細摩白疊、好裘、毾㲪。

《魏書》卷一〇二《西域傳·波斯》 土地平正，出金、銀、鍮石、珊瑚、琥珀、車渠、馬腦，多大真珠、頗梨、瑠璃、水精、瑟瑟、金剛、火齊、鑌鐵、銅、錫、朱砂、水銀，綾、錦、疊、毼、氍毹、毾㲪、赤麖皮，及薰陸、鬱金、蘇合、青木等香，胡椒、畢撥、石蜜、千年棗、香附子、訶梨勒、無食子、鹽緑、雌黄等物。

《魏書》卷一〇二《西域傳·康國》 康國者，康居之後也。遷徙無常，不恒故地，自漢以來，相承不絶。出馬、駝、驢、犎牛、黄金、硇沙、䩭香、阿薛那香、瑟瑟、麖皮、氍毹、錦、疊。多蒲萄酒，富家或致千石，連年不敗。太延中，始遣使貢方物，後遂絶焉。

《周書》卷四九《異域傳上·高麗》 賦税則絹布及粟，隨其所有，量貧富差等輪之。

《周書》卷四九《異域傳上·百濟》 賦税以布絹絲麻及米等，量歲豐儉，差等輸之。

《周書》卷五〇《異域傳下·波斯》 土出名馬及駝，富室至有數千頭者。又出白象、師子、大鳥卵、珍珠、離珠、頗黎、珊瑚、琥珀、瑠璃、馬瑙、水晶、瑟瑟、金、銀、鍮石、金剛、火齊、鑌鐵、銅、錫、朱沙、水銀、綾、錦、白疊、㲜、氍毹、毾㲪、赤麖皮，及薰六、鬱金、蘇合、青木等香，胡椒、蓽撥、石蜜、千(牛)〔年〕棗、香附子、訶梨勒、無食子、鹽綠、雌黄等物。

《南史》卷七八《夷貊傳上·林邑國》 其國有金山，石皆赤色，其中生金。金夜則出飛，狀如螢火。又出瑇瑁、貝齒、古貝、沉木香。古貝者，樹名也，其華成時如鵝毳，抽其緒紡之以作布，布與紵布不殊。亦染成五色，織爲斑布。沉木香者，土人斫斷，積以歲年，朽爛而心節獨在，置水中則沉，故名曰沉香，次浮者棧香。

《南史》卷七八《夷貊傳上·中天竺國》 中天竺國，在大月支東南數千里，地方三萬里，一名身毒。漢世張騫使大夏，見邛竹杖、蜀布，國人云市之身毒，即天竺也。【略】土出犀、象、貂鼠、瑇瑁、火齊、金銀銅鐵、金縷織成金罽、細靡白疊、好裘、毾㲪。

《南史》卷七九《夷貊傳下·扶桑》 其土多扶桑木，故以爲名。扶桑葉似桐，初生如笋，國人食之。實如梨而赤，績其爲衣，以爲衣，亦以爲錦。

《太平御覽》卷八二〇《布帛部七·布》 《南史》曰：東夷扶桑國，其土多扶桑木，故以爲名。扶桑如桐，初生如筍，國人食之。實如梨而赤，績其皮爲布，以爲衣，亦以爲錦。

《隋書》卷八三《西域傳·波斯》 波斯國，都達曷水之西蘇藺城，即條支之故地也。【略】土多良馬，大驢，師子，白象，大鳥卵，真珠，頗黎，獸魄，珊瑚，瑠璃，碼碯，水精，瑟瑟，呼洛羯，吕騰，火齊，金剛，金，銀，鍮石，銅，鑌鐵，錫，錦疊，細布，氍毹，毾㲪，護那，越諾布，檀，金縷織成，赤麖皮，朱沙，水銀，薰陸，鬱金，蘇合，青木等諸香，胡椒，畢撥，石蜜，半蜜，千年棗，附子，訶黎勒，無食子，鹽綠，雌黄。

《隋書》卷八三《西域傳·漕國》 漕國，在葱嶺之北，漢時罽賓國也。【略】土多稻、粟、豆、麥；饒象、馬、封牛、金、銀、鑌鐵、氍毹、朱砂、青黛、安息、青木等香，石蜜，半蜜，黑鹽，阿魏，没藥，白附子。

《太平廣記》卷四八二《留仇國》 煬帝令朱寬征留仇國，還，獲男女口千餘人並雜物産，與中國多不同。緝木皮爲布，甚細白，幅闊三尺二三寸。亦有細斑布，幅闊一尺許。

《舊唐書》卷一九七《南蠻·西南蠻傳·婆利》 婆利國，在林邑東南海中洲上。【略】男子皆拳髮，被古貝布，横幅以繞腰。風氣暑熱，恒如中國之盛夏。穀一歲再熟。有古貝草，緝其花以作布，粗者名古貝，細者名白氎。貞觀四年，其王遣使隨林邑使獻方物。

《新唐書》卷二二一下《西域傳下·康》 循縛芻水北有咀密種，亦自國，東西六百里。【略】出金、銀、水精。多工巧，織錦、褐、氍毹。

《新唐書》卷二二一下《西域傳下·拂菻》 拂菻，古大秦也，居西海上，一曰海西國。【略】織水羊毛爲布，曰海西布。

《新唐書》卷二二二下《南蠻傳下·婆利》 俗黑身，朱髮而拳，鷹爪獸牙，穿耳傅璫，以古貝横一幅繚于腰。古貝，草也，緝其花爲布，粗曰貝，精曰氎。

《新唐書》卷二二二下《南蠻傳下·哥羅》 哥羅，一曰箇羅，亦曰哥羅富沙羅。【略】無絲紵，惟古貝。

《新唐書》卷二二二下《南蠻傳下·驃》 驃，古朱波也，自號突羅朱。【略】衣用白氎、朝霞，以蠶帛傷生不敢衣。【略】與諸蠻市，以江猪、白氎、琉璃罌缶相易。婦人當頂作高髻，飾銀珠琲，衣青娑裙，披羅段。

杜環《經行記·大食國》 綾絹機杼，金銀匠，畫匠，漢匠起作畫者，京兆人樊淑、劉泚，織絡者，河東人樂隈、吕禮。

杜佑《通典》卷一八五《邊防一·東夷上》

濊

濊亦朝鮮之地，南與辰韓、北與高句麗、盧奚反。沃沮接，東窮大海，西至樂浪。【略】知種麻，養蠶，作綿布。

馬韓

馬韓，後漢時通焉。有三種，一曰馬韓，二曰辰韓，三曰弁辰。馬韓在西，五十有四國，其北與樂浪、南與倭接。辰韓在東，十有二國，其北與濊貊接。弁辰在辰韓之南，亦十有二國，其南亦與倭接。凡七十八國。或云百濟是其一國焉。【略】馬韓人知田蠶，作綿布。

辰韓

辰韓，耆老自言秦之亡人，避苦役來適韓國，馬韓割其東界地與之。有城柵。其言語有類秦人，由是或謂之爲秦韓。土地肥美，宜五穀。知蠶桑，作縑布，乘駕牛馬。

百濟

百濟，土著地多下濕，率皆山居。【略】賦税以布、絹、麻、米等。

杜佑《通典》卷一八六《邊防二・東夷下》

扶桑

扶桑，南齊時聞焉。廢帝永元初，其國有沙門慧深來至荆州，説云：扶桑在大漢國東二萬餘里，地在中國之東。其土多扶桑木，葉似桐，初生如筍，國人食之。實如梨而赤。績其皮爲布以爲衣，亦爲錦。

流求

流求，自隋聞焉。居海島之中，當建安郡東，閩川之東。水行五日而至。男女皆以白紵繩纏髮，從頭後盤繞至額。婦人以羅紋白布爲帽。織鬬鏤皮并雜色紵及雜毛以爲衣，製裁不一。

杜佑《通典》卷一八八《邊防四・南蠻下》

哥羅

哥羅國，漢時聞焉。在槃槃東南，亦曰哥羅富沙羅國云。國無蠶絲、麻紵，唯出古貝布。

林邑

林邑國，秦象郡林邑縣地。漢爲象林縣，屬日南郡，古越裳之界也，在交趾南，海行三千里。

出瑇瑁、貝齒、古貝、沈木香。古貝者，樹名也，其華成時如鵝毳，抽以績紡作布，潔白與紵布不殊，亦染成五色，織爲斑布也。

扶南

扶南國在日南郡之南海西大島中，去日南可七千里，在林邑西南三千餘里。【略】氣候、風俗、物産大較與林邑同。

干陁利

干陁利國，梁時通焉，在南海洲上。其俗與林邑、扶南略同。出斑布、古貝、檳榔。檳榔特精好，爲諸國之極。武帝天監中，遣使貢方物。

狼牙脩

狼牙脩國，梁時通焉，在南海中。其界東西三十日行，南北二十日行，北去廣州二萬四千里。其土氣、物産與扶南略同，偏多棧、沈、婆律香等。其俗，男女皆袒而披髮，以古貝布爲干漫。

婆利

婆利國，梁時通焉，在廣州東南海中洲上。自交趾浮海，南過赤土、丹丹國，乃至其國，去廣州二月日行。【略】俗類真臘，物産同於林邑。

多蔑

多蔑國，大唐貞觀中通焉，在南海邊，國界周迴可一月行。【略】其物産有金、銀、銅、鐵、象牙、犀角、朝霞、朝雲等布。其俗交易用金、銀、朝霞等衣服。百姓二十而税一。五穀、蔬菜與中國不殊。

多摩長

多摩長國居於海島，東與婆鳳，西與多隆，南與半支跋，華言「五山」也，北與訶陵等國接。【略】

其俗無姓。王居以柵爲城，以板爲屋，坐師子座，東面坐。衣物與林邑同。

杜佑《通典》卷一九二《邊防八・西戎四》

罽賓

罽賓在懸度山西，漢時通焉。王理循鮮城，去長安萬二千二百里。不屬都護。其民巧，雕文刻鏤，理宫室，織罽，刺文繡，好理食。【略】土多稻、粟、豆、麥，饒象、馬，犎牛，金、銀，鑌音賓鐵，氍毹，始盧反。珠砂，青黛，安息、青木等香，石蜜，半蜜，黑鹽，阿魏，没藥，白附子。

安息

安息國，漢時通焉。王理番兜城，番音盤。去長安萬一千六百里，在葱嶺之西，大宛之西可數千里，不屬都護。北與康居、東與烏戈山離、西與條支接。

土地、風氣、物類、人俗與烏弋、罽賓同。

大月氏

大月氏，漢時通焉。理藍氏城，在大宛西可二三千里，居嬀水北，其南則大夏，西接安息四十九日行，北則康居，去長安萬一千六百里。不屬都護。土地、氣候、物類、風俗、錢貨與安息同。

杜佑《通典》卷一九三《邊防九》

天竺

其國出師子、貂、豹、犴、胡昆反。槖駝、犀、象。有火齊，如雲母而色紫，裂之則薄如蟬翼，積之則如紗縠之重沓。有金剛，似紫石英，百錬不銷，可以切玉，瑇瑁、金、銅、鐵、鉛、錫。金縷織成金罽，白疊，毹㲪，毹音搭。㲪音登。又有旃檀、鬱金等香，甘蔗諸果，石蜜，胡椒，薑，黑鹽。西與大秦、安息交市海中，或至扶南、交趾貿易。多珊瑚，珠璣，琅玕。俗無簿籍。以齒貝爲貨。

大秦

有織成細布，言用水羊毛，名曰海西布。出細布，作毾㲪，毹㲪罽帳之屬，其色又鮮於海東諸國所作也。又常利得中國縑素，解以爲胡綾紺紋，數與安息諸胡交市於海中。

波斯

氣候暑熱，家自藏冰。其地多砂磧，引水溉灌。其五穀及禽獸與中夏略同，唯無稻及黍。土出名馬及駝，富室至有數千頭者。出象、師子，多良犬。有大鳥，形如橐駝，有兩翼，飛而不能高，食草與肉，亦能噉火。有大鳥卵，真珠，頗梨，珊瑚，琉璃，瑪瑙，水精，瑟瑟，金，銀，鍮石，金剛，火齊，銅，錫，鑌鐵，朱砂，水銀，錦，疊，細布，氍毹，毾㲪，護那，越諾布，金縷織成，赤麖皮，薰陸，鬱金，蘇合，青木等香，胡椒，蓽撥，石蜜，千年棗，香附子，訶黎勒，無食子，鹽綠，雌黄。

越底延

出鍮石，訶黎勒，石蜜，麖皮，細疊。

大食

大食，大唐永徽中，遣使朝貢云。其國在波斯之西。【略】杜環《經行記》云：「一名亞俱羅。其大食王號暮門，都此處。其士女瓌偉長大，衣裳鮮潔，容止閑麗。女子出門，必擁蔽其面。無問貴賤，一日五時禮天。食肉作齋，以殺生爲功德。繫銀帶，佩銀刀。斷飲酒，禁音樂。人相争者，不至毆擊。又有禮堂，容數萬人。每七日，王出禮拜，登高座爲衆説法，曰：『人生甚難，天道不易。姦非劫竊，細行謾言，安己危人，欺貧虐賤，有一於此，罪莫大焉。凡有征戰，爲敵所戮，必得生天，殺其敵人，獲福無量。』率土稟化，從之如流。法唯從寬，葬唯從儉。郛郭之内，鄽閈之中，土地所生，無物不有。四方輻湊，萬貨豐賤，錦繡珠貝，滿於市肆。駝馬驢騾，充於街巷。刻石蜜爲廬舍，有似中國寶轝。每至節日，將獻貴人琉璃器皿、鍮石瓶鉢，蓋不可算數。粳米白麵，不異中華。其果有偏桃人、千年棗。其蔓菁，根大如斗而圓，味甚美。餘菜亦與諸國同。蒲陶大者如雞子。香油貴者有二：一名耶塞漫，一名没匣（女甲反）師。香草貴者有二：一名查塞菶（蒲孔反），一名梨蘆茇。綾絹機杼，金銀匠、畫匠，漢匠起作畫者，京兆人樊淑、劉泚，織絡者，河東人樂隈、吕禮。又以橐駝駕車。其馬，俗云西海濱龍與馬交所産也。腹肚小，脚腕長，善者日走千里。其駝小而緊，背有孤峰，良者日馳千里。又有駝鳥，高四尺以上，脚似駝蹄，頸項勝得人騎行五六里，其卵大如二升。又有齊樹，實如夏棗，堪作油，食除瘴。其氣候温，土地無冰雪。人多瘧痢，一年之内，十中五死。今吞滅四五十國，皆爲所役屬，多分其兵鎮守，其境盡於西海焉。」又云：「末禄國在亞梅國西南七百餘里。胡姓末者，兹土人也。其城方十五里，用鐵爲城門。城中有鹽池，又有兩所佛寺。其境東西百四十里，南北百八十里，村柵連接，樹木交映，四面合匝，總是流沙。南有大河，流入其境，分渠數百，溉灌一州。其土沃饒，其人净潔。牆宇高厚，市鄽平正。木既雕刻，土亦繪畫。又有細軟疊布，羔羊皮裘，估其上者值銀錢數百。果有紅桃、白㮈、遏白、黄李。瓜大者名尋支，十餘人湌一顆輒足。越瓜長四尺以上。菜有蔓菁、蘿蔔、長葱、顆葱、芸臺、胡芹、葛藍、軍達、茴香、茇薤、瓠蘆，尤多蒲陶。又有黄牛、野馬、水鴨、石雞。其俗以五月爲歲，每歲以畫缸相獻。有打毬節、鞦韆節。其大食東道使鎮於此。從此至西海以來，大食、波斯參雜居止。其俗禮天，不食自死肉及宿肉，以香油塗髮。」又云：「苫國在大食西界，周迴數千里。造屋兼瓦，壘石爲壁。米穀殊賤，有大川東流入亞俱羅，商客糴此糶彼，往來相繼。人多魁梧，衣裳寬大，有似儒服。其苫國有五節度，有兵馬一萬以上，北接可薩突厥。可薩北又有突厥。足似牛蹄，好噉人肉。」

樊綽《雲南志》卷一〇《南蠻疆界接連諸蕃夷國》 驃國在蠻永昌城南七十五日程，閣羅鳳所通也。其國用銀錢。【略】男子多衣白氎。婦人當頂爲高髻，以金銀真珠爲飾，著青娑羅裙。又披羅段，行必持扇。貴家婦女，皆三人五人在傍持扇。有移信使到蠻界河賧，則以江豬白氎及琉璃罌爲貿易。

蘇鶚《杜陽雜編》卷上 〔廣德元年〕上嘗幸興慶宫，於復壁間得寶匣，匣中獲玉鞭，鞭末有文曰「軟玉鞭」，即天寶中異國所獻。光可鑑物，節文端妍，雖藍田之美，不能過也。屈之則頭尾相就，舒之則勁直如繩，雖以斧鑕鍛斫，終不傷缺。上歎爲異物，遂命聯蟬繡爲囊，碧玉絲爲鞘。碧玉蠶絲，即永泰元年東海彌羅國所貢，云其國有桑，枝幹盤屈，覆地而生，大者連延十數頃，小者蔭百畝。其上有蠶，可長四寸，其色金，其絲碧，亦謂之金蠶絲，縱之一尺，引之一丈，撚而爲鞘，表裏通瑩，如貫瑟瑟，雖併十夫之力挽之不斷。爲琴瑟絃，則鬼神悲愁忭舞。爲弩絃，則箭出一千步。爲弓絃，則箭出五百步。上令藏之於内府，至朱泚犯禁闈，其鞭不知所在。故水部賈嵩員外所傳也。

〔大曆中〕上崇奉釋氏，每（春）〔舂〕百品香，和銀粉以塗佛室。遇新羅國獻五彩氍毹，製度巧麗，亦冠絶一時。每方寸之内，即有歌舞伎樂、列國山川之象。忽微風入室，其上復有蜂蝶動摇，燕雀飛舞。俯而視之，莫辨真假。

〔元〕載寵姬薛瑶英攻詩書，善歌舞，僊姿玉質，肌香體輕，雖旋波、摇光、飛燕，綠珠，不能過也。瑤英之母趙娟，亦本岐王之愛妾也。後出爲薛氏之妻，生瑤英，而幼以香啗之，故肌香也。及載納爲姬，處金絲之帳，却塵之褥。其褥出自勾驪國。一云，是却塵之獸毛所爲也，其色殷鮮，光軟無比。衣龍綃之衣，一襲無一二兩，摶之不盈一握。載以瑤英體輕，不勝重衣，故於異國以求是服也。

蘇鶚《杜陽雜編》卷中　元和八年，大軫國貢重明枕、神錦衾、碧麥、紫米。云其國在海東南三萬里，當軫宿之位，故曰大軫國，經合丘禺稾之山。合丘禺稾山見《山海經》。【略】神錦衾，水蠶絲所織也。方二丈，厚一寸，其上龍文鳳彩殆非人工。其國以五色彩石甃池塘，採大柘葉飼蠶於池中，始生如蚊睫，游泳於其間，及老可五六寸。池中有挺荷，雖驚風疾吹不能傾動，大者可潤三四尺，而蠶經十五月即跳入荷中，以成其璽，形如斗，自然五色。國人繰之以織神錦，亦謂之靈泉絲。上始覽錦衾，與嬪御大笑曰：「此不足以爲嬰兒繃褓，曷能爲我被耶？」使者曰：「此錦之絲水蠶也，得水則舒。水火相反，遇火則縮。」遂於上前令四官張之，以水一噴，即方二丈，五色煥爛，逾於向時。上乃歎曰：「本乎天者親上，本乎地者親下，不亦然哉。」則却令以火逼之，須臾如故。上益異之，翌日出示術士田元佐、李元戢焉。

蘇鶚《杜陽雜編》卷下　大中初，女蠻國貢雙龍犀。有二龍，鱗鬣爪角悉備。明霞錦，云鍊水香麻以爲之也。光耀芬馥着人，五色相間而美麗於中國之錦。其國人危髻金冠，瓔珞被體，故謂之菩薩蠻。當時倡優遂製《菩薩蠻》曲，文士亦往往聲其詞。更有女王國貢龍油綾、魚油錦，文彩尤異，皆入水不濡濕。云有龍油、魚油故也。後漢《東夷傳》云：海中有女王國，視井即有孕。又《梁朝公子傳》云：女國有六。

《太平御覽》卷八一四《布帛部一・絲》　《梁四公記》曰：扶桑國使貢方物，有黄絲三百斤，即扶桑蠶所吐，桑灰汁所煮之絲也。帝有金鑪重五十斤，繫六絲以縣鑪，絲有餘力。

《白孔六帖》卷八　魚油錦女王國貢魚油錦，紋綵尤異，入水不濡濕，云有魚油故也。

《白孔六帖》卷一四　冰蠶絲錦褥唐老子嘗買一舊錦褥，有波斯見之，乃曰：此冰蠶絲所織，暑月陳於坐，滿室清涼。《樂府雜録》。

《全唐文》卷二七〇劉穆之《對恩賜綾錦出關判》　安息國莫賀遠來入朝，頻蒙賜綾錦等，還將自隨，關司以物皆違樣不放過。

莫賀就日輸琛，占風削衽。既踰葱嶺，便集藁街。頻承湛露之恩，幾荷油雲之施。至若綾開翥鶴，映灘浦以成文；錦褥翔鴛，艷江波而濯色。近九重之厚錫，充萬里之輕齎。關司寄重咽喉，任光襟帶。物皆違樣，既生非馬之疑；事乃出蕃，須既鳴雞之失。既緣恩賜，有異常途，勘責不虛，固難留滯。

《宋史》卷四九〇《外國傳六・拂菻》　拂菻國東南至滅力沙，北至海，皆四十程。西至海三十程。東自西大食及于闐、回紇、青唐，乃抵中國。歷代未嘗朝貢。

元豐四年十月，其王滅力伊靈改撒始遣大首領你廝都令廝孟判來獻鞍馬、刀劍、真珠，言其國地甚寒，土屋無瓦。產金、銀、珠、西錦、牛、羊、馬、獨峯駝、梨、杏、千年棗、巴欖、粟、麥，以蒲萄釀酒。樂有箜篌、壺琴、小篳篥、偏鼓。王服紅黄衣，以金線織絲布纏頭，歲三月則詣佛寺，坐紅床，使人舁之。貴臣如王之服，或青綠、緋白、粉紅、褐紫，並纏頭跨馬。城市田野，皆有首領主之，每歲惟夏秋兩得奉，給金、錢、錦、穀、帛，以治事大小爲差。

樂史《太平寰宇記》卷一七二《東夷一・濊國》　土俗物產：知種麻，養蠶，作綿布。

樂史《太平寰宇記》卷一七二《東夷一・百濟國》　土俗物產：【略】賦役以布、絹、麻、米等。

樂史《太平寰宇記》卷一七二《東夷一・三韓國》　土俗物產：馬韓人知田蠶，作綿布。【略】辰韓，其地肥美，宜五穀，知蠶桑，作縑布。【略】弁韓，其俗衣服皆與辰韓同。

樂史《太平寰宇記》卷一七四《東夷三・新羅》　土俗物產：土地肥美，宜植五穀，多桑麻、果菜、鳥獸，物產略與華同。

樂史《太平寰宇記》卷一七四《東夷三・倭》　土俗物產：其國土俗宜禾稻、麻苧蠶桑，知機織爲縑布，出白珠、青玉。

樂史《太平寰宇記》卷一七五《東夷四・扶桑》　土俗物產：其土多扶桑木，葉似桐，初生如筍，國人食之。實如梨而赤，績其皮爲布，以爲衣，亦以爲錦。

樂史《太平寰宇記》卷一七六《南蠻一・哥羅》　國無蠶絲、麻苧，惟有古貝布。

樂史《太平寰宇記》卷一七六《南蠻一・林邑》　土俗物產：出古貝。古貝，樹名也，其花成如鵝音松。毛，抽以績紡作布，潔白與紵布不殊，亦染成五色，織爲斑布也。

樂史《太平寰宇記》卷一七六《南蠻一・扶南》　土俗物產：大較與林邑同。

樂史《太平寰宇記》卷一七六《南蠻一・毗騫》 又傳扶南東界即大漲海，海中有大洲，洲上有諸薄國，國東有五馬洲，復東行漲海千餘里有然大洲，其上有樹生火中，洲左近人剥其皮，紡績作布，極得數尺，以爲手巾，與蕉麻無異而色微青黑，若小有垢污，則投火，復更精潔，即火浣布，或作燈炷，用之不盡也。

樂史《太平寰宇記》卷一七六《南蠻一・干陀利》 在南海洲上。其俗與林邑、扶南略同。出斑布、古貝、檳榔。

樂史《太平寰宇記》卷一七六《南蠻一・狼牙修》 在南海中。【略】土氣物産與扶南略同。

樂史《太平寰宇記》卷一七六《南蠻一・婆利》 物産同于林邑。

樂史《太平寰宇記》卷一七七《南蠻二・社薄》 在扶南東漲海中，直渡海數十日至其國。【略】土有稻田，女子作白疊華布。

樂史《太平寰宇記》卷一七七《南蠻二・火山》 去社薄東五千里。【略】《扶南土俗傳》云：「火洲在五馬洲之東可千餘里。春月霖雨，雨止則火燃洲上，林木得雨則皮黑，得火則皮白。諸左右洲人，以春日採木皮，績以爲布，即火浣也，或作燈炷。」

又有加營國，北社薄國，西有山周三百里，從四月火生，正月火滅，則草葉落，如中國寒時。人以三月至此山，取木皮績爲布，同火山所成也。

樂史《太平寰宇記》卷一七七《南蠻二・多蔑》 在南海邊，國界周迴可一月行。【略】其物産有金、銀、銅、鐵、象牙、犀角，朝霞、朝雲等布。其俗交易並用金、銀、朝霞等衣服爲賈。

樂史《太平寰宇記》卷一七九《南蠻四・渤泥》 土之出者，【略】有麻與稻，無蠶絲，衣用吉貝布，布用花織成。

樂史《太平寰宇記》卷一八二《西戎三・罽賓》 土俗物産：織罽，刺繡。

樂史《太平寰宇記》卷一八三《西戎四・康居》 土俗物産：氍毹、錦、㲲。

樂史《太平寰宇記》卷一八三《西戎四・天竺》 土俗物産：金縷織成罽、白疊，毾㲪。音塔登。

樂史《太平寰宇記》卷一八三《西戎四・車離》 其土氣、物類與天竺同。

樂史《太平寰宇記》卷一八四《西戎五・大秦》 土俗物産：有織成細布，言用水羊毛，名曰海西布。作氍毹、毾㲪之屬，其色又鮮于海東諸國所作也。常利得中國縑素，解以爲胡綾紺紋，數與安息諸國交市于海中。

樂史《太平寰宇記》卷一八四《西戎五・安息》 土俗物産：土地、風氣、物類、人俗與康國、烏弋、罽賓同。

樂史《太平寰宇記》卷一四八《西戎五・大月氏》 土俗物産：土俗、氣候、物類、風俗、錢貨與安息同。

樂史《太平寰宇記》卷一八五《西戎六・波斯》 土俗物産：綾，錦，疊，細布，氍毹，毾㲪，護那，越諸布，金縷織成。

周去非《嶺外代答》卷三《外國門下》

大秦國

大秦國者，西天諸國之都會，大食蕃商所萃之地也。其王號麻囉弗，以帛織出金字纏頭，所坐之物則織以絲罽，有城郭。【略】土産：琉璃、珊瑚、生金、花錦，縵布、紅馬腦、真珠。

大食諸國

大食者，諸國之總名也，有國千餘所，知名者特數國耳。【略】有白達國，係大食諸國之京師也。【略】産金、銀、碾花上等琉璃、白越諸布、蘇合油，國人皆相尚以好雪布纏頭，所謂軟玻璃者，國所産也。有吉慈尼國，皆大山圍遶，鑿山爲城，方二百里，環以大水。【略】其國産金、銀、越諸布、金絲錦、五色駞毛段、碾花琉璃、蘇合油。【略】有眉路骨惇國，居七重之城，【略】人皆纏頭搭項，寒即以色毛段爲衣，以肉麪爲食，以金銀爲錢。所謂鮫綃、薔薇水、梔子花、摩娑石、鵬砂皆其所産也。

木蘭皮國

大食國西有巨海，海之西有國，不可勝數。大食巨艦所可至者木蘭皮國爾。蓋自大食之陁盤地國發舟，正西涉海一百日而至之。一舟容數千人，舟中有酒食肆、機杼之屬，言舟之大者，莫木蘭若也。

周去非《嶺外代答》卷六《布帛門》

安南絹

安南使者至，欽太守用妓樂宴之，亦有贈於諸妓人以絹一匹，絹麤如細網，而蒙之以綿。交人所自着衣裳，皆密絹也，不知安南如網之絹何所用也。余聞蠻人得中國紅絁子，皆拆取色絲而自以織衫，此絹正宜拆取其絲耳。

徐松《宋會要輯稿・食貨三八・互市》 天禧二年十一月詔：廣州自今蕃

商發往南蕃買賣，因被惡風，颺往交州管界州郡博易，得紗絹紬布見錢等，回到廣州市舶亭，除黎字及小細砂鑞等，不是中國錢，並没納入官外，其餘紗絹紬布物色，取其三之一納官，餘二給還本主，所犯人從違制失條例科斷。

朱德潤《存復齋文集》卷五《異域説》〔拂菻國〕，其地又能撚毛爲布，謂之梭福，用密昔丹葉染成沉緑，浣之不淡。其餘氍毹、錦、疊皆常產也。

汪大淵《島夷誌略》

三島

居大奇山之東，嶼分鼎峙，有疊山層巒，民傍緣居之。田瘠穀少，俗質朴，氣候差暖。【略】地產黄蠟、木棉、花布。貿易之貨用銅珠、青白花碗、小花印布、鐵塊之屬。

麻逸

山勢平寬，夾溪聚落，田膏腴，氣候稍暖。【略】地產木綿、黄蠟、玳瑁、檳榔、花布。貿易之貨用鼎、鐵塊、五采紅布、紅絹、牙錠之屬。

無枝拔

在闍麻羅華之東南，石山對峙，民墾闢山爲田，鮮食多種薯，氣候常熱，獨春有微寒。【略】貿易之貨，用西洋布、青白處州甆器、瓦墁、鐵鼎之屬。

交趾

古交州之地，今爲安南大越國。山環而險，溪道互布，外有三十六莊。地廣人稠，氣候常熱，田多沃饒。【略】貿易之貨，用諸色綾、羅、疋帛、青布、牙梳、紙扎、青銅鐵之類。

占城

地據海衝，與新舊州爲隣。氣候乍熱，田中上等，宜種穀。【略】地產紅柴、茄藍木、打布。貨用青磁花碗、金銀首飾、酒色布、燒珠之屬。

民多朗

臨海要津，溪通海，水不鹹，田沃饒，米穀廣，氣候熱。【略】地產烏梨木、射檀、木綿花、牛麂皮。貨用漆器、銅鼎、闍婆布、紅絹、青布、斗錫酒之屬。

賓童龍

賓童龍隸占城土骨，與占城相連，有雙溪以間之，佛書所稱王舍城是也，或云目連屋基，猶存田土。人物風俗與占城略同。【略】產茄藍木、象牙。貨用銀、印花布。

真臘

州南之門，實爲都會，有城週圍七十餘里。【略】地產黄蠟、犀角、孔雀、沉速香、蘇木、大楓子、翠羽冠於各番。貨用銀、黄紅燒珠、龍段、建寧錦、絲布之屬。

丹馬令

地與沙里佛來安爲隣國，山平亘田多，食粟有餘，新收者復留以待陳。【略】貿易之貨，用甘理布、紅布、青白花碗、鼓之屬。

日麗

介兩山之間，立一閧之市。田雖平曠，春乾而夏雨，種植常違其時，故歲少稔，仰食於他國。氣候冬暖。【略】貿易之貨，用青磁器、花布、粗碗、鐵塊、小印花闕之屬。

麻里嚕

小港迢遞入於其地，山隆而水多鹵，股石林少，田高而瘠，民多種薯芋，地氣熱。【略】地產玳瑁、黄蠟、降香、行布、木綿花。貿易之貨，用牙錠青布、青磁器盤、處州磁水墁、大甕、鐵鼎之屬。

遐來勿

古泪之下，山盤數百里，厥田中下。【略】產蘇木、玳瑁、木綿花、檳榔。貿易之貨，用占城海南布、鐵線、銅鼎、紅絹、五色布、木梳、篦子、青器、粗碗之屬。

彭坑

石崖週匝，崎嶇遠如平寨，田沃，穀稍登，氣候半熱。【略】貿易之貨，用諸色絹、闍婆布、銅鐵器、漆磁器、鼓板之屬。

吉蘭丹

地勢博大，山瘠而田少，夏熱而倍收，氣候平熱。【略】貨用塘頭市布、占城布、青盤、花碗、紅緑焇珠、琴阮鼓板之屬。

丁家盧

三角嶼對境港口通其津要。山高曠，田中下，民食足，春多雨，氣候微熱。【略】貨用青白花磁器、占城布、小紅絹、斗錫酒之屬。

戎

山遶溪環，部落坦夷，田畬成片，土脈膏腴，氣候不正，春夏苦雨。【略】地產白荳蔻、象牙、翠毛、黄蠟、木綿紗。貿易之貨，用銅、漆器、青白花碗、磁壺、瓶、花銀、紫焇珠、巫崙布之屬。

羅衛

南真駱之南，實加羅山，即故名也。山瘠田美，等爲中上，春末則禾登，民有餘蓄以移他國，氣候不時。風俗勤儉，男女文身爲禮，以紫縵纏頭，繫溜布。以竹筒實生蠟爲燭，織木綿爲業。【略】地產粗降真、玳瑁、黃蠟、棉花，雖有珎樹無能割。貿易之貨，用某子、手巾、狗跡絹、五色燒珠、花銀、青白碗、鐵條之屬。

羅斛

山形如城郭，白石峭厲，其田平衍而多稼，暹人仰之，氣候常暖如春。【略】貨用青器、花印布、金、錫、海南檳榔、口肌子。

東冲古剌

蕞薛豐林，下臨淡港，外堞爲之限介，田美穀秀，氣候驟熱，雨下則微冷。【略】貿易之貨，用花銀、鹽、青白花碗、大小水埕、青緞、銅鼎之屬。

蘇洛鬲

洛山如闕，并溪如帶，具有聚落，田瘠穀少，氣候少暖。【略】貿易之貨，用青白花器、海巫崙布、銀鐵水埕小罐、銅鼎之屬。

針路

自馬軍山水路由麻來墳至此，地則山多鹵股，田下等，少耕植。【略】民煮海爲鹽，織竹絲布爲業。【略】貿易之貨，用銅條、鐵鼎、銅珠、五色焇珠、大小埕、花布、鼓青布之屬。

八都馬

閙市廣陽，山茂田少。民力齊，常足食，氣候暖。【略】貿易之貨，用南北絲、花銀、赤金、銅、鐵鼎、絲布、草金緞、丹山錦、山紅絹、白礬之屬。

淡邈

小港去海口數里山如鐵筆，迤逦如長蛇，民傍緣而居。田地平，宜穀粟，食有餘，氣候暖。【略】貨用黃硝珠、麒麟粒、西洋絲布、粗碗、青器銅鼎之屬。

尖山

自有宇宙，茲山盤據於小東洋，卓然如文筆插霄漢，雖懸隔數百里，望之儼然。田地少，多種薯，炊以代飯，氣候熕熱。【略】地產木綿花、竹布、黃蠟。粗降真，沙地所生，故不結實。貿易之貨，用牙錠、銅鐵鼎、青碗、大小埕甕、青皮、單錦、鼓樂之屬。

八節那間

其邑臨海，嶺方木瘦，田地瘠，宜種粟麥。【略】地產單皮花，印布不退色。木綿花、檳榔。貿易之貨，用青器、紫鑛、土粉、青絲布、埕甕、鐵器之屬。

三佛齊

自龍牙門去五晝夜至其國。【略】地產梅花片腦、中等降真香、檳榔、木綿布、細花木。貿易之貨，用色絹、紅硝珠、絲布、花布、銅鐵鍋之屬。

嘯噴

谿監毗吉陀以東，其山崚延袤數千里，結茅而居，田沃宜種粟，氣候常暖。俗陋，男女椎髻，以籐皮煮軟，織粗布爲短衫，以生布爲梢。地產唯蘇木，盈山他物不見。

勃泥

龍山磻礴於其右，基宇雄敞，原田獲利，夏月稍冷，冬乃極熱。【略】貨用白銀、赤金、色緞、牙箱、鐵器之屬。

暹

自新門臺入港，外山崎嶇，内嶺深邃。土瘠不宜耕種，穀米歲仰羅斛，氣候不正。【略】貿易之貨，用硝珠、水銀、青布、銅鐵之屬。

爪哇

爪哇即古闍婆國，門遮把逸山係官場所居，宫室壯麗，地廣人稠，實甲東洋諸番。【略】地產青鹽，係晒成。胡椒每歲萬斤，極細堅。耐色印布及鸚鵡之類，藥物皆自他國來也。貨用硝珠、金銀、青緞、色絹、青白花碗、鐵器之屬。

重迦羅

杜瓶之東曰重迦羅，與爪哇界相接，間有高山，奇秀不產他木，滿山皆鹽敷樹及楠樹。【略】地產綿羊、鸚鵡、細花木綿單、椰子木綿花紗。貿易之貨，用花銀、花宣絹、諸色布。

都督崖

自海腰平原津通淡港，土薄田肥，宜種穀，廣栽薯芋，氣候夏凉多淫雨，春與秋冬皆熱。【略】貿易之貨，用海南占城布、紅绿絹、鹽、鐵銅鼎、色緞之屬。

文誕

渤山高環溪水若淡田，地瘠，民半食沙糊、椰子，氣候苦熱。【略】煮海爲鹽，釀椰漿爲酒，婦織木綿爲業。【略】貨用水綾絲布、花印布、烏瓶鼓瑟、青磁器之屬。

蘇祿

其地以石崎山爲堡障，山畬田瘠，宜種粟麥，民食沙糊、魚蝦、螺蛤。氣候半熱。俗鄙薄，男女斷髮，纏皂縵，繫小印花。煮海爲鹽，釀蔗漿爲酒，織竹布爲業。【略】貿易之貨，用赤金、花銀、八都剌布、青珠處器、鐵條之屬。

龍牙犀角

峯嶺內平而外聳，民環居之，如蟻附坡，厥田下等，氣候半熱。【略】貿易之貨，用土印布、八都剌布、青白花之屬。

蘇門傍

山如屏而石峭，中有窩藏平坦，地瘠田少，多種麥而食，氣候常暖。【略】貿易之貨，用白糖、巫崙布、油絹衣、花色宣絹、塗油、大小水埕之屬。塗油，出於東埕塗中，熬晒而成。

舊港

自淡港入彭家門，民以竹代舟，道多磚塔，田利倍於他壤，云一季種穀，三年生金，言其穀變而爲金也。地產黃熟香、頭金颜香、木綿花，冠於諸番。黃蠟、粗降真、絶高鶴頂、中等沉速。貿易之貨，用門邦九珠、四色燒珠、麒麟粒、處甆、銅鼎、五色布、大小水埕甕之屬。

龍牙菩提

環宇皆山，石排類門，無田耕種，但栽薯芋，蒸以代糧。【略】貿易之貨，用紅綠燒珠、牙箱錠、鐵鼎、青白土印布之屬。

闍卒

地勢連龍牙門後山，若纏若斷起，凹峯而盤結，故民環居焉。田瘠穀少登，氣候不齊，夏則多雨而微寒。【略】地產上等鶴頂、中等降真、木綿花。貿易之貨，用絲布、鐵條、土印布、赤金甕器、鐵鼎之屬。

蒲奔

地控海濱，山蹲白石，不宜耕種，歲仰食於他國。氣候乍熱而微冷。【略】貿易之貨，用青甆器、粗碗、海南布、鐵線、大小埕甕之屬。

假里馬打

山列翠屏，闤闠臨溪，田下穀不收，氣候熱。貿易之貨，用硫磺、珊瑚珠、闍婆布、青色燒闍布之屬。

入老古

益溪通津，地勢卑窄，山林茂密，田瘠稻慳，氣候熱。【略】貿易之貨，用銀鐵、水綾、絲布、巫崙八節那間布、土印布、象齒、燒珠、青磁器、埕器之屬。

古里地悶

居加羅之東北，山無異木，唯檀樹爲最盛。以銀鐵碗、西洋絲布、色絹之屬爲之貿貨也。

龍牙門

門以單馬錫番兩山相交，若龍牙，門中有水道以間之。田瘠稻少，氣候熱，四五月多淫雨。俗好劫掠，昔酋長掘地而得玉冠，歲之始以見月爲正初，酋長戴冠披服受賀，令亦遞相傳授。男女兼中國人居之，多椎髻，穿短布衫，繫青布稍。產粗降真、斗錫。貿易之貨，赤金、青緞、花布、處磁器、鐵鼎之類。蓋以山無美林，貢無異貨，以通泉州之貿易皆剽竊之物也。

東西竺

地產檳榔、老葉椰子簟、木綿花。番人取其椰心之嫩闍或染織而爲簟，售之唐人。其簟冬煖而夏涼，亦可闍。

花面

其山逶迤，其地沮洳，田極肥美，足食有餘。男女以墨汁刺於其面，故謂之花面，國名因之。氣候倍熱。俗淳，有酋長。地產牛、羊、鷄、鴨、檳榔、甘蔗、老葉、木綿。貨用鐵條、青布、粗碗、青處器之屬。

須文答剌

峻嶺掩抱，地勢臨海，田磽穀少。【略】貿易之貨，用西洋絲布、樟腦、薔薇水、黃油傘、青布、五色緞之屬。

交欄山

嶺高而樹林茂密，田瘠穀少，氣候熱。貿易之貨，用穀米、色絹、青布、銅器、青器之屬。

特番里

國居西南角，名爲小食，官場深邃，前有石崖當闕以守，之後有石洞周匝以居之。厥土塗泥，厥田沃饒。【略】貿易之貨，用麻逸布、五色綢緞、錦緞、銅鼎、紅油布之屬。

班達里

地與鬼屈波思國爲隣，山峙而石盤，田瘠穀少，氣候微熱，淫雨間作。【略】

地產甸子、鴉忽石、兜羅綿、木綿花、青蒙石。貿易之貨，用諸色緞、青白磁、鐵器，五色燒珠之屬。

曼陀郎

國界西北隅與播寧接壤，地瘠宜種麥。地產犀角、木綿，摘四斗花可重一斤。西瓜五十斤重有餘，石榴大如斗。貿易之貨，用丁香、荳蔻、良薑、蓽茇、五色布、青器、斗錫、酒之屬。

喃哑哩

地當喃哑哩之要衝，大波如山，動盪日月，望洋之際，疑若無地。民居環山，各得其所。【略】貿易之貨，用金、銀、鐵器、薔薇水、紅絲布、樟腦、青白花碗之屬。

北溜

地勢居下，千嶼萬島，舶往西洋，過僧加剌傍，潮流迅急，更值風逆，輒漂此國，候次年夏東南風，舶仍出溜水。【略】地產椰子、索肌子、魚乾、大手巾布。

高郎步

大佛山之下灣，環中縱橫，皆鹵股石，其地濕卑田瘠，米穀翔貴，氣候暖。貿易之貨，用八丹布。

沙里八丹

國居古里佛山之後，其地沃衍，田少俗美，氣候微煖。【略】地產八丹布、珎珠，由第三港來，皆物之所自產也。

金塔

古崖之下，聖井傍有塔十丈有餘，塔頂曾鍍以金，其頂頹而石爛，惟苔蘚青青耳。【略】土瘠而民貧，氣候不齊。俗樸，男女椎髻，纏白布，繫溜布。民煮海爲鹽，女耕織爲業，壽多至百有餘歲。地產大布手巾、木綿。貿易之貨用鐵鼎、五色布之屬。

東淡邈

皐揵相去有間，近希苓數日程，山瘠民閒，田沃稻登，百姓充給，氣候熱。【略】地產胡椒，亞於闍婆，玳瑁、木綿、大檳榔。貿易之貨，用銀、五色布、銅鼎、鐵器、燒珠之屬。

大八丹

國居西洋之後，名雀、婆嶺相望數百里，田平豐稔，時雨霑渥。【略】地產綿布、婆羅蜜。貿易之貨，用南絲、鐵條、紫粉、木梳、白糖之屬。

加里那

國近具山，其地磽确，田瘠穀少。【略】貿易之貨，用青白花碗、細絹、鐵條、蘇水、水銀之屬。

土塔

居八丹之平原，赤石圍遶，有土磚甃塔，高數丈。漢字書云：「咸淳三年八月畢工。」傳聞中國之人，其年販彼，爲書於石以刻之，至今不磨滅焉。土瘠田少，氣候半熱，秋冬微冷。【略】地產綿布、花布、大手巾、檳榔。貿易之貨，用糖霜、五色絹、青緞、蘇木之屬。

加將門里

去加里二千餘里，喬木成林，修竹高節。其地堰潴，田肥美，一歲三收穀，通商販於他國，氣候常熱。地產象牙、兜羅綿、花布。貿易之貨，用蘇杭五色緞、南北絲、土綢絹、巫崙布之屬。

波斯離

境與西夏聯屬，地方五千餘里。闤市之間，民比居如魚鱗。田宜麥禾，氣候常冷。【略】地產琥珀、軟錦、駝毛、腽肭臍、没藥、萬年棗。貿易之貨，用氊毯、五色緞、雲南葉金、白銀、倭鐵、大風子、牙梳、鐵器、達剌斯離香之屬。

撻吉那

國居達里之地，即古之西域。山少而瘠，氣候半熱，天常陰晦。俗與羌同。男女身面如漆，眼圓白，髮鬅鬙。龍軟錦爲衣，女資紡績爲生，男採鴉鶻石爲活。【略】貿易之貨，用沙金、花銀、五色緞、鐵鼎、銅線、琉磺、水銀之屬。

須文那

國居班支尼那接境，山如瓜瓠，民樂奠居，田瘠穀少，氣候應節。【略】地產絲布、胡椒，亞於希苓，淡邈孩兒茶，又名烏爹土，又名胥實，考之其實檳榔汁也。

小唄喃

地與都攔礁相近，厥土黑墳，本宜穀麥。【略】貿易之貨，用金錢、青白花器、八丹布、五色緞、鐵器之屬。

朋加剌

五嶺崔嵬，樹林拔萃，民環而居之，歲以耕植爲業，故野無曠土，田疇極美，一歲凡三收穀，百物皆廉，即古忻都州府也。氣候常熱。【略】產芯布、高你布、兜羅綿、翠羽。貿易之貨，用南北絲、五色絹緞、丁香、荳蔻、青白花器、白纓之屬。

巴南巴西

國居大響山之南，環居數十里。土瘠，宜種荳，氣候乍涼。【略】地產細綿布，舶人以錫易之。

放拜

居巴盬亂石之間，渡橋出入，周圍無田，平曠皆陸地，宜種麥，氣候常暖。【略】地產絶細布，疋闊七尺，長丈餘。

大烏爹

國近巴南之地，介西洋之中。峯山多鹵股，田雜沙土，有黑歲，宜種豆，氣候常熱。【略】地產布匹、猫兒眼睛、鴉鶻石、翠羽。貿易之貨，白銅、鼓板、五色緞、金、銀、鐵器之屬。

萬年港

淩門，正灣爲之引從，彷佛相望，中間長濶二十餘丈，其深無底，魚龍之淵藪也。旁有山如氐，民環而居，田寬地窄，宜穀麥，氣候常熱。【略】地產降真條、木綿、黃蠟。貿易之貨，用鐵條、銅線、土印花布、瓦瓶之屬。

馬八兒嶼

控西北之隅，居加將門之右，瀕山而居，土鹹，田沃饒，歲倍收，氣候熱。地產羽、細布。大羊百有餘斤，穀米價廉。貿易之貨，用砂金、青緞、白礬、紅綠燒珠之屬。

阿思里

極西南達國里之地，無山林之限，風起則飛沙撲面，人不敢行，居人編竹以蔽之。氣候熱，半年之間多不見雨，掘井而飲，深至二三百丈，味甘而美。其地防原，宜種麥。【略】地產大綿布、小布疋。

哩伽塔

國居遼西之界，乃國王海之濱，田瘠宜種黍。民疊板石爲居，掘地丈有餘深，以藏種子，雖三載亦不朽也。氣候秋熱而夏涼。【略】貿易之貨，用金、銀、五色緞、巫崙布之屬。

天堂

地多曠漠，即古筠冲之地，又名爲西域。風景融和，四時之春也。田沃稻饒，居民樂業。雲南有路可通，一年之上可至其地，西洋亦有路通，名爲天堂。【略】貿易之貨，用銀、五色緞、青白花器、鐵鼎之屬。

天竺

居大食之東，隸秦王之主，去海二百餘里。地平沃，氣候不齊。貿易之貨，用銀、青白花器、斗錫、酒、色印布之屬。

層搖羅

國居大食之西南，崖無林，地多淳，田瘠穀少，故多種薯以代糧食。每貨販於其地者，若有穀米與之交易，其利甚溥。氣候不齊。貿易之貨，用牙箱、花銀、五色緞之屬。

甘埋里

與佛郎相近。【略】所有木香、琥珀之類地產，自佛郎國來商販於西洋互易，去貨丁香、荳蔻、青緞、麝香、紅色燒珠、蘇杭色緞、蘇木、青白花器甆瓶、鐵條，以胡椒載而返。椒之所以貴者，皆因此船運去尤多，較商舶之取十不及其一焉。

麻呵斯離

去大食國八千餘里，與鯨板奴國相近。由海通溪約二百餘里，石道崎嶇，至官場三百餘里，地平如席。氣候應節。貿易之貨，用剌速斯離布、紫金、白銅、青琅玕、闍婆布之屬。

烏爹

國因伽里之舊名也。山林益少，其地堰瀦而半曠，民專農業，田沃稼茂，既絶粮莠之害，又無蝗蝻之災，歲凡三稔，諸物皆廉，道不拾遺，鄉里和睦，士尤尚義，俗厚民泰，各番之所不及也。氣候男女與朋加剌略同，稅收十分之一也。地產大者，黑國翠羽、黃蠟、木綿、細匹布。貿易之貨，用金、銀、五色緞、白絲、丁香、荳蔻、茅香、青白花器、鼓瑟之屬。

周致中《異域志》卷下《吉慈尼國》 盤山爲城，尚胡教，禮拜堂百餘所。出金銀金絲錦。富民居住七層樓閣，多畜牧駝馬。地極寒，春夏雪不消，有雪蛆可食。

周致中《異域志》卷下《大秦國》 西番之大國也，番商萃此。其王號麻羅弗，以布帛織出金字纏頭。地產珊瑚、生金花錦縵布、紅瑪瑙珎珠等物，富甚。

周致中《異域志》卷下《黑蒙國》 其國至富，有城池房舍。民種田，天氣常熱。人穿五色錦袴，其人多富，尚侈靡。

張廷玉等《續文獻通考》卷二六《市糴二》〔成宗大德〕七年二月，禁諸人毋以金、銀、絲線等物下番。【略】〔武宗至大〕二年九月，詔海舶興販金、銀、銅、錢、綿、絲、布、帛下海者，禁之。【略】

英宗至治二年三月，復置市舶提舉司於泉州、慶元、廣東三路。禁子女、金銀、絲綿下番。

《明史》卷三二三《外國傳四·麻葉甕》　麻葉甕，在西南海中。永樂三年十月遣使齎璽書賜物，招諭其國，迄不朝貢。自古城靈山放舟，順風十晝夜至交欄山，其西南即麻葉甕。山峻地平，田膏腴，收穫倍他國。【略】産玳瑁、木棉、黄蠟、檳榔、花布之屬。

《明史》卷三二四《外國傳五·賓童龍》　賓童龍國，與占城接壤。或言如來入舍衛國乞食，即其地。氣候、草木、人物、風土，大類占城，惟遭喪能持服，葬以僻地，設齋禮佛，婚姻偶合。酋出入乘象或馬，從者百餘人，前後讚唱。民編茅覆屋。貨用金、銀、花布。

《明史》卷三二四《外國傳五·暹羅》〔洪武〕七年，使臣沙里拔來貢。言去年舟次烏猪洋，遭風壞舟，飄至海南，賴官司救護，尚存飄餘兜羅綿、降香、蘇木諸物進獻，廣東省臣以聞。帝怪其無表，既言舟覆，而方物乃有存者，疑其爲番商，命却之。

《明史》卷三二五《外國傳六·蘇禄》　其國，於古無所考。地瘠寡粟麥，民率食魚蝦，煮海爲鹽，釀蔗爲酒，織竹爲布。氣候常熱。有珠池，夜望之，光浮水面。土人以珠與華人市易，大者利數十倍。

《明史》卷三三二《西域傳四·卜花兒》　卜花兒，在撒馬兒罕西北七百餘里。城居平川，周十餘里，户萬計。市里繁華，號爲富庶。地卑下，節序嘗温，宜五穀桑麻，多絲綿布帛，六畜亦饒。

《古今事物考》卷三《珍寶》　西洋布　其白如雪，闊七尺。

王世貞《弇山堂别集·皇明盛事述一·成祖功德》　各國貢物，【略】布則兜羅綿、紅撒哈剌八者、藍靛木、黑蕉蔓、番沙紅絞節、智杜花頭乍蓮花織人象之類。

沈德符《萬曆野獲編》卷三〇《外國·西域記》　中官李達、吏部員外郎陳誠等，使西域還。西域諸國，哈烈、撒馬兒罕、火州、土魯番、失剌思、俺都淮等處，各遣使貢文豹西馬方物。誠上使西域記，所歷凡十七國，山川風俗物産悉備焉。

哈烈一名黑魯，在撒馬兒罕西南，去陝西肅州嘉峪關萬一千一百里。其地四面多山，中有河西流。【略】其土饒沃，氣候多暖少雨。土産有白鹽、銅、鐵、琉璃、金銀、珊瑚、琥珀、珠翠之屬。多育蠶，善爲紈綺。【略】撒馬兒罕，在哈烈東北，去陝西肅州衛嘉峪關九千七百餘里，去哈烈二千八百餘里。地寬平，土壤膏腴。【略】人物秀美，工巧過于哈烈，而風俗土産與哈烈同。俺都淮在哈烈東北，去撒馬兒罕千三百六十里，城居大邨，周十餘里，人民繁庶，風土物産同哈烈。

官修《明會典》卷一〇五《禮部六三·朝貢一》

東南夷上

日本國

〔永樂初〕始令十年一貢，貢道由浙江寧波府。每貢正副使等毋過二百人，若貢非期，人船踰數，夾帶刀鎗，並以寇論。宣德初，遣貢不如約，諭使臣自今貢毋過三船，人毋過三百，刀劍毋過三十。嘉靖六年奏准，凡貢非期，及人過百，船過三，多挾兵器，皆阻回。二十九年，定日本貢船每船水夫七十名，三船共計水夫二百一十名。正副使二員，居坐六員，土官五員。從僧七員，從商不過六十人。三十年後，時入寇掠，自是朝貢未有至者。

琉球國

諭令二年一貢，每船百人，多不過百五十人。貢道由福建閩縣。

貢物

生熟夏布

暹羅國【略】

定三年一朝貢，貢道由廣東。萬曆七年，遣使具金葉表文入貢。

貢物

苾布　油紅布　白纏頭布
紅撒哈剌布　紅地絞節智布　紅杜花頭布
紅邊白暗花布　乍連花布　烏邊葱白暗花布
細棋子花布　織人象花文打布　西洋布
織花紅絲打布　織雜絲打布　紅花絲手巾
剪絨絲雜色紅花被面　織人象雜色紅花文絲縵

占城國【略】

定三年一貢，貢道由廣東。正統後，其國襲封，遣使行禮。

貢物

紅印花布　油花綿布　白綿布

烏綿布　圓壁花布　花紅邊縵

雜色縵　番花手巾　番花手帕

兜羅綿被　洗白布泥

爪哇國【略】

正統八年，令三年一貢，後朝貢無常。

貢物

苾布　油紅布

三佛齊國【略】

貢物

苾布　兜羅綿被

浡泥國【略】

貢物

西洋白布

須文達那國【略】

貢物

紵苾布　隔著布　八的力布

花滿直地　番綿紬直地　兜羅綿

撒剌八　紵賴隔著　撒哈剌

蘇門荅剌國【略】

貢物

撒哈剌　梭眼

西洋瑣里國【略】

貢物

兜羅綿被　漫折的花被　皮剔布

槁泥布　沙馬打里布

瑣里國【略】

貢物

紅八者藍布　紅撒哈剌　覘木里布

紅番布　白苾布

淡巴國【略】

貢物

苾布　兜羅綿被

官修《大明會典》卷一〇六《禮部六四・朝貢二》

東南夷下

蘇祿國【略】

貢物

竹布　綿布

古里國【略】

貢物

花氊單伯蘭布　苾布　紅絲花手巾

番花人馬象物手巾　線結花靠枕

滿剌加國【略】

貢物

撒哈剌　白苾布　薑黃布

撒都細布　西洋布　花縵

娑羅國【略】

貢物

白焦布　花焦布

小葛蘭國【略】

貢物

白綿布

榜葛剌國【略】

貢物

撒哈剌　者抹黑荅立布　洗白苾布

兜羅綿

錫蘭山國【略】

貢物

撒哈刺　西洋細布

官修《明會典》卷一〇七《禮部六五・朝貢三》

西戎上

撒馬兒罕

撒馬兒罕，古罽賓國。洪武二十年，國王帖木兒，遣使朝貢。二十二年，復進馬。二十四年，進海青。正統中，再貢馬及玉石。成化弘治中，再貢獅子。嘉靖二年後，定五年一貢。

貢物

鎖服　矮納

魯迷

嘉靖三年，自甘肅入貢，後定五年一貢，每貢起送十餘人。

貢物

鎖服　撒哈刺

天方國

天方，古筠冲地，又名西域。宣德中，遣使朝貢。正德十二年，入貢。嘉靖中，定五年一貢。

貢物

鎖服

官修《明會典》卷一一一《禮部六九・給賜二》　朝廷給賜番夷及官員人等，或出特恩，或夷人求討，或禮部酌請，其例不一，今具列其可考者于後。

洪武二十六年定，凡諸番四夷朝貢人員，及公侯官員人等，一切給賜，如往年有例者，止照其例，無例者，斟酌高下等第，題請定奪，然後禮部官具本奏聞，關領給賜。

凡賞賜金銀、鈔錠、疋帛之類，金銀請長隨內官關領，疋帛係內承運庫收貯，冠帶衣靴係工科工部官收掌，鈔錠係户部官，分投關領。其物或於奉天門，或奉天殿丹陛，或華蓋殿，用卓頓放。引受賜人朝北立，置物於前，受賜人叩頭畢，以物授之。如多至十人百人，則先以所賜之物，唱名分授，各人行列叩頭畢，於該科出帖赴午門倒換勘合，照出所賜之物，復令次日謝恩。近年賞賜公侯官員人等，於會極門頒給。

外夷上

朝鮮國，洪武間，賜國王大統曆，及錦繡絨綺。王母妃，金綺紗羅。相國等官，綵段紗羅，又賜廟社樂器。永樂間，給國王冕服九章，圭玉佩玉，《五經》、《四書》、《春秋會通》、《大學衍義》等書。王父紵絲紗羅。妃珠翠七翟冠，紅紵絲大衫，素紵絲圓領霞帔，金墜，又給綾絹茄藍香帽珠，鍍金銀匣象牙犀角，《通鑑綱目》、《列女傳》等書，腦麝沉檀白花蛇等藥，又賜編鐘、編磬各十六，瑟、笙各二，琴、簫倍之。正統間，給遠遊冠，絳紗袍，翼善冠，龍袞，玉帶。本國奏請弓材牛角，准歲買五十枝，又准歲買弓面二百，不得過數。嘉靖中，奏請收買樂律，及行太常寺校定，令御用監製十二管給之。

差來進貢陪臣，賞織金紵絲衣一套，綵段四表裏，絹五疋。書狀、通事、押物等官，每人素紵絲衣一套，綵段一表裏，絹二疋，布一疋。從人絹衣一套，布一疋。陪臣以下，各靴韈一雙，差來謝恩者賞同。

差來奏事陪臣，賞織金羅衣一套，綵段二表裏，絹二疋。通事，每人素羅衣一套，綵段一表裏，布二疋。從人，絹衣一套，布一疋，靴韈同前。

送回人口，給賜國王銀一百兩，錦四段，紵絲十二表裏，寫勑獎勵。

漂流夷人到京，給薪米外，仍各給胖襖一件，鞝鞋一雙，如夏月改給木綿布衣二件。

日本國，永樂間，賜國王冠服，紵絲、紗、羅、金銀、古器、書畫等物。宣德十年回賜國王紵絲二十表裏，紗、羅各八疋，錦二段，銀二百兩。妃銀一百兩。成化二十年回賜國王，紵絲二十表裏，紗、羅各二十疋，錦四段，銀二百兩。王妃紵絲十表裏，紗、羅各八疋，錦二段，銀一百兩。

差來正副使，每員金襴袈裟一領，鍍金銀鈎環全，羅直裰一件，羅褊衫一件，紵絲二疋，紗、羅各一疋，絹六疋，銅錢一萬文，靴、韈各一雙。居座以下土官，從僧、通事、從人，有差。

正貢外，使臣自進并官收買附來貨物俱給價，不堪者令自貿易。

琉球國，洪武十六年，賜國王文綺等物，山南王亦如之。後賜中山王、山南王、山北王，紵絲、紗、羅，冠服。王妃，紵絲羅。王姪王相寨官，絹公服。後又回賜國王，錦四段，紵絲、羅各六疋，紗八疋。王妃，錦二段，紵絲，紗各四疋。

差來王舅，綵段四表裏，羅四疋，紗帽一頂，鈒花金帶一條，織金紵絲衣一套，靴、韈各一雙。長史使者，每員綵段二表裏，折鈔綿布二疋。通事，每員綵段一表裏，折鈔綿布二疋。從人，每名折鈔綿布二疋。留邊使者、通事、從人賞同。

正貢外附來貨物官，抽五分買五分。

安南國，洪武元年，賜國王《大統曆》及綵段等物。景泰二年，照朝鮮國。宣德十年，例給賜綵段十表裏，錦四段。嘉靖二十年，改都統使令廣西布政司，每年印給《大統曆》二千本。二十一年，令都統使仍照安南國王例給賞。萬曆四年，以慶謝補貢，回賜，例外加綵段四表裏，錦二段。

差來陪臣，每員綵段二表裏，紗、羅各二疋，織金紵絲衣一套，折鈔絹五疋，靴、韈各一雙。行人、從人有差。

真臘國，洪武六年，賜國王《大統曆》及綵段等物。景泰三年，賜王錦二段，紵絲六疋，紗、羅各四疋。王妃，紵絲四疋，紗、羅各三疋。

差來頭目并通事、總管、火長，衣服，紵絲、絹、布有差。

暹羅國，洪武間，賜國王《大統曆》及織金紵絲、紗、羅等物。永樂十五年，給王錦四疋，紵絲、紗、羅各十疋，内各織金四疋。王妃，紵絲、紗、羅各六疋，内各織金二疋。宣德間，各減半。正統以後，俱照永樂十五年例。未經冠帶者給紗帽素金帶，先曾到京冠帶者，換給鈒花金帶，正賞紵絲、羅各四疋，折鈔絹二疋，綿布一疋，織金紵絲衣一套。通事人等初到，每人素羅衣一套，靴、韈各一雙。未經冠帶者，給紗帽素銀帶，先曾到京冠帶者，換給鈒花銀帶。正賞紵絲，羅各二疋，折鈔絹一疋，素紵絲衣一套。番伴初到，每人絹衣一套，靴、韈各一雙。正賞折鈔綿布一疋，胖襖袴，鞋各一副。其存留廣東有進貢者頭目人等，每人賞素紵絲衣一套，紵絲、羅各二疋。從人，每人紵絲絹衣一套，紵絲一疋。番伴人等，每人折鈔綿布一疋，胖襖褲、鞋各一副。

使臣人等進到貨物，例不抽分給與價鈔。

占城國，洪武二年賜國王《大統曆》。使臣，文綺、紗、羅各一疋，仍給冠帶。永樂元年，賜國王錦二疋，紵絲六疋，紗、羅各四疋。王妃，紵絲四疋，紗、羅各三疋。後照此例。

差來王弟、王孫初到，賞織人羅衣，并紵絲衣各一套，正賞紵絲六疋，紗、羅各四疋，紵絲衣一套，折鈔絹二疋。正副使初到，每人織金羅衣一套，正賞綵段四表裏，絹二疋，折衣綵段二表裏。正副通事至正象奴等初到，每人賞素羅衣一套，正賞綵段二表裏，折鈔絹一疋，折衣綵段一表裏。從人初到，每人絹衣一套，正賞折鈔綿布一疋，折衣絹四疋，俱與靴、韈各一雙。其正副吏、通事人等，給賜冠帶，及給換，例與暹羅國同。正將士大頭目，及舍人、辦事、火長、總管、幹事各項正者每名各烏紗帽一頂，黑角帶一條。

爪哇國，永樂初，賜東西王，紵絲、紗、羅、帳幔、手巾、羊酒、器皿。王妃，紵絲、紗、羅、手巾等物。正統三年，賜王紵絲十疋，紗、羅各三疋。妃紵絲六疋，紗、羅各二疋。景泰三年，因王求討給傘蓋一把，蟒龍衣服一領。

使臣、通事、頭目人等初到，賞織金素羅衣服靴韈，正賞紵絲、紗、羅、絹、布。女使并女頭目俱同。

貢物給價。

彭亨國，洪武十一年賜國王、王妃，紵絲、紗、羅共四十八疋。使臣織金綵段，衣服有差。

百花國，洪武十一年，賜國王及使者織金綵段、紗、羅，衣服有差。

三佛齊國，洪武四年，賜國王《大統曆》及綵段、紗、羅。使臣紗、羅，綵段有差。六年，賜國王綵段、紗、羅二十四疋。正使三人，各二疋，衣一套。副使二人，各一疋。通事以下，布帛有差。十年，給王及使臣，織金綵段、紗、羅，靴、韈等物有差。

浡泥國，洪武四年，賜國王織金綵段、紗、羅，及使者綺帛有差。永樂六年，王來朝，給冠帶襲衣。王子襲封還國，賜金鑲玉帶一條，金百兩，銀三千兩，及錢鈔、錦、綺、羅、衾褥、帳幔、器皿等物。王母王叔以下，各有賜。

正貢外，附帶貨物俱給價。

蘇門荅剌國，永樂三年，賜國王綵段襲衣。宣德六年，賜錦二段，紗、羅各四疋，絹十三疋。妃，紵絲五疋，紗、羅各四疋，絹六疋。進馬，回賜綵段二十表裏，後照此例。正使賞綵段五表裏，紗、羅各一疋，折鈔絹四疋。通事、頭目、使臣妻等，各賞有差。

正貢外，使臣人等自進物，俱給價。

蘇祿國，永樂間，賜國王紗帽、金鑲玉帶、鈒花金帶、金蟒龍等衣服，金銀錢鈔、珍珠、錦、紵、絲紗、羅、器皿鋪陳等物。王妃，冠服，銀錢鈔，紵絲等物。王男女親戚、頭目、使女，冠帶衣服諸物，各有差。貨物例給價免抽分。

西洋瑣里國，洪武三年，以其國來朝，涉海道遠，賜賚甚厚。永樂元年來朝，附載胡椒等物，皆免稅。

瑣里國，洪武五年，賜國王《大統曆》及織金綵段、紗、羅各四疋。使臣，綵段、紗、羅各二疋。傔從，高麗布各二疋。

古里國，永樂間，賜國王、王妃紵絲、紗、羅等物。

淡巴國，洪武十年，賜國王織金綵段，紗、羅。使臣綵段、襲衣等物有差。

滿剌加國，永樂三年，賜國王綵段，襲衣。九年，王來朝，賜錦繡龍衣二套，麒麟衣二套，及金銀器皿幃帳裀褥。王妃及其子姪，陪臣、傔從，綵段、紗、羅、襲衣有差。王還國，賜金鑲玉帶一條，儀仗一副，鞍馬二匹，金百兩，銀五百兩，鈔四十萬貫，銅錢二千六百貫，錦、綺、紗、羅三百疋，絹一千疋，金綺二疋，織金文衣二件。王妃，冠服一副，及銀鈔，錦、綺、紗、羅等物。陪臣賞賜有差。以後定例，回賜國王，綵段十表裏，紗、羅各四疋，錦二疋。王妃，綵段五表裏，紗三疋。差來正副使并頭目，初到，每人賞織金羅衣一套，靴、韈各一雙。正賞，綵段四表裏，紗、羅各二疋，折鈔絹四疋，織金紵絲衣一套。通事、總管人等，初到，每人素羅衣一套，靴、韈各一雙。正賞，綾三疋，折鈔絹六疋，素紵絲衣一套。番伴，初到，每人絹衣一套，靴、韈各一雙。正賞，折鈔絹二疋，綿布二疋，胖襖、褲、鞋各一副。其正副使通事人等，給賜冠帶，及給換例與暹羅國同。

正貢外，附來貨物，皆給價，其餘貨物，許令貿易。

娑羅國，永樂四年，賜國王紵絲、紗、羅共十六疋，織金大紅錦手巾一副。王妃，紵絲、紗、羅共八疋。正副使并從人，鈔，紵絲、羅，并衣服，靴，韈。

阿魯國，永樂五年，差中官給賜頭目，紵絲、紗、羅共十疋。

小葛蘭國，永樂五年，差中官給賜頭目，紵絲、紗羅共十一疋。

榜葛剌國，永樂三年，賜國王紵絲、紗，羅各四疋，絹八疋。王妃，紵絲、紗、羅各三疋，絹六疋。十二年，給國王錦四段，綾六十疋。頭目人等，給賞有差。

錫蘭山國，宣德八年，賜國王紵絲十八疋，紗四疋。王妃，紵絲八疋，紗四疋。正使，正賞，綵段八表裏，折鈔絹十疋，紗、羅三疋，織金紵絲衣一套。副使，正賞，綵段四表裏，折鈔絹七疋，紗、羅各二疋，織金紵絲衣一套。通事番伴人等，給賞有差。使臣人等自進物，俱給價。

呂宋國，洪武五年，賜國王織金綵段、紗、羅。使臣并從人，俱與瑣里國同。萬曆四年，以助討逋賊，正賞外，加賜如朝鮮國送回人口例。

官修《明會典》卷一一二《禮部七〇・給賜三》

外夷下

撒馬兒罕，洪武間進貢，各賞銀并紵絲表裏衣服等物。正統以前，賞例優厚。成化間定，王，紵絲十五疋，羅三疋，紗三十疋，熟絹十五疋，白氁絲十疋，白將樂布十疋，洗白布五十疋，紵絲帽一頂，硃紅漆戧金椀八箇。王妻，紵絲八疋，羅二疋，紗二疋，熟絹八疋，白氁絲五疋，白將樂布五疋，洗白布二十疋。到京使臣，并存留甘州男婦，俱分別等第，照哈密賞例。

回賜，正統四年，金線豹一隻，綵段八表裏。西馬，每匹五表裏，折鈔絹十疋。獅子皮，一張二表裏。金線豹皮，每張一表裏。成化十九年，進獅子二隻，每隻比金線豹例加綵段五表裏。弘治三年，獅子一隻，綵段八表裏。正副使并送養人，止正賞，無加賞。王止與回賜，無特賜。正德三年，貢水晶椀一箇，估值銀八兩，令給絹與之，每絹一疋作銀一兩四錢。嘉靖二年議定，上等玉石每斤絹三疋，中等，每斤絹二疋。下等，每斤絹一疋。

魯迷，嘉靖五年賞例，與撒馬兒罕同。

官修《明會典》卷一一三《禮部七一・給賜四》

土官

雲南徼外土官，進到象、馬、金銀器皿、寶石等件，例不給價，其賜例各不同。

緬甸，給賜宣慰使，錦二段，紵絲、紗、羅各三疋。妻，紵絲、羅各三疋。差來頭目，每人紵絲、羅各三疋，紗二疋，鈔六十錠。招剛，每人紵絲、羅各二疋，紗一疋，鈔四十錠，俱與羅衣一套。通事，鈔三十錠。象奴從人，每人鈔十五錠，俱與絹衣一套，靴、韈各一雙。

老撾，并八百，賜例俱與車里同，俱通事羅衣改紵絲衣。

孟艮，給賜土官舍人，紵絲、紗、羅各二疋。差來頭目，紵絲、羅各二疋，紗一疋，折鈔絹一疋。通事，每人折鈔絹一疋，俱與羅衣一套。從人，每人折鈔綿布一疋，絹衣一套，俱與靴、韈各一雙。

給賜番夷通例【略】

弘治間定，凡番國進貢，內國王、王妃及使臣人等，附至貨物，以十分爲率，五分抽分入官，五分給還價值，必以錢鈔相兼。國王、王妃，錢六分，鈔四分。使臣人等，錢四分，鈔六分。又以物折還，如鈔一百貫，銅錢五串，九十五貫折物，以次加增，皆如其數。如奉旨特免抽分者，不爲例。

凡番國進貢船内搜出私貨，照例入官，俱不給價。其奉旨給與者，不爲例。

凡番貨價值，弘治間定，回回并番使人等進貢寶石等項，内府估驗定價例，赤金，每兩直鈔五十貫。足色銀，每兩十五貫。錫，每斤五百文。琉球入貢。【略】苾布，每疋一十五貫。撒哈剌，每疋一百貫。兜羅布，每段二十貫。油紅布，每段一貫五百文。青布，每段一貫五百文。花布，每段一貫。暗花打布，每段一貫。沙連布，每段一貫。青查禮布，每段一貫。加籠宣布，每段一貫。烏連布，每段一貫。勿那朱布，每段一貫。各樣𪊤布，每段一貫。日本國附進刀劍，每把鈔三貫，内一分與錢，九分支絹。每鈔一百貫，試絹一疋。其名檀香，每十斤，銀一兩，折錢七百文。暹羅、滿剌加檀香，俱每斤鈔十貫。暹羅藤黄，每斤鈔十五貫。紫草，每斤鈔三十貫。琉球、暹羅、滿剌加，每鈔二百貫，折絹一疋。

凡折還物價，弘治間定，各色紵絲，每疋折鈔五百貫。各色綾子，每疋三百貫。各色紗，每疋三百貫。各色絹，每疋二百貫。青絨毯子，每疋六百貫。駝褐毯子，每疋六百貫。

謝肇淛《五雜組》卷四《地部二》 元之盛時，外夷朝貢者千餘國，可謂窮天極地，罔不賓服，而惟日本崛强不臣，阿剌罕等率師十萬往征，得返者三人耳。國朝洪武初，四夷王會圖共千八百國，即西南夷經哈密而來朝者，三十六國。永樂中，重譯而至，又十六國。其中如蘇禄、蘇門答剌、彭亨、瑣里、古里、班卒、白葛達、吕宋之屬，二十餘國，皆前代史册所不載者，漢、唐盛時所未有也。然其中惟朝鮮、琉球、安南及朵顔三衛等，受朝廷册封貢賦，惟謹比於藩臣。其他來則受之，不至亦不責也，可謂最得馭夷之禮。

太祖之絶日本朝貢，知其狡也。文皇之三犂虜庭，知其必爲邊患也。舍此二者，中國可安枕而卧矣。固知創業之主，其明見遠慮，自非尋常所及也。

今諸夷進貢方物，僅有其名耳，大都草率不堪。如西域所進祖母緑、血竭、鴉鶻石之類，其真僞好惡皆不可辨識，而朝廷所賜繒、帛、靴、帽之屬尤極不堪，一着即破碎矣。

張廷玉等《續文獻通考》卷二九《土貢二》 明太祖洪武二十年四月，撒馬兒罕遣使來朝，貢馬十五、駝二。自是頻歲貢馬駝。二十五年兼貢絨六匹、青梭幅九匹、紅緑撒哈剌各二匹。

褚人穫《堅瓠集》續集卷四《梭服》 西洋人以鳥毳毛染之織成段疋，光采奪目，雖垢膩亦莫入，名曰梭服。明初貢之，天府頒賜大臣，甚珍重也。近則駢集廣中，仕者多購之，以餽要津。

戴名世《戴名世集》卷一〇《日本風土記》 日本即古倭國，與中國隔絶東海，於諸夷中最强大。有三十六島，島各有王統之。國主曰京王，居於東京，擁虚位，逸樂自恣，而一國之權則屬之大將軍。東西直大抵與江南、浙江相對，北則鄰高麗，南則鄰琉球。所産米穀甚美，過於中國，亦多嘉魚，他花樹亦多奇品。所需於中國者，氈毯綾絲之屬，尤重古窑器。

陸廷燦《南村隨筆》卷六《哆囉嗶嘰》 羽緞、瑣袱已於《香祖筆記》中録出。又見荷蘭貢物内大哆囉絨、中哆囉絨、緑倭緞、新機嗶嘰緞、中嗶嘰緞、織金花緞、白色雜樣細軟布、文彩細織布、大細布、白毛裏布等名，今市中稱曰哆囉呢，未知何本。

阮葵生《茶餘客話》卷一三 郭酣回國，在葉爾羌之西，馬行四十餘日至其地。人短小，僅二三尺餘。好鬭，有笑其矮者，輒持刀併命。馬牛高二尺，羊長尺餘，味肥而甘，口如驢。有菽粟無布帛，至内地購布而不愛綵綢。

俄羅斯，漢唐時爲大食國，歷今千八百年。元太祖與弟分收地，弟滅俄羅斯，即以封之曰察罕汗國，仍舊名。元入中土，沿腦温江、黑龍江置驛，歲與察罕汗通問慰，江岸殘址猶有存者。其王都曰脱博斯奇城，近邊曰泥揆處城，包楞額城、尼爾苦斯城。尼爾苦斯有總管駐守，入通市者，皆泥揆處城之人，别其種曰羅刹，誤稱爲老鎗，又誤爲老羌。秋盡，俄羅斯來互市，或百人，或六七十人，一官統之。江之西，官居氈幕，植二旗於門，衣冠織罽爲之，秃袖方領，冠高尺許，頂方而約其下，行坐有兵監之，所攜馬牛皮毛、玻璃、佩刀之類，易緋布、煙草、椒、糖餳諸物以去。

汪啟淑《水曹清暇録》卷一二 羽緞、羽紗，出外洋荷蘭、暹羅諸國。王阮亭《香祖筆記》云：康熙初年，入貢止一二疋，今蘇杭市井，中人亦皆服之矣。又云：滿剌加、哈烈出鎖袱，一名梭服，亦以鳥毳爲之。今則罕見，而近日又興羽毛縐一種，又出番巴一種，並有碎花團花，顔色雅致者，價甚貴，似前此所無也。

李調元《南越筆記》卷五《羽毛紗緞》 廣南尚羽毛紗緞，悉携自番舶，以出賀蘭者爲上，紅毛諸處亦有販至者，即不能同其軟薄矣。今粤地亦製羽毛緞，以絲織成之，頗適於用。按，毾㲪舊産罽賓國，今諸洋俱有之。

《時務通考》卷六《税則一・税目》 各國進口布疋，花幔類布麻棉帆布按：英、美、丹、比、奥、日本各國，長不過伍拾碼，法、布、義各國，長不過肆拾叁邁當零捌拾捌桑的邁當。又按義國附注：此條麻、棉、帆布，正副本漢文，長不過肆拾叁邁當零捌拾捌桑的邁當，新換洋文，長不過肆拾伍邁當零柒拾壹桑的邁當，正副本洋文，長不過肆拾伍邁當零柒拾貳桑的邁當。查法、布二國稅則，的係長不過肆拾叁邁當零捌拾捌桑的邁當，玆洋文雖小異，仍當與法、布二國一律辦理。每疋肆錢。棉花，每百觔叁錢伍分。布，原色，白色，無花斜紋。按：英、美、丹、比、奥、日本各國，寬過叁拾肆因制，長不過肆拾碼，法、布、義各國，寬過捌拾陸桑的邁當，長不過叁拾陸邁當零伍拾柒桑的邁當。每疋捌分。布，原色，白色，無花斜紋，按：英、美、丹、比、奥、日本各國，寬過叁拾肆因制，長過肆拾碼。法、布、義各國，寬過捌拾陸桑的邁當，長過叁拾陸邁當零伍拾柒桑的邁當。又按：英、美、丹、比、奥、日本各國，每拾碼，法、布、義各國，每玖邁當零拾肆桑的邁當。每疋貳分。布，美國原色，白色，無花斜紋。按：英、美、丹、比、奥、日本各國，寬不過叁拾因制，長不過肆拾碼。法、布、義各國，寬不過柒拾陸桑的邁當，長不過叁拾陸邁當零伍拾柒桑的邁當。每疋壹錢。布，美國原色，白色，無花斜紋。按：英、美、丹、比、奥、日本各國，寬不過叁拾因制，長不過叁拾碼。法、布、義各國，寬不過柒拾陸桑的邁當，長不過貳拾柒邁當零肆拾叁桑的邁當。每疋柒分伍釐。布，原色，白色，無花斜紋。按：英、美、丹、比、奥、日本各國，寬不過叁拾肆因制，長不過肆拾捌碼。法、布、義各國，寬不過捌拾陸桑的邁當，長不過肆拾叁邁當零捌拾捌桑的邁當。每疋捌分。布，原色，白色，無花斜紋。按：英、美、丹、比、奥、日本各國，寬不過叁拾肆因制，長不過貳拾肆碼。法、布、義各國，寬不過捌拾陸桑的邁當，長不過貳拾壹邁當零玖拾肆桑的邁當。每疋肆分。色布，有花、無花。按：英、美、丹、比、奥、日本各國，寬不過叁拾陸因制，長不過肆拾碼。法、布、義各國，寬不過玖拾壹桑的邁當，長不過叁拾陸邁當零伍拾柒桑的邁當。每疋壹錢伍分。花布，白提布，白點布，按：英、美、丹、比、奥、日本各國，寬不過叁拾陸因制，長不過肆拾碼。法、布、義各國，寬不過玖拾壹桑的邁當，長不過叁拾陸邁當零伍拾柒桑的邁當。每疋壹錢。印花布，按：英、美、丹、比、奥、日本各國，寬不過叁拾壹因制，長不過叁拾碼。法、布、義各國，寬不過柒拾捌桑的邁當，長不過貳拾柒邁當零肆拾叁桑的邁當。又按布國附註：查印花布一項，法國章程，於咸豐十一年八月內，議改每疋寬至捌拾陸桑的邁當，長自肆拾至伍拾伍邁當爲例，每疋共納稅銀壹錢貳分。每疋柒分。袈裟布，按：英、美、丹、比、奥、日本各國，寬不過肆拾陸因制，長不過貳拾肆碼。法、布、義各國，寬不過壹邁當零拾陸桑的邁當，長不過貳拾壹邁當零玖拾肆桑的邁當。每疋柒分。袈裟布，按：英、美、丹、比、奥、日本各國，寬不過肆拾陸因制，長不過拾貳碼。法、布、義各國，寬不過壹邁當零拾陸桑的邁當，長不過拾邁當零玖拾柒桑的邁當。每疋叁分伍釐。袈裟布，稀，即洋紗。按英、美、丹、比、奥日本各國寬不過肆拾陸因制，長不過貳拾肆碼。法、布、義各國，寬不過壹邁當零拾陸桑的邁當，長不過貳拾壹邁當零玖拾肆桑的邁當。每疋柒分伍釐。袈裟布，稀，即洋沙。按：英、美、丹、比、奥、日本各國，寬不過肆拾陸因制，長不過拾貳碼。法、布、義各國，寬不過壹邁當零拾陸桑的邁當，長不過拾邁當零玖拾柒桑的邁當。每疋叁分伍釐。緞布，按：英、美、丹、比、奥、日本各國，寬不過叁拾陸因制，長不過肆拾碼。法、布、義各國，寬不過玖拾壹桑的邁當，長不過叁拾陸邁當零伍拾柒桑的邁當。每疋貳錢。柳條布，按：英、美、丹、比、奥、日本各國，寬不過肆拾因制，長不過拾貳碼。法、布、義各國，寬不過壹邁當零壹桑的邁當，長不過拾邁當又零玖拾柒桑的邁當。每疋陸分伍釐。毛布各色，按：英、美、丹、比、奥、日本各國，寬不過貳拾捌因制，長不過叁拾碼。法、布、義各國，寬不過捌拾壹桑的邁當，長不過貳拾柒邁當零肆拾叁桑的邁當。每疋叁分伍釐。絨棉布各樣，按：英、美、丹、比、奥、日本各國，長不過叁拾壹碼。法、布、義各國，長不過貳拾捌邁當零叁拾肆桑的邁當。每疋貳錢。棉線，每百觔柒錢貳分。棉紗，每百觔柒錢。麻布，細。按：英、美、丹、比、奥、日本各國，長不過伍拾碼。法、布、義各等國，長不過肆拾叁邁當零捌拾捌桑的邁當。每疋伍錢。麻布，粗，即麻竹布、棉絲布。按：英、美、丹、比、奥、日本各國，長不過伍拾碼。法、布、義各國，長不過肆拾叁邁當零捌拾捌桑的邁當。每布貳錢。回絨，按：英、美、丹、比、奥、日本各國，長不過叁拾伍碼。法、布、義各國，長不過叁拾貳邁當。每疋貳錢。羽布，按：英、美、丹、比、奥、日本各國，寬不過貳拾肆因制，長肆拾碼。法、布、義各國，寬不過陸拾壹桑的邁當，長叁拾陸邁當零伍拾柒桑的邁當。每疋貳錢

各國進口綢緞絲絨類　手帕，按：英、美、丹、比、奥、日本各國，四方長闊不過壹碼。法、布、義各國，四方長闊不過玖百拾伍蜜理邁當。每拾貳塊貳分伍釐。金線，真。每觔壹兩陸錢。金線，假。每觔叁分。銀線，真。每觔壹兩叁錢。銀線，假。每觔叁分。哆囉呢，按：英、美、丹、比、奥、日本各國，寬伍拾壹因制至陸拾肆因制。法、布、義各國，寬壹邁當零貳拾玖桑的邁當至壹邁當零陸百貳拾伍蜜理邁當。又按：哆囉呢一項，於同治十二年議定，如寬過陸拾肆因制，即按照多出寬長若干，折增丈數，征收稅銀。每丈，英、美、丹、比、奥、日本各國，壹百肆拾壹寸爲壹丈。法、布、義各國，叁邁當零伍拾伍桑的邁當爲壹丈。壹錢貳分。嗶嘰，按：英、美、丹、比、奥、日本各國，寬叁拾壹因制。法、布、義各國，寬柒拾捌桑的邁當。每丈肆分伍釐。羽緞，荷蘭國。按：英、美、丹、比、奥、日本各國，寬叁拾叁因制。法、布、義各國，寬捌拾叁桑的邁當。每丈壹錢。羽紗，英國。按：英、美、丹、比、奥、日本各國，寬叁拾壹因制。法、布、義各國，寬柒拾捌桑的邁當。每丈伍分。羽綢，每丈叁分伍釐。小呢、番絕等類，每丈肆分。絨線，每百觔叁兩。牀氊，每對貳錢。花翦絨，按：英、美、丹、比、奥、日本各國，長不過叁拾肆碼。法、布義各

國，長不過叁拾壹邁當零捌拾伍蜜理邁當。每疋壹錢伍分。羽綾，按：英、美、丹、比、奧、日本各國，寬叁拾叁因制。法、布、義各國，寬柒拾捌桑的邁當。每丈伍分。小羽綾，按：英、美、丹、比、奧、日本各國，寬叁拾肆因制。法、布、義各國，寬捌拾伍桑的邁當。每丈叁分伍釐。下等絨，即至粗絨。每丈壹錢。翦絨，按：英、美、丹、比、奧、日本各國，長不遇叁拾肆碼。法、布、義各國，長不過叁拾壹邁零捌拾伍蜜理邁當。每疋壹錢捌分。【略】以上進口貨物。按各國註云：均係外國出產。日本註云：由日本運入中國者。

各國出口衣帽靴鞋類　衣服，布每百觔壹兩伍錢。衣服，綢每百觔拾兩。靴鞋皮緞各色，每百雙叁兩。草鞋，每百雙壹錢捌分。綢帽，每百頂玖錢。氈帽，每百頂壹兩貳錢伍分。草帽緶，每百觔柒錢。

各國出口布疋花幔類　夏布，細每百觔貳兩伍錢。夏布，粗每百觔柒錢伍分。土布各色，每百觔壹兩伍錢。舊棉絮，每百觔肆分伍釐。棉被胎，每百件貳兩柒錢伍分。棉花，每百觔叁錢伍分。

各國出口綢緞絲絨類按：各國無註。日本註云：日本來貨稅則照辦。湖絲、土絲、各等絲經，每百觔拾兩。野蠶絲，每百觔貳兩伍錢。絲帶、欄杆、桂帶、絲線各色，每百觔拾兩。綢、緞、絹、縐紗、綾、羅、翦絨、繡貨等類，每百觔拾貳兩。絲綿雜貨，如絲毛之類。每百觔伍兩伍錢。四川黃絲，每百觔柒兩。同功絲，每百觔伍兩。川綢，山東繭綢。每百觔肆兩伍錢。緯線，每百觔拾兩。各省絨，每百觔拾兩。絨，廣東土產絲做成。每百觔肆兩叁錢。蠶繭，每百觔叁兩。亂絲頭，每百觔壹兩。

各國出口氈絨毯席類　席子各樣，每百張貳錢，地席，按：英、美、丹、比、奧、日本各國，肆拾碼。法、布、義各國，叁拾陸邁當零伍拾柒桑的邁萬。每捲貳錢。皮毯，每張玖分。氈毯，每百疋叁兩伍錢。

俄國續增稅則布疋花幔類　布，原色、白色如南哈、科連廓耳等，照各國稅則第二種布。每拾碼貳分。色布，如南哈等。每丈壹分伍釐。印花布，每丈玖釐肆毫。回絨，每丈貳分叁釐。雨過天晴布，每丈叁分捌釐。碎花錦布，每丈叁分柒釐。絨棉布，柯西聶特、六色特侍、米立椰恩、忒耳納。每丈貳分柒釐。

俄國續增稅則綢緞類　哈喇，寬不過柒拾因制。每丈壹錢叁分貳釐。哈喇，寬不過陸拾肆因制。每丈壹錢貳分。大呢，寬不過柒拾因制。每丈壹錢貳分。哈喇大呢，寬不過伍拾陸因制。每丈壹錢。【略】以上進口貨物。

《時務通考》卷六《稅則二・正稅》布底絲面裁料估值完稅　總理衙門咨開：前據總稅務司申稱，英商泰和行，運進布底絲面裁料入口，江海關令照估值完稅，該行請照絲棉雜貨收稅一案，請飭向在行商家質明辦理等因，當經本衙門照抄原呈，咨行南洋大臣飭查明確去後。茲據復稱，此項裁料，雖係絲棉兩種參織而成，但係絲緞面，與絲棉雜貨有別，令照估值納稅，似尚公允，各等情前來。除由本衙門咨復南洋大臣，暨劄總稅務司轉飭各關稅務司一律遵辦外，相應照抄原文咨行查照，轉飭所屬各關道，遇有此等貨物進口，即按照所擬估值收稅辦理，毋稍歧異可也。光緒十一年十一月二十九日咨各省。附録南洋大臣來文：爲咨復事。據江南關道邵友濂詳稱，光緒十一年八月初一日，奉總理衙門咨，光緒十一年七月初一日，據總稅務司申稱：英商泰和行運進布底絲面裁料入口，江海關令照估值完稅，該行請照絲棉雜貨收稅一案。查此次進口物件，是否確係絲棉一類尚未查明，若實係絲棉，即應每百斤納稅五兩五錢。若非絲棉，即應照值百抽五之例辦理。請飭江海關向彼在行之商家等質證明確，由總稅務司劄飭江海關稅務司，詳爲辦理各等因，申復前來。查出口稅則，內載絲棉雜貨，註云：如絲毛之類。此指未成裁料之物而言。今布底絲面，既係成疋裁料，實與絲棉雜貨不同。今總稅務司未能遽斷，相應照抄原呈，咨行貴大臣，轉飭江海關道，查核明確，酌定辦理，聲複本衙門可也等因，並抄粘到本爵大臣承准此。合行抄粘劄關，即便遵照查核明確，酌定辦理，詳候核咨等因到關，奉此。遵經函致新關稅務司查證去後，茲接好稅務司復稱：查該貨第一次，由泰和行報運進口，係於光緒六年三月十二日報，由法國公司俺納達輪船，自法京巴黎都城運來緞面色布二包，計五十六疋，寬三十因制，估值關平銀八百兩，經本關按照稅則內所載之色布征稅，每疋征收正稅銀一錢五分，共征稅銀八兩四錢。第二次係於光緒六年四月初七日，據該商報，由法國衣老滑地輪船，自法京運來緞面色布一包，計三十疋，寬三十因制，估值關平銀三百二十兩，經本關亦按照色布征稅，每疋稅銀一錢五分，共征稅銀四兩五錢。每三次據該商報，由法國揚子輪船，自法京運來絲棉雜貨一件，計一疋，重九斤，寬三十因制，估值關平銀二十兩，經本關按照估價收稅銀一兩。茲因接奉抄劄粘單內，有須飭由江海關向在行商家等質證明確一節，曾經本稅務司詳爲質證，據在行兩英商，均稱係法國緞面布，布底絲面，係用七分棉三分絲織成。又詢據在行之華商，亦稱係光面緞布，其原底係用棉織成，而面上則光滑輭弱，係用絲參織而成，大概用棉七成，絲三成。此質本處甚少，未有常來，所銷之處，不過牛莊，在山東北方省分云云。現在該商欲按照絲棉雜貨完税，本税務司查該貨雖係用絲棉兩種參織而成，但實係緞面，究與税則所載平常之絲棉雜貨有別。在本税務司之意，不如仍照估價征税，最爲公道，復請查核辦理等因前來。職道覆查此項緞面布底裁料，雖進口爲數無多，惟既經税務司邀集在行華洋商人質證明確，實與平常之絲棉雜貨有別，令其按照估價納税，似尚公允等情。爲此咨呈查核，酌辦施行。

《時務通考》卷一六《農桑》 法國印度養蠶之法　考各國養蠶利害得失，如法國前二十五年，蠶患微粒椒末瘟，後選擇無病蠶子之法，一面防有病之蠶，不使生子，當蠶瘟盛傳之時，計子重二十五克蘭，生繭二十五吉蘿，後則子重二十五克蘭，生繭四五六十吉蘿不等。其時百出其計，遍覓各國蠶子飼養，而日本之子尤多，迄無所效。其年巴斯陡得選擇無病蠶子之法，其患始息。其法將蠶患椒末瘟者，去除浄盡，養蠶之人，復加意飼養，其患黄輭病者，亦漸自止，是時法國每年出繭九百萬吉羅，較之蠶瘟之時，所産已加倍矣。印度數年以來，蠶亦多病，絲色日減，乃派養蠶公院之工頭一名來法，法國家准其入蒙伯葉城養蠶公院塾房，後至里昂城查察絲院學習，考察絲質，又往巴士呀城義國國家養蠶公院，並養蠶最盛各處，及選擇蠶子處，繅絲處，造經處閲視，遂深知西國養蠶各務，並防備粒瘟之患。嗣印度國家，擬設立養蠶公院數所，專爲挑選佳種無病蠶子，售與民人，並設立一查考院，令年幼之人來院學習，分往内地教習飼養，每年所出蠶絲繭子，仍送至法國，以便查考。日本蠶務亦極講求，前有農部尚書，將蠶蛾等件，選擇精美，送至西國考察，復派人往法國及義大利國，學習養蠶各事，故深知養蠶之法，雖用種不過十餘，其繭其子，均爲極佳之品，並能明何種宜養於何地，其國出口絲數，光緒四五年，不能過一千四百包，及前兩年，已加至一萬四百包，是其暢旺之明證。此各國蠶桑利病得失之大略也。西國考察蠶務，最爲留意，蠶爲何種，種有何繭，何種蠶生何種絲，何種蠶宜於何地，格致家語之甚詳。據西人言各種蠶身，内具微粒，形如椒末，法人名爲粒瘟，凡蠶患此病，則生卵相傳蔓延不已，或吐絲而死，或成繭而殭，且各種蛾各繭内，並查有他種病狀，如黄輭病，又有小五方行質，血輪形質，小腐質，小水蟲等質，如以顯微鏡窺視蠶之狀病，人皆知之。

洋人養蠶新法不外中國　西國自古無絲，至羅馬時始有，由波斯販往者，彼時富國皆以中國絲爲極珍之品，價值兼金。自海禁一開，絲之出口日旺，法人首仿中國之法，聘中國蠶婦，教以種桑育蠶之法，不數年，凡意大里、西班牙，均知育蠶之法矣。至今法之里昂城爲絲蠶薈聚之區，紡織機杼，不下十萬家，所織綢緞，燦爛奪目，每尺值金錢一磅，遍銷於歐洲各國，歐絲不足，始買中國絲助之。惟二十年前正産絲極旺之時，而蠶忽遘病，比户傳染，蠶種幾滅，幸經格致家巴斯陡考求其故，用顯微鏡細察蠶身，始知身有微粒，形如椒末，遂名爲椒瘟。凡蠶患此病者，或未繭而殭，或吐絲無力，縱或作繭，亦甚薄弱，比好蠶且輕一半。蛾之傳種，病亦輾轉相傳，綿延不絶，不數年，歐洲蠶種，將無遺類矣。巴斯陡因擇無病之蠶，始令其化蛾傳子，蠶絲之收成大旺。其後意大里亦仿此法，在蒙伯葉城設養蠶公院，考求飼蠶之法，而日本近亦效之，印度且派人赴意法學習。統觀各國講求蠶絲之利，當自謂青出於藍矣，而不知仍不脱中法之窠臼也。查中國宋時陳旉所撰之《農書》後附秦（湛）〔觀〕《蠶書》一卷，元世祖頒發《農桑輯要》，則源本諸《齊民要術》之多，以及魯明善所著《農桑衣食撮要》，近人沈秉成中丞所輯《蠶桑輯要》等書，皆原原本本，殫見洽聞，於防病傳種等法，何嘗不先言之。其法凡蠶室及桑葉，均不宜濕，濕則蠶易生瘟，治法以浮萍剉碎，攙入桑末飼之。其傳種之蠶，必擇肥大而强有力者，食葉兼倍，則無病可知，别爲一室養之，俟脱繭後，令其蛾雌雄相配，則生子必佳，而絲之收成倍旺矣。此豈非西人今日所奪胎之法乎，未可以得魚忘筌，而自詡爲獨得之秘也。惟用顯微鏡察視其形狀，此則西人之長技，彼善於此耳。

以中國之蛾與日本牝牡配合法　天下之物，無論飛潛動植，凡異類相合，則其生愈繁，猶化學中之愛力，電氣之攝力，同類相合，則其生不盛。人類亦然，故同姓爲婚，古垂厲禁，西人亦謂以血脉相通之人，配合夫婦，生子多患癲癇，中國禁中表爲婚，亦知此意。以此推之，可通其理於育蠶。如取中國之蛾，與日本之蛾，牝牡配合，則必生子愈强，吐絲亦愈盛。又如齊豫間有野蠶，另是一種，專食橡葉，結繭枝上，大如鷄蛋，蛹即在繭中度冬，至次年夏始破繭而出。若將此種野蠶帶至南方，至暮春時烘煖，與湖蠶一同破繭，取兩種蛾彼此交合，則傳種必碩大而繁。又如西洋各國蠶紙，行過熱帶，雖隆冬亦蠕蠕而出，其蠶繭亦化爲蛾，若由美國、加拿大繞道三十度以北，帶至中國，與湖蠶一同育蠶破繭，今牡蛾與牝蛾彼此交合，則蠶種亦必愈佳。此則發中國前人所未發，並爲西洋新法所未詳，似可設法試之。如以野桑之根，接以家桑之幹，則葉大而肥。凡樹木之經兩種相接者，無不皆然，更可爲一證。誠能於江浙兩省産絲之地，極力講求整頓，務盡其傳種育子飼蠶察病烘繭繅絲諸法，則育蠶愈廣，産絲愈佳，永爲中國無窮之利，而不患他人之攙奪矣。

飼蠶育蠶養蠶之法　有所謂飼蠶者，如蠶卵初生，飼以嫩葉，日易數箔，漸長漸增，不可稍間，且每日飼有定數，不使飢飽不勻，而蠶必興旺是也。有所謂察蠶者，如蠶有病，必隨時察之，見其身有細黑點，形如椒末，即揀而去之，另易佳種，則不至傳染他户，而收成必旺是也。有所謂育蠶者，如選種之時，參用日本蠶紙，俟化蛾時，配以中國之蛾，牝牡相合，則生子更爲盡美是也。然以吾觀之，尤宜取西法繅絲烘蠶之術。蓋用機器以繅絲，則絲一經汽水泡製，莫不質細而色柔矣。用煖爐以烘繭，則繭可經久而不壞，不致好絲而忽亂矣。誠上策也。至於養蠶之盛，首推中華，而所出貨之美，質之佳亦冠五大洲之上。乃西人久已垂涎其利，近則各國皆已創行，而意大利、法蘭西講求尤切，皆買中國蠶種桑秧，以求育繅之法，論其利病得失，雖非與中國迥不相同，而實亦大異。蓋中國動拘成迹，事事必則古稱先，不敢越古人範圍一步，故一切養蠶之法，皆未見日異月新。西人則喜新而厭故，以爲前人成法，譬如糟粕之粗，於是一切養法，皆推陳出新，用能蒸蒸而日上，此中西所以不能無異同也。即如破繭亂絲，中國向皆視爲棄物，養蠶家不甚置意也，前有西人創造機器，專收一切亂絲破蠶，繅成佳絲，且以之織縉絹，倍覺新麗，斯真能化朽腐爲神奇矣，此則中西物質同而功用異也。中國育蠶皆以桑，西北一帶，亦多有以柘樹及橡樹者。考橡樹，蒙古最多，故西人名之爲蒙古橡，近來關東牛莊等處，即以橡餵蠶，但土人謂爲小青椈，又謂爲大青椈、柳等名，以之餵野蠶，所出之絲頗佳，聞泰西近時亦多法之。前曾有法、意之客，由中西旋，將蠶子帶往本國，即飼以橡，而蠶質更堅，此則中西法製異而育養同也。蠶之性喜燥，不喜濕，過於濕則病。近今泰西於養蠶之法，皆歸農政會、格致會，以資考究，且於各項事宜，皆不敢略，故其蠶室，既不失之燥，亦不失之濕，而蠶遂繁碩無匹。中國亦有蠶室，然於此等利弊，皆不甚求，故蠶往往染病，甚至於功本盡拋也，此則中西趨向同而精粗異也。即以此數端而觀，亦可見中西蠶務之異同大略矣。

種桑宜廣　考桑之類甚繁，如女桑、野桑、雞桑、檿桑、白桑、種桑等，名目甚多，惟種桑之絲質潤而柔，衣被天下，誠能擴而充之，其美利當有不勝言者。今者農家隙地，半多荒棄，松屬種桑尤稀，故鄉間蠶絲，往往不能多出。昔沈仲復中丞觀察上海，頒發《種桑十二説》，今果由官創辦，依法施行，並諭鄉民，父盡山畔水涯一切草木，專以種桑，則蠶務必當日旺。且俟蠶市既畢，其桑猶可售於藥肆，或以飼羊，爲利甚溥，當無不樂從者也。

養具宜精　查從前作經之絲，由上海運往各國者，名七里絲，皆由雙林、烏鎮、菱湖、南潯、新市所出，其後養蠶日盛，蠶室林立，過爲擁擠，一切器具，又不精潔，遂至蠶病盛行，不數年收成遂日見其少。即如本處所需絲斤，以掣各物，尚向各處購買，以此而觀，即可見中國蠶絲日衰之弊也。故欲挽其弊，非房屋器具人功，皆須精潔不可也。

烘房宜建　今之養蠶家，亦漸知烘蠶之利矣，惟猶未能廣行，要其中有數善在焉。蓋新收之繭，數日不繅，則蛹爲蛾，破繭而出，而好絲變爲亂絲矣。若用烘房烘之，蛹雖僵而不腐，而破蠶亂絲亦可免，若此者能久藏以待繅，雖歷久而不壞也。

機器宜用　今之繅絲皆用繅車，不知繅車甚緩，且每村衹有二三架，倘新出之繭，經數日不繅，即化蛾，破繭而出，是以八口之家，僅能育蠶數斤，蓋繅車之不足恃也久矣。如用機器，則向之育蠶四斤者，今可育蠶八斤，向之出絲五斤者，今可出絲十斤，且所製之絲，尤覺柔潤，價值已可加增，此所謂事半而功倍也。

公院宜設　西洋皆有養蠶公院，其利益甚宏。即若法蘭西未設公院之先，當咸豐三年，所出之絲，爲二千六百萬吉羅，後來年減一年，至同治四年，僅出四百萬吉羅，皆以未精講求之故。嗣後公院既設，精益求精，同治七八年，所出之絲，遂多至一千四百萬吉羅，迄今年年加增，不復少減，則公院之利益可知也。今果設立公院，延請精於蠶務者，以教生徒盡心格致，凡蠶之何以生育，何以無病，何以壯長，何以蕃滋，所出之絲，何以有粗細韌脆，何以有光潔暗滯，其餘所應分講之事甚多，皆宜隨時考究，既有成效，然後廣佈四方，使養蠶家皆知倣法，數年後則蠶絲日旺，蠶務日精。

法人巴斯陡養蠶最精　選蠶之法，以法人巴斯陡爲最精，顯微鏡以察其形，知病蠶之宜去，寒暑表以測其熱，使冷暖之適中。蠶繭之成也，三日不繅，蛹自化蛾，齧繭而出，則烘繭一法，能久藏以待繅。製用汽水，絲白而潔，繅用機器，縷細而勻，即破繭亂絲，一經繅出，均可適用，凡此皆化學之功也。

日本絲業最盛　絲則有意大利、法蘭西、日本加意別選，繅製極精，已駸駸效中國之長，奪中國之利。核之海關總册，銷數雖不致大減，而商家歲歲虧耗，人人折閲，幾有一蹶不振之勢。光緒九年，日本因絲商生意不旺，農桑務省即設法整頓，頒發聯合章程，不十年蠶絲頓盛。查出洋絲數，同治八年衹七十三萬斤，光緒十四年，驟增至四百六十八萬斤，商業日隆，利益頗厚，而中國絲業，遂爲之傾擠。

蠶有病忌　蠶有色青，皮内若有油，不食葉而在葉上掉頭不住，若有所苦者；有蠶身獨短，其節高聳，不食葉而常在葉上往來，脚下有白水者，二者宜急去之。蠶有不食之葉二，金葉、油葉是也。有不可使食之葉二，水葉及桑樹在大麥田中者是也。蠶忌香，忌煙，忌油漆，忌鼠蝕。言蠶病蠶忌獨詳，特未以顯微鏡察其形，寒暑表測其熱，故不及其考察之精耳。

中國出口絲數多寡比較　中國出口之貨，絲爲大宗，江浙等省，尤多出産，由上海運往美國者名七里絲，即細絲，大蠶絲，即粗絲。産細絲之處，在浙之北，其地不大，所種桑樹稠密，近來復年多一年，即本處所需絲斤，以織絲貨亦不足用，遂越太湖往無錫，買粗絲之蠶繭，以補其缺，每年多至數百萬斤。此外三江、兩湖、四川、山東、直隸、山西各省皆産蠶桑，其利則可謂大矣。乃近來絲葉各商，日見折閲，即出口絲數亦見減少，其故何歟。查中國各口通商貿易總册，光緒五六兩年，自上海出口之絲，牽計每年爲六百四十一萬七千斤，其餘七八年至十四年，出口牽計每年爲四百四十三萬一千七百斤，每歲減少二百萬斤，約百斤中少三十斤也。其運往外國亂絲頭之數，此十年中，前兩年牽計每年爲八十九萬二千五百斤，後八年牽計每年則爲二百五十萬一千五百斤，計每年加增一百六十一萬斤，每百斤中加七十斤，蓋因養蠶日見其多，而成功者少，故亂絲日加，而絲斤日減也。每年短少二百萬斤，則商人之估價，歲短五百八十萬兩，海關之出口正税，歲短二十萬兩，藩庫之釐金，歲短五十萬兩，共計每短少六百五十萬兩，如今兩者總計，則虧短尚不止此數。

以顯微鏡辨蠶子　近來西國經營蠶務，先以顯微鏡視蠶身之有黑點者，即知其所生之子，皆不可用。凡蠶子亦可視顯微鏡辨其有用無用。各國設有養蠶學堂，講求日益精微，即如法國向不産蠶絲，近始育蠶，數年以來，業已增旺五倍，郎都法育蠶會教習。研此甚久，談之甚精。據稱中國數年前，寄到蠶子，皆已有病，此等蠶子，約重八兩，所出之蠶，計可收絲二十五斤，現在意、法等國，揀擇精良，其蠶子約重八兩，所出之蠶，計可收絲七十五斤，最多有收至百斤者。夫飼蠶桑葉之費，育蠶人工之費，中西相同，而中國收絲，僅得西人四分之一者，以蠶子未經揀擇也。不但此也，蠶子之病者不去，則次年所出之蠶有病，即所産之蠶子亦皆有病，一以化百，百以化萬，恐中國之蠶務，日漸衰息，數十年後，將如印度之歇絶無餘矣。欲救其弊，莫如每年多寄蠶子，到巴黎育蠶會中，代爲查驗精揀，然後寄還，分給江浙民家，並勸令各購顯微鏡一具，華氏果能漸自辨別，且知其實有明效，則互相傳習，風氣益開，中國蠶務方可保也。或謂以中國蠶質，加重工本，則抽絲必更精良，此則可以不必。緣中國絲質較輕，價亦甚廉，惟其價廉，故西人皆願購之，而銷路甚廣，若絲質更良，則本重而價亦必昂，價昂則西人之購者更少，而銷路絀矣。

立埔售絲　法國之立埔一鎮，户口殷富，家家以織紬錦緞綢爲業，與中國之蘇杭相等，實爲歐洲絲業薈萃之區。歐亞兩洲蠶絲，皆先到立埔，織成紬緞，然後售銷各國。郎都又稱每歲立埔絲市，可銷蠶絲價值七千萬佛郎，其五千萬佛郎，皆係中國、日本之絲，二千萬佛郎，則意、法二國所産之絲，意絲得六分之五，法絲僅居六分之一云。

《時務通考》卷一七《商務二・種植》　廣種洋棉　上海議設機器織布局者十餘年矣，無論屢辦不成，即辦成而欲以中國之棉花仿織洋布，其勢固不能。何則？外國棉花質韌而縷長，繞軸不致中斷，絲柔而體軟，密緻而且生光。中國綿花色非不白，而抽縷甚短，衹堪織狹窄之粗布，價即不昂，如欲如外洋棉子，試種諸中國，則上海已有人試之矣。其初棉幹極長，枝葉極茂，未花而霜先隕，即黄落而枯。論天時地氣，皆不相宜。但查外國棉花，亦以産於美國爲良，美係新闢之地，土厚泉深，地脉甚沃，是以棉興勃焉。查光緒九年海關徵册，外國棉花入口，共二十一萬石，價值銀一百七十八萬兩，滬上固有習見洋棉花者，謂余言不信，請取兩種棉花比較而觀之，亦足見招股章程之專仗誑騙矣。

《時務通考》卷一七《商務六・土貨》　棉花　光緒元年，出口貨三萬一千六百十石三十五斤，價三十二萬二千五百六十九兩。二年，出口貨四萬二千九百七十一石八十九斤，價三十九萬三千五百八兩。三年，出口貨三萬三千二百十六石四十斤，價三十二萬九千七百八十一兩。四年，出口貨二萬三千三百十石八十斤，價二十三萬六千八百十七兩。五年，出口貨一萬二千三百六十一石六十三斤，價十二萬三千二百四十八兩。六年，出口貨一萬八千七十七石四十七斤，價十八萬七十一兩。七年，出口貨二萬二千九百八石十四斤，價二十二萬八千七十六兩。八年，出口貨四萬一千六百九十石九斤，價四十萬四千四百五兩。九年，出口貨二萬二千七十三石九十六斤，價二十四萬一千二十六兩。十年，出口貨五萬三千五百七十一石八十八斤，價六十一萬四千七百一兩。十一年，出口貨六萬一千八百五十石四十四斤，價七十一萬七千四百八十九兩。十二年，出口貨四萬七千五百七十二石十八斤，價五十二萬三千三百八十兩。十三年，出口貨六萬九千二百二十六石八十七斤，價六十七萬七千六百六十兩。

土布　光緒元年，出口貨一千二百四十四石五十二斤，價五萬三千一百四十六兩。二年，出口貨一千四百四十六石七十九斤，價十萬五千四百八十八兩。三年，出口貨一千七百八十八石四十斤，價八萬八千九百七兩。四年，出口貨二千九十石六十九斤，價十萬三百十九兩。五年，出口貨二千二十六石九十一斤，價九萬八千九百四兩。六年，出口貨一千九百七十四石七十七斤，價九萬二千九百七十一兩。七年，出口貨二千七百六十三石三十六斤，價十三萬三千三百四十九兩。八年，出口貨二千六百二石，價十一萬二百十三兩。九年，出口貨二千五百三十石六十四斤，價九萬八千二百九十一兩。十年，出口貨二千二百二十三石七十四斤，價八萬八千八百六十七兩。十一年，出口貨二千七百九十七石六斤，價九萬五千四百三十三兩。十二年，出口貨二千六百八十六石七十三斤，價八萬七百五十九兩。十三年，出口貨六千六百十八石八十八斤，價二十九萬二千六百八十四兩。

夏布　光緒元年，出口貨七百八十五石四斤，價九萬七千六百九十五兩。二年，出口貨一千一百十八石八十五斤，價十一萬一千七百七十八兩。三年，出口貨一千一百五十六石三十斤，價十三萬一千七百四十六兩。四年，出口貨一千一百九十五石六十一斤，價十一萬一千六百八十六兩。五年，出口貨一千五百四十七石八十九斤，價十二萬二千七百七十七兩。六年，出口貨一千一百八十四石七十一斤，價十萬四千七百十九兩。七年，出口貨一千五百八十九石三斤，價十四萬八千九百八十五兩。八年，出口貨一千六百八十五石五十三斤，價十四萬四千六百七十九兩。九年，出口貨二千三十九石十二斤，價十六萬五千一百三十三兩。十年，出口貨二千十石八十斤，價十八萬八千六百五十八兩。十一年，出口貨二千六百三石四十一斤，價十三萬九千七百三十一兩。十二年，出口貨一千一百二十四石五十五斤，價十一萬五千七百八十四兩。十三年，出口貨一千六百八十三石七十九斤，價十四萬二百七兩。

毛　光緒元年，出口貨七千二十六石九十四斤，價八萬九千六百二十五兩。二年，出口貨一萬一千二百五十三石八十八斤，價十二萬一千九百三十兩。三年，出口貨一萬四千二百四十石八十五斤，價二十一萬一千五百三十二兩。四年，出口貨一萬九千五百二十五石二十九斤，價二十二萬五千九十七兩。五年，出口貨一萬八千一百七十八石二十四斤，價二十五萬一千八百六十七兩。六年，出口貨一萬九千五百六十九石九十七斤，價二十六萬一千三百十七兩。七年，出口貨一萬六千四十五石八十七斤，價十八萬九千六百三十三兩。八年，出口貨七千二百四十四石十九斤，價十萬九千一百二十九兩。九年，出口貨二萬八千三百二十五石二斤，價三十二萬七千五百八十七兩。十年，出口貨一萬九百七十二石二斤，價二十一萬五千六百四十兩。十一年，出口貨一萬二千四百五十五石八十斤，價二十萬六百四十一兩。十二年，出口貨九千四百三十石九十八斤，價十六萬九千七百九十兩。十三年，出口貨價三十七萬二千七十九兩。

駝羊毛　光緒元年，出口貨五千五百二十五石九十四斤，價三萬四千七百九十六兩。二年，出口貨五千八百十六石八十七斤，價三萬二千六十二兩。三年，出口貨五千四百二石七十四斤，價三萬八千九百三十九兩。四年，出口貨九千五百十四石六十斤，價六萬六千六百三十兩。五年，出口貨二千三百八十八石六十六斤，價一萬五千六百六十兩。六年，出口貨四千五百三十六石十斤，價二萬九千八百四十四兩。七年，出口貨五千九百八十六石十七斤，價三萬八千八百五十六兩。八年，出口貨二萬二千七百五十五石三十九斤，價十九萬九千二十九兩。九年，出口貨三萬三千八百二十四石八十四斤，價二十七萬四千七百九十五兩。十年，出口貨三萬四千七百九十九石，價二十六萬九千四百六十兩。十一年，出口貨四萬三千五百十三斤，價三十二萬八千二百九十八兩。十二年，出口貨四萬八千三百五十九石五十三斤，價四十五萬四千二百四十九兩。十三年，出口貨五萬六千二百六十一石十九斤，價四十六萬九十三兩。

衣服韈鞋　光緒元年，出口貨價五十六萬七千九百七十四兩。二年，出口貨價四十六萬二千一百三十三兩。三年，出口貨價三十三萬三千一百六十六兩。四年，出口貨價三十萬三千三百十六兩。五年，出口貨價四十四萬八千五百九十八兩。六年，出口貨價三十二萬七千五百四十八兩。七年，出口貨價三十五萬八千三百一兩。八年，出口貨價三十八萬八千七百五十八兩。九年，出口貨價四十一萬二百五十九兩。十年，出口貨價四十五萬四千七十六兩。十一年，出口貨價三十八萬四千七百四十八兩。十二年，出口貨價九十四萬三千五百二十二兩。十三年，出口貨價一百三十萬六千八百二十兩。

《時務通考》卷一七《商務七・洋貨》 棉布 光緒元年，進口貨價二千六萬一千一百四十三兩。二年，進口貨價二千二十一萬六千二百四十六兩。三年，進口貨價一千八百九十五萬五千七百九十五兩。四年，進口貨價一千六百二萬九千二百三十一兩。五年，進口貨價二千五百五十九萬九千六百七十九兩。六年，進口貨價二千三百三十八萬二千九百五十七兩。七年，進口貨價二千六百四萬五千八百三十六兩。八年，進口貨價二千二百七十萬六千七百八十四兩。九年，進口貨價二千二百四萬六千七百八十五兩。十年，進口貨價二千二百十四萬一千二百二十二兩。十一年，進口貨價三千一百四十九萬三千八百二十三兩。十二年，進口貨價二千九百四萬九千六百五十三兩。十三年，進口貨價三千七百四萬七千九百三十一兩。

絨毛布 光緒元年，進口貨價四百五十六萬一千四百二十一兩。二年，進口貨價四百二十五萬九千二百八十一兩。三年，進口貨價四百八十三萬五百八十三兩。四年，進口貨價四百八十七萬五千五百九十四兩。五年，進口貨價四百九十五萬四千四百七十二兩。六年，進口貨價五百八十一萬六百八十八兩。七年，進口貨價五百八十五萬三千八百七十八兩。八年，進口貨價四百四十九萬六千二百六十三兩。九年，進口貨價三百八十九萬三千五十九兩。十年，進口貨價三百七十萬九千六百七十八兩。十一年，進口貨價四百八十二萬四千五十六兩。十二年，進口貨價五百六十三萬九百四十八兩。十三年，進口貨價五百四十二萬四千五百六十一兩。

雜布 光緒元年，進口貨價十七萬七千八百四十八兩。二年，進口貨價十萬二千二百六兩。三年，進口貨價十二萬八千六百三十兩。四年，進口貨價十六萬六千四百六十兩。五年，進口貨價十二萬四千三百五十九兩。六年，進口貨價十六萬九千三百八十四兩。七年，進口貨價二十五萬二千四百二十六兩。八年，進口貨價二十八萬六千八百八十五兩。九年，進口貨價八萬五千一百五十六兩。十年，進口貨價十三萬三千四百三十四兩。十一年，進口貨價十六萬三千三百三十二兩。十二年，進口貨價七萬四千四百八十五兩。十三年，進口貨價九萬六百八十四兩。

棉花 光緒元年，進口貨十六萬九千六百七十五石九十九斤，價一百十九萬四千四百七十八兩。二年，進口貨二十三萬六千九百十七石七十四斤，價二百二十五萬一千四百十七兩。三年，進口貨十五萬四千八百九十二石十九斤，價一百四十六萬三千五百五十四兩。四年，進口貨十萬六千二十六石六十五斤，價九十七萬四百九十五兩。五年，進口貨十七萬五千五百三十四石七十四斤，價一百五十五萬三千六百九十三兩。六年，進口貨八萬七千四百八十六石八斤，價九十萬三千八百二十二兩。七年，進口貨十三萬七千八百六十八石八十一斤，價一百四十八萬七千一百六十二兩。八年，進口貨十七萬八千四百七十八石三十七斤，價一百九十一萬六千七百三十四兩。九年，進口貨二十一萬一千三百五石九十四斤，價二百十萬三百兩。十年，進口貨十八萬七千一百五石五十斤，價一百七十八萬四千四百五十一兩。十一年，進口貨十三萬一千四百四石七十四斤，價一百二十九萬八千七兩。十二年，進口貨九萬四千三百八十二石二十一斤，價八十二萬五千六百二十四兩。十三年，進口貨十七萬三千七百二十八石十八斤，價一百四十三萬三千二百三兩。

日本綢緞 光緒元年，進口貨六石七十四斤，價三千四十八兩。二年，進口貨三石九十二斤，價一千七百六十四兩。三年，進口貨九百三十四石，價四千七百九十七兩。四年，進口貨價六千七百七十七兩。五年，進口貨十三石七十八斤，價六千一百八十七兩。六年，進口貨五十六石六十四斤，價五千三百七十二兩。七年，進口貨十四石六斤，價八千十兩。八年，進口貨十二石八十九斤，價六千七百二十五兩。九年，進口貨五石二十九斤，價五千二百八十七兩。十年，進口貨九石七十四斤，價五千五百五十四兩。十一年，進口貨十一石二十三斤，價六千四百七十四兩。十二年，進口貨十二石十三斤，價六千六百五兩。

《時務通考》卷一七《商務八・内地》採光緒二十一年華洋貿易總册 天津一外洋貿易進口洋貨價值，共值關平銀二千三百三十四萬餘兩，比去年多一百六十萬兩。按本年洋貨價值，由上海進口者，比外洋並香港進口多三倍。洋布進口，起跌不常，統而言之，今年洋布進口，比去年略有起色，原布進口，比去年多一成，色布比前數年稍見暢銷，標布與往年同。英國粗布比去年少二萬五千疋，而美國粗布則多一萬疋。洋紗與前年同，英國並印度貨所差無幾。而上海所來之土紗，約有六千担。各色絨布進口，仍然有限。

煙臺 一沿海貿易。原出口之貨，本年價值計關平銀六百六十六萬餘兩，較上年約多七十萬兩，黄絲較上年多一千一百餘担。野蠶絲本年出口六千六百餘担，上年僅有二千九百餘担，本年較上年則多一倍有奇。繭綢與上年相等，亂絲頭較上年多一千九百餘担。據滋大洋行之絲師詳論，看年初光景，各絲生意，不似暢旺，緣恐日人佔據東方，有礙出絲之地，抑知不然。本年絲貨仍與上年相等，亦屬豐收，不過因錢價太昂，絲價隨之亦漲。黄絲外洋銷路與上年相等，粤省銷場更大。據絲師論，仍在乎繅車之更改，方得絲質之精緻，若不更改，即運至外洋，亦難銷售。曾有照樣更改之繅車，繅成貨樣，寄至外洋，均爲樂購，每斤定可多售銅錢一千文。草緶較上年大爲減色，計少八千一百餘担。據西人云，設使華人精心整頓，看購主之棄取，以爲製作，則固屬一大宗生意。須知草緶東洋以及他處，均有製作，與中國争衡，買者隨意選購，華人若不力爲整頓，則利益將爲他人奪去。又據精熟草緶之和記洋行云，本年出口草緶，較上年少二成五，其少之故，方謂戰務有礙出産，不知中國草緶，購者均不放心，大半往東洋購買，故東洋草緶，生意大有起色。到此光景，華人若不整頓製作，與他處力争，則此大宗生意，將有江河日下，不知伊於胡底。雖洋商屢以利害告誡，華工均不信從，即如英、意各國出樣，給以照作，亦不樂爲。如果照式用心製作，他處自無出其右者，而利權必可獨操矣。惜偶能照式作出一二包來，必索重價，洋商無法購買，外洋所要輕而且好之草緶，東洋均能照式製作，貨色一律，價值雖高，却比購自中國之賤草緶，較爲有利。蓋東洋草緶，西人出樣令作，無論貨色人工，均能確有可靠，即一尺半寸，無不一律。若中國草緶，每攙雜工粗色低之貨，以致不合使用。故東洋草緶，在外洋甚爲暢銷，外洋每次來信，深恐中國草緶無可靠之實，不願購用，中國必當立刻整頓，方爲上策。劈草原色之緶，此項貨色尚好，價值亦不爲大，其餘各草緶，若能照此貨用心製作，則草緶生意，尚可挽回，以刻下而論，若仍因循不振，則明年更不如今年矣。【略】復進口之貨，價值關平銀八百六十二萬八千餘兩，較上年約多一百五十萬兩，本年最多之貨，乃係洋布疋頭、舊鐵、大米、土藥，查土藥一項，上年六十五担七十一斤，本年則有三百三十八担九十七斤。

重慶　一外洋貿易。查本口僅與宜昌一口往來貿易，並無與外洋逕行生理，所有進口洋貨，及出口土貨，均歸沿海貿易條内聲明。復進口洋貨無。

一沿海貿易。原出口之貨，除土藥外，本年共估值關平銀三百五十二萬六千餘兩，較上年約多十一萬兩有零。大宗貨物，以白蠟本年一萬二千餘担，估值銀九百四十萬六百餘兩。上年一萬餘担，估值銀九百九十萬一千餘兩。絲類本年估值銀八十一萬一千餘兩，上年估值銀八十萬八千餘兩。麝香本年四萬九千餘兩，估值銀五十四萬六百餘兩，上年五萬一千餘兩，估值銀四十八萬八千餘兩。藥材本年估值銀二十萬五千餘兩，上年估值銀四十五萬八千餘兩爲最旺。至大半運往外洋之貨，如黄絲本年三千五百餘担，上年二千九百餘担。野蠶絲本年六百餘担，上年七百餘担。亂繭売本年六千一百餘担，上年八千四百餘担。五倍子本年一萬七千餘担，上年一萬餘担。猪毛本年五千四百餘担，上年六千四百餘担。羊毛本年一萬五千餘担，上年一萬九千餘担。大黄本年五千餘担，上年六千餘担。青蔴本年九千七百餘担，上年八千五百餘担。雞鴨毛本年三千餘担，上年二千六百餘担等，爲數亦屬不菲。據商人云，凡運銷外洋貨物，大都獲利，然此外尚有由鰲金船運往下江者，亦甚踴躍，即如猪毛一項，風聞本年由民船運赴沙市，由沙遵陸前往廣東一帶銷售，從可知非盡由旂船出口也。再雲南普洱茶，本年出口約計四十餘担，此係從前所無，而今始有者。

復出口之貨，爲數不多，姑不具論。

復進口之貨，洋貨一項，本年共估值關平銀五百六十一萬八千餘兩，較上年約多五萬五千餘兩。内布疋多五十七萬五千餘兩，羽綾多二萬二千餘兩，惟洋棉紗較上年少十六萬四千餘兩，雜貨少三萬一千餘兩。此特計其估本，兹再核其件數，棉布類，以原色布本年五十萬八千餘疋，上年三十七萬三千餘疋。漂白布本年五萬五千餘疋，上年四萬二千餘疋。意大利布本年四萬四千餘疋，上年三萬六千餘疋。印度棉紗本年十一萬四千餘担，上年十二萬四千餘担等爲大宗。湖北官局機器布，本年進口計四千四百十九疋，棉紗四千零五十三担，共估值關平銀十萬五百餘兩，較上年布一千六百五十五疋，紗二千一百三十九担，共估值關平銀四萬二千六百餘兩，已增一倍。絨布類，以羽綾本年九千八百餘疋，上年七千四百餘疋。意大利絨布本年八千八百餘疋，上年九千五百餘疋爲大宗。【略】土貨一項本年共估值關平銀一百二十三萬八千餘兩，較上年約多五十六萬九千餘兩，内以棉花本年三萬二千餘担，上年八千七百餘担，綢緞本年二百七十餘担，上年二百十餘担，兩宗最爲暢旺，其餘各貨，均較上年無甚增減。

宜昌　一外洋貿易。查本口與外洋無逕行往來生理，所有洋貨一項，歸沿海貿易復進口條内聲明。

一沿海貿易。原出口之貨，共計值銀四十七萬八千六百餘兩。内有出口京銅一萬五千餘担，值銀二十七萬餘兩，此外則有麻、絲、柏油、漆等貨，數亦不多，恐係山路崎嶇，人煙稀少，盤運一切，均匪易易，以致無甚進益耳。本年冬間有下紙七百餘担，在宜納稅出口往漢。查此項下紙即黄表紙，爲民間敬神之用，來自萬縣，嗣後想接踵而至也。

復出口之貨。查此項貨色應列爲三端：一爲由旗船運往重慶之洋貨，值銀五百九萬六千餘兩，較去歲約多八十萬兩，緣布疋、棉紗無不見旺也。一爲由旗船運往重慶之土貨，值銀一百十餘萬兩，較去歲約多五十萬兩。一爲川省來宜轉運漢口上海之土貨，值銀五百六十二萬一千餘兩，較去歲約多一百十三萬兩。三項均有加增，具見生理之盛矣。

復進口之貨。布疋除扣布、紅洋布二項略減外，其餘均有起色，即以印度棉紗論，自開埠以迄於今，除光緒十八年外，惟本年爲最盛。他如洋貨之中絨呢等，雜貨中之銅扣顏料等，均有增益。惟日本魚膠菜、海帶兩項稍遜。其自重慶來宜之土貨，如麻、麝香、藥材、倍子、黃絲、亂絲頭、赤糖、白蠟各項，均見暢旺，其所減色者，惟由漢來宜之墨魚、上紙，由川來宜之大黃、黃花、亂繭殼、羊毛等項耳。

漢口　一外洋貿易進口洋貨。今歲逕由外洋運至本口，洋貨足稱繁盛，計估值關平銀六十三萬餘兩。特此項洋貨，洵是機器及造屋物料，由外洋進口，以備本省織布機器局之所需者也。出口土貨，惟茶一項，是本口貿易之中巨擘者也。兹將出口及復出口之數，詳列於後，庶可參觀而互證焉。【略】

一沿海貿易。原出口之貨，初因北方陡遭兵燹，飄忽匪常，而本口此項貿易，正如半身痺痿，不利於行。舊歲貿易論略而已詳言之矣，猶幸今年貿易情形，尚有轉機，足深欣慶。綜核此宗原出口貨值，較去年贏關平銀一百六十一萬一千餘兩，惟出口豆餅一項，差遜於去年，若較前歲則有過之也。【略】至於湖北織布局出口之貨，今歲棉日出有七千二百六十三担，舊歲則有四千四百十三担。今歲斜紋布計有四千二百五十五疋，舊歲則有五千九百七十疋。今歲原白等布計有九萬四千六百九十疋，舊歲祇有七萬二百八十八疋。

復出口之貨。查洋土貨復出口，今歲亦有繼長增高之象，其價值共贏於去歲，計關平銀二百九十二萬三千餘兩，其中僅就洋貨而論，已贏七十四萬一千餘兩，惟此數半因原布之數日益繁多之所致也。其餘各貨亦屬暢旺，惟棉羽綾及美國參二項，較去歲差遜一籌耳。至於此條復出口之大宗者，則爲雲南貢銅、麝香、川土、雲土、黃絲、紅茶等貨。雲土一項，其價值已至一百十四萬二千餘兩。

復進口之貨。查洋土貨由通商各口運至本口者，核其價值，較去年驟增多五百三十一萬六千餘兩，其間洋貨已居五分之二。查洋藥今歲不甚暢銷，日趨日下，惟洋呢、洋布各疋頭，銷路有超躍而起之勢，而棉紗尤爲獨出冠時，較諸往年陡漲一倍之夥。至於水銀，白銅二項，雖所贏甚夥，而五金之數總而核之，仍覺無甚漲落。其餘各雜貨如棉花、自來火、藥材、糖等貨之數，均能各擅其長，足稱鼎盛之歲也。

九江　一外洋貿易。進口洋貨。外洋貨物直抵本口貿易者，本年仍屬寥落如晨星，惟由日本國商船運到煤炭，共有一千五百噸，售於本口俄商磚茶棧應用而已。出口土貨無，復進口洋貨無。

一沿海貿易。【略】

復進口之貨。本年進口之洋布，以及各色棉布，比去年加多，若於近五年內通扯計算，則相形甚少。原色布進口較十七年分少十萬餘疋，白色布約少一萬一千疋，漂布少二萬七千餘疋，粗布少一萬二千餘疋，洋紅布少二萬二千餘疋。雖然各等洋布進口如是減色，而洋棉紗一項，本年進口較十七年分尚多一萬二千餘担，如此洋布利權，仍可謂失之東隅而收之桑榆也。詳究其故，係因內地人民，有盡用洋棉紗織成土布欵式，取其工省而價亦較土棉紗爲廉，且較買市肆洋布更爲便宜，且有以洋棉紗攙合於土棉紗內織成土布者。以上所論洋棉紗，本年進口如是之多，再加由上海運來之中國棉紗二千三百餘担，然則洋布進口減少之故，明眼人自可一望而知已。此時中國倘能於機器織布一業，講究精工，使其價廉物美，推廣銷場，則將來儘可抵敵洋布利權，豈非幸事。其餘絨布類，如羽綾、羽紗、嗶嘰、哆囉呢各等貨，本年進口則一仍其舊，無甚懸殊。惟銅鐵錫各貨，較去年略有所增，而鉛則進口較多，其用處亦甚大。雜貨類如棉花一項，於十七年分進口有一萬三千餘担，本年則僅有一千三百餘担，由他口運來之棉花，其數之多寡，則視本處所產棉花豐歉而後定論。查是年本處素來產花之區，收成不旺，如是民間應用之棉花，應由別口多多運來接濟，然而其事又有不然者。檢閱本年貿易册內，由外埠運來棉花少甚，其故或因棉紗進口，陡增其數爾。且去前二年本也棉花出産豐盛，而進口之棉花並紗即不見多，如此詳加推究，其故可不言而喻已。

蕪湖　一外洋貿易。進口洋貨，價值關平銀三百七十三萬三千餘兩，上年祇三百四十一萬六千餘兩，前年有三百五十四萬四千餘兩。其中洋藥值關平銀一百四十七萬七千餘兩，計百分中占三十九分有奇。洋布類值銀九十二萬八千餘兩，百分中占二十四分有奇。絨毛布類值銀十二萬四千餘兩，百分中占三分有奇。鉛鐵銅錫類值銀九萬三千餘兩，百分中占二分有奇。其餘雜貨值銀一百十一萬餘兩，百分中占二十九分有奇。洋布類進口有二十八萬八千餘疋，較上年多四萬六千餘疋。計原色布本年十萬八千餘疋，上年祇七萬八千餘疋。白色布三萬三千餘疋，上年祇二萬餘疋。手帕二萬七千餘打，每打即十二條。上年祇二萬餘打。所少者即小原布英粗布，以及各項不列名之布疋。印度棉紗一項，本年六千八百餘担，上年祇四千八百餘担，大都運往內地，以供織布之用。絨毛布類較上年多亦無幾。【略】

一沿海貿易。原出口之貨，仍運通商各口者，淨值關平銀二百三十五萬六千五百餘兩，上年五百十五萬二千九百餘兩，少二百七十九萬六千三百餘兩。因米禁未開，斯短少如此其鉅。【略】絲類貨物值銀八十三萬六千九百餘兩，每百中占三十五分有奇，上年一百四萬七百餘兩，每百中占二十分有奇。綢緞則較上年少六百六十五担。查此項貨物，向由民船運至本口，始裝輪運赴各口。茲聞長江輪船，竟可由金陵裝往鎮江，即在鎮關完稅者，與從前不無歧異。棉花出口共六千一百餘担，值四萬六千五百餘兩。上年二萬六百餘担，值十四萬二千九百餘兩。此項收成，本年大有起色，初售之價，每担祇值本洋八圓，後則漲至十四圓，現亦值十二圓半。查出口稀少之由，其故有四：一上年出口倍於尋常。一本年本口價昂，運往者無利可圖，甚不合算。一內地多用日本軋花機器，去子極淨，即由本處裝赴各子口售賣。一屯積候價，不肯賤銷，至由輪船裝運出口往上海者，三千五百五十一担，往漢口者，一千六百六十四担，餘則運往九江、鎮江、廣東等處。【略】

復出口之貨。查洋貨之運往通商各口者，洋布、絨毛布、麻袋、美煤油、洋傘等類，共值銀一萬五千餘兩。土貨值銀七千餘兩，大都運往鎮江、上海。

復進口之貨。本年共值銀一百八十六萬五千餘兩，上年祇二百六十五萬一千餘兩，較多二十一萬四千餘兩。其由漢口來者，值九十萬七千餘兩，由上海來者，值七十五萬三千餘兩，由九江來者，祇值十一萬五千餘兩。貨色惟赤白洋糖最多，值五十五萬餘兩。次則土布值四十三萬餘兩，木油值十二萬七千餘兩，煙葉煙絲值九萬三千餘兩，桂圓值五萬一千餘兩。絲貨值四萬六千餘兩，細粗夏布值四萬三千餘兩。

鎮江　一外洋貿易。【略】

一沿海貿易。原出口之貨。【略】惟絲綢一項，出口之價值較上年爲尤鉅，計有三十九萬九千餘兩之譜，其中有八萬一千餘兩，係南京所織之緞疋居多，由本口運出，其數亦大可觀矣。【略】

復進口之貨，上年報册中，曾言洋布、洋絨，比前年減少，今年則大爲改觀，又有增多之勢。原布、白布從六十八萬疋，增至八十四萬五千疋，色提花布從一萬八千疋，增至二萬一千疋，粗布從六萬一千疋，增至七萬一千疋，小洋標從八萬疋，增至八萬九千疋。洋紗上兩年銷路頗滯，今年則稍有轉機，其價值從一百二十六萬四千兩，增至一百六十四萬三千兩。日本洋紗價值從二千五百兩，增至九千兩，觀此銷場，將來尚有加增之勢。通計復進口之價值，有逾一千二百兩，其中如洋藥、布疋、棉紗，所增價值較巨。【略】土布價值從六萬兩，增至十三萬七千兩，夏布價值從十六萬一千兩，增至十九萬五千兩。土布市價每百斤約值銀三十五兩，細夏布市價每百斤約值銀六十兩。

上海　一外洋貿易。【略】查銷路之廣，係棉布一類居多，本年運進之貨值，較上年增二百二十五萬兩，其復運出口之貨值，更增一倍，計有四百五十萬兩之多。進口貨值之盈，多半因行價見漲一成之譜。原白色等布，較上年無甚軒輊，共有七百萬疋。扣布即標布，則較增半倍光景，計有一百五十五萬疋。斜紋布上年則有一百九萬三千疋，本年祇有九十六萬九千疋，細斜紋布上年運進二十四萬四千疋，本年祇有十七萬八千疋。粗布上年運進一百八十六萬一千疋，本年祇有一百六十一萬七千疋。此項布疋自美國來者，絀於英國，因英國所來者銷路廣濶，故進口之數，較上年計盈三成有五。開歲之際，本口棧家，雖所存甚多，然一有停戰消息，華商紛紛向各洋行預定，皆相約本年六月以前運華，嗣因張、邵二星使議和未成，各商辦貨之心，遂又因之減興，故本年津河開凍時，運去之貨數，僅及往年五分之一，而此貨之銷場，尚不見十分踴躍，未幾金鎊價昂，是以各色布疋價，遂因而見跌，惟次等之原白色布，購由日本轉運朝鮮，及英國之扣布等項，其價均屬平穩，直至六月杪始行售罄。當此金鎊價貴之時，美國之鈕約克地方，售出之布，其數甚有可觀，且價值較廉，致本口所銷之美布，其價更形低落。維時英國因接美國來信，產棉之地歉收，棉花行市遂亦見漲，以故由英運進之各布爲數甚微，致將存儲備銷北省之數，即在本口就地銷去。迨三月間和議一成，業疋頭之商人，俱隨時各向行家定購，故一年之中棉花雖每磅價漲至四本士三法丁半，較正月間之價幾半倍有餘，而洋布行市仍不減色，業此之華洋商販，俱見獲利。袈裟印花等布銷路略微，價尚起色，年終存棧之貨，亦屬無幾。

八月以後，各商因爲下年開河運北地步，遂向行家預定，其價銀雖因銀盤而見漲，各棧存貨亦多，然與大市無妨，故商人仍有欣然色喜之象，業此者以利有可獲，滬市錢莊又皆稱順，竊料下年生意，更可從心抯注，放膽經營。棉紗一項，印度所産者，運進較上年略多，計共五十六萬担，其自英國運來者，祇有二萬六千担，較上年則少一萬一千五百担，而自日本來者，有二萬二千担，較上年又減少一萬一千担。但此宗貿易，近年頗佳，價銀亦較往年漲至最高之數，故年終所存之貨甚少。絨布一類及羽紗、羽綾、嗶嘰、下等絨各項，均較上年有增無減，銷去之數，與運進之數相等。義大利布，上年雖有八萬五千疋，本年祇有六萬五千疋，然其上年銷出之數，不敵進口之數，而本年所銷之數，則溢於運進之數。

【略】

出口土貨，及復出口土貨，共估值關平銀七千萬兩，較之上年計盈一千一百五十萬兩。其中如棉花一項，則估盈銀三百五十萬兩，共計運出八十二萬五千担，值銀雖約漲三成，然其所運之數，已多四萬担。綢緞共盈銀二百萬兩，絲斤一項，共盈銀三百二十萬餘兩，内重繅之絲，估盈銀三百五十萬兩，機器繅出之絲，有一百二十餘萬兩，惟土絲較上年約減一百五十萬兩。其餘各種所盈者，名目繁多，不及備載。惟磚茶一項，計盈銀四十五萬四千兩。土布一項，計盈銀五十九萬餘兩。絲市五月初開盤，金麒麟價值每包三百十兩。上等機器重繅絲，運往美國，價銀每包五百兩。嗣因義大利國蠶收減色，金麒麟每包則漲銀三十五兩，然是年行情僅漲至如此而已。至機繅之絲，六月間每包漲銀四十兩，七月至九月間，又漸漲至三十五兩。查此項絲十八年運出一千担，上年則多至六千二百餘担，本年計其運出之數，當在一萬担以上，因獲利甚厚，各商有將舊廠擴充者，亦有另設新廠者。前項機繅絲，大率係運銷法、美兩國，其價約在六百四十兩至七百二十兩。野蠶絲運出之數，上年三萬九千担，本年則祇有三萬五千餘担，蓋因美國將野絲退盤，換購重繅之絲故也。此項重繅絲，上年祇運出五千六百餘担，本年則運出一萬三千六百餘担。若論獲利多寡，經紀洋商凡購之絲，係有一定行用，雖無大利，而華商則頗有得意者。

寧波　一外洋貿易。【略】

一沿海貿易。原出口之貨，本年共估值銀六百三十九萬六千一百餘兩，較二十年贏七十九萬一千四百餘兩。所贏之數，以棉花、茶葉兩項相抵，尚屬有餘。出口棉花，較往年增五萬五千五百八担，估值銀五十六萬六百餘兩。茶葉增二萬八千五十一担，估值銀三十二萬一千九百餘兩。本年棉花出産甚旺，收割之時，天氣亦甚相宜，收成大約在八成以上，運往日本者居多，運漢口爲紡紗織布局所用者，亦屬不少，因長江一帶，今年棉花收成減少，現在本口尚約有三分之一存棧以待出口。向年棉花用帆船裝運福建用作粗布，轉運臺灣，銷售甚多。今臺灣已讓日本，則此項生意幾絶。【略】

復進口之貨。洋貨共估值銀七百八十八萬六千六百餘兩，土貨共估值銀二百十一萬五百餘兩。布疋生意大有起色，較之二十年，贏十八萬六千四百餘疋。其故約有數端：一因銀價低落，布價增高，商人以布價漲定未必驟跌，故不待價落，照常採辦。二當中日交戰，和議未定，商人不敢冒險購辦新貨，復因存貨銷罄，再則本省防軍採辦爲號衣帳篷等用甚夥，呢類較往年無甚增減。自來火因交戰之際，所有存棧之貨，將已售罄，事定後方由日本辦運進口，滿積棧内，以備銷售。【略】土貨之中，以上海機器局所紡之紗進口較上年贏三千三百三担。

溫州　一外洋貿易。【略】

一沿海貿易。【略】

復進口之貨。本年復進口洋貨價值差勝，土貨價值較短，兩相比較，與前兩年大致相仿，内以洋布、棉絨布、印度棉紗、鉛、洋顔料、葵扇、金針、栲皮、日本自來火、赤糖、漆入數爲多，新舊鐵絲、海參、羽毛帶、紅棗、細葵扇、木耳、中國自來火、藥材、洋針、美俄兩國煤油、東洋海帶及白糖等貨較少。本年洋貨之原布、標布、印花布等，比上年多三萬一千七百二十六疋，絨布類多一百六十九疋。

福州　一外洋貿易。進口洋貨，值近歲外洋金磅高昂，白洋布雖比上年較多二千餘疋，原洋布多八千餘疋，扣布亦多三萬餘疋，若方之光緒十二年至十五年，又不免瞠乎其後。袈裟布較短二千餘疋，緣舊辦貨色欠佳，鮮愜人意。印度棉紗，比上年進口計增五千餘担，因本地四載之前，已興紡織布局，是以所需之鉅，其所織之布，質雖不逮寧波堅厚，價尚較廉，銷售之於貧氓爲較易耳。羽紗計細七百餘疋，羽綾紬五百餘疋，小呢亦紬一百餘疋，若視諸光緒十二年以至十五年間者，則更紬矣。因其價值既貴，兼以茶景遜前，民間獲利既艱，購用者少。

厦門　一外洋貿易。進口洋貨，查疋頭進口較上年爲多，原色布有三萬六千餘疋，此數與從前相等。白色布比上年略減，印度棉紗比上年少七千八百餘担，絨布、羽紗、絨等，較上年略增，其餘無甚參差。

汕頭　一外洋貿易。進口洋貨，共值關平銀約一千萬兩。棉布類照尋常進口相等，白色布週歲暢銷，而價亦敷運進口商人之利。二十年論略所揣是年棉布類進口，恐其或少，由今視之，其論已左矣。蓋是年與上年進口無甚軒輊，惟扣布一欵進口四萬七千餘疋，比上年約多七千疋，原色布八萬一千餘疋，白色布十八萬一千餘疋。棉紗共進口十二萬四千餘担，内由印度來者八成，英國來者二成。絨布類本口銷流頗少，以嗶嘰爲第一欵，進口三千餘疋，第二欵羽紗二千餘疋，第三欵哆囉呢一千餘疋，除此三欵而外，餘皆無足千疋者。【略】

出口土貨，共估關平銀二百二十三萬二千餘兩，并無新異之貨料，後來亦未必有新奇者。【略】至於鴨毛、雁毛，將來亦可爲一大宗，惟至今所有上等之毛，不敷消路。蔴皮、蔴繩、蔴線只往蘇門答臘，比上年尚無盈絀。【略】

一沿海貿易。【略】出口貿最要者煙葉，估關平銀七十四萬一千餘兩。土布估關平銀三十一萬一千餘兩，夏布估關平銀二十八萬餘兩。【略】

復進口之貨。【略】上海官布局所出之原色布，進口有二千疋，蓋運來試能暢消否，進口小宗棉花、蔴子、酒、粉絲，皆與上年相等。

廣州　一外洋貿易。進口洋貨如疋頭等貨物，情形約有兩節：一係洋布花色件數來者較多，二係印度棉紗所來較少。果係貨物增多，自與貿易妥協，固不必論，若係數少，應即查明緣故。其棉紗之數所短者，以此項商人，尚由輪船裝運進口，本年因載貨水脚加增，間有改由土船運來，歸常關完税，致本關册内免登。絨呢并五金之類，往年來粤不多，本年亦無甚差别。【略】出口土貨，本省土産以及製造各物，銷流各處，年勝一年，如磁器、扇子、地蓆、食物、絲、糖各件。【略】除此土産，即係絲斤，最爲緊要。粤省水土以及工人照料絲塲頗能合式，是土絲買賣不得不年勝一年，但工人照料未免嫌粗，如不願悉改善法，將來通商一節，似覺爲難。本年順德設有養蠶局，專局照料蠶繭出絲好否，所以能使蠶繭乾潔，壞繭俱無，此乃善法，雖此局僅開數月，而功效已非淺鮮。本年粤省土絲情形，實有起色，其第一第二兩起，收成頗好，不過無多，緣天時亢旱，桑葉枯貴，第三起蠶繭未開業已得雨，桑葉榮茂，第四第五收成亦好，所以收數較之上年有加，出口貿易亦長，而價值自年頭以至年底，漸次漲高，買賣商人間有吃虧者不少。本年運往外洋，約有二百五十萬斤，較上年溢出三十五萬斤。

九龍　一外洋貿易。進口洋貨洋布疋頭等類，比較上年三萬三千餘疋之數，本年約多七千餘疋，其所多者，在白色布、色花布、印花布、意大利布及袈裟布等項，原色布及扣布則略覺短少。印度棉紗，約有三百八千餘担，本年漲多至四萬四千八百餘担，向來華船裝運進口之數，當以此爲首屈一指。惟此項貿易之由輪船運省者，實仍居其大半，俱由該行商人在省承商包辦，至渡船進口多出之數，聞係因輪船載脚較昂，兼之渡船運者後於完納税項中又可稍事通融，故多改歸渡船裝運者。或又謂近來洋布疋頭，價值異常昂貴，因而内地土織之風日漸推廣，設機既繁，則用紗必多，亦勢然也。至由輪船運省棉紗，間較上年約短三萬六千四百餘担，若以本關所多之數相與牽扯而計，實祇多八千餘担。絨毛疋頭本年稍有起色，哆囉呢一項略覺增多，其所多數目，約足以勻補他項絨毛疋頭之短缺。【略】絲類本年因蠶造收成較絀，出口亦短。

一沿海貿易。原出口之貨，與復出口之貨皆無。復進口之貨，係指由中國此口運至中國彼口，經過本口各廠之貿易而言。【略】本年華船來往，計有一千六百四十一雙，上年則有一千八百三隻，其由港往澳貨物中之增多者，在白色布、色布、棉紗、熟鐵、葡萄乾、檳榔、磁器、棉花、乾魚、藥材、沙籐及花生油等類，其餘各項貨物，俱較減色，而最甚者，則以原色布、扣布、鉛、黄銅、豆子、靛、火油、米糖及各樣木梁、木板等項爲更少。

拱北　一外洋貿易。進口洋貨，棉布類疋頭，較上年多值銀十四萬八千餘兩，其内有原洋布多四萬一千餘疋，扣布多三千七百餘疋，美國斜紋布多一千餘疋，印花布多一千二百餘疋，東洋棉絨布上年只有八十餘疋，本年則有四千五百餘疋，東洋棉布上年只有三千一百餘疋，本年則有五千九百餘疋。羽毛類疋頭，共較上年多值銀一萬七千餘兩，此項於每類各有加多，無須詳列。【略】

出口土貨，較上年多值銀五萬五千餘兩，其中加多之貨則有綢，較上年加二千三百餘担，多值銀三十萬六千餘兩，亂絲頭加二百八十餘担，多值銀一萬七千餘兩。【略】至於蠶造，則勝於上年，出絲既多，絲質且美。

瓊州　一外洋貿易。進口洋貨，【略】原洋布與扣布則視上年無分軒輊，惟白洋布多二千疋。印度棉紗去年不過一萬一千六百餘担，今年竟增至一萬五千七百餘担，日本棉紗，向無進口，惟日本棉絨布、縐布、面巾，現雖進口不多，然默觀此後情形，諒所到者自必有增無減也。各樣絨布與銅鐵等，年中所到有限。【略】

出口土貨，估價共計關平銀一百八萬四千餘兩，上年估價關平銀一百二十五萬七千餘兩，兩相比較，今年實少十七萬二千八百餘兩，因赤糖、白糖、生豬、莨薑、生牛皮、藥材、鮮蛋等項出口俱少，猶幸蔴布、牛角、芝蔴、野蠶絲、魚絲、牛油、煙葉、檳榔、棕、牛膠、花生餅、皮箱、龍眼、肉雞鴞等，出口略多耳。【略】本埠出口之野蠶絲，比之别埠出口之野蠶絲自覺其少，但今年竟有二百餘担之多，較之光緒十一年，已增四倍矣。蔴布出口，本年亦較去年多九十担，估價關平銀一萬三千六百餘兩。蓋此係常用之物，將來出口，可預卜其年年加增也。魚絲以野蠶絲爲之，雖每年出口不多，然核計今年總數，亦有二十三担有奇，估值關平銀五千二百餘兩。

北海　一外洋貿易。進口洋貨比較上年，其原色布，增四千五百疋，白色布增一萬疋，色布增五百餘疋，目下價雖昂貴，而較土布尚屬相宜。紅素布一萬六千餘疋，較上年增百分中之四十，緣此處向用之羽紗製造旗幟，及鑲裍號褂等物，今則多用此布代之，取其價廉。意大利棉布，增一千一百餘疋，因其可冲羽綾，合土人服飾之用，且價亦便宜。歐洲手帕增四分之一，日用手帕運來漸多，計二百餘打臣，上年初次運來，僅有十打臣，此種貨物，可料其銷號日盛。歐洲面巾，絀百分中之三十三，而日本面巾，加增幾補其所缺之數。日本棉佛㘓布，二千餘疋，而上年僅六百餘疋，此物色艷而價廉，土人喜用，此後可期暢銷。印度棉紗少六千餘担，此貨向來多銷雲南，現因内地米貴，民人餬口維艱，蓋留資以圖生計，故無力而購置也。絨毛等類，所到較少，其羽綾、羽綢，竟絀一半之多，緣其價昂，上年曾經論及矣。【略】

出口土貨，本年價值關平銀一百萬九千餘兩，較上年短十萬三千餘兩。考其所短之故，皆由白絲、八角油、八角及五棓子減色，惟樟腦、生牛皮、鴨毛、水靛、生豬、藥材、白糖及煙絲等，均較上年加增。查八角出口，較上年少百分中之四十五，八角油少百分中之七十，緣雨水不調，且云此貨年豐年歉，所以上年見增，本年見絀。白絲較上年少去過半，查閲上年關册，論及此項蠶桑，養植得法，冀其暢出，詎知事難逆料，竟失所望，况由西江剥運亦復不少，此則上年論中料及矣。查本年由西江運去，較歷年增二百餘担，緣彼處沿途税釐，較運由陸路到北海者稍輕故也。野蠶絲上年乃初次出口，僅三百餘斤，本年有三十餘担之多，因業桑日衆，且年底市價亦善。

蒙自　一外洋貿易。進口洋貨，共值關平銀一百八十萬九千餘兩，較上年多五十六萬七千餘兩，計一百分多四十六分。洋貨中洋紗最爲大宗，本年有五萬五百餘担，到蒙較上年多二萬二千三百餘担，進口雖多，而銷路亦廣，各商仍得大利。洋布類稍絀於上年，有二萬二千八百餘疋，去年有二萬三千餘疋。原色布、紅洋布、花剪絨，較上年雖多，扣布實少上年二千八百餘疋，絨布類多一千餘疋，嗶嘰進口，二千八百餘疋，去年一千六百餘疋。洋貨雜貨類，除此數件之外，其餘俱形短少，東京無子棉花，少一千一百餘担，有子棉花，多三百餘担。

亞東　一外洋貿易。進口洋貨，查本年各項棉布進口，比去年較多，内亦有日本所造者，除袈裟布、印花布、花剪絨三項，較之去年稍減外，其餘各布，均見加增。棉紗、棉線、棉花，亦較去年增盛，而絨布一年之内，竟多至二萬餘碼，想係西藏仕宦富家，喜其外國織造絨布，較伊本國所出細緻鮮明，争相購用，始得如此暢銷。【略】

出口土貨，當以羊毛係屬大宗，較之去年多至一萬一千三百二十七捫，緣本年底噶倫綳羊毛價值頓漲，商人均乘時趨利，是以年底出口，更見其多。細查販賣羊毛情形，噶倫綳始爲出售羊毛總匯之區，此項生意，開創不過二十年之譜，初交易時，每捫價值僅止十五元，近因收買羊毛商人加增，本年底每捫價值竟漲至二十四元。其噶倫綳商人收買此項羊毛，係先運赴噶里噶達，然後分販英、美兩國，祇以西藏羊毛，本質不甚細膩，販往外國，無非織造床氈地毯。卓木商人販運羊毛，路經亞東，前赴噶倫綳碼頭出售，近來價值愈漲，該商之貪念愈增，每啟羊毛一捫，中受潮濕者多，揆厥由來，一因打包之初，或已受濕，賣主不自撿點裹束於中，一因不肖之商，惟利是嗜，希圖分量加增，中途灌水，以致外乾内濕，多有腐壞，每百觔之内，竟有十五觔係爲廢物。且羊毛總以純白爲上，西藏羊毛，實非一律純白，内雜灰色黑色之毛，外國商人均視爲次等貨物，藏商如能留心此項買賣，講究餧養羊隻，概配白色公羊，久則生生不已，純白相傳，永是皎然一律，羊毛之利，正可望年盛一年。

趙慎畛《榆巢雜識》卷上《俄羅斯交易》　天朝與俄羅斯交易，市口在喀爾喀之哈克圖地方。賡侍郎音嘗以主事衔充監督六年，言彼國所需内地綿布、鹹線、綢緞等物，概以皮張易之，惟茶與大黄尤爲珍貴。

趙慎畛《榆巢雜識》卷下《温都斯坦》　温都斯坦，亦西域回國之大者。葉爾羌西南，馬行六十餘日至克什米爾，由克什米爾復西南行四十餘日始至其國。【略】人習技巧，金漆雕鏤，精奇絶倫，所製玉器薄如蟬翼，抽金銀絲織綢緞、氈布，遍貨於西域各國及各回城。

趙慎畛《榆巢雜識》卷下《控噶爾》　控噶爾，西北回子最大之國，地包鄂羅斯東西界之外。【略】地産金銀、珊瑚、珠玉、自鳴鐘表、綢緞、氈罽，尤多奇異。

汪汲《事物原會》卷二四　西洋布　《格古要論》：鄉姻鄹鳳律得西洋布，其白如雪，濶七八尺。

西洋剪絨單

《格古要論》：西洋剪絨單，出西番絨布織者，其紅緑色，年遠日晒，永不退色，緊而且細，織大小番犬形方而不長，又謂之同盆單，亦難得。

嵇璜等《清通典》卷六〇《賓禮·外國朝貢》 崇德二年，定朝鮮每年進貢一次，並聖節、元旦、冬至三大節爲四貢。同進年貢方物黄金百兩，白金千兩。苧布二百疋，各色棉綢四百疋，各色木棉布四千四百疋。龍紋蓆二，花蓆二十。鹿皮百，水獺皮四百，豹皮百四十有二，青黍皮三百。佩刀十，大小紙五千卷，米百石。

萬壽聖節禮物各色苧布三十疋，各色棉綢七十疋。龍紋蓆二，花蓆六十。豹皮十，水獺皮二十。白棉紙二千卷，厚油紙十部。元旦冬至二節，減棉綢三十疋及水獺皮油紙二種。

皇后千秋節苧布三十疋，棉綢三十疋，花蓆三十。元旦冬至節，加螺鈿梳函一具。又定凡朝鮮國來使有職銜稱君者，俟朝賀行禮畢，引入殿內，坐於右翼輔國公之下。是年賜朝鮮國王裘帽及鞍馬一疋，貂皮百有二十，銀百兩。正副使各鞍馬一疋，貂皮五十，朝鞾一雙，銀五十兩。書狀官、押物官貂皮、銀、鞾，從人銀、布各有差。

三年，朝鮮國王恭進慶賀方物苧布六十疋，棉綢七十疋。龍紋蓆二，花蓆四十五。豹皮五百，棉紙二千卷。又進謝恩方物如之。又陳奏方物減苧布二十疋，花蓆五，加水獺皮二十，青黍皮三十，筆百枝，墨五十笏。恭進皇后苧布二十疋，棉綢二十疋。花蓆二十。

順治元年，定外國朝貢以方物爲憑，該督撫察驗的實，方准具題入貢。又定貢使到京，所貢方物，會同館報部提督該管司官赴館察驗，撥役管領，由部奏聞。貢物交進內務府象交鑾儀衛，馬交上駟院，刀及鹿皮、青黍皮等交武備院。五年賜朝鮮國王世子鞍馬，貂冠、貂裘、狐裘，羅袍、段袍，朝鞾，通事外郎貂皮、銀有差。

十一年，琉球國世子尚質，遣陪臣進貢慶賀方物，金飾佩刀、銀飾佩刀、金酒缾、銀酒缾、泥金畫屏、泥金扇、泥銀扇、蕉布、苧布、紅花、胡椒、蘇木。又恭進二年一次，正貢方物馬十疋，螺殼三千，硫黄藥二千六百斤。是年賜琉球國王蟒段二，采段六，藍段三，素段、閃段各二，錦三，綢、羅、紗各四。王妃采段四，粧段、閃段各二，藍段、錦段各二，羅、紗各四。正使采段、表裏各四，閃段一，羅二，綢、紗各四。副使采段、表裏各三，藍段一，羅、綢、紗各二。從者采段、表裏各二，藍段，綢、羅、紗各一。通事從人段、綢、紗、布、銀各有差。

十三年，荷蘭國王恭進御前方物鑲金鐵甲、鍍金馬鞍、鑲金刀劍、鳥銃、琉藥袋、鑲銀、千里鏡、玻璃鏡、八角大鏡、珊瑚、珊瑚珠、琥珀、琥珀珠、哆囉絨、嗶嘰段、西洋布、花被面、大氊毛纓、丁香、番木蔻、五色番花、桂皮、檀香。恭進皇后方物玻璃鏡、玳瑁匣、玻璃匣、烏木飾人物匣、珊瑚珠、琥珀珠、琥珀、多囉絨、嗶嘰段、西洋布、白倭段、花氊、花被面、玻璃杯、花石、合白石、畫薔薇露。是年諭，荷蘭國慕義輸誠，航海修貢，念其道路險遠，著八年一次來朝。賜荷蘭國王大蟒段、粧段、倭段各二，花段、八閃段、帽段、藍段、青段各四，綾、紡絲、羅各十，銀三百兩。使臣二人每人大蟒段、粧段、倭段各一，花段六，藍段三，綾、紡絲、絹各四，銀百兩。標官粧段、倭段、藍段各一，花段三，綾、紡絲、絹各二，銀五十兩。通事從人段、綢、絹、銀各有差。

十八年，安南國王黎維祺奉表投誠，入貢方物，金香鑪、花缾、銀盆、沉香、速香、紫降香、白木香、黑線香、白絹、犀角、象牙。賜國王及來使銀段等物，照琉球國例賞給。又安南出兵助勦海寇，加賜國王大蟒段、粧段、錦段各二，采段、表裏各十有二，銀五百兩。是年恩詔，有外藩王公福晉夫人加恩賜一款，賜朝鮮國王大蟒段、粧段、補段、片金段、倭段各二，帽段、閃段、藍段、青段各五，各色段十，洋段十。王妃大蟒段、粧段、錦段、倭段、閃段、帽段、素段各二，大段、彭段各三，藍段二，紡絲、紗各四。又定朝鮮國遣陪臣慶賀謝恩，及有事陳奏，各進貢方物，賜來使及從人，與元旦節同。若附正貢同來，統於正貢之賜，非正貢而數事並來者，總賜一次。

康熙元年，定朝鮮國每年進貢太皇太后、皇太后二大節及遇慶賀謝恩，陳奏進貢方物，均與進貢皇后禮同。

二年，定安南貢期三年一次。

三年，定外國慕化來貢方物，照其所進收受，不拘舊例。是年琉球國王尚質謝敕封恩，進貢方物，金飾佩刀、銀飾佩刀、漆柄大刀、漆杆槍、漆盔甲、泥金畫屏、泥金扇、泥銀扇、畫扇、紅銅、胡椒、絲棉、土苧布、蕉布。賜琉球國王蟒段二，采段四，藍段、青段、閃段、錦段、綢、羅、紗各二。正使采段、表裏各四，羅四，鞾一雙，采段三。副使采段、表裏各四，羅三，鞾一雙。從者采段、表裏各二，布四。通事、從人段、布有差。安南入貢，禮部查奏，照會典少薰衣、香及紙扇二種，奉旨寬免，賜安南國王大蟒段、粧段、倭段、閃段、錦段各二，采段、表裏各十。使臣每人采段、表裏各五，紗、羅各一，絹七，韈一雙。通事、行人、從人段、紗、羅、絹、綢、布各有差。荷蘭國王遣陪臣助克金門，厦門，賜銀千兩，大蟒段、粧段、錦段各四，采段、表裏各二十四。又賜國王銀二千兩，大蟒段、粧段、倭段、錦段、閃段、片金段各五，采段、表裏各三十五，遣禮部筆帖式齎往，同該督給付國人帶回。

四年，琉球國王補進慶賀貢物，與順治十一年同。貢船在梅花港口遭風，漂失貢物，免其補進。暹羅國王遣陪臣入貢，御前方物龍涎香、西洋閃段、象牙、胡椒、縢黄、荳蔻、速香、烏木、大楓子、金銀香、蘇木、孔雀、六足龜，凡十有三種。皇后前方物並同，各減半。賜暹羅國王段、紗、羅各六，織金段、紗、羅各四，王妃各減二，正副使及通事、從人采段、絹、布各有差。是年，定暹羅貢期三年一次。

五年，琉球國王補貢四年方物。奉旨琉球國王補進漂失貢物，具見恭順，但前已有旨免進，仍著發還。

六年，琉球國王進常貢方物，加紅銅五百斤，螺鈿漆盤十。荷蘭國王進貢方物，大馬鞍轡具、鑲金鑲銀銃、起花金刀、哆囉呢、嗶嘰段、嗶嘰紗、荷蘭絨、大花段、荷蘭五色大花緞、大紫色金段、紅銀段、大珊瑚珠、五色絨毯、五色毛毯、西洋五色花布、西洋白細布、西洋小白布、西洋大白布、西洋五色花布褥、大玻璃鏡、玻璃鑲鐙荷蘭地圖、小車、大西洋白小牛、大琥珀、丁香、白胡椒、大檀香、大象牙、玻璃器皿一箱，給賞照順治十三年例。加賜國王大蟒段、粧段、倭段、片金段、閃段、帽段、藍段、素段各一，花段、綾、紡絲各四，絹二。正使蟒段、大段各一。

七年，安南國入貢，乞將三年一貢之例改爲六年一次，得旨允行。七年，暹羅國入貢，給賞與四年同。

八年，琉球國入貢，於常貢外加貢紅銅千斤，絲烟百匣，螺鈿茶鍾十具。

九年，西洋國王阿豐肅遣陪臣奉表入貢方物，國王畫像、金剛石、飾金劍、金珀書箱、珊瑚樹、珊瑚珠、琥珀珠、伽楠香、哆囉絨、象牙、犀角、乳香、蘇合油、丁香、金銀乳香、花露花幔、花氈，凡十有七種。賜西洋國王大蟒段、粧段、倭段各三，閃段五片，金段一，花段十，帽段、藍段、青段各五，綾、紡絲各十有四，羅十，絹二，銀二百兩。使臣大蟒段一，粧段、倭段二，帽段一，花段六，藍段三，綾紡絲各四，絹二，銀百兩。護貢官從人段、綢、綾、絹、銀各有差。

十年，琉球國世子尚貞入貢，於常貢外加貢鬃烟、番紙、蕉布。

十二年，諭暹羅國航海遠來，抒誠進貢，其蟲蛀短少等物，免令補進，嗣後各國皆照此例。

十七年，西洋國貢獅子，照九年例賞，外加賜國王大蟒段、粧段、倭段、片金段、閃段、帽段、藍段、青段各二，花段二，綾、紡絲各四，綢二。貢使以下各加賞有差。

二十年，奉旨琉球國進貢方物，以後衹令貢琉黄、海螺殼、紅銅，其馬匹、絲烟、螺鈿器皿，均免進貢。

二十一年，聖祖仁皇帝恭謁祖陵，朝鮮國王遣陪臣至盛京迎接，進貢方物，豹皮、鹿皮、水獺皮、青黍皮、倭劍、全鰒、八帶魚、大口魚、海參、海帶、菜紅蛤、浮椒、白蜜、柏子、銀杏、黄栗、柿乾。又使封尚貞爲琉球國王，御書「中山世土」四字賜之。

二十三年，尚貞謝恩，進貢方物，與康熙二年同。又以特賜御書，加貢金鶴一對。

二十四年，定琉球國王原賞段二十，今加三十。安南國王原賞段三十，今加二十。暹羅國王原賞段三十四，今加十六，各表裏五十二。

二十五年，以荷蘭國王感被皇仁，請更八年一貢之期，改爲五年一次，并減定嗣後進貢方物，珊瑚、琥珀、哆囉絨、織金毯、嗶嘰段、自鳴鍾、鏡、馬、丁香、檀香、冰片、鳥鎗、火石，餘均免貢。賜國王及正使均照六年加賞例，副使以下各照例賞給有差。

二十七年，琉球國以陪臣子弟入監讀書，於常貢外，加貢圍屏紙三千張，嫩蕉布五十疋。【略】

五十九年，暹羅國王遣陪臣恭奉金葉表文，入貢方物加進馴犀二，西洋金段二，大西洋闊宋錦一。【略】

雍正元年，諭，朝鮮國自歸順我朝，恪共藩職，列聖以來，屢次施恩，減免貢物，今所貢或尚有可減者，著確議具奏。禮部遵旨議奏，朝鮮貢物，明時有金銀器皿、人參、馬匹、苧布、棉綢等數十種，我太宗文皇帝崇德二年免本年常貢之半，五年免貢米九千包，世祖章皇帝時，凡金銀器皿、人參、馬匹，概與停免。聖祖仁皇帝康熙三十二年，免黄金百兩，青紅藍木棉布六百疋。五十一年免白金千兩，紅豹皮百四十二，視明時貢物已免過半。今惟年貢内可減去青黍皮三百、水獺皮百，木棉布八百疋，白棉紙二千卷，餘貢如常。從之。是年，朝鮮國王以慶賀入貢，特賜《周易折中》《朱子全書》各一部，及松花石硯、法瑯器皿、筆墨等物。

二年，琉球國王恭進慶賀方物，金銀飾佩刀、金銀瓶、泥金畫屏、扇、圍屏、紙、紅銅、白剛、錫、蕉布、夏布，恭進皇后金銀粉匣、扇、蕉布、夏布。特賜國王御書「輯瑞球陽」四字，內庫段二十、松花石硯、玉器、瓷器、法瑯器等物。安南國王慶賀謝恩，恭進方物，均如常貢。特賜國王御書「日南世祚」四字，《古文淵鑒》、《佩文韻府》《淵鑒類函》各一部，同庫段二十疋、松花石硯、玉器、瓷器、法瑯器等物。暹羅國運米至廣，附進穀種、果樹、洋鹿、獵犬等物。特賜國王各色段二十、松花石硯、玉器、瓷器、法瑯器等物，差禮部司官，齎送廣東，交該撫付船長領回。

三年，安南國王遣陪臣入貢，奉旨召見。西洋意達里亞國教化王伯納第多遣使奉表，進貢方物。【略】茲因使臣歸國，特頒斯敕，並賜糚段、錦段、大段六十疋，次段四十疋。王其受領，悉朕惓惓之意。又特賜國王貂皮、人參、各色糚段、錦段、大段、次段、洋漆器、瓷器、芽茶、紙、墨、絹扇等物。

四年，琉球國王尚敬遣使謝賜御書恩，恭進金鶴二、嵌螺鈿黑漆盤碗各三十、彩屏二、扇二百、紙萬張、青花蕉布、白花蕉布、素花蕉布各五十疋。其正使紫巾官召見，奉諭：琉球國王因朕頒賜御書匾額及采段玉器等件，特遣使臣進表謝恩，貢獻儀物，具見悃誠。朕加惠遠藩，不受貢物，但既航海遠來，不忍令其帶回。本國向來朝鮮國王進獻禮物，若不收受，有交送內務府存留，準作年貢之例。今琉球國王所貢禮物，準作三年一次正貢，特賜國王內段、端硯、玉器、法瑯器、玻璃器、磁器，並加賞正使紫巾官銀段等物。

五年，奉諭，朝鮮年貢之例，每年貢米百石，朕念該國路途遥遠，運送非易，著減去稻米三十石、糯米三十石，每年貢糯米四十石，足供祭祀之用，永著爲例。西洋博爾都噶國王若望遣使麥德樂等，具表慶賀，恭請聖安，儀與五十九年同，進貢方物，大珊瑚珠、寶石素珠、金法瑯合、金鑲咖什倫餅、蜜蠟合、瑪瑙合、銀鑲咖什倫合、藍石合、銀鍍金鑲玳瑁合、銀鍍金鑲雲母合、各品藥露五十餅、金絲段、金銀絲段、金花段、洋段、大紅羽段、大紅哆囉呢、洋製銀柄武器、洋刀、長劍、短劍、鍍銀花火器、自來火長槍、手槍、鼻烟、葛巴依瓦油、聖多默巴爾薩木油、壁露巴爾薩木油、伯肋西里巴爾薩木油、各品衣香、巴斯第里葡萄紅露酒、葡萄黃露酒、白葡萄酒、紅葡萄酒、咖什倫各色法瑯、烏木鑲青石桌面、鑲黃石桌面、烏木鑲各色石花條桌、織成遠視畫，凡四十一種。賜國王大蟒段、糚段、倭段各六，片金段四，閃段、藍花段、藍段、帽段、素段各八，綾、紡絲各二十二，羅十三，絹七。貢使以下段、綢、紡絲、絹、銀有差。又特賜國王人參、內段、瓷器、洋漆器、荔支酒、茅茶、紙、墨、絹鐙扇、香囊等物，來使亦加賜有差。蘇祿國王母漢未母拉律林遣使奉表，入貢方物，珍珠、玳瑁、描金花布、金頭牙薩白幼洋布、蘇山竹布、燕窩、龍頭、花刀、夾花標槍、滿花番刀、藤蓆、猿，凡十有二種。奉諭，蘇祿國向來未通職貢，今該國王輸誠嚮化，遣使遠來，進貢方物，奏辭懇切，具見悃誠，其有應行議奏之處，著大學士、九卿詳議。尋大學士等遵旨議奏，蘇祿國入貢，照東南海外安南、琉球、荷蘭、暹羅諸國，初次納貢之例賞給。特賜國王玉器、瓷器等物，正副使加賞內段、銀兩有差。

七年，諭，據福建巡撫奏稱，琉球國中山王尚敬差耳目官毛鴻基等進貢方物。【略】又諭，朕覽禮部具題頒賜朝鮮國王儀物，本內開載賞賜銀百兩，又貂皮折銀百五十兩。朕思賞賜之例，既已開載，貂皮何以又折爲銀。至於賞銀百兩，亦應用儀物，以示朕優重藩王之意，爾等酌議具奏。禮部遵旨議定，賞貂皮一百，不必折價。至賞給國王銀百兩，改爲內庫糚段四疋、雲段四疋，永著爲例。又陳奏伊國賊黨謀逆，遣兵緝獲，奉旨嘉獎，特賜國王段三十二、綾八，《康熙字典》《性理精義》《詩經(傳)〔傳〕説彙纂》《音韻闡微》各一部，賞該國兵丁銀萬兩。暹羅國王遣陪臣朗微述申黎呼等，齎金葉表文，入貢御前方物，馴象、龍涎香、幼鑽石、冰片、沈香、犀角、孔雀尾、翠鳥皮、象牙、速香、安息香、紫降香、荳蔻、膝黃、胡椒、大楓子、烏木、蓽撥、紫梗、桂皮、兒花皮、樟腦、硫黃、檀香、樹膠香、織金頭白袈裟、桃紅袈裟、幼花布、闊幼花布、織金頭白幼布、闊紅布、花幼幔、大荷蘭氈、冰片油、薔薇露。皇后前方物，不進象，餘物各減半。又加進寶劍、仗劍、金地交枝柳條版帶。禮部遵旨議定，嗣後免貢速香、安息香、胡椒、紫梗、紅白袈裟、白幼布、幼花布、闊幼花布、花布幔等物。是年，暹羅國來使共四人，奉旨，著大貢使於同來貢使內選一人，令二人進見。特賜國王御書「天南樂國」四字、內段二十、玉器、法瑯器、松花石硯、玻璃器、瓷器等物。

八年，安南國遣陪臣進四年、七年正貢，又謝賜御書，書籍、段幣、寶玉器皿，恭進禮物加進金龍黃紙二百張、玳瑁筆百枝、斑石硯二方、土墨二包。南掌國蘇瑪喇薩提拉島孫差頭目叭猛花等，奉銷金緬字蒲葉表文一道，貢馴象二。禮部奏南掌國通事刁猛，雖通漢語，語言蹇澁，奏對時不能明晰，有伴送貢使之把總康天錫，熟悉南掌國言語，令其隨貢使進見，其頒賞照蘇祿國初次例。又特賜國王玻璃器、瓷器、糚段、大段、人參等物，正副使銀、段有差。是年，定南掌國五年一次入貢。

九年，琉球國入貢，奉旨，十年貢物，即準作十二年正貢，十一年不必遣使前來。是年，以琉球陪臣子弟入監讀書，學成歸國，國王加進謝恩禮物，嫩蕉布百疋、圍屏紙五千張。

乾隆元年，暹羅國入貢方物，加進金段二、花幔一、荷蘭氈一，照康熙六十一年加賜之例賞給。又貢使呈稱，國王衷曲懇祈轉奏，乞邀恩眷，頒賜蟒龍大袍一二襲。奉旨，暹羅遠處海洋，抒誠納貢，除照定例賞給外，著特賞蟒段四端。

【略】

〔六年〕皇上恭謁盛京祖陵，朝鮮國王遣陪臣迎接進貢方物，與康熙二十一年同。特賜御書「式表東藩」四字，並弓矢、貂皮、鞍馬、糚段、大段等物，正使以下銀段有差。

十四年，暹羅國王遣陪臣朗呵派喱提等，奉金葉表文，入貢御前方物，象二、龍涎香、犀角、沈香、土璇石、象牙、紫降香、大楓子、荳蔻、膡黄、烏木、胡椒、花桂皮、檻樸齒舌皮、樟腦、檀香、硫黄、蘇木、上冰片、冰片油、翠毛、孔雀尾、紅布幔、賀南氈，皇后前不貢象，餘物各減半。又附洋船貢到黑熊、鬭雞、金絲猿等物。使臣朗呵派喱提等，奉表來京，恭遇聖駕巡狩，於啟鑾日，禮部滿堂官引來使等四人，並通事一人，至圓明園宫門外，行三跪九叩禮，恩賞物件，於宫門前賞給，隨至王公百官處送駕，排班之末，跪候瞻仰。特賜國王御書「炎服屏藩」四字，蟒段、片金段、糚段、閃段各二，錦段四，各色段八，玉器、瑪瑙器、法瑯鑪缾、松花石硯、玻璃器、瓷器等物。

十六年，緬甸國遣陪臣希里覺填奉表，入貢御前方物，氈段四，緬布十有二，馴象八，皇太后前馴象二。奉諭，緬甸越在荒裔，自前明嘉靖後，職貢不通，兹復專遣陪臣，齎表闕廷，嚮化奉琛，具昭忱悃。向來南掌等國入貢，筵燕賞賚，均照各國貢使之禮，所有緬甸貢使到京，一應接待事宜，亦應照各國例，以示綏懷。尋禮部奏言，緬甸國使臣等奉表來京，恭遇陛殿，已經行禮，應照例停其進見。從之。賜國王蟒段、錦段各六，閃段八，青藍采段、藍段素段、綢羅、紗各十，王妃織金段、織金紗、織金羅各四段，紗羅各六，貢使以下采段、絹、布有差。加賜國王御書「瑞輯西琛」四字，青白玉器、玻璃器、瓷器、松花石硯、法瑯鑪缾、內庫段，貢使銀段等物。

十八年，暹羅國使臣郎損呑派沛等，奉表來京，恭遇駕幸南苑，即令使臣道旁瞻仰，照例停其進見。特賜國王人參、段錦、玉器、瑪瑙器、法瑯器、銅煖硯、玻璃器、瓷器等物。又西洋國使臣巴哲格等奉表來京，皇上御乾清宫寶座，禮部堂官率領在京居住西洋人一人引來使進見，儀與雍正五年同，賞給如例。加賜國王龍段、糚段、線段、綾、紡絲、羅、絹、册頁、瑪瑙、玉器、法瑯器、漆器、瓷器、紫檀木器、畫絹、香袋、香餅、紙、墨、扇、茶等物。正使糚段、花段、線段、玉器、法瑯器、漆器、瓷器、畫絹、紙、墨、扇、茶等物。又五月初一日於圓明園，賜國王紗、葛、香囊、香串、宫扇、藥錠等物。正副使以下紗、葛、香囊、宫扇等物各有差。

十九年，皇上恭謁祖陵，朝鮮國遣陪臣至盛京迎接，恭進儀物與八年同。蘇祿國入貢珍珠、花藤席、玳瑁、燕窩、花刀、花槍、花標、瓜鴉鐘、咾哮丁香、跂踏竹布、龍涎香，賞給國王與雍正五年同。

二十六年，南掌國入貢，慶賀皇太后七旬萬壽，恩賞該國王及貢使等與雍正八年同。

二十八年，蘇祿國入貢珍珠、玳瑁、燕窩、劍、標槍、吹筒、藤席、洋布、花布、竹布、丁香、鸚鵡等物，賞賜與十九年同。

三十二年，琉球國恭進謝恩方物金鶴、盔甲、馬鞍、金銀飾佩刀、漆飾鍍金佩刀、袞刀、槍、金彩畫屏、扇、絲、綿、練、蕉布、紋蕉布、土苧布、紅銅、白剛、錫等物，賞賜如雍正二年例。

三十六年，南掌國入貢慶賀皇太后八旬萬壽，恩賞該國王糚段、倭段、蟒段、錦段、大段、紅綠猩猩氈片、五色絹、五色紙、人參、玻璃器、瓷器等物，貢使以下銀段有差。其貢使先蒙召至熱河筵宴，入於侍郎班次，特賞貢使蟒段四，先目段各二。又於西直門接駕，賞貢使段三，貂皮四，先目段各二，貂皮各二。

四十三年，皇上恭謁祖陵，朝鮮國遣陪臣迎駕，恭進方物與十九年同。特賜御書「東藩繩美」四字。安南慶賀平定金川，恭進方物，照例內少金龜、漆扇二件，多速香十斤，禮部奏明，奉旨：凡外國進貢正貢方物，自不可短少。若因慶賀陳奏謝恩等事加貢，間有短少與例不符者，毋庸計較。是年安南國將竄越匪犯解送進關，奉旨於正賞外，加賞國王蟒段、糚段、倭段、錦段各一，閃段一，表段二。

四十五年，朝鮮國王遣使至熱河慶賀萬壽，加賞國王段十八，正副使以下銀段有差。又進謝恩隨表方物，特賞國王鞍馬、表段、糚段、雲段、綢、豹皮等物。先是奉旨朝鮮陳謝表章，所有隨表貢物，概行停止，是年該國王遣使謝恩，仍貢方物，奉旨收受，飭嗣後毋庸再進。

四十六年，安南國遣陪臣謝恩入貢方物，奉旨著禮部堂官帶至熱河瞻覲，特賞國王蟒段、倭段、閃段、錦段各二，正副使以下銀段有差。南掌國入貢馴象，進蒲葉表文，恭祝皇上萬壽，恩賞該國王與三十六年同。暹羅國先爲緬匪所破，至是國人鄭昭報讐復土，國王無後，吏民推昭爲國長，遣使入貢象二、沈香、龍涎香、金剛鑽、西洋毯、孔雀尾、翠皮、象牙、犀角、降香、檀香、白膠香、樟腦、蓽撥、白荳蔻、籐黄、大楓子、烏木、桂皮、甘蜜皮、蘇木等物外，又有備貢。奉旨收象一隻，犀角一擔。其象牙等物，准其在廣東省自行變價，并壓艙貨物一體免稅。又於例賞外，特賞國長蟒段、錦段各二，閃段、片金段各一，八絲段四，玉器、瑪瑙器各一，松花白硯二，法瑯器十三，瓷器一百有四。

四十七年正月初九日，紫光閣筵燕朝鮮使臣，奉旨入燕，賞正使錦三、漳絨三、八絲段五、絲段各五、大荷包二、小荷包八、酒鍾一，副使錦、漳絨各一，八絲段五，絲段各三，大荷包二，小荷包四，酒鍾一。琉球、南掌二國使臣並入燕，恩賞與朝鮮同。十五日，正大光明殿賜宴觀燈，朝鮮使臣等獻詩，恩賞八絲段各一，絹箋各二卷，筆各一匣，墨各一匣。十六日，賜朝鮮、琉球、南掌三國使臣於山高水長看烟火，恩賞正使錦各一、八絲段各二，副使錦各一、八絲段各一。【略】九月，皇上恭謁祖陵，朝鮮國王先期遣陪臣在盛京迎駕修貢，與四十三年同，特賜國王御製詩一章，玉如意一柄，德符心矩一帖，正副使以下銀段有差。又恩燕使臣，賞正副使各紙筆、墨硯、糚段、中段等物有差。【略】

四十九年正月初九日，賜中正殿筵燕恩賞朝鮮、琉球使臣，與四十八年紫光閣燕同。

三月，安南國王遣陪臣謝恩入貢，恭遇聖駕南巡，陪臣等於江寧省城外接駕，欽命題作詩，恩賞段各一，紙、筆、墨各一分，特賜國王御書「南交屏翰」四字，御製《古稀説》。又加賞蟒段、倭段等物，賜使臣筵燕於江寧將軍衙門。八月，使臣進京，赴熱河瞻覲，奉旨作詩恭進，賞五絲大段三疋，筆墨各三匣，紙大小六軸。特賜國王御製詩一章，瑞芝如意一柄，蟒段、閃段、漳段、錦段各一。又賞陪臣三員各色段，及羊皮襖、鑲如意鼻烟壺、荷包、牙籤、瓷器、蜜浸荔支、茶餅、茶膏、鮮菓等物。九月，特命朝鮮國王酌派年在六十以上陪臣二三人，充正副使來京，預新正千叟燕盛典。十一月，禮部奏接准朝鮮國王咨稱遵旨，將陪臣年六十以上者，專差進賀，正副使即日登程，進京入燕。奉旨加恩，特賜朝鮮國王澄泥仿唐石渠硯一方，梅花玉版箋、花箋、花絹、仿澄心堂紙各二十張，徽墨二十錠，湖筆二十枝，即交貢使祇領，並諭該國王毋庸具表謝恩，以示體恤遠邦至意。

嵇璜等《清通典》卷六〇《賓禮·敕封外國》 順治六年，遣正副使齎詔敕，往封朝鮮國世子李淏爲朝鮮國王，妻爲王妃，賜國王黑狐皮裘一，黑貂皮百，鞍馬一，大蟒段四，大段四，團補段四，小蟒段、糚段、錦段、石青段各一，王妃大蟒段、糚段、錦段、倭段、閃段、帽段、青段、石青段各二，大段、彭段各三，紡絲、紗各四，付封使齎往。

八年，琉球國差陪臣齎表及通事到京，頒敕一道，諭該國將明季敕印繳換，即令差官齎回。

十一年，琉球國世子尚質遣陪臣繳到明季勅印，特頒詔敕各一道，及鍍金駝紐銀印一顆，遣正副使往封琉球國世子尚質爲中山王。是年定往封琉球國王開列內閣典籍，中書舍人，翰林院讀講，編檢，六科給事中，禮部郎中、員外郎，主事，行人司行人，恭候欽點正副使，各給蟒段、朝衣、麒麟補服。

十六年，遣使齎詔敕，往封朝鮮國世子李棩爲朝鮮國王。是年，定往封朝鮮國王，開列內大臣、散秩大臣、一等侍衛、滿內閣學士、翰林院掌院學士、禮部侍郎，恭候欽點正副使各一人。

十八年，安南國王黎維禔奉表投誠，照琉球國例頒敕一道，令來使齎回本國。

康熙三年，以荷蘭國王助兵克取厦門、金門，頒敕諭二道褒獎。是年，禮部奏言安南國世子黎維禧請封，得旨俟該國王繳送明季敕印再行議奏。

五年，安南國世子黎維禧繳到明季敕印，特遣正副使齎敕及鑄給鍍金駝紐銀印，往封黎維禧爲安南國王。又定往封安南國王開列正副使，及給蟒段、朝衣，麒麟補服悉照出使琉球之例。

十二年，暹羅國請封，給與敕書並鍍金駝紐銀印，貢使於午門外祇領，並行令該國王恭迎各儀。

十四年，遣正副使齎詔敕封朝鮮國世子李焞爲朝鮮國王，妻爲王妃。

二十一年，遣使齎敕封琉球國世子尚貞爲中山王，賜國王蟒段、閃段、青段各二，石青采段、藍采段、錦段各三，紗、羅、綢各四，王妃石青采段、藍采段、藍段、青段各二，粧段、閃段各一，紗、羅各四，特賜國王御書「中山世土」四字。

二十二年，敕封安南國世子黎維正爲安南國王，以舊印模糊，並換給新鑄駝紐鍍金銀印，賜國王御書「忠孝守邦」四字。

三十六年，諭朝鮮國奏稱正妃無子，請將側室所生之子李昀封爲世子，應准其所請，賜物照例由户部支取，遣正副使臣齎敕往封，賜世子織金段四段，紗、羅各四，裏各四。

四十二年，定朝鮮國王繼室，照例封爲王妃，其誥命及賜封王妃禮物均與封嫡妃同。

六十一年，朝鮮國王奏請其弟李昑爲世弟，部議與例不符，得旨：照所請。行遣使齎敕往封其弟李昑爲世弟，賜世弟織金段四段，紗羅各四，裏各四。

嵇璜等《清通典》卷九七《兵典·邊防一》

朝鮮

順治元年五月，以破流賊李自成，底定燕京捷音宣示朝鮮。七月，倧遣陪臣表賀，貢方物。奉敕減朝鮮歲貢額内紵布四百匹、蘇木二百斤、茶千包、棉綢千匹、各色細布五千匹、布四百匹、麤布二千匹、順刀十把、刀十把。其元旦、冬至、萬壽慶賀貢物，以道遠俱於朝正時附進，著爲令。【略】

〔康熙〕十二年正月奉旨，朝鮮國王世篤悃忱，嗣後年貢，内黄金百兩及藍青紅木棉，永著停止。【略】

雍正元年諭禮部，朝鮮自歸順我朝以來，恪盡藩職，所貢方物，再議減免，以紓其力。尋議減布八百匹、獺皮百張、青鼠皮三百張、紙二千卷。從之。【略】

康熙三十二年九月，日本國船一十二人漂至廣東，守臣以聞，命量給衣糧，護送浙省，令其歸國。其與中國貿易者，長崎島爲百貨所聚，商旅通焉。國尤饒銅，我朝經制鼓鑄所資，滇銅而外，兼市洋銅，安徽、江蘇、浙江、江西等省，歲額市四百四十三萬餘斤，商辦銅斤，有倭照以爲憑信，攜帶綢緞、絲斤、糖藥等物往日本市銅，分解各省。乾隆二十四年，禁止絲斤出洋，又兩廣督臣請將綢緞、綿絹一并禁止，嗣據江蘇巡撫奏請，仍許洋商酌量攜帶，每船皆有定額，非日本辦銅商船，不得援以爲例。從之。

嵇璜等《清通典》卷九八《兵典·邊防二》

暹羅

〔康熙〕十二年二月得旨，暹羅貢使所攜貨物，願至京師貿易，則聽其自運，或願在廣東貿易，督撫委官監視之。【略】二十四年十二月，閣臣議覆增賞暹羅緞幣表裏五十，上從之。六十一年四月，貢使至，賜其國王及王妃紗緞，諭令運米三十萬石於福建、廣東、寧波等處糶賣，免其征税。雍正二年十月，貢稻種、果樹，賞賚如例，又加賜國王蟒緞、玉磁等物。【略】六年二月，運米至廈門。七年六月，貢使至，賞賚如例，又加賜國王蟒緞、玉磁等物，御書「天南樂國」四字匾額賜之。奉旨，暹羅常貢土物，内有速香、安息香、袈裟布匹等，嗣後免其入貢，著爲例。乾隆元年，國王森列拍照廣拍馬嘑陸坤司由提雅普埃以嗣立，故遣陪臣貢馴象及方物。奉旨，特賞蟒緞四匹，加恩賞給銅八百斤，後不爲例。【略】十四年七月貢使至，賞賚如例，又加賜國王蟒緞、玉磁等物，御書「炎服屏藩」匾額賜之。十八年二月，貢使至，照例加賞，并從所請，加賜人參。以後職貢不絶，並照例加賞。【略】

南掌

本朝雍正七年，雲貴廣西總督鄂爾泰疏言：南掌國王島孫遣使奉蒲編金字表文一道，馴象二隻，求入貢。得旨嘉獎，沿途護送，從厚支給。八年二月，遣使表貢，并請定貢期，得旨，五年一貢，本年初次納貢，頒賜敕諭一道，並賜文綺等物，令使臣齎捧回國。九年六月，奉表謝，頒敕諭恩。乾隆元年，賜國王島孫彩緞文綺。【略】

柬埔寨

土産有蘇木、象牙、白荳蔻、滕黄、麞皮、檳榔子、黄蠟，每冬春間，浙閩粤商人往彼互市，近則兼市絲斤，及夏秋乃歸。【略】

丁機奴

丁機奴在西南海中，風俗略同柔佛，土産有胡椒、沙金、沙藤、速香等物，國人終身不出境，無航海而來中國者。各歲冬春間，粤東商人以茶葉、磁器、色紙諸物，往其國互市。乾隆二十九年，以兩廣總督蘇昌奏，准帶土絲及土蠶湖絲，浙閩人亦間有往者，及夏秋乃歸。【略】

亞齊

亞齊在西南海中，相傳即蘇門答剌國。【略】男女穿長衣，頭纏白布。土産有西洋布。

英吉利

英吉利，一名英圭黎，紅毛番種也。距廣東計程五萬餘里。【略】康熙間，英吉利始來通市，後數年不復來。雍正七年後，互市不絶。乾隆七年十一月，英吉利巡船遭風，飄至澳門海面，廣東撫臣資給回國。二十二年，禁英吉利商舶，不准於浙貿易，自是皆收泊廣東。其土産有大小絨、嗶嘰、羽紗、紫檀、火石及所製玻璃鏡、時辰鐘表等物，精巧絶倫。二十七年，夷商白蘭等求仍照前通市，兩廣總督蘇昌奏，請照東洋銅商絲斤搭配綢緞之例，酌量配買。奏可。自是英吉利來廣互市，每船如額配買，歲以爲常。【略】

荷蘭

荷蘭俗稱紅毛番，亦曰紅夷，與法蘭西相接。【略】其土産有馬、珊瑚、哆囉絨、嗶嘰、緞。【略】

順治十年，廣東撫臣奏：荷蘭願備外藩，謹修職貢。十三年六月，國王墨投爲也甲必丹物馬綏極遣使表貢，奉旨令，八年一朝，並賜敕諭令貢使齎捧歸國。康熙三年，大兵渡海，攻鄭錦等，荷蘭國率舟師助勦，上嘉其功，賜國王文綺、白金等物。二十五年六月，國王遣使請進貢，五年一次，並請貢道由福建入，許之。是年，定減荷蘭貢額，賜敕慰諭。乾隆元年，特命減荷蘭國税額。二十七年，准荷蘭夷商每船配買絲斤、綢緞，皆有定額，著爲例。【略】

嵇璜等《清通典》卷九九《兵典·邊防三》

西洋博爾都噶爾亞

博爾都噶爾亞，在歐邏巴極西境，周七百里，西濱大洋地。【略】土産果實、絲綿，極美。多水族，善釀蒲萄酒，即過海至中國不壞。明以前未通中國，入本朝，西洋諸部面内向化，雍正五年四月，其國王名若望者，遣陪臣貢方物，上嘉其誠悃，優加宴賚，並賜敕書於國王及文綺諸物，令使齎捧歸國。乾隆十八年三月，遣使貢方物，命欽天監監正劉松齡前途導引至京，召見使臣，賜宴觀舟嬉，並賜敕書於國王及蟒緞、文綺、玉磁、紙墨諸物，優渥有加。

嵇璜等《清文獻通考》卷三三《市糴考二》（順治）十三年，准荷蘭國貢使，在館交易。【略】是年八月，其貢使歸國，特降敕，【略】錫賚大蟒緞二匹、粧緞二匹、倭緞二匹、閃緞四匹、藍花緞四匹、青花緞四匹、藍素緞四匹、帽緞四匹、衣素緞四匹、綾十匹、紡絲十匹、羅十匹、銀三百兩，以報孚忱。至所請朝貢出入，貿易有無，雖灌輪貨貝，利益商民，但念道里悠長，風波險阻，舟車跋涉，閲歷星霜，勞勩可憫，若朝貢頻數，猥煩多人，朕皆不忍，著八年一次來朝，員役不過百人，止令二十人到京，所攜貨物在館交易，不得於廣東海上私自貨賣。爾其體朕懷保之仁，恪恭藩服，慎乃常職，祇承寵命。

嵇璜等《清文獻通考》卷三八《土貢考》 外藩南方、東南、西南方各國額貢物産。

萬壽聖節貢物：御前貢黄細苧布十疋、白細苧布二十疋、黄細綿綢三十疋、紫細綿綢二十疋、白細綿綢二十疋，龍文簾席二張、黄花席二十張、雜彩花席二十張、滿花方席二十張，獺皮二十張，白綿紙一千四百卷，粘六張厚油紙十部。皇太后前貢紅細苧布十疋、白細苧布二十疋、紫細綿綢二十疋、白細綿綢十疋，黄花席十張、滿花席十張、雜彩花席十張。皇后前貢紅細苧布等儀物同。

凡冬至貢物：御前貢黄細苧布十疋、白細苧布二十疋、黄細綿綢二十疋、白細綿綢二十疋，龍文簾席二張、滿花席二十張、黄花席二十張、滿花方席二十張、雜彩花席二十張，白綿紙一千三百卷。皇太后前貢紅細苧布十疋、白細苧布二十疋、白細綿綢十疋、紫細綿綢二十疋，滿花席十張、黄花席十張、雜彩花席十張，螺鈿梳函一具。皇后前貢紅細苧布等儀物同。

凡年貢：御前貢白苧布二百疋、紅綿綢一百疋、緑綿綢一百疋、白綿綢二百疋、白木棉一千疋、木棉二千疋，五爪龍席二張、各樣花席二十張，鹿皮一百張、獺皮三百張，好腰刀十把，好大紙二千卷、好小紙三千卷，粘米四十石。

凡慶賀貢物：御前貢黄細苧布三十疋、白細苧布三十疋、黄細綿綢二十疋、白細綿綢三十疋，龍文簾席二張、黄花席十五張、滿花席十五張、雜彩花席十五張，白綿紙二千卷。皇太后前貢紅細苧布十疋、白細苧布十疋、白細綿綢二十疋，滿花席十張，雜彩花席十張。皇后前貢紅細苧布等儀物同。前各項貢物題准收受。

凡謝恩貢物：御前貢黄細苧布三十疋、白細苧布三十疋、黄細綿綢二十疋、紫細綿綢二十疋、白細綿綢三十疋，龍文簾席二張、黄花席十五張、滿花席十五張、雜彩花席十五張，白綿紙二千卷。皇太后前貢紅細苧布十疋、白細苧布十疋、白細綿綢二十疋，滿花席十張、雜彩花席十張。皇后前貢紅細苧布等儀物同。

加恩准留作正貢：凡請封貢物，御前貢黄細苧布二十疋、白細苧布二十疋、黄細綿綢二十疋、紫細綿綢二十疋、白細綿綢三十疋，龍文簾席二張、黄花席十張、滿花席二十張、雜彩花席十張，獺皮二十張、青鼠皮三十張，白綿紙二千卷，黄毛筆一百枝，油煤墨五十錠。皇太后前貢紅細苧布十疋、白細苧布十疋、白細綿綢十疋，滿花蓆十張，雜彩花蓆十張。皇后前貢紅細苧布等儀物同。加恩准留作正貢。凡陳奏貢物與請封同，加恩准留作正貢。正貢每歲一至，貢道由鳳凰城。年貢舊有白銀、麻布、水牛角、順刀、蘇木、胡椒、茶、黃金豹皮、青鼠皮、後俱免貢。

臣等謹按，朝鮮地處東陲，本朝開國之初，最先効順，獻琛奉賮，世篤悃忱，固王化所先及，而東南諸國之首倡也。與琉球國貢【略】貢期間歲一至，貢道由福建。【略】荷蘭國貢馬匹、珊瑚、鏡、哆囉羢、織金毯、嗶嘰緞、自鳴鐘、丁香、檀香、冰片、琥珀、鳥槍、火石，貢期五歲一至。貢道舊由廣東，今改由福建。舊貢有銀【略】後俱免貢。【略】

〔安南國〕貢期六歲再至，貢道由廣西。舊貢有白絹。【略】後俱免貢。

暹羅國，御前貢龍涎香一斤、象牙三百斤、西洋閃金花緞六疋、胡椒三百斤、籐黃三百斤、荳蔻三百斤、蘇木三千斤、速香三百斤、烏木三百斤、大楓子三百斤、金銀香三百斤。皇后前貢龍涎香等儀物同，數目減半。凡常貢外，例有加貢，無定額，貢期三歲一至，貢道由廣東。舊貢有白糿布、糿花布、闊糿花布、花布，俱免貢。

西洋意達里亞國，貢蜜蠟盃、蜜蠟瓶、銅日規、水晶燈、銀盤、紙盤、皮畫、花石片、鍍金皮規矩、番銀筆、珊瑚珠、瑪瑙珠、火漆、羽緞、週天球、顯微鏡、火字鏡、照字鏡等物，路遠無定期，貢亦無定額，貢道由廣東。

西洋博爾都噶爾國，貢珊瑚珠、寶石素珠、咖石喻瓶、瑪瑙盒、雲母盒、玳瑁盒、各品藥露、金絲緞、金銀絲段、金花緞、洋緞、羽毛緞、哆囉呢、洋刀、長劍、短劍、自來火長槍、手槍、各品衣香、各色葡萄酒等物，路遠無定期，貢亦無定額，貢道由廣東。

蘇祿國貢珍珠二顆、玳瑁十二斤、描金花布一疋、金頭牙薩二疋、白幼洋布二疋、蘇山竹布二疋、燕窩一箱、龍頭花刀一對、夾花標槍一對、滿花番刀一對、藤蓆一對，活猿一對，貢期五歲一至，貢道由福建。

南掌國貢馴象，貢期十歲一至，貢道由雲南。

緬甸國貢馴象、氊緞、緬布，路遠貢無定期，貢道由雲南。

嵇璜等《清通志》卷九三《食貨略》 〔乾隆〕二十四年西陲底定，自闢展庫車、阿克蘇、烏什、和闐、葉爾羌、喀什噶爾等處，均設市集，內地運往者，綢緞、褐氈、色布、茶封，易回部驢、馬、牛、羊、翠羽、花翎、毛革、金銀銅貨及麥蕎、芻茭以實邊境軍儲。或遣官監運，或聽軍民販載其物，價悉照內地價直交易。是年，禁外洋夷船販運絲斤。明年，江蘇巡撫陳宏謀言：各關差招商採洋銅，向係置辦綢緞、絲斤并糖藥等貨，今絲斤已禁，若將綢緞一概禁止，所帶粗貨，不敷易銅，請將綢緞、紵、絹等，准其買辦。尋議，將議商額辦銅，本所有應需，酌搭綢緞，及裝載船隻，酌定捲數斤兩，責成乍浦、上海二處官，照例秤驗輸稅，使商人不得重複影射。

二十七年，命開奉天海禁，並定給票互查之例。二十八年，禁暎咭唎商船，不准於浙江貿易，自是皆收泊廣東。又陸續准暎咭唎、咖喇吧、荷蘭等國夷商及琉球國配買絲絹，以易外洋銅斤。二十九年准兩廣、浙閩各商，攜帶土絲及二蠶湖絲往柔佛諸國貿易，此後外藩貿易，悉照常例。至於西域藩部來新疆貿易者，各有常例，如哈薩克諸部，於伊犁貿易，布嚕特諸部，於喀什噶爾貿易，痕都斯坦諸部，於葉爾羌貿易，齊齊玉斯諤爾根齊諸部，常至伊犁等處貿易。又定外藩商人在回部貿易者，三十分抽一，皮幣二十分抽一。回部商人往外藩貿易者，二十分抽一，皮幣十分抽一。其牲畜貨物不及抽分之數，視所值低昂以普爾折算。

《皇清奏議》卷五五楊廷璋、定長《請復絲觔出洋舊例疏》 閩浙總督臣楊廷璋、福建巡撫臣定長謹奏，爲遵旨議奏事。乾隆二十九年欽奉上諭，臣等跪誦之下，仰見聖主遠鑒如神，爲閭閻籌畫生計，至周且備。伏查絲觔一項，數年以來，價值原極昂貴。乾隆二十四年仰蒙聖主俯准，臺臣李兆鵬等條奏，將絲觔嚴禁出洋，並准部議，將綢緞絹一律嚴禁，節年實力遵行在案。原使留有餘於內地，俾物多價平，於民生日用有裨。臣等於奉文飭禁後，竊意從此絲價自必日減，乃自二十四年禁止出洋以來，迄今五載，不特絲價依然昂貴，未見平減，且偶值蠶事收成稍薄，價值較前更昂，推原其故，總由國家承平日久，百數十年，生齒日繁，民間需用日多，物價有不得不長之勢，誠如聖諭，生齒衍繁，取多用宏，蓋物情自然之勢也。查向來販洋絲觔，均不過土絲及粗糙之絲，祇堪供織土綢，而不足供紗緞綾羅之用，祇應粗絲價昂，而細絲價減，今無論粗細絲觔，一律昂貴，其非關販洋已可概見。且不特此也，即以產地而論，浙省之杭、嘉、湖及紹屬之諸暨，產絲最盛，每屆新絲出後，江、浙、粵、閩，販絲客民，挈本而來者甚多，所產粗絲，頃刻得價售賣，農民轉覺生計裕如。今奉禁之後，絲價未見其平，而粗絲消售轉滯，於農民反有轉售不速之苦。再查外番船隻，載貨挾貲，遠赴內地，原欲以其所有，易其所無，而各番首重者絲觔，今因禁止販洋，近年粵、閩貿易，番船甚覺減少，即內地販洋商船，亦多有停駕不開者。在外番因不能置買絲觔，運來之貨日少，而內地所需洋貨，價值亦甚見增昂，是中外均無裨益。臣等悉心體察，竊謂絲價之低昂，總視乎蠶事之豐嗇，蠶收稔則絲價自平，蠶收歉則絲價自貴，固有自然之勢。今蒙聖主燭照民隱，勅下臣等悉心體察，應否即行開禁。臣等伏思，禁洋而絲價過減有益於民，自宜永行禁止。今奉行已五年之久，絲價迄未平減，徒使外番以織紝不供，紛紛瀆請，而民間又乏銀貨流通之益，實屬兩無所便。伏讀聖訓：以天下之物，供天下之用，尤爲通商便民。大哉天言，誠中外一體之遠模也。應請特頒諭旨，將販洋絲觔，照舊弛禁。但開禁之後，若不定以限制，竊恐商民惟利是圖，知外番缺絲已久，一經弛禁，必紛紛不惜重價，買運新絲赴洋，內地不免有絲少價翔之患，似非稱物平施之道。伏查乾隆二十八年琉球國請聖主格外施恩，准其歲買土絲五千觔、二蠶湖絲三千觔，此係出自特恩，且係一國一歲所買之數。今絲禁一開，商販船隻多寡，雖屬難定，每船各有配買絲觔，一至外番，積少成多，即足供其織紝。臣等愚昧之見，應請定以海洋內外商船，每船止許配搭土絲一千觔、二蠶粗絲一千觔，此外不許多帶，並不許兼帶細絲，影射蔽混，俟三年之後，內地不致絲少價昂，再請酌增觔數。至絲觔既蒙恩准其帶往，則外番俱可自供織紝，其內地已織之細緞紗羅綵棉等項，應請仍照舊例禁止出洋，留爲內地之用，以免價值騰貴之虞。其稽查之法，應責成各海口關及沿海各汛口文武員弁，逐層查驗。先令海關驗明絲觔粗細觔兩，如無影射多帶情弊，收稅後即予印照，註明絲觔數目，再令出口之處及沿途各海汛文武官弁，會同查驗，屬貨照相符，方准開行。設有奸商，於額定觔數之外多帶，及將細絲混作粗絲，並夾帶細緞紗綾綵棉等項者，不拘何處查出，即照原例，按多帶觔數，分別充軍徒杖治罪。汛口文武官弁，如不實力稽查，致有影射侵漁之弊，即分別失察故縱，嚴揭參懲。如此弛禁之中，定節制之限，或亦因時調劑之一法也。緣奉諭旨飭議，謹就臣等管見所及，恭摺議奏。

《皇清奏議》卷六二李侍堯《籌制緬甸機宜疏》 查從前定議，閉關禁市，絕其資生之路，原屬制緬要策，現在該酋來稟，亦曾籲懇開關，然使生計果真窘迫，自當力圖完局，因何屢有變更。茲臣留心察訪，緬地物產棉花最多，次則碧霞璽翡翠玉，其仰給於內地者，不過綢緞貢絲鐵針之類。近年以來，彼處玉石等物，雲南、廣東二省，售賣頗多，皆由內地每差土人躧夷出關探偵，盤查兵役，因見官差要務於隨身行李搜檢未嚴，夾帶私走，勢所不免。究之偵探者，止在野人地界，摭拾無稽，不但不能得彼真情，轉將內地信息從而洩漏。至於棉花一項，臣在粵省時，見近年外洋港脚船隻進口，全載棉花，迨至出口回帆，又止買帶些須白糖、白礬，船多稅少，頗累行商。臣與監督德魁嚴行飭諭，嗣後倘再混裝棉花入口，不許交易，定將原船押逐在案。外洋海道，各國皆通，臣初不知緬地多產棉花，今到滇後，聞緬匪之晏共羊翁等處，爲洋船收泊交易之所，以臣在粵所見核之，在滇所聞緬地棉花悉從海道帶運，似滇省閉關禁市，有名無實，究不足以制緬匪之命。且遞年鎮將大員，帶兵數千駐守，非惟不成事體，而此局一日不完，一日上煩睿慮，臣忝任封疆，受恩深重，目擊心憂，思維再四，急欲籌辦，尚無機會，就臣愚見，惟有以夷攻夷之法。【略】謹繕摺具奏，是否可行，伏乞皇上聖裁。

左宗棠《左文襄公全集》書牘卷一八《上總理各國事務衙門》 前奉鈞函，并承照録給俄使照會，謹已領悉。【略】俄人國於北方，其東北西北均與我緊連，惟中段爲蒙部遮閡，恰克圖地小而非總要路口，其注意西陲互市，固無怪其然。然俄之物產無多，其精好者，非中國日用所必需，其粗重者，由車駄運售，脚價過貨本數倍、十數倍，銷路難暢。商情見利則趨，斷不甘心折閲。觀泰西諸國來商於中土者，倒歇日多，可知大概，此猶舟楫之國也，若城郭之國、游牧之國而計及懋遷，其利鈍之數不可懸揣乎。宗棠竊謂俄商互市，其來貨不過哈喇氈毯、哈薩布等物，中國可有可無，邊方貧苦荒儉，久已樸陋相安，此等非所必需，行銷必不能廣，惟內地所產茶葉、大黄、絲棉、紅花，爲彼所需。茶除湖、廣所產，向有引商行銷陝、甘、新疆外，四川所產，行銷本省，有鹽茶道主之，陝西產茶之地，僅石泉、漢陰一帶，近因湖茶不行，皆侵銷甘商引地。俄人見湖、廣、川、陝之茶，皆必由甘肅經過，始達於邊，而大黄爲甘肅各郡縣所產，川中絲棉亦必由甘肅經過，始達於邊，則嘉峪居其總要。其注意互市，而添入嘉峪口者，以此察看情形，彼以互市爲利者，在銷中國之貨，於中國無損而有益，甘肅得釐稅之入爲創獲，於瘠區不無小補，我以互市爲利者，不能多銷外國之貨，其銀多入於中國也。至於口埠之多寡，仍以銷貨之衰旺爲斷。市旺則口埠增，市衰則口埠減，見在我不必定其子口，彼利盛則增，利微則減，亦自然之勢。即如漢口洋行，始爲泰西各國所共爭，今且因生計蕭條，多經閉歇，求售無主，又旗昌洋行推與華商，是其明驗。蓋洋貨惟鴉片一種，流毒久而英專其利，所獲最多，此外則所售非中國日用所必需，始則有利可圖，終則價貴滯銷，成本與子息，暗多虧耗，而奸商乃成拙商矣。

俄議互市，其本謀在茶葉、大黄、絲棉，以甘肅爲來源，相距較近，所省運脚爲多，而實又其國日用所需，并用由其國水路銷行西海各部落，爲利厚而可久耳。論者謂俄之計利太深，究將貽中國之患，不知茶葉、大黄、絲棉之屬，在中國地大物博，所産取之不窮，行銷既廣，可以土物易金銀，於百姓生計，無損而有益，中國土物，不能自銷外國，俄以之出售於絶域不鄰之區，縱取贏十倍，亦由其能力所致，於華商并無所妨，況由川、湖採運至甘，本華商生計乎。所慮索價太高，俄商無利可圖，將又顧而之他，不奪不饜，或至另生枝節，則定議之初，與其悉心妥議，務期兩便，亦未嘗無策也。

左宗棠《左文襄公全集》書牘卷二二《與劉毅齋》 喀葉和羊毛及各城所産棉絲，均將來互市大宗，并希留意。

左宗棠《左文襄公全集》書牘卷二三《上總理各國事務衙門》 俄貨入中國者，如大呢、哈喇粗細氈毯、皮張之屬，其精好者，非民生日用所需，其粗者，價值低微，新疆南北兩路，所産不乏，其銷路必不能暢。由嘉峪入關，歷肅、甘、涼以達蘭州、秦州、漢中，素非繁富之區，兵燹之餘。雕劾，日甚，銷售殊不能多。漢口則江漢總匯，商販爭趨，可期暢旺，然洋商營運，皆由水路，俄獨由陸數千里轉般而來，脚價增多奚翅十倍過之，運價費則成本加，成本加則銷路滯，一定之理。又俄貨之出售内地，則各國差同，人情數見不鮮，非減價招徠，難言踴躍。合此觀之，銷貨一事，不但無利可圖，且折閲亦鉅也。如此，則俄商之利，惟在内地置貨，入俄行銷一事。俄商置貨，以茶、絲爲大宗，茶惟楚産者良，蜀雖絲茶并産，而茶遜於楚，亦少於楚，此次之以漢中、漢口、宜昌并請者，蓋欲於絲、茶廣産之區，自行採購，徑運入俄，利源併歸俄商，獲益自饒耳。蜀絲無販運來甘者，其貿易衰旺情形，無由知其大概。茶則西、甘、莊三司所屬行銷，舊本官商引地，變後官商歇業，片引不行，乃議招販改票代之，惟時值流亡未復，户口彫零，行銷甚滯，比肅州克復，南北兩路以次戡定，引地收回，銷路可期稍暢矣。

俞樾《茶香室叢鈔三鈔》卷二五《白越議》 明李日華《六硯齋筆記》云：「大食國貢白越議三段。」白越議，番布之最精者。

薛福成《庸盦海外文編》卷三《海關出入貨類敘略》癸巳 光緒十八年，進口洋藥價銀二千七百四十一萬餘兩，洋布羽綾棉紗棉綫價銀五千二百七十萬餘兩，呢羽嗶嘰氈絨價銀四百七十九萬餘兩，銅鐵銅鉛錫價銀七百十三萬餘兩，米價銀五百八十二萬餘兩，煤油價銀五百零四萬餘兩，海貨價銀五百二十萬餘兩，煤價銀二百萬餘兩，自來火價銀一百四十二萬餘兩，其餘雜貨價銀各數十百萬兩不等。都洋貨價銀一萬三千五百十萬餘兩，而紗布呢羽等幾居進口貨價之半，洋藥亦幾居四分之一。爲中國計，宜設方略，漸杜洋藥來源，而勸導商民仿洋法織布紡紗，尤爲第一要義，其次開礦，其次鍊鐵，其次仿織呢羽氈絨，其次仿造自來火乃製煉煤油，風氣既開，而致富之能事盡此矣。

出口絲繭價銀三千零三十四萬餘兩，綢緞價銀七百□十六萬餘兩，茶價銀二千五百九十八萬餘兩，棉花價銀五百零八萬餘兩，草帽緶價銀二百零五萬餘兩，糖價銀二百零七萬餘兩，紙價銀一百五十七萬餘兩，席價銀一百二十九萬餘兩，豆價爆竹價銀各一百十八萬餘兩，瓷器窑器價銀一百零八萬餘兩，其餘雜貨價銀各數十百萬兩不等。都土貨價銀一萬零二百五十八萬餘兩，絲茶兩項爲大宗，幾占土貨價十分之六。如欲整頓土貨，仍須注力絲、茶，庶能握其綱領，其餘如棉、糖、紙、席、草帽緶等物，苟能隨事講求，隨時整理，亦有大益。此外土貨俟鐵路開通，必有於無意中暢銷如草帽緶之類者矣。

竊查光緒二年間，出入口貨，約略足以相抵，今以出貨與入貨相比較，中國虧銀至三千二百五十餘萬兩之多，何哉。近兩年中，洋布洋紗進口之價，逾於元二年間之價，約三千數百萬兩，則中國虧銀，皆紗布暢銷爲之也，從此中國織婦機女，束手飢寒者，當不下數千萬人，豈細故哉，而謂導民織布紡紗，尚可緩乎哉。抑余又聞紡紗之效，逾於織布。日本通國經營，已獲厚利，即華民自織之布，亦樂購用洋紗，以其價廉質良而易售也。故華商偶設一二紡紗之廠，亦無不獲利者，然則有提倡之責者，盍勸商民購機設廠，先仿洋法紡紗以蔪漸及織布乎。

陳康祺《郎潛紀聞三筆》卷一《朝鮮在中江互市之例》 朝鮮爲國家外藩，邊門商民亦有互市之例，謂之馬市。市設於中江，歲春秋仲月望後，朝鮮員役以牛貨濟陳於江干，駐防兵丁臺馹夫以布七千五百十四段，易牛二百、鹽二百九十九包、海菜萬五千八百斤、海參二千二百斤、大小紙十萬八千張、綿麻布四百九十九段、鐵犁二百具。以京畿、平壤、黄海三道商各一人承辦，義州知府率員役領之。所具糗餌蕘魚稱之曰宴，其官商曰别將。右見蒙古博明所著《鳳城瑣録》，亦聖朝懷遠之謨也。

王先謙《東華録·順治一》〔順治元年九月丙午〕，大行皇帝遺諭曰：寛温仁聖皇帝敕諭，朝鮮國王李倧，歲貢方物，悉出於民。夫民皆吾民，朕恐重致疲下軍機大臣議。尋議准烏嚕木齊距巴里坤雖遠，而以哈薩克至烏嚕木齊計之，則又不啻數倍。前據阿布賚所請，業經奉旨酌定，准其在該處貿易，似不應又行更易地方。且臣等原議，原因烏嚕木齊商販難至，是以暫令官辦，即云運費倍於貨本，原可按費加價，況哈薩克越在荒服，而吐魯番近接邊陲，建有城堡屯田，較之烏嚕木齊之地方空闊，可以隨處開列市集者不同，若令貿易夷人往來於吐魯番，恐吐魯番回民或有私相交易等事，未免轉致滋擾，應照原議，仍在烏嚕木齊貿易，用昭大信。至於收換馬匹，專爲軍營備用，如騸馬之外，或有隨帶騍馬，亦可酌量准收，至駝、牛二項，哈薩克出產本少，或有隨帶羊隻等畜，足供軍需者，自應一體收買。其餘疲瘦牲畜，及一切雜貨，雖不應准其貿易，但念夷人攜帶遠來，或量爲減價收留，以示節制。緞匹一項，應如所奏辦理。茶封、布匹，尤係哈薩克人衆必需之物，自應即於現存內酌量運往，餘均應如所奏行。惟是明歲係哈薩克夷人初次貿易，雖不必過於遷就，致使將來援以爲例，但一應價值交易之際，必宜仰體皇上柔遠之恩，示以公平，俾知天朝大體，應交該督轉飭派往之道協各員，善爲經理。尋黄廷桂覆奏：道員范清洪、同知范清曠二人，向曾承辦軍需，其餘貿易之事，自必有熟練可委之人，仰請欽定一員，俾之帶領舊時商夥，先期來肅，臣將交易各事宜，與之講論明白，屆期前往承辦。並請敕下將軍兆惠、富德，曉示哈薩克，將明秋何日起程，約於何時可至烏嚕木齊，先行通知咨會到臣，以便依期齊至，兩無守候，更爲妥協。下軍機大臣議。尋議，此次貿易，各事宜誠，非熟諳經紀者，不能辦理，應如所請，將范清洪等於甘肅現任內調補一員，令其酌帶熟練人員前往。至所請交將軍兆惠曉示該夷，先行咨會，以便依期齊至等語，查哈薩克初次貿易，原與從前貿易者不同，前既定以貿易之期，該夷程途窵遠，難以再令行文曉示，應令該督，一面咨詢將軍兆惠酌量計算程期，先行知會，一面辦運貨物，總在七月初間齊赴該處。如果彼此如期齊至，固可即爲交易，即哈薩克因路遠稍遲數日，諒亦不致久費守候。議入，從之。《通考》

二十三年，黄廷桂言：本年七月內，哈薩克在烏嚕木齊交易事宜，臣遵照廷議，一切先爲備辦，其陝省辦解緞三(十)〔千〕匹，業將二千匹運赴巴里坤收貯。惟巴里坤現存布匹，恐爲數尚少，亦經酌量在甘、涼、肅辦解梭布三百對，京莊布一千五百匹，陸續運往收貯備用。茲侍衛努三遵旨自軍營回京抵肅，臣思努三前在軍營，於哈薩克情形最爲熟悉，因將交易事宜，詳悉詢問。據稱，哈薩克各部，人皆散處，凡有調遣會合之事，俱各隨所願，不能派定，將來貿易人數，或多

困，今將歲貢緑綿紬二百五十疋、紅綿紬二百五十疋，各減五十疋；白綿紬一千五百疋，減五百疋；細紵絲四百疋，減三百疋；粗布七千二百疋，減二百疋；上等腰刀二十六口，減六口；五爪龍蓆四領，減二領；雜色花蓆四十領，減二十領，其餘仍舊。【略】又遣諭曰：朕聞本朝使臣仍照明國使臣舊例餽遺，致累民人，殊非善制。今將餽遺本朝使臣禮物裁減，著爲定例，正使鞍馬二匹，空馬二匹，各減一匹；銀二千五百五十九兩，減一千五百五十九兩；綿紬五百五十七匹，減三百五十七疋；紵絲一百六十二疋，減一百二疋；布六百五十疋，減三百五十疋。

王先謙《東華録·順治三》〔順治元年十一月〕爾朝鮮國攄誠效順，歷有歲年，恪共藩服，宜沛隆恩。【略】每年進貢方物，皆出於民，其額進紵布四百疋，蘇木二百斤，茶一千包，俱著蠲免。再各色棉紬二千疋，著減一千疋，各色細布一萬疋，著減五千疋，布一千四百疋，著減四百疋，粗布七千疋，著減二千疋，順刀二十把，著減十把，餘俱如舊。

王先謙《東華録·康熙一》〔順治十八年甲申〕禮部奏：安南國王黎維祺，傾心向化，有協力討賊之勞。應照例賞銀一百兩、錦四端、紵絲十二表裏。令兵部撰給敕書。得旨：交趾傾心向化，復協助勦賊，深可嘉尚。爾部以故明卑視外國之禮議覆，殊不合理，著另議。尋議應賜銀五百兩、大蟒段二匹、粧段二匹、錦二匹，綵段表裏各十二，仍令兵部撰給敕書，付差官齎歸。從之。

席裕福、沈師徐《皇朝政典類纂》卷二六《市易四》　乾隆二十二年，議定甘省口外，哈薩克交易事例。先是本年十月，將軍兆惠、富德等言：阿布賚請將馬匹赴烏嚕木齊貿易，經大學士等議，以烏嚕木齊路程窵遠，商販稀少，難以聚集，且初次辦理，未能熟悉夷情，莫若官爲經理，俟試行一二年後，定有章程，再行招商承辦。至是陝甘總督黄廷桂言：烏嚕木齊距内地窵遠，脚費浩繁，重於貨本。查烏嚕木齊與吐魯番相近，此地運貨既便，又有屯種官兵彈壓照料，不須多派交易之處，似應於吐魯番爲妥。再，明歲交易，止換馬匹，哈薩克人等遠來，所帶如有駱駝、牛羊，亦係軍營需用，請一體收買。其應需緞匹，内府撥解絲色精良，而官辦之後，仍須招商，恐成色略減，現請於陝甘採買各色緞二三千匹，已足敷用。至茶封則哈密現存茶七萬八千餘封，爲數頗多。布疋則巴里坤現存自哈密購買之雜色梭布三百對，京莊布一千七百匹，即可運往。選委道員、同知各一員，并派副將酌帶備弁，挑派兵丁一百名押運。如有小本經紀願隨前往，各聽其便。

或寡，難以預定。內地茶葉一項，非其所好，不必備往，即粧蟒緞匹等類，遠運來甘，脚價繁重，雖伊等心愛之物，宜酌量配搭，不可專用過多，致爲成例。惟各色姑絨、褐子、氈片、毯子、印花布等物，夷地所無，購運亦易，若攙搭換易，似爲至便。再，伊處女人皆以白布纏頭，用處最多，似宜寬裕備辦等語。臣查烏嚕木齊道路遥遠，需用之物，若臨時備辦，即緩不濟急，姑絨、褐子、毡片，係西寧、蘭州等處出産，臣擬分飭該布政司，將此三項各辦一二千匹，再辦毯子五百條，印花布三百對，添辦京莊白布一千匹，以各屬所車徐徐運送到肅，雇車轉運赴巴里坤收貯，屆期一併馱運前往，以備交易。從之。《通考》

二十四年，西陲底定，自闢展庫車、阿克蘇、烏什、和闐、葉爾羌、喀什噶爾等處，均設市集，內地運往者，綢緞、褐氈、色布、茶封，易回部驢、馬、牛、羊、翠羽、花翎、毛革、金銀銅貨及麥蕎、芻茭，以實邊境軍儲。或遣官監運，或聽軍民販載，其物價，悉照內地價值交易。《通志》

二十六年，議准哈薩克等處貿易緞匹，酌量顔色辦解并緞綾等項，寬爲預備。先是哈薩克等處貿易緞匹，經部議准，各色緞匹，飭令三處織造分股匀作，兩年辦解。至是陝甘總督楊應琚言：伊犁、阿克蘇等處，咨取貿易紬緞內，惟綾紬需用紅、緑、藍、月白、真紫等色，其緞匹一項，回人惟善青藍、大紅、醬色、古銅、茶色、棕色、駝色、米色、庫灰油緑等色，其月白、粉紅、桃紅、小紅、黄緑之緞，俱不易換。所有乾隆二十六年應辦緞匹，請行令織造，悉照所開顔色辦解。再，伊犁咨取之紅素倭緞、青素倭緞、白紡絲、白串紬，及阿克蘇咨取之紅、緑、藍、月白、真紫花綾等項，現俱行文西安購買，但各處需用甚多，應寬爲預備，請於二十六年帶辦紅素、青素倭緞各二百五十匹，白紡絲、白串紬各一千匹，紅、緑、藍、月白、真紫花稜共五百匹，計共三千匹，同應辦解緞匹一併解送來肅。部議應如所請，從之。《通考》

二十九年，准西域藩部來新疆貿易者，如哈薩克諸部，於伊犁貿易，布嚕特諸部，於喀什噶爾貿易，痕都斯坦諸部，於葉爾羌貿易，齊齊玉斯謌爾根齊諸部，常至伊犁等處貿易。又定外藩商人在回部貿易者，三十分抽一，皮幣二十分抽一。回部商人往外藩貿易者，二十分抽一，皮幣十分抽一。其牲畜貨物不及抽分之數，視所值低昂以普爾折算。《通志》

嘉慶十三年諭：內閣范建豐等奏，哈薩克公阿第勒差人攜帶羊隻前來喀什噶爾貿易一摺，哈薩克在伊犁等處貿易，向有一定處所，惟乾隆三十三年，哈薩克曾到喀什噶爾攜帶牛馬貿易一次，迄今已歷四十年，今阿第勒因辦理婚嫁等事，需用布匹甚多，差人前來購辦，經過伊斯里克卡倫未經阻止。該參贊等因其既已前來，不便即行驅逐，當遵照乾隆年間舊例，派委官員定價，代爲經理，伊等無利可獲，即自求將牲畜帶回。該參贊等復派人護送出境，沿途安静，所辦尚是。至另片奏伊斯里克卡倫侍衛百陞未經查明稟報，竟將哈薩克來人放入，現已記過停升等語，失之太輕。邊疆要地，設立卡倫，原爲稽查出入，百陞在彼守卡，職有專司，今於哈薩克遣人貿易，並不查驗來歷，稟報參贊，聽候指示，輒行放入卡倫，若似此漫不經心，設有奸宄混跡，亦將聽其潛入乎。百陞著革職發往伊犁，作爲馬甲當差，三年後察其勤惰，著該將軍再行具奏。所有卡倫侍衛員缺，著交領侍衛內大臣，將記名人員按名奏派。《聖訓》

〔道光〕六年諭，軍機大臣等據松筠奏，伊犁卡倫外各部落，哈薩克向無布匹，每年三月起至九月，陸續前來伊犁，以羊易布。每年喀什噶爾、葉爾羌、和闐三處，回子貢布約共九萬餘匹，運赴伊犁應用，至塔爾巴哈台與哈薩克貿易，所需布匹，半由伊犁轉運回布，半由烏嚕木齊採買布匹應用。來年該三城貢賦維艱，請於烏嚕木齊所屬州縣商賈百姓，准其以布捐監，並准捐都司以下職銜，所捐布匹，運赴伊犁、塔爾巴哈台，以備與哈薩克貿易。如有不敷，由甘省官爲運辦。再，喀喇沙爾所屬之布古爾及庫爾勒兩小回城附近大路商民，並吐魯番商民，各租回子地畝，播種棉花甚夥，並請飭下烏嚕木齊都統，商同吐魯番、喀喇沙爾辦事大臣，曉諭該三處商民人等，准其即以棉花捐監，並捐都司以下職銜，將棉花運赴伊犁，搭放官兵正餉等語。布匹爲哈薩克所必需，現在逆回滋事，喀什噶爾等城，被賊騷擾，回子貢賦，一時難復常制，松筠所奏烏嚕木齊並吐魯番、喀喇沙爾等處商民，准以布匹、棉花報捐監生職銜，其事窒礙難行。從前回子未經貢布之先，所需哈薩克貿易布匹，係由甘省官爲運辦，著長齡詳查伊犁、塔爾巴哈台兩處，每年共需布匹若干，如何豫爲籌備，屆期運往該處，務期無誤貿易，以示體恤之處，覈議奏辦。《聖訓》

席裕福、沈師徐輯《皇朝政典類纂》卷二八《市易六》〔乾隆〕二十五年，禁外洋夷船販運絲斤。明年，江蘇巡撫陳宏謀言，各關差招商採洋銅，向係置辦綢緞、絲斤并糖藥等貨。今絲斤已禁，若將綢緞一概禁止，所帶粗貨不敷易銅，請將綢緞、紵絹等，准其買辦。尋議將該商額辦銅本所有應需，酌搭綢緞，及裝載船隻，酌定捲數斤兩，責成乍浦、上海二處官照例秤驗輸稅，使商人不得重複影射。《通志》。

二十七年，准咦咭唎夷商，配買絲斤。奉諭旨，蘇昌等奏英吉利夷商伯蘭等，以絲斤禁止出洋，夷貨艱於成造，籲懇代奏，酌量准其配買，情詞迫切一摺。前因出洋絲斤過多，内地市值翔踴，是以申明限制，俾裕官民織紝。然自禁止出洋以來，並未見絲斤價平，亦猶朕施恩，特免米豆税，而米豆仍然價踴也。此蓋由於生齒日繁，物價不得不貴，有司恪守成規，不敢通融調劑，致遠夷生計無資，亦堪軫念。著照該督等所請，循照東洋辦銅商船搭配紬緞之例，每船准其配買土絲五千斤，二蠶湖絲三千斤，以示加惠外洋至意。其頭蠶湖絲及紬綾緞疋，仍禁止如舊，不得影射取戾。《通考》。

二十九年，弛絲斤出洋之禁，并定江、浙、閩、廣各省商船，配絲數目。先是奉諭旨，據尹繼善等奏，覆議弛洋禁絲斤以便民情一摺。前因内地絲斤、紬緞等物，價值漸昂，經御史李兆鵬等先後條奏，請定出洋之禁，以裕民用。乃行之日久，而内地絲價仍未見減，且有更貴者，可見生齒繁衍，取多用宏，蓋物情自然之勢，非盡關出洋之故，曾降旨江、浙、閩、廣各督撫，令其各就該省情形，悉心體察，將應否即行開禁之處，詳悉妥議具奏。今尹繼善等籌酌定議，奏請弛禁，而莊有恭並稱前撫浙時，體察杭、嘉、湖三府民情，亦以絲斤弛禁爲便等語。江浙之情形如此，則餘省亦可概見。蓋緣出洋絲斤，本係土絲及二三蠶麤糙之絲，非腹地紬緞必須精好物料可比，徒立出洋之禁，則江、浙所産麤絲，轉不得利，是無益於外洋，而更有損於民計，又何如照舊弛禁，以天下之物，供天下之用，尤爲通商便民乎。況所産麤絲，既不准出洋，勢不得不充雜於頭蠶好絲之内，一體售賣於民間組織，尤多未便。且英吉利、加剌巴等國，先後以織紝不供，懇請賣給。貨買俱已，特旨准其酌帶配用，是外洋諸國取給於蠶絲者，正復不少，亦宜一視同仁，曲爲體恤。現在新絲將屆收成，所有出洋絲斤，即著弛禁，仍遵照舊例行，其中各省情形或微有不同，應作何酌定章程，及設法稽查之處，俟各該督撫奏齊時，該部詳悉妥議具奏。尋議採辦洋銅之官商范青洪、額商楊裕和等，每年出東洋額船十六隻，應請每船准配二三蠶糙絲一千二百斤，按照紬緞舊額，每一百二十斤抵紬緞一捲扣算，如願照舊攜帶紬緞者，亦聽其便。其非辦銅商船，仍不得援例夾帶。其由江蘇省往閩、粤、安南等處商船，每船攜帶糙絲准以三百斤爲限，不得逾額多帶。閩、浙二省商船，每船准配土絲一千斤，二蠶麤絲一千斤，其紬緞、紗羅及絲綿等項，照舊禁止。至粤省外洋商船較他省爲多，其配往各洋絲斤，亦較他省加廣，請令每船於舊准帶絲八千斤外，再准加帶麤絲二千斤，連尺頭總以一萬斤爲率，其頭蠶湖絲緞疋等項，仍嚴行查禁，不得影射夾帶滋弊。從之。《通考》。

五十八年，賜英吉利國王敕書曰：向來西洋各國及爾國夷商赴天朝貿易，悉於嶴門互市，歷久相沿，已非一日。天朝物産豐盈，無所不有，原不藉外夷貨物以通有無，特因天朝所産茶葉、甆器、絲斤，爲西洋各國及爾國必需之物，是以加恩體恤，在嶴門開設洋行，俾得日用有資，並霑餘潤。今爾國使臣於定例之外，多有陳乞，大乖仰體天朝加惠遠人，撫育四夷之道。且天朝統馭萬國，一視同仁，即在廣東貿易者，亦不僅爾英吉利一國，若俱紛紛傚尤，以難行之事，妄行干瀆，豈能曲徇所請。念爾國僻居荒遠，間隔重瀛，於天朝體制，原未諳悉，是以命大臣等向使臣等詳加開導，遣令回國，恐爾使臣等回國後，稟達未能明晰，復將所請各條繕敕，逐一曉諭，想能領悉。據爾使臣稱：爾國貨船，將來或到浙江寧波、珠山，及天津、廣東地方收泊交易一節。向來西洋各國，前赴天朝地方貿易，俱在嶴門，設有洋行，收發各貨，由來已久，爾國亦已遵行多年，並無異語。其浙江寧波、直隸天津等海口，均未設有洋行，爾國船隻到彼，亦無從銷賣貨物。況該處並無通事，不能諳曉爾國語言，諸多未便，除廣東嶴門地方仍准照舊交易外，所有爾使臣懇請向浙江寧波、珠山及直隸天津地方，泊船貿易之處，皆不可行。

《清會典》卷二三《貴州清吏司》 紬緞江蘇東洋銅商船，每船歲准帶紬緞三十三卷，每卷一百二十斤。其願帶絲斤者，許配帶二三蠶糙絲，每絲一百二十斤，抵紬緞一卷，仍不得過一千二百斤。令江海、浙海二關，驗明收税，給照往販。閩、粤、越南等處商船，歲准帶糙絲三百斤。浙江東洋辦銅商船，每船准帶紬緞絲斤，亦照江蘇之例。往南洋咖喇吧等處貿易者，歲准帶土絲及二蠶麤絲各一千斤。福建省海洋内外商船，歲准帶土絲及二蠶麤絲各一千斤。廣東瑞國等外洋商船，歲准配帶土絲及二蠶麤絲各五千斤。其願織成紬緞帶回者，每八百斤抵絲一千斤，統在八千斤限内扣算。本港商船，歲准帶土絲、二蠶絲共一千六百斤，紬緞以八折扣算。凡海口如有將内地頭蠶湖絲及紬緞綿絹私販出洋者，照米石出洋例治罪。

《清會典事例》卷五一一《禮部·朝貢·禁令一》 乾隆二十四年覆准，嗣後粤東貿易夷船，應令於銷貨歸本後，依期回國。若行貨未清，願暫留澳門居住者聽。夷商到粤歇寓，責成官充行商，送寓居住，毋許出入漢姦。【略】又覆准，絲綿私出外境販賣，律有明禁。邇年浙江等省，絲價日昂，雖因年歲歉收，出産未裕，亦因該處地近水濱，商民希圖重利，私販出洋貨賣，以致絲價日昂，嗣後嚴行禁止，儻有違例，按律治罪。

又議准，嗣後紬緞綿絹，私販出洋者，亦照絲斤例按律治罪。【略】

〔二十七年〕又諭，據奏英吉利夷商伯蘭等，以絲斤禁止出洋，夷貨難於成造，籲懇代奏，酌量准其配買，情詞迫切一摺。前因出洋絲斤過多，内地市值翔踴，是以申明限制，俾裕官民織紝。然自禁止出洋以來，並未見絲斤價平，亦猶朕施恩特免米豆稅，而米豆仍然價踴也。此蓋由於生齒日繁，物價不得不貴，有司恪守成規，不敢通融調劑，致遠夷生計無資，亦堪軫念。著照該督等所請，循照東洋辦銅商船配搭紬緞之例，每船准其配買土絲五千斤，二蠶湖絲三千斤，以示加惠外洋至意。其頭蠶湖絲，及紬綾緞疋，仍禁止如舊。【略】二十八年奉旨，琉球國疏請配買絲斤，部臣議駁，自屬遵循例禁，第念該國爲海澨遠藩，織紝無資，不足以供章服，據奏情詞懇切，著加恩照英吉利國例，准其歲買土絲五千斤，二蠶湖絲三千斤，用示加惠外洋至意，餘悉飭禁如舊。所有稽查各關口岸，及出入地方，仍加意覈查，以杜影射。

《清會典事例》卷二三九《户部·關稅》〔康熙〕二十四年議准，各省絲斤紬緞違例出洋，分別治罪，船隻貨物入官，失察之文武各官議處。【略】又奏准，出洋採買官銅額商，每船配搭紬緞三十三卷，每卷照向例計重一百二十斤，責成乍浦、上海二處，照例秤驗，並將該商裝載糖藥、紬緞各數，及所收稅銀，出口日期，報户部查覈。【略】

〔乾隆〕二十九年覆准，浙江省往東洋辦銅商船，每船准帶紬緞三十三卷，廣東省外洋商船，每船准加帶粗絲二千斤，至本港商船，每船配帶土絲、二蠶絲，共一千六百斤，紬緞八折扣算。

又覆准，江蘇省往閩、粤、安南等處商船，每船准帶糙絲三百斤，浙江省内地商船，往東洋辦銅及南洋等處貿易者，每船准配土絲一千斤，二蠶糙絲一千斤，福建省海洋内外商船，每船許配帶土絲一千斤，二蠶糙絲一千斤。

三十年奏准，琉球國歲買絲八千斤，内改配紬緞二千斤，照夷商配買之例，每紬緞一千斤，抵絲一千二百斤。

《清會典事例》卷五〇四《禮部·朝貢二》嘉慶元年，【略】又英吉利國恭進貢物，黄色大呢、醬色大呢、嗶嘰大呢、新樣大呢各六版。

又暹羅國王，遣使齎金葉表文，慶賀太上皇帝歸政，恭進龍涎香、上冰片、中冰片、沈香、金鋼鑽、孔雀屏、犀角、象牙、荷蘭毯、紅毛氊布、翠鳥皮、白檀香、白膠香、樟腦、甘蜜皮、桂皮、蓽撥、降真香、大楓子、白荳蔻、藤黄、烏木、蘇木，凡二十三種。【略】

三年，琉球國王世孫尚温，遣使慶賀太上皇帝歸政，恭進貢物，金罐、銀罐、銀攢盒、黑漆嵌螺鈿畫盆、銅火盆、雅扇、貼金銀煙筒、紫霞紙、護壽紙、金彩畫圍屏、土焦布、織花紬、染花綿布，凡十有三種。

又慶賀仁宗睿皇帝登極貢物，金罐、銀罐、金靶鞘腰刀、銀靶鞘腰刀、淡黄土夏布、精熟土夏布、細嫩土蕉布、金彩畫圍屏、雅扇、圍屏紙、紅銅、白鋼錫，凡十有二種。

慶賀皇后貢物，金粉盒、銀粉盒、淡黄土夏布、精熟土夏布、土蕉布、雅扇，凡六種。【略】

五年，奏准，琉球國王世孫，遣使進貢，並請高宗純皇帝聖安，恭進表文，照例交來使帶還。其隨表貢物，銀鑽盒、黑漆畫盆、素蕉布、染花棉布、圍屏紙、護壽紙、雅扇，凡七種，准抵下次正貢。【略】

又緬甸國王遣使齎金葉表文，恭進例貢，無量壽佛、藍呢、黄綠緬錦、五色洋花緞、細白洋布、金邊大洋布、白印花洋布、鑲玻璃盒、描金椀、紅黑漆椀、紅漆盒、象牙、孔雀屏，凡十有三種。【略】

六年，琉球國王恭進册封謝恩貢物，金鶴、盔甲、金靶鞘腰刀、銀靶鞘腰刀、黑漆鞘鍍金腰刀、黑漆鞘鍍金槍、黑漆鞘鍍金袞刀、黑漆灑金馬鞌、金彩畫圍屏、雅扇、土絲綿、練蕉布、土苧布、白鋼錫、紅銅，凡十有五種。【略】

八年，越南國王阮福映，納款入貢，進伽柟、沈香、速香、廣南生絹、象牙、翠鳥毛、荳蔻、砂仁、檳榔、犀角、玳瑁、海鵝翎、硨磲螺、花藤杆，凡十有四種。

又進請封貢物，伽柟、象牙、犀角、沈香、速香、土紬、土紈、土絹、土布，凡九種。

又奏定，越南國應進年例貢物，象牙二對，犀角四座，土紬二百疋，土紈二百疋，土絹二百疋，土布二百疋，沈香六百兩，速香一千二百兩，砂仁九十斤，檳榔九十斤。慶賀方物，象牙二對，犀角四座，土紬百疋，土紈百疋，土絹百疋，土布百疋，至陳謝表奏等貢，應遵照乾隆四十六年諭旨，毋庸備進。

十二年，南掌國王遣使進馴象四隻，象牙四百斤，犀角三十斤，土絹一疋。解象委員回滇，照乾隆五十五年例，咨兵部給發勘合。

十四年，琉球遣使謝册封恩，貢金鶴形一對，鶴踏銀岩座各全，盔甲一領，護手護膁各全，金靶鞘腰刀二把，銀靶鞘腰刀二把，黑漆靶鞘鍍金銅結束腰刀二十把，黑漆靶鞘鍍金銅結束槍十把，黑漆靶鞘鍍金銅結束衮刀十把，黑漆灑金馬韋一座，鑾御絡頭前後牽韝屧脊障泥鐙俱全，金彩畫圍屏二封，精製雅扇五百柄，土絲綿二百束，練蕉布三百疋，土苧布一百疋，白鋼錫五百斤，紅銅五百斤。

又暹羅國王遣使祝嘏，進貢壽燭十對，金鋼鑽一斤，冰片二斤，燕窩十斤，沈香二十斤，犀角二十斤，孔雀尾五十屏，翠鳥皮五百張，檀香二百斤，降真香一百斤，砂仁米一百斤，紫杭一百斤，象牙二百斤，荳蔻二百斤，胡椒二百斤，藤黄二百斤，荷蘭氈二領。【略】

十六年，緬甸遣使進貢，長壽聖佛一尊，象牙三對，孔雀尾九屏，各色緬錦三十疋，各色細緬布四十疋，洋氈六十牀，印花緬紬三疋，緬布抄子二十牀，描金椀二十箇，紅漆緬盒五十箇，紅漆緬椀五十箇，緬青布十疋，緬紫花布二十疋，緬白布二十疋，白印花布八疋，緬鴨色布六疋，緬白細布二疋，白布四疋，紅呢二版，馴象三隻。【略】

道光元年，越南陳奏請封，恭進象牙二對，犀角四座，沈香五十斤，速香一百斤，土紬一百疋，土絹一百疋，土布一百疋。奉旨，准其留抵正貢。

二年，越南國王恭進册封謝恩貢物，黄金四十鎰，白金二百鎰，犀角四端，肉桂二百斤，土絹二百疋，土紈二百疋，象牙四對。

《清禮部則例》卷一七二《主客清吏司·朝鮮朝貢》 朝鮮即高麗，我國家龍興東土，効順最先，奉正朔，修職貢者，二百餘年。所貢方物，節經奉恩裁減，定如今例。【略】貢道渡鴨緑江，由鳳凰城陸路至盛京，入山海關赴京師。

一、朝鮮每年四貢，萬壽聖節、元旦、冬至各令節及年貢，均於歲杪至京。【略】

一、年貢恭進白苧布二百疋，白綿紬二百疋，紅綿紬一百疋，緑綿紬一百疋，木棉布三千疋，五爪龍席二張，各樣花席二十張，鹿皮百張，獺皮三百張，腰刀十把，大小紙共五千卷，黏米四十石。朝鮮例貢有金銀器皿、人參、馬匹，均於順治年間恩旨停免。謹案，康熙三十二年免貢黄金百兩，青紅藍木綿布六百疋。五十年免貢銀千兩，紅豹皮一百四十二張。雍正元年免貢青黍皮三百張，水獺皮百張，木綿布八百疋，白綿紙二千卷。五年復於例貢米百石内減去稻米三十石，糯米三十石。

一、萬壽聖節恭進皇帝前，黄苧布十疋，白苧布二十疋，黄綿紬三十疋，紫綿紬二十疋，白綿紬二十疋，龍文簾席二張，黄花席二十張，滿花方席二十張，雜彩花席二十張，獺皮二十張，白綿紙一千四百卷，厚油紙十部。恭進皇太后前，紅苧布十疋，白苧布二十疋，紫綿紬二十疋，白綿紬十疋，黄花席十張，滿花席十張，雜彩花席十張。恭進皇后前儀物同。

一、元旦令節，恭進皇帝前，黄苧布十疋，白苧布二十疋，黄綿紬二十疋，白綿紬二十疋，龍文簾席二張，黄花席十五張，滿花席十五張，滿花方席十五張，雜彩花席十五張，白綿紙一千三百卷。恭進皇太后前，紅苧布十疋，白苧布二十疋，紫綿紬二十疋，白綿紬十疋，黄花席十張，滿花席十張，雜彩花席十張，螺鈿梳函一事。恭進皇后前儀物同。

一、冬至令節與元旦貢同。惟恭進皇帝儀物，加進黄花席、滿花席、滿花方席，雜彩花席各五張。

一、恭遇慶典，具方物表賀，恭進皇帝前，黄苧布三十疋，白苧布三十疋，黄綿紬二十疋，紫綿紬二十疋，白綿紬三十疋，龍文簾席二張，黄花席十五張，滿花席十五張，雜彩花席十五張，白綿紙二千卷。恭進皇太后前，紅苧布十疋，白苧布十疋，白綿紬二十疋，滿花席十張，雜彩花席十張。恭進皇后前儀物同。

一、該國王謝恩方物，與恭進慶賀方物同。【略】

一、該國王陳奏事件，恭進皇帝前，黄苧布二十疋，白苧布二十疋，黄綿紬二十疋，紫綿紬二十疋，白綿紬三十疋，龍文簾席二張，黄花席十張，滿花席二十張，雜彩花席十張，獺皮二十張，青黍皮三十張，白綿紙二千卷，黄毛筆百枝，油煤墨五十錠。恭進皇太后前，紅苧布十疋，白苧布十疋，白綿紬十疋，滿花席十張，雜彩花席十張。恭進皇后前儀物同。

一、恭遇巡幸盛京，朝鮮國王遣陪臣進表，接駕恭進方物。【略】

一、慶賀貢物，題請收受如常貢例。其謝恩及陳奏方物，應否收受，或留抵下次正貢，具題請旨。如留抵下次正貢者，仍交内務府存貯，次年應貢時，照數於本内聲明准抵，抵充不盡者，再移入下次，仍行知該國王。【略】

一、題准頒賞年貢，賜該國王，表緞五疋，裏五疋，粧緞四疋，雲緞四疋，貂皮百張。正副使，各大緞一疋，帽緞一疋，彭緞一疋，紬一疋，紡絲一疋，絹二疋，銀五十兩。書狀官，大緞一疋，彭緞一疋，絹一疋，銀四十兩。大通官，各大緞一疋，絹一疋，銀二十兩。護貢官，各彭緞一疋，布二疋，銀十五兩。正副使等官從人，各銀四兩。謹按，康熙年間，朝鮮陪臣靈豐君李湜及福昌君李楨皆言同來内監一名，俱賞緞四疋，銀五十兩，靴一雙。

一、萬壽聖節貢，賜該國王二等鞍馬一匹，表緞五疋，裏五疋，粧緞四疋，雲緞四疋，貂皮百張。正副使各三等鞍馬一疋，大緞一疋，帽緞一疋，彭緞一疋，紬一疋，紡絲一疋，絹二疋，銀五十兩。書狀官，大緞一疋，彭緞一疋，紬一疋，絹一疋，銀五十兩。大通官，各大緞一疋，紬一疋，絹一疋，銀三十兩。護貢官，各彭緞一疋，紬一疋，布二疋，銀二十兩。正副使等官從人，各銀五兩。舊例賞朝鮮國王銀一百兩，又貂皮一百張，折銀一百五十兩。謹按，雍正七年，奉旨議准，貂皮百張不必折銀，至賞銀一百兩，亦改爲粧緞四疋，雲緞四疋，其緞疋均於内庫取用，以示優重藩王之意。乾隆四十五年，遣使熱河，恭祝萬壽，加賞國王緞十八疋，正副使緞各四疋，書狀官緞三疋，大通官緞各二疋，從官緞各二疋，從人六十四名銀各二兩。【略】

一、元旦貢，與萬壽聖節貢賞賜同，冬至貢與年貢同。謹按，乾隆四十七年正月初九日，紫光閣筵宴朝鮮使臣，奉旨入宴，賞正使錦三疋，漳絨三疋，八絲緞五疋，五絲緞五疋，大荷包一對，小荷包四對，酒鍾一箇。副使錦一疋，漳絨一疋，八絲緞三疋，五絲緞三疋，大荷包一對，小荷包二對，酒鍾一個。十五日，正大光明殿賜宴觀鐙，使臣獻詩，恩賞八絲緞各一疋，絹箋各二卷，筆各一匣，墨各一匣。十六日，恩賞正使錦一疋，八絲緞二疋，副使錦一疋，八絲緞一疋。四十九年正月初九日，賜中正殿筵宴，賞正、副使與四十七年紫光閣筵宴同，加賞國王玉如意一柄，玉器二件，錦四疋，大綵緞四疋，閃緞四疋，漳絨四疋，紅洋氊一版，紅羽緞一版，雕漆盒四個。五十年正月，舉行千叟宴，正副使入宴，加賞國王宋澄泥仿唐石渠硯一方，梅花玉版箋二十張，仿澄心堂紙二十張，花箋二十張，花絹二十張，徽墨二十錠，湖筆二十枝。加賞正、副使，每員《千叟宴詩》一章，壽杖一件，錦二疋，閃緞二疋，漳絨二疋，絹箋二十張，湖筆二十枝，硯一方，商絲茶盤二件，如意一柄，蟒緞二疋，大卷緞二疋，倭緞二疋，貂皮十六張，硃紅絹福字方二十張，徽墨十錠，文竹香盒一件，象牙、火鐮，包一件。正、副使進《千叟宴詩》，賞與四十七年進詩使臣同。又該國歷年留存備抵貢物，遵旨全行收受，比照加賞國王粧緞、倭緞各十疋，緞五十疋，素緞十五疋，閃緞十疋，衣素緞，帽緞，江紬，宫紬各五疋，花紡絲三十疋。是年二月，高宗純皇帝臨雍，令朝鮮國使臣觀禮，恩賞正，副使大緞各一疋。書狀官一員，大通官三員，八絲緞各一疋。五十五年正月十三日，使臣恭和御製詩章，賞與四十七年同。【略】是年，遣使恭祝萬壽，加賞正、副使二員，每員緞三疋，漳絨二疋，荷包三對，鼻煙一筒，漆盤一個。書狀官一員，緞三疋，漳絨一疋，荷包二對，鼻煙一筒，漆盤一個。大通官一員，緞三疋，漳絨一疋，荷包一對，鼻煙一筒，漆盤一個。【略】八月初四日，賞正、副使每員漳絨，五絲緞各一疋，荷包二對。賞書狀官一員、大通官三員漳絨各一疋，荷包各一對。初五日，加賞國王大紡絲五疋，大緞五疋，蟒緞，漳絨各六疋，玉如意一柄，絹箋二卷，錦緞，閃緞各二疋，筆墨各二匣，硯二方。加賞正，副使每員綵緞，大緞，八絲緞，五絲緞各一疋，箋紙二卷，筆，墨各一匣，硯一方。又每員八絲緞，五絲緞各一疋，皮盌，磁鼻煙壺各一個。書狀官一員，漳絨，大緞，八絲緞各一疋，筆，墨各一匣，箋紙一卷，又八絲緞，五絲緞各一疋，皮盌，磁鼻煙壺各一個。大通官三員，每員漳絨，五絲緞各一疋，銀二十兩，又八絲緞，五絲緞各一疋，皮盌，磁鼻煙壺各一個。押物官二十三員，每員五絲緞一疋，銀十兩。從人三十名，每名例賞銀五兩，加賞銀十兩。跟役拉馬從人共五名，每名銀四兩。【略】二十日，正、副使二員，書狀官一員，在正大光明殿筵宴畢，賞大緞各二疋，江紬各一疋，漳絨各一疋，綢紬各一疋。是年十二月，加賞國王粧緞，閃緞，蟒緞，錦緞各四疋，澄泥硯，歙硯各二方，絹箋五百四十張，描金蠟箋八卷，仿宣紙一千張，新宣紙六百張，福字箋三百張，湖筆三百枝，徽墨一百錠，十錦扇一百柄。五十六年十二月，加賞正使金鞘小刀一把，回子緞，回子紬各五疋，回子布二疋。副使金鞘小刀一把，回子緞，回子紬各四疋，回子布二疋。書狀官一員，回子緞，回子紬各三疋。大通官三員，回子緞各一疋，回子紬各二疋，回子布各一疋。押物官二十四員，回子紬各二疋。從人三十名，回子布各一疋。【略】六十年正月初九日，紫光閣筵宴，加賞正使二員，各錦三疋，漳絨三疋，大卷八絲緞四疋，大卷五絲緞四疋，大荷包一對，小荷包四對。副使二員，各錦二疋，漳絨二疋，大卷八絲緞三疋，大卷五絲緞三疋，大荷包一對，小荷包二對。十六日，加賞國王龍緞二疋，福字方一百幅，玻璃器四件，雕漆器四件，大、小絹箋四卷，筆，墨各四匣，硯二方。和詩使臣四員，各大緞一疋，筆，墨各二匣，箋紙二卷。【略】嘉慶元年正月初四日，高宗純皇帝舉行千叟宴，正，副使寧壽宫入宴，獻千叟宴詩，特賞正使二員，各御製千叟詩一章，玉如意一柄，壽杖一件，錦緞二疋，洋花緞二疋，雲緞二疋，大卷緞二疋，福字箋一卷，絹箋二卷，湖筆二十枝，硃墨十錠，硯一方，鼻煙一瓶，鼻煙盒一個，磁牙籤筒一個，洋漆茶船一個。副使二員，各錦緞一疋，洋花緞一疋，絹箋一卷，湖筆七枝，硃墨四錠，餘與正使同。十四年十月初一日，恭祝萬壽使臣入寧壽宫聽戲，【略】初五日入寧壽宫聽戲，使臣恭進詩章，加賞正副使，書狀官各大緞一疋，箋紙二卷，筆二匣，墨二匣。初七、八等日，入同樂園聽戲，加賞正，副使各小緞三疋，紬一疋。書狀官小緞二疋，紬一疋。又加賞國王紫檀嵌玉如意一柄，大卷八絲緞五疋，蟒緞六疋，粧緞六疋，錦緞二疋，閃緞二疋，大紡絲五疋，絹箋二卷，筆二匣，墨二匣，硯二方。又加賞正副使各大卷八絲緞一疋，綵緞一疋，小卷八絲緞二疋，小卷五絲緞二疋，箋紙二卷，筆一匣，墨一匣，硯一方。書狀官大卷八絲緞一疋，小卷八絲緞二疋，小卷五絲緞二疋，漳絨一疋，箋紙一卷，筆一匣，墨一匣。大通官三員，各小卷八絲緞一疋，小卷五絲緞二疋，漳絨一疋，銀二十兩。押物官二十一員，各小卷五絲緞一疋，銀十兩。從人二十七名，各銀十兩。初九日，正大光明殿入宴，加賞正副使，書狀官各大緞二疋，小緞一疋，漳絨一疋，綢紬一疋。十七年請封世子，使臣來京，十月初三日正使患病未能赴園，初四五六七等日，副使，書狀官入同樂園聽戲，初六日加賞副使，書狀官各大緞二疋，紬二疋，皮盤一個，磁鼻煙壺一個，牙籤筒一筒，荷包一對。二十四年九月，恭祝萬壽使臣到京，二十八日，賞使臣等蜜餞荔枝一錫瓶，哈蜜瓜各一個。十月初一二三四五等日，入寧壽宫聽戲，初六日赴太和殿行禮【略】是日，使臣恭進萬壽詩章，並入寧壽宫聽戲，加賞使臣三員各大緞一疋，箋紙二卷，筆，墨各二匣。初七日入同樂園聽戲。初八日正大光明殿筵宴，並入同樂園聽戲，加賞國王紫檀嵌玉如意一柄，大卷八絲緞五疋，蟒緞六疋，粧緞六疋，錦緞二疋，閃緞二疋，大紡絲五疋，絹箋二卷，筆、墨各二匣，硯二方。正、副使二員，各大卷八絲緞一疋，綵緞二疋，小卷八絲緞二疋，小卷五絲緞二疋，箋紙二卷，筆、墨各一匣，硯二方。又加賞正、副使各大卷八絲緞二疋，小卷江紬一疋，漳絨一疋，綢紬一疋，書狀官大卷八絲緞一疋，小卷五絲緞二匹，漳絨一疋，箋紙一卷，筆、墨各一匣。大通官三員，各小卷八絲緞一疋，小卷五絲緞二疋，漳絨一疋，銀二十兩。押物官二十員，各小卷五絲緞一疋，銀十兩。從人二十六名，各銀十兩。初九日，入同樂園聽戲，加賞正、副使各小卷八絲緞二疋，小卷五絲緞二疋，雕漆盒一個，玻璃器一個，皮馬鞊一副。正使大小荷包三對，副使大小荷包二對。道光元年正月，加賞正使錦三疋，漳絨三疋，大卷八絲緞四疋，小卷五絲緞四疋，花大荷包一對，小荷包四個。副使、書狀官賞件較正使各減一疋，惟荷包同。【略】三年正月，使臣慶賀元旦，加賞正使大卷八絲緞二疋，副使、書狀官各小卷八絲緞一疋。初四日，紫光閣筵宴，加賞正副使、書狀官均與元年同。【略】四年正月十一日，紫光閣筵宴，加賞正副使、書狀官與元年同。十五日，正大光明殿筵宴，恭和御製詩章，加賞國王、正副使、書狀官均與乾隆六十年同。是年十二月二十九日，重華宮筵宴，加賞副使、書狀官與三年同。正使患病未賞。五年正月初四日，紫光閣筵宴，加賞副使、書狀官與元年同。正使患病未賞。十五日，正大光明殿筵宴，恭和御製詩章，加賞國王、副使、書狀官與乾隆六十年同。正使患病未賞。八年，因平定回疆，遣使慶賀，並謝恩。六月十五日，同樂園聽戲，加賞正使紗四疋，茶葉一瓶，鼻煙一瓶，扇二匣，香袋二匣，手巾一匣。加賞副使、書狀官各紗二疋，茶葉二瓶，鼻煙一瓶，扇一匣，香餅一匣，香袋一匣，手巾五塊。八月初七日，正大光明殿舉行凱旋筵宴，使臣入宴，加賞國王、正副使、書狀官等，與嘉慶二十四年十月初八日賞同。又加賞正、副使、書狀官三員，各大緞二疋，江紬一疋，倭緞一疋，綢紬一疋。【略】十四年正月，紫光閣停止筵宴。初二日，交出，加賞正、副使、書狀官與元年同。十七日，使臣恭和御製詩章，加賞國王、正、副使、書狀官與乾隆六十年同。二十年正月初一日，紫光閣筵宴，加賞正、副使、書狀官與元年同。是年十二月二十四日交出，加賞正、副使、書狀官與三年同。二十一年正月初二日，加賞正、副使、書狀官與元年同。【略】二十二年正月初四日，紫光閣筵宴，加賞正、副使、書狀官與元年同，惟錦改閃緞。是年十二月二十八日，由軍機處交出，加賞正、副使與二十一年十二月二十四日重華宮筵宴同。二十三年正月初四日，紫光閣筵宴，加賞正、副使、書狀官與元年同。是年，未行和詩，仍發下詩賞，加賞國王、正、副使、書狀官與四年同。【略】二十四年正月初二日，由紫光閣加賞正、副使、書狀官與元年同。是年，使臣因有該國王妃服制停其和詩，仍加賞國王、正、副使、書狀官與四年同。

一、來使有稱君者，加賞緞五疋，緞衣一襲，貂皮十張，餘均與正、副使同。

謹按，道光二十二年，該國遣正使興寅君李最應恭進例貢來京，加賞大卷八絲緞袍褂料二件、大卷五絲緞袍褂料五件、紡絲二疋，貂皮十張。

一、慶賀謝恩陳奏等貢，賞賜不及國王，正、副使以下賞賜，均與元旦貢同，惟不賞絹布，各加賞靴一雙。若附年貢同來者，不另賞，兩事並至者，總爲一賞。

謹按，雍正元年朝鮮遣使慶賀，加賜國王《周易折中》、《朱子全書》各一部，及松花石硯、琺瑯器皿、筆墨等物。七年，陳奏伊國賊黨謀逆，遣兵緝獲，奉旨嘉奬，特賜國王緞三十二疋，綾八疋，《康熙字典》、《性理精義》、《詩經傳説彙纂》、《音韻闡微》各一部。賞該國兵丁銀一萬兩。乾隆四十五年，奉上諭，朝鮮陳謝表章，所有隨表貢物，概行停止。該國王遣使謝恩，仍貢方物，特賞國王二等鞍馬一匹，表緞四疋，紬四疋，粧緞二疋，雲緞二疋，貂皮五十張。四十八年謝恩，仍貢方物，奉旨收受，特賞國王與四十五年同。五十一年，謝祭世子恩，貢物折賞，龍緞四疋，粧緞四疋，片金四疋，江紬四疋，春紬四疋，貂皮一百張，緞八疋，官用緞八疋，鼓緞八疋，宫紬八疋，紡絲二疋，二等鞍馬一匹。道光八年剿擒回逆凱旋，朝鮮使臣叩賀天喜，特恩賞賜國王蟒緞二疋，錦二疋，閃緞二疋，漳絨二疋。

一、請封請諡等貢，賞賜不及國王，正、副使大緞、帽緞、彭緞、紬、紡絲各一疋，銀各五十兩，靴、襪各一雙，漆鞍全備三等馬各一匹。書狀官一員，大緞一疋、彭緞一疋、紬一疋，銀五十兩，靴、襪各一雙。大通官大緞各一疋，紬各一疋，銀各三十兩，靴、襪各一雙。押物官彭緞各一疋，紬各一疋，銀各二十兩，靴、襪各一雙。正、副使等官從人銀各五兩。

謹按，乾隆四十九年，請封世子，加賞國王如意一柄，片金二疋，錦二疋，大綵二疋，漳絨二疋，大緞二疋，江紬二疋，紅洋氈一版。【略】嘉慶十七年，請封世子，欽賜世子蟒緞四疋，緞四疋，紗四疋，羅四疋，裏各四疋，加賞國王如意一柄，片金二疋，錦二疋，大綵二疋，漳絨二疋，大緞二疋，江紬二疋，紅洋氈一版。【略】道光十一年，請封世孫，軍機處援照嘉慶十七年請封世子成案，奏請加賞該國王及世孫，奉硃批著照例賞。

一、恭遇恩詔內有外藩王公及福晉夫人加恩賜一款，朝鮮國王應照在外諸王以下，公等以上恩賜例，賞蟒緞二疋、補緞二疋、粧緞二疋、片金緞二疋、倭緞二疋、閃緞五疋、衣素緞五疋、光素緞五疋、帽緞五疋、各色緞十疋、洋緞十疋，王妃照外藩諸王福晉以下，公夫人以上恩賜例，賞蟒緞二疋、粧緞二疋、錦緞二疋、倭緞二疋、閃緞二疋、帽緞二疋、衣素緞二疋、大緞三疋、彭緞三疋、石青緞二疋、紡絲四疋、紗四疋。

謹按，嘉慶四年頒發朝鮮恩詔內並無王公賞賜，奉旨賞給該國王緞五十疋，交齎詔使臣帶往。六年，册立皇后，頒詔該國王照例賞賜。二十五年，皇上登極，頒詔賞該國王緞五十疋。道光元年，崇上皇太后尊號，頒詔賞該國王妃緞三十疋。仁宗睿皇帝升配，頒詔賞該國王緞五十疋。二年，册立孝慎皇后頒詔，十四年，册立孝全皇后，加上皇太后徽號頒詔，賞該國王緞俱五十疋，王妃俱三十疋。

一、恭遇巡幸盛京，朝鮮國王差陪臣等接駕，進貢方物，賜該國王弓矢全副，鞍馬一匹，貂皮百張，紅糚緞、龍襴緞各四疋、大緞、紡絲各五匹。正使糚緞一疋，緞四疋，靴、襪各一雙，鞍馬一匹，銀五十兩。書狀官緞二疋，靴、襪各一雙，銀四十兩。從人各銀五兩。大通官各緞一疋，靴、襪各一雙，銀三十兩。押物官各緞一疋，銀二十兩。從人各銀五兩。恭遇巡幸盛京，禮部先期照例具奏請旨，行知該國王，遣官接駕，并移會各該處，謹按乾隆四十八年，恭遇巡幸盛京，朝鮮先期遣陪臣在盛京恭迎聖駕修貢，正賞內加跟役拉馬人等各銀二兩。又加賞國王御製詩一章，玉如意一副，「德符心矩」一帖。加賞正、副使各糚緞一疋，中緞二疋，小緞二疋，銀五十兩。書狀官中緞二疋，銀四十兩。大通官各中緞一疋，銀三十兩。押物官各小緞一疋，銀二十兩。從人銀各五兩，跟役人等銀各二兩。又恩宴使臣，賞正、副使各紙一軸，筆一匣，墨一匣，硯一方，糚緞一疋，中緞二疋，小緞二疋，銀五十兩。書狀官中緞二疋，銀四十兩。大通官各中緞一疋，銀三十兩。押物官各小緞一疋，銀二十兩。從人各銀五兩，跟役人等銀二兩。嘉慶十年，恭遇巡幸盛京，朝鮮先期遣陪臣在盛京恭迎聖駕修貢，恩宴使臣，加賞正使糚緞一疋、中緞二疋、小緞二疋，銀五十兩。書狀官中緞二疋，銀四十兩。大通官各中緞一疋，銀三十兩。押物官各小緞一疋，銀二十兩。從人各銀二兩。二十三年，恭遇巡幸盛京，朝鮮先期遣陪臣恭迎聖駕修貢，恩宴使臣，加賞正使，書狀官及員役緞疋銀兩與十年同。是年九月，奉上諭，朝鮮世守東藩，恪恭侯度，朕此次再泣陪都，祇謁三陵，該國王遣使迎鑾，齎表修貢，忠悃可嘉，降旨除加賜御制詩章，并御書福字以昭優眷，其所遣陪臣，其照例給賞。道光九年，恭遇巡幸盛京，朝鮮遣陪臣恭迎聖駕修貢，賞賜該國王，除例賞外，加賞御書扁額并福壽字。其正使、書狀官、大通官、押物官、從人等，各照例賞給。恩宴使臣等，加賞銀緞同前，惟無靴襪。是年九月，奉上諭，朝鮮列在外藩，謹守侯度，朕恭謁祖陵，親泣陪都，該國王遣使迎鑾，齎表修貢，誠悃可嘉，特頒賜御書扁額，以昭優眷，並加恩賞齎。其所遣陪臣，一併照例給賞。又諭，昨因朝鮮國王遣使迎鑾，齎表修貢，業經頒賜御書扁額，並加恩賞齎，茲再加賜御書福壽字，用示朕篤念外藩，錫祺介祉至意。

《清禮部則例》卷一七三《主客清吏司·琉球朝貢》 琉球在東南海中，順治六年請貢。【略】貢道航海，由福建閩安鎮入境達京師。

一、琉球貢期，間歲一貢，由閩浙總督代題，敕部議准後，知照該督行知該國王。【略】

一、正貢【略】

一、恭遇慶典，表賀及謝恩進貢，皆以方物貢，無定額。謹按，順治十一年，琉球國恭進慶賀方物，金飾佩刀、銀飾佩刀、金酒瓶、銀酒瓶、泥金畫屏、泥金扇、泥銀扇、蕉布、苧布、紅花、胡椒、蘇木。康熙三年，恭進謝恩方物，【略】絲紬三百束、蕉布、苧布各一百疋。四年，恭進慶賀方物，與順治十一年同。二十三年，恭進謝恩方物，與三年同。又以特賜御書，加進金鶴一對。雍正二年，恭進慶賀方物，【略】蕉布、夏布各一百疋。恭進皇后前，金銀粉匣各一個，扇八十柄，蕉布、夏布各四十疋。四年，謝賜御書恩，恭進金鶴一對，嵌螺黑漆盤盌各三十件，彩屏一對，扇二百柄，紙一萬張，青花蕉布五十疋，白花蕉布五十疋，素花蕉布五十疋。乾隆二年，恭進慶賀方物，與雍正二年同。六年謝賜御書恩，〔恭進〕方物與雍正四年同。三十二年，恭進謝恩方物，【略】絲綿二百束、練蕉布二百疋，紋蕉布、土苧布各一百疋，紅銅、白鋼錫各五百觔。五十四年，謝恩方物與六年同。五十八年謝恩方物，【略】染花土紬五十疋，染花苧布五十疋，細嫩素光蕉布五十疋，精彩畫圍屏大小二對，護壽紙五千張，精製雅扇二百柄。嘉慶二年，慶賀高宗純皇帝方物，【略】細嫩土蕉布一百疋，織金紬五十疋，染花棉布五十疋。仁宗睿皇帝方物，金罐一個，銀罐一個，金銀靶腰刀各二把，精熟淡黃色土夏布五十疋，精熟土夏布五十疋，細嫩土蕉布一百疋。【略】孝淑睿皇后方物，金粉匣一個，銀粉匣一個，精熟淡黃色土夏布二十疋，精熟土夏布二十疋，細嫩土蕉布四十疋，精製雅扇八十柄。四年，恭進高宗純皇帝前請安禮物，銀攢盒二具，黑漆畫盆各全，細嫩素花蕉布五十疋，染花棉布五十疋，圍屏紙二千張，護壽紙二千張，精製雅扇一百柄。六年，遣使進香恭代祭品銀一百兩，謝冊封恩方物【略】土絲棉二百束，練蕉布三百疋，土苧布一百疋。【略】十四年遣使謝冊封恩，貢【略】土絲綿二百束，練蕉布三百疋，土苧布一百疋，白綱錫五百觔，紅銅五百觔。道光十九年，遣使謝冊封恩恭進方物，與嘉慶十四年同。

一、題請頒賞，賜該國王錦八疋，織金緞八疋，織金紗八疋，織金羅八疋，紗十二疋，緞十八疋，羅十八疋。貢使各織金羅三疋，緞八疋，羅五疋，絹五疋，裏紬二疋，布一疋。使者、都通事各緞五疋，羅五疋，絹三疋。從人各絹三疋，布八疋。伴送官彭緞袍一件。其土通事及留邊通事從人，賞同伴送官。所賜國王物件及特恩加賜物件，俱移內閣撰入敕內交貢使齎回。謹按，康熙六十年議准，賞賜琉球國王蟒緞六疋，錦緞六疋，閃緞八疋，綵緞十疋，藍緞十疋，青緞十疋，紬十疋，羅十疋，紗十疋。正、副使各綵段六疋，裏四疋，羅四疋，紡絲二疋，絹二疋。使者綵緞三疋，裏二疋，絹一疋，毛青布六疋。都通事綵緞二疋，裏一疋，絹一疋，毛青布六疋。從人各毛青布六疋。其留邊通事，從人，賞同伴送官及土通事，各賞彭緞袍一件。乾隆五十六年正月，奉旨改與賞賜暹羅同。

一、來使係該國王舅，加賞綵緞五疋。其王舅通事，照都通事之例。謹按，康熙五十九年，琉球國遣王舅謝恩，賞緞七疋，裏四疋，羅四疋，絹二疋。雍正二年，遣王舅慶賀，照康熙六十年加賜之例，共表裏二十三疋。乾隆二十二年，遣王舅謝恩，賞賜如雍正二年之例。嘉慶十四年，遣王舅謝恩，照例於例賞外，加賞緞五疋。賞通事與都通事同。道光二年，遣王舅慶賀，於例賞外，加賞緞八疋，銀一百兩。賞王舅通事三員，五絲緞各四疋，銀各三十兩。十九年，遣王舅謝恩，照例於例賞外，加賞緞五疋。賞通事與都通事同。

一、遇慶賀及請封謝恩等事，遣使至者，賞賜國王及來使等，並同常貢，如附貢使同來者，均不另賞。謹按，雍正二年，琉球遣使慶賀，例賞外，加賜國王內庫緞二十疋，松花石硯二方，玉器十件，琺瑯鑪瓶一副，琺瑯蓋盌六件，玻璃器十件，磁器一百四十四件。賞王舅緞八疋，銀一百兩。通事官緞四疋，銀三十兩。四年謝恩進貢，例賞外，加賜國王內庫緞二十疋，端硯二方，玉器十件，琺瑯鑪瓶一副，玻璃器十件，磁器一百五十件。〔使臣〕賞紫巾官緞八疋，銀一百兩。七年進貢，例賞外，加賜國王內庫緞二十疋，玉硯、松花石硯各一，方玉器十件，玻璃器八件，琺瑯器一件，磁器一百五十件。賞使臣緞四疋，銀五十兩。八年，謝恩例賞外，特賜王舅玉器三件，玻璃瓶四件，石器、琺瑯器各二件，瑪瑙器、青綠鼎各一件，漆盤八件，磁杯一套、磁器十八件。乾隆四十七年，進貢例賞外，特賞國王內庫緞二十疋，硯二方，玉器五件，玻璃器十件，磁器一百件。特賞使臣緞各四疋，銀各五十兩。又是年正月初九日，紫光閣筵宴，恩賞使臣與朝鮮同。四十九年正月初九日，賜中正殿筵宴，賞正、副使與四十七年紫光閣宴同。五十一年正月初八日，紫光閣筵宴，賞正、副使與四十九年中正殿宴同，特賜國王玉如意一柄、玉器二件，磁器、玻璃器各四件，硯二方，大小絹箋四卷，筆、墨各二匣，洋磁、琺瑯盒、雕漆盤各四件。五十三年正月初九日，紫光閣筵宴，賞正、副使與五十一年同。十六日，使臣獻詩，賞正使大緞一疋，筆五枝，墨五錠，箋紙一卷。副使大緞一疋，筆十枝，墨一錠，箋紙二卷。五十五年正月初六日，紫光閣筵宴，賞正、副使與五十三年同，加賞國王御書福字一個，玉如意一柄，玉器二件，磁器、玻璃器各四件，福字方一百幅，大小絹箋四卷，硯二方，筆、墨各三匣，雕漆盤四件。賞正使小卷緞一疋，筆、墨各一匣，箋紙一卷。賞賦詩副使大緞一疋，筆、墨各三匣，箋紙二卷。五十六年十二月，賞正使一員金鞘小刀一把，回子緞、回子紬各五疋，回子布二疋。副使一員金鞘小刀一把，回子緞、回子紬各四疋，回子布二疋。都通事、土通事、留遣迎事共三名，回子緞各一疋，回子紬各二疋、回子布各一疋。從人、留邊從人共三十二名，回子布各一疋。五十七年正月初五日，紫光閣筵宴，賞正、副使與五十五年同。特賞國王大緞二疋，福字箋一百幅，大小絹箋四卷，雕漆茶盤四個，湖筆四匣，硯二方，徽墨四匣。加賞正使及賦詩副使與五十五年同。五十九年正月初二日，紫光閣筵宴，加賞正、副使與五十七年同。特賞國王與五十七年同。特賞賦詩正、副使大緞各一疋，筆各一匣，墨各二匣，箋紙各二卷。嘉慶三年正月十一日，山高水長蒙古包筵宴，加賞正使錦三疋、漳絨三疋、大卷八絲緞四疋、大卷五絲緞四疋，大荷包一對、小荷包二對。副使錦二疋、漳絨二疋、大卷八絲緞三疋、大卷五絲緞三疋，大荷包一對、小荷包二對。十五日獻詩，加賞國王蟒緞二疋，福字方一百幅，雕漆器四件，玻璃器四件，大小絹箋四卷，筆、墨各四匣，硯二方。使臣二員，各大緞一疋，箋紙二卷，筆、墨各二匣。四年，停止筵宴，無加賞。六年，照例賞，無加賞。十年十二月，使臣到京，奉諭旨，使臣現未釋服，紫光閣不必入宴，仍照例加賞，迎送儀節，俱不必行。十一年正月初五日，紫光閣筵宴，加賞正、副使與朝鮮同。十二年十二月二十九日，重華宮筵宴，加賞副使一員，玻璃盌一對、玻璃鼻煙壺一個，磁帶鈎一個，茶葉二瓶，福橘五個，磁碟一個，荷包一對。土通事一名，荷包一對。十三年正月初十日，山高水長蒙古包筵宴，加賞副使與乾隆六十年賞朝鮮副使同。十六年十月初四日，使臣入同樂園聽戲，加賞正使茶葉二瓶、茶膏二匣，磁盌三個、磁碟一個。副使茶膏二匣，磁盌二個，餘與正使同。都通事茶葉一瓶，餘與副使同。初六日聽戲，加賞正使緞一疋、紬二疋、漳絨二疋，荷包二對，漆盤二個，牙籤筒一個，磁鼻煙壺一個。副使漳絨一疋，漆盤一個，餘與正使同。都通事紬一疋，餘與副使同。初七日聽戲，加賞正使錦三疋、漳絨三疋、八絲緞四疋、小卷緞四疋，大荷包一對、小荷包二對。副使錦二疋、漳絨二疋、八絲緞三疋、小卷緞三疋，大荷包一對、小荷包二對。十七年，貢使遲至十八年正月初七日始行抵京，除十三四六等日看煙火，十五日正大光明殿筵宴，有例賞，無加賞。【略】道光元年正月，加賞正、副使與嘉慶十六年十月初七日同。二年六月慶賀兼進香使臣到京，七月十六日由軍機處交出，加賞國王與雍正二年同，惟磁器少四件，內庫緞改用八絲緞。正使王舅大卷八絲緞四疋、錦三疋、漳絨三疋、大卷五絲緞四疋，荷包三對。又加賞正使王舅緞八疋，銀一百兩。加賞副使與嘉慶十六年十月初七日同。使者都通事、王舅通事三員，各五綵緞四疋，銀三十兩。是年十二月二十九日，重華宮筵宴，加賞正、副使與朝鮮同。三年元旦，太和殿行朝賀禮，加賞正使大卷八絲緞二疋，副使小卷八絲緞一疋。初四日，紫光閣筵宴，加賞正、副使與嘉慶十六年十月初七日同。十二日，使臣恭和御製詩章，加賞國王、正、副使與嘉慶三年同。四年十二月二十九日，重華宮筵宴，加賞正、副使各碗一個，碟一個，橘五枚，鼻烟壺一個，茶葉二瓶，荷包一對。五年正月初四日，紫光閣筵宴，加賞正、副使與嘉慶十六年十月初七日同。十五日，正大光明殿筵宴，使臣恭和御製詩章，加賞國王、正、副使與嘉慶三年同。六年十二月二十八日，重華宮筵宴，加賞正、副使各玻璃器二件，茶葉一匣、茶葉瓶一個，鼻煙壺一個，磁器二件，柑五枚，荷包二對。七年正月初四日，紫光閣筵宴，加賞正副使與嘉慶十六年十月初七日同。十六日，正大光明殿筵宴，使臣恭和御製詩章，加賞國王、正、副使與嘉慶三年同。八年十二月二十九日，重華宮筵宴，加賞正使荷包二對，副使荷包一對，餘與六年同。九年正月初六日，紫光閣筵宴，加賞正、副使與五年同。十五日，正大光明殿筵宴，使臣恭和御製詩章，加賞正、副使與嘉慶三年同。十年十二月二十三日，瀛臺筵宴，加賞正、副使各玻璃器一件，磁器二件，鼻煙壺一個，茶葉二瓶，磁盤一件，內盛硃橘。正使荷包二對，副使荷包一對。十一年正月初二日，紫光閣筵宴，加賞正、副使與五年同。十五日，正大光明殿筵宴，使臣恭和御製詩章，加賞國王、正、副使與嘉慶三年同。十二年十二月二十三日，瀛臺筵宴，加賞正、副使與朝鮮正、副使同。十三年正月初四日，紫光閣筵宴，加賞正、副使與五年同。十五日，正大光明殿筵宴，使臣恭和御製詩章，加賞國王、正、副使與嘉慶三年同。十四年十二月二十四日，重華宮筵宴，加賞正、副使與十二年同。十五年正月初五日，紫光閣筵宴，如賞正、副使與五年同。十六年十二月二十四日，重華宮筵宴，加賞正、副使與十二年瀛臺筵宴賞同。十七年正月初二日，紫光閣筵宴，加賞正、副使與五年同。十八年十二月二十四日，重華宮筵宴，加賞正、副使與十二年瀛臺筵宴賞同。十九年正月初五日，紫光閣筵宴，加賞正、副使與十七年同。二十一年閏三月，例貢，使臣到京，有例賞，無加賞。二十二年十二月二十八日，由軍機處交出，加賞正、副使與十二年瀛臺筵宴同。二十三年正月初四日，紫光閣筵宴，加賞正、副使與十七年同。是年，未行和詩，仍加賞國王、正、副使與十一年同。

一、該國王請以陪臣子弟入監讀書，奉旨恩准，後該國於常貢外，加進圍屏紙三千張，蕉布五十疋。學成歸國，恭進謝恩方物，圍屏紙五千張，蕉布一百疋。

【略】

一、入監官生至京，奏交國子監，分派教習，撥給官房。屆期將官莊劄送肄業，其供給等項，奏交各衙門辦給。官生每年冬季，給緞面細羊羔皮襖、羊皮褂、紡絲棉小襖、中衣各一件，染貂皮帽各一頂，鹿皮韡、連氈襪各一雙。春秋二季，給緞綿袍褂、紡絲衫、中衣各一件，線纓、涼帽各一頂，馬皮韡、緞襪各一雙。夏季給紗袍褂、羅衫、中衣各一件，細被褥各一牀。跟役每年冬季給布面老羊皮襖、棉布小襖、中衣各一件，貉皮帽各一頂，馬皮幫牛皮韡、布襪各一雙。春秋二季給布綿袍、褂各一件，夏季給單布袍、布衫、中衣各一件，雨纓、涼帽各一頂，綿布被、褥各一牀。所用器皿席子十領，白氈八條，書桌四張、高桌五張、椅子八張，板凳六條，錫燭臺四個，錫燈臺四個，錫茶壺二把，錫酒壺二把，茶鍾十六個，酒鍾十個，大磁盌二十個、小磁盌二十個，筷子二把，木盤二個，磁碟十六個，廣鐵鍋二口、鍋蓋二個，小磁盤八個，大水缸二口、小水缸二口，連勾扁担小桶一副，連繩柳罐一個，瓢二個，笤箒四把，埽箒四把，鐵通條二根，大小砂鍋六個連蓋，冬夏門簾各五掛，洗面銅盆四個，木勺四把，盛書竪櫃四頂，鐵火盆四個。每日應用硬煤十五觔、木炭五觔，係依官生四名議定，如名數不敷，視此酌減。以上向交工部。謹按，乾隆二十四年，奉旨交内務府。官生所用紙筆墨等項，每月各給銀一兩五錢，官生每日各給白米二升。跟伴每日各給白米一升。以上交户部。官生每日各給雞一隻，肉二觔，茶葉五錢，豆腐一觔，花椒五分，清醬四兩，香油四兩，醬四兩，黄酒一瓶，菜一觔，鹽一兩，燈油二兩。跟伴每日各給肉一觔，鹽一兩，菜十兩。以上交光禄寺，并撥給厨子一名。禮部開單奏明，行各該處給發，至烤炭、羊燭、冰塊、涼棚等項，由該監自行查例辦理。

一、入監官生歸國，每名例賞綵緞二疋，裏二疋、毛青布六疋。從人每名，賞毛青布六疋。並將加賞緞二疋、裏二疋，從人加賞緞各一疋之處，題本内夾單進呈，旨下在部頒給，如值貢使在京，於午門前一體頒給。【略】

一、入監官生遇有事故，國子監咨報奏明，恩賞銀三百兩，以一百兩營葬事，其二百兩附回本家收領。從人在京者，仍照例賞給布疋。該國王於下次貢使來京時，附表謝恩。

一、貢使進表朝賀，在館供給及頒賞歸國各事宜，均詳朝貢通例。其入監官生，學成歸國者，皆奏給驛馬，與貢使同歸。

《清禮部則例》卷一七四《主客清吏司・越南朝貢》 舊號安南，古駱越地。秦屬象郡，漢之交趾、日南也。明初平其地，置軍民府，後復棄之。我朝定鼎，黎民輸誠，助兵討賊，厥後貢獻不愆。【略】貢道由陸路至廣西憑祥州，入鎮南關，由水路達京師。

一、貢期，四年遣使朝貢一次，由兩廣總督、廣西巡撫代題，勑部議准後，知照該督撫，行知該國王。舊例二年一貢，四年遣使來朝一次，合兩貢並進。謹按，道光十九年奉旨，改爲四年遣使朝貢一次。【略】

一、正貢，象牙二對，犀角二座，土綢、土紈、土絹、土布各一百疋，沉香二百兩、速香六百兩，砂仁、檳榔各四十五觔。【略】乾隆五十七年奉旨，舊例方物内，金銀器二項，著毋庸呈進，即沉香等物，未能備數，就該國所有土紈、絹、布，均可進奉，不必拘定成例。六十年，恭進甲寅、丙辰兩次例貢方物，象牙二對，犀角四座，土紈六百疋，土絹、土布各二百疋，沉香一千兩、速香二千兩。嘉慶八年，遣使謝册封恩，請定歲貢品數，禮部擬減例貢及慶賀方物名數，具奏奉旨允准，定爲成式，永遠遵行。九年恭進癸亥、乙丑兩貢方物，象牙二對，犀角四座，土綢、土紈、土絹、土布各二百疋，沉香六百兩、速香一千二百兩，砂仁九十觔，檳榔九十觔。道光九年，恭進丁亥、己丑兩貢方物，與嘉慶九年同。十三年，恭進例貢方物，與道光九年同。十七年恭進例貢方物，與十三年同。十九年，奉上諭，越南國向例四年兩貢並進，今既改爲四年一貢，所進貢物，自應減去一次，其舊例兩貢並進之處，着即停止。

一、恭遇慶典，表進貢物，象牙二對，犀角四座，土綢、土紈、土絹、土布各一百疋。【略】乾隆五十五年，安南國王親赴闕廷慶賀萬壽，貢物嘏詩金箋一册、嘏詞金箋一册，金如意一柄，金龍一對，金麟一對，金鶴一對，銀盆二面，犀角包金六表，上頂伽南一串百粒，沉香一百觔，象牙二對，土絹二百疋、細布一百疋，馴象二隻。六十年，慶賀方物，象牙二對，犀角六座，土紈、土絹、土布各一百疋。嘉慶十四年，慶賀萬壽貢物，象牙二對，犀角四座，土綢、土絹、土紈、土布各一百疋。二十四年，慶賀萬壽貢物，與十四年同。道光十一年，慶賀萬壽貢物，與嘉慶二十四年同。

一、陳謝表奏等貢，毋庸備物，如該國王効悃抒忱，仍備物呈進，應否恩准賞收，或留抵下次正貢，屆期請旨遵行。【略】乾隆五十四年九月，阮光平始封安南國王，謝恩方物，花犀角三表，重二觔四兩，烏犀角二表，重五觔，象牙五枝，重一百觔，沉香三座，重十六觔二兩，速香四座，重十八觔四兩。是年十二月，謝恩方物，金二十鎰，銀一百鎰，土絹一百疋、羅紈一百疋，象牙三對，重二百觔。五十五年二月，謝恩方物，肉桂九百兩，犀角六座，内花犀四座，重五十兩，烏犀二座，重三十六兩四錢，土絹一百疋、細布一百疋，象牙二枝，重一千兩。是年八月，該國王回國，謝恩方物，金如意一柄，肉桂五十觔，沉香二十觔，香蠟四十盒，象牙八枝，土絹二百疋。五十六年七月，謝恩方物，犀角一座，象牙一對，羅紈一百疋、土絹一百疋、白布一百疋，胡椒二百觔，沙仁一百觔。是年，謝恩方物，水撰玉頂金如意一柄，重一百兩，銀盆一對，重四百兩，銀水臺一對，重一百五十兩，銀鐙樹一對，重一百五十兩，銀鶴子一對，重一百兩，銀香爐一對，重一百兩，銀蓮盒一對，重一百兩，土絹二百疋、土布二百疋，土紈二百疋，肉桂十觔，犀角五對，象牙二對。五十七年，該國王請定貢期，進獻萬象象二隻，萬象鉦二面，萬象鐲二面，萬象布彩一百疋，萬象蠟三百觔，萬象象牙三對，萬象象牙扇十柄，黎維祁事件一本二十三張，萬象國戰書一頁，土絹一百疋，土紈一百疋，土布一百疋，犀角四座，沉香一座，速香一座。五十八年，該國請封，進貢方物，金十鎰，銀五十鎰，象牙二對，重一百觔，犀角四座，土絹一百疋，土紈一百疋。六十年，謝恩方物，金十鎰，銀百鎰，犀角四座，象牙二對，紈、絹各百疋。嘉慶八年，農耐國長阮福映請封，進貢方物，伽南二觔，象牙二對，犀角四座，沉香一百觔，速香二百觔，土紬、紈、絹、布各二百疋，并謝恩進貢方物，伽南九觔，沉香九觔，速香九十觔，廣南生絹九疋，象牙九枝，共重三百一十觔，翠鳥毛九十箇，豆蔻九十觔，砂仁九十觔，檳榔九十觔，犀角九座，共重二十觔，玳瑁九十片，共十五觔，海鵝氄九束，硨磲螺九十件，共一百二十觔，花藤捍九十株，共二百三十觔。九年，謝恩呈進方物，金二十鎰，銀一百鎰，土絹、土紈各一百疋，象牙一百觔，花犀角二座，肉桂一百觔。道光元年五月，越南國嗣阮福晈請封，呈進方物，象牙二對，犀角四座，沉香五十觔，速香一百觔，土綢、土紈、土絹、土布各一百疋。奉旨，准其留抵正貢。五年七月，謝恩方物，黄金四十鎰，白金二百鎰，犀角四座，肉桂二百觔，土絹、土紈各二百疋，象牙八枝。二十一年越南國嗣阮福暶請封，呈進方物與元年同。【略】

一、題請頒賞，常貢賜該國王錦八疋，織金緞八疋，織金紗八疋，織金羅八疋，紗十二疋，緞十八疋，羅十八疋。貢使各織金羅三疋，緞八疋，羅五疋，絹五疋，裏綢二疋，布一疋。行人照暹羅通事之例，各緞五疋，羅五疋，絹三疋。從人各絹三疋，布八疋。伴送官、通事官各彭緞袍一件。所賜國王物件，及特恩加賞物件，俱移內閣撰入勅內，交貢使齎回。謹按，康熙六十年議准賞賜安南國王蟒緞五疋，粧緞五疋，錦緞五疋，倭緞五疋，閃緞六疋，綵緞二十七疋，裏綢二十七疋。貢使各表緞六疋，裏綢六疋，紗二疋，羅二疋，絹八疋。行人各表緞三疋，裏綢二疋，紗一疋，羅一疋，絹三疋，布三疋。從人各綢三疋，毛青布七疋。乾隆五十六年奉旨，改與暹羅一體辦理，安南向無通事，謹按乾隆四十九年廣西巡撫捄派通事一名，從陪臣同來，由部奏准賞給彭緞袍一件。

一、慶賀及陳奏謝恩等事，遣使至者，賞賜國王及來使等並同常貢，如附貢使同來者，均不另賞。謹按，順治十八年，安南出兵助剿海寇，特賜該國王蟒緞、粧緞、錦緞各二疋，綵緞、表裏各十二疋，銀五百兩。康熙元年，該國擒獻明裔僞王，賜國王緞綢，照順治十八年例加倍賞給，共六十疋，加賞銀一千兩，共一千五百兩。雍正二年，遣使慶賀，於例賞外，加賜國王《古文淵鑒》《佩文韻府》《淵鑒類函》各一部，内庫緞二十疋，松花石硯二方，玉器八件，琺瑯器一件，玻璃器十件，磁器一百四十件。賞貢使三人，各内庫緞六疋，銀一百兩。乾隆四十三年，該國將竄越匪犯解送進關，於正賞外，加賞國王蟒緞、粧緞、倭緞、錦緞各一疋，閃緞、表緞各二疋。四十六年，遣使謝恩，奉旨著禮部堂官帶至熱河瞻覲，特賞國王蟒緞、倭緞、閃緞、錦緞各二疋。正、副使每員綵緞、八絲緞、五絲緞各一疋。行人每名漳絨、五絲緞各一疋。從人每名銀二兩。四十九年，遣陪臣謝恩入貢，恭遇聖駕南巡，帶領該陪臣等於江寧省城外接駕，欽領御題作詩，恩賞緞各一疋，紙、筆、墨、硯各一分。特賜該國王扁額「南交屏翰」，賞給古稀説，又加賞國王蟒緞、倭緞、閃緞、錦緞各二疋。陪臣三員，每員綵緞、八絲緞、五絲緞各一疋。行人九員，每員漳絨、五絲緞各一疋。從人十三名，各銀二兩。將軍衙門筵宴。是年八月，該國進貢員役來京，前赴熱河瞻覲，其陪臣三員，奉旨作詩，賞與江寧作詩賞同。加賞國王御製詩一張，瑞芝加意一柄，蟒緞、閃緞、粧緞、錦緞各二疋。陪臣三員，各八絲緞、五絲緞、粧緞各一疋，又共蜜浸荔枝二錫瓶，又共茶膏六匣，茶餅十四丸，磁瓶三箇，南醬八寶茄蘁三品，鮮菓三品。又正使粧緞一疋，大紅緞一疋，蘆花緞一疋，如意一柄，鼻煙壺一箇，荷包一對。副使二員，各大紅緞一疋，寶藍緞一疋，如意一柄，鼻煙壺一箇，荷包一對。又陪臣三員，各寶藍宮綢面羊皮襖一件，腰刀一把，牙箸一雙，牙簽一件，磁盌一箇，磁盤一箇。行人二名，各粧緞一疋，五絲緞一疋。通事、行人各藍綾面羊皮襖一件。隨人三名，各銀二兩。五十四年七月，該國貢使赴熱河，加賞國王五次，玉如意，玉觀音，綠水晶朝珠，水晶瓶，紅磁瓶各一件，銀絲盒二箇，錦緞三疋，箋紙三幅，又蟒緞、閃緞、粧緞、錦緞各二疋。又鄭宅香片茶大小各二罐，大普洱茶一團，小普洱茶六團，茶膏二匣，鼻煙二瓶，佛手一盤。又如意，鼻煙壺，木漆盤，琺瑯盤各一件，綵緞、漳絨各三疋。又大磁瓶，磁盤，漆碟，盤，鑪各二箇，小刀一把。加賞正使五次，玉如意，磁觀音，水晶瓶各一件，錦緞二疋，銀絲盒二箇，箋紙二幅。又綵緞、小卷八絲緞各二疋，小卷紗四疋。又蓮心茶一大瓶，紫陽茶一匣，茶膏二匣，普洱茶四團，鼻煙一瓶，磁盌、磁盤各一箇，佛手一盤。又如意一柄，綵緞、漳絨各二疋，鼻煙壺一箇，荷包一對。又磁花瓶，磁盤，漆碟，盌，小刀，小瓶各一件。賞副使二員五次，每員玉如意一柄，銀絲盒一對，錦緞二疋，箋紙二幅。又綵緞、小卷八絲緞各一疋，小卷五絲緞六疋。又茶膏一匣，磁緞一箇，小普洱茶四團，佛手一盤。又綵緞三疋，如意一柄，荷包一對，鼻煙一瓶。又磁盤，磁盌，小刀各一件。賞行人五名，銀各十兩。賞從人十名，銀各五兩。五十五年正月初六日，紫光閣筵宴，賞陪臣元寶六箇，餘與四十七年朝鮮使臣同。加賞國王與朝鮮國王同。賞和詩陪臣六員，與朝鮮和詩使臣同。是年七月十一日，該國王及陪臣慶祝萬壽，例賞國王蟒緞、粧緞、錦緞加三疋，倭緞改漳絨加三疋，閃緞加二疋。在熱河，加賞國王九次，御製詩一卷，蟒緞袍五領，馬一匹，黄韁全副，玉帶一條，金帶一條，金帽五頂，玉佛一尊，玉如意一柄，磁瓶一箇，茶葉大小六瓶，鼻煙二瓶，大圓茶二箇，扇二柄，銀一萬兩。又帶鐘時辰表一箇，玉攢盒一對。又紅寶石頂三眼花翎涼帽一頂，黄馬褂衣袍一副，金黄帶荷包全副，四團龍補服金黄蟒袍一副，緯帽一頂，珊瑚朝珠一盤。又御製詩扇一柄，玉如意一柄，珊瑚朝珠一盤，玉器二件，蟒緞、粧緞、閃緞各四疋，錦緞六疋，磁器、玻璃、器漆器各四件，絹箋四卷，匣硯二方。又《御筆西湖圖》一卷，《御筆木蘭秋獮》一卷。又加福敀瑞圖一頁，玉東方朔一件。又玉如意一柄，緞二疋，漳絨一疋，綾三疋，洋瓶二箇，洋碟、漆、盌、鼻煙壺各一箇。又御製文初集至二集二部，御製詩初集至四集四部，碧玉盌一件，帶表帶鉤一副。又磁瓶、磁盌、磁盤各一對，象牙茶盤一箇。賞世子金帽一頂。加賞陪臣六次，共六員。一員大元寶二箇，扇一柄，茶葉二瓶，普洱茶膏二匣，磁盌、磁碟各一件。五員大元寶各一箇，餘皆同。又陪臣一員，紅頂緯帽一頂，錦雞補服蟒袍一副，朝珠一串，帶荷包全副。五員藍頂緯帽各一頂，獬豸補服蟒袍各一副，朝珠各一串，帶荷包各全副。陪臣六員，每員綵緞、大緞、小卷八絲緞、小卷五絲緞各一疋，磁器、玻璃器、漆器各二件，箋紙二卷，筆、墨各二匣，硯一方。又陪臣六員，每員緞、漳絨各一疋，綾二疋，漆盌、鼻煙壺、火鐮各一件。又陪臣六員，每員磁瓶、磁盌、磁盤、象牙茶盤各一件。又進詩陪臣二員，每員緞一疋，箋紙二卷，筆、墨各二匣。加賞員從三員，行人四員，大元寶共四箇。又賞員從每員小卷五絲緞、紡絲、澤綢各四疋，紗綾各一疋。又每員大緞、漳絨、八絲緞各一疋，筆、墨各一匣，箋紙一卷。加賞行人，每員小卷五絲緞、漳絨各一疋，銀十兩。賞通事藍頂緯帽一頂，朝珠一串，蟒袍補服，帶荷包全副。又小元寶一箇。賞伶工十名、護衛十名、隨人二十名，每名澤綢二疋、毛青布十疋，銀八兩。賞筵宴伶工九名，小元寶各三箇。又賞伶工九名、通事一名，小元寶各二箇。八月在圓明園，加賞國王十四次，杭緯二匣，普洱茶一團、普洱茶二瓶，磁盤一箇，蘋菓四箇。又聯扁一副，餘物與初次賞同。又蟒袍二件，玉如意一柄，漳絨一疋、緞一疋、綢一疋，荷包三對。又小卷八絲緞一疋、小卷五絲緞一疋，琺瑯器一件，皮盌一箇，磁鼻煙壺一箇，四不相一隻。又荷包六箇，雕漆盌二箇，磁器五件，福圓膏錫罐一箇，茶盤一件，四不相一隻。又回回小荷包一對。又《萬壽衢歌樂章》一部。又狐狸二隻。又自鳴鐘一座，表一箇，銀絲匣九箇，紅漆桌一張，磁瓶一對，木瓜膏一盌，磁盌三箇，漆盌五箇，漆碟二箇。又荷包五對。又鑲玉如意一柄。又玉石大盌一對。又大紅呢一疋、漳絨一疋、紗一卷、錦一疋、大緞四疋。又玉如意一柄。加賞陪臣十次，茶葉各二瓶、茶膏各一匣，磁盤各一箇，蘋菓各四箇。又賞一次，與初次同。又漳絨各一疋，五絲緞各一疋，荷包各二對。又小卷八絲緞各一疋、小卷五絲緞各一疋，皮盌各一箇，磁鼻煙壺各一箇。又茶盤各一箇，磁器各一件。又奶餅各一匣，奶皮各二匣，阿爾察各二匣。又磁盌各一箇，磁碟各一箇，漆器各二件，佛手各四箇。又荷包各二對。又頭號香五十枝，二號香四百枝。又緞各三疋，漳絨各一疋，花綾各一疋。加賞留京員從六員，每員小卷五絲緞、紡緞、澤紬各四疋，紗、綾各一疋。又每員漳絨小卷八絲緞、大緞各一疋，筆、墨各一匣，箋紙一卷。加賞留京行人五名，每名漳絨、小卷八絲緞各一疋，銀十兩。賞留京伶工二名、護衛二十名、隨人二十六名，管象人四名，每名澤綢三疋、毛青布四疋，銀八兩。五十六年七月，該國王遣使謝恩，加賞國王四次，玉如意一柄，玉佛一尊，朝珠一盤，香盒二箇，青玉瓶一箇、磁瓶一箇，箋紙三卷，錦緞三疋。又蓮心茶一大瓶，花香茶一大瓶，貴定芽茶二瓶，洋煙二瓶，茶膏二匣、大普洱茶一團、小普洱茶六團，佛手四箇，皮盤一箇。又玉如意一柄，磁鼻煙壺一箇，羽緞三疋，皮盤一箇，八絲緞三疋，洋磁盌一箇。又磁盌二箇、磁瓶二箇、磁盤二箇，小刀一把，皮盌二箇，皮盤二箇。加賞陪臣五次，共三員，如意各一柄，錦緞各二疋，盒各一箇，箋紙各二卷。又普洱茶各四團，佛手各三箇，磁盤各一箇，茶膏各一匣，皮盌各一箇。又玉如意各一柄，五絲緞各三疋，小荷包各一對，磁鼻煙壺各一箇。賞賦詩陪臣二員，八絲大緞各一疋，箋紙各二卷，筆各二匣，墨各二匣。又磁盌各一箇、磁盤各一箇，小刀各一把。賞行人六名，銀各十兩。從人五名，銀各五兩。是年十二月，該國王遣使謝恩，特賞國王玉如意一柄，玉器二件，玻璃器四件，磁器四件，錦四疋、大綵緞四疋、閃緞四疋，蟒緞四疋。加賞陪臣二員，金鞘小刀各一把，回子緞各四疋、回子綢各五疋、回子布各二疋。賞通事一名，回子緞一疋、回子綢二疋、回子布一疋。賞行人六名，回子綢各一疋、回子布各一疋。從人九名，回子布各一疋。五十七年正月初五日，紫光閣筵宴，加賞使臣錦各一疋、漳絨各一疋、八絲緞各三疋、五絲緞各三疋，大荷包各一對、小荷包各二對。賞賦詩陪臣二員，大緞各一疋，絹箋各二卷，筆各二匣，墨各二匣。加賞國王大緞二疋，福字箋一百幅，大小絹箋四卷，雕漆茶盤四箇，湖筆四匣，硯二方，徽墨四匣。是年十二月，特賞國王玉如意一柄，玉器二件，玻璃器四件、磁器四件，洋表一箇，文竹器二件，貂皮五十張，帽緯八匣，片金二疋、金絲緞二疋、洋花緞二疋、糚緞二疋。五十八年正月初八日，紫光閣筵宴，賞與五十七年同。十九日，賞賦詩陪臣與五十七年同。加賞國王與五十七年正月賞同。加賞陪臣二員，芽茶各一瓶，小荷包各二對，火鐮各一把，玻璃器各三件。玻璃鼻煙壺各一箇，磁盤各一箇，內盛春橘五枚。嘉慶元年正月初四日，高宗純皇帝舉行千叟宴，正副使寧壽宮入宴，獻千叟宴詩，特賞使臣與朝鮮同。初五日，紫光閣筵宴，加賞使臣與朝鮮同。十六日，使臣獻詩，特賞國王及使臣與朝鮮同。八年八月初十日，萬樹園入宴，特賞陪臣各大綵緞二疋、大卷八絲緞二疋、小卷八絲緞二疋、綾二疋，磁器二件、玻璃器二件，茶葉二瓶，漆器二件，磁鼻煙壺二箇，螺鈿漆檳榔盒一件。加賞國王蟒緞四疋、糚緞四疋、閃緞四疋、錦緞四疋，磁器四件、漆器四件，茶葉四瓶，漆桃盒四件，磁鼻煙壺四箇，螺鈿漆檳榔盒二件。九年十月，謝恩並進十年例貢，使臣到京，初一日，加賞陪臣三員，各藍緞灰鼠皮襖一件、月白綢棉襖一件、月白綢棉套褲一雙、藍綢棉襪一雙、緞靴一雙、紅布包袱一塊。行人九員，廣西巡撫揀派通事一名，各藍江綢羊皮襖一件、紡綢棉襖一件、紡綢棉套褲一雙、棉襪一雙、緞靴一雙、藍布包袱一塊。隨價十五名，各藍布羊皮襖一件、綢面布裏棉襖一件、藍布棉套褲一雙、布棉襪一雙、緞靴一雙。初六日萬壽聖節，加賞國王蟒緞四疋、糚緞四疋、閃緞四疋、錦緞四疋，磁器四件、玻璃器四件，絹箋四卷，筆、墨各四匣，硯二方。初七日，加賞陪臣三員，各綵緞二疋、大緞二疋、小卷五絲緞二疋，磁器二件、玻璃器二件，箋紙二卷，筆、墨各二匣，硯一方。初九日，使臣獻詩，賞陪臣三員，各五絲緞一疋，筆、墨各一匣，箋紙二卷。十四年十月初二日，恭祝萬壽，使臣入寧壽宮聽戲，加賞使臣等各嵌玉如意一柄，玻璃盌一箇、玻璃盤一箇，大小荷包二對，福圓膏一瓶，日鑄牙茶一瓶、普洱蕊茶一瓶，哈蜜瓜一箇。初三日聽戲，初五日聽戲，初六日進貢使臣聽戲，加賞使臣三員，各嵌玉如意一柄，玻璃器二件，福圓膏二瓶，大小荷包二對，日鑄牙茶一瓶，哈蜜瓜一箇，普洱蕊茶一瓶。是日使臣六員獻詩，加賞每員大緞一疋，箋紙二卷，筆二匣，墨二匣。初七日，仁宗睿皇帝幸圓明園。是日，貢使六員入同樂園聽戲，加賞恭祝萬壽使臣三員，各江綢三疋、大紡絲一疋。加賞國王嵌玉三鑲如意一柄，蟒緞六疋、大緞五疋、糚緞六疋、錦緞二疋、閃緞二疋、大紡綢五疋，絹箋二卷，筆二匣，墨二匣，硯二方。又加賞使臣三員，各大緞一疋、八絲緞二疋、五絲緞二疋、綵緞一疋，箋紙二卷，筆一匣，墨一匣，硯一方。行人九員，各八絲緞一疋、五絲緞二疋、漳絨一疋，銀二十兩。從人十五名，銀各十兩。加賞進貢使臣三員，各小卷八絲緞一疋、五絲緞一疋、江綢一疋，紡絲一疋。加賞國王蟒緞四疋、閃緞四疋、粧緞四疋，磁器四件，玻璃器四件，絹箋四卷，筆四匣，墨四匣，硯二方。又加賞使臣三員，各大緞二疋、五絲緞二疋、八絲緞二疋，磁器二件，玻璃器二件，箋紙二卷，筆二匣，墨二匣，硯一方。初九日，正大光明殿筵宴，又加賞使臣六員，各大緞二疋，小緞一疋，漳絨一疋，緙綢一疋。十八年十月初六日萬壽聖節，使臣在乾清門外行禮畢，寧壽宮聽戲，御前大臣帶瞻仰。是日，加賞國王蟒緞、粧緞、閃緞、錦各四疋，磁器、玻璃器各四件，絹箋四卷，筆、墨各四匣，硯二方。使臣三員，各綵緞二疋、大卷八絲緞二疋、小卷八彩緞二疋、小卷五絲緞二疋，玻璃器二件，磁器二件，絹箋二卷，筆、墨各二匣，硯二方。二十二年九月，恭進乙亥、丁丑例貢，使臣到京，十月初四日，入同樂園聽戲，恭進詩章，賞陪臣三員，各大緞一疋，箋紙二卷，筆、墨各二匣。初五日聽戲，賞陪臣三員，各銅手鑪一箇，銀絲盤一箇，荷包四箇，玻璃鐘二箇，鼻煙壺一箇，磁盤二箇。初六日聽戲，賞陪臣三員，各大緞一疋，漳絨二疋，綢二疋，荷包六箇，雕漆鑲金盤一箇，面鏡二件，磁鼻煙壺一箇。加賞國王蟒緞四疋，粧緞四疋，閃緞四疋，錦緞四疋，磁器四件，玻璃器四件，絹箋四卷，筆、墨各四匣，(現)〔硯〕二方。又加賞陪臣三員，各絲緞二疋、大緞二疋、小卷五絲緞二疋、小卷八絲緞二疋，磁器二件，玻璃器二件，箋紙二卷，筆、墨各二匣，硯一方。初七日聽戲，賞克食。二十四年九月，恭祝萬壽，使臣到京，二十八日，賞使臣等蜜餞荔枝一錫瓶，哈蜜瓜各一箇。十月初一二三四五等日入寧壽宮聽戲，初六日赴太和殿行禮，加賞使臣三員，各茶膏一瓶，荷包一對，餘與朝鮮同。是日，使臣恭進萬壽詩章，並入寧壽宮聽戲，加賞使臣三員，與朝鮮同。初七日入同樂園聽戲，初八日正大光明殿筵宴，並入同樂園聽戲，加賞國王並使臣三員與朝鮮同，行人九員與朝鮮大通官同，從人十五名與朝鮮從人同。初九日，使臣入同樂園聽戲，加賞使臣三員，各雕漆盒二箇，玻璃盒一箇，荷包二對，江綢二疋，緙綢二疋，皮馬鞊一副。道光元年五月，加賞國王、陪臣與嘉慶八年同。五年八月，恭遇皇上萬壽聖節，陪臣在正大光明殿隨班行慶賀禮，並赴同樂園聽戲，加賞陪臣大員，各小卷八絲緞一疋，漳絨二疋，綾二疋，磁器一件，玻璃器一件，錦匣鏡一面，荷包三對。是日，恭獻萬壽詩章，加賞陪臣六員，與嘉慶九年同。又軍機處交出，加賞國王、陪臣與嘉慶二十二年同。十二日，仍赴同樂園聽戲，加賞陪臣克食。九年七月十七日例貢，使臣到京，二十五日，奉旨賞賜國王人參一觔。八月初八日，赴同樂園聽戲，賞陪臣克食。初十日，皇上萬壽聖節，陪臣隨班行禮畢，同樂園聽戲，加賞陪臣三員，各漳絨二疋，月白綾二疋，小卷緞二疋，雕漆盒一件，磁器一件，鼻煙壺一箇，大荷包一對，小荷包二對。是日，陪臣恭獻詩章，加賞國王、陪臣與嘉慶九年同，惟陪臣三員，各增小卷八絲緞二疋。十九年七月，恭祝萬壽並進例貢，使臣到京，八月初八日，陪臣恭獻萬壽詩章，加賞陪臣三員，與嘉慶二十二年獻詩賞同。初十日，皇上萬壽，陪臣隨班行禮，加賞國王及陪臣三員，行人八員，從人九名，均與嘉慶十四年十月初七日同。是日，同樂園聽戲，加賞陪臣三員，各小卷八絲緞袍料一件，綾一疋，漳絨二疋，磁碗一箇，葫蘆器一件，鼻煙壺一箇，大荷包一對，小荷包二對。十二日，仍赴同樂園聽戲，賞陪臣克食。十三年八月初八日，加賞陪臣三員，與十一年八月初八日同。又加賞國王、陪臣與嘉慶二十二年十月初六日同。十七年八月初八日，赴同樂園聽戲，恭獻詩章，加賞陪臣與嘉慶九年進獻詩章同。初九日，加賞國王與九年同。初十日萬壽聖節，陪臣隨班行禮畢，同樂園聽戲，加賞陪臣與十一年八月初十日同樂園聽戲同。又加賞陪臣三員，與嘉慶二十二年十月初六日二次賞同。二十一年八月初三日，加賞國王、陪臣與嘉慶八年同。初九日，加賞國王、陪臣、行人、從人，均與嘉慶十四年十月初七日同。

《清禮部則例》卷一七五《主客清吏司・南掌朝貢》 南掌在漢南極西徼外，即古越裳氏之地。其國王自稱爲島孫。雍正七年，奉銷金紬字蒲葉表文入貢，嗣後五年一貢。乾隆七年，高宗純皇帝念其僻處天末，遠道致貢，未免煩勞，定如今例。貢道由陸路至雲南永昌府入境達京師。

一、貢期十年一貢，由雲貴總督、雲南巡撫代題勅部議准後，知照該督撫准其入貢。【略】

一、題請頒賞賜該國王錦八疋、織金緞八疋、織金紗八疋、織金羅八疋、紗十二疋、緞十八疋、羅十八疋。大頭目、次頭目照暹羅貢使之例，各織金羅三疋、緞八疋、羅五疋、絹五疋、裏(袖)〔紬〕二疋、布一疋。先目、通事照暹羅通事之例，各緞五疋、羅五疋、絹三疋。夷目、後生照暹羅從人之例，各絹三疋、布八疋。伴送官彭緞袍一件。如有特恩賞賜國王之處，由軍機處交出清單，將該國王正賞、特賞物件，俱移內閣，撰入勅內，交來使齎回。舊例照琉球國之例，賜該國王蟒緞六疋、錦緞六疋、閃緞八疋、綵緞十疋、藍緞十疋、青緞十疋、紬十疋、羅十疋、紗十疋。賞貢使、大頭目、次頭目，照琉球國正、副使之例，各賞綵緞六疋、裏四疋、羅四疋、紡絲二疋、絹二疋。先目照琉球使者之例，賞綵緞二疋、裏二疋、絹一疋、毛青布六疋。通事照琉球都通事例，賞綵緞二疋、裏一疋、緞一疋、毛青布六疋。夷目、後生照琉球從人之例，賞毛青布各六疋。謹按，雍正八年，恩賞國王內庫緞二十疋、猩猩氈二片，人參六觔，五色紙二百張，玻璃器八件，磁器一百三十三件。恩賞大頭目蟒緞一疋，大緞三疋，銀一百兩。次頭目大緞四疋，銀五十兩。乾隆二十六年，慶賀孝聖憲皇后七旬萬壽，恩賞該國王及貢使等與雍正八年同。三十六年，慶賀孝聖憲皇后八旬萬壽，恩賞該國王粧緞二疋、倭緞二疋、蟒緞二疋、錦緞二疋、大緞二疋、大紅猩猩氈二片、緑猩猩氈二片，五色絹一百張，五色紙二百張，人參三觔，玻璃器十件，各色磁器八十件。恩賞貢使蟒緞一疋、大緞三疋，銀一百兩。頒賞日，加賞先目各裏紬一疋，伴送文武官員各小卷五絲緞一疋。均內務府交出。貢使先蒙召至熱河筵宴，入於侍郎班次，特賞貢使蟒緞四疋，先目緞各二疋。在西直門接駕，賞貢使緞三疋，貂皮四張。先目緞各二疋，貂皮各二張。四十六年，慶賀萬壽，恩賞該國王及貢使等與三十六年同。四十七年正月，紫光閣筵宴，特賞使臣與朝鮮同。五十五年八月，慶祝萬壽，加賞國王三次，玉佛一尊，玉如意一柄，金鑲玉亭一座，御書扇一柄，茶葉二瓶，扇一柄，糚緞、倭緞、大緞各二疋，五色絹、五色紙各一百張，玻璃器十件。加賞頭目十五次，共二員，每員大元寶一個。又每員扇一柄，茶葉三瓶，茶膏二匣，磁盌、磁碟各一個。又每員蟒緞、大緞各一疋，銀五十兩。又每員綾、緞各二疋，漳絨一疋，火鐮、磁鼻煙壺、漆木盌各一個。又每員磁瓶、磁盌、磁碟、象牙茶盤各一疋，荷包二對。又每員小卷五絲緞、八絲緞各一疋，皮盌一個，磁鼻煙壺一個。又每員磁器一個。又每員茶葉一瓶、茶膏一匣，磁盤一個，蘋果四個。又賞同前。又每員漳絨、五絲緞各一件，茶盤一個。又每員奶餅一匣，奶皮阿爾察各二匣。又每員磁器二件，皮器三件，佛手三個。又每員荷包二對。又每員平定金川戰圖，平定回部戰圖各一分，頭號香五十枝，二號香四百枝。又每員大緞二疋，江紬、漳絨、縐紬各一疋。又每員小卷八絲緞、小卷五絲緞各一疋。六十年七月祝慶並請封號，使臣熱河瞻覲，加賞正使錦一疋，大卷八絲緞二疋，銀五十兩。副使錦一疋，大卷八絲緞一疋，銀四十兩。八月初三日，特賞國王各色緞十二疋。特賞正使緞一疋，綾二疋，漳絨二疋。副使緞一疋，綾二疋，漳絨一疋。十五日加賞國王龍緞、倭緞、大緞各二匹，絹箋二百張。嘉慶十二年九月，該國貢使到京，十月初四日入同樂園聽戲，初五日入座聽戲，初六日行慶賀禮入座聽戲，加賞大頭目二員各漳絨二疋，綾二疋，小卷五絲緞一疋。封次頭目一員，漳絨一疋，綾二疋，小卷五絲緞一疋。初七日加賞大頭目二員，各小卷緞二疋。頭目一員，小卷緞一疋。通事二名，各小卷五絲緞一疋。二十日陛殿，該使臣隨班行禮，頒賞之日，加賞國王龍緞二疋，倭緞二疋，大緞二疋，絹箋一百張。二十四年九月，恭祝萬壽並請封，恭進例貢，使臣到京。【略】〔道光〕十二年正月初二日，紫光閣筵宴，加賞正副使與五年琉球同，惟漳絨改綵緞。是日加賞國王紫檀玉如意一柄，大卷八絲緞五疋，彩緞綢一疋，小卷五絲緞一疋，小卷紬一疋。【略】〔十月〕初九日入同樂園聽戲，加賞正副使各大卷六疋，糚緞六疋，線緞二疋，閃緞二疋，紡絲五疋，絹箋二卷，硯二方，筆、墨各二匣。又加賞正、副使各大卷八絲緞一疋，彩緞一疋，小卷八絲緞二疋，小卷五緞緞二疋，箋紙五卷，硯一方，筆、墨各一匣。頭目通事二員，各小卷八絲緞一疋，小卷五絲緞二疋，彩緞一疋，銀二十兩。後生八名，各小卷五絲緞一疋，銀十兩。跟役一名，銀十兩。十五日，正大光明殿筵宴，賜酒。十九日，補行交出十一年十二月二十三日瀛臺筵宴，加賞正、副使各茶葉二瓶，綠龍盤一件，玻璃器二件，鼻煙壺一個。正使荷包二對，副使荷包一對。二十一年十二月，恭祝萬壽並請封，恭進例貢，使臣到京，二十四日，重華宮帶領瞻仰天顏並入宴，加賞正、副使與朝鮮同。除夕，保和殿筵宴，賜酒。二十二年正月初四日，紫光閣筵宴，加賞國王、正、副使均與十二年同。加賞先目、通事與十二年頭目、通事同。後生六名，跟役二名，各小卷五絲緞一疋，銀十兩。十五日，正大光明殿筵宴。二十六日，午門前頒給詔敕，冊封召喇麻呢呀宮滿爲國王。

《清禮部則例》卷一七六《主客清吏司・暹羅朝貢》

暹羅在海南，順治十年遣使請貢。【略】貢道航海至廣東虎門入境達京師。

一、貢期四年一貢，由兩廣總督、廣東巡撫代題，敕部議准後，知照該督、撫，令其入貢。舊例三年一貢，謹按道光十九年奉旨，改爲四年朝貢一次。【略】

一、貢物，馴象、備象、龍涎香、幼嘿香、犀角、象牙、豆蔻、降香、藤黄、大楓子、土桂皮、烏木、蘇木、蓽撥、樟腦、兒茶皮、樹膠皮、硫磺、檀香、冰片、翠鳥皮、孔雀尾、闊紅布、大荷蘭氈、冰片、油薔薇露。又貢物一分，其數減半。或有加進之物，聽其隨宜進獻，題准收受，交內務府，象交鑾儀衛。表用金葉，貯以金筒，錦袱錦袋，袋上有金鈕金圈，加盛以螺鈿盒一，貼金盒一，并有花緞盒套，套上各有金圈。謹按，康熙三年，入貢方物，凡十三種，有孔雀、六足龜，後俱免進。七年，議准暹羅貢物，内有神象幔一條，非進天朝之禮，交來使帶回。四十七年，副貢船加進金絲猴二隻。五十九年，入貢方物，加進馴犀二隻，西洋金緞二疋，大西洋闊宋錦一疋。雍正二年，該國運米至廣，附進穀種、果樹、洋鹿、獵犬等物。七年，入貢方物，加進寶劍一，仗劍一，金地交枝柳條版帶二。是年，議准免貢安息香、速香、胡椒、紫梗、織金白袈裟、織金紅袈裟、織金紅幼布、闊幼花布、幼花布、花布幔等物十種，定如現額。乾隆元年，入貢方物，加進金緞二疋，花幔一條。十三年，入貢方物，外附洋船貢黑熊一隻，鬭雞十二隻，泰和雞十六隻，金絲白肚猿一隻。十八年，入貢方物，加進西洋金花緞番袍、金花緞夾褲各一件，西洋金緞帶三條。四十六年，入貢方物，又備貢一分，奉旨收象一隻，犀角一擔。其象牙、洋錫、藤黄、胡椒、蘇木，准其在廣省自行變價，併壓艙貨物一體免稅。六十年，入貢方物，龍涎香、沈香、檀香、白膠香、降真香、金鋼鑽、冰片、樟腦、孔雀尾、犀角、象牙、西洋氈、西洋紅布、翠鳥皮、甘蜜皮、蓽撥、大楓子、荳蔻、藤黄、桂皮、烏木、蘇木。皇宮方物，其數減半。嘉慶元年，恭進高宗純皇帝番字金葉表文一道，漢字表文一道，表文亭一座，方物均與乾隆六十年同。皇宮方物其數減半。恭進仁宗睿皇帝、皇宮方物均與恭進高宗純皇帝、皇宮方物同。三年，入貢方物、表文、表亭均與元年同。六年，入貢方物，均與乾隆六十年同。九年，入貢方物，均與六年同。十四年，恭祝萬壽，進貢壽燭十對，金鋼鑽一觔，冰片二觔，燕窩十觔，沈香二十觔，犀角二十觔，孔雀尾五十屏，翠鳥皮五百張，檀香一百觔，降真香一百觔，砂仁米一百觔，紫梗一百觔，象牙二百觔，荳蔻二百觔，胡椒二百觔，藤黄二百觔，荷蘭氈二領。十五年，暹羅國世子遣使進貢請封，在洋遭風，沈失貢物九種，奉旨，此實人力難施，並非使臣不能小心防護，不必另行備進。十八年，該國進貢正使船，在洋失火，副貢船内止貢物十種，奉旨毋庸補進，禮部遵旨，將例賞物件併敕書交兵部發交該督頒給。十九年，該國遣使補貢，正貢船遭風漂至越南，副使在粵患病，該國王聞遭風之信，復補備貢物，遣使來京。二十年九月，奉旨將此次貢物作爲二十一年例貢，存貯藩庫，明年委員解京，使臣巧鑾文是通留於粵省，俟本年進京使臣旋粵時，一體筵宴回國，該國王明年毋庸另備表文方物，其二十一年例賞物件，禮部奏明，同本年例賞併敕書，均在午門前頒給，齎帶回國。道光五年，暹羅國世子遣使臣進貢請封，在洋遭風，表文貢物盡行沈失，該使臣幸獲生全，除照例犒賞外，即令其在粵調養，毋庸來京，應頒諸敕，照例頒發該督撫轉交該使臣，齎捧回國，其沉失貢物，毋庸另行備進。七年十二月，遣使謝恩，呈進方物，龍涎香一觔八兩，沉香三觔，冰片一觔八兩，犀角九個，白檀香一百五十觔，孔雀翎二十屏，翠毛九百張，象牙十八枝，重四百五十觔。九年，補進八年例貢，恭進皇上前方物，龍涎香一觔，冰片三觔，沉香二觔，金剛鑽十兩，犀角六個，降真香三百觔，樟腦二百觔，大楓子三百觔，白檀香一百觔，孔雀翎十屏，翠毛六百張，蓽撥一百觔，西洋紅布十疋，白膠香一百觔，象牙十二枝，重三百觔，甘蜜皮一百觔，桂皮一百觔，藤黄三百觔，荳蔻三百觔，硫磺一百觔，荷蘭氈二領，蘇木三千觔，烏木三百觔。恭進皇宫方物，其數減半，惟金鋼鑽多進一兩。十年，恭祝萬壽進貢方物，大壽燭五對，每對重二十觔，小壽燭五對，每對重十觔，冰片二觔，金鋼鑽一觔，沉香二十觔，燕窩一十觔，犀角二十觔，荷蘭氈二領，檀香二百觔，降真香一百觔，荳蔻二百觔，砂仁二百觔，胡椒二百觔，翠毛五百張，孔雀翎五十屏，象牙二百觔，藤黄二百觔，紫梗二百觔。十一年，入貢方物，恭進皇上前方物與九年補進八年例貢同，惟貢物内白膠香多進二百觔。恭進皇宫方物，其數減半。十四年，入貢方物，恭進皇上前方物與九年補進八年例貢同。恭進皇宫方物，其數減半。十七年，入貢方物，恭進皇上前方物與十四年同。恭進皇宫方物，其數減半，惟貢物内金鋼鑽多進一兩。二十三年，入貢方物，恭進皇上前方物與十四年同。恭進皇宫方物，其數減半。又補進二十一年恭祝萬壽貢物，大壽燭十對，每對重二十觔，小壽燭十對，每對重十觔，金鋼鑽一觔，燕窩十觔，荳蔻二百觔，砂仁一百觔，白胡椒一百觔，白檀香一百觔，降真香一百觔，沉香二十觔，象牙二百觔，犀角二十觔，冰片二觔，孔雀翎五十屏，翠毛五百張，荷蘭氈二領，紫梗一百觔，藤黄二百觔。又補進二十年例貢方物，恭進皇上前方物，與十四年同。恭進皇宫方物，其數減半。

一、題請頒賞，賜國王錦八疋、織金緞八疋、織金紗八疋、織金羅八疋、紗十二疋、緞十八疋、羅十八疋。賜王妃織金緞四疋、織金紗四疋、織金羅四疋、緞六疋、紗六疋、羅六疋。貢使各織金羅三疋、緞八疋、羅五疋、絹五疋、裏綢二疋、布一疋。通事緞五疋、羅五疋、絹三疋。從人各絹三疋、布八疋。伴送官彭緞袍一件。如貢使係微員，視職分酌減。通事從人等，俱一例酌減賞給。所賞國王、王妃物件，及特恩加賜物件，俱移内閣，撰入敕内，交貢使齎回。謹按，雍正二年，該國運米至廣，附進穀種，果樹，賞船長羅緞共十三疋，又加賞十疋。賞番梢每名絹、布各十疋。特賜國王各色内緞二十疋，琺瑯器一件，各樣玉器七件，松花石硯二方，玻璃盌十件，各色磁器一百四十六件。差禮部司官一員，齎送廣東，交於該督、撫，轉付船長領回。七年，該國使臣請出館觀覽京師之勝，特賞銀一千兩，聽其購買物件。特賜國王與二年同，惟玉器增一件，玻璃盌減二件。賜貢使緞八疋，銀一百兩。乾隆元年，該國貢使呈稱，國王衷曲懇祈轉奏，乞賜蟒龍大袍一二襲，奉旨特賞蟒緞四端。十四年入貢，加賞外，又因續進黑熊、白猿等物，加賞國王庫緞十二疋。十八年，特賜人參四觔，錦緞共二十疋，玉器四件，瑪瑙器二件，琺瑯器六件，銅煖硯二方，玻璃器十件，磁器一百四十件。二十二年入貢，特賜國王蟒緞、錦緞各二疋，閃緞、片金各一疋，八絲緞四疋，玉器、瑪瑙器各一件，松花石硯二方，琺瑯器十三件，磁器一百四件。二十七年，又三十一年，特賞物件俱與二十二年同。後該國爲花肚番即緬甸所破，經兩廣總督奏明，將三十一年原頒賞賜繳進。四十六年，鄭昭復國入貢，例賞外，特賞國長蟒緞、錦緞各二疋，閃緞、片金各一疋，八絲緞四疋，玉器、瑪瑙器各一件，松花石硯二方，琺瑯器十三件，磁器一百四件。五十三年，該國遣使謝恩，又五十四年正月初五日，紫光閣筵宴，賞正使錦、漳絨各三疋、小卷八絲緞、五絲緞各五疋，大荷包一對、小荷包四對。賞副使錦、漳絨各一疋，小卷八絲緞、五絲緞各三疋，大荷包一對、小荷包二對。五十五年正月初六日，紫光閣筵宴，賞正、副使與五十四年同，加賞國王御筆福字一個，玉如意一柄，玉器二件，磁器、琉璃器八件，福字方百幅，大小絹箋四卷，硯二方，筆、墨六匣，雕漆盤四件。賞正、副使四員，各小卷緞一疋，箋紙一卷，筆一匣，墨一匣。是年，該國恭祝萬壽，使臣於十二月到京。五十六年正月初九日，紫光閣筵宴，賞正使一員，大卷緞、大卷宫紬各四疋，大荷包一對，小荷包三對。加賞副使一員，大卷緞、大卷宫紬各三疋，大荷包一對、小荷包二對。又賞正、副使八絲緞各一疋，筆各一匣，墨各一匣，箋紙各一卷。嘉慶元年正月初四日，高宗純皇帝舉行千叟宴，正、副使寧壽宫入宴，特賞正、副使與朝鮮同。初五日，紫光閣筵宴，加賞正、副使與朝鮮同。初十日，山高水長筵宴。十五日，正大光明殿筵宴。是年十二月除夕日，慶賀使臣保和殿筵宴。二年正月初十日，紫光閣筵宴，加賞與元年同。十五日，正大光明殿筵宴。三年十二月二十九日，重華宫賞與五十九年朝鮮同。四年正月二十九日，中正殿加賞正、副使與二年紫光閣年例加賞同。六年十二月二十五日，賞使臣各江紬羊皮襖一件，連纓皮帽一頂、綾小棉襖一件，綾棉中衣一件，紬棉襪一雙，緞靴一雙。從人各藍布羊皮襖一件，皮纓帽一頂，布小棉襖一件，布棉中衣一件，布棉襪一雙，布靴一雙。十年正月初十日，山高水長蒙古包筵宴，加賞大貢使錦三疋，漳絨三疋，大卷八絲緞四疋，小卷五絲緞四疋，大荷包一對，小荷包四對。二貢使錦二疋，漳絨二疋，大卷八絲緞三疋，小卷五絲緞三疋，大荷包一對，小荷包四對。三貢使、四貢使各錦二疋，漳絨二疋，大卷八絲緞二疋，小卷五絲緞二疋，大荷包一對、小荷包二對。二十年十月初五日，同樂園聽戲，加賞正貢使玻璃瓶一對，磁盌一對，銅手鑪一個，鑲金裏玳瑁盌一個，荷包二對。二貢使、三貢使、四貢使各玻璃瓶一個，磁盌一對，銅手鑪一個，鑲金裏玳瑁盌一個，荷包一對。初六日聽戲，加賞正貢使小卷八絲緞一疋，漳絨二疋、綾一疋，大荷包一對，小荷包二對，玻璃鼻煙壺一個，湖鏡一面，金裏磁奶盌一個。二貢使、三貢使、四貢使各小卷八絲緞二疋，漳絨一疋，綾二疋，大荷包一對，小荷包一對，金裏磁奶盌一個，湖鏡一面，磁鼻烟壺一個。又加賞正貢使大卷八絲緞四疋，小卷五絲緞四疋，錦三疋，漳絨三疋，大荷包一對，小荷包二對。二貢使、三貢使、四貢使各大卷八絲緞三疋，小卷五絲緞三疋，錦二疋，漳絨二疋，大荷包一對，小荷包二對。二十四年九月，恭祝萬壽，副使到京，二十、二十一、二十三、四、五等日，入同樂園聽戲。二十五日，加賞副使仙果獻瑞花一匣，普洱茶膏二匣，茶葉二瓶，普洱芽茶二罐，人參膏一罐，磁盤二個，大荷包一對，小荷包二對。二十八日，賞使臣蜜餞荔枝一錫瓶，哈蜜瓜一個。十月初一、二、三、四、五等日，入寧壽宮聽戲，初六日赴太和殿行禮，加賞副使玉如意一柄，普洱茶一大團、五小團，文珠匣一個，大小荷包各一對。初七日，入同樂園聽戲。初八日，正大光明殿筵宴，並入同樂園聽戲，加賞國王、副使與朝鮮同。通事二名，漢、番書記二名，與朝鮮大通官同。番吹手二名，與朝鮮押物官同。番跟役八名，與朝鮮從人同。初九日，入同樂園聽戲，加賞副使大卷五絲緞一疋、花紅紬一疋、小卷紬一疋，雕漆盒二個，錫罐茶大小四瓶，大小荷包各一對，玻璃盒一個，皮馬鞊一副。道光三年七月，遣使恭祝萬壽，使臣到京，八月初八日，同樂園聽戲，賞克食。初十日，皇上萬壽聖節，使臣隨班行禮畢，赴同樂園聽戲，加賞正、副使各漳絨二卷，銅手鑪一個，玻璃器二件，磁盌二件，銀裏艾瓢盌一件，正使荷包二對，副使荷包一對。又加賞正、副使與嘉慶二十年十月初六日二次加賞同。八年二月，該國使臣在京，因值征剿首逆張格爾，呈請叩賀天喜，特賞國王蟒緞、閃緞、錦緞、漳絨各二疋，並頒敕諭一道。十年十二月二十三日，瀛臺筵宴，加賞正、副使各玻璃器一件，鼻煙壺一個，磁器二件，茶葉二瓶，磁盤一件，內盛硃橘，正使小荷包二對，副使小荷包一對。十一年正月初二日，紫光閣筵宴，加賞國王紫檀嵌玉如意一柄，蟒緞六疋，綵緞六疋，大卷八絲緞五疋，大紡絲五疋，錦二疋，閃緞二疋，絹箋二卷，筆、墨各二匣，硯二方。正使錦三疋，絲緞三疋，大卷八絲緞四疋，小卷五絲緞四疋，荷包三對。副使錦二疋、綵緞二疋，大卷八絲緞三疋，小卷五絲緞三疋，荷包二對。通事二名，漢、番書記二名，各小卷八絲緞一疋，小卷五絲緞二疋，坐褥面二疋，銀二十兩。番吹手五名，各小卷五絲緞一疋，銀十兩。番跟役十三名，各銀十兩。又加賞正使大卷八絲緞一疋、綵緞一疋、小卷八絲緞二疋、小卷五絲緞二疋，箋紙二卷，筆、墨各一匣，硯一方。副使大卷八絲緞二疋，小卷江紬一疋，坐褥面一疋，繝紬一疋。十二年正月初二日，紫光閣筵宴，加賞貢使四員，與十一年紫光閣筵宴同。十九日補行交出十一年十二月二十三日瀛臺筵宴，加賞貢使四員，各玻璃器二件，磁盌一個，鼻煙壺一個，茶葉二瓶，綠龍盤一件，內盛硃橘，正貢使荷包二對，次貢使各荷包一對。十四年十二月二十四日，重華宮筵宴，加賞貢使四員均與十年瀛臺筵宴同。十五年正月初五日，紫光閣筵宴，加賞正貢使一員，耩緞二疋、漳絨二疋、大卷八絲緞四疋、小卷五絲緞四疋、大荷包一對、小荷包二對。二貢使、三貢使、四貢使各耩緞二疋、漳絨二疋、大卷八絲緞三疋、小卷五絲緞三疋，大荷包一對，小荷包二對。十七年十二月二十四日，重華宮筵宴，加賞貢使四員，與十一年十二月二十三日瀛臺筵宴同。十八年正月十八日，紫光閣筵宴，加賞正貢使、二貢使、三貢使、四貢使與嘉慶十年正月初十日山高水長筵宴同。二十三年十二月二十三日由軍機處交出，加賞貢使四員，各玻璃器二件，磁器一件，餘與十年同。二十四年正月初二日，紫光閣筵宴，加賞貢使四員，各閃緞三件，漳絨三卷，餘與十五年同。

《清禮部則例》卷一七七《主客清吏司·蘇禄朝貢》 蘇禄在東南海外，雍正五年通貢。貢道航海涉重洋，由福建廈門入境達京師。

一、蘇禄國五年外一貢，由福建巡撫代題，勑部議准後，知照該撫，令其入貢。

一、蘇禄入貢，均以方物貢，無定額。謹按，雍正五年，貢珍珠二顆，玳瑁十二片，花布一疋，金頭牙薩，白幼洋布、蘇山竹布各二疋，燕窩一箱，龍頭花刀、夾花標槍、滿花番刀、藤席各一對，活猿一對。乾隆八年貢，玳瑁一箱，珍珠二顆，燕窩一箱，跂踏，牙薩各一疋，竹布六疋，滿花番刀、夾花標槍各一對。十九年貢，珍珠三顆，花藤席二領，玳瑁一匣，燕窩六匣，花刀、花槍、花標、爪鴉鐘各一對，咾哮、丁香各一罐，跂踏二疋，竹布四疋，龍涎香一匣，國土一包。二十八年貢，珍珠二顆，玳瑁一匣，燕窩二匣，劍、標槍、吹筒、藤席各一對，洋布、花布各二疋，竹布四疋，丁香二罐，鸚鵡一隻。

一、具題頒賞，照加賞琉球國例，賜該國王，蟒緞六疋、錦緞六疋、閃緞八疋、綵緞十疋、藍緞十疋、青緞十疋、綢十疋、羅十疋、紗十疋，仍將上次恩賞之處，開列清單，於本內一併聲明請旨。其正、副使，照琉球貢使之例，賞綵緞六疋、裏四疋、羅四疋、紡絲二疋、絹二疋。如來使係內地人，照琉球國使者之例，賞綵緞三疋、裏二疋、絹一疋、毛青布六疋。通事照琉球國都通事之例，賞綵緞二疋、裏一疋、絹一疋、毛青布六疋。從人及留邊從人，各毛青布六疋。伴送官，彭緞袍一件。所賜國王物件，俱移內閣，載入勑內，交來使帶回。謹按雍正五年，恩賞該國王玉器五件，玻璃器六件，磁器六十件。加賞正使內緞六疋，銀八十兩。副使內緞二疋，銀二十兩。乾隆八年、十九年、二十八年，特恩加賞國王來使俱與雍正五年同。

《清禮部則例》卷一七八《主客清吏司·荷蘭朝貢》 荷蘭在東南海中，順治十年請貢，兼請貿易，經部議駁。十二年復來請貢，世祖章皇帝念該國慕義輸誠，航海遠來，特允入貢。貢道航海至廣東入境，達京師。

一、荷蘭貢無定期，原定五年一貢，由福建巡撫代題，勑部議准後，知照該撫，令其入貢。謹按，乾隆五十九年，該國遣使入貢，由廣東巡撫具奏。【略】

一、荷蘭貢物，大尚馬、珊瑚珠、照身鏡、琥珀、丁香、檀香、冰片、鳥鎗、火石、哆囉絨、嗶嘰緞、織金毯、自鳴鐘，凡十三種，皆無定數。謹按順治十三年，恭進世祖章皇帝前鑲金鐵甲一副，鑲金馬鞍一副，鑲金刀、鑲銀劍各六把，鳥銃十三口，鑲金鳥銃四口，短銃七口，鉬銃二口，銃藥袋三個，玻璃鏡四面，鑲銀千里鏡、八角大鏡各一面，琥珀五十觔，珊瑚球、琥珀珠各二觔，珊瑚樹二十枝，哆囉絨五疋，嗶嘰緞四疋，西洋布一百疋，被十二床、花被面六床，大毯一床，中毯二床，毛纓六頭，丁香五箱，共二百觔，番木蔻一箱，重三百六十觔，五色番花三包，共三百五十觔，桂皮二包，共二百一十觔，檀香十石，共一千觔。恭進皇后鏡一面，玳瑁匣、玻璃匣、烏木飾人物匣各一個，珊瑚珠、琥珀珠各三串，琥珀四塊，哆囉絨二疋，嗶嘰緞三疋，西洋布十八疋，白倭緞一疋，花毯一床，花被面二床，玻璃盃四個，花石盒三個，白石畫二面，薔薇露十壺。康熙五年貢物，大尚馬四匹，鞍轡具，鑲金鑲銀馬銃、起花金刀各八把，鑲金鳥銃三把，鑲金小銃六把，大哆囉呢、大嗶嘰緞各十六疋，中哆囉呢、嗶嘰紗各八疋，小哆囉呢一疋，嗶嘰、紗各四疋，荷蘭絨、大花緞各六匹，荷蘭五色大花緞三疋，大紫色金緞，紅銀緞各一疋，大珊瑚珠二百零二顆，五色絨氈、五色毛氈各二領，西洋花布三十六疋，西洋白細布、西洋小白布各一百疋，西洋大白布六十疋，西洋五色花布褥十五領，照身大鏡二面，小車一張，西洋白小牛二隻，琥珀四塊，共五觔八兩，牡丁香、白胡椒各五百觔，檀香二千觔，象牙五枝，琉璃器皿一箱。康熙二十五年貢物，哆囉絨十疋，烏羽緞四疋，倭緞一疋，嗶嘰緞二十疋，織金花緞五疋，織金大絨氈四領，白幼軟布二百十九疋，文彩幼織布十五疋，大幼布三十疋，白幼毛裏布一百疋，大珊瑚珠六十八顆，琥珀十四塊，照身鏡、江河照水鏡各二面，照星月水鏡一面，自鳴鐘一座，琉璃燈一架，聚耀燭臺一懸，琉璃盃五百八十個，象牙五枝，鑲金鳥銃、鑲金馬銃、小馬銃、起花佩刀各二十把，馬銃、鳥銃、鑲金刀、劍、利闊劍各十把，彩色皮帶二十佩，繡皮帶十佩，起花金劍六把，火石一袋，雕製夾板船大小三雙，丁香三十石，檀香二十石，冰片三十二觔，肉荳蔻四甕，丁香油、薔薇花油、檀香油、桂皮油各一罐，葡萄酒二桶。是年議准，嗣後荷蘭貢物，止令進大尚馬、珊瑚珠等十三種，其織金緞、羽緞、倭緞，及各樣油，小箱、腰刀、劍、琉璃鐙、布、聚耀燭臺、琉璃盃、肉荳蔻、葡萄酒、象牙、皮袋、夾版樣船，俱免其進獻。乾隆五十九年，恭進萬年如意八，音樂鐘一對，時刻報喜各式金表四對，鑲嵌金小盒一對，鑲嵌帶版四副，珊瑚珠一百八顆，琥珀珠一百八顆，千里鏡二枚，風槍一對，金銀線三十觔，琥珀四十觔，各色花氈十版，各色羽緞十版，各色大呢十版，西洋布十疋，地氈二張，大玻璃鏡一對，花玻璃壁鏡一對，玻璃挂鐙四對，燕窩一百觔，檀香五百觔，荳蔻一百觔，丁香二百五十觔，檀香油三十瓶，丁香油三十瓶。

一、荷蘭使臣有自進方物者，俱照例題明，准其收受。謹按，順治十二年，使臣進貢方物，哆囉絨、倭緞各二疋，嗶嘰緞六疋，西洋布二十四疋，琥珀十塊，琥珀珠、珊瑚珠各二串，鏡二面，人物鏡四面，白石畫二面，鑲金刀、鑲銀刀各一把，鳥槍、長槍各二桿，玻璃盃、雕花木盒、石山匣各二個，纓帽一頂，皮小狗二個，花鸚哥一個，四樣酒十二瓶，薔薇露二十壺。康熙五年方物，珊瑚珠四串，琥珀一塊，沉香六塊，蜜蠟、金匣、銀盤、盛珠銀盒各一個，火鷄蛋四個，二眼長槍、二眼馬銃、小鳥銃各二把，鐵甲一領，白爾善國緞褥一條，哆囉絨十疋，海馬角二塊，小馬、銅獅各一個，小狗二個，銅山一架，銅礮二對，刀二把，照水鏡四面，薔薇露二十罐。二十五年方物，銀盤、銀瓶各一個，西洋刀頭六柄，荷蘭花緞、哆囉呢、羽緞各一疋，哆囉絨四疋，倭緞、織金線緞、嗶嘰緞各二疋，西洋咁馬氏布、西洋毛裏布、西洋沙喃匏布、西洋佛咬嘮布各二十疋。

一、具題頒賞，賜該國王，大蟒緞三疋、糚緞三疋、倭緞三疋、片金一疋、閃緞五疋、帽緞五疋、藍花緞五疋、青花緞五疋、藍素緞五疋、衣素緞五疋、綾十四疋、紡絲十四疋、羅十疋、絹二疋，銀三百兩。正使，大蟒緞二疋、糚緞二疋、倭緞二疋、帽緞一疋、藍花緞四疋、青花緞四疋、藍素緞三疋、綾六疋、紡絲六疋、絹四疋，銀一百兩。禁官糚緞一疋、藍花緞二疋、青花緞一疋、藍素緞一疋、紡絲二疋、絹二疋，銀五十兩。副使同庫官、掌案官，倭緞一疋、藍花緞一疋、青花緞一疋、藍素緞一疋、紡絲一疋、綾一疋、紬一疋、絹一疋，銀四十兩。夷目官、掌書記官同從人，綢二疋、絹二疋，銀十五兩。通事及伴送官，各彭緞袍一件。所賜國王物件，俱移內閣，撰入敕內，交來使齎回。謹按，順治十二年，賞伴送官巡海道鑲領蟒袍一件。護送兵丁，緞袍一件。康熙五年，正使親男一名，係閒散，照從人例賞給。件送守備，三等馬一匹。照磨官及土通事，各緞袍一件。護送兵丁，彭緞袍一件。乾隆五十九年，例賞國王物件，內銀三百兩，折玉器二件。賞貢使，銀一百兩，外加五十兩。賞大班一名，緞疋與庫官、掌案官同，銀八十兩。賞咈嘛哂夷人二名，寫字人二名，醫生一名，緞、銀俱與庫官、掌案官同。加賞國王，玉如意一柄，大紅龍緞三疋，大紅蟒緞三疋，百花糚緞二疋，閃緞三疋，錦緞三疋，綾十疋，紡絲十疋，羅十疋，春綢十疋。又賞御筆福字一個，龍緞二疋，漳絨二疋，玉器二件，琺瑯器二件，紅雕漆器四件，磁器八件，文竹器四件。加賞貢使一名，石青蟒緞一疋，藍糚緞一疋，綠閃緞一疋，紫錦緞一疋，綾四疋，紡絲四疋，羅四疋，春綢四疋。又賞大卷八絲緞一疋，錦緞一疋，磁器四件，茶葉四瓶，大荷包一對，小荷包四個。萬壽山賞大卷緞二疋，閃緞二疋，鼻煙壺一個，磁器二件，大荷包一對，小荷包六個。加賞大班一名，糚緞一疋，錦緞一疋，大緞一疋，江綢一疋，綾二疋，紡絲二疋。又賞大卷五絲緞二疋，錦緞一疋，磁器二件，茶葉二瓶，大荷包一對，小荷包四個。萬壽山賞大卷緞一疋，閃緞一疋，鼻煙壺一個，磁器二件，大荷包一對，小荷包四個。賞咈嘛哂夷人二名，糚緞各一疋，錦緞各一疋，大緞各一疋，江綢各一疋，綾各二疋，紡絲各二疋。加賞寫字人二名，醫生一名，與咈嘛哂夷人同。加賞跟役，跟兵十八名，彭緞各二疋，綢各二疋，布各四疋。

《清禮部則例》卷一七九《主客清吏司·緬甸朝貢》 緬甸遠在西南徼外，不通中國。明初置緬甸宣慰司，自嘉靖以後，不復修貢。乾隆十七年，該國王蟒達剌，遣頭目希里覺填等奉表入貢。【略】貢道渡江，由陸路至雲南普洱府入境，達京師。

一、貢期十年一貢，貢使既至邊界，由雲貴總督、雲南巡撫代題，敕部議准後，知照該督、撫令其入貢。【略】

一、貢物無定額，俱交內務府查收，象交鑾儀衛，表用金葉盛以象牙筩。謹按，乾隆十七年，貢金葉表文一道，銀葉表文一道，恭進高宗純皇帝前氈緞四疋，緬布十二疋，馴象二隻。恭進孝聖憲皇后前馴象二隻。五十三年貢金葉表文一道，金塔一座，高三尺，頂嵌寶石一顆，象牙絲冠一頂，上嵌紅寶石頂一顆，藍寶石頂一顆，牙盒裝貯紅藍寶石，嵌金鑲手箍三道，金箔一百搭，象牙三十枝，紅、白檀香各十筒，黃、紅、綠大呢三卷，大顛幹盒四個，小顛幹盒五十個，馴象八隻。五十五年八月，遣使請封，並祝萬壽貢物，金葉表文一道，長壽佛一尊，萬壽經一部，象牙五對，孔雀屏十對，紅、黄檀香四十筒，紅呢三版，粗細緬布八十疋，緬錦四十疋，馴象六隻，花象一隻。又耿馬土司，馴象一隻。是年十二月，謝册封恩貢物，金葉表文一道，白石佛像一尊，佛龕全副，吉祥寶樹一本三支，象牙五對，孔雀屏十對，紅、黄檀香二十筒，紅呢三版，緬布八十疋，馴象二隻。五十六年十二月，遣使謝賞賜敕書福字等物，貢金葉表文一道，緬甸佛像一尊，紅、黄檀香四十筒，大紅呢三版，緬布八十疋，孔雀尾二十屏。五十八年五月，遣使恭祝萬壽貢物，金葉表文一道，洋石壽佛一尊，金葉佛經一頁，金鑲寶石頂朝盔一頂，附盔勒一圍，金朝牌一掛，金鑲寶石鞘刀一口，金浄水罇一座，金鑲插一對，金茶壺一座，黄絨繖一頂，包金柄金鈴、金葉、金牌各一百零八個，大象牙二枝，紅、黄檀香二樹，各色呢六版，花土紬九疋，土絹五十疋，粗細土布五十疋，紫花土布五十疋，紅漆盒九套，每套五個。六十年，遣使恭祝萬壽貢物，金葉表文一道，緬石長壽佛一尊，貝葉緬字經一部，金福海鐙一座，金、銀海螺各一對，金鑲緬刀一把，金柄麈尾一件，黄緞繖一頂，貼金象轎一乘，各色呢五版，各色花布百疋，洋鎗一桿，馬鞍一副，象牙二對，犀角五副，本花石一塊，猿猴皮五十張，孔雀一對。嘉慶五年，遣使恭進高宗純皇帝前銀葉表文一道，檀香三筒，例貢金葉表文一道，無量壽佛一尊，藍呢三版，黄緑緬錦十三疋，五色洋花緞三十六疋，細白洋布三十六疋，金邊寬大洋布三十六疋，白印花洋布七十疋，鑲玻璃盒大小三個，黄金盌二個，紅黑漆盌四十四個，紅漆盒大小十個，象牙大小五對，孔雀尾九屏。十六年，遣使進貢，長壽聖佛一尊，象牙三對，孔雀尾九屏，各色緬錦三十疋，各色細緬布四十疋，洋氈六十床，印花緬紬三疋，緬布鈔子二十床，描金盌二十個，紅漆緬盒五十個，紅漆緬盌五十個，緬青布十疋，緬紫花布二十疋，緬白布二十疋，緬白印花布八疋，緬鴨色布六疋，緬白細布二疋，緬白布四疋，紅呢二版，馴象三隻。道光三年，遣使進貢，長壽聖佛三尊，馴象五隻，象牙四枝，黄呢一版，緑呢一版，紅呢一版，印花洋布十聯，白細緬布十聯，洋花氈十床，象牙匣子二個，象牙椅子二把，象牙蓆子二床，大緬盒四個，小緬盒五十個，紅檀香一筒，白檀香一筒，飛金一萬張，紅寶石手箍二道，鴉青手箍二道，水緑玉子一個，小紅寶石一包，計四十六顆，小碧玐一包，重四十四兩，孔雀尾十五屏。十三年遣使進貢，長壽佛三尊，馴象四隻，象牙二對，紅呢三版，緑呢三版，黄呢二版，洋布二十疋，印花洋布十疋，洋布手巾十疋，洋毯十床，金箔一萬張，銀箔一萬張，紅寶石手箍一對，藍寶石手箍一對，玉石二塊，一重七十九觔，一重六十三觔，沈香一百兩，檀香二百兩，花油十瓶，花水十瓶，灑金緬盒一對，木緬盒一對，紅緬盒一對，黄緬盒一對，大緬盒四個，小緬盒五十箇，孔雀屏十五扇。二十三年，遣使進貢，長壽聖佛三尊，馴象五隻，象牙一對，黄呢二版，紅呢三版，緑呢三版，白紗十疋，白洋布十件，花洋毯二十床，花洋布十件，花洋布手巾十塊，金箔一萬張，銀箔一萬張，玉石二個，重二百五十觔，鑲紅寶石金手箍一對，鑲鴉青石金手箍一對，黄檀香一百二十兩，紅檀香一百二十兩，降香一百二十兩，玫瑰花油十瓶，玫瑰花水十瓶，象圖一册，玻璃掛屏六塊，孔雀尾十五把，鑲玻璃高盒一對，貼金高盒一對，紅漆高脚緬盒一個，紅漆高脚緬盒一對，大緬盒四個，小緬盒五十個，高脚緬盒一個。

一、題請頒賞，賜國王，錦八疋、織金緞八疋、織金紗八疋、織金羅八疋、紗十二疋、緞十八疋、羅十八疋。賜王妃，織金緞四疋、織金紗四疋、織金羅四疋、緞六疋、紗六疋、羅六疋。貢使，各織金羅三疋、緞八疋、羅五疋、絹五疋、裏紬二疋、布一疋。通事，緞五疋、羅五疋、絹三疋。緬役及象奴，各絹三疋、布八疋。伴送官，彭緞袍一件。賞國王、王妃物件，及特恩加賜物件，俱移内閣，撰入敕内，交貢使齎回。舊例，賜該國王，蟒緞六疋、錦緞六疋、閃緞八疋、青緞十疋、藍緞十疋、素緞十疋、羅十疋、紗十疋、紬十疋。賜王妃，織金緞四疋、織金紗四疋、織金羅四疋、緞六疋、紗六疋、羅六疋。貢使，綵緞六疋、裏四疋、羅四疋、紡絲二疋、絹二疋。緬目，各綵緞三疋、裏二疋、絹一疋、毛青布六疋。通事，綵緞二疋、裏一疋、絹一疋、毛青布六疋。緬役及象奴，各毛青布六疋。謹按乾隆五十六年正月奉旨，改與賞賜暹羅同。五十三年該國王遣使進貢，加賞國王玉器六件，琺瑯器六件，玻璃器二十六件，磁器五十四件。加賞貢使二名，八絲緞各八疋，銀各一百兩，琺瑯器各二件，磁器各二件。是年，該使臣行禮時，遇雨溼衣，特賞頭目龍緞、字緞、官用緞各一疋，緬目字緞、官用緞各一疋。五十五年遣使恭祝萬壽，加賞國王，玉佛一尊，玉如意一柄，金鑲玉亭一座，御書扇一柄，又扇一柄，茶葉二瓶，内庫緞二十疋，玉器六件，石硯一方，玻璃器二十九件，琺瑯鑪瓶一具，各色磁器五十四件。加賞大頭目四員十五次，每員大元寶一個。又每員扇一柄，茶葉三瓶，磁盌、磁碟各一例，茶膏一匣。又每員蟒緞一疋，八絲緞四疋，銀五十兩，琺瑯器二件，磁器二件。又每員綾二疋，緞漳絨各一疋，火鐮、磁鼻煙壺、漆木盌各一個。又每員磁瓶、磁盌、磁碟、象牙茶盤各一個。又每員茶葉一瓶，茶膏一匣，磁瓶一個，黄果四個。又一次賞同前。又每員漳絨、五絲緞各一疋，荷包二對。又每員八絲緞、五絲緞各一疋，皮盌、磁鼻煙壺各一個。又每員磁器一件，茶盤一個。又每員奶餅一匣，奶皮、阿爾察各二匣。又每員磁器二件，皮器三件，佛手三個。又每員荷包二對。又每員平定金川戰圖、平定回部戰圖各一分，頭號香五十枝，二號香四百枝。又每員大緞二疋，江紬、漳絨、綢紬各一疋。加賞小頭目十一次，共六員，大元寶三個。又每員磁盌、磁碟各一個，茶葉二瓶。又每員銀三十兩。又每員綾緞、漳絨各一疋，火鐮、磁鼻煙壺、漆木盌各一個。又每員磁碟、磁鍾、漆木茶盤各一個。又每員茶葉一瓶，磁盤一個，蘋果四個。又一次賞同前。又每員漳絨一疋，荷包一對。又每員八絲緞、五絲緞各一疋，皮盌、磁鼻煙壺各一個。又每員磁器一件，茶盤一個。又每員磁器一件，皮器二件，佛手三個。加賞通事二名、緬役十八名，每名小元寶五個。是年十二月，該國遣使謝恩，加賞國王，御筆福字一個，洋漆龕玉佛一尊，玉如意一柄，粧緞、蟒緞、閃緞、錦緞各二疋，筆、墨各四匣，硯二方，絹箋十卷。五十六年正月初九日，紫光閣筵宴，賞大頭目三員，每員大卷緞、大卷宫紬各四疋，大荷包一對，小荷包三對。又每員八絲緞一疋，筆、墨各二匣，箋紙二卷。是年十二月，該國遣使謝恩，賞大頭目二員，每員金鞘刀一把，回子緞、回子紬各四疋，回子布二疋。賞通事二名，每名回子緞一疋、回子綢二疋、回子布一疋。從人六名，每名回子布一疋。五十七年正月初五日，紫光閣筵宴，賞大頭目二員，每員錦、漳絨各一疋，八絲緞、五絲緞各三疋，大荷包一對，小荷包二對。又每員小卷緞一疋，絹箋一卷，筆、墨各一匣。特賞國王，大緞二疋，福字箋一百幅，大小絹箋四卷，雕漆茶盤四個，湖筆四匣，硯二方，徽墨四匣。五十八年七月，遣使恭祝萬壽，加賞國王玉佛一尊，如意一柄，佛經一事，玉朝珠一串，盆景二件，錦八疋，緞四疋。又如意一柄，玉器四件，閃緞、錦、漳絨、綾、紗、羅各二疋，文竹器四件，玻璃器十件，雕漆器四件，福字箋二十張，絹箋十卷，扇二十柄，宮扇十柄，筆四匣，墨二匣，硯二方，茶葉十瓶，磁器十件，香袋二匣。加賞正，副使五次，正使一員，元寶二個。又錦、大卷紗、大卷緞、漳絨、宮紬、羅各二疋，大荷包一對，小荷包二對，磁器四件，茶葉四瓶。又茶葉二瓶，茶膏二匣，念珠一盤，文竹小刀一把，磁器二件。又紬二疋，緞、漳絨各二疋，皮盌、磁鼻煙瓶、火鐮各一件。又大普洱茶二團，磁瓶、茶盤各一個，磁盌二個，荷包一個。副使二員，每員元寶一個。又每員漳絨、綵緞、紗團、花緞各二疋，茶葉二瓶，荷包四個，奶盌一個，磁瓶一件。又每員茶葉二瓶，茶膏一匣，念珠一盤，文竹小刀一把，磁器二件。又每員緞、紬、漳絨各一疋，皮盌、磁鼻煙瓶、火鐮各一件。又每員磁盌一個，小普洱茶十團，茶盤、小碟、荷包各一個。樂工十一名，小元寶各五個。六十年七月，恭祝萬壽，使臣熱河瞻覲，加賞正使錦、大卷八絲緞、大卷宮紬、大卷宮紗、漳絨、波羅麻各一疋，大荷包一對，小荷包二對，磁器四件，茶葉二瓶，銀五十兩。副使，錦、大卷八絲緞、大卷宮紗、漳絨各二疋，大小荷包各一對，磁器二件，茶葉二瓶，銀四十兩。加賞國王，金針表二個。八月初三日，萬樹園筵宴，特賞國王及正、副使，均與南掌同。十二、十三日，特賞正、副使，均與南掌同。十五日，加賞國王，閃緞、錦、漳絨、綾、紗、羅各二疋，宮扇十柄，扇二十柄，香袋二匣，筆四匣，墨二匣，硯二方，絹箋十卷，福字箋二十張，茶葉十瓶，磁器一件，雕漆器十件，葫蘆器四件，文竹器四件，玻璃器四件。正使，茶葉、茶膏各二匣，磁器三件，茶盤三個。副使，茶膏一匣，磁器二件，餘與正使同。嘉慶五年五月，遣使進香並進例貢，加賞國王與六十年七月賞同。正貢使二員，與六十年熱河瞻覲賞同。十六年十二月二十九日，重華宮筵宴，加賞使臣一員，玻璃器二件，磁鼻煙壺一個，磁茶鍾一個，小荷包二對，茶葉二瓶，橘子一盤。十七年正月初九日，山高水長蒙古包筵宴，加賞使臣，錦三疋，漳絨三疋，大卷八絲緞四疋，小卷五絲緞四疋，花大荷包一對，小荷包二對。道光三年十二月二十九日，重華宮筵宴，加賞正、副使，與朝鮮同，惟無甘橘。除夕，保和殿筵宴，賜正使酒。四年正月十一日，紫光閣筵宴，加賞正使一員，大卷緞七疋，小卷緞七疋，荷包三對。副使四員，各大卷緞五疋，小卷緞五疋，荷包三對。十五日，正大光明殿筵宴，賜正使酒。十三年，瀛臺停止筵宴，十二月二十九日，補行交出，加賞正、副使各玻璃器二件，鼻煙壺一個，磁器一件，茶葉二瓶，磁盤一件，正使荷包二對，副使荷包一對。十四年正月初二日，紫光閣停止筵宴，加賞正、副使與朝鮮同。二十三年十二月二十三日，由軍機處交出，加賞副使四員，與十三年同。二十四年正月初二日，紫光閣筵宴，加賞副使四員，與十四年同。

《清禮部則例》卷一八〇《主客清吏司·西洋諸國朝貢》 西洋諸國，在西南海外，遠越重洋，不計道里，其通貢者，博爾都嘉利亞等國，貢道均由廣東澳門水路達京師。

一、西洋諸國貢無定期，既至廣東澳門，由該督、撫代題，勅部議准後，知照該督、撫，令貢使入京。

一、貢使船不得過三隻，每船不得過百人。正副使，及從人來京者，不得過二十二人，餘俱留邊聽賞。謹按，雍正五年，西洋博爾都噶爾國進貢時，議准其來使從人六十名，來京者不拘定例，餘仍留邊聽賞。【略】

一、貢物無定額。謹按，康熙九年，西洋博爾都嘉利亞國王阿豐肅遣使恭進聖祖仁皇帝前，國王畫像一幅，金剛石飾金劍一柄，金珀書箱一座，珊瑚樹一枝，珊瑚珠一串，琥珀珠六串，伽南香二段，金銀乳香六桶，哆囉絨三疋，象牙十枝，犀角四枝，丁香一籠，蘇合油一桶，花露一箱，花縵四端，花氈一鋪。恭進皇后前貢，大玻璃鏡一面，珊瑚珠一串，琥珀珠十串，花露一箱，丁香、金銀乳香各一籠，花幔四端，花氈一鋪。十七年，該國王阿豐肅遣使進獅子。雍正五年，西洋意達里亞國王伯納第多遣使恭進【略】大紅羽緞四疋，鼻煙五十罐，小銅日規、周天球各一座，凡六十一種。五年，西洋博爾都噶爾國王若望遣使恭進，大珊瑚珠、寶石珠各一串，金珐瑯盒、金鑲伽石倫瓶、蜜蠟盒、瑪瑙盒、銀鑲伽石倫盒、藍石盒、銀鍍金鑲玳瑁盒、銀鍍金鑲雲母盒各一個，各品藥露五十瓶，金絲緞、銀絲緞、金花緞各一疋，洋緞三疋，大紅羽緞、大紅哆囉呢各一疋，【略】織成各種遠視畫九張，凡四十一種。乾隆十七年，該國王若瑟恭進【略】金絲花緞、銀絲花緞、金絲表緞、銀絲表緞各一疋，各色哆囉呢六疋，織人物花氈七鋪。【略】五十八年，暎咭唎國王遣正使嗎嘎爾呢、副使嘶噹陳恭進【略】絲毛金線毯一大箱，大氈毯一大箱，【略】哆囉呢、羽紗、雜色毛貨共三十捆，千里眼兩個。嘉慶元年，暎咭唎國王呈進，黄色大呢六版，醬色大呢六版，嗰嗶囒大呢六版，新樣大呢六版。十年，暎咭唎國王呈進，洋花地氈五張，醬色嗶嘰一疋，太平貂呢一疋，山羊絨一疋，新樣黄、緑、藍呢三疋，新樣黄嗶嘰一疋，絲呢一疋，花架裟布七疋，花洋布十疋，紅小呢一疋。【略】

一、頒賞無定額，屆期將上次賞賜物件，開單具題，請旨賞給，如軍機處先期奏准，交出正賞、加賞清單，將賞賜國王物件，開送內閣，撰入勅內，交來使齎回。謹按，康熙九年，賜博爾都嘉利亞國王，蟒緞、粧緞、倭緞各三疋，錦緞一疋，閃緞、帽緞、藍花緞、青花緞、藍素緞、青素緞各五疋，綾、紡絲各十四疋，絹二疋，羅十疋，共八十疋，銀三百兩。貢使，蟒緞、帽緞各一疋，粧緞、倭緞各二疋，藍花緞、青花緞、藍素緞各三疋，綾、紡絲各四疋，絹二疋，共二十五疋，銀一百兩。護貢官三員，每員藍花緞、青花緞、紡絲各二疋，倭緞、藍素緞、綾、絹各一疋，共十二疋，銀五十兩。從人十九名，每名紡絲、紬、絹各二疋，共六疋，銀二十兩。十七年照九年例，加賜國王，蟒緞、粧緞、倭緞、(綿)〔錦〕緞、帽緞、閃緞、藍花緞、青花緞、藍素緞、青素緞各一疋，綾、紡絲各四疋，絹二二疋，共一百疋。貢使，加綾、紡絲各二疋，絹一疋，共三十疋。護貢官二員，每員加緞、綾、紡絲各一疋，共十五疋。從人十五名，加紬、紡絲各一疋，共八疋。隨來官一員，照護貢官例。正使男一名，照從人例。雍正三年，賜國王，緞疋、銀兩與康熙十七年同。貢使，蟒緞、糚緞、倭緞、帽緞、藍花緞、青花緞、藍素緞各二疋，綾、紡絲各六疋，絹四疋，銀二百兩。又特賜國王，貂皮、人參、各色糚緞、(綿)〔錦〕緞、大緞、次緞、洋漆器、磁器、芽茶、紙、墨、絹扇等物。五年，賜國王，蟒緞、糚緞、倭緞各六疋，片金四疋，閃緞、(絹)〔帽〕緞、藍花緞、青花緞、藍素緞、青素緞各八疋，綾、紡絲各二十二疋，羅十三疋，杭紬七疋，共一百三十四疋，銀三百兩。貢使，蟒緞、帽緞各一疋，糚緞、倭緞各二疋，藍花緞、青花緞、藍素緞、杭紬各三疋，綾、紡絲各六疋，共三十疋，銀一百兩。護貢官十員，每員倭緞一疋，藍花緞、青花緞、藍素緞、綾、紬各二疋，紡絲三疋，絹一疋，共十五疋，銀五十兩。從人三十五名，每名紬、紡絲各三疋，絹二疋，共八疋，銀二十兩。又特賜國王，人參四十觔，庫緞二十五疋，磁器一百三十件，洋漆器六十六件，紙三百張，墨二十匣，字畫絹一百張，及荔枝酒、哈蜜瓜、松餻、茶膏、芽茶、香餅、鐙、扇、香囊等物。加賞來使，倭緞、磁器、漆器、紙、墨、絹扇等物。乾隆十八年，賜國王及正使緞疋，均與雍正五年同，惟不賞銀。其副使、總理官，每員蟒緞、帽緞各一疋，糚緞、倭緞、藍花緞、青花緞、藍素緞各二疋，綾、紡絲各四疋，杭紬二疋。護送官八員，每員潞紬、紡絲各四疋，杭紬二疋，銀五十兩。從人五十二名，每名潞紬、杭紬、紡絲各二疋，銀五十兩。又特賜國王，龍緞四疋，糚緞、花緞、線緞各八疋，百花糚緞十二疋，綾、紡絲各二十二疋，羅十三疋，杭紬七疋，冊頁一副，紗鐙六對。【略】加賞正使，糚緞二疋，花緞、錦緞各四疋。【略】又隨勅書賜國王，龍緞、片金各二疋，蟒緞、倭緞各三疋，糚緞七疋，百花糚緞六疋，閃緞、花緞、藍花緞、青花緞、藍素緞、青素緞、帽緞、線緞各四疋，綾、紡絲各二十二疋，羅十三疋，杭紬七疋。又因端陽節，賞國王，紗四十疋，葛一百疋，宮扇八柄，扇五十匣，香袋二十匣，掛香袋十二匣，香串十匣，藥錠二十二匣。正使，紗三十疋，葛四十疋，宮扇二柄，扇十二匣，扇器六匣，香串四匣，藥錠二十五匣。副使、總理官，各紗十二疋，葛十疋，宮扇一柄，扇四匣，扇器二匣，香袋四匣，香串二匣，藥錠二匣。兵丁從人等，共紗五十疋，葛一百疋。又賞正使，玉如意一柄，象牙片條織成宮扇一柄，冊頁一副，磁瓶一個，荷包、香袋二匣。五十八年八月初四日，暎咭唎國貢使到熱河，初十日進表。是日，萬樹園入宴，加賞該國王，玉如意一柄，龍緞三疋，蟒緞二疋，糚緞七疋，百花糚緞六疋，倭緞三疋，片金二疋，閃緞、袍緞、藍緞、綵緞、青花緞、衣素緞、線緞、帽緞各四疋，綾、紡絲各二十二疋，羅十三疋，杭綢七疋。加賞正使，龍緞、糚緞、藍緞、醬色緞、素緞各二疋，倭緞、八絲緞各一疋，綾、杭紬、紡絲各四疋。【略】加賞副使，龍緞、糚緞、倭緞、藍緞、醬色緞、素緞各一疋，綾、杭紬、紡絲各二疋。【略】副使之子，龍緞、糚緞、素緞、八絲緞、錦、漳絨、羽縐緞各一疋，花緞、紡絲各二疋。【略】代筆官、總兵官二員，每員閃緞、糚緞、倭緞、藍緞、綾花緞各一疋。【略】副總兵官、管兵官、聽事官、管船官等七員，每員閃緞、糚緞、藍緞各一疋。【略】十一日，該使臣瞻仰如意洲等處，賞正使，大卷緞二疋，大卷紗二疋，閃緞、錦各一疋。【略】賞副使，小卷緞二疋，大卷紗一疋，錦一疋。【略】副使之子，大卷緞二疋，大卷紗一疋。【略】總兵等官九員，每員大緞二疋。【略】十三日，高宗純皇帝萬壽，該使臣行慶賀禮，隨瞻仰含青齋等處，賞正使大卷八絲緞三疋，錦二疋。【略】副使，大卷八絲緞三疋，錦一疋。【略】副使之子，八絲緞二疋，錦一疋。【略】副使之子，繪畫呈覽，賞大荷包一對。通事總兵等官九員，每員八絲緞一疋，漳絨一疋，磁盌二件。十四日，該使臣在清音閣，入座聽戲，【略】二十九日，在太和門，頒給勅書，賞該國王，百花糚緞二疋，袍緞、線緞各四疋，【略】勅書，賞國王，龍緞三疋，蟒緞二疋，糚緞七疋，百花糚緞六疋，倭緞二疋，片金二疋，閃緞、袍緞、藍段、綵緞、青花緞、衣素緞、線緞、帽緞各四疋，綾、紡絲各二十二疋，羅十三疋，杭紬七疋。【略】賞正使，龍緞、帽緞各一疋，糚緞、倭緞各二疋，藍緞、青花緞、綵緞、杭紬各三疋，綾、紡絲各六疋。【略】副使，龍緞、帽緞各一疋，糚緞、倭緞、藍緞、青花緞、綵緞、縐紬各二疋，綾、紡絲各四疋。【略】副使之子，龍緞、糚緞、倭緞、青緞、藍緞、錦、漳絨、帽緞各一疋，綾、紡絲各三疋，縐紬二疋。總兵官、副總兵官二員，每員龍緞、糚緞、倭緞、藍緞、青緞、帽緞、錦各一疋，(緞)〔綾〕、紡絲各三疋，縐紬二疋。【略】通事管兵等官四員，每員龍緞、糚緞、漳絨、錦、藍(綾)〔緞〕、綵緞各一疋，綾、紡絲各二疋。【略】代筆、醫生等官九員，每員龍緞、糚緞、錦、漳絨、藍緞、彭緞、綾、紡絲各一疋。【略】貢使家人七名，每名綾、紬各二疋，布四疋，銀十兩。吹樂匠作兵役等六十七名，每名綾、紬各二疋，布四疋，銀十兩。內地護送官二員，大緞各二疋。貢船留存管船官等五名，每名回子布、高麗布、㗲囉麻兼絲葛各二疋。留存貢船兵役水手等共六百十五名，每名高麗布、回子布、小增城葛㗲囉麻各一疋。嘉慶元年，賜暎咭唎國王，勅書一道，皮裏錦緞十四匣，內貯蟒緞、糚緞、閃緞、錦、漳絨、大緞、官用緞、大卷紗、官用紗、杭綾、杭羅、湖縐、春紬、紡紬各十疋。十年，賜暎咭唎國王，勅書一道，蟒緞、糚緞、閃緞、錦、漳絨、大緞、官用緞、大卷紗、官用紗、杭綾、杭羅、湖縐、春紬、紡紬各六疋，磁瓶、磁盤各四件，磁盌、磁碟各八件，春茶四匣，普洱茶四軸。

《清禮部則例》卷一八一《主客清吏司·朝鮮襲封》

一、冊封朝鮮國，賜國王，黑狐裘一襲，三等貂皮百張，鞍馬一匹，大蟒緞二疋，小蟒緞、糚緞、錦緞各一疋，大緞二疋，四團補緞二疋，石青緞一疋。賜王妃，大蟒緞、糚緞、錦緞、倭緞、閃緞、帽緞、素緞、石青緞各二疋，大緞、彭緞各三疋，紗四疋，紬四疋。均移內閣載入勅書，交使臣齎往。【略】

一、朝鮮國王請封繼室爲王妃，遣使往封，均照嫡妃之例。

一、朝鮮國王請封世子，賜織金緞四疋，緞、紗、羅各四疋，裏各四疋。遣使往封。其封世弟、世孫，均如世子之例。【略】

一、朝鮮告訃使臣至，賜使臣大緞一疋，帽緞一疋，彭緞一疋，紬一疋，銀三十兩。書狀官，大緞一疋，紬一疋，銀二十兩。大通官，各彭緞一疋，紬一疋，銀十五兩。隨帶官，各彭緞一疋，銀十兩。從人各銀四兩。所有卹典，即交使臣齎往。

一、使臣回京之日，該國王餽送宴金，除例應收受者，使臣不得於正禮外，多帶儀物，由盛京將軍及山海關監督，查察行李，違者糸奏。舊例，正使，銀五百兩，綿紬二百疋，布二百疋，苧布六十疋，豹皮十張，大紙五十卷，小紙一百卷，獺皮三十張，青黍皮十五張，花席三十張，鹿皮七張，順刀二口，小刀十把，被褥一副，鞾、襪各一雙，鞍馬一匹，間馬一匹。副使，銀四百兩，餘與正使同。一等人役，銀一百兩，綿紬四十疋，布一百疋，小紙八十卷，被褥一副。二等人役，銀六十兩，綿紬二十六疋，布八十疋，小紙八十卷，被褥一副。三等人役，銀四十兩，綿紬二十疋，布五十疋，小紙六十卷，被褥一副。謹按雍正十三年定，照舊例裁減一半，永著爲令。

《清禮部則例》卷一八六《主客清吏司·拯恤飄風商民》

一、內地商、民船飄至外洋，其國聞報，拯救資贍，治舟送回各省，如在朝鮮水陸聽從其便。或附載貢船，或專差送京，如蒙恩降勅褒獎，並賜國王、使臣銀幣，奉旨後，行知該國王。謹按，康熙二十三年，定朝鮮解送內地飄風商民，賞差官銀三十兩，小通事銀八兩，從人各四兩，如齎咨官來京之例。乾隆十五年，琉球咨送內地飄風商民回籍，奉旨嘉獎，賜國王蟒緞二疋，閃緞二疋，綵緞四疋。二十八年議准，朝鮮國解送飄風商民，附年在齎咨報部者，無庸另賞。道光九年，朝鮮解送內地商民之差官金學勉未經進京，仍請照例賞給銀三十兩。十一年上諭，暹羅國王因內地官員眷屬遭風飄到，拯救資贍，附貢船到粤，誠款可嘉，著賞賜該國王，蟒緞二疋，閃緞二疋，錦緞二疋，彩緞四疋，素緞四疋，以示嘉獎。

《清户部則例》卷五八《關税·禁令》

絲綿綢緞

一、商民將內地頭蠶、湖絲及綢緞、綿絹私販出洋者，照米石出洋例治罪，船隻貨物入官，失察員弁一併議處。

一、內地黄絲等貨，毋許販至雲南潞江、緬寧隘口，如有私販出關者，查出貨物入官，本犯究處。

宜今堂主人《皇朝經濟文新編·農政新論》卷一葉耀元《萬國貨殖論》 自古帝王崇本抑末，貴農桑而賤商賈。神農制耒耜，辨百穀果木，后稷教民稼穡，樹藝五穀，太公通魚鹽，極技巧，人物歸之，繦至而輻湊，此皆由本以及末。蓋欲開商賈財貨之源，爲民樹飽煖之計，必先務農工，虞人之本也。上古之世，鄰國相望，至老死不相往來，人民寡，質樸易治。後世地大物博，民庶事繁，風氣移人，若水之就下，雖有聖人，難以化矣。儒者讀書明理，鑑衡千古，而知積世、積時、積人，有愈久而愈變者。夫冬夏不可一其候，古今不可强使同，天運如是，人事可知，所貴因時制宜，經古緯今，而王會所開，何必盡神農以前吾不知已。至如典籍所載，外家四裔所述，黄帝以來，有南夷乘白鹿獻裘，夏有島夷貢貝錦皮卉之服，商正四方獻令，周時王會貢獻，悉由外洋。自漢以還，或遣人入海市珍貨奇物，或置市舶設市區，或榷貨物，或置市舶司，彼以貨來，我以錢予。其與外洋通商，由來尚矣，然皆東南洋藩服島夷，近在一隅，而非歐、美、阿洲之各邦也。其間如安息、烏弋山里、條支、大秦，晉國即今回部，小亞細亞地中海畔之波斯、勃路芝司登，舊譯俾路芝。亞辣伯、意大利也，不過由陸地輾轉而至，重譯偶通耳。顧歐人之在本境通商已久，當商武丁十二年，即西曆紀元前一千二百六十有二年也。希臘人始製艘舶入地中海，遠駛洋面，爲航海貿易之始。前明正德間，歐人始方東方諸國，皆可以舟楫相通，於是繞阿南，航海東來，葡、班、荷、法諸國，接踵而至，攘據南洋諸島，法蘭西築堡建舍，意圖久居計。當時疆吏有言通至澳，孳育蕃息，世據其地。荷人至澎湖，亦伐木築舍爲久居計。當時疆吏有言通商之利者，抽納肥民，藉充府庫，廷臣有陳通商之弊者，法人凶狡，恐釀釁端，然皆具有深意，不得謂其無見也。迄我朝龍興，遠方賓服，於是五大洲各國重譯欵塞，請求獻見者，何可勝數，此唐虞四千年未有之盛也。許其立埠通商，設領事，議條約，此皆我國家柔遠之經，道覆載之量，所以來者，不止天之也。順治十二年，荷蘭入貢通市。康熙二年，定貿易二年一次。二十二年，荷人助克鄭氏於臺灣，二十四年，海禁大開，首許荷蘭通商，自許荷後，歐洲各國皆爭趨踳來。雍正中，英人以粤省規弊過重，旋移入浙。乾隆二十年，英又請納餉運貨至寧波。二十二年因奏加浙税，上許之，尋之赴粤通市。五十八年，英遣使入貢，然其往來澳中，疾法忌葡，蓄心積慮而釀成嘉慶七年、十三年之釁端矣。英人自通粤中，設大班貿易公司，而粤中又設洋商通事洋行十三家，與公司交通，利權獨擅。夫公司貲本，悉假國帑，嗣因虧折不能償，迄道光十四年，英廷患之，乘機裁革，公司於是解散矣。嗣屢次齟齬，邊釁疊起，甚至入犯帝闕。至咸豐末年，而南北洋通商已有牛莊、天津、登州、上海、寧波、福州、廈門、廣州、潮州、瓊州、台灣淡水及內江三埠，共十五口矣。此皆封疆無人，遇事棘手，不能施德振威，俾遠人感慕，致啟兵端，使堂堂中國，受制於島夷梟猾之邦，良可慨也。夫通商所以牟利也，搆釁所以要求通商也，乃以烟教之端，猜憤之隙，日積而深，但恪遵我祖宗成憲，厚待遠人，曲爲體恤，雖至番苗，亦將化矣。推我誠，布我公，事有可以利民富國者，宜中外合力爲之。士氣漸平，邦交日篤，如是而此往彼來，熙熙攘攘，雖使天下萬國爲一家不難也。顧西國百年以來，廣譯《六經》《四書》，歸教國人，創書院，置中華圖書數千種，我教日興，遠被絶域，此所謂凡有血氣，莫不尊親也哉。其人好學，篤志能發憤，爲事有始終，數百年後，孔氏之教當遍行天下矣，可不懼哉，可不喜哉。歐美諸邦貪而勇，君臣上下好賈趨利，利之所在，勞苦艱難無所避，豈所謂上下交征利者耶。然其好稼穡，殖百穀果木，猶有先王之遺風，讀我書未及百年也，何聖人之感格如此其速哉。彼欲善商賈之末，先饒物産之源，闢山澤之利，極工藝之巧，皆所以由本及末也。故其稱曰格致興而物産盛，物産盛而商務旺，毋怯毋驕，毋怠毋躁，信義相孚，商務乃興。其治生産，猶行軍出令，公事不畢，則身不得會友酬酢，考經緯，定寒暑，造舟車，察天氣，興水利，辨土脈，變肥磽，度山川高下，以窮樹藝之道，而佐之以化算地力各學，日省月試，爲此礦工虞之大備。於是設農部以司種植，礦虞以掌山澤，工藝以製器物，而總之商部，上下一氣，相地勢之利，乘時而至，論其盈虧難易，則知貴賤，貴上極則反賤，賤下極則反貴，此貨物之情，商賈之大經也。李悝務盡地力，白圭樂觀時變，西人殆得其遺法矣。天下物産，不外乎五穀、果菜、蠶桑、畜牧、麻縷、絲絮、布帛、茶烟、林木、魚鹽、珠璣、寶玉、五金、煤石、消黄、油氣、器皿、什物，天生萬物不相偏而若相偏，使萬物有有無無，以所多易所鮮，梯山航海，往來於大地七萬里間而成熙攘之世，豈非天哉。

【略】

全地絲、茶，以中國爲大宗，至今中國産絲三倍於歐洲，販出外邦者，得三之二。其地凡可樹桑者，即可畜蠶，所謂桑土宜蠶也。中國之外，首推日本、印度，亦有絲、茶之饒。當漢初時，始有販絲至意大利，意大利古名大秦，西人呼之曰羅馬，當初見有服綢服者，輒取筆記之。昔年全盛時，幾爲歐洲一統之國。迄今隋文帝時，歐人始知畜蠶，其間希臘、意大利最先，嗣傳西至西里、西班牙、小亞細亞，當時貿易頗盛，至今歐洲之絲，四分之三爲意大利所産，其次則法國，織綢亦法國最佳，德國次之。法之立甕城爲蠶桑要區。【略】美、印、俄、墨皆饒畜牧、棉麻之利，澳洲考老已，新西蘭以及比、丹、葡、班喀納塔、烏拉乖雖有牧野馬牛羊之饒，而無棉麻之利，英、德、奥、瑞、意、希、秘亦多芻地，勤於畜牧，其間各國雖有麻纑無棉絮，或多棉絮寡紵纑，至如埃及、巴西諸國，皆饒木棉少畜牧，故皮革罽氈寡有。各國牲畜羊最多，牛次之，馬騾豕最少，故羊之於貿易甚鉅也。温暖之帶，産羊毛最佳，地中海四周多芻草地，最宜畜牧，其毛氊毿柔澤。澳洲蓄牧，甲於天下，牧地多至五千萬畝，牛羊多至九千萬頭。南美洲羊亦相若，然每羊産毛僅得澳羊之半，不獨以澳地相宜，亦澳人善畜故也。其次爲美、英、俄、烏拉乖、阿根廷諸國。産麻之地甚廣，自印度之南，迄俄羅斯之北，皆可種植。歐洲産麻之區，大半在俄，種類以意、俄爲最良。麻布之精，首推德、奥，他若比利時、阿爾蘭、法蘭西各處之絮裟布，亦稱爲最。麻之爲物，練績頗煩，各國患之，僉謂如可代以機器，不致繁重，始可廣種麻云。棉，温熱帶交界之産也，印度産棉最古，周宣王時，已有樹棉者。亞、歐、阿三洲之棉，皆印度産也。天下産棉最饒者，莫如美利堅、印度、埃及、巴西等國，中華所産，衹供本國之用，無販售外邦。初歐人不知紡織，迨北宋初，摩洛哥人始創織布之法，元成帝時棉紗始進，英國所用紡車，與中國同，衹紡單紗，迄國朝乾隆中，創紡紗新機，紡紗易且多，嗣屢加修改，使更便捷。道光中，美人復製新紡機，較英機更敏，至今精益求精，盡用汽機，每具紡紗多至千餘縷，每七日作工五十六小時有半，紡紗一千七百磅，每磅得華衡十二兩弱，衹費英銅錢一枚又十六分之七，約得華制錢三十四五文，可謂廉矣，華紗當四倍之焉，宜其用機織布，販運於數萬里外，猶得奪他布之利也。今最巧織機，於一分時中梭可往還二百次。光緒十年，英國某處設賽奇會，會中有織機一具，一分時中梭可往還四百次，是每秒約可往復七次，可謂捷矣。歐洲布業英最盛，初賈於歐洲各國，旋即衰敗，復興於歐洲，中國、印度、日本等處。今印人亦勤紡織，販售於中國、日本，較英獲利更厚，因其産棉多，人工廉，販運簡也。然最細之布，仍難與英布相頡頏。光緒十二年，全地棉市有千分，獨英一國買有三百八十三分，歐洲其餘各國共購三百七十六分，美國購二百四十一分，英國布業之盛，於此可見矣。今各國紡織並興，獨美國最速。攷英國紡織廠，多至七千餘處，意大利繅絲局，多至二千户，瑞士、法蘭西，皆有絲綢之富。法之綢局，織廠共有四千户。瑞士介於法、德、奥、意之間，民多文綵，産錦繡綢緞之莊，共千五百家，每年産繡綢四千萬銀。天下鐘表之精首推瑞士，光緒八年鐘表價值多至銀一千六百萬兩。歐洲、美、阿洲各邦，貧富强弱雖有不齊，而其勤畜牧，務耕織，阜物善賈，則大致相同，加之以工藝之巧，舟車之利，而呢罽、布匹、氍毹、氊毯之屬，幾遍天下。攷近年通商總册，中國進口貨歲輸銀一億餘兩，其中布疋得三千七百萬，呢罽六百萬，阿片二千餘萬。出口貨歲入銀八千餘萬兩，其中絲綢共得三千餘萬，茶葉三千萬，此爲絲、茶兩大宗，他如草帽、邊鏞、紙、衣服、華人之流寓澳、美、新西蘭、新加坡、南洋諸島者，實繁有徒，故有衣服出口。皮革、磁器等約有千餘萬。攷出入貨殖，則中外通商大勢，不啻洞若觀火，但使出入相平，已可爲長治久安之策矣。今瀕海各省，幾乎無人之身無洋布，人民上下，十人之中，必有嗜烟者，嗚呼，是亦不可以已乎。當世賢臣卿相，蒿目時艱，憂民憂國，於是招商設電，開礦造車，以奪西人之利權。今夫漏卮，洋布、阿片而已；補漏卮者，絲、茶而已；塞漏卮者，禁烟與布而已。雖禁烟之令一時難下，而力農務織，整頓絲、茶，此出於農而成於工，培本之方易行之事也。

宜今室主人編《皇朝經濟文新編・農政新論卷三》陳熾《種棉軋花説》　洋布洋沙之入中國也，數十年於茲矣。自咸豐、同治以前，每歲入口之數，不過千萬而止，光緒以後，歲歲驟增，值銀至六千餘萬，較洋藥多三分之一，而土布之利遂盡爲所奪矣。中國商人亦欲購機仿造，第英人於紡織機器諱莫如深，且機器所用，皆係木棉，色白絲長，與中國棉花迥異，遂有疑華棉之不合機製者。西人既以極廉之價，奪我土布之利矣。織布販布，通計利息，不過五釐，遂有疑華人仿之，斷難獲利者。厥後美國織業大興，日本乃專用華棉紡紗織布，中國亦自設紡織各廠，所出紗布，海內風行，始知華棉色白絲長，雖較洋棉稍遜，而堅厚温暖過之。華工性情馴謹，作工更勤，而每日工資僅及洋工十分之二，花價既賤，日用又廉，皆非英美諸國所能及。綜計織布局之利，歲息二分，辦理稍善，可及三分，紡紗局之利，歲息三分，辦理稍善，可及四分，非惟華人喜出望外，抑亦海外諸邦所不及料也。於是歐亞各國，始知華棉之美，華工之廉，洋棉每百觔需洋卅三元，印度棉花亦在卅元内外，而華棉每百(解)〔觔〕僅需十二三元，多至十七八元而止，故近年洋船回國，多購中國棉花，壓載出口，花價驟增至二三千萬兩之多，紡織紗布，以售銷各國，此項利源有加無已。前年上海布局被燬，有謂織布已屬暮氣，而紡紗始爲朝氣者，而以棉花出口，歲歲增多之數言之，則織布紡紗，均屬暮氣，而種棉軋花，始爲朝氣也。中國棉花，推直隸德州第一，而江湖各省次之，絲長色白，媲美洋棉，而堅厚温和，更合華人之用，皆中國、日本各紡織局，比較試驗而確知其故者。此時設一織布局需資本六十萬金，至少四十萬金，設一紡紗局，需資本四十萬金，至少三十萬金，否則，所獲之利，與所費之工，不能相抵。總之，長袖善舞，多財善賈，資本愈足，利息愈豐。紡織兩局，大概如此。曩與熟精此事之人，欲定造小號機器並廠屋止需二三萬金者，以便中國各省推廣設立，而通盤計算，獲利過微，不能舉辦。因自軋花紡紗，以至織成布疋，須經二十三器而成，料件繁多，工艱費鉅，機器雖小，而一件不能省故也。惟軋花機器，止須五件，資本多則數萬金，少或數千金數百金，均可開辦。南北各直省曠土素多，若能勸民廣種棉花，參用軋花機器，轉運既便，一水可通，所出棉花，兼擅中西之勝，此後花價日貴，銷數日多，不惟衣被中倭，併可經倫歐美。西人謂合地球人民以四千兆計，十人中穿布者，僅及十分之六，將來人思穿布，布必用棉，衣被人間，此利豈有涯涘哉。以軋花機器開其端，推廣於紡紗織布，萬家機杼，比户素封，中國二十行省無貧民矣。

宜今室主人編《皇朝經濟文新編・蠶桑》佚名《日本絲業宜整頓論》　日本産絲數目，近年有加無減，每年所産不下五十兆九十二萬八千四百元，此係上年出口絲價，加之中絲綢緞，共計六十六兆七十三萬元。而日本貨出口，總價不過一百三十六兆元，是絲一項已過其價之三分之一矣。自一千八百六十八年起，出口之絲，年年遞加，上年數目，與六十八年相比，計加七八倍之多。至是年十月，横濱絲業忽大減色，本年氣候不正，加之暮春降霜，所出繭數，因之大減。日本之絲，向來美國所銷最廣，近因美國公舉總統及銀價加漲各故，此業頗覺減成，再繭數既減，價頓昂貴，西商坐待低價，不願辦貨，近幸銀價已落，本月二十日成交之絲，計五百八十包，所有静岡絲，每包貴至八百元。現在絲市頗有起色，可望暢銷。惟絲一物，非僅日本有之，論貨之優劣，則以法、意所出爲最佳，論貨之多寡，又以中國所出爲最多，日本尚在人後，均弗如也。其絲業之利，恐爲各國所奪，如欲與之比賽，惟有整頓做絲之法，俾日本之絲，得與各國並駕齊驅。做絲固須整頓，織綢尤宜推廣。凡織綢，選絲之佳者作爲經，絲之次者作爲緯，昔美國選絲不甚講究，其所用經線，皆取自意、法及中國所繅之絲，以日本絲作經線者，蓋見罕也。有某君赴美國各織綢局，近回日本，謂凡用日本絲作經線者，如絲已染色，有碎屑落積綢機四週，織成之綢色不鮮明。日本之絲，種類亦頗不少，固不致種種如此，但出口至美國者，大概有此弊病。又凡用意、法及中國所繅之絲作爲經線，綢機四週碎屑甚少，因絲底既佳，雖爲綢機所磨擦，亦無糜費之料，織成綢緞，光彩甚佳。由是觀之，日本絲之銷路之暢，非無故也，欲挽回日本絲業，非力行整頓不可。日本所出之絲，以貨之高低而論，每自以爲比中國尤佳，其實此業若不從速振興，華人將獨擅其利矣。

宜今室主人《皇朝經濟文新編・蠶桑》季經邦《論地球蠶桑》　日本駐紮里昂領事具報地球去年蠶業情形云：客歲地球蠶業之盛，實爲近古所罕匹，無論製造五年以前，繭絲之商權屬集於英京倫敦，當時法國製繭業家等，皆購東方所產繭絲於英京，迨蘇彝士運河開鑿後，法國有米士沙也釐輪船公司始興航業，於是法國商家亦蹶然奮起，而英京往日爲東方繭絲之中樞商地者，即移而之於里昂。今里昂爲東洋繭絲聚集之所，並爲意國繭絲之一大銷路，而增其殷盛矣。近時有生古把兒墜路開通，意國、美繭之商情，將漸殷盛，意者將來該地興旺，必能奪里昂之利益，而爲歐洲繭絲之佳好市場矣。

劉錦藻《清續文獻通考》卷五六《市糴一》　乾隆五十五年諭：據富綱等奏，緬甸國長孟隕差親信頭目便居未駝等，懇請敕賞封號，管理阿瓦地方，求開騰越關禁，俾通市易等語。該國自禁止通商以來，需用中國物件，無從購覓，而該國所產棉花等物，亦不能進關銷售。今既納貢稱藩，列於屬國，應准其照舊開關通市，以資遠夷生計。此事不值寫入敕諭，著傳諭該督等，一面照會孟隕，以該國懇請開關，業經代奏，欽奉大皇帝恩旨准行，即一面飭知沿邊官員，定期開關市易，以示嘉惠遠人之意。

又奏准緬甸所需絲綢鍼紙等物，准其開關通市，所有內地商民，販貨出關，責令永昌府騰越州、順寧府收稅給照，運至騰越州所轄之杉木籠、暮福二處及順甯府所轄之南河口驗照放行，內地商民，販貨回關，並緬夷運貨進關，即由杉木籠、暮福、南河口收稅給照，運至騰越州、順甯府查驗。其普洱府所轄路通緬境之車里，各土司、內地小販挑負往來，貨物無多，不須設口，令思茅同知於南關地方撥役稽查。

劉錦藻《清續文獻通考》卷三八三《實業六》〔光緒二十四年〕法人論上海繅絲廠　上海設廠以來，法、意兩國之操是業者，咸若有隱憂焉。自中政府免其應納各稅，怡和洋行始赴內地辦繭，諸多爲難，中輟。後有公平、旗昌兩行，各開一廠，華人有昌記廠，五年前，拔維宴開乾康絲廠，其後賣與華人，迨千八九六年，增至二十九家，有爲華人新設，有與外人合開，除千八九二、九三、九五、九六等年，尚有得利者，餘則無非虧折，而此數年得利之故，蓋由絲價大漲，並非廠絲能賺錢也。昌記獲利，係華人經理其絲，比外國絲廠所出，較爲公道。此外，未聞贏餘。向來採繭，羣趨無錫，因出繭總匯之處，且距上海最近，其本地所出之絲，亦較便宜。夫在一處買繭，而該處絲價僅值二十個或二十五個佛郎一基洛格楞，繅成絲後，可售佛郎五十及六十個，准此而思，宜有餘利。惟是外人欲往內地造竈烘繭，中國官民，每多阻難，即買繭亦然，近雖能去積習，然與買賣，同稱殷盛，而其價值亦甚爲平均。夫欲知環球所產出之繭絲額數，不獨當核算歐、美所用之數而已，必當計及日本、中國、印度等所製造之繭絲數目也。想諸國所產之繭絲，自必織成各種綢緞而輸進歐、美之市場，然其大半之數，則必爲己國之用，亦可想而知也。今姑弗詳其數，唯計算輸至歐、美、非、印諸地者，試舉明治二十八年地球諸國所製造之繭絲數目，開列如左：

歐洲及小亞細亞所產出數按：表內基字乃法國量名，每法國一基，當日本二百六十六目七分，每日本一目，約合中國一錢零一釐五毫二絲又十二絲之一。

法蘭西　七十八萬基。　意大利　三百二十萬八千基。

西班牙　十萬基。　奧大利匈牙利　二十八萬基。

鴉那多里普勞士　三十萬基。　查羅爾括顔多言羅布露　十八萬基。

伯爾加里及東部老尾利　三萬五千基。　希臘　三萬五千基。

西里亞　三十七萬基。　高加索　十七萬五千基。

波斯土耳其斯坦　二十萬基。

計五百六十六萬三千基。

東方諸國所輸出數

上海　四百四十三萬五千基。　廣東　百七十萬基。

日本　三百八十七萬五千基。　英屬印度　三十五萬基。

計千三十六萬基。

右總計千六百二萬三千基。

試偏覽前十年以來，地球所製造之繭絲，自千七十萬基而至千六百萬基，以今較昔，其增多約爲十分之五，亦足證產出增加之數甚速矣。蓋長進如此之速，由東方諸國所產之絲日多也。大約歐洲及小亞細亞之土絲，其增進頗覺遲緩，即在明治二十一年爲五百四十八萬基，至二十八年不過五百六十六萬三千基。至在東方諸國則，倍益其增進之勢，即在二十一年爲五百十八萬基，而至二十八年爲千三十六萬基也。由是觀之，地球產出繭絲之增長，未嘗不由於日本、中國、印度等蠶業之發達也。就諸國之中而論，以日本爲最盛，即在二十年僅輸出七十五萬基於歐洲，至二十八年則輸出三百八十七萬五千基也。上文總敘地球諸國，請更申言法國蠶業情形，在明治二十八年，繭絲輸進法國市場七百十四萬八千四百三基，而內中係外國輸進六百三十六萬八千四百三基，法國所產七十八萬基，比較二十七年之六百三十四萬五千八百六十五基，則增進約十分之一零三也。抑在千八百六十猶費周折。凡內地辦繭，需派人先往，費用非輕，尚有餽送官場禮物，付給掮客用錢，及應納稅項，運繭至申，沿途釐卡林立，又須逢卡完釐，各費須加及三成半。內地既無存繭棧房，且有火險竊險，買齊後，又須運赴烘繭之處。種種煩難，致使買繭人皆望交易速成，得早蕆事。加以中國繭户，每願自做成絲，不肯售繭，以故收買不能過於挑剔。將繭運申，惟速是求，然裝運殊不合法，出售之繭，中有四五成已壞，或且霉爛。從前廠止五家，所辦之繭，已攙雜若是。近年絲廠，另有專做期頭空手謀利之輩，宜其愈趨愈下，有時乾繭從一基洛格楞驟增至十二個佛郎，華人因其價漲，將繭趕運上市，其中甚有採摘非時，成僅及半者，即如此類，將來出絲之少可知。更因採辦時值天雨，繭既受溼，堆積鬱蒸。上海絲廠今皆竭蹶難支，大抵資本無多，於置地造廠購機已耗大半，並無儲款以備緩急，本年虧折，無可抵補，或已倒閉，或在理帳，經此一挫，必將因而久阻矣。

劉錦藻《清續文獻通考》卷三八五《實業八》 棉之輸出及輸入。每年輸出數量，總超過輸入，而自來輸出之棉，恒以日本爲主要消費地，日人購我國原料，製造成品，仍復運入，一轉手間，獲利甚豐。我國近十年來，平均輸出約八十四萬擔，輸往日本，平均約六十七萬擔，占總額十分之八。至輸入數量，近以紡績業勃興，本國棉產已難自給，故外棉輸入突增，由印度、美國、日本、香港、俄國、安南及其他各地輸入者最多，合計竟達一百八十六萬零六百十九擔。日本及香港，均非產棉之地，其輸入我國，當然來自他國也。【略】

棉布之輸出　光緒之季，我國棉織物之輸出，爲數甚微，近漸增加，以粗布一項增加最速。向來土布出口最多，今已被粗布取代矣。茲將十年前與最近年之棉布輸出量列表如左：

品名	十年前輸出數疋	最近年輸出數量疋
本色市布	——	二〇・〇九五
粗布	六〇五	一・三五〇・一二七
斜紋布	五一一	三〇・七一三
土布	四八・〇五六	五三・六五六
花土布	九六・九九九	一〇四・〇四七

（續表）

十年前輸出數價格值海關銀二百五十七萬七千餘兩，最近已增至一千二百萬兩以上矣。【略】

絲之輸出　繭絲出口，年約二十餘萬擔，以亂絲頭、機械絲、爛繭殼、野蠶絲爲最多，蠶繭再紡絲、黄絲次之，白絲又次之，座繅黄絲、座繅白絲、再紡絲、機械絲，總稱生絲，輸出港爲上海、廣州二處。

日本自宣統元年以來，生絲輸出已超過我國，今日世界市場中，消費量增加甚鉅，日人於養蠶製絲，竭力改良，遂隨之增加，我則故步自封，不求上進，致爲所奪，殊可慨也。茲將近年中日輸出之生絲、綢緞、亂絲頭等之金額，列表如左：表中價格係以日本金圓合成我國海關銀兩。

國別	生絲海關兩	綢緞亂絲頭等海關兩
中國	一〇八・〇五九・二六八	二九・三二〇・〇一〇
日本	三五〇・二三三・八四三	八一・八三〇・〇四〇

我國近數年來，座繅野蠶絲之輸出，逐年減少，而機械野蠶絲則逐年增加，故仍爲世界最多之國，非若生絲之有勁敵也。日本亦有野蠶絲輸出，然其原料，仍仰給於我國，非土產也。我國野蠶絲之顧客，首日本，次美、法，所有輸出，多由大連、安東、煙台三港放洋。【略】

絲織品之輸出　十餘年來，輸出品以綢緞爲重要，每年約值海關銀二千餘萬兩。有尋常綢緞與繭綢之分。綢緞輸出多時，約一千七百餘萬兩，少時千餘萬兩。繭綢少時約五百餘萬兩，多時一千三百餘萬兩。至於刺繡品、絲帶、絲綫等之輸出，則刺繡稍占重要，多時一百六十萬兩，少時亦十餘萬兩。【略】

麻及麻織品之輸出　海關貿易册所列輸出之韌皮植物纖維，有苧麻、火麻、黄麻、棕絲四者，其最近年之輸出數量及金額，苧麻爲二七七・六二五擔，價值四・九二五・〇三〇兩，火麻一五八・一二八擔，價值二・三三一・九四三兩，黄麻二九・四四四擔，價值一六〇・七八〇兩，棕絲一五六九八擔，價值一四七・六九九兩。我國爲世界産苧麻最多之國，故輸出以此爲大宗。據專門家觀察，四川、湖南輸出之火麻，其中半爲苧麻，知苧麻之輸出實際不止此數，况除苧麻纖維外，尚有苧麻紗綫，多時一萬一二千擔，少時七八千擔。夏布輸出多來自九江、重慶，主要消費地爲高麗，最近年輸出之數爲二四・六一四擔，價值三・五四三・九三二兩。

劉錦藻《清續文獻通考》卷三九一《實業十四》〔光緒二十八年〕薛福成《海關出入貨類敍略》　光緒十八年，進口洋藥價銀二千七百四十一萬餘兩，洋布、羽綾、棉紗、棉綫五千二百七十萬餘兩，呢羽、嗶嘰、氈絨四百七十九萬餘兩，鋼、鐵、銅、鉛、錫七百十三萬餘兩，米五百八十二萬餘兩，煤油五百零四萬餘兩，海貨五百二十萬餘兩，煤二百萬餘兩，自來火一百四十二萬餘兩，其餘雜貨各數十百萬兩不等。都洋貨，價銀一萬三千五百十萬餘兩，而紗、布、呢羽等幾居進口貨價之半，洋藥亦幾居四分之一。爲中國計，宜設方略，漸杜洋藥來源，而勸導商民，仿洋法織布、紡紗爲第一要義，其次開礦，次鍊鐵，次紡織呢羽、氈絨，次仿造自來火及製鍊煤油。風氣既開，而致富之能事盡矣。

出口絲繭三千零三十四萬餘兩，綢緞七百九十六萬餘兩，茶二千五百九十八萬餘兩，棉花五百零八萬餘兩，草帽緶二百零五萬餘兩，糖二百零七萬餘兩，紙一百五十七萬餘兩，席一百二十九萬餘兩，豆、爆竹各一百十八萬餘兩，瓷器、窑器一百零八萬餘兩，其餘雜貨各數十百萬兩不等。都土貨，價銀一萬零二百五十八萬餘兩，絲茶兩項大宗幾占土貨十分之六。如欲整頓土貨，仍須注力絲茶，庶能握其綱領，餘如棉、糖、紙、席、草帽緶等物，苟能隨時講求，隨時整理，亦有大益。此外土貨俟鐵路開通，必有於無意中暢銷如草帽緶之類者矣。

查光緒元、二年間，出入口貨約略足以相抵。今以出入相較，中國虧銀至三千二百五十餘萬之多。何哉？近兩年中洋布、洋紗進口之價，逾於元、二年間之價約二千數百萬兩，則中國虧銀皆紗布暢銷爲之也。從此中國織婦機女束手飢寒者，當不下數千萬人，豈細故哉。

英人《論中國貿易消長》　查千八百九十六年，光緒二十二年。中國貿易實爲三萬萬三千三百六十萬兩。今試舉千八八五年至九六年貿易價值開列於左：

年次	上海銀兩	英鎊
一八八五	一五三二〇五七二九	四〇五〇〇〇〇〇
一八八六	一六四六八五八九一	四一二五〇〇〇〇
一八八七	一八八一二三八七七	四五七五〇〇〇〇
一八八八	二一七一八三九六〇	五一〇〇〇〇〇〇
一八八九	二〇七八三二一八七	四九二五〇〇〇〇
一八九〇	二一四二三七九六一	五五五〇〇〇〇〇
一八九一	二三四九五二七一二	五七七五〇〇〇〇
一八九二	二三七六八四七二三	五一七五〇〇〇〇
一八九三	二六七九九五一三〇	五二七五〇〇〇〇
一八九四	二九〇二〇七四三三	四六五〇〇〇〇〇
一八九五	三一四九八九九二六	五一五〇〇〇〇〇
一八九六	三三三六七一四一五	五五六〇〇〇〇〇

按，然以銀兩之價格計算，中國貿易未爲恰當。何則？中國制幣以釐錢爲本，皆係銅錢，以百枚爲一緡，所謂銀兩者，不過計算釐錢多寡之稱呼，固以銅幣爲本位也。是故，銀落於金，則釐錢漲於銀，往年銀每兩可换錢千五百枚，今則不過千二百枚，因釐錢缺乏之故也。當今欲增多制幣，便於流行，莫如鑄釐錢爲要，抑中國雖衰於中東一役，而戰後貿易卻有起色，英與中國貿易益盛，試觀左所列表：

國別	一八九五年	一八九六年
英國	二五二五〇〇〇〇鎊	三九二七一〇〇〇鎊
美國	三三五〇〇〇〇	三八四二〇〇〇

（續表）

國別	一八九五年	一八九六年
南美	六五	
歐洲諸國	四五〇〇〇〇〇	四五八五〇〇〇
俄國	二七二〇〇〇〇	三四七五一五〇
日本	五二五〇〇〇〇	四七九五〇〇〇
澳門	七八七〇〇〇	一〇三四五〇〇
菲律賓	二九〇〇〇〇	二四〇〇〇
越南	三一〇〇〇〇	二三五〇〇〇
暹羅	一〇〇〇〇〇	一二二〇〇〇
爪哇	八七〇〇〇	六三〇〇〇
土耳其及諸國	一九〇〇〇〇	二九〇〇〇〇

觀此表，知英國九六年之貿易比九五年增多十分之一，又居輸出進總數之七分，日本之與中國貿易減三百萬兩，美與中國則更進一境。近觀中國內地情形，似已思及交通，交通之便不便，與外國貿易實有關繫。中國見擬築鐵路於上海吴淞間，其大沽、天津、山海關等之鐵路亦已興工，自北京至漢口亦將興築，已向外國籌借公債，假以時日，必觀厥成。其紡繅業亦有進步。見又改棉絲之粗大，製造細絲，將競美於日本、印度及蘭卡沙等。且不止繅絲一道，如織呢、綢緞等亦大有發達之勢。今後中國製造之業必勃然而興，將爲地球之一大製造國矣。何則？中國工銀廉賤，又富於物資，可以導進外國貲本。上年英國所輸進中國之諸金類即鐵釘銅錫等之數，實倍前年，其諸機器類則稍減。蓋前年日本與中國馬關訂約，準開中國內地爲公埠，於是上海及其餘各地，咸欲興紡繅等業，先購機器於歐洲，故進口遂多。中國銷歐洲之貨物，以蠟燭、紙、煙、時表、玻璃、漆料、麪粉、膜非亞、中人名爲安眠藥水。針、煤油、肥皂等爲第一，銷東洋諸地之貨物，以煤、棉、人参、火柴、白檀、糖等爲第一。中國製茶業雖有可觀，而性質頑固，不解進步，致進境凝滯。比年以來，知印度、錫蘭之改良，將罄地球之市場爲其銷路，慨然有舍舊維新之意見，頗爲歐洲所稱贊，雖然內地交通之便未開，則其發達進步亦未可期之夙夜也。

劉錦藻《清續文獻通考》卷三九二《實業一五》 宣統元年，農工商部奏議覆御史王履康摺略稱：原奏稱，中國出口以絲爲大宗，分浄絲及亂頭絲兩種。近年亂頭絲則逐年增加，浄絲則逐年遞減。推原其故，一則沿途攙雜以致絲質低次，出售匪易。二則商人自爲經理，未經官家督率。今欲振興絲業，非倣法日本刱設生絲檢察所不可。請飭農工商部，詳訂章程，先於上海地方刱設應設臨時檢察各員。擬由兩江督臣札上海商會，公舉精於絲業者若干員，咨部奏明辦理。凡出口之絲，均責令投所呈驗，填單放行。每届年終，應將檢察事項列册呈部。臣等公商刱辦檢察所，頭緒紛繁，必先博訪周諮，統籌辦理。當抄原奏飭上海商務總會，邀集絲商，妥籌辦法。

茲據稟稱，絲業商董籌議，以爲江浙所産絲斤，匡口有長短，條分有粗細，其性質色澤，亦各因地而殊，與日本專用機器繅絲情形不同。每當絲市，各商精選秤收驗貨，定值分等，各立商牌運滬，分銷其精者。更將生絲摇過接連，冀合洋商銷路，名曰大經，價較絲包昂貴。光緒初年，出數不滿一千，近增至一萬一二千擔。加以滬埠絲廠林立，辦繭繅絲價較大經更昂，每年約一萬二三千擔以上，兩項約合生絲三萬餘包。經之出口既逐年遞加，則絲之出口必逐年遞減。其捆載之初，各有商牌。絲商固不願遷就，船户更無從抽換。所過關卡，向章不准改包，實無攙雜等弊。至設所檢察一節，新絲上市，百貨攢擁，所中固未能逐包檢視，且一經拆驗，又須費工修配，不獨躭延時日，貽誤市情，抑且動則易黴，轉多傷損。況檢察員如係華商，度洋商未必即憑單收貨，雇用洋員則又無此辦法。不如仍由絲商各自研究，較能切實等語。稟覆到部。查該御史所陳，自爲振興絲業，廣闢利源起見，而上海絲商一再討論，羣謂中國絲市與日本不同，似亦實在情形。絲經兩項，爲出口大宗，關繫甚鉅，不得不通盤籌畫，變通辦法，爲取益防損之舉。上海絲業公所，設立有年，辦事商董，大都精於絲業，閲歷較深，爲同業商人所推重。責令研究改良，較有把握。擬由臣部札飭上海商會傳知該公所，邀集絲商公舉商董若干員，報部遴委。所有絲業應行整頓考察，力求進步事宜，均責成該董等，擬具章程，報部核奪。

臣謹案：法國里昂爲絲業中心，設蠶絲檢查所，始爲防止奸商，繼則統一事權，有號召全國絲業之勢力。其與外國競争歷久不蹶者，賴此所維持也。光緒丙申，日本於横濱初設驗絲公所，置機器，定章程。應檢驗者，一斤數，二定衡，三繅法，四粗細，五毛胎，六伸縮力，七燒法。開辦時，西商華爾忒演説謂：初到日本，一千八百六十七年，出口絲祇一萬三千五百包，至九十五年加至五萬六千九百三包。天下事百姓所不能行者，非國家協助不爲功。

僕昔驗絲寄歐，後接來書云：絞絲内藏有舊釘、銅錢、鴻毛、土沙子數小袋，甚有用傘骨撑起者，諸病百出，見已罕有。但尚有西商不滿意者，一粗細不勻，一浸水短缺分量。二十年前，中國粤商用水灌絲如灌其園，因之斤數短少，西商忿不能平，協請立驗絲公所，而華商不從。今横濱初剏，未敢苛求。以歐洲行之已久，而辦法尚未盡善，絲經法國驗過者，寄至意國，每以法公所標記之斤數粗細爲不合，易地皆然。但冀商人遵守定章，埽除積弊，絲業之興可操券云。相率爲僞，何國蔑有。以日商視粤商，亦五十步與百步耳。惟灌園之誚，願吾國人一雪之。所不解者，當時上海商董仍多推委之詞。

查華絲輸外，有白黄灰三種。白絲占百分之八十，中有土絲、經絲、廠絲之分。廠絲出洋最鉅，年約六萬數千擔。經絲次之，約一萬七千餘擔。土絲祇一萬擔左右。共約九萬擔。黄絲占百分之零九，泰半售印度、埃及。灰絲百分之十一，銷日本及美國。廠絲十之八，銷美、法，餘爲英、瑞等國。美占百分之六十，法百之二十二，英百之零八，瑞百之零四，餘國百之零六。然則華絲之興替，全視美爲轉移。近時紐約公會條陳發展華絲六條，第五條請中政府於上海、廣州設生絲檢驗所，切實考驗而予以證書。上海乃有生絲檢驗所。他若改良會、試驗場，江浙已有八九處，指導所五十九處，分送及價售無病蠶種共十四萬二千二百廿六張，值銀七萬六千四百三十元。改良種繭繅折無逾四百五十斤，工易而絲質堅净。土種繭折需五百五十斤，折鉅而絲身復劣，雖有良工，無能爲役。

計丁卯出口生絲，江浙共四萬五千包。而改良蠶種僅産絲二千七百餘包，且有行銷國中者，是不及全額百分之七，亟應增進無疑也。日本是年産絲五十萬包，政府檢查蠶種，歲費百五十萬元。業製種者八千家，均受監察。售蠶種一千七百八十五萬九千五百張。育蠶者至二百萬户，實祇四十七縣，農民百户中有三十二户。在明治四十一年，每户約産繭二千四百五十七石，近增至三千四百二十五石，較十年前增十之四。丁卯産繭總額六百三十七萬四百石，價值四億二千三百七萬二千九百日元。何興之暴也。

考日絲始運英，明治十七年乃運美，品劣銷滯。駐日領事即收樣本八十二種，送美絲會評議，知絲質稀薄，條份不勻，等諸自鄶。隨報政府，撥官款設廠，以爲模範，積極改良，一躍而執全世界絲業之牛耳。履康請倣法日本，豈無見哉？

《清實録·高宗實録》卷五五八〔乾隆二十三年三月〕，大學士管陝甘總督黄廷桂奏：哈薩克本年七月，應在烏嚕木齊等處交易緞布等項，經運赴巴里坤收貯。努三赴京，於前月過肅，詢稱交易人數，不能豫定，内地茶葉，不必備往，粧蟒緞疋等件，亦不必過多，惟各色羢褐、氊毯、白布、印花布等件，宜多購備。已飭陝、甘各藩司，辦運巴里坤。交易有餘，即散給彼處官兵，扣餉歸款，報聞。

《清實録·高宗實録》卷五九一〔乾隆二十四年閏六月癸卯〕户部議准，御史李兆鵬奏稱：查絲觔私出外境，律有明禁。邇年江浙等省，因奸商漁利，私販出洋，以致絲價昂貴。請勅下該督撫轉飭濱海地方官，嚴行查禁。違者照販米出洋例究治，該管官分别奏處。從之。

《清實録·高宗實録》卷五九三〔乾隆二十四年，己卯，七月，甲子，諭軍機大臣等，據車布登扎布奏稱，領兵至博囉呼濟爾，遇哈薩克之哈剌巴喇克等，言及貿易一事。據稱上年哈巴木拜之子額得格等，至烏嚕木齊交易，回抵游牧云，馬一匹，僅得緞一端。衆人聞知，俱不願前往。今將軍等既准貿易，須致書與阿布賚相商，仍懇量爲增給等語。哈薩克乃微小部落，貪利無厭，若如所請，增給貨物，日後輾轉干求，何所底止，此則斷不可行。況上年貿易馬匹，原爲進勦逆回，今諸城盡附，逆賊計日可擒，何必多購馬匹，置之無用。著傳諭努三等，若哈薩克人等，仍來貿易，或嫌工料紕薄，妄求增給，即行曉示云，緞疋皆商人貨物，民間通用，難以内庫賞賚之物相衡，爾等如不願交易，亦聽其便，豈能曲從所請，轉致累我商民。現在伊等曾否前來，又作何辦理，即著奏聞。

《清實録·高宗實録》卷五九六〔乾隆二十四年九月〕，兩廣總督李侍堯奏：現准部咨，嚴絲出外洋之禁。文到之日爲始，實力稽查，俾無透漏。惟是外洋夷船，向係五六月收泊進港，至九十月出口回帆，本年陸續進口夷船，計二十三隻，除㗎嘛吧一船，原係上年壓冬之船，已於五月内出口外，其餘二十二船，各夷商已將出口貨物買齊，或已搬運下船，或貯行館，請將外洋夷船絲禁，以乾隆庚辰年爲始，其本年各夷商已買絲貨，准其載運出口，不致守候變售。得旨，如所議行。

《清實録·高宗實録》卷六〇三〔乾隆二十四年十二月丁酉〕，户部議奏：據兩廣總督李侍堯咨稱，本年御史李兆鵬奏請禁絲觔販賣出洋，經部議准在案。至綢緞綿絹，是否應禁，設有私販出洋，應否與絲觔一併計算輕重定擬等語。查綢緞等物，總由絲觔所成，自應一體嚴禁。請嗣後綢緞綿絹，如有偷漏私販者，亦按觔兩多寡分别科罪，失察文武官弁，照例議處。從之。

《清實録·高宗實録》卷六一四〔乾隆二十九年四月〕，軍機大臣等議准：兩江總督尹繼善、閩浙總督楊廷璋、兩廣總督蘇昌等奏，請弛絲觔出洋之禁。江蘇省販銅官商船隻，每隻許配二三蠶糙絲一千二百觔，按照綢緞舊額觔數抵扣，各屬出洋商船，攜帶糙絲，准以三百觔爲限。閩浙出洋商船，每船配土絲一千觔，二蠶糙絲一千觔。粤省外洋商船二十三隻，除定例准帶八千觔外，每船再行加帶粗絲二千觔。其頭蠶湖絲緞疋，仍照舊禁止。從之。

《清實録·高宗實録》卷六一八〔乾隆二十五年八月乙亥〕，諭軍機大臣等：舒赫德奏，內地所用銀兩，攜至外藩交易，有發無收，將來恐致耗散。請將綢緞多爲解送，較原價酌增運費，則銀兩亦可漸次收回等語。所見甚是，著傳諭楊應琚等籌酌辦理。但所估價值，祗增運費，則未免太廉，即如綢緞亦內地所貴重，行至外藩，自當酌量物情，以定價值。若初次價賤，則奸商回人等私行興販，徒爲伊等之利。著舒赫德隨時籌畫，酌量定價，行之數年，再爲平減，亦可。惟不得任商販私行攜帶，減價售賣，內地商販無多，亦易於稽查禁止也。

《清實録·高宗實録》卷七〇四〔乾隆二十九年二月乙丑〕，諭軍機大臣等：前因內地絲觔綢緞等物，價值漸昂，經御史李兆鵬等先後條奏，請定出洋絲觔之禁，以裕民用，乃行之日久，而內地絲價，仍未見減，而且更貴者有之。可見生齒繁衍，取多用宏，蓋物情自然之勢，正如從前議免米豆關税，而糧價如故，可爲明驗。況聞出洋絲觔，本係土絲，及二三蠶粗糙之絲，非腹地綢緞，必須精好物料可比，徒立出洋之禁，則江浙所産粗絲，轉不得利，是無益於外洋，而更有損於民計，又何如照舊弛禁，以天下之物，供天下之用，尤爲通商便民乎。前唊咭唎等國，織紝不供，已特旨准其酌帶配用，而伽喇巴等處，近復援例懇請，現勑部臣定議，該督撫等熟悉地方情形，著傳旨令其悉心體察，應否即行開禁，並海洋商船所配粗絲，應否仍酌定章程，及如何設法稽查，以杜影射侵漁等弊之處，俟妥議具奏到日，候朕明降諭旨。

《清實録·高宗實録》卷七四〇〔乾隆三十年七月甲申〕，浙江巡撫熊學鵬奏，浙省商船，往南洋咖喇吧等處貿易者，每船准帶土絲、二蠶絲各千觔，其往閩粤内地者，部議未及，請照江蘇省例，每船准帶糙絲三百觔，收税驗放，俱照洋船定例。從之。

《清實録·高宗實録》卷九三八〔乾隆三十八年六月〕，兩江總督高晉奏：安南國入貢，由水路進京，往返均由江寧换船。該貢使每次自帶花樣，在舖家定織綢緞，次年自京回至江寧取貨，若貨未齊全，往往逗遛日久。查外藩使臣，置買綢緞，雖無禁例，但私相交易，恐釀事端。請嗣後飭使臣通事人等，將需買各貨，開具清單，呈交地方官，傳集舖户議價，給與現銀，取舖户承領限狀，地方官查催，該貢使回寧，即於半月内照數清交，不許私相授受。地方官毋得縱令胥役家人經手，如違參究。得旨嘉獎。

《清實録·高宗實録》卷九三九〔乾隆三十八年七月庚辰〕，諭軍機大臣等：據勒爾謹奏，乾隆乙未年，新疆各處應需貿易綢緞，照例開明各項色樣數目，請勑江寧、蘇州、杭州三織造，暨山東、山西巡撫，依期解送甘省，以便分運等語。著傳諭徐績、巴延三、基厚、舒文、寅著，即照勒爾謹單内所需各綢緞，妥協製辦，務使質地重厚，顔色鮮明，不得稍有粗率輕減，致滋挑駮干咎，並遴委妥員，如期解運，以資新疆貿易之用。所有勒爾謹原摺清單，俱著鈔寄。

《清實録·高宗實録》卷一三六一〔乾隆五十五年八月丁丑〕，又諭：據永保奏，哈薩克汗斡里素勒坦之弟多索里素勒坦，前赴伊犂，懇將帶來灰鼠等物，貿易綢緞布匹之處，擬駮等語。朕雖因辦理妥善，賞給荷包，但所辦尚未周密。伊犂商販甚多，即當面議駮，仍恐不肖之徒，將私帶貨物，潛行貿易，究與未駮何異。且安集延回人等，永保即照所懇，令其内地行走，尤屬錯謬。阿克蘇等處，並有回人集場，伊等夾帶俄羅斯貨物，於途中私自偷賣，永保何以未見及此。著傳諭毓奇等，此項人等前至阿克蘇地方，務須嚴密查察，毋許私行貿易。尋毓奇等奏，俄羅斯所産物件，禁止不准入卡，大黄等物，不准出境，臣等謹將此旨通行曉諭，除嚴飭各卡站外，並將烏什、阿克蘇之阿奇木伯克邁默特、阿布都拉托克托呢咱爾等，面加詳諭，如有前來伊犂、阿克蘇二處貿易回人，俱給以烏魯木齊、吐魯番、喀喇沙爾、庫車等路引，於各處驗照搜查，不至稍有疎漏。報聞。

郝玉麟等〔雍正〕《廣東通志》卷五二《物産》 大秦國以野繭絲織成氍毹，以羣獸五色毛雜之，爲鳥獸、人物、草木、雲氣，千奇萬變，惟意所作，上有鸚鵡，遠望軒軒若飛。《異物志》。

瑣里國産撒哈剌布，以毛織之，蒙茸如氈氍，有紅緑二色。《明統志》。

滿剌加出鎖袱，哈烈亦出，一名梭服，鳥毳爲之，紋如紈綺。同上。

紀事

崔豹《古今注》卷上《輿服》　周公治致太平，越裳氏重譯來貢白雉一，黑雉二，象牙一。使者迷其歸路，周公以文錦二疋，軿車五乘，皆爲司南之制，使越裳氏載之以南，緣扶南、林邑海際，朞年而至其國。

《史記》卷一一六《西南夷列傳》　及元狩元年，博望侯張騫使大夏來，言居大夏時見蜀布、邛竹杖，使問所從來，曰「從東南身毒國，可數千里，得蜀賈人市」。

《史記》卷一二三《大宛列傳》　〔張〕騫曰：「臣在大夏時，見邛竹杖、蜀布。問曰：『安得此？』大夏國人曰：『吾賈人往市之身毒。身毒在大夏東南可數千里。其俗土著，大與大夏同，而卑溼暑熱云。』」

〔元鼎四年〕，漢擊走單于於幕北。

是後天子數問騫大夏之屬。騫既失侯，因言曰：【略】蠻夷俗貪漢財物，今誠以此時而厚幣賂烏孫，招以益東，居故渾邪之地，與漢結昆弟，其勢宜聽，聽則是斷匈奴右臂也。既連烏孫，自其西大夏之屬皆可招來而爲外臣。」天子以爲然，拜騫爲中郎將，將三百人，馬各二匹，牛羊以萬數，齎金幣帛直數千巨萬，多持節副使，道可使，使遺之他旁國。

《漢書》卷二八下《地理志下》　自日南障塞、徐聞、合浦船行可五月，有都元國；又船行可四月，有邑盧没國；又船行可二十餘日，有諶離國；步行可十餘日，有夫甘都盧國。自夫甘都盧國船行可二月餘，有黄支國，民俗略與珠厓相類。其州廣大，户口多，多異物，自武帝以來皆獻見。有譯長，屬黄門，與應募者俱入海市明珠、璧流離、奇石異物，齎黄金雜繒而往。所至國皆稟食爲耦，蠻夷賈船，轉送致之。

原題王嘉《拾遺記》卷五《前漢上》　〔孝惠帝二年〕，時有東極，出扶桑之外，亦有泥離之國來朝。【略】詔宫女百人，文錦萬匹，樓船十艘，以送泥離之使，大赦天下。

《太平御覽》卷八二〇《布帛部七・布》　《史記（張騫）〔大宛列〕傳》曰：「臣在大夏時，見邛竹杖、蜀布，問『安得此』？大夏國人曰：『吾賈人往市身毒，在大夏東南可數千里。』」又曰：伏靈，在菟絲之下。燭之，火滅，即記其（數）〔處〕，以新布四尺環置之，明即掘取。

《廣博物志》卷三七　漢武時，西域獻蛺蝶羅，日本國貢麒麟錦，金花眩人眼目。《洞冥記》。

《三國志》卷三〇《魏志・倭》　景初二年六月，倭女王遣大夫難升米等詣郡，求詣天子朝獻，太守劉夏遣吏將送詣京都。其年十二月，詔書報倭女王曰：「制詔親魏倭王卑彌呼：帶方太守劉夏遣使送汝大夫難升米、次使都市牛利奉汝所獻男生口四人，女生口六人，班布二匹二丈，以到。汝所在踰遠，乃遣使貢獻，是汝之忠孝，我甚哀汝。今以汝爲親魏倭王，假金印紫綬，裝封付帶方太守假授汝。其綏撫種人，勉爲孝順。汝來使難升米、牛利涉遠，道路勤勞，今以難升米爲率善中郎將，牛利爲率善校尉，假銀印青綬，引見勞賜遣還。今以絳地交龍錦五匹、臣松之以爲地應爲綈，漢文帝著皂衣謂之弋綈是也。此字不體，非魏朝之失，則傳寫者誤也。絳地縐粟罽十張、蒨絳五十匹、紺青五十匹，答汝所獻貢直。又特賜汝紺地句文錦三匹、細班華罽五張、白絹五十匹、金八兩、五尺刀二口、銅鏡百枚、真珠、鉛丹各五十斤，皆裝封付難升米、牛利還到録受。悉可以示汝國中人，使知國家哀汝，故鄭重賜汝好物也。」

正始元年，太守弓遵遣建忠校尉梯儁等奉詔書印綬詣倭國，拜假倭王，并齎詔賜金、帛、錦罽、刀、鏡、采物，倭王因使上表答謝恩詔。其四年，倭王復遣使大夫伊聲耆、掖邪狗等八人，上獻生口、倭錦、絳青縑、緜衣、帛布、丹木、𤝔、短弓矢。掖邪狗等壹拜率善中郎將印綬。其六年，詔賜倭難升米黄幢，付郡假授。其八年，太守王頎到官。倭女王卑彌呼與狗奴國男王卑彌弓呼素不和，遣倭載斯、烏越等詣郡説相攻擊狀。遣塞曹掾史張政等因齎詔書、黄幢，拜假難升米爲檄告喻之。卑彌呼以死，大作冢，徑百餘步，狥葬者奴婢百餘人。更立男王，國中不服，更相誅殺，當時殺千餘人。復立卑彌呼宗女壹與，年十三爲王，國中遂定。政等以檄告喻壹與，壹與遣倭大夫率善中郎將掖邪狗等二十人送政等還，因詣臺，獻上男女生口三十人，貢白珠五千，孔青大句珠二枚，異文雜錦二十匹。

《宋書》卷九七《夷蠻傳・林邑國》　大明二年，林邑王范神成又遣長史范流奉表獻金銀器及香布諸物。

《宋書》卷九七《夷蠻傳・呵羅單國》　元嘉七年，遣使獻金剛指環、赤鸚鵡鳥、天竺國白疊古貝、葉波國古貝等物。

《南齊書》卷三一《荀伯玉傳》　世祖在東宫，專斷用事，頗不如法。【略】度絲錦與崐崘舶營貨，輒使傳令防送過南州津。

《南齊書》卷五八《東南夷傳・扶南國》　永明二年，［扶南王］闍耶跋摩遣天竺道人上表，【略】上報以絳紫地黄碧緑紋綾各五匹。

《梁書》卷五四《諸夷傳・婆利國》　普通三年，其王頻伽復遣使珠貝智貢白鸚鵡、青蟲、兜鍪、瑠璃器、古貝、螺杯、雜香、藥等數十種。

《梁書》卷五四《西北諸戎傳・滑》　自魏、晉以來，不通中國，至天監十五年，其王厭帶夷栗陁始遣使獻方物。普通元年，又遣使獻黄師子、白貂裘、波斯錦等物。

慧皎《高僧傳》卷二《譯經・鳩摩羅什》　龜兹王爲［鳩摩羅什］造金師子座，以大秦錦褥鋪之，令什升而説法。

許嵩《建康實録》卷一六《齊下・扶南國傳》　晉惠帝永明二年，闍耶始因天竺道人那伽仙而遣使于中國，奉表獻金縷龍王座像一軀，白檀像一軀，牙像一軀，牙塔二軀，古貝二雙，瑠璃蘇鉉一口，瑇瑁檞一枚。詔回紫絳、地黄、碧緑綾各百匹。

《太平御覽》卷八二〇《布帛部七・白疊》　吴篤《趙書》曰：石勒建平二年，大宛獻珊瑚、琉璃、毾㲪、白疊。

《全後魏文》卷二獻文帝《答百濟國王餘慶詔》　今中夏平一，宇内無虞，每欲陵威東極，懸旌域表，拯荒黎于偏方，舒皇風于遠服，良由高麗即敘，未及卜征。今若不從詔旨，則卿之來謀載協，元戎啟行，將不云遠，便可豫率同興，具以待事。時遣報使，速究彼情，師舉之日，卿爲鄉導之首，大捷之後，又受元功之賞，不亦善乎。所獻錦布海物，雖不悉達，明卿至心，今賜雜物如別。《魏書・百濟國傳》。

《隋書》卷八二《南蠻傳・赤土》　赤土國，扶南之别種也。在南海中，水行百餘日而達所都。土色多赤，因以爲號。【略】

煬帝即位，募能通絶域者。大業三年，屯田主事常駿、虞部主事王君政等請使赤土。帝大悦，賜駿等帛各百匹，時服一襲而遣。齎物五千段，以賜赤土王。【略】月餘，至其都，王遣使其子那邪迦請與駿等禮見。【略】尋遣那邪迦隨駿貢方物，并獻金芙蓉冠、龍腦香。以鑄金爲多羅葉，隱起成文以爲表，金函封之，令婆羅門以香花奏蠡鼓而送之。【略】循海北舉，達于交阯。駿以六年春與那邪迦於弘農謁，帝大悦，賜駿等物二百段，俱受秉義尉，那邪迦等官賞各有差。

《太平御覽》卷八二〇《布帛部七・布》　杜寶《大業拾遺録》曰：七年十二月，朱寬征流球國還，獲男女口千餘人，并雜物産，與中國多不同。緝木皮爲布，甚細白，幅闊三尺二寸，亦有細班布，幅闊一尺許。

《舊唐書》卷一四《順宗紀》　貞元二十一年二月壬子，日本國王并妻還蕃，賜物遣之。

《舊唐書》卷一七下《文宗紀下》　開成三年十二月丙午，日本國貢珍珠絹。

《舊唐書》卷一四九《歸崇敬傳》　大曆初，以新羅王卒，授崇敬倉部郎中、兼御史中丞，賜紫金魚袋，充弔祭、册立新羅使。【略】故事，使新羅者，至海東多有所求，或攜資帛而往，貿易貨物，規以爲利；崇敬一皆絶之，東夷稱重其德。使還，授國子司業，兼集賢學士。

《舊唐書》卷一九七《南蠻、西南蠻傳・林邑》　林邑國，漢日南象林之地，在交州南千餘里。【略】

武德六年，其王范梵志遣使來朝。八年，又遣使獻方物，高祖爲設《九部樂》以宴之，及賜其王錦綵。

《舊唐書》卷一九七《南蠻西南蠻傳・墮婆登國》　墮婆登國，在林邑南，海行二月，東與訶陵、西與迷黎車接，北界大海。風俗與訶陵略同。【略】貞觀二十一年，其王遣使獻古貝、象牙、白檀，太宗璽書報之，并賜以雜物。

《舊唐書》卷一九八《西戎傳・拂菻》　貞觀十七年，拂菻王波多力遣使獻赤玻璨、緑金精等物，太宗降璽書答慰，賜以綾綺焉。自大食强盛，漸陵諸國，乃遣大將軍摩栧伐其都城，因約爲和好，請每歲輸之金帛，遂臣屬大食焉。

《舊唐書》卷一九九上《東夷傳・百濟》　百濟國，本亦扶餘之别種。【略】貞觀十一年，遣使來朝，獻鐵甲雕斧。太宗優勞之，賜綵帛三千段并錦袍等。

十五年，璋卒，其子義慈遣使奉表告哀。太宗素服哭之，贈光禄大夫，賻物二百段，遣使册命義慈爲柱國，封帶方郡王、百濟王。

《舊唐書》卷一九九上《東夷傳・新羅》　新羅國，本弁韓之苗裔也。其國在漢時樂浪之地，東及南方俱限大海，西接百濟，北鄰高麗。東西千里，南北二千里。【略】武德四年，遣使朝貢。高祖親勞問之，遣通直散騎侍郎庾文素往使焉，

賜以璽書及畫屏風、錦綵三百段，自此朝貢不絕。【略】

貞觀五年，［其王金］真平卒，無子，立其女善德爲王，宗室大臣乙祭總知國政。詔贈真平左光禄大夫，賻物二百段。【略】

二十一年，善德卒，贈光禄大夫，餘官封並如故。因立其妹真德爲王，加授柱國，封樂浪郡王。【略】

永徽元年，真德大破百濟之衆，遣其弟法敏以聞。真德乃織錦作五言《太平頌》以獻之，其詞曰：【略】帝嘉之，拜法敏爲太府卿。【略】

大曆七年，［其王金乾運］遣使金標石來賀正，授衛尉員外少卿，放還。八年，遣使來朝，并獻金、銀、牛黄、魚牙紬、朝霞紬等。

《舊唐書》卷一九九上《東夷傳・日本》 開元初，又遣使來朝，因請儒士授經。詔四門助教趙玄默就鴻臚寺教之，乃遺玄默闊幅布以爲束修之禮。

《新唐書》卷一一〇《泉男生傳》 泉男生字元德，高麗蓋蘇文子也。九歲，以父任爲先人。遷中裏小兄，猶唐謁者也。又爲中裏大兄，知國政，凡辭令，皆男生主之。進中裏位頭大兄。久之，爲莫離支，兼三軍大將軍，加大莫離支，出按諸部。而弟男建、男産知國事，或曰：「男生惡君等逼己，將除之。」建、産未之信。又有謂男生：「將不納君。」男生遣諜往，男建捕得，即矯高藏命召，男生懼，不敢入。男建殺其子獻忠。男生走保國内城，率其衆與契丹、靺鞨兵内附，遣子獻誠訴諸朝。高宗拜獻誠右武衛將軍，賜乘輿、馬、瑞錦、寶刀，使還報。詔契苾何力率兵援之，男生乃免。

《新唐書》卷二二〇《東夷傳・新羅》 五年，真德死，帝爲舉哀，贈開府儀同三司，賜綵段三百，命太常丞張文收持節弔祭，以春秋襲王。【略】

玄宗開元中，數入朝，獻果下馬、朝霞紬、魚牙紬、海豹皮。又獻二女，帝曰：「女皆王姑姊妹，違本俗，别所親，朕不忍留。」厚賜還之。又遣子弟入太學學經術。帝間賜［其王］興光瑞文錦、五色羅、紫繡紋袍、金銀精器，興光亦上異狗馬、黄金、美髢諸物。

《新唐書》卷二二〇《東夷傳・日本》 長安元年，其王文武立，改元曰太寶，遣朝臣真人粟田貢方物。朝臣真人者，猶唐尚書也。【略】開元初，粟田復朝，請從諸儒受經，詔四門助教趙玄默即鴻臚寺爲師，獻大幅布爲贄，悉賞物貿書以歸。

《新唐書》卷二二一下《西域傳下・師子》 師子，居西南海中，延袤二千餘里，有稜加山，多奇寶，以寶置洲上，商舶償值輒取去。後鄰國人稍往居之。能馴養師子，因以名國。

總章三年，遣使者來朝。天寶初，王尸羅迷迦再遣使獻大珠、鈿金、寶瓔、象齒、白氎。

《新唐書》卷二二二下《南蠻傳下・環王》 環王，本林邑也，一曰占不勞，亦曰占婆。【略】王所居曰占城，别居曰齊國、曰蓬皮勢。王衣白氎，古貝斜絡臂，飾金琲爲纓，鬈髮，戴金華冠如章甫。妻服朝霞，古貝短裙，冠纓如王。【略】

隋仁壽中，遣將軍劉芳伐之，其王范梵志挺走，以其地爲三郡，置守令。道陰不得通，梵志裒遺衆，别建國邑。武德中，再遣使獻方物，高祖爲設九部樂饗之。貞觀時，王頭黎獻馴象、鏐鎖、五色帶、朝霞布、火珠，與婆利、羅刹二國使者偕來。

《唐會要》卷九五《新羅》 開元十年，頻遣使獻方物。十二年，興光遣使獻果下馬二匹、牛黄、人參、頭髮、朝霞紬、魚牙紬、鏤鷹鈴、海豹皮、金銀等，仍上表陳謝。至十二年，遣其臣金武勳來賀正。及武勳還，降書賜之。又使其弟金嗣宗來朝，并貢方物。至二十一年，加興光寧海軍使。其年，命太僕卿員外置同正員金思蘭使於新羅。思蘭本新羅之行人，恭而有禮，因留宿衛，及是，委以出疆之任，且便之也。前年，帝賜興光白鸚鵡雌雄各一，及紫羅繡袍、金銀鈿器物、瑞文繡緋羅、五色羅，綵綾共三百餘段，至是，興光遣使從姪志廉奉表陳謝，仍奏國内有芝草生，畫圖而獻。二十年，又遣其大臣金端竭丹來賀正，又遣姪志廉來獻方物，授志廉鴻臚少卿員外置同正員，賜絹百疋，留宿衛。二十三年十一月，遣從弟大阿飡金忠相來朝，死于路，贈衛尉卿。二十五年，興光卒，其子承慶嗣位，遣使來告，帝悼惜之，又贈太子太保，命贊善大夫邢璹攝鴻臚少卿，往其國行弔祭册立之禮。至二十八年，册承慶妻朴氏爲新羅王妃。

天寶三載，承慶卒，命弟憲英嗣位，仍襲開府儀同三司、都督、雞林州刺史、兼持節寧海軍事。是載四月，遣使謝恩，并獻方物。十月，遣使來賀正，授左清道率府員外長史，賜緑袍銀帶，放還蕃。自後頻來朝。七載，遣使獻金銀及六十總布、魚牙紬、朝霞紬、牛黄、頭髮、人參。

寶應二年，憲英遣使朝貢，授其使檢校禮部尚書，放還。大曆二年，憲英卒，册立其子乾運爲王。三年二月，命倉部郎中歸崇敬兼御史中丞，持節册命。又册乾運母爲太妃。七年，遣使金標石來賀正，授衛尉員外少卿，放還。八年，遣

使來朝，并獻金銀、牛黄、魚牙紬、朝霞紬等方物。建中四年，乾運卒，無子，國人
立其上相金良相爲王。
《唐會要》卷九八《林邑國》 天寶八載，其王盧陀羅使獻真珠一百條、沈香
三十觔、鮮白氎、馴象二十隻。自至德後，遂改稱環王國，不以林邑爲號。貞元
九年，環王因遣使貢犀牛，上令見於太廟。
《白孔六帖》卷八 織錦新羅真德襲王，遣春秋子法敏入朝，真德織錦爲頌，以獻。
賜五色羅新羅遣子弟入太學，學經術，帝賜五色羅。
冠高麗王以白羅裂冠，大臣青羅冠。
大幅布日本開元初，粟由復朝，請從諸儒授經，詔四門助教趙(元)[玄]默即鴻臚寺爲
師，獻大幅布。
朝霞布南蠻環王，真觀時，王頭黎獻朝霞布。
陸佃撰、牛衷增輯《增修埤雅·廣要》卷三一 魚油錦 《酉陽編》：宣宗
時，女蠻國獻魚油錦，煉水香麻以爲之，光耀芬馥，玉色相間，美麗勝中國之錦。
冰蠶褥 《樂府雜録》：唐光子嘗須一舊錦褥，有波斯見之，乃曰：「此冰蠶
繭絲所織，列陳於座，滿室清涼。」
神錦被 《六帖》：元和八年，大軫國貢神錦被，冰蠶絲所織也。方二丈，厚
一寸，其龍文鳳彩，殆非人世所有。
《廣博物志》卷三七 傑公常與諸儒語云：扶桑之蠶長七尺，圍七寸，色如
金，四時不死。五月八日嘔黄絲，布于條枝而不爲璽。燒扶桑木灰汁煑之，其絲
堅韌，四絲爲係足勝一鈞。蠶卵大如燕雀，卵產于扶桑下。齎卵至句麗國，蠶變
小如中國蠶耳。俄而，扶桑國使使貢方物，有黄絲三百斤，即扶桑所吐之絲也。
帝有金鑪，重五十斤，繫六絲以懸鑪，絲有餘力。《四公記》。
《新五代史》卷七四《四夷附録三·高麗》 長興三年，權知國事王建遣使者
來，明宗乃拜建玄菟州都督，充大義軍使，封高麗國王。建，高麗大族也。開運
二年，建卒，子武立。乾祐四年，武卒，子昭立。王氏三世，終五代常來朝貢，其
立也必請命中國，中國常優答之。其地產銅、銀，周世宗時，遣尚書水部員外郎
韓彦卿以帛數千匹市銅於高麗以鑄錢。六年，昭遣使者貢黄銅五萬斤。
《五代會要》卷三〇《高麗》 後唐同光三年十一月，遣使廣評侍郎上柱國韓
申一、副使春部少卿朴巖來貢方物。至四年正月，授韓申一朝散大夫、試殿中
監，朴巖朝散郎、試祕書郎。

天成四年八月，復遣廣評侍郎張彬等五十二人來朝，貢銀香獅子、銀鑪、金
裝鈒鏤雲星刀劍、馬匹、金銀鷹絛鞲、白紵、白氈、頭髮、人參、香油、銀鏤翦刀、鉗
鈸、松子等。
《五代會要》卷三〇《新羅》 後唐天成二年四月，新羅國康州遣使林彦來朝
貢，召對於中興殿，賜物有差。
《五代會要》卷三〇《占城國》 周顯德五年九月，其國王因德漫遣其臣甫阿
散等來貢方物，中有灑衣薔薇水一十五瓶，言出自西域，凡水之灑衣，香而不黦。
又貢猛火油八十四琉璃瓶。引對於内殿，賜以冠帶衣服等。其表文以貝多葉，
檢以香木函。其年十一月，入朝使甫阿散、金婆㕵羅辭，各賜繒帛有差。仍命齎
金銀器一千兩，繒綵一千疋，細甲、名馬、銀鞍勒等，就賜其國王。
《宋史》卷一一九《禮志二二》 紹興七年，三佛齊國乞進章奏赴闕朝見，詔
許之。令廣東經略司斟量，只許四十人到闕，進貢南珠、象齒、龍涎、珊瑚、琉璃、
香藥。詔補保順慕化大將軍、三佛齊國王，給賜鞍馬、衣帶、銀器。賜使人宴于
懷遠驛。淳熙五年，再入貢。計其直二萬五千緡，回賜綾錦羅絹等物、銀二千五
百兩。
《宋史》卷四九〇《外國傳六·大食》 太平興國二年，遣使蒲思那、副使摩
訶末、判官蒲囉等貢方物。其從者目深體黑，謂之崑崙奴。詔賜其使襲衣、器
幣，從者縑帛有差。四年，復有朝貢使至。雍熙元年，國人花茶來獻花錦、越諾、
揀香、白龍腦、白沙糖、薔薇水、琉璃器。
淳化四年，又遣其副酋長李亞勿來貢。其國舶主蒲希密至南海，以老病不
能詣闕，乃以方物附亞勿來獻。其表曰：【略】自念衰老，病不能興，遐想金門，
心目俱斷。今遇李亞勿來貢，謹備蕃錦藥物附以上獻。臣希密凡進象牙五十
株，乳香千八百斤，賓鐵七百斤，紅絲吉貝一段，五色雜花蕃錦四段，白越諾二
段，都爹一琉璃瓶，無名異一塊，薔薇水百瓶。
詔賜希密敕書、錦袍、銀器、束帛等以答之。
至道元年，其國舶主蒲押陁黎齎蒲希密表來獻白龍腦一百兩，腽肭臍五十
對，龍鹽一銀合，眼藥二十小琉璃瓶，白沙糖三琉璃甕，千年棗、舶上五味子各六
琉璃瓶，舶上褊桃一琉璃瓶，薔薇水二十琉璃瓶，乳香山子一坐，蕃錦二段，駝毛
褥面三段，白越諾三段。引對於崇政殿，譯者代奏云：「父蒲希密因緣射利，泛
舶至廣州，迨今五稔未歸。母令臣遠來尋訪，昉至廣州見之。具言前歲蒙皇帝

聖恩降敕書，賜以法錦袍、紫綾纏頭、間塗金銀鳳瓶一對、綾絹二十疋。今令臣奉章來謝，以方物致貢。」【略】

大中祥符元年十月，車駕東封，舶主陁婆離上言願執方物赴泰山，從之。又舶主李亞勿遣使麻勿來獻玉圭。並優賜器幣、袍帶，并賜國主銀飾繩床、水罐、器械、旗幟、鞍勒馬等。四年祀汾陰，又遣歸德將軍陁羅離進錻香、象牙、琥珀、無名異、繡絲、紅絲、碧黄綿、細越諾、紅駝毛、間金線壁衣、碧白琉璃酒器、薔薇水、千年棗等。詔令陪位，禮成，並賜冠帶服物。五年，廣州言大食國人無西忽盧華百三十歲，耳有重輪，貌甚偉異。自言遠慕皇化，附古邏國舶船而來。詔就賜錦袍、銀帶加束帛。【略】

熙寧中，其使辛押陁羅乞統察蕃長司公事，詔廣州裁度。又進錢銀助修廣州城，不許。六年，都蕃首保順郎將蒲陀婆離慈表令男麻勿奉貢物，乞以自代，而求爲將軍，詔但授麻勿郎將。其國部屬各異名，故有勿巡，有陁婆離，有俞盧和地，有麻囉跋等國，然皆冠以大食。勿巡所貢，又有龍腦、兜羅錦、毬錦襈、蕃花簟，陁婆有金飾壽帶、連環臂鈎、數珠之屬。

政和中，横州士曹蔡蒙休押伴其使入都，沿道故滯留，彊市其香藥不償直。事聞，詔提點刑獄置獄推治，因詔自今蕃夷入貢，並選承務郎以上清幹官押伴，按程而行，無故不得過一日，乞取賈市者論以自盗云。

其國在泉州西北，舟行四十餘日至藍里，次年乘風颿，又六十餘日始達其國。地雄壯廣袤，民俗侈麗，甲於諸蕃。天氣多寒。其王錦衣玉帶，躡金履，朔望冠百寶純金冠。其居以碼碯爲柱，緑甘爲壁，水晶爲瓦，碌石爲磚，活石爲灰，帷幕用百花錦。官有丞相、太尉，各領兵馬二萬餘人。馬高七尺，士卒驍勇。民居屋宇略與中國同。市肆多金銀綾錦。工匠技術，咸精其能。

李攸《宋朝事實》卷一二　大食開寶元年、四年、六年、七年、八年、九年貢方物。太平興國二年、四年貢方物。雍熙元年貢花錦。淳化五年貢方物。至道元年貢龍腦，三年貢方物。咸平二年閏三月、六月，三年、六年貢方物。景德元年、二年、四年貢方物。大中祥符元年貢玉圭，九年貢方物。天禧三年貢方物。熙寧三年貢方物。

周去非《嶺外代答》卷二《外國門上·安南國》　紹興二十六年，乞入貢，許之。乃遣使由欽入，正使安南右武大夫李義嗣、安南武翼郎郭應以五象充常進綱外，更進昇平綱。以安南太平州刺史李國爲使，所獻方物甚盛，表章皆金字，貢金器凡一千二百餘兩，以珠寶飾之者居半。貢【略】深黄盤龍段子八百五十匹。

周去非《嶺外代答》卷六《服用門·安南絹》　安南使者至欽，太守用妓樂宴之，亦有贈於諸妓，人以絹一匹，絹麤如細網，而蒙之以綿。交人所自着衣裳，皆密絹也，不知安南如網之絹何所用也。余聞蠻人得中國紅絁子，皆拆取色絲而自以織衫，此絹正宜拆取其絲耳。

葉隆禮《契丹國志》卷二一《外國貢進禮物》

新羅國貢進物件

金器二百兩　金抱肚一條五十兩　金鈔鑼五十兩　金鞍轡馬一匹五十兩　紫花綿紬一百匹　白綿紬五百匹　細布一千匹　麄布五千匹　銅器一千斤　法精酒醋共一百瓶　腦元茶十斤　藤造器物五十事　成形人參不定數　無灰木刀擺十箇　細紙墨不定數目

本國不論年歲，惟以八節貢獻，人使各帶正官，惟稱陪臣。

横進物件

粳米五百石　糯米五百石　織成五彩御衣金不定數

張廷玉等《續文獻通考》卷二八《土貢一》　〔宋〕度宗咸淳二年八月，安南國遣使賀登位，進方物。

九年六月，安南國又進方物。特賜金五百兩，帛百匹。【略】

遼天祚帝乾統九年新羅國進貢物，紫花緜紬一百匹，白緜紬五百匹，細布一千匹，粗布五千匹。【略】

又横進物爲粳米五百石、糯米五百石、織成五綵、御金不定數。【略】

元太祖十三年，高麗請歲貢方物。

至世祖中統二年六月，三年六月，四年三月，俱遣使入貢。至元元年四月，詔修世見禮，遣其臣來貢。【略】

十八年正月，遣使奉歲帛。十九年正月，遣使貢細布四百匹。【略】

憲宗八年二月，安南遣使獻方物。

至世祖中統二年九月，至元二年七月，四年九月、十一月，七年十一月，十年十月，俱遣使來貢。【略】二十一年閏五月，遣使貢玉杯、金瓶、珠條、金領，及白猿、緑鳩、幣帛等物。【略】

〔世祖至元十六年六月〕，占城、馬八兒諸國遣使以珍物及象犀各一來獻。

【略】

二十一年正月，馬八兒國遣使貢珍珠異寶、縑段。

臣等謹按《外國傳》：至元十六年十二月，遣使至占城，諭其主入朝。至十七年二月，始遣使貢方物，奉表降。十九年，以負固弗服，遣兵征之。二十年正月，乃使人奉國王信物、雜布二百匹、大銀三錠、小銀五十七錠、碎銀一甕爲質來歸款。【略】

〔至元〕十八年五月，免耽羅國今歲貢白紵。至二十八年十一月，遣使貢東紵百匹。成宗大德二年五月，以方物來貢。

二十一年正月，桑阿克達爾遣使進緬國所貢珍珠、珊瑚、異綵及七寶束帶。

【略】

〔成宗〕大德元年二月，緬王遣使入朝。請歲輸銀二千五百兩，帛千匹，馴象二十，糧萬石。

《宋會要輯稿·蕃夷七·歷代朝貢》 太祖建隆二年《玉海》：十一月丙子，三佛齊貢方物，對廣政殿，賜其使冠帶、器幣。還，賜以錦綵。

乾德二年《玉海》：正月，高麗獻錦罽、刀劍。《玉海》：乾德四年三月，占城貢犀象、白氎，六月遣還。

開寶四年四月二日，三佛齊國遣使貢方物。《玉海》：貢水晶、火紬。

九年【略】《玉海》：是年九月，高麗王伷貢罽錦、漆甲、白氎。

太宗太平興國四年四月二十四日，高麗遣使貢方物。《玉海》：是月，貢名馬、罽錦，白氎，弓劍。

十一月二十一日，三佛齊國遣蒲押羅貢方物。《玉海》：貢通犀、大食錦、越諾布、琉璃瓶。

九年五月三日，波斯外道來朝貢。《玉海》：是年十月，高麗國貢馬，遣國人入學。十二月，貢罽錦、龍鳳袍，弓甲、御馬二。

端拱元年《宋史》：是年，三佛齊國貢白鈿布五匹。

真宗天禧元年十二月十九日，高麗國遣使御事刑官侍郎徐訥率女真首領來，貢罽、飾漆、紵御衣，金犀帶，騾馬，刀、布。貂、麝。

二年十一月十七日，高麗國遣禮賓卿崔元信率東西女真首領來貢罽錦衣褥，烏漆甲，金飾長刀，匕首，罽錦鞍馬，紵布、藥物。

仁宗天聖八年十二月二十三日，高麗國王詢遣御事民官侍郎徐訥率女真首領來，貢【略】布。

神宗熙寧三年十二月二十四日，大食國遣使來，奉表來貢【略】錦罽、藥物。

四年八月一日，高麗國遣使金悌奉表貢御衣，【略】布、紗。

五年四月五日，大食勿巡國遣使率毗陁羅奉表貢越諾布、花蕊布，兜羅綿毯、錦襈。

七年正月二十六日，高麗國遣使金良鑑，盧旦奉表來，貢御衣、腰帶、紅罽裍褥、鞍馬、紙墨，弓刀，幞頭紗，色羅、綾、生中布、人參、松子、香油。

九年十一月二十一日，高麗國遣使工部侍郎崔思訓奉表來，貢御衣、腰帶、金器、色羅、綾、幞頭紗、鞍轡馬、弓刀、紅罽褥、紙墨、銅器、生中布、人參、松實、香油、黃漆、藥物。

元豐三年正月十七日詔，高麗國王每朝貢，回賜浙絹萬疋，須下有司估准貢物，乃有傷事體，宜自今國王貢物，不估直回賜，永爲定數。

哲宗元祐七年五月二十四日，廣州貢大食國進奉火浣布。詔寘之瑞物閣。

元符元年六月二十七日詔：高麗朝貢，並依元豐條例施行，元祐令勿用。

二年二月二十一日，大食國遣使入貢。十月二十四日知保静州彭儒武、押案副使彭仕貴、知永順彭儒同、押案副使彭仕亮、知渭州彭師聰，押案副使彭仕順各進奉溪布一十五匹。

高宗紹興二年閏四月三日，高麗國王遣使朝散郎禮部員外郎賜紫崔清、從義郎閤門祗候沈起等一十七人，奉表入貢純金器三事，共重一百兩，注子一副，盤盞二副，白銀器一十事，共重一千兩，金花盤一十隻，匹大紙二十軸，詔大紙四百幅，滿花緊絲五十匹、金花注絲五十匹、色大紋羅五十匹、色大綾五十匹、人參五百斤，共函二十三副，各覆黃羅夾複。惟清、起各進奉白銀合四副，共重二百兩，旱地紫花緊絲二匹、金線注絲二匹、真紅大紋羅二匹、真紫大紋羅二匹，明黃大紋羅二匹、生大紋羅一十五匹、生厚羅五匹、人參二十斤、大布二百匹、松子二百斤。《宋史》：是年，占城國王遣使貢沉香、犀、象、玳瑁等，答以綾、錦、銀絹。

六年八月二十三日，提舉福建路市舶司，言大食蕃客蒲囉卒狀本蕃係出產乳香，自就蕃造船一隻，廣載迤邐入泉州市舶，進奉抽解，乞比附綱首推恩。詔蒲囉卒特補承信郎，餘人依例犒設外，更量支給銀綵之類，優加存恤。

二十六年十二月二十五日，三佛齊國進奉【略】番布二十六條。

《宋會要輯稿・蕃夷七・歷代朝貢》

契丹每次回賜物件，犀玉腰帶二條，細衣二襲，金塗鞍轡馬二匹，素鞍轡馬五匹，散馬二十匹，弓箭器仗二副，細錦綺羅綾二百匹，衣著絹一千疋，羊二百口，酒果子不定數，並令刺史以上官充使，一行六十人，直送入本國。

《契丹國志》

《元史》卷六《世祖紀三》〔中統四年春正月〕乙巳，百濟遣其臣梁浩來朝，賜以錦繡有差。

〔至元五年九月〕庚申，賜安南國王陳光昞錦綉，及其諸臣有差。

〔至元〕六年春正月癸丑，高麗國王王禃遣使以誅權臣金〔佼〕〔俊〕來告，賜曆日、西錦。

《元史》卷一二《世祖紀九》〔至元十九年九月辛酉〕招討使楊庭〔堅〕〔璧〕招撫海外，南番皆遣使來貢。俱藍國主遣使奉表，進寶貨、黑猿一。那旺國主忙昂，以其國無識字者，遣使四人，不奉表。蘇木都〔速〕〔剌〕國主土漢八的亦遣使二人。蘇木達國相臣那里八合剌攤赤，因事在俱藍國，聞詔代其主打古兒遣使奉表，進指環、印花綺段及錦衾二十合。

《元史》卷一三《世祖紀一〇》〔至元二十一年〕遣王積翁齎詔使日本，賜錦衣、玉環、鞍轡；積翁由慶元航海至日本近境，爲舟人所害。

《元史》卷二〇八《外夷傳一・高麗》〔中統〕三年正月，罷互市。諸王塔察兒請置鐵冶，從之。請立互市，不從。賜禃曆，後歲以爲常，禃遣使入謝，優詔答之。四月，禃遣其左諫議大夫朴倫，郎將辛洪成等奉表入朝。六月，遣使入貢。八月，朴倫等還，賜西錦三段、間金熟綾六段。十月，詔諭禃籍編民，出師旅，輸糧餉，助軍儲。是月，禃遣使入貢。

《元史》卷二〇九《外夷傳二・安南》〔中統〕二年，孟甲等還，光昺遣其族人通侍大夫陳奉公、員外郎諸衛寄班阮琛、員外郎阮演詣闕獻書，乞三年一貢。帝從其請，遂封光昺爲安南國王。

三年九月，以西錦三、金熟錦六賜之。

《明史》卷三一三《雲南土司傳一・孟艮》孟艮，蠻名孟掯，自古不通中國。永樂三年來歸，設孟艮府，隸雲南都司，以土酋刀哀爲知府，給印誥冠帶。時刀哀遣人來朝，請設治所，歲辦差發黃金六十兩。六年，土知府刀交遣弟刀哈哄貢象及金銀器。禮部言：「刀交嘗搆兵攻劫鄰境，詐譎不誠，宜却其貢。」帝曰：「蠻夷能悔過來朝，往事不足責。」命賜鈔及絨錦綺帛。是後，貢賜皆如例。

《明史》卷三一五《雲南土司傳三・緬甸》初，卜剌浪分其地，使長子那羅塔管大甸，次子馬者速管小甸。卜剌浪死，那羅塔盡收其弟土地人民。已而其弟復入小甸，遣人來朝，且訴其情。敕諭那羅塔兄弟和好如初，毋干天討。六年，那羅塔復遣人入貢，謝罪，并謝賜金牌、信符，勞賜遣之。七年復遣中官雲仙等齎敕賜緬酋金織文綺。十二年，緬人來言爲木邦侵掠。帝以那羅塔素強橫，遣人諭之，使修好鄰封，各守疆界。

洪熙元年遣內官段忠、徐亮以即位詔諭緬甸。宣德元年遣使往諭雲南土官，賜緬甸錦綺。【略】

景泰二年賜緬甸陰文金牌、信符。時以速剌久獲思機發不獻，又放思卜發歸孟養。朝廷知其要挾，故緩之。五年，緬人來索地，參將胡誌以銀戛等地與之，乃送機發及其妻孥。帝以思卜發既遠遁，不必窮追，仍加賞錦幣，降敕褒獎。

《明史》卷三一五《雲南土司傳三・老撾》老撾，俗呼爲撾家，古不通中國。成祖即位，老撾土官刀線歹貢方物，始置老撾軍民宣慰使司。永樂二年以刀線歹爲宣慰使，給之印。五年遣人來貢。既而帝以刀線歹潛通安南季犛，遣使詰責，諭其悔過。六年，刀線歹遣人貢象馬、方物。七年復進金銀器、犀象、方物謝罪。自是連年入貢，皆賚予如例。帝遣中官楊琳往賜文綺。十年來貢，命禮部加賜焉。

宣德六年遣使齎敕獎諭宣慰刀線達。九年，老撾貢使還，恐道中爲他部所阻，給信符，敕孟艮、車里諸部遣人護之。景泰元年請賜土官衣服。故事，無加賜衣服者，命加賜錦幣并及其妻。成化元年頒金牌、信符於老撾。七年鑄給老撾軍民宣慰使司印，以皆爲賊焚燬也。十六年，貢使至，會安南攻老撾，鎮守內官錢能以聞。因敕其使兼程回，并量給道里費。明年，安南黎灝率兵九萬，開山爲三道，進兵破哀牢，入老撾境，殺宣慰刀板雅及其子二人。其季子怕雅賽走八百，宣慰刀攬那遣兵送至景坎。黔國公沐琮以聞，命怕雅賽襲父職，免其貢物一年，賜冠帶、綵幣，以示優恤。

《明史》卷三二〇《外國傳一・朝鮮》明興，王高麗者王顓。太祖即位之元年遣使賜璽書。二年送還其國流人。顓表賀，貢方物，且請封。帝遣符璽郎偰斯齎詔及金印誥文封顓爲高麗國王，賜曆及錦綺。

〔洪武〕十九年二月遣使貢布萬匹、馬千匹。九月，表賀，貢方物。其後貢獻輒踰常額，且未嘗至三年也。冬，詔遣指揮僉事高家奴以綺布市馬於高麗。二十年三月，高家奴還，陳高麗表辭馬直，帝敕如數償之。【略】

二十六年二月遣使進馬九千八百餘匹，命運紵絲綿布一萬九千七百餘匹酬之。【略】

〔永樂〕五年十二月，貢馬三千匹至遼東，命户部運絹布萬五千匹償之。六年，世子禔來朝，賜織金文綺。及歸，帝親製詩賜之。【略】

二十一年七月，裪請立嫡子珦爲世子，從之。先是，敕裪貢馬萬匹，至是如數至，賜白金綺絹。【略】

宣德二年三月遣中官賜白金紵紗，别敕進馬五千匹，資邊用。九月如數至。【略】

嘉靖二年八月，以俘獲倭夷來獻，并送還中國被掠八人。賜白金錦紵。

《明史》卷三二一《外國傳二·安南》洪武元年，王日煃聞廖永忠定兩廣，將遣使納款，以梁王在雲南未果。十二月，太祖命漢陽知府易濟招諭之。日煃遣少中大夫同時敏，正大夫段悌、黎安世等，奉表來朝，貢方物。明年六月達京師。帝喜，賜宴，命侍讀學士張以寧、典簿牛諒往封爲安南國王，賜駝紐塗金銀印。【略】賜日煃《大統曆》、織金文綺紗羅四十匹，同時敏以下皆有賜。以寧等至，日煃先卒，姪日熞嗣位。遣其臣阮汝亮來迎，請誥印，以寧等不予。日熞乃復遣杜舜欽等請命於朝，以寧駐安南俟命。時安南、占城搆兵，帝命翰林編修羅復仁、兵部主事張福諭令罷兵，兩國皆奉詔。明年，舜欽等至告哀。帝素服御西華門引見，遂命編修王廉往祭，賻白金五十兩、帛五十匹。别遣吏部主事林唐臣封日熞爲王，賜金印及織金文綺紗羅四十匹。

成祖既承大統，遣官以即位詔告其國。永樂元年，奃自署權理安南國事，遣使奉表朝貢，言：「高皇帝時安南王日煃率先輸誠，不幸早亡，後嗣絶。臣陳氏甥，爲衆所推，權理國事，於今四年。望天恩賜封爵，臣有死無二。」事下禮部，部臣疑之，請遣官廉訪。乃命行人楊渤等齎敕諭其陪臣父老，凡陳氏繼嗣之有無，胡奃推戴之誠僞，具以實聞。賚奃使者遣還，復命行人吕讓、丘智賜絨錦、文綺、紗羅。

《明史》卷三二二《外國傳三·日本》〔洪武三年〕遣其僧祖來奉表稱臣，貢馬及方物，且送還明、台二郡被掠人口七十餘，以四年十月至京。太祖嘉之，宴賚其使者，念其俗佞佛，可以西方教誘之也，乃命僧祖闡、克勤等八人送使者還國，賜良懷《大統曆》及文綺、紗羅。【略】

成祖即位，遣使以登極詔諭其國。永樂元年又遣左通政趙居任、行人張洪偕僧道成往。將行，而其貢使已達寧波。【略】十月，使者至，上王源道義表及貢物。帝厚禮之，遣官偕其使還，賚道義冠服、龜鈕金章及錦綺、紗羅。

明年十一月來賀册立皇太子。時對馬、臺岐諸島賊掠濱海居民，因諭其王捕之。王發兵盡殲其衆，縶其魁二十人，以三年十一月獻於朝，且修貢。帝益嘉之，遣鴻臚寺少卿潘賜偕中官王進賜其王九章冕服及錢鈔、錦綺加等，而還其所獻之人，令其國自治之。

《明史》卷三二三《外國傳四·琉球》琉球居東南大海中，自古不通中國。元世祖遣官招諭之，不能達。洪武初，其國有三王，曰中山，曰山南，曰山北，皆以尚爲姓，而中山最强。五年正月命行人楊載以即位建元詔告其國，其中山王察度遣弟泰期等隨載入朝，貢方物。帝喜，賜《大統曆》及文綺、紗羅有差。七年冬，泰期復來貢，并上皇太子箋。命刑部侍郎李浩齎賜文綺、陶鐵器，且以陶器七萬、鐵器千就其國市馬。九年夏，泰期隨浩入貢，得馬四十匹。浩言其國不貴紈綺，惟貴磁器、鐵釜，自是賞賚多用諸物。

成祖承大統，詔諭如前。永樂元年春，三王並來貢。山北王請賜冠帶，詔給賜如中山。命行人邊信、劉亢齎敕使三國，賜以絨錦、文綺、紗羅。明年二月，中山王世子武寧遣使告父喪，命禮部遣官諭祭，賻以布帛，遂命武寧襲位。

仁宗嗣位，命行人方彝詔告其國。洪熙元年命中官齎敕封巴志爲中山王。宣德元年，其王以冠服未給，遣使來請，命製皮弁服賜之。三年八月，帝以中山王朝貢彌謹，遣官齎敕往勞，賜羅錦諸物。【略】

〔成化〕十年，貢使至福建，殺懷安民夫婦二人，焚屋劫財，捕之不獲。明年復貢，禮官因請定令二年一貢，毋過百人，不得附攜私物，騷擾道途。帝從之，賜敕戒王。其使者請如祖制，比年一貢，不許。又明年，貢使至，會册立東宫，請如朝鮮、安南，賜詔齎回。禮官議琉球與日本、占城並居海外，例不頒詔，乃降敕以文錦、綵幣賜其王及妃。

《明史》卷三二三《外國傳四·婆羅》婆羅，又名文萊，東洋盡處，西洋所自起也。唐時有婆羅國，高宗時常入貢。永樂三年十月遣使者齎璽書、綵幣撫諭其王。四年十二月，其國東、西二王並遣使奉表朝貢。明年又貢。

其地負山面海，崇釋教，惡殺喜施。禁食豕肉，犯者罪死。王薙髮，裹金繡巾，佩雙劍，出入徒步，從者二百餘人。有禮拜寺，每祭用犧。厥貢玳瑁、瑪瑙、硨磲、珠、白焦布、花焦布、降真香、黄蠟、黑小斯。

《明史》卷三二三《外國傳四・古麻剌朗》 古麻剌朗，東南海中小國也。永樂十五年九月遣中官張謙齎敕撫諭其王幹剌義亦奔敦，賜之絨錦、紵絲、紗羅。十八年八月，王率妻子、陪臣隨謙來朝，貢方物，禮之如蘇禄國王。王言：「臣愚無知，雖爲國人所推，然未受朝命，幸賜封誥，仍其國號。」從之，乃賜以印誥、冠帶、儀仗、鞍馬及文綺、金織襲衣，妃以下並有賜。明年正月辭還，復賜金銀錢、文綺、紗羅、綵帛、金織襲衣、麒麟衣，妃以下賜有差。王還至福建，遘疾卒。遣禮部主事楊善諭祭，謚曰康靖，有司治墳，葬以王禮。命其子剌苾嗣爲王，率衆歸，賜鈔幣。

《明史》卷三二四《外國傳五・占城》 成祖即位，詔諭其國。永樂元年，其王占巴的賴奉金葉表朝貢，且告安南侵掠，請降敕戒諭。帝可之，遣行人蔣賓興、王樞使其國，賜以絨、錦、織金文綺、紗羅。【略】

［天順］八年入貢。憲宗嗣位，應頒賜蕃國錦幣，禮官請付使臣齎回，從之。

《明史》卷三二四《外國傳五・真臘》 真臘，在占城南，順風三晝夜可至。隋、唐及宋皆朝貢。宋慶元中，滅占城而并其地，因改國名曰占臘。元時仍稱真臘。

洪武三年遣使臣郭徵等齎詔撫諭其國。四年，其國巴山王忽爾那遣使進表，貢方物，賀明年正旦。詔賜《大統曆》及綵幣，使者亦給賜有差。六年進貢。十二年，王參答甘武者持達志遣使來貢，宴賜如前。十三年復貢。十六年遣使齎勘合文册賜其王。凡國中使至，勘合不符者，即屬矯僞，許縶縛以聞。復遣使賜織金文綺三十二、磁器萬九千。

《明史》卷三二四《外國傳五・暹羅》 洪武三年命使臣呂宗俊等齎詔諭其國。四年，其王參烈昭毘牙遣使奉表，與宗俊等偕來，貢馴象、六足龜及方物，詔賜其王錦綺及使者幣帛有差。已，復遣使賀明年正旦，詔賜《大統曆》及綵幣。【略】

十六年賜勘合文册及文綺、磁器，與真臘等。【略】

成祖即位，詔諭其國。永樂元年賜其王昭禄羣膺哆囉諦剌駝紐鍍金銀印，其王即遣使謝恩。六月，以上高皇帝尊謚，遣官頒詔，有賜。八月復命給事中王哲、行人成務賜其王錦綺。九月命中官李興等齎敕，勞賜其王，其文武諸臣並有賜。

二年有番船飄至福建海岸，詰之，乃暹羅與琉球通好者。所司籍其貨以聞，帝曰：「二國修好，乃甚美事，不幸遭風，正宜憐惜，豈可因以爲利。所司其治舟給粟，俟風便遣赴琉球。」是月，其王以帝降璽書勞賜，遣使來謝，貢方物。賜賚有加，并賜《列女傳》百册。使者請頒量衡爲國永式，從之。

先是，占城貢使返，風飄其舟至彭亨，暹羅索取其使，羈留不遣。蘇門答剌及滿剌加又訴暹羅恃强發兵奪天朝所賜印誥。帝降敕責之曰：「占城、蘇門答剌、滿剌加與爾俱受朝命，安得逞威拘其貢使，奪其誥印。天有顯道，福善禍淫，安南黎賊可爲鑒戒。其即返占城使者，還蘇門答剌、滿剌加印誥。自今奉法循理，保境睦鄰，庶永享太平之福。」時暹羅所遣貢使，失風飄至安南，盡爲黎賊所殺，止餘孛黑一人。後官軍征安南，獲之以歸。帝憫之，六年八月命中官張原送還國，賜王幣帛，令厚恤被殺者之家。九月，中官鄭和使其國，其王遣使貢方物，謝前罪。

七年，使來祭仁孝皇后，命中官告之几筵。時奸民何八觀等逃入暹羅，帝命使者還告其主，毋納逋逃。其王即奉命遣使貢馬及方物，并送八觀等還，命張原齎敕幣奬之。十年命中官洪保等往賜幣。

十四年，王子三賴波羅摩剌劄的賴遣使告父之喪。命中官郭文往祭，别遣官齎詔封其子爲王，賜以素錦、素羅，隨遣使謝恩。

《明史》卷三二四《外國傳五・爪哇》 成祖即位，詔諭其國。永樂元年又遣副使聞良輔、行人甯善，賜其王絨、錦、織金文綺、紗羅。使者既行，其西王都馬板遣使入賀，復命中官馬彬等賜以鍍金銀印。西王遣使謝賜印，貢方物。而東王孛令達哈亦遣使朝貢，請印，命遣官賜之。自後，二王並貢。

《明史》卷三二四《外國傳五・三佛齊》 三佛齊，古名干陀利。劉宋孝武帝時，常遣使奉貢。梁武帝時數至。宋名三佛齊，修貢不絶。

洪武三年，太祖遣行人趙述詔諭其國。明年，其王馬哈剌札八剌卜遣使奉金葉表，隨入貢黑熊、火雞、孔雀、五色鸚鵡、諸香、苾布、兜羅被諸物。詔賜《大統曆》及錦綺有差。户部言其貨舶至泉州，宜徵税，命勿徵。

《明史》卷三二五《外國傳六・浡泥》 浡泥，宋太宗時始通中國。洪武三年八月命御史張敬之、福建行省都事沈秩往使。自泉州航海，閱半年抵闍婆，又踰月至其國。王馬合謨沙傲慢不爲禮，秩責之，始下座拜受詔。時其國爲蘇禄所侵，頗衰耗，王辭以貧，請三年後入貢。秩曉以大義，王既許諾，其國素屬闍婆，闍婆人間之，王意中沮。秩折之曰：「闍婆久稱臣奉貢，爾畏闍婆，反不畏天朝邪？」乃遣使奉表箋，貢鶴頂、生玳瑁、孔雀、梅花大片龍腦、米龍腦、西洋布、降真諸香。

永樂三年冬，其王麻那惹加那遣使入貢，乃遣官封爲國王，賜印誥、敕符、勘合、錦綺、綵幣。王大悦，率妃及弟妹子女陪臣泛海來朝。次福建，守臣以聞。遣中官往宴賚，所過州縣皆宴。六年八月入都朝見，帝獎勞之。【略】尋賜王儀仗、交椅、銀器、傘扇、銷金鞍馬、金織文綺、紗羅、綾絹衣十襲，餘賜賚有差。十月，王卒於館。帝哀悼，輟朝三日，遣官致祭，賻以繒帛。東宮親王皆遣祭，有司具棺槨、明器，葬之安德門外石子岡，樹碑神道。又建祠墓側，有司春秋祀以少牢，謚曰恭順。賜敕慰其子遐旺，命襲封國王。【略】王辭歸，賜玉帶一、金百兩、銀三千兩及錢鈔、錦綺、紗羅、衾褥、帳幔、器物，餘皆有賜。以中官張謙、行人周航護行。【略】

八年九月遣使從謙等入貢謝恩。明年復命謙賜其王錦綺、紗羅、綵絹凡百二十匹，其下皆有賜。十年九月，遐旺偕其母來朝。命禮官宴之會同館，光禄寺旦暮給酒饌。明日，帝饗之奉天門，王母亦有宴。越二日，再宴，賜王冠帶、襲衣，王母、王叔父以下，分賜有差。明年二月辭歸。賜金百，銀五百，鈔三千錠，錢千五百緡，錦四，綺帛紗羅八十，金織文繡、文綺衣各一，衾褥、幃幔、器物咸具。自十三年至洪熙元年四入貢，後貢使漸稀。

《明史》卷三二五《外國傳六・滿剌加》 滿剌加，在占城南。順風八日至龍牙門，又西行二日即至。或云即古頓遜，唐哥羅富沙。

永樂元年十月遣中官尹慶使其地，賜以織金文綺、銷金帳幔諸物。其地無王，亦不稱國，服屬暹羅，歲輸金四十兩爲賦。慶至，宣示威德及招徠之意。其酋拜里迷蘇剌大喜，遣使隨慶入朝貢方物，三年九月至京師。帝嘉之，封爲滿剌加國王，賜誥印、綵幣、襲衣、黄蓋，復命慶往。其使者言：「王慕義，願同中國列郡，歲効職貢，請封其山爲一國之鎮。」帝從之。【略】

五年九月遣使入貢。明年，鄭和使其國，旋入貢。九年，其王率妻子陪臣五百四十餘人來朝。抵近郊，命中官海壽、禮部郎中黄裳等宴勞，有司供張會同館。入朝奉天殿，帝親宴之，妃以下宴他所。光禄日致牲牢上尊，賜王金繡龍衣二襲、麒麟衣一襲，金銀器、帷幔衾裯悉具，妃以下皆有賜。將歸，賜王玉帶、儀仗、鞍馬，賜妃冠服。瀕行，賜宴奉天門，再賜玉帶、儀仗、鞍馬、黄金百、白金五百、鈔四十萬貫、錢二千六百貫，錦綺紗羅三百匹、帛千匹、渾金文綺二、金織通袖膝襴二；妃及子姪陪臣以下，宴賜有差。禮官餞於龍江驛，復賜宴龍潭驛。十年夏，其姪入謝。及辭歸，命中官甘泉偕往，旋又入貢。

滿剌加所貢物有瑪瑙、珍珠、玳瑁、珊瑚樹、鶴頂、金母鶴頂、瑣服、白苾布、西洋布、撒哈剌、犀角、象牙、黑熊、黑猿、白麂、火雞、鸚鵡、片腦、薔薇露、蘇合油、梔子花、烏爹泥、沉香、速香、金銀香、阿魏之屬。

《明史》卷三二五《外國傳六・蘇門答剌》 蘇門答剌，在滿剌加之西。順風九晝夜可至。或言即漢條枝，唐波斯、大食二國地，西洋要會也。

成祖初，遣使以即位詔諭其國。永樂二年遣副使聞良輔、行人甯善賜其酋織金文綺、絨錦、紗羅，招徠之。中官尹慶使爪哇，便道復使其國。三年，鄭和下西洋，復有賜。和未至，其酋宰奴里阿必丁已遣使隨慶入朝，貢方物。詔封爲蘇門答剌國王，賜印誥、綵幣、襲衣。遂比年入貢，終成祖世不絶。鄭和凡三使其國。

《明史》卷三二五《外國傳六・須文達那》 須文達那，洪武十六年，國王殊旦麻勒兀達盼遣使俺八兒來朝，貢馬二匹，幼苾布十五匹，隔著布、入的力布各二匹，花滿直地二，番綵紬直地二，兜羅綿二斤，撒剌八二箇，幼賴革著一箇，撒哈剌一箇，及薔薇水、沉香、降香、速香諸物。命賜王《大統曆》、綺羅、寶鈔，使臣襲衣。

《明史》卷三二五《外國傳六・蘇禄》 蘇禄，地近浡泥、闍婆。洪武初，發兵侵浡泥，大獲，以闍婆援兵至，乃還。

永樂十五年，其國東王巴都葛叭哈剌、西王麻哈剌叱葛剌麻丁、峒王妻叭都葛巴剌卜並率其家屬頭目凡三百四十餘人，浮海朝貢，進金鏤表文，獻珍珠、寶石、玳瑁諸物。禮之若滿剌加，尋並封爲國王。賜印誥、襲衣、冠帶及鞍馬、儀仗器物，其從者亦賜冠帶有差。居二十七日，三王辭歸。各賜玉帶一，黄金百，白金二千，羅錦文綺二百，帛三百，鈔萬錠，錢二千緡，金繡蟒龍、麒麟衣各一。

《明史》卷三二五《外國傳六・瑣里》 瑣里，近西洋瑣里而差小。洪武三年，命使臣塔海帖木兒齎詔撫諭其國。五年，王卜納的遣使奉表朝貢，并獻其國土地山川圖。帝顧中書省臣曰：「西洋諸國素稱遠蕃，涉海而來，難計歲月。其朝貢無論疏數，厚往薄來可也。」乃賜《大統曆》及金織文綺、紗羅各四匹，使者亦賜幣帛有差。

《明史》卷三二五《外國傳六・西洋瑣里》 西洋瑣里，洪武二年命使臣劉叔勉以即位詔諭其國。三年平定沙漠，復遣使臣頒詔。其王別里提遣使奉金葉表，從叔勉獻方物。賜文綺、紗羅諸物甚厚，并賜《大統曆》。

成祖頒即位詔於海外諸國，西洋亦與焉。永樂元年命副使聞良輔、行人甯善使其國，賜絨錦、文綺、紗羅。已復命中官馬彬往使，賜如前。其王即遣使來貢，附載胡椒與民市。有司請徵稅，命勿徵。二十一年偕古里、阿丹等十五國來貢。

《明史》卷三二五《外國傳六・覽邦》 覽邦，在西南海中。洪武九年，王昔里馬哈剌札的剌札遣使奉表來貢。詔賜其王織金文綺、紗羅，使者宴賜如制。永樂、宣德中，嘗附鄰國朝貢。

《明史》卷三二五《外國傳六・淡巴》 淡巴，亦西南海中國。洪武十年，其王佛喝思羅遣使上表，貢方物，賜賚有差。其國，石城瓦屋。王乘輿，官跨馬，有中國威儀。土衍水清，草木暢茂，畜産甚夥。男女勤於耕織，市有貿易，野無寇盜，稱樂土焉。厥貢，苾布、兜羅緜被、沉香、速香、檀香、胡椒。

《明史》卷三二五《外國傳六・百花》 百花，居西南海中。洪武十一年，其王剌丁剌者望沙遣使奉金葉表，貢白鹿、紅猴、龜筒、玳瑁、孔雀、鸚鵡、哇哇倒掛鳥及胡椒、香、蠟諸物。詔賜王及使者綺、幣、襲衣有差。國中氣候恒燠，無霜雪，多奇花異卉，故名百花。民富饒，尚釋教。

《明史》卷三二五《外國傳六・南渤利》 南渤利，在蘇門答剌之西。順風三日夜可至。王及居民皆回回人，僅千餘家。俗朴實，地少穀，人多食魚蝦。西北海中有山甚高大，曰帽山，其西復大海，名那没黎洋，西來洋船俱望此山爲準。近山淺水內，生珊瑚樹，高者三尺許。永樂十年，其王馬哈麻沙，遣使附蘇門答剌使入貢。賜其使襲衣，賜王印誥、錦綺、羅紗、綵幣。遣鄭和撫諭其國。終成祖時，比年入貢，其王子沙者罕亦遣使入貢。宣德五年，鄭和遍賜諸國，南渤利亦與焉。

《明史》卷三二六《外國傳七・古里》 古里，西洋大國，西濱大海，南距柯枝國，北距狼奴兒國，東七百里距坎巴國。自柯枝舟行三日可至，自錫蘭山十日可至，諸蕃要會也。

永樂元年命中官尹慶奉詔撫諭其國，賚以綵幣。其酋沙米的喜遣使從慶入朝，貢方物。三年達南京，封爲國王，賜印誥及文綺諸物，遂比年入貢。鄭和亦數使其國。

富家多植椰子樹至數千。其嫩者漿可飲，亦可釀酒，老者可作油、糖，亦可作飯。幹可搆屋，葉可代瓦，殼可製杯，穰可索綯，煅爲灰可鑲金。其他蔬果、畜産，多類中國。所貢物有寶石、珊瑚珠、琉璃瓶、琉璃枕、寶鐵刀、拂郎雙刃刀、金繫腰、阿思模達塗兒氣、龍涎香、蘇合油、花氈單、伯蘭布、苾布之屬。

《明史》卷三二六《外國傳七・柯枝》 柯枝，或言即古盤盤國。宋、梁、隋、唐皆入貢。自小葛蘭西北行，順風一日夜可至。

永樂元年遣中官尹慶齎詔撫諭其國，賜以銷金帳幔、織金文綺、綵帛及華蓋。六年復命鄭和使其國。九年，王可亦里遣使入貢。十年，鄭和再使其國，連二歲入貢。

《明史》卷三二六《外國傳七・小葛蘭》 小葛蘭，其國與柯枝接境。自錫蘭山西北行六晝夜可達。東大山，西大海，南北地窄，西洋小國也。永樂五年遣使附古里、蘇門答剌入貢，賜其王錦綺、紗羅、鞍馬諸物，其使者亦有賜。

所貢物有珠、珊瑚、寶石、水晶、撒哈剌、西洋布、乳香、木香、樹香、檀香、没藥、硫黄、藤竭、蘆薈、烏木、胡椒、碗石、馴象之屬。

《明史》卷三二六《外國傳七・榜葛剌》 榜葛剌，即漢身毒國，東漢曰天竺。其後中天竺貢於梁，南天竺貢於魏。唐亦分五天竺，又名五印度。宋仍名天竺。榜葛剌則東印度也。自蘇門答剌順風二十晝夜可至。

厥貢，良馬、金銀琉璃器、青花白瓷、鶴頂、犀角、翠羽、鸚鵡、洗白苾布、兜羅緜、撒哈剌、糖霜、乳香、熟香、烏香、麻藤香、烏爹泥、紫膠、藤竭、烏木、蘇木、胡椒、粗黄。

《明史》卷三二六《外國傳七・沼納樸兒》 沼納樸兒，其國在榜葛剌之西。或言即中印度，古所稱佛國也。永樂十年遣使者齎敕撫諭其國，賜王亦不剌金絨錦、金織文綺、綵帛等物。十八年，榜葛剌使者愬其國王數舉兵侵擾，詔中官侯顯齎敕諭以睦隣保境之義，因賜之綵幣，所過金剛寶座之地，亦有賜。

《明史》卷三二六《外國傳七・忽魯謨斯》 忽魯謨斯，西洋大國也。自古里西北行，二十五日可至。永樂十年，天子以西洋近國已航海貢琛，稽顙闕下，而遠者猶未賓服，乃命鄭和齎璽書往諸國，賜其王錦綺、綵帛、紗羅，妃及大臣皆有賜。

《明史》卷三二六《外國傳七・加異勒》 加異勒，西洋小國也。永樂六年遣鄭和齎詔招諭，賜以錦綺、紗羅。九年，其酋長葛卜者麻遣使奉表，貢方物。命賜宴及冠帶、綵幣、寶鈔。十年，和再使其國，後凡三入貢。宣德五年，和復使其國。八年又偕阿丹等十一國來貢。

《明史》卷三二六《外國傳七・甘巴里》 甘巴里，亦西洋小國。永樂六年，鄭和使其地，賜其王錦綺、紗羅。十三年遣使朝貢方物。十九年再貢，遣鄭和報之。

《明史》卷三二六《外國傳七・南巫里》 南巫里，在西南海中。永樂三年遣使齎璽書，綵幣撫諭其國。六年，鄭和復往使。九年，其王遣使貢方物，與急蘭丹、加異勒諸國偕來。賜其王金織文綺、金繡龍衣、銷金幃幔及傘蓋諸物，命禮官宴賜遣之。十四年再貢。命鄭和與其使偕行，後不復至。

《明史》卷三二六《外國傳七・急蘭丹》 急蘭丹，永樂九年，王麻哈剌查苦馬兒遣使朝貢。十年命鄭和齎敕奬其王，賚以錦綺、紗羅、綵帛。

《明史》卷三二六《外國傳七・沙里灣泥》 沙里灣泥，永樂十四年遣使來獻方物，命鄭和齎幣帛還賜之。

《明史》卷三二六《外國傳七・底里》 底里，永樂十年遣使奉璽書招諭其王馬哈木，賜絨錦、金織文綺、綵帛諸物。其地與沼納樸兒近，并賜其王亦不剌金。

《明史》卷三二六《外國傳七・千里達》 千里達，永樂十六年遣使貢方物。賜其使冠帶、紵絲、紗羅、綵帛及寶鈔。比還，賜其王有加。

《明史》卷三二六《外國傳七・失剌比》 失剌比，永樂十六年遣使朝貢。賜其使冠帶、金織文綺、襲衣、綵幣，白金有差，其王亦優賜。

《明史》卷三三一《西域傳三・西天尼八剌國》 尼八剌國，在諸藏之西，去中國絶遠。其王皆僧爲之。洪武十七年，太祖命僧智光齎璽書，綵幣往，并使其鄰境地湧塔國。智光精釋典，負才辨，宣揚天子德意。其王瑪達納羅摩遣使隨入朝，貢金塔、佛經及名馬方物。二十年達京師。帝喜，賜銀印、玉圖書、誥敕、符驗及幡幢，綵幣。二十三年再貢，加賜玉圖書，紅羅傘。終太祖時，數歲一貢。永樂十六年遣使來貢，命中官鄧誠齎璽書、錦綺、紗羅往報之。所經罕東、靈藏、必力工瓦、烏斯藏及野藍卜納，皆有賜。宣德二年又遣中官侯顯賜其王絨錦、紵絲，地湧塔王如之。

《明史》卷三三二《西域傳四・撒馬兒罕》 撒馬兒罕，即漢罽賓地，隋曰漕國，唐復名罽賓，皆通中國。元太祖蕩平西域，盡以諸王、駙馬爲之君長，易前代國名以蒙古語，始有撒馬兒罕之名。去嘉峪關九千六百里。元末爲之王者，駙馬帖木兒也。

洪武中，太祖欲通西域，屢遣使招諭，而遐方君長未有至者。二十年九月，帖木兒首遣回回滿剌哈非思等來朝，貢馬十五，駝二。詔宴其使，賜白金十有八錠。自是頻歲貢馬駝。二十五年兼貢絨六匹，青梭幅九匹，紅綠撒哈剌各二匹及鑌鐵刀劍，甲胄諸物。而其國中回回又自驅馬抵涼州互市。帝不許，令赴京鬻之。元時回回徧天下，及是居甘肅者尚多，詔守臣悉遣之，於是歸撒馬兒罕者千二百餘人。

二十七年八月，帖木兒貢馬二百。【略】明年命給事中傅安等齎璽書、幣帛報之。其貢馬，一歲再至，以千計，並賜寶鈔償之。

成祖踐阼，遣使敕諭其國。永樂三年，傅安等尚未還，而朝廷聞帖木兒假道別失八里率兵東，敕甘肅總兵官宋晟儆備。五年六月，安等還。初，安至其國被留，朝貢亦絶。尋令人導安徧歷諸國數萬里，以誇其國廣大。至是帖木兒死，其孫哈里嗣，乃遣使臣虎歹達等送安還，貢方物。帝厚賚其使，遣指揮白阿兒忻台等往祭故王，而賜新王及部落銀幣。其頭目沙里奴兒丁等亦貢駝馬。命安等賜其王綵幣，與貢使偕行。七年，安等還，王遣使隨入貢。自後，或比年，或間一歲，或三歲，輒入貢。十三年遣使隨李達、陳誠等入貢。暨辭歸，命誠及中官魯安偕往，賜其頭目兀魯伯等白銀、綵幣。其國復遣使隨誠等入貢。十八年復命誠及中官郭敬齎敕及綵幣報之。宣德五年秋、冬，頭目兀魯伯米兒咱等遣使再入貢。七年遣中官李貴等齎文綺、羅錦賜其國。

正統四年貢良馬，色玄，蹄額皆白。帝愛之，命圖其像，賜名瑞騗，賞賚有加。十年十月書諭其王兀魯伯曲烈干曰：「王遠處西陲，恪修職貢，良足嘉尚。使回，特賜王及王妻子綵幣表裏，示朕優待之意。」別敕賜金玉器、龍首杖、細馬鞍及諸色織金文綺，官其使臣爲指揮僉事。

景泰七年貢馬駝、玉石。禮官言：「舊制給賞太重。今正、副使應給一等、二等賞物者，如舊時。三等人給綵緞四表裏，絹三匹，織金紵絲衣一襲。其隨行鎮撫、舍人以下，遞減有差。所進阿魯骨馬每匹綵緞四表裏、絹八匹，駝三表裏、絹十匹，達達馬不分等第，每匹紵絲一匹、絹八匹、折鈔絹一匹，中等馬如之，下等者亦遞減有差。」制可。又言：「所貢玉石，堪用者止二十四塊，六十八斤，餘五千九百餘斤不適於用，宜令自鬻。而彼堅欲進獻，請每五斤賜絹一匹。」亦可之。已而使臣還，賜王卜撒因文綺、器物。天順元年命都指揮馬雲等使西域，敕奬其鎖魯檀毋撒，賜綵幣，令護朝使往還。鎖魯檀者，君長之稱，猶蒙古可汗也。七年復命指揮詹昇等使其國。

成化中，其鎖魯檀阿黑麻三入貢。十九年偕亦思罕酋長貢二獅，至肅州，其使者奏請大臣往迎。職方郎中陸容言：「此無用之物，在郊廟不可爲犧牲，在乘輿不可被驂服，宜勿受。」禮官周洪謨等亦言往迎非禮，帝卒遣中使迎之。獅日啖生羊二，醋、酐、蜜酪各二瓶。養獅者，光禄日給酒饌。帝既厚加賜賚，而其使者怕六灣以爲輕，援永樂間例爲請。禮官議從正統四年例，加綵幣五表裏。使者復以爲輕，乃加正、副使各二表裏，從者半之，命中官韋洛、鴻臚署丞海濱送之還。

《明史》卷三三二《西域傳四・沙鹿海牙》 沙鹿海牙，西去撒馬兒罕五百餘里。**【略】**

永樂間，李達、陳誠使其地，其酋即遣使奉貢。宣德七年命中官李貴齎敕諭其酋，賜金織文綺、綵幣。

《明史》卷三三二《西域傳四・哈烈》 哈烈，一名黑魯，在撒馬兒罕西南三千里，去嘉峪關萬二千餘里，西域大國也。元駙馬帖木兒既君撒馬兒罕，又遣其子沙哈魯據哈烈。**【略】**

撒馬兒罕酋哈里者，哈烈酋兒子也，二人不相能，數搆兵。帝因其使臣還，命都指揮白阿兒忻台齎敕諭之曰：「天生民而立之君，俾各遂其生。朕統御天下，一視同仁，無間遐邇，屢嘗遣使諭爾。爾能虔修職貢，撫輯人民，安於西徼，朕甚嘉之。比聞爾與從子哈里搆兵相仇，朕爲惻然。一家之親，恩愛相厚，足制外侮。親者尚爾乖戾，疏者安得協和。自今宜休兵息民，保全骨肉，共享太平之福。」因賜綵幣表裏，并敕諭哈里罷兵，亦賜綵幣。

白阿兒忻台既奉使，徧詣撒馬兒罕、失剌思、俺的干、俺都淮、土魯番、火州、柳城、哈實哈兒諸國，賜之幣帛，諭令入朝。諸酋長咸喜，各遣使偕哈烈使臣貢獅子、西馬、文豹諸物。十一年達京師。帝喜，御殿受之，犒賜有加。自是，諸國使并至，皆序哈烈於首。及歸，命中官李達、吏部員外郎陳誠、户部主事李暹、指揮金哈藍伯等送之，就齎璽書、文綺、紗羅、布帛諸物，分賜其酋。十三年，達等還，哈烈諸國復遣使偕來，貢文豹、西馬及他方物。明年再貢，及還，命陳誠齎書幣報之，所過州縣皆宴餞。十五年遣使隨誠等來貢。明年復貢，命李達等報如初。十八年偕于闐、八答黑商來貢。二十年復偕于闐來貢。

宣德二年，其頭目打剌罕亦不剌來朝，貢馬。自仁宗不勤遠略，宣宗承之，久不遣使絶域，故其貢使亦稀至。七年復命中官李貴通西域，敕諭哈烈酋沙哈魯曰：**【略】**因賜以文綺、羅錦。貴等未至，其貢使法虎兒丁已抵京師，卒於館。命官致祭，有司營葬。尋復遣使隨貴貢駝馬、玉石。明年春，使者歸。復命貴護送，賜其王及頭目綵幣。是年秋及正統三年并來貢。

英宗幼沖，大臣務休息，不欲疲中國以事外蕃，故遠方通貢者甚少。至天順元年，復議通西域。大臣莫敢言，獨忠義衛吏張昭抗疏切諫，事乃止。七年，帝以中夏乂安，而遠蕃朝貢不至，分遣武臣齎璽書、綵幣往諭。於是都指揮海榮、指揮馬全往哈烈。**【略】**

土沃饒，節候多暖少雨。土産白鹽、銅鐵、金銀、琉璃、珊瑚、琥珀、珠翠之屬。多育蠶，善爲紈綺。木有桑、榆、柳、槐、松、檜，果有桃、杏、李、梨、葡萄、石榴，穀有粟、麥、麻、菽，獸有獅、豹、馬、駝、牛、羊、雞、犬。

《明史》卷三三二《西域傳四・八答黑商》 八答黑商，在俺都淮東北。城周十餘里。地廣無險阻，山川明秀，人物樸茂。浮屠數區，壯麗如王居。西洋、西域諸賈多販鬻其地，故民俗富饒。初爲哈烈酋沙哈魯之子所據。永樂六年命内官把太、李達賜其酋敕書綵幣，并及哈實哈兒、葛忒郎諸部，諭以往來通商之意，皆即奉命。自是，東西萬里行旅無滯。十二年，陳誠使其國。十八年遣使來貢，命誠及内官郭敬齎書幣往報。天順五年，其王馬哈麻遣使來貢。明年復貢。命使臣阿卜都剌襲父職，爲指揮同知。

《明史》卷三三二《西域傳四・失剌思》 失剌思，近撒馬兒罕。永樂十一年遣使偕哈烈、俺的干、哈實哈兒等八國，隨白阿兒忻台入貢方物，命李達、陳誠等齎敕偕其使往勞。十三年冬，其酋亦不剌金遣使隨達等朝貢，天子方北巡。至明年夏始辭還，復命誠偕中官魯安齎敕及白金、綵緞、紗羅、布帛賜其酋。十七年遣使偕亦思弗罕諸部貢獅子、文豹、名馬，辭還，復命安等送之，賜其酋絨錦、文綺、紗羅、玉繫腰、磁器諸物。時車駕頻歲北征，乏馬，遣官多齎綵幣、磁器，市之失剌思及撒馬兒罕諸國。其酋即遣使貢馬，以二十一年八月謁帝於宣府之行宮。厚賜之，遣還京師，其人遂久留内地不去。仁宗嗣位，趣之還，乃辭去。

宣德二年貢駝馬方物，授其使臣阿力爲都指揮僉事，賜誥命、冠帶。嗣後久不貢。成化十九年與黑婁、撒馬兒罕、把丹沙諸國共貢獅子，詔加優賚。弘治五年，哈密忠順王陝巴襲封歸國，與鄰境野乜克力酋結婚。失剌思酋念其貧，偕旁國亦不剌因之酋，率其平章鎖和卜台、知院滿可，各遣人請頒賜財物，助之成婚。朝議義之，厚賜陝巴，并賜二國及其平章、知院綵幣。嘉靖三年與旁近三十二部並遣使貢馬及方物。其使者各乞蟒衣、膝襴、磁器、布帛。天子不能却，量予之。

自是，貢使亦不至。

《明史》卷三三二《西域傳四·俺的干》 俺的干，西域小部落。元太祖盡平西域，封子弟爲王鎮之，其小者則設官置戍，同於内地。元亡，各自割據，不相統屬。洪武、永樂間，數遣人招諭，稍稍來貢。地大者稱國，小者止稱地面。迄宣德朝，效臣職、奉表箋、稽首闕下者，多至七八十部。而俺的干，則永樂十一年與哈烈並貢者也。迨十四年，魯安等使哈烈、失剌思諸國，復便道賜其酋長文綺。然地小不能常貢，後竟不至。

《明史》卷三三二《西域傳四·亦思弗罕》 亦思弗罕，地近俺的干。永樂十四年使俺都淮、撒馬兒罕者道經其地，賜其酋文綺諸物。十七年偕鄰國失剌思共貢獅、豹、西馬，賚白金、鈔幣。使臣辭還，命魯安等送之。有馬哈木者，願留京師。從其請。成化十九年與撒馬兒罕共貢獅子、名馬、番刀、兜羅、鎖幅諸物，賜賚有加。

《明史》卷三三二《西域傳四·答兒密》 答兒密，服屬撒馬兒罕。居海中，地不百里，人不滿千家。無城郭，上下皆居板屋。知耕植，有毛褐、布縷、馬駝、牛羊。刑止箠朴。交易兼用銀錢。永樂中遣使朝貢，賜《大統曆》及文綺、藥、茶諸物。

《明史》卷三三二《西域傳四·米昔兒》 米昔兒，一名密思兒。永樂中遣使朝貢。既宴賚，命五日一給酒饌、果餌，所經地皆置宴。正統六年，王鎖魯檀阿失剌福復來貢。禮官言：「其地極遠，未有賜例。昔撒馬兒罕初貢時，賜予過優，今宜稍損。賜王綵幣十表裏，紗、羅各三匹，白氁絲布、白將樂布各五匹，洗白布二十匹，王妻及使臣遞減。」從之。自後不復至。

《明史》卷三三二《西域傳四·日落國》 日落國，永樂中來貢。弘治元年，其王亦思罕答兒魯密帖里牙復貢。使臣奏求紵、絲、夏布、磁器，詔皆予之。

《明史》卷三三二《西域傳四·黑婁》 黑婁，近撒馬兒罕，世爲婚姻。其地山川、草木、禽獸皆黑，男女亦然。宣德七年遣使來朝，貢方物。正德二年，其王沙哈魯鎖魯檀遣指揮哈只馬黑麻奉貢。命齎敕及金織紵絲、綵絹歸賜其王。六年復來貢。景泰四年偕鄰境三十一部男婦百餘人，貢爲二百四十有七，騾十二，驢十，駝七，及玉石、硇砂、鑌鐵刀諸物。天順七年，王母塞亦遣指揮僉事馬黑麻捨兒班等奉貢。賜綵幣表裏，紵絲襲衣，擢其使臣爲指揮同知，從者七人俱爲所鎮撫。成化十九年與失剌思、撒馬兒罕、把丹沙共貢獅子。把丹沙之長亦稱鎖魯檀馬黑麻，景泰七年嘗入貢，至是復偕至。弘治三年又與天方諸國貢駝、馬、玉石。

《明史》卷三三二《西域傳四·討來思》 討來思，地小，周徑不百里。城近山。山下有水，赤色，望之如火。俗佞佛。婦人主家柄。産牛羊馬駝，有布縷毛褐。土宜穄麥，無稻。交易用錢。宣德六年入貢。明年命中官李貴齎璽書獎勞，賜文綺、綵帛。以地小不能常貢。

《明史》卷三三二《西域傳四·天方》 正統初，帝從御馬太監谷大用言，令甘肅守臣訪求諸番騍馬，騸馬，番使云善馬出天方。守臣因請諭諸番貢使，傳達其王，俾以入貢。兵部尚書劉宇希中官指，議令守臣善擇使者與通事，親詣諸番曉諭，從之。十三年，王寫亦把剌克遣使貢馬、駝、梭幅、珊瑚、寶石、魚牙刀諸物，詔賜蟒龍金織衣及麝香、金銀器。

《明史》卷三三二《西域傳四·坤城》 坤城，西域回回種。宣德五年，其使臣者馬力丁等來朝，貢駝馬。時有開中之令，使者即輸米一萬六千七百石於京倉中鹽。及辭還，願以所納米獻官。帝曰：「回人善營利，雖名朝貢，實圖貿易，可酬以直。」於是予帛四十匹、布倍之。其後亦嘗貢。

李詡《戒庵老人漫筆》卷八《朝鮮國王咨》 朝鮮國王爲謝恩事。萬曆二十年正月二十六日，陪臣李裕仍齎捧敕諭回還。欽蒙聖恩，特賜銀兩綵幣，欽此。除欽依祇受外，差陪臣刑曹參判申點齎領表文禮物，赴京進謝，并齎慈聖宣文明肅皇太后陛下進獻禮物前去。今將禮物開坐，合行移咨，請照驗聞奏施行。須至咨者：一、紅細苧布一十匹，白細苧布一十匹，黑細麻布二十匹，滿花席一十張，雜綵花席一十張。右咨禮部。萬曆二十年二月二十日。

王世貞《弇山堂別集》卷一四《皇明異典述九》 戎王來朝之賞 永樂破安南之後，西南夷王來朝者凡四五見，國家亦以其近世希曠，禮賜優渥，蓋有令甲所不載者。按永樂六年，浡泥國王麻那惹加那乃來朝，賜王儀仗、交椅、水罐、水盆，俱用銀，傘扇俱銷金白羅，金裝鞍馬二匹，織金文綺紗羅綾絹衣十襲。王妃弟妹陪臣各有差。王尋病卒，棺殮皆資尚方，葬安德門外，親爲樹碑。賜其子嗣王遐旺金鑲玉帶一，金百兩，銀三千兩及錢鈔、錦綺、紗羅、衾褥、帳幔、器皿。王母以下有差。十一年遐旺來朝，賜黃金百兩，白金五百兩，鈔三千錠，錢百五十萬，文錦四，段綺帛紗羅八十匹，金織錦繡文綺衣各一襲，并器皿衾褥帷幔等物。王母及叔以下有差。又九年，滿剌加國王拜里迷蘇剌來朝，賜金龍衣二襲，麒麟衣一襲，及金銀器皿、帷幔、裀褥。朝辭，賜金鑲玉帶一，儀仗一副，鞍馬二匹，黄金百兩，白金五百兩，鈔四十萬貫，銅錢二百六十萬，錦繡紗羅三百匹，絹千匹，渾金文綺二，織金通袖膝襴二，王妃冠服一副，白金二百兩，鈔五千貫，錦綺紗羅絹六十匹，織金文綺紗羅衣四襲。王子姪陪臣賜各有差。十五年，蘇禄國東王巴都葛叭答剌、西王麻哈剌吒葛剌麻、丁峝王叭都葛巴剌卜來朝，各賜金鑲玉帶一，黄金百兩，白金三千兩，羅錦文綺二百匹，絹三百匹，鈔一萬錠，錢三百萬，文金繡蟒龍文綺麒麟衣各一襲。隨從頭目賜各有差。東王卒德州，賜葬立碑，留其妃及弟守墓，三年乃歸。十九年，古麻剌朗國王幹剌義亦奔敦來朝，賜如蘇禄東王，其年還，至福州卒，賜葬亦如東王。

夷王賞功之優　永樂三年，以日本國王源道義捕倭寇獻俘，賜九章冕服，鈔五千錠，錢一百五十萬，織金文綺紗羅絹三百七十八匹。明年又賜白金千兩，織金諸色綵幣二百匹，綺繡衣六十件，銀茶壺三執，銀盆及綺繡、紗帳、衾褥、枕席、器皿諸物，海舟一艘，又賜白金千兩，錢一千五百萬，錦紵絲紗羅絹四百十三匹，僧衣十二襲，帷帳、衾褥、器皿若干事。王妃白金二百五十兩，錢五百萬，錦紵絲紗羅絹八十四匹。四年，占城請夾攻安南，賜鍍金銀印，紗帽，金帶，黄金百兩，白金五百兩，金織文綺衣二襲，錦綺紗羅有差。六年，以夾攻安南功，賜金印，黄金百兩，白金五百兩，錦綺紗羅五十匹，綵絹百匹。四年，以朝鮮世子李禔朝，賜御製詩，白金、錦綺，書籍，其王芳遠白金千兩，絨錦綺羅百二十匹。十五年以獻馬功，賜敕及白金二千兩，文綺表裏二百匹，紗羅絨錦五十匹，馬二十四匹，妃文綺表裏八十匹。

沈德符《萬曆野獲編》卷一《列朝·賜外國詩》　〔永樂〕四年，又以日本國王源道義捕海寇有功，賜白金千兩、織金彩色幣二百、綺繡衣六十件、銀茶壺三、銀盆四，及綺繡紗帳衾褥枕席諸物，海船二隻。封其國山曰壽安鎮國之山，上親製碑文，賜以銘詩曰：日本有國鉅海東，舟航密邇華夏通。衣冠禮樂昭華風，服御綺繡考鼓鐘。【略】六年，嗣浡泥國王遐旺還國，賜金鑲玉帶一、金帶一、金百兩、銀三千兩、錢鈔錦綺紗羅衾褥帳幔器皿，及王母王叔以下有差。

談遷《國榷》卷一七《成祖永樂十九年》　正月癸巳，命太監鄭和偕十六國使臣往賜其王錦綺紗羅綾絹。

談遷《國榷》卷一七《成祖永樂二十一年》　十二月丁卯，朝鮮國王李祹遵敕貢馬萬匹，賜千金，錦綺羅各三百，綵絹四百。

談遷《國榷》卷二六《英宗正統十四年》　〔九月〕許琉球使臣蔡寧等以賜絹易蘇州紗羅紵絲。【略】

壬午，瓦剌使納哈出口，郕王致書脱脱可汗曰：往通使可汗，期保太平。近因讒搆動兵，天道惡殺，當和好如舊。黄金百、銀二百、胡珠七、珍珠百、織金九龍紵絲五、織金蟒龍紵絲五、織金胸背紵絲十、渾金織花紵絲五、素紵絲二十、并琵琶筝器，至可領也。諭賜也先亦如之。

《奩史》卷八一七《綺羅門·綺羅》　頒賜國王妃羅二疋，一黑緑，一青素。《瑠球使略》。

頒賜國王妃，有紵絲二疋。黑緑花一疋，深青素一疋。陳侃《琉球使略》。

頒賜國王妃白氁絲布十疋。《琉球使略》。

永樂十三年，賜寧國長公主各色氁絲布五疋，各色將樂布十疋，高麗布十疋。《琉球使略》。

安南國進皇后方物狀，有五色綾一百疋。《天南行記》。

安南國進皇后方物，有五色細絹五十疋。《天南行記》。

安南國進皇后方物狀，有西洋國黄毛段子二疋，天絲緞子三疋。《天南行記》。

安南國進皇后方物狀，有蠻錦一百疋。《天南行記》。

安南國進皇后方物狀，有闍婆國布十疋。《天南行記》。

倭國婦人服飾有扇子錦。《戒菴漫筆》。

拂林國婦人皆衣胡綾，紺文雜錦。《海國聞見録》。

張廷玉等《續文獻通考》卷二九《土貢二》　〔明太祖洪武四年〕，浡泥遣使奉表箋入貢。

所貢鶴頂、生玳瑁、孔雀、梅花、大片龍腦、米龍腦、西洋布、降真諸香，表用金箋，用銀字，近回鶻，皆鏤之以進。【略】

三佛齊遣使奉金葉表入貢。

所貢黑熊、火雞、孔雀、五色鸚鵡、諸香、苾布、兜羅被諸物。【略】

暹羅遣使來貢。

〔崇禎十六年，貢〕撒哈剌西洋諸布。

〔洪武〕十年，淡巴遣使貢方物。

厥貢苾布、兜羅緜被、沈香、速香、檀香、胡椒。

〔成祖永樂三年九月〕，滿剌加遣使貢方物。

五年、六年、十年俱入貢，十二年後，或連歲或間歲入貢，以爲常。至宣德八年貢駝馬、方物，景泰六年貢馬及方物，天順三年、成化十年、正德三年俱入貢。所貢有瑪瑙、珍珠、玳瑁、珊瑚樹、鶴頂、金母鶴頂、瑣服、白苾布、西洋布、撒哈剌。【略】

古里遣使貢方物。

自是比年入貢，十三年、十四年、十七年、十九年、二十一年俱偕諸蕃來貢。至宣德八年，遣使偕蘇門答剌等國入貢。正統元年後不復至。所貢有寶石、珊瑚珠、琉璃瓶、琉璃枕、寶鐵刀、拂郎雙刃刀、金繫腰、阿思模達途兒氣、龍涎香、蘇合油、花氈、單伯蘭布、苾布之屬。【略】

四年十二月娑羅國東西二王，並遣使奉表朝貢。

明年，又貢。厥貢：玳瑁、瑪瑙、硨磲珠、白焦布、花焦布、降真香、黄蠟、黑小厮。【略】

〔永樂五年〕小葛蘭入貢。

時遣使附古里蘇門答剌來貢。厥貢惟珍珠傘、白棉布、胡椒。【略】

十四年錫蘭山入貢。

時海外諸番咸服，貢使載道，其王屢入貢。宣德八年遣使來貢，正統十年偕滿剌加使者來貢，天順三年遣使來貢，嗣後不復至。所貢有：珠、珊瑚、寶石、水晶、撒哈剌西洋布、乳香、木香、樹香、檀香、没藥、硫黄、籐竭、蘆薈、烏木、胡椒、碗石、馴象之屬。【略】

《明實録·太祖實録》卷五六〔洪武三年九月〕西洋國王别里提，遣其臣亦迭納，瓦里沙等來朝，進金葉表文，貢黑虎一，兜羅綿被四幅，漫折的花被八幅，皮剔布四匹，槁尼布三匹，沙馬打里布二匹。先是，嘗遣劉叔勉等頒即位詔于西洋等國，至是遣其臣偕叔勉入貢。上以其涉海道遠，賜織金文綺、紗、羅甚厚。仍賜以《大統曆》，使者賞綺、帛有差。

《明實録·太祖實録》卷七一〔洪武五年正月壬子〕，瑣里國王卜納的遣其臣撒馬牙茶、嘉兒幹、的亦剌丹、八兒山奉金葉表，貢馬二匹，紅撒哈剌一連、紅八者藍布四疋，紅番布二疋，覞木里布四疋，白苾布四疋，珠子項串一副，并繪其土地山川以獻。先是，三年六月，遣塔海帖木兒持詔諭其國，至是始與俱來。上謂中書省臣曰：「西洋瑣里，世稱遠番，涉海而來，難計年月，其朝貢無論疏數，厚往而薄來可也。」於是賜卜納的《大統曆》及織金文綺、紗、羅各四疋，〔嘉兒〕幹、的亦剌丹、八兒山等文綺、紗、羅各二疋，傔從高麗布各二疋。

《明實録·太祖實録》卷七二〔洪武五年二月〕丁酉，高麗國王王顓遣其密直副使韓邦彦奉表貢金龍缸臺雙盞，蓮花臺雙盞，金龍頭鐙，銀龍頭鐙，六面壺，玳瑁刀鞘、筆鞘、細布、文席、豹皮之屬。

《明實録·太祖實録》卷八五〔洪武六年十月〕庚寅，真臘國巴山王忽兒那遣其臣柰亦吉郎等，暹羅斛國遣昭委直等各進表，貢方物。命皆賜明年《大統曆》及織金文綺、紗、羅；使臣各賜綺、羅及靴韈。

《明實録·太祖實録》卷九〇〔洪武七年六月〕乙未朔，日本國遣僧宣聞溪、净業喜春等來朝，貢馬及方物，詔却之。時日本國持明與良懷争立，宣聞溪等齎其國臣之書達中書省，而無表文。上命却其貢，仍賜宣聞溪等文綺、紗、羅各二匹，從官錢帛有差，遣還。

《明實録·太祖實録》卷九三〔洪武七年九月〕三佛齊國王麻那答寶林邦遣其臣没那遐嶝等進表，貢方物。命賜其國王《大統曆》、織金文綺、羅共四十匹；正使綺、羅各二匹，衣一襲；副使綺、羅各一匹；通事文綺一；從人高麗布各一。

《明實録·太祖實録》卷一〇六〔洪武九年五月〕壬午，日本人滕八郎以商至京，獻弓、馬、刀、甲、硫黄之屬，并以其國高宫山僧靈樞所附馬二匹來貢。上命却其獻，賜白金遣之。其靈樞曾至京受賜，所獻馬受之，仍給綺帛，令滕八郎歸賜靈樞。

《明實録·太祖實録》卷一〇八〔洪武九年八月〕己亥，覽邦國王昔里馬哈剌扎的剌扎，遣其臣吾剌里剌沙等奉表，貢馬、蘇木及檀降香、胡椒、孔雀等物。詔賜其王金織文綺、紗、羅，并賜吾剌里剌沙及其從人綺、帛、衣靴有差。

《明實録·太祖實録》卷一一三〔洪武十年七月〕，淡巴國王佛喝思囉遣其臣施那八智上表，貢苾布、兜羅綿被，沉檀速香、胡椒等物。賜佛喝思囉金織文綺紗、羅，施那八智文綺、襲衣等物有差。

《明實録·太祖實録》卷一一八〔洪武十一年夏四月己酉〕，闍婆國王磨那陀喃遣其臣淡罔巴從等奉表，貢苾布、油紅布、檀香、豆蔻等物。

《明實録·太祖實録》卷一二一〔洪武十一年十一月〕甲戌，占城國王阿答阿者遣使寶禄圭照婆郎等貢象、馬及茄南、木香。詔賜國王織金文綺，使者文綺、衣服、鈔有差。

〔十二月〕丁未，湓亨國王麻哈剌惹答饒遣其臣淡罔麻都等奉金表，貢番奴六人，胡椒二千斤，蘇木四千斤，及檀乳腦諸香藥。百花國王剌丁剌者望沙亦遣其臣八智亞壇等奉金表，貢白鹿、紅猴、龜筒、玳瑁、孔雀、鸚鵡、哇哇倒掛及胡椒、香蠟等物。詔賜二國王及使者金織文綺、紗、羅、衣服有差。

《明實録・太祖實録》卷一二五〔洪武十二年五月〕丁未，日本國王良懷遣其臣劉宗秩，通事尤虔、俞豐等上表，貢馬及刀甲、硫黄等物。使還，賜良懷織金文綺，宗秩等服物有差。

《明實録・太祖實録》卷一四一〔洪武十五年正月〕乙未，爪哇國遣僧阿烈阿兒等奉金表，貢黑奴男女一百一人，大珠八顆，胡椒七萬五千斤。詔賜綺、帛、衣、鈔有差。

《明實録・太祖實録》卷一五二〔洪武十六年二月庚子〕，占城國王阿荅阿者遣其臣楊麻加益等上表貢象牙二百枝，檀香八百斤，没藥四百斤，番布六百匹。詔賜其王織金文綺，使者鈔有差。

《明實録・太祖實録》卷一五九〔洪武十七年春正月己亥朔〕，琉球國中山王察度，山南王承察度，山北王帕尼芝，暹羅斛國王參烈寶毘牙嗯哩哆囉禄及雲南、四川、湖廣諸蠻夷酋長，俱遣使進表，貢方物。賜文綺、衣服有差。【略】

〔甲寅〕須文達那國使臣俺八兒還，詔賜其國王織金綺、帛各十六匹及俺八兒綺、帛有差。【略】

〔二月〕庚午，安南陳煒奉表，貢金五十兩，銀三百兩，絹三十匹，紫金盤九。詔賜襲衣、綺、段、鈔。

《明實録・太祖實録》卷一七〇〔洪武十八年春正月〕丁丑，高麗遣使進馬五千匹，金五百斤，銀五萬兩，布五萬匹。賜其使金庾等八十七人鈔三百八十二錠。

《明實録・太祖實録》卷一七七〔洪武十九年二月〕，高麗國王王禑遣其密直副使姜淮伯上表，貢白黑布一萬匹，馬千匹。【略】

甲辰，暹羅斛國王遣使昭依仁等，貢胡椒、蘇木、乳香等物。命賜其使者文綺、衣服遣還。

《明實録・太祖實録》卷一七九〔洪武十九年〕九月甲寅朔，占城國王阿答阿者遣其子寶部領詩那日勿等來朝賀天壽聖節，獻象五十四隻及象牙、犀角、胡椒、烏木、降香、花絲布并貢皇太子象牙等物。詔賜其國王冠帶、織金文綺、襲衣。王子寶部領詩那日勿金二百兩，銀一千兩，織金青羅衣二襲，紅羅衣二襲，綉金文青綺衣二襲，紅綺衣二襲。王孫寶圭詩離班織金青羅衣二襲，紅羅衣二襲，紅緑文綺衣各二襲，綺段六匹，銀一百五十兩。副使、頭目、通事等賜鈔及羅綺衣段有差。并賜養象軍士百五十人衣服。【略】

十二月戊子，詔遣指揮僉事高家奴等以綺段布匹市馬于高麗。每馬一匹，給文綺二匹，布八匹。

《明實録・太祖實録》卷一八三〔洪武二十年七月〕辛卯，高麗國王王禑復遣其臣李美沖、金仍貴、任壽、柳克恕進所市馬五千匹。詔以文綺二千六百七十匹，布三萬一百八十六匹酬之。且賜王禑冠、帶各一事。

《明實録・太祖實録》卷一八四〔洪武二十年八月〕庚申，遣使往真臘國、暹羅斛國，賜真臘國王鍍金銀印一，織金綺段二十八匹，綵繡綺段十二匹，王妃文綺十四匹。暹羅斛國王文綺二十四匹，王妃十四匹。餘陪臣賜有差。【略】

丁卯，占城國王阿答阿者遣其臣辛加咄等，進象五十一隻及伽南木、犀角等物。詔賜其王織金文綺二十匹，錦四匹。

《明實録・太祖實録》卷一八五〔洪武二十年九月乙未〕，高麗國王王禑遣門下評理偰長壽，密直副使尹就等貢金龍雙臺盞一，金盂一，金銀鍾二，銀罐一，玳瑁筆鞘十，黄白黑布六十。安南國王陳煒遣使進馬三十匹。真臘國王參烈寶毘耶甘菩者遣使進象及方物。賜高麗、真臘、安南等國使臣金織文綺、衣、鈔各有差。

《明實録・太宗實録》卷二四〔永樂元年十月乙卯〕，日本國王源道義遣使圭密等三百餘人奉表，貢馬及鎧冑、佩刀、瑪瑙、水晶、琉黄諸物。賜圭密等文綺紬、絹衣并錢、鈔、紵絲、紗、羅有差。賜其通事官帶，命禮部宴之。仍命使遣通圭密等往賜日本國王冠服、錦、綺、紗、羅及龜紐金印。

《明實録・太宗實録》卷六七〔永樂五年五月〕己卯，日本國王源道義遣僧圭密等七十三人來朝，貢方物并獻所獲倭寇等。上嘉之，賜勑褒諭曰：「王忠賢明信，恭敬朝廷，殄滅亮渠，俾海濱之人咸底安靖，朕甚嘉之。茲特賜王白金一千兩，銅錢一萬伍千緡，綿、紵絲、紗、羅、絹四百一十疋，僧衣十二襲，帷帳、衾褥，器皿若干事；并賜王妃白金二百五十兩，銅錢五千緡，綿、紵絲、紗、羅、絹八十四疋，用示旌表之意。」

《明實録・太宗實録》卷七一 永樂五年九月辛亥朔，八百大甸宣慰使刀招散、老撾宣慰使刀線歹及波勒土官麻哈旦麻剌吒，各遣頭目來，貢金銀器方物。賜其頭目鈔幣、布有差。壬子，【略】蘇門答剌、古里、滿剌加、小葛蘭、阿魯等國王遣使比者、牙滿黑的等來朝，貢方物。賜其使鈔幣、銅錢有差。仍命禮部賜其王錦、綺紗、羅、鞍馬等物。

《明實録·太宗實録》卷七四 〔永樂五年十二月〕甲申，朝鮮國王李芳遠貢馬三千疋至遼東。勅保定侯孟善遣送北京苑馬。命户部運絹布一萬五千疋往遼東酬之。

《明實録·太宗實録》卷八三 〔永樂六年九月丙午〕，賜浡泥國王儀仗，交椅、水罐、水盆俱用銀，傘扇俱用白羅，銷金鞍馬二，及賜金織文綺、紗、羅、綾、絹衣十襲，王妃及之弟妹男女陪臣賜各有差，自王以下衣服之製如中國，女服從其本俗。

〔永樂六年九月〕癸酉，太監鄭和等賫勅使古里、滿剌加、蘇門答剌、阿阿魯、加異勒、爪哇、暹羅、占城、柯枝、阿撥把丹、小柯蘭、南巫里、甘巴里諸國，賜其王綿、綺、紗、羅。

王世禛《池北偶談》卷二《談故二·琉球入學》 《太學志》載：洪武二十五年秋，琉球國遣其子及陪臣之子日孜等入監，命工部給羅絹爲秋衣。【略】

康熙二十七年，琉球國王遣耳目(宫)〔官〕魏應伯等恭進朝貢方物，又遣陪臣子弟梁成楫、鄭秉均、阮維新、蔡文溥等四人同貢使赴京，入監讀書；於正貢方物外，敬加屏風紙三千張、嫩蕉布五十疋。

王世禛《池北偶談》卷三《談故三·三國貢物》 康熙丁未夏，荷蘭國甲婁吧王油烦嗎緩極遣陪臣卑獨攀呵閏等入貢，內有刀劍八枚，其柔繞指；旃檀樹四株，各長二丈許；西洋小白牛四，高一尺七寸，長二尺有奇，白質斑文，項有肉峰；荷蘭馬四，鋭頭卓耳，形態殊異；又玻瓈箱、牡丁香、哆囉尼絨之屬。

王世禛《池北偶談》卷四《談故四·荷蘭貢物》 荷蘭國自康熙六年入貢，今二十五年。臺灣平，設郡縣，其王耀漢連氏甘勃氏遣陪臣賓先吧芝復奉表進貢，表詞有云：外邦之丸泥尺土，乃是中國飛埃；異域之勺水蹄涔，原屬天家滴露云云。貢物大珊瑚珠一串，照身大鏡二面，奇秀琥珀二十四塊，大哆囉絨十五疋，中哆囉絨十疋，織金大絨毯四領，烏羽緞四疋，綠倭緞一疋，新機嗶嘰緞八疋，中嗶嘰緞十二疋，織金花緞五疋，白色雜樣細軟布二百一十九疋，文采細織布一十五疋，大細布三十疋，白毛裏布三十疋，大自鳴鐘一座，大琉璃燈一圓，聚耀燭臺一懸，琉璃盞異式五百八十一塊，丁香三十擔，冰片三十二斤，甜肉荳蔻四甕，厢金小箱一隻(內丁香油、薔薇花油、檀香油、桂花油各一罐)，葡萄酒二桶，大象牙五支，厢金鳥銃二十把，厢金馬銃二十把，精細馬銃十把，彩色皮帶二十佩，厢金馬銃中用繡彩皮帶十佩，精細馬銃中用精細小馬銃二十把，短小馬銃二十把，精細鳥銃十把，厢金佩刀十把，起花佩刀二十把，厢金雙利劍十把，雙利闊劍十把，起金花單利劍六把，照星月水鏡一執，江河照水鏡二執，雕製夾板三隻。

劉獻廷《廣陽雜記》卷一 丙寅五月，內土魯番國回王阿不喇米札法兒滅的也民巴哈都兒阿子漢，遣使無路火者等，進貢西馬四匹、達馬十匹、單峯駱駝二隻，鴉虎一聯，黑鷹一聯，西洋布二匹，玉石一千斤，金鋼二錢，西弓二張，西品二塊。

《康熙起居注·康熙二十四年》 〔十二月初五日〕，賜琉球國王蟒緞等五十疋，正使耳目官吴世俊，副使正議大夫鄭永安等表裏、綵緞、布疋有差。先是，外國朝貢，頒賞定例：朝鮮國進貢賞王馬二匹，玲瓏鞍轡二副，蟒緞等四十疋，白銀一千兩；琉球國進貢賞王蟒緞等二十疋，謝恩進方物三十疋；安南國進貢及謝恩進方物賞王蟒緞等三十疋；暹羅國進貢賞王織金緞等三十四疋，王妃十八疋；西洋國進貢賞王蟒緞等一百疋，白銀三百兩；荷蘭國進貢賞王蟒緞等八十疋，白銀三百兩；土魯番進貢，視所貢玉石至千斤者賞絹三百疋，金剛鑽一錢賞絹十疋，西弓一張賞絹二疋，小刀一百把賞絹二十疋回賜外，又賞表緞十疋。近奉上諭，從厚增給琉球等外國賞賜，於是內閣會同禮部定議：朝鮮、西洋、荷蘭賞賜素厚，不必復增，及暹羅王、妃賞賜仍如常遵行；而琉球增緞三十；安南增緞二十；暹羅增緞十六。凡表裏各五十疋。土魯番亦增緞六疋。上從其議，遂著爲令。按：本朝頒賞外國定例，視明朝相沿則例已屬優隆，而皇上深仁厚澤，浹宙綿區，凡雕題鑿齒之國，沐日浴月之鄉，莫不納賮歸琛，重譯而來。皇上鑒其慕化之誠，念其跋涉之遠，特沛温綸，詳察典例，厚往薄來，賞賚優渥。所以柔遠人者，真超越千古矣。

潘綸恩《道聽途説》卷二《干支國》 國有獻寶館，館主人通識殊方異寶。每歲四月八日，諸肆貨主同詣獻寶館，甄別寶貨。海狐奴單，投刺於館，乃大爲館主所欣悦，即時延爲上賓，蓋國中素尚中華綾錦。時以歲逢大比，向例臚唱後，甲首以下，各賜宫袍美錦有差。蓋仿古元纁幣聘之意，而袍與錦皆須中朝物，重華制也。是歲甲首宫袍，求之尚未有得，獻寶館方切憂惶，海狐奴來如其候，所謂「當土者貴」也。至四月八日，萬商同宴，獨援海登首座，而海遂獲利無算。館主人以其名聞於總財，總財聞於國主，授金庫大使，解亦授副使焉。

陳其元《庸閒齋筆記》卷五　同治十二年，越南國王遣使上表，進貢表文用儷體，選詞頗佳，兹備録之。【略】

除另具歲貢品儀交陪臣潘仕俶、何文關、阮修等賫遞上進外，謹奉表隨進以聞。一恭進今年癸酉歲貢品物：象牙一對，犀角二座，土綢一百匹，土紈一百匹，土絹一百匹，土布一百匹，沉香三百兩，速香三百兩，砂仁米四十五觔，梹榔四十五觔。

陳其元《庸閒齋筆記》卷一〇《魏賜日本女主詔書》　日本從古服屬中國，自元世祖征之而敗，始漸形崛强。明初，亦經封貢，第羈縻耳。至嘉靖時，海寇藉其資以入盗，東南諸省重罹倭毒，實則仍是我民導之，倭固無能爲役也。本朝監明之弊，康、雍以來，絶不與通，海疆晏然者二百載。今則以西洋通商，彼亦聞風而至，諱其先世服事之迹，蕞爾小邦，儼然抗衡上國矣。然其先君神功皇后息長足媛於魏明帝時，梯航入貢，彼國史册固大書特書焉。兹特録魏景初二年賜倭女主詔著于篇，俾覽者知我國家懷柔遠人，同天之度爾。

制詔親魏倭王卑彌呼：帶方太守劉夏遣使送汝大夫難升米、次使都市牛利，奉汝所獻男生口四人，女生口六人，班布二匹二丈以到。汝所在踰遠，乃遣使貢獻，是汝之忠孝，我甚哀汝。今以汝爲親魏倭王，假金印紫綬，裝封付帶方太守假授汝，其撫綏種人，勉爲孝順。汝來使難升米、牛利涉遠，道路勤勞，今以難升米爲率善中郎將，牛利爲率善校尉，假銀印青綬，引見勞賜遣還。今以絳地交龍錦五匹，絳地縐粟罽十張，蒨絳五十匹，紺青五十匹，答汝所獻貢值。又特賜汝紺地句文錦三匹，細華斑罽五張，白絹五十匹，金八兩，五尺刀二口，銅鏡百枚，真珠、鉛丹各五十斤，皆裝封付難升米、牛利還到録受，悉可以示汝國中人，使知國家哀汝，故鄭重賜汝好物也。

余金《熙朝新語》卷四　荷蘭國自康熙六年入貢，至二十五年臺灣平，設郡縣，荷蘭國王耀漢連氏甘勃氏，遣陪臣賓先吧芝復奉表進貢，其略云：「外邦之丸泥尺土，乃是中國飛埃，異域之勺水蹄涔，原屬天家滴露」云云。貢物【略】大哆囉絨十五疋、中哆囉絨十疋、織金大絨毯四領、烏羽緞四疋、緑倭緞一疋、新機嗶嘰緞八疋、中嗶嘰緞十二疋、織金花緞五疋、白色雜様細軟布二百十九疋、文采細織布十五疋、大細布三十疋、白毛裏布三十疋。

官修《清會典事例》卷五〇六《禮部・朝貢・賜予一》　崇德二年，賜朝鮮國王裘帽及韋馬一匹、貂皮百有二十張、銀百兩，正副使各韋馬一匹、貂皮五十張、朝韡一雙、銀五十兩。書狀官、押物官貂皮銀韡，從人銀布各有差。

順治五年，賜朝鮮國王世子韋馬、貂冠、貂裘、狐裘、羅袍、緞袍、朝韡，内監、甲將、通事、外郎貂皮、銀，各有差。

六年，朝鮮國告哀使臣，賜大緞、帽緞、彭緞、紬各一，銀五十兩。書狀官一人，大緞、紬各一疋，銀二十兩。大通官三人，各彭緞一疋、紬一疋，銀十五兩。從官十有八人，各彭緞一疋，銀十兩。從役二十三名，各銀四兩。又敕封朝鮮國王，賜國王黑狐皮裘，黑貂皮百張，玲瓏韋轡馬二匹，大蟒緞、大緞、四團補緞各二疋，小蟒緞、糚緞、錦緞、石青緞各一疋。王妃大蟒緞、糚緞、錦緞、倭緞、閃緞、帽緞、青緞、石青緞各二疋，大緞、彭緞各三疋，紡絲、紗各四疋，付封使賫往。

十年，朝鮮國王賀萬壽聖節，賜國王韋馬一匹，黑貂皮二十張，貂皮百張，銀百兩。正使大緞、帽緞、彭緞、紬、紡絲各一疋，銀五十兩，氈襪，一等韡，韋馬。副使同。書狀官大緞、彭緞、紬各一疋，銀五十兩，氈襪，二等韡。大通官三人，各大緞一疋，紬一疋，銀三十兩，氈襪，馬皮韡。押物官二十有四人，各彭緞一疋、紬一疋，銀二十兩，氈襪，牛皮韡。從人三十名，各銀五兩。元旦節，賜國王及正副使以下如聖節例。

又奏准，黑貂皮二十張，折綵緞表裏各五疋，貂皮百張，折銀百五十兩。

又議准，進年貢及賀冬至節，賜國王與正副使如元旦例，惟不給韋馬。其書狀官以下員役，賞給有差。

十一年，琉球國進貢，賜國王蟒緞二疋，綵緞六疋，藍緞三疋，素緞、閃緞各二疋，錦三疋，紬、羅、紗各四疋。王妃綵緞四疋，糚緞、閃緞各二疋，藍緞、青緞、錦緞各二疋，羅、紗各四疋。正使王舅，綵緞表裏各四疋，閃緞一疋，羅二疋，紬、紗各四疋。副使正議大夫，綵緞表裏各三疋，藍緞一疋，羅、紬、紗各二疋。使者綵緞表裏各二疋，藍緞、紬、羅、紗各一疋。通事、從人，緞紬、紗布，銀各有差。

十三年，荷蘭國進貢，賜國王大蟒緞、糚緞、倭緞各二疋，花緞八疋，閃緞、帽緞、藍緞、青緞各四疋，綾、紡絲、羅各十疋，銀三百兩。使臣二人，每人大蟒緞、糚緞、倭緞各一疋，花緞六疋，藍緞三疋，綾、紡絲、絹各四疋，銀百兩。標官糚緞、倭緞、藍緞各二疋，花緞三疋，綾、紡絲、絹各二疋，銀五十兩。通事、從人，緞、紬、絹、銀各有差。

十八年【略】又議准，頒詔天下，如恩詔有外藩王公加恩賜一款，賜朝鮮國王大蟒緞、粧緞、補緞、片金緞、倭緞各二疋，帽緞、閃緞、藍緞、青緞各五疋，各色緞十疋，洋緞十疋，共五十疋。

又恩詔有外藩福晉夫人加恩賜一款，賜朝鮮王妃大蟒緞、粧緞、錦緞、倭緞、閃緞、帽緞、素緞各二疋，大緞、彭緞各三疋，藍緞二疋，紡絲、紗各四疋，共三十疋。【略】

又議准，安南國王進貢，賜國王及來使銀緞等物，照琉球國例賞給。

是年，安南出兵助勦海寇，賜國王大蟒緞、粧緞、錦緞各二疋，綵緞表裏各十有二疋，銀五百兩。

康熙元年，安南擒獻明裔，除照前恩賞外，加表裏三十疋，銀五百兩。

三年，安南國進貢，賜國王大蟒緞、粧緞、倭緞、閃緞、錦緞各二疋，綵緞表裏各十疋。使臣，每人緞、表裏各五疋，紗、羅各二疋，絹七疋，韈一雙。通事、行人、從人，緞、紗、羅、絹、紬、布各有差。

又琉球國進貢，賜國王蟒緞二疋，綵緞四疋，藍緞、青緞、閃緞、錦緞、紬、羅紗各二疋。正使王舅，綵緞表裏各四疋，羅四疋，韈一雙，綵緞三疋。副使紫金大夫，綵緞表裏各四疋，羅三疋，韈一雙。使者綵緞表裏各二疋，布四疋。通事、從人，緞布有差。

是年荷蘭國王，遣陪臣助克金門、廈門。賜銀千兩，大蟒緞、粧緞、錦緞各四疋，綵緞表裏各二十有四疋。又賜國王銀二千兩，大蟒緞、粧緞、倭緞、錦緞、閃緞、片金緞各五疋，綵緞表裏各三十有五疋。遣本部筆帖式齎往，同閩浙總督給付該國人帶回。

四年，暹羅國進貢，賜國王緞、紗、羅各六疋，織金緞、紗、羅各四疋。王妃各減二疋。正副使每人正賞綵緞、羅各四疋，絹二疋、布一疋，衣緞表裏各一疋，加賞織金羅，綵緞各二疋，韈一雙。通事、從人緞、羅、絹、布、韈有差。

六年，荷蘭國入貢，給賞照順治十三年例，加賜國王大蟒緞、粧緞、倭緞、片金緞、閃緞、帽緞、藍緞、素緞各一疋，花緞、綾、紡絲各四疋，絹二疋。正使蟒緞、大緞各一疋。

七年，暹羅國入貢，賜國王、王妃，與四年同。止副使，每人緞七疋、羅四疋、織金羅絹各二疋，裏紬二疋，布一疋，韈一雙。通事、從人及留邊人，給賞各有差。【略】

八年議准琉球國入貢，照例恩賞，惟正使不係王舅，與副使正議大夫賞同。

九年，西洋國入貢，賜國王大蟒緞、粧緞、倭緞各三疋，閃緞三疋、片金緞一疋，花緞十疋，帽緞、藍緞、青緞各五疋，綾、紡絲各十有四疋，羅十疋，絹二疋，銀三百兩。使臣，大蟒緞一疋，粧緞、倭緞二疋，帽緞一疋，花緞六疋，藍緞五疋，綾、紡絲各四疋，絹二疋，銀百兩。護貢官、從人，緞、紬、綾、絹、銀各有差。

十七年，西洋國入貢，賞例照九年外，加賜國王大蟒緞、粧緞、倭緞、片金緞、閃緞、帽緞、藍緞、青緞各一疋，花緞二疋，綾、紡絲各四疋，紬三疋，共百疋。加賞貢使，綾、紡絲、羅各二疋，絹一疋，共三十疋。護送官、從人各加賞有差。

二十一年，遣使敕封琉球國王，賜國王蟒緞、閃緞、青緞各二疋，石青綵緞、藍綵緞、錦緞各三疋，紗、羅、紬各四疋。王妃，石青綵緞、藍綵緞、藍緞、青緞各二疋，粧緞、閃緞各一疋，紗、羅各四疋。【略】

二十三年奏准，暹羅國照例頒賞，其韈皆折絹，嗣後琉球等國賞韈，亦照例折絹。

二十四年議准，琉球國王，原賞緞二十疋，今加三十疋。安南國王，原賞緞三十疋，今加二十疋。暹羅國王，原賞緞三十四疋，今加十六疋。各表裏五十疋。

二十五年，荷蘭國入貢，賜國王及正使均照六年加賞例。副使照順治十三年賞標官例，夷目官、掌書記、伴送官、通事、從人，各賞紬、緞、絹袍、銀有差。

二十九年，賜朝鮮國使臣，其正使全城君，職銜稱君，除照正使賞例外，加緞五疋，緞衣一襲，作帽貂皮十張。【略】

三十六年，遣使封朝鮮世子，並賜織金緞四疋，緞、紗、羅各四疋，裏各四疋。

四十七年，暹羅國入貢，賜國王、王妃及貢使，均照二十四年議定之例，其副貢人員等，照從人賞例，絹各二疋，布各七疋。廣東伴送經歷，亦照例賞彭緞袍一領。【略】

六十年，琉球國入貢，加賜國王蟒緞、閃緞、錦緞各二疋，青藍綵緞、藍素緞、素緞、紬、羅、紗各四疋。正副使，每人加緞、紡絲各二疋，羅、絹各一疋。都通事，加緞、絹各一疋，青布二疋。從人，加毛青布各一疋。留邊通事，加緞、絹各一疋，毛青布二疋。從人，加毛青布各二疋。

又安南國入貢，照荷蘭國例，加賜國王蟒緞、粧緞、倭緞、閃緞、錦緞各二疋，青緞表裏各十疋。陪臣每人加表緞及裏紗羅絹各一疋。行人每名加表緞及裏絹布各一疋。從人每名加紬毛青布各一疋。

六十一年，遣使封朝鮮世弟李昑，並賜織金緞四疋，緞、紗、羅各四疋，裏各四疋。

又暹羅國入貢，照安南國例，加賜國王緞八疋，紗四疋，羅八疋，織金緞、紗、羅各二疋。王妃緞、織金緞、紗、織金紗、羅、織金羅各二疋。貢使四人，每人加緞、羅、織金羅，絹各一疋，裏一。通事四人，二人加緞、羅、絹各一疋，裏一，二人加緞、羅、絹各一疋。從人二十一名，加絹、布各一疋。

又暹羅補進犀牛，貢使係微員，比具表進貢之使酌減，賞緞六疋，羅二疋，織金羅二疋，絹五疋，裏二，布二疋。通事，緞、羅各三疋，絹二疋。從人四名，絹各二疋，布各六疋。伴送驛丞，彭緞袍一領。【略】

〔雍正〕二年，琉球國王遣王舅入貢，照康熙六十年加賜之例。又特賜國王御書「輯瑞球陽」四字，內庫緞二十疋，松花石硯、玉器、瓷器、法瑯器等物。又加賞王舅銀百兩，內庫緞八疋。通事緞四疋，銀三十兩。

又暹羅國入貢，照康熙六十一年加賜之例，船長照通事例，番梢照從人例，加賞緞、羅、絹、布有差。又船長於原賞布十疋外，再各加賞十疋。

又特賜國王各色緞二十疋，松花石硯、玉器、瓷器、法瑯器等物，差司官齎賞物，一併送至廣東，交該撫付船長領回。

三年，安南國入貢，特賜國王御書「日南世祚」四字，《古文淵鑑》、《佩文韻府》、《淵鑑類函》各一部，內庫緞二十疋，松花石硯、玉器、瓷器、法瑯器等物。陪臣各賞銀百兩，內庫緞六疋。

又西洋國教化王入貢，奉敕：覽王奏，並進方物，具有悃誠，【略】茲因使臣歸國，特頒斯敕，並賜粧緞、錦緞、大緞六十疋，次緞四十疋。王其受領，悉朕惓惓之意。

是年，賜國王大蟒緞、粧緞、倭緞各四疋，片金緞二疋，閃緞、藍花緞、青花緞、帽緞、藍緞、青緞各六疋，綾、紡絲各十有八疋，羅十疋，絹四疋，銀三百兩。使臣大蟒緞、粧緞、倭緞、帽緞、藍花緞、青花緞、藍緞各二疋，綾、紡絲各六疋，絹四疋，銀二百兩。又特賜國王貂皮、人葠，各色粧緞、錦緞、大緞、次緞、洋漆器、瓷器、芽茶、紙墨、絹扇等物。

又琉球國王爲賜御書、玉器、綵緞，謝恩入貢，賜國王及正副使，皆照康熙六十年加賞之例。其都通事，賞綵緞二疋、裏一、絹一疋、毛青布六疋。留邊通事同。至京從人，毛青布各六疋。留邊從人同。伴送官及土通事，彭緞袍各一領。又特賜國王內庫緞二十疋、玉器十件，玻璨器二種，共十件，瓷器十有二種，共百有五十件，法瑯器一件，松花石硯二方。正使紫巾官，內庫緞八疋，銀百兩。【略】

五年，西洋博爾都噶爾國入貢，賜國王大蟒緞、粧緞、倭緞各六疋，片金緞四疋，閃緞、藍花緞、藍緞、帽緞、素緞各八疋，綾、紡絲各二十有二疋，羅十有三疋，絹七疋。貢使大蟒緞二疋，粧緞、倭緞各二疋，帽緞一疋，藍花緞，青花緞，藍緞各三疋，綾、紡絲各六疋，帽三，銀百兩。護貢官十人，每人倭緞一疋，藍花緞，青花緞、藍素緞，綾各二疋，紡絲三疋，紬二疋，絹一疋，銀五十兩。從人三十名，每名紬、紡絲三疋，絹二疋，銀二十兩。廣東伴送把總，彭緞袍一領。又特賜國王人葠、內庫緞、瓷器、洋錫器、荔枝酒、芽茶、紙、墨、絹鐙、扇、香囊等物，來使亦加賜有差。

又蘇祿國入貢，其奉表使臣頒賞，及遣官伴送等事宜，均照琉球國例舉行。賜國王蟒緞六疋，青藍綵緞、藍緞、青緞各十疋，閃緞八疋，錦緞六疋，紬、羅、紗各十疋。來使綵緞六疋，裏四，羅四疋，紡絲、絹各二疋。通事照都通事例，賞綵緞二疋、裏一、絹一疋、毛青布六疋。從人五名，賞毛青布各六疋。特賜國王玉器、瓷器等物。正使加賞內庫緞六疋，銀八十兩，副使緞二疋，銀二十兩。

又琉球國王入貢，照康熙六十年加賜之例。其肄業官生，業成歸國，照都通事之例，賞給各綵緞一疋，裏一，毛青布四疋。從人二名，賞毛青布各四疋。特加賞官生內庫緞二疋，裏二。從人每名官緞一疋。

七年諭，朕覽禮部具題，頒賜朝鮮國王儀物本內，開載賞賜銀百兩，又貂皮折銀百五十兩。朕思賞賜之例，既已開載貂皮，何以又折爲銀，至於賞銀百兩，亦應用儀物，以示朕優重藩王之意。爾等酌議具奏。其餘牽馬緞疋等物，亦應將精良者賞給，著禮部堂官於頒賜時，驗看稽察。其所賞正副使臣緞疋，亦著內庫取用。欽此。遵旨議定，賞貂皮一百張，不必折價，其緞疋均於內庫取用，令該衙門遵奉施行。至賞給國王銀百兩，改爲內庫粧緞四疋，雲緞四疋，永著爲例。

又朝鮮國王陳奏伊國賊黨謀逆，遣兵緝獲，奉旨嘉獎，特賜國王緞三十有二疋，綾八疋，《康熙字典》、《性理精義》、《詩經傳説彙纂》、《音韻闡微》各一部，賞該國兵丁銀一萬兩。

又琉球國入貢，照康熙六十年加賞外，特賜國王内庫緞二十疋，玉器十件，玻瓈器二種，共八件，瓷器十有四種，共百有五十件，法瑯器一，白玉硯、松花石硯各一方。使臣内庫緞四疋，銀五十兩。

又暹羅國入貢，照康熙六十年加賞例，賜國王緞、羅各十有八疋，紗十有二疋，錦緞、織金緞、羅紗各八疋。王妃緞、羅、紗各六疋，織金緞、紗、羅各四疋。來使四人，每人各緞八疋，羅絹五疋，織金羅三疋，裏二，布一疋。通事各緞羅五疋，絹三疋。從人各絹三疋，布八疋。特賜國王御書「天南樂國」四字，内庫緞二十疋，玉器八件，法瑯器一件，松花石硯二方，玻瓈器二種，共八件，瓷器十有四種，共百四十有六件。貢使内造緞八疋，銀百兩。

又南掌國入貢，頒賞照蘇禄國初次納貢例。又特賜國王玻瓈器八件，瓷器十有八種，共百三十有三件，糚緞、大緞各四疋，倭緞、蟒緞各二疋，錦緞八疋，猩猩氈二條，人葠六斤。正使蟒緞一疋，大緞三疋，銀百兩。副使大緞四疋，銀五十兩。

官修《清會典事例》卷五〇七《禮部・朝貢・賜予二》 乾隆元年，暹羅國入貢，照康熙六十一年加賜之例，又頒賜國王蟒龍大袍一二襲。奉旨，暹羅遠處海洋，抒誠納貢，除照定例賞給外，著特賞蟒緞四端。【略】

六年，南掌國入貢，賜國王蟒緞六疋，青藍綵緞、藍素緞、青素緞各二疋，閃緞八疋，錦六疋，紬、羅、紗各十疋。貢使綵緞六疋，裏四，羅四疋，紡絲、絹各二疋。先目二人，綵緞各三疋，裏各二，絹各一疋，毛青布各六疋。通事二人，綵緞各二疋，裏各一，絹各一疋，毛青布各六疋。後生九名，毛青布各六疋。伴送、典史、千總，彭緞袍各一領。

八年，駕幸盛京，朝鮮國王遣陪臣入貢，賜國王弓矢全副，貂皮百，鞍馬一，紅糚緞、龍襴緞各四疋，大緞、紡絲各三疋。又特賜御書「式表東藩」扁額。正使，糚緞一疋，緞四疋，韡、襪，鞍馬，銀五十兩。書狀官，緞二疋，韡、襪，銀四十兩。大通官三人，每人各賞中緞二疋，韡、襪，銀三十兩。押物官十有五人，各賞緞一疋，銀二十兩。從人二十名，各賞銀五兩。

又琉球、安南二國入貢，照康熙六十年之例賞給。

十四年，暹羅國入貢，照康熙六十一年之例加賞，又特賜國王御書「炎服屏藩」四字，蟒緞、片金緞、糚緞、閃緞各二疋，錦緞四疋，各色緞八疋，玉器六，瑪瑙器二，法瑯鑪瓶一副，松花石硯二方，玻璃器五種，共十件，瓷器二十有三種，共百四十有六件。又因續進黑熊、白猿等物，特賞國王庫緞十二疋。

又南掌國入貢，賞國王及正使等，均照乾隆六年例。

十六年，緬甸國初次入貢，賜國王蟒緞、錦緞各六疋，閃緞八疋，青藍綵緞、藍緞、素緞、紬、羅、紗各十疋。王妃織金緞、織金紗、織金羅各四疋，緞、紗、羅各六疋。貢使綵緞六疋，裏四，羅四，紡絲、絹各二疋。緬目四人，每人綵緞三疋，裏二，絹一疋，毛青布六疋。象奴十有九人，緬役十有四名，各毛青布六疋。伴送官彭緞袍各一領。加賜國王御書「瑞輯西琛」四字，青白玉玩器六，玻璃器十有五種，共二十有九件，瓷器九種，共五十有四件，松花石硯二方，法瑯鑪瓶一副，内庫緞二十疋。貢使内庫緞八疋，銀百兩。

十八年，西洋國入貢，賜國王及正使，均照雍正五年例，其副使總理官，每人蟒緞、帽緞各一疋，糚緞、綵緞、藍花緞、青花緞、藍緞各二疋，綾、紡絲各四疋，絹二疋。護送官，每人潞紬、紡絲各四疋，絹二疋，銀五十兩。從人，每名潞紬、紡絲絹各二疋，銀五十兩。又特賜國王龍緞四疋，糚緞十有一疋，糚花緞、綫緞各八疋，綾、紡絲各二十有二疋，羅十有三疋，絹七疋，冊頁一，瑪瑙玉器六件，法瑯器二種，十有二件，漆器十九種，四十有八件，瓷器三十三種，百八十有八件，及紫檀木器，畫絹，香袋，香餅，紙，墨扇，茶等物。正使糚緞二，花緞，綫緞四，玉器二，法瑯器二，漆器三種，五件，瓷器八種，三十有三件，及畫絹、紙、墨、扇、茶等物。又隨敕書賞國王龍緞、片金緞各二疋，蟒緞、倭緞各三疋，糚緞七疋，花緞六疋，閃緞、花緞、藍花緞、青花緞、藍緞、青緞、帽緞、綫緞各四疋，綾、紡絲各二十有二疋，羅十有三疋，絹七疋。又於圓明園賜國王紗四十疋，葛百疋，及香囊、香串、宫扇、藥錠等物。正使紗三十疋，葛四十疋。副使總理官，紗十有二疋，葛十疋及香囊、香串、宫扇、藥錠等物各有差。從人紗五十疋，葛百疋。

又暹羅國入貢，特賜國王人葠四斤，錦、緞共二十疋，玉器四，瑪瑙器二，法瑯器六，銅煖硯二，玻璃器十，瓷器百有四十。

十九年，蘇禄國入貢，賜國王及來使物件，與雍正五年同。

二十二年，暹羅國入貢，賜國王蟒緞、錦緞各二疋，閃緞、片金各一疋，八絲緞四疋，玉器、瑪瑙各一，松花石硯二方，法瑯器十有三，瓷器百有四。【略】

三十六年，南掌國慶賀孝聖憲皇后八旬萬壽，賜國王䌷緞、倭緞、蟒緞、錦緞、大緞各二疋，大紅猩猩氈、綠猩猩氈各二條，五色絹百疋，五色紙二百張，人蔘三斤，琉璃器十，各色瓷器八十。貢使蟒緞二疋，大緞三疋，銀百兩。頒賞日，加賞先目各裏紬一疋，伴送官各五絲緞一疋。又貢使先蒙召至熱河筵燕，特賞貢使蟒緞四疋，先目緞各一疋。又於西直門接駕，賞貢使緞三疋，貂皮四張。先目每人緞二疋，貂皮二張。

四十三年，安南國王，解送竄越匪犯進關，於正賞外，加賜國王蟒緞、䌷緞、倭緞、錦緞各一疋，閃緞、表緞各二疋。【略】

四十五年，朝鮮國爲停止陳謝隨表儀物，遣使謝恩，仍進貢物，特賜國王二等韂馬一匹，表緞、紬各四疋，䌷緞、雲緞各二疋，貂皮五十張。

又朝鮮國王遣使來京慶祝萬壽，賜國王緞十有八疋，正副使、大通官、押物官、從人，各加賞有差。【略】

〔四十六年〕又安南國遣使謝恩，於熱河瞻覲天顔，賜國王蟒緞、倭緞、閃緞、錦緞各二疋。正副使綵緞、八絲緞、五絲緞各一疋。行人、從人，絨、緞、銀各有差。【略】

四十七年，朝鮮、琉球、南掌三國使臣，入紫光閣燕，賜各國正使錦、漳絨各三疋，八絲緞、五絲緞各一疋，大荷包各一對，小荷包各四對，酒鍾各一。副使錦、漳絨各二疋，八絲緞、五絲緞各三疋，大荷包各一對，小荷包各二對，酒鍾各一。嗣後凡紫光閣入燕使臣賞如例。朝鮮正副使，於正大光明殿入燕獻詩，賞八絲緞各一疋，絹箋各二卷，筆墨各一匣。嗣後朝鮮、琉球、安南使臣獻詩者，賞如例。翼日，賞正使錦、八絲緞各二疋。副使錦、八絲緞各一疋。又賜國王内庫緞二十疋，硯二方，玉器五，玻璃器十，瓷器百，使臣各緞四疋，銀五十兩。

四十八年，恭謁祖陵，朝鮮國王先遣陪臣在盛京祇迎，恭祝萬壽，照上次加賞之例，加賜國王御製詩一章，玉如意一，德符心矩一。正副使各蟒緞一疋，中緞、小緞各二疋，銀五十兩。書狀官，中緞二疋，銀四十兩。大通官各中緞一疋，銀三十兩。押物官，各小緞一疋，銀二十兩。從人、跟役一百四十六名，銀各二兩。又賜接駕使臣燕，賞正副使各紙一卷，筆墨各一匣，硯一方，䌷緞一疋，中緞、小緞各二疋，銀五十兩。餘賞使臣從人等銀兩緞疋，與前次頒賞之例同。

又朝鮮國王遣使進謝恩方物，賜國王物件，與四十五年同。

四十九年，安南國王遣使謝恩入貢，恭遇聖駕南巡，由禮部帶領該陪臣等，於江甯省城外迎接，恭領御題作詩，恩賞緞各一疋，紙、筆、墨、硯各一分。特賜國王古稀説，並御書「南交屏翰」四字，蟒緞、倭緞、閃緞、錦緞各二疋。陪臣三員，綵緞、八絲緞、五絲緞各一疋。行人九員，漳絨、五絲緞各一疋。從人銀有差。嗣該國陪臣來京，前赴熱河瞻覲，復奉旨作詩，賞與江甯同。特賜國王御製詩一章，瑞芝如意一，蟒緞、閃緞、漳絨、錦緞各一疋。正副使三員，八絲緞、五絲緞、漳絨各一疋，瓷瓶三，荔支、茶膏、茶餅、南醬、鮮果等物。又賞正使，漳絨、大紅緞、蘆花緞各一疋，如意、鼻煙壺各一，荷包一對。副使二員，大紅緞、寶藍緞各一疋，餘同。又賞藍宮紬面皮襖一領，腰刀一，牙箸、牙籤、瓷椀、瓷盤等物。行人、通事、隨人，銀緞皮襖有差。

又加賜朝鮮國王，玉如意一，玉器二，錦緞、綵緞、閃緞、漳絨各四疋，紅洋氈一條，紅羽緞一疋，雕漆盒四件。

又朝鮮國王遣使請封世子，加賜國王如意一，片金、錦緞、綵緞、漳絨、大緞、甯紬各二疋，紅洋氈一條。加世子長壽佛一，小如意一，玉器一，硯一方，筆墨各二匣，絹箋二卷。

又奏准，安南國向無通事，廣西巡撫揀派通事一名，與陪臣同來，賞彭緞袍一領。

五十年，紫光閣筵燕，賞暹羅正使錦緞四疋，絨緞二疋，各樣花緞十疋，荷包大小五對。二使、三使、四使，錦緞各二疋，花緞各六疋，荷包大小各三對。

是年舉行千叟燕，朝鮮國正副使入燕，特賜國王宋澄泥仿唐石渠硯一方，梅花玉版箋、仿澄心堂紙、花箋、花絹各二十卷，徽墨二十錠，湖筆二十枝。正副使每員，御製千叟燕詩一章，壽杖一，錦、閃緞、漳絨各二疋，絹箋二卷，湖筆二十枝，硯一方，商絲茶盤二，如意一，蟒緞、大卷緞、倭緞各二疋，貂皮十有六張，硃紅絹福字方二十，徽墨十錠，文竹香盒一，牙火鐮包一。又正副使進千叟燕詩，加賞八絲緞各一疋，絹箋二卷，筆墨各一匣。

又恭遇臨雍盛典，令朝鮮使臣隨同觀禮，賞正副使大緞各一疋，書狀官、大通官八絲緞各一疋。

又朝鮮國歷年留抵貢物，遵旨全行收受，加賞國王䌷緞、倭緞各十疋，緞五十疋，素緞十有五疋，閃緞十疋，衣素緞、帽緞、甯紬、宮紬各五疋，花紡絲二十疋。【略】

又朝鮮國王爲諭祭該國王世子，恭進謝恩貢物，賞國王龍緞、䌷緞、片金、甯紬、春紬各四疋，貂皮百張，官用緞、彭緞、宮紬各八疋，紡絲各二疋，二等牽馬一匹。

五十二年，紫光閣筵燕，賞暹羅正副使，與五十年同。

五十三年，紫光閣筵燕，賞琉球正副使，與五十一年同。又使臣獻詩，賞正使大緞一疋、筆十枝、墨一錠、箋紙二卷。

又緬甸國入貢，賜國王玉器、法瑯器各六，玻璃器二十有六，瓷器五十有四。貢使二名，八絲緞各八疋，銀各百兩，法瑯器、瓷器各二。該使臣行禮時，遇雨溼衣，特賞頭目龍緞、字緞、官用緞各二疋，緬目字緞官用緞各一疋。

五十四年，紫光閣筵燕，賞暹羅正使錦、漳絨各三疋，小卷八絲緞、五絲緞各五疋，大荷包一對，小荷包四對。副使，錦、漳絨各一疋，小卷八絲緞、五絲緞各三疋，大荷包一對，小荷包二對。

又安南國王遣正副使三人入貢於熱河，特賜國王五次。初次，玉如意、玉觀音、綠水晶朝珠、水晶瓶、紅瓷瓶各一，銀絲盒二，錦緞三疋，箋紙三卷。二次，蟒緞、閃緞、糚緞、錦緞各二疋。三次，鄭宅茶四罐、普洱茶團七、茶膏二盒、鼻煙二瓶，佛手一盤。四次，如意、鼻煙壺、木漆椀、法瑯椀各一，綵緞、漳絨各三疋。五次，大瓷瓶、瓷盤、漆碟、椀、鑪各二，小刀一。正使五次。初次，玉如意、瓷觀音、水晶瓶各一，錦緞二疋，銀絲盒二，箋紙二卷。二次，綵緞、八絲緞各二疋，小卷紗四疋。三次，蓮心茶一瓶、紫陽茶一盒、茶膏二匣、普洱茶團四、鼻煙一瓶、瓷椀、瓷瓶各一，佛手一盤。四次，如意一，綵緞、漳絨各二疋，鼻煙壺一，荷包一對。五次，瓷花瓶、瓷盤、漆碟、椀、小刀、小瓶各一。副使五次。初次，每員玉如意一，銀絲盒二，錦緞二疋，箋紙二卷。二次，綵緞、八絲緞各二疋，五絲緞六疋。三次，茶膏一盒、瓷椀一、普洱茶團四、佛手二盤。四次，綵緞一疋，如意一，荷包一對，鼻煙一瓶。五次，瓷盤、瓷椀、小刀各一。行人五名，銀各十兩。從人十名，銀各五兩。【略】

〔五十五年〕，又諭，阮光平具表入奏，親自赴闕祝釐，【略】旋安南國王率世子陪臣親詣闕廷慶祝萬壽，賜該國王蟒緞、糚緞、錦緞，於常例外，各加三疋，倭緞改漳絨加三疋，閃緞加二疋。又於熱河加賜國王九次。初次，御製詩一卷，蟒緞袍五，馬一匹，黃韁全副，玉帶、金帶各一，金帽五，玉佛、玉如意、瓷瓶各一，茶葉六瓶，鼻煙二瓶，大團茶二，扇二，銀萬兩。二次，帶鐘時辰表二，玉攢盒二。三次，紅寶石頂三眼花翎涼帽一，黃馬褂衣袍一副，金黃帶荷包全副，四團龍補服金黃蟒袍一副，緯帽一，珊瑚朝珠一盤。四次，御製詩扇一，如意一，珊瑚朝珠一盤，玉器二，蟒緞、糚緞、閃緞各四疋，錦緞六疋，瓷器、玻璃器、漆器各四，絹箋四卷，筆墨各四匣，硯二方。五次，御筆西湖圖一卷，御筆木蘭秋獮一卷。六次，加福啟瑞圖一，玉東方朔一。七次，玉如意一，緞二疋，漳絨一疋，綾三疋，洋瓶二，洋碟、漆椀、鼻煙壺各一。八次，御製文初集至二集二部，御製詩初集至四集四部，碧玉椀一，帶表帶鈎一副。九次，瓷瓶、瓷椀、瓷盤各二，象牙茶盤一。賜世子金帽一。陪臣六員，賞凡六次。初次，一員，大元寶二，扇一，茶葉二瓶，普洱茶膏二盒，瓷椀、瓷碟各一。五員，大元寶各一，餘皆同。二次，一員，紅頂緯帽一，錦雞補服蟒袍一副，朝珠一盤，帶、荷包全副。五員，藍頂緯帽各一，獬豸補服、蟒袍各一副，朝珠各一盤，帶、荷包各全副。三次，每員綵緞、大緞、八絲緞、五絲緞各一疋，瓷器、玻璃器、漆器各二，箋紙各二卷，筆墨各二匣，硯各一方。四次，每員，緞、漳絨各一疋，綾一疋，漆椀、鼻煙壺、火鐮各一。五次，瓷瓶、瓷椀、瓷盤、象牙茶盤各一。六次，進詩陪臣二員，各緞一疋，箋紙二卷，筆墨二匣。員從行人，大元寶共四。又員從每員，五絲緞、紡紬、澤紬各四疋，紗綾各一疋。又每員大緞、漳絨、八絲緞各一疋，筆墨各一匣，箋紙一卷。行人每員，五絲緞、漳絨各一疋，銀十兩。通事，藍頂緯帽一，朝珠一盤，蟒袍補服，帶、荷包全副，元寶一。伶工、護衛、隨人，紬、布、銀，有差。

又在圓明園賜國王十四次。初次，杭緯二盒，普洱茶團一，茶葉二瓶，瓷盤一，蘋果四。二次御書聯扁一副，餘賞與初次同。三次，蟒袍二，玉如意一，漳絨、緞、紬各一疋，荷包二對。四次，八絲緞、五絲緞各一疋，法瑯器、皮椀、瓷鼻煙壺各一，四不相一隻。五次，荷包三對，雕漆椀二，瓷器五，福圓膏錫罐一，茶盤一，四不相一隻。六次，回回小荷包一對。七次，萬壽衢歌樂章一部。八次，狐狸二隻。九次，自鳴鐘、時辰表各一，銀絲盒九，紅漆卓一，瓷瓶二，瓷椀三，漆椀五，漆碟二，木瓜膏一椀。十次，荷包五對。十一次，鑲玉如意一。十二次，玉石大椀一對。十三次，大紅呢、漳絨、紗、錦各一疋，大緞四疋。十四次，玉如意一。陪臣六員，賞凡十次。初次，茶葉各二瓶，茶膏各一盒，瓷盤各一，蘋果各四。二次，賞與初次同。三次，漳絨、五絲緞各一疋，荷包各二對。四次，八絲緞、五絲緞各一疋，皮椀、瓷鼻煙壺各一。五次，茶盤各一，瓷器各一。六次，奶餅各一盒，奶皮、阿爾察各二盒。七次，瓷椀、瓷碟各一，漆器各二，佛手各四。八次，荷包各二對。九次，頭號香五十枝，二號香四百枝。十次，緞各三疋，漳絨各一疋，花綢各一疋。賞留京員從，紬、緞、紗、綾、筆、墨、箋紙等物。行人、伶工、護衛等，紬、緞、布、銀有差。

又朝鮮國王遣使慶祝萬壽，賞凡十一次。初次，正副使二員，每員加賞緞三疋，漳絨二疋，荷包三對，鼻煙一筒，漆椀一。書狀官一員，緞三疋，漳絨一疋，荷包二對，鼻煙一筒，漆椀一。大通官三員，各緞三疋，漳絨一疋，荷包一對，鼻煙一筒，漆椀一。又賞正副使，瓷碟、瓷瓶、瓷椀、象牙茶盤各一。書狀官、大通官，每員減瓷瓶，餘與正副使同。二次，賞正副使，茶葉一瓶，茶膏一盒，瓷盤一，蘋果四。書狀官、大通官，減茶膏，餘與正副使同。三次，賞與二次同。四次，賞正副使，漳絨、五絲緞各一疋，荷包二對。書狀官、大通官，漳絨各一疋，荷包各一對。五次，特賜國王大紡絲、大緞各五疋，蟒緞、粧緞各六疋，玉如意一，絹箋二卷，錦緞、閃緞各二疋，筆、墨各二匣，硯二方。正副使，綵緞、大緞、八絲緞、五絲緞各一疋，箋紙二卷，筆、墨，各一匣，硯一方。書狀官，漳絨、大緞、八絲緞各一疋，筆、墨，各一匣，箋紙一卷。大通官三員，漳絨、五絲緞各一疋，銀二十兩。又正副使、書狀官、大通官，每員八絲緞、五絲緞各一疋，皮椀、瓷鼻煙壺各一。押物官、從人，緞、銀各有差。六次，賞正副使瓷器茶盤各一。書狀官、大通官賞同。七次，賞正副使奶餅各一盒，奶皮、阿爾察各二盒。八次，賞正副使瓷器各二，皮器各一，佛手各四。書狀官、大通官，每員瓷器一，餘與正副使同。九次，賞正副使荷包各二對。十次，賞正副使頭號香五十枝，二號香四百枝。十一次，正副使、書狀官，在正大光明殿入燕，賞大緞各二疋，甯紬、漳絨、繭紬各一疋。

又南掌國王，遣使慶祝萬壽，特賜國王三次。初次，玉佛、玉如意、金鑲玉亭、御書扇各一。二次，扇一，茶葉二瓶。三次，粧緞、倭緞、大緞各二疋，五色絹百幅，五色紙百張，玻璃器十。頭目二員，賞凡十五次。初次，每員大元寶一。二次，每員扇一，茶葉三瓶，茶膏二盒，瓷椀、瓷碟各一。三次，每員蟒緞、大緞各一疋，銀五十兩。四次，每員綾、緞各二疋，漳絨一疋，火鐮、瓷鼻煙壺、漆木椀各一。五次，每員瓷瓶、瓷椀、瓷碟、象牙茶盤各一。六次，每員茶葉一瓶，茶膏一盒，瓷盤一，蘋果四。七次，賞與六次同。八次，每員漳絨、五絲緞各一疋，荷包二對。九次，每員五絲緞、八絲緞各一疋，皮椀、瓷鼻煙壺各一。十次，每員茶盤、瓷器各一。十一次，每員奶餅一盒，奶皮、阿爾察各二盒。十二次，每員瓷器二，皮器三，佛手三。十三次，每員荷包二對。十四次，每員平定金川戰圖、平定回部戰圖各一，頭號香五十枝，二號香四百枝。十五次，每員大緞二疋，甯紬、漳絨、繭紬各一疋。先目四員，賞凡十次。初次，大元寶二。二次，每員瓷碟、瓷椀各一，茶葉二瓶。三次，每員緞、綾、漳絨各一疋，火鐮、瓷鼻煙壺、漆木椀各一。四次，每員漆木盤、瓷碟、瓷鍾各一。五次，每員茶葉一瓶、瓷盤一、蘋果四。六次，賞與五次同。七次，每員漳絨一疋，荷包一對。八次，每員八絲緞、五絲緞各一疋，皮椀、瓷碟、鼻煙壺各一。九次，每員瓷器一、茶盤一。十次，每員瓷器一、皮器三，佛手三。通事二名，後生九名，銀各五兩。

又緬甸國王遣使慶祝萬壽，特賜國王三次。初次，玉佛、玉如意、金鑲玉亭各一。二次，御書扇一，又扇一，茶葉二瓶。三次，內庫緞二十疋，玉器六，石硯一方，玻璃器二十有九，法瑯鑪瓶一，各色瓷器五十有四。大頭目四員，賞凡十有五次。初次，每員大元寶一。二次，每員扇一，茶葉三瓶，瓷椀、瓷碟各一，茶膏一盒。三次，每員蟒緞一疋，八絲緞四疋，法瑯器、瓷器各二，銀五十兩。四次，每員綾二，緞、漳絨各一疋，火鐮、瓷鼻煙壺、漆木椀各一。五次，每員瓷瓶、瓷椀、瓷碟、象牙茶盤各一。六次，每員茶葉一瓶，茶膏一盒，瓷盤一，蘋果四。七次，賞與六次同。八次，每員漳絨、五絲緞各一疋，荷包二對。九次，每員八絲緞、五絲緞各一疋，皮椀、瓷鼻煙壺各一。十次，每員瓷器一、茶盤一。十一次，每員奶餅一盒，奶皮、阿爾察各二盒。十二次，每員瓷器二、皮器三、佛手三。十三次，每員荷包二對。十四次，每員平定金川戰圖、平定回部戰圖各一，頭號香五十枝，二號香四百枝。十五次，每員大緞二疋，甯紬、漳絨、繭紬各一疋。小頭目六員，賞凡十有一次。初次，大元寶三。二次，每員瓷椀、瓷碟各一，茶葉二瓶。三次，每員銀三十兩。四次，每員綾、緞、漳絨各一疋，火鐮、瓷鼻煙壺、漆木椀各一。五次，每員瓷碟、瓷鍾、漆木茶盤各一。六次，每員茶葉一瓶，瓷盤一，蘋果四。七次，賞與六次同。八次，每員漳絨一疋，荷包一對。九次，每員八絲緞、五絲緞各一疋，皮椀、瓷鼻煙壺各一。十次，每員瓷器一、茶盤一。十一次，每員瓷器一、皮器二、佛手三。通事二名、緬役十八名，各小元寶五。

又緬甸國王遣使謝恩，於例賞外，特賜國王御筆「福」字一，玉佛、玉如意各一，粧緞、蟒緞、閃緞、錦緞各二疋，硯二方，筆、墨各四匣，絹箋十卷。

又朝鮮國入貢，賜國王粧緞、蟒緞、閃緞、錦緞各四疋，澄泥硯、歙硯各二方，絹箋五百有四十卷，描金蠟箋八卷，仿宣紙一千張，新宣紙六百張，福字箋三百幅，湖筆三百枝，徽墨百錠，十錦扇百柄。

五十六年，紫光閣筵燕，賞暹羅正使一員，大卷緞、大卷宮紬各四疋，大荷包一對，小荷包三對。副使一員，大卷緞、大卷宫紬各三疋，大荷包一對，小荷包二對。又特賞正副使八絲緞各一疋，筆、墨各二匣，箋紙各一卷。

又琉球、安南、緬甸、南掌，朝貢例賞，奉旨，改與暹羅一體辦理。

又加賞朝鮮正副使，金鞘小刀，回子緞，回子紬，回子布。書狀官，大通官，押物官，從人，緞，紬，布有差。

又加賞琉球、緬甸使臣等物件，與朝鮮同。

又安南國王，遣使謝恩，特賜國王四次。初次，玉如意，玉佛各一，朝珠一盤，香盒二，青玉瓶，瓷瓶各一，箋紙三卷，錦緞三疋。二次，蓮心茶，花香茶各一瓶，芽茶，洋煙各二瓶，茶膏二盒，大普洱茶團一，小普洱茶團六，佛手四，皮盤一。三次，玉如意一，瓷鼻煙壺一，羽緞，八絲緞各三疋，皮盤，洋瓷椀各一。四次，瓷椀，瓷瓶，瓷盤，皮椀，皮盤各二，小刀一。陪臣三員，賞凡五次。初次，如意各一，錦，緞各二疋，香盒各一，箋紙各二卷。二次，普洱茶各四，佛手各三，瓷盤，皮椀各一，茶膏各一盒。三次，玉如意各一，五絲緞各三疋，小荷包各一對，瓷鼻煙壺各一。四次，特賞賦詩陪臣二員，八絲大緞各一疋，箋紙各二卷，筆，墨，各二匣。五次，瓷椀，瓷盤，小刀各一。行人六名，銀各十兩。從人五名，銀各五兩。

又安南國王復遣使謝恩，特賜國王玉如意一，玉器二，玻璃器，瓷器各四，錦，綵緞，閃緞，蟒緞各四疋。陪臣二員，金鞘小刀各一，回子緞各四疋，回子紬各五疋，回子布各二疋。通事一名，回子緞，回子布各一疋，回子紬二疋。行人六名，回子紬，回子布各一疋。從人九名，回子布各一疋。

五十七年，賞朝鮮，安南，琉球，緬甸國王，各大緞二疋，福字箋百幅，絹箋四卷，雕漆茶盤四，硯二方，筆，墨各四匣。

又特賜安南國王玉如意一，玉器，文竹器各二，玻璃器，瓷器各四，洋表二，貂皮五十張，帽緯八匣，片金，金綫緞，洋花緞，粧緞各二疋。

五十八年，賜安南國王物件，與五十七年正月同，並賞陪臣二員，芽茶，春橘，荷包，火鐮，玻璃器，玻璃鼻煙壺，瓷盤等物。

又賞朝鮮國王物件，照五十七年之例。

又賞暹羅國王物件，與朝鮮國王同。

又緬甸國王遣使祝嘏，特賜國王玉佛一，如意一，佛經二，玉朝珠一盤，盆景二，錦八疋，緞四疋。又如意一，閃緞，錦，漳絨，綾，紗，羅各二疋，玉器，文竹器，雕漆器各四，玻璃器，瓷器各十，福字箋二十幅，絹箋十卷，扇二十柄，宫扇十柄，硯二方，筆四匣，墨二匣，茶葉十瓶，香袋二盒。正副使賞凡五次。正使一員，初次，元寶二。二次，錦，大卷紗，大卷緞，漳絨，宫紬，羅各二疋，大荷包一對，小荷包二對，瓷器四，茶葉四瓶。三次，茶葉二瓶，茶膏二盒，念珠一盤，文竹小刀一，瓷器二。四次，紬二疋，緞，漳絨各一疋，皮椀，瓷煙瓶，火鐮各一。五次，大普洱茶團二，瓷瓶茶盤各一，瓷椀二，荷包一。副使二員，初次，元寶各一。二次，漳絨，綵緞，紗，團花緞各二疋，茶葉各二瓶，荷包各二對，瓷椀，瓷瓶各一。三次，茶葉各二瓶，茶膏各一盒，念珠各一盤，文竹小刀各一，瓷器各二。四次，緞，紬，漳絨各一疋，皮椀，瓷煙瓶，火鐮各一。五次，瓷椀各二，小普洱茶團各十，茶盤小碟各一，荷包各一對。樂工十一名，小元寶各五。

又西洋英吉利國入貢，特賜國王玉如意一，龍緞三疋，蟒緞二疋，粧緞七疋，百花粧緞六疋，倭緞三疋，片金二，閃緞，袍緞，藍緞，綵緞，青花緞，衣素緞，綫緞，帽緞各四疋，綾，紡絲各二十有二疋，羅十有三疋，杭紬七疋，玉雙環瓶一，戰圖一盒，紅雕漆桃式盒九，朱漆菊瓣盤四，絹箋，蠟箋各五十卷，挂鐙四對，十錦香袋八盒，繡香袋，連三香袋各四盒，宫扇十有三柄，扇百柄，香餅四盒，普洱茶團四十，茶膏，柿霜各五盒，哈密瓜乾，香瓜乾各一盒，武彝茶，六安茶各十瓶，藕粉，蓮子各四盒。正使，龍緞，粧緞，藍緞，醬色緞，素緞各二疋，倭緞，八絲緞各一疋，綾，杭紬，紡絲各四疋，瓷椀六，瓷盤八，霽青白裏瓷盤六，扇二十柄，普洱茶團六，六安茶六瓶，茶膏二盒，哈密瓜乾二盒。副使，龍緞，粧緞，倭緞，藍緞，醬色緞，素緞各一疋，綾，杭紬，紡絲各二疋，瓷椀二，瓷盤八，霽青白裏瓷盤四，扇十柄，普洱茶團四，六安茶四瓶，茶膏，哈密瓜乾各一盒。副使之子，龍緞，粧緞，素緞，八絲緞，錦，漳絨，羽緞，綾各一疋，花緞，紡絲各二疋，瓷椀，瓷盤各四，十錦扇十柄，普洱茶團四，六安茶四瓶，茶膏，冰糖各一盒，雕漆盤一，大荷包一對，小荷包二對。代筆官，總兵官二員，每員閃緞，粧緞，倭緞，藍緞，綾各一疋，瓷椀，瓷盤各二，十錦扇十柄，普洱茶團二，六安茶二瓶，茶膏，哈密瓜乾各一盒，大荷包，小荷包各二對。副總兵官，管兵官，聽事官，管船官等七員，每員粧緞，閃緞，藍緞各一疋，瓷椀，瓷盤各二，扇一盒，普洱茶團二，大荷包，小荷包各一對。又於如意洲賞正使，大卷緞，大卷紗各三疋，大荷包一對，小荷包二對，瓷鼻煙壺一，五彩雞尊一對。副使，大卷緞，紗各二疋，大荷包一對，小荷包二對，瓷鼻煙壺一，五彩滷壺二。副使之子，大卷緞二疋，大卷紗一疋，大荷包，小荷包各一對，瓷鼻煙壺一，瓷四足香鑪二。總兵等官九員，每員緞、紗各一疋，大荷包一對，小荷包二對，瓷鼻煙壺一。恭遇高宗純皇帝萬壽聖節，該使臣等行慶賀禮，賞凡三次。初次於含青齋，賞正使，大卷八絲緞、錦各二疋，瓷茶桶、瓷椀、瓷盤各二，宜興器一。副使，大卷八絲緞三疋，錦一疋，瓷茶桶、瓷椀各二，瓷盤一。副使之子，八絲緞二疋，錦一疋，皮茶桶、瓷椀，各二，瓷盤一。副使之子繪畫呈覽，賞大荷包二。通事、總兵等官九員，每員八絲緞二疋、瓷椀二。二次於清音閣，賞正使，御筆書畫冊頁一、玉杯一，瓷盤、瓷瓶、漆桃盒、葫蘆瓶各二。副使，玉杯一，瓷器、漆桃盒、葫蘆瓶各二，小荷包一對。副使之子，瓷器四，漆桃盒二，瓷瓶一、小荷包一對。通事、總兵等官九員，每員漆桃盒二、瓷器四。三次於太和門，頒給敕書，賜該國王百花蟒緞二疋，袍緞、綫緞各四疋，紫檀彩漆銅掐絲法瑯龍舟仙臺一、玉器八、瑪瑙盂盤一，瓷器二百有二十、漆器三十有七、葫蘆器十有四，文竹挂格、椶竹漆心炕格各二，花卉冊頁一、畫絹二十幅，灑金五色字絹箋紙，白露紙、高麗紙各二十卷，墨六匣，各樣扇四十柄，普洱茶團八，六安茶八瓶，武彝茶四瓶，茶膏、柿霜［各］四盒，哈密瓜乾、香瓜乾各四盒，藕粉、蓮子各二盒，藏糖三盒。又隨敕書賜國王，龍緞三疋，蟒緞二疋，糚緞七疋，百花糚緞六疋，倭緞三疋，片金二，閃緞、袍緞、藍緞、綵緞、青花緞、衣素緞、綫緞、帽緞各四疋，綾、紡絲各二十有二疋，羅十有二疋，杭紬七疋，畫絹百幅，白露紙百張，灑金五色絹五十幅，五色箋紙、高麗紙各二百張，宮扇十有三柄，十錦扇百柄，連三香袋四盒，十錦香袋八盒，繡香袋四盒，香餅四盒，普洱茶團四十，茶膏、柿霜各五盒，哈密瓜乾、香瓜乾［各］二盒，武彝茶、六安茶各十瓶，藕粉、蓮子各三盒，文竹炕卓二、雕漆炕卓二，挂鐙十二，墨二十匣。正使龍緞、帽緞各一疋，糚緞、倭緞各二疋，藍緞、青花緞、綵緞、杭紬各三疋，綾、紡絲各六疋，茶葉二瓶，茶膏二盒，甎茶二塊，大普洱茶團二，刮膘吉慶一架，青玉全枝葵花洗一，瑪瑙葵花椀一，瑪瑙葵花碟一，藏糖二匣。副使，龍緞、帽緞各一疋，糚緞、藍緞、倭緞、青花緞、綵緞、緺紬各二疋，綾，紡絲各四疋，茶葉四瓶，茶膏一盒，甎茶二塊，女兒茶十，白玉全枝葵花洗一，花瑪瑙菊花瓣椀一，葫蘆器二，藏糖二匣。副使之子，龍緞，糚緞，倭緞，青緞，藍緞，錦，漳絨，帽緞各一疋，綾，紡絲各三疋，緺紬二疋，茶葉二瓶，甎茶二塊，茶膏一盒，女兒茶八，藏糖一匣。總兵官，副總兵官二員，每員龍緞，糚緞、倭緞、藍緞、青緞、帽緞、錦各一疋，綾、紡絲各三疋，緺紬二疋，茶葉三瓶，甎茶二塊、茶膏一盒，女兒茶八、藏糖一匣。通事、管兵等官四員，每員龍緞、糚緞、漳絨、錦、藍緞，綵緞各一疋，綾、紡絲各二疋，茶葉二瓶，甎茶二塊。代筆、醫生等官九員，每員龍緞，糚緞、錦、漳絨、藍緞、彭緞、綾、紡絲各一疋，茶葉二瓶、甎茶二塊。貢使從人七名，每名綾、紬各二疋，布四疋，銀十兩。吹樂、匠作、兵役等六十七名，每名綾、紬各二疋，布四疋，銀十兩。內地護送官二員，大緞各二疋。貢船留存管船官五名，每名回子布、高麗布、波羅麻，兼絲葛各二疋。留存貢船兵役、水手共六百十五名，各高麗布、回子布、小增城葛、波羅麻各一疋。

五十九年，賞朝鮮國王物件，與五十八年同。

又賞琉球國王物件，照五十七年之例。

又荷蘭國入貢，例賞國王物件，內銀三百兩，折玉器二件。貢使銀百兩外，加五十兩。大班一名，銀八十兩，緞疋照庫官，掌案官之例。法蘭西番人二名，寫字人二名，醫生一名，緞、銀，俱與庫官，掌案官例同。加賜國王玉如意一，大紅龍緞，蟒緞，百花糚緞、錦緞，閃緞各三疋，綾，羅，紡絲，春紬各十疋。又御筆「福」字一，龍緞，漳絨各二疋，玉器，法瑯器各二，雕漆器，文竹器各四，瓷器八。貢使一名，石青蟒緞，藍糚緞，綠閃緞，紫錦緞各一疋，綾、羅、紡絲、春紬各四疋。又大卷八絲緞、錦緞各一疋，瓷器四、茶葉四瓶，大荷包一對，小荷包二對。又大卷緞，閃緞各二疋，鼻煙壺一，瓷器二，大荷包一對，小荷包三對。大班一名，糚緞，錦緞，大緞，甯紬各一疋，綾、紡絲各二疋，又大卷五絲緞，錦緞各一疋，瓷器二，茶葉二瓶，大荷包一對，小荷包二對。又大卷緞，閃緞各一疋，鼻煙壺一，瓷器二，大荷包一對，小荷包二對。法蘭西番人二名，糚緞，錦緞，大緞，甯紬各一疋，綾，紡絲各二疋。寫字人二名，醫生一名，與法蘭西番人同。跟役跟兵十八名，彭緞，紬各二疋，布各四疋。

又於重華宮特賞朝鮮國正副使，各花瓶二，茶葉二瓶，荷包二對，火鐮，鼻煙壺各一。

六十年，特賜朝鮮國王，龍緞二疋，福字方百幅，玻璃器，雕漆器各四，絹箋四卷，筆，墨各四匣，硯二方。

又紫光閣筵燕朝鮮使臣，賞正使二員，各錦三疋，漳絨三疋，大卷八絲，五絲緞各四疋，大荷包一對，小荷包四對。副使二員，各錦一疋，漳絨二疋，大卷八絲，五絲緞各三疋，大荷包一對，小荷包二對。

又緬甸國，南掌國正副使臣等，同在熱河瞻覲，賞正副使等，錦緞，紬，紗，漳絨，波羅麻，荷包，瓷器，茶葉，銀兩，各有差。並特賜緬甸國王金針表二，又賞六次。初次，於萬樹園特賜緬甸國王、南掌國王，玉佛、玉如意各一，玉朝珠各一盤，金字佛經各一部，盆景各二，雕漆椀各二，玉器各一，各色緞各十有二疋。正副使等，茶葉、茶膏、念珠、小刀、瓷器等物，並各荔支三瓶。伴送官，大緞、綢紬各一疋。二次，賞伴送官，緞各一疋。三次，賞正副使，普洱茶、漆皮椀、漆皮盤、佛手、小刀等物。四次，賞正副使，緞、綾、漳絨、葫蘆器、鼻煙壺、火鐮、荷包等物。五次，特賜南掌國王，駱駝、馬、贏各二。六次，於例賞外，加賜緬甸國王，閃緞、錦、漳絨、綾、紗、羅各二疋，宮扇十柄，扇二十柄，硯二方，筆四匣，墨二匣，絹箋十卷，香袋二匣，福字箋二十幅，茶葉十瓶，瓷器、雕漆器各十，葫蘆器、文竹器、玉器各四。正副使，茶葉、茶膏、瓷器、茶盤等物。加賜南掌國王，龍緞、倭緞、大緞各二疋，絹箋、箋紙各百張，漆器十。賞正副使，與緬甸正副使同。

官修《清會典事例》卷五〇八《禮部·朝貢·賜予三》 嘉慶元年，舉行千叟燕，朝鮮、安南、暹羅使臣同在甯壽宮入燕，特賜各國正使，每員聖製千叟燕詩一章，玉如意、壽杖各一，錦緞、洋花緞、雲緞、大卷緞各二疋，福字箋一卷，絹箋二卷，湖筆二十枝，硃墨十錠，硯一方，鼻煙一瓶，鼻煙盒、瓷牙籤筒、洋漆茶盤各一件。副使，每員錦緞、洋花緞各一疋，絹箋一卷，湖筆十枝，硃墨四錠，餘賞與正使同。

又特賜朝鮮國王使臣，照乾隆六十年正月之例。特賜安南國王物件，與朝鮮國王同。

二年正月，紫光閣筵燕，特賞朝鮮、暹羅使臣，與元年同。

三年正月，山高水長筵燕，加賞琉球正副使，與二年紫光閣賞朝鮮、暹羅同。

又正大光明殿筵燕，使臣獻詩，賜國王及使臣，與二年賞朝鮮同。

又山高水長筵燕，加賞琉球正使錦三疋，漳絨三疋，大卷八絲緞四疋，大卷五絲緞四疋，大荷包一對，小荷包二對。副使錦二疋，漳絨二疋，大卷八絲緞三疋，大卷五絲緞三疋，大荷包一對，小荷包二對。十五日獻詩，加賜國王蟒緞二疋，福字方一百幅，雕漆器四件，玻璃器四件，大小絹箋四卷，筆、墨各四匣，硯二方。使臣二員，各大緞一疋，箋紙二卷，筆、墨各二匣。

又召朝鮮、暹羅使臣入重華宮燕，賞正副使荷包、芽茶、鼻煙壺、火鐮、玻璃椀、福橘等物。

四年諭，年班朝覲之各國使臣，向例俱於紫光閣筵燕一次，各有賞賚。今雖停止筵燕，所有伊等應得賞項，仍行賞給，以示朕仰體皇考敷錫愷澤之至意。【略】

又奉旨，此次頒發朝鮮國升配恩詔，著照例賞給該國王緞五十疋，交齎詔之正副使帶往。【略】

五年，緬甸國入貢，於例賞外，特賜國王御書「錫蕃彰順」四字，閃緞、錦、漳絨、綾、紗、羅各二疋，宮扇十柄，扇二十柄，硯二方，筆四匣，墨、香袋各二匣，絹箋十卷，福字箋二十卷，茶葉十瓶，瓷器、雕漆器各十，玉器、葫蘆漆器、文竹器各四。正貢使二員，每員錦、八絲緞、宮紬、宮紗、漳絨、波羅麻各二疋，大荷包一對，小荷包二對，瓷器四，茶葉四瓶，銀五十兩。

六年，賞暹羅使臣各江紬羊皮襖一領，連纓皮帽一頂，綾小棉襖一領，綾棉中衣一件，紬棉襪一雙，緞韈一雙。從人各藍布羊皮襖一領，皮纓帽一頂，布小棉襖一領，布棉褲一件，布棉襪一雙，布韈一雙。

八年，越南國王阮福映初次納貢，特賜國王蟒緞、粧緞、錦緞、漳絨、閃緞各八疋，綫緞、春紬各二十有七疋。陪臣六員，各小卷八絲緞、春紬六疋，紗綾二疋，羽紬八疋。録事行人，各亮花緞四疋，紡紬四疋，紗綾二疋，羽紬四疋。書記、通事、從人，各紬三疋，布八疋。廣西伴送官，各大緞二疋。又加賜國王蟒緞、粧緞、閃緞、錦緞各四疋，瓷器、漆器、漆桃盒、瓷鼻煙壺各四，螺鈿漆檳榔盒二，茶葉四瓶。

九年正月，紫光閣筵燕，賞朝鮮正使錦、漳絨各三疋，大卷八絲緞二疋，大荷包一對，小荷包二對。副使、書狀官，與二年同。

又正大光明殿筵燕，使臣和詩，特賜國王及正副使、書狀官，與二年同。

是年，越南國王遣使謝恩，並進十年例貢。十月初一日，特賜陪臣三員，各藍緞灰鼠皮襖一領，月白紬棉襖一領，月白紬棉套褲一雙，藍緞棉襪一雙，緞韈一雙，紅布包袱一塊。行人九員，廣西巡撫揀派通事一名，各藍甯紬羊皮襖一領，紡紬棉襖一領，紡紬棉套褲一雙，棉襪一雙，緞韈一雙，藍布包袱一塊。隨价十五名，各藍布羊皮襖一領，紬面布裏棉襖一領，藍布棉套褲一雙，布棉襪一雙，緞韈一雙。初六日，萬壽聖節，物賜國王蟒緞四疋，粧緞四疋，閃緞四疋，錦緞四疋，瓷器四件，玻璃器四件，絹箋四卷，筆、墨各四匣，硯二方。初七日，特賜陪臣三員，各綵紬二疋，大緞二疋，小卷五絲緞二疋，瓷器二件，玻璃器二件，箋紙二卷，筆、墨各二匣，硯一方。初九日使臣獻詩，特賜陪臣三員，各五絲緞一疋，筆、墨各一匣，箋紙二卷。【略】

十年正月，賞暹羅大貢使錦、漳絨各三疋，大卷八絲緞、小卷五絲緞各四疋，大荷包一對，小荷包四對。二貢使錦、漳絨各二疋，大卷八絲緞、小卷五絲緞各三疋，荷包同。三四貢使，每員錦、漳絨各二疋，大卷八絲緞、小卷五絲緞各三疋，大荷包一對，小荷包二對。朝鮮正使，小卷五絲緞四疋。副使、書狀官，小卷五絲緞各三疋，小荷包各四對，餘與乾隆六十年同。又使臣和詩，加賜國王蟒緞二疋，餘與二年同。正副使、書狀官，均與二年同。

是年，恭遇巡幸盛京，朝鮮國王遣陪臣迎駕，恩燕使臣，賞正使糚緞一疋，中緞、小緞各二疋，銀五十兩。書狀官中緞二疋，銀四十兩。大通官各中緞一疋，銀三十兩。押物官各小緞一疋，銀二十兩。從人各銀二兩。【略】

〔十一年正月〕又南掌國貢使來京，初次，大頭目二員，各賞漳絨二疋、綾二疋、小卷五絲緞一疋、洋瓷牙籤筩一、鼻煙壺一、洋金皮漆茶盤二、大荷包一對。次頭目一員，漳絨一疋、綾二疋、小卷五絲緞一疋、瓷牙籤筩一、鼻煙壺一、皮漆茶盤二、小荷包一對。二次，大頭目二員，各賞小卷緞二疋、茶葉二瓶、茶膏二匣、茶盤一、瓷器三。次頭目一員，小卷緞一疋、茶葉二瓶、茶膏一匣、茶盤一、瓷器二。通事二名，各小卷五絲緞一疋。三次，賜國王龍緞、大緞、倭緞各三疋，絹箋、箋紙各一百張，漆器十件。

十三年正月，朝鮮貢使入蒙古包燕，賞正副使、書狀官，與二年紫光閣入燕同。使臣獻詩，賜國王龍緞改蟒緞，餘與乾隆六十年同。正副使、書狀官並同。

又琉球、暹羅二國使臣入蒙古包燕，賞與乾隆六十年朝鮮正副使同。

十四年十月，朝鮮國王遣使臣祝嘏來京，初次，賞正副使各玉如意一、玻璃器二、茶葉四瓶、哈密瓜一、大小荷包六。書狀官，大小荷包二對，茶葉二瓶，餘與正副使同，惟無玻璃器。二次，使臣恭進詩章，賞大緞各一疋，箋紙各二卷，筆、墨各二匣。三次，賞正副使，各小緞三疋、紬一疋。書狀官，小緞二疋、紬一疋。四次，賜國王紫檀嵌玉如意一、大卷八絲緞五疋，蟒緞、糚緞各六疋，錦緞、閃緞各二疋，大紡絲五疋，絹箋二卷，筆、墨各二匣，硯二方。正副使，各大卷八絲緞一疋，小卷八絲緞、五絲緞各二疋，箋紙一卷，筆、墨各一匣。大通官三員，各小卷八絲緞一疋，小卷五絲緞二疋，漳絨一疋，銀二十兩。押物官二十一員，各小卷五絲緞一疋，銀十兩。從人二十七名，各銀十兩。五次，入正大光明殿燕，賞正副使、書狀官，各大緞二疋，小緞一疋，漳絨、繭紬各一疋。

又琉球國遣王舅謝恩，於例賞外，加賞緞五疋。

又越南國王祝嘏使臣入覲，初次，賞使臣等各嵌玉如意一，玻璃盤、椀各一，大小荷包二對，福元膏一瓶，日鑄牙茶一瓶，普洱蘂茶一瓶，哈密瓜一。二次，賞使臣三員，各嵌玉如意一、玻璃器二、福元膏二瓶、大小荷包二對、日鑄牙茶一瓶，哈密瓜一、普洱蘂茶一瓶。使臣六員獻詩，加賞每員大緞一疋、箋紙二卷、筆、墨各二匣。三次，賞使臣三員，各甯紬三疋、大紡紬一疋。四次，加賜國王嵌玉三鑲如意一、蟒緞六疋、大緞五疋、糚緞六疋，錦緞、閃緞各二疋，大紡紬五疋，絹箋二卷，筆、墨各二匣，硯二方。使臣三員，各賞大緞一疋、八絲緞、五絲緞各二疋，綵緞一疋，箋紙二卷，筆、墨各一匣，硯一方。行人九員，各八絲緞一疋、五絲緞二疋、漳絨一疋，銀二十兩。從人十五名，銀各十兩。五次，賞使臣三員，各小卷八絲緞一疋，甯紬、紡絲各一疋。加賜國王蟒緞、閃緞、糚緞各四疋，瓷器、玻璃器各四，絹箋四卷，筆、墨各四匣，硯二方。使臣三員，各大緞、綵緞、五絲緞、八絲緞二疋，瓷器、玻璃器各二，箋紙二卷，筆、墨各二匣，硯一方。六次，正大光明殿燕，賞使臣六員，各大緞二疋，小緞、漳絨、繭紬各一疋。【略】

十五年正月，朝鮮使臣入蒙古包燕，賞正使錦、漳絨各三疋，大卷八絲緞、小卷五絲緞各四疋，大荷包一對，小荷包四對。副使、書狀官，各錦二疋，漳絨二疋，大卷八絲緞、小卷五絲緞各三疋，大小荷包與正使同。使臣和詩，加賜國王及正副使、書狀官，均與乾隆六十年同。【略】

〔十六年〕十月，琉球入貢，初次，賞正使茶葉二瓶、茶膏二匣、瓷椀三、瓷碟一。副使茶膏一匣、瓷碟二，餘與正使同。都通事茶葉一瓶，餘與副使同。二次，賞正使緞一疋，紬、漳絨各二疋，荷包二對，漆盤二，牙籤筩一，瓷鼻煙壺一。副使漳絨一疋，漆盤一，餘與正使同。都通事紬一，餘與副使同。三次，賞正使錦、漳絨各三疋，八絲緞、小卷緞各四疋，大荷包一對，小荷包二對。副使錦、漳絨各二疋，八絲緞、小卷緞各三疋，大小荷包與正使同。【略】

十七年，緬甸使臣入蒙古包燕，賞使臣錦、漳絨各三疋，大卷八絲緞、小卷五絲緞各四疋，大荷包一對，小荷包二對。【略】

又朝鮮請冊封世子使臣來京，正使以病乞假，惟副使、書狀官入覲，賞副使、書狀官各大緞二疋、紬二疋、皮盤一、瓷鼻煙壺一、牙籤筩一、荷包一對。

十二月，朝鮮使臣入重華宮燕，賞正副使、書狀官，各玻璃瓶二，茶鍾、瓷碟各一，玻璃鼻煙壺一，茶葉二瓶，大荷包二對。

又特賜世子蟒緞四疋、緞四疋，紗、羅各四疋，裹各四。加賜國王如意一、片金二、錦二、大紗、漳絨、大緞、甯紬俱各二疋，紅洋氈一條。又加賞世子長壽佛一尊，如意一，筆、墨二匣，硯二方，絹箋二卷，玉器二。【略】

〔二十二年〕九月，越南國入貢，賞凡五次。初次，陪臣、行人、通事、從人，韓襪襖褲有差。二次，每員各大緞一疋，筆、墨二匣，箋紙二卷。三次，每員各銅手鑪、銀絲碗、玻璃鍾、鼻煙壺一，瓷盤二，荷包二對。四次，賜國王蟒緞、粧緞、閃緞、錦緞各四疋，瓷器、玻璃器各四，絹箋四卷，筆、墨各四匣，硯二方。陪臣每員紬緞、漳絨各一疋，面鏡、雕漆鑲金椀、瓷鼻煙壺各一，荷包各三對。五次，加賞陪臣各綵緞、大緞、五絲緞、八絲緞一疋，瓷器二，箋紙二卷，筆、墨二匣，硯一方。

【略】

〔二十四年〕九月，暹羅、南掌、朝鮮、越南，四國王遣使臣祝嘏來京，賞凡七次。【略】五次，四國使臣入正大光明殿燕，加賜國王，與十四年賞朝鮮國王同。四國使臣八員，各大卷八絲緞一疋，綵緞一疋，小卷八絲緞、五絲緞各二疋，箋紙二卷，筆、墨各一匣，硯一方。六次，每員各賞大卷八絲緞二疋，小卷江紬一疋，漳絨、縐紬各一疋。書狀官一員，大卷八絲緞一疋，小卷五絲緞二疋，漳絨一疋，箋紙一卷，筆、墨各一匣。大通官三員，各賞小卷八絲緞一疋，五絲緞二疋，漳絨一疋，銀二十兩。押物官二十員，各賞小卷五絲緞一疋，銀十兩。從人二十六名，銀各十兩。越南行人九員、通事二名，各賞小卷八絲緞一疋，五絲緞二疋，漳絨一疋，銀各二十兩。從人十五名，銀各十兩。南掌後生十名、暹羅通事二名、漢番書記二名、番吹手二名、番跟役八名，賞各與越南同。七次，朝鮮正副使二員，各賞小卷八絲緞二疋，五絲緞二疋，雕漆盒、玻璃器、皮馬鞊各一，荷包，正使大小三對，副使大小二對。越南使臣三員，各賞雕漆盒二、玻璃盒一、江紬二疋、縐紬二疋、皮馬鞊一、荷包二對。加賜南掌國王，與十四年賞朝鮮國王同。其正副使二員，各賞大卷紬一疋、小卷紬一疋、小卷五絲緞一疋、雕漆盒二、錫罐茶大小四瓶，玻璃盒一、皮馬鞊一、大荷包一對，小荷包二對。暹羅副使一員，賞大卷五絲緞一疋、花紅紬一疋、小卷紬一疋，餘與南掌正副使同。

十二月，朝鮮、暹羅使臣入重華宮燕，朝鮮正使一員，副使、書狀官二員，各賞鼻煙壺一、瓷椀一、玻璃器二、茶瓶二、紅橘一碟，荷包，正使四對，副使等各二對。暹羅使臣四員，各賞鼻煙壺一、玻璃杯一、瓷器二、茶葉二瓶，柑四枚，荷包各二對。通事二名，從人二十名，袍帽鞾襪等與十八年賞琉球同。

二十五年正月，山高水長筵燕朝鮮、暹羅二國使臣，朝鮮正使一員，副使、書狀官二員，各賞與三年同。暹羅大貢使一員，賞大卷八絲緞四疋，小卷五絲緞四疋，綿紬三疋，漳絨三疋。餘貢使三員，各賞大卷八絲緞三疋，小卷五絲緞三疋，綿紬二疋，漳絨二疋。又入正大光明殿燕，加賜朝鮮國王及正副使，書狀官，均與乾隆六十年同。

官修《清會典事例》卷五〇九《禮部·朝貢·賜予四》 道光元年四月，越南請襲封陪臣來京，加賜國王蟒緞、粧緞、閃緞、錦緞各四疋，瓷器四，洋漆蓋罐四，雕漆盒四，鼻煙壺四，文竹檳榔盒二，茶葉四瓶。陪臣二員，各賞綵緞二疋，大卷八絲緞二疋，綾二疋，小卷八絲緞二疋，瓷器二，玻璃器二，洋漆蓋罐二，瓷鼻煙壺二，文竹檳榔盒一，茶葉二瓶。【略】

三年正月，加賞朝鮮正使一員，大卷八絲緞二疋。副使、書狀官二員，各小卷八絲緞一疋。賞琉球、暹羅正副使，均與朝鮮同。【略】

又加賞朝鮮、琉球、暹羅三國正使，各大卷八絲緞六疋，副使各小卷八絲緞六疋。

七月，暹羅國王遣使慶賀萬壽，兩次賞正使漳絨共五疋，錦三疋，銅手鑪一，玻璃器二，瓷器二，銀裏艾瓢椀二，大卷八絲緞四疋，小卷五絲緞四疋，大荷包一對，小荷包二對。副使漳絨共四疋，錦二疋，大卷八絲緞三疋，小卷五絲緞三疋，餘與正使同。【略】

四年正月，紫光閣筵燕緬甸、朝鮮使臣，加賞緬甸正使大小卷緞各七疋，荷包三對，副使四員，各大小卷緞各五疋，荷包與正使同。加賞朝鮮正副使、書狀官，如嘉慶三年之例。

五年正月，紫光閣筵燕朝鮮、琉球使臣，賞朝鮮副使、書狀官各錦二疋，漳絨二疋，八絲緞三疋，五絲緞三疋，荷包三對，羊肉一方。琉球正使大卷八絲緞四疋，小卷五絲緞四疋，錦三疋，漳絨三疋，荷包三對，副使大小卷緞各三疋，錦二疋，漳絨二疋，荷包三對。又兩國使臣和詩，加賜各國王及使臣等，均與嘉慶三年同。

七月，越南使臣祝嘏來京，陪臣六員，各賞小卷八絲緞一疋，漳絨二疋，瓷器一，綾二疋，錦匣鏡一，玻璃器一，大荷包一對，小荷包二對。又恭獻詩章，加賜國王及陪臣物件，與嘉慶二十二年同。【略】

〔八年〕是年，生擒逆首張格爾，朝鮮、暹羅使臣叩賀，特賜各國王蟒緞、閃緞、錦、漳絨各二疋。

六月，朝鮮國王遣貢使來京祝嘏，賞凡四次。初次，加賞正使紗四疋。【略】三次，賞正副使、書狀官三員，各大緞二疋，江紬、倭緞各二疋。【略】

〔九年〕七月，越南國王遣陪臣祝嘏來京，賞凡四次。初次，特賜國王人葠一斤。二次，陪臣三員，各賞漳絨二疋，綾二疋，小卷緞一疋，雕漆盒一，瓷器一，大荷包一對，小荷包二對，玻璃煙壺一。又陪臣獻詩，加賜國王及陪臣，與嘉慶二十二年同。三次，陪臣三員，各賞大卷五絲緞一疋，箋紙二卷，筆墨二匣。四次，加賞陪臣三員，各紬綿袍紬裏夾襖、紬夾褲夾套褲，緞韈襪各一。行人、通事、從人有差。

是年九月，恭謁祖陵，朝鮮國王遣使迎駕，特賜國王御書「纘服揚休」四字，「福」、「壽」字各一，弓箭撒袋一分，玲瓏鞍轡全備馬一匹，貂皮百張，龍襴緞四疋，粧緞四疋，緞、紡絲各五疋。正使賞粧緞一疋，中緞、小緞各二疋，鞍具馬一匹，銀五十兩。書狀官中緞二疋、銀四十兩。大通官三員，各中緞一疋、銀三十兩。押物官十六員，各小緞一疋，銀共三百二十兩。從人一百六十名，賞銀同。自正使以下，韈襪俱全分。【略】

十年正月，紫光閣筵燕，賞朝鮮正使錦、漳絨各三疋，大小卷緞各四疋，大荷包一對，小荷包二對。副使、書狀官四員，每錦漳絨各二疋，大小卷緞各三疋，荷包與正使同。又使臣和詩，加賜國王及使臣，與嘉慶三年賞琉球同。加賞暹羅正使綵緞六疋，大小卷緞各四疋，大荷包一對，小荷包二對，緑葡萄一袋。餘三員，各綵緞四疋，大小卷緞各三疋，荷包與正使同。【略】

十一年正月，紫光閣筵燕，賞朝鮮正使錦、綵緞各三疋，副使、書狀官三員，每錦綵緞各二疋，餘與十年同。加賜暹羅國王，與嘉慶二十四年同，賞正使與朝鮮同。又賞暹羅正使，大卷緞、綵緞各一疋，小卷八絲緞、五絲緞各二疋，箋紙二卷，筆墨二匣，硯一方。副使大卷八絲緞二疋，小卷江紬一疋，坐褥面一，綢紬一疋，錦、綵緞各二疋。加賞暹羅副使，大卷八絲緞，小卷五絲緞各三疋，大荷包一對，小荷包二對。通事漢番書記四名，各八絲緞一疋、五絲緞二疋，坐褥面一，銀各二十兩。番吹手五名，各五絲緞一疋，銀各十兩。番跟役十三名，銀各十兩。【略】

七月，越南國王遣使臣祝嘏來京，賞凡四次。初次，加賜國王與暹羅同。陪臣獻詩，加賞三員各大緞一疋，箋紙各二卷，筆墨各二匣。二次，賞陪臣三員，與暹羅正使同。行人八員，各小卷八絲緞一疋、五絲緞二疋，漳絨一疋，銀各二十兩。從人九名，銀各十兩。三次，賞陪臣三員，各小卷八絲緞袍料一件，綾、漳絨各二疋，大荷包一對，小荷包二對，瓷器一，葫蘆器一，玻璃鼻煙壺一。【略】

〔十三年〕七月，越南國王遣陪臣祝嘏來京，賞凡四次。初次，陪臣三員，各賞漳絨二疋，綾二疋，小卷緞一疋，葫蘆器一，瓷器一，玻璃鼻煙壺一，大荷包一對，小荷包二對。二次，陪臣獻詩，加賜國王蟒緞、錦緞、粧緞、閃緞各四疋，瓷器、玻璃器各四，絹箋四卷，筆墨各四匣，硯二方。賞陪臣三員，各大卷五絲緞一疋，箋紙二卷，筆墨各二匣。三次，賞陪臣三員，各綵緞二疋，大緞二疋，小卷五絲緞、八絲緞各二疋，瓷器二，玻璃器二，箋紙二卷，筆、墨各二匣，硯一方。四次，加賞陪臣、行人、隨人、通事，袍襖韈襪有差。

十二月，朝鮮、緬甸兩國入貢，值停止筵燕，賞朝鮮正副使、書狀官，與十二年同。賞緬甸正副使，與朝鮮同。【略】

〔十四年〕是年，册立皇后禮成，特賜緬甸國王緞五十疋，王妃緞三十疋，交貢使齎回。【略】

〔十九年〕五月，朝鮮使臣來京，赴孝全成皇后几筵前進香，加賜國王粧緞、錦緞、大卷八絲緞、天青素緞各四疋。【略】

二十二年正月，紫光閣筵燕朝鮮、南掌二國使臣，賞朝鮮正副使、書狀官，與二十一年正月同。加賜國王及使臣，與嘉慶三年賞琉球同。加賜南掌國王紫檀嵌玉如意一，蟒緞、粧緞各六疋，大卷八絲緞，大紡絲各三疋，綫紬、閃緞各二疋，絹箋二卷，筆、墨各二匣，硯二方。正使錦、綵緞各三疋，大卷八絲緞，小卷五絲緞各四疋，大荷包一對，小荷包二對。副使錦、綵緞各二疋，八絲緞，五絲緞各三疋，荷包與正使同。先目、通事二名，各小卷八絲緞一疋、五絲緞二疋，綵緞一疋，銀二十兩。後生六名、跟役二名，各小卷五絲緞一疋，銀十兩。【略】

二十三年，紫光閣筵燕朝鮮、琉球二國使臣，賞朝鮮正副使等，與二十二年同，加賞正使大卷八絲緞袍褂料一件，五絲緞袍褂料五件，紡絲二疋，貂皮十。賞琉球正副使，與朝鮮同。【略】

〔二十六年〕十二月，朝鮮、琉球二國使臣來京，各賞與二十五年同。入保和殿燕，各賞與上年紫光閣筵燕同，改閃緞二疋爲圓金緞二疋。

二十七年正月，紫光閣筵燕朝鮮、琉球二國使臣，每員賞閃緞、漳絨各三疋，大小卷緞各四疋，大荷包一對，小荷包二對。加賜國王與二十五年同。又使臣入正大光明殿燕，各賞大緞一疋，箋紙二卷、筆墨各二匣，加賞琉球正副使、都通

事，從人衣帽韡襪有差。【略】

咸豐二年，册立皇后禮成，賜朝鮮國王王妃緞疋，與道光十四年同。【略】

同治元年，崇上慈安皇太后慈禧皇太后徽號，賜朝鮮國王、王妃緞三十疋。

十二月，朝鮮使臣來京，賞與道光二十七年同，改閃緞爲蟒緞，改八絲緞爲江紬，改五絲緞爲綫紬。【略】

六年五月，琉球國入貢，兼謝御書扁額使臣來京，賞正使蟒緞、漳絨各三疋，大卷五絲緞四疋，小卷綫縐四疋，大荷包一對，小荷包二對。加賞正使、都通事、土通事、從人，綿衣呢帽韡襪有差。

十月，琉球恭謝册封使臣來京，賞正使蟒緞、漳絨各三疋，大卷宮紬四疋，小卷綫縐三疋，大荷包一對，小荷包二對。加賞正副使使者、都通事、王舅通事、土通事，從人，皮衣帽韡襪有差。

七年十二月，朝鮮國入貢，賞正使蟒緞、漳絨各三疋，大卷五絲緞四疋，羽紬四疋，大荷包一對，小荷包二對。副使、書狀官，每蟒緞、漳絨各二疋，五絲緞、羽紬各三疋，餘與正使同。

八年正月，越南國入貢，賞凡四次。初次，賜國王蟒緞八疋，梅花䌷緞、紫圓金緞各四疋，雕漆盒四，雕象牙盒二，瓷器四，玻璃鼻煙壺四，黑皮椀四，茶葉四瓶。陪臣三員，每蟒緞、大卷八絲緞、白羅各四疋，玻璃鼻煙壺四，漆盒二，玻璃器四，黑皮椀四，瓷器四，茶葉四瓶。二次，賞陪臣三員，染貂冠、貂皮領袖、綿襖褲、套褲、紬面狐皮袍、緞韡、襪、絲帶俱各一。行人、通事、隨人，衣帽韡襪有差。三次，賜國王鑲玉如意一，大緞五疋，蟒緞十有二疋，閃緞、圓金緞各一疋，大卷羅五疋，各色絹箋二卷，筆二匣，墨四匣，硯二方。陪臣三員，每大緞蟒緞各一疋，小卷羽紬各四疋，箋紙二卷，筆一匣，墨二匣，硯一方。行人七員，各大卷羽紬一疋，小卷羽紬二疋，漳絨一疋，銀各二十兩。隨人九名，銀各十兩。四次，賞陪臣黎峻鑲青金如意一，大瓷花瓶、玉花瓶、大瓶、鼻煙、帽緯各一，羽紬二疋，大荷包二對。阮恩僩、黄竝，各鑲玉如意一，餘同。

八月，琉球國入貢，賜國王與嘉慶三年同。正使屯絹、羽紬各四疋，圓金緞三疋，漳絨三疋，大荷包一對，小荷包二對。副使屯絹、羽紬各三疋，圓金緞、漳絨各二疋，餘與正使同。加賞正副使、都通事、官生、土通事、從人衣帽韡襪有差。

十二月，朝鮮國入貢，賞正使蟒緞、漳絨各三疋，大卷江紬、小卷羽紬各四疋，大荷包一對，小荷包二對。副使蟒緞、漳絨各二疋，大卷江紬、小卷羽紬各三疋，餘與正使同。

九年十二月，朝鮮國入貢，賞正副使，書狀官，與八年同，惟改羽紬爲屯絹。

十年二月，琉球國入貢，賞凡五次。初次，賜國王與嘉慶三年同。正使圓金緞、漳絨各三疋，彭緞、羽紬各四疋，大荷包一對，小荷包二對。副使圓金緞、漳絨各二疋，彭緞、羽紬各三疋，餘與正使同。二次，賞正副使、都通事、土通事、從人衣帽韡襪有差。三次，賞正使天青羽紗、沈香紗各一疋，三鑲玉如意一，紅瓷瓶、椀各一，玉雙環瓶一、大蓮椀二、五福盤一、鼻煙一瓶、帽緯一匣、大荷包二對，茶葉四匣。副使玉方瓶一，無紅瓷椀，餘與正使同。都通事青盤一、西紅椀二、茶葉三瓶。四次，賞正使蟒緞、漳絨各三疋，江紬、通海紬各四疋，大荷包一對，小荷包二對。副使蟒緞等各二疋，江紬等各三疋，荷包同。都通事江紬、漳絨各一疋，漆痰盂一，鼻煙壺一，小荷包二對。五次，賞正副使各織染局小卷袍褂料一件，如意一，玉器瓷器各一，帽緯一匣，鼻煙壺一，大荷包二對。

八月，越南使臣來京，賜國王蟒緞八疋，圓金緞四疋，瓷器、皮盤各四，漆器菊瓣碟四，洋漆香盒二，玻璃煙壺四，茶葉四瓶。陪臣三員，各蟒緞一疋，白羅二疋，八絲緞二疋，羽紬二疋，玻璃器、瓷器各二，皮盤二，鼻煙壺二，洋漆香盒一，並賞陪臣行人、通事、隨人、象醫、專牧皮袍、綿襖、皮冠、氈冠、韡襪有差。

十一年九月，大婚禮成，賜朝鮮國王王妃緞疋，與咸豐二年同。又加上慈安端裕皇太后慈禧端佑皇太后徽號，賞與前同。

又朝鮮國慶賀大婚使臣來京，賜國王蟒緞六疋、圓金緞四疋、大卷宮紬六疋、大紡絲五疋、絹箋二卷、筆墨四匣、硯二方。正副使二員，各大卷八絲緞一疋、小卷八絲緞二疋、蟒緞一疋、小卷五絲緞二疋、箋紙二卷、筆墨二匣、硯一方。書狀官大卷八絲緞一疋，小卷八絲緞、五絲緞各二疋，漳絨一疋，箋紙一卷，筆、墨各一匣。大通官三員，各小卷八絲緞一疋、小卷五絲緞一疋、漳絨一疋，銀二十兩。押物官十七員，各小卷五絲緞一疋，銀十兩。從人二十三名，銀各十兩。

又朝鮮例貢使臣來京，暨除夕入保和殿燕，賞均與八年同。

十二年三月，琉球使臣來京，賞凡四次。初次，賜國王蟒緞二疋、福字方百幅、大小絹箋四卷、筆墨四匣、硯二方、玻璃器四、墨漆木椀四。正使片金、漳絨各三疋，大卷八絲緞、小卷五絲緞各四疋，大荷包一對，小荷包二對。二次，賞正使玉如意一，玉筆牀一架，瓷瓶、瓷碟各一，瓷椀三，手鑪一，紬、緞各二疋，帽緯一匣，茶葉二瓶，又二匣，荷包二對。副使瓷椀二，餘與正使同。都通事瓷椀、瓷碟各二，茶葉一瓶，又一匣。三次，賞正使三鑲玉如意一、雙玉環瓶一、白瓷瓶一、袍褂料一件，蟒緞、漳絨各三疋，大卷八絲緞、小卷五絲緞各四疋，手鑑一、帽緯一匣，荷包二對。副使玉瓶一，紅瓷瓶一，蟒緞、漳絨各二疋，大卷八絲緞、小卷五絲緞各三疋，餘與正使同。都通事紬、緞、漳絨各一疋，玻璃鼻煙壺一、墨漆木椀一、小荷包二對。四次，賞正副使、通事、從人衣帽鞾襪有差。

光緒元年，朝鮮國撥舟濟渡凱撤官兵，賜國王蟒緞、倭緞、錦各一疋，閃緞、表緞各一疋。

二年，加上慈安端裕康慶昭和莊敬皇太后、慈禧端佑康頤昭豫莊誠皇太后徽號，賜朝鮮國王王妃緞三十疋。

又朝鮮使臣來京，賞與同治十一年同。

三年四月，越南使來京，賜國王蟒緞、錦緞、粧緞、閃緞各四疋，瓷器、洋漆盤各四，玻璃鼻煙壺四、黑皮椀四、文竹檳榔盤二。陪臣三員，各蟒緞二疋、大小卷八絲緞各一疋，白羅二疋，玻璃器、瓷器各二，玻璃鼻煙壺二、黑皮椀二、文竹檳榔盤一、茶葉二瓶，並賞陪臣、行人、通事、隨人皮綿袍褂帽領鞾襪有差。

十二月，朝鮮使臣來京，賞與二年同。

四年十二月，朝鮮使臣來京，賞與三年同。

官修《清會典事例》卷五一〇《禮部・朝貢》 〔乾隆〕三十八年奏准，安南國貢使路過江甯購買紬緞，向無禁例，但聽其私相交易，鋪户不無藉貨居奇，貢使亦難保其必無爭較，自應官爲經理，以杜弊端。嗣後令將需買貨物，開單呈交地方官傳集鋪户，分領織辦，官爲查催。

劉錦藻《清朝續文獻通考》卷六二《土貢一》 〔乾隆五十五年〕是年，安南國王率世子、陪臣親赴闕廷，慶賀萬壽，進蝦詩金箋册、蝦詞金箋册、金如意、銀盆、金龍、金麟、金鶴、犀角、象牙、伽楠珠、沉香、土絹、細布、馴象二。耿馬土司罕朝瑗慶賀萬壽，進馴象二。

五十七年，緬甸國王具金葉表文，遣使謝恩，進緬石佛像，孔雀屏、紅黃檀香，紅呢、緬布，凡五種。【略】

〔乾隆五十八年〕又諭：福康安等奏廓爾喀進貢象隻馬匹，在途行走情形各摺。據廓爾喀進貢象馬，因哲孟雄宗木道路難行，繞由巴爾底薩雜哩部落行走，布魯克巴等俱派人護送，並豫備草料餧飼等語。布魯克巴部落見廓爾喀進貢象馬，經過該處，即派人護送供支，極爲恭順，而巴爾底薩雜哩部落，向來未通聲教，亦能派人照料供支，尤爲馴謹可嘉，著賞給大荷包一對，小荷包四箇，蟒錦緞四疋，以示嘉奬。【略】

〔嘉慶元年〕又諭：緬甸國王遣使敏闕，欲來朝貢，勒保率行截回，未免阻其向化之誠，見令軍機大臣代擬檄諭，明白開導，特頒賞蟒錦四端，交該撫照繕檄知，以釋其向化未伸之念。江蘭接奉此旨，即行遵照檄諭。【略】

十二年，南掌國王遣使進馴象四隻，象牙四百斤，犀角三十斤，土絹一疋。

〔咸豐〕十一年 諭：禮部奏朝鮮國王遣使臣瞻覲，可否帶赴行在等語。朝鮮國王因朕駐蹕熱河，遣陪臣奉表詣行在，恭伸起居，具見悃忱，深堪嘉尚。惟朕近日身體違和，若該使臣遠來行在，未獲展覲，轉無以慰其瞻戀之誠。該國使臣到京後，著毋庸前赴行在，禮部仍照例筵宴，並賞給該國王玉如意一柄，藍蟒緞二疋，粧段二疋，大卷八絲段二疋，小卷五絲段二件，瓷器四件，漆器四件，賞給該使臣大段各一疋，瓷器各二件，漆器各二件，大荷包各二對，小荷包各三對，由禮部交該使臣祇領，以示朕優禮藩封至意。【略】

劉錦藻《清續文獻通考》卷三三一《四裔一》 光緒元年，賜琉球國王緞四、文綺，及貢使緞匹。

劉錦藻《清續文獻通考》卷三三三《四裔考三》 〔乾隆〕五十六年，安南國王因謝恩，使臣進闕，嗣奉頒御書壽字，並金寶器物，續謝恩，貢物十三種：水撰玉頂金如意、銀盆、銀水壺、銀鐙樹、銀鶴、銀蓮盒、銀香爐、土紈、土絹、土布、肉桂、犀角、象牙。【略】

〔同治〕十年，越南國王因逆匪竄擾，經大兵會勦蕩平，遣使謝恩，恭進馴象二隻，萬歲蟠桃全樹兩盆，象牙二樹，犀角三座，肉桂一百斤，土花綢緞、綢紗、土花紬、土絹、土紈各一百匹，大項羽毛六把。【略】

〔嘉慶〕十二年，南掌國王進馴象四隻，象牙四百斤，犀角三十斤，土絹一疋。

〔道光〕二十二年，遣使齎敕，封召喇嘛呢呀宮滿爲南掌國王。

又南掌使臣來京，入重華宮宴。明年又宴於紫光閣。賜南掌國王紫檀嵌玉如意蟒緞、妝緞、八絲緞、大紡絲綫紬、閃緞、絹、箋、筆、墨、硯等。正副使亦各有賜。【略】

〔乾隆〕五十五年，緬甸國王孟隕遣頭目等齎金葉表文慶賀萬壽，並請賜封號。進長壽佛、萬壽經、紅黃檀香、象牙、緬布、孔雀屏、緬錦、紅呢、馴象六、花象

一。【略】

五十七年，緬甸國王蒙恩，特賜御書福字，並加賞多珍，具金葉表文，遣使謝恩，進緬石佛像、孔雀屏、紅黄檀香、紅呢、緬布，凡五種。【略】

乾隆五十一年，暹羅國長鄭華遣使入貢。【略】

又鄭華遣陪臣奉金葉表文，進方物龍涎香、金剛鑽、沈香、冰片、犀角、孔雀尾、翠羽、西洋氈、紅布、象牙、樟腦、降香、白膠香、大楓子、烏木、白荳蔻、蓽拔、檀香、甘密皮、桂皮、藤黄、蘇木、馴象二。